Wiese/Kreutz/Oetker/Raab/Weber/Franzen/Gutzeit/Jacobs

Gemeinschaftskommentar zum Betriebsverfassungsgesetz

Band I

Betriebsverfassungsgesetz

Band I: §§ 1–73b mit Wahlordnungen und EBRG
Gemeinschaftskommentar
11. Auflage

von

Dr. Günther Wiese
Ordinarius (em.) an der
Universität Mannheim

Dr. Peter Kreutz
Universitätsprofessor a. D.
an der Universität Kiel

Dr. Hartmut Oetker
Universitätsprofessor an
der Universität Kiel,
Richter am Thüringer
Oberlandesgericht

Dr. Thomas Raab
Universitätsprofessor an
der Universität Trier

Dr. Christoph Weber
Universitätsprofessor an
der Universität Würzburg

Dr. Martin Franzen
Universitätsprofessor an
der Universität München

Dr. Martin Gutzeit
Universitätsprofessor an
der Universität Gießen

Dr. Matthias Jacobs
Universitätsprofessor an
der Bucerius Law School
Hamburg

mitbegründet von

Dr. Fritz Fabricius (†)
weiland o. Professor an
der Universität Bochum

Dr. Alfons Kraft (†)
weiland o. Professor
an der Universität Mainz

Dr. Wolfgang Thiele (†)
weiland o. Professor
an der Universität Kiel

Gesamtredaktion:
Universitätsprofessor Dr. Hartmut Oetker

Luchterhand Verlag 2018

Bibliografische Information Der Deutschen Nationalbibliothek
Die Deutsche Nationalbibliothek verzeichnet diese Publikation in der Deutschen Nationalbibliografie; detaillierte bibliografische Daten sind im Internet über http://dnb.d-nb.de abrufbar.

ISBN 978-3-472-09523-1

www.wolterskluwer.de
www.luchterhand-fachverlag.de

Alle Rechte vorbehalten.

© 2018 by Wolters Kluwer Deutschland GmbH, Luxemburger Str. 449, 50939 Köln.

Das Werk einschließlich aller seiner Teile ist urheberrechtlich geschützt. Jede Verwertung außerhalb der engen Grenzen des Urheberrechtsgesetzes ist ohne Zustimmung des Verlages unzulässig und strafbar. Das gilt insbesondere für Vervielfältigungen, Übersetzungen, Mikroverfilmungen und die Einspeicherung und Verarbeitung in elektronischen Systemen.

Verlag und Autor übernehmen keine Haftung für inhaltliche oder drucktechnische Fehler.

Umschlagkonzeption: Martina Busch, Grafikdesign, Homburg Kirrberg

Satz: Satz-Offizin Hümmer GmbH, Waldbüttelbrunn

Druck und Weiterverarbeitung: Williams Lea & Tag GmbH, München

Gedruckt auf säurefreiem, alterungsbeständigem und chlorfreiem Papier.

Vorwort zur 11. Auflage

Gerade die Schlussphase der 18. Legislaturperiode war durch zahlreiche arbeitsrechtliche Gesetze gekennzeichnet, die zu erheblichen Eingriffen auch in das Betriebsverfassungsrecht geführt haben. Teilweise führten diese zu unmittelbaren Änderungen des Betriebsverfassungsgesetzes (so durch das Gesetz zur Änderung des Arbeitnehmerüberlassungsgesetzes vom 21.2.2017 [BGBl. I S. 258], das Bundesteilhabegesetz vom 23.12.2016 [BGBl. I S. 3234] sowie das EM-Leistungsverbesserungsgesetz vom 17.7.2017 [BGBl. I S. 2509]), zum Teil strahlen diese auf das Betriebsverfassungsrecht aus, wie z. B. die Definition des Arbeitnehmerbegriffs in § 611a Abs. 1 BGB, die Neufassung des Mutterschutzgesetzes, die Neufassung des SGB IX, das Gesetz zur Förderung der Transparenz von Entgeltstrukturen sowie die Sonderregelung in § 14 Abs. 2 Satz 4 AÜG zur Berücksichtigung der Leiharbeitnehmer bei den Schwellenwerten im Betriebsverfassungsgesetz.

Noch vor den nächsten turnusmäßigen Betriebsratswahlen im Frühjahr 2018 wurden mit der 11. Auflage des Gemeinschaftskommentars nicht nur die vorstehend skizzierten gesetzlichen Entwicklungen berücksichtigt, sondern auch die zahlreiche Rechtsprechung insbesondere des Bundesarbeitsgerichts sowie das wissenschaftliche Schrifttum ausgewertet und eingearbeitet, um sowohl der Praxis einen verlässlichen Ratgeber zur Verfügung zu stellen als auch die wissenschaftliche Diskussion anzuregen und fortzuentwickeln. Hierfür wurden Gesetzgebung, Rechtsprechung und Literatur bis zum 1. August 2017 berücksichtigt und auch die gesetzlichen Neuregelungen, die erst nachfolgend in Kraft treten, aber bereits im Bundesgesetzblatt verkündet wurden, umfassend eingearbeitet. Das gilt insbesondere für diejenigen durch das Bundesteilhabegesetz veranlassten Änderungen des Betriebsverfassungsgesetzes, die erst mit Wirkung ab dem 1.1.2018 gelten, sowie die im Mai 2018 in Kraft tretenden Änderungen des Datenschutzrechts durch die Datenschutz-Grundverordnung der EU sowie das am 30.06.2017 neu gefasste Bundesdatenschutzgesetz (BGBl. I S. 2097).

Für die 11. Auflage des Kommentars ist das Autorenteam unverändert geblieben. Von *Martin Gutzeit* werden die bislang von *Günther Wiese* verfassten Kommentierungen zu § 87 Abs. 1 Nr. 2 bis 13 fortgeführt. Von *Peter Kreutz* haben mit dieser Auflage *Martin Franzen* die Bestimmungen zum Gesamtbetriebsrat (§§ 47 bis 53) und *Matthias Jacobs* die Erläuterung der §§ 74 und 75 übernommen.

Auch die 11. Auflage des Gemeinschaftskommentars wäre nicht ohne die engagierte Unterstützung unserer Mitarbeiterinnen und Mitarbeiter möglich gewesen. Ihnen sei deshalb an dieser Stelle ausdrücklich gedankt.

Gießen, Hamburg, Kiel, Mannheim, München, Trier und Würzburg
im Oktober 2017   Die Verfasser

Bearbeiterverzeichnis

Band I

Einleitung	Wiese
§§ 1–4	Franzen
§ 5	Raab
§§ 7, 8	Raab
§§ 9–15	Jacobs
§§ 16–22b	Kreutz
§§ 23–25	Oetker
§§ 26–36	Raab
§§ 37–46	Weber
§§ 47–53	Kreutz/Franzen
§§ 54–59a	Franzen
§§ 60–73b	Oetker
Wahlordnung	Jacobs
EBRG	Oetker

Zitiervorschlag: z. B. *Kreutz* GK-BetrVG, § 16 Rn. 1

Bearbeiterhistorie

1. Auflage:

Fabricius	§§ 42–59, 106–113, 118, 125–132
Kraft	§§ 1–6, 60–73, 92–105, 119–121
Thiele	Einleitung, §§ 7–25, 74–80
Wiese	§§ 26–41, 81–91, 114–117

2. und 3. Auflage: keine Veränderung

4. Auflage:

Fabricius	§§ 42–46, 106–113, 118, 125–132, SozPlKonkG (Erl. im Rahmen der Kommentierung zu §§ 112, 112a)
Fabricius/Kreutz	§§ 47–59
Kraft	§§ 1–6, 60–73, 80, 92–105, 119–121, BetrVG 1952
Kreutz	§§ 7–20, 74–78a
Thiele	Einleitung
Thiele/Kreutz	Wahlordnung 1972,
Wiese	§§ 21–41, 79, 81–91, 114–117

Nachtrag zu Bd. I 4. Aufl.:

Kraft	§§ 5, 6, 60 ff.
Kreutz	§§ 9, 13, 14, 16, 18a, 20, 47, 51, 55, 59
Wiese	§§ 21, 25, 26, 27, 28, 38

5. Auflage:

Fabricius	§§ 42–46, 106–113, 118, 125–132, SozPlKonkG (Erl. im Rahmen der Kommentierung zu §§ 112, 112a)
Kraft	§§ 1–6, 80, 92–105, BetrVG 1952
Kraft/Oetker	§§ 60–73
Kreutz	§§ 7–20, 47–59, 74–78a, Wahlordnung 1972
Oetker	§§ 119–121
Wiese	Einleitung, §§ 21–41, 79, 81–91, 114–117

6. Auflage:

Fabricius	§§ 42–46, 106–113, 118, 125–132
Kraft	§§ 1–6, 80, 92–105, BetrVG 1952,
Kreutz	§§ 7–20, 47–59, 74–78a, Wahlordnung 1972
Oetker	§§ 60–73, 119–121
Wiese	Einleitung, §§ 26–41, 81–91, 114–117
Wiese/Kreutz	§§ 21–22
Wiese/Oetker	§§ 23–25, 79

7. Auflage:

Fabricius/Oetker	§§ 106–113
Fabricius/Weber	§§ 42–46, 118, 125–132
Kraft	§§ 1–4, 80, 92–95, 99–101, BetrVG 1952
Kreutz	§§ 7–22, 47–59a, 74–78a
Kreutz/Oetker	Wahlordnung
Oetker	§§ 23–25, 60–73b, 79, vor § 106, 119–121
Raab	§§ 5, 28a, 96–98, 99–101, 102–105

Bearbeiterhistorie

Wiese	Einleitung, §§ 81–91, 114–117
Wiese/Raab	§§ 26–28, 29–36
Wiese/Weber	§§ 37–41

8. Auflage:

Kraft/Franzen	§§ 1–4
Kraft/Raab	§§ 92–95, 99–101
Kraft/Weber	§ 80
Kreutz	§§ 7–22, 47–59a, 74–78, Wahlordnung
Oetker	§§ 23–25, 60–73b, 78a, 79, 106–113, 119–121
Raab	§§ 5, 26–36, 37–46, 96–98, 102–105
Weber	§§ 37–46, 118, 125–130, 132
Wiese	Einleitung, §§ 81, 82, 84–89
Wiese/Franzen	§§ 83, 114–117
Wiese/Weber	§§ 90, 91

9. Auflage:

Franzen	§§ 1–4, 83, 114–117
Kreutz	§§ 8–22, 47–53, 74–78, Wahlordnung
Kreutz/Franzen	§§ 54–59a
Kreutz/Raab	§ 7
Oetker	§§ 23–25, 60–73b, 78a, 79, 106–113, 119–121
Raab	§§ 5, 26–36, 92–105
Weber	§§ 37–46, 80, 90, 91, 118, 125–130, 132
Wiese	Einleitung, §§ 87–89
Wiese/Franzen	§§ 81, 82, 84–86a

10. Auflage:

Franzen	§§ 1–4, 54–59a, 81- 86a, 114–117
Kreutz	§§ 16–22, 47–53, 74, 75, 77, 78
Kreutz/Jacobs	§ 9, Anhang zu § 10, §§ 11–15, 76, 76a, 77, 78, Wahlordnung
Kreutz/Raab	§ 8
Oetker	§§ 23 –25, 60–73b, 78a, 79, 106–113, 119–121, EBRG
Raab	§§ 5, 7, 26–36, 92–105
Weber	§§ 37–46, 80, 90, 91, 118, 125–130, 132
Wiese	Einleitung, § 87 Abs. 1 Nr. 1–6, 8–13
Wiese/Gutzeit	§ 87 Abs. 1 Nr. 7, Abs. 2, §§ 88, 89

Inhaltsverzeichnis

Band I

	Seite
Vorwort	V
Bearbeiterverzeichnis	VII
Abkürzungsverzeichnis	XIX
Text des Betriebsverfassungsgesetzes vom 15. Januar 1972 i. d. F. der Bekanntmachung vom 25. September 2001	1
Einleitung	59
Kommentar zum Betriebsverfassungsgesetz	119

Erster Teil Allgemeine Vorschriften — 119

		Seite
§ 1	Errichtung von Betriebsräten	119
§ 2	Stellung der Gewerkschaften und Vereinigungen der Arbeitgeber	155
§ 3	Abweichende Regelungen	192
§ 4	Betriebsteile, Kleinstbetriebe	225
§ 5	Arbeitnehmer	237
§ 6	(weggefallen)	348

Zweiter Teil Betriebsrat, Betriebsversammlung, Gesamt- und Konzernbetriebsrat — 349

Erster Abschnitt Zusammensetzung und Wahl des Betriebsrats — 349

		Seite
§ 7	Wahlberechtigung	349
§ 8	Wählbarkeit	412
§ 9	Zahl der Betriebsratsmitglieder	432
§ 10	(weggefallen)	446
§ 11	Ermäßigte Zahl der Betriebsratsmitglieder	449
§ 12	(weggefallen)	452
§ 13	Zeitpunkt der Betriebsratswahlen	452
§ 14	Wahlvorschriften	472
§ 14a	Vereinfachtes Wahlverfahren für Kleinbetriebe	501
§ 15	Zusammensetzung nach Beschäftigungsarten und Geschlechter	532
§ 16	Bestellung des Wahlvorstands	543
§ 17	Bestellung des Wahlvorstands in Betrieben ohne Betriebsrat	571
§ 17a	Bestellung des Wahlvorstands im vereinfachten Wahlverfahren	589
§ 18	Vorbereitung und Durchführung der Wahl	595
§ 18a	Zuordnung der leitenden Angestellten bei Wahlen	629
§ 19	Wahlanfechtung	663
§ 20	Wahlschutz und Wahlkosten	716

Zweiter Abschnitt Amtszeit des Betriebsrats — 741

		Seite
§ 21	Amtszeit	741
§ 21a	Übergangsmandat	755

§ 21b	Restmandat	791
§ 22	Weiterführung der Geschäfte des Betriebsrats	801
§ 23	Verletzung gesetzlicher Pflichten	807
§ 24	Erlöschen der Mitgliedschaft	893
§ 25	Ersatzmitglieder	909

Dritter Abschnitt Geschäftsführung des Betriebsrats ... 930

§ 26	Vorsitzender	930
§ 27	Betriebsausschuss	955
§ 28	Übertragung von Aufgaben auf Ausschüsse	987
§ 28a	Übertragung von Aufgaben auf Arbeitsgruppen	1002
§ 29	Einberufung der Sitzungen	1027
§ 30	Betriebsratssitzungen	1051
§ 31	Teilnahme der Gewerkschaften	1060
§ 32	Teilnahme der Schwerbehindertenvertretung	1069
§ 33	Beschlüsse des Betriebsrats	1074
§ 34	Sitzungsniederschrift	1095
§ 35	Aussetzung von Beschlüssen	1108
§ 36	Geschäftsordnung	1117
§ 37	Ehrenamtliche Tätigkeit, Arbeitsversäumnis	1123
§ 38	Freistellungen	1230
§ 39	Sprechstunden	1263
§ 40	Kosten und Sachaufwand des Betriebsrats	1273
§ 41	Umlageverbot	1338

Vierter Abschnitt Betriebsversammlung ... 1341

§ 42	Zusammensetzung, Teilversammlung, Abteilungsversammlung	1341
§ 43	Regelmäßige Betriebs- und Abteilungsversammlungen	1362
§ 44	Zeitpunkt und Verdienstausfall	1375
§ 45	Themen der Betriebs- und Abteilungsversammlungen	1394
§ 46	Beauftragte der Verbände	1405

Fünfter Abschnitt Gesamtbetriebsrat ... 1411

vor § 47 Einführung ... 1411

§ 47	Voraussetzungen der Errichtung, Mitgliederzahl, Stimmengewicht	1413
§ 48	Ausschluss von Gesamtbetriebsratsmitgliedern	1450
§ 49	Erlöschen der Mitgliedschaft	1455
§ 50	Zuständigkeit	1460
§ 51	Geschäftsführung	1507
§ 52	Teilnahme der Gesamtschwerbehindertenvertretung	1527
§ 53	Betriebsräteversammlung	1531

Sechster Abschnitt Konzernbetriebsrat ... 1545

§ 54	Errichtung des Konzernbetriebsrats	1545
§ 55	Zusammensetzung des Konzernbetriebsrats, Stimmengewicht	1567
§ 56	Ausschluss von Konzernbetriebsratsmitgliedern	1576
§ 57	Erlöschen der Mitgliedschaft	1579
§ 58	Zuständigkeit	1581
§ 59	Geschäftsführung	1600
§ 59a	Teilnahme der Konzernschwerbehindertenvertretung	1607

Dritter Teil Jugend- und Auszubildendenvertretung 1611

Einführung 1611

Erster Abschnitt Betriebliche Jugend- und Auszubildendenvertretung 1624

§ 60	Errichtung und Aufgabe	1624
§ 61	Wahlberechtigung und Wählbarkeit	1640
§ 62	Zahl der Jugend- und Auszubildendenvertreter, Zusammensetzung der Jugend- und Auszubildendenvertretung	1651
§ 63	Wahlvorschriften	1658
§ 64	Zeitpunkt der Wahlen und Amtszeit	1674
§ 65	Geschäftsführung	1681
§ 66	Aussetzung von Beschlüssen des Betriebsrats	1700
§ 67	Teilnahme an Betriebsratssitzungen	1705
§ 68	Teilnahme an gemeinsamen Besprechungen	1720
§ 69	Sprechstunden	1724
§ 70	Allgemeine Aufgaben	1730
§ 71	Jugend- und Auszubildendenversammlung	1744

Zweiter Abschnitt Gesamt-Jugend- und Auszubildendenvertretung 1757

§ 72	Voraussetzungen der Errichtung, Mitgliederzahl, Stimmengewicht	1757
§ 73	Geschäftsführung und Geltung sonstiger Vorschriften	1767

Dritter Abschnitt Konzern-Jugend- und Auszubildendenvertretung 1778

§ 73a	Voraussetzung der Errichtung, Mitgliederzahl, Stimmengewicht	1778
§ 73b	Geschäftsführung und Geltung sonstiger Vorschriften	1786

Anhang

1. Erste Verordnung zur Durchführung des Betriebsverfassungsgesetzes (Wahlordnung – WO) — 1797

2. Gesetz über Europäische Betriebsräte (Europäische Betriebsräte-Gesetz – EBRG) — 1917

3. Zweite Verordnung zur Durchführung des Betriebsverfassungsgesetzes (Wahlordnung Seeschifffahrt – WOS) — 2041

4. Verordnung zur Durchführung der Betriebsratswahlen bei den Postunternehmen (WahlO Post) — 2063

5. Gesetz zum Personalrecht der Beschäftigten der früheren Deutschen Bundespost (Postpersonalrechtsgesetz – PostPersRG –) — 2071

6. Gesetz über die Gründung einer Deutsche Bahn Aktiengesellschaft (Deutsche Bahn Gründungsgesetz – DBGrG –) — 2077

Inhaltsverzeichnis

Band II

	Seite
Bearbeiterverzeichnis	V
Abkürzungsverzeichnis	XI
Vierter Teil Mitwirkung und Mitbestimmung der Arbeitnehmer	1
Erster Abschnitt Allgemeines	1
§ 74 Grundsätze für die Zusammenarbeit	1
§ 75 Grundsätze für die Behandlung der Betriebsangehörigen	55
§ 76 Einigungsstelle	126
§ 76a Kosten der Einigungsstelle	192
§ 77 Durchführung gemeinsamer Beschlüsse, Betriebsvereinbarungen	212
§ 78 Schutzbestimmungen	411
§ 78a Schutz Auszubildender in besonderen Fällen	445
§ 79 Geheimhaltungspflicht	499
§ 80 Allgemeine Aufgaben	524
Zweiter Abschnitt Mitwirkungs- und Beschwerderecht des Arbeitnehmers	577
vor § 81 Einführung	577
§ 81 Unterrichtungs- und Erörterungspflicht des Arbeitgebers	590
§ 82 Anhörungs- und Erörterungsrecht des Arbeitnehmers	597
§ 83 Einsicht in die Personalakten	604
§ 84 Beschwerderecht	635
§ 85 Behandlung von Beschwerden durch den Betriebsrat	646
§ 86 Ergänzende Vereinbarungen	655
§ 86a Vorschlagsrecht der Arbeitnehmer	658
Dritter Abschnitt Soziale Angelegenheiten	664
vor § 87 Einführung	664
§ 87 Mitbestimmungsrechte	677
§ 88 Freiwillige Betriebsvereinbarungen	1105
§ 89 Arbeits- und betrieblicher Umweltschutz	1118
Vierter Abschnitt Gestaltung von Arbeitsplatz, Arbeitsablauf und Arbeitsumgebung	1147
vor § 90 Einführung	1147
§ 90 Unterrichtungs- und Beratungsrechte	1151
§ 91 Mitbestimmungsrecht	1165
Fünfter Abschnitt Personelle Angelegenheiten	1176
vor § 92 Einführung	1176

Erster Unterabschnitt Allgemeine personelle Angelegenheiten — 1185

§ 92	Personalplanung	1185
§ 92a	Beschäftigungssicherung	1202
§ 93	Ausschreibung von Arbeitsplätzen	1215
§ 94	Personalfragebogen, Beurteilungsgrundsätze	1237
§ 95	Auswahlrichtlinien	1266

Zweiter Unterabschnitt Berufsbildung — 1294

§ 96	Förderung der Berufsbildung	1294
§ 97	Einrichtungen und Maßnahmen der Berufsbildung	1308
§ 98	Durchführung betrieblicher Bildungsmaßnahmen	1320

Dritter Unterabschnitt Personelle Einzelmaßnahmen — 1341

§ 99	Mitbestimmung bei personellen Einzelmaßnahmen	1341
§ 100	Vorläufige personelle Maßnahmen	1461
§ 101	Zwangsgeld	1477
§ 102	Mitbestimmung bei Kündigungen	1487
§ 103	Außerordentliche Kündigung und Versetzung in besonderen Fällen	1598
§ 104	Entfernung betriebsstörender Arbeitnehmer	1652
§ 105	Leitende Angestellte	1667

Sechster Abschnitt Wirtschaftliche Angelegenheiten — 1673

vor § 106 Einführung — 1673

Erster Unterabschnitt Unterrichtung in wirtschaftlichen Angelegenheiten — 1690

§ 106	Wirtschaftsausschuss	1690
§ 107	Bestellung und Zusammensetzung des Wirtschaftsausschusses	1735
§ 108	Sitzungen	1751
§ 109	Beilegung von Meinungsverschiedenheiten	1773
§ 109a	Unternehmensübernahme	1784
§ 110	Unterrichtung der Arbeitnehmer	1792

Zweiter Unterabschnitt Betriebsänderungen — 1799

§ 111	Betriebsänderungen	1799
§ 112	Interessenausgleich über die Betriebsänderung, Sozialplan	1895
§ 112a	Erzwingbarer Sozialplan bei Personalabbau, Neugründungen	1896
§ 113	Nachteilsausgleich	2046

Fünfter Teil Besondere Vorschriften für einzelne Betriebsarten — 2083

Erster Abschnitt Seeschifffahrt — 2083

vor § 114 Einführung — 2083

§ 114	Grundsätze	2086
§ 115	Bordvertretung	2101
§ 116	Seebetriebsrat	2126

Zweiter Abschnitt Luftfahrt		2148
§ 117	Geltung für die Luftfahrt	2148
Dritter Abschnitt Tendenzbetriebe und Religionsgemeinschaften		2159
§ 118	Geltung für Tendenzbetriebe und Religionsgemeinschaften	2159
Sechster Teil Straf- und Bußgeldvorschriften		2231
§ 119	Straftaten gegen Betriebsverfassungsorgane und ihre Mitglieder	2231
§ 120	Verletzung von Geheimnissen	2255
§ 121	Bußgeldvorschriften	2272
Siebenter Teil Änderung von Gesetzen		2285

Von einer Kommentierung des Siebenten Teils (§§ 122–124) wurde abgesehen

Achter Teil Übergangs- und Schlussvorschriften		2287
§ 125	Erstmalige Wahlen nach diesem Gesetz	2287
§ 126	Ermächtigung zum Erlass von Wahlordnungen	2289
§ 127	Verweisungen	2290
§ 128	Bestehende abweichende Tarifverträge	2290
§ 129	Außerkrafttreten von Vorschriften	2291
§ 130	Öffentlicher Dienst	2292
§ 131	Berlin-Klausel	2295
§ 132	Inkrafttreten	2295

Anhang

1. Allgemeine Verwaltungsvorschrift über das Zusammenwirken der technischen Aufsichtsbeamten der Träger der Unfallversicherung mit den Betriebsvertretungen — 2297

2. Allgemeine Verwaltungsvorschrift über das Zusammenwirken der Berufsgenossenschaften und der für die Bergaufsicht zuständigen Behörden — 2301

3. Rahmenvereinbarung über das Zusammenwirken der staatlichen Arbeitsschutzbehörden der Länder und der Träger der gesetzlichen Unfallversicherung im Rahmen der Gemeinsamen Deutschen Arbeitsschutzstrategie (GDA) — 2303

Sachverzeichnis — 2309

Abkürzungsverzeichnis

a. A.	anderer Ansicht
a. a. O.	am angegebenen Ort
a. E.	am Ende
a. F.	alte Fassung
a. M.	anderer Meinung
ABG	Allgemeines Berggesetz für die preußischen Staaten vom 24. Juni 1865
ABGB	Allgemeines Bürgerliches Gesetzbuch für Österreich vom 1. Juni 1811
ABl. EG	Amtsblatt der Europäischen Gemeinschaften
ABl. EU	Amtsblatt der Europäischen Union
abl.	ablehnend
ABl.	Amtsblatt
ABl.KR	Amtsblatt des Kontrollrats in Deutschland
ABlBayArbMin.	Amtsblatt des Bayerischen Staatsministeriums für Arbeit und soziale Fürsorge bzw. Sozialordnung
Abs.	Absatz
abw.	abweichend
AcP	Archiv für die civilistische Praxis
Adomeit/Mohr AGG	*Klaus Adomeit* und *Jochen Mohr* Kommentar zum Allgemeinen Gleichbehandlungsgesetz, 2. Aufl.,Stuttgart u. a. 2011
AEntG	Gesetz über zwingende Mindestarbeitsbedingungen für grenzüberschreitend entsandte und für regelmäßig im Inland beschäftigte Arbeitnehmer und Arbeitnehmerinnen (Arbeitnehmer-Entsendegesetz) vom 20. April 2009
AEUV	Vertrag über die Arbeitsweise der Europäischen Union i. d. F. vom 9. März 2008
afa-Inf.	Informationen des Arbeitskreises für Arbeitsstudien beim DGB
AFG	Arbeitsförderungsgesetz vom 25. Juni 1969
AfP	Archiv für Presserecht. Zeitschrift für Fragen des Presse-, Urheber- und Werberechts
AFRG	Arbeitsförderungs-Reformgesetz vom 24. März 1997
AG	Aktiengesellschaft
AGBG	Gesetz zur Regelung des Rechts der Allgemeinen Geschäftsbedingungen (AGB-Gesetz) i. d. F. vom 29. Juni 2000
AGG	Allgemeines Gleichbehandlungsgesetz vom 14. August 2006
AGP	AGP-Mitteilungen, hrsg. von der Arbeitsgemeinschaft zur Förderung der Partnerschaft in der Wirtschaft e. V.
AGV	Arbeitgeberverband
AHK	Alliierte Hohe Kommission
AiB	Arbeitsrecht im Betrieb. Zeitschrift für Betriebsratsmitglieder
AK-BGB	Kommentar zum Bürgerlichen Gesetzbuch (Reihe Alternativkommentare), Gesamthrsg. *Rudolf Wassermann*, Neuwied und Darmstadt 1979 ff.
AKKR EBRG	*Georg Annuß, Thomas Kühn, Jan Rudolph* und *Hans-Jürgen Rupp* Europäische Betriebsräte-Gesetz, Kommentar, München 2014
AktG	Aktiengesetz vom 6. September 1965
AllMBl.	Allgemeines Ministerialblatt der Bayerischen Staatsregierung
AMBl.	Allgemeines Ministerialblatt
AMBV	Arbeitsmittelbenutzungsverordnung vom 11. März 1997
AmtsG	Amtsgericht
AN	Amtliche Nachrichten des Reichsversicherungsamtes

Abkürzungsverzeichnis

AnfG	Gesetz, betreffend die Anfechtung von Rechtshandlungen eines Schuldners außerhalb des Konkursverfahrens (Anfechtungsgesetz) i. d. F. vom 5. Oktober 1994
Anh.	Anhang
Anm.	Anmerkung
Annuß / Thüsing TzBfG	Kommentar zum Teilzeit- und Befristungsgesetz, hrsg. von *Georg Annuß* und *Gregor Thüsing*, 3. Aufl., Frankfurt a. M. 2012
AnwBl.	Anwaltsblatt
AO	Abgabenordnung i. d. F. vom 1. Oktober 2002
AOG	Gesetz zur Ordnung der nationalen Arbeit vom 20. Januar 1934
AOGÖ	Gesetz zur Ordnung der Arbeit in öffentlichen Verwaltungen und Betrieben vom 23. März 1934
AöR	Archiv des öffentlichen Rechts
AP	Arbeitsrechtliche Praxis (Nachschlagewerk des Bundesarbeitsgerichts)
APS	Kündigungsrecht – Großkommentar zum gesamten Recht der Beendigung von Arbeitsverhältnissen, hrsg. von *Reiner Ascheid*, *Ulrich Preis* und *Ingrid Schmidt*, 5. Aufl., München 2017
AR	Kommentar zum gesamten Arbeitsrecht, hrsg. von *Gregor Dornbusch*, *Ernst Fischermeier* und *Manfred Löwisch*, 8. Aufl., Köln 2016
Arbeitgeberverband Metall Hessen	Das neue Betriebsverfassungsgesetz. Hinweise für die Praxis, hrsg. vom Arbeitgeberverband der hessischen Metallindustrie e. V. Frankfurt (Main) und von der Vereinigung der hessischen Arbeitgeberverbände e. V. Frankfurt (Main), 2. Aufl., Frankfurt a. M. 1972
Arbeitsring Chemie	Betriebsverfassungsgesetz 72. Überblick, Erläuterungen und praktische Hinweise, hrsg. vom Arbeitsring der Arbeitgeberverbände der Deutschen Chemischen Industrie e. V., Heidelberg 1972
ArbG	Arbeitsgericht
ArbGeb.	der Arbeitgeber (Zeitschrift)
ArbGG	Arbeitsgerichtsgesetz i. d. F. vom 2. Juli 1979
AR-Blattei	Arbeitsrecht-Blattei
AR-Blattei ES	Arbeitsrecht-Blattei Entscheidungssammlung
AR-Blattei SD	Arbeitsrecht-Blattei Systematische Darstellungen
ArbMedV	Verordnung zur arbeitsmedizinischen Vorsorge vom 18. Dezember 2008
ArbMin.	Arbeitsminister(ium)
ArbN	Der saarländische Arbeitnehmer (Zeitschrift)
ArbNErfG	Gesetz über Arbeitnehmererfindungen vom 25. Juli 1957
ArbPlSchG	Gesetz über den Schutz des Arbeitsplatzes bei Einberufung zum Wehrdienst (Arbeitsplatzschutzgesetz) i. d. F. vom 16. Juli 2009
ArbR	Arbeitsrecht (Zeitschrift)
ArbRAktuell	Arbeitsrecht aktuell (Zeitschrift)
ArbRB	Der Arbeits-Rechts-Berater (Zeitschrift)
ArbRPr.	Arbeitsrechtspraxis (Zeitschrift)
ArbSch.	Arbeitsschutz (Fachbeilage des Bundesarbeitsblattes)
ArbSchG	Gesetz über die Durchführung von Maßnahmen des Arbeitsschutzes zur Verbesserung der Sicherheit und des Gesundheitsschutzes der Beschäftigten bei der Arbeit (Arbeitsschutzgesetz) vom 7. August 1996
ArbStättV	Verordnung über Arbeitsstätten (Arbeitsstättenverordnung) vom 12. August 2004
ArbStoffV	Verordnung über gefährliche Arbeitsstoffe (Arbeitsstoffverordnung) i. d. F. vom 11. Februar 1982

ArbuSozPol.	Arbeit und Sozialpolitik (Zeitschrift)
ArbuSozR	Arbeits- und Sozialrecht. Mitteilungsblatt des Arbeits- und Sozialministeriums Baden-Württemberg
ArbVG	Arbeitsverfassungsgesetz vom 14. Dezember 1973 (Österreich)
ArbZG	Arbeitszeitgesetz vom 6. Juni 1994
ArbZRG	Gesetz zur Vereinheitlichung und Flexibilisierung des Arbeitsrechts (Arbeitszeitrechtsgesetz) vom 6. Juni 1994
arg.	argumentum
ARS	Arbeitsrechtssammlung. Entscheidungen des Reichsarbeitsgerichts, der Landesarbeitsgerichte und Arbeitsgerichte
ARSt.	Arbeitsrecht in Stichworten (Zeitschrift)
Art.	Artikel
ASiG	Gesetz über Betriebsärzte, Sicherheitsingenieure und andere Fachkräfte für Arbeitssicherheit (Arbeitssicherheitsgesetz) vom 12. Dezember 1973
ASP	Arbeitsmedizin, Sozialmedizin, Präventivmedizin (Zeitschrift)
AtomG	Gesetz über die friedliche Verwendung der Kernenergie und der Schutz gegen ihre Gefahren (Atomgesetz) i. d. F. vom 15. Juli 1985
AuA	Arbeit und Arbeitsrecht (Zeitschrift)
AuB	arbeit und beruf (Zeitschrift)
Auffarth/Müller KSchG	*Fritz Auffarth* und *Gerhard Müller* Kündigungsschutzgesetz. Handkommentar für die Praxis, Berlin und Frankfurt a. M. 1960
Aufl.	Auflage
AÜG	Gesetz zur Regelung der gewerbsmäßigen Arbeitnehmerüberlassung (Arbeitnehmerüberlassungsgesetz) i. d. F. vom 3. Februar 1995
AuL	Arbeit und Leistung (Zeitschrift)
AuR	Arbeit und Recht (Zeitschrift)
AV	Allgemeine Verwaltungsvorschrift
AVG	Angestelltenversicherungsgesetz i. d. F. vom 28. Mai 1924
AVO	Ausführungsverordnung
AWD	Außenwirtschaftsdienst des Betriebsberaters. Recht der internationalen Wirtschaft (Zeitschrift)
Az.	Aktenzeichen
AZO	Arbeitszeitordnung vom 30. April 1938
BAFISBAÜbnG	Gesetz zur Übernahme der Beamten und Arbeitnehmer der Bundesanstalt für Flugsicherung vom 23. Juli 1992
BAG	Bundesarbeitsgericht
BAGE	Entscheidungen des Bundesarbeitsgerichtes. Amtliche Sammlung
BAGR	BAG Report, Schnelldienst zur arbeitsrechtlichen Rechtsprechung des Bundesarbeitsgerichts und des Europäischen Gerichtshofes
BAnz.	Bundesanzeiger
BArbBl.	Bundesarbeitsblatt
BAT	Bundesangestelltentarifvertrag
Bauer/Krieger AGG	*Jobst-Hubertus Bauer* und *Steffen Krieger* Allgemeines Gleichbehandlungsgesetz. Kommentar, 4. Aufl., München 2015
Baumbach/Lauterbach ZPO	Zivilprozeßordnung. Kommentar, begründet von *Adolf Baumbach*, fortgeführt von *Wolfgang Lauterbach*, nunmehr bearbeitet von *Jan Albers* und *Peter Hartmann*, 75. Aufl., München 2017
BaustellV	Verordnung über Sicherheit und Gesundheitsschutz auf Baustellen (Baustellenverordnung) vom 10. Juni 1998
BayObLG	Bayerisches Oberstes Landesgericht
BB	Betriebs-Berater (Zeitschrift)
BBergG	Bundesberggesetz vom 13. August 1980
BBG	Bundesbeamtengesetz i. d. F. vom 31. März 1999

Abkürzungsverzeichnis

BBiG	Berufsbildungsgesetz vom 23. März 2005
Bd., Bde.	Band, Bände
BDA	Bundesvereinigung der Deutschen Arbeitgeberverbände
BDO	Bundesdisziplinarordnung i. d. F. vom 20. Juli 1967
BDSG	Bundesdatenschutzgesetz i. d. F. vom 14. Januar 2003
BDSG 2017	Bundesdatenschutzgesetz vom 30. Juni 2017
BeamtStG	Gesetz zur Regelung des Statusrechts der Beamtinnen und Beamten in den Ländern (Beamtenstatusgesetz) vom 17. Juni 2008
Becker / Wulfgramm AÜG	*Friedrich Becker* und *Jörg Wulfgramm* Kommentar zum Arbeitnehmerüberlassungsgesetz, 3. Aufl., Neuwied 1985, Nachtrag 1986
BeckOK ArbR	Beck'scher Online-Kommentar Arbeitsrecht, hrsg. von *Christian Rolfs, Reinhard Giesen, Ralf Kreikebohm* und *Peter Udsching*, 43. Edition, 1. März 2017 / 1. April 2017
BeckRS	Beck-Rechtsprechung (online Datenbank)
BEEG	Gesetz zum Elterngeld und zur Elternzeit (Bundeselterngeld- und Elternzeitgesetz) vom 5. Dezember 2006
Beil.	Beilage
Belling Haftung des Betriebsrats	*Detlev W. Belling* Die Haftung des Betriebsrats und seiner Mitglieder für Pflichtverletzungen, Tübingen 1990
BEM	Betriebliches Eingliederungsmanagement
Bem.	Bemerkung
BErzGG	Gesetz über die Gewährung von Erziehungsgeld und Erziehungsurlaub (Bundeserziehungsgeldgesetz) i. d. F. vom 9. Februar 2004
BeschFG 1985	Gesetz über arbeitsrechtliche Vorschriften zur Beschäftigungsförderung (Beschäftigungsförderungsgesetz) vom 26. April 1985
BeschFG 1996	Arbeitsrechtliches Gesetz zur Förderung von Wachstum und Beschäftigung (Arbeitsrechtliches Beschäftigungsförderungsgesetz) vom 25. September 1996
BeschSchG	Gesetz zum Schutz der Beschäftigten vor sexueller Belästigung am Arbeitsplatz (Beschäftigtenschutzgesetz) vom 24. Juni 1994
Besgen	*Nicolai Besgen* Handbuch Betriebsverfassungsrecht, 2.Aufl., Stuttgart u. a. 2010
bestr.	bestritten
betr.	betreffend
BetrAVG	Gesetz zur Verbesserung der betrieblichen Altersversorgung (Betriebsrentengesetz) vom 19. Dezember 1974
BetrR	Der Betriebsrat. Mitteilungen für die Betriebsräte der IG Chemie-Papier- Keramik (Zeitschrift, bis 1998)
BetrSichV	Verordnung über Sicherheit und Gesundheitsschutz bei der Verwendung von Arbeitsmitteln (Betriebssicherheitsverordnung) vom 3. Februar 2015
BetrV	Die Betriebsverfassung (Zeitschrift, bis 1959)
BetrVerf-ReformG	Gesetz zur Reform des Betriebsverfassungsgesetzes vom 23. Juli 2001
BetrVG 1952	Betriebsverfassungsgesetz vom 11. Oktober 1952 (AP-Zitate ohne Zusatz 1952)
BetrVG, BetrVG 1972	Betriebsverfassungsgesetz i. d. F. vom 25. September 2001
BfA	Bundesversicherungsanstalt für Angestellte
BfAIPG	Gesetz über das Personal der Bundesagentur für Außenwirtschaft vom 8. Dezember 2008
BFH	Bundesfinanzhof
BFHE	Entscheidungen des Bundesfinanzhofes. Amtliche Sammlung
BFH/NV	Sammlung amtlich nicht veröffentlichter Entscheidungen des Bundesfinanzhofs (Zeitschrift)

Abkürzungsverzeichnis

BG	Die Berufsgenossenschaft (Zeitschrift)
BGB	Bürgerliches Gesetzbuch i. d. F. vom 2. Januar 2002
BGBl. I, II, III	Bundesgesetzblatt Teil I, II, III
BGB-RGRK	Das Bürgerliche Gesetzbuch mit besonderer Berücksichtigung der Rechtsprechung des Reichsgerichts und des Bundesgerichtshofes, Kommentar; 11. Aufl. hrsg. von Reichsgerichtsräten und Bundesrichtern, Berlin 1959–1970; 12. Aufl. hrsg. von Mitgliedern des Bundesgerichtshofes, Berlin und New York 1974 ff.
BGH	Bundesgerichtshof
BGHSt.	Entscheidungen des Bundesgerichtshofes in Strafsachen. Amtliche Sammlung
BGHZ	Entscheidungen des Bundesgerichtshofes in Zivilsachen. Amtliche Sammlung
Biedenkopf Tarifautonomie	*Kurt H. Biedenkopf* Grenzen der Tarifautonomie, Karlsruhe 1964
BildscharbV	Verordnung über Sicherheit und Gesundheitsschutz bei der Arbeit an Bildschirmgeräten vom 4. Dezember 1996
BImSchG	Gesetz zum Schutz vor schädlichen Umwelteinwirkungen durch Luftverunreinigungen, Geräusche, Erschütterungen und ähnliche Vorgänge (Bundes-Immissionsschutzgesetz) i. d. F. vom 17. Mai 2013
BioStoffV	Verordnung über Sicherheit und Gesundheitsschutz bei Tätigkeiten mit Biologischen Arbeitsstoffen (Biostoffverordnung) vom 15. Juli 2013
Bitzer	*Walter Bitzer* Die Wahl der Betriebsvertretungen, Köln 1972
BKV	Berufskrankheiten-Verordnung vom 31. Oktober 1997
Bl.	Blatt
Blanke EBRG	*Thomas Blanke* Europäische Betriebsräte-Gesetz. Kommentar, 2. Aufl., Baden-Baden 2006
Bleistein	*Franzjosef Bleistein* Betriebsverfassung in der Praxis. Praxisnaher Leitfaden und Kommentar zum Betriebsverfassungsgesetz 1972, 3. Aufl., Bonn 1977
BlStSozArbR	Blätter für Steuerrecht, Sozialversicherung und Arbeitsrecht (Zeitschrift, bis 1985)
BMA	Bundesminister(ium) für Arbeit und Sozialordnung
BMAS	Bundesminister(ium) für Arbeit und Soziales
BMF	Bundesminister(ium) der Finanzen
BMT-G	Bundesmanteltarifvertrag für Arbeiter gemeindlicher Verwaltungen und Betriebe
BMWA	Bundesminister(ium) für Wirtschaft und Arbeit
Bobrowski / Gaul Das Arbeitsrecht im Betrieb I, II	Das Arbeitsrecht im Betrieb von der Einstellung bis zur Entlassung, begründet von *Paul Bobrowski*, seit der 3. Aufl. weitergeführt von *Dieter Gaul*, 2 Bände, 7. Aufl., Heidelberg 1979
Boemke / Lembke AÜG	Arbeitnehmerüberlassungsgesetz. Kommentar, hrsg. von *Burkhard Boemke* und *Mark Lembke*, 3. Aufl., Frankfurt a. M. 2013
Bohn	*Hans Bohn* Das Betriebsverfassungsgesetz vom 11. Oktober 1952 nebst Erläuterungen für die betriebliche Praxis, 4. Aufl., Düsseldorf 1962
Bohn / Schlicht	*Hans Bohn* und *Michael Schlicht* Betriebsverfassungsgesetz vom 15. Januar 1972 und Wahlordnung vom 16. Januar 1972. Kommentar für die betriebliche Praxis, 3. Aufl., Düsseldorf 1982
BPersVG	Bundespersonalvertretungsgesetz vom 15. März 1974
BRAGO	Bundesgebührenordnung für Rechtsanwälte vom 26. Juli 1957
Brand SGB III	SGB III – Sozialgesetzbuch Arbeitsförderung, Kommentar, hrsg. von *Jürgen Brand*, 7. Aufl., München 2015

Abkürzungsverzeichnis

Braun InsO	Insolvenzordnung. Kommentar, hrsg. von *Eberhard Braun*, 7. Aufl., München 2017
BR-Drucks.	Drucksache des Deutschen Bundesrates
Brecht	Hans-Theo *Brecht* Kommentar zum Betriebsverfassungsgesetz nebst Wahlordnung, Herne, Berlin 1972
Breithaupt	Sammlung von Entscheidungen aus dem Sozialrecht
BRG 1920	Betriebsrätegesetz vom 4. Februar 1920
BRO BetrAVG	*Wolfgang Blomeyer, Christian Rolfs* und *Klaus Otto* Betriebsrentengesetz – Gesetz zur Verbesserung der betrieblichen Altersversorgung. Kommentar, 6. Aufl., München 2015
Bross Arbeitsstrafrecht	Handbuch Arbeitsstrafrecht, hrsg. von *Nikolaus Bross*, Köln 2017
Brox / Rüthers Arbeitskampfrecht	Hans *Brox, Bernd Rüthers, Wilfried Schlüter* und *Friedrich Jülicher* Arbeitskampfrecht, 2. Aufl., Stuttgart 1982
Brox / Rüthers / Henssler Arbeitsrecht	Hans *Brox, Bernd Rüthers* und *Martin Henssler* Arbeitsrecht, 19. Aufl., Stuttgart, 2016
BR-Prot.	Stenografische Berichte der Sitzungen des Deutschen Bundesrates
BRRG	Rahmengesetz zur Vereinheitlichung des Beamtenrechts (Beamtenrechtsrahmengesetz) i. d. F. vom 31. März 1999
BSchG	Gesetz betreffend die privatrechtlichen Verhältnisse der Binnenschiffahrt i. d. F. vom 20. Mai 1898
BSG	Bundessozialgericht
BSGE	Entscheidungen des Bundessozialgerichtes. Amtliche Sammlung
BSHG	Bundessozialhilfegesetz i. d. F. vom 23. März 1994
BStBl. I, II, III	Bundessteuerblatt Teil I, II, III
BT	Deutscher Bundestag
BT-Drucks.	Drucksache des Deutschen Bundestages
BtG	Gesetz zur Reform des Rechts der Vormundschaft und Pflegschaft für Volljährige (Betreuungsgesetz) vom 12. September 1990
BTHG	Gesetz zur Stärkung der Teilhabe und Selbstbestimmung von Menschen mit Behinderungen (Bundesteilhabegesetz) vom 23. Dezember 2016
BT-Prot.	Stenografische Berichte der Sitzungen des Deutschen Bundestages
Buchner / Becker	Herbert *Buchner* und *Ulrich Becker* Mutterschutzgesetz / Bundeselterngeld- und Elternzeitgesetz. Kommentar, begründet von *Gustav-Adolf Bulla*, 8. Aufl., München 2008
Buchst.	Buchstabe(n)
Bührig	Erich *Bührig* Handbuch der Betriebsverfassung, Köln 1953
Bundesvereinigung	Bundesvereinigung der Deutschen Arbeitgeberverbände, Das neue Betriebsverfassungsgesetz, Köln 1972
BUrlG	Mindesturlaubsgesetz für Arbeitnehmer (Bundesurlaubsgesetz) vom 8. Januar 1963
Buschmann / Ulber	Rudolf *Buschmann* und *Jürgen Ulber* Arbeitszeitgesetz, 8. Aufl., Frankfurt a. M. 2015
BUV	Betriebs- und Unternehmensverfassung (Zeitschrift)
BuW	Betrieb und Wirtschaft (Zeitschrift)
BVerfG	Bundesverfassungsgericht
BVerfGE	Entscheidungen des Bundesverfassungsgerichtes. Amtliche Sammlung
BVerfGG	Gesetz über das Bundesverfassungsgericht i. d. F. vom 11. August 1993
BVerwG	Bundesverwaltungsgericht
BVerwGE	Entscheidungen des Bundesverwaltungsgerichtes. Amtliche Sammlung
BwKoopG	Kooperationsgesetz der Bundeswehr vom 30. Juli 2004

BWpVerwPG	Gesetz über das Personal der Bundeswertpapierverwaltung (Bundeswertpapierverwaltungspersonalgesetz) vom 12. Juli 2006
bzw.	beziehungsweise
CCZ	Corporate Compliance Zeitschrift
CEN	Europäische Kommission für Normung
CENELEC	Europäische Kommission für elektrotechnische Normung
ChemG	Gesetz zum Schutz vor gefährlichen Stoffen (Chemikaliengesetz) i. d. F. vom 28. August 2013
CR	Computer und Recht (Zeitschrift)
Cramer SGB IX	*Horst H. Cramer* SGB IX. Kommentar zum Recht schwerbehinderter Menschen, begründet von *Karl Jung* und *Horst H. Cramer*, 6. Aufl., München 2011
CSR-Richtlinie	Richtlinie 2014/95/EU des Europäischen Parlaments und des Rates vom 22. Oktober 2014 zur Änderung der Richtlinie 2013/34/EU im Hinblick auf die Angabe nichtfinanzieller und die Diversität betreffender Informationen durch bestimmte große Unternehmen und Gruppen
d. h.	das heißt
Dachrodt / Engelbert	Praktiker-Kommentar zum Betriebsverfassungsrecht, hrsg. von *Heinz-G. Dachrodt* und *Volker Engelbert*, Herne und Berlin 2002
DAG	Deutsche Angestellten-Gewerkschaft
DAngest.	Der Angestellte (Zeitschrift)
dass.	dasselbe
Däubler Arbeitskampfrecht	Arbeitskampfrecht. Handbuch für die Rechtspraxis, hrsg. von *Wolfgang Däubler*, 3. Aufl., Baden-Baden 2011
Däubler Das Arbeitsrecht 1, 2	*Wolfgang Däubler* Das Arbeitsrecht 1, 16. Aufl., Reinbek bei Hamburg 2006, Das Arbeitsrecht 2, 12. Aufl., Reinbek bei Hamburg 2009
Däubler Gewerkschaftsrechte im Betrieb	*Wolfgang Däubler* Gewerkschaftsrechte im Betrieb. Handkommentar, 12. Aufl., Baden-Baden 2016
Däubler Tarifvertragsrecht	*Wolfgang Däubler* Tarifvertragsrecht, 3. Aufl., Baden-Baden 1993
Däubler TVG	Kommentar zum Tarifvertragsgesetz, hrsg. von *Wolfgang Däubler*, 4. Aufl., Baden-Baden 2016
DB	Der Betrieb (Zeitschrift)
DBGrG	Gesetz über die Gründung einer Deutsche Bahn Aktiengesellschaft (Deutsche Bahn Gründungsgesetz) vom 27. Dezember 1993
DBW	Die Betriebswirtschaft (Zeitschrift)
DDZ KSchR	Kündigungsschutzrecht. Kommentar für die Praxis, hrsg. von, *Wolfgang Däubler, Olaf Deinert* und *Bertram Zwanziger*, 10. Aufl., Frankfurt a. M. 2017
Denecke / Neumann / Biebl AZO	Arbeitszeitordnung. Kommentar, begründet von *Johannes Denecke*, fortgeführt von *Dirk Neumann* und *Josef Biebl*, 11. Aufl., München 1991
ders.	derselbe
DGB	Deutscher Gewerkschaftsbund
dgl.	dergleichen, desgleichen
Die AG	Die Aktiengesellschaft (Zeitschrift)
dies.	dieselbe(n)
Dietz	*Rolf Dietz* Betriebsverfassungsgesetz mit Wahlordnung. Kommentar, 4. Aufl., München und Berlin 1967
Dietz PersVG	*Rolf Dietz* Personalvertretungsgesetz mit Wahlordnung. Kommentar, München und Berlin 1956
Dietz / Nikisch ArbGG	*Rolf Dietz* und *Arthur Nikisch* Arbeitsgerichtsgesetz. Kommentar, München und Berlin 1954

Abkürzungsverzeichnis

Dietz / Richardi	Betriebsverfassungsgesetz. Kommentar, begründet von *Rolf Dietz*, fortgeführt von *Reinhard Richardi*, Bd. 1: §§ 1–73 mit Wahlordnung, 6. Aufl., München 1981; Bd. 2: §§ 74 – Schluss mit Betriebsverfassungsgesetz 1952, 6. Aufl., München 1982
Dietz / Richardi BPersVG	Bundespersonalvertretungsgesetz Kommentar, begründet von *Rolf Dietz*, fortgeführt von *Reinhard Richardi*, Bd. 1: §§ 1–52, 2. Aufl., München 1978; Bd. 2: §§ 53 – Schluss mit Wahlordnung, 2. Aufl., München 1978
DIN	Deutsches Institut für Normung
Diss.	Dissertation
DJT	Deutscher Juristentag
DKKW	Betriebsverfassungsgesetz. Kommentar für die Praxis, hrsg. von *Wolfgang Däubler, Michael Kittner, Thomas Klebe* und *Peter Wedde*, 15. Aufl., Frankfurt a. M. 2016 (Fortführung des Werkes von *Gnade / Kehrmann / Schneider / Blanke* [s.u.], bis zur 5. Aufl. mithrsg. von *Wolfgang Schneider*)
DMBilG	Gesetz über die Eröffnungsbilanz in Deutscher Mark und die Kapitalneufestsetzung (D-Markbilanzgesetz) i. d. F. vom 28. Juli 1994
DMitbest.	Die Mitbestimmung (Zeitschrift, ab 1982; bis 1981 MitbestGespr.)
Dörner / Wildschütz	*Klemens Maria Dörner* und *Martin Wildschütz* Praktisches Arbeitsrecht II, Köln 1993
DöV	Die öffentliche Verwaltung (Zeitschrift)
DP	Das Personal (Zeitschrift)
DRdA	Das Recht der Arbeit (österreichische Zeitschrift)
DrittelbG	Gesetz über die Drittelbeteiligung der Arbeitnehmer im Aufsichtsrat (Drittelbeteiligungsgesetz) vom 18. Mai 2004
DSAnpUG-EU	Gesetz zur Anpassung des Datenschutzrechts an die Verordnung (EU) 2016/679 und zur Umsetzung der Richtlinie (EU) 2016/680 (Datenschutz-Anpassungs- und Umsetzungsgesetz EU) vom 30. Juni 2017
DS-GVO	Verordnung (EU) 2016/679 des Europäischen Parlaments und des Rates vom 27. April 2016 zum Schutz natürlicher Personen bei der Verarbeitung personenbezogener Daten (Datenschutz-Grundverordnung)
DStR	Deutsches Steuerrecht (Zeitschrift)
DStZ	Deutsche Steuer-Zeitung (Zeitschrift)
DSWR	Datenverarbeitung in Steuer, Wirtschaft und Recht (Zeitschrift)
DuD	Datenschutz und Datensicherung (Zeitschrift)
DuR	Demokratie und Recht (Zeitschrift)
Dütz / Thüsing Arbeitsrecht	*Wilhelm Dütz* und *Gregor Thüsing* Arbeitsrecht, 21. Aufl., München 2016
Düwell / Lipke ArbGG	Arbeitsgerichtsgesetz, Kommentar zum gesamten Arbeitsverfahrensrecht, hrsg. von *Franz Josef Düwell* und *Gert-Albert Lipke*, 4. Aufl., Köln 2016
DVO	Durchführungsverordnung
DVR	Datenverarbeitung und Recht (Zeitschrift)
DZWIR (DZWir.)	Deutsche Zeitschrift für Wirtschafts- und Insolvenzrecht (bis 1999: Deutsche Zeitschrift für Wirtschaftsrecht)
e. V.	eingetragener Verein
EAS	Europäisches Arbeits- und Sozialrecht (Loseblattsammlung), hrsg. von *Hartmut Oetker* und *Ulrich Preis*, Heidelberg 1994 ff.
EBRG	Gesetz über Europäische Betriebsräte (Europäische Betriebsräte-Gesetz) i. d. F. vom 7. Dezember 2011

EBRG 1996	Gesetz über Europäische Betriebsräte (Europäische Betriebsräte-Gesetz) vom 28. Oktober 1996
EDV	Elektronische Datenverarbeitung
EFG	Entscheidungen der Finanzgerichte (Zeitschrift)
EFZG	Gesetz über die Zahlung des Arbeitsentgelts an Feiertagen und im Krankheitsfall (Entgeltfortzahlungsgesetz) vom 26. Mai 1994
EG	Einführungsgesetz/Europäische Gemeinschaft(en)/EG-Vertrag i. d. F. des Vertrages von Nizza sowie unter Berücksichtigung der Beitrittsakte vom 16. April 2003
eG	eingetragene Genossenschaft
EGBGB	Einführungsgesetz zum Bürgerlichen Gesetzbuch i. d. F. vom 21. September 1994
EGV	Vertrag zur Gründung der Europäischen Gemeinschaft i. d. F. vom 7. Februar 1992
EMRK	Konvention zum Schutze der Menschenrechte und Grundfreiheiten vom 4. November 1950
EntgTranspG	Gesetz zur Förderung der Entgelttransparenz zwischen Frauen und Männern (Entgelttransparenzgesetz) vom 30. Juni 2017
Entsch.	Entscheidung
EntschKal.	Entscheidungskalender. Arbeits- und Sozialrecht, Verwaltungsrecht
Erdmann	*Gerhard Erdmann* Das Betriebsverfassungsgesetz vom 11. Oktober 1952, 2. Aufl., Neuwied 1954
Erdmann/Jürging/Kammann	*Ernst-Gerhard Erdmann, Claus Jürging* und *Karl-Udo Kammann* Betriebsverfassungsgesetz. Kommentar für die Praxis, Neuwied und Berlin 1972
ErfK	Erfurter Kommentar zum Arbeitsrecht, hrsg. von *Rudi Müller-Glöge, Ulrich Preis* und *Ingrid Schmidt*, 17. Aufl., München 2017
Erl.	Erläuterungen
Erman BGB	Bürgerliches Gesetzbuch. Handkommentar, begründet von *Walter Erman*, fortgeführt von *Harm Peter Westermann* und *Barbara Grunewald*, 14. Aufl., Köln 2014
EStDV	Einkommensteuer-Durchführungsverordnung i. d. F. vom 10. Mai 2000
EStG	Einkommensteuergesetz i. d. F. vom 8. Oktober 2009
etc.	et cetera
Etzel	*Gerhard Etzel* Betriebsverfassungsrecht. Eine systematische Darstellung, 8. Aufl., Neuwied und Kriftel 2002
EuArbR	Kommentar zum europäischen Arbeitsrecht, hrsg. von *Martin Franzen, Inken Gallner* und *Hartmut Oetker*, München 2016
EU-DSGVO	EU-Datenschutz-Grundverordnung
EuGH	Europäischer Gerichtshof
EuroAS	Informationsdienst Europäisches Arbeits- und Sozialrecht
EuZA	Europäische Zeitschrift für Arbeitsrecht (EJLL – European Journal of Labour Law)
EuZW	Europäische Zeitschrift für Wirtschaftsrecht
evtl.	eventuell
EWG	Europäische Wirtschaftsgemeinschaft
EWGV	Vertrag zur Gründung der Europäischen Wirtschaftsgemeinschaft vom 25. März 1957
EWiR	Entscheidungen zum Wirtschaftsrecht (Entscheidungssammlung)
EzA	Entscheidungssammlung zum Arbeitsrecht, hrsg. von *Eugen Stahlhacke* und *Burghard Kreft*
EzAÜG	Entscheidungssammlung zum Arbeitnehmerüberlassungsgesetz
EzB	Entscheidungssammlung zum Berufsbildungsrecht

Abkürzungsverzeichnis

EzBAT	Entscheidungssammlung zum Bundesangestelltentarifvertrag
f., ff.	folgende
FA	Fachanwalt Arbeitsrecht (Zeitschrift)
Fabricius Unternehmensrechtsreform	*Fritz Fabricius* Unternehmensrechtsreform und Mitbestimmung in einer sozialen Marktwirtschaft, Stuttgart u. a. 1982
FAHdB ArbR	Handbuch des Fachanwalts Arbeitsrecht, hrsg. von *Klemens Dörner, Stefan Luczak, Martin Wildschütz, Ulrich Baeck* und *Axel Hoß*, 13. Aufl., Köln 2015
FamFG	Gesetz über das Verfahren in Familiensachen und in den Angelegenheiten der freiwilligen Gerichtsbarkeit vom 17. Dezember 2008
FBO UWG	Lauterkeitsrecht – Kommentar zum Gesetz gegen den unlauteren Wettbewerb (UWG), hrsg. von *Karl-Heinz Fezer, Wolfgang Büscher* und *Eva Ines Obergfell*, 3.Aufl., München 2016
FernmG	Gesetz über Fernmeldeanlagen i. d. F. vom 3. Juli 1989
FG	Finanzgericht
FGG	Gesetz über die Angelegenheiten der freiwilligen Gerichtsbarkeit i. d. F. vom 20. Mai 1898
FinDAG	Gesetz über die Bundesanstalt für Finanzdienstleistungsaufsicht vom 22. April 2002
Fischer StGB	Strafgesetzbuch und Nebengesetze. Kommentar, begr. von *Eduard Dreher*, fortgeführt von *Herbert Tröndle*, nunmehr bearbeitet von *Thomas Fischer*, 64. Aufl., München 2017
Fitting	Betriebsverfassungsgesetz. Handkommentar, begründet von *Karl Fitting*, fortgeführt von *Gerd Engels, Ingrid Schmidt, Yvonne Trebinger* und *Wolfgang Linsenmaier*, 28. Aufl., München 2016
Fitting / Auffarth	*Karl Fitting, Fritz Auffarth* und *Heinrich Kaiser* Betriebsverfassungsgesetz. Handkommentar, 10. Aufl., München 1972
Fitting / Auffarth / Kaiser Das neue Betriebsverfassungsrecht	*Karl Fitting, Fritz Auffarth* und *Heinrich Kaiser* Das neue Betriebsverfassungsrecht, München 1972
Fitting / Auffarth / Kaiser / Heither	Betriebsverfassungsgesetz. Handkommentar, begründet von *Karl Fitting*, fortgeführt von *Fritz Auffarth, Heinrich Kaiser* und *Friedrich Heither*, 17. Aufl., München 1992
Fitting / Kaiser / Heither / Engels	Betriebsverfassungsgesetz. Handkommentar, begründet von *Karl Fitting*, fortgeführt von *Heinrich Kaiser, Friedrich Heither, Gerd Engels* und *Ingrid Schmidt*, 20. Aufl., München 2000
Fitting / Kraegeloh / Auffarth	*Karl Fitting* und *Fritz Auffarth* Betriebsverfassungsgesetz nebst Wahlordnung. Handkommentar für die Praxis, 9. Aufl., Berlin und Frankfurt a. M. 1970
Fitting / Wlotzke / Wißmann MitbestG	*Karl Fitting, Otfried Wlotzke* und *Hellmut Wißmann* Mitbestimmungsgesetz mit Wahlordnungen. Kommentar, 2. Aufl., München 1978
FK-InsO	Frankfurter Kommentar zur Insolvenzordnung, hrsg. von *Klaus Wimmer*, 8. Aufl., Köln 2015
FlaggRG	Gesetz über das Flaggenrecht der Seeschiffe und die Flaggenführung der Binnenschiffe (Flaggenrechtsgesetz) i. d. F. vom 26. Oktober 1994
Floretta / Spielbüchler / Strasser Arbeitsrecht II	*Hans Floretta, Karl Spielbüchler* und *Rudolf Strasser* Arbeitsrecht Bd. 2, 4. Aufl., Wien 2001
Floretta / Strasser ArbVG	*Hans Floretta, Rudolf Strasser* Kommentar zum Arbeitsverfassungsgesetz, Wien 1975
Fn.	Fußnote
FPfZG	Gesetz über die Familienpflegezeit (Familienpflegezeitgesetz) vom 7. Dezember 2011

Frauenkron	*Karl-Peter Frauenkron* Betriebsverfassungsgesetz mit Wahlordnung. Kommentar, Stuttgart u. a. 1972
Frauenkron Grundriß	*Karl-Peter Frauenkron* Betriebsverfassungsrecht mit Gesetzestext und Wahlordnung. Grundriß für Studium und Praxis, Bonn 1980
Friese Koalitionsfreiheit	*Birgit Friese* Kollektive Koalitionsfreiheit und Betriebsverfassung, Berlin 2000
Fuchs / Marhold Europäisches Arbeitsrecht	*Maximilian Fuchs* und *Franz Marhold* Europäisches Arbeitsrecht, 4. Aufl., Wien und New York 2014
G	Gesetz
GABl.	Gemeinsames Amtsblatt
Gagel SGB III	Sozialgesetzbuch III – Arbeitsförderung. Kommentar, hrsg. von *Alexander Gagel*, Loseblatt, München 1978 ff.
Galperin Leitfaden	*Hans Galperin* Das Betriebsverfassungsgesetz 1972. Leitfaden für die Praxis, Heidelberg 1972
Galperin Regierungsentwurf	*Hans Galperin* Der Regierungsentwurf eines neuen Betriebsverfassungsgesetzes, Düsseldorf 1971
Galperin / Löwisch	Kommentar zum Betriebsverfassungsgesetz, Bd. I: Organisation der Betriebsverfassung (§§ 1–73 mit Wahlordnung), bearbeitet von *Manfred Löwisch* und *Rolf Marienhagen*, 6. Aufl., Heidelberg 1982; Bd. II: Regelung der Mitbestimmung (§§ 74–132), bearbeitet von *Manfred Löwisch* unter Mitarbeit von *Bernd Kröger*, 6. Aufl., Heidelberg 1982
Galperin / Siebert	*Hans Galperin* und *Wolfgang Siebert* Kommentar zum Betriebsverfassungsgesetz, 4. Aufl., Heidelberg 1963
Gamillscheg Arbeitsrecht I, II	*Franz Gamillscheg* Arbeitsrecht Bd. I: Arbeitsvertrags- und Arbeitsschutzrecht, 8. Aufl., München 2000; Bd. II: Kollektives Arbeitsrecht, 6. Aufl., München 1984
Gamillscheg I	*Franz Gamillscheg* Kollektives Arbeitsrecht Bd. I, München 1997
Gamillscheg II	*Franz Gamillscheg* Kollektives Arbeitsrecht Bd. II, München 2008
Gaul Betriebs- und Unternehmensspaltung	*Björn Gaul* Das Arbeitsrecht der Betriebs- und Unternehmensspaltung. Gestaltung von Betriebsübergang Outsourcing Umwandlung, Köln 2002
Gaul Das Arbeitsrecht im Betrieb I, II	*Dieter Gaul* Das Arbeitsrecht im Betrieb von der Einstellung bis zur Entlassung, 2 Bde., 8. Aufl., Heidelberg 1986 (Fortführung des Werkes von *Bobrowski / Gaul* [s. o.])
GBl.	Gesetzblatt
GdT-Schriften	Gemeinschaftsausschuß der Technik (GdT), Schriftenreihe
GefStoffV	Verordnung zum Schutz vor Gefahrstoffen (Gefahrstoffverordnung) i. d. F. vom 26. November 2010
GemSOGB	Gemeinsamer Senat der Obersten Gerichtshöfe des Bundes
GenDG	Gesetz über genetische Untersuchungen bei Menschen (Gendiagnostikgesetz) vom 31. Juli 2009
GenG	Gesetz betreffend die Erwerbs- und Wirtschaftsgenossenschaften (Genossenschaftsgesetz) i. d. F. vom 16. Oktober 2006
GenTG	Gesetz zur Regelung der Gentechnik (Gentechnikgesetz) i. d. F. vom 16. Dezember 1993
GenTSV	Gentechnische Sicherheitsverordnung i. d. F. vom 14. März 1995
GeschO BT	Geschäftsordnung des Deutschen Bundestages i. d. F. vom 25. Juni 1980
GewArch.	Gewerbearchiv (Zeitschrift)
Gewerkschafter	Der Gewerkschafter (Zeitschrift)
GewMH	Gewerkschaftliche Monatshefte
GewO	Gewerbeordnung i. d. F. vom 22. Februar 1999
GewStG	Gewerbesteuergesetz i. d. F. vom 15. Oktober 2002
GewUmschau	Gewerkschaftliche Umschau (Zeitschrift)

Abkürzungsverzeichnis

GG	Grundgesetz für die Bundesrepublik Deutschland vom 23. Mai 1949
ggf.	gegebenenfalls
GK-ArbGG	Gemeinschaftskommentar zum Arbeitsgerichtsgesetz, bearbeitet von *Martina Ahrendt* u. a., Loseblatt, Neuwied 1995 ff.
GK-BUrlG	Gemeinschaftskommentar zum Bundesurlaubsgesetz, bearbeitet von *Eugen Stahlhacke* u. a., 5. Aufl., Neuwied u. a. 1992
GK-MitbestG	Gemeinschaftskommentar zum Mitbestimmungsgesetz, hrsg. von *Fritz Fabricius*, Loseblatt, Neuwied 1976
GKR Arbeitsstrafrecht	*Björn Gercke*, *Oliver Kraft* und *Marcus Richter* Arbeitsstrafrecht, 2. Aufl., Heidelberg 2015
GK-SGB IX	Gemeinschaftskommentar zum Sozialgesetzbuch – Rehabilitation und Teilhabe behinderter Menschen, bearbeitet von *Ruprecht Großmann* u. a., Loseblatt, Neuwied, Kriftel, 2002 ff.
GK-TzA	Gemeinschaftskommentar zum Teilzeitarbeitsrecht, bearbeitet von *Friedrich Becker* u. a., Neuwied, Darmstadt 1987
Glaubrecht / Halberstadt / Zander	*Helmut Glaubrecht*, *Gerhard Halberstadt* und *Ernst Zander* Betriebsverfassung in Recht und Praxis, Loseblatt, Freiburg 1994 ff.
GleiBG	Gesetz zur Durchsetzung der Gleichberechtigung von Frauen und Männern (Zweites Gleichberechtigungsgesetz) vom 24. Juni 1994
GmbH	Gesellschaft mit beschränkter Haftung
GmbHG	Gesetz betreffend die Gesellschaften mit beschränkter Haftung i. d. F. vom 20. Mai 1898
GmbHR	GmbH-Rundschau (Zeitschrift)
GMBl.	Gemeinsames Ministerialblatt
GMP ArbGG	*Claas-Hinrich Germelmann*, *Hans-Christoph Matthes* und *Hanns Prütting*, Arbeitsgerichtsgesetz. Kommentar, 8. Aufl., München 2013
Gnade / Kehrmann / Schneider / Blanke	*Albert Gnade*, *Karl Kehrmann*, *Wolfgang Schneider* und *Hermann Blanke* Betriebsverfassungsgesetz. Kommentar für die Praxis, 2. Aufl., Köln 1983
Göhler OWiG	Gesetz über Ordnungswidrigkeiten. Kommentar, begründet von *Erich Göhler*, fortgeführt von *Franz Gürtler* und *Helmut Seitz*, 17. Aufl., München 2017
Gottwald	Insolvenzrechts-Handbuch, hrsg. von *Peter Gottwald*, 5. Aufl., München 2015
Goutier / Knopf / Tulloch UmwG	Kommentar zum Umwandlungsrecht, hrsg. von *Klaus Goutier*, *Rüdiger Knopf* und *Anthony Tulloch*, Heidelberg 1996
GPSG	Gesetz über technische Arbeitsmittel und Verbraucherprodukte (Geräte- und Produktsicherheitsgesetz) vom 6. Januar 2004
GRC	Charta der Grundrechte der Europäischen Union vom 12. Dezember 2007
Großkomm. AktG	Großkommentar zum Aktiengesetz, hrsg. von *Heribert Hirte*, *Peter O. Mülbert* und *Markus Roth*, 5. Aufl., Berlin und New York 2015 ff.
Großmann / Schneider Arbeitsrecht	*Ruprecht Großmann* und *Friedrich Schneider* Arbeitsrecht, 9. Aufl., Bonn 1995
GRUR	Gewerblicher Rechtsschutz und Urheberrecht (Zeitschrift)
GRUR-RR	Gewerblicher Rechtsschutz und Urheberrecht – Rechtsprechungs-Report (Zeitschrift)
GS	Großer Senat
GS Preußen	Gesetzes-Sammlung für die Königlich-Preußischen Staaten (bis 1906)
GSG	Gesetz über technische Arbeitsmittel (Gerätesicherheitsgesetz) i. d. F. vom 11. Mai 2001

GTAW	*Roland Gross, Horst Thon, Natascha Ahmad* und *Frank Woitaschek* BetrVG. Kommentar zum Betriebsverfassungsgesetz, 2. Aufl., Köln 2008
GVBl.	Gesetz- und Verordnungsblatt
GVG	Gerichtsverfassungsgesetz i. d. F. vom 9. Mai 1975
GVOBl.	s. GVBl.
GWB	Gesetz gegen Wettbewerbsbeschränkungen i. d. F. vom 15. Juli 2005
GWBG ArbGG	*Wolfgang Grunsky, Bernd Waas, Martina Benecke* und *Stefan Greiner*, Arbeitsgerichtsgesetz. Kommentar, 8. Aufl., München 2014
h. L.	herrschende Lehre
h. M.	herrschende Meinung
HAG	Heimarbeitsgesetz vom 14. März 1951
HaKo	Betriebsverfassungsgesetz. Handkommentar, hrsg. von *Franz Josef Düwell*, 4. Aufl., Baden-Baden 2014
HaKo-AGG	Allgemeines Gleichbehandlungsgesetz. Handkommentar, hrsg. von *Wolfgang Däubler* und *Martin Bertzbach*, 3. Aufl., Baden-Baden 2013
Hako-ArbR	Arbeitsrecht. Individualarbeitsrecht mit kollektivrechtlichen Bezügen – Handkommentar, hrsg. von *Wolfgang Däubler, Jens Peter Hjort, Michael Schubert* und *Martin Wolmerath*, 4. Aufl., Baden-Baden 2017
HaKo-KSchR	Kündigungsschutzrecht. Handkommentar, hrsg. von *Inken Gallner, Wilhelm Mestwerdt* und *Stefan Nägele*, 5. Aufl., Baden-Baden 2015
HaKo-TzBfG	Teilzeit- und Befristungsgesetz. Handkommentar, hrsg. von *Winfried Boecken* und *Jacob Joussen*, 4. Aufl., Baden-Baden 2016
Halberstadt	*Gerhard Halberstadt* Betriebsverfassungsgesetz. Kommentar, Freiburg i. Brsg., Berlin 1994
Halberstadt/Zander Betriebsverfassungsrecht	*Gerhard Halberstadt* und *Ernst Zander* Handbuch des Betriebsverfassungsrechts, 2. Aufl., Köln 1972
Halbs.	Halbsatz
Hamann/Lenz GG	Das Grundgesetz für die Bundesrepublik Deutschland vom 23. Mai 1949. Kommentar für Wissenschaft und Praxis, begründet von *Andreas Hamann*, fortgeführt von *Andreas Hamann* jr. und *Helmut Lenz*, 3. Aufl., Neuwied und Berlin 1970
Hanau/Adomeit Arbeitsrecht	*Peter Hanau* und *Klaus Adomeit* Arbeitsrecht, 14. Aufl., Neuwied 2007
Hanau/Ulmer MitbestG	*Peter Hanau* und *Peter Ulmer* Mitbestimmungsgesetz. Kommentar, München 1981
HandwO	Gesetz zur Ordnung des Handwerks (Handwerksordnung) i. d. F. vom 24. September 1998
Hässler	*Manfred Hässler* Die Geschäftsführung des Betriebsrates. Mit dem Muster einer Geschäftsordnung, 5. Aufl., Heidelberg 1984
Hautmann/Schmitt	*Wilhelm Hautmann, Günter Schmitt* Betriebsverfassungsgesetz vom 15. Januar 1972 mit Wahlordnung vom 16. Januar 1972. Ein Leitfaden für die Praxis, Lochham bei München 1972
HBD	Anwaltkommentar Arbeitsrecht, 2 Bände, hrsg. von *Klaus Hümmerich, Winfried Boecken* und *Franz Josef Düwell*, 2. Aufl., Bonn 2010
Hdb.	Handbuch
Heither/Schönherr ArbGG	*Friedrich Heither* und *Rudolf Schönherr* Arbeitsgerichtsgesetz, 3. Aufl., Loseblatt, Berlin 1974 ff.
Herschel/Löwisch KSchG	Kommentar zum Kündigungsschutzgesetz, begründet von *Wilhelm Herschel* und *Georg Steinmann*, fortgeführt von *Manfred Löwisch*, 6. Aufl., Heidelberg 1984
Hess Insolvenzarbeitsrecht	*Harald Hess* Insolvenzarbeitsrecht, 2. Aufl., Neuwied, und Kriftel 2000

Abkürzungsverzeichnis

Hess. LAG	Hessisches Landesarbeitsgericht (zuvor Landesarbeitsgericht Frankfurt a. M.)
Hess. VGH	Hessischer Verwaltungsgerichtshof
Hess / Schlochauer / Glaubitz	*Harald Hess, Ursula Schlochauer* und *Werner Glaubitz* Kommentar zum Betriebsverfassungsgesetz, 5. Aufl., Neuwied u. a. 1997 (Fortführung des Werkes von *Kammann / Hess / Schlochauer* [s.u.])
HGB	Handelsgesetzbuch vom 10. Mai 1897
HHB ArbGG	*Friedrich Hauck, Ewald Helml* und *Josef Biebl* Arbeitsgerichtsgesetz. Kommentar, 4. Aufl., München 2011
HK-InsO	Heidelberger Kommentar zur Insolvenzordnung, hrsg. von *Gerhard Kreft*, 6. Aufl., Heidelberg 2011
HK-KSchG	Heidelberger Kommentar zum Kündigungsschutzgesetz, bearbeitet von *Eberhard Dorndorf* u. a., 4. Aufl., Heidelberg 2001
HKZZ TVG	*Christian Hagemeier, Otto Ernst Kempen, Ulrich Zachert* und *Jan Zilius* Tarifvertragsgesetz. Kommentar, 2. Aufl., Köln 1990
HLS	*Dietmar Heise, Mark Lembke* und *Robert von Steinau-Steinrück* Betriebsverfassungsgesetz-Kommentar, Freiburg i. Brsg. 2008
Höfer / Abt BetrAVG I	*Reinhold Höfer* und *Oskar Abt* Gesetz zur Verbesserung der betrieblichen Altersversorgung. Kommentar, Bd. I: Arbeitsrechtlicher Teil, 2. Aufl., München 1982
Höfer / Reiners / Wüst	*Reinhold Höfer, Stephan Reiners* und *Herbert Wüst* Gesetz zur Verbesserung der betrieblichen Altersversorgung. Kommentar, Bd. I: Arbeitsrecht, Loseblatt, 3. Aufl., München 1992 ff.
Hoffmann / Lehmann / Weinmann MitbestG	*Dietrich Hoffmann, Jürgen Lehmann* und *Heinz Weinmann* Mitbestimmungsgesetz. Kommentar, München 1978
HPW	Handwörterbuch des Personalwesens, hrsg. von *Eduard Gaugler, Walter A. Oechsler* und *Wolfgang Weber*, 3. Aufl., Stuttgart 2004
Hromadka / Maschmann Arbeitsrecht 1, 2	*Wolfgang Hromadka* und *Frank Maschmann* Arbeitsrecht, Bd. 1, 6. Aufl., Heidelberg u. a. 2015, Bd. 2, 7. Aufl., Heidelberg u. a. 2017
Hromadka / Sieg SprAuG	*Wolfgang Hromadka* und *Rainer Sieg* Sprecherausschußgesetz. Kommentar, 3. Aufl., Köln 2014
HRR	Höchstrichterliche Rechtsprechung (Entscheidungssammlung)
Hrsg., hrsg.	Herausgeber, herausgegeben
HSW	*Peter Hanau, Heinz-Dietrich-Steinmeyer* und *Rolf Wank* Handbuch des europäischen Arbeits- und Sozialrechts, München 2002
HSWG	*Harald Hess, Ursula Schlochauer, Michael Worzalla* und *Dirk Glock* Kommentar zum Betriebsverfassungsgesetz, 6. Aufl., München/Unterschleißheim 2003 (Fortführung des Werkes von *Hess / Schlochauer / Glaubitz* [s.o.])
HSWGNR	Harald Hess, Ursula *Schlochauer*, Michael *Worzalla*, Dirk *Glock*, Andrea Nicolai und *Franz-Josef Rose* Kommentar zum Betriebsverfassungsgesetz, 8. Aufl., Köln 2011 (Fortführung des Werkes von *Hess / Schlochauer / Worzalla / Glock* [s.o.])
HTV	Heuertarifvertrag
HTV-See	Heuertarifvertrag für die deutsche Seeschifffahrt
Hueck / Nipperdey	*Alfred Hueck* und *Hans Carl Nipperdey* Grundriß des Arbeitsrechts, 5. Aufl., Berlin und Frankfurt a. M. 1970
Hueck / Nipperdey I	*Alfred Hueck* und *Hans Carl Nipperdey* Lehrbuch des Arbeitsrechts, Erster Band, bearbeitet von *Alfred Hueck*, 7. Aufl., Berlin und Frankfurt a. M. 1963
Hueck / Nipperdey II / 1	*Alfred Hueck* und *Hans Carl Nipperdey* Lehrbuch des Arbeitsrechts, Zweiter Band: Kollektives Arbeitsrecht, Erster Halbband, bearbeitet von *Hans Carl Nipperdey*, 7. Aufl., Berlin und Frankfurt a. M. 1967

Hueck / Nipperdey II / 2	*Alfred Hueck* und *Hans Carl Nipperdey* Lehrbuch des Arbeitsrechts, Zweiter Band: Kollektives Arbeitsrecht, Zweiter Halbband, bearbeitet von *Hans Carl Nipperdey* unter Mitarbeit von *Franz Jürgen Säcker*, 7. Aufl., Berlin und Frankfurt a. M. 1970
Hüffer / Koch AktG	*Uwe Hüffer* und *Jens Koch* Aktiengesetz. Kommentar, 12. Aufl., München 2016
HwBAR	Handwörterbuch des Arbeitsrechts für die tägliche Praxis, hrsg. von *Karlheinz Bürger*, *Werner Oehmann*, *Hans-Christoph Matthes*, *Kristina Göhle-Sander* und *Kurt Kreizberg*, Loseblatt, 8. Aufl., Heidelberg 1991 ff.
HWGNRH	*Harald Hess*, *Michael Worzalla*, *Dirk Glock*, *Andrea Nicolai*, *Franz-Josef Rose* und *Kristina Huke* Kommentar zum Betriebsverfassungsgesetz, 9. Aufl., Köln 2014 (Fortführung des Werkes von *Hess / Schlochauer / Worzalla / Glock* [s.o.])
HWK	Arbeitsrecht. Kommentar, hrsg. von *Martin Henssler*, *Heinz Josef Willemsen* und *Heinz-Jürgen Kalb*, 7. Aufl., Köln 2016
HzA	Handbuch zum Arbeitsrecht, hrsg. von *Wolfgang Leinemann*
i. d. F.	in der Fassung
i. E.	im Ergebnis
i. e. S.	im engeren Sinne
i. S. d.	im Sinne des, im Sinne der
i. S. v.	im Sinne von
i. V. m.	in Verbindung mit
IAO, ILO	Internationale Arbeits-Organisation
IfaA	Institut für angewandte Arbeitswissenschaft
Ignor / Mosbacher Arbeitsstrafrecht	Handbuch Arbeitsstrafrecht, hrsg. von *Alexander Ignor* und *Andreas Mosbacher*, Stuttgart 2016
InfStW	Die Information über Steuer und Wirtschaft (Zeitschrift)
InsO	Insolvenzordnung vom 5. Oktober 1994
IPRax.	Praxis des Internationalen Privat- und Verfahrensrechts (Zeitschrift)
JA	Juristische Arbeitsblätter (Zeitschrift)
Jacobi Arbeitsrecht	*Erwin Jacobi* Grundlehren des Arbeitsrechts, Leipzig 1927
Jahnke Tarifautonomie und Mitbestimmung	*Volker Jahnke* Tarifautonomie und Mitbestimmung, München 1984
JArbR	Das Arbeitsrecht der Gegenwart. Jahrbuch für das gesamte Arbeitsrecht und die Arbeitsgerichtsbarkeit
JArbSchG	Gesetz zum Schutze der arbeitenden Jugend (Jugendarbeitsschutzgesetz) vom 12. April 1976
Jb. UTR	Jahrbuch des Umwelt- und Technikrechts
Jg.	Jahrgang
JKOS	*Matthias Jacobs*, *Rüdiger Krause*, *Hartmut Oetker* und *Claudia Schubert* Tarifvertragsrecht, 2. Aufl., München 2013
JMBl.	Justizministerialblatt
Joost Betrieb und Unternehmen	*Detlev Joost* Betrieb und Unternehmen als Grundbegriffe im Arbeitsrecht, München 1988
JR	Juristische Rundschau (Zeitschrift)
JRH	Praxishandbuch Betriebsverfassungsrecht, hrsg. von *Georg Jaeger*, *Gerhard Röder* und *Günther Heckelmann*, München 2003
JurA	Juristische Analysen (Zeitschrift)
Jura	Juristische Ausbildung (Zeitschrift)
juris	Juristisches Informationssystem für die Bundesrepublik Deutschland (online Datenbank)
JurJb	Juristen-Jahrbuch
JuS	Juristische Schulung (Zeitschrift)

Abkürzungsverzeichnis

JW	Juristische Wochenschrift (Zeitschrift)
JZ	Juristenzeitung
Kallmeyer UmwG	Umwandlungsgesetz. Kommentar, hrsg. von *Harald Kallmeyer*, 6. Aufl., Köln 2017
Kamanabrou Arbeitsrecht	*Sudabeh Kamanabrou* Arbeitsrecht, 2017
Kammann / Hess / Schlochauer	*Karl-Udo Kammann, Harald Hess* und *Ursula Schlochauer* Kommentar zum Betriebsverfassungsgesetz, Neuwied und Darmstadt 1979 (Fortführung des Werkes von *Erdmann / Jürging / Kammann* [s.o.])
Kap.	Kapitel
Kapitäns-MTV	Vereinbarung über Anstellungsbedingungen für Kapitäne in der deutschen Seeschifffahrt
Karlsruher Komm. OWiG	Karlsruher Kommentar zum Gesetz über Ordnungswidrigkeiten, begründet von *Karlheinz Boujong*, fortgeführt und hrsg. von *Lothar Senge*, 4. Aufl., München 2016
Kaskel / Dersch Arbeitsrecht	*Walter Kaskel* und *Hermann Dersch* Arbeitsrecht, 5. Aufl., Berlin, Göttingen, Heidelberg 1957
KassArbR	Kasseler Handbuch zum Arbeitsrecht, hrsg. von *Wolfgang Leinemann*, 2. Aufl., Neuwied 1999
Kempen / Zachert TVG	Tarifvertragsgesetz. Kommentar, hrsg. von *Otto Ernst Kempen* und *Ulrich Zachert*, 5. Aufl., Köln 2014 (Fortführung des Werkes von *Hagemeier / Kempen / Zachert / Zilius* [s.o.])
KG	Kammergericht / Kommanditgesellschaft
KGaA	Kommanditgesellschaft auf Aktien
Kietaibl Arbeitsrecht I	*Christoph Kietaibl* Arbeitsrecht Bd 1: Gestalter und Gestaltungsmittel, 9. Aufl., Wien 2015
Kissel Arbeitskampfrecht	*Otto Rudolf Kissel* Arbeitskampfrecht. Ein Leitfaden, München 2002
KJ	Kritische Justiz (Zeitschrift)
Klebe / Ratayczak / Heilmann / Spoo	*Thomas Klebe, Jürgen Ratayczak, Micha Heilmann* und *Sibylle Spoo* Betriebsverfassungsgesetz. Basiskommentar mit Wahlordnung, 19. Aufl., Frankfurt a. M. 2016
KO	Konkursordnung i. d. F. vom 20. Mai 1898
Köhler / Bornkamm UWG	*Helmut Köhler* und *Joachim Bornkamm*, Gesetz gegen den unlauteren Wettbewerb, 35. Aufl., München 2017
Kölner Komm. AktG	Kölner Kommentar zum Aktiengesetz, hrsg. von *Wolfgang Zöllner* und *Ulrich Noack*, 3. Aufl., Köln 2005 ff.
Kölner Komm. WpHG	Kölner Kommentar zum WpHG, hrsg. von *Heribert Hirte* und *Thomas J. Möllers*, 2. Aufl., Köln 2014
Konzen Leistungspflichten	*Horst Konzen* Betriebsverfassungsrechtliche Leistungspflichten des Arbeitgebers, Köln u. a. 1984
KR	Gemeinschaftskommentar zum Kündigungsschutzgesetz und zu sonstigen kündigungsschutzrechtlichen Vorschriften, bearbeitet von *Peter Bader* u. a., 11. Aufl., Köln 2016
KrAZVO	Verordnung über die Arbeitszeit in Krankenpflegeanstalten vom 13. Februar 1924
KreisG	Kreisgericht
Kreutz Betriebsautonomie	*Peter Kreutz* Grenzen der Betriebsautonomie, München 1979
KRG Nr. 21	Kontrollratsgesetz Nr. 21 (Arbeitsgerichtsgesetz) vom 30. März 1946
KRG Nr. 22	Kontrollratsgesetz Nr. 22 (Betriebsrätegesetz) vom 10. April 1946
KrimJ	Kriminologisches Journal (Zeitschrift)
krit.	kritisch
KSchG	Kündigungsschutzgesetz i. d. F. vom 25. August 1969
KStG	Körperschaftssteuergesetz i. d. F. vom 15. Oktober 2002
KSzW	Kölner Schrift zum Wirtschaftsrecht (Zeitschrift)

KTS	Zeitschrift für Insolvenzrecht (seit 1955 bis 1988 Konkurs-, Treuhand- und Schiedsgerichtswesen; bis 1954 Konkurs- und Treuhandwesen)
Kübler / Prütting / Bork InsO	Kommentar zur Insolvenzordnung, Loseblatt, hrsg. von *Bruno M. Kübler, Hanns Prütting* und *Reinhard Bork,* Köln 1998 ff.
Küchenhoff	*Günther Küchenhoff* Betriebsverfassungsgesetz. Kommentar, 3. Aufl., Münster 1979
KWG	Gesetz über das Kreditwesen i. d. F. vom 9. September 1998
l.	links
Lackner / Kühl StGB	Strafgesetzbuch. Kommentar, begründet von Eduard Dreher und Herrmann Maassen, fortgeführt von *Karl Lackner* und *Kristian Kühl,* 28. Aufl., München 2014
LAG	Landesarbeitsgericht
LAGE	Entscheidungen der Landesarbeitsgerichte, hrsg. von *Gert-Albert Lipke*
LAGR	LAG Report, Schnelldienst zur Rechtsprechung der Landesarbeitsgerichte
Landmann / Rohmer GewO	Gewerbeordnung und ergänzende Vorschriften, Bd. I: Gewerbeordnung. Kommentar, begründet von *Robert von Landmann* und *Gustav Rohmer,* Loseblatt, 13. Aufl., München 1976 ff.
LärmVibrationsArbSchV	Verordnung zum Schutz der Beschäftigten vor Gefährdungen durch Lärm und Vibrationen vom 6. März 2007
LasthandhabV	Verordnung über Sicherheit und Gesundheitsschutz bei der manuellen Handhabung von Lasten bei der Arbeit (Lastenhandhabungsverordnung) vom 4. Dezember 1996
Laux / Schlachter TzBfG	*Helga Laux* und *Monika Schlachter* Teilzeit- und Befristungsgesetz. Kommentar, 2. Aufl., München 2011
LCK Arbeitsrecht	*Manfred Löwisch, Georg Caspers* und *Steffen Klumpp* Arbeitsrecht, 11. Aufl., München 2017
Leinemann GewO	Kommentar zur Gewerbeordnung – Arbeitsrechtlicher Teil, begründet von *Eugen Stahlhacke,* fortgeführt von *Wolfgang Leinemann,* Loseblatt, Neuwied und Kriftel 1995 ff.
Leinemann / Taubert BBiG	*Wolfgang Leinemann* und *Thomas Taubert* Berufsbildungsgesetz. Kommentar, 2. Aufl., München 2008
lfd.	laufend(e)
LG	Landgericht
LHT SE-Kommentar	SE-Kommentar, hrsg. von *Marcus Lutter, Peter Hommelhoff* und *Christoph Teichmann,* 2. Aufl., Köln 2015
Lieb / Jacobs Arbeitsrecht	*Manfred Lieb* und *Matthias Jacobs* Arbeitsrecht, 9. Aufl., Heidelberg 2006
lit.	Buchstabe
LK-StGB	Leipziger Kommentar zum Strafgesetzbuch, hrsg. von *Heinrich Wilhelm Laufhütte, Ruth Rissing-van Saan* und *Klaus Tiedemann,* 12. Aufl., Berlin und New York 2006 ff.
LohnFG	Gesetz über die Fortzahlung des Arbeitsentgelts im Krankheitsfalle (Lohnfortzahlungsgesetz) vom 27. Juli 1969
Löwe / Rosenberg StPO	Die Strafprozessordnung und das Gerichtsverfassungsgesetz. Kommentar, hrsg. von *Volker Erb* u. a., 26. Aufl., Berlin 2006–2014
Löwisch	*Manfred Löwisch* Taschenkommentar zum Betriebsverfassungsgesetz, 4. Aufl., Heidelberg 1996
Löwisch SprAuG	*Manfred Löwisch* Sprecherausschussgesetz. Kommentar, 2. Aufl., Heidelberg 1994
Löwisch / Kaiser	*Manfred Löwisch* und *Dagmar Kaiser* Betriebsverfassungsgesetz. Kommentar, 6. Aufl., Heidelberg 2010, Bd. 1, 7. Aufl., Heidelberg 2017

Abkürzungsverzeichnis

Löwisch / Rieble TVG	*Manfred Löwisch* und *Volker Rieble* Tarifvertragsgesetz. Kommentar, 4. Aufl., München 2017
LPG	Landwirtschaftliche Produktionsgenossenschaft (DDR)
LS	Leitsatz
LSG	Landessozialgericht
LStDV	Lohnsteuer-Durchführungsverordnung i. d. F. vom 10. Oktober 1989
LStR	Lohnsteuerrichtlinien vom 10. Dezember 2007
LSW KSchG	*Manfred Löwisch, Günter Spinner* und *Frank Wertheimer* Kündigungsschutzgesetz. Kommentar, 10. Aufl., Heidelberg 2013
LSZ InsO	Insolvenzordnung. Kommentar, hrsg. von *Peter Leonhardt, Stefan Smid* und *Mark Zeuner*, 3. Aufl., Stuttgart u. a. 2010
LuftVG	Luftverkehrsgesetz i. d. F. vom 27. März 1999
Lutter UmwG	Umwandlungsgesetz. Kommentar, begründet von *Marcus Lutter*, nunmehr hrsg. von *Walter Bayer* und *Jochen Vetter*, 5. Aufl., Köln 2014
Lutter / Hommelhoff GmbHG	*Marcus Lutter* und *Peter Hommelhoff* GmbH-Gesetz. Kommentar, 19. Aufl., Köln 2016
m. E.	meines Erachtens
m. w. N.	mit weiteren Nachweisen
Mager / Weinrich / Worzalla	*Ernst-Günther Mager, Christian Weinrich* und *Michael Worzalla* Betriebsverfassungsgesetz mit Erläuterungen, Bergisch Gladbach 1990
Mager / Wisskirchen	*Ernst-Günther Mager* und *Alfred Wisskirchen* Betriebsverfassungsgesetz vom 11. Oktober 1952, Gesetzestext, Rechtsprechung, Erläuterungen, Loseblatt, Köln 1971
MAR	Verordnung (EU) Nr. 596/2014 des Europäischen Parlaments und des Rates vom 16. April über Marktmissbrauch (Marktmissbrauchsverordnung)
Marhold / Friedrich Arbeitsrecht	*Franz Marhold* und *Michael Friedrich* Österreichisches Arbeitsrecht, 2. Aufl., Wien 2011
Maunz / Dürig GG	Grundgesetz. Kommentar, begründet von *Theodor Maunz* und *Günter Dürig*, fortgeführt und bearbeitet von *Peter Badura* u. a., Loseblatt, München 1991 ff.
MAVO	Rahmenordnung für eine Mitarbeitervertretungsordnung i. d. F. 20. November 1995
MBl.	Ministerialblatt
MDR	Monatsschrift für Deutsches Recht (Zeitschrift)
Meinel / Heyn / Herms AGG	*Gernod Meinel, Judith Heyn* und *Sascha Herms* Allgemeines Gleichbehandlungsgesetz. Kommentar, 2. Aufl., München 2010
Meisel Mitwirkung	*Peter G. Meisel* Die Mitwirkung und Mitbestimmung des Betriebsrats in personellen Angelegenheiten, 5. Aufl., Heidelberg 1984
Meisel / Hiersemann AZO	*Peter G. Meisel* und *Walter Hiersemann* Arbeitszeitordnung, 2. Aufl., München 1977
Meissinger	*Hermann Meissinger* Kommentar zum Betriebsverfassungsgesetz, München 1952
Meissinger / Raumer	*Hermann Meissinger* und *Konrad Raumer* Das Bayerische Betriebsrätegesetz vom 25. Oktober 1950, Kommentar, 2. Aufl., München 1951
MgVG	Gesetz über die Mitbestimmung der Arbeitnehmer bei einer grenzüberschreitenden Verschmelzung vom 21. Dezember 2006
MHH TzBfG	*Gernod Meinel, Judith Heyn* und *Sascha Herms* Teilzeit- und Befristungsgesetz. Kommentar, 5. Aufl., München 2015
MHRG	Gesetz zur Regelung der Miethöhe vom 18. Dezember 1974

MiLoG	Gesetz zur Regelung eines allgemeinen Mindestlohns (Mindestlohngesetz) vom 11. August 2014
MitB	Die Mitbestimmung (Zeitschrift, hrsg. von der DAG, bis 1961)
MitbestErgG	Gesetz zur Ergänzung des Gesetzes über die Mitbestimmung der Arbeitnehmer in den Aufsichtsräten und Vorständen der Unternehmen des Bergbaus und der Eisen und Stahl erzeugenden Industrie (Montan- Mitbestimmungsergänzungsgesetz) vom 7. August 1956
MitbestFortgG	Gesetz über die befristete Fortgeltung der Mitbestimmung in bisher den Mitbestimmungsgesetzen unterliegenden Unternehmen vom 29. November 1971
MitbestG	Gesetz über die Mitbestimmung der Arbeitnehmer (Mitbestimmungsgesetz) vom 4. Mai 1976
MitbestGespr.	Das Mitbestimmungsgespräch (Zeitschrift, bis 1981; ab 1982 DMitbest.)
MittAB	Mitteilungen aus der Arbeitsmarkt- und Berufsforschung (Zeitschrift)
MK-AktG	Münchener Kommentar zum Aktiengesetz, hrsg. von *Wulf Goette* und *Mathias Habersack*, 4. Aufl., München 2014 ff.
MK-BGB	Münchener Kommentar zum Bürgerlichen Gesetzbuch, hrsg. von *Franz Jürgen Säcker*, *Roland Rixecker*, *Hartmut Oetker* und *Bettina Limperg*, 7. Aufl., München 2015 ff.
MK-GmbHG	Münchener Kommentar zum GmbH-Gesetz, hrsg. von *Holger Fleischer* und *Wulf Goette*, 2. Aufl., München 2015/2016
MK-HGB	Münchener Kommentar zum Handelsgesetzbuch, hrsg. von *Karsten Schmidt*, 3. Aufl., München 2006 ff., 4. Aufl., München 2016 ff.
MK-InsO	Münchener Kommentar zur Insolvenzordnung, hrsg. von *Hans-Peter Kirchhof*, *Rolf Stürmer* und *Horst Eidenmüller*, 3. Aufl., München 2016 f.
MK-Lauterkeitsrecht	Münchener Kommentar zum Lauterkeitsrecht, hrsg. von *Peter Heermann* und *Jochen Schlingloff*, 2. Aufl., München 2015
MK-StGB	Münchener Kommentar zum Strafgesetzbuch, hrsg. von *Wolfgang Joecks* und *Klaus Miebach*, 2. Aufl., München 2012 ff.
MK-ZPO	Münchener Kommentar zur Zivilprozeßordnung, hrsg. von *Wolfgang Krüger* und *Thomas Rauscher*, 5. Aufl., München 2016
MLA	Methodenlehre des Arbeitsstudiums
MLBO	Methodenlehre der Berufsorganisation
Monjau	Herbert Monjau Betriebsverfassungsgesetz. Systematische Einführung und Erläuterungen mit Gesetzestext und Sachregister, Köln 1952
Montan-MitbestG	Gesetz über die Mitbestimmung der Arbeitnehmer in den Aufsichtsräten und Vorständen der Unternehmen des Bergbaus und der Eisen und Stahl erzeugenden Industrie (Montan-Mitbestimmungsgesetz) vom 21. Mai 1951
MTB	Manteltarifvertrag für Arbeiter des Bundes
MTL	Manteltarifvertrag für Arbeiter der Länder
MTV	Manteltarifvertrag
MTV-Fangfabrikschiffe	Manteltarifvertrag für Fangfabrikschiffe der deutschen Hochseefischerei
MTV-Fisch	Manteltarifvertrag für die deutsche Hochseefischerei
MTV-Frischfischschiffe	Manteltarifvertrag für Frischfischschiffe der deutschen Hochseefischerei
MTV-See	Manteltarifvertrag für die deutsche Seeschifffahrt
MuA	Mensch und Arbeit (Zeitschrift)

Abkürzungsverzeichnis

Müller EBRG	*Christopher Müller* Europäische Betriebsräte-Gesetz. Kommentar, Stuttgart u. a. 1997
MünchArbR	Münchener Handbuch zum Arbeitsrecht, hrsg. von *Reinhard Richardi, Otfried Wlotzke, Hellmut Wißmann* und *Hartmut Oetker*, 3. Aufl., München 2009
MünchArbR, 2. Aufl.	Münchener Handbuch zum Arbeitsrecht hrsg. von *Reinhard Richardi* und *Otfried Wlotzke*, 2. Aufl., München 2000
MuSchArbV	Verordnung zum Schutz der Mütter am Arbeitsplatz
MuSchG	Gesetz zum Schutze der erwerbstätigen Mutter (Mutterschutzgesetz) i. d. F. vom 20. Juni 2002
MuSchG 2017	Gesetz zum Schutz von Müttern bei der Arbeit, in der Ausbildung und im Studium (Mutterschutzgesetz) vom 23. Mai 2017
MVG	Kirchengesetz über Mitarbeitervertretungen in der Evangelischen Kirche in Deutschland i. d. F. 15. Januar 2010
n.rk.	nicht rechtskräftig
n. F.	neue Fassung
n. v.	nicht veröffentlicht
Nerlich/Römermann InsO	Insolvenzordnung. Kommentar, hrsg. von *Jörg Nerlich* und *Volker Römermann*, Loseblatt, München 2000 ff.
Neumann/Biebl ArbZG	*Dirk Neumann* und *Josef Biebl* Arbeitszeitgesetz. Kommentar, 16. Aufl., München 2013
Neumann/Pahlen SchwbG	*Dirk Neumann* und *Roland Pahlen* Schwerbehindertengesetz. Kommentar, 9. Aufl., München 1999
Neumann-Duesberg	*Horst Neumann-Duesberg* Betriebsverfassungsrecht, Berlin 1960
NFK BUrlG	*Dirk Neumann, Martin Fenski* und *Thomas Kühn* Bundesurlaubsgesetz. Kommentar, begründet von *Hermann Dersch*, bis zur 8. Aufl. von *Dirk Neumann* allein fortgeführt, 11. Aufl., München 2016
Niesel SGB III	Sozialgesetzbuch Arbeitsförderung – SGB III – Kommentar, hrsg. von *Klaus Niesel*, 7. Aufl., München 2015
Nikisch I	*Arthur Nikisch* Arbeitsrecht, I. Bd.: Allgemeine Lehren und Arbeitsvertragsrecht, 3. Aufl., Tübingen 1961
Nikisch II	*Arthur Nikisch* Arbeitsrecht, II. Bd.: Koalitionsrecht, Arbeitskampfrecht und Tarifvertragsrecht, 2. Aufl., Tübingen 1959
Nikisch III	*Arthur Nikisch* Arbeitsrecht, III. Bd.: Betriebsverfassungsrecht, 2. Aufl., Tübingen 1966
NJW	Neue Juristische Wochenschrift
NJW-RR	Neue Juristische Wochenschrift – Rechtsprechungs-Report
NK-GA	Nomos Kommentar – Gesamtes Arbeitsrecht, hrsg. von *Winfried Boecken, Franz Josef Düwell, Martin Diller* und *Hans Hanau*, Baden-Baden 2016
Novelle vom 20.12.1988	Gesetz zur Änderung des Betriebsverfassungsgesetzes, über Sprecherausschüsse der leitenden Angestellten und zur Sicherung der Montan-Mitbestimmung vom 20. Dezember 1988
NPM SGB IX	*Dirk Neumann, Ronald Pahlen* und *Monika Majerski-Pahlen* Sozialgesetzbuch IX – Rehabilitation und Teilhabe behinderter Menschen. Kommentar, 12. Aufl. München 2010
Nr.	Nummer/Nummern
NStZ	Neue Zeitschrift für Strafrecht
NStZ-RR	Neue Zeitschrift für Strafrecht – Rechtsprechungs-Report
NVwZ	Neue Zeitschrift für Verwaltungsrecht
NVwZ-RR	Neue Zeitschrift für Verwaltungsrecht – Rechtsprechungs-Report
NWB	Neue Wirtschaftsbriefe für Steuer- und Wirtschaftsrecht, Loseblatt, Herne und Berlin
NZA	Neue Zeitschrift für Arbeitsrecht (bis 1993 Neue Zeitschrift für Arbeits- und Sozialrecht)

NZA-RR	Neue Zeitschrift für Arbeitsrecht – Rechtsprechungs-Report
NZfA	Neue Zeitschrift für Arbeitsrecht (1921–1933)
NZG	Neue Zeitschrift für Gesellschaftsrecht
NZI	Neue Zeitschrift für das Recht der Insolvenz und Sanierung
NZS	Neue Zeitschrift für Sozialrecht
NZWiSt.	Neue Zeitschrift für Wirtschafts-, Steuer- und Unternehmensstrafrecht
o. a.	oben angegeben, oben angeführt
o. J.	ohne Jahresangabe
öAT	Zeitschrift für öffentliches Arbeits- und Tarifrecht
OHG	Offene Handelsgesellschaft
Ohly/Sosnitza UWG	*Ansgar Ohly* und *Olaf Sosnitza*, Gesetz gegen den unlauteren Wettbewerb. Kommentar, 7. Aufl., München 2016
ÖJZ	Österreichische Juristen-Zeitung
OLG	Oberlandesgericht
öRdW	Recht der Wirtschaft (Österreichische Zeitschrift)
OStrV	Arbeitsschutzverordnung zu künstlicher optischer Strahlung vom 19. Juli 2010
Otto Arbeitskampf- und Schlichtungsrecht	*Hansjörg Otto* Arbeitskampf und Schlichtungsrecht, München 2006
	Oberverwaltungsgericht
OVG	
OWiG	Gesetz über Ordnungswidrigkeiten i. d. F. vom 19. Februar 1987
Palandt BGB	Bürgerliches Gesetzbuch. Kommentar, begründet von *Otto Palandt*, 76. Aufl., München 2017
Peltzer/Stewart	*Martin Peltzer* und *Charles Stewart* Betriebsverfassungsgesetz, Labor Management Relations Act. Deutsch-Englische Gesetzesausgabe mit Kommentierung in englischer Sprache für den praktischen Gebrauch, 4. Aufl., Frankfurt a. M. 1995
PersF	Die Personalführung (Zeitschrift)
Personal	Personal (Zeitschrift)
PersR	Der Personalrat. Zeitschrift für das Personalrecht im öffentlichen Dienst
PersV	Die Personalvertretung (Zeitschrift)
PersVG	Personalvertretungsgesetz des Bundes vom 5. August 1955
PflegeVG	Gesetz zur sozialen Absicherung des Risikos der Pflegebedürftigkeit (Pflege-Versicherungsgesetz) vom 26. Mai 1994
PflegeZG	Gesetz über die Pflegezeit (Pflegezeitgesetz) vom 28. Mai 2008
Pkw	Personenkraftwagen
PostPersRG	Gesetz zum Personalrecht der Beschäftigten der früheren Deutschen Bundespost (Postpersonalrechtsgesetz) vom 14. September 1994
Preis Arbeitsrecht II	*Ulrich Preis* Kollektivarbeitsrecht – Lehrbuch für Studium und Praxis, 4. Aufl., Köln 2017
Preis/Sagan Europ. ArbR	Europäisches Arbeitsrecht, hrsg. von *Ulrich Preis* und *Adam Sagan*, Köln 2015
PrGS	Preußische Gesetzessammlung (1907–1945)
ProdSG	Gesetz über die Bereitstellung von Produkten auf dem Markt (Produktsicherheitsgesetz) vom 8. November 2011
Prot.	Protokoll
PSA-BV	Verordnung über Sicherheit und Gesundheitsschutz bei der Benutzung persönlicher Schutzausrüstungen bei der Arbeit vom 4. Dezember 1996
Quelle	Die Quelle (Zeitschrift)
R	Rückseite
r.	rechts

Abkürzungsverzeichnis

RabelsZ	Rabels Zeitschrift für ausländisches und inländisches Privatrecht
RABl.	Reichsarbeitsblatt
Radke/Mayr	*Olaf Radke* und *Friedrich Mayr* Betriebsverfassungsgesetz vom 11. Oktober 1952 mit Erläuterungen und praktischen Beispielen, Schwenningen 1953
RAG	Reichsarbeitsgericht
RAGE	Entscheidungen des Reichsarbeitsgerichtes. Amtliche Sammlung
RdA	Recht der Arbeit (Zeitschrift)
RdJB	Recht der Jugend und des Bildungswesens (Zeitschrift)
Rdn.	Randnummer(n)
RDV	Recht der Datenverarbeitung (Zeitschrift)
RDW	Personalvertretungsrecht. Bundespersonalvertretungsgesetz mit Erläuterungen zu den Landespersonalvertretungsgesetzen, hrsg. von *Reinhard Richardi, Hans-Jürgen Dörner* und *Christoph Weber*, 4. Aufl., München 2012
REFA	vormals Reichsausschuß für Arbeitszeitermittlung bzw. Reichsausschuß für Arbeitsstudien, jetzt Verband für Arbeitsstudien e. V., Darmstadt
RefE	Referentenentwurf
Reg. Begr.	Regierungsbegründung
RegBl.	Regierungsblatt
RegE	Regierungsentwurf
Reich	*Andreas Reich, Bernhard Reich* und *Christine Reich* Betriebsverfassungsgesetz. Kommentar, Bad Honnef 2003
Reuter/Streckel Grundfragen der betriebsverfassungsrechtlichen Mitbestimmung	*Dieter Reuter* und *Siegmar Streckel* Grundfragen der betriebsverfassungsrechtlichen Mitbestimmung, Frankfurt a. M. 1973
Rewolle SchwbG	*Hans-Dietrich Rewolle* Schwerbehindertengesetz. Handkommentar, Loseblatt, Düsseldorf-Grafenberg 1974 ff.
RG	Reichsgericht
RGBl.	Reichsgesetzblatt
RGSt.	Entscheidungen des Reichsgerichtes in Strafsachen. Amtliche Sammlung
RGZ	Entscheidungen des Reichsgerichtes in Zivilsachen. Amtliche Sammlung
RiA	Recht im Amt (Zeitschrift)
Richardi	*Reinhard Richardi* Betriebsverfassungsgesetz mit Wahlordnung. Kommentar, bearb. von *Georg Annuß, Gerrit Forst, Frank Maschmann, Reinhard Richardi* und *Gregor Thüsing*, 15. Aufl., München 2016 (Fortführung des Werkes von *Dietz/Richardi* [s.o.])
Richardi Betriebsverfassung	*Reinhard Richardi* Die neue Betriebsverfassung. Ein Grundriß, 2. Aufl., München 2002
Richardi Ergänzungsband	*Reinhard Richardi* Ergänzungsband zu *Reinhard Richardi* Betriebsverfassungsgesetz mit Wahlordnung. Kommentar, 7. Aufl., München 1998
Richardi Kollektivgewalt und Individualwille	*Reinhard Richardi* Kollektivgewalt und Individualwille bei der Gestaltung des Arbeitsverhältnisses, München 1968
Richardi Recht der Betriebs- und Unternehmensmitbestimmung	*Reinhard Richardi* Recht der Betriebs- und Unternehmensmitbestimmung, Bd. 1: Grundriß, 2. Aufl., Heidelberg, Karlsruhe 1979; Bd. 2: Examinatorium, 2. Aufl., Heidelberg, Karlsruhe 1979
RIW	Recht der internationalen Wirtschaft (Zeitschrift)
RKW	Rationalisierungs-Kuratorium der Deutschen Wirtschaft e. V.
RMBl.	Reichsministerialblatt
Rn.	Randnummer
RNotZ	Rheinische Notar-Zeitschrift

RöV	Verordnung über den Schutz vor Schäden durch Röntgenstrahlen (Röntgenverordnung) i. d. f. vom 30. April 2003
Rumpff / Boewer Wirtschaftliche Angelegenheiten	*Klaus Rumpff* und *Dietrich Boewer* Mitbestimmung in wirtschaftlichen Angelegenheiten und bei der Unternehmens- und Personalplanung, 3. Aufl., Heidelberg 1990
Rust / Falke AGG	Allgemeines Gleichbehandlungsgesetz mit weiterführenden Vorschriften. Kommentar, hrsg. von *Ursula Rust* und *Josef Falke*, Berlin 2007
RVG	Gesetz über die Vergütung der Rechtsanwältinnen und Rechtsanwälte (Rechtsanwaltsvergütungsgesetz) vom 5. Mai 2004
RVJ MitbestG	*Thomas Raiser, Rüdiger Veil* und *Matthias Jacobs* Mitbestimmungsgesetz und Drittelbeteiligungsgesetz. Kommentar, 6. Aufl., Berlin, New York 2015
RVO	Reichsversicherungsordnung i. d. F. vom 15. Dezember 1924
S.	Seite, siehe
SAE	Sammlung Arbeitsrechtlicher Entscheidungen
Sahmer	*Heinz Sahmer* Betriebsverfassungsgesetz. Kommentar, Loseblatt, Frankfurt a. M. 1972 ff.
Sandmann / Marschall AÜG	*Georg Sandmann* und *Dieter Marschall* Arbeitnehmerüberlassungsgesetz. Kommentar (Loseblatt)
SCEBG	Gesetz über die Beteiligung der Arbeitnehmerinnen und Arbeitnehmer in der Europäischen Genossenschaft (SCEBG) vom 14. August 2008
Schaub Arbeitsrechts-Handbuch	Arbeitsrechts-Handbuch, begründet von *Günter Schaub* und fortgeführt von *Ulrich Koch, Rüdiger Linck, Jürgen Treber* und *Hinrich Vogelsang*, 16. Aufl., München 2015
Schaub Formularsammlung	Arbeitsrechtliche Formularsammlung und Arbeitsgerichtsverfahren, begründet von *Günter Schaub*, fortgeführt von *Peter Schrader, Gunnar Straube* und *Hinrich Vogelsang*, 11. Aufl., München 2015
Schlachter / Heinig Europ. AuS	Europäisches Arbeits- und Sozialrecht, hrsg. von *Monika Schlachter* und *Hans Michael Heinig*, Baden-Baden 2016
SchlHA	Schleswig-Holsteinische Anzeigen (Justizministerialblatt für Schleswig- Holstein)
Schmidt-Bleibtreu / Hofmann / Henneke GG	Kommentar zum Grundgesetz, begründet von *Bruno Schmidt-Bleibtreu*, fortgeführt und hrsg. von *Hans Hofmann* und *Hans-Günter Henneke*, 13. Aufl., Köln 2014
Schmitt EFZG / AAG	*Jochem Schmitt* Entgeltfortzahlungsgesetz / Aufwendungsausgleichsgesetz. Kommentar, 7. Aufl., München 2012
Schmollers Jb.	Jahrbuch für Gesetzgebung. Verwaltung und Volkswirtschaft im Deutschen Reich, hrsg. von *Schmoller*
Schnorr von Carolsfeld Arbeitsrecht	*Ludwig Schnorr von Carolsfeld* Arbeitsrecht, 2. Aufl., Göttingen 1954
Scholz GmbHG	Kommentar zum GmbHG, begründet von *Franz Scholz*, bearbeitet von *Georg Crezelius* u. a., 11. Aufl., Köln 2014
Schönke / Schröder StGB	Strafgesetzbuch. Kommentar, begründet von *Adolf Schönke*, fortgeführt und hrsg. von *Horst Schröder* und *Theodor Lenckner*, 29. Aufl., München 2014
Schüren / Hamann AÜG	Arbeitnehmerüberlassungsgesetz. Kommentar, hrsg. von *Peter Schüren* und *Wolfgang Hamann*, 4. Aufl., München 2010
Schwab / Weth ArbGG	Arbeitsgerichtsgesetz. Kommentar, hrsg. von *Brent Schwab* und *Stefan Weth*, 4. Aufl., Köln 2015
SchwBeschG	Gesetz über die Beschäftigung Schwerbeschädigter i. d. F. vom 14. August 1961

Abkürzungsverzeichnis

SchwbG	Gesetz zur Sicherung der Eingliederung Schwerbehinderter in Arbeit, Beruf und Gesellschaft (Schwerbehindertengesetz) i. d. F. vom 26. August 1986
Schwerdtner Arbeitsrecht I	Peter *Schwerdtner* Arbeitsrecht, Bd. I: Individualarbeitsrecht, München 1976
SEAG	Gesetz zur Ausführung der Verordnung (EG) Nr. 2157/2001 des Rates vom 8. Oktober 2001 über das Statut der Europäischen Gesellschaft (SE) (SE- Ausführungsgesetz) vom 22. Dezember 2004
SEBG	Gesetz über die Beteiligung der Arbeitnehmer in einer Europäischen Gesellschaft (SE-Beteiligungsgesetz) vom 22. Dezember 2004
SeeAE	Sammlung See-Arbeitsrechtlicher Entscheidungen, bearbeitet von *Dierk Lindemann*, hrsg. vom Verband Deutscher Reeder, Hamburg, und vom Verband Deutscher Küstenschiffseigner, Hamburg, Loseblatt, Uelzen 1978 ff.
SeeArbG	Seearbeitsgesetz vom 20. April 2013
SeeAufgG	Gesetz über die Aufgaben des Bundes auf dem Gebiet der Seeschiffahrt (Seeaufgabengesetz) i. d. F. vom 26. Juli 2002
SeemG	Seemannsgesetz vom 26. Juli 1957
Semler/Stengel UmwG	Umwandlungsgesetz. Kommentar, hrsg. von *Johannes Semler* und *Arndt Stengel*, 4. Aufl., München 2017
SG	Sozialgericht
SGB II	Sozialgesetzbuch (SGB) Zweites Buch (II) – Grundsicherung für Arbeitsuchende – vom 24. Dezember 2003
SGB III	Sozialgesetzbuch (SGB) Drittes Buch (III) – Arbeitsförderung – vom 24. März 1997
SGB VI	Sozialgesetzbuch (SGB) Sechstes Buch (VI) – Gesetzliche Rentenversicherung – vom 18. Dezember 1989
SGB VII	Sozialgesetzbuch (SGB) Siebtes Buch (VII) – Gesetzliche Unfallversicherung – vom 7. August 1996
SGB IX	Sozialgesetzbuch (SGB) Neuntes Buch (IX) – Rehabilitation und Teilhabe von Menschen mit Behinderungen – vom 19. Juni 2001
SGB XII	Sozialgesetzbuch (SGB) Zwölftes Buch (XII) – Sozialhilfe vom 27. Dezember 2003
SHS UmwG	Umwandlungsgesetz – Umwandlungssteuergesetz. Kommentar, hrsg. von *Joachim Schmitt, Robert Hörtnagl* und *Rolf Stratz*, 7. Aufl., München 2016
Siebert/Becker	Betriebsverfassungsgesetz. Kommentar für die Praxis, begründet von *Gert Siebert*, fortgeführt und hrsg. von *Knut Becker*, 12. Aufl., Münster 2010
Sinzheimer Arbeitsrecht	Hugo *Sinzheimer* Grundzüge des Arbeitsrechts, 2. Aufl., Jena 1927
SJR ArbVG	Kommentar zum Arbeitsverfassungsgesetz, hrsg. von *Rudolf Strasser, Peter Jabornegg* und *Reinhard Resch*, Loseblatt, Wien 1999 ff.
SJZ	Süddeutsche Juristenzeitung
SK-StGB	Systematischer Kommentar zum StGB, Gesamtredaktion *Hans-Joachim Rudolphi*, Neuwied u. a. 1994 ff.
Soergel BGB	Bürgerliches Gesetzbuch. Kommentar, begründet von *Hs Th. Soergel*, fortgeführt von *Wolfgang Siebert*, bearbeitet von *Jürgen F. Baur* u. a., 13. Aufl., Stuttgart 2000 ff.
Soergel BGB, 12. Aufl.	Bürgerliches Gesetzbuch. Kommentar, begründet von *Hs. Th. Soergel*, fortgeführt von *W. Siebert*, 12. Aufl., Stuttgart u. a. 1988 ff.
Soergel/Siebert BGB	Bürgerliches Gesetzbuch. Kommentar, begründet von *Hs. Th. Soergel*, fortgeführt von *W. Siebert*, 11. Aufl., Stuttgart, Berlin, Köln, Mainz 1978 ff.
sog.	so genannt

SoldatenG	Gesetz über die Rechtsstellung der Soldaten (Soldatengesetz) i. d. F. vom 30. Mai 2005
Söllner / Waltermann Arbeitsrecht	*Alfred Söllner* und *Raimund Waltermann* Grundriß des Arbeitsrechts, 15. Aufl., München 2009
SozBA	Der Sozialversicherungsbeamte und -angestellte (Zeitschrift)
SozPlKonkG	Gesetz über den Sozialplan im Konkurs- und Vergleichsverfahren vom 20. Februar 1985
SozSich.	Soziale Sicherheit (Zeitschrift)
Sp.	Spalte
SprAuG	Gesetz über Sprecherausschüsse der leitenden Angestellten (Sprecherausschußgesetz) vom 20. Dezember 1988
SprengG	Gesetz über explosionsgefährliche Stoffe (Sprengstoffgesetz) i. d. F. vom 10. September 2002
SpTrUG	Gesetz über die Spaltung der von der Treuhandanstalt verwalteten Unternehmen vom 5. April 1991
SpuRt.	Zeitschrift für Sport und Recht
SPV	*Eugen Stahlhacke, Ulrich Preis* und *Reinhard Vossen* Kündigung und Kündigungsschutz im Arbeitsverhältnis, 11. Aufl., München 2015
SR	Soziales Recht (Zeitschrift)
st. Rspr.	ständige Rechtsprechung
standpunkt	standpunkt (Beilage zur Zeitschrift »Der Angestellte«)
StAnz.	Staatsanzeiger
Staudinger BGB	J. von Staudingers Kommentar zum Bürgerlichen Gesetzbuch, 13. Bearbeitung, Berlin 1993 ff.
Staudinger BGB, 12. Aufl.	J. von Staudingers Kommentar zum Bürgerlichen Gesetzbuch, 12. Aufl., Berlin 1978 ff.
Stege / Weinspach	*Dieter Stege* und *Friedrich Karl Weinspach* Betriebsverfassungsgesetz. Handkommentar für die betriebliche Praxis, 8. Aufl., Köln 1999
Stege / Weinspach / Schiefer	*Dieter Stege, Friedrich Karl Weinspach* und *Bernd Schiefer* Betriebsverfassungsgesetz. Handkommentar für die betriebliche Praxis, 9. Aufl., Köln 2002
Stein / Jonas ZPO	Kommentar zur Zivilprozessordnung, begründet von *Friedrich Stein* und *Martin Jonas*, 22. Aufl., Tübingen 2003 ff., 23. Aufl., Tübingen 2014 ff.
StGB	Strafgesetzbuch i. d. F. vom 13. November 1998
StörfallV	Zwölfte Verordnung zur Durchführung des Bundes-Immissionsschutzgesetzes (Störfall-Verordnung – 12. BImSchV –) vom 8. Juni 2005
StPO	Strafprozeßordnung i. d. F. vom 7. April 1987
str.	streitig
StrlSchV	Verordnung über den Schutz vor Schäden durch ionisierende Strahlen (Strahlenschutzverordnung) i. d. F. vom 20. Juli 2001
Thür. LAG	Thüringer Landesarbeitsgericht
ThürVBl.	Thüringer Verwaltungsblätter (Zeitschrift)
Thüsing AÜG	Arbeitnehmerüberlassungsgesetz. Kommentar, hrsg. von *Gregor Thüsing*, 3. Aufl., München 2012
Tomandl ArbVG	Arbeitsverfassungsgesetz. Kommentar, hrsg. von *Theodor Tomandl*, Loseblatt, Wien 2005 ff.
TÜ	Technische Überwachung (Zeitschrift)
TVAL	Tarifvertrag für die bei Dienststellen, Unternehmen und sonstigen Einrichtungen der alliierten Behörden und der alliierten Streitkräfte im Gebiet der Bundesrepublik Deutschland beschäftigten Arbeitnehmer
TVG	Tarifvertragsgesetz i. d. F. vom 25. August 1969
TVöD	Tarifvertrag für Arbeitnehmer im öffentlichen Dienst

Abkürzungsverzeichnis

TVVO	Verordnung über Tarifverträge, Arbeiter- und Angestelltenausschüsse und Schlichtung von Arbeitsstreitigkeiten vom 23. Dezember 1918
TzBfG	Gesetz über Teilzeitarbeit und befristete Arbeitsverträge (Teilzeit- und Befristungsgesetz) vom 21. Dezember 2000
u.dgl.	und dergleichen
u. ä.	und ähnliche
u. a.	und andere, unter anderem
u. s. w.	und so weiter
u. U.	unter Umständen
UA	Unterabsatz
UFITA	Archiv für Urheber-, Film-, Funk- und Theaterrecht (Zeitschrift)
UHH	*Peter Ulmer, Mathias Habersack* und *Martin Henssler* Mitbestimmungsrecht. Kommentierung des MitbestG, des DrittelbG, des SEBG und des MgVG, begr. von *Peter Hanau* und *Peter Ulmer*, 3. Aufl., München 2013
Uhlenbruck InsO	Insolvenzordnung. Kommentar, hrsg. von *Wilhelm Uhlenbruck*, 14. Aufl., München 2015
ULA	Union der leitenden Angestellten
Ulber AÜG	Arbeitnehmerüberlassungsgesetz. Kommentar, hrsg. von *Jürgen Ulber*, 4. Aufl., Frankfurt a. M. 2011
UmwBerG	Gesetz zur Bereinigung des Umwandlungsrechts vom 28. Oktober 1994
UmwG	Umwandlungsgesetz i. d. F. vom 28. Oktober 1994
Union	Die Union (Zeitschrift)
unstr.	unstreitig
UrhG	Gesetz über Urheberrecht und verwandte Schutzrechte (Urheberrechtsgesetz) vom 9. September 1965
UStG	Umsatzsteuergesetz vom 21. Februar 2005
UVMG	Gesetz zur Modernisierung der gesetzlichen Unfallversicherung vom 30. Oktober 2008
UVV	Unfallverhütungsvorschrift
UWG	Gesetz gegen den unlauteren Wettbewerb i. d. F. vom 3. März 2010
v. H.	von Hundert
VAG	Gesetz über die Beaufsichtigung der Versicherungsunternehmen (Versicherungsaufsichtsgesetz) vom 1. April 2015
VBG	Sammlung der Unfallverhütungsvorschriften (VBG-Sammelwerk), hrsg. vom Hauptverband der gewerblichen Berufsgenossenschaften
VDE	Verein deutscher Elektrotechniker
VDI	Verein Deutscher Ingenieure
Veit Zuständigkeit des Betriebsrats	*Barbara Veit* Die funktionelle Zuständigkeit des Betriebsrats, München 1998
VELA	Vereinigung der leitenden Angestellten
VerglO	Vergleichsordnung vom 26. Februar 1935
VerlagsG	Gesetz über das Verlagsrecht vom 19. Juni 1901
VermG	Gesetz zur Regelung offener Vermögensfragen (Vermögensgesetz) i. d. F. vom 9. Februar 2005
VerwArch.	Verwaltungsarchiv (Zeitschrift)
VG	Verwaltungsgericht
VGH	Verwaltungsgerichtshof
vgl.	vergleiche
VO	Verordnung
Volmer / Gaul ArbNErfG	Arbeitnehmererfindungsgesetz. Kommentar, begründet von *Bernhard Volmer*, fortgeführt von *Dieter Gaul*, 2. Aufl., München 1983

von Hoyningen-Huene Betriebsverfassungsrecht	*Gerrick von Hoyningen-Huene* Betriebsverfassungsrecht, 6. Aufl., München 2007
von Hoyningen-Huene / Linck KSchG	Kündigungsschutzgesetz. Kommentar, begründet von *Alfred Hueck*, fortgeführt von *Gerrick von Hoyningen-Huene, Rüdiger Linck* und *Rüdiger Krause*, 15. Aufl., München 2013
Voraufl.	Vorauflage
Vorbem.	Vorbemerkung
VVaG	Versicherungsverein auf Gegenseitigkeit
VWG	Vereinigtes Wirtschaftsgebiet
VwGO	Verwaltungsgerichtsordnung i. d. F. vom 19. März 1991
WA	Westdeutsche Arbeitsrechtsprechung (Zeitschrift)
Waltermann Arbeitsrecht	*Raimund Waltermann*, Arbeitsrecht, 18. Aufl., München 2016
Waltermann Rechtsetzung	*Raimund Waltermann* Rechtsetzung durch Betriebsvereinbarung zwischen Privatautonomie und Tarifautonomie, Tübingen 1996
WdA	Welt der Arbeit (Zeitschrift)
Weber / Ehrich / Hörchens / Oberthür	*Ulrich Weber, Christian Ehrich, Angela Hörchens* und *Nathalie Oberthür* Handbuch zum Betriebsverfassungsrecht, 2. Aufl., Köln 2003
WEG	Gesetz über das Wohnungseigentum und das Dauerwohnrecht (Wohnungseigentumsgesetz) vom 15. März 1951
Weiss / Weyand	*Manfred Weiss* und *Joachim Weyand* Betriebsverfassungsgesetz. Ein Kommentar für Studium und Praxis, 3. Aufl., Baden-Baden 1994
Wendeling-Schröder / Stein AGG	*Ulrike Wendeling-Schröder* und *Axel Stein* Allgemeines Gleichbehandlungsgesetz. Kommentar, München 2008
WHSS	*Heinz Josef Willemsen, Klaus-Stefan Hohenstatt, Ulrike Schweibert* und *Christoph H. Seibt* Umstrukturierung von Unternehmen. Arbeitsrechtliches Handbuch, 5. Aufl., München 2016
WHW	Daten und Persönlichkeitsschutz im Arbeitsverhältnis, hrsg. von *Stephan Weth, Maximilian Herberger* und *Michael Wächter*, München 2014
WiB	Wirtschaftsrechtliche Beratung (Zeitschrift, bis 1998)
Widmann / Mayer UmwG	Umwandlungsrecht, hrsg. von *Siegfried Widmann* und *Dieter Mayer*, Loseblatt, Bonn 1996 ff.
Wieczorek / Schütze ZPO	Zivilprozeßordnung. Kommentar, begründet von *Bernhard Wieczorek*, fortgeführt von *Georg F. Rössler* und *Rolf A. Schütze*, 3. Aufl., Berlin, New York 1994 ff., 4. Aufl., Berlin, New York 2012 ff.
Wiedemann TVG	Tarifvertragsgesetz. Kommentar, hrsg. von *Herbert Wiedemann*, bearbeitet von *Hartmut Oetker, Gregor Thüsing, Rolf Wank* und *Herbert Wiedemann*, 7. Aufl., München 2007 (Fortführung des Werkes von *Wiedemann / Stumpf* [s.u.])
Wiedemann / Stumpf TVG	Tarifvertragsgesetz. Kommentar, begründet von *Alfred Hueck* und *Hans Carl Nipperdey*, fortgeführt von *Ernst Tophoven* und *Eugen Stahlhacke*, sodann bearbeitet von *Herbert Wiedemann* und *Hermann Stumpf*, 5. Aufl., München 1977
Wiese Initiativrecht	*Günther Wiese* Das Initiativrecht nach dem Betriebsverfassungsgesetz, Neuwied und Darmstadt 1977
WiGBl.	Gesetzblatt der Verwaltung des Vereinigten Wirtschaftsgebietes
WiR	Wirtschaftsrecht (Zeitschrift)
wistra	Zeitschrift für Wirtschaft, Steuern, Strafrecht
WKS	*Hellmut Wißmann, Georg Kleinsorge* und *Claudia Schubert*, Mitbestimmungsrecht. Kommentar, 5. Aufl., München 2017
WKSchG	Zweites Gesetz über den Kündigungsschutz für Mietverhältnisse über Wohnraum (Zweites Wohnraumkündigungsschutzgesetz – 2. WKSchG) vom 18. Dezember 1974

Abkürzungsverzeichnis

Wlotzke	*Otfried Wlotzke* Betriebsverfassungsgesetz. Kommentar, 2. Aufl., München 1992
WM	Wertpapiermitteilungen (Zeitschrift)
WO	Erste Verordnung zur Durchführung des Betriebsverfassungsgesetzes (Wahlordnung) vom 11. Dezember 2001
WO 1953	Erste Rechtsverordnung zur Durchführung des Betriebsverfassungsgesetzes (Wahlordnung 1953) vom 18. März 1953
WoBauG	Zweites Wohnungsbaugesetz (Wohnungsbau- und Familienheimgesetz) i. d. F. vom 19. August 1994
Wolff/Bachof Verwaltungsrecht I, II	*Hans J. Wolff* und *Otto Bachof* Verwaltungsrecht I, 9. Aufl., München 1974; Verwaltungsrecht II, 4. Aufl., München 1976
Wolff/Bachof/Stober/Kluth Verwaltungsrecht I, II	*Hans J. Wolff*, *Otto Bachof*, *Rolf Stober* und *Winfried Kluth* Verwaltungsrecht I, 13. Aufl., München 2016, Verwaltungsrecht II, 7. Aufl., München 2010
WOP	Verordnung zur Durchführung der Betriebsratswahlen bei den Postunternehmen (WahlO Post) vom 22. Februar 2002
Worzalla/Will	*Michael Worzalla* und *Patricia Will* Das neue Betriebsverfassungsrecht, Köln 2002
WOS	Zweite Verordnung zur Durchführung des Betriebsverfassungsgesetzes (Wahlordnung Seeschifffahrt) vom 7. Februar 2002
WP	Betriebsverfassungsgesetz. Kommentar, hrsg. von *Otfried Wlotzke* und *Ulrich Preis*, 3. Aufl., München 2006 (Fortführung des Werkes von *Wlotzke* [s.o.])
WPg.	Die Wirtschaftsprüfung (Zeitschrift)
WpHG	Gesetz über den Wertpapierhandel (Wertpapierhandelsgesetz) i. d. F. vom 9. September 1998
WPK	Betriebsverfassungsgesetz. Kommentar, hrsg. von *Otfried Wlotzke*, *Ulrich Preis* und *Burghard Kreft*, 4. Aufl., München 2009
WpÜG	Wertpapiererwerbs- und Übernahmegesetz vom 20. Dezember 2001
WRP	Wettbewerb in Recht und Praxis (Zeitschrift)
WSI-Mitteilungen	Zeitschrift des Wirtschafts- und Sozialwissenschaftlichen Instituts der Hans-Böckler-Stiftung (früher: Mitteilungen des Wirtschafts- und Sozialwissenschaftlichen Institutes des Deutschen Gewerkschaftsbundes)
WV	Die Verfassung des Deutschen Reiches vom 11. August 1919
WWI-Mitt.	Mitteilungen des Wirtschaftswissenschaftlichen Institutes der Gewerkschaften (Zeitschrift)
WzS	Wege zur Sozialversicherung (Zeitschrift)
z. B.	zum Beispiel
z. T.	zum Teil
z.Zt.	zur Zeit
Zarb. wiss.	Zeitschrift für Arbeitswissenschaften
ZAS	Zeitschrift für Arbeitsrecht und Sozialrecht (Österreich)
ZBR	Zeitschrift für Beamtenrecht
ZBVR	Zeitschrift für Betriebsverfassungsrecht
ZD	Zeitschrift für Datenschutz
ZDVG	Gesetz über den Vertrauensmann der Zivildienstleistenden (Zivildienstvertrauensmann-Gesetz) vom 16. Januar 1991
ZESAR	Zeitschrift für europäisches Sozial- und Arbeitsrecht
ZEuP	Zeitschrift für Europäisches Privatrecht
ZEuS	Zeitschrift für Europäische Studien
ZevKR	Zeitschrift für evangelisches Kirchenrecht
ZfA	Zeitschrift für Arbeitsrecht
ZfArbWiss	Zeitschrift für Arbeitswissenschaft

ZfbF	Schmalenbachs Zeitschrift für betriebswirtschaftliche Forschung (seit 1964, bis 1963 Zeitschrift für handelswissenschaftliche Forschung)
ZfgGenW	Zeitschrift für das gesamte Genossenschaftswesen
ZfPR	Zeitschrift für Personalvertretungsrecht
ZfS	Zentralblatt für Sozialversicherung, Sozialhilfe und Versorgung
ZfSH/SGB	Zeitschrift für Sozialhilfe und Sozialgesetzbuch
ZfSozR	Zeitschrift für Sozialreform
ZfV	Zeitschrift für Versicherungswesen
ZGR	Zeitschrift für Unternehmens- und Gesellschaftsrecht
ZgStW	Zeitschrift für die gesamte Staatswissenschaft
ZHR	Zeitschrift für das gesamte Handelsrecht und Wirtschaftsrecht
ZIAS	Zeitschrift für internationales und ausländisches Arbeits- und Sozialrecht
Ziff.	Ziffer
ZInsO	Zeitschrift für das gesamte Insolvenzrecht
ZIP	Zeitschrift für Wirtschaftsrecht (früher Zeitschrift für Wirtschaftsrecht und Insolvenzpraxis)
ZIS	Zeitschrift für Internationale Strafrechtsdogmatik
zit.	zitiert
ZLH Arbeitsrecht	*Wolfgang Zöllner, Karl-Georg Loritz* und *Curt Wolfgang Hergenröder* Arbeitsrecht, 7. Aufl., München 2015
ZLW	Zeitschrift für Luft- und Raumfahrt
ZMR	Zeitschrift für Miet- und Raumrecht
ZNR	Zeitschrift für Neuere Rechtsgeschichte
Zöller ZPO	Zivilprozessordnung. Kommentar, begründet von *Richard Zöller*, 31. Aufl., Köln 2016
ZPO	Zivilprozessordnung i. d. F. vom 12. September 1950
ZRP	Zeitschrift für Rechtspolitik
ZStV	Zeitschrift für Stiftungs- und Vereinswesen
ZTR	Zeitschrift für Tarifrecht
zust.	zustimmend
zutr.	zutreffend
Zwanziger Insolvenzordnung	*Bertram Zwanziger* Das Arbeitsrecht der Insolvenzordnung, 2. Aufl., Heidelberg 2002
ZZP	Zeitschrift für Zivilprozess

Betriebsverfassungsgesetz

In der Fassung der Bekanntmachung vom 25. September 2001 (BGBl. I S. 2518)[1]

Änderndes Gesetz bzw. ändernde Verordnung ab 10.12.2001	Datum	Fundstelle	Geänderte Vorschriften
Gesetz zur Reform der arbeitsmarktpolitischen Instrumente (Job-AQTIV-Gesetz)	10.12.2001	BGBl. I S. 3443	§ 76 Abs. 3 **Inkrafttreten der Änderung 01.01.2002**
Achte Zuständigkeitsanpassungsverordnung	25.11.2003	BGBl. I S. 2304	§ 76a Abs. 4 Satz 1, § 126 **Inkrafttreten der Änderungen 28.11.2003**
Drittes Gesetz für moderne Dienstleistungen am Arbeitsmarkt	23.12.2003	BGBl. I S. 2848	§ 92a Abs. 2 Satz 3, § 112 Abs. 5 **Inkrafttreten der Änderungen 01.01.2004**
Zweites Gesetz zur Vereinfachung der Wahl der Arbeitnehmervertreter in den Aufsichtsrat	18.05.2004	BGBl. I S. 974	§ 129 aufgehoben **Inkrafttreten der Änderung 01.07.2004**
Gesetz zur Umsetzung europäischer Richtlinien zur Verwirklichung des Grundsatzes der Gleichbehandlung	14.08.2006	BGBl. I S. 1897	§ 75 Abs. 1 **Inkrafttreten der Änderung 18.08.2006**
Neunte Zuständigkeitsanpassungsverordnung	31.10.2006	BGBl. I S. 2407	§ 76a Abs. 4 Satz 1, § 126 **Inkrafttreten der Änderungen 08.11.2006**
Gesetz zur Begrenzung der mit Finanzinvestitionen verbundenen Risiken (Risikobegrenzungsgesetz)	12.08.2008	BGBl. I S. 1666	§ 106, § 109a eingefügt **Inkrafttreten der Änderungen 19.08.2008**
Gesetz zur Übernahme der Beamten und Arbeitnehmer der Bundesanstalt für Flugsicherung	29.07.2009	BGBl. I S. 2424	§ 5 Abs. 1 Satz 3, § 5 Abs. 3 Satz 2 eingefügt **Inkrafttreten der Änderungen 04.08.2009**
Gesetz zur Umsetzung des Seearbeitsübereinkommens 2006 der Internationalen Arbeitsorganisation	20.04.2013	BGBl. I S. 868	§ 114 Abs. 6 Satz 1 **Inkrafttreten der Änderungen 01.08.2013**
Gesetz zur Stärkung und Teilhabe und Selbstbestimmung von Menschen mit Behinderungen (Bundesteilhabegesetz – BTHG)	23.12.2016	BGBl. I S. 3234	§ 32, § 52; § 59a, § 80 Abs. 1 Nr. 4, § 88 Nr. 5, § 92 Abs. 3 **Inkrafttreten der Änderungen 24.12.2016**

---

[1] Bekanntmachung der Neufassung des Betriebsverfassungsgesetzes vom 15. Januar 1972 (BGBl. I S. 13). Diese Fassung gilt seit dem 28.07.2001.

Änderndes Gesetz bzw. ändernde Verordnung ab 10.12.2001	Datum	Fundstelle	Geänderte Vorschriften
Gesetz zur Änderung des Arbeitnehmerüberlassungsgesetzes und anderer Gesetze	21.02.2017	BGBl. I S. 258	§ 78 Satz 1, § 80 Abs. 2, § 92 Abs. 1 S. 1, § 119 Abs. 1 Nr. 3, § 120 Abs. 1 Nr. 3b **Inkrafttreten der Änderungen 01.04.2017**
Gesetz zur Verbesserung der Leistungen bei Renten wegen verminderter Erwerbsfähigkeit und zur Änderung anderer Gesetze (EM-Leistungsverbesserungsgesetz)	17.07.2017	BGBl. I S. 2509	§ 80 Abs. 1 Nr. 4 **Inkrafttreten der Änderungen 01.01.2018**

Inhaltsübersicht

			§§		
Erster Teil:	Allgemeine Vorschriften	1	bis	6
Zweiter Teil:	Betriebsrat, Betriebsversammlung, Gesamt- und Konzernbetriebsrat	7	bis	59a
Erster Abschnitt:	Zusammensetzung und Wahl des Betriebsrats	7	bis	20
Zweiter Abschnitt:	Amtszeit des Betriebsrats	21	bis	25
Dritter Abschnitt:	Geschäftsführung des Betriebsrats	26	bis	41
Vierter Abschnitt:	Betriebsversammlung	42	bis	46
Fünfter Abschnitt:	Gesamtbetriebsrat	47	bis	53
Sechster Abschnitt:	Konzernbetriebsrat	54	bis	59a
Dritter Teil:	Jugend- und Auszubildendenvertretung	60	bis	73b
Erster Abschnitt:	Betriebliche Jugend- und Auszubildendenvertretung	60	bis	71
Zweiter Abschnitt:	Gesamt-Jugend- und Auszubildendenvertretung	72	bis	73
Dritter Abschnitt:	Konzern-Jugend- und Auszubildendenvertretung	73a	bis	73b
Vierter Teil:	Mitwirkung und Mitbestimmung der Arbeitnehmer	74	bis	113
Erster Abschnitt:	Allgemeines	74	bis	80
Zweiter Abschnitt:	Mitwirkungs- und Beschwerderecht des Arbeitnehmers	81	bis	86a
Dritter Abschnitt:	Soziale Angelegenheiten	87	bis	89
Vierter Abschnitt:	Gestaltung von Arbeitsplatz, Arbeitsablauf und Arbeitsumgebung	90	bis	91
Fünfter Abschnitt:	Personelle Angelegenheiten	92	bis	105
Erster Unterabschnitt:	Allgemeine personelle Angelegenheiten	92	bis	95
Zweiter Unterabschnitt:	Berufsbildung	96	bis	98
Dritter Unterabschnitt:	Personelle Einzelmaßnahmen	99	bis	105

Sechster Abschnitt:	Wirtschaftliche Angelegenheiten	106	bis	113
Erster Unterabschnitt:	Unterrichtung in wirtschaftlichen Angelegenheiten	106	bis	110
Zweiter Unterabschnitt:	Betriebsänderungen	111	bis	113
Fünfter Teil:	Besondere Vorschriften für einzelne Betriebsarten	114	bis	118
Erster Abschnitt:	Seeschifffahrt	114	bis	116
Zweiter Abschnitt:	Luftfahrt			117
Dritter Abschnitt:	Tendenzbetriebe und Religionsgemeinschaften			118
Sechster Teil:	Straf- und Bußgeldvorschriften	119	bis	121
Siebenter Teil:	Änderung von Gesetzen	122	bis	124
Achter Teil:	Übergangs- und Schlussvorschriften	125	bis	132

Erster Teil
Allgemeine Vorschriften

§ 1
Errichtung von Betriebsräten

(1) ¹In Betrieben mit in der Regel mindestens 5 ständigen wahlberechtigten Arbeitnehmern, von denen 3 wählbar sind, werden Betriebsräte gewählt. ²Dies gilt auch für gemeinsame Betriebe mehrerer Unternehmen.

(2) Ein gemeinsamer Betrieb mehrerer Unternehmen wird vermutet, wenn
1. zur Verfolgung arbeitstechnischer Zwecke die Betriebsmittel sowie die Arbeitnehmer von den Unternehmen gemeinsam eingesetzt werden oder
2. die Spaltung eines Unternehmens zur Folge hat, dass von einem Betrieb ein oder mehrere Betriebsteile einem an der Spaltung beteiligten anderen Unternehmen zugeordnet werden, ohne dass sich dabei die Organisation des betroffenen Betriebs wesentlich ändert.

§ 2
Stellung der Gewerkschaften und Vereinigungen der Arbeitgeber

(1) Arbeitgeber und Betriebsrat arbeiten unter Beachtung der geltenden Tarifverträge vertrauensvoll und im Zusammenwirken mit den im Betrieb vertretenen Gewerkschaften und Arbeitgebervereinigungen zum Wohl der Arbeitnehmer und des Betriebs zusammen.

(2) Zur Wahrnehmung der in diesem Gesetz genannten Aufgaben und Befugnisse der im Betrieb vertretenen Gewerkschaften ist deren Beauftragten nach Unterrichtung des Arbeitgebers oder seines Vertreters Zugang zum Betrieb zu gewähren, soweit dem nicht unumgängliche Notwendigkeiten des Betriebsablaufs, zwingende Sicherheitsvorschriften oder der Schutz von Betriebsgeheimnissen entgegenstehen.

(3) Die Aufgaben der Gewerkschaften und der Vereinigungen der Arbeitgeber, insbesondere die Wahrnehmung der Interessen ihrer Mitglieder, werden durch dieses Gesetz nicht berührt.

§ 3
Abweichende Regelungen

(1) Durch Tarifvertrag können bestimmt werden:
1. für Unternehmen mit mehreren Betrieben
   a) die Bildung eines unternehmenseinheitlichen Betriebsrats oder
   b) die Zusammenfassung von Betrieben,
   wenn dies die Bildung von Betriebsräten erleichtert oder einer sachgerechten Wahrnehmung der Interessen der Arbeitnehmer dient;
2. für Unternehmen und Konzerne, soweit sie nach produkt- oder projektbezogenen Geschäftsbereichen (Sparten) organisiert sind und die Leitung der Sparte auch Entscheidungen in beteiligungspflichtigen Angelegenheiten trifft, die Bildung von Betriebsräten in den Sparten (Spartenbetriebsräte), wenn dies der sachgerechten Wahrnehmung der Aufgaben des Betriebsrats dient;
3. andere Arbeitnehmervertretungsstrukturen, soweit dies insbesondere auf Grund der Betriebs-, Unternehmens- oder Konzernorganisation oder auf Grund anderer Formen der Zusammenarbeit von Unternehmen einer wirksamen und zweckmäßigen Interessenvertretung der Arbeitnehmer dient;
4. zusätzliche betriebsverfassungsrechtliche Gremien (Arbeitsgemeinschaften), die der unternehmensübergreifenden Zusammenarbeit von Arbeitnehmervertretungen dienen;
5. zusätzliche betriebsverfassungsrechtliche Vertretungen der Arbeitnehmer, die die Zusammenarbeit zwischen Betriebsrat und Arbeitnehmern erleichtern.

(2) Besteht in den Fällen des Absatzes 1 Nr. 1, 2, 4 oder 5 keine tarifliche Regelung und gilt auch kein anderer Tarifvertrag, kann die Regelung durch Betriebsvereinbarung getroffen werden.

(3) ¹Besteht im Fall des Absatzes 1 Nr. 1 Buchst. a keine tarifliche Regelung und besteht in dem Unternehmen kein Betriebsrat, können die Arbeitnehmer mit Stimmenmehrheit die Wahl eines unternehmenseinheitlichen Betriebsrats beschließen. ²Die Abstimmung kann von mindestens 3 wahlberechtigten Arbeitnehmern des Unternehmens oder einer im Unternehmen vertretenen Gewerkschaft veranlasst werden.

(4) ¹Sofern der Tarifvertrag oder die Betriebsvereinbarung nichts anderes bestimmt, sind Regelungen nach Absatz 1 Nr. 1 bis 3 erstmals bei der nächsten regelmäßigen Betriebsratswahl anzuwenden, es sei denn, es besteht kein Betriebsrat oder es ist aus anderen Gründen eine Neuwahl des Betriebsrats erforderlich. ²Sieht der Tarifvertrag oder die Betriebsvereinbarung einen anderen Wahlzeitpunkt vor, endet die Amtszeit bestehender Betriebsräte, die durch die Regelungen nach Absatz 1 Nr. 1 bis 3 entfallen, mit Bekanntgabe des Wahlergebnisses.

(5) ¹Die auf Grund eines Tarifvertrages oder einer Betriebsvereinbarung nach Absatz 1 Nr. 1 bis 3 gebildeten betriebsverfassungsrechtlichen Organisationseinheiten gelten als Betriebe im Sinne dieses Gesetzes. ²Auf die in ihnen gebildeten Arbeitnehmervertretungen finden die Vorschriften über die Rechte und Pflichten des Betriebsrats und die Rechtsstellung seiner Mitglieder Anwendung.

§ 4
Betriebsteile, Kleinstbetriebe

(1) ¹Betriebsteile gelten als selbständige Betriebe, wenn sie die Voraussetzungen des § 1 Abs. 1 Satz 1 erfüllen und
1. räumlich weit vom Hauptbetrieb entfernt oder
2. durch Aufgabenbereich und Organisation eigenständig sind.

²Die Arbeitnehmer eines Betriebsteils, in dem kein eigener Betriebsrat besteht, können mit Stimmenmehrheit formlos beschließen, an der Wahl des Betriebsrats im Hauptbetrieb teilzunehmen; § 3 Abs. 3 Satz 2 gilt entsprechend. ³Die Abstimmung kann auch vom Betriebsrat des Hauptbetriebs veranlasst werden. ⁴Der Beschluss ist dem Betriebsrat des Hauptbetriebs spätestens 10 Wochen vor Ablauf seiner Amtszeit mitzuteilen. ⁵Für den Widerruf des Beschlusses gelten die Sätze 2 bis 4 entsprechend.

(2) Betriebe, die die Voraussetzungen des § 1 Abs. 1 Satz 1 nicht erfüllen, sind dem Hauptbetrieb zuzuordnen.

§ 5
Arbeitnehmer

(1) ¹Arbeitnehmer (Arbeitnehmerinnen und Arbeitnehmer) im Sinne dieses Gesetzes sind Arbeiter und Angestellte einschließlich der zu ihrer Berufsausbildung Beschäftigten, unabhängig davon, ob sie im Betrieb, im Außendienst oder mit Telearbeit beschäftigt werden. ²Als Arbeitnehmer gelten auch die in Heimarbeit Beschäftigten, die in der Hauptsache für den Betrieb arbeiten. ³Als Arbeitnehmer gelten ferner Beamte (Beamtinnen und Beamte), Soldaten (Soldatinnen und Soldaten) sowie Arbeitnehmer des öffentlichen Dienstes einschließlich der zu ihrer Berufsausbildung Beschäftigten, die in Betrieben privatrechtlich organisierter Unternehmen tätig sind.

(2) Als Arbeitnehmer im Sinne dieses Gesetzes gelten nicht
1. in Betrieben einer juristischen Person die Mitglieder des Organs, das zur gesetzlichen Vertretung der juristischen Person berufen ist;
2. die Gesellschafter einer offenen Handelsgesellschaft oder die Mitglieder einer anderen Personengesamtheit, soweit sie durch Gesetz, Satzung oder Gesellschaftsvertrag zur Vertretung der Personengesamtheit oder zur Geschäftsführung berufen sind, in deren Betrieben;
3. Personen, deren Beschäftigung nicht in erster Linie ihrem Erwerb dient, sondern vorwiegend durch Beweggründe karitativer oder religiöser Art bestimmt ist;
4. Personen, deren Beschäftigung nicht in erster Linie ihrem Erwerb dient und die vorwiegend zu ihrer Heilung, Wiedereingewöhnung, sittlichen Besserung oder Erziehung beschäftigt werden;
5. der Ehegatte, der Lebenspartner, Verwandte und Verschwägerte ersten Grades, die in häuslicher Gemeinschaft mit dem Arbeitgeber leben.

(3) ¹Dieses Gesetz findet, soweit in ihm nicht ausdrücklich etwas anderes bestimmt ist, keine Anwendung auf leitende Angestellte. Leitender Angestellter ist, wer nach Arbeitsvertrag und Stellung im Unternehmen oder im Betrieb
1. zur selbständigen Einstellung und Entlassung von im Betrieb oder in der Betriebsabteilung beschäftigten Arbeitnehmern berechtigt ist oder
2. Generalvollmacht oder Prokura hat und die Prokura auch im Verhältnis zum Arbeitgeber nicht unbedeutend ist oder
3. regelmäßig sonstige Aufgaben wahrnimmt, die für den Bestand und die Entwicklung des Unternehmens oder eines Betriebs von Bedeutung sind und deren Erfüllung besondere Erfahrungen und Kenntnisse voraussetzt, wenn er dabei entweder die Entscheidungen im Wesentlichen frei von Weisungen trifft oder sie maßgeblich beeinflusst; dies kann auch bei Vorgaben insbesondere auf Grund von Rechtsvorschriften, Plänen oder Richtlinien sowie bei Zusammenarbeit mit anderen leitenden Angestellten gegeben sein.

²Für die in Absatz 1 Satz 3 genannten Beamten und Soldaten gelten die Sätze 1 und 2 entsprechend.

(4) Leitender Angestellter nach Absatz 3 Nr. 3 ist im Zweifel, wer
1. aus Anlass der letzten Wahl des Betriebsrats, des Sprecherausschusses oder von Aufsichtsratsmitgliedern der Arbeitnehmer oder durch rechtskräftige gerichtliche Entscheidung den leitenden Angestellten zugeordnet worden ist oder
2. einer Leitungsebene angehört, auf der in dem Unternehmen überwiegend leitende Angestellte vertreten sind, oder
3. ein regelmäßiges Jahresarbeitsentgelt erhält, das für leitende Angestellte in dem Unternehmen üblich ist, oder,
4. falls auch bei der Anwendung der Nummer 3 noch Zweifel bleiben, ein regelmäßiges Jahresarbeitsentgelt erhält, das das Dreifache der Bezugsgröße nach § 18 des Vierten Buches Sozialgesetzbuch überschreitet.

§ 6
(weggefallen)

Zweiter Teil
Betriebsrat, Betriebsversammlung, Gesamt- und Konzernbetriebsrat

Erster Abschnitt
Zusammensetzung und Wahl des Betriebsrats

§ 7
Wahlberechtigung

[1]Wahlberechtigt sind alle Arbeitnehmer des Betriebs, die das 18. Lebensjahr vollendet haben. [2]Werden Arbeitnehmer eines anderen Arbeitgebers zur Arbeitsleistung überlassen, so sind diese wahlberechtigt, wenn sie länger als 3 Monate im Betrieb eingesetzt werden.

§ 8
Wählbarkeit

(1) [1]Wählbar sind alle Wahlberechtigten, die 6 Monate dem Betrieb angehören oder als in Heimarbeit Beschäftigte in der Hauptsache für den Betrieb gearbeitet haben. [2]Auf diese 6-monatige Betriebszugehörigkeit werden Zeiten angerechnet, in denen der Arbeitnehmer unmittelbar vorher einem anderen Betrieb desselben Unternehmens oder Konzerns (§ 18 Abs. 1 des Aktiengesetzes) angehört hat. [3]Nicht wählbar ist, wer infolge strafgerichtlicher Verurteilung die Fähigkeit, Rechte aus öffentlichen Wahlen zu erlangen, nicht besitzt.

(2) Besteht der Betrieb weniger als 6 Monate, so sind abweichend von der Vorschrift in Absatz 1 über die 6-monatige Betriebszugehörigkeit diejenigen Arbeitnehmer wählbar, die bei der Einleitung der Betriebsratswahl im Betrieb beschäftigt sind und die übrigen Voraussetzungen für die Wählbarkeit erfüllen.

§ 9[2]
Zahl der Betriebsratsmitglieder

[1]Der Betriebsrat besteht in Betrieben mit in der Regel

5 bis 20 wahlberechtigten Arbeitnehmern	aus einer Person,
21 bis 50 wahlberechtigten Arbeitnehmern	aus 3 Mitgliedern,
51 wahlberechtigten Arbeitnehmern bis 100 Arbeitnehmern	aus 5 Mitgliedern,
101 bis 200 Arbeitnehmern	aus 7 Mitgliedern,
201 bis 400 Arbeitnehmern	aus 9 Mitgliedern,
401 bis 700 Arbeitnehmern	aus 11 Mitgliedern,
701 bis 1 000 Arbeitnehmern	aus 13 Mitgliedern,
1 001 bis 1 500 Arbeitnehmern	aus 15 Mitgliedern,
1 501 bis 2 000 Arbeitnehmern	aus 17 Mitgliedern,
2 001 bis 2 500 Arbeitnehmern	aus 19 Mitgliedern,
2 501 bis 3 000 Arbeitnehmern	aus 21 Mitgliedern,
3 001 bis 3 500 Arbeitnehmern	aus 23 Mitgliedern,
3 501 bis 4 000 Arbeitnehmern	aus 25 Mitgliedern,

---

2 Gemäß Artikel 14 Satz 2 des G vom 23.07.2001 (BGBl I S. 1852) gilt § 9 für im Zeitpunkt des Inkrafttretens bestehende Betriebsräte erst bei deren Neuwahl.

4 001 bis 4 500 Arbeitnehmern	aus	27 Mitgliedern,
4 501 bis 5 000 Arbeitnehmern	aus	29 Mitgliedern,
5 001 bis 6 000 Arbeitnehmern	aus	31 Mitgliedern,
6 001 bis 7 000 Arbeitnehmern	aus	33 Mitgliedern,
7 001 bis 9 000 Arbeitnehmern	aus	35 Mitgliedern.

²In Betrieben mit mehr als 9 000 Arbeitnehmern erhöht sich die Zahl der Mitglieder des Betriebsrats für je angefangene weitere 3 000 Arbeitnehmer um 2 Mitglieder.

§ 10
(weggefallen)

§ 11
Ermäßigte Zahl der Betriebsratsmitglieder

Hat ein Betrieb nicht die ausreichende Zahl von wählbaren Arbeitnehmern, so ist die Zahl der Betriebsratsmitglieder der nächstniedrigeren Betriebsgröße zugrunde zu legen.

§ 12
(weggefallen)

§ 13
Zeitpunkt der Betriebsratswahlen

(1) ¹Die regelmäßigen Betriebsratswahlen finden alle 4 Jahre in der Zeit vom 1. 3. bis 31. 5. statt. ²Sie sind zeitgleich mit den regelmäßigen Wahlen nach § 5 Abs. 1 des Sprecherausschussgesetzes einzuleiten.

(2) Außerhalb dieser Zeit ist der Betriebsrat zu wählen, wenn
1. mit Ablauf von 24 Monaten, vom Tage der Wahl an gerechnet, die Zahl der regelmäßig beschäftigten Arbeitnehmer um die Hälfte, mindestens aber um 50, gestiegen oder gesunken ist,
2. die Gesamtzahl der Betriebsratsmitglieder nach Eintreten sämtlicher Ersatzmitglieder unter die vorgeschriebene Zahl der Betriebsratsmitglieder gesunken ist,
3. der Betriebsrat mit der Mehrheit seiner Mitglieder seinen Rücktritt beschlossen hat,
4. die Betriebsratswahl mit Erfolg angefochten worden ist,
5. der Betriebsrat durch eine gerichtliche Entscheidung aufgelöst ist oder
6. im Betrieb ein Betriebsrat nicht besteht.

(3) ¹Hat außerhalb des für die regelmäßigen Betriebsratswahlen festgelegten Zeitraums eine Betriebsratswahl stattgefunden, so ist der Betriebsrat in dem auf die Wahl folgenden nächsten Zeitraum der regelmäßigen Betriebsratswahlen neu zu wählen. ²Hat die Amtszeit des Betriebsrats zu Beginn des für die regelmäßigen Betriebsratswahlen festgelegten Zeitraums noch nicht ein Jahr betragen, so ist der Betriebsrat in dem übernächsten Zeitraum der regelmäßigen Betriebsratswahlen neu zu wählen.

§ 14
Wahlvorschriften

(1) Der Betriebsrat wird in geheimer und unmittelbarer Wahl gewählt.

(2) ¹Die Wahl erfolgt nach den Grundsätzen der Verhältniswahl. ²Sie erfolgt nach den Grundsätzen der Mehrheitswahl, wenn nur ein Wahlvorschlag eingereicht wird oder wenn der Betriebsrat im vereinfachten Wahlverfahren nach § 14a zu wählen ist.

(3) Zur Wahl des Betriebsrats können die wahlberechtigten Arbeitnehmer und die im Betrieb vertretenen Gewerkschaften Wahlvorschläge machen.

(4) ¹Jeder Wahlvorschlag der Arbeitnehmer muss von mindestens 1/20 der wahlberechtigten Arbeitnehmer, mindestens jedoch von 3 Wahlberechtigten unterzeichnet sein; in Betrieben mit in der Regel bis zu 20 wahlberechtigten Arbeitnehmern genügt die Unterzeichnung durch 2 Wahlberechtigte. ²In jedem Fall genügt die Unterzeichnung durch 50 wahlberechtigte Arbeitnehmer.

(5) Jeder Wahlvorschlag einer Gewerkschaft muss von 2 Beauftragten unterzeichnet sein.

§ 14a
Vereinfachtes Wahlverfahren für Kleinbetriebe

(1) ¹In Betrieben mit in der Regel 5 bis 50 wahlberechtigten Arbeitnehmern wird der Betriebsrat in einem 2-stufigen Verfahren gewählt. ²Auf einer ersten Wahlversammlung wird der Wahlvorstand nach § 17a Nr. 3 gewählt. ³Auf einer 2. Wahlversammlung wird der Betriebsrat in geheimer und unmittelbarer Wahl gewählt. ⁴Diese Wahlversammlung findet eine Woche nach der Wahlversammlung zur Wahl des Wahlvorstands statt.

(2) Wahlvorschläge können bis zum Ende der Wahlversammlung zur Wahl des Wahlvorstands nach § 17a Nr. 3 gemacht werden; für Wahlvorschläge der Arbeitnehmer gilt § 14 Abs. 4 mit der Maßgabe, dass für Wahlvorschläge, die erst auf dieser Wahlversammlung gemacht werden, keine Schriftform erforderlich ist.

(3) ¹Ist der Wahlvorstand in Betrieben mit in der Regel 5 bis 50 wahlberechtigten Arbeitnehmern nach § 17a Nr. 1 in Verb. mit § 16 vom Betriebsrat, Gesamtbetriebsrat oder Konzernbetriebsrat oder nach § 17a Nr. 4 vom Arbeitsgericht bestellt, wird der Betriebsrat abweichend von Absatz 1 Satz 1 und 2 auf nur einer Wahlversammlung in geheimer und unmittelbarer Wahl gewählt. ²Wahlvorschläge können bis eine Woche vor der Wahlversammlung zur Wahl des Betriebsrats gemacht werden; § 14 Abs. 4 gilt unverändert.

(4) Wahlberechtigten Arbeitnehmern, die an der Wahlversammlung zur Wahl des Betriebsrats nicht teilnehmen können, ist Gelegenheit zur schriftlichen Stimmabgabe zu geben.

(5) In Betrieben mit in der Regel 51 bis 100 wahlberechtigten Arbeitnehmern können der Wahlvorstand und der Arbeitgeber die Anwendung des vereinfachten Wahlverfahrens vereinbaren.

§ 15
[3]Zusammensetzung nach Beschäftigungsarten und Geschlechter

(1) Der Betriebsrat soll sich möglichst aus Arbeitnehmern der einzelnen Organisationsbereiche und der verschiedenen Beschäftigungsarten der im Betrieb tätigen Arbeitnehmer zusammensetzen.

(2) Das Geschlecht, das in der Belegschaft in der Minderheit ist, muss mindestens entsprechend seinem zahlenmäßigen Verhältnis im Betriebsrat vertreten sein, wenn dieser aus mindestens 3 Mitgliedern besteht.

§ 16
Bestellung des Wahlvorstands

(1) [1]Spätestens 10 Wochen vor Ablauf seiner Amtszeit bestellt der Betriebsrat einen aus 3 Wahlberechtigten bestehenden Wahlvorstand und einen von ihnen als Vorsitzenden. [2]Der Betriebsrat kann die Zahl der Wahlvorstandsmitglieder erhöhen, wenn dies zur ordnungsgemäßen Durchführung der Wahl erforderlich ist. [3]Der Wahlvorstand muss in jedem Fall aus einer ungeraden Zahl von Mitgliedern bestehen. [4]Für jedes Mitglied des Wahlvorstands kann für den Fall seiner Verhinderung ein Ersatzmitglied bestellt werden. [5]In Betrieben mit weiblichen und männlichen Arbeitnehmern sollen dem Wahlvorstand Frauen und Männer angehören. [6]Jede im Betrieb vertretene Gewerkschaft kann zusätzlich einen dem Betrieb angehörenden Beauftragten als nicht stimmberechtigtes Mitglied in den Wahlvorstand entsenden, sofern ihr nicht ein stimmberechtigtes Wahlvorstandsmitglied angehört.

(2) [1]Besteht 8 Wochen vor Ablauf der Amtszeit des Betriebsrats kein Wahlvorstand, so bestellt ihn das Arbeitsgericht auf Antrag von mindestens 3 Wahlberechtigten oder einer im Betrieb vertretenen Gewerkschaft; Absatz 1 gilt entsprechend. [2]In dem Antrag können Vorschläge für die Zusammensetzung des Wahlvorstands gemacht werden. [3]Das Arbeitsgericht kann für Betriebe mit in der Regel mehr als 20 wahlberechtigten Arbeitnehmern auch Mitglieder einer im Betrieb vertretenen Gewerkschaft, die nicht Arbeitnehmer des Betriebs sind, zu Mitgliedern des Wahlvorstands bestellen, wenn dies zur ordnungsgemäßen Durchführung der Wahl erforderlich ist.

(3) [1]Besteht 8 Wochen vor Ablauf der Amtszeit des Betriebsrats kein Wahlvorstand, kann auch der Gesamtbetriebsrat oder, falls ein solcher nicht besteht, der Konzernbetriebsrat den Wahlvorstand bestellen. [2]Absatz 1 gilt entsprechend.

§ 17
Bestellung des Wahlvorstands in Betrieben ohne Betriebsrat

(1) [1]Besteht in einem Betrieb, der die Voraussetzungen des § 1 Abs. 1 Satz 1 erfüllt, kein Betriebsrat, so bestellt der Gesamtbetriebsrat oder, falls ein solcher nicht besteht, der Konzernbetriebsrat einen Wahlvorstand. [2]§ 16 Abs. 1 gilt entsprechend.

(2) [1]Besteht weder ein Gesamtbetriebsrat noch ein Konzernbetriebsrat, so wird in einer Betriebsversammlung von der Mehrheit der anwesenden Arbeitnehmer ein Wahlvorstand gewählt; § 16 Abs. 1 gilt entsprechend. [2]Gleiches gilt, wenn der Gesamtbetriebsrat oder Konzernbetriebsrat die Bestellung des Wahlvorstands nach Absatz 1 unterlässt.

(3) Zu dieser Betriebsversammlung können 3 wahlberechtigte Arbeitnehmer des Betriebs oder eine im Betrieb vertretene Gewerkschaft einladen und Vorschläge für die Zusammensetzung des Wahlvorstands machen.

---

3 Gemäß Artikel 14 Satz 2 des G vom 23.07.2001 (BGBl I S. 1852) gilt § 15 für im Zeitpunkt des Inkrafttretens bestehende Betriebsräte erst bei deren Neuwahl.

(4) ¹Findet trotz Einladung keine Betriebsversammlung statt oder wählt die Betriebsversammlung keinen Wahlvorstand, so bestellt ihn das Arbeitsgericht auf Antrag von mindestens 3 wahlberechtigten Arbeitnehmern oder einer im Betrieb vertretenen Gewerkschaft. ²§ 16 Abs. 2 gilt entsprechend.

§ 17a
Bestellung des Wahlvorstands im vereinfachten Wahlverfahren

Im Fall des § 14a finden die §§ 16 und 17 mit folgender Maßgabe Anwendung:
1. Die Frist des § 16 Abs. 1 Satz 1 wird auf 4 Wochen und die des § 16 Abs. 2 Satz 1, Abs. 3 Satz 1 auf 3 Wochen verkürzt.
2. § 16 Abs. 1 Satz 2 und 3 findet keine Anwendung.
3. ¹In den Fällen des § 17 Abs. 2 wird der Wahlvorstand in einer Wahlversammlung von der Mehrheit der anwesenden Arbeitnehmer gewählt. ²Für die Einladung zu der Wahlversammlung gilt § 17 Abs. 3 entsprechend.
4. § 17 Abs. 4 gilt entsprechend, wenn trotz Einladung keine Wahlversammlung stattfindet oder auf der Wahlversammlung kein Wahlvorstand gewählt wird.

§ 18
Vorbereitung und Durchführung der Wahl

(1) ¹Der Wahlvorstand hat die Wahl unverzüglich einzuleiten, sie durchzuführen und das Wahlergebnis festzustellen. ²Kommt der Wahlvorstand dieser Verpflichtung nicht nach, so ersetzt ihn das Arbeitsgericht auf Antrag des Betriebsrats, von mindestens 3 wahlberechtigten Arbeitnehmern oder einer im Betrieb vertretenen Gewerkschaft. ³§ 16 Abs. 2 gilt entsprechend.

(2) Ist zweifelhaft, ob eine betriebsratsfähige Organisationseinheit vorliegt, so können der Arbeitgeber, jeder beteiligte Betriebsrat, jeder beteiligte Wahlvorstand oder eine im Betrieb vertretene Gewerkschaft eine Entscheidung des Arbeitsgerichts beantragen.

(3) ¹Unverzüglich nach Abschluss der Wahl nimmt der Wahlvorstand öffentlich die Auszählung der Stimmen vor, stellt deren Ergebnis in einer Niederschrift fest und gibt es den Arbeitnehmern des Betriebs bekannt. ²Dem Arbeitgeber und den im Betrieb vertretenen Gewerkschaften ist eine Abschrift der Wahlniederschrift zu übersenden.

§ 18a
Zuordnung der leitenden Angestellten bei Wahlen

(1) ¹Sind die Wahlen nach § 13 Abs. 1 und nach § 5 Abs. 1 des Sprecherausschussgesetzes zeitgleich einzuleiten, so haben sich die Wahlvorstände unverzüglich nach Aufstellung der Wählerlisten, spätestens jedoch 2 Wochen vor Einleitung der Wahlen, gegenseitig darüber zu unterrichten, welche Angestellten sie den leitenden Angestellten zugeordnet haben; dies gilt auch, wenn die Wahlen ohne Bestehen einer gesetzlichen Verpflichtung zeitgleich eingeleitet werden. ²Soweit zwischen den Wahlvorständen kein Einvernehmen über die Zuordnung besteht, haben sie in gemeinsamer Sitzung eine Einigung zu versuchen. ³Soweit eine Einigung zustande kommt, sind die Angestellten entsprechend ihrer Zuordnung in die jeweilige Wählerliste einzutragen.

(2) ¹Soweit eine Einigung nicht zustande kommt, hat ein Vermittler spätestens eine Woche vor Einleitung der Wahlen erneut eine Verständigung der Wahlvorstände über die Zuordnung zu versuchen. ²Der Arbeitgeber hat den Vermittler auf dessen Verlangen zu unterstützen, insbesondere die erforderlichen Auskünfte zu erteilen und die erforderlichen Unterlagen zur Verfügung zu stellen. ³Bleibt der

Verständigungsversuch erfolglos, so entscheidet der Vermittler nach Beratung mit dem Arbeitgeber. ⁴Absatz 1 Satz 3 gilt entsprechend.

(3) ¹Auf die Person des Vermittlers müssen sich die Wahlvorstände einigen. ²Zum Vermittler kann nur ein Beschäftigter des Betriebs oder eines anderen Betriebs des Unternehmens oder Konzerns oder der Arbeitgeber bestellt werden. ³Kommt eine Einigung nicht zustande, so schlagen die Wahlvorstände je eine Person als Vermittler vor; durch Los wird entschieden, wer als Vermittler tätig wird.

(4) ¹Wird mit der Wahl nach § 13 Abs. 1 oder 2 nicht zeitgleich eine Wahl nach dem Sprecherausschussgesetz eingeleitet, so hat der Wahlvorstand den Sprecherausschuss entsprechend Absatz 1 Satz 1 1. Halbsatz zu unterrichten. ²Soweit kein Einvernehmen über die Zuordnung besteht, hat der Sprecherausschuss Mitglieder zu benennen, die anstelle des Wahlvorstands an dem Zuordnungsverfahren teilnehmen. ³Wird mit der Wahl nach § 5 Abs. 1 oder 2 des Sprecherausschussgesetzes nicht zeitgleich eine Wahl nach diesem Gesetz eingeleitet, so gelten die Sätze 1 und 2 für den Betriebsrat entsprechend.

(5) ¹Durch die Zuordnung wird der Rechtsweg nicht ausgeschlossen. ²Die Anfechtung der Betriebsratswahl oder der Wahl nach dem Sprecherausschussgesetz ist ausgeschlossen, soweit sie darauf gestützt wird, die Zuordnung sei fehlerhaft erfolgt. ³Satz 2 gilt nicht, soweit die Zuordnung offensichtlich fehlerhaft ist.

§ 19
Wahlanfechtung

(1) Die Wahl kann beim Arbeitsgericht angefochten werden, wenn gegen wesentliche Vorschriften über das Wahlrecht, die Wählbarkeit oder das Wahlverfahren verstoßen worden ist und eine Berichtigung nicht erfolgt ist, es sei denn, dass durch den Verstoß das Wahlergebnis nicht geändert oder beeinflusst werden konnte.

(2) ¹Zur Anfechtung berechtigt sind mindestens 3 Wahlberechtigte, eine im Betrieb vertretene Gewerkschaft oder der Arbeitgeber. ²Die Wahlanfechtung ist nur binnen einer Frist von 2 Wochen, vom Tage der Bekanntgabe des Wahlergebnisses an gerechnet, zulässig.

§ 20
Wahlschutz und Wahlkosten

(1) ¹Niemand darf die Wahl des Betriebsrats behindern. ²Insbesondere darf kein Arbeitnehmer in der Ausübung des aktiven und passiven Wahlrechts beschränkt werden.

(2) Niemand darf die Wahl des Betriebsrats durch Zufügung oder Androhung von Nachteilen oder durch Gewährung oder Versprechen von Vorteilen beeinflussen.

(3) ¹Die Kosten der Wahl trägt der Arbeitgeber. ²Versäumnis von Arbeitszeit, die zur Ausübung des Wahlrechts, zur Betätigung im Wahlvorstand oder zur Tätigkeit als Vermittler (§ 18a) erforderlich ist, berechtigt den Arbeitgeber nicht zur Minderung des Arbeitsentgelts.

Zweiter Abschnitt
Amtszeit des Betriebsrats

§ 21
Amtszeit

¹Die regelmäßige Amtszeit des Betriebsrats beträgt 4 Jahre. ²Die Amtszeit beginnt mit der Bekanntgabe des Wahlergebnisses oder, wenn zu diesem Zeitpunkt noch ein Betriebsrat besteht, mit Ablauf

von dessen Amtszeit. ³Die Amtszeit endet spätestens am 31. 5. des Jahres, in dem nach § 13 Abs. 1 die regelmäßigen Betriebsratswahlen stattfinden. ⁴In dem Fall des § 13 Abs. 3 Satz 2 endet die Amtszeit spätestens am 31. 5. des Jahres, in dem der Betriebsrat neu zu wählen ist. ⁵In den Fällen des § 13 Abs. 2 Nr. 1 und 2 endet die Amtszeit mit der Bekanntgabe des Wahlergebnisses des neu gewählten Betriebsrats.

§ 21a
Übergangsmandat

(1) ¹Wird ein Betrieb gespalten, so bleibt dessen Betriebsrat im Amt und führt die Geschäfte für die ihm bislang zugeordneten Betriebsteile weiter, soweit sie die Voraussetzungen des § 1 Abs. 1 Satz 1 erfüllen und nicht in einen Betrieb eingegliedert werden, in dem ein Betriebsrat besteht (Übergangsmandat). ²Der Betriebsrat hat insbesondere unverzüglich Wahlvorstände zu bestellen. ³Das Übergangsmandat endet, sobald in den Betriebsteilen ein neuer Betriebsrat gewählt und das Wahlergebnis bekannt gegeben ist, spätestens jedoch 6 Monate nach Wirksamwerden der Spaltung. ⁴Durch Tarifvertrag oder Betriebsvereinbarung kann das Übergangsmandat um weitere 6 Monate verlängert werden.

(2) ¹Werden Betriebe oder Betriebsteile zu einem Betrieb zusammengefasst, so nimmt der Betriebsrat des nach der Zahl der wahlberechtigten Arbeitnehmer größten Betriebs oder Betriebsteils das Übergangsmandat wahr. ²Absatz 1 gilt entsprechend.

(3) Die Absätze 1 und 2 gelten auch, wenn die Spaltung oder Zusammenlegung von Betrieben und Betriebsteilen im Zusammenhang mit einer Betriebsveräußerung oder einer Umwandlung nach dem Umwandlungsgesetz erfolgt.

§ 21b
Restmandat

Geht ein Betrieb durch Stilllegung, Spaltung oder Zusammenlegung unter, so bleibt dessen Betriebsrat so lange im Amt, wie dies zur Wahrnehmung der damit im Zusammenhang stehenden Mitwirkungs- und Mitbestimmungsrechte erforderlich ist.

§ 22
Weiterführung der Geschäfte des Betriebsrats

In den Fällen des § 13 Abs. 2 Nr. 1 bis 3 führt der Betriebsrat die Geschäfte weiter, bis der neue Betriebsrat gewählt und das Wahlergebnis bekannt gegeben ist.

§ 23
Verletzung gesetzlicher Pflichten

(1) ¹Mindestens 1/4 der wahlberechtigten Arbeitnehmer, der Arbeitgeber oder eine im Betrieb vertretene Gewerkschaft können beim Arbeitsgericht den Ausschluss eines Mitglieds aus dem Betriebsrat oder die Auflösung des Betriebsrats wegen grober Verletzung seiner gesetzlichen Pflichten beantragen. ²Der Ausschluss eines Mitglieds kann auch vom Betriebsrat beantragt werden.

(2) ¹Wird der Betriebsrat aufgelöst, so setzt das Arbeitsgericht unverzüglich einen Wahlvorstand für die Neuwahl ein. ²§ 16 Abs. 2 gilt entsprechend.

(3) ¹Der Betriebsrat oder eine im Betrieb vertretene Gewerkschaft können bei groben Verstößen des Arbeitgebers gegen seine Verpflichtungen aus diesem Gesetz beim Arbeitsgericht beantragen, dem Arbeitgeber aufzugeben, eine Handlung zu unterlassen, die Vornahme einer Handlung zu dulden oder eine Handlung vorzunehmen. ²Handelt der Arbeitgeber der ihm durch rechtskräftige gerichtliche Entscheidung auferlegten Verpflichtung zuwider, eine Handlung zu unterlassen oder die Vornahme einer Handlung zu dulden, so ist er auf Antrag vom Arbeitsgericht wegen einer jeden Zuwiderhandlung nach vorheriger Androhung zu einem Ordnungsgeld zu verurteilen. ³Führt der Arbeitgeber die ihm durch eine rechtskräftige gerichtliche Entscheidung auferlegte Handlung nicht durch, so ist auf Antrag vom Arbeitsgericht zu erkennen, dass er zur Vornahme der Handlung durch Zwangsgeld anzuhalten sei. ⁴Antragsberechtigt sind der Betriebsrat oder eine im Betrieb vertretene Gewerkschaft. ⁵Das Höchstmaß des Ordnungsgeldes und Zwangsgeldes beträgt 10 000 EUR.

§ 24
Erlöschen der Mitgliedschaft

Die Mitgliedschaft im Betriebsrat erlischt durch
1. Ablauf der Amtszeit,
2. Niederlegung des Betriebsratsamtes,
3. Beendigung des Arbeitsverhältnisses,
4. Verlust der Wählbarkeit,
5. Ausschluss aus dem Betriebsrat oder Auflösung des Betriebsrats auf Grund einer gerichtlichen Entscheidung,
6. gerichtliche Entscheidung über die Feststellung der Nichtwählbarkeit nach Ablauf der in § 19 Abs. 2 bezeichneten Frist, es sei denn, der Mangel liegt nicht mehr vor.

§ 25
Ersatzmitglieder

(1) ¹Scheidet ein Mitglied des Betriebsrats aus, so rückt ein Ersatzmitglied nach. ²Dies gilt entsprechend für die Stellvertretung eines zeitweilig verhinderten Mitglieds des Betriebsrats.

(2) ¹Die Ersatzmitglieder werden unter Berücksichtigung des § 15 Abs. 2 der Reihe nach aus den nichtgewählten Arbeitnehmern derjenigen Vorschlagslisten entnommen, denen die zu ersetzenden Mitglieder angehören. ²Ist eine Vorschlagsliste erschöpft, so ist das Ersatzmitglied derjenigen Vorschlagsliste zu entnehmen, auf die nach den Grundsätzen der Verhältniswahl der nächste Sitz entfallen würde. ³Ist das ausgeschiedene oder verhinderte Mitglied nach den Grundsätzen der Mehrheitswahl gewählt, so bestimmt sich die Reihenfolge der Ersatzmitglieder unter Berücksichtigung des § 15 Abs. 2 nach der Höhe der erreichten Stimmenzahlen.

Dritter Abschnitt
Geschäftsführung des Betriebsrats

§ 26
Vorsitzender

(1) Der Betriebsrat wählt aus seiner Mitte den Vorsitzenden und dessen Stellvertreter.

(2) ¹Der Vorsitzende des Betriebsrats oder im Fall seiner Verhinderung sein Stellvertreter vertritt den Betriebsrat im Rahmen der von ihm gefassten Beschlüsse. ²Zur Entgegennahme von Erklärungen, die dem Betriebsrat gegenüber abzugeben sind, ist der Vorsitzende des Betriebsrats oder im Fall seiner Verhinderung sein Stellvertreter berechtigt.

§ 27
Betriebsausschuss

(1) ¹Hat ein Betriebsrat 9 oder mehr Mitglieder, so bildet er einen Betriebsausschuss. ²Der Betriebsausschuss besteht aus dem Vorsitzenden des Betriebsrats, dessen Stellvertreter und bei Betriebsräten mit 9 bis 15 Mitgliedern aus 3 weiteren Ausschussmitgliedern, 17 bis 23 Mitgliedern aus 5 weiteren Ausschussmitgliedern, 25 bis 35 Mitgliedern aus 7 weiteren Ausschussmitgliedern, 37 oder mehr Mitgliedern aus 9 weiteren Ausschussmitgliedern. ³Die weiteren Ausschussmitglieder werden vom Betriebsrat aus seiner Mitte in geheimer Wahl und nach den Grundsätzen der Verhältniswahl gewählt. ⁴Wird nur ein Wahlvorschlag gemacht, so erfolgt die Wahl nach den Grundsätzen der Mehrheitswahl. ⁵Sind die weiteren Ausschussmitglieder nach den Grundsätzen der Verhältniswahl gewählt, so erfolgt die Abberufung durch Beschluss des Betriebsrats, der in geheimer Abstimmung gefasst wird und einer Mehrheit von 3/4 der Stimmen der Mitglieder des Betriebsrats bedarf.

(2) ¹Der Betriebsausschuss führt die laufenden Geschäfte des Betriebsrats. ²Der Betriebsrat kann dem Betriebsausschuss mit der Mehrheit der Stimmen seiner Mitglieder Aufgaben zur selbständigen Erledigung übertragen; dies gilt nicht für den Abschluss von Betriebsvereinbarungen. ³Die Übertragung bedarf der Schriftform. ⁴Die Sätze 2 und 3 gelten entsprechend für den Widerruf der Übertragung von Aufgaben.

(3) Betriebsräte mit weniger als 9 Mitgliedern können die laufenden Geschäfte auf den Vorsitzenden des Betriebsrats oder andere Betriebsratsmitglieder übertragen.

§ 28
Übertragung von Aufgaben auf Ausschüsse

(1) ¹Der Betriebsrat kann in Betrieben mit mehr als 100 Arbeitnehmern Ausschüsse bilden und ihnen bestimmte Aufgaben übertragen. ²Für die Wahl und Abberufung der Ausschussmitglieder gilt § 27 Abs. 1 Satz 3 bis 5 entsprechend. ³Ist ein Betriebsausschuss gebildet, kann der Betriebsrat den Ausschüssen Aufgaben zur selbständigen Erledigung übertragen; § 27 Abs. 2 Satz 2 bis 4 gilt entsprechend.

(2) Absatz 1 gilt entsprechend für die Übertragung von Aufgaben zur selbständigen Entscheidung auf Mitglieder des Betriebsrats in Ausschüssen, deren Mitglieder vom Betriebsrat und vom Arbeitgeber benannt werden.

§ 28a
Übertragung von Aufgaben auf Arbeitsgruppen

(1) ¹In Betrieben mit mehr als 100 Arbeitnehmern kann der Betriebsrat mit der Mehrheit der Stimmen seiner Mitglieder bestimmte Aufgaben auf Arbeitsgruppen übertragen; dies erfolgt nach Maßgabe einer mit dem Arbeitgeber abzuschließenden Rahmenvereinbarung. ²Die Aufgaben müssen im Zusammenhang mit den von der Arbeitsgruppe zu erledigenden Tätigkeiten stehen. ³Die Übertragung bedarf der Schriftform. ⁴Für den Widerruf der Übertragung gelten Satz 1 1. Halbsatz und Satz 3 entsprechend.

(2) ¹Die Arbeitsgruppe kann im Rahmen der ihr übertragenen Aufgaben mit dem Arbeitgeber Vereinbarungen schließen; eine Vereinbarung bedarf der Mehrheit der Stimmen der Gruppenmitglieder. ²§ 77 gilt entsprechend. ³Können sich Arbeitgeber und Arbeitsgruppe in einer Angelegenheit nicht einigen, nimmt der Betriebsrat das Beteiligungsrecht wahr.

§ 29
Einberufung der Sitzungen

(1) ¹Vor Ablauf einer Woche nach dem Wahltag hat der Wahlvorstand die Mitglieder des Betriebsrats zu der nach § 26 Abs. 1 vorgeschriebenen Wahl einzuberufen. ²Der Vorsitzende des Wahlvorstands leitet die Sitzung, bis der Betriebsrat aus seiner Mitte einen Wahlleiter bestellt hat.

(2) ¹Die weiteren Sitzungen beruft der Vorsitzende des Betriebsrats ein. ²Er setzt die Tagesordnung fest und leitet die Verhandlung. ³Der Vorsitzende hat die Mitglieder des Betriebsrats zu den Sitzungen rechtzeitig unter Mitteilung der Tagesordnung zu laden. ⁴Dies gilt auch für die Schwerbehindertenvertretung sowie für die Jugend- und Auszubildendenvertreter, soweit sie ein Recht auf Teilnahme an der Betriebsratssitzung haben. ⁵Kann ein Mitglied des Betriebsrats oder der Jugend- und Auszubildendenvertretung an der Sitzung nicht teilnehmen, so soll es dies unter Angabe der Gründe unverzüglich dem Vorsitzenden mitteilen. ⁶Der Vorsitzende hat für ein verhindertes Betriebsratsmitglied oder für einen verhinderten Jugend- und Auszubildendenvertreter das Ersatzmitglied zu laden.

(3) Der Vorsitzende hat eine Sitzung einzuberufen und den Gegenstand, dessen Beratung beantragt ist, auf die Tagesordnung zu setzen, wenn dies 1/4 der Mitglieder des Betriebsrats oder der Arbeitgeber beantragt.

(4) ¹Der Arbeitgeber nimmt an den Sitzungen, die auf sein Verlangen anberaumt sind, und an den Sitzungen, zu denen er ausdrücklich eingeladen ist, teil. ²Er kann einen Vertreter der Vereinigung der Arbeitgeber, der er angehört, hinzuziehen.

§ 30
Betriebsratssitzungen

¹Die Sitzungen des Betriebsrats finden in der Regel während der Arbeitszeit statt. ²Der Betriebsrat hat bei der Ansetzung von Betriebsratssitzungen auf die betrieblichen Notwendigkeiten Rücksicht zu nehmen. ³Der Arbeitgeber ist vom Zeitpunkt der Sitzung vorher zu verständigen. ⁴Die Sitzungen des Betriebsrats sind nichtöffentlich.

§ 31
Teilnahme der Gewerkschaften

Auf Antrag von 1/4 der Mitglieder des Betriebsrats kann ein Beauftragter einer im Betriebsrat vertretenen Gewerkschaft an den Sitzungen beratend teilnehmen; in diesem Fall sind der Zeitpunkt der Sitzung und die Tagesordnung der Gewerkschaft rechtzeitig mitzuteilen.

§ 32
Teilnahme der Schwerbehindertenvertretung

Die Schwerbehindertenvertretung (§ 177 des Neunten Buches Sozialgesetzbuch) kann an allen Sitzungen des Betriebsrats beratend teilnehmen.

§ 33
Beschlüsse des Betriebsrats

(1) ¹Die Beschlüsse des Betriebsrats werden, soweit in diesem Gesetz nichts anderes bestimmt ist, mit der Mehrheit der Stimmen der anwesenden Mitglieder gefasst. ²Bei Stimmengleichheit ist ein Antrag abgelehnt.

(2) Der Betriebsrat ist nur beschlussfähig, wenn mindestens die Hälfte der Betriebsratsmitglieder an der Beschlussfassung teilnimmt; Stellvertretung durch Ersatzmitglieder ist zulässig.

(3) Nimmt die Jugend- und Auszubildendenvertretung an der Beschlussfassung teil, so werden die Stimmen der Jugend- und Auszubildendenvertreter bei der Feststellung der Stimmenmehrheit mitgezählt.

§ 34
Sitzungsniederschrift

(1) ¹Über jede Verhandlung des Betriebsrats ist eine Niederschrift aufzunehmen, die mindestens den Wortlaut der Beschlüsse und die Stimmenmehrheit, mit der sie gefasst sind, enthält. ²Die Niederschrift ist von dem Vorsitzenden und einem weiteren Mitglied zu unterzeichnen. ³Der Niederschrift ist eine Anwesenheitsliste beizufügen, in die sich jeder Teilnehmer eigenhändig einzutragen hat.

(2) ¹Hat der Arbeitgeber oder ein Beauftragter einer Gewerkschaft an der Sitzung teilgenommen, so ist ihm der entsprechende Teil der Niederschrift abschriftlich auszuhändigen. ²Einwendungen gegen die Niederschrift sind unverzüglich schriftlich zu erheben; sie sind der Niederschrift beizufügen.

(3) Die Mitglieder des Betriebsrats haben das Recht, die Unterlagen des Betriebsrats und seiner Ausschüsse jederzeit einzusehen.

§ 35
Aussetzung von Beschlüssen

(1) Erachtet die Mehrheit der Jugend- und Auszubildendenvertretung oder die Schwerbehindertenvertretung einen Beschluss des Betriebsrats als eine erhebliche Beeinträchtigung wichtiger Interessen der durch sie vertretenen Arbeitnehmer, so ist auf ihren Antrag der Beschluss auf die Dauer von einer Woche vom Zeitpunkt der Beschlussfassung an auszusetzen, damit in dieser Frist eine Verständigung, ggf. mit Hilfe der im Betrieb vertretenen Gewerkschaften, versucht werden kann.

(2) ¹Nach Ablauf der Frist ist über die Angelegenheit neu zu beschließen. ²Wird der 1. Beschluss bestätigt, so kann der Antrag auf Aussetzung nicht wiederholt werden; dies gilt auch, wenn der 1. Beschluss nur unerheblich geändert wird.

§ 36
Geschäftsordnung

Sonstige Bestimmungen über die Geschäftsführung sollen in einer schriftlichen Geschäftsordnung getroffen werden, die der Betriebsrat mit der Mehrheit der Stimmen seiner Mitglieder beschließt.

§ 37
Ehrenamtliche Tätigkeit, Arbeitsversäumnis

(1) Die Mitglieder des Betriebsrats führen ihr Amt unentgeltlich als Ehrenamt.

(2) Mitglieder des Betriebsrats sind von ihrer beruflichen Tätigkeit ohne Minderung des Arbeitsentgelts zu befreien, wenn und soweit es nach Umfang und Art des Betriebs zur ordnungsgemäßen Durchführung ihrer Aufgaben erforderlich ist.

(3) ¹Zum Ausgleich für Betriebsratstätigkeit, die aus betriebsbedingten Gründen außerhalb der Arbeitszeit durchzuführen ist, hat das Betriebsratsmitglied Anspruch auf entsprechende Arbeitsbefreiung unter Fortzahlung des Arbeitsentgelts. ²Betriebsbedingte Gründe liegen auch vor, wenn die Betriebsratstätigkeit wegen der unterschiedlichen Arbeitszeiten der Betriebsratsmitglieder nicht innerhalb der persönlichen Arbeitszeit erfolgen kann. ³Die Arbeitsbefreiung ist vor Ablauf eines Monats zu gewähren; ist dies aus betriebsbedingten Gründen nicht möglich, so ist die aufgewendete Zeit wie Mehrarbeit zu vergüten.

(4) ¹Das Arbeitsentgelt von Mitgliedern des Betriebsrats darf einschließlich eines Zeitraums von einem Jahr nach Beendigung der Amtszeit nicht geringer bemessen werden als das Arbeitsentgelt vergleichbarer Arbeitnehmer mit betriebsüblicher beruflicher Entwicklung. ²Dies gilt auch für allgemeine Zuwendungen des Arbeitgebers.

(5) Soweit nicht zwingende betriebliche Notwendigkeiten entgegenstehen, dürfen Mitglieder des Betriebsrats einschließlich eines Zeitraums von einem Jahr nach Beendigung der Amtszeit nur mit Tätigkeiten beschäftigt werden, die den Tätigkeiten der in Absatz 4 genannten Arbeitnehmer gleichwertig sind.

(6) ¹Die Absätze 2 und 3 gelten entsprechend für die Teilnahme an Schulungs- und Bildungsveranstaltungen, soweit diese Kenntnisse vermitteln, die für die Arbeit des Betriebsrats erforderlich sind. ²Betriebsbedingte Gründe im Sinne des Absatzes 3 liegen auch vor, wenn wegen Besonderheiten der betrieblichen Arbeitszeitgestaltung die Schulung des Betriebsratsmitglieds außerhalb seiner Arbeitszeit erfolgt; in diesem Fall ist der Umfang des Ausgleichsanspruchs unter Einbeziehung der Arbeitsbefreiung nach Absatz 2 pro Schulungstag begrenzt auf die Arbeitszeit eines vollzeitbeschäftigten Arbeitnehmers. ³Der Betriebsrat hat bei der Festlegung der zeitlichen Lage der Teilnahme an Schulungs- und Bildungsveranstaltungen die betrieblichen Notwendigkeiten zu berücksichtigen. ⁴Er hat dem Arbeitgeber die Teilnahme und die zeitliche Lage der Schulungs- und Bildungsveranstaltungen rechtzeitig bekannt zu geben. ⁵Hält der Arbeitgeber die betrieblichen Notwendigkeiten für nicht ausreichend berücksichtigt, so kann er die Einigungsstelle anrufen. ⁶Der Spruch der Einigungsstelle ersetzt die Einigung zwischen Arbeitgeber und Betriebsrat.

(7) ¹Unbeschadet der Vorschrift des Absatzes 6 hat jedes Mitglied des Betriebsrats während seiner regelmäßigen Amtszeit Anspruch auf bezahlte Freistellung für insgesamt 3 Wochen zur Teilnahme an Schulungs- und Bildungsveranstaltungen, die von der zuständigen obersten Arbeitsbehörde des Landes nach Beratung mit den Spitzenorganisationen der Gewerkschaften und der Arbeitgeberverbände als geeignet anerkannt sind. ²Der Anspruch nach Satz 1 erhöht sich für Arbeitnehmer, die erstmals das Amt eines Betriebsratsmitglieds übernehmen und auch nicht zuvor Jugend- und Auszubildendenvertreter waren, auf 4 Wochen. ³Absatz 6 Satz 2 bis 6 findet Anwendung.

§ 38
Freistellungen

(1) ¹Von ihrer beruflichen Tätigkeit sind mindestens freizustellen in Betrieben mit in der Regel

200	bis	500	Arbeitnehmern ein Betriebsratsmitglied,
501	bis	900	Arbeitnehmern 2 Betriebsratsmitglieder,
901	bis	1 500	Arbeitnehmern 3 Betriebsratsmitglieder,
1 501	bis	2 000	Arbeitnehmern 4 Betriebsratsmitglieder,
2 001	bis	3 000	Arbeitnehmern 5 Betriebsratsmitglieder,
3 001	bis	4 000	Arbeitnehmern 6 Betriebsratsmitglieder,
4 001	bis	5 000	Arbeitnehmern 7 Betriebsratsmitglieder,
5 001	bis	6 000	Arbeitnehmern 8 Betriebsratsmitglieder,
6 001	bis	7 000	Arbeitnehmern 9 Betriebsratsmitglieder,
7 001	bis	8 000	Arbeitnehmern 10 Betriebsratsmitglieder,
8 001	bis	9 000	Arbeitnehmern 11 Betriebsratsmitglieder,
9 001	bis	10 000	Arbeitnehmern 12 Betriebsratsmitglieder.

²In Betrieben mit über 10 000 Arbeitnehmern ist für je angefangene weitere 2 000 Arbeitnehmer ein weiteres Betriebsratsmitglied freizustellen. ³Freistellungen können auch in Form von Teilfreistellungen erfolgen. ⁴Diese dürfen zusammengenommen nicht den Umfang der Freistellungen nach den Sätzen 1 und 2 überschreiten. ⁵Durch Tarifvertrag oder Betriebsvereinbarung können anderweitige Regelungen über die Freistellung vereinbart werden.

(2) ¹Die freizustellenden Betriebsratsmitglieder werden nach Beratung mit dem Arbeitgeber vom Betriebsrat aus seiner Mitte in geheimer Wahl und nach den Grundsätzen der Verhältniswahl gewählt. ²Wird nur ein Wahlvorschlag gemacht, so erfolgt die Wahl nach den Grundsätzen der Mehrheitswahl; ist nur ein Betriebsratsmitglied freizustellen, so wird dieses mit einfacher Stimmenmehrheit gewählt. ³Der Betriebsrat hat die Namen der Freizustellenden dem Arbeitgeber bekannt zu geben. ⁴Hält der Arbeitgeber eine Freistellung für sachlich nicht vertretbar, so kann er innerhalb einer Frist von 2 Wochen nach der Bekanntgabe die Einigungsstelle anrufen. ⁵Der Spruch der Einigungsstelle ersetzt die Einigung zwischen Arbeitgeber und Betriebsrat. ⁶Bestätigt die Einigungsstelle die Bedenken des Arbeitgebers, so hat sie bei der Bestimmung eines anderen freizustellenden Betriebsratsmitglieds auch den Minderheitenschutz im Sinne des Satzes 1 zu beachten. ⁷Ruft der Arbeitgeber die Einigungsstelle nicht an, so gilt sein Einverständnis mit den Freistellungen nach Ablauf der 2-wöchigen Frist als erteilt. ⁸Für die Abberufung gilt § 27 Abs. 1 Satz 5 entsprechend.

(3) Der Zeitraum für die Weiterzahlung des nach § 37 Abs. 4 zu bemessenden Arbeitsentgelts und für die Beschäftigung nach § 37 Abs. 5 erhöht sich für Mitglieder des Betriebsrats, die 3 volle aufeinander folgende Amtszeiten freigestellt waren, auf 2 Jahre nach Ablauf der Amtszeit.

(4) ¹Freigestellte Betriebsratsmitglieder dürfen von inner- und außerbetrieblichen Maßnahmen der Berufsbildung nicht ausgeschlossen werden. ²Innerhalb eines Jahres nach Beendigung der Freistellung eines Betriebsratsmitglieds ist diesem im Rahmen der Möglichkeiten des Betriebs Gelegenheit zu geben, eine wegen der Freistellung unterbliebene betriebsübliche berufliche Entwicklung nachzuholen. ³Für Mitglieder des Betriebsrats, die 3 volle aufeinander folgende Amtszeiten freigestellt waren, erhöht sich der Zeitraum nach Satz 2 auf 2 Jahre.

§ 39
Sprechstunden

(1) ¹Der Betriebsrat kann während der Arbeitszeit Sprechstunden einrichten. ²Zeit und Ort sind mit dem Arbeitgeber zu vereinbaren. ³Kommt eine Einigung nicht zustande, so entscheidet die Einigungsstelle. ⁴Der Spruch der Einigungsstelle ersetzt die Einigung zwischen Arbeitgeber und Betriebsrat.

(2) Führt die Jugend- und Auszubildendenvertretung keine eigenen Sprechstunden durch, so kann an den Sprechstunden des Betriebsrats ein Mitglied der Jugend- und Auszubildendenvertretung zur Beratung der in § 60 Abs. 1 genannten Arbeitnehmer teilnehmen.

(3) Versäumnis von Arbeitszeit, die zum Besuch der Sprechstunden oder durch sonstige Inanspruchnahme des Betriebsrats erforderlich ist, berechtigt den Arbeitgeber nicht zur Minderung des Arbeitsentgelts des Arbeitnehmers.

§ 40
Kosten und Sachaufwand des Betriebsrats

(1) Die durch die Tätigkeit des Betriebsrats entstehenden Kosten trägt der Arbeitgeber.

(2) Für die Sitzungen, die Sprechstunden und die laufende Geschäftsführung hat der Arbeitgeber in erforderlichem Umfang Räume, sachliche Mittel, Informations- und Kommunikationstechnik sowie Büropersonal zur Verfügung zu stellen.

§ 41
Umlageverbot

Die Erhebung und Leistung von Beiträgen der Arbeitnehmer für Zwecke des Betriebsrats ist unzulässig.

Vierter Abschnitt
Betriebsversammlung

§ 42
Zusammensetzung, Teilversammlung, Abteilungsversammlung

(1) ¹Die Betriebsversammlung besteht aus den Arbeitnehmern des Betriebs; sie wird von dem Vorsitzenden des Betriebsrats geleitet. ²Sie ist nichtöffentlich. ³Kann wegen der Eigenart des Betriebs eine Versammlung aller Arbeitnehmer zum gleichen Zeitpunkt nicht stattfinden, so sind Teilversammlungen durchzuführen.

(2) ¹Arbeitnehmer organisatorisch oder räumlich abgegrenzter Betriebsteile sind vom Betriebsrat zu Abteilungsversammlungen zusammenzufassen, wenn dies für die Erörterung der besonderen Belange der Arbeitnehmer erforderlich ist. ²Die Abteilungsversammlung wird von einem Mitglied des Betriebsrats geleitet, das möglichst einem beteiligten Betriebsteil als Arbeitnehmer angehört. ³Absatz 1 Satz 2 und 3 gilt entsprechend.

§ 43
Regelmäßige Betriebs- und Abteilungsversammlungen

(1) ¹Der Betriebsrat hat einmal in jedem Kalendervierteljahr eine Betriebsversammlung einzuberufen und in ihr einen Tätigkeitsbericht zu erstatten. ²Liegen die Voraussetzungen des § 42 Abs. 2 Satz 1 vor, so hat der Betriebsrat in jedem Kalenderjahr 2 der in Satz 1 genannten Betriebsversammlungen als Abteilungsversammlungen durchzuführen. ³Die Abteilungsversammlungen sollen möglichst gleichzeitig stattfinden. ⁴Der Betriebsrat kann in jedem Kalenderhalbjahr eine weitere Betriebsversammlung oder, wenn die Voraussetzungen des § 42 Abs. 2 Satz 1 vorliegen, einmal weitere Abteilungsversammlungen durchführen, wenn dies aus besonderen Gründen zweckmäßig erscheint.

(2) ¹Der Arbeitgeber ist zu den Betriebs- und Abteilungsversammlungen unter Mitteilung der Tagesordnung einzuladen. ²Er ist berechtigt, in den Versammlungen zu sprechen. ³Der Arbeitgeber oder sein Vertreter hat mindestens einmal in jedem Kalenderjahr in einer Betriebsversammlung über das Personal- und Sozialwesen einschließlich des Stands der Gleichstellung von Frauen und Männern im Betrieb sowie der Integration der im Betrieb beschäftigten ausländischen Arbeitnehmer, über die wirtschaftliche Lage und Entwicklung des Betriebs sowie über den betrieblichen Umweltschutz zu berichten, soweit dadurch nicht Betriebs- oder Geschäftsgeheimnisse gefährdet werden.

(3) ¹Der Betriebsrat ist berechtigt und auf Wunsch des Arbeitgebers oder von mindestens 1/4 der wahlberechtigten Arbeitnehmer verpflichtet, eine Betriebsversammlung einzuberufen und den beantragten Beratungsgegenstand auf die Tagesordnung zu setzen. ²Vom Zeitpunkt der Versammlungen, die auf Wunsch des Arbeitgebers stattfinden, ist dieser rechtzeitig zu verständigen.

(4) Auf Antrag einer im Betrieb vertretenen Gewerkschaft muss der Betriebsrat vor Ablauf von 2 Wochen nach Eingang des Antrags eine Betriebsversammlung nach Absatz 1 Satz 1 einberufen, wenn im vorhergegangenen Kalenderhalbjahr keine Betriebsversammlung und keine Abteilungsversammlungen durchgeführt worden sind.

§ 44
Zeitpunkt und Verdienstausfall

(1) ¹Die in den §§ 14a, 17 und 43 Abs. 1 bezeichneten und die auf Wunsch des Arbeitgebers einberufenen Versammlungen finden während der Arbeitszeit statt, soweit nicht die Eigenart des Betriebs eine andere Regelung zwingend erfordert. ²Die Zeit der Teilnahme an diesen Versammlungen einschließlich der zusätzlichen Wegezeiten ist den Arbeitnehmern wie Arbeitszeit zu vergüten. ³Dies gilt auch dann, wenn die Versammlungen wegen der Eigenart des Betriebs außerhalb der Arbeitszeit stattfinden; Fahrkosten, die den Arbeitnehmern durch die Teilnahme an diesen Versammlungen entstehen, sind vom Arbeitgeber zu erstatten.

(2) ¹Sonstige Betriebs- oder Abteilungsversammlungen finden außerhalb der Arbeitszeit statt. ²Hiervon kann im Einvernehmen mit dem Arbeitgeber abgewichen werden; im Einvernehmen mit dem Arbeitgeber während der Arbeitszeit durchgeführte Versammlungen berechtigen den Arbeitgeber nicht, das Arbeitsentgelt der Arbeitnehmer zu mindern.

§ 45
Themen der Betriebs- und Abteilungsversammlungen

¹Die Betriebs- und Abteilungsversammlungen können Angelegenheiten einschließlich solcher tarifpolitischer, sozialpolitischer, umweltpolitischer und wirtschaftlicher Art sowie Fragen der Förderung der Gleichstellung von Frauen und Männern und der Vereinbarkeit von Familie und Erwerbstätigkeit sowie der Integration der im Betrieb beschäftigten ausländischen Arbeitnehmer behandeln, die den Betrieb oder seine Arbeitnehmer unmittelbar betreffen; die Grundsätze des § 74 Abs. 2 finden Anwendung. ²Die Betriebs- und Abteilungsversammlungen können dem Betriebsrat Anträge unterbreiten und zu seinen Beschlüssen Stellung nehmen.

§ 46
Beauftragte der Verbände

(1) ¹An den Betriebs- oder Abteilungsversammlungen können Beauftragte der im Betrieb vertretenen Gewerkschaften beratend teilnehmen. ²Nimmt der Arbeitgeber an Betriebs- oder Abteilungsver-

sammlungen teil, so kann er einen Beauftragten der Vereinigung der Arbeitgeber, der er angehört, hinzuziehen.

(2) Der Zeitpunkt und die Tagesordnung der Betriebs- oder Abteilungsversammlungen sind den im Betriebsrat vertretenen Gewerkschaften rechtzeitig schriftlich mitzuteilen.

Fünfter Abschnitt
Gesamtbetriebsrat

§ 47
Voraussetzungen der Errichtung, Mitgliederzahl, Stimmengewicht

(1) Bestehen in einem Unternehmen mehrere Betriebsräte, so ist ein Gesamtbetriebsrat zu errichten.

(2) ¹In den Gesamtbetriebsrat entsendet jeder Betriebsrat mit bis zu 3 Mitgliedern eines seiner Mitglieder; jeder Betriebsrat mit mehr als 3 Mitgliedern entsendet 2 seiner Mitglieder. ²Die Geschlechter sollen angemessen berücksichtigt werden.[4]

(3) Der Betriebsrat hat für jedes Mitglied des Gesamtbetriebsrats mindestens ein Ersatzmitglied zu bestellen und die Reihenfolge des Nachrückens festzulegen.

(4) Durch Tarifvertrag oder Betriebsvereinbarung kann die Mitgliederzahl des Gesamtbetriebsrats abweichend von Absatz 2 Satz 1 geregelt werden.

(5) Gehören nach Absatz 2 Satz 1 dem Gesamtbetriebsrat mehr als 40 Mitglieder an und besteht keine tarifliche Regelung nach Absatz 4, so ist zwischen Gesamtbetriebsrat und Arbeitgeber eine Betriebsvereinbarung über die Mitgliederzahl des Gesamtbetriebsrats abzuschließen, in der bestimmt wird, dass Betriebsräte mehrerer Betriebe eines Unternehmens, die regional oder durch gleichartige Interessen miteinander verbunden sind, gemeinsam Mitglieder in den Gesamtbetriebsrat entsenden.

(6) ¹Kommt im Fall des Absatzes 5 eine Einigung nicht zustande, so entscheidet eine für das Gesamtunternehmen zu bildende Einigungsstelle. ²Der Spruch der Einigungsstelle ersetzt die Einigung zwischen Arbeitgeber und Gesamtbetriebsrat.

(7) ¹Jedes Mitglied des Gesamtbetriebsrats hat so viele Stimmen, wie in dem Betrieb, in dem es gewählt wurde, wahlberechtigte Arbeitnehmer in der Wählerliste eingetragen sind. ²Entsendet der Betriebsrat mehrere Mitglieder, so stehen ihnen die Stimmen nach Satz 1 anteilig zu.

(8) Ist ein Mitglied des Gesamtbetriebsrats für mehrere Betriebe entsandt worden, so hat es so viele Stimmen, wie in den Betrieben, für die es entsandt ist, wahlberechtigte Arbeitnehmer in den Wählerlisten eingetragen sind; sind mehrere Mitglieder entsandt worden, gilt Absatz 7 Satz 2 entsprechend.

(9) Für Mitglieder des Gesamtbetriebsrats, die aus einem gemeinsamen Betrieb mehrerer Unternehmen entsandt worden sind, können durch Tarifvertrag oder Betriebsvereinbarung von den Absätzen 7 und 8 abweichende Regelungen getroffen werden.

§ 48
Ausschluss von Gesamtbetriebsratsmitgliedern

Mindestens 1/4 der wahlberechtigten Arbeitnehmer des Unternehmens, der Arbeitgeber, der Gesamtbetriebsrat oder eine im Unternehmen vertretene Gewerkschaft können beim Arbeitsgericht

---

[4] Gemäß Artikel 14 Satz 2 des G vom 23.07.2001 (BGBl I S. 1852) gilt Absatz 2 für im Zeitpunkt des Inkrafttretens bestehende Betriebsräte erst bei deren Neuwahl.

den Ausschluss eines Mitglieds aus dem Gesamtbetriebsrat wegen grober Verletzung seiner gesetzlichen Pflichten beantragen.

§ 49
Erlöschen der Mitgliedschaft

Die Mitgliedschaft im Gesamtbetriebsrat endet mit dem Erlöschen der Mitgliedschaft im Betriebsrat, durch Amtsniederlegung, durch Ausschluss aus dem Gesamtbetriebsrat auf Grund einer gerichtlichen Entscheidung oder Abberufung durch den Betriebsrat.

§ 50
Zuständigkeit

(1) ¹Der Gesamtbetriebsrat ist zuständig für die Behandlung von Angelegenheiten, die das Gesamtunternehmen oder mehrere Betriebe betreffen und nicht durch die einzelnen Betriebsräte innerhalb ihrer Betriebe geregelt werden können; seine Zuständigkeit erstreckt sich insoweit auch auf Betriebe ohne Betriebsrat. ²Er ist den einzelnen Betriebsräten nicht übergeordnet.

(2) ¹Der Betriebsrat kann mit der Mehrheit der Stimmen seiner Mitglieder den Gesamtbetriebsrat beauftragen, eine Angelegenheit für ihn zu behandeln. ²Der Betriebsrat kann sich dabei die Entscheidungsbefugnis vorbehalten. ³§ 27 Abs. 2 Satz 3 und 4 gilt entsprechend.

§ 51
Geschäftsführung

(1) ¹Für den Gesamtbetriebsrat gelten § 25 Abs. 1, die §§ 26, 27 Abs. 2 und 3, § 28 Abs. 1 Satz 1 und 3, Abs. 2, die §§ 30, 31, 34, 35, 36, 37 Abs. 1 bis 3 sowie die §§ 40 und 41 entsprechend. ²§ 27 Abs. 1 gilt entsprechend mit der Maßgabe, dass der Gesamtbetriebsausschuss aus dem Vorsitzenden des Gesamtbetriebsrats, dessen Stellvertreter und bei Gesamtbetriebsräten mit 9 bis 16 Mitgliedern aus 3 weiteren Ausschussmitgliedern, 17 bis 24 Mitgliedern aus 5 weiteren Ausschussmitgliedern, 25 bis 36 Mitgliedern aus 7 weiteren Ausschussmitgliedern, mehr als 36 Mitgliedern aus 9 weiteren Ausschussmitgliedern besteht.

(2) ¹Ist ein Gesamtbetriebsrat zu errichten, so hat der Betriebsrat der Hauptverwaltung des Unternehmens oder, soweit ein solcher Betriebsrat nicht besteht, der Betriebsrat des nach der Zahl der wahlberechtigten Arbeitnehmer größten Betriebs zu der Wahl des Vorsitzenden und des stellvertretenden Vorsitzenden des Gesamtbetriebsrats einzuladen. ²Der Vorsitzende des einladenden Betriebsrats hat die Sitzung zu leiten, bis der Gesamtbetriebsrat aus seiner Mitte einen Wahlleiter bestellt hat. ³§ 29 Abs. 2 bis 4 gilt entsprechend.

(3) ¹Die Beschlüsse des Gesamtbetriebsrats werden, soweit nichts anderes bestimmt ist, mit Mehrheit der Stimmen der anwesenden Mitglieder gefasst. ²Bei Stimmengleichheit ist ein Antrag abgelehnt. ³Der Gesamtbetriebsrat ist nur beschlussfähig, wenn mindestens die Hälfte seiner Mitglieder an der Beschlussfassung teilnimmt und die Teilnehmenden mindestens die Hälfte aller Stimmen vertreten; Stellvertretung durch Ersatzmitglieder ist zulässig. ⁴§ 33 Abs. 3 gilt entsprechend.

(4) Auf die Beschlussfassung des Gesamtbetriebsausschusses und weiterer Ausschüsse des Gesamtbetriebsrats ist § 33 Abs. 1 und 2 anzuwenden.

(5) Die Vorschriften über die Rechte und Pflichten des Betriebsrats gelten entsprechend für den Gesamtbetriebsrat, soweit dieses Gesetz keine besonderen Vorschriften enthält.

§ 52
Teilnahme der Gesamtschwerbehindertenvertretung

Die Gesamtschwerbehindertenvertretung (§ 180 Absatz 1 des Neunten Buches Sozialgesetzbuch) kann an allen Sitzungen des Gesamtbetriebsrats beratend teilnehmen.

§ 53
Betriebsräteversammlung

(1) ¹Mindestens einmal in jedem Kalenderjahr hat der Gesamtbetriebsrat die Vorsitzenden und die stellvertretenden Vorsitzenden der Betriebsräte sowie die weiteren Mitglieder der Betriebsausschüsse zu einer Versammlung einzuberufen. ²Zu dieser Versammlung kann der Betriebsrat abweichend von Satz 1 aus seiner Mitte andere Mitglieder entsenden, soweit dadurch die Gesamtzahl der sich für ihn nach Satz 1 ergebenden Teilnehmer nicht überschritten wird.

(2) In der Betriebsräteversammlung hat
1. der Gesamtbetriebsrat einen Tätigkeitsbericht,
2. der Unternehmer einen Bericht über das Personal- und Sozialwesen einschließlich des Stands der Gleichstellung von Frauen und Männern im Unternehmen, der Integration der im Unternehmen beschäftigten ausländischen Arbeitnehmer, über die wirtschaftliche Lage und Entwicklung des Unternehmens sowie über Fragen des Umweltschutzes im Unternehmen, soweit dadurch nicht Betriebs- und Geschäftsgeheimnisse gefährdet werden,

zu erstatten.

(3) ¹Der Gesamtbetriebsrat kann die Betriebsräteversammlung in Form von Teilversammlungen durchführen. ²Im Übrigen gelten § 42 Abs. 1 Satz 1 2. Halbsatz und Satz 2, § 43 Abs. 2 Satz 1 und 2 sowie die §§ 45 und 46 entsprechend.

Sechster Abschnitt
Konzernbetriebsrat

§ 54
Errichtung des Konzernbetriebsrats

(1) ¹Für einen Konzern (§ 18 Abs. 1 des Aktiengesetzes) kann durch Beschlüsse der einzelnen Gesamtbetriebsräte ein Konzernbetriebsrat errichtet werden. ²Die Errichtung erfordert die Zustimmung der Gesamtbetriebsräte der Konzernunternehmen, in denen insgesamt mehr als 50 v. H. der Arbeitnehmer der Konzernunternehmen beschäftigt sind.

(2) Besteht in einem Konzernunternehmen nur ein Betriebsrat, so nimmt dieser die Aufgaben eines Gesamtbetriebsrats nach den Vorschriften dieses Abschnitts wahr.

§ 55
Zusammensetzung des Konzernbetriebsrats, Stimmengewicht

(1) ¹In den Konzernbetriebsrat entsendet jeder Gesamtbetriebsrat 2 seiner Mitglieder. ²Die Geschlechter sollen angemessen berücksichtigt werden.

(2) Der Gesamtbetriebsrat hat für jedes Mitglied des Konzernbetriebsrats mindestens ein Ersatzmitglied zu bestellen und die Reihenfolge des Nachrückens festzulegen.

(3) Jedem Mitglied des Konzernbetriebsrats stehen die Stimmen der Mitglieder des entsendenden Gesamtbetriebsrats je zur Hälfte zu.

(4) [1]Durch Tarifvertrag oder Betriebsvereinbarung kann die Mitgliederzahl des Konzernbetriebsrats abweichend von Absatz 1 Satz 1 geregelt werden. [2]§ 47 Abs. 5 bis 9 gilt entsprechend.

§ 56
Ausschluss von Konzernbetriebsratsmitgliedern

Mindestens 1/4 der wahlberechtigten Arbeitnehmer der Konzernunternehmen, der Arbeitgeber, der Konzernbetriebsrat oder eine im Konzern vertretene Gewerkschaft können beim Arbeitsgericht den Ausschluss eines Mitglieds aus dem Konzernbetriebsrat wegen grober Verletzung seiner gesetzlichen Pflichten beantragen.

§ 57
Erlöschen der Mitgliedschaft

Die Mitgliedschaft im Konzernbetriebsrat endet mit dem Erlöschen der Mitgliedschaft im Gesamtbetriebsrat, durch Amtsniederlegung, durch Ausschluss aus dem Konzernbetriebsrat auf Grund einer gerichtlichen Entscheidung oder Abberufung durch den Gesamtbetriebsrat.

§ 58
Zuständigkeit

(1) [1]Der Konzernbetriebsrat ist zuständig für die Behandlung von Angelegenheiten, die den Konzern oder mehrere Konzernunternehmen betreffen und nicht durch die einzelnen Gesamtbetriebsräte innerhalb ihrer Unternehmen geregelt werden können; seine Zuständigkeit erstreckt sich insoweit auch auf Unternehmen, die einen Gesamtbetriebsrat nicht gebildet haben, sowie auf Betriebe der Konzernunternehmen ohne Betriebsrat. [2]Er ist den einzelnen Gesamtbetriebsräten nicht übergeordnet.

(2) [1]Der Gesamtbetriebsrat kann mit der Mehrheit der Stimmen seiner Mitglieder den Konzernbetriebsrat beauftragen, eine Angelegenheit für ihn zu behandeln. [2]Der Gesamtbetriebsrat kann sich dabei die Entscheidungsbefugnis vorbehalten. [3]§ 27 Abs. 2 Satz 3 und 4 gilt entsprechend.

§ 59
Geschäftsführung

(1) Für den Konzernbetriebsrat gelten § 25 Abs. 1, die §§ 26, 27 Abs. 2 und 3, § 28 Abs. 1 Satz 1 und 3, Abs. 2, die §§ 30, 31, 34, 35, 36, 37 Abs. 1 bis 3 sowie die §§ 40, 41 und 51 Abs. 1 Satz 2 und Abs. 3 bis 5 entsprechend.

(2) [1]Ist ein Konzernbetriebsrat zu errichten, so hat der Gesamtbetriebsrat des herrschenden Unternehmens oder, soweit ein solcher Gesamtbetriebsrat nicht besteht, der Gesamtbetriebsrat des nach der Zahl der wahlberechtigten Arbeitnehmer größten Konzernunternehmens zu der Wahl des Vorsitzenden und des stellvertretenden Vorsitzenden des Konzernbetriebsrats einzuladen. [2]Der Vorsitzende des einladenden Gesamtbetriebsrats hat die Sitzung zu leiten, bis der Konzernbetriebsrat aus seiner Mitte einen Wahlleiter bestellt hat. [3]§ 29 Abs. 2 bis 4 gilt entsprechend.

§ 59a
Teilnahme der Konzernschwerbehindertenvertretung

Die Konzernschwerbehindertenvertretung (§ 180 Absatz 2 Neuntes Buches Sozialgesetzbuch) kann an allen Sitzungen des Konzernbetriebsrats beratend teilnehmen.

Dritter Teil
Jugend- und Auszubildendenvertretung

Erster Abschnitt
Betriebliche Jugend- und Auszubildendenvertretung

§ 60
Errichtung und Aufgabe

(1) In Betrieben mit in der Regel mindestens 5 Arbeitnehmern, die das 18. Lebensjahr noch nicht vollendet haben (jugendliche Arbeitnehmer) oder die zu ihrer Berufsausbildung beschäftigt sind und das 25. Lebensjahr noch nicht vollendet haben, werden Jugend- und Auszubildendenvertretungen gewählt.

(2) Die Jugend- und Auszubildendenvertretung nimmt nach Maßgabe der folgenden Vorschriften die besonderen Belange der in Absatz 1 genannten Arbeitnehmer wahr.

§ 61
Wahlberechtigung und Wählbarkeit

(1) Wahlberechtigt sind alle in § 60 Abs. 1 genannten Arbeitnehmer des Betriebs.

(2) ¹Wählbar sind alle Arbeitnehmer des Betriebs, die das 25. Lebensjahr noch nicht vollendet haben; § 8 Abs. 1 Satz 3 findet Anwendung. ²Mitglieder des Betriebsrats können nicht zu Jugend- und Auszubildendenvertretern gewählt werden.

§ 62
Zahl der Jugend- und Auszubildendenvertreter, Zusammensetzung der Jugend- und Auszubildendenvertretung

(1) Die Jugend- und Auszubildendenvertretung besteht in Betrieben mit in der Regel

5 bis 20 der in § 60 Abs. 1 genannten Arbeitnehmer aus einer Person,
21 bis 50 der in § 60 Abs. 1 genannten Arbeitnehmer aus 3 Mitgliedern,
51 bis 150 der in § 60 Abs. 1 genannten Arbeitnehmer aus 5 Mitgliedern,
151 bis 300 der in § 60 Abs. 1 genannten Arbeitnehmer aus 7 Mitgliedern,
301 bis 500 der in § 60 Abs. 1 genannten Arbeitnehmer aus 9 Mitgliedern,
501 bis 700 der in § 60 Abs. 1 genannten Arbeitnehmer aus 11 Mitgliedern,
701 bis 1 000 der in § 60 Abs. 1 genannten Arbeitnehmer aus 13 Mitgliedern,
mehr als 1 000 der in § 60 Abs. 1 genannten Arbeitnehmer aus 15 Mitgliedern.

(2) Die Jugend- und Auszubildendenvertretung soll sich möglichst aus Vertretern der verschiedenen Beschäftigungsarten und Ausbildungsberufe der im Betrieb tätigen in § 60 Abs. 1 genannten Arbeitnehmer zusammensetzen.

(3) Das Geschlecht, das unter den in § 60 Abs. 1 genannten Arbeitnehmern in der Minderheit ist, muss mindestens entsprechend seinem zahlenmäßigen Verhältnis in der Jugend- und Auszubildendenvertretung vertreten sein, wenn diese aus mindestens 3 Mitgliedern besteht.

§ 63
Wahlvorschriften

(1) Die Jugend- und Auszubildendenvertretung wird in geheimer und unmittelbarer Wahl gewählt.

(2) ¹Spätestens 8 Wochen vor Ablauf der Amtszeit der Jugend- und Auszubildendenvertretung bestellt der Betriebsrat den Wahlvorstand und seinen Vorsitzenden. ²Für die Wahl der Jugend- und Auszubildendenvertreter gelten § 14 Abs. 2 bis 5, § 16 Abs. 1 Satz 4 bis 6, § 18 Abs. 1 Satz 1 und Abs. 3 sowie die §§ 19 und 20 entsprechend.

(3) Bestellt der Betriebsrat den Wahlvorstand nicht oder nicht spätestens 6 Wochen vor Ablauf der Amtszeit der Jugend- und Auszubildendenvertretung oder kommt der Wahlvorstand seiner Verpflichtung nach § 18 Abs. 1 Satz 1 nicht nach, so gelten § 16 Abs. 2 Satz 1 und 2, Abs. 3 Satz 1 und § 18 Abs. 1 Satz 2 entsprechend; der Antrag beim Arbeitsgericht kann auch von jugendlichen Arbeitnehmern gestellt werden.

(4) ¹In Betrieben mit in der Regel 5 bis 50 der in § 60 Abs. 1 genannten Arbeitnehmer gilt auch § 14a entsprechend. ²Die Frist zur Bestellung des Wahlvorstands wird im Falle des Absatzes 2 Satz 1 auf 4 Wochen und im Falle des Absatzes 3 Satz 1 auf 3 Wochen verkürzt.

(5) In Betrieben mit in der Regel 51 bis 100 der in § 60 Abs. 1 genannten Arbeitnehmer gilt § 14a Abs. 5 entsprechend.

§ 64
Zeitpunkt der Wahlen und Amtszeit

(1) ¹Die regelmäßigen Wahlen der Jugend- und Auszubildendenvertretung finden alle 2 Jahre in der Zeit vom 1. 10. bis 30. 11. statt. ²Für die Wahl der Jugend- und Auszubildendenvertretung außerhalb dieser Zeit gilt § 13 Abs. 2 Nr. 2 bis 6 und Abs. 3 entsprechend.

(2) ¹Die regelmäßige Amtszeit der Jugend- und Auszubildendenvertretung beträgt 2 Jahre. ²Die Amtszeit beginnt mit der Bekanntgabe des Wahlergebnisses oder, wenn zu diesem Zeitpunkt noch eine Jugend- und Auszubildendenvertretung besteht, mit Ablauf von deren Amtszeit. ³Die Amtszeit endet spätestens am 30. 11. des Jahres, in dem nach Absatz 1 Satz 1 die regelmäßigen Wahlen stattfinden. ⁴In dem Fall des § 13 Abs. 3 Satz 2 endet die Amtszeit spätestens am 30. 11. des Jahres, in dem die Jugend- und Auszubildendenvertretung neu zu wählen ist. ⁵In dem Fall des § 13 Abs. 2 Nr. 2 endet die Amtszeit mit der Bekanntgabe des Wahlergebnisses der neu gewählten Jugend- und Auszubildendenvertretung.

(3) Ein Mitglied der Jugend- und Auszubildendenvertretung, das im Laufe der Amtszeit das 25. Lebensjahr vollendet, bleibt bis zum Ende der Amtszeit Mitglied der Jugend- und Auszubildendenvertretung.

§ 65
Geschäftsführung

(1) Für die Jugend- und Auszubildendenvertretung gelten § 23 Abs. 1, die §§ 24, 25, 26, 28 Abs. 1 Satz 1 und 2, die §§ 30, 31, 33 Abs. 1 und 2 sowie die §§ 34, 36, 37, 40 und 41 entsprechend.

(2) ¹Die Jugend- und Auszubildendenvertretung kann nach Verständigung des Betriebsrats Sitzungen abhalten; § 29 gilt entsprechend. ²An diesen Sitzungen kann der Betriebsratsvorsitzende oder ein beauftragtes Betriebsratsmitglied teilnehmen.

§ 66
Aussetzung von Beschlüssen des Betriebsrats

(1) Erachtet die Mehrheit der Jugend- und Auszubildendenvertreter einen Beschluss des Betriebsrats als eine erhebliche Beeinträchtigung wichtiger Interessen der in § 60 Abs. 1 genannten Arbeitnehmer, so ist auf ihren Antrag der Beschluss auf die Dauer von einer Woche auszusetzen, damit in dieser Frist eine Verständigung, ggf. mit Hilfe der im Betrieb vertretenen Gewerkschaften, versucht werden kann.

(2) Wird der 1. Beschluss bestätigt, so kann der Antrag auf Aussetzung nicht wiederholt werden; dies gilt auch, wenn der 1. Beschluss nur unerheblich geändert wird.

§ 67
Teilnahme an Betriebsratssitzungen

(1) ¹Die Jugend- und Auszubildendenvertretung kann zu allen Betriebsratssitzungen einen Vertreter entsenden. ²Werden Angelegenheiten behandelt, die besonders die in § 60 Abs. 1 genannten Arbeitnehmer betreffen, so hat zu diesen Tagesordnungspunkten die gesamte Jugend- und Auszubildendenvertretung ein Teilnahmerecht.

(2) Die Jugend- und Auszubildendenvertreter haben Stimmrecht, soweit die zu fassenden Beschlüsse des Betriebsrats überwiegend die in § 60 Abs. 1 genannten Arbeitnehmer betreffen.

(3) ¹Die Jugend- und Auszubildendenvertretung kann beim Betriebsrat beantragen, Angelegenheiten, die besonders die in § 60 Abs. 1 genannten Arbeitnehmer betreffen und über die sie beraten hat, auf die nächste Tagesordnung zu setzen. ²Der Betriebsrat soll Angelegenheiten, die besonders die in § 60 Abs. 1 genannten Arbeitnehmer betreffen, der Jugend- und Auszubildendenvertretung zur Beratung zuleiten.

§ 68
Teilnahme an gemeinsamen Besprechungen

Der Betriebsrat hat die Jugend- und Auszubildendenvertretung zu Besprechungen zwischen Arbeitgeber und Betriebsrat beizuziehen, wenn Angelegenheiten behandelt werden, die besonders die in § 60 Abs. 1 genannten Arbeitnehmer betreffen.

§ 69
Sprechstunden

¹In Betrieben, die in der Regel mehr als 50 der in § 60 Abs. 1 genannten Arbeitnehmer beschäftigen, kann die Jugend- und Auszubildendenvertretung Sprechstunden während der Arbeitszeit einrichten. ²Zeit und Ort sind durch Betriebsrat und Arbeitgeber zu vereinbaren. ³§ 39 Abs. 1 Satz 3 und 4 und Abs. 3 gilt entsprechend. ⁴An den Sprechstunden der Jugend- und Auszubildendenvertretung kann der Betriebsratsvorsitzende oder ein beauftragtes Betriebsratsmitglied beratend teilnehmen.

§ 70
Allgemeine Aufgaben

(1) Die Jugend- und Auszubildendenvertretung hat folgende allgemeine Aufgaben:
1. Maßnahmen, die den in § 60 Abs. 1 genannten Arbeitnehmern dienen, insbesondere in Fragen der Berufsbildung und der Übernahme der zu ihrer Berufsausbildung Beschäftigten in ein Arbeitsverhältnis, beim Betriebsrat zu beantragen;
1a. Maßnahmen zur Durchsetzung der tatsächlichen Gleichstellung der in § 60 Abs. 1 genannten Arbeitnehmer entsprechend § 80 Abs. 1 Nr. 2a und 2b beim Betriebsrat zu beantragen;
2. darüber zu wachen, dass die zugunsten der in § 60 Abs. 1 genannten Arbeitnehmer geltenden Gesetze, Verordnungen, Unfallverhütungsvorschriften, Tarifverträge und Betriebsvereinbarungen durchgeführt werden;
3. ^{1}Anregungen von in § 60 Abs. 1 genannten Arbeitnehmern, insbesondere in Fragen der Berufsbildung, entgegenzunehmen und, falls sie berechtigt erscheinen, beim Betriebsrat auf eine Erledigung hinzuwirken. ^{2}Die Jugend- und Auszubildendenvertretung hat die betroffenen in § 60 Abs. 1 genannten Arbeitnehmer über den Stand und das Ergebnis der Verhandlungen zu informieren;
4. die Integration ausländischer, in § 60 Abs. 1 genannter Arbeitnehmer im Betrieb zu fördern und entsprechende Maßnahmen beim Betriebsrat zu beantragen.

(2) ^{1}Zur Durchführung ihrer Aufgaben ist die Jugend- und Auszubildendenvertretung durch den Betriebsrat rechtzeitig und umfassend zu unterrichten. ^{2}Die Jugend- und Auszubildendenvertretung kann verlangen, dass ihr der Betriebsrat die zur Durchführung ihrer Aufgaben erforderlichen Unterlagen zur Verfügung stellt.

§ 71
Jugend- und Auszubildendenversammlung

^{1}Die Jugend- und Auszubildendenvertretung kann vor oder nach jeder Betriebsversammlung im Einvernehmen mit dem Betriebsrat eine betriebliche Jugend- und Auszubildendenversammlung einberufen. ^{2}Im Einvernehmen mit Betriebsrat und Arbeitgeber kann die betriebliche Jugend- und Auszubildendenversammlung auch zu einem anderen Zeitpunkt einberufen werden. ^{3}§ 43 Abs. 2 Satz 1 und 2, die §§ 44 bis 46 und § 65 Abs. 2 Satz 2 gelten entsprechend.

Zweiter Abschnitt
Gesamt-Jugend- und Auszubildendenvertretung

§ 72
Voraussetzungen der Errichtung, Mitgliederzahl, Stimmengewicht

(1) Bestehen in einem Unternehmen mehrere Jugend- und Auszubildendenvertretungen, so ist eine Gesamt-Jugend- und Auszubildendenvertretung zu errichten.

(2) In die Gesamt-Jugend- und Auszubildendenvertretung entsendet jede Jugend- und Auszubildendenvertretung ein Mitglied.

(3) Die Jugend- und Auszubildendenvertretung hat für das Mitglied der Gesamt-Jugend- und Auszubildendenvertretung mindestens ein Ersatzmitglied zu bestellen und die Reihenfolge des Nachrückens festzulegen.

(4) Durch Tarifvertrag oder Betriebsvereinbarung kann die Mitgliederzahl der Gesamt-Jugend- und Auszubildendenvertretung abweichend von Absatz 2 geregelt werden.

(5) Gehören nach Absatz 2 der Gesamt-Jugend- und Auszubildendenvertretung mehr als 20 Mitglieder an und besteht keine tarifliche Regelung nach Absatz 4, so ist zwischen Gesamtbetriebsrat und Arbeitgeber eine Betriebsvereinbarung über die Mitgliederzahl der Gesamt-Jugend- und Auszubildendenvertretung abzuschließen, in der bestimmt wird, dass Jugend- und Auszubildendenvertretungen mehrerer Betriebe eines Unternehmens, die regional oder durch gleichartige Interessen miteinander verbunden sind, gemeinsam Mitglieder in die Gesamt-Jugend- und Auszubildendenvertretung entsenden.

(6) ¹Kommt im Fall des Absatzes 5 eine Einigung nicht zustande, so entscheidet eine für das Gesamtunternehmen zu bildende Einigungsstelle. ²Der Spruch der Einigungsstelle ersetzt die Einigung zwischen Arbeitgeber und Gesamtbetriebsrat.

(7) ¹Jedes Mitglied der Gesamt-Jugend- und Auszubildendenvertretung hat so viele Stimmen, wie in dem Betrieb, in dem es gewählt wurde, in § 60 Abs. 1 genannte Arbeitnehmer in der Wählerliste eingetragen sind. ²Ist ein Mitglied der Gesamt-Jugend- und Auszubildendenvertretung für mehrere Betriebe entsandt worden, so hat es so viele Stimmen, wie in den Betrieben, für die es entsandt ist, in § 60 Abs. 1 genannte Arbeitnehmer in den Wählerlisten eingetragen sind. ³Sind mehrere Mitglieder der Jugend- und Auszubildendenvertretung entsandt worden, so stehen diesen die Stimmen nach Satz 1 anteilig zu.

(8) Für Mitglieder der Gesamt-Jugend- und Auszubildendenvertretung, die aus einem gemeinsamen Betrieb mehrerer Unternehmen entsandt worden sind, können durch Tarifvertrag oder Betriebsvereinbarung von Absatz 7 abweichende Regelungen getroffen werden.

§ 73
Geschäftsführung und Geltung sonstiger Vorschriften

(1) ¹Die Gesamt-Jugend- und Auszubildendenvertretung kann nach Verständigung des Gesamtbetriebsrats Sitzungen abhalten. ²An den Sitzungen kann der Vorsitzende des Gesamtbetriebsrats oder ein beauftragtes Mitglied des Gesamtbetriebsrats teilnehmen.

(2) Für die Gesamt-Jugend- und Auszubildendenvertretung gelten § 25 Abs. 1, die §§ 26, 28 Abs. 1 Satz 1, die §§ 30, 31, 34, 36, 37 Abs. 1 bis 3, die §§ 40, 41, 48, 49, 50, 51 Abs. 2 bis 5 sowie die §§ 66 bis 68 entsprechend.

Dritter Abschnitt
Konzern-Jugend- und Auszubildendenvertretung

§ 73a
Voraussetzung der Errichtung, Mitgliederzahl, Stimmengewicht

(1) ¹Bestehen in einem Konzern (§ 18 Abs. 1 des Aktiengesetzes) mehrere Gesamt-Jugend- und Auszubildendenvertretungen, kann durch Beschlüsse der einzelnen Gesamt-Jugend- und Auszubildendenvertretungen eine Konzern-Jugend- und Auszubildendenvertretung errichtet werden. ²Die Errichtung erfordert die Zustimmung der Gesamt-Jugend- und Auszubildendenvertretungen der Konzernunternehmen, in denen insgesamt mindestens 75 v. H. der in § 60 Abs. 1 genannten Arbeitnehmer beschäftigt sind. ³Besteht in einem Konzernunternehmen nur eine Jugend- und Auszubildendenvertretung, so nimmt diese die Aufgaben einer Gesamt-Jugend- und Auszubildendenvertretung nach den Vorschriften dieses Abschnitts wahr.

(2) ¹In die Konzern-Jugend- und Auszubildendenvertretung entsendet jede Gesamt-Jugend- und Auszubildendenvertretung eines ihrer Mitglieder. ²Sie hat für jedes Mitglied mindestens ein Ersatzmitglied zu bestellen und die Reihenfolge des Nachrückens festzulegen.

(3) Jedes Mitglied der Konzern-Jugend- und Auszubildendenvertretung hat so viele Stimmen, wie die Mitglieder der entsendenden Gesamt-Jugend- und Auszubildendenvertretung insgesamt Stimmen haben.

(4) § 72 Abs. 4 bis 8 gilt entsprechend.

§ 73b
Geschäftsführung und Geltung sonstiger Vorschriften

(1) ¹Die Konzern-Jugend- und Auszubildendenvertretung kann nach Verständigung des Konzernbetriebsrats Sitzungen abhalten. ²An den Sitzungen kann der Vorsitzende oder ein beauftragtes Mitglied des Konzernbetriebsrats teilnehmen.

(2) Für die Konzern-Jugend- und Auszubildendenvertretung gelten § 25 Abs. 1, die §§ 26, 28 Abs. 1 Satz 1, die §§ 30, 31, 34, 36, 37 Abs. 1 bis 3, die §§ 40, 41, 51 Abs. 3 bis 5, die §§ 56, 57, 58, 59 Abs. 2 und die §§ 66 bis 68 entsprechend.

Vierter Teil
Mitwirkung und Mitbestimmung der Arbeitnehmer

Erster Abschnitt
Allgemeines

§ 74
Grundsätze für die Zusammenarbeit

(1) ¹Arbeitgeber und Betriebsrat sollen mindestens einmal im Monat zu einer Besprechung zusammentreten. ²Sie haben über strittige Fragen mit dem ernsten Willen zur Einigung zu verhandeln und Vorschläge für die Beilegung von Meinungsverschiedenheiten zu machen.

(2) ¹Maßnahmen des Arbeitskampfes zwischen Arbeitgeber und Betriebsrat sind unzulässig; Arbeitskämpfe tariffähiger Parteien werden hierdurch nicht berührt. ²Arbeitgeber und Betriebsrat haben Betätigungen zu unterlassen, durch die der Arbeitsablauf oder der Frieden des Betriebs beeinträchtigt werden. ³Sie haben jede parteipolitische Betätigung im Betrieb zu unterlassen; die Behandlung von Angelegenheiten tarifpolitischer, sozialpolitischer, umweltpolitischer und wirtschaftlicher Art, die den Betrieb oder seine Arbeitnehmer unmittelbar betreffen, wird hierdurch nicht berührt.

(3) Arbeitnehmer, die im Rahmen dieses Gesetzes Aufgaben übernehmen, werden hierdurch in der Betätigung für ihre Gewerkschaft auch im Betrieb nicht beschränkt.

§ 75
Grundsätze für die Behandlung der Betriebsangehörigen

(1) Arbeitgeber und Betriebsrat haben darüber zu wachen, dass alle im Betrieb tätigen Personen nach den Grundsätzen von Recht und Billigkeit behandelt werden, insbesondere, dass jede Benachteiligung von Personen aus Gründen ihrer Rasse oder wegen ihrer ethnischen Herkunft, ihrer Abstammung oder sonstigen Herkunft, ihrer Nationalität, ihrer Religion oder Weltanschauung, ihrer Behinderung, ihres Alters, ihrer politischen oder gewerkschaftlichen Betätigung oder Einstellung oder wegen ihres Geschlechts oder ihrer sexuellen Identität unterbleibt.

(2) ¹Arbeitgeber und Betriebsrat haben die freie Entfaltung der Persönlichkeit der im Betrieb beschäftigten Arbeitnehmer zu schützen und zu fördern. ²Sie haben die Selbständigkeit und Eigeninitiative der Arbeitnehmer und Arbeitsgruppen zu fördern.

§ 76
Einigungsstelle

(1) ¹Zur Beilegung von Meinungsverschiedenheiten zwischen Arbeitgeber und Betriebsrat, Gesamtbetriebsrat oder Konzernbetriebsrat ist bei Bedarf eine Einigungsstelle zu bilden. ²Durch Betriebsvereinbarung kann eine ständige Einigungsstelle errichtet werden.

(2) ¹Die Einigungsstelle besteht aus einer gleichen Anzahl von Beisitzern, die vom Arbeitgeber und Betriebsrat bestellt werden, und einem unparteiischen Vorsitzenden, auf dessen Person sich beide Seiten einigen müssen. ²Kommt eine Einigung über die Person des Vorsitzenden nicht zustande, so bestellt ihn das Arbeitsgericht. ³Dieses entscheidet auch, wenn kein Einverständnis über die Zahl der Beisitzer erzielt wird.

(3) ¹Die Einigungsstelle hat unverzüglich tätig zu werden. ²Sie fasst ihre Beschlüsse nach mündlicher Beratung mit Stimmenmehrheit. ³Bei der Beschlussfassung hat sich der Vorsitzende zunächst der Stimme zu enthalten; kommt eine Stimmenmehrheit nicht zustande, so nimmt der Vorsitzende nach weiterer Beratung an der erneuten Beschlussfassung teil. ⁴Die Beschlüsse der Einigungsstelle sind schriftlich niederzulegen, vom Vorsitzenden zu unterschreiben und Arbeitgeber und Betriebsrat zuzuleiten.

(4) Durch Betriebsvereinbarung können weitere Einzelheiten des Verfahrens vor der Einigungsstelle geregelt werden.

(5) ¹In den Fällen, in denen der Spruch der Einigungsstelle die Einigung zwischen Arbeitgeber und Betriebsrat ersetzt, wird die Einigungsstelle auf Antrag einer Seite tätig. ²Benennt eine Seite keine Mitglieder oder bleiben die von einer Seite genannten Mitglieder trotz rechtzeitiger Einladung der Sitzung fern, so entscheiden der Vorsitzende und die erschienenen Mitglieder nach Maßgabe des Absatzes 3 allein. ³Die Einigungsstelle fasst ihre Beschlüsse unter angemessener Berücksichtigung der Belange des Betriebs und der betroffenen Arbeitnehmer nach billigem Ermessen. ⁴Die Überschreitung der Grenzen des Ermessens kann durch den Arbeitgeber oder den Betriebsrat nur binnen einer Frist von 2 Wochen, vom Tage der Zuleitung des Beschlusses an gerechnet, beim Arbeitsgericht geltend gemacht werden.

(6) ¹Im Übrigen wird die Einigungsstelle nur tätig, wenn beide Seiten es beantragen oder mit ihrem Tätigwerden einverstanden sind. ²In diesen Fällen ersetzt ihr Spruch die Einigung zwischen Arbeitgeber und Betriebsrat nur, wenn beide Seiten sich dem Spruch im Voraus unterworfen oder ihn nachträglich angenommen haben.

(7) Soweit nach anderen Vorschriften der Rechtsweg gegeben ist, wird er durch den Spruch der Einigungsstelle nicht ausgeschlossen.

(8) Durch Tarifvertrag kann bestimmt werden, dass an die Stelle der in Absatz 1 bezeichneten Einigungsstelle eine tarifliche Schlichtungsstelle tritt.

§ 76a
Kosten der Einigungsstelle

(1) Die Kosten der Einigungsstelle trägt der Arbeitgeber.

(2) ¹Die Beisitzer der Einigungsstelle, die dem Betrieb angehören, erhalten für ihre Tätigkeit keine Vergütung; § 37 Abs. 2 und 3 gilt entsprechend. ²Ist die Einigungsstelle zur Beilegung von Meinungs-

verschiedenheiten zwischen Arbeitgeber und Gesamtbetriebsrat oder Konzernbetriebsrat zu bilden, so gilt Satz 1 für die einem Betrieb des Unternehmens oder eines Konzernunternehmens angehörenden Beisitzer entsprechend.

(3) ¹Der Vorsitzende und die Beisitzer der Einigungsstelle, die nicht zu den in Absatz 2 genannten Personen zählen, haben gegenüber dem Arbeitgeber Anspruch auf Vergütung ihrer Tätigkeit. ²Die Höhe der Vergütung richtet sich nach den Grundsätzen des Absatzes 4 Satz 3 bis 5.

(4) ¹Das Bundesministerium für Arbeit und Soziales kann durch Rechtsverordnung die Vergütung nach Absatz 3 regeln. ²In der Vergütungsordnung sind Höchstsätze festzusetzen. ³Dabei sind insbesondere der erforderliche Zeitaufwand, die Schwierigkeit der Streitigkeit sowie ein Verdienstausfall zu berücksichtigen. ⁴Die Vergütung der Beisitzer ist niedriger zu bemessen als die des Vorsitzenden. ⁵Bei der Festsetzung der Höchstsätze ist den berechtigten Interessen der Mitglieder der Einigungsstelle und des Arbeitgebers Rechnung zu tragen.

(5) Von Absatz 3 und einer Vergütungsordnung nach Absatz 4 kann durch Tarifvertrag oder in einer Betriebsvereinbarung, wenn ein Tarifvertrag dies zulässt oder eine tarifliche Regelung nicht besteht, abgewichen werden.

§ 77
Durchführung gemeinsamer Beschlüsse, Betriebsvereinbarungen

(1) ¹Vereinbarungen zwischen Betriebsrat und Arbeitgeber, auch soweit sie auf einem Spruch der Einigungsstelle beruhen, führt der Arbeitgeber durch, es sei denn, dass im Einzelfall etwas anderes vereinbart ist. ²Der Betriebsrat darf nicht durch einseitige Handlungen in die Leitung des Betriebs eingreifen.

(2) ¹Betriebsvereinbarungen sind von Betriebsrat und Arbeitgeber gemeinsam zu beschließen und schriftlich niederzulegen. ²Sie sind von beiden Seiten zu unterzeichnen; dies gilt nicht, soweit Betriebsvereinbarungen auf einem Spruch der Einigungsstelle beruhen. ³Der Arbeitgeber hat die Betriebsvereinbarungen an geeigneter Stelle im Betrieb auszulegen.

(3) ¹Arbeitsentgelte und sonstige Arbeitsbedingungen, die durch Tarifvertrag geregelt sind oder üblicherweise geregelt werden, können nicht Gegenstand einer Betriebsvereinbarung sein. ²Dies gilt nicht, wenn ein Tarifvertrag den Abschluss ergänzender Betriebsvereinbarungen ausdrücklich zulässt.

(4) ¹Betriebsvereinbarungen gelten unmittelbar und zwingend. ²Werden Arbeitnehmern durch die Betriebsvereinbarung Rechte eingeräumt, so ist ein Verzicht auf sie nur mit Zustimmung des Betriebsrats zulässig. ³Die Verwirkung dieser Rechte ist ausgeschlossen. ⁴Ausschlussfristen für ihre Geltendmachung sind nur insoweit zulässig, als sie in einem Tarifvertrag oder einer Betriebsvereinbarung vereinbart werden; dasselbe gilt für die Abkürzung der Verjährungsfristen.

(5) Betriebsvereinbarungen können, soweit nichts anderes vereinbart ist, mit einer Frist von 3 Monaten gekündigt werden.

(6) Nach Ablauf einer Betriebsvereinbarung gelten ihre Regelungen in Angelegenheiten, in denen ein Spruch der Einigungsstelle die Einigung zwischen Arbeitgeber und Betriebsrat ersetzen kann, weiter, bis sie durch eine andere Abmachung ersetzt werden.

§ 78
Schutzbestimmungen

¹Die Mitglieder des Betriebsrats, des Gesamtbetriebsrats, des Konzernbetriebsrats, der Jugend- und Auszubildendenvertretung, der Gesamt-Jugend- und Auszubildendenvertretung, der Konzern-Jugend- und Auszubildendenvertretung, des Wirtschaftsausschusses, der Bordvertretung, des See-

betriebsrats, der in § 3 Abs. 1 genannten Vertretungen der Arbeitnehmer, der Einigungsstelle, einer tariflichen Schlichtungsstelle (§ 76 Abs. 8) und einer betrieblichen Beschwerdestelle (§ 86) sowie Auskunftspersonen (§ 80 Absatz 2 Satz 4) dürfen in der Ausübung ihrer Tätigkeit nicht gestört oder behindert werden. ²Sie dürfen wegen ihrer Tätigkeit nicht benachteiligt oder begünstigt werden; dies gilt auch für ihre berufliche Entwicklung.

§ 78a
Schutz Auszubildender in besonderen Fällen

(1) Beabsichtigt der Arbeitgeber, einen Auszubildenden, der Mitglied der Jugend- und Auszubildendenvertretung, des Betriebsrats, der Bordvertretung oder des Seebetriebsrats ist, nach Beendigung des Berufsausbildungsverhältnisses nicht in ein Arbeitsverhältnis auf unbestimmte Zeit zu übernehmen, so hat er dies 3 Monate vor Beendigung des Berufsausbildungsverhältnisses dem Auszubildenden schriftlich mitzuteilen.

(2) ¹Verlangt ein in Absatz 1 genannter Auszubildender innerhalb der letzten 3 Monate vor Beendigung des Berufsausbildungsverhältnisses schriftlich vom Arbeitgeber die Weiterbeschäftigung, so gilt zwischen Auszubildendem und Arbeitgeber im Anschluss an das Berufsausbildungsverhältnis ein Arbeitsverhältnis auf unbestimmte Zeit als begründet. ²Auf dieses Arbeitsverhältnis ist insbesondere § 37 Abs. 4 und 5 entsprechend anzuwenden.

(3) Die Absätze 1 und 2 gelten auch, wenn das Berufsausbildungsverhältnis vor Ablauf eines Jahres nach Beendigung der Amtszeit der Jugend- und Auszubildendenvertretung, des Betriebsrats, der Bordvertretung oder des Seebetriebsrats endet.

(4) ¹Der Arbeitgeber kann spätestens bis zum Ablauf von 2 Wochen nach Beendigung des Berufsausbildungsverhältnisses beim Arbeitsgericht beantragen,
1. festzustellen, dass ein Arbeitsverhältnis nach Absatz 2 oder 3 nicht begründet wird, oder
2. das bereits nach Absatz 2 oder 3 begründete Arbeitsverhältnis aufzulösen,

wenn Tatsachen vorliegen, auf Grund derer dem Arbeitgeber unter Berücksichtigung aller Umstände die Weiterbeschäftigung nicht zugemutet werden kann. ²In dem Verfahren vor dem Arbeitsgericht sind der Betriebsrat, die Bordvertretung, der Seebetriebsrat, bei Mitgliedern der Jugend- und Auszubildendenvertretung auch diese Beteiligte.

(5) Die Absätze 2 bis 4 finden unabhängig davon Anwendung, ob der Arbeitgeber seiner Mitteilungspflicht nach Absatz 1 nachgekommen ist.

§ 79
Geheimhaltungspflicht

(1) ¹Die Mitglieder und Ersatzmitglieder des Betriebsrats sind verpflichtet, Betriebs- oder Geschäftsgeheimnisse, die ihnen wegen ihrer Zugehörigkeit zum Betriebsrat bekannt geworden und vom Arbeitgeber ausdrücklich als geheimhaltungsbedürftig bezeichnet worden sind, nicht zu offenbaren und nicht zu verwerten. ²Dies gilt auch nach dem Ausscheiden aus dem Betriebsrat. ³Die Verpflichtung gilt nicht gegenüber Mitgliedern des Betriebsrats. ⁴Sie gilt ferner nicht gegenüber dem Gesamtbetriebsrat, dem Konzernbetriebsrat, der Bordvertretung, dem Seebetriebsrat und den Arbeitnehmervertretern im Aufsichtsrat sowie im Verfahren vor der Einigungsstelle, der tariflichen Schlichtungsstelle (§ 76 Abs. 8) oder einer betrieblichen Beschwerdestelle (§ 86).

(2) Absatz 1 gilt sinngemäß für die Mitglieder und Ersatzmitglieder des Gesamtbetriebsrats, des Konzernbetriebsrats, der Jugend- und Auszubildendenvertretung, der Gesamt-Jugend- und Auszubildendenvertretung, der Konzern-Jugend- und Auszubildendenvertretung, des Wirtschaftsausschusses, der Bordvertretung, des Seebetriebsrats, der gemäß § 3 Abs. 1 gebildeten Vertretungen der Arbeitnehmer,

der Einigungsstelle, der tariflichen Schlichtungsstelle (§ 76 Abs. 8) und einer betrieblichen Beschwerdestelle (§ 86) sowie für die Vertreter von Gewerkschaften oder von Arbeitgebervereinigungen.

§ 80
Allgemeine Aufgaben

(1) Der Betriebsrat hat folgende allgemeine Aufgaben:
1. darüber zu wachen, dass die zugunsten der Arbeitnehmer geltenden Gesetze, Verordnungen, Unfallverhütungsvorschriften, Tarifverträge und Betriebsvereinbarungen durchgeführt werden;
2. Maßnahmen, die dem Betrieb und der Belegschaft dienen, beim Arbeitgeber zu beantragen;
2a. die Durchsetzung der tatsächlichen Gleichstellung von Frauen und Männern, insbesondere bei der Einstellung, Beschäftigung, Aus-, Fort- und Weiterbildung und dem beruflichen Aufstieg, zu fördern;
2b. die Vereinbarkeit von Familie und Erwerbstätigkeit zu fördern;
3. Anregungen von Arbeitnehmern und der Jugend- und Auszubildendenvertretung entgegenzunehmen und, falls sie berechtigt erscheinen, durch Verhandlungen mit dem Arbeitgeber auf eine Erledigung hinzuwirken; er hat die betreffenden Arbeitnehmer über den Stand und das Ergebnis der Verhandlungen zu unterrichten;
4. die Eingliederung schwerbehinderter Menschen einschließlich der Förderung des Abschlusses von Inklusionsvereinbarungen nach § 166 des Neunten Buches Sozialgesetzbuch und sonstiger besonders schutzbedürftiger Personen zu fördern;
5. die Wahl einer Jugend- und Auszubildendenvertretung vorzubereiten und durchzuführen und mit dieser zur Förderung der Belange der in § 60 Abs. 1 genannten Arbeitnehmer eng zusammenzuarbeiten; er kann von der Jugend- und Auszubildendenvertretung Vorschläge und Stellungnahmen anfordern;
6. die Beschäftigung älterer Arbeitnehmer im Betrieb zu fördern;
7. die Integration ausländischer Arbeitnehmer im Betrieb und das Verständnis zwischen ihnen und den deutschen Arbeitnehmern zu fördern, sowie Maßnahmen zur Bekämpfung von Rassismus und Fremdenfeindlichkeit im Betrieb zu beantragen;
8. die Beschäftigung im Betrieb zu fördern und zu sichern;
9. Maßnahmen des Arbeitsschutzes und des betrieblichen Umweltschutzes zu fördern.

(2) Zur Durchführung seiner Aufgaben nach diesem Gesetz ist der Betriebsrat rechtzeitig und umfassend vom Arbeitgeber zu unterrichten; die Unterrichtung erstreckt sich auch auf die Beschäftigung von Personen, die nicht in einem Arbeitsverhältnis zum Arbeitgeber stehen, und umfasst insbesondere den zeitlichen Umfang des Einsatzes, den Einsatzort und die Arbeitsaufgaben dieser Personen. Dem Betriebsrat sind auf Verlangen jederzeit die zur Durchführung seiner Aufgaben erforderlichen Unterlagen zur Verfügung zu stellen; in diesem Rahmen ist der Betriebsausschuss oder ein nach § 28 gebildeter Ausschuss berechtigt, in die Listen über die Bruttolöhne und -gehälter Einblick zu nehmen. Zu den erforderlichen Unterlagen gehören auch die Verträge, die der Beschäftigung der in Satz 1 genannten Personen zugrunde liegen. Soweit es zur ordnungsgemäßen Erfüllung der Aufgaben des Betriebsrats erforderlich ist, hat der Arbeitgeber ihm sachkundige Arbeitnehmer als Auskunftspersonen zur Verfügung zu stellen; er hat hierbei die Vorschläge des Betriebsrats zu berücksichtigen, soweit betriebliche Notwendigkeiten nicht entgegenstehen.

(3) Der Betriebsrat kann bei der Durchführung seiner Aufgaben nach näherer Vereinbarung mit dem Arbeitgeber Sachverständige hinzuziehen, soweit dies zur ordnungsgemäßen Erfüllung seiner Aufgaben erforderlich ist.

(4) Für die Geheimhaltungspflicht der Auskunftspersonen und der Sachverständigen gilt § 79 entsprechend.

Zweiter Abschnitt
Mitwirkungs- und Beschwerderecht des Arbeitnehmers

§ 81
Unterrichtungs- und Erörterungspflicht des Arbeitgebers

(1) ¹Der Arbeitgeber hat den Arbeitnehmer über dessen Aufgabe und Verantwortung sowie über die Art seiner Tätigkeit und ihre Einordnung in den Arbeitsablauf des Betriebs zu unterrichten. ²Er hat den Arbeitnehmer vor Beginn der Beschäftigung über die Unfall- und Gesundheitsgefahren, denen dieser bei der Beschäftigung ausgesetzt ist, sowie über die Maßnahmen und Einrichtungen zur Abwendung dieser Gefahren und die nach § 10 Abs. 2 des Arbeitsschutzgesetzes getroffenen Maßnahmen zu belehren.

(2) ¹Über Veränderungen in seinem Arbeitsbereich ist der Arbeitnehmer rechtzeitig zu unterrichten. ²Absatz 1 gilt entsprechend.

(3) In Betrieben, in denen kein Betriebsrat besteht, hat der Arbeitgeber die Arbeitnehmer zu allen Maßnahmen zu hören, die Auswirkungen auf Sicherheit und Gesundheit der Arbeitnehmer haben können.

(4) ¹Der Arbeitgeber hat den Arbeitnehmer über die auf Grund einer Planung von technischen Anlagen, von Arbeitsverfahren und Arbeitsabläufen oder der Arbeitsplätze vorgesehenen Maßnahmen und ihre Auswirkungen auf seinen Arbeitsplatz, die Arbeitsumgebung sowie auf Inhalt und Art seiner Tätigkeit zu unterrichten. ²Sobald feststeht, dass sich die Tätigkeit des Arbeitnehmers ändern wird und seine beruflichen Kenntnisse und Fähigkeiten zur Erfüllung seiner Aufgaben nicht ausreichen, hat der Arbeitgeber mit dem Arbeitnehmer zu erörtern, wie dessen berufliche Kenntnisse und Fähigkeiten im Rahmen der betrieblichen Möglichkeiten den künftigen Anforderungen angepasst werden können. ³Der Arbeitnehmer kann bei der Erörterung ein Mitglied des Betriebsrats hinzuziehen.

§ 82
Anhörungs- und Erörterungsrecht des Arbeitnehmers

(1) ¹Der Arbeitnehmer hat das Recht, in betrieblichen Angelegenheiten, die seine Person betreffen, von den nach Maßgabe des organisatorischen Aufbaus des Betriebs hierfür zuständigen Personen gehört zu werden. ²Er ist berechtigt, zu Maßnahmen des Arbeitgebers, die ihn betreffen, Stellung zu nehmen sowie Vorschläge für die Gestaltung des Arbeitsplatzes und des Arbeitsablaufs zu machen.

(2) ¹Der Arbeitnehmer kann verlangen, dass ihm die Berechnung und Zusammensetzung seines Arbeitsentgelts erläutert und dass mit ihm die Beurteilung seiner Leistungen sowie die Möglichkeiten seiner beruflichen Entwicklung im Betrieb erörtert werden. ²Er kann ein Mitglied des Betriebsrats hinzuziehen. ³Das Mitglied des Betriebsrats hat über den Inhalt dieser Verhandlungen Stillschweigen zu bewahren, soweit es vom Arbeitnehmer im Einzelfall nicht von dieser Verpflichtung entbunden wird.

§ 83
Einsicht in die Personalakten

(1) ¹Der Arbeitnehmer hat das Recht, in die über ihn geführten Personalakten Einsicht zu nehmen. ²Er kann hierzu ein Mitglied des Betriebsrats hinzuziehen. ³Das Mitglied des Betriebsrats hat über den Inhalt der Personalakte Stillschweigen zu bewahren, soweit es vom Arbeitnehmer im Einzelfall nicht von dieser Verpflichtung entbunden wird.

(2) Erklärungen des Arbeitnehmers zum Inhalt der Personalakte sind dieser auf sein Verlangen beizufügen.

§ 84
Beschwerderecht

(1) ¹Jeder Arbeitnehmer hat das Recht, sich bei den zuständigen Stellen des Betriebs zu beschweren, wenn er sich vom Arbeitgeber oder von Arbeitnehmern des Betriebs benachteiligt oder ungerecht behandelt oder in sonstiger Weise beeinträchtigt fühlt. ²Er kann ein Mitglied des Betriebsrats zur Unterstützung oder Vermittlung hinzuziehen.

(2) Der Arbeitgeber hat den Arbeitnehmer über die Behandlung der Beschwerde zu bescheiden und, soweit er die Beschwerde für berechtigt erachtet, ihr abzuhelfen.

(3) Wegen der Erhebung einer Beschwerde dürfen dem Arbeitnehmer keine Nachteile entstehen.

§ 85
Behandlung von Beschwerden durch den Betriebsrat

(1) Der Betriebsrat hat Beschwerden von Arbeitnehmern entgegenzunehmen und, falls er sie für berechtigt erachtet, beim Arbeitgeber auf Abhilfe hinzuwirken.

(2) ¹Bestehen zwischen Betriebsrat und Arbeitgeber Meinungsverschiedenheiten über die Berechtigung der Beschwerde, so kann der Betriebsrat die Einigungsstelle anrufen. ²Der Spruch der Einigungsstelle ersetzt die Einigung zwischen Arbeitgeber und Betriebsrat. ³Dies gilt nicht, soweit Gegenstand der Beschwerde ein Rechtsanspruch ist.

(3) ¹Der Arbeitgeber hat den Betriebsrat über die Behandlung der Beschwerde zu unterrichten. ²§ 84 Abs. 2 bleibt unberührt.

§ 86
Ergänzende Vereinbarungen

¹Durch Tarifvertrag oder Betriebsvereinbarung können die Einzelheiten des Beschwerdeverfahrens geregelt werden. ²Hierbei kann bestimmt werden, dass in den Fällen des § 85 Abs. 2 an die Stelle der Einigungsstelle eine betriebliche Beschwerdestelle tritt.

§ 86a
Vorschlagsrecht der Arbeitnehmer

¹Jeder Arbeitnehmer hat das Recht, dem Betriebsrat Themen zur Beratung vorzuschlagen. ²Wird ein Vorschlag von mindestens 5 v. H. der Arbeitnehmer des Betriebs unterstützt, hat der Betriebsrat diesen innerhalb von 2 Monaten auf die Tagesordnung einer Betriebsratssitzung zu setzen.

Dritter Abschnitt
Soziale Angelegenheiten

§ 87
Mitbestimmungsrechte

(1) Der Betriebsrat hat, soweit eine gesetzliche oder tarifliche Regelung nicht besteht, in folgenden Angelegenheiten mitzubestimmen:
  1. Fragen der Ordnung des Betriebs und des Verhaltens der Arbeitnehmer im Betrieb;

2. Beginn und Ende der täglichen Arbeitszeit einschließlich der Pausen sowie Verteilung der Arbeitszeit auf die einzelnen Wochentage;
3. vorübergehende Verkürzung oder Verlängerung der betriebsüblichen Arbeitszeit;
4. Zeit, Ort und Art der Auszahlung der Arbeitsentgelte;
5. Aufstellung allgemeiner Urlaubsgrundsätze und des Urlaubsplans sowie die Festsetzung der zeitlichen Lage des Urlaubs für einzelne Arbeitnehmer, wenn zwischen dem Arbeitgeber und den beteiligten Arbeitnehmern kein Einverständnis erzielt wird;
6. Einführung und Anwendung von technischen Einrichtungen, die dazu bestimmt sind, das Verhalten oder die Leistung der Arbeitnehmer zu überwachen;
7. Regelungen über die Verhütung von Arbeitsunfällen und Berufskrankheiten sowie über den Gesundheitsschutz im Rahmen der gesetzlichen Vorschriften oder der Unfallverhütungsvorschriften;
8. Form, Ausgestaltung und Verwaltung von Sozialeinrichtungen, deren Wirkungsbereich auf den Betrieb, das Unternehmen oder den Konzern beschränkt ist;
9. Zuweisung und Kündigung von Wohnräumen, die den Arbeitnehmern mit Rücksicht auf das Bestehen eines Arbeitsverhältnisses vermietet werden, sowie die allgemeine Festlegung der Nutzungsbedingungen;
10. Fragen der betrieblichen Lohngestaltung, insbesondere die Aufstellung von Entlohnungsgrundsätzen und die Einführung und Anwendung von neuen Entlohnungsmethoden sowie deren Änderung;
11. Festsetzung der Akkord- und Prämiensätze und vergleichbarer leistungsbezogener Entgelte, einschließlich der Geldfaktoren;
12. Grundsätze über das betriebliche Vorschlagswesen;
13. Grundsätze über die Durchführung von Gruppenarbeit; Gruppenarbeit im Sinne dieser Vorschrift liegt vor, wenn im Rahmen des betrieblichen Arbeitsablaufs eine Gruppe von Arbeitnehmern eine ihr übertragene Gesamtaufgabe im Wesentlichen eigenverantwortlich erledigt.

(2) ¹Kommt eine Einigung über eine Angelegenheit nach Absatz 1 nicht zustande, so entscheidet die Einigungsstelle. ²Der Spruch der Einigungsstelle ersetzt die Einigung zwischen Arbeitgeber und Betriebsrat.

§ 88
Freiwillige Betriebsvereinbarungen

Durch Betriebsvereinbarung können insbesondere geregelt werden
1. zusätzliche Maßnahmen zur Verhütung von Arbeitsunfällen und Gesundheitsschädigungen;
1a. Maßnahmen des betrieblichen Umweltschutzes;
2. die Errichtung von Sozialeinrichtungen, deren Wirkungsbereich auf den Betrieb, das Unternehmen oder den Konzern beschränkt ist;
3. Maßnahmen zur Förderung der Vermögensbildung;
4. Maßnahmen zur Integration ausländischer Arbeitnehmer sowie zur Bekämpfung von Rassismus und Fremdenfeindlichkeit im Betrieb;
5. Maßnahmen zur Eingliederung schwerbehinderter Menschen.

§ 89
Arbeits- und betrieblicher Umweltschutz

(1) ¹Der Betriebsrat hat sich dafür einzusetzen, dass die Vorschriften über den Arbeitsschutz und die Unfallverhütung im Betrieb sowie über den betrieblichen Umweltschutz durchgeführt werden. ²Er hat bei der Bekämpfung von Unfall- und Gesundheitsgefahren die für den Arbeitsschutz zuständigen Behörden, die Träger der gesetzlichen Unfallversicherung und die sonstigen in Betracht kommenden Stellen durch Anregung, Beratung und Auskunft zu unterstützen.

(2) ¹Der Arbeitgeber und die in Absatz 1 Satz 2 genannten Stellen sind verpflichtet, den Betriebsrat oder die von ihm bestimmten Mitglieder des Betriebsrats bei allen im Zusammenhang mit dem Arbeitsschutz oder der Unfallverhütung stehenden Besichtigungen und Fragen und bei Unfalluntersuchungen hinzuzuziehen. ²Der Arbeitgeber hat den Betriebsrat auch bei allen im Zusammenhang mit dem betrieblichen Umweltschutz stehenden Besichtigungen und Fragen hinzuzuziehen und ihm unverzüglich die den Arbeitsschutz, die Unfallverhütung und den betrieblichen Umweltschutz betreffenden Auflagen und Anordnungen der zuständigen Stellen mitzuteilen.

(3) Als betrieblicher Umweltschutz im Sinne dieses Gesetzes sind alle personellen und organisatorischen Maßnahmen sowie alle die betrieblichen Bauten, Räume, technische Anlagen, Arbeitsverfahren, Arbeitsabläufe und Arbeitsplätze betreffenden Maßnahmen zu verstehen, die dem Umweltschutz dienen.

(4) An Besprechungen des Arbeitgebers mit den Sicherheitsbeauftragten im Rahmen des § 22 Abs. 2 des Siebten Buches Sozialgesetzbuch nehmen vom Betriebsrat beauftragte Betriebsratsmitglieder teil.

(5) Der Betriebsrat erhält vom Arbeitgeber die Niederschriften über Untersuchungen, Besichtigungen und Besprechungen, zu denen er nach den Absätzen 2 und 4 hinzuzuziehen ist.

(6) Der Arbeitgeber hat dem Betriebsrat eine Durchschrift der nach § 193 Abs. 5 des Siebten Buches Sozialgesetzbuch vom Betriebsrat zu unterschreibenden Unfallanzeige auszuhändigen.

Vierter Abschnitt
Gestaltung von Arbeitsplatz, Arbeitsablauf und Arbeitsumgebung

§ 90
Unterrichtungs- und Beratungsrechte

(1) Der Arbeitgeber hat den Betriebsrat über die Planung
1. von Neu-, Um- und Erweiterungsbauten von Fabrikations-, Verwaltungs- und sonstigen betrieblichen Räumen,
2. von technischen Anlagen,
3. von Arbeitsverfahren und Arbeitsabläufen oder
4. der Arbeitsplätze

rechtzeitig unter Vorlage der erforderlichen Unterlagen zu unterrichten.

(2) ¹Der Arbeitgeber hat mit dem Betriebsrat die vorgesehenen Maßnahmen und ihre Auswirkungen auf die Arbeitnehmer, insbesondere auf die Art ihrer Arbeit sowie die sich daraus ergebenden Anforderungen an die Arbeitnehmer so rechtzeitig zu beraten, dass Vorschläge und Bedenken des Betriebsrats bei der Planung berücksichtigt werden können. ²Arbeitgeber und Betriebsrat sollen dabei auch die gesicherten arbeitswissenschaftlichen Erkenntnisse über die menschengerechte Gestaltung der Arbeit berücksichtigen.

§ 91
Mitbestimmungsrecht

¹Werden die Arbeitnehmer durch Änderungen der Arbeitsplätze, des Arbeitsablaufs oder der Arbeitsumgebung, die den gesicherten arbeitswissenschaftlichen Erkenntnissen über die menschengerechte Gestaltung der Arbeit offensichtlich widersprechen, in besonderer Weise belastet, so kann der Betriebsrat angemessene Maßnahmen zur Abwendung, Milderung oder zum Ausgleich der Belastung verlangen. ²Kommt eine Einigung nicht zustande, so entscheidet die Einigungsstelle. ³Der Spruch der Einigungsstelle ersetzt die Einigung zwischen Arbeitgeber und Betriebsrat.

Fünfter Abschnitt
Personelle Angelegenheiten

Erster Unterabschnitt
Allgemeine personelle Angelegenheiten

§ 92
Personalplanung

(1) ¹Der Arbeitgeber hat den Betriebsrat über die Personalplanung, insbesondere über den gegenwärtigen und künftigen Personalbedarf sowie über die sich daraus ergebenden personellen Maßnahmen einschließlich der geplanten Beschäftigung von Personen, die nicht in einem Arbeitsverhältnis zum Arbeitgeber stehen, und Maßnahmen der Berufsbildung anhand von Unterlagen rechtzeitig und umfassend zu unterrichten. ²Er hat mit dem Betriebsrat über Art und Umfang der erforderlichen Maßnahmen und über die Vermeidung von Härten zu beraten.

(2) Der Betriebsrat kann dem Arbeitgeber Vorschläge für die Einführung einer Personalplanung und ihre Durchführung machen.

(3) ¹Die Absätze 1 und 2 gelten entsprechend für Maßnahmen im Sinne des § 80 Abs. 1 Nr. 2a und 2b, insbesondere für die Aufstellung und Durchführung von Maßnahmen zur Förderung der Gleichstellung von Frauen und Männern. ²Gleiches gilt für die Eingliederung schwerbehinderter Menschen nach § 80 Absatz 1 Nummer 4.

§ 92a
Beschäftigungssicherung

(1) ¹Der Betriebsrat kann dem Arbeitgeber Vorschläge zur Sicherung und Förderung der Beschäftigung machen. ²Diese können insbesondere eine flexible Gestaltung der Arbeitszeit, die Förderung von Teilzeitarbeit und Altersteilzeit, neue Formen der Arbeitsorganisation, Änderungen der Arbeitsverfahren und Arbeitsabläufe, die Qualifizierung der Arbeitnehmer, Alternativen zur Ausgliederung von Arbeit oder ihrer Vergabe an andere Unternehmen sowie zum Produktions- und Investitionsprogramm zum Gegenstand haben.

(2) ¹Der Arbeitgeber hat die Vorschläge mit dem Betriebsrat zu beraten. ²Hält der Arbeitgeber die Vorschläge des Betriebsrats für ungeeignet, hat er dies zu begründen; in Betrieben mit mehr als 100 Arbeitnehmern erfolgt die Begründung schriftlich. ³Zu den Beratungen kann der Arbeitgeber oder der Betriebsrat einen Vertreter der Bundesagentur für Arbeit hinzuziehen.

§ 93
Ausschreibung von Arbeitsplätzen

Der Betriebsrat kann verlangen, dass Arbeitsplätze, die besetzt werden sollen, allgemein oder für bestimmte Arten von Tätigkeiten vor ihrer Besetzung innerhalb des Betriebs ausgeschrieben werden.

§ 94
Personalfragebogen, Beurteilungsgrundsätze

(1) ¹Personalfragebogen bedürfen der Zustimmung des Betriebsrats. ²Kommt eine Einigung über ihren Inhalt nicht zustande, so entscheidet die Einigungsstelle. ³Der Spruch der Einigungsstelle ersetzt die Einigung zwischen Arbeitgeber und Betriebsrat.

(2) Absatz 1 gilt entsprechend für persönliche Angaben in schriftlichen Arbeitsverträgen, die allgemein für den Betrieb verwendet werden sollen, sowie für die Aufstellung allgemeiner Beurteilungsgrundsätze.

§ 95
Auswahlrichtlinien

(1) ¹Richtlinien über die personelle Auswahl bei Einstellungen, Versetzungen, Umgruppierungen und Kündigungen bedürfen der Zustimmung des Betriebsrats. ²Kommt eine Einigung über die Richtlinien oder ihren Inhalt nicht zustande, so entscheidet auf Antrag des Arbeitgebers die Einigungsstelle. ³Der Spruch der Einigungsstelle ersetzt die Einigung zwischen Arbeitgeber und Betriebsrat.

(2) ¹In Betrieben mit mehr als 500 Arbeitnehmern kann der Betriebsrat die Aufstellung von Richtlinien über die bei Maßnahmen des Absatzes 1 Satz 1 zu beachtenden fachlichen und persönlichen Voraussetzungen und sozialen Gesichtspunkte verlangen. ²Kommt eine Einigung über die Richtlinien oder ihren Inhalt nicht zustande, so entscheidet die Einigungsstelle. ³Der Spruch der Einigungsstelle ersetzt die Einigung zwischen Arbeitgeber und Betriebsrat.

(3) ¹Versetzung im Sinne dieses Gesetzes ist die Zuweisung eines anderen Arbeitsbereichs, die voraussichtlich die Dauer von einem Monat überschreitet, oder die mit einer erheblichen Änderung der Umstände verbunden ist, unter denen die Arbeit zu leisten ist. ²Werden Arbeitnehmer nach der Eigenart ihres Arbeitsverhältnisses üblicherweise nicht ständig an einem bestimmten Arbeitsplatz beschäftigt, so gilt die Bestimmung des jeweiligen Arbeitsplatzes nicht als Versetzung.

Zweiter Unterabschnitt
Berufsbildung

§ 96
Förderung der Berufsbildung

(1) ¹Arbeitgeber und Betriebsrat haben im Rahmen der betrieblichen Personalplanung und in Zusammenarbeit mit den für die Berufsbildung und den für die Förderung der Berufsbildung zuständigen Stellen die Berufsbildung der Arbeitnehmer zu fördern. ²Der Arbeitgeber hat auf Verlangen des Betriebsrats den Berufsbildungsbedarf zu ermitteln und mit ihm Fragen der Berufsbildung der Arbeitnehmer des Betriebs zu beraten. ³Hierzu kann der Betriebsrat Vorschläge machen.

(2) ¹Arbeitgeber und Betriebsrat haben darauf zu achten, dass unter Berücksichtigung der betrieblichen Notwendigkeiten den Arbeitnehmern die Teilnahme an betrieblichen oder außerbetrieblichen Maßnahmen der Berufsbildung ermöglicht wird. ²Sie haben dabei auch die Belange älterer Arbeitnehmer, Teilzeitbeschäftigter und von Arbeitnehmern mit Familienpflichten zu berücksichtigen.

§ 97
Einrichtungen und Maßnahmen der Berufsbildung

(1) Der Arbeitgeber hat mit dem Betriebsrat über die Errichtung und Ausstattung betrieblicher Einrichtungen zur Berufsbildung, die Einführung betrieblicher Berufsbildungsmaßnahmen und die Teilnahme an außerbetrieblichen Berufsbildungsmaßnahmen zu beraten.

(2) ¹Hat der Arbeitgeber Maßnahmen geplant oder durchgeführt, die dazu führen, dass sich die Tätigkeit der betroffenen Arbeitnehmer ändert und ihre beruflichen Kenntnisse und Fähigkeiten zur Erfüllung ihrer Aufgaben nicht mehr ausreichen, so hat der Betriebsrat bei der Einführung von Maßnahmen der betrieblichen Berufsbildung mitzubestimmen. ²Kommt eine Einigung nicht zustande,

so entscheidet die Einigungsstelle. ³Der Spruch der Einigungsstelle ersetzt die Einigung zwischen Arbeitgeber und Betriebsrat.

§ 98
Durchführung betrieblicher Bildungsmaßnahmen

(1) Der Betriebsrat hat bei der Durchführung von Maßnahmen der betrieblichen Berufsbildung mitzubestimmen.

(2) Der Betriebsrat kann der Bestellung einer mit der Durchführung der betrieblichen Berufsbildung beauftragten Person widersprechen oder ihre Abberufung verlangen, wenn diese die persönliche oder fachliche, insbesondere die berufs- und arbeitspädagogische Eignung im Sinne des Berufsbildungsgesetzes nicht besitzt oder ihre Aufgaben vernachlässigt.

(3) Führt der Arbeitgeber betriebliche Maßnahmen der Berufsbildung durch oder stellt er für außerbetriebliche Maßnahmen der Berufsbildung Arbeitnehmer frei oder trägt er die durch die Teilnahme von Arbeitnehmern an solchen Maßnahmen entstehenden Kosten ganz oder teilweise, so kann der Betriebsrat Vorschläge für die Teilnahme von Arbeitnehmern oder Gruppen von Arbeitnehmern des Betriebs an diesen Maßnahmen der beruflichen Bildung machen.

(4) ¹Kommt im Fall des Absatzes 1 oder über die nach Absatz 3 vom Betriebsrat vorgeschlagenen Teilnehmer eine Einigung nicht zustande, so entscheidet die Einigungsstelle. ²Der Spruch der Einigungsstelle ersetzt die Einigung zwischen Arbeitgeber und Betriebsrat.

(5) ¹Kommt im Fall des Absatzes 2 eine Einigung nicht zustande, so kann der Betriebsrat beim Arbeitsgericht beantragen, dem Arbeitgeber aufzugeben, die Bestellung zu unterlassen oder die Abberufung durchzuführen. ²Führt der Arbeitgeber die Bestellung einer rechtskräftigen gerichtlichen Entscheidung zuwider durch, so ist er auf Antrag des Betriebsrats vom Arbeitsgericht wegen der Bestellung nach vorheriger Androhung zu einem Ordnungsgeld zu verurteilen; das Höchstmaß des Ordnungsgeldes beträgt 10 000 EUR. ³Führt der Arbeitgeber die Abberufung einer rechtskräftigen gerichtlichen Entscheidung zuwider nicht durch, so ist auf Antrag des Betriebsrats vom Arbeitsgericht zu erkennen, dass der Arbeitgeber zur Abberufung durch Zwangsgeld anzuhalten sei; das Höchstmaß des Zwangsgeldes beträgt für jeden Tag der Zuwiderhandlung 250 EUR. ⁴Die Vorschriften des Berufsbildungsgesetzes über die Ordnung der Berufsbildung bleiben unberührt.

(6) Die Absätze 1 bis 5 gelten entsprechend, wenn der Arbeitgeber sonstige Bildungsmaßnahmen im Betrieb durchführt.

Dritter Unterabschnitt
Personelle Einzelmaßnahmen

§ 99
Mitbestimmung bei personellen Einzelmaßnahmen

(1) ¹In Unternehmen mit in der Regel mehr als 20 wahlberechtigten Arbeitnehmern hat der Arbeitgeber den Betriebsrat vor jeder Einstellung, Eingruppierung, Umgruppierung und Versetzung zu unterrichten, ihm die erforderlichen Bewerbungsunterlagen vorzulegen und Auskunft über die Person der Beteiligten zu geben; er hat dem Betriebsrat unter Vorlage der erforderlichen Unterlagen Auskunft über die Auswirkungen der geplanten Maßnahme zu geben und die Zustimmung des Betriebsrats zu der geplanten Maßnahme einzuholen. ²Bei Einstellungen und Versetzungen hat der Arbeitgeber insbesondere den in Aussicht genommenen Arbeitsplatz und die vorgesehene Eingruppierung mitzuteilen. ³Die Mitglieder des Betriebsrats sind verpflichtet, über die ihnen im Rahmen der personellen Maßnahmen nach den Sätzen 1 und 2 bekannt gewordenen persönlichen Verhältnisse und Angelegen-

heiten der Arbeitnehmer, die ihrer Bedeutung oder ihrem Inhalt nach einer vertraulichen Behandlung bedürfen, Stillschweigen zu bewahren; § 79 Abs. 1 Satz 2 bis 4 gilt entsprechend.

(2) Der Betriebsrat kann die Zustimmung verweigern, wenn
1. die personelle Maßnahme gegen ein Gesetz, eine Verordnung, eine Unfallverhütungsvorschrift oder gegen eine Bestimmung in einem Tarifvertrag oder in einer Betriebsvereinbarung oder gegen eine gerichtliche Entscheidung oder eine behördliche Anordnung verstoßen würde,
2. die personelle Maßnahme gegen eine Richtlinie nach § 95 verstoßen würde,
3. die durch Tatsachen begründete Besorgnis besteht, dass infolge der personellen Maßnahme im Betrieb beschäftigte Arbeitnehmer gekündigt werden oder sonstige Nachteile erleiden, ohne dass dies aus betrieblichen oder persönlichen Gründen gerechtfertigt ist; als Nachteil gilt bei unbefristeter Einstellung auch die Nichtberücksichtigung eines gleich geeigneten befristet Beschäftigten,
4. der betroffene Arbeitnehmer durch die personelle Maßnahme benachteiligt wird, ohne dass dies aus betrieblichen oder in der Person des Arbeitnehmers liegenden Gründen gerechtfertigt ist,
5. eine nach § 93 erforderliche Ausschreibung im Betrieb unterblieben ist oder
6. die durch Tatsachen begründete Besorgnis besteht, dass der für die personelle Maßnahme in Aussicht genommene Bewerber oder Arbeitnehmer den Betriebsfrieden durch gesetzwidriges Verhalten oder durch grobe Verletzung der in § 75 Abs. 1 enthaltenen Grundsätze, insbesondere durch rassistische oder fremdenfeindliche Betätigung, stören werde.

(3) ¹Verweigert der Betriebsrat seine Zustimmung, so hat er dies unter Angabe von Gründen innerhalb einer Woche nach Unterrichtung durch den Arbeitgeber diesem schriftlich mitzuteilen. ²Teilt der Betriebsrat dem Arbeitgeber die Verweigerung seiner Zustimmung nicht innerhalb der Frist schriftlich mit, so gilt die Zustimmung als erteilt.

(4) Verweigert der Betriebsrat seine Zustimmung, so kann der Arbeitgeber beim Arbeitsgericht beantragen, die Zustimmung zu ersetzen.

§ 100
Vorläufige personelle Maßnahmen

(1) ¹Der Arbeitgeber kann, wenn dies aus sachlichen Gründen dringend erforderlich ist, die personelle Maßnahme im Sinne des § 99 Abs. 1 Satz 1 vorläufig durchführen, bevor der Betriebsrat sich geäußert oder wenn er die Zustimmung verweigert hat. ²Der Arbeitgeber hat den Arbeitnehmer über die Sach- und Rechtslage aufzuklären.

(2) ¹Der Arbeitgeber hat den Betriebsrat unverzüglich von der vorläufigen personellen Maßnahme zu unterrichten. ²Bestreitet der Betriebsrat, dass die Maßnahme aus sachlichen Gründen dringend erforderlich ist, so hat er dies dem Arbeitgeber unverzüglich mitzuteilen. ³In diesem Fall darf der Arbeitgeber die vorläufige personelle Maßnahme nur aufrechterhalten, wenn er innerhalb von 3 Tagen beim Arbeitsgericht die Ersetzung der Zustimmung des Betriebsrats und die Feststellung beantragt, dass die Maßnahme aus sachlichen Gründen dringend erforderlich war.

(3) ¹Lehnt das Gericht durch rechtskräftige Entscheidung die Ersetzung der Zustimmung des Betriebsrats ab oder stellt es rechtskräftig fest, dass offensichtlich die Maßnahme aus sachlichen Gründen nicht dringend erforderlich war, so endet die vorläufige personelle Maßnahme mit Ablauf von 2 Wochen nach Rechtskraft der Entscheidung. ²Von diesem Zeitpunkt an darf die personelle Maßnahme nicht aufrechterhalten werden.

§ 101
Zwangsgeld

¹Führt der Arbeitgeber eine personelle Maßnahme im Sinne des § 99 Abs. 1 Satz 1 ohne Zustimmung des Betriebsrats durch oder hält er eine vorläufige personelle Maßnahme entgegen § 100 Abs. 2 Satz 3 oder Abs. 3 aufrecht, so kann der Betriebsrat beim Arbeitsgericht beantragen, dem Arbeitgeber aufzugeben, die personelle Maßnahme aufzuheben. ²Hebt der Arbeitgeber entgegen einer rechtskräftigen gerichtlichen Entscheidung die personelle Maßnahme nicht auf, so ist auf Antrag des Betriebsrats vom Arbeitsgericht zu erkennen, dass der Arbeitgeber zur Aufhebung der Maßnahme durch Zwangsgeld anzuhalten sei. ³Das Höchstmaß des Zwangsgeldes beträgt für jeden Tag der Zuwiderhandlung 250 EUR.

§ 102
Mitbestimmung bei Kündigungen

(1) ¹Der Betriebsrat ist vor jeder Kündigung zu hören. ²Der Arbeitgeber hat ihm die Gründe für die Kündigung mitzuteilen. ³Eine ohne Anhörung des Betriebsrats ausgesprochene Kündigung ist unwirksam.

(2) ¹Hat der Betriebsrat gegen eine ordentliche Kündigung Bedenken, so hat er diese unter Angabe der Gründe dem Arbeitgeber spätestens innerhalb einer Woche schriftlich mitzuteilen. ²Äußert er sich innerhalb dieser Frist nicht, gilt seine Zustimmung zur Kündigung als erteilt. ³Hat der Betriebsrat gegen eine außerordentliche Kündigung Bedenken, so hat er diese unter Angabe der Gründe dem Arbeitgeber unverzüglich, spätestens jedoch innerhalb von 3 Tagen, schriftlich mitzuteilen. ⁴Der Betriebsrat soll, soweit dies erforderlich erscheint, vor seiner Stellungnahme den betroffenen Arbeitnehmer hören. ⁵§ 99 Abs. 1 Satz 3 gilt entsprechend.

(3) Der Betriebsrat kann innerhalb der Frist des Absatzes 2 Satz 1 der ordentlichen Kündigung widersprechen, wenn
1. der Arbeitgeber bei der Auswahl des zu kündigenden Arbeitnehmers soziale Gesichtspunkte nicht oder nicht ausreichend berücksichtigt hat,
2. die Kündigung gegen eine Richtlinie nach § 95 verstößt,
3. der zu kündigende Arbeitnehmer an einem anderen Arbeitsplatz im selben Betrieb oder in einem anderen Betrieb des Unternehmens weiterbeschäftigt werden kann,
4. die Weiterbeschäftigung des Arbeitnehmers nach zumutbaren Umschulungs- oder Fortbildungsmaßnahmen möglich ist oder
5. eine Weiterbeschäftigung des Arbeitnehmers unter geänderten Vertragsbedingungen möglich ist und der Arbeitnehmer sein Einverständnis hiermit erklärt hat.

(4) Kündigt der Arbeitgeber, obwohl der Betriebsrat nach Absatz 3 der Kündigung widersprochen hat, so hat er dem Arbeitnehmer mit der Kündigung eine Abschrift der Stellungnahme des Betriebsrats zuzuleiten.

(5) ¹Hat der Betriebsrat einer ordentlichen Kündigung frist- und ordnungsgemäß widersprochen und hat der Arbeitnehmer nach dem Kündigungsschutzgesetz Klage auf Feststellung erhoben, dass das Arbeitsverhältnis durch die Kündigung nicht aufgelöst ist, so muss der Arbeitgeber auf Verlangen des Arbeitnehmers diesen nach Ablauf der Kündigungsfrist bis zum rechtskräftigen Abschluss des Rechtsstreits bei unveränderten Arbeitsbedingungen weiterbeschäftigen. ²Auf Antrag des Arbeitgebers kann das Gericht ihn durch einstweilige Verfügung von der Verpflichtung zur Weiterbeschäftigung nach Satz 1 entbinden, wenn
1. die Klage des Arbeitnehmers keine hinreichende Aussicht auf Erfolg bietet oder mutwillig erscheint,
2. die Weiterbeschäftigung des Arbeitnehmers zu einer unzumutbaren wirtschaftlichen Belastung des Arbeitgebers führen würde oder
3. der Widerspruch des Betriebsrats offensichtlich unbegründet war.

(6) Arbeitgeber und Betriebsrat können vereinbaren, dass Kündigungen der Zustimmung des Betriebsrats bedürfen und dass bei Meinungsverschiedenheiten über die Berechtigung der Nichterteilung der Zustimmung die Einigungsstelle entscheidet.

(7) Die Vorschriften über die Beteiligung des Betriebsrats nach dem Kündigungsschutzgesetz bleiben unberührt.

§ 103
Außerordentliche Kündigung und Versetzung in besonderen Fällen

(1) Die außerordentliche Kündigung von Mitgliedern des Betriebsrats, der Jugend- und Auszubildendenvertretung, der Bordvertretung und des Seebetriebsrats, des Wahlvorstands sowie von Wahlbewerbern bedarf der Zustimmung des Betriebsrats.

(2) [1]Verweigert der Betriebsrat seine Zustimmung, so kann das Arbeitsgericht sie auf Antrag des Arbeitgebers ersetzen, wenn die außerordentliche Kündigung unter Berücksichtigung aller Umstände gerechtfertigt ist. [2]In dem Verfahren vor dem Arbeitsgericht ist der betroffene Arbeitnehmer Beteiligter.

(3) [1]Die Versetzung der in Absatz 1 genannten Personen, die zu einem Verlust des Amtes oder der Wählbarkeit führen würde, bedarf der Zustimmung des Betriebsrats; dies gilt nicht, wenn der betroffene Arbeitnehmer mit der Versetzung einverstanden ist. [2]Absatz 2 gilt entsprechend mit der Maßgabe, dass das Arbeitsgericht die Zustimmung zu der Versetzung ersetzen kann, wenn diese auch unter Berücksichtigung der betriebsverfassungsrechtlichen Stellung des betroffenen Arbeitnehmers aus dringenden betrieblichen Gründen notwendig ist.

§ 104
Entfernung betriebsstörender Arbeitnehmer

[1]Hat ein Arbeitnehmer durch gesetzwidriges Verhalten oder durch grobe Verletzung der in § 75 Abs. 1 enthaltenen Grundsätze, insbesondere durch rassistische oder fremdenfeindliche Betätigungen, den Betriebsfrieden wiederholt ernstlich gestört, so kann der Betriebsrat vom Arbeitgeber die Entlassung oder Versetzung verlangen. [2]Gibt das Arbeitsgericht einem Antrag des Betriebsrats statt, dem Arbeitgeber aufzugeben, die Entlassung oder Versetzung durchzuführen, und führt der Arbeitgeber die Entlassung oder Versetzung einer rechtskräftigen gerichtlichen Entscheidung zuwider nicht durch, so ist auf Antrag des Betriebsrats vom Arbeitsgericht zu erkennen, dass er zur Vornahme der Entlassung oder Versetzung durch Zwangsgeld anzuhalten sei. [3]Das Höchstmaß des Zwangsgeldes beträgt für jeden Tag der Zuwiderhandlung 250 EUR.

§ 105
Leitende Angestellte

Eine beabsichtigte Einstellung oder personelle Veränderung eines in § 5 Abs. 3 genannten leitenden Angestellten ist dem Betriebsrat rechtzeitig mitzuteilen.

Sechster Abschnitt
Wirtschaftliche Angelegenheiten

Erster Unterabschnitt
Unterrichtung in wirtschaftlichen Angelegenheiten

§ 106
Wirtschaftsausschuss

(1) ¹In allen Unternehmen mit in der Regel mehr als 100 ständig beschäftigten Arbeitnehmern ist ein Wirtschaftsausschuss zu bilden. ²Der Wirtschaftsausschuss hat die Aufgabe, wirtschaftliche Angelegenheiten mit dem Unternehmer zu beraten und den Betriebsrat zu unterrichten.

(2) ¹Der Unternehmer hat den Wirtschaftsausschuss rechtzeitig und umfassend über die wirtschaftlichen Angelegenheiten des Unternehmens unter Vorlage der erforderlichen Unterlagen zu unterrichten, soweit dadurch nicht die Betriebs- und Geschäftsgeheimnisse des Unternehmens gefährdet werden, sowie die sich daraus ergebenden Auswirkungen auf die Personalplanung darzustellen. ²Zu den erforderlichen Unterlagen gehört in den Fällen des Absatzes 3 Nr. 9a insbesondere die Angabe über den potentiellen Erwerber und dessen Absichten im Hinblick auf die künftige Geschäftstätigkeit des Unternehmens sowie die sich daraus ergebenden Auswirkungen auf die Arbeitnehmer; Gleiches gilt, wenn im Vorfeld der Übernahme des Unternehmens ein Bieterverfahren durchgeführt wird.

(3) Zu den wirtschaftlichen Angelegenheiten im Sinne dieser Vorschrift gehören insbesondere
1. die wirtschaftliche und finanzielle Lage des Unternehmens;
2. die Produktions- und Absatzlage;
3. das Produktions- und Investitionsprogramm;
4. Rationalisierungsvorhaben;
5. Fabrikations- und Arbeitsmethoden, insbesondere die Einführung neuer Arbeitsmethoden;
5a. Fragen des betrieblichen Umweltschutzes;
6. die Einschränkung oder Stilllegung von Betrieben oder von Betriebsteilen;
7. die Verlegung von Betrieben oder Betriebsteilen;
8. der Zusammenschluss oder die Spaltung von Unternehmen oder Betrieben;
9. die Änderung der Betriebsorganisation oder des Betriebszwecks;
9a. die Übernahme des Unternehmens, wenn hiermit der Erwerb der Kontrolle verbunden ist, sowie
10. sonstige Vorgänge und Vorhaben, welche die Interessen der Arbeitnehmer des Unternehmens wesentlich berühren können.

§ 107
Bestellung und Zusammensetzung des Wirtschaftsausschusses

(1) ¹Der Wirtschaftsausschuss besteht aus mindestens 3 und höchstens 7 Mitgliedern, die dem Unternehmen angehören müssen, darunter mindestens einem Betriebsratsmitglied. ²Zu Mitgliedern des Wirtschaftsausschusses können auch die in § 5 Abs. 3 genannten Angestellten bestimmt werden. ³Die Mitglieder sollen die zur Erfüllung ihrer Aufgaben erforderliche fachliche und persönliche Eignung besitzen.

(2) ¹Die Mitglieder des Wirtschaftsausschusses werden vom Betriebsrat für die Dauer seiner Amtszeit bestimmt. ²Besteht ein Gesamtbetriebsrat, so bestimmt dieser die Mitglieder des Wirtschaftsausschusses; die Amtszeit der Mitglieder endet in diesem Fall in dem Zeitpunkt, in dem die Amtszeit der Mehrheit der Mitglieder des Gesamtbetriebsrats, die an der Bestimmung mitzuwirken berechtigt waren, abgelaufen ist. ³Die Mitglieder des Wirtschaftsausschusses können jederzeit abberufen werden; auf die Abberufung sind die Sätze 1 und 2 entsprechend anzuwenden.

(3) ¹Der Betriebsrat kann mit der Mehrheit der Stimmen seiner Mitglieder beschließen, die Aufgaben des Wirtschaftsausschusses einem Ausschuss des Betriebsrats zu übertragen. ²Die Zahl der Mitglieder

des Ausschusses darf die Zahl der Mitglieder des Betriebsausschusses nicht überschreiten. ³Der Betriebsrat kann jedoch weitere Arbeitnehmer einschließlich der in § 5 Abs. 3 genannten leitenden Angestellten bis zur selben Zahl, wie der Ausschuss Mitglieder hat, in den Ausschuss berufen; für die Beschlussfassung gilt Satz 1. ⁴Für die Verschwiegenheitspflicht der in Satz 3 bezeichneten weiteren Arbeitnehmer gilt § 79 entsprechend. ⁵Für die Abänderung und den Widerruf der Beschlüsse nach den Sätzen 1 bis 3 sind die gleichen Stimmenmehrheiten erforderlich wie für die Beschlüsse nach den Sätzen 1 bis 3. ⁶Ist in einem Unternehmen ein Gesamtbetriebsrat errichtet, so beschließt dieser über die anderweitige Wahrnehmung der Aufgaben des Wirtschaftsausschusses; die Sätze 1 bis 5 gelten entsprechend.

§ 108
Sitzungen

(1) Der Wirtschaftsausschuss soll monatlich einmal zusammentreten.

(2) ¹An den Sitzungen des Wirtschaftsausschusses hat der Unternehmer oder sein Vertreter teilzunehmen. ²Er kann sachkundige Arbeitnehmer des Unternehmens einschließlich der in § 5 Abs. 3 genannten Angestellten hinzuziehen. ³Für die Hinzuziehung und die Verschwiegenheitspflicht von Sachverständigen gilt § 80 Abs. 3 und 4 entsprechend.

(3) Die Mitglieder des Wirtschaftsausschusses sind berechtigt, in die nach § 106 Abs. 2 vorzulegenden Unterlagen Einsicht zu nehmen.

(4) Der Wirtschaftsausschuss hat über jede Sitzung dem Betriebsrat unverzüglich und vollständig zu berichten.

(5) Der Jahresabschluss ist dem Wirtschaftsausschuss unter Beteiligung des Betriebsrats zu erläutern.

(6) Hat der Betriebsrat oder der Gesamtbetriebsrat eine anderweitige Wahrnehmung der Aufgaben des Wirtschaftsausschusses beschlossen, so gelten die Absätze 1 bis 5 entsprechend.

§ 109
Beilegung von Meinungsverschiedenheiten

¹Wird eine Auskunft über wirtschaftliche Angelegenheiten des Unternehmens im Sinne des § 106 entgegen dem Verlangen des Wirtschaftsausschusses nicht, nicht rechtzeitig oder nur ungenügend erteilt und kommt hierüber zwischen Unternehmer und Betriebsrat eine Einigung nicht zustande, so entscheidet die Einigungsstelle. ²Der Spruch der Einigungsstelle ersetzt die Einigung zwischen Arbeitgeber und Betriebsrat. ³Die Einigungsstelle kann, wenn dies für ihre Entscheidung erforderlich ist, Sachverständige anhören; § 80 Abs. 4 gilt entsprechend. ⁴Hat der Betriebsrat oder der Gesamtbetriebsrat eine anderweitige Wahrnehmung der Aufgaben des Wirtschaftsausschusses beschlossen, so gilt Satz 1 entsprechend.

§ 109a
Unternehmensübernahme

In Unternehmen, in denen kein Wirtschaftsausschuss besteht, ist im Fall des § 106 Abs. 3 Nr. 9a der Betriebsrat entsprechend § 106 Abs. 1 und 2 zu beteiligen; § 109 gilt entsprechend.

§ 110
Unterrichtung der Arbeitnehmer

(1) In Unternehmen mit in der Regel mehr als 1000 ständig beschäftigten Arbeitnehmern hat der Unternehmer mindestens einmal in jedem Kalendervierteljahr nach vorheriger Abstimmung mit dem Wirtschaftsausschuss oder den in § 107 Abs. 3 genannten Stellen und dem Betriebsrat die Arbeitnehmer schriftlich über die wirtschaftliche Lage und Entwicklung des Unternehmens zu unterrichten.

(2) ¹In Unternehmen, die die Voraussetzungen des Absatzes 1 nicht erfüllen, aber in der Regel mehr als 20 wahlberechtigte ständige Arbeitnehmer beschäftigen, gilt Absatz 1 mit der Maßgabe, dass die Unterrichtung der Arbeitnehmer mündlich erfolgen kann. ²Ist in diesen Unternehmen ein Wirtschaftsausschuss nicht zu errichten, so erfolgt die Unterrichtung nach vorheriger Abstimmung mit dem Betriebsrat.

Zweiter Unterabschnitt
Betriebsänderungen

§ 111
Betriebsänderungen

¹In Unternehmen mit in der Regel mehr als 20 wahlberechtigten Arbeitnehmern hat der Unternehmer den Betriebsrat über geplante Betriebsänderungen, die wesentliche Nachteile für die Belegschaft oder erhebliche Teile der Belegschaft zur Folge haben können, rechtzeitig und umfassend zu unterrichten und die geplanten Betriebsänderungen mit dem Betriebsrat zu beraten. ²Der Betriebsrat kann in Unternehmen mit mehr als 300 Arbeitnehmern zu seiner Unterstützung einen Berater hinzuziehen; § 80 Abs. 4 gilt entsprechend; im Übrigen bleibt § 80 Abs. 3 unberührt. ³Als Betriebsänderung im Sinne des Satzes 1 gelten
1. Einschränkung und Stilllegung des ganzen Betriebs oder von wesentlichen Betriebsteilen,
2. Verlegung des ganzen Betriebs oder von wesentlichen Betriebsteilen,
3. Zusammenschluss mit anderen Betrieben oder die Spaltung von Betrieben,
4. grundlegende Änderungen der Betriebsorganisation, des Betriebszwecks oder der Betriebsanlagen,
5. Einführung grundlegend neuer Arbeitsmethoden und Fertigungsverfahren.

§ 112
Interessenausgleich über die Betriebsänderung, Sozialplan

(1) ¹Kommt zwischen Unternehmer und Betriebsrat ein Interessenausgleich über die geplante Betriebsänderung zustande, so ist dieser schriftlich niederzulegen und vom Unternehmer und Betriebsrat zu unterschreiben. ²Das Gleiche gilt für eine Einigung über den Ausgleich oder die Milderung der wirtschaftlichen Nachteile, die den Arbeitnehmern infolge der geplanten Betriebsänderung entstehen (Sozialplan). ³Der Sozialplan hat die Wirkung einer Betriebsvereinbarung. ⁴§ 77 Abs. 3 ist auf den Sozialplan nicht anzuwenden.

(2) ¹Kommt ein Interessenausgleich über die geplante Betriebsänderung oder eine Einigung über den Sozialplan nicht zustande, so können der Unternehmer oder der Betriebsrat den Vorstand der Bundesagentur für Arbeit um Vermittlung ersuchen, der Vorstand kann die Aufgabe auf andere Bedienstete der Bundesagentur für Arbeit übertragen. ²Erfolgt kein Vermittlungsersuchen oder bleibt der Vermittlungsversuch ergebnislos, so können der Unternehmer oder der Betriebsrat die Einigungsstelle anrufen. ³Auf Ersuchen des Vorsitzenden der Einigungsstelle nimmt ein Mitglied des Vorstands der Bundesagentur für Arbeit oder ein vom Vorstand der Bundesagentur für Arbeit benannter Bediensteter der Bundesagentur für Arbeit an der Verhandlung teil.

(3) ¹Unternehmer und Betriebsrat sollen der Einigungsstelle Vorschläge zur Beilegung der Meinungsverschiedenheiten über den Interessenausgleich und den Sozialplan machen. ²Die Einigungsstelle hat eine Einigung der Parteien zu versuchen. ³Kommt eine Einigung zustande, so ist sie schriftlich niederzulegen und von den Parteien und vom Vorsitzenden zu unterschreiben.

(4) ¹Kommt eine Einigung über den Sozialplan nicht zustande, so entscheidet die Einigungsstelle über die Aufstellung eines Sozialplans. ²Der Spruch der Einigungsstelle ersetzt die Einigung zwischen Arbeitgeber und Betriebsrat.

(5) ¹Die Einigungsstelle hat bei ihrer Entscheidung nach Absatz 4 sowohl die sozialen Belange der betroffenen Arbeitnehmer zu berücksichtigen als auch auf die wirtschaftliche Vertretbarkeit ihrer Entscheidung für das Unternehmen zu achten. ²Dabei hat die Einigungsstelle sich im Rahmen billigen Ermessens insbesondere von folgenden Grundsätzen leiten zu lassen:
1. Sie soll beim Ausgleich oder bei der Milderung wirtschaftlicher Nachteile, insbesondere durch Einkommensminderung, Wegfall von Sonderleistungen oder Verlust von Anwartschaften auf betriebliche Altersversorgung, Umzugskosten oder erhöhte Fahrtkosten, Leistungen vorsehen, die in der Regel den Gegebenheiten des Einzelfalles Rechnung tragen.
2. ¹Sie hat die Aussichten der betroffenen Arbeitnehmer auf dem Arbeitsmarkt zu berücksichtigen. ²Sie soll Arbeitnehmer von Leistungen ausschließen, die in einem zumutbaren Arbeitsverhältnis im selben Betrieb oder in einem anderen Betrieb des Unternehmens oder eines zum Konzern gehörenden Unternehmens weiterbeschäftigt werden können und die Weiterbeschäftigung ablehnen; die mögliche Weiterbeschäftigung an einem anderen Ort begründet für sich allein nicht die Unzumutbarkeit.
2a. Sie soll insbesondere die im Dritten Buch des Sozialgesetzbuches vorgesehenen Förderungsmöglichkeiten zur Vermeidung von Arbeitslosigkeit berücksichtigen.
3. Sie hat bei der Bemessung des Gesamtbetrages der Sozialplanleistungen darauf zu achten, dass der Fortbestand des Unternehmens oder die nach Durchführung der Betriebsänderung verbleibenden Arbeitsplätze nicht gefährdet werden.

§ 112a
Erzwingbarer Sozialplan bei Personalabbau, Neugründungen

(1) ¹Besteht eine geplante Betriebsänderung im Sinne des § 111 Satz 3 Nr. 1 allein in der Entlassung von Arbeitnehmern, so findet § 112 Abs. 4 und 5 nur Anwendung, wenn
1. in Betrieben mit in der Regel weniger als 60 Arbeitnehmern 20 v. H. der regelmäßig beschäftigten Arbeitnehmer, aber mindestens 6 Arbeitnehmer,
2. in Betrieben mit in der Regel mindestens 60 und weniger als 250 Arbeitnehmern 20 v. H. der regelmäßig beschäftigten Arbeitnehmer oder mindestens 37 Arbeitnehmer,
3. in Betrieben mit in der Regel mindestens 250 und weniger als 500 Arbeitnehmern 15 v. H. der regelmäßig beschäftigten Arbeitnehmer oder mindestens 60 Arbeitnehmer,
4. in Betrieben mit in der Regel mindestens 500 Arbeitnehmern 10 v. H. der regelmäßig beschäftigten Arbeitnehmer, aber mindestens 60 Arbeitnehmer

aus betriebsbedingten Gründen entlassen werden sollen. ²Als Entlassung gilt auch das vom Arbeitgeber aus Gründen der Betriebsänderung veranlasste Ausscheiden von Arbeitnehmern auf Grund von Aufhebungsverträgen.

(2) ¹§ 112 Abs. 4 und 5 findet keine Anwendung auf Betriebe eines Unternehmens in den ersten 4 Jahren nach seiner Gründung. ²Dies gilt nicht für Neugründungen im Zusammenhang mit der rechtlichen Umstrukturierung von Unternehmen und Konzernen. ³Maßgebend für den Zeitpunkt der Gründung ist die Aufnahme einer Erwerbstätigkeit, die nach § 138 der Abgabenordnung dem Finanzamt mitzuteilen ist.

§ 113
Nachteilsausgleich

(1) Weicht der Unternehmer von einem Interessenausgleich über die geplante Betriebsänderung ohne zwingenden Grund ab, so können Arbeitnehmer, die infolge dieser Abweichung entlassen werden, beim Arbeitsgericht Klage erheben mit dem Antrag, den Arbeitgeber zur Zahlung von Abfindungen zu verurteilen; § 10 des Kündigungsschutzgesetzes gilt entsprechend.

(2) Erleiden Arbeitnehmer infolge einer Abweichung nach Absatz 1 andere wirtschaftliche Nachteile, so hat der Unternehmer diese Nachteile bis zu einem Zeitraum von 12 Monaten auszugleichen.

(3) Die Absätze 1 und 2 gelten entsprechend, wenn der Unternehmer eine geplante Betriebsänderung nach § 111 durchführt, ohne über sie einen Interessenausgleich mit dem Betriebsrat versucht zu haben, und infolge der Maßnahme Arbeitnehmer entlassen werden oder andere wirtschaftliche Nachteile erleiden.

Fünfter Teil
Besondere Vorschriften für einzelne Betriebsarten

Erster Abschnitt
Seeschifffahrt

§ 114
Grundsätze

(1) Auf Seeschifffahrtsunternehmen und ihre Betriebe ist dieses Gesetz anzuwenden, soweit sich aus den Vorschriften dieses Abschnitts nichts anderes ergibt.

(2) ¹Seeschifffahrtsunternehmen im Sinne dieses Gesetzes ist ein Unternehmen, das Handelsschifffahrt betreibt und seinen Sitz im Geltungsbereich dieses Gesetzes hat. ²Ein Seeschifffahrtsunternehmen im Sinne dieses Abschnitts betreibt auch, wer als Korrespondenzreeder, Vertragsreeder, Ausrüster oder auf Grund eines ähnlichen Rechtsverhältnisses Schiffe zum Erwerb durch die Seeschifffahrt verwendet, wenn er Arbeitgeber des Kapitäns und der Besatzungsmitglieder ist oder überwiegend die Befugnisse des Arbeitgebers ausübt.

(3) Als Seebetrieb im Sinne dieses Gesetzes gilt die Gesamtheit der Schiffe eines Seeschifffahrtsunternehmens einschließlich der in Absatz 2 Satz 2 genannten Schiffe.

(4) ¹Schiffe im Sinne dieses Gesetzes sind Kauffahrteischiffe, die nach dem Flaggenrechtsgesetz die Bundesflagge führen. ²Schiffe, die in der Regel binnen 24 Std. nach dem Auslaufen an den Sitz eines Landbetriebs zurückkehren, gelten als Teil dieses Landbetriebs des Seeschifffahrtsunternehmens.

(5) Jugend- und Auszubildendenvertretungen werden nur für die Landbetriebe von Seeschifffahrtsunternehmen gebildet.

(6) ¹Besatzungsmitglieder im Sinne dieses Gesetzes sind die in einem Heuer- oder Berufsausbildungsverhältnis zu einem Schifffahrtsunternehmen stehenden im Seebetrieb beschäftigten Personen mit Ausnahme des Kapitäns. ²Leitende Angestellte im Sinne des § 5 Abs. 3 dieses Gesetzes sind nur die Kapitäne.

§ 115
Bordvertretung

(1) ¹Auf Schiffen, die mit in der Regel mindestens 5 wahlberechtigten Besatzungsmitgliedern besetzt sind, von denen 3 wählbar sind, wird eine Bordvertretung gewählt. ²Auf die Bordvertretung finden,

soweit sich aus diesem Gesetz oder aus anderen gesetzlichen Vorschriften nicht etwas anderes ergibt, die Vorschriften über die Rechte und Pflichten des Betriebsrats und die Rechtsstellung seiner Mitglieder Anwendung.

(2) Die Vorschriften über die Wahl und Zusammensetzung des Betriebsrats finden mit folgender Maßgabe Anwendung:
1. Wahlberechtigt sind alle Besatzungsmitglieder des Schiffes.
2. ¹Wählbar sind die Besatzungsmitglieder des Schiffes, die am Wahltag das 18. Lebensjahr vollendet haben und ein Jahr Besatzungsmitglied eines Schiffes waren, das nach dem Flaggenrechtsgesetz die Bundesflagge führt. ²§ 8 Abs. 1 Satz 3 bleibt unberührt.
3. Die Bordvertretung besteht auf Schiffen mit in der Regel
   5 bis 20 wahlberechtigten Besatzungsmitgliedern aus einer Person,
   21 bis 75 wahlberechtigten Besatzungsmitgliedern aus 3 Mitgliedern,
   über 75 wahlberechtigten Besatzungsmitgliedern aus 5 Mitgliedern.
4. (weggefallen)
5. ¹§ 13 Abs. 1 und 3 findet keine Anwendung. ²Die Bordvertretung ist vor Ablauf ihrer Amtszeit unter den in § 13 Abs. 2 Nr. 2 bis 5 genannten Voraussetzungen neu zu wählen.
6. Die wahlberechtigten Besatzungsmitglieder können mit der Mehrheit aller Stimmen beschließen, die Wahl der Bordvertretung binnen 24 Std. durchzuführen.
7. Die in § 16 Abs. 1 Satz 1 genannte Frist wird auf 2 Wochen, die in § 16 Abs. 2 Satz 1 genannte Frist wird auf eine Woche verkürzt.
8. ¹Bestellt die im Amt befindliche Bordvertretung nicht rechtzeitig einen Wahlvorstand oder besteht keine Bordvertretung, wird der Wahlvorstand in einer Bordversammlung von der Mehrheit der anwesenden Besatzungsmitglieder gewählt; § 17 Abs. 3 gilt entsprechend. ²Kann aus Gründen der Aufrechterhaltung des ordnungsgemäßen Schiffsbetriebs eine Bordversammlung nicht stattfinden, so kann der Kapitän auf Antrag von 3 Wahlberechtigten den Wahlvorstand bestellen. ³Bestellt der Kapitän den Wahlvorstand nicht, so ist der Seebetriebsrat berechtigt, den Wahlvorstand zu bestellen. ⁴Die Vorschriften über die Bestellung des Wahlvorstands durch das Arbeitsgericht bleiben unberührt.
9. ¹Die Frist für die Wahlanfechtung beginnt für Besatzungsmitglieder an Bord, wenn das Schiff nach Bekanntgabe des Wahlergebnisses erstmalig einen Hafen im Geltungsbereich dieses Gesetzes oder einen Hafen, in dem ein Seemannsamt seinen Sitz hat, anläuft. ²Die Wahlanfechtung kann auch zu Protokoll des Seemannsamtes erklärt werden. ³Wird die Wahl zur Bordvertretung angefochten, zieht das Seemannsamt die an Bord befindlichen Wahlunterlagen ein. ⁴Die Anfechtungserklärung und die eingezogenen Wahlunterlagen sind vom Seemannsamt unverzüglich an das für die Anfechtung zuständige Arbeitsgericht weiterzuleiten.

(3) Auf die Amtszeit der Bordvertretung finden die §§ 21, 22 bis 25 mit der Maßgabe Anwendung, dass
1. die Amtszeit ein Jahr beträgt,
2. die Mitgliedschaft in der Bordvertretung auch endet, wenn das Besatzungsmitglied den Dienst an Bord beendet, es sei denn, dass es den Dienst an Bord vor Ablauf der Amtszeit nach Nummer 1 wieder antritt.

(4) ¹Für die Geschäftsführung der Bordvertretung gelten die §§ 26 bis 36, § 37 Abs. 1 bis 3 sowie die §§ 39 bis 41 entsprechend. ²§ 40 Abs. 2 ist mit der Maßgabe anzuwenden, dass die Bordvertretung in dem für ihre Tätigkeit erforderlichen Umfang auch die für die Verbindung des Schiffes zur Reederei eingerichteten Mittel zur beschleunigten Übermittlung von Nachrichten in Anspruch nehmen kann.

(5) ¹Die §§ 42 bis 46 über die Betriebsversammlung finden für die Versammlung der Besatzungsmitglieder eines Schiffes (Bordversammlung) entsprechende Anwendung. ²Auf Verlangen der Bordvertretung hat der Kapitän der Bordversammlung einen Bericht über die Schiffsreise und die damit zusammenhängenden Angelegenheiten zu erstatten. ³Er hat Fragen, die den Schiffsbetrieb, die Schiffsreise und die Schiffssicherheit betreffen, zu beantworten.

(6) Die §§ 47 bis 59 über den Gesamtbetriebsrat und den Konzernbetriebsrat finden für die Bordvertretung keine Anwendung.

(7) Die §§ 74 bis 105 über die Mitwirkung und Mitbestimmung der Arbeitnehmer finden auf die Bordvertretung mit folgender Maßgabe Anwendung:
1. Die Bordvertretung ist zuständig für die Behandlung derjenigen nach diesem Gesetz der Mitwirkung und Mitbestimmung des Betriebsrats unterliegenden Angelegenheiten, die den Bordbetrieb oder die Besatzungsmitglieder des Schiffes betreffen und deren Regelung dem Kapitän auf Grund gesetzlicher Vorschriften oder der ihm von der Reederei übertragenen Befugnisse obliegt.
2. ¹Kommt es zwischen Kapitän und Bordvertretung in einer der Mitwirkung oder Mitbestimmung der Bordvertretung unterliegenden Angelegenheit nicht zu einer Einigung, so kann die Angelegenheit von der Bordvertretung an den Seebetriebsrat abgegeben werden. ²Der Seebetriebsrat hat die Bordvertretung über die weitere Behandlung der Angelegenheit zu unterrichten. ³Bordvertretung und Kapitän dürfen die Einigungsstelle oder das Arbeitsgericht nur anrufen, wenn ein Seebetriebsrat nicht gewählt ist.
3. ¹Bordvertretung und Kapitän können im Rahmen ihrer Zuständigkeiten Bordvereinbarungen abschließen. ²Die Vorschriften über Betriebsvereinbarungen gelten für Bordvereinbarungen entsprechend. ³Bordvereinbarungen sind unzulässig, soweit eine Angelegenheit durch eine Betriebsvereinbarung zwischen Seebetriebsrat und Arbeitgeber geregelt ist.
4. ¹In Angelegenheiten, die der Mitbestimmung der Bordvertretung unterliegen, kann der Kapitän, auch wenn eine Einigung mit der Bordvertretung noch nicht erzielt ist, vorläufige Regelungen treffen, wenn dies zur Aufrechterhaltung des ordnungsgemäßen Schiffsbetriebs dringend erforderlich ist. ²Den von der Anordnung betroffenen Besatzungsmitgliedern ist die Vorläufigkeit der Regelung bekannt zu geben. ³Soweit die vorläufige Regelung der endgültigen Regelung nicht entspricht, hat das Schifffahrtsunternehmen Nachteile auszugleichen, die den Besatzungsmitgliedern durch die vorläufige Regelung entstanden sind.
5. ¹Die Bordvertretung hat das Recht auf regelmäßige und umfassende Unterrichtung über den Schiffsbetrieb. ²Die erforderlichen Unterlagen sind der Bordvertretung vorzulegen. ³Zum Schiffsbetrieb gehören insbesondere die Schiffssicherheit, die Reiserouten, die voraussichtlichen Ankunfts- und Abfahrtszeiten sowie die zu befördernde Ladung.
6. ¹Auf Verlangen der Bordvertretung hat der Kapitän ihr Einsicht in die an Bord befindlichen Schiffstagebücher zu gewähren. ²In den Fällen, in denen der Kapitän eine Eintragung über Angelegenheiten macht, die der Mitwirkung oder Mitbestimmung der Bordvertretung unterliegen, kann diese eine Abschrift der Eintragung verlangen und Erklärungen zum Schiffstagebuch abgeben. ³In den Fällen, in denen über eine der Mitwirkung oder Mitbestimmung der Bordvertretung unterliegenden Angelegenheit eine Einigung zwischen Kapitän und Bordvertretung nicht erzielt wird, kann die Bordvertretung dies zum Schiffstagebuch erklären und eine Abschrift dieser Eintragung verlangen.
7. Die Zuständigkeit der Bordvertretung im Rahmen des Arbeitsschutzes bezieht sich auch auf die Schiffssicherheit und die Zusammenarbeit mit den insoweit zuständigen Behörden und sonstigen in Betracht kommenden Stellen.

§ 116
Seebetriebsrat

(1) ¹In Seebetrieben werden Seebetriebsräte gewählt. ²Auf die Seebetriebsräte finden, soweit sich aus diesem Gesetz oder aus anderen gesetzlichen Vorschriften nicht etwas anderes ergibt, die Vorschriften über die Rechte und Pflichten des Betriebsrats und die Rechtsstellung seiner Mitglieder Anwendung.

(2) Die Vorschriften über die Wahl, Zusammensetzung und Amtszeit des Betriebsrats finden mit folgender Maßgabe Anwendung:
1. Wahlberechtigt zum Seebetriebsrat sind alle zum Seeschifffahrtsunternehmen gehörenden Besatzungsmitglieder.
2. Für die Wählbarkeit zum Seebetriebsrat gilt § 8 mit der Maßgabe, dass
    a) in Seeschifffahrtsunternehmen, zu denen mehr als 8 Schiffe gehören oder in denen in der Regel

mehr als 250 Besatzungsmitglieder beschäftigt sind, nur nach § 115 Abs. 2 Nr. 2 wählbare Besatzungsmitglieder wählbar sind;
   b) in den Fällen, in denen die Voraussetzungen des Buchstabens a nicht vorliegen, nur Arbeitnehmer wählbar sind, die nach § 8 die Wählbarkeit im Landbetrieb des Seeschifffahrtsunternehmens besitzen, es sei denn, dass der Arbeitgeber mit der Wahl von Besatzungsmitgliedern einverstanden ist.
3. Der Seebetriebsrat besteht in Seebetrieben mit in der Regel
   5 bis 400 wahlberechtigten Besatzungsmitgliedern aus einer Person,
   401 bis 800 wahlberechtigten Besatzungsmitgliedern aus 3 Mitgliedern,
   über 800 wahlberechtigten Besatzungsmitgliedern aus 5 Mitgliedern.
4. Ein Wahlvorschlag ist gültig, wenn er im Falle des § 14 Abs. 4 Satz 1 1. Halbsatz und Satz 2 mindestens von 3 wahlberechtigten Besatzungsmitgliedern unterschrieben ist.
5. § 14a findet keine Anwendung.
6. Die in § 16 Abs. 1 Satz 1 genannte Frist wird auf 3 Monate, die in § 16 Abs. 2 Satz 1 genannte Frist auf 2 Monate verlängert.
7. ¹Zu Mitgliedern des Wahlvorstands können auch im Landbetrieb des Seeschifffahrtsunternehmens beschäftigte Arbeitnehmer bestellt werden. ²§ 17 Abs. 2 bis 4 findet keine Anwendung. ³Besteht kein Seebetriebsrat, so bestellt der Gesamtbetriebsrat oder, falls ein solcher nicht besteht, der Konzernbetriebsrat den Wahlvorstand. ⁴Besteht weder ein Gesamtbetriebsrat noch ein Konzernbetriebsrat, wird der Wahlvorstand gemeinsam vom Arbeitgeber und den im Seebetrieb vertretenen Gewerkschaften bestellt; Gleiches gilt, wenn der Gesamtbetriebsrat oder der Konzernbetriebsrat die Bestellung des Wahlvorstands nach Satz 3 unterlässt. ⁵Einigen sich Arbeitgeber und Gewerkschaften nicht, so bestellt ihn das Arbeitsgericht auf Antrag des Arbeitgebers, einer im Seebetrieb vertretenen Gewerkschaft oder von mindestens 3 wahlberechtigten Besatzungsmitgliedern. ⁶§ 16 Abs. 2 Satz 2 und 3 gilt entsprechend.
8. ¹Die Frist für die Wahlanfechtung nach § 19 Abs. 2 beginnt für Besatzungsmitglieder an Bord, wenn das Schiff nach Bekanntgabe des Wahlergebnisses erstmalig einen Hafen im Geltungsbereich dieses Gesetzes oder einen Hafen, in dem ein Seemannsamt seinen Sitz hat, anläuft. ²Nach Ablauf von 3 Monaten seit Bekanntgabe des Wahlergebnisses ist eine Wahlanfechtung unzulässig. ³Die Wahlanfechtung kann auch zu Protokoll des Seemannsamtes erklärt werden. ⁴Die Anfechtungserklärung ist vom Seemannsamt unverzüglich an das für die Anfechtung zuständige Arbeitsgericht weiterzuleiten.
9. ¹Die Mitgliedschaft im Seebetriebsrat endet, wenn der Seebetriebsrat aus Besatzungsmitgliedern besteht, auch, wenn das Mitglied des Seebetriebsrats nicht mehr Besatzungsmitglied ist. ²Die Eigenschaft als Besatzungsmitglied wird durch die Tätigkeit im Seebetriebsrat oder durch eine Beschäftigung gemäß Absatz 3 Nr. 2 nicht berührt.

(3) Die §§ 26 bis 41 über die Geschäftsführung des Betriebsrats finden auf den Seebetriebsrat mit folgender Maßgabe Anwendung:
1. In Angelegenheiten, in denen der Seebetriebsrat nach diesem Gesetz innerhalb einer bestimmten Frist Stellung zu nehmen hat, kann er, abweichend von § 33 Abs. 2, ohne Rücksicht auf die Zahl der zur Sitzung erschienenen Mitglieder einen Beschluss fassen, wenn die Mitglieder ordnungsgemäß geladen worden sind.
2. ¹Soweit die Mitglieder des Seebetriebsrats nicht freizustellen sind, sind sie so zu beschäftigen, dass sie durch ihre Tätigkeit nicht gehindert sind, die Aufgaben des Seebetriebsrats wahrzunehmen. ²Der Arbeitsplatz soll den Fähigkeiten und Kenntnissen des Mitglieds des Seebetriebsrats und seiner bisherigen beruflichen Stellung entsprechen. ³Der Arbeitsplatz ist im Einvernehmen mit dem Seebetriebsrat zu bestimmen. ⁴Kommt eine Einigung über die Bestimmung des Arbeitsplatzes nicht zustande, so entscheidet die Einigungsstelle. ⁵Der Spruch der Einigungsstelle ersetzt die Einigung zwischen Arbeitgeber und Seebetriebsrat.
3. ¹Den Mitgliedern des Seebetriebsrats, die Besatzungsmitglieder sind, ist die Heuer auch dann fortzuzahlen, wenn sie im Landbetrieb beschäftigt werden. ²Sachbezüge sind angemessen abzugelten. ³Ist der neue Arbeitsplatz höherwertig, so ist das diesem Arbeitsplatz entsprechende Arbeitsentgelt zu zahlen.

4. ¹Unter Berücksichtigung der örtlichen Verhältnisse ist über die Unterkunft der in den Seebetriebsrat gewählten Besatzungsmitglieder eine Regelung zwischen dem Seebetriebsrat und dem Arbeitgeber zu treffen, wenn der Arbeitsplatz sich nicht am Wohnort befindet. ²Kommt eine Einigung nicht zustande, so entscheidet die Einigungsstelle. ³Der Spruch der Einigungsstelle ersetzt die Einigung zwischen Arbeitgeber und Seebetriebsrat.
5. ¹Der Seebetriebsrat hat das Recht, jedes zum Seebetrieb gehörende Schiff zu betreten, dort im Rahmen seiner Aufgaben tätig zu werden sowie an den Sitzungen der Bordvertretung teilzunehmen. ²§ 115 Abs. 7 Nr. 5 Satz 1 gilt entsprechend.
6. Liegt ein Schiff in einem Hafen innerhalb des Geltungsbereichs dieses Gesetzes, so kann der Seebetriebsrat nach Unterrichtung des Kapitäns Sprechstunden an Bord abhalten und Bordversammlungen der Besatzungsmitglieder durchführen.
7. ¹Läuft ein Schiff innerhalb eines Kalenderjahres keinen Hafen im Geltungsbereich dieses Gesetzes an, so gelten die Nummern 5 und 6 für europäische Häfen. ²Die Schleusen des Nordostseekanals gelten nicht als Häfen.
8. ¹Im Einvernehmen mit dem Arbeitgeber können Sprechstunden und Bordversammlungen, abweichend von den Nummern 6 und 7, auch in anderen Liegehäfen des Schiffes durchgeführt werden, wenn ein dringendes Bedürfnis hierfür besteht. ²Kommt eine Einigung nicht zustande, so entscheidet die Einigungsstelle. ³Der Spruch der Einigungsstelle ersetzt die Einigung zwischen Arbeitgeber und Seebetriebsrat.

(4) Die §§ 42 bis 46 über die Betriebsversammlung finden auf den Seebetrieb keine Anwendung.

(5) Für den Seebetrieb nimmt der Seebetriebsrat die in den §§ 47 bis 59 dem Betriebsrat übertragenen Aufgaben, Befugnisse und Pflichten wahr.

(6) Die §§ 74 bis 113 über die Mitwirkung und Mitbestimmung der Arbeitnehmer finden auf den Seebetriebsrat mit folgender Maßgabe Anwendung:
1. Der Seebetriebsrat ist zuständig für die Behandlung derjenigen nach diesem Gesetz der Mitwirkung oder Mitbestimmung des Betriebsrats unterliegenden Angelegenheiten,
    a) die alle oder mehrere Schiffe des Seebetriebs oder die Besatzungsmitglieder aller oder mehrerer Schiffe des Seebetriebs betreffen,
    b) die nach § 115 Abs. 7 Nr. 2 von der Bordvertretung abgegeben worden sind oder
    c) für die nicht die Zuständigkeit der Bordvertretung nach § 115 Abs. 7 Nr. 1 gegeben ist.
2. ¹Der Seebetriebsrat ist regelmäßig und umfassend über den Schiffsbetrieb des Seeschifffahrtsunternehmens zu unterrichten. ²Die erforderlichen Unterlagen sind ihm vorzulegen.

Zweiter Abschnitt
Luftfahrt

§ 117
Geltung für die Luftfahrt

(1) Auf Landbetriebe von Luftfahrtunternehmen ist dieses Gesetz anzuwenden.

(2) ¹Für im Flugbetrieb beschäftigte Arbeitnehmer von Luftfahrtunternehmen kann durch Tarifvertrag eine Vertretung errichtet werden. ²Über die Zusammenarbeit dieser Vertretung mit den nach diesem Gesetz zu errichtenden Vertretungen der Arbeitnehmer der Landbetriebe des Luftfahrtunternehmens kann der Tarifvertrag von diesem Gesetz abweichende Regelungen vorsehen.

Dritter Abschnitt
Tendenzbetriebe und Religionsgemeinschaften

§ 118
Geltung für Tendenzbetriebe und Religionsgemeinschaften

(1) ¹Auf Unternehmen und Betriebe, die unmittelbar und überwiegend
1. politischen, koalitionspolitischen, konfessionellen, karitativen, erzieherischen, wissenschaftlichen oder künstlerischen Bestimmungen oder
2. Zwecken der Berichterstattung oder Meinungsäußerung, auf die Artikel 5 Abs. 1 Satz 2 des Grundgesetzes Anwendung findet,

dienen, finden die Vorschriften dieses Gesetzes keine Anwendung, soweit die Eigenart des Unternehmens oder des Betriebs dem entgegensteht. ²Die §§ 106 bis 110 sind nicht, die §§ 111 bis 113 nur insoweit anzuwenden, als sie den Ausgleich oder die Milderung wirtschaftlicher Nachteile für die Arbeitnehmer infolge von Betriebsänderungen regeln.

(2) Dieses Gesetz findet keine Anwendung auf Religionsgemeinschaften und ihre karitativen und erzieherischen Einrichtungen unbeschadet deren Rechtsform.

Sechster Teil
Straf- und Bußgeldvorschriften

§ 119
Straftaten gegen Betriebsverfassungsorgane und ihre Mitglieder

(1) Mit Freiheitsstrafe bis zu einem Jahr oder mit Geldstrafe wird bestraft, wer
1. eine Wahl des Betriebsrats, der Jugend- und Auszubildendenvertretung, der Bordvertretung, des Seebetriebsrats oder der in § 3 Abs. 1 Nr. 1 bis 3 oder 5 bezeichneten Vertretungen der Arbeitnehmer behindert oder durch Zufügung oder Androhung von Nachteilen oder durch Gewährung oder Versprechen von Vorteilen beeinflusst,
2. die Tätigkeit des Betriebsrats, des Gesamtbetriebsrats, des Konzernbetriebsrats, der Jugend- und Auszubildendenvertretung, der Gesamt-Jugend- und Auszubildendenvertretung, der Konzern-Jugend- und Auszubildendenvertretung, der Bordvertretung, des Seebetriebsrats, der in § 3 Abs. 1 bezeichneten Vertretungen der Arbeitnehmer, der Einigungsstelle, der in § 76 Abs. 8 bezeichneten tariflichen Schlichtungsstelle, der in § 86 bezeichneten betrieblichen Beschwerdestelle oder des Wirtschaftsausschusses behindert oder stört, oder
3. ein Mitglied oder ein Ersatzmitglied des Betriebsrats, des Gesamtbetriebsrats, des Konzernbetriebsrats, der Jugend- und Auszubildendenvertretung, der Gesamt-Jugend- und Auszubildendenvertretung, der Konzern-Jugend- und Auszubildendenvertretung, der Bordvertretung, des Seebetriebsrats, der in § 3 Abs. 1 bezeichneten Vertretungen der Arbeitnehmer, der Einigungsstelle, der in § 76 Abs. 8 bezeichneten Schlichtungsstelle, der in § 86 bezeichneten betrieblichen Beschwerdestelle oder des Wirtschaftsausschusses um seiner Tätigkeit willen oder eine Auskunftsperson nach § 80 Absatz 2 Satz 4 um ihrer Tätigkeit willen benachteiligt oder begünstigt.

(2) Die Tat wird nur auf Antrag des Betriebsrats, des Gesamtbetriebsrats, des Konzernbetriebsrats, der Bordvertretung, des Seebetriebsrats, einer der in § 3 Abs. 1 bezeichneten Vertretungen der Arbeitnehmer, des Wahlvorstands, des Unternehmers oder einer im Betrieb vertretenen Gewerkschaft verfolgt.

§ 120
Verletzung von Geheimnissen

(1) Wer unbefugt ein fremdes Betriebs- oder Geschäftsgeheimnis offenbart, das ihm in seiner Eigenschaft als
1. Mitglied oder Ersatzmitglied des Betriebsrats oder einer der in § 79 Abs. 2 bezeichneten Stellen,
2. Vertreter einer Gewerkschaft oder Arbeitgebervereinigung,
3. Sachverständiger, der vom Betriebsrat nach § 80 Abs. 3 hinzugezogen oder von der Einigungsstelle nach § 109 Satz 3 angehört worden ist,
3a. Berater, der vom Betriebsrat nach § 111 Satz 2 hinzugezogen worden ist,
3b. Auskunftsperson, die dem Betriebsrat nach § 80 Absatz 2 Satz 4 zur Verfügung gestellt worden ist, oder
4. Arbeitnehmer, der vom Betriebsrat nach § 107 Abs. 3 Satz 3 oder vom Wirtschaftsausschuss nach § 108 Abs. 2 Satz 2 hinzugezogen worden ist,

bekannt geworden und das vom Arbeitgeber ausdrücklich als geheimhaltungsbedürftig bezeichnet worden ist, wird mit Freiheitsstrafe bis zu einem Jahr oder mit Geldstrafe bestraft.

(2) Ebenso wird bestraft, wer unbefugt ein fremdes Geheimnis eines Arbeitnehmers, namentlich ein zu dessen persönlichen Lebensbereich gehörendes Geheimnis, offenbart, das ihm in seiner Eigenschaft als Mitglied oder Ersatzmitglied des Betriebsrats oder einer der in § 79 Abs. 2 bezeichneten Stellen bekannt geworden ist und über das nach den Vorschriften dieses Gesetzes Stillschweigen zu bewahren ist.

(3) ^{1}Handelt der Täter gegen Entgelt oder in der Absicht, sich oder einen anderen zu bereichern oder einen anderen zu schädigen, so ist die Strafe Freiheitsstrafe bis zu 2 Jahren oder Geldstrafe. ^{2}Ebenso wird bestraft, wer unbefugt ein fremdes Geheimnis, namentlich ein Betriebs- oder Geschäftsgeheimnis, zu dessen Geheimhaltung er nach den Absätzen 1 oder 2 verpflichtet ist, verwertet.

(4) Die Absätze 1 bis 3 sind auch anzuwenden, wenn der Täter das fremde Geheimnis nach dem Tode des Betroffenen unbefugt offenbart oder verwertet.

(5) ^{1}Die Tat wird nur auf Antrag des Verletzten verfolgt. ^{2}Stirbt der Verletzte, so geht das Antragsrecht nach § 77 Abs. 2 des Strafgesetzbuches auf die Angehörigen über, wenn das Geheimnis zum persönlichen Lebensbereich des Verletzten gehört; in anderen Fällen geht es auf die Erben über. ^{3}Offenbart der Täter das Geheimnis nach dem Tode des Betroffenen, so gilt Satz 2 sinngemäß.

§ 121
Bußgeldvorschriften

(1) Ordnungswidrig handelt, wer eine der in § 90 Abs. 1, 2 Satz 1, § 92 Abs. 1 Satz 1 auch in Verb. mit Abs. 3, § 99 Abs. 1, § 106 Abs. 2, § 108 Abs. 5, § 110 oder § 111 bezeichneten Aufklärungs- oder Auskunftspflichten nicht, wahrheitswidrig, unvollständig oder verspätet erfüllt.

(2) Die Ordnungswidrigkeit kann mit einer Geldbuße bis zu 10 000 EUR geahndet werden.

Siebenter Teil
Änderung von Gesetzen

§ 122 bis 124
(gegenstandslos)

Achter Teil
Übergangs- und Schlussvorschriften

§ 125
Erstmalige Wahlen nach diesem Gesetz

(1) Die erstmaligen Betriebsratswahlen nach § 13 Abs. 1 finden im Jahre 1972 statt.

(2) ¹Die erstmaligen Wahlen der Jugend- und Auszubildendenvertretung nach § 64 Abs. 1 Satz 1 finden im Jahre 1988 statt. ²Die Amtszeit der Jugendvertretung endet mit der Bekanntgabe des Wahlergebnisses der neu gewählten Jugend- und Auszubildendenvertretung, spätestens am 30.11.1988.

(3) Auf Wahlen des Betriebsrats, der Bordvertretung, des Seebetriebsrats und der Jugend- und Auszubildendenvertretung, die nach dem 28.07.2001 eingeleitet werden, finden die Erste Verordnung zur Durchführung des Betriebsverfassungsgesetzes vom 16.01.1972 (BGBl I S. 49), zuletzt geändert durch die Verordnung vom 16.01.1995 (BGBl I S. 43), die Zweite Verordnung zur Durchführung des Betriebsverfassungsgesetzes vom 24.10.1972 (BGBl I S. 2029), zuletzt geändert durch die Verordnung vom 28.09.1989 (BGBl I S. 1795) und die Verordnung zur Durchführung der Betriebsratswahlen bei den Postunternehmen vom 26.06.1995 (BGBl I S. 871) bis zu deren Änderung entsprechende Anwendung.

(4) Ergänzend findet für das vereinfachte Wahlverfahren nach § 14a die Erste Verordnung zur Durchführung des Betriebsverfassungsgesetzes bis zu deren Änderung mit folgenden Maßgaben entsprechende Anwendung:
1. ¹Die Frist für die Einladung zur Wahlversammlung zur Wahl des Wahlvorstands nach § 14a Abs. 1 des Gesetzes beträgt mindestens 7 Tage. ²Die Einladung muss Ort, Tag und Zeit der Wahlversammlung sowie den Hinweis enthalten, dass bis zum Ende dieser Wahlversammlung Wahlvorschläge zur Wahl des Betriebsrats gemacht werden können (§ 14a Abs. 2 des Gesetzes).
2. § 3 findet wie folgt Anwendung:
   a) ¹Im Fall des § 14a Abs. 1 des Gesetzes erlässt der Wahlvorstand auf der Wahlversammlung das Wahlausschreiben. ²Die Einspruchsfrist nach § 3 Abs. 2 Nr. 3 verkürzt sich auf 3 Tage. ³Die Angabe nach § 3 Abs. 2 Nr. 4 muss die Zahl der Mindestsitze des Geschlechts in der Minderheit (§ 15 Abs. 2 des Gesetzes) enthalten. ⁴Die Wahlvorschläge sind abweichend von § 3 Abs. 2 Nr. 7 bis zum Abschluss der Wahlversammlung zur Wahl des Wahlvorstands bei diesem einzureichen. ⁵Ergänzend zu § 3 Abs. 2 Nr. 10 gibt der Wahlvorstand den Ort, Tag und Zeit der nachträglichen Stimmabgabe an (§ 14a Abs. 4 des Gesetzes).
   b) ¹Im Fall des § 14a Abs. 3 des Gesetzes erlässt der Wahlvorstand unverzüglich das Wahlausschreiben mit den unter Buchstabe a genannten Maßgaben zu § 3 Abs. 2 Nr. 3, 4 und 10. ²Abweichend von § 3 Abs. 2 Nr. 7 sind die Wahlvorschläge spätestens eine Woche vor der Wahlversammlung zur Wahl des Betriebsrats (§ 14a Abs. 3 Satz 2 des Gesetzes) beim Wahlvorstand einzureichen.
3. Die Einspruchsfrist des § 4 Abs. 1 verkürzt sich auf 3 Tage.
4. ¹Die §§ 6 bis 8 und § 10 Abs. 2 finden entsprechende Anwendung mit der Maßgabe, dass die Wahl auf Grund von Wahlvorschlägen erfolgt. ²Im Fall des § 14a Abs. 1 des Gesetzes sind die Wahlvorschläge bis zum Abschluss der Wahlversammlung zur Wahl des Wahlvorstands bei diesem einzureichen; im Fall des § 14a Abs. 3 des Gesetzes sind die Wahlvorschläge spätestens eine Woche vor der Wahlversammlung zur Wahl des Betriebsrats (§ 14a Abs. 3 Satz 2 des Gesetzes) beim Wahlvorstand einzureichen.
5. § 9 findet keine Anwendung.

6. ¹Auf das Wahlverfahren finden die §§ 21 ff. entsprechende Anwendung. ²Auf den Stimmzetteln sind die Bewerber in alphabetischer Reihenfolge unter Angabe von Familienname, Vorname und Art der Beschäftigung im Betrieb aufzuführen.
7. § 25 Abs. 5 bis 8 findet keine Anwendung.
8. § 26 Abs. 1 findet mit der Maßgabe Anwendung, dass der Wahlberechtigte sein Verlangen auf schriftliche Stimmabgabe spätestens 3 Tage vor dem Tag der Wahlversammlung zur Wahl des Betriebsrats dem Wahlvorstand mitgeteilt haben muss.
9. § 31 findet entsprechende Anwendung mit der Maßgabe, dass die Wahl der Jugend- und Auszubildendenvertretung auf Grund von Wahlvorschlägen erfolgt.

§ 126
Ermächtigung zum Erlass von Wahlordnungen

Das Bundesministerium für Arbeit und Soziales wird ermächtigt, mit Zustimmung des Bundesrates Rechtsverordnungen zu erlassen zur Regelung der in den §§ 7 bis 20, 60 bis 63, 115 und 116 bezeichneten Wahlen über
1. die Vorbereitung der Wahl, insbesondere die Aufstellung der Wählerlisten und die Errechnung der Vertreterzahl;
2. die Frist für die Einsichtnahme in die Wählerlisten und die Erhebung von Einsprüchen gegen sie;
3. die Vorschlagslisten und die Frist für ihre Einreichung;
4. das Wahlausschreiben und die Fristen für seine Bekanntmachung;
5. die Stimmabgabe;
5a. die Verteilung der Sitze im Betriebsrat, in der Bordvertretung, im Seebetriebsrat sowie in der Jugend- und Auszubildendenvertretung auf die Geschlechter, auch soweit die Sitze nicht gemäß § 15 Abs. 2 und § 62 Abs. 3 besetzt werden können;
6. die Feststellung des Wahlergebnisses und die Fristen für seine Bekanntmachung;
7. die Aufbewahrung der Wahlakten.

§ 127
Verweisungen

Soweit in anderen Vorschriften auf Vorschriften verwiesen wird oder Bezeichnungen verwendet werden, die durch dieses Gesetz aufgehoben oder geändert werden, treten an ihre Stelle die entsprechenden Vorschriften oder Bezeichnungen dieses Gesetzes.

§ 128
Bestehende abweichende Tarifverträge

Die im Zeitpunkt des Inkrafttretens dieses Gesetzes nach § 20 Abs. 3 des Betriebsverfassungsgesetzes vom 11. Oktober 1952 geltenden Tarifverträge über die Errichtung einer anderen Vertretung der Arbeitnehmer für Betriebe, in denen wegen ihrer Eigenart der Errichtung von Betriebsräten besondere Schwierigkeiten entgegenstehen, werden durch dieses Gesetz nicht berührt.

§ 129
(weggefallen)

§ 130
Öffentlicher Dienst

Dieses Gesetz findet keine Anwendung auf Verwaltungen und Betriebe des Bundes, der Länder, der Gemeinden und sonstiger Körperschaften, Anstalten und Stiftungen des öffentlichen Rechts.

§ 131
(gegenstandslos)

§ 132
(Inkrafttreten)

Einleitung

Literatur
I. Allgemeine
Adam Verwirkung im Betriebsverfassungsrecht?, AuR 2008, 169; *Bauer* 25 Jahre Betriebsverfassungsgesetz, NZA 1997, 233; *Böhm* 60 Jahre Betriebsverfassungsgesetz, RdA 2013, 193; *Bundesvereinigung der Deutschen Arbeitgeberverbände / Bundesverband der Deutschen Industrie e. V.* Mitbestimmung modernisieren. Bericht der Kommission Mitbestimmung, 2004; *Däubler* Grundstrukturen der Betriebsverfassung – Eine kurze rechtsdogmatische Betrachtung, AuR 1982, 6; *ders.* Arbeitsrecht und betriebliche Interessenvertretung, DB 1982, 389; *ders.* Betriebsverfassung in globalisierter Wirtschaft, 1999; *Dieterich* Mitbestimmung im Umbruch, AuR 1997, 1; *Dommermuth-Alhäuser* Arbeitsrechtsmissbrauch (Diss. München), 2015; *Edenfeld* Arbeitnehmerbeteiligung im Betriebsverfassungs- und Personalvertretungsrecht, 2000 (zit.: Arbeitnehmerbeteiligung); *ders.* Die Auslegung gleichlautender Mitbestimmungstatbestände, PersR 2001, 292; *Engels* Fortentwicklung des Betriebsverfassungsrechts außerhalb des Betriebsverfassungsgesetzes, FS *Wlotzke*, 1996, S. 279; *ders.* Fortentwicklung des Betriebsverfassungsrechts außerhalb des Betriebsverfassungsgesetzes AuR 2009, 10, 65; *Fastrich* Arbeitsrecht und betriebliche Gerechtigkeit, RdA 1999, 24; *Franzen* Zwingende Wirkung der Betriebsverfassung, NZA 2008, 250; *Frey / Streicher* Co-Management und Rollenkonflikt des Betriebsrats, in: *Rieble / Junker*, Unternehmensführung und betriebliche Mitbestimmung, 2008, S. 87; *Hammer* Die betriebsverfassungsrechtliche Schutzpflicht für die Selbstbestimmungsfreiheit des Arbeitnehmers (Diss. Regensburg), 1998; *Hanau* Analogie und Restriktion im Betriebsverfassungsrecht, FS *G. Müller*, 1981, S. 169; *ders.* Die Entwicklung der Betriebsverfassung, NZA 1993, 817; *ders.* Schlankere Betriebs- und Unternehmensverfassung, FS *Kissel*, 1994, S. 347; *ders.* Methoden der Auslegung des Betriebsverfassungsgesetzes, FS *Zeuner*, 1994, S. 53; *ders.* Entwicklungslinien im Arbeitsrecht, DB 1998, 69; *Hansen* Die Mitbestimmung in einem globalen Logistikunternehmen, ZfA 2005, 225; *Heinze* Inhalt und Grenzen betriebsverfassungsrechtlicher Rechte, ZfA 1988, 53; *ders.* Wege aus der Krise des Arbeitsrechts – Der Beitrag der Wissenschaft, NZA 1997, 1 (4 ff.); *Hexel* 2012: 60 Jahre Betriebsverfassungsgesetz – 2013: 60 Jahre »Arbeit und Recht«, AuR 2013, 6; *J. Hoffmann* Kompetenzzuweisungen an den Betriebsrat – Grundlage für Individualrechte einzelner Arbeitnehmer? Ein Beitrag zum Verhältnis von Betriebsverfassungs- und Individualarbeitsrecht, Diss. Hochschule der Bundeswehr Hamburg 1983; *von Hoyningen-Huene* Das Betriebsverhältnis. Eine Skizze zum betriebsverfassungsrechtlichen Kooperationsverhältnis, NZA 1989, 121; *ders.* Mit dem Betriebsrat in die 90er Jahre, NZA 1991, 7; *ders.* Das »Betriebsverhältnis« als Grundbeziehung im Betriebsverfassungsrecht, FS *Wiese*, 1998, S. 175; *ders.* Das unbekannte Management-Handbuch: Das Betriebsverfassungsgesetz, FS *Kissel*, 1994, S. 387; *Jahnke* Tarifautonomie und Mitbestimmung, 1984; *Jordan* Sachgerechte Wahrnehmung der Arbeitnehmerinteressen als Ordnungskriterium der Betriebsverfassung (Diss. Bochum), 2007; *Käppler* Grundzüge des Betriebsverfassungsrechts, Jura 1982, 232; *Kappes* Die deutsche Betriebsverfassung – ein Standortproblem?, FS *Stege*, 1997, S. 49; *Kempen* Das grundrechtliche Element der Betriebsverfassung – Eine arbeitsverfassungsrechtliche Skizze –, AuR 1986, 129; *Kissel* Die Entwicklung des Arbeitsrechts als Teilstück des Sozialen Rechtsstaats, in: *Blüm / Zacher* (Hrsg.) 40 Jahre Sozialstaat Bundesrepublik Deutschland, 1989, S. 459; *ders.* 40 Jahre Betriebsverfassung, JArbR Bd. 30 (1993), 1994, S. 21; *Knuth* Betriebsverfassungsgesetz – Voll angenommen –, BArbBl. 1983, Heft 9, S. 8; *Kolbe* Mitbestimmung und Demokratieprinzip, 2013, dazu *H. Hanau* SR 2014, 117 und *Reichold* JZ 2014, 296; *Konzen* Betriebsverfassungsrechtliche Leistungspflichten des Arbeitgebers, 1984; *ders.* Privatrechtssystem und Betriebsverfassung, FS *E. Wolf*, 1985, S. 279 = ZfA 1985, 469; *ders.* Vom »neuen Kurs« zur sozialen Marktwirtschaft – Kontinuität und Wandel in der deutschen Arbeitsrechtsentwicklung –, ZfA 1991, 379; *Kort* Matrix-Strukturen und Betriebsverfassungsgesetz, NZA 2013, 1318; *Krause* Gewerkschaften und Betriebsräte zwischen Kooperation und Konfrontation, RdA 2009, 129; *Krebber* Das Betriebsverfassungsgesetz in der Kommentarliteratur, SR 2015, 1; *Kreßel* Betriebsverfassung – Raum für kollektive Mitwirkung der Arbeitnehmer, FS 600 Jahre Würzburger Juristenfakultät, 2002, S. 649; *Kreutz* Grenzen der Betriebsautonomie, 1979; *M. Kreutz* Arbeitnehmermitbestimmung als Berührungspunkt von Recht und Ökonomie, NZA 2001, 472; *Lobinger* Systemdenken im Betriebsverfassungsrecht, RdA 2011, 76; *Loritz* Sinn und Aufgabe der Mitbestimmung heute, ZfA 1991, 1; *Martens* Unternehmerische Mitbestimmung mit den Mitteln des Betriebsverfassungsrechts?, RdA 1989, 164; *Maschmann / Schippers* »Mitbestimmung im Industriepark«, FS *Buchner*, 2009, S. 607; *Mengel* Die betriebliche soziale Mitbestimmung und ihre Grenzen, DB 1982, 43; *Muhr* Gewerkschaften und Betriebsverfassung, AuR 1982, 1; *Nebe* Neue Arbeitswelten – Die Innovationskraft des Betriebsverfassungsrechts, AuR 2014, 51; *Niedenhoff* Die Praxis der betrieblichen Mitbestimmung, ArbuSozPol. 1979, 438; *Otto* Der Arbeitgeber im Zweifrontenkrieg, ZfA 2011, 673; *Peterek* Rechte des Arbeitgebers gegenüber dem Betriebsrat, FS *Stege*, 1997, S. 70; *Plander* Mitbestimmung in öffentlich-privatrechtlichen Mischkonzernen, 1998; *Pulte* Beteiligungsrechte des Betriebsrats außerhalb der Betriebsverfassung, NZA 2000, 234; NZA-RR 2008, 113; *Reichold* Betriebsverfassung als Sozialprivatrecht, 1995, dazu *Popp* BB 1996, 1111; *ders.* Belegschaftsvertretungen im Spannungsfeld

Einleitung

divergierender Arbeitnehmerinteressen, NZA 2012, Beil. 4, S. 146; *Reuter* Der Einfluß der Mitbestimmung auf das Gesellschafts- und Arbeitsrecht, AcP Bd. 179 (1979), 509; *ders.* Das Verhältnis von Individualautonomie, Betriebsautonomie und Tarifautonomie, RdA 1991, 193; *ders.* Gibt es Betriebsautonomie?, FS *Kreutz*, 2010, S. 359; *Richardi* Betriebsverfassung und Privatautonomie, 1973, dazu *Reuter* ZfA 1975, 85; *ders.* Der Gesetzentwurf zur Verstärkung der Minderheitenrechte in den Betrieben und Verwaltungen (MindRG), AuR 1986, 33; *ders.* 40 Jahre Betriebsverfassungsrecht, RdA 1994, 394; *ders.* Der Beitrag des Bundesarbeitsgerichts zur Sicherung des Arbeitsvertrages in der Betriebsverfassung, 50 Jahre Bundesarbeitsgericht, 2004, S. 1041; *Ricken* Der soziale Dialog im EG-Vertrag als Zielvorgabe für die deutsche Betriebsverfassung, DB 2000, 874; *Rieble* (Hrsg.) Zukunft der Unternehmensmitbestimmung, ZAAR-Schriftenreihe Bd. 1, 2004; *Rieble/Junker* (Hrsg.) Unternehmensführung und betriebliche Mitbestimmung, mit Beiträgen *von Rieble, Franzen, Kreutz, Kast* und *Frey/Streicher*, ZAAR-Schriftenreihe Bd. 10, 2008; *Rieble/Klumpp/Gistel* Rechtsmissbrauch in der Betriebsverfassung, 2006; *Roth* Die unitarische Mitbestimmung in der monistischen SE, ZfA 2004, 431; *Rüthers/Hacker* Das Betriebsverfassungsgesetz auf dem Prüfstand, 1983; *Säcker* Zehn Jahre Betriebsverfassungsgesetz 1972 im Spiegel höchstrichterlicher Rechtsprechung, 1982; *Schlachter* Bewährung und Reformbedürftigkeit des Betriebsverfassungsrechts, RdA 1993, 313; *Schmoldt* 40 Jahre Betriebsverfassungsgesetz, BetrR 1992, 125; *Schneevoigt* Die Praxis der Mitbestimmung, ZfA 2005, 233; *Spie/Piesker* Beteiligungsrechte von Betriebsrat und Arbeitnehmern im Rahmen des Betriebsverfassungsrechts, BB 1981, 796; *Thannisch* Die Effizienz der Mitbestimmung in ökonomischer Betrachtung, AuR 2006, 81; *Thüsing* Dreierlei Mitbestimmung, FS zum 25-jährigen Bestehen der Arbeitsgemeinschaft Arbeitsrecht im Deutschen Anwaltverein, 2006, S. 223; *Veit* Die funktionelle Zuständigkeit des Betriebsrats, 1998; *Walker* Arbeitsrechtliche Mitbestimmung im professionellen Mannschaftssport, in: *Walker* (Hrsg.) Mitbestimmung im Sport, 2000, S. 11; *Waltermann* Rechtsetzung durch Betriebsvereinbarung zwischen Privatautonomie und Tarifautonomie, 1996; *Weitnauer* Zivilrechtliche Grundstrukturen im Betriebsverfassungsrecht, FS *Duden*, 1977, S. 705; *Wiebauer* Kollektiv- oder individualrechtliche Sicherung der Mitbestimmung (Diss. München), 2010; *Wiese* Individuum und Kollektiv im Betriebsverfassungsrecht, NZA 2006, 1; *ders.* Schutz und Teilhabe als Zwecke notwendiger Mitbestimmung in sozialen Angelegenheiten und deren Rangverhältnis, ZfA 2000, 117; *Wiesner* Die Schriftform im Betriebsverfassungsgesetz (Diss. Kiel), 2008; *Windbichler* Grenzen der Mitbestimmung in einer marktwirtschaftlichen Ordnung, ZfA 1991, 35; *Wißmann* Leitlinien aktueller Rechtsprechung zur Betriebsverfassung, NZA 2003, 1; *Witschen* Matrixorganisationen und Betriebsverfassung, RdA 2016, 38. Vgl. ferner die Nachweise vor Rdn. 1, vor Rdn. 26, vor Rdn. 32 und *Franzen* zu § 1.

II. Rechtsvergleichend

Birk Europäisches kollektives Arbeitsrecht – insbesondere der Europäische Betriebsrat, in: *Grundmann* (Hrsg.) Systembildung und Systemlücken in Kerngebieten des Europäischen Privatrechts, 2000, S. 387; *ders.* Der Schutz der Mitwirkungsrechte von Betriebsrat und Comité d'entreprise – Vergleichende Bemerkungen zum deutschen und französischen Recht, FS *Kreutz*, 2010, S. 59; *Capitano* Betriebsverfassung. Blick nach Österreich, AuA 2001, 272; *Davulis* Die Vertretung der Arbeitnehmer auf betrieblicher Ebene in Litauen, ZfA 2006, 493; *ders.* Ausgewählte Probleme des kollektiven Arbeitsrechts in den baltischen Staaten, 2007, S. 73; *Deinert* Vorschlag für eine europäische Mitbestimmungsrichtlinie und Umsetzungsbedarf im deutschen Recht, NZA 1999, 800; *Drumm* Verhandelte Mitbestimmung – Italien als Modell für eine Reform der deutschen Tarif- und Unternehmensverfassung: Ex meridiano lux?, FS *Wächter*, 1999, S. 46; *Gamillscheg* Tarifverträge über die Organisation der Betriebsverfassung, FS *K. Molitor*, 1988, S. 133; *ders .* II, S. 8 ff.; *ders.* Wandlungen in der französischen Betriebsverfassung, FS *Richardi*, 2007, S. 1025; *Hassiotis* Die Entwicklung des Rechts der Arbeitnehmervertretung auf Information und Konsultation in der Europäischen Union. Unter Berücksichtigung des deutschen, französischen, britischen und schweizerischen Rechts, Zürich 2000; *Henssler/Braun* Arbeitsrecht in Europa, 3. Aufl. 2011; *Henssler/Frik* Arbeitnehmerbeteiligung in den USA durch Betriebsräte?, NZA 2003, 586; *Junker* Betriebsverfassung im europäischen Vergleich, ZfA 2001, 225; *ders.* Betriebsverfassung in Klein- und Mittelbetrieben – Ein europäischer Vergleich, NZA 2002, 131; *ders.* Betriebsverfassung im europäischen Vergleich, in: Institut der Deutschen Wirtschaft (Hrsg.), Perspektiven der Mitbestimmung in Deutschland, 2008, S. 23; *Klinkhammer/Welslau* Mitbestimmung in Deutschland und Europa, 1995; *Krimphove* Europäisches Arbeitsrecht, Betriebliche Personal- und Sozialpolitik 1999, S. 43; *Mues* Die betriebliche Mitbestimmung – das deutsche Modell im europäischen Vergleich, FS *Bartenbach*, 2005, S. 657; *Pohl* Mitbestimmung und Betriebsverfassung in Deutschland, Frankreich und Großbritannien seit dem 19. Jahrhundert, 1996; *Rebhahn* Das kollektive Arbeitsrecht im Rechtsvergleich, NZA 2001, 763 [770 ff.]; *Richert* Europaweit restrukturieren, AuA 2010, 636; *von Roetteken* Die Europäisierung des Beschäftigtenvertretungsrechts, PersR 1999, 109; *Schlachter/Heinig* (Hrsg.) Europäisches Arbeits- und Sozialrecht, §§ 20, 21, 2016; *Schneider* Die spanische Betriebsverfassung: eine Darstellung in rechtsvergleichender Hinsicht (Diss. Göttingen), 1997; *Sieg/Kovács* Arbeitsrecht in Ungarn, NZA 2004, 1078; *Trümner* Mitbestimmungsvorgaben des Europäischen Arbeitsrechts bei Privatisierungen, PersR 1997, 197; *Zachert* Betriebsverfassung in Westeuropa. Eine rechtsvergleichende Skizze, AuR

1982, 20; Die Zukunft der Arbeitnehmerbeteiligung in Europa (Zwölftes Göttinger Forum zum Arbeitsrecht), Bericht RdA 2015, 61.

III. Übersetzungen
Gesamtmetall (Hrsg.) The German Works Constitution Act. An Introduction for Foreign Business; *Gürel* Federal Almanya Cumhuriyeti Isletme Taskilat Yasasi. Betriebsverfassungsgesetz der Bundesrepublik Deutschland ohne Wahlordnung, Türkische Ausgabe 2005.

IV. Europäisches Arbeits- und Betriebsverfassungsrecht
Franzen/Gallner/Oetker (Hrsg.) Kommentar zum europäischen Arbeitsrecht, 2016; *Gaul/Ludwig/Forst* (Hrsg.) Europäisches Mitbestimmungsrecht, 2015; *Hergenröder/ZLH*, Arbeitsrecht § 11; *Oetker* Gesetz über Europäische Betriebsräte, Anhang 2 zu Bd. I; *Oetker/Schubert* Europäisches Betriebsverfassungsrecht, in: *Oetker/Preis* (Hrsg.) Europäisches Arbeits- und Sozialrecht EAS B 8300, 2007; Sagan Grundfragen des Arbeitsrechts in Europa, NZA 2016, 1252 ff.

Inhaltsübersicht

		Rdn.
I.	Historische Vorläufer bis zum BetrVG 1952	1–19
	1. Ansätze einer Arbeitnehmerbeteiligung bis 1918	1–9
	a) Verfassunggebende Nationalversammlung 1848/1849	1–4
	b) »Konstitutionelle Fabrik«	5, 6
	c) Arbeiterschutzgesetz	7
	d) Berggesetze	8
	e) Gesetz über den vaterländischen Hilfsdienst	9
	2. Weimarer Republik (1918–1933)	10–14
	a) Abkommen der Zentralarbeitsgemeinschaft	10
	b) Tarifvertragsverordnung	11
	c) Weimarer Verfassung	12
	d) Betriebsrätegesetz	13, 14
	3. Zeit des Nationalsozialismus (1933–1945)	15, 16
	4. Neubeginn nach 1945	17–19
	a) Kontrollratsgesetz Nr. 22	17
	b) Landesrechtliche Betriebsrätegesetze	18
	c) Bundesrepublik Deutschland	19
II.	Entstehungsgeschichte des BetrVG 1952	20
III.	Entstehungsgeschichte des BetrVG 1972	21–25
IV.	Entstehungsgeschichte der Novelle 1988	26–31
V.	Gesetzesentwicklung in der DDR und Wiedervereinigung	32–34
VI.	Gemeinschaftscharta der Sozialen Grundrechte; Europäischer Betriebsrat; IAO-Abkommen Nr. 135; Richtlinie 2002/14/EG; SE-Betriebsrat; Richtlinie 2014/95 EU (CSR-Richtlinie); SE-Beteiligungsgesetz – SEBG; SCE-Beteiligungsgesetz – SCEBG	35
VII.	Entstehungsgeschichte des BetrVerf-Reformgesetzes 2001	36–40
VIII.	Betriebsverfassung und Mitbestimmung	41–47
IX.	Personalvertretungsrecht	48, 49
X.	Betriebsverfassung und Grundgesetz	50–71
	1. Grundlagen der Betriebsverfassung	50–53
	2. Betriebsverfassung und Grundrechte des Arbeitgebers	54–62
	3. Betriebsverfassung und Grundrechte des Arbeitnehmers	63–66
	4. Betriebsverfassung und Koalitionsfreiheit	67–69
	5. Betriebsvereinbarung und Grundgesetz	70
	6. Betriebsrat und Grundrechtsschutz	71
XI.	Zweck des Betriebsverfassungsrechts	72–88
XII.	Betriebsverfassungsrecht als Privatrecht	89–100
XIII.	Betriebsverfassung als Rahmenordnung eines Dauerrechtsverhältnisses	101, 102
XIV.	Leitprinzipien des Betriebsverfassungsrechts	103, 104
XV.	Zwingende Wirkung der Normen des Betriebsverfassungsgesetzes	105–107
XVI.	Geltungsbereich des Betriebsverfassungsgesetzes	108, 109

Einleitung

      1. Sachlicher und räumlicher Geltungsbereich   108
      2. Persönlicher Geltungsbereich   109
XVII. Organisation der Betriebsverfassung   110–117
XVIII. Geschäftsführung der betriebsverfassungsrechtlichen Vertretungen   118
XIX. Betriebsverfassung und Beteiligung der Arbeitnehmer   119–122
XX. Beilegung von Streitigkeiten aus der Betriebsverfassung   123, 124
XXI. Sanktionen wegen Verletzung betriebsverfassungsrechtlicher Vorschriften   125

Literatur zur Entwicklung des Rechts der Betriebs- und Unternehmensverfassung
Adelmann Quellensammlung zur Geschichte der sozialen Betriebsverfassung, Erster Band, 1960, Zweiter Band, 1965; *Anton* Geschichte der preußischen Fabrikgesetzgebung bis zu ihrer Aufnahme durch die Reichsgewerbeordnung, 1953; *Arnold* Die Entstehung des Betriebsverfassungsgesetzes 1952, Diss. Freiburg 1978; *Becker* Arbeitsvertrag und Arbeitsverhältnis während der Weimarer Republik und in der Zeit des Nationalsozialismus, 2005; *Bender* Strukturen des kollektiven Arbeitsrechts vor 1914, in: *Steindl* (Hrsg.) Wege zur Arbeitsrechtsgeschichte, 1984, S. 251; *Berthelot* Die Betriebsräte in Deutschland, 1926; *Blanke* 75 Jahre Betriebsverfassung: Der Siegeszug eines historischen Kompromisses, BetrR 1995, 1; *Blanke/Erd/Mückenberger/Stascheit* (Hrsg.) Quellentexte zur Geschichte des Arbeitsrechts in Deutschland, Band 1 1840–1932, Band 2 1933–1974, 1975; *Brauer* Das Betriebsrätegesetz und die Gewerkschaften, 1920; *Braun/Eberwein/Tholen* Belegschaften und Unternehmer. Zur Geschichte und Soziologie der deutschen Betriebsverfassung und Belegschaftsmitbestimmung, 1992; *Brigl-Matthiaß* Das Betriebsräteproblem, 1926; *Caspar* Die gesetzliche und verfassungsrechtliche Stellung der Gewerkschaften im Betrieb, 1980; *Däubler* Das Arbeitsrecht I, Rn. 721 ff.; *Edenfeld* Arbeitnehmerbeteiligung im Betriebsverfassungs- und Personalvertretungsrecht, 2000, § 3; *Eger/Weise* Die Entstehung des deutschen Arbeitsrechts aus ökonomisch-evolutorischer Perspektive, AuR 1998, 385; *Fitting* Die Entwicklung der Mitbestimmung, FS *Schellenberg*, 1977, S. 371; *Fricke* Zur Geschichte der Betriebsvertretungen in Deutschland, in: *Bührig* Handbuch der Betriebsverfassung, 1953, S. 52; *Gamillscheg* Die Mitbestimmung der Arbeitnehmer. Eine Skizze der Anfänge, Liber Amicorum *Adolf F. Schnitzer*, 1979, 101; *ders.* Hundert Jahre Betriebsverfassung, AuR 1991, 272; *ders.* Kollektives Arbeitsrecht I, S. 79 ff., II, S. 4 ff.; *Hartwich* Arbeitsmarkt, Verbände und Staat 1918–1933, 1967; *Haßler* (Hrsg.) Verhandlungen der deutschen verfassunggebenden Reichsversammlung zu Frankfurt am Main, Bd. 2, unveränderter Neudruck der Ausgabe Frankfurt am Main 1848/49, 1984; *Hemmer* Betriebsrätegesetz und Betriebsrätepraxis in der Weimarer Republik, FS *Vetter*, 1978, S. 241; *Herschel* Vom Werden der Betriebsverfassung, JurJb. Bd. 2 (1961/62), 1961, S. 80; *ders.* Der Betriebsrat – damals und heute, FS *Kahn-Freund*, 1980, S. 225; *Heymann* Die Rechtsformen der militärischen Kriegswirtschaft als Grundlage des neuen deutschen Industrierechts, 1921; *Hirsch-Weber* Gewerkschaften in der Politik, 1959; *Kaufhold* Die Diskussion um die Neugestaltung des Arbeitsrechts im Deutschen Reich 1890 und die Novelle zur Reichsgewerbeordnung 1891, ZfA 1991, 277; *Klassen* Mitverwaltung und Mitverantwortung in der frühen Industrie. Die Mitbestimmungsdiskussion in der Paulskirche, 1984; *Kolbe* Mitbestimmung und Demokratieprinzip, S. 6 ff., dazu *H. Hanau* SR 2014, 117 und *Reichold* JZ 2014, 296; *Kranig* Lockung und Zwang. Zur Arbeitsverfassung im Dritten Reich, 1983; *ders.* Das Gesetz zur Ordnung der nationalen Arbeit (AOG), in: *Steindl* (Hrsg.) Wege zur Arbeitsrechtsgeschichte, 1984, S. 441; *Kraushaar* Die Paulskirchenverfassung – ein leider häufig vergessenes Vorbild, AuR 1990, 301; *Kühne* Die Reichsverfassung der Paulskirche. Vorbild und Verwirklichung im späteren deutschen Rechtsleben, 2. Aufl. 1998; *ders.* 150 Jahre Revolution von 1848/49 – ihre Bedeutung für den deutschen Verfassungsstaat, NJW 1998, 1513; *Löwisch* Gesetzgebung und Rechtsprechung im Wirtschafts-, Unternehmens- und Arbeitsrecht seit der Gewerbeordnung für den Norddeutschen Bund, JuS 1973, 9; *Mayer-Maly* Nationalsozialismus und Arbeitsrecht, RdA 1989, 233; *Milert/Tschirbs* Von den Arbeiterausschüssen zum Betriebsverfassungsgesetz. Geschichte der betrieblichen Interessenvertretung, 1991; *Gl. Müller* Mitbestimmung in der Nachkriegszeit. Britische Besatzungsmacht – Unternehmer – Gewerkschaften, 1987; *dies.* Die andere Demokratie: Interessenvertretung in Deutschland, 1848 bis 2008, 2012; *Neuloh* Die deutsche Betriebsverfassung und ihre Sozialformen bis zur Mitbestimmung, 1956; *Nörr* Grundlinien des Arbeitsrechts der Weimarer Republik, ZfA 1986, 403; *ders.* Zwischen den Mühlsteinen. Eine Privatrechtsgeschichte der Weimarer Republik, 1988, S. 177 ff.; *ders.* Arbeitsrecht und Verfassung. Das Beispiel der Weimarer Reichsverfassung von 1919, ZfA 1992, 361; *ders.* Binärer Korporatismus. Die gewerkschaftliche »Neuordnung der Wirtschaft« im Kontext der kollektiven Arbeitsentwicklung der frühen 50er Jahre, ZfA 1990, 329; *von Oertzen* Betriebsräte in der Novemberrevolution, 2. Aufl. 1976, hierzu *G. Müller* RdA 1979, 298; *Plumeyer* Die Betriebsrätegesetze der Länder 1947–1950 (Diss. Hannover), 1995; *Ramm* Nationalsozialismus und Arbeitsrecht, KJ 1968, 108; *ders.* Die Arbeitsverfassung des Kaiserreichs, FS *Mallmann*, 1978, S. 191; *ders.* Die Arbeitsverfassung der Weimarer Republik, In memoriam Sir *Otto Kahn-Freund*, 1980, S. 225; *Reichold* Der »Neue Kurs« von 1890 und das Recht der Arbeit: Gewerbegerichte, Arbeitsschutz, Arbeitsordnung, ZfA 1990, 5; *Richardi* Arbeitsrecht als Teil freiheitlicher Ordnung, 2002, S. 21 ff. und passim; *ders.* Arbeitsrecht als Kulturleistung im Wandel der Zeit, ZfA 2017, 199; *Rückert/Friedrich* Betriebliche Arbeiterausschüsse in

Deutschland, Großbritannien und Frankreich im späten 19. und frühen 20. Jahrhundert, 1979; *Rüthers* Die Betriebsverfassung im Nationalsozialismus, AuR 1970, 97; *Saul* Staat, Industrie, Arbeiterbewegung im Kaiserreich. Zur Innen- und Sozialpolitik des Wilhelminischen Deutschland 1903–1914, 1974; *Stöckl* Das rechtliche Verhältnis zwischen Betriebsrat und einzelnem Arbeitnehmer. Eine vergleichende Untersuchung der Rechtslage unter der Geltung des Betriebsrätegesetzes 1920 und der heutigen Betriebsverfassung (Diss. München), 1988; *Teuteberg* Geschichte der industriellen Mitbestimmung in Deutschland, 1961; *Thum* Wirtschaftsdemokratie und Mitbestimmung. Von den Anfängen 1916 bis zum Mitbestimmungsgesetz 1976, 1991; *Umlauf* Die deutsche Arbeiterschutzgesetzgebung 1880–1890, 1979; *Veit* Die funktionelle Zuständigkeit des Betriebsrats, 1998, S. 152 ff.; *Ralph Weber* Vom Klassenkampf zur Partnerschaft – Die Entwicklung des Verhältnisses zwischen Arbeitgeber und betrieblicher Arbeitnehmervertretung –, ZfA 1993, 517; *ders.* Vom Klassenkampf zur Partnerschaft. Die Entwicklung zum Grundsatz der vertrauensvollen Zusammenarbeit im Betriebsverfassungsrecht, 1995; *Wiedemann* Gesellschaftsrecht, Bd. I, 1980, S. 582 ff.; *Wiese* Zum Zweck des Betriebsverfassungsrechts im Rahmen der Entwicklung des Arbeitsrechts, FS *Kissel*, 1994, S. 1221. Zum BetrVG 1972 vor Rdn. 21, zur **Novelle 1988** vor Rdn. 26, zur **DDR** vor Rdn. 32, zur **Novelle 2001** vor Rdn. 36

I. Historische Vorläufer bis zum BetrVG 1952

1. Ansätze einer Arbeitnehmerbeteiligung bis 1918

a) Verfassunggebende Nationalversammlung 1848/1849

Der erste Versuch einer gesetzlichen Regelung der Beteiligung von Arbeitnehmervertretern bei der Gestaltung von Arbeitsbedingungen wurde von einigen Abgeordneten des volkswirtschaftlichen Ausschusses der verfassunggebenden Nationalversammlung in der Paulskirche zu Frankfurt am Main 1848/49 unternommen (zu den Voraussetzungen und Grundlagen der Entwicklung bis dahin *Reichold* Betriebsverfassung als Sozialprivatrecht, S. 13 ff.). Die §§ 42 bis 46 ihres Minderheitsentwurfs einer Gewerbeordnung für das Deutsche Reich sahen Regelungen über Fabrikausschüsse, Fabrikräte und Fabrikschiedsgerichte vor (*Haßler* [Hrsg.] Verhandlungen der deutschen verfassunggebenden Reichsversammlung zu Frankfurt am Main, Bd. 2, S. 853 ff., 921 ff., hierzu *Kolbe* Mitbestimmung und Demokratieprinzip, S. 9 f.; *Klassen* Mitverwaltung und Mitverantwortung in der frühen Industrie, S. 79 ff.; *Kühne* Die Reichsverfassung der Paulskirche, S. 239 ff.; *Reichold* Betriebsverfassung als Sozialprivatrecht, S. 40 ff.; *Teuteberg* Geschichte der industriellen Mitbestimmung in Deutschland, S. 94 ff., insb. S. 102 ff., daselbst S. 1 ff. auch zur Entstehung der Theorien über ein Mitbestimmungsrecht der Arbeitnehmer). Zur Entwicklung betrieblicher Mitbestimmung im Verhältnis zur gewerkschaftlichen Interessenvertretung *Lambrich* Tarif- und Betriebsautonomie, 1999, S. 89 ff. **1**

Nach § 42 des Entwurfs sollte für jede Fabrik von deren Arbeitern ein Fabrikausschuss gewählt werden, der aus einem Mitglied jeder selbständigen Gruppe der Fabrikarbeiter und einem Werkmeister jeder Gruppe, ferner aber auch aus dem Inhaber der Fabrik oder dem von ihm bestimmten Stellvertreter bestehen sollte (»Einheitsprinzip«). Dem Fabrikausschuss sollten nach § 43 u. a. folgende Befugnisse zustehen: Vermittlung bei Streitigkeiten zwischen Arbeitgebern und Arbeitnehmern, Entwerfen und Aufrechterhaltung der nach § 34 des Entwurfs vorgeschriebenen besonderen Fabrikordnung (zum Inhalt § 35 bis § 42), Einrichtung und Verwaltung der Kranken-Unterstützungskasse, Überwachung der Fabrikkinder, sowohl in sittlicher Beziehung in der Fabrik selbst als auch hinsichtlich des Schulbesuchs, sowie die Vertretung der Fabrik in den Fabrikräten (Rdn. 3). Wie sich ferner aus den Motiven zu § 42 (*Hassler*, S. 945) ergibt, sollte der Fabrikinhaber mit dem Fabrikausschuss u. a. auch die Arbeitslöhne und die Dauer der Arbeitszeit vereinbaren, mithin Angelegenheiten regeln, die heute primär der Zuständigkeit der Tarifpartner unterliegen. Außerdem sollte der Fabrikausschuss das Interesse der Arbeiter an der Fabrik beleben, fördernd auf die Industrie einwirken und zugleich die Rechte der Arbeiter wahrnehmen (Motive zu § 43, in: *Hassler*, S. 945). **2**

Neben den Fabrikausschüssen sollten nach § 44 für jeden Gewerbebezirk von den Fabrikausschüssen Fabrikräte gewählt werden, in denen alle im Bezirk befindlichen Industriezweige sowohl durch Fabrikinhaber als durch Fabrikarbeiter für deren Angelegenheiten vertreten sein sollten. Die Fabrikräte sollten nach § 45 insbesondere für die Genehmigung und Oberaufsicht über die Einhaltung der besonderen Fabrikordnungen, die Festsetzung oder Vermittlung der Arbeitszeit und der Kündigungsfristen sowie die Verwaltung der Fabrik-Pensionskassen zuständig sein. Schließlich sah § 46 Fabrikschieds- **3**

Einleitung

gerichte für jeden Gewerbebezirk vor, die für die Entscheidung von Streitigkeiten der Arbeitgeber und Arbeitnehmer unter sich und miteinander zuständig sein sollten.

4 Der Entwurf enthielt somit bedeutsame Ansätze. Er ist jedoch nicht Gesetz geworden; der volkswirtschaftliche Ausschuss hatte selbst vorgeschlagen, gegenwärtig von der weiteren Beratung einer Gewerbeordnung Abstand zu nehmen und sämtliche Entwürfe und Materialien der künftigen Reichsgesetzgebung zur Benutzung zu überweisen (*Hassler*, S. 890).

b) »Konstitutionelle Fabrik«

5 In den folgenden Jahrzehnten (hierzu *Reichold* Betriebsverfassung als Sozialprivatrecht, S. 54 ff.) wurde der freiheitliche Geist der Nationalversammlung wieder verdrängt, und es galt vorherrschend ein patriarchalischer »Herr-im-Hause-Standpunkt« (vgl. auch *Reichold* Betriebsverfassung als Sozialprivatrecht, S. 90 ff.). Dieser wurde gemildert, soweit Unternehmer auf freiwilliger Basis Arbeiterausschüsse zuließen, als deren Vorläufer bereits vorhandene betriebliche Sozialeinrichtungen anzusehen sind (zur Entwicklung *Teuteberg*, S. 115 ff.). Den ersten betrieblichen Arbeiterausschuss dürfte der sächsische Kattundruckereibesitzer *Carl Degenkolb* im Jahre 1850 eingerichtet haben (*Teuteberg*, S. 213 ff.), der bereits der maßgebende Verfasser des Minderheitsentwurfs des volkswirtschaftlichen Ausschusses der Nationalversammlung war (*Teuteberg*, S. 102) und sich auch publizistisch für die Errichtung von Arbeiterausschüssen eingesetzt hatte (u. a. *Degenkolb* Über die Mittel zur Hebung der deutschen Gewerbe, 1848).

6 Die Anknüpfung an Gedanken der Staatsverfassung und deren Übertragung auf den Betrieb führte vor allem in den achtziger Jahren des 19. Jahrhunderts zum Gedanken der »konstitutionellen Fabrik« (*Reichold* Betriebsverfassung als Sozialprivatrecht, S. 98 ff., 196 ff.; *Teuteberg*, S. 254 ff.), dessen hervorragendster Vertreter der Berliner Jalousien- und Holzpflasterfabrikant *Heinrich Freese* war (*Reichold* Betriebsverfassung als Sozialprivatrecht, S. 99 f.; *Teuteberg*, S. 260 ff.). Im Jahre 1884 wurde zwischen ihm und der Arbeitervertretung seines Unternehmens eine Fabrikordnung vereinbart. Die Arbeitervertretung verwaltete die Wohlfahrtseinrichtungen und wirkte seit 1888 bei der Feststellung der Gewinnbeteiligungsquote mit. *Freeses* Ideen und Erfahrungen fanden ihren Niederschlag in seinem Buch »Die konstitutionelle Fabrik« (1. Aufl. 1909, 4. Aufl. 1922). Besonders hervorzuheben ist ferner *Ernst Abbe*, der im Jahre 1891 die Carl-Zeiß-Stiftung gründete, in die er, *Carl Zeiß* jun. und *Otto Schott* ihre Anteile an den Unternehmen Carl Zeiß und Jenaer Glaswerke Schott & Genossen einbrachten. Aufgrund des Stiftungsstatuts wurde ein Arbeiterausschuss geschaffen, dessen allerdings nur beratende Funktion sich auf die Verwaltung von Wohlfahrtseinrichtungen, die Regelung der Lohnangelegenheiten, die Entlassung von Betriebsangehörigen und die Gewinnbeteiligung der Arbeiter und Angestellten bezog (*Reichold* Betriebsverfassung als Sozialprivatrecht, S. 100 f.; *Teuteberg*, S. 266 ff.).

c) Arbeiterschutzgesetz

7 Die erste normative Regelung einer Beteiligung der Arbeitnehmer im Gesetz, betreffend Abänderung der Gewerbeordnung vom 01.06.1891 (RGBl., S. 261) wurde veranlasst durch die von *Bismarck* trotz seiner Bedenken redigierten Erlasse Kaiser *Wilhelms II.* vom 04.02.1890 (hierzu *Bismarck* Erinnerung und Gedanke, Band 8 der Werke in Auswahl, hrsg. von *Engel/Buchner*, 1975, S. 591 ff.). Dieses sog. Arbeiterschutzgesetz (*Lex Berlepsch*) sah die fakultative Errichtung von Arbeiterausschüssen vor (§ 134h). Wenn ein derartiger Ausschuss errichtet wurde, war die Mehrzahl der Ausschussmitglieder von den Arbeitern aus ihrer Mitte zu wählen. Der Arbeiterausschuss musste vor dem Erlass oder der Änderung einer Arbeitsordnung gehört werden (§ 134d Abs. 2 GewO). Seine Zustimmung war erforderlich, wenn in die Arbeitsordnung Vorschriften über das Verhalten der Arbeiter bei Benutzung der Betriebswohlfahrtseinrichtungen und über das Verhalten minderjähriger Arbeiter außerhalb des Betriebes aufgenommen werden sollten (§ 134b Abs. 3 Satz 2 GewO). Soweit die Zustimmung des Arbeiterausschusses erforderlich war, bestand daher ein echtes Mitbestimmungsrecht der Arbeitnehmer. Der Erlass der Arbeitsordnung oblag jedoch allein dem Arbeitgeber und war für jede Fabrik mit in der Regel mindestens zwanzig beschäftigten Arbeitern obligatorisch (§ 134a). Die Arbeitsordnung musste u. a. Bestimmungen enthalten (§ 134b) über Anfang und Ende der regelmäßigen täglichen Arbeitszeit sowie der für die erwachsenen Arbeiter vorgesehenen Pausen, über Zeit und Art der Abrechnung und Lohnzahlung, im Falle des Abweichens von den gesetzlichen Bestimmungen Regelungen über Kün-

digungsfristen und die Zulässigkeit von Gründen einer fristlosen Kündigung sowie über Art und Höhe von Ordnungsstrafen, das Verfahren bei ihrer Festsetzung und die Verwendung der Mittel (ferner § 134c ff.). Diese Regelungen sind zum Teil Ursprung der heute nach § 87 Abs. 1 BetrVG 1972 bestehenden notwendigen Mitbestimmung in sozialen Angelegenheiten. Größere praktische Bedeutung haben die Arbeiterausschüsse indessen nicht erlangt (*Kaufhold* ZfA 1991, 277 ff.; *Kolbe* Mitbestimmung und Demokratieprinzip, S. 12 ff.; *Reichold* Betriebsverfassung als Sozialprivatrecht, S. 125 ff., zur Vorgeschichte daselbst S. 83 ff.; *Teuteberg*, S. 376 ff.; zu den Gesetzesmaterialien Stenographische Berichte des Reichstages, 8. Legislaturperiode, I. Session, 98., 99. und 100. Sitzung, S. 2267 ff., 2303 ff., 2320 ff. nebst Anlagen Aktenstück Nr. 4 S. 1 ff., Nr. 190 S. 1425 ff.).

d) Berggesetze

Die obligatorische Errichtung von Arbeiterausschüssen wurde in Deutschland erstmals durch Art. 91 Abs. 2 des Berggesetzes für das Königreich Bayern i. d. F. vom 20.07.1900 (GVBl., S. 774) vorgeschrieben. Sie wurden veranlasst durch das österreichische Gesetz vom 14.08.1896, betreffend die Errichtung von Genossenschaften beim Bergbau (RGBl. 1896, S. 503; hierzu *Schwiedland* Schmollers Jb. Bd. 32, 1908, S. 47 [82 f.]). In Preußen wurden Arbeiterausschüsse erst durch § 80f Abs. 1 des Allgemeinen Berggesetzes i. d. F. des Änderungsgesetzes vom 14.07.1905 (GS Preußen, S. 307) gesetzlich geregelt. Nach letzterem musste in allen Bergwerken mit in der Regel mindestens einhundert beschäftigten Arbeitern (Bayern: zwanzig Arbeiter) ein ständiger Arbeiterausschuss gebildet werden. Ihm oblag u. a., auf ein gutes Einvernehmen innerhalb der Belegschaft und zwischen dieser und dem Arbeitgeber hinzuwirken, ferner die Entgegennahme von Anträgen, Wünschen und Beschwerden der Belegschaft und deren Weiterleitung an den Arbeitgeber mit eigener Stellungnahme, die Beteiligung bei der Verwaltung von Unterstützungskassen sowie schließlich die Anhörung zu geplanten Arbeitsordnungen (§§ 80c ff. sowie §§ 80d ff. des Änderungsgesetzes zum Allgemeinen Berggesetz vom 28.07.1909 [PrGS, S. 677] und zum Ganzen *Adelmann* Quellensammlung zur Geschichte der sozialen Betriebsverfassung, Bd. 1, S. 187 ff., insb. S. 355 ff.; *Reichold* Betriebsverfassung als Sozialprivatrecht, S. 177 ff.; *Teuteberg*, S. 410 ff.). Obligatorische Arbeiterausschüsse normierten später auch § 7 des Berggesetzes für das Königreich Sachsen i. d. F. des Änderungsgesetzes vom 12.02.1909 (GVBl., S. 123) sowie § 101 des Gesetzes, die neue einheitliche Fassung der gesamten Berggesetzgebung enthaltend vom 31.08.1910 (GVBl., S. 217), durch dessen Absatz 11 erstmalig auch von den Arbeitern gewählte Sicherheitsmänner eingeführt wurden, und § 74^6 des Berggesetzes für Elsaß-Lothringen i. d. F. des Änderungsgesetzes vom 08.12.1909 (GBl., S. 138).

8

e) Gesetz über den vaterländischen Hilfsdienst

Einen Fortschritt brachte erst das durch die Kriegsereignisse erzwungene Gesetz über den vaterländischen Hilfsdienst vom 05.12.1916 (RGBl., S. 1333). Nach dessen § 11 mussten in allen für den vaterländischen Hilfsdienst tätigen gewerblichen Betrieben, d. h. solchen, die für die Kriegführung oder Volksversorgung von Bedeutung waren, mit in der Regel mindestens fünfzig beschäftigten Arbeitern ständige Arbeiterausschüsse errichtet werden, soweit sie nicht bereits nach der GewO oder den Berggesetzen bestanden. Ihre Mitglieder wurden von den volljährigen Arbeitern gewählt. Außerdem waren in diesen Betrieben mit mehr als fünfzig Angestellten besondere Angestelltenausschüsse zu wählen. Die Ausschüsse hatten nach § 12 die Aufgabe, das gute Einvernehmen innerhalb der Belegschaft und zwischen dieser und dem Arbeitgeber zu fördern, Anträge, Wünsche und Beschwerden der Arbeitnehmer, die sich auf die Betriebseinrichtungen, die Lohn- und sonstigen Arbeitsverhältnisse des Betriebs und seiner Wohlfahrtseinrichtungen bezogen, zur Kenntnis des Arbeitgebers zu bringen und sich dazu zu äußern. Bei Streitigkeiten über Lohn- und sonstige Arbeitsbedingungen hatten sie, wenn eine Einigung mit dem Arbeitgeber nicht zu erzielen war, u. a. das Recht, einen Schlichtungsausschuss anzurufen, der aus einem Beauftragten des Kriegsamtes und aus je drei Vertretern der Arbeitgeber und Arbeitnehmer bestand. Der Spruch dieser Schlichtungsstelle war allerdings für den Arbeitgeber nicht bindend (§ 13 Abs. 3). Zum Ganzen *Heymann* Die Rechtsformen der militärischen Kriegswirtschaft, S. 176 ff.; *Kolbe* Mitbestimmung und Demokratieprinzip, S. 14; *Reichold* Betriebsverfassung als Sozialprivatrecht, S. 185 ff., zu den Gesetzesmaterialien Stenographische Berichte des Reichstags, 13. Legislaturperiode, II. Session, 76., 77. und 79. Sitzung, S. 2156 ff., 2197 ff., 2285 ff.

9

Einleitung

Das Gesetz wurde aufgehoben durch den Aufruf des Rates der Volksbeauftragten vom 12.11.1918 (RGBl., S. 1303).

2. Weimarer Republik (1918–1933)

a) Abkommen der Zentralarbeitsgemeinschaft

10 Nach dem Ersten Weltkrieg wurde schon am 15.11.1918 in der Vereinbarung der großen Arbeitgeberverbände mit den Gewerkschaften (sog. Abkommen der Zentralarbeitsgemeinschaft, auch *Stinnes/Legien*-Abkommen; Satzung RABl. 1918 Nr. 12, S. 874) neben der gegenseitigen Anerkennung der Koalitionen u. a. auch die obligatorische Errichtung von Arbeiter- und Angestelltenausschüssen für Betriebe mit mindestens fünfzig Beschäftigten festgelegt. Der Rat der Volksbeauftragten veröffentlichte es im amtlichen Teil des Deutschen Reichsanzeigers und preußischen Staatsanzeigers Nr. 273 vom 18.11.1918 (hierzu *Blanke/Erd/Mückenberger/Stascheit* Kollektives Arbeitsrecht, Band 1, S. 185 ff.; *Feldmann* Die Freien Gewerkschaften und die Zentralarbeitsgemeinschaft 1918–1924, FS Böckler, 1975, S. 229 ff.; *Hainke* Vorgeschichte und Entstehung der Tarifvertragsverordnung vom 23. Dezember 1918, Diss. Kiel 1987, S. 93 ff.; *Hartwich* Arbeitsmarkt, Verbände und Staat 1918–1933, S. 3 ff.; *E. R. Huber* Deutsche Verfassungsgeschichte, Bd. V, 1978, S. 768 ff.; *von Oertzen* Betriebsräte in der Novemberrevolution, hierzu *G. Müller* RdA 1979, 298).

b) Tarifvertragsverordnung

11 In der vom Rat der Volksbeauftragten erlassenen Verordnung über Tarifverträge, Arbeiter- und Angestelltenausschüsse und Schlichtung von Arbeitsstreitigkeiten (TVVO) vom 23.12.1918 (RGBl., S. 1456; zur Entstehungsgeschichte *Hainke* [Rdn. 10], S. 100 ff. m. w. N.) wurde für alle Betriebe, Verwaltungen und Büros mit in der Regel mindestens zwanzig Arbeitern, in denen nicht schon nach dem Gesetz über den vaterländischen Hilfsdienst oder den Berggesetzen ständige Arbeiterausschüsse bestanden (dazu auch Verordnung, betreffend den Bergbau vom 18.01.1919, RGBl., S. 64), die Errichtung von Arbeiterausschüssen in Betrieben, Verwaltungen und Büros mit in der Regel mindestens zwanzig Angestellten die von Angestelltenausschüssen vorgeschrieben (§§ 8, 9, aber auch § 12). Gleiches galt für Betriebe, Verwaltungen und Büros des öffentlichen Dienstes nach Maßgabe des § 10 TVVO. Zur Errichtung und Zusammensetzung der Ausschüsse § 11 TVVO. Sie hatten nach § 13 TVVO die Aufgabe, die wirtschaftlichen Interessen der Arbeiter und Angestellten gegenüber dem Arbeitgeber wahrzunehmen, in Gemeinschaft mit dem Arbeitgeber über die Durchführung der Tarifverträge zu wachen, beim Fehlen von Tarifverträgen im Einvernehmen mit den Gewerkschaften bei der Regelung der Lohn- und sonstigen Arbeitsbedingungen mitzuwirken, das gute Einvernehmen innerhalb der Belegschaft sowie zwischen dieser und dem Arbeitgeber zu fördern und an der Bekämpfung der Unfall- und Gesundheitsgefahren mitzuwirken. Schutzvorschriften zur Sicherung der nach der TVVO bestehenden Befugnisse enthielt § 14. Auch war ein Schlichtungsverfahren vorgesehen (§ 13 Abs. 3, § 20 TVVO). Die TVVO blieb aufgrund des § 1 des Übergangsgesetzes der verfassunggebenden Deutschen Nationalversammlung vom 04.03.1919 (RGBl., S. 285) wie andere Verordnungen des Rates der Volksbeauftragten bis auf Weiteres in Kraft. Besondere Befugnisse standen den Ausschüssen nach den Demobilmachungsverordnungen bei Entlassungen und Festlegung der Arbeitszeit zu: § 6 VO vom 04.01.1919 (RGBl., S. 8); § 8 VO vom 24.01.1919 (RGBl., S. 100); §§ 3, 6, 16 VO vom 18.03.1919 (RGBl., S. 315); § 9 VO vom 28.03.1919 (RGBl., S. 355) i. d. F. der VO vom 25.04.1920 (RGBl., S. 707, 708); §§ 11, 14 VO vom 03.09.1919 (RGBl., S. 1500) i. d. F. der VO vom 12.02.1920 (RGBl., S. 213, 218); § 3 VO vom 08.11.1920 (RGBl., S. 1901), ferner nach VII der Anordnung über die Regelung der Arbeitszeit gewerblicher Arbeiter vom 23.11.1918 (RGBl., S. 1334) und nach § 13 der Verordnung, betreffend eine vorläufige Landarbeitsordnung vom 24.01.1919 (RGBl., S. 111).

c) Weimarer Verfassung

12 Von grundsätzlicher Bedeutung für die weitere Entwicklung wurde Art. 165 der Verfassung des Deutschen Reiches vom 11.08.1919 (RGBl., S. 1383). Er sah für Arbeiter und Angestellte zur Wahrnehmung ihrer sozialen und wirtschaftlichen Interessen gesetzliche Vertretungen in Betriebsarbeiterräten sowie in nach Wirtschaftsgebieten gegliederten Bezirksarbeiterräten und in einem Reichsarbeiterrat

vor. Die Bezirksarbeiterräte und der Reichsarbeiterrat sollten zur Erfüllung der gesamten wirtschaftlichen Aufgaben und zur Mitwirkung bei der Ausführung der Sozialisierungsgesetze mit den Vertretungen der Unternehmen und sonst beteiligter Volkskreise zu Bezirkswirtschaftsräten und zu einem Reichswirtschaftsrat zusammentreten (Stenographische Berichte der verfassunggebenden Deutschen Nationalversammlung, 62. Sitzung, S. 1778 ff. nebst Anlage Aktenstück Nr. 385, S. 227; *Anschütz* Die Verfassung des Deutschen Reichs, 14. Aufl. 1933, zu Art. 165 m. w. N.; *Kolbe* Mitbestimmung und Demokratieprinzip, S. 5 f., 15 ff.; *Nörr* ZfA 1992, 361 [373 ff.]; *Reichold* Betriebsverfassung als Sozialprivatrecht, S. 227 ff., 241 ff.). In Ausführung des Art. 165 WV wurden jedoch nur das Betriebsrätegesetz vom 04.02.1920 (RGBl., S. 147) i. d. F. der Änderungsgesetze vom 12.05.1920 (RGBl., S. 961), 31.12.1920 (RGBl. 1921, S. 81), 29.04.1923 (RGBl. I, S. 258), 23.12.1926 (RGBl. I, S. 507), 28.02.1928 (RGBl. I, S. 46) nebst WahlO vom 05.02.1920 (RGBl., S. 175) und das Gesetz über die Betriebsbilanz und die Betriebsgewinn- und Verlustrechnung vom 05.02.1921 (RGBl., S. 159) erlassen und aufgrund der Verordnung über den vorläufigen Reichswirtschaftsrat vom 04.05.1920 (RGBl., S. 858) ein vorläufiger Reichswirtschaftsrat geschaffen. Außerdem waren nach § 70 BRG 1920 in Verbindung mit dem Gesetz über die Entsendung von Betriebsratsmitgliedern in den Aufsichtsrat vom 15.02.1922 (RGBl. I, S. 209) nebst Wahlordnung vom 23.03.1922 (RGBl. I, S. 307) in allen Unternehmen, für die ein Aufsichtsrat bestand, in diesen ein oder zwei Mitglieder des Betriebsrats mit Sitz und Stimme zu entsenden. Das war der erste gesetzliche Ansatz einer Unternehmensmitbestimmung.

d) Betriebsrätegesetz

Das Betriebsrätegesetz vom 04.02.1920 (RGBl., S. 147) enthielt in 106 Paragraphen und den Ausführungsverordnungen vom 14.04.1920 (RGBl., S. 522), 21.04.1920 (RGBl., S. 563), 30.04.1920 (RGBl., S. 902), 05.06.1920 (RGBl., S. 1139) und 28.09.1920 (RGBl., S. 1689) erstmalig eine eigenständige und ausführliche Regelung der Materie (*Feig/Sitzler* Betriebsrätegesetz, 13. und 14. Aufl. 1931; *Flatow/Kahn-Freund* Kommentar zum Betriebsrätegesetz, 13. Aufl. 1931; *Hemmer* Betriebsrätegesetz und Betriebsrätepraxis in der Weimarer Republik, S. 241; *Kolbe* Mitbestimmung und Demokratieprinzip, S. 19 ff.; *Mansfeld* Betriebsrätegesetz, Kommentar, 3. Aufl. 1930; zur Entstehungsgeschichte *Hueck/Nipperdey* II, 3.–5. Aufl. 1932, S. 534; *von Oertzen* Betriebsräte in der Novemberrevolution, S. 153 ff.; *Reichold* Betriebsverfassung als Sozialprivatrecht, S. 241 ff.; zu den Gesetzesmaterialien Stenographische Berichte der verfassunggebenden Deutschen Nationalversammlung, 85., 135.–138., 140. Sitzung, S. 2721 ff., 4195 ff., 4474 ff., Anlagen Aktenstücke Nr. 928, 1838). Betriebsräte bzw. Arbeiter- und Angestelltenräte waren in allen Betrieben, Geschäften und Verwaltungen des öffentlichen und privaten Rechts mit in der Regel mindestens zwanzig beschäftigten Arbeitnehmern zu bilden (§§ 1, 6, 9, 15); in kleineren Betrieben mit mindestens fünf wahlberechtigten Arbeitnehmern, von denen drei wählbar sein mussten, war nach Maßgabe des § 2 ein Betriebsobmann zu wählen. Ausnahmeregelungen galten für Betriebe der Land- und Forstwirtschaft (§ 4); die Betriebe der See- und Binnenschifffahrt waren vom Anwendungsbereich des Gesetzes ausgenommen. Zulässig war die Errichtung eines Gesamtbetriebsrats für mehrere Betriebe eines Unternehmens oder an deren Stelle eines oder mehrerer gemeinsamer Betriebsräte (§§ 50 ff.).

Die Befugnisse der Arbeitnehmervertretungen waren noch gering. Sie hatten die gemeinsamen wirtschaftlichen Interessen der Arbeitnehmer dem Arbeitgeber gegenüber wahrzunehmen und den Arbeitgeber bei der Erfüllung der Betriebszwecke zu unterstützen (§ 1, § 66 Nr. 1 und 2). Ihre Befugnisse im Einzelnen beschränkten sich im Wesentlichen auf Unterrichtung, Vermittlung und die sonstige Mitwirkung, u. a. bei der Bekämpfung von Unfall- und Gesundheitsgefahren und der Verwaltung betrieblicher Wohlfahrtseinrichtungen (§ 66 Nr. 3 ff., § 71 f., § 77). Ein echtes Mitbestimmungsrecht bestand beim Erlass von Arbeitsordnungen, über Dienstvorschriften und bei der Vereinbarung bestimmter Arbeitsbedingungen und Einstellungsrichtlinien durch Betriebsvereinbarung (§ 66 Nr. 5, § 75, § 78 Nr. 2 und 3 und 8, §§ 80 ff.). In wirtschaftlichen Angelegenheiten war eine Mitwirkung – abgesehen von den allgemeinen Aufgaben nach § 1, § 66 Nr. 1 und 2, der Beteiligung im Aufsichtsrat und dem Recht auf Vorlage und Erläuterung der Betriebsbilanz und Gewinn- und Verlustrechnung (§§ 70, 72) – nicht vorgesehen. Nur beim Kündigungsschutz hatte die Betriebsvertretung eine starke Stellung (§§ 84 ff.); eine Klage vor dem Arbeitsgericht konnte gemäß § 86 nur erhoben werden, wenn die Betriebsvertretung die Kündigung im Einspruchsverfahren für nicht gerechtfertigt hielt. Durch

§ 104 wurden die §§ 7 bis 14 TVVO aufgehoben und deren Bestimmungen der §§ 15 bis 30 über das Schlichtungsverfahren durch die VO über das Schlichtungsverfahren vom 30.10.1923 (RGBl. I, S. 1043) ersetzt.

3. Zeit des Nationalsozialismus (1933–1945)

15 Einen Bruch in der Entwicklung bedeuteten das Gesetz zur Ordnung der nationalen Arbeit vom 20.01.1934 (RGBl. I, S. 45) und das Gesetz zur Ordnung der Arbeit in öffentlichen Verwaltungen und Betrieben vom 23.03.1934 (RGBl. I, S. 220, 300, 352). Für eine Übergangszeit galt bereits das Gesetz über die Betriebsvertretungen und über wirtschaftliche Vereinigungen vom 04.04.1933 (RGBl. I, S. 161), das durch § 65 AOG ebenso wie das BRG 1920 mit den dazu ergangenen weiteren Vorschriften aufgehoben wurde. Wesentlicher Grundsatz des AOG war das nationalsozialistische Führerprinzip. Der Unternehmer als Führer des Betriebs (§ 1) entschied in allen durch das Gesetz geregelten betrieblichen Angelegenheiten (§ 2 Abs. 1) und erließ einseitig an Stelle der bisher gemeinsam vereinbarten Arbeitsordnungen die sog. Betriebsordnungen (§§ 26 ff.; aber auch § 16). Er hatte für das Wohl der Gefolgschaft zu sorgen, wie diese ihm die in der Betriebsgemeinschaft begründete Treue zu halten hatte, was praktisch zu einer Unterordnung des einzelnen Arbeitnehmers führte. Schon deshalb ist heute die Kennzeichnung des Arbeitsverhältnisses als eines personenrechtlichen Gemeinschaftsverhältnisses abzulehnen, selbst wenn dieser Begriff auf *Otto von Gierke* (u. a. Deutsches Privatrecht, Erster Band, 1895, S. 660 ff., 697 ff.; Dritter Band, 1917, S. 593 ff.; hierzu *Rückert* ZfA 1992, 225 [269 ff., 277 ff.]) zurückgeht und nicht originär vom Nationalsozialismus erfunden wurde; er ist aber jedenfalls von diesem pervertiert worden und wird dem heutigen Verständnis vom Wesen des Arbeitsverhältnisses nicht gerecht (*Wiese* ZfA 1996, 439 [449 ff.] m. w. N.).

16 Der Vertrauensrat, der aus dem Unternehmer als Vorsitzendem und den Vertrauensmännern der Gefolgschaft in Betrieben mit in der Regel mindestens zwanzig Beschäftigten gebildet wurde, hatte nur eine beratende Funktion (§ 5 Abs. 1, § 6 Abs. 2, § 17, § 28 Abs. 2, § 56 Abs. 2) und war mit dem bisherigen Betriebsrat nicht vergleichbar. Die Vertrauensmänner waren keine echten Repräsentanten der Arbeiter und Angestellten, sondern wurden aufgrund einer vom Führer des Betriebs im Einvernehmen mit dem Obmann der NS-Betriebszellenorganisation aufgestellten Einheitsliste, zu der die Gefolgschaft in geheimer Abstimmung Stellung zu nehmen hatte, bestellt (§ 9 Abs. 1). Bei fehlender Einigung über die Einheitsliste oder Ablehnung der Liste durch die Gefolgschaft stand dem Reichstreuhänder der Arbeit (§§ 18 ff.) das Ernennungsrecht zu (§ 9 Abs. 2); später wurden die Vertrauensmänner allein durch den Reichstreuhänder bestellt. Die Treuhänder der Arbeit (zu deren Aufgaben und Befugnissen § 19 f.) waren an Richtlinien und Weisungen der Reichsregierung gebunden (§ 18 Abs. 2). In der Praxis entwickelten sich die Vertrauensmänner zu Beauftragten des Reichstreuhänders der Arbeit und Kontrollfunktionären gegenüber dem Arbeitgeber (zum Ganzen *Kolbe*, Mitbestimmung und Demokratieprinzip, S. 22 ff.; *Kranig* Lockung und Zwang. Zur Arbeitsverfassung im Dritten Reich; *ders.* Das Gesetz zur Ordnung der nationalen Arbeit, S. 441 ff.; *Mayer-Maly* RdA 1989, 233 ff.; *Reichold* Betriebsverfassung als Sozialprivatrecht, S. 336 ff.; *Rüthers* AuR 1970, 97 ff., vgl. auch *Becker* Arbeitsrechtliche Fachzeitschriften 1933/34, AuR 2016, Heft 11, G 21 ff. sowie die Podiumsdiskussion auf dem 71. DJT Essen 2016 mit *Limperg/Mayen/Rüthers/Safferling/Schröder*: Wenn aus Recht Unrecht wird. Über die Verantwortung der Juristen für die Herrschaft des Rechts, Bd. II/1 Teil I; ferner *Safferling* NJW 2017, 2007 ff. m. w. N.; aus damaliger Sicht *Hueck/Nipperdey/Dietz* Gesetz zur Ordnung der nationalen Arbeit, 4. Aufl. 1943).

4. Neubeginn nach 1945

a) Kontrollratsgesetz Nr. 22

17 Mit dem Zusammenbruch des NS-Regimes waren das AOG und das AOGÖ hinfällig geworden. Ausdrücklich aufgehoben wurden sie erst durch die Kontrollratsgesetze Nr. 40 vom 30.11.1946 (ABl.KR S. 229) und Nr. 56 vom 30.06.1947 (ABl.KR S. 287). Bereits im Herbst 1945 fanden wieder Betriebsratswahlen auf der Grundlage des vor 1933 geltenden Betriebsräterechts statt, an sich also ohne Rechtsgrundlage, da das BRG 1920 nicht von selbst wieder in Kraft trat. Erst das für ganz Deutschland geltende Kontrollratsgesetz Nr. 22 vom 10.04.1946 (ABl.KR S. 133) gestattete ausdrücklich zur

Wahrnehmung der beruflichen, wirtschaftlichen und sozialen Interessen der Arbeiter und Angestellten in den Betrieben die Errichtung und Tätigkeit von Betriebsräten. Das Gesetz beschränkte sich jedoch darauf, allgemeine Grundsätze zur Wahl, zu den Aufgaben und zur Rechtsstellung der Betriebsräte aufzustellen. Es verlieh den Betriebsräten insbesondere keine unmittelbaren Beteiligungsbefugnisse, sondern erlaubte ihnen lediglich die Wahrnehmung der in Art. V genannten grundsätzlichen Aufgaben und den Abschluss einschlägiger Betriebsvereinbarungen.

b) Landesrechtliche Betriebsrätegesetze
Da die Rahmenvorschriften des KRG Nr. 22 im Einzelnen zu vielen Zweifeln Anlass gaben, erließen die meisten westdeutschen Länder (außer Nordrhein-Westfalen, Niedersachsen und Hamburg) in den Jahren 1948 bis 1950 landesrechtliche Betriebsrätegesetze. Für das Gebiet der Bundesrepublik galten folgende Gesetze: 18
– Baden: Landesgesetz über die Bildung von Betriebsräten vom 29.09.1948 (GVBl., S. 209) mit Durchführungsbestimmungen vom 21.03.1949 (GVBl., S. 156) und Wahlordnung vom 09.04.1949 (GVBl., S. 99); Landesgesetz über die Errichtung wirtschaftlicher Fachkommissionen vom 28.02.1951 (GVBl., S. 55);
– Bayern: Betriebsrätegesetz vom 25.10.1950 (GVBl., S. 227); vgl. auch Wahlordnung vom 06.12.1946 (GVBl. 1947, S. 86);
– Bremen: Betriebsrätegesetz vom 10.01.1949 i. d. F. vom 07.03.1950 (GVBl. 1949, S. 7; 1950, S. 31); Wahlordnung vom 21.01./01.04.1950 (GVBl., S. 13, 33);
– Hessen: Betriebsrätegesetz vom 31.05.1948 (GVBl., S. 117) mit Verordnung über Bildung und Tätigkeit der Schiedsausschüsse vom 10.02.1950 (GVBl., S. 45) und Wahlordnung vom 26.08.1950 (GVBl., S. 162);
– Rheinland-Pfalz: Landesverordnung über die Errichtung und Tätigkeit von Betriebsräten vom 15.05.1947 (VOBl., S. 258) mit Wahlordnung vom 15.05.1947 und Durchführungsverordnungen vom 15.03., 21.04. und 17.10.1950 (GVBl., S. 101, 251, 286);
– Schleswig-Holstein: Gesetz zur Regelung vordringlicher Angelegenheiten des Betriebsräterechts vom 03.05.1950 (GVBl., S. 169) mit Wahlordnung und zwei weiteren Durchführungsverordnungen vom 22.07.1950 (GVBl., S. 216, 218, 220);
– Württemberg-Baden: Gesetz über die Beteiligung der Arbeitnehmer an der Verwaltung und Gestaltung der Betriebe der Privatwirtschaft vom 18.08.1948 (RegBl., S. 136); Verordnung betr. Wahlordnung für die Wahl von Betriebsräten vom 16.04.1947 (RegBl., S. 33); Bekanntmachung über Grundsätze für die Bildung von Betriebsräten in der Staatsverwaltung vom 07.10.1948 (StaatsAnz. Nr. 43, S. 2); Durchführungsverordnungen vom 21.09.1949 und 15.08.1950 (RegBl. 1949, S. 216; 1950, S. 66);
– Württemberg-Hohenzollern: Betriebsrätegesetz vom 21.05.1949/18.04.1950 (RegBl. 1949, S. 153; 1950, S. 208); Gesetz über die Betriebsrätewahl vom 21.05.1949 (RegBl., S. 165) mit Bekanntmachung des Arbeitsministers (RegBl., S. 168).

Die Länder, die sich keine landesrechtliche Regelung gaben, gehörten entweder zur britischen Besatzungszone; für sie galt die Wahlordnung des Deutschen Gewerkschaftsbundes für die britische Zone betreffend die Betriebsrätewahl vom Januar 1949 (Das Betriebsrätegesetz, hrsg. vom Zonenausschuss und Zonenvorstand der Gewerkschaften der britischen Besatzungszone, Minden 1947) oder zur Bizone; für sie galt das Gesetz über die Wählbarkeit zum Betriebsrat vom 09.08.1949 (GBl. VWG, S. 247). Die landesrechtlichen Vorschriften zeichneten sich allgemein dadurch aus, dass sie dem Betriebsrat in Fortentwicklung der Gedanken des BRG 1920 unmittelbar einzelne Befugnisse zuwiesen. Gegenüber der damaligen Regelung wurde aber die Beteiligung des Betriebsrats erheblich erweitert und teilweise auch auf den wirtschaftlichen Bereich erstreckt. Infolge der unterschiedlichen politischen Struktur der einzelnen Länder kam es jedoch zu Regelungen, die teilweise nicht unerheblich voneinander abwichen. Die Folge war eine erhebliche Rechtszersplitterung, die noch dadurch verstärkt wurde, dass in einigen Ländern das KRG Nr. 22 neben den Landesgesetzen weitergalt, während es in anderen ganz aufgehoben wurde (*Arnold* Die Entstehung des Betriebsverfassungsgesetzes 1952, S. 24 f.; *Reichold* Betriebsverfassung als Sozialprivatrecht, S. 360 ff.). Vom Wirtschaftsrat des Vereinigten Wirtschaftsgebiets wurde lediglich in § 1 Abs. 1 TVG vom 09.04.1949 (WiGBl., S. 55) die Befugnis der Sozialpartner festgelegt, auch betriebsverfassungsrechtliche Fragen zu regeln, und das Gesetz über die Wählbarkeit zum Betriebsrat vom 09.08.1949 (WiGBl., S. 247) erlassen. Zum Ganzen *Plumeyer* Die Betriebsrätegesetze der Länder 1947–1950 (Diss. Hannover), 1995.

c) Bundesrepublik Deutschland

19 Die bestehende Rechtszersplitterung wurde für das Bundesgebiet hinsichtlich der betrieblichen Mitbestimmung erst durch das Betriebsverfassungsgesetz vom 14.10.1952 (BGBl. I, S. 681) beseitigt, das zwar an das BRG 1920 anknüpfte, aber wesentlich über dieses hinausging (zur Entwicklung der Mitbestimmungsgesetzgebung nach 1945 in der Bundesrepublik *Kolbe* Mitbestimmung und Demokratieprinzip, S. 24 ff.; zur Entstehungsgeschichte des Betriebsverfassungsgesetzes 1952 Rdn. 20). Die Mitbestimmung im Unternehmen wurde außer in §§ 76 ff. BetrVG 1952 zuvor schon geregelt durch das Gesetz über die Mitbestimmung der Arbeitnehmer in den Aufsichtsräten und Vorständen der Unternehmen des Bergbaus und der Eisen und Stahl erzeugenden Industrie vom 21.05.1951 (BGBl. I, S. 347) und das Gesetz zur Ergänzung des Gesetzes über die Mitbestimmung der Arbeitnehmer in den Aufsichtsräten und Vorständen der Unternehmen des Bergbaus und der Eisen und Stahl erzeugenden Industrie vom 07.08.1956 (BGBl. I, S. 707) nebst Wahlordnung vom 10.10.2005 (BGBl. I, S. 2927), jeweils mit späteren Änderungen. Für den öffentlichen Dienst erging das Personalvertretungsgesetz des Bundes vom 05.08.1955 (BGBl. I, S. 477), das durch Landesgesetze ergänzt wurde (zum Personalvertretungsrecht IX). Zur weiteren Entwicklung des Betriebsverfassungsrechts III – VII. Die Mitbestimmung im Unternehmen fand einen vorläufigen Abschluss im Mitbestimmungsgesetz vom 04.05.1976 (BGBl. I, S. 1153) mit späteren Änderungen und den hierzu erlassenen Wahlordnungen vom 27.05.2002 (BGBl. I, S. 1682, 1708, 1741) mit späteren Änderungen, insb. VO vom 26.08.2015 (BGBl. I, S. 1443); zur Verfassungswidrigkeit des § 12 Abs. 1 Satz 2 MitbestG *BVerfG* 12.10.2004 EzA § 12 Mitbestimmungsgesetz Nr. 2 S. 10 ff. = AP Nr. 3 zu § 12 MitbestG Bl. 5 ff., dazu *Säcker* RdA 2005, 113 ff. An die Stelle der §§ 76 ff. BetrVG ist das Gesetz über die Drittelbeteiligung der Arbeitnehmer im Aufsichtsrat (Drittelbeteiligungsgesetz – DrittelbG) vom 18.05.2004 (BGBl. I, S. 974, dazu *Huke/Prinz* BB 2004, 2633; *Freis/Kleinefeld/Kleinsorge/Voigt* Drittelbeteiligungsgesetz, 2004; *Oetker*/ErfK Nr. 260) nebst Wahlordnung vom 23.06.2004 (BGBl. I, S. 1393) mit späteren Änderungen (VO vom 26.08.2015, BGBl. I, S. 1443) getreten. Hinsichtlich der Anwendung der Mitbestimmungsgesetze in der Europäischen Gemeinschaft ist das Gesetz zur Beibehaltung der Mitbestimmung beim Austausch von Anteilen und der Einbringung von Unternehmensteilen, die Gesellschaften verschiedener Mitgliedstaaten der Europäischen Gemeinschaften betreffen (Mitbestimmungs-Beibehaltungsgesetz – MitbestBeiG), vom 23.08.1994 (BGBl. I, S. 2228) mit späteren Änderungen erlassen worden. Vgl. ferner Gesetz über die Mitbestimmung der Arbeitnehmer bei einer grenzüberschreitenden Verschmelzung (MgVG) vom 21.12.2006 (BGBl. I, S. 3332). Zur Zukunft der Unternehmensmitbestimmung Bd. 1 der ZAAR-Schriftenreihe, 2004 hrsg. von *Rieble*; 66. DJT Unternehmensmitbestimmung vor dem Hintergrund europarechtlicher Entwicklungen, 2006, Gutachten von *Raiser* B 9 ff., 2006; Sitzungsberichte – Diskussion und Beschlussfassung Teil M; zur Reformdiskussion insgesamt Bitburger Gespräche Jb. 2006/I, 2006; *Junker* Unternehmensmitbestimmung in Deutschland, ZfA 2005, 1 ff.; Bericht der wissenschaftlichen Mitglieder der »Kommission zur Modernisierung der deutschen Unternehmensmitbestimmung« mit Stellungnahmen der Vertreter der Unternehmen und der Vertreter der Arbeitnehmer, 2006, www.bundesregierung.de/Content/DE/Artikel/2006/12/Anlagen/2006-12-20-mitbestimmungskommission, dazu *Rüthers* NZA 2007,426 ff.; vgl. auch den Überblick de lege lata und de lege ferenda von *Bayer* NJW 2016, 1930 ff.

II. Entstehungsgeschichte des BetrVG 1952

20 In seiner Regierungserklärung vom 20.09.1949 (BT-Prot. Bd. 1, S. 26) kündigte Bundeskanzler *Adenauer* an, die Rechtsbeziehungen zwischen Arbeitnehmern und Arbeitgebern zeitgemäß neu zu ordnen. Auf Antrag der Fraktion der *CDU/CSU* vom 19.10.1949 (BT-Drucks. I/117) wurde die Bundesregierung ersucht, in Ausführung des Programms der Regierungserklärung vom 20.09.1949 dem Bundestag den Entwurf eines Gesetzes zur Neuregelung der Beziehungen zwischen Arbeitnehmern und Arbeitgebern vorzulegen, der das KRG Nr. 22 und die Betriebsrätegesetze der Länder ersetzen und gleichzeitig das Mitbestimmungsrecht der Arbeitnehmer festlegen sollte. Im Jahre 1950 versuchten die Spitzenorganisationen der Sozialpartner in den sog. Hattenheimer Gesprächen zu einer Einigung über die Regelung der betrieblichen und – in Anknüpfung an Grundgedanken des Art. 165 WV – auch der außerbetrieblichen Mitbestimmung zu kommen, die jedoch wegen unüberbrückbarer Gegensätze über die wirtschaftliche Mitbestimmung erfolglos blieben (RdA 1950, 63, 147 f.; daselbst S. 148 f. Stellungnahme der *DAG*). Daraufhin legten sowohl der *DGB* Vorschläge zur Neuordnung der deutschen Wirtschaft als auch die in der *Arbeitsgemeinschaft der Deutschen gewerblichen Wirtschaft* zusammengefassten Spitzenorganisationen der Unternehmerschaft eine Denkschrift vor (RdA 1950, 181 ff., 183 ff., 185 ff.). Es folgten ein *CDU/CSU*-Entwurf über die Mitbestimmung der Arbeitnehmer im Betrieb vom 17.05.1950 (BT-Drucks. Nr. 970) und ein *SPD*-Entwurf zur Neuordnung der Wirtschaft vom 25.07.1950 (BT-Drucks. Nr. 1229; zum damit im Wesentlichen übereinstimmenden Gesetzesvorschlag des *DGB* RdA 1950, 227 ff.). Diese wurden am 27.07.1950 erstmalig im Bundestag beraten und an den Ausschuss für Arbeit – federführend – sowie den Ausschuss für Wirtschaftspolitik überwiesen (BT-Prot. Bd. 4, S. 2927 ff., 2996). Ein während der Beratungen des Bundestags im Zeitungswesen vom 27. bis 29.05.1950 durchgeführter Streik, mit dem auf die Gestaltung des Gesetzes Einfluss genommen werden sollte, scheiterte. Nachdem auch erneute Verhandlungen von Vertretern der Sozialpartner unter Vorsitz des Bundesministers für Arbeit in Bonn und Maria-Laach erfolglos blieben (RdA 1950, 223 f., 267 f.), leitete die Bundesregierung am 22.09.1950 den Entwurf eines Gesetzes über die Neuordnung der Beziehungen von Arbeitnehmern und Arbeitgebern in den Betrieben (Betriebsverfassungsgesetz) dem Bundesrat zu (BR-Drucks. 697/50). Dieser nahm hierzu sowie zu den Empfehlungen und Änderungsvorschlägen der beteiligten Ausschüsse am 22.09.1950 Stellung (BR-Prot. 1950, S. 588 ff.). Am 31.10.1950 wurde der Entwurf im Bundestag eingebracht (BT-Drucks. Nr. 1546), am 16.11.1950 ohne Aussprache erstmals beraten und an den Ausschuss für Arbeit überwiesen (BT-Prot. Bd. 5, S. 3785 f.). Dieser legte am 08.07.1952 einen Schriftlichen Bericht nebst Antrag vor (BT-Drucks. Nr. 3585; s. auch RdA 1950, 281 ff.). Die zweite Beratung aller Gesetzentwürfe fand im Bundestag am 16. und 17.07.1952 (BT-Prot. Bd. 12, S. 9932 ff.), die dritte am 19.07.1952 (BT-Prot. Bd. 12, S. 10239 ff.) statt. Das Gesetz wurde mit 195 Ja-Stimmen gegen 139 Nein-Stimmen bei 7 Enthaltungen angenommen (BT-Prot. Bd. 12, S. 10281 C, 10295 D). Am 30.07.1952 stimmte der Bundesrat dem Gesetz zu (BR-Prot. 1952, S. 352 ff.). Nach Aufhebung des KRG Nr. 22 durch das Gesetz A-30 der Alliierten Hohen Kommission vom 30.09.1952 (ABl.AHK, S. 1953) im sachlichen Geltungsbereich des Betriebsverfassungsgesetzes wurde dieses am 14.10.1952 verkündet (BGBl. I, S. 681) und trat am 14.11.1952 in Kraft (§ 92; für Berlin Übernahmegesetz vom 30.12.1952 – GVBl. 1953, S. 9, für das Saarland Gesetz vom 22.12.1956 – ABl., S. 1688). Die bisher geltenden Landesgesetze für den Bereich der privaten Wirtschaft wurden aufgehoben (§ 90). Außerdem erging am 18.03.1953 (BGBl. I, S. 58) die Erste Rechtsverordnung zur Durchführung des Betriebsverfassungsgesetzes, geändert durch VO vom 07.02.1962 (BGBl. I, S. 64). Zum Ganzen auch *Reichold* Betriebsverfassung als Sozialprivatrecht, S. 370 ff.

III. Entstehungsgeschichte des BetrVG 1972

Literatur

Adomeit Thesen zur betrieblichen Mitbestimmung nach dem neuen Betriebsverfassungsgesetz, BB 1972, 53; *Anders* Das neue Betriebsverfassungsgesetz aus der Sicht der DAG, BArbBl. 1972, 299; *Arendt* Die Reform der Betriebsverfassung, BArbBl. 1972, 273; *Auffarth* Überblick über das neue Betriebsverfassungsgesetz, BUV 1971, 193; *ders.* Das neue Betriebsverfassungsgesetz, AuR 1972, 33; *ders.* Zehn Jahre Betriebsverfassungsgesetz 1972, RdA 1982, 201; *Biedenkopf* Anmerkungen zum Betriebsverfassungsgesetz 1972, BB 1972, 1513; *Blanke* 10 Jahre Betriebsverfassungsgesetz – gewerkschaftliche Erfahrungen, DMitbest. 1982, 179; *Boldt* Zum neuen deutschen Betriebsverfassungsgesetz, ZAS 1972, 43; *Breinlinger/Kittner* Die operativen Rechte des Betriebsrates. Bilanz der höchstrichterlichen Rechtsprechung nach 10 Jahren Betriebsverfassungsgesetz, BB 1982, 1933; *Buchner* Reform des Betriebsverfassungsrechts, Die AG 1971, 135; *ders.* Zentrale Punkte des neuen Betriebsverfassungsrechts, Die AG 1973, 13 (58); *Dütz* Strukturen des Betriebsverfassungsrechts, JuS 1972, 685; *Dütz/Schulin* Das Betriebsverfassungsrecht in seiner dogmatischen und systematischen Fortentwicklung, ZfA 1975, 103; *Erdmann* Rechtliche und rechtspolitische Probleme des Betriebsverfassungsgesetzentwurfes, BlStSozArbR 1971, 241; *Farthmann* Grundzüge der neuen Betriebsverfassung, GewMH 1972, 4; *Fitting* Die Grundzüge des neuen Betriebsverfassungsgesetzes, BArbBl. 1972, 276; *Galperin* Der Regierungsentwurf eines neuen Betriebsverfassungsgesetzes, 1971; *ders.* Das

Einleitung

Betriebsverfassungsgesetz 1972, 1972; *Gester* Zur Stellung der Gewerkschaften im Betrieb nach dem neuen Betriebsverfassungsgesetz, GewMH 1972, 19; *Göbel* Das neue Betriebsverfassungsrecht, BlStSozArbR 1972, 1, 23 (45); *Hanau* Unklarheiten in dem Regierungsentwurf des Betriebsverfassungsgesetzes, BB 1971, 485; *Hromadka* Betriebsverfassungsgesetz 72, NJW 1972, 183; *Lezius* (Hrsg.) 10 Jahre Betriebsverfassungsgesetz 1972 (AGP-Veröffentlichungen), 1982; *Reuter* Das neue Betriebsverfassungsgesetz, JuS 1972, 163; *Reuter/Streckel* Grundfragen der betriebsverfassungsrechtlichen Mitbestimmung, 1973; *Ruf* Mitbestimmung der Arbeitnehmer in Betrieb und Unternehmen, DB 1971, 1768 (1816); *ders.* Das neue Betriebsverfassungsgesetz, DB 1971, 2475; *W. Schneider* Das neue Betriebsverfassungsgesetz – Entstehung und Schwerpunkte, MitbestGespr. 1972, 3; *ders.* Das neue Betriebsverfassungsgesetz aus der Sicht des DGB, BArbBl. 1972, 292; *ders.* 5 Jahre Betriebsverfassungsgesetz 1972 – eine Zwischenbilanz, MitbestGespr. 1977, 23; *Wiese* Der Ausbau des Betriebsverfassungsrechts, JArbR Bd. 9 (1971), 1972, S. 55; *Wisskirchen* Das neue Betriebsverfassungsgesetz aus der Sicht der Arbeitgeber, BArbBl. 1972, 288; *Wölfel* Das neue Betriebsverfassungsgesetz, ArbuSozR 1972, 2.

21 Trotz der erbitterten Auseinandersetzungen beim Zustandekommen des BetrVG 1952 hatte sich dieses doch im Wesentlichen bewährt, was auch in der amtlichen Begründung des Regierungsentwurfs eines Betriebsverfassungsgesetzes vom 18.12.1970 anerkannt wurde (BT-Drucks. VI/1786, S. 31 l.). Obwohl es auch nur in 6 % aller betriebsratsfähigen Betriebe angewendet wurde, war seine praktische Bedeutung doch größer, weil in diesen Betrieben etwa zwei Drittel aller Arbeitnehmer beschäftigt waren (*Arendt* BT-Prot. Bd. 75, S. 5804 B). Seit seinem Inkrafttreten war es nur geringfügig geändert worden:
- § 121 Arbeitsgerichtsgesetz vom 03.09.1953 (BGBl. I, S. 1267);
- Gesetz zur Änderung des Betriebsverfassungsgesetzes vom 15.12.1964 (BGBl. I, S. 1065);
- § 40 Abs. 1 Einführungsgesetz zum Aktiengesetz vom 06.09.1965 (BGBl. I, S. 1185);
- Art. 4 Gesetz zur Verwirklichung der mehrjährigen Finanzplanung des Bundes, II. Teil – Finanzänderungsgesetz 1967 – vom 21.12.1967 (BGBl. I, S. 1259);
- Art. 74 Erstes Gesetz zur Reform des Strafrechts (1. StrRG) vom 25.06.1969 (BGBl. I, S. 645);
- Art. 5 Abs. 7 Gesetz zur Änderung des Kündigungsrechts und anderer arbeitsrechtlicher Vorschriften (Erstes Arbeitsrechtsbereinigungsgesetz) vom 14.08.1969 (BGBl. I, S. 1106).

Wegen der inzwischen eingetretenen Fortentwicklung der technischen, wirtschaftlichen und sozialen Rahmenbedingungen wurde aber sowohl hinsichtlich zahlreicher Einzelfragen als auch der Art und des Umfangs der Mitbestimmung eine Reform des BetrVG 1952 angestrebt. Bereits in der 5. Legislaturperiode waren einige Gesetzentwürfe zu dessen Änderung eingebracht worden (*CDU/CSU*-Entwurf vom 02.11.1967, BT-Drucks. V/2234, BT-Prot. Bd. 65, S. 7422 ff.; *SPD*-Entwurf vom 16.12.1968, BT-Drucks. V/3658, BT-Prot. Bd. 68, S. 11337 ff.; *FDP*-Entwurf vom 20.03.1969, BT-Drucks. V/4011, BT-Prot. Bd. 69, S. 12581). Diese wurden aber nicht mehr abschließend behandelt. Vgl. ferner die Vorschläge des *DGB* zur Novellierung des Betriebsverfassungsgesetzes, AuR 1968, 80 ff., 112 ff., 145 ff., 167 ff., dazu *Pinther* AuR 1968, 97 ff.; als – ergänzte – Broschüre veröffentlicht, 1970.

22 In seiner Regierungserklärung vom 28.10.1969 (BT-Prot. Bd. 71, S. 28 f.) kündigte Bundeskanzler *Brandt* an, auf der Grundlage der bereits vorliegenden Gesetzentwürfe werde eine Reform des Betriebsverfassungsgesetzes und des Personalvertretungsgesetzes durchgeführt sowie der Bericht der Mitbestimmungskommission (BT-Drucks. VI/334; dazu *Biedenkopf* RdA 1970, 129 ff.) geprüft und erörtert werden (Stellungnahme der Bundesregierung vom 04.12.1970, BT-Drucks. VI/1551).

23 Am 01.10.1970 legte der Bundesminister für Arbeit und Sozialordnung den Entwurf eines neuen Betriebsverfassungsgesetzes vor (RdA 1970, 357 ff.). Auf der Grundlage der im Koalitionsgespräch vom 24.11.1970 getroffenen Vereinbarungen (RdA 1970, 370) wurde der Regierungsentwurf am 03.12.1970 vom Bundeskabinett verabschiedet (RdA 1971, 33 ff.) und am 18.12.1970 dem Bundesrat zugeleitet (BT-Drucks. 715/70). Aufgrund der Empfehlungen des Ausschusses für Arbeit und Sozialpolitik, des Ausschusses für Innere Angelegenheiten, des Rechtsausschusses und des Wirtschaftsausschusses vom 18.01.1971 (BT-Drucks. 715/1/70) nahm der Bundesrat am 29.01.1971 zum Entwurf Stellung (BR-Drucks. 715/70 [Beschluss]). Am selben Tage wurde der Regierungsentwurf mit Begründung beim Bundestag eingebracht (BT-Drucks. VI/1786) und am 05.02.1971 die Gegenäußerung der Bundesregierung zu der Stellungnahme des Bundesrats vom 29.01.1971 nachgereicht (BT-Drucks. zu VI/1786). Am 05.02.1971 brachte die Fraktion der *CDU/CSU* ihren Gesetzentwurf über

die Mitbestimmung der Arbeitnehmer in Betrieb und Unternehmen nebst Begründung im Bundestag ein (BT-Drucks. VI/1806; ferner *BDA*-Entwurf, in: Bundesvereinigung der Deutschen Arbeitgeberverbände, Vorschlag für ein Betriebsverfassungsgesetz, 1971; *DGB*-Entwurf, RdA 1970, 237 ff.; *DAG*-Entwurf, in: Deutsche Angestellten-Gewerkschaft, Änderungsvorlage zur Drucks. VI/1786, 1971; Synopse zum Betriebsverfassungsgesetz, R+S Verlag, Bonn, 4. Aufl. 1971, mit Gegenüberstellung von Regierungsentwurf, BetrVG 1952, Stellungnahme des Bundesrats, *CDU/CSU*-Entwurf, *DGB*-Entwurf und *BDA*-Entwurf).

Die erste Lesung beider Entwürfe fand am 11.02.1971 statt (BT-Prot. Bd. 75, S. 5803); sie wurden anschließend an den Ausschuss für Arbeit und Sozialordnung – federführend – und an den Ausschuss für Wirtschaft und den Rechtsausschuss – mitberatend – überwiesen (BT-Prot. Bd. 75, S. 5897 B). Der Ausschuss für Arbeit und Sozialordnung behandelte beide Gesetzentwürfe in 23 Sitzungen (Schriftlicher Bericht des Ausschusses, zu BT-Drucks. VI/2729, S. 3 l.). Am 24./25. 02. und 13./14.05.1971 fanden öffentliche Informationssitzungen statt, in denen Sachverständige aus allen Bereichen des Arbeits- und Wirtschaftslebens gehört wurden (BT-Prot. Nr. 45, 46, 57, 58 [6. Wahlperiode] des Ausschusses für Arbeit und Sozialordnung). Der Ausschuss legte zu den Entwürfen am 14./22.10.1971 seinen Schriftlichen Bericht über den Regierungsentwurf eines Betriebsverfassungsgesetzes und den *CDU/CSU*-Entwurf eines Gesetzes über die Mitbestimmung der Arbeitnehmer in Betrieb und Unternehmen vor (BT-Drucks. VI/2729; zu BT-Drucks. VI/2729). Die zweite und dritte Lesung der Entwürfe fand am 10.11.1971 statt; der Regierungsentwurf wurde mit 264 gegen 212 Stimmen bei 4 Enthaltungen vom Bundestag angenommen (BT-Prot. Bd. 77, S. 8586 [8674]) und am 12.11.1971 dem Bundesrat zugeleitet (BR-Drucks. 633/71), der am 03.12.1971 beschloss, den Vermittlungsausschuss anzurufen (BR-Drucks. 633/1–8/71; 633/71 [Beschluss]; BR-Prot. 1971, S. 349 C; BT-Drucks. VI/2904). Dieser bestätigte in seiner Sitzung vom 13.12.1971 das Gesetz (BR-Drucks. 708/71). Der Bundesrat stimmte darauf am 17.12.1971 zu (BR-Drucks. 708/71 [Beschluss]; BR-Prot. 1971, S. 373 C). Am 18.01.1972 wurde das Gesetz verkündet (BGBl. I, S. 13) und trat am Tage danach in Kraft (§ 132). Zur Geltung in Berlin GVBl. Berlin 1972, S. 315. **24**

Die Wahlordnung wurde als Erste Verordnung zur Durchführung des Betriebsverfassungsgesetzes vom 16.01.1972 am 19.01.1972 verkündet und ist am 20.01.1972 in Kraft getreten (BGBl. I, S. 49; hierzu BT-Drucks. 674/71; BT-Drucks. 674/1/71; BT-Drucks. 674/71 [Beschluss]; zur Geltung in Berlin GVBl. Berlin 1972, S. 398). Sie löste damit die Wahlordnung vom 18.03.1953 (BGBl. I, S. 58) i. d. F. vom 07.02.1962 (BGBl. I, S. 64) ab, die jedoch nach § 35 Abs. 2 für Wahlen nach §§ 76, 77 BetrVG 1952 weitergalt. Die Zweite Verordnung zur Durchführung des Betriebsverfassungsgesetzes (Wahlordnung Seeschifffahrt – WOS) vom 24.10.1972 wurde am 28.10.1972 verkündet (BGBl. I, S. 2029) und ist am 29.10.1972 in Kraft getreten (§ 63). Die im Gesetzgebungsverfahren umstrittene Verfassungsmäßigkeit des BetrVG 1972 ist uneingeschränkt zu bejahen (Rdn. 52). **25**

IV. Entstehungsgeschichte der Novelle 1988

Literatur
Apitzsch/Klebe/Schumann BetrVG '90 – Der Konflikt um eine andere Betriebsverfassung, 1988; *Buchner* Das Gesetz zur Änderung des Betriebsverfassungsgesetzes, über Sprecherausschüsse der leitenden Angestellten und zur Sicherung der Montan-Mitbestimmung, NZA 1989, Beil. Nr. 1, S. 2; *Dänzer-Vanotti* Die Änderung der Wahlvorschriften nach dem neuen Betriebsverfassungsgesetz, AuR 1989, 204; *Eich* Der SPD-Entwurf zur Änderung des Betriebsverfassungsgesetzes, DB 1985, 1993; *Engels/Natter* Die geänderte Betriebsverfassung. Minderheitenschutz, Mitwirkung der Arbeitnehmer bei neuen Techniken, leitende Angestellte und ihre Sprecherausschüsse, BB 1989, Beil. Nr. 8, S. 1; *Hanau* SPD-Entwurf eines Gesetzes zum Ausbau und zur Sicherung der betrieblichen Mitbestimmung, RdA 1986, 250; *ders.* Die juristische Problematik des Entwurfs eines Gesetzes zur Verstärkung der Minderheitenrechte in den Betrieben und Verwaltungen (BT-Drucks. 10/3384 vom 22. Mai 1985), 1986; *ders.* Der Entwurf eines »Gesetzes zur Verstärkung der Minderheitenrechte in den Betrieben und Verwaltungen«, RdA 1985, 291; *ders.* Zur Neuregelung der leitenden Angestellten und des Minderheitenschutzes in der Betriebsverfassung, AuR 1988, 261; *Heither* Minderheiten- und Gruppenschutz im neuen Betriebsverfassungsgesetz, NZA 1990, Beil. Nr. 1, S. 11; *Löwisch* Novellierung des Mitbestimmungsrechts. Der Koalitionsentwurf zur Änderung des Betriebsverfassungsgesetzes, zur Einführung von Sprecherausschüssen und zur Sicherung der Montanmitbestimmung, BB

Einleitung

1988, 1953; *Plander* Differenzierungen in der Betriebsverfassung – ein sinnvoller Weg?, AiB 1988, 272; *Richardi* Der Gesetzentwurf zur Verstärkung der Minderheitenrechte in den Betrieben und Verwaltungen (MindRG), AuR 1986, 33; *Röder* Die Neuregelung der Betriebsverfassung, NZA 1989, Beil. Nr. 4, S. 2; *Schneider* Das geänderte Betriebsverfassungsgesetz: Ein Schritt in die falsche Richtung, MitB 1989, S. 9; *ders.* Kritischer Kommentar zu den geplanten Änderungen des Betriebsverfassungsgesetzes, GewUmschau Heft 4–5 1988, Beil. Der Betriebsrat, S. 1; *Schumann* Ein Beitrag zur Spaltung der Arbeitnehmerschaft, AiB 1988, 205; *ders.* Betriebsverfassungsgesetz quo vadis?, GewMH 1987, 721; *Wlotzke* Die Änderungen des Betriebsverfassungsgesetzes und das Gesetz über Sprecherausschüsse der leitenden Angestellten, DB 1989, 111, 173. Zu den **Sprecherausschüssen** der leitenden Angestellten Literatur zu § 5 und zu § 18a, zur Neuregelung der **Jugend- und Auszubildendenvertretung** Literatur vor § 60.

26 Nach Inkrafttreten des BetrVG 1972 ergingen zunächst lediglich zu einzelnen seiner Vorschriften Änderungsgesetze:
 – Gesetz zum Schutze in Ausbildung befindlicher Mitglieder von Betriebsverfassungsorganen vom 18.01.1974 (BGBl. I, S. 85);
 – Art. 238 Einführungsgesetz zum Strafgesetzbuch (EGStGB) vom 02.03.1974 (BGBl. I, S. 469);
 – Art. 2 Beschäftigungsförderungsgesetz 1985 (BeschFG 1985) vom 26.04.1985 (BGBl. I, S. 710);
 – Art. 3 Erstes Gesetz zur Änderung des Schwerbehindertengesetzes vom 24.07.1986 (BGBl. I, S. 1110);
 – Art. 1 Gesetz zur Bildung von Jugend- und Auszubildendenvertretungen in den Betrieben vom 13.07.1988 (BGBl. I, S. 1034).

27 Daneben wurde die Betriebsverfassung durch weitere Vorschriften außerhalb des Betriebsverfassungsgesetzes ergänzt:
 – § 14 Gesetz zur Regelung der gewerbsmäßigen Arbeitnehmerüberlassung (Arbeitnehmerüberlassungsgesetz – AÜG) vom 07.08.1972 (BGBl. I, S. 1393);
 – § 9 Gesetz über Betriebsärzte, Sicherheitsingenieure und andere Fachkräfte für Arbeitssicherheit vom 12.12.1973 (BGBl. I, S. 1885);
 – §§ 23 ff. Gesetz zur Sicherung der Eingliederung Schwerbehinderter in Arbeit, Beruf und Gesellschaft (Schwerbehindertengesetz – SchwbG) i. d. F. vom 26.08.1986 (BGBl. I, S. 1421);
 – § 29a Heimarbeitsgesetz vom 14.03.1951 (BGBl. I, S. 191), der durch Art. 1 des Gesetzes zur Änderung des Heimarbeitsgesetzes und anderer arbeitsrechtlicher Vorschriften (Heimarbeitsänderungsgesetz) vom 29.10.1974 (BGBl. I, S. 2879) eingefügt wurde;
 – § 1 Gesetz über den Sozialplan im Konkurs- und Vergleichsverfahren vom 20.02.1985 (BGBl. I, S. 369).

28 Nicht Gesetz wurde dagegen in der 10. Legislaturperiode ein Entwurf der Fraktion der *SPD* eines Gesetzes zum Schutz der Teilzeitbeschäftigten vom 05.12.1984 (BT-Drucks. 10/2559), mit dem auch eine Ergänzung einzelner Vorschriften des Betriebsverfassungsgesetzes 1972 angestrebt wurde. Gleiches gilt für den von den Fraktionen der *CDU/CSU* sowie der *FDP* eingebrachten Entwurf eines Gesetzes zur Verstärkung der Minderheitenrechte in den Betrieben und Verwaltungen (MindRG) vom 22.05.1985 (BT-Drucks. 10/3384), der auch die Errichtung von Sprecherausschüssen für leitende Angestellte zum Gegenstand hatte, sowie den von der Fraktion der *SPD* eingebrachten Entwurf eines Gesetzes zum Ausbau und zur Sicherung der betrieblichen Mitbestimmung vom 23.07.1985 (BT-Drucks. 10/3666), der auf eine erhebliche Erweiterung der Mitbestimmungsrechte gerichtet war. Auf außerparlamentarischer Ebene lag ein Gesetzesvorschlag des *DGB* zur Änderung des Betriebsverfassungsrechts aus dem Jahre 1985 (hrsg. vom *DGB*-Bundesvorstand) vor (dazu Aufsätze *Hans Böckler Stiftung* [Hrsg.] Mitb 1988, 297 ff.).

29 In der 11. Legislaturperiode brachten unter dem 16.06.1988 die Fraktionen der *CDU/CSU* und *FDP* erneut den Entwurf eines Gesetzes zur Änderung des Betriebsverfassungsgesetzes, über Sprecherausschüsse der leitenden Angestellten und zur Sicherung der Montan-Mitbestimmung (BT-Drucks. 11/2503) ein, der mit dem früheren Entwurf vom 22.05.1985 im Wesentlichen wörtlich übereinstimmte. Außerdem brachte die *SPD*-Fraktion am 28.09.1988 den Entwurf eines Gesetzes zum Ausbau und zur Änderung der betrieblichen Mitbestimmung – Betriebsverfassungsgesetz 1988 – (BT-Drucks. 11/2995) ein (vgl. auch Art. 9 des Entwurfs eines Gesetzes zur Aufhebung der Benachteiligung von Frauen in allen gesellschaftlichen Bereichen, insbesondere in der Erwerbsarbeit [Antidis-

kriminierungsgesetz Teil I – ADG I] der Fraktion der *GRÜNEN* vom 07.11.1988, BT-Drucks. 11/3266, und Art. 8 des Entwurfs eines Gesetzes zur Gleichstellung von Frau und Mann im Berufsleben [Gleichstellungsgesetz] der Fraktion der *SPD* vom 13.12.1988, BT-Drucks. 11/3728).

Die erste Beratung des *CDU/CSU*- und *FDP*-Entwurfs fand am 23.06.1988 statt (BT-Prot. Bd. 145, S. 5972 ff.); er wurde anschließend zur federführenden Beratung an den Ausschuss für Arbeit und Sozialordnung und zur Mitberatung an den Innenausschuss, den Rechtsausschuss und an den Ausschuss für Wirtschaft überwiesen. Der Ausschuss für Arbeit und Sozialordnung führte am 28.09.1988 in Bonn eine öffentliche Informationssitzung mit einer Anhörung von Sachverständigen durch (BT-Prot. Nr. 48, 11. Wahlperiode, des Ausschusses für Arbeit und Sozialordnung) und legte am 30.11.1988 eine Beschlussempfehlung (BT-Drucks. 11/3604) sowie am 01.12.1988 seinen Bericht (BT-Drucks. 11/3618) vor. Am 01.12.1988 fanden im Bundestag die zweite und dritte Beratung über den *CDU/CSU*- und *FDP*-Entwurf statt (BT-Prot. Bd. 147, S. 8155 ff.); die Änderungsanträge der Fraktion der *SPD* vom 30.11.1988 (BT-Drucks. 11/3605) und der Fraktion *DIE GRÜNEN* vom 01.12.1988 (BT-Drucks. 11/3630) wurden abgelehnt (BT-Prot. Bd. 147, S. 8180 f.), der *CDU/CSU*- und *FDP*-Entwurf dagegen in der Fassung der Beschlussempfehlung angenommen. Der das Betriebsverfassungsgesetz ändernde Art. 1 und der das Sprecherausschussgesetz betreffende Art. 2 des Entwurfs erhielten in namentlicher Abstimmung 232 Ja-Stimmen gegen 175 Nein-Stimmen (BT-Prot. Bd. 147, S. 8181 f.). Der Bundesrat verzichtete durch Beschluss vom 16.12.1988 auf die Einberufung des Vermittlungsausschusses (BR-Drucks. 574/88 [Beschluss]). Das am 20.12.1988 ausgefertigte Gesetz zur Änderung des Betriebsverfassungsgesetzes, über Sprecherausschüsse der leitenden Angestellten und zur Sicherung der Montan-Mitbestimmung wurde am 23.12.1988 verkündet (BGBl. I, S. 2312) und trat am 01.01.1989 in Kraft (Art. 7). Das Betriebsverfassungsrecht beruht daher seitdem sowohl auf dem Betriebsverfassungsgesetz als auch auf dem **Sprecherausschussgesetz**. Zur Geltung des Gesetzes vom 20.12.1988 in Berlin GVBl. 1989, S. 55. Unter Berücksichtigung aller bisherigen Änderungsgesetze wurde das Betriebsverfassungsgesetz vom Bundesminister für Arbeit und Sozialordnung unter dem 23.12.1988 in der ab 01.01.1989 geltenden Neufassung bekannt gemacht (BGBl. I, 1989, S. 1, 902). Ein von der Fraktion *DIE GRÜNEN* am 11.05.1989 im Bundestag eingebrachter Entwurf eines Betriebsverfassungsgesetzes 1989 (BT-Drucks. 11/4525) wurde wegen Ablaufs der Legislaturperiode nicht mehr beraten und war damit erledigt.

Nach Inkrafttreten der Novelle vom 20.12.1988 ist das Betriebsverfassungsgesetz bis zum BetrVerf-Reformgesetz 2001 wie folgt geändert bzw. ergänzt worden:
– Art. 34 Gesetz zur Reform der gesetzlichen Rentenversicherung (Rentenreformgesetz 1992 – RRG 1992) vom 18.12.1989 (BGBl. I, S. 2261, 2381);
– §§ 15, 19 Gesetz über die Gründung einer Deutschen Bahn Aktiengesellschaft (Deutsche Bahn Gründungsgesetz-DBGrG) vom 27.12.1993 (BGBl. I, S. 2378, 2386; 1994 I, S. 2439), das als Art. 2 Gesetz zur Neuordnung des Eisenbahnwesens (Eisenbahnneuordnungsgesetz – ENeuOG) vom 27.12.1993 (BGBl. I, S. 2378) erlassen wurde;
– Art. 5 Gesetz zur Durchsetzung der Gleichberechtigung von Frauen und Männern (Zweites Gleichberechtigungsgesetz – 2. GleiBG) vom 24.06.1994 (BGBl. I, S. 1406, 2103);
– Art. 12 Abs. 68 Gesetz zur Neuordnung des Postwesens und der Telekommunikation (Postneuordnungsgesetz – PTNeuOG) vom 14.09.1994 (BGBl. I, S. 2325, 2392);
– Art. 13 Gesetz zur Bereinigung des Umwandlungsrechts (UmwBerG) vom 28.10.1994 (BGBl. I, S. 3210, 3264);
– Art. 3 Gesetz zur Umsetzung der EG-Rahmenrichtlinie Arbeitsschutz und weiterer Arbeitsschutz-Richtlinien vom 07.08.1996 (BGBl. I, S. 1246, 1252);
– Art. 17 Gesetz zur Einordnung des Rechts der gesetzlichen Unfallversicherung in das Sozialgesetzbuch (Unfallversicherungs-Einordnungsgesetz UVEG) vom 07.08.1996 (BGBl. I, S. 1254, 1313);
– Art. 5 Arbeitsrechtliches Gesetz zur Förderung von Wachstum und Beschäftigung (Arbeitsrechtliches Beschäftigungsförderungsgesetz) vom 25.09.1996 (BGBl. I, S. 1476, 1478);
– Art. 52 Gesetz zur Reform der Arbeitsförderung (Arbeitsförderungs-Reformgesetz – AFRG) vom 24.03.1997 (BGBl. I, S. 594);
– Art. 9 Gesetz zu Korrekturen in der Sozialversicherung und zur Sicherung der Arbeitnehmerrechte vom 19.12.1998 (BGBl. I, S. 3843, 3850);

Einleitung

- Art. 2a Gesetz über Teilzeitarbeit und befristete Arbeitsverträge und zur Änderung und Aufhebung arbeitsrechtlicher Bestimmungen vom 21.12.2000 (BGBl. I, S. 1966);
- Art. 28 Gesetz zur Einführung des Euro im Sozial- und Arbeitsrecht sowie zur Änderung anderer Vorschriften (4. Euro-Einführungsgesetz) vom 21.12.2000 (BGBl. I, S. 1983);
- Art. 3 § 40 Gesetz zur Beendigung der Diskriminierung gleichgeschlechtlicher Gemeinschaften: Lebenspartnerschaften vom 16.02.2001 (BGBl. I, S. 266);
- Art. 39 SGB IX vom 19.06.2001 (BGBl. I, S. 1046, 1118).

Außerdem wurden die Erste Verordnung zur Durchführung des Betriebsverfassungsgesetzes durch Verordnungen vom 20.07.1988 (BGBl. I, S. 1072), vom 28.09.1989 (BGBl. I, S. 1793) und vom 16.01.1995 (BGBl. I, S. 43) sowie die Zweite Verordnung zur Durchführung des Betriebsverfassungsgesetzes (Wahlordnung Seeschiffahrt – WOS) durch Verordnung vom 28.09.1989 (BGBl. I, S. 1795) geändert.

V. Gesetzesentwicklung in der DDR und Wiedervereinigung

Literatur
Däubler Die Entwicklung des Arbeitsrechts in der DDR – eine Momentaufnahme, AuR 1990, 149; *Deutscher Bundestag* Materialien zum Bericht zur Lage der Nation 1972, BT-Drucks. VI/3080, S. 187; *Gill* FDGB. Die DDR-Gewerkschaft von 1945 bis zu ihrer Auflösung 1990, 1991; *Haas/Leutwein* Die rechtliche und soziale Lage der Arbeitnehmer in der sowjetischen Besatzungszone, 4. Aufl. 1957; *Heilmann* Das Arbeitsrecht der Sowjetischen Besatzungszone (1945–1949). Ein Beitrag zur Entstehungsgeschichte der DDR, Diss. Bremen 1973; *Kissel* Ein Jahr gesamtdeutsches Arbeitsrecht, NZA 1992, 1; *Lieser* Individuum und Mitbestimmung im geteilten Deutschland, RdA 1971, 74; *Neukirchen* Betriebsvereinbarung und Betriebskollektivvertrag (Diss. Mainz), 1981; *Oetker* Das Betriebsverfassungsrecht der DDR auf der Grundlage des AGB, Recht in Ost und West 1984, 60; *Ondrusch* Arbeitsrechtspolitik in der DDR, AiB 1990, 92; *Ramm* Die Mitbestimmung als Teil der Arbeits- und Wirtschaftsverfassung der Bundesrepublik Deutschland und der Deutschen Demokratischen Republik, FS Duden, 1977, S. 439; *Rüthers* Arbeitsrecht und politisches System BRD:DDR, 1972; *Schad* Die Stellung der Gewerkschaften im Wirtschaftssystem der Bundesrepublik und der DDR, Diss. München 1973; *Wlotzke/Lorenz* Arbeitsrecht und Arbeitsschutzrecht im deutsch-deutschen Einigungsprozess, BB 1990, Beil. Nr. 35, S. 1.

32 In der sowjetischen Besatzungszone wurde nur durch die Landesverwaltung Thüringen ein Gesetz über die Bildung vorläufiger Betriebsräte, ihre Rechte und Aufgaben vom 10.10.1945 (RegBl. für das Land Thüringen, S. 41) erlassen (aufgehoben durch Gesetz vom 29.03.1949 [RegBl. für das Land Thüringen, S. 20]). Mit Inkrafttreten des KRG Nr. 22 (Rdn. 17) galt dieses auch in der gesamten sowjetischen Besatzungszone. Auf der Bitterfelder FDGB-Konferenz am 25./26.11.1948 wurde die Vereinigung der Betriebsgewerkschaftsleitungen mit den Betriebsräten in Betrieben, deren Belegschaften mindestens zu 80 % organisiert waren, beschlossen. In der Folgezeit wurden nur noch die Betriebsgewerkschaftsleitungen als gesetzliche Vertreter der Werktätigen anerkannt (*Däubler* AuR 1990, 149 [151]). Nach Errichtung der DDR im Jahre 1949 trat am 01.05.1950 das Gesetz der Arbeit vom 19.04.1950 (GBl. I, S. 349) in Kraft. Nach dessen §§ 4 bis 9 wurde ein »Mitbestimmungsrecht der Arbeiter und Angestellten« gewährt, das einerseits durch die »demokratischen staatlichen Organe verwirklicht« werden sollte und andererseits den »freien deutschen Gewerkschaften« die gesetzliche Vertretung der Arbeiter und Angestellten übertrug. Das Gesetz der Arbeit wurde durch das Gesetzbuch der Arbeit der Deutschen Demokratischen Republik vom 12.04.1961 (GBl. I, S. 27) abgelöst. Es folgten das Gesetz zur Änderung und Ergänzung des Gesetzbuches der Arbeit vom 17.04.1963 (GBl. I, S. 63) und das Zweite Gesetz zur Änderung und Ergänzung des Gesetzbuches der Arbeit vom 23.11.1966 (GBl. I, S. 125). Schließlich wurde das Arbeitsgesetzbuch der Deutschen Demokratischen Republik vom 16.06.1977 (GBl. I, S. 185) erlassen (zu dessen betriebsverfassungsrechtlichen Regelungen *Oetker* Recht in Ost und West 1984, 60 ff.; zu Handwerks- und Gewerbebetrieben sowie Einrichtungen nichtsozialistischer Eigentumsformen VO vom 03.11.1977 [GBl. I, S. 370]).

33 Mit dem Zusammenbruch des SED-Regimes Ende 1989 wurde eine neue Rechtsentwicklung eingeleitet. Sie begann mit dem Gesetz über die Rechte der Gewerkschaften in der Deutschen Demokratischen Republik vom 06.03.1990 (GBl. I, S. 110), das u. a. die Rechtsstellung der Betriebsgewerkschaftsleitungen regelte und durch die Anordnung über die Finanzierung der Entlohnung der freigestellten betrieblichen Gewerkschaftsvertreter vom 15.03.1990 (GBl. I, S. 180) ergänzt wurde. Nach Art. 3 Satz 2 des **Vertrages über die Schaffung einer Währungs-, Wirtschafts- und Sozialunion** zwischen der Bundesrepublik Deutschland und der Deutschen Demokratischen Republik vom 18.05.1990 (BGBl. II, S. 537, GBl. I, S. 332) sollten bis zur Errichtung der Währungsunion die in Anlage II des Vertrages bezeichneten Rechtsvorschriften der Bundesrepublik Deutschland in der Deutschen Demokratischen Republik nach Maßgabe der Anlage in Kraft gesetzt werden. Dazu gehörte nach Anlage II/IV. Sozialunion Nr. 5 das Betriebsverfassungsgesetz i. d. F. der Bekanntmachung vom 23.12.1988 (BGBl. I, 1989 S. 1, 902). Nach der Anlage II/I. Allgemeines Nr. 2 galt das Betriebsverfassungsgesetz in der jeweils geltenden Fassung auch in der Deutschen Demokratischen Republik. Eine Einschränkung bestand gemäß § 30 des Gesetzes über die Inkraftsetzung von Rechtsvorschriften der Bundesrepublik Deutschland in der Deutschen Demokratischen Republik vom 21.06.1990 (GBl. I, S. 357) in acht Fällen. Vgl. auch die Verordnung zu Übergangsregelungen bis zur erstmaligen Wahl der Betriebsräte nach dem Betriebsverfassungsgesetz vom 11.07.1990 (GBl. I, S. 715).

Eine abschließende Regelung enthält der **Vertrag** zwischen der Bundesrepublik Deutschland und der Deutschen Demokratischen Republik **über die Herstellung der Einheit Deutschlands – Einigungsvertrag** – vom 31.08.1990 (BGBl. II, S. 889; dazu Gesetz vom 23.09.1990, BGBl. II, S. 885), Anlage I Kapitel VIII Sachgebiet A Abschnitt III Nr. 12, nach dem seit Wirksamwerden des Beitritts der Deutschen Demokratischen Republik zur Bundesrepublik Deutschland gemäß Art. 23 GG am 03.10.1990 das Betriebsverfassungsgesetz auf dem in Art. 3 des Vertrages genannten Gebiet der ehemaligen DDR zunächst mit folgender Maßgabe galt: Bis zum 31.12.1991 war § 6 BetrVG in der nach § 6 der 5. Aufl. des GK-BetrVG (S. 247) abgedruckten Fassung anzuwenden. Ferner war zu § 13 BetrVG der Zeitpunkt der erstmaligen Betriebsratswahl auf den 30.06.1991 festgelegt worden; damit trat die VO vom 11.07.1990 (Rdn. 33) außer Kraft (*Kreutz* 5. Aufl., § 13 Anhang). Diese Regelungen sind inzwischen überholt, so dass nunmehr das Betriebsverfassungsgesetz für das gesamte Bundesgebiet einheitlich gilt. Das gilt auch für das Sprecherausschussgesetz (Anlage I Kapitel VIII Sachgebiet A Abschnitt III Nr. 13; die Übergangsregelungen sind gleichfalls überholt) und das Bundespersonalvertretungsgesetz (Anlage I Kapitel XIX Sachgebiet A Abschnitt III Nr. 15 und 16; auch Anlage II Kapitel XIX Sachgebiet A Abschnitt III Nr. 1 und 2). Zu Sonderregelungen im Beitrittsgebiet § 2 Abs. 4, § 13, § 14 des Gesetzes über die Spaltung der von der Treuhandanstalt verwalteten Unternehmen (SpTrUG) vom 05.04.1991 (BGBl. I, S. 854), § 6b Abs. 9 des Gesetzes zur Regelung offener Vermögensfragen (Vermögensgesetz – VermG) i. d. F. vom 03.08.1992 (BGBl. I, S. 1446).

VI. Gemeinschaftscharta der Sozialen Grundrechte; Europäischer Betriebsrat; IAO-Abkommen Nr. 135; Richtlinie 2002/14/EG; SE-Betriebsrat; Richtlinie 2014/95 EU (CSR-Richtlinie); SE-Beteiligungsgesetz – SEBG; SCE-Beteiligungsgesetz – SCEBG

Literatur: siehe vor § 106 unter II

Gemäß Titel I Nr. 17 der **Gemeinschaftscharta der Sozialen Grundrechte der Arbeitnehmer** vom 09.12.1989 (KOM [89] 248 endg., s. *Oetker/Preis* [Hrsg.] EAS A 1500) müssen Unterrichtung, Anhörung und Mitwirkung der Arbeitnehmer in geeigneter Weise unter Berücksichtigung der in den verschiedenen Mitgliedstaaten herrschenden Gepflogenheiten insbesondere für Unternehmen und Unternehmenszusammenschlüsse mit Betriebsstätten bzw. Unternehmen in mehreren Mitgliedstaaten der Europäischen Gemeinschaft weiterentwickelt werden (Einzelheiten daselbst Nr. 18; zur Rechtsprechung des *EuGH Biltgen* NZA 2016, 1245 ff.). Zur Umsetzung der Sozialcharta wurde nach mehreren Entwürfen die **Richtlinie** des Rates über die **Einsetzung** eines **Europäischen Betriebsrats** oder die Schaffung eines Verfahrens zur Unterrichtung und Anhörung der Arbeitnehmer in gemeinschaftsweit operierenden Unternehmen und Unternehmensgruppen (94/45/EG) vom 22.09.1994 (ABl. EG Nr. L 254, S. 64, s. *Oetker/Preis* [Hrsg.] EAS A 3460) mit späteren Änderungen erlassen. Diese wurde wiederum umgesetzt durch das **Gesetz über Europäische Betriebsräte** (Europäische Betriebsräte-Gesetz – EBRG) vom 28.10.1996 (BGBl. I, S. 1548, 2022 i. d. F. vom 07.12.2011 (BGBl. I, S. 2650). Zur Erläuterung des Gesetzes *Oetker* Anhang 2 zu Bd. I. Schon vor

Inkrafttreten der RL 94/45 waren auf freiwilliger Basis in einigen europaweit operierenden Unternehmen Euro-Betriebsräte errichtet worden (für die Volkswagen-AG z. B. Vereinbarung über die Zusammenarbeit zwischen der Volkswagen-Konzernleitung und dem Europäischen Volkswagen-Konzernbetriebsrat, abgedruckt bei *Deppe* [Hrsg.] Euro-Betriebsräte. Internationale Mitbestimmung. Konsequenzen für Unternehmen und Gewerkschaften, 1992, S. 263 ff.). Die Richtlinie 94/45 EG ist durch die Richtlinie 2009/38 EG (ABl. EU Nr. L 122, S. 28 vom 06.05.2009, s. *Oetker/Preis* [Hrsg.] EAS A 3910) neu gefasst worden (dazu *Blanke* AuR 2009, 242; *Oetker* vor § 1 EBRG Rdn. 4). Die hiernach geltenden Regelungen lassen die Beteiligungsrechte nach dem Betriebsverfassungsgesetz unberührt. Zum einschlägigen Gemeinschaftsrecht insgesamt *Oetker/Schubert* Europäisches Betriebsverfassungsrecht, in: *Oetker/Preis* Europäisches Arbeits- und Sozialrecht EAS B 8300, daselbst Rn. 24 ff. zu den Vorgaben des primären Gemeinschaftsrechts. Für die konkrete Ausgestaltung des Betriebsverfassungsrechts von erheblicher Bedeutung ist auch das **IAO-Abkommen Nr. 135** über Schutz und Erleichterungen für Arbeitnehmervertreter im Betrieb vom 23.06.1971 (BGBl. 1973 II, S. 953). Weiter ist auf die **Richtlinie** des Europäischen Parlaments und des Rates zur **Festlegung** eines **allgemeinen Rahmens** für die **Unterrichtung** und **Anhörung** der **Arbeitnehmer** in der Europäischen Gemeinschaft (2002/14/EG) vom 11.03.2002 (ABl. EG Nr. L 80, S. 29, s. *Oetker/Preis* [Hrsg.] EAS A 3680) hinzuweisen (hierzu *Bonin* AuR 2004, 321 ff.; *Franzen* FS Birk, 2008, S. 97 ff.; *Gerdom* Gemeinschaftsrechtliche Unterrichtungs- und Anhörungspflichten und ihre Auswirkungen auf das Betriebsverfassungs-, Personalvertretungs- und Mitarbeitervertretungsrecht – zum Umsetzungsbedarf der Richtlinie 2002/14/EG [Diss. Bonn], 2009; *Kohte* 50 Jahre Bundesarbeitsgericht, S. 1219 [1227 ff.]; *Konzen* ZfA 2005, 189 [206 ff.]; *Reichold* NZA 2003, 289 ff.; *Schäfer* Der europäische Rahmen für Arbeitnehmermitwirkung [Diss. Bonn], 2005); *Spreer* Die Richtlinie 2002/14/EG zur Festlegung eines allgemeinen Rahmens für die Unterrichtung und Anhörung der Arbeitnehmer in der Europäischen Gemeinschaft [Diss. Bielefeld], 2005). Nach deren Art. 1 ist ihr Ziel die Festlegung eines allgemeinen Rahmens mit Mindestvorschriften für das Recht auf Unterrichtung und Anhörung der Arbeitnehmer von in der Gemeinschaft ansässigen Unternehmen oder Betrieben. Die Richtlinie gilt je nach der Entscheidung der Mitgliedstaaten für Unternehmen mit mindestens 50 Arbeitnehmern in einem Mitgliedstaat oder für Betriebe mit mindestens 20 Arbeitnehmern in einem Mitgliedstaat (Art. 3 Abs. 1). Die Mitgliedstaaten können – unter Einhaltung der in dieser Richtlinie festgelegten Grundsätze und Ziele – spezifische Bestimmungen für Unternehmen oder Betriebe vorsehen, die unmittelbar und überwiegend politischen, koalitionspolitischen, konfessionellen, karitativen, erzieherischen, wissenschaftlichen oder künstlerischen Bestimmungen oder Zwecken der Berichterstattung oder Meinungsäußerung dienen, falls das innerstaatliche Recht Bestimmungen dieser Art zum Zeitpunkt des Inkrafttretens dieser Richtlinie bereits enthält (Art. 3 Abs. 2). Damit bleiben die Regelungen des § 118 BetrVG zulässig. Zum Inhalt und Zeitpunkt der Unterrichtung und Anhörung Art. 4, zur Unterrichtung und Anhörung aufgrund einer Vereinbarung der Sozialpartner Art. 5 und zur Behandlung vertraulicher Informationen Art. 6. Die Umsetzung der Richtlinie hatte bis zum 23.03.2005 zu erfolgen (Art. 11). Die hiernach erforderliche Information und Anhörung dürfte durch die gegenüber den Arbeitnehmern nach §§ 81, 82 und gegenüber dem Betriebsrat bzw. Wirtschaftsausschuss nach §§ 90, 92, 92a, 96, 97, 102, 106, 110, 111 bestehenden Verpflichtungen ungeachtet einzelner Modifikationen bereits im Wesentlichen entsprochen worden sein (im Einzelnen zum Vorschlag der Kommission für diese Richtlinie *Deinert* NZA 1999, 800 ff.; *Giesen* RdA 2000, 298 ff.). Entsprechendes wie für die Information und Anhörung gilt auch für Art. 6 über die Behandlung vertraulicher Informationen (§ 79, § 106 Abs. 2, § 120), für Art. 7 über den Schutz der Arbeitnehmervertreter (§ 78 BetrVG, § 15 KSchG) sowie Art. 8 über die Durchsetzung der Rechte nach der Richtlinie (§ 23 Abs. 3, §§ 119, 121). Dazu auch *Oetker* § 106 Rdn. 12, § 111 Rdn. 5, 205, 247. Außerdem ist die Richtlinie 2014/95/EU des Europäischen Parlaments und des Rates zur Änderung der Richtlinie 2013/34/EU im Hinblick auf die Angabe nichtfinanzieller und die die Diversität betreffender Informationen durch bestimmte große Unternehmen und Gruppen (**CSR-Richtlinie**) vom 22.10.2014 (ABl. L 330/1 i. d. F. der Berichtigung ABl. 369/79) zu beachten, die durch das Gesetz zur Stärkung der nichtfinanziellen Berichterstattung der Unternehmen in ihren Lage- und Konzernlageberichten (**CSR-Richtlinie-Umsetzungsgesetz**) vom 11.04.2017 (BGBl. I S. 802) mit Wirkung vom 19.04.2017 (Art. 12) in nationales Recht umgesetzt worden ist. Nach Maßgabe des § 289b HGB n. F. (vgl. auch Art. 2 des Umsetzungsgesetzes) besteht eine Pflicht zur nichtfinanziellen Erklärung. Nach § 289c Abs. 2 Nr. 2 HGB n. F. hat diese sich inhaltlich auch auf Arbeitnehmerbelange, insbesondere auf Angaben zu Maß-

Einleitung

nahmen, die zur Gewährleistung der Geschlechtergleichstellung ergriffen wurden, zu Arbeitsbedingungen, zur Umsetzung der grundlegenden Übereinkommen der internationalen Arbeitsorganisation, zur Achtung der Rechte der Arbeitnehmerinnen und Arbeitnehmer, informiert und konsultiert zu werden, den sozialen Dialog sowie die Achtung der Rechte der Gewerkschaften, zum Gesundheitsschutz oder zur Sicherheit am Arbeitsplatz zu beziehen (vgl. auch § 315c HGB n. F. für die nichtfinanzielle Konzernerklärung). Das ist entweder für eine Ergänzung der Vorschriften der §§ 37, 77, 80, 87 Abs. 1 Nr. 7, 89, 90 f. oder jedenfalls bei deren Auslegung zu beachten (i.E. *Seibt* DB 2016, 2707 ff.; *Sommer* RdA 2016, 291 ff.; zur Sachverständigenanhörung DB 2016, M 11). Zum **SEBG** in einer Europäischen Gesellschaft (**SE-Beteiligungsgesetz – SEBG**) *Oetker* vor § 106 Lit. unter II sowie vor § 106 Rdn. 54 ff., zum **SCEBG** (**SCE-Beteiligungsgesetz – SCEBG**) in Europäischen Genossenschaften *Oetker* vor § 106 Rdn. 60, zu **grenzüberschreitenden Verschmelzungen von Kapitalgesellschaften** Gesetz vom 21.12.2006 (BGBl. I, S. 3332) *Oetker* vor § 106 Rdn. 40 ff., jeweils m. w. N.

VII. Entstehungsgeschichte des BetrVerf-Reformgesetzes 2001

Literatur
I. Allgemeine Reformvorschläge
Bauer 25 Jahre Betriebsverfassungsgesetz, NZA 1997, 233; *Bayer-Stiftung* Fortbildung des Arbeitsrechts (Betriebsverfassung und Altersvorsorge) nach den Grundsätzen Subsidiarität, Solidarität und Gemeinwohl, 2001; *Benz-Overhage / Klebe* Betriebsverfassung im 21. Jahrhundert, AiB 2000, 24; *Bertelsmann-Stiftung / Hans-Böckler-Stiftung* (Hrsg.) Mitbestimmung und neue Unternehmenskulturen – Bilanz und Perspektiven. Bericht der Kommission Mitbestimmung, 1998; *Blanke* Veränderungen in der Arbeitsorganisation: Anforderungen an die Mitbestimmung betrieblicher Planungsprozesse, AiB 2000, 491; *Bolt / Gosch* Reform des Betriebsverfassungsgesetzes – Arbeitsbedingungen der Betriebsräte sind zu verbessern, AiB 1999, 380; *Burghardt / Hinrichs* u. a. Plädoyer für eine Reform der Betriebsverfassung, AuR 2000, 205; *Däubler* Betriebliche Weiterbildung als Mitbestimmungsproblem, BB 2000, 1190; *ders.* Betriebsverfassung in globalisierter Wirtschaft. Bestandsaufnahme und Reformbedarf, AiB 2000, 392; *DAG* DAG-Vorschlag zur Novellierung des BetrVG, 1999; *Deinert* Vorschlag für eine europäische Mitbestimmungsrichtlinie und Umsetzungsbedarf im Betriebsverfassungsgesetz, NZA 1999, 800; *DGB* Novellierungsvorschläge des DGB zum Betriebsverfassungsgesetz 1972, 1998; *Engelen-Kefer* Keine Arbeit ohne Recht, AuR 1999, 369 (373 ff.); *Fischer* Die Vorschläge von DGB und DAG zur Reform des Betriebsverfassungsgesetzes, NZA 2000, 167; *Franzen* Reformbedarf beim Betriebs- und Arbeitnehmerbegriff des Betriebsverfassungsgesetzes?, ZfA 2000, 285; *Friedrich-Ebert-Stiftung* Gesprächskreis Arbeit und Soziales Nr. 82, Mitbestimmung und Beteiligung: Modernisierungsbremse oder Innovationsressource?, 1998; *dies.* New Deal im Arbeitsrecht?, 1999; *dies.* Reformbedarf des Betriebsverfassungsgesetzes, 2000; *Hanau* Entwicklungslinien im Arbeitsrecht, DB 1998, 69 (76 ff.); *ders.* Bausteine eines modernisierten Betriebsverfassungsgesetzes, MitB 1999, Heft 6+7, 21; *ders.* Modernisierung des Betriebsverfassungsgesetzes, AuA 1999, 203; *Heinze* Wege aus der Krise des Arbeitsrechts – Der Beitrag der Wissenschaft, NZA 1997, 1 (4 ff.); *ders.* Beschäftigungsförderndes Arbeitsrecht – Eine erste Zwischenbilanz, FS *Wiese*, 1998, S. 161 (164 ff.); *ders.* Zukunft der Arbeitsbeziehungen, NZA 2001, 1 (5); *Kissel* Standortfaktor Arbeitsrecht, 1999, S. 174 ff.; *Kittner* Arbeitsrecht und marktwirtschaftliche Unternehmensführung – ein Gegensatz?, AuR 1995, 385 (394 f.); *Kort* Reformbedarf bei der betriebsverfassungsrechtlichen Mitbestimmung in Fällen von Strukturveränderungen in Betrieb und Unternehmen?, ZfA 2000, 329; *Kreitner* Unternehmensstruktur und Betriebsverfassung – Rechtliche Vorgaben und gesetzgeberischer Regelungsbedarf, RWS-Forum Arbeitsrecht 1999, 2000, S. 49; *Kreßel* Anpassung des Betriebsverfassungsrechts an veränderte wirtschaftliche Rahmenbedingungen, AuA 1998, 145; *ders.* Der Betriebsbegriff in der betrieblichen Praxis, JArbR Bd. 36 (1998), 1999, S. 49; *Link* DGB-Vorschläge für Novelle und ihre Bewertung, AuA 1999, 406; *Löwisch* Betriebsverfassung in der Wirtschaft der Gegenwart – Überlegungen zur Reform des Betriebsverfassungsrechts, DB 1999, 2209; *ders.* Arbeitsrecht und wirtschaftlicher Wandel, RdA 1999, 69 (78 f.); *ders.* Verfahrensbeschleunigung und -vereinfachung in der Betriebsverfassung, RdA 1996, 352; *Overhage / Klebe* Betriebsverfassung im 21. Jahrhundert, AiB 2000, 24; *Papier* Einführung neuer Techniken. Verfassungsfragen zur Erweiterung der betrieblichen Mitbestimmung, NJW 1987, 988; *Pauli* Das Betriebsverfassungsgesetz 2001 – Anstoß zur dezentralen Regelung der Betriebsverfassung durch Tarifvertrag?, AuR 2000, 411; *Plander* Die operativen Rechte des Betriebsrats als Gegenstand einer Novellierung des Betriebsverfassungsgesetzes, DB 2000, 2014; *Preis* Neuorientierung in der arbeitsrechtlichen Gesetzgebung, NZA 2000, 9 (12); *Ratayczak* Betrifft: Novellierungsvorschläge des DGB zum Betriebsverfassungsgesetz 1972 – Entbürokratisierung der Betriebsratswahl, AuA 1998, 424; *ders.* Novellierungsvorschläge des DGB zum Betriebsverfassungsgesetz, WSI-Mitt. 1999, 761; *ders.* Bonner Erklärung für eine moderne Betriebsverfassung, AiB 2000, 61; *ders.* 28 Jahre

Einleitung

Betriebsverfassungsgesetz: Eine Bilanz, AiB 2000, 129; *Reichold* Betriebsverfassung ohne »Betrieb«? Zur Strukturreform des Betriebsverfassungsgesetzes aus privatrechtsdogmatischer Sicht, NZA 1999, 561; *Richardi* Reform des Betriebsverfassungsgesetzes?, NZA 2000, 161; *I. Schmidt* Fit für das neue Jahrtausend? – Zur Modernisierung der Organisationsvorschriften des Betriebsverfassungsgesetzes aus Sicht der Rechtsprechung, NZA 2000, 17; *Sieg* Reformvorschläge für die Wahl der Arbeitnehmervertreter im Aufsichtsrat, NZA 2000, 175; *Streeck* Unternehmensstruktur und Betriebsverfassung – Probleme der Praxis, RWS-Forum Arbeitsrecht 1999, 2000, S. 37; *ders.* Betriebsrat light für Kleinunternehmen?, AuA 1999, 369; *Strehmel* Reformbedarf – Betriebsverfassungsgesetz, AuA 2000, 213; *Tamm* Eine Besprechung des Reformvorschlags des DGB zum Betriebsverfassungsgesetz, AuR 2000, 408; *Thüsing* One size fits all? – Vorschläge zur Betriebsverfassung für Kleinbetriebe, NZA 2000, 700; *Umnuß* Organisation der Betriebsverfassung und Unternehmerautonomie. Grundlegung für die Reform des organisatorischen Teils der Betriebsverfassung, 1993, insbesondere S. 250 ff.; *Wassermann* Reformbedarf des Betriebsverfassungsgesetzes, Gutachten für die Friedrich-Ebert-Stiftung, Gesprächskreis Arbeit und Soziales, 2000, S. 8; *ders.* Kampf den mitbestimmungsfreien Zonen? Überlegungen zu einer den Bedingungen in Kleinbetrieben angemessenen Weiterentwicklung der Betriebsverfassung, WSI-Mitt. 1999, 770; *Wendeling-Schröder* Betriebsverfassung nach Maß?, NZA 1999, 1065; *dies.* Betriebliche Mitbestimmung: Chance für Demokratie und Innovation?, AiB 2000, 328; *Wißmann* Das BAG an der Schwelle zum Jahr 2000, NZA 2000, 2; *ders.* Zur Zukunft der Mitbestimmung in Betrieb und Unternehmen, AiB 2000, 321.

II. Referentenentwurf und Regierungsentwurf

Abeln Wesentliche Regelungen des aktuellen Reformentwurfs zum Betriebsverfassungsgesetz, AuA 2001, 170; *Adomeit* Betriebsräte – noch zeitgemäß?, NJW 2001, 1033; *Annuß* Mitwirkung und Mitbestimmung der Arbeitnehmer im Regierungsentwurf eines Gesetzes zur Reform des BetrVG, NZA 2001, 367; *Bauer* Neues Spiel bei der Betriebsänderung und der Beschäftigungssicherung?, NZA 2001, 375; *Berg* Kommentar zum Referentenentwurf, AiB 2001, 108; *Biehle* Reform des BetrVG – ein Rückschritt?, AuA 2001, 176; *Blanke* Gütekriterien der Reform der betrieblichen Mitbestimmung, AiB 2001, 109; *Blanke/Rose* Betriebsverfassung 2001: Flexible Mitbestimmung in modernen Zeiten, RdA 2001, 92; *Bösche* Die weißen Flecken der Vertretungslosigkeit, AiB 2001, 110; *Buchner* Betriebsverfassungs-Novelle auf dem Prüfstand, NZA 2001, 633; *Däubler* Eine bessere Betriebsverfassung? Der Referentenentwurf zur Reform des BetrVG, AuR 2001, 1; *ders.* Die Betriebsverfassung im historischen und rechtlichen Kontext, GMH 2001, 212; *ders.* Eine Minireform, AiB 2001, 111; *ders.* BetrVG 2001 – ein Schritt nach vorne?, WSI-Mitt. 2001, 63; *DGB*-Bundesvorstand Der Referentenentwurf eines Gesetzes zur Reform des Betriebsverfassungsgesetzes, NZA 2001, 135; *Diringer* Betriebsverfassung. Der Phantasie sind keine Grenzen gesetzt, AuA 2001, 172; *Dütz* Abschaffung des Minderheitenschutzes durch das BetrVerf-ReformG?, DB 2001, 1306; *Düwell* Das Übergangsmandat des Betriebsrats in der Reform der Betriebsverfassung, AiB 2001, 113; *Engelen-Kefer* DGB zum Referentenentwurf des Bundesministeriums für Arbeit und Sozialordnung, AiB 2001, 114; *Engels/Trebinger/Löhr-Steinhaus* Regierungsentwurf eines Gesetzes zur Reform des Betriebsverfassungsgesetzes – Überblick über die wesentlichen Änderungen –, DB 2001, 532; *Gaul* Aktuelles Arbeitsrecht, Band 1/2001, S. 1; *Grimberg* Guter Anlauf, aber etwas zu kurz gesprungen, AiB 2001, 116; *van Haaren* Anmerkung zum Referentenentwurf des BMAS zur Reform des BetrVG, AiB 2001, 118; *Hamm* Der Lampenputzer kreißt – und gebiert eine neue Laterne, AiB 2001, 119; *Hanau* Denkschrift zu dem Regierungsentwurf eines Gesetzes zur Reform des Betriebsverfassungsgesetzes, RdA 2001, 65; *Hass* u. a. Gut gemeint – nicht durchdacht. Die »Geschlechterquote« im Entwurf zum neuen Betriebsverfassungsgesetz (§ 15 Abs. 2), AiB 2001, 282; *Heilmann* Der Betriebsrat muß die Interessen aller Beschäftigten vertreten! – Ein Diskussionsbeitrag zur Reform der Betriebsverfassung, AuR 2001, 212; *Hensche* Ein kurzer Sprung in die richtige Richtung, AiB 2001, 120; *Hjort* Ein Schritt vor – einer zurück, AiB 2001, 122; *Konitzer* Neue Chancen für die betriebliche Mitbestimmung, AiB 2001, 125; *Konzen* Der Regierungsentwurf des Betriebsverfassungsgesetzes, RdA 2001, 76; *Körner* Das andere Modell: Die französische Betriebsverfassung, NZA 2001, 429; *Löwisch* Monopolisierung durch Mehrheitswahl? Zu den Wahlgrundsätzen bei Ausschussbesetzungen und Freistellungen in der Betriebsverfassung, BB 2001, 726; *Manske* Bessere Arbeitsbedingungen für Betriebsräte? Ein Diskussionsbeitrag zur Reform der Betriebsverfassung, AuR 2001, 94; *U. R. Mayer* Anmerkungen zum Referentenentwurf, AiB 2001, 126; *Meier* Die geplante Reform des Betriebsverfassungsgesetzes, PersF 2001, 18; *Neef* Wer schützt vor dem Betriebsrat?, NZA 2001, 361; *Posselt* Die Reform der Betriebsverfassung, ZRP 2001, 176; *Preis/Elert* Erweiterung der Mitbestimmung bei Gruppenarbeit?, NZA 2001, 371; *Richardi* Veränderungen in der Organisation der Betriebsverfassung nach dem Regierungsentwurf zur Reform des BetrVG, NZA 2001, 346; *Richardi/Annuß* Neues Betriebsverfassungsgesetz: Revolution oder strukturwahrende Reform?, DB 2001, 41; *Rieble* Die Betriebsverfassungs-Novelle 2001 in ordnungspolitischer Sicht, ZIP 2001, 133; *Riester* Interview, MitB 2001, Heft 4, 13; *Schaub* Heim- und Telearbeit sowie bei Dritten beschäftigte Arbeitnehmer im Referenten- und Regierungsentwurf zum BetrVG, NZA 2001, 364; *Schiefer/Korte* Der Referentenentwurf eines Gesetzes zur Reform des Betriebsverfassungsgesetzes, NZA 2001, 71; *dies.* Gesetzentwurf eines Gesetzes zur Reform des Betriebsverfassungsgesetzes, NZA 2001, 351; *Schneider* Zum Arbeitnehmerbegriff nach § 5 Abs. 1 BetrVG, AiB 2001, 128; *Steinmann* Gut aber halbherzig, AiB 2001, 129; *Swane* Streit um die Betriebsverfassung. Aus der Arbeit der BDA – Bundesvereinigung der Deutschen Arbeitgeberverbände, PersF 2001, 111; *Wedde* Das neue BetrVG – taugliches Mittel zum Umgang mit Informationstechnologie im Betrieb?, AiB 2001, 130; *Wendeling-Schröder* Update der Betriebsverfassung, AiB 2001, 132; *dies.* Individuum und Kollektiv in der neuen Betriebsverfassung, NZA 2001, 357; *dies.* Arbeitsrechtliche Aspekte der Novellierung des Betriebsverfassungsgesetzes, GewMH 2001, 221.

III. BetrVerf-Reformgesetz
Däubler Probleme beim Übergang zum neuen Betriebsverfassungsrecht, DB 2001, 1669; *ders.* Die veränderte Betriebsverfassung – Erste Anwendungsprobleme –, AuR 2001, 285; *Hanau* Die Reform der Betriebsverfassung, NJW 2001, 2513; *ders.* Probleme der Neuregelung der Betriebsverfassung, ZIP 2001, 1981; *Löwisch* Änderung der Betriebsverfassung durch das Betriebsverfassungs-Reformgesetz, BB 2001, 1734, 1790; *ders.* Auswirkungen des Betriebsverfassungsrechts – Reformgesetzes auf Mitwirkung und Mitbestimmung des Betriebsrats, NZA 2001, Beil. zu Heft 24, S. 40; *Nielebock/Hayen* Bessere demokratische Teilhabe im Betrieb, JArbR Bd. 40 (2002), 2003, S. 65; *Picker* Betriebsverfassung und Arbeitsverfassung, RdA 2001, 259; *ders.* Das Arbeitsverhältnis zwischen Marktgesetz und Machtansprüchen, ZfA 2005, 353 (359 ff.); *Reichold* Die reformierte Betriebsverfassung 2001, NZA 2001, 857; *Richardi* Die neue Betriebsverfassung. Ein Grundriß, 2001; *Richter/Schneider* Das BetrVerf-Reformgesetz – eine Zwischenbilanz, AiB 2004, 154; *Schiefer/Worzalla* 10 Jahre novelliertes Betriebsverfassungsgesetz – Eine Bestandsaufnahme, NZA 2011, 1396; *Wolf* Betriebsstrukturen und Betriebsratswahlen nach der Gesetzesnovelle 2001, JbArbR Bd. 40 (2002), 2003, S. 99. Spezialliteratur jeweils vor der Kommentierung der einzelnen Vorschriften.

IV. Erneute Reformdiskussion
Bayreuther Marktflexibilität und Betriebsverfassung, in: *Rieble* (Hrsg.) Transparenz und Reform im Arbeitsrecht, 2006, S. 131; *Böhm* 60 Jahre Betriebsverfassungsgesetz, RdA 2013, 193 (203 ff.); *Geyer* Reformansätze für eine moderne Betriebsverfassung, FS *Leinemann*, 2006, S. 515; *Junker* Arbeitsrecht zwischen Markt und gesellschaftspolitischen Herausforderungen – Differenzierung nach Unternehmensgröße? – Familiengerechte Strukturen –, Gutachten für den 65. DJT, 2004, B 3 (84 ff.); *Wiese* Individuum und Kollektiv im Betriebsverfassungsrecht, NZA 2006, 1; vgl. auch *CDU/CSU* Art. 2 Vorschlag eines Gesetzes zur Modernisierung des Arbeitsrechts (ArbRModG), BT-Drucks. 15/1182.

Nach Inkrafttreten der Novelle 1988 war das Betriebsverfassungsrecht zunächst nur partiell geändert **36** bzw. ergänzt worden (Rdn. 31). Nach dem Regierungswechsel im Jahre 1998 wurde in der Koalitionsvereinbarung zwischen der *SPD* und *Bündnis 90/DIE GRÜNEN* vom 20.10.1998 (AuR 1998, 476) festgelegt, die neue Bundesregierung werde die Mitbestimmung am Arbeitsplatz sowie in Betrieb und Verwaltung im Interesse der Beteiligten und Motivation der Beschäftigten stärken und an die Veränderungen in der Arbeitswelt anpassen. Vorrangig sei dazu eine grundlegende Novelle des Betriebsverfassungsgesetzes (Betriebsbegriff, Arbeitnehmerbegriff, Telearbeit, Vereinfachung des Wahlverfahrens). In der Regierungserklärung (BT-Prot. 14/3, S. 56) wurde bekräftigt, die Mitbestimmung zu verteidigen und auszubauen. Bundesarbeitsminister *Riester* bestätigte die Absicht der Bundesregierung, »die längst überfällige Novellierung« des Betriebsverfassungsgesetzes anzupacken (Handelsblatt vom 20.01.1999; vgl. auch AuR 2000, 1, 41 f.). Damit wurde eine umfangreiche Reformdiskussion ausgelöst (Literatur vor dieser Randnummer unter I). Zu grundsätzlichen Fragen der Mitbestimmung im Betrieb und Unternehmen nahm eine von der Bertelsmann-Stiftung und der Hans-Böckler-Stiftung einberufene »Kommission Mitbestimmung« in ihrem Bericht »Mitbestimmung und neue Unternehmenskulturen – Bilanz und Perspektiven« aus dem Jahre 1998 Stellung. Eigene vollständige Novellierungsvorschläge wurden vom *DGB* im Jahre 1998 und von der *DAG* im Jahre 1999 vorgelegt. Die Bundesvereinigung der Deutschen Arbeitgeberverbände nahm in einer Pressemeldung Nr. 6/99 vom 19.01.1999 zum *DGB*-Entwurf kritisch Stellung. Unter dem 12.09.2000 brachten Abgeordnete und die Fraktion der *PDS* einen Antrag auf »Mehr Mitbestimmungsrechte für Betriebsräte – Eckpunkte für die Reform des Betriebsverfassungsgesetzes« beim Deutschen Bundestag ein (BT-Drucks. 14/4071).

Am 04.12.2000 legte das Bundesministerium für Arbeit und Sozialordnung den Entwurf eines Gesetzes **37** zur Reform des Betriebsverfassungsgesetzes (BetrVerf-Reformgesetz) vor (www.bma.de). Dieser wurde nach wenigen redaktionellen Anpassungen und marginalen inhaltlichen Änderungen dem Bundeskabinett zugeleitet. Zu diesem Entwurf nahm der Bundeswirtschaftsminister *Müller* kritisch Stellung. Am 06.02.2001 empfahl der BT-Ausschuss für Arbeit und Sozialordnung dem Bundestag, den Antrag von Abgeordneten und der Fraktion der *PDS* (BT-Drucks. 14/4071) abzulehnen (BT-Drucks.

14/5213). In einer Aktuellen Stunde vom 07.02.2001 wurde auf Verlangen der Fraktion der F. D. P. die »Haltung der Bundesregierung zu den Äußerungen von Bundesminister *Müller* zur vorgesehenen Änderung des Betriebsverfassungsgesetzes« im Bundestag diskutiert (BT-Prot., S. 14492 B ff.). Unter teilweiser Berücksichtigung der vom Bundeswirtschaftsminister gemachten Änderungsvorschläge wurde der von der Bundesregierung am 14.02.2001 beschlossene Regierungsentwurf am 16.02.2001 dem Bundesrat übersandt (BR-Drucks. 140/01). Am 20.03.2001 nahm der federführende BR-Ausschuss für Arbeit und Sozialpolitik (AS) zu dem Regierungsentwurf äußerst kritisch Stellung und empfahl eine entsprechende Stellungnahme des Bundesrats (BR-Drucks. 140/1/01). Unter dem 29. und 30.03.2001 brachten die Länder Baden-Württemberg und Nordrhein-Westfalen eigene Entschließungsanträge beim Bundesrat ein (BR-Drucks. 140/2/01 und 140/3/01). Dieser behandelte den Regierungsentwurf in seiner Sitzung vom 30.03.2001, lehnte die Anträge der Länder Baden-Württemberg (BR-Drucks. 140/2/01) und Nordrhein-Westfalen (BR-Drucks. 140/3/01) ab, beschloss aber zum Gesetzentwurf selbst keine Stellungnahme (BR-Prot. 761, S. 135; BR-Drucks. 140/01 [Beschluss]).

38 Am 02.04.2001 wurde der Regierungsentwurf beim Bundestag eingebracht (BT-Drucks. 14/5741). Abänderungsanträge wurden am 03.04.2001 von Abgeordneten und der Fraktion der *CDU/CSU* (BT-Drucks. 14/5753) sowie am 04.04.2001 von Abgeordneten und der Fraktion der F. D. P. (BT-Drucks. 14/5764) gestellt. Die erste Beratung des Regierungsentwurfs durch den Bundestag fand am 05.04.2001 statt (BT-Prot. 14/164, S. 15934 D ff.). Außerdem wurden die Beschlussempfehlung und der Bericht des Ausschusses für Arbeit und Sozialordnung (11. Ausschuss) zu dem Antrag von Abgeordneten und der Fraktion der *PDS* (BT-Drucks. 14/4071 und 14/5213) sowie der Antrag von Abgeordneten und der Fraktion der *CDU/CSU* (BT-Drucks. 14/5753) und von Abgeordneten und der Fraktion der F. D. P. (BT-Drucks. 14/5764) beraten. Der Bundestag beschloss die Überweisung des Gesetzentwurfes (BT-Drucks. 14/5741) und der Vorlagen auf Drucks. 14/5753 und 14/5764 an die zuständigen Ausschüsse (BT-Prot. 14/164, S. 15955 D); die Beschlussempfehlung des Ausschusses für Arbeit und Sozialordnung, den Antrag der Fraktion der *PDS* (BT-Drucks. 14/5213) abzulehnen, wurde angenommen (BT-Prot. 14/164, S. 15955 D). Am 14.05.2001 fand vor dem Ausschuss für Arbeit und Sozialordnung eine öffentliche Anhörung von Sachverständigen zum Regierungsentwurf (BT-Drucks. 14/5741), zum Antrag von Abgeordneten und der Fraktion der *CDU/CSU* (BT-Drucks. 14/5753) und zum Antrag von Abgeordneten und der Fraktion der F. D. P. (BT-Drucks. 14/5764) statt (BT-Ausschuss für Arbeit und Sozialordnung, Ausschuss-Drucks. 14/1512 mit Zusammenstellung der Materialien; Sitzungsprotokoll 14/91). Durch Änderungsanträge der Fraktionen der *SPD* und *Bündnis 90/DIE GRÜNEN* vom 19.06.2001 (BT-Ausschuss für Arbeit und Sozialordnung, Ausschuss-Drucks. 14/1610) wurden zahlreiche Änderungen des Regierungsentwurfs beantragt. Außerdem wurde am 19.06.2001 von denselben Fraktionen ein Entschließungsantrag eingebracht (BT-Ausschuss für Arbeit und Sozialordnung, Ausschuss-Drucks. 14/1611). In der Beschlussempfehlung und dem Bericht vom 20.06.2001 des Ausschusses für Arbeit und Sozialordnung (BT-Drucks. 14/6352) nahm dieser Ausschuss zum Gesetzentwurf der Bundesregierung (BT-Drucks. 14/5741) sowie zu den Anträgen von Abgeordneten und der Fraktion der *CDU/CSU* (BT-Drucks. 14/5753) und Abgeordneten und der Fraktion der F. D. P. (BT-Drucks. 14/5764) eingehend Stellung und empfahl dem Bundestag, den Gesetzentwurf BT-Drucks. 14/5741 in der vom Ausschuss geänderten Fassung anzunehmen und die Anträge auf Drucks. 14/5753 und 14/5764 abzulehnen. Außerdem empfahl er, einen Entschließungsantrag zur rechtlichen Absicherung von Mitwirkungsmöglichkeiten junger Menschen, die in außerbetrieblichen Einrichtungen ausgebildet werden, anzunehmen (BT-Drucks. 14/6352, S. 5). Am 21.06.2001 brachten Abgeordnete und die Fraktion der *PDS* einen Änderungsantrag ein (BT-Drucks. 14/6383).

39 Die zweite und dritte Beratung des Regierungsentwurfs fanden am 22.06.2001 statt (BT-Prot. 14/177, S. 17394 A ff.). Der Änderungsantrag von Abgeordneten und der Fraktion der *PDS* auf Drucks. 14/6383 wurde abgelehnt (BT-Prot. 14/177, S. 17417 C). Ebenso wurde der Entschließungsantrag von Abgeordneten und der Fraktion der *PDS* auf Drucks. 14/6382 abgelehnt (BT-Prot. Bd. 14/177, S. 17420 A). Außerdem wurde der Antrag der Fraktionen der *CDU/CSU* auf Drucks. 14/5753 aufgrund der Beschlussempfehlung auf Drucks. 14/6532 abgelehnt (BT-Prot. 14/177, S. 17420 A). Ferner wurde aufgrund der Beschlussempfehlung des Ausschusses der Antrag der Fraktion der F. D. P. auf Drucks. 14/5764 abgelehnt (BT-Prot. daselbst). Schließlich wurde aufgrund der Beschlussempfehlung des Ausschusses die Entschließung auf Drucks. 14/6352 unter Buchst. d angenommen (BT-Prot. daselbst). Der Regierungsentwurf wurde am 22.06.2001 mit 336 gegen 208 Stimmen ohne Enthaltungen angenommen (BT-Prot. 14/177, S. 17423 B). Der Vermittlungsausschuss wurde vom Bundesrat nicht angerufen (BR-Drucks. 452/01 [Beschluss]). Das Gesetz wurde am 27.07.2001 verkündet (BGBl. I, S. 1852) und ist am 28.07.2001 in Kraft getreten (Art. 14 BetrVerf-Reformgesetz). Die Neufassung wurde am 25.09.2001 bekannt gemacht (BGBl. I, S. 2518). Die Erste Verordnung zur Durchführung des Betriebsverfassungsgesetzes vom 16.01.1972 (BGBl. I, S. 49), zuletzt geändert durch Verordnung vom 16.01.1995 (BGBl. I, S. 43), wurde abgelöst durch die Erste Verordnung zur Durchführung des Betriebsverfassungsgesetzes (Wahlordnung – WO) vom 11.12.2001 – in Kraft am 15.12.2001 – (BGBl. I, S. 3494), geändert durch VO vom 23.06.2004 (BGBl. I, S. 1393) und die Zweite Verordnung zur Durchführung des Betriebsverfassungsgesetzes (Wahlordnung Seeschifffahrt – WOS –) vom 24.10.1972 (BGBl. I, S. 2029) durch die Zweite Verordnung zur Durchführung des Betriebsverfassungsgesetzes (Wahlordnung Seeschifffahrt – WOS vom 07.02.2002 [BGBl. I, S. 594]).

Nach Inkrafttreten des BetrVerf-Reformgesetzes ist dieses wie folgt geändert bzw. ergänzt worden:
– Art. 8 (vgl. auch Art. 9) Gesetz zur Reform der arbeitsmarktpolitischen Instrumente (Job-AQTIV-Gesetz) vom 10.12.2001 (BGBl. I, S. 3443);
– Art. 173 Achte Zuständigkeitsanpassungsverordnung vom 25.11.2003 (BGBl. I, S. 2304);
– Art. 81 Drittes Gesetz für moderne Dienstleistungen am Arbeitsmarkt vom 23.12.2003 (BGBl. I, S. 2848);
– Art. 5 Nr. 2 Zweites Gesetz zur Vereinfachung der Wahl der Arbeitnehmervertreter in den Aufsichtsrat vom 18.05.2004 (BGBl. I, S. 974);
– Art. 3 Abs. 3 Gesetz zur Umsetzung europäischer Richtlinien zur Verwirklichung des Grundsatzes der Gleichbehandlung vom 14.08.2006 (BGBl. I, S. 1897);
– Art. 221 Neunte Zuständigkeitsanpassungsverordnung vom 31.10.2006 (BGBl. I, S. 2407);
– Art. 4 Gesetz zur Begrenzung der mit Finanzinvestitionen verbundenen Risiken (Risikobegrenzungsgesetz) vom 12.08.2008 (BGBl. I, S. 1666);
– Art. 9 Gesetz zur Errichtung eines Bundesaufsichtsamtes für Flugsicherung und zur Änderung und Anpassung weiterer Vorschriften vom 29.07.2009 (BGBl. I, S. 2424);
– Art. 3 Abs. 4 Gesetz zur Umsetzung des Seearbeitsübereinkommens 2006 der Internationalen Arbeitsorganisation vom 20.04.2013 (BGBl. I, S. 868);
– Art. 3 Gesetz zur Änderung des Arbeitnehmerüberlassungsgesetzes und anderer Gesetze vom 21.02.2017 (BGBl. I S. 258);
– Art. 6 Gesetz zur Verbesserung der Leistungen bei Renten wegen verminderter Erwerbfähigkeit und zur Änderung anderer Gesetze (EM-Leistungsverbesserungsgesetz) vom 17.07.2017 (BGBl. S. 2509);
– Art. 18 Abs. 1 (zu §§ 80, 88, 92 BetrVG) und Art. 19 Abs. 5 (zu §§ 32, 52, 59a BetrVG) Gesetz zur Stärkung der Teilhabe und Selbstbestimmung von Menschen mit Behinderungen (Bundesteilhabegesetz – BTHG) vom 23.12.2016 (BGBl. I, S. 3234), insoweit in Kraft am 30.12.2016 zu Art. 18 Abs. 1 und 01.01.2018 zu Art. 19 Abs. 5 (Art. 26 Abs. 2 BTHG);
– § 6 Abs. 1, § 13, § 14 Abs. 1 und 2, § 15 Abs. 2-5, § 17 Abs. 2, § 18 Abs. 2, § 20 Abs. 1 Gesetz zur Förderung der Entgelttransparenz zwischen Frauen und Männern (Entgelttransparenzgesetz – EntgTranspG) vom 30.06.2017 (BGBl. I S. 2152).

40 Die weitere Entwicklung des Betriebsverfassungsrechts wie die des Arbeitsrechts insgesamt ist durchaus offen. Reformen werden durch technologische Neuerungen wie die Digitalisierung der Arbeitswelt im Zusammenhang mit »Arbeiten 4.0« zu erwarten sein; eine intensive Diskussion hat begonnen: zum Grundsätzlichen jeweils m. w. N. *BMAS* Grünbuch Arbeiten 4.0 (April 2015); *BDA* Positionspapier zur Digitalisierung von Wirtschaft und Arbeit (Mai 2015) sowie Arbeitswelt 4.0 – Chancen nutzen, Herausforderungen meistern. Positionen der BDA zum Grünbuch »Arbeiten 4.0« des BMAS (November 2015); *BMAS* Weißbuch »Arbeiten 4.0« (vom 29.11.2016); *Bundesregierung* (Hrsg.) Unsere digitale Agenda für Deutschland (April 2015); *DGB* Positionspapier, Digitalisierung der Arbeitswelt (Juni 2015); *Krause* Digitalisierung der Arbeitswelt- Herausforderungen und Regelungsbedarf (Gutachten zum 71. Deutschen Juristen Tag, Bd. I, B 5 ff., 2016); *ders.* Digitalisierung der Arbeitswelt – Herausforderungen und Regelungsbedarf, NJW Beil. 2/2016, 33 ff.; vgl. auch Beschlüsse des 71. DJT 2016, S. 11 ff.; v. *Baum/Appt/Schenk* DB 2017, 1824 ff., 1888 ff.; ferner *Dzida* NJW 2017, 541 ff.; *Günther/Böglmüller* NZA 2017, 546 ff.; *Uffmann* NZA 2017, Beil. 2 S. 45 f.; *Wintermann* NzA 2017, 537 ff.; zum **Betriebsverfassungsrecht** u. a. *Bauer/Günther/Bögelmüller* NZA 2016,

1361 ff.; *Bissels/Meyer-Michaelis* DB 2015, 2331 (2335 f.); *Däubler* AuR 2016, 325 (332 f.); *ders.*, SR Sonderausgabe, Juli 2016, 2 (21 ff., 42 ff.); *DGB* Thesen, AuR 2016, 344 (348 f.); *Franzen* in: *Giesen/Junker/Rieble* (Hrsg.) ZAAR Schriftenreihe Bd. 39, 2016, S. 107 ff.; *Günther/Böglmüller* NZA 2015, 1025 (1026 ff.); *dies.* NZA 2017, 546 ff.; *H. Hanau* NJW 2016, 2613 (2614 f.); *P. Hanau* RdA 2017, 213 ff.; *Karthaus* NZA 2017, 558 ff.; *Kleinbrink* DB 2017, 1713 ff.; *Oetker* JZ 2016, 817 (822 ff.); *Thüsing* SR 2016, 87 (102 ff.). Zum Betriebsverfassungsrecht werden u. a. herkömmliche Probleme wie der Betriebs-, Arbeitgeber- und Arbeitnehmerbegriff neu zu durchdenken (hierzu *Entschließung des Bundesrates* »Mitbestimmung zukunftsfest gestalten«, BR-Drucks. 714/16: Einbeziehung arbeitnehmerähnlicher Personen in den Arbeitnehmerbegriff), Gestaltungsmöglichkeiten nach § 3 BetrVG de lege ferenda zu diskutieren, die Entgrenzung der Arbeitsleistung nach Ort, Zeit, Gegenstand und Einbeziehung Dritter (Crowdworking) zu berücksichtigen, die Aus- und Weiterbildung der Arbeitnehmer von zentraler Bedeutung sein und ebenso der Daten-, Arbeits-, und Gesundheitsschutz sowie Arbeitszeit- und Entgeltsysteme neue Fragen aufwerfen, vgl. auch folgende Anträge: *Bündnis 90/Die Grünen*: »Mehr Betriebsrätinnen und Betriebsräte braucht das Land«, BT-Drucks. 18/2750, dazu Beschlussempfehlung und Bericht des Ausschusses für Arbeit und Soziales (11. Ausschuss), BT-Drucks. 18/7595, Beratung und Ablehnung des Antrags, BT-Prot. 18/206, S. 20581 ff. (20592); *dies.* »Mehr Zeitsouveränität – Damit Arbeit gut ins Leben passt«, BT-Drucks. 18/2841; *Die Linke* »Die Wahl von Betriebsräten erleichtern und die betriebliche Interessenvertretung sicherstellen«, BT-Drucks. 18/5327, dazu Beschlussempfehlung und Bericht des Ausschusses für Arbeit und Soziales (11. Ausschuss), BT-Drucks. 18/7595, Beratung und Ablehnung des Antrags, BT-Prot. 18/206, S. 20581 ff. (20592); *dies.* »Wochenarbeitszeit begrenzen und Arbeitsstress reduzieren«, BT-Drucks. 18/87274. Nicht zuletzt wird auch das Verhältnis von Individuum und Kollektiv unter Berücksichtigung einerseits zunehmender Verantwortung von Arbeitnehmern und andererseits deren Einbindung in neue Arbeitsformen zu prüfen und auszutarieren sein (vgl. auch Rdn. 66, 77). Es besteht aber kein Grund, trotz erforderlicher Anpassungen an veränderte Arbeitsbedingungen von bewährten Grundsätzen des Betriebsverfassungsrechts wie der vertrauensvollen Zusammenarbeit der Betriebspartner, die gegebenenfalls neu zu definieren sind, und der Teilhabe der Arbeitnehmer/Belegschaft an betrieblichen Entscheidungen abzugehen. Das ist aber zugleich eine Chance für deutsche Unternehmen, ihre Wettbewerbsfähigkeit gegenüber Mitbewerbern anderer Rechtsordnungen zu stärken (zur Zukunft der Mitbestimmung auch *Kolbe* Mitbestimmung und Demokratieprinzip, S. 358 ff., 395). Zur **Beteiligung** des **Betriebsrats außerhalb** des **Betriebsverfassungsgesetzes** *Engels* FS *Wlotzke*, 1996, S. 279 ff.; *ders.* AuR 2009, 10 ff., 65 ff.; *Pulte* NZA 2000, 234 ff.; *ders.* NZA-RR 2008, 113.

VIII. Betriebsverfassung und Mitbestimmung

41 **Mitbestimmung** ist ein schillernder Begriff. Im weitesten Sinne ist damit für den Bereich des Arbeitslebens (zur Mitbestimmung und deren Verwirklichung allgemein *Loritz/ZLH* Arbeitsrecht, § 47) **jede Beteiligung** der **Arbeitnehmer** an der **Gestaltung** von **Arbeits- und Wirtschaftsbedingungen** gemeint. Sie kann sich auf den **Betrieb** oder das **Unternehmen** beziehen, darüber hinaus aber auch als **allgemeines Ordnungsprinzip** der **Arbeits- und Wirtschaftsverfassung** verstanden werden. Letztere Vorstellung lag Art. 165 WV (»Räteartikel«) zugrunde (Rdn. 12; zur **Wirtschaftsdemokratie** *Badura* RdA 1976, 275 [279 ff.]; *Kolbe* Mitbestimmung und Demokratieprinzip, S. 1 ff., 15 ff., 29 f., 31 ff., 94 ff., 391). Heute wird die **Mitbestimmung außerhalb von Betrieb und Unternehmen** vor allem von den Koalitionen im Rahmen ihrer durch Art. 9 Abs. 3 GG gewährleisteten Tarifautonomie und durch zahlreiche ihnen gesetzlich zugewiesene Aufgaben und Befugnisse verwirklicht. Mitbestimmung in diesem Sinne ist Ausdruck des Gedankens der Sozialpartnerschaft und gewährleistet vor allem, dass die Arbeits- und Wirtschaftsbedingungen durch gleichgewichtige Parteien ausgehandelt werden und die individualrechtlich nicht hinreichend funktionierende Vertragsfreiheit auf der kollektiven Ebene wieder hergestellt wird. Die Koalitionen haben aber auch im Rahmen der Betriebsverfassung und Mitbestimmung im Unternehmen zahlreiche Einzelbefugnisse (Rdn. 116), so dass sie – wenn auch mit Abstufungen – für alle Mitbestimmungsebenen zuständig sind (zum **tarifrechtlichen Teilhabemodell** als Subsystem der Mitbestimmung *Kolbe* Mitbestimmung und Demokratieprinzip, S. 100 ff.). Daneben bestehen in Bremen (Gesetz über die Arbeitnehmerkammer im Lande Bremen vom 28.03.2000, Brem. GBl., S. 83, mit späteren Änderungen) und im

Einleitung

Saarland (Gesetz über die Arbeitskammer des Saarlandes vom 08.04.1992, ABl., S. 474, 530, berichtigt, S. 627 und 858 mit späteren Änderungen) öffentlich-rechtliche Vertretungen der Arbeitnehmer.

Die **Mitbestimmung** im **Betrieb und Unternehmen** unterscheidet sich nicht allein ihrem Gegenstand nach. Das Betriebsverfassungsgesetz knüpft zwar sowohl für die Bildung von Betriebsräten wie grundsätzlich auch für die Beteiligungsrechte an den Betrieb an, ist jedoch mit den Vorschriften über den Gesamtbetriebsrat (§§ 47 ff.) einschließlich der Betriebsräteversammlung (§ 53), über den Konzernbetriebsrat (§§ 54 ff.), die Gesamt-Jugend- und Auszubildendenvertretung (§§ 72 f.), die Unterrichtung in wirtschaftlichen Angelegenheiten (§§ 106 ff.) sowie über die Beteiligung des Betriebsrats bei Betriebsänderungen (§§ 111 ff.) zugleich auf die Unternehmensebene bezogen. Entsprechendes gilt für die Regelungen des Sprecherausschussgesetzes (§§ 16, 20, 21, 32). Ebenso wenig ist die Unterscheidung zwischen der Mitbestimmung im Betrieb und Unternehmen in der Weise möglich, dass die Betriebsverfassung ausschließlich auf den arbeitstechnisch-organisatorischen Bereich beschränkt, die Unternehmensmitbestimmung dagegen auf die wirtschaftlich-unternehmerischen Entscheidungen bezogen wird. Das ist nur im Grundsatz richtig und entsprach jedenfalls der Intention des Gesetzgebers bei Schaffung des BetrVG 1972. In der amtlichen Begründung zum Regierungsentwurf (BT-Drucks. VI/1786, S. 31r.) wurde ausdrücklich betont, im kollektiven Bereich erweitere der Entwurf die Mitbestimmungs- und Mitwirkungsrechte des Betriebsrats auf wichtigen Gebieten, ohne in die **eigentlichen unternehmerischen Entscheidungen**, insbesondere auf wirtschaftlichem Gebiet, einzugreifen. Diese Grundentscheidung wurde von allen Sprechern der damaligen *SPD/FDP*-Koalition bestätigt (Nachweise bei *Wiese* Initiativrecht, S. 38) und ist im Gesetz selbst deutlich zum Ausdruck gekommen (§ 87 Rdn. 147). Sie entspricht auch der überwiegenden Auffassung in der Literatur (§ 87 Rdn. 146). Andererseits ist nicht zu verkennen, dass etwa die Mitbestimmung in sozialen Angelegenheiten nach § 87 oder bei personellen Einzelmaßnahmen nach § 99 BetrVG zumindest mittelbar Auswirkungen auf den wirtschaftlich-unternehmerischen Bereich hat. Umstritten ist jedoch, ob und inwieweit die unternehmerische Entscheidungsfreiheit als Schranke der einzelnen Mitbestimmungstatbestände oder jedenfalls des ihnen immanenten Initiativrechts zu berücksichtigen ist (Rdn. 60, § 87 Rdn. 146 ff.). Die noch keineswegs abgeschlossene Diskussion dieser wirtschafts- und unternehmenspolitisch außerordentlich bedeutsamen Streitfrage hat aber deutlich gemacht, dass nach dem positivrechtlichen Befund des Betriebsverfassungsgesetzes die Beschränkung der Mitbestimmung auf den arbeitstechnisch-organisatorischen Bereich des Betriebs nicht möglich ist.

Andererseits ist die nach den **Mitbestimmungsgesetzen** den Arbeitnehmern bestimmter Unternehmen eingeräumte Beteiligung nicht allein auf den wirtschaftlich-unternehmerischen Bereich bezogen. Soweit der Arbeitsdirektor als gleichberechtigtes Mitglied des zur gesetzlichen Vertretung des Unternehmens befugten Organs (§ 33 MitbestG, § 13 Montan-MitbestG, § 13 MitbestErgG) in die Betrachtung einbezogen wird, ist dieser für alle der Unternehmensleitung obliegenden Entscheidungen (§ 76 Abs. 1 AktG) mit zuständig, also auch für den arbeitstechnisch-organisatorischen Bereich. Im Rahmen der Beteiligung von Arbeitnehmervertretern im Aufsichtsrat der mitbestimmten Unternehmen werden zwar vor allem bei den zustimmungsbedürftigen Geschäften (§ 111 Abs. 4 Satz 2 AktG) in der Regel Entscheidungen von grundsätzlicher Bedeutung für den unternehmerisch-wirtschaftlichen Bereich getroffen, jedoch werden diese sich häufig auch auf den arbeitstechnisch-organisatorischen Bereich auswirken. Man denke nur an Fragen der Betriebsänderungen i. S. d. § 111 BetrVG.

Mithin sind die Beteiligungsrechte im Betriebsverfassungsrecht und im Unternehmensverfassungsrecht gegenständlich nicht scharf voneinander abgrenzbar. Für den Inhalt und Umfang der Beteiligung maßgebend ist allein die im Wege der Auslegung zu ermittelnde Reichweite der Tatbestände des Betriebsverfassungsgesetzes einerseits und die Zuständigkeit der Unternehmensorgane, in denen Arbeitnehmervertreter mitwirken, nach Gesellschaftsrecht einschließlich der gesetzlichen Regelungen über die Mitbestimmung im Unternehmen andererseits.

Der entscheidende **Unterschied** zwischen der **Mitbestimmung** nach **Betriebsverfassungsrecht** und der Mitbestimmung nach den **Mitbestimmungsgesetzen** (Übersicht in § 1 MitbestG) ist deshalb **struktureller Art**, insofern die Beteiligung unterschiedlich organisiert ist. Im Betriebsverfassungsrecht (BetrVG, SprAuG) wird die Mitbestimmung durch gewählte Repräsentanten der Arbeitnehmer gegenüber dem Arbeitgeber bzw. Unternehmer verwirklicht (**dualistisches Modell**), nach

Einleitung

den Mitbestimmungsgesetzen dagegen durch die Einbeziehung von Vertretern der Arbeitnehmer in die Unternehmensorgane bestimmter Kapitalgesellschaften und Erwerbs- und Wirtschaftsgenossenschaften (**Integrationsmodell**). Durch letztere wird unmittelbar die Beteiligung der Arbeitnehmer durch ihre Repräsentanten an Entscheidungen des Unternehmensorgans eröffnet. Diese Form der Arbeitnehmerbeteiligung ist häufig gemeint, wenn nur von der Mitbestimmung gesprochen wird (zur Teilhabe bei der Unternehmensmitbestimmung *Brocker* Unternehmensmitbestimmung und Corporate Governance (Diss. München), 2006, S. 133 ff.; *Kolbe* Mitbestimmung und Demokratieprinzip, S. 97 ff., 135 ff., 241 f., 256 ff., 290 ff., 329 ff., 393, 395, insbesondere zum Zweck der Unternehmensmitbestimmung S. 213 ff., zu deren Verfassungsmäßigkeit S. 163 ff., 174 ff.). Sie bedeutet sowohl strukturell als auch im Hinblick auf die umfassende Zuständigkeit des jeweiligen Organs inhaltlich eine wesentliche Erweiterung der nach dem Betriebsverfassungsrecht bestehenden Beteiligung der Arbeitnehmer. Ungeachtet der vom *BVerfG* (01.03.1979 E 50, 290 [326 ff.]) verneinten Frage einer etwaigen Überparität der Arbeitnehmer ist nicht zu verkennen, dass betriebs- und unternehmensverfassungsrechtliche Mitbestimmung dem gleichen Zweck dienen, sich gegenseitig ergänzen und häufig auf denselben Gegenstand bezogen sind (zum Ganzen auch *Kolbe* Mitbestimmung und Demokratieprinzip, S. 217 ff., 223 ff.; *Raiser* Mitbestimmung im Betrieb und im Unternehmen, FS *Duden*, 1977, S. 423). Sie sind materiell Subsysteme eines einheitlichen Systems Mitbestimmung (*Rieble* in: Zukunft der Unternehmensmitbestimmung, S. 9 [23 Rn. 41 f.]).

46 Deshalb hätte es nahe gelegen, bei der Neufassung des BetrVG 1972 wie zuvor schon im BetrVG 1952 die Mitbestimmung im Unternehmen mitzuregeln. In diesem Sinne hatte die Fraktion der *CDU/CSU* einen Entwurf über die Mitbestimmung der Arbeitnehmer im Betrieb und Unternehmen (BT-Drucks. VI/1806) vorgelegt, sich aber damit nicht durchsetzen können (Änderungsantrag der *CDU/CSU*-Fraktion, BT-Prot. Bd. 77, S. 8684 ff., hierzu die Debatte, daselbst S. 8657 ff.). Der in der amtlichen Begründung für die Selbstbeschränkung angegebene Grund, die Unternehmensverfassung passe rechtssystematisch nicht in das Betriebsverfassungsgesetz (BT-Drucks. VI/1786, S. 31r.; vgl. auch schriftlicher Bericht des 10. Ausschusses, zu BT-Drucks. VI/2729, S. 3r., 17 f.), ist vordergründig und nicht zwingend (zust. aber *Thiele* 4. Aufl., Einl. Rn. 10). Der eigentliche Grund für die Zurückhaltung des Gesetzgebers ist darin zu sehen, dass die Neufassung des Betriebsverfassungsgesetzes und die angestrebte paritätische Mitbestimmung im Unternehmen politisch nicht gleichzeitig durchsetzbar waren. Zu erwägen bleibt, ob zu einem späteren Zeitpunkt wegen des engen Zusammenhangs zwischen Betriebsverfassung und Unternehmensmitbestimmung eine einheitlich konzipierte Gesamtregelung angestrebt werden sollte. Das gilt auch im Hinblick auf die Zusammenarbeit zwischen Betriebsrat und Arbeitnehmervertretern im Aufsichtsrat (hierzu *Wiese* FS *Ernst Wolf*, 1985, S. 685 ff.). Das BetrVerf-Reformgesetz verharrt jedoch bei der bisherigen zweispurigen Regelung. Reformüberlegungen legen **de lege ferenda** eine erneute Zusammenfassung der unterschiedlichen Durchführungswege nahe (*Rieble* in: Zukunft der Unternehmensmitbestimmung, S. 9 [23 f.]; zur Reformdiskussion Rdn. 19).

47 Die unterschiedliche Funktion des Begriffs Mitbestimmung zeigt sich schließlich darin, dass im **Betriebsverfassungsrecht** unter **Mitbestimmung** i. e. S. allein die **stärkste Form** der **Beteiligung**, nämlich die **gleichberechtigte Teilhabe** der **Belegschaft** (Rdn. 122) an Entscheidungen des Arbeitgebers bzw. Unternehmers, verstanden wird, wie sie z. B. nach § 87 besteht (§ 87 Rdn. 97).

IX. Personalvertretungsrecht

48 Nach § 130 BetrVG findet das Gesetz keine Anwendung auf den **öffentlichen Dienst**, d. h. nicht auf Verwaltungen und Betriebe des Bundes, der Länder, der Gemeinden und sonstiger Körperschaften, Anstalten und Stiftungen des öffentlichen Rechts. Für diese gilt das Bundespersonalvertretungsgesetz (BPersVG) vom 15.03.1974 (BGBl. I, S. 693) mit späteren Änderungen, das an die Stelle des Personalvertretungsgesetzes des Bundes vom 05.08.1955 (Rdn. 19) getreten und dem Betriebsverfassungsgesetz weithin angeglichen ist. Es erfasst **sämtliche Beschäftigten** des **öffentlichen Dienstes**, also auch die **Beamten** (§ 4 BPersVG) und betrifft die Binnenorganisation der genannten Institutionen. Dem Bund steht allerdings die ausschließliche Gesetzgebung nur für die Rechtsverhältnisse der im Dienste des Bundes und der bundesunmittelbaren Körperschaften des öffentlichen Rechtes stehenden Personen zu (Art. 73 Nr. 8 GG), dagegen nicht für die Rechtsverhältnisse der im öffentlichen Dienste der Länder, Gemeinden und anderer Körperschaften des öffentlichen Rechtes stehenden Personen; für diese sind die Länder zuständig (Art. 70 GG). Dementsprechend regelt das Bundespersonalvertretungsgesetz im Ersten Teil (§§ 1 bis 93) das Recht der Personalvertretungen im Bundesdienst und enthält im Zweiten Teil außer wenigen unmittelbar für die Länder geltenden Vorschriften (§§ 107 bis 109) Rahmenvorschriften für die Landesgesetzgebung (§§ 94–106; zur Rechtslage *Richardi/Dörner/Weber* Personalvertretungsrecht, § 94). Daneben gilt die Wahlordnung zum Bundespersonalvertretungsgesetz (BPersVWO) i. d. F. vom 01.12.1994 (BGBl. I, S. 3635) mit späteren Änderungen sowie für **Richtervertretungen** das Deutsche Richtergesetz i. d. F. vom 19.04.1972 (BGBl. I, S. 713) mit späteren Änderungen (für die Gerichte des Bundes §§ 49 ff., für die der Länder §§ 72 ff.). Vgl. auch das **Soldatenbeteiligungsgesetz** (SBG) i. d. F. vom 15.04.1997 (BGBl. I, S. 766); das Gesetz über den **Vertrauensmann** der **Zivildienstleistenden** (Zivildienstvertrauensmann-Gesetz – ZDVG) vom 16.01.1991 (BGBl. I, S. 53) mit späteren Änderungen; §§ 94 ff. SGB IX vom 19.06.2001 (BGBl. I, S. 1046) zur **Schwerbehindertenvertretung**, ersetzt durch §§ 177 ff. SGB IX i. d. F. des Art. 1 BTHG vom 23.12.2016 (BGBl. I, S. 3234) mit Wirkung vom 01.01.2018 (Art. 26 Abs. 1); das **Postpersonalrechtsgesetz** vom 14.09.1994 (BGBl. I, S. 2325, 2353) mit späteren Änderungen sowie zur grundsätzlichen Anwendung des BPersVG auf die deutschen Arbeitnehmer bei den **alliierten Streitkräften** der NATO-Staaten gemäß Art. 56 Abs. 9 des Zusatzabkommens zum NATO-Truppenstatut *Fitting* § 1 Rn. 35, § 130 Rn. 8; *Franzen* § 1 Rn. 20; *Richardi* § 130 Rn. 8 ff.; *Trümmner/DKKW* § 1 Rn. 21; *Weber* § 130 Rdn. 7.

Für die **Abgrenzung** des **Geltungsbereichs** der für den **öffentlichen Dienst** geltenden Gesetze vom Betriebsverfassungsgesetz ist allein die **formelle Rechtsform** des Betriebs oder der Verwaltung maßgebend (*BAG* 07.11.1975 EzA § 118 BetrVG 1972 Nr. 8 S. 59 *[Dütz]* = AP Nr. 1 zu § 130 BetrVG 1972 Bl. 1 R f. *[Mayer-Maly]*; 08.03.1977 EzA § 43 BetrVG 1972 Nr. 1 S. 2 = AP Nr. 1 zu § 43 BetrVG 1972 Bl. 1 R; 30.07.1987 EzA § 130 BetrVG 1972 Nr. 2 S. 2 f. = AP Nr. 3 zu § 130 BetrVG 1972 Bl. 2 f.; 18.01.1989 EzA § 14 AÜG Nr. 1 S. 6 = AP Nr. 2 zu § 14 AÜG Bl. 4 sowie im Einzelnen *Weber* § 130 Rdn. 1 ff.). Sämtliche Betriebe mit privater Rechtsform (vgl. aber Rdn. 108) unterliegen deshalb auch dann dem Betriebsverfassungsgesetz, wenn deren Anteile der öffentlichen Hand ganz oder teilweise zustehen. Entsprechendes gilt für die Anwendung der Mitbestimmungsgesetze für die dort genannten Unternehmen; dagegen gibt es für die öffentlich-rechtlich organisierten Unternehmen der öffentlichen Hand (»Eigenbetriebe«) keine Unternehmensmitbestimmung. Zum Vergleich von Betriebsverfassungs- und Personalvertretungsrecht *Edenfeld* Arbeitnehmerbeteiligung im Betriebsverfassungs- und Personalvertretungsrecht, 2000. Zum **Spannungsverhältnis** von **Demokratieprinzip** und **Mitbestimmung im öffentlichen Dienst** sowie den **Grenzen** letzterer durch das **Erfordernis hinreichender demokratischer Legitimation** in beteiligungspflichtigen Angelegenheiten bei der Arbeitssituation der Beschäftigten und deren Dienstverhältnis einerseits und der Wahrnehmung von Amtsaufgaben gegenüber dem Bürger andererseits unter Berücksichtigung von Schutzzweck- und Verantwortungsgrenze *BVerfGE* 93, 37 (65 ff.); *Kolbe* Mitbestimmung und Demokratieprinzip, S. 86 ff., 167, 211 f. Soweit es sich um Angelegenheiten handelt, die primär das Beschäftigungsverhältnis und nicht oder nur unerheblich die Ausübung der Staatsgewalt betreffen, bedarf die Mitbestimmung zwar auch einer abgeschwächten demokratischen Legitimation (*BVerfGE* 93, 37 [71]), jedoch ist jene insoweit nicht aus dem Demokratieprinzip abzuleiten und ist dieses daher nicht die gemeinsame Rechtfertigung und Grundlage der Mitbestimmung im öffentlichen Dienst (*Kolbe* Mitbestimmung und Demokratieprinzip, S. 92 ff., zur funktionalen Selbstverwaltung öffentlichen Rechts daselbst S. 76 ff., 94 ff., 162, 392); zum Betriebsverfassungsrecht Rdn. 82.

X. Betriebsverfassung und Grundgesetz

Literatur
Bremeier Die personelle Reichweite der Betriebsverfassung im Lichte des Gleichheitssatzes (Art. 3 Abs. 1 GG), Diss. Universität der Bundeswehr Hamburg, 2001, S. 79 ff.; *Otto Brenner Stiftung/Blank* (Hrsg.) Reform der Betriebsverfassung und Arbeitnehmerfreiheit mit Vorträgen von *Däubler* und *Henssler* sowie Diskussion, 2001; *Edenfeld* Arbeitnehmerbeteiligung im Betriebsverfassungs- und Personalvertretungsrecht (zit.: Arbeitnehmerbeteiligung), 2000,

Einleitung

§§ 4, 5; *Gamillscheg* II, S. 127 ff.; *Hammer* Begriff und Grenzen sozialer Grundrechte und Staatszielbestimmungen unter besonderer Berücksichtigung des Arbeitsrechts, JArbR Bd. 32 (1995), 1996, S. 21; *Hergenröder/ZLH* Arbeitsrecht, § 9 Rn. 42 ff.; *Kempen* Das grundrechtliche Fundament der Betriebsverfassung, AuR 1986, 126; *ders.* Demokratieprinzip, Grundrechtssystem und Personalvertretung, AuR 1987, 9; *ders.* Grundgesetz, technischer Wandel und betriebliche Mitbestimmung, AuR 1988, 271; *Kisker* Ein Grundrecht auf Teilhabe an Herrschaft? – Zur verfassungsrechtlichen Fundierung von Mitbestimmung –, FS *Geiger*, 1989, S. 243 ff.; *Kolbe*, Mitbestimmung und Demokratieprinzip, S. 163 ff.; *Lambrich* Tarif- und Betriebsautonomie (Diss. Trier), 1999, § 5 III; *Lohse* Grenzen gesetzlicher Mitbestimmung (Diss. Gießen), 1995, S. 36 ff.; *Loritz* Sinn und Aufgabe der Mitbestimmung heute, ZfA 1991, 1 (14 ff.); *Papier* Einführung neuer Techniken, Verfassungsfragen zur Erweiterung der betrieblichen Mitbestimmung, NJW 1987, 988; *ders.* Der verfassungsrechtliche Rahmen für Privatautonomie im Arbeitsrecht, RdA 1989, 137 (142 f.); *Plander* Personalvertretungen als Grundrechtshilfe im demokratischen und sozialen Rechtsstaat, 1995; *Reichold* Betriebsverfassung als Sozialprivatrecht, 1995, § 14; *Scholz* Verdeckt Verfassungsneues zur Mitbestimmung?, NJW 1986, 1587; *Söllner* Betrieb und Menschenwürde, RdA 1968, 437; *Suhr* Organisierte Ausübung mediatisierter Grundrechte im Unternehmen, AuR 1988, 65; *Wank* Auslegung und Rechtsfortbildung im Arbeitsrecht, 2013; *Wiese* Adressaten und Rechtsgrundlagen des innerbetrieblichen Persönlichkeitsschutzes von Arbeitnehmern, ZfA 2006, 631; *ders.* Internet und Meinungsfreiheit des Arbeitgebers, Arbeitnehmers und Betriebsrats, NZA 2012, 1.

1. Grundlagen der Betriebsverfassung

50 Im Gegensatz zu Art. 151 ff. WV enthält das **Grundgesetz keinen eigenen Abschnitt über** die **Arbeits- und Wirtschaftsverfassung**. Insbesondere fehlt eine dem Art. 165 WV entsprechende Regelung über Arbeiter- und Wirtschaftsräte. Nach Art. 74 Abs. 1 Nr. 12 GG ist der Bund jedoch im Rahmen der konkurrierenden Gesetzgebung ausdrücklich auch für die Regelung des Betriebsverfassungsrechts (zur Bezeichnung *Ulber* RdA 2015, 288 ff.) zuständig. Seine **Normsetzung** wird insoweit durch die **Grundrechte** – insbesondere Art. 1 Abs. 1 und Art. 2 Abs. 1 GG – und das **Sozialstaatsprinzip** (Art. 20 Abs. 1, Art. 28 Abs. 1 GG) **legitimiert** (Näheres vor § 87 Rdn. 16; zum Personalvertretungsrecht *BVerfG* 26.05.1970 E 28, 314 [323] = AP Nr. 18 zu Art. 9 GG Bl. 4; 27.03.1979 E 51, 43 [58] = AP Nr. 1 zu § 108 BPersVG Bl. 4; GemSOGB *BGH* 12.03.1987 BGHZ 100, 277 [285]; vgl. auch *Kempen* AuR 1986, 129 [132 ff.]). Das Sozialstaatsprinzip verpflichtet den Staat, für eine gerechte Sozialordnung zu sorgen (*BVerfG* 13.01.1982 E 59, 231 [263 m. w. N.] = EzA Art. 5 GG Nr. 9, S. 49 *[Konzen/Rupp]* = AP Nr. 1 zu Art. 5 GG Rundfunkfreiheit Bl. 7 R). Daraus lässt sich jedoch kein zwingendes Gebot betrieblicher Mitbestimmung ableiten (*BVerfG* 06.11.1979 E 52, 283 [298]; 30.04.2015 – 3. Kammer – NZA 2015, 820 Rn. 14 m. w. N.), sondern allenfalls die grundsätzliche Verpflichtung des Gesetzgebers, überhaupt eine Betriebsverfassung zu schaffen (bestr., *Bremeier* Personelle Reichweite der Betriebsverfassung, S. 79 ff.; *Lohse* Grenzen gesetzlicher Mitbestimmung, S. 46 ff.; offen gelassen *BVerfG* 22.08.1994 AP Nr. 2 zu § 87 BetrVG 1972 Gesetzesvorbehalt Bl. 1 R f.). Das Grundgesetz gebietet jedenfalls keine bestimmte Art der Betriebsverfassung (*BVerfG* 01.03.1979 E 50, 290 [349] = EzA § 7 MitbestG Nr. 1 S. 22 f. = AP Nr. 1 zu § 1 MitbestG Bl. 18 *[Wiedemann]*; 27.03.1979 E 51, 43 [58] = AP Nr. 1 zu § 108 BPersVG Bl. 4 f.; 06.11.1979 E 52, 283 [298] = EzA § 118 BetrVG 1972 Nr. 23 S. 184 = AP Nr. 14 zu § 118 BetrVG 1972 Bl. 2 R; 24.05.1995 E 93, 37 [69, 73] = EzA Art. 28 GG Nr. 1 S. 5, 8; *BAG* 29.05.1970 AP Nr. 13 zu § 81 BetrVG Bl. 4 R; 07.04.1981 EzA § 118 BetrVG 1972 Nr. 26 S. 213 = AP Nr. 16 zu § 118 BetrVG 1972 Bl. 4 *[Birk]*; *Dütz* Anm. *BAG* 07.11.1975 EzA § 118 BetrVG 1972 Nr. 9 S. 72c). **Unzutreffend** ist die **Annahme** eines »**Grundrechts auf Mitbestimmung**« (so aber *Däubler* Das Grundrecht auf Mitbestimmung und seine Realisierung durch tarifvertragliche Begründung von Beteiligungsrechten, 1973, S. 129 ff.; dagegen zutr. *Ehmann* RdA 1976, 175 [182 f. m. w. N.]; *Hergenröder/ZLH* Arbeitsrecht, § 8 Rn. 43; *Kolbe* Mitbestimmung und Demokratieprinzip, S. 165 ff., 169 f.). Das Betriebsverfassungsrecht ist auch nicht nur als ein Normenkomplex der Grundrechtsverwirklichung und -sicherung durch Organisation und Verfahren zu verstehen (hierzu *Bethge* NJW 1982, 1 ff.; *Hammer* JArbR Bd. 32, 21 [26]; *von Hoyningen-Huene* Betriebsverfassungsrecht, § 1 Rn. 10; *Plander* FS *Gnade*, 1992, S. 79 [90 f.]; *Reichold* Betriebsverfassung als Sozialprivatrecht, S. 434 f.; *Trümner/DKKW* § 1 Rn. 5 f.; krit. *Kolbe* Mitbestimmung und Demokratieprinzip, S. 169; *Lohse* Grenzen betrieblicher Mitbestimmung, S. 53 f.; *Loritz* ZfA 1991, 1 [7 f.]). Organisation und Verfahren dienen der Verwirklichung der Beteiligung der Belegschaft (Rdn. 122) und der dieser zugrunde liegenden Verfassungsnormen (vgl. auch *BVerfG* 13.11.1979 E 52, 380 [389]; 20.12.1979 E 53, 30 [65]; 25.02.1981 E 56, 216 [236]). Sie sind

Einleitung

»Funktionsbedingung« der Garantie von Grundrechten (*BVerfG* 01.03.1979 E 50, 290 [352] = EzA Nr. 1 zu § 7 MitbestG S. 25 = AP Nr. 1 zu § 1 MitbestG Bl. 19 *[Wiedemann]*), erklären aber allein nicht den Sinn und Zweck der Betriebsverfassung und vermögen keine Grenzen der betriebsverfassungsrechtlichen Mitbestimmung aufzuzeigen. Zu Vorgaben des europäischen Gemeinschaftsrechts Rdn. 35.

Der **Gesetzgeber** hat mithin bei der Normierung des Betriebsverfassungsrechts einen **weiten Ge-** 51 **staltungsspielraum** (so allgemein für die Verwirklichung des Sozialstaatsprinzips *BVerfG* 13.01.1982 E 59,231 [263 m. w. N.]). Deshalb ist auch die gegenwärtige Ausformung des Betriebsverfassungsgesetzes nicht verfassungsfest. Das ist im Hinblick auf das Sozialstaatsprinzip allenfalls die Institution der Betriebsverfassung als solche (*Kempen* AuR 1986, 129 [137]; *Lambrich* Tarif- und Betriebsautonomie, S. 225; *Trümner/DKKW* § 1 Rn. 7 f.; **a. M.** *Gamillscheg* II, S. 128). Das **Sozialstaatsprinzip** begründet lediglich einen **allgemeinen Gestaltungsauftrag** an den **Gesetzgeber** u. a. zum Arbeitnehmerschutz (zutr. *Kolbe* Mitbestimmung und Demokratieprinzip, S. 170 ff., 192). Im Übrigen ist er frei und muss bei der Normierung von Einzelfragen allein die durch das Grundgesetz gezogenen Schranken beachten (*BVerfG* 01.03.1979 E 50, 290 [337] = EzA § 7 MitbestG Nr. 1 S. 13 = AP Nr. 1 zu § 1 MitbestG Bl. 14 *[Wiedemann]*; zu Art. 5 Abs. 1 GG *BVerfG* 28.04.1976 E 42, 133 [139 ff.] = EzA § 74 BetrVG 1972 Nr. 1 S. 4 ff. = AP Nr. 2 zu § 74 BetrVG 1972 Bl. 1 R ff.; 13.01.1982 E 59, 231 [263]). Dem hat der Gesetzgeber ausdrücklich dadurch Rechnung getragen, dass er in § 118 Abs. 1 die Anwendung des Gesetzes auf Tendenzbetriebe eingeschränkt hat, um grundrechtlichen Wertvorstellungen zu entsprechen (*Weber* § 118 Rdn. 2, 13 ff., 40 ff., 125 ff., 131, 141, 221 f.). Insbesondere wird die Pressefreiheit nach Maßgabe des § 118 Abs. 1 »vor einer Beeinträchtigung durch betriebliche Mitbestimmungsrechte« abgeschirmt (*BVerfG* 06.11.1979 E 52, 283 [298 f.] = EzA § 118 BetrVG 1972 Nr. 23 S. 184 = AP Nr. 14 zu § 118 BetrVG 1972 Bl. 2 R; 30.04.2015 NZA 2015, 820 [821]). Außerdem hat der Gesetzgeber durch den Vorbehalt zugunsten der Religionsgemeinschaften und ihrer karitativen und erzieherischen Einrichtungen in § 118 Abs. 2 auf das »verfassungsrechtlich Gebotene« – nämlich Art. 140 GG i. V. m. Art. 137 Abs. 3 WV – Rücksicht genommen (*BVerfG* 11.10.1977 E 46, 73 [95] = EzA § 118 BetrVG 1972 Nr. 15 S. 124 *[Rüthers]* = AP Nr. 1 zu Art. 140 GG Bl. 7; *Weber* § 118 Rdn. 28 ff., 226, 229, 234). Das Sozialstaatsprinzip dient auch zur **Auslegung** grundrechtsausgestaltender Regelungen, darf jedoch **nicht** zu einer **Beschränkung** der **Grundrechte** führen (*BVerfG* 06.11.1979 E 52, 283 [299]; 13.01.1982 E 59, 231 [262 f.]). Aus diesen lassen sich andererseits die Beteiligungsrechte nicht unmittelbar ableiten (*Hergenröder/ZLH* Arbeitsrecht, § 9 Rn. 42).

Gegen die **Novelle 1972** waren erhebliche **verfassungsrechtliche Bedenken** geltend gemacht wor- 52 den (*Galperin* Der Regierungsentwurf eines neuen Betriebsverfassungsgesetzes, 1971; *ders.* Das Betriebsverfassungsgesetz 1972, 1972; *H. Krüger* Der Regierungsentwurf eines Betriebsverfassungsgesetzes vom 29. Januar 1971 und das Grundgesetz, 1971; *Obermayer* DB 1971, 1715 ff.). Alle vorgetragenen Einwände haben sich jedoch als nicht überzeugend erwiesen (*Galperin/Löwisch* vor § 1 Rn. 4; *Hoffmann* AuR 1971, 271 ff.; *Richardi* Einl. Rn. 50 ff.; *ders.* 7. Aufl., § 23 Rn. 85 f.; *Schwerdtner* BlStSozArbR 1972, 33 ff.; *Thiele* 4. Aufl., Einl. Rn. 24). Das gilt insbesondere für die angebliche Verfassungswidrigkeit der in § 87 Abs. 1 Nr. 3 und 11 normierten Angelegenheiten, soweit sie materielle Angelegenheiten zum Gegenstand haben (§ 87 Rdn. 45 f., 1031). Zur Vereinbarkeit des § 5 Abs. 3 Nr. 3 mit dem Grundgesetz *BVerfG* 24.11.1981 E 59, 104 (114 ff.) = EzA § 5 BetrVG 1972 Nr. 40 S. 369 ff. = AP Nr. 27 zu § 5 BetrVG 1972 Bl. 1 R ff.; *Raab* § 5 Rdn. 2 c; zu § 20 Abs. 2 *BGH* 30.05.1983 AP Nr. 1 zu § 39 BGB Bl. 2, zu § 23 Abs. 3 *Richardi* 7. Aufl., § 23 Rn. 85 f., zu § 87 Abs. 1 Nr. 10 *Wiese/Gutzeit* § 87 Rdn. 832, 941, 993, zu Grenzen der Rechtsfortbildung (Sozialplanabfindungen als Konkursforderungen) *BVerfG* 19.10.1983 E 65, 182 (190 ff.) = EzA § 112 BetrVG 1972 Nr. 27 S. 180 ff. *(Reuter)* = AP Nr. 22 zu § 112 BetrVG 1952 Bl. 1 R ff.

Durch das **BetrVerf-Reformgesetz** wurden erneut verfassungsrechtliche Probleme aufgeworfen. 53 Das gilt in organisatorischer Hinsicht für § 1 Abs. 2, § 3 (*Franzen* § 3 Rdn. 71 ff.), § 14a, § 15 (*Jacobs* § 15 Rdn. 16), § 50 (*Kreutz/Franzen* § 50 Rdn. 58), § 58 (*Franzen* § 58 Rdn. 37). Darüber hinaus ergeben sich Fragen aus der Kostenbelastung der Betriebe (Rdn. 56 f.) und der Erweiterung der Beteiligungsrechte (Rdn. 61). Zu weiteren verfassungsrechtlichen Fragen *Weber* § 45 Rdn. 9 f.

Einleitung

2. Betriebsverfassung und Grundrechte des Arbeitgebers

54 Die Betriebsverfassung schränkt vor allem die Grundrechte des Arbeitgebers durch Beteiligungsrechte und die unmittelbare wie mittelbare Auferlegung finanzieller Verpflichtungen ein. Einschlägig sind Art. 14 Abs. 1 und 2, Art. 12 Abs. 1, Art. 2 Abs. 1 und Art. 3 GG.

55 Die **Garantie** des **Eigentums (Art. 14 Abs. 1 GG)** soll dem Träger des Grundrechts einen Freiheitsraum im vermögensrechtlichen Bereich sichern und ihm dadurch eine eigenverantwortliche Gestaltung seines Lebens ermöglichen (*BVerfG* 01.03.1979 E 50, 290 [339] = EzA § 7 MitbestG Nr. 7 S. 15 = AP Nr. 1 zu § 1 MitbestG Bl. 15 m. w. N. *[Wiedemann]*; 22.05.2001 E 104, 1 [8 f.]; 26.06.2002 E 105, 252 [277]; 18.01.2006 E 115, 97 [110]; st. Rspr.). Geschützt ist auch das **gesellschaftsrechtlich vermittelte Anteilseigentum** (*BVerfG* 01.03.1979 E 50, 290 [341 f.] = EzA § 7 MitbestG Nr. 7 S. 17 = AP Nr. 1 zu § 1 MitbestG Bl. 16) ebenso wie der **Bestand** an **Rechten** und **Gütern** eines **Unternehmens** (*BVerfG* 29.11.1961 E 13, 225 [229] = AP Nr. 3 zu § 8 LSchlG Bl. 1 R f.; 01.03.1979 E 50, 290 [339 ff.] = EzA § 7 MitbestG Nr. 7 S. 15 ff. = AP Nr. 1 zu § 1 MitbestG Bl. 15 ff.; 22.05.1979 E 51, 193 [221 f.]; 31.10.1984 E 68, 193 [222 f.]). Von Art. 14 Abs. 1 GG **nicht** erfasst sind dagegen die **in der Zukunft liegenden Chancen** und **Verdienstmöglichkeiten** (*BVerfG* 18.03.1970 E 28, 119 [142] = AP Nr. 7 zu § 611 BGB Croupier Bl. 8 R; 16.03.1971 E 30, 292 [334 f.] = AP Nr. 48 zu Art. 12 GG Bl. 14 R.; 21.06.1977 E 45, 272 [296]; 31.10.1984 E 68, 193 [222 f.]; 26.06.2002 E 105, 252 [277 f.]; 07.10.2003 E 108, 370 [384]). Die hierauf gerichtete **unternehmerische Tätigkeit** unterfällt Art. 12 Abs. 1 GG (*BVerfG* 16.03.1971 E 30, 292 [335] = AP Nr. 48 zu Art. 12 GG Bl. 14 R zur Abgrenzung von Art. 12 Abs. 1 und Art. 14 Abs. 1 GG; 18.12.1985 AP Nr. 15 zu § 87 BetrVG 1972 Arbeitszeit Bl. 1 R). Nach Art. 14 Abs. 1 Satz 2 GG werden Inhalt und Schranken des Eigentums jedoch durch die Gesetze bestimmt. Außerdem **unterliegt** das **Eigentum** der **Sozialbindung** (Art. 14 Abs. 2 GG). Das erlaubt dem Gesetzgeber weitgehende Beschränkungen des Eigentums (näher *BVerfG* 01.03.1979 E 50, 290 [339 ff.] = EzA § 7 MitbestG Nr. 7 S. 15 ff. = AP Nr. 1 zu § 1 MitbestG Bl. 15 ff.). Die Befugnis des Gesetzgebers ist umso weiter, je mehr das Eigentumsobjekt in einem sozialen Bezug und einer sozialen Funktion steht (*BVerfGE* 01.03.1979 E 50, 290 [340 m. w. N.] = EzA § 7 MitbestG Nr. 7 S. 16 f. = AP Nr. 1 zu § 1 MitbestG Bl. 15 R), jedoch müssen auch dann das Zuordnungsverhältnis und die Substanz des Eigentums erhalten bleiben und die Eigentumsbindung verhältnismäßig sein (*BVerfGE* 01.03.1979 E 50, 290 [341] = EzA § 7 MitbestG Nr. 7 S. 16 f. = AP Nr. 1 zu § 1 MitbestG Bl. 15 R). Evident ist der soziale Bezug des Eigentums am Unternehmen, das begriffsnotwendig die Mitwirkung von Arbeitnehmern voraussetzt (z. B. § 1 MitbestG). Treffend heißt es im Mitbestimmungsurteil des *BVerfG* 01.03.1979 (E 50, 290 [349] = EzA § 7 MitbestG Nr. 7 S. 23 = AP Nr. 1 zu § 1 MitbestG Bl. 18): »Mitbestimmung im Unternehmen beeinflusst zu einem nicht unwesentlichen Teil die Bedingungen, unter denen die Arbeitnehmer namentlich ihr Grundrecht auf Berufsfreiheit wahrnehmen, das für alle sozialen Schichten von Bedeutung ist« (vgl. auch S. 365). Gleiches gilt für das Betriebsverfassungsrecht. Die hiernach gegebene Beteiligung der Arbeitnehmer ist das geeignete und erforderliche Mittel, Gemeinwohlinteressen an einer sozialen Ausgestaltung betrieblicher Verhältnisse unter Berücksichtigung von Grundrechtspositionen der Arbeitnehmer zu verwirklichen. Auch bleiben durch das Betriebsverfassungsgesetz das **Zuordnungsverhältnis** und die **Substanz** des **Eigentums erhalten**. Über das im Unternehmen investierte Kapital kann nicht gegen den Willen des Eigentümers oder der Anteilseigner entschieden werden, diese verlieren nicht die Kontrolle über die Führungsauswahl im Unternehmen, und die gesetzliche Beteiligung hat weder die Funktionsunfähigkeit noch deren ernsthafte Gefährdung zur Folge (so zur Unternehmensmitbestimmung *BVerfGE* 01.03.1979 E 50, 290 [350 ff.] = EzA § 7 MitbestG Nr. 7 S. 23 ff. = AP Nr. 1 zu § 1 MitbestG Bl. 18 R ff.). Insgesamt kann – ungeachtet einer etwaigen verfassungswidrigen Interpretation des Betriebsverfassungsgesetzes durch die Gerichte – dieses hinsichtlich seiner **Beschränkungen** des **Eigentums** durch Beteiligungsrechte **nicht** als **unverhältnismäßiger, verfassungswidriger Eingriff** in das Grundrecht des Arbeitgebers nach Art. 14 Abs. 1 GG angesehen werden. Mit Recht haben sich auch Bedenken gegen die Aufnahme materieller Arbeitsbedingungen in das Betriebsverfassungsgesetz 1972 (§ 87 Abs. 1 Nr. 3 und 11) nicht durchzusetzen vermocht (Rdn. 52).

56 Durch das **BetrVerf-Reformgesetz 2001** wurden dem einzelnen Unternehmen erneut **zusätzliche Kosten** auferlegt. Unerheblich ist, dass nach § 40 Abs. 2 der Arbeitgeber ausdrücklich dem Betriebsrat im erforderlichen Umfang auch Informations- und Kommunikationstechnik zur Verfügung zu stellen hat; das war bisher schon durch Rechtsprechung und Lehre anerkannt (*Weber* § 40 Rdn. 176 ff. m. w. N.). Selbst wenn die besondere Hervorhebung Begehrlichkeiten wecken mag, ist das verfassungsrechtlich irrelevant. Von gewisser Bedeutung sind jedoch, soweit einzelne Betriebe davon betroffen sind, folgende Neuregelungen: die Heraufsetzung der Zahl der Betriebsratmitglieder (§ 9), die allerdings etwas niedrigere Herabsetzung der Voraussetzungen für die Zahl der Jugend- und Auszubildendenvertreter (§ 62), die Herabsetzung der Voraussetzungen für die Zusammensetzung des Betriebsausschusses (§ 27), Die Erhöhung der Zahl der mindestens freizustellenden Betriebsratmitglieder (§ 38 Abs. 1), der Anspruch auf Arbeitsbefreiung unter Fortzahlung des Arbeitsentgelts, wenn die Betriebsratstätigkeit oder die Schulung wegen der unterschiedlichen Arbeitszeiten der Betriebsratmitglieder nicht innerhalb der persönlichen Arbeitszeit der Betriebsratmitglieder erfolgen kann (§ 37 Abs. 3 und 6), der Anspruch des Betriebsrats, ihm nach Maßgabe des § 80 Abs. 2 Satz 3 sachkundige Arbeitnehmer als Auskunftspersonen zur Verfügung zu stellen und nach § 111 Satz 2 die Hinzuziehung eines Beraters, schließlich die zusätzliche Gremienbildung (§ 73a, § 65, § 73 Abs. 2, § 73b Abs. 2) und die Erweiterung von Beteiligungsrechten (§ 87 Abs. 1 Nr. 13, § 89, § 92 Abs. 3, § 92a, § 95 Abs. 2, § 96 Abs. 1, § 97 Abs. 2, § 99 Abs. 1 und 2, § 106 Abs. 3 Nr. 5a, § 111).

In allen diesen Angelegenheiten entstehen zusätzliche Kosten. Die Eigentumsgarantie wird dadurch jedoch nicht verletzt. Schon im Hinblick auf Art. 14 Abs. 1 Satz 2 und Abs. 2 GG erscheint ein Verfassungsverstoß zweifelhaft. Vor allem **schützt** aber **Art. 14 GG** nach ständiger Rechtsprechung des *BVerfG* (Nachweise § 87 Rdn. 45) **nicht** das **Vermögen gegen Eingriffe** durch die **Auferlegung** von **Geldleistungspflichten**. Das gilt erst recht, wenn durch die angeführten Neuregelungen dem Arbeitgeber nicht unmittelbar Geldleistungspflichten auferlegt werden, sondern die zusätzlichen Kosten nur die mittelbare Folge der gesetzlichen Regelung sind. Eine Beeinträchtigung der Substanz des Unternehmens ist durch sämtliche genannten Neuregelungen weder je für sich noch in ihrer kumulierenden Wirkung gegeben. Auch lässt sich zumindest **nicht generell** sagen, dass die **finanziellen Verpflichtungen** den **einzelnen Arbeitgeber** »**übermäßig belasten** und seine **Vermögensverhältnisse grundlegend beeinträchtigen**« würden (so die Formulierung des *BVerfG* in st. Rspr. 24.07.1962 E 14, 221 [241]; 14.12.1965 E 19, 253 [268] = AP Nr. 8 zu Art. 2 GG Bl. 2 R; 31.05.1988 E 78, 214 [230]; 31.05.1990 E 82, 159 [190]). Von einer in diesem Sinne »**erdrosselnden Wirkung**« (*BVerfG* in st. Rspr. 09.03.1971 E 30, 250 [272]; 31.05.1988 E 78, 232 [243]; 29.11.1989 E 81, 108 [122]; 31.05.1990 E 82, 159 [190]) der Gesetzesänderungen kann selbst bei mittleren und kleineren Betrieben **nicht** gesprochen werden. Auch werden weder die Funktionsfähigkeit noch die wirtschaftliche Leitung der Unternehmen dadurch vereitelt (*BVerfG* 01.03.1979 E 50, 290 [352] = EzA § 7 MitbestG Nr. 1 S. 25 = AP Nr. 1 zu § 1 MitbestG Bl. 19 *[Wiedemann]*; 18.10.1987 DB 1987, 2361).

Noch nicht abschließend geklärt ist, in welchem Umfang der Gesetzgeber durch seine Normsetzung bzw. die Gerichte bei deren Interpretation in die durch **Art. 12 Abs. 1 GG** geschützte **Berufsfreiheit** eingreifen dürfen. Soweit die berufliche Tätigkeit des Arbeitgebers/Unternehmers betroffen ist, schließt Art. 12 Abs. 1 GG als lex specialis gegenüber Art. 2 Abs. 1 GG die Anwendbarkeit dieser Vorschrift aus (*BVerfG* 07.01.1959 E 9, 73 [77]; 22.05.1996 E 94, 372 [389]; 12.12.2006 E 117, 163 [181]; st. Rspr.). Die **Regelungen** des **Betriebsverfassungsgesetzes** betreffen nicht die Freiheit der Berufswahl des Arbeitgebers, sondern allein dessen **Berufsausübung** (vgl. auch *BVerfG* 01.03.1979 E 50, 290 [364]) = EzA § 7 MitbestG Nr. 1 S. 34 = AP Nr. 1 zu § 1 MitbestG Bl. 23 *[Wiedemann]*). Sie haben eindeutig eine berufsregelnde Tendenz (*BVerfG* 08.04.1997 E 95, 267 [302]; 14.07.1998 E 98, 218 [258]) und **beschränken** durch die Beteiligung des Betriebsrats gegenüber den Arbeitnehmern sein **Direktionsrecht** und seine **Vertragsfreiheit** sowie mittelbar seine **unternehmerischen Dispositionen**. Der Schutz des Art. 12 Abs. 1 GG gilt auch für juristische Personen (*BVerfG* 01.03.1979 E 50, 290 [363] = EzA § 7 MitbestG Nr. 1 S. 33 = AP Nr. 1 zu § 1 MitbestG Bl. 22 R; 26.06.2002 E 105, 252 [265]; 17.12.2002 E 106, 275 [298]; 13.09.2005 E 114, 196 [244]; st. Rspr.). Geschützt ist auch die »**Unternehmerfreiheit**« i. S. freier Gründung und Führung von Unternehmen (*BVerfG* 01.03.1979 E 50, 290 [363] = EzA § 7 MitbestG Nr. 1 S. 33 = AP Nr. 1 zu § 1 MitbestG Bl. 22 R). Da der Arbeitgeber/Unternehmer durch die Berufsausübung unmittelbar in das soziale Leben eingreift, können ihm im Interesse anderer und der Gesamtheit Beschränkungen auferlegt werden, soweit sachgerechte und vernünftige Erwägungen des Gemeinwohls es zweckmäßig erscheinen lassen (*BVerfG* 11.06.1958 E 7, 377 [405 f.] = AP Nr. 13 zu Art. 12 GG Bl. 5 f.; 01.03.1979 E 50, 290 [365] =

Einleitung

EzA § 7 MitbestG Nr. 1 S. 35 = AP Nr. 1 zu § 1 MitbestG Bl. 23; 17.02.1998 E 97, 228 [255]; 29.10.2002 E 106, 181 [192], 216 [219]; st. Rspr.). Der Grundrechtsschutz beschränkt sich insoweit auf die Abwehr in sich verfassungswidriger, weil etwa übermäßig belastender und nicht zumutbarer gesetzlicher Auflagen (*BVerfG* 11.06.1958 E 7, 377 [406] = AP Nr. 13 zu Art 12 GG Bl. 5 R; st. Rspr.). Daher gilt auch für die Berufsausübung der Grundsatz der Verhältnismäßigkeit, nach dem die freie Gestaltung der beruflichen Tätigkeit einerseits und Interessen der Allgemeinheit andererseits in Einklang zu bringen sind (*BVerfG* 23.01.1968 E 23, 50 [56] = AP Nr. 8 zu § 5 BAZG Bl. 2 R; 17.02.1998 E 97, 228 [255]; 31.10.2002 E 106, 216 [219]). Indessen räumt das *BVerfG* dem **Gesetzgeber** auf dem **Gebiet** der **Arbeitsmarkt-, Sozial- und Wirtschaftsordnung** einen besonders **weitgehenden Einschätzungs-** und **Prognosevorrang** und eine **weite Gestaltungsfreiheit** ein (*BVerfG* 06.10.1987 E 77, 84 [106]; 15.12.1987 E 77, 308 [332] = EzA § 7 AWbG NW Nr. 1 S. 4 *[Gamillscheg]* = AP Nr. 62 zu Art. 12 GG Bl. 6 R; 23.01.1990 E 81, 156 [189] = EzA § 128 AFG Nr. 1 S. 2 = AP Nr. 1 zu § 128 AFG Bl. 8 f.; 17.11.1992 E 87, 363 [383] = EzA Art. 12 GG Nr. 26 S. 2 = AP Nr. 19 zu § 5 BAZG Bl. 6 R; 20.03.2001 E 103, 172 [185]; 09.06.2004 E 111, 10 [38 f.] = AP Nr. 135 zu Art. 12 GG Bl. 11). Das ist auch bei der umstrittenen Auslegung des § 87 Abs. 1 Nr. 3 zu beachten (vor § 87 Rdn. 17 ff.).

59 Die Vorschriften des Betriebsverfassungsgesetzes dienen nach h. M. als dessen wesentlicher Zweck dem Schutz von Leben und Gesundheit des Arbeitnehmers sowie seiner materiellen und ideellen Interessen (Rdn. 78 f.). Da diese im Hinblick auf die Einordnung des Arbeitnehmers in einen fremden Arbeitsbereich gefährdet sind, entspricht es vernünftigen Erwägungen des Gemeinwohls, die Rechtsstellung des Arbeitgebers/Unternehmers durch Beteiligungsrechte des Betriebsrats zu beschränken. Das gilt umso mehr, als den Staat auch im Rahmen des Art. 12 Abs. 1 GG eine **Schutzpflicht** trifft (*BVerfG* 24.04.1991 E 84, 133 [147] = EzA Art. 13 Einigungsvertrag Nr. 1 S. 2 = AP Nr. 70 zu Art. 12 GG Bl. 5). Dass diese zur Durchsetzung des angestrebten Zweckes **geeignet** sind (*BVerfG* 10.05.1972 E 33, 171 [187]; 09.03.1994 E 90, 145 [172]; 22.01.1997 E 95, 173 [183]), ist offensichtlich. Ebenso ist grundsätzlich die **Erforderlichkeit** von Beteiligungsrechten zu bejahen, da ein anderes, gleich wirksames, aber das Grundrecht nicht oder weniger fühlbar einschränkendes Mittel (*BVerfG* 16.03.1971 E 30, 292 [316] = AP Nr. 48 zu Art. 12 GG Bl. 7 R; 09.03.1994 E 90, 145 [172]; 22.01.1997 E 95, 173 [183]) nicht ersichtlich ist. Damit sind die Grenzen der Zulässigkeit von Eingriffen in die Berufsausübung des Arbeitgebers/Unternehmers unter dem Aspekt der **Verhältnismäßigkeit** zu bestimmen. Bei einer Gesamtabwägung zwischen der Schwere des Eingriffs und dem Gewicht und der Dringlichkeit der ihn rechtfertigenden Gründe muss die Grenze der Zumutbarkeit noch gewahrt sein; je empfindlicher der Einzelne in seiner freien Berufsausübung beeinträchtigt wird, desto gewichtiger müssen die Interessen des Gemeinwohls sein, denen diese Regelung zu dienen bestimmt ist (*BVerfG* 23.01.1968 E 23, 50 [56] = AP Nr. 8 zu § 5 BAZG Bl. 2 R; 02.10.1973 E 36, 47 [59]; 15.12.1987 E 77, 308 [332] = EzA § 7 AWbG NW Nr. 1 S. 4 *[Gamillscheg]* = AP Nr. 62 zu Art. 12 GG Bl. 6 R; 09.03.1988 E 78, 77 [85]).

60 Mit Recht hat die h. M. zum **Betriebsverfassungsgesetz 1972** einen **Verstoß gegen Art. 12 Abs. 1 GG verneint** (§ 87 Rdn. 45 f.). Zweifelhaft ist, ob das *BAG* in seiner Rechtsprechung hinsichtlich der zulässigen Begrenzung der unternehmerischen Entscheidungsfreiheit (Rdn. 42, § 87 Rdn. 146 ff.) den Gesichtspunkt der Verhältnismäßigkeit zutreffend gewürdigt hat. Das gilt jedenfalls für die Ladenschlussentscheidung vom 31.08.1982 (*Wiese/Gutzeit* § 87 Rdn. 314). Das *BVerfG* hat zwar in seinem Beschluss vom 18.12.1985 (AP Nr. 15 zu § 87 BetrVG 1972 Arbeitszeit) die Verfassungsbeschwerde gegen den Beschluss des *BAG* durch den Dreierausschuss nicht zur Entscheidung angenommen (*Wiese/Gutzeit* § 87 Rdn. 315), jedoch sind gegen diesen Beschluss mit Recht erhebliche verfassungsrechtliche Bedenken geltend gemacht worden (vor allem *Scholz* NJW 1986, 1587 ff.; ferner *Loritz* ZfA 1990, 133 [182]; *Lohse* Grenzen gesetzlicher Mitbestimmung, S. 85 ff.; *Papier* NJW 1987, 988 [994]). Auch einfachgesetzlich ist die Abwägung des *BAG* mit unterschiedlichen Begründungen überwiegend abgelehnt worden (*Wiese/Gutzeit* § 87 Rdn. 314 ff.). Das Verhältnis zulässiger Beschränkungen der Berufsausübung und unternehmerischer Entscheidungsfreiheit ist daher nach wie vor offen.

61 Diese Frage stellt sich hinsichtlich der durch das **BetrVerf-Reformgesetz** neu eingeführten Beteiligungsrechte. Verfassungsrechtlich unbedenklich sind die neuen Mitwirkungsrechte nach § 80 Abs. 1

Nr. 2b und 7 und 8 und 9, § 89, § 92 Abs. 3, § 92a, § 106 Abs. 3 Nr. 5a. Diese bedeuten zwar eine zusätzliche Belastung der Betriebe und erschweren den Arbeitsablauf, lassen aber die unternehmerische Entscheidung unberührt (vgl. auch *BVerfG* 01.03.1979 E 50, 290 [350] = EzA § 7 MitbestG Nr. 1 S. 23 = AP Nr. 1 zu § 1 MitbestG Bl. 18 R *[Wiedemann]*). Anders verhält es sich mit den Mitbestimmungsrechten. Nach § 87 Abs. 1 Nr. 13 besteht ein echtes Mitbestimmungsrecht bei der Durchführung von Gruppenarbeit. Da die unternehmerische Entscheidung über die Einführung und Abschaffung von Gruppenarbeit jedoch frei ist (*Gutzeit* § 87 Rdn. 1085, 1090), mag diese auch durch die Mitbestimmung bei der Durchführung der Gruppenarbeit mittelbar beeinflusst werden, ist die Einschränkung der Berufsausübung des Arbeitgebers nicht als unzumutbar anzusehen (Bedenken äußerte American Chamber of Commerce, BT-Ausschuss für Arbeit und Sozialordnung, Drucks. 14/1512, S. 103, 107). Gravierender ist dagegen die Neuregelung des § 97 Abs. 2, die schon bei der Planung tätigkeitsverändernder Maßnahmen ein mittels Initiativrechts durchsetzbares Mitbestimmungsrecht zur Einführung von Maßnahmen der betrieblichen Berufsbildung gewährt. Das kann Rückwirkungen auf an sich beabsichtigte, notwendige Investitionsentscheidungen haben und diese verhindern oder verzögern. Demgegenüber ist zu berücksichtigen, dass die Weiterbildung der betroffenen Arbeitnehmer dem Betrieb zugutekommt und es auch darum geht, diese Arbeitnehmer vor dem sonst möglichen Arbeitsplatzverlust zu schützen. Deshalb ist die **gesetzliche Regelung nicht** als **unverhältnismäßig** anzusehen. Aber selbst in ihrer Kumulation sind die neuen Beteiligungsrechte nicht im verfassungsrechtlichen Sinn als unzumutbar zu bewerten.

Zweifelhaft ist, inwieweit **neben Art. 12 Abs. 1 GG** außerdem **Art. 2 Abs. 1 GG** zur Anwendung **62** kommt, da für die berufliche Tätigkeit des Arbeitgebers/Unternehmers Art. 12 Abs. 1 GG lex specialis gegenüber Art. 2 Abs. 1 GG ist (Rdn. 58). Allerdings hat das *BVerfG* im Mitbestimmungsurteil (*BVerfG* 01.03.1979 E 50, 290 [366] = EzA § 7 MitbestG Nr. 1 S. 35 = AP Nr. 1 zu § 1 MitbestG Bl. 23 R *[Wiedemann]*) Art. 2 Abs. 1 GG mit der sibyllinischen Formulierung »soweit hiernach noch Raum für Art. 2 Abs. 1 GG verbleibt« neben Art. 12 Abs. 1 GG geprüft. Bedeutsam ist insoweit die ausdrückliche **Anerkennung** der **Handlungsfreiheit auf wirtschaftlichem Gebiet**; »ein angemessener Spielraum zur Entfaltung der Unternehmerinitiative ist unantastbar (*BVerfG* 14.10.1970 E 29, 260 [267] m. w. N.; 01.03.1979 E 50, 290 [366])«. Schranken ergeben sich aus der verfassungsmäßigen Ordnung i. S. d. Art. 2 Abs. 1 GG. Aus den bereits (Rdn. 59) dargelegten Gründen verfolgen die Regelungen des Betriebsverfassungsgesetzes vernünftige Zwecke des Gemeinwohls. Es sind auch keine Gründe dafür ersichtlich, dass diese »der Entfaltung der Unternehmerinitiative keinen angemessenen Spielraum mehr ließen und deshalb den Kern der wirtschaftlichen Betätigungsfreiheit (des Arbeitgebers/Unternehmers) berührten«. Sie schränken deshalb die wirtschaftliche Betätigungsfreiheit in zulässiger Weise ein« (so *BVerfG* 01.03.1979 E 50, 290 [366] = EzA § 7 MitbestG Nr. 1 S. 36 = AP Nr. 1 zu § 1 MitbestG Bl. 23 R *[Wiedemann]*). Art. 2 Abs. 1 GG ist allerdings neben Art. 12 Abs. 1 GG anwendbar, soweit es um das nicht nur berufsrechtlich relevante allgemeine Persönlichkeitsrecht geht, so hinsichtlich des Rechts auf menschenwürdige Arbeitsbedingungen (*Scholz/Maunz/Dürig* [Stand: Juni 2006] Art. 12 Rn. 124).

3. Betriebsverfassung und Grundrechte des Arbeitnehmers

Das Betriebsverfassungsgesetz dient insgesamt dem **Schutz** und der **Teilhabe** des **Arbeitnehmers**, **63** d. h. dessen **Achtung als Persönlichkeit**, seiner **Würde** und **Entfaltungsfreiheit** im **Arbeitsverhältnis** (Rdn. 78 ff.). Die Wahrnehmung dieser Zwecke ist allerdings grundsätzlich dem Betriebsrat anvertraut; dem einzelnen Arbeitnehmer stehen bei der Gestaltung der Betriebsverfassung nur geringe Befugnisse zu (*Wiese*, RdA 1973 1 [2 f.]; ebenso *Franzen* vor § 81 Rdn. 1 ff.). Die ihm durch das Betriebsverfassungsgesetz 1972 gewährten Individualrechte der §§ 81 ff. sind ihrem Wesen nach aus der Treue-(Fürsorge-) Pflicht des Arbeitgebers, mithin aus dem Arbeitsvertrag abzuleitende Rechte (*Wiese* RdA 1973, 1 [4 ff.]; ebenso *Franzen* vor § 81 Rdn. 18 ff.). Zum Individuum und Kollektiv im Betriebsverfassungsrecht *Wiese* NZA 2006, 1 ff.

Dem Schutz der verfassungsrechtlich gewährleisteten Rechtsposition des Arbeitnehmers dient vor al- **64** lem **§ 75**, der sich in seinem Absatz 1 an Art. 3 Abs. 2 und 3 GG und Art. 9 Abs. 3 GG anlehnt und in Absatz 2 an Art. 2 Abs. 1 GG anknüpft (*BAG* GS 07.11.1989 EzA § 77 BetrVG 1972 Nr. 34 S. 7 = AP Nr. 46 zu § 77 BetrVG 1972 Bl. 3 R). Durch den aufgrund des BetrVerf-Reformgesetzes neu eingefügten Satz 2 des § 75 Abs. 2 werden Arbeitgeber und Betriebsrat außerdem ausdrücklich verpflichtet, die Selbständigkeit und Eigeninitiative der Arbeitnehmer und Arbeitsgruppen zu fördern. Auf § 75 Abs. 2 kann auch der Schutz des Arbeitnehmers durch das **allgemeine Persönlichkeitsrecht** gestützt werden; Rechtsgrund ist allerdings das auf der Grundlage der Grundrechte, insbesondere des Art. 1 Abs. 1 und des Art. 2 Abs. 1 GG im Wege der Rechtsfortbildung entwickelte sonstige Recht i. S. d. § 823 Abs. 1 BGB als **subjektives Privatrecht** (*Wiese* ZfA 1971, 273 [275 ff.]; *ders.* NZA 2006, 1 [5]; zur Anwendung des § 75 Abs. 2 *Kreutz* § 75 Rdn. 101 ff.; *Wiese* NZA 2006, 1 [6 f.]; *Wiese/Gutzeit* § 87 Rdn. 514; zu einem Rauchverbot BAG 19.01.1979 EzA § 87 BetrVG 1972 Betriebliche Ordnung Nr. 24 S. 4 ff. = AP Nr. 28 zu § 87 BetrVG 1972 Ordnung des Betriebes Bl. 3 R ff.; zum Nichtraucherschutz und Mitbestimmung § 87 Rdn. 223 f.). Als Ausprägungen des Persönlichkeitsschutzes auf kollektiver Ebene können § 87 Abs. 1 Nr. 6 (§ 87 Rdn. 509 ff.) und § 87 Abs. 1 Nr. 12 (§ 87 Rdn. 1053) angesehen werden. Zu Vorschlägen de lege ferenda, die Rechtsstellung der einzelnen Arbeitnehmer im Rahmen der Betriebsverfassung grundrechtlichen Wertvorstellungen entsprechend fortzuentwickeln, *Franzen* vor § 81 Rdn. 9; *von Hoyningen-Huene* ZRP 1978, 181 ff.; *Wiese* NZA 2006, 1 (8 ff.).

65 Nicht durch das Grundgesetz gefordert, aber durch Art. 2 Abs. 2 GG legitimiert sind die Vorschriften über den Gesundheitsschutz in § 80 Abs. 1 Nr. 1, § 87 Abs. 1 Nr. 7, § 88 Nr. 1, § 89 (*Bremeier* Die personelle Reichweite der Betriebsverfassung im Lichte des Grundgesetzes, S. 81 ff.).

66 Nicht zu verkennen ist, dass der **Arbeitnehmer** durch das Betriebsverfassungsgesetz **nicht nur geschützt** wird, sondern dass es ihm **zugleich Beschränkungen auferlegt**, z. B. im Rahmen der Zuständigkeit des Betriebsrats nach § 87 seine **Vertragsfreiheit einschränkt** (§ 87 Rdn. 121 ff.) **oder ihn sonst belastet** (Rdn. 88). Betroffen ist dadurch seine Freiheit zur Berufsausübung (**Art. 12 Abs. 1 GG**). Diese gilt auch für den **unselbständig ausgeübten Beruf** (BVerfG 11.06.1958 E 7, 377 [398 f.] = AP Nr. 13 zu Art. 12 GG Bl. 12 R; 01.03.1979 E 50, 290 [365]; 03.07.2003 E 108, 150 [165]; st. Rspr.). Auch hier stehen dem Gesetzgeber bei Beschränkung der Berufsausübung auf dem Gebiet der Arbeitsmarkt-, Sozial- und Wirtschaftsordnung ein besonders weitgehender Einschätzungs- und Prognosevorrang und eine weite Gestaltungsfreiheit zu (Rdn. 58). Deshalb ist es verfassungsrechtlich nicht zu beanstanden und entspricht vernünftigen Erwägungen des Gemeinwohls, wenn der Gesetzgeber Beteiligungsrechte mit den für den einzelnen Arbeitnehmer einschränkenden Wirkungen für erforderlich hält, weil bei typisierender Betrachtung die Freiheit der Selbstbestimmung des Arbeitnehmers im Hinblick auf seine Einordnung in einen fremden Arbeitsbereich in der Regel zu verneinen ist. Die Beschränkungen seiner Selbstbestimmung sind auch zu seinem Schutz geeignet und erforderlich; sie schaffen erst den Rahmen, innerhalb dessen die Arbeitnehmer »ihre Grundrechte aus Art. 12 Abs. 1 GG unter angemessenen Bedingungen verwirklichen können« (BVerfG 06.10.1987 E 77, 84 [116] = EzA § 12a AFG Nr. 1 S. 12 [*Becker*]). Es ist schließlich nicht ersichtlich, dass vom Betriebsverfassungsgesetz die Selbstbestimmung des Arbeitnehmers unangemessen eingeschränkt und damit gegen den Grundsatz der Verhältnismäßigkeit des Eingriffs verstoßen würde. Eine andere Frage ist, ob **de lege ferenda** dem Selbstbestimmungsrecht des Arbeitnehmers (zu diesem *Wiese* in *Wolter/Riedel/Taupitz* [Hrsg.] Einwirkungen der Grundrechte auf das Zivilrecht, Öffentliche Rechte und Strafrecht, 1999, S. 3 [15 ff.]) im Betriebsverfassungsrecht mehr Raum gegeben werden könnte (Rdn. 77), jedoch folgt daraus nicht die Verfassungswidrigkeit des geltenden Rechts (zur Frage kollidierender Grundrechtspositionen von Arbeitgeber und Arbeitnehmer aus Art. 12 Abs. 1 GG *Loritz* ZfA 1991, 1 [15 ff.]; *Reichold* Betriebsverfassung als Sozialprivatrecht, S. 488 ff.).

4. Betriebsverfassung und Koalitionsfreiheit

67 Von besonderer Bedeutung auch für das Betriebsverfassungsrecht ist die **Koalitionsfreiheit** (**Art. 9 Abs. 3 GG**; hierzu Kommentare sowie *Gamillscheg* I, § 3 m. w. N.). Sie schließt andere Formen einer sinnvollen Ordnung und Befriedung des Arbeitslebens als die des Tarifsystems nicht aus (BVerfG 01.03.1979 E 50, 290 [371 f.] = EzA § 7 MitbestG Nr. 1 S. 41 = AP Nr. 1 zu § 1 MitbestG Bl. 25 R *[Wiedemann]*). Jedoch sind Beschränkungen der Tarifautonomie nur zulässig, »wenn diese im Prinzip erhalten und funktionsfähig bleibt« (BVerfG 01.03.1979 E 50, 290 [373]). Dem entsprechen die Regelungen des Betriebsverfassungsgesetzes. Das gilt insbesondere hinsichtlich des § 77 Abs. 3, der den Vorrang des Tarifvertrags vor Betriebsvereinbarungen gewährleistet, wenn auch diese Vorschrift zumindest in seiner derzeitigen Ausgestaltung nicht durch das Grundgesetz geboten ist (*Kreutz* § 77 Rdn. 90). Hinsichtlich der Befugnisse der Koalitionen im Rahmen der Betriebsverfassung ist zu unterscheiden zwischen den die Koalitionen betreffenden Regelungen des Betriebsverfassungsgesetzes selbst (Rdn. 116) und den Rechten, die den Koalitionen ungeachtet dieser Normen im Rahmen der Betriebsverfassung zustehen (zum Vergleich betrieblicher und gewerkschaftlicher Interessenvertretung *Däubler/DKKW* Einleitung Rn. 59 ff.; *Krebber* SR 2015, 1 [5]; *Richardi* Einleitung Rn. 141 ff.).

Für letztere bestimmt § 2 Abs. 3, dass die Aufgaben der Gewerkschaften und der Vereinigungen der Arbeitgeber, insbesondere die Wahrnehmung der Interessen ihrer Mitglieder, durch das Betriebsverfassungsgesetz nicht berührt werden. Allgemein anerkannt ist heute, dass Art. 9 Abs. 3 GG auch das Recht der Koalitionen und ihrer Mitglieder gewährleistet, sich im Bereich der Betriebsverfassung zu betätigen (so zunächst für das Personalvertretungsrecht *BVerfG* 30.11.1965 E 19, 303 [312 ff.] = EzA Art. 9 GG Nr. 11 S. 89 ff. = AP Nr. 7 zu Art. 9 GG Bl. 3 f.; für das Betriebsverfassungsrecht *BVerfG* 01.03.1979 E 50, 290 [372] = EzA § 7 MitbestG Nr. 1 S. 41 = AP Nr. 1 zu § 1 MitbestG Bl. 25 R *[Wiedemann]*). Dazu gehört grundsätzlich auch die **Information** und **Werbung** – u. a. vor Betriebsratswahlen – über und für eine Gewerkschaft **durch** deren **Belegschaftsmitglieder** jedenfalls außerhalb der Arbeitszeit und während der Pausen (*BVerfG* 30.11.1965 E 19, 303 [319 ff.] = EzA Art. 9 GG Nr. 11 S. 95 ff. = AP Nr. 7 zu Art. 9 GG Bl. 6 ff.; 26.05.1970 E 28, 295 [304] = EzA Art. 9 GG Nr. 12 S. 104 = AP Nr. 16 zu Art. 9 GG Bl. 3 ff.; 26.05.1970 E 28, 310 [313] = AP Nr. 17 zu Art. 9 GG Bl. 2 f.; *BAG* 14.02.1967 EzA Art. 9 GG Nr. 2 S. 2 ff. = AP Nr. 10 zu Art. 9 GG Bl. 2 R ff. *[Mayer-Maly]*; 14.02.1967 AP Nr. 11 zu Art. 9 GG Bl. 2 R *[Mayer-Maly]*; 26.01.1982 AP Nr. 35 zu Art. 9 GG Bl. 1 R f.; 30.08.1983 AP Nr. 38 zu Art. 9 GG Bl. 1 R ff. *[Herschel]*; 23.09.1983 AP Nr. 45 zu Art. 9 GG Bl. 2 ff. *[Bauschke]*; 22.06.2010 EzA Art. 9 GG Nr. 101 Rn. 28 ff. = AP Nr. 142 zu Art. 9 GG *[Höfling/Burkiezak]*; weitergehend *BVerfG* 14.11.1995 E 93, 352, 357 ff. = EzA Art. 9 GG Nr. 60 S. 5 ff. *[Thüsing]* = AP Nr. 80 zu Art 9 GG Bl. 2 ff., in welcher Entscheidung das *BVerfG* seine kaum missverständliche Rechtsprechung aufgegeben hat, nach der die Koalitionsfreiheit nur insoweit geschützt werde, wie sie für die Erhaltung und die Sicherung des Bestandes einer Gewerkschaft unerlässlich, mithin nur in einem Kernbereich verfassungsrechtlich geschützt sei; die Mitgliederwerbung während der Arbeitszeit wurde danach grundsätzlich von der Koalitionsfreiheit als erfasst angesehen; das *BAG* ist dieser Rechtsprechung gefolgt [21.04.1971 EzA Art. 9 GG Nr. 6 S. 18 *[Fischer]* = AP Nr. 89 zu Art. 9 GG *[Richardi]*; 10.12.2002 EzA § 80 BetrVG 2001 Nr. 1 S. 12 = AP Nr. 59 zu § 80 BetrVG 1972; 28.02.2006 EzA Art. 9 GG Nr. 87 Rn. 30 = AP Nr. 127 zu Art. 9 GG *[Richardi]*]). In einer Entscheidung vom 14.02.1978 (EzA Art. 9 GG Nr. 25 S. 169 ff. *[Rüthers/Klosterkemper]* = AP Nr. 26 zu Art. 9 GG Bl. 2 ff. *[Frank]*) hatte das *BAG* den Arbeitgeber für verpflichtet gehalten, das **Anbringen** von **Schriftgut** zur Selbstdarstellung der Gewerkschaft, zur Information über ihre Leistungen und über arbeits- und tarifrechtliche Fragen sowie zur Aufforderung zum Erwerb der Mitgliedschaft bei der Gewerkschaft durch **betriebs-/unternehmensfremde Beauftragte** der **Gewerkschaft** auf Bekanntmachungstafeln des Betriebes zu dulden. Ebenso müsse er die Verteilung derartigen Materials und die allgemeine arbeits- und tarifrechtliche Betreuung von Mitgliedern der Gewerkschaft und die Werbung neuer Mitglieder durch betriebs-/unternehmensfremde Gewerkschaftsbeauftragte in den Betriebs- und Unternehmensräumen außerhalb der Arbeitszeit jedenfalls dann erlauben, wenn in dem Betrieb schon Mitglieder der Gewerkschaft tätig waren. Diese Entscheidung wurde indessen durch das *BVerfG* (17.02.1981 E 57, 220 [241 ff.] = EzA Art. 9 GG Nr. 32 S. 247 ff. *[Otto]* = AP Nr. 9 zu Art. 140 GG Bl. 2 ff.) wegen Verstoßes gegen Art. 140 GG i. V. m. Art. 137 Abs. 3 WV aufgehoben und das **Zutrittsrecht** zu einer **kirchlichen Anstalt** für anstaltsfremde Gewerkschaftsbeauftragte verneint, wenn die Gewerkschaft die werbende und informierende Tätigkeit durch anstaltsangehörige Gewerkschaftsmitglieder durchführen könne. In diesem Sinne hat dann auch das *BAG* in dem die Sache abschließenden Urteil entschieden (*BAG* 19.01.1982 EzA Art. 9 GG Nr. 34 *[Dütz]* = AP Nr. 10 zu Art. 140 GG). In der Entscheidung vom 28.02.2006 hat das *BAG* (EzA Art. 9 GG Nr. 87 Rn. 31 ff. = AP Nr. 127 zu Art. 9 GG) ein betriebliches Zutrittsrecht der Gewerkschaften zum Zwecke der Mitgliederwerbung jedenfalls für **Betriebe nicht kirchlicher Arbeitgeber** wiederum grundsätzlich bejaht (ebenso 20.01.2009 EzA Art. 9 GG Nr. 96 Rn. 39 = AP Nr. 137 zu Art. 9 GG *[Ulrici]*; 22.06.2010 EzA Art. 9 GG Nr. 101 Rn. 29 ff. = AP Nr. 142 zu Art. 9 GG).

Einleitung

69 In weiteren Entscheidungen hat das *BAG* zu **Einzelfragen** der **Betätigungsfreiheit** der **Gewerkschaften** im Bereich des Betriebes/Unternehmens Stellung genommen. So hat es in dem Urteil vom 08.12.1978 (EzA Art. 9 GG Nr. 28 *[Zöllner]* = AP Nr. 28 zu Art. 9 GG *[Konzen nach Nr. 29]*) entschieden, dass die Gewerkschaften keinen gesetzlichen Anspruch gegenüber Arbeitgebern hätten, die Wahlen der gewerkschaftlichen Vertrauensleute im Betrieb durchführen zu lassen. Ebenso hat es die Verteilung einer Gewerkschaftszeitung im Betrieb durch betriebsangehörige Gewerkschaftsmitglieder ausschließlich an Mitglieder nicht durch die Koalitionsfreiheit als geschützt angesehen (*BAG* 23.02.1979 EzA Art. 9 GG Nr. 30 *[Zöllner]* = AP Nr. 29 zu Art. 9 GG *[Konzen]*) und ebenso wenig die gewerkschaftliche Werbung unter Inanspruchnahme fremden Eigentums, wenn jene in gleicher Weise mit anderen Werbemitteln verfolgt werden könnte (Schutzhelmaufkleber; *BAG* 23.02.1979 EzA Art. 9 GG Nr. 29 *[Zöllner]* = AP Nr. 30 zu Art. 9 GG *[Mayer-Maly]*). Die dagegen eingelegte Verfassungsbeschwerde wurde von *BVerfG* nicht zur Entscheidung angenommen (*BVerfG* 21.11.1980 AP Nr. 30a zu Art. 9 GG). Zur Benutzung eines hausinternen Postverteilungssystems an Mitarbeiter eines Krankenhauses durch im Betrieb beschäftigte Mitglieder der Gewerkschaft *BAG* 23.09.1986 EzA Art. 9 GG Nr. 40 S. 314 ff. = AP Nr. 45 zu Art. 9 GG Bl. 2 ff. *(Bauschke)*. Inwieweit zumindest die Begründung vorstehender Entscheidungen im Hinblick auf das Urteil des *BVerfG* vom 14.11.1995 (EzA Art. 9 GG Nr. 60 S. 5 ff. *[Thüsing]* = AP Nr. 80 zu Art. 9 GG Bl. 2 ff.) noch haltbar ist, muss hier dahinstehen. Zur verfassungsrechtlichen Bewertung des Ausschlusses von Gewerkschaftsmitgliedern, die bei Betriebsratswahlen auf einer konkurrierenden Liste kandidieren, *BVerfG* 24.02.1999 E 100, 214 (221 ff.) = EzA Art 9 GG Nr. 64 S. 3 ff. = AP Nr. 18 zu § 20 BetrVG 1972 Bl. 2 R ff.; *Wiese* ZfA 2008, 317 (333 ff.), zum Verstoß gegen die Koalitionsfreiheit durch vertragliche Einheitsregelungen und einen hierauf gerichteten Unterlassungsanspruch *BAG* 20.04.1999 EzA Art. 9 GG Nr. 65 (*Fischer*) = AP Nr. 89 zu Art. 9 GG (*Richardi*). Die Kostentragungspflicht des Arbeitgebers bei Teilnahme von Betriebsratsmitgliedern an gewerkschaftlichen Schulungsveranstaltungen ist nicht verfassungswidrig (*BVerfG* 14.02.1978 E 47, 191 [197] = EzA Art. 9 GG Nr. 14 S. 163 = AP Nr. 13 zu § 40 BetrVG 1972 Bl. 2). Zur Gewerkschaftswerbung per E-Mail *BAG* 20.01.2009 EzA Art. 9 GG Nr. 96 Rn. 15 ff. = AP Nr. 137 zu Art. 9 GG (*Ulrici*) = RdA 2010, 115 (*Schwarze*). Der von einer nicht tariffähigen Arbeitnehmerkoalition auf Zutritt zu den Vorräumen einer Betriebsversammlung zu Zwecken der Mitgliederwerbung geltend gemachte Anspruch ist gegen den Arbeitgeber zu richten (*BAG* 22.05.2012 EzA Art. 9 GG Nr. 106 Rn. 8 ff. = AP Nr. 149 zu Art. 9 GG *[Worzalla]*).

5. Betriebsvereinbarung und Grundgesetz

70 Das **Betriebsverfassungsrecht** ist Teil des **Privatrechts** (Rdn. 89 ff.) und die **Betriebsvereinbarung** ein **privatrechtlicher Vertrag** (*Kreutz* § 77 Rdn. 40). Obwohl Arbeitgeber und Betriebsrat als Partner einer Betriebsvereinbarung wegen deren vom Gesetzgeber angeordneten normativen Wirkung (§ 77 Abs. 4 Satz 1) auch in die Rechtssphäre Dritter (der Arbeitnehmer) eingreifen (Rdn. 66), bestehen dagegen keine verfassungsrechtlichen Bedenken (*Kreutz* § 77 Rdn. 252). Trotz ihrer normativen Wirkung entfalten Betriebsvereinbarungen nicht den Charakter von Akten öffentlicher Gewalt (*BVerfG* 23.04.1986 E 73, 261 [268] = AP Nr. 28 zu Art. 2 GG Bl. 3 R). Als privatrechtliche Rechtsetzungsakte unterliegen sie daher nicht einer unmittelbaren Grundrechtsbindung, sondern nur einer mittelbaren insoweit, als das Grundgesetz in seinem Grundrechtsabschnitt zugleich Elemente einer objektiven Ordnung aufgerichtet hat, die als verfassungsrechtliche Grundentscheidung für alle Bereiche des Rechts gilt, also auch das Privatrecht beeinflusst; hier wirkt der Rechtsgehalt der Grundrechte über das Medium der das einzelne Rechtsgebiet unmittelbar beherrschenden Vorschriften, insbesondere der Generalklauseln und sonstigen auslegungsfähigen und ausfüllungsbedürftigen Begriffe auf das Privatrecht ein (*BVerfG* 23.04.1986 E 73, 261 [269] = AP Nr. 28 zu Art. 9 GG Bl. 3 R, st. Rspr. seit *BVerfG* 15.01.1958 E 7, 198 [206 f.]; weitere Nachweise pro und contra bei *Kreutz* § 77 Rdn. 333; *Wiese* ZfA 2006, 631 [647 ff.; zum Ganzen auch *Kolbe* Mitbestimmung und Demokratieprinzip, S. 193 ff.]). Die **mittelbare Grundrechtswirkung** von **Betriebsvereinbarungen** ergibt sich vor allem aus § 75 Abs. 1 und 2 (vgl. etwa *BAG* 18.07.2006 EzA § 75 BetrVG 2001 Nr. 4 Rn. 30, 34 = AP Nr. 15 zu § 850 ZPO); zu den von den Betriebspartnern hiernach anzuwendenden Rechtsgrundsätzen gehören auch die grundrechtlichen Wertentscheidungen (*Kreutz* § 77 Rdn. 333 m. w. N.). Zum Persönlichkeitsschutz Rdn. 64, zur Berücksichtigung grundrechtlicher Wertentscheidungen im Rahmen des § 87 Abs. 1 Nr. 1 *BAG* 21.08.1990 EzA § 87 BetrVG 1972 Betriebliche Ordnung Nr. 16 S. 7

= AP Nr. 17 zu § 87 BetrVG 1972 Ordnung des Betriebes Bl. 3 f.; 19.01.1999 EzA § 87 BetrVG 1972 Betriebliche Ordnung Nr. 24 S. 6 f. = AP Nr. 28 zu § 87 BetrVG 1972 Ordnung des Betriebes Bl. 3 R f.; im Rahmen des § 87 Abs. 1 Nr. 6 *BAG* 27.05.1986 EzA § 87 BetrVG 1972 Kontrolleinrichtung Nr. 16 S. 157 ff. = AP Nr. 15 zu § 87 BetrVG 1972 Überwachung Bl. 6 ff.; 15.05.1991 EzA § 1004 BGB Nr. 3 S. 4 f. = AP Nr. 23 zu § 611 BGB Persönlichkeitsrecht Bl. 3 R; 27.03.2003 EzA § 611 BGB 2002 Persönlichkeitsrecht Nr. 1 S. 5 ff. = AP Nr. 36 zu § 87 BetrVG 1972 Überwachung Bl. 3 ff.; 29.06.2004 EzA § 611 BGB 2002 Persönlichkeitsrecht Nr. 2 S. 5 ff. = AP Nr. 41 zu § 87 BetrVG 1972 Überwachung Bl. 2 ff. und zu § 87 Abs. 1 Nr. 8 *BAG* 11.07.2000 EzA § 87 BetrVG 1972 Sozialeinrichtung Nr. 17 S. 6 f. = AP Nr. 16 zu § 87 BetrVG 1972 Sozialeinrichtung Bl. 3 f.

6. Betriebsrat und Grundrechtsschutz

Der **Betriebsrat** ist hinsichtlich seiner Amtstätigkeit **nicht allgemein grundrechtsfähig**. Auch die Betriebsratsmitglieder können sich insoweit nicht auf Grundrechte berufen (*BVerfG* 26.05.1970 E 28, 314 [323] = AP Nr. 18 zu Art. 9 GG Bl. 4 für Personalratsmitglieder). Ebenso wenig nimmt aber auch der Betriebsrat über seine kraft Gesetzes bestehenden Aufgaben hinaus »gleichsam gesammelt« Grundrechte der Belegschaftsmitglieder wahr (*BVerfG* 26.05.1970 E 28, 314 [323] = AP Nr. 18 zu Art. 9 GG Bl. 4; *Edenfeld* Arbeitnehmerbeteiligung, S. 56 f.). Es genügt, dass er bei Ausübung seiner Mitbestimmungsrechte grundrechtlichen Positionen der Belegschaftsmitglieder zur Durchsetzung verhilft (z. B. zum Persönlichkeitsschutz nach § 87 Abs. 1 Nr. 6, § 87 Rdn. 509 ff.). Eindeutig ist die Unanwendbarkeit des Art. 9 Abs. 3 GG, da der Betriebsrat Repräsentant aller Belegschaftsmitglieder und die Wahrnehmung seiner Aufgaben keine Betätigung für eine Koalition ist (*BVerfG* 26.05.1970 E 28, 314 [323] = AP Nr. 18 zu Art. 9 GG Bl. 4 R; 27.03.1979 E 51, 77 [88 f.] = AP Nr. 31 zu Art. 9 GG Bl. 4). Allerdings wird dem Betriebsrat, soweit er eigene Rechte und Pflichten wahrnimmt, eine begrenzte Rechtsfähigkeit zugebilligt (Rdn. 102). In diesem Rahmen kann dem Betriebsrat eine **begrenzte Grundrechtsfähigkeit** zukommen, sofern Grundrechte wesensmäßig auf ihn anwendbar sind (*Dütz* Der Grundrechtsschutz von Betriebsräten und Personalvertretungen, 1986, S. 30 ff.; *Ellenbeck* Die Grundrechtsfähigkeit des Betriebsrats [Diss. Berlin], 1996, S. 110 ff.; *Gamillscheg* II, S. 106; *Richardi* Einl. Rn. 116 f.; *Schwipper* Öffentliche Meinungsäußerungen des Betriebsrats und seiner Mitglieder – Zulässigkeit und Grenzen (Diss. Osnabrück), 2012, S. 31 ff.; *Wiese* 50 Jahre Bundesarbeitsgericht, S. 1125 [1126 ff.]). Da nach Art. 19 Abs. 3 GG jeder von der Rechtsordnung anerkannte und rechtlich verselbständigte Zusammenschluss von Personen grundrechtsfähig sein kann (*Ulsamer* FS *Geiger*, 1974, S. 199 [211]), bestehen insoweit keine Bedenken. Deshalb kann der Betriebsrat bei Herausgabe eines Informationsblattes sich auf Art. 5 Abs. 1 GG berufen (*Ladeur*/ AK-GG, Art. 19 Abs. 3 Rn. 31, zum Inhalt seiner Meinungsfreiheit *Wiese* 50 Jahre Bundesarbeitsgericht, S. 1125 [1128 ff.]; *ders.* NZA 2012, 1 [5]). Außerhalb ihrer Amtstätigkeit können Betriebsratsmitglieder sich auf ihre eigenen Grundrechte berufen (zu Art. 9 Abs. 3 GG *BVerfG* 27.03.1979 E 51, 77 [88]; zu Art. 5 Abs. 1 GG *BAG* 28.04.1976 EzA § 74 BetrVG 1972 Nr. 1 S. 4 ff.; vgl. auch § 77 Abs. 3).

XI. Zweck des Betriebsverfassungsrechts

Das Betriebsverfassungsrecht (zum Begriff in historischer Perspektive *Reichold* Betriebsverfassung als Sozialprivatrecht, S. 209 ff.) soll der spezifischen Situation Rechnung tragen, in die der Arbeitnehmer durch den Abschluss des Arbeitsvertrages und die damit verbundene Begründung eines betrieblichen Arbeitsverhältnisses gestellt ist. **Maßgebender Anknüpfungspunkt** der gesetzlichen Regelung ist daher nicht die Frage des Ausgleichs einer – zudem umstrittenen – ungleichen Machtposition der Vertragspartner beim Vertragsabschluss (dazu *Zöllner* AcP Bd. 176 [1976], S. 221 [230 ff.]; zust. *Kreutz* Grenzen der Betriebsautonomie, S. 165 ff.; vgl. auch *Jahnke* Tarifautonomie und Mitbestimmung, S. 124), sondern die durch den **Dienstantritt entstandene rechtliche** und **tatsächliche Stellung** des **Arbeitnehmers** als Individuum und Mitglied der Belegschaft, selbst wenn damit auch eine unterschiedliche Machtposition für die weitere Vertragsgestaltung verbunden sein kann.

Nach **Maßgabe des Arbeitsvertrages verpflichtet** sich der **Arbeitnehmer** zur **Übernahme** einer lediglich **allgemein festgelegten Funktion** (Aufgabe) **innerhalb** eines **fremden Arbeits-** oder

Einleitung

Lebensbereiches (*Wiese* ZfA 1971, 273 [278]; ebenso *Franzen* vor § 81 Rdn. 12). Auf die mit Letzterem angesprochenen Arbeitsverhältnisse im Haushalt findet das Betriebsverfassungsgesetz allerdings keine Anwendung (*Franzen* § 1 Rdn. 28). Jedoch gilt generell, dass der Arbeitnehmer nicht isolierte einzelne wiederkehrende Leistungen zu erbringen hat, sondern in der Regel auf Dauer (zum Dauerrechtsverhältnis Rdn. 101) eine lediglich **allgemein umschriebene Funktion** (Aufgabe) übernimmt, die nach Inhalt und Modalitäten ihrer Ausführung der Konkretisierung durch das Direktionsrecht des Arbeitgebers bedarf. Dadurch allein ist das Arbeitsverhältnis indessen nicht hinreichend typisiert, weil die Weisungsgebundenheit in anderen Schuldverhältnissen – z. B. beim Auftrag – sogar stärker ausgeprägt sein kann. Entscheidend ist, dass der Arbeitnehmer die von ihm übernommene Funktion (Aufgabe) in einem fremden, d. h. nicht seiner Selbstbestimmung, sondern ursprünglich allein der **Disposition** des **Arbeitgebers unterliegenden Arbeits- oder Lebensbereich** zu erbringen hat. Dieser ist dem **Arbeitnehmer nach Zweck, Organisation, Arbeitsablauf** und **personeller Zusammensetzung vorgegeben**; ihm hat er sich **einzuordnen** und **mit dem Arbeitgeber** sowie in der Regel **anderen Arbeitnehmern zusammenzuwirken**, **gibt** also durch den **Arbeitsvertrag** und dessen **Vollzug seine Selbständigkeit auf**. Das führt zwangsläufig zu einer unterschiedlich weitreichenden rechtlichen und sozialen Abhängigkeit des Arbeitnehmers von einer im Wesentlichen kollektiv gestalteten, fremdbestimmten Ordnung (zur organisatorisch-institutionellen Abhängigkeit des Arbeitnehmers *Kreutz* Grenzen der Betriebsautonomie, S. 172 ff. m. w. N.; Mitbestimmungskommission, BT-Drucks. VI/334, S. 56 f., 66 f.; *Reuter* ZfA 1975, 85 [86 f.]; *Richardi* § 87 Rn. 8; *Söllner* RdA 1968, 437 f.). Diese **Abhängigkeit** zu **begrenzen** muss **Ziel** einer **Rechtsordnung** sein, deren **Verfassung** die **freie menschliche Persönlichkeit** und ihre **Würde** als **höchsten Rechtswert** (*BVerfG* 20.12.1960 E 12, 45 [53, auch 51]; seitdem st. Rspr.) sowie für das **Privatrecht** die **Privatautonomie** mit der ihr immanenten **Selbstbestimmung** des Einzelnen als **maßgebendes Grundprinzip** anerkennt (zum Wertfundament der Betriebsverfassung *Reichold* Betriebsverfassung als Sozialprivatrecht, S. 486 ff.). Grenzen ergeben sich für den Gesetzgeber und bei Auslegung des Gesetzes daraus, dass die wirtschaftliche Funktionsfähigkeit des Unternehmens im Interesse des Arbeitgebers (Unternehmers), der Belegschaft sowie der Volkswirtschaft insgesamt nicht beeinträchtigt werden darf (dazu auch *Loritz* ZfA 1991, 1 ff.).

74 Für betriebliche Arbeitsverhältnisse lässt sich die dadurch gestellte Aufgabe in der Weise bewältigen, dass entweder dem einzelnen Arbeitnehmer selbst in ihn betreffenden Angelegenheiten oder der Belegschaft Beteiligungsrechte gewährt werden (Rdn. 122), die von ihren Repräsentanten wahrzunehmen sind. Die erste Alternative entspräche der in Rdn. 73 aufgezeigten grundlegenden verfassungsrechtlichen Wertentscheidung am ehesten. Jedoch würde ein Mitspracherecht des einzelnen Arbeitnehmers bei jeder ihn betreffenden Entscheidung einen Betrieb vor unüberwindbare organisatorische Probleme stellen. Schon deshalb ist eine **kollektive Interessenvertretung** durch Repräsentanten der Arbeitnehmer **unentbehrlich**. Zu berücksichtigen ist aber vor allem, dass weder allein noch vorrangig Individualinteressen des einzelnen Arbeitnehmers gegenüber dem Arbeitgeber durchzusetzen sind. Vielmehr kommt es bei einer auf dem Zusammenwirken zahlreicher Personen beruhenden arbeitsteiligen Organisation darauf an, sowohl einen **Ausgleich divergierender Interessen der Arbeitnehmer** untereinander und damit verbundener Einschränkung von Individualinteressen zu finden (**Ausgleichfunktion**, Rdn. 88) als auch die als **gemeinsam definierten Interessen gegenüber dem Arbeitgeber** zu vertreten und **gegebenenfalls durchzusetzen**. Diese zweifache Aufgabe kann nur von einer kollektiven Interessenvertretung wahrgenommen werden. Sie ist kein eigenständiger Zweck der Betriebsverfassung, sondern eine Funktion von Schutz und Teilhabe (dazu Rdn. 78, 80; vgl. auch *Wiebauer* Sicherung der Mitbestimmung, Rn. 344 ff.).

75 Die weithin erforderliche Vereinheitlichung betrieblicher Arbeitsbedingungen bedeutet **nicht**, dass die **Ordnungsfunktion** Zweck des Betriebsverfassungsrechts sei (zutr. *Adomeit* Die Regelungsabrede, 1961, S. 50 f.; *Brocker* Unternehmensmitbestimmung und Corporate Governance (Diss. München), 2006, S. 143 f.; *Richardi* § 87 Rn. 8; *Rieble* in: Zukunft der Unternehmensmitbestimmung, S. 9 [13 Rn. 9]; *Hammer* Die betriebsverfassungsrechtliche Schutzpflicht für die Selbstbestimmungsfreiheit des Arbeitnehmers [Diss. Regensburg], 1998, S. 119 ff.; *Hurlebaus* Fehlende Mitbestimmung bei § 87 BetrVG, 1987, S. 43 ff., 78 ff., 82 f.; *Lambrich* Tarif- und Betriebsautonomie, 1999, S. 131 ff.; *Reichold* Betriebsverfassung als Sozialprivatrecht, S. 395 ff.; *Wiebauer* Sicherung der Mitbestimmung, Rn. 353 ff.; *Worzalla*/*HWGNRH* § 87 Rn. 8). Die Herstellung einer einheitlichen betrieblichen

Ordnung könnte ebenso durch den Arbeitgeber allein bewirkt werden, wie es noch nach § 134a des sog. Arbeiterschutzgesetzes vom 01.06.1891 (Rdn. 7) der Fall war, der nur den Arbeitgeber zum Erlass einer Arbeitsordnung nach Anhörung der im Betrieb beschäftigten »großjährigen Arbeiter« verpflichtete. Heute ist eine Arbeitsordnung dagegen nicht mehr obligatorisch vorgeschrieben, bedarf aber nach § 87 Abs. 1 Nr. 1 der Regelung durch die Betriebspartner. Maßgebender Zweck der Betriebsverfassung ist daher nicht die Herstellung einer einheitlichen betrieblichen Ordnung, sondern die Beteiligung der Belegschaft (Rdn. 122) am Abschluss und der inhaltlichen Gestaltung der zu treffenden Regelung. Deshalb ist das Ordnungsprinzip kein Zweck der Mitbestimmung (**a. M.** *Canaris* AuR 1966, 129 [130 f.]; *Rüthers* in: *Rüthers/Boldt*, Zwei arbeitsrechtliche Vorträge, 1970, S. 7 [34] unter Hinweis auf *BAG* 07.09.1956 E 3, 207 [213] = AP Nr. 2 zu § 56 BetrVG Bl. 3 R; vgl. auch *Galperin/Löwisch* § 87 Rn. 6; *Löwisch* DB 1983, 1709 [1710]).

Bei der hiernach **notwendigen Berücksichtigung individueller** und **kollektiver Belange** würde dem skizzierten Grundtatbestand unselbständiger Arbeit idealtypisch eine Organisation der Betriebsverfassung entsprechen, die dem einzelnen Arbeitnehmer soweit als möglich Rechte zur selbständigen Wahrnehmung der eigenen Interessen und gemäß dem Subsidiaritätsprinzip der Belegschaft diejenigen Befugnisse gewährt, die nur kollektiv durch ihre Repräsentanten wahrgenommen werden können. Auch dabei müssten aber berechtigte Individualinteressen der Arbeitnehmer in bestimmter Hinsicht bestandsfest bleiben. **76**

Das geltende Betriebsverfassungsrecht ist gewiss nicht die einzig denkbare Lösung des Problems. Jedoch hat der Gesetzgeber bei der Neuregelung des Betriebsverfassungsgesetzes im Jahre 1972 versucht, zwischen dem primär kollektivrechtlich-repräsentativen Ansatz des *Deutschen Gewerkschaftsbundes* und dem des *CDU/CSU*-Entwurfs, der die Stellung der Einzelpersönlichkeit in der betrieblichen Organisation hervorhob, einen mittleren Weg zu gehen (zu den verschiedenen Konzeptionen der damaligen Gesetzentwürfe *Wiese* RdA 1973, 1 [4 ff.]; ebenso *Franzen* vor § 81 Rdn. 7 ff.) und sowohl den Individualinteressen des einzelnen Arbeitnehmers als auch den kollektiven Interessen der Belegschaft gerecht zu werden. **Individualrechte** stehen dem einzelnen Arbeitnehmer jedoch nur nach Maßgabe der §§ 81 ff. zu. Deren Bedeutung liegt im Wesentlichen in der klarstellenden Kodifizierung von Vertragsrechten (*Wiese* RdA 1973, 1 [4 ff.]; ebenso *Franzen* vor § 81 Rdn. 11 ff., 19 f.). Sie werden allerdings betriebsverfassungsrechtlich dadurch abgesichert, dass der Arbeitnehmer berechtigt ist, bei ihrer Ausübung nach seiner freien Entscheidung **Mitglieder** des **Betriebsrats** oder **diesen selbst** zu seiner **Unterstützung hinzuzuziehen** (§ 81 Abs. 4 Satz 3, § 82 Abs. 2 Satz 2, § 83 Abs. 1 Satz 2, § 84 Abs. 1 Satz 2, § 85). Durch das BetrVerf-Reformgesetz (Rdn. 39) wurde ferner ein neuer § 86a in das Gesetz eingefügt, **der jeden Arbeitnehmer berechtigt, dem Betriebsrat Themen zur Beratung vorzuschlagen**. Hinsichtlich der eigentlichen Beteiligungsrechte sind dagegen allein die Repräsentanten der Belegschaft zu deren Ausübung berufen. Sie haben zwar nach Maßgabe des Gesetzes auch die Interessen einzelner Arbeitnehmer, aber vor allem die gemeinsamen Interessen der Belegschaft oder Gruppen von Arbeitnehmern gegenüber dem Arbeitgeber wahrzunehmen. Bei unterschiedlichen Interessen der Belegschaftsmitglieder haben sie vorab über das gemeinschaftlich zu vertretende Interesse zu entscheiden. Das von den Repräsentanten als vorrangig angesehene Belegschaftsinteresse kann sogar dann zu berücksichtigen sein, wenn es primär um die Interessen des einzelnen Arbeitnehmers geht, wie z. B. bei Einzelmaßnahmen in sozialen Angelegenheiten nach § 87 Abs. 1 Nr. 5 und 9 oder bei personellen Einzelmaßnahmen nach §§ 99 ff. Selbst bei der Beschwerde eines Arbeitnehmers beim Betriebsrat nach § 85, also an sich einem Individualrecht, ist der **Betriebsrat Wahrer** der **kollektiven Interessen**, insofern er allein befugt ist, die Einigungsstelle anzurufen. Er wirkt daher nicht nur als Filter gegenüber unberechtigten Beschwerden, sondern entscheidet ebenso darüber, ob er im Einzelfall die Durchbrechung der bestehenden kollektiven Ordnung zulassen will (vgl. auch Rdn. 88 sowie zu der hiernach gegebenen Zuständigkeit der Einigungsstelle in sozialen Angelegenheiten *Franzen* § 85 Rdn. 18). Ungeachtet der nach geltendem Recht bestehenden primären Zuständigkeit der kollektiven Interessenvertretung unterliegt diese gegenüber den einzelnen Arbeitnehmern den sich aus § 75 abzuleitenden Schranken (Rdn. 88). **De lege ferenda** bleibt zu erwägen, ob bei Stärkung individueller Rechtspositionen das Verhältnis zur unabdingbaren kollektiven Interessenwahrnehmung durch betriebliche Repräsentanten sachgerecht anders austariert werden sollte (vgl. auch *Kolbe* Mitbestimmung und Demokratieprinzip, S. 359 ff.). **77**

78 Die vorstehend aufgezeigte Regelung des geltenden Rechts lässt erkennen, dass die weit reichenden **Befugnisse** der **betrieblichen Vertretungen nicht Selbstzweck** sind und schon gar **nicht** der **Selbstverwirklichung** ihrer **Repräsentanten dienen** (*Wiese* ZfA 1989, 645 [650]). Ihr Sinn ist es zunächst, die bei betrieblichen Arbeitsverhältnissen aus der Zugehörigkeit des Arbeitnehmers zu einem Betrieb sich ergebende tatsächliche und rechtliche Abhängigkeit zu beseitigen oder jedenfalls abzuschwächen; die Beteiligungsrechte sind mithin Hilfsmittel zur Erreichung dieses Zwecks (*Waltermann* Arbeitsrecht, Rn. 807). Dem entspricht es, dass von der h. M. der **Schutz** des **Arbeitnehmers** als wesentlicher Zweck des Betriebsverfassungsgesetzes angesehen wird; es soll der Achtung des Arbeitnehmers als Persönlichkeit, seiner Würde und Persönlichkeitsentfaltung (Selbstbestimmung) im Arbeitsverhältnis dienen (*Franzen* vor § 81 Rdn. 3; *Wiese* § 87 Rdn. 97 sowie mit unterschiedlicher Akzentuierung *BAG* 13.03.1973 EzA § 87 BetrVG 1972 Werkswohnung Nr. 2 S. 8 = AP Nr. 1 zu § 87 BetrVG 1972 Werkmietwohnungen Bl. 2; 05.03.1974 EzA § 87 BetrVG 1972 Nr. 3 S. 15 = AP Nr. 1 zu § 87 BetrVG 1972 Kurzarbeit Bl. 4; 22.01.1980 EzA § 87 BetrVG 1972 Lohn u. Arbeitsentgelt Nr. 11 S. 86 = AP Nr. 3 zu § 87 BetrVG 1972 Lohngestaltung Bl. 5; 17.12.1980 EzA § 87 BetrVG 1972 Betriebliche Lohngestaltung Nr. 2 S. 14 = AP Nr. 4 zu § 87 BetrVG 1972 Lohngestaltung Bl. 3; 18.04.1989 EzA § 87 BetrVG 1972 Nr. 13 S. 6 = AP Nr. 18 zu § 87 BetrVG 1972 Tarifvorrang Bl. 3; 04.07.1989 EzA § 87 BetrVG 1972 Betriebliche Lohngestaltung Nr. 24 S. 7 = AP Nr. 20 zu § 87 BetrVG 1972 Tarifvorrang Bl. 3; 20.11.1990 EzA § 77 BetrVG 1972 Nr. 37 S. 5 = AP Nr. 2 zu § 77 BetrVG 1972 Regelungsabrede Bl. 3; *Belling* Die Haftung des Betriebsrats und seiner Mitglieder für Pflichtverletzungen, 1990, S. 118, 325; *Canaris* AuR 1966, 129 f.; *Däubler/DKKW* Einl. Rn. 75; *Dütz/Schulin* ZfA 1975, 103 [112 f.]; *Fitting* § 1 Rn. 1; *Galperin/Löwisch* vor § 74 Rn. 6; *Gamillscheg* II, S. 22 ff.; *Gast* Arbeitsvertrag und Direktion, 1978, S. 101 ff.; *Hans Hanau* Individualautonomie, S. 75, 102 ff.; *Hammer* Die betriebsverfassungsrechtliche Schutzpflicht für die Selbstbestimmungsfreiheit der Arbeitnehmers [Diss. Regensburg], 1999, S. 122 ff.; *Hueck/Nipperdey* I, S. 29, II/1, S. 25 f., II/2, S. 1062 f.; *Hurlebaus* Fehlende Mitbestimmung bei § 87 BetrVG, 1987, S. 26 ff., 57 ff., 72 ff., 81 f., 131; *Jahnke* ZfA 1980, 863 [882 f.]; *ders.* Tarifautonomie und Mitbestimmung, S. 26 f., 123 ff.; *Kreutz* Grenzen der Betriebsautonomie, S. 153 ff., 201 ff.; *Lambrich* Tarif- und Betriebsautonomie, 1999, S. 128; *Loritz/ZLH* Arbeitsrecht, § 48 Rn. 13, 16; *Preis/WPK* § 1 Rn. 5; *Richardi* § 87 Rn. 8, aber auch Einl. Rn. 139, 152; *Söllner* RdA 1968, 437 ff.; *Veit* Die funktionelle Zuständigkeit des Betriebsrates, S. 302 ff.; *Wiebauer* Sicherung der Mitbestimmung, Rn. 337 ff.; *Wiese* ZfA 1989, 645 [650, 655 ff.]; *ders.* 25 Jahre Bundesarbeitsgericht, 1979, S. 661 [662]; *Wittgruber* Die Abkehr des Arbeitsrechts von der Vertragsfreiheit [Diss. Bonn], 1999, S. 93 ff.; *Worzalla/HWGNRH* § 87 Rn. 7; vgl. auch § 1 Abs. 2 SPD-Entwurf vom 16.12.1968, BT-Drucks. V/3658 = RdA 1969, 35; weitere Nachweise 6. Aufl., Einl. Rn. 49). Jedoch betrifft der Schutz des Arbeitnehmers als Zweck des Betriebsverfassungsrechts ungeachtet des § 75 **nicht den materiellen Inhalt** der durch die Mitbestimmung ermöglichten **Regelungen**, sondern die **Einschränkung** der **ohne Mitbestimmung bestehenden individualrechtlichen Gestaltungsbefugnisse** des **Arbeitgebers** (zu § 87 schon *Wiese* 25 Jahre Bundesarbeitsgericht, 1979, S. 661 [662 f.]; *ders.* ZfA 1989, 645 [657]; zust. *BAG* 18.04.1989 EzA § 87 BetrVG 1972 Nr. 13 S. 6 = AP Nr. 18 zu § 87 BetrVG 1972 Tarifvorrang Bl. 3; ähnlich *Kolbe* Mitbestimmung und Demokratieprinzip, S. 205 ff.). Bereits dadurch ist der Arbeitnehmer gegenüber dem Arbeitgeber geschützt.

79 Der **Schutzzweck** des Betriebsverfassungsrechts ist mithin eine **spezielle Ausprägung** des durch das **Sozialstaatsprinzip** (Art. 20 Abs. 1, Art. 28 Abs. 1 GG) legitimierten allgemeinen Schutzzwecks des Arbeitsrechts (u. a. *Hueck/Nipperdey* I, S. 25 ff., 391 Fn. 6; *Lieb/Jacobs* Arbeitsrecht, Rn. 10 ff.; *Nikisch* Arbeitsrecht I, S. 12, 30 f., 496 f.; *Wiedemann* Das Arbeitsverhältnis als Austausch- und Gemeinschaftsverhältnis, 1966, S. 11 ff.; *Wiese* ZfA 1989, 645 [650]; krit. *Wiethölter* Rechtswissenschaft, 1968, S. 289). In diesem Sinne spricht das BAG auch vom sozialen Schutzzweck (vgl. etwa *BAG* 13.03.1973 EzA § 87 BetrVG 1972 Werkswohnung Nr. 2 S. 8 = AP Nr. 1 zu § 87 BetrVG 1972 Werkmietwohnungen Bl. 2). Dieser wird durch das Betriebsverfassungsgesetz verstärkt und hat in ihm in allen drei Funktionsbereichen des Schutzgedankens seine Ausformung gefunden, mögen auch die jeweiligen Grenzen dieser Zwecke fließend sein. So dienen die Vorschriften des § 80 Abs. 1 Nr. 1 und 9, § 81 Abs. 1 Satz 2, Abs. 2 Satz 2, § 87 Abs. 1 Nr. 7, § 88 Nr. 1 und 1a, § 89, § 115 Abs. 7 Nr. 7 dem Schutz von **Leben** und **Gesundheit** des Arbeitnehmers, u. a. § 82 Abs. 2 Halbs. 1, § 87 Abs. 1 Nr. 3 und 10 und 11, §§ 99 ff., 111 ff. dem Schutz seiner **materiellen (wirtschaftlichen) Interessen** und z. B.

§§ 75, 83 Abs. 1 Satz 1, 84, 85, 86a, 87 Abs. 1 Nr. 6 und 12 sowie §§ 90, § 91 dem Schutz seiner **ideellen (immateriellen) Interessen** (zu diesen Schutzbereichen *Wiese* RdA 1973, 1 [4 f.]; ebenso *Franzen* vor § 81 Rdn. 13 ff.; zust. *Jahnke* Tarifautonomie und Mitbestimmung, S. 124 ff.).

Ist mithin der Arbeitnehmerschutz in seiner dargelegten Funktion als ein Zweck des Betriebsverfassungsrechts anzuerkennen, bleibt dieser jedoch der Vorstellung verhaftet, der Arbeitnehmer sei **Objekt** des **Schutzes durch Dritte**, sei es auch durch den der eigenen Interessenvertretung. Das gilt selbst bei der nach § 75 Abs. 2 bestehenden Verpflichtung zur Förderung der Persönlichkeitsentfaltung der im Betrieb beschäftigten Arbeitnehmer. Der hiernach bestehende Schutz geht über den allgemeinen privatrechtlichen Schutz des schwächeren Vertragspartners hinaus, weil er nicht allein die Vertragsbeziehungen, sondern die Person des Arbeitnehmers selbst vor den vom Betrieb ausgehenden vielfältigen Gefahren und Abhängigkeiten betrifft. Soll indessen der Achtung des Arbeitnehmers als Persönlichkeit, seiner Würde und Persönlichkeitsentfaltung und damit seiner Selbstbestimmung im Arbeitsverhältnis angemessen Rechnung getragen werden, kommt es darauf an, die **als Belegschaft verbundenen Arbeitnehmer durch ihre Repräsentanten** selbst als **mitwirkende Subjekte** bei der **Gestaltung** des **betrieblichen Geschehens** einzubeziehen. Dem entspricht die als eigenständig zu verstehende **Teilhabefunktion** der Mitbestimmung, die zunehmend als maßgebender Zweck des Betriebsverfassungsrechts anerkannt wird. Im **Bericht** der **Mitbestimmungskommission** (BT-Drucks. VI/334, S. 65), der bei den Vorarbeiten zum BetrVG 1972 berücksichtigt wurde (BR-Drucks. 715/70, S. 31), heißt es bereits, es gehe um die »**Grundsätze** der **Selbstbestimmung,** der **Achtung** vor der **Würde** des **Menschen** und den **Ausgleich** oder den **Abbau einseitiger Machtstellungen** durch **Kooperation** der **Beteiligten** und die **Mitwirkung** an **Entscheidungen** durch die von der Entscheidung **Betroffenen**« (zur Bedeutung der **Menschenwürde** im Arbeitsrecht – zugleich kritisch – *Kolbe* Mitbestimmung und Demokratieprinzip, S. 165 ff.; *Kreutz* Grenzen der Betriebsautonomie, S. 188 ff.). Die Achtung des Arbeitnehmers als Persönlichkeit, seiner Würde und Persönlichkeitsentfaltung ist nach § 75 verbindliche Verpflichtung von Arbeitgeber und Betriebsrat bei Ausübung der Mitbestimmung und inhaltlichen Ausgestaltung der angestrebten Regelungen. Zugleich haben Arbeitgeber und Betriebsrat nach § 2 Abs. 1 vertrauensvoll zum Wohl der Arbeitnehmer und des Betriebs zusammenzuarbeiten. Die Teilhabe ist zwar gesetzlich nicht geregelt, **folgt** aber zwanglos **aus** den **Mitbestimmungs- und Mitwirkungsrechten des Gesetzes** unter **Berücksichtigung** der **Grundwertungen** der **Art. 1 Abs. 1** und **Art. 2 Abs. 1 GG** (vgl. mit unterschiedlichen Formulierungen *BAG* st. Rspr. 24.03.1981 EzA § 87 BetrVG 1972 Betriebliche Ordnung Nr. 6 S. 41 = AP Nr. 2 zu § 87 BetrVG 1972 Arbeitssicherheit Bl. 3; 08.08.1989 EzA § 87 BetrVG 1972 Initiativrecht Nr. 5 S. 6 = AP Nr. 3 zu § 87 BetrVG 1972 Initiativrecht Bl. 4; 03.12.1991 GS EzA § 87 BetrVG 1972 Betriebliche Lohngestaltung Nr. 30 S. 20 = AP Nr. 51 zu § 87 BetrVG 1972 Lohngestaltung Bl. 8; 18.04.1989 EzA § 87 BetrVG 1972 Nr. 13 S. 5, 9 = AP Nr. 18 zu § 87 BetrVG 1972 Tarifvorrang Bl. 3, 4; 13.02.2007 EzA § 87 BetrVG 2001 Betriebliche Ordnung Nr. 2 Rn. 9 = AP Nr. 40 zu § 87 BetrVG 1972 Ordnung des Betriebes; 10.03.2009 EzA § 87 BetrVG 2001 Betriebliche Ordnung Nr. 4 Rn. 16 = AP Nr. 16 zu § 87 BetrVG 1972; 18.10.2011 EzA zu § 87 BetrVG 2001 Betriebliche Lohngestaltung Nr. 26 Rn. 19 = AP Nr. 141 zu § 87 BetrVG 1972 Lohngestaltung; weitere *BAG*-Nachweise 9. Aufl. Einl. Rn. 79; *BDA/BDT* Bericht der Mitbestimmungskommission, S. 6; *Brocker*, Unternehmensmitbestimmung und Corporate Governance (Diss. München), 2006, S. 133 ff.; *Dütz/Schulin* ZfA 1975, 103 [113]; *Galperin/Löwisch* vor § 74 Rn. 4; *Gamillscheg* II, S. 30 f.; *von Hoyningen-Huene* FS Wiese, 1998, S. 175 [178]; *Hueck/Nipperdey* I, S. 28, II/2, S. 1392; *Konzen* NZA 1995, 865 [870]; *Loritz/ZLH* Arbeitsrecht, § 48 Rn. 16; *Preis/WPK* § 1 Rn. 5; *Raab* ZfA 2001, 31 [37]; *Richardi* Einl. Rn. 1, 139, 152, § 87 Rn. 8, 101; *Rieble* in: Zukunft der Unternehmensmitbestimmung, S. 9 [13 f., 20 ff.]; *Veit* Die funktionelle Zuständigkeit des Betriebsrats, S. 306 ff.; *Wiese* 25 Jahre Bundesarbeitsgericht, 1979, S. 661 [662]; *ders.* ZfA 1989, 645 [650 ff.]; *ders.* FS Kissel, S. 1269 [1278 ff.]; *ders.* § 87 Rdn. 97; vgl. auch *Jahnke* Tarifautonomie und Mitbestimmung, S. 130, der den Schutzzweck in einem weiteren Sinne versteht und den Teilhabezweck als davon erfasst ansieht; ähnlich *Lambrich* Tarif- und Betriebsautonomie [Diss. Trier], 1999, S. 129 f.; ferner *Hurlebaus* Fehlende Mitbestimmung bei § 87 BetrVG, 1987, S. 23 ff., 39, 46, 55, 72 ff., 81 ff., 85, 131 f., dazu *Wiese* ZfA 1989, 645 [653 ff.]; krit. *Müller-Franken* Die Befugnis zu Eingriffen in die Rechtsstellung des Einzelnen durch Betriebsvereinbarungen [Diss. Mainz], 1997, S. 256 ff.). Die **betriebsverfassungsrechtliche Teilhabefunktion** ist **nicht** mit den **Grundrechten als Teilhaberechten**, insbesondere als sozialen Leistungsansprüchen **gegen den Staat zu verwechseln** (hierzu m. w. N. *Hergenröder/ZLH* Arbeitsrecht § 9 Rn. 11 ff. m. w. N.; *Hesse* Grundzüge des Verfassungsrechts der Bundesrepublik Deutschland, 20. Aufl. 1999, § 9 II 2c; *Böckenförde* NJW 1974, 1529 [1535 f.]; *Murswiek* in: *Isensee/Kirchof* [Hrsg.] Handbuch des Staatsrechts, Bd. V, 2. Aufl. 2000, § 112;). Gleiches gilt für die Teilhabe als Wesenselement der Staatsdemokratie (zu demokratischen Teilhaberechten im öffentlichen Dienst Rdn. 49, zur Wirtschaftsdemokratie und zu mitbestimmter Teilhabe Rdn. 41, zum tarifrechtlichen Teilhabemodell Rdn. 41 sowie zur Teilhabe bei der Unternehmensmitbestimmung Rdn. 45). Grundlegend zur Anerkennung der Teilhabe als maßgebender Zweck des Betriebsverfassungsgesetzes *Kolbe* Mitbestimmung und Demokratieprinzip (zur demokratischen Teilhabe S. 63 ff., zur betriebsverfassungsrechtlichen Teilhabe insbesondere S. 106 ff., 207 ff., 212, 225, 226 f., 286 ff., 293 f., 391 ff.). Die Teilhabe im Betriebsverfassungsrecht beruht allein auf einfachgesetzlicher Grundlage des Betriebsverfassungsgesetzes und betrifft die privatrechtlichen Beziehungen der Betriebspartner. Inhalt und Umfang der Teilhabe richten sich nach deren gesetzlichen Ausformung. Die **gleichberechtigte Teilhabe** ist danach auf die **Mitbestimmungsrechte beschränkt**; gleichwohl gewähren auch die **Mitwirkungsrechte** wie Anhörungs-, Beratungs- und Vorschlagsrechte den Betriebsvertretungen eine vielfältige Beteiligung am betrieblichen Geschehen.

81 Nach der vorstehend (Rdn. 77) aufgezeigten geltenden Rechtslage wird die **Teilhabe** der **Arbeitnehmer** selbst **unmittelbar** nur in einem weiteren Sinn **durch** die **Individualrechte** gemäß §§ 81 ff., ferner durch zahlreiche **Befugnisse** im Rahmen der **Organisation** der Betriebsverfassung (*Franzen* vor § 81 Rdn. 4), im Übrigen aber **mittelbar** durch die **von den betrieblichen Interessenvertretungen wahrzunehmenden Beteiligungsrechte** verwirklicht. Damit wird zwar **nicht der einzelne Arbeitnehmer**, wohl aber die **durch den Betriebsrat repräsentierte Belegschaft** (Rdn. 122) zum **mitgestaltenden Subjekt** der **Betriebsverfassung**. Das mag von einem individualistischen Standpunkt aus unbefriedigend sein, unterscheidet aber die geltende Betriebsverfassung grundlegend von Betrieben ohne Betriebsrat mit monokratischer Struktur. Aus der Sicht des Arbeitgebers fördert sie die Identifikation der Arbeitnehmer mit betrieblichen Interessen und kommt schließlich auch der Arbeitsproduktivität zugute. Das ist für das Selbstverständnis der Arbeitnehmer und den Zusammenhalt einer Gesellschaft nicht zu unterschätzen, selbst wenn sich daraus keine über die gesetzliche Mitbestimmungsordnung hinausgehende Rechtsfolgen ableiten lassen; maßgebend ist allein die normative Ausgestaltung des Gesetzes. Die Teilhabe bewirkt, dass die Stellung der als **Belegschaft verbundenen Arbeitnehmer** sich **vom schutzbedürftigen Objekt zum mitgestaltenden Subjekt** bei der Regelung mitbestimmter Angelegenheiten gewandelt hat, und es wird das Prinzip zweiseitiger formaler Gleichheit ergänzt um das **Prinzip materialer Gleichberechtigung**, mithin das **Vertragsprinzip** als **wichtigste Ausprägung** der **Privatautonomie** und damit die **Selbstbestimmung der Arbeitnehmer auf kollektiver Ebene** verwirklicht (*Wiese* ZfA 1996, 439 [474] m. w. N.; ders. NZA 2006, 1 [8]; vgl. auch Bericht der Mitbestimmungskommission BR-Drucks. VI/334, S. 66 f.; zur direkten Partizipation der Beschäftigten auch *Blanke* Deutscher Bundestag, Ausschuss für Arbeit und Sozialordnung, Ausschuss-Drucks. 14/1512, S. 183 [188 ff.] = *Blanke/Rose* RdA 2001, 92 [94 ff.]; ferner *Reichold* Betriebsverfassung als Sozialprivatrecht, S. 428 ff.; *Wendeling/Schröder* NZA 2001, 357 [358 ff.]).

82 Dieser **grundlegende Zweck** des **Betriebsverfassungsrechts** wird durch die **Teilhabefunktion sachgerecht verdeutlicht**, während der **allgemeine Gedanke** der »betrieblichen Demokratie« zwar zur **Verfolgung politischer Ziele zweckmäßig** und **legitim** ist, aber **nicht** die **normative Ausgestaltung** des **Gesetzes** wie dessen Sinn und Zweck überzeugend erklären kann noch sachlich gerechtfertigt ist (**a. M.** *Hueck/Nipperdey* II/2, S. 1062, 1063 f. m. w. N., wo andererseits jedoch [S. 1064] die Parallelität zwischen Staats- und Betriebsverfassung mit Recht für begrenzt gehalten wird; ferner BAG 10.12.2002 EzA § 80 BetrVG 2001 Nr. 1 S. 13 = AP Nr. 59 zu § 80 BetrVG 1972; *von Hoyningen-Huene* Betriebsverfassungsrecht, § 1 Rn. 6; ders./MünchArbR § 210 Rn. 2; ders. FS *Stahlhacke*, 1995, S. 173 [175]; *Neumann-Duesberg*, S. 60 ff.; vgl. auch Bundesministerium für Arbeit und Sozialordnung Grünbuch Arbeiten 4.0, S. 71: »Mitbestimmung als wichtige Institution der demokratischen Teilhabe« sowie S. 77: »Demokratisches Unternehmen«, die jedoch beide zutreffend als Schlagwörter bezeichnet werden und die Beteiligung von Beschäftigten beschreiben (S. 86); **krit.** dagegen *Kreutz* Grenzen der Betriebsautonomie, S. 25 ff. m. w. N.; *Rieble* in: Zukunft der Unternehmensmitbestimmung, S. 9 [15 ff.], 34; *Thiele* 4. Aufl., Einl. Rn. 21; ferner Bericht der Mitbestimmungskommission, BT-Drucks. VI/334, S. 65 f.; zu Bedenken gegen eine Legitimation durch Verfahren *Loritz* ZfA 1991, 1 [7 f.]). Die Anknüpfung an Gedanken der Staatsverfassung und deren Übertragung auf den Betrieb hatte allerdings historisch gesehen schon in den achtziger Jahren des 19. Jahrhunderts zum Schlagwort der »konstitutionellen Fabrik« (Rdn. 6) geführt, *Heinrich Freese* zum Titel seines gleichnamigen Buches inspiriert und schließlich in der politischen Diskussion Forderungen nach einer »Demokratisierung der Wirtschaft« (zur Wirtschaftsdemokratie Rdn. 41) veranlasst. Zweifellos ist auch der Gesetzgebungsakt bei Verabschiedung des Betriebsverfassungsgesetzes demokratisch legitimiert gewesen, jedoch betrifft die Frage nach dem Zweck des Gesetzes wie dessen normative Ausgestaltung allein den Inhalt der Mitbestimmungsordnung und deren Auslegung. Im Gegensatz zur Staatsverfassung führt das Betriebsverfassungsrecht weder zur Legitimation der Unternehmensleitung durch Wahlen seitens der Belegschaft, noch ist der Betrieb insgesamt demokratisch verfasst. Die in ihm Tätigen bilden keinen Betriebsverband unter Einschluss des Arbeitgebers, und die Schaffung kollektiver Regelungen beruht nicht auf dem demokratischen Mehrheitswillen aller Betriebsangehörigen, sondern auf privatrechtlich-vertragsmäßiger Vereinbarung der bipolar agierenden Betriebspartner (ähnlich *Kolbe* Mitbestimmung und Demokratieprinzip, S. 110 ff., 162), d. h. dem Arbeitgeber einerseits und der zwangskorporativ verbundenen Belegschaft (Rdn. 111), vertreten durch ihre Repräsentanten im Rahmen der gesetzlichen – enumerativ beschränkten – Beteiligungsrechte andererseits. Im Übrigen bleibt die Rechtsstellung des Arbeitgebers unangetastet. Die Wahlen legitimieren ferner allein die Repräsentanten der Belegschaft. Jene unterliegen weder staatlicher Aufsicht (Rdn. 95) noch demokratischer Kontrolle durch die Belegschaft. Betriebsvereinbarungen sind auch keine Akte öffentlicher Gewalt (Rdn. 70). Insbesondere verkennt die Kennzeichnung der »betrieblichen Demokratie«, dass es im Betriebsverfassungsrecht vor allem um die Einschränkung der Rechtstellung des Arbeitgebers durch Berücksichtigung individueller und kollektiver Arbeitnehmerinteressen bei betrieblichen und unternehmerischen Entscheidungen geht. Diese sollen, selbst wenn sie unmittelbar auf ein Kollektiv bezogen sind, zugleich den davon betroffenen Arbeitnehmern dienen (Rdn. 77 f.). Das Demokratieprinzip ist dagegen einseitig auf das Kollektiv bezogen. Die Stärkung einer kollektiv-demokratischen Struktur der Betriebsverfassung würde daher zugleich die Einschränkung des Freiraums für individualvertragliche Regelungen bedeuten (*Picker* RdA 2001, 259 [267]). Die unpräzise Verwendung des schillernden Begriffs »Demokratisierung« des Betriebs oder gar die Ableitung der Mitbestimmungsordnung bzw. der Mitbestimmungstatbestände wie deren Auslegung aus dem Demokratieprinzip ist trotz einzelner demokratischer Elemente (hierzu *Kolbe* Mitbestimmung und Demokratieprinzip, S. 2, 32 f., 62 f., 109 ff., 134 f., 185 f., 187, 227 ff., 391 ff.; vgl. auch Rdn. 100) und dem positiven Pathos des Demokratieprinzips unzutreffend und in diesem Kommentar schon seit der ersten Bearbeitung (*Thiele* Einleitung Rn. 21) kritisiert und abgelehnt worden. Zur Inkompatibilität des staatsverfassungsrechtlichen Demokratieprinzips und der Mitbestimmung *Kolbe* Mitbestimmung und Demokratieprinzip (insbesondere S. 35 ff., 161 f., 227 ff., 391 ff., zust. *Reichold* JZ 2014, 296: politischer Kampfbegriff; krit. *H. Hanau* SR 2014, 117 ff.; zur Ideengeschichte der deutschen Staatsdemokratie *Kolbe* Mitbestimmung und Demokratieprinzip, S. 3 ff., zur Ideengeschichte der Mitbestimmungsordnung S. 6 ff., 391, zur Legitimation von Fremdbestimmung als Funktion des Demokratieprinzips S. 35 ff., 63 ff., insbesondere S. 81 im Unterschied zur Legitimation von Fremdbestimmung durch Unterwerfung gemäß dem Selbstbestimmungsprinzip S. 47 ff., 162, 391 f., zu Folgerungen bei Ablehnung des Demokratieprinzips als Zweck der betrieblichen Beteiligungsordnung S. 295 ff., s. hierzu die Kommentierung zu Einzelfragen).

83 Nach den getroffenen Feststellungen können die Regelungen des Betriebsverfassungsgesetzes zwar nicht unmittelbar aus den Grundrechten abgeleitet werden (Rdn. 50 ff.), jedoch ist es für das Verständnis des Betriebsverfassungsrechts von **grundlegender Bedeutung**, dass es trotz seiner im Wesentlichen kollektivrechtlichen Ausrichtung **im Interesse** der **einzelnen Arbeitnehmer** geschaffen worden und diesen zu dienen bestimmt ist. Das berechtigt, vom **personalen Gehalt** als maßgebendem Wesenselement des Betriebsverfassungsrechts zu sprechen (zum Ganzen *Wiese* ZfA 1996, 439 ff., insbesondere 473 ff.). Diese Grundwertung kommt eindeutig in § 75 Abs. 2 zum Ausdruck. Der h. M. kann deshalb nicht entgegengehalten werden, es sei euphemistisch, von Schutz und Teilhabe der Arbeitnehmer, ihrer Würde und Entfaltungsfreiheit als Zweck des Betriebsverfassungsrechts zu sprechen, wenn die Beteiligungsrechte weithin kollektivbezogen seien. Der Gesetzgeber konnte aufgrund seines **Gestaltungsauftrags** und **weiten Gestaltungsspielraums** (Rdn. 51) unter Beachtung der verfassungsrechtlichen Grenzen frei darüber entscheiden, inwieweit er bei der Gewährung von Beteiligungsrechten primär individuelle oder kollektive Interessen berücksichtigen wollte. Selbst wenn es sich wie im Rahmen des § 87 grundsätzlich um Tatbestände handelt, die einen kollektiven Bezug voraussetzen, dient die Mitbestimmung dennoch nicht einem anonymen, abstrakten Kollektiv, sondern den Interessen der in ihm vereinten Personen. Damit kann aber bei kollektiven Tatbeständen die Unterordnung entgegenstehender Interessen Einzelner verbunden sein (Rdn. 88). In dem dadurch vorgegebenen Rahmen werden trotzdem Schutz und Teilhabe verwirklicht.

84 Mit dem Teilhabezweck berührt sich der **Partnerschaftsgedanke**. Nach *Hueck/Nipperdey* (II/2, S. 1064 f.) handelt es sich bei ihm um das wichtigste Ziel, dem die Beteiligung der Arbeitnehmer zu dienen habe (krit. dazu *Kreutz* Grenzen der Betriebsautonomie, S. 29 f.). Soweit damit die gleichberechtigte Teilhabe der Belegschaft (Rdn. 122) bei der Regelung der betrieblichen Angelegenheiten gemeint ist, handelt es sich jedoch nur um einen anderen Ausdruck für den Teilhabezweck. In einem engeren Sinne ist darunter andererseits das **Gebot zur vertrauensvollen Zusammenarbeit** zu verstehen, wie es vor allem in § 2 Abs. 1 seine gesetzliche Ausprägung gefunden hat. Bei diesem erstmals in § 49 Abs. 1 BetrVG 1952 normierten und damit historisch gesehen relativ jungen Grundsatz handelt es sich nicht um einen Primärzweck der Betriebsverfassung, sondern um ein Leitprinzip bei der Durchführung des Gesetzes, ohne dass dadurch dessen große sozialpolitische Bedeutung gemindert würde.

85 Mit dem Partnerschaftsgedanken in seiner doppelten Bedeutung eng verknüpft ist der als Ziel der Mitbestimmung in der Literatur ferner genannte **Integrationszweck** (so *Adomeit* Die Regelungsabrede, 1961, S. 54 ff.; *Richardi* § 87 Rn. 8; *ders.* Festgabe *von Lübtow*, 1970, S. 755 [761 f.]). Da ihm keine eigenständige Bedeutung zukommt und er sich weithin mit dem Teilhabezweck deckt, sollte er zur Vermeidung von Missverständnissen besser nicht verwendet werden (vgl. auch *Worzalla/HWGNRH* § 87 Rn. 8; *Hurlebaus* Fehlende Mitbestimmung bei § 87 BetrVG, 1987, S. 33 ff.).

86 Sind **Schutz** und **Teilhabe** die maßgebenden Zwecke des Betriebsverfassungsrechts, bemisst sich ihre **Reichweite** doch allein nach deren positivrechtlicher Ausgestaltung durch das Betriebsverfassungsgesetz. Sein nach allgemeinen Auslegungskriterien zu ermittelnder Inhalt bestimmt daher den Umfang der Beteiligungsrechte. Das **Verhältnis** von **Schutzzweck** und **Teilhabezweck** ist dahin zu bestimmen, dass **durch** die **Teilhabe** zugleich der **Schutz verwirklicht** wird (so wohl auch *BAG* GS 03.12.1991 EzA § 87 BetrVG 1972 Betriebliche Lohngestaltung Nr. 30 S. 20 [Schutz durch gleichberechtigte Teilhabe] = AP Nr. 51 zu § 87 BetrVG 1972 Lohngestaltung Bl. 8; 14.12.1993 EzA § 87 BetrVG 1972 Betriebliche Lohngestaltung Nr. 43 S. 6 = AP Nr. 65 zu § 87 BetrVG 1972 Lohngestaltung Bl. 2 R; 05.06.2007 EzA § 611 BGB 2002 Ausbildungsbeihilfe Nr. 11 Rn. 24 = AP Nr. 40 zu § 611 BGB Ausbildungsbeihilfe; *Emmert* Betriebsvereinbarungen über den Zeitlohn [Diss. Trier], S. 49, 51; *Rieble* in: Zukunft der Unternehmensmitbestimmung, S. 9 [20 Rn. 30: Schutz durch Teilhabe]; auch *Wiebauer* Sicherung der Mitbestimmung, Rn. 352, 530 im Widerspruch zur Polemik gegen den Vorrang des Teilhabezwecks vor dem Schutzzweck; zum Ganzen *Wiese* ZfA 2000, 117 ff.). Dabei geht es ebenso wie bei dem Schutzzweck der Mitbestimmung (Rdn. 78) **nicht** um den **materiellen Inhalt** der durch die Beteiligungsrechte ermöglichten **Regelungen**, sondern um die **Einschränkung** der **ohne Mitbestimmung bestehenden individualrechtlichen Gestaltungsmöglichkeiten** des **Arbeitgebers** (ähnlich *Kolbe* Mitbestimmung und Demokratieprinzip, S. 207 f., 226). Durch die Teilhabe wird mithin eine ergebnisoffene Mitwirkungs- bzw. Mitgestaltungsmöglichkeit der Belegschaft durch ihre Repräsentanten eröffnet. Deshalb wird dem Schutzzweck selbst dann Rechnung getragen, wenn bei kollektiven Regelungen im konkreten Fall abweichende Individualinteressen einzelner Arbeitnehmer dem von der Arbeitnehmervertretung definierten gemeinsamen Interesse untergeordnet werden und ihre Vertragsfreiheit eingeschränkt wird (Rdn. 66; unzutreffend daher *Richardi* Einl. Rn. 139, 152). Damit erweist sich zugleich, dass die Teilhabe als Zweck des Betriebsverfassungsrechts über dessen Schutzzweck hinausgeht, weil mit diesem die Unterordnung der Interessen einzelner Arbeitnehmer und die Einschränkung ihrer Vertragsfreiheit bei kollektiven Tatbeständen nicht begründbar ist. Gleiches gilt allenfalls nur in einem weiteren Sinn für Organisationsvorschriften nach § 87 Abs. 1 Nr. 8, technische Regelungen nach § 87 Abs. 1 Nr. 7, das betriebliche Vorschlagswesen nach § 87 Abs. 1 Nr. 12 oder Grundsätze über die Durchführung von Gruppenarbeit nach § 87 Abs. 1 Nr. 13 wie überhaupt für die mitbestim-

mungsrechtliche Beteiligung bei der Gestaltung betrieblicher Angelegenheiten. Dabei handelt es sich vor allem um Zweckmäßigkeitsentscheidungen, die umfassender sind als ein vertragsrechtlich fundierter Schutz. Zutreffend spricht auch das BAG von dem Zweck der Mitbestimmung, den Arbeitnehmern eine gleichberechtigte Teilhabe an der Gestaltung des betrieblichen Zusammenlebens zu gewähren (*BAG* 24.03.1981 EzA § 87 BetrVG 1972 Betriebliche Ordnung Nr. 6 S. 41 *[Wiese/Stark]* = AP Nr. 2 zu § 87 BetrVG 1972 Arbeitssicherheit Bl. 3).

Da mithin durch die Teilhabe sowohl der erforderliche Schutz verwirklicht wird als auch über diesen **87** hinausgeht, ist es berechtigt, vom **Vorrang** des **Teilhabezwecks** gegenüber dem Schutzzweck zu sprechen (zum Ganzen *Wiese* ZfA 2000, 117 ff.; ebenso *Kolbe* Mitbestimmung und Demokratieprinzip, S. 212; krit. *Hammer* Die betriebsverfassungsrechtliche Schutzpflicht für die Selbstbestimmungsfreiheit des Arbeitnehmers [Diss. Regensburg], 1998, S. 123; *Raab* ZfA 2001, 31 [38]) und wirkt sich z. B. dahin aus, dass die Mitbestimmung des Betriebsrats in kollektiven Angelegenheiten nicht unter Berufung auf den Schutzzweck durch Individualvereinbarungen ausgehebelt werden darf (Rdn. 86), indem die kollektiven Tatbestände des § 87 auf Individualmaßnahmen ausgeweitet werden, nur weil dies dem Schutzzweck des Gesetzes besser entspräche (**a. M.** *Raab* ZfA 2001, 31 [33 ff.]

Darin ist kein Widerspruch zu der oben (Rdn. 78, 80) vertretenen Grundposition zu sehen, dass es im **88** Betriebsverfassungsrecht um den einzelnen Arbeitnehmer, um die Achtung seiner Persönlichkeit, seiner Würde und Entfaltungsfreiheit im Arbeitsverhältnis gehe. Überall, wo Regelungen mit kollektivem Bezug zu treffen sind, bedarf es des **Ausgleichs divergierender Interessen gleichgeordneter Rechtssubjekte (Ausgleichfunktion)**, d. h. des von der **Arbeitnehmervertretung wahrzunehmenden** und von ihr **vorweg** zu **definierenden kollektiven Interesses** und damit gegebenenfalls der **Unterordnung entgegenstehender Interessen einzelner** (Rdn. 74, § 87 Rdn. 98; ähnlich *Brocker* Unternehmensmitbestimmung und Corporate Governance (Diss. München), 2006, S. 136 ff.; *Gamillscheg* II, S. 26 ff. [»dritte Dimension«]; *Kolbe* Mitbestimmung und Demokratieprinzip, S. 129 f., 134, 212, über die Ausgleichfunktion hinausgehende betriebsverfassungsrechtliche Belastungswirkungen daselbst S. 127 f., 130 ff., 202 ff.; *Raab* ZfA 2001, 31 [36 f., 40 Fn. 28]; *Reuter* ZfA 1975, 85 [88 ff.]; *Rieble* in: Zukunft der Unternehmensmitbestimmung S. 9 [22 f. Rn. 36 ff.]; *Wiese* RdA 1995, 355 [358 f.]; *ders.* FS *Kissel*, 1994, S. 1269 [1274]; *ders.* ZfA 1989, 645 [651 ff., 656 f., 662]; *ders.* ZfA 2000, 117 [122 ff.]; *ders.* NZA 2006, 1 [2]; im Grundsatz auch *Hans Hanau* Individualautonomie und Mitbestimmung in sozialen Angelegenheiten [Diss. Tübingen], 1993, S. 105 ff. und passim, dazu *Wiese* ZfA 2000, 117 [128 ff.]; krit. *Müller-Franken* [Rdn. 80], S. 333 ff.). Soweit die kollektive Ordnung nicht beeinträchtigt wird, kann einem abweichenden Individualinteresse, dessen Berechtigung vom Betriebsrat als Wahrer des kollektiven Interesses anerkannt wird, im Beschwerdeverfahren nach § 85 Abs. 2 BetrVG Rechnung getragen werden (vgl. auch Rdn. 77 und *Franzen* § 85 Rdn. 9 ff.). Damit hat der Gesetzgeber eine Regelung getroffen, die im Rahmen der dargelegten Zwecke nicht den Grundsätzen der Gerechtigkeit widerspricht. Zudem können die Betriebsvertretungen das von ihnen definierte kollektive Interesse nicht beliebig unter Zurücksetzung individueller Interessen verfolgen, sondern unterliegen Schranken, die sich aus § 75 sowie den von Rechtsprechung und Lehre entwickelten Grundsätzen (*Kreutz* § 77 Rdn. 329 ff.) ergeben. Bei deren Inhaltsbestimmung ist wiederum der Zweck des Gesetzes, dem Einzelnen zu dienen, maßgebende Richtschnur. So wird verhindert, dass trotz des notwendigen internen Interessenausgleichs die kollektive Interessenvertretung durch Teilhabe zum Selbstzweck und der Primärzweck der Betriebsverfassung verdrängt wird.

XII. Betriebsverfassungsrecht als Privatrecht

Nach heftiger Diskussion in der Weimarer Zeit wird seit Inkrafttreten des KRG Nr. 21 und des KRG **89** Nr. 22 das **Betriebsverfassungsrecht** von der **heute ganz h. M.** als **Teil** des **Privatrechts** angesehen (*BAG* 15.02.1989 EzA § 19 BetrVG 1972 Nr. 28 S. 4 = AP Nr. 17 zu § 19 BetrVG 1972 Bl. 2; *Däubler/DKKW* Einl. Rn. 69; *Fitting* § 1 Rn. 262; *Galperin/Löwisch* vor § 1 Rn. 8; *Galperin/Siebert* vor § 1 Rn. 40 ff.; *Gamillscheg* II, S. 161; *Heinze* ZfA 1988, 53 [54]; *von Hoyningen-Huene* FS *Wiese*, 1998, S. 175 [177 f.]; *ders./MünchArbR* § 210 Rn. 16; *Hueck/Nipperdey* II/2, S. 1083, 1095 ff.; *E. R. Huber* Wirtschaftsverwaltungsrecht, 2. Band, 2. Aufl. 1954, S. 488 ff.; *Kaskel/Dersch* Arbeitsrecht, S. 286 f.; *Kolbe* Mitbestimmung und Demokratieprinzip, S. 189 ff.; *Konzen* ZfA 1985, 469 ff. = FS

Ernst Wolf, 1985, S. 279 ff.; *Lobinger* RdA 2011, 76 f.; *Loritz/ZLH* Arbeitsrecht, § 48 Rn. 7 ff.; *Neumann-Duesberg*, S. 81 ff.; *Nikisch* III, S. 20 ff.; *Preis/WPK* § 1 Rn. 3; *Reichold* Betriebsverfassung als Sozialprivatrecht, S. 399 ff., 486 ff., dazu *Popp* BB 1996, 111 f.; *Richardi* Einl. Rn. 130 ff.; *Rose/HWGNRH* Einl. Rn. 83 f.; zum Arbeitsrecht als Privatrecht *Picker* FS *Richardi* 2007, S. 141 ff.; zur abweichenden Meinung Nachweise Rdn. 90; weitere Nachweise 6. Aufl., Einl. Rn. 55). Etwas anderes gilt lediglich für die eindeutig öffentlich-rechtlichen Straf- und Bußgeldvorschriften der §§ 119 bis 121, ohne dass daraus geschlossen werden könnte, das Betriebsverfassungsrecht sei insgesamt Gegenstand des öffentlichen Rechts (so aber *Hess/Schlochauer/Glaubitz* 3. Aufl., vor § 1 Rn. 22); das Strafrecht sanktioniert auch in anderen Fällen Verstöße gegen privatrechtliche Pflichten (z. B. §§ 170, 266 StGB). Ebenso wenig kann aus den zwingenden Vorschriften des Betriebsverfassungsgesetzes (Rdn. 105 ff.) auf dessen öffentlich-rechtlichen Charakter geschlossen werden, da grundsätzliche Ordnungsvorstellungen des Gesetzgebers im Privatrecht typischerweise nicht der Dispositionsfreiheit der Beteiligten unterliegen. Gänzlich nichtssagend ist es, wenn behauptet wurde, das Betriebsratsamt sei durch »öffentlich-rechtliches Gesetz« geschaffen worden (so *Kaskel* Arbeitsrecht, 1./2. Aufl. 1924/25, S. 243; 3. Aufl. 1928, S. 290). Das gilt zwar für den Gesetzgebungsakt, besagt aber nichts über den Inhalt des Gesetzes. Schließlich lässt sich daraus, dass nach einhelliger Meinung das für den öffentlichen Dienst geltende Personalvertretungsrecht (Rdn. 48 f.) dem öffentlichen Recht zuzuordnen ist (*Richardi/RDW*, Einl. Rn. 90), nichts für den öffentlich-rechtlichen Charakter des Betriebsverfassungsrechts ableiten.

90 Unter der Geltung des **BRG 1920** war dagegen die **öffentlich-rechtliche Auffassung** in der Literatur **vorherrschend** und wurde auch vom *RG* und *RAG* in ständiger Rechtsprechung vertreten (*RGZ* 107, 244 [245 ff.]; 108, 167 [168]; 111, 412 [414]; 116, 9 [10]; *RGSt* 61, 33 [35]; *RAG* ARS 2, 84; 3, 39 [41]; 5, 508 [510]; 6, 405 [407]; 7, 453 [457 f.]; 8, 328 [330]; 8, 401 [403]; 9, 428 [433]; 10, 10 [11 f.]; 10, 281 [286 f.]; 10, 511 [515]; 11, 129 [131]; 11, 145 [152]; 11, 560 [564]; 11, 585 [588]; 14, 45 [47 f.]; 17, 309 [311]; 17, 502 [503]; 19, 135 [138 f.]; *Anschütz* Die Verfassung des Deutschen Reiches, 14. Aufl. 1933, Art. 165 Rn. 2; *Dersch/Volkmar* Arbeitsgerichtsgesetz, 4. Aufl. 1931, § 2 Rn. 22, § 80 Rn. 1; *Flatow/Kahn-Freund* Betriebsrätegesetz, 13. Aufl. 1931, Einl. Rn. 1; *Kaskel/Dersch* Arbeitsrecht, 4. Aufl. 1932, S. 331, 395; *Mansfeld* Betriebsrätegesetz, 3. Aufl. 1930, Einl. Rn. 2; *Sinzheimer* Arbeitsrecht, S. 214, 220, 228). Die Auffassung vom öffentlich-rechtlichen Charakter des Betriebsverfassungsrechts fand allerdings auch noch nach 1945 Anhänger (*BVerwG* 24.10.1957 E 5, 293 [296, 299 f.]; *OLG Braunschweig* 23.05.1949 BB 1949, 616; *LAG Düsseldorf/Köln* 13.07.1954 BB 1955, 161; *LAG München* 30.07.1953 BB 1953, 918; *Dietz* § 1 Rn. 15 ff.; *Hess/Schlochauer/Glaubitz* 3. Aufl. 1986, vor § 1 Rn. 16 ff.; *Molitor* FS *Herschel*, 1955, S. 105 ff.; offengelassen *BAG* 22.04.1960 AP Nr. 1 zu § 2 ArbGG 1953 Betriebsverfassungsstreit Bl. 2 R; weitere Nachweise 6. Aufl. Einl. Rn. 56). Namhafte Rechtswissenschaftler waren allerdings schon während der Weimarer Zeit der Auffassung, das Betriebsverfassungsrecht sei Gegenstand des Privatrechts (*Hueck/Nipperdey* Arbeitsrecht II, 3. bis 5. Aufl. 1932, S. 545, 552 ff.; *E. R. Huber* Wirtschaftsverwaltungsrecht, 1. Aufl. 1932, S. 35; *Jacobi* Grundlehren des Arbeitsrechts, 1927, S. 298 ff., 408 f.; *Lutz Richter* Grundverhältnisse des Arbeitsrechts, 1928, S. 50).

91 Die Zuordnung war unter der Geltung des BRG 1920 zunächst von erheblicher praktischer Bedeutung, weil sie über die Zulässigkeit des Rechtsweges entschied. Mit der Zuweisung von Streitigkeiten aus dem BRG 1920 durch § 2 Abs. 1 Nr. 5 ArbGG 1926 an die Arbeitsgerichte verblasste jedoch die Bedeutung der Streitfrage. Sie wurde noch einmal unter der Geltung des KRG Nr. 21 (ABl.KR 1946 S. 124) relevant, weil nach dessen Art. II die Arbeitsgerichte nur für bürgerliche Rechtsstreitigkeiten zuständig waren. Mit Inkrafttreten des BetrVG 1952, das in § 82 die betriebsverfassungsrechtlichen Streitigkeiten wieder eindeutig den Arbeitsgerichten zuwies (jetzt § 2a Abs. 1 Nr. 1 ArbGG), ist die Zuordnung zwar erneut verfahrensrechtlich belanglos, wohl aber nach wie vor für das Verständnis des Gesetzes und die etwaige ergänzende Heranziehung von Grundsätzen sowie Normen des jeweiligen Rechtsgebietes von Bedeutung.

92 Vertreter der öffentlich-rechtlichen Auffassung wiesen vor allem darauf hin, die in **Art. 165 WV vorgesehene Wirtschaftsverfassung** sei **Teil** der **Staatsverfassung**, die Arbeiter- und Wirtschaftsräte seien daher Staatsorgane im weiteren Sinne (statt aller *RG* 25.09.1923 RGZ 107, 244 [245 f.]; *RAG* 16.12.1931 ARS 14, 45 [48]; *Anschütz* Die Verfassung des Deutschen Reiches, 14. Aufl. 1933,

Art. 165 Rn. 2). Jedoch ist Art. 165 WV im Wesentlichen nicht verwirklicht worden; die durch das BRG 1920 geschaffenen Betriebsvertretungen standen in keinem Zusammenhang mit dem seit 1920 bestehenden vorläufigen Reichswirtschaftsrat, und das Gesetz bezeichnete sie selbst (§§ 1, 6) als Interessenvertretungen der Arbeitnehmer (Arbeiter und Angestellten) der einzelnen Betriebe. Sie waren daher nicht die unterste Stufe des in Art. 165 WV vorgesehenen öffentlich-rechtlichen wirtschaftsparlamentarischen Rätesystems mit der dort (Abs. 5) in Aussicht genommenen Möglichkeit der Übertragung von Kontroll- und Verwaltungsbefugnissen, sondern nur die Fortführung der früheren Arbeiterausschüsse (Rdn. 7 ff.). Für das heutige Betriebsverfassungsrecht ist Art. 165 WV jedenfalls unbeachtlich. Das Grundgesetz kennt keine entsprechende Vorschrift, ist zudem wirtschaftspolitisch in dem Sinne neutral, dass der Verfassunggeber sich nicht für ein bestimmtes Wirtschaftssystem entschieden hat, sondern dem Gesetzgeber die ihm jeweils sachgemäß erscheinende Wirtschaftspolitik erlaubt, sofern er dabei das Grundgesetz, insbesondere die Grundrechte, beachtet (*BVerfG* 20.07.1954 E 4, 7 [17 f.]; 11.06.1958 E 7, 377 [400] = AP Nr. 13 zu Art. 12 GG Bl. 3; 01.03.1979 E 50, 290 [338] = EzA § 1 MitbestG Nr. 1 S. 14 = AP Nr. 1 zu § 1 MitbestG Bl. 14 R *[Wiedemann]*). Mithin ist auch über die Ausgestaltung des Betriebsverfassungsrechts noch keine Vorentscheidung gefallen. Wenn die Betriebsverfassung von *Dietz* (§ 1 Rn. 19 ff.; auch *BVerwG* 24.10.1957 E 5, 293 [299]; *BAG* 25.04.1978 EzA § 8 BetrVG 1972 Nr. 6 S. 23 = AP Nr. 16 zu Internat. Privatrecht Arbeitsrecht Bl. 2 *[Simitis]*) als Teil unserer Wirtschaftsverfassung und damit der Staatsverfassung angesehen wurde, so ist damit noch nichts über deren vom Gesetzgeber gewählte rechtliche Ausgestaltung gesagt. Ferner kann entgegen *Dietz* (§ 1 Rn. 20) aus dem Sozialstaatsprinzip nichts für die öffentlich-rechtliche Auffassung hergeleitet werden, weil der Staat seinem Sozialgestaltungsauftrag sowohl im Individualarbeitsrecht wie im kollektiven Arbeitsrecht grundsätzlich auch mit den Mitteln des Privatrechts nachkommen kann.

Unabhängig davon lassen sich aus den zur Abgrenzung von öffentlichem Recht und Privatrecht hauptsächlich vertretenen Theorien keine Argumente für die Zuweisung des Betriebsverfassungsrechts zum öffentlichen Recht gewinnen (zu diesen *Achterberg* Allgemeines Verwaltungsrecht, 2. Aufl. 1986, S. 8 ff.; *Ehlers/Pünder* [Hrsg.], Allgemeines Verwaltungsrecht, 15. Aufl. 2015, § 3 Rn. 10 ff.; *Wolff/Bachof/Stober/Kluth* Verwaltungsrecht I, 13. Aufl. 2013, § 22 Rn. 14 ff.). Da der Streit immer noch nicht endgültig ausgetragen ist und bei der Vielgestaltigkeit der gesetzlichen Regelungen ohnehin kaum eine abschließende Definition möglich sein wird, kommt es letztlich auf eine typologische Betrachtung an. **93**

Im Hinblick auf die mit Recht heute überwiegend abgelehnte **Interessentheorie**, die darauf abstellt, ob die jeweiligen Rechtssätze dem öffentlichen Interesse dienen oder private Interessen verwirklichen, sind nach dem Zweck des Betriebsverfassungsrechts (Rdn. 72 ff.) Schutz und Teilhabe der Arbeitnehmer, mithin die Berücksichtigung ihrer Persönlichkeitsinteressen bei Durchführung des Arbeitsverhältnisses, als maßgebend anzusehen. Die entsprechende Ausgestaltung des Betriebsverfassungsrechts ist allerdings zugleich von besonderem öffentlichem Interesse, insofern dadurch grundlegende verfassungsrechtliche Wertentscheidungen umgesetzt werden. Das gilt aber weithin für das gesamte Arbeitsrecht und nicht minder für andere Bereiche des Privatrechts und begründet nicht schon deswegen deren Zuordnung zum öffentlichen Recht (vgl. auch *Reichold* Betriebsverfassung als Sozialprivatrecht, S. 420 ff.). **94**

Ebenso wenig ergeben sich aus der heute gleichfalls von der h. M. abgelehnten **Subjektionstheorie** (Subordinationstheorie) Anhaltspunkte für die Zuweisung des Betriebsverfassungsrechts zum öffentlichen Recht. Die nach dieser Theorie als maßgebend angesehene Über- und Unterordnung im Verhältnis des Staates zum Bürger im Gegensatz zur Gleichordnung der Privatrechtssubjekte ist kein konstitutives Element des Betriebsverfassungsrechts (**a. M.** *Dietz* § 1 Rn. 18 f.). Der Betriebsrat ist dem Arbeitgeber in keiner Weise übergeordnet. Durch die Beteiligungsrechte werden ihm für den Bereich der Mitwirkungsrechte nur schuldrechtliche Ansprüche und im Rahmen der Mitbestimmung als gleichgeordnetem Partner des Arbeitgebers lediglich eine gleichberechtigte Teilhabe an den zu treffenden Regelungen eingeräumt. Auch darf der Betriebsrat nicht durch einseitige Handlungen in die Leitung des Betriebs eingreifen (§ 77 Abs. 1 Satz 2). Ebenso wenig ist er der Belegschaft übergeordnet. Ein Weisungsrecht steht ihm weder dieser noch den einzelnen Arbeitnehmern gegenüber zu, und die ihm zusammen mit dem Arbeitgeber im Rahmen der Mitbestimmung gewährte Normsetzungs- **95** befugnis durch Betriebsvereinbarung als privatrechtlichen Vertrag (*Kreutz* § 77 Rdn. 40 f.) soll vor allem die individualrechtlichen Gestaltungsmöglichkeiten des Arbeitgebers einschränken (Rdn. 86), ist also ebenso wie die gleichfalls privatrechtliche Normsetzungsbefugnis der Tarifpartner (hierzu *Wiedemann/Thüsing* TVG, § 1 Rn. 13) ein Mittel zur Verbesserung der Rechtsposition der Arbeitnehmer im Rahmen des Arbeitsverhältnisses (vgl. dazu auch *Kolbe* Mitbestimmung und Demokratieprinzip, S. 189 ff. zur Abgrenzung vom Satzungsrecht öffentlich-rechtlicher Selbstverwaltungskörperschaften; *Reichold*, Betriebsverfassung als Sozialprivatrecht, S. 422 f.). Die damit verbundene Begründung auch von Pflichten der Arbeitnehmer ist ebenso die notwendige Konsequenz der Einbeziehung der Betriebsvertretung in den Entscheidungsprozess wie die Unterordnung von Individualinteressen unter das Kollektivinteresse (Rdn. 86); mit einer in öffentlich-rechtlichen Beziehungen weithin bestehenden Über- und Unterordnung hat das nichts zu tun. Sie besteht im Übrigen auch nicht im Verhältnis der Betriebsversammlung zum Betriebsrat oder gegenüber den einzelnen Arbeitnehmern.

96 Schließlich ist auch nach der heute herrschenden neueren **Subjektstheorie** (Sonderrechtstheorie, modifizierte Subjekttheorie), die darauf abstellt, ob ein Träger hoheitlicher Gewalt als solcher an dem Rechtsverhältnis beteiligt ist, das Betriebsverfassungsrecht nicht dem öffentlichen Recht zuzuweisen.

97 Gegen die Stellung des Betriebsrats als eines öffentlich-rechtlichen Organs spricht bereits das Fehlen eines obrigkeitlichen Errichtungszwanges. Das Gesetz fördert zwar die Bildung von Betriebsräten (vor allem § 14 Abs. 3 und 4, § 14a, § 16 Abs. 2 und 3, § 17, § 17a), überlässt es aber der freien Entscheidung der Belegschaft – also Privatrechtssubjekten –, ob sie einen Betriebsrat wählt. Mit der Wahl entsteht allerdings nach Maßgabe des Betriebsverfassungsgesetzes insofern ein **Zwangsverband** (Rdn. 111), als ihm auch die Arbeitnehmer angehören, die den Betriebsrat nicht gewählt haben oder sogar die geltende gesetzliche Regelung ausdrücklich ablehnen. Entscheidend ist jedoch, dass der **betriebliche Arbeitsverband** nicht zwangsweise durch Hoheitsakt, sondern dadurch entsteht, dass mit einem in privater Rechtsform betriebenen Unternehmen (§ 130) durch privatrechtliche Verträge (§ 611 BGB) Arbeitsverhältnisse begründet werden. Dieser **privatrechtliche Arbeitsverband** knüpft daher lediglich an die auf freiwilliger Basis zu errichtende betriebsverfassungsrechtliche Organisation an. Deren sinnvolles Funktionieren setzt allerdings voraus, dass sie sämtliche Arbeitnehmer i. S. d. § 5 erfasst, ohne dass der betriebliche Arbeitsverband deshalb dem öffentlichen Recht zugeordnet werden müsste (im Ergebnis zust., aber in der Begründung krit. *Reichold*, Betriebsverfassung als Sozialprivatrecht, S. 423 ff., insbes. S. 433).

98 Die Betriebsvertretungen sind aber auch **nicht in den Staatsaufbau eingegliedert**, unterstehen bei ihrer gesamten Tätigkeit einschließlich der Normsetzung durch Betriebsvereinbarungen **keiner staatlichen Aufsicht**, erhalten **keine staatlichen Weisungen**, noch wären diese überhaupt zulässig. Die Amtsenthebung des Betriebsrats oder eines seiner Mitglieder durch das Arbeitsgericht nach Maßgabe des § 23 Abs. 1 und 2 ist keine staatliche Verwaltungsaufsicht, sondern lediglich ein Mittel, für die Zukunft ein Mindestmaß gesetzmäßiger Amtsausübung des Betriebsrats sicherzustellen (*Wiese* 5. Aufl., § 23 Rn. 10; ebenso *Oetker* § 23 Rdn. 15); das Verfahren wird zudem nicht von Amts wegen, sondern nur auf Antrag der in § 23 Abs. 1 Genannten eingeleitet, denen insoweit eine eigenständige Garantenstellung eingeräumt wurde (*Oetker* § 23 Rdn. 160); mit einer Staatsaufsicht hat das nichts zu tun. Schließlich nehmen die Betriebsvertretungen **keine öffentlich-rechtlichen Verwaltungsaufgaben** wahr. Sie haben vielmehr – wenn auch unter Berücksichtigung des Gebots zur vertrauensvollen Zusammenarbeit – die Interessen der Arbeitnehmer des Betriebs und nicht Interessen der Allgemeinheit wahrzunehmen (§ 2 Abs. 1); die noch in § 49 Abs. 1 BetrVG 1952 vorgeschriebene Berücksichtigung des Gemeinwohls wurde zudem bei der Novellierung des Gesetzes im Jahre 1972 gestrichen (vgl. aber Rdn. 103). Auch den Betriebsvertretungen nach § 75 Abs. 1 und § 80 Abs. 1 Nr. 1 obliegende Überwachung bedeutet keine im Wege der Auftragsverwaltung erfolgte Übertragung hoheitlicher Befugnisse, sondern ist Ausfluss des zwischen ihnen und dem Arbeitgeber bestehenden gesetzlichen Schuldverhältnisses. Selbst die Unterstützungsfunktion gegenüber den Trägern der gesetzlichen Unfallversicherung nach § 89 Abs. 1 Satz 2 beschränkt sich auf Anregung, Beratung und Auskunft. Sie liegt zwar ebenso wie die nach § 89 Abs. 1 Satz 1 bestehende Verpflichtung, auch gegenüber den Arbeitnehmern auf die Einhaltung der Vorschriften über den Arbeitsschutz hinzuwirken (*Gutzeit* § 89 Rdn. 10), im öffentlichen Interesse, wird aber nicht deswegen zu einer öffentlich-rechtlichen Funktion (**a. M.** *Hess/Schlochauer/Glaubitz* 3. Aufl. 1986, vor § 1 Rn. 23 ff.).

Einleitung

Gänzlich **unerheblich** ist, dass § 37 Abs. 1 die Rechtsstellung der Betriebsratsmitglieder als »**Amt**« 99 bezeichnet (vgl. auch § 21, § 24 Abs. 1 Nr. 1 und 2). Damit ist nicht die Ausübung eines öffentlich-rechtlichen Amtes gemeint (so aber früher u. a. *RG* 25.09.1931 RGZ 107, 244 [246]; 13.05.1924 RGZ 108, 167 [168]), sondern der Aufgaben- und Pflichtenkreis des Betriebsratsmitglieds (*Weber* § 37 Rdn. 11). Entsprechendes gilt für die anerkanntermaßen dem Privatrecht zuzuordnenden Ämter z. B. des Testamentsvollstreckers (§§ 2201, 2202, 2221, 2225 f. BGB; *BGH* 02.10.1957 BGHZ 25, 275 [279]), Nachlass- oder Insolvenzverwalters (§ 1987 BGB; § 56 Abs. 2 Satz 2, § 57 Satz 2, § 59 Abs. 1 Satz 1, § 66 Abs. 1 Satz 1 InsO).

Wenn somit auch die für das öffentliche Recht konstitutiven Kriterien nicht für das Betriebsverfas- 100 sungsrecht maßgebend sind, ist doch nicht zu verkennen, dass dieses einzelne, dem **öffentlichen Recht typische Strukturelemente** aufweist (vgl. auch Rdn. 82). Das gilt vor allem für die Wahlvorschriften, die mit der Errichtung von Betriebsvertretungen begründete Zwangsordnung für sämtliche Betriebsangehörigen (Rdn. 97), die repräsentative Interessenvertretung und die ihr eingeräumte Normsetzungsbefugnis. Diese Regelungen ergeben sich aus der Notwendigkeit, unter Beachtung der Interessen des Betriebs und der Arbeitnehmer eine funktionsfähige Organisation der gleichberechtigte Wahrnehmung kollektiver Interessen zu schaffen (vgl. auch Rdn. 87 f.). Da die einschlägigen Regelungen jedoch an einen privatrechtlichen Arbeitsverband anknüpfen (Rdn. 97), privatrechtlich gedeutet und nach den Grundsätzen des Privatrechts angewendet werden können, schließlich die Wahrnehmung der Mitbestimmungsrechte gerade dazu dient, im Interesse des Schutzes und der Teilhabe der durch den Betriebsrat repräsentierten Arbeitnehmer, die privatrechtlichen Beziehungen zum Arbeitgeber mitzugestalten, ist das Betriebsverfassungsgesetz trotz weniger vom Gesetzgeber verwendeter öffentlich-rechtlicher Strukturelemente und abgesehen von den §§ 119 bis 121 (Rdn. 89) Privatrecht. Es verwirklicht im Rahmen des Gesetzes eine freiheitliche, selbstbestimmte Ordnung der Betriebsverfassung. Sie wird für die Belegschaft durch deren Repräsentanten wahrgenommen; *Reichold* (Betriebsverfassung als Sozialprivatrecht, S. 433 ff. und passim) spricht deshalb von einer »Organisation der Freiheit auf Gegenseitigkeit« (vgl. auch Einführung vor § 87 Rdn. 11). Die **Auslegung** des **Betriebsverfassungsgesetzes** bestimmt sich daher nach den Grundsätzen des Privatrechts unter Berücksichtigung der eigenständigen Gestaltung der Normen des Betriebsverfassungsgesetzes, den verfassungsrechtlichen Vorgaben und des Europarechts (*Adomeit* Rechtsquellenfragen im Arbeitsrecht, 1969; *Däubler/DKKW* Einl. Rn. 74 ff.; *Fabricius / Naendrup / Schwerdtner* Arbeitsrecht und juristische Methodenlehre, 1980; *Gamillscheg* II, § 33.6 [S. 166 ff.]; *Hanau* FS *G. Müller*, 1981, S. 169 ff.; *ders. FS Zeuner*, 1994, S. 53 ff.; *Loritz/ZLH* § 7 Rn. 54 ff.; *Reuter* FS *Hilger*/Stumpf, 1983, S. 573 ff.; *ders.* RdA 1985, 321 ff.; *Schlachter* Auslegungsmethoden im Arbeitsrecht. Am Beispiel von § 87 BetrVG, 1987; *Wank* Auslegung und Rechtsfortbildung im Arbeitsrecht, 2013).

XIII. Betriebsverfassung als Rahmenordnung eines Dauerrechtsverhältnisses

Das Betriebsverfassungsgesetz regelt die Rechtsbeziehungen von Arbeitgeber und Belegschaft durch 101 deren Repräsentanten. Nur in dem dadurch gezogenen Rahmen bestehen Rechte und Pflichten aller Beteiligten. Zusammen mit den Organisationsvorschriften des Gesetzes wird dadurch ein **Dauerrechtsverhältnis** begründet (*von Hoyningen-Huene/* MünchArbR § 213 Rn. 1 ff.; dieser spricht vom Betriebsverhältnis; *ders.* NZA 1989, 121; *ders.* RdA 1992, 355 [357 f.]; *ders.* FS *Wiese*, 1998, S. 175; *ders.* Betriebsverfassungsrecht, § 4 Rn. 14). Die **Gesamtheit** der **Rechtsbeziehungen zwischen** den **Betriebspartnern** ist dagegen **kein** – gesetzliches – **Dauerschuldverhältnis**, da die Mitbestimmungsrechte nicht als Rechtsverhältnisse zwischen Gläubiger und Schuldner zu verstehen sind (für Annahme eines [Dauer-] Schuldverhältnisses *Belling* Haftung des Betriebsrats, S. 307 ff.; *Derleder* AuR 1983, 289 [300 f.]; *ders.* AuR 1985, 65 [75 f.]; *Dütz* DB 1984, 115 [120]; *Heinze* ZfA 1988, 53 [71 ff.]; *ders.* DB 1983, Beil. Nr. 9, S. 1 [6 f.]; *ders.* DB 1982, Beil. Nr. 23, S. 1 [5]; *von Hoyningen-Huene/Münch* ArbR § 213 Rn. 3 ff.; *ders.* NZA 1989, 121 [122 f.]; *ders.* Betriebsverfassungsrecht § 4 Rn. 15 ff.; *Konzen* NZA 1995, 865 [870 f.]; *ders.* Leistungspflichten, S. 25; *Ottmann* Die Rechtsbeziehung der Betriebspartner. Rechtsnatur und inhaltliche Ausgestaltung, 1995, passim, insb. S. 20 ff., 23 ff.; *Trittin* BB 1984, 1169 [1172]; *Hj. Weber* DB 1992, 2135 [2140]; *R. L. Weber* Die vertrauensvolle Zusammenarbeit zwischen Arbeitgeber und Betriebsrat gem. § 2 I BetrVG, 1989, S. 155 f.; *Wiebauer* Sicherung der Mitbestimmung, Rn. 20, der aber Rn. 371 mit Recht die Mitbestimmungsrechte nicht als Ansprüche versteht; *Witt* Die betriebsverfassungsrechtliche Kooperationsmaxime und der Grundsatz von Treu und Glauben, 1987, S. 128; *Neumann-Duesberg* sprach von einem sozialrechtlichen gesetzlichen Schuldverhältnis, lehnte allerdings in seinem Lehrbuch des Betriebsverfassungsrechts (S. 338) ein Schuldverhältnis zwischen Arbeitgeber und Betriebsrat ab). Schon *Thiele* (4. Aufl., Einl. Rn. 97; vgl. auch *Raab* Negatorischer Rechtsschutz des Betriebsrats gegen mitbestimmungswidrige Maßnahmen des Arbeitgebers, 1993, S. 39 ff.; *Oetker* § 23 Rdn. 168 ff.; *BAG* 03.05.1994 EzA § 23 BetrVG 1972 Nr. 36 S. 8 = AP Nr. 23 zu § 23 BetrVG 1972 Bl. 4: Betriebsverhältnis sei einem gesetzlichen Dauerschuldverhältnis ähnlich) hat darauf hingewiesen, das eigentliche Mitbestimmung sei mit dem Begriff des subjektiven Rechts nicht adäquat zu erfassen; insbesondere gehe es nicht um einen Anspruch des Betriebsrats gegen den Arbeitgeber, ihn mitbestimmen zu lassen (krit. auch *Reichold* Betriebsverfassung als Sozialprivatrecht, S. 498 ff.). Die **Mitbestimmungsrechte begründen** vielmehr eine **gemeinsame Zuständigkeit** der **Betriebspartner zur gleichberechtigten Teilhabe an Entscheidungen** (Rdn. 47, § 87 Rdn. 97). Anders verhält es sich mit den **Mitwirkungsrechten**, die Ansprüche (§ 194 BGB) des Betriebsrats gegen den Arbeitgeber, also **zivilrechtliche Schuldverhältnisse** i. S. d. § 241 BGB begründen (z. B. zu § 80 Abs. 2 BAG 06.05.2003 EzA § 80 BetrVG 2001 Nr. 2 S. 9 = AP Nr. 61 zu § 80 BetrVG 1972; *Weber* § 80 Rdn. 56 ff. m. w. N.; zu § 90 *Weber* § 90 Rdn. 23; zu weiteren Ansprüchen BAG 22.02.1983 EzA § 23 BetrVG 1972 Nr. 9 S. 38 = AP Nr. 2 zu § 23 BetrVG 1972 Bl. 3 R). Ferner ergeben sich aus einzelnen Vorschriften des Betriebsverfassungsgesetzes wie etwa § 40 – **gesetzliche** – **Schuldverhältnisse** (*BAG* 24.10.2001 EzA § 22 BetrVG 1972 Nr. 2 S. 4 = AP Nr. 71 zu § 40 BetrVG 1972 Bl. 2 R *[Wiese]*; 14.08.2002 EzA § 41 BetrVG 2001 Nr. 1 S. 4 = AP Nr. 2 zu § 41 BetrVG 1972 Bl. 2 R; 23.08.2006 EzA § 54 BetrVG 2001 Nr. 2 S. 14 = AP Nr. 12 zu § 54 BetrVG 1972 Bl. 7; *LAG Düsseldorf* 07.07.1993 LAGE § 40 BetrVG 1972 Nr. 40 S. 3; *Dütz/Säcker* DB 1972, Beil. Nr. 17, S. 2 [7]; *Fitting* § 40 Rn. 90; *Franzen* § 1 Rdn. 73; *Glock*/HWGNRH § 40 Rn. 90; *von Hoyningen-Huene*/MünchArbR § 213 Rn. 6; *Klebe/Wedde* DB 1993, 1418 [1419]; *Koch*/ErfK § 40 BetrVG Rn. 14; *Konzen* ZfA 1985, 469 [473]; *Künzl* ZfA 1993, 341 [363]; *Richardi* Einl. Rn. 112; *Richardi/Thüsing* § 40 Rn. 43; *Rosset* Rechtssubjektivität des Betriebsrats und Haftung seiner Mitglieder, 1985, S. 42 ff., 72; *Weber* § 40 Rdn. 20, 209; *Wedde*/DKKW Einl. Rn. 142; *Wiese* NZA 2003, 1113 [1119]). Schließlich sind die Betriebspartner, wie sich aus § 2 Abs. 1 ergibt, insgesamt zur vertrauensvollen Zusammenarbeit verpflichtet. Auch insoweit besteht daher eine schuldrechtliche Bindung mit Ansprüchen beider Betriebspartner (*Wiese* § 87 Rdn. 260; ebenso *Oetker* § 23 Rdn. 170 f.). Die Gesamtheit der Rechtsbeziehungen zwischen Arbeitgeber und Betriebsvertretungen lässt sich daher als **Dauerrechtsverhältnis unter Einschluss von Schuldverhältnissen** charakterisieren.

102 Aus der Feststellung eines betriebsverfassungsrechtlichen Schuldverhältnisses folgt zwar ein entsprechender Anspruch des berechtigten Betriebspartners, dagegen **keine umfassende Rechts- und Vermögensfähigkeit** des **Betriebsrats** (*BAG* 24.04.1986 EzA § 1 BetrVG 1972 Nr. 4 S. 33 f. *[Ch. Weber]* = AP Nr. 7 zu § 87 BetrVG 1972 Sozialeinrichtung Bl. 4 f. *[Mühl]*; 24.10.2001 EzA § 22 BetrVG 1972 Nr. 2 S. 4 = AP Nr. 71 zu § 40 BetrVG 1972 Bl. 2 R *[Wiese]*; 29.04.2004 EzA § 40 BetrVG 2001 Nr. 7 S. 3 = AP Nr. 81 zu § 40 BetrVG 1972 Bl. 1 R; *BGH* 25.10.2012 EzA § 40 BetrVG 2001 Nr. 24 Rn. 11 ff., insb. 32 ff. *[St. Müller]* = AP Nr. 110 zu § 40 BetrVG 1972 *[Belling/Uffmann]* = RdA 2013, 317 *[Richardi]* = JZ 2013, 573 *[Preis/Ulber]*). Insoweit, d. h. beschränkt durch den Inhalt des jeweiligen Schuldverhältnisses, ist der **Betriebsrat** auch **Träger** von **Rechten** und **Pflichten**, mithin **partiell rechtsfähig** (*Fabricius* Die Relativität der Rechtsfähigkeit, 1963, S. 216 ff.; *Franzen* § 1 Rdn. 73; *Gamillscheg* II, S. 107 f.; *Kempter* FS Buchner, 2009, S. 423 ff.; *Kolbe* Mitbestimmung und Demokratieprinzip, S. 275 ff.; *Scherer* Vereinbarte Mitbestimmung als Frage der (Teil-) Rechtsfähigkeit des Betriebsrats (Diss. Mannheim), 2002, S. 99 ff.; *Triebel* Die Haftung des Betriebsrats und der Durchgriff auf seine Mitglieder [Diss. Mainz], 2003, S. 31 ff., dazu *Fischer* RdA 2005, 319; *Weber* § 40 Rn. 25, 208; zu Mitbestimmungsrechten als subjektiven Rechten des Betriebsrats *Wiebauer* Sicherung der Mitbestimmung, Rn. 382 ff.; *Wedde*/DKKW vor § 1 Rn. 141 f.). Handelt es sich wie nach § 40 um vermögensrechtliche Ansprüche, ist der insoweit rechtsfähige Betriebsrat auch **partiell vermögensfähig** (*BAG* 13.05.1998 EzA § 80 BetrVG 1972 Nr. 42 S. 2 = AP Nr. 55 zu § 80 BetrVG 1972 Bl. 1 R; 24.10.2001 EzA § 22 BetrVG 1972 S. 4 = AP Nr. 71 zu § 40 BetrVG 1972 Bl. 2 R *[Wiese]*; 29.09.2004 EzA § 40 BetrVG 2001 Nr. 7 S. 3 = AP Nr. 81 zu § 40 BetrVG 1972 Bl. 1 R *[Reichhold]*; 23.08.2006 EzA § 54 BetrVG 2001 Nr. 2 S. 14 = AP Nr. 12 zu § 54 BetrVG 1972 Bl. 7; *BGH*

25.10.2012 EzA § 40 BetrVG 2001 Nr. 24 Rn. 11 ff. *[St. Müller]* = AP Nr. 110 zu § 40 BetrVG 1972 *[Belling/Uffmann]* = RdA 2013, 317 *[Richardi]* = JZ 2013, 573 *[Preis/Ulber]*; *Fitting* § 1 Rn. 197; *Franzen* § 1 Rdn. 73; *Gamillscheg* II, S. 108 ff.; *Preis/WPK* § 1 Rn. 44; *Richardi* Einl. Rn. 111 ff.; *Weber* § 40 Rdn. 25, 209; *Wedde/DKKW* Einl. Rn. 141 f., § 40 Rn. 54; *Wiese* Anm. AP Nr. 71 zu § 40 BetrVG 1972 Bl. 5 R ff. m. w. N.).Das gilt nicht für die Vereinbarung einer Vertragsstrafe wegen eines betriebsverfassungswidrigen Verhaltens des Arbeitgebers (*BAG* 29.09.2004 EzA § 40 BetrVG 2001 Nr. 7 S. 4 = AP Nr. 81 zu § 40 BetrVG 1972 Bl. 2; 19.01.2010 EzA § 23 BetrVG 2001 Nr. 9 ff. = AP Nr. 49 zu § 99 BetrVG 1972 Versetzung). Im Übrigen kommt es hinsichtlich der weiteren Rechtsfolgen auf die konkrete gesetzliche Ausgestaltung des jeweiligen Schuldverhältnisses an (vgl. auch *Heinze* ZfA 1988, 53 [72]). Zur **Haftung** des **Betriebsrats** und seiner **Mitglieder** – insoweit abzulehnen – *BGH* 25.10.2012 EzA § 40 BetrVG 2001 Nr. 24 Rn. 33 ff. *[St. Müller]* = AP Nr. 110 zu § 40 BetrVG 1972 *[Belling/Uffmann]* = RdA 2013, 317 *[Richardi]* = JZ 2013, 573 *[Preis/Ulber]*; dazu *Bergmann* NZA 2013, 57 ff.; *Dzida* NJW 2013, 433 ff.; *Fischer* NZA 2014, 343 ff.; *Fitting* § 1 Rn. 209 ff.; *Franzen* § 1 Rdn. 77 ff.; *ders.* FS *von Hoyningen-Huene*, S. 87 ff.; *Hayen* AuR 2013, 95 f.; *Jaeger/Steinbrück* NZA 2013, 401 ff.; *Lunk/Rodenbusch* NJW 2014, 1989 ff.; *Molkenbur/Weber* DB 2014, 242 ff.; *Richardi/Thüsing* vor § 26 Rn. 17; *Trittin/DKKW* § 23 Rn. 153; *Walker* FS *von Hoyningen-Huene*, S. 535 ff.; *Weber* § 40 Rdn. 25, 208; *Wedde/DKKW* § 40 Rn. 54). Nicht durchzusetzen vermocht hat sich die von *Heinze* (ZfA 1988, 53 [71 ff.]) vertretene Annahme eines Treuhandverhältnisses zwischen Arbeitgeber und Betriebsrat (*Belling* Haftung des Betriebsrats, S. 305 ff.; *Franzen* § 2 Rdn. 11; *von Hoyningen-Huene* FS *Wiese*, 1998, S. 175 [181 f.]; *ders./*MünchArbR § 213 Rn. 16; *ders.* NZA 1989, 121 [124]; *Konzen* FS *Zöllner*, 1998, S. 799 [816]; *Richardi* § 2 Rn. 12).

XIV. Leitprinzipien des Betriebsverfassungsrechts

Für die Beurteilung der Grundtendenz des Betriebsverfassungsgesetzes ist entscheidend, dass **Arbeitgeber** und **Betriebsrat zur vertrauensvollen Zusammenarbeit verpflichtet** sind (§ 2 Abs. 1). Die Bestimmung ist aufgrund der Koalitionsvereinbarung zwischen *SPD* und *FDP* zum BetrVG 1972 (RdA 1970, 370) ihrer grundsätzlichen Bedeutung wegen in die einleitenden allgemeinen Vorschriften einbezogen worden (amtliche Begründung, BT-Drucks. VI/1786, S. 35r.; Schriftlicher Bericht 10. Ausschuss, zu BT-Drucks. VI/2729, S. 9r.). Das beraubt zwar die »Grundsätze für die Zusammenarbeit« (§ 74) des wichtigsten Leitgedankens, wäre aber noch einleuchtend gewesen, wenn die Regelung nicht in die Vorschrift des § 2 mit der irreführenden Überschrift »Stellung der Gewerkschaften und Vereinigungen der Arbeitgeber« aufgenommen worden wäre. Ausschlaggebend ist jedoch, dass der Partnerschaftsgedanke als wesentlicher Reformgrundsatz des BetrVG 1952 (Rdn. 84) auch für das BetrVG 1972 rechtsverbindliche Regel der gesamten Zusammenarbeit von Arbeitgeber und Betriebsrat geblieben ist. Seine Bedeutung wird auch nicht dadurch gemindert, dass die Worte »Arbeitnehmer« und »Betrieb« umgestellt worden sind, weil dies »ohne Wertung« gemeint war (Schriftlicher Bericht 10. Ausschuss, zu BT-Drucks. VI/2729, S. 18 r.). Zum Inhalt des Gebots zur vertrauensvollen Zusammenarbeit im Einzelnen *Franzen* § 2 Rdn. 3 ff.; *Kreutz/Jacobs* § 74 Rdn. 1 ff. Praktisch ohne Bedeutung ist, dass die in § 49 Abs. 1 BetrVG 1952 enthaltene Verpflichtung von Arbeitgeber und Betriebsrat, unter **Berücksichtigung** des **Gemeinwohls** zusammenzuarbeiten, gestrichen wurde. In der Sache hat sich dadurch nichts geändert, weil Betriebsrat und Arbeitgeber aufgrund des Sozialstaatsprinzips ohnehin an sozialpflichtiges Handeln gebunden sind (zutr. Schriftlicher Bericht 10. Ausschuss, zu BT-Drucks. VI/2729, S. 19 l.). Die Orientierung am Gemeinwohl verlangt von den Beteiligten nichts Unzumutbares, weil nur solche Maßnahmen als unzulässig anzusehen sind, die eindeutig schädliche Auswirkungen für die Volkswirtschaft oder das soziale Ganze haben (*Hueck/Nipperdey* II/2, S. 1340; vgl. aber auch *Franzen* § 2 Rdn. 46; *Kreutz* § 77 Rdn. 338).

103

Der allgemeine Grundsatz des Gebots zur vertrauensvollen Zusammenarbeit (§ 2 Abs. 1) wird durch die in § 74 geregelten »Grundsätze für die Zusammenarbeit« konkretisiert. Das gilt vor allem für die in § 74 Abs. 2 geregelte Friedenspflicht, aber auch für die in § 74 Abs. 1 Satz 1 vorgesehenen monatlichen Besprechungen und die Verpflichtung der Betriebspartner, über strittige Fragen mit dem ernsten Willen zur Einigung zu verhandeln und Vorschläge für die Beilegung von Meinungsverschiedenheiten zu machen (§ 74 Abs. 1 Satz 2). Zum Ganzen *Kreutz/Jacobs* § 74 Rdn. 1 ff., zu Grundsätzen für

104

Einleitung

die Behandlung der Betriebsangehörigen § 75, zum Verhältnis der Beteiligungsrechte zur unternehmerischen Entscheidungsfreiheit Rdn. 42 und 60, § 87 Rn. 317.

XV. Zwingende Wirkung der Normen des Betriebsverfassungsgesetzes

105 Zu **unterscheiden** ist zwischen den **Organisationsnormen** des Gesetzes und den **Beteiligungsrechten**. Die unter der Geltung des BetrVG 1952 umstrittene Frage, inwieweit durch Tarifvertrag oder Betriebsvereinbarung die Organisation der Betriebsverfassung geändert werden könne (hierzu *Dietz* § 1 Rn. 14d ff., § 20 Rn. 32 ff., vor § 49 Rn. 36 ff.; *Fitting/Kraegeloh/Auffarth* § 1 Rn. 27 ff., § 20 Rn. 51 ff.; *Hueck/Nipperdey* II/2, S. 1326 ff.; *Nikisch* III, S. 31) ist dahin entschieden worden, dass nach Maßgabe des § 3 durch Tarifvertrag oder Betriebsvereinbarung abweichende organisatorische Regelungen zulässig sind (vgl. auch § 128). Die von den Gewerkschaften zum BetrVG 1972 geforderte (§ 1 Abs. 3 *DGB*-Entwurf und dazu die Begründung, RdA 1970, 237) weitergehende Disposition der Tarifpartner über die Betriebsverfassung wurde damals aufgrund der Koalitionsabsprache (RdA 1970, 370) abgelehnt. Die Vorschrift des § 3 ist ungeachtet weiterer im Gesetz enthaltener Ausnahmeregelungen (§ 38 Abs. 1 Satz 5, § 47 Abs. 4 und 5 und 9, § 55 Abs. 4, § 72 Abs. 4 bis 6, § 73a Abs. 4, § 76 Abs. 1 Satz 2, Abs. 4 und 8, § 76a Abs. 5, § 86, § 115 Abs. 7, § 116 Abs. 3 und 6, § 117 Abs. 2) als abschließend anzusehen. Zur zwingenden Wirkung der Normen des Betriebsverfassungsgesetzes jeweils Vorbem. zu den einzelnen Vorschriften, zum Ganzen – auch de lege ferenda – *Franzen* NZA 2008, 250 ff.

106 Umstritten ist die Zulässigkeit einer **Erweiterung** der **Beteiligungsrechte**. Die Frage ist in § 102 Abs. 6 ausdrücklich für Kündigungen in der Weise entschieden worden, dass diese aufgrund einer Vereinbarung zwischen Arbeitgeber und Betriebsrat der Zustimmung des Betriebsrats bedürfen und dass bei Meinungsverschiedenheiten über die Berechtigung der Nichterteilung der Zustimmung die Einigungsstelle entscheidet (*Raab* § 102 Rdn. 241 ff.). Im Übrigen bedarf es für die einzelnen Beteiligungsbereiche der gesonderten Prüfung (zu sozialen Angelegenheiten § 87 Rdn. 7 ff., zur Gestaltung von Arbeitsplatz und Arbeitsumgebung *Weber* vor § 90 Rdn. 10, zu personellen Angelegenheiten *Raab* vor § 92 Rdn. 10 ff. und zu wirtschaftlichen Angelegenheiten *Oetker* vor § 106 Rdn. 12 ff.; vgl. auch *Kreutz* § 77 Rdn. 182).

107 Eine **Einschränkung** oder ein **Verzicht** auf **Befugnisse** nach dem Betriebsverfassungsgesetz durch Tarifvertrag, Betriebsvereinbarung, Betriebsabsprache oder Arbeitsvertrag ist grundsätzlich **unzulässig** (*Schmidt* Der Verzicht auf betriebsverfassungsrechtliche Befugnisse [Diss. Mannheim], 1995 m. w. N.; *Wiese* RdA 1968, 455 ff. sowie § 87 Rdn. 5 und 80 ff.). **Keine** unzulässige **Einschränkung** der **Mitbestimmung** bedeutet es, wenn deren **Inhalt konkretisiert** und unter angemessener Berücksichtigung der Belange des Betriebs und der betroffenen Arbeitnehmer modifiziert wird (§ 87 Rdn. 6). Jedoch ist davon streng die **Vernachlässigung gesetzlicher Befugnisse** zu unterscheiden, die nach Maßgabe des § 23 geahndet werden kann (*Oetker* § 23 Rdn. 24).

XVI. Geltungsbereich des Betriebsverfassungsgesetzes

1. Sachlicher und räumlicher Geltungsbereich

108 Das Betriebsverfassungsgesetz gilt nach § 1 **für alle Betriebe** mit **in der Regel mindestens fünf ständigen wahlberechtigten Arbeitnehmern**, von denen **drei wählbar** sind; nach § 130 findet es keine Anwendung auf Verwaltungen und Betriebe des Bundes, der Länder, der Gemeinden und sonstiger Körperschaften, Anstalten und Stiftungen des öffentlichen Rechts, d. h. den öffentlichen Dienst (Rdn. 48 f., *Franzen* § 1 Rdn. 20; *Weber* § 130 Rdn. 1 ff.). Von der grundsätzlichen Anwendbarkeit des Betriebsverfassungsgesetzes auf sämtliche Betriebe des Privatrechts sind jedoch nach § 118 Abs. 2 **Religionsgemeinschaften** und ihre karitativen und erzieherischen Einrichtungen unbeschadet ihrer Rechtsform ausgenommen (*Weber* § 118 Rdn. 226 ff.). Während das Betriebsverfassungsgesetz auf **Landbetriebe** von Luftfahrtunternehmen uneingeschränkt anzuwenden ist (§ 117 Abs. 1), gilt es nach § 117 Abs. 2 Satz 1 nicht für die im **Flugbetrieb beschäftigten Arbeitnehmer von Luftfahrtunternehmen**. Für sie kann aber nach § 117 Abs. 2 Satz 2 eine Vertretung durch Tarif-

vertrag errichtet werden (Rdn. 113; *Franzen* § 117 Rdn. 8 ff.). Sonderregelungen gelten nach §§ 114 bis 116 für die **Seeschifffahrt**, während das Betriebsverfassungsgesetz auf die **Binnenschifffahrt** uneingeschränkt anwendbar ist (*Franzen* § 114 Rdn. 18). Eine weitere Sonderregelung enthält § 118 Abs. 1 für **Tendenzbetriebe** (*Weber* § 118 Rdn. 1 ff.). Die in § 8 Abs. 2 BetrVG 1952 enthaltene Sonderregelung für Betriebe der **Land- und Forstwirtschaft** ist zwecks einheitlicher Regelung des Betriebsverfassungsgesetzes für alle Wirtschaftszweige im BetrVG 1972 entfallen (amtliche Begründung, BT-Drucks. VI/1786, S. 35). Im Gegensatz zu §§ 76 ff. BetrVG 1952 ist die **Unternehmensmitbestimmung** nicht mehr im BetrVG 1972 geregelt, sondern Sondergesetzen vorbehalten (Übersicht in § 1 MitbestG sowie Rdn. 41 ff.). Räumlich gilt das Betriebsverfassungsgesetz in der gesamten **Bundesrepublik Deutschland** einschließlich der neuen Bundesländer (Rdn. 34). Zur Frage, ob und inwieweit das Betriebsverfassungsgesetz auf Sachverhalte mit **Auslandsberührung** Anwendung findet, *Franzen* § 1 Rdn. 4 ff.; *Kreutz* § 47 Rdn. 8 f.; *Raab* § 7 Rdn. 48 ff.

2. Persönlicher Geltungsbereich

Das Betriebsverfassungsgesetz gilt gemäß **§ 5 Abs. 1 Satz 1** für Arbeiter und Angestellte einschließlich der zu ihrer Berufsausbildung Beschäftigten, unabhängig davon, ob sie im Betrieb, im Außendienst oder mit Telearbeit beschäftigt werden. Es gilt auch für die in Heimarbeit Beschäftigten, die in der Hauptsache für den Betrieb arbeiten (Satz 2); ferner für Beamte, Soldaten sowie Arbeitnehmer des öffentlichen Dienstes, einschließlich der zu ihrer Berufsausbildung Beschäftigten, die in Betrieben privatrechtlich organisierter Unternehmen tätig sind (Satz 3). Als **Arbeitnehmer i. S. d. Gesetzes** (*Raab* § 5 Rdn. 15 ff.) gelten nicht die in § 5 Abs. 2 genannten Personen (*Raab* § 5 Rdn. 138 ff.) und die leitenden Angestellten i. S. d. § 5 Abs. 3 und 4 (*Raab* § 5 Rdn. 159 ff.). Auf letztere findet das Betriebsverfassungsgesetz aber insoweit Anwendung, als sie nach § 107 Abs. 1 Satz 2 zu Mitgliedern des Wirtschaftsausschusses bestimmt werden können (*Oetker* § 107 Rdn. 11) und nach § 105 dem Betriebsrat deren beabsichtigte Einstellung oder personelle Veränderung rechtzeitig mitzuteilen ist (*Raab* § 105 Rdn. 2 ff.). Im Übrigen gilt für sie das Gesetz über Sprecherausschüsse der leitenden Angestellten (Sprecherausschußgesetz – SprAuG) vom 20.12.1988 (BGBl. I, S. 2312). Zur **Beschäftigung** von **Arbeitnehmern inländischer Betriebe** im **Ausland** *Franzen* § 1 Rdn. 13 ff.

109

XVII. Organisation der Betriebsverfassung

Anknüpfungspunkt der gesamten Betriebsverfassung ist der Betrieb. Nach § 1 werden in Betrieben mit in der Regel mindestens fünf ständigen wahlberechtigten Arbeitnehmern, von denen drei wählbar sind, **Betriebsräte** gewählt (dazu *Franzen* § 1 Rdn. 62 ff., zur Zusammensetzung und Wahl des Betriebsrats §§ 7 bis 20, zu dessen Amtszeit §§ 21 bis 25). Die Vorschrift wird für Betriebsteile und Kleinstbetriebe ergänzt durch § 4. Abweichende Regelungen sind nach Maßgabe des § 3 durch Tarifvertrag oder Betriebsvereinbarung möglich. Der Begriff des Betriebs wird im Betriebsverfassungsgesetz ebenso wie in anderen Gesetzen nicht definiert. Maßgebend sind daher die von Literatur und Rechtsprechung entwickelten Grundsätze (hierzu *Franzen* § 1 Rdn. 26 ff.). Gleiches gilt für den Begriff des Unternehmens (hierzu *Franzen* § 1 Rdn. 30, *Kreutz/Franzen* § 47 Rdn. 11 ff.). Das Unternehmen ist hinsichtlich der Organisation der Betriebsverfassung Anknüpfungspunkt für die Bildung eines **Gesamtbetriebsrats** (§§ 47 bis 52) und der Betriebsräteversammlung (§ 53). Voraussetzung der Bildung eines Gesamtbetriebsrats ist, dass in einem Unternehmen mehrere Betriebsräte bestehen (§ 47 Abs. 1). Ist ein Gesamtbetriebsrat errichtet worden, hat dieser mindestens einmal in jedem Kalenderjahr die Vorsitzenden und die stellvertretenden Vorsitzenden der Betriebsräte sowie die weiteren Mitglieder der Betriebsausschüsse zu einer **Betriebsräteversammlung** einzuberufen (§ 53 Abs. 1 Satz 1 und zur Entsendung anderer Betriebsratsmitglieder daselbst Satz 2). Während die Errichtung eines Gesamtbetriebsrats zwingend vorgeschrieben ist, kann für einen Konzern i. S. d. § 18 Abs. 1 AktG (zum Begriff *Franzen* § 54 Rdn. 8 ff.) durch Beschlüsse der einzelnen Gesamtbetriebsräte ein **Konzernbetriebsrat** (§§ 54 bis 59a) errichtet werden (§ 54 Abs. 1). Damit ist für alle betriebsverfassungsrechtlich relevanten Entscheidungsebenen institutionell eine Vertretung der Arbeitnehmerinteressen gewährleistet. Zu **Matrixstrukturen** vor § 87 Rdn. 26.

110

Einleitung

111 Die **Belegschaft** (§ 80 Abs. 1 Nr. 2, § 111 Satz 1) als Gesamtheit der im Betrieb tätigen Arbeitnehmer tritt als rechtliche Einheit nur in der **Betriebsversammlung** (§§ 42 bis 46) in Erscheinung und hat nur geringe Funktionen (zu deren rechtlichem Charakter sowie ihr zuzuordnenden Beteiligungsrechte Rdn. 122; *Franzen* § 1 Rdn. 89 ff.; *Richardi* Einl. Rn. 88 ff., *Weber* § 42 Rdn. 8 f.; zur Betriebsbelegschaft als Verband und deren zwangskorporativen Charakter *Kolbe* Mitbestimmung und Demokratieprinzip, S. 119 ff., 162, 392, zur Arbeitnehmerselbstverwaltung *ders.* S. 115 f., 121, 134 f., 162, 186 ff., 201 ff., 204 f., 212, 392 f.; *Reichold*, Betriebsverfassung als Sozialprivatrecht, S. 436 ff.; vgl auch *BAG* 12.12.2006 EzA § 88 BetrVG 2001 Nr. 1 Rn. 17 = AP Nr. 94 zu § 77 BetrVG 1972). Zum Belegschaftsreferendum grundlegend *Birk* FS Wiese, 1998, S. 43 ff.

112 Sonderregelungen bestehen für die **Jugend- und Auszubildendenvertretung** (§§ 60 bis 73b). In Betrieben mit in der Regel mindestens fünf Arbeitnehmern, die das 18. Lebensjahr noch nicht vollendet haben (jugendliche Arbeitnehmer) oder die zu ihrer Berufsausbildung beschäftigt sind und das 25. Lebensjahr noch nicht vollendet haben, werden Jugend- und Auszubildendenvertreter gewählt (§ 60 Abs. 1); sie nehmen die besonderen Belange der genannten Arbeitnehmer wahr (§ 60 Abs. 2). Bestehen in einem Unternehmen mehrere Jugend- und Auszubildendenvertretungen, so ist eine Gesamt-Jugend- und Auszubildendenvertretung zu errichten (§ 72 Abs. 1). Nach Maßgabe des § 71 ist auch eine betriebliche Jugend- und Auszubildendenvertretung vorgesehen. Durch das BetrVerf-Reformgesetz wurde außerdem eine fakultative Konzern-Jugend- und Auszubildendenvertretung eingeführt (§§ 73a, 73b). Die Organisation der Vertretungen jugendlicher und auszubildender Arbeitnehmer i. S. d. § 60 Abs. 1 ist also den allgemeinen Vorschriften nachgebildet.

113 Sondervorschriften bestehen für die **Seeschifffahrt** (§§ 114 bis 116) und die **Luftfahrt** (§ 117). Für die Seeschifffahrt sind entsprechend den dortigen besonderen Verhältnissen nach Maßgabe des § 115 **Bordvertretungen** und nach Maßgabe des § 116 **Seebetriebsräte** zu bilden. Auf **Landbetriebe** von **Luftfahrtunternehmen** findet das Gesetz uneingeschränkt Anwendung (§ 117 Abs. 1; Rdn. 108; *Franzen* § 117 Rdn. 1 ff.), während für im **Flugbetrieb** beschäftigte Arbeitnehmer von Luftfahrtunternehmen durch Tarifvertrag eine Vertretung errichtet werden kann (§ 117 Abs. 2 Satz 1; Rdn. 108; *Franzen* § 117 Rdn. 8 ff.; zur Zusammenarbeit dieser Vertretung mit den Vertretungen der Arbeitnehmer der Landbetriebe des Luftfahrtunternehmens daselbst Satz 2, *Franzen* § 117 Rdn. 23).

114 Für **Tendenzbetriebe** gelten die gleichen Organisationsvorschriften wie für sonstige Betriebe, nur dass kein Wirtschaftsausschuss zu bilden ist (§ 118 Abs. 1 Satz 2; *Weber* § 118 Rdn. 140). Die Organisation der **Schwerbehindertenvertretung** ist nicht im Betriebsverfassungsgesetz, sondern in §§ 93–100 SGB IX geregelt, jedoch werden ihr im Betriebsverfassungsgesetz einzelne Befugnisse zugewiesen (§ 29 Abs. 2 Satz 4, § 32, § 35 Abs. 1, § 51 Abs. 1 Satz 1, § 52, § 59 Abs. 1, § 59a).

115 Der **Arbeitgeber** (*Franzen* § 1 Rdn. 92 ff.) hat im Betriebsverfassungsgesetz die Funktion des Partners bzw. Gegenspielers der betriebsverfassungsrechtlichen Vertretungen der Arbeitnehmer und ist als individualrechtlicher Vertragspartner nur angesprochen, soweit die Ausübung betriebsverfassungsrechtlicher Befugnisse sich auf das Arbeitsverhältnis auswirkt (§ 20 Abs. 3 Satz 2, § 37 Abs. 2 und 4 bis 7, § 39 Abs. 3, § 44 Abs. 1 Satz 2). In wirtschaftlichen Angelegenheiten spricht das Gesetz vom Arbeitgeber in seiner Eigenschaft als **Unternehmer** (zum Begriff *Oetker* § 111 Rdn. 246 f.).

116 Die **Gewerkschaften** sind kein Organ der Betriebsverfassung, jedoch haben sie nach dem Betriebsverfassungsgesetz zahlreiche Befugnisse, soweit sie im Betrieb vertreten sind (§ 2 Abs. 1 und 2, § 14 Abs. 3 und 5, § 16 Abs. 2, § 17 Abs. 3 und 4, § 18 Abs. 1 Satz 2 und 3, Abs. 2 und 3, § 19 Abs. 2, § 23 Abs. 1 und 2 und 3, § 31, § 34 Abs. 2, § 35 Abs. 1, § 43 Abs. 4, § 46 Abs. 1 Satz 1 und Abs. 2, § 48, § 51 Abs. 1, § 53 Abs. 3, § 56, § 59 Abs. 1, § 63 Abs. 2 Satz 2 und Abs. 3, § 65 Abs. 1, § 66 Abs. 1, § 71 Satz 2, § 73 Abs. 2, § 115 Abs. 4 bis 5, § 116 Abs. 1 bis 3 und 5, § 119 Abs. 2); vgl. neben der Kommentierung von Einzelvorschriften vor allem *Franzen* § 2 Rdn. 22 ff. Ebenso sind den **Arbeitgebervereinigungen** und deren Vertretern durch das Betriebsverfassungsgesetz einzelne Befugnisse zugewiesen worden (§ 2 Abs. 1, § 29 Abs. 4 Satz 2, § 46 Abs. 1 Satz 1, § 51 Abs. 3 Satz 3, § 53 Abs. 3, § 59 Abs. 2 Satz 3, § 65 Abs. 2 Satz 1, § 71 Satz 2, § 73 Abs. 2, § 115 Abs. 4 und 5, § 116 Abs. 3). Im Übrigen werden die Aufgaben der Gewerkschaften und Vereinigungen der Arbeitgeber, insbesondere die Wahrnehmung der Interessen ihrer Mitglieder, durch das Gesetz nicht berührt (§ 2 Abs. 3; *Franzen* § 2 Rdn. 81 ff.) und Arbeitnehmer, die im Rahmen dieses Gesetzes Aufgaben übernehmen, hierdurch in der Betätigung für ihre Gewerkschaft auch im Betrieb nicht beschränkt (§ 74 Abs. 3, *Kreutz* § 74 Rdn. 146 ff.). Von besonderer Bedeutung für das Verhältnis der Tarifautonomie zu den Beteiligungsrechten der Betriebsvertretungen sind nach dem Willen des Gesetzgebers der Tarifvorrang des § 77 Abs. 3 (*Kreutz* § 77 Rdn. 84 ff.) und der Tarifvorbehalt des § 87 Abs. 1 Eingangssatz (§ 87 Rdn. 54 ff.). Jedoch ist eine Verlagerung von der Tarif- zur Betriebsautonomie unverkennbar. Sie ist einerseits die Folge der von den Tarifpartnern mit dem sog. *Leber/Rüthers*-Kompromiss selbst vorgenommenen Delegation ihrer Regelungsbefugnis über die Dauer der betrieblichen Arbeitszeit auf die Betriebspartner (§ 87 Rdn. 290 ff.), anderseits aber die Folge der Rechtsprechung des *BAG*, das die Mitbestimmung des Betriebsrats bei der Gewährung freiwilliger Leistungen ständig erweitert hat (§ 87 Rdn. 874 ff., 889 ff.), vor allem aber die Anwendbarkeit des § 77 Abs. 3 im Rahmen des § 87 grundsätzlich verneint (dazu *Kreutz* § 77 Rdn. 158 ff.; *Wiese* § 87 Rdn. 48 ff.).

Die im Gesetzgebungsverfahren erörterte Schaffung einer besonderen **Vertretung** für **ausländische Arbeitnehmer** (§ 86 *CDU/CSU*-Entwurf, BT-Drucks. VI/1806) und die Einführung von **Arbeitsgruppensprechern** (§§ 106 ff. *CDU/CSU*-Entwurf; Schriftlicher Bericht 10. Ausschuss, zu BT-Drucks. VI/2729, S. 15r.; Änderungsantrag der Fraktion der *CDU/CSU*, Umdruck 233, Stenographische Berichte, Bd. 77, S. 8678 ff., und dazu die Debatte daselbst S. 8608 ff.) wurden abgelehnt (zu den Aufgaben des Betriebsrats hinsichtlich ausländischer Arbeitnehmer § 80 Abs. 1 Nr. 7, § 88 Nr. 4, § 99 Abs. 2 Nr. 6, § 104, *Gutzeit* § 88 Rdn. 34 f., *Raab* § 99 Rdn. 227 f., § 104 Rdn. 8; *Weber* § 80 Rdn. 53; und zur tariflichen Einführung von Arbeitsgruppensprechern § 3 Abs. 1 Nr. 5, *Franzen* § 3 Rdn. 27 ff.). Die im Gesetzgebungsverfahren zum BetrVG 1972 noch abgelehnte Einführung von **Sprecherausschüssen** der **leitenden Angestellten** (Änderungsantrag der Fraktion der *CDU/CSU*, Umdruck 234 [neu]; BT-Prot. Bd. 77, S. 8679 f., und dazu die Debatte daselbst S. 8611 ff.) ist inzwischen sondergesetzlich geregelt (Rdn. 30). **117**

XVIII. Geschäftsführung der betriebsverfassungsrechtlichen Vertretungen

Die betriebsverfassungsrechtlichen Vertretungen bedürfen u. a. einer internen Organisation ihrer Tätigkeit, der Ausstattung mit den hierfür erforderlichen Mitteln, ferner Regelungen über die Durchführung von Sitzungen und Sprechstunden, die Beschlussfassung, Vertretung gegenüber dem Arbeitgeber sowie die Sicherung der Tätigkeit ihrer Mitglieder und deren Schulung. Die damit zusammenhängenden Fragen sind Gegenstand der ausführlichen Regelungen der §§ 26 bis 41 und des § 78. Sie gelten unmittelbar für den Betriebsrat, finden aber nach Maßgabe des § 51 auch auf den Gesamtbetriebsrat, nach § 59 auf den Konzernbetriebsrat, nach § 65 auf die Jugend- und Auszubildendenvertretung, nach § 73 auf die Gesamt-Jugend- und Auszubildendenvertretungen, nach § 73b Abs. 2 auf die Konzern-Jugend- und Auszubildendenvertretungen, nach § 115 Abs. 4 auf die Bordvertretung und nach § 116 Abs. 3 auf den Seebetriebsrat Anwendung. **118**

XIX. Betriebsverfassung und Beteiligung der Arbeitnehmer

Obwohl das Betriebsverfassungsrecht den Interessen der Arbeitnehmer zu dienen bestimmt ist (Rdn. 72 ff.), sind doch die dem **einzelnen Arbeitnehmer** hiernach zustehenden Befugnisse begrenzt. Sie dienen im Wesentlichen – wie vor allem die Beteiligung bei Wahlen – dem ordnungsgemäßen Funktionieren der Betriebsverfassung (auch zu Folgendem *Franzen* vor § 81 Rdn. 1 ff.). Die sog. Individualrechte der Arbeitnehmer nach §§ 81 ff. sind – außer § 86a – lediglich Konkretisierungen der Treue-(Fürsorge-)Pflicht des Arbeitgebers und ihrem rechtlichen Charakter nach dem Vertragsrecht zuzuordnen (*Wiese* RdA 1979, 1 [4 ff.]); ihre darüber hinausgehende betriebsverfassungsrechtliche Relevanz ergibt sich aus zusätzlichen ergänzenden Vorschriften des Betriebsverfassungsgesetzes oder der Anwendbarkeit seiner allgemeinen Vorschriften. Jedoch gewähren die Individualrechte dem einzelnen Arbeitnehmer entgegen der Überschrift des Zweiten Abschnitts keine selbst auszuübenden Beteiligungsrechte bei der Gestaltung der betriebsverfassungsrechtlichen Beziehungen zwischen Belegschaft und Arbeitgeber. **119**

120 Gleiches gilt für die **Belegschaft** als Gesamtheit aller Arbeitnehmer (§ 5 Abs. 1) des Betriebs; ihre Befugnisse sind beschränkt auf die Entgegennahme des Tätigkeitsberichts des Betriebsrats (§ 43 Abs. 1 Satz 1) und die Erörterung bestimmter Gegenstände in der Betriebsversammlung (§ 43 Abs. 2 und 3, § 45; *Weber* § 43 Rdn. 5 ff., 41 ff., § 45 Rdn. 11 ff.). Zum rechtlichen Charakter der Belegschaft Rdn. 122.

121 Die Befugnisse nach dem Betriebsverfassungsgesetz werden vor allem von den Kollektivvertretungen, insbesondere also dem Betriebsrat wahrgenommen; es gilt das **Repräsentationsprinzip**. Zum **rechtlichen Charakter** des **Betriebsrats** Rdn. 102, *Franzen* § 1 Rdn. 63 ff., zu den unterschiedlichen **Formen** der **Beteiligungsrechte** und deren **Inhalt** *Franzen* § 1 Rdn. 67 f. sowie zur **Zuordnung** der **Beteiligungsrechte** *Franzen* § 1 Rdn. 91; *Thiele* 4. Aufl., Einl. Rn. 35 ff., 68 ff. Letztere umstrittene Frage ist zwar bei der eindeutigen gesetzlichen Regelung von Rechten und Pflichten des Betriebsrats von geringer praktischer Relevanz, jedoch ist es entsprechend dem Zweck der Betriebsverfassung (Rdn. 72 ff.) für das Verständnis des Gesetzes von grundlegender Bedeutung, dass nicht der Betriebsrat als originärer Träger der Mitbestimmungsrechte anzusehen ist (**a. M.** *Kreutz* Grenzen der Betriebsautonomie, S. 22 ff.; *Veit* Die funktionelle Zuständigkeit des Betriebsrats, 1998, S. 126 ff.; *Preis / WPK* § 1 Rn. 43; differenzierend *Lobinger* RdA 2011, 76 [77 ff.]), sondern dass diese von ihm lediglich für die von ihm vertretenen Arbeitnehmer i. S. d. § 5 Abs. 1 als deren Repräsentanten wahrgenommen werden (*Thiele* 4. Aufl. Einl. Rn. 67 sprach zutreffend von »Wahrnehmungszuständigkeiten« bzw. Rn. 36, 43, 52 von abgeleiteten Rechten des Betriebsrats). Aus der Überschrift des Vierten Teils lässt sich die Frage nicht beantworten, da unter der »Mitwirkung und Mitbestimmung der Arbeitnehmer« sowohl die der einzelnen Arbeitnehmer als die der Gesamtheit der Arbeitnehmer gemeint sein kann. Eindeutig ist nur die Zuweisung von Individualrechten an die einzelnen Arbeitnehmer nach §§ 81 ff., bei denen es sich aber nur im Falle des § 86a um ein genuin betriebsverfassungsrechtliches Recht der Arbeitnehmer handelt, während sie im Übrigen dem Vertragsrecht zuzuordnen sind (Rdn. 119). Andererseits sind dem **Betriebsrat** oder einzelnen seiner Mitglieder **eigene Rechte** zugewiesen worden. Das gilt z. B. für Ansprüche nach § 37 Abs. 2 bis 7, bei denen es sich jedoch nicht um Beteiligungsrechte handelt. Gleiches gilt für zahlreiche Befugnisse des Betriebsrats bei Wahlen, seiner Geschäftsführung oder der Organisation der Betriebsverfassung. Diese dienen aber allein der Sicherung und Durchsetzung der betriebsverfassungsrechtlichen Ordnung.

122 Die Zuordnung der Beteiligungsrechte lässt sich daher nur aus der gesetzlichen Ausgestaltung der Beteiligungsrechte und deren Sinn und Zweck erschließen. Wenn das Betriebsverfassungsrecht dem Schutz und der Teilhabe der Arbeitnehmer dient (Rdn. 78 ff.), liegt es nahe, auch den einzelnen Arbeitnehmern die Beteiligungsrechte zuzuordnen, so die 8. Aufl. Rn. 119; **a. M.** *Lobinger* ZfA 2004, 101 (150 ff.). Dagegen spricht jedoch, dass es sich bei ihnen nicht um isolierte individuelle, sondern um kollektivbezogene Rechte der Arbeitnehmer handelt. Das ist eindeutig bei den sozialen und wirtschaftlichen Angelegenheiten sowie den allgemeinen personellen Angelegenheiten (§§ 92 ff.) und Maßnahmen der Berufsbildung (§§ 96 ff.). Aber selbst die Mitbestimmung bei personellen Einzelmaßnahmen nach § 99 sowie bei Kündigungen nach § 102 dient zugleich kollektiven Interessen (*Raab* § 99 Rn. 5, § 102 Rdn. 3). Der kollektive Bezug der Mitbestimmung wird besonders deutlich an deren Ausgleichsfunktion, die es ermöglicht, entgegenstehende Interessen einzelner Arbeitnehmer dem kollektiven Interesse anderer Arbeitnehmer unterzuordnen (Rdn. 88). Selbst bei einer Individualbeschwerde des Arbeitnehmers entscheidet der Betriebsrat nach pflichtgemäßem Ermessen über die Anrufung der Einigungsstelle (*Franzen* § 85 Rdn. 9), kann also davon absehen, wenn er als Wahrer der kollektiven Interessen der Belegschaft deren Interessen gegenüber dem Individualinteresse des betroffenen Arbeitnehmers für vorrangig hält (krit. *Lobinger* RdA 2011, 76 [78]). Auch § 104 dient zur Wahrung des Betriebsfriedens den kollektiven Interessen der Belegschaft. Alles das spricht dafür, die **Beteiligungsrechte nicht** den **einzelnen Arbeitnehmern**, sondern dem **Kollektiv**, d. h. der **Belegschaft als solcher zuzuordnen** (*Gamillscheg* II, S. 105 ff.; *Loritz / ZLH* Arbeitsrecht, § 49 Rn. 12; *Thiele* 4. Aufl., Einl. Rn. 52; **a. M.** *Belling* Die Haftung des Betriebsrats und seiner Mitglieder für Pflichtverletzungen, S. 109 ff.; *Kreutz* Grenzen der Betriebsautonomie, S. 39 f.; *Veit* Die funktionelle Zuständigkeit des Betriebsrats, S. 124 ff.; die abweichende Auffassung der 8. Aufl. habe ich [9. Aufl. Einl. Rn. 120] aufgegeben). Selbst dadurch werden – wenn auch durch kollektive Interessenwahrnehmung – Sinn und Zweck der Beteiligung verwirklicht. Bestritten ist, wie die sich daraus ergebende Rechtsstellung der Belegschaft zu bewerten ist (Überblick bei *Richardi*, Einl. Rn. 88 ff.). Werden die Beteiligungsrechte der Belegschaft als solcher zugeordnet, bestehen keine Bedenken dagegen, die **Belegschaft** insoweit als **teil-**

rechtsfähig anzusehen. Nur ergeben sich daraus keine weiterreichenden Rechtsfolgen, insbesondere ist die Belegschaft **nicht vermögensfähig** (*Thiele* 4. Aufl., Einl. Rn. 72). Der hier vertretenen Ansicht steht nicht entgegen, dass der Betriebsrat z. T. auch individuelle Interessen einzelner Arbeitnehmer wahrzunehmen hat, nur ist sein Aufgabenbereich vor allem kollektivbezogen.

XX. Beilegung von Streitigkeiten aus der Betriebsverfassung

Die Anwendung des Betriebsverfassungsgesetzes kann sowohl zu Rechts- wie zu Regelungsstreitigkeiten führen. Bei **Rechtsstreitigkeiten** ist zu entscheiden, was nach den gesetzlichen Bestimmungen **rechtens ist**, bei den **Regelungsstreitigkeiten** dagegen, was in Zukunft für die Beteiligten **rechtens sein soll**. Über Rechtsstreitigkeiten aus dem Betriebsverfassungsgesetz entscheiden die Gerichte für Arbeitssachen im Beschlussverfahren, soweit nicht nach §§ 119 bis 121 die Zuständigkeit eines anderen Gerichts gegeben ist (§ 2a Abs. 1 Nr. 1, Abs. 2, §§ 80 ff. ArbGG). Gleiches gilt für Angelegenheiten aus dem Sprecherausschussgesetz, soweit nicht für Maßnahmen nach seinen §§ 34 bis 36 die Zuständigkeit eines anderen Gerichts gegeben ist (§ 2a Abs. 1 Nr. 2 ArbGG). Soweit aus der Anwendung des Betriebsverfassungsgesetzes individualrechtliche Ansprüche erwachsen oder erhalten bleiben (Rdn. 119), entscheiden über diese die Arbeitsgerichte im Urteilsverfahren (§ 2 Abs. 1 Nr. 3 und 4, Abs. 5, §§ 46 ff. ArbGG). Ausnahmsweise entscheiden die Arbeitsgerichte auch in Regelungsstreitigkeiten. Das gilt vor allem in den Fällen des § 76 Abs. 2 Satz 2 und 3, d. h. bei fehlender Einigung über die Person des Vorsitzenden und die Zahl der Beisitzer der Einigungsstelle. Zur Zuständigkeit der Gerichte für Arbeitssachen im Einzelnen jeweils Kommentierung unter dem Stichwort »Streitigkeiten«. 123

Die Entscheidung von **Regelungsstreitigkeiten** obliegt, soweit nicht ausnahmsweise die Arbeitsgerichte zuständig sind (Rdn. 123), der betrieblichen **Einigungsstelle** (§ 76). An ihre Stelle kann durch Tarifvertrag eine tarifliche Schlichtungsstelle treten (§ 76 Abs. 8). Nach Maßgabe einzelner Vorschriften des Betriebsverfassungsgesetzes ist die Einigungsstelle aber auch für die Entscheidung von Rechtsstreitigkeiten zuständig (*Weber* § 37 Rdn. 305, § 38 Rdn. 73, 118; *Raab* § 102 Rdn. 256; *Oetker* § 109 Rdn. 2, 26). Jedoch wird dadurch entsprechend rechtsstaatlichen Grundsätzen die Zuständigkeit der Arbeitsgerichte nicht angetastet; ist nach anderen Vorschriften der Rechtsweg gegeben, wird er durch den Spruch der Einigungsstelle nicht ausgeschlossen (§ 76 Abs. 7). Allerdings kann nach Maßgabe einzelner Vorschriften des Gesetzes zunächst das Einigungsstellenverfahren durchzuführen sein, bevor das Arbeitsgericht angerufen werden darf (*Weber* § 38 Rdn. 118). Im Übrigen können Beschlüsse der Einigungsstelle beim Arbeitsgericht angefochten werden (§ 76 Abs. 5 Satz 5; *Jacobs* § 76 Rdn. 145 ff.). Nach der ausdrücklichen Regelung des § 85 Abs. 2 Satz 3 ist die Einigungsstelle ferner schlechthin unzuständig, soweit Gegenstand der Beschwerde ein Rechtsanspruch ist (*Franzen* § 85 Rdn. 10 ff.). Zur Zuständigkeit, Errichtung und zum Verfahren der Einigungsstelle *Jacobs* § 76 Rdn. 15 ff., 28 ff., 98 ff. sowie jeweils Kommentierung der einzelnen Vorschriften unter dem Stichwort »Streitigkeiten«. 124

XXI. Sanktionen wegen Verletzung betriebsverfassungsrechtlicher Vorschriften

Das Betriebsverfassungsgesetz sieht nur wenige Sanktionen wegen Verstoßes gegen seine Bestimmungen vor. Nach Maßgabe des § 23 Abs. 1 und 2 ist eine Auflösung des Betriebsrats oder der Ausschluss eines Mitglieds aus dem Betriebsrat nur wegen grober Verletzung seiner gesetzlichen Pflichten vorgesehen (zum Verhältnis der Amtspflichten zu den Vertragspflichten *Oetker* § 23 Rdn. 26 ff.). Ebenso kann nach § 23 Abs. 3 gegen den Arbeitgeber bei groben Verstößen gegen seine gesetzlichen Pflichten vorgegangen werden (*Oetker* § 23 Rdn. 148 ff., daselbst auch zum Verhältnis des § 23 Abs. 3 zu § 85 ArbGG). Außerdem sind Sanktionen gegen den Arbeitgeber im personellen Bereich nach Maßgabe des § 98 Abs. 5, des § 101 und des § 104 möglich (zum Verhältnis dieser Vorschriften zu § 23 Abs. 3 *Oetker* § 23 Rdn. 211 f.). Auch § 102 Abs. 1 Satz 3 und § 113 knüpfen an ein bestimmtes gesetzwidriges Verhalten des Arbeitgebers genau bezeichnete Sanktionen. Daneben sind in §§ 119, 120, 121 Straf- und Bußgeldvorschriften vorgesehen. Zu den Rechtsfolgen einer Verletzung der notwendigen Mitbestimmung in sozialen Angelegenheiten § 87 Rdn. 121 ff. 125

Betriebsverfassungsgesetz
vom 15. Januar 1972 (BGBl. I, S. 13)

in der Fassung der Bekanntmachung vom 25. September 2001 (BGBl. I, S. 2518); zuletzt geändert durch Artikel 6 des Gesetzes vom 17. Juli 2017 (BGBl. I, S. 2509).

Erster Teil
Allgemeine Vorschriften

§ 1
Errichtung von Betriebsräten

(1) In Betrieben mit in der Regel mindestens fünf ständigen wahlberechtigten Arbeitnehmern, von denen drei wählbar sind, werden Betriebsräte gewählt. Dies gilt auch für gemeinsame Betriebe mehrerer Unternehmen.

(2) Ein gemeinsamer Betrieb mehrerer Unternehmen wird vermutet, wenn
1. zur Verfolgung arbeitstechnischer Zwecke die Betriebsmittel sowie die Arbeitnehmer von den Unternehmen gemeinsam eingesetzt werden oder
2. die Spaltung eines Unternehmens zur Folge hat, dass von einem Betrieb ein oder mehrere Betriebsteile einem an der Spaltung beteiligten anderen Unternehmen zugeordnet werden, ohne dass sich dabei die Organisation des betroffenen Betriebes wesentlich ändert.

Literatur
Literaturnachweise zum BetrVG 1952 siehe 8. Auflage.

1. Allgemeines
Adomeit Thesen zur betrieblichen Mitbestimmung nach dem neuen Betriebsverfassungsgesetz, BB 1972, 53; *Anders* Das neue Betriebsverfassungsgesetz aus der Sicht der DAG, BArbBl. 1972, 299; *Auffarth* Das neue Betriebsverfassungsgesetz, AuR 1972, 33; *ders.* Zehn Jahre Betriebsverfassungsgesetz 1972, RdA 1982, 201; *Biedenkopf* Anmerkungen zum neuen Betriebsverfassungsgesetz, FS *H. Kaufmann*, 1972, S. 91; *ders.* Anmerkungen zum Betriebsverfassungsgesetz 1972, BB 1972, 1513; *Bitzer* Organe und Geschäftsführung des Betriebsrats, BUV 1972, 125; *ders.* Fehlendes Wahlinteresse und die Rechtsfolgen, BUV 1972, 97; *Bleistein* Mitbestimmung im Betrieb, 1972; *Blomeyer* Das Übermaßverbot im Betriebsverfassungsrecht, 25 Jahre Bundesarbeitsgericht, 1979, S. 17; *Boldt* Zum neuen deutschen Betriebsverfassungsgesetz, ZAS 1972, 43; *Buchner* Zentrale Punkte des neuen Betriebsverfassungsrechts, AG 1973, 13, 58; *ders.* Reform des Betriebsverfassungsrechts, AG 1971, 135, 189; *Däubler* Grundstrukturen der Betriebsverfassung, AuR 1982, 6; *Dütz / Schulin* Das Betriebsverfassungsrecht in seiner dogmatischen und systematischen Fortentwicklung, ZfA 1975, 163; *U. Erdmann* Leistungsstörungen auf betriebsverfassungsrechtlicher Grundlage, AuR 1973, 135; *Fischer* Das betriebliche Vertretensein von Gewerkschaften und seine gerichtliche Feststellung, NZA-RR 2016, 225; *Franzen* Zwingende Wirkung der Betriebsverfassung, NZA 2008, 250; *Hanau* Repräsentation des Arbeitgebers und der leitenden Angestellten durch den Betriebsrat?, RdA 1979, 324; *Heinze* Inhalt und Grenzen betriebsverfassungsrechtlicher Rechte, ZfA 1988, 53; *von Hoyningen-Huene* Das Betriebsverhältnis, NZA 1989, 121; *Hromadka* BetrVG 1972, NJW 1972, 183; *Joachim* Die Rechtsprechung zum Betriebsverfassungsgesetz – Einige Schwerpunkte, AuR 1982, 12; *Jordan* Sachgerechte Wahrnehmung der Arbeitnehmerinteressen als Ordnungskriterium der Betriebsverfassung, 2007 (zit.: Ordnungskriterium der Betriebsverfassung); *Konzen* Privatrechtssystem und Betriebsverfassung, ZfA 1985, 469; *Krebber* Unternehmensübergreifende Arbeitsabläufe im Arbeitsrecht, 2005; *Kreutz* Grenzen der Betriebsautonomie, 1979; *Kunze* Mitbestimmung in der Wirtschaft und Eigentumsordnung, RdA 1972, 257; *Linse* Zulässigkeit vereinbarter Arbeitnehmervertretungsstrukturen und Betriebsverfassungsgesetz (Diss. Freiburg [Breisgau]), 2015 (zit.: Zulässigkeit vereinbarter Arbeitnehmervertretungsstrukturen); *Linsenmaier / Kiel* Der Leiharbeitnehmer in der Betriebsverfassung – »Zwei-Komponenten-Lehre« und normzweckorientierte Gesetzesauslegung, RdA 2014, 135; *Löwisch* Betriebsverfassung in der Wirtschaft der Gegenwart, DB 1999, 2209; *ders. / Wegmann* Zahlenmäßige Berücksichtigung von Leiharbeitnehmern in Betriebsverfassungs- und Mitbestimmungsrecht, BB 2017, 373; *Mayer-Maly* Betriebsverfassung und

Mitbestimmung, BuV 1972, 265; *Pohle* Das Betriebsverfassungsgesetz in der betrieblichen Praxis, 1979; *Pulte* Beteiligungsrechte des Betriebsrats außerhalb der Betriebsverfassung, NZA 2000, 234; *Th. Raiser* Mitbestimmung im Betrieb und im Unternehmen, FS *Duden,* 1977, S. 423; *Reichold* Betriebsverfassung als Sozialprivatrecht, 1995 (zit.: Sozialprivatrecht); *Reuter* Das neue Betriebsverfassungsgesetz, JuS 1972, 163; *ders.* Betriebs- und Unternehmensverfassung, in: *Rehbinder* (Hrsg.), Recht im sozialen Rechtsstaat, 1973, S. 197; *Reuter/Streckel* Grundfragen der betriebsverfassungsrechtlichen Mitbestimmung, 1973; *Richardi* Das neue Betriebsverfassungsgesetz, JA 1972, 137; *Säcker/Joost* Betriebszugehörigkeit als Rechtsproblem im Betriebsverfassungs- und Mitbestimmungsrecht. Zur Unterscheidung von Betrieb und Unternehmen, 1980; *Schneider* Das neue Betriebsverfassungsgesetz aus der Sicht des DGB, BArbBl. 1972, 292; *Schneider* Die neue Betriebsverfassung, BlStSozArbR 1971, 273; *Veit* Die funktionale Zuständigkeit des Betriebsrats, 1998; *Vogt* Arbeitsrecht im Konzern, 1. Aufl. 2014; *Weitnauer* Zivilrechtliche Grundstrukturen im Betriebsverfassungsrecht, FS *Duden,* 1977, S. 705; *Wiese* Der Ausbau des Betriebsverfassungsrechts, JArbR Bd. 9 (1971), 1972, S. 55; *Wisskirchen* Das neue Betriebsverfassungsgesetz aus der Sicht der Arbeitgeber, BArbBl. 1972, 288; *Zachert* Betriebliche Mitbestimmung. Eine problemorientierte Einführung, 1979; *ders.* Neue Entwicklungen zur Tarifautonomie und betrieblichen Mitbestimmung, NZA 1988, 185; *Zöllner* Die Stellung des Arbeitnehmers in Betrieb und Unternehmen, 25 Jahre Bundesarbeitsgericht, 1979, S. 745.

2. Betriebsbegriff

Gamillscheg »Betrieb« und »Bargaining unit« – Versuch des Vergleichs zweier Grundbegriffe, ZfA 1975, 357; *ders.* Betrieb und Unternehmen – Zwei Grundbegriffe des Arbeitsrechts, AuR 1989, 33; *ders.* Nachruf auf den Gruppengrundsatz, Überlegungen zum Betriebsbegriff, AuR 2001, 411; *Grützner* Keine Betriebsratsfähigkeit von Betriebsteilen mit »kompetenzlosen Ansprechpartnern«, BB 1983, 200; *Haas/Salamon* Der Betrieb in einer Filialstruktur als Anknüpfungspunkt für die Bildung von Betriebsräten, RdA 2008, 146; *Haase* Betrieb, Unternehmen und Konzern im Arbeitsrecht, NZA 1988, Beilage Nr. 3, S. 11; *Hanau* Aktuelles zu Betrieb, Unternehmen und Konzern im Arbeitsrecht, ZfA 1990, 115; *Heinze* Arbeitsrechtliche Fragen bei der Übertragung und Umwandlung von Unternehmen, Umstrukturierungskonzepte, ZfA 1997, 1; *Heither* Der Betrieb im Betriebsverfassungsrecht – Herausforderung durch neue Organisations- und Umstrukturierungskonzepte, JArbR Bd. 36 (1998), 1999, S. 37; *Henssler* Betriebsratswahlen bei Unternehmen mit bundesweiter Vertriebsstruktur, FS *Küttner,* 2006, S. 479; *Jacobi* Grundlehren des Arbeitsrechts, 1927, S. 286; *Joost* Betrieb und Unternehmen als Grundbegriffe im Arbeitsrecht, 1988; *Kleinebrink/Commandeur* Der »neue« Betriebsbegriff bei Massenentlassungen und dessen Folgen, NZA 2015, 853; *Konzen* Unternehmensaufspaltungen und Organisationsänderungen im Betriebsverfassungsrecht, 1986 (zit.: Unternehmensaufspaltungen); *Kreßel* Der Betriebsbegriff in der betrieblichen Praxis, JArbR Bd. 36 (1998), 1999, S. 49; *Löwisch* Einheitlicher Betrieb und Mehrheit von Unternehmen, RdA 1976, 35; *ders.* Einheitliche und eigenständige Arbeitsorganisation als Merkmal des Betriebsbegriffs im Sinne der Betriebsverfassung, FS *Kissel,* 1994, S. 679; *Panzer-Heemeier/Schwipper* Gewillkürter Gemeinschaftsbetrieb oder Verwendung einer Personalführungsgesellschaft, DB 2017, 1584; *Peter* Probleme des Betriebs- und Unternehmensbegriffs nach dem Betriebsverfassungsgesetz, DB 1990, 424; *Preis* Legitimation und Grenzen des Betriebsbegriffs im Arbeitsrecht, RdA 2001, 257; *Reichold* Betriebsverfassung ohne »Betrieb«, NZA 1999, 561; *Richardi* Betriebsbegriff als Chamäleon, FS *Wiedemann,* 2003, S. 493; *Säcker/Joost* Betriebszugehörigkeit als Rechtsproblem im Betriebsverfassungs- und Mitbestimmungsrecht. Zur Unterscheidung von Betrieb und Unternehmen, 1980; *Salamon* Betriebsratswahlen unter Verkennung des Betriebsbegriffs – Rechtsschutz, Amtsausübung, Rückführung, NZA 2014, 175; *Sowka* Betriebsverfassungsrechtliche Probleme der Betriebsaufspaltung, DB 1988, 1318; *Wiedemann* Arbeitsrechtliche Probleme der Betriebsausgliederung, FS *Fleck* (ZGR Sonderheft 7), 1988, S. 447; *Willemsen* Arbeitsrecht im Umwandlungsgesetz – Zehn Fragen aus der Sicht der Praxis, NZA 1996, 791; *Windbichler* Arbeitsrecht im Konzern, 1989 (zit.: Arbeitsrecht).

3. Gemeinsamer Betrieb mehrerer Unternehmen

Annuß Grundfragen des gemeinsamen Betriebs, NZA 2001, Sonderheft, S. 12; *ders.* Praktische Probleme des gemeinsamen Betriebs mehrerer Unternehmen, FA 2005, 293; *Blank/Blanke/Klebe/Kümpel/Wendeling-Schröder/Wolter* Arbeitnehmerschutz bei Betriebsaufspaltungen und Unternehmensteilung, 2. Aufl. 1987 (zit.: Arbeitnehmerschutz); *Bodenstedt/Schnabel* Betriebsbedingte Kündigung in der Matrixstruktur – insbesondere im grenzüberschreitend tätigen Unternehmensverbund, BB 2014, 1525; *Bonanni* Der gemeinsame Betrieb mehrerer Unternehmen, 2003; *dies./Otte* Unternehmerische Mitbestimmung durch Gemeinschaftsbetrieb?, BB 2016, 1653; *Boecken* Unternehmensumwandlungen und Arbeitsrecht, 1996 (zit.: Unternehmensumwandlungen); *ders.* Gemeinschaftsbetrieb und Anwendbarkeit der §§ 111 ff. BetrVG, 50 Jahre Bundesarbeitsgericht, 2004, S. 931; *Braner* Die Geltung von Tarifverträgen im gemeinsamen Betrieb, NZA 2007, 596; *Engels* Betriebsverfassungsrechtliche Aspekte des Spaltungsgesetzes, DB 1991, 966; *Däubler* Der Gemeinschaftsbetrieb im Arbeitsrecht, FS *Zeuner,* 1994, S. 19; *Eden-*

feld Die Tarifsperre des § 77 Abs. 3 BetrVG im Gemeinschaftsbetrieb, DB 2012, 575; *Fromen* Der gemeinsame Betrieb mehrerer Unternehmen – Der Versuch einer kritischen Analyse, FS *Gaul*, 1992, S. 151; *Gamillscheg* »Betrieb« und »Bargaining unit«, ZfA 1975, 357; *ders.* Betrieb und Unternehmen – Zwei Grundbegriffe des Arbeitsrechts, AuR 1989, 33; *B. Gaul* Das Arbeitsrecht der Betriebs- und Unternehmensspaltung, 2002; *Haag* Umstrukturierung und Betriebsverfassung, 1996; *Heinze* Arbeitsrechtliche Fragen bei der Übertragung und Umwandlung von Unternehmen, Umstrukturierungskonzepte, ZfA 1997, 1; *Heither* Der Betrieb im Betriebsverfassungsrecht – Herausforderung durch neue Organisations- und Umstrukturierungskonzepte, JArbR Bd. 36 (1998), 1999, S. 37; *Herrmann* Der gemeinsame Betrieb mehrerer Unternehmen, 1993; *Hopfe* Der gemeinsame Betrieb in der Insolvenz eines beteiligten Unternehmens (Diss. Gießen), 2007; *Joost* Betrieb und Unternehmen als Grundbegriffe im Arbeitsrecht, 1988; *Kamphausen* Einheitlicher Betrieb bei mehreren Unternehmen – Verfahrensrechtliche Probleme, NZA 1987, Beilage Nr. 4, S. 10; *Kleinebrink* Die Vereinbarung zur Führung eines gemeinsamen Betriebs, ArbRB 2007, 300; *Konzen* Unternehmensaufspaltungen und Organisationsänderungen im Betriebsverfassungsrecht, 1986 (zit.: Unternehmensaufspaltungen); *ders*. Der gemeinsame Betrieb mehrerer Unternehmen im Betriebsverfassungsrecht, ZIAS 1995, 588; *Kohte* Der Gemeinschaftsbetrieb im Spiegel des Gesellschafts- und Konzernrechts, RdA 1992, 302; *Kraft* Mehrere Unternehmen als Träger eines Betriebes im Sinne des Betriebsverfassungsgesetzes, FS *Hilger* und *Stumpf*, 1983, S. 395; *Kreutz*, Gemeinsamer Betrieb und einheitliche Leitung, FS *Richardi*, 2007, S. 637; *Löwisch* Einheitlicher Betrieb und Mehrheit von Unternehmen, RdA 1976, 35; *ders.* Gemeinsamer Betrieb privater und öffentlicher Rechtsträger, FS *Söllner* 2000, S. 689; *Lunk* Der Tendenzgemeinschaftsbetrieb, NZA 2005, 841; *Maschmann/Schipper* »Mitbestimmung im Industriepark«, FS Buchner 2009, S. 607; *Mückl* Betriebsübergang und Matrix-Struktur – Welche Arbeitnehmer sind erfasst?, DB 2015, 2695; *Rieble* Kompensation der Betriebsspaltung durch den Gemeinschaftsbetrieb mehrerer Unternehmen (§ 322 UmwG), FS *Wiese*, 1998, S. 453; *ders*. Der Schein-Gemeinschaftsbetrieb, FS Kreutz, 2010, S. 387; *Rieble/Gistel* Konzernpersonaldienstleister und Gemeinschaftsbetrieb, NZA 2005, 242; *Salamon* Die Anbindung des Gesamtbetriebsrats an das Unternehmen – Insbesondere: Mitbestimmung im gemeinsamen Betrieb mehrerer Unternehmen, RdA 2008, 24; *Schipper* Betriebliche Mitbestimmung im Industriepark (Diss. Mannheim), 2009; *Schmädicke/Glaser/Altmüller* Die Rechtsprechung zum gemeinsamen Betrieb mehrerer Unternehmen in den Jahren 2001–2004, NZA-RR 2005, 393; *I. Schmidt* Gemeinschaftsbetriebe und Gesamtbetriebsrat, FS *Küttner*, 2006, S. 499; *Schönhöft/Oelze* Der gewillkürte Gemeinschaftsbetrieb – Möglichkeiten des drittbezogenen Personaleinsatzes unter Beteiligung einer Personalführungsgesellschaft, BB 2016, 565; *ders./Schönleber* Zur Frage der Reduzierung von Mitbestimmungsgremien durch einen Gemeinschaftsbetrieb, BB 2013, 2485; *Wendeling-Schröder* Mehrere Unternehmen – ein Betrieb, NZA 1984, 247; *dies.* Divisionalisierung, Mitbestimmung und Tarifvertrag, 1984; *Wiedemann* Arbeitsrechtliche Probleme der Betriebsausgliederung, FS *Fleck* (ZGR Sonderheft 7), 1988, S. 447; *Wiese* Mehrere Unternehmen als gemeinsamer Betrieb im Sinne des Betriebsverfassungsrechts, FS *Gaul*, 1992, S. 533; *Willemsen* Arbeitsrecht im Umwandlungsgesetz – Zehn Fragen aus der Sicht der Praxis, NZA 1996, 791; *Willemsen/Hohenstatt/Schweibert/Seibt* Umstrukturierung und Übertragung von Unternehmen, 3. Aufl. 2008; *Windbichler* Arbeitsrecht im Konzern, 1989 (zit.: Arbeitsrecht); *Zöllner* Gemeinsame Betriebsnutzung. Kritische Bemerkungen zur Rechtsfigur des gemeinsamen Betriebs, FS *Semler*, 1993, S. 995.

4. Rechtsstellung und Haftung des Betriebsrats

Belling Die Haftung des Betriebsrats und seiner Mitglieder, 1990; *Brill* Zur zivilrechtlichen Haftung des Betriebsrats und seiner Mitglieder, AuR 1980, 353; *Buchner* Die persönliche Verantwortlichkeit der Betriebsratsmitglieder für rechtswidrige Betriebsratsbeschlüsse, FS *G. Müller*, 1981, S. 93; *Derleder* Zur zivilrechtlichen Haftung des Betriebsrats und seiner Mitglieder, AuR 1986, 360; *Fischer* Der BGH schafft eine neue Partei (wenn auch nur nach § 50 I ZPO) – den Betriebsrat, NZA 2014, 343; *Franzen* Die vertragliche Haftung des Betriebsrats und seiner Mitglieder bei der Beauftragung Dritter – Überlegungen zum Urteil des Bundesgerichtshofs vom 25.10.2012 – III ZR 266/11, FS *von Hoyningen-Huene*, 2014, S. 87; *Galperin* Begriff und Wesen des Betriebsverbands, JArbR Bd. 1 (1963), 1964, S. 75; *ders.* Die Organstellung des Betriebsrats, RdA 1959, 321; *Gamillscheg* Zur Haftung des Betriebsrats, FS *Otto*, 2008, S. 93; *Gester* Zur Rechtsnatur des Betriebsrates, RdA 1960, 406; *ders.* Die betriebsverfassungsrechtliche Stellung von Belegschaft und Betriebsrat, 1959; *von Hoyningen-Huene* Das Betriebsverhältnis, NZA 1989, 121; *ders.* Die Abwicklung der Betriebsratskosten, GS *Blomeyer*, 2003, S. 141; *Hunold* Haftung des Betriebsrats und der Betriebsratsmitglieder, AR-Blattei SD 530.10; *Jahnke* Kompetenzen des Betriebsrats mit vermögensrechtlichem Inhalt, RdA 1975, 343; *Kamp* Der Scheinbetriebsrat (Diss. München), 2006; *Konzen* Privatrechtssystem und Betriebsverfassung, ZfA 1985, 469; *Lobinger* Vermögensbetreuungspflicht von Betriebsräten gegenüber Arbeitnehmern?, in Rieble/Junker/Giesen (Hrsg.), Arbeitsstrafrecht im Umbruch, 2009, S. 99; *Lüders/Weller* Die Kosten des Betriebsratsanwalts – Wann und in welcher Höhe muss der Arbeitgeber die Anwaltskosten des Betriebsrats tragen?, DB 2015, 2149; *Lunk/Rodenbusch* Die Haftung des Betriebsrats und seiner Mitglieder – Eine Kritik am Haftungsmodell des BGH, NJW 2014, 1989; *Molitor* Über die Rechtsnatur der Betriebsvertretung, FS Herschel,

1955, S. 105; *Müller/Jahner* Die Haftung des Betriebsrats und der Betriebsratsmitglieder, BB 2013, 440; *Neumann-Duesberg* Das Rechtsverhältnis zwischen Betriebsrat und Arbeitgeber und die Betriebsratshaftung, NJW 1954, 617; *Schwab* Die Haftung des Betriebsrats, FS *Bauer*, 2010, S. 1001; *Spilger* Rechtsstellung und Haftung des Betriebsrats, AR-Blattei SD 530.7; *Triebel* Die Haftung des Betriebsrats und der Durchgriff auf seine Mitglieder, 2003.

5. Betriebsverfassung und Auslandsberührung

Agel-Pahlke Der internationale Geltungsbereich des Betriebsverfassungsgesetzes, 1988; *Ankersen* Der österreichische Betriebsteil eines deutschen Betriebs im österreichischen und deutschen Betriebsverfassungsrecht, ZIAS 2001, 371; *Auffarth* Betriebsverfassung und Auslandsbeziehungen, FS *Hilger* und *Stumpf*, 1983, S. 31; *Behme* Die Mitbestimmung der Arbeitnehmer bei der britischen Limited mit Verwaltungssitz in Deutschland, ZIP 2008, 351; *Birk* Auslandsbeziehungen und Betriebsverfassungsgesetz, FS *Schnorr von Carolsfeld*, 1973, S. 61; *ders* . Betriebliche Regelungen im internationalen Arbeitsrecht, FS *Trinkner*, 1995, S. 461; *ders* . Betriebszugehörigkeit bei Auslandstätigkeit, FS *Molitor*, 1988, S. 19; *Boemke* »Ausstrahlungen« des Betriebsverfassungsgesetzes ins Ausland, NZA 1992, 112; *Brill* Die ausländischen Arbeitnehmer im Betriebsverfassungsrecht, BB 1978, 1574; *Christiansen* Betriebszugehörigkeit – Die Zuordnung von Arbeitnehmern aus betriebsverfassungsrechtlicher Sicht (Diss. Kiel), 1998 (zit.: Betriebszugehörigkeit); *Däubler* Betriebsverfassung in globalisierter Wirtschaft, 1999; *Fischer* Betriebliche Mitbestimmung nach § 87 BetrVG im internationalen Konzern bei einheitlicher Entscheidungsvorgabe, BB 2002, 562; *ders* . Der internationale Betrieb – Prüf- oder Stolperstein für das Territorialitätsprinzip?, RdA 2002, 160; *ders* . Der ahnungslose Arbeitgeber oder die Betriebsverfassung im (internationalen) konzernrechtlichen Niemandsland, AuR 2002, 7; *ders* . Internationales Prozeßrecht für den Internationalen Betrieb in der Betriebsverfassung, 50 Jahre Bundesarbeitsgericht, 2004, S. 1293; *Gaul* Betriebsverfassungsrechtliche Aspekte einer Entsendung von Arbeitnehmern ins Ausland, BB 1990, 697; *Hess/Kropshofer* Anwendbarkeit des Betriebsverfassungsgesetzes auf Auslandsmitarbeiter von Inlandsbetrieben, BlStSozArbR 1979, 100; *Junker* Internationales Arbeitsrecht im Konzern, 1992; *ders* . Das Internationale Arbeitsrecht im Spiegel der Rechtsprechung, 50 Jahre Bundesarbeitsgericht, 2004, S. 1197; *E. Lorenz* Die Grundsätze des deutschen internationalen Betriebsverfassungsrechts, FS *W. Lorenz*, 1991, S. 441; *Richardi* Mitbestimmung und Auslandsbeschäftigung, IPRax 1983, 217; *Simitis* Internationales Arbeitsrecht – Standort und Perspektiven, FS *Kegel*, 1977, S. 153; *Steinmeyer* Zum Mitbestimmungsrecht des Betriebsrats bei der Regelung von Arbeitsbedingungen auf Montagebaustellen und in Betrieben im Ausland, DB 1980, 1541; *Witschen* Matrixorganisation und Betriebsverfassung, RdA 2016, 38.

6. Zur Reformdiskussion und den Änderungen von § 1 im Rahmen des BetrVerf-Reformgesetz 2001:

Boemke Reform des Betriebsverfassungsgesetzes, JuS 2002, 521; *Buchner* Betriebsverfassungsnovelle auf dem Prüfstand, NZA 2001, 633; *Däubler* Eine bessere Betriebsverfassung?, AuR 2001, 1; *ders* . Die veränderte Betriebsverfassung – Erste Anwendungsprobleme, AuR 2001, 285; *DGB* -Bundesvorstand Der Referentenentwurf eines Gesetzes zur Reform des Betriebsverfassungsgesetzes, NZA 2001, 135; *Engels/Trebinger/Löhr-Steinhaus* Regierungsentwurf eines Gesetzes zur Reform des Betriebsverfassungsgesetzes, DB 2001, 532; *Fischer* Die Vorschläge von DGB und DAG zur Reform des Betriebsverfassungsgesetzes, NZA 2000, 167; *Franzen* Reformbedarf beim Betriebs-und Arbeitnehmerbegriff des Betriebsverfassungsgesetzes?, ZfA 2000, 285; *Gamillscheg* Nachruf auf den Gruppengrundsatz, Überlegungen zum Betriebsbegriff, AuR 2001, 411; *Hanau* Bausteine eines modernisierten Betriebsverfassungsgesetzes, DMitbest 1999 Heft 6+7, 21; *ders.* Modernisierung des Betriebsverfassungsgesetzes, in New Deal im Arbeitsrecht?, Forschungsinstitut der Friedrich Ebert Stifung, Gesprächskreis Arbeit und Soziales Nr. 88, 1999, S. 37; *ders.* Denkschrift zu dem Regierungsentwurf eines Gesetzes zur Reform des Betriebsverfassungsgesetzes, RdA 2001, 65; *ders* . Die Reform der Betriebsverfassung, NJW 2001, 2513; *ders* . Probleme der Neuregelung der Betriebsverfassung, ZIP 2001, 1981; *Konzen* Der Regierungsentwurf des Betriebsverfassungsreformgesetzes, RdA 2001, 76; *Löwisch* Änderung der Betriebsverfassung durch das Betriebsverfassungs-Reformgesetz Teil I, BB 2001, 1734, Teil II, BB 2001, 1790; *Reichold* Die reformierte Betriebsverfassung, NZA 2001, 857; *ders.* Betrieb und/oder Unternehmen – Note mangelhaft für den Reformgesetzgeber, NZA 2005, 622; *Richardi* Reform des Betriebsverfassungsgesetzes? NZA 2000, 161; *ders.* Veränderungen in der Organisation der Betriebsverfassung nach dem RegE zur Reform des BetrVG, NZA 2001, 346; *ders.* Die neue Betriebsverfassung Ein Grundriss, 2. Aufl. 2002; *ders./Annuß* Neues Betriebsverfassungsgesetz: Revolution oder strukturwahrende Reform?, DB 2001, 41; *Rieble* Die Betriebsverfassungsgesetz-Novelle 2001 in ordnungspolitischer Sicht, ZIP 2001, 133; *ders.* Zur Verfassungsgemäßheit des Entwurfs eines Gesetzes zur Reform des Betriebsverfassungsgesetzes, Stellungnahme im Auftrag der Bundesvereinigung der Deutschen Arbeitgeberverbände Berlin, 2001 (zit.: Gutachten); *Schiefer* 10 Jahre novelliertes Betriebsverfassungsgesetz – Eine Bestandsaufnahme, NZA 2011, 1396; *Schiefer/Korte* Der Referentenentwurf eines Gesetzes zur Reform des Betriebsverfassungsgesetzes, NZA 2001, 71; *dies.* Gesetzentwurf eines Gesetzes zur Reform des Betriebsverfassungsgesetzes, NZA 2001, 351; *Tamm* Der Reformvorschlag des DGB zum Betriebsverfassungsgesetz, AuR 2000, 408; *Windeln* Die Reform des Betriebsverfassungsgesetzes im

Errichtung von Betriebsräten § 1

organisatorischen Bereich, 2003; *Wolf* Betriebsstrukturen und Betriebsratswahlen nach der Gesetzesnovelle 2001, JArbR Bd. 40 (2002), 2003, S. 99; *H. Wißmann* Die Suche nach dem Arbeitgeber in der Betriebsverfassung, NZA 2001, 409.

7. Zum Europäischen Betriebsrat vgl. die Literaturangaben *Oetker* hier **Anhang 2 vor § 1 EBRG und vor § 106.**

Inhaltsübersicht   Rdn.

		Rdn.
I.	Vorbemerkung	1–3
II.	Geltungsbereich des Betriebsverfassungsgesetzes	4–25
	1. Räumlicher Geltungsbereich	4–13
	a) Grundsatz	4–11
	b) Betriebsratstätigkeit im Ausland	12
	c) Im Ausland tätige Arbeitnehmer	13
	2. Persönlicher Geltungsbereich	14–17
	3. Gegenständlicher Geltungsbereich	18–24
	4. Anwendbarkeit	25
III.	Der Betrieb als Basis der Betriebsverfassung	26–61
	1. Allgemeines	26
	2. Betrieb und Unternehmen	27–34
	a) Der Betriebsbegriff	28, 29
	b) Der Unternehmensbegriff	30
	c) Verhältnis von Betrieb und Unternehmen	31–34
	aa) Identität von Betrieb und Unternehmen	32
	bb) Mehrere Betriebe eines Unternehmens	33
	cc) Ein Betrieb mehrerer Unternehmen	34
	3. Merkmale des Betriebs	35–45
	a) Einheitlicher Inhaber	37
	b) Einheitlicher (arbeits-)technischer Zweck	38
	c) Einheitliche technische Leitung	39
	d) Räumliche Einheit	40
	e) Einheitliche Belegschaft	41
	f) Dauerhaftigkeit	42
	g) Einheitlichkeit der Entscheidungen in mitbestimmungspflichtigen Angelegenheiten	43, 44
	h) Zwingendes Recht	45
	4. Gemeinsamer Betrieb mehrerer Unternehmen (§ 1 Abs. 1 Satz 2)	46–57
	a) Allgemeine Grundsätze	46–51
	b) Die Vermutungsregelungen des § 1 Abs. 2	52–57
	5. Veränderungen	58, 59
	a) Wechsel des arbeitstechnischen Zwecks und Verlegung	58
	b) Wechsel des Inhabers	59
	6. Unternehmens- und Betriebsaufspaltung	60
	7. Einstellung des Betriebs	61
IV.	Betriebsrat	62–87
	1. Allgemeines	62–66
	2. Beteiligungsrechte des Betriebsrates	67–71
	a) Überblick	67–69
	b) Veränderung der Beteiligungsrechte durch Kollektivvertrag	70, 71
	3. Die vermögensrechtliche Stellung des Betriebsrats	72–76
	4. Haftung des Betriebsrats und seiner Mitglieder	77–85
	a) Haftung des Betriebsrats	77, 78
	b) Haftung der Betriebsratsmitglieder	79–85
	aa) Haftung aus Vertrag oder vertragsähnlichen Beziehungen	79, 80
	bb) Haftung aus Delikt	81–85
	5. Haftung des Arbeitgebers oder der Arbeitnehmer für Handlungen des Betriebsrats oder seiner Mitglieder	86, 87

	a) Haftung des Arbeitgebers	86
	b) Haftung der Arbeitnehmer	87
V.	Weitere Akteure der Betriebsverfassung	88–96
	1. Allgemeines	88
	2. Die Belegschaft (Arbeitnehmer)	89–91
	3. Der Arbeitgeber	92–95
	4. Europäischer Betriebsrat	96
VI.	Betriebsratsfähige Betriebe	97–109
	1. Betrieb	98
	2. Arbeitnehmer	99
	3. Ständige Arbeitnehmer	100–102
	4. »In der Regel«	103, 104
	5. Wahlberechtigte und wählbare Arbeitnehmer	105
	6. Wegfall der Voraussetzungen	106
	7. Streitigkeiten	107–109

I. Vorbemerkung

1 Aus redaktionellen Gründen wurden die im Betriebsverfassungsgesetz 1952 noch getrennten Vorschriften über den Grundsatz der Bildung von Betriebsräten (§ 1 BetrVG 1952) und über die Betriebsratsfähigkeit von Betrieben (§ 8 BetrVG 1952) in § 1 BetrVG 1972 zusammengefasst. Eine inhaltliche Änderung war damit nicht verbunden. Die in § 8 Abs. 2 BetrVG 1952 enthaltene Sonderregelung für die Betriebsratsfähigkeit land- und forstwirtschaftlicher Betriebe wurde im Interesse einer einheitlichen Regelung des Betriebsverfassungsrechts für alle Wirtschaftszweige nicht übernommen (vgl. amtliche Begründung zum BetrVG 1972, BR-Drucks. 715/70, S. 35 zu § 1).

2 Die Formulierung: Betriebsräte werden »gebildet«, hat bereits das BetrVG 1972 durch den zutreffenderen Ausdruck »werden ... gewählt« ersetzt. Ein gesetzlicher, durchsetzbarer Zwang zur Errichtung von Betriebsräten besteht aber nach wie vor nicht (vgl. *Löwisch/LK* § 1 Rn. 2; *Richardi* § 1 Rn. 2, 103; *Trümner/DKKW* § 1 Rn. 2; *Weiss/Weyand* § 1 Rn. 1). Die Errichtung eines Betriebsrats hängt aus rechtlicher Sicht davon ab, dass Arbeitnehmer des Betriebs nach Maßgabe der §§ 16 ff. die Wahl eines Betriebsrats initiieren; ein bestimmtes Quorum ist hierfür, sieht man von den Vorgaben des § 14 Abs. 4 für die Unterschriftsquoren von Wahlvorschlägen ab, nicht erforderlich. Darüber hinaus enthält das Gesetz eine Reihe von Vorschriften, die sicherstellen, dass die Wahl eines Betriebsrats stattfindet (vgl. §§ 14 ff.). Die Behinderung der Wahl ist verboten und unter Strafe gestellt (§§ 20, 119 Abs. 1 Nr. 1). Daraus ergibt sich auch eine Duldungspflicht des Arbeitgebers, wenn die Belegschaft eine Betriebsratswahl in einem betriebsratsfähigen Betrieb durchführen möchte (vgl. *Richardi* § 1 Rn. 104; *Trümner/DKKW* § 1 Rn. 2). Die Belegschaft kann sich freilich auch zu anderen Formen der Interessenvertretung entschließen (dazu *Franzen* NZA 2008, 250 [252] m. w. N.). Solche **andere Vertretungsorgane** können allerdings nicht die Rechtsstellung und die Befugnisse eines Betriebsrats erlangen (s. auch § 3 Rdn. 5). Bei **Sprecherausschüssen** besteht ein Unterschied zum Betriebsverfassungsgesetz nur insofern, als ein Wahlvorstand für die Wahl eines Sprecherausschusses nicht durch das Arbeitsgericht bestellt werden kann, wie dies § 17 Abs. 4 für die Betriebsratswahl vorsieht (vgl. § 7 Abs. 2 SprAuG) und insofern als die Wahl nur stattfindet, wenn die Mehrheit der leitenden Angestellten des Betriebs dies in einer Abstimmung verlangt (§ 7 Abs. 2 Satz 4 SprAuG).

3 Durch Art. 1 des **Gesetzes zur Reform des Betriebsverfassungsgesetzes** (BetrVerf-Reformgesetz vom 23.07.2001, BGBl. I, S. 1852) wurde § 1 neu gefasst. Der bisherige Wortlaut des § 1 wurde Abs. 1 Satz 1. Die Bestimmung wurde durch einen Satz 2 ergänzt, wonach die Regelung des Satz 1 auch für gemeinsame Betriebe mehrerer Unternehmen gilt. Der neue Absatz 2 enthält eine Vermutungsregelung für das Vorliegen eines gemeinsamen Betriebs mehrerer Unternehmen (s. dazu Rdn. 46 ff.).

II. Geltungsbereich des Betriebsverfassungsgesetzes

1. Räumlicher Geltungsbereich

a) Grundsatz

Das Gesetz gilt in der gesamten Bundesrepublik Deutschland. Innerhalb dieses Gebietes gilt das Gesetz **4** grundsätzlich für alle dort ansässigen betriebsratsfähigen Betriebe (hierzu s. Rdn. 97 ff.). Die Rechtsprechung begründet dies mit dem so genannten ›Territorialitätsprinzip‹ (*BAG* 07.12.1989 AP Nr. 27 zu Internat. Privatrecht-Arbeitsrecht Bl. 2 [*E. Lorenz*]; *BAG* 22.03.2000 EzA § 14 AÜG Nr. 4 = AP Nr. 8 zu § 14 AÜG). Der Begriff stößt in der Literatur vielfach auf Ablehnung (s. etwa *Däubler* Betriebsverfassung in globalisierter Wirtschaft, S. 24 f.; *Fischer* RdA 2002, 160 ff.; *Junker* Internationales Arbeitsrecht im Konzern, S. 367 ff.). Der Sache nach geht es um die Herausarbeitung einer sachgerechten Kollisionsregel für das Recht der Betriebsverfassung im Hinblick auf grenzüberschreitende Sachverhalte. Der **maßgebliche Bezugspunkt** hierfür ist der **Lageort des Betriebs** (ganz h. M., s. nur *Oetker*/MünchArbR § 11 Rn. 128; *Däubler* Betriebsverfassung in globalisierter Wirtschaft, S. 26; *Junker* Internationales Arbeitsrecht im Konzern, S. 374 f.).

Für die Anwendbarkeit des BetrVG spielt die Staatsangehörigkeit des Betriebsinhabers keine Rolle. **5** Das BetrVG gilt daher auch für im Inland gelegene Betriebe von Unternehmen, die ihren Sitz im Ausland haben (ganz h. M.; vgl. *BAG* 09.11.1977 EzA § 102 BetrVG 1972 Nr. 31 = AP Nr. 13 zu Internat. Privatrecht-Arbeitsrecht [*Beitzke*]; 01.10.1974 EzA § 106 BetrVG 1972 Nr. 1 = AP Nr. 1 zu § 106 BetrVG 1972; 31.10.1975 EzA § 106 BetrVG 1972 Nr. 2 = AP Nr. 2 zu § 106 BetrVG 1972; *Fitting* § 1 Rn. 14; *Rose*/HWGNRH Einl. Rn. 51 f.; *Richardi* Einl. Rn. 68; *Trümner*/DKKW § 1 Rn. 24). Das Betriebsverfassungsgesetz gilt für die in Deutschland gelegenen betriebsratsfähigen Betriebe und Betriebsteile, selbst wenn für die dort beschäftigten Arbeitnehmer kraft Vereinbarung ausländisches Arbeitsvertragsrecht angewandt wird (vgl. *Trümner*/DKKW § 1 Rn. 24). Demgegenüber hat es das *BAG* offengelassen, ob das deutsche Betriebsverfassungsrecht auch für einen im Inland gelegenen Betrieb eines ausländischen Unternehmens mit geschlossener ausländischer Belegschaft und einheitlichem ausländischem Arbeitsstatut gilt (*BAG* 09.11.1977 EzA § 102 BetrVG 1972 Nr. 31 = AP Nr. 13 zu Internat. Privatrecht-Arbeitsrecht; wie hier: *Beitzke* Anm. zu *BAG* 09.11.1977 AP Nr. 13 zu Internat. Privatrecht-Arbeitsrecht; *Fitting* § 1 Rn. 15; *Galperin*/*Löwisch* vor § 1 Rn. 11; *Richardi* Einl. Rn. 67 f.). Das deutsche Betriebsverfassungsgesetz ist daher ebenfalls anwendbar auf eine britische Limited, die in Deutschland einen betriebsratsfähigen Betrieb unterhält; dies verstößt nicht gegen die durch den Vertrag über die Arbeitsweise der Europäischen Union gewährleistete Niederlassungsfreiheit des Art. 49 AEUV (näher *Behme* ZIP 2008, 351 [353 f.]).

Damit stehen einem Betriebsrat eines im Geltungsbereich des BetrVG gelegenen Betriebs die nach **6** dem BetrVG eröffneten Beteiligungsrechte offen. Zweifelhaft ist allerdings, ob und unter welchen Voraussetzungen für solche inländischen Betriebe eines Unternehmens mit Sitz im Ausland ein **Wirtschaftsausschuss** zu bilden ist. Der räumliche, auf die Bundesrepublik Deutschland beschränkte Geltungsbereich des Betriebsverfassungsgesetzes steht an sich einer Bildung nicht entgegen. Nach § 106 ist der Wirtschaftsausschuss aber in »**Unternehmen**« (mit in der Regel mehr als einhundert ständig beschäftigten Arbeitnehmern) zu bilden. Anknüpfungspunkt ist also das Unternehmen, und zwar wegen der räumlichen Grenzen der Geltung des Gesetzes ein Unternehmen, das sich innerhalb des räumlichen Geltungsbereiches des Betriebsverfassungsgesetzes befindet. Befinden sich Betriebe von Unternehmensträgern mit Sitz im Ausland in Deutschland, ist daher fraglich, ob es sich bei diesen Betrieben um ein Unternehmen i. S. v. § 106 handelt.

Das *BAG* hat diese Frage in zwei Entscheidungen bejaht (vgl. *BAG* 01.10.1974 EzA § 106 BetrVG **7** 1972 Nr. 1 = AP Nr. 1 zu § 106 BetrVG 1972; 31.10.1975 EzA § 106 BetrVG 1972 Nr. 2 = AP Nr. 2 zu § 106 BetrVG 1972). Das Gericht hat dabei aber darauf abgestellt, dass ein über die Zwecke der einzelnen Betriebe hinausgehender Unternehmenszweck, eine den Betrieben übergeordnete einheitliche Organisation und ein nach außen erkennbarer auf Einheit bedachter Organisationswille des Eigentümers vorliegen müssen (vgl. *Auffarth* FS *Hilger* und *Stumpf*, S. 33 [34]; *Fitting* § 106 Rn. 20: wenn die Betriebe »organisatorisch zusammengefasst sind«; *Oetker* § 106 Rdn. 25; *Däubler*/DKKW § 106 Rn. 29). Würde man davon absehen, wäre in jedem inländischen Betrieb eines ausländischen Unternehmens mit mehr als 100 Arbeitnehmern und einem gewählten Betriebsrat ein Wirtschaftsausschuss zu bilden. Damit wäre aber die vom Gesetz in § 106 bewusst gewählte und gewollte Unterscheidung zwischen Betrieb und Unternehmen beseitigt. In dieselbe argumentative Richtung weist die Rechtsprechung des *BAG* zur Bildung eines Konzernbetriebsrats mit ausländischer Konzernobergesellschaft. Das *BAG* verlangt, dass das herrschende Unternehmen seinen Sitz im Inland hat oder über eine im Inland ansässige Teilkonzernspitze verfügt (*BAG* 14.02.2007 EzA § 54 BetrVG 2001 Nr. 3 Rn. 52 ff. = AP Nr. 13 zu § 54 BetrVG 1972; 16.05.2007 AP Nr. 3 zu § 96a ArbGG 1979; hierzu näher § 54 Rdn. 44 ff.).

8   Die Literatur geht überwiegend weiter als das *BAG* und stellt nur noch darauf ab, ob die Zahl der in den inländischen Betrieben beschäftigten Arbeitnehmer mehr als 100 beträgt (vgl. *Birk* FS *Schnorr von Carolsfeld*, S. 72 f.; *Galperin/Löwisch* § 106 Rn. 9 f.; *Oetker* § 106 Rdn. 24; *Richardi/Annuß* § 106 Rn. 14; *Vogt* Arbeitsrecht im Konzern, § 19 Rn. 10; abw. *Däubler/DKKW* § 106 Rn. 28, der Arbeitnehmer in ausländischen Betrieben mitzählt). Selbst wenn man grundsätzlich dieser Meinung folgt, bleibt die Informationspflicht auf das inländische Teilunternehmen beschränkt (vgl. *BAG* 01.10.1974 EzA § 106 BetrVG 1972 Nr. 1 = AP Nr. 1 zu § 106 BetrVG 1972; s. *Oetker* § 106 Rdn. 44; *Richardi/Annuß* § 106 Rn. 14, der von Dispositionen spricht, die sich auf die inländischen Betriebe auswirken können) und erstreckt sich nicht auf das Gesamtunternehmen.

9   **Betriebe deutscher Inhaber im Ausland** unterliegen dem Betriebsverfassungsgesetz **nicht**, auch wenn für die Arbeitsverhältnisse der dort tätigen Arbeitnehmer die Geltung deutschen Rechts wirksam vereinbart ist. Dies folgt unmittelbar aus der skizzierten Anknüpfungsregel des Lageorts des Betriebs oder in der Terminologie der Rechtsprechung aus dem ›Territorialitätsprinzip‹ (h. M.; vgl. *BAG* 25.04.1978 EzA § 8 BetrVG 1972 Nr. 6 = AP Nr. 16 zu Internat. Privatrecht-Arbeitsrecht; *Birk* FS *Schnorr von Carolsfeld*, S. 70, 81; *Fitting* § 1 Rn. 16; *Rose/HWGNRH* Einl. Rn. 53; *Richardi* Einl. Rn. 66; *Trümner/DKKW* § 1 Rn. 25; **a. M.** *Gamillscheg* Internationales Arbeitsrecht, S. 340 für die Fälle, in denen in dem ausländischen Betrieb deutsches Arbeitsrecht gilt; vgl. *Beitzke* Anm. zu *BAG* 09.11.1977 AP Nr. 13 Internat. Privatrecht-Arbeitsrecht, 21.10.1980 AP Nr. 17 Internat. Privatrecht-Arbeitsrecht).

10 Schwieriger zu beurteilen ist die Frage, inwieweit für im **Ausland gelegene Betriebsteile** inländischer Betriebe das BetrVG gilt. Nach der Kollisionsregel – Lageort des Betriebs – könnte auf im Ausland gelegene Betriebsteile inländischer Betriebe durchaus deutsches Betriebsverfassungsrecht anwendbar sein, da der Hauptbetrieb im Inland liegt und somit die herausgearbeitete Kollisionsregel (Rdn. 4) an sich zum deutschen Recht führt. Die h. M. lehnt dies gleichwohl ab (vgl. *BAG* 25.04.1978 AP Nr. 16 zu Internat. Privatrecht-Arbeitsrecht *[Simitis]*; 10.09.1985 AP Nr. 3 zu § 117 BetrVG 1972 unter B IV 1a; s. *Raab* § 7 Rdn. 48; *Richardi* Einl. Rn. 69; *Stege/Weinspach/Schiefer* § 1 Rn. 2).

11 Richtigerweise muss man zwischen selbständigen und unselbständigen Betriebsteilen differenzieren (ebenso im Ausgangspunkt *von Hoyningen-Huene*/MünchArbR § 211 Rn. 16). **Unselbständige Betriebsteile** erfüllen die Voraussetzungen des § 4 Abs. 1 Satz 1 nicht. Sie sind insbesondere räumlich nicht weit vom Hauptbetrieb entfernt oder durch Aufgabenbereich und Organisation nicht hinreichend eigenständig. Bei einem reinen Binnensachverhalt werden sie betriebsverfassungsrechtlich dem Hauptbetrieb zugeordnet. Für den grenzüberschreitenden Sachverhalt kann nichts anderes gelten. Insbesondere kann nicht angenommen werden, dass ausländische Betriebsteile stets räumlich weit vom Hauptbetrieb entfernt seien (so aber wohl *Richardi* Einl. Rn. 69); vielmehr ist nach den zu § 4 Abs. 1 Satz 1 Nr. 1 entwickelten Kriterien vorzugehen (s. § 4 Rdn. 10 ff.). Unselbständige ausländische Betriebsteile werden dem inländischen Hauptbetrieb zugerechnet, wenn alle dort beschäftigten Arbeitnehmer ebenfalls dem Hauptbetrieb angehören (s. dazu Rdn. 15). Ein im Ausland beschäftigter Arbeitnehmer, welcher einem Inlandsbetrieb zugerechnet wird, kann diese Zuordnung nicht dadurch verlieren, dass er mit anderen vergleichbaren Arbeitnehmern zusammenarbeitet und diese einen unselbständigen Betriebsteil bilden (ebenso insoweit *Christiansen* Betriebszugehörigkeit, S. 163; *Däubler* Betriebsverfassung in globalisierter Wirtschaft, S. 44; *von Hoyningen-Huene*/MünchArbR § 211 Rn. 16). Im Ausland gelegene **selbständige Betriebsteile** gelten demgegenüber nach deutschem Sachrecht nach Maßgabe von § 4 Abs. 1 Satz 1 als Betrieb und damit im internationalen Kontext als reiner Auslandsbetrieb (vgl. dazu auch § 4 Rdn. 23).

b) Betriebsratstätigkeit im Ausland

Fraglich ist, ob der Betriebsrat eines inländischen Betriebes im Ausland in Bezug auf dort beschäftigte **12** Arbeitnehmer, für die das Betriebsverfassungsgesetz gilt (vgl. dazu Rdn. 13), tätig werden, etwa eine Betriebsversammlung abhalten kann. Das *BAG* hat dies für das Abhalten von Betriebsversammlungen verneint und begründet dies damit, dass das BetrVG räumlich nur für Betriebe innerhalb Deutschlands gelte, dieses Gesetz gesellschaftspolitische Ordnungsvorstellungen der Bundesrepublik Deutschland verwirkliche und daher die Tätigkeit der Betriebsverfassungsorgane auf das Inland beschränke (*BAG* 27.05.1982 EzA § 42 BetrVG 1972 Nr. 3 = AP Nr. 3 zu § 42 BetrVG 1972 *[Beitzke]*). Diese Entscheidung ist in der Literatur überwiegend auf Kritik gestoßen (s. etwa *Beitzke* Anm. *BAG* 27.05.1982 AP Nr. 3 zu § 42 BetrVG 1972; *Däubler* Betriebsverfassung in globalisierter Wirtschaft, S. 51; *Junker* Internationales Arbeitsrecht im Konzern, S. 388; *Steinmeyer* DB 1980, 1541 [1542]). Die Durchführung von Betriebsversammlungen und anderen Organisationsakten des Betriebsrats im Rahmen seiner Aufgaben stellen keine Hoheitstätigkeiten dar. Daher können Betriebsräte aus deutscher Sicht im Ausland tätig werden und dort auch Teil- oder Abteilungsbetriebsversammlungen für dem inländischen Betrieb angehörende Arbeitnehmer durchführen, sofern das ausländische Recht dem nicht entgegensteht. Anderenfalls müsste der Arbeitgeber gegebenenfalls Fahrtkosten und Verdienstausfall tragen, um den im Ausland tätigen, dem inländischen Betrieb zugehörigen Arbeitnehmern die Teilnahme an einer Betriebsversammlung im Inland zu ermöglichen.

c) Im Ausland tätige Arbeitnehmer

Ob für im Ausland tätige Arbeitnehmer eines inländischen Betriebes das Betriebsverfassungsgesetz gilt, **13** ist keine Frage des räumlichen Geltungsbereichs dieses Gesetzes, sondern eine Frage seines persönlichen Anwendungsbereichs (vgl. *BAG* 07.12.1989 EzA § 102 BetrVG 1972 Nr. 74; 22.03.2000 EzA § 14 AÜG Nr. 4 = AP Nr. 8 zu § 14 AÜG; *Boemke* NZA 1992, 112 [113]; dazu Rdn. 14 ff.). **A. M.** ist *Richardi* (Einl. Rn. 75), da diese Feststellung keine Klärung bringe, entscheidend sei vielmehr allein die Zugehörigkeit zum Betrieb. Damit wird aber der persönliche Geltungsbereich nur anders umschrieben. Der persönliche Anwendungsbereich erstreckt sich nämlich auf die im Ausland tätigen Arbeitnehmer dann, wenn sie einem Betrieb in Deutschland angehören.

2. Persönlicher Geltungsbereich

Das Betriebsverfassungsgesetz gilt für alle Arbeitnehmer (§ 5 Abs. 1). Für leitende Angestellte ist § 5 **14** Abs. 3 zu beachten. Zu den Einzelheiten s. *Raab* § 5.

Werden Arbeitnehmer eines deutschen Arbeitgebers im Ausland beschäftigt, so gilt das Betriebsverfas- **15** sungsgesetz, sofern diese Arbeitnehmer noch dem deutschen Betrieb angehören (vgl. *BAG* 07.12.1989 EzA § 102 BetrVG 1972 Nr. 74 = AP Nr. 27 zu Internat. Privatrecht-Arbeitsrecht). Insoweit wird vielfach von **Ausstrahlungen** des inländischen Betriebes ins Ausland gesprochen (vgl. z. B. *BAG* 25.04.1978 AP Nr. 16 zu Internat. Privatrecht-Arbeitsrecht Bl. 2 R *[Simitis]*; 21.10.1980 AP Nr. 17 zu Internat. Privatrecht-Arbeitsrecht Bl. 2 *[Beitzke]*; *Fitting* § 1 Rn. 22; krit. zu dem »konturenlosen Ausstrahlungskriterium« mit Recht *Raab* § 7 Rdn. 48; *Richardi* Einl. Rn. 73 f.). Inzwischen erkennt auch die Rechtsprechung des *BAG*, dass es in der Sache um die Frage geht, ob der im Ausland eingesetzte Arbeitnehmer noch dem inländischen Betrieb zugerechnet werden kann, was sich nach dem **materiell-rechtlichen Kriterium** der **Betriebszugehörigkeit** bestimmt (s. *BAG* 22.03.2000 EzA § 14 AÜG Nr. 4; ebenso *LAG Düsseldorf* 13.01.2016 LAGE § 19 BetrVG 2001 Nr. 6 Rn. 68; weitergehend *E. Lorenz* FS *W. Lorenz*, S. 441 [448]; *ders.* Anm. zu *BAG* 07.12.1989 AP Nr. 27 zu Internat. Privatrecht-Arbeitsrecht: sach- und kollisionsrechtliche Frage; zur Betriebszugehörigkeit umfassend *Christiansen*, Betriebszugehörigkeit).

Danach kann man folgende Fallgestaltungen unterscheiden: Ein **vorübergehend ins Ausland ent-** **16** **sandter Arbeitnehmer** gehört nach ganz überwiegender Auffassung nach wie vor dem inländischen Betrieb an (vgl. *BAG* 07.12.1989 EzA § 102 BetrVG 1972 Nr. 74 = AP Nr. 27 *[zust. Lorenz]* zu Internat. Privatrecht-Arbeitsrecht; *Boemke* NZA 1992, 112 [114]; *Fitting* § 1 Rn. 24; *Galperin/Löwisch* vor § 1 Rn. 10; *Richardi* Einl. Rn. 75 unter Hinweis auf § 4 SGB IV; *Raab* § 7 Rdn. 50; ebenso für eine Beschäftigung in der ausschließlichen Wirtschaftszone *Schmid/Hofmann* AuA 2014, 638). Dabei spielt es keine Rolle, ob der betreffende Arbeitnehmer bei seiner Tätigkeit im Ausland in einen ausländischen Betrieb eingegliedert wurde, solange die Tätigkeit im Ausland von vornherein zeitlich beschränkt ist (*BAG* 25.04.1978 AP Nr. 16 zu Internat. Privatrecht – Arbeitsrecht Bl. 2 R *[Simitis]*; *Boemke* NZA 1992, 112 [114]; *Junker* Internationales Arbeitsrecht im Konzern, S. 385). Demgegenüber hatte die frühere Rechtsprechung des *BAG* die Zurechnung des Arbeitnehmers zum Inlandsbetrieb bei einer **auf Dauer angelegten Entsendung** verneint (*BAG* 25.04.1978 AP Nr. 16 zu Internat. Privatrecht – Arbeitsrecht Bl. 3; 21.10.1980 AP Nr. 17 zu internat. Privatrecht – Arbeitsrecht Bl. 2 R; 30.04.1987 AP Nr. 15 zu § 12 SchwbG Bl. 3 *[Gamillscheg]*). Diese Rechtsprechung hat das *BAG* in neueren Entscheidungen relativiert: der Dauer der Auslandtätigkeit wird nur noch indizielle Bedeutung zugemessen; daneben spielen noch andere Faktoren wie das Bestehen und die Voraussetzungen eines Rückrufrechts zu einem Inlandseinsatz sowie die Eingliederung in einen Auslandsbetrieb eine Rolle (vgl. *BAG* 07.12.1989 AP Nr. 27 zu Internat. Privatrecht – Arbeitsrecht Bl. 3 *[E. Lorenz]*; vgl. auch *Vogt* Arbeitsrecht im Konzern, § 19 Rn. 4). Wird der auf Dauer ins Ausland entsandte Arbeitnehmer zusätzlich in einen ausländischen Betrieb eingegliedert, verliert er regelmäßig seine Zugehörigkeit zum Inlandsbetrieb, es sei denn, es existieren gegenläufige Indizien, wie etwa die Möglichkeit, dem entsandten Arbeitnehmer Weisungen zu erteilen und ihn unter Umständen zurückzurufen (vgl. *Witschen* RdA 2016, 38 [45]). Bei echter und unechter Leiharbeit wendet das *BAG* auch bei grenzüberschreitenden Sachverhalten § 14 Abs. 1 AÜG an (*BAG* 22.03.2000 EzA § 14 AÜG Nr. 4; 18.01.1989 AP Nr. 2 zu § 14 AÜG). Danach bleiben Leiharbeitnehmer auch während der Zeit der Arbeitsleistung beim Entleiher Angehörige des Verleiherbetriebs.

17 Ob das Betriebsverfassungsgesetz auf die Arbeitnehmer anwendbar ist, die von vornherein **ausschließlich für den Auslandseinsatz** eingestellt wurden, ist umstritten. Das *BAG* (21.10.1980 EzA § 102 BetrVG 1972 Nr. 43 = AP Nr. 17 zu Internat. Privatrecht-Arbeitsrecht *[Beitzke]*; 30.04.1987 AP Nr. 15 zu § 12 SchwbG *[Gamillscheg]*) hat dies in allerdings bereits länger zurückliegenden Entscheidungen abgelehnt, während *Fitting* (§ 1 Rn. 25 f.), *Raab* (§ 7 Rdn. 51) und wohl auch *Trümner* (DKKW § 1 Rn. 25) die Zurechnung zum deutschen Betrieb auch in diesem Fall bejahen. Eine einheitliche, pauschale Antwort auf diese Frage ist nicht möglich. Entscheidend ist, ob der ausschließlich für den Auslandseinsatz eingestellte Arbeitnehmer im Rahmen des Betriebszwecks eines konkreten inländischen Betriebs eingesetzt wird und insoweit auch im Ausland dem vom inländischen Betrieb ausgehenden Weisungsrecht, wenn er dort von diesem ausgehenden Anordnungen unterliegt (vgl. *Birk* FS *K. Molitor*, S. 19 [36]; so auch *Fitting* § 1 Rn. 25 f.; vgl. auch *Boemke* NZA 1992, 112 [115]). Wenn Arbeitnehmer im Rahmen der Zwecksetzung des inländischen Betriebs tätig werden, sind sie Arbeitnehmer dieses Betriebes, auch wenn eine tatsächliche Beziehung zur inländischen Belegschaft fehlt (vgl. *BAG* 07.12.1989 EzA § 102 BetrVG 1972 Nr. 74 = AP Nr. 27 zu Internat. Privatrecht-Arbeitsrecht *[E. Lorenz]* = SAE 1990, 248 *[Reiff]*).

3. Gegenständlicher Geltungsbereich

18 Nicht alle im Inland gelegenen Betriebe unterfallen dem Gesetz; für bestimmte Betriebe ist die Geltung ausgeschlossen, teilweise eingeschränkt oder eine abweichende Regelung zugelassen. **Das Gesetz gilt** schon nach § 1 **nicht** für sog. **Kleinbetriebe** und für **gemeinsame Betriebe mehrerer Unternehmen**, die weniger als fünf ständige wahlberechtigte Arbeitnehmer, von denen drei wählbar sind (vgl. dazu §§ 7, 8), haben. Zu beachten ist die durch das BetrVerf-Reformgesetz ermöglichte **Zusammenfassung mehrerer Betriebe** eines Unternehmens zu einem Betrieb (vgl. § 3 Abs. 1 Nr. 1b; § 3 Rdn. 9 ff.). Weiter ist zu beachten, dass die nach § 3 Abs. 1 Nr. 1 bis 3 gebildeten betriebsverfassungsrechtlichen Organisationseinheiten als Betrieb i. S. d. Gesetzes gelten und deshalb, wenn sie die zahlenmäßigen Voraussetzungen von Abs. 1 Satz 1 erfüllen, betriebsratsfähig sind (vgl. § 3 Abs. 5). Die Bildung von Arbeitnehmervertretungen z. B. durch Tarifvertrag in Betrieben oder betriebsverfassungsrechtlichen Organisationseinheiten, die nicht die nach Abs. 1 Satz 1 erforderliche Zahl von Arbeitnehmern haben, ist zwar nicht ausgeschlossen, jedoch richten sich Stellung und Befugnisse solcher Vertretungen nicht nach dem Betriebsverfassungsgesetz (vgl. auch Rdn. 2 und § 3 Rdn. 5).

19 Das BetrVG gilt darüber hinaus **nicht** für **Religionsgemeinschaften** und ihre karitativen und erzieherischen Einrichtungen (§ 118 Abs. 2; vgl. dazu *Weber* § 118 Rdn. 229 ff.) sowie **nicht** für die **im**

Errichtung von Betriebsräten § 1

Flugbetrieb beschäftigten Arbeitnehmer von Luftfahrtunternehmen; die Errichtung von Arbeitnehmervertretungen durch Tarifvertrag ist ausdrücklich ermöglicht (§ 117 Abs. 2).

Außerdem ist das BetrVG **nicht** anwendbar auf **Betriebe der öffentlichen Hand** (§ 130). Für sie gelten die Personalvertretungsgesetze des Bundes bzw. der Länder (vgl. *Wiese* Einl. Rdn. 48 f.). Für einen gemeinsamen Betrieb (s. dazu Rdn. 46 ff.) zwischen Rechtsträgern des öffentlichen Rechts und des Privatrechts (etwa Universitätsinstitut und privates Forschungsinstitut) gilt das Betriebsverfassungsgesetz, wenn die Führungsvereinbarung auf privatrechtlicher Grundlage, etwa einer BGB-Gesellschaft, geschlossen wurde (vgl. *BAG* 24.01.1996 EzA § 1 BetrVG 1972 Nr. 10 = AP Nr. 8 zu § 1 BetrVG 1972 Gemeinsamer Betrieb Bl. 4 R [*Däubler*]; *BVerwG* 26.09.2002 NZA 2003, 1094 [1096]; kritisch *Löwisch* FS *Söllner*, S. 689, 700). Für den Bereich der **Bundeswehr** vgl. §§ 35, 35a und 90 Soldatengesetz vom 19.03.1956 i. d. F. der Bekanntmachung vom 30.05.2005 (BGBl. I, S. 1482), zuletzt geändert durch Artikel 9 des Gesetzes vom 21.07.2012 (BGBl. I, S. 1583); für den Bereich des **Zivildienstes** vgl. § 37 Zivildienstgesetz vom 13.01.1960 i. d. F. der Bekanntmachung vom 17.05.2005 (BGBl. I, S. 1346), zuletzt geändert durch Artikel 6 des Gesetzes vom 20.06.2011 (BGBl. I, S. 1114) i. V. m. dem Gesetz über den Vertrauensmann der Zivildienstleistenden vom 16.01.1991 (BGBl. I, S. 47, 53). Auch für Betriebe und Dienststellen der **alliierten Streitkräfte** der NATO-Staaten in Deutschland gilt das Gesetz nicht. Nach Art. 56 Abs. 9 Zusatzabkommen zum NATO-Truppenstatut vom 03.08.1959, geändert durch Abkommen vom 18.03.1993 (BGBl. II 1994, S. 2594), gilt für die zivilen Beschäftigten grundsätzlich das Personalvertretungsgesetzes des Bundes; echte Mitbestimmungsrechte sind jedoch nur beschränkt vorgesehen (vgl. *Beitzke* RdA 1973, 156; *Weber* § 130 Rdn. 7; *Fitting* § 1 Rn. 35, § 130 Rn. 8; *Reichel* BArbBl. 1973, 298; *BAG* 11.12.2007 NZA 2008, 660; zur Verfassungsmäßigkeit der Regelung vgl. *BVerfG* 08.10.1996 EzA Art. 3 GG Nr. 60).

Mit Einschränkungen bzw. Modifikationen gilt das Gesetz für Betriebe der Seeschifffahrt (§§ 114 ff.) und für Tendenzbetriebe (§ 118 Abs. 1; vgl. dazu *Weber* § 118 Rdn. 1 ff., 49 ff.).

Zu der Möglichkeit der **Änderung** bzw. **Ergänzung** der Organisationsnormen des Betriebsverfassungsgesetzes durch Tarifverträge bzw. Betriebsvereinbarungen vgl. § 3.

Besonderheiten für die Geltung des Betriebsverfassungsgesetzes sind bei der **Deutsche Bahn AG**, bei der **Deutsche Post AG**, der **Deutsche Telekom AG** und bei der **Deutsche Postbank AG** zu beachten (vgl. *Kraft* FS *Wiese*, S. 219; *Engels/Mauß-Trebinger* RdA 1997, 217). Zum Mitbestimmungsrecht bei personellen Einzelmaßnahmen vgl. *Raab* § 99 Rdn. 288 ff. Das Gesetz zur Neuordnung des Eisenbahnwesens (**Eisenbahnneuordnungsgesetz** – ENeuOG vom 27.12.1993, BGBl. I, S. 2378, zuletzt geändert durch Art. 302 der Verordnung vom 31.10.2006 (BGBl. I, S. 2407) hat durch Art. 1 (Gesetz zur Zusammenführung und Neugliederung der Bundesbahnen) § 1 das Bundeseisenbahnvermögen und das Sondervermögen Deutsche Reichsbahn zu einem »Bundeseisenbahnvermögen« zusammengeführt. Nach Art. 2 (Gesetz über die Gründung einer Deutsche Bahn Aktiengesellschaft – **Deutsche Bahn Gründungsgesetz** – DBGrG) war aus dem Bundeseisenbahnvermögen die Deutsche Bahn AG auszugliedern (§ 1 DBGrG). Die Deutsche Bahn AG (DBAG) trat gemäß § 14 DBGrG in die Rechte und Pflichten aus den bestehenden Arbeitsverhältnissen ein. In Bezug auf diese Arbeitnehmer ist nicht mehr, wie vorher in den Betrieben und Dienststellen der Bundesbahn, das Personalvertretungsgesetz des Bundes, sondern das Betriebsverfassungsgesetz anzuwenden. Besonderheiten gelten für die bei der früheren Bundesbahn beschäftigten Beamten. Die **Beamten** können auf ihren **Beamtenstatus verzichten** und damit Arbeitnehmer der DBAG werden. Beamte, die auf ihren Beamtenstatus **nicht verzichten**, werden unter Beibehaltung dieses Status der DBAG zur Dienstleistung zugewiesen (§ 12 DBGrG; vgl. *Engels/Müller/Mauß* DB 1994, 473). Für sie gilt das Betriebsverfassungsgesetz bzw. das Sprecherausschussgesetz; sie gelten betriebsverfassungsrechtlich als Arbeitnehmer der DBAG (§ 5 Abs. 1 Satz 3) und werden gegebenenfalls der Gruppe der leitenden Angestellten i. S. d. § 5 Abs. 3 und 4 zugeordnet. Für einige wenige personelle Einzelmaßnahmen bleibt das Bundesbahnvermögen als Dienstherr zuständig (vgl. § 12 Abs. 4 DBGrG). Dort wird eine besondere Personalvertretung der Beamten eingerichtet (§ 17 DBGrG). Soweit frühere Dienststellen unter Beibehaltung ihrer organisatorischen Einheit Betriebe, betriebsratsfähige Betriebsteile oder Nebenbetriebe der DBAG wurden, hatten die bisher zuständigen Personalräte zunächst ein Übergangsmandat (vgl. § 15 Abs. 1 DBGrG). Soweit die organisatorische Einheit ehemaliger Dienststellen verändert wurde, konnten die Tarifpartner in einem Tarifvertrag bestimmen, welcher Personalrat das Übergangsmandat hatte (vgl. § 15 Abs. 2 DBGrG). Kam ein solcher Tarifvertrag nicht zustande, galt die gesetzliche Regelung. Das Übergangsmandat erlosch, sobald ein Betriebsrat gewählt war, spätestens drei Monate nach Wirksamwerden der Ausgliederung (§ 15 Abs. 1 Satz 3, Abs. 2 Satz 2 i. V. m. § 20 Abs. 1 DBGrG), d. h. mit Ablauf des 04.04.1994 (vgl. *Fitting/Kaiser/Heither/Engels* 18. Aufl. § 1 Rn. 32). § 20 DBGrG wurde durch Art. 5 **BetrVerf-Reformgesetz** aufgehoben; an dessen Stelle trat das allgemeine Übergangsmandat des § 21a (s. dazu *Kreutz* § 21a Rdn. 3).

24 Als Art. 4 des Gesetzes zur Neuordnung des Postwesens und der Telekommunikation (**Postneuordnungsgesetz** – PTNeuOG) vom 14.09.1994 (BGBl. I, S. 2325), in Kraft getreten am 01.01.1995, wurde das Gesetz zum Personalrecht der Beschäftigten der früheren Deutschen Bundespost (**Postpersonalrechtsgesetz** – PostPersRG) erlassen. Nach § 24 Abs. 1 PostPersRG findet in den neuen Aktiengesellschaften (**Deutsche Post AG**, **Deutsche Telekom AG** und **Deutsche Postbank AG**) grundsätzlich das Betriebsverfassungsgesetz Anwendung. Ähnlich wie bei der Deutsche Bahn AG mussten auch für die bei der früheren Deutschen Bundespost beschäftigten Beamten Sonderregelungen geschaffen werden. Diese Beamten gelten für die Anwendung des Betriebsverfassungsgesetzes als Arbeitnehmer und müssen gegebenenfalls der Gruppe der leitenden Angestellten zugeordnet werden (§ 24 Abs. 2 PostPersRG, jetzt auch § 5 Abs. 1 Satz 3). Sie bilden aber bei der Betriebsratswahl eine eigene Gruppe, wenn nicht die Mehrheit der Beamten in geheimer Abstimmung darauf verzichtet (vgl. § 26 Nr. 1 PostPersRG). Dabei sind die Beamten in den Betrieben wahlberechtigt und wählbar, in denen sie tätig sind; auf die dienstrechtliche Zuordnung kommt es nicht an (*BAG* 16.01.2008 EzA § 7 BetrVG 2001 Nr. 1 Rn. 24). Für die Wahrnehmung der Beteiligungsrechte in Angelegenheiten der Beamten bestehen Sonderregelungen (vgl. § 28 PostPersRG). In den neuen Aktiengesellschaften gilt auch das Sprecherausschussgesetz nach Maßgabe des § 36 PostPersRG.

4. Anwendbarkeit

25 Die Vorschriften des Gesetzes finden, auch wenn ein Betrieb oder Betriebsteil (vgl. § 4) betriebsratsfähig ist, nur Anwendung, wenn ein Betriebsrat gewählt wird bzw. gewählt ist. Lediglich die Individualrechte nach den §§ 81 ff. stehen den Arbeitnehmern betriebsratsfähiger Betriebe auch dann zu, wenn ein Betriebsrat nicht besteht; selbstverständlich sind dann aber diejenigen Vorschriften aus diesem Bereich insoweit nicht anwendbar, als sie die Einschaltung des Betriebsrats vorsehen (vgl. z. B. §§ 81 Abs. 4 Satz 3; 82 Abs. 2 Satz 2 und 3; 83 Abs. 1 Satz 2 und 3; 84 Abs. 1 Satz 2; 85; vgl. auch vor § 81 Rdn. 23).

III. Der Betrieb als Basis der Betriebsverfassung

1. Allgemeines

26 Das Gesetz gibt auch i. d. F. des BetrVerf-Reformgesetzes an keiner Stelle eine Begriffsbestimmung des Betriebes, setzt den Begriff vielmehr voraus (vgl. *Reg. Begr.* BT-Drucks. 14/5741, S. 26, III. 1.; *BAG* 24.02.1976 EzA § 4 BetrVG 1972 Nr. 1 = AP Nr. 2 zu § 4 BetrVG 1972; *Richardi* § 1 Rn. 15). Für die Praxis sind daher nach wie vor die von der Rechtsprechung entwickelten Kriterien maßgebend, die allerdings im Schrifttum teilweise heftig kritisiert werden (vgl. z. B. *Joost* Betrieb und Unternehmen, §§ 8, 9, 15; *Trümner/DKKW* § 1 Rn. 58 ff.). Der Betriebsbegriff ist für das Betriebsverfassungsgesetz von fundamentaler Bedeutung. Dies zeigt bereits § 1, wonach in »Betrieben« Betriebsräte zu wählen sind. Es zeigen aber auch die §§ 87 ff., in denen dem Betriebsrat in wichtigen den »Betrieb« betreffenden Angelegenheiten Mitbestimmungsrechte eingeräumt werden. Die durch **das BetrVerf-Reformgesetz** in § 3 ermöglichte Bildung anderer betriebsverfassungsrechtlicher Organisationseinheiten hat daran nichts geändert (vgl. § 3 Rdn. 1). Mangels einer Legaldefinition kann der Inhalt des für das Betriebsverfassungsgesetz maßgeblichen Betriebsbegriffs nur mit Hilfe einer teleologischen, am Sinn und Zweck des Gesetzes orientierten Interpretation ermittelt werden (vgl. *Joost* Betrieb und Unternehmen, S. 232; *Preis* RdA 2000, 257 [269]). Definitionen oder sonstige Bestimmungsversuche aus anderen Rechtsbereichen (z. B. aus dem Tarifvertragsrecht oder aus § 613a BGB) können nicht ohne Weiteres herangezogen werden (vgl. *Haase* NZA 1988, Beil. Nr. 3, S. 11; *von Hoyningen-*

Huene in: *von Hoyningen-Huene/Linck* KSchG, § 23 Rn. 5: »nicht unbedingt identisch«; *Fitting* § 1 Rn. 62; *Konzen* Unternehmensaufspaltungen, S. 19 f.; *Staudinger/Annuß* BGB, Neubearbeitung 2016, § 613a Rn. 45; *Peter* DB 1990, 424; *Wedde/DKKW* Einl. Rn. 111). Nach der **Rechtsprechung** stimmt der Betriebsbegriff des Kündigungsschutzrechts allerdings grundsätzlich mit dem betriebsverfassungsrechtlichen Betriebsbegriff überein (vgl. z. B. BVerfG 27.01.1998 EzA § 23 KSchG Nr. 17; BAG 15.12.2011 EzA § 613a BGB 2002 Nr. 132 Rn. 73; 23.03.1984 EzA § 23 KSchG Nr. 7 = AP Nr. 4 zu § 23 KSchG 1969; 05.03.1987 EzA § 15 n. F. KSchG Nr. 38 = AP Nr. 30 zu § 15 KSchG 1969; 13.06.1985 EzA § 1 KSchG Nr. 41 = AP Nr. 10 zu § 1 KSchG 1969; aus der Literatur vgl. *Griebeling/Rachor/*KR § 1 KSchG Rn. 132 f.). Es ist jedoch auch in der Rechtsprechung anerkannt, dass der Betriebsbegriff im KSchG und BetrVG auseinander fallen können, so etwa im Rahmen der Kleinbetriebsklausel des § 23 Abs. 1 Satz 2 KSchG (BVerfG 27.01.1998 EzA § 23 KSchG Nr. 17; zust. *Bader/*KR § 23 KSchG Rn. 30 ff.; *Richardi* FS *Wiedemann*, S. 493 [506 f.]; vgl. generell gegen eine Übereinstimmung der Begriffe *Vossen/APS* § 1 KSchG Rn. 52; vgl. auch für § 17 KSchG unter Vornahme einer richtlinienkonformen Auslegung *Kleinebrink/Commandeur* NZA 2015, 853 ff.) sowie im Rahmen von § 4 BetrVG (BAG 21.06.1995 AP Nr. 16 zu § 1 BetrVG 1972; zust. *Preis* RdA 2001, 257 [263]; s. a. BAG 18.10.2006 EzA § 1 KSchG Betriebsbedingte Kündigung Nr. 151 Rn. 44 = AP Nr. 160 zu § 1 KSchG 1969 Betriebsbedingte Kündigung; s. § 4 Rdn. 24).

2. Betrieb und Unternehmen

Die gesetzlichen Regelungen knüpfen überwiegend am Betrieb an. In den §§ 3 Abs. 1 Nr. 1 und 2, 47 ff., 72 Abs. 1, 99 Abs. 1 Satz 1, 106, 110, 111 ff., 118 stellt das Gesetz selbst aber (auch) auf das »Unternehmen« ab. Die Unterscheidung von Betrieb und Unternehmen ist daher schon nach dem Gesetz erforderlich, sie darf allerdings nicht überbewertet werden (vgl. *Galperin/Löwisch* § 1 Rn. 15; *Nikisch* I, S. 156; vgl. dazu auch BAG 01.10.1974 EzA § 106 BetrVG 1972 Nr. 1 = AP Nr. 1 zu § 106 BetrVG 1972: Häufig sind Betrieb und Unternehmen nur verschiedene Aspekte derselben Sache; ebenso BAG 19.11.1974 EzA § 5 BetrVG 1972 Nr. 9 = AP Nr. 2 zu § 5 BetrVG 1972 Bl. 4).

a) Der Betriebsbegriff

Unter Betrieb verstehen Rechtsprechung und weite Teile des Schrifttums nach der im Wesentlichen auf *Jacobi* (Betrieb und Unternehmen als Rechtsbegriff, FS *Ehrenberg*, S. 9; *ders.* Arbeitsrecht, S. 286) zurückgehenden, von *A. Hueck* weiterentwickelten (vgl. *Hueck/Nipperdey* I, S. 93) Definition, »die organisatorische Einheit, innerhalb derer ein Unternehmer allein oder in Gemeinschaft mit seinen Mitarbeitern mit Hilfe von sächlichen und immateriellen Mitteln bestimmte arbeitstechnische Zwecke fortgesetzt verfolgt« (ständige Rechtsprechung und h. M.; vgl. auch BAG 23.09.1982 EzA § 1 BetrVG 1972 Nr. 3 = AP Nr. 3 zu § 4 BetrVG 1972; 29.01.1987 EzA § 1 BetrVG 1972 Nr. 5 = AP Nr. 6 zu § 1 BetrVG 1972; 07.08.1986 EzA § 4 BetrVG 1972 Nr. 5 = AP Nr. 5 zu § 1 BetrVG 1972; 31.05.2007 EzA § 1 KSchG Interessenausgleich Nr. 12 Rn. 18 = AP Nr. 65 zu § 111 BetrVG 1972; 13.08.2008 NZA-RR 2009, 255 [256]; *Fitting* § 1 Rn. 63; *von Hoyningen-Huene* Betriebsverfassungsrecht, § 3 II 1; *Hueck/Nipperdey* I, S. 93; *Nikisch* I, S. 150 ff.; *Richardi* § 1 Rn. 16 ff.; *Wiese* FS *Gaul*, S. 553 [559]; *Henssler* FS *Küttner*, S. 479 [480 f.]; *Loritz/ZLH* Arbeitsrecht, § 49 Rn. 4; krit. *Gamillscheg* II, S. 256 ff.). Die eingesetzten Betriebsmittel müssen für den oder die verfolgten Zweck(e) »zusammengefasst, geordnet und gezielt eingesetzt und der Einsatz der menschlichen Arbeitskraft von einem einheitlichen Leitungsapparat gesteuert« werden (vgl. BAG 14.12.1994 EzA § 1 BetrVG 1972 Nr. 9 = AP Nr. 3 zu § 5 BetrVG 1972 Rotes Kreuz). Die Art des verfolgten arbeitstechnischen Zweckes (Produktion, Vertrieb, Verwaltung) spielt keine Rolle (vgl. *Galperin/Löwisch* § 1 Rn. 9; *Richardi* § 1 Rn. 23). **Private Haushalte** sind keine Betriebe, da ihre Tätigkeit ausschließlich dem Eigenbedarf dient (h. M.; vgl. z. B. *Fitting* § 1 Rn. 65; *Richardi* § 1 Rn. 50; **a. M.** jetzt *Trümner/DKKW* § 1 Rn. 42 vor dem Hintergrund der ILO-Konvention 189 über menschenwürdige Arbeit für Hausangestellte).

Abweichend von der h. M. hält *Joost* die Merkmale der organisatorischen Einheit, der Arbeitsmittel und des arbeitstechnischen Zwecks weder für »konstitutiv für den Betrieb« noch zur Abgrenzung des Betriebs vom Unternehmen für notwendig. Mit »Betrieb« bezeichnet er vielmehr eine Gruppe von Arbeitnehmern, »die eine arbeitnehmernahe gemeinsame Repräsentation« erhalten. Das Kriterium der Gemeinsamkeit liegt nach Auffassung von *Joost* in der räumlichen Verbundenheit der Tätigkeit der Arbeitnehmer (*Joost* Betrieb und Unternehmen, S. 112 ff. [166 f., 248, 265]; ähnlich *Gamillscheg* II, S. 272 ff. »der wohl wesentlichste Umstand, den es zu berücksichtigen gilt, ist die räumliche Nähe oder Entfernung«; in diese Richtung auch *Witschen* RdA 2016, 38 [42] »ganz wesentliches Indiz«). Betrieb ist nach der Definition von *Joost* »ein auf gewisse Dauer angelegter Tätigkeitsbereich eines Arbeitgebers, in dem er Arbeitnehmer in räumlicher Verbundenheit beschäftigt« (vgl. *Joost* Betrieb und Unternehmen, S. 265). Dem kann nicht gefolgt werden. Für die Betriebsverfassung ist die Einheit der Zuständigkeit des Arbeitgebers in sozialen und personellen Angelegenheiten für die Beschäftigten und damit die Einheit des Ansprechpartners für die Beschäftigten repräsentierenden Betriebsrat wichtiger als die räumliche Nähe der Arbeitsplätze. Um dieses Ziel zu erreichen, müsste bei der Sicht von *Joost* der Arbeitgeber gezwungen sein, für eine räumliche Einheit eine einheitliche Leitung in Bezug auf die betriebsverfassungsrechtlich relevanten Entscheidungen zu schaffen. Ein derartiger Organisationszwang besteht jedoch nicht. Außerdem zeigt die Regelung des § 4 entgegen der Ansicht von *Joost* (Betrieb und Unternehmen, S. 270 ff.), dass ein Betrieb räumlich weit entfernte Arbeitsplätze umfassen kann, und ein räumlich weit entfernter Teil eines Betriebs aus Gründen der arbeitnehmernahen Repräsentation als eigenständiger Betrieb im betriebsverfassungsrechtlichen Sinn lediglich fingiert wird. Das in § 4 Abs. 1 Satz 1 Nr. 2 weiter genannte Abgrenzungskriterium der Eigenständigkeit in Aufgabenbereich und Organisation zeigt ebenfalls deutlich, dass das Gesetz nicht maßgeblich auf die räumliche Nähe abstellt (krit. zu *Joost* auch *Hanau* ZfA 1990, 115 [118 f.], *Heither* JArbR Bd. 36 [1998], 1999, S. 37 [42] und *Löwisch* FS *Kissel*, S. 679 [681 Fn. 4]; vgl. auch Rdn. 40).

b) Der Unternehmensbegriff

30 Das Betriebsverfassungsgesetz enthält keine Definition des Begriffs des Unternehmens, sondern setzt diesen wie den Begriff des Betriebs voraus (vgl. *BAG* 05.12.1975 EzA § 47 BetrVG 1972 Nr. 1 = AP Nr. 1 zu § 47 BetrVG 1972). In Abgrenzung zum Betrieb wird das Unternehmen im Schrifttum als organisatorische Einheit bezeichnet, mit der ein Unternehmer seine »wirtschaftlichen oder ideellen Zwecke« (vgl. *Fitting* § 1 Rn. 145), einen »übergreifenden, in aller Regel wirtschaftlichen Zweck« (*Loritz/ZLH* Arbeitsrecht, § 48 Rn. 3) verfolgt (vgl. auch *Gamillscheg* II, S. 304 f.; *Rose/HWGNRH* § 1 Rn. 14). Dabei ist anerkannt, dass juristische Personen und Gesamthandsgesellschaften des Handelsrechts jeweils nur ein Unternehmen haben können (vgl. *BAG* 11.12.1987 EzA § 47 BetrVG 1972 Nr. 5 = AP Nr. 7 zu § 47 BetrVG 1972 Bl. 2). Auch dieser Unternehmensbegriff wird von *Joost* (Betrieb und Unternehmen, S. 77 ff., 208 ff.) kritisiert. Unternehmen ist für ihn als Repräsentationsstufe für die Bildung von Gesamtbetriebsrat und Wirtschaftsausschuss »der gesamte geschäftliche Tätigkeitsbereich des Arbeitgebers«. Diese Umschreibung führt aber sachlich nur insofern zu von der h. M. abweichenden Ergebnissen, als nach *Joost* auch eine natürliche Person nur **ein** Unternehmen haben kann (insoweit zustimmend *Konzen* Unternehmensaufspaltungen, S. 93; s. *Kreutz/Franzen* § 47 Rdn. 19).

c) Verhältnis von Betrieb und Unternehmen

31 Die Unterscheidung von Betrieb und Unternehmen ist im Hinblick auf eine Reihe von Vorschriften des Gesetzes erforderlich. Diese Unterscheidung darf in ihrer materiellen Bedeutung im Betriebsverfassungsrecht aber nicht überbewertet werden (vgl. Rdn. 27). Betrieb und Unternehmen sind, jedenfalls bei zentraler Organisationsstruktur, in der realen Erscheinung nicht zu unterscheiden; bei dezentraler Organisationsstruktur ist der Betrieb ein relativ verselbständigter Teil des Unternehmens (vgl. *Richardi* § 1 Rn. 12). In beiden Fällen ist aber eine rechtliche Unterscheidung erforderlich, die nicht an Ergebnisse der Soziologie anknüpfen kann (vgl. *Loritz/ZLH* Arbeitsrecht, § 48 Rn. 3 f.; **a. M.** *Th. Raiser* Das Unternehmen als Organisation, 1969, S. 128 ff.), sondern an den unterschiedlichen Zweck, der von den Einheiten verfolgt wird (vgl. Rdn. 30). Es geht um eine Trennung »nach Entscheidungsebenen« (vgl. *Loritz/ZLH* Arbeitsrecht, § 48 Rn. 4; ähnlich *Konzen* Unternehmensaufspaltungen, S. 91 [92 f.]; *Wiedemann* FS *Fleck*, S. 459 ff.; vgl. auch *Joost* Betrieb und Unternehmen, S. 216).

aa) Identität von Betrieb und Unternehmen

32 Denkbar ist, dass die gesamten arbeitstechnischen Zwecke eines Unternehmens in einer einheitlichen Organisation unter einheitlicher Leitung verwirklicht werden. Das Unternehmen hat dann nur einen

Betrieb (vgl. *BAG* 23.09.1982 EzA § 1 BetrVG 1972 Nr. 3 = AP Nr. 3 zu § 4 BetrVG 1972 Bl. 2 f.; *Fitting* § 1 Rn. 147; *Richardi* § 1 Rn. 11: Der Betrieb ist dann das arbeitstechnische Spiegelbild des Unternehmens; vgl. auch *BAG* 05.03.1974 EzA § 5 BetrVG 1972 Nr. 7 = AP Nr. 1 zu § 5 BetrVG 1972; 09.12.1975 EzA § 5 BetrVG 1972 Nr. 22 = AP Nr. 11 zu § 5 BetrVG 1972). Entscheidend ist nach der Rechtsprechung, dass die vorhandenen materiellen und immateriellen Betriebsmittel zusammengefasst, geordnet und gezielt eingesetzt werden. Betrieb und Unternehmen sind bei dieser Fallgestaltung in ihrer realen Erscheinung identisch.

bb) Mehrere Betriebe eines Unternehmens

Ein Unternehmen kann mehrere Betriebe haben (vgl. z. B. *BAG* 23.09.1982 EzA § 1 BetrVG 1972 Nr. 3 = AP Nr. 3 zu § 4 BetrVG 1972 Bl. 2; *Fitting* § 1 Rn. 148; *Richardi* § 1 Rn. 11, 56). Dies ist nach der Rechtsprechung der Fall, wenn der Einsatz der Betriebsmittel und der Arbeitnehmer innerhalb eines Unternehmens durch getrennte Leitungsapparate in mitbestimmungsrechtlichen Angelegenheiten (vgl. Rdn. 36; vgl. auch *LAG Berlin-Brandenburg* 11.06.2015 NZA-RR 2016, 19 [21 Rn. 32 ff.]) erfolgt. Der Betrieb ist dann ein relativ verselbständigter Teil des Unternehmens (vgl. *Richardi* § 1 Rn. 12). 33

cc) Ein Betrieb mehrerer Unternehmen

Nach allgemeiner Meinung können auch mehrere rechtlich selbständige Unternehmen einen gemeinsamen Betrieb haben. Dies hat der Gesetzgeber des BetrVerf-Reformgesetzes in § 1 Abs. 1 Satz 2, Abs. 2 bestätigt (s. dazu näher Rdn. 46 ff.). 34

3. Merkmale des Betriebs

Zwischen Betrieb und Unternehmen ist zu unterscheiden, wenn die Frage zu beantworten ist, ob mehrere Unternehmen einen einheitlichen Betrieb haben (vgl. Rdn. 46 ff.), vor allem aber in den Fällen, in denen ein Unternehmen seine Ziele durch nach Zwecksetzung, Organisation oder geographischer Lage unterscheidbare Einheiten verfolgt. In diesen Fällen ist zu klären, ob jede der Einheiten einen Betrieb bildet oder Betriebsteile darunter sind und ob diese selbst betriebsratsfähig sind. Trotz der grundsätzlichen Organisationsfreiheit des Unternehmers ist die Frage, ob die von ihm gewählte organisatorische Unterteilung seines Unternehmens zur Entstehung eines oder mehrerer Betriebe führt, eine Rechtsfrage, die im Streitfall durch die Arbeitsgerichte zu entscheiden ist. Mangels einer eindeutig verbindlichen Definition des Betriebs kann diese Entscheidung nicht durch einfache Subsumtion getroffen werden. Es sind vielmehr Kriterien herauszuarbeiten, bei deren Vorliegen eine Teilorganisation eines Unternehmens oder eine organisatorische Einheit mehrerer Unternehmen einen Betrieb bilden kann. Die Erfüllung der Kriterien, aber auch ihre Nichterfüllung, hat jedoch nur indizielle Bedeutung (vgl. *Heither* JArbR Bd. 36 [1998], 1999, S. 37 [40]). Die letzte Entscheidung kann gerade in Zweifelsfällen nur aus dem Sinn und Zweck des Betriebsverfassungsgesetzes, eine sinnvolle Ordnung der Betriebsverfassung zu realisieren, ermittelt werden (vgl. *Galperin/Löwisch* § 1 Rn. 5; *Gamillscheg* ZfA 1975, 357 [398]; *Richardi* § 1 Rn. 12, 20; vgl. auch *Fromen* FS *Gaul*, S. 151 [174 ff.], der den Betrieb nicht als definierbaren Begriff, sondern als »Typus« qualifiziert; dem im Prinzip zustimmend *Trümner*/DKKW § 1 Rn. 44 ff.). Betrieb und Betriebsteil sind unbestimmte Rechtsbegriffe. Den Tatsacheninstanzen steht bei der Entscheidung in dieser Frage ein weiter Beurteilungsspielraum zu. Die Nachprüfung der getroffenen Entscheidung durch das Rechtsbeschwerdegericht ist nur beschränkt möglich (vgl. *BAG* 29.01.1992 EzA § 7 BetrVG 1972 Nr. 1 = AP Nr. 1 zu § 7 BetrVG 1972 unter B IV 2c; 09.12.2009 EzA § 1 BetrVG 2001 Nr. 8 Rn. 25). 35

Nach der Rechtsprechung, aber überwiegend auch nach der Lehre, können für die Entscheidung, ob eine organisatorische Einheit innerhalb eines Unternehmens einen Betrieb i. S. d. Betriebsverfassungsgesetzes darstellt, **folgende Kriterien** herangezogen werden: Einheitlicher Inhaber; einheitlicher arbeitstechnischer Zweck; einheitliche technische Leitung; räumliche Einheit; Einheit der Belegschaft; auf Dauer angelegte Organisation und Einheitlichkeit der Entscheidungen in mitbestimmungspflichtigen Angelegenheiten (s. etwa *Fitting* § 1 Rn. 67 ff.). Maßgeblich für die Entscheidung, ob innerhalb eines Unternehmens eine Teileinheit ›Betrieb‹ existiert, ist der Zweck der **Bestimmun-** 36 gen des Betriebsverfassungsgesetzes, welche sich mit der Abgrenzung der Einheiten innerhalb eines Unternehmens befassen, insbesondere §§ 1, 4 und 47 BetrVG. § 4 BetrVG hält selbst Teileinheiten eines Betriebs unter bestimmten Voraussetzungen für betriebsratsfähig. § 47 ff. BetrVG gehen davon aus, dass auch in dezentralen Unternehmensorganisationen die Erstzuständigkeit beim Betriebsrat und nicht bei dem auf der Unternehmensebene gebildeten Gesamtbetriebsrat liegt. Diese Aspekte sprechen für eine möglichst **arbeitnehmernahe Repräsentation der Belegschaft** (dafür *Gamillscheg* II, S. 273). Andererseits ist dem Betriebsverfassungsgesetz daran gelegen, dass die aus den Wahlen hervorgegangenen Betriebsräte mit sinnvollen Betätigungs- und Interessenwahrnehmungsmöglichkeiten ausgestattet sind. Dies zeigen die verschiedenen Schwellenwerte, etwa §§ 38, 99, 111 BetrVG. Dies spricht dafür, die Einheiten danach abzugrenzen, dass die Beteiligungsrechte des Betriebsrat dort ansetzen, wo die für die Arbeitnehmer relevanten Entscheidungen in den beteiligungspflichtigen Angelegenheiten durch den Arbeitgeber getroffen werden. Dies führt tendenziell zu größeren Einheiten und trägt dem gegenläufigen Aspekt der **Entscheidungsträgernähe** Rechnung. Hierdurch vermeidet man die Bildung u. U. miteinander rivalisierender Vertretungsorgane (s. zu diesen gegenläufigen Entscheidungsmaximen *BAG* 24.02.1976 EzA § 4 BetrVG 1972 Nr. 1 = AP Nr. 2 zu § 4 BetrVG 1972 Bl. 3; 05.06.1964 AP Nr. 7 zu § 3 BetrVG [*Wiedemann*]: Kombination von ›organisations- und belegschaftsbezogenen Momenten‹; *Jordan* Ordnungskriterium der Betriebsverfassung, S. 78 ff.; *Linse* Zulässigkeit vereinbarter Arbeitnehmervertretungsstrukturen, S. 68 f.; *Rancke* Betriebsverfassung und Unternehmenswirklichkeit, S. 254 ff.). In jüngerer Zeit reduziert das *BAG* die Abgrenzung selbständiger Betriebe immer stärker auf das Merkmal des institutionell abgesicherten einheitlichen Leitungsapparats, welcher den Kern der Arbeitgeberfunktionen im Bereich der personellen und sozialen Angelegenheiten wahrnimmt (*BAG* 23.09.1982 EzA § 1 BetrVG 1972 Nr. 3 Bl. 2; 17.02.1983 AP Nr. 4 zu § 4 BetrVG 1972), und räumt damit dem Aspekt der Entscheidungsträgernähe den Vorrang ein (kritisch hierzu *Trümner*/*DKKW* § 1 Rn. 56, 78 ff.).

a) Einheitlicher Inhaber

37 Einheit des Inhabers (Rechtsträgers) der organisatorischen Einheit, in der arbeitstechnische Zwecke verfolgt werden, ist ein wesentliches Indiz für das Vorliegen eines Betriebes (vgl. *Fitting* § 1 Rn. 68; *Fromen* FS *Gaul*, S. 151 [179]; *Richardi* § 1 Rn. 43). Ein Betrieb kann aber auch von mehreren »Inhabern« betrieben werden (vgl. Rdn. 34 und Rdn. 46 ff.).

b) Einheitlicher (arbeits-)technischer Zweck

38 Ein einheitlicher arbeitstechnischer Zweck kann das Vorliegen eines Betriebs indizieren. Umgekehrt ist freilich ebenfalls anerkannt, dass auch in einem einheitlichen Betrieb verschiedene arbeitstechnische Zwecke verfolgt werden können (vgl. *BAG* 23.03.1984 EzA § 23 KSchG Nr. 7 unter I 2a = AP Nr. 4 zu § 23 KSchG 1969; 23.09.1982 EzA § 1 BetrVG 1972 Nr. 3 unter B 2 = AP Nr. 2 zu § 4 BetrVG 1972; 14.09.1988 EzA § 1 BetrVG 1972 Nr. 7 unter B 2 bzw. B 3 = AP Nr. 9 zu § 1 BetrVG 1972; 25.09.1986 EzA § 1 BetrVG 1972 Nr. 6 = AP Nr. 7 zu § 1 BetrVG 1972; vgl. auch *BAG* 14.12.1994 EzA § 1 BetrVG 1972 Nr. 9 = AP Nr. 3 zu § 5 BetrVG 1972 Rotes Kreuz unter B I 1a; *Dietz* FS *Nikisch*, S. 28; *Fitting* § 1 Rn. 69; *Galperin*/*Löwisch* § 1 Rn. 9; *Richardi* § 1 Rn. 24; *Wedde*/*DKKW* Einl. Rn. 115; *Stege*/*Weinspach*/*Schiefer* § 1 Rn. 5). Die gegenteilige Ansicht könnte zur Atomisierung eines Betriebs, zum Entstehen zahlreicher meist sogar betriebsratsunfähiger Splitterbetriebe führen, zumal im Regelfall davon auszugehen ist, dass als Konsequenz industrieller Arbeitsteilung mehrere arbeitstechnische (Teil-)Zwecke in einem einheitlichen Betrieb verfolgt werden. Die früher teilweise vertretene Auffassung, die verschiedenen Zwecke müssten sich »berühren« (vgl. *RAG* 04.04.1936 ARS 27, 87 [91]), wird heute zu Recht überwiegend abgelehnt (vgl. *BAG* 23.09.1982 EzA § 1 BetrVG 1972 Nr. 3 = AP Nr. 3 zu § 4 BetrVG 1972; *Richardi* § 1 Rn. 24). Es genügt also zur Annahme eines **einheitlichen Betriebs**, wenn mehrere Zwecke innerhalb einer einheitlichen, auf einen arbeitstechnischen Gesamtzweck gerichteten Organisation verfolgt werden. So können Produktion und Versand durchaus in einem Betrieb organisiert sein; auch kann die Unternehmensleitung mit der Produktionseinheit zu einem Betrieb zusammengefasst sein, während etwa Verkauf und Versand einen weiteren selbständigen Betrieb bilden (vgl. *BAG* 09.05.1958 AP Nr. 1 zu § 3 BetrVG; 01.02.1963 AP Nr. 5 zu § 3 BetrVG; *Nikisch* III, S. 34 f.; *Richardi* § 1 Rn. 24; vgl. auch *BAG*

23.09.1982 EzA § 1 BetrVG 1972 Nr. 3 = AP Nr. 3 zu § 4 BetrVG 1972: Hauptverwaltung als selbständiger Betrieb).

c) Einheitliche technische Leitung

Als wesentlich für die Annahme eines einheitlichen Betriebs wird nahezu allgemein eine einheitliche technische Leitung angesehen, d. h. das Vorliegen eines einheitlichen Leitungsapparates, der sich auf die Gesamtheit der für die Erreichung des arbeitstechnischen Zweckes eingesetzten Arbeitnehmer und sachlichen Mittel bezieht (vgl. *Dietz* FS *Nikisch*, S. 27; *Galperin/Löwisch* § 1 Rn. 7; *Hueck/Nipperdey* I, S. 95; *Nikisch* I, S. 154; III, S. 34 f.; *Richardi* § 1 Rn. 27 ff.; *Stege/Weinspach/Schiefer* § 1 Rn. 6). Sofern in einem Betrieb nur ein arbeitstechnischer Zweck verfolgt wird, leuchtet dieses Kriterium ein, da dann eine einheitliche Leitung gerade unter arbeitstechnischen Aspekten notwendig und sinnvoll ist. Werden mehrere arbeitstechnische Zwecke in einem Betrieb verfolgt, so ist eine einheitliche technische Leitung zwar möglicherweise sinnvoll, aber keineswegs notwendig. Das Kriterium der einheitlichen technischen Leitung ist in solchen Fällen fragwürdig (vgl. *Fitting* § 1 Rn. 73). Angesichts von oft recht unterschiedlichen Technologien, die für die unterschiedlichen Zwecke anzuwenden sind, und angesichts einer zunehmenden fachlichen Spezialisierung wird hier jedenfalls eine fachspezifisch arbeitstechnische einheitliche Leitung, mit der eine umfassende Sachkenntnis einhergehen müsste, kaum möglich sein (vgl. *Wedde/DKKW* Einl. Rn. 115). Das schließt freilich nicht aus, dass der Unternehmer die verschiedenen technischen Einzelzwecke organisatorisch zu einer Einheit zusammenfasst und einen eigenen Betriebsleiter einsetzt, so dass die fachlich unterschiedlichen Teilbereiche als Betriebsabteilungen innerhalb des einen Betriebs geführt werden. **39**

d) Räumliche Einheit

Verschiedentlich wird die »räumliche Einheit« oder die »räumliche Nähe« als Kriterium für einen einheitlichen Betrieb genannt. Danach indiziert die Einheit der Betriebsstätte regelmäßig – aber nicht zwingend – das Vorliegen eines einheitlichen Betriebs (vgl. *Fitting* § 1 Rn. 74; *Galperin/Löwisch* § 1 Rn. 6; *Richardi* § 1 Rn. 32). *Gamillscheg* (II, S. 272 ff.; ZfA 1975, 357 [399]) und *Joost* (Betrieb und Unternehmen, S. 232 ff., 241 ff. [265]) gehen noch weiter und sehen in der räumlichen Einheit das ausschlaggebende Merkmal für das Vorliegen eines Betriebs. Dem ist nicht zuzustimmen. Nach geltendem Recht ist weder die räumliche Einheit noch die räumliche Nähe zwingende Voraussetzung für das Vorliegen eines Betriebs, noch schließen sie die Existenz mehrerer Betriebe aus. § 4 geht sogar davon aus, dass Teile eines Betriebs »räumlich weit vom Hauptbetrieb« entfernt sein können (vgl. *Hanau* ZfA 1990, 115 [118]). Die räumliche Trennung von Betriebsteilen führt also nicht automatisch dazu, einen einheitlichen Betrieb zu verneinen, sondern allenfalls dazu, einen Betriebsteil selbst als betriebsratsfähig anzuerkennen. Ebenso können trotz räumlicher Nähe bei entsprechender organisatorischer Eigenständigkeit mehrere Betriebe vorliegen (vgl. BAG 23.09.1982 EzA § 1 BetrVG 1972 Nr. 3 = AP Nr. 3 zu § 4 BetrVG 1972). **40**

e) Einheitliche Belegschaft

Darüber hinaus wird die Auffassung vertreten, dass es bei Zweifeln, ob ein Betrieb vorliegt, maßgeblich darauf ankomme, ob eine einheitliche Betriebsgemeinschaft, d. h. eine einheitliche Belegschaft, besteht (vgl. *Kohte* RdA 1992, 302 [310]; *Richardi* § 1 Rn. 20 a. E.; *Gamillscheg* II, S. 274 ff.). Diese Feststellung hat in ihrer Allgemeinheit nur bedingten Aussagewert (vgl. BAG 23.09.1982 EzA § 1 BetrVG 1972 Nr. 3 = AP Nr. 3 zu § 4 BetrVG 1972). Sollte das Zusammengehörigkeitsgefühl aller in einem Bereich Beschäftigten gemeint sein, so würde die Rechtsfrage, ob ein Betrieb vorliegt, von der subjektiven Einstellung der Beschäftigten abhängig gemacht und deren evtl. Wandel unterworfen werden. Die Beantwortung der Rechtsfrage würde auch davon abhängen, ob das Zugehörigkeitsgefühl zufällig primär auf das Unternehmen, den Betrieb oder eine Abteilung bzw. Arbeitsgruppe bezogen ist (vgl. *Fitting* § 1 Rn. 76). Ohne eingehende soziologische Untersuchung kann man wohl davon ausgehen, dass Arbeitnehmer in besonders wichtigen oder erfolgreichen Abteilungen oder Gruppen bzw. in Schlüsselpositionen ein spezifisches Selbst- und Gruppenverständnis entwickeln. Daraus das Bestehen eines Betriebs abzuleiten, wäre mit der erforderlichen Rechtssicherheit nicht vereinbar. Sinnvollerweise kann die einheitliche Belegschaft nur die Kehrseite der einheitlichen Organisa- **41** tion insbesondere in Bezug auf die Leitung und auf Entscheidungen in sozialen und personellen Angelegenheiten sein.

f) Dauerhaftigkeit

42 Wesentlich ist aber, dass die Organisation auf **gewisse Dauer** angelegt ist; dazu genügt auch, wenn der Betrieb nur für eine Saison oder Kampagne oder für die Realisierung etwa eines Großbaues errichtet wird (ebenso *Fitting* § 1 Rn. 77; *Galperin/Löwisch* § 1 Rn. 10; *Richardi* § 1 Rn. 40 f.).

g) Einheitlichkeit der Entscheidungen in mitbestimmungspflichtigen Angelegenheiten

43 In der Rechtsprechung des *BAG* wird der Einheitlichkeit der Entscheidungen in mitbestimmungspflichtigen Angelegenheiten das stärkste Gewicht für die Beurteilung der Frage, ob ein Betrieb vorliegt, zugemessen (vgl. *BAG* 23.09.1982 EzA § 1 BetrVG 1972 Nr. 3 = AP Nr. 3 zu § 4 BetrVG 1972; 25.09.1986 EzA § 1 BetrVG 1972 Nr. 6 = AP Nr. 7 zu § 1 BetrVG 1972). Dies verdient grundsätzlich Zustimmung. Der Zweck des Betriebsverfassungsgesetzes besteht darin, solche Einheiten als Betrieb zu qualifizieren, innerhalb deren »eine sinnvolle Ordnung der Betriebsverfassung« und damit eine sachgerechte Betreuung der Arbeitnehmer durch einen Betriebsrat möglich ist (vgl. *Galperin/Löwisch* § 1 Rn. 5 sowie Rdn. 36). Daher spricht es für das Vorliegen einer organisatorischen Einheit, für einen Betrieb, wenn die maßgeblichen Entscheidungen in den wichtigsten der Mitbestimmung unterliegenden Maßnahmen für diese Einheit und die dort beschäftigten Arbeitnehmer einheitlich getroffen werden (vgl. *BAG* 23.09.1982 EzA § 1 BetrVG 1972 Nr. 3 = AP Nr. 3 zu § 4 BetrVG 1972; 25.09.1986 EzA § 1 BetrVG 1972 Nr. 6 = AP Nr. 7 zu § 1 BetrVG 1972 sowie *Fitting* § 1 Rn. 71 f.; *Galperin/Löwisch* § 1 Rn. 7; vgl. auch *Dietz* FS *Nikisch*, S. 30). Das *BAG* spricht von »einem Leitungsapparat«, der den Einsatz der menschlichen Arbeitskraft steuert (vgl. *BAG* 14.12.1994 EzA § 1 BetrVG 1972 Nr. 9 = AP Nr. 3 zu § 5 BetrVG 1972 Rotes Kreuz). *Trümner* (*DKKW* § 1 Rn. 45, 56, 65, 78 ff.) kritisiert die nach seiner Meinung zu starke Betonung der einheitlichen Leitung als ausschlaggebendes Kriterium, weil es damit der Unternehmer in der Hand habe, über die Schaffung oder Beseitigung von Betrieben allein durch die Umgestaltung der Organisation seines Unternehmens zu entscheiden. Diese Kritik verkennt, dass es nach geltendem Recht Sache des Unternehmensträgers ist, sein Unternehmen so zu organisieren, wie er es für zweckmäßig hält. Das Betriebsverfassungsgesetz kann nur nach Maßgabe der vom Unternehmer vorgegebenen Organisation zur Anwendung kommen. Dem rechtspolitischen Anliegen *Trümners* kann nach geltendem Recht nicht Rechnung getragen werden (vgl. *Heither* JArbR Bd. 36 [1998], 1999, S. 37 [42]). Zu Recht betont das *BAG*, dass es nach Sinn und Zweck des Betriebsverfassungsgesetzes erforderlich ist, dass die Arbeitgeberfunktion im Bereich der sozialen und personellen Angelegenheiten sowie die unternehmerischen Funktionen im Bereich der wirtschaftlichen Angelegenheiten wenigstens im Kern von einem einheitlichen Leitungsapparat wahrgenommen werden (vgl. *BAG* 23.03.1984 EzA § 23 KSchG Nr. 7 = AP Nr. 4 zu § 23 KSchG 1969; 18.01.1990 EzA § 23 KSchG Nr. 9 unter III 3d). Dass diese Entscheidungen nach Richtlinien einer Zentrale zu treffen sind, schadet nicht (vgl. *Fitting* § 1 Rn. 71; *Galperin/Löwisch* § 1 Rn. 7; *Richardi* § 1 Rn. 30).

44 Vor diesem Hintergrund muss der Begriff des Betriebsteils im Rahmen von § 4 entwickelt werden (vgl. auch § 4 Rdn. 4). Es handelt sich dabei um solche Einheiten, die hinsichtlich der Realisierung des arbeitstechnischen Zweckes in der Leitung und in Entscheidungen in Bezug auf mitbestimmungspflichtige Angelegenheiten keine Selbständigkeit besitzen (auch wenn sie einen besonderen Leiter haben), sondern einer anderen Einheit und ihrer Organisation und Entscheidungsbefugnis in wesentlichen Bereichen untergeordnet sind (ähnlich *Fitting* § 4 Rn. 7; vgl. auch *Galperin/Löwisch* § 4 Rn. 10; *Gamillscheg* ZfA 1975, 357 [367]; *Gramm* AuR 1964, 195; *Richardi* § 4 Rn. 13).

h) Zwingendes Recht

45 Der Betriebsbegriff unterliegt grundsätzlich nicht der Disposition der Betriebspartner oder der Tarifvertragsparteien (*Richardi* § 3 Rn. 2). § 3 Abs. 1 Nr. 1 bis 3 eröffnet aber den Tarifpartnern, Abs. 2 auch den Betriebspartnern die Möglichkeit andere betriebsverfassungsrechtliche Organisationseinheiten zu schaffen (§ 3 Abs. 5; vgl. § 3 Rdn. 6 ff.). Allerdings muss beachtet werden, dass die Verkennung des Betriebsbegriffs regelmäßig nicht zur Nichtigkeit der Betriebsratswahl, sondern nur zu deren An-

Errichtung von Betriebsräten § 1

fechtbarkeit führt (*BAG* 27.06.1995 AP Nr. 7 zu § 4 BetrVG 1972 unter B I; 19.11.2003 EzA § 19 BetrVG 2001 Nr. 1 = AP Nr. 55 zu § 19 BetrVG 1972; *LAG Düsseldorf* 19.04.2016 NZA-RR 2016, 411 [415 f.] (Rechtsbeschwerde anhängig *BAG* 7 ABR 40/16); ausführlich *Salamon* NZA 2014, 175 [176 f.]). Wird die Wahl nicht innerhalb der Zwei-Wochen-Frist des § 19 Abs. 2 angefochten, ist der Betriebsrat wirksam gebildet, es sei denn, die Parteien weichen bewusst und gewollt vom gesetzlichen Betriebsbegriff ab (vgl. *Kreutz* § 19 Rdn. 151).

4. Gemeinsamer Betrieb mehrerer Unternehmen (§ 1 Abs. 1 Satz 2)

a) Allgemeine Grundsätze

Mehrere rechtlich selbständige Unternehmen können einen (gemeinsamen) Betrieb i. S. d. Betriebs- **46** verfassungsgesetzes haben. Davon geht auch der Gesetzgeber in § 322 UmwG für das Kündigungsschutzrecht und in § 1 Abs. 1 Satz 2 und Abs. 2 i. d. F. des BetrVerf-Reformgesetzes für das Betriebsverfassungsgesetz aus. Dies entspricht einer gefestigten Rechtsprechung des *BAG* (vgl. *BAG* 04.07.1957 AP Nr. 1 zu § 21 KSchG; 21.10.1969 AP Nr. 10 zu § 3 BetrVG = SAE 1971, 218 *[Wiese]*; 05.12.1975 EzA § 47 BetrVG 1972 Nr. 1 = AP Nr. 1 zu § 4 BetrVG 1972; 07.08.1986 EzA Nr. 5 zu § 4 BetrVG 1972 *[Gamillscheg]*). In den Entscheidungen, die sich speziell mit der Zulässigkeit eines gemeinsamen Betriebs mehrerer Unternehmen im Betriebsverfassungsrecht befassen, wird als **Voraussetzung** für einen gemeinsamen Betrieb von Anfang an eine rechtliche Verbindung der beteiligten Unternehmen in Bezug auf die gemeinsame Führung des Betriebs gefordert; erforderlich ist daher die Schaffung eines **einheitlichen Leitungsapparats**, der die Arbeitgeberfunktionen in den wesentlichen der Mitbestimmung des Betriebsrats unterliegenden Bereichen ausübt, insbesondere in personellen und sozialen Angelegenheiten (vgl. z. B. *BAG* 25.11.1980 EzA § 1 BetrVG 1972 Nr. 2 = AP Nr. 2 zu § 1 BetrVG 1972 *[Kraft]*; 07.08.1986 EzA § 4 BetrVG 1972 Nr. 5 = AP Nr. 5 zu § 1 BetrVG 1972; 24.01.1996 EzA § 1 BetrVG 1972 Nr. 10 = AP Nr. 8 zu § 1 BetrVG 1972 Gemeinsamer Betrieb; 11.11.1997 EzA § 111 BetrVG 1972 Nr. 36 = AP Nr. 42 zu § 111 BetrVG 1972; 21.02.2001 EzA § 1 BetrVG 1972 Nr. 11; 10.11.2011 AP Nr. 422 zu § 613a BGB Rn. 27, 32). Die gleichen Anforderungen an das Vorliegen eines gemeinsamen Betriebs mehrerer Unternehmen stellt das *BAG* für den Bereich des Kündigungsschutzgesetzes (vgl. *BAG* 23.03.1984 EzA § 23 KSchG Nr. 7 = AP Nr. 4 zu § 23 KSchG 1969 = SAE 1985, 127 *[Hönn]*; 13.06.1985 EzA § 1 KSchG Nr. 41 = AP Nr. 10 zu § 1 KSchG 1969; 05.03.1987 EzA § 15 KSchG n. F. Nr. 38 = AP Nr. 30 zu § 15 KSchG 1969). Zur Annahme einer danach erforderlichen Führungsvereinbarung reicht eine rein unternehmerische Zusammenarbeit oder eine einheitliche Leitung eines Konzerns i. S. d. § 18 AktG allein nicht aus (vgl. *BAG* 05.03.1987 EzA § 15 KSchG n. F. Nr. 38 unter II 2a = AP Nr. 30 zu § 15 KSchG 1969; 18.01.1990 EzA § 23 KSchG Nr. 9 unter III 1 = AP Nr. 9 zu § 23 KSchG 1969; *Fitting* § 1 Rn. 82; *Gamillscheg* II, S. 291 ff.; **a. A.** wohl *Heither* JArbR Bd. 36 [1998], 1999, S. 37 [43]: Personelle Verflechtung, Personalunion der Organpersonen kann ausreichen). Konstituierend für einen gemeinsamen Betrieb ist eine gemeinsame, auf die Erreichung der arbeitstechnischen Zwecke gerichtete Betriebsorganisation. Dazu genügt es nicht, dass durch Konzernweisung eine einheitliche Leitungsstelle für den Kern der betriebsverfassungsrechtlichen Arbeitgeberfunktionen geschaffen wird (vgl. *BAG* 12.11.1998 EzA § 23 KSchG Nr. 20 unter II 3; 29.04.1999 EzA § 23 KSchG Nr. 21 unter II 4b; *Richardi* § 1 Rn. 69 f.). Die Bildung der gemeinsamen Betriebsorganisation und die gemeinsame Wahrnehmung der betriebsverfassungsrechtlichen Arbeitgeberfunktionen muss auf die beteiligten Rechtsträger selbst zurückführbar sein (vgl. *Däubler* FS Zeuner, S. 19 [25]; *Konzen* ZIAS 1995, 588 [595]; *Windbichler* Arbeitsrecht, S. 288 ff.; *Zöllner* FS Semler, S. 995 [1005 ff.]; **a. M.** *Wiedemann* FS Fleck, S. 447 [461]; wohl auch *Trümner*/DKKW § 1 Rn. 95).

Der Auffassung einiger Landesarbeitsgerichte (vgl. *LAG Hamm* 05.06.1985 LAGE § 1 BetrVG 1972 **47** Nr. 1; ähnlich *LAG Berlin* 22.11.1985 BB 1986, 593; *LAG Hamburg* 22.10.1997 LAGE § 1 BetrVG 1972 Nr. 4), eine Führungsvereinbarung sei nicht erforderlich, wenn die beteiligten Unternehmensträger einem Anteilseigner gehören, der zur alleinigen Vertretung dieser Unternehmensträger befugt ist, wird durch die ständige Rechtsprechung des *BAG* zu den Voraussetzungen eines gemeinsamen Betriebs mehrerer Unternehmen sowohl im Kündigungsschutzrecht als auch im Betriebsverfassungsrecht eine klare Absage erteilt. Allerdings hat das *BAG* mit Recht anerkannt, dass die erforderliche Führungsvereinbarung auch stillschweigend, durch konkludentes Verhalten, geschlossen werden und dass sich ein derartiger konkludenter Abschluss aus den gesamten Umständen des Einzelfalles ergeben kann (vgl. *BAG* 29.01.1987 EzA § 1 BetrVG 1972 Nr. 5 = AP Nr. 6 zu § 1 BetrVG 1972; 14.09.1988 EzA § 1 BetrVG 1972 Nr. 7 = AP Nr. 9 zu § 1 BetrVG 1972; 24.01.1996 EzA § 1 BetrVG 1972 Nr. 10; vgl. auch *Fitting* § 1 Rn. 84; *Wiese* FS *Gaul*, S. 553 [570]; *Windbichler* Arbeitsrecht, S. 288 ff.).

48 Auch in der Literatur wird weitgehend eine rechtliche Vereinbarung zwischen den beteiligten Rechtsträgern über die gemeinsame Führung als Voraussetzung für einen gemeinsamen Betrieb i. S. d. Betriebsverfassungsgesetzes für erforderlich gehalten (vgl. *Annuß* NZA 2001, Sonderheft S. 12 [15 zur Rechtslage vor Inkrafttreten von § 1 Abs. 2 BetrVG 2001]; *Galperin/Löwisch* § 1 Rn. 11; *Richardi* § 1 Rn. 70; *Stege/Weinspach/Schiefer* § 1 Rn. 8; *Konzen* ZIAS 1995, 588 [595]; **a. M.** *Blank/Blanke/Klebe/Kümpel/Wendeling-Schröder/Wolter* Arbeitnehmerschutz, S. 138 ff.; *Joost* Betrieb und Unternehmen, S. 260 f.; *Kohte* RdA 1992, 302; *Trümner/DKKW* § 1 Rn. 94; *Wiedemann* FS *Fleck*, S. 447 [460]; *ders.* Anm. zu *BAG* 07.08.1986 AP Nr. 5 zu § 1 BetrVG 1972). Auch soweit eine Leitungsvereinbarung nicht für erforderlich gehalten wird, scheint überwiegend Einigkeit darüber zu bestehen, dass ein gemeinsamer Betrieb mehrerer Unternehmen i. S. d. Betriebsverfassungsgesetzes jedenfalls nur dann angenommen werden kann, wenn ein einheitlicher Leitungsapparat besteht, der die der Mitwirkung des Betriebsrats unterliegenden Arbeitgeberentscheidungen, insbesondere in sozialen und personellen Angelegenheiten treffen kann (vgl. *Bonanni/Otte* BB 2016, 1653 [1653 f.]; *Fitting* § 1 Rn. 80 f.; *Konzen* SAE 1988, 94 [95]; *Trümner/DKKW* § 1 Rn. 93; *Wiedemann* FS *Fleck*, S. 447 [461]). Dies setzt aber voraus, dass die Trägerunternehmen sich auf die Einrichtung der gemeinsamen Leitung verständigen und diese Leitung auch mit den erforderlichen rechtlichen Befugnissen, etwa der Vertretungsmacht zum Abschluss von Betriebsvereinbarungen, zur Information und Anhörung des Betriebsrats, eventuell auch zum Ausspruch von Kündigungen, ausstatten. Dazu ist eine rechtliche Vereinbarung unabdingbar. Neben der Vereinbarung der einheitlichen Leitung müssen keine weiteren Absprachen getroffen werden. Die der einheitlichen Leitung unterliegenden Arbeitnehmer müssen nicht zwingend einen einheitlichen Vertragsarbeitgeber haben, sofern die einheitliche Leitung nur berechtigt ist, betriebsverfassungsrechtliche Rechte und Pflichten mit Wirkung für und gegen alle Vertragsarbeitgeber auszuüben bzw. zu erfüllen (vgl. *Konzen* SAE 1988, 94 [95]; vgl. *ders.* Unternehmensaufspaltungen, S. 106 ff.; *ders.* ZIAS 1995, 588 [594]; *Wiese* FS *Gaul*, S. 535 [571]; *Heither* JArbR Bd. 36 [1998], 1999, S. 37 [43]; vgl. auch *BAG* 24.01.1996 EzA § 1 BetrVG 1972 Nr. 10 unter B I 3a, b bb = AP Nr. 8 zu § 1 BetrVG 1972 Gemeinsamer Betrieb; 13.03.2013 EzA § 5 DrittelbG Nr. 1 Rn. 27 f. = AP Nr. 1 zu § 5 DrittelbG).

49 An der Notwendigkeit einer **rechtlich vereinbarten einheitlichen Leitung** eines von mehreren rechtlich selbständigen Unternehmen getragenen Betriebs für die Annahme eines gemeinsamen Betriebs der beteiligten Unternehmen ist auch für die aktuelle Rechtslage festzuhalten (vgl. *BAG* 22.06.2005 EzA § 1 BetrVG 2001 Nr. 4 = AP Nr. 23 zu § 1 BetrVG 1972 Gemeinsamer Betrieb; 11.12.2007 EzA § 77 BetrVG 2001 Nr. 21 Rn. 19; 13.08.2008 NZA-RR 2009, 255 [257 f.]). Diese Vereinbarung kann auch durch schlüssiges Verhalten zustande kommen (vgl. Rdn. 47). Indizien für den konkludenten Abschluss einer solchen **Führungsvereinbarung** sind etwa das Bestehen eines arbeitgeberübergreifenden Personaleinsatzes, die personelle, organisatorische und technische Verknüpfung von Arbeitsabläufen oder die gemeinsame Nutzung der wesentlichen sachlichen und immateriellen Betriebsmittel (vgl. *BAG* 24.01.1996 EzA § 1 BetrVG 1972 Nr. 10 unter B 3b, bb = AP Nr. 8 zu § 1 BetrVG 1972 Gemeinsamer Betrieb *[Däubler]*; 13.02.2013 EzA § 1 BetrVG 2001 Nr. 10 Rn. 28 = AP Nr. 34 zu § 1 BetrVG 1972 = BB 2013, 2170 [2176] *[Knitter]*; *Bonanni/Otte* BB 2016, 1653 [1653 f.] zu diversen Indizien in Bezug auf das Vorliegen eines gemeinsamen Betriebs), während der gemeinsamen räumlichen Unterbringung nur untergeordnete Bedeutung zukommt (*BAG* 23.09.1982 EzA § 1 BetrVG 1972 Nr. 3 unter III 2d = AP Nr. 3 zu § 4 BetrVG 1972). Der Annahme einer Leitungsvereinbarung eines gemeinsamen Betriebs mehrerer Unternehmen steht allerdings die formale Ausübung von Arbeitgeberbefugnissen durch den jeweiligen Vertragsarbeitgeber nicht entgegen (vgl. *BAG* 24.01.1996 EzA § 1 BetrVG 1972 Nr. 10). Diese Führungsvereinbarung muss auf eine gemeinsame Willensbildung der beteiligten Arbeitgeber zielen (vgl. *Rieble/Gistel* NZA 2005, 242 [246]).

Darüber hinaus muss ein **einheitlicher Leitungsapparat** bestehen, der in der Lage ist, die Gesamt- 50
heit der für die Erreichung des arbeitstechnischen Zwecks eingesetzten personellen, technischen und
immateriellen Mittel zu lenken, was nur durch eine rechtliche Vereinbarung der beteiligten Unternehmen erreicht werden kann (vgl. auch *Löwisch* FS *Kissel*, S. 679 [680]; *Zöllner* FS *Semler*, S. 995 [1002]; *BAG* 07.08.1986 EzA § 4 BetrVG 1972 Nr. 5 = AP Nr. 5 zu § 1 BetrVG 1972). Für die Annahme eines solchen Leitungsapparats genügt es nicht, wenn lediglich Servicefunktionen, etwa Lohn- und Gehaltsabrechnung von einem Unternehmen für andere Unternehmen erledigt werden oder Betriebsbeauftragte (etwa Datenschutzbeauftragter nach § 4f Abs. 2 Satz 3 BDSG, Fachkraft für Arbeitssicherheit nach § 5 Abs. 3 Satz 2 ASiG) für mehrere Unternehmen gemeinsam bestellt werden (*BAG* 11.02.2004 EzA § 1 BetrVG 2001 Nr. 2 = NZA 2004, 618 [619]; *Schönhoft/Oelze* BB 2016, 565 [566]) oder wenn eine mit einem Konzernverhältnis verbundene Beherrschung eines Unternehmens durch ein anderes vorliegt (*BAG* 11.12.2007 AP Nr. 39 zu § 77 BetrVG 1972 Betriebsvereinbarung Rn. 19). Auch die Übernahme von Dienstleistungen, die auch als Serviceleistungen Dritter denkbar sind (vgl. *LAG Niedersachsen* 21.07.2004 AfP 2001, 91), das Bestehen einer Organschaft i. S. v. § 2 Abs. 2 Nr. 2 UStG (vgl. *BAG* 25.05.2005 EzA § 1 BetrVG 2001 Nr. 3 = AP Nr. 28 zu § 1 BetrVG 1972 Gemeinsamer Betrieb) oder nationale bzw. unionsrechtliche Vorschriften über die Zulassung von Dienstleistungen im Bereich der Bodenabfertigungsdienste auf Flughäfen (*BAG* 13.02.2013 EzA § 1 BetrVG 2001 Nr. 10 Rn. 50 ff. = AP Nr. 34 zu § 1 BetrVG 1972 Gemeinsamer Betrieb), lassen nicht zwangsläufig auf einen einheitlichen Leitungsapparat schließen. Vielmehr ist erforderlich, dass die wesentlichen beteiligungspflichtigen Funktionen des Arbeitgebers in personellen und sozialen Angelegenheiten (Einstellungen, Entlassungen, Versetzungen, Überstunden und andere Arbeitszeitfragen) von einer Stelle institutionell einheitlich wahrgenommen werden (*BAG* 18.10.2006 EzA § 1 KSchG Betriebsbedingte Kündigung Nr. 151 Rn. 47 = AP Nr. 160 zu § 1 KSchG 1969 Betriebsbedingte Kündigung; 26.07.2007 AP Nr. 324 zu § 613a BGB Rn. 32). Daran fehlt es bei bloßer unternehmerischer Zusammenarbeit mehrerer Unternehmen, selbst wenn dies die mitbestimmungsrechtlich relevanten Gestaltungs- und Entscheidungsspielräume des Arbeitgebers mindert (*BAG* 23.09.2010 EzA BGB 2002 § 613a Nr. 120 Rn. 43). Ebenso existiert kein gemeinsamer Leitungsapparat bei der bloßen Personalgestellung – etwa im Rahmen der Arbeitnehmerüberlassung, weil der Personaleinsatz dann nur von einem der beteiligten Unternehmen – dem Einsatzbetrieb selbst – gesteuert wird (*BAG* 16.04.2008 EzA § 1 BetrVG 2001 Nr. 1 Rn. 24 f.; *Panzer-Heemeier/Schwipper* DB 2017, 1584; *Schönhoft/Oelze* BB 2016, 565 [566]; *ders./Schönleber* BB 2013, 2485 [2487] m. w. N.; zur Abgrenzung von Entsendung in einen gemeinschaftlichen Betrieb und Arbeitnehmerüberlassung einerseits sowie Matrix-Strukturen andererseits *Mückl* DB 2015, 2695 [2698 f.]). Führen mehrere Unternehmen gemeinsam mehrere Betriebe, so werden diese Betriebe nicht aufgrund der gemeinsamen Führung zu einem einheitlichen gemeinsamen Betrieb; vielmehr führen die Unternehmen dann mehrere gemeinsame Betriebe i. S. v. § 1 Abs. 1 Satz 2 (*BAG* 18.01.2012 EzA § 1 BetrVG 2001 Nr. 9 Rn. 40). Kein gemeinsamer Betrieb liegt vor, wenn ein Gemeinschaftsunternehmen einen eigenen Betrieb unterhält, sofern das Gemeinschaftsunternehmen durch rechtsgeschäftliches Handeln nach außen am Rechtsverkehr teilnimmt (*BAG* 09.06.2011 EzA § 102 BetrVG 2001 Nr. 27 Rn. 22).

Ein gemeinsamer Betrieb mehrerer rechtlich selbständiger Unternehmen kann auch im Zusammen- 51
hang mit einer Aufteilung eines Unternehmensträgers in mehrere rechtlich selbständige Einheiten
(**Unternehmensaufspaltung, Spaltung**) entstehen (vgl. *Fitting* § 1 Rn. 92 auch zu der Frage, ob stets eine Spaltung auf Ebene des Rechtsträgers Voraussetzung der Unternehmensspaltung ist; dies offen gelassen bei *LAG Rheinland-Pfalz* 19.01.2016 BeckRS 2016, 67820 Rn. 38; s. etwa den Fall *BAG* 07.08.1986 EzA § 4 BetrVG 1972 Nr. 5 *[Gamillscheg]*). Diese Situation tritt ein, wenn trotz der Aufspaltung des bisherigen Unternehmensträgers und der Zuordnung eines oder mehrerer Betriebsteile zu einem an der Spaltung beteiligten anderen Unternehmensträger der bis zur Aufspaltung bestehende Betrieb als organisatorische Einheit mit dem erforderlichen einheitlichen Leitungsapparat, insbesondere im Kern der betriebsverfassungsrechtlich relevanten Entscheidungen bestehen bleibt (vgl. *Fitting* § 1 Rn. 92; *Wiedemann* FS *Fleck*, S. 447 [461]). Die rechtliche Absicherung dieses einheitlichen Leitungsapparates durch die Träger des gemeinsamen Betriebs ist aber in diesem Fall ebenso erforderlich wie bei der Errichtung eines gemeinsamen Betriebs durch mehrere Unternehmen ohne vorangegangene Unternehmensaufspaltung (vgl. dazu Rdn. 48, 49). Die Zuordnung der Betriebsmittel und Arbeitnehmer an verschiedene Unternehmensträger als Folge einer Unternehmensaufspaltung führt

aber keineswegs stets zum Entstehen eines gemeinsamen Betriebs der an der Spaltung beteiligten Unternehmensträger. Wurde der von dem bisher einheitlichen Unternehmen verfolgte arbeitstechnische Zweck in einem Betrieb mit einheitlicher Leitungsstruktur verfolgt und werden Teile dieses Betriebszwecks nunmehr dem abgespaltenen Unternehmen zugeordnet, kann als Folge der Unternehmensaufspaltung auch eine Betriebsaufspaltung eintreten mit der Konsequenz, dass nunmehr die getrennten Unternehmen jeweils einen eigenen Betrieb haben. Insofern stellt der gemeinsame Betrieb mehrerer Unternehmen gewissermaßen den Gegenpol zur Betriebsaufspaltung dar (vgl. *Hohenstatt / WHSS* Kap. D Rn. 18). Die Vermutungsregelung des § 1 Abs. 2 Nr. 2 knüpft an diesen Sachverhalt an und nimmt im Wesentlichen die durch das BetrVerf-Reformgesetz aufgehobene Regelung des § 322 Abs. 1 UmwG a. F. auf (s. dazu Rdn. 56).

b) Die Vermutungsregelungen des § 1 Abs. 2

52 Nach **§ 1 Abs. 2 i. d. F. des BetrVerf-Reformgesetzes** wird das Vorliegen eines gemeinsamen Betriebs mehrerer Unternehmen in zwei Fällen vermutet, nämlich wenn zur Verfolgung arbeitstechnischer Zwecke die Betriebsmittel sowie die Arbeitnehmer von den beteiligten Unternehmen gemeinsam eingesetzt werden (§ 1 Abs. 2 Nr. 1) oder wenn die Spaltung eines Unternehmens zur Folge hat, dass ein oder mehrere Betriebsteile eines Betriebes des gespaltenen Unternehmens einem anderen an der Spaltung beteiligten Unternehmens zugeordnet werden, ohne dass sich die Organisation des betroffenen Betriebs »wesentlich ändert« (§ 1 Abs. 2 Nr. 2). **Beide Vermutungen** sind **widerlegbar** (vgl. *Reg. Begr.* BT-Drucks. 14/5741, S. 33, zu Nummer 2 [§ 1] Buchstabe c). Diese Vermutungstatbestände enthalten keine Definition des gemeinsamen Betriebs mehrerer Unternehmen. Vielmehr knüpft die gesetzliche Regelung an die bisherige Rechtsprechung des *BAG* an (*BAG* 13.08.2008 NZA-RR 2009, 255 [257]). Sie sollen insbesondere helfen, den Nachweis der Führungsvereinbarung zu erleichtern (s. *Reg. Begr.* BT-Drucks. 14/5741, S. 33 zu Nummer 2 [§ 1]). Die von der Rechtsprechung zum gemeinsamen Betrieb entwickelten Grundsätze (s. Rdn. 46 ff.) gelten daher auch nach Inkrafttreten des BetrVerf-Reformgesetzes fort (so ausdrücklich *BAG* 11.02.2004 EzA § 1 BetrVG 2001 Nr. 2 = NZA 2004, 618 [619]). Liegen die tatsächlichen Voraussetzungen des § 1 Abs. 2 nicht vor, kann immer noch aus anderen Kriterien und nach Maßgabe der bislang anerkannten Grundsätze auf das Vorliegen eines gemeinsamen Betriebs geschlossen werden (*BAG* 11.02.2004 EzA § 1 BetrVG 2001 Nr. 2; 25.05.2005 EzA § 1 BetrVG 2001 Nr. 3 = AP Nr. 28 zu § 1 BetrVG 1972 Rn. 20; *Richardi* § 1 Rn. 79; *Gamillscheg* II, S. 293; **a. M.** *Kreutz* FS *Richardi*, S. 637 [653 f.]).

53 Nach **§ 1 Abs. 2 Nr. 1** wird das Vorliegen eines gemeinsamen Betriebs vermutet, wenn die Betriebsmittel sowie die Arbeitnehmer von den beteiligten Unternehmen gemeinsam zur Erreichung arbeitstechnischer Zwecke eingesetzt werden. Diese Vorschrift wird vielfach als nichtssagend erachtet, da der gemeinsame Einsatz von Arbeitnehmern und Betriebsmitteln durch mehrere Unternehmen für bestimmte arbeitstechnische Zwecke bereits den gemeinsamen Betrieb ausmacht (vgl. *Däubler* AuR 2001, 1 [2]; *Konzen* RdA 2001, 76 [81]; *Löwisch* BB 2001, 1734; *Richardi* NZA 2001, 346 [349]). Nach der Gesetzesbegründung soll der in der Praxis oft schwierige Nachweis einer nach der Rechtsprechung erforderlichen Führungsvereinbarung (s. Rdn. 49) erleichtert werden (vgl. *Reg. Begr.* BT-Drucks. 14/5741, S. 33 zu Nr. 2 [§ 1]). Dies deutet darauf hin, dass sich die Vermutungswirkung nicht, wie der Wortlaut nahe legen könnte, auf das Vorliegen eines gemeinsamen Betriebs bezieht, sondern auf die Existenz einer Führungsvereinbarung (ebenso *BAG* 11.02.2004 EzA § 1 BetrVG 2001 Nr. 2; *Fitting* § 1 Rn. 88; *Gaul/HWK* § 1 BetrVG Rn. 23; *Konzen* RdA 2001, 76 [80]; **a. M.** *Annuß* NZA 2001, Sonderheft S. 12 [16 f.]; *Trümner/DKKW* § 1 Rn. 141; *Richardi* § 1 Rn. 73).

54 Die **Voraussetzungen der Vermutungswirkung nach Nr. 1** liegen nach dem Gesetzestext vor, wenn die Betriebsmittel von mehreren Unternehmen zur Verfolgung bestimmter arbeitstechnischer Zwecke gemeinsam eingesetzt werden. Die Literatur geht überwiegend davon aus, dass der Gesetzestext der Nr. 1 insofern verfehlt ist, und will den Terminus ›gemeinsamer Einsatz‹ durch den Ausdruck ›gemeinsame Nutzung‹ ersetzen (vgl. *Annuß* NZA 2001, Sonderheft S. 12 [16]; *Fitting* § 1 Rn. 86; *Hohenstatt/WHSS* Kap. D Rn. 24; *Richardi* § 1 Rn. 75; *Kreutz* FS *Richardi*, S. 637 [650 f.]). Anderenfalls könne der Gesetzeszweck nicht verwirklicht werden, da der gemeinsame Einsatz von Betriebsmitteln und Arbeitnehmern bereits regelmäßig den gemeinsamen Betrieb darstellt (vgl. *Annuß* NZA 2001, Sonderheft S. 12 [15]; *Richardi* § 1 Rn. 74). Dem entspricht es, dass auch die Gesetzesbegründung

die Vermutungswirkung der Nr. 1 hinsichtlich der Betriebsmittel mit der gemeinsamen Nutzung umschreibt (vgl. *Reg. Begr.* BT-Drucks. 14/5741, S. 33 zu Nummer 2 [§ 1]). Mit der überwiegenden Auffassung ist daher Nr. 1 hinsichtlich der Betriebsmittel korrigierend auszulegen und auf die gemeinsame Nutzung abzustellen. Für die Arbeitnehmer kommt eine entsprechende Korrektur bereits sprachlich nicht in Betracht (ebenso *Annuß* NZA 2001, Sonderheft S. 12 [16]; *Hohenstatt/WHSS* Kap. D Rn. 24 f.).

Für eine **gemeinsame Nutzung der Betriebsmittel** ist unabdingbare Voraussetzung die gemeinsame räumliche Unterbringung. Das räumliche Element wird zwar im Gesetzestext nicht erwähnt, wohl aber in der Gesetzesbegründung, wo ausdrücklich darauf hingewiesen wird, dass die **in einer Betriebsstätte** vorhandenen Betriebsmittel und Arbeitnehmer gemeinsam eingesetzt werden müssen (vgl. *Reg. Begr.* BT-Drucks. 14/5741, S. 33 zu Nummer 2 [§ 1]). Hinzukommen muss, dass die **Arbeitnehmer** von den Unternehmen **gemeinsam eingesetzt** werden. Dies ist dann der Fall, wenn die Arbeitserbringung aller Arbeitnehmer der Betriebsstätte im Hinblick auf die wesentlichen personellen und sozialen Fragen einheitlich gesteuert wird (in dieser Richtung *Hanau* NJW 2001, 2513; *Fitting* § 1 Rn. 87). Dies kann insbesondere in Betracht kommen, wenn aufgrund gesellschaftsrechtlicher Verflechtung dieselben Personen eine Vorgesetztenstellung einnehmen (vgl. *Bodenstedt/Schnabel* BB 2014, 1525 [1527]; *Richardi* § 1 Rn. 75; einschränkend im konkreten Fall *LAG Berlin-Brandenburg* 27.01.2015 AfP 2015, 272 [273]). Offengelassen wurde in § 1 Abs. 2 Nr. 1, auf welche Dauer hin der gemeinsame Einsatz von Betriebsmitteln und Arbeitnehmern angelegt sein muss (für eine analoge Anwendung von § 21a und damit sechs Monate *Hanau* NJW 2001, 2513; **a. M.** *Annuß* NZA 2001, Sonderheft S. 12 [17 f.]; *Gaul/HWK* § 1 BetrVG Rn. 17). Die **Vermutung** kann **widerlegt** werden durch den gegenteiligen Nachweis, dass eine Führungsvereinbarung nicht existiert (vgl. *Fitting* § 1 Rn. 89; *Stege/Weinspach/Schiefer* § 1 Rn. 19; **a. M.** *Richardi* § 1 Rn. 76; *Trümner/DKKW* § 1 Rn. 142). Da nach der Rechtsprechung eine Führungsvereinbarung auch konkludent abgeschlossen werden kann (Rdn. 47), genügt es nicht, wenn das Fehlen einer ausdrücklichen Führungsvereinbarung bewiesen wird. Es muss daher nachgewiesen werden, dass jedes der beteiligten Unternehmen den Einsatz seiner Arbeitnehmer selbst steuert (vgl. *Richardi* § 1 Rn. 76). Dies kann beispielsweise durch den Nachweis der Kündigung einer Führungsvereinbarung und Errichtung einer eigenen Leitung für die bei einem Trägerunternehmen beschäftigten Arbeitnehmer geschehen.

Die Vermutung des **§ 1 Abs. 2 Nr. 2** greift ein, wenn trotz der Spaltung eines Unternehmens und eine damit verbundene Aufspaltung eines Betriebs auf mehrere Unternehmen die Organisation des betroffenen Betriebs sich nicht wesentlich ändert. Diese Regelung entspricht weitgehend dem früheren § 322 Abs. 1 UmwG, enthält aber doch drei nicht unerhebliche Änderungen. Die Vermutung nach § 1 Abs. 2 Nr. 2 greift ein, gleichgültig, ob die Unternehmensspaltung nach dem UmwG erfolgte oder nach anderen Normen. Die Vorschrift erfasst alle Fälle der Aufspaltung, Abspaltung und Ausgliederung sowohl in Form der Gesamtrechtsnachfolge als auch der Einzelrechtsnachfolge (*Reg. Begr.* BT-Drucks. 14/5741, S. 33 r. Sp.). Der insoweit bislang bestehende Meinungsstreit hat sich damit erledigt (vgl. zu diesem Meinungsstreit *Kraft* 6. Aufl., § 4 Rn. 27 f.). § 322 Abs. 1 griff nur ein, wenn die Organisation des Betriebs **nicht geändert** wurde, d. h. wenn die bisherige Organisation nicht angetastet wurde (vgl. *Reg. Begr.* zum UmwG, BR-Drucks. 74/94, S. 147). Demgegenüber greift die Vermutung nach § 1 Abs. 2 Nr. 2 bereits dann ein, wenn die Organisation des Betriebs sich **nicht »wesentlich« ändert** (vgl. bereits zum BetrVG 1972 *Düwell* NZA 1996, 393 [398]; *Heither* JArbR Bd. 36 [1998], 1999, S. 37 [44]). Der vom Gesetz verwendete Begriff »wesentlich« ist ein unbestimmter Rechtsbegriff, dessen Konkretisierung den Gerichten obliegt. Voraussetzung für das Eingreifen der Vermutung dürfte nach wie vor sein, dass auch nach der Unternehmensaufspaltung der oder die bisherigen arbeitstechnische(n) Zweck(e) in dem Betrieb weiter verfolgt werden und das hierfür schon bisher bestimmte sachliche, immaterielle und personelle Substrat und die einheitliche Leitung in Bezug auf den Kern der betriebsverfassungsrechtlich relevanten Arbeitgeberfunktionen beibehalten werden (vgl. *Heinze* ZfA 1997, 1 [11]; *Lutter/Joost* UmwG, § 322 Rn. 13; *LAG Berlin-Brandenburg* 20.04.2015 LAGE § 36 ZPO 2002 Nr. 5 Rn. 28). Liegen diese Voraussetzungen vor, wird die Existenz einer für einen gemeinsamen Betrieb erforderlichen Führungsvereinbarung vermutet. Im Streitfall hat diese Voraussetzungen derjenige zu beweisen, der sich auf das Bestehen eines gemeinsamen Betriebs beruft. Die Vermutung ist widerlegbar (vgl. *Reg. Begr.* zum UmwG, BR-Drucks. 74/94, S. 174; zum BetrVerf-Reformgesetz BT-Drucks. 14/5741, S. 33 r. Sp.; *Boecken* Unternehmensumwandlungen, Rn. 390 ff.;

Heinze ZfA 1997, 1 [11]; *Lutter/Joost* UmwG, § 322 Rn. 13; *Wlotzke* DB 1995, 40 [46]; s. a. BAG 29.09.2004 AP Nr. 40 zu § 99 BetrVG 1972 Versetzung).

57 Während § 1 Abs. 2 Nr. 2 für die Anwendung des Betriebsverfassungsgesetzes das Vorliegen einer entsprechenden Leitungsvereinbarung und damit das Vorliegen eines gemeinsamen Betriebs nur »vermutet«, **fingiert** § 322 UmwG i. d. F. des BetrVerf-Reformgesetzes das Vorliegen eines gemeinsamen Betriebs i. S. d. **Kündigungsschutzgesetzes**, allerdings nur, wenn der Betrieb nach der Unternehmensaufspaltung von allen oder von einem Teil der an der Spaltung beteiligten Rechtsträger »gemeinsam« geführt wird. Das Vorliegen dieser Voraussetzung wird aber weder fingiert noch vermutet; es ist erforderlichenfalls von demjenigen darzulegen bzw. zu beweisen, der sich darauf beruft. Angesichts dieser Situation kann § 322 UmwG nur klarstellende Funktion zukommen (vgl. zum früheren § 322 Abs. 2 UmwG *Bauer/Lingemann* NZA 1994, 1057 [1060]; *Boecken* Unternehmensumwandlungen, Rn. 287 ff. [289, 290]; *Heinze* ZfA 1997, 1 [12]; zweifelnd *Lutter/Joost* UmwG, § 322 Rn. 13).

5. Veränderungen

a) Wechsel des arbeitstechnischen Zwecks und Verlegung

58 Der **Wechsel** des arbeitstechnischen **Zweckes** hat, wenn die Organisation des Betriebs und die Belegschaft im Wesentlichen unverändert bleiben, keinen Einfluss auf den Fortbestand des Betriebs (vgl. BAG 23.09.1982 EzA § 1 BetrVG 1972 Nr. 3 = AP Nr. 3 zu § 4 BetrVG 1972; *Richardi* § 1 Rn. 26; vgl. auch *Rose/HWGNRH* § 1 Rn. 32 f.). Dasselbe gilt für einen **gemeinsamen Betrieb mehrerer Unternehmen**. Hier führt die bloße Veränderung des Betriebszwecks eines der beteiligten Trägerunternehmen nicht zur Auflösung des gemeinsamen Betriebs. Nach Auffassung des *BAG* kommt es darauf an, ob die Fortführung der Betriebsteile durch die jeweiligen Trägerunternehmen auf das Fortbestehen eines Gemeinschaftsbetriebs schließen lässt (vgl. BAG 29.11.2007 EzA § 1 KSchG Soziale Auswahl Nr. 79). Ebenso wenig endet der Betrieb durch räumliche **Verlegung des Betriebs**, sofern die Belegschaft im Wesentlichen erhalten bleibt und die bislang zwischen Arbeitgeber und Arbeitnehmern bestehende Betriebsgemeinschaft nicht aufgelöst wird (vgl. *Fitting* § 1 Rn. 111; *Galperin/Löwisch* § 1 Rn. 19; *Richardi* § 1 Rn. 38). Dasselbe gilt für die nur **vorübergehende Unterbrechung** der Betriebstätigkeit (vgl. *Fitting* § 1 Rn. 112).

b) Wechsel des Inhabers

59 Auch der Wechsel in der Person des Inhabers ändert nichts an der Betriebsidentität, was mittelbar für den rechtsgeschäftlichen Betriebsinhaberwechsel aus § 613a BGB folgt (vgl. *Fitting* § 1 Rn. 115; *Galperin/Löwisch* § 1 Rn. 17, 24; *Richardi* § 1 Rn. 88). Ein Betriebsinhaberwechsel im Sinne von § 613a BGB ist auch im Gemeinschaftsbetrieb möglich, wenn eines der beteiligten Trägerunternehmen einen Betriebsteil von einem anderen Trägerunternehmen übernimmt (*BAG* 15.02.2007 EzA § 613a BGB 2002 Nr. 66 Rn. 34 ff.).

6. Unternehmens- und Betriebsaufspaltung

60 Zur Unternehmens- und Betriebsaufspaltung s. *Kreutz* § 21 Rdn. 45 und § 21a Rdn. 14 ff.

7. Einstellung des Betriebs

61 Der Betrieb **endet**, sobald der Inhaber den Entschluss, die organisatorische Einheit zur Erreichung eines arbeitstechnischen Zweckes auf Dauer oder für einen seiner Dauer nach unbestimmten, wirtschaftlich nicht unerheblichen Zeitraum aufzulösen, nach außen objektiv erkennbar macht, etwa durch endgültige Einstellung, Eingliederung in einen anderen Betrieb, durch Zusammenlegung mit einem anderen Betrieb, verbunden mit der Bildung eines neuen einheitlichen Betriebs oder durch Spaltung in zwei oder mehrere selbständige Betriebe (vgl. *Fitting* § 1 Rn. 112 ff.; *Galperin/Löwisch* § 1 Rn. 22 ff.; *Richardi* § 1 Rn. 87; zur Betriebsstilllegung vgl. *Oetker* § 111 Rdn. 67 ff.; vgl. auch *BAG* 12.02.1987 EzA § 613a BGB Nr. 64 = AP Nr. 67 zu § 613a BGB; 28.04.1988 EzA § 613a BGB Nr. 80 = AP Nr. 74 zu § 613a BGB Bl. 4). Nicht ausreichend ist eine durch tatsächliche Umstände

(z. B. Naturkatastrophen, Arbeitskämpfe) bedingte nur vorübergehende Unterbrechung (vgl. *BAG* 16.06.1987 EzA § 111 BetrVG 1972 Nr. 21). Die **Auflösung eines gemeinsamen Betriebs mehrerer Unternehmen**, etwa indem alle beteiligten Unternehmen bis auf eines ihre betriebliche Tätigkeit einstellen (s. beispielsweise *BAG* 19.11.2003 EzA § 102 BetrVG 2001 Nr. 4), führt nicht notwendigerweise zur Beendigung des Betriebs. Der Betrieb als solcher endet wie auch sonst erst, wenn die betrieblichen Leitungsstrukturen unter Veränderung der Betriebsidentität aufgelöst werden (vgl. *BAG* 19.11.2003 EzA § 102 BetrVG 2001 Nr. 4; dazu *Annuß/Hohenstatt* NZA 2004, 420).

IV. Betriebsrat

1. Allgemeines

Das Betriebsverfassungsgesetz regelt die **Mitbestimmung der Arbeitnehmer** in den Betrieben. In einem gewissen Widerspruch dazu steht die Tatsache, dass die Arbeitnehmer als solche von wenigen Ausnahmen abgesehen keine Befugnisse im Rahmen des Gesetzes besitzen, die sie selbst ausüben können. Im Wesentlichen beschränken sich die Rechte der Arbeitnehmer auf die Wahl des Betriebsrats und die damit zusammenhängenden Fragen (vgl. §§ 7, 8, 14 Abs. 3 und 4, 14a, 17 Abs. 2), auf die Teilnahme an Betriebs-, Abteilungs- und Jugend- und Auszubildendenversammlungen (§ 42 Abs. 1, § 71) und die Entgegennahme von Informationen des Unternehmers (§ 110). Anders als im Betriebsverfassungsgesetz 1952 sind allerdings auch Informations- und Beschwerderechte der einzelnen Arbeitnehmer in sie persönlich betreffenden Angelegenheiten vorgesehen (§§ 81 ff.). Im Übrigen werden die kollektiven Mitwirkungsrechte dem Arbeitgeber gegenüber **ausschließlich durch den Betriebsrat** (gegebenenfalls auch durch eine Arbeitnehmervertretung nach § 3 Abs. 1 Nr. 1 bis 3, durch den Gesamt- bzw. Konzernbetriebsrat) wahrgenommen. Auch die Jugend- und Auszubildendenvertretung, die das Betriebsverfassungsgesetz 1972 erstmals als eigene Institution vorsieht, übt ihre Befugnisse nicht gegenüber dem Arbeitgeber unmittelbar, sondern durch den Betriebsrat aus (vgl. dazu *Oetker* vor § 60 Rdn. 18 f.). **62**

Es ist heute unbestritten, dass der Betriebsrat die ihm übertragenen betriebsverfassungsrechtlichen Befugnisse **im eigenen Namen**, wenn auch fremdnützig, ausübt und dass die Pflichten aus dem Gesetz ihn selbst treffen (h. M.; vgl. z. B. *Fitting* § 1 Rn. 195 ff.; *Hueck/Nipperdey* II/2, S. 1084; *von Hoyningen-Huene* Betriebsverfassungsrecht, § 4 II 1; *Richardi* Einl. Rn. 99; *Wedde/DKKW* Einl. Rn. 128). Unklarheit besteht jedoch nach wie vor über die rechtliche Qualifikation des Betriebsratsamtes, über das Verhältnis des Betriebsrats zur Belegschaft sowie über die Rechtsnatur des Betriebsrats (vgl. z. B. *Konzen* ZfA 1985, 469 [484]). Für die Charakterisierung der Rechtsstellung des Betriebsrats werden verschiedene Begriffe, teils isoliert, teils nebeneinander, teils miteinander vermischt, verwendet. Er wird bezeichnet als gesetzlicher Vertreter (z. B. *Kaskel/Dersch* 4. Aufl. 1932, S. 330; *Hueck/Nipperdey* 3./5. Aufl., Bd. II, S. 545), als Organ der Belegschaft, der Arbeitnehmerschaft oder der Betriebsverfassung (vgl. z. B. *Erdmann* § 1 Rn. 5; *Fitting* § 1 Rn. 186 ff.; *Kunze* FS *Schilling*, S. 333 [340]; *Loritz/ZLH* Arbeitsrecht, § 49 Rn. 13), als Träger eines privaten Amtes (vgl. *Belling* Haftung des Betriebsrats, S. 115, 131; *Nikisch* III, S. 19; auch *Hueck/Nipperdey* II/2, S. 1093) oder als eigenständiger Verwalter (vgl. *Neumann-Duesberg* S. 229). Wie wenig dogmatisch gefestigt die verschiedenen Auffassungen sind, zeigt sich darin, dass z. T. die verschiedenen Begriffe nebeneinander zur Kennzeichnung der Stellung des Betriebsrats verwendet werden. So sprechen etwa *Fitting* (§ 1 Rn. 190) von der Tätigkeit »im eigenen Namen« (§ 1 Rn. 190) und einem »Organ der Betriebsverfassung« (§ 1 Rn. 186). *Galperin/Löwisch* (vor § 1 Rn. 19) meinen, die Arbeitnehmerschaft werde vom Betriebsrat »repräsentiert«, er sei »Betriebsverfassungsorgan«. *Von Hoyningen-Huene* (Betriebsverfassungsrecht § 4 II 1) spricht von einem »Repräsentationsorgan« der Belegschaft (vgl. auch *Wedde/DKKW* Einl. Rn. 128: Organ der Belegschaft und Verfassungsorgan des Betriebs). **63**

Bei der Diskussion um die begriffliche Umschreibung der Rechtsstellung des Betriebsrats ist stets zu beachten, dass rechtliche Folgerungen aus der Bezeichnung oder aus der Einordnung der Stellung des Betriebsrats in das Rechtssystem nicht gezogen werden können. Maßgeblich für seine Rechte und Pflichten ist nur die konkrete Regelung im Betriebsverfassungsgesetz. Aus dem Gesetz ergibt sich aber jedenfalls folgendes: Der Betriebsrat ist zur Wahrnehmung seiner Befugnisse durch allgemeine **64**

Wahlen legitimiert, an denen alle wahlberechtigten Personen (§ 7) teilnehmen können. Der Betriebsrat nimmt die ihm vom Gesetz übertragenen Rechte im eigenen Namen wahr, er hat die gesetzlichen Pflichten selbst zu erfüllen (vgl. § 23 Abs. 1). Bei seiner Tätigkeit hat er die Interessen der Arbeitnehmer zu berücksichtigen und zu deren Wohl, aber auch zum Wohl des Betriebes mit dem Arbeitgeber zusammenzuarbeiten (vgl. § 2 Abs. 1). Der Betriebsrat hat mit wenigen Ausnahmen (vgl. z. B. § 85) kollektive Interessen der Belegschaft zu vertreten, und zwar auch die Interessen derjenigen Arbeitnehmer, die nicht wahlberechtigt sind oder ihn nicht gewählt haben. Er ist bei seiner Tätigkeit von Weisungen der Arbeitnehmer unabhängig, der einzelne Arbeitnehmer kann auf Mitwirkungsbefugnisse des Betriebsrats nicht verzichten, der Betriebsrat kann während seiner Amtsdauer nicht abgewählt werden (vgl. *Konzen* ZfA 1985, 469 [481 ff.]).

65 Kennzeichnend für die rechtliche Stellung des Betriebsrats ist demnach, dass er durch (betriebs-)demokratische Wahl legitimiert ist und die Mitwirkungs- und Mitbestimmungsrechte der Arbeitnehmer im eigenen Namen und unabhängig von Weisungen der Arbeitnehmer ausübt. Daher bietet sich für die Beschreibung seiner Stellung die Bezeichnung »**Repräsentant**« **der Belegschaft** an. Dass mit diesem Begriff herkömmlich ein Strukturprinzip des Staatsrechts bezeichnet wird, steht dem nicht entgegen, zumal die Struktur der Belegschaft als einer durch Gesetz verfassten Gemeinschaft und die gesetzliche Stellung des nicht abwählbaren Betriebsrats eine gewisse Ähnlichkeit mit dem Staatsvolk und ihren Repräsentanten aufweist.

66 Zu Recht wird deshalb die Bezeichnung »Repräsentant« der Belegschaft für die Stellung des Betriebsrats heute überwiegend verwendet (vgl. *Fitting* § 1 Rn. 188; *Galperin/Löwisch* vor § 1 Rn. 19; *von Hoyningen-Huene* Betriebsverfassungsrecht, § 4 II 1a; *Hueck/Nipperdey* II/2, S. 1091; *Richardi* Einl. Rn. 101, 105, vgl. aber dort auch Rn. 102, wo vom »Amtswalter« die Rede ist; *Wedde/DKKW* Einl. Rn. 127). Allerdings können aus dieser begrifflichen Einordnung keine Folgerungen für die vermögens- und haftungsrechtliche Stellung des Betriebsrates (vgl. dazu Rdn. 72 ff.) gezogen werden (vgl. *Loritz/ZLH* Arbeitsrecht, § 49 Rn. 13).

2. Beteiligungsrechte des Betriebsrates

a) Überblick

67 Das Gesetz sieht Beteiligungsrechte des Betriebsrats in unterschiedlicher Form und Stärke vor. In der Überschrift des Vierten Teils (§§ 74 ff.) ist von Mitwirkung und Mitbestimmung die Rede. Die gesetzlichen Regelungen lassen jedoch weitere Differenzierungen erkennen. Trotz gewisser Unterschiede bei der systematisierenden Gruppenbildung in der Literatur besteht wohl hinsichtlich der verschiedenen Formen der Beteiligungsrechte im wesentlichen Einigkeit (vgl. *Fitting* § 1 Rn. 242 ff.; *von Hoyningen-Huene* Betriebsverfassungsrecht, § 11 I; *Richardi* Vorbem. z. 4. Teil Rn. 21 ff.; *Loritz/ZLH* Arbeitsrecht, § 50 Rn. 1 ff.). Auch außerhalb des Betriebsverfassungsgesetzes sind Beteiligungsrechte (Informationsrechte) des Betriebsrats geregelt (vgl. dazu *Pulte* NZA 2000, 234; *ders.* NZA-RR 2008, 113). So ist z. B. nach § 5 Abs. 3 **UmwG** dem zuständigen Betriebsrat eines an einer Verschmelzung beteiligten Rechtsträgers der Verschmelzungsvertrag oder sein Entwurf zuzuleiten (vgl. *Oetker* vor § 106 Rdn. 23 ff.). Die Erfüllung dieser Informationspflicht ist bei Anmeldung der Verschmelzung beim zuständigen Registergericht nachzuweisen (§ 17 Abs. 1 UmwG). Gleiches gilt bei der Spaltung für den Spaltungs- und Übernahmevertrag bzw. dessen Entwurf (§ 126 Abs. 3 UmwG), beim Formwechsel für den Umwandlungsbeschluss (§ 194 Abs. 2 UmwG) und kraft Verweisung in den §§ 176, 177 UmwG auch bei der Vermögensübertragung für den Übertragungsvertrag. Auch das Gesetz über Teilzeitarbeit und befristete Arbeitsverträge (**TzBfG**) sieht in § 7 Abs. 3, § 20 Informationsrechte des Betriebsrats vor.

68 Von den im Betriebsverfassungsgesetz vorgesehenen Beteiligungsrechten sind im Einzelnen zu nennen:
– **Informationsrechte** des Betriebsrats entweder im Zusammenhang mit besonderen Beteiligungsrechten (z. B. §§ 92, 99, 102, 105, 108 Abs. 5) oder als allgemeiner, aufgabenbezogener Informationsanspruch (§ 80 Abs. 2 Satz 1);
– **Anhörungs- und Vorschlagsrechte** (vgl. z. B. §§ 102, 92 Abs. 2, 92a Abs. 1);
– **Beratungsrechte** (vgl. z. B. §§ 90, 92a);

Errichtung von Betriebsräten § 1

– **Mitbestimmungsrechte** in der Form eines Zustimmungsverweigerungsrechtes (§ 99) oder in der Form eines Zustimmungserfordernisses (§ 87 Abs. 1).

Soweit das Gesetz Beteiligungsrechte des Betriebsrats vorsieht, entsprechen diesen Beteiligungsrechten Pflichten des Arbeitgebers, deren Verletzung die Sanktionen der §§ 23 und 121 auslösen kann. Zu der Frage, ob und inwieweit dem Betriebsrat zur Sicherung oder Durchsetzung seiner Mitwirkungsrechte allgemeine Unterlassungsansprüche gegen den Arbeitgeber zustehen, vgl. *Oetker* § 23 Rdn. 148 ff.; *Lobinger* ZfA 2004, 101 ff.; *Raab* Negatorischer Rechtsschutz des Betriebsrats gegen mitbestimmungswidrige Maßnahmen des Arbeitgebers, 1993. **69**

b) Veränderung der Beteiligungsrechte durch Kollektivvertrag

Weitgehend Einigkeit besteht darüber, dass die **Organisation** der Betriebsverfassung im Gesetz **zwingend und abschließend** normiert ist, soweit das Gesetz nicht selbst ausdrücklich Ausnahmen zulässt, wie etwa in §§ 3, 21a Abs. 1 Satz 4, 38 Abs. 1 Satz 5, 47 Abs. 4 und 9, 55 Abs. 4, 72 Abs. 4 und 8, 73a Abs. 4, 76 Abs. 8, 76a Abs. 5, 117 Abs. 2 (ausführlich hierzu *Wißmann* Tarifliche Gestaltung der betriebsverfassungsrechtlichen Organisation, 2000, S. 46 ff. [59]). Dies gilt für die Frage der Betriebsratsfähigkeit, für die Art der Repräsentation der Arbeitnehmer, für die Wahl, die Organisation und Zuständigkeit der betriebsverfassungsrechtlichen Institutionen, aber auch für die Befugnisse der Gewerkschaften und Arbeitgebervereinigungen im Rahmen der Betriebsverfassung (vgl. dazu *Däubler/DKKW* Einl. Rn. 81; *Rose/HWGNRH* Einl. Rn. 249 ff.; *Hueck/Nipperdey* II/1, S. 793; *Nikisch* III, S. 31; *Richardi* Einl. Rn. 135 f., 143, § 2 Rn. 143; s. *Wiese* Einl. Rdn. 105; vgl. auch § 3 Rdn. 3; **a. M.** *Trümner/DKKW* § 3 Rn. 7 ff.). **70**

Unbestritten ist, dass die gesetzlichen Beteiligungsrechte des Betriebsrats durch Kollektivvertrag **nicht eingeschränkt** werden können (vgl. *Däubler/DKKW* Einl. Rn. 75; *Fitting* § 1 Rn. 247; *Rose/HWGNRH* Einl. Rn. 282 ff.; *Richardi* Einl. Rn. 139, 144). Umstritten ist hingegen nach wie vor die Frage, ob und ggf. inwieweit die gesetzlichen Beteiligungsrechte durch Tarifvertrag oder Betriebsvereinbarung **erweitert** werden können (vgl. dazu *Däubler/DKKW* Einl. Rn. 87 ff.; *Fitting* § 1 Rn. 248 ff.; *Rose/HWGNRH* Einl. Rn. 282, 288 ff.; *Richardi* Einl. Rn. 145 ff.; *ders.* NZA 1988, 673). Da eine einheitliche Antwort auf diese Frage für alle Beteiligungsrechte nicht gegeben werden kann, wird dieses Problem bei den jeweiligen Beteiligungsrechten erörtert. Zum Bereich der sozialen Angelegenheiten vgl. *Wiese* § 87 Rdn. 7 ff.; zum Bereich der personellen Angelegenheiten vgl. *Raab* vor § 92 Rdn. 10 ff.; zum Bereich der wirtschaftlichen Angelegenheiten vgl. *Oetker* vor § 106 Rdn. 12 ff. **71**

3. Die vermögensrechtliche Stellung des Betriebsrats

Nach bisher nahezu einhelliger Meinung ist der Betriebsrat, da er nicht rechtsfähig, auch nicht vermögensfähig (vgl. *BAG* 24.04.1986 EzA § 1 BetrVG 1972 Nr. 4 = AP Nr. 7 zu § 87 BetrVG 1972; *Fitting* § 1 Rn. 194; *Galperin/Löwisch* § 1 Rn. 36; *Rose/HWGNRH* Einl. Rn. 102; *Richardi/Thüsing* vor § 26 Rn. 8; *Wedde/DKKW* Einl. Rn. 141; *von Hoyningen-Huene* Betriebsverfassungsrecht, § 4 II 2; *Konzen* ZfA 1985, 469 [485]). **72**

Diese Feststellung gilt allerdings nicht absolut. Soweit das Gesetz dem Betriebsrat ausdrücklich Rechte zuerkennt oder ihm Pflichten auferlegt, muss man von seiner partiellen betriebsverfassungsrechtlichen Rechtsfähigkeit (Teilrechtsfähigkeit) ausgehen (vgl. *BAG* 29.09.2004 EzA § 40 BetrVG 2001 Nr. 7 = AP Nr. 81 zu § 40 BetrVG 1972; 24.10.2001 EzA § 22 BetrVG 1972 Nr. 2 = AP Nr. 71 zu § 40 BetrVG 1972 Bl. 2R *[Wiese]*; *Konzen* ZfA 1985, 469 [486]; *Wiese* Einl. Rdn. 102; *Wedde/DKKW* Einl. Rn. 142). Dies gilt z. B. für den Informationsanspruch nach § 80 Abs. 2 und die Beteiligungsfähigkeit nach § 10 ArbGG. Die Kostenpflicht des Arbeitgebers in § 40 Abs. 1 und die Pflicht des Arbeitgebers nach § 40 Abs. 2, dem Betriebsrat die Sachmittel für seine Tätigkeit zur Verfügung zu stellen, zeigen, dass der Betriebsrat insoweit, d. h. im Rahmen des Betriebsverfassungsgesetzes und im Verhältnis zum Arbeitgeber auch Träger vermögensrechtlicher Ansprüche und Rechtspositionen sein kann. Zwischen Arbeitgeber und Betriebsrat wird durch § 40 ein gesetzliches Schuldverhältnis begründet (vgl. *BAG* 24.10.2001 EzA § 22 BetrVG 1972 Nr. 2 = AP Nr. 71 zu § 40 BetrVG 1972 Bl. 2 R *[Wiese]*; *Richardi* Einl. Rn. 112; *Wedde/DKKW* Einl. Rn. 142; *Weber* § 40 Rdn. 20 ff., 209; **73** zu der wesentlich weiter reichenden Annahme eines »Betriebsverhältnisses« i. S. eines gesetzlichen Dauerschuldverhältnisses eigener Art vgl. *von Hoyningen-Huene* Betriebsverfassungsrecht, § 4 III 2, dazu Rdn. 78). Soweit dem Betriebsrat ein Vorschuss für die Bestreitung der erforderlichen Kosten zur Verfügung gestellt wird, steht dieser Betrag allerdings weiter im Eigentum des Arbeitgebers, der Betriebsrat hat lediglich die Verfügungsbefugnis darüber (vgl. *Jahnke* RdA 1975, 343 [344]; *Weber* § 40 Rdn. 211; **a. M.** wohl *Richardi* Einl. Rn. 112: Es entsteht ein Fonds, der unmittelbar dem Betriebsrat zugeordnet wird). Sachmittel, die dem Betriebsrat zur Verfügung gestellt werden, bleiben im Eigentum des Arbeitgebers (vgl. *Richardi* Einl. Rn. 114).

74 Der Betriebsrat hat nach Maßgabe des Betriebsverfassungsgesetzes auch die Befugnis, Dritte, etwa Sachverständige, Anwälte oder Beisitzer einer Einigungsstelle zu beauftragen (vgl. z. B. § 80 Abs. 3, § 111 Satz 2). Hierdurch wird allerdings der Betriebsrat als Organ wegen seiner insoweit auf die Betriebsverfassung begrenzten Teilrechtsfähigkeit selbst nicht berechtigt und verpflichtet (**a. M.** *BGH* 25.10.2012 EzA § 40 BetrVG 2001 Nr. 24 Rn. 13 ff. *[Müller]* = JZ 2013, 573 *[Preis/Ulber]*). Denn der Freistellungsanspruch des Betriebsrats gegenüber dem Arbeitgeber aus § 40 Abs. 1 (vgl. *BAG* 29.07.2009 EzA § 40 BetrVG 2001 Nr. 15 Rn. 20 = AP Nr. 93 zu § 40 BetrVG 1972) setzt nicht »notwendig das Bestehen einer eigenen Verpflichtung des Betriebsrats« voraus (so aber *BGH* 25.10.2012 EzA § 40 BetrVG 2001 Nr. 24 Rn. 13 *[Müller]* = JZ 2013, 573 *[Preis/Ulber]*), da auch dem einzelnen Betriebsratsmitglied ein entsprechender Freistellungsanspruch zustehen kann (s. *Weber* § 40 Rdn. 221; *Franzen* FS *von Hoyningen-Huene,* S. 87 [92]). Durch solche Verträge kann allerdings der Arbeitgeber ebenso wenig verpflichtet werden, es sei denn, er hat dem Vertragsschließenden eine entsprechende Vollmacht erteilt (vgl. *Richardi* Einl. Rn. 113; *Wedde/DKKW* Einl. Rn. 145; *Weber* § 40 Rdn. 24) oder allgemeine Rechtsscheinstatbestände greifen ein (vgl. *von Hoyningen-Huene* GS *Blomeyer* S. 141 [151 f.]). Der gegenteiligen Ansicht von *Jahnke* (RdA 1975, 343 [346, 347]) und *Glock* (HWGNRH § 40 Rn. 93) kann nicht gefolgt werden. Anhaltspunkte für eine gesetzliche Vertretungsmacht des Betriebsrats für den Arbeitgeber oder eine Verpflichtungsermächtigung zu Lasten des Arbeitgebers lassen sich dem Gesetz nicht entnehmen (vgl. *Richardi* Einl. Rn. 113). Eine derartige Konstruktion ist auch zur sachgerechten Lösung nicht erforderlich. Hat der Betriebsrat das Recht, Dritte beizuziehen, ist der Arbeitgeber verpflichtet, die entsprechenden Verträge abzuschließen. Hat der Betriebsrat selbst abgeschlossen, so haften zunächst die Betriebsratsmitglieder, die im eigenen Namen gehandelt bzw. dem zugrundeliegenden Beschluss zugestimmt haben, gesamtschuldnerisch (zust. *Lüders/Weller* DB 2015, 2149 [2152 f.]; **a. M.** *Wedde/DKKW* Einl. Rn. 143 f.); sie haben dann, soweit die Kostenpflicht des Arbeitgebers reicht, gegen diesen einen Freistellungs- oder Erstattungsanspruch (vgl. *Loritz/ZLH* Arbeitsrecht, § 49 Rn. 59). Eine unmittelbare Haftung des Arbeitgebers Dritten gegenüber aus § 40 kommt nicht in Betracht (vgl. *Weber* § 40 Rdn. 24). Die Betriebsratsmitglieder können aber ihren Freistellungsanspruch aus § 40 an den Dritten abtreten.

75 Gegen diese Lösung werden Bedenken erhoben, weil die Handlungs- und Funktionsfähigkeit der Betriebsratsarbeit aufgrund des Risikos einer Eigenhaftung der einzelnen Betriebsratsmitglieder leiden könnte (so *BGH* 25.10.2012 EzA § 40 BetrVG 2001 Nr. 24 Rn. 17 *[Müller]* = JZ 2013, 573 *[Preis/Ulber]*; *Wedde/DKKW* Einl. Rn. 143, 144). Diese Bedenken erscheinen unbegründet. Der Betriebsrat ist niemals gezwungen, selbst zu kontrahieren, sondern kann vom Arbeitgeber den Abschluss der entsprechenden Verträge verlangen. Sollte sich dieses Vorgehen aus Zeit- oder anderen Gründen – etwa im Rahmen von § 111 – nicht anbieten, kann der Betriebsrat das Risiko, dass der Arbeitgeber im Ergebnis nicht haftet, weil die Grenze des § 40 nicht eingehalten wurde, durch vertragliche Haftungsausschlüsse auf den Dritten abwälzen. Dieses Risiko trägt der Dritte (wenn auch verdeckt) nach der gegenteiligen Auffassung des *BGH* ebenfalls, da ihm bei fehlender Kostenpflicht des Arbeitgebers nur der vermögenslose Betriebsrat als Schuldner verbleiben würde (vgl. *BAG* 29.07.2009 EzA § 40 BetrVG 2001 Nr. 15 Rn. 16 ff. = AP Nr. 93 zu § 40 BetrVG 1972; *Franzen* FS *von Hoyningen-Huene,* S. 87 [93]). Benennt der Betriebsrat betriebsfremde Beisitzer einer Einigungsstelle und werden diese bestellt, so steht ihnen nunmehr kraft Gesetzes ein Honoraranspruch gegen den Arbeitgeber nach § 76a zu (vgl. *Fitting* § 1 Rn. 204; *Jacobs* § 76a Rdn. 21 ff.; vgl. auch *BAG* 14.01.1983 EzA § 76 BetrVG 1972 Nr. 34 = AP Nr. 12 zu § 76 BetrVG 1972). Trifft der Betriebsrat zusätzlich eine Honorarvereinbarung mit einem Beisitzer, so kann der Arbeitgeber dadurch nur verpflichtet werden, wenn er eine entsprechende Vollmacht erteilt hatte (vgl. *Jacobs* § 76a Rdn. 8).

Errichtung von Betriebsräten § 1

Außerhalb der im Betriebsverfassungsgesetz für den Betriebsrat festgelegten Rechte und Pflichten 76
fehlt diesem die Rechtsfähigkeit. Er kann weder Gläubiger noch Schuldner privatrechtlicher Ansprüche noch Inhaber anderer Rechte sein. Eine gleichsam »bewegliche Teilrechtsfähigkeit«, wie sie der *BGH* (25.10.2012 EzA § 40 BetrVG 2001 Nr. 24 Rn. 12 ff. *[Müller]*) im Ergebnis begründet, ist abzulehnen (*Franzen* FS *von Hoyningen-Huene*, S. 87 [94]; so auch gegen eine »relative Parteifähigkeit« im Zivilprozess *Fischer* NZA 2014, 343 [346 ff.]). Zur möglichen Verpflichtung der Mitglieder des Betriebsrats vgl. Rdn. 79 ff.; vgl. auch *BAG* 24.04.1986 EzA § 1 BetrVG 1972 Nr. 4 *[Weber]* = AP Nr. 7 zu § 87 BetrVG 1972; *Fitting* § 1 Rn. 212 ff.; *Wedde/DKKW* Einl. Rn. 141.

4. Haftung des Betriebsrats und seiner Mitglieder

a) Haftung des Betriebsrats

Der Betriebsrat als solcher kann kein Träger von Vermögen sein (vgl. Rdn. 72 ff.), es sei denn, das Be- 77
triebsverfassungsgesetz räumt dies ausdrücklich ein, wie etwa im Bereich des § 40. Das Gesetz benennt den Betriebsrat auch an keiner Stelle als Träger von Schadensersatzpflichten. Daher muss nach wie vor davon ausgegangen werden, dass der Betriebsrat als Gremium nicht Schuldner von Schadensersatzansprüchen sein kann (vgl. *BAG* 24.04.1986 EzA § 1 BetrVG 1972 Nr. 4 *[Weber]* = AP Nr. 7 zu § 87 BetrVG 1972; *Gamillscheg* II, S. 576; *Brill* AuR 1980, 353 [354]; *Fitting* § 1 Rn. 209 f.; *Galperin/Löwisch* vor § 1 Rn. 36; *Rose/HWGNRH* Einl. Rn. 102; *von Hoyningen-Huene* Betriebsverfassungsrecht, § 4 II 2; *Jahnke* RdA 1975, 345; *Richardi/Thüsing* vor § 26 Rn. 8; *Wedde/DKKW* Einl. Rn. 149).

Zum Teil wird die Auffassung vertreten, zwischen Arbeitgeber und Betriebsrat bestehe ein allgemeines 78
gesetzliches Schuldverhältnis (vgl. *Neumann-Duesberg* NJW 1954, 617 ff.: »Sozialrechtsverhältnis«; *Heinze* ZfA 1988, 53 [72]; *von Hoyningen-Huene* NZA 1989, 121 ff.: »Betriebsverhältnis«; ders./MünchArbR § 213 Rn. 2 ff.). Abgeleitet wird dieses gesetzliche Schuldverhältnis aus den verschiedenen betriebsverfassungsrechtlichen Rechten und Pflichten der Betriebspartner, vornehmlich aus dem Gebot der vertrauensvollen Zusammenarbeit, wie es sich aus §§ 2 Abs. 1, 74 Abs. 1 ergibt (vgl. *Heinze* ZfA 1988, 53 [73]; *von Hoyningen-Huene* NZA 1989, 121 [123]). Richtig daran ist, dass aus einzelnen Bestimmungen des Betriebsverfassungsgesetzes, wie z. B. aus den §§ 20 Abs. 3 Satz 1 (Erstattung der Wahlkosten), 40 Abs. 1 und 2 (Ansprüche auf Kostentragung bzw. zur Verfügungstellung von Sachmitteln) punktuell gesetzliche Schuldverhältnisse zwischen Arbeitgeber und Betriebsrat entstehen und dass derartige gesetzliche Schuldverhältnisse von dem Gebot zur vertrauensvollen Zusammenarbeit inhaltlich mitgeprägt werden (vgl. dazu § 2 Rdn. 11 ff.). Aus einem Verstoß gegen Pflichten aus diesen gesetzlichen Schuldverhältnissen kann aber keine Haftung einer der beiden Seiten analog § 280 BGB abgeleitet werden. Der Inhalt des gesetzlichen Schuldverhältnisses und die Rechtsfolgen einer Verletzung daraus resultierender Pflichten können sich nur aus dem Betriebsverfassungsgesetz ergeben (vgl. *Konzen* ZfA 1985, 469 [474]). Für die Frage der Haftung des Betriebsrats ist daher die Annahme eines gesetzlichen Schuldverhältnisses zwischen Arbeitgeber und Betriebsrat ohne Bedeutung. Der Betriebsrat als solcher kann nicht Schuldner einer Verpflichtung zur Leistung von Schadensersatz sein (vgl. *Fitting* § 1 Rn. 210, 213; *Galperin/Löwisch* vor § 1 Rn. 38; *Hueck/Nipperdey* II/2, S. 1116; *Nikisch* III, S. 173; *Richardi/Thüsing* vor § 26 Rn. 8; *Wedde/DKKW* Einl. Rn. 150; einschränkend *Gamillscheg* II, S. 576: Schadensersatz durch Naturalrestitution, etwa durch Aufhebung eines amtswidrigen Beschlusses kann verlangt werden).

b) Haftung der Betriebsratsmitglieder

aa) Haftung aus Vertrag oder vertragsähnlichen Beziehungen

Schließen Betriebsratsmitglieder im eigenen Namen Verträge ab, so richtet sich ihre Haftung nach den 79
allgemeinen bürgerlichrechtlichen Bestimmungen. Sind Mitglieder des Betriebsrats im Namen des Betriebsrats außerhalb der im Betriebsverfassungsgesetz geregelten Bereiche, d. h. außerhalb des betriebsverfassungsrechtlichen Wirkungskreises des Betriebsrats, tätig geworden, so trifft sie ebenfalls die persönliche Haftung (vgl. auch *Fitting* § 1 Rn. 212). Beruht der Abschluss des Rechtsgeschäfts im Namen des Betriebsrats auf einem Beschluss des Betriebsrats und bewegt sich das Rechtsgeschäft innerhalb des gesetzlichen Wirkungskreises des Betriebsrats, so haften die Betriebsratsmitglieder, die

dem Beschluss zugestimmt haben, als Gesamtschuldner (vgl. *BAG* 24.04.1986 EzA § 1 BetrVG 1972 Nr. 4 = AP Nr. 7 zu § 87 BetrVG 1972; *Brill* AuR 1980, 353 [355]; **a. M.** *BGH* 25.10.2012 EzA § 40 BetrVG 2001 Nr. 24 *[Müller]* = JZ 2013, 573 *[Preis/Ulber]*: Betriebsrat als Gremium wird berechtigt und verpflichtet). Der *BGH* will insoweit § 179 BGB analog anwenden, wenn ein Betriebsratsmitglied zu Lasten des Betriebsrats Verträge mit Dritten abgeschlossen hat, welche die Grenze der durch den Freistellungsanspruch nach § 40 markierten Haftung des Arbeitgebers überschreiten (*BGH* 25.10.2012 EzA § 40 BetrVG 2001 Nr. 24 Rn. 32 ff. *[Müller]* = JZ 2013, 573 *[Preis/Ulber]*; ebenso nach Zurückverweisung, aber im konkreten Fall einen Anspruch verneinend *OLG Frankfurt a. M.* 16.12.2013 NJOZ 2014, 757; s. a. Rdn. 74). Gegen diese Lösung ist einzuwenden, dass sie in bestimmten Konstellationen doch zu einer Haftung des einzelnen handelnden Betriebsratsmitglieds führt. Außerdem soll der vollmachtlose Vertreter nach § 179 BGB haften, weil er das Risiko, dass der Vertretene keine Vertretungsmacht erteilt hat, besser einschätzen und vermeiden kann als der Dritte. Übertragen auf die vorliegende Konstellation müsste das handelnde Betriebsratsmitglied, regelmäßig der Vorsitzende, besser als mögliche Vertragspartner das Risiko einschätzen können, dass ein Freistellungsanspruch nach § 40 BetrVG nicht besteht. Dies ist allerdings nicht der Fall, weil es sich bei den potentiellen Beauftragten des Betriebsrats zumeist um professionelle Betriebsratsberater, wie etwa Rechtsanwälte, handelt (ebenso für den Personalrat *BVerwG* 09.03.1992 BVerwGE 90, 76 Rn. 28; vgl. *Franzen* FS *von Hoyningen-Huene*, S. 87 [96]). Insgesamt ist daher die Auffassung vorzugswürdig, welche die Teilrechtsfähigkeit des Betriebsrats auf das Internum der Betriebsverfassung beschränkt und daher allenfalls zu einer Eigenverpflichtung des handelnden Betriebsratsmitglieds gelangt (s. a. Rdn. 74).

80 Keine rechtliche Basis gibt es für die von *Richardi/Thüsing* (vor § 26 Rn. 14; ebenso *Belling* Haftung des Betriebsrats, S. 246 ff.; *Lunk/Rodenbusch* NJW 2014, 1989 [1992 f.]) befürwortete Beschränkung der Haftung der Betriebsratsmitglieder auf Vorsatz oder grobe Fahrlässigkeit. Eine Verpflichtung des Betriebsrats selbst scheidet aus, da dieser insoweit nicht vermögensfähig ist. Soweit Betriebsratsmitglieder ihre arbeitsvertraglichen Pflichten dem Arbeitgeber gegenüber schuldhaft verletzten, haften sie dem Arbeitgeber nach den allgemeinen schuldrechtlichen und arbeitsrechtlichen Grundsätzen. Die Ansicht, dass Mitglieder des Betriebsrats nicht aus dem Arbeitsvertrag haften, wenn sie ihre vertraglichen Pflichten bei der Amtsausübung verletzen (so *Wedde/DKKW* Einl. Rn. 151), ist nicht zu begründen (vgl. *Raab* § 103 Rdn. 71). Betriebsratsmitglieder sind Arbeitnehmer und als solche grundsätzlich den gleichen Pflichten unterworfen wie die übrigen Arbeitnehmer.

bb) Haftung aus Delikt

81 Soweit ein Mitglied des Betriebsrats den Tatbestand einer unerlaubten Handlung erfüllt, greifen die §§ 823 ff. BGB ein. Die Ansicht, die Haftung trete nur bei vorsätzlichem Handeln ein (vgl. *Weiss* RdA 1974, 277), ist mit dem Gesetz nicht vereinbar (vgl. *Richardi/Thüsing* vor § 26 Rn. 15). Dasselbe gilt für die Auffassung von *Wedde* (*DKKW* Einl. Rn. 150), wonach die allgemeinen Haftungsregelungen des BGB nicht für die einzelnen Betriebsratsmitglieder gelten könnten, weil der Betriebsrat als Organ nicht für unerlaubte Handlungen hafte, da dieser anderenfalls erpressbar wäre. Ersatzansprüche des Arbeitgebers nach **§ 823 Abs. 1 BGB** kommen in Betracht, wenn ein Mitglied des Betriebsrats das Recht am Unternehmen verletzt, und zwar durch ein Verhalten, das auch bei einem Arbeitnehmer, der nicht Amtsträger ist, eine Schadensersatzpflicht auslösen würde (vgl. *Konzen* ZfA 1985, 469 [494]). Ein Anspruch einzelner Arbeitnehmer gegen ein Betriebsratsmitglied ist nach dieser Vorschrift ebenfalls denkbar, dürfte aber zumeist mangels Erfüllung des gesetzlichen Tatbestandes (Verletzung eines absoluten Rechts) ausscheiden.

82 Anspruchsgrundlage kann auch **§ 823 Abs. 2 BGB** i. V. m. der Verletzung eines **Schutzgesetzes** sein. Schutzgesetze sind nach dem privatrechtlichen Deliktsrecht des BGB Vorschriften, die zumindest auch den Individualschutz des Geschädigten bezwecken (vgl. *Konzen* ZfA 1985, 469 [493]; vgl. auch *Richardi/Thüsing* vor § 26 Rn. 15). Als Schutzgesetze i. S. v. § 823 Abs. 2 BGB werden folgende Vorschriften des Betriebsverfassungsgesetzes genannt: Die Friedenspflicht (§ 74 Abs. 2), die Geheimhaltungspflicht (§ 79), der Gleichbehandlungsgrundsatz (§ 75 Abs. 1) und die Individualrechte in den §§ 81 ff. (vgl. *Fitting* § 1 Rn. 218). Zu § 77 Abs. 1 Satz 2 (Verbot des Eingriffs in die Leitung des Betriebes) als Schutzgesetz s. bejahend *Worzalla/HWGNRH* § 77 Rn. 215; **a. M.** *Richardi* § 77 Rn. 12.

Das Problem wird im Einzelnen bei den jeweils in Frage kommenden Vorschriften erörtert (vgl. z. B. *Kreutz* § 20 Rdn. 52, *Kreutz/Jacobs* § 74 Rdn. 94, § 75 Rdn. 156, *Kreutz* § 77 Rdn. 32, § 78 Rdn. 27 ff., 96; *Oetker* § 79 Rdn. 74, vor § 81 Rdn. 39).

Bei der gesamten Frage ist zu beachten, dass das Betriebsverfassungsgesetz nicht dazu dienen kann, ein **83** deliktisches oder vertragsrechtliches Sonderrecht für Amtspflichtverletzungen von betriebsverfassungsrechtlichen Amtsträgern zu schaffen. Die gesetzlich festgelegten Amtspflichten können als solche nicht Schutzgesetze i. S. d. Deliktsrechts darstellen, außer in den Fällen, in denen ein erhöhter Individualschutz gegenüber den nach dem Betriebsverfassungsgesetz möglichen Eingriffen in Individualinteressen erreicht werden soll, wie etwa bei § 79. Im Übrigen ist aber davon auszugehen, dass auch Amtsträger nur in den Fällen nach § 823 BGB zum Schadensersatz verpflichtet sind, in denen diese Pflicht bei gleichem Verhalten auch Arbeitnehmer treffen würde, die nicht Amtsträger sind (vgl. *Konzen* ZfA 1985, 469 [493 f.]; gegen die Anwendung der Haftungsregelungen des BGB *Wedde/DKKW* Einl. Rn. 150, dazu Rdn. 78).

Schließlich kommt noch **§ 826 BGB** als Anspruchsgrundlage in Betracht (vgl. *Fitting* § 1 Rn. 219; **84** *Hueck/Nipperdey* II/2, S. 110; *Richardi* § 77 Rn. 12 a. E.), etwa bei einer unzutreffenden Rechtsauskunft eines Betriebsratsmitglieds gegenüber einem Arbeitnehmer (vgl. *AG Haßfurt* 26.01.2001 AiB 2002, 52: im konkreten Fall fehlte die sittenwidrige Schädigungsabsicht).

Handeln mehrere **Betriebsratsmitglieder gemeinsam**, so gelten die §§ 830, 840 BGB. Dies gilt **85** auch, wenn die unerlaubte Handlung auf einem Betriebsratsbeschluss beruht. Allerdings haften nur die Mitglieder, die an dem Zustandekommen durch Zustimmung mitgewirkt haben (vgl. *Buchner* FS *G. Müller*, S. 93 [113 Fn. 37]; *Fitting* § 1 Rn. 217; *Richardi/Thüsing* vor § 26 Rn. 16; *Wedde/DKKW* Einl. Rn. 152; für Beweislastumkehr zulasten des einzelnen Betriebsratsmitglieds *Galperin/Löwisch* vor § 1 Rn. 36). Falls nicht festgestellt werden kann, welches Betriebsratsmitglied für den entsprechenden Beschluss gestimmt hat, kann § 830 Abs. 1 Satz 2 BGB nicht angewandt werden. Diese Vorschrift betrifft nur den Fall, dass mehrere Personen unabhängig voneinander eine selbständige unerlaubte Handlung begangen haben, ohne dass ermittelt werden kann, wessen Tatbeitrag für den Schaden ursächlich war (vgl. *Wagner/MK-BGB* § 830 Rn. 37; *Richardi/Thüsing* vor § 26 Rn. 16). Hier geht es aber darum, ob überhaupt der Tatbestand der unerlaubten Handlung in der Person des Betriebsratsmitglieds verwirklicht wurde.

5. Haftung des Arbeitgebers oder der Arbeitnehmer für Handlungen des Betriebsrats oder seiner Mitglieder

a) Haftung des Arbeitgebers
Soweit ein Mitglied des Betriebsrats aufgrund erteilter Vollmacht im Namen des Arbeitgebers handelt, **86** wird dieser nach § 164 BGB verpflichtet. Im Rahmen des Betriebsverfassungsgesetzes sind aber weder der Betriebsrat noch einzelne seiner Mitglieder gesetzliche Vertreter, Erfüllungs- oder Verrichtungsgehilfen des Arbeitgebers (vgl. *LAG Berlin* 16.05.1978 BB 1978, 1671 [1672]; *Galperin/Löwisch* vor § 1 Rn. 20; *Hueck/Nipperdey* II/2, S. 1105; *Konzen* ZfA 1985, 469 [483]; jetzt auch *Wedde/DKKW* Einl. Rn. 145; **z. T. a. M.** *Richardi/Thüsing* vor § 26 Rn. 18: u. U. § 278 BGB unmittelbar anwendbar). Dadurch ist aber nicht ausgeschlossen, dass der Arbeitgeber sich eines Betriebsratsmitglieds als Erfüllungs- oder Verrichtungsgehilfen bedient; das Betriebsratsmitglied wird dann aber nicht in dieser Eigenschaft, sondern als Arbeitnehmer tätig (zu weit *Hanau* RdA 1979, 328).

b) Haftung der Arbeitnehmer
Eine Haftung der Belegschaft für Handlungen des Betriebsrats oder seiner Mitglieder im Rahmen des **87** Gesetzes kommt nicht in Betracht. Der Betriebsrat ist in diesem Bereich nicht Vertreter, Verrichtungs- oder Erfüllungsgehilfe der Belegschaft, sondern »weisungsunabhängiger Repräsentant«, so dass weder § 831 BGB noch § 278 BGB noch § 31 BGB anwendbar sind (vgl. *Fitting* § 1 Rn. 220; *Hueck/Nipperdey* II/2, S. 1104). Auch im Verhältnis zu den einzelnen Arbeitnehmern ist der Betriebsrat, jedenfalls soweit er seine gesetzlichen Aufgaben wahrnimmt, nicht Verrichtungs- oder Erfüllungsgehilfe. Dadurch ist allerdings nicht ausgeschlossen, dass sich einzelne Arbeitnehmer im rechtsgeschäftlichen Be-

reich einzelner Betriebsratsmitglieder als Vertreter oder Erfüllungsgehilfen bedienen. Dann gelten die allgemeinen Haftungsregelungen.

V. Weitere Akteure der Betriebsverfassung

1. Allgemeines

88 Das Gesetz nennt als **Adressaten seiner Normen** den Arbeitgeber, den Betriebsrat (Gesamt- und Konzernbetriebsrat), die Arbeitnehmervertretungen von betriebsverfassungsrechtlichen Organisationseinheiten i. S. d. § 3 Abs. 1 bis 3, die zusätzlichen Vertretungen i. S. d. § 3 Abs. 1 Nr. 5 (vgl. § 3 Rdn. 27 ff.), den Wirtschaftsausschuss, die Jugend- und Auszubildendenvertretung (Gesamt- und Konzern Jugend- und Auszubildendenvertretung), die Einigungsstelle, die im Betrieb vertretenen Gewerkschaften und Arbeitgebervereinigungen, aber auch den einzelnen Arbeitnehmer und die Arbeitnehmer in ihrer Gesamtheit oder Gruppen davon. Auch die Belegschaft wird in § 80 Abs. 1 Nr. 2 und § 111 Abs. 1 Satz 1 erwähnt; dieser Begriff ist aber nur ein Synonym für die sonst gebrauchte Bezeichnung »die Arbeitnehmer« (vgl. *Wedde/DKKW* Einl. Rn. 107).

2. Die Belegschaft (Arbeitnehmer)

89 Der vierte Teil des Betriebsverfassungsgesetzes regelt (§§ 74 ff.) ausweislich seiner Überschrift die Mitwirkung und Mitbestimmung »der Arbeitnehmer«. In der weit überwiegenden Zahl der einzelnen Bestimmungen werden dann aber Rechte und Pflichten des Betriebsrats geregelt. Dies gilt z. B. auch für § 80 Abs. 1 Nr. 2, der ein Antragsrecht des Betriebsrats für Maßnahmen statuiert, die u. a. »der Belegschaft« dienen. Die **rechtliche Einordnung** der **Belegschaft** ist umstritten. Zum Teil wird die Ansicht vertreten, die Belegschaft sei als Gemeinschaft der Arbeitnehmer (mit Ausnahme der leitenden Angestellten) selbst teilrechtsfähig (so bereits *Kaskel/Dersch* 4. Aufl. 1932, S. 329; *Dietz* DB 1952, 969; *Fabricius* Relativität der Rechtsfähigkeit, S. 232 f.). Vereinzelt wird die Belegschaft als ein sozialrechtlicher Verband (vgl. *Siebert* BB 1952, 832) oder als nichtrechtsfähige Rechtsgemeinschaft (vgl. *Hueck/Nipperdey* Grundriß, 2. Aufl. 1962, S. 274) bezeichnet. *Richardi* (Einl. Rn. 97) qualifiziert die Belegschaft als tatsächliche Gemeinschaft im soziologischen Sinn, die durch das Betriebsverfassungsgesetz intervenierend verfasst wird. Schließlich findet sich auch die Auffassung, die Arbeitnehmer eines Betriebes seien als Gruppe, als überindividuelle Einheit zu verstehen, die aber als solche nicht rechtlich selbständig ist (vgl. *Thiele* 4. Aufl., Einl. Rn. 70).

90 Dem Wortlaut des Betriebsverfassungsgesetzes lassen sich keine Anhaltspunkte für die rechtliche Qualifizierung der Belegschaft entnehmen. Soweit dem einzelnen Arbeitnehmer Befugnisse eingeräumt werden, ist dies in den §§ 81 ff. geregelt, die Arbeitnehmer als Gruppe werden im Zusammenhang mit der Betriebs-(Abteilungs-)Versammlung angesprochen. Auch die Befugnisse dieses Gremiums sind im Gesetz abschließend geregelt. Sicher ist, dass die Belegschaft aus heutiger Sicht nicht nur eine faktische Interessengemeinschaft bildet, sondern eine »auch rechtlich relevante Personenvereinigung« (vgl. *Zöllner* 25 Jahre Bundesarbeitsgericht, S. 745 [752]; zust. *Richardi* Einl. Rn. 96) darstellt. Man kann sie auch als Gemeinschaft bezeichnen, die zu dem Zweck gebildet wird, gemeinsame (kollektive) Arbeitnehmerinteressen zu verfolgen. Diese zweckorientierte Verbindung beruht aber nicht auf entsprechenden rechtsgeschäftlichen Erklärungen der Arbeitnehmer, sondern ausschließlich auf dem Gesetz und reicht daher auch nicht weiter als dessen Vorschriften es anordnen (vgl. *Zöllner* 25 Jahre Bundesarbeitsgericht, S. 745 [753 f.]). Dies hat zur Folge, dass die Belegschaft als solche außerhalb der Regelungen im Betriebsverfassungsgesetz nicht Träger von Rechten und Pflichten, insbesondere nicht vermögensfähig sein kann (vgl. dazu *Wiese* Einl. Rdn. 111, 120, 122; zust. *Linse* Zulässigkeit vereinbarter Arbeitnehmervertretungsstrukturen, S. 79).

91 Die Frage, wem die betriebsverfassungsrechtlichen Rechte und Pflichten zuzuordnen sind, ist umstritten. Zum Teil werden sie entweder den einzelnen im Betrieb beschäftigten Arbeitnehmern, diesen aber gemeinsam, zugeordnet (vgl. *Thiele* 4. Aufl., Bd. 1, Einl. Rn. 70) oder der Belegschaft entweder als teilrechtsfähigem Gebilde oder als rechtlich verfasster, aber nicht rechtsfähiger Gemeinschaft (so wohl *Richardi* Einl. Rn. 93; ähnlich *Loritz/ZLH* Arbeitsrecht, § 49 Rn. 12). Allerdings weist das Be-

Errichtung von Betriebsräten § 1

triebsverfassungsgesetz die Ausübung der Mitwirkungsrechte ausschließlich dem Betriebsrat zur Wahrnehmung im eigenen Namen, wenn auch fremdnützig zu (vgl. Rdn. 63). Angesichts dieser klaren Regelung ist dieser Streit zumeist nur terminologischer Art und wenig fruchtbar (vgl. *Zöllner* 25 Jahre Bundesarbeitsgericht, S. 745 [755]). Wichtig ist es jedoch festzuhalten, dass die weitgehenden Befugnisse der betriebsverfassungsrechtlichen Vertretungen nicht Selbstzweck sind, sondern überwiegend dem Schutz der betriebsangehörigen Arbeitnehmer, der »Belegschaft«, dienen, also fremdnützig sind (vgl. *Wiese* Einl. Rdn. 78).

3. Der Arbeitgeber

Eine Vielzahl von Vorschriften des Betriebsverfassungsgesetzes nennt den Arbeitgeber als Normadressaten. Eine Definition des Arbeitgeberbegriffes enthält das Gesetz nicht; es setzt ihn als bekannt voraus. Geht man von der allgemeinen arbeitsrechtlichen Definition aus, so ist Arbeitgeber »jeder, der einen anderen als Arbeitnehmer beschäftigt« (vgl. *Hueck/Nipperdey* I, S. 88). Für den Bereich des Betriebsverfassungsgesetzes wird der Arbeitgeber in **doppelter Hinsicht** angesprochen: Zum einen ist der Arbeitgeber **Inhaber des Betriebes** und damit Inhaber der betrieblichen Organisationsgewalt, zum anderen ist der Arbeitgeber **Partner der Einzelarbeitsverträge** (vgl. dazu *Fitting* § 1 Rn. 235 ff.; *Rose/HWGNRH* § 2 Rn. 6 ff.; *Richardi* Einl. Rn. 121; *Wißmann* NZA 2001, 409). Diese Differenzierung ist vor allem beim gemeinsamen Betrieb mehrerer Unternehmen zu beachten, weil hier betriebsverfassungsrechtlicher Arbeitgeber und Vertragsarbeitgeber nicht identisch sind, vgl. Rdn. 46 ff. Allerdings befasst sich das Gesetz mit dem Arbeitgeber primär nicht als Vertragspartner der einzelnen Arbeitnehmer, sondern als Partner oder Gegenspieler der übrigen betriebsverfassungsrechtlichen Institutionen (vgl. *Richardi* Einl. Rn. 121; *Galperin* RdA 1959, 321 [324]; *Wedde/DKKW* Einl. Rn. 154 ff.). Gelegentlich wird er im Gesetz allerdings auch als Arbeitsvertragspartner angesprochen, soweit das Gesetz Bestimmungen enthält, die die Vertragsbeziehungen zwischen dem Arbeitgeber und seinem Arbeitnehmer berühren (z. B. § 37 Abs. 2 Entgeltzahlungspflicht bei Freistellung, § 37 Abs. 4 Entgeltsicherung für Betriebsratsmitglieder, § 44 Entgeltzahlungspflicht bei Betriebsversammlung, § 78a Auflösungsantrag bei Auszubildenden [BAG 25.02.2009 AP Nr. 52 zu § 78a BetrVG 1972 Rn. 11 ff.], §§ 81 ff.; vgl. *Fitting* § 1 Rn. 237; *Richardi* Einl. Rn. 121; *Wedde/DKKW* Einl. Rn. 154).

Arbeitgeber kann eine natürliche oder eine juristische Person sein, ebenso aber auch ein Personenverband wie die BGB-Gesellschaft, die OHG und KG (vgl. *Fitting* § 1 Rn. 239; *Nikisch* I, S. 151, III, S. 58; *Richardi* Einl. Rn. 122).

Die dem Arbeitgeber zustehenden betriebsverfassungsrechtlichen Rechte und Pflichten braucht er nicht in Person auszuüben bzw. zu erfüllen. Bei juristischen Personen sowie bei Personenverbänden handeln deren Organe bzw. vertretungsberechtigten Gesellschafter, bei geschäftsunfähigen bzw. beschränkt geschäftsfähigen Arbeitgebern handelt der gesetzliche Vertreter (es sei denn, der beschränkt Geschäftsfähige ist nach § 112 BGB zum selbständigen Betrieb eines Geschäftes ermächtigt). Abgesehen davon können sich der Arbeitgeber, seine satzungsgemäßen und seine gesetzlichen Vertreter auch im Bereich des Betriebsverfassungsgesetzes durch Arbeitnehmer vertreten lassen. Als Vertreter kommen grundsätzlich alle Arbeitnehmer (nicht betriebsfremde Personen) in Frage, denen der Arbeitgeber die entsprechenden Befugnisse zum Auftreten gegenüber dem Betriebsrat, in der Betriebsversammlung (§ 43 Abs. 2 Satz 2) oder vor dem Wirtschaftsausschuss (§ 108 Abs. 2) erteilt hat (zu eng *Fitting* § 1 Rn. 240: Vertretung des Arbeitgebers nur durch eine an der Betriebsleitung beteiligte Person; ähnlich *Rose/HWGNRH* § 2 Rn. 20). In der Praxis wird es sich bei den Vertretern oft um leitende Angestellte handeln. Für die Frage, wer als Vertreter benannt werden kann, kommt es aber letztlich auf die Art und Funktion des in Frage stehenden Beteiligungsrechts bzw. der zu erfüllenden betriebsverfassungsrechtlichen Pflicht des Arbeitgebers an. Nur ein Arbeitnehmer, der im Hinblick auf die konkrete Situation über die notwendige Fachkenntnis verfügt, kann als Vertreter des Arbeitgebers bestellt werden. Nach dem Stand des konkreten Beteiligungsverfahrens kann es ausreichen, dass der Vertreter die erforderliche Sachkunde, aber nicht die Entscheidungskompetenz hat (vgl. BAG 11.12.1991 EzA § 90 BetrVG 1972 Nr. 2 = AP Nr. 2 zu § 90 BetrVG 1972 unter B II 3c; *Fitting* § 1 Rn. 240). Sofern rechtsgeschäftliche Erklärungen abzugeben sind, wie etwa beim Abschluss einer Betriebsvereinbarung, bedarf der Vertreter des Arbeitgebers auch einer entsprechenden Vollmacht nach §§ 164 ff. BGB (vgl. *Galperin/Löwisch* vor § 1 Rn. 17; *Richardi* Einl. Rn. 124). Zur besonderen Qualifikation der Vertreter im Rahmen der §§ 43 Abs. 2 und 108 Abs. 2 vgl. *Weber* § 43 Rdn. 53; *Oetker* § 108 Rdn. 21 f.

95 Bei **Insolvenz** des Arbeitgebers werden dessen betriebsverfassungsrechtlichen Rechte und Pflichten vom Insolvenzverwalter wahrgenommen (vgl. §§ 80, 148 InsO; *Fitting* § 1 Rn. 239; *Richardi* Einl. Rn. 125; zur identischen Rechtsstellung des Konkursverwalters vgl. BAG 17.09.1974 AP Nr. 1 zu § 113 BetrVG 1972 = NJW 1975, 182; BAG GS 13.12.1978 EzA § 112 BetrVG 1972 Nr. 15 = AP Nr. 6 zu § 112 BetrVG 1972; *Heinze* NJW 1980, 145 [146]). Wird ein **vorläufiger Insolvenzverwalter** bestellt, tritt dieser gemäß § 22 Abs. 1 InsO in die Arbeitgeberstellung stets dann ein, wenn dem Schuldner ein allgemeines Verfügungsverbot auferlegt wurde (sog. ›**starker**‹ **Insolvenzverwalter**). Anderenfalls (sog. ›**schwacher**‹ **Insolvenzverwalter**) bestimmt sich seine Rechtsstellung nach dem konkreten gerichtlichen Beschluss; in diesem Fall ist es daher möglich, dass der Schuldner als Arbeitgeber die betriebsverfassungsrechtlichen Rechte und Pflichten selbst ausüben kann. Ist **Testamentsvollstreckung** über ein Unternehmen angeordnet, so nimmt der Testamentsvollstrecker die betriebsverfassungsrechtlichen Rechte und Pflichten des Arbeitgebers wahr (vgl. *Richardi* Einl. Rn. 126).

4. Europäischer Betriebsrat

96 Vgl. dazu *Oetker* vor § 106 Rdn. 51 ff. und die Kommentierung des EBRG in Anhang 2 zu Bd. I.

VI. Betriebsratsfähige Betriebe

97 Betriebsräte können in allen selbständigen Betrieben, in diesen nach Maßgabe von § 4 Abs. 1 gleichgestellten Betriebsteilen sowie in den nach § 3 Abs. 1 Nr. 1 bis 3 gebildeten Organisationseinheiten, die als Betriebe gelten (vgl. § 3 Abs. 5), gewählt werden, wenn sie die Voraussetzungen des § 1 erfüllen und nicht kraft Gesetzes ausgenommen sind (vgl. dazu Rdn. 19 ff.). § 1 Abs. 1 Satz 1 statuiert als Voraussetzung, dass dem Betrieb in der Regel mindestens fünf ständig wahlberechtigte Arbeitnehmer angehören, von denen mindestens drei wählbar sind.

1. Betrieb

98 Zum Begriff des Betriebes vgl. Rdn. 26 ff.

2. Arbeitnehmer

99 Die Eigenschaft als Arbeitnehmer richtet sich nach dem betriebsverfassungsrechtlichen Arbeitnehmerbegriff (s. dazu *Raab* § 5 Rdn. 15 ff., 78 ff.). Insbesondere sind nicht Arbeitnehmer im Sinne des Gesetzes die **leitenden Angestellten** i. S. v. § 5 Abs. 3 Satz 2 (vgl. *Galperin/Löwisch* § 1 Rn. 36; *Rose*/HWGNRH § 1 Rn. 72; *Richardi* § 1 Rn. 111). Auch Beamte, Soldaten und Arbeitnehmer eines öffentlichen Dienstherrn, die in privatrechtlich organisierten Unternehmen tätig sind, gelten nach dem durch Art. 9 des Gesetzes zur Errichtung eines Bundesaufsichtsamtes für Flugsicherung und zur Änderung und Anpassung weiterer Vorschriften vom 29.07.2009 (BGBl. I, S. 2424) neu eingefügten § 5 Abs. 1 Satz 3 als Arbeitnehmer i. S. d. BetrVG (vgl. *Raab* § 5 Rdn. 78; *Fitting* § 1 Rn. 31). Nach Auffassung des *BAG* sind diese Personen jedenfalls bei allen an die Belegschaftsstärke anknüpfenden organisatorischen Bestimmungen des Gesetzes zu berücksichtigen (BAG 15.12.2011 EzA § 5 BetrVG 2001 Nr. 7).

3. Ständige Arbeitnehmer

100 Bei der für die Betriebsratsfähigkeit maßgebenden Zahl der Arbeitnehmer werden nur ständig Beschäftigte berücksichtigt. Gemeint sind damit alle Arbeitnehmer, die nicht nur vorübergehend, etwa zur Aushilfe, eingestellt sind. Zu den ständig Beschäftigten gehören grundsätzlich alle Arbeitneh-

mer mit einem unbefristeten Arbeitsvertrag. Ein Arbeitnehmer mit einem **befristeten Arbeitsvertrag** gilt dann als ständig beschäftigt, wenn er dem Betrieb für einen erheblichen Zeitraum angehören soll (vgl. *Richardi* § 1 Rn. 113; *Trümner/DKKW* § 1 Rn. 242). **Saisonarbeiter** sind nicht ständig beschäftigt; dagegen sind die Arbeitnehmer ständig beschäftigt, die für die ganze Zeit eingestellt sind, in der ein Betrieb arbeitet (**Kampagnebetrieb**; vgl. *Fitting* § 1 Rn. 274; *Richardi* § 1 Rn. 121 f.; s. a. Rdn. 104). Hier kann es allerdings an den erforderlichen wählbaren Arbeitnehmern (§ 8) fehlen. Arbeitnehmer in der Probezeit gehören zu den ständig beschäftigten Arbeitnehmern, wenn das Arbeitsverhältnis auf Dauer angelegt ist und in der Probezeit lediglich eine erleichterte Lösbarkeit des Arbeitsverhältnisses vereinbart ist (vgl. *Fitting* § 1 Rn. 276; *Neumann-Duesberg* S. 240; *Richardi* § 1 Rn. 114; *Trümner/DKKW* § 1 Rn. 243; **a. M.** in Bezug auf zur Probe eingestellte Arbeitnehmer *Galperin/Löwisch* § 1 Rn. 35; *Rose/HWGNRH* § 1 Rn. 78; *Hueck/Nipperdey* II/2, S. 1118 Fn. 23; *Nikisch* III, S. 43). Dasselbe gilt für teilzeitbeschäftigte Arbeitnehmer (vgl. *Fitting* § 1 Rn. 278; *Galperin/Löwisch* § 1 Rn. 35; *Rose/HWGNRH* § 1 Rn. 74; *Richardi* § 1 Rn. 115; *Trümner/DKKW* § 1 Rn. 243).

Unechte Leiharbeitnehmer sind bei der Feststellung der Betriebsratsfähigkeit des Entleiherbetriebes **nicht mitzuzählen**, weil sie nach § 14 Abs. 1 AÜG auch während der Zeit der Arbeitsleistung im Entleiherbetrieb **Angehörige des Verleiherbetriebs** bleiben; sie sind im Entleiherbetrieb nicht wählbar (§ 14 Abs. 2 Satz 1 AÜG). Das Gleiche gilt für die sog. **echten Leiharbeitnehmer** (vgl. *BAG* 18.01.1989 EzA § 14 AÜG Nr. 1 = AP Nr. 2 zu § 14 AÜG). Daran hat sich durch die Zuerkennung des aktiven Wahlrechts für Leiharbeitnehmer durch das **BetrVerf-Reformgesetz**, wenn sie im Entleiherbetrieb länger als drei Monate eingesetzt werden (vgl. § 7 Satz 2), sowie durch die Leiharbeitsrichtlinie 2008/104/EG (Art. 7) nichts geändert. Auch soweit die Wahlberechtigung der Leiharbeitnehmer besteht, muss im Rahmen von § 1 Abs. 1 BetrVG die Frage beantwortet werden, ob diese Leiharbeitnehmer im Entleiherbetrieb ständig beschäftigt sind. Diese Frage ist grundsätzlich zu verneinen. Auch wahlberechtigte Leiharbeitnehmer haben im Entleiherbetrieb keinen beständigen Arbeitnehmerstatus und sind **daher im Rahmen des § 1 nicht mitzuzählen** (so die frühere Rechtsprechung zu den Schwellenwerten des § 9 und § 38: *BAG* 16.04.2003 EzA § 9 BetrVG 2001 Nr. 1 = AP Nr. 7 zu § 9 BetrVG 1972 = RdA 2004, 181 [*Schüren*]; 10.03.2004 EzA § 9 BetrVG 2001 Nr. 2; *BAG* 22.10.2003 EzA § 38 BetrVG 2001 Nr. 2: **a. A.** die neuere Rechtsprechung zu § 9 und § 38: *BAG* 13.03.2013 EzA § 9 BetrVG 2001 Nr. 6 Rn. 18 ff. = AP Nr. 15 zu § 9 BetrVG 1972; 18.01.2017 NZA 2017, 865; für den Schwellenwert des § 111 Satz 1: *BAG* 18.10.2011 EzA § 111 BetrVG 2001 Nr. 8; s. a. *Raab* § 7 Rdn. 113). Daran ändert auch der durch Art. 1 Nr. 10 des Gesetzes zur Änderung des Arbeitnehmerüberlassungsgesetzes und anderer Gesetze vom 21.02.2017 (BGBl. I, S. 258) eingefügte § 14 Abs. 2 S. 4 AÜG nichts. Nach dieser Vorschrift sind zwar Leiharbeitnehmer auch im Entleiherbetrieb zu berücksichtigen, wenn Bestimmungen des BetrVG eine bestimmte Anzahl von Arbeitnehmern voraussetzen. Die Gesetzesbegründung verweist aber insoweit explizit darauf, dass lediglich die neuere Rechtsprechung des *BAG* (13.03.2013 EzA § 9 BetrVG 2001 Nr. 6 Rn. 18 ff. = AP Nr. 15 zu § 9 BetrVG 1972; 18.10.2011 EzA § 111 BetrVG 2001 Nr. 8 Rn. 14 ff. = AP Nr. 70 zu § 111 BetrVG 1972) kodifiziert werden sollte, die sich aber allesamt nicht auf § 1 BetrVG bezogen hat. Zudem solle die Neuregelung nicht das Vorliegen der weiteren Voraussetzungen der jeweiligen Norm, mithin im vorliegenden Kontext die Vorgabe der »ständigen« Beschäftigung, fingieren, die weiterhin unabhängig davon zu prüfen sind (vgl. amtliche Begründung zur Änderung des AÜG, BT-Drucks. 18/9232, S. 28 f. zu Art. 1 Nr. 10; *Löwisch/Wegmann* BB 2017, 373 [374]; differenzierend *Raab* § 7 Rdn. 118, der auf die individuelle Beschäftigungsdauer sowohl bei Leih- als auch bei (befristet beschäftigten) Stammarbeitnehmern abstellen und nach deren Länge unterscheiden will). Ein Leiharbeitnehmer ist im Rahmen des § 1 Satz 1 auch nicht mitzuzählen, wenn er vorübergehend einen seinem Arbeitsplatz nach ständigen Arbeitsplatz im Entleiherbetrieb einnimmt. Dies folgt aus dem Umstand, dass § 1 nach seinem klaren Wortlaut verlangt, dass es sich um ständig beschäftigte Arbeitnehmer handelt (*Löwisch/Wegmann* BB 2017, 373 [375]; a. M. wohl *Linsenmaier/Kiel* RdA 2014, 135 [145 f.] auch für die Schwellenwerte in § 3 Abs. 3, § 4 Abs. 1 Satz 2). Ständige Beschäftigung eines Leiharbeitnehmers im Betrieb des Entleihers ist allerdings dann anzunehmen, wenn der Arbeitnehmer eine betriebliche Bindung an den Vertragsarbeitgeber (Verleiher) nicht hat und gezielt und dauerhaft in den Entleiherbetrieb eingegliedert ist (vgl. *Windbichler* Arbeitsrecht, S. 280 f.). Die Einführung einer **Höchstüberlassungsdauer von grundsätzlich 18 Monaten durch § 1 Abs. 1b AÜG** hat diese Gestaltungsmöglichkeit nicht unerheblich erschwert. Daher wird man davon ausgehen können, dass

101

Leiharbeitnehmer auch unter diesem Gesichtspunkt nicht als »ständige Arbeitnehmer« einzustufen sein werden (vgl. *Löwisch/Wegmann* BB 2017, 373 [375]). **Fremdfirmenarbeitnehmer** sind im Rahmen des § 1 Abs. 1 Satz 1 **nicht mitzuzählen**. Bei diesen Arbeitnehmern wird das Direktionsrecht regelmäßig vom Vertragsarbeitgeber ausgeübt. Sie sind daher ihrem Arbeitgeber des Betriebes, in dem sie tätig sind, nicht zur Arbeitsleistung »überlassen« i. S. v. § 7 Satz 2 (vgl. krit. *Däubler* AuR 2001, 1 [4]; *Engels* DB 2001, 532 [536]; *Hanau* RdA 2001, 65 [68]; s. *Raab* § 7 Rdn. 25, 74, 145; **a. M.** in Ausnahmefällen *Däubler* AuR 2001, 285 [286]).

102 Das vorübergehende **Ruhen** des Arbeitsverhältnisses etwa nach § 1 Arbeitsplatzschutzgesetz beeinflusst, wenn die sonstigen Voraussetzungen vorliegen, die ständige Beschäftigung nicht (ebenso *Raab* § 7 Rdn. 60, 61).

4. »In der Regel«

103 Der Betrieb muss »in der Regel mindestens fünf« ständige Arbeitnehmer haben (vgl. dazu auch *Jacobs* § 9 Rdn. 18 ff.). Auszugehen ist von den im Normalzustand im Betrieb vorhandenen ständigen Arbeitnehmern. Vorübergehende Zeiten außergewöhnlichen Arbeitsanfalls sind genauso außer Betracht zu lassen wie Zeiten vorübergehenden Arbeitsrückganges. Ist die Zahl zur Zeit der Betriebsratswahl nur vorübergehend geringer als fünf, hindert das die Betriebsratswahl nicht (h. M.; vgl. *Fitting* § 1 Rn. 271 ff.; vgl. auch *Rose/HWGNRH* § 1 Rn. 82; *Richardi* § 1 Rn. 116). Maßgeblich ist also nicht die zufällige Zahl von Arbeitnehmern am Stichtag, sondern die Personalstärke, die für den Betrieb im Allgemeinen kennzeichnend ist (vgl. *BAG* 22.02.1983 EzA § 4 TVG Ausschlussfristen Nr. 54 = AP Nr. 7 zu § 113 BetrVG 1972; 12.11.2008 AP Nr. 13 zu § 9 BetrVG 1972 Rn. 14 ff.). Die durchschnittliche Jahresbelegschaft braucht keineswegs der regelmäßigen Arbeitnehmerzahl i. S. d. Gesetzes zu entsprechen (h. M.; vgl. *Fitting* § 1 Rn. 272; *Richardi* § 1 Rn. 116; *Trümner/DKKW* § 1 Rn. 250). Die künftige Entwicklung ist nur zu berücksichtigen, wenn konkrete Entscheidungen des Arbeitgebers vorliegen, die eine Veränderung der Beschäftigtenzahl erwarten lassen (vgl. *LAG Hamm* 06.10.1978 EzA § 9 BetrVG 1972 Nr. 3; generell für die Berücksichtigung der künftigen Entwicklung *BAG* 22.02.1983 EzA § 4 TVG Ausschlussfristen Nr. 54 = AP Nr. 7 zu § 113 BetrVG 1972 Bl. 3; vgl. auch 12.10.1976 EzA § 8 BetrVG 1972 Nr. 2 = AP Nr. 1 zu § 8 BetrVG 1972).

104 Bei **reinen Kampagnebetrieben** ist die Normalbelegschaft während der Kampagne entscheidend (vgl. *Fitting* § 1 Rn. 274; *Richardi* § 1 Rn. 121). In Betrieben, die nur für eine vorübergehende Zeit errichtet worden sind, kann, wenn sie während dieser Zeit die Voraussetzung des § 1 erfüllen, ein Betriebsrat gewählt werden (vgl. *Richardi* § 1 Rn. 121). Bei **Saisonbetrieben** gehören die nur während einer Saison zur Bewältigung des in dieser Zeit erhöhten Arbeitsanfalls eingestellten Arbeitnehmer nicht zu den »in der Regel« beschäftigten Arbeitnehmern. Dies gilt natürlich nicht, wenn die »Saison« das ganze Jahr oder den weit überwiegenden Teil des Jahres über andauert und die Arbeitnehmer für diese gesamte Zeit eingestellt sind (vgl. *Fitting* § 1 Rn. 274; *Richardi* § 1 Rn. 122).

5. Wahlberechtigte und wählbare Arbeitnehmer

105 Von den regelmäßig beschäftigten ständigen Arbeitnehmern (vgl. Rdn. 100 ff.) müssen mindestens fünf wahlberechtigt sein (vgl. § 7). Von den fünf Wahlberechtigten müssen drei Arbeitnehmer wählbar sein (vgl. § 8). Soweit erwogen wird, für die Bestimmung des Schwellenwerts des § 1 wegen § 7 Satz 2 auch **Leiharbeitnehmer** im Entleiherbetrieb mitzuzählen (Rdn. 101), kann dies allenfalls für das Tatbestandsmerkmal »ständig beschäftigter Arbeitnehmer« gelten, nicht aber für das Erfordernis, dass drei Arbeitnehmer wählbar sein müssen. Leiharbeitnehmer besitzen nach Maßgabe von § 7 Satz 2 nur das aktive, nicht aber das passive Wahlrecht (*Linsenmaier/Kiel* RdA 2014, 135 [140]; *Löwisch/Wegmann* BB 2017, 373 [375]; *Richardi* § 1 Rn. 124).

6. Wegfall der Voraussetzungen

106 **Sinkt die Zahl** der regelmäßig beschäftigten wahlberechtigten Arbeitnehmer unter fünf, entfallen die Voraussetzungen für die Betriebsratsfähigkeit dieses Betriebs. Daher endet das Amt des bestehenden Betriebsrats (vgl. *BAG* 07.04.2004 EzA § 106 BetrVG 2001 Nr. 1 unter B II 1b; *Fitting* § 1 Rn. 269;

Galperin/Löwisch § 1 Rn. 31; *Richardi* § 1 Rn. 130; *Trümner/DKKW* § 1 Rn. 257). Maßgeblich hierfür ist nach der Rechtsprechung derjenige Zeitpunkt, zu dem der Unternehmer sich entschließt, die Zahl der Arbeitnehmer im betreffenden Betrieb dauerhaft zu reduzieren (vgl. *LAG Kiel* 27.03.2012 EzA-SD 2012 Nr. 10 und 13). Der Betriebsrat ist dann im arbeitsgerichtlichen Verfahren nicht mehr beteiligtenfähig (vgl. *LAG Kiel* 27.03.2012 EzA-SD 2012 Nr. 10 und 13). Das Amt des Betriebsrats endet in diesen Fällen auch dann, wenn der Arbeitgeber das Absinken der Arbeitnehmerzahl bewusst herbeigeführt hat, um einen unbequemen Betriebsrat auszuschalten (ebenso *Fitting* § 1 Rn. 269; a. M. *Däubler* FS *Kreutz*, S. 69 [72]). Dagegen hat das **Absinken der Zahl der wählbaren Arbeitnehmer** unter drei auf das Amt des bestehenden Betriebsrats keinen Einfluss, da das Mindestquorum hinsichtlich der wählbaren Arbeitnehmer eine Auswahl während des Wahlvorgangs sichern soll (vgl. *Fitting* § 1 Rn. 269; *Galperin/Löwisch* § 1 Rn. 31; *Nikisch* III, S. 122; *Richardi* § 1 Rn. 131).

7. Streitigkeiten

Im Vorfeld einer Betriebsratswahl können Meinungsverschiedenheiten darüber entstehen, ob die **Voraussetzungen** vorliegen, die zur Anwendung der Vorschriften führen, die die Wahl eines Betriebsrats fördern sollen (vgl. §§ 14a, 16 Abs. 2; 17 Abs. 3 und 4; 17a, 18) oder ihre Behinderung verbieten (§ 20). Die Arbeitsgerichte entscheiden über diese Fragen nach der Generalklausel des § 2a Abs. 1 Nr. 1 ArbGG oder unmittelbar nach §§ 16 Abs. 2, 17 Abs. 4, 18 Abs. 1 im Beschlussverfahren (§§ 2a Abs. 1 Nr. 1, Abs. 2, 80 ff. ArbGG). 107

Im Zusammenhang mit einer Betriebsratswahl kann Streit über die **Betriebsratsfähigkeit** eines Betriebes entstehen. Für die Entscheidung darüber sind nach § 2a Abs. 1 Nr. 1 ArbGG ebenfalls die Arbeitsgerichte zuständig; sie entscheiden im Beschlussverfahren (§§ 2a Abs. 2, 80 ff. ArbGG). Ein solches Verfahren kann auch unabhängig von einer Betriebsratswahl eingeleitet werden (*BAG* 13.08.2008 NZA-RR 2009, 255 [256]; vgl. *Richardi* § 1 Rn. 133). Darüber hinaus kann die Frage der Betriebsratsfähigkeit im Rahmen eines Wahlanfechtungsverfahrens, eines Verfahrens zur Feststellung der Nichtigkeit einer Wahl oder eines Kündigungsschutzprozesses (dann im Urteilsverfahren) als Vorfrage entschieden werden; in diesen Fällen müssen allerdings Gründe vorgebracht werden, welche zu einer Nichtigkeit der Betriebsratswahl führen würden, da ein Betriebsrat nach Ablauf der Anfechtungsfrist des § 19 Abs. 2 wirksam bestellt ist (vgl. *Galperin/Löwisch* § 1 Rn. 44; *Richardi* § 1 Rn. 136). 108

Entsteht vor einer Betriebsratswahl Streit darüber, ob eine betriebsratsfähige **betriebsverfassungsrechtliche Organisationseinheit** (vgl. § 3 Abs. 5) vorliegt, ist darüber nach § 18 Abs. 2 ebenfalls im Beschlussverfahren (§§ 2a Abs. 1 Nr. 1, Abs. 2, 80 ff. ArbGG) zu entscheiden. Eine gerichtliche Entscheidung über diese Frage ist aber auch ohne Zusammenhang mit einer Betriebsratswahl jederzeit möglich. Gleiches gilt generell für Streitigkeiten über die Betriebsstruktur (krit. dazu *Kampenhausen* NZA 1987, Beil. Nr. 4, S. 10 [16]), also z. B. über die Frage, ob ein oder mehrere Betriebe vorliegen, ob Kleinbetriebe einem betriebsratsfähigen Betrieb zuzurechnen sind (vgl. § 4 Abs. 2) oder zu einem solchen zusammenzufassen sind (vgl. dazu *Kreutz* § 18 Rdn. 56 ff.; *Fitting* § 1 Rn. 287; *BAG* 29.01.1987 EzA § 1 BetrVG 1972 Nr. 5 = AP Nr. 6 zu § 1 BetrVG 1972; 25.09.1986 EzA § 1 BetrVG 1972 Nr. 6; 17.01.2007 EzA § 4 BetrVG 2001 Nr. 2 Rn. 12 = AP Nr. 18 zu § 4 BetrVG 1972). 109

§ 2
Stellung der Gewerkschaften und Vereinigungen der Arbeitgeber

(1) Arbeitgeber und Betriebsrat arbeiten unter Beachtung der geltenden Tarifverträge vertrauensvoll und im Zusammenwirken mit den im Betrieb vertretenen Gewerkschaften und Arbeitgebervereinigungen zum Wohl der Arbeitnehmer und des Betriebs zusammen.

(2) Zur Wahrnehmung der in diesem Gesetz genannten Aufgaben und Befugnisse der im Betrieb vertretenen Gewerkschaften ist deren Beauftragten nach Unterrichtung des Arbeitgebers oder seines Vertreters Zugang zum Betrieb zu gewähren, soweit dem nicht unum-

gängliche Notwendigkeiten des Betriebsablaufs, zwingende Sicherheitsvorschriften oder der Schutz von Betriebsgeheimnissen entgegenstehen.

(3) Die Aufgaben der Gewerkschaften und der Vereinigungen der Arbeitgeber, insbesondere die Wahrnehmung der Interessen ihrer Mitglieder, werden durch dieses Gesetz nicht berührt.

Literatur
1. Zum Gebot der vertrauensvollen Zusammenarbeit
Blomeyer Die rechtliche Bewertung des Betriebsfriedens im Individualarbeits- und Betriebsverfassungsrecht, ZfA 1972, 85; *ders.* Übermaßverbot im Betriebsverfassungsrecht, 25 Jahre Bundesarbeitsgericht, 1979, S. 17; *Brandl* Koppelungsgeschäfte in der Rechtsordnung unter besonderer Berücksichtigung des Betriebsverfassungsrechts (Diss. Mannheim 1999), 2000 (zit.: Koppelungsgeschäfte); *Buchner* Kooperation als Leitmaxime des Betriebsverfassungsrechts, DB 1974, 530; *Bulla* »Vertrauensvolle Zusammenarbeit« von Arbeitgeber und Betriebsrat als Generalklausel des Betriebsverfassungsrechts, RdA 1965, 121; *Dietz* § 49 BetrVG und seine Bedeutung für die Zusammenarbeit im Betrieb – vor allem in bezug auf die Beteiligungsrechte, RdA 1969, 1; *G. Fischer* Theorie und Praxis der vertrauensvollen Zusammenarbeit zwischen Arbeitgeber und Betriebsrat, Mensch und Arbeit 1964, 151; *Freckmann/Koller-van Delden* Vertrauensvolle Zusammenarbeit zwischen Arbeitgeber und Betriebsrat – hehres Ziel oder zu praktizierende Wirklichkeit?, BB 2006, 490; *Galperin* Betriebsverfassungsgesetz und betriebliche Partnerschaft, RdA 1962, 366; *Germelmann* Der Betriebsfrieden im Betriebsverfassungsrecht (Diss. Berlin 1971), 1972; *Halberstadt* Das Zusammenwirken zwischen Arbeitgeber und Betriebsrat, BUV 1971, 73; *Hanau/Reitze* Annexregelungen und Koppelungsgeschäfte bei der Mitbestimmung in sozialen Angelegenheiten, FS *Wiese*, 1998, S. 149; *Heinze* Inhalt und Grenzen betriebsverfassungsrechtlicher Rechte, ZfA 1988, 53; *R. Hoffmann* Das Unternehmenswohl bei den mitbestimmten Unternehmen und die angemessene Berücksichtigung der Belange des Betriebs und der Arbeitnehmer im Betriebsverfassungsgesetz, JArbR Bd. 15 (1977), 1978, S. 37; *von Hoyningen-Huene* Das Betriebsverhältnis, NZA 1989, 121; *Hunold* Die Rechtsprechung zur (vertrauensvollen) Zusammenarbeit zwischen Arbeitgeber und Betriebsrat, NZA-RR 2003, 169; *Klosterkemper* Die vertrauensvolle Zusammenarbeit und ihre Gefährdung durch manche Entscheidungen des Bundesarbeitsgerichts, ZfA 1991, 67; *Konzen* Betriebsverfassungsrechtliche Leistungspflichten des Arbeitgebers: System der Handlungs-, Duldungs- und Unterlassungsansprüche im BetrVG, 1984 (zit.: Leistungspflichten); *ders.* Der Mißbrauch betrieblicher Beteiligungsrechte, FS *Zöllner*, 1998 S. 799; *Kreutz* Grundsätze der Zusammenarbeit zwischen Arbeitgeber und Betriebsrat nach dem neuen Betriebsverfassungsgesetz, BlStSozArbR 1972, 44; *G. Müller* Die betriebsverfassungsrechtliche Maxime der vertrauensvollen Zusammenarbeit in der Rechtsprechung des Bundesarbeitsgerichts, FS *Herschel*, 1982, S. 269; *Radtke* Externer Sachverstand im Betriebsverfassungsrecht (Diss. Hannover), 2014; *Rieble/Klumpp/Gistel* Rechtsmissbrauch in der Betriebsverfassung, 2006; *Rieble/Wiebauer* Meinungskampf im Betrieb, ZfA 2010, 63; *Schoof* Koppelungsgeschäfte in der Betriebsverfassung, AuR 2007, 289; *Schulze/Schreck* An- und Abmelden – Rechte und Pflichten des Betriebsrats, ArbRAktuell 2014, 483; *Söllner* Die vertrauensvolle Zusammenarbeit zwischen Betriebsvertretung und Arbeitgeber, DB 1968, 571; *Tomandl* Einseitige Interessenvertretung oder Zusammenarbeit, ZAS 1971, 41; *R. Weber* Die vertrauensvolle Zusammenarbeit zwischen Arbeitgeber und Betriebsrat gem. § 2 Abs. 1 BetrVG 1972 (Diss. Heidelberg 1988), 1989; *ders.* Der Anwendungsbereich des Grundsatzes der vertrauensvollen Zusammenarbeit gemäß § 2 I BetrVG, ZfA 1991, 187; *Wiebauer* Betriebsverfassungsrechtliche Vertragsstrafen, AuR 2012, 150; *Witt* Die betriebsverfassungsrechtliche Kooperationsmaxime und der Grundsatz von Treu und Glauben (Diss. Mannheim 1986), 1987; *ders.* Die Beteiligungsrechte des Betriebsrats und das Verbot des Rechtsmißbrauchs, BB 1986, 2194; *Zitscher* Die »vertrauensvolle Zusammenarbeit« zwischen Betriebsrat und Arbeitgeber, DB 1984, 1395.

2. Zur Rechtsstellung der Koalitionen
Bayreuther Tarifautonomie als kollektiv ausgeübte Privatautonomie, 2005; *Becker/Leimert* Die Stellung der Gewerkschaften nach dem neuen Betriebsverfassungsgesetz, BlStSozArbR 1972, 37; *dies.* Das Zutrittsrecht der Gewerkschaftsbeauftragten zum Betrieb nach § 2 Abs. 2 BetrVG 1972, AuR 1972, 365; *Blomeyer* Die Zulässigkeit von Tarifverträgen zugunsten gewerkschaftlicher Vertrauensleute, DB 1977, 101; *Bötticher* Tarifvertragliche Sonderstellung der gewerkschaftlichen Vertrauensleute im Arbeitsverhältnis: eine betriebsverfassungsrechtliche Angelegenheit, RdA 1978, 133; *Brock* Gewerkschaftliche Betätigung im Betrieb nach der Aufgabe der Kernbereichslehre durch das BVerfG (Diss. Köln, 2001), 2002; *Brox* Plakatwerbung der Gewerkschaften im Betrieb, BB 1965, 1321; *Buchner* Das Zusammenwirken von Gewerkschaft und Betriebsrat nach dem neuen Betriebsverfassungsgesetz, DB 1972, 1236; *ders.* Die Rechtsprechung des BAG zum Gewerkschaftsbegriff, 25 Jahre Bundesarbeitsgericht, 1979, S. 55; *Burkiczak* Der Vorbehalt des Gesetzes in der jüngeren Rechtsprechung des BAG, SAE 2008, 32; *Däubler* Ge-

werkschaftsrechte im Betrieb, 12. Aufl. 2017; *ders.* Gewerkschaftsrechte im Betrieb auf neuer Grundlage, DB 1998, 2014; *ders.* Gewerkschaftliche Information und Werbung im Netz, DB 2004, 2102; *Dieterich* Gewerkschaftswerbung im Betrieb, RdA 2007, 110; *Doerlich* Die Tariffähigkeit der Gewerkschaft (Diss. Göttingen 2001), 2002; *Dunke* Aufdrängen gewerkschaftlicher Informationen auf elektronischem Wege, RdA 2009, 77; *Düttmann* Die Beziehungen des Betriebsrats zu den Gewerkschaften, JArbR Bd. 17 (1979), 1980, S. 71; *Echterhölter* Verfassungsrecht und kollektives Arbeitsrecht, BB 1969, 237; *Edenfeld* Zutrittsrecht betriebsfremder Gewerkschaftsvertreter zwecks Mitgliederwerbung im Betrieb, SAE 2007, 97; *Erdmann* Das betriebsverfassungsrechtliche Zugangsrecht der Gewerkschaften zum Betrieb (Diss. Münster), 1986; *Esser* Das Selbstverständnis der Arbeitgeberverbände von ihrer Bedeutung und Rolle in der Arbeitsverfassung, ZfA 1980, 301; *U. Fischer* Das betriebliche Vertretensein von Gewerkschaften und seine gerichtliche Feststellung, NZA-RR 2016, 225; *Franzen* Tarifrechtssystem und Gewerkschaftswettbewerb – Überlegungen zur Flexibilisierung des Flächentarifvertrags, RdA 2001, 1; *Galperin* Die Stellung der Gewerkschaften im Betrieb, BB 1972, 272; *ders.* Die Stellung der Gewerkschaften im Staatsgefüge (I), DB 1970, 298; (II), DB 1970, 346; *Gamillscheg* Mitbestimmung, Betriebsrat, Gewerkschaft, eine rechtsvergleichende Skizze, Rechtswissenschaft und Rechtsentwicklung, 1980, S. 209; *Gester* Zur Stellung der Gewerkschaften im Betrieb nach dem neuen BVG, GewMH 1972, 19; *Gester / Kittner* Personalratsamt und Koalitionsfreiheit, RdA 1971, 161; *Gröbing* Das Tarifvertragsgesetz und die Zutritts- und Informationsrechte der Gewerkschaften, AuR 1981, 307; *Grunsky* Der Nachweis des Vertretenseins einer im Betrieb vertretenen Gewerkschaft, AuR 1990, 105; *Hanau* Gemeingebrauch am Tarifvertrag, JuS 1969, 213; *ders.* Die neue Rechtsprechung zur gewerkschaftlichen Betätigung im Betrieb, JArbR Bd. 17 (1979), 1980, S. 37; *Herschel* Zur Absicherung gewerkschaftlicher Vertrauensleute durch Firmentarifvertrag, AuR 1977, 137; *Hiersemann* Die Betätigung der Gewerkschaften im Betrieb, DB 1966, 702, 742; *R. Hoffmann* Gewerkschaftliche Betätigung im Betrieb, AuR 1969, 73; *Hohn* Werbung für die Gewerkschaften auf dem Betriebsgelände, BB 1965, 545; *ders.* Zutritt von Gewerkschaftsbeauftragten zur Betriebsversammlung, DB 1978, 1886; *Hopfner / Schrock* Die Gewerkschaften im elektronischen Netzwerk des Arbeitgebers, DB 2004, 1558; *Hunnekuhl / Zäh* Zur Rechtsstellung gewerkschaftlicher Vertrauensleute im Betrieb, NZA 2006, 1022; *Hunold* Funktion und Rechtsstellung der gewerkschaftlichen Vertrauensleute im Betrieb, AR-Blattei SD, 530.05.1; *Kaya* Nutzung betrieblicher E-Mail und Intranet-Systeme für gewerkschaftliche Zwecke (Diss. Gießen), 2007 (zit.: E-Mail- und Intranet-Systeme); *Klaus* Rechtliches Spannungsverhältnis zwischen Gewerkschaft und Betriebsrat (Diss. Münster), 2008; *Klebe / Wedde* Gewerkschaftsrechte auch per E-Mail und Intranet?, AuR 2000, 401; *Klein* Die Stellung der Minderheitsgewerkschaften in der Betriebsverfassung (Diss. Freiburg i. Br.), 2007 (zit.: Minderheitsgewerkschaften); *Klosterkemper* Das Zugangsrecht der Gewerkschaften zum Betrieb: unter besonderer Berücksichtigung der Tendenzbetriebe und kirchlichen Einrichtungen (Diss. Konstanz 1979), 1980 (zit: Zugangsrecht); *Konzen* Koalitionsfreiheit und gewerkschaftliche Werbung im Betrieb, JArbR Bd. 18 (1980), 1981, S. 19; *Kraft* Die Regelung der Rechtsstellung gewerkschaftlicher Vertrauensleute im Betrieb, ZfA 1976, 243; *ders.* Probleme im Spannungsfeld zwischen Betriebsverfassungsrecht und Koalitionsfreiheit, ZfA 1973, 243; *ders.* Vertrauensleute im Betrieb, 1982; *Krause* Gewerkschaften und Betriebsräte zwischen Kooperation und Konfrontation, RdA 2009, 129; *Kremp* Das Zugangsrecht der Gewerkschaftsbeauftragten zum Betrieb nach dem BetrVG 1972, AuR 1973, 193; *Kriechel* Betriebsfremde Gewerkschaftsbeauftragte ausgeschlossen, ArbGeb. 1981, 764; *H. Krüger* Gewerkschaftliche Betätigung von Betriebs- und Personalratsmitgliedern, ZBR 1972, 97; *Küchenhoff* Einwirkung des Verfassungsrechts auf das Arbeitsrecht, RdA 1969, 97; *Lelley* Die Grenzen digitaler Gewerkschaftsrechte im Betrieb, BB 2002, 252; *Löwisch* Die Voraussetzungen der Tariffähigkeit, ZfA 1970, 295; *ders.* Freiheit und Gleichheit der Wahl zu Betriebsrat und Personalrat, BB 2014, 117; *Losacker* Die Stellung der Vertrauensleute im Betrieb, JArbR Bd. 2 (1964), 1965, S. 56; *Maschmann* Virtueller Belegschaftswahlkampf im Netz des Arbeitgebers, NZA 2008, 613; *U. Mayer* Zum Streit über die Zulässigkeit von Vereinbarungen zum Schutz gewerkschaftlicher Vertrauensleute, BlStSozArbR 1977, 17; *Mayer-Maly* Gewerkschaftliche Zutrittsrechte – allgemeine Probleme und Sonderfragen bei kirchlichen Einrichtungen, BB 1979, Beilage Nr. 4; *F. Müller* Der Gewerkschaftsbegriff im Betriebsverfassungsgesetz (Diss. Münster), 1988; *G. Müller* Zur Stellung der Verbände im neuen Betriebsverfassungsrecht, ZfA 1972, 213; *ders.* Betriebsratsamt und gewerkschaftlicher Vertrauensmann, RdA 1976, 46; *H. P. Müller* Der betriebliche Vertrauensmann im System der Betriebsverfassung, DB 1978, 743; *Neumann-Duesberg* »Betriebsverfassungsrechtlicher« Anspruch der Gewerkschaften auf Duldung der Mitgliederwerbung im Betrieb?, BB 1966, 902; *ders.* Sozialadäquanz und Mitgliederwerbung der Gewerkschaften im Betrieb, BB 1966, 947; *ders.* Unterlassungsanspruch der Gewerkschaft gegen den Betriebsinhaber bei Behinderung sozialadäquater Plakatwerbung im Betrieb – Kollision zwischen Koalitionsrecht und Eigentumsrecht, AuR 1966, 289; *Oetker* Untergliederungen von Gewerkschaften und Arbeitgebervereinigungen und ihre Tariffähigkeit, AuR 2001, 82; *Pfarr* Gewerkschaftliche Rechte im Betrieb, AuR 1979, 242; *Prott* Gewerkschaftliche Vertrauensleute zwischen Beruf und Ehrenamt, WSI-Mitt. 2006, 507; *Prütting / Weth* Die Vertretung einer Gewerkschaft im Betrieb – Geheimverfahren zum Nachweis der Voraussetzungen, DB 1989, 2273; *Reuss* Die Bedeutung der »Mächtigkeit« von Verbänden im kollektiven Arbeitsrecht, RdA 1972, 4; *Reuter* Die (persönliche und amtliche) Rechtsstellung des Betriebsrats im Arbeitskampf, AuR 1973, 1; *ders.*

§ 2 I. *Allgemeine Vorschriften*

Gewerkschaftliche Präsenz im Betrieb, FS *G. Müller*, 1981, S. 387; *ders.* Umfang und Schranken des gewerkschaftlichen Zutrittsrechts zum Betrieb unter besonderer Berücksichtigung der Seeschiffahrt, ZfA 1976, 107; *Rewolle* Die Werbung der Gewerkschaften innerhalb der Betriebe, DB 1965, 364; *Richardi* Gewerkschaften und Betrieb – ein Gegenstand der Tarifautonomie, RdA 1968, 427; *ders.* Betriebsratsamt und Gewerkschaft, RdA 1972, 8; *ders.* Das Betätigungsrecht der Koalitionen in kirchlichen Einrichtungen, FS *Beitzke*, 1979, S. 873; *ders.* Die Rechtsstellung der Gewerkschaften im Betrieb, FS *G. Müller*, 1981, S. 413; *ders.* Das Grundrecht der Koalitionsfreiheit im Wandel der Zeit, FS *Scholz*, 2007, S. 337; *ders.* Tariffähigkeit und Erfordernis der sozialen Mächtigkeit RdA 2007, 117; *Rieble* Relativität der Tariffähigkeit, FS *Wiedemann*, 2002, S. 519; *ders* . Betriebsverfassungsrechtlicher Gewerkschaftsbegriff, RdA 2008, 35; *ders.* / *Gutzeit* Gewerkschaftliche Selbstdarstellung in Internet und Intranet, ZfA 2001, 341; *Rüthers* Das Recht der Gewerkschaften auf Information und Mitgliederwerbung im Betrieb, RdA 1968, 161; *ders.* Gewerkschaftliche Mitgliederwerbung im Betrieb und in der Dienststelle, JuS 1970, 607; *ders.* Arbeitgeber und Gewerkschaften – Gleichgewicht oder Dominanz, DB 1973, 1649; *Säcker* Direktions- und Hausrecht als Abwehrrechte gegen gewerkschaftliche Betätigung im Betrieb I, BB 1966, 700; II, BB 1966, 784; *ders.* Gewerkschaftliches Zutrittsrecht zum Betrieb, AuR 1979, 39; *Sarge* / *Gester* Zugangsrecht der Gewerkschaften zum Betrieb / Gewerkschaftliche Werbung und Information im Betrieb, AiB 1988, 228; *Schellenberg* Das Zugangsrecht des Beauftragten der Gewerkschaft nach § 2 BetrVG, BlStSozArbR 1974, 161; *Schelp* Parteifähigkeit der Verbände im arbeitsgerichtlichen Urteilsverfahren (§ 10 ArbGG), AuR 1954, 70; *B. Schmidt* Tarifpluralität im System der Arbeitsrechtsordnung, 2011; *I. Schmidt* Die Ausgestaltung der Koalitionsfreiheit durch die Gerichte, FS *Richardi*, 2007, S. 763; *Schmittner* Meinungsfreiheit und Arbeitsverhältnis, AuR 1968, 353; *Schlochauer* Zugangsrecht von Betriebsratsmitgliedern zu den Arbeitsplätzen einzelner Arbeitnehmer, FS *G. Müller*, 1981, S. 459; *Schönfeld* Gewerkschaftliche Beteiligung im Betrieb, BB 1989, 1818; *Schönhöft* / *Weyhing* Neutralitätspflicht und Koalitionsfreiheit des Betriebsrats, BB 2014, 762; *Suckow* Gewerkschaftliche Mächtigkeit als Determinante kooperatistischer Tarifsysteme (Diss. Köln), 2000; *Zachert* Gewerkschaftliche Rechte im Betrieb – eine Restgröße?, AuR 1979, 358.

Inhaltsübersicht Rdn.

I. Vorbemerkung	1, 2
II. Der Grundsatz der vertrauensvollen Zusammenarbeit (Abs. 1)	3–50
1. Allgemeines	3–15
a) Bedeutung und Rechtscharakter der Norm	3–6
b) Der Adressatenkreis	7–10
c) Inhalt der Norm	11–15
2. Einzelheiten	16–50
a) »Unter Beachtung der geltenden Tarifverträge«	16–21
b) »Im Zusammenwirken mit den im Betrieb vertretenen Gewerkschaften und Arbeitgebervereinigungen«	22–42
aa) Verhältnis der Betriebsparteien zu den Koalitionen	22–25
bb) Der Begriff der Gewerkschaft und Arbeitgebervereinigung	26–38
cc) Vertretensein im Betrieb	39–42
c) Ziel der Zusammenarbeit	43–46
d) Sanktionen	47, 48
e) Beispiele aus der Rechtsprechung zur vertrauensvollen Zusammenarbeit	49, 50
III. Zugangsrecht der Gewerkschaften (Abs. 2)	51–80
1. Allgemeines	51–54
a) Entstehungsgeschichte	51
b) Zweck der Vorschrift	52, 53
c) Verhältnis zu § 2 Abs. 1	54
2. Einzelheiten	55–80
a) Zugangsberechtigte	55
b) Aufgabenbezug des Zugangsrechts, Grundsatz	56–58
c) Aufgaben, die das Zugangsrecht begründen	59–63
d) Zugangsrecht zu einzelnen Arbeitnehmern	64–66
e) Unterrichtspflicht der Gewerkschaft	67–71
f) Weigerungsrecht des Arbeitgebers	72–79
g) Streitigkeiten	80
IV. Aufgaben der Koalitionen (Abs. 3)	81–104
1. Allgemeines	81–83

2. Werberecht	84–100
a) Werbung für Betriebsratswahlen	84
b) Mitgliederwerbung im Betrieb vertretener Gewerkschaften	85–99
aa) Historische Entwicklung	85–89
bb) Grundsätze	90–92
cc) Keine aktive Mitwirkung des Arbeitgebers	93
dd) Digitales Werberecht	94, 95
ee) Werbung durch betriebsfremde Gewerkschaftsbeauftragte	96–98
ff) Werbung durch Betriebsrat	99
c) Mitgliederwerbung im Betrieb nicht vertretener Gewerkschaften	100
3. Gewerkschaftliche Vertrauensleute	101–104
V. Betriebliche Vertrauensleute	105–107

I. Vorbemerkung

Nach der Überschrift regelt die Bestimmung die »Stellung der Gewerkschaften und Vereinigungen der **1** Arbeitgeber«. Damit wird der Inhalt nicht zutreffend wiedergegeben. In Abs. 1 ist der bereits in § 49 Abs. 1 BetrVG 1952 enthaltene Grundsatz der vertrauensvollen Zusammenarbeit von Arbeitgeber und Betriebsrat sachlich unverändert übernommen worden. Gestrichen wurde lediglich die Pflicht, das Gemeinwohl zu berücksichtigen. Diese Streichung erfolgte unter Hinweis darauf, dass auch die nach § 70 Abs. 1 AktG 1937 für den Vorstand einer AG bestehende Pflicht, das Gemeinwohl zu berücksichtigen, in das AktG 1965 nicht übernommen wurde (vgl. amtliche Begründung zum BetrVG 1972, BR-Drucks. 715/70, S. 35 zu § 2). Die Formulierung des § 49 Abs. 1 BetrVG 1952 »im Rahmen« wurde auf Vorschlag des Bundesrates durch die Worte »unter Beachtung« ersetzt; die Reihenfolge der Worte »zum Wohl des Betriebs und der Arbeitnehmer« wurden umgestellt.

Der Gesetzgeber des BetrVG 1972 ergänzte die Vorschrift um die Regelung des Zugangsrechts der **2** Gewerkschaften zum Betrieb in Abs. 2. Abs. 3 entspricht im Wesentlichen dem § 2 BetrVG 1952. Eingefügt wurde die Formulierung »insbesondere die Wahrnehmung der Interessen ihrer Mitglieder«. Eine Konkretisierung und nähere Ausgestaltung der Grundsätze für die Zusammenarbeit zwischen den Betriebspartnern findet sich in § 74.

II. Der Grundsatz der vertrauensvollen Zusammenarbeit (Abs. 1)

1. Allgemeines

a) Bedeutung und Rechtscharakter der Norm

Trotz der bei den Vorüberlegungen zur Reform des Betriebsverfassungsgesetzes im Jahre 1972 zutage **3** getretenen Meinungsverschiedenheiten hat der Referentenentwurf den Grundsatz der vertrauensvollen Zusammenarbeit in § 74 Abs. 1 beibehalten (vgl. RdA 1970, 357 [363]). Wegen der »grundsätzlichen Bedeutung« wurde die Bestimmung im Regierungsentwurf als Abs. 1 in § 2 eingefügt und damit an die Spitze des Gesetzes gestellt (vgl. amtliche Begründung zum BetrVG 1972, BR-Drucks. 715/70, S. 35 zu § 2 und S. 46 zu § 74). Der Gesetzgeber wollte dadurch die besondere Bedeutung der vertrauensvollen Zusammenarbeit für die gesamte Betriebsverfassung, das Kooperationsgebot als ihr Leitprinzip betonen (vgl. Schriftlicher Bericht 10. Ausschuss, zu BT-Drucks. VI/2729, S. 9; *Galperin/Löwisch* § 2 Rn. 2; *Rose/HWGNRH* § 2 Rn. 1; *Kreutz* BlStSozArbR 1972, 44 [45]; *Richardi* § 2 Rn. 5; *Loritz/ZLH* Arbeitsrecht, § 48 Rn. 51 f.). Der Grundsatz der vertrauensvollen Zusammenarbeit kann nach wie vor als »Magna Charta« der Betriebsverfassung (vgl. *Galperin/Löwisch* § 2 Rn. 23; *Neumann-Duesberg* S. 126 zu § 49 Abs. 1 BetrVG 1952; *Richardi* § 2 Rn. 4) bezeichnet werden. Das **BetrVerf-Reformgesetz** aus dem Jahr 2001 hat die Vorschrift **unverändert** gelassen.

Der Wortlaut des Gesetzes gibt keinen Aufschluss darüber, ob der Grundsatz der vertrauensvollen Zu- **4** sammenarbeit als **unmittelbar verpflichtende Norm** zu verstehen ist (vgl. *Kreutz* BlStSozArbR 1972, 44 [45]). Bereits im Hinblick auf § 49 Abs. 1 BetrVG 1952 wurde gelegentlich die Meinung vertreten, die Bestimmung habe »vornehmlich programmatische Bedeutung« (*Erdmann* BetrVG, 2. Aufl.

1954, § 49 Rn. 3), besitze lediglich unverbindlichen Richtliniencharakter (*Fitting/Kraegeloh* BetrVG, 3. Aufl. 1953, § 49 Rn. 1). Auch § 2 Abs. 1 wird von *Weiss/Weyand* (§ 2 Rn. 1 und 2) »als eine Art Präambel« mit der »Bedeutung eines Appells« aufgefasst. Konkrete Rechte und Pflichten könnten aus ihr nicht abgeleitet werden. *Konzen* (Leistungspflichten, S. 65) weist auf die vage Formulierung hin, die eher gegen eine Anspruchsgrundlage spreche.

5 Richtig ist sicher, dass § 2 Abs. 1 **nicht** als »subsidiäre anspruchserzeugende Generalklausel«, als generalklauselartige **Kompetenznorm** zu verstehen ist (vgl. *Weiss/Weyand* § 2 Rn. 2 im Anschluss an *Hueck/Nipperdey* II/2, S. 1337). Gleichwohl handelt es sich bei dieser Vorschrift um eine unmittelbar verpflichtende Rechtsnorm, die das Verhalten der Betriebspartner verbindlich regelt (so auch die h. M.; vgl. *Fitting* § 2 Rn. 22; *Galperin/Löwisch* § 2 Rn. 23; *Hueck/Nipperdey* II/2, S. 1334; *Kreutz* BlStSozArbR 1972, 44 [45]; *Richardi* § 2 Rn. 6: »ein Gebot«). **Mitwirkungs- und Mitbestimmungsrechte** des Betriebsrats, die das Gesetz nicht vorsieht, lassen sich allerdings mit § 2 Abs. 1 nicht begründen (vgl. *Fitting* § 2 Rn. 23; *Richardi* § 2 Rn. 21; vgl. auch Rdn. 1, 13).

6 § 74, der weitere Grundsätze der Zusammenarbeit regelt, steht zu § 2 im Verhältnis der speziellen zur allgemeinen Norm (vgl. *Kreutz* BlStSozArbR 1972, 44 [45]; vgl. auch *Fitting* § 2 Rn. 1: § 74 ist Sonderbestimmung).

b) Der Adressatenkreis

7 Das Gebot richtet sich an den **Arbeitgeber** sowie an die für ihn im Rahmen der Betriebsverfassung tätigen **Vertreter einerseits** und den **Betriebsrat**, den **Gesamtbetriebsrat**, den **Konzernbetriebsrat**, die **Jugend- und Auszubildendenvertretung**, die **Schwerbehindertenvertretung** sowie die aufgrund von Tarifverträgen **nach § 3 gebildeten Arbeitnehmervertretungen andererseits** (vgl. *Fitting* § 2 Rn. 17; *Galperin/Löwisch* § 2 Rn. 6; *Müller* ZfA 1972, 213 [214]; *Richardi* § 2 Rn. 11). Dasselbe gilt für den Betriebsausschuss und die weiteren Ausschüsse des Betriebsrats, sofern ihnen Aufgaben zur selbständigen Erledigung obliegen (*Fitting* § 2 Rn. 17; *Richardi* § 2 Rn. 9). Das Gebot betrifft das Verhalten der Genannten gegenüber dem Arbeitgeber (vgl. *BAG* 02.11.1955 AP Nr. 1 zu § 23 BetrVG; *Hueck/Nipperdey* II/2, S. 1335 Fn. 2; *Richardi* § 2 Rn. 12; *Söllner* DB 1968, 571). Es richtet sich aber auch an die einzelnen Mitglieder der insgesamt von der Norm erfassten betriebsverfassungsrechtlichen Institutionen, soweit sie betriebsverfassungsrechtliche Aufgaben wahrnehmen (vgl. *BAG* 21.02.1978 EzA § 74 BetrVG 1972 Nr. 4 S. 39 = AP Nr. 1 zu § 74 BetrVG 1972; *Fitting* § 2 Rn. 17; *Galperin/Löwisch* § 2 Rn. 7; *Richardi* § 2 Rn. 10; zur Auswirkung des Fehlverhaltens eines Betriebsratsmitglieds während einer vorangegangenen Amtszeit auf das Vertrauensverhältnis zwischen Betriebsrat und Arbeitgeber vgl. *BAG* 27.07.2016 EzA § 23 BetrVG 2001 Nr. 9 Rn. 21 ff. = AP Nr. 50 zu § 23 BetrVG 1972; anders noch die Vorinstanz *LAG Düsseldorf* 23.01.2015 LAGE § 79 BetrVG 2001 Nr. 1 Rn. 51 ff.).

8 Dagegen regelt § 2 Abs. 1 **nicht** das Verhältnis der Betriebsratsmitglieder untereinander (vgl. *BAG* 05.09.1967 EzA § 23 BetrVG Nr. 1 = AP Nr. 8 zu § 23 BetrVG; *Fitting* § 2 Rn. 19; *Galperin/Löwisch* § 2 Rn. 8; *von Hoyningen-Huene* Betriebsverfassungsrecht, § 4 IV 2a; *Hueck/Nipperdey* II/2, S. 1335 Fn. 2; *Richardi* § 2 Rn. 8; *Söllner* DB 1968, 561). Auch eine Pflicht der einzelnen Arbeitnehmer untereinander oder im arbeitsvertraglichen Verhältnis zwischen Arbeitgeber und Arbeitnehmer kann § 2 Abs. 1 nicht entnommen werden (vgl. *BAG* 13.07.1962 AP Nr. 1 zu § 242 BGB = NJW 1962, 2268; *Dietz* RdA 1969, 1 [3]; *von Hoyningen-Huene* Betriebsverfassungsrecht, § 4 IV 2a a. E.; *Hueck/Nipperdey* II/2, S. 1335 Fn. 2; *Kreutz* BlStSozArbR 1972, 44 [46]; *Richardi* § 2 Rn. 8).

9 § 2 Abs. 1 gilt **auch nicht** im Verhältnis von **Betriebsrat** zum **Sprecherausschuss** (vgl. *Fitting* § 2 Rn. 3). § 2 SprAuG, der die Grundsätze der Zusammenarbeit zwischen Arbeitgeber und Sprecherausschuss entsprechend zu § 2 Abs. 1 regelt, sieht in Abs. 2 Satz 1 und 2 lediglich für Betriebsrat bzw. Sprecherausschuss die Möglichkeit vor, eine Teilnahme des jeweils anderen Gremiums oder seiner Mitglieder an eigenen Sitzungen zuzulassen. Nach § 2 Abs. 2 Satz 3 SprAuG soll einmal im Kalenderjahr eine gemeinsame Sitzung des Sprecherausschusses und des Betriebsrats stattfinden. Der Arbeitgeber ist nicht verpflichtet, den Betriebsrat vor einer Vereinbarung von Richtlinien über den Inhalt, den Abschluss oder die Beendigung von Arbeitsverhältnissen mit leitenden Angestellten anzuhören (**a. M.** *Däubler* Gewerkschaftsrechte im Betrieb, Rn. 255 f.; *Fitting* § 2 Rn. 6). Der Arbeitgeber hat allerdings

den Sprecherausschuss rechtzeitig anzuhören, ehe er mit dem Betriebsrat Vereinbarungen abschließt, die rechtliche Interessen der leitenden Angestellten berühren (vgl. § 2 Abs. 1 SprAuG).

Dagegen gilt die Pflicht zu vertrauensvoller Zusammenarbeit mit dem Arbeitgeber auch **für die Koalitionen**, soweit sie im Rahmen der Betriebsverfassung tätig werden (vgl. *Müller* ZfA 1972, 213 [214]; a. M. wohl *Schönhöft / Weyhing* BB 2014, 762 [763]); daraus folgt, dass auch gewerkschaftliche Beauftragte, soweit sie betriebsverfassungsrechtliche Befugnisse ihrer Koalition wahrnehmen, an den Grundsatz der vertrauensvollen Zusammenarbeit gebunden sind (vgl. *BAG* 14.02.1967 EzA § 45 BetrVG Nr. 1 = AP Nr. 2 zu § 45 BetrVG; *Fitting* § 2 Rn. 18; *Galperin / Löwisch* § 2 Rn. 6; *Rose / HWGNRH* § 2 Rn. 160; *Richardi* § 2 Rn. 11; **a. M.** *Brecht* § 2 Rn. 4; *Berg / DKKW* § 2 Rn. 4: keine Anwendung auf das Verhältnis von Arbeitgeber und Gewerkschaft).

c) Inhalt der Norm

Das **Gebot der vertrauensvollen Zusammenarbeit** ist der gesetzlich vorgeschriebene Weg, um die Ziele, die das Gesetz anstrebt (vgl. dazu Rdn. 43 ff.), zu erreichen (vgl. *Söllner* DB 1968, 571 [572]; ebenso *Berg/DKKW* § 2 Rn. 5). § 2 Abs. 1 stellt eine Verhaltensanordnung dar (vgl. *Fitting* § 2 Rn. 23; *Hanau* BB 1971, 485 [487]; *Söllner* DB 1968, 571 [572]), die auf den gesamten Bereich der Betriebsverfassung, auf die Geltendmachung und Erfüllung aller Rechte und Pflichten, die das Betriebsverfassungsgesetz vorsieht, einwirkt (vgl. *Galperin / Löwisch* § 2 Rn. 9 ff.; *Richardi* § 2 Rn. 17 ff.). Die gesetzliche Regelung statuiert damit eine gewisse Treuebindung der Betriebspartner zueinander (vgl. *Loritz / ZLH* Arbeitsrecht, § 48 Rn. 53) und ist insoweit durchaus mit § 242 BGB vergleichbar (vgl. *Richardi* § 2 Rn. 7: »Konkretisierung des allgemeinen Grundsatzes von Treu und Glauben im Betriebsverfassungsrecht«; ebenso *Radtke* Externer Sachverstand im Betriebsverfassungsrecht, S. 64), wenn auch selbständige Rechte, die nicht im Gesetz vorgesehen sind, daraus nicht abgeleitet werden können (vgl. *Hueck / Nipperdey* II/2, S. 1337; *Konzen* Leistungspflichten, S. 66; *ders.* NZA 1995, 865 [870]; *ders.* FS Zöllner, S. 799 [815 f.]; *Richardi* § 2 Rn. 21; hier Rdn. 5 und Rdn. 13). Ob sich aus der Vorschrift ein Anspruch auf Unterlassung mitbestimmungswidrigen Verhaltens begründen lässt (vgl. *Fitting* § 2 Rn. 26), ist umstritten und kann generell weder bejaht noch verneint werden (vgl. dazu *Oetker* § 23 Rn. 164 ff. zu § 87; vgl. auch *Konzen* Leistungspflichten, S. 89; *Lobinger* ZfA 2004, 101; *Raab* Negatorischer Rechtsschutz des Betriebsrats gegen mitbestimmungswidrige Maßnahmen des Arbeitgebers, 1993). Zu weit geht es, aus der Vorschrift ein gesellschaftsrechtliches (vgl. *Sorge* AuR 1953, 272) oder genossenschaftliches Verhältnis (vgl. *Neumann-Duesberg* NJW 1954, 617) abzuleiten. Unzutreffend ist auch die Feststellung von *Heinze* (ZfA 1988, 53 [74]), es handele sich dabei um eine Treuebindung beider Seiten, die noch über das Maß schuldrechtlicher Treuepflichten hinausgeht. Zu Recht lehnt *Loritz* (*ZLH* Arbeitsrecht, § 48 Rn. 53) eine »tiefgreifende Treuepflicht« aus § 2 Abs. 1 ab. Aus § 2 Abs. 1 kann keinesfalls die Pflicht abgeleitet werden, den anderen Betriebspartner auf formelle Fehler bei der Wahrnehmung seiner betriebsverfassungsrechtlichen Rechte oder bei der Erfüllung seiner betriebsverfassungsrechtlichen Pflichten hinzuweisen. Auf Seiten des Arbeitgebers würde dies auf eine Überwachung der Amtsführung des Betriebsrats hinauslaufen, die ihm nicht zukommt. Der Ansicht des *LAG Frankfurt a. M.* (vom 21.02.1991 ARSt. 1991, 228), der Arbeitgeber sei aufgrund des Gebotes zur vertrauensvollen Zusammenarbeit verpflichtet, den Personalrat auf formelle Mängel seiner Beschlussfassung (Beschluss durch Telefon-Rundspruch) hinzuweisen, kann daher weder für das Personalvertretungsrecht noch für das Betriebsverfassungsrecht gefolgt werden (**a. M.** *Wedde / DKKW* § 33 Rn. 13).

§ 2 Abs. 1 hat nicht den Sinn, das Spannungsverhältnis zwischen den Interessen des Arbeitgebers und denen der Arbeitnehmer zu beseitigen oder zu leugnen. Zusammenarbeit schließt die Wahrnehmung gegensätzlicher Interessen nicht aus (vgl. *Berg / DKKW* § 2 Rn. 6; *Fitting* § 2 Rn. 21; *Galperin / Löwisch* § 2 Rn. 4; *Konzen* FS Zöllner, S. 799 [815]; *Richardi* § 2 Rn. 6), wohl aber eine rein egoistische Interessenwahrnehmung, die sich nicht mehr am Wohl der Arbeitnehmer und des Betriebes orientiert. Die Betriebspartner sind zwar nicht zur Wahrung auch der Interessen der jeweiligen Gegenseite verpflichtet (so aber *Heinze* ZfA 1988, 53 [75]). Sie dürfen sie bei ihrem Verhalten aber nicht völlig außer Acht lassen (vgl. *von Hoyningen-Huene/*MünchArbR § 214 Rn. 4). Wie diese Zusammenarbeit gedacht ist, zeigt § 74, der als konkretisierende Spezialregelung verstanden werden kann.

13 Der Grundsatz der vertrauensvollen Zusammenarbeit setzt nach einer Formulierung des *BAG* gegenseitige »**Ehrlichkeit und Offenheit**« voraus (vgl. *BAG* 22.05.1959 AP Nr. 3 zu § 23 BetrVG; vgl. auch 02.11.1983 EzA § 102 BetrVG 1972 Nr. 53 = AP Nr. 29 zu § 102 BetrVG 1972 unter I 2b; *Fitting* § 2 Rn. 21; *Richardi* § 2 Rn. 14). Der Grundsatz überlagert die gesamten betriebsverfassungsrechtlichen Rechtsbeziehungen zwischen Arbeitgeber und Betriebsrat und soll als Norm und Leitmaxime das Verhalten der beiden Seiten bestimmen. Er verpflichtet inhaltlich beide Seiten, auf das Wohl der Arbeitnehmer und des Betriebs bedacht zu sein und ihre Rechte so auszuüben, dass vertrauensvolle Zusammenarbeit möglich bleibt (vgl. *Loritz/ZLH* Arbeitsrecht, § 48 Rn. 53). Er ist deshalb bei der Auslegung aller Bestimmungen des Gesetzes zu beachten (vgl. *Fitting* § 2 Rn. 22; *Richardi* § 2 Rn. 18). Dass sich aus § 2 Abs. 1 ergeben soll, dass Auskunfts- und Informationspflichten des Arbeitgebers im Zweifel weit auszulegen sind (vgl. *Fitting* § 2 Rn. 24), ist allerdings dem Gesetz nicht zu entnehmen. Denkbar ist es allerdings, aus dieser Norm im Gesetz nicht ausdrücklich genannte Verhaltenspflichten im Zusammenhang mit der Erfüllung von betriebsverfassungsrechtlichen Pflichten oder der Geltendmachung gesetzlicher Rechte abzuleiten, soweit das Gesetz insoweit keine Spezialregelungen enthält. Allerdings enthält § 2 Abs. 1 **keine Kompetenzzuweisung**, so dass daraus keine selbständigen Rechte oder Pflichten der Betriebspartner abgeleitet werden können (vgl. Rdn. 5, 11). So kann z. B. aus § 2 Abs. 1 kein besonderer Informationsanspruch hergeleitet werden, da das Informationsrecht des Betriebsrates in § 80 Abs. 2 abschließend geregelt ist (vgl. *Kraft* ZfA 1983, 171 [178]; *Weber* § 80 Rdn. 58; vgl. wechselseitige Unterrichtungsansprüche verneinend *BAG* 20.01.2015 EzA § 80 BetrVG 2001 Nr. 21 Rn. 19 = AP Nr. 80 zu § 80 BetrVG 1972). Zu Recht wird deshalb die Möglichkeit, Mitwirkungs- oder Mitbestimmungsrechte, die das Gesetz nicht vorsieht, aus § 2 Abs. 1 abzuleiten, überwiegend abgelehnt (vgl. *BAG* 06.12.1963 AP Nr. 6 zu § 56 BetrVG Wohlfahrtseinrichtungen; 03.05.1994 AP Nr. 23 zu § 23 BetrVG 1972 unter B III 1; *Fitting* § 2 Rn. 23; *Richardi* § 2 Rn. 21).

14 Aus § 2 Abs. 1 kann aber das **Verbot missbräuchlicher Ausnützung** von **Beteiligungsrechten** durch den Betriebsrat abgeleitet werden. Allerdings erscheint es schwierig zu bestimmen, unter welchen Voraussetzungen ein solches missbräuchliches Ausnutzen von Beteiligungsrechten bejaht werden kann. Nach einer vielfach vertretenen Auffassung soll Missbrauch vorliegen, wenn der Betriebsrat seine Beteiligungsrechte entgegen dem Normzweck einsetzt, etwa die erforderliche Zustimmung zu einer Maßnahme aus einem Grund verweigert, der nicht von dem Zweck, zu dem das Mitbestimmungsrecht eingeräumt wird, gedeckt ist oder wenn er seine Zustimmung von einer Leistung des Arbeitgebers abhängig macht, die nichts mit dem Normzweck des Mitbestimmungsrechts zu tun hat (sog. **Koppelungsgeschäfte**; in dieser Richtung etwa *Konzen* FS *Zöllner*, S. 799 [806 f.]; s. *Wiese/Gutzeit* § 87 Rdn. 377 ff.). Für eine solche Bindung des Betriebsrats an den Normzweck des jeweiligen Beteiligungstatbestands spricht zunächst der Umstand, dass der Betriebsrat anderenfalls seine Beteiligungsrechte mit Hilfe solcher »Koppelungen« systematisch erweitern könnte. Außerdem ist der Betriebsrat kein originärer Träger von Privatautonomie; vielmehr nimmt er durch das Gesetz eingeräumte Kompetenzen wahr, die er gemäß den gesetzlichen Tatbeständen und Grundprinzipien des Betriebsverfassungsgesetzes wie etwa §§ 2 Abs. 1, 75 Abs. 1 und 2 auch auszuüben hat. Andererseits kommt eine entsprechende Bindung der Ausübung der Beteiligungsrechte des Betriebsrats an den Normzweck im Wortlaut der meisten Mitbestimmungstatbestände, insbesondere im Bereich von § 87, nicht zum Ausdruck. Die Mitbestimmung nach § 87 soll die gleichberechtigte Teilhabe der Arbeitnehmer an Entscheidungen des Arbeitgebers sichern und beschränkt sich gerade nicht auf ein gebundenes Zustimmungsverweigerungsrecht, wie etwa im Bereich von § 99. Im Übrigen besteht die Problematik weniger in dem so genannten Koppelungsgeschäft als solchem. Die Rechtsordnung muss es dem Betriebsrat grundsätzlich erlauben, dem Arbeitgeber in der betrieblichen Verhandlungssituation Zugeständnisse zu machen und dafür an anderer Stelle Vorteile für die gesamte oder Teile der Belegschaft herauszuverhandeln. Problematisch wird dies erst, wenn hierzu unzumutbarer Druck auf den Arbeitgeber ausgeübt wird. Indem der Betriebsrat unzumutbaren »**Koppelungsdruck**« auf den Arbeitgeber ausübt, kann der Betriebsrat im Einzelfall das Gebot vertrauensvoller Zusammenarbeit nach § 2 Abs. 1 verletzen (ebenso *Wiese/Gutzeit* § 87 Rdn. 381 mit dem Verweis auf § 123 BGB; zu Einzelfällen aus der Rechtsprechung s. Rdn. 50). In diesem Fall kann der Arbeitgeber allerdings nicht die Ausübung des Beteiligungsrechts als unzulässig unterstellen. Vielmehr muss er den Einwand des Rechtsmissbrauchs grundsätzlich im Verfahren vor der Einigungsstelle oder vor dem Arbeitsgericht geltend machen (vgl. zum Rechtsmissbrauch und zu sog. Koppelungsgeschäften umfassend *Brandl* Koppelungsgeschäfte, 2000; *Hanau/Reitze* FS *Wiese*, S. 149; *Konzen* FS *Zöllner*, S. 799; *Rieble/Klumpp/Gistel* Rechtsmissbrauch in der Betriebsverfassung, 2006; *Schoof* AuR 2007, 289; vgl. auch *Wiese* § 87 Rdn. 168 ff., *Wiese/Gutzeit* § 87 Rdn. 377 ff., 380 f.).

Der **Partnerschaftsgedanke**, der in dem Grundsatz der vertrauensvollen Zusammenarbeit zum Ausdruck kommt, ist ein grundlegendes Prinzip des Betriebsverfassungsrechts. Er macht zum einen deutlich, dass Arbeitgeber und Betriebsrat nicht in einem sozialen Kampf um die Herrschaft oder Vorherrschaft im Betrieb stehen. Kooperation, nicht Konfrontation ist das gesetzliche Leitbild für die Betriebspartner. Ziel des Gesetzes ist die Überwindung oder der Ausgleich der divergierenden Interessen, um dadurch Arbeitnehmern und Betrieb gleichermaßen zu nützen (vgl. *Berg/DKKW* § 2 Rn. 5; *Richardi* § 2 Rn. 5). Zum zweiten bedeutet der Grundsatz der vertrauensvollen Zusammenarbeit die Pflicht, sich bei der Verfolgung der u. U. unterschiedlichen Interessen an die Spielregeln zu halten, die Vertrauen erst ermöglichen. Der Belegschaft (vgl. dazu § 1 Rdn. 89 ff.) und dem Betriebsrat als ihrem Repräsentanten (vgl. dazu § 1 Rdn. 62, 66 ff.) ist damit eine Mitverantwortung für den Betrieb einschließlich der dort Beschäftigten auferlegt, ohne allerdings an den wirtschaftlichen Risiken des Unternehmens unmittelbar rechtlich beteiligt zu sein. **15**

2. Einzelheiten

a) »Unter Beachtung der geltenden Tarifverträge«

Es ist selbstverständlich, dass die Partner der Betriebsverfassung sich auch bei ihrer Zusammenarbeit im Rahmen der Rechtsordnung zu halten haben. Die Formulierung stellt allerdings klar, dass es nicht allein um eine Zusammenarbeit »im Rahmen« der geltenden Tarifverträge geht, wie dies in § 49 Abs. 1 BetrVG 1952 formuliert war, sondern auch um die Einhaltung der Grenzen, die tarifliche Regelungen der Mitwirkung nach dem Betriebsverfassungsgesetz ziehen (etwa durch § 87 Abs. 1 Eingangssatz; § 77 Abs. 3; vgl. *Rose/HWGNRH* § 2 Rn. 78 ff.; *Richardi* § 2 Rn. 24). Dass Tarifverträge, soweit sie normativ wirken, zu beachten sind, ist im Übrigen selbstverständlich (vgl. *Galperin/Löwisch* § 2 Rn. 15; *Rose/HWGNRH* § 2 Rn. 79 f.). Die zwingende und unabdingbare Wirkung tariflicher Normen ergibt sich aus §§ 4 Abs. 1, 3 TVG und wird durch das Betriebsverfassungsgesetz nicht berührt. Das Günstigkeitsprinzip des § 4 Abs. 3 TVG gilt grundsätzlich ebenfalls, soweit nicht § 77 Abs. 3 Betriebsvereinbarungen wegen der Normsetzungsprärogative der Tarifvertragsparteien überhaupt ausschließt. Im Übrigen ergibt sich der Vorrang tariflicher Regelungen für einzelne Bereiche der Betriebsverfassung aus den Normen des Gesetzes, z. B. aus § 87 Abs. 1 Eingangssatz. **16**

Die Frage, ob für den Betrieb ein Tarifvertrag gilt und welcher, beantwortet sich nach den Regeln des Tarifvertragsgesetzes und den allgemeinen Grundsätzen des Tarifrechts. Der Betrieb muss in den räumlichen, fachlichen und zeitlichen Geltungsbereich des Tarifvertrages fallen. Inhalts-, Abschluss- und Beendigungsnormen setzen Tarifgebundenheit beider Seiten des Arbeitsverhältnisses voraus (§§ 3 Abs. 1; 4 Abs. 1 TVG), während bei betrieblichen und betriebsverfassungsrechtlichen Regelungen die Tarifgebundenheit des Arbeitgebers genügt (§ 3 Abs. 2 TVG; vgl. dazu *Wiedemann/Oetker* TVG, § 3 Rn. 163 ff.; *Löwisch/Rieble* TVG, § 3 Rn. 218 ff.). Ist der Arbeitgeber aufgrund von Verbandsmitgliedschaft oder Gesetz (vgl. §§ 3 Abs. 3; 5 Abs. 4 TVG) an mehrere Tarifverträge gebunden (sog. Tarifmehrheit), so ist zunächst die grundlegende Differenzierung vorzunehmen, ob es sich um **Tarifverträge derselben** (dazu Rdn. 18 ff.) oder **solche verschiedener Gewerkschaften** (hierzu Rdn. 21) handelt. Nur für letztgenannten Fall gelten die durch das am 10.07.2015 in Kraft getretene Tarifeinheitsgesetz (BGBl. I, S. 1130) eingeführten Regeln zur Tarifkollision in § 4a TVG (*Franzen/ ErfK* § 4a TVG Rn. 4; *Löwisch/Rieble* TVG, § 4a Rn. 45, 52, 71 ff.). Darüber hinaus ist zwischen Inhalts-, Abschluss- und Beendigungsnormen (vgl. Rdn. 19 f.) und Betriebsnormen (vgl. Rdn. 18) zu unterscheiden. Sofern es sich um Inhalts-, Abschluss- und Beendigungsnormen i. S. d. §§ 3 Abs. 1, 4 Abs. 1 TVG handelt, ist weiter danach zu differenzieren, ob auch der Arbeitnehmer (sog. Tarifkonkurrenz, vgl. Rdn. 19) oder nur der Arbeitgeber (sog. Tarifpluralität, vgl. Rdn. 20) an die Tarifverträge gebunden ist. **17**

Werden ein Betrieb und die dort bestehenden Arbeitsverhältnisse von mehreren, entsprechend der soeben (Rdn. 17) angesprochenen Differenzierung **mit derselben Gewerkschaft abgeschlossenen Tarifverträgen** erfasst, an die der Arbeitgeber gebunden ist, so entsteht wegen der Regelung in **18**

§§ 3 Abs. 2, 4 Abs. 1 TVG eine **Tarifkonkurrenz**, sofern die den Betrieb erfassenden Tarifverträge inhaltlich kongruente **Betriebs- oder Betriebsverfassungsnormen** enthalten (vgl. hierzu auch § 3 Rdn. 34 f.). Diese Konkurrenz ist nach heute ganz überwiegender Auffassung grundsätzlich i. S. d. Tarifeinheit zu lösen. Es sollen nur die Betriebs- und Betriebsverfassungsnormen eines dieser Tarifverträge gelten. Daran ändert auch die neueste Rechtsprechung des *BAG* (07.07.2010 EzA § 4 TVG Tarifkonkurrenz Nr. 25) nichts, da sich dieses Urteil nur auf die Kollision tariflicher Inhaltsnormen (vgl. hierzu Rdn. 20) bezieht. Die Rechtsprechung des *BAG* löst das Problem dieser (betriebsweiten) Tarifkonkurrenz bisher nach dem **Spezialitätsprinzip**. Danach ist der dem Betrieb räumlich, betrieblich, fachlich und persönlich näher stehende Tarifvertrag maßgeblich, der den Erfordernissen und Eigenarten des Betriebs und der darin tätigen Arbeitnehmer am besten gerecht wird (st. Rspr.; vgl. *BAG* 24.09.1975 EzA § 4 TVG Tarifkonkurrenz Nr. 1; 29.11.1978 EzA § 4 TVG Tarifkonkurrenz Nr. 2; 14.06.1989 EzA § 4 TVG Tarifkonkurrenz Nr. 4; 20.03.1991 EzA § 4 TVG Tarifkonkurrenz Nr. 7; 22.09.1993 EzA § 4 TVG Tarifkonkurrenz Nr. 8; 26.01.1994 EzA § 4 TVG Tarifkonkurrenz Nr. 9; 24.01.2001 EzA § 4 TVG Tarifkonkurrenz Nr. 14 = AP Nr. 173 zu § 1 TVG Tarifverträge: Metallindustrie). In einer neueren Entscheidung hat das *BAG* (09.12.2009 EzA § 3 TVG Nr. 34) nun aber ausdrücklich offengelassen, ob nicht zukünftig der überwiegenden Auffassung in der Literatur zu folgen ist, die diese Tarifkonkurrenz nach dem Mehrheitsprinzip (auch als Majoritäts- oder Repräsentationsprinzip bezeichnet) lösen will (s. näher *Franzen* RdA 2008, 193 [200]; *Jacobs* NZA 2008, 325; *Fitting* § 2 Rn. 30; differenzierend *Wiedemann/Wank* TVG, § 4 Rn. 299 ff.: Mehrheitsprinzip subsidiär zu Spezialitätsprinzip). Hinsichtlich Tarifverträge nach § 3 Abs. 1 vgl. § 3 Rdn. 34 ff.; *Fitting* § 3 Rn. 16 f.).

19 In Bezug auf **Inhalts-, Abschluss- und Beendigungsnormen** kann nach der jetzt ganz h. M. eine **Tarifkonkurrenz** nur entstehen, wenn Arbeitnehmer und Arbeitgeber kraft Mitgliedschaft oder aufgrund einer Allgemeinverbindlicherklärung nach §§ 3 Abs. 1, 5 Abs. 4 TVG an mehrere Tarifverträge gebunden sind (vgl. z. B. *BAG* 20.03.1991 EzA § 4 TVG Tarifkonkurrenz Nr. 7 = AP Nr. 20 zu § 4 TVG Tarifkonkurrenz; *Hueck/Nipperdey* II/1, S. 640 [641]; *Wiedemann/Wank* TVG, § 4 Rn. 268 ff.; *Loritz/ZLH* Arbeitsrecht, § 40 Rn. 33 ff.). Auch diese Konkurrenz wird überwiegend nach dem Spezialitätsprinzip gelöst (*BAG* 04.04.2001 EzA § 3 TVG Nr. 22; *Fitting* § 2 Rn. 31). Im Betrieb gilt dann nur der ihm insgesamt näherstehende Tarifvertrag.

20 Ist der Arbeitgeber an mehrere Tarifverträge gebunden, Arbeitnehmer aber jeweils nur an einen davon, so entsteht **Tarifpluralität**. Es gelten dann alle Tarifverträge, die zumindest ein Arbeitsverhältnis kraft beiderseitiger Tarifbindung erfassen, jeweils für dieses Arbeitsverhältnis. Zu Unrecht löste das *BAG* auch diese Fälle der Tarifpluralität bisher nach Konkurrenzgrundsätzen, so dass immer nur der speziellere Tarifvertrag im gesamten Betrieb gelten sollte (kritisch zur BAG-Rechtsprechung schon *Konzen* RdA 1978, 146; *Kraft* RdA 1992, 161; *Reuter* JuS 1992, 105; *Richardi* § 2 Rn. 27; *Wiedemann* zu *BAG* 24.09.1975 AP Nr. 11 zu § 4 TVG Tarifkonkurrenz und 14.06.1989 AP Nr. 16 zu § 4 TVG Tarifkonkurrenz; *Loritz/ZLH* Arbeitsrecht § 40 Rn. 44 ff.). Für eine derartige Einschränkung der individuellen und kollektiven Koalitionsfreiheit der Andersorganisierten fehlt es jedoch an einer erforderlichen Regelungslücke im TVG. Nunmehr hat auch das *BAG* (07.07.2010 EzA § 4 TVG Tarifkonkurrenz Nr. 25) seine bisherige Rechtsprechung zum Grundsatz der Tarifeinheit aufgeben, da weder praktische Schwierigkeiten noch die sonst erforderliche Abgrenzung zwischen Betriebs- und Inhaltsnormen eine Verdrängung der im jeweiligen Arbeitsverhältnis geltenden Tarifnormen rechtfertigen. Daher richtet sich nunmehr im Falle der Tarifpluralität die Geltung der Tarifnorm im einzelnen Arbeitsverhältnis nach der Gewerkschaftszugehörigkeit des einzelnen Arbeitnehmers (zu Folgefragen umfassend *B. Schmidt* Tarifpluralität im System der Arbeitsrechtsordnung, S. 94 ff.).

21 Schließt der Arbeitgeber bzw. Arbeitgeberverband dagegen **Tarifverträge mit verschiedenen Gewerkschaften**, ordnet die durch das Tarifeinheitsgesetz im Juli 2015 eingeführte Vorschrift des § 4a Abs. 2 Satz 2 TVG eine Auflösung der Tarifkollision an, wenn sich der zeitliche, räumliche oder persönliche Geltungsbereich der Tarifverträge überschneidet und der Arbeitgeber nach § 3 TVG an diese Tarifverträge gebunden ist (vgl. BT-Drucks. 18/4062, S. 13). Die Kollisionslage wird nach dem Mehrheitsprinzip aufgelöst; der Bezugspunkt für das Mehrheitsprinzip bildet der Betrieb regelmäßig im betriebsverfassungsrechtlichen Sinn (vgl. *Franzen*/ErfK § 4a TVG Rn. 18 ff.; *Löwisch/Rieble* TVG, § 4a Rn. 37, 81 ff.). Mit der grundlegenden Normierung dieses Grundsatzes der Tarifeinheit wollte der

Gesetzgeber die Funktionsfähigkeit der Tarifautonomie sichern (vgl. BT-Drucks. 18/4062, S. 8). Folglich gilt im betreffenden Betrieb normativ nur noch ein Tarifvertrag; es setzt sich der Tarifvertrag derjenigen Gewerkschaft durch, die zum Zeitpunkt des Abschlusses des letzten kollidierenden Tarifvertrags (bzw. bei nachträglicher Kollision zu diesem späteren Zeitpunkt, § 4a Abs. 2 Satz 3 TVG) die meisten in einem Arbeitsverhältnis stehenden Mitglieder im Betrieb hat, § 4a Abs. 2 Satz 2 TVG. Dies gilt nach § 4a Abs. 2 Satz 4 TVG auch für gemeinsame Betriebe nach § 1 Abs. 1 Satz 2 und durch Tarifvertrag nach § 3 Abs. 1 Nr. 1 bis 3 errichtete Betriebe. Normativ gilt dann allein der von der Mehrheitsgewerkschaft abgeschlossene Tarifvertrag (dazu *Franzen*/ErfK § 4a TVG Rn. 17). Allerdings kann der Tarifvertrag der Minderheitsgewerkschaft durch arbeitsvertragliche Bezugnahmeklausel auf der vertraglichen Ebene Geltung erlangen (näher *Franzen*/ErfK § 4a TVG Rn. 27; vgl. *Löwisch/Rieble* TVG, § 4a Rn. 192). Das BVerfG (11.07.2017 – 1 BvR 1571/15) hält § 4a TVG im Wesentlichen für verfassungsgemäß.

b) »Im Zusammenwirken mit den im Betrieb vertretenen Gewerkschaften und Arbeitgebervereinigungen«

aa) Verhältnis der Betriebsparteien zu den Koalitionen

Wie bereits das Betriebsverfassungsgesetz 1952 (vgl. dazu *Krause* RdA 2009, 129 [133]) geht auch das geltende Gesetz von der grundsätzlichen Trennung der Aufgaben von Betriebsrat und Arbeitgeber als »Organ« der Betriebsverfassung einerseits und von Gewerkschaften und Arbeitgebervereinigungen andererseits (vgl. amtliche Begründung zum BetrVG 1972, BR-Drucks. 715/70, S. 35 zu § 2) sowie von der Unabhängigkeit der Betriebspartner von den Koalitionen aus (vgl. *Fitting* § 2 Rn. 45 f.; *Galperin/Löwisch* § 2 Rn. 27; *Kraft* ZfA 1973, 243; *Richardi* § 2 Rn. 37, 73; vgl. auch *Däubler/DKKW* Einl. Rn. 59 ff.). Dies zeigt sich einmal in § 2 Abs. 3 (vgl. Rdn. 81 ff.), dann auch in der Pflicht zu gewerkschaftlich neutraler Amtsführung in § 75 (vgl. *Kreutz/Jacobs* § 75 Rdn. 45, 75 ff., 84 f. sowie BVerwG 22.08.1991 EzA § 23 BetrVG 1972 Nr. 30 = AP Nr. 2 zu § 28 BPersVG). § 74 Abs. 3 widerspricht diesem Grundsatz nicht; es wird dort lediglich klargestellt, dass auch gewerkschaftliche Betätigung im Betrieb den Mitgliedern betriebsverfassungsrechtlicher Gremien nicht schon wegen dieser Mitgliedschaft untersagt ist (vgl. *Kraft* ZfA 1973, 243; *Kreutz/Jacobs* § 74 Rdn. 146 ff.).

§ 2 Abs. 1 begründet kein eigenständiges Recht der Koalitionen, sich in das betriebliche Geschehen einzuschalten. Dies war bereits unter dem Betriebsverfassungsgesetz 1952 herrschende Meinung (vgl. z. B. *Dietz* § 49 Rn. 12; *Galperin/Siebert* § 49 Rn. 11; *Hueck/Nipperdey* II/2, S. 1340; *Nikisch* III, S. 231). An dieser Rechtslage hat sich nichts geändert (vgl. BAG 21.06.2006 AuR 2006, 454 Rn. 16). Die normative Verpflichtung des Betriebsrats und des Arbeitgebers aus § 2 Abs. 1, im Rahmen der Betriebsverfassung vertrauensvoll zusammenzuarbeiten und zwar unter Beachtung der geltenden Tarifverträge, erstreckt sich zwar auch auf das Zusammenwirken mit den im Betrieb vertretenen Koalitionen, soweit diese betriebsverfassungsrechtliche Aufgaben wahrnehmen (vgl. Rdn. 10; *Fitting* § 2 Rn. 15, 53; *Galperin/Löwisch* § 2 Rn. 26; *Rose/HWGNRH* § 2 Rn. 60 ff.; *Hueck/Nipperdey* II/2, S. 1340; *Richardi* § 2 Rn. 11, 66, 75). Soweit das Gesetz diesen Koalitionen keine eigenständigen Rechte im Rahmen der Betriebsverfassung einräumt (vgl. z. B. §§ 31, 46), können sie in diesem Bereich aber nur tätig werden, wenn einer der Betriebspartner es wünscht (BAG 21.06.2006 AuR 2006, 454 Rn. 16). Die **Betriebspartner** haben das **Recht**, die im Betrieb vertretenen Koalitionen um Unterstützung zu bitten, sie sind aber **nicht** dazu **verpflichtet** (vgl. *Fitting* § 2 Rn. 53; *Richardi* § 2 Rn. 74). Es besteht **kein Rechtsanspruch** z. B. einer Gewerkschaft, dass der Betriebsrat sie um Unterstützung ersucht (vgl. *Richardi* § 2 Rn. 75; *Wiese* JArbR Bd. 9 [1971], 1972, S. 55 [65]; *Krause* RdA 2009, 129 [141]; *Gamillscheg* II, S. 75). Das Gesetz will mit § 2 Abs. 1 nur die **Möglichkeit der Mitwirkung** der Koalitionen auf Betriebsebene sicherstellen (vgl. Rdn. 52). Die Norm ist daher dahin zu interpretieren, dass die betrieblichen Partner die jeweiligen Koalitionen beizuziehen haben, wenn dies nach ihrem Ermessen der vertrauensvollen Zusammenarbeit zwischen Betriebsrat und Arbeitgeber förderlich ist (vgl. dazu auch *Bulla* RdA 1965, 121 [125] sowie *Däubler* Gewerkschaftsrechte im Betrieb, Rn. 169 ff.; *Buchner* DB 1972, 1236; *Galperin/Löwisch* § 2 Rn. 29; *Kreutz* BlStSozArbR 1972, 44 [48]).

Eine gesetzliche **Pflicht der Koalitionen zur Zusammenarbeit** mit dem Arbeitgeber bzw. dem Betriebsrat ist zu **verneinen** (vgl. BAG 14.01.1983 EzA § 76 BetrVG 1972 Nr. 34 = AP Nr. 12 zu

§ 76 BetrVG 1972 Bl. 2; *Krause* RdA 2009, 129 [140]; *Berg/DKKW* § 2 Rn. 1, 42 ff.; *Däubler* Gewerkschaftsrechte im Betrieb, Rn. 168; *Fitting* § 2 Rn. 54; *Galperin/Löwisch* § 2 Rn. 31; *Richardi* § 2 Rn. 36 f.).

25 Fraglich ist, ob der gesetzliche Auftrag zur Zusammenarbeit nur in den Fällen besteht, in denen das Gesetz den Koalitionen Befugnisse ausdrücklich einräumt, wie z. B. in den §§ 31, 46, 76 Abs. 8 (so die h. M. bezüglich des BetrVG 1952: *Bulla* RdA 1965, 121 [125]; *Dietz* § 49 Rn. 12; *Fitting/Kraegeloh/Auffarth* § 49 Rn. 10). Diese Einschränkung war schon nach früherem Recht nicht begründet, sie ist heute sicher nicht mehr haltbar. Das Gebot zum Zusammenwirken mit den Koalitionen erstreckt sich nach § 2 Abs. 1 auf den gesamten Bereich, in dem auch Arbeitgeber und Betriebsrat zur Zusammenarbeit verpflichtet sind (vgl. *Fitting* § 2 Rn. 53; *Kreutz* BlStSozArbR 1972, 44 [48]; *Berg/DKKW* § 2 Rn. 44). Allerdings ist – wie oben dargelegt (vgl. Rdn. 23) – die Beiziehung der Koalitionen in diesem Rahmen vom Willen zumindest eines der betrieblichen Partner abhängig und in dessen pflichtgemäßes Ermessen gestellt (vgl. *BAG* 21.06.2006 AuR 2006, 454 Rn. 16). In jedem Fall der Einschaltung haben auch die Koalitionen und ihre Beauftragten die Pflicht zur vertrauensvollen Zusammenarbeit nach § 2 Abs. 1 zu beachten (vgl. Schriftlicher Bericht 10. Ausschuss, zu BT-Drucks. VI/2729, S. 11; vgl. auch Rdn. 10).

bb) Der Begriff der Gewerkschaft und Arbeitgebervereinigung

26 Das Gesetz setzt den **Begriff** der **Gewerkschaften und Arbeitgebervereinigungen** voraus. Nach Auffassung des *BAG* und weiter Teile der Literatur ist er deckungsgleich mit den jeweiligen Begriffen im Tarifvertragsrecht und im Arbeitsgerichtsgesetz (vgl. zuletzt *BAG* 19.09.2006 EzA Art. 9 GG Nr. 89 Rn. 30 ff. = AP Nr. 5 zu § 2 BetrVG; 15.03.1977 EzA § 2 TVG Nr. 12 = AP Nr. 24 zu Art. 9 GG = SAE 1978, 37 *[Kraft]* für den Gewerkschaftsbegriff; *Fitting* § 2 Rn. 32, 41; *Rose/HWGNRH* § 2 Rn. 113; *Richardi* § 2 Rn. 39, 50, 64; *Wedde/DKKW* Einl. Rn. 160; abweichende Ansicht s. Rdn. 34 ff.). Danach soll das gesamte Arbeitsrecht von einem einheitlichen Begriff der Gewerkschaft und Arbeitgebervereinigung ausgehen. Allerdings enthält keines der Gesetze eine Legaldefinition.

27 Den Ausgangspunkt bildet deshalb der **verfassungsrechtliche Koalitionsbegriff** nach Art. 9 Abs. 3 GG (zum Koalitionsbegriff im Einzelnen s. *Linsenmaier/* ErfK Art. 9 GG Rn. 21 ff.; *Friese* Koalitionsfreiheit, S. 53 ff.; *Höfling* in: *Sachs* Art. 9 GG Rn. 56 ff.; *Löwisch/Rieble/* MünchArbR § 155 Rn. 55 ff.; *Richardi* § 2 Rn. 41 ff.; *Hergenröder/ZLH* Arbeitsrecht, § 10 Rn. 13 ff.). Er ist im Grundsatz weiter als die Begriffe »Gewerkschaft« und »Arbeitgebervereinigung«, aber gleichsam in ihnen enthalten und damit notwendige Voraussetzung. Koalitionen sind stets privatrechtliche Vereinigungen. Neben dem Erfordernis der freiwilligen Bildung haben sie eine gewisse Stabilität aufzuweisen, sie müssen also auf eine gewisse Dauer hin angelegt sein. Der Zweck der Vereinigung muss in der Wahrung und Förderung der Arbeits- und Wirtschaftsbedingungen bestehen; darunter fällt die Gesamtheit der Bedingungen, unter denen abhängige Arbeit geleistet und eine sinnvolle Ordnung des Arbeitslebens gewährleistet wird. Weiterhin bedarf es der Unabhängigkeit gegenüber dem sozialen Gegenspieler sowohl in finanzieller als auch organisatorischer Hinsicht. Die Koalition muss also »gegnerfrei« und »gegnerunabhängig« sein (vgl. *BVerfG* 18.11.1954 AP Nr. 1 zu Art. 9 GG); eine absolute Gegnerfreiheit ist in der Praxis allerdings nicht erforderlich (vgl. dazu *Friese* Koalitionsfreiheit, S. 54; *Richardi* § 2 Rn. 45). In engem Zusammenhang damit steht die mitunter verlangte »Überbetrieblichkeit« der Koalition (vgl. *Hueck/Nipperdey* II/1, S. 98 ff.; *Nikisch* II, S. 10 f.; *Richardi* § 2 Rn. 46; *Hergenröder/ZLH* Arbeitsrecht, § 10 Rn. 22). Das Erfordernis des überbetrieblichen Zusammenschlusses wird mit dem Kriterium der Unabhängigkeit vom sozialen Gegenspieler begründet: Der Arbeitgeber solle nicht mittels Kündigung auf den Mitgliederbestand der Betriebskoalition einwirken können. In Anbetracht des heute erreichten Bestandsschutzes des Arbeitsverhältnisses trägt dieses Argument allerdings kaum mehr. Der Verdacht, lediglich auf einen Betrieb bezogene Arbeitnehmerkoalitionen seien letztlich doch vom Arbeitgeber gelenkte Organisationen, ist zwar nicht unbegründet; dennoch sollte auf das eigenständige Erfordernis der Überbetrieblichkeit verzichtet werden. Ihm kommt lediglich indizieller Charakter für eine mangelnde Gegnerunabhängigkeit zu (vgl. *Linsenmaier/* ErfK Art. 9 GG Rn. 25; *Höfling* in: *Sachs* Art. 9 GG Rn. 60). Die Koalition muss darüber hinaus gegenüber dem Staat, Parteien und Kirchen unabhängig sein, um die Einflussnahme von anderen gesellschaftlichen Institutionen auszuschließen. Das mitunter als notwendig empfundene Vorliegen einer demokratischen Organisations-

struktur der (Arbeitnehmer-)Koalition bildet eine weitere mögliche Anforderung des Koalitionsbegriffs (vgl. *Hergenröder / ZLH* Arbeitsrecht, § 10 Rn. 23 m. w. N.; **abl.** *Löwisch / Rieble/* MünchArbR § 155 Rn. 68; zurückhaltend *BAG* 28.03.2006 EzA § 2 TVG Nr. 28 Rn. 55 = AP Nr. 4 zu § 2 TVG Tariffähigkeit).

Entsprechend dem herrschenden **einheitlichen Gewerkschaftsbegriff** (vgl. Rn. 25) muss eine **Ar- 28 beitnehmervereinigung** neben dem Koalitionsbegriff zusätzlich die Anforderungen der **Tariffähigkeit** (vgl. *BAG* 15.03.1977 EzA § 2 TVG Nr. 12 = AP Nr. 24 zu Art. 9 GG) erfüllen, um als Gewerkschaft auch i. S. d. Betriebsverfassung zu gelten. Für die Tariffähigkeit kommen drei Charakteristika in Betracht:

Tariffähigkeit setzt **Tarifwilligkeit** voraus. Der Abschluss von Tarifverträgen muss zu den satzungs- 29 mäßigen Aufgaben des Verbandes gehören (vgl. *BAG* 22.12.1960 AP Nr. 25 zu § 11 ArbGG 1953; 10.09.1985 EzA § 2 TVG Nr. 14 = AP Nr. 34 zu § 2 TVG; 10.11.1993 EzA § 3 TVG Nr. 9 = AP Nr. 13 zu § 3 TVG Verbandszugehörigkeit; *Löwisch / Rieble* TVG, § 2 Rn. 214 ff.; *Richardi* § 2 Rn. 53; *Wiedemann / Oetker* TVG, § 2 Rn. 364 ff. jeweils m. w. N.).

Ursprünglich verlangte das *BAG* als Voraussetzung für die Tariffähigkeit zusätzlich die **Bereitschaft 30 zum Arbeitskampf** (vgl. *BAG* 06.07.1956 AP Nr. 11 zu § 11 ArbGG 1953; 19.01.1962 AP Nr. 13 zu § 2 TVG; ebenso *Berg / DKKW* § 2 Rn. 55 ff.; *Hueck / Nipperdey* II / 1, S. 435; *Kempen* in: *Kempen / Zachert* TVG, § 2 Rn. 61 ff.; *Richardi* § 2 Rn. 55; **a. M.** *Gamillscheg* Kollektives Arbeitsrecht I, S. 427 f.; *Wiedemann / Oetker* TVG, § 2 Rn. 379 ff.). In späteren Entscheidungen ist das *BAG* von dieser Judikatur abgerückt. Es hat anstelle der Arbeitskampfbereitschaft lediglich verlangt, dass die tarifrechtlichen Aufgaben einer Koalition sinnvoll im Rahmen der Rechtsordnung erfüllt werden könnten und hat hieraus das Erfordernis der **Druckausübungsfähigkeit (»soziale Mächtigkeit«)** abgeleitet (vgl. *BAG* 09.07.1968 EzA Art. 9 GG Nr. 4 = AP Nr. 25 zu § 2 TVG in Anschluss an die Entscheidung des *BVerfG* 06.05.1964 AP Nr. 15 zu § 2 TVG zur Tariffähigkeit des »Berufsverbands katholischer Haushaltsgehilfinnen«; s. dazu sogleich Rdn. 31). Außerdem spielt nach der Rechtsprechung die Kampfbereitschaft dort keine Rolle, wo berufsrechtliche Regelungen oder gesetzliche Vorschriften dem Streikrecht bestimmter Arbeitnehmer entgegenstehen (vgl. *BAG* 21.11.1975 EzA § 118 BetrVG 1972 Nr. 11 = AP Nr. 6 zu § 118 BetrVG 1972 zum »Ärzteverband Marburger Bund«; kritisch dazu aber *Kempen* in: *Kempen / Zachert* TVG, § 2 Rn. 64). Dieser Rechtsprechung ist grundsätzlich zuzustimmen: Die Tarifautonomie ist nicht in ihrer Funktionsfähigkeit beeinträchtigt, wenn kampfunwillige Koalitionen Tarifverträge schließen können. Wirtschaftsfriedliche Berufsverbände verfügen u. U. über andere Mittel, um ihre Ziele durchzusetzen als die Drohung mit dem Vorenthalten der an sich geschuldeten arbeitsvertraglichen Leistung, etwa Beeinflussung der öffentlichen Meinung, Verhandlungen oder Lobbyismus (*Wiedemann / Oetker* TVG, § 2 Rn. 379). Solche Mittel sind nicht von vornherein ungeeignet, um zu einem Abschluss eines Tarifvertrags zu gelangen (vgl. *BVerfG* 06.05.1964 EzA Art. 9 GG Nr. 4 = AP Nr. 25 zu § 2 TVG zum »Berufsverband katholischer Haushaltsgehilfinnen«). Das Kriterium der Arbeitskampfbereitschaft ist daher kein konstitutives Merkmal der Tariffähigkeit.

Dementsprechend verlangt die h. M. als Voraussetzung für den tarifrechtlichen Gewerkschaftsbegriff 31 die sog. **»soziale Mächtigkeit«** (Druckausübungsfähigkeit). (Literaturnachweise zum Meinungsstand bei *Wiedemann / Oetker* TVG, § 2 Rn. 384; zust. in der Literatur etwa *Linsenmaier/* ErfK Art. 9 GG Rn. 66; *Fitting* § 2 Rn. 37; *Richardi* § 2 Rn. 56 f.; **abl.** etwa *Galperin* DB 1970, 298 [299]; *Gamillscheg* I, S. 433 ff.; *Hueck / Nipperdey* II / 2, S. 1658 [Nachtrag zu II / 1, S. 436]; *Loritz / ZLH* Arbeitsrecht, § 37 Rn. 5 f.). Die Rechtsprechung versteht darunter die Durchsetzungsfähigkeit der Gewerkschaft gegenüber dem sozialen Gegenspieler; nur solche Arbeitnehmervereinigungen sollen Tarifverträge schließen können, die in der Lage sind, sich mit ihren Tarifforderungen beim sozialen Gegenspieler Gehör zu verschaffen (vgl. *BAG* 09.07.1968 EzA Art. 9 GG Nr. 4 = AP Nr. 25 zu § 2 TVG; 15.03.1977 EzA § 2 TVG Nr. 12 = AP Nr. 24 zu Art. 9 GG; 16.11.1982 EzA Art. 9 GG Nr. 36 = AP Nr. 32 zu § 2 TVG; 10.09.1985 EzA § 2 TVG Nr. 14 = AP Nr. 34 zu § 2 TVG; 16.01.1990 EzA § 2 TVG Nr. 18 = AP Nr. 39 zu § 2 TVG; 28.03.2006 EzA § 2 TVG Nr. 28 = AP Nr. 4 zu § 2 TVG Tariffähigkeit; Bestätigung auch durch das *BVerfG* 20.10.1981 EzA Nr. 13 = AP Nr. 31 zu § 2 TVG; 24.02.1999 EzA Art. 9 GG Nr. 64 = AP Nr. 18 zu § 20 BetrVG 1972 [unter B II 2b bb]). Der unbestimmte Begriff der »sozialen Mächtigkeit« wird konkretisiert durch objektive

Kriterien wie die Zahl der Mitglieder und ihre Stellung in den Betrieben – ggf. in »Schlüsselpositionen«, der sachlichen und personellen Ausstattung des Verbands sowie dem erfolgreichen Abschluss von Tarifverträgen in der Vergangenheit. Das Erfordernis der Druckausübungsfähigkeit erschwert zwar die Betätigung kleinerer und neu gegründeter Gewerkschaften (vgl. *Franzen* RdA 2001, 1 [6 f.]). Dies widerspricht aber nicht grundsätzlich dem Erfordernis der »sozialen Mächtigkeit«, sondern kann nur als Argument gegen zu hohe Anforderungen dienen, welche an die Konkretisierung des Begriffs im Einzelfall gestellt werden. Nachdem die Rechtsprechung diese Anforderungen in den 80er und 90er Jahren des letzten Jahrhunderts tendenziell verschärft hatte (ebenso die Bewertung von *Dütz* DB 1996, 2385 [2388]), war insbesondere mit den Beschlüssen zur Gewerkschaftseigenschaft von *CGM* (*BAG* 28.03.2006 EzA § 2 TVG Nr. 28 = AP Nr. 4 zu § 2 TVG Tariffähigkeit) und *UFO* (*BAG* 14.12.2004 EzA § 2 TVG Nr. 27 = AP Nr. 1 zu § 2 TVG Tariffähigkeit; s. Rdn. 33) eine gewisse Lockerung zu beobachten, die aber wohl beendet sein dürfte (vgl. *Greiner* NZA 2011, 825). Das Erfordernis des Abschlusses von Tarifverträgen sollte jedenfalls bei neugegründeten Arbeitnehmerkoalitionen aufgegeben werden (ebenso *BAG* 05.10.2010 EzA § 2 TVG Nr. 30 Rn. 43). Es kommt einem Zirkelschluss gleich, weil die Tariffähigkeit Voraussetzung und nicht Folge des Abschlusses eines Tarifvertrags ist (vgl. *Rieble* FS *Wiedemann*, S. 519 [534]).

32 Untergliederungen von Gewerkschaften (z. B. Ortsgruppen) können selbst tariffähig und damit Gewerkschaften i. S. d. Betriebsverfassungsgesetzes sein. Voraussetzung dafür ist eine körperschaftliche Organisation, eine gewisse Selbständigkeit gegenüber der Gesamtorganisation, Arbeitnehmer als eigene Mitglieder, eigenes Vermögen und die Befugnis, selbständig Tarifverträge abzuschließen (zur Frage der Gewerkschaftseigenschaft vgl. *Fitting* § 2 Rn. 40; *Gamillscheg* I, S. 397, 523; zur Tariffähigkeit *Oetker* AuR 2001, 82; *Wiedemann/Oetker* TVG, § 2 Rn. 21; zur Beteiligtenfähigkeit im arbeitsgerichtlichen Verfahren vgl. *Matthes/Schlewing/GMPM* ArbGG, § 10 Rn. 12; vgl. auch *BAG* 25.09.1990 EzA § 10 ArbGG 1979 Nr. 4 = AP Nr. 8 zu § 9 TVG 1969; 19.11.1985 EzA § 2 TVG Nr. 15 = AP Nr. 4 zu § 2 TVG Tarifzuständigkeit [unter II 4]).

33 Entsprechend den geschilderten Anforderungen an den Gewerkschaftsbegriff hat die Rechtsprechung bei zahlreichen Vereinigungen die **Gewerkschaftseigenschaft verneint** (vgl. die Auflistung bei *Berg/DKKW* § 2 Rn. 64). Folgt man der These des einheitlichen Gewerkschaftsbegriffs, können sich nachfolgende Vereinigungen damit auch im Bereich der Betriebsverfassung nicht als »Gewerkschaft« betätigen: *Bedienstete der Technischen Überwachung [BTÜ]* (*BAG* 06.06.2000 EzA § 2 TVG Nr. 24 = AP Nr. 55 zu § 2 TVG); *Berliner Akademiker Bund* (*BAG* 09.07.1986 EzA Art. 9 GG Nr. 4 = AP Nr. 25 zu § 2 TVG); *Christliche Gewerkschaft Bergbau, Chemie und Energie* (vgl. *BAG* 14.03.1978 AP Nr. 3 zu § 97 ArbGG 1953; 25.11.1986 EzA § 2 TVG Nr. 17 = AP Nr. 36 zu § 2 TVG und 16.01.1990 EzA § 2 TVG Nr. 18 = AP Nr. 39 zu § 2 TVG); *Christliche Gewerkschaft Deutschlands [CGD]* (*ArbG* Gera 17.10.2002 AuR 2003, 198); *Christliche Gewerkschaft Holz und Bau* (*BAG* 16.01.1990 EzA § 2 TVG Nr. 19 = AP Nr. 38 zu § 2 TVG); *Deutscher Arbeitnehmer-Verband Marl* (*BAG* 14.03.1978 AP Nr. 30 zu § 2 TVG; zust. *BVerfG* 20.10.1981 EzA § 2 TVG Nr. 13 = AP Nr. 31 zu § 2 TVG); *Gewerkschaft der Kraftfahrer Deutschlands [GKD]* (*LAG* Berlin 21.06.1996 AP Nr. 48 zu § 2 TVG); *Verband der Gewerkschaftsbeschäftigten* (*BAG* 19.09.2006 EzA Art. 9 GG Nr. 89 = AP Nr. 5 zu § 2 BetrVG 1972); *Verband Deutscher Zahntechniker* (*BAG* 01.02.1983 EzA § 322 ZPO Nr. 4 = AP Nr. 14 zu § 322 ZPO); *Gewerkschaft der Neuen Brief- und Zustelldienste – GNBZ –* (*LAG* Köln 20.05.2009 AuR 2009, 316); *Medsonet, die Gesundheitsgewerkschaft* (*BAG* 11.06.2013 EzA § 97 ArbGG 1979 Nr. 14 = AP Nr. 8 zu § 2 TVG Tariffähigkeit); *Tarifgemeinschaft Christliche Gewerkschaften für Zeitarbeit – CGZP –* (*BAG* 14.12.2010 EzA § 2 TVG Nr. 31; vorhergehend *ArbG* Berlin 01.04.2009 BB 2009, 1477 mit krit. Anm. *Franzen* BB 2009, 1472); *Gewerkschaft für Kunststoffgewerbe und Holzverarbeitung – GKH –* (*LAG* Hamm 23.09.2011 NZA-RR 2012, 25). Demgegenüber wurde die **Gewerkschaftseigenschaft der Christlichen Gewerkschaft Metall [CGM]**, ehemals *Christlicher Metallarbeiterverband* vom *BAG* (28.03.2006 EzA § 2 TVG Nr. 28 = AP Nr. 4 zu § 2 TVG Tariffähigkeit) ebenso **anerkannt** wie die Gewerkschaftseigenschaft der *Unabhängige Flugbegleiter Organisation – UFO –* (*BAG* 14.12.2004 EzA § 2 TVG Nr. 27 = AP Nr. 1 zu § 2 TVG Tariffähigkeit). Hinsichtlich der Tariffähigkeit des *Arbeitnehmerverbandes land- und ernährungswirtschaftlicher Berufe – ALEB –* hatte das *BAG* (10.09.1985 EzA § 2 TVG Nr. 14 = AP Nr. 24 zu § 2 TVG) zurückverwiesen (Tariffähigkeit abschließend bejaht von *LAG* Köln 05.06.1986 – 2 TaBV 17/81; inzwischen verneint von *ArbG* Bonn 31.10.2012 AuR 2012, 501).

Die von der **h. M.** bejahte Übereinstimmung des Gewerkschaftsbegriffs etwa im Tarifvertrags- und im 34
Betriebsverfassungsrecht ist jedoch **abzulehnen** (ebenso *Buchner* 25 Jahre Bundesarbeitsgericht,
S. 55 ff.; *Dütz* DB 1996, 2385 [2396]; *Franzen* RdA 2001, 1 [7]; eingehend *Friese* Koalitionsfreiheit,
S. 93 ff., 366 f.; *F. Müller* Der Gewerkschaftsbegriff im Betriebsverfassungsgesetz, S. 99 ff., 160 ff.;
Rieble Arbeitsmarkt und Wettbewerb, Rn. 1874 ff.; *ders.* FS Wiedemann, S. 519 [527 f.]; *ders.* RdA
2008, 35; *Klein* Minderheitsgewerkschaften, S. 166 ff.). Normzweck und Rechtsfolgenanordnungen
der unterschiedlichen Regelungswerke, die den Terminus »Gewerkschaft« enthalten, entsprechen sich
nämlich keineswegs. Es ist nicht ungewöhnlich, dass denselben Begriffen in verschiedenen
Normzusammenhängen unterschiedliche Bedeutung zukommt (grundlegend zum Problem *Wank*
Die juristische Begriffsbildung, 1985, S. 24, 111 ff.). Anlass für Kritik bietet insbesondere das Erfordernis
der Tariffähigkeit für Gewerkschaften i. S. d. Betriebsverfassungsgesetzes, da Tarifabschlüsse nicht
zum betriebsverfassungsrechtlichen Aufgabenbereich gehören. Vom Normzweck der Betriebsverfassung
aus betrachtet, muss die Gewerkschaft lediglich die zur Unterstützung des Betriebsrats erforderliche
Mitgliederzahl, Organisationsstruktur, finanzielle Ausstattung und Sachkenntnis besitzen (vgl.
Friese Koalitionsfreiheit, S. 108 f. mit Verweis auf die Rspr. des *BVerwG* zur Gewerkschaftseigenschaft
von Beamtenverbänden im Bundespersonalvertretungsrecht). Das Erfordernis der »sozialen Mächtigkeit«
ist für eine Gewerkschaft im betriebsverfassungsrechtlichen Sinn daher entbehrlich.

Die Anhänger eines einheitlichen Gewerkschaftsbegriffes können sich auch nicht auf Ziffer A. III. 2. 35
des Gemeinsamen Protokolls über Leitsätze zur Ergänzung des Staatsvertrags zwischen der Bundesrepublik
Deutschland und der Deutschen Demokratischen Republik über die Schaffung einer Währungs-,
Wirtschafts- und Sozialunion vom 18.05.1990 (BGBl. II, S. 545 f.) stützen (ebenso *Friese*
Koalitionsfreiheit, S. 95 f.). Das Leitsatzprotokoll enthält die Bestimmung: ›Tariffähige Gewerkschaften
und Arbeitgeberverbände müssen frei gebildet, gegnerfrei, auf überbetrieblicher Grundlage organisiert
und unabhängig sein sowie das geltende Tarifrecht für sich als verbindlich anerkennen; ferner
müssen sie in der Lage sein, durch ausüben von Druck und Gegendruck auf den Tarifpartner zu einem
Tarifabschluss zu kommen.‹ Unabhängig davon, welchen Bedeutungsgehalt man dem Protokoll in Bezug
auf einen einheitlichen Gewerkschaftsbegriff beimaß, gilt jedenfalls: durch Beitritt der DDR zur
Bundesrepublik wurde der Zweck der Bestimmung erfüllt, weshalb sie keine Rechtswirkungen mehr
zu entfalten vermag (vgl. *Rieble* Arbeitsmarkt und Wettbewerb, Rn. 174 ff.; *ders.* SAE 1991, 316 [317];
a. M. *Gitter* FS *Kissel*, S. 265 [268 ff.]; *Kissel* NZA 1990, 545 [548 ff.]; *Richardi* § 2 Rn. 40: »Bestandteil
der gesamtdeutschen Rechtseinheit«; vgl. auch BAG 06.06.2000 EzA § 322 ZPO Nr. 12 = AP Nr. 9
zu § 97 ArbGG 1979). Überdies entspricht das Leitsatzprotokoll hinsichtlich der Anforderungen an
die Durchsetzungsfähigkeit von Arbeitgeberverbänden nicht der Rechtsprechung des *BAG*, die auf
das Erfordernis der sozialen Mächtigkeit insoweit verzichtet (BAG 20.11.1990 EzA § 2 TVG Nr. 20
[Hergenröder] = AP Nr. 40 zu § 2 TVG; s. noch Rdn. 37).

Die Besonderheiten des betriebsverfassungsrechtlichen Gewerkschaftsbegriffs lassen sich ferner an 36
zwei Beispielen verdeutlichen: Obwohl **Vereinigungen leitender Angestellter** von der Rechtsprechung
als tariffähige Gewerkschaften anerkannt werden (vgl. BAG 16.11.1982 EzA Art. 9 GG Nr. 36
= AP Nr. 32 zu § 2 TVG für den »Verband der oberen Angestellten der Eisen- und Stahlindustrie
e. V.«), kommen einer Gewerkschaft, die nur aus leitenden Angestellten besteht, keine betriebsverfassungsrechtlichen
Befugnisse zu, denn der Betriebsrat repräsentiert diese Arbeitnehmergruppe nicht.
Wenn leitende Angestellte neben anderen Arbeitnehmern Mitglieder der Gewerkschaft sind, muss sichergestellt
sein, dass die leitenden Angestellten auf die betriebsverfassungsrechtlichen Aufgaben dieser
Gewerkschaft keinen Einfluss nehmen können (vgl. BAG 15.03.1972 EzA § 2 TVG Nr. 12 = AP
Nr. 24 zu Art. 9 GG = SAE 1978, 37 [Kraft]; *Richardi* § 2 Rn. 45, 61). Eine Identität des Gewerkschaftsbegriffes
im Tarifvertrags- und im Betriebsverfassungsrecht kann auch in Bezug auf **Beamtenverbände**
nicht bestehen. Für das Personalvertretungsrecht ist dies allgemein anerkannt. Obwohl
Beamtenverbände weder tariffähig noch streikbereit sein können, sind sie Gewerkschaften i. S. d. Personalvertretungsgesetze,
wenn sie im Übrigen die Merkmale einer Gewerkschaft aufweisen (zuletzt
BVerwG 25.07.2006 NZA 2006, 1371 = NJW 2006, 3593; aus der Literatur *Richardi/RDW* § 2
Rn. 51 ff.; *Söllner/Reinert* Personalvertretungsrecht, 1985, S. 41). Infolge der Privatisierung der Bundesbahn
und der Bundespost und der damit verbundenen Beschäftigung von Beamten in den neuen,
privatrechtlich organisierten Unternehmen ist die Frage nach der Gewerkschaftseigenschaft von Beamtenverbänden
auch für das Betriebsverfassungsrecht relevant geworden. Die durch das Deutsche

Bahn Gründungsgesetz und das Postpersonalrechtsgesetz vorgenommene Zuordnung der bei den neuen Gesellschaften beschäftigten Beamten zu den Arbeitnehmern i. S. d. Betriebsverfassungsgesetzes (vgl. § 1 Rdn. 23 f.), die sich mittlerweile unmittelbar aus § 5 Abs. 1 Satz 3 ergibt, und der nach § 26 PostPersRG den Beamten zukommende Gruppenschutz bei den Betriebsratswahlen und bei der Zusammensetzung des Betriebsrats gebieten es, im Interesse des Schutzes der betroffenen Beamten die Gewerkschaftseigenschaft der Beamtenverbände auch im Rahmen der Betriebsverfassung grundsätzlich zu bejahen (vgl. *Fitting* § 2 Rn. 34). Da den Beamtenverbänden die Fähigkeit fehlt, Tarifverträge für ihre Mitglieder abzuschließen, vermögen sich die Befürworter eines einheitlichen Gewerkschaftsbegriffes nur mittels einer Ausnahme vom Erfordernis der Tariffähigkeit zu behelfen. Für gemischte Verbände, in denen Arbeiter, Angestellte und Beamte organisiert sind, soll demgegenüber die Forderung nach der Tariffähigkeit bestehen bleiben (vgl. *Fitting* § 2 Rn. 34). Derartige Ungereimtheiten vermeidet ein eigenständiger betriebsverfassungsrechtlicher Gewerkschaftsbegriff.

37 Für **Arbeitgebervereinigungen** gelten **nach h. M.** im Wesentlichen die gleichen Voraussetzungen (vgl. *Galperin/Löwisch* § 2 Rn. 92 f.; *Rose/HWGNRH* § 2 Rn. 154; *Richardi* § 2 Rn. 62 ff.; *Hergenröder/ZLH* Arbeitsrecht § 10 Rn. 13 ff., § 37 Rn. 2 ff.). Dem Koalitionsbegriff zufolge (s. Rdn. 27) muss es sich um einen Zusammenschluss von Arbeitgebern auf freiwilliger Grundlage mit korporativer Verfassung handeln. Gegnerunabhängigkeit und Unabhängigkeit von Staat, Parteien und Kirchen sind ebenfalls Voraussetzungen. Die Regelung von Arbeitsbedingungen muss zur satzungsgemäßen Aufgabe gehören; rein wirtschaftspolitische Vereinigungen zählen somit nicht dazu (h. M.; vgl. *Fitting* § 2 Rn. 41; *Richardi* § 2 Rn. 63; *Wiedemann/Oetker* TVG, § 2 Rn. 357). Gemäß dem einheitlichen Arbeitgeberverbandsbegriff müssen die Arbeitgeberkoalitionen auch tariffähig sein (vgl. *Fitting* § 2 Rn. 41; *Löwisch* ZfA 1974, 29 [44]; *Richardi* § 2 Rn. 63). Da § 2 Abs. 1 TVG dem einzelnen Arbeitgeber die Tariffähigkeit unabhängig von seiner etwaigen Druckausübungsfähigkeit zuerkennt, verzichten die Rechtsprechung und Teile der Literatur im Rahmen der Tariffähigkeit einer Arbeitgebervereinigung auf das Erfordernis der sozialen Mächtigkeit (*BAG* 20.11.1990 EzA § 2 TVG Nr. 20 [*Hergenröder*] = AP Nr. 40 zu § 2 TVG; *Fitting* § 2 Rn. 41; *Richardi* § 2 Rn. 63; **a. M.** *Löwisch/Rieble* TVG, § 2 Rn. 178 ff., 200 ff.; *Wiedemann/Oetker* TVG, § 2 Rn. 402 ff.).

38 Nach der hier favorisierten Ansicht ist auch ein einheitlicher Arbeitgeberverbandsbegriff abzulehnen (vgl. *Friese* Koalitionsfreiheit, S. 115 f.). Der vorzugswürdige »betriebsverfassungsrechtliche« Arbeitgeberverbandsbegriff verzichtet dabei völlig auf das Erfordernis der Tariffähigkeit. Weitere einschränkende Anforderungen an die Arbeitgeberkoalition sind aus teleologischer Sicht nicht zu stellen. Es bedarf keiner qualifizierten Mitgliederzahl, Organisationsstruktur, finanzieller Ausstattung oder Sachkenntnis. Dies liegt daran, dass die betriebsverfassungsrechtlichen Aufgaben von Arbeitgeberverbänden nicht wegen deren Stellung als Tarifvertragspartei bestehen, sondern zum Schutz des Arbeitgebers im Rahmen seiner Zusammenarbeit mit anderen Organen der Betriebsverfassung (s. *Friese* Koalitionsfreiheit, S. 115 f.). Es ist der freien Entscheidung des Arbeitgebers überlassen, bei welcher Vereinigung er insoweit Schutz sucht.

cc) Vertretensein im Betrieb

39 Das Gebot zur Zusammenarbeit besteht nur in Bezug auf Gewerkschaften und Arbeitgebervereinigungen, **die im Betrieb vertreten sind**. Vertreten sind die Arbeitgebervereinigungen, bei denen der Arbeitgeber Mitglied ist, sowie alle deutschen Gewerkschaften, denen mindestens ein Arbeitnehmer des Betriebes angehört, der nicht zu den leitenden Angestellten zählt (h. M.; vgl. *BAG* 03.12.1954 AP Nr. 2 zu § 18 BetrVG; 25.03.1992 EzA § 2 BetrVG 1972 Nr. 14 = AP Nr. 4 zu § 2 BetrVG 1972; 10.11.2004 EzA § 17 BetrVG 2001 Nr. 1 = AP Nr. 7 zu § 17 BetrVG 1972; *Berg/DKKW* § 2 Rn. 79; *Fitting* § 2 Rn. 43; *Galperin/Löwisch* § 2 Rn. 36, § 16 Rn. 18; *Hueck/Nipperdey* II/2, S. 1340 Fn. 26; *Richardi* § 2 Rn. 69). Gehören einer Gewerkschaft dagegen nur leitende Angestellte i. S. d. § 5 Abs. 3 und 4 an oder sind von ihren Mitgliedern nur leitende Angestellte in einem Betrieb beschäftigt, so ist diese Gewerkschaft in diesem Betrieb nicht vertreten i. S. d. Betriebsverfassungsgesetzes, da der Betriebsrat nicht Interessenvertreter der leitenden Angestellten ist (vgl. *Däubler* Gewerkschaftsrechte im Betrieb, Rn. 87; *Richardi* § 2 Rn. 69). Darüber hinaus muss die Gewerkschaft nach ihrer Satzung für den Betrieb zuständig sein (*Fischer* NZA-RR 2016, 225 [227]; *Richardi* § 2 Rn. 70; *Rose/HWGNRH* § 2 Rn. 128; **a. M.** für § 17 Abs. 4 *BAG* 10.11.2004 EzA § 17 BetrVG 2001 Nr. 1 =

AP Nr. 7 zu § 17 BetrVG 1972; 13.03.2007 EzA § 97 ArbGG 1979 Nr. 8 Rn. 22; *Fitting* § 2 Rn. 43). An dieser Voraussetzung fehlt es regelmäßig bei **ausländischen Gewerkschaften**. Sie sind daher nicht in die Betriebsverfassung einbezogen, auch wenn Arbeitnehmer des Betriebes ihnen angehören (vgl. *Galperin/Löwisch* § 2 Rn. 38; *Stege/Weinspach/Schiefer* § 2 Rn. 9).

Den **Beweis**, dass eine Gewerkschaft im Betrieb vertreten ist, hat im Streitfall diese zu führen. Umstritten ist, wie dieser Beweis erbracht werden kann. Die Rechtsprechung sowie die überwiegende Meinung im Schrifttum halten die namentliche Nennung des Gewerkschaftsmitglieds nicht für erforderlich. Sie lassen mittelbare Beweismittel genügen, etwa die Vernehmung eines Gewerkschaftssekretärs, der den Namen des betreffenden Arbeitnehmers nicht nennen muss, oder die Vorlage einer notariellen »Tatsachenbescheinigung«, die lediglich festhält, dass eine Person, deren Personalien in einem Umschlag beim Notar hinterlegt sind, einem bestimmten Betrieb und einer bestimmten Gewerkschaft angehört (vgl. *BAG* 25.03.1992 EzA § 2 BetrVG 1972 Nr. 14 *[zust. Teske]* = AP Nr. 4 zu § 2 BetrVG 1972 = AR-Blattei ES 530.5, Nr. 21 *[zust. Boemke]* = SAE 1993, 302 *[teilw. abl. Schilken]*; Nichtannahmebeschluss des *BVerfG* 21.03.1994 EzA § 2 BetrVG 1972 Nr. 14a auf die Verfassungsbeschwerde hin gegen die Entscheidung des BAG; Rspr. bestätigt auch durch *BAG* 19.03.2003 EzA § 253 ZPO 2002 Nr. 1 [unter II. 2. b.)] = AP Nr. 41 zu § 253 ZPO; ferner *LAG Baden-Württemberg* 20.09.1973 ARSt. 1974, 88; *LAG Düsseldorf* 06.04.1978 DB 1979, 110 f.; 05.12.1988 LAGE § 2 BetrVG 1972 Nr. 6; *LAG Nürnberg* 22.08.1990 AuR 1991, 220 *[zust. Grunsky]*; *ArbG Nürnberg* 06.06.1989 EzA § 2 BetrVG 1972 Nr. 13; *Berg/DKKW* § 2 Rn. 80; *Däubler* Gewerkschaftsrechte im Betrieb, Rn. 88 f.; *Fitting* § 2 Rn. 43; *Galperin/Löwisch* § 2 Rn. 37; *Grunsky* AuR 1990, 105; *Richardi* § 2 Rn. 71; *Stege/Weinspach* § 2 Rn. 9). Die Gegenansicht vertritt die Auffassung, die Gewerkschaft müsse stets den Namen ihres in dem Betrieb als Arbeitnehmer tätigen Mitglieds nennen (vgl. *ArbG Essen* 30.06.1988, wiedergegeben in den Gründen der Entscheidung des *LAG Düsseldorf* 05.12.1988 LAGE § 2 BetrVG 1972 Nr. 6 S. 2; *Prütting/Weth* DB 1989, 2273; *dies.* AuR 1990, 269; *dies.* NJW 1993, 576 unter Verweis auf die Unzulässigkeit eines derartigen »Geheimverfahrens« nach der Rechtsprechung des *BGH*, vgl. *BGH* 12.11.1991 BGHZ 116, 47 und 18.10.1995 NJW 1996, 391).

Im Ergebnis ist der Ansicht der h. M. grundsätzlich zu folgen. Sie wird neuerdings bestätigt durch die im Rahmen des Tarifeinheitsgesetzes eingeführte Regelung des § 58 Abs. 3 ArbGG. Danach ist ein Beweisantritt unter anderem über das Vertretensein einer Gewerkschaft im Betrieb unter anderem durch das Vorlegen öffentlicher Urkunden möglich (vgl. dazu auch *Fischer* NZA-RR 2016, 225). Bestreitet der Arbeitgeber im Prozess das Vertretensein der Gewerkschaft im Betrieb, kann diese den erforderlichen Beweis nicht lediglich durch Benennung eines betriebsangehörigen Gewerkschaftsmitglieds als Zeugen, sondern auch durch mittelbare Beweismittel, wie z. B. eine notarielle »Tatsachenbescheinigung«, die Vernehmung eines Gewerkschaftssekretärs bzw. die notarielle Erklärung des Arbeitnehmers aufnehmenden Notars – jeweils als Zeugen vom Hörensagen – erbringen. Die ZPO kennt keinen Grundsatz materieller Unmittelbarkeit, der den Vorrang unmittelbarer Beweismittel vor den erwähnten mittelbaren gebietet (vgl. für den hier vorliegenden Kontext *Schilken* SAE 1993, 308 [309] m. w. N.). Im Rahmen dieser mittelbaren Beweisführung müssen dem Gewerkschaftssekretär/Notar zur Gewährleistung eines substantiierten Vortrags der Personalausweis des Arbeitnehmers zur Identitätsbestimmung, der Arbeitsvertrag bzw. aktuelle Kontoauszüge des Arbeitnehmers zum Nachweis des laufenden Gehaltseingangs und damit eines bestehenden Arbeitsverhältnisses sowie ein Beleg für die Gewerkschaftsmitgliedschaft vorgelegt worden sein. Darüber hinaus muss das Monatsgehalt des Arbeitnehmers ungefähr angegeben werden. Dies ist erforderlich, um den Arbeitnehmer von leitenden Angestellten i. S. d. § 5 Abs. 3 und 4 abgrenzen zu können; eine Tätigkeitsbeschreibung dürfte nämlich aufgrund ihrer höheren Individualisierungswirkung regelmäßig ausscheiden. Ob diese Beweisführung dann im konkreten Einzelfall ausreicht, entscheidet das Tatsachengericht aufgrund freier Beweiswürdigung, die bei mittelbaren Beweismitteln und insbesondere beim letztgenannten Indizienbeweis aufgrund des geringeren Beweiswertes sorgfältig vorgenommen werden muss (vgl. *BAG* 25.03.1992 EzA § 2 BetrVG 1972 Nr. 14 und insb. die Anm. von *Teske* [unter II.1., II.2. u. II.4.]; vgl. zum Ganzen ausführlich auch *Fischer* NZA-RR 2016, 225).

Außerdem muss dem Arbeitgeber ein ausreichender prozessualer Handlungsspielraum verbleiben, damit ihm ein faires Verfahren garantiert ist und die prozessuale Waffengleichheit beider Parteien erhalten bleibt. Die direkte Frage nach dem Namen des Arbeitnehmers, gerichtet an die Zeugen vom Hörensagen steht dem Arbeitgeber zwar nicht zu, da er ohnehin kein schützenswertes Interesse an der Kenntnis des Gewerkschaftsmitglieds hat. Mögliche Einwände des Arbeitgebers, das Gewerkschaftsmitglied sei kein oder nicht mehr Arbeitnehmer seines Betriebs, oder es bekleide die Position eines leitenden Angestellten, müssen jedoch prozessual umgesetzt werden können. Dies ist grundsätzlich möglich: Der Arbeitgeber kann dem Zeugen vom Hörensagen eine aktuelle Liste seiner Arbeitnehmer (evtl. unter eidesstattlicher Versicherung oder aber nach Rückfrage beim Betriebsrat in Bezug auf die Authentizität), ggf. weiter individualisiert mittels Geburtsdatum und Durchschnittsgehalt, vorlegen. Die Beweisführung der Gewerkschaft ist gelungen, wenn der Zeuge das ihm bekannte Gewerkschaftsmitglied auf der Liste vorfindet (vgl. dazu auch *Teske* Anm. zu *BAG* 25.03.1992 EzA § 2 BetrVG 1972 Nr. 14 [unter II.3.]). Statthaft ist grundsätzlich auch der Antritt des unmittelbaren Gegenbeweises seitens des Arbeitgebers: er kann alle bei ihm beschäftigten Arbeitnehmer einzeln als Zeugen dafür benennen, dass sie der antragstellenden Gewerkschaft nicht angehören (eingehend zur Problematik *Teske* Anm. zu *BAG* 25.03.1992 EzA § 2 BetrVG 1972 Nr. 14 [unter II.5.]); wegen der hiermit verbundenen Kosten dürfte dies in der Praxis aber nur im Kleinbetrieb sinnvoll sein. Ein solcher Beweisantritt unterliegt auch nur in Ausnahmefällen einem Beweiserhebungsverbot – nämlich dann, wenn deutliche Anhaltspunkte dafür vorliegen, dass dem Gewerkschaftsmitglied bei der damit einhergehenden zwangsläufigen Offenlegung seiner Identität schwere Nachteile entstehen; die Darlegungslast hierfür liegt auf Seiten der Gewerkschaft. Lediglich theoretische nachteilige Folgen ohne konkrete Anhaltspunkte können dem Arbeitgeber die Möglichkeit des unmittelbaren Gegenbeweises nicht nehmen. Der Arbeitnehmer ist vor (späteren) rechtswidrigen Handlungen seitens des Arbeitgebers etwa durch das KSchG oder das Maßregelungsverbot nach § 612a BGB hinreichend geschützt. Vermag die Gewerkschaft den Beweis im Wege mittelbarer Beweisführung nicht zu erbringen – z. B. wenn in Grenzfällen die Eigenschaft als leitender Angestellter nicht ausgeschlossen werden kann –, darf sie schließlich auch das Gewerkschaftsmitglied als Zeugen benennen. Das Bundesdatenschutzgesetz steht einer Preisgabe der Gewerkschaftszugehörigkeit zumindest in diesem Fall nicht entgegen, vgl. §§ 3 Abs. 9; 28 Abs. 6 Nr. 3 BDSG, da das schutzwürdige Interesse des Arbeitnehmers am Ausschluss der Nutzung der entsprechenden Information nicht überwiegt (**a. M.** etwa *Berg/DKKW* § 2 Rn. 80). Eine mittelbare Beweisführung auf Seiten der Gewerkschaft muss ausscheiden, wenn dem Arbeitgeber keine zumutbare Möglichkeit des Gegenbeweises verbleibt. Ab einer gewissen Betriebsgröße ist der skizzierte unmittelbare Gegenbeweis durch Benennung aller Arbeitnehmer unzumutbar; sollte trotz der Möglichkeiten der EDV-Datenverarbeitung auch die Erstellung einer aktualisierten Liste der dem Betrieb angehörenden Arbeitnehmer einen unverhältnismäßigen Aufwand erfordern, bleibt der Gewerkschaft ebenfalls nur der unmittelbare Zeugenbeweis unter Offenlegung der Identität des Gewerkschaftsmitglieds.

c) Ziel der Zusammenarbeit

43 Die Zusammenarbeit zwischen Arbeitgeber und Betriebsrat soll dem »**Wohl der Arbeitnehmer und des Betriebes**« dienen. In dieser Zielsetzung liegt primär eine Beschränkung in der Verfolgung ausschließlich eigener Interessen durch jeden der beiden Betriebspartner. Zwar hebt das Gesetz die naturnotwendigen Interessengegensätze zwischen Arbeitgeber und Betriebsrat nicht auf, auch hindert es grundsätzlich nicht, dass jede der beiden Seiten ihre eigenen Interessen, der Betriebsrat nur die Interessen der Arbeitnehmer, im Auge hat, aber die Verfolgung dieser Interessen findet ihre Grenzen am Wohl der Belegschaft und des Betriebs (vgl. schon *BAG* 02.11.1955 AP Nr. 1 zu § 23 BetrVG = NJW 1956, 240; 10.11.1954 AP Nr. 1 zu § 37 BetrVG = NJW 1955, 236; *Berg/DKKW* § 2 Rn. 6 f.; *Fitting* § 2 Rn. 56; *Galperin/Löwisch* § 2 Rn. 14; *Rose/HWGNRH* § 2 Rn. 77; *Hueck/Nipperdey* II/2, S. 1338 f.; *Kreutz* BlStSozArbR 1972, 44 [47]; *Nikisch* III, S. 230; *Loritz/ZLH* Arbeitsrecht, § 48 Rn. 52; *Freckmann/Koller-van Delden* BB 2006, 490 [491]). Nicht vereinbar mit dem Gesetz ist die Ansicht von *Berg*, der Betriebsrat sei nicht auf die Vertretung der im Betrieb beschäftigten Arbeitnehmer und auf die Wahrung von deren Interessen beschränkt, sondern er habe auch die Wahrung der Arbeitnehmerinteressen schlechthin zu besorgen und überbetriebliche Gesichtspunkte zu berücksichtigen (*Berg/DKKW* § 2 Rn. 41; ähnlich *Däubler* Arbeitsrecht I, Rn. 772; wie hier *Richardi* § 2 Rn. 16).

44 **Für den Arbeitgeber** bedeutet das Gebot z. B. unverzügliche und ernsthafte Prüfung von Wünschen des Betriebsrats und Berücksichtigung der sozialen Interessen der Arbeitnehmer. **Für den Betriebs-**

rat bedeutet es z. B. keine gegen den Arbeitgeber gerichtete Propaganda zu unterstützen und das Wohl des Betriebs (und damit zumindest langfristig auch der Arbeitnehmer), ggf. auch entgegen vordergründiger, kurzfristiger Interessen einzelner Arbeitnehmer, zu fördern (vgl. *Fitting* § 2 Rn. 56; *Halberstadt* BUV 1971, 73 [74]; *Hueck/Nipperdey* II/2, S. 1338 f.). In der Bestimmung ist also mehr gefordert als nur eine »faire und jede Schikane ausschließende Verfahrensweise« (vgl. *Berg/DKKW* § 2 Rn. 5); sie enthält auch inhaltliche Anforderungen an die Betriebspartner (vgl. Rdn. 11 ff.).

Die Umstellung der Reihenfolge der Wörter »Arbeitnehmer« und »Betrieb« gegenüber § 49 Abs. 1 **45** BetrVG 1952 hat keine sachliche Bedeutung (vgl. Rdn. 1; *Fitting* § 2 Rn. 20; *Richardi* § 2 Rn. 16; **a. M.** offenbar *Brecht* § 2 Rn. 19). Die von *Galperin* (Der Regierungsentwurf eines neuen BetrVG – eine kritische Analyse, 1971, S. 17) geltend gemachten Bedenken sind zwar von der Zielsetzung des Referentenentwurfes her berechtigt gewesen. Die Gesetz gewordene Fassung bietet aber keinerlei Anhaltspunkte für eine gegenüber der Rechtslage nach dem BetrVG 1952 veränderten Auslegung (vgl. *Kreutz* BlStSozArbR 1972, 44 [47]).

Nicht mehr enthalten in § 2 Abs. 1 ist die Verpflichtung der Betriebspartner, das »Gemeinwohl« zu **46** berücksichtigen. Der Hinweis auf die entsprechende Neuregelung im AktG 1965 (vgl. Rdn. 1; amtliche Begründung zum BetrVG 1972, BR-Drucks. 715/70, S. 35 zu § 2) kann allerdings nicht recht überzeugen; die Streichung der Gemeinwohlklausel ist wohl durch die schwierige Justiziabilität dieses Begriffes zu erklären. Im Übrigen waren die Betriebspartner durch die Verpflichtung, bei ihrem Verhalten auf das gemeine Wohl zu achten, überfordert. Dass die Entbindung von der Verpflichtung zur Berücksichtigung des Gemeinwohls sicher nicht i. S. einer Aufforderung an die Betriebspartner »zu Betriebsegoismus und gesamtwirtschaftlichem Fehlverhalten« verstanden werden darf, hat *Kreutz* (BlStSozArbR 1972, 44 [47]) zu Recht festgestellt (vgl. *Richardi* § 2 Rn. 15; vgl. auch *Berg/DKKW* § 2 Rn. 41, der allerdings zu Unrecht ein Gebot für den Betriebsrat, die Interessen aller Arbeitnehmer wahrzunehmen, annimmt [vgl. Rdn. 43 a. E.]; *Fitting* § 2 Rn. 20; krit. zur Streichung der Gemeinwohlbindung *Galperin/Löwisch* § 2 Rn. 17).

d) Sanktionen

Für Verstöße gegen im Gesetz selbst konkretisierte Verhaltenspflichten gelten die Straf- bzw. Bußgeld- **47** vorschriften in den §§ 120, 121.

Wird das Gebot vertrauensvoller Zusammenarbeit konstant verletzt, kann dies eine grobe Pflichtver- **48** letzung i. S. v. § 23 darstellen und damit ein Grund für den Ausschluss eines Betriebsratsmitglieds aus dem Betriebsrat oder für die Auflösung des Betriebsrats (§ 23 Abs. 1) oder Anlass zur Anrufung des ArbG gegen den Arbeitgeber (§ 23 Abs. 3) sein (vgl. *Fitting* § 2 Rn. 56; *Freckmann/Koller-van Delden* BB 2006, 490 [494 ff.]; s. *Oetker* § 23 Rdn. 19 ff., 121 ff.).

e) Beispiele aus der Rechtsprechung zur vertrauensvollen Zusammenarbeit

Die einschlägige Rspr. zeigt, dass dem Gebot zur vertrauensvollen Zusammenarbeit in verschieden- **49** sten Fallkonstellationen Bedeutung zukommt (vgl. auch die Beispiele bei *Berg/DKKW* § 2 Rn. 8 ff.; *Rose/HWGNRH* § 2 Rn. 59; *Hunold* NZA-RR 2003, 169 ff.). In der Rechtsprechung wurde ein **Verstoß des Arbeitgebers gegen das Gebot der vertrauensvollen Zusammenarbeit** in folgenden Konstellationen bejaht: Der Arbeitgeber setzt eine in einer Betriebsversammlung geführte Auseinandersetzung mit dem Betriebsrat dadurch fort, dass er ein an den Betriebsrat gerichtetes Schreiben an einen größeren Personenkreis (69 Betriebsangehörige) versendet und in diesem Schreiben dem Betriebsrat vorwirft, er »wende sich mit verbissener Aggressivität gegen das Unternehmen«, »führe mit bösartiger Häme rhetorische Rundumschläge« und »handele bewusst unredlich und verbreite billige Stimmungsmache« (*LAG Köln* 16.11.1990 BB 1991, 1191). Der Arbeitgeber äußert sich in einer Betriebsversammlung zum »enormen Kostenblock der Arbeitnehmervertretung von über 500.000,– DM« im unmittelbaren Kontext zu der weiter angesprochenen Befürchtung eines Verlustes von Arbeitsplätzen, ausgelöst u. a. durch die starre Haltung des Betriebsrats (*LAG Düsseldorf* 26.11.1993 LAGE § 23 BetrVG 1972 Nr. 34; vgl. ähnlich auch *LAG Niedersachsen* 06.04.2004 DB 2004, 1735). Pflegt der Arbeitgeber bestimmte gehobene Stellen stets im Betrieb auszuschreiben, entspricht seine Berufung auf das Fehlen eines ausdrücklichen Verlangens des Betriebsrats nicht dem Gebot vertrauensvoller Zusammenarbeit (*LAG Berlin* 26.09.2003 LAGR 2004, 23). Aus dem Grundsatz der vertrauensvollen Zusammenarbeit folgt die Pflicht des Arbeitgebers, das Betriebsratsbüro – abgesehen von Notsituationen – nicht ohne Zustimmung des Betriebsrats zu betreten (*ArbG Mannheim* 20.10.1999 AiB 2001, 48). Darüber hinaus muss der Arbeitgeber nach dem Grundsatz vertrauensvoller Zusammenarbeit notwendige Mitwirkungshandlungen bei der Vorbereitung einer Betriebsratswahl vornehmen und dabei Einladungsschreiben der Gewerkschaft zu der Teilnahme an einer Betriebsversammlung zur Wahl eines Wahlvorstandes an die Beschäftigten übersenden (*LAG Hamburg* 16.06.1992 AiB 1993, 566). Ein Verstoß gegen die vertrauensvolle Zusammenarbeit liegt vor, wenn der Arbeitgeber an den Betriebsrat adressierte Post öffnet (*ArbG Wesel* 23.01.1992 AiB 1993, 43). Dagegen verstößt der Arbeitgeber grundsätzlich nicht gegen das Gebot vertrauensvoller Zusammenarbeit, wenn er sich lediglich weigert, einen separaten Internet- oder Telefonanschluss unabhängig von seinem Netzwerk zur Verfügung zu stellen, und konkrete Anhaltspunkte für eine missbräuchliche Ausnutzung der technischen Kontrollmöglichkeiten fehlen (*BAG* 20.04.2016 NZA 2016, 1033). Der Arbeitgeber ist nach dem Grundsatz der vertrauensvollen Zusammenarbeit dazu verpflichtet, ein Anhörungsverfahren nach § 102 BetrVG grundsätzlich während der Arbeitszeit des Betriebsratsvorsitzenden oder (bei dessen Verhinderung) des Stellvertreters einzuleiten (*BAG* 27.08.1982 EzA § 102 BetrVG 1972 Nr. 49 = AP Nr. 25 zu § 102 BetrVG 1972). Beabsichtigt der Arbeitgeber, eine Tariferhöhung auf übertarifliche Zulagen teilweise anzurechnen, so hat der Betriebsrat bei den Verteilungsgrundsätzen ein Mitbestimmungsrecht nach § 87 Abs. 1 Nr. 10 BetrVG; dieses Mitbestimmungsrecht sowie der Grundsatz vertrauensvoller Zusammenarbeit werden verletzt, wenn der Arbeitgeber eigene Verteilungsgrundsätze vorgibt, über die er keine Verhandlungen zulässt, und für den Fall abweichender Vorstellungen des Betriebsrats von vornherein eine mitbestimmungsfreie Vollanrechnung vorsieht (*BAG* 26.05.1998 EzA § 87 BetrVG 1972 Betriebliche Lohngestaltung Nr. 65 = AP Nr. 98 zu § 87 BetrVG 1972 Lohngestaltung). Verletzt wird § 2 Abs. 1 auch dadurch, dass der Arbeitgeber dem Betriebsrat für die Ausübung seines Mitbeurteilungsrechts nach § 99 BetrVG relevante Informationen vorenthält (*LAG Köln* 16.04.2015 BeckRS 2015, 72907 Rn. 28). Das *LAG München* (04.04.2007 LAGE § 98 ArbGG 1979 Nr. 48b) hat einen Verstoß des Arbeitgebers gegen das Gebot vertrauensvoller Zusammenarbeit erwogen, wenn dieser ohne ernsthafte Verhandlungen mit dem Betriebsrat in einer mitbestimmungspflichtigen Angelegenheit sofort die Bildung einer Einigungsstelle gemäß § 98 ArbGG betreibt.

50 Der **Betriebsrat** verstößt gegen das Gebot vertrauensvoller Zusammenarbeit, sofern er im Rahmen eines Einigungsstellenverfahrens dem von ihm mandatierten Rechtsanwalt ohne Rücksprache mit dem Arbeitgeber eine atypische Honorarzusage erteilt (*LAG Frankfurt* 26.11.1987 AuR 1988, 221; vgl. *Lüders* DB 2015, 2149). Dagegen ist das Gebot vertrauensvoller Zusammenarbeit nicht verletzt, wenn der Betriebsrat betriebsfremde Beisitzer für die Einigungsstelle bestellt, denen dadurch ein Honoraranspruch gegen den Arbeitgeber aus § 76a entsteht, sofern diese nicht offensichtlich ungeeignet sind (*BAG* 13.05.2015 EzA § 626 BGB 2002 Nr. 51 Rn. 34 = AP Nr. 77 zu § 15 KSchG 1969). Ein Betriebsratsmitglied, das als solches in einer überbetrieblichen Veranstaltung leichtfertig falsche Tatsachen zum Nachteil des Arbeitgebers kundgibt und dadurch den Arbeitgeber öffentlich in ein schlechtes Licht stellt, verstößt gegen das Gebot der vertrauensvollen Zusammenarbeit (*ArbG Berlin* 31.10.2002 EWiR 2003, 741 [hier verneint]). Werden aufgrund einer Notlage (Schwelbrände in einem chemischen Betrieb) Überstunden kurzfristig erforderlich, besteht eine Pflicht des Betriebsrats, über den Eilantrag des Arbeitgebers schnellstmöglich zu entscheiden, denn der Betriebsrat darf wegen des Gebots zur vertrauensvollen Zusammenarbeit nicht den Betrieb blockieren, sondern hat das einwandfreie Funktionieren der Betriebsabläufe zu fördern (*LAG Schleswig-Holstein* 20.11.2000 LAGE § 23 BetrVG 1972 Nr. 40). Ferner verstößt ein Betriebsratsmitglied selbst gegen § 2 Abs. 1, wenn es den Meldepflichten bei Wahrnehmung von Betriebsratstätigkeiten außerhalb des Arbeitsplatzes nicht nachkommt (*BAG* 24.02.2016 EzA § 38 BetrVG 2001 Nr. 7 Rn. 11 ff. = AP Nr. 34 zu § 38 BetrVG 1972; *Schulze/Schreck* ArbRAktuell 2014, 483). Gibt ein Betriebsratsvorsitzender durch wiederholte Äußerungen zu erkennen, dass er bereit ist, seine persönlichen Ansprüche gegen den Arbeitgeber über die Fortsetzung einer sachgerechten Betriebsratstätigkeit zu stellen und setzt er dazu seine Amtsstellung ein, so liegt darin ein Verstoß gegen § 2 Abs. 1 (*LAG München* 17.01.2017 BeckRS 2017, 103159 Rn. 42 (Rechtsbeschwerde anhängig *BAG* 7 ABR 20/17)). § 2 Abs. 1 verpflichtet den Betriebsrat regelmäßig, die Betriebsversammlung eines Warenhauses nicht in verkaufsstarke Zeiten (z. B. Weihnachtsgeschäft) zu legen (*LAG Düsseldorf* 10.12.1984 AiB 2001, 710). Die Einrichtung einer all-

gemein abrufbaren Internet-Homepage durch einen Betriebsrat, auf der betriebsinterne Informationen eingestellt werden, verstößt gegen das Gebot der vertrauensvollen Zusammenarbeit und ist zu unterlassen (*ArbG Paderborn* 29.01.1998 DB 1998, 678). Lassen die Handlungen des Betriebsrats nur den Schluss zu, dass er an einer vertrauensvollen Zusammenarbeit mit dem Arbeitgeber nicht interessiert ist, ist auf entsprechenden Antrag eines Viertels der Belegschaft der Betriebsrat wegen Verstoßes gegen § 2 Abs. 1 BetrVG aufzulösen (näher *ArbG Krefeld* 06.02.1995 NZA 1995, 803). Es widerspricht dem Grundsatz der vertrauensvollen Zusammenarbeit, wenn der Betriebsrat in einer Vielzahl von Fällen die Zustimmung zur Einstellung neuer Mitarbeiter verweigert (im konkreten Fall ging es um die Einstellung von mehr als 20 Sprachlehrern) und den Arbeitgeber veranlasst, eine Vielzahl von Zustimmungsersetzungsverfahren anhängig zu machen, weil nach Auffassung des Betriebsrates eine der neu zu besetzenden Stellen für einen befristet tätigen Mitarbeiter freigehalten werden müsste (*LAG Köln* 28.06.1989 LAGE § 99 BetrVG Nr. 26). Keine missbräuchliche Rechtsausübung und kein Verstoß gegen § 2 Abs. 1 BetrVG wurde darin gesehen, dass der Betriebsrat seine Zustimmung zur Veränderung von Lage und Verteilung der Arbeitszeit von der Verlängerung befristeter Arbeitsverträge (*LAG Hessen* 13.10.2005 AuR 2007, 315) oder von der Gewährung finanzieller Kompensation an die betroffenen Arbeitnehmer (*LAG Düsseldorf* 12.12.2007 AuR 2008, 270) abhängig macht (s. a. Rdn. 14).

III. Zugangsrecht der Gewerkschaften (Abs. 2)

1. Allgemeines

a) Entstehungsgeschichte

Im Zusammenhang mit einem der politischen Ziele der Gesetzesnovellierung im Jahre 1972, nämlich die Stellung der Gewerkschaften im Bereich der Betriebsverfassung zu stärken, sah der Referentenentwurf dazu (abgedruckt in RdA 1970, 357) in § 2 Abs. 2 vor, dass im Rahmen der im Gesetz genannten Aufgaben und Befugnisse der Gewerkschaften deren Beauftragten »Zugang zum Betrieb und zu den Arbeitnehmern zu gewähren« ist. § 2 Abs. 3 des Referentenentwurfs sah ferner das Recht der Gewerkschaften vor, »im Betrieb, außerhalb der Arbeitszeit und in den Pausen für ihre gewerkschaftlichen Ziele zu werben und Informationsmaterial ... zu verteilen«. Während das Werberecht bereits in § 2 RegE zum BetrVG 1972 (BR-Drucks. 715/70) nicht mehr enthalten war, blieb das Zugangsrecht der Gewerkschaftsbeauftragten im Regierungsentwurf erhalten, allerdings nur »im Benehmen mit dem Arbeitgeber und dem Betriebsrat« und beschränkt auf den Zugang zum Betrieb; ein Zugangsrecht zu den einzelnen Arbeitnehmern war nicht mehr vorgesehen. Im Einklang mit dem Regierungsentwurf enthält das Gesetz kein Werberecht der Gewerkschaften. Das Zugangsrecht ist in § 2 Abs. 2 geregelt; es setzt kein »Einvernehmen« zwischen Arbeitgeber und Betriebsrat voraus, sondern nur mehr die vorherige Unterrichtung des Arbeitgebers. Diese Änderung sollte Auslegungsschwierigkeiten in Bezug auf den Begriff »im Benehmen« vermeiden (vgl. Schriftlicher Bericht 10. Ausschuss, zu BT-Drucks. VI/2729, S. 19 zu § 2). Die Formulierung, der Zugang sei den Beauftragten der Gewerkschaften »zu gewähren«, blieb im Gesetzgebungsverfahren unverändert. **51**

b) Zweck der Vorschrift

Das Zugangsrecht wird den Gewerkschaften zur Wahrnehmung ihrer betriebsverfassungsrechtlichen Aufgaben und Befugnisse eingeräumt. Entsprechend dem herrschenden, aber abzulehnenden einheitlichen Gewerkschaftsbegriff (Rdn. 26 ff., zur Kritik Rdn. 34 ff.) hat das *BAG* ein Zutrittsrecht für nicht tariffähige Koalitionen abgelehnt (*BAG* 19.09.2006 EzA Art. 9 GG Nr. 89 = AP Nr. 5 zu § 2 BetrVG 1972 [krit. *B. Schmidt*]; krit. Anm. *Rieble* RdA 2008, 35). Wie der Ausschuss für Arbeit und Sozialordnung (vgl. Schriftlicher Bericht 10. Ausschuss, zu BT-Drucks. VI/2729, S. 11) feststellte, ging der Gesetzgeber von der Notwendigkeit aus, auch die Koalitionen in das Gebot vertrauensvoller Zusammenarbeit einzubeziehen und insbesondere eine Zusammenarbeit von Betriebsrat und Gewerkschaft zu ermöglichen. Das Zugangsrecht soll dazu dienen, dieses Zusammenwirken sicherzustellen. **52**

53 Daraus ergibt sich, dass das **Zugangsrecht nur Hilfsrecht** zur Realisierung der im Gesetz genannten Aufgaben der Gewerkschaften ist (vgl. *Fitting* § 2 Rn. 64; *Richardi* § 2 Rn. 106; *Rose/HWGNRH* § 2 Rn. 205; im Grundsatz auch *Berg/DKKW* § 2 Rn. 74, zu weitgehend in Rn. 75), keineswegs aber ein eigenständiges Recht, um etwa die Einflussmöglichkeiten der Gewerkschaft über das Gesetz hinaus auszudehnen (vgl. *LAG Frankfurt a. M.* 08.09.1972 EzA § 2 BetrVG 1972 Nr. 3; *LAG Hamm* 09.03.1972 EzA § 2 BetrVG 1972 Nr. 1 = AP Nr. 1 zu § 2 BetrVG 1972; *Galperin/Löwisch* § 2 Rn. 74, 79; weitergehend *Däubler* Gewerkschaftsrechte im Betrieb, Rn. 205 ff., 215 ff., 217, der im Anschluss an eine Entscheidung des *BAG* [26.06.1973 EzA § 2 BetrVG 1972 Nr. 5 = AP Nr. 2 zu § 2 BetrVG 1972] ein Zugangsrecht in Fällen bejaht, die in einem inneren Zusammenhang zum Betriebsverfassungsgesetz stehen [vgl. dazu Rdn. 57]; vgl. auch *Buchner* Die AG 1971, 135 [137]; *Galperin* Der Regierungsentwurf eines neuen BetrVG – eine kritische Analyse, 1971, S. 24; *Hanau* BB 1971, 485 [487]). Zum koalitionsrechtlichen Zugangsrecht vgl. Rdn. 96 ff.

c) Verhältnis zu § 2 Abs. 1

54 Angesichts der speziellen Regelung in § 2 Abs. 2 ist es nicht mehr zulässig, ein eigenständiges Zugangsrecht aus § 2 Abs. 1 abzuleiten. Soweit sich aus § 2 Abs. 1 Aufgaben der Gewerkschaften im Rahmen der Betriebsverfassung ergeben, richtet sich das dazu erforderliche Zugangsrecht nach § 2 Abs. 2 (vgl. dazu Rdn. 63 sowie *Fitting* § 2 Rn. 66; *Galperin/Löwisch* § 2 Rn. 79; *Rose/HSWG* § 2 Rn. 205; *Stege/Weinspach* § 2 Rn. 15; offen gelassen bei *Richardi* § 2 Rn. 110, 111).

2. Einzelheiten

a) Zugangsberechtigte

55 Das Zugangsrecht steht nur einem **Beauftragten** einer **im Betrieb vertretenen Gewerkschaft** (vgl. dazu Rdn. 39 ff.) zu. Die Auswahl des Beauftragten obliegt der Gewerkschaft; in Betracht kommen vor allem hauptamtliche sowie ehrenamtliche Gewerkschaftsmitarbeiter (vgl. *Berg/DKKW* § 2 Rn. 87; *Däubler* Gewerkschaftsrechte im Betrieb, Rn. 223 f.; *Fitting* § 2 Rn. 69). Soweit die Gewerkschaft es für erforderlich hält, kann sie auch mehrere Beauftragte entsenden (vgl. *Fitting* § 2 Rn. 69; *Richardi* § 2 Rn. 119); die Anzahl wird jedoch durch den betriebsverfassungsrechtlichen Zweck beschränkt (vgl. *Richardi* § 2 Rn. 119). Zu Schranken, die in der Person des zu Entsendenden liegen, s. Rdn. 77.

b) Aufgabenbezug des Zugangsrechts, Grundsatz

56 Das Zugangsrecht kann nur geltend gemacht werden »**zur Wahrnehmung der in diesem Gesetz genannten Aufgaben und Befugnisse**« (vgl. *BAG* 26.06.1973 EzA § 2 BetrVG 1972 Nr. 5 = AP Nr. 2 zu § 2 BetrVG 1972; *Reuter* ZfA 1976, 107 [131 ff.]). Das Erfordernis des Aufgabenbezugs kommt in den Formulierungen vom Referentenentwurf zum BetrVG 1972 bis hin zum Gesetz selbst deutlich zum Ausdruck. Dazu gehört **nicht** ein allgemeines Ermittlungs-, Kontroll- oder Überwachungsrecht (vgl. *Rose/HWGNRH* § 2 Rn. 213; *von Hoyningen-Huene* Betriebsverfassungsrecht, § 5 III 1) sowie die Unterstützung des Wahlvorstandes (vgl. *LAG Hamm* 30.09.1977 EzA § 2 BetrVG 1972 Nr. 8; 21.07.1978 EzA § 2 BetrVG 1972 Nr. 10; **a. M.** *ArbG Iserlohn* 28.01.1980 EzA § 2 BetrVG 1972 Nr. 11; im Rahmen einer einstweiligen Verfügung *ArbG Verden* 07.10.2013 NZA-RR 2014, 19 [21 f.]; ebenso *LAG Mecklenburg-Vorpommern* 11.11.2013 LAGE § 16 BetrVG 2001 Nr. 2 Rn. 27 ff.; *Richardi* § 2 Rn. 108). Gespräche über Fragen des geltenden Tarifvertrages gehören ebenfalls nicht zu den Aufgaben nach § 2 Abs. 2 (vgl. *BAG* 26.06.1973 EzA § 2 BetrVG 1972 Nr. 5 = AP Nr. 2 zu § 2 BetrVG 1972; *LAG Frankfurt a. M.* 08.09.1972 EzA § 2 BetrVG 1972 Nr. 3; *Richardi* § 2 Rn. 135). Ebenso wenig gehört es zu den gewerkschaftlichen Aufgaben im Rahmen der Betriebsverfassung die Vorbereitung zum Abschluss eines Tarifvertrages über betriebsverfassungsrechtliche oder betriebliche Fragen. Es handelt sich dabei um ein koalitionsrechtlich begründetes Recht der Gewerkschaften, so dass daraus ein Zugangsrecht nach § 2 Abs. 2 nicht hergeleitet werden kann (vgl. *Hanau* BB 1971, 487; *Klosterkemper* Zugangsrecht, S. 50; **a. M.** *Däubler* Gewerkschaftsrechte im Betrieb, Rn. 210 f.; *Fitting* § 2 Rn. 67; *Richardi* § 2 Rn. 136).

Nicht ausreichend zur Begründung eines Zugangsrechtes nach § 2 Abs. 2 sind Aufgaben der Gewerkschaften, wenn sie nur »in einem inneren Zusammenhang« mit dem Betriebsverfassungsgesetz stehen, auch wenn die Gewerkschaft an ihrer Lösung ein Interesse hat (vgl. *Galperin/Löwisch* § 2 Rn. 80; *Reuter* ZfA 1976, 107 [142]; *ders.* FS *G. Müller*, S. 387 [400]; **a. M.** *BAG* 26.06.1973 EzA § 2 BetrVG 1972 Nr. 5 = AP Nr. 2 zu § 2 BetrVG 1972; *Berg/DKKW* § 2 Rn. 75; *Däubler* Gewerkschaftsrechte im Betrieb, Rn. 217 ff.; *Fitting* § 2 Rn. 64). 57

Auch aus § 23 und den dort normierten Antragsrechten der Gewerkschaft kann kein Zugangsrecht abgeleitet werden. Der Antrag ist beim ArbG zu stellen; ein Zugang zum Betrieb wäre allenfalls zur Ermittlung nötig. Ermittlungsaufgaben sind der Gewerkschaft aber durch das Gesetz nicht übertragen (so auch *Rose/HWGNRH* § 2 Rn. 213; *von Hoyningen-Huene/*MünchArbR § 215 Rn. 7; *Oetker* § 23 Rdn. 87; **a. M.** *Berg/DKKW* § 2 Rn. 74; *Fitting* § 2 Rn. 65; *Kremp* AuR 1973, 198; *Müller* ZfA 1972, 213 [241]; allgemein bei konkreten Anhaltspunkten für einen Verstoß auch *Richardi* § 2 Rn. 109). 58

c) Aufgaben, die das Zugangsrecht begründen

Eine Reihe von **Aufgaben**, die ein Zugangsrecht begründen können, sind im Gesetz konkret genannt. Dazu gehören die den Gewerkschaften im Zusammenhang mit Betriebsratswahlen eingeräumten Befugnisse: vgl. §§ 14 Abs. 3 und Abs. 5; 16 Abs. 2; 17 Abs. 3 und Abs. 4; 18 Abs. 1 und Abs. 2. Das Zugangsrecht zur Werbung für Betriebsratswahlen ergibt sich aus verfassungsrechtlichen Überlegungen, wurde aber auch durch die Stärkung der Rechte der Gewerkschaften in Zusammenhang mit der Einleitung und Durchführung von Betriebsratswahlen betriebsverfassungsrechtlich flankiert, und beruht daher auch auf § 2 Abs. 2 (vgl. dazu Rdn. 84). Der Wunsch, die Betriebsratswahlen zu überprüfen, begründet kein Zugangsrecht (vgl. *Richardi* § 2 Rn. 108). 59

Das Recht zur Teilnahme an Betriebsratssitzungen bzw. an Sitzungen des Gesamt- und Konzernbetriebsrats, der Jugend- und Auszubildendenvertretung und der Gesamt-Jugend- und Auszubildendenvertretung nach Maßgabe des § 31 (§§ 51 Abs. 1; 59 Abs. 1, 65 Abs. 1, 73 Abs. 2) begründet ein Zugangsrecht. Maßgeblich dafür ist aber auch hier § 2 Abs. 2 (vgl. *Galperin/Löwisch* § 2 Rn. 78; s. *Raab* § 31 Rdn. 23; **a. M.** *Richardi* § 2 Rn. 115). Gleiches gilt für das vom *BAG* bejahte Recht zur Teilnahme an einer Sitzung des Wirtschaftsausschusses (vgl. *BAG* 25.06.1987 EzA § 108 BetrVG 1972 Nr. 7 = AP Nr. 6 zu § 108 BetrVG 1972; dazu s. *Oetker* § 108 Rdn. 37 ff.). Die in § 2 Abs. 2 genannten Schranken (vgl. dazu Rdn. 72 ff.) dürften in diesen Fällen aus tatsächlichen Gründen nicht eingreifen, so dass daraus kein Argument für eine eigenständige Bedeutung des § 31 für das Zugangsrecht gewonnen werden kann. Auch eine Lücke, die durch Rechtsfortbildung zu schließen wäre, besteht angesichts der Regelung in § 2 Abs. 2 nicht (**a. M.** *Richardi* § 2 Rn. 115). 60

Auch § 46, der ein Teilnahmerecht von Gewerkschaftsbeauftragten an Betriebs- und Abteilungsversammlungen vorsieht (für Betriebsräteversammlungen: § 53 Abs. 3; für Jugend- und Auszubildendenversammlungen: § 71), umschreibt eine gesetzliche Aufgabe; das Zugangsrecht richtet sich nach § 2 Abs. 2. Die dort genannten Schranken für das Zugangsrecht (vgl. dazu Rdn. 72 ff.) werden allerdings kaum praktisch werden, wohl aber u. U. ein Zutrittsverweigerungsrecht, das in der Person des konkret entsandten Beauftragten begründet ist (vgl. dazu Rdn. 77 f.). Zum Verhältnis von § 2 Abs. 2 zu § 46 wie hier: *Galperin/Löwisch* § 2 Rn. 78, § 46 Rn. 8; *Worzalla/HWGNRH* § 46 Rn. 12; **a. M.** *Berg/DKKW* § 46 Rn. 3; *Fitting* § 46 Rn. 5 ff., 8; *Richardi* § 2 Rn. 115; s. *Weber* § 46 Rdn. 8 f., die alle von einem eigenständigen Zugangsrecht sprechen und weder eine Erlaubnis des Arbeitgebers noch eine Unterrichtungspflicht ihm gegenüber als Voraussetzungen anerkennen wollen. 61

Soweit eine tarifliche Schlichtungsstelle nach § 76 Abs. 8 besteht und Gewerkschaftsvertreter Mitglieder dieser Schlichtungsstelle sind, ergibt sich auch daraus eine gesetzliche Aufgabe und damit ein Zugangsrecht nach Maßgabe des § 2 Abs. 2. 62

Neben den Fällen, in denen das Zugangsrecht aufgrund konkreter im Gesetz genannter Aufgaben und Befugnisse der Gewerkschaften besteht, ist das Zugangsrecht in all den Fällen von erheblicher Bedeutung, in denen der Betriebsrat im Rahmen der ihm durch das Gesetz zugewiesenen Aufgaben die Unterstützung der Gewerkschaft an Ort und Stelle wünscht (vgl. *BAG* 17.01.1989 AP Nr. 1 zu § 2 LPVG NW; 26.06.1973 EzA § 2 BetrVG 1972 Nr. 5 = AP Nr. 2 zu § 2 BetrVG 1972; *Berg/DKKW* § 2 63

Rn. 84; *Buchner* DB 1972, 1236 [1238]; *Galperin/Löwisch* § 2 Rn. 79; *Kremp* AuR 1973, 193 [198]; *Reuter* ZfA 1976, 107 [131]; *Richardi* § 2 Rn. 114; *ders.* FS G. *Müller*, S. 413 [423]). Dieses »**akzessorische Zugangsrecht**« (vgl. *Richardi* § 2 Rn. 114) hängt allerdings davon ab, dass der Betriebsrat sich zur Unterstützung bei der Wahrnehmung seiner gesetzlichen Aufgaben und Befugnisse nach dem Betriebsverfassungsgesetz der Hilfe einer im Betrieb vertretenen Gewerkschaft bedienen will. Gleiches gilt, wenn ein nach § 28 gebildeter Ausschuss eine solche Unterstützung wünscht (vgl. *LAG Frankfurt a. M.* 08.09.1972 EzA § 2 BetrVG 1972 Nr. 3; *LAG Hamm* 09.03.1972 EzA § 2 BetrVG 1972 Nr. 1 = AP Nr. 1 zu § 2 BetrVG 1972; 05.10.1972 EzA § 2 BetrVG 1972 Nr. 4). Erforderlich ist dazu aber ein Beschluss des Betriebsrats oder des Ausschusses (**a. M.** *Berg/DKKW* § 2 Rn. 84 a. E.: Einladung durch den Vorsitzenden genügt; *Däubler* Gewerkschaftsrechte im Betrieb, Rn. 219).

d) Zugangsrecht zu einzelnen Arbeitnehmern

64 Zweifelhaft ist, ob auch der **Besuch einzelner Arbeitnehmer** an ihrem Arbeitsplatz vom Zugangsrecht des § 2 Abs. 2 umfasst wird. Diese Frage wird von der überwiegenden Auffassung im Schrifttum und von der ständigen Rechtsprechung bejaht, soweit der Kontakt mit dem Arbeitnehmer am Arbeitsplatz für die Ausübung der betriebsverfassungsrechtlichen Befugnisse des Betriebsrats bzw. der Gewerkschaft erforderlich ist (vgl. *BAG* 17.01.1989 EzA § 2 BetrVG 1972 Nr. 12 = AP Nr. 1 zu § 2 LPVG NW; *LAG Hamm* 09.03.1972 EzA § 2 BetrVG 1972 Nr. 1 = AP Nr. 1 zu § 2 BetrVG 1972; *Becker/Leimert* BlStSozArbR 1972, 37 [41]; *dies.* AuR 1972, 365 [369]; *Berg/DKKW* § 2 Rn. 82; *Buchner* DB 1972, 1236 f.; *Däubler* Gewerkschaftsrechte im Betrieb, Rn. 226 ff.; *Fitting* § 2 Rn. 72; *Richardi* § 2 Rn. 123; *ders.* Anm. zu *LAG Hamm* 09.03.1972 AP Nr. 1 zu § 2 BetrVG 1972; **a. M.** *Galperin/Löwisch* § 2 Rn. 81; *Hanau* BB 1971, 485 [486]; vgl. auch *Schlochauer* FS G. *Müller*, S. 460 [463 ff.]). Der Referentenentwurf sah diese Befugnis in § 2 Abs. 2 (vgl. Rdn. 51) noch ausdrücklich vor, das Gesetz nennt sie nicht mehr. Daraus kann aber nur gefolgert werden, dass, wie auch sonst, das Zugangsrecht zu einzelnen Arbeitnehmern nicht als eigenständiges Recht der Gewerkschaften besteht. Soweit es aber zur Wahrnehmung der im Gesetz genannten betriebsverfassungsrechtlichen Aufgaben (vgl. Rdn. 59 ff.) erforderlich ist, wird es von § 2 Abs. 2 umfasst (vgl. amtliche Begründung zum BetrVG 1972, BR-Drucks. 715/70, S. 35 zu § 2 Abs. 3; Schriftlicher Bericht 10. Ausschuss, zu BT-Drucks. VI/2729, S. 19 zu § 2 Abs. 3; **a. M.** *Galperin* BB 1972, 272 [274]; einschränkend *Arbeitsring Chemie* § 2 Rn. 2; vgl. auch *Schlochauer* FS G. *Müller*, S. 459 [463 ff.]). Zu denken wäre in diesem Zusammenhang etwa an Gespräche mit einzelnen Arbeitnehmern zur Aufstellung von Wahlvorschlägen nach § 14 Abs. 3, 5 und zur Aufstellung von Vorschlägen zum Wahlvorstand nach § 17 Abs. 3 sowie an Fragen der Arbeitssicherheit, die nur am konkreten Arbeitsplatz geklärt werden können (vgl. *Kremp* AuR 1973, 198; *Stege/Weinspach/Schiefer* § 2 Rn. 18; auch *Fitting* § 2 Rn. 72 sowie *Richardi* § 2 Rn. 123: z. B. bei Akkordstreitigkeiten nach § 87 Abs. 1 Nr. 11; **a. M.** *Galperin/Löwisch* § 2 Rn. 81; *Hanau* BB 1971, 486).

65 Daraus folgt allerdings nicht ein Zugangsrecht »zu allen Betriebsteilen und Arbeitsplätzen« (vgl. *Buchner* DB 1972, 1236; **a. M.** *Becker/Leimert* BlStSozArbR 1972, 37 [41]). Vielmehr hat sich der Ort der Gespräche nach den betrieblichen Gegebenheiten und Notwendigkeiten und nach der konkreten betriebsverfassungsrechtlichen Aufgabe zu richten (vgl. *BAG* 17.01.1989 EzA § 2 BetrVG 1972 Nr. 12 = AP Nr. 1 zu § 2 LPVG NW: Überprüfung einer Eingruppierung durch den Personalrat; zu den Grenzen des Rechts des Betriebsrats zum Aufsuchen der Arbeitsplätze *Schlochauer* FS G. *Müller*, S. 459 [471 ff.]). Eine generelle Beschränkung auf das etwa vorhandene Betriebsratsbüro lässt sich dem Gesetz allerdings nicht entnehmen (vgl. *LAG Hamm* 09.03.1972 EzA § 2 BetrVG 1972 Nr. 1 = AP Nr. 1 zu § 2 BetrVG 1972 [*Richardi*]; *Richardi* § 2 Rn. 122; für eine Einschätzungsprärogative der Gewerkschaft bezüglich der Ortswahl *LAG Bremen* 26.11.2013 ZTR 2014, 286 [287]). Besteht ein Zugangsrecht zu einzelnen Arbeitsplätzen, so kann dies nur in Begleitung eines Betriebsratsmitglieds ausgeübt werden (**a. M.** *Däubler* Gewerkschaftsrechte im Betrieb, Rn. 230 mit der unzutreffenden Begründung, das Zugangsrecht diene auch der Kontrolle des Betriebsrats). Ein Recht des Arbeitgebers zur Begleitung besteht hingegen nicht (vgl. *Däubler* Gewerkschaftsrechte im Betrieb, Rn. 230).

66 Soweit Arbeitnehmer ihre Tätigkeit räumlich nicht innerhalb des Betriebs erbringen, sondern auf sog. ausgelagerten Arbeitsplätzen (z. B. Tele-Arbeitnehmer, Außendienstmitarbeiter, Arbeitnehmer eines Bewachungsunternehmens), hat der für sie zuständige Betriebsrat grundsätzlich das Recht, die Arbeit-

nehmer am Ort ihrer Tätigkeit aufzusuchen, wenn dies zur Wahrnehmung betriebsverfassungsrechtlicher Aufgaben und Befugnisse erforderlich ist. Nimmt der Betriebsrat in diesem Zusammenhang die Unterstützung einer im Betrieb vertretenen Gewerkschaft in Anspruch, hat auch deren Beauftragter grundsätzlich ein Zugangsrecht nach § 2 Abs. 2. Befindet sich der Arbeitsplatz in der Wohnung des Arbeitnehmers oder in einem anderen in seinem Besitz stehenden Raum, kann das Zugangsrecht nur mit seiner Zustimmung ausgeübt werden (vgl. zu der Bedeutung des Hausrechts *BAG* 13.06.1989 EzA § 80 BetrVG 1972 Nr. 36 = AP Nr. 36 zu § 80 BetrVG 1972; vgl. auch *Berg/DKKW* § 2 Rn. 83). Einen Rechtsanspruch gegen den Arbeitnehmer auf Gestattung des Zugangs haben aber weder der Betriebsrat noch eine im Betrieb vertretene Gewerkschaft. Eine vertragliche Verpflichtung des Arbeitnehmers dem Arbeitgeber gegenüber, dem Betriebsrat bzw. dem Gewerkschaftsbeauftragten stets den Zugang zu verweigern, ist allerdings unzulässig. Umgekehrt ist eine vertragliche Verpflichtung des Arbeitnehmers, dem Betriebsrat und einem von ihm zur Unterstützung beigezogenen Gewerkschaftsvertreter den Zugang zu gestatten, wenn dies zur Wahrnehmung betriebsverfassungsrechtlicher Aufgaben und Befugnisse erforderlich ist, wirksam (vgl. *Berg/DKKW* § 2 Rn. 83).

e) Unterrichtungspflicht der Gewerkschaft

Der Anspruch der Gewerkschaft auf Zutritt zum Betrieb besteht nur, wenn der Arbeitgeber oder sein Vertreter (vgl. dazu Rdn. 71) vorher über das Zutrittsbegehren rechtzeitig informierte wurde (vgl. *Fitting* § 2 Rn. 73; *Galperin/Löwisch* § 2 Rn. 84; *Kremp* AuR 1973, 193 [199]; *Richardi* § 2 Rn. 124 ff.). Anderenfalls kann der Arbeitgeber dem Gewerkschaftsbeauftragten den Zugang verwehren. Obwohl die Unterrichtungspflicht die Gewerkschaft trifft, die den Zugang begehrt (vgl. *Fitting* § 2 Rn. 73; *Richardi* § 2 Rn. 125), bestehen keine Bedenken, die ordnungsgemäße **Unterrichtung** des Arbeitgebers **durch den Betriebsrat** im Auftrag und mit Vollmacht der Gewerkschaft für ausreichend zu erachten (vgl. *Richardi* § 2 Rn. 125). Eine Einladung durch den Betriebsrat ist nur nötig, wenn das Gesetz sie entweder ausdrücklich vorsieht (vgl. § 31) oder das Zugangsrecht selbst darauf beruht, dass der Betriebsrat die Unterstützung der Gewerkschaft gewünscht hat (vgl. dazu Rdn. 63).

67

Die Unterrichtungspflicht ergibt sich aus dem Umstand, dass das **Hausrecht** im Betrieb grundsätzlich dem Arbeitgeber zusteht (vgl. dazu *Kremp* AuR 1973, 193 [194]), ein Betreten des Betriebs daher nur mit seiner Zustimmung, d. h. seinem Einverständnis rechtmäßig ist. Das Gesetz verpflichtet den Arbeitgeber allerdings grundsätzlich, den Zugang nach Maßgabe des § 2 Abs. 2 »zu gewähren«, was einen Erlaubnisakt des Arbeitgebers impliziert (vgl. *Brecht* § 2 Rn. 32; *Ruf* DB 1971, 2475). Die bloße »Unterrichtung« des Arbeitgebers reicht demnach nach dem Wortlaut des Gesetzes allein nicht aus, um ein Zugangsrecht zu begründen (**a. M.** offenbar *Becker/Leimert* BlStSozArbR 1972, 37 [39, 41]; *Berg/DKKW* § 2 Rn. 88; *Falkenberg* DB 1972, 774; *Fitting* § 2 Rn. 75; *Galperin/Löwisch* § 2 Rn. 84; *Stege/Weinspach* § 2 Rn. 19; wohl auch *Richardi* § 2 Rn. 124: Der Arbeitgeber habe nur nach ordnungsgemäßer Unterrichtung »den Zugang zum Betrieb zu gewähren, ohne dass es seiner Zustimmung bedarf«). Daran ändert auch die entgegengesetzte Äußerung des Bundesarbeitsministers während des Gesetzgebungsverfahrens zum BetrVG 1972 (BT-Prot., 6. Wahlperiode, 101. Sitzung, S. 5809) nichts. Allerdings kann die erforderliche Zustimmung des Arbeitgebers auch konkludent erklärt werden. Ein Verzicht des Arbeitgebers auf die Unterrichtung ist zulässig (vgl. *Däubler* Gewerkschaftsrechte im Betrieb, Rn. 253). Aus einem wiederholten Verzicht, aus der wiederholten Duldung eines Zugangs trotz fehlender Unterrichtung des Arbeitgebers oder seines Vertreters kann aber ein Verzicht auf die Unterrichtung für die Zukunft nicht abgeleitet werden (**a. M.** *Däubler* Gewerkschaftsrechte im Betrieb, Rn. 253).

68

Die Gewerkschaft hat nach § 2 Abs. 2 unter den dort genannten Voraussetzungen einen Rechtsanspruch auf Zugang; der Arbeitgeber ist grundsätzlich zur Gewährung des Zutritts verpflichtet. Das Zugangsrecht darf jedoch nicht gegen den Willen des Arbeitgebers im Wege der Selbsthilfe durchgesetzt werden, sofern nicht die engen Voraussetzungen der §§ 229 ff. BGB vorliegen (vgl. *Fitting* § 2 Rn. 75; *Richardi* § 2 Rn. 126). Bei unberechtigter Weigerung des Arbeitgebers kann das ArbG angerufen werden; es entscheidet im Beschlussverfahren, der Erlass einer einstweiligen Verfügung ist zulässig (vgl. § 2a Abs. 1 Nr. 1, § 80, § 85 Abs. 2 ArbGG; *LAG Hamm* 09.03.1972 EzA § 2 BetrVG 1972 Nr. 1 = AP Nr. 1 zu § 2 BetrVG 1972 *[Richardi]*).

69

70 Der Arbeitgeber muss so rechtzeitig unterrichtet werden, dass ihm Zeit verbleibt zu prüfen, ob die Voraussetzungen für das Zugangsrecht vorliegen und ob nicht etwa im Gesetz genannte Gründe (vgl. Rdn. 72 ff.) entgegenstehen (vgl. *von Hoyningen-Huene*/MünchArbR § 215 Rn. 9; *Richardi* § 2 Rn. 125). In **Eilfällen** kann eine Unterrichtung unmittelbar vor dem Besuch genügen (vgl. *Fitting* § 2 Rn. 74; *Richardi* § 2 Rn. 125; *Stege/Weinspach/Schiefer* § 2 Rn. 20; weiter jedoch *Berg*/DKKW § 2 Rn. 88: »Unterrichtung unmittelbar vor Beginn des Besuchs reicht regelmäßig aus«). Um dem Arbeitgeber die Prüfung zu ermöglichen, sind ihm auch die Gründe, aus denen Zugang begehrt wird, die Stellen und Personen, die besucht werden sollen, und die Person des Beauftragten zu nennen (vgl. LAG Hamm 05.10.1972 EzA § 2 BetrVG 1972 Nr. 4; *Fitting* § 2 Rn. 73; *Richardi* § 2 Rn. 124; vgl. auch *Däubler* Gewerkschaftsrechte im Betrieb, Rn. 246, der allerdings die Pflicht, die Person des Beauftragten zu nennen, verneint). Nur wenn der Arbeitgeber über diese Informationen verfügt, kann er entscheiden, ob ihm ein Recht zusteht, den Zutritt zu verweigern (dazu Rdn. 72 ff.).

71 Zu unterrichten ist **der Arbeitgeber oder »sein Vertreter«**. Damit kann hier nicht jeder Angestellte gemeint sein, dem Weisungsbefugnis zusteht und der insofern partiell Arbeitgeberfunktionen wahrnimmt. In Frage kommt vielmehr nur ein Vertreter, dem ausdrücklich oder stillschweigend die Ausübung des Hausrechts übertragen ist (vgl. *Richardi* § 2 Rn. 124). Dazu gehören sicher alle Organe juristischer Personen, alle gesetzlichen Vertreter sowie in der Regel die Personen, denen generell die Vertretung gegenüber dem Betriebsrat übertragen ist (vgl. *Däubler* Gewerkschaftsrechte im Betrieb, Rn. 245).

f) Weigerungsrecht des Arbeitgebers

72 Der Arbeitgeber hat unter gewissen Voraussetzungen das Recht, dem Gewerkschaftsbeauftragten den **Zugang zu verweigern**. Das Verweigerungsrecht besteht, wenn der Zutritt nicht zur Wahrnehmung der betriebsverfassungsrechtlichen Aufgaben und Befugnisse gewünscht wird, da dann die gesetzlichen Voraussetzungen nicht vorliegen, oder wenn der Arbeitgeber nicht oder nicht rechtzeitig unterrichtet wurde (vgl. Rdn. 67, 70; *Brecht* § 2 Rn. 32; differenzierend danach, ob »fahrlässig« oder bewusst nicht unterrichtet wurde, offenbar *Müller* ZfA 1972, 213 [240]). Da der Arbeitgeber die subjektive Seite nicht prüfen kann, ist jedoch diese Differenzierung unpraktikabel.

73 Der Zutritt kann darüber hinaus verweigert werden, wenn im konkreten Fall »**unumgängliche Notwendigkeiten des Betriebsablaufs, zwingende Sicherheitsvorschriften oder der Schutz von Betriebsgeheimnissen** entgegenstehen« (§ 2 Abs. 2 letzter Halbs.). Damit sind die Voraussetzungen für das Recht, den Zutritt zu verweigern, bereits nach dem Wortlaut des Gesetzes eng begrenzt. Sie sind so gefasst, dass sich daraus in der Regel eine generelle Verweigerung nicht ableiten, sondern allenfalls eine nähere Bestimmung von Ort und Zeit des Aufenthalts des Gewerkschaftsvertreters im Betrieb seitens des Arbeitgebers herleiten lässt (vgl. *Becker/Leimert* BlStSozArbR 1972, 37 [41]; *Berg/DKKW* § 2 Rn. 97; *Fitting* § 2 Rn. 76; *Galperin/Löwisch* § 2 Rn. 87; *Richardi* § 2 Rn. 127). Der Grundsatz der Verhältnismäßigkeit ist zu beachten.

74 **Unumgängliche Notwendigkeit des Betriebsablaufes** bedeutet, dass nicht jede geringfügige Störung oder Verzögerung des Arbeitsablaufes das Weigerungsrecht begründet. Die durch den Besuch des Gewerkschaftsvertreters verursachte Störung muss schwerwiegend, nachhaltig, auf andere Weise nicht zu beseitigen und deshalb für den Arbeitgeber unzumutbar sein, soll sie die Weigerung tragen (so auch *Becker/Leimert* BlStSozArbR 1972, 37 [41]; *Berg/DKKW* § 2 Rn. 95; *Fitting* § 2 Rn. 77; *Galperin/Löwisch* § 2 Rn. 87; *Rose/HWGNRH* § 2 Rn. 224; *Richardi* § 2 Rn. 128; ähnlich *Däubler* Gewerkschaftsrechte im Betrieb, Rn. 233 f.).

75 Das Vorliegen **zwingender Sicherheitsvorschriften**, die dem Zutritt betriebsfremder Personen (zu gewissen Betriebsbereichen) entgegenstehen, wird sich immer objektiv feststellen lassen. Dazu zählen öffentlich-rechtliche Sicherheitsvorschriften wie auch Betriebsvereinbarungen nach § 87 Abs. 1 Nr. 7 (vgl. *Fitting* § 2 Rn. 78; *Richardi* § 2 Rn. 129).

76 Bei der Frage, wieweit der **Schutz von Betriebsgeheimnissen** dem Zugangsrecht entgegensteht, ist § 79 Abs. 2 zu beachten, der auch den Gewerkschaftsvertretern eine Geheimhaltungspflicht auferlegt, und § 120 Abs. 1, der deren Verletzung unter Strafe stellt (vgl. *Berg/DKKW* § 2 Rn. 95). Ein Verweigerungsrecht gestützt auf diesen Grund, kann wohl nur angenommen werden, wenn es sich um den

Schutz für den Betrieb lebensnotwendiger Betriebsgeheimnisse handelt oder wenn gegenüber dem den Zutritt fordernden Gewerkschaftsfunktionär konkret der Verdacht besteht, er werde seine Geheimhaltungspflicht nicht erfüllen (so auch *Becker/Leimert* BlStSozArbR 1972, 37 [41]; *Galperin/Löwisch* § 2 Rn. 87; **a. M.** *Richardi* § 2 Rn. 130: konkreter Verdacht nicht erforderlich).

Wenn **persönliche Gründe gegen einen bestimmten Gewerkschaftsvertreter** vorliegen, kann 77 diesem der Zutritt verwehrt werden, etwa wenn er den Betriebsfrieden bei früheren Besuchen gestört, sich nicht an den Themenkatalog des § 45 gehalten, seine gesetzlichen Befugnisse eindeutig überschritten oder strafbare Handlungen gegen den Arbeitgeber, dessen Vertreter oder andere Arbeitnehmer begangen hat und die Gefahr von Wiederholungen besteht (vgl. *BAG* 18.03.1964 AP Nr. 1 zu § 45 BetrVG = SAE 1964, 160 *[Mayer-Maly]*; 14.02.1967 AP Nr. 2 zu § 45 BetrVG; *LAG Hamm* 30.09.1977 EzA § 2 BetrVG 1972 Nr. 8; 17.11.2000 AiB 2001, 723; *LAG Hamm* 03.06.2005 AuR 2005, 465; *Fitting* § 2 Rn. 69; *Hueck/Nipperdey* II/2, S. 1213 Fn. 4; *Neumann-Duesberg* S. 222; *Nikisch* III, S. 213; vgl. auch *Berg/DKKW* § 2 Rn. 90; *Galperin/Löwisch* § 2 Rn. 86; *Richardi* § 2 Rn. 118; *Stege/Weinspach/Schiefer* § 2 Rn. 21; vgl. auch *LAG Hamm* 16.12.2014 NZA-RR 2015, 249 [251]: gegen Gewerkschaftsvertreter ausgesprochenes Hausverbot allein genügt nicht, wenn nicht weitere Betriebsablaufstörungen zu erwarten sind).

In allen Fällen der Geltendmachung des Zugangsverweigerungsrechtes reichen bloße unsubstantiierte 78 Behauptungen des Arbeitgebers nicht aus. Er muss **Tatsachen** vortragen und, wenn erforderlich, beweisen, aus denen sich die im Gesetz genannten Verweigerungsgründe oder der ungeschriebene Verweigerungsgrund aus der Person des entsandten Beauftragten ergeben (vgl. *Berg/DKKW* § 2 Rn. 96; *Richardi* § 2 Rn. 131).

Umstritten ist, ob auch **während der Vorbereitung oder Durchführung eines Arbeitskampfes** 79 das Zugangsrecht für Beauftragte der am Streik bzw. seiner Vorbereitung beteiligten Gewerkschaft besteht. Ein **Zugangsrecht während dieser gesamten Zeit** wird von *Rose/HWGNRH* (§ 2 Rn. 232) **verneint** (ebenso *Stege/Weinspach/Schiefer* § 2 Rn. 21a); *Galperin/Löwisch* (§ 2 Rn. 89) verneinen das Zugangsrecht **nur während des Arbeitskampfes** (wohl auch *Weiss/Weyand* § 2 Rn. 15: Zugangsrecht besteht auch **vor** einem Arbeitskampf; *Richardi* § 2 Rn. 121: Wegfall des Zugangsrechts nur in der Zeit, in der der Betrieb in den Arbeitskampf einbezogen ist). *Fitting* (§ 2 Rn. 71) will das **Zugangsrecht nur einschränken**, sofern konkrete Tatsachen dafür sprechen, die Gewerkschaft werde das Zugangsrecht zu Zwecken des Arbeitskampfes missbrauchen; *Berg* (DKKW § 2 Rn. 91), *Däubler* (Gewerkschaftsrechte im Betrieb, Rn. 242a) und *Klosterkemper* (Zugangsrecht S. 70) **lehnen jede Einschränkung** des Zugangsrechts während eines Arbeitskampfes und in der Vorbereitungsphase **ab** (ebenso *ArbG Frankfurt* 24.03.1999 AuR 1999, 412). Begründet wird diese Ansicht damit, dass nach Abs. 3 Arbeitskämpfe tariffähiger Koalitionen vom Gebot der vertrauensvollen Zusammenarbeit (Abs. 1) und der Pflicht zur Wahrung des Betriebsfriedens (§ 74 Abs. 2) ausdrücklich nicht berührt würden (vgl. *Berg/DKKW* § 2 Rn. 91). Überzeugen kann diese Begründung nicht. § 2 Abs. 3 legt lediglich fest, dass die koalitionsrechtlichen Aufgaben der Gewerkschaften und ihre Erfüllung durch das Betriebsverfassungsgesetz nicht berührt werden (vgl. Rdn. 83); § 74 Abs. 3 garantiert nur den Gewerkschaftsmitgliedern, die ein betriebsverfassungsrechtliches Amt übernommen haben, das Recht, sich dennoch für ihre Gewerkschaft im Betrieb zu betätigen. Diese Vorschriften behandeln aber nicht die Frage, ob betriebsverfassungsrechtliche Befugnisse einer Gewerkschaft in und unmittelbar vor einem Arbeitskampf eingeschränkt sind. M. E. zeigt die Anerkennung von Schranken für das Mitbestimmungsrecht des Betriebsrats während eines Arbeitskampfes (s. etwa *BAG* 10.12.2002 EzA § 80 BetrVG 2001 Nr. 1 = SAE 2003, 343 *[Hergenröder]* und *Raab* § 99 Rdn. 19 ff., § 102 Rdn. 17 ff.; *Kreutz/Jacobs* § 74 Rdn. 69 ff.), dass die im und unmittelbar vor einem Arbeitskampf bestehende Konfrontationslage angesichts der auf Kooperation und Friedenspflicht basierenden Betriebsverfassung zu einer Einschränkung von betriebsverfassungsrechtlichen Rechten führen kann. Dies muss umso mehr gelten, als es hier nicht um Rechte des Betriebsrats geht, sondern um Befugnisse der den Arbeitskampf führenden Gewerkschaft. Die Gefahr, dass in einer solchen Situation das Zugangsrecht nach § 2 Abs. 2 zu Zwecken der Vorbereitung und Durchführung eines Arbeitskampfs missbraucht wird und das Gebot vertrauensvoller Zusammenarbeit in einer solchen Situation nicht eingehalten werden kann, ist so groß, dass insoweit eine restriktive Interpretation des § 2 Abs. 2 gerechtfertigt erscheint.

g) Streitigkeiten

80 Streitigkeiten über das Zugangsrecht sind vor dem ArbG im Beschlussverfahren auszutragen: §§ 2a Abs. 1 Nr. 1, 80 ff. ArbGG. Der Erlass einer einstweiligen Verfügung ist möglich (§ 85 Abs. 2 ArbGG). Rechtsverfolgungskosten der Gewerkschaft, die in einer solchen Streitigkeit anfallen, können nicht als Schadensersatzanspruch nach § 280 Abs. 1 BGB i. V. m. § 2 Abs. 2 liquidiert werden (*BAG* 02.10.2007 EzA § 280 BGB 2002 Nr. 3 Rn. 12 ff.).

IV. Aufgaben der Koalitionen (Abs. 3)

1. Allgemeines

81 Bereits das Betriebsverfassungsgesetz 1952 ging davon aus, dass Gewerkschaften und Betriebsräte unterschiedliche Aufgaben und Funktionen haben. Das BetrVG 1972 wollte diese Trennung bewusst beibehalten (vgl. amtliche Begründung zum BetrVG 1972, BR-Drucks. 715/70, S. 33/34; Schriftlicher Bericht 10. Ausschuss, zu BT-Drucks. VI/2729, S. 10; *Richardi* § 2 Rn. 37) und hat daher den § 2 BetrVG 1952 als Abs. 3 des neuen § 2 praktisch unverändert übernommen (vgl. auch *Müller* ZfA 1972, 213 [228]). Für die Gewerkschaften und ihre Mitglieder wird dieser »Dualismus der ... Aufgaben« noch einmal, nämlich in § 74 Abs. 3 angesprochen, der es sogar betriebsverfassungsrechtlichen Funktionsträgern ausdrücklich gestattet – »unbeschadet der sich aus dieser Funktion nach diesem Gesetz ergebenden Pflichten« –, für ihre Koalition tätig zu werden (vgl. Schriftlicher Bericht 10. Ausschuss, zu BT-Drucks. VI/2729, S. 11; vgl. auch Rdn. 22; zum dualen System vgl. auch *Däubler/DKKW* Einl. Rn. 59, 81). Das **BetrVerf-Reformgesetz** 2001 hat daran nichts geändert.

82 Unbeschadet dieser grundsätzlichen Trennung sind den Koalitionen, insbesondere den Gewerkschaften, abgesehen von § 2 Abs. 1 und 2, weitgehende Befugnisse im Rahmen der Betriebsverfassung zugewiesen. Zu nennen sind etwa die Zulässigkeit einer tarifvertraglichen Regelung betriebsverfassungsrechtlicher Fragen (vgl. §§ 3, 38 Abs. 1 Satz 5, 76 Abs. 8, 76a Abs. 5, 86), der Vorrang des Tarifvertrags (vgl. §§ 77 Abs. 3 und Abs. 4 Satz 4; 87 Abs. 1 Eingangssatz), das Teilnahmerecht der Gewerkschaften an Sitzungen des Betriebsrats und an Betriebsversammlungen (§§ 31, 46 Abs. 1) und die Antragsbefugnisse der Gewerkschaften (vgl. §§ 16 Abs. 2; 17 Abs. 4; 17a Nr. 4; 18 Abs. 1 und Abs. 2; 19 Abs. 2; 23 Abs. 1 und Abs. 3; 119 Abs. 2). Zum Begriff der Gewerkschaft und Arbeitgebervereinigung s. Rdn. 26 ff.

83 Nach Art. 9 Abs. 3 GG besteht die Hauptaufgabe der arbeitsrechtlichen Koalitionen darin, die **Arbeits- und Wirtschaftsbedingungen ihrer Mitglieder zu fördern** und zwar primär durch Abschluss von Tarifverträgen, die ihrerseits die Rechtsbeziehungen zwischen einzelnen Arbeitnehmern und Arbeitgebern oder auch betriebliche und betriebsverfassungsrechtliche Fragen regeln können (vgl. § 1 Abs. 1 TVG). Hinzu tritt die Überwachung von Tarifverträgen, die Mitgliederberatung, Prozessvertretung und Mitgliederwerbung (vgl. *Fitting* § 2 Rn. 80). Diese Aufgaben berührt das Betriebsverfassungsgesetz nicht (vgl. § 2 Abs. 3). Zur Frage, inwieweit betriebsverfassungsrechtliche Fragen durch Tarifvertrag geregelt werden können, vgl. § 1 Rdn. 70 f. sowie *Wiese* Einl. Rdn. 105 ff. Zu den Funktionen der Koalitionen und den aus Art. 9 Abs. 3 GG herzuleitenden Bestands- und Tätigkeitsgarantien muss auf das einschlägige Schrifttum verwiesen werden. Vgl. *Buchner* 25 Jahre Grundgesetz, 1974, S. 5; *Otto* Die verfassungsrechtliche Gewährleistung der koalitionsspezifischen Betätigung, 1982; *Ramm* Bundesverfassungsgericht und kollektives Arbeitsrecht, AuR 1988, 367; *Säcker* Grundprobleme der kollektiven Koalitionsfreiheit, 1969; *R. Scholz* Koalitionsfreiheit als Verfassungsproblem, 1971; *Seiter* AöR Bd. 109 (1984), S. 88; *Zöllner* AöR Bd. 98 (1973), S. 71; vgl. auch *Säcker/Oetker* Grundlagen und Grenzen der Tarifautonomie, 1992.

2. Werberecht

a) Werbung für Betriebsratswahlen

84 Bereits 1965 hat das *BVerfG* entschieden, dass gewerkschaftliche Werbung vor Personalratswahlen »in Grenzen« auch in der Dienststelle und während der Dienstzeit verfassungsrechtlich geschützt ist (vgl. *BVerfG* 30.11.1965 EzA Art. 9 GG Nr. 11 = AP Nr. 7 zu Art. 9 GG = SAE 1966, 157 [abl. *Zöllner*]).

Stellung der Gewerkschaften und Vereinigungen der Arbeitgeber **§ 2**

Begründet hat das *BVerfG* dies damals damit, dass die Tätigkeit der Koalitionen im Personalvertretungsrecht und damit grundsätzlich auch die Werbetätigkeit vor Personalratswahlen in den Schutzbereich von Art. 9 Abs. 3 GG fällt. Dieser Wahlwerbung dürften daher nur solche Schranken gezogen werden, die »von der Sache selbst gefordert werden«, die also »geboten« sind, um u. a. freie Personalratswahlen, die Erfüllung dienstlicher Aufgaben und die Ordnung der Dienststelle zu gewährleisten. Die in dieser Entscheidung ausgesprochenen Grundsätze gelten nach nahezu einhelliger Ansicht auch für die **Wahlwerbung vor Betriebsratswahlen** (vgl. *Dietz* § 2 Rn. 29; *Fitting* § 20 Rn. 25; *Galperin/Löwisch* § 2 Rn. 63; *Rose/HWGNRH* § 2 Rn. 173; *Hueck/Nipperdey* II/2, S. 1323 Fn. 41; s. *Kreutz* § 20 Rdn. 9 f.; *Richardi* § 2 Rn. 84, *Richardi/Thüsing* § 20 Rn. 6; *Homburg/DKKW* § 20 Rn. 19, 23; vgl. auch *BGH* 27.02.1978 BGHZ 71, 126 [129]; *BVerfG* 01.03.1979 EzA § 7 MitbestG Nr. 1 = AP Nr. 1 zu § 1 MitbestG [unter IV 2b cc]). Dem ist grundsätzlich zuzustimmen: Art und Ausmaß der Einbindung der Gewerkschaften in die Personalvertretung und die Betriebsverfassung festzulegen, ist zunächst Aufgabe des Gesetzgebers (vgl. *Richardi* FS *G. Müller*, S. 413 [421]). Der Gesetzgeber hat die Stellung der Gewerkschaften gerade im Zusammenhang mit der Wahlvorbereitung durch Zuerkennung eines eigenen Vorschlagsrechts für die Betriebsratswahl (vgl. § 14 Abs. 3) und für die Zusammensetzung des Wahlvorstands (vgl. § 17 Abs. 3) im BetrVG 1972 erheblich verstärkt. Das Recht zur Wahlwerbung ergibt sich daher heute jedenfalls auch aus den betriebsverfassungsrechtlichen Befugnissen der Gewerkschaften im Zusammenhang mit der Betriebsratswahl. Es ist gewissermaßen als Annexrecht zu diesen Befugnissen einfachgesetzlich geschützt. Dieses Recht besteht jedoch, wie das *BVerfG* selbst bei Annahme einer verfassungsrechtlichen Garantie betont, nicht ohne Grenzen; Einschränkungen ergeben sich aus der auch für die Gewerkschaften bei Wahrnehmung betriebsverfassungsrechtlicher Aufgaben geltenden Vorschrift des § 2 Abs. 1 (vgl. Rdn. 10). Darüber hinaus darf durch die Wahlwerbung keine Behinderung des Betriebsablaufes eintreten; der Betriebsfriede darf nicht gestört, die Wahlpropaganda nicht unsachlich ausgestaltet werden (vgl. *Galperin/Löwisch* § 2 Rn. 64; *Rose/HWGNRH* § 2 Rn. 174 ff.; vgl. auch *Fitting* § 20 Rn. 25; s. *Kreutz* § 20 Rdn. 33 ff.). Ferner muss § 20 beachtet werden.

b) Mitgliederwerbung im Betrieb vertretener Gewerkschaften

aa) Historische Entwicklung

Vielfach erörtert wird die Frage, ob den Gewerkschaften ein eigenständiges Recht zusteht, im Betrieb **85 Werbetätigkeit** zur Gewinnung von Mitgliedern zu entfalten (vgl. z. B. *Konzen* JArbR Bd. 18 [1980], 1981, S. 19). Die im Referentenentwurf noch vorgesehene Vorschrift (§ 2 Abs. 3; abgedruckt in RdA 1970, 357), nach der den Gewerkschaften das Recht eingeräumt werden sollte, für ihre gewerkschaftlichen Ziele zu werben und entsprechendes Informationsmaterial zu verteilen, ist nicht Gesetz geworden (vgl. Rdn. 51). Da es sich bei der Werbetätigkeit für die Koalition nicht um eine Aufgabe im Rahmen der Betriebsverfassung handelt, wäre die Aufnahme in das Betriebsverfassungsgesetz auch systemwidrig gewesen (vgl. *Richardi* § 2 Rn. 147). Aus der Nichtaufnahme in das Gesetz kann deshalb aber auch nicht gefolgert werden, der Gesetzgeber habe die Mitgliederwerbung der Gewerkschaft im Betrieb generell verbieten wollen (vgl. *Buchner* Die AG 1971, 135 [138]; *Hanau* BB 1971, 485 [487]); *Richardi* § 2 Rn. 146).

Die Rechtsprechung hat ein **Werberecht der Gewerkschaften in den Betrieben** frühzeitig anerkannt und es von Anfang an aus Art. 9 Abs. 3 GG hergeleitet, gleichzeitig aber das Recht des Gesetzgebers betont, dieses Betätigungsrecht zu beschränken, »soweit es zum Schutz anderer Rechtsgüter von der Sache her geboten ist« (vgl. *BVerfG* 26.05.1970 EzA Art. 9 GG Nr. 12 = AP Nr. 16 zu Art. 9 GG = SAE 1972, 14 *[Lieb]*; vgl. auch *BAG* 21.02.1967 EzA Art. 9 GG Nr. Nr. 2 = AP Nr. 12 zu Art. 9 GG zum Recht der Verteilung von Informationsmaterial durch betriebsangehörige Mitglieder vor und nach der Arbeitszeit und in den Pausen, wenn der ordnungsgemäße Betriebsablauf nicht gestört wird; *BAG* 11.11.1968 AP Nr. 14 zu Art. 9 GG: Mitgliederwerbung durch Art. 9 Abs. 3 GG geschützt, aber berechtigte Belange anderer Koalitionen dürfen nicht beeinträchtigt werden; vgl. auch *BAG* 14.02.1978 EzA Art. 9 GG Nr. 25 *[Rüthers/Klosterkemper]* = AP Nr. 26 zu Art. 9 GG). Die vom *BVerfG* und vom *BAG* in einer Vielzahl von Entscheidungen verwendeten Formulierungen konnten den Eindruck erwecken, der Schutz des Art. 9 Abs. 3 GG erfasse die koalitionsmäßige Betä- **86** tigung von vornherein nur in einem »Kernbereich«, nur soweit, als diese Tätigkeit für die Erhaltung und Sicherung der Koalition »unerlässlich« ist (sog. ›**Kernbereichslehre**‹).

87 Von dieser Sichtweise ist das *BAG* auch in seinen Entscheidungen zu der Frage, ob Mitgliederwerbung während der Arbeitszeit zulässig ist, ausgegangen. Das *BAG* hält Werbetätigkeit während der Arbeitszeit für unzulässig. Das Gericht begründet dies damit, dass die Verteilung gewerkschaftlichen Informationsmaterials an Arbeitnehmer während deren Arbeitszeit und/oder während der Arbeitszeit des Werbenden für die Erhaltung und Sicherung des Bestandes der Gewerkschaft in den zu entscheidenden Fällen nicht unerlässlich ist, so dass solche Aktivitäten als Verstoß gegen arbeitsvertragliche Pflichten des Werbenden zu beurteilen waren. Die Werbe- und Informationstätigkeit für die Gewerkschaften während der Arbeitszeit der Umworbenen gehöre nicht zum Kernbereich der koalitionsmäßigen Betätigung, ein Recht dazu werde durch Art. 9 Abs. 3 GG nicht gewährt (*BAG* 13.11.1991 EzA § 611 BGB Abmahnung Nr. 24 = AP Nr. 7 zu § 611 BGB Abmahnung; vgl. auch *BAG* 26.01.1982 EzA Art. 9 GG Nr. 35 = AP Nr. 35 zu Art. 9 GG unter III 3).

88 Der *Erste Senat* des *BVerfG* hat in seiner Entscheidung vom 14.11.1995 (EzA Art. 9 GG Nr. 60 = AP Nr. 80 zu Art. 9 GG) die **sog. Kernbereichslehre aufgegeben** und klargestellt, dass die Koalitionsfreiheit des Art. 9 Abs. 3 GG »**alle koalitionsspezifischen Verhaltensweisen**« einschließlich der Mitgliederwerbung durch die Koalition, aber auch durch Mitglieder der Koalition erfasst. Allerdings, so betont das Gericht erneut, gewährleiste Art. 9 Abs. 3 GG die Betätigungsfreiheit nicht schrankenlos, sondern bedürfe der Ausgestaltung durch den Gesetzgeber. Außerdem sei eine Einschränkung der Koalitionsbetätigungsfreiheit – so auch die Formulierung in früheren Entscheidungen – nur zulässig, soweit sie im konkreten Fall »zum Schutz anderer Rechtsgüter von der Sache her geboten« sei. Die Frage, ob eine bestimmte koalitionsspezifische Betätigung für die Wahrnehmung der Koalitionsfreiheit »unerlässlich« ist, könne bei Einschränkungen dieser Freiheit Bedeutung erlangen. Dabei verweist das *BVerfG* auf den Schutz der Mitgliederwerbung durch Art. 9 Abs. 3 GG, auf das Gewicht des Interesses, auch während der Arbeitszeit werben zu können, einerseits und das Recht des Arbeitgebers auf seine wirtschaftliche Betätigungsfreiheit (Art. 2 Abs. 1 GG), die insbesondere bei Störung des Arbeitsablaufs und des Betriebsfriedens berührt werde, andererseits. Damit wird nach wie vor der Auffassung eine Absage erteilt, die von einem schrankenlosen verfassungsrechtlichen Schutz der Werbetätigkeit der Gewerkschaften bzw. ihrer Mitglieder in den Betrieben ausgeht. Die Aufgabe der Kernbereichslehre verlangt daher keine Revision sämtlicher früherer Entscheidungen. Umgekehrt darf die von der früheren Rechtsprechung für die gewerkschaftliche Mitgliederwerbung in den Betrieben aufgestellte Kasuistik auch nicht unbesehen übernommen werden. Vielmehr bedarf es in jedem Einzelfall der Abwägung des gewerkschaftlichen Interesses mit den Rechten und berechtigten Interessen des Arbeitgebers (vgl. *Fitting* § 2 Rn. 82 f.; umfassende Analyse bei *Brock* Gewerkschaftliche Betätigung im Betrieb nach Aufgabe der Kernbereichslehre [Diss. Köln], 2002).

89 Aus dem Beschluss des *BVerfG* vom 14.11.1995 (EzA Art. 9 GG Nr. 60 *[Thüsing]* = AP Nr. 80 zu Art. 9 GG) werden zum Teil sehr weitgehende Folgerungen gezogen. So stellt diese Entscheidung nach *Däubler* (DB 1998, 2014; ebenso *Berg/DKKW* § 2 Rn. 99 ff.; ähnlich *Linsenmaier*/ErfK Art. 9 GG Rn. 31, 41) die Gewerkschaftsrechte im Betrieb auf eine neue Grundlage, mit dieser Entscheidung sei das zentrale Argument der Rechtsprechung des *BAG*, die die Gewerkschaftsrechte restriktiv bestimmt habe, weggefallen. Zwar erkennt *Däubler* (DB 1998, 2015) an, dass die angebliche Erweiterung des Schutzbereichs des Art. 9 Abs. 3 GG durch das Gericht keineswegs zur Folge habe, »dass nunmehr jede Form gewerkschaftlicher Betätigung im Betrieb von der Verfassung geschützt wäre«. Beschränkungen einzelner Handlungsformen bedürfen nach seiner Ansicht aber einer Rechtfertigung aus Grundrechten des Arbeitgebers heraus und können nicht damit gerechtfertigt werden, den Gewerkschaften stünden auch andere Mittel zur Verfügung. Dem ist in dieser Allgemeinheit nicht zuzustimmen. Das *BVerfG* hat in dieser Entscheidung nach eigener Einschätzung »nur eine Klarstellung« vorgenommen (14.11.1995 EzA Art. 9 GG Nr. 60 [B I 3c]). Außerdem erkennt das *BVerfG* nach wie vor an, dass eine **Ausgestaltung** des verfassungsrechtlich geschützten Werberechts auch zu einer Einschränkung dieses Rechts führen kann, wenn dies zum Schutz anderer Rechtsgüter von der Sache her geboten ist (vgl. *Thüsing* Anm. zu *BVerfG* 14.11.1995 EzA Art. 9 GG Nr. 60 S. 13). Das Gericht spricht zwar am Ende seiner Entscheidungsgründe von der Abwägung der »grundrechtlich geschützten Positionen beider Vertragspartner«, die Ausführungen des Gerichts zu seinem Verständnis der sog.

Kernbereichsformel zeigen aber, dass Grenzen des gewerkschaftlichen Werberechts generell zum Schutz anderer Rechtsgüter zulässig sind (vgl. *BVerfG* 14.11.1995 EzA Art. 9 GG Nr. 60 [unter B I 3b]). Außerdem sollen die Grenzen des Werberechts der Gewerkschaften nach wie vor nach dem Kriterium der »Unerlässlichkeit« bestimmt werden können (*BVerfG* 14.11.1995 EzA Art. 9 GG Nr. 60 [unter B I 3]). Mithin gibt die Entscheidung des *BVerfG* vom 14.11.1995 keinen Anlass, sämtliche bisher von der Rechtsprechung entwickelten Grenzen für die gewerkschaftliche Mitgliederwerbung im Betrieb aufzugeben (ebenso *Richardi* § 2 Rn. 152; **a.M.** wohl *Fitting* § 2 Rn. 82; *Berg/DKKW* § 2 Rn. 99 f.).

bb) Grundsätze
Unter Zugrundelegung der in dieser Hinsicht grundsätzlich weiterhin maßgeblichen Rechtsprechung besteht das **Recht der Gewerkschaften**, für ihre Ziele und um Mitglieder **in den Betrieben zu werben**, damit in folgenden **Grenzen** (vgl. *BAG* 28.02.2006 EzA Art. 9 GG Nr. 87 = AP Nr. 127 zu Art. 9 GG *[abl. Richardi]*; 31.05.2005 EzA Art. 9 GG Nr. 84 = AP Nr. 124 zu Art. 9 GG; 14.02.1967 EzA Art. 9 GG Nr. 2 = AP Nr. 10 zu Art. 9 GG): 90

– mit Rücksicht auf die arbeitsvertraglichen Pflichten des einzelnen Arbeitnehmer, die durch ihre Gewerkschaftszugehörigkeit und das daraus resultierende Betätigungsrecht für ihre Koalition nicht berührt werden, kann die Werbetätigkeit nur **außerhalb der Arbeitszeit** des Werbenden und des Umworbenen rechtens sein (vgl. *Galperin/Löwisch* § 2 Rn. 67; *Rose/HWGNRH* § 2 Rn. 184; *Richardi* § 2 Rn. 156; *Rüthers* RdA 1968, 161 [174]; *ders.* JuS 1970, 607 [610]; *Scholz* Koalitionsfreiheit als Verfassungsproblem, 1971, S. 535; darunter fallen neben der Zeit vor und nach Schichtbeginn auch (Mittags-)Pausenzeiten vgl. *BAG* 22.06.2010 EzA Art. 9 GG Nr. 101 Rn. 13; *LAG Hamm* 16.12.2014 NZA-RR 2015, 249 [251 f.]; **a.M.** *Däubler* Gewerkschaftsrechte im Betrieb, Rn. 405 f.; **differenzierend** *Fitting* § 2 Rn. 85, § 74 Rn. 72 f.: Zwar grundsätzlich nicht während der Arbeitszeit, aber kurzfristige übliche Unterbrechungen der Arbeit – etwa vergleichbar einer Zigarettenpause oder einem kurzen nicht dienstlichen Gespräch über persönliche, lokale, sportliche oder politische Dinge – dürfen auch zu Werbegesprächen genutzt werden); in diesem Sinne jetzt auch *BAG* 20.01.2009 EzA Art. 9 GG Nr. 96 – vgl. dazu Rdn. 94;
– es darf der **Betriebsfriede** und damit der ordnungsmäße Betriebsablauf und der reibungslose Zu- und Abgang der Arbeitnehmer zu ihren Arbeitsstätten nicht gestört werden;
– Rücksicht zu nehmen ist auf den **Koalitionspluralismus** (*BAG* 28.02.2006 EzA Art. 9 GG Nr. 87 Rn. 48 = AP Nr. 127 zu Art. 9 GG; 31.05.2005 EzA Art. 9 GG Nr. 84 = AP Nr. 124 zu Art. 9 GG);
– es darf nicht in grob unwahrer Weise oder hetzerisch oder sonst in einer Weise geworben werden, die **berechtigte Belange einer anderen Koalition** beeinträchtigt, was vor allem dann der Fall ist, wenn die Werbung auf die Existenzvernichtung konkurrierender Organisationen zielt (*BAG* 31.05.2005 EzA Art. 9 GG Nr. 84 = AP Nr. 124 zu Art. 9 GG);
– es darf die **negative Koalitionsfreiheit** der Umworbenen nicht verletzt werden;
– die Werbung muss sich auf die **koalitionsspezifischen Argumente** beschränken, sie darf insbesondere keinen parteipolitischen Inhalt haben;
– der **Arbeitgeber** darf **nicht unsachlich angegriffen** werden;
– umstritten ist demgegenüber, ob die Gewerkschaft auch durch **betriebsfremde Beauftragte** werben lassen kann (bejahend *BAG* 22.06.2010 EzA Art. 9 GG Nr. 101: zumindest einmal kalenderhalbjährlich unter Beachtung einer angemessenen Ankündigungsfrist von regelmäßig einer Woche; diese Einschränkung ablehnend *Berg/DKKW* § 2 Rn. 109 ff.; dafür im Grundsatz bereits *BAG* 28.02.2006 EzA Art. 9 GG Nr. 87 = AP Nr. 127 zu Art. 9 GG; dazu s. Rdn. 96 ff.).

Das **Werberecht der Gewerkschaften** im Betrieb in dem ursprünglich vom *BAG* gezogenen Rahmen wird in der Literatur im Ergebnis überwiegend anerkannt (vgl. zum Beispiel *Galperin/Löwisch* § 2 Rn. 65 ff.; *Richardi* § 2 Rn. 151 ff.). Über die rechtliche Begründung des Werberechts bestehen allerdings nach wie vor Meinungsverschiedenheiten: Art. 9 Abs. 3 GG wird als Basis angesehen von *Berg/DKKW* § 2 Rn. 105; *Däubler* DB 1998, 2014; *ders.* Gewerkschaftsrechte im Betrieb, Rn. 264, 264a, 281; *Gester/Kittner* RdA 1971, 161; *Hueck/Nipperdey* II/1, S. 146, 147, 826; II/2, S. 1323, 1325; *Säcker* BB 1966, 700; *Hergenröder/ZLH* Arbeitsrecht § 10 Rn. 32; wohl auch *Fitting* § 2 Rn. 80 ff.; richterliche Rechtsfortbildung als Grundlage nehmen an *Mayer-Maly* Anm. zu *BAG* 14.02.1967 AP Nr. 10 zu Art. 9 GG; *Richardi* § 2 Rn. 150: Schließung einer verfassungsrechtlichen Schutzlücke; *ders.* 91

RdA 1968, 427 [428]; *ders.* RdA 1972, 8 [10]; *Rüthers* JuS 1970, 607 [610]; ebenso die neuere Rechtsprechung des *BAG*, s. *BAG* 28.02.2006 EzA Art. 9 GG Nr. 87 Rn. 48 = AP Nr. 127 zu Art. 9 GG (unter B II 1c, cc und dd) und *BAG* 20.01.2009 EzA Art. 9 GG Nr. 96 Rn. 34, 37 ff.

92 Gegen ein Recht der Gewerkschaft auf Werbung im Betrieb haben sich ausgesprochen: *Dietz* § 2 Rn. 30; *Hiersemann* DB 1966, 702 [704]; *Hohn* BB 1965, 545; *Jürging/Kass* DB 1967, 815 [864]; *Mayer-Maly* DB 1966, 821; *Rewolle* DB 1965, 364. Von den Gegnern des Werberechts wird einerseits das Eigentum und das Hausrecht des Betriebsinhabers ins Feld geführt; andererseits wird betont, dass entgegen der Meinung des *BAG* die Mitgliederwerbung im Betrieb für den Bestand der Koalition nicht »unerlässlich«, sondern allenfalls zweckmäßig sei (vgl. *Dietz* § 2 Rn. 30; dagegen *Rüthers* RdA 1968, 161 [171 ff.]; *ders.* JuS 1970, 607 [609 f.]). Die Begründung dieser Auffassung ist jedenfalls mit der Aufgabe der Kernbereichslehre durch das *BVerfG* (14.11.1995 EzA GG Art. 9 Nr. 60; s. Rdn. 88 f.) als überholt anzusehen. Zu der Frage, ob **tarifvertragliche Absprachen** über Werbemöglichkeiten zulässig sind, vgl. einerseits (bejahend): *Hanau* JuS 1969, 213 [220 Fn. 32]; *Hueck/Nipperdey* II/2, S. 1326 Fn. 46 a. E.; andererseits (verneinend): *Richardi* RdA 1968, 427 [429].

cc) Keine aktive Mitwirkung des Arbeitgebers

93 Auch soweit das Werberecht besteht, ist der Arbeitgeber grundsätzlich lediglich zur **Duldung** der Werbetätigkeit als solcher im Betrieb verpflichtet. Er muss grundsätzlich die Werbung nicht aktiv durch Zurverfügungstellung der in seinem Eigentum stehenden Betriebsmittel unterstützen oder deren Benutzung zu Werbezwecken dulden. Eine solche Unterstützungspflicht lässt sich jedenfalls aus Art. 9 Abs. 3 GG nicht ableiten (vgl. *BAG* 23.02.1979 EzA Art. 9 GG Nr. 29 *[Zöllner]* = AP Nr. 30 zu Art. 9 GG *[Mayer-Maly]*). Der Arbeitgeber braucht es daher z. B. nicht hinzunehmen, dass die von ihm zur Verfügung gestellten Schutzhelme von Gewerkschaftsmitgliedern als Werbeträger verwendet werden (vgl. *BAG* 23.02.1979 EzA Art. 9 GG Nr. 29 *[Zöllner]* = AP Nr. 30 zu Art. 9 GG *[Mayer-Maly]*; *Richardi* § 2 Rn. 158; *ders.* FS *G. Müller*, S. 430; **a. M.** *Berg/DKKW* § 74 Rn. 85; *Fitting* § 2 Rn. 85; *Hanau* JArbR Bd. 17 [1979], 1980, S. 53 f.). Dasselbe gilt für die Verteilung von gewerkschaftlichem Werbe- und Informationsmaterial über ein betriebsinternes Postverteilungssystem (vgl. *BAG* 23.09.1986 EzA Art. 9 GG Nr. 40 = AP Nr. 45 zu Art. 9 GG; *Richardi* § 2 Rn. 167; **a. M.** *Berg/DKKW* § 2 Rn. 124; *Däubler* Gewerkschaftsrechte im Betrieb, Rn. 357). Ob die Verteilung einer periodisch erscheinenden Gewerkschaftszeitung im Betrieb noch unter das Werberecht der Gewerkschaften fällt, erscheint fraglich. Das *BAG* (23.02.1979 EzA Art. 9 GG Nr. 30 *[Zöllner]* = AP Nr. 29 zu Art. 9 GG *[Konzen]*) hat die Zulässigkeit jedenfalls verneint, sofern die Gewerkschaftszeitung ausschließlich an Mitglieder verteilt wurde (**a. M.** *Berg/DKKW* § 2 Rn. 120 f.; *Fitting* § 74 Rn. 73). *Richardi* (§ 2 Rn. 167) weist zu Recht darauf hin, dass dem Koalitionsschutz nicht nur die Mitgliederwerbung, sondern auch die Mitgliederbetreuung unterfällt. Die Verteilung der Gewerkschaftszeitung ist damit zulässig, sofern sie außerhalb der Arbeitszeit stattfindet und den Betriebsablauf oder Betriebsfrieden nicht stört. Sollte die Gewerkschaftszeitung auch an interessierte Nichtorganisierte verteilt werden, lässt sich das Werberecht vom Betreuungsrecht ohnehin nicht trennen. Das Anbringen von Schriftgut zu Werbezwecken an Anschlagtafeln bzw. am »Schwarzen Brett« des Betriebs, an dem der Arbeitgeber unabhängig davon eine Vielzahl von Informationen bereitstellt, ist dagegen nach ganz h. M. erlaubt (vgl. *BAG* 14.02.1978 EzA Art. 9 GG Nr. 25 = AP Nr. 26 zu Art. 9 GG; 30.08.1983 EzA Art. 9 GG Nr. 37 = AP Nr. 38 zu Art. 9 GG; *Berg/DKKW* § 2 Rn. 120; *Fitting* § 74 Rn. 71; *Galperin/Löwisch* § 2 Rn. 69; *Richardi* § 2 Rn. 159), weil hierdurch das Eigentumsrecht des Arbeitgebers nur unwesentlich betroffen wird. Sollten allerdings Zusatzkosten anfallen, etwa durch eine notwendige Erweiterung der Anschlagfläche, sind diese von der Gewerkschaft zu tragen. Ein »wildes« Plakatieren ist stets unzulässig und kann vom Betriebsinhaber unterbunden werden (*Richardi* § 2 Rn. 160).

dd) Digitales Werberecht

94 Mit zunehmender Verbreitung moderner Informationstechnik in den Unternehmen stellt sich die Frage nach einem möglichen »**digitalen**« **Werberecht** der Gewerkschaften (eingehend dazu *Kaya* E-Mail- und Intranet-Systeme, 2007). Dabei stehen der Gewerkschaft grundsätzlich zwei verschiedene Möglichkeiten zur Verfügung: sie kann entweder per **E-Mail** an die Arbeitnehmer herantreten und ihnen unter Verwendung ihrer dienstlichen E-Mail-Adressen elektronisches Werbe- und Informa-

Stellung der Gewerkschaften und Vereinigungen der Arbeitgeber § 2

tionsmaterial zusenden; alternativ dazu könnten Gewerkschaften mittels einer Seite im firmeneigenen **Intranet** Werbe- und Informationstätigkeiten entfalten. Der E-Mail-Versand durch die Gewerkschaft oder einzelne (betriebsangehörige) Mitglieder präsentiert sich zwar als eine Art virtuelle Prospektverteilung. Im Gegensatz zur mündlichen Werbung oder derjenigen in Papierform ist bei digitaler Werbung jedoch nicht sichergestellt, dass diese sich auf die arbeitsfreie Zeit der umworbenen wie der werbenden Arbeitnehmer beschränkt. E-Mails werden regelmäßig während der Arbeitszeit am Arbeitsplatz versendet und gelesen, ohne dass eine Kontrollmöglichkeit des Arbeitgebers besteht. Gewerkschaftliche Werbung und Information per E-Mail an die Firmenadressen der Mitarbeiter ist deshalb unzulässig (vgl. *ArbG Frankfurt* 12.04.2007 RDV 2007, 215; *Dumke* RdA 2009, 77 [81 f.]; *Hopfner/Schrock* DB 2004, 1558 [1559 ff.]; *Lelley* BB 2002, 252 [255]; *Maschmann* NZA 2008, 613 [617]; ebenso *Kaya* E-Mail- und Intranet-Systeme, S. 188; **a. M.** BAG 20.01.2009 EzA Art. 9 GG Nr. 96; hierzu ausführliche Entscheidungsbesprechung *Schwarze* RdA 2010, 115; *Berg/DKKW* § 2 Rn. 126; *Däubler* DB 2004, 2102 [2103 f.]; *Klebe/Wedde* AuR 2000, 401 [405]; zur Frage, ob ein Arbeitnehmer im Einzelfall gegen seine arbeitsvertraglichen Pflichten verstößt, wenn er außerhalb seiner Arbeitszeit von zu Hause aus E-Mails mit Gewerkschaftswerbung an die Arbeitsplätze von Mitarbeitern während deren Arbeitszeit verschickt *LAG Schleswig-Holstein* 01.12.2000 AuR 2001, 71 [hier: verneint]). Das *BAG* hat sich nun grundsätzlich der Gegenauffassung angeschlossen und stützt dies auf eine im Wege gesetzesvertretender Rechtsfortbildung vorzunehmende Ausgestaltung der Koalitionsfreiheit. Allerdings kann das Ergebnis nach Auffassung des *BAG* anders ausfallen, wenn der Arbeitgeber durch Werbe-E-Mails der Gewerkschaft verursachte erhebliche Betriebsablaufstörungen darlegt. Ausnahmen von der hier vertretenen Auffassung können sich ergeben, wenn die Arbeitnehmer in sog. »Vertrauensarbeitszeitmodellen« tätig sind, in denen sie ihre Arbeitszeit individuell bestimmen und folglich in gewissem Umfang auch private Tätigkeiten verfolgen dürfen; in solchen Fällen sind Rechte des Arbeitgebers nicht nachteilig betroffen.

Ein **Anspruch der Gewerkschaft auf Zugang zum Intranet** des Arbeitgebers und ein **damit zusammenhängendes Werberecht** besteht ebenfalls nicht (ebenso *Kaya* E-Mail- und Intranet-Systeme, S. 188; *Dumke* RdA 2009, 77 [80]; *Hopfner/Schrock* DB 2004, 1558 [1559 ff.]; *Lelley* BB 2002, 252 [255]; *Rieble/Gutzeit* ZfA 2001, 341 [374]; **a. M.** *Berg/DKKW* § 2 Rn. 127; *Klebe/Wedde* AuR 2000, 401 [406 f.]; ähnlich *Däubler* DB 2004, 2102 [2104 f.], der der Gewerkschaft als Organisation den Zugang verwehrt, aber ein Recht der Gewerkschaftsmitglieder auf Werbung und Information bejaht). Das Intranet gleicht zwar einem elektronischen »Schwarzen Brett«, so dass auf den ersten Blick die hierfür aufgestellten Grundsätze angewandt werden könnten (s. Rdn. 93). Allerdings hat der Arbeitgeber praktisch keine Möglichkeit, die Informationstätigkeit auf die arbeitsfreie Zeit zu beschränken und dies effektiv zu überwachen. Die Mitarbeiter können sich nämlich praktisch ungestört auch innerhalb ihrer Arbeitszeit an ihrem Arbeitsplatz informieren, und nicht nur ggf. vor Ablauf der Mittagspause oder bei Verlassen des Betriebs – den üblichen Zeiten für eine Sichtung des »Schwarzen Brettes«. Im Einzelfall bestehen aber auch hier Ausnahmen: in Betrieben mit einem hohen Anteil an Außendienst- oder Telearbeitnehmern, die überwiegend auf elektronischem Wege kommunizieren, kann ein Zugang der Gewerkschaft zum Intranet erforderlich werden, da körperliche Informationsträger praktisch nicht existieren. 95

ee) Werbung durch betriebsfremde Gewerkschaftsbeauftragte
Umstritten ist die Frage, ob die Gewerkschaft auch durch **betriebsfremde Beauftragte im Betrieb** werben lassen kann. Das *BAG* (14.02.1978 EzA Art. 9 GG Nr. 25 *[Otto]* = AP Nr. 26 zu Art. 9 GG) hatte dies bejaht und hat insoweit die bis dahin anerkannten Grenzen des Werberechts erweitert. Das *BVerfG* hat diese Entscheidung durch Beschluss vom 17.02.1981 (EzA Art. 9 GG Nr. 32 = AP Nr. 9 zu Art. 140 GG) aufgehoben und festgestellt, dass sich ein **Zugangsrecht betriebsfremder Gewerkschaftsbeauftragter** weder aus § 2 Abs. 1 noch aus Art. 9 Abs. 3 GG ableiten lasse. Ein solches Zugangsrecht sei für die Existenz der Gewerkschaft auch nicht unerlässlich, weil Mitgliederwerbung durch betriebsangehörige Mitglieder betrieben werden könne. Die Entscheidung des *BVerfG* von 1981 ist zwar zur Werbung in einer kirchlichen Einrichtung ergangen, die Begründung dort aber, dass die Argumentation des *BVerfG* für alle Betriebe gilt. Das *BAG* hat dieser Entscheidung des *BVerfG* Rechnung getragen (vgl. *BAG* 19.01.1982 EzA Art. 9 GG Nr. 34 *[Dütz]* = AP Nr. 10 zu Art. 140 GG; *Richardi* § 2 Rn. 151 ff.; *Berg/DKKW* § 2 Rn. 106 f.; *Fitting* § 2 Rn. 86). Diese Entscheidung wurde 96

zwar hauptsächlich mit dem Kriterium der Unerlässlichkeit begründet und beruht daher primär auf der inzwischen aufgegebenen Kernbereichslehre (s. Rdn. 88 f.; für die Fortgeltung der Bindungswirkung nach § 31 Abs. 1 BVerfGG dieser Entscheidung nach Aufgabe der Kernbereichslehre *LAG Baden-Württemberg* 08.09.2010 LAGE Art. 9 GG Nr. 17). Gleichwohl ist das Kriterium der Unerlässlichkeit nicht völlig obsolet geworden, sondern kann im Rahmen der Herstellung praktischer Konkordanz zwischen Art. 9 Abs. 3 GG zugunsten der Gewerkschaft und Gegenrechten des Arbeitgebers (Hausrecht, Art. 13, 14 GG; Betriebsfrieden, Art. 12 GG) durchaus Bedeutung erlangen: Die Beeinträchtigung des Hausrechts des Arbeitgebers durch betriebsfremde Gewerkschaftsbeauftragte ist dann nicht erforderlich und damit unverhältnismäßig, wenn die Gewerkschaft eine Hausrechtsverletzung vermeiden kann, indem betriebsangehörige Gewerkschaftsmitglieder die Werbekampagne durchführen. Dabei ist es unerheblich, ob die der Gewerkschaft angehörenden Arbeitnehmer des Betriebs im Einzelfall zur Durchführung der Werbeaktion überhaupt bereit und in der Lage sind (ebenso im Ergebnis *Hergenröder/HWK* Art. 9 GG Rn. 76; **a. M.** *Däubler* Gewerkschaftsrechte im Betrieb, Rn. 411 ff.; *Otto* Die verfassungsrechtliche Gewährleistung der koalitionsspezifischen Betätigung, S. 53 ff.). Gewerkschaftsmitglieder sind verbandsrechtlich zur Loyalität gegenüber dem Verband verpflichtet, was es grundsätzlich einschließt, für diesen auch werbend tätig zu sein (vgl. *Dütz* Anm. BAG 19.01.1982 EzA Art. 9 GG Nr. 34 [unter II 1]).

97 Demgegenüber hat das *BAG* nunmehr ein **Zutrittsrecht betriebsfremder Gewerkschaftsbeauftragter zum Zweck der Mitgliederwerbung grundsätzlich bejaht** (*BAG* 28.02.2006 EzA Art. 9 GG Nr. 87 = AP Nr. 127 zu Art. 9 GG *[abl. Richardi]*, zust. *Berg/DKKW* § 2 Rn. 106 ff., der dies auch auf den kirchlichen Bereich übertragen will; *Dieterich* RdA 2007, 110 ff.; *Edenfeld* SAE 2007, 97; *Fitting* § 2 Rn. 86, der ebenfalls eine Übertragung auf den kirchlichen Bereich befürwortet). Dieses Zutrittsrecht beruht nach Auffassung des *BAG* nicht unmittelbar auf Art. 9 Abs. 3 GG, sondern auf richterlicher Rechtsfortbildung, zu der die Rechtsprechung berechtigt sei, weil sie dem Auftrag zur Ausgestaltung der Koalitionsfreiheit nach Art. 9 Abs. 3 GG nachkommen müsse (*BAG* 22.06.2010 EzA Art. 9 GG Nr. 101; 28.02.2006 EzA Art. 9 GG Nr. 87 Rn. 35, 42 = AP Nr. 127 zu Art. 9 GG). Art. 9 Abs. 3 GG überlasse einer Koalition grundsätzlich die Wahl der Mittel, die sie bei ihrer koalitionsspezifischen Tätigkeit für geeignet und erforderlich hält. Daher müsse die Gewerkschaft selbst bestimmen können, welche Personen sie mit der Durchführung von Werbemaßnahmen betraut (*BAG* 28.02.2006 EzA Art. 9 GG Nr. 87 Rn. 40 = AP Nr. 127 zu Art. 9 GG). Das Zutrittsrecht besteht nach Auffassung des *BAG* allerdings nicht unbegrenzt. Das Recht der Gewerkschaft, auch mit betriebsfremden Beauftragten im Betrieb werben zu können, müsse in einen angemessenen Ausgleich mit den kollidierenden Rechten des Arbeitgebers (Hausrecht, ungestörter Betriebsablauf, Betriebsfrieden) gebracht werden (*BAG* 28.02.2006 EzA Art. 9 GG Nr. 87 Rn. 41 = AP Nr. 127 zu Art. 9 GG; vgl. auch *LAG Hamm* 16.12.2014 NZA-RR 2015, 249 [250 f.]). Insoweit können die in Rdn. 90 skizzierten Grundsätze des Werberechts weiterhin Geltung beanspruchen. So sieht das *BAG* den Grundsatz praktischer Konkordanz als in der Regel gewahrt an, wenn der Gewerkschaft **entsprechend der Wertung des § 43 Abs. 4 einmal im Kalenderhalbjahr Zutritt zur Werbung durch betriebsfremde Personen** gewährt wird, wobei die Gewerkschaft ihr Zutrittsbegehren binnen angemessener Frist, regelmäßig eine Woche, ankündigen muss (vgl. *BAG* 22.06.2010 EzA Art. 9 GG Nr. 101). Für die Durchführung des Zugangsrechts betriebsfremder Gewerkschaftsbeauftragter im Einzelfall kann nach Auffassung des *BAG* außerdem auf die in § 2 Abs. 2 niedergelegten Grundsätze zurückgegriffen werden (*BAG* 28.02.2006 EzA Art. 9 GG Nr. 87 Rn. 44; s. Rdn. 51 ff.). Ferner muss die Anzahl der betriebsexternen und Zutritt begehrenden Gewerkschaftsbeauftragten in einem angemessenen Verhältnis zur Belegschaftsgröße stehen (vgl. *LAG Berlin-Brandenburg* 03.08.2011 – 4 Sa 839/11).

98 Zuzustimmen ist dem *BAG* im Ausgangspunkt: Das Zugangsrecht betriebsfremder Gewerkschaftsbeauftragter ist Resultat der Ausgestaltung der Koalitionsfreiheit, die im Wege richterlicher Rechtsfortbildung entwickelt wurde. Allerdings sind die Grenzen, die der gesetzesvertretenden Rechtsprechung zur Ausgestaltung der Koalitionsfreiheit gezogen sind, erheblich enger als die dem Gesetzgeber gesetzten Grenzen (vgl. *Dieterich* RdA 2007, 110 [113]). Dieser kann rechtspolitische Prioritäten verfolgen. Demgegenüber muss sich die Rechtsprechung eng an ein rationales rechtliches Abwägungsprogramm halten, das die kollidierenden Rechte in einen angemessenen Ausgleich bringt. In diesem Rahmen hätte das *BAG* zumindest erörtern müssen, inwieweit sich Werbemaßnahmen, die das Haus-

recht des Arbeitgebers weniger beeinträchtigen, wie etwa Werbung durch betriebsangehörige Gewerkschaftsbeauftragte, als ungeeignet oder nur eingeschränkt wirksam für die Koalitionszweckverfolgung erweisen (s. Rdn. 96). Ferner begegnet der **Rückgriff auf § 43 Abs. 4 erheblichen Bedenken**, weil diese Vorschrift für das hier vorliegende Regelungsproblem keine Wertungen enthält und völlig versagt, wenn mehrere Gewerkschaften Zutritt begehren (krit. ebenso *Uffmann* SAE 2011, 109 [116]; *Däubler* AuR 2011, 362 f.). Außerdem trägt § 43 Abs. 4 nicht einen kalenderhalbjährlichen Turnus, sondern streng genommen lediglich einen jährlichen: Im direkten Anwendungsbereich der Vorschrift kann die Gewerkschaft die Einberufung einer Betriebsversammlung nur beantragen, wenn im zurückliegenden Kalenderhalbjahr keine Betriebsversammlung stattgefunden hat; dies führt dann zu einem Jahresturnus (vgl. *Fitting* § 43 Rn. 53).

ff) Werbung durch Betriebsrat

Dem **Betriebsrat als Gremium** hat das *BAG* (14.02.1967 EzA Art. 9 GG Nr. 2 = AP Nr. 10 zu Art. 9 GG) ein Recht zur Werbung für eine Gewerkschaft nicht zuerkannt (so auch *Richardi* § 2 Rn. 171). Dieser Grundsatz gilt trotz der Regelung in § 74 Abs. 3 auch heute noch, da anderenfalls die Gefahr besteht, dass der Betriebsrat sein Amt in den Dienst der Gewerkschaftswerbung stellt und das Gebot gewerkschaftlicher Neutralität (§ 75 Abs. 1) verletzt. Das Werberecht des **einzelnen Betriebsratsmitglieds** wird allerdings, gestützt auf § 74 Abs. 3, überwiegend bejaht (vgl. *Fitting* § 74 Rn. 70; *Richardi* § 2 Rn. 172 f.; Bedenken dagegen bei *Kraft* ZfA 1973, 243; ebenso bei *Schönhöft/Weyhing* BB 2014, 762 [764 f.]). Soweit man das Werberecht bejaht, muss jedenfalls darauf geachtet werden, dass die Werbung unter Ausnutzung der Amtsautorität unzulässig ist (vgl. dazu auch *Kreutz/Jacobs* § 74 Rdn. 148 ff., 153; weitergehend *Löwisch* BB 2014, 117 [119 f.]; zum Grundsatz der gewerkschaftsneutralen Amtsführung vgl. *BVerwG* 22.08.1991 EzA § 23 BetrVG 1972 Nr. 30 = AP Nr. 2 zu § 28 BPersVG).

99

c) Mitgliederwerbung im Betrieb nicht vertretener Gewerkschaften

Implizit mitbeantwortet – und zwar im bejahenden Sinn – hat das *BAG* mit dem Urteil vom 28.02.2006 (EzA Art. 9 GG Nr. 87) die Frage, ob **im Betrieb nicht vertretene Gewerkschaften ein Zugangsrecht aus Art. 9 Abs. 3 GG** ableiten können, um im Betrieb für ihre Ziele zu werben. Das *BVerfG* hatte diese Frage offen gelassen (s. *BVerfG* 17.02.1981 EzA Art. 9 GG Nr. 32 = AP Nr. 9 zu Art. 140 GG; *BAG* 19.01.1982 EzA Art. 9 GG Nr. 34 = AP Nr. 10 zu Art. 140 GG). Ein entsprechendes Zutrittsrecht ergibt sich unabhängig vom vorstehend skizzierten Urteil des *BAG* aus folgenden Überlegungen: Nicht im Betrieb vertretene Gewerkschaften haben nicht einmal potentiell die Möglichkeit, zur Durchführung einer Werbeaktion auf eigene Mitglieder auszuweichen. Versagte man solchen Gewerkschaften ein entsprechendes Zutrittsrecht, könnten sie Mitgliederwerbung im Betrieb überhaupt nicht durchführen und wären damit völlig von dem Ort ausgeschlossen, an dem sich das soziale Leben der Arbeitnehmer abspielt. Dies aber würde die Betätigungsfreiheit der entsprechenden Arbeitnehmerkoalition stark beeinträchtigen. Daher ist die nicht im Betrieb vertretenen Gewerkschaften ein Zutrittsrecht zu gewähren, damit diese in den skizzierten Grenzen (s. Rdn. 90) im Betrieb Mitglieder werben können (ebenso *Löwisch/Rieble/MünchArbR* § 157 Rn. 81; *Galperin/Löwisch* § 2 Rn. 66; *Hergenröder/ZLH* Arbeitsrecht, § 10 Rn. 32; weitergehend und ohne die Begrenzung auf nicht im Betrieb vertretene Gewerkschaften *Berg/DKKW* § 2 Rn. 105 f.; *Däubler* DB 1998, 2014 [2017]; *Fitting* § 2 Rn. 86; **a. M.** *Brox* BB 1965, 1321 [1326]; *Hoffmann* AuR 1969, 73 [76]; *Neumann-Duesberg* BB 1966, 947 [948]; *Richardi* § 2 Rn. 153). Daneben folgt aus dem ILO-Übereinkommen Nr. 135 vom 23.06.1971 (BGBl. 1973 II, S. 953) kein Zutrittsrecht für betriebsfremde Gewerkschaften (vgl. *BAG* 22.06.2010 EzA Art. 9 GG Nr. 101 Rn. 27). Für das Werberecht nicht tariffähiger Koalitionen gelten die vorstehend skizzierten Grundsätze entsprechend (vgl. *BAG* 22.05.2012 AP Nr. 149 zu Art. 9 GG Rn. 20 ff.; *Schönhöft/Klafki* NZA-RR 2012, 393).

100

3. Gewerkschaftliche Vertrauensleute

Gewerkschaftliche Vertrauensleute sind die unterste Stufe der Gewerkschaftsorganisation in den Betrieben. Ihre Aufgaben sind organisationspolitisch definiert. Die Gewerkschaften haben wiederholt versucht, diesen Personen einen betriebsverfassungsrechtlichen Status oder wenigstens eine den Be-

101

triebsratsmitgliedern gleiche Position einzuräumen. Es geht dabei um Forderungen wie: Teilnahme an Betriebsratssitzungen, Freistellung von der Arbeit (bezahlt oder unbezahlt), Kündigungsschutz nach § 15 KSchG, § 103 (zu entsprechenden bestehenden Regelungen vgl. *Schönfeld* BB 1989, 1818).

102 Das *BAG* (08.12.1978 EzA Art. 9 GG Nr. 28 *[Zöllner]* = AP Nr. 28 zu Art. 9 GG; vgl. auch die gemeinsame Anmerkung *Konzen* zu AP Nr. 28 und 29 zu Art. 9 GG bei Nr. 29) hat sich bisher nur mit der Frage der **Wahl** gewerkschaftlicher Vertrauensleute im Betrieb beschäftigt. Es hat einen Anspruch auf Durchführung der Wahl im Betrieb auch außerhalb der Arbeitszeit abgelehnt, nachdem die Vorinstanz bereits festgestellt hatte, es handle sich dabei um eine rein verbandsinterne Maßnahme, die nicht vom Schutzbereich des Art. 9 Abs. 3 GG umfasst werde (krit. hierzu *Berg/DKKW* § 2 Rn. 134; *Däubler* Gewerkschaftsrechte im Betrieb, Rn. 506 ff.; *Fitting* § 2 Rn. 89; *Pfarr* AuR 1979, 242; vermittelnd *Rose/HWGNRH* § 2 Rn. 168). Das damals verwendete Argument, die Wahl der gewerkschaftlichen Vertrauensleute im Betrieb werde nicht von der Kernbereichsgarantie des Art. 9 Abs. 3 GG umfasst, da sie für die Sicherung der Funktion der Gewerkschaften nicht unerlässlich sei, trägt allerdings die Entscheidung nicht (vgl. *Richardi* FS G. *Müller*, S. 413 [438]). Die Einrichtung gewerkschaftlicher Vertrauensleute fällt als Werbe-, Informations- und Betreuungstätigkeit in den Schutzbereich von Art. 9 Abs. 3 GG (ebenso *Richardi* § 2 Rn. 174). Gegenüber solchen Tätigkeiten der Gewerkschaft besteht für den Arbeitgeber allerdings allenfalls eine Duldungspflicht (Rdn. 93), nicht aber kann der Arbeitgeber verpflichtet sein, solche Maßnahmen der Gewerkschaft aktiv zu unterstützen, etwa in dem er Räume zur Verfügung stellt. Außerdem handelt es sich bei der Wahl der gewerkschaftlichen Vertrauensleute um einen innergewerkschaftlichen Organisationsakt, den der Arbeitgeber nicht unterstützen muss. Daher kommt den Rechtspositionen des Arbeitgebers (Hausrecht, Eigentum) insoweit Vorrang zu vor der Betätigungsfreiheit der jeweiligen Koalition (**a. M.** *Däubler* DB 1998, 2014 [2017]; *Hunnekuhl/Zäh* NZA 2006, 1022 f.; *Rose/HWGNRH* § 2 Rn. 168).

103 Die gewerkschaftlichen Vertrauensleute haben keinerlei betriebsverfassungsrechtliche Funktion. Ihnen können auch solche Funktionen nicht eingeräumt werden (vgl. § 3 Rdn. 27). Allerdings können Betriebsratsmitglieder gleichzeitig gewerkschaftliche Vertrauensleute sein (*Müller* RdA 1976, 46). Die gewerkschaftlichen Vertrauensleute als solche genießen keinen stärkeren Kündigungsschutz als andere Arbeitnehmer (vgl. *Berg/DKKW* § 2 Rn. 136; *Rose/HWGNRH* § 2 Rn. 169). Allerdings dürfen die gewerkschaftlichen Vertrauensleute wie alle anderen Arbeitnehmer wegen ihrer gewerkschaftlichen Tätigkeit nicht benachteiligt, aber auch nicht bevorzugt werden (§ 75 Abs. 1; vgl. *Berg/DKKW* § 2 Rn. 133; *Fitting* § 2 Rn. 88; *Galperin* Der Regierungsentwurf eines neuen BetrVG – eine kritische Analyse, 1971, S. 25; *Losacker* JArbR Bd. 2 [1964], 1965, S. 56; *Richardi* § 2 Rn. 176).

104 In der Praxis existieren **Tarifverträge**, die die Rechtsstellung gewerkschaftlicher Vertrauensleute regeln und z. T. bezahlte Freistellung oder einen besonderen Kündigungsschutz vorsehen (Nachweise bei *Gamillscheg* Kollektives Arbeitsrecht I, S. 162 f.). Diese Vereinbarungen werden **überwiegend für zulässig gehalten** (vgl. *ArbG Kassel* 05.08.1976 EzA Art. 9 GG Nr. 18 = DB 1976, 1675 *[Eich]*; *Berg/DKKW* § 2 Rn. 137; *Däubler* Gewerkschaftsrechte im Betrieb, Rn. 521 ff.; *Fitting* § 2 Rn. 90; *Herschel* AuR 1977, 137; *Wendeling-Schröder* in: *Kempen/Zachert* TVG, § 1 Rn. 863 ff.; *Löwisch/Rieble* TVG, § 1 Rn. 2210 ff.; *Mayer* BlStSozArbR 1977, 17; *Weiss* Gewerkschaftliche Vertrauensleute, 1978; *Wlotzke* RdA 1976, 80; *Zachert* BB 1976, 514; *Hunnekuhl/Zäh* NZA 2006, 1022 [1023 f.]). Nach anderer Auffassung sollen derartige Tarifverträge gegen Art. 3 Abs. 1 GG, gegen § 75 Abs. 1 und gegen zwingende Organisationsnormen des Betriebsverfassungsgesetzes verstoßen (vgl. *Rose/HWGNRH* § 2 Rn. 170; *Richardi* § 2 Rn. 176) sowie die Regelungsmacht der Tarifpartner überschreiten (vgl. dazu ausführlich *Kraft* ZfA 1976, 243 [271]; *Blomeyer* DB 1977, 101; *Bötticher* RdA 1978, 133; *von Hoyningen-Huene*/MünchArbR § 215 Rn. 21; *ders.* Betriebsverfassungsrecht § 5 IV 3). Diese rechtlichen Bedenken gegen Tarifverträge, welche die Arbeitsbedingungen gewerkschaftlicher Vertrauensleute regeln, erscheinen nicht begründet: Art. 3 Abs. 1 GG bzw. § 75 sind nicht verletzt, weil es um die Verbesserung der Rechtsstellung von Arbeitnehmern geht, welche für die Gewerkschaft tätig sind, und daher ein sachlicher Grund für die entsprechende Differenzierung besteht (generell zur Zulässigkeit tarifvertraglicher Differenzierungsklauseln s. *BAG* 18.03.2009 EzA Art. 9 GG Nr. 98; 23.03.2011 EzA Art. 9 GG Nr. 104). Die Gegnerunabhängigkeit der Gewerkschaft wird durch solche Tarifverträge ebenfalls nicht beeinträchtigt. Schließlich stellen gewerkschaftliche Vertrauensleute keine unzulässige betriebsverfassungsrechtliche Sondervertretung dar, weil ihnen nicht die Befugnis zukommt, die Belegschaft zu repräsentieren. Allerdings darf die konkrete Ausgestaltung der Tätigkeit der gewerkschaftlichen Vertrauensleute die Arbeit des Betriebsrats nicht behindern.

V. Betriebliche Vertrauensleute

In einer Reihe von Großunternehmen gibt es betriebliche Vertrauensleute. Ihre Aufgabe besteht in erster Linie darin, die Kommunikation und den Informationsfluss zwischen Betriebsrat, Belegschaft und Arbeitgeber zu fördern und zu verbessern (vgl. *Müller* DB 1978, 743 [745]). Die betrieblichen Vertrauensleute werden jeweils von einer zahlenmäßig umschriebenen Gruppe von Arbeitnehmern eines Betriebes gewählt. Die Gewerkschaftszugehörigkeit der Arbeitnehmer spielt weder für das aktive noch für das passive Wahlrecht eine Rolle. Es handelt sich dabei nicht um eine **andere Vertretung i. S. v. § 3 Abs. 1 Nr. 3**; der Betriebsrat wird durch die betrieblichen Vertrauensleute nicht ersetzt. 105

Es ist umstritten, ob betriebliche Vertrauensleute etabliert werden dürfen. Die Frage wäre zu verneinen, wenn es sich bei ihnen um eine »betriebsverfassungsrechtliche« zusätzliche Vertretung handeln würde, da eine solche nur nach § 3 Abs. 1 Nr. 5 errichtet werden kann (s. dazu näher § 3 Rdn. 27 ff.). Neben der demokratischen, von der Zugehörigkeit zu einer Gewerkschaft unabhängigen Wahl der Vertreter sind die entscheidenden Merkmale betriebsverfassungsrechtlicher Vertretungen die Zwangsrepräsentation der Wahlberechtigten (vgl. *Kraft* Vertrauensleute im Betrieb, S. 14 ff.; *Tesarczyk* Betriebliche Sondervertretungen der Arbeitnehmer und Vertretungsanspruch des Betriebsrats, S. 76; ähnlich *Buchner* Die AG 1973, 1319) und rechtlich gesicherte Mitwirkungsrechte bzw. Einflussmöglichkeiten auf die Willensentscheidung des Betriebsrats bzw. des Arbeitgebers. Da diese entscheidenden Merkmale den betrieblichen Vertrauensleuten fehlen, können sie nicht als betriebsverfassungsrechtliche Vertretungen qualifiziert werden. § 3 steht ihrer Bildung also genauso wenig entgegen wie der Bildung gewerkschaftlicher Vertrauensleutegremien (vgl. *Kraft* Vertrauensleute im Betrieb, S. 13 ff.; *Tesarczyk* Betriebliche Sondervertretungen der Arbeitnehmer und Vertretungsanspruch des Betriebsrats, S. 52 ff., 83; **a. M.** *Däubler* Gewerkschaftsrechte im Betrieb, Rn. 543 ff., 545; wohl auch *ders.* AuR 2001, 285 [289]; *Trümner/DKKW* § 3 Rn. 34, 145). Dies bedeutet aber auch, dass ihnen in ihrer Betätigungsmöglichkeit klare Grenzen gezogen sind: Einzelne Arbeitnehmer können von den betrieblichen Vertrauensleuten nur vertreten werden, wenn und soweit dies der einzelne Arbeitnehmer wünscht. Betriebsverfassungsrechtliche Mitwirkungs- und Mitbestimmungsrechte können ihnen nicht eingeräumt werden. Eine institutionalisierte Mitwirkung an Sitzungen des Betriebsrats ist unzulässig. 106

Ein erzwingbares Mitbestimmungsrecht des Betriebsrats bei der Wahl oder Bestellung betrieblicher Vertrauensleute besteht nicht. Freiwillige Betriebsvereinbarungen sind möglich; dabei sind allerdings zwingende gesetzliche und tarifliche Vorschriften zu beachten. Betriebliche Vertrauensleute können auch ohne Mitwirkung des Betriebsrats durch den Arbeitgeber allein etabliert werden. Kein Arbeitnehmer ist allerdings verpflichtet, sich bestellen oder wählen zu lassen, oder auch nur an der Wahl mitzuwirken. Die betrieblichen Vertrauensleute und der Arbeitgeber haben bei ihrer Tätigkeit darauf zu achten, dass der Betriebsrat nicht in der Wahrnehmung seiner gesetzlichen Aufgaben und Befugnisse beeinträchtigt oder in seiner Tätigkeit behindert wird. Insbesondere dürfen die betrieblichen Vertrauensleute nicht in Konkurrenz zum Betriebsrat treten, was sie aufgrund ihrer eingeschränkten Befugnisse – insbesondere der fehlenden Zwangsrepräsentation und fehlender Mitwirkungsrechte – auch nicht können (s. zum **sog. Vertretungsmonopol des Betriebsrats** § 3 Rdn. 5). 107

§ 3
Abweichende Regelungen

(1) Durch Tarifvertrag können bestimmt werden:
1. für Unternehmen mit mehreren Betrieben
   a) die Bildung eines unternehmenseinheitlichen Betriebsrats oder
   b) die Zusammenfassung von Betrieben,
   wenn dies die Bildung von Betriebsräten erleichtert oder einer sachgerechten Wahrnehmung der Interessen der Arbeitnehmer dient;
2. für Unternehmen und Konzerne, soweit sie nach produkt- oder projektbezogenen Geschäftsbereichen (Sparten) organisiert sind und die Leitung der Sparte auch Entscheidungen in beteiligungspflichtigen Angelegenheiten trifft, die Bildung von Betriebsräten in den Sparten (Spartenbetriebsräte), wenn dies der sachgerechten Wahrnehmung der Aufgaben des Betriebsrats dient;
3. andere Arbeitnehmervertretungsstrukturen, soweit dies insbesondere aufgrund der Betriebs-, Unternehmens- oder Konzernorganisation oder aufgrund anderer Formen der Zusammenarbeit von Unternehmen einer wirksamen und zweckmäßigen Interessenvertretung der Arbeitnehmer dient;
4. zusätzliche betriebsverfassungsrechtliche Gremien (Arbeitsgemeinschaften), die der unternehmensübergreifenden Zusammenarbeit von Arbeitnehmervertretungen dienen;
5. zusätzliche betriebsverfassungsrechtliche Vertretungen der Arbeitnehmer, die die Zusammenarbeit zwischen Betriebsrat und Arbeitnehmern erleichtern.

(2) Besteht in den Fällen des Absatzes 1 Nr. 1, 2, 4 oder 5 keine tarifliche Regelung und gilt auch kein anderer Tarifvertrag, kann die Regelung durch Betriebsvereinbarung getroffen werden.

(3) Besteht im Fall des Absatzes 1 Nr. 1 Buchstabe a keine tarifliche Regelung und besteht in dem Unternehmen kein Betriebsrat, können die Arbeitnehmer mit Stimmenmehrheit die Wahl eines unternehmenseinheitlichen Betriebsrats beschließen. Die Abstimmung kann von mindestens drei wahlberechtigten Arbeitnehmern des Unternehmens oder einer im Unternehmen vertretenen Gewerkschaft veranlasst werden.

(4) Sofern der Tarifvertrag oder die Betriebsvereinbarung nichts anderes bestimmt, sind Regelungen nach Absatz 1 Nr. 1 bis 3 erstmals bei der nächsten regelmäßigen Betriebsratswahl anzuwenden, es sei denn, es besteht kein Betriebsrat oder es ist aus anderen Gründen eine Neuwahl des Betriebsrats erforderlich. Sieht der Tarifvertrag oder die Betriebsvereinbarung einen anderen Wahlzeitpunkt vor, endet die Amtszeit bestehender Betriebsräte, die durch die Regelungen nach Absatz 1 Nr. 1 bis 3 entfallen, mit Bekanntgabe des Wahlergebnisses.

(5) Die aufgrund eines Tarifvertrages oder einer Betriebsvereinbarung nach Absatz 1 Nr. 1 bis 3 gebildeten betriebsverfassungsrechtlichen Organisationseinheiten gelten als Betriebe im Sinne dieses Gesetzes. Auf die in ihnen gebildeten Arbeitnehmervertretungen finden die Vorschriften über die Rechte und Pflichten des Betriebsrats und die Rechtsstellung seiner Mitglieder Anwendung.

Literatur
1. Zum BetrVG 1972
Bachner Tarifverträge über die betriebsverfassungsrechtliche Organisation, NZA 1996, 400; *Boldt* Der Tarifvertrag über die Betriebsverfassung im rheinisch-westfälischen Steinkohlenbergbau, RdA 1955, 169; *Däubler* Gewerkschaftsrechte im Betrieb, 12. Aufl. 2017; *Föhr* Der neue Tarifvertrag über die Betriebsverfassung des rheinisch-westfälischen Steinkohlenbergbaus, RdA 1977, 285; *Franzen* Reformbedarf beim Betriebs- und Arbeitnehmerbegriff des BetrVG?, ZfA 2000, 285; *Friese* Kollektive Koalitionsfreiheit und Betriebsverfassung, 2000; *Gamillscheg* »Betrieb« und »Bargaining unit«, ZfA 1975, 357; *ders.* Tarifverträge über die Organisation der Betriebsverfassung, FS *Molitor*, 1988, S. 133; *Heither* Tarifvertragliche Gestaltung der Betriebsverfassung, FS *Schaub*, 1998, S. 295; *Joost*

Abweichende Regelungen § 3

Betrieb und Unternehmen als Grundbegriffe im Arbeitsrecht, 1988; *Kempen* Die Organisation der Betriebsverfassung durch Tarifvertrag (insbesondere nach § 3 BetrVG), FS *Schaub*, 1998, S. 357; *Konzen* Unternehmensaufspaltungen und Organisationsänderungen im Betriebsverfassungsrecht, 1986 (zit.: Unternehmensaufspaltungen); *Natter* Sondervertretungen, AR-Blattei SD, 530.13 A, C; *Spinner* Die vereinbarte Betriebsverfassung (Diss. Freiburg), 2000; *Tesarczyk* Betriebliche Sondervertretungen der Arbeitnehmer und Vertretungsanspruch des Betriebsrats (Diss. Marburg 1979); *Trümner* Anwendungs- und Umsetzungsprobleme bei Tarifverträgen über betriebsverfassungsrechtliche Fragen (§ 3 BetrVG), JArbR Bd. 36 (1998), 1999, S. 59; *Wendeling-Schröder* Divisionalisierung, Mitbestimmung und Tarifvertrag, 1984; *dies.* Betriebsverfassung nach Maß?, NZA 1999, 1065; *Wißmann* Tarifvertragliche Gestaltung der betriebsverfassungsrechtlichen Organisation (Diss. Bonn), 2000.

2. Zur Neufassung nach dem BetrVerf-Reformgesetz 2001
Amann Die Belegschaftsabstimmung (Diss. München), 2012; *Annuß* Schwierigkeiten mit § 3 I Nr. 3 BetrVG?, NZA 2002, 290; *Christ* Freiwillige Tarifverträge (Diss. München), 2007; *Däubler* Tarifliche Betriebsverfassung und Betriebsübergang, DB 2005, 666; *ders.* Privatautonome Betriebsverfassung, FS *Wißmann*, 2005, S. 275; *Eich* Tarifverträge nach § 3 BetrVG – Rechtliche Erwägungen und Hinweise zur praktischen Umsetzung, in *Goos/Molitor* (Hrsg.), Arbeitsrecht im Strukturwandel, FS *Weinspach*, 2002, S. 17 = EuroAS 1–2/2003, 12; *Franzen* Die Freiheit der Arbeitnehmer zur Selbstbestimmung nach dem neuen BetrVG, ZfA 2001, 423; *ders.* Kampfverbot für einzelne Tarifinhalte? – dargestellt am Beispiel von Tarifverträgen auf dem Gebiet der Betriebsverfassung, in *Rieble* (Hrsg.), Zukunft des Arbeitskampfes, ZAAR-Schriftenreihe, Bd. 2, 2005, S. 141; *ders.* Zwingende Wirkung der Betriebsverfassung, NZA 2008, 250; *Friese* Tarifverträge nach § 3 BetrVG im System des geltenden Tarif- und Arbeitskampfrechts, ZfA 2003, 237; *dies.* Die Bildung von Spartenbetriebsräten nach § 3 Abs. 1 Nr. 2 BetrVG, RdA 2003, 92; *Gaul/Mückl* Vereinbarte Betriebsverfassung – Was ist möglich, was sinnvoll?, NZA 2011, 657; *Giesen* Tarifvertragliche Rechtsgestaltung für den Betrieb, 2002 (zit.: Rechtsgestaltung); *ders.* Betriebsersetzung durch Tarifvertrag?, BB 2002, 1480; *Gistel* Gewillkürte Betriebsverfassungsstruktur und Umstrukturierung (Diss. München), 2006 (zit. Umstrukturierung); *Hanau/Wackerbarth* Der Konzernrat nach § 3 BetrVG n. F., FS *Ulmer*, 2003, S. 1303; *Heinkel* Die betriebsverfassungsrechtliche Organisationseinheit als Gegenstand kollektiver Rechtsetzung (Diss. Jena), 2004 (zit.: Organisationseinheit); *Hoffmann/Alles* Der »unternehmensübergreifende« Betriebsrat, NZA 2014, 757; *Hohenstatt/Dzida* Die ›maßgeschneiderte‹ Betriebsverfassung, DB 2001, 2498; *Ihlenfeld* Betriebsratsstrukturen durch Tarifvertrag, AiB 2006, 403; *Jordan* Sachgerechte Wahrnehmung der Arbeitnehmerinteressen als Ordnungskriterium der Betriebsverfassung (Diss. Bochum), 2007; *Kania/Klemm* Möglichkeiten und Grenzen der Schaffung anderer Arbeitnehmervertretungsstrukturen nach § 3 Abs. 1 Nr. 3 BetrVG, RdA 2006, 22; *Klinkhammer* Tarifvertragliche Mitbestimmung im Ausbildungsbetrieb, 50 Jahre Bundesarbeitsgericht, 2004, S. 963; *Kort* Betriebsverfassungsrecht als Unternehmensrecht? – Das Verhältnis von § 3 BetrVG n. F. zum Gesellschaftsrecht, Die AG 2003, 13; *Krebber* Unternehmensübergreifende arbeitsteilige Arbeitsabläufe im Arbeitsrecht, 2005 (zit.: Arbeitsabläufe); *Kuzbida* Die Aufgabe des Grundsatzes der Tarifeinheit bei Tarifpluralität und die Auswirkungen auf das Betriebsverfassungsrecht (Diss. Köln), 2014 (zit.: Aufgabe der Tarifeinheit); *Linse* Zulässigkeit vereinbarter Arbeitnehmervertretungsstrukturen und Betriebsverfassungsgesetz (Diss. Freiburg [Breisgau]), 2015 (zit.: Zulässigkeit vereinbarter Arbeitnehmervertretungsstrukturen); *Linsenmaier* Identität und Wandel – zur Entstehung von Übergangsmandaten nach § 21a BetrVG, RdA 2017, 128; *Meyer* Neues zum ZuordnungsTV nach § 3 BetrVG – Besprechungsaufsatz zum BAG-Urteil vom 13.03.2013 – 7 ABR 70/11, SAE 2013, 49; *Mückl* Wie wirkt ein fiktiver Betrieb?, DB 2010, 2615; *Mückl/Koehler* Rechtsfolgen unwirksamer Vereinbarungen über die Organisation der Betriebsverfassung, NZA-RR 2009, 513; *Pauli* Das Betriebsverfassungsgesetz 2001 – Anstoß zur dezentralen Regelung der Betriebsverfassung durch Tarifvertrag?, AuR 2000, 411; *Peix* Errichtung und Fortbestand des Gesamtbetriebsrats unter besonderer Berücksichtigung von gewillkürten Arbeitnehmervertretungen und Unternehmensumstrukturierungen (Diss. Bielefeld), 2008; *Picker* Betriebsverfassung und Arbeitsverfassung, RdA 2001, 259; *Plander* Der Betrieb als Verhandlungsobjekt im Betriebsverfassungs- und sonstigem Arbeitsrecht, NZA 2002, 483; *ders.* Tarifverträge nach § 3 BetrVG im Streit konkurrierender Gewerkschaften, FS 25 Jahre Arbeitsgemeinschaft Arbeitsrecht im Deutschen Anwaltverein, 2006, 969; *Preis* Auswirkungen der Reform des Betriebsverfassungsgesetzes auf das Kündigungsschutzrecht, in *Bauer/Rieble* (Hrsg.), RWS Forum 21 Arbeitsrecht 2001, 2002, S. 83; *Richardi* Arbeitsvertrag und Tarifgeltung, ZfA 2003, 655; *ders.* Betriebsratswahlen nach § 3 BetrVG – nicht »Wie es Euch gefällt!«, NZA 2014, 232; *ders.* Veränderung der Repräsentationsstrukturen, NZA 2001, Sonderheft, S. 7; *Rieble* Vereinbarte Betriebsratsstruktur in Unternehmen und Konzern, in *Bauer/Rieble* (Hrsg.), RWS Forum 21 Arbeitsrecht 2001, 2002, S. 25; *ders.* Zur Verfassungsgemäßheit des Entwurfs eines Gesetzes zur Reform des Betriebsverfassungsgesetzes, Stellungnahme im Auftrag der Bundesvereinigung der Deutschen Arbeitgeberverbände Berlin, 2001 (zit.: Gutachten); *Rolf* Unternehmensübergreifende Betriebsratsstrukturen nach § 3 BetrVG (Diss. Mannheim), 2004 (zit.: Betriebsratsstruktur); *Rügenhagen* Die betriebliche Mitbestimmung im Konzern (Diss. Freiburg), 2013 (zit.: Betriebliche Mitbestimmung); *Salamon* Betriebsratswahlen bei Veränderungen oder unter Verkennung der Betriebs-

struktur – Funktionsnachfolge und Fortbestand der kollektiven Ordnung, NZA 2013, 1124; *ders.* Fortbestand der Betriebsidentität trotz Entstehung betrieblicher Organisationseinheiten nach § 3 BetrVG?, NZA 2009, 74; *Schipper* Betriebliche Mitbestimmung im Industriepark (Diss. Mannheim) 2009, (zit.: Industriepark); *Schliemann* § 3 Abs. 1 BetrVG und Vertretensein der Gewerkschaft im Betrieb, FS *Etzel*, 2011, S. 351; *Schmidt, K.* Die Rechtsprechung des Siebten Senats des Bundesarbeitsgerichts zur vereinbarten Betriebsverfassung nach dem novellierten BetrVG, JArbR Bd. 49 (2011), 2012, S. 79; *Schmiege* Betriebsverfassungsrechtliche Organisationsstrukturen durch Tarifvertrag (Diss. Regensburg), 2007; *Semler* Auswirkungen der Tarifpluralität auf betriebliche und betriebsverfassungsrechtliche Normen (Diss. Bonn), 2012 (zit.: Auswirkungen der Tarifpluralität); *Sobotta* Die autonome Organisation der Betriebsverfassung durch Tarifverträge nach § 3 BetrVG (Diss. Konstanz), 2009 (zit.: Organisation); *Spinner/Wiesenecker* Unwirksame Vereinbarungen über die Organisation der Betriebsverfassung, FS *Löwisch*, 2007, S. 375; *Sprenger* Freiräume und Grenzen für Zuordnungstarifverträge aus § 3 BetrVG: Gut gemeint und schlecht(-)gemacht?, NZA 2013, 990; *Teusch* Die Organisation der Betriebsverfassung durch Tarifvertrag (Diss. Potsdam), 2007; *ders.* Organisationstarifverträge nach § 3 BetrVG, NZA 2007, 124; *Thüsing* Vereinbarte Betriebsratsstrukturen, ZIP 2003, 693; *Trappehl/Zimmer* Unternehmenseinheitlicher Betriebsrat bei Verschmelzung, BB 2008, 778; *Trebeck/Kania* Betriebsspaltungen nach §§ 111, 112 BetrVG im Geltungsbereich eines Strukturtarifvertrags nach § 3 BetrVG, BB 2014, 1595; *Trümner* Betriebsübergang und Zuordnungstarifverträge, FA 2007, 226; *Utermark* Die Organisation der Betriebsverfassung als Verhandlungsgegenstand (Diss. Hamburg), 2005; *Wendeling-Schröder* Zuordnungstarifverträge und Gewerkschaftspluralität, NZA 2015, 525; *Willemsen/Hohenstatt/Schweibert/Seibt* Umstrukturierung und Übertragung von Unternehmen, 3. Aufl. 2008; *Windeln* Die Reform des Betriebsverfassungsgesetzes im organisatorischen Bereich (Diss. Köln), 2003. Siehe im Übrigen die Angaben vor § 1 und *Wiese* Einl. Rdn. 36.

Inhaltsübersicht

	Rdn.
I. Vorbemerkung	1–5
II. Voraussetzungen der Abweichungsbefugnis (Abs. 1)	6–30
1. Inhaltliche Begrenzung der Abweichungsbefugnis im Allgemeinen	6–8
2. Ersetzung des Betriebs durch andere Organisationseinheiten (Abs. 1 Nr. 1–3)	9–24
a) Zusammenfassung von Betrieben bei Unternehmen mit mehreren Betrieben (Nr. 1)	9–12
b) Regelungen für produkt- oder projektbezogene Geschäftsbereiche (sog. Sparten, Nr. 2)	13–19
c) Andere Arbeitnehmervertretungsstrukturen (Nr. 3)	20–24
3. Zusätzliche betriebsverfassungsrechtliche Gremien (Abs. 1 Nr. 4 und 5)	25–30
a) Arbeitsgemeinschaften von Arbeitnehmervertretungen (Nr. 4)	25, 26
b) Zusätzliche betriebsverfassungsrechtliche Arbeitnehmervertretungen (Nr. 5)	27–30
III. Regelungsinstrumente	31–49
1. Regelung durch Tarifvertrag (gesetzlicher Regelfall, Abs. 1)	31–38
a) Parteien des Tarifvertrags	31
b) Erkämpfbarkeit	32, 33
c) Tarifkonkurrenz	34–36
d) Beendigung des Tarifvertrags	37, 38
2. Regelung durch Betriebsvereinbarung (Abs. 2)	39–45
a) Reichweite des Tarifvorbehalts	39–41
b) Parteien der Betriebsvereinbarung	42–45
3. Abstimmung durch die Arbeitnehmer (Abs. 3)	46–49
a) Voraussetzungen	46, 47
b) Rechtsfolgen	48, 49
IV. Inhalt der abweichenden Regelungen	50–60
1. Zeitpunkt der Anwendung der abweichenden Regelungen (Abs. 4)	50
2. Ersetzung des Betriebs durch andere Organisationseinheiten (Nr. 1 bis 3)	51–56
a) Zusammenfassung von Betrieben (Nr. 1)	51, 52
b) Regelungen für produkt- oder projektbezogene Geschäftsbereiche, sog. Sparten (Nr. 2)	53, 54
c) Auffangtatbestand (Nr. 3)	55, 56
3. Zusätzliche betriebsverfassungsrechtliche Gremien	57–59
a) Arbeitsgemeinschaften (Nr. 4)	57
b) Zusätzliche betriebsverfassungsrechtliche Vertretungen (Nr. 5)	58, 59
4. Einbeziehung im Ausland gelegener Unternehmensteile?	60
V. Rechtsfolgen einer abweichenden Regelung nach Abs. 1	61–70

1. Betriebsverfassungsrecht	61–69
a) Grundsatz: Fiktion des Betriebs (Abs. 5 Satz 1)	61, 62
b) Folgen von Umstrukturierungen	63–66
c) Rechtsstellung der Mitglieder der Arbeitnehmervertretungsgremien (Abs. 5 Satz 2)	67–69
2. Sonstige Rechtsgebiete, insbesondere Kündigungsschutzrecht	70
VI. Verfassungsrechtliche Fragen	71–74
1. Frage der Legitimation	71, 72
2. Unternehmensübergreifende Betriebsverfassung	73
3. Folgerungen	74
VII. Streitigkeiten	75–77

I. Vorbemerkung

§ 3 wurde durch das **BetrVerf-Reformgesetz** vom 23.07.2001 (BGBl. I, S. 1852) neu gefasst und hat **1** die Regelungsbefugnisse insbesondere der **Tarifvertragsparteien** im Hinblick auf die vom Gesetz abweichende Gestaltung der betriebsverfassungsrechtlichen Organisationseinheiten erheblich erweitert. Bereits § 3 des BetrVG 1972 hatte das Recht der Tarifvertragsparteien, organisatorische Bestimmungen des Betriebsverfassungsgesetzes abweichend vom Gesetz zu regeln, gegenüber dem Betriebsverfassungsgesetz 1952 ausgedehnt. Das BetrVerf-Reformgesetz 2001 räumt darüber hinaus – allerdings nur sehr eingeschränkt – auch den **Betriebspartnern** und nur in einem Fall den **Arbeitnehmern** Regelungsbefugnisse ein (vgl. § 3 Abs. 2 und 3). Der Gesetzgeber wollte damit der Änderung der Strukturen in den Betrieben und Unternehmen seit Inkrafttreten des BetrVG 1972 Rechnung tragen und die Möglichkeit eröffnen, »moderne und anpassungsfähige Betriebsratsstrukturen« zu schaffen (vgl. *Reg. Begr.* BT-Drucks. 14/5741, S. 26 III 1). Der Gesetzgeber reagierte damit auf eine in der Praxis offenkundig festzustellende Zunahme insbesondere von so genannten Zuordnungstarifverträgen nach § 3 Abs. 1 Nr. 3 BetrVG 1972 (vgl. dazu näher *Bachner* NZA 1996, 400; *Spinner* Die vereinbarte Betriebsverfassung, S. 34 ff.; *Wendeling-Schröder* NZA 1999, 1065). Mit solchen Zuordnungstarifverträgen konnte die Zuordnung von Nebenbetrieben und Betriebsteilen abweichend von § 4 BetrVG 1972 geregelt werden. Nach der Rechtsprechung des *BAG* galt dies auch für selbständige Betriebe (vgl. *BAG* 24.01.2001 AP Nr. 1 zu § 3 BetrVG 1972 unter B III 2b *[Kort]*). Der Gesetzgeber hat somit mit der Novelle des § 3 auf ein in der Praxis auftauchendes Bedürfnis nach flexibler und autonomer Bestimmung der Basiseinheit der betriebsverfassungsrechtlichen Repräsentation reagiert.

Nach **§ 3 Abs. 1 Nr. 1** besteht die Möglichkeit für Unternehmen mit mehreren Betrieben **unterneh- 2 menseinheitliche** (Abs. 1 **Nr. 1a**) und **betriebsübergreifende** Betriebsräte (Abs. 1 **Nr. 1b**) zu schaffen. Nach **Abs. 1 Nr. 2** können sog. »**Spartenbetriebsräte**«, nach **Abs. 1 Nr. 3** andere »**Arbeitnehmervertretungsstrukturen**« vorgesehen werden. **Abs. 1 Nr. 4** ermöglicht die Schaffung »zusätzlicher betriebsverfassungsrechtlicher **Gremien** (Arbeitsgemeinschaften)«, die der unternehmensübergreifenden Zusammenarbeit von Arbeitnehmervertretungen dienen. Wie § 3 Abs. 1 Nr. 1 BetrVG 1972 lässt **Abs. 1 Nr. 5** die Errichtung **zusätzlicher** betriebsverfassungsrechtlicher **Vertretungen** zu, welche die Zusammenarbeit zwischen Betriebsrat und Arbeitnehmern erleichtern. Die Bildung ist allerdings nicht mehr wie in § 3 Abs. 1 Nr. 1 BetrVG 1972 auf »Arbeitnehmer bestimmter Beschäftigungsarten oder Arbeitsbereiche (Arbeitsgruppen)« beschränkt. **Beseitigt** wurde die in Abs. 1 Nr. 3 BetrVG 1972 vorgesehene Möglichkeit, von § 4 abweichende Regelungen zu treffen; allerdings ist diese Vorschrift partiell in § 3 Abs. 1 Nr. 1 aufgegangen. Außerdem wurde das nach § 3 Abs. 2 BetrVG 1972 vorgeschriebene Erfordernis der **Zustimmung der Arbeitsbehörden** aufgehoben (krit. zu der Neuregelung insoweit *Hanau* Friedrich Ebert Stiftung, Gesprächskreis Arbeit und Soziales Nr. 88, New Deal im Arbeitsrecht, 1999, S. 42; *ders.* RdA 2001, 65 [66]; Rdn. 71). Eine **Regelung über die Beendigung der Amtszeit** bestehender Betriebsräte enthält **Abs. 4** für die Fälle des Abs. 1 Nr. 1 bis 3 (vgl. Rdn. 50). **Nach Abs. 5** gelten die nach Abs. 1 Nr. 1 bis 3 gebildeten »betriebsverfassungsrechtlichen Organisationseinheiten« als Betriebe. Auf die in ihnen gebildeten Arbeitnehmervertretungen finden die Vorschriften über die Rechte und Pflichten des Betriebsrats und die Rechtsstellung seiner Mitglieder Anwendung.

Die **organisatorischen Vorschriften des Gesetzes** sind **zwingend** und grundsätzlich einer Ände- **3** rung durch Tarifvertrag oder Betriebsvereinbarung nicht zugänglich. Auch wenn besondere Verhältnisse eine vom Gesetz abweichende Regelung zweckmäßig oder sogar geboten erscheinen lassen, kann dem durch Tarifvertrag oder Betriebsvereinbarung nur Rechnung getragen werden, wenn das Gesetz dies ausdrücklich zulässt und nur nach Maßgabe der gesetzlichen Regelung (h. M.; vgl. *BAG* 17.01.1978 EzA § 1 BetrVG 1972 Nr. 1 = AP Nr. 1 zu § 1 BetrVG 1972; 10.02.1988 EzA § 1 TVG Nr. 34 = AP Nr. 53 zu § 99 BetrVG 1972 unter B II 2b; 18.11.2014 EzA § 3 BetrVG 2001 Nr. 8 Rn. 21 = AP Nr. 12 zu § 3 BetrVG 1972 *[Kort]*; s. § 1 Rdn. 70; *Birk* ZfA 1988, 307; *Däubler/DKKW* Einl. Rn. 81; *ders.* Das Arbeitsrecht I, Rn. 369; *Fitting* § 3 Rn. 2; *Galperin/Löwisch* § 3 Rn. 1; *Hueck/Nipperdey* II/2, S. 1222; *Richardi* Einl. Rn. 134 ff.; **a. M.** und weitergehend *Trümner/DKKW* § 3 Rn. 21 ff., 24: Normsetzungsprärogative der Koalitionen gegenüber dem Gesetzgeber aufgrund einer koalitionsgrundrechtsoptimierenden Auslegung). Auch das *BVerfG* erkennt den Koalitionen zwar »ein Normsetzungsrecht« im Bereich der Wirtschafts- und Arbeitsbedingungen, aber kein »Normsetzungsmonopol« zu (vgl. *BVerfG* 24.04.1996 EzA Art. 9 GG Nr. 61 = AP Nr. 2 zu § 57a HRG unter B II 1; *Trümner/DKKW* § 3 Rn. 26; vgl. auch *Söllner* NZA 1996, 897 [899]). § 1 Abs. 1 TVG kann angesichts der heute bestehenden umfassenden und ausführlichen Regelung des Betriebsverfassungsrechts nur dahin verstanden und ausgelegt werden, dass betriebsverfassungsrechtliche Normen durch Kollektivvertrag nur insoweit geschaffen werden können, als das Betriebsverfassungsgesetz keine abschließende Regelung enthält. § 1 Abs. 1 TVG ermächtigt die Tarifvertragsparteien nicht, eine eigene, vom Gesetz gelöste Betriebsverfassung zu schaffen, sondern allenfalls dazu, Bereiche zu regeln, die der Gesetzgeber für eine kollektivvertragliche Regelung geöffnet hat. Dass die organisatorischen Normen nicht generell einen durch Tarifvertrag auszufüllenden Spielraum enthalten, zeigen die punktuellen, im Gesetz ausdrücklich genannten Regelungsbefugnisse der Tarifvertragsparteien deutlich (vgl. *Däubler/DKKW* Einl. Rn. 81 bereits zum BetrVG 1972). Demgegenüber können nach der Rechtsprechung des *BAG* die **materiellen Beteiligungsrechte des Betriebsrats durch Tarifvertrag erweitert** werden (s. *BAG* 18.08.1987 AP Nr. 23 zu § 77 BetrVG 1972 unter B III 2b *[von Hoyningen-Huene]*; 10.02.1988 AP Nr. 53 zu § 99 BetrVG 1972 = SAE 1991, 352 *[Buchner]*; krit. *Semler* Auswirkungen der Tarifpluralität, S. 130 f.; s. a. § 1 Rdn. 70 ff.).

4 An dieser gesetzlichen Ausgangslage hat die **Erweiterung der Regelungsmöglichkeiten der Kollektivvertragsparteien** aufgrund der **Neufassung von § 3** im BetrVerf-ReformG 2001 **nichts geändert**. Der Gesetzgeber wollte hierdurch nicht generell die Organisation der Betriebsverfassung tarifdispositiv gestalten, sondern lediglich die Bestimmung der Basiseinheit der Betriebsverfassung – der Begriff des Betriebs – für Vereinbarungslösungen öffnen (vgl. ausführlich *Rolf* Betriebsratsstruktur, S. 12 ff. m. w. N.). Das Gesetz kennt neben § 3 noch andere Regelungen, wonach organisatorische Bestimmungen der Betriebsverfassung abweichend vom Gesetz gestaltet werden können (vgl. §§ 21a Abs. 1 Satz 4, 38 Abs. 1 Satz 5, 47 Abs. 4, 55 Abs. 4, 72 Abs. 4 und 8, 76 Abs. 8, 76a Abs. 5, 86 und 117 Abs. 2). Zumeist erlauben diese Vorschriften eine vom Gesetz abweichende Zusammensetzung von Arbeitnehmervertretungsgremien (etwa §§ 47 Abs. 4, 55 Abs. 4) oder veränderte Regelungen zur Freistellung von Betriebsräten (§ 38 Abs. 1 Satz 4) sowohl durch Betriebsvereinbarung als auch Tarifvertrag. Die weitestgehenden Gestaltungsmöglichkeiten der Tarifvertragsparteien eröffnet § 117 Abs. 2. Danach können die Tarifvertragsparteien für im Flugbetrieb beschäftigte Arbeitnehmer eine Arbeitnehmervertretung errichten, da für diese Arbeitnehmer nach § 117 Abs. 1 das BetrVG nicht gilt.

5 Aus § 3 BetrVG 1972, insbesondere § 3 Abs. 1 Nr. 1 BetrVG 1972, wurde vielfach ein sog. **Vertretungsmonopol des Betriebsrats** abgeleitet. Dabei wurde diese Vorschrift nicht nur als Norm gedeutet, welche die Tarifvertragsparteien ermächtigte, zusätzliche betriebsverfassungsrechtliche Vertretungen unter den dort formulierten Voraussetzungen zu schaffen, sondern darüber hinaus als Verbotsvorschrift für die Bildung anderer Arbeitnehmervertretungen, welche in Konkurrenz mit dem Betriebsrat treten könnten (vgl. *BAG* 19.06.2001 EzA § 118 BetrVG 1972 Nr. 73 *[Auer]* = SAE 2002, 276 *[Franzen]* unter II 2b, aa; aus der Literatur s. nur *Kraft* 6. Aufl., § 3 Rn. 8). Nach den Worten des *BAG* ist der Betriebsrat die gesetzliche Vertretung der Arbeitnehmerschaft schlechthin (*BAG* 19.02.1975 AP Nr. 9 zu § 5 BetrVG 1972 = SAE 1976, 133 *[Beuthien]* unter III 1b). Daher hat das *BAG* die Errichtung freiwilliger Sprecherausschüsse für leitende Angestellte vor Inkrafttreten des SprAuG für zulässig erachtet, da leitende Angestellte aus der Betriebsverfassung ausgenommen sind und eine Konkurrenzsituation mit dem Betriebsrat somit nicht entstehen konnte (vgl. *BAG* 19.02.1975 AP Nr. 9 zu § 5 BetrVG 1972 *[Richardi]* = SAE 1976, 133 *[Beuthien]*). Dasselbe galt für ein Redaktionsstatut in einem Zeitungsverlag, aufgrund dessen ein von den Redakteuren gewählter

Redaktionsrat Mitbestimmungsrechte bei personellen Einzelmaßnahmen gegenüber Redakteuren und dem Chefredakteur ausüben konnte, weil bei der konkreten Ausgestaltung des Redaktionsstatuts eine Konkurrenz mit dem Betriebsrat nicht zu besorgen war (vgl. *BAG* 19.06.2001 EzA § 118 BetrVG 1972 Nr. 73 *[Auer]* = SAE 2002, 276 *[Franzen]*). Diese Grundsätze können auch nach dem BetrVerf-Reformgesetz 2001 weiter Geltung beanspruchen (ebenso *BAG* 24.08.2004 EzA § 98 BetrVG 2001 Nr. 1 = NZA 2005, 371 für eine tarifvertraglich eingerichtete Auszubildendenvertretung in einem reinen Ausbildungsbetrieb; zu diesem Tarifvertrag *Klinkhammer* 50 Jahre Bundesarbeitsgericht, 2004, S. 963 ff.). Der Gesetzgeber hat zwar die Bildung zusätzlicher Arbeitnehmervertretungen flexibilisiert. Den zusätzlich geschaffenen Arbeitnehmervertretungen können aber keine Mitwirkungs- und Mitbestimmungsrechte des Betriebsrats eingeräumt werden (s. a. noch Rdn. 24, 28).

II. Voraussetzungen der Abweichungsbefugnis (Abs. 1)

1. Inhaltliche Begrenzung der Abweichungsbefugnis im Allgemeinen

§ 3 eröffnet in Abs. 1 Nr. 1 bis 3 unter den dort näher geregelten Voraussetzungen die Möglichkeit, **6** von dem Betrieb als gesetzlich vorgegebener Basis der Betriebsverfassung abzuweichen und andere Repräsentationseinheiten zugrunde zu legen. Demgegenüber geht es bei § 3 Abs. 1 Nr. 4 und 5 um zusätzliche Arbeitnehmervertretungsgremien, wobei Nr. 4 die Kommunikation zwischen verschiedenen Arbeitnehmervertretungen verbessern soll, während Nr. 5 auf die Kommunikation zwischen der Belegschaft und dem Betriebsrat zielt.

Die Regelungsbefugnis der Tarifvertrags- bzw. Betriebsvereinbarungsparteien ist im Rahmen von **7** Abs. 1 Nr. 1 bis 5 **inhaltlich begrenzt**. Alle Katalogtatbestände verlangen in unterschiedlichen Formulierungen in der Tendenz, dass die **Wahrnehmung der Interessen der Arbeitnehmer** durch die **Abweichungen verbessert** wird. Der Gesetzgeber hat die Anbindung des Betriebsrats an den Betrieb als Organisationsbasis der Betriebsverfassung gelöst und insbesondere den Tarifvertragsparteien insoweit Gestaltungsmöglichkeiten eingeräumt, um die Beteiligung der Arbeitnehmer und ihrer Vertreter zu verbessern (vgl. BT-Drucks. 14/5741, S. 33; *Friese* ZfA 2003, 237 [257]: Optimierungsfunktion; *Schipper* Industriepark, S. 92). So müssen Abweichungen im Rahmen von Nr. 1 die ›Bildung von Betriebsräten erleichtern‹ oder der ›sachgerechten Wahrnehmung der Interessen der Arbeitnehmer dienen‹, im Rahmen von Nr. 2 der ›sachgerechten Wahrnehmung der Aufgaben des Betriebsrats dienen‹ und bei Nr. 3 der ›wirksamen und zweckmäßigen Interessenvertretung der Arbeitnehmer dienen‹. Diese Formulierungen sind inhaltlich vage und schwer zu konkretisieren. Gleichwohl müssen die Voraussetzungen im Streitfall von den Gerichten umfassend nachgeprüft werden können; sie unterliegen also einer umfassenden **Rechtskontrolle** im Hinblick darauf, ob die einschränkenden Voraussetzungen der einzelnen Katalogtatbestände von den Kollektivvertragsparteien beachtet wurden (ebenso *Eich* FS *Weinspach*, S. 17 [29]; *Fitting* § 3 Rn. 21; *Friese* ZfA 2003, 237 [259]; *Plander* NZA 2002, 483 [488]; *Richardi* NZA 2001, Sonderheft S. 7 [8]). Dies beruht darauf, dass Tarifverträge im Rahmen von § 3 von zweiseitig zwingendem Gesetzesrecht abweichen und die Rechtssetzungsbefugnis der Tarifvertragsparteien daher nur im Rahmen der gesetzlichen Vorgaben besteht (s. näher *Friese* ZfA 2003, 237 [252 ff.]). Das *BAG* hat die gerichtliche Kontrollbefugnis bei Zuordnungstarifverträgen im Rahmen von § 3 Abs. 1 Nr. 3 BetrVG 1972 zwar zurückgenommen, dies jedoch damit begründet, dass ein solcher Zuordnungstarifvertrag bereits einer präventiven Rechtskontrolle wegen des damals noch geltenden Zustimmungserfordernisses der zuständigen Arbeitsbehörde (§ 3 Abs. 2 BetrVG 1972) unterlegen war (vgl. *BAG* 24.01.2001 AP Nr. 1 zu § 3 BetrVG 1972 unter B III 2a *[Kort]*; ebenso *Gamillscheg* FS *Molitor*, S. 133 [148]; *ders.* Kollektives Arbeitsrecht I, S. 606). Dieses Argument ist nun nach der Aufgabe des Zustimmungserfordernisses durch den Gesetzgeber des BetrVerf-Reformgesetzes 2001 nicht mehr tragfähig.

Die die Regelungsbefugnisse der Kollektivvertragsparteien begrenzenden Tatbestandsmerkmale ent- **8** halten eine Fülle unbestimmter Rechtsbegriffe. So ist in Nr. 1 von einer ›**sachgerechten** Wahrnehmung der Arbeitnehmerinteressen‹ die Rede, in Nr. 2 von einer ›**sachgerechten** Wahrnehmung der Aufgaben des Betriebsrats‹ und in Nr. 3 von einer ›**zweckmäßigen** Interessenvertretung der Arbeitnehmer‹. Die Sachgerechtigkeit und Zweckmäßigkeit einer Regelung können nun im Rahmen der Rechtskontrolle nicht der Richter, sondern eher die Kollektivvertragsparteien selbst beurteilen. Daher muss diesen insoweit ein **Beurteilungsspielraum** zustehen; die Einhaltung der Grenzen unterliegen aber der gerichtlichen Nachprüfung (*Friese* ZfA 2003, 237 [257]; *Richardi* § 3 Rn. 96; weitergehend *Trümner/DKKW* § 3 Rn. 216: Begrenzung auf grobe Fehler bei der Ausübung des Beurteilungsspielraums durch die Tarifvertragsparteien; dagegen für eine strenge Prüfung der Voraussetzungen *Kort* Anm. zu BAG 13.03.2013 AP Nr. 10 zu § 3 BetrVG 1972). In dieser Richtung dürfte auch das *BAG* tendieren (vgl. BAG 13.03.2013 AP Nr. 10 zu § 3 BetrVG 1972 *[Kort]*; 24.04.2013 EzA § 3 BetrVG 2001 Nr. 7 Rn. 31 = AP Nr. 11 zu § 3 BetrVG 1972). Die erforderlichen Beurteilungskriterien müssen aus dem Zweck von § 3, die Arbeitnehmerrepräsentation zu verbessern, und den übrigen aus dem Gesetz zu entnehmenden Wertungen hergeleitet werden. Hierzu gehören durchaus gegenläufige Abwägungskriterien: Eine möglichst umfassende Belegschaftsrepräsentation, woran es fehlen kann, wenn gewählte Arbeitnehmervertretungen gegen ihren Willen abgeschafft werden (vgl. dazu den Fall BAG 24.01.2001 AP Nr. 1 zu § 3 BetrVG 1972 *[Kort]* zu § 3 a. F.; s. a. Rdn. 12, 43); die Bildung der Repräsentationsorgane bei den maßgeblichen Entscheidungsträgern (dies betonend BAG 13.03.2013 AP Nr. 10 zu § 3 BetrVG 1972 *[Kort]*); eine möglichst klare Funktionsabgrenzung; die Vermeidung von Tarifkonkurrenzen (s. dazu Rdn. 34 ff.); effektive Aufgabenwahrnehmung; räumliche Nähe vgl. BAG 24.04.2013 EzA § 3 BetrVG 2001 Nr. 7 Rn. 28 = AP Nr. 11 zu § 3 BetrVG 1972 *[Melot de Beauregard]*; nicht aber Kostengesichtspunkte (vgl. *Wedde* AuR 2011, 398) und nur eingeschränkt die Herbeiführung des Überschreitens der Schwellenwerte der §§ 99, 111, da diese ohnehin am Unternehmen und nicht mehr am Betrieb anknüpfen (vgl. zu den relevanten Beurteilungskriterien ausführlich *Friese* ZfA 2003, 237 [258]; *dies.* RdA 2003, 92 [100]). Im Rahmen von § 3 Abs. 1 Nr. 3 wird insbesondere bei Tarifverträgen, welche im Wettbewerb miteinander stehende oder sich als Kunden gegenüberstehende Unternehmen betriebsverfassungsrechtlich zusammenbinden, zu beachten sein, ob sich die Interessen der jeweils kleineren Unternehmen und Belegschaften hinreichend artikulieren können »Majorisierungsgefahr«, näher *Rolf* Betriebsratsstruktur, S. 130 ff.). Überschreiten die Regelungen die Grenzen des den Kollektivvertragsparteien eingeräumten Beurteilungsspielraums oder sind sie aus anderen Gründen unzulässig, sind die Regelungen unwirksam. Zu den Rechtsfolgen bei unwirksamen Kollektivverträgen s. Rdn. 76.

2. Ersetzung des Betriebs durch andere Organisationseinheiten (Abs. 1 Nr. 1–3)

a) Zusammenfassung von Betrieben bei Unternehmen mit mehreren Betrieben (Nr. 1)

9 Für Unternehmen mit mehreren Betrieben kann die Bildung eines »**unternehmenseinheitlichen Betriebsrats**« (Nr. 1a) bzw. die »**Zusammenfassung von Betrieben**« (Nr. 1b) bestimmt werden. Das Gesetz knüpft nach wie vor an den Betrieb als Basis für die Betriebsverfassung an (vgl. *Konzen* RdA 2001, 76 [79 unter III 1]; § 1 Rdn. 26 ff.), ermöglicht aber die Bildung eines **unternehmenseinheitlichen Betriebsrats** und die **Zusammenfassung mehrerer Betriebe** eines Unternehmens. Die beiden Tatbestände lassen sich folgendermaßen voneinander abgrenzen: Nr. 1a gilt für den Fall, dass alle Betriebe des Unternehmens für die Zwecke der Betriebsverfassung zusammengefasst werden, so dass der Sache nach das Unternehmen die Repräsentationseinheit darstellt. In diesem Fall werden alle Unternehmensteile erfasst, auch die bislang nicht betriebsratsfähigen Kleinstbetriebe des Unternehmens, welche aber bereits nach § 4 Abs. 2 dem Hauptbetrieb zuzurechnen sind (s. dazu § 4 Rdn. 7 f.). Ein Gesamtbetriebsrat nach § 47 Abs. 1 kann daher nicht mehr gebildet werden. Demgegenüber behandelt Nr. 1b den Fall, dass lediglich ein Teil der Betriebe des Unternehmens zu einer betriebsverfassungsrechtlichen Repräsentationseinheit zusammengefasst wird. In diesem Fall werden nur diejenigen Betriebe zu der Repräsentationseinheit gerechnet, die in der Regelung genannt sind. Bestehen in dem Unternehmen weitere Betriebe mit Betriebsräten, ist auch ein Gesamtbetriebsrat zu bilden. Auf Nr. 1b kann nur die Zusammenfassung von Betrieben gestützt werden, nicht aber die Aufteilung von Betrieben; dies ist nur aufgrund von Nr. 2 oder Nr. 3 möglich (vgl. *Fitting* § 3 Rn. 36; *Kort* Die AG 2003, 13 [19]; *Richardi* § 3 Rn. 21; **a. M.** *Trümner/DKKW* § 3 Rn. 60 ff.). Das *BAG* scheint von einem Vorrangverhältnis von Nr. 1b gegenüber Nr. 1a auszugehen, wenn bereits die Zusammenfassung von einzelnen Betrieben des Unternehmens die Bildung von Betriebsräten erleichtert (BAG 24.04.2013 EzA § 3 BetrVG 2001 Nr. 7 Rn. 30 = AP Nr. 11 zu § 3 BetrVG 1972 *[Melot de Beauregard]*; *Richardi* NZA 2014, 232 [233]).

Das Tatbestandsmerkmal »**Betrieb**« i. S. v. § 3 Abs. 1 Nr. 1b ist dabei nicht i. S. d. herkömmlichen be- **10**
triebsverfassungsrechtlichen Betriebsbegriffs zu verstehen, sondern erfasst auch selbständige Betriebsteile nach § 4 Abs. 1 und Kleinstbetriebe nach § 4 Abs. 2 (s. näher *Heinkel* Organisationseinheit,
S. 110 ff.; ebenso *Löwisch / Tarantino* RdA 2014, 317 [318]). Eine von § 4 abweichende Zuordnung unselbständiger Betriebsteile kann jedoch nicht nach § 3 Abs. 1 Nr. 1b vorgenommen werden, da sich
dies gleichzeitig als Spaltung des Betriebs darstellte, die vom Wortlaut des § 3 Abs. 1 Nr. 1b nicht gedeckt wäre (vgl. *Heinkel* Organisationseinheit, S. 130 f.).

Nr. 1 setzt voraus, dass das **Unternehmen mehrere Betriebe** unterhält. Dies ist auch dann der Fall, **11**
wenn das Unternehmen Betriebsteile und/oder Kleinstbetriebe nach § 4 umfasst. Insofern nimmt § 3
Abs. 1 Nr. 1 n. F. den Tatbestand des früheren § 3 Abs. 1 Nr. 3 BetrVG 1972 auf, wobei die Anwendungsvoraussetzungen erweitert wurden. Damit kann eine Regelung nach § 3 Abs. 1 Nr. 1 Zweifelsfragen im Hinblick auf die Anwendung von § 4 beseitigen. Die aufgrund der abweichenden Regelung
zusammengefasste Organisationseinheit muss dann die Voraussetzungen der Betriebsratsfähigkeit nach
§ 1 Abs. 1 erfüllen. Die Betriebe müssen demselben Unternehmen angehören; eine unternehmensübergreifende, etwa konzerneinheitliche Arbeitnehmervertretung kann nicht aufgrund von Nr. 1,
sondern allenfalls nach Nr. 3 gebildet werden (vgl. *Richardi* § 3 Rn. 17). Daher ist Nr. 1 nicht einschlägig, wenn das Unternehmen lediglich einen Betrieb unterhält und daneben noch an einem gemeinsamen Betrieb mit anderen Unternehmen beteiligt ist (vgl. *Hoffmann / Alles* NZA 2014, 757 [758]; *Kort*
Die AG 2003, 13 [18]; *ders.* Anm. zu BAG 13.03.2013 AP Nr. 10 zu § 3 BetrVG 1972; *Trümner /
DKKW* § 3 Rn. 37).

Zulässig ist eine Regelung nach Abs. 1 Nr. 1 nur, wenn sie die **Bildung von Betriebsräten erleich-** **12**
tert oder wenn sie der **sachgerechten Wahrnehmung der Interessen der Arbeitnehmer** dient.
Die erstgenannte Voraussetzung ist erfüllt, wenn im gesamten Unternehmen oder in einem Teil
kein Betriebsrat besteht (ebenso *Kort* Die AG 2003, 13 [18]; *Richardi* § 3 Rn. 22; *Trümner/DKKW*
§ 3 Rn. 52; vgl. BAG 24.04.2013 EzA § 3 BetrVG 2001 Nr. 7 Rn. 30 = AP Nr. 11 zu § 3 BetrVG
1972 [*Melot de Beauregard*]). Es genügt auch, wenn durch die Regelung Zweifel ausgeräumt werden
im Hinblick auf die Betriebsratsfähigkeit von Unternehmensteilen (vgl. *Koch/ErfK* § 3 BetrVG Rn. 4;
Trümner/DKKW § 3 Rn. 52). Die zweitgenannte Alternative ist beispielsweise einschlägig, wenn im
Rahmen von Nr. 1a die die Arbeitnehmer betreffenden bzw. die Mitbestimmungsrechte des Betriebsrats berührenden Entscheidungen im Wesentlichen auf der Ebene des Unternehmens getroffen werden (so *Reg. Begr.* BT-Drucks. 14/5741, S. 34). Dann ist aber schon nach bisherigem Recht das Unternehmen regelmäßig mit dem Betrieb i. S. d. Betriebsverfassungsgesetzes identisch – außer in den
Fällen des § 4. Im Rahmen von Nr. 1b wird vor allem die Errichtung von Regionalbetriebsräten
für Unternehmen mit Filialstruktur ermöglicht (vgl. *Reg. Begr.* BT-Drucks. 14/5741, S. 34; *Konzen*
RdA 2001, 76 [87]; *Richardi* NZA 2014, 232 [233]; näher zu Filialstrukturen *Haas / Salamon* RdA
2008, 146; zum einschränkenden Kriterium der Kongruenz mit entsprechenden tatsächlichen Leitungsstrukturen *Sprenger* NZA 2013, 990 [993]). Eindeutig unzulässig wäre eine Regelung durch Kollektivvertrag, wonach einzelne Unternehmensteile in die Repräsentationseinheit einbezogen
werden, wenn dort auch bislang kein Betriebsrat bestanden hat (ebenso *Trümner/DKKW* § 3 Rn. 54).
Die Belegschaft dieses Unternehmensteils kann nicht auf ein Vorgehen nach § 4 Abs. 1 Satz 2 verwiesen werden. Umgekehrt muss die Einbeziehung eines Unternehmensteils, der bereits bislang durch
einen Betriebsrat repräsentiert wurde, nicht notwendigerweise unzulässig sein, da die Bildung eines
größeren Repräsentationsbereichs durchaus der sachgerechten Wahrnehmung der Interessen der Arbeitnehmer dienen kann (vgl. hierzu BAG 24.01.2001 AP Nr. 1 zu § 3 BetrVG 1972 [*Kort*]). Allerdings kann das Einverständnis des betroffenen Betriebsrats ein Abwägungskriterium darstellen. Zur
Rechtskontrolle und zum Beurteilungsspielraum der Kollektivvertragsparteien s. Rdn. 7 f.

b) Regelungen für produkt- oder projektbezogene Geschäftsbereiche (sog. Sparten, Nr. 2)
Für Unternehmen und Konzerne, die nach »**Sparten**« (vgl. dazu *Konzen* Unternehmensaufspaltun- **13**
gen, S. 100), d. h. nach produkt- oder projektbezogenen Geschäftsbereichen organisiert sind, kann die
Bildung von **Spartenbetriebsräten** ermöglicht werden. Der Gesetzgeber versteht unter Sparte einen
produkt- oder projektbezogenen Geschäftsbereich als Teil eines Unternehmens oder Konzerns. Der
Begriff der »Sparte« ist bislang soweit ersichtlich noch nicht als Begriff der Gesetzessprache verwendet

worden, jedenfalls nicht im Arbeitsrecht. Bei einer Spartenorganisation wird das Unternehmen oder der Konzern in der Weise gegliedert, dass nach bestimmten objektbezogenen Kriterien (etwa Produktgruppen, Regionen oder auch Absatzmärkten) Geschäftsbereiche gebildet werden. Dabei ist die Sparte umfassend zuständig für alle Vorgänge ihres Bereichs, also von der technischen Entwicklung über die Produktion, Verwaltung und Vertrieb. In der Praxis gibt es eine solch rein divisionale Organisationsstruktur selten; vielmehr bleiben neben der divisionalen Struktur häufig einzelne Einheiten mit funktionaler Aufgabenstellung bestehen – etwa Rechnungs- und Personalwesen, Revision, Öffentlichkeitsarbeit (vgl. *Joost* Betrieb und Unternehmen, S. 123; *Wendeling-Schröder* Divisionalisierung, Mitbestimmung und Tarifvertrag, S. 9 ff.). An der gesetzlichen Formulierung irritiert nun etwas, dass einerseits projektbezogene Organisationsstrukturen herkömmlich nicht als Sparten bezeichnet werden und andererseits der Produktbezug der Sparte nur eine Möglichkeit der entsprechenden Organisationsstruktur darstellt (kritisch *Friese* RdA 2003, 92 [93]). Diese gesetzgeberische Ungenauigkeit dürfte jedoch nicht sehr ins Gewicht fallen. Man kann davon ausgehen, dass der Gesetzgeber Unternehmen und Konzerne mit divisionaler objektbezogener Organisationsstruktur umfassend einbeziehen wollte, auch wenn diese nicht produkt- sondern anderweitig objektbezogen – etwa nach Funktionen, Absatzmärkten oder Regionen – organisiert sind (ähnlich *Preis / WPK* § 3 Rn. 13; *Richardi* § 3 Rn. 26; **a. M.** *Fitting* § 3 Rn. 39; *Trümner/DKKW* § 3 Rn. 64; *Bauer/Herzberg* NZA 2011, 713 [718]). Außerdem kann ein vom Gesetz abweichender Tarifvertrag die betriebsverfassungsrechtliche Repräsentationseinheit immer noch auf der Grundlage von Nr. 3 regeln (ebenso *Heinkel* Organisationseinheit, S. 147).

14 Die Spartenleitung muss **Entscheidungen in beteiligungspflichtigen Angelegenheiten tatsächlich treffen** können. Nicht erforderlich ist, dass die Spartenleitung insoweit alle Entscheidungen treffen können muss. In diesem Fall wäre die Spartenleitung identisch mit der Betriebsleitung und alle der Sparte angehörenden Arbeitnehmer würden einen Betrieb im herkömmlichen Verständnis des Betriebsverfassungsgesetzes bilden, da das BAG maßgeblich auf die Einheitlichkeit der Entscheidungen in mitbestimmungspflichtigen Angelegenheiten abstellt (s. § 1 Rdn. 43). Einer Abweichung durch Kollektivvertrag bedürfte es dann nicht (vgl. *Konzen* RdA 2001, 76 [87]). Im Gesetzeswortlaut kommt dies dadurch zum Ausdruck, dass die Spartenleitung jedenfalls ›auch‹ Entscheidungen in beteiligungspflichtigen Angelegenheiten treffen kann; Vollständigkeit ist insoweit nicht erforderlich (vgl. *Trümner/ DKKW* § 3 Rn. 72). Liegt bei der unternehmensübergreifend gebildeten Spartenleitung der Kern der Entscheidungsbefugnis in beteiligungspflichtigen Angelegenheiten in personellen und sozialen Angelegenheiten, so ist die Sparte in der Regel nichts anderes als der gemeinsame Betrieb mehrerer Unternehmen, wenn die Entscheidungsbefugnis der Sparte nicht lediglich auf Konzernleitungsmacht, sondern auch auf einer Führungsvereinbarung beruht (vgl. *Konzen* RdA 2001, 76 [87]; *Rieble* RWS Forum 21, S. 25 [36 f.]; vgl. auch § 1 Rdn. 46 ff.). Endet in solchen Fällen unternehmensübergreifend gebildeter Spartenleitung die Vereinbarung, welche die Spartenleitung konstituiert, existiert eine solche nicht mehr. Dann endet auch der Anknüpfungspunkt für den Abschluss eines Kollektivvertrags zur Einführung einer Spartenbetriebsverfassung, weil der Wortlaut von § 3 Abs. 1 Nr. 2 deutlich die Existenz einer Spartenleitung mit Entscheidungsbefugnissen in beteiligungspflichtigen Angelegenheiten als Tatbestandsvoraussetzung einer Kollektivvereinbarung benennt (ähnlich, aber mit abweichenden Rechtsfolgen *Rieble* RWS Forum 21, S. 25 [37]). Zu den Rechtsfolgen s. Rdn. 76.

15 Die Bildung von Spartenbetriebsräten ist in **Unternehmen** oder **Konzernen** möglich. Das Tatbestandsmerkmal »Unternehmen« knüpft an den Unternehmensbegriff des Betriebsverfassungsgesetzes an und meint regelmäßig den Unternehmensträger als Vertragsarbeitgeber (s. § 1 Rdn. 30). Hinsichtlich des Konzerns ist umstritten, ob damit nur der Unterordnungskonzern i. S. v. § 54 Abs. 1 durch Verweisung auf § 18 Abs. 1 AktG oder auch der Gleichordnungskonzern erfasst ist. Die wohl überwiegende Auffassung geht im Rahmen von § 3 vom selben Konzernbegriff aus wie bei § 54 Abs. 1, da ein eigenständiger betriebsverfassungsrechtlicher Konzernbegriff fehlt, und bezieht somit nur den Unterordnungskonzern ein (vgl. BAG 09.02.2011 EzA § 54 BetrVG 2001 Nr. 5; *Kort* Die AG 2003, 13 [16]; *Richardi* § 3 Rn. 28; *Rieble* RWS-Forum 21, S. 25 [35]). Indes findet sich in § 3 Abs. 1 Nr. 2 kein Verweis auf § 18 Abs. 1 AktG wie in §§ 8 Abs. 1 Satz 2, 54 Abs. 1. Die Lösung muss daher vom Zweck der Vorschrift des § 3 her gefunden werden. Konzernbetriebsräte können nur in Unterordnungskonzernen gebildet werden, weil die Unternehmen im Gleichordnungskonzern mangels Beherrschung ihre autonomen Entscheidungskompetenzen behalten und daher Effizienzverluste der Mitbestimmung nicht zu befürchten sind. Bei § 3 geht es um die sachgerechte Gestaltung der Repräsentationsbereiche der Arbeitnehmervertretungen in spartenmäßig organisierten Unternehmen und Konzernen. Dieses Bedürfnis kann auch in Gleichordnungskonzernen auftreten. Sie sind daher von § 3 Abs. 1 Nr. 2 ebenfalls erfasst (ebenso *Friese* RdA 2003, 92 [94]; *Heinkel* Organisationseinheit, S. 142; *Trümner/DKKW* § 3 Rn. 68). Der Streit hat freilich keine große Bedeutung, weil für Tarifverträge jedenfalls der Auffangtatbestand des § 3 Abs. 1 Nr. 3 eingreift.

16 Der **Zuschnitt der Repräsentationsbereiche** im Rahmen von spartenmäßig gegliederten Unternehmen bzw. Konzernen wird vom Gesetz nicht im Einzelnen vorgegeben, sondern der autonomen Gestaltung der Kollektivvertragsparteien überlassen. Ist das Unternehmen bzw. der Konzern vollständig nach Sparten organisiert und erfassen die Kollektivverträge alle Arbeitnehmer des Unternehmens bzw. Konzerns, ersetzt die Spartenbetriebsverfassung vollständig die herkömmliche Repräsentationsstruktur des Gesetzes. Wird nur ein Teil eines Betriebs in die Sparte einbezogen und ist der von der Sparte nicht erfasste Teil eines Betriebs nach Maßgabe von §§ 1, 4 betriebsratsfähig, bleibt insoweit der vorhandene Betriebsrat bestehen. Er ist allerdings nicht mehr für den in die Sparte einbezogenen Betriebsteil zuständig (vgl. *Richardi* § 3 Rn. 34; *ders.* NZA 2014, 232 [234]; *Trümner/DKKW* § 3 Rn. 67). In solchen Fällen ist dann nach § 47 Abs. 1 ein Gesamtbetriebsrat zu bilden, der sich aus Mitgliedern eines Betriebsrats nach den gesetzlichen Vorschriften und aus Mitgliedern des Spartenbetriebsrats zusammensetzt. Eine weitergehende Kombination des gesetzlichen Systems von Betriebsräten mit der Bildung von Spartenbetriebsräten in dem Sinne, dass gesetzlicher Betriebsrat und Spartenbetriebsrat für (teil)identische Repräsentationseinheiten zuständig sind, ist unzulässig (*Hohenstatt/WHSS* Kap. D Rn. 161; *Löwisch/LK* § 3 Rn. 19; *Peix* Errichtung und Fortbestand des Gesamtbetriebsrats, S. 133 f., 144 f.; *Rolf* Betriebsratsstruktur, S. 57 ff.; **a. M.** *Heinkel* Organisationseinheit, S. 166 ff.; *Windeln* Die Reform des Betriebsverfassungsgesetzes im organisatorischen Bereich, S. 59 ff.; wohl auch *Kort* Die AG 2003, 13 [20]). Hiergegen spricht die klare Rechtsfolgenanordnung des § 3 Abs. 5. Danach sind die gebildeten Einheiten Betriebe i. S. d. Gesetzes.

17 Gleichwohl können sich Probleme der Abgrenzung der Zuständigkeiten beider Gremien stellen, vor allem bei **Unternehmen**, die nur **teilweise spartenmäßig** organisiert sind. Wäre der nichtspartenmäßig organisierte »Rest«-betrieb nicht betriebsratsfähig, weil dieser die Voraussetzungen von §§ 1, 4 nicht erfüllt, kann der Kollektivvertrag die jeweiligen Einheiten entsprechend zusammenfassen, bei unternehmensbezogener Spartenorganisation aufgrund von § 3 Abs. 1 Nr. 1b (vgl. *Rieble* RWS Forum 21, S. 25 [35]; s. a. Rdn. 9), bei unternehmensübergreifender jedenfalls aufgrund von § 3 Abs. 1 Nr. 3. Fehlt eine entsprechende Regelung für die nicht spartenmäßig organisierten Betriebsteile, kann dieser Umstand aber auch zu der Beurteilung führen, dass der entsprechende Zuschnitt der Repräsentationseinheit nicht der ›sachgerechten Wahrnehmung der Aufgaben des Betriebsrats‹ dient (dazu s. Rdn. 19) und deshalb unzulässig ist (ebenso *Gistel* Umstrukturierung, S. 58 ff.). Ist das gesamte Unternehmen vollständig nach Sparten organisiert, erlaubt § 3 Abs. 1 Nr. 2 die Bildung von Spartenbetriebsräten sowohl in den bestehenden Betrieben als auch betriebsübergreifend. Im ersten Fall ist der jeweilige Spartenbetriebsrat dann nur für den Betriebsteil zuständig, welcher seiner Sparte zugerechnet wird – dies führt tendenziell zu einer Vermehrung der Arbeitnehmervertretungsgremien; im zweiten Fall ist der jeweilige Spartenbetriebsrat für die gesamte Sparte im Unternehmen zuständig und fungiert als »Unternehmensteilbetriebsrat« (vgl. *Friese* RdA 2003, 92 [98]; *Hohenstatt/WHSS* Kap. D Rn. 162 ff.).

18 Im Schrifttum ist umstritten, ob eine Spartenbetriebsverfassung nur für den Repräsentationsbereich auf der **untersten, dem Betrieb im gesetzlichen Sinn entsprechenden Repräsentationsebene** errichtet werden kann oder auch **auf den anderen Organisationsebenen »Unternehmen« oder »Konzern«** (vgl. dazu *Friese* RdA 2003, 92 [96]; *Hohenstatt/WHSS* Kap. D Rn. 165 ff.; *Kort* Die AG 2003, 13 [20]; *Peix* Errichtung und Fortbestand des Gesamtbetriebsrats, S. 168 ff.; *Richardi* § 3 Rn. 32; *Trümner/DKKW* § 3 Rn. 78 ff.). Die Gesetzesbegründung nennt in diesem Zusammenhang auch Spartengesamtbetriebsräte (*Reg. Begr.* BT-Drucks. 14/5741, S. 34, l. Sp.), was die Regelungsbefugnis für die Kollektivvertragsparteien auch jenseits der Basisrepräsentationseinheit indizieren könnte (vgl. hierzu ausführlich *Rügenhagen* Betriebliche Mitbestimmung, S. 190 ff.). Der Wortlaut von § 3 Abs. 1 Nr. 2 verbietet die Bildung von Spartenbetriebsräten auf den höheren Repräsentationsebenen nicht von vornherein. Der Umstand, dass das Gesetz nur von Betriebsräten und nicht Gesamt- oder Konzernbetriebsräten handelt, stellt kein sehr tragfähiges Argument dar, da auch Gesamt- bzw. Konzernbetriebsrat als Betriebsrat i. S. d. Gesetzes angesprochen werden. Allerdings spricht m. E. der Zweck von § 3 gegen die Einbeziehung von weiteren Repräsentationsebenen. Ausgangspunkt der erweiterten Abweichungsmöglichkeiten für die Kollektivvertragsparteien war die gesetzgeberische Erkenntnis, dass die Anbindung an den Betrieb als ausschließliche Organisationsbasis der Betriebsverfassung nicht ausreicht (vgl. *Reg. Begr.* BT-Drucks. 14/5741, S. 33, r. Sp.). Damit wollte der Gesetzgeber die untere Repräsentationseinheit für abweichende Regelungen öffnen, und nicht die darauf aufbauenden. Dies belegt auch die Fiktion des § 3 Abs. 5 Satz 1, der die jeweils durch Kollektivvertrag hergestellten Einheiten als Betrieb i. S. d. BetrVG anspricht und nicht als übergeordnete Repräsentationseinheit im Unternehmen bzw. Konzern. Im Übrigen hätte der Gesetzgeber klarere Vorgaben für die Abgrenzung der Zuständigkeiten der Arbeitnehmervertretungsorgane auf den verschiedenen Repräsentationsebenen erlassen müssen. Gegen diese Überlegungen spricht nicht, dass im Rahmen von § 3 Abs. 1 Nr. 3 ohnehin von der zwei- bzw. dreistufigen gesetzlich vorgegebenen Interessenvertretung abgewichen werden kann (vgl. *Reg. Begr.* BT-Drucks. 14/5741, S. 34, l. Sp.; so aber *Friese* RdA 2003, 92 [96]; *Trümner/DKKW* § 3 Rn. 80). Dort geht es insbesondere darum, statt der zwei- oder dreistufigen Interessenvertretung eine einstufige schaffen zu können (vgl. *Reg. Begr.* BT-Drucks. 14/5741, S. 34, l. Sp.). Dies kann auch dadurch erreicht werden, dass alle Betriebe eines Unternehmens (nach Nr. 1a) oder eines Konzern (nach Nr. 3) zu einer Repräsentationseinheit zusammengefasst werden; der Wegfall des Gesamt- bzw. Konzernbetriebsrats ist daher gesetzliche Folge und nicht Gegenstand der Vereinbarung (vgl. *Thüsing* ZIP 2003, 693 [704]). Insgesamt spricht somit mehr dafür, Nr. 2 lediglich auf die Bildung der Basiseinheit der Betriebsverfassung zu beziehen und Arbeitnehmervertretungen auf höheren Repräsentationseinheiten im Rahmen von § 3 Abs. 1 Nr. 2 nicht zuzulassen (*Hoffmann/Alles* NZA 2005, 757 [759]; *Kort* Die AG 2003, 13 [20 f.]; *Löwisch/LK* § 3 Rn. 16; *Peix* Errichtung und Fortbestand des Gesamtbetriebsrats, S. 180; *Rieble* RWS Forum 21, S. 25 [35]; *Thüsing* ZIP 2003, 693 [703]; *Trümner/DKKW* § 3 Rn. 79 f.; *Rügenhagen* Betriebliche Mitbestimmung, S. 189 f.; **a. M.** *ArbG* Frankfurt 24.05.2006 NZA-RR 2007, 25; *Friese* RdA 2003, 92 [96]; *Heinkel* Organisationseinheit, S: 159; tendenziell auch *Richardi* § 3 Rn. 32 f.; *ders.* NZA 2014, 232 [234]). Ob und inwieweit Gesamt- oder Konzernbetriebsräte gebildet werden müssen bzw. können, ergibt sich aus den gesetzlichen Bestimmungen. Bei unternehmensübergreifender Spartenorganisation ist für die Beantwortung dieser Frage die Parallele zum gemeinsamen Betrieb mehrerer Unternehmen heranzuziehen (ebenso *Rieble* RWS Forum 21, S. 25 [37]; *Thüsing* ZIP 2003, 693 [703]; s. dazu *Kreutz/Franzen* § 47 Rdn. 21 ff.).

19 Die Bildung von Spartenbetriebsräten ist nur zulässig, wenn dies der **sachgerechten Wahrnehmung der Aufgaben »des Betriebsrats«** dient. Der Gesetzestext lässt zunächst offen, welcher Betriebsrat gemeint ist. In der Gesetzesbegründung lautet die entsprechende erläuternde Formulierung: ›Die Einführung von spartenbezogenen Arbeitnehmervertretungen muss der sachgerechten Wahrnehmung der Aufgaben von Betriebsräten dienen‹ (*Reg. Begr.* BT-Drucks. 14/5741, S. 34, r. Sp.). Die Verwendung des Plural deutet darauf hin, dass hier allgemein Arbeitnehmervertretungen gemeint sind. Demnach muss man im konkreten Einzelfall die aufgrund des Gesetzes bestehende Arbeitnehmervertretungsstruktur mit der aufgrund des Kollektivvertrags gebildeten vergleichen und fragen, welche Struktur die Aufgaben der Arbeitnehmervertretung sachgerechter wahrnehmen kann (in dieser Richtung auch *Annuß* NZA 2002, 290 [292] für § 3 Abs. 1 Nr. 3). Die Gesetzesbegründung nennt hier als Beispiel die Errichtung des Betriebsrats auf der Organisationsebene, auf der ihm ein kompetenter Ansprechpartner und Entscheidungsträger gegenüber steht (*Reg. Begr.* BT-Drucks. 14/5741, S. 34, r. Sp.). Siehe zu den im Übrigen maßgeblichen Beurteilungskriterien Rdn. 8 sowie zur Rechtskontrolle der Gerichte Rdn. 7.

c) Andere Arbeitnehmervertretungsstrukturen (Nr. 3)

20 Nr. 3 stellt gewissermaßen den Auffangtatbestand von Abweichungsmöglichkeiten der Kollektivvertragsparteien dar. Diese können »**andere Arbeitnehmervertretungsstrukturen**« schaffen, soweit dies wegen der **Betriebs-, Unternehmens-** oder **Konzernorganisation** oder aufgrund **anderer Formen der Zusammenarbeit von Unternehmen** einer **wirksamen oder zweckmäßigen Interessenvertretung der Arbeitnehmer** dient. Bei den beiden alternativ aufgeführten Voraussetzungen handelt es sich freilich nicht um zu konturierende Tatbestandsmerkmale, sondern um beispielhafte

Abweichende Regelungen § 3

Aufzählungen, wie die gesetzliche Formulierung mit dem Wort »insbesondere« zeigt. Wie bei Nr. 2 stellt sich auch bei Nr. 3 die Frage, ob den Tarifvertragsparteien Regelungsbefugnisse nur für die Basiseinheit der Betriebsverfassung oder auch für weitergehende Repräsentationsebenen eingeräumt sind (s. dazu bereits Rdn. 18). Der Wortlaut von Nr. 3 könnte insofern ein anderes Verständnis als bei Nr. 2 nahe legen, als dort von »Arbeitnehmervertretungsstrukturen« und nicht mehr wie bei Nr. 1 und 2 von der Bildung von Betriebsräten die Rede ist (vgl. *Hohenstatt/Dzida* DB 2001, 2498 [2500]). Außerdem fungiert Nr. 3 gewissermaßen als generalklauselartiger Auffangtatbestand mit weitgehenden Flexibilisierungsmöglichkeiten (darauf weist *Windeln* Die Reform des Betriebsverfassungsgesetzes im organisatorischen Bereich, S. 64 hin; ebenso *Linse* Zulässigkeit vereinbarter Arbeitnehmervertretungsstrukturen, S. 153 f.). Allerdings hätte der Gesetzgeber dann im Rahmen von Nr. 3 die regelmäßig gesetzlich zwingende Organisation der Betriebsverfassung weithin für Abweichungen in Tarifverträgen geöffnet. Es kann freilich nicht angenommen werden, dass der Gesetzgeber so weit gehen wollte und etwa auch die Zuständigkeitsabgrenzungen der Arbeitnehmervertretungen auf den verschiedenen Repräsentationsebenen den Tarifvertragsparteien überlassen wollte. Schließlich spricht gegen die skizzierte Überlegung mit starkem Gewicht die gesetzliche Fiktion des § 3 Abs. 5, wonach die aufgrund von § 3 Abs. 1 Nr. 1 bis 3 gebildeten Repräsentationseinheiten als Betrieb gelten. Daher können die Tarifvertragsparteien auch im Rahmen von Nr. 3 lediglich Regelungen über die Basisrepräsentationseinheit vorgeben. Ob ein Gesamtbetriebsrat gebildet werden muss oder ein Konzernbetriebsrat gebildet werden kann, ergibt sich dann aus den Bestimmungen des Betriebsverfassungsgesetzes und nicht aus dem jeweiligen Tarifvertrag (ebenso im Ergebnis *Giesen* BB 2002, 1480 [1481]; *Krebber* Arbeitsabläufe, S. 338; *Peix* Errichtung und Fortbestand des Gesamtbetriebsrats, S. 187, 193; *Rolf* Betriebsratsstruktur, S. 20, 25 ff.; *Teusch* NZA 2007, 124 [127]; *Thüsing* ZIP 2003, 693 [703 f.]; wohl auch *Rieble* RWS Forum 21, S. 25 [39 f.]; *Schipper* Industriepark, S. 87 f., 94 ff.; *Schmiege* Betriebsverfassungsrechtliche Organisationsstruktur durch Tarifvertrag, S. 108 ff.; *Sobotta* Organisation, S. 105 ff.; **a. M.** *Annuß* NZA 2002, 290 [292]; *Hanau* ZIP 2001, 1981 [1982]; *Hohenstatt/WHSS* Kap. D Rn. 166, 174; *Kania/Klemm* RdA 2006, 22 [23 f.]; *Trümner/DKKW* § 3 Rn. 93; *Windeln* Die Reform des Betriebsverfassungsgesetzes im organisatorischen Bereich, S. 65 ff.).

Voraussetzung ist zunächst eine bestimmte **Betriebs-, Unternehmens- oder Konzernorganisation**, welche nicht bereits von den Spezialtatbeständen von Nr. 1 oder Nr. 2 erfasst ist. Besonderheiten der Betriebsorganisation kommen etwa in Betracht, wenn der Anteil der Stammbelegschaft gegenüber den kurzzeitig oder unregelmäßig Beschäftigten besonders niedrig ist, etwa bei kommunalen Beschäftigungsförderungsgesellschaften oder Qualifizierungsgesellschaften (vgl. *Kort* Die AG 2003, 13 [21]; *Trümner/DKKW* § 3 Rn. 102). Auf der Unternehmensebene kommen vor allem andere Organisationsformen als die in Nr. 2 erwähnte Spartenorganisation in Betracht, etwa funktionale Gliederung der Geschäftsbereiche (vgl. *Kort* Die AG 2003, 13 [21]). Auf der Ebene des Konzerns nennt die Gesetzesbegründung als Beispiel die Schaffung einer zwei- oder gar nur einstufigen Interessenvertretung in einem mittelständischen Konzern (vgl. *Reg. Begr.* BT-Drucks. 14/5741, S. 34, l. Sp.). Wie Nr. 2 erfasst Nr. 3 den Gleichordnungskonzern (s. Rdn. 15; **a. M.** *Kort* Die AG 2003, 13 [21 f.]). Allerdings ist die Bildung eines Konzernbetriebsrats im Gleichordnungskonzern entgegen der Gesetzesbegründung (vgl. *Reg. Begr.* BT-Drucks. 14/5741, S. 34; ebenso *Löwisch/LK* § 3 Rn. 29 f.; wie hier *Rolf* Betriebsratsstruktur, S. 35 f.) nicht möglich. Dies rührt daher, dass § 3 Abs. 1 Nr. 3 wie Nr. 2 nur die Arbeitnehmervertretungsstrukturen auf der unteren, dem Betrieb als gesetzliche Einheit entsprechende Repräsentationsebene zu verändern erlaubt (s. Rdn. 18, 20). 21

Die zweite alternative Voraussetzung beschreibt das Gesetz mit »**anderen Formen der Zusammenarbeit von Unternehmen**«. Die Gesetzesbegründung nennt als Beispiele hierfür: »Arbeitnehmervertretungsstrukturen entlang der Produktionskette (just in time), andere moderne Erscheinungsformen von Produktion, Dienstleistung und Zusammenarbeit von Unternehmen wie fraktale Fabrik und shop in shop« (s. *Reg. Begr.* BT-Drucks. 14/5741, S. 34, l. Sp.). Mit fraktaler Fabrik bzw. fraktalem Unternehmen ist eine bestimmte Form der Unternehmensorganisation gemeint, wonach die Untergliederungen des Unternehmens (Bereiche, Teams, Mitarbeiter) als selbständige und eigenverantwortliche Unternehmenseinheiten gelten, in denen sich die Unternehmensziele verwirklichen; Kennzeichen der Fraktale ist somit die »Selbstähnlichkeit« – jeder Teil des Ganzen enthält die Gesamtstruktur des Ganzen und spiegelt dieses (vgl. *Kort* Die AG 2003, 13 [22] mit Nachweisen zum betriebswirtschaftlichen und organisationstheoretischem Schrifttum). Bei der »just-in-time«-Produktion handelt es 22 sich um ein Kosten reduzierendes Logistikkonzept, welches nicht nur die Unternehmensbinnenorganisation betreffen kann, sondern auch die Zusammenarbeit von Unternehmen, wenn die Zulieferkette in die just-in-time-Produktion eingebunden ist (vgl. *Kort* Die AG 2003, 13 [22]; *Birk* FS *Kraft*, S. 11 [14]). Bei shop-in-shop-Systemen überlässt der Einzelhandel Herstellern oder Großhändlern innerbetriebliche Verkaufsflächen zum eigenständigen Verkauf von Waren (vgl. *Kort* Die AG 2003, 13 [23]; *Linse* Zulässigkeit vereinbarter Arbeitnehmervertretungsstrukturen, S. 158). Weitere, nicht in der Gesetzesbegründung genannte Formen der Zusammenarbeit können das »virtuelle Unternehmen«, die »Inhouse-Produktion« oder sog. »Unternehmensnetzwerke« darstellen (*Kort* Die AG 2003, 13 [23 f.]; zum Industriepark s. *Schipper* Industriepark, S. 23 ff.). Virtuelle Unternehmen stellen eine flüchtige Organisationsform dar, die nach einer Problemlösung leicht wieder aufgelöst und daher flexibel an neue Aufgabenstellungen angepasst werden kann (vgl. *Aalderks* Virtuelle Unternehmen im arbeitsrechtlichen Kontext, S. 30 f.; *Krebber* Arbeitsabläufe, S. 17 ff.). Bei einer »Inhouse«-Produktion arbeiten selbständige Zuliefererunternehmen unter Aufsicht und Leitung des Herstellers in dessen Betriebsstätten, wobei sich die Aufgabe des Herstellers im Wesentlichen auf die Qualitätskontrolle beschränkt (*Krebber* Arbeitsabläufe, S. 76 ff.). Unter »Unternehmensnetzwerke« sind weitere Formen der Zusammenarbeit etwa Joint Ventures, strategische Allianzen, Franchise-Systeme oder Subunternehmersysteme zu verstehen (vgl. *Kort* Die AG 2003, 13 [23 f.]; *Krebber* Arbeitsabläufe, S. 42 ff.). All diesen Formen ist gemein, dass sie im Rechtssinne keinen Konzern bilden und daher betriebsverfassungsrechtlich nicht eingefangen werden konnten. § 3 Abs. 1 Nr. 3 2. Var. gibt nun die Möglichkeit, durch Tarifvertrag (§ 3 Abs. 1 Nr. 3 i. V. m. § 3 Abs. 2) einen betriebsverfassungsrechtlichen Anknüpfungspunkt zu schaffen.

23 Die Bildung einer vom Gesetz abweichenden Arbeitnehmervertretungsstruktur muss der **wirksamen und zweckmäßigen Interessenvertretung der Arbeitnehmer dienen**. Wie im Rahmen von Nr. 2 muss zur Ausfüllung dieser unbestimmten Rechtsbegriffe die gesetzlich bestehende Arbeitnehmervertretungsstruktur mit der durch den Tarifvertrag hergestellten verglichen werden (s. Rdn. 19). Diese muss sich als wirksamer und zweckmäßiger erweisen als die aufgrund des Betriebsverfassungsgesetzes anwendbare Struktur (vgl. *LAG München* 17.09.2015 LAGE § 3 BetrVG 2001 Nr. 3 Rn. 37; *Annuß* NZA 2002, 290 [292]; *Sprenger* NZA 2013, 990 [992 f.]). Ferner verlangt das *BAG* (13.03.2013 AP Nr. 10 zu § 3 BetrVG 1972 *[Kort]* Rn. 38 ff.) einen Zusammenhang zwischen den organisatorischen bzw. kooperativen Rahmenbedingungen auf Arbeitgeberseite und der zweckmäßigen Interessenwahrnehmung durch die Arbeitnehmervertretung. Fehlt es daran, ist der Tarifvertrag nach Auffassung des *BAG* unwirksam. Insgesamt steht den Tarifvertragsparteien bei dieser Einschätzung ein Beurteilungsspielraum zu, der vom Gericht auf die Einhaltung seiner Grenzen nachgeprüft werden kann (s. a. Rdn. 8; ausführlich zum Ganzen *Kort* Anm. zu *BAG* 13.03.2013 AP Nr. 10 zu § 3 BetrVG 1972).

24 Bei einer nach Abs. 1 Nr. 3 geschaffenen Vertretung muss es sich um eine **Vertretung aller Arbeitnehmer** handeln, die nach dem Gesetz vom Betriebsrat vertreten werden; gewerkschaftliche Vertrauensleutekörper erfüllen diese Voraussetzung nicht (vgl. *Richardi* § 3 Rn. 37). Ebenso wenig können Zuständigkeiten dieses Betriebsrats auf andere Organisationsformen wie beispielsweise Betriebsrätegemeinschaften übertragen werden (*BAG* 18.11.2014 EzA § 3 BetrVG 2001 Nr. 8 Rn. 22 ff. = AP Nr. 12 zu § 3 BetrVG 1972 *[Kort]*). **Sprecherausschüsse der leitenden Angestellten** können ebenfalls nicht aufgrund dieser Norm gebildet werden. Das Sprecherausschussgesetz regelt die Errichtung von Sprecherausschüssen leitender Angestellter und deren Befugnisse abschließend. Zusätzliche oder andere Vertretungen der leitenden Angestellten können durch Tarifvertrag nicht eingerichtet werden; das Sprecherausschussgesetz enthält keine dem § 3 Abs. 1 entsprechende Ermächtigung. Zur Zulässigkeit freiwilliger Sprecherausschüsse vgl. *Raab* § 5 Rdn. 283 ff. Ebenso wenig kann § 3 Abs. 1 Nr. 3 angewandt werden auf eine tarifvertragliche Regelung von Auszubildendenvertretungen in einem reinen Ausbildungsbetrieb, weil hierdurch eine eigene Vertretungsstruktur in einem vom BetrVG ungeregelt gebliebenen Bereich geschaffen wird (*BAG* 24.08.2004 EzA § 98 BetrVG 2001 Nr. 1 = AP Nr. 12 zu § 98 BetrVG 1972).

3. Zusätzliche betriebsverfassungsrechtliche Gremien (Abs. 1 Nr. 4 und 5)

a) Arbeitsgemeinschaften von Arbeitnehmervertretungen (Nr. 4)

Zusätzliche betriebsverfassungsrechtliche **Gremien**, die der unternehmensübergreifenden Zusammenarbeit von Arbeitnehmervertretungen dienen, können durch Kollektivvertrag geschaffen werden; das Gesetz nennt sie **Arbeitsgemeinschaften**. Diesen Gremien stehen keine Beteiligungsrechte nach dem Betriebsverfassungsgesetz zu; es handelt sich nicht um »Mitbestimmungsorgane« (vgl. *Reg. Begr.* BT-Drucks. 14/5741, S. 34, r. Sp.; *Richardi* § 3 Rn. 44). Den jeweiligen Arbeitsgemeinschaften können daher nur gewählte Betriebsratsmitglieder angehören. Dies ergibt sich zwar nicht eindeutig aus dem Gesetzestext, wohl aber aus dem Zweck der Vorschrift. Eine Zusammenarbeit von Arbeitnehmervertretungsgremien kann nur dann sinnvoll organisiert werden, wenn diese von Arbeitnehmervertretern nach dem BetrVG wahrgenommen wird (vgl. *Kort* Anm. zu *BAG* 18.11.2014 AP Nr. 12 zu § 3 BetrVG 1972; *Linse* Zulässigkeit vereinbarter Arbeitnehmervertretungsstrukturen, S. 161). Auch die Gesetzesbegründung geht offenkundig davon aus, dass nur Betriebsratsmitglieder einem Gremium nach Nr. 4 angehören können (vgl. *Reg. Begr.* 14/5741, S. 34, r. Sp.). Daher ist es auch entbehrlich, dass der Gesetzgeber für die Mitglieder solcher Arbeitsgemeinschaften keine besonderen Schutzvorschriften statuiert hat und insbesondere § 3 Abs. 5 Satz 2 für diese nicht gilt (ebenso im Ergebnis *Trümner/DKKW* § 3 Rn. 122; *Fitting* § 3 Rn. 56). 25

Voraussetzung für die Bildung von solchen Arbeitsgemeinschaften ist eine **unternehmensübergreifende Zusammenarbeit**. Damit knüpft das Gesetz an den Tatbestand der Nr. 3 an. Der Gesetzgeber sieht die Bildung solcher Gremien daher auch als Alternative zu Regelungen nach Nr. 3 an, wenn keine vom Gesetz abweichende Arbeitnehmervertretungsstruktur geschaffen werden soll (vgl. *Reg. Begr.* BT-Drucks. 14/5741, S. 34, r. Sp.). Allerdings sollen nach der Gesetzesbegründung auch Arbeitsgemeinschaften von Arbeitnehmervertretungen für eine bestimmte Region oder einen Produktions- und Dienstleistungsbereich geschaffen werden können (vgl. *Reg. Begr.* BT-Drucks. 14/5741, S. 34, r. Sp.). Vom Wortlaut von Nr. 4 erscheint dies noch gedeckt. Allerdings ist dies nicht unproblematisch, da hierdurch ein Erfahrungsaustausch von Arbeitnehmervertretern organisiert wird, die Unternehmen angehören, welche untereinander in Wettbewerb stehen (vgl. *Picker* RdA 2001, 257 [289]; *Rieble* ZIP 2001, 133 [139]). Die Regelung des § 79 über die Verschwiegenheit trägt dem nicht hinreichend Rechnung, da hierdurch nicht ausgeschlossen ist, dass geheimhaltungsbedürftige und als solche bezeichnete Tatsachen an Arbeitnehmervertreter von Wettbewerbern gelangen (ebenso *Rieble* RWS Forum 21, S. 25 [41]; vgl. *Göpfert/Horstkotte/Rottmeier* ZIP 2015, 1269 [1274 f.]). Hinnehmbar ist dies nur, wenn Tarifverträge nach § 3 Abs. 1 Nr. 4 nur freiwillig geschlossen werden können, also nicht mittels Streik gegen den Willen des Arbeitgebers erzwungen werden können (ebenso *Krebber* Unternehmensübergreifende Arbeitsabläufe im Arbeitsrecht, 2005, S. 343 f.; s. dazu ferner Rdn. 33, 74). Die Kosten für die Tätigkeit der Arbeitsgemeinschaften trägt der Arbeitgeber, da es sich um Betriebsratstätigkeit handelt (ebenso *Fitting* § 3 Rn. 57; *Löwisch/LK* § 3 Rn. 64; *Richardi* § 3 Rn. 47; *Trümner/DKKW* § 3 Rn. 126; **a. M.** *Reichold* NZA 2001, 857 [859]). 26

b) Zusätzliche betriebsverfassungsrechtliche Arbeitnehmervertretungen (Nr. 5)

Nr. 5 sieht die Schaffung **zusätzlicher betriebsverfassungsrechtlicher Vertretungen** der Arbeitnehmer vor. Die Vorschrift knüpft an § 3 Abs. 1 Nr. 1 BetrVG 1972 an. Allerdings war diese Regelung wesentlich präziser. Die Vertretungen konnten nur für bestimmte Beschäftigungsarten oder Arbeitsbereiche eingerichtet werden, und nur, wenn dies nach den Verhältnissen der von dem Tarifvertrag erfassten Betriebe der zweckmäßigeren Gestaltung der Zusammenarbeit des Betriebsrats mit den Arbeitnehmern diente. Abgesehen davon, gelten **auch nach dem BetrVerf-Reformgesetz** die zu § 3 Abs. 1 BetrVG 1972 entwickelten Grundsätze. Es muss sich um eine »betriebsverfassungsrechtliche« Vertretung handeln, d. h. um eine Vertretung, die ohne Rücksicht auf gewerkschaftliche Zugehörigkeit der Vertretenen und der Vertreter durch geheime, allgemeine, unmittelbare und gleiche Wahl gebildet wird (vgl. *Fitting* § 3 Rn. 63; *Galperin/Löwisch* § 3 Rn. 11 f.; *Trümner/DKKW* § 3 Rn. 124 f.; vgl. auch *BAG* 29.04.2015 AP Nr. 14 zu § 3 BetrVG 1972 Rn. 29 ff. mit der Forderung einer Organstruktur; vgl. dazu auch *Linse* Zulässigkeit vereinbarter Arbeitnehmervertretungsstrukturen, S. 131 ff.). Andere, nicht betriebsverfassungsrechtliche Vertretungen, wie z. B. gewerkschaftliche Vertrauensleute, können nicht als derartige Vertretungen installiert werden (vgl. *Galperin/Löwisch* § 3 27

Rn. 11 zu § 3 Abs. 1 Nr. 1 BetrVG 1972; *Trümner/DKKW* § 3 Rn. 124). Ebenfalls nicht unter Nr. 5 fallen so genannte Kommunikationsbeauftragte, die lediglich als bloße Hilfspersonen des Betriebsrats fungieren (*BAG* 29.04.2015 AP Nr. 14 zu § 3 BetrVG 1972 Rn. 26 ff.; dazu auch *Linse* Zulässigkeit vereinbarter Arbeitnehmervertretungsstrukturen, S. 193 ff). **Sprecherausschüsse** für leitende Angestellte, soweit sie außerhalb des Sprecherausschussgesetzes überhaupt noch gebildet werden können (vgl. dazu *Raab* § 5 Rdn. 283 ff.), fallen nicht unter diese Vorschrift, da es in Abs. 1 Nr. 5 nur um Vertretungen geht, die der zweckmäßigen Gestaltung der Zusammenarbeit des Betriebsrats mit den von ihm repräsentierten Arbeitnehmern dienen. Vertretungen leitender Angestellter können diesen Zweck nicht erreichen. Das Sprecherausschussgesetz sieht die Bildung »zusätzlicher« Vertretungen für leitende Angestellte neben dem gesetzlich geregelten Sprecherausschuss nicht vor (vgl. auch Rdn. 24). Zum Sprecherausschussgesetz vgl. *Raab* § 5 Rdn. 264 ff. Zu den sog. betrieblichen Vertrauensleuten vgl. § 2 Rdn. 105 ff.

28 Die **zusätzlichen Vertretungen** nach **Abs. 1 Nr. 5** lassen die gesetzliche Zuständigkeit eines bestehenden Betriebsrats unberührt und können seine Zuständigkeiten weder ganz noch teilweise übernehmen. Ihr Gesprächspartner ist also grundsätzlich nicht der Arbeitgeber, sondern der Betriebsrat. Allerdings können der Arbeitgeber und der Betriebsrat gemeinsam die zusätzliche Vertretung beiziehen, wenn Angelegenheiten zu erörtern sind, die die Arbeitnehmer betreffen, für die die zusätzliche Vertretung errichtet wurde. Nicht ganz klar ist das Verhältnis der zusätzlichen Vertretungen nach Nr. 5 zu den durch **§ 28a ermöglichten Arbeitsgruppen** (s. hierzu auch *Hohenstatt/WHSS* Kap. D Rn. 178; *Trümner/DKKW* § 3 Rn. 151 ff.). Nach § 28a kann der Betriebsrat bestimmte Aufgaben nach Maßgabe einer mit dem Arbeitgeber abzuschließenden Rahmenvereinbarung auf solche Arbeitsgruppen übertragen. Diese Aufgaben müssen im Zusammenhang mit den von der Arbeitsgruppe zu erledigenden Tätigkeiten stehen. In Betracht kommen in erster Linie Regelungen aus dem Bereich der sozialen Angelegenheiten. Soweit die Delegation durch den Betriebsrat reicht, nimmt die Arbeitsgruppe die Funktion eines Beteiligungsorgans wahr und kann mit dem Arbeitgeber mit der Mehrheit der Stimmen der Gruppenmitglieder Vereinbarungen schließen, die in ihren Wirkungen Betriebsvereinbarungen gleichstehen (s. näher *Raab* § 28a Rdn. 12 ff.). Damit beruhen die Einsetzung von Arbeitsgruppen nach § 28a und die Errichtung von zusätzlichen betriebsverfassungsrechtlichen Vertretungen nach § 3 Abs. 1 Nr. 5 auf ähnlichen Regelungsbedürfnissen, nämlich den einzelnen Arbeitnehmern größere Mitwirkungsmöglichkeiten im Rahmen der Betriebsverfassung einzuräumen (vgl. die *Reg. Begr.* BT-Drucks. 14/5741, S. 34, r. Sp. zu § 3 Abs. 1 Nr. 5, S. 40, l. Sp. zu § 28a). Allerdings wird dieses Regelungsbedürfnis rechtstechnisch völlig unterschiedlich verwirklicht. Bei Nr. 5 wird eine zusätzliche Vertretung ohne Mitwirkungsbefugnisse geschaffen, welche vor allem die Kommunikation zwischen Betriebsrat und Belegschaft oder Teilen davon verbessern soll; bei § 28a gibt es kein Vertretungsorgan, die Mitglieder der Gruppe nehmen vielmehr die Beteiligungsrechte selbst wahr. Andererseits ist die Arbeitsgruppe kein betriebsverfassungsrechtliches Gremium, sondern wird durch Organisationsentscheidung des Arbeitgebers gebildet (vgl. *Raab* § 28a Rdn. 15). Arbeitsgruppen nach § 28a vertreten sich also im Rahmen der Delegation der Befugnisse selbst gegenüber dem Arbeitgeber, während Vertretungen nach § 3 Abs. 1 Nr. 5 kein Mandat zur Repräsentation gegenüber dem Arbeitgeber besitzen, dies vielmehr lediglich der Betriebsrat wahrnimmt.

29 Die einschränkende Voraussetzung für die Schaffung zusätzlicher betriebsverfassungsrechtlicher Vertretungen nach dem BetrVG 1972 (nur für Arbeitnehmer bestimmter Beschäftigungsarten oder Arbeitsbereiche) ist entfallen. Daher können nunmehr auch zusätzliche Vertretungen für Arbeitnehmer geschaffen werden, die nach Merkmalen gebildet werden, die bisher nicht als maßgeblich anerkannt wurden – etwa ausländische Arbeitnehmer, Teilzeitbeschäftigte, Nichtständigbeschäftigte oder Angehörige eines bestimmten Geschlechts (ebenso *Koch/*ErfK § 3 BetrVG Rn. 8; *Fitting* § 3 Rn. 62; *Trümner/DKKW* § 3 Rn. 136; vgl. zur Rechtslage nach dem BetrVG 1972 auch *Gamillscheg* FS *Molitor*, S. 133 [139]). Zulässig ist die Bildung einer solchen Vertretung aber nur dann, wenn dies die **Zusammenarbeit zwischen Betriebsrat und diesen Arbeitnehmern erleichtert**. Nach der Gesetzesbegründung kommt dies vor allem dort in Betracht, wo der Kontakt zwischen dem Betriebsrat und den von ihm zu betreuenden Arbeitnehmern nicht oder nicht in ausreichendem Umfang besteht – etwa bei unternehmenseinheitlichen Betriebsräten eines in ganz Deutschland tätigen Unternehmens oder bei Regionalbetriebsräten, in denen Betriebe oder Betriebsteile nicht durch ein Betriebsratsmitglied vertreten sind (vgl. *Reg. Begr.* BT-Drucks. 14/5741, S. 34, r. Sp.). Eine derartige Erschwerung des

Kontakts ist neben der räumlichen Entfernung auch bei Sprachbarrieren denkbar (*Fitting* § 3 Rn. 61). Die zusätzlichen Vertretungen nach Nr. 5 stellen somit ein Bindeglied zwischen Arbeitnehmern und Betriebsrat dar (vgl. *Reg. Begr.* BT-Drucks. 14/5741, S. 34, r. Sp.; vgl. *Fitting* § 3 Rn. 61; *Richardi* § 3 Rn. 51; *Trümner/DKKW* § 3 Rn. 148).

Die Errichtung einer **zusätzlichen Vertretung** i. S. v. Abs. 1 Nr. 5 setzt die **Existenz eines Be-** 30 **triebsrats** in dem betroffenen Betrieb bzw. in der betroffenen betriebsverfassungsrechtlichen Repräsentationseinheit nach § 3 Abs. 1 Nr. 1 bis 3 voraus. Dies ergibt sich aus den Aufgaben dieser zusätzlichen Vertretung (vgl. *Fitting* § 3 Rn. 60; *Galperin/Löwisch* § 3 Rn. 9; *Rose/HWGNRH* § 3 Rn. 84; *Richardi* § 3 Rn. 52; *Trümner/DKKW* § 3 Rn. 140). **Endet das Amt des Betriebsrats** in einem Betrieb, in dem eine zusätzliche Vertretung errichtet ist, endgültig, weil der Betrieb die Betriebsratsfähigkeit verliert, so endet auch das Amt der zusätzlich gewählten Arbeitnehmervertreter. Abgesehen davon bestimmt sich aber die Amtsdauer der zusätzlichen Vertretungen ausschließlich nach dem Tarifvertrag; sie ist nicht an die Amtsdauer des Betriebsrats gebunden (vgl. *Fitting* § 3 Rn. 60; *Richardi* § 3 Rn. 72; *Trümner/DKKW* § 3 Rn. 140). Enthält der Tarifvertrag keine Regelung, so endet die Amtszeit der zusätzlichen Vertretung mit Ablauf der Amtszeit des bei ihrer Bildung bestehenden Betriebsrats (vgl. *Richardi* § 3 Rn. 72).

III. Regelungsinstrumente

1. Regelung durch Tarifvertrag (gesetzlicher Regelfall, Abs. 1)

a) Parteien des Tarifvertrags

Die vom Betriebsverfassungsgesetz abweichenden Regelungen können nach § 3 Abs. 1 und mit den 31 dort vorgesehenen Wirkungen **durch Tarifvertrag** (§§ 1, 2 Abs. 1, 3 Abs. 1 TVG) getroffen werden. Ein solcher Tarifvertrag muss, wie die Formulierungen in Nr. 1 bis 3 zeigen, an einen Betrieb, ein Unternehmen oder einen Konzern oder auch an andere Formen der Zusammenarbeit mehrerer Unternehmen anknüpfen. Für die Regelung dürfte also weit **überwiegend** nur ein sog. **Firmentarifvertrag** oder **ein firmenbezogener Verbandstarifvertrag** in Frage kommen (vgl. *Meyer* SAE 2013, 49 [51]; *Richardi* § 3 Rn. 53; vgl. auch *Kuzbida* Aufgabe der Taifeinheit, S. 263). Bei einem Firmentarifvertrag müssen auf **Arbeitgeberseite** alle von der tariflichen Regelung betroffenen Unternehmen beteiligt werden – bei einem gemeinsamen Betrieb nach § 1 Abs. 1 Satz 2 also alle Trägerunternehmen (vgl. *Hohenstatt/WHSS* Kap. D Rn. 153). Dies gilt gleichermaßen für einen Konzern; dieser ist nicht tariffähig und kann nicht mit normativer Wirkung gegenüber den konzernangehörigen Unternehmen einen Tarifvertrag abschließen (vgl. *Hohenstatt/WHSS* Kap. D Rn. 183; *Plander* NZA 2002, 483 [486]; *Richardi* NZA 2001, Sonderheft S. 7 [10]; *Thüsing* ZIP 2003, 693 [698]; **a. M.** *Hanau/Wackerbarth* FS *Ulmer*, S. 1303 [1310] für Tarifverträge nach § 3 Abs. 1 Nr. 2 mit dem Hinweis auf die Parallele zur Konzernbetriebsvereinbarung). Es handelt sich dann um einen mehrgliedrigen Firmentarifvertrag. Bei einem Verbandstarifvertrag ist erforderlich, dass der Verband für alle beteiligten Unternehmen – auch im Rahmen eines Konzernverbundes – zuständig ist. Auf **Arbeitnehmerseite** ist Vertragspartner eine Gewerkschaft i. S. d. Gewerkschaftsbegriffs nach der Rechtsprechung des BAG (s. dazu § 2 Rdn. 26 ff.). Sie muss für alle in die Vereinbarung einbezogenen Betriebe und Unternehmen die Tarifzuständigkeit besitzen. Nicht erforderlich ist, dass die Gewerkschaft im jeweiligen Betrieb vertreten ist (*Thüsing* ZIP 2003, 693 [698]; **a. M.** BAG 29.07.2009 EzA § 3 BetrVG 2001 Nr. 3 Rn. 28 ff. = AP Nr. 7 zu § 3 BetrVG 1972 [abl. *Kort*]; *Eich* FS *Weinspach*, S. 19 [22]; *Schliemann* FS *Etzel*, S. 351 [356 ff.]; s. zum Begriff der »im Betrieb vertretenen Gewerkschaft« § 2 Rdn. 39). Reklamieren mehrere tarifzuständige Gewerkschaften den Abschluss eines Tarifvertrages nach § 3 Abs. 1 Nr. 1, so ist der Arbeitgeber nicht gehindert, mehrere inhaltlich nicht identische Tarifverträge zu schließen; eine daraus resultierende Kollision wird nach § 4a Abs. 2 Satz 2 i. V. m. Satz 4 TVG nach dem Mehrheitsprinzip aufgelöst, allerdings nur dann, wenn insoweit bezüglich des Regelungsgegenstandes eine inhaltliche Kongruenz besteht, § 4a Abs. 3 TVG (vgl. *Fitting* § 3 Rn. 16a ff.; *Löwisch/Rieble* TVG, § 4a Rn. 95). Es setzt sich dann der Tarifvertrag derjenigen Gewerkschaft durch, die in der betreffenden Organisationseinheit die meisten Mitglieder hat (s. a. Rdn. 34 f.).

b) Erkämpfbarkeit

32 In der Literatur ist umstritten, ob ein Tarifvertrag im Rahmen von § 3 Abs. 1 erstreikt werden kann. Ein Teil der Literatur geht von der **Erkämpfbarkeit** aus, zumeist mit dem Argument, dass nach allgemeinen Grundsätzen alles, was tariflich normativ regelbar sei, erstreikt werden können müsse (vgl. *Däubler* AuR 2001, 285 [288]; *Gamillscheg* II, S. 218; *Giesen* Rechtsgestaltung, S. 563; *Heinkel* Organisationseinheit, S. 232 ff.; *Gaul/HWK* § 3 BetrVG Rn. 5; *Kuzbida* Aufgabe der Tarifeinheit, S. 264; *Konzen* RdA 2001, 76 [86]; *Plander* NZA 2002, 483 [488]; *Trümner/DKKW* § 3 Rn. 14; *ders.* JArbR, Bd. 36 (1998), 1999, S. 59 [71 f.]; *Teusch* NZA 2007, 124 [130]). Die Gegenauffassung lehnt die Erstreikbarkeit von Tarifverträgen nach § 3 mit unterschiedlichen Argumenten ab (vgl. *Buchner* NZA 2001, 633 [635 Fn. 9]; *Christ* Freiwillige Tarifverträge, S. 219 ff.; *Eich* FS *Weinspach*, S. 17 [23 f.]; *Friese* ZfA 2003, 237 [268 ff.]; *Hanau/Wackerbarth* FS *Ulmer*, S. 1301 [1310]; *Hohenstatt/Dzida* DB 2001, 2498 [2501]; *Krebber* Arbeitsabläufe, S. 334; *Kort* Die AG 2003, 13 [24]; *Reichold* NZA 2001, 857 [859]; *Rose/HWGNRH* § 3 Rn. 23 ff.; differenzierend *Fitting* § 3 Rn. 20; *Thüsing* ZIP 2003, 693 [701]; *Utermark* Die Organisation der Betriebsverfassung als Verhandlungsgegenstand, S. 171 ff.). Zu § 3 Abs. 1 BetrVG 1972 wurde die Erstreikbarkeit eines entsprechenden Tarifvertrags mit dem Hinweis auf das staatliche Zustimmungserfordernis bezweifelt, da die Wirksamkeit des Streikziels von der Zustimmung einer staatlichen Behörde abhing (vgl. *Franzen* ZfA 2000, 285 [296]; *Gamillscheg* I, S. 1070; *Konzen* Unternehmensaufspaltungen, S. 125 Fn. 597; *Spinner* Die vereinbarte Betriebsverfassung, S. 78 f.). Dieses Argument spielt heute nach dem Wegfall des Zustimmungserfordernisses keine Rolle mehr.

33 Gegen die **Zulässigkeit eines Arbeitskampfs** um einen Tarifvertrag nach § 3 wird vorgebracht, die Regelung der betriebsverfassungsrechtlichen Organisationseinheiten durch Tarifvertrag sei nicht vom Schutzbereich von Art. 9 Abs. 3 GG umfasst, weshalb auch der Arbeitskampf als Konfliktlösungsinstrument ausscheide (vgl. *Richardi* § 3 Rn. 59; wohl auch *Eisemann/Koch* § 3 BetrVG Rn. 2). Dagegen spricht allerdings, dass nach herkömmlichem Verständnis die Arbeits- und Wirtschaftsbedingungen nach Art. 9 Abs. 3 GG alle Bedingungen umfassen, unter denen abhängige Arbeit geleistet werden kann, und somit auch tarifliche Regelungen auf dem Gebiet der Betriebsverfassung (vgl. *Friese* Kollektive Koalitionsfreiheit und Betriebsverfassung, S. 232 ff. m. w. N.). Weiter wird als Argument gegen die Erkämpfbarkeit von Tarifverträgen nach § 3 Abs. 1 angeführt, dass der Gesetzgeber den Tarifvertragsparteien die autonome Regelung der betriebsverfassungsrechtlichen Repräsentationseinheiten zum Zweck der effektiven und sachgerechten Organisation der Betriebsverfassung überlassen habe, nicht aber zur Interessenwahrnehmung der Mitglieder (so insbesondere *Friese* ZfA 2003, 237 [268 f.]; ihr folgend *Fitting* § 3 Rn. 20 aber mit der konsequenten Einschränkung auf § 3 Abs. 1 Nr. 1 bis 3). Dieses Argument weist zwar in die richtige Richtung, erscheint aber als solches isoliert nicht tragfähig. Ausschlaggebend dürfte die Überlegung sein, dass der Gesetzgeber bei der Statuierung von tarifdispositivem Recht die tarifliche Regelbarkeit mit der Arbeitskampfbefugnis verbinden oder aber diese ausschließen kann. Ob das eine oder das andere der Fall ist, muss mangels eindeutiger gesetzgeberischer Aussagen durch Auslegung des jeweiligen Gesetzes ermittelt werden. Dabei geben die genannten unterschiedlichen Zwecksetzungen Maß: Eröffnet der Gesetzgeber die Tarifdispositivität zur Optimierung der Mitgliederinteressen, ist von der Arbeitskampfbefugnis auszugehen; nimmt der Gesetzgeber die Tarifvertragsparteien in Dienst für die sachgerechte Ordnung der Materie, scheidet ein Arbeitskampf aus (s. dazu näher *Franzen* in *Rieble* (Hrsg.) Zukunft des Arbeitskampfes, ZAAR-Schriftenreihe Bd. 2, 2005, S. 142 [150 ff.]). Letzteres trifft auf Tarifverträge nach § 3 Abs. 1 Nr. 1 bis 3 zu. Schließlich werden verfassungsrechtliche Gesichtspunkte geltend gemacht: Der Abschluss von Tarifverträgen nach § 3 greife in die nach Art. 12, 14 GG geschützte Unternehmensautonomie ein (in dieser Richtung *Buchner* NZA 2001, 633 [635 Fn. 9]; *Reichold* NZA 2001, 857 [859]; *Thüsing* ZIP 2003, 693 [701]) und verletze die Vereinigungsfreiheit der betroffenen Unternehmen, soweit diese zu einem betriebsverfassungsrechtlichen Zwangsarbeitgeber zusammengefasst würden (vgl. *Löwisch/Rieble* TVG, § 1 Rn. 539). Diese Überlegungen weisen ebenfalls in die richtige Richtung für die Problemlösung: Soweit ein durch Arbeitskampf erzwungener Tarifvertrag Grundrechte der Arbeitgeberseite übermäßig verletzen könnte, muss als milderes Mittel ein Ausschluss des Arbeitskampfes gegenüber dem Ausschluss jeglicher Tarifierungsbefugnis in Betracht gezogen werden (im Ergebnis ebenso *Christ* Freiwillige Tarifverträge, S. 255). Insgesamt führen diese Überlegungen zu einem Arbeitskampfverbot von

Tarifverträgen nach § 3 Abs. 1 Nr. 1, 2, 3 und 4 (**a. A.** *BAG* 29.07.2009 EzA § 3 BetrVG 2001 Nr. 3; krit. hierzu *Meyer* SAE 2013, 49 [52]; s. zur verfassungsrechtlichen Problematik näher Rdn. 71 ff.).

c) Tarifkonkurrenz

Die tarifliche Regelung kann nur durch einen Tarifvertrag getroffen werden, in dessen **Geltungsbereich** die betroffenen Betriebe, Unternehmen oder Konzerne fallen, und nur wenn der **betroffene Arbeitgeber tarifgebunden** ist, d. h. Mitglied der tarifschließenden Arbeitgebervereinigung oder selbst Partner des Vertrages ist. Die einschlägige tarifliche Regelung gilt dann ohne Rücksicht darauf, ob Arbeitnehmer tarifgebunden sind, da es sich um eine Rechtsnorm über betriebsverfassungsrechtliche Fragen handelt (§ 3 Abs. 2, § 4 Abs. 1 Satz 2 TVG). Sofern mehrere Tarifverträge diese Voraussetzungen erfüllen, stellt sich das Problem der **Tarifkonkurrenz**. Die praktische Bedeutung des Problems ist dann gering, wenn man Arbeitskämpfe um Tarifverträge nach § 3 generell oder partiell für unzulässig hält, da nicht davon ausgegangen werden kann, dass auf Arbeitgeberseite freiwillig sich widersprechende Tarifverträge geschlossen werden (dazu s. Rdn. 33). Die Problematik stellt sich dann in erster Linie, wenn konkurrierende Gewerkschaften beteiligt sind. Die durch das am 10.07.2015 in Kraft getretene Tarifeinheitsgesetz eingeführte **Vorschrift des § 4a Abs. 2 S. 2 TVG** löst diese Problematik dahingehend, dass sich auch im Rahmen eines Tarifvertrags nach § 3 Abs. 1 Nr. 1 bis 3 (vgl. § 4a Abs. 2 Satz 4 TVG) i. S. d. Mehrheitsprinzips der Tarifvertrag derjenigen Gewerkschaft durchsetzt, die im Betrieb die meisten Mitglieder verzeichnen kann. Dies gilt zur Sicherung der Kontinuität der hierdurch geschaffenen Arbeitnehmervertretungen allerdings nur, wenn die kollidierenden Tarifverträge insoweit eine inhaltliche Kongruenz im Hinblick auf die Regelungsmaterie aufweisen, § 4a Abs. 3 TVG (BT-Drucks. 18/4062, S. 14). Soweit sich die Tarifverträge verschiedener Gewerkschaften nach § 4a Abs. 2 Satz 2 TVG nicht überschneiden, gibt es keine danach aufzulösende Kollisionslage. Allerdings dürfte sich in solchen Fällen die Frage stellen, ob wegen der schwierigen Handhabbarkeit entsprechender Tarifkollisionen nicht die Grundvoraussetzungen für ein Handeln nach § 3 fehlen, nämlich dass Tarifverträge nach § 3 der sachgerechten Wahrnehmung der Interessenvertretung der Arbeitnehmer dienen müssen (Rdn. 6 ff.; vgl. zum Sachdienlichkeitserfordernis in diesem Kontext *Löwisch/Rieble* TVG, § 4a Rn. 95).

Die **Neuregelung des § 4a Abs. 2 Satz 2 TVG** zieht **Folgeprobleme** nach sich. So kann die Bestimmung des Bezugspunkts der Mehrheitsfeststellung nach § 4a Abs. 2 Satz 2 TVG mit Schwierigkeiten verbunden sein (vgl. *Fitting* § 3 Rn. 16f). Grundsätzlich ist nach § 4a Abs. 2 Satz 2 TVG auf den Betrieb abzustellen, worunter mangels gesetzlicher Definition gemäß der Gesetzesbegründung die »Solidargemeinschaft« zu verstehen ist, die infolge der Zusammenfassung von Arbeitnehmern zur Verfolgung arbeitstechnischer Zwecke entsteht (BT-Drucks. 18/4062, S. 13; *Franzen*/ErfK § 4a TVG Rn. 19 ff.). Allerdings beantwortet dies nicht die Frage, welcher Bezugspunkt für die Mehrheitsfeststellung maßgeblich sein soll, wenn Zuordnungstarifverträge nach § 3 mehrere Betriebe zusammenfassen und die Mehrheitsverhältnisse in den jeweiligen Betrieben divergieren. In Betracht kommen dabei grundsätzlich die einzelnen Betriebe oder aber die durch die Tarifverträge geschaffene neue Repräsentationseinheit. Im Interesse einer einheitlichen Geltung des Zuordnungstarifvertrags kann nur letzteres gemeint sein und muss als maßgeblicher Bezugspunkt für die Mehrheitsfeststellung zugrundegelegt werden (ebenso *Trümner*/DKKW § 3 Rn. 221d; vgl. auch *Löwisch/Rieble* TVG, § 4a Rn. 95). Außerdem stellt sich die Frage des Bezugspunkts für die Mehrheitsfeststellung, wenn durch die konkurrierenden Tarifverträge voneinander abweichende Repräsentationseinheiten geschaffen werden sollen. Auch dabei wäre zum einen eine jeweils gesonderte Betrachtung für die einzelnen Betriebe denkbar, zum anderen eine betriebsübergreifende Feststellung der Mehrheitsverhältnisse anhand der geplanten Repräsentationseinheiten. Nur der letztgenannte Maßstab ermöglicht eine einheitliche und praktikable Lösung (vgl. *Fitting* § 3 Rn. 16f; ebenso *Greiner* NZA 2015, 769 [772]; **a. M.** *Löwisch/Rieble* TVG, § 4a Rn. 103 f.).

Damit hat sich durch die gesetzgeberische Normierung des Mehrheitsprinzips auch für Tarifverträge nach § 3 die **früher dazu vertretene Auffassung erledigt**, wonach die Problematik über eine **modifizierte Anwendung des Prioritätsprinzips** gelöst werden sollte. Nach dieser Auffassung sollte sich der zuerst abgeschlossene Tarifvertrag durchsetzen (vgl. dazu 10. Aufl. Rn. 34). Allerdings sollten der Arbeitgeber bzw. die Gewerkschaft ihre Absicht, einen Tarifvertrag nach § 3 abzuschließen, in den betroffenen Betrieben bekannt geben müssen; falls daraufhin eine weitere Gewerkschaft ihre Zuständigkeit reklamierte, sollte der Tarifvertrag nur unter ihrer Einbeziehung geschlossen werden können (vgl. dazu 10. Aufl. Rn. 34). Diesen Aspekt hat der Gesetzgeber insoweit inhaltlich in § 4a Abs. 5 TVG aufgegriffen: Nach § 4a Abs. 5 Satz 1 TVG muss der Arbeitgeber die Aufnahme von Tarifverhandlungen in geeigneter Weise bekanntgeben; § 4a Abs. 5 Satz 2 TVG konstituiert darüber hinaus eine entsprechende Anhörungsberechtigung der anderen tarifzuständigen Gewerkschaften, mit denen nicht verhandelt wird. Diese Regelung soll dem Schutz von Minderheitsgewerkschaften dienen und kann in Kontext von § 3 gegebenenfalls Tarifkonkurrenzen vermeiden helfen (*Franzen*/ErfK § 4a TVG Rn. 25). Verletzt der Arbeitgeber seine Pflichten nach § 4a Abs. 5 TVG, scheidet nach Auffassung des *BVerfG* (11.7.2017 – 1 BvR 1571/15 Rn. 196) eine Verdrängungswirkung nach § 4a Abs. 2 Satz 2 TVG aus.

d) Beendigung des Tarifvertrags

37 Ein Tarifvertrag nach § 3 kann mit den allgemein tarifrechtlich zulässigen Beendigungstatbeständen beendet werden, etwa durch Kündigung, Zeitablauf oder einvernehmlicher Aufhebung. Nach allgemeinen Grundsätzen tritt mit der **Beendigung** des Tarifvertrags **Nachwirkung** nach § 4 Abs. 5 TVG ein. Im Rahmen von § 3 lehnt die überwiegende Auffassung allerdings eine Nachwirkung ab (vgl. *Eich* FS *Weinspach*, S. 17 [31]; *Hanau/Wackerbarth* FS *Ulmer*, S. 1303 [1312]; *Fitting* § 3 Rn. 84; *Hueck/Nipperdey* II/2, S. 1223; *Gistel* Umstrukturierung, S. 36 f.; *Richardi* § 3 Rn. 65; *Rolf* Betriebsratsstruktur, S. 155; *Thüsing* ZIP 2003, 693 [704]; *Wißmann* Tarifvertragliche Gestaltung der betriebsverfassungsrechtlichen Organisation, S. 175; **a. A.** aber *Spinner* Die vereinbarte Betriebsverfassung, S. 169 ff.). Demgegenüber befürwortet die tarifrechtliche Literatur im Allgemeinen auch eine Nachwirkung für betriebsverfassungsrechtliche Tarifnormen (vgl. etwa *Löwisch/Rieble* TVG, § 4 Rn. 852; *Oetker* FS *Schaub*, S. 535 [547 ff.]; *Wiedemann/Wank* TVG, § 4 Rn. 344; in dieser Richtung auch *BAG* 14.02.1989 AP Nr. 52 zu Art. 9 GG unter III 3; *LAG Hessen* 27.01.2017 BeckRS 2017, 112531 Rn. 53). Die Lösung kann nicht für alle betriebsverfassungsrechtlichen Tarifnormen gleich lauten und muss vor allem vom Zweck der Nachwirkung nach § 4 Abs. 5 TVG ausgehen. Dieser besteht darin, bis zu einer Neuregelung einen regelungslosen Zustand zu verhindern. Im Rahmen der Beendigung von Tarifverträgen nach § 117 Abs. 2 ist dieser Zweck beispielsweise einschlägig (ebenso der Sache nach *BAG* 14.02.1989 AP Nr. 52 zu Art. 9 GG unter III 3), nicht aber im Rahmen von § 3. Hier gilt mit Beendigung des Tarifvertrags das anwendbare Betriebsverfassungsgesetz. Ein regelungsloser Zustand ist nicht zu befürchten. Geht man entgegen der hier vorgeschlagenen Lösung von einer Nachwirkung eines Tarifvertrags nach § 3 aus, stellt sich das Zusatzproblem, dass die Nachwirkung wegen der eingeschränkten Kompetenz der Betriebsvereinbarungsparteien (§ 3 Abs. 2; s. Rdn. 39 ff.) jedenfalls bei tarifgebundenen Arbeitgebern lediglich durch Tarifvertrag beendet werden kann. Daher ist für die Praxis anzuraten, im Tarifvertrag die Nachwirkung stets auszuschließen, was nach ständiger Rechtsprechung des *BAG* zulässig ist (s. nur *BAG* 03.09.1986 AP Nr. 12 zu § 4 TVG Nachwirkung; 16.08.1990 AP Nr. 19 zu § 4 TVG Nachwirkung; 08.10.1997 AP Nr. 29 zu § 4 TVG Nachwirkung).

38 Von der Problematik der Nachwirkung eines Tarifvertrags nach § 3 zu unterscheiden ist die Frage, was mit einer auf der Basis eines solchen Tarifvertrags gewählten Arbeitnehmervertretung geschieht, wenn ein Tarifvertrag endet, bevor die Amtszeit der entsprechenden Arbeitnehmervertretung abgelaufen ist. Hierbei muss man zwischen dem **bloßen Ende des Tarifvertrags** und der damit möglicherweise einhergehenden **Änderung der tatsächlichen Verhältnisse** (Umstrukturierung etc.) unterscheiden (im Ansatz ebenso *Gistel* Umstrukturierung, S. 32 f., 40 auf der Basis ihrer m. E. überflüssigen These des »betriebsverfassungsrechtlichen Organisationserhalts«). Endet lediglich der Tarifvertrag vor Ablauf der Amtszeit der aufgrund dieses Tarifvertrags gewählten Arbeitnehmervertretung, gilt Folgendes: Diese Arbeitnehmervertretung ist dann für Repräsentationseinheiten gewählt, welche vom Gesetz nicht mehr als Betrieb angesehen werden (§ 3 Abs. 5). Es besteht also ein Betriebsrat für eine Repräsentationseinheit, für die ein Betriebsrat nach dem Gesetz nicht gewählt werden kann. Dieser Fall entspricht somit der Verkennung des Betriebsbegriffs, mit dem Unterschied, dass dies nachträglich eingetreten ist. Dies ist jedoch kein Grund, beide Fälle verschieden zu behandeln. Die Verkennung des Betriebsbegriffs führt nach der Rechtsprechung des *BAG* nicht zur Nichtigkeit, sondern nur zur Anfechtbarkeit der Betriebsratswahl (vgl. § 1 Rdn. 45). Der Betriebsrat bleibt also bis zum Ende seiner Amtszeit grundsätzlich wirksam installiert, falls die Betriebsratswahl nicht nach Maßgabe von § 19 an-

gefochten worden war (im Ergebnis ebenso *Eich* FS *Weinspach*, S. 17 [31]; *Fitting* § 19 Rn. 49 ff.; *Linsenmaier* RdA 2017, 128 [139]; *Trümner/DKKW* § 3 Rn. 234). Für den Beginn der Frist des § 19 Abs. 2 Satz 2 wird man freilich auf den Beendigungszeitpunkt des Tarifvertrags abstellen müssen (ebenso *Peix* Errichtung und Fortbestand des Gesamtbetriebsrats, S. 195 f.). Anders ist die Rechtslage, wenn mit der Beendigung des Tarifvertrags eine Umstrukturierung des Unternehmens bzw. Konzerns verbunden ist und damit einhergehend die tatsächlichen Voraussetzungen der Katalogtatbestände von § 3 Abs. 1 Nr. 1 bis 5 wegfallen oder sich ändern (s. dazu auch noch Rdn. 63 ff.). Dieser Fall kann einer Betriebsspaltung bzw. Zusammenlegung von Betrieben entsprechen. Daher kommt insoweit ein Übergangsmandat analog § 21a in Betracht, da die tatsächlichen Grundlagen der entsprechenden Repräsentationseinheit geändert wurden (generell für die analoge Anwendung von § 21a *Richardi* § 3 Rn. 65; *Thüsing* ZIP 2003, 693 [704]).

2. Regelung durch Betriebsvereinbarung (Abs. 2)

a) Reichweite des Tarifvorbehalts

Das Gesetz lässt im Rahmen des § 3 eine Regelung durch Betriebsvereinbarung **nur sehr eingeschränkt** zu. Im Fall des **Abs. 1 Nr. 3** ist eine Vereinbarungslösung **nur** durch **Tarifvertrag** möglich. Die Gesetzbegründung weist etwas undeutlich auf die besondere Tragweite einer Vereinbarung nach Nr. 3 als Grund für den absoluten Tarifvorrang hin (vgl. *Reg. Begr.* BT-Drucks. 14/5741, S. 34, r. Sp.). Damit ist vielleicht gemeint, dass dem Tarifvertrag eine größere Richtigkeitsgewähr immanent ist. 39

In den Fällen des **Abs. 1 Nr. 1, 2, 4 und 5** lässt **Abs. 2** eine Regelung durch Betriebsvereinbarung nur zu, wenn und solange keine entsprechende tarifliche Regelung besteht und »auch kein anderer Tarifvertrag« gilt. Soweit bestehende tarifliche Regelungen die Materie inhaltlich regeln, ist der Ausschluss der Betriebsvereinbarung als Regelungsinstrument nachvollziehbar, wenngleich die Betriebsvereinbarung durchaus als sachnahes und besser legitimiertes Regelungsinstrument betrachtet werden kann (vgl. *Franzen* ZfA 2000, 285 [301]; *ders.* ZfA 2001, 423 [427]; *Picker* RdA 2001, 259 [281]; *Reichold* NZA 2001, 857 [859]; *Spinner* Die vereinbarte Betriebsverfassung, S. 205; s. a. *Rieble* ZIP 2001, 133 [137 f.] mit dem Bedenken, dass der Betriebsrat durch Betriebsvereinbarung über den Zuschnitt seines Wahlvolks mitentscheiden kann). Die Regelungsmöglichkeit durch die Betriebspartner ist aber auch dann ausgeschlossen, wenn nur ein Tarifvertrag über eine andere Materie im Unternehmen gilt, etwa über das Entgelt oder sonstige Arbeitsbedingungen. Dies stellt die Gesetzesbegründung ausdrücklich fest (vgl. *Reg. Begr.* BT-Drucks. 14/5741, S. 34, r. Sp.). Nach dem Wortlaut von Abs. 2 muss der Tarifvertrag »gelten«, um eine Regelung in einer Betriebsvereinbarung zu sperren. Damit muss der betroffene Betrieb bzw. das Unternehmen unter den Geltungsbereich des Tarifvertrags fallen. Außerdem deutet der Gesetzestext darauf hin, dass der **Tarifvorbehalt** nur eingreift bei **normativer Wirkung des Tarifvertrags**, also bei Tarifbindung des Arbeitgebers, Allgemeinverbindlicherklärung, nicht aber bei Nachwirkung nach § 4 Abs. 5 TVG oder lediglich arbeitsvertraglicher Inbezugnahme des Tarifvertrags (ebenso *BAG* 24.04.2013 EzA § 3 BetrVG 2001 Nr. 7 Rn. 40 = AP Nr. 11 zu § 3 BetrVG 1972 *[Melot de Beauregard]*; *Gaul/Mückl* NZA 2011, 657 [658]; *Koch*/ErfK § 3 BetrVG Rn. 9; *Fitting* § 3 Rn. 68; *Hanau* NJW 2001, 2513 [2514]; *Hohenstatt/Dzida* DB 2001, 2498 [2501]; *Plander* NZA 2002, 483 [487]; *Richardi* § 3 Rn. 76; *Rieble* RWS Forum 21, S. 25 [44]; **a. M.** *Trümner/DKKW* § 3 Rn. 165). Entscheidet man anders, kommt der Betriebsvereinbarung als Regelungsinstrument für betriebsverfassungsrechtliche Repräsentationseinheiten praktisch keine Bedeutung zu, da auch in den meisten tarifungebundenen Unternehmen Tarifverträge angewandt werden. Ein solch weitgehender Tarifvorbehalt existiert auch sonst im Betriebsverfassungsrecht nicht (vgl. auch *Buchner* NZA 2001, 633 [635]; *Hanau* NJW 2001, 2513 [2514]): Zwar wendet die h. M. den Tarifvorbehalt im Rahmen von § 77 Abs. 3 auch auf tarifungebundene Arbeitgeber an (vgl. dazu krit. *Kreutz* § 77 Rdn. 115 f.), allerdings schließt § 77 Abs. 3 nur Betriebsvereinbarungen mit wirklich konkurrierenden Inhalt aus und gilt nach wohl h. M. überdies in den wichtigen Materien des § 87 nicht (s. dazu krit. *Wiese* § 87 Rdn. 48 ff.); im Rahmen des Tarifvorrangs nach § 87 Abs. 1 wiederum ist jedenfalls die Tarifbindung des Arbeitgebers erforderlich (s. *Wiese* § 87 Rdn. 67 ff.). Demgegenüber schließt § 3 Abs. 2 Betriebsvereinbarungen bereits dann aus, wenn ein Tarifvertrag in einem Teil des Unternehmens oder Konzerns normativ gilt (vgl. *Trümner/DKKW* § 3 Rn. 162), falls die entsprechenden Unternehmens- bzw. Konzernteile in die abweichende Regelung nach § 3 einbezogen werden sollen. 40

41 Die **Tarifvertragsparteien** können ihre **Regelungsbefugnis** im Rahmen von § 3 Abs. 1 **nicht auf die Betriebsparteien delegieren** (ebenso im Ergebnis *Annuß* NZA 2002, 290 [293] für § 3 Abs. 1 Nr. 3; *Richardi* § 3 Rn. 77; *Thüsing* ZIP 2003, 693 [701]; *Trümner/DKKW* § 3 Rn. 159; **a. M.** *Eich* FS *Weinspach*, S. 17 [25 f.]; *Fitting* § 3 Rn. 68; *Gaul/HWK* § 3 BetrVG Rn. 20; *Hanau* NJW 2001, 2513 [2514]; *Hohenstatt/Dzida* DB 2001, 2498 [2501]; *Plander* NZA 2002, 483 [488]; *Stege/Weinspach/Schiefer* § 3 Rn. 14). Für Regelungen im Rahmen von Nr. 3 ist dies evident, da insoweit eine Regelung durch Betriebsvereinbarung ausdrücklich gesetzlich ausgeschlossen wurde. Dies gilt aber auch für die anderen Katalogtatbestände, für die Betriebsvereinbarungen an sich unter engen Voraussetzungen zulässig sind. Nach Abs. 2 ist eine Regelung der betriebsverfassungsrechtlichen Repräsentationseinheit durch Betriebsvereinbarung bereits dann ausgeschlossen, wenn irgendein Tarifvertrag normativ in einem der beteiligten Unternehmen gilt (s. Rdn. 40). Damit würde bereits derjenige Tarifvertrag Betriebsvereinbarungen sperren, der den Regelungsgegenstand für die Betriebsvereinbarung gerade öffnen soll. Dieses eher formal-logische Argument kann systematisch und teleologisch untermauert werden: Im Rahmen von § 3 Abs. 2 fehlt eine Öffnungsklausel, wie sie in § 77 Abs. 3 Satz 2 vorgesehen ist. Außerdem geht der Gesetzgeber deutlich davon aus, dass der Tarifvertrag das hauptsächliche Regelungsinstrument sein soll (vgl. *Reg. Begr.* 14/5741, S. 34, r. Sp.). Dann müssen die Tarifvertragsparteien die maßgeblichen Regelungen selbst treffen und dürfen sie nicht an die Betriebsparteien delegieren.

b) Parteien der Betriebsvereinbarung

42 Soweit nach Abs. 2 abweichende Regelungen hinsichtlich der Repräsentationseinheit durch Betriebsvereinbarung zulässig sind, gilt für die **Zuständigkeit auf Arbeitnehmerseite** Folgendes: Für Regelungen, die nur einen Betrieb betreffen, ist der jeweilige Einzelbetriebsrat zuständig. Dies wird allerdings nur selten in Betracht kommen, etwa im Rahmen von Nr. 5, da alle Katalogtatbestände zumindest auch betriebsübergreifende Regelungen im Auge haben. Für Regelungen, die mehrere oder alle Betriebe eines Unternehmens betreffen, ist nach allgemeinen Grundsätzen (§ 50) der Gesamtbetriebsrat zuständig (*BAG* 24.04.2013 EzA § 3 BetrVG 2001 Nr. 7 Rn. 37 = AP Nr. 11 zu § 3 BetrVG 1972 *[Melot de Beauregard]*). Dies ist denkbar bei Vereinbarungen nach Nr. 1, Nr. 2 und Nr. 5, soweit die Unternehmensgrenzen hierdurch nicht überschritten werden. Nach § 50 Abs. 1 2. Halbsatz kann der Gesamtbetriebsrat insoweit auch Regelungen für Unternehmensteile treffen, in denen es keinen Betriebsrat gibt. Besteht in einem Unternehmen mit mehreren Betrieben nur für einen der Betriebe ein Betriebsrat, scheidet eine Vereinbarung insbesondere nach Nr. 1 durch Betriebsvereinbarung aus, da der Betriebsrat nur für den Betrieb, für den er gewählt ist, und nicht für die anderen Betriebe legitimiert ist (ebenso *Trümner/DKKW* § 3 Rn. 169). Ein Vorgehen nach Abs. 3 kommt in solchen Fällen ebenfalls nicht in Betracht, da in dem Unternehmen ein Betriebsrat besteht. Abhilfe kann dann lediglich ein Vorgehen nach § 4 Abs. 1 Satz 2 (s. dazu § 4 Rdn. 19 ff.) oder die Wahl eigener Betriebsräte für die betriebsratslosen Betriebe schaffen, wobei man dann im nächsten Schritt über eine Gesamtbetriebsvereinbarung zu einer Regelung insbesondere nach Nr. 1 gelangen kann. Unternehmensübergreifende Regelungen wie in Nr. 2 oder Nr. 4, die aber innerhalb der Konzerngrenzen bleiben, kann der Konzernbetriebsrat abschließen (§ 58 Abs. 1), der wie der Gesamtbetriebsrat für alle Betriebe – auch die ohne Arbeitnehmervertretung (§ 58 Abs. 1 2. Halbs.) – zuständig ist. Gibt es keinen Konzernbetriebsrat, muss die Vereinbarung mit allen Gesamtbetriebsräten abgeschlossen werden. Für eine konzernübergreifende Vereinbarung müssen entsprechend der dargestellten Grundsätze die Arbeitnehmervertretungen in den betroffenen Unternehmen entsprechend ihrer Zuständigkeit beteiligt werden.

43 Die skizzierten Grundsätze ergeben sich bei konsequenter Anwendung des Betriebsverfassungsgesetzes aus dem Gesetz selbst, insbesondere aus §§ 50 Abs. 1, 58 Abs. 1. Sie lassen es als möglich erscheinen, dass Gesamt- oder Konzernbetriebsrat mittels entsprechender Betriebsvereinbarungen eine vom Gesetz abweichende Repräsentationsstruktur vereinbaren und dadurch einem bereits bestehenden Betriebsrat die Betätigungsmöglichkeit entziehen (vgl. *Richardi* § 3 Rn. 81; *Trümner/DKKW* § 3 Rn. 170). *Richardi* (§ 3 Rn. 81) schlägt insoweit vor, die Wirksamkeit einer entsprechenden Gesamt- oder Konzernbetriebsvereinbarung an die Zustimmung des überflüssig werdenden Einzelbetriebsrats zu binden. Dies erscheint als zu weitgehend (vgl. *BAG* 24.04.2013 EzA § 3 BetrVG 2001 Nr. 7 Rn. 38 = AP Nr. 11 zu § 3 BetrVG 1972 *[Melot de Beauregard]*; abl. auch *Wendeling-Schröder* NZA 2015, 525

[526]). Jedoch kann die ablehnende Haltung von Einzelbetriebsräten samt deren Stellungnahme rechtlich als ein Aspekt im Rahmen der Auslegung der unbestimmten Rechtsbegriffe in den entsprechenden Katalogtatbeständen berücksichtigt werden: Eine vom Gesetz abweichende Arbeitnehmerrepräsentationsstruktur erscheint dann wenig zweckmäßig und sachgerecht, wenn hierdurch gewählte Arbeitnehmervertretungen gegen ihren Willen abgeschafft werden (s. Rdn. 8; vgl auch BAG 24.04.2013 EzA § 3 BetrVG 2001 Nr. 7 = AP Nr. 11 zu § 3 BetrVG 1972 *[Melot de Beauregard]*).

Auf **Arbeitgeberseite** ist von folgenden **Zuständigkeiten** auszugehen: Soweit ausnahmsweise eine **44** Einzelbetriebsvereinbarung abgeschlossen werden kann, ist der Rechtsträger des Unternehmens zuständig, zu dem der Betrieb gehört. Dasselbe gilt für eine Gesamtbetriebsvereinbarung. Für eine Konzernbetriebsvereinbarung stellt sich hier wie auch sonst im Rahmen der Zuständigkeit des Konzernbetriebsrats nach § 58 die Frage, ob der Abschluss mit dem herrschenden Unternehmen genügt oder ob die Tochtergesellschaften einbezogen werden müssen. Diese Frage muss nach den insoweit zum Abschluss von Konzernbetriebsvereinbarungen maßgeblichen Grundsätzen beantwortet werden (s. dazu § 58 Rdn. 11 ff.; *Windbichler* Arbeitsrecht im Konzern, 1989, S. 359 ff.; zur Problematik im Rahmen von § 3 *Hanau/Wackerbarth* FS *Ulmer*, S. 1303 [1305 ff.]).

Für eine **Regelung durch Betriebsvereinbarung** besteht kein erzwingbares Mitbestimmungsrecht **45** des Betriebsrats; sie kann **nur freiwillig** abgeschlossen und deshalb auch mit Hilfe der Einigungsstelle nicht erzwungen werden; es gilt § 76 Abs. 6. Mit Beendigung der Betriebsvereinbarung, sei es durch Zeitablauf, Kündigung oder einvernehmliche Aufhebung, verliert, wenn sich nicht eine entsprechende Betriebsvereinbarung unmittelbar anschließt, die bisher gemäß Abs. 2 wirksame Regelung ihre Rechtsgrundlage. Eine Nachwirkung nach § 77 Abs. 6 tritt nicht ein. Die Folgen der Beendigung der Betriebsvereinbarung ergeben sich aus dem Betriebsverfassungsgesetz und entsprechen denjenigen bei der Beendigung eines Tarifvertrags (vgl. dazu Rdn. 38).

3. Abstimmung durch die Arbeitnehmer (Abs. 3)

a) Voraussetzungen

Wenn in einem Unternehmen mit mehreren Betrieben **keine tarifliche Regelung** über die Bildung **46** eines **unternehmenseinheitlichen Betriebsrats** (Abs. 1 Nr. 1a) existiert und **kein Betriebsrat** besteht, können die Arbeitnehmer nach **Abs. 3** mit Stimmenmehrheit die Wahl eines unternehmenseinheitlichen Betriebsrats beschließen. Anders als bei Abs. 2 (s. Rdn. 40) sperrt nur ein **normativ wirkender Tarifvertrag mit einer inhaltlichen Regelung** über die Bildung eines unternehmenseinheitlichen Betriebsrats nach § 3 Abs. 1 Nr. 1a das entsprechende Belegschaftsvotum. Außerdem muss das **Unternehmen** aus **mehreren Betrieben** bestehen. Dies ist dann nicht der Fall, wenn es nur über einen Hauptbetrieb und unselbständige Betriebsteile oder Kleinstbetriebe gemäß § 4 Abs. 2 verfügt, weil dann die Kleinstbetriebe bzw. Betriebsteile bereits kraft Gesetzes dem Hauptbetrieb zugerechnet werden; eine Abstimmung ist dann entbehrlich (vgl. *Trümner/DKKW* § 3 Rn. 184). Schließlich darf **kein Betriebsrat** bestehen. Besteht ein Betriebsrat im mehrbetrieblichen Unternehmen, ist es Sache der Arbeitnehmer in den noch nicht durch Betriebsrat repräsentierten Unternehmensteilen, für ihre betriebsratsfähigen Einheiten eine Betriebswahl zu initiieren oder im Falle eines Betriebsteils an der Wahl des Betriebsrats im Hauptbetrieb durch Mehrheitsbeschluss nach Maßgabe von § 4 Abs. 1 Satz 2 teilzunehmen (vgl. § 4 Rdn. 19 ff.). Bestehen des Betriebsrats bedeutet, dass der Betriebsrat bereits gewählt sein muss. Bloße Vorbereitungen für eine Betriebsratswahl wie etwa die Bestellung eines Wahlvorstands können ein Belegschaftsvotum nach Abs. 3 noch nicht sperren (vgl. *Richardi* § 3 Rn. 87; **a. M.** *Koch/*ErfK § 3 BetrVG Rn. 10; *Trümner/DKKW* § 3 Rn. 181; LAG Hamm 31.08.2016 BeckRS 2016, 73201 Rn. 35 ff.). Besteht ein Betriebsrat in einem Unternehmensteil, ist eine aufgrund einer erfolgreichen Abstimmung nach § 3 Abs. 3 durchgeführte Betriebsratswahl nicht nur anfechtbar, sondern nichtig, weil dann der Betriebsbegriff offenkundig verkannt wurde (s. zu einer ähnlichen Konstellation BAG 19.11.2003 EzA § 19 BetrVG 2001 Nr. 1 unter C I 2 = AP Nr. 55 zu § 19 BetrVG 1972). Dasselbe gilt, wenn die Betriebsratswahl nicht nur für ein, sondern für mehrere Unternehmen durchgeführt wurde (vgl. ArbG Hamburg 13.06.2006 NZA-RR 2006, 645).

Vorschriften über den Beschluss bzw. die Abstimmung enthält das Gesetz nicht. Abstimmungsberech- **47** tigt sind alle Arbeitnehmer des Unternehmens, nicht nur die wahlberechtigten. Erforderlich ist sicher eine rechtzeitige Aufforderung zur Teilnahme an alle wahlberechtigten Personen des Unternehmens; geheime Abstimmung ist nicht erforderlich (vgl. *Reg. Begr.* BT-Drucks. 14/5741, S. 34, r. Sp.). Nach Abs. 3 Satz 2 kann die Abstimmung nur stattfinden, wenn sie von drei wahlberechtigten Arbeitnehmern des Unternehmens oder von einer im Unternehmen vertretenen Gewerkschaft (vgl. dazu § 2 Rdn. 39 ff.) veranlasst wird. Das Gesetz regelt nicht, wem gegenüber der Wunsch nach einer solchen Abstimmung geäußert werden muss und wer die Abstimmung zu organisieren hat. Sachgerecht ist es insoweit, die Zuständigkeit des Unternehmensträgers in seiner Funktion als Arbeitgeber anzunehmen, der auch die Kosten zu tragen hat. Der Beschluss, einen unternehmenseinheitlichen Betriebsrat zu wählen, ist gefasst, wenn die Mehrheit der Arbeitnehmer des Unternehmens dem zu einem bestimmten Stichtag zustimmt (vgl. *Fitting* § 3 Rn. 96; *Richardi* § 3 Rn. 89; *Trümner/DKKW* § 3 Rn. 182).

b) Rechtsfolgen

48 Die **Wirkungen eines entsprechenden Belegschaftsvotums** regelt das Gesetz ebenfalls nicht. Die Fiktion des § 3 Abs. 5 ist ebenfalls nicht einschlägig, weil die Abstimmung gemäß § 3 Abs. 3 dort nicht genannt ist. Dies bedeutet, dass die wirksam und den gesetzlichen Grundsätzen entsprechend durchgeführte Abstimmung allein noch nicht die Betriebsfiktion herbeiführen kann. Damit bewirkt der Beschluss nur, dass ein unternehmenseinheitlicher Betriebsrat gewählt werden kann und eine etwaige auf die Verkennung des Betriebsbegriffs gestützte Anfechtung der Betriebsratswahl unbegründet wäre. Die Betriebsratswahl selbst muss gleichwohl nach Maßgabe der §§ 14 ff. bezogen auf das Unternehmen eingeleitet und durchgeführt werden. Hierzu ist zunächst erforderlich, dass ein Wahlvorstand nach Maßgabe von § 17 Abs. 2, 3 im Rahmen einer Betriebsversammlung (hier: Unternehmensversammlung) gewählt wird. Scheitert dies, bestellt ihn das Arbeitsgericht auf Antrag von drei wahlberechtigten unternehmensangehörigen Arbeitnehmern oder einer im Unternehmen vertretenen Gewerkschaft (§ 17 Abs. 4). Erst mit der Wahl des unternehmenseinheitlichen Betriebsrats werden die Rechtswirkungen ausgelöst, die ohne Abstimmung gemäß Abs. 3 erst nach Verstreichen der Anfechtungsfrist nach § 19 Abs. 2 hervorgerufen würden: das Unternehmen hat einen wirksam installierten Betriebsrat und gilt damit als Betrieb i. S. d. Betriebsverfassungsgesetzes. Daraus folgt umgekehrt, dass bis zur Durchführung der unternehmenseinheitlichen Betriebsratswahl für einzelne Betriebe des Unternehmens trotz eines entsprechenden Belegschaftsvotums eine auf den jeweiligen Betrieb bezogene separate Betriebsratswahl organisiert werden kann. Anderenfalls bestünde die Gefahr eines betriebsverfassungsrechtlichen Stillstands, den der Gesetzgeber nicht gewollt haben kann: Die Wahl eines unternehmenseinheitlichen Betriebsrats scheitert und gleichzeitig würde das wirksame Belegschaftsvotum die Initiierung von Betriebsratswahlen in den Betrieben sperren. Daher bildet die Abstimmung gemäß Abs. 3 lediglich die Basis für die Wahl eines unternehmenseinheitlichen Betriebsrats und entfaltet erst vollständige Rechtswirkung, wenn in Vollzug der Abstimmung ein unternehmenseinheitlicher Betriebsrat gewählt worden ist. Bis zu diesem Zeitpunkt sind Vorbereitungshandlungen für Betriebsratswahlen in einzelnen Betrieben des Unternehmens nicht ausgeschlossen. Wird ein Betriebsrat in einem Betrieb des Unternehmens gewählt, bevor der unternehmenseinheitliche Betriebsrat gewählt wurde, fehlt es an der grundlegenden Voraussetzung von Abs. 3, der Nichtexistenz eines Betriebsrats im Unternehmen. Die Wahl eines unternehmenseinheitlichen Betriebsrats ist dann nichtig (s. Rdn. 46) und die Abstimmung gemäß § 3 Abs. 3 wird gegenstandslos.

49 Wurde ein unternehmenseinheitlicher Betriebsrat gewählt, stellt sich die Frage, ob und auf welchem Weg zur **gesetzlichen Struktur** von **Einzelbetriebsräten zurückgekehrt** werden kann. In der Literatur wird hierfür ein actus contrarius verlangt, auf den § 3 Abs. 3 entsprechend anzuwenden sei (vgl. *Koch/*ErfK § 3 BetrVG Rn. 10; *Richardi* § 3 Rn. 91). Eine entsprechende Vorschrift wie in § 4 Abs. 1 Satz 5 fehlt indessen. Gleichwohl ist dieser Auffassung zuzustimmen. Sie lässt sich auf den Rechtsgedanken von § 20 Abs. 3 SprAuG stützen. Die Alternativen sind noch gesetzesferner: Der Abstimmung nur Wirkung für die jeweilige Wahlperiode zuzubilligen, lässt sich dem Gesetz nicht entnehmen und würde vor jeder Betriebsratswahl einen nicht unerheblichen Aufwand erfordern. Dem gewählten unternehmenseinheitlichen Betriebsrat im Rahmen der Bestellung des Wahlvorstands einen Beurteilungsspielraum bei der Frage einzuräumen, ob zur gesetzlichen Struktur zurückgekehrt werden soll oder ob der Unternehmensbetriebsrat beibehalten bleibt (sowohl der Sache nach *Trümner/DKKW* § 3 Rn. 185), ignorierte das Belegschaftsvotum. Daher wird man für die Rückkehr zur gesetzlichen Struktur eine Abstimmung der Belegschaft verlangen müssen. Diese Abstimmung können analog

§ 3 Abs. 3 Satz 2 drei wahlberechtigte Arbeitnehmer des Unternehmens, eine dort vertretene Gewerkschaft sowie – nicht im Gesetz geregelt – der unternehmenseinheitliche Betriebsrat selbst veranlassen.

IV. Inhalt der abweichenden Regelungen

1. Zeitpunkt der Anwendung der abweichenden Regelungen (Abs. 4)

Den Zeitpunkt, zu dem Regelungen nach Abs. 1 bis 3 erstmals anzuwenden sind, können die **Tarifpartner** bzw. die **Betriebspartner** in dem Tarifvertrag bzw. in der Betriebsvereinbarung frei **bestimmen** (vgl. Abs. 4). Findet danach eine Wahl einer in Abs. 1 Nr. 1 bis 3 genannten Arbeitnehmervertretung vor Ablauf der Amtszeit bestehender Betriebsräte statt, so endet die Amtszeit dieser Betriebsräte, die durch die neue Regelung obsolet werden, mit der Bekanntgabe des Wahlergebnisses (vgl. Abs. 4 Satz 2). Trotz Inkrafttreten einer abweichenden Regelung nach Nr. 1 bis 3 bleiben die bisher bestehenden Betriebsräte im Amt, bis eine Wahl in den neuen Arbeitnehmervertretungsstrukturen erfolgreich durchgeführt wurde. Damit will der Gesetzgeber die Kontinuität des Amtes erhalten. Bestanden in den durch Kollektivvertrag zusammengefassten Einheiten mehrere Betriebsräte, gilt für die Bestellung des Wahlvorstands § 21a Abs. 2 analog (vgl. *Thüsing* DB 2004, 2474 [2476]). Enthält der Tarifvertrag bzw. die Betriebsvereinbarung **keine Bestimmung** über den Zeitpunkt, zu dem die Vereinbarungslösung erstmals gilt, ist sie erstmals bei der nächsten regelmäßigen Betriebsratswahl anzuwenden (Abs. 4 Satz 1). Auch dies dient der Kontinuität bisher bestehender Gremien. Besteht kein Betriebsrat oder ist aus anderen Gründen eine Neuwahl erforderlich, so gilt die kollektivvertragliche Regelung bereits bei dieser Wahl (Abs. 4 Satz 1). Wird die Wahl eines unternehmenseinheitlichen Betriebsrats durch **die Arbeitnehmer nach Abs. 3 beschlossen**, kann mit den Vorbereitungshandlungen für diese Wahl begonnen werden, sobald das Beschlussergebnis feststeht; Abs. 4 ist nicht anwendbar (s. näher Rdn. 48). Endet ein Tarifvertrag nach § 3 Abs. 1, für den die Nachwirkung ausgeschlossen wurde, zu einem Zeitpunkt innerhalb des gesetzlichen Wahlzeitraums, so ist für die regelmäßigen Betriebsratswahlen die gesetzliche Betriebsstruktur maßgeblich (*LAG München* 29.06.2011 EzA-SD 2011, Nr. 17, 14; s. a. Rdn. 38).

2. Ersetzung des Betriebs durch andere Organisationseinheiten (Nr. 1 bis 3)

a) Zusammenfassung von Betrieben (Nr. 1)

Ein Tarifvertrag nach **Abs. 1 Nr. 1** enthält im **Falle von a)** lediglich die Aussage, dass für alle Betriebe des betroffenen Unternehmens ein einheitlicher Betriebsrat gebildet wird. Bestehen Zweifel, welche organisatorischen Einheiten Betriebe des Unternehmens sind, muss im Tarifvertrag festgelegt werden, welche organisatorischen Einheiten betroffen sind. Dies kann zweckmäßigerweise durch Aufzählung der einzelnen Betriebsstätten erreicht werden. Darüber hinaus sollte klargestellt werden, dass der Tarifvertrag auf Nr. 1a beruht. Werden in diesem Fall Betriebsstätten nicht genannt, können diese dann im Wege der Auslegung des Tarifvertrags gleichwohl einbezogen werden.

Im Fall b) ist im Tarifvertrag festzulegen, welche Betriebe des betroffenen Unternehmens in die Wahl eines gemeinsamen Betriebsrats einbezogen werden. Hier ist eine genaue Aufstellung der Betriebsstätten erforderlich, da nicht genannte Betriebe oder Betriebsteile automatisch nicht erfasst sind. Für beide Buchstaben ist zu beachten, dass für die Rechtsstellung der tariflich vorgesehenen Arbeitnehmervertretung und ihrer Mitglieder das Betriebsverfassungsgesetz zwingend gilt (vgl. Abs. 5). Ein Tarifvertrag kann eine abweichende Regelung nur treffen, soweit dies das Gesetz auch in Bezug auf die Mitglieder des Betriebsrats zulässt, etwa bei Freistellungen nach § 38 Abs. 1 Satz 5. Andere abweichende Regelungen – etwa beim Wahlverfahren oder der Zusammensetzung des Betriebsrats – sind unzulässig (vgl. *Reg. Begr.* BT-Drucks. 14/5741, S. 35, l. Sp.; ebenso insoweit *Hohenstatt/Dzida* DB 2001, 2498 [2500]; vgl. auch *BAG* 24.04.2013 EzA § 3 BetrVG 2001 Nr. 7 Rn. 43 = AP Nr. 11 zu § 3 BetrVG 1972 *[Melot de Beauregard]*).

b) Regelungen für produkt- oder projektbezogene Geschäftsbereiche, sog. Sparten (Nr. 2)

53 In einem Tarifvertrag nach **Abs. 1 Nr. 2** ist zu regeln, welche Betriebe oder Betriebsteile eines Unternehmens oder Konzerns von den Tarifparteien jeweils als Sparte i. S. dieser Bestimmung angesehen werden. Nur dann liegt fest, welche Personen zum Spartenbetriebsrat wahlberechtigt sind und welche Arbeitnehmer von dem Spartenbetriebsrat repräsentiert werden. Bei nicht ausschließlich nach Sparten organisierten Unternehmen oder Konzernen (s. Rdn. 16 f.) ist eine Regelung für den oder die verbliebenen nicht spartenmäßig organisierten Restbetriebe ebenfalls zulässig; die Kompetenz ergibt sich insoweit auch aus Nr. 1b oder Nr. 3. Unterbleibt eine entsprechende Regelung, muss nach dem gesetzlichen Betriebsbegriff ermittelt werden, ob es sich bei den Resteinheiten um betriebsratsfähige Einheiten nach §§ 1, 4 handelt. Dies kann u. U. unzweckmäßig sein, so dass eine isolierte Regelung einer Spartenbetriebsverfassung im Einzelfall Zweifel begründen kann, ob sie der ›sachgerechten Wahrnehmung der Aufgaben des Betriebsrats‹ i. S. v. § 3 Abs. 1 Nr. 2 a. E. dient. Dann wäre eine derartige Regelung unzulässig.

54 Für die **Rechtsstellung der Spartenbetriebsräte** und **ihrer Mitglieder** gelten nach Abs. 5 Satz 2 die Vorschriften über den Betriebsrat und seine Mitglieder zwingend. Abweichungen sind nur in diesem Rahmen zulässig (s. Rdn. 52). Dasselbe gilt für die Aufgaben des Betriebsrats sowie die Rechte und Pflichten seiner Mitglieder (ebenso *Friese* RdA 2003, 92 [101]). Außerdem ist es nach der hier vertretenen Auffassung unzulässig, in den Tarifvertrag Regelungen über die Organisation der Spartenbetriebsverfassung oberhalb des Basisrepräsentationsbereichs »Betrieb«, also etwa über Spartengesamt- und Spartenkonzernbetriebsräte, aufzunehmen. Die Abweichungsmöglichkeit im Rahmen von § 3 bezieht sich nur auf die Repräsentationseinheit ›Betrieb‹, was sich bereits aus § 3 Abs. 5 Satz 1 ergibt. Daher entzieht sich die Bildung von Gesamt- oder Konzernbetriebsräten der Regelungsbefugnis der Kollektivvertragsparteien; sie folgt allein aus dem Betriebsverfassungsgesetz (s. Rdn. 18; **a. M.** *Friese* RdA 2003, 92 [101]). In einer entsprechenden Vereinbarung können daher Regelungen für den Gesamt- bzw. Konzernbetriebsrat nur insoweit getroffen werden, als dies das Betriebsverfassungsgesetz zulässt, etwa hinsichtlich der Zusammensetzung nach § 47 Abs. 4 und 9; § 55 Abs. 4.

c) Auffangtatbestand (Nr. 3)

55 In einem Tarifvertrag, der nach **Abs. 1 Nr. 3** eine andere Arbeitnehmervertretungsstruktur vorsieht, muss geregelt werden, wie die Arbeitnehmervertretungsstruktur aussehen soll. Auch hier ist es zweckmäßig, die erfassten Teile der Unternehmen genau zu bezeichnen, welche in diese Struktur einbezogen werden sollen. Die durch einen Tarifvertrag nach Maßgabe von Abs. 1 Nr. 3 gebildeten Repräsentationseinheiten gelten nach Abs. 5 als Betriebe. Arbeitnehmervertretungen, die an die Stelle von Betriebsräten treten, können daher nur gewählt werden, sofern die Einheit die Voraussetzungen des § 1 erfüllt. Für die Wahl, Zusammensetzung, Organisation und Geschäftsführung der nach Abs. 1 Nr. 3 geschaffenen Arbeitnehmervertretungen gelten die Vorschriften des Betriebsverfassungsgesetzes über den Betriebsrat (vgl. *Annuß* NZA 2002, 290 [292]; *Heinkel* Organisationseinheit, S. 311 ff.; *Krebber* Arbeitsabläufe, S. 338; *Richardi* § 3 Rn. 64; *Utermark* Die Organisation der Betriebsverfassung als Verhandlungsgegenstand, S. 147; **a. M.** *Gaul/HWK* § 3 BetrVG Rn. 19; *Hohenstatt/Dzida* DB 2001, 2498 [2500]; *Kania/Klemm* RdA 2006, 22 [24]; *LAG Hamm* 27.06.2003 – 10 Ta BV 22/03). Dies zeigt auch die Gesetzesbegründung deutlich, die als maßgebliche Vorschriften beispielhaft §§ 9, 27 f., 38 nennt (vgl. BT-Drucks. 14/5741, S. 35, l. Sp.). Abweichende Regelungen können daher in einem Tarifvertrag nur getroffen werden, wenn und soweit dies das Gesetz auch in Bezug auf den Betriebsrat zulässt. Die zu § 3 Abs. 1 Nr. 2 BetrVG 1972 überwiegend vertretene Auffassung, Wahl, Zusammensetzung, Organisation und Geschäftsführung der nach Abs. 1 Nr. 2 a. F. geschaffenen Arbeitnehmervertretungen könnten weitgehend frei geregelt werden (vgl. *Kraft* GK-BetrVG 6. Aufl., § 3 Rn. 34; *Fitting/Kaiser/Heither/Engels* 20. Aufl., § 3 Rn. 32; *Galperin/Löwisch* § 3 Rn. 18, 19; *Nikisch* III, S. 72), kann angesichts des durch das BetrVerf-Reformgesetz eingefügten Abs. 5 für die Vertretungen nach Abs. 1 Nr. 3 nicht aufrecht erhalten werden (vgl. *Friese* RdA 2003, 92 [101]; *Richardi* § 3 Rn. 64; mit rechtlichen Bedenken insoweit auch *BAG* 24.04.2013 EzA § 3 BetrVG 2001 Nr. 7 Rn. 43 = AP Nr. 11 zu § 3 BetrVG 1972 *[Melot de Beauregard]*; zweifelnd *Fitting* § 3 Rn. 51). Auch für die Aufgaben und Befugnisse der Arbeitnehmervertretung sowie die Rechte und Pflichten ihrer Mitglieder und ihre Rechtsstellung gibt ausschließlich das Betriebsverfassungsgesetz Maß; Abweichungen durch Tarifvertrag sind nur insoweit zulässig, als das Gesetz dies erlaubt.

Abweichende Regelungen § 3

Nach der hier vertretenen Auffassung kann ein Tarifvertrag auch keine abweichenden Arbeitnehmer- 56
vertretungsstrukturen oberhalb der Basisrepräsentationseinheit »Betrieb« vorsehen und etwa die Zuständigkeiten von Gesamt- oder Konzernbetriebsrat verändern (s. Rdn. 18, 20; **a. M.** *Rieble* RWS Forum 21 S. 25 [39]). Der Tarifvertrag kann lediglich die Basisrepräsentationseinheit »Betrieb« so definieren, dass ein Gesamt- oder Konzernbetriebsrat nicht gebildet werden braucht, weil alle Betriebe des Unternehmens bzw. Konzerns einstufig repräsentiert werden. In diesem Fall gilt die gesamte Einheit als Betrieb gemäß § 3 Abs. 5 Satz 1. Repräsentationsbereiche unterhalb dieser Ebene können in diesen Fällen nur über § 3 Abs. 1 Nr. 5 gebildet werden. Sieht der Tarifvertrag dagegen die Möglichkeit vor, dass innerhalb eines Unternehmens mehrere Repräsentationseinheiten als ›Betriebe‹ gemäß § 3 Abs. 5 bestehen bleiben, ist eine tarifliche Regelung über eine Repräsentation auf der höheren Stufe ausgeschlossen. Nur aus dem Betriebsverfassungsgesetz ergibt sich, ob ein Gesamtbetriebsrat gebildet werden muss oder ein Konzernbetriebsrat gebildet werden kann, und welche Zuständigkeiten diese Gremien haben. Tarifliche Regelungen sind insoweit nur zulässig, wie das Gesetz dies erlaubt, etwa nach § 47 Abs. 4 und 9; § 55 Abs. 4 (s. auch Rdn. 54).

3. Zusätzliche betriebsverfassungsrechtliche Gremien

a) Arbeitsgemeinschaften (Nr. 4)

Ein Kollektivvertrag nach **Abs. 1 Nr. 4** kann Folgendes regeln: die Zusammensetzung der Gremien, 57
ihre Bildung, die Geschäftsführung sowie die Frage, welche Arbeitnehmervertretungen welcher Unternehmen einbezogen werden sollen. Aus dem Umstand, dass es sich um ›betriebsverfassungsrechtliche‹ Gremien handelt, wird man folgern müssen, dass die Zugehörigkeit zu einer Gewerkschaft keine Voraussetzung für die Mitgliedschaft in einem solchen Gremium sein darf. Darüber hinaus kann der Kollektivvertrag die Bestellung der Mitglieder relativ frei regeln, etwa durch Beschluss nach § 33 oder Wahl analog §§ 27, 28 (vgl. *Fitting* § 3 Rn. 56). Die Rechtsstellung der Mitglieder erscheint nicht regelungsbedürftig, wenn man beachtet, dass Mitglieder der Gremien nur Mitglieder von Betriebsräten und anderen betriebsverfassungsrechtlichen Vertretungen i. S. v. Abs. 1 Nr. 1 bis 3 sein können (s. Rdn. 25). Dann ergibt sich deren Rechtsstellung bereits aus dem Betriebsverfassungsgesetz. Die Freistellung folgt aus § 37 Abs. 2, wobei im Rahmen der Erforderlichkeit beachtet werden muss, ob nicht regelmäßig generell freigestellte Betriebsratsmitglieder nach § 38 in solche Gremien entsandt werden müssen. Regelungen über die Kosten der Tätigkeit des Gremiums sind insoweit entbehrlich, als es sich um Betriebsratstätigkeit handelt und daher § 40 anwendbar ist (s. Rdn. 26; **a. M.** *Reichold* NZA 2001, 857 [859]). Der Kollektivvertrag kann auch den Zeitpunkt festlegen, ab dem ein dort vorgesehenes Gremium gebildet werden kann. Fehlt eine derartige Regelung, ist ein dort vorgesehenes Gremium mit Inkrafttreten des Kollektivvertrags zu bilden. Für diese Gremien und ihre Mitglieder gilt Abs. 5 naturgemäß nicht.

b) Zusätzliche betriebsverfassungsrechtliche Vertretungen (Nr. 5)

Ein Kollektivvertrag nach **Abs. 1 Nr. 5** kann die Zusammensetzung, Wahl, Geschäftsführung und 58
Rechtsstellung der zusätzlichen Vertretung regeln. Abs. 5 gilt nicht. Bezüglich der Wahl sind folgende Punkte zu beachten: Aktiv wahlberechtigt müssen alle Arbeitnehmer der Organisationseinheit oder Arbeitsgruppe sein, für die die zusätzliche Vertretung gebildet werden soll. Leitende Angestellte sind keinesfalls wahlberechtigt. Die Voraussetzungen für das passive Wahlrecht können abweichend von § 8 festgelegt werden. Die Wahl muss nach demokratischen Grundsätzen erfolgen (allgemein, unmittelbar, gleich). Schriftliche bzw. geheime Wahl ist allerdings nicht erforderlich, wenn der Tarifvertrag sie nicht zwingend vorschreibt (vgl. *Fitting* § 3 Rn. 63; *Galperin / Löwisch* § 3 Rn. 12 zu § 3 Abs. 1 Nr. 1 BetrVG 1972). Darüber hinaus können die Kollektivvertragsparteien festlegen, **ab wann** die **zusätzliche Arbeitnehmervertretung** gebildet werden kann. Enthält der Tarifvertrag keine entsprechende Regelung, ist die Bildung ab dem Inkrafttreten des Tarifvertrags zulässig. Abs. 4 gilt nicht.

Die zusätzliche Vertretung nach Nr. 5 hat **keine Repräsentationsbefugnisse** gegenüber dem Ar- 59
beitgeber. Ihr können keine Mitwirkungs- und Mitbestimmungsrechte eingeräumt werden (vgl. *Koch* / ErfK § 3 BetrVG Rn. 8; *Trümner* / DKKW § 3 Rn. 148). Auch ein **Teilnahmerecht** an (vgl. *Fitting* § 3 Rn. 61; **a. M.** *Trümner* / DKKW § 3 Rn. 148) und ein **Stimmrecht** in Betriebsratssitzungen

(vgl. *Koch*/ErfK § 3 BetrVG Rn. 8; *Fitting* § 3 Rn. 61; *Trümner/DKKW* § 3 Rn. 148) kann durch Kollektivvertrag nicht vorgesehen werden. Betriebsratssitzungen sind nicht öffentlich; Personen, denen das Gesetz kein Teilnahmerecht einräumt, dürfen daher nur teilnehmen, wenn der Betriebsrat sie einlädt und wenn sie als Sachverständige auftreten, oder wenn für ihre Teilnahme ein sachliches Bedürfnis besteht (vgl. *Fitting* § 30 Rn. 16 ff.; *Richardi/Thüsing* § 30 Rn. 10 ff.; *Raab* § 30 Rdn. 19 ff.). Aus dem Umstand, dass es sich um betriebsverfassungsrechtliche Vertretungen handelt, kann man folgern, dass § 40 angewandt werden kann (vgl. *Koch*/ErfK § 3 BetrVG Rn. 8; *Fitting* § 3 Rn. 64: zumindest entsprechende Anwendung; **a. M.** *Reichold* NZA 2001, 857 [859]), so dass eine Regelung über die Kostenpflicht im Kollektivvertrag entbehrlich ist. Darüber hinaus kann der Kollektivvertrag Regelungen vorsehen, welche die Rechtsstellung der Mitglieder der zusätzlichen Vertretung gegenüber der gesetzlichen Lage (s. dazu Rdn. 68) verbessern (*Fitting* § 3 Rn. 64).

4. Einbeziehung im Ausland gelegener Unternehmensteile?

60 Soweit ersichtlich noch nicht erörtert wurde die Frage, inwieweit **Tarifverträge nach § 3 auch im Ausland gelegene Unternehmensteile einbeziehen** können. Ein Bedürfnis hierfür kann insbesondere in Grenzregionen bestehen. Grundsätzlich können deutsche Tarifverträge auch Sachverhalte mit Auslandsberührung erfassen und einer Regelung zuführen, sofern eine gewisse Beziehung zum Inland besteht, etwa durch die Staatsangehörigkeit der Arbeitsvertragsparteien, gesellschaftsrechtliche Abhängigkeiten oder eine inländische Leitungsmacht im Konzernsachverhalt (s. *Birk*/MünchArbR 2. Aufl. § 21 Rn. 51; s. a. *BAG* 11.09.1991 AP Nr. 29 zu IPR-Arbeitsrecht = AR-Blattei ES 340, Nr. 14 [*Hergenröder*] = SAE 1993, 181 [*Otto*]; 10.09.1985 AP Nr. 3 zu § 117 BetrVG 1972). Das *BAG* hat die Regelungsmöglichkeit der Tarifvertragsparteien unter den Vorbehalt gestellt, dass zwingendes Ortsrecht nicht entgegensteht (*BAG* 11.09.1991 AP Nr. 29 zu IPR-Arbeitsrecht = AR-Blattei ES 340, Nr. 14 [*Hergenröder*] = SAE 1993, 181 [*Otto*]). Da es sich bei Tarifverträgen nach § 3 um solche auf dem Gebiet der Betriebsverfassung handelt, müssen diese Tarifverträge die kollisionsrechtlichen Grundsätze der Betriebsverfassung beachten. Die ganz h. M. knüpft die Betriebsverfassung an den Lageort des Betriebs an (vgl. § 1 Rdn. 4 m. w. N.). Bei der Frage, unter welchen Voraussetzungen ein solcher Betrieb vorliegt, handelt es sich um ein Qualifikationsproblem, welches nach dem Recht der lex fori behandelt wird, also nach deutschem Recht, wenn ein Gerichtsstand in Deutschland begründet ist. Im Ausland gelegene Betriebsstätten, welche die Anforderungen an den Betriebsbegriff erfüllen, also insbesondere über einen eigenen Leitungsapparat verfügen (s. § 1 Rdn. 35 ff.), können daher nicht durch Tarifverträge nach § 3 in die deutsche Betriebsverfassung einbezogen werden. Demgegenüber gelten nach hier vertretener Auffassung im Ausland gelegene Kleinstbetriebe nach § 4 Abs. 2 und unselbständige Betriebsteile als dem Hauptbetrieb zugehörig (s. § 1 Rdn. 10 f. m. w. N. auch zur ablehnenden h. M.) und können daher grundsätzlich auch von Tarifverträgen nach § 3 erfasst werden. Qualifizierte Betriebsteile nach § 4 Abs. 1 wiederum sind selbständige Betriebe, im internationalen Kontext als Auslandsbetriebe (s. § 1 Rdn. 11). Allerdings könnten solche im Ausland gelegene qualifizierte Betriebsteile ohne die Regelung des § 4 Abs. 1 in die deutsche Betriebsverfassung einzubeziehen sein, weil sie Teil eines deutschen Betriebs wären. Die Existenz von § 4 Abs. 1 hindert demnach eine betriebsverfassungsrechtliche Vertretung der Arbeitnehmer in Deutschland, obwohl diese Vorschrift eine arbeitnehmernahe Repräsentation ermöglichen will und daher dem Schutz der in diesem Betriebsteil beschäftigten Arbeitnehmer dient (ebenso *Christiansen* Betriebszugehörigkeit, 1998, S. 164; *Däubler* Betriebsverfassung in globalisierter Wirtschaft, 1999, S. 45). Aus diesem Grund wurde hier vorgeschlagen, den Arbeitnehmern solcher Einheiten das Teilnahmerecht des § 4 Abs. 1 Satz 2 bis 5 einzuräumen (vgl. näher § 4 Rdn. 23). Dieser Gedanke kann auf die Zuordnungsmöglichkeit durch Tarifvertrag übertragen werden. Insgesamt erscheint es daher zulässig, wenn Tarifverträge nach § 3 im Ausland gelegene Betriebsteile und Kleinstbetriebe deutscher Unternehmen in Repräsentationsbereiche einbeziehen, für welche ein Betriebsrat nach deutschem Betriebsverfassungsrecht gewählt wird (weitergehend wohl noch *Gamillscheg* II, S. 226). Dieselben Grundsätze müssen für das Regelungsinstrument der Betriebsvereinbarung gelten, sofern der im Ausland gelegene Betriebsteil oder Kleinstbetrieb von einem deutschen (Gesamt-, Konzern-)Betriebsrat repräsentiert wird.

V. Rechtsfolgen einer abweichenden Regelung nach Abs. 1

1. Betriebsverfassungsrecht

a) Grundsatz: Fiktion des Betriebs (Abs. 5 Satz 1)
Nach Abs. 5 **gelten** die nach **Abs. 1 Nr. 1 bis 3** gebildeten Organisationseinheiten **als Betriebe** i. S. »dieses Gesetzes«. Auf die auf dieser Grundlage gebildeten Arbeitnehmervertretungen finden die Vorschriften über die Rechte und Pflichten des **Betriebsrats** Anwendung. Diese Vertretungen treten an die Stelle der für diese Einheiten vorhandenen oder wählbaren Betriebsräte (*BAG* 18.11.2014 EzA § 3 BetrVG 2001 Nr. 8 Rn. 28 = AP Nr. 12 zu § 3 BetrVG 1972 *[Kort]*). Da die Einheiten als Betriebe i. S. d. Gesetzes gelten, sind für die Wahl der in ihnen zu bildenden Arbeitnehmervertretungen die Wahlvorschriften des Betriebsverfassungsgesetzes und der WO für die Betriebsratswahl maßgeblich. Die nach Abs. 1 Nr. 1 bis 3 gebildeten Repräsentationseinheiten sind maßgeblich für die Abgrenzung des Betriebs i. S. d. Betriebsverfassungsgesetzes sowie für die Schwellenwerte des BetrVG wie §§ 9, 38, die an den Betrieb anknüpfen (vgl. *Linse* Zulässigkeit vereinbarter Arbeitnehmervertretungsstrukturen, S. 127 f.; *Trebeck/Kania* BB 2014, 1595). Damit sind die Repräsentationsbereiche nach § 3 Abs. 1 auch relevant für die Jugend- und Auszubildendenvertretung, wegen der Verweisung in § 170 Abs. 1 Satz 2 SGB IX auch für die Schwerbehindertenvertretung (*BAG* 10.11.2004 EzA § 3 BetrVG 2001 Nr. 1 = AP Nr. 4 zu § 3 BetrVG 1972 noch zu § 87 Abs. 1 Satz 2 SGB IX in der bis 31.12.2017 geltenden Fassung; a. M. aber *Rolf* Betriebsratsstruktur, S. 19) und für den Sprecherausschuss nach dem SprAuG, da dieses generell den Betriebsbegriff des BetrVG zugrunde legt (vgl. Rdn. 70; *Fitting* § 3 Rn. 79).

Kollektivverträge nach § 3 Abs. 1 Nr. 1 bis 3 können in unterschiedlichem Ausmaß bislang bestehende Betriebe zu neuen Repräsentationseinheiten zusammenfassen oder aufteilen. Darin liegt **keine Betriebsspaltung** oder **-zusammenfassung i. S. v. § 21a Abs. 1, 2, § 111 Satz 3 Nr. 3**, solange die organisatorischen Rahmenbedingungen nicht verändert werden (ebenso *Trebeck/Kania* BB 2014, 1595 [1596]; *Trümner/DKKW* § 3 Rn. 196; zust. *Hohenstatt/WHSS* Kap. D Rn. 190). Die genannten gesetzlichen Tatbestände knüpfen stets an Veränderungen der Unternehmensorganisation an, welche durch den bloßen Abschluss eines Kollektivvertrags noch nicht eingetreten ist. Aus diesem Grund **gelten** auch die bislang in den einzelnen Betrieben **bestehenden Betriebsvereinbarungen** grundsätzlich **normativ** mit **gegenständlich beschränktem Geltungsbereich** fort (ebenso *BAG* 07.06.2011 EzA § 3 BetrVG 2001 Nr. 4 Rn. 14; 18.03.2008 AP Nr. 6 zu § 3 BetrVG 1972 Rn. 29; *Richardi* NZA 2014, 232 [233]; *Sobotta* Organisation, S. 223 f.; *Trümner/DKKW* § 3 Rn. 196; im Ergebnis auch *Salomon* NZA 2009, 74 [76 ff.]; *ders.* NZA 2013, 1124 [1127]; **a. M.** *Rolf* Betriebsratsstruktur, S. 180). Die Gegenauffassung will diesen Fall den Sachverhalten gleichstellen, in denen bislang getrennte organisatorische Einheiten durch Zusammenlegung zusammengefasst werden (so etwa *Rolf* Betriebsratsstruktur, S. 180) und den Auffangtatbestand des § 613a Abs. 1 Satz 2 bis 4 BGB auf solche Fälle anwenden (vgl. *Hohenstatt/WHSS* Kap. E Rn. 88, der aber selbst insoweit der h. M. folgt). Diese Auffassung trennt aber nicht hinreichend zwischen dem Abschluss eines Tarifvertrags nach § 3 Abs. 1 als solchem und den davon zu unterscheidenden tatsächlichen Veränderungen der Unternehmensorganisation. Im Übrigen ist § 613a Abs. 1 Satz 2 bis 4 BGB nach h. M. ohnehin nachrangig, wenn eine normative Weitergeltung in Betracht kommt (s. hierzu *Kreutz* § 77 Rdn. 437). Dies ist hier der Fall, da die einzelnen Organisationseinheiten als solche unverändert fortbestehen und nur wegen der Fiktion des § 3 Abs. 5 nicht mehr als Betrieb i. S. d. Betriebsverfassungsgesetzes gelten. Die aufgrund eines Kollektivvertrags nach § 3 Abs. 1 Nr. 1 bis 3 gewählte Arbeitnehmervertretung kann mit den normalen Instrumentarien (Kündigung, Abschluss neuer Betriebsvereinbarungen) eine Vereinheitlichung der durch Betriebsvereinbarung geregelten Arbeitsbedingungen herbeizuführen versuchen. Allerdings sind Kompetenzgrenzen im Hinblick auf die mögliche Existenz eines Gesamt- oder Konzernbetriebsrats zu beachten (§§ 50 Abs. 1, 58 Abs. 1). Dieselben **Grundsätze** sind **anwendbar** für **den actus contrarius**, also die **Rückkehr zur gesetzlichen Vertretungsstruktur**. Auch insoweit gelten die entsprechenden Betriebsvereinbarungen normativ fort.

b) Folgen von Umstrukturierungen

63 Der aufgrund von § 3 Abs. 1 gebildete Repräsentationsbereich ist als Betrieb i. S. d. Betriebsverfassung zu betrachten. Dies muss konsequent auch für **Umstrukturierungen** gelten (s. dazu *Gistel* Umstrukturierung, S. 70 ff., 183 ff.). Soweit ein Betriebsrat aufgrund eines Kollektivvertrags nach § 3 wirksam gewählt ist, kommt es für die Frage des **Fortbestands des Betriebsratsamts** zunächst nicht darauf an, ob der Erwerber an den Tarifvertrag oder die Betriebsvereinbarung gebunden ist (so aber *Rolf* Betriebsratsstruktur, S. 166). Dieser Betriebsrat ist einem Erwerber gegenüber genauso existent wie ein Betriebsrat, der aufgrund der Verkennung des Betriebsbegriffs gewählt wurde und dessen Wahl nicht angefochten wurde. Daher ist für die Frage, ob die Arbeitnehmervertretung nach § 3 Abs. 1 Nr. 1 bis 3 ihr Mandat bei Unternehmensumstrukturierungen behält, wie auch sonst, entscheidend, ob die »**Betriebsidentität**«, also die **Identität des durch den Kollektivvertrag hergestellten Repräsentationsbereichs**, beibehalten wird (ebenso *LAG Köln* 13.05.2015 BeckRS 2015, 70916 Rn. 42; *Fitting* § 3 Rn. 86; *Linsenmaier* RdA 2017, 128 [137 ff.], der die Frage der Identität in erster Linie anhand einer etwaigen Regelung in der (auszulegenden) Kollektivvereinbarung selbst beantworten will; wohl ebenso *Däubler* DB 2005, 666 [668]; im Ergebnis ebenso *Gistel* Umstrukturierung, S. 154 ff. aufgrund ihrer These des »Organisationserhalts«). Dies ist jedenfalls stets dann der Fall, wenn der übernehmende Rechtsträger an die entsprechende Kollektivvereinbarung nach § 3 gebunden ist (s. dazu näher Rdn. 66) und weitere organisatorische Änderungen nicht vorgenommen werden. Fehlt es an einer Bindung des übernehmenden Rechtsträgers, muss nach allgemeinen Grundsätzen ermittelt werden, ob in der Übertragung eines Teils des Repräsentationsbereichs i. S. v. § 3 Abs. 5 lediglich eine Abspaltung liegt, oder ob der Repräsentationsbereich unter Aufgabe seiner Identität aufgespaltet wurde (s. dazu näher *Kreutz* § 21a Rdn. 19 ff.); im erstgenannten Fall bleibt das Betriebsratsamt für den verbliebenen Repräsentationsbereich nach § 3 bestehen, im zweiten Fall hat die Arbeitnehmervertretung der gewillkürten Repräsentationseinheit ein Übergangsmandat nach § 21a (vgl. *Linsenmaier* RdA 2017, 128 [138 f.]). Davon unabhängig ist in solchen Fällen regelmäßig der Tatbestand der ›Betriebsspaltung‹ nach § 111 Satz 3 Nr. 3 erfüllt (s. dazu *Oetker* § 111 Rdn. 140, 148; ebenso im Ergebnis *Hohenstatt/WHSS* Kap. D Rn. 192; vgl. ausführlich und differenzierend *Trebeck/Kania* BB 2014, 1595 [1596 ff.]). Das Kriterium der »Betriebsidentität«, bezogen auf den nach § 3 Abs. 1 gebildeten Repräsentationsbereich, ist nach allgemeinen Grundsätzen auch maßgebend für die Frage des **Fortbestands von Betriebsvereinbarungen**, die von einer Arbeitnehmervertretung des Repräsentationsbereichs nach § 3 geschlossen wurde (s. dazu im Allgemeinen *Kreutz* § 77 Rdn. 419 ff.; darüber hinaus auf betriebsverfassungsrechtliche Wertungen abstellend *Salamon* NZA 2013, 1124 [1126 f.]).

64 Die **Identität des Repräsentationsbereichs** nach § 3 Abs. 5 kann darüber hinaus auch bei **Umstrukturierungen innerhalb des Repräsentationsbereichs** verloren gehen, insbesondere wenn sich die tatsächlichen Voraussetzungen des Katalogtatbestands ändern, an welchen die jeweilige Vereinbarung anknüpft (ähnlich *Rolf* Betriebsratsstruktur, S. 175 ff.; *Gistel* Umstrukturierung, S. 70 ff.; vgl. auch *Meyer* SAE 2013, 49 [50]; vgl. zu im konkreten Fall fortbestehender Identität *LAG Köln* 13.05.2015 BeckRS 2015, 71064 Rn. 39). In solchen Fällen wird das reguläre Mandat des Betriebsrats durch das Übergangsmandat nach § 21a abgelöst, wenn sich die entsprechende Veränderung als Spaltung des Repräsentationsbereichs oder als Zusammenfassung mehrerer Betriebe bzw. Repräsentationsbereiche darstellt (vgl. *Linsenmaier* RdA 2017, 128 [138]; *Trebeck/Kania* BB 2014, 1595 [1596 ff.]). Dies ist bei einer Spartenbetriebsverfassung nach § 3 Abs. 1 Nr. 2 beispielsweise dann der Fall, wenn eine Sparte aufgelöst wird, nicht aber wenn lediglich Umstrukturierungen innerhalb der Sparte durchgeführt werden, welche die äußeren Grenzen des jeweiligen Repräsentationsbereichs nicht ändern (vgl. *Rolf* Betriebsratsstruktur, S. 176).

65 **Erwirbt** ein an einem **Kollektivvertrag nach § 3 beteiligter Unternehmensträger** einen **Betrieb hinzu**, ist dieser nur dann in die gewillkürte Betriebsratsstruktur nach § 3 einbezogen, wenn dies ausdrücklich vereinbart wurde oder dem Kollektivvertrag durch Auslegung zu entnehmen ist (*LAG Schleswig-Holstein* 09.07.2008 DB 2009, 71; *Hohenstatt/WHSS* Kap. D Rn. 198; *Linsenmaier* RdA 2017, 128 [139]; wohl auch *Trümner* FA 2007, 226 [228 f.]). Anderenfalls kann dieser Betrieb nicht an dieser Arbeitnehmervertretungsstruktur partizipieren; u. U. muss für den beteiligten Unternehmensträger dann nach § 47 ein Gesamtbetriebsrat gebildet werden. Dasselbe gilt, wenn der unternehmenseinheitliche Betriebsrat aufgrund einer Abstimmung nach § 3 Abs. 3 gebildet wurde (vgl. dazu *ArbG Hamburg* 13.06.2006 NZA-RR 2006, 645; *Trappehl/Zimmer* BB 2008, 778). Wird der

übernommene Betrieb in die Repräsentationsstruktur nach § 3 einbezogen, kommt für die Arbeitnehmervertretung nach § 3 ein Übergangsmandat nach § 21a Abs. 2 in Betracht, wenn sich der Hinzuerwerb als Zusammenlegung von »Betrieben« i. S. dieser Vorschrift darstellt (**a. M.** *Linsenmaier* RdA 2017, 128 [139]). Schließlich ist denkbar, dass die nach § 3 Abs. 1 Nr. 1 bis 3 gebildete Arbeitnehmervertretung nach § 13 Abs. 2 Nr. 1 neu zu wählen ist, weil die Anzahl der Arbeitnehmer um die Hälfte gestiegen ist. Auch insoweit gelten die allgemeinen Grundsätze, wobei die Fiktion des § 3 Abs. 5 konsequent zu beachten ist.

Die **Bindung eines Erwerbers an den nach § 3 abgeschlossenen Kollektivvertrag** richtet sich nach den allgemeinen Grundsätzen. Danach ist ein Erwerber an einen **Firmentarifvertrag** aufgrund von § 3 bei **Einzelrechtsnachfolge** nur gebunden, wenn der Erwerber in den Tarifvertrag eintritt oder dieser mit ihm neu abgeschlossen wird (vgl. *BAG* 20.06.2001 EzA § 613a BGB Nr. 203 = AP Nr. 18 zu § 1 TVG Bezugnahme auf Tarifvertrag; 29.08.2001 EzA § 613a BGB Nr. 205 = AP Nr. 17 zu § 1 TVG Bezugnahme auf Tarifvertrag = RdA 2002, 299 [*Däubler*]); § 613a Abs. 1 Satz 2 bis 4 BGB finden keine Anwendung, da es sich bei den tarifvertraglichen Regelungen nach § 3 nicht um Rechte und Pflichten aus dem Arbeitsverhältnis handelt und es daher an der Transformationsfähigkeit fehlt (*BAG* 18.01.2012 EzA § 1 BetrVG Nr. 9 Rn. 45; ebenso im Ergebnis *Gaul/HWK* § 3 BetrVG Rn. 41; *Rolf* Betriebsratsstruktur, S. 167; *Trebeck/Kania* BB 2014, 1595 [1597 f.]). Bei **Gesamtrechtsnachfolge**, etwa nach dem UmwG, tritt der neue Rechtsträger in die Rechte und Pflichten des bisherigen Rechtsträgers und damit auch in einen Firmentarifvertrag ein (so für die Verschmelzung *BAG* 24.06.1998 EzA § 20 UmwG Nr. 1 [*Rieble*] = AP Nr. 1 zu § 20 UmwG). Bei einem **Verbandstarifvertrag** kommt eine Bindung des übernehmenden Rechtsträgers nur in Betracht, wenn dieser dem tarifschließenden Arbeitgeberverband angehört (ebenso *Fitting* § 3 Rn. 90). In eine **Betriebsvereinbarung** tritt der übernehmende Rechtsträger sowohl bei Einzel- als auch Gesamtrechtsnachfolge kollektivrechtlich ein, wenn der Betrieb seine Identität behält (h. M., s. näher *Kreutz* § 77 Rdn. 432 ff.). Dieses Ergebnis kann allerdings nicht auf Betriebsvereinbarungen nach § 3 Abs. 2 übertragen werden, da ihre Existenz erst die Betriebsidentität schafft, welche dann Voraussetzung für die Bindung des Erwerbers sein soll (vgl. *Rolf* Betriebsratsstruktur, S. 171 f.; **a. M.** wohl *Gaul/HWK* § 3 BetrVG Rn. 41 f.). Man wird daher verlangen müssen, dass der übernehmende Rechtsträger ausdrücklich in die Betriebsvereinbarung eintritt oder diese mit ihm neu abgeschlossen wird.

66

c) Rechtsstellung der Mitglieder der Arbeitnehmervertretungsgremien (Abs. 5 Satz 2)
Auf die **Mitglieder** der in betriebsverfassungsrechtlichen **Repräsentationseinheiten nach Abs. 1 Nr. 1 bis 3** durch Tarifvertrag, Betriebsvereinbarung oder Beschluss der Arbeitnehmer **gebildeten Arbeitnehmervertretungen** finden die Vorschriften über die Rechtsstellung von Betriebsratsmitgliedern Anwendung (vgl. Abs. 5 Satz 2); sie **stehen** rechtlich **Betriebsratsmitgliedern gleich** (vgl. für § 9 *BAG* 24.04.2013 EzA § 3 BetrVG 2001 Nr. 7 Rn. 43 = AP Nr. 11 zu § 3 BetrVG 1972 [*Melot de Beauregard*]). Daher gelten für sie die Vorschriften des Betriebsverfassungsgesetzes, insbesondere der Grundsatz der ehrenamtlichen Tätigkeit (§ 37 Abs. 1), Entgeltfortzahlung nach § 37 Abs. 2 bis 5, Schulungsanspruch nach § 37 Abs. 6, 7, Freistellung nach § 38, die Schutzvorschrift des § 78, der Kündigungsschutz nach § 103 i. V. m. § 15 KSchG sowie die Geheimhaltungspflicht nach § 79.

67

Die Mitglieder der zusätzlichen **Gremien** (Arbeitsgemeinschaften) nach **Abs. 1 Nr. 4** sind aufgrund dieser Mitgliedschaft Betriebsratsmitgliedern nicht gleichgestellt, wie sich aus einem Umkehrschluss zu § 3 Abs. 5 Satz 1 und 2 ergibt. Da es sich um betriebsverfassungsrechtliche Gremien handelt, ist allerdings der Grundsatz der Unentgeltlichkeit nach § 37 Abs. 1 auch hier anwendbar. Darüber hinaus bezieht das Gesetz diese Mitglieder dieser Gremien in die allgemeine Schutzbestimmung des § 78, in die Regelung über die Geheimhaltungspflichten nach § 79 sowie in den Tätigkeitsschutz nach § 119 ein. Außerdem können die Regelungen im jeweiligen Kollektivvertrag die Rechtsstellung der Mitglieder dieser Gremien verbessern. Dies erscheint entbehrlich, wenn man wie hier vertreten davon ausgeht, dass Mitglieder von Gremien nach Nr. 4 ohnehin nur Betriebsratsmitglieder sein können (s. Rdn. 25).

68

Die Mitglieder einer Vertretung nach **Abs. 1 Nr. 5** haben die Aufgabe, die Zusammenarbeit zwischen Belegschaft und Betriebsrat zu fördern und zu verbessern. Betriebsverfassungsrechtliche Befugnisse kommen ihnen nicht zu (vgl. Rdn. 59). Für die zusätzliche Vertretung und ihre Mitglieder gelten allerdings aufgrund ihrer Einbindung in die Betriebsverfassung die allgemeinen Grundsätze des Be-

69

triebsverfassungsgesetzes, die in den §§ 2 Abs. 1, 74 Abs. 2 und 75 niedergelegt sind (vgl. *Fitting* § 3 Rn. 64). Im Übrigen ist die Regelung im Tarifvertrag bzw. in der Betriebsvereinbarung, soweit sie nach dem Gesetz zulässig ist, für die Rechtsstellung der Mitglieder einer zusätzlichen Vertretung maßgebend. Die **für die Betriebsratsmitglieder geltenden Vorschriften** sind im Übrigen auf sie **grundsätzlich nicht anwendbar**. Dies gilt für die §§ 37 und 38 ebenso wie für den besonderen Kündigungsschutz nach § 15 KSchG und nach § 103 (vgl. *Fitting* § 3 Rn. 64; *Richardi* § 3 Rn. 70). Ausdrücklich angeordnet ist für die Mitglieder dieser Vertretungen die Geltung des in § 78 vorgesehenen Behinderungs-, Bevorzugungs- und Benachteiligungsverbots (gelegentlich als »relativer Kündigungsschutz« bezeichnet) sowie nach § 79 Abs. 2 die Geheimhaltungspflicht (vgl. *Fitting* § 3 Rn. 64; *Löwisch/LK* § 3 Rn. 65; *Richardi* § 3 Rn. 70). Soweit die Mitglieder der zusätzlichen Vertretung notwendige Tätigkeiten im Rahmen ihrer Aufgaben ausüben, dürfen sie dadurch keine Minderung ihres Arbeitsentgeltes erleiden; das ergibt sich aus § 78. Die Kosten für die Tätigkeit der zusätzlichen Vertretung trägt analog § 40 der Arbeitgeber (vgl. *Fitting* § 3 Rn. 64; *Löwisch/LK* § 3 Rn. 64; *Trümner/DKKW* § 3 Rn. 143; **a. M.** *Hanau* NJW 2001, 2513 [2514]; *Reichold* NZA 2001, 857 [859]).

2. Sonstige Rechtsgebiete, insbesondere Kündigungsschutzrecht

70 Für sonstige Rechtsgebiete, insbesondere das **Kündigungsschutzrecht**, sind die **aufgrund von § 3 Abs. 1 Nr. 1 bis 3 geschaffenen Repräsentationseinheiten nicht maßgeblich**. Die Rechtsprechung geht zwar grundsätzlich davon aus, dass die Betriebsbegriffe im KSchG und im Betriebsverfassungsgesetz übereinstimmen (s. dazu § 1 Rdn. 26 m. w. N.). Allerdings erkennt das BAG Ausnahmen an und hat insbesondere den betriebsverfassungsrechtlichen Betriebsbegriff im Rahmen von § 4 nicht auf das KSchG erstreckt (vgl. BAG 21.06.1995 AP Nr. 16 zu § 1 BetrVG 1972; zust. *Preis* RdA 2000, 257 [262]; *Thüsing* ZIP 2003, 693 [705]; s. dazu näher § 4 Rdn. 24). Dies muss konsequenterweise auch für die Repräsentationseinheiten im Rahmen von § 3 Abs. 1 Nr. 1 bis 3 gelten. Der Gesetzgeber hat die Betriebsfiktion in § 3 Abs. 5 ausdrücklich auf das Betriebsverfassungsgesetz bezogen und Weiterungen nicht angeordnet. Außerdem ist das KSchG nicht tarifdispositiv und lässt Abweichungen zum Nachteil der Arbeitnehmer nicht zu (vgl. BAG 11.03.1976 AP Nr. 1 zu § 95 BetrVG 1972 unter II 3 [*Hueck*] zum Verhältnis von Auswahlrichtlinien nach § 95 Abs. 2 zu den gesetzlichen Anforderungen an die Sozialauswahl nach § 1 Abs. 3 KSchG). Damit ist der durch Kollektivvertrag gebildete Repräsentationsbereich und dessen Arbeitnehmervertretung zwar maßgeblich für die Anhörung zu einer Kündigung im Rahmen von § 102, nicht aber für die Sozialauswahl nach § 1 Abs. 3 KSchG. Diese folgt dem Betriebsbegriff des KSchG (ebenso *Krebber* Arbeitsabläufe, S. 340 f.; *Preis* RdA 2000, 257 [260]; zum Ganzen *ders.* RWS Forum 21 Arbeitsrecht 2001, S. 83 [100 ff.]; in der Tendenz auch *Plander* NZA 2002, 483 [489 ff.]). Anders ist dies, wenn in einem Gesetz ausdrücklich auf den betriebsverfassungsrechtlichen Betriebsbegriff verwiesen wird, wie etwa nach § 3 Abs. 2 MitbestG, § 3 Abs. 2 DrittelbG (vgl. *Oetker*/ErfK § 3 MitbestG Rn. 3), oder wenn wegen der Zugehörigkeit zum materiellen Betriebsverfassungsrecht generell der Betriebsbegriff des Betriebsverfassungsgesetzes herangezogen wird, wie etwa im Rahmen des SprAuG (vgl. *Oetker*/ErfK § 1 SprAuG Rn. 2; *Mückl* DB 2010, 2615), nach § 170 Abs. 1 Satz 2 SGB IX (BAG 10.11.2004 EzA § 3 BetrVG 2001 Nr. 1 = AP Nr. 4 zu § 3 BetrVG 1972 noch zu § 87 Abs. 1 Satz 2 SGB IX in der bis 31.12.2017 geltenden Fassung) oder bei § 15 KSchG (LAG *Rheinland-Pfalz* 25.01.2007 – 4 Sa 797/06). In solchen Fällen sind die aufgrund von Tarifverträgen nach § 3 gebildeten Repräsentationsbereiche auch für die Anwendung dieser Gesetze maßgeblich. Zur örtlichen Zuständigkeit im Beschlussverfahren nach § 82 Abs. 1 Satz 2 ArbGG vgl. LAG *Baden-Württemberg* 07.08.2009 LAGE § 82 ArbGG 1979 Nr. 2. Zum Eintritt in die Beteiligtenstellung des Betriebsrats im arbeitsgerichtlichen Beschlussverfahren BAG 24.08.2011 EzA § 42 BetrVG 2001 Nr. 1.

VI. Verfassungsrechtliche Fragen

1. Frage der Legitimation

71 Zahlreiche Beobachter bezweifeln die **Verfassungsmäßigkeit der Vorschrift** (vgl. etwa *Buchner* NZA 2001, 633 [635]; *Giesen* Rechtsgestaltung, S. 307 ff.; *Klein* Die Stellung von Minderheitsgewerk-

schaften in der Betriebsverfassung, S. 223 ff.; *Picker* RdA 2001, 259 [282 ff.]; *Rieble* Gutachten, S. 2 ff.; *Rolf* Betriebsratsstruktur, S. 185 ff.; *Richardi* NZA 2001, Sonderheft S. 7 [9]; *Schmiege* Betriebsverfassungsrechtliche Organisationsstrukturen durch Tarifvertrag, S. 182). Schwerpunkt der Überlegungen ist die Frage der **Legitimation der Tarifvertragsparteien**, soweit die Regelungen Außenseiter auf Arbeitnehmerseite erfassen bzw. betreffen. Nach § 3 Abs. 2 BetrVG 1972 a. F. bedurften die grundsätzlich zulässigen Tarifverträge zur Änderung organisatorischer Bestimmungen des Gesetzes der Zustimmung der obersten Arbeitsbehörde des Landes bzw. des Bundesministers für Arbeit und Sozialordnung. Dieses Erfordernis wurde durch das BetrVerf-Reformgesetz beseitigt. Das bedeutet, dass nunmehr tarifliche Regelungen nach § 3 als betriebsverfassungsrechtliche Tarifnormen wegen §§ 3 Abs. 2 und 4 Abs. 1 Satz 2 TVG automatisch auch sog. Außenseiter erfassen, ohne dass eine staatliche Institution an der Geltungserstreckung des konkreten Tarifvertrags auf die Außenseiter mitgewirkt hat. Die Geltungserstreckung beruht allein auf § 3 Abs. 2 TVG und § 3 Abs. 1 Nr. 1–3. Dies wirft Probleme wegen der im Hinblick auf das Rechtsstaats- und Demokratieprinzip notwendigen Legitimationsbrücke auf (vgl. dazu ausführlich *Giesen* Rechtsgestaltung, S. 307 ff.; *ders.* BB 2002, 1480 [1484 ff.]). Das *BVerfG* hat für die Frage, inwieweit der staatliche Rechtssetzer auf eine gegenüber dem Bürger weder staatlich noch mitgliedschaftlich legitimierte Rechtssetzungsgewalt verweisen darf, Vorgaben entwickelt: Danach darf der Staat den Bürger nicht schrankenlos der normsetzenden Gewalt eines Dritten ausliefern, die diesem gegenüber nicht legitimiert sei. Der Inhalt der Regelung, auf die staatliche Rechtsnormen verweisen, müsse daher im Wesentlichen feststehen (vgl. *BVerfG* 14.06.1983 E 64, 208 [214] = SAE 1984, 1 unter B II; s. a. *BVerfG* 24.05.1977 EzA § 5 TVG Nr. 5 = AP Nr. 15 zu § 5 TVG unter B II 1b bb [2]). Überträgt man diese Vorgaben auf § 3 Abs. 1, ergibt sich Folgendes: § 3 Abs. 1 ermächtigt die Tarifvertragsparteien in unterschiedlicher Intensität, die Grenzen der betriebsverfassungsrechtlichen Repräsentation zuzuschneiden. Zur Steuerung dieser Befugnisse werden Kriterien verwendet, welche nicht sachwidrig sind. Der auf § 3 basierende Tarifvertrag selbst enthält noch keine für den Außenseiter belastende Regelung. Diese tritt erst ein, wenn eine Arbeitnehmervertretung gewählt ist, die dann mit den Gestaltungsmöglichkeiten der Betriebspartner möglicherweise belastende Regelungen schafft. Diese Rechtssetzungsbefugnisse beruhen jedoch auf dem Betriebsverfassungsgesetz und gerade nicht auf dem Tarifvertrag (vgl. *Thüsing* ZIP 2003, 693 [695]). Unter dem Gesichtspunkt des Rechtsstaats- und Demokratieprinzips erscheinen daher verfassungsmäßige Bedenken nicht begründet (ebenso im Ergebnis *BAG* 29.07.2009 EzA § 3 BetrVG 2001 Nr. 3; *Annuß* NZA 2002, 290 [292]; *Friese* ZfA 2003, 237 [246 ff.]; *Richardi* § 3 Rn. 12; *ders.* ZfA 2003, 655 [683]; *Thüsing* ZIP 2003, 693 [695]; *Utermark* Die Organisation der Betriebsverfassung als Verhandlungsgegenstand, S. 28 ff., 83 f.; **a. M.** insbesondere *Giesen* Rechtsgestaltung, S. 307 ff.; *Picker* RdA 2001, 259 [282 ff.]; *Rolf* Betriebsratsstruktur, S. 198 ff.).

Darüber hinaus werden Bedenken im Hinblick auf die in **Art. 9 Abs. 3 GG verankerte negative Koalitionsfreiheit** des **einzelnen Außenseiter-Arbeitnehmers** geäußert (vgl. z. B. *Biedenkopf* BR-Prot., 761. Sitzung, 127 B; *Loritz* SAE 1991, 245 [249 ff.] zu Besetzungsregelungen; *Rieble* Gutachten, S. 5, 6). Allerdings wird die Rechtsstellung des Außenseiters nur marginal tangiert; er wird einer betriebsverfassungsrechtlichen Einheit zugeordnet, die von der gesetzlichen abweicht. Dabei ist es sogar möglich, dass der Außenseiter im Einzelfall auf die Bildung des Betriebsrats größeren Einfluss nehmen kann als nach der Gesetzeslage. Dieser Überlegung entspricht die Rechtsprechung, die bislang Eingriffe in die negative Koalitionsfreiheit von Außenseitern bei Betriebs- bzw. Betriebsverfassungsnormen eines Tarifvertrags eher zurückhaltend angenommen hat, da die Freiheit der nichtorganisierten Arbeitnehmer, einer Gewerkschaft fernzubleiben, durch solche Normen zumeist nur am Rande beschränkt würden (vgl. etwa *BAG* 07.11.1995 EzA § 1 TVG Betriebsnorm Nr. 1 = AP Nr. 1 zu § 3 TVG Betriebsnormen *[H. Hanau]*; 17.06.1997 EzA § 99 BetrVG 1972 Einstellung Nr. 4 = AP Nr. 2 zu § 3 TVG Betriebsnormen *[Wiedemann]*). Der Eingriff in die positive Koalitionsfreiheit der Andersorganisierten kann dadurch gemildert werden, dass man für die Wirksamkeit von Tarifverträgen nach § 3 allen tarifzuständigen Gewerkschaften die Mitwirkung ermöglicht. Dies stellt jetzt § 4a Abs. 5 TVG sicher, eine Vorschrift, die aufgrund verfassungskonformer Auslegung nach *BVerfG* (11.7.2017 – 1 BvR 1571/15 Rn. 196) echte Rechtspflichten statuiert (s. a. Rdn. 36). Jedenfalls wird man einen den Eingriff in die negative Koalitionsfreiheit rechtfertigenden Grund darin sehen können, dass der Gesetzgeber für die Vielgestaltigkeit des Wirtschaftslebens einen sachnahen Zuschnitt der Repräsentationsbereiche der Arbeitnehmermitwirkung ermöglichen wollte (ebenso *Thü-*

sing ZIP 2003, 693 [696]). Diese Überlegungen sprechen dafür, dass Tarifverträge nach § 3 die negative Koalitionsfreiheit der Außenseiter nicht verletzen (ebenso *BAG* 29.07.2009 EzA § 3 BetrVG 2001 Nr. 3). Letztlich handelt es sich bei diesen Fragen um ein allgemeines Problem der Rechtsfolgenordnung von § 3 Abs. 2 TVG im Hinblick auf betriebsverfassungsrechtliche Tarifnormen, welches hier nicht erschöpfend behandelt werden kann.

2. Unternehmensübergreifende Betriebsverfassung

73 Darüber hinaus erscheint die Möglichkeit problematisch, **unternehmensübergreifende betriebsverfassungsrechtliche Strukturen** zu schaffen, wie das Abs. 1 Nr. 2 und 3 vorsehen. Hierdurch besteht die Gefahr, dass Unternehmen, die untereinander im Wettbewerb stehen, betriebsverfassungsrechtlich zu einer Zwangsgemeinschaft zusammengefügt werden. Dies kann die Unternehmensautonomie und damit Art. 12, 14 GG (vgl. mit unterschiedlichen Akzentuierungen *Buchner* NZA 2001, 633 [635]; *Reichold* NZA 2001, 857 [859]; *Rieble* ZIP 2001, 133 [138]; *Thüsing* ZIP 2003, 693 [697]) sowie die Vereinigungsfreiheit der betroffenen Unternehmen nach Art. 9 Abs. 1 GG (so *Löwisch/Rieble* TVG, § 1 Rn. 539) verletzen. Im Rahmen von Abs. 1 Nr. 4 können tarifvertraglich abgesichert Betriebsräte-Arbeitsgemeinschaften unternehmensübergreifend und branchenweit installiert werden (s. Rdn. 26). Damit stellt sich das Problem des Schutzes von Unternehmensinformationen. § 79 ist insofern unvollkommen, als diese Vorschrift nicht sicherstellt, dass Unternehmensinformationen im Rahmen der unternehmensübergreifenden Zusammenarbeit der Arbeitnehmervertretungen nicht doch an Arbeitnehmervertreter von Wettbewerbern gelangen (vgl. *Rieble* RWS Forum 21, S. 25 [41]; *Göpfert/Horstkotte/Rottmeier* ZIP 2015, 1269 [1274 f.]; s. schon Rdn. 26). Dies stellt ebenfalls einen nicht unerheblichen Eingriff in Art. 12 GG der beteiligten Unternehmen dar.

3. Folgerungen

74 Die soeben (Rdn. 73) aufgeworfenen verfassungsrechtlichen Bedenken führen allerdings nicht notwendigerweise zur Verfassungswidrigkeit von § 3 Abs. 1 Nr. 2, 3, 4. Vielmehr sind der Schutzbereich von Art. 9 Abs. 1, 12 GG auf Seiten der betroffenen Unternehmen und der Schutzbereich von Art. 9 Abs. 3 GG, die Arbeits- und Wirtschaftsbedingungen nach Maßgabe von § 3 tarifautonom zu regeln, zugunsten der Gewerkschaften im Wege praktischer Konkordanz in einen angemessenen Ausgleich zu bringen. Beide Schutzbereiche werden dabei möglichst optimal verwirklicht, wenn die Tarifierungsbefugnis grundsätzlich beibehalten wird, dies jedoch nicht mit dem Mittel des Arbeitskampfes erzwungen werden kann (in dieser Richtung auch *Buchner* DB 2001, Beil. 9, S. 1 [11 f.]; *Thüsing* ZIP 2003, 693 [701]). Dann wiegt auch ein Eingriff in Art. 12 GG auf Seiten des Unternehmens nicht derart schwer, weil dieser grundsätzlich freiwillig zustande gekommen ist. Vor diesem Hintergrund erscheint § 3 im Ergebnis verfassungsrechtlich haltbar, wenn man bei Tarifverträgen im Rahmen von § 3 Abs. 1 Nr. 2, 3, 4 einen Arbeitskampf für ausgeschlossen hält (s. dazu auch Rdn. 33).

VII. Streitigkeiten

75 Streitigkeiten über die Zulässigkeit von kollektivvertraglichen Regelungen oder einer Regelung nach Abs. 3 entscheiden die Arbeitsgerichte im Beschlussverfahren nach §§ 2a Abs. 1 Nr. 1; 80 ff. ArbGG (vgl. *Fitting* § 3 Rn. 101 ff.; *Richardi* § 3 Rn. 93 ff.). Dabei kann die Zulässigkeit selbst Streitgegenstand des Verfahrens sein oder aber Vorfrage etwa im Rahmen eines Wahlanfechtungsverfahrens nach § 19. Unzulässig ist allerdings ein Antrag mit dem Ziel festzustellen, ob die Voraussetzungen des § 3 gegeben sind, ehe ein entsprechender Tarifvertrag oder eine entsprechende Betriebsvereinbarung besteht bzw. eine Wahl nach Abs. 3 stattgefunden hat (vgl. *BAG* 04.11.1960 AP Nr. 1 zu § 20 BetrVG; *Galperin/Löwisch* § 3 Rn. 31, 43; *Nikisch* III, S. 74 jeweils zum BetrVG 1972). Das arbeitsgerichtliche Beschlussverfahren ist auch dann die zutreffende Verfahrensart, wenn die Tarifvertragsparteien die Wirksamkeit oder die Auslegung eines Tarifvertrags zu einem selbständigen Gegenstand eines Rechtsstreits nach § 9 TVG machen. Auch in diesem Fall handelt es sich um eine Angelegenheit nach dem BetrVG i. S. v. § 2a ArbGG (vgl. *Fitting* § 3 Rn. 104). Die örtliche Zuständigkeit richtet sich dabei nicht nach den durch Tarifvertrag gebildeten Betriebsratsbezirken, sondern nach dem Sitz der Betriebsleitung im

Sinne von § 82 Abs. 1 Satz 2 ArbGG (*LAG Baden-Württemberg* 07.08.2009 LAGE § 82 ArbGG 1979 Nr. 2, s. a. Rdn. 70).

Stellt ein Gericht rechtskräftig fest, dass die Voraussetzungen einer abweichenden Regelung nach § 3 Abs. 1 nicht vorliegen, ist der entsprechende Kollektivvertrag oder die Regelung nach § 3 Abs. 3 unwirksam. Die auf dieser Basis durchgeführte Wahl zum jeweiligen Arbeitnehmervertretungsgremium (Betriebsrat gem. § 3 Abs. 5) ist rechtswidrig, weil für die Wahl nicht der an sich maßgebliche Betriebsbegriff des BetrVG, sondern eine abweichende Repräsentationseinheit zugrunde gelegt wurde. Es handelt sich somit um eine schlichte Verkennung des Betriebsbegriffs (ebenso *BAG* 13.03.2013 AP Nr. 10 zu § 3 BetrVG 1972; ausführlich und zust. *Kort* Anm. zu *BAG* 13.03.2013 AP Nr. 10 zu § 3 BetrVG 1972; 21.09.2011 EzA § 3 BetrVG 2001 Nr. 5 Rn. 29; *Fitting* § 3 Rn. 23; *Salamon* NZA 2013, 1124 [1127 f.]; *ders.* NZA 2014, 175; *Thüsing* ZIP 2003, 693 [700 f.]; in derselben Richtung *BAG* 05.10.2000 EzA § 118 BetrVG 1972 Nr. 72 unter B II 1b [2] für einen Tarifvertrag nach § 3 BetrVG 1972; 28.02.2006 EzA § 99 BetrVG 2001 Nr. 10 Rn. 15 f. = AP Nr. 51 zu § 99 BetrVG 1972 Einstellung; *Sobotta* Organisation, S. 129 ff.; **a. M.** aber *Plander* NZA 2002, 483 [489]; *Rolf* Betriebsratsstruktur, S. 79; *Richardi* § 3 Rn. 97; *Spinner/Wiesenecker* FS Löwisch, S. 375 [387]; differenzierend *Heinkel* Organisationseinheit, S. 339 ff.; *Gaul/HWK* § 3 BetrVG Rn. 38), welche nach der Rechtsprechung des *BAG* nur zur Anfechtbarkeit, nicht aber zur Nichtigkeit der Wahl führt (vgl. *BAG* 27.06.1995 AP Nr. 7 zu § 4 BetrVG 1972; 19.11.2003 EzA § 19 BetrVG 2001 Nr. 1 = AP Nr. 55 zu § 19 BetrVG 1972; s. § 1 Rdn. 45). Damit bleibt ein Arbeitnehmervertretungsgremium bis zum Ende seiner Amtszeit wirksam installiert, falls ein Kollektivvertrag oder das Verfahren nach § 3 Abs. 3 unwirksam ist und die Wahl nicht gem. § 19 angefochten wurde. Die befürchteten Schutzlücken entstehen in solchen Fällen daher nicht (so aber *Rieble* Gutachten, S. 9; *ders.* RWS Forum 21, S. 25 [52]).

Ein Sonderproblem entsteht dann, wenn durch Tarifvertrag – etwa nach § 3 Abs. 1 Nr. 1b, Nr. 2 oder Nr. 3 – mehrere betriebsverfassungsrechtliche Repräsentationseinheiten in dem Unternehmen gebildet wurden. Es stellt sich dann die Frage, ob die entsprechenden Betriebsratswahlen isoliert mit der Begründung angefochten werden können, der Betriebsbegriff sei verkannt worden. Dies wurde in der früheren Rechtsprechung des *BAG* allerdings im Zusammenhang mit einem Gemeinschaftsbetrieb abgelehnt, weil durch die Annullierung nur einer Wahl kein betriebsverfassungsgemäßer Zustand hergestellt werden könne (so *BAG* 31.05.2000 AP Nr. 12 zu § 1 BetrVG 1972 Gemeinsamer Betrieb [unter B II 2]; ebenso *LAG Düsseldorf* 19.04.2016 NZA-RR 2016, 411 [415 f.] (Rechtsbeschwerde anhängig *BAG* 7 ABR 40/16)). Nach Auffassung des *BAG* ist diese Rechtsprechung auf Konstellationen im Zusammenhang mit § 3 Abs. 1 Nr. 1b nicht übertragbar, weil ein derartiges Zulässigkeitserfordernis dazu führen könnte, dass ein betriebsverfassungs- und tarifvertragsgemäßer Zustand überhaupt nicht mehr hergestellt werden kann (vgl. *BAG* 21.09.2011 EzA § 3 BetrVG 2001 Nr. 5).

§ 4
Betriebsteile, Kleinstbetriebe

(1) Betriebsteile gelten als selbständige Betriebe, wenn sie die Voraussetzungen des § 1 Abs. 1 Satz 1 erfüllen und
1. räumlich weit vom Hauptbetrieb entfernt oder
2. durch Aufgabenbereich und Organisation eigenständig sind.

Die Arbeitnehmer eines Betriebsteils, in dem kein eigener Betriebsrat besteht, können mit Stimmenmehrheit formlos beschließen, an der Wahl des Betriebsrats im Hauptbetrieb teilzunehmen; § 3 Abs. 3 Satz 2 gilt entsprechend. Die Abstimmung kann auch vom Betriebsrat des Hauptbetriebs veranlasst werden. Der Beschluss ist dem Betriebsrat des Hauptbetriebs spätestens zehn Wochen vor Ablauf seiner Amtszeit mitzuteilen. Für den Widerruf des Beschlusses gelten die Sätze 2 bis 4 entsprechend.

(2) Betriebe, die die Voraussetzungen des § 1 Abs. 1 Satz 1 nicht erfüllen, sind dem Hauptbetrieb zuzuordnen.

§ 4

Literatur

Aalderks Virtuelle Unternehmen im arbeitsrechtlichen Kontext (Diss. Bremen), 2006; *Bayreuther* Betriebsverfassungsrechtliche Konsequenzen eines Zuordnungsbeschlusses nach § 4 I 2 BetrVG, NZA 2011, 727; *Birk* Die betriebsverfassungsrechtliche Zuordnung der Arbeitnehmer von Betriebsteilen, AuR 1978, 226; *Däubler* Die fragmentarische Betriebsverfassung, FS *Kreutz*, 2010, S. 69; *Dietz* Selbständigkeit des Betriebs und des Nebenbetriebs – betriebsverfassungsrechtlich und tarifrechtlich –, FS *Nikisch*, 1958, S. 23; *Franzen* Die Freiheit der Arbeitnehmer zur Selbstbestimmung nach dem neuen BetrVG, ZfA 2001, 423; *Gamillscheg* »Betrieb« und »Bargaining unit«, ZfA 1975, 357; *ders.* Betrieb und Unternehmen – Zwei Grundbegriffe des Arbeitsrechts, AuR 1989, 33; *Görner* Die Zentralverwaltung eines Unternehmens – ein selbständiger Betrieb?, DB 1953, 510; *Grützner* Keine Betriebsratsfähigkeit von Betriebsteilen mit »kompetenzlosen Ansprechpartnern«, BB 1983, 200; *Haas/Salamon* Der Betrieb in einer Filialstruktur als Anknüpfungspunkt für die Bildung von Betriebsräten, RdA 2008, 146; *dies.* Betrieb, Betriebsteil und Hauptbetrieb – Die Zuordnung und Reichweite des Leitungsapparats, NZA 2009, 299; *Hanau* Aktuelles zu Betrieb, Unternehmen und Konzern im Arbeitsrecht, ZfA 1990, 115; *Heither* Der Betrieb im Betriebsverfassungsrecht – Herausforderung durch neue Organisations- und Umstrukturierungskonzepte, JArbR Bd. 36 (1998), 1999, S. 37; *Henssler* Betriebsratswahlen bei Unternehmen mit bundesweiter Vertriebsstruktur, Personalrecht im Wandel, FS *Küttner*, 2006, S. 479; *Joost* Betrieb und Unternehmen als Grundbegriffe im Arbeitsrecht, 1988; *Jordan* Sachgerechte Wahrnehmung der Arbeitnehmerinteressen als Ordnungskriterium der Betriebsverfassung (Diss. Bochum), 2007 (Ordnungskriterium der Betriebsverfassung); *Kania/Gilberg* Kündigungsrechtliche Bedeutung der Betriebsfiktion gem. § 4 BetrVG, NZA 2000, 678; *Kreßel* Der Betriebsbegriff in der betrieblichen Praxis, JArbR Bd. 36 (1998), 1999, S. 49; *Kunze* Mitbestimmung in der Wirtschaft und Eigentumsordnung, RdA 1972, 257; *Löwisch* Einheitliche und eigenständige Arbeitsorganisation als Merkmal des Betriebsbegriffs im Sinne der Betriebsverfassung, FS *Kissel*, 1994, S. 679; *ders./Tarantino* Rechtsfolgen der Teilnahme an der Betriebsratswahl im Hauptbetrieb (§ 4 Abs. 1 Satz 2 bis 5 BetrVG) – Besprechung des Beschlusses des BAG vom 17.09.2013 – 1 ABR 21/12, RdA 2014, 317; *Neumann-Duesberg* Zum Betriebsbegriff des § 3 BetrVG, AuR 1967, 161; *Oehmann* Zum Begriff »weite Entfernung« in § 3 BetrVG, DB 1964, 587; *Preis* Legitimation und Grenzen des Betriebsbegriffs im Arbeitsrecht, RdA 2000, 257; *Reichold* Betriebsverfassung ohne »Betrieb« NZA 1999, 561; *Rieble/Klebeck* Betriebsteil (§ 4 Abs. 1 BetrVG), FS *Richardi*, 2007, S. 693; *Salamon/Gebel* Rechtsfolgen eines Zuordnungsbeschlusses nach § 4 I 2 BetrVG – Ausübung der Mitbestimmung und Schicksal der bisherigen kollektiven Ordnung, NZA 2014, 1319; *Schimana* Hauptbetriebe – Nebenbetriebe – Betriebsteile nach Betriebsverfassungsgesetz, BB 1979, 892; *Sowka* Betriebsverfassungsrechtliche Probleme der Betriebsaufspaltung, DB 1988, 1318; *Ullrich* Auswirkungen des § 4 S. 2 BetrVG auf den Betriebsbegriff im Rahmen von § 111 BetrVG, NZA 2004, 1308; *Witschen* Matrixorganisation und Betriebsverfassung, RdA 2016, 38.

Zum BetrVerf-Reformgesetz vgl. die Angaben zu § 1 und *Wiese* Einl. Rdn. 36.

Inhaltsübersicht

	Rdn.
I. Vorbemerkung	1–3
II. Hauptbetrieb, Betriebsteil, Kleinstbetrieb	4–8
1. Betriebsteil	4, 5
2. Hauptbetrieb (Abs. 1)	6
3. Zuordnung von Kleinstbetrieben (Abs. 2)	7, 8
III. Voraussetzungen der Verselbständigung von Betriebsteilen (Abs. 1 Satz 1)	9–17
1. Weite Entfernung (Nr. 1)	10–14
a) Bedeutung des Merkmals	10–12
b) Beispiele aus der Rechtsprechung	13, 14
2. Eigenständigkeit durch Aufgabenbereich und Organisation (Nr. 2)	15, 16
3. Änderung durch Tarifvertrag	17
IV. Rechtsfolgen der Verselbständigung von Betriebsteilen	18–24
1. Betriebsverfassungsrecht	18–23
a) Eigenständiger Betrieb	18
b) Teilnahmerecht der Arbeitnehmer von Betriebsteilen an der Wahl des Betriebsrats im Hauptbetrieb (Abs. 1 Satz 2 bis 5)	19–23
2. Auswirkungen auf andere Rechtsgebiete, insbesondere Kündigungsschutzrecht	24
V. Streitigkeiten	25, 26

I. Vorbemerkung

§ 3 BetrVG 1952 hatte Nebenbetriebe und Betriebsteile hinsichtlich ihrer Einordnung als eigenständige Betriebe im Sinne des BetrVG gleichbehandelt und als Kriterien für die Selbständigkeit alternativ eine große räumliche Entfernung vom Hauptbetrieb oder Eigenständigkeit in Aufgabenbereich und Organisation genannt. Demgegenüber ging § 4 BetrVG 1972 von der grundsätzlichen Betriebsratsfähigkeit von Nebenbetrieben aus; bezüglich der Betriebsteile blieb es bei den beiden schon in § 3 BetrVG 1952 genannten Voraussetzungen für die grundsätzliche Betriebsratsfähigkeit. Das **BetrVerf-Reformgesetz** vom 23.07.2001 (BGBl. I, S. 1852) hat die bisherige Regelung bezüglich der Betriebsteile als Abs. 1 Satz 1 beibehalten. Angefügt wurden in Abs. 1 die Sätze 2 bis 5. Danach können Arbeitnehmer eines selbständigen Betriebsteils i. S. v. § 4 Abs. 1 Satz 1 ohne Betriebsrat beschließen, an der Wahl des Betriebsrats im »Hauptbetrieb« teilzunehmen (vgl. Rdn. 19 ff.). Der neu formulierte Abs. 2 schreibt die Zuordnung aller nach § 1 Abs. 1 Satz 1 nicht betriebsratsfähigen Betriebe zum ›Hauptbetrieb‹ vor und nicht nur, wie nach § 4 a. F., der nicht betriebsratsfähigen Nebenbetriebe (vgl. Rdn. 7 f.). Damit wollte der Gesetzgeber eine Entscheidung des *BAG* (03.12.1985 EzA § 4 BetrVG 1972 Nr. 4 = AP Nr. 28 zu § 99 BetrVG 1972) nachvollziehen (vgl. BT-Drucks. 14/5741, S. 35, r. Sp.). 1

§ 4 a. F. behandelte die Betriebsratsfähigkeit von Betriebsteilen und Nebenbetrieben. Nebenbetriebe sind eigenständige Betriebe, die eine Hilfsfunktion für den Hauptbetrieb wahrnehmen (*Richardi* § 4 Rn. 7). Nachdem das *BAG* Nebenbetriebe mit weniger als fünf Arbeitnehmern und andere Kleinstbetriebe bereits unter der Geltung des BetrVG 1972 jedenfalls bei identischem Betriebszweck gleichbehandelt hatte (*BAG* 03.12.1985 EzA § 4 BetrVG 1972 Nr. 4 = AP Nr. 28 zu § 99 BetrVG 1972 [*Otto*]), erschien eine eigenständige Regelung für Nebenbetriebe im Betriebsverfassungsrecht verzichtbar (so bereits früh *Gamillscheg* ZfA 1975, 357 [378 f.]; *ders.* Gemeinsame Anm. zu *BAG* 03.12.1985 EzA § 4 BetrVG 1972 Nr. 4 und 07.08.1986 EzA § 4 BetrVG 1972 Nr. 5 unter II 2; *Konzen* RdA 2001, 76 [82]; *Franzen* ZfA 2000, 285 [309]). Dieser Schritt wurde im **BetrVerf-Reformgesetz** im Jahr 2001 vollzogen. Obwohl § 4 n. F. Nebenbetriebe nun nicht mehr nennt, ist in Abs. 1 Satz 1 Nr. 1, in Abs. 1 Satz 2 und in Abs. 2 von Hauptbetrieben die Rede, ohne dass gesagt wird, welcher von mehreren Betrieben des Unternehmens »Hauptbetrieb« i. S. dieser Bestimmung ist. 2

Erfüllt ein Betriebsteil die in Abs. 1 Satz 1 genannten Voraussetzungen für seine grundsätzliche Betriebsratsfähigkeit, ist aber die nach § 1 Abs. 1 Satz 1 erforderliche Mindestzahl von Arbeitnehmern nicht vorhanden, gehören die in dem Betriebsteil beschäftigten Arbeitnehmer betriebsverfassungsrechtlich selbstverständlich zu dem Betrieb, zu dem der Betriebsteil gehört; ein solcher Betriebsteil gilt nicht als selbständiger Betrieb. Gleiches gilt nach dem neu gefassten Abs. 2, wenn in einem Betrieb die Voraussetzungen des § 1 Abs. 1 Satz 1 nicht erfüllt. Ein solcher Betrieb ist dann dem ›Hauptbetrieb‹ zuzuordnen. Das Gesetz will sicherstellen, dass Arbeitnehmer eines nicht betriebsratsfähigen Betriebsteils bzw. eines Kleinstbetriebs jedenfalls von einem Betriebsrat repräsentiert werden können, sofern in dem Unternehmen betriebsratsfähige Teileinheiten bestehen (s. dazu noch Rdn. 8). Damit verwirklicht § 4 sowohl den Gedanken der **Arbeitnehmernähe** als auch den gegenläufigen Aspekt der **Entscheidungsträgernähe** bei der Frage nach der Betriebsratsfähigkeit von Unternehmensteilen (ebenso *Jordan* Ordnungskriterium der Betriebsverfassung, S. 86 f.; s. zu diesen gegenläufigen Zwecken § 1 Rdn. 36). 3

II. Hauptbetrieb, Betriebsteil, Kleinstbetrieb

1. Betriebsteil

§ 4 Abs. 1 Satz 1 entspricht § 4 Satz 1 a. F. (vgl. *Reg. Begr.* BT-Drucks. 14/5741, S. 35, l. Sp.). Für die Feststellung, ob ein Betriebsteil i. S. v. § 4 vorliegt, können daher die zu § 4 Satz 1 a. F. entwickelten Grundsätze herangezogen werden. Ein **Betriebsteil** weist im Allgemeinen ein Mindestmaß an organisatorischer Verselbständigung gegenüber dem Hauptbetrieb auf (**einfacher Betriebsteil**). Das *BAG* verlangt hierfür, dass in der entsprechenden Einheit wenigstens eine Person mit Leitungsmacht vorhanden ist, die überhaupt Weisungsrechte des Arbeitgebers ausübt (*BAG* 19.02.2002 EzA § 4 4

BetrVG 1972 Nr. 8; 07.05.2008 AP Nr. 19 zu § 1 BetrVG 1972 Rn. 19; krit. hierzu *Witschen* RdA 2016, 38 [43]). Zu einer betriebsverfassungsrechtlich relevanten Einheit (**qualifizierter Betriebsteil**) wird dies allerdings erst dann, wenn diese Einheit über die notwendige Anzahl von Beschäftigten verfügt (§ 1 Abs. 1 Satz 1, s. dazu § 1 Rdn. 100 ff.) und vom Hauptbetrieb weit entfernt ist oder bei räumlicher Nähe zum Hauptbetrieb von diesem unabhängig ist. Betriebsteil i. S. v. § 4 Abs. 1 ist demnach der Teil eines Betriebs, der zwar »in die Organisation des Gesamtbetriebs« (vgl. *Richardi* § 4 Rn. 9) eingegliedert ist und eine Teilfunktion bei Erreichung von dessen arbeitstechnischem Zweck hat, ihm gegenüber aber doch räumlich und/oder organisatorisch abgegrenzt werden kann, also relativ selbständig ist (vgl. z. B. *BAG* 29.01.1992 EzA § 7 BetrVG 1972 Nr. 1 = AP Nr. 1 zu § 7 BetrVG 1972; 29.05.1991 EzA § 4 BetrVG 1972 Nr. 6 = AP Nr. 5 zu § 4 BetrVG 1972; krit. *Gamillscheg* II, S. 255; vgl. auch Rdn. 15 f.). Betriebsteile, die bei Vorliegen der Voraussetzungen von § 4 Abs. 1 Satz 1 betriebsratsfähig sind, haben häufig einen von der übrigen Belegschaft des (Haupt-)Betriebs abgrenzbaren eigenen Arbeitnehmerstamm und eigene technische Hilfsmittel zur Erreichung des ihnen zugeordneten arbeitstechnischen Teilzwecks des Betriebs. Erforderlich für das Vorliegen eines Betriebsteils in diesem Sinn ist das Bestehen einer eigenen Leitung für ihn, die die Weisungsrechte des Arbeitgebers ausübt (vgl. *BAG* 20.06.1995 EzA § 4 BetrVG 1972 Nr. 7 = AP Nr. 8 zu § 4 BetrVG 1972; 19.02.2002 EzA § 4 BetrVG 1972 Nr. 8 = AP Nr. 13 zu § 4 BetrVG 1972; *Richardi* § 4 Rn. 12). Damit ist aber nicht ein eigener Leitungsapparat gemeint, der insbesondere in personellen und sozialen, der Mitbestimmung des Betriebsrats unterliegenden Angelegenheiten wesentliche Entscheidungen selbständig treffen kann (vgl. *BAG* 17.02.1983 AP Nr. 4 zu § 4 BetrVG 1972 Bl. 2; 19.02.2002 AP Nr. 13 zu § 4 BetrVG 1972 Bl. 2R). Hat der »Betriebsteil« einen derartig weit reichenden eigenen Leitungsapparat, geht seine Selbständigkeit so weit, dass ein eigener arbeitstechnischer Zweck unter eigener Leitung verfolgt wird, dass die Einheit also auch alleine sinnvoll bestehen könnte, dann liegt kein Betriebsteil, sondern ein selbständiger Betrieb vor (vgl. dazu *BAG* 23.09.1960 AP Nr. 4 zu § 3 BetrVG; 24.09.1968 AP Nr. 9 zu § 3 BetrVG; *Galperin/Löwisch* § 4 Rn. 10 ff.; *Hueck/Nipperdey* II/2, S. 1113; *Nikisch* I, S. 154; III, S. 35 f.; *Richardi* § 4 Rn. 24; *Henssler* FS *Küttner*, S. 479 [495]). Zu dem erforderlichen Umfang der Leitungsbefugnis in einem betriebsratsfähigen Betriebsteil vgl. Rdn. 16.

5 Der **Begriff des Betriebsteils** in § **4 Abs. 1** ist **nicht identisch** mit demjenigen in § **613a Abs. 1 BGB**. Der Begriff des Betriebsteils in § 613a BGB muss die Abgrenzung zum einzelnen Wirtschaftsgut leisten, dessen bloßer Übergang nicht die Rechtsfolgeanordnung von § 613a Abs. 1 Satz 1 BGB auslösen kann (vgl. *Preis*/ErfK § 613a BGB Rn. 21 f.). Im Rahmen von § 613a BGB stellt die Rechtsprechung auf die wirtschaftliche Einheit ab (vgl. *BAG* 13.10.2011 AP Nr. 415 zu § 613a BGB Rn. 33 ff. m. w. N.). Demgegenüber geht es bei § 4 um die Frage, ob für Teile eines Unternehmens, welche keinen Betrieb i. S. v. § 1 darstellen, gleichwohl Betriebsräte gebildet werden können. Maßgeblich hierfür ist die räumliche bzw. organisatorische und funktionale Abgrenzbarkeit der jeweiligen Einheit. Nach diesen Kriterien wird auch die Frage beantwortet, ob Teile eines Betriebs, die vom Hauptbetrieb weit entfernt sind, bei räumlicher Nähe einen einheitlichen Betriebsteil darstellen (vgl. *BAG* 19.02.2002 EzA § 4 BetrVG 1972 Nr. 8 = AP Nr. 13 zu § 4 BetrVG 1972 Bl. 3).

2. Hauptbetrieb (Abs. 1)

6 **Hauptbetrieb** i. S. v. Abs. 1 kann nur der Betrieb sein, um dessen Teil und seine Betriebsratsfähigkeit bzw. um das Teilnahmerecht von dessen Arbeitnehmern an der Wahl des Betriebsrats es geht (vgl. für die Wahrnehmung von Leitungsfunktionen *LAG Düsseldorf* 13.01.2016 LAGE § 19 BetrVG 2001 Nr. 6 Rn. 56). Besteht in einem Unternehmen nur ein Betrieb, ist dieser stets der Hauptbetrieb i. S. v. § 4 Abs. 1 (vgl. *Richardi* Betriebsverfassung, § 2 Rn. 15); sind mehrere Betriebe vorhanden, ist festzustellen, zu welchem Betrieb der Betriebsteil gehört. Dabei gelten die zu dem Begriff des Betriebsteils entwickelten Grundsätze (vgl. Rdn. 4 f.). Der Hauptbetrieb muss betriebsratsfähig i. S. v. § 1 Abs. 1 Satz 1 sein (*Trümner*/DKKW § 4 Rn. 39), also insbesondere mindestens fünf Arbeitnehmer ständig beschäftigen (s. zu diesen Voraussetzungen § 1 Rdn. 100 ff.). Zur Bestimmung des Hauptbetriebs bei einer Filialorganisation genügt es nach Auffassung des *BAG* nicht, wenn die betriebsverfassungsrechtlich relevanten Arbeitgeberentscheidungen einheitlich getroffen werden; erforderlich sei eine organisatorische Zusammenfassung der Filialen zu einer betrieblichen Einheit (*BAG* 07.05.2008 AP Nr. 19 zu § 1 BetrVG 1972; dazu *Haas/Salamon* RdA 2008, 146 [152]; *dies.* NZA 2009, 299).

3. Zuordnung von Kleinstbetrieben (Abs. 2)

Kleinstbetriebe sind eigenständige Betriebe mit eigenständigem Leitungsapparat (s. dazu § 1 7 Rdn. 35 ff.), die jedoch nicht den Schwellenwert des § 1 Abs. 1 Satz 1 erfüllen (s. dazu § 1 Rdn. 97 ff.). Solche Betriebe werden nach Abs. 2 dem ›Hauptbetrieb‹ zugeordnet. Das Gesetz beantwortet allerdings nicht die Frage, welcher von mehreren (betriebsratsfähigen) Betrieben eines Unternehmens **Hauptbetrieb i. S. v. Abs. 2** ist. Der Wortlaut mit der Verwendung des Begriffs »Hauptbetrieb« impliziert, dass dieser Betrieb im Verhältnis zu anderen Betrieben eine übergeordnete Bedeutung haben muss. Diese kann im Rahmen von Abs. 2 nicht in den Leitungsfunktionen in den personellen und sozialen Angelegenheiten gesehen werden, welche der Hauptbetrieb für den Kleinstbetrieb wahrnimmt (vgl. *Fitting* § 4 Rn. 10; *Trümner/DKKW* § 4 Rn. 40). Verlangt man solche Leitungsfunktionen, hat die Vorschrift keinen Anwendungsbereich, da es sich dann bei dem »Kleinstbetrieb« tatsächlich regelmäßig um einen (unselbständigen) Betriebsteil handeln würde. Nach der *Reg. Begr.* (vgl. BT-Drucks. 14/5741, S. 35, r. Sp.) lehnt sich die jetzige gesetzliche Regelung an die Rechtsprechung des *BAG* an. Das *BAG* (03.12.1985 EzA § 4 BetrVG 1972 Nr. 4 *[Gamillscheg]* = AP Nr. 28 zu § 99 BetrVG 1972 *[im Ergebnis zust. Otto]*) vertrat die Auffassung, dass schon nach dem BetrVG 1972 nicht betriebsratsfähige Kleinstbetriebe einem betriebsratsfähigen Betrieb des gleichen Arbeitgebers zuzuordnen seien, wenn in den Betrieben der gleiche arbeitstechnische Zweck verfolgt werde (generell für diese Zuordnung *Birk* AuR 1978, 226 [227]; *Galperin/Löwisch* § 1 Rn. 39; *Gamillscheg* ZfA 1975, 357 [367]; *Richardi* § 4 Rn. 45 ff.; *Trümner/DKKW* § 4 Rn. 140). Das *BAG* begründete seine Auffassung mit einem Erst-recht-Schluss: Wenn schon Nebenbetriebe nach § 4 Satz 2 BetrVG 1972 dem Hauptbetrieb zuzuordnen sind, wenn sie nicht die nach § 1 erforderliche Arbeitnehmerzahl aufweisen, müsse dies erst recht für kleine selbständige Betriebe gelten, die den gleichen arbeitstechnischen Zweck verfolgen, wie ein betriebsratsfähiger Betrieb des gleichen Arbeitgebers. Für die Bestimmung des Hauptbetriebs kann infolgedessen darauf abgestellt werden, in welchem betriebsratsfähigen Betrieb des Unternehmens der **gleiche oder zumindest ein ähnlicher arbeitstechnischer Zweck** wie in dem nicht betriebsratsfähigen Kleinstbetrieb verfolgt wird (vgl. *Löwisch* BB 2001, 1734 [1735]). Fehlt es an einem identischen oder zumindest ähnlichen arbeitstechnischen Zweck oder verfolgen sämtliche in Betracht kommenden Einheiten denselben Zweck, ist der Kleinstbetrieb dem **räumlich nächsten** betriebsratsfähigen Betrieb des Unternehmens zuzuordnen (ebenso *Birk* AuR 1978, 226 [227] zum BetrVG 1972; *Richardi* § 4 Rn. 47; *Trümner/DKKW* § 4 Rn. 139; vgl. auch *Reichold* NZA 2001, 857 [858]; **a. M.** *Löwisch* BB 2001, 1734 [1735]: Keine Zurechnung). Das *BAG* (17.01.2007 EzA § 4 BetrVG 2001 Nr. 2 = AP Nr. 18 zu § 4 BetrVG 1972) hat sich diese Auffassung nicht zu eigen gemacht. Vielmehr schließt es aus dem Terminus »Hauptbetrieb«, dass die Zurechnung zu einem solchen Betrieb notwendig ist, der eine gegenüber dem nicht betriebsratsfähigen Betrieb hervorgehobene Bedeutung hat. Diese könne darin bestehen, dass der »Hauptbetrieb« die Leitung des nicht betriebsratsfähigen Betriebs in personellen und sozialen Angelegenheiten beratend unterstützt (*BAG* 17.01.2007 EzA § 4 BetrVG 2001 Nr. 2 Rn. 23 = AP Nr. 18 zu § 4 BetrVG 1972). Im konkreten Fall war dies die Hauptverwaltung. Diese Argumentation weist dem Aspekt der Entscheidungsträgernähe Vorrang zu vor der Arbeitnehmernähe (zu diesen gegenläufigen Zwecken s. Rdn. 3). Abweichende Zuordnungsregelungen können nach § 3 Abs. 1 Nr. 1, Abs. 2 durch Tarifvertrag, u. U. auch durch Betriebsvereinbarung, getroffen werden (vgl. § 3 Rdn. 9 ff.).

Nicht eindeutig wird in Abs. 2 die Frage geregelt, ob ein **Hauptbetrieb i. S. v. § 4 Abs. 2** seinerseits 8 ein **nicht betriebsratsfähiger Kleinstbetrieb** sein kann. Bejaht man diese Frage, stellt man für die Anknüpfung der betriebsverfassungsrechtlich relevanten Organisationseinheit der Sache nach dann auf das Unternehmen ab, wenn alle Teileinheiten des Unternehmens jeweils weniger als fünf wahlberechtigte Arbeitnehmer beschäftigen. Der Wortlaut und die systematische Stellung von Abs. 2 sprechen freilich eher gegen ein solches Verständnis. Für Abs. 1 ist anerkannt, dass ein Hauptbetrieb i. S. dieser Vorschrift selbst betriebsratsfähig sein muss (vgl. *Richardi* § 4 Rn. 3). Nach der Begründung des BetrVerf-ReformG soll die Zuordnungsregelung des Abs. 2 sicherstellen, dass in Kleinstbetrieben eines Unternehmens tätige Arbeitnehmer nicht von einer kollektiven Interessenvertretung ausgeschlossen sind, sondern vom Betriebsrat des Hauptbetriebs mitvertreten werden. Damit dürfte die Gesetzesbegründung implizit von der Betriebsratsfähigkeit eines Hauptbetriebs i. S. v. Abs. 2 ausgehen (*Reg. Begr.* BT-Drucks. 14/5741, S. 35, r. Sp.). Andererseits wurde in der Gesetzesbegründung vor allem auf eine Entscheidung des *BAG* (03.12.1985 EzA § 4 BetrVG 1972 Nr. 4 = AP Nr. 28 zu

§ 99 BetrVG 1972 *[Otto]* abgestellt (*Reg. Begr.* BT-Drucks. 14/5741, S. 35, r. Sp.). Das *BAG* hat in dieser Entscheidung angedeutet, dass mehrere Kleinstbetriebe zu einem (betriebsratsfähigen) Betrieb zusammengefasst werden können (vgl. *BAG* 03.12.1985 EzA § 4 BetrVG 1972 Nr. 4 = AP Nr. 28 zu § 99 BetrVG 1972 unter B II 1c; zust. *Gamillscheg* Gemeinsame Anm. zu *BAG* 03.12.1985 EzA § 4 BetrVG 1972 Nr. 4 und 07.08.1986 EzA § 4 BetrVG 1972 Nr. 5; *ders.* schon ZfA 1975, 357 [367]; *Richardi* § 4 Rn. 48; *Trümner/DKKW* § 4 Rn. 140). Der Begründung der Neuregelung des Abs. 2 lassen sich daher keine eindeutigen Aussagen entnehmen. Die Frage muss daher in erster Linie nach dem Zweck von § 4 Abs. 2 und den Schwellenwerten des § 1 Abs. 1 Satz 1 beantwortet werden. Der Ausschluss der Betriebsratsfähigkeit von Kleinstbetrieben beruht wesentlich auf dem Gedanken, dass in solchen Einheiten wegen des engen persönlichen Kontakts zwischen Arbeitgeber und Arbeitnehmer auf die Zwischenschaltung eines Repräsentationsorgans der Arbeitnehmerseite verzichtet werden kann (vgl. *Gamillscheg* ZfA 1975, 357 [367]). Dieser Gedanke trifft aber nur zu auf Einheiten, bei denen die arbeitstechnische Organisation mit dem Unternehmen übereinstimmt, und nicht auf Kleinstbetriebe im Unternehmensverbund. Daher erscheint es gerechtfertigt, § 4 Abs. 2 auf den Fall anzuwenden, dass kein Betrieb des Unternehmens betriebsratsfähig i. S. v. § 1 Abs. 1 Satz 1 ist, sofern die Zusammenrechnung zur Betriebsratsfähigkeit i. S. v. § 1 Abs. 1 Satz 1 führt (ebenso *Boemke* JuS 2002, 521 [522]; *Fitting* § 4 Rn. 13; *Konzen* RdA 2001, 76 [82]; *Reichold* NZA 2001, 857 [858]; *Richardi* § 4 Rn. 48; *Schaub* ZTR 2001, 437 [439]; *Trümner/DKKW* § 4 Rn. 140; **a. M.** *Löwisch/LK* § 4 Rn. 26; *Stege/Weinspach/Schiefer* § 4 Rn. 16). Dieses Ergebnis bedeutet gleichzeitig, dass Hauptbetrieb i. S. v. § 4 Abs. 1 und Abs. 2 nicht denselben Bedeutungsgehalt haben (vgl. *Richardi* § 4 Rn. 8).

III. Voraussetzungen der Verselbständigung von Betriebsteilen (Abs. 1 Satz 1)

9 Betriebsteile gelten als selbständige Betriebe und sind daher betriebsratsfähig, wenn sie die **in § 1 genannte Zahl von Arbeitnehmern** aufweisen **und**
- **entweder** räumlich weit vom Hauptbetrieb entfernt
- **oder** durch Aufgabenbereich und Organisation eigenständig sind.

Hinsichtlich der zuletzt aufgeführten, alternativ zu erfüllenden Kriterien hat sich die Rechtslage gegenüber § 3 BetrVG 1952 und § 4 Satz 1 BetrVG 1972 nicht geändert. Zur erforderlichen Zahl von Arbeitnehmern vgl. § 1 Rdn. 100 ff. Das Vorliegen der Voraussetzungen für die Betriebsratsfähigkeit ist allerdings nur von Bedeutung, wenn überhaupt ein Betriebsteil i. S. d. § 4 Abs. 1 vorliegt. Erforderlich ist dazu »zumindest das Bestehen einer eigenen Leitung, die Weisungsrechte des Arbeitgebers ausübt«, d. h. ein Mindestmaß organisatorischer Selbständigkeit (vgl. *BAG* 28.06.1995 EzA § 4 BetrVG 1972 Nr. 7; vgl. auch Rdn. 4 f.). Vom Hauptbetrieb weit entfernte, organisatorisch voneinander abgegrenzte Betriebsteile, die jeweils die Voraussetzungen des § 1 erfüllen, gelten je für sich als selbständige Betriebe und nicht als einheitlicher Betrieb, auch wenn sie untereinander räumlich nahe beieinander liegen (vgl. *BAG* 29.05.1991 EzA § 4 BetrVG 1972 Nr. 6 = AP Nr. 5 zu § 4 BetrVG 1972). Dies gilt ebenso, wenn in einem oder mehreren der Betriebsteile kein Betriebsrat gewählt wurde (vgl. § 4 Abs. 1 Satz 2; dazu Rdn. 19 ff.). »Räumlich weite Entfernung« bzw. »Eigenständigkeit durch Aufgabenbereich und Organisation« stellen unbestimmte Rechtsbegriffe dar, welche der Tatsacheninstanz einen Konkretisierungsspielraum eröffnen, der in der Revisionsinstanz nur noch eingeschränkt überprüft werden kann (vgl. *BAG* 19.02.2002 EzA § 4 BetrVG Nr. 8 = AP Nr. 13 zu § 4 BetrVG 1972; 07.05.2008 AP Nr. 19 zu § 1 BetrVG 1972 Rn. 26 f.).

1. Weite Entfernung (Nr. 1)

a) Bedeutung des Merkmals

10 Trotz der dem Betriebsverfassungsgesetz zugrunde liegenden Regel, dass für einen Betrieb nur ein Betriebsrat gewählt werden kann, der für alle Arbeitnehmer dieses Betriebs zuständig ist, sieht § 4 Abs. 1 Satz 1 unter bestimmten Voraussetzungen die Möglichkeit der Wahl eines eigenen Betriebsrats für einen Betriebsteil vor. Zweck dieser Regelung ist es, den Arbeitnehmern von Betriebsteilen eine effektive Vertretung durch einen eigenen Betriebsrat zu ermöglichen, wenn wegen der räumlichen Trennung des (Haupt-)Betriebs von dem Betriebsteil oder wegen dessen organisatorischer Eigenstän-

digkeit die persönliche Kontaktaufnahme zwischen dem Betriebsrat und den Arbeitnehmern in dem Betriebsteil erschwert ist (*LAG Köln* 06.02.2015 BeckRS 2015, 68781; vgl. *LAG Schleswig-Holstein* 17.12.2013 NZA-RR 2014, 242 [246]). Dies ist vor allem dann anzunehmen, wenn sich die Arbeitnehmer nur unter erschwerten Bedingungen an den Betriebsrat wenden können (vgl. *BAG* 24.09.1968 AP Nr. 9 zu § 3 BetrVG) oder in dem Betriebsteil beschäftigte Betriebsratsmitglieder nicht kurzfristig an Sitzungen des Betriebsrats im Hauptbetrieb teilnehmen können (vgl. *Fitting* § 4 Rn. 19; *Rieble/Klebeck* FS *Richardi*, S. 693 [697]). *Trümner* (*DKKW* § 4 Rn. 55; ähnlich *Gamillscheg* AuR 2001, 411 [414]) stellt zusätzlich darauf ab, ob die Belegschaft des Betriebsteils »als Einheit mit eigenem Leben anzusehen« ist. Räumlich weit i. S. d. Gesetzes sei eine Entfernung, wenn sie die persönlichen Kontakte zwischen den Belegschaftsangehörigen des Betriebs und des Betriebsteils unmöglich macht (ähnlich *Stege/Weinspach/Schiefer* § 4 Rn. 7). Auf den genannten Aspekt einer Belegschaft mit eigenem Leben kommt es nicht entscheidend an (vgl. *LAG Köln* 29.01.2003 LAGR 2003, 307). Maßgeblich ist allein, ob ein ausreichender Kontakt zwischen den Arbeitnehmern des Betriebsteils und dem Betriebsrat des Hauptbetriebs sowie der Betriebsratsmitglieder untereinander unter Einbeziehung der in dem Betriebsteil beschäftigten Betriebsratsmitglieder möglich ist. Andererseits soll ein unfruchtbares Nebeneinander mehrerer Betriebsräte vermieden werden (vgl. Rdn. 3). Beide Aspekte sind bei der Auslegung des § 4 Abs. 1 Satz 1 zu berücksichtigen. Dass nur eine »enge« Auslegung zulässig sein soll, ist angesichts der mit dem Gesetz verfolgten u. U. einander widerstreitenden Ziele nicht gerechtfertigt (vgl. *Trümner/DKKW* § 4 Rn. 44; **a. M.** *BAG* 24.02.1976 EzA § 4 BetrVG 1972 Nr. 1 unter III 1 = AP Nr. 2 zu § 4 BetrVG 1972; *Galperin/Löwisch* § 4 Rn. 1; *Richardi* § 4 Rn. 15).

Für die Beurteilung, ob eine räumlich weite Entfernung gegeben ist, spielen einerseits die Kilometerentfernung, andererseits die Leichtigkeit der Verkehrsverbindung nach Qualität und Dichte eine Rolle (vgl. *BAG* 23.09.1960 AP Nr. 4 zu § 3 BetrVG; 24.09.1968 AP Nr. 9 zu § 3 BetrVG; 24.02.1976 EzA § 4 BetrVG 1972 Nr. 1 = AP Nr. 2 zu § 4 BetrVG 1972; 17.02.1983 AP Nr. 4 zu § 4 BetrVG 1972; 29.03.1977 AuR 1978, 254 [256]; *Fitting* § 4 Rn. 20; *Galperin/Löwisch* § 4 Rn. 14; *Richardi* § 4 Rn. 19 f.; *Stege/Weinspach/Schiefer* § 4 Rn. 7; *Trümner/DKKW* § 4 Rn. 58 f.; *Rose/HWGNRH* § 4 Rn. 42). Darüber hinaus müssen die zur Verfügung stehenden Informations- und Kommunikationstechniken ebenfalls mitberücksichtigt werden (s. a. *Trümner/DKKW* § 4 Rn. 58; zurückhaltend insoweit *BAG* 07.05.2008 AP Nr. 19 zu § 1 BetrVG 1972 Rn. 29; *LAG Köln* 06.02.2015 BeckRS 2015, 68781). Nach der Rechtsprechung des *BAG* sind die Begriffe der »räumlich weit auseinander liegenden Teile« in § 177 Abs. 6 Satz 3 SGB IX und der ›räumlich weiten Entfernung‹ in § 4 Abs. 1 Satz 1 Nr. 1 wegen der unterschiedlichen Zweckrichtung der Vorschriften nicht identisch (vgl. *BAG* 07.04.2004 EzA § 94 SGB IX Nr. 1 noch zu § 94 Abs. 6 Satz 3 SGB IX in der bis 31.12.2017 geltenden Fassung).

Auch eine gute Verkehrsverbindung schließt eine »räumlich weite« Entfernung jedoch nicht aus, wenn wegen der räumlichen Entfernung die Möglichkeit persönlicher Kontakte zwischen den Arbeitnehmern des Betriebsteils und dem Betriebsrat nicht mehr ausreichend gewährleistet ist (vgl. *Richardi* § 4 Rn. 17). Die Größe der Belegschaft des Betriebsteils ist hingegen ebenso wie die Einheit der Belegschaft für die Frage der räumlich weiten Entfernung ohne Belang (vgl. *BAG* 29.03.1977 AuR 1978, 254; **a. M.** wohl *Richardi* § 4 Rn. 22; *Trümner/DKKW* § 4 Rn. 58).

b) Beispiele aus der Rechtsprechung
»Räumlich weite Entfernung« i. S. v. § 3 BetrVG 1952 bzw. § 4 BetrVG wurde in folgenden Fällen **verneint**:
- *BAG* 05.06.1964 AP Nr. 7 zu § 3 BetrVG: 10 km, gute Verkehrsverbindung;
- *BAG* 24.09.1968 AP Nr. 9 zu § 3 BetrVG: Entfernung Köln-Essen (70 km) bei »voller Beweglichkeit« (**a. M.** *LAG Köln* 13.04.1989 AiB 1990, 359);
- *BAG* 24.02.1976 EzA § 4 BetrVG 1972 Nr. 1 = AP Nr. 2 zu § 4 BetrVG 1972: 45 km, gute Straßen- und Bahnverbindung;
- *BAG* 17.02.1983 AP Nr. 4 zu § 4 BetrVG 1972: 22 km, wobei im Betriebsteil in personellen und sozialen Angelegenheiten keine nennenswerten Entscheidungen getroffen werden;

- BAG 29.03.1977 AuR 1978, 254: 45 km, wobei die Personalabteilung im Hauptbetrieb untergebracht war (krit. dazu *Birk* AuR 1978, 226);
- BAG 14.01.2004 – 7 ABR 26/03 – FA 2004, 118: ca. 24 km Entfernung zwischen den Betriebsstätten Hürth und Bergheim; Fahrtdauer mit dem Kfz 15–20 Minuten, mit öffentlichen Verkehrsmitteln 71–84 Minuten. Ebenso die Vorinstanz *LAG Köln* 29.01.2003 – 7 TaBV 69/02 – PersV 2004, 185.
- *LAG Düsseldorf* 11.11.1965 BB 1966, 286: Auslieferungslager im gesamten Bundesgebiet;
- *LAG Hamburg* 01.11.1982 BB 1983, 1095: 22 km Entfernung, 20 Minuten Fahrzeit, ständiger Dienstfahrtverkehr und regelmäßige Busverbindung nach Schichtende;
- *LAG Hamm* 09.12.1977 EzA § 4 BetrVG 1972 Nr. 3: 17 km zwischen zwei Niederlassungen eines Großhandelsunternehmens in unterschiedlichen Tarifgebieten;
- *LAG München* 28.09.1953 BB 1954, 192: 20 km, werkseigener Fahrzeugverkehr, Mitfahrmöglichkeit für die Arbeitnehmer;
- *LAG München* 08.04.1954 BB 1954, 470: Geschäftsstellen eines Arbeitgeberverbandes in einem Bundesland;
- *LAG Baden-Württemberg* 26.03.1996 DB 1996, 2085: 16 km Entfernung;
- *LAG Bremen* 27.08.2003 AuR 2003, 476: Entfernung Bremen – Bremerhaven ca. 70 km bei guter Autobahnanbindung; **a. M.** BAG 03.06.2004 EzA § 1 KSchG Soziale Auswahl Nr. 55, aber obiter.

14 »Räumlich weite Entfernung« i. S. v. § 3 BetrVG 1952 bzw. § 4 BetrVG wurde in folgenden Fällen **bejaht**:
- BAG 07.05.2008 AP Nr. 19 zu § 1 BetrVG 1972 Rn. 26 ff.: Mindestzeitaufwand für Hin- und Rückfahrt von zwei Stunden;
- BAG 19.02.2002 EzA § 4 BetrVG 1972 Nr. 8 = AP Nr. 13 zu § 4 BetrVG 1972: 260 km Entfernung;
- BAG 23.09.1960 BB 1960, 1326: 28 km Entfernung, aber mehrmaliges Umsteigen nötig;
- *LAG Kiel* 07.01.1956 AP Nr. 1 zu Art. 44 Truppenvertrag: weit voneinander entfernte Flugplätze unter einheitlichem Kommando;
- *LAG München* 18.05.1953 BB 1953, 797: mehr als 200 km Entfernung trotz günstiger Verkehrsverbindung;
- *LAG Baden-Württemberg* 29.10.1971 DB 1971, 2267: zwei Betriebsstätten in 72 km Entfernung;
- *LAG Düsseldorf* 16.09.1971 DB 1971, 2069: Entfernung von 200 km trotz günstigen Verkehrsbedingungen;
- *LAG Schleswig-Holstein* 29.06.1972 – 3 Ta BV 3/72; 07.07.1972 – 4 Ta BV 4/72: 50 bzw. 80 km, ungünstige Verkehrsbedingungen;
- *LAG München* 21.10.1987 BB 1988, 1182 = LAGE § 4 BetrVG 1972 Nr. 3: 60 km, Mindestfahrzeit 1 Stunde;
- *LAG Köln* 28.06.1989 LAGE § 4 BetrVG 1972 Nr. 4: 40 km, Fahrzeit mindestens 1 Stunde, häufige Staus;
- *ArbG Hannover* 21.05.1987 AuR 1988, 59: 143 km.

2. Eigenständigkeit durch Aufgabenbereich und Organisation (Nr. 2)

15 Den Kriterien der Eigenständigkeit durch Aufgabenbereich und Organisation kommt Bedeutung nur zu, wenn der entsprechende Betriebsteil nicht weit vom Hauptbetrieb entfernt ist i. S. v. Nr. 1. Bei räumlicher Nähe genügt es für die Betriebsratsfähigkeit einer organisatorischen Einheit nicht, wenn diese ein Mindestmaß an Selbständigkeit aufweist, wie dies für einen einfachen Betriebsteil der Fall ist (vgl. BAG 28.06.1995 EzA § 4 BetrVG 1972 Nr. 7 = AP Nr. 8 zu § 4 BetrVG 1972; s. a. Rdn. 4). Vielmehr bedarf es der qualifizierten Voraussetzungen der Eigenständigkeit durch Organisation und Aufgabenbereich. In der Rechtsanwendung bereiten diese Voraussetzungen gewisse Schwierigkeiten, zumal sie kumulativ vorliegen müssen (vgl. *Galperin/Löwisch* § 4 Rn. 16; *Richardi* § 4 Rn. 25; *Trümner/DKKW* § 4 Rn. 62). Wie die Definition des Betriebsteils (vgl. Rdn. 4) zeigt, ist eine solche Einheit gerade dadurch gekennzeichnet, dass sie keinen eigenständigen Aufgabenbereich hat, sondern Teilfunktionen des (Haupt)Betriebs erfüllt und in diesen auch organisatorisch eingegliedert ist und wegen dieser Einbindung allein nicht bestehen könnte (vgl. *Dietz* FS *Nikisch*, S. 25; *Fitting* § 4 Rn. 7;

Hueck / Nipperdey II/2, S. 1114; *Neumann-Duesberg* AuR 1967, 161; *Nikisch* I, S. 155; III, S. 38; vgl. auch *Galperin / Löwisch* § 4 Rn. 16). Gleichwohl kann Satz 1 Nr. 2 nicht nur als Korrektur einer irrtümlichen Bezeichnung von selbständigen Betrieben als Betriebsabteilung oder Betriebsteil gesehen werden (in dieser Richtung aber *Rose / HWGNRH* § 4 Rn. 48). Insbesondere im Hinblick auf das Teilnahmerecht der Arbeitnehmer in betriebsratslosen qualifizierten Betriebsteilen gemäß § 4 Abs. 1 Satz 2 bis 5 muss zwischen solchen Einheiten und echten eigenständigen Betrieben unterschieden werden (ebenso *Fitting* § 4 Rn. 22). Mit der Rechtsprechung und einem Teil der Literatur ist auf die **relative Eigenständigkeit** in Aufgabenbereich und Organisation abzustellen (vgl. *BAG* 01.02.1963 AP Nr. 5 zu § 3 BetrVG = NJW 1963, 1325 [1327]; 29.05.1991 EzA § 4 BetrVG 1972 Nr. 6 = AP Nr. 5 zu § 4 BetrVG 1972; 29.01.1992 EzA § 7 BetrVG 1972 Nr. 1 unter B IV = AP Nr. 1 zu § 7 BetrVG 1972; *LAG Hamburg* 01.11.1982 BB 1983, 1095 [1096]; *LAG Düsseldorf* 13.01.2016 LAGE § 19 BetrVG 2001 Nr. 6 Rn. 42 ff.; *Rieble / Klebeck* FS *Richardi*, S. 693 [696 ff.]; *Dietz* FS *Nikisch*, S. 25; *Galperin / Löwisch* § 4 Rn. 16; *Fitting* § 4 Rn. 26). Zuzugeben ist allerdings, dass die Abgrenzung verschwommen ist und in der Praxis zu Schwierigkeiten führen kann (krit. auch *Birk* AuR 1978, 226 [232 f.]; *Joost* Betrieb und Unternehmen, S. 275 ff.; *Trümner / DKKW* § 4 Rn. 83; *Gamillscheg* II, S. 255).

Indizien für die erforderliche relative Eigenständigkeit sind: Eine **eigene Leitung**, die für ihren Teilbereich im Wesentlichen selbständig anordnen und entscheiden kann, während die den Gesamtbetrieb betreffenden Leitungsbefugnisse durchaus von anderen Personen ausgeübt werden können (vgl. *Fitting* § 4 Rn. 25; *Galperin / Löwisch* § 4 Rn. 17; *Richardi* § 4 Rn. 27; vgl. auch *BAG* 01.02.1963 AP Nr. 5 zu § 3 BetrVG; *LAG Düsseldorf* 13.01.2016 LAGE § 19 BetrVG 2001 Nr. 6 Rn. 45; *Dietz* FS *Nikisch*, S. 34). In der Rechtsprechung wird hierbei insbesondere auf die Eigenständigkeit in der Entscheidungsbefugnis im Bereich der mitbestimmungspflichtigen Angelegenheiten abgestellt (*BAG* 21.07.2004 EzA § 4 BetrVG 2001 Nr. 1; 19.02.2002 EzA § 4 BetrVG 1972 Nr. 8 = AP Nr. 13 zu § 4 BetrVG 1972; 28.06.1995 EzA § 4 BetrVG 1972 Nr. 7; 29.05.1991 AP Nr. 5 zu § 4 BetrVG 1972; 29.01.1992 EzA § 7 BetrVG 1972 Nr. 1 = AP Nr. 1 zu § 7 BetrVG 1972 unter B IV 2c; *LAG Hamburg* 01.11.1982 BB 1983, 1095 [1096]). Ein **eigener,** vom Hauptbetrieb verschiedener, evtl. auch diesem dienender **arbeitstechnischer Zweck** (vgl. *Galperin / Löwisch* § 4 Rn. 17; *Richardi* § 4 Rn. 26). Die Geltung eines **anderen Tarifvertrages** als im Hauptbetrieb (vgl. *BAG* 01.02.1963 AP Nr. 5 zu § 3 BetrVG; 05.06.1964 AP Nr. 7 zu § 3 BetrVG; *Richardi* § 4 Rn. 26; *ders.* DB 1972, 483). Zu beachten ist, dass sich diese Indizien sowohl auf den Aufgabenbereich als auch die Organisation des Betriebsteils beziehen müssen, so dass nach dem Gesamtbild von einer relativen Selbständigkeit der entsprechenden Einheit ausgegangen werden kann.

3. Änderung durch Tarifvertrag

Zu der Möglichkeit, durch Tarifvertrag bzw. Betriebsvereinbarung abweichende betriebsverfassungsrechtliche Repräsentationseinheiten zu schaffen, vgl. § 3.

IV. Rechtsfolgen der Verselbständigung von Betriebsteilen

1. Betriebsverfassungsrecht

a) Eigenständiger Betrieb

Liegen die Voraussetzungen von § 4 Abs. 1 Satz 1 Nr. 1 oder 2 vor, gilt die entsprechende Einheit als **Betrieb i. S. d. BetrVG**. Es kann ein Betriebsrat für den selbständigen Betriebsteil gewählt werden. Geschieht dies nicht, bleiben die Arbeitnehmer in betriebsverfassungsrechtlicher Hinsicht vertretungslos. Ein etwa bestehender Betriebsrat des Hauptbetriebs(teils) ist nicht zuständig (*BAG* 19.02.2002 EzA § 4 BetrVG 1972 Nr. 8 = AP Nr. 13 zu § 4 BetrVG 1972; vgl. *LAG Schleswig-Holstein* 17.12.2013 NZA-RR 2014, 242 [246]). Tritt die Verselbständigung während der laufenden Wahlperiode des Betriebsrats ein, etwa durch Organisationsänderungen des Arbeitgebers nach § 4 Abs. 1 Satz 1 Nr. 2 oder durch Betriebsteilverlegung nach § 4 Abs. 1 Satz 1 Nr. 1, handelt es sich um eine Spaltung des Betriebs i. S. v. § 21a mit den entsprechenden Folgen (vgl. *Rieble / Klebeck* FS *Richardi*, S. 693 [699]). Gegebenenfalls ist auch der Betriebsrat des Hauptbetriebes nach § 13 Abs. 2 Nr. 1 neu zu wählen. War die Verselbständigung des Betriebsteils zum Zeitpunkt der Betriebsratswahl bereits eingetreten und haben die Arbeitnehmer dieses Betriebsteils an der Wahl des Betriebsrats des Hauptbetriebs teilgenommen, ist die Wahl fehlerhaft durchgeführt und anfechtbar, aber grundsätzlich nicht nichtig, da lediglich der Betriebsbegriff verkannt wurde (s. § 1 Rdn. 45). Die Anfechtbarkeit einer solchen Betriebsratswahl kann nur vermieden werden, wenn nach § 4 Abs. 1 Satz 2 vorgegangen wird (s. Rdn. 19 ff.). Liegen die **Voraussetzungen des § 4 Abs. 1 Satz 1 oder 2 nicht vor**, tritt keine Verselbständigung ein; der Betriebsteil bildet zusammen mit dem Hauptbetrieb und gegebenenfalls mit anderen Betriebsteilen einen Betrieb. Werden die Arbeitnehmer des nicht nach § 4 Abs. 1 Satz 1 qualifizierten Betriebsteils gleichwohl nicht zur Betriebsratswahl des Hauptbetriebs aufgerufen, ist die Wahl wegen Verkennung des Betriebsbegriffs anfechtbar. Ein im Hauptbetrieb(steil) gewählter Betriebsrat ist allerdings für diese Betriebsteile, die nicht zur Wahl aufgerufen wurden, nicht zuständig (*BAG* 03.06.2004 EzA § 1 KSchG Soziale Auswahl Nr. 55; 23.03.2006 EzA § 1 KSchG Betriebsbedingte Kündigung Nr. 147 Rn. 40; 15.12.2011 EzA § 613a BGB 2002 Nr. 132).

b) Teilnahmerecht der Arbeitnehmer von Betriebsteilen an der Wahl des Betriebsrats im Hauptbetrieb (Abs. 1 Satz 2 bis 5)

19 Nach Abs. 1 Satz 2 können die **Arbeitnehmer eines nach § 4 Abs. 1 Satz 1 betriebsratsfähigen Betriebsteils ohne Betriebsrat beschließen**, an der **Wahl des Betriebsrats im Hauptbetrieb teilzunehmen**. Dieses Teilnahmerecht wurde durch das BetrVerf-ReformG im Jahre 2001 eingeführt. Der Gesetzgeber schätzte die Wirkung der Verselbständigung von qualifizierten Betriebsteilen als teilweise nachteilig ein, weil hierdurch die Arbeitnehmer des qualifizierten Betriebsteils vertretungslos bleiben, wenn dort kein Betriebsrat gewählt wird (*Reg. Begr.* BT-Drucks. 14/5741, S. 35). Diese Einschätzung erscheint durchaus real, da insbesondere in kleineren Einheiten seltener Betriebsräte gewählt werden (vgl. die rechtstatsächliche Übersicht bei *Junker* NJW 2004, Beil. zu Heft 27, S. 10 [15]; s. a. *Hanau* DMitbest. 1999, 6, 7/1999, 21 [22]). Ob die Möglichkeiten von § 4 Abs. 1 Satz 2 in der Praxis genutzt werden, ist soweit ersichtlich nicht genau erforscht, wird aber eher skeptisch beurteilt (vgl. etwa *Wolf* JArbR Bd. 40 [2002], 2003, S. 99 [114]). Das **Teilnahmerecht** bezieht sich lediglich auf die **Regelung des § 4 Abs. 1 Satz 1**. Es ist daher ausgeschlossen, wenn die betriebsverfassungsrechtliche Organisationseinheit abweichend hiervon nach § 3 durch Tarifvertrag bzw. Betriebsvereinbarung geregelt ist (*Trümner/DKKW* § 4 Rn. 111; *Stege/Weinspach/Schiefer* § 4 Rn. 14) oder wenn es sich bei der Organisationseinheit bereits ohne die Regelung des § 4 Abs. 1 Satz 1 um einen selbständigen Betrieb i. S. v. § 1 BetrVG handelt. Für diesen Fall hat *Henssler* (FS *Küttner*, S. 479 [490 ff.]) eine analoge Anwendung von § 4 Abs. 1 Satz 2 bis 5 jedenfalls dann vorgeschlagen, wenn sich die Betriebe in räumlicher Nähe befinden. Dagegen sprechen freilich der Gesichtspunkt der Rechtssicherheit sowie der Umstand, dass für Abweichungen vom gesetzlichen Betriebsbegriff die Instrumente des § 3 zur Verfügung stehen.

20 **Voraussetzung** für das Teilnahmerecht ist zunächst, dass der Betriebsteil keinen Betriebsrat hat. Weiter muss eine Abstimmung der Arbeitnehmer des Betriebsteils durchgeführt werden. Dort muss eine Stimmenmehrheit ergeben, dass die Arbeitnehmer des Betriebsteils an der Wahl des Betriebsrats des Hauptbetriebs teilnehmen wollen. Erforderlich ist daher ein Stimmenquorum von mehr als 50 % der abstimmungsberechtigten Arbeitnehmer des Betriebsteils (vgl. *Konzen* RdA 2001, 76 [81]; *Richardi* § 4 Rn. 38). Nach dem Wortlaut des Gesetzes ist unerheblich, ob die Arbeitnehmer des Hauptbetriebsteils mit der Beteiligung einverstanden sind. Dies erscheint im Hinblick auf deren Autonomie nicht unproblematisch (vgl. schon *Franzen* ZfA 2000, 285 [311]; *ders.* ZfA 2001, 423 [428]; *Konzen* RdA 2001, 76 [81]; *Richardi/Annuß* DB 2001, 41 [42]), muss aber aufgrund des insofern eindeutigen Gesetzestextes hingenommen werden (dazu *BAG* 17.09.2013 EzA § 4 BetrVG 2001 Nr. 3 Rn. 33 f. = AP Nr. 20 zu § 4 BetrVG 1972). Abstimmungsberechtigt sind nach dem Gesetzestext alle Arbeitnehmer des Betriebsteils, nicht nur die wahlberechtigten Arbeitnehmer (vgl. *Koch*/ErfK § 4 BetrVG Rn. 5; *Fitting* § 4 Rn. 30; *Trümner/DKKW* § 4 Rn. 118; wohl auch *Richardi* § 4 Rn. 38; nicht ganz eindeutig *Konzen* RdA 2001, 76 [81]; *Reichold* NZA 2001, 857 [858]). Die Abstimmung kann von mindestens drei wahlberechtigten Arbeitnehmern des Betriebsteils, einer im Betriebsteil vertretenen Gewerkschaft (§ 3 Abs. 3 Satz 2 analog) oder von dem Betriebsrat des Hauptbetriebs (Abs. 1 Satz 3) veranlasst werden. Ausreichend ist insoweit, dass sich die übrigen Arbeitnehmer die Initiative auch

nur eines Mitarbeiters zu eigen machen und an der darauf folgenden Abstimmung teilnehmen (so *LAG Düsseldorf* 13.01.2016 LAGE § 19 BetrVG 2001 Nr. 6 Rn. 58).

Vorschriften über den Beschluss bzw. die Abstimmung enthält das Gesetz nicht. Die Arbeitnehmer 21 können nach Abs. 1 Satz 2 »formlos« beschließen. Erforderlich ist sicher eine rechtzeitige Aufforderung zur Teilnahme an der Abstimmung an alle wahlberechtigten Personen in dem Betriebsteil durch die Arbeitnehmer, die initiativ werden wollen, durch die Gewerkschaft bzw. den Betriebsrat des Hauptbetriebs, welche die Abstimmung herbeiführen wollen. Eine geheime Abstimmung ist ebenso wie bei der Abstimmung nach § 3 Abs. 3 nicht erforderlich (vgl. § 3 Rdn. 47; *LAG Düsseldorf* 13.01.2016 LAGE § 19 BetrVG 2001 Nr. 6 Rn. 58; **a. M.** *Däubler* FS *Kreutz*, S. 69 [74 f.]: jeder Arbeitnehmer kann eine geheime Abstimmung verlangen). Die Gesetzesbegründung geht sogar von der Möglichkeit eines Umlaufverfahrens ohne Abstimmung in einer Versammlung aus (s. BT-Drucks. 14/6352, S. 58). Allerdings muss dann sichergestellt werden, dass das Abstimmungsverhalten der einzelnen Arbeitnehmer zu einem bestimmten Stichtag dokumentiert wird, etwa durch eine Unterschriftenliste, welche in einem bestimmten Zeitraum im Betrieb ausgelegt wird (vgl. *Koch/* ErfK § 4 BetrVG Rn. 5; *Fitting* § 4 Rn. 29; *Löwisch/LK* § 4 Rn. 17; *Trümner/DKKW* § 4 Rn. 120; **a. M.** *Richardi* § 4 Rn. 39: Abstimmungsversammlung erforderlich). Das Gesetz regelt nicht, wem gegenüber der Wunsch nach einer solchen Abstimmung geäußert werden muss und wer die Abstimmung zu organisieren hat. Vermutlich ist es der Arbeitgeber (vgl. *Löwisch* BB 2001, 1734: alle zur Aufforderung Berechtigten) als Inhaber des Betriebs, der auch die Kosten der Abstimmung zu tragen hat. Fehler im Rahmen des Abstimmungsverfahrens nach § 4 Abs. 1 Satz 2 bis 4 führen zur Unwirksamkeit der Abstimmung, sofern die Fehler das Abstimmungsergebnis beeinflussen konnten. In diesem Fall ist eine etwaige Betriebsratswahl unter Teilnahme der Arbeitnehmer des qualifizierten Betriebsteils anfechtbar nach § 19, aber grundsätzlich nicht nichtig (*Fitting* § 4 Rn. 34; *Koch/* ErfK § 4 BetrVG Rn. 5; *Hanau* NJW 2001, 2513 [2514]; *LAG Düsseldorf* 13.01.2016 LAGE § 19 BetrVG 2001 Nr. 6 Rn. 58).

Rechtsfolge des entsprechenden Mehrheitsbeschlusses der Arbeitnehmer des qualifizierten Betriebs- 22 teils ist, dass die Arbeitnehmer an der Betriebsratswahl des Hauptbetriebs teilnehmen können. Ein wirksamer Beschluss wirkt so lange, wie er nicht durch einen gegenläufigen Beschluss widerrufen wurde (*BAG* 15.12.2011 EzA § 613a BGB 2002 Nr. 132 Rn. 68; 17.09.2013 EzA § 4 BetrVG 2001 Nr. 3 Rn. 31 = AP Nr. 20 zu § 4 BetrVG 1972). Bis zur wirksamen Installation des Betriebsrats bleibt die betriebsverfassungsrechtliche Selbständigkeit des qualifizierten Betriebsteils allerdings erhalten; seine Arbeitnehmer gelten solange nicht als Betriebsangehörige des Hauptbetriebs im betriebsverfassungsrechtlichen Sinn. Dies hat beispielsweise Bedeutung, wenn eine Betriebsratswahl im Hauptbetrieb scheitert oder nichtig ist. Allerdings entfaltet ein wirksamer Beschluss bis zur Durchführung der Betriebsratswahl im Hauptbetrieb insofern Bindungswirkung, als in dem qualifizierten Betriebsteil eine eigene Betriebsratswahl erst durchgeführt werden kann, wenn der Beschluss nach § 4 Abs. 1 Satz 5 mit Stimmenmehrheit widerrufen wurde (vgl. *Löwisch* BB 2001, 1734 [1735]; *ders./Tarantino* RdA 2014, 317 [319]). Eine ohne Widerruf des Beschlusses im Betriebsteil durchgeführte eigenständige Betriebsratswahl ist grundsätzlich nichtig, da in solchen Fällen der Betriebsbegriff offensichtlich verkannt wird, es sei denn, der Beschluss gemäß § 4 Abs. 1 Satz 2 leidet an erheblichen Mängeln (s. zu einer ähnlichen Konstellation *BAG* 19.11.2003 EzA § 19 BetrVG 2001 Nr. 1 unter C I 2 = AP Nr. 55 zu § 19 BetrVG 1972 =). Der Beschluss über die Teilnahme an der Betriebsratswahl im Hauptbetrieb ist dem Betriebsrat des Hauptbetriebs spätestens zehn Wochen vor Ablauf seiner Amtszeit mitzuteilen (§ 4 Abs. 1 Satz 4). Wird diese Frist nicht eingehalten, können die Arbeitnehmer des Betriebsteils erst an der darauf folgenden Wahl des Betriebsrats des Hauptbetriebs teilnehmen (vgl. *Löwisch* BB 2001, 1734). Mit wirksamer Installation des von den Arbeitnehmern des qualifizierten Betriebsteils und des Hauptbetriebs gewählten Betriebsrats gelten die entsprechenden Einheiten als ein Betrieb im Sinn des BetrVG; auf diesen Betrieb ist etwa für das Vorliegen der Voraussetzungen des § 111 abzustellen (näher *Bayreuther* NZA 2011, 727; *Salamon/Gebel* NZA 2014, 1319; *Ullrich* NZA 2004, 1308; eingehend *BAG* 17.09.2013 EzA § 4 BetrVG 2001 Nr. 3 Rn. 18 ff. = AP Nr. 20 zu § 4 BetrVG 1972; **a. A.** *Seebacher* AuR 2011, 335; *LAG München* 26.01.2011 NZA-RR 2011, 299 [301]). Der aus der Wahl hervorgegangene Betriebsrat kann dann Betriebsvereinbarungen auch mit Wirkung für den Betriebsteil schließen. Es ist eine Frage der Auslegung bereits im Hauptbetrieb bestehender Betriebsvereinbarungen, ob sich deren Geltung auch auf den hinzugekommenen qualifizierten Betriebsteil erstreckt (dazu *Windirsch* AiB 2002, 534; wohl generell bejahend *Salamon/Gebel* NZA 2014, 1319

[1321 f.]). Ein etwaiger Widerruf der Teilnahmeberechtigung gemäß § 4 Abs. 1 Satz 5 entfaltet Wirkung erst für die nächste Amtsperiode des Betriebsrats. Für den Widerruf gelten Abs. 1 Sätze 2 bis 4 entsprechend (vgl. § 4 Abs. 1 Satz 5).

23 Arbeitnehmer, welche in im **Ausland gelegenen selbständigen Betriebsteilen** beschäftigt werden, steht das Teilnahmerecht gemäß § 4 Abs. 1 Satz 2 bis 5 ebenfalls zu, sofern ihr Arbeitsvertrag deutschem Sachrecht unterliegt. Dies ergibt sich aus folgender Überlegung: Selbständige Betriebsteile erfüllen die Voraussetzungen von § 4 Abs. 1 und gelten aus Sicht des BetrVG als Betrieb. Deren Arbeitnehmer müssen also, wenn sie die Vorteile der Betriebsverfassung nutzen wollen, selbst einen Betriebsrat wählen. Aus Sicht des deutschen BetrVG gelten solche Betriebsteile als normale Betriebe, im internationalen Kontext als normale Auslandsbetriebe, auf die das BetrVG nicht anwendbar ist (h. M. *BAG* 25.04.1978 AP Nr. 16 zu Internationales Privatrecht-Arbeitsrecht; 21.10.1980 AP Nr. 17 zu Internationales Privatrecht-Arbeitsrecht; *Ankersen* ZIAS 2001, 371 [390]; *Boemke* NZA 1992, 112 [115]; *von Hoyningen-Huene*/MünchArbR § 211 Rn. 16; allgemein zum Kollisionsrecht der Betriebsverfassung § 1 Rdn. 4 ff.). Diesem an sich folgerichtigen Ergebnis wird in der Literatur allerdings mit dem Argument widersprochen, dass dann der Zweck von § 4 in sein Gegenteil verkehrt werde (s. *Christiansen* Betriebszugehörigkeit, S. 164; *Däubler* Betriebsverfassung in globalisierter Wirtschaft, S. 45). Dieser besteht darin, eine möglichst arbeitnehmernahe und effektive Interessenvertretung zu sichern (s. Rdn. 3). Da ein Betriebsrat nach dem deutschen BetrVG in Auslandsbetrieben aufgrund der Kollisionsregel der Betriebsverfassung nicht gebildet werden kann (s. § 1 Rdn. 9), wären die Arbeitnehmer eines selbständigen im Ausland gelegenen Betriebsteils bei Anwendung von § 4 Abs. 1 Satz 1 schlechter gestellt als ohne diese Vorschrift, da sie anderenfalls dem inländischen Hauptbetrieb zugeordnet werden könnten (s. § 1 Rdn. 13 f.; vgl. *Christiansen* Betriebszugehörigkeit, S. 164; *Däubler* Betriebsverfassung in globalisierter Wirtschaft, S. 45). Diese Argumentation erscheint durchaus plausibel. Ihr kann dadurch Rechnung getragen werden, dass man das Teilnahmerecht nach § 4 Abs. 1 Satz 2 auf im Ausland gelegene Betriebsteile erstreckt, sofern alle Arbeitnehmer deutschem Arbeitsvertragsstatut unterliegen und das am Lageort des Betriebsteils geltende Ortsrecht eine entsprechende Abstimmung nicht verbietet. Gegen diese Überlegung kann nicht angeführt werden, dass nach der Rechtsprechung des *BAG* organschaftliche Handlungen des Betriebsrats wie etwa die Abhaltung einer Betriebsversammlung unzulässig sind (vgl. *BAG* 27.05.1982 AP Nr. 3 zu § 42 BetrVG 1972 unter B 1 *[Beitzke]*). Zum einen handelt es sich bei einer Abstimmung der Arbeitnehmer nicht um eine solche organschaftliche Handlung. Zum anderen hat diese Entscheidung des *BAG* mit Recht erhebliche Kritik erfahren (vgl. *Däubler* Betriebsverfassung in globalisierter Wirtschaft, S. 51; *Junker* Internationales Arbeitsrecht im Konzern, S. 388; *Steinmeyer* DB 1980, 1541 [1542]; s. a. § 1 Rdn. 12).

2. Auswirkungen auf andere Rechtsgebiete, insbesondere Kündigungsschutzrecht

24 Nach der Rechtsprechung des *BAG* beschränkt sich die Zuordnung im Rahmen von § 4 auf das Betriebsverfassungsrecht und schlägt insbesondere nicht auf den kündigungsschutzrechtlichen Betriebsbegriff des § 23 KSchG durch (*BAG* 21.06.1995 AP Nr. 16 zu § 1 BetrVG 1972; 20.08.1998 AP Nr. 50 zu § 2 KSchG 1969; 03.06.2004 EzA § 1 KSchG Soziale Auswahl Nr. 55; krit. hierzu *Kania/Gilberg* NZA 2000, 678 [680]; anders für § 17 KSchG *Salamon* NZA 2015, 789). Dies ist folgerichtig, wenngleich die praktische Rechtsanwendung dadurch eher erschwert wird. So können die betriebsverfassungsrechtlichen Zuständigkeiten der Arbeitnehmervertretungen und die Reichweite der Sozialauswahl bei betriebsbedingten Kündigungen auseinander fallen. Dies kann überall dort zu Unzuträglichkeiten führen, wo betriebsverfassungsrechtliche Mitwirkungsrechte und kündigungsschutzrechtliche Individualrechtspositionen verzahnt sind – etwa bei Auswahlrichtlinien nach § 95, Widerspruch des Betriebsrats und Weiterbeschäftigungsanspruch des Arbeitnehmers nach § 102 sowie Betriebsänderungen nach §§ 111 ff. und in diesem Zusammenhang ausgesprochene betriebsbedingte Kündigungen (s. zum Ganzen *Kania/Gilberg* NZA 2000, 678; *Preis* RWS Forum 21 Arbeitsrecht 2001, S. 83 [100 ff.]). Anders ist dies, wenn ein Gesetz selbst auf den betriebsverfassungsrechtlichen Betriebsbegriff verweist, wie beispielsweise bei § 3 Abs. 2 MitbestG, § 3 Abs. 2 DrittelbG und § 170 Abs. 1 Satz 2 SGB IX.

Arbeitnehmer § 5

V. Streitigkeiten

Über die Frage, ob eine Einheit zur Erreichung arbeitstechnischer Zwecke ein selbständiger Betrieb ist 25
oder als Betriebsteil selbst betriebsratsfähig oder einem Hauptbetrieb zuzuordnen ist, ist im arbeitsgerichtlichen Beschlussverfahren zu entscheiden (§§ 2a Abs. 1 Nr. 1; 80 ff. ArbGG). § 18 Abs. 2 eröffnet diese Möglichkeit ausdrücklich vor einer Betriebsratswahl; sie besteht aber auch sonst (vgl. *BAG* 25.11.1980 EzA § 18 BetrVG 1972 Nr. 4 = AP Nr. 3 zu § 18 BetrVG 1972 sowie *Kreutz* § 18 Rdn. 56 ff.; *Witschen* RdA 2016, 38 [45]). In anderen Verfahren kann das Arbeitsgericht über diese Frage inzidenter entscheiden, dann aber nur für den konkreten Streitfall (vgl. *Kreutz* § 18 Rdn. 58, 62). Eine Betriebsratswahl, die unter Missachtung der Regelung des § 4 durchgeführt wurde, ist nicht nichtig, sondern lediglich anfechtbar, wenn nur der Betriebsbegriff verkannt wurde (vgl. *BAG* 13.09.1984 EzA § 19 BetrVG 1972 Nr. 20 = AP Nr. 3 zu § 1 BetrVG 1972; 07.12.1988 EzA § 19 BetrVG 1972 Nr. 25 = AP Nr. 15 zu § 19 BetrVG 1972; 27.06.1995 EzA § 111 BetrVG 1972 Nr. 31 = AP Nr. 7 zu § 4 BetrVG 1972; vgl. *Kreutz* § 19 Rdn. 151).

Zu Streitigkeiten im Zusammenhang mit einer **Änderung durch Tarifvertrag** vgl. § 3 Rdn. 75 f. 26

§ 5
Arbeitnehmer

(1) Arbeitnehmer (Arbeitnehmerinnen und Arbeitnehmer) im Sinne dieses Gesetzes sind Arbeiter und Angestellte einschließlich der zu ihrer Berufsausbildung Beschäftigten, unabhängig davon, ob sie im Betrieb, im Außendienst oder mit Telearbeit beschäftigt werden. Als Arbeitnehmer gelten auch die in Heimarbeit Beschäftigten, die in der Hauptsache für den Betrieb arbeiten. Als Arbeitnehmer gelten ferner Beamte (Beamtinnen und Beamte), Soldaten (Soldatinnen und Soldaten) sowie Arbeitnehmer des öffentlichen Dienstes einschließlich der zu ihrer Berufsausbildung Beschäftigten, die in Betrieben privatrechtlich organisierter Unternehmen tätig sind.

(2) Als Arbeitnehmer im Sinne dieses Gesetzes gelten nicht
1. in Betrieben einer juristischen Person die Mitglieder des Organs, das zur gesetzlichen Vertretung der juristischen Person berufen ist;
2. die Gesellschafter einer offenen Handelsgesellschaft oder die Mitglieder einer anderen Personengesamtheit, soweit sie durch Gesetz, Satzung oder Gesellschaftsvertrag zur Vertretung der Personengesamtheit oder zur Geschäftsführung berufen sind, in deren Betrieben;
3. Personen, deren Beschäftigung nicht in erster Linie ihrem Erwerb dient, sondern vorwiegend durch Beweggründe karitativer oder religiöser Art bestimmt ist;
4. Personen, deren Beschäftigung nicht in erster Linie ihrem Erwerb dient und die vorwiegend zu ihrer Heilung, Wiedereingewöhnung, sittlichen Besserung oder Erziehung beschäftigt werden;
5. der Ehegatte, der Lebenspartner, Verwandte und Verschwägerte ersten Grades, die in häuslicher Gemeinschaft mit dem Arbeitgeber leben.

(3) Dieses Gesetz findet, soweit in ihm nicht ausdrücklich etwas anderes bestimmt ist, keine Anwendung auf leitende Angestellte. Leitender Angestellter ist, wer nach Arbeitsvertrag und Stellung im Unternehmen oder im Betrieb
1. zur selbständigen Einstellung und Entlassung von im Betrieb oder in der Betriebsabteilung beschäftigten Arbeitnehmern berechtigt ist oder
2. Generalvollmacht oder Prokura hat und die Prokura auch im Verhältnis zum Arbeitgeber nicht unbedeutend ist oder
3. regelmäßig sonstige Aufgaben wahrnimmt, die für den Bestand und die Entwicklung des Unternehmens oder eines Betriebs von Bedeutung sind und deren Erfüllung besondere Erfahrungen und Kenntnisse voraussetzt, wenn er dabei entweder die Entscheidun-

gen im Wesentlichen frei von Weisungen trifft oder sie maßgeblich beeinflusst; dies kann auch bei Vorgaben insbesondere auf Grund von Rechtsvorschriften, Plänen oder Richtlinien sowie bei Zusammenarbeit mit anderen leitenden Angestellten gegeben sein.

Für die in Absatz 1 Satz 3 genannten Beamten und Soldaten gelten die Sätze 1 und 2 entsprechend.

(4) Leitender Angestellter nach Absatz 3 Nr. 3 ist im Zweifel, wer
1. aus Anlass der letzten Wahl des Betriebsrats, des Sprecherausschusses oder von Aufsichtsratsmitgliedern der Arbeitnehmer oder durch rechtskräftige gerichtliche Entscheidung den leitenden Angestellten zugeordnet worden ist oder
2. einer Leitungsebene angehört, auf der in dem Unternehmen überwiegend leitende Angestellte vertreten sind, oder
3. ein regelmäßiges Jahresarbeitsentgelt erhält, das für leitende Angestellte in dem Unternehmen üblich ist, oder,
4. falls auch bei der Anwendung der Nummer 3 noch Zweifel bleiben, ein regelmäßiges Jahresarbeitsentgelt erhält, das das Dreifache der Bezugsgröße nach § 18 des Vierten Buches Sozialgesetzbuch überschreitet.

Literatur
1. Zum Arbeitnehmerbegriff
Adomeit/Ladas Arbeitnehmer oder freier Mitarbeiter? Eine Abgrenzung nach griechischem und nach deutschem Recht, FS *Söllner*, 2000, S. 79; *Bader* Das Arbeitsförderungsreformgesetz, AuR 1997, 381; *Bauer/Baeck/Schuster* Personengesellschaften, ein möglicher Weg aus der Scheinselbständigkeit, NZA 2000, 863; *Bauschke* Arbeitnehmer, AR-Blattei SD 110.1 und 110.2, [1999/2000]; *ders.* Freie Mitarbeit, AR-Blattei SD 720, [2000]; *ders.* Arbeitnehmerähnliche Personen, AR-Blattei SD 120, [2001]; *Berning* Die Abhängigkeit des Franchisenehmers (Diss. Bochum), 1994; *Bezani* Der arbeitsrechtliche Status von Rundfunk- und Fernsehmitarbeitern, NZA 1997, 856; *Bietmann* Rundfunkfreiheit und Arbeitnehmerbegriff, NJW 1983, 200; *Bitter/Heuwerth* Krankenpflege- und Heilhilfspersonal, AR-Blattei SD 990.1, [1997]; *Bitzer* Teilzeitarbeit und Betriebsverfassung, BUV 1972, 293; *Boemke* Neue Selbständigkeit und Arbeitsverhältnis, ZfA 1998, 285; *Brammsen* Der Arbeitnehmerbegriff, RdA 2010, 267; *Bremeier* Die personelle Reichweite der Betriebsverfassung im Lichte des Gleichheitssatzes (Art. 3 Abs. 1 GG), (Diss. Hamburg, Univ. der Bundeswehr), 2001 (zit.: Die personelle Reichweite); *Buchner* Die Rechte der Arbeitnehmer, der Arbeitnehmerähnlichen und der Selbständigen – jedem das Gleiche oder jedem das Seine?, NZA 1998, 1144; *Danne* Von der fremdbestimmten Arbeitszeit zur »selbstbestimmten Arbeitnehmerbeschäftigung«?, FS *Söllner*, 2000, S. 199; *Däubler* Privatautonome Betriebsverfassung?, FS *Wißmann*, 2005, S. 275; *Diller* Gesellschafter und Gesellschaftsorgane als Arbeitnehmer (Diss. Mainz), 1994; *Engels* Betriebsverfassungsrechtliche Einordnung von Ein-Euro-Jobbern, NZA 2007, 8; *H.-J. Fischer* die Behandlung des so genannten »Scheinselbständigen« in arbeitsrechtlicher und steuerrechtlicher Hinsicht, AuR 1999, 126; *U. Fischer* Die Spitzensportler des Mannschaftssports – Arbeitnehmer?, SpuRt 1997, 181; *Franzen* Reformbedarf beim Betriebs- und Arbeitnehmerbegriff des Betriebsverfassungsgesetzes?, ZfA 2000, 285; *Frey* Arbeitnehmerähnliche Personen in der Betriebsverfassung unter besonderer Berücksichtigung des Arbeitsschutzrechts (Diss. Bremen), 2014 (zit.: Arbeitnehmerähnliche Personen); *Gamillscheg* Nachruf auf den Gruppengrundsatz, Überlegungen zum Betriebsbegriff, AuR 2001, 411; *Gerdom* Gemeinschaftsrechtliche Unterrichtungs- und Anhörungspflichten und ihre Auswirkungen auf das Betriebsverfassungs-, Personalvertretungs- und Mitarbeitervertretungsrecht (Diss. Bonn), 2009; *Gerutke/Ulber* Der Eingliederungsvertrag, AiB 1997, 511; *Giesen* Der europäische Arbeitnehmerbegriff und die Mitglieder der Leitungsorgane von Kapitalgesellschaften, ZfA 2016, 47; *Gittermann* Arbeitnehmerstatus und Betriebsverfassung in Franchise-Systemen (Diss. Kiel), 1995; *Griebeling* Die Merkmale des Arbeitsverhältnisses, NZA 1998, 1137; *ders.* Der Arbeitnehmerbegriff und das Problem der »Scheinselbständigkeit«, RdA 1998, 208; *ders.* Merkmale des Arbeitsverhältnisses, in: Brennpunkte des Arbeitsrechts, 1998, S. 151; *ders.* Scheinselbständigkeit, FS zum 50-jährigen Bestehen der Arbeitsgerichtsbarkeit in Rheinland-Pfalz, 1999, S. 533; *Groeger* Das Rechtsverhältnis von Rotkreuz-Schwestern, ZTR 2014, 379; *Hanau* Betriebliche Mitbestimmung in überbetrieblichen Einrichtungen?, DB 1987, 2356; *ders.* Der Eingliederungsvertrag – ein neues Instrument der Arbeitsförderung, DB 1997, 1278; *ders.* Entwicklungslinien im Arbeitsrecht, DB 1998, 69; *ders.* Modernisierung des Betriebsverfassungsgesetzes, AuA 1999, 203; *Hanau/Strick* Die Abgrenzung von Selbständigen und Arbeitnehmern (Beschäftigten) im Versicherungsaußendienst, DB 1998, Beil. Nr. 14, S. 1; *Henssler* Überregulierung statt Rechtssicherheit – der Referentenentwurf des BMAS zur Reglementierung von Leiharbeit und Werkverträgen, RdA 2016, 18; *ders.* Fremdpersonaleinsatz durch On-Site-Werkverträge und Arbeitnehmerüberlassung, RdA 2017, 83; *Herschel* Neue Fragen zur arbeitnehmerähnlichen Person,

AuR 1982, 336; *Hilger* Zum »Arbeitnehmer-Begriff«, RdA 1989, 1; *O. Hofmann* Der Begriff der arbeitnehmerähnlichen Person, DB 1958, 1071; *Horn/Henssler* Der Vertriebsfranchisenehmer als selbständiger Unternehmer, ZIP 1998, 589; *v. Hoyningen-Huene* Grundfragen der Betriebsverfassung: Mitbestimmung – Betriebsrat – Betrieb – Betriebszugehörigkeit, FS *Stahlhacke*, 1995, S. 173; *ders.* Gesellschafter, »Scheingesellschafter« oder Arbeitnehmer?, NJW 2000, 3233; *Hromadka* Arbeiter und Angestellte – eine überholte Unterscheidung, ZfA 1994, 251; *ders.* Arbeitnehmerbegriff und Arbeitsrecht, NZA 1997, 569; *ders.* Arbeitnehmerähnliche Personen, NZA 1997, 1249; *ders.* Zur Begriffsbestimmung des Arbeitnehmers, DB 1998, 195; *ders.* Zum Arbeitsrecht der arbeitnehmerähnlichen Selbständigen – Eine rechtspolitische Skizze, FS *Söllner*, 2000, S. 461; *ders.* Arbeitnehmer, Arbeitnehmergruppen und Arbeitnehmerähnliche im Entwurf eines Arbeitsvertragsgesetzes, NZA 2007, 838; *G. Hueck* Zur Tätigkeit des Kommanditisten im Dienste der KG, DB 1962, 1363; *Hümmerich* Arbeitsverhältnis als Wettbewerbsgemeinschaft, NJW 1998, 2625; *Joost* Arbeitnehmerbegriff, Scheinselbständigkeit und Weisungsrecht, FS *Wiese*, 1998, S. 191; *Junker* Die Einflüsse des europäischen Rechts auf die personelle Reichweite des Arbeitnehmerschutzes – der Arbeitnehmerbegriff in der Rechtsprechung des Europäischen Gerichtshofs, EuZA 2016, 184; *Kehrmann* Arbeiter und Angestellte in der Betriebsverfassung, FS *Peter Hanau*, 1999, S. 441; *Kinderei* Probleme des Leiharbeitsverhältnisses, RdA 1971, 207; *ders .* Probleme der Leiharbeitsverhältnisse, AuR 1971, 327; *Kraushaar* Ist der Unterschied zwischen Arbeitern und Angestellten noch verfassungsgemäß?, AuR 1981, 65; *Krender* Netzwerkbeziehungen und Arbeitsrecht: individual- und betriebsverfassungsrechtliche Aspekte bei Franchisesystemen, Liber amicorum *Spiros Simitis*, 2000, S. 171; *Kröller* Betriebsratswahlen und das Wahlrecht Wehrpflichtiger, BB 1972, 228; *Lakies* Volontär und Praktikant, AR-Blattei SD 1740, [2007]; *Leube* Bundes- und Jugendfreiwilligendienst – Betriebsverfassungs- bzw. Personalvertretungsrecht in der Einsatzstelle, ZTR 2012, 207; *Lieb* Beschäftigung auf Produktionsdauer – selbständige oder unselbständige Tätigkeit?, RdA 1977, 210; *Linnenkohl* Selbständigen-Kultur und Arbeitsmarkt, BB 1999, 48; *Lipke* Die Aufgliederung der Arbeitnehmerschaft in Arbeiter und Angestellte – Eine kritische Betrachtung –, DB 1983, 111; *Löwisch* Arbeitnehmereigenschaft kraft vertraglicher Vereinbarung, FS *Hromadka*, 2008, S. 229; *Maschmann* Arbeitsverträge und Verträge mit Selbständigen (Diss. Passau), 2001; *ders.* Arbeitsverträge und Verträge mit Selbständigen, NZA 2001, Sonderheft S. 21; *Maties* Generation Praktikum – Praktika, Einfühlungsverhältnisse und ähnliche als umgangene Arbeitsverhältnisse?, RdA 2007, 135; *Maus/Schmidt* Heimarbeitsgesetz, Kommentar, 3. Aufl. 1976; *Maurer* Das umstrittene Wahlrecht Wehrpflichtiger zum Betriebsrat, DB 1972, 975; *von Maydell* Können Rote-Kreuz-Schwestern Bedienstete im Sinne des Personalvertretungsgesetzes sein?, AuR 1967, 202; *Mayer* Arbeitnehmer oder Selbständige – Aktuelles aus Rechtsprechung und Politik zur Abgrenzungsproblematik, AiB 1999, 207; *Mayer-Maly* Erwerbsabsicht und Arbeitnehmerbegriff, 1965; *Mehrle* Heimarbeitsrecht, AR-Blattei SD 910, [1997]; *Mestwerdt* Arbeit in persönlicher Abhängigkeit im Rahmen vereinsrechtlicher Strukturen, NZA 2014, 281; *Mikosch* Arbeitnehmerbegriff und Schutzzwecke des Arbeitsschutzrechts, FS *Löwisch*, 2007, S. 189; *Mohr* Der Arbeitnehmerbegriff im Arbeits- und Steuerrecht (Diss. Köln), 1994; *K. Müller* Arbeitnehmer und freie Mitarbeiter, MDR 1998, 1061; *I. Natzel* Das Eingliederungsverhältnis als Übergang zum Arbeitsverhältnis, NZA 1997, 806; *ders.* Der teilzeitbeschäftigte Arbeitnehmer in der Freistellung, NZA 1998, 1262; *Neumann-Duesberg* Das vertragswidrige Doppelarbeitsverhältnis, DB 1971, 382; *Niesel* Die wichtigsten Änderungen des Arbeitsförderungsrechts durch das Arbeitsförderungs-Reformgesetz, NZA 1997, 580; *Nolting* Die individualrechtliche und betriebsverfassungsrechtliche Beurteilung von Franchise-Systemen (Diss. Trier), 1994; *Oetker* Betriebszugehörigkeit und gelockerte Betriebsbeziehungen, AuR 1991, 359; *von Olenhusen* Der Arbeitnehmerstatus einer Rundfunksprecherin, Film und Recht 1980, 516; *Otten* Zum Begriff der in Heimarbeit Beschäftigten als Arbeitnehmer im Sinne des Betriebsverfassungsgesetzes (Diss. Bonn), 1982 (zit.: Heimarbeit); *ders.* Heimarbeit – ein Dauerrechtsverhältnis eigener Art, NZA 1995, 289; *ders.* Heim- und Telearbeit, 1996; *Pfarr* Die arbeitnehmerähnliche Person, FS *Kehrmann*, 1997, S. 75; *Plander* Arbeitnehmerähnliche in der Betriebsverfassung, DB 1999, 330; *Preis* Die Definition des Arbeitnehmers und der arbeitnehmerähnlichen Person in einer Kodifikation des Arbeitsvertragsrechts, FS *Hromadka*, 2008, S. 275; *Rancke* Arbeitnehmerbegriff und sozio-ökonomischer Strukturwandel. – Eine Analyse der Rechtsprechung des Bundesarbeitsgerichts –, AuR 1979, 9; *Rebhahn* Der Arbeitnehmerbegriff in rechtsvergleichender Perspektive, RdA 2009, 154; *ders.* Arbeitnehmerähnliche Personen – Rechtsvergleich und Regelungsperspektive, RdA 2009, 236; *ders.* Die Arbeitnehmerbegriffe des Unionsrechts in der neueren Judikatur des EuGH, EuZA 2012, 3; *Reichold* Betriebsverfassung ohne »Betrieb«?, NZA 1999, 561; *Reinecke* Neudefinition des Arbeitnehmerbegriffs durch Gesetz und Rechtsprechung?, ZIP 1998, 581; *ders.* Der Kampf um die Arbeitnehmereigenschaft – prozessuale, materielle und taktische Probleme, NZA 1999, 729; *ders.* Der »Grad der persönlichen Abhängigkeit« als Abgrenzungskriterium für den Arbeitnehmerbegriff, FS *Dieterich*, 1999, S. 463; *ders.* Arbeitnehmer und freie Mitarbeiter im Bereich des außeruniversitären Unterrichts, ZTR 2000, 535; *Reinfelder* Arbeitnehmer – Gesellschafter – Geschäftsführer, RdA 2016, 87; *Reiserer* »Scheinselbständigkeit« – Arbeitnehmer oder Selbständiger?, BB 1998, 1258; *dies.* Der GmbH-Geschäftsführer – ein Arbeitnehmer? Eine völlige Kehrtwendung in der Rechtsprechung, DStR 2000, 31; *Reuter* Die Wandlung des Arbeitnehmerbegriffs – Befund und Konsequenzen, FS *Dieterich*, 1999, S. 473; *Richardi* Wahlberechtigung und Wählbarkeit zum Betriebsrat im Konzern, NZA 1987,

145; *ders.* »Scheinselbständigkeit« und arbeitsrechtlicher Arbeitnehmerbegriff, DB 1999, 958; *ders.* Arbeitnehmer als Beschäftigte, NZA 2010, 1101; *ders.* Der Arbeitsvertrag im Licht des neuen § 611a BGB, NZA 2017, 36; *Rieble* Die relative Verselbständigung von Arbeitnehmern – Bewegung in den Randzonen des Arbeitsrechts?, ZfA 1998, 327; *Rieble/Gutzeit* Das Alterszeitgesetz (ATzG) 1996 und seine betriebsverfassungsrechtlichen Implikationen, BB 1998, 638; *Rieble/Klumpp* Betriebsräte in »betriebsorganisatorisch eigenständigen Einheiten« nach § 175 SGB III?, NZA 2003, 1169; *Röhsler* Das mittelbare Arbeitsverhältnis, AR-Blattei SD 220.3, [1998]; *Rohlfing* Die Arbeitnehmereigenschaft von Auszubildenden und Umschülern im Sinne des Arbeitsgerichtsgesetzes und des Betriebsverfassungsgesetzes, NZA 1997, 365; *ders.* Zum arbeitsrechtlichen Status von (Honorar-) Lehrkräften, NZA 1999, 1027; *Rolfs* Arbeitsrechtliche Aspekte des neuen Arbeitsförderungsrechts, NZA 1998, 17; *Rosenfelder* Der arbeitsrechtliche Status des freien Mitarbeiters (Diss. München), 1982; *Rost* Arbeitnehmer und arbeitnehmerähnliche Personen im Betriebsverfassungsrecht, NZA 1999, 113; *Schlachter* Die europäische Dimension betrieblicher Arbeitnehmerbeteiligung, EuZA 2015, 149; *Schmidt/Koberski/Tiemann/Wascher* Heimarbeitsgesetz, Kommentar, 4. Aufl. 1998; *Schneider* Zum Arbeitnehmerbegriff nach § 5 Abs. 1 BetrVG, AiB 2001, 128; *Schulze* Ein-Euro-Jobber – Arbeitnehmer im Sinne des BetrVG?, NZA 2005, 1332; *Seiter/Kaemmerer/Röhrle* Teilzeitarbeit, 1971; *Stoffels* Statusvereinbarungen im Arbeitsrecht, NZA 2000, 690; *Teitge* Die rechtliche Natur der Arbeitsverhältnisse von Fürsorgezöglingen, BArbBl. 1958, 67; *Thüsing* Rechtssicherheit zur effektiveren Bekämpfung von missbräuchlichem Fremdpersonaleinsatz, ZfA 2015, 419; *Thüsing/Schmidt* Rechtssicherheit zur effektiveren Bekämpfung von missbräuchlichem Fremdpersonaleinsatz, ZIP 2016, 54; *Thüsing/Stiebert* Die Zukunft von Gestellung in Diakonie und Caritas, ZAT 2016, 178; *Wachter* Wesensmerkmale der arbeitnehmerähnlichen Person, 1980; *Wank* Die Teilzeitbeschäftigung im Arbeitsrecht, RdA 1985, 1; *ders.* Arbeitnehmer und Selbständige, 1988; *ders.* Die »neue Selbständigkeit«, DB 1992, 90; *ders.* Die Gesetzesänderung zum Arbeitnehmerbegriff, RdA 1999, 297; *ders.* Die personelle Reichweite des Arbeitnehmerschutzes aus rechtsdogmatischer und rechtspolitischer Perspektive, EuZA 2016, 143; *ders.* Der Arbeitnehmer-Begriff im neuen § 611a BGB, AuR 2017, 140; *A. Weber* Ist die Rotkreuzschwester Arbeitnehmerin ihrer Schwesternschaft? (Diss. Köln), 2009; *Weber/Zimmer* Fremdgeschäftsführer und Praktikanten als Arbeitnehmer im Sinne der Massenentlassungsrichtlinie, EuZA 2016, 224; *Weiße* Die Nichtarbeitnehmer im Betriebsverfassungsrecht (Diss. Heidelberg), 2009; *Worzalla* Arbeitsverhältnis, Selbständigkeit, Scheinselbständigkeit, FS *Stege*, 1997, S. 322; *Zwanziger* Rechtliche Rahmenbedingungen für »Ein-Euro-Jobs«, AuR 2005, 8.

Vgl. auch die Literaturangaben zum **BetrVerf-ReformG** vor § 1.

2. Zu Telearbeit und Crowdwork

Albrecht Die Einrichtung von Tele- und Außenarbeitsplätzen – Rechtliche und personalpolitische Anforderungen, NZA 1996, 1240; *Benner* (Hrsg.) Crowdwork – zurück in die Zukunft?, 2015; *Boemke/Andersen* Telearbeit und Betriebsverfassung, BB 2000, 2254; *Collardin* Aktuelle Rechtsfragen der Telearbeit (Diss. FU Berlin), 1995 (zit. Telearbeit); *Däubler* Internet und Arbeitsrecht, 5. Aufl. 2015; *Däubler/Klebe* Crowdwork: Die neue Form der Arbeit – Arbeitgeber auf der Flucht?, NZA 2015, 1032; *Dulle* Rechtsfragen der Telearbeit, 1999; *Fenski* Außerbetriebliche Arbeitsverhältnisse, 2. Aufl. 1999; *Fischer* Tele-Heimarbeit und Schutz der Arbeitskräfte (Diss. Trier), 1991; *Goerke* Arbeits- und datenschutzrechtliche Grundlagen der Telearbeit, AuA 1996, 188; *Haupt/Wollenschläger* Virtueller Arbeitsplatz – Scheinselbstständigkeit bei einer modernen Arbeitsorganisationsform, NZA 2001, 289; *Huber* Telearbeit. Ein Zukunftsbild als Politikum, 1987; *Kappus* Die Computerheimarbeit, NJW 1984, 2384; *Kathrein* Telearbeit. Von der Erprobung zur Regeleinführung, AuA 2000, 256; *Kilian/Borsum/Hoffmeister* Telearbeit und Arbeitsrecht, Forschungsbericht Nr. 139, hrsg. vom Bundesminister für Arbeit und Sozialordnung, 1987; *dies.* Telearbeit und Arbeitsrecht – Ergebnisse eines Forschungsprojekts, NZA 1987, 401; *Klebe* Crowdwork: Faire Arbeit im Netz?, AuR 2016, 277; *Klebe/Neugebauer* Crowdsourcing: Für eine handvoll Dollar oder Workers of the crowd unite?, AuR 2014, 4; *Körner* Telearbeit – neue Form der Erwerbsarbeit, alte Regeln?, NZA 1999, 1190; *Leimeister/Zogaj* Neue Arbeitsorganisation durch Crowdsourcing, 2013; *Lenk* Telearbeit. Möglichkeiten und Grenzen einer telekommunikativen Dezentralisierung von betrieblichen Arbeitsplätzen (Diss. Darmstadt), 1989; *Mankowski* Internet und Telearbeit im Internationalen Arbeitsvertragsrecht, DB 1999, 1854; *Müllner* Arbeitsrechtliche Aspekte der Telearbeit, CR 1985, 33; *Otten* Heim- und Telearbeit, 1996; *Peter* Kernfragen der Telearbeit, DB 1998, 573; *Peters/Orthwein* Alternierende Telearbeit. Das Beispiel der Deutschen Telekom AG, CR 1997, 293; *Pfarr/Drüke* Rechtsprobleme der Telearbeit, 1989; *Preis* Arbeitsrechtliche Probleme der Telearbeit, in: *Prütting/Hochstein/Hege/Holznagel/Hoeren/Preis/Köhler* (Hrsg.), Die Zukunft der Medien hat schon begonnen – Rechtlicher Rahmen und neue Teledienste im Digitalzeitalter, 1998, S. 75; *Saller* Telearbeit. Rechtsfragen einer neuen Arbeitsform, NJW-CoR 1996, 300; *Schaub* Heim- und Telearbeit sowie bei Dritten beschäftigte Arbeitnehmer im Referenten- und Regierungsentwurf zum BetrVG, NZA 2001, 364; *Schmechel* Die Rolle des Betriebsrats bei der Einführung und Durchführung von Telearbeit, NZA 2004, 237; *Simon/Kuhne* Arbeitsrechtliche Aspekte der Telearbeit, BB 1987, 201; *Tillmann* Telearbeit nach der Novellierung des BetrVG – die Geburt des doppelten Betriebsbegriffs, K&R 2002,

629; *Wank* Telearbeit, 1997; *ders.* Telearbeit, NZA 1999, 225; *ders.* Telearbeit, AR-Blattei SD 1565, [2003]; *Wedde* Telearbeit, 3. Aufl. 2002; *ders.* Telearbeit und Mitbestimmung des Betriebsrats, CR 1994, 230; *ders.* Entwicklung der Telearbeit – Arbeitsrechtliche Rahmenbedingungen (Forschungsbericht, hrsg. vom Bundesminister für Arbeit und Sozialordnung), 1997; *ders.* Digitalisierung der Arbeitswelt und Telearbeit – keine Chance für das Arbeitsrecht?, RDV 1996, 5; *ders.* Aktuelle Rechtsfragen der Telearbeit, NJW 1999, 527; *Wiese* Personale Aspekte und Überwachung der Telearbeit, RdA 2009, 344.

3. Zu Arbeitnehmerüberlassung, Gestellungsverträgen und Fremdfirmeneinsatz

Bayreuther Branchenzuschlags-Tarifverträge und Geltung kollektivrechtlicher Arbeitsbedingungen des Entleihers im Leiharbeitsverhältnis, BB 2014, 1973; *Becker* Die betriebsverfassungsrechtliche Stellung der Leiharbeitnehmer, BlStSozArbR 1972, 129; *ders.* Betriebsverfassungsrechtliche Aspekte beim drittbezogenen Personaleinsatz, AuR 1982, 369; *ders.* Abgrenzung der Arbeitnehmerüberlassung gegenüber Werk- und Dienstverträgen, DB 1988, 2561; *Dewender* Betriebsfremde Arbeitnehmer in der Betriebsverfassung unter besonderer Berücksichtigung der unechten Leiharbeitnehmer (Diss. Bochum), 2004; *H.-J. Dörner* Der Leiharbeitnehmer in der Betriebsverfassung, FS *Wißmann*, 2005, S. 286; *Düwell* Erstes Gesetz zur Änderung des AÜG – eine verpasste Chance für die Integration der Leiharbeit in die Betriebsverfassung, AuR 2011, 288; *Erdlenbruch* Die betriebsverfassungsrechtliche Stellung gewerbsmäßig überlassener Arbeitnehmer (Diss. Mannheim), 1992; *Halbach* Betriebsverfassungsrechtliche Aspekte des Einsatzes von Leiharbeitnehmern, DB 1980, 2389; *Hamann* Betriebsverfassungsrechtliche Auswirkungen der Reform der Arbeitnehmerüberlassung, NZA 2003, 526; *Hamann/Rudnik* Mitbestimmung nach § 87 BetrVG bei Onsite-Werkverträgen, NZA 2016, 1368; *Hantl-Unthan* Arbeitnehmerüberlassung, AR-Blattei SD 125, [2004]; *Kaufmann* Die betriebsverfassungsrechtliche Zuordnung gewerbsmäßig überlassener Leiharbeitnehmer (Diss. Leipzig), 2004; *Konzen* Arbeitsrechtliche Drittbeziehungen, ZfA 1982, 259; *Kraft* Fragen zur betriebsverfassungsrechtlichen Stellung von Leiharbeitnehmern, FS *Pleyer*, 1986, S. 383; *ders.* Betriebsverfassungsrechtliche Probleme bei der Arbeitnehmerüberlassung, FS *Konzen*, 2006, S. 439; *Linsenmaier/Kiel* Der Leiharbeitnehmer in der Betriebsverfassung – »Zwei-Komponenten-Lehre« und normzweckorientierte Gesetzesauslegung, RdA 2014, 135; *Mayer-Maly* Das Leiharbeitsverhältnis, ZfA 1972, 1; *Nikisch* Zur rechtlichen Stellung der Rote-Kreuz-Schwestern, zugleich ein Beitrag zur Lehre vom Leiharbeitsverhältnis, FS *Alfred Hueck* 1959, S. 1; *Raab* Europäische und nationale Entwicklungen im Recht der Arbeitnehmerüberlassung, ZfA 2003, 389; *Savaète* Die Rechtsstellung der auf Grund von Gestellungsverträgen in Krankenanstalten tätigen Krankenschwestern, AuR 1959, 5; *Seel* Rechtsstellung von Leiharbeitnehmern im Betriebsverfassungsrecht, MDR 2012, 813; *Trieschmann* Die Gestellungsverträge der Schwesternorganisationen, RdA 1955, 52; *Ulber* Rechtliche Grenzen des Einsatzes von betriebsfremden Arbeitnehmern und Mitbestimmungsrechte des Betriebsrats, AuR 1982, 54; *Ch. Weber* Das aufgespaltene Arbeitsverhältnis (Diss. Mainz), 1992; *Zeuner* Zur Bestimmung des für die Rechte nach § 102 BetrVG zuständigen Betriebsrats bei aufgespaltener Arbeitgeberstellung im Konzern, FS *Hilger* und *Stumpf*, 1983, S. 771; *Zöllner* Betriebs- und unternehmensverfassungsrechtliche Fragen bei konzernrechtlichen Betriebsführungsverträgen, ZfA 1983, 93.

4. Zu den Beamten, Soldaten und Arbeitnehmern des öffentlichen Dienstes

Blanke Die betriebsverfassungsrechtliche Stellung von Privatisierungsbeamten, PersR 1999, 197; *ders.* Interessenvertretung von privatisierten Beamten, PersR 2009, 249; *Hayen* Erweiterung des Arbeitnehmerbegriffs im BetrVG, PersR 2009, 384; *Heise/Fedder* Beamte und Soldaten – Einsatz im Betriebsrat, NZA 2009, 1069; *Kortmann/Korsch* Beamte als Arbeitnehmer BetrVG – eine Fiktion mit Folgen, öAT 2010, 201; *Löwisch* Beamte als Arbeitnehmer im Sinne des BetrVG, BB 2009, 2316; *Rieble* Leiharbeitnehmer zählen doch?, NZA 2012, 485; *von Steinau-Steinrück/Mosch* Beamte als betriebsverfassungsrechtliche Arbeitnehmer, NJW-Spezial 2009, 706; *Thüsing* Schnellschuss ins Ungewisse: Zur Änderung des § 5 BetrVG, BB 2009, 2036; s. a. die Lit. zu 3.

5. Zu den leitenden Angestellten

Ahn Die Rechtsfigur des Leitenden Angestellten im geltenden Arbeitsrecht, Diss. München 1977; *Apel* Leitende und wissenschaftliche Angestellte in einer künftigen Rechtsordnung, BB 1970, 1145; *Bauer* Rechte und Pflichten der Sprecherausschüsse und ihrer Mitglieder, NZA 1989, Beil. Nr. 1, S. 20; *ders.* Sprecherausschußgesetz mit Wahlordnung und Erläuterungen, 2. Aufl. 1990; *Becker-Schaffner* Zur Frage der Zulässigkeit von Sprecherausschüssen der leitenden Angestellten, BlStSozArbR 1974, 151; *ders.* Der leitende Angestellte in der Rechtsprechung, BlStSozArbR 1979, 113; *Birk* Der leitende Angestellte – Einige rechtsvergleichende Bemerkungen, RdA 1988, 211; *Boldt* Die Rechtsstellung der leitenden Angestellten nach dem Betriebsverfassungsgesetz 1972. Zur Abgrenzung der leitenden Angestellten nach § 5 Abs. 3 BetrVG, DB 1972, Beil. Nr. 5; *ders.* Sprecherausschüsse der leitenden Angestellten, Die AG 1974, 239; *Borgwardt* Leitende Angestellte und Betriebsverfassung, BB 1971, 1106; *ders.* Leitende Angestellte: Das Problem schwelt weiter, Gewerkschaftsreport 1981, Heft 4, S. 9; *Borgwardt/Steffens* Sprecherausschüsse leitender Angestellter – Ausgang, Absichten und Problematik, RdA 1973, 70; *Borgwardt/Fischer/Janert*

Sprecherausschußgesetz für leitende Angestellte, 2. Aufl. 1990; *Buchner* Das Gesetz zur Änderung des Betriebsverfassungsgesetzes, über Sprecherausschüsse der leitenden Angestellten und zur Sicherung der Montanmitbestimmung, NZA 1989, Beil. Nr. 1, S. 2; *Bulla* Der Begriff des leitenden Angestellten im Rahmen der Betriebsverfassung, FS *Herschel*, 1955, S. 121; *Clausen / Löhr / Schneider / Trümner* Neufassung der Begriffsabgrenzung »leitende Angestellte« – Rechtspolitische, praktische und verfassungsrechtliche Aspekte –, AuR 1988, 293; *Dänzer-Vanotti* Leitende Angestellte nach § 5 III, IV BetrVG n. F., NZA 1989, Beil. Nr. 1, S. 29; *ders.* Rechte und Pflichten des Sprecherausschusses, DB 1990, 41; *Diringer* Der Chefarzt als leitender Angestellter, NZA 2003, 890; *Ebert* Zur Abgrenzung der Leitenden Angestellten, BB 1975, 609; *Eichenhofer* Leitende Angestellte als Begriff des Unternehmensrechts, 1980 (teilweise auch Diss. Saarbrücken); *ders.* »Leitende Angestellte« – Ein unternehmensrechtlicher Begriff, ZfA 1981, 219; *Engels* Verfassungsmäßigkeit des § 5 Abs. 3 Nr. 3 BetrVG, DB 1982, 697; *Engels / Natter* Die geänderte Betriebsverfassung, BB 1989, Beil. Nr. 8; *Falder* Geschäftsführer bei Auslandsgesellschaften, NZA 2000, 868; *A. Fischer* Die Abgrenzung der leitenden Angestellten nach § 5 Abs. 3 BetrVG, dargestellt am Betriebsleiter und Forscher in der chemischen Industrie, DB 1972, 437; *ders.* Die neue Rechtsprechung des BAG zur Abgrenzung der leitenden Angestellten nach § 5 Abs. 3 BetrVG, DB 1980, 1988; *Frohner* Zum Begriff des leitenden Angestellten i. S. von § 5 Abs. 3 BetrVG 1972, BlStSozArbR 1978, 1; *Galperin* Die Stellung der Leitenden Angestellten in der Rechtsordnung, RdA 1977, 65 [143, 228, 288]; *Geitner* Zur Zulässigkeit der Gründung von Sprecherausschüssen für leitende Angestellte, DB 1973, 280; *Goldschmidt* Der Sprecherausschuss, 2. Aufl. 2007; *Grund* Ist Chefredakteur eine Leitungsfunktion?, AfP 2008, 121; *Grüll* Die leitenden Angestellten im neuen Betriebsverfassungsrecht, RdA 1972, 171; *ders.* Leitender Angestellter im Sinne des § 5 Abs. 3 Nr. 3 BetrVG, BB 1974, 653; *Hagemeier* Die Abgrenzung der leitenden Angestellten nach § 5 Abs. 3 BetrVG nach der neuen Grundsatzentscheidung des Bundesarbeitsgerichts vom 29. Januar 1980, BlStSozArbR 1980, 289; *Hanau* Repräsentation des Arbeitgebers und der leitenden Angestellten durch den Betriebsrat?, RdA 1979, 324; *ders.* Die Bedeutung des Mitbestimmungsgesetzes 1976 für die Abgrenzung der leitenden Angestellten, BB 1980, 169; *ders.* Analogie und Restriktion im Betriebsverfassungsrecht, FS *Gerhard Müller*, 1981, S. 169; *ders.* Zur Neuregelung der leitenden Angestellten und des Minderheitenschutzes in der Betriebsverfassung, AuR 1988, 261; *Henssler* Der leitende Angestellte in Beratungsgesellschaften, FS *Hromadka*, 2007, S. 131; *C. S. Hergenröder* Handelsrechtliche Vollmachten, AR-Blattei SD 880.5, [2000]; *Hermann* Leitende Angestellte i. S. einer neuen Verfassung des Unternehmens, BB 1974, 934; *Herschel*, Leitende Angestellte und Betriebsverfassung, Sozialer Fortschritt 1981, 105; *Hromadka* Das Recht der leitenden Angestellten im historisch-gesellschaftlichen Zusammenhang, 1979; *ders.* Zur Präzisierung des Begriffs »leitende Angestellte«, DB 1988, 753; *ders.* »Artprokuristen« enteilet, DB 1988, 2053; *ders.* Der Begriff des leitenden Angestellten, BB 1990, 57; *Hromadka / Sieg* Sprecherausschußgesetz, 3. Aufl. 2014; *A. Hueck* Zum Begriff des leitenden Angestellten im Sinne des § 4 Abs. 2 Buchstabe c BetrVG, RdA 1953, 441; *Janert* Der leitende Angestellte in der Rechtsordnung, JArbR Bd. 12 (1974), 1975, S. 69; *Kania* Betriebsräte in Lizenzfußballvereinen, SpuRt 1994, 121; *Kaiser* Sprecherausschüsse für leitende Angestellte, 1995 (zit: Sprecherausschüsse); *dies.* Leitende Angestellte, AR-Blattei SD 70.2, [2004]; *Kappes* Heilbare Probleme? – Schwierigkeiten mit dem neuen Gesetz über Sprecherausschüsse der leitenden Angestellten, DB 1989, 1188; *Korthus* Chefarzt als leitender Angestellter, Das Krankenhaus 2006, 517; *Kossens* Leitende Angestellte im Arbeitsrecht – Neue Rechtsprechung zu den Beurteilungskriterien, ArbRB 2005, 118; *Krämer* Zur Rechtsstellung der leitenden Angestellten im MitbestG und den Wahlordnungen, NJW 1977, 2142; *Kraft* Der Begriff des leitenden Angestellten in der Rechtsprechung des BAG, BlStSozArbR 1975, 225; *ders.* Der leitende Angestellte im Betriebsverfassungsrecht. – Verschlungene Wege zur Abgrenzung –, FS *Mühl*, 1981, S. 389; *Kronisch* Leitender Angestellter – Der Sitz zwischen den Stühlen, AuA 2001, 484; *Löwisch* Novellierung des Mitbestimmungsrechts, BB 1988, 1953; *ders.* Kommentar zum Sprecherausschußgesetz, 2. Aufl. 1994; *Martens* Die Gruppenabgrenzung der leitenden Angestellten nach dem Mitbestimmungsgesetz, 1979; *ders.* Der leitende Angestellte – und kein Ende?, NJW 1980, 2665; *ders.* Das Arbeitsrecht des leitenden Angestellten, 1982; *ders.* Die leitenden Angestellten im Spannungsfeld von unternehmerischer Organisationsautonomie und Arbeitnehmerschutz, RdA 1988, 202; *ders.* Die Neuabgrenzung der leitenden Angestellten und die begrenzte Leistungsfähigkeit moderner Gesetzgebung, RdA 1989, 73; *ders.* Zum Fortbestand freiwilliger Sprecherausschüsse ohne Ablösung durch einen gesetzlichen Sprecherausschuß, NZA 1989, 409; *Mayer-Maly* Gedanken zur Entwicklung der Abgrenzung der leitenden Angestellten, BB 1974, 1124; *G. Müller* Der Leitende Angestellte des § 5 Abs. 3 Nr. 3 BetrVG 1972 in der bisherigen Rechtsprechung des Bundesarbeitsgerichts, RdA 1975, 63; *ders.* Fragen zu den Gruppen der leitenden Angestellten in § 5 Abs. 3 BetrVG, DB 1983, 1597, 1653; *ders.* Zum Begriff des leitenden Angestellten, AuR 1985, 315; *ders.* Kritische Bemerkungen zur neuen Bestimmung der leitenden Angestellten, DB 1989, 824; *H.-P. Müller* Der Leitende Angestellte im System der Mitbestimmung, DB 1977, Beil. Nr. 11; *ders.* Zur Situation der Leitenden Angestellten de lege ferenda, FS *Gerhard Müller*, 1981, S. 333; *ders.* Zur Präzisierung der Abgrenzung der leitenden Angestellten, DB 1988, 1697; *Niedenhoff* Leitende Angestellte. Das Dilemma des DGB, ArbGeb. 1973, 139; *Nozar* Die Abgrenzung der leitenden Angestellten im Betriebsverfassungsgesetz und die Zulässigkeit von Sprecherausschüssen (Diss. Augsburg), 1976; *Ochsner* Abgrenzung der Leitenden Angestellten, DB 1978, 2219; *Oetker* Grundprobleme bei der Anwendung des Sprecherausschußgesetzes, ZfA 1990, 43; *Ohlgardt* Keine Berücksichtigung der leitenden Angestellten bei Bestimmung der Zahl der Betriebsratsmitglieder?, BB 1972, 1186; *Orlowski* Die arbeitsrechtliche Stellung des Prokuristen, (Diss. HU Berlin), 2003; *Prütting* Prozessuale Koordinierung von kollektivem und Individualarbeitsrecht, RdA 1991, 257; *Pünnel* Der Beschäftigte in der Werkstatt für Behinderte – Objekt oder Subjekt?, AuR 1987, 104; *Redeker* Der Redakteur – ein leitender Angestellter nach § 5 Abs. 3 BetrVG?, BB 1988, 63; *Richardi* Die Neuabgrenzung der leitenden Angestellten nach § 5 III und IV BetrVG, NZA 1990, Beil. Nr. 1, S. 2; *ders.* Der Begriff des leitenden Angestellten, AuR 1991, 33; *Röder* Die Neuregelung der Betriebsverfassung, NZA 1989, Beil. Nr. 4, S. 2; *Rüthers* Rechtsprobleme betrieblicher Sondervertretungen für leitende Angestellte, BB 1972, 1105; *ders.* Gibt es mehr leitende Angestellte? Neue Aspekte zum Abgrenzungsproblem durch das Mitbestimmungsgesetz, FS 25 Jahre Bundesarbeitsgericht, 1979, S. 455; *Rüthers/Stindt* Der Kreis der leitenden Angestellten in der neuen Betriebsverfassung, BB 1972, 973; *Säcker* Die Rechtsstellung der leitenden Angestellten im kollektiven Arbeitsrecht, BB 1972, 1197; *ders.* Rechtliche Formen der Zusammenarbeit zwischen Arbeitgeber, Betriebsrat und Sprecherausschuß, FS 25 Jahre Bundesarbeitsgericht, 1979, S. 471; *Schäfer* Sprecherausschüsse der leitenden Angestellten – »Betriebsrat für feine Leute«?, BetrR 1980, 152; *Schirdewahn* Der leitende Angestellte in der Rechtsprechung des Bundesarbeitsgerichts zu § 5 Abs. 3 BetrVG: Begriff oder Typus?, ZfA 1979, 183; *Schneider* Die Abgrenzungsproblematik im Spannungsverhältnis zwischen Betriebsrat und Sprecherausschuß, WSI-Mitt. 1980, 375; *ders.* Zur Begriffsabgrenzung der leitenden Angestellten, MitbestGespr. 1980, 263; *U. R. Scholz* Der Betriebsarzt – leitender Angestellter i. S. des § 5 III Nr. 3 BetrVG?, AuR 1979, 257; *Sieg* Leiten ohne zu leiden – Das Sprecherausschussgesetz in der betrieblichen Praxis, FS *Richardi*, 2007, S. 777; *Sohnius/Schirdewahn* Sind angestellte Betriebsärzte Leitende Angestellte?, DB 1978, 2315; *Steffens* Institution und Funktion der Sprecherausschüsse der leitenden Angestellten in Betrieb und Unternehmen, (Diss. FU Berlin), 1973; *Steindorff* Nochmals: Neubestimmung der leitenden Angestellten, AuR 1988, 266; *Tenckhoff* Der Begriff »Personalverantwortung« im Zusammenhang mit der Abgrenzung des Kreises der leitenden Angestellten i. S. des § 5 III BetrVG, DB 1984, 2035; *ders.* Leitende Angestellte: Neue Entscheidung des 6. Senats des BAG, NZA 1986, 458; *Verstege* Leitender Angestellter auch in der Elternzeit?, RdA 2011, 99; *Wahlers* Der Chefarzt als leitender Angestellter i. S. von § 5 Abs. 3 BetrVG?, MedR 2011, 331; *Weigle* Die leitenden Angestellten zwischen Sprecherausschuß und Betriebsrat (Diss. Kiel), 1993 (zit.: Die leitenden Angestellten); *Wiedemann* Die »arbeitgeberähnlichen« leitenden Angestellten im Betriebsverfassungsrecht, RdA 1972, 210; *Wiegand* Der leitende Angestellte als Arbeitnehmer, 3. Aufl. 1976; *Wiesner* Die leitenden Angestellten im Spannungsfeld zwischen Betriebs- und Unternehmensverfassung, BB 1982, 949; *Wißmann* Zum Begriff des leitenden Angestellten im Recht der Betriebsverfassung und der Unternehmensmitbestimmung, NJW 1978, 2071; *Witte/Bronner* Motive der Abgrenzung Leitender Angestellter, DB 1974, 1863; *dies.* Die Leitenden Angestellten. Eine empirische Untersuchung, 1974; *Wittig* Beurteilungsspielräume im Betriebsverfassungsgesetz (Diss. Augsburg), 2003; *Wlotzke* Die Änderungen des Betriebsverfassungsgesetzes und das Gesetz über Sprecherausschüsse der leitenden Angestellten, DB 1989, 111, 173; *ders.* Fortbestand freiwilliger Sprecherausschüsse nach dem 31.05.1990?, NZA 1989, 709; *Zöllner* Zur Abgrenzung der leitenden Angestellten im Sinne des Betriebsverfassungsrechts, dargestellt am Beispiel der angestellten Wirtschaftsprüfer, Gedächtnisschrift für *Rolf Dietz*, 1973, S. 377; Grundsätze für die Abgrenzung der leitenden Angestellten in der chemischen Industrie, Vereinbarung zwischen der IG Chemie-Papier-Keramik und dem Bundesarbeitgeberverband Chemie, RdA 1989, 283.

Inhaltsübersicht Rdn.

I. Vorbemerkung	1–6
II. Bedeutung der Vorschrift	7–14
1. Abgrenzung des repräsentierten Personenkreises	7–9
2. Inhalt und Systematik der Regelung	10–14
a) Abgrenzungskriterien	10
b) Arbeitnehmer und Nicht-Arbeitnehmer	11–13
c) Betriebszugehörigkeit	14
III. Arbeitnehmer i. S. d. Betriebsverfassungsgesetzes (Abs. 1)	15–137
1. Allgemeines	15–24
a) Eigener betriebsverfassungsrechtlicher Arbeitnehmerbegriff	15–17
b) Vereinbarkeit mit Unionsrecht	18–24
2. Merkmale des allgemeinen Arbeitnehmerbegriffs	25–54
a) Verpflichtung durch privatrechtlichen Vertrag	27–30
b) Der Arbeitsvertrag als Unterfall des Dienstvertrages	31–34
c) Weisungsgebundene Arbeit in persönlicher Abhängigkeit	35–44

aa) Persönliche, nicht wirtschaftliche Abhängigkeit	35
bb) Konkretisierung der persönlichen Abhängigkeit durch die Weisungsgebundenheit	36, 37
cc) Kritik	38, 39
dd) Übertragung des Rechts zur unternehmerischen Verwertung der Arbeitskraft als Kennzeichen der persönlichen Abhängigkeit	40–44
d) Arbeitnehmerbegriff und Zweck der Betriebsverfassung	45
e) Bezeichnung des Vertrags, objektiver Geschäftsinhalt und abweichende Vertragspraxis	46, 47
f) Unerhebliche Kriterien	48–54
3. Arbeitnehmereigenschaft besonderer Personengruppen	55–110
a) Auszubildende	55–64
b) Telearbeitnehmer	65–69
c) Crowdworker	70–72
d) Außendienstmitarbeiter	73
e) Beamte, Soldaten und Arbeitnehmer des öffentlichen Dienstes in Betrieben privatwirtschaftlich organisierter Unternehmen (Abs. 1 Satz 3)	74–104
aa) Entstehungsgeschichte der Regelung	74–77
bb) Bedeutung	78
cc) Verhältnis zu den Sonderregelungen	79
dd) Voraussetzungen	80–89
(1) Beamte, Soldaten und Arbeitnehmer des öffentlichen Dienstes einschließlich der zu ihrer Berufsausbildung Beschäftigten	80–83
(2) Tätigkeit in einem Betrieb eines privatwirtschaftlich organisierten Unternehmens	84–89
ee) Rechtsfolgen	90–102
(1) Aktives und passives Wahlrecht	90–92
(2) Schwellenwerte	93
(3) Rechte der Beamten, Soldaten und Arbeitnehmer im Einsatzbetrieb	94, 95
(4) Mitbestimmungsrechte	96–100
(5) Leitende Angestellte	101, 102
ff) Ungleichbehandlung mit Leiharbeitnehmern – Verfassungsmäßigkeit der Regelung	103, 104
f) Gesellschafter	105
g) Ruhendes Arbeitsverhältnis	106
h) Arbeitnehmerähnliche Personen	107
i) Öffentlich geförderte Beschäftigungsverhältnisse	108, 109
j) Sonstige Beschäftigungsverhältnisse	110
4. In Heimarbeit Beschäftigte	111–117
a) Gleichstellung mit den Arbeitnehmern	111
b) Anwendungsbereich	112–117
5. Arbeitnehmer ohne Arbeitsvertrag mit dem Inhaber des Betriebes	118–137
a) Allgemeines	118
b) Arbeitnehmerüberlassung	119
c) Mitbestimmungsrechte bei Arbeitnehmerüberlassung	120–134
aa) Aufspaltung der Mitbestimmungszuständigkeit	120–122
bb) Einzelne Beteiligungsrechte	123–128
cc) Wirkung von Betriebsvereinbarungen im Entleiherbetrieb	129–134
d) Beschäftigung auf der Grundlage eines Gestellungsvertrages	135
e) Das mittelbare Arbeitsverhältnis	136
f) Fremdfirmeneinsatz	137
IV. Nicht-Arbeitnehmer (Abs. 2)	138–158
1. Allgemeines	138
2. Die einzelnen Gruppen	139–158
a) Mitglieder des Vertretungsorgans juristischer Personen (Nr. 1)	139–141
b) Vertretungs- und geschäftsführungsberechtigte Mitglieder von Personengesamtheiten (Nr. 2)	142
c) Beschäftigung primär aus karitativen und religiösen Beweggründen (Nr. 3)	143–151
d) Beschäftigung zur Heilung, Wiedereingewöhnung, Besserung oder Erziehung (Nr. 4)	152–154
e) Ehegatten, Lebenspartner, Verwandte und Verschwägerte 1. Grades (Nr. 5)	155–158
V. Leitende Angestellte (Abs. 3 und 4)	159–263

1. Allgemeines	159–168
a) Rechtsstellung der leitenden Angestellten in der Betriebsverfassung	159, 160
b) Zweck der Regelung	161
c) Legaldefinition des leitenden Angestellten	162–164
d) Zwingende Umschreibung im Gesetz	165
e) Sonderregelungen	166–168
2. Allgemeine Tatbestandsvoraussetzungen	169–178
a) Nach Arbeitsvertrag und Stellung	170–173
b) Im Unternehmen oder im Betrieb	174–178
3. Die Einzeltatbestände	179–232
a) Systematik	179–181
b) Berechtigung zur selbständigen Einstellung und Entlassung (Abs. 3 Satz 2 Nr. 1)	182–188
c) Generalvollmacht oder Prokura (Abs. 3 Satz 2 Nr. 2)	189–199
d) Der funktionale Grundtatbestand (Abs. 3 Satz 2 Nr. 3)	200–232
aa) Sonstige Aufgaben	201–203
bb) Unternehmerische Aufgabenstellung	204–210
cc) Gegnerbezug	211, 212
dd) Erfahrungen und Kenntnisse	213
ee) Persönlicher Handlungsspielraum	214–222
ff) Regelmäßige Wahrnehmung – Prägender Charakter der unternehmerischen Aufgaben	223–227
gg) Beispiele aus der Rechtsprechung:	228–232
4. Der Hilfstatbestand des Abs. 4	233–261
a) Allgemeines	233
b) Bedeutung und dogmatische Einordnung des Abs. 4	234–241
c) Zweifel i. S. d. Abs. 4 Eingangssatz	242–246
aa) Begriffsbestimmung	242, 243
bb) Gerichtliche Überprüfung des Vorliegens von »Zweifeln«	244–246
d) Die Einzeltatbestände des Abs. 4	247–261
aa) Zuordnung anlässlich einer Wahl oder durch gerichtliche Entscheidung (Abs. 4 Nr. 1)	248–250
bb) Verhältnis zu den Auswirkungen der Rechtskraft	251–254
cc) Zugehörigkeit zu einer Leitungsebene (Abs. 4 Nr. 2)	255, 256
dd) Anknüpfung an die Gehaltsstruktur im Unternehmen (Abs. 4 Nr. 3)	257, 258
ee) Verhältnis von Abs. 4 Nr. 1 bis 3	259
ff) Anknüpfung an die rechnerische Gehaltshöhe (Abs. 4 Nr. 4)	260, 261
5. Verfassungsmäßigkeit der Regelung	262, 263
VI. Überblick über die Regelungen des Sprecherausschussgesetzes	264–282
1. Bildung der Sprecherausschüsse	265–269
2. Zusammenarbeit zwischen Arbeitgeber, Sprecherausschuss und Betriebsrat	270–273
3. Kosten der Betätigung des Sprecherausschusses	274, 275
4. Aufgaben, Gestaltungsmittel und Mitwirkungsrechte des Sprecherausschusses	276–281
5. Sanktionen	282
VII. Fortbestand und Neubildung freiwilliger Sprecherausschüsse	283–286
VIII. Streitigkeiten	287–290

I. Vorbemerkung

Das Gesetz erweitert gegenüber § 4 BetrVG 1952 den Kreis der Personen, die Arbeitnehmer i. S. d. **1** Gesetzes sind. Gesellschafter von Personengesellschaften gelten nur dann nicht als Arbeitnehmer, wenn sie durch Gesetz, Satzung oder Gesellschaftsvertrag zur Vertretung oder Geschäftsführung berufen sind (Abs. 2 Nr. 2). Andererseits ist nunmehr in Abs. 2 Nr. 5 – anders als in § 4 Abs. 2f BetrVG 1952 – der Ehegatte des Arbeitgebers zur Klarstellung ausdrücklich aufgeführt (amtliche Begründung, BR-Drucks. 715/70, S. 36 zu § 5). Gleichgestellt ist der Lebenspartner (s. Rdn. 156).

Leitende Angestellte sind zwar Arbeitnehmer; auf sie findet aber das Gesetz nur bei ausdrücklicher **2** Anordnung Anwendung (Abs. 3). Durch Art. 1 Nr. 1 des Gesetzes zur Änderung des Betriebsverfassungsgesetzes, über Sprecherausschüsse der leitenden Angestellten und zur Sicherung der Montan-Mitbestimmung vom 20.12.1988 (BGBl. I, S. 2312, Novelle 1988) wurde die Bestimmung des Personenkreises der leitenden Angestellten novelliert. Abs. 3 wurde neu gefasst und Abs. 4 hinzugefügt. Das Gesetz ist am 01.01.1989 in Kraft getreten. Die Neufassung sollte den Schwierigkeiten bei der Abgrenzung der leitenden Angestellten begegnen, da der Abgrenzung der leitenden Angestellten von den übrigen Arbeitnehmern wegen der Einrichtung der ebenfalls durch die Novelle vom 20.12.1988 neu geschaffenen Sprecherausschüsse erhöhte Bedeutung zukommt (Begründung zum Entwurf, BT-Drucks. 11/2503, S. 24). Die Neubestimmung der leitenden Angestellten hatte in dem Entwurf eines Gesetzes zur Verstärkung der Minderheitenrechte in den Betrieben und Verwaltungen (MindRG) vom 22.05.1985 (BT-Drucks. 10/3384) noch gefehlt. Der der Novelle vom 20.12.1988 zugrunde liegende Entwurf der Fraktionen von CDU/CSU und FDP vom 16.06.1988 (BT-Drucks. 11/2503) wurde im Wesentlichen unverändert übernommen. Lediglich § 5 Abs. 3 Satz 2 Nr. 2 BetrVG, der ursprünglich gegenüber der alten Fassung unverändert bleiben sollte, wurde durch den Zusatz »und die Prokura auch im Verhältnis zum Arbeitgeber nicht unbedeutend ist« ergänzt (ausführlich zum Verlauf des Gesetzgebungsverfahrens sowie zur Vorgeschichte *Engels/Natter* BB 1989, Beil. Nr. 8, S. 3 ff.).

3   Ziel der Neuregelung war es, den Begriff des leitenden Angestellten, der in der Vergangenheit zu »Auslegungsschwierigkeiten« geführt habe, **präziser zu fassen** und damit **die Abgrenzung für die Praxis leichter handhabbar** zu machen (Begründung zum Entwurf, BT-Drucks. 11/2503, S. 24 f.). Die Mitglieder der Fraktionen der CDU/CSU und der FDP im Ausschuss stellten darüber hinaus als Zielvorgabe auf, dass der Personenkreis der leitenden Angestellten dabei weder erweitert noch eingeengt werden sollte (*Ausschussbericht* BT-Drucks. 11/3618, S. 7, 8).

4   § 5 Abs. 1 hat durch das **BetrVerf-ReformG** vom 23.07.2001 (BGBl. I, S. 1852) Änderungen erfahren, die sich allerdings auf den Kreis der erfassten Personen in der Sache nicht ausgewirkt haben (*Konzen* RdA 2001, 76 [82 f.]; *Löwisch* BB 2001, 1734 [1736]; *Reichold* NZA 2001, 857 [861]; *Richardi/Annuß* DB 2001, 41 [42 f.]). Die einschneidendste Änderung ist die **Aufgabe des Gruppenprinzips**, also der Trennung in Arbeiter und Angestellte, die sich aber weniger in § 5, sondern – neben der Neuregelung einer Vielzahl von Einzelvorschriften im Zusammenhang mit der Wahl und der Geschäftsführung des Betriebsrats – in Form der Aufhebung des § 6 a. F. ausgewirkt hat (krit. hierzu *Gamillscheg* AuR 2001, 411 f.). In § 5 Abs. 1 Satz 1 sind nunmehr auch die **im Außendienst und mit Telearbeit Beschäftigten besonders erwähnt**. Schon zuvor war allerdings unstreitig, dass diese Personen vom Betriebsrat repräsentiert werden, sofern sie die allgemeinen Voraussetzungen der Arbeitnehmereigenschaft erfüllen. Die Ergänzung dient daher lediglich der Klarstellung (*Reg. Begr.* BT-Drucks. 14/5741, S. 35; zur Kritik der Neufassung s. Rdn. 15, 65).

5   Durch das BetrVerfReformG neu in § 5 aufgenommen worden ist die Regelung zu den **in Heimarbeit Beschäftigten** in Abs. 1 Satz 2. Diese war zuvor in § 6 Abs. 1 Satz 2, Abs. 2 Satz 2 Halbs. 2 enthalten, stand also im Zusammenhang mit der Unterscheidung von Arbeitern und Angestellten. Die in Heimarbeit Beschäftigten wurden daher ebenfalls je nach der Art ihrer Tätigkeit entweder der Gruppe der Arbeiter oder derjenigen der Angestellten zugeordnet. Aufgrund der Streichung des § 6 wurde die Regelung über die in Heimarbeit Beschäftigten in § 5 integriert (*Reg. Begr.* BT-Drucks. 14/5741, S. 35). Wegen der Abschaffung des Gruppenprinzips konnte der Gesetzgeber sich in § 5 Abs. 1 Satz 2 darauf beschränken, die in Heimarbeit Beschäftigten den »Arbeitnehmern« gleichzustellen, ohne eine Zuordnung zu den Gruppen von Arbeitern und Angestellten vorzunehmen.

6   Durch Art. 9 des Gesetzes zur Errichtung eines Bundesaufsichtsamtes für Flugsicherung und zur Änderung und Anpassung weiterer Vorschriften vom 29.07.2009 (BGBl. I, S. 2424, in Kraft getreten am 04.08.2009) wurden den **Abs. 1 und 3** jeweils ein **neuer Satz 3** angefügt. Damit wurde die Stellung von **Beamten, Soldaten sowie Arbeitnehmern des öffentlichen Dienstes**, die in Betrieben privatrechtlich organisierter Unternehmen tätig sind, grundlegend neu geregelt (näher Rdn. 74 ff.).

II. Bedeutung der Vorschrift

1. Abgrenzung des repräsentierten Personenkreises

Das BetrVG verwendet an vielen Stellen den Begriff »Arbeitnehmer«. Die Bestimmung des hiermit 7
erfassten Personenkreises ist daher von **zentraler Bedeutung für die Anwendung einer Vielzahl von Einzelnormen**. Dies betrifft u. a. die Schwellenwerte (z. B. §§ 1 Abs. 1, 9, 14a Abs. 1, 28 Abs. 1, 28a Abs. 1, 38 Abs. 1, 99, 106, 111), die Mitbestimmungstatbestände, aber auch die Frage, welche Personen die Rechte geltend machen können, die das Gesetz an die Arbeitnehmereigenschaft knüpft. Zu Letzteren zählen etwa das (aktive und passive) Wahlrecht (§§ 7, 8), sonstige Rechte im Rahmen der durch das Gesetz etablierten »Verfassung« des Betriebs, z. B. die Teilnahme an Betriebsversammlungen (§§ 42 Abs. 1, 44) oder der Besuch von Sprechstunden des Betriebsrats (§ 39), oder auch die durch das Gesetz geregelten Individualrechte (§§ 81 ff.). Insgesamt **bestimmt die Vorschrift die Zusammensetzung der »Belegschaft«** (zu diesem Begriff etwa BT-Drucks. 14/5741, S. 24, 36; vgl. auch § 80 Abs. 1 Nr. 2), umgrenzt also den Personenkreis, der im Rahmen des BetrVG vom Betriebsrat repräsentiert wird, und damit auch den Kreis der Personen, dessen Interessen der Betriebsrat wahrzunehmen hat und wahrnehmen kann.

Der Arbeitnehmerbegriff des Gesetzes ist **zwingend** und kann **weder durch Tarifvertrag noch** 8
durch Betriebsvereinbarungen geändert werden (h. M.; *BAG* 24.06.1992 EzA § 611 BGB Arbeitnehmerbegriff Nr. 46 = AP Nr. 61 zu § 611 BGB Abhängigkeit; *Fitting* § 5 Rn. 13; *Galperin/Löwisch* § 5 Rn. 6; *Trümner/DKKW* § 5 Rn. 6 f., 234). Auch durch **einzelvertragliche Vereinbarung** kann der persönliche Anwendungsbereich nicht erweitert werden. Zwar steht es den Vertragsparteien frei, die Geltung des Arbeitsrechts auch dann zu vereinbaren, wenn es sich der Sache nach nicht um einen Arbeitsvertrag handelt, und damit den zu einer selbständigen Dienstleistung Verpflichteten einem Arbeitnehmer gleichzustellen (*BAG* 09.03.2005 EzA § 611 BGB 2002 Arbeitnehmerbegriff Nr. 3 unter II 2b; s. a. Rdn. 46). Eine solche Vereinbarung hat jedoch nur Bedeutung für die wechselseitigen Rechte und Pflichten der Vertragsparteien. Für das Betriebsverfassungsrecht kommt es hingegen allein darauf an, wie das Rechtsverhältnis nach den objektiven Tatsachen einzuordnen ist (*Löwisch* FS *Hromadka*, S. 229 [231]).

In der Begrenzung des vom Betriebsrat repräsentierten Personenkreises liegt eine eindeutige gesetz- 9
geberische Wertentscheidung. Eine Einbeziehung der Nicht-Arbeitnehmer oder der leitenden Angestellten in den Wirkungsbereich des Betriebsrats mittels **Analogieschluss** scheidet daher aus (vgl. auch Rdn. 111).

2. Inhalt und Systematik der Regelung

a) Abgrenzungskriterien

Hinsichtlich der Abgrenzung des vom Betriebsrat repräsentierten Personenkreises stellt das Gesetz auf 10
zwei maßgebliche Kriterien ab: die **Arbeitnehmereigenschaft und die Betriebszugehörigkeit**. Bei der Arbeitnehmereigenschaft geht es – wie in anderen arbeitsrechtlichen Gesetzen auch – um die Unterscheidung von Arbeitnehmern und Nicht-Arbeitnehmern. Hier geht das BetrVG vom allgemeinen Arbeitnehmerbegriff aus, modifiziert ihn allerdings teilweise, so dass sich letztlich ein eigenständiger Arbeitnehmerbegriff ergibt, welcher der Teleologie der Regelung Rechnung trägt (s. Rdn. 15 ff.). Die Frage der Betriebszugehörigkeit wird an sich nicht in § 5, sondern ausdrücklich erst in § 7 angesprochen, der zwischen »Arbeitnehmern des Betriebs« und »Arbeitnehmern eines anderen Arbeitgebers« unterscheidet (ähnlich *Schüren/Hamann* AÜG, § 14 Rn. 22; *Hamann* Anm. AP Nr. 70 zu § 111 BetrVG 1972 Bl. 6R). In neuerer Zeit wird aber auch der § 5 als eine Vorschrift angesehen, die darüber Auskunft gibt, welche Personen als betriebsangehörige Arbeitnehmer und damit als Teil der Belegschaft mit allen Rechten und Pflichten anzusehen sind. So wurde etwa die Ansicht, dass Leiharbeitnehmer trotz des nach § 7 S. 2 bestehenden (aktiven) Wahlrechts nicht denselben Status besitzen wie die Arbeitnehmer, die in einem Arbeitsverhältnis zum Betriebsinhaber stehen, auch darauf gestützt, dass der Gesetzgeber diese lediglich im Kontext des Wahlrechts erwähnt, dagegen nicht in den Kreis der Arbeitnehmer nach § 5 Abs. 1 einbezogen, sondern diese Regelung unverändert belassen hat (*BAG* 16.04.2003 EzA § 9 BetrVG 2001 Nr. 1 unter II 2a cc; *Hanau* NJW 2001, 2513 [2515];

Maschmann DB 2001, 2446 [2448]; Raab ZfA 2003, 389 [433]). Zudem hat der Gesetzgeber zwischenzeitlich in § 5 Abs. 1 Regelungen getroffen, die darauf abzielen, bestimmte Gruppen von Beschäftigten als Arbeitnehmer des Betriebs zu definieren (s. Rdn. 78).

b) Arbeitnehmer und Nicht-Arbeitnehmer

11 **Abs. 1 benennt** zunächst **positiv Personengruppen**, die Arbeitnehmer i. S. d. Gesetzes sind. Dabei ist der Regelungsgehalt im Hinblick auf die Abgrenzung der Arbeitnehmer von den Selbständigen gleich Null, weil das Gesetz mit Arbeitern und Angestellten lediglich die beiden Untergruppen von Arbeitnehmern benennt. Zumindest eine Klarstellung enthält das Gesetz allerdings insoweit, als es – wie andere arbeitsrechtliche Gesetze auch (z. B. § 6 Abs. 1 Nr. 2 AGG, § 1 Abs. 2 EFZG, § 2 S. 1 BUrlG) – die **zur Berufsausbildung Beschäftigten** ausdrücklich dem Kreis der Arbeitnehmer im betriebsverfassungsrechtlichen Sinne zuordnet. Konstitutive Bedeutung kommt dagegen den Regelungen in Abs. 1 S. 2 und 3 zu, soweit sie vorsehen, dass die **in Heimarbeit Beschäftigten** sowie die in den Betrieben privatrechtlich organisierter Unternehmen beschäftigten **Beamten und Soldaten** als Arbeitnehmer »gelten«. Das Gesetz bedient sich hier mit Bedacht des Regelungsinstruments der Fiktion, da diese Personen nach den allgemeinen Maßstäben gerade keine Arbeitnehmer sind.

12 In Abs. 2 und 3 werden anschließend Personengruppen benannt, die gerade keine Arbeitnehmer i. S. d. Gesetzes sein sollen. **Abs. 2** enthält eine **Negativliste** von Personen, die ausdrücklich als Nicht-Arbeitnehmer gelten (Abs. 2; vgl. *Richardi* § 5 Rn. 3: »Verlustliste«). Diese Liste hat zum Teil lediglich klarstellenden Charakter (s. Rdn. 138); zum Teil schließt sie aber Personen vom Geltungsbereich auch dann aus, wenn sie Arbeitnehmer sind (Abs. 2 Nr. 5), und hat insoweit konstitutive Bedeutung. Letzteres gilt uneingeschränkt für **Abs. 3**, der die **leitenden Angestellten** vom persönlichen Geltungsbereich des Gesetzes weitgehend ausnimmt. Die leitenden Angestellten erfüllen an sich die Voraussetzungen des in Abs. 1 vorausgesetzten Arbeitnehmerbegriffs. Nach Abs. 3 Satz 1 findet das BetrVG jedoch auf sie trotzdem keine Anwendung, soweit das Gesetz »nicht ausdrücklich etwas anderes bestimmt« (§§ 105, 107, 108).

13 Die Folge ist, dass die Vorschriften des BetrVG, wenn und soweit sie an die Arbeitnehmereigenschaft anknüpfen, auf die in Abs. 2 genannten Personen (weil sie nicht als Arbeitnehmer i. S. d. Gesetzes gelten) und die in Abs. 3 und 4 genannten leitenden Angestellten (wegen der Regelung in Abs. 3 Satz 1) keine Anwendung finden. Sie besitzen somit weder das aktive noch das passive Wahlrecht zum Betriebsrat. Sie bleiben auch außer Betracht, wenn eine Vorschrift eine bestimmte Zahl von Arbeitnehmern als Voraussetzung für ihre Anwendung verlangt, wie z. B. §§ 1, 9, 38, 99, 106, 110, 111 (*BAG* 12.10.1976 EzA § 8 BetrVG 1972 Nr. 2 = AP Nr. 1 zu § 8 BetrVG 1972). Beteiligungsrechte in Angelegenheiten, die diesen Personenkreis betreffen, stehen dem Betriebsrat nicht zu; eine Ausnahme bildet der Anspruch des Betriebsrats auf Information über Einstellungen und personelle Veränderungen von leitenden Angestellten nach § 105. Betriebsvereinbarungen können für diese Personen keine normative Wirkung entfalten (*BAG* 31.01.1979 EzA § 112 BetrVG 1972 Nr. 17 = AP Nr. 8 zu § 112 BetrVG 1972 in Bezug auf leitende Angestellte; *Fitting* § 5 Rn. 12, 348; *Galperin/Löwisch* § 5 Rn. 1, 2, 88 ff.; *Richardi* § 5 Rn. 4, 264; *Trümner/DKKW* § 5 Rn. 4). Die genannten Personen zählen auch nicht zu den »im Betrieb tätigen Personen« i. S. v. § 75 Abs. 1 (näher s. *Kreutz/Jacobs* § 75 Rdn. 13 f.; ebenso *Galperin/Löwisch* § 75 Rn. 4; *Trümner/DKKW* § 5 Rn. 221; **a. M.** hinsichtlich der in Abs. 2 genannten Personen *Richardi/Richardi/Maschmann* § 75 Rn. 7; differenzierend *Berg/DKKW* § 75 Rn. 11). Für die leitenden Angestellten folgt die Nichtgeltung des § 75 bereits daraus, dass diese nunmehr ausschließlich vom Sprecherausschuss repräsentiert werden (*Bauer* SprAuG, § 5 Abs. 3 und 4 BetrVG, S. 117; *Berg/DKKW* § 75 Rn. 11; *Richardi/Richardi/Maschmann* § 75 Rn. 7; vgl. auch die entsprechende Vorschrift in § 27 SprAuG).

c) Betriebszugehörigkeit

14 Wie bereits angedeutet (s. Rdn. 10) enthält Abs. 1 zugleich Regelungen, die nicht die Arbeitnehmereigenschaft und damit die Abgrenzung von den Nicht-Arbeitnehmern betreffen, sondern bestimmen, dass Personen als betriebsangehörige Arbeitnehmer anzusehen und damit der von dem in diesem Betrieb gewählten Betriebsrat vertretenen Belegschaft zuzuordnen sind. So sollte durch die Erwähnung der **im Außendienst tätigen Arbeitnehmer und der in Telearbeit Beschäftigten** »klargestellt«

werden, dass diese »zur Belegschaft des Betriebes gehören und daher in vollem Umfang dem Mitbestimmungsrecht des Betriebsrats unterliegen« (RegE BetrVerf-ReformG BT-Drucks. 14/5741, S. 28). Die gleiche Intention verfolgt der im Jahre 2009 neu eingefügte **Abs. 1 Satz 3** (s. Rdn. 6). Dies wird besonders deutlich durch die Erwähnung der Arbeitnehmer des öffentlichen Dienstes. Während die Vorschrift für die daneben genannten Beamten und Soldaten auch im Hinblick auf die Arbeitnehmereigenschaft konstitutive Bedeutung hat (s. Rdn. 11), ist bei dieser Personengruppe nicht etwa fraglich, ob es sich um Arbeitnehmer handelt. Ginge es nur um die Abgrenzung von den Nicht-Arbeitnehmern, wäre die Vorschrift also sinnlos (zutr. *BAG* 15.12.2011 EzA § 5 BetrVG 2001 Nr. 7 Rn. 21). Die Frage ist vielmehr ausschließlich, ob diese Arbeitnehmer (auch) dem Betrieb zuzuordnen sind, in dem sie tätig sind, d. h. ob es sich um betriebsangehörige Arbeitnehmer handelt. Diese Frage wird vom Gesetz durch die Regelung im positiven Sinne beantwortet (s. Rdn. 78). Es bedient sich dabei wiederum des Regelungsinstruments der Fiktion. Dies ist insofern folgerichtig, als Arbeitnehmer, die dem Betriebsinhaber von anderen privatwirtschaftlichen Unternehmen zur Arbeitsleistung überlassen worden sind, gerade nicht als Arbeitnehmer des Entleiherbetriebs anzusehen sind (s. § 7 Rdn. 69 ff.). Die Fiktion bringt zum Ausdruck, dass dennoch für die in Abs. 1 Satz 3 genannten Personen betriebsverfassungsrechtlich dieselben Regeln gelten sollen wie für Arbeitnehmer i. S. d. Abs. 1 Satz 1, die in einem Arbeitsverhältnis zum Betriebsinhaber stehen.

III. Arbeitnehmer i. S. d. Betriebsverfassungsgesetzes (Abs. 1)

1. Allgemeines

a) Eigener betriebsverfassungsrechtlicher Arbeitnehmerbegriff

§ 5 Abs. 1 enthält **keine eigenständige Definition des Arbeitnehmerbegriffes**. Zwar ist die Vorschrift in der Art einer Legaldefinition formuliert. Sie ist jedoch ohne eigenständigen sachlichen Gehalt. Der durch das BetrVerf-ReformG hinzugefügte Klammerzusatz soll verdeutlichen, dass mit dem Begriff »Arbeitnehmer« sowohl Frauen als auch Männer gemeint sind (*Reg. Begr.* BT-Drucks. 14/5741, S. 35) und enthält damit eine Selbstverständlichkeit. Ebenso wenig erhellend ist die Aussage, dass Arbeitnehmer i. S. d. Gesetzes Arbeiter und Angestellte sind. Die Begriffe »Arbeiter« und »Angestellte« bezeichnen bestimmte Gruppen von Arbeitnehmern. Arbeiter und Angestellte sind daher per definitionem Arbeitnehmer. Die eigentliche Abgrenzungsfrage ist, wie sich Arbeiter und Angestellte von selbständigen Dienstpflichtigen und Werkunternehmern unterscheiden. Hierzu leistet § 5 Abs. 1 keinen Beitrag. Die Beibehaltung der Unterscheidung in Arbeiter und Angestellte ist im Übrigen überflüssig bis irreführend, nachdem der Gesetzgeber das Gruppenprinzip aufgegeben und die Zuordnung zu einer der Gruppen von Arbeitnehmern zumindest betriebsverfassungsrechtlich jede Bedeutung verloren hat (zu Recht krit. *Hanau* RdA 2001, 65 [67]). 15

Das Gesetz geht nach wie vor von dem allgemeinen Begriff des Arbeitnehmers aus, wie er auch für die sonstigen arbeitsrechtlichen Regelungen zugrunde gelegt wird (vgl. *Reg. Begr.* BT-Drucks. 14/5741, S. 35; *BAG* 05.12.2012 EzA § 5 BetrVG 2001 Nr. 10 Rn. 17; 13.03.2013 EzA § 9 BetrVG 2001 Nr. 6 Rn. 22). Aufgrund der Bestimmungen in Abs. 2 bis 4 **stimmt der persönliche Anwendungsbereich des Betriebsverfassungsgesetzes** jedoch **nicht mit dem der übrigen arbeitsrechtlichen Bestimmungen überein**. So schließt das Gesetz in Abs. 2 aus spezifisch betriebsverfassungsrechtlichen Erwägungen bestimmte Personengruppen unabhängig von der Einordnung des ihrer Tätigkeit zugrunde liegenden Rechtsverhältnisses aus der Gruppe der Arbeitnehmer aus. Dasselbe gilt für leitende Angestellte gemäß § 5 Abs. 3 und 4, auf die ansonsten die arbeitsrechtlichen Vorschriften Anwendung finden. Andererseits bezieht es in § 5 Abs. 1 Satz 2 aus historischen Gründen die Heimarbeitnehmer ein, die herkömmlich nicht zu den Arbeitnehmern gerechnet werden (*Schaub/Vogelsang* Arbeitsrechts-Handbuch, § 163 Rn. 9; *Soergel/Kraft* BGB, 12. Aufl., vor § 611 Rn. 14). Der Arbeitnehmerbegriff des Gesetzes hat folglich zwar den allgemeinen Begriff des Arbeitnehmers als Ausgangspunkt, ist aber nicht mit diesem identisch (*BAG* 12.06.1986 EzA § 5 BetrVG 1972 Nr. 44 = AP Nr. 33 zu § 5 BetrVG 1972; 12.02.1992 EzA § 5 BetrVG 1972 Nr. 53 = AP Nr. 52 zu § 5 BetrVG 1972 unter B II 1; 13.10.2004 EzA § 5 BetrVG 2001 Nr. 1 = AP Nr. 71 zu § 5 BetrVG 1972 unter B II 1a aa; *Fitting* § 5 Rn. 15; *Preis/WPK* § 5 Rn. 4; *Stege/Weinspach/Schiefer* § 5 Rn. 1; 16

Trümner/DKKW § 5 Rn. 9 ff.). Insofern lässt sich von einem **eigenständigen betriebsverfassungsrechtlichen Arbeitnehmerbegriff** sprechen.

17 Bis vor kurzem fand sich keine gesetzliche Umschreibung des **allgemeinen Arbeitnehmerbegriffs**. Durch Art. 2 des Gesetzes zur Änderung des Arbeitnehmerüberlassungsgesetzes und anderer Gesetze vom 21.02.2017 (BGBl. I, S. 258) ist mit Wirkung zum 01.04.2017 ein **neuer § 611a BGB** geschaffen worden, der erstmals den Begriff des Arbeitsvertrags und damit zugleich den Arbeitnehmerbegriff für das deutsche Arbeitsrecht näher konkretisiert. Soweit das Betriebsverfassungsgesetz vom »Arbeitnehmer« spricht, ist daher dieser neue gesetzliche Arbeitnehmerbegriff zugrunde zu legen. Allerdings stellt § 611a BGB keine abschließende und zwingende Regelung des Arbeitnehmerbegriffs dar. Wenn und soweit für einzelne Bereiche des Arbeitsrechts die Begriffe Arbeitnehmer, Arbeitsvertrag oder Arbeitsverhältnis abweichend bestimmt werden, gehen diese Vorschriften vielmehr als *leges speciales* vor (RegE BT-Drucks. 18/9232, S. 29). Für die Bestimmung des betriebsverfassungsrechtlichen Arbeitnehmerbegriffs ist daher § 611a BGB – wie zuvor die von der Rechtsprechung entwickelten Begriffsmerkmale – lediglich der Ausgangspunkt, welcher durch § 5 Abs. 1 bis 3 BetrVG modifiziert wird.

b) Vereinbarkeit mit Unionsrecht

18 Bedeutung für die Bestimmung des betriebsverfassungsrechtlichen Arbeitnehmerbegriffes haben auch die Vorschriften des **Rechts der Europäischen Union**. Zwar gibt es keinen einheitlichen unionsrechtlichen Arbeitnehmerbegriff (vgl. *Junker* EuZA 2016, 184 [190]; *Rebhahn* EuZA 2012, 3 [5]). Doch dient das Betriebsverfassungsgesetz auch der Umsetzung der Verpflichtungen aus der sog. Anhörungsrichtlinie 2002/14/EG. Die Richtlinie enthält in Art. 2 lit. d eine Definition des Begriffs »Arbeitnehmer«. Danach ist Arbeitnehmer i. S. d. Richtlinie eine Person, die in dem betreffenden Mitgliedstaat als Arbeitnehmer aufgrund des einzelstaatlichen Arbeitsrechts und entsprechend den einzelstaatlichen Gepflogenheiten geschützt ist. Der *EuGH* hat in zwei – jeweils zum französischen Recht ergangenen – Entscheidungen (*EuGH* 18.01.2006 AP Nr. 1 zu Richtlinie 98/59/EG – CGT; 15.01.2014 EzA Richtlinie 2002/14 EG-Vertrag 1999 Nr. 1 – AMS) festgestellt, dass die Tatsache, dass die Richtlinie für den Arbeitnehmerbegriff auf die mitgliedstaatlichen Gepflogenheiten verweise, nicht bedeute, dass die Mitgliedstaaten im Bereich der Unterrichtung und Anhörung der Arbeitnehmer den persönlichen Anwendungsbereich frei festlegen könnten. Vielmehr dürften die Mitgliedstaaten nicht einfach eine bestimmte Gruppe von Personen, »die ursprünglich zu diesem Kreis gehörte, bei dieser Berechnung unberücksichtigt lassen«. Dies könne nämlich dazu führen, dass die Mitgliedstaaten sich ihrer aus Art. 11 RL 2002/14/EG folgenden Umsetzungspflicht, eine ordnungsgemäße Unterrichtung und Anhörung der Arbeitnehmer sicherzustellen, entziehen und der Regelung damit ihre praktische Wirksamkeit nehmen könnten (*EuGH* 18.01.2007 AP Nr. 1 zu Richtlinie 98/59/EG Rn. 34 – CGT; 15.01.2014 EzA Richtlinie 2002/14 EG-Vertrag 1999 Nr. 1 Rn. 24 – AMS). Ein solcher Fall liege vor, wenn bestimmte Arbeitnehmer bei der Berechnung der Schwellenwerte unberücksichtigt blieben und dies dazu führe, dass den Arbeitnehmern die von der Richtlinie gewährleisteten Mindestrechte genommen würden (*EuGH* 15.01.2014 EzA Richtlinie 2002/14 EG-Vertrag 1999 Nr. 1 Rn. 28 – AMS). In der Literatur zum deutschen Betriebsverfassungsrecht wird aus den vorstehenden Entscheidungen ganz überwiegend geschlossen, dass **§ 5 Abs. 2 bis 4 mit den Vorgaben der Richtlinie** insofern **unvereinbar** sei, als hierdurch Personen ausgenommen würden, die nach den allgemeinen Maßstäben des deutschen Arbeitsrechts als Arbeitnehmer anzusehen seien (*Gerdom* Gemeinschaftsrechtliche Unterrichtungs- und Anhörungspflichten und ihre Auswirkungen auf das Betriebsverfassungs-, Personalvertretungs- und Mitarbeitervertretungsrecht, S. 168 ff.; *Greiner* in: Schlachter/Heinig Europ. AuS § 21 Rn. 10 ff.; *Schlachter* EuZA 2015, 149 [151 ff.]; *Weber*/EuArbR Art. 2 RL 2002/14/EG Rn. 16). Dies betrifft vor allem die mitarbeitenden Familienangehörigen nach § 5 Abs. 2 Nr. 5 sowie die nach § 5 Abs. 3 ausgenommenen leitenden Angestellten, könnte aber auch Bedeutung für die übrigen in § 5 Abs. 2 genannten Personengruppen haben, wenn und soweit sie nach allgemeinem Arbeitsrecht als Arbeitnehmer anzusehen sind. Problematisch sein könnte insoweit etwa die Herausnahme der GmbH-Geschäftsführer in § 5 Abs. 2 Nr. 1 (hierzu näher Rdn. 141). Zweifel bestehen zudem im Hinblick auf die betriebsverfassungsrechtlichen Auswirkungen der neueren Rechtsprechung zur Einordnung der Rote-Kreuz-Schwestern als Arbeitnehmer i. S. d. Richtlinie zur Arbeitnehmerüberlassung (*EuGH* 17.11.2016 NZA 2017, 41 – Ruhrlandklinik; *BAG* 21.02.2017 NZA 2017, 662; hierzu Rdn. 146 ff.).

Bei genauer Betrachtung erscheint es aber keineswegs ausgemacht, dass der eigenständige betriebsverfassungsrechtliche Arbeitnehmerbegriff zu den Vorgaben der Richtlinie in Widerspruch steht. Vielmehr ist eine **Auslegung der Richtlinie**, welche die vom Betriebsverfassungsgesetz vorgenommenen **Abweichungen vom allgemeinen Arbeitnehmerbegriff zulässt, möglich**. Dies ergibt sich allerdings – entgegen früher verbreiteter Ansicht (so aus neuerer Zeit *Reinfelder* RdA 2016, 87 [89]; *Schlachter* EuZA 2015, 149 [151]; *Weber*/EuArbR Art. 2 RL 2002/14/EG Rn. 14 f. m. w. N.) – nicht allein schon aus der Tatsache, dass Art. 2 lit. d RL 2002/14/EG auf den mitgliedstaatlichen Arbeitnehmerbegriff verweist. Der *EuGH* hat mehrfach deutlich gemacht, dass ein solcher Verweis kein Freibrief für die Mitgliedstaaten darstellt, durch eine restriktive Bestimmung des Arbeitnehmerbegriffs den Anwendungsbereich der Richtlinie zu begrenzen, weil damit die Erreichung der mit der Richtlinie verfolgten Ziele und deren praktische Wirksamkeit gefährdet würden (*EuGH* 11.11.2010 EzA Richtlinie 92/85 EG-Vertrag 1999 Nr. 5 Rn. 39 ff. – Danosa; 17.11.2016 NZA 2017, 41 Rn. 27, 33 – Ruhrlandklinik). Es handelt sich folglich um eine »bedingte Verweisung«, die unter dem Vorbehalt steht, dass die Mitgliedstaaten hiervon einen Gebrauch machen, der mit den Zielen der Richtlinie in Einklang steht (so treffend *Generalanwalt Maduro* zur RL 1999/70/EG in seinem Schlussantrag in der Rs C-307/05, ECLI:EU:C:2007:3 Rn. 14 f.). Um beurteilen zu können, ob und inwieweit die Mitgliedstaaten den Arbeitnehmerbegriff in Einklang mit der Richtlinie definieren, bedarf es freilich eines Bezugspunktes, der gleichsam den – unproblematisch zulässigen – Regelfall darstellt. Dies kann nur der unionsrechtliche Arbeitnehmerbegriff sein. Wenn und soweit sich der mitgliedstaatliche Arbeitnehmerbegriff mit diesem deckt oder sogar einen noch weiteren Anwendungsbereich hat, bleibt es im Bereich der Richtlinien, die den Arbeitnehmerbegriff nicht selbst definieren, bei der Verweisung auf das nationale Recht. Nur wenn das nationale Recht den Arbeitnehmerbegriff so definiert, dass der Anwendungsbereich der Richtlinie enger ist als er bei Anwendung des üblichen unionsrechtlichen Arbeitnehmerbegriffs wäre, bedarf es einer Prüfung, ob diese Abweichung gemessen an den Zielen der Richtlinie gerechtfertigt ist und deren praktische Wirksamkeit nicht in Frage stellt.

Bei der Überprüfung der **richtlinienkonformen Umsetzung** ist daher auch bei den Richtlinien, die im Hinblick auf den Arbeitnehmerbegriff auf das nationale Recht verweisen, **im Ausgangspunkt der unionsrechtliche Arbeitnehmerbegriff als Maßstab** zugrunde zu legen. Dieser wird nach der vom *EuGH* im Kontext des Art. 45 Abs. 1 AEUV entwickelten »Lawrie-Blum-Formel« weit verstanden und erfasst jede Person, die »während einer bestimmten Zeit für einen anderen nach dessen Weisung Leistungen erbringt, für die sie als Gegenleistung eine Vergütung erhält« (*EuGH* 03.07.1986 Slg. 1986, 2121 Rn. 16 f. – Lawrie-Blum; 20.09.2007 EzA Richtlinie 76/207/EG-Vertrag 1999 Nr. 7 Rn. 25 – Kiiski; 11.11.2010 EzA Richtlinie 92/85 EG-Vertrag 1999 Nr. 5 Rn. 39 – Danosa; 17.11.2016 NZA 2017, 41 Rn. 27 – Ruhrlandklinik). Die rechtliche Einordnung des zugrunde liegenden Rechtsverhältnisses im Recht der Mitgliedstaaten ist demgegenüber unerheblich. Insbesondere kommt es für die Einordnung als Arbeitnehmer nicht darauf an, ob die weisungsgebundene Leistung auf der Grundlage eines Vertrags erfolgt, der nach nationalem Recht als Arbeitsvertrag einzuordnen wäre (*EuGH* 20.09.2007 EzA Richtlinie 76/207/EG-Vertrag 1999 Nr. 7 Rn. 26 – Kiiski; 11.11.2010 EzA Richtlinie 92/85 EG-Vertrag 1999 Nr. 5 Rn. 40 – Danosa; 17.11.2016 NZA 2017, 41 Rn. 29 – Ruhrlandklinik). Andererseits muss den Mitgliedstaaten zumindest in den Bereichen, in denen die Richtlinie auf den nationalen Arbeitnehmerbegriff verweist, ein gewisser **Regelungsspielraum** zustehen. Der europäische Gesetzgeber bringt mit der Bezugnahme auf das nationale Recht zum Ausdruck, im Hinblick auf den persönlichen Anwendungsbereich der Regelungen gerade keine vollständige Harmonisierung anzustreben (*EuGH* 01.03.2012 NZA 2012, 313 Rn. 31 – O'Brien; 17.11.2016 NZA 2017, 41 Rn. 31 – Ruhrlandklinik). Wäre der Arbeitnehmerbegriff auch hier unionsrechtlich eindeutig vorgegeben, wäre die entsprechende Bestimmung sinnlos. Die Einräumung eines Regelungsspielraums steht naturgemäß in einem Spannungsverhältnis zu dem Bestreben, die Ziele der Richtlinie möglichst umfassend zu verwirklichen. Dieses Spannungsverhältnis ist nach den oben (Rdn. 19) entwickelten Grundsätzen dadurch zu lösen, dass dem Regelungsspielraum der Mitgliedstaaten (der *EuGH* spricht von »Regelungsermessen«; vgl. *EuGH* 01.03.2012 NZA 2012, 313 Rn. 34 – O'Brien; 15.01.2014 EzA Richtlinie 2002/14 EG-Vertrag 1999 Nr. 1 Rn. 26 f. – AMS) durch das Prinzip der praktischen Wirksamkeit der Regelung sowie durch die allgemeinen Grundsätze des Unionsrechts Grenzen gesetzt sind (so treffend *Generalanwältin Kokott* in ihren Schlussanträgen in der Sache C-393/10 – O'Brien, ECLI:EU:C:2011:746 Rn. 34 ff.; dem folgend

EuGH 01.03.2012 NZA 2012, 313 Rn. 34 – O'Brien; ähnlich 15.01.2014 EzA Richtlinie 2002/14 EG-Vertrag 1999 Nr. 1 Rn. 27 f. – AMS; 17.11.2016 NZA 2017, 41 Rn. 36 f. – Ruhrlandklinik). Eine mitgliedstaatliche Bestimmung des Arbeitnehmerbegriffs, die vom allgemeinen unionsrechtlichen Arbeitnehmerbegriff abweicht, ist danach nur dann zulässig und mit der Richtlinie vereinbar, wenn sie durch Unterschiede gerechtfertigt ist, die in dem konkreten Regelungsgegenstand wurzeln, diese somit **nicht willkürlich** erfolgt (*EuGH* 03.07.2014 EzA RL 99/70 EG-Vertrag 1999 Nr. 10 Rn. 31 – Fiamingo). Der *EuGH* betont deshalb in den einschlägigen Entscheidungen, dass die Mitgliedstaaten nicht »nach ihrem Belieben« bestimmten Personengruppen den von der Richtlinie intendierten Schutz verwehren dürften (*EuGH* 01.03.2012 NZA 2012, 313 Rn. 36 – O'Brien; 17.11.2016 NZA 2017, 41 Rn. 37 – Ruhrlandklinik). Für eine engere Definition des Arbeitnehmerbegriffes müssen also sachliche, **aus dem jeweiligen Regelungszweck sich ergebende Gründe** vorliegen (ebenso *Ulrici* jurisPR-ArbR 33/2015 Anm. 2 unter C III 2; *ders.* jurisPR-ArbR 1/2017 Anm. 1 unter C I 2 b). Diese Gründe dürfen zudem **nicht in Widerspruch zu den von der Richtlinie verfolgten Zielen** stehen.

21 **Unionsrechtlich unbedenklich** ist zunächst, dass das BetrVG **von dem allgemeinen nationalen Arbeitnehmerbegriff** ausgeht, also Personen nicht erfasst, die mangels Arbeitsverhältnisses nicht als Arbeitnehmer anzusehen sind (s. Rdn. 28), auch wenn sie – auf anderer Rechtsgrundlage – im Betrieb für dessen Inhaber weisungsgebundene Leistungen gegen Entgelt erbringen (*Greiner* in: *Schlachter/Heinig* Europ. AuS § 21 Rn. 10 ff.; *Schlachter* EuZA 2015, 149 [151]; *Weber*/EuArbR Art. 2 RL 2002/14/EG Rn. 16). Die Tatsache, dass der *EuGH* GmbH-Geschäftsführer unionsrechtlich auch dann als Arbeitnehmer eingeordnet hat, wenn ihr Rechtsverhältnis zur GmbH nach nationalem Recht nicht als Arbeitsverhältnis einzuordnen ist (s. Rdn. 141; *EuGH* 11.11.2010 EzA Richtlinie 92/85 EG-Vertrag 1999 Nr. 5 Rn. 47 ff. – Danosa; 09.07.2015 EzA Richtlinie 98/59 EG-Vertrag 1999 Nr. 7 Rn. 38 ff. – Balkaya), steht dem nicht entgegen. Die Entscheidungen sind zu Richtlinien ergangen, die im Hinblick auf den Arbeitnehmerbegriff gerade nicht auf das nationale Recht verweisen (hiervon geht der *EuGH* auch für die RL 92/85/EWG aus; vgl. *EuGH* 11.11.2010 EzA Richtlinie 92/85 EG-Vertrag 1999 Nr. 5 Rn. 39 – Danosa). Aber auch die Entscheidung des *EuGH* zur Arbeitnehmereigenschaft der Rote-Kreuz-Schwestern zwingt nicht dazu, den Personenkreis weiter zu fassen, da diese sich maßgeblich auf den Beschäftigtenbegriff in Art. 3 Abs. 1 lit. c RL 2008/104/EG stützt (*EuGH* 17.11.2016 NZA 2017, 41 Rn. 28 f. – Ruhrlandklinik; s. a. Rdn. 147). Art. 2 lit. d RL 2002/14/EG spricht dagegen dezidiert nur vom »Arbeitnehmer«. Zudem sprechen für die Beschränkung des Anwendungsbereiches des BetrVG auf Personen, die nach allgemeinem nationalen Arbeitsrecht als Arbeitnehmer anzusehen sind, zwingende Sachgründe. Gerade im Bereich der Mitbestimmung könnten sich in Anbetracht der in den Mitgliedstaaten bestehenden unterschiedlichen Systeme der kollektiven Interessenvertretung kaum überwindliche Probleme ergeben, wenn man den Anwendungsbereich autonom unionsrechtlich bestimmen würde (zu vergleichbaren Problemen im Kontext der Leiharbeitsrichtlinie *Ulrici* jurisPR-ArbR 1/2017 Anm. 1 unter C II 2). Es ist daher geradezu Voraussetzung für eine inhaltliche Harmonisierung, dass diese sich im Hinblick auf den Anwendungsbereich in die Systematik des nationalen Rechts einpassen lässt.

22 Aber auch soweit das BetrVG in § 5 Abs. 2 und 3 **Personen** vom Anwendungsbereich des Gesetzes **ausnimmt, die nach allgemeinem Arbeitsrecht als Arbeitnehmer definiert** werden, lässt sich mit guten Gründen annehmen, dass die Regelung **unionsrechtskonform** ist. Wäre der nationale Gesetzgeber gezwungen, in den Mitbestimmungsregelungen stets alle Personen als Arbeitnehmer zu behandeln, die auch im Arbeitsvertragsrecht als Arbeitnehmer angesehen werden, so wäre eine am Zweck und der spezifischen Interessenlage im Bereich der Betriebsverfassung orientierte Einschränkung ausgeschlossen (vgl. auch *Giesen* ZfA 2016, 47 [62]: der europarechtliche Verweis auf den nationalen Arbeitnehmerbegriff fordere nicht, dass der Mitgliedstaat für sämtliche Umsetzungsakte einen einheitlichen Arbeitnehmerbegriff zugrunde lege). Der Wortlaut der Richtlinie gibt ein solches Ergebnis nicht eindeutig vor. Wenn Art. 2 lit. d RL 2002/14/EG davon spricht, dass Arbeitnehmer derjenige sei, der aufgrund einzelstaatlichen Arbeitsrechts geschützt sei, so ließe sich dies auch dahin verstehen, dass es darauf ankommt, welche Personen gerade im Kontext der Mitbestimmung als Arbeitnehmer und damit insofern als schutzbedürftig angesehen werden, als sie einer kollektiven Wahrnehmung ihrer Interessen gegenüber dem Arbeitgeber bedürfen (ähnlich *Trümner/DKKW* § 5 Rn. 5 für die Frage der Einbeziehung des GmbH-Geschäftsführers). Im Unterschied zu den vom *EuGH* entschiedenen Konstellationen zum französischen Recht werden die in § 5 Abs. 2 und 3 bezeichneten Personengruppen nur deshalb vom Anwendungsbereich der Betriebsverfassung ausgenommen, weil dies im Hinblick auf den Zweck der betrieblichen Interessenvertretung geboten ist. Ob der *EuGH* einer solchen Argumentation folgen würde, lässt sich freilich nicht abschließend bewerten. Nicht zu verkennen ist nämlich, dass das Gericht eine vergleichbare teleologische Betrachtung im Kontext der Massenentlassungsrichtlinie 98/59/EG (vgl. hierzu noch vor der Entscheidung des *EuGH Spelge*/EuArbR RL 98/59 EG-Vertrag 1999 Art. 1 Rn. 47; *Vielmeier* NJW 2014, 2678 [2680 f.]) unter Bezugnahme auf die CGT-Entscheidung gerade mit der Begründung zurückgewiesen hat, dass hierdurch »der Gesamtheit der Arbeitnehmer die Rechte vorenthalten« werden könnten, »die diesen nach der Richtlinie zustehen« (*EuGH* 09.07.2015 EzA Richtlinie 98/59 Nr. 7 Rn. 47 – Balkaya; mit Recht krit. zu dieser Argumentation *Ulrici* jurisPR-ArbR 35/2015 Anm. 3 unter C II; *Weber/Zimmer* EuZA 2016, 224 [232 f.]).

Folgt man der vorstehend vertretenen Ansicht nicht und geht von der Unvereinbarkeit der deutschen Regelung mit den Richtlinienvorgaben aus, wären die **Folgen für die Anwendung der Vorschriften des Betriebsverfassungsgesetzes** dennoch eher marginal. Die Richtlinie gibt vor, dass ab einer bestimmten Anzahl von Arbeitnehmern im Betrieb oder Unternehmen die – nach den einzelstaatlichen Gepflogenheiten zu bildende (Art. 2 lit. e RL 2002/14/EG) – Arbeitnehmervertretung nach Maßgabe des Art. 4 RL 2002/14/EG zu unterrichten und anzuhören ist. Hieraus ergibt sich also lediglich, dass bei einer gewissen Arbeitnehmerzahl eine Unterrichtung und Anhörung von Arbeitnehmervertretern über die in Art. 4 Abs. 2 RL 2002/14/EG genannten Gegenstände zu erfolgen hat, und zwar in der in Art. 4 Abs. 3 und 4 RL 2002/14/EG beschriebenen Art und Weise. Die Richtlinie schreibt dagegen weder die Schaffung arbeitnehmerbezogener Beteiligungsrechte noch gar von Individualrechten der Arbeitnehmer vor. Ein richtlinienwidriger Zustand könnte daher nur eintreten, wenn der spezifische betriebsverfassungsrechtliche Arbeitnehmerbegriff dazu führen würde, dass eine durch die Richtlinie vorgeschriebene Unterrichtung und Anhörung der Arbeitnehmervertreter nicht stattfindet. Der Arbeitnehmerbegriff der Richtlinie spielt aus diesem Grunde vor allem im Kontext der Schwellenwerte eine Rolle. Ginge man nämlich davon aus, dass Art. 2 lit. d RL 2002/14/EG entgegen der hier vertretenen Ansicht einen eigenen betriebsverfassungsrechtlichen Arbeitnehmerbegriff nicht zulässt, läge ein Verstoß gegen die Richtlinie dennoch nur vor, wenn die nationale Regelung aufgrund der abweichenden Regelung in § 5 Abs. 2 und 3 dazu führen würde, dass eine Unterrichtung und Anhörung der Arbeitnehmervertreter nicht stattfindet, obwohl die von der Richtlinie in Art. 3 Abs. 1 genannten Schwellenwerte überschritten sind. Schwierigkeiten können aber nur die Schwellenwerte aufwerfen, von deren Überschreiten die nach der Richtlinie vorgeschriebene Beteiligung abhängig ist.

Die geringsten Schwierigkeiten wirft insoweit der **Schwellenwert für die Errichtung von Betriebsräten in § 1 Abs. 1** auf. Da dieser mit fünf Arbeitnehmern deutlich unterhalb der unionsrechtlichen Grenze von 20 Arbeitnehmern liegt, sind die Fallkonstellationen, in denen ein Betriebsrat allein aufgrund des besonderen betriebsverfassungsrechtlichen Arbeitnehmerbegriffs nicht gebildet werden kann, obwohl die Richtlinie die Beteiligung der Arbeitnehmervertreter vorschreibt, allenfalls theoretischer Natur. Voraussetzung wäre, dass der Betrieb einerseits lediglich vier regelmäßig beschäftigte Arbeitnehmer i. S. d. § 5 Abs. 1, dafür aber mind. 16 leitende Angestellte oder Beschäftigte nach § 5 Abs. 2 hat, die nach allgemeinem Arbeitsrecht als Arbeitnehmer anzusehen wären (*Greiner* in: *Schlachter/Heinig* Europ. AuS § 21 Rn. 13; *Weber*/EUArbR Art. 2 RL 2002/14/EG Rn. 16). Praktisch dürften solche Fälle kaum vorkommen. Ähnliches gilt für die **Grenze des § 111 Satz 1**. Da das Gesetz insoweit auf das Unternehmen als Berechnungseinheit abstellt, wäre die maßgebliche Größe der Richtlinie die Schwelle von 50 Arbeitnehmern (Art. 3 Abs. 1 lit. a RL 2002/14/EG). Der betriebsverfassungsrechtliche Arbeitnehmerbegriff würde sich hier nur dann auswirken, wenn in dem Unternehmen maximal 20 Arbeitnehmer im betriebsverfassungsrechtlichen Sinne, daneben aber weitere 30 leitende Angestellte oder Personen nach § 5 Abs. 2 BetrVG beschäftigt wären. Auch dies erscheint schwer vorstellbar. Probleme bestehen allenfalls im Bereich des Schwellenwertes für die **Bildung des Wirtschaftsausschusses in § 106 Abs. 1**. Insofern besteht weitgehender Konsens, dass ein Umsetzungsdefizit vorliegt (*Greiner* in: *Schlachter/Heinig* Europ. AuS § 21 Rn. 24 f.; *Schlachter* EuZA 2015, 149 [155]; *Weber*/EU-ArbR Art. 4 RL 2002/14/EG Rn. 24; s. a. *Oetker* § 106 Rdn. 8). Die Ursache hierfür ist allerdings in erster Linie der zu hohe Schwellenwert, nicht die Definition des Personenkreises, der bei der Berechnung der maßgeblichen Unternehmensgröße zu berücksichtigen ist.

2. Merkmale des allgemeinen Arbeitnehmerbegriffs

25 Rechtsgrundlage der Bestimmung des allgemeinen Arbeitnehmerbegriffs, der auch dem § 5 Abs. 1 Satz 1 zugrunde liegt, ist nunmehr der neu geschaffene **§ 611a Abs. 1 BGB** (s. Rdn. 17). Nach dessen Satz 1 wird »durch den Arbeitsvertrag der Arbeitnehmer im Dienste eines anderen zur **Leistung weisungsgebundener, fremdbestimmter Arbeit in persönlicher Abhängigkeit** verpflichtet«. Arbeitnehmer ist also derjenige, der aufgrund eines Arbeitsvertrages Dienste schuldet. Mit der Umschreibung der vertragstypischen Leistung greift das Gesetz auf die st. Rspr. des *BAG* zurück. Dieses hatte den Begriff des Arbeitnehmers wie folgt definiert: »Arbeitnehmer ist, wer aufgrund eines privatrechtlichen Vertrags im Dienste eines anderen zur Leistung weisungsgebundener, fremdbestimmter Arbeit in persönlicher Abhängigkeit verpflichtet ist« (zuletzt etwa *BAG* 11.08.2015 EzA § 611 BGB 2002 Arbeitnehmerbegriff Nr. 28 Rn. 16). Diese Begriffsbestimmung wiederum geht wesentlich auf *Alfred Hueck* zurück. Dieser hatte als Arbeitnehmer diejenigen Personen bezeichnet, »die auf Grund privatrechtlichen Vertrages oder eines ihm gleichgestellten Rechtsverhältnisses im Dienst eines anderen zur Arbeit verpflichtet« sind (*Hueck/Nipperdey* I, S. 34). »Im Dienst eines anderen« bedeutete dabei, dass der Arbeitnehmer seine Leistung in persönlicher Abhängigkeit erbringt, insbesondere bei der Arbeit an die Weisungen des Arbeitgebers gebunden ist (*BAG* 13.12.1962 AP Nr. 3 zu § 611 BGB Abhängigkeit unter I; *Hueck/Nipperdey* I, S. 41). Die Literatur hat diese Begriffsbestimmung nahezu einmütig übernommen (vgl. aus neuester Zeit *Hergenröder/ZLH* § 5 Rn. 1; *Kamanabrou* Arbeitsrecht, Rn. 92; *Staudinger/Richardi/Fischinger* BGB [2016], § 611 Rn. 18 ff.). Auch die weiteren Konkretisierungen in § 611a Abs. 1 Satz 2 bis 5 BGB zum Merkmal der persönlichen Abhängigkeit sind wörtlich der Rechtsprechung des *BAG* entnommen. In der Gesetzesbegründung weist der Gesetzgeber selbst darauf hin, dass die Begriffsbestimmung »unter wörtlicher Wiedergabe der Leitsätze der höchstrichterlichen Rechtsprechung« erfolgt sei (RegE BT-Drucks. 18/9232, S. 31; krit. hierzu etwa *Bissels/Falter* DB 2016, 534; *Henssler* RdA 2017, 83 [84 f.]; *Wank* AuR 2017, 140 [141 f.]).

26 Der § 611a BGB hat **im Laufe des Gesetzgebungsverfahrens mehrere Veränderungen** erfahren. Der erste Referentenentwurf vom 16.11.2015 (abgedruckt etwa bei *Thüsing/Schmidt* ZIP 2016, 54 [55]) enthielt zunächst neben einer Definition der Arbeitsleistung in Abs. 1 in einem Abs. 2 einen Kriterienkatalog, anhand dessen die Frage der Weisungsgebundenheit und der Eingliederung als maßgebliche Kennzeichen der Arbeitsleistung festzustellen sein sollten. Der Kriterienkatalog wurde – wohl auch unter dem Eindruck massiver inhaltlicher Kritik (*Henssler* RdA 2016, 18 ff.; *Thüsing/Schmidt* ZIP 2016, 54 [56 ff.]) – fallen gelassen. Der RegE enthielt nur noch eine weitgehend aus der Rechtsprechung abgeschriebene Bestimmung des Arbeitnehmerbegriffs (RegE BT-Drucks. 18/9232, S. 12). Seine endgültige Gestalt erhielt die Vorschrift erst in den Beratungen im Deutschen Bundestag. Der zuständige Ausschuss störte sich vor allem an der Regelungssystematik. Das BGB definiere ansonsten die Vertragstypen, nicht etwa die an dem Vertragsverhältnis beteiligten Parteien. Deshalb solle nicht auf den Arbeitnehmer, sondern auf den Arbeitsvertrag abgestellt und der Arbeitsvertrag als Unterfall des Dienstvertrags definiert werden (Ausschussbericht BT-Drucks. 18/10064, S. 17). Inhaltlich ergaben sich keine Abweichungen. Insbesondere die Kriterien zur Bestimmung der persönlichen Abhängigkeit und der Weisungsgebundenheit blieben unverändert.

a) Verpflichtung durch privatrechtlichen Vertrag

27 Arbeitnehmer ist nach der Legaldefinition derjenige, der aufgrund eines Arbeitsvertrages zur Leistung weisungsgebundener, fremdbestimmter Arbeit verpflichtet ist. Ein Arbeitsverhältnis wird also grds. durch **Abschluss eines Arbeitsvertrages** begründet (*BAG* 09.04.2014 EzA § 611 BGB 2002 Arbeitnehmerbegriff Nr. 26 Rn. 16). Wie sich aus der systematischen Stellung im 2. Buch des BGB, aber auch aus der Rechtsfolge, nämlich der Begründung schuldrechtlicher Leistungspflichten (§ 241 Abs. 1 BGB), ergibt, handelt es sich um einen schuldrechtlichen Vertrag. Als Konsequenz ergibt sich hieraus, dass nur derjenige Arbeitnehmer sein kann, der aufgrund eines **privatrechtlichen Vertrages** zur Arbeitsleistung verpflichtet ist. Dies wiederum setzt zunächst voraus, dass es zu einem **Vertragsschluss** nach Maßgabe der §§ 145 ff. BGB gekommen ist, beide Parteien sich also durch übereinstimmende Willenserklärungen darauf verständigt haben, einen Arbeitsvertrag eingehen zu wollen (*BAG* 09.04.2014 EzA § 611 BGB 2002 Arbeitnehmerbegriff Nr. 26 Rn. 16 ff.). Ein solcher Vertrag kann auch ohne ausdrückliche Erklärungen durch schlüssiges Verhalten zustande kommen. Vorausset-

zung hierfür ist aber, dass dieses Verhalten einen Schluss auf einen entsprechenden rechtsgeschäftlichen Willen zulässt. So kann die einvernehmliche Aufnahme einer Tätigkeit als Ausdruck eines solchen Parteiwillens verstanden werden, wenn sich die Parteien darüber einig waren, dass die Tätigkeit nur im Rahmen eines Arbeitsverhältnisses erfolgen konnte oder sollte. Kam dagegen eine andere Rechtsgrundlage für die Tätigkeit in Betracht und bestand zwischen den Parteien gerade Dissens darüber, ob ein Arbeitsvertrag geschlossen werden sollte, so lässt sich allein aus der tatsächlichen Erbringung der Dienstleistung nicht auf den Abschluss eines Arbeitsvertrages schließen (*BAG* 09.04.2014 EzA § 611 BGB 2002 Arbeitnehmerbegriff Nr. 26 Rn. 26 ff.: Tätigkeit eines Studenten als gewählter Prorektor einer Universität).

Da der Arbeitsvertrag ein privatrechtlicher Vertrag ist, scheiden als Arbeitnehmer Personen aus, deren Beschäftigung ausschließlich auf **Rechtsbeziehungen** beruht, die dem **öffentlichen Recht** zuzuordnen sind. Beamte sind daher keine Arbeitnehmer i. S. d. § 5 Abs. 1 Satz 1. Eine Ausnahme gilt nur dann, wenn neben dem öffentlich-rechtlichen Dienstverhältnis ein Arbeitsverhältnis mit dem Betriebsinhaber besteht, das die rechtliche Grundlage für die Beschäftigung bildet. Daneben gibt es in **Abs. 1 Satz 3 eine Sonderregelung** für Beschäftigte von öffentlichen Arbeitgebern, die in Betrieben eines privatrechtlich organisierten Unternehmens tätig sind. Diese sind zwar keine Arbeitnehmer i. S. d. Abs. 1 Satz 1, werden aber aufgrund der gesetzlichen Fiktion wie solche behandelt. **Beamte und Soldaten** gelten danach auch dann als Arbeitnehmer des Betriebs, wenn sie als solche tätig sind, also ihre Leistung im Rahmen ihres öffentlich-rechtlichen Dienstverhältnisses erbringen (zu Einzelheiten s. Rdn. 74 ff.). **Strafgefangene** sind keine Arbeitnehmer, wenn sie sich in einem Beschäftigungs- oder Ausbildungsverhältnis zum Träger der Vollzugsanstalt befinden und sich die Beschäftigung oder Ausbildung als Maßnahme des Strafvollzugs darstellt (vgl. §§ 37 ff. StVollzG). Auch insoweit handelt es sich um ein öffentlich-rechtliches Gewaltverhältnis, das die Schaffung eines partiellen Gleichordnungsverhältnisses durch Abschluss eines privatrechtlichen Vertrages ausschließt (*BAG* 18.11.1986 EzA § 2 ArbGG 1979 Nr. 8 = AP Nr. 5 zu § 2 ArbGG 1979). 28

Terminologisch ist zu unterscheiden zwischen dem Arbeitsvertrag und dem Arbeitsverhältnis. Der Begriff »Arbeitsverhältnis« bezeichnet die Rechtsbeziehung zwischen Arbeitgeber und Arbeitnehmer, also das zwischen diesen bestehende Schuldverhältnis, der Begriff »Arbeitsvertrag« hingegen das Rechtsgeschäft, als dessen Rechtsfolge das Schuldverhältnis mit seinen wechselseitigen, in § 611a Abs. 1 und 2 BGB bezeichneten Rechten und Pflichten entsteht (§ 241 Abs. 1 BGB). Wie sich aus § 311 Abs. 1 BGB ergibt, ist der Vertrag der Regeltatbestand der rechtsgeschäftlichen Begründung eines Schuldverhältnisses. Durch andere, insbesondere einseitige Rechtsgeschäfte kommt ein Schuldverhältnis nur zustande, »soweit das Gesetz ein anderes vorschreibt«. Die Formulierung impliziert zugleich, dass ein Schuldverhältnis auch andere als rechtsgeschäftliche Entstehenstatbestände haben kann. Insbesondere kennt das Gesetz einige Fälle, in denen ein **Arbeitsverhältnis** nicht durch entsprechende Willenserklärungen von Arbeitnehmer und Arbeitgeber, sondern **kraft Gesetzes** zustande kommt. Ein Beispiel hierfür ist § 78a Abs. 2, wonach im Falle eines Weiterbeschäftigungsverlangens des Auszubildenden unter bestimmten Voraussetzungen »ein Arbeitsverhältnis (...) als begründet gilt« (näher *Oetker* § 78a Rdn. 68 ff.). Dieselbe Rechtsfolge sieht § 10 Abs. 1 AÜG im Verhältnis zwischen Entleiher und Leiharbeitnehmer vor, wenn der Leiharbeitsvertrag zwischen Verleiher und Leiharbeitnehmer unwirksam ist. Auch wenn die gesetzliche Fiktion in § 611a Abs. 1 BGB nicht besonders erwähnt ist, weil sich die Vorschrift – ebenso wie die Parallelnormen der §§ 433, 535, 631 BGB – auf den vertraglichen Begründungstatbestand beschränkt, kann doch kein Zweifel bestehen, dass auch die Personen, die aufgrund eines solchen fingierten Arbeitsverhältnisses zur Leistung fremdbestimmter, weisungsgebundener Arbeit verpflichtet sind, als Arbeitnehmer i. S. d. § 5 Abs. 1 anzusehen sind. 29

Die **Wirksamkeit des Arbeitsvertrages** ist ebenfalls **keine Voraussetzung** für die Arbeitnehmereigenschaft. Auch wer aufgrund anfechtbaren oder nichtigen Arbeitsvertrags beschäftigt wird, ist Arbeitnehmer bis zur Geltendmachung der Nichtigkeit bzw. bis zur wirksamen Anfechtung (h. M.; z. B. *BAG* 05.12.1957 EzA § 123 BGB Nr. 1 = AP Nr. 2 zu § 123 BGB; 03.12.1998 EzA § 123 BGB Nr. 51, st. Rspr.; *Fitting* § 5 Rn. 20; *Galperin/Löwisch* § 5 Rn. 8; *Hueck/Nipperdey* I, S. 40; *Richardi* § 5 Rn. 85 ff.; *Trümner/DKKW* § 5 Rn. 10). Dagegen genügt die **rein faktische Eingliederung** in den Betrieb des Arbeitgebers nicht zur Bejahung der Arbeitnehmereigenschaft, wenn von vornherein keine vertraglichen Beziehungen mit dem Betriebsinhaber begründet werden sollten (*BAG* 30

25.02.1998 EzA § 5 BetrVG 1972 Nr. 62 = AP Nr. 8 zu § 8 BetrVG 1972). Dies gilt auch dann, wenn diese Personen mit Wissen und Wollen des Arbeitgebers beschäftigt werden (*BAG* 15.04.1986 EzA § 99 BetrVG 1972 Nr. 50 = AP Nr. 35 zu § 99 BetrVG 1972; 18.04.1989 EzA § 99 BetrVG 1972 Nr. 73 = AP Nr. 65 zu § 99 BetrVG 1972; zur Frage, ob und in welchen Fällen insoweit eine mitbestimmungspflichtige Einstellung vorliegt, s. § 99 Rdn. 28 ff.). Ebenso wenig ist derjenige Arbeitnehmer, der für einen anderen ohne oder gegen dessen Willen tätig wird (*Hergenröder/ZLH* Arbeitsrecht, § 5 Rn. 4).

b) Der Arbeitsvertrag als Unterfall des Dienstvertrages

31 Wie aus der Systematik des Gesetzes, aber auch aus der Gesetzesbegründung zu entnehmen ist, ist der Arbeitsvertrag eine Sonderform und damit ein Unterfall des Dienstvertrages (Ausschussbericht BT-Drucks. 18/10064, S. 17). Ein Arbeitsvertrag scheidet folglich aus, wenn der Vertrag im Falle der Selbständigkeit des zur Dienstleistung Verpflichteten nicht als Dienstvertrag angesehen werden könnte. Von Bedeutung ist insoweit insbesondere die **Abgrenzung vom Werkvertrag**. Dienstvertrag und Werkvertrag haben beide eine Dienstleistung zum Gegenstand. Sie unterscheiden sich vor allem im Hinblick auf die Erfolgsbezogenheit der Dienstleistung. Gegenstand eines Werkvertrages muss nämlich ein durch Arbeit oder Dienstleistung herbeizuführender Erfolg sein (§ 631 Abs. 2 BGB). Um einen Werkvertrag handelt es sich demnach, wenn nach dem Inhalt des Vertrages nicht allein die Dienste als solche, sondern die Herstellung eines von der Dienstleistung zu unterscheidenden Erfolges, etwa die Herstellung eines (körperlichen oder unkörperlichen) Gegenstandes geschuldet wird. Ist dies der Fall, so kann der Schuldner kein Arbeitnehmer sein; Werkvertrag und Arbeitsvertrag schließen sich wechselseitig aus (*BAG* 25.09.2013 EzA § 611 BGB 2002 Arbeitnehmerbegriff Nr. 25 Rn. 15; *Hergenröder/ZLH* Arbeitsrecht, § 5 Rn. 5; *Richardi* § 5 Rn. 14; h. M.). Auch wenn die Abgrenzung im Ausgangspunkt klar ist, wird sie doch dadurch erschwert, dass der geschuldete Erfolg sich nicht ohne Weiteres von der Dienstleistung trennen lässt. Auch beim Dienstvertrag werden nicht nur »subjektive Mühewaltungen« geschuldet (zutr. *Hergenröder/ZLH* Arbeitsrecht, § 5 Rn. 6), sondern der Dienstpflichtige schuldet eine Leistung, die bestimmten (objektiven) Qualitätsanforderungen genügen muss und regelmäßig – zumindest nach der Erwartung des Dienstberechtigten – ein gewisses Arbeitsergebnis, einen »Erfolg«, herbeiführen soll. In diesen Fällen lässt sich die Unterscheidung nur anhand einer rechtsfolgenbezogenen Betrachtung durchführen, welche die gesetzliche Zuweisung der Leistungs- und Vergütungsgefahr berücksichtigt (*Raab*/NK-BGB § 631 Rn. 18 ff.; *Richardi* NZA 2017, 36 [38]). Während der Werkunternehmer das Risiko des Fehlschlagens seiner Leistungsbemühungen grundsätzlich bis zur Abnahme des vertragsgemäß hergestellten Werkes trägt (vgl. §§ 633, 635, 640, 644, 645 BGB), gibt es beim Dienstvertrag keine verschuldensunabhängige Einstandspflicht für eine bestimmte Qualität der Dienstleistung. Maßgeblich für die Abgrenzung ist daher, ob der Verpflichtete nur eine, bestimmten Anforderungen genügende, Tätigkeit verspricht, die regelmäßig zu dem angestrebten Erfolg führt (dann Dienstvertrag), oder ob er darüber hinaus noch die Gewähr dafür übernimmt, dass der Erfolg auch tatsächlich eintritt, und damit das Risiko trägt, dass der Erfolg trotz pflichtgemäßer Anstrengungen ausbleibt (dann Werkvertrag).

32 Für die **Abgrenzung vom Arbeitsverhältnis** ist noch ein weiterer Aspekt bedeutsam. Der Werkunternehmer ist nach der gesetzlichen Konzeption selbstständig tätig. Ohne ein gewisses Maß an Freiheit im Hinblick auf die Art und Weise der Leistungsbewirkung wäre es nicht zu rechtfertigen, ihm das Risiko, insbesondere das Vergütungsrisiko, bei einem Fehlschlagen seiner Bemühungen zuzuweisen. Der Arbeitnehmer hingegen erbringt seine Leistung per definitionem fremdbestimmt in persönlicher Abhängigkeit. Er stellt seine Arbeitskraft in den Dienst einer fremden unternehmerischen Zwecksetzung und unterwirft sich in dem durch den Vertrag festgelegten – insbesondere zeitlichen – Rahmen der Dispositionsgewalt des Arbeitgebers. Deshalb kann es für ein Arbeitsverhältnis und gegen einen Werkvertrag sprechen, wenn es an einem abgrenzbaren, dem Auftragnehmer als eigene Leistung zurechenbaren und abnahmefähigen Werk fehlt, der Auftragnehmer vielmehr in einen vom Auftraggeber organisierten und gesteuerten arbeitsteiligen Prozess in einer Weise eingegliedert wird, die eine eigenverantwortliche Organisation der eigenen Leistung faktisch ausschließt (*BAG* 25.09.2013 EzA § 611 BGB 2002 Arbeitnehmerbegriff Nr. 25 Rn. 17; krit. zu dieser Entscheidung *Boemke* RdA 2015, 115; s. hierzu auch Rdn. 44).

Keine Arbeitnehmer sind auch Personen, die ihre Leistungen als **Gesellschafter** oder **Vereinsmit-** 33
glieder erbringen. Sofern kein besonderes, neben das Gesellschafts- oder Mitgliedschaftsverhältnis
tretendes Arbeitsverhältnis begründet wird, ergibt sich die Verpflichtung zur Dienstleistung für diese
nicht aus einem Dienstvertrag, sondern findet ihre Grundlage im Gesellschaftsvertrag bzw. in der Vereinssatzung (hierzu Rdn. 105 [Gesellschafter] und Rdn. 145 ff. [Vereinsmitglieder, insbesondere Rote-Kreuz-Schwestern]).

Kennzeichen des Arbeitsvertrages ist zudem die **Entgeltlichkeit der Dienstleistung**. Dies entsprach 34
schon bisher der Rechtsprechung des *BAG*. Diese nahm an, dass das Wesen des Arbeitsverhältnisses in
dem Austausch von Arbeit gegen Lohn bestehe. Mit dem Arbeitsverhältnis sei daher typischerweise die
Vereinbarung oder jedenfalls die berechtigte Erwartung einer angemessenen Gegenleistung für die versprochenen Dienste verbunden (*BAG* 29.08.2012 EzA § 611 BGB 2002 Arbeitnehmerbegriff Nr. 22
Rn. 16 m. w. N.). Die Annahme, dass die Entgeltlichkeit untrennbar mit dem Typus des Arbeitsvertrags verbunden ist, sah sich freilich in der Vergangenheit dem Einwand ausgesetzt, dass § 612 Abs. 1
BGB eine Vergütungspflicht nur vorsah, wenn »die Dienstleistung den Umständen nach nur gegen
Vergütung zu erwarten« war, dies also dem mutmaßlichen Parteiwillen entsprach. Da die Regelung
nur für den Fall gilt, dass keine ausdrückliche Vereinbarung geschlossen ist, implizierte dies die Möglichkeit, dass die Parteien eine Vergütungspflicht ausdrücklich ausschließen können. Nach der gesetzlichen Systematik wäre also auch ein unentgeltlicher Dienstvertrag denkbar. Mit der Einführung des
MiLoG hat der Gesetzgeber aber zum Ausdruck gebracht, dass zumindest ein unentgeltlicher Arbeitsvertrag ausgeschlossen ist. Nach § 1 Abs. 1 MiLoG hat »jede Arbeitnehmerin und jeder Arbeitnehmer
Anspruch auf Zahlung eines Arbeitsentgelts«. Ausnahmen gelten einmal für Praktikumsverhältnisse
nach § 26 BBiG und für die zur Berufsausbildung Beschäftigten, also für Rechtsverhältnisse, bei denen
die Tätigkeit in erster Linie der Vermittlung beruflicher Kenntnisse und Fähigkeiten dient und die Förderung des arbeitstechnischen Zweckes des Betriebs einen Nebeneffekt und nicht den Hauptzweck
darstellt (§ 22 Abs. 1 und 3 MiLoG). Diese fallen schon von ihrem Inhalt her nicht unter den Typus
des Arbeitsvertrages, für den kennzeichnend ist, dass der Arbeitnehmer seine Arbeitskraft gleichsam
»verkauft« (s. Rdn. 40), also zur Verfügung stellt, um hierfür ein Entgelt zu erhalten. Ausgenommen
sind zum anderen die ehrenamtlich Tätigen (§ 22 Abs. 3 MiLoG; näher hierzu *Franzen*/ErfK § 22
MiLoG Rn. 4 f.). Personen, die nicht gegen Entgelt, sondern überwiegend oder ausschließlich aus ideellen Motiven tätig werden und hierfür allenfalls eine Aufwandsentschädigung erhalten, sind demnach
keine Arbeitnehmer, selbst wenn sie unselbständige Dienstleistungen in persönlicher Abhängigkeit erbringen (so für Amateur- oder Vertragssportler Ausschussbericht BT-Drucks. 18/2010, S. 15). Hieraus wird man zu schließen haben, dass nach der gesetzlichen Grundkonzeption die Entgeltlichkeit
Typusmerkmal des Arbeitsvertrages ist (vgl. auch § 611a Abs. 2 BGB).

c) Weisungsgebundene Arbeit in persönlicher Abhängigkeit
aa) Persönliche, nicht wirtschaftliche Abhängigkeit

Von den sonstigen Dienstverhältnissen unterscheidet sich das Arbeitsverhältnis dadurch, dass der Ar- 35
beitnehmer sich zur Leistung weisungsgebundener, fremdbestimmter Arbeit in **persönlicher Abhängigkeit** verpflichtet (§ 611a Abs. 1 Satz 1 BGB; so auch das *BAG* in st. Rspr.; vgl. aus neuerer
Zeit *BAG* 15.02.2012 EzA § 611 BGB 2002 Arbeitnehmerbegriff Nr. 21 Rn. 13; 11.08.2015 EzA
§ 611 BGB 2002 Arbeitnehmerbegriff Nr. 28 Rn. 16). Die persönliche, nicht die wirtschaftliche Abhängigkeit ist danach das maßgebliche Kriterium für die Arbeitnehmereigenschaft (*BAG* 09.03.1977
EzA § 611 BGB Arbeitnehmerbegriff Nr. 9 unter 1 a; 30.11.1994 EzA § 611 BGB Arbeitnehmerbegriff Nr. 55 unter B I; 26.05.1999 EzA § 611 BGB Arbeitnehmerbegriff Nr. 75 unter I; 15.02.2012
EzA § 611 BGB 2002 Arbeitnehmerbegriff Nr. 20 Rn. 20). Diese Abgrenzung fand bereits früher
eine gewisse gesetzliche Grundlage in den Umschreibungen für die Gruppe der **arbeitnehmerähnlichen Personen**. Für diese ist kennzeichnend, dass sie »wirtschaftlich abhängig und deshalb vergleichbar einem Arbeitnehmer sozial schutzbedürftig sind« (so die Legaldefinition in § 12a Abs. 1
Nr. 1 TVG; ähnlich § 2 BUrlG, § 6 Abs. 1 Satz 1 Nr. 3 AGG, die nicht von wirtschaftlicher Abhängigkeit, sondern von wirtschaftlicher Unselbständigkeit sprechen). Arbeitnehmerähnliche Personen sind
andererseits – wie der Begriff schon besagt – keine Arbeitnehmer, sondern den Arbeitnehmern nur in
bestimmter Hinsicht ähnlich, nämlich im Hinblick auf ihre wirtschaftliche Abhängigkeit von dem Ver-

tragspartner, dem sie die Dienstleistung schulden. Sie sind aber im Übrigen als selbständige Dienstleister anzusehen. Sofern sich der Anwendungsbereich der arbeitsrechtlichen Normen nicht ausdrücklich auf die arbeitnehmerähnlichen Personen erstreckt, finden auf diese folglich – je nach Vertragsgestaltung – die Vorschriften über den selbständigen Dienstvertrag, den Werkvertrag oder den Geschäftsbesorgungsvertrag (§ 675 BGB) Anwendung (s. hierzu etwa *Kamanabrou* Arbeitsrecht Rn. 163). Dann kann andererseits die wirtschaftliche Abhängigkeit des Schuldners der Dienstleistung nicht das entscheidende Abgrenzungsmerkmal zwischen dem selbständigen Dienstvertrag und dem Arbeitsvertrag sein. Für die Unselbständigkeit der Dienstleistung kann es vielmehr nur auf die persönliche Abhängigkeit ankommen. Dies wird durch § 611a Abs. 1 Satz 1 BGB bestätigt. Danach verpflichtet sich der Arbeitnehmer durch den Arbeitsvertrag zur Erbringung von Diensten »in persönlicher Abhängigkeit«.

bb) Konkretisierung der persönlichen Abhängigkeit durch die Weisungsgebundenheit

36 Inhalt und Voraussetzungen des Merkmales der persönlichen Abhängigkeit waren in der Vergangenheit stets umstritten (vgl. etwa *Beuthien/Wehler* RdA 1978, 2 ff.; *G. Hueck* RdA 1969, 216 ff.; *Konzen* ZfA 1978, 451 [496 ff.]; *Lieb* RdA 1972, 210 [212]; in neuerer Zeit ausführlich *Boemke* ZfA 1998, 285 ff.; *Griebeling* RdA 1998, 208 ff.; *Maschmann* NZA 2001, Sonderheft S. 21 ff.; *Richardi*/MünchArbR § 16 Rn. 12 ff.). § 611a Abs. 1 BGB sieht nunmehr den Grund für die Abhängigkeit vornehmlich in der **Weisungsgebundenheit** der Tätigkeit. Die Vorschrift nimmt dabei ausdrücklich Bezug auf die Rechtsprechung des *BAG* (RegE BT-Drucks. 18/9232, S. 31 f.) und übernimmt wörtlich die dort entwickelten Merkmale des Arbeitnehmerbegriffs, die das Gericht seit vielen Jahren als eine Art von »Textbausteinen« verwendet und sämtlichen Entscheidungen zugrunde gelegt hatte (aus neuester Zeit etwa *BAG* 25.09.2013 EzA § 611 BGB 2002 Arbeitnehmerbegriff Nr. 25 Rn. 16 f.; 11.08.2015 EzA § 611 BGB 2002 Arbeitnehmerbegriff Nr. 28 Rn. 16). So hatte das *BAG* stets betont, dass das Weisungsrecht Inhalt, Durchführung, Zeit, Dauer und Ort der Tätigkeit betreffen könne. Dies wird in § 611a Abs. 1 Satz 2 BGB weitgehend übernommen. Allerdings fehlt der Aspekt der »Dauer« der Tätigkeit. Der RegE hatte diesen noch mit aufgeführt (BT-Drucks. 18/9232, S. 12). Im zuständigen Bundestagsausschuss wurde er dann gestrichen, weil im Kontext der Regelung des Weisungsrechts in § 106 Satz 1 GewO seine Befugnis des Arbeitgebers zur Bestimmung der Dauer der Tätigkeit nicht erwähnt sei (BT-Drucks. 18/10064, S. 17). In § 611a Abs. 1 Satz 3 BGB greift das Gesetz zudem auf eine **Formulierung in § 84 Abs. 1 Satz 2 HGB** zurück, die das *BAG* ebenfalls zur Konkretisierung der persönlichen Abhängigkeit herangezogen hatte. Danach unterscheidet sich der selbständige Handelsvertreter von dem angestellten Handelsvertreter dadurch, dass er im Wesentlichen frei seine Tätigkeit gestalten und seine Arbeitszeit bestimmen kann. Diese Vorschrift enthielt nach Ansicht des *BAG* eine allgemeine gesetzliche Wertung, die über ihren unmittelbaren Anwendungsbereich hinaus bei der Abgrenzung von Arbeitnehmern und Selbständigen zu beachten sei (vgl. etwa *BAG* 13.01.1983 EzA § 611 BGB Arbeitnehmerbegriff Nr. 26 = AP Nr. 42 zu § 611 BGB Abhängigkeit unter B II 1; 30.11.1994 EzA § 611 BGB Arbeitnehmerbegriff Nr. 55 = AP Nr. 74 zu § 611 BGB Abhängigkeit). Hieraus leitete das Gericht ab, dass der wesentliche Unterschied zwischen Arbeitnehmern und Selbständigen darin bestehe, dass der Arbeitnehmer sich zu einer **Dienstleistung im Rahmen der von seinem Vertragspartner bestimmten Arbeitsorganisation** verpflichte, in diese Arbeitsorganisation **eingegliedert** werde und deshalb nach Sinn und Zweck des Vertrages einem weitgehenden **Weisungsrecht** seines Vertragspartners unterliege (*BAG* 25.03.1992 EzA § 6 BetrVG 1972 Nr. 3 = AP Nr. 48 zu § 5 BetrVG 1972 unter B I 1 b; 19.11.1997 EzA § 611 BGB Arbeitnehmerbegriff Nr. 62 = AP Nr. 133 zu § 611 BGB Lehrer, Dozenten unter B I 1; 11.03.1998 EzA § 611 BGB Arbeitnehmerbegriff Nr. 64 = AP Nr. 23 zu § 611 BGB Rundfunk unter II).

37 Das *BAG* hat dabei stets betont, dass bei der Frage nach der persönlichen Abhängigkeit des Mitarbeiters jeweils auch die **Eigenart der jeweiligen Tätigkeit** berücksichtigt werden müsse, da sich abstrakte, für alle Arbeitsverhältnisse geltende Kriterien nicht aufstellen ließen (*BAG* 25.03.1992 EzA § 6 BetrVG 1972 Nr. 3 = AP Nr. 48 zu § 5 BetrVG 1972 unter B I 1 b). Für die Arbeitnehmereigenschaft sei es nicht erforderlich, dass der zur Dienstleistung Verpflichtete in jeglicher Hinsicht Weisungen unterliege. So sei die Weisungsgebundenheit im Hinblick auf Inhalt und Durchführung der Tätigkeit, die sog. **fachliche Weisungsgebundenheit**, für Dienste, die eine hohe Qualifikation voraussetzten, nicht typisch und für die Annahme der Arbeitnehmereigenschaft verzichtbar (*BAG*

27.07.1961 AP Nr. 24 zu § 611 BGB Ärzte, Gehaltsansprüche; 13.01.1983 EzA § 611 BGB Arbeitnehmerbegriff Nr. 26 = AP Nr. 42 zu 611 BGB Abhängigkeit; 19.11.1997 EzA § 611 BGB Arbeitnehmerbegriff Nr. 62 = AP Nr. 133 zu § 611 BGB Lehrer, Dozenten). Aber auch die Weisungsgebundenheit im Hinblick auf **Zeit und Ort** der Tätigkeit wurde in der Rechtsprechung weder als hinreichende noch als notwendige Voraussetzung für die Annahme eines Arbeitsverhältnisses angesehen. So wurde darauf hingewiesen, dass sich eine persönliche Abhängigkeit auch daraus ergeben könne, dass die Arbeitsabläufe so gestaltet seien, dass keinerlei Gestaltungsfreiheit in Bezug auf den Einsatz der persönlichen Arbeitskraft mehr bestehe, selbst wenn keine konkreten Weisungen im Hinblick auf Arbeitsort und Arbeitszeit erteilt würden (*BAG* 19.11.1997 EzA § 611 BGB Arbeitnehmerbegriff Nr. 63 = AP Nr. 90 zu § 611 BGB Abhängigkeit unter I 3; 25.09.2013 EzA § 611 BGB 2002 Arbeitnehmerbegriff Nr. 25 Rn. 21 ff.). Bei einer Lehrkraft etwa sei entscheidend, wie intensiv sie in den Unterrichtsbetrieb eingebunden sei. Eine Weisungsgebundenheit könne in zeitlicher Hinsicht schon dann vorliegen, wenn ständige Dienstbereitschaft erwartet werde, die Lehrkraft also in nicht unerheblichem Umfang auch ohne entsprechende Vereinbarung zu Tätigkeiten herangezogen werden könne (*BAG* 15.02.2012 EzA § 611 BGB 2002 Arbeitnehmerbegriff Nr. 21 Rn. 14, 17). Andererseits sei allein die Bindung an zeitliche oder örtliche Vorgaben noch nicht ausreichend, um von einem Arbeitsverhältnis ausgehen zu können. So sei ein Orchestermusiker noch nicht deshalb Arbeitnehmer, weil er bestimmte Termine für Orchesterproben oder Aufführungen einhalten und sich hierfür an einem bestimmten Ort einfinden müsse (*BAG* 22.08.2001 EzA § 611 BGB Arbeitnehmerbegriff Nr. 86 unter II 2 b; ähnlich *BAG* 11.08.2015 EzA § 611 BGB 2002 Arbeitnehmerbegriff Nr. 28 Rn. 24 für den Arbeitnehmerstatus einer Artistengruppe). Ebenso wenig sei ein Mitarbeiter beim Rundfunk ohne Weiteres ein Arbeitnehmer, wenn er sich zu bestimmten Zeiten im Studio einfinden und dort seine Beiträge abliefern müsse, weil diese für das Programm derart prägend seien, dass der Sender in der öffentlichen Wahrnehmung mit der Stimme des Sprechers identifiziert werde (*BAG* 17.04.2013 EzA § 611 BGB 2002 Arbeitnehmerbegriff Nr. 24 Rn. 20). Insgesamt verweist das Gericht darauf, dass es kein Einzelmerkmal gebe, das aus der Vielzahl möglicher Merkmale unverzichtbar vorliegen müsse, damit man von persönlicher Abhängigkeit sprechen könne. Ebenso wenig gebe es ein Merkmal für die Abhängigkeit, das sich nicht auch gelegentlich bei Selbstständigen finde. Es sei deshalb unvermeidlich, die unselbstständige Arbeit **typologisch abzugrenzen** (*BAG* 23.04.1980 EzA § 611 BGB Arbeitnehmerbegriff Nr. 21 unter II 3). Auch dies scheint die Legaldefinition des § 611a Abs. 1 Satz 4 und 5 BGB zu übernehmen, wonach es für die Feststellung eines Arbeitsvertrags auf die »Eigenart der jeweiligen Tätigkeit« sowie auf eine »Gesamtbetrachtung aller Umstände« ankomme.

cc) Kritik

Die vorstehende Rechtsprechung hat in der Literatur nicht unerhebliche Kritik erfahren. Ihr ist zum einen eine gewisse **Beliebigkeit** vorgeworfen worden, weil sie ein stimmiges Konzept und klare normative Kriterien vermissen lasse und stattdessen je nach Fallgestaltung mal auf die eine, mal auf die andere Begründung zurückgreife (*Hanau/Strick* DB 1998, Beil. Nr. 14, S. 4; *Preis*/ErfK § 611 BGB Rn. 54; *Richardi*/MünchArbR § 16 Rn. 45; *Wank* Arbeitnehmer und Selbständige, S. 24 f.; *ders.* EuZA 2016, 143 [156]). In der Tat zeigt sich eine gewisse Inkonsistenz in der – der Rechtsprechung entnommenen – gesetzlichen Umschreibung des Arbeitsvertrages schon daran, dass etwa die Weisungsgebundenheit hinsichtlich des Ortes der Tätigkeit zwar in § 611a Abs. 1 Satz 2 BGB erwähnt wird, dann aber in § 611a Abs. 1 Satz 3 BGB nur noch von der mangelnden Freiheit hinsichtlich der Gestaltung der Tätigkeit und der Arbeitszeit die Rede ist. Zum anderen fehle der Begriffsbestimmung der erforderliche **teleologische Bezug**. Vor allem *Wank* hat daher eine Gegenposition formuliert (*Wank* Arbeitnehmer und Selbständige; vgl. außerdem *ders.* DB 1992, 90; NZA 1999, 225 ff.; RdA 1999, 297 ff.). Nach Ansicht von *Wank* muss der Arbeitnehmerbegriff teleologisch gebildet werden und einen Sinnzusammenhang mit den Rechtsfolgen herstellen, die mit der Einordnung als Arbeitsverhältnis verknüpft werden. Hierfür sei das von der Rechtsprechung und der h. M. verwendete Merkmal der persönlichen Abhängigkeit ungeeignet (*Wank* Arbeitnehmer und Selbständige, S. 34 ff.). Der Arbeitnehmerbegriff könne vielmehr nur aus dem **Gegensatz zum Begriff des Selbstständigen** entwickelt werden. Kennzeichnend für den Selbstständigen sei, dass er freiwillig das Unternehmerrisiko übernehme. Dem stünden andererseits unternehmerische Chancen gegenüber. Der Selbstständige verfüge über eine eigene Organisation und trete selbst am Markt als Anbieter in Erscheinung.

38

Er habe den wirtschaftlichen Erfolg seiner Tätigkeit daher weitgehend selbst in der Hand. Aus diesem Grunde habe er auch das Berufs- und Existenzrisiko selbst zu tragen, denn er sei in der Lage insoweit Eigenvorsorge zu betreiben. Das Arbeitsrecht hingegen sehe Sicherungen gerade in den Bereichen des Berufs- und Existenzrisikos vor. Dies könne man nur damit erklären, dass der Arbeitnehmer anders als der Selbstständige nicht das unternehmerische Risiko übernehme, deshalb keine unternehmerischen Chancen wahrnehmen könne und zur Eigenvorsorge nicht in der Lage sei.

39 Die Ansicht von *Wank* hat ein breites Echo hervorgerufen und nicht nur in der Literatur, sondern auch bei den Instanzgerichten Gefolgschaft gefunden (*LAG Köln* 30.06.1995 LAGE § 611 BGB Arbeitnehmerbegriff Nr. 29 = AP Nr. 80 zu § 611 BGB Abhängigkeit; *LAG Niedersachsen* 07.09.1990 LAGE § 611 BGB Arbeitnehmerbegriff Nr. 24; *ArbG Nürnberg* 31.07.1996 NZA 1997, 37 = EzA § 611 BGB Arbeitnehmerbegriff Nr. 57; aus der Literatur stellvertretend die Monographien von *Diller* Gesellschafter und Gesellschaftsorgane als Arbeitnehmer, S. 122 ff.; *Mohr* Der Arbeitnehmerbegriff im Arbeits- und Steuerrecht, S. 114 ff.; *Ch. Weber* Das aufgespaltene Arbeitsverhältnis, S. 214 ff., 257 ff.; weitere Nachweise bei *Wank* NZA 1999, 225 [226, Fn. 18]). Sie ist freilich auch auf verbreitete Ablehnung gestoßen und hat sich im Ergebnis zumindest in ihrer ursprünglichen Form nicht durchsetzen können (*BAG* 20.09.2000 EzA § 611 BGB Arbeitnehmerbegriff Nr. 84 = AP Nr. 37 zu § 611 BGB Rundfunk unter I; 25.05.2005 EzA § 611 BGB 2002 Arbeitnehmerbegriff Nr. 6 unter II 6; abl. in der Literatur aus neuerer Zeit etwa *Boemke* ZfA 1998, 285 [300]; *Buchner* NZA 1998, 1144 [1147 f.]; *Franzen* ZfA 2000, 285 [315 f.]; *Griebeling* RdA 1998, 208 [214 f.]; *Hergenröder/ZLH* Arbeitsrecht, § 5 Rn. 44; *Hromadka* NZA 1997, 569 [575 ff.]; *Maschmann* Arbeitsverträge und Verträge mit Selbständigen, S. 90 ff.; *ders.* NZA 2001, Sonderheft S. 21 [23]; *Reinecke* ZIP 1998, 581 ff.; *Richardi/Münch-ArbR* § 16 Rn. 40; *Richardi* DB 1999, 958 [960]; *Rieble* ZfA 1998, 327 [334 ff.]). Der Gedanke, dass das Schutzbedürfnis des Arbeitnehmers gerade aus der fehlenden unternehmerischen Freiheit folgt, hat die Diskussion allerdings nachhaltig beeinflusst. Im Ausgangspunkt ist der von *Wank* erhobenen Forderung nach einer **teleologischen Bestimmung des Arbeitnehmerbegriffes zuzustimmen**. Wenn das Arbeitsrecht Arbeitnehmerschutzrecht ist, so muss sein Anwendungsbereich so bestimmt werden, dass alle Rechtsverhältnisse, bei denen das angenommene Schutzbedürfnis besteht, erfasst und alle übrigen Rechtsverhältnisse ausgeschlossen werden. Allerdings erscheint hierfür das Kriterium der freiwilligen Übernahme des Unternehmerrisikos nicht geeignet oder zumindest missverständlich. So kann es keine Rolle spielen, aus welchen Gründen sich eine Person für eine unselbständige Tätigkeit in einem Arbeitsverhältnis und damit gegen eine unternehmerische Tätigkeit entschieden hat. Zunächst ist nämlich jeder Mensch frei darin, wie er seinen Lebensunterhalt bestreitet. Es mag eine Vielzahl faktischer Zwänge, insbesondere sozialer und wirtschaftlicher Art geben, aufgrund derer für die meisten Menschen nur eine Erwerbstätigkeit in einem Arbeitsverhältnis in Betracht kommt. Dies allein begründet aber noch nicht die Notwendigkeit des besonderen arbeitsrechtlichen Schutzes, also der Reglementierung der privatrechtlichen Vertragsbeziehung. Die Kehrseite dieses Schutzes ist nämlich die korrespondierende Belastung des Arbeitgebers in Gestalt der Einschränkung der Vertragsfreiheit und zusätzlicher Pflichten. Diese lässt sich wiederum nur rechtfertigen, wenn und soweit die Schutzbedürftigkeit des Arbeitnehmers die Folge einer vertraglichen Gestaltung ist, **der Abhängigkeit des Arbeitnehmers also ein Vorteil des Arbeitgebers korrespondiert**. Es muss daher ein Zusammenhang zwischen dem Schutzbedürfnis und dem Vorteil für den Arbeitgeber bestehen, damit dieser für den Schutz des Arbeitnehmers in die Pflicht genommen werden kann (*Raab* RdA 1999, 339 [340]; ebenso *H. Hanau* ZfA 2012, 269 [273 ff.]).

dd) Übertragung des Rechts zur unternehmerischen Verwertung der Arbeitskraft als Kennzeichen der persönlichen Abhängigkeit

40 Das besondere **Schutzbedürfnis des Arbeitnehmers** im Arbeitsverhältnis ergibt sich zum einen daraus, dass der Arbeitnehmer – anders als der Selbstständige – keine unternehmerischen Chancen wahrnehmen kann und daher in der Eigenvorsorge vor etwaigen Risiken (z. B. Verlust des Arbeitsplatzes oder der Erwerbsfähigkeit) mindestens beschränkt ist. Die Ursache hierfür ist aber gerade, dass der Arbeitnehmer seine Arbeitskraft in den Dienst einer fremden unternehmerischen Zwecksetzung stellt und diese damit im Rahmen der zeitlichen Vorgaben des Arbeitsverhältnisses nicht selbst unternehmerisch nutzen kann (hierzu näher *Raab* RdA 1999, 339 [340 f.]; ähnlich *Maschmann* Arbeitsverträge und Verträge mit Selbständigen, S. 175; *ders.* NZA 2001, Sonderheft S. 21 [27 ff.], jeweils m. w. N.). Dies hat auch das *BAG* schon früh ausgesprochen. In einer Entscheidung zur Arbeitnehmereigenschaft von Rundfunkmitarbeitern hat das Gericht festgestellt, dass diese gerade deshalb als Arbeitnehmer anerkannt worden seien, »weil und soweit sie ihre soziale Existenz darauf gründen, daß sie ihre Arbeitskraft für die Verwirklichung der Rundfunk- und Fernsehprogramme der Anstalten einsetzen«. Weil dies so sei, bräuchten sie den Schutz, den das Arbeitsrecht für den unselbständig Tätigen bereithalte. Kennzeichen der abhängigen Arbeit sei deshalb, »daß der in die Arbeitsorganisation der Anstalt eingegliederte Mitarbeiter seine Arbeitskraft nicht nach selbstgesetzten Zielen und Bedürfnissen des Marktes in eigener Verantwortung verwertet« (*BAG* 23.04.1980 EzA § 611 BGB Arbeitnehmerbegriff Nr. 21 unter II 3). Der für das Arbeitsverhältnis charakteristische Vorteil für den Arbeitgeber besteht umgekehrt darin, dass der Arbeitnehmer sich zu weisungsgebundener Tätigkeit verpflichtet. Der Arbeitgeber erhält hierdurch die Möglichkeit, den Arbeitnehmer für seine unternehmerischen Zwecke einzusetzen. Der besondere Wert der für den Arbeitsvertrag typischen Leistungspflicht des Arbeitnehmers besteht also nicht allein in den vom Arbeitnehmer zu erbringenden Diensten. Von entscheidender Bedeutung für den Arbeitgeber ist vielmehr, dass er die Arbeitskraft des Arbeitnehmers flexibel nach seinen Bedürfnissen einsetzen kann. Die Besonderheit des Leistungsaustausches ist also, dass nicht nur Dienste gegen Entgelt erbracht werden, sondern dass der Arbeitnehmer gleichsam **seine Arbeitskraft »verkauft«**, d. h. dem Arbeitgeber das Recht überträgt, diese Arbeitskraft unternehmerisch einzusetzen und zu verwerten. Dies ist der entscheidende Unterschied zum Dienstvertrag eines Selbstständigen. Die Tatsache, dass der aus der Vertragsbindung folgende Verzicht des Arbeitnehmers auf die Wahrnehmung eigener unternehmerischer Chancen dem Arbeitgeber zugutekommt, ist gleichzeitig die Rechtfertigung dafür, den Arbeitgeber zum Schutz des Arbeitnehmers in die Pflicht zu nehmen und seine Vertragsfreiheit im Vergleich zu Verträgen mit selbstständigen Unternehmern zu beschränken (näher *Raab* RdA 1999, 339 [340]; ebenso auch insoweit *H. Hanau* ZfA 2012, 269 [276 ff.]; ähnlich *Beuthien / Wehler* RdA 1978, 2 [4 ff.]; *Hromadka* NZA 1997, 569 [573 ff.]; *Lieb* RdA 1977, 210 [215 f.]; *Maschmann* Arbeitsverträge und Verträge mit Selbständigen, S. 208 ff.; *ders.* NZA 2001, Sonderheft S. 21 [27 ff.]; *Mikosch* FS *Löwisch*, S. 189 [203]; *Richardi* DB 1999, 958 [960]).

Dieser »Verkauf« der Arbeitskraft findet seinen Ausdruck in der **Weisungsgebundenheit der Tätigkeit**. Die Regelung in § 611a Abs. 1 BGB erfährt insoweit durch § 106 Satz 1 GewO eine notwendige Ergänzung. Beide Vorschriften gemeinsam beschreiben die vertragstypische Leistungspflicht des Arbeitnehmers aus dem Arbeitsvertrag. Allerdings bedarf das Erfordernis der Weisungsgebundenheit noch weiterer Konkretisierung im Hinblick auf den Zweck der Regelung. Zu berücksichtigen ist nämlich, dass auch Werkunternehmer und selbstständige Dienstpflichtige, sofern sie in fremdem Interesse tätig werden, in weitem Umfange Weisungen ihrer Vertragspartner unterliegen, soweit es um die Art und Weise der Durchführung des Geschäfts geht (vgl. §§ 645 Abs. 1, 675 Abs. 1, 665 BGB). Allein die Tatsache, dass der zu einer Dienstleistung Verpflichtete im Rahmen der Vertragserfüllung Weisungen seines Vertragspartners zu befolgen hat, begründet daher noch nicht das arbeitsvertragsspezifische Schutzbedürfnis und damit die Arbeitnehmereigenschaft (*BAG* 15.12.1999 EzA § 611 BGB Arbeitnehmerbegriff Nr. 79 = AP Nr. 6 zu § 92 HGB; 20.09.2000 EzA § 611 BGB Arbeitnehmerbegriff Nr. 83 = AP Nr. 8 zu § 2 ArbGG 1979 Zuständigkeitsprüfung). Voraussetzung ist vielmehr, dass es sich gerade um **arbeitsvertragstypische Weisungen** handelt (*Henssler* RdA 2016, 18 [19]; *Thüsing* ZfA 2015, 419 [430]; ähnlich *BAG* 25.09.2013 EzA § 611 BGB 2002 Arbeitnehmerbegriff Nr. 25 Rn. 17). Dies lässt sich mit dem Gesetzestext des § 611a Abs. 1 Satz 1 und 2 BGB ohne Weiteres in Einklang bringen. Dieser ist nämlich dahin zu verstehen, dass nur solche weisungsgebundene Arbeit gemeint ist, die zu einer persönlichen Abhängigkeit i. S. d. Verlusts der Möglichkeit der unternehmerischen Verwertung der eigenen Arbeitskraft führt (in diese Richtung auch *Wank* EuZA 2016, 143 [151], wonach es auf die »unternehmerische Weisungsbindung« und die »unternehmerische Eingliederung« ankommen müsse, und zwar unter dem Aspekt, dass keine Möglichkeit zu unternehmerischen Entscheidungen auf eigene Rechnung bestehe).

Ob die Weisungsgebundenheit Ausdruck der persönlichen Abhängigkeit ist, hängt, wie § 611a Abs. 1 Satz 4 BGB sagt, auch von der Eigenart der Tätigkeit ab. Grds. kommen hierfür alle in § 611a Abs. 1 Satz 2 BGB genannten Aspekte in Betracht. So können auch **fachliche Weisungen**, die den Inhalt und die Ausführung der Dienstleistung betreffen, Ausdruck der unternehmerischen Dispositionsbefugnis über die Arbeitskraft sein (zu Unterrichtstätigkeiten *BAG* 21.11.2013 EzTöD 200 § 40 Nr. 5 TV-L Nr. 1 = AP Nr. 5 zu § 16 TV-L Rn. 24; zu Mitarbeitern in Rundfunkanstalten *BAG* 17.04.2013

EzA § 611 BGB 2002 Arbeitnehmerbegriff Nr. 24 Rn. 18, 24). Dies gilt insbesondere, wenn jegliche Gestaltungsfreiheit bei der Ausführung der Dienstleistung ausgeschlossen ist, weil unternehmerische Verantwortung ein Mindestmaß an Freiraum voraussetzt (vgl. *BAG* 17.04.2013 EzA § 611 BGB 2002 Arbeitnehmerbegriff Nr. 24 Rn. 18). Soweit solche Freiräume bestehen, ist die Möglichkeit, die Grenzen durch gewisse fachliche Vorgaben abzustecken, weniger aussagekräftig, weil dieses Recht dem Gläubiger einer Dienstleistung auch in anderen Vertragsverhältnissen zusteht (s. a. Rdn. 37). Die größere Bedeutung dürfte daher der Weisungsgebundenheit hinsichtlich **Zeit und Ort der Arbeitsleistung** zukommen. Charakteristisch für die abhängige Beschäftigung ist, dass der Arbeitgeber innerhalb eines bestimmten zeitlichen Rahmens umfassend über die Arbeitsleistung des Arbeitnehmers disponieren kann (*BAG* 13.01.1983 EzA § 611 BGB Arbeitnehmerbegriff Nr. 26 = AP Nr. 42 zu § 611 BGB Abhängigkeit, Bl. 3 R; 29.05.1991 EzA § 19 BetrVG 1972 Nr. 31 = AP Nr. 2 zu § 9 BetrVG 1972; 29.01.1992 EzA § 5 BetrVG 1972 Nr. 52 = AP Nr. 47 zu § 5 BetrVG 1972 [Beschäftigung pauschal bezahlter Bildberichterstatter]; 25.03.1992 EzA § 6 BetrVG 1972 Nr. 3 = AP Nr. 48 zu § 5 BetrVG 1972 unter B I 1 b; 30.11.1994 EzA § 611 BGB Arbeitnehmerbegriff Nr. 55 = AP Nr. 74 zu § 611 BGB Abhängigkeit; 19.11.1997 EzA § 611 BGB Arbeitnehmerbegriff Nr. 63 = AP Nr. 90 zu § 611 BGB Abhängigkeit [Frachtführer]; 11.03.1998 EzA § 611 BGB Arbeitnehmerbegriff Nr. 64 unter II). Zeitliche oder örtliche Vorgaben sind demnach dann arbeitsvertragstypisch, wenn sie sich allein nach den jeweiligen unternehmerischen Bedürfnissen richten. Nicht arbeitsvertragstypisch sind dagegen Vorgaben, die sich als Konsequenz aus Gegenstand und zeitlichem Umfang der im Vertrag vereinbarten Dienstleistung ergeben (ähnlich *BAG* 25.09.2013 EzA § 611 BGB 2002 Arbeitnehmerbegriff Nr. 25 Rn. 17; 11.08.2015 EzA § 611 BGB 2002 Arbeitnehmerbegriff Nr. 28 Rn. 24, 31). So kann die Übernahme einer Rolle durch einen Künstler im Rahmen einer bestimmten Aufführung ein freier Dienstvertrag sein, selbst wenn die Dispositionsmöglichkeiten des Künstlers wegen der notwendigen Teilnahme an den Proben und bei den Aufführungen beschränkt sind (s. *BAG* 22.08.2001 EzA § 611 BGB Arbeitnehmerbegriff Nr. 86 unter II 2 b).

43 Erhebliche Bedeutung kommt dem Umstand zu, ob der Verpflichtete nach dem Inhalt des Vertrags berechtigt ist, die Erbringung der Dienstleistung ganz oder teilweise **auf Dritte zu übertragen**, sich also der Unterstützung von Erfüllungsgehilfen zu bedienen (*BAG* 11.08.2015 EzA § 611 BGB 2002 Arbeitnehmerbegriff Nr. 28 Rn. 25). Ist dies der Fall, kann von einem »Verkauf« der eigenen Arbeitskraft keine Rede sein, weil der Verpflichtete diese nicht für seinen Vertragspartner reservieren muss, sondern auch während der Erfüllung der eingegangenen Verpflichtung anderweitig einsetzen kann. Die Entscheidung, die Leistung selbst oder über Erfüllungsgehilfen zu erbringen, ist aber eine genuin unternehmerische. Kann der Verpflichtete seine Arbeitskraft unternehmerisch einsetzen, schließt dies wiederum eine persönliche Abhängigkeit aus (deutlich schwächer *BAG* 11.08.2015 EzA § 611 BGB 2002 Arbeitnehmerbegriff Nr. 28 Rn. 25: lediglich Indiz für eine selbstständige Tätigkeit). Für den Arbeitsvertrag ist daher die Personengebundenheit der Leistung typusbildend. Zwar sieht § 613 Satz 1 BGB vor, dass die Dienste nur »im Zweifel« in Person zu erbringen seien. Als Auslegungsregel kann die Vorschrift aber nur für den selbstständigen Dienstvertrag gelten, für den Arbeitsvertrag dagegen keine Bedeutung entfalten. Wird die hierin liegende Vermutung widerlegt, ergibt sich also aus dem Vertragsinhalt, dass die Leistung nicht zwingend in Person zu erbringen ist, so handelt es sich nicht um einen Arbeitsvertrag, sondern um einen Vertrag über eine selbständige Dienstleistung.

44 Das von der Rechtsprechung ebenfalls herangezogene Merkmal der **Eingliederung in den Organisationsbereich** des Arbeitgebers (*BAG* 09.03.1977 EzA § 611 BGB Arbeitnehmerbegriff Nr. 9 = AP Nr. 21 zu § 611 BGB Abhängigkeit; 25.03.1992 EzA § 6 BetrVG 1972 Nr. 3 = AP Nr. 48 zu § 5 BetrVG 1972) hat demgegenüber für die Frage der Arbeitnehmereigenschaft keine eigenständige Bedeutung (ebenso *Hromadka* NZA 2007, 838 f.; *Kamanabrou* Arbeitsrecht Rn. 106; *Preis* FS *Hromadka*, S. 275 [281 ff.]; wohl auch *Mikosch* FS *Löwisch*, S. 189 [190]; anders *Wank* AuR 2017, 140 [144 ff.], der in der Eingliederung des Arbeitnehmers neben dessen Weisungsgebundenheit das eigentliche Kennzeichen des Arbeitsverhältnisses sieht). Unerheblich ist zum einen, ob die Dienstleistung räumlich innerhalb oder außerhalb der Betriebsstätte erfolgt. Auch Außendienstmitarbeiter können Arbeitnehmer sein (s. Rdn. 73). Dies hat der Gesetzgeber durch die Ergänzung des § 5 Abs. 1 Satz 1 klargestellt. Das *BAG* bezeichnet denn auch mit dem Begriff der Eingliederung nicht die räumliche Verbindung, sondern den Umstand, dass der Arbeitnehmer seine Dienstleistung im Rahmen einer von einem Dritten bestimmten Arbeitsorganisation, also fremdbestimmt und nicht selbstbestimmt erbringt (vgl. *BAG*

30.11.1994 EzA § 611 BGB Arbeitnehmerbegriff Nr. 55 = AP Nr. 74 zu § 611 BGB Abhängigkeit; 20.09.2000 EzA § 611 BGB Arbeitnehmerbegriff Nr. 84 = AP Nr. 37 zu § 611 BGB Rundfunk). Ob jemand als Arbeitnehmer in einen fremden Organisationsbereich eingegliedert ist oder nicht, hängt aber wiederum alleine davon ab, ob er über den Einsatz seiner Arbeitskraft eigenverantwortlich entscheiden kann oder ob er insoweit fremdbestimmt ist, weil nach Sinn und Zweck des Vertrages der Dienstberechtigte (= Arbeitgeber) über den Einsatz der Arbeitskraft verfügen und den Arbeitnehmer für seine eigenen unternehmerischen Zwecke einsetzen kann. Soweit mit der Eingliederung die Fremdbestimmtheit der Dienstleistung gemeint ist, stimmt sie daher mit dem Merkmal der Weisungsgebundenheit überein. Soweit mit der Eingliederung gemeint ist, dass der Arbeitnehmer auf die vom Arbeitgeber zur Verfügung gestellten Betriebsmittel zur Erbringung seiner Leistung angewiesen ist (*Zeuner* RdA 1975, 84 [85]), stellt dies hingegen kein geeignetes Unterscheidungskriterium dar (zutr. *Hergenröder/ZLH* Arbeitsrecht, § 5 Rn. 38; *Richardi* § 5 Rn. 27 f.). Auch Werkunternehmer und selbstständige Dienstpflichtige müssen sich zur Erbringung ihrer Leistung vielfach in die betriebliche Organisation einfügen und sind darauf angewiesen, dass ihnen ein bestimmtes Leistungssubstrat zur Verfügung gestellt wird (*vgl. Wank* EuZA 2016, 143 [155], der mit Recht darauf hinweist, dass auch der Mitarbeiter einer Wirtschaftsprüfungsgesellschaft, der sich in dem geprüften Unternehmen aufhalte, in diesem Sinne als eingegliedert anzusehen sei). Soweit schließlich mit diesem Merkmal i. S. d. von *Nikisch* (*Nikisch* I, S. 92) entwickelten Eingliederungstheorie zum Ausdruck gebracht werden soll, dass die Arbeitnehmereigenschaft auch ohne ein bestehendes Arbeitsverhältnis durch die rein tatsächliche Eingliederung in den Betrieb begründet werden kann, ist diese Ansicht abzulehnen (so auch *BAG* 25.02.1998 EzA § 5 BetrVG 1972 Nr. 62 = AP Nr. 8 zu § 8 BetrVG 1972; vgl. auch Rdn. 30). Die Frage, ob das Arbeitsverhältnis gerade zum Betriebsinhaber bestehen muss, betrifft dagegen nicht die Arbeitnehmereigenschaft, sondern die Frage der Betriebszugehörigkeit (hierzu s. § 7 Rdn. 17 ff., 72 ff.; zur Bedeutung der Eingliederung im Zusammenhang mit dem Begriff der Einstellung in § 99 vgl. auch § 99 Rdn. 28 ff.).

d) Arbeitnehmerbegriff und Zweck der Betriebsverfassung

Das Merkmal der Weisungsgebundenheit erweist sich auch für die Betriebsverfassung als das zutreffende Kriterium, um den personellen Anwendungsbereich zu begründen. Zweck der betrieblichen Mitbestimmung ist es, ein möglichst großes Maß an Selbstbestimmung auf der Ebene des Betriebes zu verwirklichen. Ein Selbstbestimmungsdefizit besteht auf Arbeitnehmerseite vor allem deshalb, weil sich der Arbeitnehmer im Vertrag zu einer Dienstleistung im Rahmen einer fremden unternehmerischen Zwecksetzung verpflichtet und daher seine Leistung nur innerhalb einer fremden, nach Zweck, Arbeitsablauf und personeller Zusammensetzung weitgehend vorgegebenen Organisation erbringen kann. Eine Mitgestaltung dieser organisatorischen Einheit durch den einzelnen Arbeitnehmer scheitert regelmäßig bereits daran, dass das Funktionieren des Arbeitsablaufes und damit auch das Erreichen des unternehmerischen Zieles nach einer einheitlichen Regelung verlangen. Wenn die Arbeitnehmer Einfluss auf die betrieblichen Entscheidungen nehmen wollen, so geht dies nur im Wege einer kollektiven Interessenvertretung. Ziel des Betriebsverfassungsgesetzes ist es deshalb, im Wege der Mitbestimmung durch den Betriebsrat die Teilhabe der Arbeitnehmer an den sie berührenden betrieblichen Entscheidungen zu gewährleisten (ausführlich s. *Wiese* Einl. Rdn. 72 ff., 80 m. w. N.). Die Mitbestimmung setzt also im Wesentlichen an demselben Punkt an wie die traditionelle Bestimmung des Arbeitnehmerbegriffs: an dem Schutzbedürfnis, das sich daraus ergibt, dass der Arbeitnehmer sich zur Förderung eines fremden unternehmerischen Zweckes verpflichtet und seine volle Arbeitskraft – in dem vereinbarten zeitlichen und gegenständlichen Rahmen – zur Disposition des Arbeitgebers stellt. Es geht folglich auch im Betriebsverfassungsrecht um die Kompensation persönlicher und nicht wirtschaftlicher Abhängigkeit.

e) Bezeichnung des Vertrags, objektiver Geschäftsinhalt und abweichende Vertragspraxis

Für die Feststellung der Voraussetzungen eines Arbeitsverhältnisses kommt es nicht darauf an, wie die Parteien das Vertragsverhältnis bezeichnen, sondern darauf, wie **die Vertragsbeziehung nach ihrem Geschäftsinhalt objektiv einzuordnen ist** (*BAG* 15.02.2012 EzA § 611 BGB 2002 Arbeitnehmerbegriff Nr. 20 Rn. 17; 17.04.2013 EzA § 611 BGB 2002 Arbeitnehmerbegriff Nr. 24 Rn. 15, st. Rspr.). Dies wird durch § 611a Abs. 1 Satz 6 BGB bestätigt. Die Vorschrift erwähnt allerdings nur den Fall, dass die tatsächliche Durchführung des Vertragsverhältnisses von der Bezeichnung abweicht. Hiervon zu unterscheiden ist die Frage, welche Bedeutung der Bezeichnung zukommt, wenn die hierdurch vorgenommene Zuordnung schon nach dem Inhalt der vertraglichen Vereinbarungen nicht der gesetzlichen entspricht. Auch insoweit gilt zunächst, dass die **Bezeichnung im Vertrag für die rechtliche Einordnung ohne Bedeutung** ist. Der Arbeitsvertrag ist – spätestens seit der Einführung des § 611a BGB – ein Rechtsbegriff, dessen Inhalt durch das Gesetz näher konturiert ist. Für die Frage, ob ein Vertrag ein Arbeitsvertrag ist, kann es daher nur auf die gesetzlichen Voraussetzungen ankommen. Diese stellen auf den Charakter der geschuldeten Dienstleistung ab. Verpflichtet sich der Schuldner nach dem Inhalt der getroffenen Vereinbarungen zu weisungsgebundener Arbeit in persönlicher Abhängigkeit, so ist der Vertrag rechtlich als Arbeitsvertrag zu behandeln, auch wenn er von den Parteien anders bezeichnet wird. Die Parteien haben nicht die Möglichkeit, den Inhalt eines Gesetzesbegriffs zu modifizieren. Die einzig denkbare Frage ist, ob die Parteien darüber entscheiden können, ob die für den Arbeitsvertrag geltenden Rechtsvorschriften zur Anwendung kommen sollen. Insoweit ist zu differenzieren. In Grenzfällen, d. h. wenn die vereinbarte Tätigkeit sowohl in einem Arbeitsverhältnis als auch als selbständige Dienstleistung erbracht werden kann, will das *BAG* die in der Bezeichnung zum Ausdruck kommende Entscheidung der Parteien für einen bestimmten Vertragstyp zumindest als einen Umstand im Rahmen der Gesamtbetrachtung (§ 611a Abs. 1 Satz 5 BGB) berücksichtigen (*BAG* 11.08.2015 EzA § 611 BGB 2002 Arbeitnehmerbegriff Nr. 28 Rn. 22). Handelt es sich nach dem objektiven Geschäftsinhalt eindeutig um einen Arbeitsvertrag, so können die Parteien dagegen nicht pauschal die Anwendung der arbeitsrechtlichen Normen ausschließen, weil diese ganz überwiegend zwingender Natur sind. Hat die abweichende Bezeichnung den Sinn, die zwingenden gesetzlichen Regelungen abzubedingen, so ist sie folglich unbeachtlich (*BAG* 17.04.2013 EzA § 611 BGB 2002 Arbeitnehmerbegriff Nr. 24 Rn. 15). Anders ist es, wenn die Parteien den Vertrag als Arbeitsvertrag bezeichnen, obwohl er bei objektiver Betrachtung dessen Voraussetzungen nicht erfüllt. Hier kommt in erster Linie der – im Wege der Auslegung zu ermittelnden – Parteiwillen an. Haben sie bewusst die Bezeichnung Arbeitsvertrag gewählt, um das Vertragsverhältnis in jedem Fall den arbeitsrechtlichen Vorschriften zu unterstellen, so ist der Vertrag rechtlich als Arbeitsvertrag zu behandeln, da es den Parteien frei steht, auch Nichtarbeitnehmern den arbeitsrechtlichen Schutz zukommen zu lassen (*BAG* 21.04.2005 EzA § 626 BGB 2002 Nr. 8 unter II 2 c; 25.01.2007 EzA § 233 ZPO 2002 Nr. 6 Rn. 11). Beruht die Bezeichnung dagegen lediglich auf einem Rechtsirrtum, nahmen die Parteien also irrig an, dass es sich um einen Arbeitsvertrag handelt, so liegt eine schlichte Falschbezeichnung vor. Für den Vertrag gelten daher die Vorschriften, die nach objektiver Einordnung maßgeblich sind, sofern nicht im Vertrag selbst ausdrücklich etwas anderes vereinbart ist.

47 Für die Frage, welchen Inhalt der Vertrag hat, ist grds. der wirkliche Geschäftswille der Vertragsparteien maßgeblich. Dieser kann aus den ausdrücklich getroffenen Vereinbarungen, aber auch aus der **praktischen Durchführung des Vertrages** entnommen werden. Wird der Vertrag abweichend von den ausdrücklichen Vereinbarungen vollzogen, so soll nach Ansicht des *BAG* stets die tatsächliche Vertragsdurchführung maßgeblich sein (*BAG* 15.02.2012 EzA § 611 BGB 2002 Arbeitnehmerbegriff Nr. 21 Rn. 14; 17.04.2013 EzA § 611 BGB 2002 Arbeitnehmerbegriff Nr. 24 Rn. 15, st. Rspr.). Auch dieser Fall ist wohl von § 611a Abs. 1 Satz 6 BGB mit umfasst, obwohl es nicht um die Abweichung der Vertragspraxis von der Bezeichnung geht, sondern darum dass sich die vertraglich vereinbarten Modalitäten der Leistungserbringung – soweit sie für die Einordnung als Arbeitsvertrag relevant sind – und die praktische Durchführung widersprechen (in diesem Sinne deutlich *BAG* 15.02.2012 EzA § 611 BGB 2002 Arbeitnehmerbegriff Nr. 21 Rn. 13). Allerdings ist der Vorrang der tatsächlichen Durchführung nicht so zu verstehen, dass jede faktische Abweichung vom Vertrag – und damit auch jede Vertragsverletzung – dazu führen könnte, dass das gesamte Vertragsverhältnis als Arbeitsverhältnis einzuordnen ist. Eine abweichende Vertragspraxis ist vielmehr nur dann maßgebend, wenn sich hieraus schließen lässt, dass die konkrete Durchführung des Vertrages und nicht der Inhalt des (schriftlichen) Vertrages den wahren Parteiwillen wiedergibt (*BAG* 25.03.1992 EzA § 6 BetrVG 1972 Nr. 3 unter B I 1 c; 11.08.2015 EzA § 611 BGB 2002 Arbeitnehmerbegriff Nr. 28 Rn. 16; *Boemke* ZfA 1998, 285 [308]; *Hanau/Strick* DB 1998, Beil. Nr. 14, S. 5 f.; *Maschmann* NZA 2001, Sonderheft S. 21 [31]; *Raab* RdA 1999, 339 [340]; *Stoffels* NZA 2000, 690 [694]; *Wank* Arbeitnehmer und Selbständige, S. 104 ff.).

f) Unerhebliche Kriterien

Liegt nach den allgemeinen Voraussetzungen ein Arbeitsverhältnis vor, so ist dessen **zeitliche Dimension** (Dauer und Umfang der Arbeitspflicht) unerheblich. Die Pflicht zur Arbeitsleistung braucht nicht die ganze Arbeitszeit des Arbeitnehmers in Anspruch zu nehmen, die Arbeit braucht auch nicht unbedingt berufsmäßig ausgeübt zu werden oder den Hauptberuf darzustellen (zum sog. Doppelarbeitsverhältnis *BAG* 19.06.1959 AP Nr. 1 zu § 611 BGB Doppelarbeitsverhältnisse; 16.03.1972 AP Nr. 10 zu § 611 BGB Lehrer, Dozenten; *Fitting* § 5 Rn. 95 ff.; *Galperin/Löwisch* § 5 Rn. 7; *Neumann-Duesberg* DB 1972, 382; *Richardi* § 5 Rn. 50 f.; *Trümner/DKKW* § 5 Rn. 12, 35). Begrifflich ist dabei zwischen der **Teilzeit-** und der **Kurzzeitbeschäftigung** zu unterscheiden. Das Teilzeitbeschäftigungsverhältnis ist auf eine gewisse Dauer angelegt, während der kontinuierlich eine Beschäftigung zu den vereinbarten Zeiten (Tagen, Stunden oder ähnlichem) erfolgt, und unterscheidet sich vom Vollzeitarbeitsverhältnis allein durch die gegenüber diesem kürzere wöchentliche Arbeitszeit. Kennzeichnend für das Kurzzeitbeschäftigungsverhältnis ist dagegen, dass die Dauer der Beschäftigung von vornherein nur auf einen engen Zeitraum begrenzt ist (z. B. im befristeten Arbeitsverhältnis). Dabei kann der zeitliche Umfang der in diesem Zeitraum erfolgenden Beschäftigung sowohl einer Vollzeit- als auch einer Teilzeitbeschäftigung entsprechen. 48

Soweit die allgemeinen Voraussetzungen der Arbeitnehmereigenschaft vorliegen, **genügt auch eine Teilzeitbeschäftigung**. Dem Gesetz lässt sich insoweit keine Einschränkung entnehmen (*BAG* 29.01.1992 EzA § 7 BetrVG 1972 Nr. 1 = AP Nr. 1 zu § 7 BetrVG 1972; 30.10.1991 EzA § 611 BGB Arbeitnehmerbegriff Nr. 44 = AP Nr. 59 zu § 611 BGB Abhängigkeit; *Fitting* § 5 Rn. 95; *Galperin/Löwisch* § 5 Rn. 7; *Richardi* § 5 Rn. 54 f.; *Trümner/DKKW* § 5 Rn. 12, 35; krit. *Wank* RdA 1985, 1). Teilzeitbeschäftigte können u. U. auch mehreren Betrieben angehören (*Galperin/Löwisch* § 5 Rn. 7; *Trümner/DKKW* § 5 Rn. 35). 49

Bei einer nur ganz geringfügigen Beschäftigung kann sich u. U. aus den sonstigen Umständen ergeben, dass ein freier Dienstvertrag besteht, etwa wenn dem Dienstverpflichteten die Art und Weise der Erbringung der Dienstleistung überlassen bleibt und er das Beschäftigungsrisiko trägt (vgl. etwa zu der Arbeitnehmereigenschaft der Zeitungszusteller *BAG* 29.03.1974 EzA § 19 BetrVG 1972 Nr. 2 = AP Nr. 2 zu § 19 BetrVG 1972; 25.06.1974 EzA § 19 BetrVG 1972 Nr. 3 = AP Nr. 3 zu § 19 BetrVG 1972; 29.01.1992 EzA § 7 BetrVG 1972 Nr. 1 unter B II 1a, 2 = AP Nr. 1 zu § 7 BetrVG 1972 sowie die Entsch. der Vorinstanz *LAG Baden-Württemberg* 25.02.1991 LAGE § 611 BGB Arbeitnehmerbegriff Nr. 19). Dagegen ist die pauschale Ausgrenzung dieses Personenkreises aus dem Geltungsbereich des Betriebsverfassungsgesetzes nicht gerechtfertigt (*Fitting* § 5 Rn. 98; *Galperin/Löwisch* § 5 Rn. 7; *Oetker* AuR 1991, 359 [363 ff.]; s. a. § 7 Rdn. 34, dort auch zu der Frage einer Einschränkung des Wahlrechts bei Teilzeitbeschäftigten). Darauf, ob die Tätigkeit **sozialversicherungspflichtig** oder als geringfügige Nebenbeschäftigung i. S. d. § 8 SGB IV versicherungsfrei ist, kommt es für die Bestimmung der Arbeitnehmereigenschaft nicht an (*Fitting* § 5 Rn. 100; *Oetker* AuR 1991, 359 [364]; *Richardi* § 5 Rn. 56; *Trümner/DKKW* § 5 Rn. 35). 50

Auch **Kurzzeitbeschäftigte** können Arbeitnehmer sein (*BAG* 30.10.1991 EzA § 611 BGB Arbeitnehmerbegriff Nr. 44, 30.11.1994 EzA § 611 BGB Arbeitnehmerbegriff Nr. 55 = AP Nr. 59, 74 zu § 611 BGB Abhängigkeit; *Fitting* § 5 Rn. 95; *Galperin/Löwisch* § 5 Rn. 7; *Richardi* § 5 Rn. 53). Es ist nicht erforderlich, dass ein auf unbestimmte Zeit angelegtes Dauerrechtsverhältnis besteht. Auch **befristet Beschäftigte** sind daher unter den oben genannten Voraussetzungen (s. Rdn. 25 ff.) Arbeitnehmer i. S. d. § 5. Umgekehrt lässt sich allein aus der Tatsache, dass es sich um ein auf Dauer angelegtes Rechtsverhältnis handelt, noch nicht auf das Vorliegen eines Arbeitsverhältnisses schließen (*BAG* 30.10.1991 EzA § 611 BGB Arbeitnehmerbegriff Nr. 44; 30.11.1994 EzA § 611 BGB Arbeitnehmerbegriff Nr. 55). Entscheidend ist, ob die Personen für die Dauer ihrer Beschäftigung persönlich abhängig sind, d. h. ihre Tätigkeit innerhalb der betrieblichen Organisation nach Weisung des Betriebsinhabers verrichten (vgl. auch *BAG* 02.06.1976 EzA § 611 BGB Arbeitnehmerbegriff Nr. 6 = AP Nr. 20 zu § 611 BGB Abhängigkeit; *LAG Berlin* 29.12.1989 AP Nr. 50 zu § 611 BGB Abhängigkeit). Ist dies der Fall, so besteht zumindest aufgrund der Einbindung in die Betriebsorganisation das Schutzbedürfnis, dem durch die betriebliche Mitbestimmung Rechnung getragen werden soll (abw. *Lieb* RdA 1977, 210 [215 ff.], der bei einer Beschäftigung »auf Produktionsdauer« die Arbeitnehmereigenschaft verneint). Allerdings kann die bestimmte Bezeichnung des Vertragszweckes bei einer kurz- 51 zeitigen, projektbezogenen Beschäftigung ein Indiz dafür sein, dass in Wirklichkeit ein Werkvertrag vorliegt (*BAG* 30.10.1991 EzA § 611 BGB Arbeitnehmerbegriff Nr. 44 = AP Nr. 59 zu § 611 BGB Abhängigkeit unter II 4b bb). Zur Problematik sog. »**Nullstundenverträge**« s. *Forst* NZA 2014, 998 ff.; *Wank* EuZA 2016, 143 [165 ff.].

52 Die Tätigkeit braucht nicht den Hauptberuf auszumachen. Auch eine **Nebenbeschäftigung** kann – bei Vorliegen der übrigen Voraussetzungen – die Arbeitnehmereigenschaft begründen (*BAG* 24.01.1964 AP Nr. 4 zu § 611 BGB Fleischbeschauer-Dienstverhältnis; 16.03.1972 AP Nr. 10 zu § 611 BGB Lehrer, Dozenten; 30.10.1991 EzA § 611 BGB Arbeitnehmerbegriff Nr. 44, 20.07.1994 EzA § 611 BGB Arbeitnehmerbegriff Nr. 54 = AP Nr. 59, 73 zu § 611 BGB Abhängigkeit; *Fitting* § 5 Rn. 97; *Galperin/Löwisch* § 5 Rn. 7; *Richardi* § 5 Rn. 50 f.; *Trümner/DKKW* § 5 Rn. 12, 35). Versicherungspflicht in der Sozialversicherung ist auch hier nicht vorausgesetzt. Die Versicherungsfreiheit kann allenfalls ein Indiz für nur gelegentliche, auf eine bestimmte Aufgabe begrenzte Tätigkeit und damit für das Fehlen der Arbeitnehmereigenschaft sein (vgl. dazu Rdn. 50).

53 Maßgeblich für die Einordnung als Arbeitnehmer sind allein die Umstände, unter denen die Dienstleistung zu erbringen ist. Ohne Bedeutung sind hingegen Art und Umfang der für die geleisteten Dienste vereinbarten **Gegenleistung** (*Boemke* ZfA 1998, 285 [314]). Voraussetzung ist allerdings, dass die Dienste überhaupt gegen Entgelt zu erbringen sind. Die Verpflichtung zur unentgeltlichen, insbesondere ehrenamtlichen Tätigkeit begründet kein Arbeitsverhältnis (s. Rdn. 34). Unerheblich sind demgegenüber die **Modalitäten der Entgeltzahlung**, insbesondere die Höhe und die Berechnung des Entgelts oder die Abführung von Lohnsteuer und Sozialversicherungsbeiträgen (*BAG* 30.10.1991 EzA § 611 BGB Arbeitnehmerbegriff Nr. 44, 16.03.1994 EzA § 611 BGB Arbeitnehmerbegriff Nr. 53, 30.11.1994 EzA § 611 BGB Arbeitnehmerbegriff Nr. 55 = AP Nr. 59, 68, 74 zu § 611 BGB Abhängigkeit). Ebenso wenig aussagekräftig ist, ob der Arbeitgeber über die im Betrieb beschäftigte Person eine **Personalakte** führt (*BAG* 30.10.1991 EzA § 611 BGB Arbeitnehmerbegriff Nr. 44, 16.03.1994 EzA § 611 BGB Arbeitnehmerbegriff Nr. 53, 30.11.1994 EzA § 611 BGB Arbeitnehmerbegriff Nr. 55 = AP Nr. 59, 68, 74 zu § 611 BGB Abhängigkeit) oder die gesetzlichen oder tariflichen Mindestarbeitsbedingungen, insbesondere den vorgeschriebenen **Erholungsurlaub oder Entgeltfortzahlung im Krankheitsfalle** gewährt. Der Arbeitgeber zieht hiermit regelmäßig lediglich die Konsequenz aus der von ihm vorgenommenen rechtlichen Einordnung des Rechtsverhältnisses (*BAG* 09.03.1977 EzA § 611 BGB Arbeitnehmerbegriff Nr. 9 = AP Nr. 21 zu § 611 BGB Abhängigkeit). Würde man dieses Verhalten als Indiz für das Vorliegen oder Fehlen der Arbeitnehmereigenschaft heranziehen, würde man die Rechtsauffassung des Arbeitgebers zum Maßstab erklären. Der Arbeitnehmerbegriff und damit der Anwendungsbereich der zwingenden arbeitsrechtlichen Normen steht aber nicht zur Disposition der Vertragsparteien (*Boemke* ZfA 1998, 285 [295]; *Hromadka* NZA 1997, 569 [577]). Aus diesem Grunde kommt es auch nicht darauf an, wie die Parteien **das Vertragsverhältnis bezeichnen**, sondern darauf, wie die Vertragsbeziehung nach ihrem Geschäftsinhalt objektiv einzuordnen ist (*BAG* 30.11.1994 EzA § 611 BGB Arbeitnehmerbegriff Nr. 55, 26.07.1995 EzA § 611 BGB Arbeitnehmerbegriff Nr. 56 = AP Nr. 74, 79 zu § 611 BGB Abhängigkeit; 22.04.1998 EzA § 611 BGB Arbeitnehmerbegriff Nr. 67 = AP Nr. 26 zu § 611 BGB Rundfunk; vgl. auch Rdn. 46 f.).

54 Auch auf die **Staatsangehörigkeit** des Arbeitnehmers kommt es nicht an (vgl. *Fitting* § 5 Rn. 101; *Richardi* § 5 Rn. 80). Dies gilt auch, wenn dem Arbeitnehmer die für nicht EU-Angehörige erforderliche Arbeitserlaubnis fehlt. Das Arbeitsverhältnis ist in diesem Falle nicht unwirksam, sondern kann nur durch Kündigung aufgelöst werden (*BAG* 16.12.1976 EzA § 19 AFG Nr. 1, 13.01.1977 EzA § 19 AFG Nr. 2, 19.01.1977 EzA § 19 AFG Nr. 3 = AP Nr. 2, 3, 4 zu § 19 AFG). Bis zur Beendigung des Arbeitsverhältnisses ist der Betreffende Arbeitnehmer i. S. d. Betriebsverfassungsgesetzes (*Richardi* § 5 Rn. 81). Unerheblich ist schließlich, ob aufgrund des **Arbeitsvertragsstatuts** im Verhältnis zwischen Arbeitgeber und Arbeitnehmer deutsches Recht Anwendung findet. Maßgeblich ist allein, ob der Betrieb, in dem der Arbeitnehmer beschäftigt wird, unter den Geltungsbereich des Betriebsverfassungsgesetzes fällt (s. *Franzen* § 1 Rdn. 4 f.).

3. Arbeitnehmereigenschaft besonderer Personengruppen

a) Auszubildende

Kraft Gesetzes gehören auch **alle zu ihrer Berufsausbildung im Betrieb Beschäftigten** zu den Arbeitnehmern i. S. d. Gesetzes. Die allgemeine Streitfrage, ob das Berufsausbildungsverhältnis als Arbeitsverhältnis oder als ein durch den Ausbildungszweck geprägtes besonderes Rechtsverhältnis anzusehen ist (BT-Drucks. I/3585, S. 3 sowie *Hergenröder/ZLH* Arbeitsrecht, § 6 Rn. 27; *Hueck/Nipperdey* I, S. 83, 737; *Natzel*/MünchArbR § 320 Rn. 31 ff.; *Nikisch* I, S. 870; *Soergel/Kraft* BGB, 12. Aufl., vor § 611 Rn. 85), ist daher für die betriebsverfassungsrechtliche Einordnung der Auszubildenden ohne Bedeutung. 55

Zur Berufsausbildung Beschäftigte sind grundsätzlich alle Personen, denen berufliche Fähigkeiten und Kenntnisse im Betrieb vermittelt werden (*BAG* 30.10.1991 EzA § 5 BetrVG 1972 Nr. 50 unter B III 1; 15.03.2006 EzAÜG BetrVG Nr. 93 unter II 2c aa). Erfasst werden somit zunächst diejenigen, die eine **Berufsausbildung i. S. d. § 1 Abs. 3 BBiG** absolvieren, d. h. Personen, denen in einem **geordneten Ausbildungsgang** (§ 4 BBiG) und im Rahmen eines Berufsausbildungsvertrages nach § 10 Abs. 1 BBiG berufliche Fähigkeiten (erstmals) vermittelt werden. Nicht zu den Auszubildenden zählen die **Helfer im freiwilligen sozialen oder ökologischen Jahr**, da deren Beschäftigung nicht der Vermittlung beruflicher Kenntnisse und Fertigkeiten, sondern der Persönlichkeitsentwicklung dient (vgl. Rdn. 110). 56

Der Begriff der Berufsausbildung in § 5 Abs. 1 ist nicht mit dem des Berufsbildungsgesetzes identisch, sondern ist weiter. Erfasst werden mithin nicht nur die Personen, die sich in einem Berufsausbildungsverhältnis zum Betriebsinhaber i. S. d. §§ 1 Abs. 3, 10 Abs. 1 BBiG befinden. Vielmehr zählen hierzu alle diejenigen, die im Rahmen **weisungsgebundener praktischer Tätigkeit** auf betrieblicher Ebene zur Erlangung im Berufsleben verwertbarer Kenntnisse und Fähigkeiten beschäftigt werden (*BAG* 10.02.1981 EzA § 5 BetrVG 1972 Nr. 37, 25.10.1989 EzA § 5 BetrVG 1972 Nr. 48 = AP Nr. 25, 40 zu § 5 BetrVG 1972; 30.10.1991 EzA § 5 BetrVG 1972 Nr. 50 = AP Nr. 2 zu § 5 BetrVG 1972 Ausbildung; zuletzt *BAG* 13.06.2007 EzA § 5 BetrVG 2001 Nr. 2 Rn. 13; *Fitting* § 5 Rn. 290 f.; *Richardi* § 5 Rn. 66; *Trümner/DKKW* § 5 Rn. 131). Zur Berufsausbildung Beschäftigte sind insbesondere Personen, die in einem **Rechtsverhältnis nach § 26 BBiG** stehen. Gemeint sind Personen, mit denen ein besonderer Ausbildungsvertrag geschlossen wird, der nicht die Voraussetzungen der §§ 1 Abs. 3, 10 Abs. 1 BBiG erfüllt. Erfasst wird insoweit zum einen die Gruppe der sog. **Anlernlinge** (*Fitting* § 5 Rn. 291). Hierunter versteht man Personen, die keine reguläre Berufsausbildung durchlaufen, sondern eine – typischerweise kurzzeitige – Ausbildung in einem eng begrenzten Spezialgebiet erhalten sollen (*Schaub/Vogelsang* Arbeitsrechts-Handbuch, § 15 Rn. 2, 4; *Schlachter*/ErfK § 26 BBiG Rn. 5). Zu dem Personenkreis zählen weiterhin **Praktikanten** (*BAG* 01.12.2004 EzA § 78a BetrVG 2001 Nr. 1; *LAG* Schleswig-Holstein 25.03.2003 NZA-RR 2004, 251 [252]; *Fitting* § 5 Rn. 291, 305 f.; *Richardi* § 5 Rn. 68; *Trümner/DKKW* § 5 Rn. 137, 139 ff.; s. aber auch Rdn. 63; zu den mit diesen Rechtsverhältnissen verbundenen Fragen näher *Maties* RdA 2007, 135 ff.). Nach der Legaldefinition des § 22 Abs. 1 Satz 3 MiLoG dient die betriebliche Tätigkeit des Praktikanten – im Unterschied zu der des Arbeitnehmers – nicht primär Erwerbszwecken, sondern dazu, praktische Kenntnisse und Erfahrungen zur Vorbereitung auf eine berufliche Tätigkeit zu erwerben. Im Unterschied zu Auszubildenden vollzieht sich der Erwerb dieser Fertigkeiten aber nicht im Rahmen eines geordneten Ausbildungsganges mit dem Ziel eines Abschlusses in einem anerkannten Lehrberuf (*Schaub/Vogelsang* Arbeitsrechts-Handbuch, § 15 Rn. 9). Von den Praktikanten zu unterscheiden sind neben den Auszubildenden auch die **Volontäre**. Sie zeichnen sich dadurch aus, dass sie zwar keine geregelte Berufsausbildung durchlaufen, aber – ebenso wie die Auszubildenden i. S. d. BBiG – einen Ausbildungsvertrag schließen, in dem sich der Ausbilder zur Vermittlung der Kenntnisse und Fähigkeiten in einem geordneten Ausbildungsgang verpflichtet, dessen Laufzeit üblicherweise die für staatlich anerkannte Ausbildungsberufe vorgeschriebene Mindestdauer von zwei Jahren (§ 5 Abs. 1 Nr. 2 BBiG) betragen muss (*BAG* 01.12.2004 EzA § 78a BetrVG 2001 Nr. 1 unter III 2 a). Auch Volontäre fallen unter § 26 BBiG und sind daher zu ihrer Berufsausbildung Beschäftigte i. S. d. § 5 Abs. 1 Satz 1 (*BAG* 23.06.1983 EzA § 78a BetrVG 1972 Nr. 11). Voraussetzung ist allerdings nach § 26 BBiG, dass kein Arbeitsverhältnis vereinbart ist. Das Rechtsverhältnis muss zwar die Verpflichtung zur Mitwirkung bei der Verwirklichung des Betriebszwecks zum Gegenstand haben (*BAG* 17.07.2007 EzA § 19 BBiG Nr. 5 57

Rn. 24 ff.). Diese darf aber nicht den wesentlichen Inhalt des Vertragsverhältnisses bilden. Vielmehr muss der Ausbildungszweck im Vordergrund stehen. Insbesondere muss der Arbeitgeber verpflichtet sein, den Volontären oder Praktikanten die gewünschten Kenntnisse und Fähigkeiten systematisch zu vermitteln. Ist der Erwerb von Fachkenntnissen lediglich ein Nebeneffekt der Tätigkeit und der hiermit verbundenen Unterweisungen, so handelt es sich um ein Arbeitsverhältnis (*BAG* 01.12.2004 EzA § 78a BetrVG 2001 Nr. 1 unter III 2c für ein Volontariatsverhältnis). Der Verpflichtete ist dann zwar ebenfalls Arbeitnehmer i. S. d. Abs. 1, aber als Arbeiter oder Angestellter, nicht als zur Berufsausbildung Beschäftigter. Schließlich können **Umschüler** (§ 1 Abs. 5 BBiG) oder **Teilnehmer an berufsvorbereitenden Maßnahmen** (§§ 68 ff. BBiG) Arbeitnehmer des ausbildenden Betriebes sein (*BAG* 10.02.1981 EzA § 5 BetrVG 1972 Nr. 37, 25.10.1989 EzA § 5 BetrVG 1972 Nr. 48 = AP Nr. 25, 40 zu § 5 BetrVG 1972; 21.07.1993 EzA § 5 BetrVG 1972 Nr. 56; *Fitting* § 5 Rn. 292; *Preis/WPK* § 5 Rn. 11; *Trümner/DKKW* § 5 Rn. 133). Gleiches gilt für Personen, die im Rahmen eines **berufsvorbereitenden sozialen Jahres** beschäftigt sind, sofern deren Beschäftigung außerhalb des JFDG erfolgt (s. Rdn. 110), also die Beschäftigung nicht Ausdruck »bürgerschaftlichen Engagements« (§ 1 JFDG) ist, sondern dem Erwerb von Kenntnissen dient, die für eine spätere Berufsausbildung oder Berufsausübung hilfreich sind (*ArbG Herne* 15.04.2010 – 2 BVGa 4/10 – juris, Rn. 29 ff.).

58 Erforderlich für die Einordnung als zur Berufsausbildung Beschäftigte ist das Bestehen einer **vertraglichen Beziehung** zwischen dem Auszubildenden und dem Betriebsinhaber, deren Inhalt die **Verschaffung der beruflichen Kenntnisse und Fähigkeiten** ist, wobei eine solche Vereinbarung wie stets auch konkludent getroffen werden kann (*BAG* 10.02.1981 EzA § 5 BetrVG 1972 Nr. 37, 25.10.1989 EzA § 5 BetrVG 1972 Nr. 48 = AP Nr. 25, 40 zu § 5 BetrVG 1972; 13.05.1992 EzA § 5 BetrVG 1972 Nr. 54 unter B I der Gründe = AP Nr. 4 zu § 5 BetrVG 1972 Ausbildung; *Fitting* § 5 Rn. 291; *Trümner/DKKW* § 5 Rn. 131). Notwendig ist weiterhin, dass zumindest in gewissem Umfange eine **Pflicht zur Arbeitsleistung** besteht, weil nur dann von einer weisungsmäßigen Einbindung in den Betrieb gesprochen werden kann (*BAG* 25.10.1989 EzA § 5 BetrVG 1972 Nr. 48 = AP Nr. 40 zu § 5 BetrVG 1972; a. M. *Trümner/DKKW* § 5 Rn. 139). Die praktische Tätigkeit zur Berufsausbildung darf also nicht im freien Belieben des Auszubildenden stehen. Dagegen spielen der Umfang und der Inhalt der berufspraktischen Tätigkeit für die Zuordnung zur Gruppe der zur Berufsausbildung Beschäftigten keine Rolle. So steht einer Einbeziehung in den persönlichen Geltungsbereich des Betriebsverfassungsgesetzes insbesondere nicht entgegen, wenn die Auszubildenden nicht ausschließlich im Rahmen der arbeitstechnischen Zwecksetzung des Betriebes praktisch tätig sind, sondern ihnen neben der betrieblichen Tätigkeit in größerem Umfang (z. B. an ein oder zwei Tagen pro Woche) schulisch-theoretische Kenntnisse vermittelt werden (*BAG* 24.09.1981 AP Nr. 26 zu § 5 BetrVG 1972; 30.10.1991 EzA § 5 BetrVG 1972 Nr. 50 = AP Nr. 2 zu § 5 BetrVG 1972 Ausbildung; *LAG Schleswig-Holstein* 25.03.2003 NZA-RR 2004, 251 [252]; *Fitting* § 5 Rn. 304). Beschränkt sich dagegen der Zweck der Anwesenheit im Betrieb darauf, durch bloße Besichtigung der Betriebsstätte Kenntnisse und Informationen über den Arbeitsablauf zu gewinnen, so fehlt es an der erforderlichen Arbeitspflicht und somit an der betrieblich-praktischen Tätigkeit, selbst wenn in geringem Umfange bei einzelnen Arbeitsgängen auch eine Übernahme praktischer Aufgaben oder Handreichungen erfolgt (*BAG* 25.10.1989 EzA § 5 BetrVG 1972 Nr. 48 = AP Nr. 40 zu § 5 BetrVG 1972; vgl. auch *BAG* 08.05.1990 EzA § 99 BetrVG 1972 Nr. 88 = AP Nr. 80 zu § 99 BetrVG 1972 [Aufnahme von Schülerpraktikanten]; *LAG Schleswig-Holstein* 25.03.2003 NZA-RR 2004, 251 [252]).

59 Auszubildende sind außerdem nur dann Arbeitnehmer des Ausbildungsbetriebes i. S. d. § 5 Abs. 1, wenn sie **in den Betrieb »eingegliedert«** sind, d. h. wenn sie eine Arbeitsaufgabe im Rahmen der organisatorischen Einheit erfüllen und die Tätigkeit keinen rein schulischen Charakter hat. Voraussetzung hierfür ist, dass **die Ausbildung sich im Rahmen des arbeitstechnischen Zweckes eines Produktions- oder Dienstleistungsbetriebes vollzieht** (grundlegend *BAG* 21.07.1993 EzA § 5 BetrVG 1972 Nr. 56 = AP Nr. 8 zu § 5 BetrVG 1972 Ausbildung = SAE 1994, 257 [zust. *Kraft*] unter Aufgabe der früheren Rechtsprechung 12.06.1986 EzA § 5 BetrVG 1972 Nr. 44; bestätigt durch *BAG* 24.08.2004 EzA § 98 BetrVG 2001 Nr. 1 = AP Nr. 12 zu § 98 BetrVG 1972 unter B I 1b; 13.06.2007 EzA § 5 BetrVG 2001 Nr. 2 Rn. 15; 16.11.2011 – 7 ABR 48/10 – juris, Rn. 12; 06.11.2013 EzA § 5 BetrVG 2001 Nr. 11 Rn. 26 ff.; ebenso bereits früher zum Personalvertretungsrecht das *BVerwG*, vgl. den Vorlagebeschluss des *BAG* 12.06.1986 EzA § 5 BetrVG 1972 Nr. 44 = AP Nr. 33 zu § 5 BetrVG 1972 unter III 1 der Gründe sowie *GemSOGB* 12.03.1987 AP Nr. 35 zu § 5 BetrVG 1972). Hierfür ist

erforderlich, dass den Auszubildenden bereits Arbeitsaufgaben im Rahmen des Betriebes zugewiesen oder sie zumindest mit dem Ziel ausgebildet werden, später solche Arbeitsaufgaben zu übernehmen. Es muss sich also bei der Ausbildung um eine Maßnahme der betrieblichen Berufsbildung i. S. d. § 2 Abs. 1 Nr. 1 BBiG handeln. Diese einschränkende Auslegung des Begriffes »zu ihrer Berufsausbildung Beschäftigte« rechtfertigt sich aus historischen und systematischen Erwägungen (vgl. zum Folgenden die Grundsatzentscheidung des *BAG* 21.07.1993 EzA § 5 BetrVG 1972 Nr. 56 = AP Nr. 8 zu § 5 BetrVG 1972 Ausbildung). Mit der besonderen Erwähnung der Auszubildenden wollte der Gesetzgeber sicherstellen, dass die Auszubildenden nicht allein deshalb aus dem Kreis der Arbeitnehmer ausgeklammert werden, weil das Berufsausbildungsverhältnis individualrechtlich nicht als Arbeitsverhältnis eingeordnet wird. Im Übrigen geht das Gesetz aber bei der Einbeziehung der Auszubildenden von einer gewissen Homogenität der Interessenlage aus, die es erlaubt, eine einheitliche kollektive Interessenvertretung vorzusehen. Die Einbeziehung der Auszubildenden ist nur gerechtfertigt, wenn sich der Unterschied zwischen diesen und den übrigen Arbeitnehmern darin erschöpft, dass sie durch ihre Einbindung in das Betriebsgeschehen erst die Kenntnisse und Fertigkeiten erwerben sollen, die bei den Arbeitnehmern bereits vorhanden sind. Die für die Betriebsverfassung erforderliche Homogenität der Belegschaft ist dagegen nicht mehr gegeben, wenn der Zweck des Betriebes ausschließlich oder ganz überwiegend in der Vermittlung einer berufspraktischen Ausbildung besteht. Die Auszubildenden tragen in diesem Fall nicht zur Erreichung des Betriebszweckes bei, sondern sie sind Gegenstand des Betriebszweckes und damit auch Gegenstand der Arbeitsleistung der im Betrieb beschäftigten Arbeitnehmer. Im Übrigen besteht in solchen Fällen zugleich die Gefahr, dass die Stammbelegschaft des Ausbildungsbetriebes durch eine große Zahl von Auszubildenden majorisiert wird.

Deshalb gehören zu ihrer Berufsausbildung Beschäftigte in einem **reinen Ausbildungsbetrieb** nicht zur Belegschaft dieses Betriebs (*BAG* 21.07.1993 EzA § 5 BetrVG 1972 Nr. 56 unter B III 2d bb; 13.06.2007 EzA § 5 BetrVG 2001 Nr. 2 Rn. 15; zuletzt 06.11.2013 EzA § 5 BetrVG 2001 Nr. 11 Rn. 28). Hierzu zählen etwa **Auszubildende eines überbetrieblichen Ausbildungszentrums**, die mit dem Träger des Ausbildungszentrums einen Berufsausbildungsvertrag abgeschlossen haben und dort nicht für den Eigenbedarf ausgebildet werden. Bildet die Vermittlung der Berufsausbildung nicht den alleinigen oder überwiegenden Betriebszweck, sondern verfolgt der Arbeitgeber darüber hinaus **weitere arbeitstechnische Zwecke**, sind Auszubildende nur dann Arbeitnehmer i. S. d. § 5 Abs. 1, wenn ihnen Tätigkeiten zugewiesen werden, die auf die Förderung dieser weiteren Zwecke abzielen, so dass die Auszubildenden gemeinsam mit den anderen Arbeitnehmern an der Verwirklichung dieser Betriebszwecke mitwirken. Hierfür ist grds. Voraussetzung, dass ihnen eigenständige, dem Ausbildungsstand angemessene Arbeitsaufgaben übertragen werden. Dagegen sind Auszubildende keine Arbeitnehmer, wenn sie im Rahmen der arbeitstechnischen Zwecksetzung des Betriebs unter Anleitung und Überwachung der Ausbilder lediglich die praktischen Fertigkeiten ihres Berufs erwerben, ihre Tätigkeit also ausschließlich oder ganz überwiegend der Erprobung des theoretisch Erlernten und damit Ausbildungszwecken dient. Dies ist etwa der Fall, wenn Schüler einer Schule für Physiotherapie in der angegliederten Klinik gemeinsam mit den Lehrkräften an Therapiesitzungen der Physiotherapeuten teilnehmen und dort ihre praktische Unterweisung bei der Behandlung von Patienten erfahren (**a. M.** *LAG Schleswig-Holstein* 29.11.2016 – 1 TaBV 30/16 – juris, Rn. 41 ff.). Auszubildende, die danach nicht zu den Arbeitnehmern des Betriebs zählen, werden nicht vom Betriebsrat vertreten, sondern wählen nach **§ 51 Abs. 1 BBiG** eine **besondere Interessenvertretung** (*BAG* 13.06.2007 EzA § 5 BetrVG 2001 Nr. 2 Rn. 19 ff.; die Vorschrift konnte allerdings bisher keine praktische Bedeutung entfalten, weil die nach § 52 BBiG erforderliche Verordnung noch nicht erlassen worden ist). Dies gilt auch, wenn sich innerbetriebliche Regelungen in sozialen Angelegenheiten auf die Auszubildenden erstrecken und der Ausbilder gegenüber den Auszubildenden weisungsbefugt ist (*BAG* 20.03.1996 EzA § 5 BetrVG 1972 Nr. 60 = AP Nr. 10 zu § 5 BetrVG 1972 Ausbildung) oder wenn ein Auszubildender in einem reinen Ausbildungsbetrieb gelegentlich zusammen mit anderen Mitarbeitern praktische Arbeiten verrichtet (*BAG* 12.09.1996 EzA § 5 BetrVG 1972 Nr. 61 = AP Nr. 11 zu § 5 BetrVG 1972 Ausbildung).

Eine andere Beurteilung kann geboten sein, wenn die Auszubildenden in einer selbständigen, aus dem übrigen Ausbildungsbetrieb herausgelösten organisatorischen Einheit, die einen besonderen, mit der Ausbildung nicht identischen Zweck verfolgt, eingesetzt werden und dort eine weisungsgebundene Tätigkeit verrichten (*BAG* 12.09.1996 EzA § 5 BetrVG 1972 Nr. 61 = AP Nr. 11 zu § 5 BetrVG

§ 5   I. Allgemeine Vorschriften

1972 Ausbildung unter B II 2a; 12.02.1997 – 7 ABR 36/96 – juris). Dies gilt insbesondere, wenn **Auszubildende eines reinen Ausbildungsbetriebes** im Rahmen ihrer Ausbildung **in anderen Betrieben** innerhalb der dortigen arbeitstechnischen Zwecksetzung **eingesetzt** werden. Sofern der Partner des Ausbildungsvertrages zugleich Inhaber des Einsatzbetriebs ist, können die Auszubildenden als zur Berufsausbildung Beschäftigte und damit i. S. d. § 5 Abs. 1 als Arbeitnehmer des Einsatzbetriebs anzusehen sein, wenn sie für den Betriebsinhaber eine weisungsgebundene Dienstleistung erbringen und in diesem Sinne in den Einsatzbetrieb »eingegliedert« sind (BAG 16.11.2011 – 7 ABR 48/10 – juris, Rn. 14; s. a. § 7 Rdn. 63; zur Mitbestimmung nach § 99 in diesen Fällen BAG 30.09.2008 EzA § 99 BetrVG 2001 Einstellung Nr. 10 Rn. 15 ff.; zum Begriff der Eingliederung s. Rdn. 44). Sofern sich **sowohl die schulische als auch die betrieblich-praktische Ausbildung** in demselben Betrieb vollzieht, den Auszubildenden also neben dem schulischen Unterricht zugleich Arbeitsaufgaben zugewiesen werden, kommt es für die Einordnung darauf an, ob die betrieblich-praktische Ausbildung der schulischen mindestens gleichwertig ist. Dabei ist nicht auf eine rein quantitative (nach der Anzahl der auf die Ausbildung entfallenden Stunden), sondern auf eine qualitative Betrachtung abzustellen. Entscheidend ist, welche Bedeutung die Ausbildungsphasen für die Erreichung des Ausbildungsziels haben (BAG 06.11.2013 EzA § 5 BetrVG 2001 Nr. 11 Rn. 29). Werden die **Auszubildenden in einem Betrieb eines anderen Unternehmens** eingesetzt, so können sie – mangels Vertragsverhältnisses zum Betriebsinhaber (s. Rdn. 58) – nicht als Arbeitnehmer des Einsatzbetriebs im betriebsverfassungsrechtlichen Sinne angesehen werden (s. § 7 Rdn. 24 ff.). Werden sie jedoch im Rahmen des Betriebszwecks weisungsgebunden tätig, übt der Betriebsinhaber also die Personalhoheit in ähnlicher Weise wie gegenüber eigenen Auszubildenden aus, so ist die Interessenlage mit derjenigen im Falle der Arbeitnehmerüberlassung vergleichbar (Klein jurisPR-ArbR 30/2012 Anm. 4). In analoger Anwendung des § 14 Abs. 2 Satz 2 und 3 AÜG können die Auszubildenden daher die dort genannten Rechte auch im Einsatzbetrieb geltend machen (BAG 24.08.2011 EzA § 42 BetrVG 2001 Nr. 1 Rn. 29 ff.; s. a. Weber § 42 Rdn. 17). Darüber hinaus kommt – wie bei Leiharbeitnehmern – auch eine Anwendung einzelner Mitbestimmungstatbestände in Betracht (s. Rdn. 120 ff.). Zur Frage des **Wahlrechts** der Auszubildenden in dem Einsatzbetrieb s. § 7 Rdn. 64.

62 Nicht von § 5 Abs. 1 erfasst werden auch **berufliche Rehabilitanden** i. S. d. § 112 SGB III (früher § 97 SGB III), §§ 49 ff. SGB IX (bis 01.01.2018: §§ 33 ff. SGB IX), also behinderte und schwer vermittelbare Personen, die im Rahmen der beruflichen Rehabilitation in einem Berufsbildungswerk, einem Berufsförderungswerk oder einer vergleichbaren Einrichtung eine Berufsausbildung erhalten (BAG 21.07.1993 EzA § 5 BetrVG 1972 Nr. 56 = AP Nr. 8 zu § 5 BetrVG 1972 Ausbildung unter B III 2d bb; zuletzt BAG 15.03.2006 EzAÜG BetrVG Nr. 93 unter II 2e a a m. w. N.). Nach § 52 Satz 2 SGB IX (bis 01.01.2018: § 36 Satz 2 SGB IX) sind sie keine Arbeitnehmer i. S. d. BetrVG. Sie werden nicht durch den Betriebsrat repräsentiert, sondern wählen eine eigene Vertretung. Sofern sie schwerbehindert sind, werden ihre Interessen auch durch die Schwerbehindertenvertretung wahrgenommen (BAG 16.04.2003 EzA § 95 SGB IX Nr. 1 = AP Nr. 1 zu § 95 SGB IX). Werden Rehabilitanden **in Betrieben außerhalb der Rehabilitationseinrichtung beschäftigt** und erhalten dort eine berufspraktische Ausbildung, so können sie auch dann Arbeitnehmer des ausbildenden Betriebs sein, wenn es sich bei der Ausbildung um eine Maßnahme nach § 51 Abs. 2 SGB IX (bis 01.01.2018: § 35 Abs. 2 SGB IX) handelt. Voraussetzung ist, dass der Rehabilitand in ein unmittelbares Vertragsverhältnis zum Betriebsinhaber tritt und im Rahmen der Ausbildung an der Verwirklichung des arbeitstechnischen Zweckes des Ausbildungsbetriebes mitwirkt (s. Rdn. 58 f.; BAG 15.03.2006 EzAÜG BetrVG Nr. 93 unter II 2e aa).

63 Bei der Beschäftigung von **Praktikanten, die im Rahmen einer Schul- oder Hochschulausbildung** praktische Zeiten in Betrieben absolvieren, kommt es für die Arbeitnehmereigenschaft entscheidend darauf an, ob im Rahmen der Ausbildung ein Vertragsverhältnis zum Betriebsinhaber begründet wird. Soweit rechtliche Beziehungen nur zwischen dem Träger der schulischen Ausbildung und dem Betriebsinhaber bestehen, behalten die Auszubildenden ihren Status als Schüler bzw. Studenten, so dass sie vom Geltungsbereich des Betriebsverfassungsgesetzes nicht erfasst werden. Die Ausübung des Weisungsrechts durch den Betriebsinhaber beruht also auf einer auf die zeitliche Dauer und den Zweck des Betriebspraktikums beschränkten Übertragung der Befugnisse des Schulträgers im Rahmen der schulischen Ausbildung und besteht folglich auch nur in den durch das Ausbildungsverhältnis gesetzten Grenzen. Soweit dagegen zwischen den Praktikanten und dem Betriebsinhaber

Arbeitnehmer § 5

rechtliche Beziehungen begründet werden, unterliegt dieses Rechtsverhältnis den Regelungen des BetrVG. Verpflichten sich die Schüler bzw. Studenten in diesem Rechtsverhältnis zu einer Tätigkeit, die neben dem Ausbildungsziel zugleich dem arbeitstechnischen Zweck des Betriebes dient, so sind sie ungeachtet ihrer sonstigen Rechtsstellung in Bezug auf die betriebliche Tätigkeit Auszubildende i. S. d. § 5 Abs. 1 (ebenso *BAG* 30.10.1991 EzA § 5 BetrVG 1972 Nr. 50 = AP Nr. 2 zu § 5 BetrVG 1972 Ausbildung; 15.03.2006 EzAÜG BetrVG Nr. 93 unter II 2c aa, bb; *Fitting* § 5 Rn. 306; *Preis/WPK* § 5 Rn. 11; *Richardi* § 5 Rn. 68 [der allerdings in den Fällen des § 22 Abs. 1 Satz 2 MiLoG eine Ausnahme machen will]; i. E. ebenso *Trümner/DKKW* § 5 Rn. 140, der allerdings allein auf die tatsächliche Eingliederung abstellen will [hiergegen mit Recht *BAG* 15.03.2006 EzAÜG BetrVG Nr. 93 unter II 2e aa]; abw. früher *BAG* 24.09.1981 EzB BetrVG § 5 Nr. 5 = AP Nr. 26 zu § 5 BetrVG 1972; 19.06.1974 EzA § 19 BBiG Nr. 1 = AP Nr. 3 zu § 3 BAT: aus Gründen der Kompetenzverteilung zwischen Bund und Ländern könne das Ausbildungsverhältnis nicht durch das bundesrechtlich geregelte Betriebsverfassungsgesetz beeinflusst werden).

Die **Zahlung eines Entgelts** ist für die Annahme eines Ausbildungsverhältnisses i. S. d. § 5 Abs. 1 BetrVG weder eine hinreichende noch eine notwendige Bedingung, stellt vielmehr allenfalls ein Indiz dar (*BAG* 24.09.1981 EzB BetrVG § 5 Nr. 5 = AP Nr. 26 zu § 5 BetrVG 1972; 25.10.1989 EzA § 5 BetrVG 1972 Nr. 48 = AP Nr. 40 zu § 5 BetrVG 1972; 06.11.2013 EzA § 5 BetrVG 2001 Nr. 11 Rn. 26, 32; *Fitting* § 5 Rn. 304; *Trümner/DKKW* § 5 Rn. 137). Anders als für den Arbeitsvertrag ist die Entgeltlichkeit für das Ausbildungsverhältnis nicht unabdingbar (s. Rdn. 34). Im Übrigen ist für die Beurteilung des Status wie stets nicht die Bezeichnung durch die Beteiligten, sondern allein die faktische Ausgestaltung des Rechtsverhältnisses maßgeblich (*BAG* 25.10.1989 EzA § 5 BetrVG 1972 Nr. 48 = AP Nr. 40 zu § 5 BetrVG 1972; vgl. auch Rdn. 46 f., 53). 64

b) Telearbeitnehmer
Nach § 5 Abs. 1 Satz 1 ist die Arbeitnehmereigenschaft unabhängig davon, ob die entsprechenden Personen »im Betrieb, im Außendienst oder mit Telearbeit beschäftigt werden«. Mit dieser **Einfügung durch das BetrVerf-ReformG** sollte klargestellt werden, dass »es der Arbeitnehmereigenschaft nicht entgegensteht, wenn die geschuldete Arbeit im räumlichen Bereich des Betriebs, sondern außerhalb von diesem in Form des klassischen Außendienstes oder der modernen Telearbeit erfolgt« (*Reg. Begr.* BT-Drucks. 14/5741, S. 35). Die Ergänzung stiftet allerdings mehr Verwirrung, als dass sie zur Klarheit beiträgt (*Däubler* AuR 2001, 1 [4]; *Richardi/Annuß* DB 2001, 41 [43]). Festzuhalten ist zunächst, dass auch nach der Neufassung die mit Telearbeit Beschäftigten nur dann Arbeitnehmer sind, wenn sie die allgemeinen Voraussetzungen des Arbeitnehmerbegriffes erfüllen, also unselbständige, weisungsgebundene Tätigkeit verrichten und aus diesem Grunde persönlich abhängig sind (*Löwisch* BB 2001, 1736 [1737]; *Schaub* NZA 2001, 364 [365]). Missglückt ist es deshalb, wenn das Gesetz die Telearbeitnehmer den »im Betrieb« beschäftigten Arbeitnehmern gegenüberstellt. Der Betrieb wird herkömmlich als organisatorische Einheit betrachtet und nicht nach räumlichen Kategorien bestimmt (s. *Franzen* § 1 Rdn. 28 f.; zur funktionalen Sicht in Bezug auf die Telearbeit *Wiese* RdA 2009, 344 [345]; vgl. auch *BAG* 29.01.1992 EzA § 7 BetrVG 1972 Nr. 1 = AP Nr. 1 zu § 7 BetrVG 1972). Hieran hat sich auch durch das BetrVerf-ReformG nichts geändert, da der Gesetzgeber bewusst von einer Neudefinition des Betriebsbegriffes abgesehen hat (*Reg. Begr.* BT-Drucks. 14/5741, S. 26). Die Formulierung erweckt dagegen den Eindruck, als sei der Betrieb im betriebsverfassungsrechtlichen Sinne durch eine räumliche Komponente geprägt. Nur dann wäre es sinnvoll, die im Außendienst und mit Telearbeit Beschäftigten nicht zu den im Betrieb beschäftigten Arbeitnehmern zu zählen. Versteht man den Betrieb hingegen als organisatorische Einheit, so verrichten auch die in Telearbeit Beschäftigten, sofern sie Arbeitnehmer sind, ihre Tätigkeit »im Betrieb«, weil sie ihre Dienstleistung innerhalb des vom Betriebsinhaber bestimmten Organisationsbereiches erbringen und in die dortige Arbeitsorganisation eingegliedert sind (vgl. auch *BAG* 22.03.2000 EzA § 14 AÜG Nr. 4 m. w. N.; zu verschiedenen betriebsverfassungsrechtlichen Fragen der Telearbeit vgl. *Wiese* RdA 2009, 344 ff.). 65

Allgemein versteht man unter Telearbeit eine Tätigkeit, die zumindest zeitweise außerhalb der Betriebsstätte des Auftraggebers mit Hilfe informationstechnischer Endgeräte erfolgt, wobei der Beschäftigte über Telekommunikationsmedien mit dem Auftraggeber verbunden ist (zur Begriffsbestimmung *Kilian/Borsum/Hoffmeister* NZA 1987, 401 [403]; *Preis* Arbeitsrechtliche Probleme der Telearbeit, 66

S. 75; *Wank* NZA 1999, 225 [230]). Es lassen sich **verschiedene Formen** der Telearbeit unterscheiden (vgl. auch *Reg. Begr.* BT-Drucks. 14/5741, S. 35). Bei externer Telearbeit wird der Beschäftigte ausschließlich in seiner Wohnung oder an einem anderen, von ihm selbst eingerichteten Arbeitsplatz tätig, hat also keinen Arbeitsplatz in der Betriebsstätte des Auftraggebers (*Preis* Arbeitsrechtliche Probleme der Telearbeit, S. 75 [81]; *Wank* NZA 1999, 225 [230]; *Wedde* Telearbeit, Rn. 6). Bei alternierender Telearbeit erbringt der Beschäftigte nur einen Teil seiner Dienstleistung an dem selbst eingerichteten Arbeitsplatz, den anderen Teil dagegen innerhalb der Betriebsstätte des Auftraggebers (also i. S. d. § 5 Abs. 1 Satz 1 »im Betrieb«; vgl. *Wank* NZA 1999, 225 [230]; *Wedde* Telearbeit, Rn. 8; hierzu auch *LAG Düsseldorf* 10.09.2014 LAGE § 307 BGB 2002 Nr. 44). Mitunter wird die Telearbeit auch in einem sog. Satellitenbüro, d. h. einem ausgelagerten Zweigbüro des Auftraggebers, oder in einem sog. Nachbarschaftsbüro erbracht, in dem mehrere Beschäftigte für ein oder mehrere Unternehmen tätig sind und das sich in der Nähe des Wohnortes der Arbeitnehmer befindet (vgl. *Preis* Arbeitsrechtliche Probleme der Telearbeit, S. 75 [81 f.]; *Wank* NZA 1999, 225 [230]). Schließlich unterscheidet man die mobile Telearbeit, bei der die Tätigkeit an ständig wechselnden Arbeitsstätten ausgeübt wird. Mobile Telearbeit tritt vornehmlich als Tätigkeit im Außendienst, etwa bei Versicherungsvertretern, Servicetechnikern, Reportern oder Schadensprüfern auf (vgl. *Collardin* Telearbeit, S. 21; *Wank* NZA 1999, 225 [230]).

67 Ob es sich bei den mit Telearbeit Beschäftigten um Arbeitnehmer handelt, ist nach den allgemeinen Grundsätzen zu beantworten. Maßgeblich ist, ob der mit Telearbeit Beschäftigte in die Arbeitsorganisation des Betriebes eingegliedert ist, weil er sich zur Leistung weisungsgebundener Dienste verpflichtet und hierdurch seinem Vertragspartner das Recht eingeräumt hat, über den Einsatz seiner Arbeitskraft nach Zeit und Ort zu disponieren und diese für die eigenen unternehmerischen Zwecke einzusetzen (vgl. Rdn. 35 ff.). Bei externer Telearbeit liegt daher im Regelfalle ein Arbeitsverhältnis vor, wenn die Telearbeitnehmer im **online-Betrieb** mit der Zentrale verbunden sind und ihnen unmittelbar Arbeitsaufträge zur sofortigen Erledigung und zur Erledigung innerhalb eines bestimmten Zeitraumes erteilt werden können (vgl. *Fitting* § 5 Rn. 202; *Heenen/*MünchArbR § 316 Rn. 7; *Kilian/Borsum/Hoffmeister* NZA 1987, 401 [404]; *Preis/WPK* § 5 Rn. 17; *Simon/Kuhne* BB 1987, 201 [203]; *Trümner/DKKW* § 5 Rn. 43; *Wank* NZA 1999, 225 [231]; *Wedde* Telearbeit, Rn. 146 ff.). Aber auch wenn die Beschäftigten ihre Tätigkeit im **offline-Betrieb** erledigen, kann eine persönliche Abhängigkeit zu bejahen sein, wenn ihnen die Arbeitszeit vorgegeben werden kann, so dass die Beschäftigten nicht frei über den zeitlichen Einsatz ihrer Arbeitskraft verfügen können. Dies ist beispielsweise der Fall, wenn der Beschäftigte verpflichtet ist, regelmäßige Tätigkeitsprotokolle zu verfassen oder Zwischenergebnisse zu übermitteln (vgl. *Fitting* § 5 Rn. 203 f.; *Heenen/*MünchArbR § 316 Rn. 8; *Konzen* RdA 2001, 76 [83]; *Preis* Arbeitsrechtliche Probleme der Telearbeit, S. 75 [84]; *Wank* NZA 1999, 225 [231]; *Wedde* Telearbeit, Rn. 149). Denkbar ist auch, dass die Tätigkeit durch das Vorhandensein aller erforderlichen Daten und Unterlagen auf dem Rechner und die Bindung an eine bestimmte Software so stark vorgegeben und zeitlich strukturiert ist, dass von einer selbstbestimmten Verfügung über die eigene Arbeitskraft nicht mehr gesprochen werden kann (*Fitting* § 5 Rn. 204; *Koch/*ErfK § 5 BetrVG Rn. 11). Dagegen kann allein die Möglichkeit der technischen Überwachung und Kontrolle die persönliche Abhängigkeit nicht begründen, wenn der Telearbeiter ansonsten in seiner Arbeitsgestaltung völlig frei ist (**a. M.** *Kilian/Borsum/Hoffmeister* NZA 1987, 401 [404]; *Simon/Kuhne* BB 1987, 201 [203]). Dieselben Grundsätze gelten für die **mobile Telearbeit**. Auch hier ist der mit Telearbeit Beschäftigte Arbeitnehmer, wenn er trotz Abwesenheit von der Betriebsstätte über die Telekommunikationseinrichtungen organisatorisch in den Betriebsablauf eingebunden ist. Bei **alternierender Telearbeit** ist regelmäßig von der Arbeitnehmereigenschaft auszugehen, weil die Beschäftigten zumindest hinsichtlich des Teils der Tätigkeit, der innerhalb der Betriebsstätte zu erbringen ist, in die Betriebsorganisation eingegliedert werden (*Heenen/*MünchArbR § 316 Rn. 10; *Konzen* RdA 2001, 76 [83]; *Preis* Arbeitsrechtliche Probleme der Telearbeit, S. 75 [83 f.]; *Wank* NZA 1999, 225 [231 f.]). Selbst wenn sie während des außerhalb der Betriebsstätte zu erbringenden Teils der Tätigkeit selbständig sind, kann insgesamt ein Arbeitsverhältnis anzunehmen sein, wenn es sich um ein einheitliches Rechtsverhältnis handelt und die unselbständige Tätigkeit innerhalb der Betriebsstätte den Schwerpunkt bildet (*Wank* NZA 1999, 225 [234]). Dasselbe gilt für eine Tätigkeit in **Satelliten- und Nachbarschaftsbüros**, da die Beschäftigten typischerweise in örtlicher und zeitlicher Hinsicht an die Büros und die für diese geltenden Öffnungszeiten gebunden sind

(*Heenen*/MünchArbR § 316 Rn. 11: keine typisierende Betrachtung möglich; *Preis* Arbeitsrechtliche Probleme der Telearbeit, S. 75 [84]; *Wank* NZA 1999, 225 [232]).

Fehlt es an der persönlichen Abhängigkeit, so kann es sich bei den Telearbeitern um **in Heimarbeit Beschäftigte** handeln. Maßgeblich ist die Begriffsbestimmung in § 1 Abs. 1 i. V. m. § 2 Abs. 1 und 2 HAG. Erforderlich ist also insbesondere, dass die Verwertung der Arbeitsergebnisse dem Auftraggeber überlassen bleibt (vgl. hierzu *Kilian/Borsum/Hoffmeister* NZA 1987, 401 [404 f.]; *Schaub* NZA 2001, 364; *Wank* NZA 1999, 225 [233 f.]; *Wedde* Telearbeit, Rn. 190 ff.). Die betriebsverfassungsrechtliche Stellung der Telearbeitnehmer richtet sich dann nach § 5 Abs. 1 Satz 2 (früher § 6). Sie sind also i. S. d. Betriebsverfassungsrechts Arbeitnehmer des Betriebes, für den sie in der Hauptsache tätig sind. Tritt dagegen der Telearbeitnehmer selbst als Anbieter am Markt in Erscheinung, übernimmt er also das volle unternehmerische Risiko einschließlich der Verwertung des Arbeitsergebnisses und der hierin liegenden Gewinnchance, so handelt es sich nicht um Heimarbeit, sondern um sonstige selbständige Tätigkeit. In diesem Fall sind die mit Telearbeit Beschäftigten auch im betriebsverfassungsrechtlichen Sinne keine Arbeitnehmer. **68**

Nach den allgemeinen Vorschriften ist auch zu beurteilen, ob und wenn ja, von **welchem Betriebsrat die Telearbeitnehmer repräsentiert** werden. Die Frage kann sich insbesondere bei Telearbeit in Satelliten- oder Nachbarschaftsbüros stellen. Bilden die Büros lediglich einen Betriebsteil (hierzu *Franzen* § 4 Rdn. 4) oder handelt es sich um einen nicht betriebsratsfähigen Betrieb i. S. d. § 4 Abs. 2, so werden die dort beschäftigten Arbeitnehmer von dem Betriebsrat des Hauptbetriebs vertreten. Liegen bei einem Betriebsteil die Voraussetzungen des § 4 Abs. 1 Satz 1 vor, so können die Arbeitnehmer entweder einen eigenen Betriebsrat wählen oder gemäß § 4 Abs. 1 Satz 2 eine Zuordnung zum Hauptbetrieb beschließen (*Fitting* § 5 Rn. 207 f.). Handelt es sich dagegen bei dem Büro um einen selbständigen betriebsratsfähigen Betrieb, so scheidet eine Zuordnung zum Hauptbetrieb aus. Die Telearbeitnehmer werden daher nur dann kollektiv vertreten, wenn sie für dieses Büro einen eigenen Betriebsrat wählen (*Kilian/Borsum/Hoffmeister* NZA 1987, 401 [405]; *Preis* Arbeitsrechtliche Probleme der Telearbeit, S. 75 [90]). Letzteres dürfte allerdings aufgrund der mehr oder weniger ausgeprägten Anbindung der Büros an die Zentrale die Ausnahme darstellen (ähnlich *Wedde* Telearbeit, Rn. 770 ff.). Sofern in Nachbarschaftsbüros Arbeitnehmer mehrerer Unternehmen zusammenarbeiten, so kann es sich um einen gemeinsamen Betrieb i. S. d. § 1 Abs. 1 Satz 2 handeln, sofern das Büro unter einer einheitlichen Leitung steht (näher zu den Voraussetzungen des gemeinsamen Betriebs *Franzen* § 1 Rdn. 46 ff.). **69**

c) Crowdworker
Eine weitere, ähnlich wie die Telearbeit durch die modernen Kommunikationsmittel möglich gewordene, moderne Form der Arbeitsorganisation ist das sog. Crowdwork, ursprünglich auch als Crowdsourcing bezeichnet. Der **Begriff Crowdsourcing** bildet eine Wortneuschöpfung aus den englischen Wörtern »Crowd« und »Outsourcing« und macht damit deutlich, worin deren Kennzeichen besteht. Wie im Falle des »Outsourcing« sollen bisher vom Unternehmen mit eigenen Kräften erledigte Arbeitsaufgaben auf externe Dienstleister verlagert werden. Im Unterschied zum klassischen Outsourcing beauftragt der Unternehmer jedoch nicht einen konkreten Dienstleister. Er adressiert den Auftrag oder die Anfrage vielmehr – typischerweise via Internet – an einen unbestimmten, nicht individualisierten Personenkreis, die »Crowd« (*Leimeister/Zogaj* Neue Arbeitsorganisation durch Crowdsourcing, S. 17 ff.). Ein Vorteil des Crowdsourcing wird darin gesehen, dass es die Möglichkeit eröffnet, ähnlich wie bei einer öffentlichen Ausschreibung zwischen mehreren Anbietern zu wählen und so möglichst den optimalen Dienstleister zu finden, sich also die »Schwarmintelligenz« zunutze machen zu können (*Leimeister/Zogaj/Blohm* in: *Benner* Crowdwork – zurück in die Zukunft?, S. 10 f.). Die Arbeitsaufträge können von einfacheren Arbeiten wie dem Katalogisieren von Daten oder der Überprüfung einer Website auf Fehler bis hin zu komplexeren Fragestellungen (z. B. das Lösen mathematischer Probleme) oder kreativen Prozessen (z. B. der Entwurf eines Slogans für eine Werbekampagne oder die Entwicklung von Grafiken oder Designentwürfen) reichen (*Däubler* Internet und Arbeitsrecht, Rn. 446c f.; *Däubler/Klebe* NZA 2015, 1032 [1033]; *Klebe/Neugebauer* AuR 2014, 4; *Leimeister/Zogaj/Blohm* in: *Benner* Crowdwork – zurück in die Zukunft?, S. 19 ff.). Im Regelfall erfolgt die Initiierung des Crowdsourcing-Prozesses über eine **Plattform im Internet** (*Leimeister/Zogaj* **70**

Neue Arbeitsorganisation durch Crowdsourcing, S. 19). Diejenigen, die – üblicherweise ebenfalls via Internet – die entsprechenden Aufträge erledigen oder Vorschläge einreichen, nennt man Crowdworker.

71 Hinsichtlich der **rechtlichen Einordnung** des Verhältnisses zwischen dem Auftraggeber und dem Crowdworker ist zunächst zwischen dem externen und dem internen Crowdwork zu unterscheiden. Bei **internem Crowdwork** wendet sich der Auftraggeber – typischerweise über eine von ihm selbst betriebene Internetplattform – ausschließlich an Arbeitnehmer des eigenen Unternehmens oder des Konzerns, dem das Unternehmen angehört. Hier ist regelmäßig davon auszugehen, dass die Erledigung des Auftrags im Rahmen des bestehenden Arbeitsverhältnisses erfolgt, also kein eigenständiges Rechtsverhältnis begründet werden soll. In diesem Fall behalten die »Crowdworker« auch während der Ausführung des Auftrags ihren Status als Arbeitnehmer (*Däubler* Internet und Arbeitsrecht, Rn. 447; *Fitting* § 5 Rn. 85b). Stehen die ausgewählten Crowdworker in einem Arbeitsverhältnis zu einem anderen Konzernunternehmen, kann die Tätigkeit als Fall der Konzernleihe eingeordnet werden.

72 Im Falle des **externen Crowdwork** richtet sich der Auftraggeber auch oder sogar ausschließlich an nicht mit dem Unternehmen verbundene Personen. Erfolgt die Auftragserledigung – wie meist – über eine nicht vom Auftraggeber selbst, sondern von einem Dritten betriebene und üblicherweise gegen Entgelt zu nutzende Internetplattform, so ist weiterhin danach zu unterscheiden, ob der Plattformbetreiber auch rechtlich zwischengeschaltet ist oder ob die Plattform lediglich die Funktion hat, den geschäftlichen Kontakt herzustellen und einen etwaigen Vertrag zu vermitteln (*Däubler/Klebe* NZA 2015, 1032 [1033]). Im ersten Fall werden Rechtsbeziehungen ausschließlich zwischen dem Betreiber der Plattform einerseits und dem Auftraggeber bzw. dem Crowdworker andererseits hergestellt. Eine Arbeitnehmerstellung des Crowdworkers scheidet dann – zumindest im Verhältnis zu den Auftraggeber – schon deshalb aus, weil es an einer unmittelbaren Rechtsbeziehung zwischen diesen fehlt. Aber auch wenn sich der Crowdworker unmittelbar gegenüber dem Auftraggeber zur Erledigung des Auftrags gegen Entgelt verpflichtet, liegt typischerweise **kein Arbeitsverhältnis** vor, weil der Crowdworker seine Arbeitsleistung nicht in persönlicher Abhängigkeit erbringt (*Däubler* Internet und Arbeitsrecht, Rn. 446i f.; *Däubler/Klebe* NZA 2015, 1032 [1034f.]; *Fitting* § 5 Rn. 85b; *Wank* EuZA 2016, 143 [168]; im Ergebnis auch *Trümner/DKKW* § 5 Rn. 62d). Der Crowdworker verpflichtet sich nicht dazu, weisungsgebundene Dienste im Rahmen einer fremden Organisationseinheit zu leisten, sondern er übernimmt eine konkrete, vertraglich definierte Arbeitsaufgabe, die er eigenständig erledigt (*Däubler* Internet und Arbeitsrecht, Rn. 446y f.; *Däubler/Klebe* NZA 2015, 1032 [1034 f.]; s. a. Rdn. 31 f.). Etwaige Einschränkungen im Hinblick auf die Bestimmung von Zeit und Ort der Leistung ergeben sich im Regelfall aus der übernommenen Aufgabe selbst, nicht aus etwaigen Weisungen des Auftraggebers. Allenfalls könnte der Crowdworker als **arbeitnehmerähnliche Person** einzuordnen sein. Voraussetzung hierfür wäre allerdings seine wirtschaftliche Abhängigkeit vom Auftraggeber und eine hieraus folgende, einem Arbeitnehmer vergleichbare Schutzbedürftigkeit (*Fitting* § 5 Rn. 85b). Legt man den in § 12a Abs. 1 Nr. 1 TVG zugrunde gelegten Maßstab an, müsste der Crowdworker regelmäßig für einen Auftraggeber arbeiten und aus diesen Aufträgen mehr als die Hälfte des Einkommens aus Erwerbstätigkeit beziehen. Solche Fälle dürften eher selten vorkommen (*Klebe/Neugebauer* AuR 2014, 4 [5]; *Däubler* Internet und Arbeitsrecht, Rn. 446k nennt als Beispiel den Fall, dass ein Crowdworker nur für eine Plattform oder ein Unternehmen tätig ist). Crowdworker dürften auch nicht als **Heimarbeiter** i. S. d. § 2 Abs. 1 HAG anzusehen sein, da sie eine am Markt nachgefragte Dienstleistung erbringen und damit das Ergebnis ihrer Arbeit selbst verwerten (vgl. § 2 Abs. 1 HAG; *Däubler* Internet und Arbeitsrecht, Rn. 447w). Zumindest wären sie wohl kaum nach § 5 Abs. 1 Satz 2 als Arbeitnehmer des Betriebs des Auftraggebers einzuordnen, da hierfür Voraussetzung ist, dass sie in der Hauptsache für diesen Betrieb arbeiten (ähnlich *Trümner/DKKW* § 5 Rn. 62f).

d) Außendienstmitarbeiter

73 Außendienstmitarbeiter können gemäß § 5 Abs. 1 Satz 1 Arbeitnehmer sein, wenn sie die allgemeinen Voraussetzungen erfüllen, also ihre Dienstleistung weisungsgebunden im Rahmen des fremden Organisationsbereiches zu erbringen haben. Diese, durch das BetrVerf-ReformG eingefügte Ergänzung hat

ebenfalls nur klarstellende Bedeutung (*Reg. Begr.* BT-Drucks. 14/5741, S. 35). Schon nach der früheren Fassung war unstrittig, dass die Arbeitnehmereigenschaft von Außendienstmitarbeitern nicht allein deshalb verneint werden kann, weil sie ihre Arbeitsleistung außerhalb der Betriebsstätte erbringen (vgl. nur *BAG* 22.03.2000 EzA § 14 AÜG Nr. 4; 19.06.2001 EzA § 87 BetrVG 1972 Arbeitszeit Nr. 63 unter B II 1a; *Kraft* 6. Aufl., § 5 Rn. 29). Vielmehr ist der Ort der Arbeitsleistung für die Abgrenzung zwischen selbständiger und unselbständiger Tätigkeit ohne Bedeutung. Im Grunde geht es auch nicht um die Arbeitnehmereigenschaft, sondern um die Frage der Betriebszugehörigkeit i. S. d. § 7 Satz 1, also darum, ob die Außendienstmitarbeiter einem (inländischen) Betrieb zuzuordnen sind und wenn ja welchem (hierzu s. § 7 Rdn. 47 ff.).

e) Beamte, Soldaten und Arbeitnehmer des öffentlichen Dienstes in Betrieben privatwirtschaftlich organisierter Unternehmen (Abs. 1 Satz 3)

aa) Entstehungsgeschichte der Regelung

Nach Abs. 1 S. 3 **gelten** Beamte, Soldaten und Arbeitnehmer einschließlich der zu ihrer Berufsausbildung Beschäftigten, die in Betrieben privatwirtschaftlich organisierter Unternehmen tätig sind, **als Arbeitnehmer**. Die Regelung wurde durch Art. 9 des Gesetzes zur Errichtung eines Bundesaufsichtsamtes für Flugsicherung und zur Änderung und Anpassung weiterer Vorschriften vom 29.07.2009 (BGBl. I, S. 2424, in Kraft getreten am 04.08.2009) eingefügt. Damit wurde die Stellung dieser Personengruppe grundlegend neu geregelt. In erster Linie geht es dabei um die Beschäftigten in den privatisierten Bereichen früherer öffentlich-rechtlich organisierter Unternehmen. Betroffen sind aber auch Kooperationen des öffentlichen Dienstes mit privatwirtschaftlichen Unternehmen (sog. Public-Private-Partnership). Mit der Neuregelung werden die Beamten, Soldaten und Arbeitnehmer, die von ihrem Dienstherrn bzw. von dem öffentlich-rechtlich organisierten Arbeitgeber in privatrechtlich organisierte Unternehmen entsandt werden, den dort beschäftigten Arbeitnehmern gleichgestellt. 74

Das **Gesetz korrigiert** damit die **entgegenstehende Rechtsprechung des *BAG***, das vor allem Beamte und Soldaten im Falle der Abordnung in Unternehmen des Privatrechts nicht als Arbeitnehmer im betriebsverfassungsrechtlichen Sinne angesehen hatte, weil sie in einem öffentlich-rechtlichen Dienst- und Treueverhältnis zu ihrem Dienstherren stehen. Nach der früheren Ansicht des Gerichts wurden diese für die Dauer ihrer Abordnung allein durch den für sie zuständigen Personalrat vertreten (*BAG* 25.02.1998 EzA § 5 BetrVG 1972 Nr. 62 = AP Nr. 8 zu § 8 BetrVG 1972; 28.03.2001 EzA § 7 BetrVG 1972 Nr. 2 = AP Nr. 5 zu § 7 BetrVG 1972 unter B I 2; s. a. Rdn. 28). Allerdings verlieren die abgeordneten Beamten, Soldaten oder Arbeitnehmer – vorbehaltlich einer abweichenden Sonderregelung – ihr Wahlrecht, sobald die Abordnung länger als drei Monate gedauert hat (vgl. etwa § 13 Abs. 2 Satz 1 Halbs. 2, Satz 4 BPersVG; näher hierzu *Dörner/RDW* § 13 Rn. 27 ff.). Dies führte folglich dazu, dass die Beamten und Soldaten für die Zeit der Abordnung überhaupt keine legitimierte Vertretung hatten (*Blanke* PersR 2009, 249 [250 f.]; *Kortmann/Korsch* öAT 2010, 201 [202]). Das *BAG* meinte, dass diese Lücke nur im Rahmen des Personalvertretungsrechts geschlossen werden könne, indem für die abgeordneten Beamten eine Wahlberechtigung zum Personalrat geschaffen werde (*BAG* 28.03.2001 EzA § 7 BetrVG 1972 Nr. 2 = AP Nr. 5 zu § 7 BetrVG 1972 unter B I 2d aa [2]). 75

Der Gesetzgeber hat jedoch einen anderen Weg eingeschlagen. Dies geschah zunächst in Gestalt einer Vielzahl von **Sonderregelungen** für die einzelnen betroffenen Bereiche des öffentlichen Dienstes. Nachdem er zunächst für den Bereich der früheren Sondervermögen **Deutsche Bundesbahn und Deutsche Bundespost** angeordnet hatte, dass Beamte, die nunmehr im Bereich der Deutschen Bahn AG bzw. bei einem der Postunternehmen eingesetzt werden, als Arbeitnehmer i. S. d. BetrVG anzusehen sind (§ 19 Abs. 1 DBGrG; § 24 Abs. 2 und 3 PostPersRG), hat er vergleichbare Regelungen auch für die Zuweisung einer Tätigkeit in einem mit der **Bundeswehr** kooperierenden Wirtschaftsunternehmen (§ 6 Abs. 1 BwKoopG, Gesetz vom 30.07.2004 BGBl. I, S. 2027), für den Einsatz von Beamten und Arbeitnehmern der **Bundeswertpapierverwaltung** bzw. des Bundesamtes für zentrale Dienste und Vermögensfragen bei der neu geschaffenen Bundesrepublik Deutschland-Finanzagentur GmbH (§ 5 Abs. 1 BWpVerwPG, eingeführt durch Art. 2 des Bundesschuldenwesenmodernisierungsgesetzes vom 12.07.2006 BGBl. I, S. 1469), für den Einsatz von Beamten und Arbeitnehmern der **Bundesagentur für Außenwirtschaft** bzw. des Bundesamtes für Wirtschaft und 76

Ausfuhrkontrolle bei der »Germany Trade and Invest – Gesellschaft für Außenwirtschaft und Standortmarketing mbH« (§ 5 Abs. 1 BfAIPG, G. v. 08.12.2008, BGBl. I, S. 2370) sowie – gleichzeitig mit der Änderung des § 5 – für die Beschäftigung von Beamten und Arbeitnehmern des **Luftfahrt-Bundesamtes** bei der »Deutsche Flugsicherung GmbH« (§ 4 Abs. 2 BAFISBAÜbnG, eingefügt durch G. v. 29.07.2009, BGBl. I, S. 2424), getroffen. Auf diese Weise wurde die bestehende »Lücke« dadurch geschlossen, dass die Beamten, Soldaten und Arbeitnehmer (auch) durch den Betriebsrat im jeweiligen Einsatzbetrieb vertreten werden und dort zugleich wahlberechtigt und wählbar sind.

77 Der **Bundesrat** hatte in dem Gesetzgebungsverfahren zum Bundesschuldenwesenmodernisierungsgesetz **angeregt**, dies durch **Änderung des BetrVG** allgemein für alle Beamten in privatrechtlich organisierten Unternehmen zu regeln (BT-Drucks. 16/1336 Anlage 2). Die Bundesregierung hatte zunächst in ihrer seinerzeitigen Stellungnahme darauf hingewiesen, dass eine solche Änderung einer eingehenden und sorgfältigen Erörterung bedürfe, die im laufenden Gesetzgebungsverfahren nicht abschließend erfolgen könne (BT-Drucks. 16/1336 Anlage 2). Dennoch hat der Gesetzgeber später die organisatorische Neugestaltung der Flugsicherung zum Anlass für die generelle Einbeziehung der Beamten und Soldaten in den persönlichen Geltungsbereich des BetrVG genommen, wenn sie in dem Einsatzbetrieb Aufgaben wahrnehmen, die nicht denen eines leitenden Angestellten entsprechen. Dies geschah allerdings, ohne dass eine eingehendere Prüfung und eine Rechtsfolgenabwägung stattgefunden hätte. So wurden im Gesetzgebungsverfahren weder arbeitsrechtliche Sachverständige beteiligt, noch wurden die mit der Regelung verbundenen betriebsverfassungsrechtlichen Fragen diskutiert (*Heise/Fedder* NZA 2009, 1069). In der Gesetzesbegründung wird lapidar darauf verwiesen, dass mit der Änderung dem Wunsch des Bundesrates aus dem Jahre 2006 entsprochen werde und die Vorschrift inhaltlich den Regelungen in den Spezialgesetzen entspreche (*Reg. Begr.* BT-Drucks. 16/11608, S. 21). Auf die vom *BAG* erhobenen systematischen Bedenken gegen eine Einbeziehung von Beamten in die Betriebsverfassung (*BAG* 28.03.2001 EzA § 7 BetrVG 1972 Nr. 2 = AP Nr. 5 zu § 7 BetrVG 1972 unter B I 2b und c) geht die Begründung nicht ein. Dieses Vorgehen stellt zwar den Rechtsanwendungsbefehl des Gesetzgebers nicht in Frage. Doch sollte bei der Normanwendung bedacht werden, dass die aus der Gleichstellung mit den betriebsangehörigen Arbeitnehmern resultierenden Rechtsfolgen nicht sämtlich ohne Weiteres als bewusste gesetzgeberische Wertentscheidung verstanden werden können.

bb) Bedeutung

78 Die in Abs. 1 Satz 3 genannten Personen »gelten als Arbeitnehmer«. Von Bedeutung ist die Regelung vor allem im Zusammenhang mit der **Privatisierung bisher öffentlich-rechtlich organisierter Unternehmen**. Beschäftigte des öffentlichen Dienstes, die im Zuge der Privatisierung (zumeist langfristig oder dauerhaft) in dem Betrieb eines in den Formen des Privatrechts agierenden Unternehmens beschäftigt werden, sollen den dortigen Arbeitnehmern im Hinblick auf die betriebsverfassungsrechtliche Vertretung gleichgestellt werden. Dies wäre für die Beamten und Soldaten nach der allgemeinen Regelung des Abs. 1 Satz 1 schon deshalb ausgeschlossen, weil diese in einem öffentlich-rechtlichen Dienstverhältnis stehen und daher keine Arbeitnehmer sind (s. Rdn. 28). Darüber hinaus besteht dieses Dienstverhältnis nicht zu dem privatwirtschaftlich organisierten Unternehmen, sondern zu dem öffentlich-rechtlichen Dienstherrn. Bei den ebenfalls erwähnten Arbeitnehmern des öffentlichen Dienstes würde eine Gleichstellung mit der Stammbelegschaft zwar nicht an der Rechtsnatur des Dienstverhältnisses, wohl aber daran scheitern, dass dieses nicht zum Betriebsinhaber besteht, was nach allgemeinen Grundsätzen zur Folge hätte, dass die überlassenen Arbeitnehmer nicht als Arbeitnehmer des Einsatzbetriebs anzusehen wären (s. § 7 Rdn. 17 ff.). Abs. 1 Satz 3 überwindet beide Erfordernisse mit dem Instrument der gesetzlichen Fiktion. Obwohl die gesetzlichen Voraussetzungen an sich nicht vorliegen, sollen die Angehörigen des genannten Personenkreises **nicht nur als Arbeitnehmer i. S. d. § 5 Abs. 1 Satz 1, sondern auch als Arbeitnehmer des Betriebes** anzusehen, also betriebsverfassungsrechtlich dem Einsatzbetrieb zuzuordnen sein (*BAG* 15.12.2011 EzA § 5 BetrVG 2001 Nr. 7 Rn. 21; *Fitting* § 5 Rn. 317 f.; *Gaul/HWK* § 5 BetrVG Rn. 34a; *Hayen* PersR 2009, 384 [386]; *Heise/Fedder* NZA 2009, 1069 [1071]; *Koch*/ErfK § 5 BetrVG Rn. 3a; *Rieble* NZA 2012, 485; *Trümner/DKKW* § 5 Rn. 108; **a. M.** *Löwisch* BB 2009, 2316 f.; *von Steinau-Steinrück/Mosch* NJW-Spezial 2009, 706; s. a. Rdn. 14). Ihre Arbeitnehmereigenschaft kann also weder mit der Begründung verneint werden, dass ihr Beschäftigungsverhältnis öffentlich-rechtlicher Natur ist, noch

Arbeitnehmer § 5

unter Hinweis darauf, dass keine unmittelbare Rechtsbeziehung zu dem Betriebsinhaber bestehe. Die entgegenstehende frühere Rechtsprechung des *BAG* (vgl. *BAG* 25.02.1998 EzA § 5 BetrVG 1972 Nr. 62 = AP Nr. 8 zu § 8 BetrVG 1972 [Umwandlung einer Anstalt des öffentlichen Rechts in eine Aktiengesellschaft im Rahmen einer Privatisierung]; 28.03.2001 EzA § 7 BetrVG 1972 Nr. 2 = AP Nr. 5 zu § 7 BetrVG 1972 [unter Aufgabe der abweichenden Rechtsprechung *BAG* 28.04.1964 AP Nr. 3 zu § 4 BetrVG]) ist damit überholt.

cc) Verhältnis zu den Sonderregelungen

Zeitlich vor sowie teilweise gleichzeitig mit der Regelung des Abs. 1 Satz 3 hat der Gesetzgeber die **79** betriebsverfassungsrechtliche Stellung von Beamten, Soldaten und Arbeitnehmern des öffentlichen Dienstes, die im Wege der Zuweisung oder Personalgestellung in Betrieben eines privatwirtschaftlich organisierten Unternehmens eingesetzt wurden (wobei es sich bei den Unternehmen zumeist um Neugründungen im Rahmen der Auslagerung von Aufgaben im Zuge der Privatisierung handelte), in einer Vielzahl von Sondergesetzen geregelt (s. Rdn. 76). Diese Sonderregelungen sind mit der Einführung des Abs. 1 Satz 3 nicht aufgehoben worden. Hieraus wird man zwingend schließen müssen, dass diese neben der Regelung des BetrVG fortbestehen und dieser nach dem **Spezialitätsprinzip** als leges speciales vorgehen (*BAG* 04.05.2011 EzA § 99 BetrVG 2001 Versetzung Nr. 9 Rn. 28; *Fitting* § 5 Rn. 320; *Hayen* PersR 2009, 384 [389]; *Heise/Fedder* NZA 2009, 1069 [1071]; *Koch/*ErfK § 5 BetrVG Rn. 3a; *Trümner/DKKW* § 5 Rn. 111). Für die Stellung der Beamten, Soldaten und Arbeitnehmer des öffentlichen Dienstes in diesen Bereichen sind daher in erster Linie die dortigen Sonderbestimmungen maßgeblich. Nur wenn und soweit eine Sonderregelung nicht existiert, gilt Abs. 1 Satz 3.

dd) Voraussetzungen

(1) Beamte, Soldaten und Arbeitnehmer des öffentlichen Dienstes einschließlich der zu ihrer Berufsausbildung Beschäftigten

Für die Bestimmung der Beamten- und Soldateneigenschaft gelten die allgemeinen Bestimmungen. **80** **Beamte** sind Personen, die in einem öffentlich-rechtlichen Dienst- und Treueverhältnis (§ 4 BBG) zu einer juristischen Person des öffentlichen Rechts stehen, welche die Dienstherrenfähigkeit (§ 2 BBG) besitzt. **Soldaten** sind Personen, die auf Grund der Wehrpflicht oder freiwilliger Verpflichtung in einem Wehrdienstverhältnis stehen (§ 1 Soldatengesetz – SG), wobei unausgesprochen vorausgesetzt wird, dass das Wehrdienstverhältnis zum »Staat«, also zur Bundesrepublik Deutschland besteht.

Arbeitnehmer des öffentlichen Dienstes unterscheiden sich von den übrigen Arbeitnehmern le- **81** diglich dadurch, dass ihr Arbeitsverhältnis mit einem Arbeitgeber besteht, der nicht der Privatwirtschaft, sondern eben dem öffentlichen Dienst zuzuordnen ist. Wonach die Abgrenzung der beiden Bereiche und damit die Zuordnung zum öffentlichen Dienst erfolgen soll, sagt das Gesetz nicht ausdrücklich. Es bietet sich insoweit aber ein **Rückgriff auf § 130** an (ebenso *Koch/*ErfK § 5 BetrVG Rn. 3a). Erfasst sind damit alle Arbeitnehmer, deren Arbeitgeber nach § 130 vom Geltungsbereich des BetrVG ausgenommen ist und dem Geltungsbereich der Personalvertretungsgesetze unterfällt. Hierfür spricht neben der systematischen Erwägung, dass das Gesetz in der (amtlichen) Überschrift denselben Begriff verwendet, auch die Entstehungsgeschichte und der Zweck der Regelung, die geschaffen wurde, um eine Lücke im Personalvertretungsrecht zu schließen (s. *Weber* § 130 Rdn. 2). Arbeitnehmer des öffentlichen Dienstes sind also diejenigen, die in einem Arbeitsverhältnis zu einer juristischen Person des öffentlichen Rechts (Bund, Land, Gemeinde, sonstige Körperschaften, Anstalten oder Stiftungen des öffentlichen Rechts) stehen (so wohl auch *BAG* 15.08.2012 EzA § 5 BetrVG 2001 Nr. 8 Rn. 33; 05.12.2012 EzA § 5 BetrVG 2001 Nr. 9 Rn. 20 = NZA 2013, 690 [692]; *Hayen* PersR 2009, 384 [388]; *Trümner/DKKW* § 5 Rn. 116).

Erfasst werden darüber hinaus die **zu ihrer Berufsausbildung Beschäftigten**, die in einem Ausbil- **82** dungsverhältnis zu einer juristischen Person des öffentlichen Rechts stehen. Unerheblich ist dabei, ob sich die Ausbildung in öffentlich-rechtlichen (etwa als Beamtenanwärter im Beamtenverhältnis auf Widerruf) oder privatrechtlichen (in einem vertraglich begründeten Berufsausbildungsverhältnis nach § 10 Abs. 1 BBiG) Formen vollzieht. Diese gelten im Grundsatz ebenfalls als Arbeitnehmer des Betriebes, in dem sie im Rahmen ihrer Ausbildung tätig sind. Einschränkungen ergeben sich allerdings vor allem im Hinblick auf das **Wahlrecht** der Auszubildenden im Einsatzbetrieb mit Rücksicht auf die Besonderheiten, die in Bezug auf die Betriebszugehörigkeit von Auszubildenden zu beachten sind (s. Rdn. 60 sowie § 7 Rdn. 65).

83 Wegen der Beschränkung auf Arbeitnehmer des öffentlichen Dienstes findet Abs. 1 Satz 3 **keine Anwendung auf die Überlassung von Arbeitnehmern zwischen privatrechtlich organisierten Unternehmen**. Ist der Arbeitgeber eine juristische Person des Privatrechts und werden deren Arbeitnehmer einem anderen Unternehmen überlassen, so richtet sich die betriebsverfassungsrechtliche Stellung der Arbeitnehmer im Einsatzbetrieb nach den für die Arbeitnehmerüberlassung maßgeblichen Vorschriften (insbesondere § 7 Satz 2 und § 14 Abs. 2 AÜG; s. a. Rdn. 119 ff. sowie § 7 Rdn. 72 ff.). Dies gilt auch, wenn sich die öffentliche Hand bei dem Betrieb eines Unternehmens der Formen des Privatrechts bedient. Abs. 1 Satz 3 ist also auch dann nicht anwendbar, wenn das überlassende Unternehmen von einer juristischen Person des öffentlichen Rechts (etwa als Allein- oder Mehrheitsgesellschafter) beherrscht wird. Im Unterschied hierzu sieht § **24 Abs. 3 PostPersRG** vor, dass Beamte, die bei einer der aus der Deutschen Bundespost hervorgegangenen Aktiengesellschaft beschäftigt sind und nach § 4 Abs. 4 PostPersRG einem **Tochter- oder Enkelunternehmen** der Aktiengesellschaft zugewiesen werden, auch im Einsatzbetrieb betriebsverfassungsrechtlich als Arbeitnehmer des Betriebs zu behandeln sind (*Engels* AuR 2009, 65 [74]). Keine Auswirkungen hat Abs. 1 Satz 3 naturgemäß auch bei **Zuweisungen und Personalgestellungen innerhalb des öffentlichen Dienstes**, also zwischen juristischen Personen des öffentlichen Rechts. Die Stellung der Beamten, Soldaten und Arbeitnehmer in der aufnehmenden Dienststelle beantwortet sich ausschließlich nach Personalvertretungsrecht (*Hayen* PersR 2009, 384 [389]).

(2) Tätigkeit in einem Betrieb eines privatwirtschaftlich organisierten Unternehmens

84 Die überlassenen Beamten, Soldaten und Arbeitnehmer des öffentlichen Dienstes müssen in einem Betrieb eines privatwirtschaftlich organisierten Unternehmens tätig werden. Hier kann es wiederum für die Zuordnung zum Bereich der Privatwirtschaft nur auf die **Rechtsform des Rechtsträgers** ankommen. Maßgeblich ist also, ob der Betriebsinhaber eine natürliche Person oder eine juristische Person des Privatrechts ist und der Betrieb damit dem Geltungsbereich des BetrVG (§ 130) unterfällt.

85 Fraglich ist, was unter »tätig sein« zu verstehen ist. Nach dem **Wortlaut** würde hierunter **jede Tätigkeit** fallen, die sich dem Dienstverhältnis zu dem öffentlich-rechtlichen Dienstherrn bzw. Arbeitgeber zuordnen und als Erfüllung der hieraus folgenden Dienstpflicht ansehen lässt. Dass eine solch weite Interpretation nicht der Intention des Gesetzes entspricht, zeigt sich daran, dass ansonsten z. B. jede Ermittlungsmaßnahme eines Staatsanwalts oder eines Polizeibeamten in einem Betrieb der Privatwirtschaft dazu führen würde, dass die Beamten als Arbeitnehmer des Betriebs anzusehen wären (so das Beispiel bei *Heise/Fedder* NZA 2009, 1069 [1070]; ebenso *Maschmann/AR* § 5 BetrVG Rn. 4).

86 Ausgangspunkt der Überlegungen muss sein, dass die intendierte Gleichstellung mit der »Stammbelegschaft« nur zu rechtfertigen ist, wenn die bei dem öffentlich-rechtlichen Dienstherrn bzw. Arbeitgeber Beschäftigten **den betriebsangehörigen Arbeitnehmern i. S. d. § 7 Satz 1 in maßgeblicher Hinsicht vergleichbar** sind. Voraussetzung der Betriebszugehörigkeit ist aber nach der herrschenden Kumulationstheorie neben einer tatsächlichen Beziehung zum Betrieb ein Arbeitsverhältnis zum Betriebsinhaber (s. § 7 Rdn. 24 ff.). Nun kann es nach der Konstruktion der Regelung nicht auf das Bestehen eines Beschäftigungsverhältnisses zum Inhaber des Einsatzbetriebes ankommen, da es gerade um Fälle geht, in denen Beschäftigte in Betrieben Dritter eingesetzt werden (zutr. *BAG* 05.12.2012 EzA § 5 BetrVG 2001 Nr. 9 Rn. 23). Der Betriebsinhaber muss aber die Möglichkeit haben, die Beschäftigten in gleicher Weise zur Erreichung des arbeitstechnischen Zweckes des Betriebes einzusetzen wie eigene Arbeitnehmer. Das *BAG* spricht daher davon, dass ein Tätigsein im Betrieb dann vorliege, wenn die Person **in die Betriebsorganisation eingegliedert** sei und der Betriebsinhaber **das für ein Arbeitsverhältnis typische Weisungsrecht** innehabe, insbesondere die Entscheidung über Zeit und Ort des Arbeitseinsatzes treffen könne (*BAG* 15.08.2012 EzA § 5 BetrVG 2001 Nr. 8 Rn. 35, 38; 05.12.2012 EzA § 5 BetrVG 2001 Nr. 9 Rn. 23; *LAG Baden-Württemberg* 23.09.2015 LAGE § 5 BetrVG 2001 Nr. 2 unter B II 2 a [anhängig *BAG* 7 ABR 58/15]). Dem ist im Grundsatz zuzustimmen.

Nicht zugestimmt werden kann hingegen der Feststellung des *BAG*, dass das »tätig sein« allein an einen **87** tatsächlichen Umstand anknüpfe (*BAG* 15.08.2012 EzA § 5 BetrVG 2001 Nr. 8 Rn. 35 f.; 05.12.2012 EzA § 5 BetrVG 2001 Nr. 9 = NZA 2013, 690 [692] Rn. 23; ähnlich *Koch/ErfK* § 5 BetrVG Rn. 3a). Die rein faktische Eingliederung begründet auch ansonsten keine Zugehörigkeit zu der vom Betriebsrat repräsentierten Belegschaft (s. Rdn. 30). Erforderlich ist vielmehr, dass der Betriebsinhaber gegenüber den im Betrieb eingesetzten Personen eine **einem Arbeitgeber vergleichbare Rechtsstellung** innehat. Eine solche Rechtsstellung muss zumindest die Befugnisse umfassen, die erforderlich sind, um die Personen im Rahmen der betrieblichen Zwecksetzung wie eigene Arbeitnehmer beschäftigen zu können. Da solche Befugnisse gegenüber den Beschäftigten ihre Grundlage nur in dem Dienstverhältnis zu dem öffentlich-rechtlichen Dienstherrn bzw. Arbeitgeber finden können, setzt ein »tätig sein« folglich voraus, dass **dem Betriebsinhaber solche Rechte** von dem öffentlichen Dienstherrn oder Arbeitgeber **übertragen worden** sind. Dies geschieht üblicherweise durch eine Vereinbarung zwischen dem öffentlich-rechtlichen Dienstherrn oder Arbeitgeber und dem Inhaber des Betriebes, etwa im Rahmen eines Gestellungsvertrages (vgl. *BAG* 15.12.2011 EzA § 5 BetrVG 2001 Nr. 7 Rn. 34). Doch dürfte auch eine konkludente Abrede genügen. Hinzukommen muss jedoch, dass der Beschäftigte gegenüber seinem Dienstherrn bzw. Arbeitgeber zur Dienstleistung in dem privatwirtschaftlichen Betrieb verpflichtet ist. Eine solche Verpflichtung wird durch eine **Zuweisung der Tätigkeit** in dem Betrieb des anderen Unternehmens (§ 29 Abs. 1 und 2 BBG, § 20 Abs. 1 und 2 BeamtStG, § 4 Abs. 2 TVöD, § 4 Abs. 2 TV-L) oder durch ein entsprechendes Verlangen des öffentlichen Arbeitgebers im Rahmen einer **Personalgestellung** nach Verlagerung der Aufgaben des Beschäftigten auf ein Drittunternehmen (§ 4 Abs. 3 TVöD, § 4 Abs. 3 TV-L) begründet, wobei die Zuweisung die vorübergehende, die Personalgestellung dagegen die auf Dauer angelegte Beschäftigung bei einem Dritten bezeichnet (vgl. Protokollerklärung zu § 4 Abs. 2 und 3 TVöD). Denkbar ist auch, dass die Beschäftigung aufgrund einer entsprechenden **Vereinbarung** zwischen dem Dienstherrn bzw. Arbeitgeber und dem Beschäftigten erfolgt. Dass mit »tätig sein« eine Tätigkeit aufgrund einer solchen Zuweisung gemeint ist, wird auch in der Gesetzesbegründung deutlich. Danach sollte mit der Einführung des Abs. 1 Satz 3 eine allgemeine Regelung in das BetrVG aufgenommen werden, »nach der Beamte bei Zuweisung an privatrechtlich organisierte Einrichtungen generell für die Anwendung des BetrVG als deren Arbeitnehmer gelten« (BT-Drucks. 16/11608, S. 21).

Unerheblich ist, ob die Übertragung der Befugnisse bzw. die **Zuweisung oder Personalgestellung** **88** **dem Beschäftigten gegenüber wirksam** ist (*BAG* 15.08.2012 EzA § 5 BetrVG 2001 Nr. 8 Rn. 36; *LAG Baden-Württemberg* 23.09.2015 LAGE § 5 BetrVG 2001 Nr. 2 unter B II 2 c [anhängig *BAG* 7 ABR 58/15]; *Koch/ErfK* § 5 BetrVG Rn. 3a; *Trümner/DKKW* § 5 Rn. 114). Voraussetzung ist allerdings, dass solche Absprachen tatsächlich stattgefunden haben und der Beschäftigte im Hinblick hierauf seine Dienstleistung in dem Betrieb des Drittunternehmens erbringt (ebenso *LAG Baden-Württemberg* 23.09.2015 LAGE § 5 BetrVG 2001 Nr. 2 unter B II 2 a [anhängig *BAG* 7 ABR 58/15]; wohl auch *BAG* 15.08.2012 EzA § 5 BetrVG 2001 Nr. 8 Rn. 36; missverständlich insoweit *Koch/ErfK* § 5 BetrVG Rn. 3a, wonach sowohl der Inhalt der Zuweisung als auch die Absprachen zwischen den beteiligten Arbeitgebern über die Personalüberlassung ohne Bedeutung seien). Die rechtliche Beurteilung entspricht insoweit derjenigen im Falle des fehlerhaften Arbeitsverhältnisses (s. Rdn. 30). Ist der Beschäftigte in seinem Dienstverhältnis zum öffentlichen Dienstherrn oder Arbeitgeber **nicht zur Dienstleistung verpflichtet**, so ist Abs. 1 Satz 3 dennoch anwendbar, wenn der Beschäftigte dem privatrechtlich organisierten Unternehmen organisatorisch durch eine Zuweisung oder Personalgestellung zugeordnet und der Betriebsinhaber eine einem Arbeitgeber vergleichbare Rechtsstellung hat (*BAG* 15.08.2012 – 7 ABR 24/11 – juris, Rn. 36 f.). Ein »Tätigsein« im Betrieb setzt also nicht voraus, dass die betreffende Person tatsächlich die nach dem öffentlich-rechtlichen oder privatrechtlichen Dienstverhältnis geschuldeten Dienste erbringt. Es genügt, wenn der Betriebsinhaber die betreffende Person wie eigenes Personal einsetzen kann, wenn und soweit eine solche Dienstpflicht besteht. Werden Beschäftigte, die in der Dienststelle des öffentlichen Arbeitgebers als **Mitglieder des Personalrats freigestellt** sind, dem Betrieb eines Privatunternehmens zugeordnet, so gelten sie folglich auch dann als Arbeitnehmer des dortigen Betriebs, wenn die Mitgliedschaft im Personalrat und damit die Freistellung nach der Zuordnung fortbesteht (*BAG* 15.08.2012 – 7 ABR 24/11 – juris, Rn. 36).

89 Nach h. M. kommt es auf die **Dauer der Tätigkeit** in dem Einsatzbetrieb nicht an (*BAG* 05.12.2012 EzA § 5 BetrVG 2001 Nr. 9 Rn. 28 ff.; *Düwell* AuR 2011, 288 [289]; *Gaul/HWK* § 5 BetrVG Rn. 34a; *Hamann* jurisPR-ArbR 21/2011 Anm. 4; *Maschmann/AR* § 5 BetrVG Rn. 4; *Trümner/ DKKW* § 5 Rn. 114; **a. M.** *Heise/Fedder* NZA 2009, 1069 [1070 f.]). Die Beamten, Soldaten und Arbeitnehmer des öffentlichen Dienstes gelten also auch bei nur kurzzeitiger, vorübergehender Zuweisung an den privatwirtschaftlichen Betrieb vom ersten Tag an als Arbeitnehmer dieses Betriebs. In der Tat enthält der Wortlaut – im Unterschied etwa zu § 7 Satz 2 – keine zeitliche Einschränkung. Er schießt damit freilich über die ursprüngliche Regelungsintention hinaus, da es dem Gesetzgeber in erster Linie um die Gleichstellung solcher Beamten, Soldaten und Arbeitnehmer ging, die dauerhaft oder zumindest langfristig in dem privatrechtlich organisierten Unternehmen tätig sind und vollständig in die dortigen Arbeitsabläufe eingegliedert werden (so die Begründung in dem Antrag des Bundesrates in BT-Drucks. 16/1336, S. 21, der den Anstoß zu der Regelung gab; vgl. auch die Begründungen zu § 6 Abs. 1 BwKoopG [BR-Drucks. 135/04, S. 9], zu § 5 BWpVerwPG [BT-Drucks. 16/1336, S. 17] und zu § 4 Abs. 2 BAFISBAÜbnG [BT-Drucks. 16/11608, S. 21]). Außerdem entsteht die personalvertretungsrechtliche Lücke des § 13 Abs. 2 Satz 1 Halbs. 2 und Satz 4 PersVG erst bei einer Zuweisung, die länger als drei Monate dauert. Dies dürfte jedoch kaum genügen, um bereits de lege lata eine Einschränkung in zeitlicher Hinsicht vornehmen zu können, zumal sich weder aus dem Wortlaut noch aus der Begründung Maßstäbe im Hinblick auf die konkrete Zeitdauer ableiten lassen (abw. und für eine teleologische Reduktion des Abs. 1 Satz 3 noch 9. Aufl. § 7 Rn. 49). Im Falle einer kurzzeitigen Tätigkeit ist jedoch stets genau zu prüfen, ob die übrigen Voraussetzungen vorliegen, insbesondere ob dem Betriebsinhaber eine einem Arbeitgeber vergleichbare Rechtsstellung eingeräumt worden ist (s. Rdn. 86 f.). Wird die Tätigkeit dagegen von dem Dienstherrn bzw. öffentlichen Arbeitgeber gesteuert und unterliegt der Beamte, Soldat oder Arbeitnehmer allenfalls fachlichen Anordnungen des Betriebsinhabers, so ist dieser Fall dem Fremdfirmeneinsatz vergleichbar (s. Rdn. 137). Ein Bedürfnis, den Beschäftigten den Arbeitnehmern des Einsatzbetriebs gleichzustellen, ist in diesem Falle nicht erkennbar. Zum vorübergehenden Einsatz von Auszubildenden des öffentlichen Dienstes in Privatunternehmen s. § 7 Rdn. 65.

ee) Rechtsfolgen
(1) Aktives und passives Wahlrecht

90 Den von Abs. 1 Satz 3 erfassten Beamten, Soldaten, Arbeitnehmer und Auszubildenden steht in dem Betrieb, in dem sie tätig sind, sowohl das aktive als auch das passive Wahlrecht zu. Sie sind also nach denselben Regeln **wahlberechtigt und wählbar** wie die Arbeitnehmer, die in einem Arbeitsverhältnis zum Betriebsinhaber stehen (*BAG* 15.12.2011 EzA § 5 BetrVG 2001 Nr. 7 Rn. 23; 15.08.2012 EzA § 5 BetrVG 2001 Nr. 8 Rn. 20 ff.; 12.09.2012 EzA § 9 BetrVG 2001 Nr. 5 Rn. 25 ff.; *Fitting* § 5 Rn. 318a; *Hayen* PersR 2009, 384 [387]; *Heise/Fedder* NZA 2009, 1069 [1071]; *Kortmann/Korsch* öAT 2010, 201 [202]; *Maschmann/AR* § 5 BetrVG Rn. 5; *Rose/HWGNRH* § 5 Rn. 87; *Thüsing* BB 2009, 2036; *Trümner/DKKW* § 5 Rn. 108; **a. M.** *Löwisch* BB 2009, 2316 f.; *von Steinau-Steinrück/ Mosch* NJW-Spezial 2009, 706). Dies ist die Konsequenz der gesetzlichen Fiktion, aufgrund der die Personen nicht nur als Arbeitnehmer, sondern als Arbeitnehmer des Betriebs anzusehen sind, dem sie zugewiesen sind und in dem sie ihre Dienstpflicht erfüllen (s. Rdn. 14, 78; so auch bereits 9. Aufl. Rn. 14). Das **aktive Wahlrecht** ergibt sich somit **aus § 7 Satz 1**, nicht etwa aus § 7 Satz 2 (*BAG* 15.08.2012 EzA § 5 BetrVG 2001 Nr. 8 Rn. 21; **a. M.** *Wiebauer/LK* § 7 Rn. 13; s. a. § 7 Rdn. 138). Es ist also nicht von einer bestimmten Dauer des Einsatzes abhängig, sondern besteht auch bei kurzzeitiger Tätigkeit im Einsatzbetrieb. Die Tatsache, dass das Wahlrecht im Gesetzeswortlaut – anders als in den Sonderbestimmungen (§ 6 Abs. 1 BwKoopG, § 5 Abs. 1 BWpVerwPG, § 5 Abs. 1 BfAIPG, § 4 Abs. 2 Satz 1 BAFISBAÜbnG) – nicht ausdrücklich erwähnt ist, erlaubt nicht den Umkehrschluss. Die Gesetzesbegründung weist ausdrücklich darauf hin, dass die in Abs. 1 Satz 3 genannten Gruppen von Beschäftigten für die Anwendung des Betriebsverfassungsgesetzes als Arbeitnehmer des Einsatzbetriebes gelten »und damit auch aktiv und passiv bei den Betriebsratswahlen wahlberechtigt« sein sollen (BT-Drucks. 16/11608, S. 21). Dem Gesetzgeber erschien also im Hinblick auf die Fiktion die besondere Erwähnung des Wahlrechts (mit Recht) als überflüssig (*BAG* 15.08.2012 EzA § 5 BetrVG 2001 Nr. 8 Rn. 26).

Sind die in Abs. 1 Satz 3 genannten Personen als Arbeitnehmer des Einsatzbetriebs anzusehen, so sind 91
sie **nach Maßgabe des § 8 Abs. 1 zugleich wählbar** (so bereits 9. Aufl., § 5 Rn. 6, 14; ebenso *BAG*
15.08.2012 EzA § 5 BetrVG 2001 Nr. 8 Rn. 20 ff.; *Fitting* § 5 Rn. 318a; *Heise/Fedder* NZA 2009,
1069 [1071]; *Richardi/Thüsing* § 8 Rn. 6; *Rose/HWGNRH* § 5 Rn. 87; *Trümner/DKKW* § 5
Rn. 108; **a. M.** *Löwisch* BB 2009, 2316 [2317]; *von Steinau-Steinrück/Mosch* NJW-Spezial 2009, 706).
Die Wählbarkeit wird insbesondere nicht durch § 14 Abs. 2 Satz 1 AÜG ausgeschlossen. Zwar kann
die Vorschrift von ihrem Geltungsbereich her durchaus auch Arbeitnehmer des öffentlichen Dienstes
erfassen, wenn diese im Rahmen einer Zuweisung oder Personalgestellung einem Privatunternehmen
überlassen werden (hierzu näher *Löwisch/Domisch* BB 2012, 1408 ff.; vgl. auch *Trümner/DKKW* § 5
Rn. 119). Die Anordnung in § 5 Abs. 1 Satz 3, § 8 Abs. 1 geht aber den Vorschriften des AÜG als lex
specialis vor (*BAG* 15.08.2012 EzA § 5 BetrVG 2001 Nr. 8 Rn. 25). Hierfür spricht nicht zuletzt der
Umstand, dass § 14 Abs. 2 Satz 1 AÜG zumindest auf die im Privatunternehmen eingesetzten Beamten und Soldaten keine Anwendung finden kann, eine Anwendung auf die Arbeitnehmer des öffentlichen Dienstes daher zu einer Ungleichbehandlung innerhalb der Beschäftigten des öffentlichen
Dienstes führen würde, die in offenem Widerspruch zur Intention des Gesetzes stünde (zutr. *BAG*
15.08.2012 EzA § 5 BetrVG 2001 Nr. 8 Rn. 25).

Die Frage der Wahlberechtigung im Einsatzbetrieb ist zu unterscheiden von der Frage, ob die Beamten 92
oder Arbeitnehmer zugleich in der Dienststelle bzw. in dem Betrieb des öffentlichen Arbeitgebers
wahlberechtigt sind, also eine **doppelte Zuordnung** stattfindet. Das Gesetz sieht in einigen Spezialregelungen ausdrücklich vor, dass die Beamten und Arbeitnehmer weiterhin für den Bereich des Personalvertretungsrechts als Beschäftigte ihrer bisherigen Dienststelle anzusehen und damit auch für den
dortigen Personalrat wahlberechtigt sind (§ 2 BwKoopG, § 4 BWpVerwPG, § 4 BfAIPG; § 4 Abs. 1
BAFISBAÜbnG). Sofern eine solche Sondervorschrift nicht existiert, hängt die Wahlberechtigung
von dem Inhalt der für den abgebenden Dienstherrn bzw. öffentlichen Arbeitgeber maßgeblichen Regelung des Personalvertretungsrechts ab. Von Bedeutung ist insbesondere, ob die Maßnahme des
Dienstherrn oder öffentlichen Arbeitgebers die Voraussetzungen einer Abordnung oder Zuweisung
i. S. d. § 13 Abs. 2 Satz 1 und 4 BPersVG erfüllt (hierzu etwa *VG Wiesbaden* 02.03.2012 PersR 2012,
224; abw. für die landesrechtliche Regelung des § 11 Abs. 4 Satz 1 Nr. 3 PersVG-Niedersachsen *VG
Göttingen* 28.02.2012 – 7 B 1/12; offen gelassen von *BAG* 15.08.2012 – 7 ABR 24/11 – juris, Rn. 36;
für eine doppelte Zuordnung de lege ferenda durch Aufhebung des § 13 Abs. 2 Satz 4 BPersVG *Fitting*
§ 5 Rn. 319). Aus der Neuregelung des § 5 Abs. 1 Satz 3 lässt sich jedenfalls nicht entnehmen, dass
diese doppelte Zuordnung nun für alle Beamten und Arbeitnehmer gelten soll (ebenso *Blanke* PersR
2009, 249 [250]; *Hayen* PersR 2009, 384 [389]; mindestens missverständlich insoweit *Koch/ErfK* § 5
BetrVG Rn. 3a; *Thüsing* BB 2009, 2036). Sie wird andererseits aber auch nicht ausgeschlossen, sondern vom Gesetzgeber bewusst in Kauf genommen (*BAG* 15.12.2011 EzA § 5 BetrVG 2001 Nr. 7
Rn. 28; 12.09.2012 EzA § 9 BetrVG 2001 Nr. 5 Rn. 16; **a. M.** *Löwisch* BB 2009, 2316 [2317]).
Dies schließt die Möglichkeit ein, dass die genannten Personen gleichzeitig sowohl Mitglied des Personalrats der abgebenden Dienststelle als auch Mitglied des Betriebsrats des Einsatzbetriebes sind (*BAG*
15.08.2012 – 7 ABR 24/11 – juris, Rn. 36; *Gaul/HWK* § 5 BetrVG Rn. 34a; *Maschmann/AR* § 5
BetrVG Rn. 5). Für den Bereich der **privatisierten Postunternehmen** hat das *BAG* eine Doppelzuordnung abgelehnt. Danach sind Beamte, die nach § 2 Abs. 1 PostPersRG der Aktiengesellschaft
zugeordnet sind, die Rechtsnachfolgerin des Postunternehmens ist, jedoch gem. § 4 Abs. 4 PostPersRG von der Aktiengesellschaft vorübergehend oder auf Dauer einem Tochterunternehmen zugewiesen werden, gem. § 24 Abs. 3 PostPersRG betriebsverfassungsrechtlich ausschließlich als Arbeitnehmer des Tochterunternehmens anzusehen. Ihnen steht daher nur dort ein Wahlrecht zu. Dagegen
erlischt die Zugehörigkeit zum Betrieb der Aktiengesellschaft, so dass der Beamte dort weder wahlberechtigt noch wählbar ist (*BAG* 16.01.2008 EzA § 7 BetrVG 2001 Nr. 1; 05.12.2012 EzA § 5
BetrVG 2001 Nr. 10 Rn. 27). Nach Ansicht des *BAG* gilt dies auch bei einer lediglich vorübergehenden Zuweisung (*BAG* 05.12.2012 EzA § 5 BetrVG 2001 Nr. 10 Rn. 27 ff.: kein Recht zur Teilnahme
an Betriebsversammlungen im Stammbetrieb; krit. *Boemke* jurisPR-ArbR 22/2013 Anm. 3).

(2) Schwellenwerte
Da die in Abs. 1 S. 3 genannten Personen als Arbeitnehmer des Einsatzbetriebs gelten, **zählen** sie über- 93
all dort **mit**, wo es auf die Zahl der Arbeitnehmer des Betriebes ankommt. Dies gilt insbesondere für

die Schwellenwerte der §§ 1 Abs. 1, 9, 28 Abs. 1, 28a Abs. 1, 38 Abs. 1, 99 Abs. 1, 106, 111 (*BAG* 15.12.2011 EzA § 5 BetrVG 2001 Nr. 7 Rn. 17 ff.; 12.09.2012 EzA § 9 BetrVG 2001 Nr. 5 Rn. 14 ff.; 05.12.2012 EzA § 5 BetrVG 2001 Nr. 9 = NZA 2013, 690 [692] Rn. 18; *Gaul/HWK* § 5 BetrVG Rn. 34a; *Hayen* PersR 2009, 384 [387]; *Kortmann/Korsch* öAT 2010, 201 [202]; *Maschmann/AR* § 5 BetrVG Rn. 5; *Rose/HWGNRH* § 5 Rn. 87; *Rieble* NZA 2012, 485; *Thüsing* BB 2009, 2036; *Trümner/DKKW* § 5 Rn. 108; ebenso zumindest für die Organisationsvorschriften *Fitting* § 5 Rn. 318a). Mittelbar hat dies auch Auswirkungen auf andere Schwellenwerte, die auf § 5 Abs. 1 Bezug nehmen. Dies gilt vor allen Dingen für die Regelungen im Bereich der **Unternehmensmitbestimmung** (§ 3 Abs. 1 Nr. 1 MitbestG, § 3 Abs. 1 DrittelbG; *Hayen* PersR 2009, 384 [388]; *Löwisch* BB 2009, 2316 [2317]; *Maschmann/AR* § 5 BetrVG Rn. 5). Die **Dauer der Beschäftigung** ist grds. unerheblich (s. Rdn. 89). Allerdings kommt es für die Schwellenwerte auf die Zahl der in der Regel beschäftigten Arbeitnehmer, also auf die für den Betrieb jenseits kurzfristiger Schwankungen kennzeichnende Regelgröße der Belegschaft an (s. *Franzen* § 1 Rdn. 103; *Jacobs* § 9 Rdn. 18). Sind Beamte, Soldaten oder Arbeitnehmer des öffentlichen Dienstes dem Privatunternehmen nur kurzzeitig zugewiesen, um einen vorübergehenden Personalbedarf abzudecken, so sind sie daher für die Regelgröße nicht zu berücksichtigen (*BAG* 05.12.2012 EzA § 5 BetrVG 2001 Nr. 9 Rn. 31).

(3) Rechte der Beamten, Soldaten und Arbeitnehmer im Einsatzbetrieb

94 Neben dem aktiven und dem passiven Wahlrecht stehen dem in Abs. 1 Satz 3 bezeichneten Personenkreis grds. auch **sämtliche sonstigen Rechte betriebsangehöriger Arbeitnehmer** zu. Sie können an Betriebs- sowie Jugend- und Auszubildendenversammlungen teilnehmen, die Sprechstunden des Betriebsrats besuchen oder auch die Individualrechte aus §§ 81 ff. geltend machen. Hierfür bedarf es aufgrund der Fiktion des Abs. 1 Satz 3 keines Rückgriffs auf § 14 Abs. 2 AÜG (*Maschmann/AR* § 5 BetrVG Rn. 5; **a. M.** *von Steinau-Steinrück/Mosch* NJW-Spezial 2009, 706). Ebenso gelten für sie die in § 75 Abs. 1 und 2 aufgestellten Grundsätze über die Behandlung von Betriebsangehörigen (*Löwisch* BB 2009, 2316 [2318]; *Maschmann/AR* § 5 BetrVG Rn. 5; *von Steinau-Steinrück/Mosch* NJW-Spezial 2009, 706).

95 Schwierigkeiten bereitet die Anwendung von Vorschriften, deren Rechtsfolgen sich nicht auf den Einsatzbetrieb oder die dort geltende betriebsverfassungsrechtliche Ordnung beschränken, sondern die Auswirkungen auf das mit dem öffentlichen Arbeitgeber bestehende Rechtsverhältnis haben. So kann der **Anspruch aus § 82 Abs. 2** auf Erläuterung der Berechnung und Zusammensetzung des Arbeitsentgelts nicht gegenüber dem Betriebsinhaber geltend gemacht werden, da Entgeltansprüche ausschließlich gegenüber dem Dienstherrn bzw. öffentlichen Arbeitgeber bestehen (*Löwisch* BB 2009, 2316 [2318]). Ist der Beschäftigte in dem Einsatzbetrieb in den Betriebsrat gewählt worden, so stehen ihm nach **§§ 37 Abs. 2, 38 BetrVG Ansprüche auf Freistellung** zu. Diese müssen gegenüber dem Betriebsinhaber geltend gemacht werden, da diesem typischerweise auch der Anspruch auf die Dienstleistung übertragen worden ist (*Kortmann/Korsch* öAT 2010, 201 [203]). § 37 Abs. 1 lässt sich darüber hinaus in diesem Zusammenhang so interpretieren, dass das Verbot der Minderung des Entgelts auch für den Dienstherrn bzw. den öffentlichen Arbeitgeber gilt, da dieser die Vergütung gerade für die geschuldete Tätigkeit im Einsatzbetrieb zahlt und nach dieser Logik eine Befreiung von der Arbeitspflicht im Einsatzbetrieb keine Auswirkungen auf die Vergütung im Grundverhältnis haben darf. Dagegen lässt sich der **Entgeltschutz des § 37 Abs. 4** kaum auf das Verhältnis zum Dienstherrn bzw. öffentlichen Arbeitgeber übertragen, da die Vorschrift auf die betriebsübliche berufliche Entwicklung vergleichbarer Arbeitnehmer abstellt und daher nur dann sinnvoll anzuwenden ist, wenn das Arbeitsverhältnis gerade mit dem Betriebsinhaber besteht (*Kortmann/Korsch* öAT 2010, 201 [203]).

(4) Mitbestimmungsrechte

96 Da die in Abs. 1 Satz 3 genannten Beamten, Soldaten und Arbeitnehmer des öffentlichen Dienstes als betriebsangehörige Arbeitnehmer gelten, **erstreckt sich die Mitbestimmung des Betriebsrats des Einsatzbetriebs grundsätzlich auf diesen Personenkreis**. Allerdings können sich vor allem bei Maßnahmen, die den Status der Beschäftigten betreffen, Grenzen ergeben. Da das BetrVG dem Betriebsrat lediglich Beteiligungsrechte bei Entscheidungen des Arbeitgebers, d. h. des Inhabers des Betriebes (s. *Franzen* § 1 Rdn. 92), gibt, scheidet ein Mitbestimmungsrecht dann aus, wenn es um Maßnahmen geht, die von dem öffentlich-rechtlichen Dienstherrn bzw. Arbeitgeber verantwortet

werden und bei denen der Betriebsinhaber keinerlei Entscheidungskompetenz besitzt (*BAG* 09.06.2011 EzA § 102 BetrVG 2001 Nr. 27 Rn. 32). Hier kommt allerdings eine Zuständigkeit des Personalrats der Dienststelle in Betracht, in der der Beamte, Soldat oder Arbeitnehmer vor der Überlassung an den privatwirtschaftlichen Betrieb beschäftigt war. Trotz der Zuweisung oder Personalgestellung bleibt die betroffene Person nämlich Beschäftigter dieser Dienststelle, solange das Dienst- oder Arbeitsverhältnis zu dem Dienstherrn oder öffentlichen Arbeitgeber fortbesteht, und zwar selbst dann, wenn das Wahlrecht zum Personalrat erlischt (*OVG Nordrhein-Westfalen* 23.03.2010 PersR 2010, 358 Rn. 38 ff.). Die Zuständigkeit des Personalrats wiederum findet ihre Grenze dort, wo die Dienstherrn- bzw. Arbeitgeberbefugnisse den privatwirtschaftlichen Unternehmen übertragen worden sind, in dessen Betrieb der Beschäftigte tätig ist. Handelt es sich um eine Maßnahme, die nicht von dem Leiter der Dienststelle, sondern von dem Inhaber des Einsatzbetriebs verantwortet wird, so scheidet ein Mitbestimmungsrecht des Personalrats aus. Im Grundsatz ergibt sich hieraus eine **Aufspaltung der Mitbestimmungszuständigkeit**, die der Aufspaltung der Arbeitgeberstellung entspricht. Der Betriebsrat des Einsatzbetriebs ist zuständig, soweit es um die Regelung von Angelegenheiten innerhalb der organisatorischen Einheit des Betriebs geht, der Personalrat wiederum ist zuständig, wenn und soweit das zum Dienstherrn bzw. zum öffentlichen Arbeitgeber bestehende Dienstverhältnis, das »Grundverhältnis«, betroffen ist (*BAG* 09.06.2011 EzA § 102 BetrVG 2001 Nr. 27 Rn. 28 f.; 31.07.2014 AP Nr. 251 zu § 626 BGB = EzTöD 100 § 34 Abs. 2 TVöD-AT Verhaltensbedingte Kündigung Nr. 60 Rn. 52; *OVG Nordrhein-Westfalen* 23.03.2010 PersR 2010, 358 Rn. 44; vgl. auch den Überblick von *Löwisch/Mandler* BB 2016, 629 ff.).

Die Konsequenzen für die Mitbestimmung im Einsatzbetrieb entsprechen im Wesentlichen **den für die Arbeitnehmerüberlassung geltenden Grundsätzen** (s. Rdn. 120 ff.). Unproblematisch anwendbar sind diejenigen Vorschriften, die hinsichtlich der Beteiligung des Betriebsrats allgemein an die Verhältnisse in der organisatorischen Einheit Betrieb, die kollektiven Interessen der Belegschaft (etwa der **Aufgabenkatalog des § 80 Abs. 1**) oder an den (räumlichen) Arbeitsplatz, die betrieblichen Arbeitsabläufe oder die Arbeitsumgebung (**§§ 90, 91**) anknüpfen (*Löwisch* BB 2009, 2316 [2319]; *Maschmann*/AR § 5 BetrVG Rn. 5). Hierzu zählt auch, dass dem Betriebsrat des Einsatzbetriebs bei der Entscheidung über die Übernahme der in Abs. 1 Satz 3 genannten Personen ein Mitbestimmungsrecht nach § **99** unter dem Gesichtspunkt der **Einstellung** zusteht (*BAG* 23.06.2009 AP Nr. 59 zu § 99 BetrVG 1972 Einstellung; s. a. Rdn. 125). Darüber hinaus hat der Betriebsrat mitzubestimmen, wenn und soweit es um die Regelung des Arbeitseinsatzes im konkreten Betrieb geht und der Betriebsinhaber dabei von den ihm übertragenen Arbeitgeberbefugnissen Gebrauch macht. Hierzu zählen vor allem Maßnahmen im Bereich der **sozialen Angelegenheiten** (§ 87 Abs. 1 Nr. 1, 2, 3, 6, 7; s. a. Rdn. 123; *Kortmann/Korsch* öAT 2010, 201 [202]; *Löwisch* BB 2009, 2316 [2319]; *Maschmann*/AR § 5 BetrVG Rn. 5), aber auch **Versetzungen innerhalb des Einsatzbetriebs (§§ 99, 95 Abs. 3)**, wenn und soweit der Betriebsinhaber diese im Wege des ihm übertragenen Direktionsrechts vornehmen kann (s. a. Rdn. 125; *BAG* 04.05.2011 EzA § 99 BetrVG 2001 Versetzung Nr. 9 Rn. 41 ff.; *Kortmann/Korsch* öAT 2010, 201 [202]).

Maßnahmen, die das sog. **Grundverhältnis**, also das Beamtenverhältnis oder das Arbeitsverhältnis zum öffentlichen Arbeitgeber, betreffen, unterliegen dagegen nicht der Mitbestimmung des Betriebsrats des Einsatzbetriebs. **Entlassungen aus dem Beamtenverhältnis** unterfallen der Mitbestimmung nach §§ 102, 103 schon deshalb nicht, weil sie nicht vom Mitbestimmungstatbestand erfasst werden, der nur von Kündigungen spricht (s. § 102 Rdn. 23). Aber auch bei einer **Kündigung** von Arbeitnehmern des öffentlichen Dienstes ist der Betriebsrat nicht nach §§ 102, 103 zu beteiligen, weil die Entscheidung hierüber beim öffentlichen Arbeitgeber liegt (*BAG* 09.06.2011 EzA § 102 BetrVG 2001 Nr. 27 Rn. 28, 32; 31.07.2014 AP Nr. 251 zu § 626 BGB = EzTöD 100 § 34 Abs. 2 TVöD-AT Verhaltensbedingte Kündigung Nr. 60 Rn. 53). Hier kommt allenfalls eine Beteiligung des bei der Dienststelle bestehenden Personalrats nach den personalvertretungsrechtlichen Vorschriften in Betracht. Dasselbe gilt, wenn **die Zuweisung oder Personalgestellung** durch eine Entscheidung des Leiters der Dienststelle **beendet** wird und der Beschäftigte in die Dienststelle zurückkehrt (*Kortmann/Korsch* öAT 2010, 201 [202]; anders, wenn der Einsatz infolge Kündigung des Personalüberlassungsvertrages durch den Einsatzarbeitgeber endet, da es dann an einer – der Mitbestimmung zugänglichen – Entscheidung des Dienstherrn bzw. Arbeitgebers fehlt; *BAG* 17.02.2015 EzA § 95 BetrVG 2001 Nr. 9 Rn. 28 ff.). Ein Mitbestimmungsrecht des Betriebsrats unter dem Gesichtspunkt der Versetzung (§§ 99, 95 Abs. 3) besteht hier nicht, und zwar auch dann nicht, wenn die betreffende Person Mitglied des Betriebsrats im Einsatzbetrieb ist und infolge der Maßnahme ihr Amt verliert (§ 103 Abs. 3; vgl. auch *BAG* 17.02.2010 EzA § 8 BetrVG 2001 Nr. 2 Rn. 28). Die hiermit im Vergleich zu Betriebsratsmitgliedern aus der Stammbelegschaft verbundene Lücke im Amtsschutz ist die Folge der Verleihung des passiven Wahlrechts an Personen, die nicht in einem Rechtsverhältnis zum Betriebsinhaber stehen. Sie lässt sich aber ohne Aufgabe fundamentaler betriebsverfassungsrechtlicher Strukturprinzipien nicht beheben. Hierfür fehlt es – vor allem angesichts der Art und Weise des Zustandekommens der gesetzlichen Regelung des Abs. 1 Satz 3 (s. Rdn. 77) – de lege lata an einer hinreichenden Grundlage.

99 Auch in **Fragen des Entgelts** dürfte eine Mitbestimmung des Betriebsrats im Einsatzbetrieb regelmäßig ausscheiden. Eine Mitbestimmung bei leistungsbezogenen Entgelten (§ 87 Abs. 1 Nr. 11) oder bei Ein- und Umgruppierungen (§ 99) ist bei Beamten schon deshalb ausgeschlossen, weil es im Beamtenrecht keine einschlägigen Maßnahmen gibt. Aber auch in Bezug auf die Arbeitnehmer des öffentlichen Dienstes kommt ein Mitbestimmungsrecht nicht in Betracht, weil die entsprechenden Entscheidungen und Maßnahmen typischerweise eine Angelegenheit des öffentlichen Arbeitgebers sind, so dass allenfalls der Personalrat zu beteiligen wäre (*Löwisch* BB 2009, 2316 [2319]). Gleiches gilt für Fragen der Lohngestaltung (§ 87 Abs. 1 Nr. 10), da für die überlassenen Arbeitnehmer nicht die betriebliche, sondern die Lohngestaltung des öffentlichen Dienstes maßgeblich ist.

100 **Betriebsvereinbarungen** im Einsatzbetrieb können zumindest keine normative Wirkung für das Beschäftigungsverhältnis der Beamten und Arbeitnehmer des öffentlichen Dienstes zu ihrem Dienstherrn oder Arbeitgeber entfalten. Die Betriebsvereinbarung kann nur Arbeitsverhältnisse gestalten, die zum Betriebsinhaber bestehen. Soweit Rechte und Pflichten aus dem Beschäftigungsverhältnis zum Dienstherrn bzw. öffentlichen Arbeitgeber betroffen sind, können sie daher allenfalls durch dort geschlossene Kollektivvereinbarungen geregelt werden. Betriebsvereinbarungen im Einsatzbetrieb können jedoch die Rechtsbeziehungen zwischen dem Betriebsinhaber und den in seinem Betrieb tätigen Beamten, Soldaten oder Arbeitnehmern des öffentlichen Dienstes mit normativer Wirkung regeln (*Hayen* PersR 2009, 384 [388]; *Heise/Fedder* NZA 2009, 1069 [1071]; *Thüsing* BB 2009, 2036; abw. 10. Aufl. § 5 Rn. 82). Dies gilt insbesondere, wenn dem Betriebsinhaber im Verhältnis zu den überlassenen Beschäftigten bestimmte Arbeitgeberrechte zustehen, die der Mitbestimmung durch den Entleiherbetriebsrat unterliegen. Auch insoweit gilt das zur Arbeitnehmerüberlassung Gesagte entsprechend (s. Rdn. 129 ff.).

(5) Leitende Angestellte

101 Nach Abs. 3 Satz 3 gelten die **Regelungen über leitende Angestellte** in Abs. 3 Satz 1 und 2 **für die in Abs. 1 Satz 3 genannten Beamten und Soldaten entsprechend**. Hier fällt zunächst auf, dass die **Arbeitnehmer des öffentlichen Dienstes nicht erwähnt** werden. Hieraus wird man freilich kaum den Schluss ziehen dürfen, dass diese im Einsatzbetrieb nie als leitende Angestellte anzusehen wären. Dies würde zu einer Ungleichbehandlung innerhalb der Gruppe der Beschäftigten des öffentlichen Dienstes in Privatunternehmen führen, die in evidentem Widerspruch zur Intention des Gesetzes stünde. Da die Gesetzesbegründung schweigt, bleibt die Suche nach den Gründen für die Nichterwähnung der Arbeitnehmer spekulativ. Eine denkbare Erklärung wäre, dass der Gesetzgeber nur eine Regelung für die Beamten und Soldaten für erforderlich hielt, weil diese eben keine Arbeitnehmer und damit auch keine Angestellten i. S. d. Abs. 3 Satz 1 und 2 sind (ähnlich *Hayen* PersR 2009, 384 [387]). Wirklich plausibel ist aber auch dies nicht, da die gesetzliche Fiktion des Abs. 1 Satz 3 gerade die insoweit notwendige Gleichstellung mit den Arbeitnehmern gewährleistet. Unerklärlich bleibt auch, warum **Abs. 4 nicht erwähnt** wird. Zumindest Abs. 4 Nr. 1 und 2 könnte auch in Bezug auf die überlassenen Beschäftigten des öffentlichen Dienstes eine vergleichbare Hilfsfunktion erfüllen wie in Bezug auf die übrigen Angestellten im Betrieb. Vieles spricht dafür, hierin ein – der mangelnden Sorgfalt des Gesetzgebungsverfahrens (s. Rdn. 77) geschuldetes – Redaktionsversehen zu erblicken.

102 Die Vorschriften des BetrVG finden demnach auf die im Betrieb tätigen Beamten, Soldaten und Arbeitnehmer des öffentlichen Dienstes keine Anwendung, wenn diese die Voraussetzungen eines leitenden Angestellten erfüllen. Maßgeblich für die Beurteilung ist dabei, welche **Aufgaben und Befug-**

nisse den betreffenden Personen im Einsatzbetrieb übertragen worden sind. Unerheblich ist dagegen die Stellung, die sie zuvor in ihrer Dienststelle bekleidet haben (s. Rdn. 170; *Hayen* PersR 2009, 384 [387]; *Heise/Fedder* NZA 2009, 1069 [1071]). Die betreffenden Personen haben weder das aktive noch das passive Wahlrecht zum Betriebsrat und werden von diesem auch nicht vertreten. Da sie aufgrund der Fiktion des Abs. 1 Satz 3 als Arbeitnehmer des Betriebs gelten, sind sie aber leitende Angestellte des Betriebs und damit **für den Sprecherausschuss nach § 3 Abs. 1 und 2 SprAuG wahlberechtigt und wählbar** (*Hayen* PersR 2009, 384 [387]; *Maschmann*/AR § 5 BetrVG Rn. 5; *Thüsing* BB 2009, 2036 [2037]; **a. M.** *Löwisch* BB 2009, 2316 [2317]).

ff) Ungleichbehandlung mit Leiharbeitnehmern – Verfassungsmäßigkeit der Regelung
Abs. 1 Satz 3 führt zu einer weitgehenden – wegen der Einschränkungen in Bezug auf die Mitbestimmung (s. Rdn. 96 ff.) nicht vollständigen – Gleichstellung der dort genannten Personen mit der »Stammbelegschaft«, also denjenigen, die in einem Arbeitsverhältnis zum Betriebsinhaber stehen. Damit **unterscheidet sich ihre Stellung in der Betriebsverfassung** des Einsatzbetriebs nicht unwesentlich **von derjenigen der Leiharbeitnehmer**, also der Arbeitnehmer, die in einem Arbeitsverhältnis zu einem privatwirtschaftlich verfassten Unternehmen stehen und von diesem einem anderen Unternehmen überlassen werden. Leiharbeitnehmer zählen nicht zu den »Arbeitnehmern des Betriebs« i. S. d. § 7 Satz 1. Das aktive Wahlrecht steht ihnen daher nur unter den Voraussetzungen des § 7 Satz 2 zu (s. § 7 Rdn. 93 ff.), ein passives Wahlrecht nach § 8 Abs. 1 besteht nicht (zuletzt *BAG* 17.02.2010 § 8 BetrVG 2001 Nr. 2 Rn. 25 ff.; s. § 8 Rdn. 16). Nach der gesetzlichen Neuregelung des § 14 Abs. 2 Satz 4 AÜG zählen die Leiharbeitnehmer zwar nunmehr auch bei den Schwellenwerten grds. mit (so bereits zuvor *BAG* 13.03.2013 EzA § 9 BetrVG 2001 Nr. 6; anders noch *BAG* 15.12.2011 EzA § 5 BetrVG 2001 Nr. 7 Rn. 30). Es bleiben aber die Unterschiede in Bezug auf die vollständige Gleichstellung mit der Stammbelegschaft und deren Auswirkungen auf das Wahlrecht. 103

Diese Ungleichbehandlung hat in der Literatur erhebliche **Kritik** erfahren (*Düwell* AuR 2011, 288 [289]; *Hamann* jurisPR-ArbR 21/2011 Anm. 4; *ders.* jurisPR-ArbR 33/2011 Anm. 7; *Heise/Fedder* NZA 2009, 1069 [1070]; *Rieble* NZA 2012, 485 [486]; *Thüsing* BB 2009, 2036 [2037]; *Trümner/DKKW* § 5 Rn. 117). Es wird moniert, dass der Gesetzgeber die allgemeine Problematik der betriebsverfassungsrechtlichen Stellung von Beschäftigten, die zwar nicht in einem Arbeitsverhältnis zum Betriebsinhaber stehen, aber faktisch wie eigene Arbeitnehmer in den Betrieb eingegliedert seien, nur isoliert für die Zuweisung und Personalgestellung im öffentlichen Dienst gelöst habe, obwohl es keine überzeugenden Gründe für die hiermit verbundene Privilegierung der Beschäftigten des öffentlichen Dienstes gebe. Das *BAG* verweist insoweit darauf, dass Abs. 1 Satz 3 eine Sondersituation regele, nämlich organisatorische Änderungen im öffentlichen Dienst, die sich auf privatwirtschaftlich organisierte Arbeitgeber auswirkten (*BAG* 15.08.2012 EzA § 5 BetrVG 2001 Nr. 8 Rn. 30). Dies ist sicher zutreffend, vermag aber eine Differenzierung nur zu rechtfertigen, wenn diese »Sondersituation« auch zu einer unterschiedlichen Interessenlage, insbesondere im Hinblick auf die Beschäftigung im Einsatzbetrieb, führt. Hierfür ist wenig erkennbar (zutr. *Rieble* NZA 2012, 485 [486]). Außerdem verweist das Gericht darauf, dass die Arbeitnehmerüberlassung im privatwirtschaftlichen Bereich anders als die Personalüberlassung im öffentlichen Dienst jedenfalls strukturell vorübergehend angelegt sei (*BAG* 15.12.2011 EzA § 5 BetrVG 2001 Nr. 7 Rn. 30; vgl. auch *BAG* 17.02.2010 EzA § 8 BetrVG 2001 Nr. 2 Rn. 28). Hierfür ließe sich nunmehr auch auf § 1 Abs. 1 Satz 2 AÜG verweisen. Allerdings ist der Anwendungsbereich des Abs. 1 Satz 3 gerade nicht auf die dauerhafte Personalgestellung beschränkt (s. Rdn. 89). Zu denken wäre daran, dass die Regelung ihre Rechtfertigung darin finden könnte, dass sie einen Ausgleich für den Verlust des Wahlrechts in der abgebenden Dienststelle nach § 13 Abs. 2 BPersVG darstellen soll (*Hamann* jurisPR-ArbR 21/2011 Anm. 4). Dann wäre es aber konsequent gewesen, die Anwendbarkeit des Abs. 1 Satz 3 auf diesen Fall zu beschränken. Nach der geltenden Regelung erhalten die überlassenen Beamten und Arbeitnehmer das uneingeschränkte Wahlrecht im Einsatzbetrieb dagegen auch, wenn ihnen das Wahlrecht in der Dienststelle erhalten bleibt. Da die bisher angeführten Gründe kaum geeignet sind, die Ungleichbehandlung zu rechtfertigen, bestehen zumindest erhebliche Bedenken im Hinblick auf die Vereinbarkeit mit dem **verfassungsrechtlichen Gleichheitssatz des Art. 3 Abs. 1 GG** (dezidiert für einen Verstoß *Rieble* NZA 2012, 485 [486]; *Thüsing* BB 2009, 2036 [2037]; wohl auch *Trümner/DKKW* § 5 Rn. 117). 104

f) Gesellschafter

105 Gesellschafter einer Personen- oder Kapitalgesellschaft und Mitglieder eines Vereins, die selbst in einem von der Gesellschaft bzw. von dem Verein geleiteten Betrieb tätig werden, können je nach Ausgestaltung Arbeitnehmer oder Nicht-Arbeitnehmer sein. Gesellschafter bzw. Vereinsmitglieder, die Mitglieder des vertretungsbefugten Organs oder bei einer Personengesellschaft vertretungs- oder geschäftsführungsbefugt sind, sind bereits gemäß § 5 Abs. 2 Nr. 1, 2 keine Arbeitnehmer. An einem Arbeitsverhältnis fehlt es bei den übrigen Gesellschaftern bzw. Vereinsmitgliedern insbesondere dann, wenn die Beschäftigung im Betrieb **Teil der gesellschaftsvertraglichen (mitgliedschaftlichen) Pflichten** ist, da in diesem Fall Rechtsgrundlage der Gesellschaftsvertrag und nicht ein Dienstvertrag ist (*Bauer/Baeck/Schuster* NZA 2000, 863 [864 ff.]; *Beuthien* FS 25 Jahre Bundesarbeitsgericht, 1979, S. 1 f.; *Kraft/Konzen* Die Arbeiterselbstverwaltung im Spannungsverhältnis von Gesellschafts- und Arbeitsrecht, 1978, S. 38 f.). Bei den Diensten, die wegen der Mitgliedschaft oder aufgrund des Gesellschaftsvertrags geschuldet werden, kann es sich auch um Dienste handeln, die in persönlicher Abhängigkeit zu erbringen sind (*BAG* 10.05.1990 EzA § 611 BGB Arbeitnehmerbegriff Nr. 36 = AP Nr. 51 zu § 611 BGB Abhängigkeit; 22.03.1995 EzA Art. 140 GG Nr. 26 = AP Nr. 21 zu § 5 ArbGG 1979). Die Begründung vereins- oder gesellschaftsrechtlicher Arbeitspflichten darf aber nicht zur Umgehung arbeitsrechtlicher Schutzbestimmungen führen. Werden arbeitsrechtliche Schutzbestimmungen objektiv umgangen, ist das Rechtsverhältnis, aufgrund dessen die Arbeitspflicht besteht, als Arbeitsverhältnis zu qualifizieren (*BAG* 22.03.1995 EzA Art. 140 GG Nr. 26 = AP Nr. 21 zu § 5 ArbGG 1979 unter B II 3 der Gründe; krit. *v. Hoyningen-Huene* NJW 2000, 3233 [3235]). Ein Indiz dafür, dass die Arbeitspflicht Teil der mitgliedschaftlichen Pflichten ist, liegt etwa vor, wenn der Gesellschafter außer der Beteiligung am Gewinn der Gesellschaft kein weiteres Entgelt erhält. Selbst wenn ein Dienstvertrag vorliegt, kann es beim Gesellschafter an der für ein Arbeitsverhältnis erforderlichen Abhängigkeit, also an der Verpflichtung zur unselbständigen Tätigkeit (s. Rdn. 35 ff.) fehlen. Von einer abhängigen Beschäftigung kann nicht mehr gesprochen werden, wenn der Gesellschafter selbst **maßgeblichen Einfluss** auf die Geschäftsführung hat. Dies ist etwa dann der Fall, wenn der Gesellschafter über eine Sperrminorität verfügt oder in einer Personengesellschaft nach dem Gesellschaftsvertrag die wesentlichen Entscheidungen der Geschäftsführung nur einstimmig erfolgen können (*BAG* 28.11.1990 EzA § 611 BGB Arbeitnehmerbegriff Nr. 37 = AP Nr. 137 zu § 1 TVG Tarifverträge Bau [*Kraft*]; 10.04.1991 EzA § 611 BGB Arbeitnehmerbegriff Nr. 39 = AP Nr. 54 zu § 611 BGB Abhängigkeit; 17.09.2014 EzA § 611 BGB 2002 Arbeitnehmerbegriff Nr. 27 Rn. 22; *G. Hueck* DB 1962, 1366 f.; *Kraft/Konzen* Die Arbeiterselbstverwaltung im Spannungsverhältnis von Gesellschafts- und Arbeitsrecht, 1978, S. 40 f.; vgl. auch *v. Hoyningen-Huene* NJW 2000, 3233 [3236]; *Staab* NZA 1995, 618).

g) Ruhendes Arbeitsverhältnis

106 Bei Vorliegen der allgemeinen Voraussetzungen gehören auch die Personen, deren Arbeitsverhältnis ruht, zu den Arbeitnehmern i. S. d. Gesetzes (*BAG* 16.04.2003 EzA § 9 BetrVG 2001 Nr. 1 = AP Nr. 1 zu § 9 BetrVG 2002 unter II 2b; *Fitting* § 5 Rn. 102; *Galperin/Löwisch* § 5 Rn. 9; *Gaul/HWK* § 5 BetrVG Rn. 35). Hierzu zählen etwa Arbeitnehmer während der **Elternzeit** sowie (zumindest nach h. M.) während der Ableistung des (freiwilligen) **Wehr- oder Zivildienstes** (hierzu sowie zu den Teilnehmern des Bundesfreiwilligendienstes näher § 7 Rdn. 57, 60 f. m. w. N.). Maßgeblich ist insoweit, dass diese Arbeitnehmer nur vorübergehend von ihrer Pflicht zur Arbeitsleistung befreit sind und wieder in den Betrieb zurückkehren sollen, wenn der Grund für das Ruhen des Arbeitsverhältnisses entfallen ist. Soweit es im Rahmen der betriebsverfassungsrechtlichen Vorschriften auf die Zahl der Arbeitnehmer ankommt, sind sie daher zu berücksichtigen. Je nach Art und Umfang der Suspendierung kann es jedoch sein, dass der betroffene Arbeitnehmer seine betriebsverfassungsrechtlichen Rechte (z. B. aktives und passives Wahlrecht, Informations- und Beschwerderechte) nicht ausüben kann (näher s. § 7 Rdn. 56 f. m. w. N.). Gleiches gilt für **arbeitsunfähige Arbeitnehmer**. Das ursprüngliche Arbeitsverhältnis besteht fort und wird auch durch eine länger andauernde Arbeitsunfähigkeit nicht beendet (*BAG* 29.01.1992 EzA § 74 SGB V Nr. 1 unter II 3). Nimmt der arbeitsunfähige Arbeitnehmer nach **§ 74 SGB V** zum Zwecke der **Wiedereingliederung** die Tätigkeit bei seinem bisherigen Arbeitgeber teilweise wieder auf, entsteht zwischen dem Arbeitgeber und dem arbeitsunfähigen Arbeitnehmer ein (privatrechtliches) Rechtsverhältnis eigener Art, das in erster Linie die

Rehabilitation des Arbeitnehmers zum Ziel hat, durch das dagegen keine wechselseitigen arbeitsvertraglichen Pflichten i. S. d. § 611a BGB begründet werden sollen. Es handelt sich daher – vorbehaltlich abweichender Vereinbarungen der Parteien – weder um ein neues, neben das ursprüngliche Arbeitsverhältnis tretende Arbeitsverhältnis, noch um eine modifizierte Fortsetzung des bestehenden Arbeitsverhältnisses (*BAG* 29.01.1992 EzA § 74 SGB V Nr. 1 unter II 3; 28.07.1999 EzA § 74 SGB V Nr. 3 unter 1a aa). Allein die Beschäftigung zur Wiedereingliederung begründet daher keine Arbeitnehmereigenschaft nach § 5 Abs. 1. Arbeitnehmer, die im Rahmen der **Altersteilzeit** von ihrer Arbeitsleistung freigestellt sind, zählen nicht mehr zu den Arbeitnehmern im betriebsverfassungsrechtlichen Sinne, sobald sie sich in der Freistellungsphase befinden, weil sie im Anschluss hieran unmittelbar in den Ruhestand treten, eine Rückkehr in den Betrieb also nicht beabsichtigt ist (*BAG* 16.04.2003 EzA § 9 BetrVG 2001 Nr. 1 = AP Nr. 1 zu § 9 BetrVG 2002 unter II 2b; näher s. § 7 Rdn. 35; vgl. auch *Natzel* NZA 1998, 1262 ff.; *Rieble/Gutzeit* BB 1998, 638 ff.).

h) Arbeitnehmerähnliche Personen

Arbeitnehmerähnliche Personen sind nach der Legaldefinition in § 12a Abs. 1 Nr. 1 TVG solche, die »wirtschaftlich abhängig und (deshalb) vergleichbar einem Arbeitnehmer sozial schutzbedürftig sind«. Wegen dieses vergleichbaren Schutzbedürfnisses erstreckt das Gesetz in § 2 BUrlG, § 6 Abs. 1 Satz 1 Nr. 3 AGG, § 5 Abs. 1 Satz 2 ArbGG die Geltung der an sich für Arbeitnehmer geltenden Vorschriften auf die arbeitnehmerähnlichen Personen. In diesen Zusammenhang gehören auch die sog. Einfirmenvertreter nach § 92a HGB. Solche Handelsvertreter sind gem. § 5 Abs. 3 ArbGG unter bestimmten weiteren Voraussetzungen im Arbeitsgerichtsprozess als Arbeitnehmer anzusehen. Aus dieser Systematik ist zu schließen, dass arbeitnehmerähnliche Personen keine Arbeitnehmer sind, weil es ansonsten dieser Regelungen nicht bedurft hätte. Auf sie findet gemäß § 5 Abs. 1 daher auch das Betriebsverfassungsgesetz keine Anwendung (h. M.; vgl. z. B. *BAG* 26.01.1977 EzA § 611 BGB Arbeitnehmerbegriff Nr. 8 = AP Nr. 13 zu § 611 BGB Lehrer, Dozenten; *Fitting* § 5 Rn. 92; *Galperin/Löwisch* § 5 Rn. 14; *Hueck/Nipperdey* I, S. 60; *Trümner/DKKW* § 5 Rn. 120 ff.; vgl. auch Rdn. 35). Eine Ausnahme gilt lediglich für die in Heimarbeit beschäftigten Personen unter den Voraussetzungen des § 5 Abs. 1 Satz 2 (s. Rdn. 112 ff.). Auf sonstige arbeitnehmerähnliche Personen ist das Betriebsverfassungsgesetz auch nicht analog anwendbar (s. Rdn. 9 sowie Rdn. 111).

107

i) Öffentlich geförderte Beschäftigungsverhältnisse

Werden erwerbsfähige Personen nach **§ 16d Abs. 1 SGB II** (früher § 16d Satz 1 SGB II, jetzige Fassung eingeführt durch Art. 5 Nr. 7 des Gesetzes zur Verbesserung der Eingliederungschancen am Arbeitsmarkt vom 20.12.2011, BGBl. I, S. 2854) zur Erhaltung oder Wiedererlangung ihrer Beschäftigungsfähigkeit in **Arbeitsgelegenheiten** zugewiesen (sog. **Ein-Euro-Jobs**), so entsteht zwischen dem Dritten und dem Hilfebedürftigen kein Arbeitsverhältnis. Die Beschäftigung des Hilfebedürftigen erfolgt vielmehr nach h. M. im Rahmen eines sozialrechtlichen, also **öffentlich-rechtlichen Beschäftigungsverhältnisses**. Dies wird durch § 16d Abs. 7 Satz 2 SGB II lediglich klargestellt (*BAG* 08.11.2006 EzA § 2 ArbGG 1979 Nr. 65 Rn. 13 ff.; st. Rspr., zuletzt *BAG* 20.02.2008 EzA § 611 BGB 2002 Arbeitnehmerbegriff Nr. 13 Rn. 17 ff. m. w. N.; *BVerwG* 21.03.2007 BVerwGE 128, 212 [218] Rn. 18; vgl. auch Ausschussbericht BT-Drucks. 15/1749, S. 32 [Arbeiten in einem Sozialrechtsverhältnis]; ebenso früher zu § 19 BSHG *BAG* 14.01.1987 EzA § 611 BGB Faktisches Arbeitsverhältnis Nr. 1; a. M. [privatrechtliches Rechtsverhältnis sui generis] *Bieback* NZS 2005, 337 [342]: *Eicher/Stölting* SGB II, 3. Aufl. 2013, § 16d Rn. 48, 51). Die Beschäftigung des Hilfebedürftigen erfolgt im Regelfall aufgrund einer Eingliederungsvereinbarung nach § 15 Abs. 1 SGB II. Diese hat eindeutig sozialrechtlichen Charakter. Der Leistungsträger erbringt mit der Bereitstellung einer Arbeitsgelegenheit eine Sozialleistung in Gestalt einer Eingliederungshilfe gegenüber dem Hilfebedürftigen (*BAG* 08.11.2006 EzA § 2 ArbGG 1979 Nr. 65 Rn. 14 f.). Nach Ansicht des *BAG* ist aus diesem Grunde auch das Beschäftigungsverhältnis zu dem Dritten öffentlich-rechtlicher Natur, weil sich der Leistungsträger des privaten Dritten zur Erbringung der Leistung bediene (*BAG* 08.11.2006 EzA § 2 ArbGG 1979 Nr. 65 Rn. 16; 17.01.2007 EzA § 78 ArbGG 1979 Nr. 8 Rn. 16; 20.02.2008 EzA § 611 BGB 2002 Arbeitnehmerbegriff Nr. 13 Rn. 18). Ein privatrechtliches Verhältnis zwischen dem Hilfebedürftigen und dem Dritten entstehe auch dann nicht, wenn die gesetzlichen Voraussetzungen für eine solche Arbeitsgelegenheit mit Mehraufwandsentschädigung nicht vorlägen oder eine Ein-

108

gliederungsvereinbarung nicht getroffen worden sei (*BAG* 08.11.2006 EzA § 2 ArbGG 1979 Nr. 65 Rn. 23; 20.02.2008 EzA § 611 BGB 2002 Arbeitnehmerbegriff Nr. 13 Rn. 19 f. m. w. N.). Die Einordnung als öffentlich-rechtliches Beschäftigungsverhältnis erscheint nicht völlig zweifelsfrei. Zum einen entstehen zwischen dem Dritten und dem Hilfebedürftigen im Rahmen des Beschäftigungsverhältnisses Rechte und Pflichten, die allein den Interessen der Beteiligten Rechnung tragen (etwa Schutzpflichten des Dritten aus § 618 BGB i. V. m. § 16d Abs. 7 SGB II und des Hilfebedürftigen aus § 241 Abs. 2 BGB), sich also außerhalb des eigentlichen sozialrechtlichen Leistungsverhältnisses bewegen und daher wohl eher privatrechtlich einzuordnen wären. Zum anderen ist fraglich, wie bei Fehlen einer Eingliederungsvereinbarung angenommen werden kann, dass der Dritte als Teil der öffentlichen Verwaltung handele oder doch zumindest zur Erfüllung öffentlich-rechtlicher Pflichten in Anspruch genommen werde (vgl. *BAG* 08.11.2006 EzA § 2 ArbGG 1979 Nr. 65 Rn. 16). Unabhängig von der Einordnung als privatrechtliches oder öffentlich-rechtliches Rechtsverhältnis ist jedoch entscheidend, dass der Wille der Beteiligten im Regelfall nicht darauf gerichtet ist, einen Arbeitsvertrag i. S. d. § 611a BGB zu schließen. Weder will sich der Hilfebedürftige unabhängig von seinem Verhältnis zum Sozialleistungsträger zur Arbeitsleistung gegenüber dem Dritten verpflichten, noch will der Dritte eine entsprechende Beschäftigungs- oder Vergütungsverpflichtung eingehen (zutr. *BAG* 08.11.2006 EzA § 2 ArbGG 1979 Nr. 65 Rn. 20; 20.02.2008 EzA § 611 BGB 2002 Arbeitnehmerbegriff Nr. 13 Rn. 18; 19.03.2008 EzA § 16 SGB II Nr. 3 Rn. 10 f.). Hieran ändert sich auch dann nichts, wenn die Mehraufwandsentschädigung von dem Dritten ausgezahlt wird. Ohne besondere Anhaltspunkte kann hierin nicht die Erklärung gesehen werden, eine besondere, von dem Sozialleistungsverhältnis unabhängige Vergütung versprechen zu wollen (*BAG* 08.11.2006 EzA § 2 ArbGG 1979 Nr. 65 Rn. 20; 26.09.2007 EzA § 611 BGB 2002 Arbeitnehmerbegriff Nr. 12 Rn. 10; 20.02.2008 EzA § 611 BGB 2002 Arbeitnehmerbegriff Nr. 13 Rn. 18). Vielmehr wollen beide Beteiligten das Beschäftigungsverhältnis nur begründen, um dem Hilfebedürftigen die Arbeitsgelegenheit nach § 16d Abs. 1, 7 SGB II zu verschaffen, also die Sozialleistung zu erbringen. Aus diesem Grunde lässt sich das Rechtsverhältnis zwischen dem Dritten und dem Hilfebedürftigen auch nicht als »faktisches Arbeitsverhältnis« (so noch *Eicher/Spellbrink/Eicher* SGB II, 2. Aufl. 2008, § 16 Rn. 241) einordnen, weil auch das sog. faktische Arbeitsverhältnis wenigstens eine tatsächliche Willensübereinstimmung mit dem Ziel der Begründung eines privatrechtlichen Dienstvertrages voraussetzt (s. Rdn. 30, weswegen man auch besser vom fehlerhaften Arbeitsverhältnis sprechen sollte; vgl. *Hergenröder/ZLH* Arbeitsrecht, § 5 Rn. 3). Erfolgt damit die Tätigkeit des Hilfebedürftigen nicht aufgrund eines Arbeitsverhältnisses, so ist der Hilfebedürftige jedenfalls **kein Arbeitnehmer i. S. d. § 5 Abs. 1** (*Engels* NZA 2007, 8 f.; *Fitting* § 5 Rn. 155; *Koch/* ErfK § 5 BetrVG Rn. 5; *Richardi* § 5 Rn. 132; *Zwanziger* AuR 2005, 8 [10]; ebenso zum Personalvertretungsrecht *Eichenhofer* RdA 2008, 32 [34]; **a. M.** *Schulze* NZA 2005, 1332 [1336] mit kaum nachvollziehbarer Begründung). Er ist also weder aktiv noch passiv wahlberechtigt und zählt auch bei den Schwellenwerten nicht mit. Da dem Betriebsinhaber in gewissem Umfange Arbeitgeberbefugnisse, insbesondere das Weisungsrecht hinsichtlich Art, Ort und Zeit der Tätigkeit zustehen (*BAG* 02.10.2007 EzA § 99 BetrVG 2001 Einstellung Nr. 7 Rn. 16; *BVerwG* 21.03.2007 BVerwGE 128, 212 [218] Rn. 18), der Hilfebedürftige sich also in einer einem Arbeitnehmer vergleichbaren Position befindet, kommt eine entsprechende Anwendung einzelner betriebsverfassungsrechtlicher Vorschriften in Betracht (hierzu näher *Engels* NZA 2007, 8 ff.; s. a. *Wiese* vor § 87 Rdn. 27 sowie § 92 Rdn. 15, § 93 Rdn. 15, § 99 Rdn. 39, 52). Dies schließt nicht aus, dass zwischen dem Hilfebedürftigen und dem Dritten ein Arbeitsverhältnis entstehen kann. Voraussetzung ist jedoch, dass beide (ausdrücklich oder konkludent) den Willen zum Ausdruck bringen, neben dem Rechtsverhältnis im Rahmen der Beschäftigung nach § 16d Abs. 7 SGB II ein Arbeitsverhältnis begründen, mithin einen Arbeitsvertrag schließen zu wollen. In der Entgegennahme der Arbeitsleistung des Hilfebedürftigen allein kann jedoch, auch wenn sie über den geschuldeten zeitlichen Umfang hinausgeht, kein konkludentes Angebot zum Abschluss eines Arbeitsvertrages gesehen werden (*BAG* 19.03.2008 EzA § 16 SGB II Nr. 3 Rn. 11).

109 Führt eine Betriebsänderung i. S. d. § 111 zu einem Wegfall von Arbeitsmöglichkeiten für die bisher beschäftigten Arbeitnehmer, so werden die Arbeitnehmer vielfach von (rechtlich selbständigen) **Beschäftigungs- und Qualifizierungsgesellschaften** übernommen, um sofortige Entlassungen zu vermeiden und die Vermittlungschancen der Arbeitnehmer durch Qualifizierungsmaßnahmen zu verbessern. Die Übernahme der Arbeitnehmer kann nach § 111 SGB III durch die Gewährung von

Transferkurzarbeitergeld gefördert werden. Mitunter wird angenommen, dass die übernommenen Personen stets Arbeitnehmer der Beschäftigungs- und Qualifizierungsgesellschaft sind (*Gaul/HWK* § 5 BetrVG Rn. 20; *Trümner/DKKW* § 5 Rn. 144; bis 22. Aufl. auch *Fitting* § 5 Rn. 139). Dies ist bei rein individualrechtlicher Betrachtung sicher zutreffend. Im betriebsverfassungsrechtlichen Sinne handelt es sich jedoch nur dann um Arbeitnehmer i. S. d. § 5 Abs. 1, wenn die Beschäftigungsgesellschaft einen arbeitstechnischen Zweck verfolgt, der über die Qualifizierung der Arbeitnehmer hinausgeht, und die übernommenen Arbeitnehmer zur Erfüllung dieses arbeitstechnischen Zweckes eingesetzt werden. Für die Arbeitnehmer in Beschäftigungsgesellschaften kann insoweit nichts anderes gelten als für andere Personen, die zum Zwecke ihrer Aus- oder Fortbildung beschäftigt werden (zutr. *Rieble/Klumpp* NZA 2003, 1169 [1172 f.]; ebenso *Fitting* § 5 Rn. 151 ff. [seit 23. Aufl.]; *Koch*/ErfK § 5 BetrVG Rn. 2; *Richardi* § 5 Rn. 133; *Sieg* NZA 2005 Beil. Nr. 1, S. 9 [12]; zur Arbeitnehmereigenschaft der Auszubildenden vgl. *BAG* 05.04.2000 EzA § 5 BetrVG 1972 Nr. 63; 13.10.2004 EzA § 5 BetrVG 2001 Nr. 1 = AP Nr. 71 zu § 5 BetrVG 1972 unter B II 1a aa; vgl. auch Rdn. 59). Zur – mittlerweile abgeschafften – Vermittlung von Arbeitslosen durch eine Personal-Service-Agentur (PSA) nach § 37c SGB III a. F. (aufgehoben durch Art. 1 Nr. 17 des Gesetzes zur Neuausrichtung der arbeitsmarktpolitischen Instrumente vom 21.12.2008, BGBl. I, S. 2917) vgl. 8. Aufl., Rn. 54.

j) Sonstige Beschäftigungsverhältnisse
Keine Arbeitnehmer sind Personen, die Dienstleistungen im Rahmen des neu geschaffenen **Bundesfreiwilligendienstes** erbringen, der aufgrund der Aussetzung der Wehrpflicht an die Stelle des Zivildienstes getreten ist (vgl. § 1a Abs. 1 ZDG; ebenso *ArbG Magdeburg* 17.12.2015 – 6 BV 77/15 – juris; *Leube* ZTR 2012, 207 [209]; *Richardi* § 5 Rn. 135). Grundlage für die Beschäftigung des Freiwilligen ist eine zwischen diesem und dem Bund abgeschlossene Vereinbarung (§ 8 Abs. 1 des Gesetzes über den Bundesfreiwilligendienst vom 28.04.2011, BGBl. I, S. 687 [BFDG]). Der Freiwillige steht also in einem besonderen öffentlich-rechtlichen Verhältnis zum Bund, nicht dagegen in einem Arbeitsverhältnis zu dem Träger der Einrichtung, in der er seine Dienste erbringt. Dies wird durch die Systematik der gesetzlichen Regelung bestätigt. § 13 Abs. 1 BFDG erklärt bestimmte arbeitsrechtliche Vorschriften im Rahmen der Tätigkeit als Freiwilliger für anwendbar. Einer solchen Regelung bedarf es nur, wenn es sich nicht um ein Arbeitsverhältnis handelt. Zudem wählen die Freiwilligen nach § 10 BFDG eine eigene Vertretung, die ihre Interessen auch gegenüber der Einrichtung und deren Träger wahrnimmt (s. hierzu die BFD-Wahlverordnung vom 19.03.2013 BGBl. I, S. 592; näher zur Stellung der Sprecher der Freiwilligen *Leube* AuR 2014, 7 [9 ff.]). Auch dies spricht dafür, dass die Freiwilligen nicht schon durch die in der Einsatzstelle bestehenden Betriebs- bzw. Personalräte vertreten werden. Zur Stellung der Zivildienstleistenden s. 9. Aufl. § 5 Rn. 56. Kein Arbeitsverhältnis entsteht auch bei einer Beschäftigung von Personen im Rahmen des **freiwilligen sozialen oder ökologischen Jahres** (§§ 3, 4 Gesetz zur Förderung von Jugendfreiwilligendiensten [JFDG] vom 16.05.2008, BGBl. I, S. 842; vgl. *BAG* 12.02.1992 EzA § 5 BetrVG 1972 Nr. 53 = AP Nr. 52 zu § 5 BetrVG 1972; *Fitting* § 5 Rn. 314; *Richardi* § 5 Rn. 137; *Trümner/DKKW* § 5 Rn. 151) – im Unterschied zum freiwilligen berufsvorbereitenden Jahr (vgl. Rdn. 57) – sowie durch die Beschäftigung als **Entwicklungshelfer** (Entwicklungshelfergesetz vom 18.06.1969, BGBl. I, S. 549; vgl. *BAG* 27.04.1977 EzA § 611 BGB Arbeitnehmerbegriff Nr. 10 = AP Nr. 1 zu § 611 BGB Entwicklungshelfer; *Fitting* § 5 Rn. 314; *Richardi* § 5 Rn. 136; *Trümner/DKKW* § 5 Rn. 152). Dabei handelt es sich um Rechtsverhältnisse eigener Art, auf die arbeitsrechtliche Vorschriften nur insoweit Anwendung finden, wie die sondergesetzlichen Vorschriften, welche die Rechtsverhältnisse regeln, dies vorsehen.

4. In Heimarbeit Beschäftigte

a) Gleichstellung mit den Arbeitnehmern
Gemäß § 5 Abs. 1 Satz 2 gelten auch die in Heimarbeit Beschäftigten, die in der Hauptsache für den Betrieb arbeiten, als Arbeitnehmer i. S. d. Betriebsverfassungsgesetzes. Diese Regelung fand sich früher in § 6 Abs. 1 Satz 2, Abs. 2 Satz 2 und ist nunmehr wegen der Aufhebung des § 6 in § 5 integriert worden (s. Rdn. 5). In Heimarbeit Beschäftigte sind **keine Arbeitnehmer**, da sie allenfalls wirtschaftlich, nicht aber persönlich von den Auftraggebern abhängig sind (ganz h. M.; *BAG* 25.03.1992 EzA § 6 BetrVG 1972 Nr. 3 = AP Nr. 48 zu § 5 BetrVG 1972; *Otten* Heim- und Telearbeit, vor § 1

HAG Rn. 13; *Schmidt/Koberski/Tiemann/Wascher* HAG, Anh. § 19 Rn. 1 ff.; *Wank* NZA 1999, 225 [233]; vgl. auch § 1 Abs. 2 Satz 2 HAG). Da der Gesetzgeber die in Heimarbeit Beschäftigten zum Teil wegen ihrer wirtschaftlichen Abhängigkeit den Arbeitnehmern gleichstellt, zählen sie zu den **arbeitnehmerähnlichen Personen** (*Richardi* § 5 Rn. 120; *Schaub/Vogelsang* Arbeitsrechts-Handbuch, § 10 Rn. 4; vgl. aber auch *Otten* NZA 1995, 289 ff.; *Schmidt/Koberski/Tiemann/Wascher* HAG, Anh. § 19 Rn. 1 ff.). Die Einbeziehung in den Geltungsbereich des Betriebsverfassungsgesetzes beruht auf der Erwägung, dass bei überwiegender Tätigkeit für einen Betrieb die Einbindung in die betriebliche Organisation trotz der relativ verselbständigten Stellung der Heimarbeitnehmer so stark ist, dass sie auch des Schutzes durch die kollektive betriebliche Interessenvertretung bedürfen. Der Gesetzgeber hat andererseits auch im Rahmen des BetrVerf-ReformG die Ausdehnung des Anwendungsbereiches der Betriebsverfassung über den der allgemeinen arbeitsrechtlichen Bestimmungen hinaus wiederum auf die in Heimarbeit Beschäftigten beschränkt und ist den im Vorfeld erhobenen Forderungen nach einer Einbeziehung sämtlicher arbeitnehmerähnlichen Personen (vgl. § 5 Abs. 3 DGB-Entwurf, Novellierungsvorschläge des DGB zum Betriebsverfassungsgesetz 1972, 1998; aus der Literatur etwa *Däubler* AuR 2001, 1 [4]; *Hanau* AuA 1999, 203; *ders.* DB 1998, 69 [73 f.]; *Otto* Anm. AP Nr. 48 zu § 5 BetrVG 1972; hiergegen *Franzen* ZfA 2000, 285 [322]; *Löwisch* DB 1999, 2209 [2211]; *Reichold* NZA 1999, 561 [566 ff.]) nicht gefolgt. Schon aus diesem Grunde ist nunmehr eine **Einbeziehung anderer arbeitnehmerähnlicher Personen** im Wege der Rechtsfortbildung mangels Gesetzeslücke **ausgeschlossen** (vgl. eingehend *Frey* Arbeitnehmerähnliche Personen, S. 101 ff.; ebenso zum alten Recht *Franzen* ZfA 2000, 285 [322 f.]; *Hanau* FS Gerhard Müller, S. 169 [177]; *Kraft* 6. Aufl., § 5 Rn. 7, 46; *Rost* NZA 1999, 113 [120 f.]; *Plander* DB 1999, 330 [331]; *Trümner/DKKW* § 5 Rn. 122; vgl. auch *BAG* 12.02.1992 EzA § 5 BetrVG 1972 Nr. 53 = AP Nr. 52 zu § 5 BetrVG 1972; wohl auch *Hromadka* NZA 1997, 1249 [1255 f.]; für eine punktuelle Erstreckung aufgrund einer »funktional schutzzweckbezogenen Auslegung« *Nebe* AuR 2014, 51 [57]; zur Verfassungsmäßigkeit der geltenden Regelung im Hinblick auf Art. 3 Abs. 1 GG vgl. *Bremeier* Die personelle Reichweite, S. 241 ff.). Zur rechtspolitischen Diskussion über die Erweiterung des Geltungsbereichs auf alle arbeitnehmerähnlichen Personen s. *Krause* Gutachten zum 71. DJT, 2016, B 95 f.; *Oetker* JZ 2016, 817 [823]).

b) Anwendungsbereich

112 § 5 Abs. 1 Satz 2 enthält **keinen spezifischen betriebsverfassungsrechtlichen Begriff »der in Heimarbeit Beschäftigten«**. Für die Bestimmung des erfassten Personenkreises ist somit uneingeschränkt die Begriffsbestimmung in §§ 1 Abs. 1, 2 HAG zugrunde zu legen (*BAG* 25.03.1992 EzA § 6 BetrVG 1972 Nr. 3 = AP Nr. 48 zu § 5 BetrVG 1972 unter II [*Otto*]; *Fitting* § 5 Rn. 310; *Galperin/Löwisch* § 6 Rn. 11; *Koch/*ErfK § 5 BetrVG Rn. 8; *Richardi* § 5 Rn. 119 ff.). Die Regelung verfolgt den Zweck, den durch das HAG errichteten individualrechtlichen Schutz durch den Schutz auf der kollektiven Ebene zu ergänzen. § 5 Abs. 1 Satz 2 soll also den persönlichen Geltungsbereich über den unter den allgemeinen Arbeitnehmerbegriff fallenden Kreis von Beschäftigten hinaus nur soweit ausdehnen, wie der Schutzbereich des HAG reicht (*Otten* Heimarbeit, S. 32; *Schmidt/Koberski/Tiemann/Wascher* HAG, § 2 Rn. 2).

113 Das HAG unterscheidet in § 1 Abs. 1 bei den »in Heimarbeit Beschäftigten« zwischen Heimarbeitern und Hausgewerbetreibenden. **Heimarbeiter** ist nach der Legaldefinition des § 2 Abs. 1 HAG, wer in selbstgewählter Arbeitsstätte allein oder mit seinen Familienangehörigen im Auftrag von Gewerbetreibenden oder Zwischenmeistern erwerbsmäßig arbeitet. **Hausgewerbetreibender** ist gemäß § 2 Abs. 2 HAG, wer in eigener Arbeitsstätte mit nicht mehr als zwei fremden Hilfskräften oder Heimarbeitern (vgl. auch § 1 Abs. 2 Satz 1b HAG) im Auftrag von Gewerbetreibenden (zum Begriff des Gewerbetreibenden *BAG* 25.03.1992 EzA § 6 BetrVG 1972 Nr. 3 = AP Nr. 48 zu § 5 BetrVG 1972 unter II 2b m. w. N.) oder Zwischenmeistern Waren herstellt, bearbeitet oder verpackt, wobei er selbst wesentlich am Stück mitarbeitet. Die beiden Gruppen unterscheiden sich also zum einen durch den Grad betrieblicher Organisation. Der Hausgewerbetreibende wird anders als der Heimarbeiter stets in eigener Betriebsstätte tätig. Hieran fehlt es, wenn die Betriebsstätte von dem Auftraggeber unentgeltlich zur Verfügung gestellt wird. Eine solche Betriebsstätte kann allenfalls selbstgewählt i. S. d. § 2 Abs. 1 HAG sein, auch dies nur, wenn der Heimarbeiter dort nicht dem Direktionsrecht des Auftraggebers unterliegt, vgl. *Schmidt/Koberski/Tiemann/Wascher* HAG, § 2 Rn. 13, 31). Außerdem kann der Hausgewerbetreibende auch Personen, die nicht Familienmitglieder sind, be-

schäftigen. Zum anderen unterscheiden sich Heimarbeiter und Hausgewerbetreibende durch den Gegenstand der Tätigkeit. Während das Gesetz in § 2 Abs. 1 HAG beim Heimarbeiter nur eine erwerbsmäßige Arbeit voraussetzt, ist die Tätigkeit des Hausgewerbetreibenden auf die Herstellung, Verarbeitung und Verpackung von Waren beschränkt.

Für alle Formen der Heimarbeit ist kennzeichnend, dass die Auftragnehmer für andere Gewerbetreibende oder Zwischenmeister einzelne Arbeitsaufgaben übernehmen und **die Verwertung der Arbeitsergebnisse dem Auftraggeber überlassen** bleibt. Die in Heimarbeit Beschäftigten vermarkten ihre Leistungen also nicht selbst gegenüber dem Endverbraucher, werden nicht als Anbieter am Güter- und Dienstleistungsmarkt tätig. Insofern sind sie Arbeitnehmern vergleichbar. Keine Voraussetzung ist, dass die Gewerbetreibenden die Arbeitsergebnisse ihrerseits weitervertreiben. Heimarbeit kann auch dann vorliegen, wenn der auftraggebende Gewerbetreibende das Arbeitsergebnis für eigene Zwecke verwendet. Entscheidend ist allein, dass er die Möglichkeit der Letztvermarktung hat, nicht dass er hiervon tatsächlich Gebrauch macht. § 2 Abs. 1 und 2 HAG verlangt demnach kein dreistufiges System der Verwertung (Heimarbeiter – Auftraggeber bzw. Zwischenmeister – Endverbraucher), sondern greift auch bei einem zweistufigen System (Heimarbeiter – Auftraggeber bzw. Zwischenmeister) ein (*Fenski*/KassArbR Kap. 4.6 Rn. 24; *Schmidt/Koberski/Tiemann/Wascher* HAG, § 2 Rn. 22). **114**

Das Heimarbeitsgesetz vom 14.03.1951 (HAG, BGBl. I, S. 191) erfasste früher nur gewerbliche Arbeiten, so dass streitig war, ob und wenn ja in welchem Umfange **Angestelltentätigkeiten als Heimarbeit i. S. d. HAG** angesehen werden konnten (zur Entwicklung *Schmidt/Koberski/Tiemann/Wascher* HAG, § 2 Rn. 56 ff.). Durch das Heimarbeitsänderungsgesetz vom 29.10.1974 (BGBl. I, S. 2879) wurde der Begriff »gewerblich« durch »erwerbsmäßig« ersetzt. Diese Änderung bezweckte, Angestelltentätigkeiten ebenfalls in den Schutzbereich des HAG einzubeziehen (*Reg. Begr.* BT-Drucks. 7/975, S. 14). Folglich werden nunmehr sämtliche, also auch qualifizierte Angestelltentätigkeiten, von dem Begriff der Heimarbeit erfasst, sofern die sonstigen Voraussetzungen vorliegen. Insbesondere erscheint eine Begrenzung auf einfache büromäßige Tätigkeiten im Hinblick auf ein ungeschriebenes Merkmal, wonach die Tätigkeit nach einer gefestigten Verkehrsanschauung als typische Heimarbeit anzusehen sein muss (so die Rechtsprechung zu § 2 Abs. 1 a. F., vgl. BAG 10.07.1963 AP Nr. 3 zu § 2 HAG), nach der Neufassung des § 2 Abs. 1 HAG nicht mehr gerechtfertigt (vgl. *Heenen*/MünchArbR § 315 Rn. 6; *Preis* Arbeitsrechtliche Probleme der Telearbeit, S. 75 [85]; *Schmidt/Koberski/Tiemann/Wascher* HAG § 2 Rn. 62; *Wank* Telearbeit, Rn. 343 ff.; **a. M.** *Maus/Schmidt* HAG, 3. Aufl., § 2 Rn. 63 f.; *Wlotzke* DB 1974, 2252 [2253]; offengelassen von BAG 25.03.1992 EzA § 6 BetrVG 1972 Nr. 3 = AP Nr. 48 zu § 5 BetrVG 1972 unter II 2 und 3 der Gründe). Zu beachten ist allerdings, dass nach § 2 Abs. 2 HAG Gegenstand der Tätigkeit von Hausgewerbetreibenden nur die Herstellung, Bearbeitung oder Verpackung von Waren sein kann. Auftragnehmer, die typische Angestelltentätigkeiten wie Büroarbeiten ausführen, können daher allenfalls Heimarbeiter aber keine Hausgewerbetreibenden sein. **115**

In Heimarbeit Beschäftigte gelten als Arbeitnehmer des Betriebes, für den sie »**in der Hauptsache**« **tätig** sind. Das Gesetz will damit verhindern, dass in Heimarbeit Beschäftigte in mehreren Betrieben wahlberechtigt und wählbar sind. Es kommt deshalb für die Betriebszugehörigkeit nicht darauf an, ob die Beschäftigten ihren Lebensunterhalt überwiegend aus den Einkünften aus dem Beschäftigungsverhältnis bestreiten. Entscheidend ist vielmehr, in welchem (zeitlichen) Verhältnis die Beschäftigung zu einer etwaigen Tätigkeit für andere Betriebe steht (BAG 27.09.1974 EzA § 6 BetrVG 1972 Nr. 1 = AP Nr. 1 zu § 6 BetrVG 1972; *Fitting* § 5 Rn. 311; *Galperin/Löwisch* § 6 Rn. 15; *Richardi* § 5 Rn. 128; *Trümner*/DKKW § 5 Rn. 126; krit. *Stege/Weinspach/Schiefer* § 5 Rn. 1d) **116**

Arbeitnehmer i. S. d. § 5 Abs. 1 Satz 2 sind nur die Heimarbeiter oder Hausgewerbetreibenden selbst, nicht dagegen die **Familienangehörigen oder die fremden Hilfskräfte**, die der in Heimarbeit Tätige zur Erledigung des Auftrages hinzuzieht (*Fitting* § 5 Rn. 313; *Galperin/Löwisch* § 6 Rn. 14; *Koch*/ErfK § 5 BetrVG Rn. 8; *Richardi* § 5 Rn. 126). Nicht erfasst werden auch die **nach § 1 Abs. 2 HAG gleichgestellten Personen**. Die Gleichstellung bezieht sich, sofern gesetzlich nicht ausdrücklich etwas anderes bestimmt ist, nur auf die Vorschriften des HAG (vgl. § 1 Abs. 3 HAG). Da § 5 Abs. 1 Satz 2 die gleichgestellten Personen nicht erwähnt, findet das Betriebsverfassungsgesetz auf diese keine Anwendung (*Fitting* § 5 Rn. 313; *Konzen* RdA 2001, 76 [82]; *Otten* Heim- und Telearbeit, § 1 HAG Rn. 44; *Richardi* § 5 Rn. 127; **a. M.** zur alten Gesetzesfassung *Franzen* ZfA 2000, 285 [323 f.]). **117**

5. Arbeitnehmer ohne Arbeitsvertrag mit dem Inhaber des Betriebes

a) Allgemeines

118 In der arbeitsteiligen Wirtschaft kommt es vielfach vor, dass innerhalb der Betriebsstätte Personen tätig werden, deren **Vertragspartner nicht der Betriebsinhaber**, also der betriebsverfassungsrechtliche Arbeitgeber, **sondern ein Dritter** ist. In diesen Fällen stellt sich die Frage, ob diese ebenfalls unter den Geltungsbereich des Betriebsverfassungsgesetzes fallen und vom Betriebsrat repräsentiert werden oder ob nur solche Personen Arbeitnehmer des Betriebs sein können, die in einem Arbeitsverhältnis zum Betriebsinhaber stehen. Voraussetzung ist in jedem Falle, dass diese Personen überhaupt Arbeitnehmer i. S. d. § 5 Abs. 1 sind. Dies ist nur der Fall, wenn sie entweder die allgemeinen Voraussetzungen der Arbeitnehmereigenschaft erfüllen oder zu den in Heimarbeit Beschäftigten gehören. Werden diese Personen dagegen nicht aufgrund eines Arbeitsverhältnisses, sondern aufgrund eines anderen Rechtsverhältnisses (z. B. als selbständiger Dienstpflichtiger oder Werkunternehmer) tätig, besteht also nicht nur zum Betriebsinhaber, sondern auch zu keiner anderen Person ein Arbeitsverhältnis, so finden die Vorschriften des Gesetzes folglich keine Anwendung. Problematisch ist dagegen die rechtliche Stellung von Personen, die in einem Arbeitsverhältnis zu einem Dritten stehen und im Rahmen ihres Arbeitsvertrages in einem Betrieb tätig werden, dessen Inhaber nicht ihr Vertragsarbeitgeber ist.

b) Arbeitnehmerüberlassung

119 Die in der Praxis wichtigste Gruppe bilden die **Leiharbeitnehmer**. Leiharbeitnehmer sind Personen, die von ihrem Arbeitsvertragspartner (Verleiher) für gewisse Zeit einem anderen Unternehmer (Entleiher) zur Arbeitsleistung überlassen werden. Grundlage hierfür ist zum einen ein Überlassungsvertrag zwischen dem Verleiher und dem Entleiher, in dem sich der Verleiher zur Bereitstellung von Arbeitskräften gegen Zahlung eines bestimmten Entgelts verpflichtet. Der »verliehene« Arbeitnehmer wiederum ist aufgrund seines Arbeitsvertrages zum Verleiher verpflichtet, im Betrieb des Entleihers nach dessen Weisungen tätig zu werden. Um einen entsprechenden Arbeitseinsatz des Leiharbeitnehmers zu gewährleisten, werden die Arbeitgeberbefugnisse in erforderlichem Umfang (zumindest konkludent) von dem Verleiher auf den Entleiher übertragen. Da der Betriebsinhaber als Entleiher zumindest partiell Arbeitgeberbefugnisse ausübt und damit in die Arbeitgeberstellung einrückt, stellt sich die Frage, ob auch solche Personen vom Geltungsbereich des Gesetzes erfasst werden. Allerdings ist hier die Arbeitnehmereigenschaft der Leiharbeitnehmer unzweifelhaft. Es geht vielmehr allein um die Frage, ob diese Personen als Arbeitnehmer (auch) des Entleiherbetriebes anzusehen sind, mithin um deren Betriebszugehörigkeit. Diese Frage ist nach wie vor umstritten. Sie hat sich auch durch die Abkehr der Rspr. von der Zwei-Komponenten-Lehre (*BAG* 05.12.2012 EzA § 5 BetrVG 2001 Nr. 10 Rn. 17 ff.; 13.03.2013 EzA § 9 BetrVG 2001 Nr. 6 Rn. 21 ff.) nicht erledigt (vgl. etwa *BAG* 24.08.2016 NZA 2017, 269 Rn. 19, wonach selbst »dauerhaft überlassene Arbeitnehmer nicht insgesamt als Arbeitnehmer des Entleiherbetriebs anzusehen« sind). Da die Stellung der Leiharbeitnehmer vom Gesetzgeber im Rahmen des BetrVerf-ReformG durch Einfügung des § 7 Satz 2 zumindest partiell ausdrücklich geregelt worden ist, wird die Thematik im Kontext dieser Vorschrift behandelt (s. § 7 Rdn. 72 ff.).

c) Mitbestimmungsrechte bei Arbeitnehmerüberlassung

aa) Aufspaltung der Mitbestimmungszuständigkeit

120 Unabhängig von der Frage, ob Leiharbeitnehmer als Arbeitnehmer des Entleiherbetriebes anzusehen sind, besteht weitgehend Konsens darüber, dass die **Spaltung der Arbeitgeberstellung nicht zu einem Verlust des durch die Betriebsverfassung gewährleisteten Schutzes** führen darf (*BAG* 15.12.1992 EzA § 14 AÜG Nr. 3 = AP Nr. 7 zu § 14 AÜG; 19.06.2001 EzA § 87 BetrVG 1972 Arbeitszeit Nr. 63 = AP Nr. 1 zu § 87 BetrVG 1972 Leiharbeitnehmer; 15.10.2014 EzA § 80 BetrVG 2001 Nr. 27; 24.08.2016 NZA 2017, 269 Rn. 21; *Hamann* NZA 2003, 526 [530]; *Raab* ZfA 2003, 389 [438 f.]; *Rost* NZA 1999, 113 [118]). Das AÜG regelt in § 14 Abs. 2 und 3 AÜG einige Aspekte der betriebsverfassungsrechtlichen Stellung der Leiharbeitnehmer sowie der Beteiligung des Betriebsrats im Entleiherbetrieb. Wie sich bereits aus der Gesetzesbegründung ergibt, hat diese Regelung aber keinen abschließenden Charakter (RegE BT-Drucks. 9/847, S. 9). Wenn und soweit dies

nach Zweck und Systematik des BetrVG geboten ist, können also auch andere Vorschriften des Gesetzes auf die Leiharbeitnehmer im Rahmen ihres Arbeitseinsatzes beim Entleiher Anwendung finden. Soweit also Arbeitgeberfunktionen durch den Entleiher ausgeübt werden, d. h. soweit es um Folgen aus der tatsächlichen Beschäftigung im Entleiherbetrieb geht, ist für die einzelnen Mitwirkungsrechte des Betriebsrats zu prüfen, ob sie auf die Leiharbeitnehmer Anwendung finden (hierzu grundlegend *Kraft* FS *Pleyer*, S. 383 ff.; ders. FS *Konzen*, S. 439 [445 ff.]).

Im Ausgangspunkt ist dabei zu beachten, dass die **Zuständigkeit des Betriebsrats an den Betrieb** als organisatorische Einheit **gekoppelt** ist (*BAG* 19.06.2001 EzA § 87 BetrVG 1972 Arbeitszeit Nr. 63 unter B II 3; 15.10.2014 EzA § 80 BetrVG 2001 Nr. 20 Rn. 27). Mitbestimmungsrechte bestehen daher nur im Verhältnis zum Inhaber des Betriebs, für den der Betriebsrat gewählt worden ist. Hinsichtlich der Mitbestimmungsrechte ist folglich danach zu differenzieren, wem die jeweiligen Arbeitgeberrechte und -pflichten zuzuordnen sind, an welche die Mitbestimmung anknüpft. Da es für die Arbeitnehmerüberlassung gerade kennzeichnend ist, dass diese Rechte und Pflichten zwischen Verleiher und Entleiher aufgespalten sind, lässt sich auch die Frage nach der Mitbestimmungszuständigkeit nicht einheitlich beantworten. Vielmehr ist je nach Inhalt, Gegenstand und Zweck des Mitbestimmungsrechts sowie in Abhängigkeit von der Entscheidungszuständigkeit auf Arbeitgeberseite sowohl eine Zuständigkeit des beim Verleiher als auch eine Zuständigkeit des beim Entleiher bestehenden Betriebsrats denkbar (*BAG* 15.10.2014 EzA § 80 BetrVG 2001 Nr. 20 Rn. 27; 18.03.2015 EzA § 256 ZPO 2002 Nr. 14 Rn. 26; 07.06.2016 EzA § 87 BetrVG 2001 Gesundheitsschutz Nr. 15 Rn. 13; 24.08.2016 NZA 2017, 269 Rn. 21). Der aufgespaltenen Arbeitgeberstellung entspricht folglich eine **Aufspaltung der Zuständigkeit auf Seiten der Mitbestimmung**. Eine doppelte Zuständigkeit kommt demgegenüber nicht in Betracht, da typischerweise auch auf Arbeitgeberseite nur entweder der Verleiher oder der Entleiher zuständig ist. Denkbar wäre allenfalls, dass eine zusammenhängende Maßnahme mehrere mitbestimmungsrechtlich relevante Aspekte berührt und Ver- und Entleiher jeweils nur für einen Teil der Entscheidungen verantwortlich sind. Ebenso wenig gibt es eine wechselseitige »Reservekompetenz«. Fällt eine Angelegenheit in den Kompetenzbereich des Verleihers, so ist der Entleiherbetriebsrat auch dann nicht zu beteiligen, wenn es im Verleiherbetrieb keinen Betriebsrat gibt. Dasselbe gilt natürlich im umgekehrten Fall (offen gelassen von *BAG* 15.10.2014 EzA § 80 BetrVG 2001 Nr. 20 Rn. 30).

121

Versucht man eine Systematisierung der Zuständigkeiten, so ist zunächst zwischen arbeitnehmerbezogenen und (rein) betriebsbezogenen Beteiligungsrechten zu unterscheiden. **Betriebsbezogene Beteiligungsrechte** betreffen etwa die Organisation der Arbeitsabläufe, die Personalausstattung oder die Infrastruktur des Betriebs, knüpfen also an den Betrieb als arbeitstechnische Einheit an, ohne dass es darauf ankommt, ob und welche Auswirkungen sich unmittelbar hieraus für die Arbeitsbedingungen der Arbeitnehmer ergeben (z. B. § 90 Abs. 1, § 92 Abs. 1, § 96 Abs. 1 Satz 1). Solche Beteiligungsrechte richten sich gegen den Inhaber des Betriebs, dem die entsprechende Organisationshoheit zukommt, und können demnach nur dem Betriebsrat zustehen, der für den betroffenen Betrieb zuständig ist (*BAG* 15.10.2014 EzA § 80 BetrVG 2001 Nr. 20 Rn. 28 für die Überwachung der Einhaltung arbeitsplatzbezogener Schutzvorschriften nach § 80 Abs. 1 Nr. 1). Handelt es sich um **arbeitnehmerbezogene Beteiligungsrechte**, so ist im Ausgangspunkt zu beachten, dass der Leiharbeitnehmer nach § 14 Abs. 1 AÜG auch während der Zeit der Überlassung als Arbeitnehmer dem Verleiherbetrieb zugeordnet bleibt. Der **im Verleiherbetrieb gebildete Betriebsrat** ist daher zuständig, wenn und soweit der Verleiher während des Überlassungszeitraumes weiterhin Träger der Arbeitgeberrechte und -pflichten ist (*BAG* 07.06.2016 EzA § 87 BetrVG 2001 Gesundheitsschutz Nr. 15 Rn. 13; 24.08.2016 NZA 2017, 269 Rn. 21). Dies ist vor allem dann anzunehmen, wenn die Mitwirkungsrechte an Gestaltungen anknüpfen, die Inhalt oder Bestand der vertraglichen Beziehung zwischen Verleiher und Leiharbeitnehmer oder die arbeitsvertraglichen Hauptleistungspflichten betreffen (vgl. auch *Franzen* ZfA 2000, 285 [317]; *v. Hoyningen-Huene* FS *Stahlhacke*, S. 173 [182 f.], die zwischen dem arbeitsvertraglichen Grundverhältnis, für welches ausschließlich der Betriebsrat des Verleiherbetriebes zuständig ist, und dem Ausführungsverhältnis unterscheiden, für welches eine Zuständigkeit des Betriebsrats im Entleiherbetrieb in Betracht kommt; ähnlich *Reichold* NZA 1999, 561 [569]; *Rost* NZA 1999, 113 [118 f.]). Eine **Zuständigkeit des Entleiherbetriebsrats** kommt dagegen in Betracht, wenn und soweit das Rechtsverhältnis zwischen dem Entleiher und dem Leiharbeitnehmer betroffen ist oder die maßgeblichen Arbeitgeberentscheidungen ausschließlich vom Inhaber des Entleiherbetriebs getroffen

122

werden (ähnlich bereits Ausschussbericht BT-Drucks. 9/975, S. 22). Dies betrifft vor allen Dingen die Tatbestände, die eine Mitwirkung des Betriebsrats in Bezug auf die Ausübung des Weisungsrechts gegenüber den im Betrieb beschäftigten Arbeitnehmern vorsehen, da dieses für die Dauer des Arbeitseinsatzes typischerweise dem Entleiher zusteht. In Betracht kommt aber auch die Anwendung anderer Normen, wenn und soweit sie den Schutz der einzelnen Arbeitnehmer bei deren Tätigkeit im Betrieb oder den Schutz der »Stammbelegschaft« des Beschäftigungsbetriebes zum Ziel haben (*Kraft* FS *Konzen*, S. 439 [448]; ähnlich *Linsenmaier/Kiel* RdA 2014, 135 [149]; s. a. *BAG* 07.06.2016 EzA § 87 BetrVG 2001 Gesundheitsschutz Nr. 15 Rn. 14 ff. zur Mitbestimmung nach § 87 Abs. 1 Nr. 7). Dagegen scheiden Mitbestimmungsrechte im Entleiherbetrieb aus, wenn dem Leiharbeitnehmer dort Aufgaben übertragen werden, welche die Voraussetzungen des § 5 Abs. 3 erfüllen, er also die Funktion eines **leitenden Angestellten** innehat. In diesem Fall ist der Betriebsrat nur so zu beteiligen wie bei leitenden Angestellten, die in einem unmittelbaren Vertragsverhältnis zum Betriebsinhaber stehen (*LAG Rheinland-Pfalz* 18.10.2012 – 10 TaBV 18/12 – juris, Rn. 40; *ArbG Braunschweig* 31.10.2005 – 3 BV 48/05 – juris).

bb) Einzelne Beteiligungsrechte

123 Soweit Maßnahmen in Frage stehen, die der Entleiher aufgrund des ihm zustehenden **Direktionsrechts** ergreifen oder anordnen kann, ist deren Wirksamkeit auch in Bezug auf Leiharbeitnehmer von der Zustimmung des Betriebsrats des Entleiherbetriebes abhängig, soweit § **87 Abs. 1** ein derartiges Mitbestimmungsrecht gewährt. In Betracht kommen Regelungen oder Maßnahmen, die die **betriebliche Ordnung** (§ 87 Abs. 1 Nr. 1; vgl. *Kraft* FS *Konzen*, S. 439 [449]; *Schüren/Hamann* AÜG, § 14 Rn. 246 ff.; *Wiese* § 87 Rdn. 177), die Lage der Arbeitszeit (§ 87 Abs. 1 Nr. 2; hierzu *BAG* 15.12.1992 EzA § 14 AÜG Nr. 3 = AP Nr. 7 zu § 14 AÜG; *LAG Hessen* 01.09.2011 – 5 TaBV 44/11 – juris, Rn. 57 ff.; *Wiese/Gutzeit* § 87 Rdn. 300), die Anordnung von **Überstunden** (§ 87 Abs. 1 Nr. 3; vgl. *BAG* 19.06.2001 EzA § 87 BetrVG 1972 Arbeitszeit Nr. 63 = AP Nr. 1 zu § 87 BetrVG 1972 Leiharbeitnehmer; s. *Wiese/Gutzeit* § 87 Rdn. 397; krit. hierzu *Kraft* SAE 2002, 45 ff.; *ders.* FS *Konzen*, S. 439 [450]; *Raab* ZfA 2003, 389 [441 ff.]), die Überwachung der Arbeitnehmer (§ 87 Abs. 1 Nr. 6) oder den Arbeitsschutz (§ 87 Abs. 1 Nr. 7; *BAG* 07.06.2016 EzA § 87 BetrVG 2001 Gesundheitsschutz Nr. 15 Rn. 14 ff.; s. a. *Gutzeit* § 87 Rdn. 617, 636, 640) betreffen (*v. Hoyningen-Huene* FS *Stahlhacke*, S. 173 [183]; *Rost* NZA 1999, 113 [118]). Gleiches gilt grundsätzlich, wenn es sich um Regelungen handelt, die zwar **nicht** mehr **vom Direktionsrecht** des Betriebsinhabers **gedeckt** sind, die aber den Leiharbeitnehmer nur für die Dauer seiner Beschäftigung im Entleiherbetrieb treffen. Voraussetzung dafür ist aber außerdem, dass der Entleiher aufgrund seiner Vereinbarung mit dem Verleiher zu solchen Maßnahmen als Vertreter des Verleihers berechtigt ist, oder dass er entsprechende Vereinbarungen im eigenen Namen mit dem Leiharbeitnehmer trifft (*BAG* 28.07.1992 EzA § 87 BetrVG 1972 Werkswohnung Nr. 8 = AP Nr. 7 zu § 87 BetrVG 1972 Werkmietwohnungen; 28.09.1988 EzA § 99 BetrVG 1972 Nr. 68 = AP Nr. 60 zu § 99 BetrVG 1972).

124 Im Hinblick auf die Mitbestimmung bei der **Berufsbildung**, insbesondere bei der Durchführung betrieblicher Berufsbildungsmaßnahmen hatte das *BAG* bislang lediglich den Fall zu entscheiden, dass Arbeitnehmer eines ausländischen Tochterunternehmens in einem inländischen Betrieb des Mutterunternehmens für ihre Tätigkeit bei ihrem Vertragsarbeitgeber, also dem ausländischen Unternehmen, weiterqualifiziert werden sollten. In einem solchen Fall steht dem Betriebsrat des Betriebs, in dem die Qualifizierungsmaßnahme durchgeführt wird, nach Ansicht des Gerichts kein Mitbestimmungsrecht nach § **98** zu, und zwar unabhängig davon, ob die Teilnahme an der Qualifizierungsmaßnahme als Arbeitnehmerüberlassung einzuordnen ist (*BAG* 26.04.2016 EzA § 98 BetrVG 2001 Nr. 4 = AP Nr. 16 zu § 98 BetrVG 1972 Rn. 20 ff.). Das Gericht verweist insoweit zu Recht darauf, dass die Mitbestimmung bei der Durchführung von Maßnahmen der betrieblichen Berufsbildung verknüpft sei mit der arbeitsvertraglichen Beziehung zwischen dem Inhaber des Betriebs und den dort beschäftigten Arbeitnehmern und dem Interesse des Arbeitgebers an der Qualifikation von Arbeitnehmern, deren Leistung er selbst beanspruchen könne. Aus diesem Grunde scheide ein Mitbestimmungsrecht des bei ihm gebildeten Betriebsrats aus, wenn es ausschließlich um die Schulung, Fort- und Ausbildung von entsandten Arbeitnehmern für deren Beschäftigung bei dem entsendenden Vertragsarbeitgeber gehe (*BAG* 26.04.2016 EzA § 98 BetrVG 2001 Nr. 4 = AP Nr. 16 zu § 98 BetrVG 1972 Rn. 26 f.; s. a. § 98 Rdn. 7). Denkt man diesen Ansatz konsequent weiter, lassen sich wohl auch die **Beteiligungs-**

rechte der §§ 96, 97 nur auf die betriebsangehörigen Arbeitnehmer beziehen, die in einem Vertragsverhältnis zum Betriebsinhaber stehen. Nur in Bezug auf diese lässt sich eine Aufgabe des Arbeitgebers zur Förderung der Berufsbildung oder zur Durchführung von Bildungsmaßnahmen zur Erhaltung oder Anpassung ihrer beruflichen Kenntnisse und Fähigkeiten begründen, an welcher der Betriebsrat zu beteiligen wäre. Dagegen trägt der Entleiher in Bezug auf Leiharbeitnehmer, die nur zeitlich befristet (§ 1 Abs. 1b Satz 1 AÜG) eingesetzt werden dürfen, keine Verantwortung im Hinblick auf den Erhalt von deren Beschäftigung und damit auch nicht für deren berufliche Qualifikation. Führt der Entleiher in seinem Betrieb **Fortbildungsmaßnahmen (auch) für dort tätige Leiharbeitnehmer** durch, so ist dagegen hinsichtlich der **Beteiligungsrechte nach § 98** zu unterscheiden. Nehmen an den Maßnahmen auch betriebsangehörige Arbeitnehmer teil, so steht dem Betriebsrat das Mitbestimmungsrecht nach § 98 Abs. 1 und 2 schon deshalb zu, weil sich die Mitbestimmung auf die Maßnahme bezieht und nicht teilbar, insbesondere nicht auf die betriebsangehörigen Arbeitnehmer beschränkbar ist. Aber auch wenn der Entleiher Fortbildungsmaßnahmen nur für die Leiharbeitnehmer durchführt, um diese für ihre Tätigkeit im Entleiherbetrieb zu qualifizieren, sprechen die besseren Gründe dafür, dem Betriebsrat des Entleiherbetriebs ein Mitbestimmungsrecht zuzusprechen, soweit es um die Durchführung der Maßnahme oder die Bestellung der beauftragten Personen geht. Nach Sinn und Zweck des Beteiligungsrechts (s. § 98 Rdn. 10, 19) entfällt das Bedürfnis für eine mitbestimmte Entscheidung nicht dadurch, dass die Bildungsmaßnahme nicht durch den Verleiher als Vertragsarbeitgeber durchgeführt wird. Andererseits kann das Mitbestimmungsrecht nur durch den beim Entleiher gebildeten Betriebsrat ausgeübt werden, wenn der Entleiher für die Maßnahme verantwortlich ist. Ohne Beteiligung des Entleiherbetriebsrats bestünde somit die Gefahr, dass allein aufgrund der Aufspaltung der Arbeitgeberstellung eine Schutzlücke im System der kollektivrechtlichen Beteiligung entsteht (s. Rdn. 120). Dagegen kann der Betriebsrat sein **Vorschlagsrecht nach § 98 Abs. 3** nur zugunsten der betriebsangehörigen Arbeitnehmer ausüben. Die Beteiligung des Betriebsrats soll in diesem Zusammenhang sicherstellen, dass in Anbetracht der Bedeutung der beruflichen Weiterqualifikation für die Beschäftigungschancen der Arbeitnehmer deren Interessen bei der Auswahl der teilnehmenden Arbeitnehmer gewahrt werden (s. § 98 Rdn. 25; *BAG* 26.04.2016 EzA § 98 BetrVG 2001 Nr. 4 = AP Nr. 16 zu § 98 BetrVG 1972 Rn. 26). Dann kann sich dieses Recht aber nur auf die Arbeitnehmer beziehen, die aufgrund einer arbeitsvertraglichen Beziehung zu dem Betriebsinhaber in dem Betrieb eine Beschäftigungsperspektive haben. Eine solche Beschäftigungsperspektive besteht für die Leiharbeitnehmer als solche im Entleiherbetrieb aufgrund der zeitlichen Begrenzung der Überlassungsdauer (§ 1 Abs. 1b Satz 1 AÜG) gerade nicht.

Das Mitbestimmungsrecht nach § 99 ist dem Betriebsrat insbesondere im Interesse der schon vorhandenen Arbeitnehmer eingeräumt. Das zeigen die Zustimmungsverweigerungsgründe des § 99 Abs. 2 Nr. 2, 3 und 5 deutlich. Gerade diese Zustimmungsverweigerungsgründe können auch im Zusammenhang mit der **Beschäftigung** eines Leiharbeitnehmers relevant werden. Es muss deshalb ein legitimes Interesse des Betriebsrats des Entleiherbetriebes bejaht werden, bei der Beschäftigung von Leiharbeitnehmern beteiligt zu werden (*BAG* 14.05.1974 EzA § 99 BetrVG 1972 Nr. 6 = AP Nr. 2 zu § 99 BetrVG 1972 *[Kraft]*; 18.04.1989 EzA § 99 BetrVG 1972 Nr. 73 = AP Nr. 65 zu § 99 BetrVG 1972; s. § 99 Rdn. 48). Für die erlaubnispflichtige Arbeitnehmerüberlassung ergibt sich dies unmittelbar aus § 14 Abs. 3 AÜG. Soweit ein Leiharbeitnehmer im Beschäftigungsbetrieb **versetzt** werden soll, gelten die gleichen Gesichtspunkte wie bei der Einstellung; es geht hierbei in der Regel um die Kontrolle der Ausübung des Direktionsrechts durch den Entleiher. Auch insoweit ist eine Einschaltung des Betriebsrats des Entleiherbetriebes nach § 99 sachgerecht und von der Interessenlage her geboten (ebenso *Linsenmaier/Kiel* RdA 2014, 135 [151]). Allerdings ist insoweit § 95 Abs. 3 Satz 2 zu beachten. Da dem Leiharbeitnehmer vielfach kein bestimmter Arbeitsplatz zugewiesen ist, kann es in diesen Fällen an den tatbestandlichen Voraussetzungen der Versetzung fehlen (*Linsenmaier/Kiel* RdA 2014, 135 [151]); *Schüren/Hamann* AÜG, § 14 Rn. 329 f. m. w. N.). Ob eine Versetzung möglich ist, richtet sich nach dem Arbeitsvertrag und dem Ausmaß des dem Entleiher zustehenden Direktionsrechts. **Eingruppierung und Umgruppierung** sind Entscheidungen, die im Zusammenhang mit der vertraglichen Vergütungspflicht stehen und die daher nur der Verleiher treffen kann, so dass in diesem Zusammenhang ein Mitwirkungsrecht des Betriebsrats des Entleiherbetriebes grundsätzlich nicht in Frage kommt (ebenso *BAG* 17.06.2008 EzA § 99 BetrVG 2001 Eingruppierung Nr. 3 Rn. 17 ff.; *Schüren/Hamann* AÜG, § 14 Rn. 324 ff.).

126 Bezüglich § 102 ist festzuhalten, dass das Kündigungsrecht als privatrechtliches Gestaltungsrecht ausschließlich dem Verleiher als Vertragspartner des Leiharbeitnehmers zusteht. Die Entscheidung über eine Kündigung und ihre Rechtfertigung folgt auch nicht aus Umständen, die mit der Tätigkeit im Entleiherbetrieb oder mit dessen wirtschaftlicher Situation zusammenhängen. Es geht bei der Entscheidung über die Kündigung nicht um den Schutz der Tätigkeit gerade im Entleiherbetrieb, sondern um die Erhaltung des arbeitsvertraglich gesicherten Anspruchs des Arbeitnehmers gegenüber seinem Vertragspartner. Verhaltensbedingte Kündigungsgründe ergeben sich aus der Verletzung des Arbeitsvertrages, personenbedingte Gründe aus der dem Verleiher gegenüber bestehenden vertraglichen Arbeitspflicht, dringende betriebliche Erfordernisse können sich nur auf den Betrieb des Vertragsarbeitgebers beziehen. Auch die Widerspruchsgründe des § 102 Abs. 3 sind sinnvoll nur vom Betriebsrat geltend zu machen, der dem Vertragspartner des Arbeitnehmers gegenübersteht. Nur der Betriebsrat im Betrieb des Verleihers hat auch die nötigen Einblicke in die vom Gesetz angeführten Sachverhalte, um den Schutzzweck des § 102 angemessen realisieren zu können. Anzuhören ist also vor der Kündigung der Betriebsrat im Verleiherbetrieb (s. § 102 Rdn. 23; ebenso *v. Hoyningen-Huene* FS *Stahlhacke*, S. 173 [182 f.]; *Linsenmaier/Kiel* RdA 2014, 135 [155]; *Rost* NZA 1999, 113 [119]; *Schüren/Hamann* AÜG, § 14 Rn. 335 f.; **a. M.** *Zeuner* FS *Hilger* und *Stumpf*, S. 771 [774]).

127 Bei den durch die §§ 81 ff. gewährten Rechten handelt es sich an sich um Rechte, die aus der Fürsorgepflicht des Arbeitgebers, also aus dem Arbeitsvertrag entspringen (s. *Franzen* vor § 81 Rdn. 11 ff.). Soweit sich diese Pflichten auf die konkrete Tätigkeit, nicht auf die vertragliche Situation beziehen und soweit sie sich aus der Beschäftigung ergeben, ist anzunehmen, dass auch diese Fürsorgepflichten den Entleiher während der Beschäftigungsdauer treffen (*Hergenröder/ZLH* Arbeitsrecht, § 29 Rn. 25). Es ist daher interessengerecht, diese Vorschriften insoweit analog auf Leiharbeitnehmer im Verhältnis zum Entleiher anzuwenden. Ausgenommen sind § 82 Abs. 2 und § 83, die sich auf die den Verleiher treffende Entgeltzahlungspflicht bzw. die bei ihm geführten Personalakten beziehen. Dies ist für die gewerbsmäßige Arbeitnehmerüberlassung in § 14 Abs. 2 Satz 3 AÜG ausdrücklich normiert.

128 Soweit dem Betriebsrat im Entleiherbetrieb Mitwirkungsrechte i. S. d. §§ 111 ff. zustehen, erstrecken diese sich nicht auf die dort beschäftigten Leiharbeitnehmer (*v. Hoyningen-Huene* FS *Stahlhacke*, S. 173 [182 f.]; *Rost* NZA 1999, 113 [119]; *Schüren/Hamann* AÜG, § 14 Rn. 353 f.; differenzierend *Linsenmaier/Kiel* RdA 2014, 135 [156 f.]). Inwieweit Leiharbeitnehmer von Betriebsänderungen im Entleiherbetrieb tatsächlich betroffen werden können, richtet sich letztlich nach deren Arbeitsvertrag mit dem Verleiher. Es ist dessen Sache, der veränderten Situation Rechnung zu tragen. Auch die Frage des Nachteilsausgleichs durch einen Sozialplan berührt die Vertragsbeziehung zwischen Leiharbeitnehmer und Entleiher. Hiervon zu trennen ist die Frage, inwieweit die Leiharbeitnehmer im Rahmen der Prüfung der Voraussetzungen des Vorliegens einer Betriebsänderung zu berücksichtigen sind (hierzu *Oetker* § 111 Rdn. 27 f., 98; s. a. *Linsenmaier/Kiel* RdA 2014, 135 [156]).

cc) Wirkung von Betriebsvereinbarungen im Entleiherbetrieb

129 Die Frage, ob eine **Betriebsvereinbarung** im Entleiherbetrieb mit normativer Wirkung nach § 77 Abs. 4 für und gegen die Leiharbeitnehmer abgeschlossen werden kann, lässt sich ebenfalls nicht einheitlich beantworten. Dabei ist zunächst zu berücksichtigen, dass eine Betriebsvereinbarung – wie ein Tarifvertrag (vgl. § 1 Abs. 1 TVG) – **unterschiedliche Normentypen** aufweisen kann (s. *Kreutz* § 77 Rdn. 226 ff.). Sie kann einmal Individualnormen enthalten, die das zwischen dem Betriebsinhaber und den Arbeitnehmern bestehende Rechtsverhältnis, insbesondere den Inhalt des Schuldverhältnisses, näher ausgestalten (Inhalts-, Abschluss- und Beendigungsnormen). Möglich sind aber auch Betriebsnormen, welche das Verhältnis des Arbeitgebers zur Gesamtheit der Arbeitnehmer (etwa die Einrichtung und Nutzung von Sozialeinrichtungen) oder das Verhältnis der Arbeitnehmer untereinander (etwa Verhaltensregeln im Betrieb) betreffen. Schließlich können Betriebsvereinbarungen die betriebsverfassungsrechtliche Ordnung regeln, sofern das Gesetz abweichende Bestimmungen zulässt (etwa die Zahl freizustellender Betriebsratsmitglieder, § 38 Abs. 1 Satz 5).

130 Im Falle von **Betriebsverfassungsnormen** stellt sich die Problematik, ob diese Wirkung für die Leiharbeitnehmer entfalten können, schon im Ausgangspunkt nicht. Regelungsgegenstand sind nicht etwa die Rechtsbeziehungen des Leiharbeitnehmers zum Entleiher, sondern die betriebsverfassungsrechtliche Ordnung, d. h. die innere Verfassung des Betriebs. Die normative Wirkung solcher Rege-

lungen besteht darin, objektives Recht für den Betrieb als organisatorische Einheit zu schaffen. Die Rechtsstellung des Leiharbeitnehmers ist dagegen nicht unmittelbar betroffen; etwaige für ihn relevante Rechtsfolgen sind allenfalls ein Reflex, der sich aus der Tatsache ergibt, dass er für die Dauer der Überlassung tatsächlich im Betrieb tätig wird und er daher in dieser Eigenschaft Träger von Rechten und Pflichten sein kann, die durch die Betriebsvereinbarung näher ausgestaltet werden können. Treffen etwa Betriebsrat und Arbeitgeber eine Vereinbarung, wonach eine außerordentliche Betriebsversammlung während der Arbeitszeit stattfinden kann (§ 44 Abs. 2 Satz 2), so kann auch der Leiharbeitnehmer während der Arbeitszeit an dieser Versammlung teilnehmen, ohne seinen Anspruch auf Zahlung der Vergütung zu verlieren (§ 14 Abs. 2 Satz 2 AÜG).

Umstritten ist, ob eine Betriebsvereinbarung mit Individual- oder Betriebsnormen unmittelbare und zwingende Wirkung für die Leiharbeitnehmer entfalten kann. Dies wird unter Hinweis darauf verneint, dass die Betriebsvereinbarung auf das Arbeitsverhältnis einwirke, der Leiharbeitnehmer einen Arbeitsvertrag aber ausschließlich mit dem Verleiher geschlossen habe. Es fehle damit an dem »Substrat« für eine normative Einwirkung (*Kraft* FS *Konzen*, S. 439 [456 ff.]; ebenso *Franzen* ZfA 2000, 285 [318 f.]; im gleichen Sinne hier bis 10. Aufl. § 5 Rn. 109). Unzweifelhaft ist, dass die Betriebspartner des Entleiherbetriebs **nicht die arbeitsvertraglichen Beziehungen zwischen dem Leiharbeitnehmer und dem Verleiher mit normativer Wirkung gestalten** können. Ihnen steht nicht die Befugnis zu, normativ auf ein Rechtsverhältnis einzuwirken, an dem der Betriebsinhaber gar nicht beteiligt ist. Betriebsvereinbarungen, die Rechte und Pflichten des Arbeitgebers betreffen, die auch während des Überlassungszeitraums dem Verleiher zugeordnet sind, erfassen daher nicht die im Betrieb beschäftigten Leiharbeitnehmer (z. B. Regelungen über die Modalitäten der Auszahlung des Arbeitsentgelts, § 87 Abs. 1 Nr. 4; ebenso *Linsenmaier/Kiel* RdA 2014, 135 [149]). Soweit dagegen **Arbeitgeberbefugnisse dem Entleiher zugeordnet** sind, besteht ein Legitimationsdefizit auf Arbeitgeberseite nicht. Hier stellt sich dann allerdings die Frage, was Gegenstand der normativen Wirkung sein soll, wenn es an einer arbeitsvertraglichen Verbindung zwischen Entleiher und Leiharbeitnehmer fehlt. Doch bedeutet die Tatsache, dass kein Arbeitsvertrag geschlossen wurde, nicht zwangsläufig, dass es keine Rechtsbeziehung zwischen Entleiher und Leiharbeitnehmer gibt. So bestehen in diesem Verhältnis eine Vielzahl von Rechten und Pflichten. Diese beruhen teilweise auf dem Gesetz, teilweise leiten sie sich aus den bestehenden vertraglichen Beziehungen in dem »Dreiecksverhältnis« von Verleiher, Entleiher und Leiharbeitnehmer ab. Durch dieses Geflecht von Rechten und Pflichten wird für die Dauer der Überlassung ein Rechtsverhältnis begründet, das einer normativen Gestaltung durch eine vom Entleiher geschlossene Kollektivvereinbarung zugänglich ist. Wenn und soweit Betriebsvereinbarungen Individualnormen enthalten, können sie folglich insoweit normative Wirkung entfalten, als sie an die **Rechtsbeziehung des Entleihers zum Leiharbeitnehmer anknüpfen** (*Kreutz* § 77 Rdn. 204; für eine normative Wirkung auch die h. M.; vgl. *Boemke* in: *Boemke/Lembke* AÜG, § 14 Rn. 88; *Linsenmaier/Kiel* RdA 2014, 135 [149]; *Richardi* § 77 Rn. 80; *Waltermann* Rechtsetzung, S. 219 ff.; *ders.* NZA 1996, 357 [365]). Allerdings ist zu beachten, dass der **Entleiherbetriebsrat** in Bezug auf die Leiharbeitnehmer nur über eine **eingeschränkte Legitimation** verfügt. Zum einen stehen den Leiharbeitnehmern nicht dieselben Mitwirkungsrechte zu (kein passives Wahlrecht, aktives Wahlrecht in Abhängigkeit von der Dauer des Einsatzes). Vor allem aber beruht die Legitimation zur Normsetzung auf dem Gesetz selbst und unterliegt daher den durch das gesetzliche Mandat definierten Grenzen. Mit der Schaffung einer betriebsverfassungsrechtlichen Ordnung verleiht das Gesetz dem Betriebsrat als Repräsentant der Arbeitnehmer im Betrieb die Befugnis, gemeinsam mit dem Arbeitgeber objektives Recht für den Betrieb zu schaffen. Der Geltungsbereich der Normen wird damit in persönlicher Hinsicht durch das Erfordernis der Zugehörigkeit zur Belegschaft des Betriebs begrenzt. Das Gesetz stellt die Leiharbeitnehmer aber – im Unterschied zu dem in § 5 Abs. 1 Satz 3 genannten Personenkreis – eben nicht in jeder Hinsicht der Stammbelegschaft gleich, so dass nicht von einer Betriebszugehörigkeit der Leiharbeitnehmer gesprochen werden kann (s. Rdn. 119 sowie § 7 Rdn. 85 ff.). Eine Legitimation zur normativen Regelung kommt dem Entleiherbetriebsrat daher nur zu, wenn und soweit dies erforderlich ist, um die Schutzfunktion der Betriebsverfassung für die Dauer der Überlassung sicherzustellen und Schutzlücken für die Leiharbeitnehmer zu vermeiden (s. Rdn. 120).

Individualnormen in einer zwischen Entleiher und Entleiherbetriebsrat geschlossenen Betriebsvereinbarung können folglich die Rechtsstellung des Leiharbeitnehmers zumindest dann mit unmittelbarer Wirkung gestalten, wenn und soweit es um Gegenstände geht, in denen **dem Betriebsrat des Entleiherbetriebs ein Mitbestimmungsrecht** auch hinsichtlich der im Betrieb eingesetzten Leiharbeitnehmer zusteht (*LAG Berlin-Brandenburg* 09.08.2012 – 5 TaBV 770/12 – juris Rn. 51 [Regelung der Gleitzeit]; *Bayreuther* BB 2014, 1973 [1975]; *Linsenmaier/Kiel* RdA 2014, 135 [149]; *Waltermann* Rechtsetzung, S. 228 ff.; hiervon geht offenbar auch der Gesetzgeber aus, s. Ausschussbericht BT-Drucks. 9/975, S. 22). Es handelt sich dabei um Sachverhalte, die in die Entscheidungszuständigkeit des Entleihers fallen (s. Rdn. 122), so dass das zwischen ihm und dem Leiharbeitnehmer bestehende Rechtsverhältnis betroffen ist. Und auf Seiten des Betriebsrats begründet das Mitbestimmungsrecht zugleich die Legitimation zu einer normativen Regelung. Es wäre wenig verständlich, wenn in einem solchen Fall die Betriebsvereinbarung gegenüber den Leiharbeitnehmern nicht unmittelbar gelten würde und es erst einer Umsetzung durch den Entleiher bedürfte. Außerdem wäre die Schutzfunktion der mitbestimmten Regelung für die Leiharbeitnehmer im Vergleich zur Stammbelegschaft geringer, wenn diese keine zwingende Wirkung entfalten würde.

133 Fraglich ist dagegen, inwieweit Inhaltsnormen in **freiwilligen Betriebsvereinbarungen**, d. h. solchen, die nicht in Ausübung eines Mitbestimmungsrechts geschlossen werden, normative Wirkung für die Leiharbeitnehmer entfalten können. Dies wird man nur dann rechtfertigen können, wenn die Betriebsvereinbarung einen Gegenstand regelt, der ansonsten im Verhältnis zu den Leiharbeitnehmern von dem Entleiher einseitig – etwa im Wege des Weisungsrechts – geregelt werden könnte. Eine Frage, die der Arbeitgeber einseitig regeln kann, muss auch im Wege der Betriebsvereinbarung möglich sein. Die kollektive Regelung bedarf in diesem Fall keiner besonderen Legitimation, sondern entfaltet allenfalls eine zusätzliche Schutzwirkung. Dagegen können durch Inhaltsnormen einer im Entleiherbetrieb geschlossenen Betriebsvereinbarung den Leiharbeitnehmern keine zusätzlichen Pflichten auferlegt werden. Selbst wenn man solche Regelungen grds. für zulässig erachtet (zum Streitstand *Kreutz* § 77 Rdn. 358 ff.), fehlt es im Hinblick auf die Leiharbeitnehmer an einer entsprechenden Legitimation.

134 Aus demselben Grunde dürften Leiharbeitnehmer auch von **Betriebsnormen** nur dann erfasst werden, wenn deren Inhalt entweder der Mitbestimmung des Betriebsrats unterliegt und der Betriebsrat im Entleiherbetrieb insoweit auch für die Leiharbeitnehmer zuständig ist (etwa bei der Regelung von Torkontrollen [§ 87 Abs. 1 Nr. 1] oder elektronischen Zeiterfassungssystemen [§ 87 Abs. 1 Nr. 6]) oder wenn die Regelungen lediglich zur Konkretisierung des Weisungsrechts des Entleihers dienen und damit letztlich nur dessen Entscheidungsgewalt beschränken. Für weitergehende Regelungen fehlt im Entleiherbetrieb die erforderliche Normsetzungskompetenz, weil die Leiharbeitnehmer dort eben nicht in vollem Umfang zu der »verfassten Belegschaft« zählen.

d) Beschäftigung auf der Grundlage eines Gestellungsvertrages

135 Die vorgenannten Grundsätze sind auch auf andere Fälle übertragbar, in denen Personen im Betrieb beschäftigt werden, die nicht in einem Arbeitsverhältnis zum Betriebsinhaber stehen. Soweit es um Vorschriften geht, die den Schutz des betroffenen Arbeitnehmers bezwecken, setzt deren analoge Anwendung allerdings voraus, dass auf Seiten der beschäftigten Personen ein vergleichbares Schutzbedürfnis besteht. Dies ist beispielsweise bei Personen zu bejahen, die aufgrund eines sog. Gestellungsvertrages zwischen ihrem Vertragspartner, dem sog. Gestellungsträger, und dem Betriebsinhaber tätig werden. Voraussetzung ist allerdings, dass **im Verhältnis** der beschäftigten Person **zu dem Gestellungsträger ein Arbeitsverhältnis** besteht. Besteht zum Gestellungsträger lediglich eine mitgliedschaftliche Bindung, etwa eine Verpflichtung aufgrund einer Vereinsmitgliedschaft, so kommt eine entsprechende Anwendung der betriebsverfassungsrechtlichen Vorschriften nicht in Betracht (s. § 7 Rdn. 142 f.; **a. M.** *Richardi* § 5 Rn. 111; *Trümner/DKKW* § 5 Rn. 182). Auch wenn der Betriebsinhaber aufgrund einer Vereinbarung mit dem Gestellungsträger befugt ist, dem Mitglied Weisungen zu erteilen, so macht er doch nur die Rechte des Gestellungsträgers aus dem Mitgliedschaftsverhältnis geltend. Zweck des Betriebsverfassungsrechts ist es aber, dem spezifischen Schutzbedürfnis im Arbeitsverhältnis Rechnung zu tragen. Dieses Schutzbedürfnis wird dadurch begründet, dass sich der Arbeitnehmer im Arbeitsvertrag zu einer Tätigkeit im Rahmen einer fremden unternehmerischen Zwecksetzung verpflichtet und sich deshalb der vom Arbeitgeber bestimmten Organisation einzuordnen hat (s. Rdn. 35 f.). Eine analoge Anwendung der betriebsverfassungsrechtlichen Vorschriften ist daher nur

gerechtfertigt, wenn der Betriebsinhaber ein arbeitsrechtliches Weisungsrecht ausübt und damit eine einem Vertragsarbeitgeber vergleichbare Stellung hat. Zur Sonderstellung der Beamten, Soldaten und Arbeitnehmer des öffentlichen Dienstes, die aufgrund eines Gestellungsvertrages im Betrieb eines privatrechtlich organisierten Unternehmens tätig werden, s. Rdn. 6, 28 sowie § 7 Rdn. 16, 138 f.

e) Das mittelbare Arbeitsverhältnis

An einem Arbeitsvertrag zum Betriebsinhaber fehlt es auch in den Fällen des mittelbaren Arbeitsverhältnisses. Unter **mittelbaren Arbeitnehmern** versteht man Arbeitnehmer, die sich gegenüber einem anderen (Mittelsmann oder Zwischenmeister), der selbst Arbeitnehmer eines Dritten ist, verpflichten, Arbeit für diesen Dritten mit dessen Wissen und Willen zu leisten (*BAG* 08.08.1958 AP Nr. 3 zu § 611 BGB Mittelbares Arbeitsverhältnis; 23.02.1961 AP Nr. 2 zu § 611 BGB Akkordkolonne). Ist der mittelbare Arbeitnehmer in die betriebliche Organisation des Dritten eingegliedert und unterliegt er dessen Weisungsrecht, so wird er überwiegend dem Betrieb des Hauptarbeitgebers zugeordnet (*Fitting* § 5 Rn. 229; s. § 7 Rdn. 149; *Richardi* § 5 Rn. 101; *Trümner/DKKW* § 5 Rn. 106; zum mittelbaren Arbeitsverhältnis allgemein *Hueck/Nipperdey* I, S. 798; *Schüren/MünchArbR* § 317 Rn. 15 ff.; *Nikisch* I, S. 232 ff.; *Röhsler* Mittelbares Arbeitsverhältnis, AR-Blattei SD 220.3, Rn. 83). Dies gilt ausnahmsweise auch dann, wenn zwischen dem Betriebsinhaber und der Zwischenperson kein Arbeitsverhältnis, sondern ein freier Dienstvertrag besteht, sofern die Zwischenperson neben ihrer Eigenschaft als unmittelbarer Arbeitgeber zugleich die wesentlichen Arbeitgeberfunktionen in dem Betrieb ausübt (**a. M.** *BAG* 18.04.1989 EzA § 99 BetrVG 1972 Nr. 73 = AP Nr. 65 zu § 99 BetrVG 1972 [insoweit abl. *Kraft/Raab*]).

136

f) Fremdfirmeneinsatz

Ausgeschlossen ist eine (analoge) Anwendung betriebsverfassungsrechtlicher Vorschriften in Bezug auf sog. Fremdfirmenarbeitnehmer (ganz h. M.; vgl. *BAG* 18.01.1989 EzA § 9 BetrVG 1972 Nr. 4 = AP Nr. 1 zu § 9 BetrVG 1972; 26.01.2016 EzA § 58 BetrVG 2001 Nr. 4 Rn. 29 f.; *Fitting* § 5 Rn. 231, 279 ff.; *Richardi* § 5 Rn. 91; *Trümner/DKKW* § 5 Rn. 104; s. a. § 7 Rdn. 145). Es handelt sich dabei um Personen, die in einem Arbeitsverhältnis zu selbständigen Unternehmen stehen, die sich gegenüber dem Betriebsinhaber zur Erbringung einer Dienst- oder Werkleistung verpflichtet haben. Zwar ist es zum Zwecke der Koordination des Arbeitsablaufes vielfach erforderlich, dass die Arbeitnehmer der Fremdfirma Anweisungen von dem Betriebsinhaber oder von den Vorgesetzten in der jeweiligen Betriebsabteilung erhalten. Dies macht sie jedoch weder zu Arbeitnehmern des Betriebes, noch befinden sie sich in einer den Leiharbeitnehmern vergleichbaren rechtlichen Position. Der Betriebsinhaber macht keine abgeleiteten Arbeitgeberrechte, sondern eigene Gläubigerrechte aus dem mit der Fremdfirma abgeschlossenen Dienst- oder Werkvertrag geltend. Die Arbeitnehmer erhalten die Weisungen in ihrer Eigenschaft als Erfüllungsgehilfen der Fremdfirma. Für sie ist daher auch im Rahmen ihrer Tätigkeit in dem Drittunternehmen der in dem Betrieb ihres Arbeitgebers gewählte Betriebsrat zuständig (*BAG* 26.01.2016 EzA § 58 BetrVG 2001 Nr. 4 Rn. 30 zur Mitbestimmung im Hinblick auf im Drittunternehmen durchgeführte Überwachungsmaßnahmen nach § 87 Abs. 1 Nr. 6; krit. hierzu *Hamann/Rudnik* NZA 2016, 1368 ff. m. w. N.).

137

IV. Nicht-Arbeitnehmer (Abs. 2)

1. Allgemeines

Abs. 2 zählt einige Personengruppen auf, die nicht als Arbeitnehmer i. S. d. Gesetzes »gelten«. Die Aufzählung ist einerseits nicht erschöpfend, da auch Beschäftigte, die nicht zu einer der in Abs. 2 genannten Gruppen gehören, nicht Arbeitnehmer sind, wenn sie die allgemeinen Voraussetzungen für Arbeitnehmer nicht erfüllen (s. Rdn. 25 ff.); andererseits enthält der Katalog des Abs. 2 Gruppen, die schon nach allgemeinem Arbeitsrecht nicht zu den Arbeitnehmern zählen, wie z. B. die in Nr. 1 und 2 genannten Personen.

138

2. Die einzelnen Gruppen

a) Mitglieder des Vertretungsorgans juristischer Personen (Nr. 1)

139 Gemeint sind hier nur die Mitglieder des Organs, das kraft Gesetzes in Verbindung mit der Satzung zur **regelmäßigen** Vertretung der juristischen Person befugt ist (*Fitting* § 5 Rn. 327; *Galperin / Löwisch* § 5 Rn. 17; *Richardi* § 5 Rn. 155 ff.; *Trümner / DKKW* § 5 Rn. 154; zur Arbeitnehmereigenschaft der Mitglieder der juristischen Person s. Rdn. 105).

140 Im Einzelnen fallen darunter:
– Bei **Aktiengesellschaften** die Mitglieder des Vorstandes (§ 78 Abs. 1 AktG), und zwar alle, gleichgültig wie die Geschäftsverteilung intern geregelt ist, während der Liquidation die Liquidatoren (§§ 265 ff., 269 AktG);
– bei **Gesellschaften mit beschränkter Haftung** die Geschäftsführer (§ 35 Abs. 1 GmbHG), während der Liquidation die Liquidatoren (§ 70 GmbHG). Für die Anwendbarkeit des Betriebsverfassungsrechts ist es daher ohne Bedeutung, ob der **Geschäftsführer** bei entsprechender Intensität der Weisungsbefugnisse der Gesellschafter **individualrechtlich als Arbeitnehmer angesehen** werden kann (so etwa *BAG* 26.05.1999 EzA § 611 BGB Arbeitnehmerbegriff Nr. 76; 25.10.2007 EzA § 14 KSchG Nr. 8; 31.07.2014 NZA 2015, 101 Rn. 24; anders als die ganz überwiegende Ansicht in der Lit.; vgl. etwa *BGH* 10.05.2010 NZA 2010, 889 Rn. 7; *Boemke* ZfA 1998, 209 [211 ff.]; *Richardi* / MünchArbR § 17 Rn. 55 f.; *Zöllner / Noack* in: *Baumbach / Hueck*, GmbHG, 21. Aufl. 2017, § 35 Rn. 172; ausf. zu der Problematik *Reinfelder* RdA 2016, 87 [91 ff.] m. w. N.). Der Geschäftsführer ist zumindest in den Betrieben der GmbH nach Abs. 2 Nr. 1 nicht als Arbeitnehmer der GmbH anzusehen. Eine andere Frage ist, wie die Stellung eines Arbeitnehmers zu beurteilen ist, dem im Rahmen seines Arbeitsvertrages die **Geschäftsführerposition** in einem **anderen Konzernunternehmen** übertragen wird. Bildet das zur Konzernmutter bestehende Arbeitsverhältnis die alleinige rechtliche Grundlage für die Tätigkeit, wird also der Arbeitsvertrag nicht aufgelöst und durch einen Geschäftsführerdienstvertrag ersetzt (vgl. hierzu *BAG* 19.07.2007 EzA § 623 BGB 2002 Nr. 7), so bleibt er individualrechtlich Arbeitnehmer der Konzernmutter (*BAG* 25.10.2007 EzA § 14 KSchG Nr. 8 Rn. 18; *Zöllner / Noack* in: *Baumbach / Hueck*, GmbHG, 20. Aufl. 2013, § 35 Rn. 175). Es kann sich dann allerdings die Frage nach der Betriebszugehörigkeit stellen, d. h. ob der Geschäftsführer noch dem Betrieb der Konzernmutter angehört, wenn er überwiegend oder ausschließlich als Leiter des Betriebs des Tochterunternehmens tätig ist. Im Übrigen wird es sich bei Personen, denen die Geschäftsführung eines Konzernunternehmens übertragen wird, vielfach – wenn auch nicht zwingend (s. Rdn. 204) – um leitende Angestellte nach § 5 Abs. 3 handeln.
– bei **Genossenschaften** die Vorstandsmitglieder (§ 24 GenG) bzw. die Liquidatoren (§ 88 GenG);
– bei **Versicherungsvereinen** auf Gegenseitigkeit die Vorstandsmitglieder (§ 188 VAG);
– bei **rechtsfähigen Vereinen** die Vorstandsmitglieder und Sondervertreter (§§ 26, 30 BGB) bzw. die Liquidatoren (§ 48 BGB);
– bei **Stiftungen** die Vorstandsmitglieder (§§ 85, 86 BGB);
– bei **Kommanditgesellschaften auf Aktien** die Komplementäre nach Maßgabe des Gesellschaftsvertrages (§ 278 Abs. 2 AktG). Von der Vertretung ausgeschlossene Komplementäre sind, anders als nach dem Betriebsverfassungsgesetz 1952, bei Vorliegen der übrigen Voraussetzungen Arbeitnehmer, da auch bei Personengesellschaften nur die vertretungsberechtigten Gesellschafter Nicht-Arbeitnehmer sind, so dass die Eigenschaft als Mitunternehmer nicht ausreicht, um die Arbeitnehmereigenschaft grundsätzlich auszuschließen (s. Rdn. 142; *Fitting* § 5 Rn. 327; *Trümner / DKKW* § 5 Rn. 163; **a. M.** *Richardi* § 5 Rn. 157).

141 Der Ausschluss der Organmitglieder juristischer Personen ist **mit dem Unionsrecht vereinbar**. Zweifel könnten insoweit im Hinblick darauf bestehen, dass der *EuGH* die vergleichbare Regelung des § 17 Abs. 5 KSchG als unvereinbar mit der RL 98/59/EG angesehen hat, weil der GmbH-Geschäftsführer unionsrechtlich als Arbeitnehmer anzusehen sei (*EuGH* 11.11.2010 EzA Richtlinie 92/85 EG-Vertrag 1999 Nr. 5 Rn. 39 ff. – Danosa; 09.07.2015 EzA Richtlinie 98/59 EG-Vertrag 1999 Nr. 7 Rn. 37 ff. – Balkaya; hierzu eingehend *Giesen* ZfA 2016, 47 ff.). Insoweit ist jedoch zunächst zu beachten, dass Art. 2 lit. d RL 2002/14/EG – im Unterschied zur RL 98/59/EG – auf den nationalen Arbeitnehmerbegriff verweist (*Reinfelder* RdA 2016, 87 [89]). Arbeitnehmer ist danach

eine Person, die in dem betreffenden Mitgliedstaat aufgrund des einzelstaatlichen Arbeitsrechts geschützt ist. Wenn und soweit Personen im nationalen Recht allgemein vom Anwendungsbereich der arbeitsrechtlichen Schutznormen ausgenommen sind, verstößt Abs. 2 Nr. 1 also nicht gegen die Vorgaben der Richtlinie, wenn er klarstellt, dass sie auch im betriebsverfassungsrechtlichen Kontext keine Arbeitnehmer sind. Ein Konflikt mit Unionsrecht kann sich allenfalls dann ergeben, wenn und soweit das BetrVG den Arbeitnehmerbegriff enger definiert als das allgemeine Arbeitsrecht (s. Rdn. 21). Dies ist im Anwendungsreich des Abs. 2 Nr. 1 ganz überwiegend zu verneinen, da die Regelung nicht vom allgemeinen Arbeitnehmerbegriff abweicht, sondern nur deklaratorische Bedeutung hat. Etwas anderes könnte allenfalls für den **GmbH-Geschäftsführer** gelten, wenn man mit der Ansicht des *BAG* davon ausgeht, dass dessen Rechtsverhältnis zur GmbH als Arbeitsverhältnis einzuordnen sein kann, wenn die Gesellschafter über ihr gesellschaftsrechtliches Weisungsrecht hinaus auch arbeitsbegleitende und verfahrensorientierte Weisungen erteilen und auf diese Weise die konkreten Modalitäten der Leistungserbringung bestimmen können (*BAG* 26.05.1999 EzA § 611 BGB Arbeitnehmerbegriff Nr. 76 unter III 2 b). Der Ausschluss des GmbH-Geschäftsführers ist aber teleologisch zu rechtfertigen. Der Geschäftsführer vertritt in dieser Eigenschaft im Verhältnis zu den übrigen Arbeitnehmern die Arbeitgeberposition. Es wäre daher sinnwidrig, ihn im Rahmen der bipolar strukturierten Betriebsverfassung als Teil der Belegschaft einzuordnen (ebenso *Trümner/DKKW* § 5 Rn. 5; s. a. Rdn. 22). Selbst wenn man dem nicht folgt, wäre eine abweichende, im Wege der unionsrechtskonformen Auslegung vorzunehmende Einbeziehung in den betriebsverfassungsrechtlichen Arbeitnehmerbegriff nur für die Berücksichtigung bei den Schwellenwerten von Bedeutung (s. Rdn. 23). Insbesondere hätte dies nicht zur Folge, dass dem Betriebsrat etwaige Mitbestimmungsrechte auch in Bezug auf die den Geschäftsführer betreffenden Maßnahmen zustünden (zutr. *LAG Hamm* 02.08.2016 ZIP 2016, 1991 [1992] zu § 104).

b) Vertretungs- und geschäftsführungsberechtigte Mitglieder von Personengesamtheiten (Nr. 2)

Im Gegensatz zum Betriebsverfassungsgesetz 1952 gelten nur diejenigen Mitglieder von Personengesamtheiten nicht als Arbeitnehmer, die durch Gesetz, Satzung oder Gesellschaftsvertrag zur Vertretung oder Geschäftsführung in den Betrieben der Personengesamtheit berufen sind.

Kraft Gesetzes gehören dazu:
- Bei der OHG alle Gesellschafter, soweit sie nicht von der Geschäftsführung und der Vertretung ausgeschlossen sind (§§ 114, 125 HGB);
- bei der KG alle persönlich haftenden Gesellschafter (Komplementäre), soweit sie nicht von der Geschäftsführung und der Vertretung ausgeschlossen sind (§§ 161 Abs. 2, 114, 125, 164, 170 HGB); ist persönlich haftender Gesellschafter eine juristische Person, so werden auch die Mitglieder des gesetzlichen Vertretungsorgans der Komplementärgesellschaft von der Ausnahmevorschrift erfasst (vgl. *BAG* 20.08.2003 EzA § 5 ArbGG 1979 Nr. 38 = AP Nr. 58 zu § 5 ArbGG 1979 unter B I 6 zu dem inhaltsgleichen § 5 Abs. 1 Satz 3 ArbGG [Geschäftsführer der Komplementär-GmbH einer GmbH & Co KG]);
- bei der Partnerschaftsgesellschaft alle Partner, soweit sie nicht von der Führung der sonstigen Geschäfte (§ 6 Abs. 2, 3 PartGG i. V. m. § 114 HGB) und der Vertretung (§ 7 Abs. 3 PartGG i. V. m. § 125 Abs. 1 HGB) ausgeschlossen sind;
- Gesellschafter einer Personengesellschaft, die weder geschäftsführungsbefugt noch vertretungsberechtigt sind, können demnach Arbeitnehmer sein, wenn sie die Voraussetzungen erfüllen (*Galperin/Löwisch* § 5 Rn. 19; *Richardi* § 5 Rn. 164; zur Abgrenzung zwischen Arbeits- und Gesellschaftsverhältnis in diesen Fällen vgl. Rdn. 105);
- bei der BGB-Gesellschaft alle Gesellschafter, soweit sie nicht von der Geschäftsführung und Vertretung ausgeschlossen sind (§§ 709, 710, 714, 715 BGB);
- bei der Erbengemeinschaft alle Miterben (§ 2038 BGB);
- bei der ehelichen Gütergemeinschaft beide oder einer der Ehegatten, je nach der Regelung der Verwaltung (§ 1421 BGB);
- beim nichtrechtsfähigen Verein die nach der Satzung vertretungsberechtigten Personen.

c) Beschäftigung primär aus karitativen und religiösen Beweggründen (Nr. 3)

143 Unter diese Gruppen fallen alle **Angehörigen religiöser Orden und anderer religiöser Gemeinschaften** (Mönche, Nonnen, Schwestern, Diakonissen; vgl. *ArbG Bremen* 31.05.1956 AP Nr. 4 zu § 5 ArbGG 1953). Diese Personen üben die Tätigkeit nicht zum Zwecke des Erwerbes aus, da ihre Lebensversorgung durch die Gemeinschaft gesichert ist, in der sie stehen (h. M.; *Fitting* § 5 Rn. 332; *Galperin/Löwisch* § 5 Rn. 20; *Richardi* § 5 Rn. 176; *Trümner/DKKW* § 5 Rn. 180; vgl. aber auch *Bremeier* Die personelle Reichweite, S. 294 ff., der die Herausnahme dieses Personenkreises wegen Verstoßes gegen Art. 3 Abs. 1 GG für verfassungswidrig hält). Soweit diese Personen allein aufgrund ihrer Zugehörigkeit **innerhalb einer von der Gemeinschaft getragenen kirchlichen Einrichtung** tätig werden, sind sie schon keine Arbeitnehmer, weil sie ihre Dienstleistung nicht im Rahmen eines Arbeitsvertrages, sondern zur Erfüllung ihrer durch den Beitritt zu der Gemeinschaft begründeten Pflichten aus dem kirchlichen Rechtsverhältnis erbringen (*Richardi* Arbeitsrecht in der Kirche, 7. Aufl. 2015, § 5 Rn. 6 f.; *Thüsing/Stiebert* ZAT 2016, 178 f.). Dasselbe gilt aber auch, wenn sie aufgrund eines **Gestellungsvertrages** in einem anderen Betrieb tätig werden (*Richardi* § 5 Rn. 177; *Thüsing/Stiebert* ZAT 2016, 178 [179]; diesen Aspekt verkennend *SG Koblenz* 17.05.2001 – S 1 AL 180/00 – juris). Insofern kommt Abs. 2 Nr. 3 lediglich klarstellende Funktion zu. Da das Gesetz darauf abstellt, ob die Beschäftigung aus Sicht der im Betrieb tätigen Personen durch karitative oder religiöse Motive bestimmt wird, steht es einer Einordnung unter Abs. 2 Nr. 3 nicht entgegen, wenn im Rahmen des Gestellungsvertrages der Orden oder die religiöse Gemeinschaft eine Gegenleistung erhält (a. M. *SG Koblenz* 17.05.2001 – S 1 AL 180/00 – juris). Dass Personen, die als Ordensangehörige oder im Rahmen der Diakonie aufgrund ihres kirchenrechtlichen Mitgliedschaftsverhältnisses im Rahmen von Gestellungsverträgen des kirchlichen Rechtsträgers mit einem Dritten tätig werden, nicht als Arbeitnehmer anzusehen sind, ist auch **unionsrechtlich unbedenklich**. Insbesondere hat sich hieran durch die Entscheidungen des *EuGH* und des *BAG* zur Anwendbarkeit der RL 2008/104/EG auf die Rote-Kreuz-Schwestern (s. Rdn. 147) nichts geändert. Die besondere Ausgestaltung des Dienstverhältnisses ist Ausdruck des kirchlichen Selbstbestimmungsrechts (Art. 140 GG i. V. m. Art. 137 Abs. 3 WRV). Der besondere Status, den Kirchen und religiöse Vereinigungen genießen, ist nach Art. 17 Abs. 1 AEUV durch das Unionsrecht zu achten und darf nicht beeinträchtigt werden. Ein solcher Eingriff läge aber vor, wenn man die besondere kirchenrechtliche Ausgestaltung für unbeachtlich erklären und die entsprechenden Personen als Arbeitnehmer behandeln würde (näher *Thüsing/Stiebert* ZAT 2016, 178 [181 f.]).

144 Eigenständige Bedeutung hat die Vorschrift, wenn Personen, die einem Orden oder einer religiösen Gemeinschaft angehören, im Rahmen eines **neben der Mitgliedschaft bestehenden Arbeitsverhältnisses** tätig werden. Ist die Eingehung dieses Arbeitsverhältnisses in erster Linie durch karitative oder religiöse Gründe motiviert, so zählen diese Personen nicht zu den Arbeitnehmern im betriebsverfassungsrechtlichen Sinne (*Richardi* § 5 Rn. 177). Dies ist insbesondere denkbar, wenn das Arbeitsverhältnis zu Trägern besteht, die in enger Verbindung mit der Gemeinschaft stehen, der diese Personen angehören. Anders zu beurteilen sind dagegen die Fälle, in denen die genannten Personen ein Arbeitsverhältnis aufnehmen, das keinerlei Beziehung zu der Betätigung der religiösen Gemeinschaft aufweist. Soweit nicht eine anderweitige religiöse oder karitative Motivation für die Beschäftigung maßgeblich ist, kommt nur eine zusätzliche Erwerbsabsicht in Betracht, so dass die Voraussetzungen des Abs. 2 Nr. 3 nicht vorliegen (insoweit Klarstellung zur 4. Aufl., § 5 Rn. 45; vgl. auch *Trümner/DKKW* § 5 Rn. 180). So genannte freie Schwestern oder in sonstigen Sozialberufen tätige Personen üben hingegen in jedem Fall eine Erwerbstätigkeit aus und sind deshalb bei Vorliegen der allgemeinen Voraussetzungen Arbeitnehmer (h. M.).

145 Streit besteht hinsichtlich der **Rote-Kreuz-Schwestern** sowie der **in freien Wohlfahrtsverbänden** (Caritasverband) tätigen Schwestern. Nach der einen Ansicht (*Fitting* § 5 Rn. 333; *Galperin/Löwisch* § 5 Rn. 20; *von Maydell* AuR 1967, 202 [205]; *Richardi* § 5 Rn. 142, 178; *Savaète* AuR 1959, 5 [7]; *Trieschmann* RdA 1955, 52 [53]; *Trümner/DKKW* § 5 Rn. 182) steht die karitative Tendenz der Organisation und die eigene ideelle und karitative Zielsetzung der Erwerbstätigkeit dieser Schwestern ihrer Arbeitnehmereigenschaft nicht entgegen, während die andere Auffassung (*Hueck/Nipperdey* I, S. 55; vgl. auch *Mayer-Maly* Erwerbsabsicht und Arbeitnehmerbegriff, S. 16; *Nikisch* FS *Alfred Hueck*, S. 1 [7 f.]) aus der Tendenz der Organisation auf das Fehlen der Erwerbsabsicht auch bei deren Schwestern schließt (vgl. auch *BAG* 18.02.1956 AP Nr. 1 zu § 5 ArbGG 1953).

Bei der arbeitsrechtlichen Behandlung der Rote-Kreuz-Schwestern ist zum einen zu fragen, ob diese **die allgemeinen Voraussetzungen des Arbeitnehmerbegriffs** erfüllen. Nur soweit man diese Frage bejaht, kommt es darauf an, ob die Rote-Kreuz-Schwestern auch **betriebsverfassungsrechtlich** als Arbeitnehmer anzusehen oder gemäß § 5 Abs. 2 Nr. 3 von dem persönlichen Geltungsbereich des Gesetzes ausgenommen sind. Personen, die Mitglieder der Schwesternschaft vom Roten Kreuz sind, sind in ihrem Verhältnis zur Schwesternschaft nicht als Arbeitnehmer anzusehen, weil insoweit **nur vereinsrechtliche Beziehungen** bestehen, die Dienstleistung also einen Beitrag im Rahmen der Mitgliedschaft in dem Verein darstellt (*BAG* 03.06.1975 EzA § 5 BetrVG 1972 Nr. 19, 20.02.1986 EzA § 5 BetrVG 1972 Nr. 45 = AP Nr. 1, 2 zu § 5 BetrVG 1972 Rotes Kreuz; 06.07.1995 EzA § 5 ArbGG 1979 Nr. 11 = AP Nr. 22 zu § 5 ArbGG 1979; 17.03.2015 EzA § 1 AÜG Nr. 19 Rn. 12; ausf. *Groeger* ZTR 2014, 379 [385 ff.] m. w. N.; **a. M.** *Fitting* § 5 Rn. 333 f.; *Mestwerdt* NZA 2014, 281 [283]; *Schaub/Vogelsang* Arbeitsrechts-Handbuch, § 8 Rn. 19; *Trümner/DKKW* § 5 Rn. 182). Die Gegenansicht verweist darauf, dass die Schwestern alle Voraussetzungen der Arbeitnehmereigenschaft erfüllten, weil der Beitritt einen privatrechtlichen Vertrag darstelle und die Schwestern sich hierdurch zu Arbeitsleistungen in persönlicher Abhängigkeit verpflichteten (so insbes. *Mestwerdt* NZA 2014, 281 [283]; *Schaub/Vogelsang* Arbeitsrechts-Handbuch, § 8 Rn. 19). Damit wird jedoch der – durch die Legaldefinition des § 611a BGB bestätigte – Umstand ausgeblendet, dass der Arbeitsvertrag ein Unterfall des Dienstvertrages ist (s. Rdn. 31). Es genügt also zur Annahme eines Arbeitsverhältnisses nicht, dass sich die Verpflichtung aus irgendeinem privatrechtlichen Vertrag ergibt. Vielmehr muss der Vertrag die gesetzlichen Typusmerkmale des Arbeitsvertrages erfüllen (s. a. Rdn. 28). Dies ist nicht der Fall, wenn zwischen der Rote-Kreuz-Schwester und der Schwesternschaft nach dem ausdrücklichen Willen der Beteiligten kein Arbeitsvertrag geschlossen, sondern allein ein vereinsrechtliches Mitgliedschaftsverhältnis begründet wird. Sind die Schwestern damit im Verhältnis zu der Schwesternschaft bereits nach allgemeinen Grundsätzen keine Arbeitnehmer, so sind sie in den von der Schwesternschaft selbst betriebenen Einrichtungen vom persönlichen Geltungsbereich des BetrVG nicht erfasst.

Hiergegen bestehen auch **aus Sicht des Unionsrechts keine Bedenken**, da Art. 2 lit. d RL 2002/14/EG auf den nationalen Arbeitnehmerbegriff verweist (s. Rdn. 18 ff.). Zwar hat der *EuGH* im Kontext der Leiharbeitsrichtlinie die Arbeitnehmereigenschaft der Rote-Kreuz-Schwestern bejaht, obwohl Art. 3 Abs. 1 lit. a RL 2008/104/EG als Arbeitnehmer diejenigen Personen definiert, die nach nationalem Recht als solche geschützt sind. Es hat sich dabei aber zum einen wesentlich darauf bezogen, dass nach Art. 3 Abs. 1 lit. c RL 2008/104/EG Leiharbeitnehmer auch solche sind, die zwar keinen Arbeitsvertrag mit dem Leiharbeitsunternehmen geschlossen haben, wohl aber mit diesem ein Beschäftigungsverhältnis eingegangen sind (*EuGH* 17.11.2016 NZA 2017, 41 Rn. 28 f. – Ruhrlandklinik). Art. 2 lit. d RL 2002/14/EG spricht dagegen dezidiert nur vom »Arbeitnehmer«. Zum anderen kann der nationale Gesetzgeber den Arbeitnehmerbegriff in den Fällen, in denen die Richtlinie insoweit auf das nationale Recht verweist, abweichend bestimmen, wenn es hierfür sachliche Gründe gibt (s. Rdn. 19 f.). Dies ist insbesondere dann der Fall, wenn sich das Rechtsverhältnis der betreffenden Personengruppe gerade im Hinblick auf die für den Schutzzweck der Richtlinie maßgeblichen Aspekte von dem typischen Arbeitsverhältnis unterscheidet (*EuGH* 17.11.2016 NZA 2017, 41 Rn. 37 – Ruhrlandklinik; noch deutlicher die Schlussanträge des Generalanwalts *Saugmandsgaard Øe* Rn. 34, 37 f.; vgl. auch *EuGH* 01.03.2012 NZA 2012, 313 Rn. 44 – O'Brien). Dies ist für das Rechtsverhältnis zwischen den Schwestern und der Schwesternschaft zu bejahen (anders – zumindest im Hinblick auf die Ziele der Richtlinie zur Leiharbeit – *BAG* 17.03.2015 EzA § 1 AÜG Nr. 19 Rn. 21). Den Schwestern stehen aufgrund ihrer Mitgliedschaft gerade im Hinblick auf die in Art. 4 Abs. 2 RL 2002/14/EG genannten Angelegenheiten über ihre satzungsrechtliche Mitwirkung in den Vereinsorganen deutlich größere Einfluss- und Gestaltungsmöglichkeiten zu als dies im regulären Arbeitsverhältnis der Fall ist. Sie bedürfen daher zur Wahrung ihrer Interessen auf diesem Gebiet keiner zusätzlichen Arbeitnehmervertretung. Für die Frage, ob in den eigenen Einrichtungen der Schwesternschaft Betriebsräte zu errichten sind, kommt es daher nicht auf die Zahl der dort beschäftigten Schwestern, sondern nur auf die Personen an, die in einem Arbeitsverhältnis zur Schwesternschaft stehen.

Hiervon zu unterscheiden ist die Situation, dass die Schwestern aufgrund eines **Gestellungsvertrages** zwischen der Schwesternschaft und einem Dritten in einer von dem Dritten betriebenen Einrichtung (z. B. Krankenhaus, Pflegeeinrichtung) tätig werden. Sofern keine eigenen (arbeits-)rechtlichen Beziehungen der Schwestern zu dem Träger der Einrichtung begründet werden, die Tätigkeit also allein aufgrund des Gestellungsvertrages erfolgt, bleibt das Mitgliedschaftsverhältnis die rechtliche Grundlage. Die Tatsache, dass einzelne Rechte und Pflichten aus der im Vereinsrecht wurzelnden Beschäftigung im Verhältnis zu einem Dritten bzw. von diesem Dritten ausgeübt werden, ändert nichts an deren rechtlicher Qualität (s. a. § 7 Rdn. 142 f.; *BAG* 20.02.1986 EzA § 5 BetrVG 1972 Nr. 45 = AP Nr. 2 zu § 5 BetrVG 1972 Rotes Kreuz; *Preis/WPK* § 5 Rn. 35; **a. M.** *Fitting* § 5 Rn. 334; *Richardi* § 5 Rn. 142, 178; *Trümner/DKKW* § 5 Rn. 182). Rote-Kreuz-Schwestern sind daher nach den Regelungen des BetrVG keine Arbeitnehmer des Betriebs, in dem sie im Rahmen des Gestellungsvertrages eingesetzt werden. *EuGH* und *BAG* sehen allerdings die Gestellung als einen Fall der Arbeitnehmerüberlassung an, ordnen die Rote-Kreuz-Schwestern daher als Leiharbeitnehmer i. S. d. RL 2008/104/EG ein (*EuGH* 17.11.2016 NZA 2017, 41 Rn. 38 ff. – Ruhrlandklinik; *BAG* 21.02.2017 NZA 2017, 662 Rn. 25 ff.). Unabhängig davon, ob man diese Ansicht für überzeugend hält (berechtigte Kritik bei *Thüsing/Stiebert* ZAT 2016, 178 [179 f.]; *Ulrici* jurisPR-ArbR 1/2017 Anm. 1 unter C), stellt sich damit die Frage nach den Konsequenzen für das Betriebsverfassungsrecht, insbesondere ob die **Arbeitnehmereigenschaft** der Schwestern nunmehr auch für das BetrVG aus **unionsrechtlichen Gründen anders zu beurteilen** ist. Die betriebsverfassungsrechtlichen Auswirkungen dieser Rechtsprechung sind jedoch sehr begrenzt. Art. 7 Abs. 1 und 2 RL 2008/104/EG enthält lediglich eine Regelung zur Berücksichtigung der Leiharbeitnehmer bei den für die Einrichtung der Arbeitnehmervertretungen maßgeblichen Schwellenwerte. Dagegen macht die Richtlinie keine Vorgaben im Hinblick auf die betriebsverfassungsrechtliche Stellung der Leiharbeitnehmer, etwa deren aktives oder passives Wahlrecht, oder im Hinblick auf Beteiligungsrechte des Betriebsrats bei den die Leiharbeitnehmer betreffenden Maßnahmen (*Hamann* EuZA 2009, 287 [322]; *Rebhahn/Schörghofer/*EuArbR Art. 7 RL 2008/104/EG Rn. 3). Den Anforderungen der Richtlinie ist demgemäß schon dann Genüge getan, wenn die im Rahmen der Gestellung eingesetzten Rote-Kreuz-Schwestern im Betrieb des Dritten bei dem Schwellenwert des § 1 Abs. 1 mitgezählt werden. Die Fälle, in denen alleine hierdurch die Betriebsratsfähigkeit herbeigeführt wird, dürften, sofern es sie überhaupt gibt, quantitativ zu vernachlässigen sein. Zur Frage, ob der Betriebsrat bei der Aufnahme von Vereinsschwestern ein **Mitbestimmungsrecht** unter dem Gesichtspunkt der **Einstellung** hat, s. § 99 Rdn. 41.

149 Denkbar ist außerdem, dass **neben der mitgliedschaftlichen Bindung** zugleich **ein Arbeitsverhältnis** mit der Schwesternschaft besteht. Dies ist für die Personen anzunehmen, die als sog. **Gastschwestern** beschäftigt werden (*BAG* 14.12.1994 EzA § 1 BetrVG 1972 Nr. 9 = AP Nr. 3 zu § 5 BetrVG 1972 Rotes Kreuz; *Richardi* § 5 Rn. 143). Werden hier die Schwestern aufgrund eines Gestellungsvertrages für einen fremden Krankenhausträger tätig, so richtet sich ihre betriebsverfassungsrechtliche Stellung nach den Grundsätzen über die Behandlung der echten Arbeitnehmerüberlassung (s. § 7 Rdn. 144; zust. *Bremeier* Die personelle Reichweite, S. 315 ff.). Ist eine Schwesternschaft vom Roten Kreuz Mitbetreiberin eines mit einem anderen Inhaber gemeinsam geführten Betriebs (s. *Franzen* § 1 Rdn. 46 ff.), so sind die bei der Schwesternschaft angestellten Gastschwestern, die in diesem Betrieb (Krankenhaus) beschäftigt sind, Arbeitnehmerinnen des Krankenhauses und werden von dem dortigen Betriebsrat vertreten (*BAG* 14.12.1994 EzA § 1 BetrVG 1972 Nr. 9 = AP Nr. 3 zu § 5 BetrVG 1972 Rotes Kreuz).

150 Sind die Rote-Kreuz-Schwestern nach allgemeinen arbeitsrechtlichen Grundsätzen als Arbeitnehmerinnen des Beschäftigungsbetriebes anzusehen, wird der zweite Problemkreis berührt, nämlich die Frage, ob sie trotzdem gemäß § 5 Abs. 2 Nr. 3 vom persönlichen Geltungsbereich des Betriebsverfassungsgesetzes ausgenommen sind. Das *BAG* brauchte hierzu noch nicht Stellung zu nehmen, da in den bisherigen Entscheidungen bereits die Arbeitnehmereigenschaft verneint wurde (vgl. *BAG* 03.06.1975 EzA § 5 BetrVG 1972 Nr. 19, 20.02.1986 EzA § 5 BetrVG 1972 Nr. 45 = AP Nr. 1, 2 zu § 5 BetrVG 1972 Rotes Kreuz). Soweit die Schwestern im Rahmen eines Arbeitsverhältnisses tätig werden, sind sie **Arbeitnehmer i. S. d. Betriebsverfassungsgesetzes** und fallen nicht unter Abs. 2 Nr. 3 (*Fitting* § 5 Rn. 333; *Preis/WPK* § 5 Rn. 44; *Richardi* § 5 Rn. 178; weitergehend *Trümner/DKKW* § 5 Rn. 182 ff.). Bei ihnen steht wie bei anderen Arbeitnehmern die Erwerbsabsicht im Mittelpunkt. Unerheblich ist demgegenüber, dass das Wirken der Organisation, die als Arbeitgeber in Erscheinung tritt, karitativen Charakter hat (zutr. *Richardi* § 5 Rn. 178). Zwar dürfte typischerweise eine gewisse Identifikation mit dem karitativen Zweck unabdingbar für die Verrichtung der Tätigkeit sein

Arbeitnehmer § 5

(*Fitting* § 5 Rn. 333). Doch sind die weltlichen Schwestern nur aufgrund eines privatrechtlichen Vertrages in diese Zwecksetzung eingebunden. Die Bindung erfasst also nicht wie bei einer Mitgliedschaft in einem religiösen Orden die gesamten persönlichen Lebensverhältnisse.

Soweit in anderen Fällen die Tätigkeit nicht durch eine Erwerbsabsicht, sondern »vorwiegend durch Beweggründe karitativer oder religiöser Art bestimmt ist«, dürfte es sich regelmäßig um eine **ehrenamtliche Tätigkeit** handeln. Kennzeichnend hierfür ist, dass derjenige, der die Dienstleistung erbringt, keine echte Gegenleistung, sondern nur eine »Aufwandsentschädigung«, entweder als (pauschalisierten) Ausgleich für entstehende Aufwendungen oder als Anerkennung für den erwiesenen Einsatz, erhält. Der ehrenamtlich Tätige ist schon nach allgemeinen Grundsätzen kein Arbeitnehmer (s. Rdn. 34). Auch insoweit hat Abs. 2 Nr. 3 daher nur klarstellende Bedeutung (s. a. *BAG* 29.08.2012 EzA § 611 BGB 2002 Arbeitnehmerbegriff Nr. 22 Rn. 22). 151

d) Beschäftigung zur Heilung, Wiedereingewöhnung, Besserung oder Erziehung (Nr. 4)
Die Vorschrift setzt voraus, dass die Beschäftigung nicht auf die Erzielung eines Erwerbes gerichtet ist, sondern zu einem der im Gesetz genannten Zwecke erfolgt. Erfasst werden sollen Personen, deren Tätigkeit in erster Linie der **Behebung physischer oder psychischer Defekte** dient, die sie an der Ausfüllung eines auf dem Arbeitsmarkt angebotenen Arbeitsplatzes hindern. Die erstmalige oder erneute Tätigkeit muss also vorrangig die **Integration in das Arbeitsleben** bezwecken (*BAG* 25.10.1989 EzA § 5 BetrVG 1972 Nr. 48 = AP Nr. 40 zu § 5 BetrVG 1972; 13.05.1992 EzA § 5 BetrVG 1972 Nr. 54 = AP Nr. 4 zu § 5 BetrVG 1972 Ausbildung unter B III der Gründe; 05.04.2000 EzA § 5 BetrVG 1972 Nr. 63 = AP Nr. 62 zu § 5 BetrVG 1972). Dazu gehören (physisch oder psychisch) Kranke, Süchtige, in der Obhut des Jugendamtes stehende Jugendliche (§ 42 SGB VIII) oder Strafgefangene (§§ 37 ff. StrafvollzG; vgl. *BAG* 03.10.1978 EzA § 5 BetrVG 1972 Nr. 33 = AP Nr. 18 zu § 5 BetrVG 1972; *LAG* Schleswig-Holstein 14.06.1976 BB 1976, 1127; dies gilt trotz der Arbeitsentgeltleistung nach § 43 StrafvollzG), soweit sie in Anstalten oder sonst aus therapeutischen Gründen beschäftigt werden. Freilich können diese Personen auch in einem freiwilligen, privatrechtlich begründeten Dienstverhältnis stehen und insoweit Arbeitnehmer sein (h. M.; vgl. *Fitting* § 5 Rn. 342; *Hueck/Nipperdey* I, S. 54; *Trümner/DKKW* § 5 Rn. 196 f.). Bei Strafgefangenen kommt aber nur ein Dienstverhältnis zu einem Dritten, nicht zu dem Anstaltsträger selbst in Betracht (s. Rdn. 28). 152

Eine Beschäftigung i. S. d. Abs. 2 Nr. 4 liegt nur vor, wenn die betreffende Person überhaupt in die Lage versetzt werden soll, einer geregelten Arbeit nachzugehen. **Nicht erfasst** wird daher eine Beschäftigung, die vorwiegend der **Vermittlung spezifischer beruflicher Kenntnisse und Fertigkeiten**, die für die Aufnahme einer Tätigkeit auf einem bestimmten Gebiet vorausgesetzt werden, dient. So fällt etwa die Beschäftigung von Frauen, die über einen längeren Zeitraum aufgrund der Übernahme der häuslichen Arbeit keine Erwerbsarbeit ausgeübt haben und denen zur Erleichterung des Wiedereinstiegs in das Berufsleben im Rahmen eines Förderungsprogrammes Kenntnisse und Fertigkeiten auf dem Gebiet der sozialen Berufe vermittelt werden, nicht unter diese Vorschrift (*BAG* 25.10.1989 EzA § 5 BetrVG 1972 Nr. 48 = AP Nr. 40 zu § 5 BetrVG 1972). Die Rechtsprechung legt aber auch den **Begriff der Wiedereingewöhnung restriktiv** aus. Gemeint ist damit die Beschäftigung von Personen, die nahezu jeglicher geregelten Arbeit entwöhnt sind, deren Beschäftigung also zur Behebung individueller, physischer, psychischer oder sonstiger personenbezogener Mängel erfolgt und vorwiegend der Rehabilitation bzw. der Resozialisierung dient. Dagegen findet Abs. 2 Nr. 4 keine Anwendung, wenn es lediglich um die Förderung der Erwerbschancen von Personen geht, die auf dem (derzeitigen) Arbeitsmarkt nur schwer vermittelbar sind. (*BAG* 13.05.1992 EzA § 5 BetrVG 1972 Nr. 54 = AP Nr. 4 zu § 5 BetrVG 1972 Ausbildung; 05.04.2000 EzA § 5 BetrVG 1972 Nr. 63 = AP Nr. 62 zu § 5 BetrVG 1972; 15.03.2006 EzAÜG BetrVG Nr. 93). Nicht von Abs. 2 Nr. 4 erfasst werden daher **berufliche Rehabilitanden** i. S. d. § 112 SGB III (früher § 56 AFG), §§ 49 ff. SGB IX (bis 01.01.2018: §§ 33 ff. SGB IX), da deren Beschäftigung nicht der Behebung eines gestörten Verhältnisses zur Arbeit, sondern der Vermittlung der Befähigung dient, mit ihrer Behinderung am Arbeitsleben teilzunehmen (*BAG* 13.05.1992 EzA § 5 BetrVG 1972 Nr. 54 = AP Nr. 4 zu § 5 BetrVG 1972 Ausbildung). Dasselbe gilt für Empfänger von Arbeitslosengeld II, die aufgrund einer **Arbeitsgelegenheit nach § 16d SGB II** (§ 16 Abs. 3 SGB II a. F.) beschäftigt werden, da ihre 153

Raab 305

Beschäftigung die Wiedereingliederung in den Arbeitsmarkt nach einer Zeit der Arbeitslosigkeit bezweckt (*BAG* 05.04.2000 EzA § 5 BetrVG 1972 Nr. 63 = AP Nr. 62 zu § 5 BetrVG 1972). Sofern berufliche Rehabilitanden oder die nach § 16d SGB II Beschäftigten die allgemeinen Voraussetzungen des Arbeitnehmerbegriffes erfüllen (vgl. hierzu Rdn. 62, 108), sind sie daher auch im betriebsverfassungsrechtlichen Sinne Arbeitnehmer gemäß § 5 Abs. 1. Arbeitsunfähige Arbeitnehmer, die nach § **74 SGB V** zur stufenweisen **Wiedereingliederung** in den Arbeitsprozess beschäftigt werden, sind dagegen schon keine Arbeitnehmer i. S. d. § 5 Abs. 1 (s. Rdn. 106).

154 Werden behinderte Menschen zum Zwecke der Eingliederung in das Arbeitsleben in einer **Werkstatt für Behinderte** gemäß § 219 SGB IX (bis 01.01.2018: § 136 SGB IX) beschäftigt, so ist zu unterscheiden. Werden diese im Arbeitsbereich der Werkstätten, also auf einem dort eingerichteten Arbeitsplatz (§ 219 Abs. 1 Satz 4 SGB IX [bis 01.01.2018: § 136 Abs. 1 Satz 4 SGB IX]) beschäftigt, so sind sie Arbeitnehmer, sofern die allgemeinen Voraussetzungen vorliegen, sie also weisungsgebundene Tätigkeit leisten und persönlich abhängig sind (§ 221 Abs. 1 SGB IX [bis 01.01.2018: § 138 Abs. 1 SGB IX]). § 5 Abs. 2 Nr. 4 findet auf diese Personen nur dann Anwendung, wenn die Beschäftigung in erster Linie therapeutischen Zwecken, insbesondere der »Wiedereingewöhnung«, dient. Steht dagegen die Erzielung eines Arbeitsentgelts, also die Ausübung einer auf Erwerb gerichteten Tätigkeit, wenn auch unter Berücksichtigung der behinderungsbedingten Minderung der Erwerbsfähigkeit, im Mittelpunkt, so sind sie im betriebsverfassungsrechtlichen Sinne Arbeitnehmer (*LAG Berlin* 12.03.1990 LAGE § 5 BetrVG 1972 Nr. 19; *Fitting* § 5 Rn. 341; *Maydell/Eylert* RdA 1981, 148 [151]; *Pünnel* AuR 1987, 104 [106]; *Trümner/DKKW* § 5 Rn. 192 f.). Liegen die allgemeinen Voraussetzungen eines Arbeitsverhältnisses nicht vor, so sind die Behinderten arbeitnehmerähnliche Personen (vgl. § 221 Abs. 1 SGB IX [bis 01.01.2018: § 138 Abs. 1 SGB IX]) und damit keine Arbeitnehmer i. S. d. § 5 Abs. 1 (s. Rdn. 107). Behinderte, die an Maßnahmen im Berufsbildungsbereich der Werkstatt teilnehmen, sind nach der ausdrücklichen gesetzlichen Anordnung keine Arbeitnehmer i. S. d. Betriebsverfassungsrechts, zählen also auch nicht zu den zur Berufsausbildung Beschäftigten nach § 5 Abs. 1 Satz 1 (vgl. § 221 Abs. 4 i. V. m. § 52 Satz 2 SGB IX [bis 01.01.2018: § 138 Abs. 4 i. V. m. § 36 Satz 2 SGB IX]).

e) Ehegatten, Lebenspartner, Verwandte und Verschwägerte 1. Grades (Nr. 5)

155 Ehegatten des Arbeitgebers gelten nicht als Arbeitnehmer i. S. d. Gesetzes, auch wenn ein echtes Arbeitsverhältnis besteht, sofern sie in **häuslicher Gemeinschaft** mit dem Arbeitgeber leben. Das Vorliegen einer häuslichen Gemeinschaft ist in Anlehnung an § 1619 BGB zu bestimmen. Hiernach muss ein gemeinsamer Lebensmittelpunkt bestehen. Nicht notwendig ist dagegen, dass dieser Lebensmittelpunkt zugleich die ständige Wohnung ist (*Galperin/Löwisch* § 5 Rn. 22; *Richardi* § 5 Rn. 181; *Trümner/DKKW* § 5 Rn. 200). An einer solchen Gemeinschaft fehlt es bei getrennt lebenden Ehegatten (*Richardi* § 5 Rn. 181; *Trümner/DKKW* § 5 Rn. 200).

156 Den Ehegatten gleichgestellt sind die **Lebenspartner**. Diese Ergänzung ist durch Art. 3 § 40 des Gesetzes zur Beendigung der Diskriminierung gleichgeschlechtlicher Lebensgemeinschaften: Lebenspartnerschaften vom 16.02.2001 (BGBl. I, S. 266) eingefügt worden. Gemeint sind damit Personen, die eine Lebenspartnerschaft mit einer Person gleichen Geschlechts i. S. v. § 1 Abs. 1 Lebenspartnerschaftsgesetz (LPartG = Art. 1 des Gesetzes zur Beendigung der Diskriminierung gleichgeschlechtlicher Lebensgemeinschaften: Lebenspartnerschaften) begründet haben. Die besondere Erwähnung der Lebenspartner dürfte durch die Eröffnung der Möglichkeit der Eheschließung für Menschen gleichen Geschlechts nach § 1353 Abs. 1 Satz 1 BGB n. F. (s. Art. 1 Nr. 2 des Gesetzes zur Einführung des Rechts auf Eheschließung für Personen gleichen Geschlechts vom 20.07.2017 BGBl. I, S. 2787) in Zukunft an Bedeutung verlieren. Formal besteht die Rechtsform der Lebenspartnerschaft allerdings unverändert neben der Eingehung einer gleichgeschlechtlichen Ehe fort. Aus der Tatsache, dass das Gesetz auch bei der Ausdehnung des Anwendungsbereiches auf gleichgeschlechtliche Partner für den Ausschluss aus dem Kreis der Arbeitnehmer an die Begründung einer formellen Lebensgemeinschaft anknüpft, wird man im Übrigen im Umkehrschluss zu folgern haben, dass Abs. 2 Nr. 5 auf Personen, die lediglich in einer tatsächlichen Gemeinschaft mit dem Arbeitgeber leben, auch nicht analog angewendet werden kann, selbst wenn die tatsächliche Lebensgemeinschaft in ihrer Intensität derjenigen einer Ehe oder Lebenspartnerschaft gleichkommt (**a. M.** zur früheren Gesetzesfassung *Kraft*

Arbeitnehmer § 5

6. Aufl., § 5 Rn. 64). Die Änderung zeigt, dass der Gesetzgeber die Bedeutung der neuen Formen menschlichen Zusammenlebens für die Betriebsverfassung bedacht hat. Wenn er dennoch **eheähnliche Lebensgemeinschaften** nicht erwähnt hat, so kann dies nur als bewusste Entscheidung gegen eine Gleichstellung mit der Ehe und der Lebenspartnerschaft gewertet werden, die die Annahme einer Gesetzeslücke ausschließt (*ArbG Köln* 09.06.1976 DB 1976, 2068; *Fitting* § 5 Rn. 345; *Galperin/Löwisch* § 5 Rn. 25; *Koch*/ErfK § 5 BetrVG Rn. 16; *Richardi* § 5 Rn. 183; *Trümner/DKKW* § 5 Rn. 201). Auch ein **Verlöbnis** mit dem Arbeitgeber schließt daher die Arbeitnehmereigenschaft nicht aus (*Fitting* § 5 Rn. 345; *Richardi* § 5 Rn. 183; *Trümner/DKKW* § 5 Rn. 201).

Keine Arbeitnehmer im betriebsverfassungsrechtlichen Sinne sind auch die Verwandten ersten Grades (§ 1589 BGB: Eltern und Kinder) und die Verschwägerten ersten Grades (§ 1590 BGB: Schwiegereltern, Schwiegerkinder) des Arbeitgebers, sofern sie mit diesem in häuslicher Gemeinschaft leben. Alle anderen Verwandten und Verschwägerten (z. B. Enkel, Geschwister, Schwäger) sind Arbeitnehmer auch i. S. d. Gesetzes, sofern die allgemeinen arbeitsrechtlichen Kriterien vorliegen, selbst wenn eine häusliche Gemeinschaft mit dem Arbeitgeber besteht (vgl. dazu *Fitting* § 5 Rn. 346; *Galperin/Löwisch* § 5 Rn. 14; *Hueck/Nipperdey* I, S. 52 f.; *Richardi* § 5 Rn. 184; *Trümner/DKKW* § 5 Rn. 201). 157

Ist Arbeitgeber eine **Personengesamtheit**, so sind die mit den vertretungsberechtigten Mitgliedern i. S. v. Nr. 5 verwandten oder verschwägerten Personen ebenfalls nicht Arbeitnehmer (*Fitting* § 5 Rn. 344). Familienrechtliche Beziehungen zu einem anderen Mitglied der Personengesamtheit, das von der Vertretung und Geschäftsführung ausgeschlossen ist (vgl. §§ 710, 714 BGB), genügen nicht (ebenso *Fitting* § 5 Rn. 344; *Richardi* § 5 Rn. 182; **a. M.** offenbar *Galperin/Löwisch* § 5 Rn. 23). Entscheidend hierfür ist der der Regelung zugrunde liegende Gedanke, dass diejenigen Personen von der betrieblichen Interessenvertretung ausgeschlossen sein sollen, die in enger Beziehung zu den Personen stehen, die die Arbeitgeberentscheidungen für den Betrieb treffen, da die Gefahr einer Identifikation mit den Arbeitgeberinteressen und folglich einer Interessenpolarität zur übrigen Belegschaft besteht. Aus dieser Überlegung heraus sind bei einer **juristischen Person** auch diejenigen Arbeitnehmer vom Geltungsbereich des Gesetzes ausgenommen, die in einer familienrechtlichen Beziehung i. S. d. Abs. 2 Nr. 5 zu einem der Mitglieder des geschäftsführungs- und vertretungsbefugten Organs stehen (*Fitting* § 5 Rn. 344; *Koch*/ErfK § 5 BetrVG Rn. 16; *Neumann-Duesberg* S. 155; *Nikisch* III, S. 63; *Richardi* § 5 Rn. 182; **a. M.** *LAG* Niedersachsen 05.03.2009 – 5 TaBVGa 19/09 – juris, Rn. 20 ff.; *Galperin/Löwisch* § 5 Rn. 24; *Kraft* 4. Aufl., § 5 Rn. 55; *Trümner/DKKW* § 5 Rn. 202 [nur bei Verwandtschaft zum Alleingesellschafter und -geschäftsführer einer Ein-Personen-GmbH]). 158

V. Leitende Angestellte (Abs. 3 und 4)

1. Allgemeines

a) Rechtsstellung der leitenden Angestellten in der Betriebsverfassung

Zu den Arbeitnehmern i. S. d. Betriebsverfassungsgesetzes zählen auch die leitenden Angestellten; das Gesetz findet auf sie jedoch keine Anwendung, soweit nicht ausdrücklich etwas anderes bestimmt ist (s. Rdn. 12 f.). An der betriebsverfassungsrechtlichen Situation dieses Personenkreises hat sich somit gegenüber dem Betriebsverfassungsgesetz 1952 insofern nichts geändert, als die leitenden Angestellten nach wie vor nicht vom Betriebsrat vertreten werden. Nachdem noch 1972 ein Entwurf der CDU/CSU-Bundestagsfraktion, der die Einrichtung besonderer Sprecherausschüsse für leitende Angestellte vorsah (BT-Drucks. VI/1806), abgelehnt worden war (Bericht 10. Ausschuss, zu BT-Drucks. VI/2729, S. 12), hat das Gesetz über Sprecherausschüsse der leitenden Angestellten (Sprecherausschußgesetz – SprAuG) vom 20.12.1988 (BGBl. I, S. 2312) eine **eigenständige betriebliche Vertretung der leitenden Angestellten** geschaffen. Das Gesetz ist Bestandteil des als Artikelgesetz konzipierten Gesetzes zur Änderung des Betriebsverfassungsgesetzes, über Sprecherausschüsse der leitenden Angestellten und zur Sicherung der Montan-Mitbestimmung, das zugleich die Begriffsbestimmung der leitenden Angestellten in § 5 Abs. 3 und 4 neu geregelt hat (ausführlich zur geschichtlichen Entwicklung *Hromadka/Sieg* SprAuG, Einl. Rn. 15 ff.). Den leitenden Angestellten gleichgestellt werden durch § 5 Abs. 3 Satz 3 diejenigen **Beamten** und **Soldaten**, die nach § 5 Abs. 1 Satz 3 als Arbeit- 159 nehmer des Betriebs anzusehen und denen Aufgaben und Befugnisse eines leitenden Angestellten übertragen worden sind. Erfüllen diese die Voraussetzungen eines der Tatbestände des Abs. 3 Satz 2, so finden die Vorschriften des BetrVG auf diese nur dann Anwendung, wenn sie auch für leitende Angestellte gelten (s. Rdn. 102; ebenso einige Sondervorschriften, z. B. § 6 Abs. 2 BwKoopG, § 5 Abs. 2 BWpVerwPG). Gleiches gilt für die in § 5 Abs. 1 Satz 3 genannten Arbeitnehmer des öffentlichen Dienstes, auch wenn sie in Abs. 3 Satz 3 nicht erwähnt sind (s. Rdn. 101).

160 Der **Sprecherausschuss** ist jetzt das **ausschließliche Repräsentationsorgan der leitenden Angestellten** (*Buchner* NZA 1989, Beil. Nr. 1, S. 2 [13]; *Wlotzke* DB 1989, 173; vgl. auch Rdn. 285). Soweit das Betriebsverfassungsgesetz von Arbeitnehmern spricht, werden die leitenden Angestellten hiervon nicht erfasst, sie zählen insbesondere nicht mit, soweit das Gesetz an eine bestimmte Zahl von Arbeitnehmern Rechtsfolgen knüpft (vgl. §§ 1, 9, 38, 95 Abs. 2, 99, 106, 111, 112a). Leitende Angestellte besitzen weder das aktive noch das passive Wahlrecht zum Betriebsrat. Mitwirkungs- und Mitbestimmungsrechte des Betriebsrats in Bezug auf die leitenden Angestellten bestehen nicht. Allerdings ist der Betriebsrat gemäß § 105 über die beabsichtigte Einstellung oder personelle Veränderung eines leitenden Angestellten rechtzeitig zu informieren (hierzu § 105 Rdn. 6 ff.). Da leitende Angestellte nicht zu dem vom Betriebsrat repräsentierten Personenkreis gehören, werden sie von der normativen Wirkung von Betriebsvereinbarungen zwischen Arbeitgeber und Betriebsrat nicht erfasst (*Berg/DKKW* § 77 Rn. 78; *Fitting* § 77 Rn. 36; s. *Kreutz* § 77 Rdn. 195). Es ist auch nicht zulässig, sie in Betriebsvereinbarungen schuldrechtlich einzubeziehen, etwa in Form eines Vertrages zugunsten Dritter. Da die Repräsentation der leitenden Angestellten ausschließlich durch den Sprecherausschuss erfolgt, würde dies die Kompetenz des Sprecherausschusses verletzen und mithin einen Verstoß gegen das Behinderungsverbot des § 2 Abs. 3 Satz 1 i. V. m. § 25 Abs. 1 Satz 1 SprAuG darstellen (**a. M.** zur früheren Rechtslage BAG 31.01.1979 EzA § 112 BetrVG 1972 Nr. 17 = AP Nr. 8 zu § 112 BetrVG 1972; *Löwisch* SAE 1980, 55). Dies gilt auch, wenn ein Sprecherausschuss nicht besteht. Zwar scheidet in diesem Fall eine Kompetenzverletzung aus. Das Sprecherausschussgesetz beansprucht jedoch umfassende Geltung für die leitenden Angestellten. Dies kommt in § 1 Abs. 1 und 2 SprAuG zum Ausdruck, wonach die leitenden Angestellten bei Unterschreitung der gesetzlichen Mindestzahl von zehn leitenden Angestellten dem nächstgelegenen Betrieb zugeordnet werden. Auch hier sieht das Gesetz also keine Reservezuständigkeit des Betriebsrats, sondern eine Vertretung durch den Sprecherausschuss vor. Hieraus wird man schließen müssen, dass auch in den Fällen, in denen kein Sprecherausschuss besteht, dem Betriebsrat keine lückenfüllende Funktion zukommt, sondern gar keine kollektive Interessenvertretung der leitenden Angestellten erfolgen soll. Zum Fortbestand freiwilliger Sprecherausschüsse s. Rdn. 283 ff., zum Inhalt der Mitwirkungsrechte des gesetzlichen Sprecherausschusses s. Rdn. 276 ff.

b) Zweck der Regelung

161 Sinn und Zweck der Regelung des § 5 Abs. 3 ist es nicht, schutzbedürftige Arbeitnehmer von nicht schutzbedürftigen abzugrenzen oder einer Schicht gehobener Arbeitnehmer eine Sonderstellung einzuräumen; es soll vielmehr nur der **Interessenpolarität** des Arbeitgebers (Unternehmers) und der Arbeitnehmerschaft (Betriebsrat) dadurch Rechnung getragen werden, dass die zur Unternehmerseite gehörenden Angestellten der Repräsentation durch den Betriebsrat entzogen werden (*BAG* 05.03.1974 EzA § 5 BetrVG 1972 Nr. 7 [*Kraft*], 10.02.1976 EzA § 5 BetrVG 1972 Nr. 24 = AP Nr. 1, 12 zu § 5 BetrVG 1972; *Richardi* AuR 1991, 33 f.; *de lege ferenda* für eine Herausnahme von »Spitzenverdienern« durch Einführung einer unwiderlegbaren Vermutung der Eigenschaft als leitende Angestellte *Bauer/von Medem* NZA 2013, 1233 [1237]). Diese »Bipolarität« der Betriebsverfassung (vgl. *Thiele* 4. Aufl., Einl. Rn. 83) hat wiederum zwei Seiten. Zum einen soll der Arbeitgeber im Rahmen des Arbeitsverhältnisses mit den leitenden Angestellten nicht denselben kollektiven Beschränkungen unterliegen wie bei den übrigen Arbeitnehmern. Da der Arbeitgeber, insbesondere im Großunternehmen, kaum in der Lage ist, sämtliche unternehmerischen Funktionen selbst auszuüben, muss er unternehmerische Aufgaben delegieren (vgl. auch *BAG* 06.12.2001 EzA § 5 BetrVG 1972 Nr. 65 unter B II 3a bb)). Grundlage einer solchen Delegation ist aber **ein besonderes persönliches Vertrauensverhältnis** zu den einzelnen Angestellten. Dieser Aspekt kam in § 4 Abs. 2 lit. c BetrVG 1952 noch deutlich zum Ausdruck, der für die Bestimmung des leitenden Angestellten wesentlich darauf abstellte, ob er Aufgaben wahrnahm, die ihm »nur aufgrund besonderen persönlichen Vertrauens des Arbeitgebers

... übertragen werden«. Trotz der Änderung des Wortlauts liegt dieser Gedanke auch der Regelung des heutigen § 5 Abs. 3 zugrunde (vgl. *Dietz/Richardi* § 5 Rn. 148). Ein solches Vertrauensverhältnis verträgt sich aber nicht mit den strengen Bindungen des Arbeitnehmerschutzrechts. Diese gesetzgeberische Wertung hat etwa auch in §§ 627 BGB, 14 Abs. 2 KSchG ihren Niederschlag gefunden. Zum anderen ist bei den Angestellten in solcher Stellung davon auszugehen, dass sie eher die Interessen des Arbeitgebers vertreten. Sie befinden sich daher bei der Wahrnehmung ihrer Aufgaben in einem natürlichen **Interessengegensatz zum Betriebsrat** und stehen aus dessen Sicht »auf der anderen Seite«. Deshalb liegt es nahe, sie von dem Geltungsbereich der Betriebsverfassung, die der kollektiven Vertretung der Arbeitnehmerinteressen dienen soll, auszunehmen.

c) Legaldefinition des leitenden Angestellten

Vor der Novellierung des Begriffs des leitenden Angestellten durch das Gesetz vom 20.12.1988 (BGBl. I, S. 2312) war umstritten, ob § 5 Abs. 3 a. F. BetrVG von einem vorgegebenen Begriff des leitenden Angestellten ausging oder ob diese Bestimmung eine abschließende Definition des leitenden Angestellten i. S. d. Betriebsverfassungsgesetzes enthielt. Das *BAG* war zunächst der Meinung, dass § 5 Abs. 3 a. F. von einem vorgegebenen Oberbegriff ausgehe, die Merkmale der gesetzlichen Tatbestandes, insbesondere die des § 5 Nr. 3 a. F., also nur typologische Tätigkeitsbeschreibung enthielten (vgl. dazu *Kraft* 4. Aufl., § 5 Rn. 50 ff.; *Weigle* Die leitenden Angestellten, S. 87 ff. [92]).

162

In Abänderung des § 5 Abs. 3 a. F. trennt die Neufassung die Begriffsbestimmung der leitenden Angestellten in Satz 2 von deren Herausnahme aus dem Geltungsbereich in Satz 1. Satz 2 beginnt zudem mit der Formulierung, »Leitender Angestellter ist, wer . . .«. Das Gesetz stellt damit klar, dass es sich um eine **abschließende Legaldefinition des leitenden Angestellten** handelt, dem Betriebsverfassungsgesetz also kein »Oberbegriff« des leitenden Angestellten zugrunde liegt (*Borgwardt* in: *Borgwardt/Fischer/Janert* SprAuG, Teil 2, § 5 Abs. 3 und 4 BetrVG Rn. 51 ff.; *Buchner* NZA 1989, Beil. Nr. 1, S. 2 [6]; *Engels/Natter* BB 1989, Beil. Nr. 8, S. 7; *Fitting* § 5 Rn. 358; *Hromadka* BB 1990, 57 [58]; *Martens* RdA 1989, 73 [76]; *Richardi* NZA 1990, Beil. Nr. 1, S. 2 [3]; *ders.* AuR 1991, 33 [36 f.]; *Röder* NZA 1989, Beil. Nr. 4, S. 2 [5]; *Stege/Weinspach/Schiefer* § 5 Rn. 9; *Trümner/DKKW* § 5 Rn. 226 f.; *Wlotzke* DB 1989, 111 [118]). Auf diese Position war auch die Rechtsprechung bereits im Jahre 1980 eingeschwenkt (*BAG* 29.01.1980 EzA § 5 BetrVG 1972 Nr. 35 [*Kraft*] = AP Nr. 22 zu § 5 BetrVG 1972 unter B II 3).

163

In der Literatur wird zum Teil die Meinung vertreten, der leitende Angestellte im Betriebsverfassungsgesetz müsse »auch vom MitbestG her gesehen und verstanden« werden (*Matthes* GK-MitbestG, § 3 Rn. 45), »eine Abgrenzung nach § 5 Abs. 3, welche die einschlägigen Wertungen des MitbestG unbeachtet ließe, wäre fehlerhaft« (*Rüthers* FS 25 Jahre Bundesarbeitsgericht, S. 455 [463]). Die Einordnung eines Arbeitnehmers im Hinblick auf die Arbeitnehmerrepräsentation im Aufsichtsrat kann zwar gemäß § 5 Abs. 4 Nr. 1 nunmehr Rückwirkungen auf die betriebsverfassungsrechtliche Behandlung haben. Doch sind **für die Auslegung des funktionalen Grundtatbestandes** des § 5 Abs. 3 Satz 2 Nr. 3 **allein betriebsverfassungsrechtliche Überlegungen** maßgebend, da es um die Reichweite der betrieblichen Interessenvertretung geht. Umgekehrt wäre im Rahmen des § 3 Abs. 1 Nr. 2 MitbestG eine am Zweck dieses Gesetzes orientierte Auslegung des Begriffs des leitenden Angestellten denkbar, soweit man in dieser Vorschrift nur eine Analogieverweisung sieht, die keine »unsachgemäße Gleichsetzung« ungleicher Sachverhalte fordert (*Larenz* Methodenlehre der Rechtswissenschaft, 6. Aufl. 1991, S. 260 f.; *Martens* Die Gruppenabgrenzung der leitenden Angestellten nach dem MitbestG, S. 23 ff., 27; vgl. auch *Schirdewahn* ZfA 1979, 183 [196]). Eine strikte Bindung an die Auslegung im Rahmen des Betriebsverfassungsgesetzes wäre dann nicht erforderlich. Ein Einfluss des MitbestG auf die Auslegung des Begriffs des leitenden Angestellten für den Bereich des Betriebsverfassungsgesetzes könnte sich daraus aber nicht ergeben (*BAG* 29.01.1980 EzA § 5 BetrVG 1972 Nr. 35 [*Kraft*] = AP Nr. 22 zu § 5 BetrVG 1972; 23.01.1986 EzA § 5 BetrVG 1972 Nr. 42 [*Gamillscheg*] = AP Nr. 32 zu § 5 BetrVG 1972 unter I 3i der Gründe; *Kraft* FS *Mühl*, S. 389 [405]; *Galperin/Löwisch* § 5 Rn. 35; abl. auch *Trümner/DKKW* § 5 Rn. 223).

164

d) Zwingende Umschreibung im Gesetz

165 Die gesetzlichen Merkmale umschreiben den Begriff des leitenden Angestellten zwingend (Bericht 10. Ausschuss, zu BT-Drucks. VI/2729, S. 12; *Fitting* § 5 Rn. 365; *Richardi* § 5 Rn. 261; *Rose/HWGNRH* § 5 Rn. 159; *Trümner/DKKW* § 5 Rn. 234). Nur die Arbeitnehmer, bei denen sie vorliegen, sind leitende Angestellte. Umgekehrt sind aber auch alle Arbeitnehmer, bei denen diese Merkmale vorliegen, als leitende Angestellte anzusehen. Die Parteien des Arbeitsverhältnisses können also nicht über die Zuordnung zu dem Kreis der leitenden Angestellten disponieren. Insbesondere ist es **ohne Bedeutung**, ob der Arbeitnehmer im Arbeitsvertrag oder innerhalb des Unternehmens **als leitender Angestellter bezeichnet** wird (*BAG* 06.12.2001 EzA § 5 BetrVG 1972 Nr. 65 unter B II 3b aa; 05.05.2010 EzA § 5 BetrVG 2001 Nr. 5 Rn. 21). Die Frage, ob jemand leitender Angestellter ist, ist eine Rechtsfrage, über die im Streitfall die Arbeitsgerichte zu befinden haben. Die Beteiligten der Betriebsverfassung können allenfalls auf die Rechtstatsachen Einfluss nehmen, die dieser Beurteilung zugrunde liegen. So hat der Arbeitgeber es in der Hand, welche seiner Arbeitnehmer er mit den Funktionen und Aufgaben betrauen will, die ihn zum leitenden Angestellten machen. Außerdem kommt der tatsächlichen Zuordnung bei früheren Wahlen gemäß § 5 Abs. 4 Nr. 1 in Zweifelsfällen eine gewisse Bedeutung für die Abgrenzung zu (hierzu s. Rdn. 248 ff.).

e) Sonderregelungen

166 Eine **Sonderregelung** enthält § 114 Abs. 6 für die **Seeschifffahrt**. Danach sind nur die Kapitäne leitende Angestellte i. S. d. § 5 Abs. 3. Die übrigen Besatzungsmitglieder zählen also kraft Gesetzes nicht zu dem in § 5 Abs. 3 genannten Personenkreis. Aus der Vorschrift und der entsprechenden Regelung in § 33 Abs. 3 SprAuG ergibt sich gleichzeitig, dass die Kapitäne stets leitende Angestellte sind, ohne dass es auf die Voraussetzungen des § 5 Abs. 3 ankommt (*LAG Schleswig-Holstein* 07.05.1998 – 4 TaBV 34/97 – juris).

167 Eine weitere Sonderregelung trifft § 45 Satz 2 WiPrO (eingefügt durch Art. 1 Nr. 23a des Berufsaufsichtsreformgesetzes vom 03.09.2007, BGBl. I, S. 2178). Danach gelten **angestellte Wirtschaftsprüfer** als leitende Angestellte i. S. d. § 5 Abs. 3. Die Vorschrift hat nicht nur klarstellende Bedeutung, da die Tätigkeit als Wirtschaftsprüfer nicht zwingend die Voraussetzungen des Abs. 3 erfüllt. Vielmehr soll sichergestellt werden, dass die Wirtschaftsprüfer auch dann als leitende Angestellte behandelt werden, wenn keiner der Tatbestände des Abs. 3 gegeben ist (*BAG* 29.06.2011 AP Nr. 76 zu § 5 BetrVG 1972 Rn. 18; eingehend hierzu *Henssler* FS *Hromadka*, S. 131 [136 ff.]). Die Regelung gilt nach Wortlaut, Entstehungsgeschichte und Systematik nicht nur für die in § 45 Satz 1 WiPrO erwähnten Angestellten in Wirtschaftsprüfungsgesellschaften, sondern für alle angestellten Wirtschaftsprüfer, also auch für die bei den übrigen in § 43a Abs. 1 WiPrO bezeichneten Prüfungsunternehmen (Wirtschaftsprüfer, genossenschaftliche Prüfungsverbände und Prüfungsstellen von Sparkassen- und Giroverbänden oder überörtliche Prüfungseinrichtungen für Körperschaften und Anstalten des öffentlichen Rechts) Beschäftigten (*LAG Düsseldorf* 03.04.2009 – 10 TaBV 302/08 – juris, Rn. 37 ff.). Nicht erfasst werden dagegen Angestellte in vergleichbaren Beratungsunternehmen (etwa angestellte Rechtsanwälte oder Steuerberater). Auf diese findet § 45 Satz 2 WiPrO auch keine entsprechende Anwendung, weil die Beschränkung des persönlichen Anwendungsbereiches eine bewusste Entscheidung des Gesetzgebers darstellt (*BAG* 29.06.2011 EzA § 5 BetrVG 2001 Nr. 6 = AP Nr. 75 zu § 5 BetrVG 1972 Rn. 29).

168 Die Ungleichbehandlung zwischen angestellten Wirtschaftsprüfern einerseits und angestellten Rechtsanwälten und Steuerberatern andererseits hat die Frage nach der Rechtfertigung dieser Gruppenbildung im Hinblick auf den **Gleichheitssatz des Art. 3 Abs. 1 GG** und damit nach der **Verfassungsmäßigkeit** der Regelung aufgeworfen (vgl. etwa *Henssler* FS *Hromadka*, S. 131 [154]). Das *BAG* interpretiert die Vorschrift nunmehr im Wege der **verfassungskonformen Auslegung** einschränkend dahin, dass sie **nur auf Wirtschaftsprüfer Anwendung finde, denen Prokura erteilt worden sei**. Hierfür spreche, dass nach § 45 Satz 1 WiPrO Wirtschaftsprüfer die Rechtsstellung von Prokuristen haben sollen. Die Bedeutung von Satz 2 der Vorschrift beschränke sich damit darauf, dass es bei angestellten Wirtschaftsprüfern mit Prokura für die Einordnung als leitende Angestellte nicht mehr darauf ankomme, ob die Prokura nach Abs. 3 Satz 2 Nr. 2 auch im Verhältnis zum Arbeitgeber nicht unbedeutend sei. Der Gesetzgeber gehe vielmehr bei einer typisierenden Betrachtung (unwiderlegbar) davon aus, dass es sich bei der Prokura um eine im Innenverhältnis mit unternehmerischer Leitungsmacht verknüpfte Vertretungskompetenz handele (*BAG* 29.06.2011 AP Nr. 76 zu § 5 BetrVG 1972 Rn. 23 ff.). Doch erscheint zweifelhaft, ob damit die gegen die Regelung erhobenen verfassungsrechtlichen Bedenken auszuräumen sind (krit. etwa *Arens/Pelke* DStR 2012, 1106 f.; *Diller* ArbRAktuell 2012, 124). Zum einen führt die vom *BAG* – gegen den Gesetzeswortlaut – vorgenommene Einschränkung nunmehr zu einer Ungleichbehandlung von Wirtschaftsprüfern mit und ohne Prokura, deren Rechtfertigung sich nicht ohne Weiteres erschließt. So ist nicht einsichtig, warum die gesetzliche Vermutung unternehmerischer Aufgabenerfüllung für angestellte Wirtschaftsprüfer, denen – entsprechend der Bedeutung des § 45 Satz 1 WiPrO als Soll-Vorschrift – aus besonderen Gründen ausnahmsweise keine Prokura verliehen worden ist, nicht in gleicher Weise gelten sollte. Vor allem erscheint die auch nach der Lösung des *BAG* verbliebene Ungleichbehandlung von Wirtschaftsprüfern mit angestellten Rechtsanwälten oder Steuerberatern fragwürdig. Bei letzteren bedarf es stets einer Prüfung der Bedeutung der Prokura im Innenverhältnis, um sie als leitende Angestellte einordnen zu können. Diese Differenzierung leuchtet umso weniger ein, wenn man – wie das *BAG* – annimmt, dass sich die Bereichsausnahme des § 45 Satz 2 WiPrO nicht mit den besonderen berufsrechtlichen Anforderungen an Wirtschaftsprüfer, sondern nur mit der besonderen Arbeitgebernähe dieses Personenkreises und der hieraus folgenden Gefahr der Interessenkollision (s. Rdn. 161) rechtfertigen lasse (so *BAG* 29.06.2011 AP Nr. 76 zu § 5 BetrVG 1972 Rn. 32). Dass die Arbeitgebernähe bei angestellten Wirtschaftsprüfern mit Prokura typischerweise stärker ausgeprägt ist als bei angestellten Rechtsanwälten und Steuerberatern mit Prokura, lässt sich zumindest mit guten Gründen bezweifeln.

2. Allgemeine Tatbestandsvoraussetzungen

Abs. 3 Satz 2 definiert in drei Einzeltatbeständen die unterschiedlichen Gruppen von leitenden Angestellten. Leitender Angestellter ist danach, wer die Voraussetzungen eines der drei Tatbestände erfüllt. Daneben umschreibt das Gesetz in dem den Einzeltatbeständen vorangestellten Einleitungssatz Eigenschaften, die für sämtliche Einzeltatbestände maßgeblich sind. **169**

a) Nach Arbeitsvertrag und Stellung

Der Arbeitnehmer muss die ihm übertragenen Befugnisse nach Arbeitsvertrag und Stellung im Unternehmen oder Betrieb ausüben (zur Bedeutung der Änderung gegenüber § 5 Abs. 3 a. F., wo von »Dienststellung und Dienstvertrag« die Rede war, s. 9. Aufl. Rn. 101). Das Gesetz geht dabei davon aus, dass sich die Übertragung von unternehmerischen Aufgaben nur aus den zwischen dem Arbeitgeber und dem Angestellten getroffenen vertraglichen Abreden ergeben kann. Von Bedeutung sind daher alle Absprachen, die für den Inhalt der zu erbringenden Arbeitsleistung und die dem Arbeitnehmer zustehenden Befugnisse maßgeblich sind. Dies ist zum einen der **bei Begründung des Arbeitsverhältnisses geschlossene Arbeitsvertrag**, aber auch sämtliche später getroffenen **(Neben-)Abreden**. Regelmäßig werden die Aufgaben und Befugnisse in einem schriftlichen Arbeitsvertrag niedergelegt sein. Notwendig ist dies aber nicht. Vielmehr **genügen mündliche Absprachen**, die auch stillschweigend getroffen werden können (Begründung zum Entwurf, BT-Drucks. 11/2503, S. 30; *Fitting* § 5 Rn. 367; *Hromadka* BB 1990, 57 [58]; *Richardi* § 5 Rn. 198; *ders.* NZA 1990, Beil. Nr. 1, S. 2 [4]; *Trümner/DKKW* § 5 Rn. 237). Unerheblich ist dagegen, ob der Arbeitnehmer **im Arbeitsvertrag als leitender Angestellter bezeichnet** wird (*BAG* 06.12.2001 EzA § 5 BetrVG 1972 Nr. 65 unter B II 3b aa). Weder reicht die Bezeichnung als leitender Angestellter aus, um die Voraussetzungen des Abs. 3 zu bejahen, noch lässt sich aus dem Fehlen der Bezeichnung schließen, dass es sich nicht um einen leitenden Angestellten handelt. Gleiches gilt, wenn Angestellte **einem anderen Unternehmen zur Arbeitsleistung überlassen** werden. Auch insoweit richtet sich die Zuordnung zum Kreis der leitenden Angestellten nach Arbeitsvertrag und Stellung. Allerdings bedeutet dies nicht, dass die Angestellten einen Arbeitsvertrag mit dem Inhaber des Einsatzbetriebs geschlossen haben müssten (zutr. *LAG Rheinland-Pfalz* 18.10.2012 – 10 TaBV 18/12 – juris, Rn. 40; **a. M.** *Rose/HWGNRH* § 5 Rn. 161). Ihre Position richtet sich vielmehr einmal nach dem Inhalt des mit dem Verleiher abgeschlossenen Arbeitsvertrages, da dem Entleiher nur eine hieraus abgeleitete Arbeitgeberstellung zukommt. Zum anderen kommt es darauf an, welche Aufgaben dem Angestellten im Entleiherbetrieb übertragen werden, d. h. wie seine tatsächliche Stellung im Einsatzbetrieb ist (s. Rdn. 171). Soweit **Beamte in einem Betrieb eines privatrechtlichen Unternehmens beschäftigt** werden, **170** ohne dass ein Arbeitsvertrag mit dem Unternehmen besteht (§ 5 Abs. 1 Satz 3, Abs. 3 Satz 3; §§ 12 Abs. 2 und 3, 19 DBGrG; §§ 24, 36 PostPersRG; § 6 Abs. 2 BWKoopG; § 5 Abs. 2 BWpVerwPG; § 5 Abs. 2 BfAIPG), kommt es – mangels Arbeitsvertrages – allein auf die Stellung im Betrieb oder Unternehmen an, in dem die Beamten tatsächlich beschäftigt werden (*Fitting* § 5 Rn. 368; *Hayen* PersR 2009, 384 [387]; *Heise/Fedder* NZA 2009, 1069 [1071]). Sofern die Beamten im Einsatzbetrieb Aufgaben wahrnehmen, die denen eines leitenden Angestellten entsprechen, so sind sie dort nach Abs. 3 Satz 3 als leitende Angestellte zu behandeln (s. Rdn. 101 f.).

171 Der leitende Angestellte muss, soweit es sich nicht um einen Beamten handelt (s. Rdn. 170), die Aufgaben »nach Arbeitsvertrag **und** Stellung« wahrnehmen. Nach der Entwurfsbegründung soll damit verdeutlicht werden, dass der leitende Angestellte die ihm **vertraglich eingeräumten Funktionen auch tatsächlich ausüben** muss (BT-Drucks. 11/2503, S. 30). Es genügt danach weder, dass der Arbeitnehmer faktisch Aufgaben eines leitenden Angestellten wahrnimmt, ohne dass ihm diese im Arbeitsvertrag übertragen worden sind, noch dass ihm zwar im Vertrag leitende Aufgaben zugewiesen werden, er aber tatsächlich andere Funktionen ausübt (*BAG* 25.10.2001 EzA § 5 BetrVG 1972 Nr. 64 unter II 3b; *Buchner* NZA 1989, Beil. Nr. 1, S. 2 [6]; *Engels/Natter* BB 1989, Beil. Nr. 8, S. 7; *Fitting* § 5 Rn. 369; *Galperin/Löwisch* § 5 Rn. 36; *Stege/Weinspach/Schiefer* § 5 Rn. 9b; *Trümner/DKKW* § 5 Rn. 238; *Wlotzke* DB 1989, 111 [119]). Durch diese Identität von vertraglichen Befugnissen und faktischer Ausübung soll Manipulationen entgegengewirkt werden (*Buchner* NZA 1989, Beil. Nr. 1, S. 2 [6]; *Wlotzke* DB 1989, 111 [119]). Zu denken ist dabei an Konstellationen, in denen der leitende Angestellte in einem Arbeitsbereich eingesetzt wird, in dem er von den rechtlichen Befugnissen, die die Leitungsfunktion begründen, keinen Gebrauch machen kann. Eine **völlige Deckungsgleichheit** dürfte dennoch **nicht erforderlich** sein, vielmehr genügt es, dass die Aufgaben des Arbeitnehmers in dem Bereich, in dem sich Vertrag und faktische Ausführung decken, die Merkmale des leitenden Angestellten erfüllen (ebenso *Hromadka* BB 1990, 57 [58 f.]; wohl auch *Weigle* Die leitenden Angestellten, S. 41 f.; *Wlotzke* DB 1989, 111 [119]; a. M. *Trümner/DKKW* § 5 Rn. 240; nicht ganz klar insoweit *Stege/Weinspach/Schiefer* § 5 Rn. 9b). Einer Einschränkung bedarf das Erfordernis zudem, soweit es um die Mitbestimmung bei der **Einstellung** nach § 99 geht. Zumindest wenn es um die Besetzung einer neu geschaffenen Stelle geht, lässt sich der Status des Angestellten vor Beginn des Arbeitsverhältnisses typischerweise nur aus den vertraglichen Vereinbarungen und ggf. einer Stellenbeschreibung ableiten (zutr. *ArbG Kassel* 20.01.2011 – 3 BV 8/10 – juris, Rn. 12). Geht es um die Wiederbesetzung der Stelle, kann dagegen auf die tatsächliche Vertragspraxis unter dem Stellenvorgänger abgestellt werden, sofern keine Anhaltspunkte dafür bestehen, dass sich an der Stellung des Angestellten im Betrieb etwas ändern soll (zutr. *Esch* jurisPR-ArbR 16/2014 Anm. 2). Bedeutung erlangt das Merkmal weiterhin, wenn leitende Angestellte einem anderen Unternehmen **zur Arbeitsleistung überlassen** werden. Hier genügt es nicht, wenn der Angestellte nach dem Inhalt des Arbeitsvertrages Aufgaben i. S. d. Abs. 3 Satz 2 wahrzunehmen hat. Im Entleiherbetrieb ist er nur dann als leitender Angestellter zu behandeln, wenn der Entleiher ihm dort ebenfalls solche Aufgaben zuweist. Nur unter dieser Voraussetzung hat er im Entleiherbetrieb die Stellung eines leitenden Angestellten (s. Rdn. 122).

172 Eine Ursache dafür, dass die faktische Ausübung hinter den im Arbeitsvertrag übertragenen Aufgaben zurückbleibt, kann sein, dass der **Arbeitgeber dem Angestellten in Ausübung seines Direktionsrechts Funktionen zuweisen darf, die nicht in den unternehmerischen Wirkungskreis fallen**. In der Regel wird jedoch in leitenden Positionen das Direktionsrecht nicht so weit gehen, dass dem Angestellten nichtleitende Aufgaben zugewiesen werden können, so dass meist zugleich eine (stillschweigende) Vertragsänderung vorliegen dürfte. Ähnliches gilt, wenn der Angestellte **die ihm eingeräumten Befugnisse** in der Vergangenheit **nicht ausgeübt**, die Vertragspraxis also die frühere Vereinbarung »überholt« hat (so *BAG* 10.10.2002 EzA § 1 KSchG Betriebsbedingte Kündigung Nr. 122 unter D II 2). Auch hier dürfte der Vertragsinhalt stillschweigend abgeändert worden sein, so dass ein Widerspruch nur zum geschriebenen Vertragstext, nicht aber zum tatsächlichen Vertragsinhalt besteht. In der Praxis wird daher ein solcher Fall des Zurückbleibens der faktischen Ausübung hinter der Regelung im Arbeitsvertrag nur selten vorkommen. Unerheblich ist dagegen, wenn der Angestellte seine Befugnisse in der Vergangenheit nur deshalb nicht ausgeübt hat, weil sich hierfür bisher keine sachliche Notwendigkeit ergeben hat (vgl. *LAG Hamm* 09.11.2007 – 10 TaBV 81/07 – juris, Rn. 59 [Entlassungsbefugnis]). Ebenso wenig ändert es etwas an der Einordnung als leitender Angestellter, wenn das **Arbeitsverhältnis ruht** oder der Arbeitnehmer – etwa aus Anlass der bevorstehenden Beendigung des Arbeitsverhältnisses – von der Pflicht zur Arbeitsleistung **freigestellt** (suspendiert) wird (*LAG Düsseldorf* 03.02.2012 – 6 Sa 1081/11 – juris, Rn. 134 f.; *Fitting* § 5 Rn. 372; differenzierend *Verstege* RdA 2011, 99 ff., der darauf abstellt, ob mit einer Rückkehr auf den früheren Arbeitsplatz zu rechnen ist). Erfüllt der Arbeitnehmer während der aktiven Phase des Arbeitsverhältnisses die Voraussetzungen des § 5 Abs. 3, so bleibt er auch während der Ruhensphase leitender Angestellter.

Nicht in den vorliegenden Zusammenhang des Verhältnisses von Vertrag und Stellung gehört die Problematik, inwieweit die Rechtsmacht des leitenden Angestellten im **Außenverhältnis**, das rechtliche Können, und die Berechtigung im **Innenverhältnis**, das rechtliche Dürfen, übereinstimmen müssen (zutr. *Hromadka* BB 1990, 57 [59]; **a. M.** *Fitting* § 5 Rn. 369; *Richardi* § 5 Rn. 199; *ders*. NZA 1990, Beil. Nr. 1, S. 2 [4]; unklar *Trümner/DKKW* § 5 Rn. 239 f.; zur Frage von Innen- und Außenverhältnis s. Rdn. 183 f., 192 ff.). Geht es in den soeben (s. Rdn. 171) genannten Fällen nämlich darum, dass der Arbeitsvertrag ein »Mehr« an Befugnissen gegenüber der faktischen Ausübung gewährt, so lautet die Kernfrage bei dem Auseinanderfallen von Innen- und Außenverhältnis, ob die Voraussetzungen eines leitenden Angestellten auch dann vorliegen, wenn das rechtliche »Dürfen« hinter dem rechtlichen »Können« zurückbleibt. Die Divergenz besteht also nicht zwischen der rechtlichen Stellung und den tatsächlichen Verhältnissen, sondern zwischen dem Innen- und dem Außenrechtskreis. Soweit dagegen der Angestellte faktisch qualitativ höherstehende Aufgaben ausführt als ihm nach dem Arbeitsvertrag zugewiesen sind, handelt es sich nicht um ein Überschießen der Rechtsposition gegenüber dem Vertrag, sondern um eine **widerrechtliche Kompetenzanmaßung**, soweit nicht in der Duldung der Ausübung durch den Arbeitgeber eine konkludente Vertragsänderung im Hinblick auf den Inhalt der geschuldeten Arbeitsleistung liegt. Eine solche Kompetenzanmaßung führt selbstverständlich ebenfalls nicht zur Begründung des Status als leitender Angestellter.

b) Im Unternehmen oder im Betrieb

Maßgeblich ist die Stellung des leitenden Angestellten im Unternehmen oder im Betrieb. Dieses Begriffspaar ist gegenüber § 5 Abs. 3 a. F. **neu in den Eingangssatz aufgenommen** worden und korrespondiert mit § 5 Abs. 3 Satz 2 Nr. 3, in dem davon die Rede ist, dass die Aufgaben »für den Bestand und die Entwicklung des Unternehmens oder eines Betriebs von Bedeutung« sein müssen. Dagegen war in der alten Fassung in § 5 Abs. 3 Nr. 3 nur von »Bestand und Entwicklung des Betriebs« die Rede. Die Änderung wird nur verständlich vor dem Hintergrund der Rechtsprechung zu § 5 Abs. 3 Nr. 3 a. F. Das *BAG* hatte nämlich stets »Betrieb« i. S. dieser Vorschrift als »Unternehmen« verstanden (*BAG* 05.03.1974 EzA § 5 BetrVG 1972 Nr. 7 [*Kraft*], 29.01.1980 EzA § 5 BetrVG 1972 Nr. 35 [*Kraft*], 23.01.1986 EzA § 5 BetrVG 1972 Nr. 42 [*Gamillscheg*] = AP Nr. 1, 22, 32 zu § 5 BetrVG 1972) und verlangt, dass der leitende Angestellte unternehmerische (Teil-)Aufgaben wahrnehmen müsse (hierzu ausführlich unten Rdn. 204 ff.). Als entscheidend sah das Gericht an, dass Bestand und Entwicklung auch der einzelnen Betriebe wesentlich von der Planung, Leitung und Organisation des Unternehmens abhänge, so dass nur eine Aufgabe mit Unternehmensbezug die Voraussetzungen des § 5 Abs. 3 Nr. 3 a. F. erfülle (*BAG* 29.01.1980 EzA § 5 BetrVG 1972 Nr. 35 unter B II 3a = AP Nr. 22 zu § 5 BetrVG 1972; ähnlich zur Neufassung 25.02.1997 EzA § 87 BetrVG 1972 Arbeitszeit Nr. 57 = AP Nr. 72 zu § 87 BetrVG 1972 Arbeitszeit: »typische Unternehmeraufgaben«).

Mit der Gesetzesänderung wollte der Gesetzgeber eine Fixierung auf den Unternehmensbezug vermeiden und **die eigenständige Bedeutung der betrieblichen Funktionen** betonen (ebenso *Hromadka* BB 1990, 57 [60]; *Martens* RdA 1989, 73 [77]; *H. P. Müller* DB 1988, 1697). So heißt es in der Entwurfsbegründung, dass verdeutlicht werden solle, dass die leitenden Funktionen des Angestellten sich auf das gesamte Unternehmen oder nur auf einen Betrieb des Unternehmens beziehen könnten (BT-Drucks. 11/2503, S. 30). Mit der Neufassung ist klargestellt, dass auch eine rein betriebsbezogene Aufgabe oder Funktion ausreichen kann, um die Stellung als leitender Angestellter zu begründen (*BAG* 16.04.2002 EzA § 5 BetrVG 1972 Nr. 66 = AP Nr. 69 zu § 5 BetrVG 1972 unter B III; 10.10.2007 EzA § 5 BetrVG 2001 Nr. 3 Rn. 12; *Fitting* § 5 Rn. 371; *Preis/WPK* § 5 Rn. 53; *Richardi* § 5 Rn. 214). Die Einstufung als leitender Angestellter kann also nicht allein mit der Begründung abgelehnt werden, dass sich die Entscheidungen des Angestellten lediglich auf die Verhältnisse in einem von mehreren Betrieben auswirken (*LAG Köln* 13.09.2016 – 12 TaBV 25/16 – juris, Rn. 63 ff.; *Weigle* Die leitenden Angestellten, S. 43 ff. [46]; **a. M.** offenbar *Trümner/DKKW* § 5 Rn. 241, der aber »rein betriebsbezogene Aufgaben« zu Unrecht mit der arbeitstechnischen Umsetzung vorprogrammierter unternehmerischer Entscheidungen vermengt; die Frage offen lassend *BAG* 25.02.1997 EzA § 87 BetrVG 1972 Arbeitszeit Nr. 57 = AP Nr. 72 zu § 87 BetrVG 1972 Arbeitszeit). Zu denken ist etwa an den Leiter eines Betriebes. Soweit dieser Betrieb einen Betriebsrat hat, ist der Angestellte der Ansprechpartner des Betriebsrats und befindet sich somit auch dann in der für den leitenden Angestellten typischen Situation der Interessenpolarität, wenn dort im Verhältnis zur Gesamtzahl der Beschäftigten des Unternehmens nur wenige Arbeitnehmer beschäftigt sind (zutr. *LAG Köln* 13.09.2016 – 12 TaBV 25/16 – juris, Rn. 64 f.).

176 Auch wenn es somit genügt, wenn der Angestellte Aufgaben wahrnimmt, deren Bedeutung sich auf den konkreten Betrieb beschränkt, so muss es sich doch um Aufgaben mit spezifisch **unternehmerischem Charakter** handeln (*BAG* 10.10.2007 EzA § 5 BetrVG 2001 Nr. 3 Rn. 12). Dies ergibt sich aus der Aufgabenumschreibung in Abs. 3 S. 2 Nr. 1 bis 3, wonach leitender Angestellte nur derjenige ist, der unternehmerische Aufgaben eigenständig wahrnimmt (s. Rdn. 183, 195, 204). Dagegen genügt eine Tätigkeit, die sich auf die rein arbeitstechnische, mehr oder weniger »vorprogrammierte« Umsetzung unternehmerischer Entscheidungen beschränkt, im Regelfall nicht, um einen hinreichenden unternehmerischen Aufgabenbezug zu begründen (*BAG* 19.11.1974 EzA § 5 BetrVG 1972 Nr. 9 unter III 2a; 19.11.1974 EzA § 5 BetrVG 1972 Nr. 10 unter III 1a). Unerheblich ist es demgegenüber, wenn die unternehmerische Teilaufgabe Bedeutung (nur) für den Bestand und die Entwicklung eines Betriebes hat (*BAG* 23.01.1986 EzA § 5 BetrVG 1972 Nr. 42 = AP Nr. 32 zu § 5 BetrVG 1972 unter C I 3a) bzw. wenn die Aufgabe räumlich auf den Betrieb beschränkt ist (*BAG* 19.11.1974 EzA § 5 BetrVG 1972 Nr. 9, 19.11.1974 EzA § 5 BetrVG 1972 Nr. 10 = AP Nr. 2, 3 zu § 5 BetrVG 1972).

177 Da es für die Einordnung als leitender Angestellter auf die Wahrnehmung unternehmerischer Aufgaben ankommt und hierfür die Übertragung bestimmter Funktionen im Arbeitsvertrag maßgeblich ist, kann der **betriebsverfassungsrechtliche Status eines Angestellten in einem Unternehmen nur einheitlich beurteilt** werden (*BAG* 25.10.1989 EzA § 5 BetrVG 1972 Nr. 49 = AP Nr. 42 zu § 5 BetrVG 1972; vgl. auch *BAG* 25.02.1997 EzA § 87 BetrVG 1972 Arbeitszeit Nr. 57 = AP Nr. 72 zu § 87 BetrVG 1972 Arbeitszeit). Es ist nicht möglich, den Status als leitender Angestellter auf die Wahrnehmung bestimmter Funktionen oder auf einzelne Betriebe eines Unternehmens zu beschränken. Die Eigenschaft als leitender Angestellter kann daher nur für das gesamte Unternehmen bejaht oder verneint werden. Ist ein Angestellter wegen der ihm in einem Betrieb übertragenen Aufgaben als leitender Angestellter anzusehen, so ist er auch dann leitender Angestellter, wenn er (vorübergehend) in einem anderen Betrieb eingesetzt und dort nicht mit unternehmerischen Aufgaben betraut wird (*BAG* 25.02.1997 EzA § 87 BetrVG 1972 Arbeitszeit Nr. 57 = AP Nr. 72 zu § 87 BetrVG 1972 Arbeitszeit: Einsatz von Führungskräften bei einem Sonntagsverkauf in einem Kaufhaus).

178 Der Unternehmensbezug ist für die Einordnung als leitender Angestellter auch dann maßgeblich, wenn der Angestellte im Rahmen des Arbeitsverhältnisses in einem anderen Unternehmen tätig wird. Von Bedeutung ist dies insbesondere im Kontext der **konzerninternen Arbeitnehmerüberlassung**. Wenn und soweit der Angestellte nach § 14 Abs. 1 AÜG auch während des Zeitraums der Überlassung seine Zugehörigkeit zum entsendenden Konzernunternehmen behält, ist er in Bezug auf dieses Unternehmen nur dann leitender Angestellter, wenn er dort die Aufgaben eines leitenden Angestellten ausübt. Für die Rechtsstellung im entsendenden Unternehmen unerheblich ist es demgegenüber, wenn er in dem Konzernunternehmen, in dem er seine Arbeitsleistung erbringt, die Stellung eines leitenden Angestellten hat (*BAG* 20.04.2005 EzA § 14 AÜG Nr. 5 unter B II 3b). Wenn und soweit es darum geht, ob im Entleiherunternehmen die Vorschriften des Gesetzes auf die entsandten Arbeitnehmer (entsprechende) Anwendung finden (s. Rdn. 120 ff.), muss es dagegen darauf ankommen, welche Stellung dem Angestellten in dem Entleiherunternehmen zukommt (zust. *LAG Baden-Württemberg* 28.05.2014 BB 2014, 2298 [2303]; *LAG Düsseldorf* 10.02.2016 – 7 TaBV 63/15 – juris, Rn. 49; s. a. Rdn. 171). Sind ihm dort Aufgaben übertragen, die die Voraussetzungen des Abs. 3 Satz 2 erfüllen, so ist er in dem Betrieb des Entleihers als leitender Angestellter zu behandeln. So sind die entsandten Angestellten in diesem Fall etwa bei den Schwellenwerten trotz der Regelung des § 14 Abs. 2 Satz 4 AÜG nicht zu berücksichtigen.

3. Die Einzeltatbestände

a) Systematik

Die Einzeltatbestände des Abs. 3 Satz 2 **unterscheiden sich im Ausgangspunkt** wesentlich. Während Nr. 1 und 2 für die Einordnung als leitender Angestellter auf die rechtlichen Befugnisse des Arbeitnehmers abstellt, die diesem im Außenverhältnis zu Dritten eingeräumt sind, stellt Nr. 3 die Aufgaben, die dem Arbeitnehmer übertragen werden, deren Bedeutung für das Unternehmen und die hierfür erforderlichen fachlichen und persönlichen Qualifikationen in den Mittelpunkt. Die beiden ersten Tatbestände legen also **formale Kriterien** zugrunde, während im Rahmen der Nr. 3 eine rein **funktionale Betrachtung** anzustellen ist. 179

Die Unterscheidung in einerseits eine formale und andererseits eine funktionale Bestimmung würde jedoch in ihrer Reinform der Sachproblematik kaum gerecht. Dabei ist zu berücksichtigen, dass rechtliches Können im Außenverhältnis und rechtliches Dürfen im Innenverhältnis häufig – zum Teil erheblich – divergieren. Im Extremfall kann die Erteilung einer Vollmacht mit detaillierten Handlungsanweisungen verbunden sein, die dem Vertreter kaum einen nennenswerten (unternehmerischen) Spielraum lassen (sog. Vertreter mit gebundener Marschroute; vgl. *Bork* Allgemeiner Teil des Bürgerlichen Gesetzbuchs, 4. Aufl. 2016, Rn. 1346). Zwar sind solche Beschränkungen im Falle der Prokura nach § 50 Abs. 1 HGB nur für das Innenverhältnis von Bedeutung. Dennoch wäre es im Hinblick auf den Zweck der Regelung (s. Rdn. 161) ein merkwürdiger Wertungswiderspruch, wenn man für die Einordnung als leitender Angestellter in Nr. 3 hohe Anforderungen an die Bedeutung der Aufgabe und die Eigenverantwortlichkeit bei deren Wahrnehmung stellt, andererseits aber bei Nr. 1 und 2 allein die formale Befugnis im Außenverhältnis ohne Rücksicht auf die interne Verantwortung und Entscheidungsmacht des Angestellten genügen lassen würde. Auch der Begriff der »sonstigen Aufgaben« in Nr. 3 deutet an, dass das Gesetz von einer Gleichwertigkeit der Aufgaben und Stellung des Angestellten in allen Tatbeständen ausgeht. Im Falle der Nr. 2 ergänzt das Gesetz zudem nunmehr selbst das formale Erfordernis durch ein funktionales Element, wenn es verlangt, dass »die Prokura auch im Verhältnis zum Arbeitgeber nicht unbedeutend« sein darf (*BAG* 11.01.1995 EzA § 5 BetrVG 1972 Nr. 58 unter B I vor 1). Auch wenn dieser Zusatz eingeführt worden ist, um einer zu restriktiven Interpretation des Gesetzes zu begegnen (s. Rdn. 192), macht der Gesetzgeber damit doch deutlich, dass **allein die formale Befugnis im Außenverhältnis** nicht genügt (s. Rdn. 194). Diese Wertung wird von der Rspr. auch auf Nr. 1 übertragen, für den ebenfalls gefordert wird, dass die bestehende Einstellungs- und Entlassungsbefugnis qualitativ und/oder quantitativ von Gewicht sein müsse (s. Rdn. 184 ff.). 180

Sind somit auch in den Fällen der Nr. 1 und 2 die formalen Voraussetzungen durch funktionale Anforderungen zu ergänzen, so stellt sich die Frage, woher man die hierfür notwendigen Maßstäbe gewinnen kann. Da Nr. 3 den Grundtatbestand des leitenden Angestellten bildet (s. Rdn. 200), das Gesetz also darin zum Ausdruck bringt, welche funktionalen Anforderungen an die dem Angestellten obliegenden Anforderungen erfüllt sein müssen, bietet es sich an, **für die Nr. 1 und 2 auf in Nr. 3 formulierten Grundsätze zurückzugreifen** und zu verlangen, dass dem Angestellten aufgrund der formalen Befugnisse Aufgaben übertragen sein müssen, die den in Nr. 3 dargestellten Aufgaben gleichwertig sind (*BAG* 11.01.1995 EzA § 5 BetrVG 1972 Nr. 58 = AP Nr. 55 zu § 5 BetrVG 1972 unter B I 3; zuletzt 29.06.2011 EzA § 5 BetrVG 2001 Nr. 6 Rn. 19; *Fitting* § 5 Rn. 387; s. hierzu schon 5. Aufl., § 5 Rn. 86). 181

b) Berechtigung zur selbständigen Einstellung und Entlassung (Abs. 3 Satz 2 Nr. 1)

Abs. 3 Satz 2 Nr. 1 ist gegenüber der alten Fassung unverändert geblieben. Bei dieser Gruppe decken sich die gesetzlichen Merkmale auch mit den von der Rspr. zu § 5 Abs. 3 Nr. 3 a. F. herausgearbeiteten Merkmalen des leitenden Angestellten i. S. v. Abs. 3 Satz 2 Nr. 3. Personen, die diese Funktion ausüben, nehmen unternehmerische Teilaufgaben wahr, die von erheblicher Bedeutung für das Unternehmen sind. Das Merkmal der Eigenverantwortlichkeit ist in dem gesetzlichen Tatbestandsmerkmal »zur selbständigen« enthalten; die Übertragung dieser Funktionen erfolgt zudem regelmäßig wegen der besonderen Qualifikation der beauftragten Personen. Sie verkörpern den Typus des leitenden Angestellten in besonderem Maße. 182

183 Die Vorschrift knüpft – ebenso wie Abs. 3 Satz 2 Nr. 2 – an ein **formales Kriterium** an (*Buchner* NZA 1989, Beil. Nr. 1, S. 2 [6]; *Richardi* § 5 Rn. 200). Das Gesetz bringt damit zum Ausdruck, dass es sich bei diesen Personen um Arbeitnehmer mit typischer Arbeitgeberfunktion handelt, auf die die Vorschriften der Betriebsverfassung nach ihrem Sinn und Zweck keine Anwendung finden können, weil sie in einem Interessengegensatz zu den übrigen Arbeitnehmern stehen und weil sie im Verhältnis zum Arbeitgeber eine besondere Vertrauensposition innehaben (*Zöllner* Gedächtnisschrift für *Rolf Dietz*, S. 377 [381]; vgl. auch Rdn. 161). Angestellte, denen die Befugnis zur Einstellung und Entlassung von Arbeitnehmern zusteht, sind Repräsentanten des Arbeitgebers gegenüber dem Betriebsrat (*BAG* 25.03.2009 EzA § 5 BetrVG 2001 Nr. 4 Rn. 25). Der Gesetzgeber geht dabei unausgesprochen davon aus, dass eine solche Befugnis für den Bestand und die Entwicklung des Unternehmens stets von besonderer Bedeutung ist. Dies hat auch Bedeutung für die systematisch-teleologische Auslegung des Tatbestandes. Der Anwendungsbereich der Vorschrift ist so zu bestimmen, dass die von ihr erfasste **Rechtsstellung hinsichtlich ihrer Bedeutung** für den Betrieb oder das Unternehmen **den in Abs. 3 Satz 2 Nr. 3 bezeichneten Aufgaben gleichwertig** ist (s. Rdn. 181, 201 f.; vgl. auch *BAG* 11.01.1995 EzA § 5 BetrVG 1972 Nr. 58 = AP Nr. 55 zu § 5 BetrVG 1972; 16.04.2002 EzA § 5 BetrVG 1972 Nr. 66 = AP Nr. 69 zu § 5 BetrVG 1972 unter B III; 25.03.2009 EzA § 5 BetrVG 2001 Nr. 4 Rn. 16; *Hromadka* BB 1990, 57 [62]; *Weigle* Die leitenden Angestellten, S. 49). Hierfür genügt es, wenn die Befugnis für **einen Betrieb oder eine Betriebsabteilung** begründet ist (*LAG Köln* 13.09.2016 – 12 TaBV 25/16 – juris, Rn. 62 ff.; s. a. Rdn. 175).

184 Hieraus ergibt sich, dass die Befugnis zur Einstellung und Entlassung dem leitenden Angestellten **auch im Innenverhältnis** zustehen muss. Eine entsprechende Vertretungsmacht im Außenverhältnis genügt nicht (*BAG* 11.03.1982 EzA § 5 BetrVG 1972 Nr. 41 = AP Nr. 28 zu § 5 BetrVG 1972; 28.09.1961 AP Nr. 1 zu § 1 KSchG personenbedingte Kündigung; 28.11.1968 EzA § 1 KSchG Nr. 12 = AP Nr. 19 zu § 1 KSchG Betriebsbedingte Kündigung; 27.09.2001 EzA § 14 KSchG Nr. 6 unter B II 3c dd; 16.04.2002 EzA § 5 BetrVG 1972 Nr. 66 = AP Nr. 69 zu § 5 BetrVG 1972 unter B IV 2; 10.10.2007 EzA § 5 BetrVG 2001 Nr. 3 Rn. 13; *LAG Düsseldorf* 26.07.2000 NZA-RR 2001, 308 [309]; *LAG Hessen* 07.09.2000 NZA-RR 2001, 426 [427]; *LAG München* 13.04.2000 NZA-RR 2000, 425). Umgekehrt genügt es ebenso wenig, wenn der Angestellte lediglich im Innenverhältnis verbindliche Vorschläge für Personalentscheidungen machen kann, aber im Außenverhältnis nicht berechtigt ist, Einstellungen oder Entlassungen vorzunehmen (*BAG* 18.11.1999 EzA § 14 KSchG Nr. 4; *LAG Thüringen* 06.07.2000 LAGE § 5 BetrVG 1972 Nr. 22, S. 4 f.).

185 Die dem Angestellten eingeräumten Personalkompetenzen müssen für das Unternehmen von erheblicher Bedeutung sein. Die Bedeutung der Befugnis für den Betrieb und das Unternehmen kann sich sowohl aus einer quantitativen als auch aus einer qualitativen Betrachtung ergeben. Bei rein quantitativer Betrachtung ist eine ausreichende Einstellungs- und Entlassungsbefugnis anzunehmen, wenn diese sich auf eine »**bedeutende Anzahl**« **von Arbeitnehmern** erstreckt. Die Befugnis darf dann allerdings auch im Innenverhältnis nicht auf einen eng begrenzten Kreis von Arbeitnehmern beschränkt sein (*BAG* 11.03.1982 EzA § 5 BetrVG 1972 Nr. 41 = AP Nr. 28 zu § 5 BetrVG 1972; 27.09.2001 EzA § 14 KSchG Nr. 6 unter B II 3c dd; 16.04.2002 EzA § 5 BetrVG 1972 Nr. 66 unter B IV 3a; 10.10.2007 EzA § 5 BetrVG 2001 Nr. 3 Rn. 14 f.; *LAG Düsseldorf* 26.07.2000 NZA-RR 2001, 308 [309]; *LAG Hessen* 07.09.2000 NZA-RR 2001, 426 [427]; *LAG München* 13.04.2000 NZA-RR 2000, 425 [426]; ebenso *Buchner* NZA 1989, Beil. Nr. 1, S. 2 [6]; *Fitting* § 5 Rn. 369, 376; *Trümner/DKKW* § 5 Rn. 247). Bezieht sich die Personalverantwortung nur auf einen kleineren Kreis von Arbeitnehmern, so können die Voraussetzungen des Abs. 3 Satz 2 Nr. 1 vorliegen, wenn es sich dabei um einen **qualitativ bedeutsamen Personenkreis** handelt, d. h. um Arbeitnehmer, deren Tätigkeit für das Unternehmen von besonderer Bedeutung ist (*BAG* 27.09.2001 EzA § 14 KSchG Nr. 6 unter B II 3c cc; 16.04.2002 EzA § 5 BetrVG 1972 Nr. 66 unter B IV 3a im Anschluss an *Kaiser* AR-Blattei SD 70.2, [1996] Rn. 59; 10.10.2007 EzA § 5 BetrVG 2001 Nr. 3 Rn. 15; 25.03.2009 EzA § 5 BetrVG 2001 Nr. 4 Rn. 25; *LAG Bremen* 15.01.2008 – 1 TaBV 15/07 – juris, Rn. 54 ff.). Schließlich muss der Angestellte zur Einstellung und Entlassung berechtigt sein. Allein die Befugnis zur Einstellung oder Entlassung begründet demnach noch nicht die Eigenschaft als leitender Angestellter nach Abs. 3 Satz 2 Nr. 1. Vielmehr müssen **beide Befugnisse kumulativ** vorliegen (*BAG* 16.04.2002 EzA § 5 BetrVG 1972 Nr. 66 unter B IV 1; *LAG Baden-Württemberg* 28.05.2014 BB 2014, 2298 [2302]; *LAG Hessen* 07.09.2000 NZA-RR 2001, 426 [427]; *LAG München* 13.04.2000 NZA-RR 2000,

425 [426]). Unerheblich ist demgegenüber, welchen **Anteil** die Ausübung der übertragenen Personalkompetenzen **an der Arbeitszeit** des Angestellten hat (*BAG* 10.10.2007 EzA § 5 BetrVG 2001 Nr. 3 Rn. 15; s. a. Rdn. 225 ff.).

Leitender Angestellter ist nur, wer **selbständig, d. h. ohne Bindung an konkrete Weisungen**, befugt ist, über Einstellungen oder Entlassungen zu entscheiden. Die Bindung an ein vorgegebenes Personalbudget oder an eine bestehende Personalplanung, insbesondere an einen Stellenplan oder auch an Auswahlrichtlinien nach § 95, schließt die Selbständigkeit nicht aus (*BAG* 27.09.2001 EzA § 14 KSchG Nr. 6 unter B II 3c dd; 16.04.2002 EzA § 5 BetrVG 1972 Nr. 66 unter B IV 2; *LAG Bremen* 15.01.2008 – 1 TaBV 15/07 – juris, Rn. 51 ff.). Ebenso wenig ändert es etwas an der selbständigen Entscheidungsbefugnis, wenn nach einer unternehmensinternen Vorschrift in sämtlichen Personalangelegenheiten noch eine weitere Unterschrift erforderlich ist (sog. Vier-Augen-Prinzip), sofern dies lediglich der internen Kontrolle auf erkennbare Unrichtigkeiten dient (vgl. *BAG* 27.09.2001 EzA § 14 KSchG Nr. 6 unter B II 3c dd; 16.04.2002 EzA § 5 BetrVG 1972 Nr. 66 unter B IV 2; 10.10.2007 EzA § 5 BetrVG 2001 Nr. 3 Rn. 13). Bei Einstellungen wird die Selbständigkeit der Einstellungsbefugnis nicht dadurch in Frage gestellt, dass von Dritten eine Vorauswahl nach formalen, objektiven Kriterien vorgenommen wird, um ungeeignete Bewerber oder Mehrfachbewerbungen herauszufiltern (*LAG Rheinland-Pfalz* 04.04.2011 – 5 TaBV 36/10 – juris). Dagegen fehlt es an der erforderlichen Selbständigkeit, wenn der Angestellte in jedem Einzelfall die Zustimmung eines Vorgesetzten (z. B. des vertretungsberechtigten Organs) einholen muss (*BAG* 25.03.2009 EzA § 5 BetrVG 2001 Nr. 4 Rn. 26 f.) oder lediglich bereits getroffene Entscheidungen im Außenverhältnis vollzieht. Dies ist der Fall, wenn die Durchführung der Maßnahmen von der formalen Zustimmung vorgesetzter Stellen abhängig oder der Angestellte an konkrete Anweisungen oder Vorgaben der Unternehmensleitung gebunden ist, etwa wenn betriebsbedingte Kündigungen ausgesprochen werden sollen und dem Angestellten sowohl die Anzahl der zu Entlassenden als auch die Namen der konkret betroffenen Arbeitnehmer vorgegeben sind (*BAG* 16.04.2002 EzA § 5 BetrVG 1972 Nr. 66 unter B IV 2; *LAG München* 13.04.2000 NZA-RR 2000, 425 [426]).

186

In der Rechtsprechung wird teilweise angenommen, dass eine selbständige Einstellungs- und Entlassungsbefugnis schon dadurch ausgeschlossen sein könne, dass **diese Befugnis auch anderen Personen in dem Unternehmen zustehe** (*LAG Berlin-Brandenburg* 17.10.2012 – 15 Sa 1109/12 – juris, Rn. 37; *LAG Hamm* 10.12.2013 – 7 TaBV 80/13 – juris, Rn. 75 ff.; 12.06.2015 – 13 TaBV 78/14 – juris, Rn. 32; ähnlich *BAG* 14.04.2011 EzA § 14 KSchG Nr. 9 Rn. 20 f. zu § 14 Abs. 2 KSchG). Dem kann – zumindest in dieser pauschalen Form – nicht zugestimmt werden. Ist nach der ratio der Regelung entscheidend, dass sich der Angestellte, der mit einer solchen Personalkompetenz ausgestattet ist, in einem natürlichen Interessengegensatz zu der vom Betriebsrat repräsentierten Belegschaft befindet (s. Rdn. 183), so kann es nur darauf ankommen, ob er selbst eigenständig über Einstellungen und Entlassungen entscheiden kann, nicht dagegen, ob anderen dieselbe Befugnis zusteht. Eine Alleinentscheidungskompetenz wird vom Gesetz nicht vorausgesetzt. Der Einordnung als leitender Angestellter steht es daher nicht entgegen, wenn daneben auch dessen unmittelbarem Vorgesetzten die Berechtigung zur Einstellung und Entlassung eingeräumt ist (hiervon geht offenbar auch *LAG Rheinland-Pfalz* 18.10.2012 – 10 TaBV 18/12 – juris, Rn. 49 f. aus; **a. M.** *LAG Hamm* 10.12.2013 – 7 TaBV 80/13 – juris, Rn. 75; krit. hierzu *Esch* jurisPR-ArbR 16/2014 Anm. 2, der mit Recht – ebenso wie der Arbeitgeber im gerichtlichen Verfahren – darauf hinweist, dass es ansonsten zumindest in größeren Unternehmen praktisch keine leitenden Angestellten nach Abs. 3 Satz 2 Nr. 1 gäbe). Maßgeblich ist vielmehr, ob der Angestellte eigene Personalentscheidungen erst mit dem Vorgesetzten abstimmen muss oder eigenständig vornehmen kann. Aber auch die Tatsache, dass andere Personen im Unternehmen, denen gegenüber der Angestellte nicht weisungsbefugt ist, in demselben Bereich Einstellungen und Entlassungen vornehmen können, schließt die Eigenschaft als leitender Angestellter nicht aus. Dies wäre nur dann der Fall, wenn hierdurch seine eigene Befugnis eingeschränkt und er auf die Zustimmung anderer angewiesen wäre. Kann er dagegen die von ihm selbst getroffenen Entscheidungen selbständig umsetzen, so ändert es an der hierdurch begründeten »Gegnerstellung« (s. Rdn. 211 f.) nichts, wenn er Personalentscheidungen Dritter nicht verhindern kann und diese »auch gegen seinen Willen erfolgen« können (anders offenbar *BAG* 14.04.2011 EzA § 14 KSchG Nr. 9 Rn. 21; *LAG Berlin-Brandenburg* 17.10.2012 – 15 Sa 1109/12 – juris, Rn. 37 ff.).

187

188 Darf der Angestellte nach der internen Regelung Personalentscheidungen nur in **Abstimmung mit den Fachabteilungen** treffen, so ist zu differenzieren. Vollzieht der Personalleiter lediglich die Entscheidungen, die zuvor in den Fachabteilungen gefallen sind, so fehlt es an der erforderlichen Selbständigkeit (*Buchner* NZA 1989, Beil. Nr. 1, S. 2 [6 f.]; *Fitting* § 5 Rn. 378; *Stege/Weinspach/Schiefer* § 5 Rn. 10; *Trümner/DKKW* § 5 Rn. 248). Gleiches gilt, wenn der Personalleiter nur im Einvernehmen mit dem Leiter der Fachabteilung handeln darf (*Fitting* § 5 Rn. 378 f.; *Galperin/Löwisch* § 5 Rn. 46; *Trümner/DKKW* § 5 Rn. 248; *Wlotzke* DB 1989, 111 [119]). In beiden Fällen kommt aber u. U. eine Einstufung als leitender Angestellter gemäß Abs. 3 Satz 2 Nr. 3 in Betracht (*LAG Sachsen-Anhalt* 10.02.1998 – 8 TaBV 7/97 – juris; *Wlotzke* DB 1989, 111 [119]; vgl. auch Rdn. 221). Dagegen ist ein Personalleiter leitender Angestellter nach Abs. 3 Satz 2 Nr. 1, wenn er die Fachabteilungen lediglich konsultieren muss, die eigentliche Entscheidungskompetenz aber bei ihm verbleibt, er also befugt ist, sich über das Votum der Fachabteilungen hinwegzusetzen (vgl. auch *LAG Düsseldorf* 26.07.2000 NZA-RR 2001, 308 [309]). Dies muss für die Bejahung der Selbständigkeit genügen, insbesondere wenn man berücksichtigt, dass die Entscheidungen von leitenden Angestellten in Linienfunktion auch nach dem funktionalen Grundtatbestand des Abs. 3 Satz 2 Nr. 3 nur »im Wesentlichen frei von Weisungen« sein müssen, ein gewisses Maß an Bindung also der Eigenverantwortlichkeit nicht entgegensteht.

c) Generalvollmacht oder Prokura (Abs. 3 Satz 2 Nr. 2)

189 Leitender Angestellter ist auch, wer Generalvollmacht oder Prokura hat. Das Gesetz knüpft hier wie in Nr. 1 an ein **formales Kriterium** an. Im Hinblick auf die umfassende Vertretungsmacht, die Generalvollmacht und Prokura verleihen, geht das Gesetz davon aus, dass Personen, denen solche Vollmachten erteilt sind, »ausschließlich geschäftsleitende Funktionen« wahrnehmen und deshalb »in einem natürlichen Gegensatz zu den übrigen Arbeitnehmern des Betriebs stehen« (Bericht 10. Ausschuss, zu BT-Drucks. VI/2729, S. 11). Bei der Auslegung der Vorschrift ist allerdings – wie bei Abs. 3 Satz 2 Nr. 3 – auf die Gleichwertigkeit der Funktionen mit den in Abs. 3 Satz 2 Nr. 3 bezeichneten Aufgaben zu achten (s. Rdn. 183 sowie Rdn. 201 f.).

190 Unter **Generalvollmacht** versteht man eine Rechtsstellung, die zwischen der eines Vorstandsmitglieds und der eines Prokuristen liegt (*BAG* 05.03.1974 EzA § 5 BetrVG 1972 Nr. 7 *[Kraft]* = AP Nr. 1 zu § 5 BetrVG 1972 unter III 3a; zum Begriff *Schubert/MK-BGB* § 167 Rn. 65). In diesen Fällen liegen die Merkmale, die nach der Wertung des Gesetzes einen leitenden Angestellten ausmachen, sicher vor. Eine Generalvollmacht setzt demnach voraus, dass der Angestellte mindestens dieselben Befugnisse hat wie ein Prokurist (*BAG* 10.04.1991 EzA § 4 TVG Bauindustrie Nr. 59 = AP Nr. 141 zu § 1 TVG Tarifverträge Bau unter III 1; zust. für das Personalvertretungsrecht *BVerwG* 10.01.2008 Buchholz 251.4 § 88 HmbPersVG Nr. 2 Rn. 41 ff.). Bleibt seine Vertretungsmacht hinter diesen Anforderungen zurück, so scheidet eine Zuordnung zur Gruppe der leitenden Angestellten aufgrund Abs. 3 Satz 2 Nr. 2 aus; je nach Umfang der übertragenen Aufgaben kann er aber leitender Angestellter nach Abs. 3 Satz 2 Nr. 3 sein.

191 Die **Prokura** (§ 48 HGB) ist eine **besondere handelsrechtliche Vollmacht**, die nur von einem Inhaber eines Handelsgeschäfts, also einem Kaufmann i. S. d. § 1 Abs. 1 HGB, erteilt werden kann. Die Prokura ermächtigt gemäß § 49 Abs. 1 HGB zu allen Arten von gerichtlichen und außergerichtlichen Geschäften und Rechtshandlungen, die der Betrieb (irgend)eines Handelsgewerbes mit sich bringt. Darauf, ob es sich um ein für das konkrete Handelsgeschäft typisches Geschäft handelt, kommt es nicht an (vgl. nur *K. Schmidt* Handelsrecht, 6. Aufl. 2014, § 16 Rn. 29). Kraft Gesetzes ausgenommen sind lediglich die Veräußerung oder Belastung von Grundstücken (§ 49 Abs. 2 HGB). Die Prokura kann rechtsgeschäftlich nicht mit Wirkung im Außenverhältnis beschränkt werden (§ 50 Abs. 1, 2 HGB). Eine Begrenzung der Vertretungsmacht kann nur dadurch erfolgen, dass die Prokura mehreren Personen gemeinsam erteilt (Gesamtprokura, vgl. § 48 Abs. 2 HGB) oder auf den Geschäftsbereich einer unter eigener Firma betriebenen Niederlassung beschränkt wird (Niederlassungsprokura, vgl. § 50 Abs. 3 HGB).

192 Gegenüber § 5 Abs. 3 Nr. 2 a. F. ist das Gesetz seit der **Novelle 1988** um den Passus **ergänzt**, dass »die Prokura auch im Verhältnis zum Arbeitgeber nicht unbedeutend« sein dürfe. Mit dieser Änderung reagierte der Gesetzgeber noch während des Gesetzgebungsverfahrens (vgl. zum ursprünglichen, inso-

weit unveränderten Entwurf, BT-Drucks. 11/2503, S. 3) auf eine Entscheidung des *BAG*, in der das Gericht die Ansicht vertrat, dass § 5 Abs. 3 Nr. 2 a. F. nur dann anwendbar sei, wenn der Angestellte zur Wahrnehmung aller sich aus der Prokura ergebenden Befugnisse auch im Innenverhältnis gegenüber dem Arbeitgeber berechtigt sei, d. h. völlige Deckungsgleichheit von Innen- und Außenverhältnis bestehe (*BAG* 27.04.1988 EzA § 5 BetrVG 1972 Nr. 47 = AP Nr. 37 zu § 5 BetrVG 1972; zur Kritik vgl. *Hromadka* DB 1988, 2053). Mit der Ergänzung des Tatbestandes sollte einer den Intentionen des Gesetzgebers widersprechenden engen Interpretation des Tatbestandes entgegengewirkt und sichergestellt werden, dass der Prototyp des Prokuristen, der in größeren Unternehmen im Innenverhältnis in aller Regel Beschränkungen unterliegt, wieder von § 5 Abs. 3 Satz 2 Nr. 2 erfasst wird (Ausschussbericht BT-Drucks. 11/3618, S. 7).

Mit der Formulierung, dass die Prokura auch im Verhältnis zum Arbeitgeber nicht unbedeutend sein darf, ist zum einen gemeint, dass eine völlige **Deckungsgleichheit** des rechtlichen Könnens gemäß §§ 48 ff. HGB und des rechtlichen Dürfens, also **von Innen- und Außenverhältnis**, entgegen der früheren Auffassung des *BAG*, **nicht notwendig** ist (ebenso nach der Neuformulierung *BAG* 11.01.1995 EzA § 5 BetrVG 1972 Nr. 58 = AP Nr. 55 zu § 5 BetrVG 1972 [*Wlotzke*] = SAE 1996, 328 [*Reichold*]; *Buchner* NZA 1989, Beil. Nr. 1, S. 2 [7]; *Engels/Natter* BB 1989, Beil. Nr. 8, S. 8; *Henssler* FS *Hromadka*, S. 131 [141]; *Hromadka* BB 1990, 57 [59]; *Richardi* NZA 1990, Beil. Nr. 1, S. 2 [5]; *Stege/Weinspach/Schiefer* § 5 Rn. 11b; *Wlotzke* DB 1989, 111 [119]). Andererseits genügt es nicht, dass die Prokura lediglich als Titel verliehen ist oder ihr nur ein unbedeutender Aufgabenbereich zugrunde liegt. Damit ist klargestellt, was bereits zu § 5 Abs. 3 Nr. 2 a. F. wohl allgemeine Auffassung war, nämlich dass die **sog. Titularprokuristen**, denen die handelsrechtliche Befugnis gemäß §§ 48 ff. HGB nur als Ehrentitel verliehen, denen aber die Ausübung im Arbeitsvertrag untersagt ist, nicht unter diese Vorschrift fallen (*BAG* 11.01.1995 EzA § 5 BetrVG 1972 Nr. 58 = AP Nr. 55 zu § 5 BetrVG 1972 unter B I 2a; *Buchner* NZA 1989, Beil. Nr. 1, S. 2 [7]; *Fitting* § 5 Rn. 389; *Richardi* § 5 Rn. 205; *Stege/Weinspach/Schiefer* § 5 Rn. 11a; *Trümner/DKKW* § 5 Rn. 256; *Wlotzke* DB 1989, 111 [119]; zur Rechtslage vor der Novelle 1988 *Dietz/Richardi* § 5 Rn. 146; *Fitting/Auffarth/Kaiser/Heither* 15. Aufl., § 5 Rn. 136; *Galperin/Löwisch* § 5 Rn. 36; *Kraft* 4. Aufl., § 5 Rn. 61).

Schwieriger zu beurteilen ist, welches Maß an rechtlichem Dürfen erforderlich ist, um »im Verhältnis zum Arbeitgeber nicht unbedeutend« zu sein. Man wird dabei der Tatsache Rechnung zu tragen haben, dass **allein die Berufung auf die formale Position nicht mehr genügt** (*BAG* 29.06.2011 EzA § 5 BetrVG 2001 Nr. 6 = AP Nr. 75 zu § 5 BetrVG 1972 Rn. 19). Insoweit ist auch die Entwurfsbegründung überholt, wonach in § 5 Abs. 3 Satz 2 Nr. 2 die leitende Funktion durch rein formale Merkmale bestimmt werde (BT-Drucks. 11/2503, S. 30). Das Gesetz bringt nämlich klar zum Ausdruck, dass zwar zwischen Innen- und Außenverhältnis keine Deckungsgleichheit bestehen muss, dass aber der Prokura als Vertretungsmacht gegenüber Dritten Befugnisse von einigem Gewicht im Innenverhältnis entsprechen müssen (anders noch zur alten Fassung *Kraft* 4. Aufl., § 5 Rn. 60).

Mit dem Erfordernis, dass der Prokura auch im Innenverhältnis ein nicht unbedeutender Aufgabenbereich entsprechen müsse, hat das Gesetz den formalen Tatbestand um ein **funktionales Merkmal** ergänzt. Es erscheint daher folgerichtig, zu dessen Ausfüllung auf den funktionalen Grundtatbestand des § 5 Abs. 3 Satz 2 Nr. 3 zu rekurrieren. Das bedeutet, dass die Voraussetzungen des Abs. 3 Satz 2 Nr. 2 nur dann vorliegen, wenn dem Prokuristen im Arbeitsvertrag Befugnisse eingeräumt sind, die **den in Abs. 3 Satz 2 Nr. 3 beschriebenen Aufgaben in etwa gleichwertig** sind (s. a. Rdn. 181; *BAG* 25.03.2009 EzA § 5 BetrVG 2001 Nr. 4 Rn. 16; 29.06.2011 EzA § 5 BetrVG 2001 Nr. 6 = AP Nr. 75 zu § 5 BetrVG 1972 Rn. 19; *Engels/Natter* BB 1989, Beil. Nr. 8, S. 8; *Fitting* § 5 Rn. 387; *Richardi* § 5 Rn. 205; *Wlotzke* DB 1989, 111 [119]; vgl. auch Rdn. 183). Als leitender Angestellter muss ein Prokurist also **unternehmerische Führungsaufgaben** ausüben.

Die Prokura ist dann Ausdruck unternehmerischer Verantwortung, wenn der Angestellte auch intern dazu befugt ist, die ihm verliehene Vertretungsmacht zum **selbständigen Abschluss von Geschäften** zu nutzen, die für Bestand und Entwicklung des Unternehmens von Bedeutung sind. Maßgeblich ist insoweit, ob der Angestellte ein ausreichendes Entschließungsermessen hat, in dem die Übernahme unternehmerischer Verantwortung zum Ausdruck kommt. Dies ist auch dann nicht von vornherein ausgeschlossen, wenn solche Geschäfte vor ihrem wirksamen Abschluss einer anderen Stelle zur Genehmigung vorgelegt werden müssen. Entscheidend ist, ob die eigentliche unternehmerische Entscheidung, insbesondere die Abwägung von Chancen und Risiken, bei dem Angestellten verbleibt. Ist dies der Fall, so ist die Prokura auch dann Ausdruck der unternehmerischen Verantwortung, wenn es (etwa nach dem Vieraugenprinzip) der Gegenzeichnung durch eine weitere Person bedarf. Dagegen ist die Prokura im Innenverhältnis unbedeutend, wenn der Prokurist die Vornahme von Geschäften lediglich vorschlagen und anschließend (nach Genehmigung) vollziehen kann, die entscheidende unternehmerische Prüfung aber an anderer Stelle erfolgt (*LAG Düsseldorf* 17.11.2009 – 17 Sa 97/09 – juris, Rn. 66 f.).

197 Die Voraussetzungen des Abs. 3 Satz 2 Nr. 2 liegen ebenfalls nicht vor, wenn die Aufgaben des Angestellten sich in der Wahrnehmung sog. Stabsaufgaben erschöpfen. **Angestellte in Stabsfunktionen** haben die Aufgabe, unternehmerische Entscheidungen vorzubereiten, sind aber an deren Umsetzung typischerweise nicht beteiligt. Ist solchen Angestellten in Stabsfunktionen Prokura verliehen, so ist diese kein Indiz für die Wahrnehmung unternehmerischer Aufgaben, weil die Prokura ihre Bedeutung beim Abschluss der notwendigen Rechtsgeschäfte im Außenverhältnis entfaltet, die Vornahme der Rechtsgeschäfte aber gerade nicht zu dem Aufgabenkreis des Angestellten zählt. Für Angestellte in Stabsfunktionen hat die Prokura daher – ähnlich wie bei Titularprokuristen – keine sachliche Bedeutung. Sie können aber leitende Angestellte nach Abs. 3 Satz 2 Nr. 3 sein (*BAG* 11.01.1995 EzA § 5 BetrVG 1972 Nr. 58 unter B I 3c; 25.03.2009 EzA § 5 BetrVG 2001 Nr. 4 Rn. 16; 29.06.2011 EzA § 5 BetrVG 2001 Nr. 6 = AP Nr. 75 zu § 5 BetrVG 1972 Rn. 20).

198 Auch wenn allein die Verleihung der mit der Prokura verbundenen formalen Vertretungsmacht nicht genügt, um den Prokuristen als leitenden Angestellten anzusehen, hat die besondere Nennung der Prokura in Abs. 3 Satz 2 Nr. 2 zumindest Auswirkungen auf die **Darlegungs- und Beweislast**. Wer sich darauf beruft, dass ein Prokurist nur unbedeutende Führungsaufgaben zu erfüllen hat und deshalb nicht leitender Angestellter nach Abs. 3 Satz 2 Nr. 2 sei, muss dies darlegen und, falls es bestritten wird, beweisen (*BAG* 11.01.1995 EzA § 5 BetrVG 1972 Nr. 58 = AP Nr. 55 zu § 5 BetrVG 1972 unter B I 3d der Gründe; *LAG Hamm* 09.11.2007 – 10 TaBV 81/07 – juris, Rn. 62; *Fitting* § 5 Rn. 388; *Martens* RdA 1989, 73 [81]).

199 Die gewöhnliche **Handlungsvollmacht** reicht im Rahmen von Nr. 2 nicht aus (*BAG* 19.08.1964 AP Nr. 1 zu § 1 TVG Tarifverträge Bau; *LAG Sachsen-Anhalt* 10.02.1998 – 8 TaBV 7/97 – juris; *Fitting* § 5 Rn. 390); ihre Erteilung kann aber ein Indiz für die Erfüllung der Voraussetzungen nach Nr. 3 sein (*BAG* 19.08.1964 AP Nr. 1 zu § 1 TVG Tarifverträge Bau; *LAG Sachsen-Anhalt* 10.02.1998 – 8 TaBV 7/97 – juris; *Becker-Schaffner* BlStSozArbR 1972, 257 [259]; *Boldt* DB 1972, Beil. Nr. 5, S. 7; *Grüll* RdA 1972, 171 [174]; *ders.* BB 1974, 653 ff.).

d) Der funktionale Grundtatbestand (Abs. 3 Satz 2 Nr. 3)

200 Zur Abgrenzung des Kreises der leitenden Angestellten ergänzt das Gesetz die beiden, an eine formale Rechtsstellung anknüpfenden Tatbestände der Nr. 1 und Nr. 2 um einen Auffangtatbestand in Nr. 3, der auf die Funktion des Angestellten innerhalb des Betriebs oder Unternehmens abstellt. Nach der Entwurfsbegründung soll hierdurch der ganz überwiegende Teil der leitenden Angestellten erfasst werden, die zwar Führungsaufgaben wahrnehmen, aber die (formalen) Kriterien nach Nr. 1 und Nr. 2 nicht erfüllen (BT-Drucks. 11/2503, S. 30). Für die Einordnung als leitender Angestellter kommt es daher in erster Linie **auf die von dem leitenden Angestellten ausgeübten unternehmerischen Funktionen** an. Dagegen lassen sich die Voraussetzungen nicht abstrakt anhand formaler Kriterien wie Einkommen, die Zugehörigkeit zu einer Leitungsebene oder eine zahlenmäßig fixierte Sach- oder Personalverantwortung bestimmen, weil diese keinen Bezug zu der Situation in dem konkreten Unternehmen aufweisen und daher die Besonderheiten der jeweiligen Unternehmensstruktur nicht berücksichtigen können (*BAG* 29.01.1980 EzA § 5 BetrVG 1972 Nr. 35 *[Kraft]*, 23.01.1986 EzA § 5 BetrVG 1972 Nr. 42 *[Gamillscheg]* = AP Nr. 22, 32 zu § 5 BetrVG 1972; 25.10.2001 EzA § 5 BetrVG 1972 Nr. 64 unter II 3b; *Engels/Natter* BB 1989, Beil. Nr. 8, S. 7; *Trümner/DKKW* § 5 Rn. 263).

aa) Sonstige Aufgaben

201 Voraussetzung ist, dass der leitende Angestellte »sonstige Aufgaben wahrnimmt«. In der Entwurfsbegründung heißt es dazu, dass das Wort »sonstige« deutlich machen solle, dass die in Nr. 3 genannten

Aufgaben auch den Charakter von Führungsaufgaben haben müssten (BT-Drucks. 11/2503, S. 30). Hieraus wird gefolgert, dass es sich um einen **teilweise offenen Tatbestand** handele, so dass neben der Prüfung der Voraussetzungen der Nr. 3 zu fragen sei, ob die »sonstigen« Aufgaben den in Nr. 1 und 2 genannten Führungsaufgaben gleichwertig seien (so *Engels/Natter* BB 1989, Beil. Nr. 8, S. 8; *Fitting* § 5 Rn. 397; *Koch*/ErfK § 5 BetrVG Rn. 21; *Preis/WPK* § 5 Rn. 61; *Richardi* NZA 1990, Beil. Nr. 1, S. 2 [4]; *Trümner/DKKW* § 5 Rn. 244 [in schwierigen Fällen]; *Wlotzke* DB 1989, 111 [120]).

Dem kann **nicht gefolgt** werden (abl. auch *Hromadka* BB 1990, 57 [62]; *Martens* RdA 1989, 73 [76]; **202** *Weigle* Die leitenden Angestellten, S. 48 f.). Bereits die Aussage in der Entwurfsbegründung ist schief, weil in Nr. 1 und 2 nicht Aufgaben, sondern Kompetenzen beschrieben sind (zutr. *Hromadka* DB 1988, 2053 [2055 Fn. 25]; *ders.* BB 1990, 57 [62]; *Martens* RdA 1989, 73 [76]). Gegen eine ergänzende Heranziehung der Nr. 1 und 2 spricht aber auch, dass diese für die Auslegung der Nr. 3 nichts hergeben. So führt ein Vergleich mit den Nrn. 1 und 2, die beide Befugnisse von leitenden Angestellten in Linienfunktionen beschreiben, zumindest für die Angestellten in Stabsfunktionen nicht weiter. Vor allem aber knüpfen Nr. 1 und Nr. 2 an eine formale Rechtsstellung an. Der Gesetzgeber wollte hingegen mit der Neufassung des § 5 Abs. 3 bei der Bestimmung der leitenden Angestellten an einer funktionalen Betrachtung festhalten (s. Rdn. 200). Nr. 3 ist demnach der Grundtatbestand, der die für sämtliche Gruppen von leitenden Angestellten maßgeblichen Kriterien formuliert. Nr. 1 und 2 hingegen erfassen lediglich typisierte Sonderfälle, bei denen der Gesetzgeber im Regelfall davon ausgeht, dass die Voraussetzungen des Grundtatbestandes vorliegen. Deshalb kann auch nur die Nr. 3 eine Auslegungshilfe für die Tatbestände der Nr. 1 und 2 sein und nicht umgekehrt (zutr. *Hromadka* BB 1990, 57 [62]; *Weigle* Die leitenden Angestellten, S. 49; vgl. auch Rdn. 183; ebenso BAG 11.01.1995 EzA § 5 BetrVG 1972 Nr. 58 = AP Nr. 55 zu § 5 BetrVG 1972 zu § 5 Abs. 3 a. F.). Schließlich birgt die Annahme eines offenen Tatbestandes die Gefahr einer Wiederbelebung der Diskussion um einen »Oberbegriff« des leitenden Angestellten. Dies stünde der klaren gesetzlichen Wertung entgegen, dass die Tatbestände des § 5 Abs. 3 eine abschließende Legaldefinition bilden (s. Rdn. 163), die Zuordnung zur Gruppe der leitenden Angestellten daher allein aufgrund der gesetzlichen Merkmale erfolgen soll. Dem Wort »sonstige« kann daher allenfalls entnommen werden, dass es sich wie in Nr. 1 und 2 um unternehmerische Führungsaufgaben handeln muss (BAG 25.10.2001 EzA § 5 BetrVG 1972 Nr. 64 unter II 3b). Eine Gleichwertigkeit in jeder Hinsicht ist dagegen nicht zu fordern.

Die einzelnen Tatbestandsmerkmale der Nr. 3 sind gegenüber § 5 Abs. 3 Nr. 3 a. F. teils lediglich um- **203** gestellt, teils aber auch umformuliert und ergänzt worden in der Absicht, die Vorschrift »präziser zu fassen« (s. Rdn. 3). Im Einzelnen ist nach der Neufassung leitender Angestellter,

(1) wer sonstige Aufgaben wahrnimmt, die für den Bestand und die Entwicklung des Unternehmens oder eines Betriebs von Bedeutung sind, wobei

(2) diese Aufgaben besondere Erfahrungen und Kenntnisse voraussetzen, und

(3) wer bei der Erfüllung dieser Aufgaben entweder die Entscheidungen im Wesentlichen frei von Weisungen trifft oder sie maßgeblich beeinflusst, wobei dies auch bei Vorgaben insbesondere aufgrund von Rechtsvorschriften, Plänen oder Richtlinien sowie bei Zusammenarbeit mit anderen leitenden Angestellten gegeben sein kann, und schließlich

(4) wer solche Aufgaben regelmäßig wahrnimmt.

bb) Unternehmerische Aufgabenstellung

Zu (1): Die von dem leitenden Angestellten übernommenen Aufgaben müssen für »Bestand und Ent- **204** wicklung des Unternehmens oder eines Betriebs« von Bedeutung sein. Bei dem dem Angestellten übertragenen Aufgaben muss es sich also um **unternehmerische (Teil-)Aufgaben** handeln (BAG 19.11.1974 EzA § 5 BetrVG 1972 Nr. 9, 19.11.1974 EzA § 5 BetrVG 1972 Nr. 10, 09.12.1975 EzA § 5 BetrVG 1972 Nr. 22 *[Kraft]*, 29.01.1980 EzA § 5 BetrVG 1972 Nr. 35 *[Kraft]*, 23.01.1986 EzA § 5 BetrVG 1972 Nr. 42 *[Gamillscheg]* = AP Nr. 2, 3, 11, 22, 32 zu § 5 BetrVG 1972; ebenso nach der Neufassung 25.10.2001 EzA § 5 BetrVG 1972 Nr. 64 unter II 3b; 06.12.2001 EzA § 5 BetrVG 1972 Nr. 65 unter B II 3a aa; ähnlich 26.01.1994 EzA § 5 BetrVG 1972 Nr. 57 = AP Nr. 54 zu § 5 BetrVG 1972: »typische Unternehmeraufgaben«; vgl. auch Rdn. 174). Zwar ist aus der Tatsache, dass nach wie vor Aufgaben auf betrieblicher Ebene erwähnt sind, zu schließen, dass die Einstufung als leitender Angestellter nicht allein deshalb ausgeschlossen ist, weil der Aufgabenbereich auf einen Betrieb beschränkt ist (*BAG* 16.04.2002 EzA § 5 BetrVG 1972 Nr. 66 = AP Nr. 69 zu § 5 BetrVG 1972 unter B III). Doch müssen diese Aufgaben von ihrem Gegenstand her unternehmerische Entscheidungen erfordern. **Es genügt also nicht**, wenn der Angestellte mit Aufgaben betraut ist, die **lediglich die arbeitstechnische Umsetzung vorgegebener unternehmerischer Entscheidungen** betreffen (*BAG* 19.11.1974 EzA § 5 BetrVG 1972 Nr. 9 = AP Nr. 2 zu § 5 BetrVG 1972; 25.03.2009 EzA § 5 BetrVG 2001 Nr. 4 Rn. 31; 05.05.2010 EzA § 5 BetrVG 2001 Nr. 5 Rn. 13). Der Angestellte muss vielmehr eine für die Verwirklichung des Unternehmenszieles bedeutsame Schlüsselposition innehaben (*BAG* 25.10.2001 EzA § 5 BetrVG 1972 Nr. 64 unter II 3b; 06.12.2001 EzA § 5 BetrVG 1972 Nr. 65 unter B II 3b cc). Erfasst werden die Fälle, in denen der leitende Angestellte **Führungsaufgaben u. a. in wirtschaftlicher, technischer, kaufmännischer, organisatorischer, personeller, rechtlicher oder wissenschaftlicher Hinsicht** ausübt (*Reg. Begr.* BT-Drucks. 11/2503, S. 30; *BAG* 19.11.1974 EzA § 5 BetrVG 1972 Nr. 9, 09.12.1975 EzA § 5 BetrVG 1972 Nr. 22 *[Kraft]*; 25.10.2001 EzA § 5 BetrVG 1972 Nr. 64 unter II 3b; 06.12.2001 EzA § 5 BetrVG 1972 Nr. 65 unter B II 3a aa).

205 Fraglich ist, **welcher Art die übertragenen Führungsaufgaben** sein müssen. Da Abs. 3 Satz 2 Nr. 3 die Abgrenzung nach funktionalen Merkmalen vornimmt, kann es nicht auf die formale Position innerhalb des Unternehmens oder Betriebs ankommen (*BAG* 29.06.2011 EzA § 5 BetrVG 2001 Nr. 6 Rn. 28). So macht allein die Stellung als **Geschäftsführer einer Tochtergesellschaft** (etwa einer GmbH) die betreffende Person noch nicht zu einem leitenden Angestellten des Mutterunternehmens (*LAG München* 13.04.2000 NZA-RR 2000, 425; *Falder* NZA 2000, 868 [871]; zur Stellung des Geschäftsführers im Tochterunternehmen vgl. § 5 Abs. 2 Nr. 1 und 2 sowie Rdn. 139 ff.). Entscheidend sind vielmehr die inhaltlichen Entscheidungs- und Gestaltungsmöglichkeiten. Die Rspr. tendiert dabei dazu, dass dem Angestellten Entscheidungsbefugnisse mit unmittelbarer Relevanz für die Rechtsbeziehungen des Unternehmens (z. B. Budget- oder Personalverantwortung, Befugnis zu unmittelbar kostenauslösenden Maßnahmen) zustehen müssten. Der Angestellte müsse **der Leitungs- und Führungsebene zuzurechnen** sein und **unternehmens- und betriebsleitende Entscheidungen** entweder selbst treffen oder maßgeblich vorbereiten, was sich etwa in der selbständigen **Verwaltung eines nicht unerheblichen Budgets** oder in der zwingenden **Mitsprache bei Investitionsentscheidungen** zeigen könne (*BAG* 05.05.2010 EzA § 5 BetrVG 2001 Nr. 5 Rn. 17). Doch erscheint dies zu eng. So kann sich die unternehmerische Bedeutung einer Tätigkeit auch daraus ergeben, dass der Angestellte über eine überragende **Fachkompetenz** verfügt. Zwar genügt es nicht, wenn der Angestellte aufgrund seiner Spezialkenntnisse eine **Monopolstellung** in dem Unternehmen einnimmt (vgl. *LAG Köln* 20.04.2001 MDR 2001, 1122 [EDV-Spezialist]). Ebenso wenig ergibt sich die unternehmerische Verantwortung allein aus dem Umstand, dass der Angestellte als Berufsträger (etwa als Rechtsanwalt oder Arzt) in seinen **fachlichen Entscheidungen frei und nicht an bestimmte Weisungen** gebunden, da nicht jede fachliche Entscheidung für Bestand und Entwicklung des Unternehmens von Bedeutung ist (insoweit zutr. *BAG* 05.05.2010 EzA § 5 BetrVG 2001 Nr. 5 Rn. 16; 29.06.2011 EzA § 5 BetrVG 2001 Nr. 6 Rn. 28). Eine unternehmerische Dimension erhalten solche Entscheidungen aber dann, wenn sie das Ansehen des Unternehmens maßgeblich prägen und die **Chancen und den Erfolg des Unternehmens am Markt entscheidend beeinflussen** (vgl. auch *Henssler* FS *Hromadka*, S. 131 [148 f.] zur Einordnung von Angestellten in Beratungsunternehmen). Wenn Angestellte aufgrund ihrer Fachkompetenz solche Entscheidungen eigenständig treffen können oder die Unternehmensleitung an den Vorschlägen »schlechterdings nicht vorbeigehen kann« (s. Rdn. 219), so können sie als leitende Angestellte anzusehen sein. Der Grund für die Zuordnung zu den leitenden Angestellten ist hier weniger der Gegnerbezug, also die Tatsache, dass diese Angestellten aus Sicht der Arbeitnehmer und des Betriebsrats »auf der anderen Seite« stehen (s. Rdn. 211), sondern dass sie eine Schlüsselposition besetzen und eine besondere Vertrauensstellung im Verhältnis zum Arbeitgeber einnehmen, die sich mit den Beschränkungen der betrieblichen Mitbestimmung, z. B. dem Zustimmungserfordernis des § 99, nicht verträgt (s. Rdn. 161).

206 So ist etwa der **Chefredakteur** einer Tages- oder Wochenzeitung im Regelfall auch dann leitender Angestellter nach Abs. 3 Satz 2 Nr. 3, wenn er keine Entscheidungskompetenzen in wirtschaftlichen oder personellen Angelegenheiten hat. Maßgeblich ist vielmehr, dass er die wichtigen redaktionellen

Entscheidungen fällt und damit den Inhalt, das Erscheinungsbild, die Themenauswahl sowie die Art und Weise der journalistischen Aufbereitung und damit zugleich den Gesamtcharakter der Zeitung und den potentiellen Leserkreis bestimmt, wovon wiederum die Entwicklung und der Erfolg des Unternehmens wesentlich abhängen (*BAG* 22.02.1994 – 7 ABR 32/93 – juris, Rn. 31 f.; *Grund* AfP 2008, 121 [124]).

Ähnliches gilt für **Trainer** im Bereich des **professionellen Mannschaftssports**, die mit ihren Entscheidungen über die Trainingsmethoden, die Spielweise und die Mannschaftsaufstellung maßgeblichen Einfluss auf den sportlichen Erfolg und damit zugleich auf die wirtschaftliche Situation des Sportvereins nehmen. Kann der Trainer sogar über die Zusammensetzung des Kaders, insbesondere über die Verpflichtung konkreter Spieler bestimmen, so ist erst recht eine unternehmerische Aufgabenstellung anzunehmen (*Heising* Der Bestandsschutz des Trainervertrags im Spitzensport, 2006, S. 47 f.; *Kania* SpuRt 1994, 121 [124]). 207

Umstritten ist auch, unter welchen Voraussetzungen der **Chefarzt** einer Klinik zu den leitenden Angestellten zu zählen ist (hierzu ausführlich *Wern* Die arbeitsrechtliche Stellung des leitenden Krankenhausarztes, 2005, S. 367 ff. m. w. N.). Das *BAG* stellt hier wiederum maßgeblich darauf ab, ob der Chefarzt für seinen Bereich die Budgethoheit habe oder maßgebliche Investitionsentscheidungen treffen könne und daher der Leitungs- und Führungsebene zuzurechnen sei (*BAG* 05.05.2010 EzA § 5 BetrVG 2001 Nr. 5 Rn. 17, 24 f.; 05.06.2014 EzA § 2 KSchG Nr. 91 Rn. 51 f.; zust. *Wahlers* MedR 2011, 331 [336 ff.]). Allerdings sei nicht erforderlich, dass er Mitglied der Krankenhausverwaltung sei (*BAG* 05.05.2010 EzA § 5 BetrVG 2001 Nr. 5 Rn. 17; anders zuvor verschiedene Instanzgerichte; *LAG Hamm* 10.10.2008 – 10 TaBV 24/08 – juris, Rn. 77; *LAG Hessen* 31.07.2008 – 9 TaBV 267/07 – juris, Rn. 28; *LAG Thüringen* 06.07.2000 LAGE § 5 BetrVG 1972 Nr. 22, S. 9). Doch kann es nicht allein auf die Entscheidungsbefugnis über den Einsatz wirtschaftlicher Ressourcen ankommen. Vielmehr muss es genügen, wenn der Chefarzt frei und eigenverantwortlich Entscheidungen fällen kann, die maßgebliche Auswirkungen auf die Qualität und den Erfolg der medizinischen Versorgung und damit auf den (guten) Ruf der Klinik haben (etwa Einführung spezieller Untersuchungs-, Behandlungs- und Therapiemethoden). Ist dies der Fall (was in dem vom *BAG* 05.05.2010 EzA § 5 BetrVG 2001 Nr. 5 entschiedenen Sachverhalt mindestens zweifelhaft war), so übt er damit wesentlichen Einfluss auf den wirtschaftlichen Erfolg des Unternehmens aus und nimmt aus diesem Grunde für die Entwicklung des Unternehmens selbst dann eine bedeutende Schlüsselstellung ein, wenn er in den Bereichen der Wirtschaftsführung, der Budgetverantwortung oder in Personalangelegenheiten keine besonderen Entscheidungskompetenzen besitzt (ähnlich *Diringer* NZA 2003, 890 [894 f.]; *Korthus* Das Krankenhaus 2006, 517 [518]; *Richardi* § 5 Rn. 256; *Wern* Die arbeitsrechtliche Stellung des leitenden Krankenhausarztes, 2005, S. 370 f.; abl. *BAG* 05.05.2010 EzA § 5 BetrVG 2001 Nr. 5 Rn. 16). Zudem können bei fachlich weniger exponierten Chefärzten auch beschränkte Personalkompetenzen, die für sich genommen nicht zu einer Einordnung als leitender Angestellter nach Abs. 3 S. 2 Nr. 1 genügen (s. Rdn. 185), im Rahmen einer Gesamtschau zur Bejahung der Voraussetzungen der Generalklausel der Nr. 3 führen. 208

Die dem Angestellten übertragenen Aufgaben müssen auch **im Hinblick auf die Gesamtheit der Unternehmensaufgaben erheblich** sein. Sie müssen also einen beachtlichen Teilbereich der gesamten unternehmerischen Aufgaben ausmachen. In Betracht kommen Tätigkeiten aus dem Bereich der wirtschaftlichen, technischen, kaufmännischen, organisatorischen, personellen und wissenschaftlichen Leitung des Unternehmens (*BAG* 25.03.2009 EzA § 5 BetrVG 2001 Nr. 4 Rn. 30). Eine Aufteilung in viele fachliche Verantwortungsbereiche (Atomisierung) kann dazu führen, dass die einzelne Tätigkeit nicht mehr von Bedeutung für Bestand und Entwicklung des Unternehmens ist (*BAG* 19.11.1974 EzA § 5 BetrVG 1972 Nr. 9, 17.12.1974 EzA § 5 BetrVG 1972 Nr. 12 = AP Nr. 2, 8 zu § 5 BetrVG 1972; vgl. auch 23.01.1986 EzA § 5 BetrVG 1972 Nr. 42 = AP Nr. 32 zu § 5 BetrVG 1972 unter II 2e der Gründe; *Fitting* § 5 Rn. 398; *Richardi* § 5 Rn. 218; *Trümner/DKKW* § 5 Rn. 268). Außerdem muss dem Angestellten ein **erheblicher Entscheidungsspielraum** zustehen (*BAG* 09.12.1975 EzA § 5 BetrVG 1972 Nr. 22 = AP Nr. 11 zu § 5 BetrVG 1972 [*Kraft*]; 26.01.1994 EzA § 5 BetrVG 1972 Nr. 57 = AP Nr. 72 zu § 5 BetrVG 1972; 25.10.2001 EzA § 5 BetrVG 1972 Nr. 64 unter II 3b). Das *BAG* stellt insoweit darauf ab, ob sich die Tätigkeit darin erschöpft, vorgegebene Ziele zu erarbeiten, oder ob sie Raum für **eigene unternehmerische Initiative** lässt (*BAG* 209

29.01.1980 AP Nr. 24 zu § 5 BetrVG 1972; 23.01.1986 EzA § 5 BetrVG 1972 Nr. 43 = AP Nr. 30 zu § 5 BetrVG 1972). Dieser Spielraum kann zum einen wegen einer Weisungsbindung zu verneinen sein (s. Rdn. 214 ff.). Der Entscheidungsspielraum nimmt aber auch dann ab, wenn Entscheidungen bis zu ihrer Umsetzung mehrere Leitungsebenen durchlaufen. Sitzt der Angestellte am unteren Ende dieser Kette, so kann es sein, dass sich seine Aufgabe auf die schlichte Durchführung der bereits getroffenen unternehmerischen Entscheidung beschränkt (*BAG* 23.01.1986 EzA § 5 BetrVG 1972 Nr. 43 *[Gamillscheg]* unter B II 1b = AP Nr. 30 zu § 5 BetrVG 1972; 06.12.2001 EzA § 5 BetrVG 1972 Nr. 65 unter B II 3a cc).

210 Unerheblich ist, ob der Angestellte in sog. **Linienfunktion** tätig ist, also die maßgeblichen Entscheidungen (etwa als Vorgesetzter) selbst trifft, oder ob er eine sog. **Stabsfunktion** erfüllt, also die Entscheidungen wesentlich vorbereitet und somit planend und beratend tätig ist (*BAG* 19.11.1974 EzA § 5 BetrVG 1972 Nr. 9 unter III 2a; 19.11.1974 EzA § 5 BetrVG 1972 Nr. 10 unter III 1a; 29.01.1980 EzA § 5 BetrVG 1972 Nr. 35 unter B II 3a; st. Rspr.). Diese Unterscheidung kommt in der geltenden Fassung des Abs. 3 in Satz 2 Nr. 3 Halbs. 1 zum Ausdruck, wo davon die Rede ist, dass der Angestellte »die Entscheidungen im Wesentlichen frei von Weisungen trifft oder sie maßgeblich beeinflusst« (vgl. auch *LAG Thüringen* 06.07.2000 LAGE § 5 BetrVG 1972 Nr. 22, S. 5; *Fitting* § 5 Rn. 403 f.; *Trümner/DKKW* § 5 Rn. 263, 265 f.).

cc) Gegnerbezug

211 Die frühere Rechtsprechung des *BAG* hatte bis 1980 als eigenständige Voraussetzung für einen leitenden Angestellten verlangt, dass eine **Interessenpolarität** zu der übrigen Arbeitnehmerschaft und damit eine Nähe zu den Interessen des Arbeitgebers, ein **Gegnerbezug**, bestehe. Das *BAG* verwies dabei auf den Sinn und Zweck des § 5 Abs. 3, der auch darin zu sehen sei, dass es wegen der Nähe des leitenden Angestellten zum Unternehmen und die dadurch bedingte Interessenpolarität zur Arbeitnehmerschaft und zum Betriebsrat nicht möglich sei, dass ein und derselbe Personenkreis für den Arbeitgeber handle und gleichzeitig das aktive und passive Wahlrecht zum Betriebsrat besitze (*BAG* 19.11.1974 EzA § 5 BetrVG 1972 Nr. 9 = AP Nr. 2 zu § 5 BetrVG 1972). Diese Aussage beruht wesentlich auf der damaligen Auffassung des *BAG*, dass der gesetzlichen Regelung in § 5 Abs. 3 a. F. ein »Oberbegriff« des leitenden Angestellten vorgegeben sei.

212 Nach Aufgabe der »Oberbegriffs-Rechtsprechung« hat das *BAG* den Gegnerbezug nur noch als Indiz für die Tätigkeit als leitender Angestellter angesehen (*BAG* 29.01.1980 EzA § 5 BetrVG 1972 Nr. 35, 11.03.1982 EzA § 5 BetrVG 1972 Nr. 41 = AP Nr. 22, 28 zu § 5 BetrVG 1972). Da der Neufassung angesichts der Legaldefinition in Abs. 3 Satz 2 kein ungeschriebener Oberbegriff des leitenden Angestellten mehr zugrunde liegt (s. Rdn. 163), kann die Interessenpolarität **nicht als im Einzelfall festzustellendes Tatbestandsmerkmal** angesehen werden (*Koch*/ErfK § 5 BetrVG Rn. 18; *Richardi* § 5 Rn. 220). Dennoch handelt es sich um einen Aspekt, der aufgrund des Zweckes der Regelung **im Rahmen der teleologischen Auslegung zu berücksichtigen** ist (vgl. aus der nach der Neufassung ergangenen Rechtsprechung *BAG* 26.01.1994 EzA § 5 BetrVG 1972 Nr. 57 = AP Nr. 54 zu § 5 BetrVG 1972; 25.10.2001 EzA § 5 BetrVG 1972 Nr. 64 unter II 3b: »Aufgabenstellungen, die den Angestellten in die Nähe zum Unternehmer rücken«; *LAG Sachsen-Anhalt* 10.02.1998 – 8 TaBV 7/97 – juris). Dabei sind aber die Besonderheiten der Gruppen von leitenden Angestellten zu beachten. Bei einem **Angestellten in Vorgesetztenfunktion** begründet die Tatsache, dass ihn seine Tätigkeit in unmittelbare Berührung mit dem Betriebsrat als Repräsentanten der Belegschaft führt, d. h. der insoweit bestehende unmittelbare oder direkte Gegnerbezug, seine Eigenschaft als leitender Angestellter. Dabei muss die Weisungsbefugnis des Angestellten aber von ihrem Umfang her tatsächlich zu einer Interessenpolarität, zu einem direkten Gegnerbezug führen (*BAG* 17.12.1974 EzA § 5 BetrVG 1972 Nr. 12 = AP Nr. 8 zu § 5 BetrVG 1972). Die »**schlichte Vorgesetztenstellung**«, also das Recht, im Rahmen des dem Arbeitnehmer zugewiesenen Aufgabenbereiches die notwendigen Anordnungen zu treffen, die zur Durchführung des arbeitstechnischen Zweckes des Betriebs gehören, reicht danach nicht aus (*BAG* 17.12.1974 EzA § 5 BetrVG 1972 Nr. 11, 23.01.1986 EzA § 5 BetrVG 1972 Nr. 42 = AP Nr. 6, 32 zu § 5 BetrVG 1972; 06.12.2001 EzA § 5 BetrVG 1972 Nr. 65 unter B II 3b bb; 05.05.2010 EzA § 5 BetrVG 2001 Nr. 5 Rn. 30). Bei **Angestellten, die keine Vorgesetztenfunktion** haben oder bei denen diese nicht ausreicht um sie zu den leitenden Angestellten zu rechnen,

sind es möglicherweise ihre unternehmerischen Funktionen, die sie so eindeutig der Unternehmensseite zuordnen, dass sich ein natürlicher Interessengegensatz zur übrigen Belegschaft und damit die Unvereinbarkeit der Aufgabe mit dem aktiven und passiven Wahlrecht zum Betriebsrat ergibt. Der Gegnerbezug, die Interessenpolarität ist hier also nicht Grund für die Einordnung eines Angestellten in die Gruppe der leitenden Angestellten, sondern Folge der Aufgaben, die einen Angestellten zum leitenden Angestellten machen (*Beuthien/Wehler* SAE 1978, 13 [14]; *Kraft* Anm. zu *BAG* EzA § 5 BetrVG 1972 Nr. 10).

dd) Erfahrungen und Kenntnisse

Zu (2): Die Erfüllung der Aufgaben muss besondere Erfahrungen und Kenntnisse voraussetzen. Dieses Tatbestandsmerkmal ist gegenüber § 5 Abs. 3 Nr. 3 a. F. unverändert geblieben. Bei der Frage, ob die Aufgaben wegen besonderer Erfahrungen und Kenntnisse übertragen werden, ist zu prüfen, ob für die Erfüllung der Aufgaben eine **besondere Ausbildung oder längere Berufserfahrung** erforderlich ist. Die Höhe der Vergütung mag ein Indiz sein, ist aber keineswegs ein zwingendes Kriterium (*BAG* 23.01.1986 EzA § 5 BetrVG 1972 Nr. 42 = AP Nr. 32 zu § 5 BetrVG 1972). Ein akademisches Studium oder eine gleichwertige Ausbildung ist allein weder erforderlich noch genügend. Die erforderlichen Kenntnisse können auch durch längere Tätigkeit oder Selbststudium erworben werden (*BAG* 10.02.1976 EzA § 5 BetrVG 1972 Nr. 24 = AP Nr. 12 zu § 5 BetrVG 1972; *Fitting* § 5 Rn. 408; *Galperin/Löwisch* § 5 Rn. 63; *Richardi* § 5 Rn. 215; *Trümner/DKKW* § 5 Rn. 275).

213

ee) Persönlicher Handlungsspielraum

Zu (3): Der Angestellte muss die Entscheidungen »im Wesentlichen frei von Weisungen treffen oder sie maßgeblich beeinflussen«. Diese Definition des persönlichen Handlungsspielraums ersetzt die frühere Formulierung »im Wesentlichen eigenverantwortlich« (vgl. auch Begründung zum Entwurf, BT-Drucks. 11/2503, S. 30). Voraussetzung für die Einordnung als leitender Angestellter ist daher, dass dem Arbeitnehmer rechtlich und tatsächlich ein eigener, gemessen an der Größe und der Struktur des Unternehmens erheblicher Entscheidungsspielraum zur Verfügung steht (*BAG* 25.10.2001 EzA § 5 BetrVG 1972 Nr. 64 unter II 3b; *Buchner* NZA 1989, Beil. Nr. 1, S. 2 [8]; *Clausen/Löhr/Schneider/Trümner* AuR 1988, 293 [295 f.]; *Dänzer-Vanotti* NZA 1989, Beil. Nr. 1, S. 29 [32]; *Engels/Natter* BB 1989, Beil. Nr. 8, S. 9; *Fitting* § 5 Rn. 391, 405; *Hromadka* BB 1990, 57 [61]; *Richardi* AuR 1991, 33 [38 ff.]; *Röder* NZA 1989, Beil. Nr. 4, S. 2 [5 f.]; *Trümner/DKKW* § 5 Rn. 263; *Wlotzke* DB 1989, 111 [120]; **a. M.** *Martens* RdA 1989, 73 [78 f.]).

214

Das Merkmal lässt sich **nicht präzise von dem Erfordernis der Wahrnehmung unternehmerischer Aufgaben abgrenzen**. Je geringer der persönliche Handlungsspielraum des Angestellten ist und je weitergehend die ihm erteilten Weisungen sind, umso geringere Bedeutung haben die ihm verbleibenden Entscheidungen für Bestand und Entwicklung des Unternehmens (zust. *Henssler* FS *Hromadka*, S. 131 [149]). Auch in der Rechtsprechung wird das Merkmal der Eigenverantwortlichkeit nicht stets streng von der unternehmerischen Aufgabenstellung getrennt. Das BAG hat vielmehr in mehreren Entscheidungen das Vorliegen einer unternehmerischen Aufgabe mit der Begründung verneint, dass es an dem hierzu erforderlichen Entscheidungsspielraum fehle (*BAG* 19.11.1974 EzA § 5 BetrVG 1972 Nr. 9, 09.12.1975 EzA § 5 BetrVG 1972 Nr. 22 [*Kraft*], 23.01.1986 EzA § 5 BetrVG 1972 Nr. 42 [*Gamillscheg*] = AP Nr. 2, 11, 32 zu § 5 BetrVG 1972; 25.10.2001 EzA § 5 BetrVG 1972 Nr. 64 unter II 3b, c dd; hierzu auch Rdn. 176).

215

Ein wichtiges Indiz für das Vorliegen eines unternehmerischen Entscheidungsspielraumes kann sich daraus ergeben, welcher **Leitungsebene** der Angestellte zuzuordnen ist (*BAG* 23.01.1986 EzA § 5 BetrVG 1972 Nr. 42 = AP Nr. 32 zu § 5 BetrVG 1972 unter C I 3c; *Fitting* § 5 Rn. 405; vgl. auch Rdn. 255). Allerdings lassen sich hier keine generellen Aussagen treffen, ab welcher Stufe die Aufgabenbestimmung bereits so konkretisiert ist, dass es an einem Spielraum für echte unternehmerische Entscheidungen fehlt. Vielmehr hängt dies wesentlich von der Größe des Unternehmens und damit von dem Umfang der sich stellenden Aufgaben ab. Je größer dieser Umfang ist, umso größer ist auch die Anzahl der Aufgaben, die delegiert werden müssen, so dass noch auf einer niedrigeren Delegationsstufe Entscheidungsfreiheit gegeben sein kann. Umgekehrt werden um so mehr Vorgaben bereits auf einer höheren Stufe erfolgen, je geringer der Aufgabenumfang ist, so dass auf den unteren Leitungs-

216

ebenen ein eigener persönlicher Handlungsspielraum in der Regel nicht mehr existiert (*BAG* 23.01.1986 EzA § 5 BetrVG 1972 Nr. 42 = AP Nr. 32 zu § 5 BetrVG 1972 unter C I 3c).

217 Mit der Aufteilung des Handlungsspielraums in **Weisungsfreiheit** und **maßgebliche Beeinflussung** trägt das Gesetz dem unterschiedlichen Charakter der Tätigkeit von Angestellten in Stabs- und Linienfunktionen Rechnung. Von Weisungsfreiheit kann naturgemäß nur dann gesprochen werden, wenn der Angestellte selbst Entscheidungen trifft, nicht dagegen, wenn er nur vorbereitend und planend tätig wird.

218 Der Angestellte in Linienfunktion muss nur im Wesentlichen frei von Weisungen sein. Eine **völlige Weisungsunabhängigkeit** ist dagegen **nicht erforderlich**. Sowohl bei Angestellten in Linien-, als auch bei denjenigen in Stabsfunktion kann vielmehr ein unternehmerischer Handlungsspielraum auch dann anzunehmen sein, wenn sie an Vorgaben, insbesondere aufgrund von Rechtsvorschriften, Plänen oder Richtlinien, gebunden oder auf eine Zusammenarbeit in einem Team gleichberechtigter Mitarbeiter angewiesen sind, sofern ihnen noch ein eigener erheblicher Entscheidungsspielraum verbleibt (*BAG* 05.03.1974 EzA § 5 BetrVG 1972 Nr. 7, 19.11.1974 EzA § 5 BetrVG 1972 Nr. 9, 09.12.1975 EzA § 5 BetrVG 1972 Nr. 22, 29.01.1980 EzA § 5 BetrVG 1972 Nr. 35 = AP Nr. 1, 2, 11, 22 zu § 5 BetrVG 1972; 25.10.2001 EzA § 5 BetrVG 1972 Nr. 64 unter II 3c dd; *Fitting* § 5 Rn. 406 f.; *Richardi* § 5 Rn. 216; *Trümner/DKKW* § 5 Rn. 277 f.; zur Einstufung von Redakteuren in Presseunternehmen *Redeker* BB 1988, 63 [65 f.]). Der erforderliche Entscheidungsspielraum ist allerdings nicht mehr gegeben, wenn die Richtlinien so detailliert sind, dass die von dem Angestellten zu treffenden Entscheidungen weithin vorprogrammiert sind, im Hinblick auf den verbleibenden Spielraum also nicht mehr von einer unternehmerischen Entscheidung gesprochen werden kann (*BAG* 19.08.1975 EzA § 102 BetrVG 1972 Nr. 15 unter I 5; 25.10.2001 EzA § 5 BetrVG 1972 Nr. 64 unter II 3b; *LAG Bremen* 15.01.2008 – 1 TaBV 15/07 – juris, Rn. 64).

219 Schließlich stellt sich die Frage, wann der Angestellte die Entscheidungen »**maßgeblich beeinflusst**«. Die Rechtsprechung hat dafür die Formel entwickelt, dass der Angestellte kraft seiner Schlüsselposition **Voraussetzungen schaffe, an denen die eigentliche Unternehmensführung nicht vorbeigehen** könne (grdl. *BAG* 05.03.1974 EzA § 5 BetrVG 1972 Nr. 7 unter III 2c; 25.03.2009 EzA § 5 BetrVG 2001 Nr. 4 Rn. 31 ff.; 05.05.2010 EzA § 5 BetrVG 2001 Nr. 5 Rn. 13; 29.06.2011 EzA § 5 BetrVG 2001 Nr. 6 Rn. 27; vgl. auch die Begründung zur Novelle 1988 BT-Drucks. 11/2503, S. 30). Dabei genügt es nicht, wenn der Arbeitnehmer einem größeren Gremium angehört, dessen Pläne und Vorschläge die wirtschaftliche, technische, wissenschaftliche oder organisatorische Unternehmensleitung maßgeblich beeinflussen. Dies führt nicht dazu, jedem einzelnen Mitarbeiter dieses Gremiums unternehmerische Funktionen und damit die Stellung als leitender Angestellter beizumessen (*BAG* 25.10.2001 EzA § 5 BetrVG 1972 Nr. 64 unter II 3c ee). Vielmehr muss der Einfluss dem Angestellten auch persönlich zuzurechnen sein.

220 Man wird daher zur Konkretisierung der »maßgeblichen Beeinflussung« zweierlei festhalten können:

(1) Nicht erforderlich ist, dass die Unternehmensleitung an die Vorgabe des Angestellten gebunden ist. Die Einstufung als leitender Angestellter kann demnach nicht allein mit der Begründung abgelehnt werden, dass die Unternehmensleitung mehrfach über den Vorschlag hinweggegangen sei und anders entschieden habe.

(2) Voraussetzung ist allerdings, dass die Tätigkeit des Angestellten den Entscheidungsprozess wesentlich bestimmt. Als Anhaltspunkt hierfür und quasi als Kontrollfrage sollte geprüft werden, ob die Unternehmensleitung im Falle des Abweichens von dem Vorschlag des Angestellten einem (internen) Begründungszwang (etwa gegenüber einem Kontrollgremium im Unternehmen selbst) unterliegt oder ob sie ihn ohne größere Argumentation ignorieren kann (zust. *LAG Köln* 20.04.2001 MDR 2001, 1122 [1123]).

221 Die Bestimmung des Handlungsspielraumes mit Hilfe des Kriteriums des **maßgeblichen Einflusses** spielt zwar in erster Linie für Angestellte in sog. Stabsfunktion eine Rolle. Das Merkmal kann aber auch für **Angestellte in Linienfunktion** von Bedeutung sein (*LAG Sachsen-Anhalt* 10.02.1998 – 8 TaBV 7/97 – juris; *Buchner* NZA 1989, Beil. Nr. 1, S. 2 [8]; *Hromadka* BB 1990, 57 [61]; *Martens* RdA 1989, 73 [78]). So ist etwa der lediglich der Geschäftsführung unterstellte Leiter einer Personal-

abteilung, der für die gesamte Personalarbeit des Unternehmens zuständig ist, auch dann leitender Angestellter, wenn er Einstellungen oder Entlassungen nur in Abstimmung mit der jeweiligen Fachabteilung vornehmen und sich über deren Votum nicht hinwegsetzen kann (*LAG Sachsen-Anhalt* 10.02.1998 – 8 TaBV 7/97 – juris). Zu denken ist auch an den Vorgesetzten, der zwar selbst keine Entscheidungsbefugnis in personellen Angelegenheiten hat, über dessen Vorschlag die Personalabteilung sich aber nur mit triftiger Begründung hinwegsetzen kann (so das Beispiel bei *Buchner* NZA 1989, Beil. Nr. 1, S. 2 [8]). Auch der Linienvorgesetzte, der in solchem Umfang bestimmend auf die Personalentscheidungen einwirkt, bringt sich in einen Interessengegensatz zur Arbeitnehmerschaft, die seine Einstufung als leitender Angestellter rechtfertigt. Eindeutig zu bejahen ist die vom *BAG* bislang offen gelassene Frage, ob ein Vorgesetzter, dem eine erhebliche Zahl von Arbeitnehmern unterstellt ist, als leitender Angestellter anzusehen ist, wenn dieser der Personalabteilung verbindliche Vorgaben machen kann, die Personalabteilung also quasi die bereits gefallenen Entscheidungen lediglich vollzieht (*BAG* 08.02.1977 EzA § 5 BetrVG 1972 Nr. 27, 23.01.1986 EzA § 5 BetrVG 1972 Nr. 42 = AP Nr. 16, 32 zu § 5 BetrVG 1972 unter II 8 bzw. C I 3d der Gründe). Ebenso muss ein maßgeblicher Einfluss bejaht werden, wenn der Leiter der Personalabteilung und der Vorgesetzte der Fachabteilung nur im beiderseitigen Einvernehmen eine personelle Maßnahme wie Einstellung oder Kündigung treffen können (ebenso *Martens* RdA 1989, 73 [78 f.]; vgl. auch Rdn. 188). In diesem Fall sind beide als leitende Angestellte anzusehen, da die Zustimmung jedes einzelnen für die Maßnahme unabdingbar ist, sich folglich auch beide in einer Interessenpolarität zu den übrigen Arbeitnehmern befinden. Dagegen fehlt es an einem solchen Einfluss, wenn der Vorgesetzte der Fachabteilung – wie dies regelmäßig geschieht – bei Einstellungen lediglich beratend hinzugezogen und ihm ein Vorschlagsrecht eingeräumt wird (zust. *LAG Baden-Württemberg* 25.06.1991 LAGE § 5 BetrVG 1972 Nr. 20).

Der Handlungsspielraum muss dem Angestellten **nach dem Arbeitsvertrag zustehen**, d. h. er muss zumindest in der vertraglichen Position angelegt sein (*LAG Thüringen* 06.07.2000 LAGE § 5 BetrVG 1972 Nr. 22, S. 7; *Hromadka* BB 1990, 57 [61]; vgl. auch Rdn. 170 f.). Nicht ausreichend ist hingegen, dass der Angestellte nur tatsächlich im Wesentlichen ohne Weisungen handelt oder aufgrund seiner persönlichen Autorität und seines persönlichen Sachverstandes Entscheidungen maßgeblich beeinflusst (**a. M.** offenbar *Martens* RdA 1989, 73 [79]). 222

ff) Regelmäßige Wahrnehmung – Prägender Charakter der unternehmerischen Aufgaben
Zu (4): Der Angestellte muss die unternehmerische (Teil-)Aufgabe regelmäßig wahrnehmen. Dieses Tatbestandsmerkmal war bereits in § 5 Abs. 3 Nr. 3 a. F. enthalten. Es ist nun lediglich an den Anfang der Bestimmung gerückt, woraus sich kaum eine inhaltliche Abweichung ergeben dürfte. 223

Nach der Entwurfsbegründung sollte mit dem Merkmal »regelmäßig« klargestellt werden, dass es nicht reicht, wenn die Tätigkeiten und Funktionen des leitenden Angestellten nur gelegentlich ausgeübt werden. Eine regelmäßige Wahrnehmung könne aber auch im Vertretungsfalle vorliegen (BT-Drucks. 11/2503, S. 30). Teilweise wird deshalb bereits aus dem Merkmal »regelmäßig« gefolgert, dass die nur **kurzzeitige oder vorübergehende Wahrnehmung unternehmerischer Aufgaben** diese Voraussetzung nicht erfülle (*Fitting* § 5 Rn. 400; *Galperin/Löwisch* § 5 Rn. 38; *Richardi* § 5 Rn. 219; *Röder* NZA 1989 Beil. Nr. 4, S. 5; *Wlotzke* DB 1989, 120; skeptisch *Trümner/DKKW* § 5 Rn. 273 f.). Allein mit dem Wortlaut lässt sich diese Ansicht allerdings nicht ohne Weiteres begründen. Der Begriff »regelmäßig« bedeutet zunächst lediglich, dass die Tätigkeiten sich nach gewissen vorausehbaren Abläufen oder Gesetzmäßigkeiten wiederholen, sie also der Aufstellung einer »Regel« zugänglich sein müssen. »Gelegentlich« heißt dagegen, dass das Anfallen der Tätigkeit nicht von solch kalkulierbaren Umständen, sondern von der Situation oder der »Gelegenheit« und damit von Zufälligkeiten abhängig ist. Folglich lässt sich allein aus der Wortbedeutung dieses Begriffs weder eine Aussage über die Zeitdauer noch über den Anteil an der Gesamttätigkeit entnehmen (ähnlich wohl *BAG* 05.03.1974 EzA § 5 BetrVG 1972 Nr. 7 = AP Nr. 1 zu § 5 BetrVG 1972, wenn es verlangt, dass eine typische Fallgestaltung vorliegen müsse). 224

Nach der st. **Rspr. des** *BAG* setzt die Einordnung als leitender Angestellter voraus, dass **die spezifischen Unternehmeraufgaben der Tätigkeit das Gepräge** geben, sie schwerpunktmäßig bestimmen (sog. Geprägetheorie; grdl. *BAG* 05.03.1974 EzA § 5 BetrVG 1972 Nr. 7 unter III 1d; 23.01.1986 EzA § 5 BetrVG 1972 Nr. 42 unter C I 3f; 05.05.2010 EzA § 5 BetrVG 2001 Nr. 5 225

Rn. 13; 29.06.2011 EzA § 5 BetrVG 2001 Nr. 6 Rn. 27). Erforderlich sei, dass jedenfalls ein beachtlicher Teil der Arbeitszeit von diesen Tätigkeiten beansprucht werde (*BAG* 23.01.1986 EzA § 5 BetrVG 1972 Nr. 42; 25.10.1989 EzA § 5 BetrVG 1972 Nr. 49 = AP Nr. 42 zu § 5 BetrVG 1972). Das *BAG* leitet dies nicht aus dem Wort regelmäßig ab, sondern meint, dass sich dies sinngemäß aus dem Gesamtzusammenhang der Vorschrift ergebe (so zu § 5 Abs. 3 a. F. *BAG* 05.03.1974 EzA § 5 BetrVG 1972 Nr. 7 unter III 1d). Die **Literatur** stimmt dem überwiegend zu (*Dänzer-Vanotti* NZA 1989, Beil. Nr. 1, S. 29 [32]; *Engels/Natter* BB 1989, Beil. Nr. 8, S. 9; *Fitting* § 5 Rn. 409; *Preis/WPK* § 5 Rn. 62; *Richardi* AuR 1991, 33 [41]; *Röder* NZA 1989, Beil. Nr. 4, S. 2 [5]; *Trümner/DKKW* § 5 Rn. 242 f., 273 f.; *Wlotzke* DB 1989, 111 [121]).

226 Richtig ist, dass die unternehmerischen Aufgaben bei einer wertenden Gesamtbetrachtung die Tätigkeit des Angestellten kennzeichnen, ihren besonderen Charakter verleihen müssen. Eine **rein quantitative Sichtweise** erscheint allerdings **problematisch**. § 5 Abs. 3 nimmt die leitenden Angestellten im Hinblick auf die natürliche Interessenpolarität zur Arbeitnehmerschaft vom Geltungsbereich des Betriebsverfassungsgesetzes weitgehend aus. Dieser Interessengegensatz ergibt sich aus der unternehmerischen Funktion des leitenden Angestellten (zutr. *BAG* 29.01.1980 EzA § 5 BetrVG 1972 Nr. 35 [*Kraft*] = AP Nr. 22 zu § 5 BetrVG 1972; vgl. auch *Kraft* Anm. EzA § 5 BetrVG 1972 Nr. 10). Er entsteht daher aber auch bei jedweder unternehmerischen Tätigkeit ohne Rücksicht auf deren zeitliches Gewicht. Deshalb verliert sich die Polarität zur Arbeitnehmerschaft nicht schon dadurch, dass die unternehmerischen Aufgaben nur einen geringeren Teil der Arbeitszeit des Angestellten beanspruchen (ebenso *Buchner* NZA 1989, Beil. Nr. 1, S. 2 [8]; im Ergebnis wohl auch *Hromadka* BB 1990, 57 [62]). Sinn und Zweck der Vorschrift sprechen daher dafür, darauf abzustellen, ob der Angestellte überhaupt Aufgaben wahrnimmt, die für Bestand und Entwicklung des Unternehmens oder eines Betriebs von Bedeutung sind. Ist dies der Fall, so kann es nicht entscheidend darauf ankommen, ob hierin der (quantitative) Schwerpunkt der Tätigkeit liegt (*LAG* Baden-Württemberg 25.06.1991 LAGE § 5 BetrVG 1972 Nr. 20; *Borgwardt* in: *Borgwardt/Fischer/Janert* SprAuG, Teil 2, § 5 Abs. 3 und 4 BetrVG Rn. 47, 70; für eine qualitative Abgrenzung auch *Engels/Natter* BB 1989, Beil. Nr. 8, S. 9; *Weigle* Die leitenden Angestellten, S. 85; ähnlich für den Tatbestand des Abs. 3 Satz 2 Nr. 1 *BAG* 10.10.2007 EzA § 5 BetrVG 2001 Nr. 3 Rn. 15).

227 Auch bei einer qualitativen Betrachtung erfüllt der Angestellte, der unternehmerische Aufgaben nur kurzzeitig im Rahmen einer **Urlaubs- oder Krankheitsvertretung** wahrnimmt, nicht die Voraussetzungen eines leitenden Angestellten. Entscheidend ist, dass der Angestellte die unternehmerische Tätigkeit gerade aufgrund der Übertragung in seinem Arbeitsvertrag erbringen muss (so zutr. *BAG* 23.01.1986 EzA § 5 BetrVG 1972 Nr. 42, 23.01.1986 EzA § 5 BetrVG 1972 Nr. 43 [*Gamillscheg*] = AP Nr. 32, 30 zu § 5 BetrVG 1972). Dies bedeutet, dass die unternehmerischen Aufgaben sich bereits in der Tätigkeitsbeschreibung im Arbeitsvertrag widerspiegeln müssen. Beschränkt sich aber die unternehmerische Aufgabenstellung auf die zeitweise Vertretung eines leitenden Angestellten, so ergibt sich das Tätigkeitsbild nicht aus dem eigenen Arbeitsvertrag, sondern leitet sich allein aus dem Arbeitsvertrag des zu vertretenden leitenden Angestellten ab. Eine Vertretungstätigkeit kann daher nur dann die Eigenschaft als leitender Angestellter begründen, wenn dadurch die unternehmerische Aufgabenstellung auf die Tätigkeitsbeschreibung des Angestellten selbst durchschlägt, etwa bei einer **ständigen Vertretung** (ebenso wohl *Hromadka* BB 1990, 57 [61]; von der Tendenz her ähnlich *Buchner* NZA 1989, Beil. Nr. 1, S. 2 [8]). Auch dann ist allerdings Voraussetzung, dass der Vertretungsfall nicht nur gelegentlich eintritt und der Angestellte tatsächlich maßgebliche unternehmerische Entscheidungen trifft. Daran fehlt es, wenn in den Zeiten der Vertretung solche Entscheidungen typischerweise gar nicht anfallen, die dem Vertreter übertragene Entscheidungskompetenz also allenfalls in (seltenen) unaufschiebbaren Eilfällen zum Tragen kommt (vgl. *LAG Rheinland-Pfalz* 08.05.2012 – 3 TaBV 43/11 – juris).

gg) Beispiele aus der Rechtsprechung:

228 Im Folgenden sollen einige Beispiele aufgeführt werden, in denen die Rechtsprechung die Einstufung als leitender Angestellter bejaht oder abgelehnt hat, um eine Vorstellung von dem erfassten Personenkreis zu vermitteln. Die Entscheidungen sind zu einem großen Teil zu § 5 Abs. 3 a. F. ergangen. Dabei ist darauf hinzuweisen, dass das *BAG* nur in wenigen Einzelfällen selbst die Entscheidung getroffen hat;

in den meisten Fällen wurde die Sache wegen noch fehlender Aufklärung einzelner Tatbestandsmerkmale an die Instanzgerichte zurückverwiesen. Weiter ist zu beachten, dass den Entscheidungen zur alten Fassung des Abs. 3 vielfach noch der ursprüngliche Prüfungskatalog zugrunde lag, der auf einen vorgegebenen Oberbegriff abstellte und den Gegnerbezug als eigenständiges Merkmal ansah.

Als leitende Angestellte wurden vom *BAG* anerkannt: 229

Nach der **alten Fassung des § 5 Abs. 3**:
– Wirtschaftsprüfer als angestellte Prüfungsleiter und (oder) Berichtskritiker von Wirtschaftsprüfungsgesellschaften (*BAG* 28.01.1975 EzA § 5 BetrVG 1972 Nr. 16 = AP Nr. 5 zu § 5 BetrVG 1972 *[Zöllner]*).
– Abteilungsleiter für Organisation und Unternehmensplanung (*BAG* 17.12.1974 EzA § 5 BetrVG 1972 Nr. 11, 17.12.1974 EzA § 5 BetrVG 1972 Nr. 15 = AP Nr. 6, 7 zu § 5 BetrVG 1972).
– Den Leiter der Abteilung »Dünnschicht- und Poliertechnik« eines optischen Betriebes, weil er Forschungsarbeit leistete und am Abschluss von Lizenzverträgen beteiligt war (*BAG* 23.07.1976 – 1 AZR 221/75, n. v.).
– Leiter einer Betriebsabteilung, der nicht nur arbeitstechnische Weisung erteilt, Leiter des Ausbildungswesens (*BAG* 08.02.1977 EzA § 5 BetrVG 1972 Nr. 27 = AP Nr. 16 zu § 5 BetrVG 1972).
– Den Sicherheitsingenieur und den Sicherheitsfachmann eines Luftfahrtunternehmens mit 6500 Beschäftigten (*BAG* 08.02.1977 EzA § 5 BetrVG 1972 Nr. 27 = AP Nr. 16 zu § 5 BetrVG 1972; vgl. aber *BAG* 23.01.1986 EzA § 5 BetrVG 1972 Nr. 42 = AP Nr. 32 zu § 5 BetrVG 1972 (Zahl der unterstellten Mitarbeiter unerheblich); *BAG* 23.01.1986 EzA § 5 BetrVG 1972 Nr. 43 = AP Nr. 30 zu § 5 BetrVG 1972 (Wahrnehmung von Sicherungsaufgaben nicht ausreichend).
– Verkaufsleiter, der nach Kundenwünschen Industrieanlagen entwirft und Kosten ermittelt (*BAG* 01.06.1976 EzA § 5 BetrVG 1972 Nr. 26 = AP Nr. 15 zu § 5 BetrVG 1972).
– Leiter der Abteilung technische Kontrolle eines Luftfahrtunternehmens (*BAG* 08.02.1977 EzA § 5 BetrVG 1972 Nr. 27 = AP Nr. 16 zu § 5 BetrVG 1972).
– Abteilungsleiter eines TÜV (*BAG* 29.01.1980 AP Nr. 24 zu § 5 BetrVG 1972). Vgl. auch die Zusammenstellung der Entscheidungen in NZA 1986, 460.

Nach der **Neufassung des § 5 Abs. 3**:
– Chefpilot bei einer Fluggesellschaft, der eine sichere und effektive Durchführung des Flugbetriebs mit ca. 255 Piloten, Copiloten und Bordingenieuren zu gewährleisten hat (*BAG* 25.10.1989 EzA § 5 BetrVG 1972 Nr. 49 = AP Nr. 42 zu § 5 BetrVG 1972).
– Alleinmeister im Baubetrieb (*BAG* 10.04.1991 EzA § 4 TVG Bauindustrie Nr. 59 = AP Nr. 141 zu § 1 TVG Tarifverträge Bau).
– Hauptabteilungsleiter (Prokurist) für Finanzwesen und Hauptabteilungsleiter für das Rechnungswesen, der dem Geschäftsführer unmittelbar nachgeordnet ist (*BAG* 11.01.1995 EzA § 5 BetrVG 1972 Nr. 58 = AP Nr. 55 zu § 5 BetrVG 1972).
– Leiter der zentralen Revisionsabteilung einer Konzernobergesellschaft mit 120 Tochtergesellschaften (*BAG* 06.12.2001 EzA § 5 BetrVG 1972 Nr. 65).
– Bereichsleiter einer Spielbank mit Personalverantwortung für 12 bis 14 Arbeitnehmer (i. E. offen gelassen; *BAG* 16.04.2002 EzA § 5 BetrVG 1972 Nr. 66 = AP Nr. 69 zu § 5 BetrVG 1972).
– Leiter der Gesamtrevision einer Bank mit (beschränkter) Einstellungs- und Entlassungsbefugnis sowie Prokura (kein leitender Angestellter nach § 5 Abs. 3 Satz 2 Nr. 1 und 2, für Nr. 3 offen gelassen und zurückverwiesen; *BAG* 25.03.2009 EzA § 5 BetrVG 2001 Nr. 4).
– Chefarzt eines Krankenhauses als ärztlicher Direktor des Herzzentrums (*BAG* 05.06.2014 EzA § 2 KSchG Nr. 91).

Nicht als leitende Angestellte hat das *BAG* anerkannt: 230

Nach der **alten Fassung des § 5 Abs. 3**:
– Abteilungsleiter eines Maschinenbauunternehmens (*BAG* 17.12.1974 EzA § 5 BetrVG 1972 Nr. 11, 17.12.1974 EzA § 5 BetrVG 1972 Nr. 12, 17.12.1974 EzA § 5 BetrVG 1972 Nr. 15 = AP Nr. 6 bis 8 zu § 5 BetrVG 1972).

§ 5 I. Allgemeine Vorschriften

- Leiter eines Verbrauchermarktes mit 45 Arbeitnehmern, der im personellen und kaufmännischen Bereich keinen eigenen nennenswerten Entscheidungsspielraum hat (*BAG* 19.08.1975 EzA § 102 BetrVG 1972 Nr. 16 *[Meisel]* = AP Nr. 1 zu § 105 BetrVG 1972).
- Hauptabteilungsleiter eines von 20 Hauptbüros eines großen Unternehmens (*BAG* 19.11.1974 EzA § 5 BetrVG 1972 Nr. 9 = AP Nr. 2 zu § 5 BetrVG 1972).
- Produktionsleiter in der Kraftfahrzeugindustrie, obwohl ihm über 400 Arbeitnehmer unterstehen (*BAG* 15.03.1977 – 1 ABR 86/76 – juris).
- Verkaufsleiter in einer der Niederlassungen eines Kraftfahrzeugunternehmens (*BAG* 15.03.1977 – 1 ABR 29/76 – juris).
- Fahrsteiger und Obersteiger, wenn allein auf die Sicherungsaufgaben abgestellt wird (*BAG* 23.01.1986 EzA § 5 BetrVG 1972 Nr. 42, 23.01.1986 EzA § 5 BetrVG 1972 Nr. 43 = AP Nr. 32, 30 zu § 5 BetrVG 1972 unter Aufgabe der früheren Rechtsprechung in *BAG* 19.11.1974 EzA § 5 BetrVG 1972 Nr. 9 = AP Nr. 2 zu § 5 BetrVG 1972).
- Prokuristen, soweit ihre Befugnis zur Ausübung der Vertretungsmacht im Innenverhältnis beschränkt ist (*BAG* 27.04.1988 EzA § 5 BetrVG 1972 Nr. 47 = AP Nr. 37 zu § 5 BetrVG 1972; vgl. hierzu aber Rdn. 192 f.).

Nach der **Neufassung des § 5 Abs. 3**:
- Chefarzt eines Krankenhauses ohne Befugnis zur Einstellung und Entlassung im Außenverhältnis (*BAG* 18.11.1999 EzA § 14 KSchG Nr. 4; vgl. auch *BAG* 05.05.2010 EzA § 5 BetrVG 2001 Nr. 5).
- Zentraleinkäufer für Damenlederbekleidung in einem Unternehmen mit insgesamt 58 Zentraleinkäufern, die gemeinsam mit 171 Geschäftsführern auf der dritten Führungsebene des Unternehmens angesiedelt sind und zu einem aus 324 Personen bestehenden Firmenleitungskreis gehören (*BAG* 25.10.2001 EzA § 5 BetrVG 1972 Nr. 64).

231 In der **Rechtsprechung der Instanzgerichte** wurden u. a. als leitende Angestellte **anerkannt**:

Nach der **alten Fassung des § 5 Abs. 3**:
- Betriebsleiter (*ArbG Frankfurt a. M.* 12.04.1972 BB 1972, 963).
- Personalleiter ohne selbständige Einstellungs- und Entlassungsbefugnis (*LAG Düsseldorf* 09.02.1973 – 4 TaBV 1/73, in AuR 1973, 217 insoweit nicht abgedruckt; vgl. auch *ArbG Frankfurt a. M.* 12.04.1972 BB 1972, 963).
- Leiter der Verkaufsabteilung, Leiter der Einkaufsabteilung, Leiter der Exportabteilung und Finanzbuchhaltung sowie Chef der Betriebs- und Betriebsmittelplanung (*ArbG Frankfurt a. M.* 09.05.1972 BB 1972, 962).
- Leiter der Abteilung Statistik (*ArbG Köln* 12.06.1972 – 10 BV 20/72, n. v.).
- Leiter der Buchhaltung, Leiter der Organisation (EDV), Leiter der Fertigungsplanung (*ArbG Frankfurt a. M.* 12.04.1972 BB 1972, 963).
- Leiter der Abteilung Kümpelbau/Brennschneidebetrieb (*LAG Hamm* 19.05.1978 EzA § 5 BetrVG 1972 Nr. 29).
- Leiter der Forschung und Entwicklung (*LAG Baden-Württemberg* 08.03.1978 DB 1978, 843).
- Syndikusanwalt (*LAG Düsseldorf* 22.11.1973 EzA § 5 BetrVG 1972 Nr. 4).
- Für die Grundsatzfragen der Baufinanzierung zuständiger Syndikusanwalt einer Bank (*LAG Berlin* 25.01.1988 LAGE § 5 BetrVG 1972 Nr. 15).

Nach der **Neufassung des § 5 Abs. 3**:
- Leiter einer Vertriebsniederlassung (*LAG Berlin* 05.03.1990 LAGE § 5 BetrVG 1972 Nr. 18).
- Stellvertretender Leiter der Wertpapierabteilung der Niederlassung einer deutschen Großbank (*LAG Düsseldorf* 24.02.1989 LAGE § 5 BetrVG 1972 Nr. 17).
- Abteilungsleiter im Finanz- und Rechnungswesen mit Entscheidungsbefugnissen bezüglich der Anlage von Vermögenswerten (*LAG Baden-Württemberg* 25.06.1991 LAGE § 5 BetrVG 1972 Nr. 20).
- Personalleiter mit Verantwortung für die gesamte Personalarbeit (Einstellung, Entlassung, Personalentwicklung, Lohn- und Gehaltsabwicklung) eines Dienstleistungsunternehmens mit 225 Arbeitnehmern auch ohne Befugnis zur selbständigen Einstellung und Entlassung (*LAG Sachsen-Anhalt* 10.02.1998 – 8 TaBV 7/97 – juris).

- Filialleiter auf der dritten Hierarchieebene (nach Geschäftsführer und Verkaufsleiter, *LAG Düsseldorf* 26.07.2000 NZA-RR 2001, 308).
- Bereichsleiter in einer Spielbank (*LAG Hamm* 09.01.2001 – 13 TaBV 72/00 – juris).
- Qualitätsmanager einer Luftverkehrsgesellschaft (*LAG Hessen* 27.09.2005 – 4/18 TaBV 77/05 – juris).
- Abteilungsleiter in der Zentrale des Goethe-Instituts (*LAG München* 29.10.2009 – 4 TaBV 24/09 – juris).
- Einer von zwei Leitern einer unmittelbar unterhalb des Vorstandes angesiedelten Vertriebsabteilung einer Bank im Bereich Privatkundenvertrieb mit einem Geschäftsvolumen von 30 Milliarden Euro (*LAG Düsseldorf* 03.02.2012 – 6 Sa 1081/11 – juris).
- Personaldirektorin mit »Clusterverantwortung« in einer Hotelbetriebsgesellschaft (*LAG Rheinland-Pfalz* 18.10.2012 – 10 TaBV 18/12 – juris).

Verneint wurde die Eigenschaft als leitender Angestellter für folgende Personen:

Nach der **alten Fassung des § 5 Abs. 3**:
- Datenschutzbeauftragter (*LAG München* 16.11.1978 EzA § 95 BetrVG 1972 Nr. 2).
- »Franchise«-Nehmer (*LAG Düsseldorf* 20.10.1987 LAGE § 5 BetrVG 1972 Nr. 16).

Nach der **Neufassung des § 5 Abs. 3**:
- Ressortleiter in einem Verlag, der bei der Einstellung von ihm unterstellten Redakteuren nur ein Vorschlagsrecht hat, nicht abmahnbefugt ist, zwar eine Vorgesetzten-Funktion hat aber keine unternehmerischen Führungsaufgaben mit Entscheidungsspielraum wahrnimmt (*LAG Düsseldorf* 22.03.1993 LAGE § 5 BetrVG 1972 Nr. 21).
- Abteilungsdirektor im Bereich Kundengeldhandel, wobei die Position auf der 4. Führungsebene einzuordnen ist (*LAG Düsseldorf* 05.06.1998 LAGE § 626 BGB Nr. 120).
- Zentraleinkäufer mit einem Auftragsvolumen von 53 Mio. DM pro Jahr, das einem Anteil von 0,576 % am Gesamtumsatz des Unternehmens entspricht (*LAG Köln* 21.03.2000 – 9 Sa 1096/99 – juris).
- Zentraleinkäufer in der Hauptverwaltung eines Einzelhandelsunternehmens für den Artikelbereich Herren-Oberbekleidung (*LAG Hessen* 20.09.1999 NZA-RR 2000, 413).
- Geschäftsführer eines Tochterunternehmens hinsichtlich seiner Stellung bei der Konzernmutter (*LAG München* 13.04.2000 NZA-RR 2000, 425).
- Restaurantleiter in einem Fast-Food-Restaurant (*LAG Hessen* 07.09.2000 NZA-RR 2001, 426).
- Chefarzt der Inneren Abteilung eines Kreiskrankenhauses (*LAG Thüringen* 06.07.2000 LAGE § 5 BetrVG 1972 Nr. 22).
- EDV-Spezialist, der als einziger im Unternehmen über bestimmte Kenntnisse und Fähigkeiten verfügt und deshalb eine Monopolstellung einnimmt (*LAG Köln* 20.04.2001 MDR 2001, 1122).
- Technischer Leiter auf der Ebene unterhalb der Geschäftsführung in einem Zoologischen Garten mit 80 Beschäftigten (*LAG Hamm* 28.06.2006 – 13 TaBV 9/06 – juris).
- Vertriebsleiter bei der Deutschen Post AG (*LAG Rheinland-Pfalz* 25.09.2006 – 7 TaBV 3/06 – juris; *LAG Saarland* 23.03.2005 – 1 TaBV 3/04 – juris).
- Außendienstmitarbeiter eines Logistikunternehmens mit Vorgesetztenfunktion für 100 Zusteller (*LAG Hamm* 12.10.2007 – 10 TaBV 9/07 – juris).
- Leiter von drei Jugendherbergen (*LAG Bremen* 15.01.2008 – 1 TaBV 15/07 – juris).
- Chefarzt als Leiter einer Fachabteilung (Klinik) für Stimm- und Spracherkennung mit insgesamt 11 Mitarbeitern innerhalb eines größeren Krankenhauses (*LAG Hessen* 31.07.2008 – 9 TaBV 267/07 – juris).
- Manager in der Designabteilung eines Automobilherstellers mit einem Team von etwa 15 Mitarbeitern (*LAG Hessen* 28.07.2011 – 9 TaBV 183/10 – juris).
- Produktionsleiter mit im Innenverhältnis erheblich eingeschränkter Prokura (*ArbG Reutlingen* 06.12.2007 – 6 Ca 138/07 – juris).
- Redaktions- und Verlagsleiter bei einem Zeitungsverlag (*LAG Hamm* 27.09.2013 – 7 TaBV 71/13 – juris).

- Leiterin des Service-Centers einer Bank mit Kredit- (500.000 Euro) und Zahlungsanweisungskompetenz (50.000 Euro) sowie Budgetverantwortung und Kontrollaufgaben für zugeordnete Filialen (*LAG Baden-Württemberg* 27.11.2013 – 13 TaBV 8/13 – juris).
- Leiter eines wichtigen Teilbereiches mit Personalverantwortung in einem Konzernunternehmen mit Matrix-Struktur (*LAG Baden-Württemberg* 28.05.2014 BB 2014, 2298).
- Stellvertretender Geschäftsleiter in einem »Fachzentrum« mit 80 Mitarbeitern (*LAG Hamm* 12.06.2015 – 13 TaBV 78/14 – juris).

232 Zweifelhaft ist die Stellung des Betriebsarztes. Die Eigenschaft als leitender Angestellter wurde verneint vom *LAG Baden-Württemberg* 31.03.1977 AP Nr. 17 zu § 5 BetrVG 1972; sie wurde bejaht vom *LAG München* 22.03.1978 – 3 (4) TaBV 41/77, n. v.

4. Der Hilfstatbestand des Abs. 4

a) Allgemeines

233 Der neu eingefügte Abs. 4 bestimmt den Kreis der leitenden Angestellten im Gegensatz zu dem funktionalen Grundtatbestand des Abs. 3 Satz 2 Nr. 3 **ausschließlich nach formalen Merkmalen**. Nach der Entwurfsbegründung soll durch die Anknüpfung an formale, schnell feststellbare Merkmale in den Fällen eine Entscheidungshilfe gegeben werden, in denen die Zuordnung nach dem funktionalen Grundtatbestand zweifelhaft bleibt (BT-Drucks. 11/2503, S. 30). Dabei ist den Verfassern ein redaktioneller Fehler unterlaufen, da es in der Bezugnahme auf den funktionalen Grundtatbestand nicht Abs. 3 Nr. 3, sondern Abs. 3 Satz 2 Nr. 3 lauten müsste.

b) Bedeutung und dogmatische Einordnung des Abs. 4

234 Bedeutung und dogmatische Einordnung des Abs. 4 sind streitig (dazu *Weigle* Die leitenden Angestellten, S. 93 ff.): Teilweise wird angenommen, dass es sich um eine **widerlegbare Vermutung** handle. Könnten die Zweifel am Vorliegen der Voraussetzungen des Abs. 3 Satz 2 Nr. 3 durch die Kriterien des Abs. 4 überwunden werden, so begründe umgekehrt das Vorliegen einer der Alternativen des Abs. 4 Zweifel an der Richtigkeit einer negativen Zuordnung nach Abs. 3 Satz 2 Nr. 3, so dass dann auch »Zweifel« i. S. d. Abs. 4 Eingangssatz gegeben und dieser unabhängig von dem Ergebnis der Subsumtion unter Abs. 3 Satz 2 Nr. 3 anwendbar sei. Sobald also eine der Tatbestandsalternativen des Abs. 4 erfüllt sei, spreche eine widerlegbare Vermutung für die Einstufung als leitender Angestellter. Die Vermutung sei nur dann widerlegt, wenn der Angestellte offensichtlich nicht die Voraussetzungen des Abs. 3 erfülle (so *H. P. Müller* DB 1988, 1697 [1699 ff.]; zust. *Stege/Weinspach/Schiefer* § 5 Rn. 24; ähnlich *G. Müller* DB 1989, 824 [827 f.]).

235 Die Einordnung als **gesetzliche Vermutung** ist jedoch verfehlt und daher **abzulehnen** (vgl. *BAG* 25.10.2001 EzA § 5 BetrVG 1972 Nr. 64 unter II 3d; *Fitting* § 5 Rn. 420; *Henssler* FS Hromadka, S. 131 [137]; *Koch*/ErfK § 5 BetrVG Rn. 23; *Richardi* § 5 Rn. 230; *Trümner*/DKKW § 5 Rn. 284, 290). Hiergegen spricht, dass das vom Gesetz intendierte Verhältnis von Abs. 3 und Abs. 4 auf den Kopf gestellt würde. Der Gesetzgeber wollte grundsätzlich an der funktionalen Abgrenzung des leitenden Angestellten festhalten (s. Rdn. 200). Abs. 4 sollte erst und nur dann Anwendung finden, wenn die Zuordnung aufgrund des § 5 Abs. 3 Satz 2 Nr. 3 nicht zweifelsfrei möglich ist (Ausschussbericht, BT-Drucks. 11/3618, S. 8; *Weigle* Die leitenden Angestellten, S. 101 ff.). Hieraus ergibt sich, dass **Abs. 3 gegenüber Abs. 4 vorrangig** ist (ebenso *Engels/Natter* BB 1989, Beil. Nr. 8, S. 10; *Martens* RdA 1989, 73 [82]; *Richardi* NZA 1990, Beil. Nr. 1, S. 2 [9]; *Wlotzke* DB 1989, 111 [122]). Dem widerspräche es, wenn bereits das Vorliegen einer der Alternativen des Abs. 4 dessen Anwendbarkeit zur Folge hätte, die Bestimmung also selbst dann nach formalen Merkmalen vorgenommen werden könnte, wenn sich aus Abs. 3 Satz 2 Nr. 3 eine negative Zuordnung ergibt, d. h. der Arbeitnehmer unter Zugrundelegung des funktionalen Grundtatbestandes eindeutig kein leitender Angestellter ist.

236 Ebenso wenig handelt es sich bei Abs. 4 um **Regelbeispiele** (ebenso *BAG* 22.02.1994 – 7 ABR 32/93 – juris; 25.10.2001 EzA § 5 BetrVG 1972 Nr. 64 unter II 3d; *LAG München* NZA-RR 2000, 425 [426]; *Fitting* § 5 Rn. 418; *Henssler* FS Hromadka, S. 131 [137]; *Richardi* § 5 Rn. 230; **a. M.** *Martens* RdA 1989, 81 ff.; im Ergebnis ähnlich *Borgwardt* in: Borgwardt/Fischer/Janert SprAuG, Teil 2, § 5 Abs. 3

und 4 BetrVG Rn. 29). Hiergegen sprechen der Wortlaut – Regelbeispiele werden mit »in der Regel« gekennzeichnet, vgl. §§ 94 Abs. 2, 113 Abs. 2, 243 StGB –, die Gesetzesmaterialien, die von Auslegungsregeln sprechen (vgl. Begründung zum Entwurf, BT-Drucks. 11/2503, S. 30; Ausschussbericht, BT-Drucks. 11/3618, S. 8), sowie das Verhältnis von Abs. 3 und Abs. 4, das auch bei der Annahme von Regelbeispielen entgegen der gesetzgeberischen Absicht umgekehrt wäre, da vom Normalfall des Regelbeispiels nur aus besonderen Gründen abgewichen werden kann, die seine Indizwirkung entkräften. Damit aber **würde Abs. 4 zum Regel- und Abs. 3 zum Ausnahmetatbestand** (ebenso *Engels/Natter* BB 1989, Beil. Nr. 8, S. 10; *Fitting* § 5 Rn. 418; *Richardi* NZA 1990, Beil. Nr. 1, S. 2 [9]; *Trümner/DKKW* § 5 Rn. 286; *Wlotzke* DB 1989, 111 [122]; *Weigle* Die leitenden Angestellten, S. 104 ff.; auch *Martens* selbst räumt den Widerspruch zur Gesetzesbegründung ein, RdA 1989, 73 [83]). Hinzu kommt, dass Regelbeispiele in erster Linie zur Ausfüllung von Generalklauseln dienen, etwa dem »besonders schweren Fall« im StGB (vgl. §§ 94 Abs. 2, 243 StGB). In solchen Fällen ist es sinnvoll, wenn die Indizwirkung des Regelbeispiels nur in Ausnahmefällen entkräftet werden kann, da der »besonders schwere Fall« für sich genommen keine inhaltlich präzise Regelung trifft. Im Unterschied dazu handelt es sich bei Abs. 3 um eine Legaldefinition, die – wenn auch unter Verwendung unbestimmter Rechtsbegriffe – anhand von einzelnen Tatbestandsmerkmalen den Begriff des leitenden Angestellten grundsätzlich abschließend regeln will (s. Rdn. 162 f.; vgl. auch *Trümner/DKKW* § 5 Rn. 281).

Aber auch die Einstufung als **Auslegungsregel** (Begründung zum Entwurf, BT-Drucks. 11/2503, S. 30; Ausschussbericht, BT-Drucks. 11/3618, S. 8; aus der Literatur vgl. *Engels/Natter* BB 1989, Beil. 8, S. 10; *Hromadka* BB 1990, 62; *Löwisch* SprAuG, § 1 Rn. 22; *Röder* NZA 1989, Beil. Nr. 4, S. 2 [6]; *Weigle* Die leitenden Angestellten, S. 97 ff., 108 f., bejaht zwar das Vorliegen einer Auslegungsregel, versteht diese aber nicht i. S. einer Auslegungshilfe) kann nicht überzeugen (*Dänzer-Vanotti* NZA 1989, Beil. Nr. 1, S. 29 [33]; *Fitting* § 5 Rn. 419; *Henssler* FS *Hromadka*, S. 131 [137]; *Koch*/ErfK § 5 BetrVG Rn. 23; *Richardi* § 5 Rn. 230). Die Tatbestände des Abs. 4 können zum einen **keine Auslegungshilfe für den Abs. 3** bieten, weil sie für die Inhaltsbestimmung von dessen Tatbestandsmerkmalen nichts hergeben (ebenso wohl BAG 25.10.2001 EzA § 5 BetrVG 1972 Nr. 64 unter II 3d: »keine beispielhaften Erläuterungen der unbestimmten Rechtsbegriffe der § 5 Abs. 3 Satz 2 Nr. 3 BetrVG«). So hat beispielsweise weder die Zuordnung bei einer Wahl gemäß Abs. 4 Nr. 1 noch die Gehaltshöhe gemäß Abs. 4 Nr. 3 eine Aussagekraft bezüglich der Frage, ob der Angestellte unternehmerische Aufgaben wahrnimmt und den hierfür erforderlichen Handlungsspielraum besitzt (zutr. *Dänzer-Vanotti* NZA 1989, Beil. Nr. 1, S. 29 [33]; zust. *Fitting* § 5 Rn. 419). Deshalb scheidet eine Einstufung der Varianten des Abs. 4 als **erläuternde Rechtssätze**, die einen in anderen Rechtssätzen verwandten Begriff näher umschreiben, aus (ebenso *Steindorff* AuR 1988, 266 [269]; näher zu erläuternden Rechtssätzen *Larenz* Methodenlehre, 6. Aufl. 1991, S. 258 f.). **237**

Auch eine Parallele zu den **materiellen Auslegungsregeln** für rechtsgeschäftliche Willenserklärungen wie §§ 311c, 364 Abs. 2, 2066 ff. BGB lässt sich nicht ziehen (ebenso *Wlotzke* DB 1989, 111 [121 f.]). Zwar spricht dafür der Wortlaut (»im Zweifel«). Kennzeichnend für diese Auslegungsregeln ist jedoch, dass sie Klarheit für den Fall schaffen sollen, dass Vertragsparteien eine Willenserklärung in verschiedener Bedeutung gemeint und verstanden haben und sich keine normative Erklärungsbedeutung ermitteln lässt. Sie sollen demnach verhindern, dass dem Rechtsgeschäft aus diesem Grunde die Wirksamkeit versagt wird (*Wolf/Neuner* Allgemeiner Teil des Bürgerlichen Rechts, 11. Aufl. 2016, § 35 Rn. 52 ff.). Eine solche Situation kann bei einem Gesetz nicht eintreten, da sich der **Bedeutungsgehalt einer Norm stets** mit Hilfe der Auslegungsregeln **ermitteln** lässt (insoweit zutr. *Clausen/Löhr/Schneider/Trümner* AuR 1988, 293 [297]). **238**

Darüber hinaus sind Auslegungsregeln Hilfsmittel bei der Ermittlung des Parteiwillens, wenn die Parteien bestimmte Sachverhalte nicht geregelt haben. Auslegungsregeln sind demnach Instrumente der Lückenfüllung. Der Gesetzgeber wollte aber mit Abs. 3 eine abschließende Regelung schaffen. Zumindest ging er nicht davon aus, dass er Sachverhalte übersehen habe, sondern wollte die Anwendung der Regelung erleichtern. **239**

Abs. 4 ist daher mit der wohl überwiegenden Auffassung nicht als eine unselbständige Ergänzung des Abs. 3 Satz 2 Nr. 3, sondern als ein gegenüber dem Grundtatbestand des Abs. 3 Satz 2 Nr. 3 **selbständiger Hilfstatbestand** anzusehen, der allerdings nur dann zur Anwendung kommt, wenn die Aus- **240** legung des Abs. 3 Satz 2 Nr. 3 auch nach Ausschöpfung der üblichen Auslegungsparameter zu keinem eindeutigen Ergebnis führt (*BAG* 25.10.2001 EzA § 5 BetrVG 1972 Nr. 64 unter II 3d; *LAG Hamm* 10.10.2008 – 10 TaBV 24/08 – juris, Rn. 85; *LAG München* 13.04.2000 NZA-RR 2000, 425 [426]; *LAG Thüringen* 06.07.2000 LAGE § 5 BetrVG 1972 Nr. 22, S. 9; *Bauer* SprAuG, § 5 Abs. 3 und 4 BetrVG, S. 125; *Buchner* NZA 1989, Beil. Nr. 1, S. 2 [9]; *Dänzer-Vanotti* NZA 1989, Beil. Nr. 1, S. 29 [33 f.]; *Fitting* § 5 Rn. 416 ff., 420 ff.; *Koch*/ErfK § 5 BetrVG Rn. 23; *G. Müller* DB 1989, 824 [827 f., 831 Fn. 75]; *Richardi* NZA 1990, Beil. Nr. 1, S. 2 [9 f.]; *Richardi* § 5 Rn. 229 f.; *Steindorff* AuR 1988, 266 [268]; *Trümner*/DKKW § 5 Rn. 286; *Wlotzke* DB 1989, 111 [122]). Folglich sind zuerst die Voraussetzungen des Abs. 3 Satz 2 Nr. 3 zu prüfen, bevor Abs. 4 herangezogen werden kann. Erst wenn die Anwendung des Abs. 3 Satz 2 Nr. 3 keine eindeutige (positive oder negative) Antwort auf die Frage nach der Einordnung als leitender Angestellter gibt, also Zweifel i. S. d. Abs. 4 bleiben (hierzu s. Rdn. 242 ff.), kann auf die formalen Kriterien des Abs. 4 zurückgegriffen werden.

241 Liegen Zweifel i. S. d. Abs. 4 vor, so entfällt damit die Anwendungssperre; ist dann einer der Tatbestände des Abs. 4 erfüllt, so wird nach der Gesetzesformulierung das Vorliegen der Voraussetzungen des Abs. 3 Satz 2 Nr. 3 unwiderlegbar angenommen (leitender Angestellter nach Abs. 3 [Satz 2] Nr. 3 **ist** im Zweifel, wer . . .). Gesetzestechnisch handelt es sich demnach um eine **unwiderlegbare Vermutung** und zwar, da das Vorliegen eines rechtlichen Status vermutet wird, um eine unwiderlegbare **Rechtsvermutung** (ähnlich *G. Müller* DB 1989, 824 [827], der allerdings eine widerlegbare Vermutung annimmt; **a. M.** *Fitting* § 5 Rn. 423 [nur Orientierungshilfe]; auch *Weigle* Die leitenden Angestellten, S. 108 ff. [116, 117] nimmt offenbar keine unwiderlegliche Vermutung, sondern eine »Auslegungsregel« an, kommt aber i. E. zu den gleichen Rechtsfolgen, wie bei einer unwiderlegbaren Vermutung). Eine Vermutung muss sich nicht auf den tatsächlichen Bereich beziehen (so aber *Engels*/*Natter* BB 1989, Beil. Nr. 8, S. 10; *Martens* RdA 1989, 73 [82]; *Wlotzke* DB 1989, 111 [122]; zur Rechtsvermutung *Baumann* Einführung in die Rechtswissenschaft, 8. Aufl. 1989, § 4 I 1d, S. 85). Die Besonderheit der Regelung des Abs. 4 besteht vielmehr darin, dass das Eingreifen der Vermutung Zweifel bei der Auslegung des Grundtatbestandes des Abs. 3 Satz 2 Nr. 3 voraussetzt. Die Vermutung knüpft also nicht an Zweifeln bezüglich des Vorliegens von Tatsachen, sondern an Zweifeln bei der Rechtsanwendung an (vgl. dazu Rdn. 242 f.). Für das Eingreifen des Abs. 4 müssen folglich

(1) Zweifel bei der Anwendung des Abs. 3 Satz 2 Nr. 3 über die Zuordnung als leitender Angestellter bestehen bleiben und

(2) eine der Alternativen des Abs. 4 vorliegen.

Aus der Konstruktion als unwiderlegliche Vermutung ergibt sich zugleich, dass **ein Gegenbeweis nicht zulässig** ist. Ist Abs. 4 also aufgrund verbliebener Zweifel anwendbar und ist eine seiner Tatbestandsalternativen gegeben, so ist der Betreffende leitender Angestellter i. S. d. Abs. 3 Satz 2 Nr. 3, ohne dass dies mit der Behauptung entkräftet werden könnte, dass dessen Voraussetzungen in Wahrheit nicht vorlägen. Deshalb kann nicht davon gesprochen werden, dass für Abs. 4 nach der hier vertretenen Auffassung als Hilfstatbestand kein Anwendungsbereich bleibe (so *Martens* RdA 1989, 73 [83]; *H. P. Müller* DB 1988, 1697 [1700]; vgl. auch *Richardi* NZA 1990, Beil. Nr. 1, S. 2 [9], der zwar der hier vertretenen Auffassung folgt, aber daraus die Funktionslosigkeit des Abs. 4 ableitet).

c) Zweifel i. S. d. Abs. 4 Eingangssatz

aa) Begriffsbestimmung

242 Bei Zweifeln i. S. d. Abs. 4 kann es sich nur um **rechtliche Zweifel** bei der Auslegung und Anwendung des Abs. 3 Satz 2 Nr. 3 im konkreten Einzelfall handeln (ebenso *BAG* 25.10.2001 EzA § 5 BetrVG 1972 Nr. 64 unter II 3d; *LAG Hamm* 10.10.2008 – 10 TaBV 24/08 – juris, Rn. 85; *LAG München* 13.04.2000 NZA-RR 2000, 425 [426]; *Buchner* NZA 1989, Beil. Nr. 1, S. 2 [9]; *Fitting* § 5 Rn. 420; *Koch*/ErfK § 5 BetrVG Rn. 23; *Preis*/WPK § 5 Rn. 69; *Trümner*/DKKW § 5 Rn. 290; *Wlotzke* DB 1989, 111 [122]; **a. M.** *Richardi* § 5 Rn. 232; *ders.* AuR 1991, 33 [42]). Das folgt zwingend aus der Absicht des Gesetzes, die Abgrenzung der leitenden Angestellten für die Praxis leichter handhabbar zu machen und den entstandenen Auslegungsschwierigkeiten zu begegnen (Begründung zum Entwurf, BT-Drucks. 11/2503, S. 24 f.; vgl. auch Rdn. 2 f.). Probleme ergaben sich für die Praxis aber

so gut wie nie bei der Ermittlung des maßgeblichen Sachverhaltes, sondern stets bei der Rechtsanwendung im konkreten Einzelfall (so zutr. *Buchner* NZA 1989, Beil. Nr. 1, S. 2 [9]).

Schwieriger zu beurteilen ist, **wann solche Zweifel erheblich** sind und den Rückgriff auf Abs. 4 **243** gestatten. Da der Gesetzgeber grundsätzlich an der funktionalen Abgrenzung festhalten wollte, muss die Anwendung des Abs. 4 auf schwierige Grenzfälle beschränkt bleiben. Zweifel i. S. d. Abs. 4 liegen daher nur dann vor, wenn bei der Frage der Anwendbarkeit des Abs. 3 Satz 2 Nr. 3 nach Ausschöpfung aller Auslegungsgrundsätze **mehrere**, also mindestens zwei, **Auslegungsergebnisse vertretbar** erscheinen (ebenso *BAG* 25.10.2001 EzA § 5 BetrVG 1972 Nr. 64 unter II 3d; *Engels/Natter* BB 1989, Beil. Nr. 8, S. 11; *Fitting* § 5 Rn. 422; *Preis/WPK* § 5 Rn. 69; *Röder* NZA 1989, Beil. Nr. 4, S. 2 [6]; *Wlotzke* DB 1989, 111 [123]; *Weigle* Die leitenden Angestellten, S. 117 f.; ähnlich *LAG Berlin-Brandenburg* 27.08.2014 – 10 Sa 467/14 – juris, Rn. 64: Abs. 4 sei anwendbar, wenn vieles für die Annahme eines Status eines leitenden Angestellten spreche, aber dennoch gewisse Zweifel blieben; zweifelnd zu Unrecht *Trümner/DKKW* § 5 Rn. 290 mit der Begründung, dass es bei der Auslegung unbestimmter Rechtsbegriffe »rechtslogisch« nicht mehrere vertretbare Ergebnisse geben könne). Dies dürfte etwa der Fall sein, wenn sich beide Auffassungen auf unterschiedliche Meinungen in der Literatur oder auf divergierende Instanzentscheidungen berufen können (insoweit *Engels/Natter* BB 1989, Beil. Nr. 8, S. 11). Angesichts ihrer Bedeutung für die betriebliche Praxis wird dagegen eine **gefestigte höchstrichterliche Rechtsprechung** zu der streitigen Frage **die Annahme von Zweifeln ausschließen**. Nicht zu verkennen ist jedoch, dass auch mit dieser Bestimmung noch eine erhebliche begriffliche Unschärfe verbunden ist, die die Anwendung in der Praxis belastet (zutr. *Wlotzke* DB 1989, 111 [122]), so dass »Zweifel« bestehen, ob die Vorschrift in der Praxis tatsächlich leichter handhabbar sein wird.

bb) Gerichtliche Überprüfung des Vorliegens von »Zweifeln«
Bei dem Vorliegen von »Zweifeln« handelt es sich um ein **Merkmal des gesetzlichen Vermutungs- 244 tatbestandes** des Abs. 4 in Form eines unbestimmten Rechtsbegriffes, das folglich **in vollem Umfang justitiabel** ist (ebenso *Fitting* § 5 Rn. 425). Die Gerichte haben demnach zu prüfen, ob die Beteiligten des Betriebes, die die Zuordnung aufgrund von Abs. 4 vorgenommen haben, berechtigterweise Zweifel haben durften, ob die Voraussetzungen des Abs. 3 Satz 2 Nr. 3 vorliegen oder nicht. Kommt das Gericht zu dem Ergebnis, dass sich die Zuordnung zweifelsfrei bereits aus dieser Grundnorm ergibt oder die Beteiligten eine Anwendung dieser Vorschrift gar nicht versucht haben, so kann es selbst die Zuordnung aufgrund des funktionalen Grundtatbestandes des Abs. 3 Satz 2 Nr. 3 vornehmen (ebenso *Dänzer-Vanotti* NZA 1989, Beil. Nr. 1, S. 29 [34]; *Fitting* § 5 Rn. 426; *Richardi* NZA 1990, Beil. Nr. 1, S. 2 [10]; *Röder* NZA 1989, Beil. Nr. 4, S. 2 [6]; *Wlotzke* DB 1989, 111 [123]). Den betrieblichen Stellen steht auch kein **Wertungs- oder gar Beurteilungsspielraum** zu (*Fitting* § 5 Rn. 425; *Richardi* NZA 1990, Beil. Nr. 1, S. 2 [9]; *Wlotzke* DB 1989, Beil. Nr. 8, 123; *Weigle* Die leitenden Angestellten, S. 114; *Wittig* Beurteilungsspielräume im Betriebsverfassungsgesetz, S. 63 ff.; **a. M.** *Buchner* NZA 1989, Beil. Nr. 1, S. 2 [9]; *Röder* NZA 1989, Beil. Nr. 4, S. 2 [6]). Das *BAG* hat den Instanzgerichten bei der Bestimmung der Eigenschaft als leitender Angestellter einen Beurteilungsspielraum dergestalt eingeräumt, dass das Beschwerdegericht nur nachprüfen könne, ob die Bewertungsmaßstäbe im Einzelnen richtig erkannt, eine vertretbare Gesamtwertung aller maßgeblichen Gesichtspunkte erfolgt und ob alles wesentliche Tatsachenmaterial ohne Verstoß gegen die Denkgesetze oder allgemeine Erfahrungssätze berücksichtigt worden sei (*BAG* 05.03.1974 EzA § 5 BetrVG 1972 Nr. 7, 29.01.1980 EzA § 5 BetrVG 1972 Nr. 35 [jeweils *Kraft*] = AP Nr. 1, 22 zu § 5 BetrVG 1972; 25.10.2001 EzA § 5 BetrVG 1972 Nr. 64 unter II 2). Dies gilt jedoch nicht für eine Zuordnung durch die betrieblichen Stellen. Nehmen sie die Zuordnung (positiv oder negativ) aufgrund von Abs. 3 Satz 2 Nr. 3 vor, so ist diese in vollem Umfang vom Gericht nachprüfbar. Ebenso wenig haben sie einen Wertungsspielraum bei der Beurteilung, ob Zweifel vorliegen. Dies würde nämlich faktisch darauf hinauslaufen, dass entgegen der Gesetzesintention die betrieblichen Stellen sich unüberprüfbar auf »Zweifel« berufen und auf diesem Wege Abs. 4 zum Regeltatbestand machen könnten (vgl. auch *Engels/Natter* BB 1989, Beil. Nr. 8, S. 11; *Fitting* § 5 Rn. 426; *Wlotzke* DB 1989, 111 [123]). Ein »Spielraum« besteht für die betrieblichen Stellen daher nur insoweit, als sie sich bei Bestehen von Zweifeln für die Anwendung des Abs. 3 Satz 2 Nr. 3 nicht für eines der vertretbaren Auslegungsergebnisse entscheiden müssen. Das Gericht kann also die Zuordnung nach Abs. 4 nicht deshalb als fehlerhaft ansehen, weil die (berechtigten) Zweifel

aus seiner Sicht überwindbar gewesen seien. Es ist daher für das Vorliegen von »Zweifeln« i. S. d. Abs. 4 nicht auf die Sicht des Gerichts, sondern darauf abzustellen, **ob die Normanwender im Betrieb verständigerweise davon ausgehen durften, dass der Grundtatbestand des Abs. 3 Satz 2 Nr. 3 zu keinem eindeutigen Ergebnis führt.** Ob die betrieblichen Stellen mehr als ein Ergebnis bei der Auslegung des Abs. 3 Satz 2 Nr. 3 für vertretbar halten durften, ist dagegen in vollem Umfang der Prüfungskompetenz der Gerichte unterworfen.

245 Wenn **die betriebliche Zuordnungsstelle** eine Entscheidung nach Abs. 3 Satz 2 Nr. 3 getroffen, also **nicht auf Abs. 4 zurückgegriffen** hat, das Gericht aber bei der Überprüfung der Entscheidung zu der Auffassung gelangt, dass aus Sicht der Zuordnungsstelle mehr als ein Auslegungsergebnis vertretbar gewesen wäre, also »Zweifel« i. S. d. Abs. 4 vorgelegen hätten, stellt sich die Frage, ob das Gericht wegen der aus seiner Sicht eigentlich bestehenden Zweifel seine Entscheidung unter Anwendung des Abs. 4 treffen muss. In der Konsequenz des Vermutungstatbestandes, der die »Zweifel« als Tatbestandsmerkmal enthält, läge es, dass in einem solchen Fall die unwiderlegliche Vermutung des Abs. 4 anwendbar und damit auch das Gericht daran gebunden wäre (so wohl *Hromadka* BB 1990, 57 [62]; *Trümner/DKKW* § 5 Rn. 289; *Wlotzke* DB 1989, 111 [123]).

246 Die Intention des Gesetzes spricht aber dafür, dass das **Gericht nur dann auf der Grundlage des Abs. 4 zu entscheiden** hat, **wenn auch die betrieblichen Stellen** (aufgrund berechtigter Zweifel) **eine Zuordnung nach Abs. 4 vorgenommen haben.** Der Sinn der Neuregelung bestand darin, für die betrieblichen Stellen mehr Rechtssicherheit zu schaffen, da diese aufgrund der Bestimmung des leitenden Angestellten über unbestimmte Rechtsbegriffe meist erst am Ende eines Beschlussverfahrens sicher sein konnten, ob die von ihnen vorgenommene Zuordnung Bestand haben würde. Aus diesem Grunde sollten sie in Zweifelsfällen nicht gezwungen werden, sich für eine Möglichkeit zu entscheiden und damit die Aufhebung zu riskieren, sondern ihnen sollte die Zuordnung durch »formale, schnell feststellbare Merkmale« erleichtert werden (Begründung zum Entwurf, BT-Drucks. 11/2503, S. 30; *Wlotzke* DB 1989, 111 [121]). Ziel war es also, den betrieblichen Normanwendern eine Entscheidungshilfe zu bieten und ihre Zuordnungen bestandssicherer zu machen. Dagegen war es nicht beabsichtigt, die Gerichte in jedem Fall an die formalen Kriterien zu binden. Nur wenn die betriebliche Stelle nach Abs. 4 entschieden hat, ist es Sache des Gerichts zu prüfen, ob Abs. 4 zu Recht herangezogen und richtig angewendet wurde. Hat die betriebliche Stelle sich hingegen auf die Anwendung der Grundnorm des Abs. 3 Satz 2 Nr. 3 beschränkt, hat das Gericht nur zu überprüfen, ob die getroffene Entscheidung auf der Grundlage dieser Vorschrift zutreffend ist. Die andere Auffassung könnte zu der paradoxen Situation führen, dass das Gericht den Arbeitnehmer bei Vorliegen der Voraussetzungen des Abs. 4 als leitenden Angestellten einstufen müsste, selbst wenn die betriebliche Stelle eine Zuordnung zu den leitenden Angestellten nach Abs. 3 Satz 2 Nr. 3 abgelehnt hat, das Gericht von der Richtigkeit der Entscheidung überzeugt ist, aber der Meinung ist, die Zuordnungsstelle hätte Zweifel haben müssen. Ist die Zuordnung eines Angestellten zur Gruppe der leitenden Angestellten selbst Streitgegenstand und bleiben trotz der Amtsermittlungen im Beschlussverfahren Zweifel, hat das Gericht die Entscheidung nach Abs. 4 zu treffen (*Richardi* NZA 1990, Beil. Nr. 1, S. 2 [10]). Kommt das Beschwerdegericht oder das Rechtsbeschwerdegericht zu dem Ergebnis, dass keine Zweifel in Bezug auf die Anwendbarkeit (oder die Unanwendbarkeit) des Abs. 3 Satz 2 Nr. 3 bestehen, hat das Gericht allein nach dieser Norm zu entscheiden.

d) Die Einzeltatbestände des Abs. 4

247 Die einzelnen Alternativen des Abs. 4 nehmen die Abgrenzung des leitenden Angestellten mit Hilfe formaler Kriterien vor. Dabei weisen **Nr. 1 bis 3 einen Bezug zum jeweiligen Unternehmen** auf, während bei **Nr. 4 dieser Unternehmensbezug völlig gelöst** ist. Nach der Entwurfsbegründung sollte das Abstellen auf unternehmensbezogene Merkmale sicherstellen, dass auch bei Anwendung der »Auslegungsregeln« die Gegebenheiten des jeweiligen Unternehmens ausschlaggebend sind (BT-Drucks. 11/2503, S. 30). Damit wollte der Gesetzgeber offenbar auch den Bedenken der Rechtsprechung gegen eine Heranziehung formaler Kriterien (s. Rdn. 200) Rechnung tragen. Das *BAG* hatte nämlich stets betont, dass es für die Einordnung entscheidend auf die konkrete Struktur des Unternehmens ankomme (vgl. die Nachweise Rdn. 200).

aa) Zuordnung anlässlich einer Wahl oder durch gerichtliche Entscheidung (Abs. 4 Nr. 1)

Gemäß Nr. 1 ist »im Zweifel« leitender Angestellter, wer aus Anlass der letzten Wahl des Betriebsrats, 248 des Sprecherausschusses oder von Aufsichtsratsmitgliedern der Arbeitnehmer oder durch rechtskräftige gerichtliche Entscheidung den leitenden Angestellten zugeordnet worden ist. Das Gesetz bringt damit zum Ausdruck, dass diesen Zuordnungen eine **gewisse Richtigkeitsgewähr** zukommt (a. M. offenbar *Richardi* NZA 1990, Beil. Nr. 1, S. 2 [6]; *ders.* AuR 1991, 33 [43]). Maßgeblich für die Zuordnung aus Anlass einer Wahl ist die Entscheidung des Gremiums, das für die Aufstellung der Wählerliste, d. h. der Liste der Wahlberechtigten, zuständig ist. Dies ist grundsätzlich der Wahlvorstand gemäß § 2 WO (*Dänzer-Vanotti* NZA 1989, Beil. Nr. 1, S. 29 [35]; *Richardi* NZA 1990, Beil. Nr. 1, S. 2 [6]). Bei **gleichzeitiger Wahl zum Betriebsrat und zum Sprecherausschuss** ist das Verfahren gemäß § 18a zu beachten, wonach der Spruch des Vermittlers ausschlaggebend sein dürfte, soweit keine Einigung erzielt wird (zust. *Preis/WPK* § 5 Rn. 72; ebenso wohl *Richardi* § 5 Rn. 236; **a. M.** *Fitting* § 5 Rn. 429). Wird **die Zuordnung gerichtlich angegriffen** und in diesem Verfahren korrigiert, so liegt eine Zuordnung durch gerichtliche Entscheidung vor, die allein maßgeblich ist (ebenso *Richardi* NZA 1990, Beil. Nr. 1, S. 2 [6]). **Bei sich widersprechenden Zuordnungen** ist **stets die zeitlich letzte maßgeblich** (vgl. *Martens* RdA 1989, 73 [84]). Dies ergibt sich daraus, dass dieser Entscheidung noch am ehesten eine Richtigkeitsvermutung zukommt, da sie am besten die aktuelle Unternehmensstruktur berücksichtigen konnte. Ein genereller Vorrang einer gerichtlichen Entscheidung besteht nicht; nach dem Gesetz stehen die Alternativen in Abs. 4 Nr. 1 gleichwertig nebeneinander (anders *Wlotzke* DB 1989, 111 [123]; vgl. allerdings zu den Auswirkungen der Bindungswirkung der Rechtskraft unten Rdn. 251 ff.).

Für die Zuordnung durch gerichtliche Entscheidung ist es **gleichgültig**, ob die Einordnung als leiten- 249 der Angestellter **in Rechtskraft** erwächst (zu diesem Fall s. Rdn. 251 ff.) oder lediglich als Vorfrage erheblich ist (ebenso *Richardi* § 5 Rn. 237; *ders.* NZA 1990, Beil. Nr. 1, S. 2 [6]). Ebenso wenig ist es erheblich, ob die Entscheidung **im Urteils- oder Beschlussverfahren** ergeht (zust. *Preis/WPK* § 5 Rn. 73; **a. M.** *Fitting* § 5 Rn. 430; *Hromadka* BB 1990, 57 [63]; *Kaiser/LK* § 5 Rn. 43; *Koch/*ErfK § 5 BetrVG Rn. 24; *Martens* RdA 1989, 73 [84]; *Richardi* AuR 1991, 33 [43]). Dem steht nicht entgegen, dass im Urteilsverfahren der Sachverhalt nicht von Amts wegen erforscht wird (so aber *Fitting* § 5 Rn. 430; *Hromadka* BB 1990, 57 [63]; *Kaiser/LK* § 5 Rn. 43), da auch unter der Geltung des sog. Beibringungsgrundsatzes, der den Parteien den Sachvortrag und den Umfang der Beweisaufnahme überlässt, eine gerichtliche Entscheidung im Hinblick auf die Richtigkeitsgewähr mit der Zuordnung durch einen Wahlvorstand vergleichbar ist, der u. U. gar keine Sachverhaltsermittlung im Einzelfall vorgenommen hat. Es genügt daher eine rechtskräftige gerichtliche Entscheidung beispielsweise in einem Kündigungsrechtsstreit, die die Frage des leitenden Angestellten als Vorfrage behandelt (etwa im Hinblick auf §§ 102, 105 BetrVG; **a. M.** *Richardi* § 5 Rn. 237).

Eine Zuordnung gemäß Nr. 1 **gilt nur** »ceteris paribus«, d. h. soweit sich die Umstände der Beschäf- 250 tigung des Angestellten nicht zwischenzeitlich geändert haben (*Buchner* NZA 1989, Beil. Nr. 1, S. 2 [10]; *Dänzer-Vanotti* NZA 1989, Beil. Nr. 1, S. 29 [35]; *Fitting* § 5 Rn. 432; *Hromadka* BB 1990, 57 [63]; *Richardi* NZA 1990, Beil. Nr. 1, S. 6; *Richardi/*MünchArbR § 19 Rn. 53; *Röder* NZA 1990, Beil. Nr. 4, S. 2 [6]; *Stege/Weinspach/Schiefer* § 5 Rn. 24a; *Wlotzke* DB 1989, 111 [123]; **a. M.** *Engels/Natter* BB 1989, Beil. Nr. 8, S. 11 f.; wohl auch *Weigle* Die leitenden Angestellten, S. 130). Dies folgt wiederum aus der Idee der Richtigkeitsgewähr, die naturgemäß nur Geltung für den der Entscheidung zugrunde liegenden Sachverhalt beanspruchen kann. Sie entfällt daher, wenn die tatsächlichen Umstände sich ändern.

bb) Verhältnis zu den Auswirkungen der Rechtskraft

Ohne Bedeutung ist die Regelung des Abs. 4 Nr. 1, wenn und soweit sich eine Bindung bereits aus der 251 materiellen Rechtskraft von gerichtlichen Entscheidungen ergibt. Die Entscheidung, ob der Arbeitnehmer leitender Angestellter ist, erwächst allerdings nur dann in Rechtskraft, wenn diese Frage selbst **Streitgegenstand des Verfahrens** war, was in der Regel nur im Beschlussverfahren gemäß §§ 80 ff. ArbGG im Rahmen des sog. Statusprozesses der Fall sein wird (hierzu s. Rdn. 287 ff.). Wie sich aus §§ 80 Abs. 2 (Wiederaufnahme des Verfahrens), 85 Abs. 1 (rechtskräftige Beschlüsse) ArbGG mittelbar ergibt, erwachsen auch die Beschlüsse im Beschlussverfahren in Rechtskraft (*BAG* 27.01.1981 AP

Nr. 2 zu § 80 ArbGG 1979; *Greiner/GWBG* ArbGG, § 80 Rn. 14, § 84 Rn. 8 f.). Die Folge der Rechtskraft ist, dass die Gerichte gehindert sind, in derselben Sache überhaupt noch einmal zu entscheiden (ne bis in idem) oder zumindest eine abweichende Entscheidung in der Sache zu treffen (so die herrschende prozessuale Rechtskrafttheorie, vgl. *Leipold* in: *Stein/Jonas* ZPO, § 322 Rn. 19 ff.; *Zöller/Vollkommer* ZPO, vor § 322 Rn. 17 ff.). Somit sind auch die betrieblichen Stellen, soweit sie von den subjektiven Grenzen der Rechtskraft erfasst sind (vgl. hierzu s. Rdn. 252), an diese Einstufung gebunden. Zumindest wäre eine abweichende Zuordnung jederzeit durch die Gerichte aufhebbar. Soweit die Rechtskraft reicht, findet also eine erneute Prüfung der materiellen Voraussetzungen des § 5 Abs. 3, 4 nicht statt, die **rechtskräftige gerichtliche Entscheidung geht** daher selbstverständlich auch **jeder** (vorhergehenden oder nachfolgenden) **Zuordnung durch den Wahlvorstand vor**. Diese Wirkung ergibt sich nicht aus Abs. 4 Nr. 1, sondern bereits aus den allgemeinen Grundsätzen der Rechtskraft, so dass Abs. 4 Nr. 1 insoweit keine eigenständige Bedeutung zukommt.

252 Die **Rechtskraft** bindet allerdings nur **im Rahmen ihrer subjektiven und objektiven Grenzen**. Dabei ist zu beachten, dass sich die **subjektive Rechtskraft** im Beschlussverfahren nach Auffassung des *BAG* nicht nur auf die Antragsteller und Antragsgegner, sondern auf **alle Beteiligten** gemäß § 83 Abs. 3 ArbGG erstreckt (*BAG* 27.01.1981 AP Nr. 2 zu § 80 ArbGG 1979; *Prütting* RdA 1991, 257 [260]; **a. M.** *Greiner/GWBG* ArbGG, § 84 Rn. 9: nur Antragsteller und Antragsgegner; *Matthes/Spinner/GMP* ArbGG, § 84 Rn. 27, versteht die Rspr. des *BAG* so, dass sich die Rechtskraft auf alle materiell Beteiligten unabhängig davon erstrecke, ob sie tatsächlich im Verfahren gehört wurden; dagegen *Prütting* RdA 1991, 257 [260]). Liegt eine rechtskräftige Entscheidung im Beschlussverfahren vor, so sind daher alle maßgebenden betrieblichen Stellen einschließlich des betroffenen Arbeitnehmers an deren Inhalt gebunden, insbesondere da die Bindung des Betriebsrats (und entsprechend der übrigen Kollektivorgane) nicht voraussetzt, dass eine personelle Identität der Amtsträger vorliegt (*BAG* 27.01.1981 AP Nr. 2 zu § 80 ArbGG 1979).

253 **Vor Inkrafttreten der Novelle 1988 ergangene rechtskräftige Entscheidungen** behalten ihre bindende Wirkung (**a. M.** *Borgwardt* in: *Borgwardt/Fischer/Janert* SprAuG, Teil 2, § 5 Abs. 3 und 4 BetrVG Rn. 89 für Entscheidungen, die die Zuordnung zu den leitenden Angestellten ablehnten). Allerdings hatte das *BAG* zu § 118 BetrVG 1972 entschieden, dass die Rechtskraft einer zu § 81 BetrVG 1952 ergangenen Entscheidung einer erneuten Entscheidung nicht entgegenstehe, weil sich die zugrunde liegende Rechtsnorm seit der Rechtskraft geändert habe. Es hat dabei wesentlich darauf abgestellt, dass mit der Neufassung auch eine inhaltliche Änderung beabsichtigt war und dass sowohl Wortlaut als auch Sinngehalt der neuen Vorschrift erhebliche Unterschiede zu der bisherigen Regelung aufwiesen (*BAG* 31.10.1975 EzA § 118 BetrVG 1972 Nr. 5 = AP Nr. 3 zu § 118 BetrVG 1972). Angesichts der Tatsache, dass der Gesetzgeber der Novelle 1988 die Vorschrift über den leitenden Angestellten ohne Einengung oder Erweiterung lediglich präzisieren wollte (s. Rdn. 3), dürfte diese Rechtsprechung kaum auf die Neuregelung des § 5 Abs. 3, 4 übertragbar sein. Allerdings endet die Wirkung der objektiven Rechtskraft, wenn sich die der Entscheidung zugrunde liegenden tatsächlichen Verhältnisse wesentlich verändert haben (*BAG* 27.01.1981 AP Nr. 2 zu § 80 ArbGG 1979; *Greiner/GWBG* ArbGG, § 84 Rn. 8), so dass bei einer Änderung von Aufgaben und Stellung des Angestellten auch neu über die Einordnung als leitender Angestellter zu entscheiden ist. In diesem Falle findet auch die Zweifelsregelung des Abs. 4 Nr. 1 keine Anwendung (s. Rdn. 250).

254 Im Ergebnis bleibt damit, soweit es um die rechtskräftige gerichtliche Entscheidung geht, für Abs. 4 Nr. 1 nur **ein schmaler Anwendungsbereich**. Bedeutung kann er allenfalls jenseits der Grenzen der Rechtskraft erlangen (zutr. *Martens* RdA 1989, 73 [84]). Hinsichtlich der objektiven Grenzen findet aber Abs. 4 Nr. 1 bei Änderung der tatsächlichen Verhältnisse ebenfalls keine Anwendung (s. Rdn. 250; **a. M.** *Weigle* Die leitenden Angestellten, S. 136). Eine Bedeutung jenseits der subjektiven Grenzen ist angesichts der weiten Ausdehnung auf alle gemäß § 83 Abs. 3 ArbGG Beteiligten ebenso wenig vorstellbar. Somit kommen nur die gerichtlichen Entscheidungen in Betracht, bei denen die Frage, ob der Arbeitnehmer leitender Angestellter ist oder nicht, nicht an der Rechtskraft teilhat, sondern nur als Vorfrage behandelt wird. Dass diese gerichtlichen Entscheidungen ebenfalls vom Regelungsbereich des Abs. 4 Nr. 1 erfasst sind (s. Rdn. 249), ergibt sich demnach bereits daraus, dass ansonsten für diese Vorschrift kein Anwendungsbereich verbliebe, sie mithin leerlaufen würde.

cc) Zugehörigkeit zu einer Leitungsebene (Abs. 4 Nr. 2)

Gemäß Nr. 2 ist leitender Angestellter, wer einer Leitungsebene angehört, auf der in dem Unternehmen überwiegend leitende Angestellte vertreten sind. Wesentlicher Anknüpfungspunkt ist demnach die **Leitungsebene i. S. v. gleichwertiger Tätigkeit im Unternehmen** (*Fitting* § 5 Rn. 433; *Hromadka/Sieg* SprAuG, § 5 Abs. 3, 4 BetrVG Rn. 57; *Wlotzke* DB 1989, 111 [123]). In der Regel wird der Organisationsplan des Unternehmens diese Leitungsebenen festlegen. Allerdings verbietet sich eine schematische Anknüpfung an diese Pläne sowie an bestimmte Hierarchiestufen. Entscheidend ist nicht die Zuordnung zu einer Ebene des Organisationsplanes, sondern ob der derselben Ebene zuzuordnenden Arbeitnehmer als leitende Angestellte i. S. d. Grundtatbestandes des § 5 Abs. 3 einzustufen sind (*Buchner* NZA 1989, Beil. Nr. 1, S. 2 [10]; *Richardi* § 5 Rn. 240; *ders.* NZA 1990, Beil. Nr. 1, S. 2 [7]). Der Organisationsplan kann lediglich Indizwirkung entfalten (*Buchner* NZA 1989, Beil. Nr. 1, S. 10; *Richardi* NZA 1990, Beil. Nr. 1, S. 7). Außerdem muss darauf Rücksicht genommen werden, dass die Organisation in Stabs- und Linienbereich durchaus unterschiedlich sein kann, weswegen ein Vergleich nur zwischen Angestellten desselben Bereiches möglich ist (*Buchner* NZA 1989, Beil. Nr. 1, S. 10). Auch die Hierarchiestufen können von Unternehmen zu Unternehmen, aber auch innerhalb des Unternehmens in verschiedenen Abteilungen, divergieren (*Dänzer-Vanotti* NZA 1989, Beil. Nr. 1, S. 29 [35 f.]; *Engels/Natter* BB 1989, Beil. Nr. 8, S. 12).

255

Auf der Ebene des Angestellten, um dessen Status es geht, müssen **überwiegend, also mehr als 50 % leitende Angestellte** vertreten sein (*Engels/Natter* BB 1989, Beil. Nr. 8, S. 12; *Fitting* § 5 Rn. 434; *Richardi* § 5 Rn. 240; *Trümner/DKKW* § 5 Rn. 292; *Wlotzke* DB 1989, 111 [123]; weitergehend *Dänzer-Vanotti* NZA 1989, Beil. Nr. 1, S. 29 [36]: »die 50 %-Marke deutlich übersteigen«). Zur Beurteilung des »Überwiegens« nach Abs. 4 Nr. 2 sind **nur solche Angestellte zu berücksichtigen, die unstreitig leitende Angestellte i. S. d. § 5 Abs. 3, 4 sind** (*Fitting* § 5 Rn. 434; *Richardi* § 5 Rn. 240; *ders.* NZA 1990, Beil. Nr. 1, S. 2 [7]; krit. *Trümner/DKKW* § 5 Rn. 292 Fn. 876). Würde man auch Angestellte berücksichtigen, bei denen die Einordnung als leitende Angestellte zweifelhaft ist, so würde dies der gesetzgeberischen Absicht zuwiderlaufen, den betrieblichen Stellen bei »Auslegungszweifeln« schnell feststellbare Kriterien zur Verfügung zu stellen (s. Rdn. 233). Die Auslegungsschwierigkeiten des § 5 Abs. 3 Satz 2 Nr. 3 würden vielmehr lediglich verlagert.

256

dd) Anknüpfung an die Gehaltsstruktur im Unternehmen (Abs. 4 Nr. 3)

Gemäß Abs. 4 Nr. 3 ist »im Zweifel« leitender Angestellter, wer ein regelmäßiges Jahresarbeitsentgelt erhält, das für leitende Angestellte in dem Unternehmen üblich ist. Unter Arbeitsentgelt sind dabei **in Anlehnung an § 14 SGB IV** alle laufenden oder einmaligen Einnahmen aus einer Beschäftigung zu verstehen, gleichgültig, ob ein Rechtsanspruch auf sie besteht oder in welcher Form sie geleistet werden (*Buchner* NZA 1989, Beil. Nr. 1, S. 2 [10]; *Dänzer-Vanotti* NZA 1989, Beil. Nr. 1, S. 29 [36]; *Engels/Natter* BB 1989, Beil. Nr. 8, S. 12; *Fitting* § 5 Rn. 435; *Richardi* § 5 Rn. 242; *Röder* NZA 1989, Beil. Nr. 4, S. 6; *Stege/Weinspach/Schiefer* § 5 Rn. 24c; *Trümner/DKKW* § 5 Rn. 293; *Wlotzke* DB 1989, 111 [123]). Außer dem Festgehalt fallen hierunter auch zusätzliche Gehaltsbestandteile wie Tantiemen, Gratifikationen oder auch Sachbezüge wie Dienstwohnung oder Dienstfahrzeug (vgl. *Engels/Natter* BB 1989, Beil. Nr. 8, S. 12; *Martens* RdA 1989, S. 73 [85]; *Stege/Weinspach/Schiefer* § 5 Rn. 24c; *Wlotzke* DB 1989, 111 [123]). Maßgeblich ist das regelmäßige Jahresarbeitsentgelt. Zu dessen Ermittlung sind die Einnahmen über einen längeren Zeitraum zu vergleichen. Einmalige Leistungen sind dabei nicht zu berücksichtigen, da mit ihrer Wiederholung nicht gerechnet werden kann, sie also kein »regelmäßiges« Entgelt darstellen (*Buchner* NZA 1989, Beil. Nr. 1, S. 2 [10]; *Dänzer-Vanotti* NZA 1989, Beil. Nr. 1, S. 29 [36]; *Fitting* § 5 Rn. 436; *Richardi* NZA 1990, Beil. Nr. 1, S. 2 [8]; *Richardi*/MünchArbR § 19 Rn. 56).

257

Vergleichsmaßstab ist das übliche Jahresarbeitsentgelt der in dem Unternehmen beschäftigten leitenden Angestellten. Maßgeblich ist also das konkrete Unternehmen, bei dem der Angestellte beschäftigt ist (s. Rdn. 247). Für die Frage der Üblichkeit ist die **gesamte Bandbreite des Gehalts** der leitenden Angestellten heranzuziehen. Leitender Angestellter ist also bereits derjenige, der das regelmäßige »Einstiegsgehalt«, das an der untersten Schwelle der Bandbreite liegt, erhält, wobei für die Frage der Vergleichbarkeit die besondere Situation des leitenden Angestellten im Einzelfall zu berücksichtigen ist (Alter, Dauer der Betriebszugehörigkeit, Berufsanfänger, Auslandstätigkeit etc.; *Borgwardt* in: Borg-

258

wardt/Fischer/Janert SprAuG, Teil 2, § 5 Abs. 3 und 4 BetrVG Rn. 105; *Buchner* NZA 1989, Beil. Nr. 1, S. 2 [10]; *Dänzer-Vanotti* NZA 1989, Beil. Nr. 1, S. 29 [36]; *Engels/Natter* BB 1989, Beil. Nr. 8, S. 12; *Fitting* § 5 Rn. 437; *Wlotzke* DB 1989, 111 [123]). Ebenso wie bei Nr. 2 sind auch bei Nr. 3 im Rahmen des Vergleichs nur diejenigen Angestellten zu berücksichtigen, die unstreitig leitende Angestellte sind (s. Rdn. 256; *Fitting* § 5 Rn. 439; *Richardi* NZA 1990, Beil. Nr. 1, S. 2 [8]).

ee) Verhältnis von Abs. 4 Nr. 1 bis 3

259 Nr. 1 bis 3 sind durch das Wort »oder« verbunden. Sie stehen somit im **Verhältnis der Alternativität**. Es genügt also für die Einstufung als leitender Angestellter in »Zweifelsfällen«, wenn die Voraussetzungen einer Ziffer erfüllt sind (*Dänzer-Vanotti* NZA 1989, Beil. Nr. 1, S. 30 [34]; *Engels/Natter* BB 1989, Beil. Nr. 8, S. 11; *Trümner/DKKW* § 5 Rn. 288; anders noch *Steindorff* AuR 1988, 266 [270]). Zu beachten ist außerdem, dass Abs. 4 lediglich eine positive Zuordnung vornimmt (»leitender Angestellter ist, wer«). Ihm kann daher keine negative Entscheidung des Inhalts entnommen werden, dass kein leitender Angestellter ist, wer die Voraussetzungen des Abs. 4 nicht erfüllt, beispielsweise bei der letzten Wahl nicht den leitenden, sondern den übrigen Angestellten zugeordnet worden ist. Auch ein solcher Arbeitnehmer kann leitender Angestellter sein, wenn er die Voraussetzungen des Abs. 3 erfüllt (*Fitting* § 5 Rn. 423).

ff) Anknüpfung an die rechnerische Gehaltshöhe (Abs. 4 Nr. 4)

260 Abs. 4 Nr. 4 greift auf eine rechnerische Größe zurück, die keinen Bezug zum konkreten Unternehmen mehr aufweist. Diese Vorschrift soll nur anwendbar sein, »falls auch bei der Anwendung der Nr. 3 noch Zweifel bleiben«. Sie steht daher unter einem **doppelten Anwendungsvorbehalt**. Erstens müssen gemäß Abs. 4 Eingangssatz Auslegungszweifel hinsichtlich des Grundtatbestandes Abs. 3 Satz 2 Nr. 3 begründet sein. Zweitens müssen auch nach Heranziehung des Abs. 4 Nr. 3 noch Zweifel über die Zuordnung zu den leitenden Angestellten bestehen (*Dänzer-Vanotti* NZA 1989, Beil. Nr. 1, S. 29 [36]; *Engels/Natter* BB 1989, Beil. Nr. 8, S. 12; *Hromadka* BB 1990, 57 [63]; *Martens* RdA 1989, 73 [85]; *Richardi* § 5 Rn. 246; ders. NZA 1990, Beil. Nr. 1, S. 2 [8]; ders. AuR 1991, 33 [44]; *Röder* NZA 1989, Beil. Nr. 4, S. 2 [6]; *Trümner/DKKW* § 5 Rn. 294; *Wlotzke* DB 1989, 111 [123]). »Zweifel« i. S. d. Abs. 4 Nr. 4 bedeutet dasselbe wie im Eingangssatz, d. h. es müssen mindestens zwei Ergebnisse vertretbar sein (s. Rdn. 242 f.). Dies kann etwa dann der Fall sein, wenn sich nicht ermitteln lässt, welches Jahresarbeitsentgelt in dem Unternehmen für leitende Angestellte üblich ist (*Dänzer-Vanotti* NZA 1989, Beil. Nr. 1, S. 29 [36]; *Engels/Natter* BB 1989, Beil. Nr. 2 [8], S. 12; *Fitting* § 5 Rn. 440; *Richardi* NZA 1990, Beil. Nr. 1, S. 2 [8]; *Stege/Weinspach/Schiefer* § 5 Rn. 24d; *Wlotzke* DB 1989, 111 [123]). Dagegen findet Nr. 4 mangels »Zweifel« keine Anwendung, wenn feststeht, dass der Angestellte das für leitende Angestellte in dem Unternehmen übliche Jahresarbeitsentgelt nicht erreicht (*Buchner* NZA 1989, Beil. Nr. 1, S. 2 [10]; *Fitting* § 5 Rn. 441; *Martens* RdA 1989, 73 [85]; *Richardi* § 5 Rn. 246; ders. NZA 1990, Beil. Nr. 1, S. 2 [8]). Dem Eingreifen der Nr. 4 steht daher auch eine anderweitige negative Zuordnung entgegen.

261 Nach dem Wortlaut **beziehen sich die »Zweifel«** i. S. d. Abs. 4 Nr. 4 **nur auf Abs. 4 Nr. 3** mit der Folge, dass Nr. 4 nur, aber auch stets dann Anwendung findet, wenn sich nicht feststellen lässt, ob der Angestellte ein für leitende Angestellte in dem Unternehmen übliches Jahresarbeitsentgelt erhält (*Engels/Natter*, BB 1989, Beil. Nr. 8, S. 12; *Hromadka* BB 1990, 57 [63]; *Martens* RdA 1989, 73 [85]; *H. P. Müller* DB 1988, 1697 [1698]; *Stege/Weinspach/Schiefer* § 5 Rn. 24d; *Wlotzke* DB 1989, 111 [123]). Lässt sich daher beispielsweise das übliche Jahresarbeitsentgelt nicht ermitteln, so tritt nach dieser Lösung Nr. 4 an die Stelle der Nr. 3. Dies hat die sonderbare Konsequenz, dass der Angestellte, dessen regelmäßiges Jahresarbeitsentgelt den numerischen Betrag der Nr. 4 übersteigt, auch dann als leitender Angestellter einzuordnen ist, wenn er bei der letzten Wahl nicht den leitenden Angestellten zugeordnet wurde oder eindeutig keiner Leitungsebene angehört, auf der überwiegend leitende Angestellte in dem Unternehmen vertreten sind, wenn also die Voraussetzungen der Nr. 1 und 2 eindeutig nicht vorliegen. Tritt nämlich Nr. 4 an die Stelle der Nr. 3, so steht die Vorschrift zu Nr. 1 und 2 ebenfalls im Verhältnis der Alternativität. Diese Lösung steht in merkwürdigem Kontrast zu der Intention des Gesetzgebers, zunächst die Besonderheiten des konkreten Unternehmens zu berücksichtigen und nur dann auf die rein numerische Größe der Nr. 4 zurückzugreifen, falls auch dies zu keinem Er-

gebnis führt (s. Rdn. 247). Sie ist jedoch in Anbetracht der Tatsache, dass Abs. 4 Nr. 4 hinsichtlich der »Zweifel« eindeutig allein auf Abs. 4 Nr. 3 rekurriert (Begründung zum Entwurf, BT-Drucks. 11/2503, S. 31), als gesetzgeberische Entscheidung hinzunehmen. Bei der Rechtsanwendung ist zu beachten, dass die für das Beitrittsgebiet nach § 18 Abs. 2 SGB IV maßgebliche Bezugsgröße abweichend von der Bezugsgröße für die alten Bundesländer ermittelt wird.

5. Verfassungsmäßigkeit der Regelung

Die Neufassung des § 5 Abs. 3 begegnet **keinen verfassungsrechtlichen Bedenken**. Dass die Begriffsbestimmung des leitenden Angestellten in dem funktionalen Grundtatbestand den Anforderungen des verfassungsrechtlichen Bestimmtheitsgebotes genügt und justitiabel ist, hatte das Bundesverfassungsgericht bereits für den § 5 Abs. 3 Nr. 3 a. F. festgestellt (*BVerfG* 24.11.1981 EzA § 5 BetrVG 1972 Nr. 40 = AP Nr. 27 zu § 5 BetrVG 1972 m. w. N.; zum damaligen Streitstand *Kraft* 4. Aufl., § 5 Rn. 53). Für die Neufassung gilt nichts anderes (*BAG* 14.01.2014 EzA § 80 BetrVG 2001 Nr. 18 Rn. 35; *Fitting* § 5 Rn. 361; *Richardi* § 5 Rn. 247; *Steindorff* AuR 1988, 266 [267]; *Trümner/DKKW* § 5 Rn. 232; vgl. aber auch *Clausen/Löhr/Schneider/Trümner* AuR 1988, 293 [296]). Auch Abs. 4 verstößt nicht gegen das Grundgesetz (*Bremeier* Die personelle Reichweite, S. 299 ff.; *Engels/Natter* BB 1989, Beil. Nr. 8, S. 12 f.; *Richardi* § 5 Rn. 247; *Weigle* Die leitenden Angestellten, S. 149 f.; dagegen halten Abs. 4 ganz oder teilweise für verfassungswidrig *Clausen/Löhr/Schneider/Trümner* AuR 1988, 293 [297 f.]; *Fitting* § 5 Rn. 364 [für Abs. 4 Nr. 4]; *Trümner/DKKW* § 5 Rn. 295). Insbesondere verstößt die Vorschrift nicht gegen das im Rechtsstaatsprinzip verankerte **Gebot der Bestimmtheit** von Rechtsnormen. Zwar ist zuzugeben, dass Abs. 4 eine erhebliche Unschärfe in sich birgt und auch nach der hier vertretenen Auffassung Unsicherheiten bleiben, etwa dahin, wann eines von mehreren Auslegungsergebnissen noch vertretbar ist und deshalb keine Zweifel i. S. d. Abs. 4 bestehen (s. Rdn. 243). Doch kann nicht davon die Rede sein, dass die Vorschrift nicht justitiabel sei, da sie die Wahl zwischen mehreren Entscheidungen i. S. eines Beurteilungsspielraumes lasse (so aber *Clausen/Löhr/Schneider/Trümner* AuR 1988, 293 [297 f.]; *Trümner/DKKW* § 5 Rn. 295). Vielmehr ist das Vorliegen von Zweifeln in vollem Umfange gerichtlich überprüfbar. Es gibt somit auch nach der Neufassung nur eine »richtige« Entscheidung. Der Unterschied besteht allein darin, dass die betrieblichen Stellen nicht gezwungen sind, diese in jedem Fall aus dem Grundtatbestand des Abs. 3 Satz 2 Nr. 3 zu treffen. Ihnen wird daher kein Beurteilungsspielraum eingeräumt (s. Rdn. 244; für ausreichend bestimmt halten die Vorschrift auch *Engels/Natter* BB 1989, Beil. Nr. 8, S. 12; *Fitting* § 5 Rn. 361 ff.; *Wlotzke* DB 1989, 111 [124]).

Die Herausnahme der leitenden Angestellten aus dem Anwendungsbereich des Gesetzes ist mit dem **Gleichheitssatz des Art. 3 Abs. 1 GG** vereinbar. Sie rechtfertigt sich aus dem Umstand, dass die leitenden Angestellten nach Arbeitsaufgabe und Stellung im Betrieb Arbeitgeberinteressen wahrnehmen und es in Anbetracht der »Bipolarität« der Betriebsverfassung mindestens problematisch wäre, sie betriebsverfassungsrechtlich gleichzeitig der »anderen Seite« zuzuordnen (*BAG* 14.01.2014 EzA § 80 BetrVG 2001 Nr. 18 Rn. 35; s. a. Rdn. 161). Ebenso wenig stellt die Anknüpfung an die formalen Kriterien des Abs. 4 eine Verletzung des Gleichheitssatzes dar (*Bremeier* Die personelle Reichweite, S. 303 ff.; *Weigle* Die leitenden Angestellten, S. 151 ff.; **a. M.** *Clausen/Löhr/Schneider/Trümner* AuR 1988, 298 ff.; *Fitting* § 5 Rn. 364 bezüglich Abs. 4 Nr. 4; *G. Müller* DB 1989, 824 [830]; *Trümner/DKKW* § 5 Rn. 295). Der Grundsatz der Gleichheit als Ausdruck der Einzelfallgerechtigkeit ist nämlich gegen den Grundsatz der Rechtssicherheit abzuwägen (zutr. *Engels/Natter* BB 1989, Beil. Nr. 8, S. 13). Berücksichtigt man, dass der Gesetzgeber grundsätzlich an der funktionalen Abgrenzung festgehalten hat, die formalen Kriterien des Abs. 4 also nur in Grenzfällen Anwendung finden, so dürfte sich diese im Interesse einer erhöhten Rechtssicherheit der betrieblichen Praxis getroffene Regelung im Rahmen des gesetzgeberischen Ermessens halten.

VI. Überblick über die Regelungen des Sprecherausschussgesetzes

Durch das Sprecherausschussgesetz (SprAuG) vom 20.12.1988 (BGBl. I, S. 2312), zuletzt geändert durch Art. 222 der Verordnung vom 31.10.2006 (BGBl. I, S. 2407) wurde mit dem (gesetzlichen)

Sprecherausschuss eine **betriebliche Interessenvertretung der leitenden Angestellten** institutionalisiert, nachdem es zuvor freiwillige Sprecherausschüsse auf vertraglicher Grundlage gegeben hatte (hierzu *Kraft* 4. Aufl., § 5 Rn. 87 ff.). Die Regelung im Sprecherausschussgesetz ist eng an die des Betriebsverfassungsgesetzes angelehnt. Allerdings geben die Mitwirkungsrechte des Sprecherausschusses diesem erheblich geringere Einwirkungsmöglichkeiten als dem Betriebsrat. Dies ist die zwangsläufige Folge der besonderen Vertrauensstellung, die die leitenden Angestellten im Verhältnis zum Arbeitgeber einnehmen (s. Rdn. 161). Es würde keinen Sinn ergeben, die leitenden Angestellten einerseits von den Regelungen des Betriebsverfassungsgesetzes auszunehmen, andererseits aber die dort bestehenden strengen Schutzmechanismen und die weit reichenden Mitbestimmungsrechte durch analoge Befugnisse des Sprecherausschusses doch auf die Rechtsverhältnisse der leitenden Angestellten zu übertragen.

1. Bildung der Sprecherausschüsse

265 Gemäß § 1 Abs. 1 SprAuG werden **in Betrieben mit in der Regel mindestens zehn leitenden Angestellten** Sprecherausschüsse gebildet. Für die Bestimmung des Personenkreises ist § 5 Abs. 3, 4 BetrVG maßgeblich (§ 1 Abs. 1 SprAuG erwähnt etwas ungenau nur § 5 Abs. 3 BetrVG). Die erforderliche Zahl ist damit im Vergleich zu § 1 BetrVG hoch angesetzt. Als Ausgleich sieht § 1 Abs. 2 SprAuG vor, dass in den Fällen, in denen die Zahl nicht erreicht wird, die leitenden Angestellten von dem Sprecherausschuss des räumlich nächstgelegenen Betriebes desselben Unternehmens vertreten werden. Sie gelten dabei als Angestellte dieses Betriebes, sind also dort aktiv und passiv wahlberechtigt und zählen mit, soweit das Gesetz an eine bestimmte Zahl von leitenden Angestellten Rechtsfolgen knüpft (vgl. etwa § 4 SprAuG). Aus der Regelung in § 1 Abs. 2 SprAuG wird überwiegend geschlossen, dass § 4 BetrVG keine – auch keine entsprechende – Anwendung findet (*Hromadka/Sieg* SprAuG, § 1 Rn. 18; *Joost*/MünchArbR § 233 Rn. 16; *Richardi* § 5 Rn. 275; **a. M.** *Oetker* ZfA 1990, 43 [48]; *Oetker*/ErfK § 1 SprAuG Rn. 3).

266 Die Zuordnung setzt allerdings voraus, dass der Betrieb, dem die leitenden Angestellten zugeordnet werden, selbst die Voraussetzungen des § 1 Abs. 1 SprAuG erfüllt. Hat ein Unternehmen zwar mehr als zehn leitende Angestellte, erreicht aber kein Betrieb für sich diese Zahl, so ist keiner der Betriebe sprecherausschussfähig. Eine **Zusammenrechnung auf Unternehmensebene erfolgt** demnach **nicht**. Allerdings besteht die Möglichkeit der Bildung eines Unternehmenssprecherausschusses gemäß § 20 SprAuG (*Hromadka/Sieg* SprAuG, § 1 Rn. 44).

267 Gemäß § 1 Abs. 3 SprAuG findet das Gesetz **keine Anwendung** auf Verwaltungen und Betriebe des Bundes, der Länder, der Gemeinden und sonstiger Körperschaften, Anstalten und Stiftungen des öffentlichen Rechts sowie auf Religionsgemeinschaften und ihre karitativen und erzieherischen Einrichtungen unbeschadet deren Rechtsform. Eine entsprechende Regelung enthalten die §§ 118 Abs. 2, 130 BetrVG. Eine dem relativen Tendenzschutz des § 118 Abs. 1 Satz 1 BetrVG entsprechende Bestimmung gibt es im Sprecherausschussgesetz nicht. Lediglich die Unterrichtungsrechte in wirtschaftlichen Angelegenheiten werden in § 32 Abs. 1 Satz 2 SprAuG für Tendenzunternehmen und -betriebe ausgeschlossen. Der Grund für die abweichende Ausgestaltung des Tendenzschutzes dürfte darin zu finden sein, dass eine Gefährdung der Tendenzverfolgung durch die relativ schwachen Beteiligungsrechte des Sprecherausschusses ohnehin für ausgeschlossen gehalten wurde.

268 Neben dem Sprecherausschuss auf betrieblicher Ebene gibt es gemäß §§ 16, 21 SprAuG entsprechend den Vorschriften über den Gesamt- und Konzernbetriebsrat die Möglichkeit der Bildung von **Gesamt- und Konzernsprecherausschüssen**. Wie im Betriebsverfassungsgesetz besteht zwischen den verschiedenen Vertretungsorganen der leitenden Angestellten auf Betriebs-, Unternehmens- und Konzernebene kein Über- und Unterordnungsverhältnis, vgl. §§ 18 Abs. 1, 23 Abs. 1 SprAuG. Eine originäre Zuständigkeit des Gesamt- bzw. Konzernsprecherausschusses besteht allein in den Fällen, in denen eine Angelegenheit mehrere Betriebe des Unternehmens bzw. mehrere Konzernunternehmen betrifft und diese nicht von den einzelnen Sprecher- bzw. Gesamtsprecherausschüssen geregelt werden kann, vgl. §§ 18 Abs. 1 Satz 1 und 23 Abs. 1 Satz 1 SprAuG. Daneben ist eine Beauftragung durch die auf der jeweils niedrigeren Unternehmensebene bestehende Vertretung (Sprecher-

oder Gesamtsprecherausschuss) möglich, vgl. §§ 18 Abs. 2, 23 Abs. 2 SprAuG. Zum Unternehmenssprecherausschuss vgl. § 20 SprAuG sowie Rdn. 266.

§§ 3 bis 10 SprAuG regeln die Wahl, Zusammensetzung und Amtszeit des Sprecherausschusses. Die regelmäßigen Wahlen finden gemäß § 5 Abs. 1 SprAuG zeitgleich mit den Betriebsratswahlen statt. Die Wahl erfolgt gemäß § 6 Abs. 2 SprAuG nach den Grundsätzen der Verhältniswahl; soweit lediglich ein Wahlvorschlag eingereicht wird, gelten die Grundsätze der Mehrheitswahl. **269**

2. Zusammenarbeit zwischen Arbeitgeber, Sprecherausschuss und Betriebsrat

§ 2 SprAuG sieht allgemeine Grundsätze für die Zusammenarbeit zwischen Arbeitgeber und Sprecherausschuss vor, die überwiegend mit Regelungen des Betriebsverfassungsgesetzes identisch sind. Gemäß § 2 Abs. 1 Satz 1 SprAuG gilt wie gemäß § 2 Abs. 1 BetrVG der **Grundsatz der vertrauensvollen Zusammenarbeit** auch im Sprecherausschussgesetz. § 2 Abs. 3 SprAuG normiert wie § 78 BetrVG ein Behinderungs- und Benachteiligungsverbot. Schließlich enthält § 2 Abs. 4 SprAuG wie § 74 Abs. 2 Satz 2 und 3 BetrVG die allgemeine Friedenspflicht sowie das Verbot parteipolitischer Betätigung im Betrieb. In diesen Gesamtzusammenhang gehören auch § 27 SprAuG, der wie § 75 BetrVG das Gebot der Gleichbehandlung der Angestellten und ein Diskriminierungsverbot enthält und die Betriebspartner auf den Schutz und die Förderung der freien Entfaltung der Persönlichkeit der leitenden Angestellten verpflichtet, sowie die Verpflichtung der Mitglieder des Sprecherausschusses zur Geheimhaltung gemäß § 29 SprAuG, der § 79 BetrVG nachgebildet ist. **270**

Einzelheiten der Zusammenarbeit von Arbeitgeber, Sprecherausschuss und Betriebsrat regelt § 2 Abs. 1 Satz 2, Abs. 2 SprAuG. Wird neben dem Betriebsrat ein Sprecherausschuss gewählt, so bestehen auf betrieblicher Ebene zwei Vertretungen von Arbeitnehmern. Auch wenn diese unterschiedliche Gruppen von Arbeitnehmern repräsentieren, so dass eine echte Konkurrenz nicht besteht, besteht doch ein gewisses **Bedürfnis nach Koordination**, da es aufgrund des tatsächlichen Zusammenwirkens innerhalb der betrieblichen Organisation dazu kommen kann, dass gemeinsame Interessen bestehen oder Regelungen für die eine Gruppe von Arbeitnehmern Rückwirkungen auf die jeweils andere haben. **271**

Gemäß § 2 Abs. 1 Satz 2 SprAuG muss **der Arbeitgeber den Sprecherausschuss vor dem Abschluss von Betriebs- oder sonstigen Vereinbarungen** mit dem Betriebsrat **rechtzeitig anhören**, soweit rechtliche Interessen der leitenden Angestellten durch die Vereinbarung berührt werden. § 2 Abs. 2 SprAuG sieht außerdem vor, dass der Betriebsrat und der Sprecherausschuss der jeweils anderen Vertretung oder einzelnen ihrer Mitglieder die **Teilnahme an** den eigenen **Sitzungen** gestatten können. Gemäß § 2 Abs. 2 Satz 3 SprAuG soll einmal im Kalenderjahr eine gemeinsame Sitzung von Betriebsrat und Sprecherausschuss stattfinden. **272**

Im Gegensatz zum Betriebsverfassungsgesetz (vgl. § 2 Abs. 1 und 2) findet im Sprecherausschussgesetz eine **Einbeziehung der Koalitionen** in die Zusammenarbeit nicht statt. Dies entspricht der Stellung der leitenden Angestellten im Arbeitsleben, die durch eine verschwindend geringe Organisationsdichte gekennzeichnet ist. Aus diesem Grunde sieht das Sprecherausschussgesetz auch ansonsten, insbesondere bei den Wahlvorschriften, keine Befugnisse der Koalitionen vor (vgl. dagegen §§ 2 Abs. 2 und 3, 14 Abs. 3, 16 Abs. 1 Satz 6, 17 Abs. 3 und 4, 18 Abs. 1 bis 3, 19 Abs. 2, 23 Abs. 1 und 3, 31, 46 BetrVG). **273**

3. Kosten der Betätigung des Sprecherausschusses

Gemäß § 14 Abs. 2 SprAuG trägt der Arbeitgeber die durch die Tätigkeit des Sprecherausschusses entstehenden Kosten (vgl. die Parallelvorschrift des § 40 BetrVG). Wie im Betriebsverfassungsgesetz zählen hierzu nur **die erforderlichen Kosten**, also diejenigen, die der Sprecherausschuss oder dessen Mitglieder bei pflichtgemäßer, verständiger Beurteilung der Sachlage für erforderlich halten durften (*Hromadka/Sieg* SprAuG, § 14 Rn. 15; *Löwisch* SprAuG, § 14 Rn. 8; *Oetker*/ErfK § 14 SprAuG Rn. 4). Deutlich kommt dies in § 14 Abs. 1 SprAuG zum Ausdruck. Ebenso wie § 37 Abs. 2 BetrVG gewährt die Vorschrift den Mitgliedern des Sprecherausschusses eine bezahlte Arbeitsbefreiung, wenn und soweit es nach Umfang und Art des Betriebes zur ordnungsgemäßen Durchführung ihrer Auf- **274** gaben erforderlich ist. Eine vollständige Freistellung wie in § 38 BetrVG sieht das Sprecherausschussgesetz nicht vor.

275 § 15 SprAuG regelt die Einberufung von **Versammlungen der leitenden Angestellten** (vgl. hierzu die entsprechende Regelung in § 43 BetrVG). Danach soll der Sprecherausschuss einmal im Kalenderjahr eine Versammlung der leitenden Angestellten einberufen und in ihr einen Tätigkeitsbericht erstatten. Bemerkenswert ist, dass es sich hierbei um eine Sollvorschrift handelt, während die Einberufung der Betriebsversammlung in § 43 Abs. 1 BetrVG zwingend vorgeschrieben ist und darüber hinaus gemäß § 43 Abs. 4 BetrVG die Gewerkschaft die Möglichkeit hat, die Einberufung auch tatsächlich durchzusetzen. Gemäß § 15 Abs. 2 Satz 1 SprAuG sollen die Versammlungen während der Arbeitszeit stattfinden. Aus dringenden betrieblichen Gründen kann die Versammlung aber auch auf einen Zeitpunkt außerhalb der Arbeitszeit gelegt werden (vgl. demgegenüber § 44 Abs. 1 Satz 1 BetrVG). Merkwürdigerweise sieht das Gesetz anders als § 44 Abs. 1 Satz 2 und 3, Abs. 2 BetrVG keine Regelung über die **Entgeltfortzahlung** für die Dauer der Teilnahme an der Versammlung vor. Richtigerweise ist aber aus der Tatsache, dass die Versammlung während der Arbeitszeit stattfinden soll, abzuleiten, dass für die Dauer dieser Versammlungen ein Vergütungsanspruch besteht (*Hromadka/Sieg* SprAuG, § 15 Rn. 38; *Kaiser* Sprecherausschüsse, Rn. 180; *Löwisch* SprAuG, § 15 Rn. 15; *Oetker* ZfA 1990, 43 [60]).

4. Aufgaben, Gestaltungsmittel und Mitwirkungsrechte des Sprecherausschusses

276 Das Sprecherausschussgesetz beschreibt die Aufgabe des Sprecherausschusses ganz allgemein als Vertretung der Belange der leitenden Angestellten, vgl. § 25 Abs. 1 SprAuG. Zur Durchführung dieser Aufgaben ist der Sprecherausschuss gemäß § 25 Abs. 2 SprAuG rechtzeitig und umfassend **vom Arbeitgeber zu unterrichten** und kann auch die **Vorlage von erforderlichen Unterlagen** verlangen (vgl. die identische Regelung in § 80 Abs. 2 BetrVG; zum Informationsrecht im Hinblick auf Personaldaten leitender Angestellter *Kort* NZA-RR 2015, 113 ff.). Im Unterschied zu § 80 Abs. 3 BetrVG sieht das Sprecherausschussgesetz die **Zuziehung von Sachverständigen** nicht vor. Soweit eine solche für die Tätigkeit des Sprecherausschusses erforderlich ist, dürfte aber eine Kostentragung durch den Arbeitgeber gemäß § 14 Abs. 2 Satz 1 SprAuG in Betracht kommen. Dies kann nicht bereits mit dem Argument abgelehnt werden, dass die leitenden Angestellten den erforderlichen Sachverstand stets selbst besäßen oder sich verschaffen könnten (ebenso *Hromadka/Sieg* SprAuG, § 14 Rn. 17, § 25 Rn. 35; *Oetker* ZfA 1990, 43 [62 f.]; **a. M.** *Dänzer-Vanotti* DB 1990, 41 [42]; *Löwisch* SprAuG, § 25 Rn. 23).

277 Gemäß § 28 Abs. 1 SprAuG können Arbeitgeber und Sprecherausschuss **Richtlinien über den Inhalt, den Abschluss oder die Beendigung von Arbeitsverhältnissen** der leitenden Angestellten schriftlich vereinbaren. Diese binden zunächst nur die an der Vereinbarung Beteiligten, also den Arbeitgeber und den Sprecherausschuss, entfalten also **keine unmittelbaren Rechtsfolgen für die Arbeitsverhältnisse** der leitenden Angestellten. Vielmehr bedarf es der individualrechtlichen Umsetzung der Richtlinie, um im Arbeitsverhältnis Rechte und Pflichten zwischen Arbeitgeber und leitendem Angestellten zu erzeugen (*BAG* 10.02.2009 EzA § 28 SprAuG Nr. 1 Rn. 23; *Hromadka/Sieg* SprAuG, § 28 Rn. 20 f.; *Joost/MünchArbR* § 235 Rn. 31; *Oetker/ErfK* § 28 SprAuG Rn. 7). Für die Umsetzung kommen die üblichen vertragsrechtlichen Instrumente in Betracht (insbesondere Weisungsrecht, Änderungsvertrag). Aus der Richtlinie ergibt sich jedoch für beide Seiten ein Anspruch auf Durchführung der Vereinbarung (*Joost/MünchArbR* § 235 Rn. 29 f.; *Kaiser* Sprecherausschüsse, Rn. 223). Aus dem Begriff der Richtlinie wird allerdings gefolgert, dass diese nur den »Normalfall« regele, der Arbeitgeber also bei Vorliegen besonderer Gründe von der Richtlinie abweichen dürfe (*Joost/MünchArbR*, § 235 Rn. 29 f.; *Oetker/ErfK* § 28 SprAuG Rn. 8). Eine unbedingte Umsetzungspflicht besteht demnach nur, wenn sich aus der Richtlinie (ausdrücklich oder konkludent) ergibt, dass solche Ausnahmen ausgeschlossen sein sollen.

278 Gemäß § 28 Abs. 2 SprAuG können Arbeitgeber und Sprecherausschuss aber vereinbaren, dass die **Richtlinien unmittelbar und zwingend für die Arbeitsverhältnisse der leitenden Angestellten gelten** sollen. Ihnen kommt dann wie der Betriebsvereinbarung (vgl. § 77 Abs. 4 BetrVG) normative Wirkung zu (*BAG* 10.02.2009 EzA § 28 SprAuG Nr. 1 Rn. 24; *Bauer* SprAuG, § 28 SprAuG, S. 83; *Hromadka/Sieg* SprAuG, § 28 Rn. 24 ff.; *Kaiser* Sprecherausschüsse, Rn. 224 ff.; *Löwisch*

SprAuG, § 28 Rn. 13 f.; *Oetker*/ErfK § 28 SprAuG Rn. 9). Der Wille der Parteien, eine solche Richtlinie mit einer normativen Wirkung zu versehen, muss allerdings eindeutig zum Ausdruck kommen (*BAG* 10.02.2009 EzA § 28 SprAuG Nr. 1 Rn. 24: »deutlich und zweifelsfrei«). Für diese Vereinbarungen gelten daher ähnliche Grundsätze wie für die Betriebsvereinbarungen (vgl. § 28 Abs. 2 Satz 2 bis 4 SprAuG). Das sog. Günstigkeitsprinzip ist in § 28 Abs. 2 Satz 2 SprAuG im Gegensatz zum Betriebsverfassungsgesetz ausdrücklich geregelt.

Das Sprecherausschussgesetz normiert weder echte Mitbestimmungsrechte des Inhalts, dass die Zustimmung des Sprecherausschusses Voraussetzung für die Zulässigkeit oder individualrechtliche Wirksamkeit einer Maßnahme ist, noch regelt es einen umfassenden Katalog von Mitbestimmungsgegenständen wie § 87 Abs. 1 BetrVG. Gemäß § 30 SprAuG besteht ein **Unterrichtungs- und Beratungsrecht** bei Änderung der Gehaltsgestaltung und sonstiger allgemeiner Arbeitsbedingungen sowie bei Einführung oder Änderung allgemeiner Beurteilungsgrundsätze (vgl. demgegenüber etwa § 87 Abs. 1 Nr. 10, § 94 Abs. 2 BetrVG). Gemäß § 31 Abs. 1 SprAuG ist eine **Einstellung oder personelle Veränderung** eines leitenden Angestellten rechtzeitig mitzuteilen (zum Umfang des Beteiligungsrechtes vgl. unten § 105; vgl. auch *Dänzer-Vanotti* DB 1990, 41 [44]; *Joost*/MünchArbR § 235 Rn. 75 ff.; *Oetker*/ErfK § 31 SprAuG Rn. 2 ff.). Im Gegensatz zu § 99 Abs. 1 BetrVG bedarf die Maßnahme aber nicht der Zustimmung des Sprecherausschusses. 279

§ 31 Abs. 2 SprAuG trifft hingegen für den Fall der **Kündigung eines leitenden Angestellten** eine dem § 102 BetrVG vergleichbare Regelung. Hiernach ist der Sprecherausschuss vor jeder Kündigung, also auch vor einer außerordentlichen oder einer Änderungskündigung, eines leitenden Angestellten zu hören. Der Arbeitgeber muss ihm die Gründe für die Kündigung mitteilen und Gelegenheit zur Stellungnahme geben. Hinsichtlich der Anforderungen an die ordnungsgemäße Anhörung gelten dieselben Grundsätze wie zu § 102 (*BAG* 27.09.2001 EzA § 14 KSchG Nr. 6 unter B I 1b). Ein Verstoß gegen die Anhörungspflicht führt gemäß § 31 Abs. 2 Satz 3 SprAuG zur Nichtigkeit der Kündigung. Ein Widerspruchsrecht, wie es nach § 102 Abs. 3 BetrVG dem Betriebsrat eingeräumt ist, hat der Sprecherausschuss nicht; er kann lediglich Bedenken geltend machen (vgl. § 31 Abs. 2 Satz 4 SprAuG). Auch einen Weiterbeschäftigungsanspruch, wie ihn § 102 Abs. 5 BetrVG gewährt, sieht das Sprecherausschussgesetz nicht vor. Dies erklärt sich aus der besonderen Vertrauensstellung der leitenden Angestellten, die sich mit einem dem Arbeitgeber aufgezwungenen Weiterbeschäftigungsverhältnis nicht verträgt. 280

In **wirtschaftlichen Angelegenheiten** hat der Arbeitgeber den Sprecherausschuss nach § 32 Abs. 1 Satz 1 SprAuG mindestens einmal im Kalenderhalbjahr zu unterrichten (vgl. dagegen §§ 108, 110 BetrVG). Auch bei geplanten Betriebsänderungen i. S. d. § 111 BetrVG besteht nur ein Unterrichtungs- und Beratungsrecht gemäß § 32 Abs. 2 SprAuG (hierzu näher *Sieg* FS *Richardi*, S. 777 [788 ff.]). Das Gesetz sieht weder ein Verfahren zur Erzielung eines Interessenausgleiches noch einen erzwingbaren Sozialplan vor. 281

5. Sanktionen

Das Sprecherausschussgesetz enthält neben Straf- und Bußgeldvorschriften (§§ 34 bis 36 SprAuG) in § 9 Abs. 1 SprAuG eine Regelung, die die **Auflösung des Sprecherausschusses** sowie den **Ausschluss eines Mitglieds** für den Fall einer groben Verletzung der gesetzlichen Pflichten ermöglicht. Diese Regelung entspricht § 23 Abs. 1 BetrVG. In §§ 17, 20 Abs. 1 Satz 2 (i. V. m. § 9 Abs. 1), 22 SprAuG sind entsprechende Vorschriften für den Gesamt-, Unternehmens- und Konzernsprecherausschuss vorgesehen. Dagegen fehlt eine Sanktion bei grober Verletzung der Pflichten durch den Arbeitgeber, wie sie in § 23 Abs. 3 BetrVG vorgesehen ist. Die Regelung im Sprecherausschussgesetz entspricht damit der Situation im Betriebsverfassungsrecht vor Einführung des § 23 Abs. 3 im BetrVG 1972. Damals wurden erhebliche verfassungsrechtliche Bedenken im Hinblick auf einen möglichen Verstoß gegen das verfassungsrechtliche Gleichbehandlungsgebot des Art. 3 GG geltend gemacht (*Dietz/Richardi* § 23 Rn. 5 m. w. N.). Für das Fehlen einer dem § 23 Abs. 3 BetrVG entsprechenden Sanktionsmöglichkeit gegenüber dem Arbeitgeber gibt es allerdings im Rahmen des Sprecherausschussgesetzes sachliche Gründe, da dem Sprecherausschuss auch keine echten Mitbestimmungsrechte zustehen, die durch ein Erzwingungsverfahren gesichert werden müssten. Hierin ist also keine Verlet- 282 zung des verfassungsrechtlichen Gleichheitsgebotes zu sehen. Aus diesem Grunde scheidet auch eine analoge Anwendung des § 23 Abs. 3 aus (*Joost*/MünchArbR § 235 Rn. 45; vgl. auch *Löwisch* SprAuG, § 9 Rn. 9).

VII. Fortbestand und Neubildung freiwilliger Sprecherausschüsse

283 Nach dem Inkrafttreten des Sprecherausschussgesetzes stellt sich die Frage nach dem Fortbestand freiwilliger Sprecherausschüsse der leitenden Angestellten bzw. der Zulässigkeit einer zukünftigen Errichtung (zu den freiwilligen Sprecherausschüssen *Kraft* 4. Aufl., § 5 Rn. 82 ff.). Das Gesetz regelt in § 37 Abs. 2 SprAuG ausdrücklich lediglich das Schicksal **bei Inkrafttreten des Gesetzes bestehender Sprecherausschüsse**. Gemäß § 37 Abs. 2 Satz 2 SprAuG blieben sie bis zur Wahl eines Sprecherausschusses nach § 37 Abs. 1 SprAuG, längstens bis zum 31.05.1990 im Amt. Die Formulierung ist etwas missverständlich. Da die Bildung der freiwilligen Sprecherausschüsse auf privatautonomer Grundlage beruht, ihre Tätigkeit also kein Amt ist, das vom Gesetz verliehen worden wäre, kann das Gesetz auch nicht das Ende des »Amtes« bestimmen (*Martens* NZA 1989, 409 [411]). § 37 Abs. 2 Satz 2 SprAuG ist daher als Betätigungsverbot sowie als Gebot zur Auflösung des Sprecherausschusses aufzufassen.

284 Vom Wortlaut des § 37 Abs. 2 Satz 2 SprAuG nicht erfasst wird dagegen **die spätere Errichtung eines Sprecherausschusses** auf vertraglicher oder tarifvertraglicher Grundlage. Nach allgemeiner Ansicht schließt das SprAuG jedoch die Errichtung eines solchen Ausschusses **neben einem bestehenden gesetzlichen Sprecherausschuss** aus (*Bauer* NZA 1989, Beil. Nr. 1, S. 20 [21]; *Buchner* NZA 1989, Beil. Nr. 1, S. 2 [13]; *Däubler* FS *Wißmann*, S. 275 [278]; *Fitting* § 5 Rn. 453; *Hanau* AuR 1988, 261 [263]; *Martens* NZA 1989, 409 [412]; *Trümner*/DKKW § 5 Rn. 217; *Wlotzke* DB 1989, 173 [174]). Das Gesetz gibt nämlich dadurch, dass es für den Fall der Wahl eines gesetzlichen Sprecherausschusses das Ende eines freiwilligen Sprecherausschusses normiert, zu erkennen, dass es ein Nebeneinander von gesetzlichem und freiwilligem Sprecherausschuss nicht geben soll (für eine Streichung des § 37 SprAuG aus diesem Grunde *Sieg* FS *Richardi*, S. 777 [798 f.]).

285 Die Neuerrichtung von Sprecherausschüssen ist aber selbst dann unzulässig, wenn ein **gesetzlicher Ausschuss nicht gewählt worden ist**, etwa weil die Versammlung gemäß § 7 Abs. 2 Satz 1 SprAuG nicht zustande kommt oder die Wahl gemäß § 7 Abs. 2 Satz 3 SprAuG abgelehnt wird. Das **Sprecherausschussgesetz regelt die Errichtung von Sprecherausschüssen abschließend** (*Fischer* in: Borgwardt/Fischer/Janert SprAuG, Teil 3, § 1 Rn. 12; *Buchner* NZA 1989, Beil. Nr. 1, S. 2 [13]; *Däubler* FS *Wißmann*, S. 275 [278]; *Engels*/*Natter* BB 1989, Beil. Nr. 8, S. 28; *Hanau* AuR 1988, 261 [263]; *Hromadka*/*Sieg* SprAuG, Vor § 1 Rn. 15; *Joost*/MünchArbR § 233 Rn. 44; *Oetker*/ErfK Einl. SprAuG, Rn. 3; *Röder* NZA 1989, Beil. Nr. 4, S. 2; *Trümner*/DKKW § 5 Rn. 217; *Wlotzke* DB 1989, 173 [174]; **a. M.** *Bauer* SprAuG, § 1 SprAuG, S. 10, anders noch in NZA 1989, Beil. Nr. 1, S. 20 [21]; *Fitting* § 5 Rn. 454; *Martens* NZA 1989, 409 [410 f.]). Der gesetzliche Sprecherausschuss ist – wie der Betriebsrat für die übrigen Arbeitnehmer – **ausschließliches Repräsentationsorgan** der leitenden Angestellten (*Buchner* NZA 1989, Beil. Nr. 1, S. 2 [13]; *Wlotzke* DB 1989, 173). Hierfür spricht auch der Normzweck. Die Angestellten sollen sich jederzeit für einen gesetzlichen Sprecherausschuss entscheiden können, ohne dass die Freiheit der Willensbildung durch die Rücksichtnahme auf die Interessen der Mitglieder des bestehenden Ausschusses beeinträchtigt wird (ebenso *Wlotzke* DB 1989, 173 [174]). § 37 Abs. 2 Satz 2 SprAuG schließt daher sowohl das Fortbestehen als auch die Neuerrichtung vom Gesetz unabhängiger freiwilliger Sprecherausschüsse sowie deren Betätigung aus, soweit sie Aufgaben wahrnehmen, die sich mit denen des gesetzlichen Sprecherausschusses decken oder überschneiden.

286 Das Verbot erstreckt sich dagegen nicht auf solche freiwilligen Ausschüsse, die **andere als die im SprAuG geregelten Aufgaben und Befugnisse** wahrnehmen, bei denen also nicht die Gefahr der Kollision und damit der Behinderung des gesetzlichen Sprecherausschusses besteht. Solche Ausschüsse sind daher sowohl anstelle als auch neben einem bestehenden gesetzlichen Sprecherausschuss zulässig (*Däubler* FS *Wißmann*, S. 275 [279]; *Engels*/*Natter* BB 1989, Beil. Nr. 8, S. 28; *Hromadka*/*Sieg* SprAuG, Vor § 1 Rn. 18; *Joost*/MünchArbR § 233 Rn. 45; *Wlotzke* DB 1989, 173 [174]). Ebenso wenig steht § 37 Abs. 2 SprAuG der Errichtung freiwilliger Sprecherausschüsse in Betrieben entgegen, in

denen wegen der **Unterschreitung der Mindestzahl** von leitenden Angestellten gemäß §§ 1, 20 SprAuG kein gesetzlicher Sprecherausschuss gebildet werden kann, weil hier eine Kollision und damit eine Beeinträchtigung der Freiheit der Willensbildung auf Dauer ausgeschlossen ist (ebenso *Fischer* in: *Borgwardt/Fischer/Janert* SprAuG, Teil 3, § 1 Rn. 13; *Däubler* FS *Wißmann*, S. 275 [279]; *Joost*/MünchArbR § 233 Rn. 45; *Löwisch* SprAuG, § 37 Rn. 2; *Trümner/DKKW* § 5 Rn. 217).

VIII. Streitigkeiten

Über die Frage, ob jemand Arbeitnehmer i. S. d. Betriebsverfassungsgesetzes ist, entscheidet das Arbeitsgericht entweder inzidenter im Rahmen eines **Urteilsverfahrens**, etwa eines Kündigungsschutzprozesses (vgl. etwa *BAG* 19.08.1975 EzA § 102 BetrVG 1972 Nr. 16 *[Meisel]* = AP Nr. 1 zu § 105 BetrVG 1972; 23.03.1976 EzA § 5 BetrVG 1972 Nr. 25 = AP Nr. 14 zu § 5 BetrVG 1972), oder im Rahmen einer Statusfeststellung im **Beschlussverfahren** (§§ 2a Abs. 1 Nr. 1; 80 ff. ArbGG; zum Gegenstandswert eines solchen Verfahrens *LAG Hamm* 09.11.2006 NZA-RR 2007, 96). 287

Beteiligungs- und damit **antragsbefugt** im Beschlussverfahren sind der betroffene Arbeitnehmer, der Betriebsrat (auch der Gesamtbetriebsrat, vgl. etwa *BAG* 15.03.1977 – 1 ABR 29/76 und 86/76 – juris) und der Arbeitgeber (§ 83 Abs. 1 ArbGG; *BAG* 23.01.1986 EzA § 233 ZPO Nr. 7 = AP Nr. 31 zu § 5 BetrVG 1972 unter C 3), im Zusammenhang mit der Betriebsratswahl auch der Wahlvorstand (*Richardi* § 5 Rn. 302). Eine **im Betrieb vertretene Gewerkschaft** ist grundsätzlich nicht beteiligungsbefugt, weil ihre betriebsverfassungsrechtliche Position durch die Entscheidung nicht berührt wird (*Kraft* Anm. zu BAG EzA § 5 BetrVG Nr. 7 und 10; **a. M.** *Galperin/Löwisch* § 5 Rn. 110; *Trümner/DKKW* § 5 Rn. 300). Anders ist die Situation, wenn die Gewerkschaft die Betriebsratswahl angefochten hat und die Entscheidung vom Ausgang eines Beschlussverfahrens über den betriebsverfassungsrechtlichen Status eines Arbeitnehmers abhängt. Eine Beteiligungsbefugnis muss insoweit auch anerkannt werden, wenn die Streitfrage im Zusammenhang mit einer Betriebsratswahl auftritt, eine Anfechtung noch nicht erfolgt, aber die Frist des § 19 Abs. 2 noch nicht verstrichen ist. In diesem Fall könnte die Gewerkschaft noch von ihrem Anfechtungsrecht Gebrauch machen (ebenso wohl *Fitting* § 5 Rn. 464; *Richardi* § 5 Rn. 303). Ein **Beschwerderecht** der Gewerkschaft besteht schließlich, wenn sie – sei es auch zu Unrecht – in der Vorinstanz beteiligt war, Anträge gestellt hat und damit abgewiesen wurde. Die Gewerkschaft ist hier zwar nicht materiell, aber formell Beteiligte (*BAG* 19.11.1974 EzA § 5 BetrVG 1972 Nr. 10 *[Kraft]* = AP Nr. 3 zu § 5 BetrVG 1972 unter II 1). 288

Das Beschlussverfahren kann nur durchgeführt werden, wenn ein **Rechtsschutzbedürfnis** besteht (h. M. und st. Rspr.). Das *BAG* bejaht ein Rechtsschutzinteresse an der Klärung des Rechtsstatus eines Arbeitnehmers auch ohne Vorliegen eines konkreten, aktuellen Streitfalles (z. B. *BAG* 05.03.1974 EzA § 5 BetrVG 1972 Nr. 7, 19.11.1974 EzA § 5 BetrVG 1972 Nr. 9, 09.12.1975 EzA § 5 BetrVG 1972 Nr. 22 = AP Nr. 1, 2 u. 11 zu § 5 BetrVG 1972; zust. *Galperin/Löwisch* § 5 Rn. 109; *Matthes/Spinner/GMP* ArbGG, § 81 Rn. 32). Dem kann mit der Maßgabe zugestimmt werden, dass schon die Einordnung des Arbeitnehmers als leitender Angestellter Auswirkungen auf seine Rechtsstellung im Betrieb hat, mithin ein konkretes Rechtsverhältnis darstellt, das einer feststellenden Klärung zugänglich ist. Ein konkreter Streitfall liegt folglich nicht erst dann vor, wenn die einzelnen aus dem Status des leitenden Angestellten folgenden Rechte und Pflichten, etwa die Wahlberechtigung des leitenden Angestellten oder Mitwirkungsrechte des Betriebsrats im Hinblick auf Regelungen in dessen Beschäftigungsverhältnis, in Streit sind, sondern bereits wenn Streit bezüglich der Zuordnung besteht (vgl. auch *Kraft* Anm. EzA § 5 BetrVG 1972 Nr. 7, 10, 22). Das Rechtsschutzinteresse entfällt aber, wenn der Arbeitnehmer aus dem Betrieb ausgeschieden ist (*BAG* 23.01.1986 EzA § 233 ZPO Nr. 7 = AP Nr. 31 zu § 5 BetrVG 1972). Das Gleiche gilt, wenn sich die dem Arbeitnehmer zugewiesene Tätigkeit ändert und in Bezug auf die neue Funktion Einigkeit über die Zuordnung besteht (zu weitgehend *BAG* 23.01.1986 EzA § 233 ZPO Nr. 7 = AP Nr. 31 zu § 5 BetrVG 1972, wenn es im Leitsatz bei jeglicher Änderung der Tätigkeit, also auch wenn Streit über die Zuordnung der neuen Tätigkeit besteht, einen Fortfall des Rechtsschutzinteresses annimmt). 289

Treffen ein positiver Feststellungsantrag (etwa eines Angestellten) **und ein entgegenstehender negativer Antrag** (etwa des Betriebsrats) **zusammen**, entfällt dadurch für keinen der Anträge das 290

Rechtsschutzbedürfnis (*BAG* 17.12.1974 EzA § 5 BetrVG 1972 Nr. 12 = AP Nr. 8 zu § 5 BetrVG 1972; *Richardi* § 5 Rn. 304; *Galperin/Löwisch* § 5 Rn. 109). Dies ergibt sich aus dem Umstand, dass im Gegensatz zum Urteilsverfahren im Beschlussverfahren der Antrag gem. § 81 Abs. 2 Satz 1 ArbGG jederzeit auch ohne Zustimmung der übrigen Beteiligten wieder zurückgenommen werden kann, weswegen ein reiner Prozessantrag auf Abweisung des positiven bzw. negativen Feststellungsantrags nicht zum gleichen Ziel führen kann (*Greiner/GWBG* ArbGG, § 81 Rn. 22; *Matthes/Spinner/GMP* ArbGG, § 81 Rn. 73). Der zeitlich später gestellte Antrag ist auch nicht aufgrund anderweitiger Rechtshängigkeit gem. § 261 Abs. 3 Nr. 1 ZPO unzulässig (**a. M.** *Matthes/Spinner/GMP* ArbGG, § 81 Rn. 39; *Naendrup* Anm. AP Nr. 20 zu § 118 BetrVG 1972). Zwar sind die beiden Anträge in ihren Zielen identisch, da sie auf die Feststellung des kontradiktorischen Gegenteils des jeweils anderen Antrags gerichtet sind. Sie betreffen also denselben Streitgegenstand (*Becker-Eberhard*/MK-ZPO, § 261 Rn. 66; *Roth* in: *Stein/Jonas* ZPO, § 261 Rn. 30). Gleichwohl besteht aufgrund der Möglichkeit der jederzeitigen Beendigung der Rechtshängigkeit durch Antragsrücknahme ein rechtliches Bedürfnis für ein Nebeneinander der beiden Anträge, das auch für den Einwand aus § 261 Abs. 3 Nr. 1 ZPO nicht unberücksichtigt bleiben darf (ebenso *Greiner/GWBG* ArbGG, § 80 Rn. 15; zu dem vergleichbaren Fall, dass eine positive Feststellungsklage neben einer negativen Feststellungsklage zum Zwecke der Hemmung der Verjährung als zulässig angesehen wird, vgl. *Roth* in: *Stein/Jonas* ZPO, § 256 Rn. 80, 121). Deshalb sind beide Anträge zumindest dann als zulässig anzusehen, wenn sie in demselben Verfahren gestellt werden, die Gefahr divergierender Entscheidungen also nicht besteht.

§ 6
(weggefallen)

§ 6 ist durch Art. 1 Nr. 6 BetrVerf-ReformG vom 23.07.2001 (BGBl. I, S. 1852) aufgehoben worden. In der Neufassung hat der Gesetzgeber das Gruppenprinzip, wonach Arbeiter und Angestellte hinsichtlich ihrer Repräsentation im Betriebsrat eigene Gruppen mit zum Teil ausgeprägten Minderheitenrechten bilden, insgesamt aufgegeben. Damit entfiel zugleich die Notwendigkeit der Unterscheidung in Arbeiter und Angestellte in § 6. Die Regelung über die in Heimarbeit Beschäftigten (§ 6 Abs. 1 Satz 2, Abs. 2 Satz 2 a. F.) findet sich nunmehr in § 5 Abs. 1 Satz 2 (hierzu s. § 5 Rdn. 5, 111 ff.).

Zweiter Teil
Betriebsrat, Betriebsversammlung, Gesamt- und Konzernbetriebsrat

Erster Abschnitt
Zusammensetzung und Wahl des Betriebsrats

§ 7
Wahlberechtigung

Wahlberechtigt sind alle Arbeitnehmer des Betriebs, die das 18. Lebensjahr vollendet haben. Werden Arbeitnehmer eines anderen Arbeitgebers zur Arbeitsleistung überlassen, so sind diese wahlberechtigt, wenn sie länger als drei Monate im Betrieb eingesetzt werden.

Literatur
Literaturnachweise zum BetrVG 1952 siehe 8. Auflage.

Auffarth Betriebsverfassung und Auslandsbeziehungen, FS *Hilger/Stumpf*, 1983, S. 31; *Bartl/Romanowski* Keine Leiharbeit auf Dauerarbeitsplätzen!, NZA Online Aufsatz 3/2012; *Bauer/Herzberg* Arbeitsrechtliche Probleme in Konzernen mit Matrixstrukturen, NZA 2011, 713; *F. Becker* Die betriebsverfassungsrechtliche Stellung der Leiharbeitnehmer, BlStSozArbR 1972, 129; *ders.* Betriebsverfassungsrechtliche Aspekte beim drittbezogenen Personaleinsatz, AuR 1982, 369; *ders.* Abgrenzung der Arbeitnehmerüberlassung gegenüber Werk- und Dienstverträgen, DB 1988, 2561; *Benecke* Leiharbeitnehmer in der Betriebsverfassung des Entleiherbetriebs – Das BAG zu Betriebszugehörigkeit und Schwellenwerten, FS *Wank*, 2014, S. 27; *Bengelsdorf* Betriebsverfassungsrechtliche Folgen der erzwungenen Weiterbeschäftigung, FA 2007, 300; *Berg* Die Auswirkungen der Leiharbeit auf die gewerkschaftliche Interessenvertretung, JArbR Bd. 46 (2008), 2009, S. 69; *Birk* Das Arbeitskollisionsrecht der Bundesrepublik Deutschland, RdA 1984, 129; *ders.* Betriebszugehörigkeit bei Auslandstätigkeit, FS *Molitor*, 1988, S. 19; *Bissels* Unwirksamkeit des Arbeitsvertrags bei einem Verstoß gegen die Offenlegungs- und Konkretisierungspflicht, NZA 2017, 214; *Bitzer* Fehlendes Wahlinteresse und die Rechtsfolgen, BUV 1972, 97; *Blanke* Wahlrecht zum Betriebsrat, AiB 1980, Heft 5, S. 11; *ders.* Die betriebsverfassungsrechtliche Stellung der Leiharbeit, DB 2008, 1153; *Böhm* Leiharbeitnehmer: Wahlrecht zum Betriebsrat im Kundenbetrieb?, DB 2006, 104; *Boemke* »Ausstrahlungen« des Betriebsverfassungsgesetzes ins Ausland, NZA 1992, 112; *ders.* Die Betriebszugehörigkeit, AR-Blattei SD 540, [2005]; *Brill* Die ausländischen Arbeitnehmer im Betriebsverfassungsrecht, BB 1978, 1574; *Brors* Fremdpersonaleinsatz – Wer ist gemäß § 7 S. 2 BetrVG wahlberechtigt?, NZA 2002, 123; *dies.* Leiharbeitnehmer wählen ohne zu zählen – eine kurzlebige Entscheidung, NZA 2003, 1380; *dies.* »Vorübergehend«, AuR 2013, 108; *Brose* Die betriebsverfassungsrechtliche Stellung von Leiharbeitnehmern nach den Änderungen des AÜG, NZA 2005, 797; *Buchner* Behinderung oder Beeinflussung der Betriebsratswahl durch Arbeitgeber. Verfahrensstreit um die Einordnung der leitenden Angestellten, DB 1972, 824; *ders.* Betriebsverfassungsrechtliche Stellung der ABM-Beschäftigten – Dispositionsbefugnis der Beteiligten im Wahlanfechtungsverfahren, SAE 2006, 183; *W. Bulla* Das Wahlrecht von Leiharbeitnehmern bei Betriebsratswahlen, DB 1975, 1795; *Bungert/Rogier* Berücksichtigung von Leiharbeitnehmern bei den Schwellenwerten für die unternehmerische Mitbestimmung nach dem AÜG-Änderungsgesetz, DB 2016, 3022; *Christiansen* Betriebszugehörigkeit – Die Zuordnung von Arbeitnehmern aus betriebsverfassungsrechtlicher Sicht (Diss. Kiel), 1998 (zit.: Betriebszugehörigkeit); *Däubler* Wählen, aber nicht zählen – vermeidbare Rigiditäten im Betriebsverfassungsrecht, AuR 2004, 81; *Deinert* Neuregelung des Fremdpersonaleinsatzes im Betrieb, RdA 2017, 65; *Dewender* Betriebsfremde Arbeitnehmer in der Betriebsverfassung unter besonderer Berücksichtigung der unechten Leiharbeitnehmer (Diss. Bochum), 2004; *ders.* Die Rechtsstellung der Leiharbeitnehmer nach den §§ 7 Satz 2 und 9 BetrVG, RdA 2003, 274; *Dikomey* Das ruhende Arbeitsverhältnis, 1990; *Dörner* Der Leiharbeitnehmer in der Betriebsverfassung, FS *Wißmann*, 2005, S. 286; *Düwell* Die vorübergehende Überlassung im Ersten AÜG-Änderungsgesetz, ZESAR 2011, 449; *Erdlenbruch* Die betriebsverfassungsrechtliche Stellung gewerbsmäßig überlassener Arbeitnehmer, 1992; *Faecks* Zur Wahlbefugnis der Studienreferendare bei Betriebsratswahlen in staatlich anerkannten Privatschulen, PersV 1986, 1; *Franzen* Neuausrichtung des Drittpersonaleinsatzes – Überlegungen zu den Vorgaben des Koalitionsvertrags, RdA 2015, 141; *Frerichs/Möller/Ulber* Leiharbeit und betriebliche Interessenvertretung, 1981; *B. Gaul* Betriebsverfassungsrechtliche Aspekte einer Entsendung von Arbeitnehmern ins Ausland, BB 1990, 697; *Gerdom* Neue Spielregeln bei der Personalgestellung, öAT 2011, 150; *Gick* Gewerbsmäßige Arbeitnehmerüberlassung zwischen Verbot und Neugestaltung (Diss. FU Berlin), 1984; *Greiner* Werkvertrag und Arbeitnehmerüberlassung – Abgrenzungsfragen und aktuelle Rechtspolitik, NZA 2013, 697; *Haas/Hoppe* Neue Spielregeln zur Berücksichtigung von Leiharbeitnehmern bei der Berechnung der Schwellenwerte im BetrVG?, NZA 2013, 294; *Halbach* Betriebsverfassungsrechtliche Aspekte des Einsatzes von Leiharbeitnehmern und Unternehmerarbeitern, DB 1980, 2389; *Hamann* Erkennungsmerkmale der illegalen Arbeitnehmerüberlassung in Form von Scheindienst- und Schweinwerkverträgen (Diss. Münster), 1995; *ders.* Betriebsverfassungsrechtliche Auswirkungen der Reform der Arbeitnehmerüberlassung, NZA 2003, 526; *ders.* Die Richtlinie Leiharbeit und ihre Auswirkungen auf das nationale Recht der Arbeitnehmerüberlassung, EuZA 2009, 287; *ders.* Kurswechsel bei der Arbeitnehmerüberlassung?, NZA 2011, 70; *ders.* Die Reform des AÜG im Jahr 2011, RdA 2011, 321; *ders.* Leiharbeitnehmer in der Betriebsverfassung – Plädoyer für eine einheitliche Berücksichtigung bei den Schwellenwerten des BetrVG, GedS *Wörlen*, 2013, S. 519; *ders.* Fremdpersonal im Unternehmen – Industriedienstleistung statt Leiharbeit?, NZA 2014 Beil. Nr. 1, S. 3; *Hamann / Rudnik* Die Festhaltenserklärung des Leiharbeitnehmers nach dem neuen AÜG, NZA 2017, 22; *dies.* Die Berechnung der Überlassungshöchstdauer nach dem neuen AÜG, NZA 2017, 209; *Heinze* Rechtsprobleme des sog. echten Leiharbeitsverhältnisses, ZfA 1976, 183; *Henssler* 1. Deutscher Arbeitsrechtstag – Generalbericht, NZA 2014 Beil. Nr. 3, S. 95; *ders.* Fremdpersonaleinsatz durch On-Site-Werkverträge und Arbeitnehmerüberlassung, RdA 2017, 83; *Hess / Kropshofer* Anwendbarkeit des Betriebsverfassungsgesetzes auf Auslandsmitarbeiter von Inlandsbetrieben, BlStSozArbR 1979, 100; *Hickl* Arbeitsverhältnisse mit Auslandsberührung, NZA 1987, Beil. Nr. 1, S. 10; *Hoppe* Der Wehrpflichtige und die Betriebsratswahlen, Quelle 1972, 228; *ders.* Der Wehrpflichtige Arbeitnehmer, BlStSozArbR 1976, 115; *v. Hoyningen-Huene* Grundfragen der Betriebsverfassung: Mitbestimmung – Betriebsrat – Betrieb – Betriebszugehörigkeit, FS *Stahlhacke*, 1995, S. 173; *G. Jaeger* Der Auslandsbezug des Betriebsverfassungsgesetzes (Diss. Freiburg), 1983; *Jüttner* Kollektivrechtliche Auswirkungen der gewerbsmäßigen Arbeitnehmerüberlassung (Diss. Jena), 2006; *A. Junker* Internationales Arbeitsrecht: Vertragsstatut, Haftung, Arbeitnehmervertretung, RdA 1990, 212; *ders.* Internationales Arbeitsrecht im Konzern, 1992; *Kainer / Schweipert* Werkverträge und verdeckte Leiharbeit nach dem neuen AÜG, NZA 2017, 13; *Karvani* Die Rechtsstellung des im verblockten Arbeitszeitmodell beschäftigten Altersteilzeitarbeitnehmers während der Freistellungsphase, Diss. Bonn 2005; *Kaufmann* Die betriebsverfassungsrechtliche Zuordnung gewerbsmäßig überlassener Leiharbeitnehmer (Diss. Leipzig), 2004; *Knigge* Die Abstellung von Arbeitnehmern an eine baugewerbliche Arbeitsgemeinschaft, DB 1982, Beil. Nr. 4; *Kölpien* Die Ausstrahlung des Betriebsverfassungsgesetzes 1972 bei der Entsendung von Arbeitnehmern deutscher Unternehmen ins Ausland, Diss. Bayreuth 1987; *Konzen* Arbeitsrechtliche Drittbeziehungen, ZfA 1982, 259; *Kort* Matrix-Strukturen und Betriebsverfassungsrecht, NZA 2013, 1318; *Kraft* Fragen zur betriebsverfassungsrechtlichen Stellung von Leiharbeitnehmern, FS *Klemens Pleyer*, 1986, S. 383; *Krannich / Simon* Das neue Arbeitnehmerüberlassungsgesetz – zur Auslegung des Begriffs »vorübergehend« in § 1 Abs. 1 AÜG n. F., BB 2012, 1414; *Krause* Die Berücksichtigung von Leiharbeitnehmern bei den Schwellenwerten der Unternehmensmitbestimmung, ZIP 2014, 2209; *Kreutz* Die Problematik der Betriebszugehörigkeit bei der Betriebsratswahl, GedS *Dietrich Schultz*, 1987, S. 209; *ders.* Leiharbeitnehmer wählen – nur Argumente zählen, FS *Wißmann*, 2005, S. 364; *Kröller* Betriebsratswahlen und das Wahlrecht Wehrpflichtiger, BB 1972, 228; *Lambrich / Schwab* Betriebsverfassungsrechtliche Fragen beim konzernweiten Personaleinsatz, NZA-RR 2013, 169; *Lembke* Die geplanten Änderungen im Recht der Arbeitnehmerüberlassung, DB 2011, 414; *ders.* Arbeitnehmerüberlassung im Konzern, BB 2012, 2497; *ders.* AÜG-Reform 2017 – Eine Reformatio in Peius, NZA 2017, 1; *Lindemann / Simon* Wahlberechtigung und Ermittlung der Betriebsratsgröße, NZA 2002, 365; *Linsenmaier / Kiel* Der Leiharbeitnehmer in der Betriebsverfassung – »Zwei-Komponenten-Lehre« und normzweckorientierte Gesetzesauslegung, RdA 2014, 135; *Lipke* Betriebsverfassungsrechtliche Probleme der Teilzeitarbeit, NZA 1990, 758; *Löwisch* Freiheit und Gleichheit der Wahl zu Betriebsrat und Personalrat, BB 2014, 117; *Löwisch / Domisch* Zur Anwendbarkeit des Arbeitnehmerüberlassungsgesetzes auf Personalgestellungen durch juristische Personen des öffentlichen Rechts, BB 2012, 1408; *Löwisch / Wegmann* Zahlenmäßige Berücksichtigung von Leiharbeitnehmern in Betriebsverfassungs- und Mitbestimmungsrecht, BB 2017, 373; *Ludwig* Das Problem der dauerhaften Arbeitnehmerüberlassung, BB 2013, 1276; *Martens* Arbeitnehmerüberlassung im Konzern, DB 1985, 2144; *Maschmann* Leiharbeitnehmer und Betriebsratswahl nach BetrVG-Reformgesetz, DB 2001, 2446; *ders.* Fremdpersonaleinsatz im Unternehmen und die Flucht in den Werkvertrag, NZA 2013, 1305; *Maurer* Das umstrittene Wahlrecht Wehrpflichtiger zum Betriebsrat, DB 1972, 975; *ders.* Betriebsverfassungsrechtliche Zugehörigkeit des Leiharbeitnehmers nach dem AÜG, DB 1974, 512; *von Maydell / Eylert* Zum Wahlrecht der Behinderten nach dem Betriebsverfassungsgesetz in den Werkstätten für Behinderte, RdA 1981, 148; *Mayer-Maly* Das Leiharbeitsverhältnis, ZfA 1972, 1; *Maywald* Der Einsatz von Arbeitnehmern in Matrixstrukturen multinationaler Konzerne (Diss. Mannheim), 2010 (zit.: Matrixstrukturen); *Mosig* »Wahlberechtigte« Leiharbeitnehmer müssen gezählt werden!, NZA 2012, 1411; *Müllner* Aufgespaltene Arbeitgeberstellung und Betriebsverfassungsrecht, 1978; *Natzel* Der teilzeitbeschäftigte Arbeitnehmer in der Freistellung, NZA 1998, 1262; *ders.* Die Betriebszugehörigkeit im Arbeitsrecht (Diss. Bonn), 2000; *Neufeld* Einsatz in Matrixstrukturen – Arbeitsrechtliche Fragen bei Mehrliniensystemen, AuA 2012, 219; *Nölke* Berücksichtigung von Zeitarbeitskräften bei der Bestimmung der Größe des Betriebsrats, SAE 2014, 1; *Oetker* Betriebsverfassungsrechtliche Aspekte des Ausbildungsverbundes, DB 1985, 1739; *ders.* Betriebszugehörigkeit und gelockerte Betriebsbeziehung. Dargestellt am Beispiel der Zeitungszusteller, AuR 1991,

359; *ders.* Aktuelle Entwicklungen im Recht der Unternehmensmitbestimmung, JArbR 53 (2016), 47; *ders.* Arbeitnehmerüberlassung und Unternehmensmitbestimmung im entleihenden Unternehmen nach § 14 II 5 und 6 AÜG, NZA 2017, 29; *Plander* Fremdfirmeneinsatz und Betriebsverfassung, AiB 1990, 19; *Ponath* Können Strafgefangene Arbeitnehmer sein?, BlStSozArbR 1982, 117; *Preis* Individueller Wahlrechtsschutz gegen Entscheidungen des Wahlvorstandes bei der Betriebsratswahl, AuR 1973, 9; *Raab* Europäische und nationale Entwicklungen im Recht der Arbeitnehmerüberlassung, ZfA 2003, 389; *Ramm* Die Aufspaltung der Arbeitgeberfunktionen (Leiharbeitsverhältnis, mittelbares Arbeitsverhältnis, Arbeitnehmerüberlassung und Gesamthafenarbeitsverhältnis), ZfA 1973, 263; *Reichold* »Wählen heißt auch Zählen«. Die neue BAG-Rechtsprechung zur »Einbürgerung« von Leiharbeitnehmern, FS *von Hoyningen-Huene*, 2014, S. 413; *Richardi* Betriebszugehörigkeit als Rechtsproblem, FS *Floretta*, 1983, S. 595; *ders.* Mitbestimmung und Auslandsbeschäftigung, IPRax. 1983, 217; *ders.* Wahlberechtigung und Wählbarkeit zum Betriebsrat im Konzern, NZA 1987, 145; *ders.* Vertrags- oder Eingliederungstheorie als ergänzende Gesichtspunkte für die Begründung arbeitsrechtlicher Beziehungen in der Betriebsverfassung, FS *Wank*, 2014, S. 465; *Rieble* Industrienahe Dienstleistungen zwischen freiem Werkvertrag und regulierter Arbeitnehmerüberlassung, ZfA 2013, 137; *Rieble/Gutzeit* Das Altersteilzeitgesetz (ATzG) 1996 und seine betriebsverfassungsrechtlichen Implikationen, BB 1998, 638; *Rost* Arbeitnehmer und arbeitnehmerähnliche Personen im Betriebsverfassungsrecht, NZA 1999, 113; *Rudolph* Betriebsratswahlen und Heimarbeit, Quelle 1972, 219; *Rüthers* Probleme der Organisation, des Weisungsrechts und der Haftung bei Gruppenarbeit, ZfA 1977, 1; *Rüthers/Bakker* Arbeitnehmerentsendung und Betriebsinhaberwechsel im Konzern, ZfA 1990, 245; *Säcker* Arbeitnehmerüberlassung im Konzern und Betriebsratsorganisation, FS *Karlheinz Quack*, 1991, S. 421; *Säcker/Joost* Betriebszugehörigkeit als Rechtsproblem im Betriebsverfassungs- und Mitbestimmungsrecht, 1980; *Sansone* Gleichstellung von Leiharbeitnehmern nach deutschem und Unionsrecht (Diss. Köln), 2011 (zit.: Gleichstellung); *Schirmer* Die betriebsverfassungsrechtliche Stellung des Leiharbeitnehmers im Entleiherbetrieb, 50 Jahre Bundesarbeitsgericht, 2004, S. 1063; *Schlüpers-Oehmen* Betriebsverfassung bei Auslandstätigkeit, 1984; *Schmitt* Leiharbeit durch Rotkreuzschwestern? – Zulässigkeit und Grenzen mitgliedschaftlicher Arbeitspflichten, ZESAR 2017, 167; *Schubert/Liese* Berücksichtigung von Leiharbeitnehmern bei den Schwellenwerten der Unternehmensmitbestimmung, NZA 2016, 1297; *Schüren/Wank* Die neue Leiharbeitsrichtlinie und ihre Umsetzung in deutsches Recht, RdA 2011, 1; *Schüren/Pütz* Scheinwerkverträge ohne fingierte Arbeitsverhältnisse zum Entleiher? – Erwiderung auf Bissels, NZA 2017, 214, NZA 2017, 483; *Schwab* Das Arbeitsverhältnis bei einer (Bau-) Arbeitsgemeinschaft, AR-Blattei SD 370.6, [2005]; *Talkenberg* Reform der Arbeitnehmerüberlassung – Fragen der praktischen Umsetzung, NZA 2017, 473; *Teusch/Verstege* Vorübergehend unklar – Zustimmungsverweigerungsrecht des Betriebsrats bei Einstellung von Leiharbeitnehmern, NZA 2012, 1326; *Thüsing/Thieken* Der Begriff der »wirtschaftlichen Tätigkeit« im neuen AÜG, DB 2012, 347; *Thüsing/Stiebert* Zum Begriff »vorübergehend« in § 1 Abs. 1 Satz 2 AÜG, DB 2012, 632; *Trümner/Fischer* Dauerhafte Personalgestellungen im Lichte des neuen Arbeitnehmerüberlassungsrechts, PersR 2013, 193; *Wank* Die Teilzeitbeschäftigung im Arbeitsrecht, RdA 1985, 1; *ders.* Änderungen im Leiharbeitsrecht, RdA 2017, 100; *Ch. Weber* Das aufgespaltene Arbeitsverhältnis (Diss. Mainz), 1992; *Witschen* Matrixorganisationen und Betriebsverfassung, RdA 2016, 38; *Wlotzke* Zum Wahlrecht von Leiharbeitnehmern und vergleichbaren Arbeitnehmern zur Wahl des Betriebsrats im Einsatzbetrieb, 50 Jahre Bundesarbeitsgericht, 2004, S. 1149; *Worpenberg* Die konzerninterne Arbeitnehmerüberlassung (Diss. Kiel), 1993; *Zimmer* »Vorübergehender« Einsatz von LeiharbeitnehmerInnen, AuR 2012, 422; *Zimmermann* Berücksichtigung von Leiharbeitnehmern bei Schwellenwerten der Betriebsverfassung – der Status quo, DB 2014, 2591. Vgl. ferner die Angaben zu § 5.

Inhaltsübersicht   **Rdn.**

I. Vorbemerkung	1–4
II. Bedeutung der Wahlberechtigung	5–10
1. Inhalt	5–7
2. Sonstige Bedeutung der Wahlberechtigung	8–10
III. Voraussetzungen der Wahlberechtigung – Überblick	11–15
IV. Wahlberechtigung der Arbeitnehmer des Betriebs (Satz 1)	16–68
1. Arbeitnehmer(-eigenschaft)	16
2. Betriebszugehörigkeit	17–31
a) Meinungsstand	18–21
b) Die Eingliederung in den Betrieb als notwendige Voraussetzung für die Betriebszugehörigkeit	22, 23
c) Das Erfordernis eines Rechtsverhältnisses zwischen Arbeitnehmer und Betriebsinhaber	24, 25
d) Das Bestehen eines Arbeitsverhältnisses zum Betriebsinhaber als Voraussetzung für die Betriebszugehörigkeit	26–30

			e) Gesetzliche Vorgaben	31
	3. Wahlberechtigung bei Bestehen eines Arbeitsvertrages mit dem Betriebsinhaber			32–61
		a) Vorbemerkung		32
		b) In Vollzug gesetzte Arbeitsverhältnisse		33–39
			aa) Invollzugsetzung	33
			bb) Umfang und Dauer der Beschäftigung	34–39
		c) Sonderfälle		40–55
			aa) Beschäftigung in mehreren Betrieben	40
			bb) Kündigung des Arbeitsverhältnisses, Versetzung	41–46
			cc) Arbeitnehmer im Außendienst	47–51
			(1) Außendiensttätigkeit im Inland	47
			(2) Auslandstätigkeit	48–51
			dd) Beschäftigung in Matrixstrukturen	52–55
		d) Vorübergehende Arbeitsbefreiung und Ruhen der Hauptleistungspflichten		56–61
	4. Wahlberechtigung von Auszubildenden			62–65
	5. Wahlalter			66–68
V.	Wahlrecht und Betriebszugehörigkeit bei Arbeitseinsatz von Arbeitnehmern in Drittbetrieben (Satz 2)			69–151
	1. Grundsätze			69–71
	2. Arbeitnehmerüberlassung (»Leiharbeit«)			72–137
		a) Begriff der Arbeitnehmerüberlassung		73–76
		b) Erscheinungsformen der Arbeitnehmerüberlassung		77–83
		c) Betriebsverfassungsrechtliche Stellung der Leiharbeitnehmer		84–137
			aa) Erlaubnispflichtige Arbeitnehmerüberlassung	84–122
			(1) Betriebszugehörigkeit	84–92
			(2) Wahlrecht	93–106
			(3) Berücksichtigung bei den Schwellenwerten	107–120
			(4) Anwendung sonstiger Vorschriften	121, 122
			bb) Erlaubnisfreie Arbeitnehmerüberlassung	123–126
			cc) Privilegierte Arbeitnehmerüberlassung	127
			dd) Abordnung zu einer Arbeitsgemeinschaft	128
			ee) Unzulässige Arbeitnehmerüberlassung	129–137
	3. Arbeitsleistung aufgrund Gestellungsvertrags			138–144
	4. Fremdfirmenarbeitnehmer			145
	5. Überlassung von Bedienungspersonal			146, 147
	6. Gruppenarbeit			148
	7. Mittelbares Arbeitsverhältnis			149
	8. Gesamthafenarbeitsverhältnis			150, 151
VI.	Maßgeblicher Zeitpunkt			152–155
VII.	Streitigkeiten			156–161

I. Vorbemerkung

1 Die Vorschrift, die die **Wahlberechtigung** regelt, entspricht in Satz 1 § 6 BetrVG 1952 in der durch Art. 74 des Ersten Strafrechtsänderungsgesetzes vom 25.06.1969 (BGBl. I, S. 645) geänderten Fassung. Die bis dahin geltende Einschränkung, dass der Arbeitnehmer im Besitz der bürgerlichen Ehrenrechte sein muss, ist durch dieses Gesetz weggefallen, da der Verlust der bürgerlichen Ehrenrechte als Nebenstrafe abgeschafft wurde. Satz 2 ist durch Art. 1 Nr. 7 BetrVerf-ReformG vom 23. Juli 2001 (BGBl. I, S. 1852) neu in das Gesetz eingefügt. Zugleich ist dabei in Satz 1 klargestellt worden, dass sich die Vorschrift auf Arbeitnehmer »des Betriebs« bezieht.

2 Die Vorschrift enthält **zwingendes Recht**. Eine Einschränkung oder Erweiterung des aktiven Wahlrechts durch Tarifvertrag oder Betriebsvereinbarung ist nicht möglich.

3 Besonders ist die Wahlberechtigung zur Wahl der **Jugend- und Auszubildendenvertretung** (§ 61 Abs. 1), zur **Bordvertretung** (§ 115 Abs. 2 Nr. 1) und zum **Seebetriebsrat** (§ 116 Abs. 2 Nr. 1) geregelt.

Zum **Personalvertretungsrecht** vgl. § 13 Abs. 1 BPersVG; für **Sprecherausschüsse** vgl. § 3 Abs. 1 SprAuG. 4

II. Bedeutung der Wahlberechtigung

1. Inhalt

§ 7 regelt die **Wahlberechtigung**, d. h. das **aktive Wahlrecht**. Das passive Wahlrecht (Wählbarkeit) 5
ist in § 8 geregelt; es setzt die Wahlberechtigung voraus, aber nicht alle Wahlberechtigten sind wählbar.

Die **Wahlberechtigung ist** das **Recht**, bei der Wahl des Betriebsrats durch Stimmabgabe mitzuwir- 6
ken. Es ist ein subjektives Teilnahmerecht, das höchstpersönlich ist, d. h. weder abtretbar ist noch
durch einen Stellvertreter ausgeübt werden kann, und auf das der Wahlberechtigte auch nicht rechtswirksam verzichten kann. Die Wahlberechtigung begründet jedoch keine Wahlpflicht; deshalb kann
der Wahlberechtigte durch Nichtteilnahme an der Wahl von der Ausübung seines Wahlrechts absehen
(Wahlverzicht).

Für die **Ausübung des Wahlrechts** durch Stimmabgabe ist die Eintragung des Arbeitnehmers in die 7
Wählerliste, die vom Wahlvorstand für jede Betriebsratswahl aufzustellen ist (§ 2 Abs. 1, § 30 Abs. 1
WO), zusätzliche formelle Voraussetzung (§ 2 Abs. 3 WO). Die Eintragung in die Wählerliste kann
jedoch andererseits das Fehlen der in § 7 geregelten materiellen Voraussetzungen der Wahlberechtigung nicht ersetzen (s. Rdn. 154 f. sowie die Erl. zu §§ 2 und 4 WO und auch *Kreutz* § 19 Rdn. 22 f.).

2. Sonstige Bedeutung der Wahlberechtigung

Eine Reihe betriebsverfassungsrechtlicher Befugnisse steht **nur wahlberechtigten Arbeitnehmern** 8
bzw. **Wahlberechtigten** zu. Nur diese können etwa die Abstimmung nach § 3 Abs. 3 Satz 2 veranlassen, Wahlvorschläge (der Arbeitnehmer) machen oder unterzeichnen (§ 14 Abs. 3 und 4), im vereinfachten Wahlverfahren Gelegenheit zur schriftlichen Stimmabgabe verlangen (§ 14a Abs. 4), Wahlvorstand sein (§ 16 Abs. 1) oder dessen Bestellung beim Arbeitsgericht beantragen (§ 16 Abs. 2, § 17
Abs. 4, § 17a Nr. 4), zu einer Betriebsversammlung bzw. Wahlversammlung zur Wahl eines Wahlvorstandes in einem betriebsratslosen Betrieb einladen (§ 17 Abs. 3, § 17a Nr. 3) oder die Einberufung
einer Betriebsversammlung verlangen (§ 43 Abs. 3). Allein die wahlberechtigten Arbeitnehmer haben
ferner bei der Wahlvorbereitung und Durchführung und der Wahlanfechtung Rechte (§ 18 Abs. 1,
§ 19 Abs. 2) und können die Auflösung des Betriebsrats oder den Ausschluss eines Betriebsratsmitgliedes verlangen (§ 23 Abs. 1, §§ 48, 56). Ferner ist die Zahl der wahlberechtigten Arbeitnehmer von
Bedeutung für die grundsätzliche Frage der Errichtung von Betriebsräten (Betriebsratsfähigkeit, § 1
Abs. 1 Satz 1), für die Größe des Betriebsrats (§ 9), für die Geltung des vereinfachten Wahlverfahrens
für Kleinbetriebe (§ 14a Abs. 1 und 5), für die Beteiligung des Betriebsrats bei personellen Einzelmaßnahmen (§ 99 Abs. 1 Satz 1) und bei geplanten Betriebsänderungen (§ 111 Satz 1) sowie für die Pflicht
des Arbeitgebers zur Unterrichtung über die wirtschaftliche Lage und Entwicklung des Unternehmens (§ 110 Abs. 2). Durch die Einfügung von § 7 Satz 2 ist die Notwendigkeit entstanden, in allen
Fällen durch Auslegung zu ermitteln, ob neben den wahlberechtigten Arbeitnehmern des Betriebs
nach § 7 Satz 1 auch die nach Satz 2 Wahlberechtigten von den genannten Vorschriften erfasst werden
(vgl. dazu Rdn. 107 ff.).

Im **Unternehmensmitbestimmungsrecht** wird die Wahlberechtigung für die Wahl der Aufsichts- 9
ratsmitglieder der Arbeitnehmer weitgehend eigenständig geregelt. So sind im Geltungsbereich des
MitbestG die Arbeitnehmer des Unternehmens wahlberechtigt, die das 18. Lebensjahr vollendet haben (§ 10 Abs. 2 und § 18 MitbestG 1976). Eine entsprechende Regelung findet sich in § 8 Abs. 2
Satz 1 und § 10h Satz 1 MontanMitbestErgG, wobei entsprechend dem Zweck der Regelung auf
die Zugehörigkeit der Arbeitnehmer zu einem der Konzernunternehmen abgestellt wird. Auch das
DrittelbG vom 18.05.2004 (BGBl. I, S. 974) enthält eine solche eigenständige Bestimmung der Wahlberechtigung, nimmt also im Unterschied zu § 76 Abs. 2 Satz 1 BetrVG 1952 nicht mehr pauschal Bezug auf § 7 (§ 5 Abs. 2 Satz 1 DrittelbG). In allen drei Gesetzen wird jedoch für die Wahlberechtigung
der zur Arbeitsleistung überlassenen Arbeitnehmer ergänzend auf § 7 verwiesen. So heißt es dort über-

einstimmend: »§ 7 Satz 2 des Betriebsverfassungsgesetzes gilt entsprechend«. (§ 10 Abs. 2 Satz 2 MitbestG; § 8 Abs. 2 Satz 2, § 10h Satz 2 MontanMitbestErgG, § 5 Abs. 2 Satz 2 DrittelbG). Insofern ist die Regelung des Betriebsverfassungsgesetzes nach wie vor auch für die Unternehmensmitbestimmung von Bedeutung. Im Geltungsbereich des Montan-MitbestG gibt es keine Wahl durch Arbeitnehmer (§ 6 Montan-MitbestG).

10 Nicht wahlberechtigte Arbeitnehmer **können** im Zusammenhang mit der Zusammensetzung und Wahl des Betriebsrats nur bei der Wahl des Wahlvorstands (§ 17 Abs. 2) mitwirken.

III. Voraussetzungen der Wahlberechtigung – Überblick

11 § 7 bestimmt die **materiellen Voraussetzungen** der Wahlberechtigung. Wahlberechtigt sind danach alle Arbeitnehmer des Betriebs. Voraussetzung ist somit zunächst, dass die Person die Voraussetzungen des betriebsverfassungsrechtlichen Arbeitnehmerbegriffes nach § 5 erfüllt (*BAG* 29.01.1992 EzA § 7 BetrVG 1972 Nr. 1 = AP Nr. 1 zu § 7 BetrVG 1972 unter B II 1). Das Wahlrecht steht zudem nur den Arbeitnehmern »des Betriebs« zu. Damit statuiert das Gesetz das **Erfordernis der Betriebszugehörigkeit** (auch Betriebsangehörigkeit oder Belegschaftszugehörigkeit). Es genügt also für den Erwerb des Wahlrechts nicht, wenn jemand Arbeitnehmer im betriebsverfassungsrechtlichen Sinne ist, ja nicht einmal, dass ein Arbeitsverhältnis zum Inhaber des Betriebs besteht; der Arbeitnehmer muss vielmehr außerdem zu dem Betrieb gehören, um dessen Betriebsratswahl es geht. Dieses, bis zur Reform des Betriebsverfassungsgesetzes im Jahre 2001 ungeschriebene Merkmal wurde früher aus der Natur der Sache und aus systematischen Aspekten hergeleitet (vgl. *Kreutz* 6. Aufl., § 7 Rn. 11 und 16 m. w. N.). Das BetrVerf-ReformG hat diese Ansicht durch die Ergänzung des Satzes 1 ausdrücklich bestätigt (s. Rdn. 1). Zugleich unterscheidet das Gesetz durch die Einfügung des Satzes 2 nunmehr deutlich zwischen der Wahlberechtigung der Arbeitnehmer des Betriebes (Satz 1) und derjenigen von Arbeitnehmern eines anderen Arbeitgebers, die **zur Arbeitsleistung überlassen** worden sind (also insbesondere Leiharbeitnehmern, Satz 2; s. Rdn. 16 ff., 93 ff.). Diese sind nur wahlberechtigt, wenn sie länger als drei Monate im Betrieb eingesetzt werden.

12 Zusätzlich verlangt das Gesetz für das Wahlrecht ein bestimmtes **Mindestalter**. Arbeitnehmer des Betriebes sind nur wahlberechtigt, wenn sie das **18. Lebensjahr vollendet** haben. Dies gilt auch für die nach Satz 2 wahlberechtigten Arbeitnehmer, die in einem Arbeitsverhältnis zu einem anderen Arbeitgeber stehen, von diesem aber dem Betriebsinhaber zur Arbeitsleistung in dessen Betrieb überlassen worden sind. Auch sie sind nur wahlberechtigt, wenn sie das 18. Lebensjahr vollendet haben. Das Erfordernis des Mindestalters ist zwar nicht ausdrücklich erwähnt. Für die überlassenen Arbeitnehmer kann aber diesbezüglich nichts anderes gelten als für die betriebszugehörigen Arbeitnehmer (s. Rdn. 106).

13 Weitere materielle Voraussetzungen bestehen nicht. Namentlich ist die **Staatsangehörigkeit** ohne Bedeutung. Bei Ausländern und Staatenlosen sind auch keine Kenntnisse der deutschen Sprache erforderlich; es ist vielmehr Aufgabe des Wahlvorstandes, ausländische Arbeitnehmer in geeigneter Form über das Wahlverfahren zu unterrichten (§ 2 Abs. 5 WO; ebenso *Fitting* § 7 Rn. 88). Auch derjenige ist wahlberechtigt, dem als **Nebenstrafe** gemäß § 45 Abs. 5 StGB das Recht aberkannt ist, in öffentlichen Angelegenheiten zu wählen oder zu stimmen (*Fitting* § 7 Rn. 91; *Richardi/Thüsing* § 7 Rn. 59). Da die Betriebsratswahl (unstr.) keine öffentliche Angelegenheit ist, hätte es wie in § 13 Abs. 1 Satz 1 BPersVG eines Ausschlusses der Wahlberechtigung bedurft; eine entsprechende Vorschrift gibt es im Betriebsverfassungsrecht aber nicht. Da der Verlust der bürgerlichen Ehrenrechte als Nebenstrafe abgeschafft ist (s. Rdn. 1), ist seine Bedeutung für die Wahlberechtigung entfallen.

14 § 7 bestimmt nicht ausdrücklich den **maßgeblichen Zeitpunkt**, in dem die materiellen Voraussetzungen der Wahlberechtigung vorliegen müssen. Da sich das aktive Wahlrecht jedoch auf die Teilnahme an der Betriebsratswahl durch Stimmabgabe bezieht (s. Rdn. 6), muss der **Zeitpunkt der Stimmabgabe** (Zeitpunkt der Wahl) entscheidend sein. Dies entspricht der allgemeinen Meinung, auch wenn dies vielfach nicht besonders hervorgehoben wird (vgl. aber etwa *Fitting* § 7 Rn. 85; *Joost*/MünchArbR, § 216 Rn. 56; *Nicolai/HWGNRH* § 7 Rn. 34, *Richardi/Thüsing* § 7 Rn. 26; *Schröder* DB 1965, 1009). Ist die Stimmabgabe nach dem Wahlausschreiben (§ 3 Abs. 2 Nr. 11 WO)

an mehreren Tagen möglich, so genügt es, wenn der Arbeitnehmer am Tage seiner Stimmabgabe wahlberechtigt ist (ebenso *Nicolai/HWGNRH* § 7 Rn. 34; vgl. auch Rdn. 66, 152).

Von der Beurteilung der Wahlberechtigung zum Zeitpunkt der Stimmabgabe ist die Frage zu unterscheiden, ob der Wahlberechtigte sein **Wahlrecht ausüben kann**. Diese praktisch wichtige Unterscheidung folgt aus der Verfahrensvorschrift des § 2 Abs. 3 WO, die dahin zu verstehen ist, dass nur derjenige sein Stimmrecht ausüben kann, der in die Wählerliste eingetragen ist (s. Rdn. 154 f.). 15

IV. Wahlberechtigung der Arbeitnehmer des Betriebs (Satz 1)

1. Arbeitnehmer(-eigenschaft)

Wer **Arbeitnehmer i. S. d. § 7 Satz 1 ist**, bestimmt sich nach § 5, der regelt, wer Arbeitnehmer i. S. d. Gesetzes ist (zur Arbeitnehmereigenschaft im Einzelnen s. § 5 Rdn. 15 ff.). Zu den Arbeitnehmern rechnen danach Arbeiter und Angestellte sowie die zu ihrer Berufsausbildung Beschäftigten, und zwar (wie durch Art. 1 Nr. 5 BetrVerf-ReformG klargestellt worden ist) unabhängig davon, ob sie im Betrieb, im Außendienst oder mit Telearbeit beschäftigt werden (§ 5 Abs. 1 Satz 1). Als Arbeitnehmer gelten auch die in Heimarbeit Beschäftigten, sofern sie in der Hauptsache für den Betrieb, um dessen Betriebsratswahl es geht, tätig sind (§ 5 Abs. 1 Satz 2). **Nicht wahlberechtigt** sind die in § 5 Abs. 2 und 3 abschließend genannten Personen: Die in **§ 5 Abs. 2 Aufgeführten** gelten kraft gesetzlicher Fiktion nicht als Arbeitnehmer i. S. d. Betriebsverfassungsrechts, selbst wenn sie (ausnahmsweise) zum Betriebsinhaber als ihrem Arbeitgeber in einem Arbeitsverhältnis stehen (s. § 5 Rdn. 138 ff.). Auf **leitende Angestellte**, die unter § 5 Abs. 3 fallen (dazu s. § 5 Rdn. 159 ff.), finden §§ 7 ff. keine Anwendung, weil im Rahmen der Bestimmungen über Zusammensetzung und Wahl des Betriebsrats nicht ausdrücklich etwas anderes bestimmt ist; leitende Angestellte können nach Maßgabe des SprAuG Sprecherausschüsse wählen. Beispiele für fehlende Arbeitnehmereigenschaft s. bei § 5 Rdn. 55 ff.; insbesondere **freie Mitarbeiter** sind weder wahlberechtigt noch wählbar (*BAG* 29.05.1991 EzA § 19 BetrVG 1972 Nr. 31 S. 5 m. w. N.). Zur Einordnung der Tätigkeiten von **Behinderten** im Bereich der Werkstätten für behinderte Menschen nach § 219 SGB IX (bis 01.01.2018: § 136 SGB IX) s. § 5 Rdn. 154. **Beamte, Soldaten** sowie **Arbeitnehmer und Auszubildende des öffentlichen Dienstes**, die in privatrechtlich organisierten Unternehmen beschäftigt sind, **gelten** kraft ausdrücklicher gesetzlicher Fiktion für die Anwendung des Betriebsverfassungsgesetzes **als Arbeitnehmer** (§ 5 Abs. 1 Satz 3, § 19 Abs. 1 DBGrG, § 24 Abs. 2 PostPersRG, § 6 Abs. 1 BwKoopG, § 5 Abs. 1 BWpVerwPG, § 5 Abs. 1 BfAIPG); sie sind somit im Beschäftigungsbetrieb wahlberechtigt und wählbar (s. a. § 5 Rdn. 90 f.; zu wahlrechtlichen Besonderheiten s. *Jacobs* § 10 WO [Anhang 1]). Die frühere entgegengesetzte Rechtsprechung (*BAG* 25.02.1998 EzA § 5 BetrVG 1972 Nr. 62; 28.03.2001 EzA § 7 BetrVG 1972 Nr. 2) ist damit obsolet (s. a. § 5 Rdn. 74 ff.). 16

2. Betriebszugehörigkeit

Zweifelsfragen bei der Bestimmung der Wahlberechtigung nach § 7 Satz 1 ergeben sich vor allem daraus, dass zur Arbeitnehmereigenschaft i. S. d. BetrVG 1972 kumulativ die Betriebszugehörigkeit hinzukommen muss. Die Betriebszugehörigkeit ist **eigenständige Voraussetzung** der Wahlberechtigung nach § 7 Satz 1. Das war schon früher h. M. (vgl. *Kreutz* 6. Aufl., § 7 Rn. 16 m. w. N.) und ist durch den Gesetzgeber des BetrVerf-ReformG dadurch im Wortlaut der Vorschrift klargestellt, dass nach dem Wort »Arbeitnehmer« die Wörter »des Betriebs« eingefügt worden sind. Damit ist auch entschieden, dass die Betriebszugehörigkeit kein Problem der Konkretisierung eines besonderen betriebsverfassungsrechtlichen Arbeitnehmerbegriffs ist (s. a. § 5 Rdn. 10, 14; **a. M.** *Trümner/DKKW* § 5 Rn. 8). Vielmehr geht das Gesetz in § 5 Abs. 1 vom allgemeinen arbeitsrechtlichen Arbeitnehmerbegriff aus, den Rechtsprechung und Literatur entwickelt haben (s. § 5 Rdn. 16; ebenso *BAG* 13.10.2004 EzA § 5 BetrVG 2001 Nr. 1 = AP Nr. 71 zu § 5 BetrVG 1972 unter B II 1a aa; 05.12.2012 – 7 ABR 48/11 – juris, Rn. 17; in diesem Sinne auch die Begründung zur Neufassung des § 5 Abs. 1 durch das BetrVerf-ReformG; BT-Drucks. 14/5741, S. 35). Deshalb ist ein Arbeitnehmer, der nicht zum Betrieb gehört, nach Satz 1 ebenso wenig wahlberechtigt wie eine Person, die zwar zum Betrieb gehört, aber (wie die unter § 5 Abs. 2 und 3 fallenden Personen) nicht Arbeitnehmer i. S. d. Gesetzes 17 ist. Arbeitnehmer, die nicht zum Betrieb gehören, können unter den Voraussetzungen von Satz 2 wahlberechtigt sein (s. Rdn. 93 ff.).

a) Meinungsstand

18 Zur Abgrenzung der Betriebszugehörigkeit werden heute im Wesentlichen **drei Ansichten** vertreten.

19 Über lange Zeit war die sog. **»Zwei-Komponenten-Lehre«** (auch »Kumulationstheorie« genannt) die vorherrschende Ansicht (so insbesondere die frühere Rspr.; *BAG* 18.01.1989 EzA § 9 BetrVG 1972 Nr. 4 = AP Nr. 1 zu § 9 BetrVG 1972 unter B II 1b; 16.04.2003 EzA § 9 BetrVG 2001 Nr. 1 unter II 2a aa; 22.10.2003 EzA § 38 BetrVG 2001 Nr. 2 unter B II 2a bb (1); 10.03.2004 EzA § 9 BetrVG 2001 Nr. 2 unter B I 1a aa; 20.04.2005 EzA § 14 AÜG Nr. 5 unter B II 1; *Benecke* FS *Wank*, S. 27 [35 ff.]; *Birk* FS *Molitor*, S. 19 [23 f.]; *Christiansen* Betriebszugehörigkeit, S. 31 ff., 79; *Hueck/Nipperdey* II/2, S. 1131; *Kraft* FS *Pleyer*, S. 383 [386]; *Kreutz* GedS *Dietrich Schultz*, S. 209 [212]; *G. Müller* ZfA 1990, 607 [616]; *Nicolai/HWGNRH* § 7 Rn. 17; *Nikisch* III, S. 78; *Oetker* AuR 1991, 359 [363]; *Richardi* NZA 1987, 145 [146], abw. jetzt FS *Wank*, S. 465 [467 ff.]; *Rieble/Gutzeit* BB 1998, 638 [639]; *Rose/HWGNRH* § 5 Rn. 69 ff.; *Rost* NZA 1999, 113 [116]; *Stege/Weinspach/Schiefer* § 7 Rn. 2; *Windbichler* Arbeitsrecht im Konzern, 1989, S. 268; *Wlotzke/WPK* § 7 Rn. 10). Voraussetzung der Betriebszugehörigkeit ist danach zum einen das Bestehen eines Arbeitsverhältnisses zum Betriebsinhaber, zum anderen eine tatsächliche Beziehung zum Betrieb, die sich darin ausdrückt, dass der Arbeitnehmer in den Betrieb eingegliedert ist, d. h. seine Arbeitsleistung innerhalb der arbeitsorganisatorischen Einheit erbringt und damit zur Erfüllung des arbeitstechnischen Zwecks des Betriebs beiträgt. Beide Voraussetzungen müssen kumulativ vorliegen.

20 Eine vor allem in der Literatur vertretene Ansicht, die hier als »Eingliederungstheorie« bezeichnet werden soll, lässt hingegen für die Betriebszugehörigkeit die **Eingliederung in den Betrieb genügen**. Das Bestehen eines Arbeitsverhältnisses zum Betriebsinhaber sei dagegen nicht erforderlich. Maßgeblich sei allein, dass der Arbeitnehmer innerhalb der Arbeitsorganisation des Betriebs weisungsgebundene Dienstleistungen erbringe (*LAG Frankfurt a. M.* 25.01.1985 BB 1985, 2173; *Boemke* AR-Blattei SD 540, Rn. 13 ff.; *Hanau* ZGR 1984, 468 [487]; *Homburg/DKKW* § 7 Rn. 5; *Joost*/MünchArbR, § 216 Rn. 43; *Richardi* FS *Wank*, S. 465 [467 ff.]; *Säcker* FS *Karlheinz Quack*, S. 421 [425 ff.]; *Säcker/Joost* Betriebszugehörigkeit, S. 21, 39 ff.; *Schüren/Hamann* AÜG, § 14 Rn. 22 ff.; *Trümner/DKKW* § 5 Rn. 25 ff.; *Zeuner* FS *Hilger/Stumpf*, S. 771 [774]; *Ziemann* AuR 1990, 58 [62]; im Ergebnis auch *Rüthers/Bakker* ZfA 1990, 245 [306 ff.]; früher auch *BAG* 11.04.1958 AP Nr. 1 zu § 6 BetrVG; 28.04.1964 AP Nr. 3 zu § 4 BetrVG).

21 Das *BAG* vertritt in neuerer Zeit eine **differenzierende Ansicht** (grdl. *BAG* 05.12.2012 EzA § 5 BetrVG 2001 Nr. 10 = AP Nr. 81 zu § 5 BetrVG 1972 Rn. 17 ff.; anschließend hat das Gericht seine Auffassung in mehreren Entscheidungen bestätigt und näher konkretisiert; *BAG* 13.03.2013 EzA § 9 BetrVG 2001 Nr. 6 = AP Nr. 15 zu § 9 BetrVG 1972 Rn. 21 ff.; 04.11.2015 EzA § 9 MitbestG Nr. 2 = AP Nr. 2 zu § 9 MitbestG Rn. 28 f.; 24.08.2016 NZA 2017, 269 Rn. 20; 18.01.2017 – 7 ABR 60/15 – juris, Rn. 23 ff.; ausführlich hierzu auch der Aufsatz der beiden Richter des zuständigen Siebten Senats *Linsenmaier/Kiel* RdA 2014, 135 ff.). Die Zwei-Komponenten-Lehre werde zwar der »Normalfall-Gestaltung« gerecht, die dadurch gekennzeichnet sei, dass ein Arbeitnehmer aufgrund eines wirksamen Arbeitsvertrages in der einzigen Betriebsstätte eines Arbeitgebers unselbständige, fremdbestimmte Arbeit tatsächlich leiste (so unter wörtlicher Bezugnahme auf die hiesige Kommentierung [*Kreutz/Raab* 9. Aufl., § 7 Rn. 20] *BAG* 05.12.2012 EzA § 5 BetrVG 2001 Nr. 10 Rn. 19; 13.03.2013 EzA § 9 BetrVG 2001 Nr. 6 Rn. 22). Sie führe jedoch bei atypischen Gestaltungen, insbesondere beim sog. drittbezogenen Personaleinsatz, der durch eine Aufspaltung der Arbeitgeberstellung gekennzeichnet sei, nicht zu sachgerechten Ergebnissen. Vielmehr bedürfe es hier differenzierender Lösungen. Diese müssten zum einen die ausdrücklich normierten spezialgesetzlichen Konzepte, zum anderen die Funktion des Arbeitnehmerbegriffs im jeweiligen betriebsverfassungsrechtlichen Kontext berücksichtigen. Ziel sei eine am Normzweck orientierte Auslegung (*BAG* 05.12.2012 EzA § 5 BetrVG 2001 Nr. 10 Rn. 25; zuletzt 18.01.2017 – 7 ABR 60/15 – juris, Rn. 24). In der Literatur ist diese neue, nach der Art der Beschäftigung und dem Normzweck der konkreten Regelung differenzierende Linie auf Zustimmung gestoßen (*Brors*/HaKo § 7 Rn. 6; *Fitting* § 5 Rn. 16 f.; *Kloppenburg*/HaKo § 5 Rn. 40 ff.; *Koch*/ErfK § 5 BetrVG Rn. 2, 4; *Reichold/HWK* § 7 BetrVG Rn. 8, 21;

ders. FS *v. Hoyningen-Huene,* S. 413 [418 ff.]). Im Ergebnis führt diese Ansicht dazu, dass für die Einordnung als (betriebsangehöriger) Arbeitnehmer i. S. d. BetrVG auch die reine Eingliederung in den Betrieb genügen kann. Das Bestehen eines Arbeitsverhältnisses gerade zum Betriebsinhaber ist danach – im Unterschied zur Zwei-Komponenten-Lehre – keine notwendige Voraussetzung der Betriebszugehörigkeit. Andererseits genügt allein die Eingliederung eines Arbeitnehmers nicht ohne Weiteres, um diesen als betriebsangehörig anzusehen (so dezidiert *Linsenmaier/Kiel* RdA 2014, 135 [139]).

b) Die Eingliederung in den Betrieb als notwendige Voraussetzung für die Betriebszugehörigkeit

Weitgehend unstreitig ist, dass allein das Bestehen eines Arbeitsverhältnisses zum Betriebsinhaber nicht genügt, um die Betriebszugehörigkeit zu begründen. Vielmehr bedarf es hierfür einer **tatsächlichen Beziehung zu dem jeweiligen Betrieb**. Dass nicht jeder Arbeitnehmer des Betriebsinhabers zugleich »Arbeitnehmer des Betriebs« ist, zeigt sich etwa, wenn der Betriebsinhaber in seinem privaten Haushalt ebenfalls Arbeitnehmer beschäftigt. Diese gehören nicht zu der vom Betriebsrat vertretenen Belegschaft, weil sie ihre Arbeitsleistung nicht innerhalb der organisatorischen Einheit erbringen, für die der Betriebsrat gewählt ist. Sie sind daher nicht Teil der durch die arbeitsorganisatorische Einheit gebildeten tatsächlichen Gemeinschaft und damit nicht in diese eingegliedert (*BAG* 05.12.2012 EzA § 5 BetrVG 2001 Nr. 10 Rn. 18; *Linsenmaier/Kiel* RdA 2014, 135 [136]). Ebenso wenig genügt das Bestehen eines Arbeitsverhältnisses zum Betriebsinhaber, wenn dieser mehrere Betriebe unterhält (*Richardi* NZA 1987, 145 [146]). Nach der gesetzlichen Konzeption ist die Mitbestimmung betriebs- und nicht unternehmensbezogen. Zur Ermittlung der Betriebszugehörigkeit reicht es also nicht aus festzustellen, dass der Arbeitnehmer in einem Arbeitsverhältnis zum Betriebsinhaber steht. Vielmehr muss zusätzlich geklärt werden, welchem Betrieb der Arbeitnehmer zuzuordnen ist.

Dabei ist im Hinblick auf die tatsächliche Eingliederung eine **funktionale Betrachtung** anzustellen. Entscheidend ist nicht, ob der Arbeitnehmer räumlich in dem Bereich der Betriebsstätte tätig wird, sondern ob seine Arbeitsleistung zur Erreichung des arbeitstechnischen Zwecks des Betriebs beitragen soll (*BAG* 22.03.2000 EzA § 14 AÜG Nr. 4 unter B II 2a aa; 10.03.2004 – 7 ABR 36/03 – juris, Rn. 12; 05.12.2012 EzA § 5 BetrVG 2001 Nr. 10 Rn. 18; *Nölke* SAE 2014, 1 [4]; *Richardi* NZA 1987, 145 [146]; *Schüren/Hamann* AÜG, § 14 Rn. 21). Ist dies der Fall, so untersteht er typischerweise dem für den Betrieb zuständigen Leitungsapparat und ist Teil der entsprechenden arbeitsorganisatorischen Einheit (s. a. Rdn. 47 ff. zu den Außendienst-Arbeitnehmern sowie Rdn. 54 zu Matrixstrukturen). Insofern ist der Einwand, dass Leiharbeitnehmer nicht einmal im Verleiherbetrieb betriebszugehörig seien, weil dieser über keine Betriebsorganisation verfüge, in welche die Leiharbeitnehmer eingegliedert seien (so *Trümner/DKKW* § 5 Rn. 22; ähnlich *BAG* 13.03.2013 EzA § 9 BetrVG 2001 Nr. 6 = AP Nr. 15 zu § 9 BetrVG 1972 Rn. 22), nicht berechtigt. Eine solche Ansicht liefe zum einem sicher dem geltenden Recht zuwider, da sie der Regelung des § 14 Abs. 1 AÜG widerspricht (*Hamann* Anm. EzA § 9 BetrVG 2001, Nr. 6 S. 15). Aber auch systematisch ist sie nicht überzeugend, besteht doch die vom Verleiher erbrachte Dienstleistung darin, anderen Unternehmen geeignete Arbeitskräfte zur Verfügung zu stellen. Zu diesem arbeitstechnischen Zweck trägt der Leiharbeitnehmer selbstverständlich bei, auch wenn der Einsatz seiner Arbeitskraft und damit das Arbeitsergebnis dem Entleiher zugutekommt (so auch *BAG* 23.06.2010 EzA § 99 BetrVG 2001 Einstellung Nr. 13 = AP Nr. 60 zu § 99 BetrVG 1972 Einstellung [*Hamann*] Rn. 17). Dass der Leiharbeitnehmer Teil des Verleiherbetriebs ist, zeigt sich im Übrigen nicht zuletzt in verleihfreien Zeiten. Wollte man anders entscheiden, müsste man annehmen, dass der Leiharbeitnehmer in dieser Zeit gar keinem Betrieb zuzuordnen wäre. Dies stünde – auch ohne § 14 Abs. 1 AÜG – in Widerspruch zur Systematik und Regelungsintention des BetrVG.

c) Das Erfordernis eines Rechtsverhältnisses zwischen Arbeitnehmer und Betriebsinhaber

Umstritten ist, ob die Betriebszugehörigkeit vom Bestehen eines Arbeitsverhältnisses abhängig ist. Dabei betonen die Vertreter der sog. Eingliederungstheorie häufig, dass es allein auf die Eingliederung als ein **tatsächliches Element** ankomme (*Boemke* in: *Boemke/Lembke* AÜG, § 14 Rn. 59; *Richardi* FS *Wank,* S. 465 [467 f.]; *Trümner/DKKW* § 5 Rn. 16, 25 f.; vgl. auch *Reichold* FS *v. Hoyningen-Huene,* S. 413 [422]: »faktisches Element«). Dem ist aus grundsätzlichen Erwägungen zu widersprechen. Bezugspunkt der betrieblichen Mitbestimmung ist die Rechtsbeziehung zwischen dem Betriebsinhaber und den im Betrieb beschäftigten Arbeitnehmern. Die Mitbestimmungsrechte sollen dem Betriebsrat die Möglichkeit geben, diese Rechtsbeziehung – z. B. durch Betriebsvereinbarungen – mitzugestalten, oder knüpfen an die Regelung dieser Rechtsbeziehung an, indem sie dem einseitigen Bestimmungsrecht des Arbeitgebers, insbesondere dem Direktionsrecht nach § 106 GewO, Grenzen setzen. Bezugspunkt der Mitbestimmung kann daher nicht eine rein tatsächliche, sondern nur eine Rechtsbeziehung sein. Folglich kann auch die Zugehörigkeit zum Betrieb und damit zu der vom Betriebsrat vertretenen Belegschaft nicht allein dadurch begründet werden, dass ein Arbeitnehmer seine Arbeitsleistung tatsächlich im räumlich-organisatorischen Bereich des Betriebs erbringt und dabei gegebenenfalls mit den übrigen Arbeitnehmern zusammenwirken muss (so zutr. *BAG* 18.01.1989 EzA § 9 BetrVG 1972 Nr. 4 unter B II 1b; 22.03.2000 EzA § 14 AÜG Nr. 4 unter B II 2a cc; 16.04.2003 EzA § 9 BetrVG 2001 Nr. 1 unter II 2a aa). Vielmehr muss er in einer unmittelbaren rechtlichen Beziehung zum Betriebsinhaber stehen.

25 Bei genauer Betrachtung meinen die Vertreter der genannten Ansicht mit der Eingliederung auch keine rein tatsächliche Beziehung (s. *Reichold/HWK* § 7 BetrVG Rn. 17: rechtliche, keine rein faktische Eingliederung). So wird betont, dass die »Eingliederung« in den Betrieb darin zum Ausdruck komme, dass der Arbeitnehmer hinsichtlich seiner Arbeitsleistung und seines sonstigen Verhaltens dem **Organisations- und Weisungsrecht des Betriebsinhabers** unterworfen sei. Für die Betriebszugehörigkeit werde damit an die Weisungszuständigkeit angeknüpft (*Boemke* in: *Boemke/Lembke* AÜG, § 14 Rn. 59; *Säcker/Joost* Betriebszugehörigkeit, S. 38 [43 ff.]; *Schüren/Hamann* AÜG, § 14 Rn. 22; *Trümner/DKKW* § 5 Rn. 26; ähnlich *Reichold* FS v. *Hoyningen-Huene*, S. 413 [422 f.]). Damit werde zugleich dem Anliegen Rechnung getragen, dass die Mitbestimmung dort erfolge, wo die Leitungsmacht ausgeübt werde (so *Trümner/DKKW* § 5 Rn. 24). Wer so argumentiert, konzediert aber, dass es nicht genügt, wenn der Betriebsinhaber tatsächlich Weisungen erteilt (und der Arbeitnehmer diesen Weisungen nachkommt), sondern dass der Betriebsinhaber im Verhältnis zum Arbeitnehmer die rechtliche Befugnis haben muss, ihm entsprechende Weisungen zu erteilen. Kommt dem Betriebsinhaber ein solches Weisungsrecht zu und ist der Arbeitnehmer rechtlich verpflichtet, seinen Weisungen Folge zu leisten, so besteht zugleich ein Rechtsverhältnis. Von einer rein tatsächlichen Beziehung kann daher keine Rede sein. Damit scheiden etwa Fremdfirmenarbeitnehmer, die als Erfüllungsgehilfen eines Unternehmens aufgrund eines mit dem Betriebsinhaber geschlossenen Werk- oder Dienstvertrages tätig werden (Dienstleister), aus dem Kreis der betriebsangehörigen Arbeitnehmer aus (s. Rdn. 145). Wenn und soweit der Betriebsinhaber ihnen Weisungen erteilt, erhalten sie diese als Erfüllungsgehilfen des Dienstleisters. Das Weisungsrecht besteht demnach nicht gegenüber dem Fremdfirmenarbeitnehmer, sondern gegenüber dem Dienstleister, also gegenüber dessen Arbeitgeber. Rechtsgrundlage ist der zwischen dem Betriebsinhaber und dem Dienstleister geschlossene Werk- oder Dienstvertrag, nicht dagegen ein zwischen dem Betriebsinhaber und den Fremdfirmenarbeitnehmern bestehendes Rechtsverhältnis.

d) Das Bestehen eines Arbeitsverhältnisses zum Betriebsinhaber als Voraussetzung für die Betriebszugehörigkeit

26 Der verbleibende Dissens zwischen den unterschiedlichen Ansichten beschränkt sich daher auf die Frage, ob die Betriebszugehörigkeit in jedem Fall ein Arbeitsverhältnis zum Betriebsinhaber voraussetzt. Die Zwei-Komponenten-Lehre bejaht dies, die sog. Eingliederungstheorie verneint die Frage allgemein, die vom *BAG* vertretene differenzierende Lösung verneint sie für die Fälle des drittbezogenen Personaleinsatzes. Auch insoweit ist der Unterschied zwischen den verschiedenen Ansichten aber geringer, als dies zunächst den Anschein haben mag. Zumindest die in diesem Kommentar vertretene Konzeption der Zwei-Komponenten-Lehre verlangte nämlich nicht, dass gerade zwischen dem Betriebsinhaber und dem Arbeitnehmer ein Arbeitsvertrag geschlossen worden sein müsse. Vielmehr wurde insbesondere für die Fälle der aufgespaltenen Arbeitgeberstellung darauf hingewiesen, dass »der Inhaber des Drittbetriebes, der nicht selbst Arbeitsvertragspartei des Arbeitnehmers ist, dennoch zu diesem in mehr oder weniger weitgehenden arbeitsrechtlichen Beziehungen stehen« könne (vgl. *Kreutz* 8. Aufl., § 7 Rn. 38; ebenso hier in der Vorauﬂ., § 7 Rn. 50). Als erforderlich, aber auch ausreichend angesehen wurde daher, dass dem Betriebsinhaber auf vertraglicher Grundlage so weitgehende Befugnisse im Verhältnis zu dem Arbeitnehmer übertragen werden, dass die ihm verliehene

Wahlberechtigung § 7

Rechtsstellung und die damit verbundenen Rechte und Pflichten zumindest partiell der Stellung eines Arbeitgebers entsprechen. **Voraussetzung** ist danach **nicht der Abschluss eines Arbeitsvertrages, sondern lediglich das Bestehen eines Arbeitsverhältnisses**, also eines Schuldverhältnisses, das wesentliche Typelemente des Arbeitsvertrags aufweist (in der Sache übereinstimmend *Schüren/ Hamann* AÜG, § 14 Rn. 23, der allerdings nicht deutlich genug zwischen Vertragsverhältnis und Arbeitsverhältnis unterscheidet; zu der Unterscheidung auch § 5 Rdn. 29). Je nach Inhalt und Ausgestaltung eines solchen »unvollständigen Arbeitsverhältnisses« kann die Betriebszugehörigkeit zu bejahen oder zu verneinen sein (*Kreutz* 8. Aufl., § 7 Rn. 38, der von einem »partiellen Arbeitsverhältnis« spricht, was nur eine sprachliche Abweichung darstellt). Darauf, dass die Gleichsetzung von Arbeitsverhältnis und Arbeitsvertrag der Zwei-Komponenten-Lehre nicht gerecht wird, wurde bereits früher hingewiesen (*Raab* ZfA 2003, 389 [430 f.]), allerdings ohne nennenswerte Resonanz. So finden sich auch in der aktuellen Diskussion immer wieder Formulierungen, wonach auf der Grundlage der Zwei-Komponenten-Lehre eine Zuordnung zum Einsatzbetrieb schon deshalb ausgeschlossen sei, weil es »an einem arbeitsvertraglichen Band zum Betriebsarbeitgeber« fehle (so *BAG* 13.03.2013 EzA § 9 BetrVG 2001 Nr. 6 = AP Nr. 15 zu § 9 BetrVG 1972 Rn. 22; 04.11.2015 EzA § 9 MitbestG Nr. 2 = AP Nr. 2 zu § 9 MitbestG Rn. 28 f.; 18.01.2017 – 7 ABR 60/15 – juris, Rn. 24; ähnlich *Linsenmaier/Kiel* RdA 2014, 135 [139]).

Für das Erfordernis eines Arbeitsverhältnisses sprechen zunächst **grundlegende Strukturprinzipien** 27 und der **Sinn und Zweck der betrieblichen Mitbestimmung**. Ziel der Mitbestimmung ist die Sicherung gleichberechtigter Teilhabe der Arbeitnehmer an den sie betreffenden betrieblichen Entscheidungen (hierzu sowie zum Folgenden eingehend und überzeugend *Wiese* Einl. Rdn. 72 ff.). Der Arbeitnehmer soll hierdurch im Rahmen der betrieblichen Ordnung vom Objekt arbeitgeberseitiger Anordnung zum mitgestaltenden Subjekt werden. Das Gesetz trägt dabei dem spezifischen Schutzbedürfnis des Arbeitnehmers Rechnung, das daraus resultiert, dass sich der Arbeitnehmer vertraglich zu einer Dienstleistung im Rahmen einer fremden unternehmerischen Zwecksetzung verpflichtet und daher seine Leistung nur innerhalb einer fremden, nach Zweck, Arbeitsablauf und personeller Zusammensetzung weitgehend vorgegebenen Organisation erbringen kann (s. § 5 Rdn. 45). Eine individuelle Mitgestaltung durch den einzelnen Arbeitnehmer scheidet als Instrument der Selbstbestimmung aus, weil betriebliche Regelungen typischerweise einheitlich für den gesamten Betrieb erfolgen müssen oder doch zumindest die Grenzen des zweiseitigen Schuldverhältnisses übersteigen. Die Mitbestimmung zielt also auf die Gestaltung der Arbeitsbedingungen der betriebsangehörigen Arbeitnehmer und damit auf die Gestaltung der im Betrieb bestehenden Arbeitsverhältnisse ab. Die Bipolarität auf der Ebene des Schuldverhältnisses setzt sich auf der kollektiven Ebene der Mitbestimmung fort; das Vertragsprinzip als Ausprägung der Privatautonomie und der Selbstbestimmung der Arbeitnehmer wird auf der kollektiven Ebene verwirklicht (*Wiese* Einl. Rdn. 81; *ders.* ZfA 1996, 439 [474]). Die vom Betriebsrat repräsentierte »Belegschaft« setzt sich demnach aus der Gesamtheit der Arbeitnehmer zusammen, die dadurch miteinander verbunden sind, dass sie in einem Arbeitsverhältnis zu demselben Arbeitgeber stehen und in derselben organisatorischen Einheit ihre Arbeitsleistung erbringen.

Dem wird entgegengehalten, dass der Betrieb eine organisatorische Einheit sei, die Betriebszuge- 28 hörigkeit folglich nur durch die Organisationszugehörigkeit begründet werden könne. Diese **könne aber nicht durch den Arbeitsvertrag vermittelt werden, weil der Betrieb kein Rechtssubjekt sei**. Die zur Betriebszugehörigkeit notwendige Beziehung könne daher nur eine tatsächliche sein, was dadurch unterstrichen werde, dass das Gesetz selbst von den Arbeitnehmern »des Betriebs« und nicht »des Betriebsinhabers« spreche (*Trümner/DKKW* § 5 Rn. 25). Dabei wird aber übersehen, dass sich der Betrieb als Einheit nicht ohne Bezug auf die Person des Betriebsinhabers bestimmen lässt. Die Identität des Betriebs wird auch dadurch begründet, dass die Einheitlichkeit der Entscheidungen in mitbestimmungspflichtigen Angelegenheiten gewährleistet ist (s. *Franzen* § 1 Rdn. 43). Hierfür ist regelmäßig Voraussetzung, dass die im Betrieb beschäftigten Arbeitnehmer in einem Arbeitsverhältnis zu demselben Arbeitgeber stehen, der zugleich Inhaber des Betriebs ist. Die Möglichkeit eines **gemeinsamen Betriebs mehrerer Unternehmen** widerspricht dem nicht, sondern bestätigt im Gegenteil den Befund. Voraussetzung eines gemeinsamen Betriebs ist nämlich, dass sich die Unternehmen durch eine (konkludente) Vereinbarung zur gemeinsamen Führung des Betriebs zusammengeschlossen und damit einen gemeinsamen Leitungsapparat geschaffen haben (s. *Franzen* § 1 Rdn. 46 ff.). Hieraus folgt einmal, dass ohne eine solche Vereinbarung eine Mehrheit von Arbeitgebern stets eine Mehrheit von Betrieben zur Folge hat. Andererseits genügt es in den Fällen, in denen ein gemeinsamer Betrieb vorliegt, für die Betriebszugehörigkeit, dass die arbeitsrechtliche Beziehung zu einem der Betriebsinhaber besteht, weil aufgrund der Führungsvereinbarung gewährleistet ist, dass die Arbeitgeberbefugnisse in Bezug auf alle Arbeitnehmer einheitlich ausgeübt werden können (vgl. zur Frage des Wahlrechts von Arbeitnehmern eines Gemeinschaftsbetriebs im Rahmen der Unternehmensmitbestimmung auch *BAG* 13.03.2013 EzA § 5 DrittelbG Nr. 1 = AP Nr. 1 zu § 5 DrittelbG Rn. 25 ff.). Der Einwand, dass es auf der Grundlage der Zwei-Komponenten-Lehre in einem Gemeinschaftsbetrieb mehrerer Unternehmen keine betriebsangehörigen Arbeitnehmer gebe, weil der Arbeitsvertrag nur mit einem der beteiligten Unternehmen, nicht aber mit der einheitlichen Leitung bestehe, geht daher fehl (*Trümner/DKKW* § 5 Rn. 23).

29 Für die Eingliederungstheorie wird mitunter auf die **Parallele zur Einstellung i. S. d. § 99** verwiesen. Mit dem Begriff der Einstellung werde der Tatbestand erfasst, durch den die Zugehörigkeit zum Betrieb begründet werde. Dieser müsse daher als Anknüpfungspunkt und Maßstab für die Bestimmung der Betriebszugehörigkeit herangezogen werden. So wie es für die Einstellung darauf ankomme, ob der Arbeitnehmer in die betriebliche Arbeitsorganisation eingegliedert werde, müsse auch für die Betriebszugehörigkeit die Eingliederung genügen (*Richardi* FS *Wank*, S. 465 [468]; *Schüren/Hamann* AÜG, § 14 Rn. 27 f.; *Trümner/DKKW* § 5 Rn. 17, 25 f.). Auch dies ist wenig überzeugend (abl. auch *Reichold* FS *v. Hoyningen-Huene*, S. 413 [414]). Es mag sein, dass die Personen, deren Beschäftigung als Einstellung i. S. d. § 99 erfasst wird, während ihrer Beschäftigung auch als Arbeitnehmer des Betriebs anzusehen sind. Dabei handelt es sich aber eher um eine Koinzidenz als um einen systematischen Zusammenhang. Unstrittig ist jeweils, dass in der »Normalfall-Gestaltung«, d. h. wenn eine Person aufgrund eines Arbeitsvertrages mit dem Betriebsinhaber in dessen Betriebsstätte weisungsgebundene und damit fremdbestimmte Arbeit tatsächlich leisten soll, eine Einstellung i. S. d. § 99 vorliegt und der Arbeitnehmer mit der tatsächlichen Eingliederung, d. h. mit der Arbeitsaufnahme, Arbeitnehmer des Betriebs i. S. d. § 7 Satz 1 ist. Problematisch ist wiederum, in welchen anderen Gestaltungen dies angenommen werden kann. Die Sachkriterien für die Beurteilung sind aber in beiden Konstellationen durchaus verschieden. Im Falle des § 99 geht es – entsprechend dem Zweck der Regelung, die Interessen der bestehenden Belegschaft zu wahren (s. § 99 Rdn. 5) – darum, ob die Beschäftigung einer Person im Betrieb die Interessen der bereits beschäftigten Arbeitnehmer in ähnlicher Weise tangiert wie die Beschäftigung eines eigenen Arbeitnehmers (s. § 99 Rdn. 47 f.). Bei der Frage der Betriebszugehörigkeit kommt es hingegen umgekehrt darauf an, ob die im Betrieb tätige Person sich aufgrund ihres Rechtsverhältnisses zum Betriebsinhaber in einer einem betriebsangehörigen Arbeitnehmer vergleichbaren Situation befindet und daher des Schutzes durch den im Einsatzbetrieb gebildeten Betriebsrat bedarf.

30 Insgesamt sprechen deshalb unverändert die besseren Gründe dafür, für die Frage der Betriebszugehörigkeit **uneingeschränkt an der Zwei-Komponenten-Lehre festzuhalten**. Sie bietet nicht nur für die »Normalfall-Gestaltung« die angemessene Lösung. Vielmehr liefert sie auch in den Fällen des sog. drittbezogenen Personaleinsatzes, der durch die Aufspaltung der Arbeitgeberstellung gekennzeichnet ist, das notwendige theoretische Fundament, um zu systematisch und teleologisch überzeugenden Ergebnissen zu gelangen. Stellt man für die erste Komponente nicht auf den Abschluss eines Arbeitsvertrages mit dem Betriebsinhaber, sondern auf das Bestehen eines Arbeitsverhältnisses mit diesem ab, lassen sich etwa die Fragen der betriebsverfassungsrechtlichen Behandlung der Leiharbeitnehmer im Entleiherbetrieb sachgerecht beantworten (s. Rdn. 84 ff., § 5 Rdn. 120 ff.), ohne dass es hierfür einer Ausnahme oder Durchbrechung des theoretischen Grundansatzes bedürfte (dies zu dem Einwand von *Linsenmaier/Kiel* RdA 2014, 135 [138]). Der sog. Eingliederungstheorie hat dieser Ansatz einmal die begriffliche und systematisch-teleologische Klarheit voraus. Unter Eingliederung wurde traditionell die rein tatsächliche Einbindung des Arbeitnehmers in die Betriebsorganisation verstanden. Wenn die Anhänger dieser Ansicht die Eingliederung mit der Weisungsunterworfenheit gleichsetzen, fügen sie – wie gezeigt – einen genuin rechtlichen Aspekt hinzu. Damit wird die Begriffsbedeutung verwischt und zudem der Umstand verschleiert, dass es auch nach diesem Ansatz in der Sache um zwei verschiedene Komponenten geht, die lediglich in einem Begriff zusammengefasst werden. Unter systematisch-teleologischem Aspekt erscheint es zudem überzeugender, für die Frage der Betriebszugehörigkeit nicht allein eine – nach Inhalt und Rechtsgrundlage nicht näher spezifizierte – Weisungsgebundenheit genügen zu lassen, sondern insgesamt auf die durch Vertrag oder Gesetz be-

gründete Rechtsbeziehung des Betriebsinhabers zu dem im Betrieb tätigen Arbeitnehmer abzustellen und »in wertend-teleologischer Betrachtung« zu entscheiden, ob diese Rechtsbeziehung zur Begründung der Betriebszugehörigkeit ausreicht (so bereits treffend *Kreutz* 8. Aufl., § 7 Rn. 38; ebenso Voraufl., § 7 Rn. 50).

e) Gesetzliche Vorgaben
Mit der Zwei-Komponenten-Lehre sind nur die strukturellen und systematischen Grundvoraussetzungen benannt, die für eine Annahme der Betriebszugehörigkeit gegeben sein müssen. Daneben sind selbstverständlich die jeweiligen normativen Vorgaben zu beachten (zutr. *BAG* 05.12.2012 EzA § 5 BetrVG 2001 Nr. 10 = AP Nr. 81 zu § 5 BetrVG 1972 Rn. 25; 13.03.2013 EzA § 9 BetrVG 2001 Nr. 6 = AP Nr. 15 zu § 9 BetrVG 1972 Rn. 22). So ist es dem Gesetzgeber unbenommen, die Betriebszugehörigkeit generell oder die Anwendbarkeit einzelner Vorschriften des BetrVG trotz Fehlens der Voraussetzungen anzuordnen oder trotz Vorliegens der Voraussetzungen auszuschließen. Ebenso kann er die Anwendbarkeit oder Unanwendbarkeit der Vorschriften zum Zwecke der Klarstellung ausdrücklich regeln. So ordnet etwa § 5 Abs. 1 Satz 3 an, dass die dort genannten Personen als Arbeitnehmer des Einsatzbetriebs gelten und damit als betriebszugehörig anzusehen sind (s. Rdn. 16 55, 79, 138, § 5 Rdn. 78). Bezüglich des Wahlrechts der in dem Betrieb eines anderen Arbeitgebers tätigen Arbeitnehmer trifft § 7 Satz 2 eine Regelung. Und schließlich finden sich in § 14 AÜG wichtige Vorgaben im Hinblick auf die betriebsverfassungsrechtliche Stellung der Leiharbeitnehmer im Entleiherbetrieb. All diese Regelungen sind zu berücksichtigen, wenn und soweit sich die Frage nach der Betriebszugehörigkeit oder nach der Anwendbarkeit betriebsverfassungsrechtlicher Vorschriften stellt. Welche Folgerungen hieraus zu ziehen sind, wird im jeweiligen Sachkontext zu behandeln sein (s. Rdn. 84 ff.).

31

3. Wahlberechtigung bei Bestehen eines Arbeitsvertrages mit dem Betriebsinhaber

a) Vorbemerkung
Nach § 7 Satz 1 sind alle volljährigen Arbeitnehmer des Betriebs wahlberechtigt. Voraussetzung ist also einmal, dass es sich bei der Person um einen Arbeitnehmer handelt, zum anderen, dass dieser ein Arbeitnehmer »des Betriebs« ist. Hinsichtlich des Arbeitnehmerbegriffs baut die Vorschrift auf § 5 auf (s. Rdn. 11). Wer danach zu den Arbeitnehmern i. S. d. BetrVG zählt, erfüllt folglich die erste Voraussetzung der Wahlberechtigung. Beruht die Arbeitnehmereigenschaft darauf, dass der Arbeitnehmer einen Arbeitsvertrag mit dem Inhaber des Betriebs geschlossen hat, so handelt es sich um die »Normalfall-Gestaltung«, bei der auch das *BAG* für die Frage der Betriebszugehörigkeit nach wie vor von der Zwei-Komponenten-Lehre ausgeht (s. Rdn. 21). Um die zweite Voraussetzung der Wahlberechtigung zu erfüllen, ist also erforderlich, dass das Arbeitsverhältnis zum Zeitpunkt der Wahl schon oder noch besteht und der Arbeitnehmer tatsächlich in den Betrieb »eingegliedert« ist (s. Rdn. 22).

32

b) In Vollzug gesetzte Arbeitsverhältnisse

aa) Invollzugsetzung
Auch in den Fällen, in denen ein Arbeitsvertrag mit dem Betriebsinhaber besteht, wird die Betriebszugehörigkeit noch nicht mit dem Vertragsabschluss begründet. Zusätzliche Voraussetzung ist, dass das durch den Vertrag begründete Arbeitsverhältnis zwischen dem Arbeitnehmer und dem Betriebsinhaber in Vollzug gesetzt ist. Ist dies der Fall, dann ist es unerheblich, wenn der zugrunde liegende Arbeitsvertrag zivilrechtlich **fehlerhaft**, d. h. nichtig oder anfechtbar ist (»fehlerhaftes Arbeitsverhältnis«), solange die Fehlerhaftigkeit nicht mit Wirkung bis zur Stimmabgabe geltend gemacht wird. Die **Invollzugsetzung** geschieht normalerweise durch Arbeitsaufnahme. Deshalb fehlt es an der tatsächlichen Beziehung zum Betrieb, wenn zwar bereits ein Arbeitsvertrag geschlossen ist, die Arbeitsaufnahme verabredungsgemäß aber erst nach dem (letzten) Wahltag erfolgen soll. Anders ist dies bei wertender Betrachtung dann, wenn der vereinbarte Zeitpunkt der Arbeitsaufnahme vor dem Wahltag liegt, die Arbeit aber, etwa wegen unverschuldeter Krankheit, noch nicht aufgenommen werden konnte (zust. *Homburg/DKKW* § 7 Rn. 10 Fn. 22; vgl. auch *Nicolai/HWGNRH* § 7 Rn. 17).

33

bb) Umfang und Dauer der Beschäftigung

34 Für die Betriebszugehörigkeit sind grundsätzlich Umfang und Dauer der Beschäftigung unerheblich. Daher reichen **sämtliche Formen** der **Teilzeitbeschäftigung** einschließlich der Arbeitsverhältnisse mit Arbeitszeit nach Arbeitsanfall (§ 12 TzBfG) und der Job-sharing-Arbeitsverhältnisse bzw. der Arbeitsplatzteilung (§ 13 TzBfG); das bestätigt auch das Verbot unterschiedlicher Behandlung teilzeitbeschäftigter Arbeitnehmer in § 4 TzBfG. Auf den Umfang der täglichen, wöchentlichen, monatlichen oder (bei entsprechender Vertragsausgestaltung) sogar jährlichen Arbeitszeit kommt es nicht an.

35 Das gilt auch für Arbeitnehmer in **Altersteilzeit** nach dem Altersteilzeitgesetz. Erfolgt die Beschäftigung in Altersteilzeit allerdings nach dem sog. **Blockmodell** (§ 2 Abs. 2 Nr. 1 AltersteilzeitG), so ist der Besonderheit Rechnung zu tragen, dass der Arbeitnehmer für die Hälfte des Ausgleichszeitraums (von höchstens sechs Jahren) voll, für die zweite Hälfte aber überhaupt nicht mehr arbeiten muss. Da er nach dieser sog. Freistellungsphase in den Ruhestand tritt, scheidet er mit dem Ende seiner Beschäftigung in der ersten Blockphase aus dem Betrieb aus; wegen Fehlens der tatsächlichen Beziehung zum Betrieb endet damit seine Betriebszugehörigkeit (ausführlich *Rieble/Gutzeit* BB 1998, 638 [639 ff.]; ebenso *BAG* 16.04.2003 EzA § 9 BetrVG 2001 Nr. 1 S. 8 [insoweit zust. *Hamann*] = AP Nr. 7 zu § 9 BetrVG 1972 [zust. *Maschmann*] = SAE 2004, 165 [zust. *Kreutz*]; *LAG Düsseldorf* 31.10.2002 AP Nr. 6 zu § 7 BetrVG 1972; *Fitting* § 7 Rn. 32; *Homburg/DKKW* § 7 Rn. 12; *Koch/*ErfK § 7 BetrVG Rn. 2; *Lindemann/Simon* NZA 2002, 365 [370]; *Nicolai/HWGNRH* § 7 Rn. 18; *Reichold/HWK* § 7 BetrVG Rn. 13; *Richardi/Thüsing* § 7 Rn. 56; *Stege/Weinspach/Schiefer* § 7 Rn. 3a; *Wiebauer/LK* § 7 Rn. 19; **a. M.** *Natzel* NZA 1998, 1262 [1265]; *Schleswig-Holsteinisches Verwaltungsgericht* AiB 2000, 350 [zust. *Weiß*]). Ausnahmsweise endet die Betriebszugehörigkeit nicht, wenn der Arbeitnehmer in der Freistellungsphase weiterarbeitet, etwa i. S. v. § 5 Abs. 4 AltersteilzeitG in geringfügigem Umfang Mehrarbeit leistet (ebenso *Däubler* AuR 2004, 81 [82]).

36 Auch **Teilzeitarbeitsleistungen von geringem zeitlichem Umfang** (Reinigungskräfte, Fensterputzer, Buchhalter in kleineren Betrieben), die nicht sozialversicherungspflichtig (i. S. d. § 8 SGB IV) sind, genügen, weil auch sie den Betriebszweck mitverfolgen. Bei Dauerarbeitsverhältnissen kann die Betriebszugehörigkeit nicht wegen geringen Arbeitsumfangs oder Entgelts verneint werden; es ist auch nicht erforderlich, dass der stetig Teilzeitbeschäftigte am Wahltag beschäftigt wird (im Ergebnis ebenso *BAG* 29.01.1992 EzA § 7 BetrVG 1972 Nr. 1 = SAE 1994, 69 [zust. *Kreutz*]; *BAG* 27.09.1974 EzA § 6 BetrVG 1972 Nr. 1 = AP Nr. 1 zu § 6 BetrVG 1972; *LAG Düsseldorf* 26.09.1990 LAGE § 9 BetrVG 1972 Nr. 3 S. 6, 8; *Brors/*HaKo § 7 Rn. 10; *Fitting* § 7 Rn. 24; *Homburg/DKKW* § 7 Rn. 11; *Joost/*MünchArbR § 216 Rn. 32, 36; *Kreutz* GedS *Dietrich Schultz*, S. 209 [215]; *Lipke/*GK-TzA, Art. 1 § 2 Rn. 409; *ders.* NZA 1990, 758 [759]; *Nicolai/HWGNRH* § 7 Rn. 17; *Oetker* AuR 1991, 359 [364 f.]; *Richardi/Thüsing* § 7 Rn. 38 ff.; *Schröder* RdA 1969, 257 [258 f.]; *Stege/Weinspach/Schiefer* § 7 Rn. 3; *Wiebauer/LK* § 7 Rn. 6; *Zeuner* RdA 1975, 84 [88]; differenzierend *Wank* RdA 1985, 1 [12], der für geringfügig Teilzeitbeschäftigte, die der Mehrheit der Arbeitnehmer eines Betriebes gegenüberstellen, die Wahlberechtigung ablehnt, weil sonst die Vollzeitbeschäftigten unter Verstoß gegen Art. 3 Abs. 1 GG majorisiert würden). Allerdings besteht in Fällen **geringfügiger Teilzeitbeschäftigung** Anlass, unter Berücksichtigung aller Umstände des Einzelfalles zu prüfen, ob die Betreffenden wirklich (weisungsgebundene) Arbeitnehmer sind und nicht etwa freie Mitarbeiter, die mangels Arbeitnehmereigenschaft nicht wahlberechtigt sind (grundlegend zu dieser Abgrenzung bei Teilzeitbeschäftigung *Wank* Arbeitnehmer und Selbständige, 1988, S. 205 ff.).

37 Für **Zeitungsausträger** hatte das *BAG* (29.03.1974, 25.06.1974 EzA § 19 BetrVG 1972 Nr. 2, 3 = AP Nr. 2, 3 zu § 19 BetrVG 1972) diese Frage zunächst offen gelassen. Im Beschluss vom 29.01.1992 (EzA § 7 BetrVG 1972 Nr. 1 = SAE 1994, 69 [zust. *Kreutz*]) hat der Siebte Senat aber zu Recht die Arbeitnehmereigenschaft der teilzeitbeschäftigten Zeitungszusteller (die bei einem Arbeitsumfang von etwa 28 Stunden pro Woche den Abonnenten die Tageszeitung zustellen; offen gelassen für Verteiler von Prospekten und Anzeigenblättern, die nur einmal wöchentlich tätig werden) ebenso bejaht, wie deren Zugehörigkeit zum (einheitlichen) Verlagsbetrieb, da der Bereich Zustellung weder einen Nebenbetrieb (§ 4 Satz 2 a. F.) noch (im konkreten Fall) einen betriebsratsfähigen Betriebsteil (i. S. d. § 4 Satz 1 a. F., jetzt § 4 Abs. 1 Satz 1) darstellte (ausführlich zum Zusammenhang von Betriebszugehörigkeit und Betriebsbegriff bei der Herstellung und dem Vertrieb von Zeitungen *Oetker* AuR 1991, 359 [366 ff.]; vgl. auch *Kohte* BB 1992, 137 [140 ff.]). Das *BAG* hat damit die Vorinstanzen bestätigt

(*ArbG Freiburg* AfP 1990, 340 [abl. *Berger-Delhey*]; *LAG Baden-Württemberg* 25.02.1991 LAGE § 611 BGB Arbeitnehmerbegriff Nr. 19 = AuR 1991, 386 [zust. *Oetker* AuR 1991, 359; *Plander* AiB 1991, 388; *Kohte* BB 1992, 137; abl. *Berger-Delhey* AfP 1991, 569]; ebenso *ArbG Hanau* DB 1991, 51; ein Wahlrecht der Zeitungszusteller verneint dagegen auch *Schaffeld* AfP 1981, 265).

Soweit für die Beurteilung geringfügiger Teilzeitbeschäftigung darüber hinaus die Ansicht vertreten wird, dass der Arbeitnehmerbegriff bei **sozialversicherungsfreier** (oder geringfügig vorübergehender) **Beschäftigung** durch verfassungskonforme Auslegung des § 6 a. F. einzuschränken sei, weil die uneingeschränkte Einbeziehung dieser Personen in die Betriebs- (und Unternehmens-)Verfassung gegen Art. 3 Abs. 1 GG verstoße (so *Hanau* FS *Gerhard Müller*, 1981, S. 169 [172 ff.]; *Hanau/Ulmer* Mitbestimmungsgesetz, 1981, § 3 Rn. 16; nach *Beuthien/Wehler* Anm. zu *BAG* AP Nr. 15–21 zu § 611 BGB Abhängigkeit soll bei geringer Arbeitsleistung die Arbeitnehmereigenschaft grundsätzlich, d. h. nicht nur im Betriebsverfassungsrecht, fehlen), ist dem nicht zu folgen. Denn die generalisierende, rechtssichere Betrachtung (bisher nach § 6 a. F., wonach die Versicherungsfreiheit die Arbeiter- und Angestelltengeneigenschaft ausdrücklich unberührt gelassen hat) ist nicht willkürlich, auch wenn zuzugeben ist, dass die Einbeziehung geringfügig Beschäftigter die Gewichtung unter und zu den Stammarbeitnehmern verschieben kann. Es gilt das Prinzip formeller Wahlberechtigung »ein Mann, eine Stimme« (vgl. *BAG* 29.01.1992 EzA § 7 BetrVG 1972 Nr. 1, wo es um einen Betrieb mit ca. 620 vollzeitbeschäftigten Arbeitnehmern neben 1700 Zustellern ging); materielle Wahlgerechtigkeit nach dem Grad der Betroffenheit lässt sich nicht verwirklichen. **38**

Unerheblich ist auch, ob der Arbeitnehmer auf Dauer (Dauerarbeitsverhältnis) oder nur vorübergehend zur **Aushilfe** (Kurzzeitarbeitsverhältnis) beschäftigt wird, sofern das Arbeitsverhältnis nur am Tage der Wahl vollzogen wird (ebenso *BAG* 29.01.1992 EzA § 7 BetrVG 1972 Nr. 1 = SAE 1994, 69 [unter B III 1a bb der Gründe]; *LAG Düsseldorf* 26.09.1990 LAGE § 9 BetrVG 1972 Nr. 3 S. 7; *Fitting* § 7 Rn. 28; *Richardi/Thüsing* § 7 Rn. 37; *Wiebauer/LK* § 7 Rn. 6; einschränkend bei nur ganz kurzfristigem »Einspringen« noch *Galperin/Löwisch* § 7 Rn. 8; vgl. auch *Hanau* FS *Gerhard Müller*, S. 169 [172 ff.]; für eine Einschränkung des (passiven) Wahlrechts bei kurzfristiger Beschäftigung auch *Buchner* SAE 2006, 183 [185]). Dieses Erfordernis gilt unabhängig davon, ob die Aushilfskraft einmalig, »hin und wieder« oder immer wieder (»ständig«) herangezogen wird (**a. M.** für den letzten Fall *LAG Hamm* 11.05.1979 EzA § 6 BetrVG 1972 Nr. 2), weil außerhalb der jeweils vereinbarten Einsatzzeit die Betriebszugehörigkeit mangels arbeitsrechtlicher Beziehung zum Betriebsinhaber fehlt (sofern nicht in Wirklichkeit, insbesondere weil der Arbeitnehmer auf Anforderung zu erscheinen hat, ein einheitliches Arbeitsverhältnis mit kapazitätsorientierter Arbeitszeit vorliegt). Bei lediglich kurzer Dauer der Arbeitseinsätze, insbesondere wenn die zu erbringende Arbeitsleistung schon im Vertrag weitgehend festgelegt wird, kann die Prüfung ergeben, dass die Aushilfskraft nicht Arbeitnehmer, sondern freier Mitarbeiter ist, der deshalb nicht wahlberechtigt ist (*BAG* 29.05.1991 EzA § 19 BetrVG 1972 Nr. 31 S. 4 ff., wo die Arbeitnehmereigenschaft von Aushilfs-Taxifahrern unter den konkreten Verhältnissen zu Recht verneint wird; anders die Vorinstanz *LAG Düsseldorf* 26.09.1990 LAGE § 9 BetrVG 1972 Nr. 3 S. 7). **39**

c) Sonderfälle

aa) Beschäftigung in mehreren Betrieben

Da es auf den Arbeitsumfang nicht ankommt, können Arbeitnehmer auch **mehreren Betrieben angehören**. Dabei spielt es keine Rolle, ob der Arbeitnehmer in mehreren Arbeitsverhältnissen zu verschiedenen Arbeitgebern steht oder ob die verschiedenen Beschäftigungsbetriebe dem gleichen Unternehmen (eines Arbeitgebers) angehören (*BAG* 11.04.1958 AP Nr. 1 zu § 6 BetrVG; *LAG Köln* 03.09.2007 – 14 TaBV 20/07 – juris, Rn. 28 = AuR 2008, 230 [LS]; *LAG Thüringen* 20.10.2011 – 6 TaBV 8/10 – juris, Rn. 36; *Fitting* § 7 Rn. 25, 81, 83; *Homburg/DKKW* § 7 Rn. 19; *Joost/* MünchArbR § 216 Rn. 45 f.; *Lipke* NZA 1990, 758 [759]; *Richardi/Thüsing* § 7 Rn. 32, 34; *Wiebauer/LK* § 7 Rn. 18; für einen leitenden Angestellten auch *BAG* 25.10.1989 EzA § 5 BetrVG 1972 Nr. 49; einschränkend bei Identität des Arbeitgebers *Nicolai/HWGNRH* § 7 Rn. 23; *Stege/Weinspach/Schiefer* § 7 Rn. 4). Im letzteren Falle ist es auch nicht erheblich, ob die Bindung an einen Betrieb stark überwiegt (*BAG* 11.04.1958 AP Nr. 1 zu § 6 BetrVG); erforderlich ist aber, dass **die Arbeitsleistung**, die der Arbeitnehmer erbringt, **den Zielsetzungen mehrerer Betriebe zuzuordnen** ist, er in diesem **40**

Sinne in mehrere Betriebe eingegliedert ist bzw. der Entscheidungszuständigkeit verschiedener Leitungseinheiten unterliegt (s. Rdn. 22 f.; in diesem Sinne auch *Christiansen* Betriebszugehörigkeit, S. 107; *Richardi/Thüsing* § 7 Rn. 34; *Wlotzke/WPK* § 7 Rn. 17). **Heimarbeiter** sind dagegen nur in dem Betrieb wahlberechtigt, für den sie (bei mehrfacher Tätigkeit) in der Hauptsache (vgl. dazu BAG 27.09.1974 AP Nr. 1 zu § 6 BetrVG 1972 = EzA § 6 BetrVG 1972 Nr. 1) tätig sind, weil sie nur in diesem als Arbeitnehmer gelten (§ 5 Abs. 1 Satz 2). Für **Telearbeitnehmer** gilt diese Einschränkung nicht, sofern es sich um Arbeitnehmer und nicht um Heimarbeiter handelt (dazu s. § 5 Rdn. 68). Sind Arbeitnehmer in einem **gemeinsamen Betrieb** mehrerer Unternehmer beschäftigt (dazu s. *Franzen* § 1 Rdn. 46 ff.), so sind sie betriebszugehörig und wahlberechtigt, sofern sie nur zu einem der beteiligten Unternehmer in einem Arbeitsverhältnis stehen (s. Rdn. 28).

bb) Kündigung des Arbeitsverhältnisses, Versetzung

41 Unzweifelhaft ist die Betriebszugehörigkeit von Arbeitnehmern, deren Arbeitsverhältnis (durch welche Partei auch immer) gekündigt ist, sofern **am Wahltag das Arbeitsverhältnis noch besteht**, weil die Kündigungsfrist noch nicht abgelaufen ist. Das gilt auch dann, wenn der Arbeitnehmer während der Kündigungsfrist von der Arbeitspflicht befreit ist (s. Rdn. 56; ebenso *Nicolai/HWGNRH* § 7 Rn. 19; *Richardi/Thüsing* § 7 Rn. 43; *Stege/Weinspach/Schiefer* § 7 Rn. 10).

42 **Mit dem Ausscheiden des Arbeitnehmers aus dem Betrieb** nach Ablauf der Kündigungsfrist bzw. nach fristloser Kündigung endet aber grundsätzlich die Betriebszugehörigkeit, auch wenn der Arbeitnehmer Kündigungsschutzklage (nach §§ 4 Satz 1 bzw. 13 Abs. 1 Satz 2 KSchG) oder ganz allgemein Klage auf Feststellung (§ 256 ZPO) erhoben hat, dass das Arbeitsverhältnis fortbesteht. Dies folgt aus dem **Fehlen der tatsächlichen Beziehung zum Betrieb** während der Prozessdauer (ebenso *LAG Berlin* 02.05.1994 LAGE § 19 BetrVG 1972 Nr. 12 S. 4; *Boemke* AR-Blattei SD 540, Rn. 64; *Joost/MünchArbR* § 216 Rn. 61; im Ergebnis übereinstimmend diejenigen, die insoweit auf das Unterbleiben einer tatsächlichen [Weiter-]Beschäftigung abstellen; vgl. BAG 14.05.1997 EzA § 8 BetrVG 1972 Nr. 8 S. 3; 10.11.2004 EzA § 8 BetrVG 2001 Nr. 1 unter B II 1a; *LAG München* 15.05.2007 AuA 2008, 110; *Fitting* § 7 Rn. 33; *Koch*/ErfK § 7 BetrVG Rn. 1; *Nicolai/HWGNRH* § 7 Rn. 19; *Richardi/Thüsing* § 7 Rn. 46; *Wlotzke/WPK* § 7 Rn. 15). Dagegen kann die Betriebszugehörigkeit nicht mit der Begründung verneint werden, dass der Fortbestand des Arbeitsverhältnisses bis zur Rechtskraft in der Schwebe ist und wegen dieser Unklarheit von der Wirksamkeit der Kündigung auszugehen wäre (so aber *Christiansen* Betriebszugehörigkeit, S. 89; *Dietz/Richardi* § 7 Rn. 9; *Galperin/Löwisch* § 7 Rn. 18; nach *Homburg/DKKW* § 7 Rn. 14 darf demgegenüber die Ungewissheit nicht zu Lasten der Arbeitnehmer gehen, so dass diese als wahlberechtigt angesehen werden; für ein Teilnahmerecht des gekündigten Arbeitnehmers an einer Betriebsversammlung während eines Kündigungsschutzprozesses *LAG Mecklenburg-Vorpommern* 30.01.2017 – juris, Rn. 32 f.; *Weber* § 42 Rdn. 16).

43 In allen Fällen jedoch, in denen ein Arbeitnehmer bis zur rechtskräftigen Entscheidung eines Kündigungsrechtsstreites (aus welchen Gründen auch immer) **tatsächlich weiterbeschäftigt** wird, kann seine Betriebszugehörigkeit nicht zweifelhaft sein (ebenso BAG und *LAG Berlin* [wie Rdn. 42]; *Bengelsdorf* DB 1989, 2020 [2023 f.]; *Boemke* AR-Blattei SD 540, Rn. 62; *Christiansen* Betriebszugehörigkeit, S. 85 f.; *Fitting* § 7 Rn. 33; *Homburg/DKKW* § 7 Rn. 14; *Joost/MünchArbR* 2. Aufl., § 216 Rn. 62; *Koch*/ErfK § 7 BetrVG Rn. 1; *Nicolai/HWGNRH* § 7 Rn. 19; *Richardi/Thüsing* § 7 Rn. 46; *Wlotzke/WPK* § 7 Rn. 15; ungerechtfertigt einschränkend *Stege/Weinspach/Schiefer* § 7 Rn. 10, die eine Weiterbeschäftigung aufgrund einer Weiterbeschäftigungspflicht verlangen). Zwar steht dann bis zur Rechtskraft des Urteils nicht fest, ob das Arbeitsverhältnis durch die Kündigung beendet worden ist oder nicht. Die rechtliche Beziehung zum Betriebsinhaber ist in diesen Fällen aber ebenso wenig zweifelhaft wie die tatsächliche. Denn auch wenn die Klage später abgewiesen wird, ist das Weiterbeschäftigungsverhältnis selbst, trotz der Schwierigkeit seiner dogmatischen Einordnung (dazu § 102 Rdn. 223), ausreichende Rechtsbeziehung.

44 Problematisch ist hingegen die Betriebszugehörigkeit, wenn der klagende Arbeitnehmer zwar einen **Weiterbeschäftigungsanspruch** hat (ein solcher kann sich aus § 102 Abs. 5 sowie nach der Rechtsprechung zum allgemeinen Weiterbeschäftigungsanspruch daraus ergeben, dass die Kündigung unwirksam ist und überwiegende schutzwerte Interessen des Arbeitgebers einer solchen Beschäftigung

nicht entgegenstehen; *BAG GS* 27.02.1985 EzA § 611 BGB Beschäftigungspflicht Nr. 9), diesen aber **bis zur Wahl nicht** (notfalls mit Hilfe der Gerichte) **realisiert hat**. Nach verbreiteter Ansicht in der Literatur soll der Arbeitnehmer dann weiter betriebsangehörig sein (*Christiansen* Betriebszugehörigkeit, S. 86 ff.; *Galperin / Löwisch* § 7 Rn. 19; bei außerordentlicher Kündigung auch *Fitting* § 7 Rn. 35; für den Weiterbeschäftigungsanspruch nach § 102 Abs. 5, nicht aber für den allgemeinen Weiterbeschäftigungsanspruch *Richardi / Thüsing* § 7 Rn. 45 f.; für den Fall, dass der Arbeitnehmer »auf Weiterbeschäftigung besteht«, *Wiebauer / LK* § 7 Rn. 7). Wenn der Arbeitnehmer jedoch erst einmal aus dem Betrieb ausgeschieden und damit sein Arbeitsverhältnis außer Vollzug gesetzt ist, kann allein ein Anspruch auf Weiterbeschäftigung die erforderliche tatsächliche Beziehung zum Betrieb nicht herstellen. Deshalb kann auch in diesen Fällen die Betriebszugehörigkeit erst dann wieder bejaht werden, wenn der Arbeitnehmer tatsächlich weiterbeschäftigt wird (zust. *LAG Berlin* 02.05.1994 LAGE § 19 BetrVG 1972 Nr. 12; *Boemke* AR-Blattei SD 540, Rn. 65; *Joost* / MünchArbR, § 216 Rn. 63; *Koch* / ErfK § 7 BetrVG Rn. 1; *Reichold / HWK* § 7 BetrVG Rn. 14). Das muss auch gelten, wenn eine Kündigung nach § 102 Abs. 1 Satz 3 oder deswegen erkennbar unwirksam ist, weil die nach § 103 (i. V. m. § 15 KSchG) erforderliche Zustimmung nicht erteilt oder durch das Arbeitsgericht nicht ersetzt war (für Wahlberechtigung in diesen Fällen *Fitting* § 7 Rn. 36; *Koch* / ErfK § 7 BetrVG Rn. 1; *Nicolai / HWGNRH* § 7 Rn. 19; *Richardi / Thüsing* § 7 Rn. 47); denn auch in diesen und anderen Fällen offensichtlich unwirksamer Kündigung besteht nur ein Anspruch auf Weiterbeschäftigung.

Die vorstehenden Grundsätze gelten entsprechend in den Fällen, in denen ein Arbeitnehmer **in einen anderen Betrieb versetzt** wird. Ist der Arbeitgeber zugleich Inhaber des anderen Betriebs, so besteht zwar das Arbeitsverhältnis zum Betriebsinhaber fort. Mit der Aufnahme der Tätigkeit und der damit verbundenen »Eingliederung« in den neuen Betrieb verliert aber der Arbeitnehmer seine Zugehörigkeit zum bisherigen Betrieb, da er seine Arbeitsleistung nicht mehr im Rahmen von dessen arbeitstechnischer Zwecksetzung erbringt und es damit an der erforderlichen tatsächlichen Beziehung zum Betrieb fehlt (*LAG Köln* 10.02.2010 – 8 TaBV 65/09 – juris, Rn. 58 f.). Dies gilt jedenfalls dann, wenn die Versetzung auf Dauer erfolgt, eine Rückkehr in den früheren Betrieb also nicht beabsichtigt ist. Die Zugehörigkeit zum bisherigen Betrieb wird aufgrund der Eingliederung in den neuen Betrieb auch dann beendet, wenn der Betriebsrat des abgebenden Betriebs der Versetzung widersprochen, der Arbeitgeber die Maßnahme aber nach § 100 vorläufig (rechtmäßig) umgesetzt hat (*LAG Köln* 10.02.2010 – 8 TaBV 65/09 – juris, Rn. 60; *Wiebauer / LK* § 7 Rn. 14). Das Wahlrecht bleibt vielmehr nur dann bestehen, wenn die Weiterbeschäftigung des Arbeitnehmers in dem bisherigen Betrieb auch gegen den Willen des Arbeitgebers durchgesetzt wird, etwa kollektivrechtlich nach § 101 oder individualrechtlich im Wege des vorläufigen Rechtsschutzes, etwa wegen der Unwirksamkeit der Versetzungsweisung (*LAG Köln* 10.02.2010 – 8 TaBV 65/09 – juris, Rn. 61). Ist die **Versetzung zeitlich befristet** und damit nur vorübergehender Natur, bleibt dagegen die Zugehörigkeit zum entsendenden Betrieb grds. erhalten (s. *Oetker* § 24 Rdn. 57 m. w. N.; **a. M.** *Homburg / DKKW* § 7 Rn. 43). In diesem Fall kann es sein, dass der Arbeitnehmer für die Dauer der Versetzung beiden Betrieben zuzuordnen ist (s. hierzu Rdn. 40).

Auf die **individualrechtliche Wirksamkeit der Versetzung** kommt es für die Frage des Wahlrechts nicht an. Wenn und soweit die Versetzung im Wege des Direktionsrechts nach § 106 GewO erfolgt, ergibt sich dies aber nicht etwa aus dem Umstand, dass einer solchen Weisung bis zur Feststellung ihrer Unwirksamkeit vorläufige Wirkungen zukämen und damit zugleich Rechtsklarheit im Hinblick auf die betriebsverfassungsrechtliche Zuordnung des Arbeitnehmers geschaffen werde (so aber *LAG Köln* 13.01.2014 – 2 Sa 614/13 – juris, Rn. 11 ff.). Zwar hat das *BAG* entschieden, dass eine unbillige Leistungsbestimmung nicht nichtig, sondern nur nach § 315 Abs. 3 Satz 1 BGB unverbindlich sei. Der Arbeitnehmer dürfe sich daher über eine unbillige Ausübung des Direktionsrechts – sofern sie nicht aus anderen Gründen unwirksam ist – nicht hinwegsetzen, sondern müsse entsprechend § 315 Abs. 3 Satz 2 BGB die Gerichte für Arbeitssachen anrufen. Bis zu einer gerichtlichen Entscheidung sei die Weisung für ihn verbindlich (*BAG* 22.02.2012 EzA § 615 BGB 2002 Nr. 36 Rn. 24). Selbst wenn dieser Ansicht zuzustimmen wäre (mit Recht abl. die ganz h. M.; vgl. etwa *BAG* 14.06.2017 – 10 AZR 330/16 – Pressemitteilung [Anfragebeschluss]; *LAG Düsseldorf* 06.04.2016 – 12 Sa 1153/15 – juris, Rn. 58; *Boemke* NZA 2013, 6 ff.; *Horst* Gleichbehandlung bei der Ausübung des Weisungsrechts des Arbeitgebers [Diss. Trier], 2013, S. 48 f.; *Preis* NZA 2015, 1 [5 ff.]; *Tillmanns* / Beck-OK § 106 GewO Rn. 57), hätte dies doch nur Bedeutung für den Inhalt der vertraglichen Pflichten des Arbeitnehmers. Der Bestand des Arbeitsverhältnisses bleibt hiervon unberührt. Solange das Arbeitsverhältnis besteht, kann sich aber nur die Frage der betriebsverfassungsrechtlichen Zuordnung stellen. Für diese kommt es aber nicht darauf an, in welchem Betrieb der Arbeitnehmer rechtlich verpflichtet ist, seine Arbeitsleistung zu erbringen, sondern darauf, wo er sie tatsächlich erbringt, also auf die tatsächliche Beziehung zum Betrieb. Kommt der Arbeitnehmer der Weisung nach und nimmt seine Tätigkeit in einem anderen Betrieb auf, so ist er folglich diesem zuzuordnen, auch wenn die Weisung unwirksam ist. Dies gilt auch dann, wenn er nach der Arbeitsaufnahme an der Arbeitsleistung verhindert ist und während dieses Zeitraumes die Unwirksamkeit der Weisung gerichtlich festgestellt wird (s. Rdn. 56). Die Betriebszugehörigkeit endet in diesem Fall vielmehr erst, wenn er vom Arbeitgeber auch förmlich einem anderen Betrieb zugeordnet wird (so i. Erg. zutr. *LAG Köln* 13.01.2014 – 2 Sa 614/13 – juris, Rn. 12). Weigert er sich hingegen, der Weisung Folge zu leisten, so bleibt er dem bisherigen Betrieb zugeordnet, auch wenn die Weisung wirksam ist. Dasselbe gilt entsprechend, wenn die Versetzung im Wege der Änderungskündigung erfolgt.

cc) Arbeitnehmer im Außendienst

(1) Außendiensttätigkeit im Inland

47 Die Betriebszugehörigkeit sog. **Außendienst-Arbeitnehmer**, d. h. solcher Arbeitnehmer, die ihre Arbeitsleistung typischerweise nicht in einer räumlich abgegrenzten Betriebsstätte erbringen (z. B. Kraftfahrer, Monteure, Bauarbeiter, reisende Vertreter, Zeitungsausträger, Reiseleiter, Service- und Wartungspersonal, »verliehene« Arbeitnehmer, in Heimarbeit Beschäftigte sowie sog. Tele-Arbeitnehmer) wurde lange unter Berufung darauf, dass zum Betrieb auch die sog. Betriebsausstrahlungen gehörten, bejaht (*Galperin/Löwisch* § 7 Rn. 14). Diese **Ausstrahlungstheorie taugt zur Abgrenzung** jedoch mangels jeglicher Konturenschärfe des Kriteriums »Ausstrahlung« **nicht** (abl. auch *Joost* Betrieb und Unternehmen, S. 307 ff.; *Joost/MünchArbR*, § 216 Rn. 47, 49; *Kreutz* GedS *Dietrich Schultz*, S. 209 [218]; *Oetker* AuR 1991, 359 [365 f.]; *Säcker/Joost* Betriebszugehörigkeit, S. 26 ff.; *Trümner/DKKW* § 5 Rn. 48; krit. auch *Richardi* FS *Floretta*, S. 595 [603 ff.]; *Richardi/Thüsing* § 7 Rn. 21). In Wirklichkeit geht es auch nicht um »Ausstrahlungen« eines vorhandenen Betriebes, sondern um das Problem der richtigen Betriebsabgrenzung, namentlich um die **Bestimmung der personalen Außengrenzen des Betriebes** (übereinstimmend in diesem Ansatz *Joost* Betrieb und Unternehmen, S. 311 ff.; *Oetker* AuR 1991, 366 ff.; zust. *Reiff* SAE 1990, 251 [252 f.]; der Sache nach jetzt auch *BAG* 29.01.1992 EzA § 7 BetrVG 1972 Nr. 1 = SAE 1994, 69 *[Kreutz]*, wenn dort einerseits ein bloß räumliches Verständnis des Betriebsbegriffs zurückgewiesen wird [unter B III 1a bb], andererseits dargetan wird, dass die Wahlberechtigung der Zeitungszusteller »nicht an § 4 BetrVG« (a. F.) scheitert [unter B IV], weil der Bereich Zustellung kein betriebsratsfähiger Nebenbetrieb und nach den konkreten Verhältnissen des Falles auch kein Betriebsteil des Verlagsbetriebes ist, der nach § 4 Satz 1 als selbständiger Betrieb zu gelten hätte; noch deutlicher *BAG* 22.03.2000 EzA § 14 AÜG Nr. 4 S. 6, wo es als entscheidend bezeichnet wird, ob der Arbeitgeber mit Hilfe der Arbeitnehmer den arbeitstechnischen Zweck seines Betriebes verfolgt, und daher auch die sog. Außendienstmitarbeiter zum Betrieb gehören). Die Richtigkeit dieses Ansatzes bestätigen die gesetzlichen Wertentscheidungen in § 5 Abs. 1 und § 4 Abs. 1 Satz 1 sowie in § 24 Abs. 2 WO, die durch das BetrVerf-ReformG bzw. die neue WO noch klarere Konturen gewonnen haben als zuvor. Aus § 5 Abs. 1 ergibt sich mit Blick auf Außendienst, Telearbeit und Heimarbeit, dass die Betriebszugehörigkeit nicht scheitern soll, wenn ein Arbeitnehmer ständig außerhalb einer räumlichen Einheit arbeitet. Aus § 4 Abs. 1 Satz 1 Nr. 1 folgt, dass auch räumlich weit entfernte Betriebsteile zum (Haupt-)Betrieb gehören können; wären sie stets selbständige Betriebe, wäre die Anordnung, dass sie als solche gelten, wenn sie die Voraussetzungen des § 1 Abs. 1 Satz 1 erfüllen, überflüssig. § 24 Abs. 2 WO ordnet schließlich an, dass der Wahlvorstand solchen Wahlberechtigten, die im Zeitpunkt der Wahl nach der Eigenart ihres Beschäftigungsverhältnisses voraussichtlich nicht im Betrieb anwesend sein werden (insbesondere Beschäftigte im Außendienst, mit Telearbeit oder in Heimarbeit), die Wahlunterlagen von sich aus zuzusenden hat. Bei personaler Betriebsabgrenzung ist ein Außendienst-Arbeitnehmer aus der Sicht des Betriebes, um dessen Zugehörigkeit es geht, entweder betriebszugehörig oder betriebsfremd. Seine Betriebszuordnung lässt sich im Umkehrschluss zu § 4 Abs. 1 Satz 1 ermitteln (zust. *Christiansen* Betriebszugehörigkeit, S. 150 ff.). Voraussetzung der Betriebszugehörigkeit ist danach, dass **der einzelne oder eine Gruppe von Außendienst-Arbeitnehmern unselbständiger »Betriebsteil«**

ist, weil er (sie) durch seine (ihre) Tätigkeit den oder die Betriebszwecke mitverfolgt, aber nach § 4 Abs. 1 Satz 1 Nr. 1 oder 2 nicht als selbständiger Betrieb gilt. Dabei stört es nicht, wenn ein Betriebsteil etwa nur Einmannbetriebsteil ist; § 4 Abs. 1 Satz 1 enthält keine Beschränkung auf die Zuordnung von (kleinen) Gruppen. Eine anderweitige Betriebszugehörigkeit der Außendienst-Arbeitnehmer scheidet dementsprechend aus, wenn der Außendienst als Betriebsteil nach § 4 Abs. 1 Satz 1 als selbständiger Betrieb gilt oder wenn der Außendienst nicht Teil eines anderen Betriebes ist, sondern als selbständiger Betrieb organisiert ist; im letzteren Fall kommt aber ggf. eine Zuordnung des Außendienst-Betriebes zum Hauptbetrieb nach § 4 Abs. 2 in Betracht. Nur wenn es darum geht, welchem von mehreren in Betracht kommenden Betrieben (z. B. Hauptverwaltung, Produktionsbetriebe) Außendienst-Mitarbeiter (als unselbständiger Betriebsteil) zuzuordnen sind, muss über die Anwendung des § 4 Abs. 1 Satz 1 hinaus zusätzlich nach den allgemeinen Grundsätzen der Betriebsabgrenzung geprüft werden, welcher Organisationseinheit sie zuzurechnen sind (so auch *LAG Hamm* 04.04.2003 – 10 TaBV 124/02 – juris: sie sind dem Betrieb zugehörig, von dem aus die Leitung des Außendienstes, insbesondere in personellen und sozialen Fragen und das Direktionsrecht über sie wahrgenommen wird). Dabei kann sich auch eine mehrfache Betriebszugehörigkeit ergeben (s. Rdn. 40; ferner *Trümner/DKKW* § 5 Rn. 55). Werden Außendienst-Arbeitnehmer im Betrieb eines Dritten tätig, so stellt sich zugleich die Frage nach der Zugehörigkeit zu diesem Betrieb; vgl. dazu unten Rdn. 69 ff.

(2) Auslandstätigkeit
Auch bei Auslandstätigkeit lässt sich die Zugehörigkeit eines einzelnen oder einer Arbeitnehmergruppe zu einem inländischen Betrieb nicht nach dem konturenlosen Ausstrahlungskriterium bestimmen. Zu Unrecht meinte der Zweite Senat des *BAG* (07.12.1989 EzA § 102 BetrVG 1972 Nr. 74 = AP Nr. 27 zu Internat. Privatrecht, Arbeitsrecht *[Lorenz]* = SAE 1990, 251 *[Reiff]*) Einigkeit darüber feststellen zu können, »dass deutsches Betriebsverfassungsrecht auf im Ausland tätige Mitarbeiter anwendbar ist, soweit deren Auslandstätigkeit als Ausstrahlung des Inlandsbetriebes darstellt« (vgl. dagegen nur die Nachweise in Rdn. 47; vgl. aber wiederum *BAG* [Siebter Senat] 22.03.2000 EzA § 14 AÜG Nr. 4 S. 7). Das vage Ausstrahlungskriterium passt auch nicht mehr in den Begründungszusammenhang. Es diente ursprünglich dazu, Arbeitnehmer eines inländischen Betriebes, die vorübergehend zur Arbeitsleistung in das Ausland entsandt wurden (z. B. Auslandsmontage), trotz des für das Betriebsverfassungsrecht nach ganz h. M. geltenden sog. Territorialitätsprinzips weiterhin der Anwendung des Betriebsverfassungsgesetzes zu unterstellen (vgl. m. w. N. *Franzen* § 1 Rdn. 13 ff.; *Richardi* Einl. Rn. 73 ff.; zum Territorialitätsprinzip m. w. N. *BAG* 25.04.1978 EzA § 8 BetrVG 1972 Nr. 6 = AP Nr. 16 zu Internat. Privatrecht, Arbeitsrecht; 27.05.1982 EzA § 42 BetrVG 1972 Nr. 3 = AP Nr. 3 zu § 42 BetrVG 1972; 22.03.2000 EzA § 14 AÜG Nr. 4 S. 7). Heute ist jedoch anerkannt (vgl. auch *BAG* 07.12.1989 EzA § 102 BetrVG 1972 Nr. 74 = AP Nr. 27 zu Internat. Privatrecht; 22.03.2000 EzA § 14 AÜG Nr. 4), dass sich **mit Hilfe des sog. Territorialitätsprinzips** (konkret: Das Betriebsverfassungsgesetz gilt für alle Betriebe mit Sitz im Inland; zum Betriebssitz als Anknüpfungspunkt für die kollisionsrechtliche Anwendung des Betriebsverfassungsrechts in der neueren Literatur etwa *Boemke* NZA 1992, 112; *A. Junker* Internationales Arbeitsrecht im Konzern, 1992, S. 374 ff.; vgl. auch *Christiansen* Betriebszugehörigkeit, S. 161 f. und zum Meinungsspektrum S. 157 ff.) **die Betriebszugehörigkeit bei Auslandstätigkeit** überhaupt **nicht feststellen** lässt. Die Zugehörigkeit zu einem Inlandsbetrieb ist keine Frage des Kollisionsrechts, sondern eine **sachrechtliche Frage des anwendbaren Betriebsverfassungsgesetzes**, die bei Auslandstätigkeit grundsätzlich nach den gleichen Kriterien zu beurteilen ist, wie die Außendiensttätigkeit im Inland (ebenso im Ansatz *Birk* FS *Molitor*, S. 19 [21 f., 25]; *B. Gaul* BB 1990, 697 [699]; *G. Jaeger* Der Auslandsbezug des Betriebsverfassungsgesetzes, S. 144 ff.; *A. Junker* Internationales Arbeitsrecht im Konzern, 1992, S. 376; *Reiff* SAE 1990, 251 [252]; *Schlüpers-Oehmen* S. 111 ff.; *Lorenz* SAE 1979, 223 ff., teilweise anders aber *ders.* in Anm. zu *BAG* 07.12.1989 AP Nr. 27 zu Internat. Privatrecht Bl. 5; ebenso jetzt *BAG* 22.03.2000 EzA § 14 AÜG Nr. 4 S. 8). Anders als bei Außendienst-Arbeitnehmern im Inland kann sich die Zugehörigkeit im Ausland tätiger Arbeitnehmer zu einem Inlandsbetrieb aber nicht allein nach § 4 Abs. 1 Satz 1 richten, weil ausländische Betriebe eines inländischen Unternehmens aufgrund des Territorialitätsprinzips dem deutschen Betriebsverfassungsrecht entzogen sind. Zu Recht hat das *BAG* (25.04.1978 EzA § 8 BetrVG 1972 Nr. 6 = AP Nr. 16 zu Internat. Privatrecht, Arbeitsrecht; krit. dazu *Christiansen* Betriebszugehörigkeit, S. 163) festgestellt, dass ausländische Betriebe eines inländischen Unternehmens aufgrund des Territorialitätsprinzips dem deutschen Betriebsverfas-

sungsrecht auch dann entzogen sind, wenn sie sich nach § 4 Abs. 1 Satz 1 als unselbständige Betriebsteile darstellen würden. Andererseits ist damit aber nicht gesagt, dass unselbständige Betriebsteile (z. B. schon ein einziger Arbeitnehmer) eines inländischen Unternehmens stets ausländische Betriebe sind, nur weil sie im Ausland tätig werden. **Entscheidend** ist vielmehr, **ob das inländische Unternehmen einen im Ausland gelegenen Betrieb hat**; für diese »Belegenheit« i. S. d. Territorialitätsprinzips (bzw. der Betriebssitz-Lehre) ist maßgebend, »ob außerhalb des Geltungsbereichs des Betriebsverfassungsgesetzes eine eigene feste und dauerhafte betriebliche Organisation besteht« (so zutr. *BAG* 25.04.1978 EzA § 8 BetrVG 1972 Nr. 6 = AP Nr. 16 zu Internat. Privatrecht, Arbeitsrecht Bl. 2), d. h. in der Regel eine eigene Betriebsstätte, deren Bestand nicht von der Person der dort tätigen Arbeitnehmer abhängig ist (Auslandsbüro, Auslandsvertretung, Auslandsproduktionsstätte). Wo das nicht der Fall ist, bestimmt sich die Betriebszuordnung im Ausland (bloß) tätiger Arbeitnehmer zum inländischen Betrieb aber wiederum maßgeblich danach, ob es sich bei ihnen um unselbständige Betriebsteile i. S. v. § 4 Abs. 1 Satz 1 handelt.

49 Im Ausland tätige Facharbeiter (Ingenieure, Monteure), Organisationsspezialisten und Reisende sind danach als unselbständige Betriebsteile desjenigen inländischen Betriebes anzusehen, von dem sie ins Ausland entsandt worden sind, solange sie im Ausland **außerhalb einer festen betrieblichen Organisation** des inländischen Unternehmens tätig werden. Das gilt für einzelne Arbeitnehmer, aber auch für Arbeitnehmergruppen (im Ergebnis übereinstimmend gegen die insoweit widersprüchliche Entscheidung des *BAG* 30.04.1987 [EzA § 12 SchwbG Nr. 15 = AP Nr. 15 zu § 12 SchwbG] *Gamillscheg* [Anm. AP Nr. 15 zu § 12 SchwbG, Bl. 7] und *Junker* [SAE 1989, 328, 333]). Bei letzteren ist zu beachten, dass diese auch dann als unselbständige Betriebsteile anzusehen sind, wenn sie die Voraussetzungen des § 1 Abs. 1 Satz 1 erfüllen und – wie vielfach bei Auslandstätigkeit – räumlich weit vom Hauptbetrieb entfernt tätig werden. Denn die Frage, ob die Gruppe einen selbständigen Betrieb im Ausland bildet, beantwortet sich wegen des Territorialitätsprinzips nicht nach der Fiktion des § 4 Abs. 1 Satz 1 Nr. 1, sondern allein nach dem Vorliegen einer festen betrieblichen Organisation im Ausland. Für die Auslandstätigkeit ist es in diesem Rahmen (ebenso wenig wie für den Inlands-Außendienst) auch nicht entscheidend, ob sie im Voraus zeitlich begrenzt (für diese Fälle übereinstimmend u. a. *Auffarth* FS *Hilger/Stumpf*, S. 31 [35]; *Richardi* Einl. Rn. 75 in Anlehnung an § 4 SGB IV; wohl auch *BAG* 27.05.1982 EzA § 42 BetrVG 1972 Nr. 3 = AP Nr. 3 zu § 42 BetrVG 1972) oder auf Dauer angelegt ist (zu Recht hat das *BAG* [07.12.1989 EzA § 102 BetrVG 1972 Nr. 74 = AP Nr. 27 zu Internat. Privatrecht, Arbeitsrecht, s. Rdn. 48] die zuvor vom Gericht vertretene Differenzierung zwischen vorübergehender und dauernder Auslandstätigkeit, für die sich auch keine absolute zeitliche Grenze finden lässt, aufgegeben und die Zugehörigkeit einer Reiseleiterin, die länger als vier Jahre ausschließlich in Tunesien tätig war, zum Betrieb des Reiseunternehmens in München bejaht; zust. *Lorenz* Anm. AP Nr. 27 zu Internat. Privatrecht, Arbeitsrecht und *Reiff* SAE 1990, 248]; *Trümner/DKKW* § 5 Rn. 59).

50 **Die Zugehörigkeit zu einem inländischen Betrieb endet** für ins Ausland entsandte Arbeitnehmer aber grundsätzlich dann, wenn sie **auf Dauer in einen im Ausland gelegenen Betrieb** (mit fester betrieblicher Organisation) des inländischen Unternehmens **integriert werden und dessen arbeitstechnische Zielsetzung mitverfolgen** (so auch *Fitting* § 1 Rn. 23; *Richardi* Einl. Rn. 76; s. *Franzen* § 1 Rdn. 16; vgl. auch *BAG* 25.04.1978 EzA § 8 BetrVG 1972 Nr. 6 = AP Nr. 16 zu Internat. Privatrecht, Arbeitsrecht unter II 2d der Gründe). Der hiermit verbundene Verlust des Wahlrechts im inländischen Betrieb **verstößt nicht gegen Unionsrecht**, stellt insbesondere keine unzulässige Einschränkung der Arbeitnehmerfreizügigkeit (Art. 45 AEUV) dar (zu der Problematik der Beschränkung des Wahlrechts im Rahmen der Unternehmensmitbestimmung auf Arbeitnehmer, die in inländischen Betrieben des Unternehmens oder des Konzerns beschäftigt sind, *KG* 16.10.2015 NZA-RR 2015, 661 [Vorlagebeschluss, beim *EuGH* anhängig unter C-566/15]). Dass der Arbeitnehmer aus dem bisherigen Betrieb ausscheidet, hat nichts mit der Belegenheit des Betriebs im Ausland zu tun, sondern würde bei einem Einsatz in einem inländischen Betrieb in gleicher Weise gelten (s. Rdn. 45). Und die Frage des Wahlrechts im ausländischen Betrieb unterliegt nicht der Regelungsgewalt des deutschen Gesetzgebers (s. *Franzen* § 1 Rdn. 4). Unterschiede im Hinblick auf die Rechtsstellung der Arbeitnehmer, die sich ausschließlich aus den Unterschieden zwischen den Rechtsordnungen der Mitgliedstaaten ergeben, stellen aber keine Verletzung der Arbeitnehmerfreizügigkeit dar (zutr. *Generalanwalt Saugmandsgaard Øe* Schlussanträge in der Rs. C-566/15 Rn. 75 ff.). Ist die Tä-

tigkeit im Auslandsbetrieb (zunächst) nur **von zeitlich begrenzter Dauer**, bleibt dagegen die Zugehörigkeit zum Inlandsbetrieb bestehen (*BAG* 25.04.1978 EzA § 8 BetrVG 1972 Nr. 6; 21.10.1980 EzA § 102 BetrVG 1972 Nr. 43; *Fitting* § 7 Rn. 74, § 1 Rn. 24; *Richardi* Einl. Rn. 75; abw. noch Voraufl.). Auch insoweit gilt dasselbe wie im Falle einer Versetzung in einen inländischen Betrieb (s. Rdn. 45). **Ortskräfte**, die nicht ins Ausland entsandt, sondern von vornherein für den ausländischen Betrieb eines inländischen Unternehmens eingestellt werden, gehören nicht zum Inlandsbetrieb (vgl. auch *BAG* 25.04.1978 EzA § 8 BetrVG 1972 Nr. 6 = AP Nr. 16 zu Internat. Privatrecht, Arbeitsrecht unter II 2d der Gründe; *Richardi* Einl. Rn. 79).

Für den Fall, dass ein Arbeitnehmer von einem inländischen Unternehmen **für einen einmaligen** **51** **Auslandseinsatz befristet eingestellt** wird, dabei aber ständig im Ausland beschäftigt wird, ohne in einen ausländischen Betrieb eingegliedert zu werden, hat das *BAG* (21.10.1980 EzA § 102 BetrVG 1972 Nr. 43 = AP Nr. 17 zu Internat. Privatrecht, Arbeitsrecht [insoweit zust. *Beitzke*] = AuR 1981, 252 [zust. *Corts*]; zust. auch *Birk* RdA 1984, 129 [137] m. w. N. Fn. 101; *Hickl* NZA 1987, Beil. 1, S. 10 [14]; *Joost*/MünchArbR, § 216 Rn. 48; abl. dagegen *Fitting* § 1 Rn. 25 f.; *Franzen* § 1 Rdn. 17; *Richardi* IPRax 1983, 217; *Richardi* Einl. Rn. 77 f.) die Betriebszugehörigkeit wegen Fehlens der tatsächlichen Beziehung zum Inlandsbetrieb verneint. Dem kann nicht gefolgt werden. Denn die Auslandstätigkeit des Arbeitnehmers verfolgte die Zielsetzung des inländischen Betriebes, die sich mit Entwicklungshilfeprojekten im Ausland beschäftigt. Der Arbeitnehmer war daher unselbständiger Betriebsteil, auch wenn er nie in die inländische Betriebsstätte eingegliedert wurde. Eine andere Sicht müsste untragbare Konsequenzen für viele Außendienstmitarbeiter im Inland haben, die allein für Außendiensttätigkeit eingestellt werden. Nichts anderes gilt, wenn bei dieser Konstellation **der Auslandseinsatz von vornherein unbefristet** erfolgt (so im Ergebnis jetzt auch *BAG* 07.12.1989 EzA § 102 BetrVG 1972 Nr. 74 = AP Nr. 27 zu Internat. Privatrecht, Arbeitsrecht, allerdings ohne zu erkennen, dass die Reiseleiterin im Ausland unselbständiger Teil des Betriebs des international tätigen deutschen Reiseunternehmens mit Sitz in München war; nach *BAG* soll die Betriebszugehörigkeit zum Inlandsbetrieb statt dessen konturenlos von »den Umständen des Einzelfalles« abhängen, insbesondere von der Dauer des Auslandseinsatzes, der Eingliederung in einen Auslandsbetrieb, dem Bestehen und den Voraussetzungen eines Rückrufrechts zu einem Inlandseinsatz sowie dem sonstigen Inhalt der Weisungsbefugnisse des Arbeitgebers; immerhin dürfte damit die verfehlte Entscheidung *BAG* 30.04.1987 EzA § 12 SchwbG Nr. 15 = AP Nr. 15 zu § 12 SchwbG überholt sein). Auf die Frage, ob der Arbeitnehmer vor seinem Auslandseinsatz in der inländischen Betriebsstätte beschäftigt oder auf seinen Auslandseinsatz vorbereitet wurde, kommt es nicht an (offen gelassen von *BAG* 07.12.1989 EzA § 102 BetrVG 1972 Nr. 74 = AP Nr. 27 zu Internat. Privatrecht, Arbeitsrecht).

dd) Beschäftigung in Matrixstrukturen

In neuerer Zeit organisieren Unternehmen vielfach Arbeitsabläufe nicht entlang der Grenzen des Betriebs oder Unternehmens, sondern anhand von Produktsparten, Geschäftsbereichen oder Regionen. In diesen neu geschaffenen Einheiten arbeiten dann Arbeitnehmer verschiedener Betriebe und Unternehmen zusammen. Diese **neue strukturelle Ebene** tritt zu den bestehenden Organisationseinheiten Betrieb und Unternehmen hinzu, liegt aber gleichsam »quer« zu diesen. Man bezeichnet solche **»hybriden« Strukturen** als Matrixstrukturen (hierzu sowie zum Folgenden grdl. *Maywald* Matrixstrukturen, S. 20 ff.; s. a. *Bauer/Herzberg* NZA 2011, 713; *Henssler* NZA 2014 Beil. Nr. 3, S. 95 [101]; *Kort* NZA 2013, 1318 ff.; *Neufeld* AuA 2012, 219 ff.; *Witschen* RdA 2016, 38 ff.). Sie kommen auch innerhalb eines Unternehmens, häufiger aber innerhalb eines Konzernverbundes vor, wenn es darum geht, zentrale Kompetenzen und Funktionen innerhalb des Konzerns ohne Rücksicht auf die jeweilige Unternehmensorganisation zu bündeln. Kennzeichnend für die Matrixstruktur ist, dass regelmäßig mehrere Instanzen innerhalb des Unternehmens oder Konzerns auf die entsprechenden Ressourcen, mithin auch auf die Arbeitnehmer, zugreifen können. Hierdurch steht der Arbeitnehmer typischerweise in **mehreren Weisungsbeziehungen** (*Bauer/Herzberg* NZA 2011, 713 [714]; *Kort* NZA 2013, 1318 [1319]). Bei Matrixstrukturen innerhalb des Konzerns bedeutet dies regelmäßig, dass er nicht nur Weisungen des Vertragsarbeitgebers, sondern auch eines anderen Konzernunternehmens unterliegt, das Träger der steuernden Einheit ist. Wegen der hiermit verbundenen Aufteilung der Weisungsbefugnisse wird in der Literatur – terminologisch nicht sonderlich geglückt – zwischen dem fachlichen Weisungsrecht (betrifft den Inhalt der Arbeitsleistung), das im Regelfall bei der steuernden

52

Einheit liegt bzw. auf diese übertragen wird, und dem disziplinarischen Weisungsrecht (betrifft z. B. Urlaubsgewährung, Abmahnungen oder Kündigungen), das beim Vertragsarbeitgeber bleibt, unterschieden (*Henssler* NZA 2014 Beil. Nr. 3, S. 95 [101]; *Kort* NZA 2013, 1318 [1319]; *Neufeld* AuA 2012, 219 ff.). Wenn und soweit Arbeitnehmer in solchen Matrixstrukturen beschäftigt werden, stellt sich die Frage nach der betriebsverfassungsrechtlichen Zuordnung.

53 Handelt es sich um eine **unternehmensinterne Matrixstruktur**, so kommt es zunächst darauf an, ob die hierdurch geschaffene strukturelle Einheit einen eigenständigen Betrieb bildet. Dies kann einmal dann der Fall sein, wenn nach § 3 Abs. 1 Nr. 2 ein Spartenbetriebsrat gebildet worden ist und daher die entsprechende Organisationseinheit nach § 3 Abs. 5 Satz 1 als eigenständiger Betrieb gilt. Zum anderen ist dies denkbar, wenn innerhalb der Matrix eine Leitungsstruktur besteht, in der die für die Mitbestimmung wesentlichen Arbeitgeberentscheidungen gebündelt sind (s. etwa *Witschen* RdA 2016, 38 [41 ff.]). Ist der Arbeitnehmer der Einheit auf Dauer zugewiesen, so ist er Arbeitnehmer dieses Betriebs. Ist er lediglich vorübergehend abgeordnet, so gelten die für die vorübergehende Versetzung in einen anderen Betrieb entwickelten Grundsätze; er bleibt daher seinem bisherigen Betrieb zugeordnet, ist aber zugleich der Einheit zugehörig, in der er tätig ist (s. Rdn. 45).

54 Etwas komplexer ist die Situation in den Fällen, in denen die **Matrixstruktur auf Konzernebene** geschaffen wird. Auch hier ist zu beachten, ob durch die Bildung von Spartenbetriebsräten eigene betriebsverfassungsrechtliche Einheiten für die dort beschäftigten Arbeitnehmer geschaffen wurden (§ 3 Abs. 1 Nr. 2; skeptisch im Hinblick auf das Vorliegen der Voraussetzungen im Falle von Matrixstrukturen *Bauer/Herzberg* NZA 2011, 713 [718]; *Kort* NZA 2013, 1318 [1322]). Ist dies nicht der Fall, kommt es für die Frage der Zuordnung zunächst darauf an, zu welchem Konzernunternehmen ein Arbeitsverhältnis besteht. Denkbar ist, dass der Arbeitnehmer ein **einheitliches Arbeitsverhältnis** mit mehreren Unternehmen, d. h. mit dem Unternehmen, bei dem er bisher beschäftigt war, und dem Unternehmen, dem die steuernde Einheit zugeordnet ist, eingeht (*Bauer/Herzberg* NZA 2011, 713 [714]; *Kort* NZA 2013, 1318 [1320]; *Maywald* Matrixstrukturen, S. 47). Denkbar ist aber auch ein **Doppelarbeitsverhältnis**, indem der Arbeitnehmer zusätzlich einen (selbständigen) Arbeitsvertrag mit dem für die steuernde Einheit verantwortlichen Unternehmen abschließt (so in dem Fall LAG Baden-Württemberg 28.05.2014 BB 2014, 2298; s. a. *Kort* NZA 2013, 1318 [1320]; *Maywald* Matrixstrukturen, S. 36). Soweit es sich bei der steuernden Einheit um einen selbständigen Betrieb handelt, wird in beiden Fällen nach der Zwei-Komponenten-Lehre die Betriebszugehörigkeit zu diesem Betrieb begründet. Ist dies nicht der Fall, so kommt es darauf an, ob eine tatsächliche Beziehung zu Betrieben beider Unternehmen (dann doppelte Betriebszugehörigkeit) oder nur zu einem Betrieb besteht. Dies hängt davon ab, ob der Arbeitnehmer Aufgaben wahrnimmt, die einem oder mehreren Betrieben **funktional zuzuordnen** sind (LAG Baden-Württemberg 28.05.2014 BB 2014, 2298 [2302]; s. a. Rdn. 23). Eine tatsächliche Beziehung wird dabei schon dadurch begründet, dass dem Arbeitnehmer **innerhalb der Matrixstruktur**, an der der Arbeitgeber beteiligt ist, eine **Vorgesetztenfunktion** auch im Hinblick auf andere Arbeitnehmer des Betriebs zukommen soll und die Beteiligung an der steuernden Einheit Teil des arbeitstechnischen Zwecks des Betriebs ist (LAG Baden-Württemberg 28.05.2014 BB 2014, 2298 [2301 f.]). Maßgeblich ist dabei erneut eine funktionale Betrachtung. Entscheidend für die Betriebszugehörigkeit ist nicht, in welcher Betriebsstätte sich im rein räumlichen Sinne der Arbeitsplatz des Vorgesetzten befindet, sondern welcher arbeitstechnischen Einheit seine Arbeitsleistung funktional zuzuordnen ist. Besteht die Leistung in der Führung von Personal eines bestimmten Betriebs, so ist der Vorgesetzte diesem Betrieb zuzuordnen, auch wenn er die Arbeitsanweisungen von einem weit entfernten Büro (etwa per Telefon oder Online-Verbindung) erteilt (LAG Baden-Württemberg 28.05.2014 BB 2014, 2298 [2302]; ebenso LAG Berlin-Brandenburg 17.06.2015 LAGE § 99 BetrVG 2001 Nr. 26 Rn. 20; vgl. auch LAG Düsseldorf 10.02.2016 LAGE § 101 BetrVG 2001 Nr. 5 [anhängig BAG 7 ABR 30/16]; **a. M.** offenbar *Neufeld* AuA 2012, 219 [222]).

55 Häufig ist aber weder ein einheitliches Arbeitsverhältnis noch eine Verdoppelung der Arbeitgeberstellung gewollt, sondern lediglich eine Übertragung des »fachlichen« Weisungsrechts auf das für die steuernde Einheit verantwortliche Konzernunternehmen bei Verbleib des »disziplinarischen« Weisungsrechts beim Vertragsarbeitgeber (*Kort* NZA 2013, 1318 [1320]; *Wisskirchen/Bissels* DB 2007, 340 [341 f.]). Bilden die beiden Unternehmen im Rahmen der Matrixstruktur einen **gemeinsamen Be-**

trieb (hierzu *Bauer/Herzberg* NZA 2011, 713 [717]; *Witschen* RdA 2016, 38 [44]), so ist der Arbeitnehmer diesem Betrieb zuzuordnen. Allerdings ist dies eher die Ausnahme (*Maywald* Matrixstrukturen, S. 135; *Vogt* Arbeitsrecht im Konzern, 2014, § 3 Rn. 29). Üblicherweise wird der Arbeitnehmer der steuernden Einheit im Wege der konzerninternen Abordnung zugewiesen oder ihm werden (Führungs-) Aufgaben auch in Bezug auf Arbeitnehmer anderer Konzernunternehmen übertragen (so im Fall *LAG Düsseldorf* 10.02.2016 LAGE § 101 BetrVG 2001 Nr. 5 [anhängig *BAG* 7 ABR 30/16]). Die Folge ist eine **Aufspaltung der Arbeitgeberstellung**, die zwar typischerweise nicht die Voraussetzungen einer Arbeitnehmerüberlassung erfüllt, sondern eine reine konzerninterne Organisationsmaßnahme darstellt (*Maywald* Matrixstrukturen, S. 122; *Neufeld* AuA 2012, 219 [221]), jedoch im Hinblick auf die Aufteilung der Arbeitgeberbefugnisse der Situation bei der konzerninternen (nichtwirtschaftlichen) Arbeitnehmerüberlassung vergleichbar ist. Für die Zuordnung des Arbeitnehmers müssen daher dieselben Grundsätze gelten (s. Rdn. 123 ff.). Die Folge ist, dass der Arbeitnehmer dem Betrieb seines Vertragsarbeitgebers zumindest dann zugeordnet bleibt, wenn die tatsächliche Beziehung fortbesteht. Dies kann etwa angenommen werden, wenn der Einsatz von vornherein zeitlich begrenzt ist oder ein Rückrufrecht besteht (*Maywald* Matrixstrukturen, S. 158; zust. *Fitting* § 5 Rn. 226b; *Kort* NZA 2013, 1318 [1324]). Gleiches gilt, wenn der Arbeitnehmer seinen räumlichen Arbeitsplatz in der Betriebsstätte des Arbeitgebers behält und von dort seine Aufgaben für die »Matrixzelle« erfüllt (*Maywald* Matrixstrukturen, S. 159). Eine gleichzeitige volle Zugehörigkeit zu der steuernden Einheit ist dagegen nicht anzunehmen, widerspräche sie doch der in § 14 AÜG zum Ausdruck kommenden Wertentscheidung (**a. M.** *Kort* NZA 2013, 1318 [1324] unter Hinweis auf die Aufgabe der Zwei-Komponenten-Lehre durch das *BAG*; zust. *Fitting* § 5 Rn. 226c; *Henssler* NZA 2014 Beil. Nr. 3, S. 95 [102]; ebenso wohl *Witschen* RdA 2016, 38 [45 f.]). Der Arbeitnehmer ist jedoch nach § 7 Satz 2 innerhalb der steuernden Einheit wahlberechtigt, wenn sein Einsatz – wie regelmäßig – auf mehr als drei Monate angelegt ist (abw. *Neufeld* AuA 2012, 219 [222] für den Fall, dass der Einsatzort beim Vertragsarbeitgeber erhalten bleibe).

d) Vorübergehende Arbeitsbefreiung und Ruhen der Hauptleistungspflichten

Die Mitverfolgung des Betriebszweckes wird auch dann nicht unterbrochen, wenn ein Arbeitnehmer zum Zeitpunkt der Wahl tatsächlich nicht arbeitet, weil er – bei Fortdauer des Arbeitsverhältnisses – **vorübergehend von seiner Arbeitspflicht befreit** ist. Dies gilt für eine Arbeitsbefreiung aufgrund Gesetzes (z. B. während des Erholungsurlaubs, der Beschäftigungsverbote nach § 3 MuSchG [bis 01.01.2018: § 3 Abs. 1 und 2, § 6 Abs. 1 MuSchG], des Annahmeverzugs des Arbeitgebers i. S. d. § 615 BGB, der Arbeitsunfähigkeit infolge Krankheit, der Dauer einer Kur) und grds. unabhängig von der Dauer der Verhinderung an der Arbeitsleistung (ebenso *LAG Hamm* 27.04.2005 NZA-RR 2005, 590 [592]). So bleibt die Betriebszugehörigkeit eines Arbeitnehmers und damit sein Wahlrecht auch bei einer **Langzeiterkrankung** bestehen, solange das Arbeitsverhältnis fortbesteht und nicht auszuschließen ist, dass der Arbeitnehmer seine Tätigkeit im Betrieb wieder aufnimmt. Auch der Bezug einer **Erwerbsunfähigkeitsrente** kann insoweit allenfalls Bedeutung für die Rückkehrprognose haben, beendet für sich genommen aber nicht die Betriebszugehörigkeit (*ArbG Göttingen* 07.03.2007 – 3 BV 14/06 – juris Rn. 29; *Burgmer* AuA 2005, 718). Gleiches gilt, wenn der Arbeitnehmer kraft Vereinbarung von der Arbeitsleistung befreit wird (z. B. unbezahlter Sonderurlaub, Freistellung bis zum Ablauf einer Kündigungsfrist, Kurzarbeit), aber auch bei einseitiger Suspendierung der Arbeitspflicht durch den Arbeitgeber, etwa bis zur Aufklärung des Verdachts schwerwiegender Pflichtverletzungen. 56

Darüber hinaus bleiben die rechtliche und tatsächliche Zugehörigkeit zum Betrieb aber auch dann erhalten, wenn lediglich die **beiderseitigen Hauptpflichten** aus dem Arbeitsverhältnis **vorübergehend suspendiert** sind. Das gilt insbesondere für die Zeit der Teilnahme an rechtmäßigem Streik und bei suspendierender Aussperrung. Hinsichtlich der Betriebszugehörigkeit während der Inanspruchnahme von **Elternzeit** (früher: Erziehungsurlaub) von Arbeitnehmern gemäß §§ 15 ff. BEEG (Bundeselterngeld- und Elternzeitgesetz vom 05.12.2006 [BGBl. I, S. 2748]) sind verschiedene Konstellationen zu unterscheiden. Übt der Arbeitnehmer während der Elternzeit eine **Teilzeittätigkeit bei seinem bisherigen Arbeitgeber** und in dem bisherigen Beschäftigungsbetrieb aus (§ 15 Abs. 4 bis 7 BEEG; zu den Voraussetzungen eines Antrages auf Verringerung der Arbeitszeit während der Elternzeit *BAG* 05.06.2007 EzA § 15 BErzGG Nr. 16), so besteht die Betriebszuge- 57 hörigkeit schon deshalb fort, weil der Arbeitnehmer weiterhin seine Arbeitsleistung aufgrund eines Arbeitsverhältnisses mit dem Betriebsinhaber und im Rahmen der betrieblichen Zwecksetzung erbringt und die Dauer der Arbeitszeit ohne Bedeutung ist (s. Rdn. 34). Der Arbeitnehmer ist also in diesem Falle ohne Weiteres wahlberechtigt und wählbar. Die Betriebszugehörigkeit bleibt aber auch dann erhalten, wenn der Arbeitnehmer während der Elternzeit **keine Arbeitsleistung** erbringt (*BAG* 16.04.2003 EzA § 9 BetrVG 2001 Nr. 1 unter II 2b; 25.05.2005 EzA § 40 BetrVG 2001 Nr. 9 unter B I 2b; *Buchner/Becker* MuSchG/BEEG, Vor §§ 15–21 BEEG Rn. 41; *Christiansen* Betriebszugehörigkeit, S. 90 ff.; *Dikomey* Das ruhende Arbeitsverhältnis, S. 186/25; *Gaul/HWK* Vor §§ 15–21 BEEG Rn. 11; *Homburg/DKKW* § 7 BetrVG Rn. 13; *Koch/ErfK* § 7 BetrVG Rn. 3; *Lindemann/Simon* NZA 2002, 365 [369]; *Reichold/HWK* § 7 BetrVG Rn. 13; *Richardi/Thüsing* § 7 Rn. 54; *Stege/Weinspach/Schiefer* § 7 Rn. 10a). Mit der Inanspruchnahme der Elternzeit ruhen lediglich die beiderseitigen Hauptleistungspflichten, also das Schuldverhältnis im engeren Sinne. Das Arbeitsverhältnis als Schuldverhältnis im weiteren Sinne bleibt dagegen bestehen (*BAG* 19.04.2005 EzA § 15 BErzGG Nr. 15 unter II 3a aa; 25.05.2005 EzA § 40 BetrVG 2001 Nr. 9 unter B I 2b), was sich daran zeigt, dass die Leistungspflichten nach dem Ende der Elternzeit automatisch wieder aufleben und nicht neu begründet werden müssen (vgl. *Gallner*/ErfK § 15 BEEG Rn. 25). Die Betriebszugehörigkeit könnte daher nur daran scheitern, dass es während der Elternzeit an der notwendigen tatsächlichen Beziehung zum Betrieb fehlt. Doch zeigen schon die Fälle des Erholungsurlaubs und der Krankheit, dass die tatsächliche Arbeitsleistung keine notwendige Voraussetzung für die Aufrechterhaltung einer einmal durch Vollzug des Arbeitsverhältnisses begründeten Betriebszugehörigkeit ist. In den Fällen, in denen die Hauptleistungspflichten ruhen, wird die tatsächliche Beziehung vielmehr dadurch hergestellt, dass es sich lediglich um eine Suspendierung, d. h. eine vorübergehende Aussetzung des Leistungsaustausches handelt, der Arbeitnehmer also (voraussichtlich) seine Arbeitsleistung nach Beendigung der Unterbrechung wieder in vollem Umfang aufnehmen wird. Rechtliche Regelungen oder tatsächliche Maßnahmen, die während des Ruhens seiner Arbeitspflicht getroffen werden, berühren ihn daher spätestens mit der Wiederaufnahme seiner Tätigkeit in gleicher Weise wie die übrigen Arbeitnehmer. Dies rechtjertigt es, dem Arbeitnehmer hinsichtlich seiner Beteiligung im Rahmen der Betriebsverfassung dieselben Rechte zuzugestehen wie den Arbeitnehmern im aktiven Arbeitsverhältnis (zutr. *Reichold/HWK* § 7 BetrVG Rn. 13). Die Dauer der Elternzeit ist insoweit ohne Bedeutung. Die Betriebszugehörigkeit bleibt folglich auch dann bestehen, wenn der Arbeitnehmer die volle Dauer der Elternzeit von drei Jahren (§ 15 Abs. 2 Satz 1 BEEG) in Anspruch nimmt (*Lindemann/Simon* NZA 2002, 365 [369]; *Richardi/Thüsing* § 7 Rn. 54). Insbesondere ist die für das Personalvertretungsrecht maßgebliche Regelung in § 13 Abs. 1 Satz 2 BPersVG, wonach Beschäftigte, die am Wahltag seit mehr als 6 Monaten unter Wegfall der Bezüge beurlaubt sind, nicht wahlberechtigt sind, nicht im Wege der Analogie auf das BetrVG übertragbar (*LAG Hamm* 27.04.2005 NZA-RR 2005, 590 [592]; *Reichold/HWK* § 7 BetrVG Rn. 13; **a. M.** *Kreutz* 8. Aufl., § 7 Rn. 22). Es fehlen hinreichende Anhaltspunkte dafür, dass das Fehlen einer entsprechenden Regelung im BetrVG eine planwidrige Unvollständigkeit darstellt.

58 Der Arbeitnehmer bleibt schließlich auch dann wahlberechtigt und wählbar, wenn er während der Elternzeit eine **Teilzeitbeschäftigung bei einem anderen Arbeitgeber** aufnimmt. Die Zugehörigkeit zum Betrieb des anderen Arbeitgebers führt nicht dazu, dass die Zugehörigkeit zum bisherigen Beschäftigungsbetrieb erlischt. Das neue Arbeitsverhältnis tritt vielmehr neben das fortbestehende Arbeitsverhältnis beim bisherigen Arbeitgeber. Der Fall ist letztlich nicht anders zu behandeln, als wenn der Arbeitnehmer zwei Teilzeitarbeitsverhältnisse zu unterschiedlichen Arbeitgebern unterhält. Wird für den in Elternzeit befindlichen Arbeitnehmer nach § 21 Abs. 1 BEEG ein Vertreter (befristet; vgl. *Müller-Glöge*/ErfK § 21 BEEG Rn. 11) eingestellt, so ist allerdings nach § 21 Abs. 7 BEEG der in Elternzeit befindliche Arbeitnehmer nicht mitzuzählen, wenn in arbeitsrechtlichen Gesetzen auf die Zahl der beschäftigten Arbeitnehmer (»Schwellenwerte«) abgestellt wird. Dass im Rahmen der Betriebsgröße nicht beide Arbeitnehmer zu berücksichtigen sind, ergibt sich für die Schwellenwerte in der Betriebsverfassung zumeist schon daraus, dass das Gesetz auf die Zahl der »in der Regel« beschäftigten Arbeitnehmer abstellt (vgl. *BAG* 15.03.2006 EzAÜG BetrVG Nr. 93 Rn. 14).

59 Wird ein Arbeitnehmer (insbesondere auf der Grundlage der Rahmentarifverträge für baugewerbliche Arbeiter, Angestellte und Poliere) unter bloßer Suspendierung der Hauptpflichten aus dem Stammarbeitsverhältnis zur **Arbeitsleistung in einer Arbeitsgemeinschaft** (»Arge«, insbesondere des Bau-

gewerbes), an der sein Arbeitgeber beteiligt ist, **freigestellt** und tritt er in ein Arbeitsverhältnis zur »Arge« ein, so gelten dieselben Grundsätze wie im Falle der Übernahme einer Teilzeitbeschäftigung bei einem anderen Arbeitgeber während der Elternzeit (zur andersgearteten bloßen »Abordnung«, bei der zur »Arge« kein Arbeitsverhältnis begründet wird, s. Rdn. 128). Der Arbeitnehmer gehört während der Freistellung zum Betrieb der »Arge« (so auch *BAG* 11.03.1975 EzA § 24 BetrVG 1972 Nr. 1 = AP Nr. 1 zu § 24 BetrVG 1972; *Fitting* § 7 Rn. 48; *Knigge* DB 1982, Beil. 4, S. 11; *Schwab* AR-Blattei SD 370.6, Rn. 77), zugleich aber auch zum Stammbetrieb und ist dort wahlberechtigt (*Dikomey* Das ruhende Arbeitsverhältnis, S. 186/6; *Knigge* DB 1982 Beil. 4, S. 8; *Schwab* AR-Blattei SD 370.6, Rn. 77; offen gelassen für die Wählbarkeit von *BAG* 11.03.1975 EzA § 24 BetrVG 1972 Nr. 1 = AP Nr. 1 zu § 24 BetrVG 1972; **a. M.** auch insoweit konsequenterweise *Kreutz* 8. Aufl., § 7 Rn. 22 für den Fall, dass die Freistellung am Tag der Wahl mehr als sechs Monate andauert).

Die Betriebszugehörigkeit und damit das Wahlrecht bleiben auch während der Einberufung zum **60 Grundwehrdienst** (§ 5 WehrpflichtG), zu einer **Wehrübung** (§ 6 WehrpflichtG), zu einer **Eignungsübung** (§ 1 EignungsübungsG) oder während der Ableistung des **Zivildienstes** (§ 1 ZivildienstG) erhalten (*BAG* 29.03.1974 AP Nr. 2 zu § 19 BetrVG 1972 [zust. *Seipel*] = EzA § 19 BetrVG 1972 Nr. 2; 31.05.1989 EzA § 44 BetrVG 1972 Nr. 9; 16.04.2003 EzA § 9 BetrVG 2001 Nr. 1 S. 8 [obiter]). Aktuell sind die Regelungen nur von eingeschränkter Bedeutung, da sowohl der **(Pflicht-)Wehrdienst als auch der Zivildienst ausgesetzt** sind, d. h. nur im Spannungs- und Verteidigungsfall gelten (§ 2 WehrpflichtG i. d. F. des WehrRÄndG vom 28.04.2011 BGBl. I, S. 678; § 1 Abs. 2 KDVG, § 1a ZivildienstG i. d. F. des Gesetzes zur Einführung des Bundesfreiwilligendienstes vom 28.04.2011 BGBl. I, S. 687). Ausführlich zur Rechtslage vor der Aussetzung s. 10. Aufl., Rn. 30.

An die Stelle des Pflichtwehrdienstes ist nunmehr (außerhalb des Spannungs- und Verteidigungsfalles) **61** der **freiwillige Wehrdienst** nach Maßgabe der §§ 58b ff. SoldatenG (bis 2013: §§ 54 ff. WehrpflichtG) getreten. Nach § 16 Abs. 7 ArbPlSchG gelten die Vorschriften über den Grundwehrdienst auch für den freiwilligen Wehrdienst. Dies bedeutet, dass das Arbeitsverhältnis von Personen (Männern oder Frauen), die sich nach § 58b SoldatenG freiwillig zur Ableistung des Wehrdienstes verpflichtet haben, nach § 1 Abs. 1 ArbPlSchG mit der Einberufung zum Wehrdienst ruht (hierzu auch *Gallner*/ErfK 12. Aufl. [ab der 13. Aufl. nicht abgedruckt], § 1 ArbPlSchG Rn. 1, 5; *Weigand*/KR § 2 ArbPlSchG Rn. 2). Damit bleibt die Zugehörigkeit der Wehrdienstleistenden zu dem Betrieb des Arbeitgebers, dem sie vor der Einberufung zuletzt angehört haben, bestehen. An die Stelle des Zivildienstes ist der **Bundesfreiwilligendienst** getreten (geregelt im Gesetz über den Bundesfreiwilligendienst vom 28.04.2011 BGBl. I, S. 687 [BFDG]). Im Unterschied zu § 78 Abs. 1 Nr. 1 ZivildienstG schweigt das BFDG hinsichtlich der Anwendbarkeit des ArbPlSchG (vgl. insbesondere § 13 Abs. 1 BFDG). Hieraus wird man zu folgern haben, dass das Gesetz keine Anwendung auf die Freiwilligen findet (*Gallner*/ErfK 12. Aufl., § 1 ArbPlSchG Rn. 1), so dass ein bestehendes Arbeitsverhältnis nicht nach § 1 Abs. 1 ArbPlSchG bereits kraft Gesetzes ruht. Die Frage, ob die Betriebszugehörigkeit eines Arbeitnehmers während des Freiwilligendienstes fortbesteht, hängt damit von dem Schicksal des Arbeitsverhältnisses, insbesondere von den hierzu von den Parteien getroffenen Abreden ab. Diese können das Ruhen des Arbeitsverhältnisses privatautonom vereinbaren. In diesem Fall bleibt die Zugehörigkeit wie im Falle des gesetzlichen Ruhenstatbestandes erhalten. Wird das Arbeitsverhältnis dagegen (einvernehmlich oder durch Kündigung) beendet, so endet mit dem Arbeitsverhältnis auch die Betriebszugehörigkeit.

4. Wahlberechtigung von Auszubildenden

Zu den Arbeitnehmern i. S. d. Gesetzes zählen gem. § 5 Abs. 1 Satz 1 auch die zu ihrer Berufsausbil- **62** dung Beschäftigten. Auszubildende, die auf der Grundlage eines privatrechtlichen Ausbildungsvertrages in einem **Ausbildungsverhältnis zum Inhaber des Betriebs** stehen, sind daher grds. Arbeitnehmer dieses Betriebs i. S. d. § 7 Satz 1. Voraussetzung ist allerdings, dass sich ihre Berufsausbildung im Rahmen der arbeitstechnischen Zwecksetzung des jeweiligen Ausbildungsbetriebes vollzieht (s. hierzu Rdn. 23). **Auszubildende in reinen Ausbildungsbetrieben** sind somit **nicht wahlberechtigt** (s. näher § 5 Rdn. 59 f.; *BAG* 21.07.1993 EzA § 5 BetrVG 1972 Nr. 56; 26.01.1994 EzA § 5 BetrVG 1972 Nr. 57; 20.03.1996 EzA § 5 BetrVG 1972 Nr. 59; 20.03.1996 EzA § 5 BetrVG 1972 Nr. 60; 12.09.1996 EzA § 5 BetrVG 1972 Nr. 61; zuletzt 16.11.2011 – 7 ABR 48/10 – juris, Rn. 13).

Gleiches gilt, wenn sich die **Ausbildung außerhalb des eigentlichen Betriebszwecks vollzieht**, die Auszubildenden also nicht gemeinsam mit den anderen Arbeitnehmern des Betriebes zur Verwirklichung dieses Betriebszwecks zusammenwirken (*BAG* 13.06.2007 EzA § 5 BetrVG 2001 Nr. 2 Rn. 19 ff.; s. a. § 5 Rdn. 60 f.). Nach § 51 BBiG bilden die Auszubildenden in diesem Falle eine besondere Interessenvertretung. Die Einzelheiten, insbesondere Amtszeit, Zusammensetzung, Wahlrecht und Wählbarkeit sowie Art und Umfang der Beteiligung sollen nach der VO-Ermächtigung in § 52 BBiG durch eine Rechtsverordnung geregelt werden. Diese ist jedoch bisher nicht erlassen worden, da der Bundesrat dem ursprünglichen – seinerzeit noch zustimmungspflichtigen – Entwurf (vgl. Verordnung über die Vertretung von Interessen der Auszubildenden in sonstigen Berufsbildungseinrichtungen außerhalb der schulischen und betrieblichen Berufsbildung, BR-Drucks. 339/2002) nicht zugestimmt hat.

63 Vollzieht sich die **Ausbildung in mehreren Betrieben** und ist der Ausbilder zugleich Inhaber sämtlicher Betriebe, so liegt die erste Voraussetzung für die Zuordnung zum Einsatzbetrieb, nämlich das Bestehen eines Ausbildungsverhältnisses zum Betriebsinhaber, vor. Weitere Voraussetzung ist aber, dass die Ausbildung der Zielsetzung des Betriebs zugeordnet werden kann. Dies ist nicht der Fall, wenn die Ausbildung von dem Ausbilder zentral (etwa über ein Ausbildungszentrum) mit bindender Wirkung auch für die konkreten Einsatzbetriebe gesteuert wird und daher auch die wesentlichen für die Ausbildung relevanten Entscheidungen einheitlich von der zentralen Ausbildungsleitung und nicht auf der Ebene des Einsatzbetriebes getroffen werden. Dann sind die Auszubildenden auch für den Zeitraum, in dem sie für einzelne praktische Ausbildungsabschnitte anderen Betrieben zugewiesen werden, betriebsverfassungsrechtlich nur dem für die Ausbildung zuständigen Stammbetrieb zuzuordnen (*BAG* 13.03.1991 EzA § 60 BetrVG 1972 Nr. 2; *LAG Köln* 01.04.2010 – 13 TaBV 79/09 – juris, Rn. 11; *Oetker* § 61 Rdn. 19 f. m. w. N.). Dies gilt auch dann, wenn ein Wahlrecht im Stammbetrieb ausgeschlossen ist, weil es sich um einen reinen Ausbildungsbetrieb handelt (s. Rdn. 62; *LAG Köln* 01.04.2010 – 13 TaBV 79/09 – juris, Rn. 13). Wird die Ausbildung dagegen jeweils von dem konkreten Einsatzbetrieb geleitet oder erbringen die Auszubildenden im Rahmen der arbeitstechnischen Zwecksetzung des Einsatzbetriebes eine besondere weisungsgebundene Dienstleistung, so können sie als zur Berufsausbildung Beschäftigte und damit als Arbeitnehmer des Einsatzbetriebs anzusehen sein (*BAG* 16.11.2011 – 7 ABR 48/10 – juris, Rn. 14; s. a. § 5 Rdn. 61).

64 Soweit Auszubildende Teile ihrer **Ausbildung in Betrieben eines anderen Unternehmens** erbringen, gelten für sie hinsichtlich der Frage der Betriebszugehörigkeit im Wesentlichen dieselben Grundsätze wie für Arbeitnehmer in einem regulären Arbeitsverhältnis bei einem Arbeitseinsatz in Drittbetrieben (s. Rdn. 69 ff.). Die Auszubildenden sind daher dem Betrieb, in dem sich der Ausbildungsabschnitt vollzieht, nur dann zuzuordnen, wenn zwischen dem Auszubildenden und dem Betriebsinhaber ein Ausbildungsverhältnis besteht (s. Rdn. 26 ff.; *BAG* 15.03.2006 EzAÜG BetrVG Nr. 93 unter II 2c; s. a. *Oetker* § 61 Rdn. 19 f.). Hierfür ist regelmäßig erforderlich, dass zwischen dem Auszubildenden und dem Betriebsinhaber ein Vertrag geschlossen worden ist, in dem sich der Betriebsinhaber gegenüber dem Auszubildenden verpflichtet, diesen während des in dem Betrieb zu absolvierenden Ausbildungsabschnittes entsprechend dem Zweck des Ausbildungsverhältnisses zu beschäftigen. Erfolgt die Ausbildung in dem Drittbetrieb dagegen auf der Basis von Absprachen zwischen dem Ausbilder und dem Betriebsinhaber, **bedient sich also der Ausbilder der betrieblichen Organisation des Dritten**, um seine eigene Ausbildungsverpflichtung gegenüber dem Auszubildenden zu erfüllen, und werden die wesentlichen, das Ausbildungsverhältnis betreffenden Entscheidungen nach wie vor von dem ausbildenden Unternehmen getroffen, so ist der Auszubildende auch dann nicht Arbeitnehmer des Drittbetriebes, wenn er aufgrund des Ausbildungsverhältnisses zur Arbeitsleistung im Rahmen der arbeitstechnischen Zwecksetzung des Drittbetriebes verpflichtet ist (*BAG* 12.05.2005 EzA § 102 BetrVG 2001 Nr. 13 unter B I 1b; 15.03.2006 EzAÜG BetrVG Nr. 93 unter II 2c). Sofern der Auszubildende die Voraussetzungen des § 7 Satz 1 und 2 erfüllt, er also volljährig ist und die Ausbildungszeit länger als drei Monate dauert, steht ihm allerdings bei der Wahl des Betriebsrats nach § 7 Satz 2 das aktive Wahlrecht zu (*Fitting* § 7 Rn. 42; *Wlotzke/WPK* § 7 Rn. 24). Ein Wahlrecht zur Jugend- und Auszubildendenvertretung besteht dagegen nicht, weil § 61 Abs. 1 dies auf Arbeitnehmer »des Betriebs« beschränkt (s. *Oetker* § 61 Rdn. 15). Darüber hinaus kann der Auszubildende analog § 14 Abs. 2 AÜG die dort genannten Rechte im Einsatzbetrieb gel-

tend machen (*BAG* 24.08.2011 EzA § 42 BetrVG 2001 Nr. 1 Rn. 31 ff.; s. a. § 5 Rdn. 61; *Weber* § 42 Rdn. 17).

Die vorgenannten Grundsätze gelten auch für die in **§ 5 Abs. 1 Satz 3 genannten Auszubildenden**, 65 die in einem (privatrechtlichen oder – etwa als Beamtenanwärter – einem öffentlich-rechtlichen) Ausbildungsverhältnis zu einem öffentlich-rechtlich organisierten Arbeitgeber stehen und ihre Ausbildung oder Teile hiervon in Betrieben eines privatrechtlich organisierten Unternehmens absolvieren. Nach dem Wortlaut der Norm scheinen diese Auszubildenden stets als Arbeitnehmer des Betriebs zu gelten, in dem sie tätig sind. Dies widerspräche freilich der Intention der Regelung. Diese soll lediglich eine Ungleichbehandlung mit den Auszubildenden des privatrechtlich organisierten Unternehmens verhindern. Die Auszubildenden des öffentlichen Dienstes können also nur dann betriebsverfassungsrechtlich als Arbeitnehmer des jeweiligen Einsatzbetriebs angesehen werden, wenn dies auch bei Bestehen eines Ausbildungsverhältnisses zu dem privatrechtlich organisierten Unternehmen der Fall wäre. § 5 Abs. 1 Satz 3 ist insoweit **teleologisch zu reduzieren**. Die Fiktion greift ein, wenn nur formal ein Ausbildungsverhältnis zum öffentlich-rechtlich organisierten Arbeitgeber besteht, dieser aber seine Aufgaben und Befugnisse vollständig oder weitgehend auf das privatrechtlich organisierte Unternehmen verlagert hat, in dem der Auszubildende tätig wird. Wird der Auszubildende dagegen lediglich für einzelne Ausbildungsabschnitte einem privatrechtlich organisierten Unternehmen zugewiesen, ansonsten aber in der Dienststelle des öffentlich-rechtlichen Arbeitgebers ausgebildet, so findet § 5 Abs. 1 Satz 3 keine Anwendung (s. Rdn. 64). Auch bei dauerhafter Zuweisung an ein privatrechtlich organisiertes Unternehmen gilt er nicht als Arbeitnehmer des Einsatzbetriebes, wenn es sich um einen reinen Ausbildungsbetrieb handelt, da insoweit dasselbe gelten muss wie für die eigenen Auszubildenden des privatrechtlichen Unternehmens (s. Rdn. 62).

5. Wahlalter

Wahlberechtigt ist nur der betriebsangehörige Arbeitnehmer, der am Tage der Wahl sein **18. Lebens-** 66 **jahr vollendet** hat (*Bertelsmann* NZA-RR 2017, 57 ff. hält dies für eine mit dem Unionsrecht unvereinbare Altersdiskriminierung; zur Vereinbarkeit mit Art. 3 Abs. 1 GG *Löwisch* BB 2014, 117 [120]). Da der Tag der Geburt bei der Berechnung des Lebensalters gemäß § 187 Abs. 2 Satz 2 BGB mitgerechnet wird, ist auch wahlberechtigt, wer (erst) am Wahltag 18. Geburtstag hat. Denn mit Ablauf des Tages, der dem 18. Geburtstag vorhergeht, endet das 18. Lebensjahr (§ 188 Abs. 2 BGB), und mit dem 18. Geburtstag beginnt bereits das 19. Lebensjahr. Wer z. B. am 1.4. geboren ist, vollendet sein Lebensjahr mit Ablauf des 31.3. und ist am 1.4. wahlberechtigt. Dagegen genügt die Vollendung des 18. Lebensjahres (erst) am Tage der Wahl nicht; wer am 2.4. seinen 18. Geburtstag hat, ist am 1.4. noch nicht wahlberechtigt. Erstreckt sich die Wahl über mehrere Tage (§ 3 Abs. 2 Nr. 11 WO), genügt es aber, wenn der 18. Geburtstag auf den letzten Wahltag fällt (allgemeine Meinung; *Fitting* § 7 Rn. 85; *Richardi / Thüsing* § 7 Rn. 22); dann darf der Arbeitnehmer aber erst an seinem Geburtstag sein Wahlrecht ausüben (**a. M.** *Richardi / Thüsing* § 7 Rn. 22). Minderjährige Arbeitnehmer sind, wenn nach § 60 eine Jugend- und Auszubildendenvertretung gewählt wird, dort wahlberechtigt (§ 61 Abs. 1). Volljährige Arbeitnehmer, die im Betrieb zu ihrer **Berufsausbildung beschäftigt** werden (zu Fragen ihrer Betriebszugehörigkeit *Oetker* § 61 Rdn. 15 ff.), sind sowohl zum Betriebsrat als auch zur Jugend- und Auszubildendenvertretung wahlberechtigt; diese doppelte Wahlberechtigung ist unstr. (s. *Oetker* § 61 Rdn. 8 m. w. N.).

Das Gesetz verlangt für die Wahlberechtigung **nicht volle Geschäftsfähigkeit** (*Nikisch* III, S. 78). Da 67 die Vollendung des 18. Lebensjahres auch schon Voraussetzung der Wahlberechtigung war (BetrVG 1952, BetrVG 1972), als die Volljährigkeit noch mit Vollendung des 21. Lebensjahres eintrat, kann daraus, dass seit 01.01.1975 gemäß § 2 BGB die Volljährigkeit (wie die Wahlberechtigung) mit Vollendung des 18. Lebensjahres eintritt, nicht hergeleitet werden, dass nur ein voll Geschäftsfähiger wahlberechtigt ist. Andererseits ist zu beachten, dass auch die Stimmabgabe bei der Betriebsratswahl Willenserklärung ist (zutr. *Küchenhoff* § 7 Rn. 3). Auch in den Zeiten, in denen das Wahlalter unterhalb der Volljährigkeitsgrenze lag, konnte hieraus nicht geschlossen werden, dass das Gesetz über jede Form fehlender Geschäftsfähigkeit für die Wahlberechtigung hinwegsieht. Dementsprechend hat die früher h. M. angenommen, dass (volljährige) **Entmündigte** und unter Gebrechlichkeitspflegschaft gestellte Personen auch betriebliche Belange nicht mitgestalten können; ihnen wurde unter Berufung auf einen entsprechenden Wahlgrundsatz in § 13 Nr. 2 Bundeswahlgesetz a. F. auch im Betriebsverfassungsrecht die Wahlberechtigung versagt (vgl. m. w. N. *Kreutz* 4. Aufl., § 7 Rn. 61). Dieser Auffassung hat das **Betreuungsgesetz** (BtG) vom 12.09.1990 (BGBl. I, S. 2002), das am 01.01.1992 in Kraft getreten ist, mit der Abschaffung der Vormundschaft über Entmündigte und der Gebrechlichkeitspflegschaft die Grundlage entzogen. Nach § 1896 Abs. 1 BGB hat nunmehr das Vormundschaftsgericht einen Betreuer zu bestellen, wenn ein Volljähriger aufgrund einer psychischen Krankheit oder einer körperlichen, geistigen oder seelischen Behinderung seine Angelegenheiten ganz oder teilweise nicht besorgen kann. Die bei Inkrafttreten des BtG bestehenden Vormundschaften und Pflegschaften wurden in Betreuungen übergeleitet (Art. 9 § 1 BtG). Eine Betreuung hat jedoch nach § 1903 Abs. 1 BGB nur zur Folge, dass der Betreute zu Willenserklärungen der Einwilligung seines Betreuers bedarf, soweit das Gericht (bzw. das Gesetz bei den Überleitungsfällen) einen Einwilligungsvorbehalt angeordnet hat. Der Betreute ist dann nur insoweit beschränkt geschäftsfähig, sonst geschäftsfähig, aber als solcher nie geschäftsunfähig, sondern nur dann, wenn zugleich die Voraussetzungen »natürlicher Geschäftsunfähigkeit« (§ 104 Nr. 2 BGB) vorliegen. Bei dieser Rechtslage ist es nicht gerechtfertigt, dem Betreuten die **Wahlberechtigung im Betriebsverfassungsrecht** zu versagen. Dies gilt erst recht, da dessen Stimmabgabe als Willenserklärung regelmäßig wirksam ist (entsprechend §§ 113, 1903 Abs. 1 Satz 2 BGB; jedenfalls gemäß § 1903 Abs. 3 BGB als sog. »neutrales« Geschäft, wenn man die zu § 107 BGB anerkannten Grundsätze entsprechend anwendet). Eine analoge Anwendung des öffentlich-rechtlichen § 13 Nr. 2 BundeswahlG kommt danach nicht mehr in Betracht, obwohl diese Bestimmung an das BtG angepasst worden ist (ebenso *Fitting* § 7 Rn. 89 [unter Aufgabe der noch bis zur 26. Aufl. vertretenen Auffassung]; *Homburg/DKKW* § 7 Rn. 47; *Koch*/ErfK § 7 BetrVG Rn. 8; *Oetker* § 61 Rdn. 12; *Richardi/Thüsing* § 7 Rn. 24 f.; *Wiebauer/LK* § 7 Rn. 5 [unter Aufgabe der in der Voraufl. von *Löwisch* vertretenen Auffassung]; a. M. *Nicolai/HWGNRH* § 7 Rn. 30); anderes hätte der Gesetzgeber anordnen müssen, wie er dies in Art. 7 BtG in einer Vielzahl von Fällen getan hat. Zu beachten ist, dass ein volljähriger Arbeitnehmer auch dann wahlberechtigt ist, wenn seine Geschäftsfähigkeit nach § 104 Nr. 2 BGB nur für einen anderen gegenständlich begrenzten Geschäftskreis (»partiell«) ausgeschlossen ist oder in »lichten Augenblicken« keine Geschäftsunfähigkeit besteht; letzteres wird schon dann anzunehmen sein, wenn er im Zusammenhang mit der Betriebsratswahl nicht als durch krankhafte Störung der Geistestätigkeit behindert auffällt.

68 Wer das 18. Lebensjahr am Wahltag noch nicht vollendet hat, ist auch dann nicht wahlberechtigt, wenn er aufgrund einer **Ermächtigung nach § 113 BGB** ein Arbeitsverhältnis begründet hat; insoweit ist § 7 für die Wahlberechtigung die speziellere Norm (ebenso *Küchenhoff* § 7 Rn. 3).

V. Wahlrecht und Betriebszugehörigkeit bei Arbeitseinsatz von Arbeitnehmern in Drittbetrieben (Satz 2)

1. Grundsätze

69 Es gibt Erscheinungsformen des Arbeits- und Wirtschaftslebens, bei denen ein Arbeitnehmer in einem Betrieb zum Arbeitseinsatz kommt, mit dessen Inhaber er keinen Arbeitsvertrag geschlossen hat. Aus der Sicht seines Arbeitgebers, mit dem der betreffende Arbeitnehmer einen Arbeitsvertrag abgeschlossen hat, handelt es sich dabei um Arbeitseinsatz in einem Drittbetrieb; man spricht insoweit auch von »**drittbezogenem Personaleinsatz**« (*F. Becker* ZfA 1978, 131 ff.). Unmittelbare Rechtsgrundlage für den Arbeitseinsatz im Drittbetrieb ist ein Vertrag zwischen dem Vertragsarbeitgeber und dem Inhaber des Drittbetriebes; Vertragstypen sind dabei namentlich der **Arbeitnehmerüberlassungsvertrag**, **Werk-** oder **Dienstvertrag**, **Dienstverschaffungs-** oder **Gestellungsvertrag**. Bei der gegebenen Dreieckskonstellation beim Arbeitseinsatz im Drittbetrieb stellt sich die Frage, ob der betreffende Arbeitnehmer zur Belegschaft des Drittbetriebes zu rechnen ist oder nicht und welche Konsequenzen dies jeweils für die Zugehörigkeit zu seinem Stammbetrieb hat.

70 Voraussetzung sowohl für das Wahlrecht als auch für die Anwendbarkeit anderer Vorschriften des BetrVG ist zunächst, dass es sich bei diesen Personen um **Arbeitnehmer** i. S. d. Gesetzes handelt (s. Rdn. 16). Fehlt es schon an der Arbeitnehmereigenschaft, so kommt es auf die sonstigen Umstände nicht an. Maßgeblich hierfür ist die rechtliche Einordnung der Vertragsbeziehung, aus der sich die

Pflicht zur Dienstleistung ergibt. Mangels unmittelbarer vertraglicher Rechtsbeziehungen zum Inhaber des Drittbetriebs ist dies der Vertrag mit dem Unternehmen, dem gegenüber sich die jeweilige Person zur Dienstleistung verpflichtet hat.

Handelt es sich bei der Person um einen Arbeitnehmer und wird dieser in Erfüllung seiner Arbeits- **71** pflicht in dem Drittbetrieb tätig, so stellt sich in diesem Betrieb die Frage nach der Betriebszugehörigkeit. Die Zugehörigkeit eines Arbeitnehmers zum Drittbetrieb ist dabei auch auf der Grundlage der Zwei-Komponenten-Lehre nicht deshalb von vornherein ausgeschlossen, weil der Arbeitnehmer keinen Arbeitsvertrag mit dem Inhaber des Drittbetriebes schließt (s. Rdn. 26 ff.). Zwar erfordert die Betriebszugehörigkeit neben der tatsächlichen Mitverfolgung des Betriebszweckes, dass der betreffende Arbeitnehmer in einem Arbeitsverhältnis gerade zum Betriebsinhaber steht. Ein solches Arbeitsverhältnis verlangt jedoch nicht notwendig den Abschluss eines Arbeitsvertrages mit dem Inhaber des Drittbetriebes. Zum einen kann ein Arbeitsverhältnis auch kraft Gesetzes begründet werden (§ 10 Abs. 1 AÜG). Zum anderen können die vertraglichen Abreden gerade im Rahmen von Dreipersonenbeziehungen so ausgestaltet sein, dass nicht nur zu dem Vertragsarbeitgeber, sondern auch zu dem Inhaber des Drittbetriebs schuldrechtliche Beziehungen entstehen, deren Rechte und Pflichten den aus dem Arbeitsvertrag resultierenden nach Art und Umfang zumindest in Teilen gleichwertig sind. Das Ergebnis ist vielfach eine **Aufspaltung der Arbeitgeberstellung.** Dies bedeutet, dass ein Teil der Arbeitgeberrechte und -pflichten nicht mehr beim Vertragsarbeitgeber, sondern bei dem Inhaber des Einsatzbetriebes liegt (zust. *BAG* 05.12.2012 EzA § 5 BetrVG 2001 Nr. 10 Rn. 19). Man spricht insoweit von »arbeitsrechtlichen Drittbeziehungen« (*Hergenröder/ZLH* Arbeitsrecht, § 29; *Konzen* ZfA 1982, 259 [264]; *Staudinger/Richardi/Fischinger* BGB [2016] § 611 Rn. 118 f.; *Ch. Weber* Das aufgespaltene Arbeitsverhältnis). Je nach Fallgestaltung kann dies zur Begründung eines Arbeitsverhältnisses mit dem Inhaber des Einsatzbetriebs führen, d. h. eines Schuldverhältnisses, das auf die Leistung weisungsgebundener Arbeit gerichtet ist (zur Aufspaltung der Arbeitgeberstellung und ihrer dogmatischen Begründung vgl. *F. Becker* ZfA 1978, 131 [133 ff.]; *Gick* Gewerbsmäßige Arbeitnehmerüberlassung zwischen Verbot und Neugestaltung, S. 90 ff.; *Heinze* ZfA 1976, 183 ff.; *Konzen* ZfA 1982, 259 [272]; *Ramm* ZfA 1973, 263 ff.; insbesondere auch *Müllner* Aufgespaltene Arbeitgeberstellung und Betriebsverfassungsrecht, S. 55 ff.; *Ch. Weber* Das aufgespaltene Arbeitsverhältnis, S. 38 ff.). Freilich handelt es sich dabei typischerweise um ein unvollständiges, »partielles« Arbeitsverhältnis (s. Rdn. 26), das sich vom Gesetz in § 7 Satz 1 vorausgesetzten »Normalfall« unterscheidet. Deshalb ist in erster Linie nach gesetzlichen Regelungen zu suchen, die Hinweise darauf geben, ob und inwieweit dieses unvollständige Arbeitsverhältnis bereits die Betriebszugehörigkeit begründen soll (s. Rdn. 31). Fehlt es hieran, bedarf es einer wertend-teleologischen Betrachtung, um zu entscheiden, ob dieses Rechtsverhältnis zur Begründung der Betriebszugehörigkeit ausreicht oder nicht (s. Rdn. 30).

2. Arbeitnehmerüberlassung (»Leiharbeit«)

Bei drittbezogenen Personaleinsatzformen bildete lange Zeit die **Betriebszugehörigkeit von Leih-** **72** **arbeitnehmern** den zentralen Streitpunkt (vgl. *Thiele* 3. Bearbeitung, § 7 Rn. 14 ff.; *Dietz/Richardi* § 5 Rn. 75 ff.; *Galperin/Löwisch* § 7 Rn. 12 ff.; *Gick* Gewerbsmäßige Arbeitnehmerüberlassung zwischen Verbot und Neugestaltung, S. 127 ff.; *Müllner* Aufgespaltene Arbeitgeberstellung und Betriebsverfassungsrecht, S. 68 ff.; *Säcker/Joost* S. 33 ff., 49 ff.). Nach der Terminologie des AÜG ist dabei heute danach zu unterscheiden, ob die Arbeitnehmerüberlassung im Rahmen einer wirtschaftlichen oder nichtwirtschaftlichen Tätigkeit erfolgt (§ 1 Abs. 1 Satz 1 AÜG; zur Abgrenzung s. Rdn. 78 ff.). Soweit eine wirtschaftliche Tätigkeit vorliegt, lassen sich die Fälle je nachdem, ob der Verleiher die hierzu erforderliche behördliche Erlaubnis besitzt, in die Gruppen der erlaubten und der unerlaubten Arbeitnehmerüberlassung aufteilen. Dagegen hat die früher relevante Rechtsfigur der (illegalen) Arbeitsvermittlung ihre arbeitsrechtliche Bedeutung weitgehend verloren (s. Rdn. 137). Die Unterscheidung ist wegen der im AÜG getroffenen speziellen Wertentscheidungen auch für die Beurteilung der Betriebszugehörigkeit im Betriebsverfassungsrecht von Bedeutung (vgl. auch *Kreutz* 6. Aufl., § 7 Rn. 39 ff.). Speziell für die **Wahlberechtigung** überlassener Arbeitnehmer **im Entleiherbetrieb** gilt dies aber nur noch eingeschränkt; diese ist jetzt **ausdrücklich in § 7 Satz 2 gesetzlich eingeräumt** (vgl. ausführlich Rdn. 93 ff., 125). Damit ist allerdings noch nichts über die (volle) betriebsverfassungsrechtliche Betriebszugehörigkeit von Leiharbeitnehmern sowie die hierfür maßgeblichen Kriterien gesagt.

a) Begriff der Arbeitnehmerüberlassung

73 Nach der bisherigen st. Rspr. des *BAG* liegt **Arbeitnehmerüberlassung** i. S. d. § 1 Abs. 1 Satz 1 AÜG vor, wenn der Arbeitgeber (Verleiher) nach dem Geschäftsinhalt des zwischen ihnen bestehenden (Überlassungs-)Vertrages einem anderen Unternehmer (Entleiher) Arbeitnehmer (Leiharbeitnehmer) zur Arbeitsleistung zur Verfügung stellt, die voll in den Betrieb des Entleihers eingegliedert sind und ihre Arbeiten dort allein nach dessen Weisungen ausführen (*BAG* 18.01.1989 EzA § 14 AÜG Nr. 1 S. 11; 30.01.1991 EzA § 10 AÜG Nr. 3 S. 10; 25.10.2000 EzA § 10 AÜG Nr. 10 [ausführlich *Hamann*]; vgl. zur Abgrenzung zuletzt etwa *BAG* 18.01.2012 EzA § 1 AÜG Nr. 14 Rn. 26). An diese Begriffsbestimmung knüpft die durch das Gesetz vom 21.02.2017 (BGBl. I, S. 258) eingefügte **Legaldefinition des § 1 Abs. 1 Satz 2 AÜG** an. Danach werden Arbeitnehmer zur Arbeitsleistung überlassen, wenn sie in die Arbeitsorganisation des Entleihers eingegliedert sind und seinen Weisungen unterliegen. Bei einem Textvergleich fällt auf, dass die Gesetzesfassung insofern von der Rspr. abweicht, als die Arbeitnehmer nicht »voll« eingegliedert sein und nicht »allein« den Weisungen des Entleihers unterliegen müssen. Dennoch dürfte damit in der Sache keine Änderung beabsichtigt sein. Ausweislich der Materialien sollte die Legaldefinition der Rechtsprechung »entsprechen« (RegE BT-Drucks. 18/9232, S. 19) und die »derzeitige Rechtslage nicht geändert werden« (Ausschussbericht BT-Drucks. 18/10064, S. 14). Zu berücksichtigen ist zudem, dass das *BAG* selbst in einer neueren Entscheidung exakt die Definition ohne die beiden Zusätze verwendet hat (*BAG* 20.09.2016 EzA § 10 AÜG Nr. 34 = AP Nr. 39 zu § 1 AÜG Rn. 29). Man wird daher die gesetzliche Regelung i. S. d. bisherigen Linie des *BAG* interpretieren können (ebenso *Bissels/Falter* ArbRAktuell 2017, 33; *Henssler* RdA 2017, 83 [87]; *Siebert/Meyer* öAT 2017, 45; *Thüsing* DB 2016, 2663 f.).

74 Die Legaldefinition wurde eingefügt, um die Arbeitnehmerüberlassung deutlicher von anderen Formen des drittbezogenen Personaleinsatzes abzugrenzen. Von Bedeutung ist insoweit vor allem der **Einsatz von Fremdfirmen auf der Basis von Werk- oder Dienstverträgen**, die der Betriebsinhaber mit dem Inhaber der Fremdfirma abgeschlossen hat. Hier lässt sich rein äußerlich die Tätigkeit von Arbeitnehmern der Fremdfirma mitunter nur schwer von dem Einsatz von Leiharbeitnehmern unterscheiden, insbesondere wenn die zu erbringende Dienst- oder Werkleistung in die betriebliche Wertschöpfungskette integriert ist und die Fremdfirmenarbeitnehmer hierfür mit betriebsangehörigen Arbeitnehmern zusammenarbeiten müssen (sog. On-Site-Werkverträge; hierzu insbesondere *Hamann* NZA 2014 Beil. Nr. 1, S. 3 ff.; *Henssler* RdA 2017, 83 ff.; *Rieble* ZfA 2013, 137 ff.). Rechtlich sind die Unterschiede allerdings klar zu benennen (grdl. *BAG* 08.11.1978 EzA § 10 AÜG Nr. 1 unter II 1 c; zuletzt *BAG* 20.09.2016 EzA § 10 AÜG Nr. 34 Rn. 30). Im Falle der Arbeitnehmerüberlassung ist der Entleiher aufgrund des mit dem Verleiher geschlossenen Überlassungsvertrages befugt, einen Teil der Arbeitgeberrechte des Verleihers, die diesem aufgrund des Arbeitsvertrages mit dem Leiharbeitnehmer gegenüber zustehen, im eigenen Namen auszuüben, wobei insoweit vor allem das arbeitgeberseitige Weisungsrecht (Direktionsrecht) in Bezug auf die Arbeitsleistung (§ 106 GewO) von Bedeutung ist (zu dem Dreiecksverhältnis zwischen Verleiher, Entleiher und Leiharbeitnehmer und dessen rechtlicher Einordnung vgl. *Raab* ZfA 2003, 389 [392 f.]). Dies bedeutet, dass der Entleiher mit seinen gegenüber den Leiharbeitnehmern erteilten Weisungen unmittelbar die Arbeitspflicht des Leiharbeitnehmers aus dem Arbeitsvertrag konkretisiert. Das *BAG* hat hierfür unter Bezugnahme auf die Rechtsprechung zum Einstellungsbegriff in § 99 die Formulierung geprägt, dass eine für die Arbeitnehmerüberlassung charakteristische Eingliederung nur vorliege, wenn der Betriebsinhaber im Hinblick auf die im Betrieb tätigen Arbeitnehmer die »Personalhoheit« habe (*BAG* 13.05.1992 EzA § 10 AÜG Nr. 4 unter II 1 mit Hinweis auf *BAG* 05.03.1991 EzA § 99 BetrVG 1972 Nr. 99 = AP Nr. 90 zu § 99 BetrVG 1972 unter B II 5; zu dieser Parallele auch *Rieble* ZfA 2013, 137 [147 f.] sowie § 99 Rdn. 44). Werden dagegen Arbeitnehmer als Fremdfirmenarbeitnehmer auf der Basis von Werk- und Dienstverträgen tätig, die der Betriebsinhaber mit ihrem Arbeitgeber geschlossen hat, so handeln sie lediglich als Erfüllungsgehilfen des jeweiligen Dienstpflichtigen oder Werkunternehmers. Wenn und soweit der Betriebsinhaber ihnen gegenüber Weisungen erteilt, so finden diese ihre Grundlage nicht etwa in dem Arbeitsverhältnis der Fremdfirmenarbeitnehmer, sondern in dem Werk- oder Dienstvertrag zwischen dem Betriebsinhaber und dem Auftragnehmer, der die Arbeitnehmer beschäf-

tigt (etwa in § 645 Abs. 1 BGB; *BAG* 18.01.2012 EzA § 1 AÜG Nr. 14 Rn. 27; 20.09.2016 EzA § 10 AÜG Nr. 34 Rn. 30). Die Weisungen konkretisieren also nicht die Arbeitspflicht der Fremdfirmenarbeitnehmer, sondern die Dienst- oder Werkleistungspflicht ihres Arbeitgebers. Zwar kann dies Rückwirkungen auf die Leistungspflicht der Fremdfirmenarbeitnehmer im Verhältnis zu ihrem Arbeitgeber haben, weil sie ihm gegenüber verpflichtet sind, für die Erfüllung des bestehenden Dienst- oder Werkvertrages zu sorgen. Es handelt sich aber lediglich um eine mittelbare Gestaltung der Arbeitspflicht, die sich über den Umweg des Dienst- und Werkvertrages, also gleichsam »über das Dreieck«, vollzieht.

Die Intensität dieser »mittelbaren« Gestaltung der Arbeitspflicht hängt nicht zuletzt davon ab, wie **detailliert die inhaltlichen, zeitlichen und räumlichen Vorgaben** für den Auftragnehmer sind, die sich aus oder aufgrund des Dienst- oder Werkvertrages ergeben. So finden sich in der Praxis Gestaltungen, in denen der Leistungsgegenstand bis hinein in einzelne Arbeitsschritte umschrieben oder dem Auftraggeber in dem Dienst- oder Werkvertrag die Möglichkeit eingeräumt wird, den Arbeitseinsatz über genaue Ausführungsanweisungen im Hinblick auf Inhalt, Zeit und Ort zu steuern (Beispiele hierzu bei *Hamann* NZA 2014 Beil. Nr. 1, S. 3 [6 ff.]). In solchen Fällen taucht die Frage auf, ob von einer eigenen Steuerung und Verantwortlichkeit des Auftragnehmers für den Arbeitseinsatz noch gesprochen werden kann (vgl. *Fitting* § 5 Rn. 281; *Hamann* NZA 2014 Beil. Nr. 1, S. 3 [8]). Diese wird allgemein als Kennzeichen einer externen Werk- oder Dienstleistung angesehen (s. nur *BAG* 18.01.2012 EzA § 1 AÜG Nr. 14 = AP Nr. 10 zu § 9 AÜG Rn. 27; *Franzen* RdA 2015, 141). Allein eine solche, über den Vertrag mit dem Dienstleister vermittelte Steuerungsmöglichkeit **schließt aber das Vorliegen einer werk- oder dienstvertraglichen Gestaltung nicht aus** (zutr. *BAG* 13.05.1992 EzA § 10 AÜG Nr. 4 unter II 1; 18.01.2012 EzA § 1 AÜG Nr. 14 = AP Nr. 10 zu § 9 AÜG Rn. 33; *Maschmann* NZA 2013, 1305 [1308 f.]; *Rieble* ZfA 2013, 137 [150 ff.]). Es bleibt nämlich auch in diesem Fall dabei, dass der Betriebsinhaber im Unterschied zum Einsatz von Leiharbeitnehmern mit seinen Weisungen rechtlich lediglich den Inhalt der Leistungspflicht seines Vertragspartners, also des externen Dienstleisters, bestimmen kann. Der Dienstleister ist somit zumindest insoweit verantwortlich, als er darüber entscheidet, welche Einflussmöglichkeiten er seinem Auftraggeber im Vertrag einräumt (*Maschmann* NZA 2013, 1305 [1308]). Faktisch können sich solche Weisungen zudem nur dann auf die Arbeitspflicht des Arbeitnehmers auswirken, wenn Dienstleistungsvertrag und Arbeitsvertrag so aufeinander abgestimmt sind, dass sich die jeweiligen Leistungspflichten decken. Auch dies kann allein der externe Dienstleister (entweder durch Ausübung seines arbeitsvertraglichen Weisungsrechts oder durch eine entsprechende Gestaltung des Arbeitsvertrags) gewährleisten. Beim Einsatz eigener Arbeitnehmer oder im Falle der Arbeitnehmerüberlassung kann der Betriebsinhaber hingegen selbst von dem arbeitsvertraglichen Weisungsrecht Gebrauch machen. Der Unterschied zeigt sich etwa, wenn die Arbeitsschritte im Dienst- oder Werkvertrag detailliert vorgegeben sind, der Auftraggeber diese aber nunmehr (nach Inhalt, Ort oder Zeit) verändern möchte (zutr. *Maschmann* NZA 2013, 1305 [1308]). Im Falle der Arbeitnehmerüberlassung könnte er die entsprechenden Arbeitsanordnungen nach § 106 GewO selbst verbindlich gegenüber den Arbeitnehmern vornehmen, sofern sie sich im Rahmen der im Leiharbeitsvertrag vereinbarten Leistungspflicht bewegen. Im Falle des Fremdfirmeneinsatzes hingegen müsste er zunächst den Vertrag mit dem Dienstleister ändern, da er im Wege des Weisungsrechts nach § 645 Abs. 1 BGB die mit diesem vereinbarte Leistung nur konkretisieren, aber nicht verändern kann. Die Frage, ob dem Arbeitnehmer aufgrund seines Arbeitsvertrags eine solche Leistung zugewiesen werden könnte, ist dagegen ohne Belang. Hieraus folgt andererseits, dass die Grenze zur Arbeitnehmerüberlassung überschritten wird, wenn der Auftraggeber auf das Personal des Auftragnehmers auch außerhalb der in dem Dienst- oder Werkvertrag definierten Leistungsumfangs zugreifen kann (*Maschmann* NZA 2013, 1305 [1310]). Gleiches gilt, wenn der Auftraggeber in dem Dienst- oder Werkvertrag mit dem Dienstleister nicht nur die zu erbringenden Leistungen detailliert festlegt, sondern sich auch das Recht einräumen lässt, die Leistung zu einem von ihm gewählten Zeitpunkt abzurufen und das hierfür einzusetzende Personal zu bestimmen (*Henssler* RdA 2017, 83 [91]; *Maschmann* NZA 2013, 1305 [1310]; s. hierzu den Fall *LAG Baden-Württemberg* 01.08.2013 LAGE § 10 AÜG Nr. 11)). In diesem Falle räumt der »Auftragnehmer« dem »Auftraggeber« in der Sache das Recht ein, über seine Arbeitnehmer wie über eigene zu disponieren, mithin die Personalhoheit.

Wegen der äußeren Ähnlichkeit der Abläufe ergibt sich in der Praxis das Problem, den echten Fremdfirmeneinsatz von Fällen zu unterscheiden, in denen nur zum Schein Werk- oder Dienstverträge abgeschlossen werden, in Wahrheit aber Arbeitnehmerüberlassung vorliegt. Dies geschieht mitunter, um die Erlaubnispflicht des § 1 Abs. 1 Satz 1 AÜG oder auch manche anderen Restriktionen der gesetzlichen Regelung der Leiharbeit (z. B. zeitliche Begrenzung der Überlassungsdauer, Gebot des equal pay und equal treatment) zu umgehen. Letztlich geht es dabei um eine besondere Erscheinungsform des **Scheingeschäfts** (»Scheinwerkverträge«, »Scheindienstverträge«), das namentlich in der Form eines sog. (unechten) Subunternehmerverhältnisses vorkommt (Erfahrungsbericht der Bundesregierung, BT-Drucks. 8/4479, S. 12 f.; 11/2639, S. 30; 12/3180, S. 30). Denkbar ist aber auch, dass die Parteien irrtümlich von einem Werk- oder Dienstvertrag ausgehen. Dabei bestimmt sich die rechtliche Einordnung eines Vertrages als Arbeitnehmerüberlassungsvertrag oder als Werk- oder Dienstvertrag – wie stets – nach dessen Geschäftsinhalt. Dieser kann sich sowohl aus den ausdrücklichen (schriftlichen) Vereinbarungen als auch aus der praktischen Durchführung des Vertrages ergeben; widersprechen sich beide, so ist die letztere maßgebend, sofern die Vertragsparteien sie zumindest geduldet haben (*BAG* 30.01.1991 EzA § 10 AÜG Nr. 3; 09.11.1994 EzA § 10 AÜG Nr. 8; 20.09.2016 EzA § 10 AÜG Nr. 34 Rn. 31). Dies wird nunmehr durch § 12 Abs. 1 Satz 2 AÜG bestätigt (vgl. auch *Henssler* RdA 2017, 83 [88]; *Lembke* NZA 2017, 1 [2], die mit Recht die systematisch missglückte Umsetzung kritisieren). Rechtsprechung und Literatur haben sich darüber hinaus bemüht, zur Identifizierung von echten Werk- und Dienstverträgen Grundsätze und Kriterienkataloge zu entwickeln (vgl. *Franzen* RdA 2015, 141 f.; *Greiner* NZA 2013, 697 [699 ff.]; *Schüren/Hamann* AÜG, § 1 Rn. 113 ff., 197 ff.; *Ulrici*/NK-GA § 1 AÜG Rn. 29 ff.; vgl. auch *Hamann* Erkennungsmerkmale der illegalen Arbeitnehmerüberlassung in Form von Scheindienst- und Scheinwerkverträgen, S. 71 ff.). Mit dem **AÜG-Änderungsgesetz** vom 21.02.2017 (BGBl. I, S. 258) hat der Gesetzgeber versucht, solchen Umgehungsversuchen noch auf andere Weise zu begegnen. Nach § 1 Abs. 1 Satz 5 und 6 AÜG haben Verleiher und Entleiher der Arbeitnehmerüberlassung ausdrücklich als solche zu bezeichnen. Geschieht dies nicht, wird also der Vertrag in Widerspruch zum tatsächlichen Geschäftsinhalt als Dienst- oder Werkvertrag bezeichnet, so ist der Arbeitsvertrag zwischen Verleiher und Leiharbeitnehmer grds. unwirksam (§ 9 Abs. 1 Nr. 1a AÜG). Zugleich kommt ein Arbeitsverhältnis zwischen dem Leiharbeitnehmer und dem Entleiher zustande (§ 10 Abs. 1 AÜG; hierzu auch Rdn. 129 ff.).

b) Erscheinungsformen der Arbeitnehmerüberlassung

77 **Bis 2011 unterschied das AÜG** zwischen (erlaubnispflichtiger) **gewerbsmäßiger** und (nicht erlaubnispflichtiger) **nichtgewerbsmäßiger Arbeitnehmerüberlassung** (vgl. § 1 Abs. 1 AÜG a. F.). Nach der durch das *BAG* geprägten Begriffsbestimmung lag eine gewerbsmäßige Arbeitnehmerüberlassung vor, wenn der Arbeitgeber die Arbeitnehmerüberlassung im Rahmen einer selbständigen Tätigkeit nicht nur gelegentlich, sondern auf gewisse Dauer angelegt betreibt und damit unmittelbar oder mittelbar wirtschaftliche Vorteile erzielen will (*BAG* 18.01.1989 EzA § 14 AÜG Nr. 1 unter B III 2b bb; 20.04.2005 EzA § 14 AÜG Nr. 5 zu B II 2c aa; zuletzt etwa *BAG* 18.07.2012 EzA § 1 AÜG Nr. 15 Rn. 18). Das Erfordernis der Dauerhaftigkeit sollte dabei dazu dienen, Bagatellfälle auszuklammern und die gewerbsmäßige Arbeitnehmerüberlassung gegenüber dem nur gelegentlichen Verleih von Arbeitnehmern abzugrenzen (*BAG* 18.07.2012 EzA § 1 AÜG Nr. 15 Rn. 20). Entscheidendes Kriterium für die Gewerbsmäßigkeit war nach Ansicht des Gerichts die Gewinnerzielungsabsicht (*BAG* 22.03.2000 EzA § 14 AÜG Nr. 4 S. 9 [insoweit krit. *Hamann* S. 12]; 09.02.2011 EzA § 10 AÜG Nr. 14 Rn. 36). Hieran fehle es regelmäßig bei Unternehmen, die mit der Überlassung von Arbeitnehmern gemeinnützige, karitative oder ideelle Zwecke verfolgten (*BAG* 02.06.2010 EzA § 10 AÜG Nr. 13 Rn. 28; 09.02.2011 EzA § 10 AÜG Nr. 14 Rn. 37). Hinsichtlich der Arbeitnehmerüberlassung im Konzern hatte sich die Beurteilung in der Rspr. des *BAG* gewandelt. Hatte das Gericht zunächst angenommen, dass es bei der Überlassung zwischen Konzerngesellschaften, insbesondere durch konzerninterne Personalführungsgesellschaften, regelmäßig an einer Gewinnerzielungsabsicht fehle (*BAG* 20.04.2005 EzA § 14 AÜG Nr. 5 zu B II 2c aa m. w. N.), so änderte das Gericht später diese Ansicht und stellte sich auf den Standpunkt, dass eine Gewinnerzielungsabsicht schon dann anzunehmen sei, wenn die Überlassung wirtschaftliche Vorteile in einer der Konzerngesellschaften zur Folge habe. Auch wenn die Überlassung nicht auf Gewinne bei der Personalführungsgesellschaft abziele, könne dennoch eine gewerbsmäßige Überlassung vorliegen, wenn wirtschaftliche Vorteile bei anderen Konzernunternehmen (etwa in Gestalt von Kosteneinsparungen im Vergleich zur Beschäftigung eigenen Personals) einträten (*BAG* 09.02.2011 EzA § 10 AÜG Nr. 14 Rn. 37).

Durch Art. 1 Nr. 2a aa des Ersten Gesetzes zur Änderung des Arbeitnehmerüberlassungsgesetzes vom 28.04.2011 (BGBl. I, S. 642) wurde der Begriff »gewerbsmäßig« in § 1 Abs. 1 AÜG durch die Formulierung »**im Rahmen ihrer wirtschaftlichen Tätigkeit**« ersetzt. Die Änderung dient der Angleichung des Anwendungsbereiches an denjenigen der Leiharbeitsrichtlinie (RL 2008/104/EG vom 19.11.2008; vgl. RegE BT-Drucks. 17/4804, S. 8). In deren Art. 1 Abs. 2 heißt es, dass die Richtlinie für alle privaten und öffentlichen Unternehmen gilt, »die eine wirtschaftliche Tätigkeit ausüben, unabhängig davon, ob sie Erwerbszwecke verfolgen oder nicht«. Unter einer wirtschaftlichen Tätigkeit wird im Unionsrecht eine Tätigkeit verstanden, die darin besteht, Güter oder Dienstleistungen auf einem bestimmten Markt anzubieten (*EuGH* 10.01.2006 Slg. 2006-I, 289 Rn. 108 – Cassa di Risparmio di Firenze). Maßgeblich ist also, dass das Unternehmen als Wirtschaftssubjekt am Markt in Erscheinung tritt; auf eine Gewinnerzielungsabsicht kommt es dagegen nicht an. Da die Richtlinie keine eigene (abweichende) Begriffsbestimmung enthält, bietet es sich an, für die Auslegung der Richtlinie und damit auch für die Auslegung des nationalen Umsetzungsgesetzes auf diese Definition zurückzugreifen (so auch die ganz h. M. in der Literatur; vgl. etwa *Beck*/AR § 1 AÜG Rn. 33; *Boemke* in: *Boemke/Lembke* AÜG, § 1 Rn. 47; *Kalb*/HWK § 1 AÜG Rn. 32; *Rieble/Vielmeier* EuZA 2011, 474 [477 f.]; *Thüsing/Thieken* DB 2012, 347 [349 f.]; *Ulber* AÜG, § 1 Rn. 202 ff.; *Wank*/ErfK § 1 AÜG Rn. 31). Sofern die Voraussetzungen einer wirtschaftlichen Tätigkeit vorliegen, sind damit nunmehr im Unterschied zur früheren Rechtslage auch **Unternehmen** erfasst, die überwiegend oder ausschließlich **gemeinnützige, karitative, wissenschaftliche, künstlerische oder sonstige ideelle Zwecke** verfolgen (*BAG* 23.07.2014 EzA § 2 AÜG Nr. 1 = AP Nr. 13 zu § 17 TzBfG Rn. 28; *Beck*/AR § 1 AÜG Rn. 36; *Kalb*/HWK § 1 AÜG Rn. 32; *Lembke* DB 2011, 414; *Sansone* Gleichstellung, S. 473; *Ulber* AÜG, § 1 Rn. 205; *Wank*/ErfK § 1 AÜG Rn. 31; **a. M.** *Hamann* NZA 2011, 70 [71], allerdings ohne nähere Begründung). Nach wie vor Voraussetzung ist, dass es sich um eine **selbständige Tätigkeit** handelt (*Beck*/AR § 1 AÜG Rn. 33; *Kalb*/HWK § 1 AÜG Rn. 33; *Ulber*, § 1 Rn. 200; *Wank*/ErfK § 1 AÜG Rn. 32). **Nicht erforderlich** ist dagegen, dass die Überlassung von Arbeitnehmern **der ausschließliche oder wesentliche Inhalt der wirtschaftlichen Tätigkeit** des Verleihers ist. Ansonsten hätten die Ausnahmebestimmungen für die Fälle der »Nachbarschaftshilfe« und der gelegentlichen Überlassung (§ 1 Abs. 3 Nr. 1 und 2a AÜG) keinen Sinn. Es muss daher genügen, dass die Überlassung mit der von dem Verleiher verfolgten wirtschaftlichen Tätigkeit in einem sachlichen Zusammenhang steht. Zweifelhaft erscheint zudem, ob an dem früher für die gewerbsmäßige Arbeitnehmerüberlassung geforderten Merkmal der **Dauerhaftigkeit** festgehalten werden kann (bejahend *Kalb*/HWK § 1 AÜG Rn. 34; verneinend *Beck*/AR § 1 AÜG Rn. 33; zweifelnd auch *Wank*/ErfK § 1 AÜG Rn. 33).

Dadurch, dass es nicht mehr auf die Gewerbsmäßigkeit der Überlassung, sondern auf die wirtschaftliche Tätigkeit in § 1 Abs. 1 AÜG ankommt, war die Frage aufgeworfen worden, ob und inwieweit die **Zuweisung oder Personalgestellung im öffentlichen Dienst** den Regelungen des AÜG unterfällt (vgl. hierzu Vorauf. Rn. 55). Die Frage ist nunmehr vom Gesetzgeber dahin entschieden worden, dass solche Personalgestellungen, die aufgrund von Tarifverträgen des öffentlichen Dienstes erfolgen, durch § 1 Abs. 3 Nr. 2b und 2c AÜG weitgehend vom Anwendungsbereich des Gesetzes ausgenommen sind. Die Regelung geht auf eine Initiative des Bundesrates zurück (BR-Drucks. 745/13) und sollte ausweislich der Gesetzesbegründung die entstandene Rechtsunsicherheit beseitigen (RegE BT-Drucks. 18/9232, S. 22). Hintergrund dürfte vor allem die Tatsache sein, dass solche Personalgestellungen vielfach über längere Zeit oder auf Dauer erfolgen und der Gesetzgeber mit der Novelle die Überlassungsdauer bei der Leiharbeit (wieder) ausdrücklich auf maximal 18 Monate beschränkt hat (§ 1 Abs. 1b Satz 1 AÜG). Mit der Herausnahme aus dem Anwendungsbereich soll gewährleistet werden, dass im Bereich des öffentlichen Dienstes diese Form der dauerhaften Personalgestellung weiterhin zulässig bleibt. In der Literatur besteht weitgehend Einigkeit, dass die Regelung mit den Vorgaben der Leiharbeitsrichtlinie unvereinbar ist (*Bauer* DB 2014, 60 [61]; *Lembke* NZA 2017, 1 [12]; *Wank* RdA 2017, 100 [103]). Die Frage spielt allerdings für die betriebsverfassungsrechtliche Stellung der Arbeitnehmer im Einsatzbetrieb keine Rolle, weil die **betriebsverfassungsrechtlichen Zuordnung** für die Arbeitnehmer des öffentlichen Dienstes **durch § 5 Abs. 1 Satz 3 spezialgesetzlich geregelt** ist (s. § 5 Rdn. 74 ff.). Aus diesem Grunde finden insoweit die entsprechenden Vorschriften des AÜG, insbesondere § 14 Abs. 1 und 2 AÜG, ohnehin keine Anwendung.

80 Mit der h. M. ist davon auszugehen, dass die **konzerninterne Arbeitnehmerüberlassung die Voraussetzungen einer wirtschaftlichen Tätigkeit i. S. d. § 1 Abs. 1 Satz 1 AÜG erfüllt** (*Beck*/AR § 1 AÜG Rn. 34; *Boemke* in: *Boemke/Lembke* AÜG, § 1 Rn. 50; *Hamann* NZA 2011, 70 [71]; *Kalb/HWK* § 1 AÜG Rn. 32; *Lembke* DB 2011, 414; *ders.* BB 2012, 2497 [2499]; *Wank*/ErfK § 1 AÜG Rn. 31; i. Erg. auch *Thüsing/Thieken* DB 2012, 347 [350]). Sie ist daher grds. vom Anwendungsbereich des AÜG erfasst. Hiergegen wird zwar eingewandt, dass der Konzernverleiher nicht nach außen am Markt in Erscheinung trete und daher nicht in Wettbewerb zu anderen Verleihern trete (*Rieble/Vielmeier* EuZA 2011, 474 [480 f.]; ebenso im Hinblick auf die Interpretation der Richtlinie *Thüsing/Thieken* DB 2012, 347 [349]). Dem lässt sich freilich zum einen entgegenhalten, dass das verleihende Konzernunternehmen, auch wenn es sich nicht an eine unbestimmt Vielzahl von Marktteilnehmern wendet, doch im Verhältnis zu den anderen Konzernunternehmen eine Leistung erbringt, die am Markt auch von nicht dem Konzern angehörenden Unternehmen angeboten wird (ähnlich *Ulber* AÜG, § 1 Rn. 204; hiergegen aber *Thüsing/Thieken* DB 2012, 347 [349]). Ohne die konzerninterne Personalgestellung müssten also die entleihenden Konzernunternehmen die Leistungen anderer am Markt operierender Anbieter in Anspruch nehmen, wenn sie kein eigenes Personal beschäftigen wollen. Insofern besteht durchaus eine markttypische Konkurrenzsituation. Zudem ergibt sich aus der Gesetzesbegründung, dass der Gesetzgeber die konzerninternen Personalführungsgesellschaften, die Leiharbeitnehmer anderen Konzernunternehmen überlassen, explizit erfassen wollte (RegE BT-Drucks. 17/4804, S. 8). Auch wäre die Regelung des § 1 Abs. 3 Nr. 2 AÜG weitgehend sinnlos, wenn die konzerninterne Überlassung nicht unter die wirtschaftliche Tätigkeit des § 1 Abs. 1 Satz 1 AÜG fallen würde. Schließlich ist zu berücksichtigen, dass das BAG kurz vor Inkrafttreten der Neuregelung die konzerninterne Überlassung sogar als gewerbsmäßig eingestuft hat (s. Rdn. 77). Sie nunmehr nicht als wirtschaftliche Tätigkeit i. S. d. Neufassung anzusehen, würde folglich eine Einschränkung des Anwendungsbereiches bedeuten, der kaum intendiert gewesen sein dürfte, zumindest aber einen eindeutigen Ausdruck im Gesetz selbst hätte finden müssen.

81 § 1 Abs. 3 AÜG sieht vor, dass – mit Ausnahme der ausdrücklich genannten Vorschriften – das AÜG auf bestimmte Fälle der Arbeitnehmerüberlassung keine Anwendung findet. Man spricht insoweit auch von **privilegierter Arbeitnehmerüberlassung**. Außer der bereits angesprochenen Personalgestellung im öffentlichen Dienst (s. Rdn. 79) sowie der konzerninternen Arbeitnehmerüberlassung (hierzu Rdn. 82) betrifft dies vor allem die »Kollegenhilfe«, bei der ein Arbeitgeber einem anderen Arbeitgeber desselben Wirtschaftszweigs zur Vermeidung von Kurzarbeit oder Entlassungen eigene Arbeitnehmer überlässt (§ 1 Abs. 3 Nr. 1 AÜG; vgl. auch § 1a Abs. 1 AÜG, wo für ähnliche Fälle lediglich auf das Vorliegen der Erlaubnis verzichtet wird), sowie die gelegentliche Überlassung von Arbeitnehmern, die nicht eigens zu diesem Zweck eingestellt und beschäftigt werden (§ 1 Abs. 3 Nr. 2a AÜG). In der Literatur besteht weitgehende Einigkeit darüber, dass diese Ausnahmen gegen die Vorgaben der RL 2008/104/EG verstoßen und damit unionsrechtswidrig sind, da keiner der Katalogtatbestände von der Ausnahmebestimmung des Art. 1 Abs. 3 RL 2008/104/EG gedeckt ist (*Lembke* in: *Boemke/Lembke* AÜG, § 1 Rn. 195 ff. m. w. N.; abw. *Ulrici*/NK-GA § 1 AÜG Rn. 72 ff.).

82 Auch die **konzerninterne Arbeitnehmerüberlassung** fällt nach § 1 Abs. 3 Nr. 2 AÜG nicht in den Anwendungsbereich des Gesetzes, wenn die überlassenen Arbeitnehmer nicht zum Zweck der Überlassung eingestellt und beschäftigt werden. In diesem Fall finden ausschließlich die dort genannten Vorschriften (§ 1b Satz 1, § 16 Abs. 1 Nr. 1f und Abs. 2 bis 5 sowie §§ 17 und 18 AÜG) Anwendung. Der Ausnahmetatbestand ist zumindest bei **Personalführungsgesellschaften** typischerweise nicht erfüllt, da diese gerade Arbeitsverträge mit Arbeitnehmern schließen, um damit Personal für die Konzerngesellschaften zu rekrutieren und diesen zur Arbeitsleistung zu überlassen (*Beck*/AR § 1 AÜG Rn. 61; *Kalb/HWK* § 1 AÜG Rn. 53; vgl. auch RegE BT-Drucks. 17/4804, S. 8). Mit der zweiten Variante (zum Zweck der Überlassung beschäftigt) sollte klargestellt werden, dass es für die Anwendung des Konzernprivilegs nicht allein auf den Zeitpunkt der Einstellung, also des Abschlusses des Arbeitsvertrages, ankommt. Die Ausnahmebestimmung greift also auch dann nicht ein, wenn ein Arbeitnehmer zwar zunächst nicht zum Zwecke der Überlassung eingestellt wird, der Inhalt des Arbeitsverhältnisses jedoch später dahingehend modifiziert wird, dass der Arbeitnehmer nicht mehr bei seinem Vertragspartner, sondern bei anderen Konzernunternehmen beschäftigt werden soll (RegE BT-Drucks. 17/4804, S. 8). Richtigerweise hätte es im Gesetzestext dann allerdings »eingestellt oder beschäftigt« heißen müssen (zutr. *Lembke* BB 2012, 2497 [2499]). Umstritten ist, ob es für das Konzernprivileg ge-

nügt, wenn der Arbeitnehmer nicht ausschließlich bei anderen Konzernunternehmen, sondern auch mit einem gewissen Anteil der Arbeitszeit in dem Betrieb des Arbeitgebers beschäftigt wird (bejahend *Beck*/AR § 1 AÜG Rn. 61; *Hamann* RdA 2011, 321 [333]; *Lembke* DB 2011, 414 [415 f.]; *ders.* BB 2012, 2497 [2499]; **a. M.** *Ulber* AÜG, § 1 Rn. 474). Im Übrigen besteht in der Literatur weitgehend Einigkeit darüber, dass das Konzernprivileg des § 1 Abs. 3 Nr. 2 AÜG insgesamt hätte gestrichen werden müssen, weil es **mit den Vorgaben der Leiharbeitsrichtlinie unvereinbar** ist, soweit sie dazu führt, dass die von der Richtlinie vorgeschriebenen Regelungen zum Schutz der Leiharbeitnehmer (insbesondere zur Gleichbehandlung und zum gleichberechtigten Zugang der Leiharbeitnehmer zu den betrieblichen Einrichtungen) keine Anwendung finden (*Beck*/AR § 1 AÜG Rn. 59; *Hamann* RdA 2011, 321 [332 f.]; *Lembke* DB 2011, 414 [416]; *Wank*/ErfK § 1 AÜG Rn. 57 m. w. N.). Zu **konzernbezogenen Matrixstrukturen** s. Rdn. 54 f.

Von **Bedeutung** ist die Frage, ob die Arbeitnehmerüberlassung in den Anwendungsbereich des AÜG 83 fällt, insbesondere im Rahmen einer wirtschaftlichen Tätigkeit stattfindet – ebenso wie die frühere Abgrenzung zwischen gewerbsmäßiger und nichtgewerbsmäßiger Arbeitnehmerüberlassung –, in erster Linie für die Frage der Erlaubnispflicht. Nur derjenige, der mit der Überlassung als Anbieter am Markt auftritt, bedarf einer behördlichen Erlaubnis nach § 2 AÜG. Damit finden zumindest sämtliche Vorschriften des Gesetzes, die an die Erlaubnispflicht anknüpfen, nur auf solche Überlassungen Anwendung. Soweit die Vorschriften des AÜG nicht unmittelbar mit der Überlassungserlaubnis verkoppelt sind, gelten sie zunächst ebenfalls für die Fälle der erlaubnispflichtigen Überlassung im Rahmen einer wirtschaftlichen Tätigkeit (früher: gewerbsmäßige Arbeitnehmerüberlassung). Je nach Sinn und Zweck der Regelung kommt aber darüber hinaus auch eine Anwendung auf die Fälle der erlaubnisfreien Arbeitnehmerüberlassung in Betracht. Dies gilt vor allem für die in § 14 AÜG enthaltenen Bestimmungen zum Wahlrecht und zur Betriebszugehörigkeit der Leiharbeitnehmer (s. Rdn. 123 ff.).

c) Betriebsverfassungsrechtliche Stellung der Leiharbeitnehmer
aa) Erlaubnispflichtige Arbeitnehmerüberlassung
(1) Betriebszugehörigkeit

Für die (nach § 1 Abs. 1 Satz 1 AÜG) erlaubnispflichtige und erlaubte Arbeitnehmerüberlassung im 84 Rahmen einer wirtschaftlichen Tätigkeit (früher: gewerbsmäßige Arbeitnehmerüberlassung oder »unechte Leiharbeit«) ist die betriebsverfassungsrechtliche Betriebszugehörigkeit **im Hinblick auf den Verleiherbetrieb durch § 14 AÜG** (geschaffen durch das Gesetz zur Bekämpfung der illegalen Beschäftigung vom 15.12.1981 [BGBl. I, S. 1390]) **gesetzlich abschließend** geregelt. Danach ist der Leiharbeitnehmer auch während der Zeit der Arbeitsleistung beim Entleiher Betriebsangehöriger des entsendenden Betriebes des Verleihers, der die Erlaubnis der – nach § 17 Abs. 1 AÜG zuständigen – Bundesagentur für Arbeit hat (§ 14 Abs. 1 AÜG); er ist dort Außendienst-Arbeitnehmer (s. Rdn. 47). Aus dieser uneingeschränkten Zuordnung zum Verleiherbetrieb folgt, dass er dort beim Vorliegen der übrigen Voraussetzungen nach § 7 Satz 1, § 8 auch **wahlberechtigt und wählbar** ist.

Umstritten ist vor allem die **Stellung der Leiharbeitnehmer im Entleiherbetrieb**. Hier stehen 85 sich im Wesentlichen **zwei Ansichten** gegenüber. Die traditionelle Ansicht hält daran fest, dass eine Betriebszugehörigkeit für die Leiharbeitnehmer nur im Verleiherbetrieb bestehe. Im Entleiherbetrieb seien sie dagegen den betriebsangehörigen Arbeitnehmern nur partiell gleichgestellt, woraus sich aber keine volle Betriebszugehörigkeit ableiten lasse (*BAG* 18.01.1989 EzA § 9 BetrVG 1972 Nr. 4 = AP Nr. 1 zu § 9 BetrVG 1972 unter B II 1 b; 22.03.2000 EzA § 14 AÜG Nr. 4 = AP Nr. 8 zu § 14 AÜG unter B II 2 a aa; 16.04.2003 EzA § 9 BetrVG 2001 Nr. 1 S. 5 [abl. *Hamann*] = AP Nr. 7 zu § 9 BetrVG 1972 [zust. *Maschmann*] = RdA 2004, 181 [abl. *Schüren*] = SAE 2004, 165 [zust. *Kreutz*] mit umfangreichen Literaturnachweisen unter II 2a bb der Gründe; 22.10.2003 EzA § 38 BetrVG 2001 Nr. 2; 17.02.2010 AP Nr. 14 zu § 8 BetrVG 1972 = EzA § 8 BetrVG 2001 Nr. 2; *F. Becker* AuR 1982, 369 [371]; *Becker/Wulfgramm* AÜG, § 14 Rn. 19, 32; *Brose* NZA 2005, 797 [798]; *Dewender* RdA 2003, 274; *Erdlenbruch* Die betriebsverfassungsrechtliche Stellung gewerbsmäßig überlassener Arbeitnehmer, S. 64 f.; *Koch*/ErfK § 7 BetrVG Rn. 6; *Kraft* FS Konzen, S. 439 [443]; *Kreutz* FS Wißmann, S. 364 [372 ff.]; *Marschall*/MünchArbR, 2. Aufl., § 175 Rn. 88; *Raab* ZfA 2003, 389 [430 ff.]; *Reineke/Beck*/AR § 14 AÜG Rn. 10; *Rose/HWGNRH* § 5 Rn. 72; *Schirmer* 50 Jahre Bundesarbeitsgericht, S. 1063 [1078]; *Stege/Weinspach/Schiefer* § 7 Rn. 5, 5a; *Ulber/zu Dohna-Jaeger* AÜG, § 14 Rn. 11; *Wank/*ErfK § 14 AÜG Rn. 5 ff.; *Wiebauer/LK* § 7 Rn. 24; *Wolf* JArbR Bd. 40 (2003), S. 99 [108]). Die Gegenansicht geht dagegen von einer vollen Betriebszugehörigkeit nicht nur zum Verleiherbetrieb, sondern auch zum Entleiherbetrieb aus, nimmt also eine **doppelte Betriebszugehörigkeit** an (*Blanke* DB 2008, 1153 [1157]; *Boemke* in: *Boemke/Lembke* AÜG, § 14 Rn. 58 ff.; *Brors* NZA 2003, 1380; *Brors/*HaKo § 7 Rn. 5 ff.; *Christiansen* Betriebszugehörigkeit, S. 116 ff.; *Däubler* AuR 2004, 81; *Fitting* § 5 Rn. 264 ff., § 7 Rn. 37; *Hamann* Anm. AP Nr. 70 zu § 111 BetrVG 1972; *ders.* Anm. EzA § 9 BetrVG 2001, Nr. 6 S. 15 ff.; *Nielebock/Hayen* JArbR Bd. 40 (2003), S. 65, 84 f.; *Reichold/*HWK § 7 BetrVG Rn. 21; *Richardi* § 5 Rn. 97 f.; *Richardi/Thüsing* § 7 Rn. 6 ff., § 9 Rn. 7; *Schüren/Hamann* AÜG, § 14 Rn. 31 ff.; *Trümner/DKKW* § 5 Rn. 27, 90; *Ulrici/*NK-GA § 14 AÜG Rn. 10 ff.; *Wlotzke* 50 Jahre Bundesarbeitsgericht, S. 1149 [1157]; *Ziemann* AuR 1990, 58 [64]). Grundlage hierfür ist die Annahme, dass die Betriebszugehörigkeit allein durch die tatsächliche Eingliederung des Arbeitnehmers in die betriebliche Arbeitsorganisation begründet werde (s. Rdn. 20). Diese Voraussetzung sei aber in Bezug auf den Leiharbeitnehmer gegeben, weil er seine Arbeitsleistung nach den Weisungen des Entleihers in dessen Betrieb erbringe. Die **neuere Rspr.** hat zwar die Zwei-Komponenten-Lehre für die Fälle des drittbezogenen Personaleinsatzes aufgegeben, sich aber andererseits auch nicht eindeutig auf die Seite der Eingliederungstheorie geschlagen (s. Rdn. 21). Sie ist im Übrigen bei ihrer Linie geblieben, für einzelne Vorschriften danach zu fragen, ob und inwieweit sie nach Sinn und Zweck auf die Leiharbeitnehmer Anwendung finden (*BAG* 05.12.2012 EzA § 5 BetrVG 2001 Nr. 10 = AP Nr. 81 zu § 5 BetrVG 1972 Rn. 17 ff.; zuletzt *BAG* 18.01.2017 – 7 ABR 60/15 – juris, Rn. 23 ff.). Hieraus lässt sich nicht ableiten, dass das *BAG* nunmehr von einer vollen und damit doppelten Betriebszugehörigkeit ausgeht (anders offenbar *Hamann* Anm. AP Nr. 70 zu § 111 BetrVG 1972 Bl. 6; *Reichold/*HWK § 7 BetrVG Rn. 21). Vielmehr betont das *BAG* auch nach der Aufgabe der Zwei-Komponenten-Lehre für den Bereich des drittbezogenen Personaleinsatzes, dass Leiharbeitnehmer auch während der Zeit der Überlassung »Teil der Belegschaft des Verleiherbetriebs« bleiben und »nicht insgesamt als Arbeitnehmer des Entleiherbetriebs anzusehen« sind (*BAG* 24.08.2016 NZA 2017, 269 Rn. 19, 21). In den Ergebnissen unterscheiden sich beide Ansichten – vor allem seit der Einführung des § 14 Abs. 2 Satz 4 AÜG im Hinblick auf die Berücksichtigung der Leiharbeitnehmer bei den Schwellenwerten – nicht mehr fundamental. So hat etwa auch die eine Betriebszugehörigkeit ablehnende Ansicht stets angenommen, dass dem Betriebsrat Mitbestimmungsrechte im Hinblick auf die Leiharbeitnehmer zustehen können (s. § 5 Rdn. 120 ff.). Und diejenigen, die von einer vollen Betriebszugehörigkeit ausgehen, kommen schon angesichts der eindeutigen gesetzlichen Regelung – etwa in § 14 Abs. 2 Satz 1 AÜG für das passive Wahlrecht – nicht umhin zuzugestehen, dass den Leiharbeitnehmern im Entleiherbetrieb nicht dieselbe Rechtsstellung zukommt wie der »Stammbelegschaft«. Von Bedeutung sind die unterschiedlichen Ansätze daher vor allem für die **Argumentationslast.** Verneint man die Betriebszugehörigkeit, so kommen die Vorschriften des BetrVG nur zur Anwendung, wenn das Gesetz dies besonders anordnet oder die – ggf. analoge – Anwendung aus systematisch-teleologischen Gründen geboten ist. Geht man von der Betriebszugehörigkeit aus, so sind die Leiharbeitnehmer grds. Arbeitnehmer des Entleiherbetriebs, so dass die Vorschriften des BetrVG für sie gelten, sofern das Gesetz nichts Abweichendes bestimmt. Zusätzliche Einschränkungen wären methodisch wohl im Wesentlichen nur im Wege einer teleologischen Reduktion begründbar.

86 Der Annahme einer Betriebszugehörigkeit der Leiharbeitnehmer steht auch auf der Grundlage der Zwei-Komponenten-Lehre nicht entgegen, dass die Leiharbeitnehmer lediglich zum Verleiher in einer auf einem Arbeitsvertrag basierenden Rechtsbeziehung stehen. Ausreichend ist nämlich, dass **zum Entleiher ebenfalls ein Arbeitsverhältnis**, also ein Schuldverhältnis mit vergleichbaren Rechten und Pflichten besteht (s. Rdn. 26). Nicht überzeugend ist es aber, das Bestehen eines Arbeitsverhältnisses zum Entleiher damit zu begründen, dass der **Leiharbeitsvertrag als berechtigender (echter) Vertrag zugunsten Dritter** anzusehen sei (so *Hamann* Anm. AP Nr. 70 zu § 111 BetrVG 1972 Bl. 6; *Reichold* Anm. AP Nr. 15 zu § 9 BetrVG 1972; *ders.* FS v. Hoyningen-Huene, S. 413 [422]; *Schüren/Hamann* AÜG, § 14 Rn. 23; zur rechtlichen Einordnung als berechtigenden (echten) Vertrag zugunsten Dritter vgl. *Walker* AcP 1994, 295 [309 ff.]; diesem folgend *Schüren* AÜG, Einl. Rn. 168 f.; *Wank/*ErfK Einl. AÜG Rn. 33). Eine solche Gestaltung wäre zwar rechtlich möglich. Zumindest in den typischen Fällen handelt es sich bei dem Leiharbeitsvertrag aber um einen ermächtigenden (unechten) Vertrag zugunsten Dritter, der dem Entleiher lediglich das Recht verschafft, die Leistung des Arbeitnehmers mit befreiender Wirkung annehmen zu können (vgl. bereits *Raab* ZfA 2003, 389 [392]). Nach § 328 Abs. 2 BGB entscheidet der Wille von Versprechendem (Leiharbeitnehmer) und Versprechensempfänger (Verleiher) und der von diesen verfolgte Vertragszweck darüber, ob dem Dritten (Entleiher) ein eigenes Forderungsrecht zustehen soll (hierzu ausf. *Raab* Austauschverträge mit Drittbeteiligung, 1999, S. 55 ff.). Der Verleiher will sich mit dem Abschluss des Leiharbeitsvertrages regelmäßig nur die Möglichkeit verschaffen, den Arbeitnehmer nach Maßgabe der mit seinen Vertragspartnern abzuschließenden Überlassungsverträge (Dienstverschaffungsverträge) einsetzen zu können. Hierfür genügt es, wenn der Leiharbeitnehmer ihm gegenüber verpflichtet ist, entgegen § 613 Satz 2 BGB seine Arbeitsleistung bei dem vom Verleiher bestimmten Entleiher zu erbringen. Würde man von einem berechtigenden Vertrag zugunsten Dritter ausgehen, könnte der Entleiher hingegen unabhängig vom Inhalt der mit dem Verleiher getroffenen Überlassungsvereinbarung von dem Leiharbeitnehmer sämtliche Leistungen verlangen, zu denen dieser sich im Leiharbeitsvertrag gegenüber dem Verleiher verpflichtet hat. Dies entspricht typischerweise nicht den Interessen der Vertragsparteien des Leiharbeitsverhältnisses. Vielmehr soll der Leiharbeitnehmer dem Entleiher regelmäßig nur nach Maßgabe des Arbeitnehmerüberlassungsvertrages verpflichtet sein, selbst wenn der Umfang der danach zu erbringenden Leistungen hinter dem nach dem Leiharbeitsvertrag Geschuldeten zurückbleibt. Das subjektive Recht des Entleihers, den Arbeitnehmer nach eigenen Weisungen im Betrieb einsetzen zu können, beruht demnach nicht etwa auf dem Leiharbeitsvertrag, sondern auf der im Überlassungsvertrag durch den Verleiher erteilten Ermächtigung zur Ausübung der Arbeitgeberbefugnisse, insbesondere des Direktionsrechts (ebenso *Konzen* ZfA 1982, 259 [281 f.]; hiergegen *Schüren* AÜG, Einl. Rn. 166).

Andererseits ist nicht zu bestreiten, dass aufgrund der in dem Dreipersonenverhältnis zwischen Verleiher, Entleiher und Leiharbeitnehmer getroffenen Vereinbarungen eine **unmittelbare schuldrechtliche Rechtsbeziehung mit wesentlichen arbeitsrechtlichen Elementen** begründet wird. So kann der Entleiher das arbeitsrechtliche Weisungsrecht aus § 106 GewO ausüben und mit unmittelbarer Wirkung gegenüber dem Leiharbeitnehmer dessen Arbeitspflicht näher ausgestalten. Umgekehrt treffen den Entleiher zahlreiche Pflichten, insbesondere Nebenpflichten, wie sich vor allem im Bereich des Arbeitsschutzes zeigt (vgl. § 11 Abs. 6 Satz 1 AÜG; hierzu zuletzt BAG 07.06.2016 EzA § 87 BetrVG 2001 Gesundheitsschutz Nr. 15 Rn. 15 ff.). Andererseits bleiben eine Vielzahl von Rechten und Pflichten beim Verleiher. Dies gilt etwa für das Recht der Beendigung des Arbeitsverhältnisses oder die Pflicht zur Vergütung. Das Verhältnis zum Entleiher ist also kein vollständiges, sondern ein »unvollständiges Arbeitsverhältnis« (s. Rdn. 26). Die entscheidende Frage ist daher, ob diese Rechtsbeziehung nach der Systematik und der Zwecksetzung der gesetzlichen Regelung genügt, um von einer vollen Betriebszugehörigkeit ausgehen zu können (s. Rdn. 30). **87**

Gegen eine volle Betriebszugehörigkeit im Entleiherbetrieb spricht zunächst die Regelung in **§ 14 Abs. 1 und 2 AÜG**. Das Gesetz ordnet dort die Betriebszugehörigkeit zum Verleiherbetrieb an. Im Hinblick auf den Entleiherbetrieb beschränkt sich das Gesetz hingegen darauf, einzelne Vorschriften für anwendbar zu erklären. Bereits dies ist zumindest ein Indiz dafür, dass der Leiharbeitnehmer im Grundsatz nur dem Betrieb des Verleihers (Vertragsarbeitgeber) zugeordnet wird, also der tatsächliche Einsatz im Entleiherbetrieb zur Begründung der Betriebszugehörigkeit nicht ausreicht (BAG 18.01.1989 EzA § 9 BetrVG 1972 Nr. 4 unter B II 1b; 22.03.2000 EzA § 14 AÜG Nr. 4 unter B II 2a cc; 16.04.2003 EzA § 9 BetrVG 2001 Nr. 1 unter II 2a bb). **88**

Einen weiteren Anhaltspunkt liefert die Ausgestaltung des **Wahlrechts** der Leiharbeitnehmer im Entleiherbetrieb. Nach § 14 Abs. 2 Satz 1 AÜG sind die Leiharbeitnehmer im Entleiherbetrieb nicht wählbar. Im Unterschied zur Rechtslage vor 2001 steht ihnen nach § 7 Satz 2 zwar das aktive Wahlrecht zu, dies allerdings auch nur ab einer Dauer der Überlassung von mehr als drei Monaten (§ 7 Satz 2). Indem diese Bestimmung Leiharbeitnehmern die Wahlberechtigung im Entleiherbetrieb einräumt, wird unterstrichen, dass sie dort nicht betriebszugehörig sind; andernfalls wäre diese Neuregelung überflüssig, weil »alle Arbeitnehmer des Betriebs«, also alle betriebsangehörigen Arbeitnehmer, bereits nach § 7 Satz 1 wahlberechtigt sind (ebenso BAG 17.02.2010 EzA § 8 BetrVG 2001 Nr. 2 Rn. 16). Außerdem unterscheidet die gesetzliche Regelung zwischen den »Arbeitnehmern des Betriebs« in Satz 1, also den betriebsangehörigen Arbeitnehmern, und den Arbeitnehmern »eines ande- **89** ren Arbeitgebers« in Satz 2, die lediglich »im Betrieb eingesetzt werden«. Auch das *BAG* hatte noch kurz vor der Änderung seiner Rechtsprechung noch einmal betont, dass den zur Arbeitsleistung überlassenen Arbeitnehmern nach § 7 Satz 2 zwar das aktive Wahlrecht zukomme, das passive Wahlrecht nach § 8 Abs. 1 Satz 1 aber betriebszugehörigen Arbeitnehmern vorbehalten bleibe (*BAG* 17.02.2010 AP Nr. 14 zu § 8 BetrVG 1972 = EzA § 8 BetrVG 2001 Nr. 2 Rn. 14). Aus dieser Systematik lässt sich schließen, dass die nach Satz 2 Wahlberechtigten im Einsatzbetrieb gerade nicht betriebszugehörig sind. Denn diese werden »Arbeitnehmern des Betriebs« im Sinne von Satz 1 nicht etwa gleich-, sondern gegenübergestellt. § 7 Satz 2 erkennt damit die Zugehörigkeit dieser »überlassenen« Arbeitnehmer nicht nur nicht an, sondern liefert **unter systematischem Aspekt einen entscheidenden Gesichtspunkt gegen ihre Betriebszugehörigkeit** (dies konzediert auch *Hamann* Anm. AP Nr. 70 zu § 111 BetrVG 1972 Bl. 8 R).

90 Die **Gegenansicht** interpretiert die **Bedeutung des § 14 Abs. 1 und 2 AÜG** anders und beruft sich hierbei vor allem auf die Entstehungsgeschichte. Eine Rolle spielt dabei, dass das *BAG* in zwei früheren Entscheidungen (die beide eine Personalgestellung im öffentlichen Dienst betrafen) von einer doppelten Betriebszugehörigkeit ausgegangen ist (*BAG* 11.04.1958 AP Nr. 1 zu § 6 BetrVG; 28.04.1964 EzA § 4 BetrVG Nr. 1 = AP Nr. 3 zu § 4 BetrVG). Auch der Regierungsentwurf eines Gesetzes zur Bekämpfung illegaler Beschäftigung (BillBG) vom 15.12.1981 (BGBl. I, S. 1390) sprach noch von einer »betriebsverfassungsrechtlichen doppelten Zuordnung der Leiharbeitnehmer« (RegE BT-Drucks. 9/847, S. 8). Ausweislich der Begründung sollte mit der Regelung des § 14 Abs. 1 AÜG »klargestellt« werden, dass die Leiharbeitnehmer weiterhin dem entsendenden Betrieb zugeordnet bleiben (RegE BT-Drucks. 9/847, S. 8). Mit dem § 14 Abs. 2 und 3 AÜG sollten die Leiharbeitnehmer »in gewissem Umfang auch dem Betrieb des Entleihers« zugeordnet werden (RegE BT-Drucks. 9/847, S. 8). Allerdings hielt man ein Wahlrecht der Leiharbeitnehmer seinerzeit nicht für angemessen, weswegen es in § 14 Abs. 2 Satz 1 AÜG a. F. ausgeschlossen wurde. Die Gegenansicht meint nun zum einen, dass § 14 Abs. 1 AÜG zwar die Zugehörigkeit zum Verleiherbetrieb klarstellen, damit aber nicht die Zugehörigkeit zum Entleiherbetrieb ausschließen, also keine strenge Alternativität vorgeben wollte. Zum anderen lasse sich die Regelung des § 14 Abs. 2 Satz 1 AÜG als eine Sonderregelung verstehen, die sich nur aus der Betriebszugehörigkeit der Leiharbeitnehmer zum Entleiherbetrieb ergebenden Rechte und Pflichten einschränke (vgl. näher *Schüren/Hamann* AÜG, § 14 Rn. 31 ff.; *Trümner/DKKW* § 5 Rn. 27, 90; ähnlich *Richardi* FS *Wank*, S. 465 [471]). **§ 7 Satz 2** wiederum habe den Sinn, diese Einschränkung wieder zu lockern, indem den Leiharbeitnehmern zumindest das aktive Wahlrecht ab einer bestimmten Dauer der Überlassung eingeräumt werde (*Hamann* GedS *Wörlen*, S. 519 [526]; ders. Anm. EzA § 9 BetrVG 2001 Nr. 6 S. 18). Aus der **Entstehungsgeschichte** der Regelung lässt sich dies allerdings nicht entnehmen. Zwar ist in der Begründung zum Regierungsentwurf BetrVerf-ReformG (BT-Drucks. 14/5741, S. 36 zu Nr. 7) davon die Rede, § 7 Satz 2 erkenne die Betriebszugehörigkeit dieser Arbeitnehmer zum Einsatzbetrieb an. Das wird jedoch nicht näher ausgeführt. Zudem heißt es an anderer Stelle, dass Leiharbeitnehmer durch Zuerkennung des aktiven Wahlrechts betriebsverfassungsrechtlich aus der Randbelegschaft an die Stammbelegschaft herangeführt werden sollen, »ohne sie in rechtlich unzutreffender Weise als Arbeitnehmer des Entleiherbetriebs einzustufen« (BT-Drucks. 14/5741, S. 28). Diese Widersprüchlichkeit wird auch nicht durch einen ominösen Detailhinweis im Bericht zur Beschlussempfehlung des Ausschusses für Arbeit und Sozialordnung (BT-Drucks. 14/6352, S. 54) aufgelöst, demzufolge ein Vertreter der Bundesregierung auf Befragen ausgeführt habe, dass Leiharbeitnehmer das aktive Wahlrecht erhielten und folglich bei den Arbeitnehmergrenzzahlen z. B. im Rahmen der §§ 9 und 38 zu berücksichtigen seien. Dies taugt kaum als entstehungsgeschichtliches Argument (näher dazu *Kreutz* SAE 2004, 168 [170 f.]).

91 Entscheidend gegen die Annahme einer doppelten Betriebszugehörigkeit spricht, dass ein entsprechender **Regelungswille des Gesetzgebers nicht erkennbar** ist. Dieser hätte, wenn denn eine Zugehörigkeit der Leiharbeitnehmer zum Entleiherbetrieb seiner Regelungsintention entspräche, in der Vergangenheit hinreichend Gelegenheit und auch Anlass gehabt, diesen Willen durch eine entsprechende Gesetzesfassung zum Ausdruck zu bringen. Schon das BetrVerf-ReformG wäre ein solcher Anlass gewesen, war dem Gesetzgeber doch die st. Rspr. des *BAG* bekannt, die eine doppelte Betriebszugehörigkeit ablehnte (s. die Nachweise in Rdn. 85). So hätte etwa in § 14 Abs. 1 AÜG neben der Zugehörigkeit zum Verleiherbetrieb angeordnet werden können, dass der Leiharbeitnehmer auch dem Entleiherbetrieb zuzuordnen sei, soweit das Gesetz nichts Abweichendes bestimme. Dass dies

nicht geschehen ist, kann seit der Einführung des § **5 Abs. 1 Satz 3 nur als »beredtes Schweigen« interpretiert** werden. Danach gelten die von dem öffentlichen Dienstherrn bzw. Arbeitgeber zu einem privatrechtlich organisierten Unternehmen abgeordneten Beamten, Soldaten und Arbeitnehmer des öffentlichen Dienstes als Arbeitnehmer des Betriebes, in dem sie tätig sind. Sie gehören also dem Einsatzbetrieb genauso an wie die Arbeitnehmer, die aufgrund eines Arbeitsvertrages mit dem Betriebsinhaber dort tätig sind (s. § 5 Rdn. 78), obwohl zu dem Betriebsinhaber kein (vollständiges) Arbeitsverhältnis oder sonstiges Beschäftigungsverhältnis besteht. Die Tatsache, dass sich der Gesetzgeber hierzu einer Fiktion bedient, zeigt, dass ohne eine solche Sonderregelung die Betriebszugehörigkeit nur durch ein Arbeitsverhältnis mit dem Betriebsinhaber begründet wird und allein die tatsächliche »Eingliederung« für die Betriebszugehörigkeit nicht ohne Weiteres genügt (auch *Hamann* GedS *Wörlen*, S. 519 [527] räumt ein, dass diese Schlussfolgerung nahe liegt). Zum anderen muss aus dem Umstand, dass der Gesetzgeber nur für den Fall der Personalgestellung im öffentlichen Dienst die Betriebszugehörigkeit anordnet, eine vergleichbare Regelung für die Arbeitnehmerüberlassung aber trotz nahezu identischer Interessenlage unterlässt, geschlossen werden, dass eine solche bei den Leiharbeitnehmern gerade nicht gewollt ist. Einen letzten Beleg hierfür liefert nunmehr das Gesetz zur Änderung des Arbeitnehmerüberlassungsgesetzes und anderer Gesetze vom 21.02.2017 (BGBl. I, S. 258). Spätestens diese Novelle des AÜG hätte Anlass gegeben, die auch durch die Aufgabe der Zwei-Komponenten-Lehre durch das *BAG* nicht abschließend geklärte Diskussion über die Betriebszugehörigkeit der Leiharbeitnehmer durch eine eindeutige gesetzliche Regelung zu beenden. Stattdessen hat sich der Gesetzgeber darauf beschränkt, in einem neuen § 14 Abs. 2 Satz 4 AÜG die Berücksichtigung der Leiharbeitnehmer bei den Schwellenwerten festzuschreiben und insofern die Rspr. zu bestätigen (s. Rdn. 110 ff.). Wiederum hat er die Leiharbeitnehmer somit nur punktuell den Arbeitnehmern des Betriebs gleichgestellt, ohne eine dem § 5 Abs. 1 Satz 3 vergleichbare Regelung zu treffen.

Im Ergebnis ist daher festzuhalten, dass die Zugehörigkeit der Leiharbeitnehmer zum Entleiherbetrieb immer noch nicht der geltenden Rechtslage entspricht. Vielmehr besteht die Zugehörigkeit nach § 14 Abs. 1 AÜG zum Verleiherbetrieb. Dies bedeutet nicht, dass die Vorschriften des Gesetzes auf sie im Entleiherbetrieb keine Anwendung finden. Hierzu bedarf es aber einer besonderen gesetzlichen Grundlage. **92**

(2) Wahlrecht

§ 7 Satz 2 gewährt den im Betrieb tätigen und von einem anderen Arbeitgeber überlassenen Arbeitnehmern die Wahlberechtigung (**aktives Wahlrecht**) bei der Betriebsratswahl im Einsatzbetrieb. Die Bestimmung ist durch Art. 1 Nr. 7 BetrVerf-ReformG in das Betriebsverfassungsgesetz eingefügt worden. Nach der Begründung zum Regierungsentwurf (BT-Drucks. 14/5741, S. 36 zu Nr. 7) soll sie »der Erosion der Stammbelegschaft durch den Einsatz von Arbeitnehmern anderer Arbeitgeber entgegenwirken«. Das ist missverständlich. Denn die Neuregelung tritt nicht Beschäftigungsformen entgegen, bei denen Arbeitnehmer nicht durch Arbeitsvertrag mit dem Inhaber des Einsatzbetriebes verbunden sind. Der »Erosion der Stammbelegschaft« wird vielmehr dadurch begegnet, dass Arbeitnehmer eines anderen Arbeitgebers unter bestimmten Voraussetzungen im Hinblick auf die Wahlberechtigung im Einsatzbetrieb zur Stammbelegschaft hinzugerechnet werden. Offensichtlich soll so die Wahl von Betriebsräten gefördert und allgemein einem Bedeutungsverfall betrieblicher Mitbestimmung vorgebeugt werden. Das Schutzbedürfnis der Leiharbeitnehmer hat für den Gesetzgeber hingegen keine Rolle gespielt (krit. deswegen *Buchner* NZA 2001, 633 [636]); ebenso wenig ist den Materialien ein Hinweis darauf zu entnehmen, dass der Gesetzgeber etwa (unberechtigten) verfassungsrechtlichen Bedenken gegen den Ausschluss des Wahlrechts von Leiharbeitnehmern in den Entleiherbetrieben nach § 14 Abs. 2 Satz 1 AÜG a. F. (vgl. insofern *Trümner/DKKW* § 5 Rn. 91; *Ulber/zu Dohna-Jaeger* AÜG, § 14 Rn. 71) Rechnung tragen wollte. Die Neuregelung ist nicht deshalb bedenklich, weil sie schon bei dreimonatiger Überlassungsdauer die Wahlberechtigung zur Wahl eines vier Jahre amtierenden Betriebsrats anerkennt (so aber *Däubler* AuR 2001, 1 [4]; *Hanau* RdA 2001, 65 [68]), weil auch für die Betriebszugehörigkeit Umfang und Dauer der Beschäftigung grundsätzlich unerheblich sind (s. Rdn. 34 ff.). Man kann zwar darin in gewisser Weise einen Systembruch sehen, weil die Wahlberechtigung Arbeitnehmern eines anderen Arbeitgebers eingeräumt und damit die Legitimation des Betriebsrats nicht mehr strikt auf die eigene Belegschaft beschränkt ist **93**

(*Konzen* RdA 2001, 76 [83]; zust. *Böhm* RdA 2013, 193 [208]). Andererseits beseitigt die Wahlberechtigung der Leiharbeitnehmer unzweifelhaft ein Legitimationsdefizit, soweit der Betriebsrat im Entleiherbetrieb auch für diese zuständig ist (ebenso *BAG* 16.04.2003 EzA § 9 BetrVG 2001 Nr. 1 unter II 2a ee der Gründe).

94 Satz 2 erstreckt die Wahlberechtigung auf solche Arbeitnehmer eines anderen Arbeitgebers, die dem Betriebsinhaber zur Arbeitsleistung überlassen worden sind, wenn sie länger als drei Monate im Betrieb eingesetzt werden. Es muss sich zunächst um **Arbeitnehmer eines anderen Arbeitgebers** handeln. Das setzt voraus, dass sie auf der Grundlage eines Arbeitsvertrages oder kraft Gesetzes zu einem anderen, d. h. einer Person, die nicht Inhaber des Einsatzbetriebes ist, in einem Arbeitsverhältnis stehen. Die Arbeitnehmereigenschaft bestimmt sich nach § 5, weil es auch in Satz 2 um Arbeitnehmer im Sinne des Gesetzes geht (s. Rdn. 16). Selbständige (freie Mitarbeiter), die zur Arbeitsleistung überlassen werden, können nach Satz 2 nicht wahlberechtigt sein. Da das Arbeitsverhältnis zu einem anderen Arbeitgeber bestehen muss, kommt eine Wahlberechtigung nach Satz 2 für einen Arbeitnehmer des Inhabers des Einsatzbetriebes nicht in Betracht, auch wenn er von einem anderen Betrieb seines Arbeitgebers dem Einsatzbetrieb zur Arbeitsleistung überlassen worden ist; seine Wahlberechtigung ist allein nach Satz 1 zu beurteilen.

95 Der (fremde) Arbeitnehmer muss dem Inhaber des Einsatzbetriebes zur Arbeitsleistung überlassen sein. Hierzu zählen jedenfalls die **Leiharbeitnehmer i. S. d. AÜG**, d. h. solche, die im Rahmen der erlaubnispflichtigen Arbeitnehmerüberlassung im Entleiherbetrieb tätig werden (unstr.; *BAG* 16.04.2003 EzA § 9 BetrVG 2001 Nr. 1 unter II 2 a bb, cc; 13.03.2013 EzA § 9 BetrVG 2001 Nr. 6 Rn. 27; s. a. RegE BT-Drucks. 14/5741, S. 36). Dies zeigt nicht zuletzt der Zusammenhang zwischen § 7 Satz 2 und § 14 Abs. 2 Satz 1 AÜG. Das BetrVerf-ReformG hat gleichzeitig mit der Einführung des § 7 Satz 2 den Ausschluss des aktiven Wahlrechts für Leiharbeitnehmer im Entleiherbetrieb in § 14 Abs. 2 Satz 1 AÜG gestrichen (RegE BT-Drucks. 14/5741, S. 36, 53). Das Wahlrecht muss also zumindest den Arbeitnehmern zustehen, auf die das Gesetz unmittelbar Anwendung findet.

96 Allerdings bestimmt sich **nicht für alle Leiharbeitnehmer** die Wahlberechtigung nach Satz 2. Soweit **bei Arbeitnehmerüberlassung ein vollgültiges Arbeitsverhältnis** (oder jedenfalls eine hinreichende arbeitsrechtliche Rechtsbeziehung) **zum Entleiher** entsteht, das (die) zusammen mit der tatsächlichen Arbeitsleistung des Arbeitnehmers für den Entleiherbetrieb dessen (volle) Betriebszugehörigkeit zum Einsatzbetrieb begründet, ist er als »Arbeitnehmer des Betriebs« nach Satz 1 wahlberechtigt, und zwar unabhängig davon, ob er zugleich auch noch dem Verleiherbetrieb angehört; er ist dann jedenfalls nicht nur Arbeitnehmer eines anderen Arbeitgebers i. S. v. Satz 2. Das gilt insbesondere in den Fällen, in denen das Gesetz ein Arbeitsverhältnis mit dem Entleiher fingiert (§ 10 Abs. 1 AÜG; hierzu näher Rdn. 129 ff.). Weiterhin gehört ein Leiharbeitnehmer auch bei erlaubnisfreier Überlassung (sog. »echte Leiharbeit«) auch dem Entleiherbetrieb an, wenn die Ausgestaltung im Einzelfall ergibt, dass **zwei Arbeitsverhältnisse** oder (durch Vertragsbeitritt) **ein Doppelarbeitsverhältnis** entstehen, also nicht lediglich auf der Grundlage eines Arbeitnehmerüberlassungsvertrages eine Aufspaltung der Arbeitgeberstellung zwischen Verleiher und Entleiher erfolgt (s. Rdn. 124).

97 Arbeitnehmer sind zur **Arbeitsleistung überlassen**, wenn sie in den Einsatzbetrieb derart eingegliedert sind, dass sie dem Weisungsrecht des Betriebsinhabers unterliegen (Begr. RegE BT-Drucks. 14/5741, S. 36 zu Nr. 7; *LAG Rheinland-Pfalz* 02.02.2007 EzAÜG BetrVG Nr. 96 Rn. 56 f.; *Engels/Trebinger/Löhr-Steinhaus* DB 2001, 532 [536]). Erforderlich ist daher, dass die Arbeitnehmer ihre Arbeitsleistung im Rahmen der Organisation und der arbeitstechnischen Zwecksetzung des Einsatzbetriebes erfüllen. Sofern der Arbeitseinsatz auf mehr als drei Monate angelegt ist, steht ihnen das Wahlrecht nach § 7 Satz 2 zu (*ArbG Düsseldorf* 02.06.2006 – 13 BV 55/06 – juris). Im Übrigen müssen auch die weiteren Anforderungen erfüllt sein, die nach § 1 Abs. 1 Satz 1 und 2 AÜG Voraussetzungen für eine Arbeitnehmerüberlassung sind. Danach liegt Arbeitnehmerüberlassung vor, wenn ein Arbeitgeber (Verleiher) einem anderen Unternehmer (Entleiher) nach dem Geschäftsinhalt des zwischen ihnen bestehenden Vertrages Arbeitskräfte zur Verfügung stellt, die (voll) in den Betrieb des Entleihers eingegliedert sind und ihre Arbeiten (allein) nach dessen Weisungen ausführen sollen (*BAG* 30.01.1991 EzA § 10 AÜG Nr. 3 S. 10; 18.01.1989 EzA § 14 AÜG Nr. 1 S. 11 m. w. N.; s. a. Rdn. 73).

Dementsprechend **können** (vorbehaltlich eines Einsatzes von mehr als drei Monaten [s. Rdn. 99 ff.] **98** und Erreichen des Wahlalters [s. Rdn. 106]) **nach Satz 2** im Entleiherbetrieb **wahlberechtigt** sein: Leiharbeitnehmer (auch Bedienungspersonal) bei zulässiger erlaubnispflichtiger Überlassung (s. Rdn. 84 ff.) und bei allen Formen erlaubnisfreier Überlassung (einschließlich der Überlassung im selben Wirtschaftszweig zur Vermeidung von Kurzarbeit und Entlassungen und der Überlassung zwischen Konzernunternehmen, für die nach § 1 Abs. 3 Nr. 1 und 2 AÜG das AÜG nicht anwendbar ist; vgl. näher Rdn. 123 ff.). Entsprechendes gilt für Arbeitnehmer, die auf der Grundlage eines Gestellungsvertrages zur Arbeitsleistung überlassen werden (s. Rdn. 142 ff.) sowie für Gesamthafenarbeiter im Hafeneinzelbetrieb (s. Rdn. 150). Auch bei Gruppenarbeit kann eine Wahlberechtigung nach Satz 2 in Betracht kommen (s. Rdn. 148).

Voraussetzung der Wahlberechtigung nach Satz 2 ist weiter, dass der Leiharbeitnehmer **länger als drei** **99** **Monate im Betrieb eingesetzt** wird. Der Gesetzgeber hat diese Frist ohne Bezug zu einer gesetzlichen Vorgabe (etwa im AÜG) festgelegt. Da auch befristet beschäftigte Arbeitnehmer des Betriebs nach Satz 1 wahlberechtigt sind (s. Rdn. 39), darf auch bei Satz 2 kein Missverhältnis zur vierjährigen Amtszeit des Betriebsrats moniert werden (so aber *Däubler* AuR 2001, 1 [4]; *Hanau* RdA 2001, 65 [68]). Die Systeminkonsistenz liegt darin, dass die Wahlberechtigung überhaupt Arbeitnehmern anderer Arbeitgeber eingeräumt ist und deshalb jede Einsatzfrist eher willkürlich erscheint (zust. *Böhm* DB 2006, 104 f.). **Maßgeblicher Zeitpunkt** für das Vorliegen der Voraussetzungen ist der Wahltag (s. Rdn. 152; *LAG Rheinland-Pfalz* 17.06.2015 – 4 TaBV 14/14 – juris, Rn. 48). Der überlassene Arbeitnehmer muss also spätestens am Wahltag seine Arbeit im Einsatzbetrieb aufgenommen haben. Ebenso ist für die Beurteilung der Dauer der Einsatzzeit die Perspektive am Wahltag maßgeblich. Entscheidend ist also, ob am Wahltag davon auszugehen ist, dass die Gesamtüberlassungsdauer länger als drei Monate beträgt. Der Wahlvorstand hat hierüber bei der Aufstellung der Wählerliste (§ 2 Abs. 1 WO) aufgrund der vom Arbeitgeber zu machenden Angaben (§ 2 Abs. 2 WO) eine **Prognose** aufzustellen, die bei Veränderungen, insbesondere bei einer Veränderung der Einsatzzeit bis zum Wahltag, der Korrektur bedarf (*LAG Rheinland-Pfalz* 17.06.2015 – 4 TaBV 14/14 – juris, Rn. 48; *Homburg/DKKW* § 7 Rn. 9; *Koch/*ErfK § 7 BetrVG Rn. 6; *Richardi/Thüsing* § 7 Rn. 11; *Wlotzke/WPK* § 7 Rn. 26; zu den hiermit verbundenen Problemen bei der Durchführung der Betriebsratswahl *Böhm* DB 2006, 104 f.; *ders.* RdA 2013, 193 [208]).

Das Wahlrecht (zu dessen Ausübung s. Rdn. 154) steht den zur Arbeitsleistung überlassenen Arbeit- **100** nehmern »ab dem ersten Tag im Einsatzbetrieb« zu (vgl. Begründung zum RegE BetrVerf-ReformG, BT-Drucks. 14/5741, S. 36 zu Nr. 7). Es ist also nicht erforderlich, dass der Leiharbeitnehmer am Wahltag bereits länger als drei Monate im Einsatzbetrieb gearbeitet hat. Maßgeblich ist, dass er länger als drei Monate **eingesetzt wird**, nicht, dass er schon so lange **eingesetzt worden ist** (*LAG Hamm* 18.09.2015 – 13 TaBV 20/15 – juris, Rn. 33; *Fitting* § 7 Rn. 60; *Homburg/DKKW* § 7 Rn. 9; *Koch/*ErfK § 7 BetrVG Rn. 6; *Nicolai/HWGNRH* § 7 Rn. 38; *Reichold/HWK* § 7 Rn. 19; *Richardi/Thüsing* § 7 Rn. 11; *Wiebauer/LK* § 7 Rn. 23; *Wlotzke/WPK* § 7 Rn. 26). Ebenso wenig ist der Wahltag ein »Stichtag« in dem Sinne, dass die Überlassung noch mindestens drei Monate nach dem Wahltag andauern müsse (so aber *Maschmann* DB 2001, 2446 f.; wie hier dagegen *Fitting* § 7 Rn. 60; *Richardi/Thüsing* § 7 Rn. 11; *Schüren/Hamann* AÜG, § 14 Rn. 55; *Wiebauer/LK* § 7 Rn. 23). Die Frist (für deren Berechnung §§ 187, 188 BGB gelten) beginnt vielmehr mit dem Zeitpunkt der tatsächlichen Überlassung, d.h. mit der Arbeitsaufnahme im Einsatzbetrieb. Ein Arbeitnehmer, der für die Dauer von vier Monaten in dem Betrieb eingesetzt werden soll, ist also auch dann wahlberechtigt, wenn die Wahl acht Wochen nach Beginn der Arbeitsaufnahme, ja selbst wenn sie am letzten Tag eines mehr als dreimonatigen Einsatzes stattfindet (s. Rdn. 39). Da es sich bei dem Wahlrecht um ein **personengebundenes Recht** handelt, müssen die Voraussetzungen des Wahlrechts individuell für jeden Arbeitnehmer erfüllt sein (zust. *LAG Hamm* 18.09.2015 – 13 TaBV 20/15 – juris, Rn. 32). Wird ein überlassener Arbeitnehmer durch einen anderen Arbeitnehmer ersetzt, so sind die Beschäftigungszeiten des Vorgängers auch dann nicht anzurechnen, wenn es sich um Arbeitsplätze handelt, die ständig mit Leiharbeitnehmern besetzt sind (*Fitting* § 7 Rn. 61; *Homburg/DKKW* § 7 Rn. 9).

Ausgangspunkt für die Beurteilung der Dauer des Einsatzes sind zunächst die im **Arbeitnehmerüber-** **101** **lassungsvertrag** getroffenen Vereinbarungen (ebenso *LAG Hamm* 18.09.2015 – 13 TaBV 20/15 – juris, Rn. 33; *Homburg/DKKW* § 7 Rn. 9; *Reichold/HWK* § 7 BetrVG Rn. 19; *Richardi/Thüsing*

§ 7 Rn. 11; *Wlotzke/WPK* § 7 Rn. 26). Ist danach davon auszugehen, dass der Arbeitnehmer am Wahltag im Betrieb tätig sein und die Gesamtdauer der Beschäftigung mehr als drei Monate betragen wird, so ist der Arbeitnehmer in die Wählerliste aufzunehmen. Ergeben sich bis zum Wahltag Veränderungen, so ist diesen allerdings Rechnung zu tragen. Ein im Arbeitnehmerüberlassungsvertrag festgelegter Überlassungszeitpunkt ist daher nur dann maßgeblich, wenn zu diesem die Arbeit auch tatsächlich aufgenommen wird. **Verzögert sich die Arbeitsaufnahme** über den Wahltag hinaus, so ist der Arbeitnehmer nicht wahlberechtigt, weil er zum maßgeblichen Zeitpunkt noch nicht »zur Arbeitsleistung überlassen« worden ist. Hinsichtlich der erforderlichen Einsatzzeit sind die Voraussetzungen der Wahlberechtigung gegeben, wenn die Dauer der Überlassung nach dem Vertrag länger als drei Monate betragen soll. Wird die **Überlassungsdauer** aber (infolge einer Änderung, Aufhebung oder Kündigung des Vertrages) bis zum Wahltag auf drei Monate oder weniger verkürzt, so entfällt auch das Wahlrecht. Umgekehrt besteht das Wahlrecht zunächst nicht, wenn nach der vertraglichen Vereinbarung das Überlassungsverhältnis am Wahltag durch Zeitablauf oder Eintritt einer auflösenden Bedingung beendet sein soll; es kann aber nachträglich entstehen, sofern das Überlassungsverhältnis bis zum Wahltag auf der Grundlage zumindest konkludenter **Verlängerungsvereinbarung** tatsächlich ununterbrochen fortgesetzt wird (*Fitting* § 7 Rn. 63; *Reichold/HWK* § 7 BetrVG Rn. 19).

102 **Veränderungen**, die sich erst **nach dem Wahltag** ergeben, haben keine Auswirkungen auf das Wahlrecht und können daher auch keine Grundlage für eine Wahlanfechtung bilden. Die Wahl ist also auch dann ordnungsgemäß, wenn ein Arbeitnehmer teilgenommen hat, der zunächst auf mehr als drei Monate überlassen werden sollte, dessen Einsatzzeit aber nach der Wahl auf unter drei Monate verkürzt wird. Umgekehrt liegt kein Wahlmangel vor, wenn ein Arbeitnehmer wegen zu kurzer Überlassungsdauer nicht zur Wahl zugelassen wurde, seine Einsatzzeit aber nach der Wahl auf (insgesamt) mehr als drei Monate verlängert wird (*Nicolai/HWGNRH* § 7 Rn. 38). Der Arbeitnehmerüberlassungsvertrag ist keine ausreichende Grundlage für die Entscheidung über das Wahlrecht, wenn der **Einsatzzeitraum unbestimmt** ist (»bis auf weiteres«) oder wenn bei kürzerem Überlassungszeitraum lediglich eine Verlängerungsmöglichkeit vorgesehen ist oder wenn im Überlassungsvertrag vereinbart ist, dass der Überlassende den überlassenen Arbeitnehmer jederzeit durch einen anderen Leiharbeitnehmer austauschen kann. Dann hängt die Wahlberechtigung (als subjektives Teilnahmerecht) davon ab, dass der Einsatz am Wahltag länger als drei Monate andauert bzw. eine hinreichende Verlängerung vereinbart ist.

103 Die Frist von drei Monaten bezieht sich grundsätzlich auf eine **ununterbrochene Überlassung in denselben Einsatzbetrieb**. Wird nach einer Unterbrechung der Überlassung der Arbeitnehmer erneut zur Arbeitsleistung in demselben Einsatzbetrieb überlassen, ist die Wahlberechtigung in dieser Einsatzzeit so davon abhängig, dass sie länger als drei Monate dauert. Fraglich ist, ob jede, auch jede **kurzfristige Unterbrechung** dazu führt, dass die Frist mit der Wiederaufnahme der Tätigkeit neu beginnt (so wohl *Schiefer* NZA 2002, 57 [59]; wohl auch *Schüren/Hamann* AÜG, § 14 Rn. 57). Mitunter wird dies relativiert und gesagt, dass es sich nur um einen »im Wesentlichen ununterbrochenen« Einsatz handeln müsse (*Reichold/HWK* § 7 BetrVG Rn. 19; *Richardi/Thüsing* § 7 Rn. 11; ähnlich *Koch/*ErfK § 7 BetrVG Rn. 6; *Wlotzke/WPK* § 7 Rn. 28 [Ausnahmen bei kurzen, vom Arbeitnehmer nicht zu vertretenden Unterbrechungen]) oder ein »sachlicher Zusammenhang« zwischen einzelnen Beschäftigungszeiten genüge (*Fitting* § 7 Rn. 64 ff.). Das hinter solchen Einschränkungen stehende Anliegen, Arbeitnehmern trotz kurzfristiger Unterbrechungen des Arbeitseinsatzes das Wahlrecht zu erhalten, ist berechtigt. Maßgeblich sollte freilich auch insoweit sein, ob nach der Vertragsgestaltung im Überlassungsvertrag eine über drei Monate hinausgehende kontinuierliche Beschäftigung des Arbeitnehmers beabsichtigt ist, die die vom Gesetz vorausgesetzte Verbundenheit mit dem Einsatzbetrieb gewährleistet (ähnlich *Wlotzke/WPK* § 7 Rn. 28). Sofern überlassene Arbeitnehmer während der im Arbeitnehmerüberlassungsvertrag vereinbarten Einsatzdauer **für wenige Tage nicht im Betrieb tätig sind**, etwa weil sie vom Verleiher – im Einvernehmen mit dem Entleiher – an einer anderen Stelle eingesetzt werden, so ist dennoch die gesamte im Überlassungsvertrag angesetzte Zeitdauer zu berücksichtigen, sofern zum Zeitpunkt der Unterbrechung feststeht, dass der Arbeitnehmer in den Betrieb zurückkehren und dort für den Rest des vereinbarten Zeitraumes eingesetzt werden wird.

104 Wird der Arbeitnehmer nach Beendigung des ersten Arbeitseinsatzes erneut in denselben Betrieb abgeordnet, so kommt eine **Zusammenrechnung der Beschäftigungszeiten** in Betracht, wenn spä-

testens am Ende des ersten Überlassungszeitraumes feststeht, dass und zu welchem Zeitpunkt der Arbeitnehmer in den Betrieb zurückkehren wird. Dies gilt dann auch, wenn zwischen dem ersten und dem zweiten Arbeitseinsatz eine kurze Unterbrechung liegt. Besteht über die Anschlussbeschäftigung schon während des ersten Einsatzzeitraumes Klarheit und findet die Wahl während dieses Zeitraumes statt, so könnten demnach für die Überlassungsdauer auch zukünftige Beschäftigungszeiten berücksichtigt werden. Findet die Wahl erst im zweiten (oder einem späteren) Einsatzzeitraum statt, so sind unter den genannten Voraussetzungen auch frühere Beschäftigungszeiten einzubeziehen.

Wird ein Leiharbeitnehmer **in zwei oder mehreren Betrieben** desselben oder verschiedener Entleiher gleichzeitig (teilzeitmäßig) eingesetzt, genügt für die Wahlberechtigung in allen Betrieben, dass der Einsatz jeweils länger als drei Monate dauert. Eine Wahlberechtigung entsteht jedoch nicht, wenn ein Leiharbeitnehmer in verschiedenen Betrieben des Entleiherunternehmens insgesamt länger als drei Monate eingesetzt wird, aber in keinem dieser Betriebe länger als drei Monate (so wohl auch *Richardi/Thüsing* § 7 Rn. 11).

105

Wahlberechtigt sind nach Satz 2 nur die Leiharbeitnehmer, die am Wahltag das **18. Lebensjahr vollendet** haben (s. Rdn. 66 ff.). Der Gesetzgeber hat versäumt, diese Voraussetzung in Satz 2 klarzustellen. Zur Vermeidung eines Wertungswiderspruchs ist insoweit Satz 1 entsprechend anzuwenden (zust. *Wlotzke/WPK* § 7 Rn. 26).

106

(3) Berücksichtigung bei den Schwellenwerten

Die Frage, ob die Leiharbeitnehmer zu berücksichtigen sind, wenn und soweit das BetrVG die Anwendbarkeit einzelner Vorschriften oder deren Rechtsfolgen von der Zahl der »Arbeitnehmer« oder der »wahlberechtigten« Arbeitnehmer abhängig macht (etwa § 1 Abs. 1, § 9 Satz 1, § 14a Abs. 1 Satz 1, § 28 Abs. 1 Satz 1, § 28a Abs. 1 Satz 1, § 38 Abs. 1 Satz 1 und 2, § 92a Abs. 2 Satz 2, § 95 Abs. 2 Satz 1, § 99 Abs. 1 Satz 1, § 106 Abs. 1 Satz 1, § 111 Satz 1, § 112a Abs. 1; vgl. auch den Überblick bei *Linsenmaier/Kiel* RdA 2014, 135 [136]), war lange Zeit umstritten. Das **BAG hatte dies früher verneint** (BAG 18.01.1989 EzA § 9 BetrVG 1972 Nr. 4 = AP Nr. 1 zu § 9 BetrVG 1972 unter B II 1b) und diese Ansicht auch nach der Einführung des aktiven Wahlrechts für Leiharbeitnehmer in § 7 Satz 2 bestätigt (BAG 16.04.2003 EzA § 9 BetrVG 2001 Nr. 1 unter II 2a aa; 22.10.2003 EzA § 38 BetrVG 2001 Nr. 2 unter B II 2a bb (1); 10.03.2004 EzA § 9 BetrVG 2001 Nr. 2 unter B I 1a aa). Es hatte dies vor allem mit der Zwei-Komponenten-Lehre begründet und darauf verwiesen, dass die Leiharbeitnehmer keine Arbeitnehmer des Entleiherbetriebs seien. Für die hierdurch geschaffene Rechtslage hatte *Hanau* (RdA 2001, 65 [68]) die griffige Formel geprägt, dass Leiharbeitnehmer »wählen, ohne zu zählen«. Diese Rechtsprechung hatte Zustimmung, aber auch Kritik erfahren (Überblick über den Meinungsstand bei *BAG* 13.03.2013 EzA § 9 BetrVG 2001 Nr. 6 = AP Nr. 15 zu § 9 BetrVG 1972 Rn. 20; zu den unterschiedlichen Argumenten vgl. *Kreutz* FS *Wißmann*, S. 364 [372 ff.]; *Raab* ZfA 2003, 389 [434 ff.]).

107

Später hat das *BAG* seine **Rechtsprechung grundlegend geändert**. Nachdem zunächst der Erste Senat zu dem Schwellenwert des § 111 Satz 1 entschieden hatte, dass Leiharbeitnehmer, die länger als drei Monate im Unternehmen eingesetzt (und damit nach § 7 Satz 2 wahlberechtigt) sind, auch bei der Berechnung der Unternehmensgröße zu berücksichtigen seien (BAG 18.10.2011 EzA § 111 BetrVG 2001 Nr. 8), dies aber in Anbetracht der seinerzeit noch abweichenden Rspr. des Siebten Senats zu § 9 darauf gestützt hatte, dass wegen der unterschiedlichen Zwecke der Schwellenwerte in § 9 und § 111 eine differenzierte Auslegung des Begriffs »wahlberechtigte Arbeitnehmer« geboten sei (BAG 18.10.2011 EzA § 111 BetrVG 2001 Nr. 8 = AP Nr. 70 zu § 111 BetrVG 1972 *[Hamann]* Rn. 19), hat auch der Siebte Senat an seiner früheren Rechtsprechung nicht mehr festgehalten. Da die Zwei-Komponenten-Lehre für die Frage der Betriebszugehörigkeit der Leiharbeitnehmer nicht mehr maßgeblich sei, könne die Berücksichtigung der Leiharbeitnehmer bei den Schwellenwerten nicht mehr mit der Begründung verneint werden, dass diese nicht in einem Arbeitsverhältnis zum Betriebsinhaber stünden. Vielmehr sei auf den jeweiligen normativen Kontext, insbesondere auf den Sinn und Zweck der Schwellenwerte abzustellen. Das *BAG* hat sodann für die Schwellenwerte der §§ 9 Abs. 1 und 38 Abs. 1 Satz 1 (*BAG* 13.03.2013 EzA § 9 BetrVG 2001 Nr. 6 *[Hamann]* = AP Nr. 15 zu § 9 BetrVG 1972; 18.01.2017 – 7 ABR 60/15 – juris) sowie für die Parallelregelung in der Unternehmensmitbestimmung in § 9 Abs. 1 und 2 MitbestG (*BAG* 04.11.2015 EzA § 9 MitbestG Nr. 2 =

108

AP Nr. 2 zu § 9 MitbestG) entschieden, dass die Leiharbeitnehmer mitzuzählen seien (ausführlich zu den einzelnen Schwellenwerten *Linsenmaier/Kiel* RdA 2014, 135 [141 ff.]). Auch diese neue Rechtsprechung ist auf ein geteiltes Echo gestoßen (zust. *Fitting* § 7 Rn. 16 ff., § 9 Rn. 14; *Krause* JA 2014, 308 [310]; *Reichold/HWK* § 7 BetrVG Rn. 21; *Richardi* Anm. zu *BAG* AP Nr. 81 zu § 5 BetrVG 1972; *Schubert/Liese* NZA 2016, 1297 [1298]; im Grundsatz auch *Hamann* GedS *Wörlen*, S. 519 [530 ff.], der allerdings moniert, dass das *BAG* sich nicht zu einer Anerkennung der doppelten Betriebszugehörigkeit habe durchringen können und daher nicht zu einer einheitlichen Linie für alle Schwellenwerte gefunden habe; *ders.* Anm. zu *BAG* EzA § 9 BetrVG 2001 Nr. 6; *ders.* jurisPR-ArbR 32/2013 Anm. 2; ähnlich *Trümner/DKKW* § 5 Rn. 89; abl. *Haas/Hoppe* NZA 2013, 294 [296 f.]; *Kreutz/Jacobs* 10. Aufl., § 9 Rn. 10 f.; *Mosig* NZA 2012, 1411 [1412 f.]; *Raab* 10. Aufl., § 7 Rn. 113 ff.; *Rieble* NZA 2012, 485 [486]; *Rose/HWGNRH* § 5 Rn. 71; *Tschöpe* NJW 2012, 2161 [2162 f.]; *Weber* 10. Aufl., § 38 Rn. 14).

109 **Kritisiert** wurde – neben grundsätzlichen Bedenken gegen die Aufgabe der Zwei-Komponenten-Lehre – vor allem, dass das *BAG* **keine methodisch überzeugende Begründung** für seine Kehrtwende gegeben habe (*Benecke* FS *Wank*, S. 27 [34]; *Wank* RdA 2017, 100 [114]). Das Gericht stützte sich für seine teleologische Argumentation vor allem darauf, dass mit den Zahlenstaffeln der §§ 9, 38 sichergestellt werden solle, dass die Größe des Betriebsrats bzw. die Zahl der freigestellten Betriebsratsmitglieder in angemessenem Verhältnis zu der Zahl der Arbeitnehmer stehe, für die der Betriebsrat Aufgaben wahrzunehmen und deren Interessen er zu vertreten habe. Dem Betriebsrat kämen aber auch in Bezug auf die Leiharbeitnehmer zahlreiche Aufgaben zu (*BAG* 13.03.2013 EzA § 9 BetrVG 2001 Nr. 6 Rn. 29 f.). Dieses Argument taugt allerdings kaum zur Rechtfertigung einer Änderung der Gesetzesauslegung, war dieser Gesichtspunkt doch bereits nach der Einführung des § 7 Satz 2 durch das BetrVerf-ReformG als Argument für eine vollständige Einbeziehung der Leiharbeitnehmer angeführt (*ArbG Frankfurt a. M.* 22.05.2002 NZA-RR 2003, 26 [28]; *Däubler* AuR 2003, 191), von dem zuständigen Senat des *BAG* aber verworfen worden, weil der Betriebsrat des Entleiherbetriebs hinsichtlich der Leiharbeitnehmer eben nicht generell, sondern nur zum Teil zuständig sei (*BAG* 18.01.1989 EzA § 9 BetrVG 1972 Nr. 4 unter B II 1b; 10.03.2004 EzA § 9 BetrVG 2001 Nr. 2 unter B I 1 a bb; s. a. *Raab* ZfA 2003, 389 [437]). Dies sieht das Gericht durchaus, begründet die Änderung seiner Rspr. sodann aber mit der Bemerkung, dass es an der Ansicht, wonach die lediglich partielle Vertretung der Leiharbeitnehmer für eine Berücksichtigung im Rahmen des § 9 nicht ausreiche, »nach erneuter Prüfung« nicht mehr festhalte (*BAG* 13.03.2013 EzA § 9 BetrVG 2001 Nr. 6 Rn. 30; zur Begründung dieser abw. Bewertung *Linsenmaier/Kiel* RdA 2014, 135 [144]). Problematisch ist daran, dass die Entscheidung, ob die partielle Vertretung der Leiharbeitnehmer eine (volle) Berücksichtigung bei den Schwellenwerten zur Folge haben soll, letztlich eine rechtspolitische ist. Genauso wie eine Nichtberücksichtigung der Leiharbeitnehmer nämlich dazu führen kann, dass der Arbeitsaufwand nicht angemessen in der Betriebsratsgröße abgebildet wird, kann eine Berücksichtigung der Leiharbeitnehmer umgekehrt zu einer übermäßigen Betriebsratsgröße führen, weil die Belastung durch einen Leiharbeitnehmer eben nicht vollständig mit der eines »regulären« Arbeitnehmers vergleichbar ist (treffend *Benecke* FS *Wank*, S. 27 [34]). Deshalb kommt den Wertentscheidungen, die sich aus dem vorhandenen gesetzlichen Rahmen ergeben, besonderes Gewicht zu. Die frühere Rspr. hatte ihre Ansicht, wonach die Leiharbeitnehmer bei den Schwellenwerten nicht zu berücksichtigen seien, aber nicht zuletzt auf den normativen Kontext des § 14 Abs. 1 und 2 AÜG sowie die Unterscheidung zwischen betriebsangehörigen und überlassenen Arbeitnehmern in § 7 Satz 1 und 2 gestützt. Diese Vorgaben waren seither unverändert. Wenn nun derselbe Senat bei personell unterschiedlicher Besetzung ohne Änderung der Gesetzeslage allein aufgrund einer abweichenden Bewertung der Interessenlage zum gegenteiligen Ergebnis gelangt, so hat dies in der Sache eher den Charakter einer rechtspolitischen Neuorientierung. Diese ist jedoch dem Gesetzgeber vorbehalten. Eine Berücksichtigung der Leiharbeitnehmer hätte daher einer Änderung der normativen Grundlage bedurft (so bereits 10. Aufl., § 7 Rn. 115; ebenso *Benecke* FS *Wank*, S. 27 [34, 38]; *Haas/Hoppe* NZA 2013, 294 [297 f.]; *Rose/HWGNRH* § 5 Rn. 71; *Wank* RdA 2017, 100 [114]; ebenso die Vorinstanz LAG Nürnberg 02.08.2011 – 7 TaBV 66/10 – juris, Rn. 42 ff.; **a. M.** *Krause* JA 2014, 308 [310]: liegt noch im Bereich richterlicher Befugnis zur normzweckorientierten Konkretisierung der gesetzlichen Vorgaben).

110 Nunmehr hat aber auch der Gesetzgeber **die Frage in § 14 Abs. 2 Satz 4 AÜG entschieden.** Die Vorschrift sieht vor, dass Leiharbeitnehmer auch im Entleiherbetrieb zu berücksichtigen sind, soweit

Bestimmungen des Betriebsverfassungsgesetzes mit Ausnahme des § 112a eine bestimmte Anzahl oder einen bestimmten Anteil von Arbeitnehmern voraussetzen. Ausweislich der Gesetzesbegründung (RegE BT-Drucks. 18/9232, S. 29) soll diese Vorschrift dem Umstand Rechnung tragen, dass der Betriebsrat seine Aufgaben nicht nur für die Stammarbeitnehmer des Betriebs wahrnehme, sondern grundsätzlich auch für die im Entleiherbetrieb eingesetzten Leiharbeitnehmer. Dies müsse auch bei der Ermittlung der Arbeitnehmerzahlen zur Erreichung der betriebsverfassungsrechtlichen Schwellenwerte Berücksichtigung finden.

Nicht geklärt und umstritten ist allerdings die Frage, ob damit die Leiharbeitnehmer – abgesehen von dem im Gesetz besonders genannten § 112a – in allen Fällen, in denen es auf eine bestimmte Anzahl von Arbeitnehmern ankommt, mitzuzählen sind, oder ob es – wie nach der Rspr. des *BAG* – hiervon **Ausnahmen im Hinblick auf Sinn und Zweck** des jeweiligen Schwellenwertes geben kann. Zwar verweist die Gesetzesbegründung darauf, dass die Tatsache, dass dem Betriebsrat Aufgaben auch in Bezug auf die Leiharbeitnehmer zukämen, »bei der Ermittlung der Arbeitnehmerzahlen zur Erreichung der betriebsverfassungsrechtlichen Schwellenwerte Berücksichtigung finden (muss), sofern dies dem Sinn und Zweck der jeweiligen Norm entspricht«. Außerdem heißt es dort, dass der Gesetzgeber mit der Neuregelung »die geänderte Rechtsprechung des Bundesarbeitsgerichts zum Mitzählen von Leiharbeitnehmern bei betriebsverfassungsrechtlichen Schwellenwerten im Entleiherbetrieb« aufgreife. Die Frage, ob die Leiharbeitnehmer mitzuzählen seien, sei »danach für jeden Schwellenwert gesondert anhand dessen Zwecksetzung zu prüfen« (RegE BT-Drucks. 18/9232, S. 29). Diese Einschränkung hat jedoch im Gesetzeswortlaut keinen Ausdruck gefunden. Dennoch wird man hieraus nicht schließen können, dass eine Nichtberücksichtigung der Leiharbeitnehmer selbst dann ausgeschlossen sein soll, wenn dies dem Sinn und Zweck des Schwellenwertes eher entspricht (zutr. *Oetker* NZA 2017, 29 [32 f.] bezogen auf die Berücksichtigung der Leiharbeitnehmer bei der Unternehmensmitbestimmung nach § 14 Abs. 2 Satz 5 und 6 AÜG; ebenso *Schubert/Liese* NZA 2016, 1297 [1302]; für eine Einschränkung bei § 14 Abs. 2 Satz 4 AÜG *Wank* RdA 2017, 100 [115]; skeptisch *Jacobs* § 9 Rdn. 13 f.; **a. M.** *Deinert* RdA 2017, 65 [81]; *Motz*/Beck-OK § 14 AÜG Rn. 17; *Wiebauer*/LK § 7 Rn. 26; ebenso zu § 14 Abs. 2 Satz 5 und 6 AÜG *Bungert/Rogier* DB 2016, 3022 [3025]). Eine solche **teleologische Reduktion** (so *Oetker* NZA 2017, 29 [32 f.]; *ders.* JArbR 53 (2016), S. 47 [61]; abw. *Wank* RdA 2017, 100 [115], der eine teleologische Interpretation für möglich hält) würde sich nur dann verbieten, wenn der Gesetzgeber den Willen, eine abschließende Regelung zu treffen, die keine Ausnahmen zulässt, eindeutig zum Ausdruck gebracht hätte. Davon kann keine Rede sein. Vielmehr hätte man dann in der Gesetzesbegründung statt einer Referenz auf die bisherige Rspr. zumindest eine Andeutung erwarten müssen, aus der hervorgeht, dass der Gesetzgeber über die Linie des *BAG* hinausgehen und die Berücksichtigung der Leiharbeitnehmer bei den Schwellenwerten ohne Rücksicht auf die ratio legis anordnen möchte.

Dem lässt sich nicht entgegenhalten, dass damit der Zweck der Neuregelung, für Rechtsklarheit zu sorgen und die Arbeit der Betriebsräte im Einsatzbetrieb zu erleichtern (RegE BT-Drucks. 18/9232, S. 29), konterkariert würde (so *Motz*/Beck-OK § 14 AÜG Rn. 17; für § 14 Abs. 2 Satz 5 und 6 AÜG *Bungert/Rogier* DB 2016, 3022 [3025]). Im Unterschied zur früheren Rechtslage ist die Frage der Berücksichtigung der Leiharbeitnehmer nämlich nicht mehr gänzlich offen und von der Beurteilung des jeweiligen Normzwecks abhängig. Vielmehr hat der Gesetzgeber mit der Einführung des § 14 Abs. 2 Satz 4 AÜG eine Grundsatzentscheidung getroffen. So heißt es in der Gesetzesbegründung, dass »Leiharbeitnehmer bei der Berechnung der betriebsverfassungsrechtlichen Schwellenwerte *grundsätzlich* zu berücksichtigen sind« (RegE BT-Drucks. 18/9232, S. 29). Nach dem Willen des Gesetzgebers besteht also ein **Regel-Ausnahme-Prinzip** (in der Sache ebenso *Oetker* NZA 2017, 29 [33]: Verschiebung der Begründungslast). Im Regelfall zählen die Leiharbeitnehmer genauso mit wie die Arbeitnehmer des Betriebs i. S. d. § 7 Satz 1. Hiervon kann es Ausnahmen geben, wenn eine Berücksichtigung bei den Schwellenwerten dem Sinn und Zweck der Norm widersprechen würde. Diese Ausnahme bedarf allerdings einer besonderen Begründung. **Orientierungspunkt** ist dabei die im Gesetz ausdrücklich genannte **Ausnahme in Bezug auf den Schwellenwert des § 112a**. Dieser war eingeführt worden, um den Arbeitgebern die Sorge vor unberechenbar hohen Sozialplankosten selbst bei kleineren Betriebsänderungen zu nehmen und auf diese Weise Anreize für mehr Beschäftigung zu setzen (RegE BT-Drucks. 10/2102, S. 17 f.). Im Hinblick auf diesen Zweck leuchtet es unmittelbar ein, dass Leiharbeitnehmer bei der Berechnung der Schwellenwerte keine Berücksichtigung finden können. Für sie ist ein Personalabbau in dem Einsatzbetrieb nicht gleichbedeutend mit dem Verlust oder der Gefährdung ihres Arbeitsplatzes, da das Arbeitsverhältnis mit dem Verleiher fortbesteht, dieser sie also bei anderen Entleiherunternehmen einsetzen kann. Die Beendigung des Arbeitseinsatzes infolge der Beendigung des Überlassungsvertrages zwischen dem Betriebsinhaber und dem Verleiher stellt daher auch keine Entlassung i. S. d. Vorschrift dar. Hieraus lässt sich schließen, dass eine Einschränkung des § 14 Abs. 2 Satz 4 AÜG insbesondere dann in Betracht kommt, wenn es bei den Schwellenwerten auf die Zahl der von einer mitbestimmungspflichtigen Maßnahme betroffenen Arbeitnehmer ankommt.

113 Hiervon ausgehend ist zunächst festzuhalten, dass die Leiharbeitnehmer bei den **organisatorischen und wahlbezogenen Schwellenwerten** zu berücksichtigen sind. Dies bringt auch die Gesetzesbegründung zum Ausdruck (RegE BT-Drucks. 18/9232, S. 29). Der Sinn und Zweck der Schwellenwerte gebietet insoweit keine Einschränkung. Die Schwellenwerte in den Vorschriften über die Betriebsratswahl und in den Vorschriften über die Binnenorganisation der Betriebsratstätigkeit dienen typischerweise dazu, den mit steigender Zahl der repräsentierten Arbeitnehmer zunehmenden Arbeitsaufwand des Betriebsrats durch eine höhere Zahl von Mitgliedern (§ 9), eine Arbeitsteilung durch Bildung von Ausschüssen (§§ 28, 28a) oder der Freistellung von Betriebsratsmitgliedern (§ 38 Abs. 1) zu kompensieren (s. Rdn. 111). Da der Betriebsrat im Entleiherbetrieb in erheblichem Umfang Mitwirkungsrechte auch in Bezug auf die Leiharbeitnehmer ausübt, dürfte zumindest bei diesen Vorschriften der Zweck der Regelung einer Berücksichtigung nicht entgegenstehen, so dass es bei dem in § 14 Abs. 2 Satz 4 AÜG geregelten Prinzip bleibt. Folglich zählen die Leiharbeitnehmer nach der Neuregelung bei den Schwellenwerten der § 1 Abs. 1 (**a. M.** *Franzen* § 1 Rdn. 101, weil es sich nicht um »ständige« Arbeitnehmer handele), § 9 (*Jacobs* § 9 Rdn. 14), § 13 Abs. 2 Nr. 1 (*Jacobs* § 13 Rdn. 41), § 14a Abs. 1 Satz 1 und Abs. 5 (*Jacobs* § 14a Rdn. 15, 117), § 28 Abs. 1 Satz 1 (§ 28 Rdn. 18), § 28a Abs. 1 Satz 1 (§ 28a Rdn. 10), § 38 Abs. 1 (*Weber* § 38 Rdn. 14) genauso mit wie Arbeitnehmer, die aufgrund einer unmittelbaren arbeitsvertraglichen Beziehung zum Betriebsinhaber im Betrieb tätig sind.

114 Einschränkungen kommen in Bezug auf die **Schwellenwerte bei den Beteiligungsrechten** in Betracht. Allerdings wird man hier berücksichtigen müssen, dass der Gesetzgeber die bisherige Rechtsprechung des *BAG* im Prinzip bestätigen wollte. Wenn und soweit das Gericht in seiner bisherigen Rechtsprechung die Leiharbeitnehmer bei der Berechnung der Schwellenwerte in einzelnen Mitbestimmungstatbeständen berücksichtigt hatte, wird man daher nach der Neuregelung kaum zu einer abweichenden Bewertung gelangen können. Vielmehr hätte es hierfür eines Hinweises des Gesetzgebers bedurft, dass und in welchen Fällen er die Berücksichtigung der Leiharbeitnehmer entgegen der Rechtsprechung des *BAG* als mit dem Zweck der Norm unvereinbar ansieht. Aus diesem Grund dürfte die Neuregelung zumindest im Hinblick auf den Schwellenwert des § 111 als Entscheidung für eine Einbeziehung der Leiharbeitnehmer anzusehen sein, da der Gesetzgeber sich in der Begründung ausdrücklich auf die entsprechende Entscheidung des *BAG* bezieht (hierzu *Oetker* § 111 Rdn. 27 f.). Zudem sieht § 14 Abs. 2 Satz 4 AÜG ausdrücklich vor, dass die Leiharbeitnehmer bei den Schwellenwerten des § 112a nicht mitzuzählen sind. Wenn der Gesetzgeber die Leiharbeitnehmer entgegen der bisherigen Rechtsprechung auch im Rahmen des § 111 Satz 1 hätte unberücksichtigt lassen wollen, hätte es nahegelegen, auch insoweit eine ausdrückliche Ausnahme vorzusehen. Dagegen liegt zu den Schwellenwerten der §§ 95 Abs. 2, 99 Abs. 1, 106 Abs. 1 bislang noch keine Rechtsprechung vor. Hier ist also anhand des Normzwecks zu entscheiden, ob (ausnahmsweise) die Leiharbeitnehmer bei der Berechnung der Arbeitnehmerzahl unberücksichtigt bleiben (s. § 95 Rdn. 28, § 99 Rdn. 7, *Oetker* § 106 Rdn. 36).

115 Dass Leiharbeitnehmer nach § 14 Abs. 2 Satz 4 AÜG bei der Berechnung der Schwellenwerte zu berücksichtigen sind, bedeutet lediglich, dass sie den Stammarbeitnehmern gleichzustellen sind, eine Berücksichtigung also nicht allein deshalb abgelehnt werden darf, weil sie nicht aufgrund eines mit dem Betriebsinhaber geschlossenen Arbeitsvertrages tätig sind und daher zu diesem nur ein »unvollständiges Arbeitsverhältnis« besteht. Häufig finden sich in den Regelungen der Schwellenwerte aber **weitere Voraussetzungen**, insbesondere dass es sich um »in der Regel« beschäftigte oder »wahlberechtigte« Arbeitnehmer handeln muss. Diese Voraussetzungen müssen **zusätzlich vorliegen**, werden also – wie die Gesetzesbegründung formuliert – durch § 14 Abs. 2 Satz 4 AÜG »nicht fingiert« (RegE BT-Drucks. 18/9232, S. 29).

Bei der Einbeziehung der Leiharbeitnehmer in die Schwellenwerte werfen diese zusätzlichen Erfordernisse aber Fragen auf, die durch die gesetzliche Regelung nicht beantwortet werden. So stellt sich einmal das Problem, ob für die Frage, ob ein Leiharbeitnehmer zu den »**in der Regel**« beschäftigten Arbeitnehmern zählt, auf die konkrete Person des Leiharbeitnehmers oder auf den von diesem besetzten Arbeitsplatz abzustellen, d. h. ob eine **personen- oder eine betriebsbezogene Betrachtung** anzustellen ist. Dies ist deshalb von besonderer Brisanz, weil kürzere Überlassungszeiten der einzelnen Leiharbeitnehmer bei einer personenbezogenen Betrachtung dazu führen könnten, dass diese nicht mitzuzählen sind, selbst wenn der Arbeitsplatz längerfristig besteht, also entweder durch eine Leiharbeitnehmer oder einen Arbeitnehmer der Stammbelegschaft besetzt wird. Dies widerspräche zumindest bei den Schwellenwerten, die einer zunehmenden Arbeitsbelastung des Betriebsrats bei einer steigenden Zahl von Arbeitnehmern Rechnung tragen sollen (etwa §§ 9, 38), evident der gesetzgeberischen Intention (s. Rdn. 113). Eine hohe Fluktuation der Leiharbeitnehmer führt nämlich eher zu einem Anwachsen der Betriebsratstätigkeit als zu einer Entlastung. Dies war nicht zuletzt einer der Gründe, die das *BAG* zur Änderung seiner Rspr. bewogen haben (*BAG* 13.03.2013 EzA § 9 BetrVG 2001 Nr. 6 Rn. 32; *Linsenmaier/Kiel* RdA 2014, 135 [144]). Für die Arbeitnehmerzahl ist daher maßgeblich, wie viele Leiharbeitnehmer regelmäßig im Betrieb beschäftigt werden (hiervon geht das *BAG* gleichsam selbstverständlich aus; *BAG* 13.03.2013 EzA § 9 BetrVG 2001 Nr. 6 Rn. 35; 18.01.2017 – 7 ABR 60/15 – juris, Rn. 34 f.; ebenso *Linsenmaier/Kiel* RdA 2014, 135 [145]; *Talkenberg* NZA 2017, 473 [477]; *Trümner/DKKW* § 5 Rn. 90; *Zimmermann* DB 2014, 2591 [2592]). Aber auch wenn die Schwellenwerte dazu dienen, die Anwendbarkeit bestimmter Vorschriften von der Größe der Organisationseinheit abhängig zu machen und damit der besonderen Interessenlage sowie der geringeren organisatorischen oder wirtschaftlichen Belastbarkeit kleinerer Betriebe oder Unternehmen Rechnung zu tragen (etwa §§ 95 Abs. 2, 99, 111), würde es wohl dem Sinn und Zweck der Regelung widersprechen, auf den individuellen Leiharbeitnehmer abzustellen. Der schlichte Austausch der konkreten Person ändert schließlich nichts an der Struktur der Organisationseinheit. Solange der Arbeitsplatz fortbesteht und von einer anderen Person besetzt wird, bleibt er für deren Größe kennzeichnend. Die Frage kann also nur sein, ob bestimmte Arbeitsplätze innerhalb des Betriebs regelmäßig mit Leiharbeitnehmern besetzt sind, nicht dagegen, ob der einzelne Leiharbeitnehmer regelmäßig im Betrieb eingesetzt wird (ebenso *Talkenberg* NZA 2017, 473 [477]; wohl auch *Linsenmaier/Kiel* RdA 2014, 135 [148]; missverständlich insoweit *BAG* 18.10.2011 EzA § 111 BetrVG 2001 Nr. 8 = AP Nr. 70 zu § 111 BetrVG 1972 Rn. 22, das auf die Dauer des individuellen Arbeitseinsatzes abstellt). Aus diesem Grunde sind Leiharbeitnehmer **nicht zu berücksichtigen**, wenn und solange sie **als Vertretung für Stammarbeitnehmer eingesetzt** werden, weil es dann nur um einen Arbeitsplatz geht und dieser ansonsten doppelt berücksichtigt würde (*Hamann* GedS *Wörlen*, S. 519 [533]; *Krause* ZIP 2014, 2209 [2219]; s. a. Rdn. 58). Dies gilt selbstverständlich nur, sofern die Verhinderung die Betriebszugehörigkeit des Stammarbeitnehmers unberührt lässt, was aber regelmäßig der Fall sein dürfte (s. Rdn. 56 ff.). **116**

Von der vorstehend behandelten Problematik zu unterscheiden ist die Frage, auf welchen Zeitraum es im Hinblick auf die Ermittlung der Arbeitnehmerzahl ankommt. Das *BAG* stellt bei der Ermittlung der »in der Regel Beschäftigten« auf die **Personalstärke ab, die für den Betrieb im Allgemeinen kennzeichnend** ist (*BAG* 18.01.2017 – 7 ABR 60/15 – juris, Rn. 34). Hierfür sei nicht allein der Personalbestand in der Vergangenheit zugrunde zu legen, sondern es bedürfe zusätzlich einer Prognose über die weitere Entwicklung der Beschäftigung. Bei Arbeitnehmern, die nicht ständig, sondern lediglich zeitweilig beschäftigt würden, komme es für die Frage der »regelmäßigen Beschäftigung« darauf an, ob sie normalerweise während des größten Teils eines Jahres, d. h. länger als sechs Monate beschäftigt würden (*BAG* 16.11.2004 EzA § 111 BetrVG 2001 Nr. 2 unter I 3; 07.05.2008 EzA § 9 BetrVG 2001 Nr. 4 Rn. 17; 18.01.2017 – 7 ABR 60/15 – juris, Rn. 34). Diesen Maßstab wendet das *BAG* auch bei den Leiharbeitnehmern an. Leiharbeitnehmer sind also bei den Schwellenwerten mitzuzählen, wenn die Leiharbeit längerfristig als Instrument zur Deckung des Personalbedarfs genutzt wird (*BAG* 18.01.2017 – 7 ABR 60/15 – juris, Rn. 34; *LAG Rheinland-Pfalz* 06.03.2015 – 1 TaBV 23/14 – juris, Rn. 22 ff.; *Krause* ZIP 2014, 2209 [2219]). Überträgt man dies, wären Leiharbeitnehmer als »in der Regel« Beschäftigte zu berücksichtigen, wenn die **Dauer des Leiharbeitnehmereinsatzes** innerhalb eines Kalenderjahres **mehr als sechs Monate** beträgt. Die mit Leiharbeitnehmern besetzten Arbeitsplätze wären dann bei der Ermittlung der Schwellenwerte mitzuzählen (*Löwisch/Wegmann* BB 2017, 373 [375]; *Weber* § 38 Rdn. 15). **117**

118 Eine ähnliche Problematik ergibt sich, wenn das Gesetz hinsichtlich der Schwellenwerte auf die »ständigen« oder »**ständig beschäftigten**« Arbeitnehmer abstellt (so in § 1 Abs. 1, § 106 Abs. 1). Zu § 1 Abs. 1 wird die Ansicht vertreten, dass diesem Erfordernis eine von dem Begriff des »in der Regel« Beschäftigten abweichende Bedeutung zukomme und es nicht auf die für den Betrieb insgesamt charakteristische Personalstärke, sondern auf die Beschäftigungsdauer des individuellen Arbeitnehmers ankomme (*Franzen* § 1 Rdn. 100; *Richardi* § 1 Rn. 113; *Rose*/HWGNRH § 1 Rn. 73, 75; **a. M.** *Hamann* GedS *Wörlen*, S. 519 [533 f.]; *Koch*/ErfK § 1 BetrVG Rn. 21; *Linsenmaier*/*Kiel* RdA 2014, 135 [145]; *Talkenberg* NZA 2017, 473 [477]: es komme auf die Besetzung der »Arbeitsplätze für Leiharbeitnehmer« an; *Trümner*/DKKW § 1 Rn. 242; wohl auch *Fitting* § 1 Rn. 276: »ständig« beziehe sich auf die Arbeitsaufgabe). Dies liegt nahe, da das Gesetz etwa in § 1 Abs. 1 von »in der Regel mindestens fünf ständigen wahlberechtigten Arbeitnehmern« spricht, also beide Begriffe verwendet, so dass ein identischer Begriffsinhalt zu einer sinnlosen Tautologie führen würde (so auch *Talkenberg* NZA 2017, 473 [477]). Andererseits stellt sich damit die Frage, ob Leiharbeitnehmer mitgezählt werden können. Dies gilt einmal, wenn sie nur ganz kurzfristig eingesetzt werden, aber auch generell, nachdem die Höchstüberlassungsdauer durch § 1 Abs. 1b Satz 1 AÜG (wieder) auf 18 Monate begrenzt worden ist (aus diesem Grunde gegen eine Berücksichtigung der Leiharbeitnehmer *Aszmons*/*Homborg*/*Gerum* GmbHR 2017, 130 [133] zu § 106; *Franzen* § 1 Rdn. 101; *Motz*/Beck-OK § 14 AÜG Rn. 18; ebenso *Löwisch*/*Wegmann* BB 2017, 373 [375], die aber Ausnahmen bei einem längerfristigen Einsatz machen wollen; **a. M.** *Hamann* GedS *Wörlen*, S. 519 [534]; *Linsenmaier*/*Kiel* RdA 2014, 135 [145]). Ein genereller Ausschluss im Hinblick auf die Höchstüberlassungsdauer erscheint problematisch, würde er doch dazu führen, dass die Bildung von Betriebsräten stets ohne Rücksicht auf die sonstige Struktur des Betriebs ausgeschlossen wäre, wenn der Arbeitgeber den Anteil der Stammbelegschaft auf vier Arbeitnehmer begrenzen und ansonsten Leiharbeitnehmer einsetzen würde (*Linsenmaier*/*Kiel* RdA 2014, 135 [145]; gegen einen generellen Ausschluss auch *Oetker* § 106 Rdn. 38). Im Übrigen müsste man dann konsequenterweise auch befristet beschäftigte Arbeitnehmer unberücksichtigt lassen, wenn die Dauer der Befristung 18 Monate nicht überschreitet. Andererseits wird man auch nicht einfach auf das »ständige Bestehen des Arbeitsplatzes« abstellen können (so aber *Hamann* GedS *Wörlen*, S. 519 [534]; *Koch*/ErfK § 1 BetrVG Rn. 21; *Trümner*/DKKW § 1 Rn. 242; im Ergebnis auch *Talkenberg* NZA 2017, 473 [477]: Arbeitsplätze für Leiharbeitnehmer seien bei Besetzung auf unbestimmte Zeit zu berücksichtigen), weil dann dieses Tatbestandsmerkmal bedeutungslos wäre. Die Lösung müsste darin liegen, die Dauer der individuellen Beschäftigung bei Leih- und Stammarbeitnehmern in gleicher Weise zu berücksichtigen. Denkbar wäre daher, Leiharbeitnehmer bei kurzfristiger individueller Überlassungsdauer nicht zu den »ständigen« Arbeitnehmer zu zählen. Derselbe Maßstab wäre dann aber auch bei den übrigen Arbeitnehmern anzulegen, wenn sie lediglich kurzzeitig – etwa befristet – aufgrund eines Arbeitsvertrags mit dem Betriebsinhaber im Betrieb tätig werden.

119 Ein weiteres Problem stellt sich, wenn das Gesetz von »**wahlberechtigten Arbeitnehmern**« spricht (§ 1 Abs. 1, § 9 Satz 1 [ab der dritten Staffel], § 23 Abs. 1). Hier verbietet sich eine betriebsbezogene Betrachtung, da das Bestehen des Wahlrechts an die Person des Leiharbeitnehmers gebunden ist (s. Rdn. 100). Leiharbeitnehmern steht das Wahlrecht aber erst ab einer dreimonatigen Dauer des Arbeitseinsatzes zu. Die bisherigen Stellungnahmen gehen daher davon aus, dass Leiharbeitnehmer in diesen Fällen nur mitzuzählen sind, wenn sie die Voraussetzungen des § 7 Satz 2 erfüllen (*Löwisch*/*Wegmann* BB 2017, 373 [375]; *Trümner*/DKKW § 5 Rn. 90). Dem ist uneingeschränkt zuzustimmen, sofern es um Rechte geht, die nach ihrem Sinn und Zweck das Recht zur aktiven Beteiligung an der Betriebsratswahl voraussetzen. So muss sich etwa das in § 23 Abs. 1 geforderte Quorum an der Zahl der Arbeitnehmer orientieren, die dem Betriebsrat über die Wahl die erforderliche Legitimation verschaffen können. Schwieriger ist die Situation in den Fällen, in denen die Schwellenwerte der Größe des Betriebs Rechnung tragen sollen. Da bei den Stammarbeitnehmern das Wahlrecht nicht von einer Mindestvertragsdauer abhängig ist (s. Rdn. 39), würde sich eine Berücksichtigung sämtlicher Wahlrechtsvoraussetzungen dahingehend auswirken, dass die Arbeitsplätze der Stammarbeitnehmer stets, die mit Leiharbeitnehmern besetzten Arbeitsplätze dagegen nur zu berücksichtigen wären, wenn die Einsatzdauer drei Monate übersteigt. Man käme im Rahmen der Schwellenwerte also u. U. zu unterschiedlichen Ergebnissen je nachdem, ob der Arbeitgeber einen dauerhaft bestehenden Arbeitsplatz ständig mit kurzfristig beschäftigten Aushilfen oder mit Leiharbeitnehmern besetzt. Insoweit ist zu bedenken, dass das Erfordernis der Wahlberechtigung vor der Einführung des § 14 Abs. 2

Satz 4 AÜG (und der vorangegangenen Änderung der Rspr.) ausschließlich Bedeutung für die minderjährigen Arbeitnehmer hatte, also im Hinblick auf das Wahlalter. Nunmehr würde durch die Einbeziehung der Leiharbeitnehmer auch die Dauer der Tätigkeit im Betrieb eine Rolle spielen, allerdings beschränkt auf die Gruppe der Leiharbeitnehmer. Funktional und im Hinblick auf den Sinn und Zweck der Schwellenwerte bestehen jedoch keine Unterschiede, die eine solche Ungleichbehandlung rechtfertigen würde. Aus diesem Grunde wäre zu überlegen, im Wege der systematisch-teleologischen Auslegung das Merkmal der Wahlberechtigung im Zusammenhang mit den Schwellenwerten bei den Leiharbeitnehmern ebenfalls nur auf das Wahlalter zu beziehen.

Aus dem **Unionsrecht** ergeben sich für die Frage der Behandlung der Leiharbeitnehmer im Entleiherbetrieb im Hinblick auf die Schwellenwerte **keine verbindlichen Vorgaben**. Art. 7 Abs. 1 RL 2008/104/EG sieht vor, dass Leiharbeitnehmer im Leiharbeitsunternehmen (also beim Verleiher, Art. 3 Abs. 1 lit. b RL 2008/104/EG) bei der Berechnung der Schwellenwerte für die Errichtung von Arbeitnehmervertretungen berücksichtigt werden. Die Mitgliedstaaten können jedoch nach Art. 7 Abs. 2 RL 2008/104/EG stattdessen auch eine Berücksichtigung im entleihenden Unternehmen vorsehen. Zwischen beiden Varianten haben die Mitgliedstaaten nach Art. 7 Abs. 3 RL 2008/104/EG die Wahl. Hieraus lässt sich entnehmen, dass eine Regelung, welche die Leiharbeitnehmer ausschließlich dem Verleiher- oder ausschließlich dem Entleiherbetrieb zuordnet, in jedem Fall richtlinienkonform ist. Nicht richtlinienkonform wäre lediglich eine Regelung, wonach die Leiharbeitnehmer weder im Verleiher- noch im Entleiherbetrieb zu berücksichtigen wären (*Forst* in: *Schlachter/Heinig* EuropAuS § 16 Rn. 83). Die deutsche Regelung in § 14 Abs. 1 AÜG genügt also ohne Weiteres diesen Anforderungen (*Hamann* EuZA 2009, 287 [322]; *Raab* ZfA 2003, 389 [438]; *Rebhahn/Schörghofer*/EuArbR Art. 7 RL 2008/104/EG Rn. 2). Ebenfalls zulässig ist es, die Leiharbeitnehmer in beiden Betrieben bei der Berechnung der Schwellenwerte zu berücksichtigen. Hierfür spricht zum einen, dass es sich nach Art. 9 Abs. 1 RL 2008/104/EG nur um Mindestregelungen handelt, für den Arbeitnehmer günstigere Regelungen also möglich sind. Zum anderen sind die Mitgliedstaaten, wenn sie die Leiharbeitnehmer beim Entleiher mitzählen, nach Art. 7 Abs. 3 RL 2008/104/EG »nicht verpflichtet, Abs. 1 umzusetzen«. Dies bedeutet umgekehrt, dass sie durchaus dazu berechtigt sind, der Richtlinie einer doppelten Zuordnung also nicht entgegensteht (*Hamann* EuZA 2009, 287 [322]; *Rebhahn/Schörghofer*/EuArbR Art. 7 RL 2008/104/EG Rn. 1; *Rieble* NZA 2012, 485 [487]). Andererseits wäre auch eine Regelung i. S. d. früheren Rspr., wonach die Leiharbeitnehmer zwar wählen, aber bei den Schwellenwerten nicht mitzählen, mit dem Unionsrecht vereinbar. Aus Art. 2 lit. d RL 2002/14/EG lässt sich – auch unter Berücksichtigung der Rspr. des *EuGH* (hierzu § 5 Rdn. 18 ff.) – nichts Gegenteiliges entnehmen (*Linsenmaier/Kiel* RdA 2014, 135 [142]; **a. M.** *Schlachter* EuZA 2015, 149 [152]). Hinsichtlich der betriebsverfassungsrechtlichen Stellung der Leiharbeitnehmer geht die Leiharbeitsrichtlinie der Anhörungsrichtlinie als speziellere Regelung eindeutig vor. Da die Leiharbeitsrichtlinie den Mitgliedstaaten ein Wahlrecht gibt, lässt sich kaum aus der Anhörungsrichtlinie als allgemeiner Regelung der Arbeitnehmerbeteiligung eine Pflicht zur doppelten Zuordnung ableiten.

(4) Anwendung sonstiger Vorschriften

Schon nach bisheriger Rechtslage waren Leiharbeitnehmer, denen nach § 7 Satz 2 das aktive Wahlrecht zusteht, stets erfasst, wenn in den Vorschriften des Gesetzes und der WO von »**Wahlberechtigten**« die Rede ist (§ 16 Abs. 1 und 2 Satz 1, § 19 Abs. 2 BetrVG [Wahlanfechtungsberechtigung]; s. a. §§ 1, 2, 4 Abs. 3, §§ 24, 35 Abs. 1 WO). Nichts anderes gilt, wenn Vorschriften die Formulierung »wahlberechtigte Arbeitnehmer« verwenden, die Auslegung aber ergibt, dass damit schlechthin alle Wahlberechtigten gemeint sind. Das betrifft insbesondere die Vorschriften über die Wahlen und das Wahlverfahren. So haben auch die nach Satz 2 Wahlberechtigten das Recht, Wahlvorschläge zu machen (§ 14 Abs. 3 BetrVG; § 6 Abs. 1, § 33 WO) und zu unterzeichnen (§ 14 Abs. 4 BetrVG; § 6 Abs. 5 WO), in einer Wahlversammlung (in der sie nach § 14 Abs. 2 Satz 2 AÜG teilnahmeberechtigt sind) den Wahlvorstand mitzuwählen (§ 17 Abs. 2, § 17a Nr. 3 BetrVG; § 29 WO), beim Arbeitsgericht die Bestellung eines Wahlvorstandes zu beantragen (§ 17 Abs. 4, § 17a Nr. 4). Auch bei der Ermittlung des Stimmgewichts der Gesamtbetriebsratsmitglieder zählen sie mit (s. *Kreutz/Franzen* § 47 Rdn. 64; **a. M.** *Löwisch* BB 2001, 1734 [1737]); ebenso in § 16 Abs. 2 Satz 3.

122 § 14 Abs. 2 Satz 2 und 3 AÜG räumt den Leiharbeitnehmern auch im Bereich der materiellen Betriebsverfassung im Entleiherbetrieb hinsichtlich des **Besuchs der Sprechstunden** und der **Teilnahme an den Betriebsversammlungen** und den Jugend- und Auszubildendenversammlungen dieselben Rechte wie den Stammarbeitnehmern ein. Außerdem können sie die in §§ 81, 82 Abs. 1, 84 bis 86 geregelten Individualrechte geltend machen. Schließlich ist der Betriebsrat des Entleiherbetriebs gem. § 14 Abs. 3 AÜG bei der Übernahme eines Leiharbeitnehmers nach **§ 99 zu beteiligen** (hierzu § 99 Rdn. 258 ff.). Es besteht Einigkeit darüber, dass diese Regelungen keinen abschließenden Charakter haben (RegE BT-Drucks. 9/847, S. 9). Dem im Entleiherbetrieb gebildeten Betriebsrat können also **weitere Beteiligungsrechte** in Bezug auf die Leiharbeitnehmer zustehen (BAG 15.12.1992 EzA § 14 AÜG Nr. 3). Ob und unter welchen Voraussetzungen dies der Fall ist, ist im Wege der Auslegung unter Berücksichtigung des Zwecks des Beteiligungsrechtes und der sich aus der Aufspaltung der Arbeitgeberstellung folgenden Verteilung der Rechte und Pflichten in dem Dreiecksverhältnis zwischen Verleiher, Leiharbeitnehmer und Entleiher zu entscheiden (hierzu § 5 Rdn. 120 ff.).

bb) Erlaubnisfreie Arbeitnehmerüberlassung

123 Bei erlaubnisfreier Arbeitnehmerüberlassung im Rahmen einer nichtwirtschaftlichen Tätigkeit (früher: nicht gewerbsmäßige Arbeitnehmerüberlassung, sog. »echte Leiharbeit«), die in der Praxis häufig vorkommt (z. B. bei Arbeitsmangel beim Verleiher, vorübergehender Mehrarbeitsbelastung oder Ausfall von Stammpersonal beim Entleiher, Einarbeitung von Arbeitnehmern des Entleihers durch Spezialisten des Verleihers, vorübergehender Arbeitsplatzwechsel im Konzern), ist die Betriebszugehörigkeit mangels gesetzlicher Regelung und mangels Erlaubnispflicht nach § 1 Abs. 1 AÜG auch nach Inkrafttreten des § 14 AÜG streitig. Überwiegend wird die Ansicht vertreten, dass **§ 14 AÜG** auf die erlaubnisfreie (früher: nicht gewerbsmäßige) Arbeitnehmerüberlassung wegen Gleichheit der Interessenlage **entsprechend anzuwenden** und der Leiharbeitnehmer deshalb gemäß § 14 Abs. 1 AÜG nur dem Verleiherbetrieb (vollständig) zuzurechnen sei (BAG 18.01.1989 EzA § 14 AÜG Nr. 1 S. 12; 18.01.1989 EzA § 9 BetrVG 1972 Nr. 4 S. 9 = AuR 1990, 55 [abl. *Ziemann*]; 22.03.2000 EzA § 14 AÜG Nr. 4 S. 6 f.; 10.03.2004 EzA § 9 BetrVG 2001 Nr. 2; 20.04.2005 EzA § 14 AÜG Nr. 5 unter B II 2d [*Hamann*]; 17.02.2010 AP Nr. 14 zu § 8 BetrVG 1972 = EzA § 8 BetrVG 2001 Nr. 2; *F. Becker* AuR 1982, 369 [378]; *Becker/Kreikebaum* Zeitarbeit, 2. Aufl. 1982, S. 45; *Becker/Wulfgramm* AÜG, Art. 1 § 14 Rn. 34; *Gotthardt/Roloff/HWK* § 14 AÜG Rn. 5; *Joost/MünchArbR*, § 216 Rn. 51; *Koch/ErfK* § 7 BetrVG Rn. 6; *Rost* NZA 1999, 113 [116]; *Stege/Weinspach* § 7 Rn. 7). Vor allem das *BAG* hat in seinen Entscheidungen darauf abgestellt, dass die Unterscheidung zwischen gewerbs- und nichtgewerbsmäßiger Arbeitnehmerüberlassung für das Betriebsverfassungsrecht irrelevant sei (BAG 10.03.2004 EzA § 9 BetrVG 2001 Nr. 2 unter B I 2a bb; 17.02.2010 EzA § 8 BetrVG 2001 Nr. 2 Rn. 30). Diejenigen, die auch bei der erlaubnispflichtigen (früher: gewerbsmäßigen) Arbeitnehmerüberlassung eine **doppelte Betriebszugehörigkeit** annehmen, befürworten dagegen eine solche doppelte Zuordnung zum Verleiher- und zum Entleiherbetrieb konsequenterweise auch bei der erlaubnisfreien (früher: nicht gewerbsmäßigen) Arbeitnehmerüberlassung (vgl. *Christiansen* Betriebszugehörigkeit, S. 123 f.; *Fitting* § 5 Rn. 234 f., 238; *Schüren/Hamann* AÜG, § 14 Rn. 22 ff., 447; *Trümner/DKKW* § 5 Rn. 97; *Weiss/Weyand* § 7 Rn. 6).

124 Demgemäß besteht weitgehend **Einigkeit** darüber, dass die **Unterschiede zwischen erlaubnispflichtiger und nicht erlaubnispflichtiger** (früher: gewerbsmäßiger und nicht gewerbsmäßiger) **Arbeitnehmerüberlassung eine Differenzierung** im Hinblick auf die Beurteilung der betriebsverfassungsrechtlichen Zugehörigkeit der Leiharbeitnehmer zum Entleiherbetrieb **nicht rechtfertigen** können. Dem ist zuzustimmen. Ob die Überlassung im Rahmen einer wirtschaftlichen Tätigkeit erfolgt oder nicht, besagt vor allem etwas über die Motivation und Zwecksetzung des Verleihers. Aufgrund der mit einer Überlassung aus wirtschaftlichen Motiven typischerweise einhergehenden Gefährdung der Interessen des Leiharbeitnehmers hat das Gesetz diese Form der Arbeitnehmerüberlassung besonderen Regeln unterworfen, insbesondere an eine behördliche Erlaubnis gekoppelt, welche die Zuverlässigkeit des Verleihunternehmens sicherstellen soll. Für die betriebsverfassungsrechtliche Zuordnung kann es dagegen allein darauf ankommen, wie das Rechtsverhältnis zwischen dem Inhaber des Einsatzbetriebs und dem Arbeitnehmer ausgestaltet ist, insbesondere ob und in welchem Umfang dieses durch Typuselemente des Arbeitsvertrags geprägt ist (Rdn. 26). Ist der Arbeitnehmer i. S. d. § 1

Abs. 1 Satz 2 AÜG dem Entleiher zur Arbeitsleistung überlassen, d. h. ist der Entleiher berechtigt, das arbeitsvertragliche Weisungsrecht nach § 106 GewO auszuüben und die Arbeitsleistung näher zu konkretisieren und damit den Arbeitnehmer im Einsatzbetrieb wie einen eigenen Arbeitnehmer einzusetzen, so bestehen insoweit keine relevanten Unterschiede zur erlaubnispflichtigen Arbeitnehmerüberlassung. Die Frage kann daher nur sein, ob dieses unvollständige Arbeitsverhältnis genügt, um den Arbeitnehmer (auch) dem Entleiherbetrieb zuzuordnen oder ob es bei der Zuordnung zum Verleiherbetrieb bleibt (s. Rdn. 85). Nach der hier vertretenen Ansicht ist von einer ausschließlichen Zuordnung zum Verleiherbetrieb auszugehen (s. Rdn. 91 f.). Dies muss folglich auch für die erlaubnisfreie Arbeitnehmerüberlassung gelten. Auf diese finden daher insbesondere **§ 14 Abs. 1 und 2 AÜG entsprechende Anwendung** (*BAG* 22.03.2000 EzA § 14 AÜG Nr. 4 unter B II 2 a dd; 20.04.2005 EzA § 14 AÜG, Nr. 5 unter B II 2d aa (1); 17.02.2010 EzA § 8 BetrVG 2001 Nr. 2 Rn. 27 ff.; **a. M.** *Boemke* in: *Boemke/Lembke* AÜG, § 14 Rn. 67). Dies gilt **unabhängig von der Dauer der Überlassung**, da diese nichts an dem Charakter des zum Betriebsinhaber bestehenden Rechtsverhältnisses und damit auch nichts an der hierdurch begründeten Interessenlage ändert (zutr. *BAG* 20.04.2005 EzA § 14 AÜG Nr. 5 unter B II 2d aa (1); ebenso *Reichold/HWK* § 7 BetrVG Rn. 17; *Schüren/Hamann* AÜG, § 14 Rn. 443 ff., der allerdings hieraus eine doppelte Betriebszugehörigkeit ableitet; **a. M.** *Richardi/Thüsing* § 7 Rn. 13 f.). Eine abweichende Betrachtung kann aber geboten sein, wenn sich aus dem Willen der Beteiligten ergibt, dass **zwei selbständige Arbeitsverhältnisse** oder ein **einheitliches Arbeitsverhältnis mit zwei Arbeitgebern** entstehen sollen (*Lambrich/Schwab* NZA-RR 2013, 169 [170]). Letzteres ist im Falle eines Vertragsbeitritts des Inhabers des Drittbetriebes (vgl. etwa *BAG* 19.04.2012 EzA § 626 BGB 2002 Nr. 40 = AP Nr. 13 zu § 14 KSchG 1969 Rn. 16) oder bei Abschluss eines einheitlichen Vertrages unter Beteiligung mehrerer Konzernunternehmen (*Lambrich/Schwab* NZA-RR 2013, 169 [170]) denkbar. In beiden Konstellationen entsteht auch zum Inhaber des Einsatzbetriebs ein vollständiges Arbeitsverhältnis, so dass der Arbeitnehmer beiden Betrieben zuzuordnen ist (s. a. Rdn. 54).

Das **aktive Wahlrecht** steht den Arbeitnehmern, die im Rahmen einer erlaubnisfreien Überlassung ihre Arbeitsleistung im Rahmen eines Betriebs eines anderen Arbeitgeber erbringen, nach Maßgabe des § 7 Satz 2 zu (*Besgen*/Beck-OK § 7 BetrVG Rn. 17; *Boemke* in: *Boemke/Lembke* AÜG, § 14 Rn. 70; *Fitting* § 7 Rn. 41; *Koch*/ErfK § 7 BetrVG Rn. 6; *Reichold/HWK* § 7 BetrVG Rn. 17; *Richardi/Thüsing* § 7 Rn. 12; *Ulrici*/NK-GA § 14 AÜG Rn. 3). Voraussetzung des Wahlrechts ist lediglich, dass der (fremde) Arbeitnehmer dem Inhaber des Einsatzbetriebes **zur Arbeitsleistung überlassen** sein muss. Darin liegt einerseits eine Beschränkung auf Fälle der Arbeitnehmerüberlassung (Leiharbeit). Andererseits werden ohne Einschränkung alle Formen der Arbeitnehmerüberlassung i. S. d. § 1 Abs. 1 Satz 2 AÜG erfasst (ebenso *Däubler* AuR 2001, 285 [286]; *Konzen* RdA 2001, 76 [83]; *Löwisch* BB 2001, 1734 [1737]; *Maschmann* DB 2001, 2446; allgemeine Ansicht). Sofern der Arbeitnehmer in den Entleiherbetrieb eingegliedert ist und dort den Weisungen des Entleihers unterliegt (hierzu Rdn. 73 f.), ist er dort ebenfalls wahlberechtigt, sofern auch die übrigen Voraussetzungen des § 7 Satz 2 (Wahlalter, mehr als dreimonatige Einsatzdauer) vorliegen. Dies gilt unabhängig davon, ob man § 14 Abs. 1 und 2 AÜG auf die erlaubnisfreie Arbeitnehmerüberlassung für anwendbar hält. Hierfür spricht nicht zuletzt die Gesetzesbegründung, wonach die Regelung des § 7 Satz 2 »insbesondere Leiharbeitnehmern im Sinne des Arbeitnehmerüberlassungsgesetzes« zugutekommen soll (RegE BT-Drucks. 14/5741, S. 36). Dies macht deutlich, dass der Anwendungsbereich des § 7 Satz 2 autonom und unabhängig von demjenigen des AÜG zu bestimmen ist.

Ob Leiharbeitnehmer auch im Falle der erlaubnisfreien Überlassung bei den **Schwellenwerten** zu berücksichtigen sind, lässt sich dagegen nicht allein aufgrund der Vorschriften des BetrVG beantworten, da diese Frage nunmehr in § 14 Abs. 2 Satz 4 AÜG geregelt ist und damit zunächst von der Anwendbarkeit dieser Norm abhängt. Andererseits treffen die Erwägungen, die den Gesetzgeber zu einer Einbeziehung der Leiharbeitnehmer veranlasst haben (s. Rdn. 110), in gleicher Weise auf die erlaubnisfreie Arbeitnehmerüberlassung zu. Entscheidend ist insoweit nicht, ob die Überlassung für den Verleiher eine wirtschaftliche Tätigkeit darstellt, also welche Zwecke er verfolgt, sondern ob der Arbeitnehmer im Hinblick auf seine Arbeitsleistung in gleicher Weise wie die Stammbelegschaft den Weisungen des Inhabers des Entleiherbetriebs unterliegt. Zudem wendet die h. M. auch im Übrigen den § 14 Abs. 1 und 2 AÜG auf die erlaubnisfreie Arbeitnehmerüberlassung entsprechend an. Dies spricht ebenfalls dafür, im Sinne eines Gleichlaufes die Vorschrift des § 14 Abs. 2 Satz 4 AÜG in diesen Fällen analog anzuwenden (ebenso *Oetker* NZA 2017, 29 [30 f.]; *Weber* § 38 Rdn. 18).

cc) Privilegierte Arbeitnehmerüberlassung

127 Auch für den Bereich der privilegierten Arbeitnehmerüberlassung (s. Rdn. 81 ff.) stellt sich die Frage nach der Rechtsstellung der Arbeitnehmer im jeweiligen Einsatzbetrieb. Die Antwort bereitet deshalb Schwierigkeiten, weil § 14 AÜG in § 1 Abs. 3 AÜG nicht als eine der anwendbaren Vorschriften erwähnt wird. Dennoch gilt für das **aktive Wahlrecht** zunächst wiederum § 7 Satz 2. Dessen Anwendungsbereich ist – wie dargelegt (Rdn. 125) – autonom und unabhängig von der Geltung des AÜG zu bestimmen. Folglich kommt es allein darauf an, ob der Arbeitnehmer in dem Einsatzbetrieb von dem dortigen Inhaber wie ein Leiharbeitnehmer eingesetzt werden kann, mithin ob die Voraussetzungen des § 1 Abs. 1 Satz 2 AÜG vorliegen. Ist dies der Fall, so handelt es sich »um Arbeitnehmer eines anderen Arbeitgebers«, die »zur Arbeitsleistung überlassen« werden, so dass der Arbeitnehmer auch bei einer privilegierten Arbeitnehmerüberlassung im Einsatzbetrieb nach Maßgabe des § 7 Satz 2 aktiv wahlberechtigt ist (*Boemke* in: *Boemke/Lembke* AÜG, § 14 Rn. 3; wohl auch *Fitting* § 7 Rn. 43; *Lambrich/Schwab* NZA-RR 2013, 169 [170], jeweils für die Konzernüberlassung). Nach überwiegender Ansicht findet dagegen die Regelung des § 14 AÜG in den Fällen des § 1 Abs. 3 AÜG keine – auch keine entsprechende – Anwendung (*Boemke* in: *Boemke/Lembke* AÜG, § 14 Rn. 3; *Reineke/Beck/* AR § 14 AÜG Rn. 1; *Schüren/Hamann* AÜG, § 14 Rn. 477). Auch das *BAG* geht davon aus, dass der Arbeitnehmer im Falle der privilegierten Konzernüberlassung nach § 1 Abs. 3 AÜG nicht ohne Weiteres nach § 14 Abs. 1 AÜG für die Dauer der Überlassung seine Zugehörigkeit zum Verleiherbetrieb behält (*BAG* 10.03.2004 EzA § 9 BetrVG 2001 Nr. 2 unter B I 1 a aa). Deshalb ist insoweit auf die allgemeinen Grundsätze zurückzugreifen. Nach der Zwei-Komponenten-Lehre besteht nur zum Vertragsarbeitgeber ein vollständiges Arbeitsverhältnis (s. Rdn. 19 ff.). Der Arbeitnehmer bleibt daher betriebsverfassungsrechtlich dem **beim Verleiher bestehenden Betrieb zugeordnet**, in dem er vor der Überlassung tätig war. Dies gilt zumindest solange, wie die tatsächliche Beziehung zum entsendenden Betrieb erhalten bleibt (s. Rdn. 22). Hiervon ist aber in den Fällen des § 1 Abs. 3 Nr. 1–2a AÜG auszugehen, da die Arbeitnehmer nur vorübergehend, nämlich nur zur Vermeidung von Kurzarbeit und Entlassungen, in dem anderen Betrieb eingesetzt werden oder nicht zu dem Zweck der Überlassung eingestellt und beschäftigt werden, woraus sich ergibt, dass sie ihren eigentlichen Arbeitsplatz in dem Betrieb ihres Vertragsarbeitgebers behalten (vgl. nur *Lembke* in: *Boemke/Lembke* AÜG, § 1 Rn. 206, 233; zum Erhalt der Betriebszugehörigkeit bei nur vorübergehendem Einsatz in einem anderen Betrieb s. Rdn. 45). Schließlich kommt auch eine Berücksichtigung der Arbeitnehmer im Einsatzbetrieb bei den **Schwellenwerten** in Betracht (ebenso *Oetker* NZA 2017, 29 [31]; *Weber* § 38 Rdn. 18). Zwar lässt sich dies kaum aus § 14 Abs. 2 Satz 4 AÜG ableiten, da auch diese Bestimmung nicht in die Aufzählung des § 1 Abs. 3 AÜG aufgenommen wurde. Doch sollte die Vorschrift lediglich der Sondersituation im Falle der aufgespaltenen Arbeitgeberstellung Rechnung tragen, die allein davon abhängig ist, dass der Inhaber des Einsatzbetriebs eine partielle Arbeitgeberstellung erlangt, insbesondere über entsprechende Weisungsrechte verfügt. Eine solche Aufspaltung liegt aber typischerweise auch bei der privilegierten Arbeitnehmerüberlassung vor.

dd) Abordnung zu einer Arbeitsgemeinschaft

128 Nach § 1 Abs. 1a Satz 1 AÜG (= § 1 Abs. 1 Satz 3 AÜG a. F.) ist die **Abordnung** von Arbeitnehmern zu einer zur Herstellung eines Werkes gebildeten **Arbeitsgemeinschaft** (»Arge«) keine Arbeitnehmerüberlassung, wenn die in dieser Vorschrift weiter genannten Voraussetzungen kumulativ vorliegen; ebenso ist nach § 1 Abs. 1a Satz 2 AÜG (= § 1 Abs. 1 Satz 4 AÜG a. F., eingefügt durch Gesetz vom 23.12.2002, BGBl. I, S. 4607) für einen Arbeitgeber mit Geschäftssitz in einem anderen Mitgliedstaat des Europäischen Wirtschaftsraumes die Abordnung von Arbeitnehmern zu einer inländischen Arge keine Arbeitnehmerüberlassung. Diese der Sache nach jeweils als Fiktion ausgestaltete Regelung (»gilt nicht als Arbeitnehmerüberlassung«) hat zur Folge, dass sich die Betriebszugehörigkeit nicht nach den Bestimmungen des AÜG über Arbeitnehmerüberlassung richtet und insoweit der Arbeitnehmer für die Zeit seiner Abordnung (anders als bei Freistellung; s. Rdn. 56) ausschließlich seinem Stammbetrieb angehört. Die Fiktion des § 1 Abs. 1a Satz 1 und 2 AÜG ist aber für § 7 Satz 2 unmaßgeblich und schließt nicht aus, dass der abgeordnete Arbeitnehmer der Arge zur Arbeitsleistung überlassen ist, sofern die in Rdn. 97 genannten Voraussetzungen vorliegen. Das ist jedoch nicht der Fall, wenn der Arbeitnehmer auf der Baustelle der Arge ausschließlich im Rahmen der Vertragsleistung seines Arbeitgebers eingesetzt wird und auch nur seinem Weisungsrecht unterliegt (*Wank*/ErfK § 1 AÜG Rn. 43; anders wohl *Schüren*/*Hamann* AÜG, § 1 Rn. 343); dann fehlt bereits ein Arbeitnehmerüberlassungsvertrag zwischen Vertragsarbeitgeber und Arge.

ee) Unzulässige Arbeitnehmerüberlassung
Das AÜG knüpft die Arbeitnehmerüberlassung an verschiedene gesetzliche Voraussetzungen. Fehlen diese Voraussetzungen, so ordnet das Gesetz in § 9 Abs. 1 AÜG in bestimmten Fällen die Unwirksamkeit des Leiharbeitsvertrages zwischen Verleiher und Leiharbeitnehmer an. Als Ausgleich dafür, dass der Arbeitnehmer infolge des Gesetzesverstoßes seinen Arbeitsplatz beim Verleiher verliert, fingiert § 10 Abs. 1 AÜG im Gegenzug ein **Arbeitsverhältnis zwischen Entleiher und Leiharbeitnehmer** (zur Kompensationsfunktion des § 10 Abs. 1 AÜG *BAG* 20.09.2016 EzA § 10 AÜG Nr. 34 Rn. 54). Sofern diese Fiktion eingreift, **gilt § 14 AÜG nach der Systematik des AÜG nicht**. Mangels Regelungslücke kann die Bestimmung auch **nicht analog angewandt** werden. Denn aufgrund der Fiktion kommt ein vollgültiges Arbeitsverhältnis zum Entleiher zustande, das kraft Gesetzes zur rechtlichen Beendigung des Arbeitsverhältnisses mit dem Verleiher führt (*BAG* 10.02.1977 EzA § 103 BetrVG 1972 Nr. 18 = AP Nr. 9 zu § 103 BetrVG 1972; *F. Becker* AuR 1982, 369 [376]; *Sandmann*/*Marschall* AÜG, Art. 1 § 10 Rn. 3). Da der Arbeitnehmer seine Arbeitsleistung nur im Betrieb des Entleihers erbringt, ist er betriebsverfassungsrechtlich **allein dem Entleiherbetrieb** zuzuordnen und gehört dort zu den Arbeitnehmern »des Betriebs« i. S. d. § 7 Satz 1 (zust. *Brors*/HaKo § 7 Rn. 19; *Homburg*/DKKW § 7 Rn. 24; *Joost*/MünchArbR, § 216 Rn. 51; *Nicolai*/HWGNRH § 7 Rn. 25; *Richardi* § 5 Rn. 99; *Trümner*/DKKW § 5 Rn. 93; vgl. auch *BAG* 16.04.2003 EzA § 9 BetrVG 2001 Nr. 1 unter II 2c). Er ist folglich unter den Voraussetzungen des § 8 auch wählbar. Diese spezielle gesetzgeberische Entscheidung muss selbst dann gelten, wenn die Beteiligten den Leiharbeitsvertrag trotz dessen Unwirksamkeit nach § 9 Nr. 1–1b AÜG praktizieren (vgl. *BAG* 30.01.1991 EzA § 10 AÜG Nr. 3 Leitsatz 4; *BGH* 31.03.1982 NJW 1982, 1952 [1953]; *Becker*/*Kreikebaum* Zeitarbeit, 2. Aufl. 1982, S. 186; *Christiansen* Betriebszugehörigkeit, S. 120 f.; *Franßen*/*Haesen* AÜG, 1974, § 9 Rn. 16; *Trümner*/DKKW § 5 Rn. 93; *Wank*/ErfK § 10 AÜG Rn. 5; **a. M.** *F. Becker* AuR 1982, 369 [376]; *Becker*/*Wulfgramm* AÜG, Art. 1 § 14 Rn. 36, die § 14 AÜG analog anwenden wollen; *Schüren* AÜG, § 10 Rn. 81, *Schüren*/*Hamann* AÜG, § 14 Rn. 502 ff., die nach den Grundsätzen eines fehlerhaften Arbeitsverhältnisses zum Verleiher doppelte Betriebszugehörigkeit annehmen, dabei aber die Spezialität von § 10 AÜG übergehen). Eine Ausnahme gilt nur, wenn der Arbeitnehmer erklärt, an dem Vertrag mit dem Verleiher festhalten zu wollen (s. Rdn. 135 f.).

Unwirksam ist der Leiharbeitsvertrag einmal dann, wenn dem Verleiher die **nach § 1 Abs. 1 Satz 1 AÜG erforderliche Erlaubnis fehlt**. Dabei kommt es allein auf das Vorhandensein der nach § 2 AÜG zu erlassenden behördlichen Entscheidung an. Irrelevant ist dagegen, ob die materiellen Voraussetzungen einer Erlaubnis vorliegen (*BAG* 10.12.2013 EzA § 1 AÜG Nr. 18). Der Leiharbeitsvertrag ist von Anfang an unwirksam, wenn die Erlaubnis bei Abschluss des Vertrages fehlte. Eine nachträgliche Erteilung führt nicht zur Heilung des Mangels, und zwar weder rückwirkend noch für die Zukunft (*Ulrici*/NK-GA § 9 AÜG Rn. 10; *Wank*/ErfK § 9 AÜG Rn. 6). Fällt die Erlaubnis nachträglich weg (etwa infolge Ablaufs einer befristet erteilten Erlaubnis, Rücknahme oder Widerrufs), so tritt die Unwirksamkeit nur mit Wirkung für die Zukunft ein (*Ulrici*/NK-GA § 9 AÜG Rn. 10; *Wank*/ErfK § 9 AÜG Rn. 4; s. a. § 2 Abs. 4 Satz 4 AÜG). Die Unwirksamkeit des Leiharbeitsvertrags (und damit die Fiktion des Arbeitsverhältnisses zum Entleiher) tritt allerdings nur und erst dann ein, wenn der Arbeitnehmer dem Entleiher tatsächlich zur Arbeitsleistung überlassen worden ist, also seine Tätigkeit im Entleiherbetrieb aufgenommen hat, in diesen »eingegliedert« worden ist (*BAG* 20.01.2016 EzA § 9 AÜG Nr. 5 = AP Nr. 38 zu § 1 AÜG Rn. 42 ff.).

Mit dem Gesetz zur Änderung des Arbeitnehmerüberlassungsgesetzes und anderer Gesetze vom 21.02.2017 (BGBl. I, S. 258) sind **weitere Unwirksamkeitstatbestände** hinzugekommen. Mit einer dieser Neuregelungen will der Gesetzgeber der tatsächlichen oder vermeintlichen Praxis der **»Scheinwerkverträge«** entgegenwirken (s. Rdn. 76). Gemeint sind damit Fälle, in denen zwischen dem Drittunternehmen und dem Inhaber des Einsatzbetriebs formal ein Werkvertrag abgeschlossen wird, nach der tatsächlichen Gestaltung des Arbeitseinsatzes aber Arbeitnehmerüberlassung vorliegt. Eine solche »dissimulierte« Arbeitnehmerüberlassung war für die Vertragsparteien, insbesondere für den Entleiher, ohne Risiko möglich, solange der Verleiher formal über eine Erlaubnis zur Arbeitnehmerüberlassung verfügte, auch wenn diese lediglich »auf Vorrat« beantragt worden war. Da es allein auf das formale Vorliegen einer Erlaubnis ankommt, ließen sich durch eine solche **Vorratserlaubnis** die Rechtsfolgen der illegalen Arbeitnehmerüberlassung vermeiden, wenn die Personalgestellung später als Arbeitnehmerüberlassung eingeordnet werden würde (zu möglichen Sanktionen auf der Basis der früheren Rechtslage *Franzen* RdA 2015, 141 [144]). Insbesondere konnte so die Unwirksamkeit der abgeschlossenen Verträge nach § 9 Abs. 1 Nr. 1 AÜG sowie die Fiktion des Arbeitsverhältnisses nach § 10 Abs. 1 AÜG vermieden werden. Das *BAG* hatte diese Rechtslage in einer kurz vor der Gesetzesänderung ergangenen Entscheidung bestätigt (*BAG* 12.07.2016 ZIP 2016, 2338 Rn. 14 ff. m. w. N.).

132 Dem versucht die Neuregelung in § 1 Abs. 1 Satz 5 und 6 AÜG entgegenzuwirken. Nach § 1 Abs. 1 Satz 5 AÜG müssen »Verleiher und Entleiher die Überlassung von Leiharbeitnehmern in ihrem Vertrag **ausdrücklich als Arbeitnehmerüberlassung« bezeichnen** (Offenlegungspflicht; hier gilt die Schriftform des § 12 Abs. 1 Satz 1 AÜG; *Bissels* NZA 2017, 214 [215]; *Henssler* RdA 2017, 83 [88]; *Kainer/Schweipert* NZA 2017, 13 [15]). Außerdem müssen sie nach § 1 Abs. 1 Satz 6 AÜG »die **Person des Leiharbeitnehmers** unter Bezugnahme auf diesen Vertrag **konkretisieren**«. Diese Konkretisierungspflicht ist in ihrem Sinn zweifelhaft und wirft einige Fragen auf (hierzu *Henssler* RdA 2017, 83 [88]; *Lembke* NZA 2017, 1 [8]). Nach § 9 Abs. 1 Nr. 1a AÜG sind Arbeitsverträge zwischen Verleihern und Leiharbeitnehmern unwirksam, wenn gegen diese Pflichten verstoßen worden ist, wobei nach Sinn und Zweck der Norm der Verstoß gegen die Offenlegungspflicht entscheidend ist (*Henssler* RdA 2017, 83 [89]; *Schüren/Pütz* NZA 2017, 483 f.; **a. M.** *Bissels* NZA 2017, 214 [216 ff.]). Gleichzeitig wird ein Arbeitsverhältnis zum »Entleiher« nach § 10 Abs. 1 Satz 1 AÜG fingiert, so dass der Arbeitnehmer betriebsverfassungsrechtlich als Arbeitnehmer des »Entleiherbetriebs« i. S. d. § 7 Satz 1 anzusehen ist (der Begriff »Leiharbeitnehmer« ist dabei insofern nicht ganz korrekt, als typischerweise gar kein Leiharbeitsvertrag abgeschlossen wird, wenn der Arbeitgeber davon ausgeht, den Arbeitnehmer lediglich als Erfüllungsgehilfen seiner Dienst- oder Werkleistung einzusetzen). Die Folge ist, dass sich die Vertragspartner im Falle des drittbezogenen Personaleinsatzes vorher festlegen müssen, wie der Personaleinsatz rechtlich einzuordnen ist (RegE BT-Drucks. 18/9232, S. 25: Vertragsparteien sollen sich zu der von ihnen gewählten Vertragsgestaltung Arbeitnehmerüberlassung »bekennen«). Zumindest wenn sie sich für eine dienst- oder werkvertragliche Gestaltung entscheiden, tragen sie das Risiko einer rechtlichen Fehleinschätzung, ein Risiko, das angesichts der nicht ganz klaren Grenzziehung zwischen Arbeitnehmerüberlassung und Fremdfirmeneinsatz nicht gering zu veranschlagen ist (mit Recht krit. zu der Neuregelung daher *Henssler* RdA 2017, 83 [89]; *Kainer/Schweipert* NZA 2017, 13 [15 ff.]).

133 Umstritten war unter der **bis April 2017 geltenden Fassung des AÜG**, ob sich aus dem Gesetz ein **Verbot der längerfristigen oder gar dauernden Überlassung** von Leiharbeitnehmern ergab und, wenn ja, welche Folgen ein Verstoß hatte. § 1 Abs. 1 Satz 2 AÜG a. F. sah vor, dass die Überlassung an den Entleiher »vorübergehend« erfolgt (Art. 1 Nr. 2a bb des Ersten Gesetzes zur Änderung des Arbeitnehmerüberlassungsgesetzes vom 28.04.2011 BGBl. I, S. 642). Hiermit sollte die nationale Regelung an den Text der Leiharbeitsrichtlinie angeglichen werden, die stets davon spricht, dass der Leiharbeitnehmer in dem entleihenden Unternehmen vorübergehend arbeite (Art. 3 Abs. 1 lit. b, c und e RL 2008/104/EG; RegE BT-Drucks. 17/4804, S. 8). Während einige der Neufassung ein Verbot dauernder Überlassung entnahmen mit der Folge, dass nur noch eine vorübergehende Überlassung als zulässig anzusehen wäre (so auch *BAG* 10.07.2013 EzA § 1 AÜG Nr. 17 Rn. 28), hielten andere die Begrenzung auf die vorübergehende Überlassung – sowohl in der Richtlinie als auch im AÜG – lediglich für eine phänomenologische Beschreibung, mit der zum Ausdruck gebracht werde, dass Arbeitnehmerüberlassung typischerweise vorübergehend erfolge (vgl. etwa *Lembke* DB 2011, 414 [415]; *Rieble/Vielmeier* EuZA 2011, 474 [486 ff.]; ausf. Nachweise 10. Aufl., § 7 Rn. 65). Sowohl in der Rechtsprechung der Instanzgerichte als auch in Teilen der Literatur wurde – mit unterschiedlicher Begründung – angenommen, dass bei dauerhafter Arbeitnehmerüberlassung ein Arbeitsverhältnis zum Entleiher zustande komme. Andere lehnten eine solche Rechtsfolge ab (zum Streitstand s. 10. Aufl., § 7 Rn. 66). Zur Unübersichtlichkeit trug zusätzlich der Umstand bei, dass die Anforderungen an eine vorübergehende Überlassung mangels ausdrücklicher Regelung einer Höchstfrist unterschiedlich definiert wurden, so dass völlig unklar war, wann die Grenze zur Verbotsverletzung überschritten wurde. Das *BAG* entschied dann, dass ein Verstoß gegen das Verbot vorübergehender Überlassung nicht dazu führe, dass nach § 10 Abs. 1 Satz 1 AÜG ein Arbeitsverhältnis zwischen dem Entleiher und dem Leiharbeitnehmer fingiert werde, sofern der Verleiher die nach § 1 Abs. 1 Satz 1 AÜG erforderliche Erlaubnis habe (*BAG* 10.12.2013 EzA § 1 AÜG Nr. 18 Rn. 17 ff.; 12.07.2016 ZIP 2016, 2338 Rn. 18 ff.; 24.08.2016 NZA 2017, 269 Rn. 25; ebenso hier 10. Aufl., § 7 Rn. 68 ff.).

Nunmehr beschränkt das Gesetz die **Höchstdauer der Überlassung auf 18 Monate** (§ 1 Abs. 1b **134** Satz 1 AÜG). Die zeitliche Grenze ist dabei arbeitnehmer-, nicht arbeitsplatzbezogen zu verstehen (»denselben Leiharbeitnehmer«; *Hamann/Rudnik* NZA 2017, 209 [210] m. w. N.). Eine dauerhafte Arbeitnehmerüberlassung ist daher nach wie vor zulässig, sofern nur der einzelne Leiharbeitnehmer nicht länger als 18 Monate eingesetzt wird. Die Grenze gilt zudem für den Einsatz bei demselben Entleiher. Unklar bleibt, ob damit der Betrieb oder das Unternehmen, also ein betriebsbezogener oder ein rechtsträgerbezogener Ansatz gemeint ist (für eine betriebsbezogene Auslegung *Henssler* RdA 2017, 83 [94]; *Lembke* NZA 2017, 1 [4]; *Talkenberg* NZA 2017, 473 [474]). Hiervon ist abhängig, ob Einsätze in unterschiedlichen Betrieben eines Unternehmens zusammenzurechnen sind. Ein Konzernbezug besteht jedenfalls nicht (*Henssler* RdA 2017, 83 [94]). Die Berechnung beginnt also neu, wenn der Leiharbeitnehmer einem anderen Unternehmen zugewiesen wird, selbst wenn dieses mit dem früheren Entleiher im Rahmen eines Konzerns verbunden ist. Außerdem werden frühere Überlassungen nicht angerechnet, wenn zwischen diesen und dem aktuellen Einsatz mehr als drei Monate liegen (§ 1 Abs. 1b Satz 2 AÜG; zu weiteren Fragen der Berechnung der Überlassungshöchstdauer *Hamann/ Rudnik* NZA 2017, 209 ff.; *Henssler* RdA 2017, 83 [94 ff.]; *Talkenberg* NZA 2017, 473 ff.). Durch Tarifvertrag kann eine abweichende Überlassungshöchstdauer festgelegt werden (hierzu *Seiwerth* NZA 2017, 479 ff.). Wird die Höchstdauer der Überlassung überschritten, so treten wiederum die Rechtsfolgen der §§ 9 Abs. 1b, 10 Abs. 1 Satz 1 AÜG ein, d. h. der Leiharbeitsvertrag ist unwirksam und es wird ein Arbeitsverhältnis mit dem Entleiher fingiert. Ab diesem Zeitpunkt hat der Leiharbeitnehmer die Rechtsstellung eines Arbeitnehmers des Entleiherbetriebs i. S. d. § 7 Satz 1.

Nach der bis April 2017 geltenden Rechtslage führte die illegale Arbeitnehmerüberlassung ipso iure **135** zur Unwirksamkeit des Leiharbeitsvertrages sowie zur Fiktion eines Arbeitsverhältnisses mit dem Entleiher, ohne dass der Arbeitnehmer hierauf Einfluss nehmen konnte. Das *BAG* hatte bereits in seiner Entscheidung zu den Rechtsfolgen der nicht nur vorübergehenden Überlassung darauf hingewiesen, dass der Entzug des vom Leiharbeitnehmer gewählten Arbeitgebers einen Eingriff in dessen durch Art. 12 Abs. 1 GG geschützte Berufsfreiheit darstelle (*BAG* 10.12.2013 EzA § 1 AÜG Nr. 18 Rn. 31). Der Gesetzgeber hat daher nunmehr in allen drei Fällen dem Arbeitnehmer ein **Widerspruchsrecht** gegen den Arbeitgeberwechsel eingeräumt (RegE BT-Drucks. 18/9232, S. 25). Die Unwirksamkeit des Leiharbeitsvertrages tritt nicht ein, wenn der Arbeitnehmer innerhalb einer Frist, die jeweils einen Monat beträgt, erklärt, dass er an dem Arbeitsvertrag mit dem Verleiher festhalten wolle (§ 9 Abs. 1 Nr. 1, 1a, 1b AÜG). Da der Leiharbeitsvertrag in diesem Fall wirksam bleibt, entfällt zugleich die Fiktion des § 10 Abs. 1 AÜG.

Das Widerspruchsrecht ähnelt in seiner Funktion demjenigen des § 613a Abs. 5 BGB im Falle des Be- **136** triebsübergangs. Allerdings wirft es in der **praktischen Ausgestaltung** deutlich größere **Probleme** auf. So ist schon die Berechnung der objektiven Frist für die Festhaltenserklärung mitunter nicht ganz einfach. Hinzu kommt, dass der Arbeitnehmer die maßgeblichen Tatsachen, aus denen sich die Unwirksamkeit des Leiharbeitsvertrages ergibt, häufig nicht kennt oder aus den Tatsachen nicht die entsprechenden rechtlichen Schlussfolgerungen zieht (*Hamann/Rudnik* NZA 2017, 22 [23 f.]; *Lembke* NZA 2017, 1 [9]). Ein Fristbeginn ab Unterrichtung – wie in § 613a Abs. 6 Satz 1 BGB – ist nicht vorgesehen. Es besteht daher die Gefahr, dass der Arbeitnehmer mangels Kenntnis von seinem Widerspruchsrecht gar keinen Gebrauch machen kann. Ob man dem im Wege der Auslegung abhelfen kann (für eine verfassungskonforme Auslegung *Lembke* NZA 2017, 1 [9 f.]; für ein Abstellen auf den Zeitpunkt der Kenntnis im Wege der »teleologischen Extension« *Kainer/Schweipert* NZA 2017, 13 [17]), erscheint eher zweifelhaft. Außerdem hat der Gesetzgeber die Widerspruchserklärung aus Sorge vor Manipulationen **sehr stark formalisiert**. Nach § 9 Satz 3 Abs. 1 AÜG ist eine vor Fristbeginn abgegebene Erklärung unwirksam. Damit soll verhindert werden, dass der Leiharbeitnehmer diese gleichsam »vorsorglich«, etwa bereits im Leiharbeitsvertrag, abgibt. Vielmehr sollte sichergestellt werden, dass der Arbeitnehmer bei Abgabe der Erklärung »Kenntnis der alternativen Vertragspartner« hat (RegE BT-Drucks. 18/9232, S. 26). Adressat der Erklärung sind alternativ der Verleiher oder der Entleiher. Nach dem erst im Gesetzgebungsverfahren eingefügten § 9 Abs. 2 AÜG muss der Arbeitnehmer die Erklärung aber zunächst in einer Agentur für Arbeit vorlegen. Diese versieht die Erklärung mit dem Datum des Tages der Vorlage und einem Hinweis auf die Feststellung der Identität. Erst dann kann der Arbeitnehmer die Erklärung gegenüber dem Verleiher oder Entleiher wirksam abgeben, wobei sie spätestens am dritten Tag nach Vorlage bei der Arbeitsagentur einem der möglichen Empfänger zugegangen sein muss. Damit soll verhindert werden, dass die Regelung des § 9 Abs. 3 AÜG dadurch ausgehebelt wird, dass Verleiher oder Entleiher ein Datum eintragen, das nicht dem tatsächlichen Zeitpunkt der Abgabe der Erklärung entspricht (Ausschussbericht BT-Drucks. 18/10064, S. 16). Der hiermit, nicht zuletzt für den Arbeitnehmer, verbundene Aufwand ist ebenfalls mit Recht kritisiert worden (*Henssler* RdA 2017, 83 [99]: »Bürokratiemonster«; *Lembke* NZA 2017, 1 [10]; die Regelung verteidigend *Deinert* RdA 2017, 65 [79 f.]).

137 Eine erlaubte Arbeitnehmerüberlassung wird nicht dadurch unzulässig, dass **der Überlassende nicht die üblichen Arbeitgeberpflichten oder das Arbeitgeberrisiko übernimmt**, wie diese in § 3 Abs. 1 Nr. 1–3 AÜG umschrieben sind. Zwar wird in diesem Fall nach § 1 Abs. 2 AÜG **vermutet**, dass der Überlassende **Arbeitsvermittlung betreibt**. Welche Rechtsfolgen die Vermutung der Arbeitsvermittlung hat, ist aber im Gesetz nicht näher geregelt. Unter der Geltung des § 13 AÜG a. F. (in der bis zum 31.03.1997 geltenden Fassung) nahm das *BAG* an, dass es sich dabei um eine den § 10 Abs. 1 AÜG ergänzende Regelung handele, durch die bei einer als unerlaubte Arbeitsvermittlung anzusehenden Überlassung nach § 1 Abs. 2, § 3 Abs. 1 AÜG ein Arbeitsverhältnis mit dem Beschäftigungsunternehmen begründet werde (grundlegend *BAG* 10.02.1977 EzA § 103 BetrVG 1972 Nr. 18 = AP Nr. 9 zu § 103 BetrVG 1972 *[Moritz]*; zuletzt *BAG* 17.02.2010 AP Nr. 14 zu § 8 BetrVG 1972 = EzA § 8 BetrVG 2001 Nr. 2 Rn. 22 m. w. N.). Nach der ersatzlosen Streichung des § 13 AÜG a. F. ist aber die Grundlage für die Begründung eines Arbeitsverhältnisses zwischen dem Leiharbeitnehmer und dem Entleiher in den Fällen der (vermuteten) Arbeitsvermittlung entfallen (heute ganz h. M.; *BAG* 28.06.2000 EzA § 1 AÜG Nr. 10; zuletzt 15.05.2013 EzA § 1 AÜG Nr. 16 Rn. 22; *Boemke* in: *Boemke/Lembke* AÜG, § 1 Rn. 159, 184 ff.; *Ulrici*/NK-GA § 1 AÜG Rn. 70). § 1 Abs. 2 AÜG kommt mithin als Stütze für das Entstehen eines Arbeitsverhältnisses zum Entleiher nicht in Betracht. Die Rechtsstellung des Leiharbeitnehmers im Entleiherbetrieb unterscheidet sich demnach nicht von derjenigen in den Fällen, in denen die Voraussetzungen des § 1 Abs. 2 nicht vorliegen.

3. Arbeitsleistung aufgrund Gestellungsvertrags

138 Personen, die allein aufgrund eines **Gestellungsvertrags** im Betrieb eines Dritten Arbeit leisten, zählen dort nur in seltenen Fällen zur Belegschaft i. S. d. Betriebsverfassungsgesetzes. Sonderregelungen gelten insoweit vor allem für **Beamte, Soldaten und Arbeitnehmer des öffentlichen Dienstes**, die in **privatisierten Unternehmen** tätig sind. Diese gelten nach § 5 Abs. 1 Satz 3 »als Arbeitnehmer«. Ziel der Regelung ist es, diesen Personenkreis den Arbeitnehmern des privatrechtlich organisierten Unternehmens gleichzustellen. Sie sind daher nicht nur als Arbeitnehmer, sondern als Arbeitnehmer des Betriebs, in dem sie tätig sind, und damit **als betriebszugehörig anzusehen** (s. § 5 Rdn. 78). Hierfür spricht zum einen, dass die Fiktion ansonsten zumindest in Bezug auf die Arbeitnehmer des öffentlichen Dienstes keinen Sinn ergeben würde. Diese sind nach ihrem Status ohnehin Arbeitnehmer, nur eben Arbeitnehmer eines öffentlichen Arbeitgebers. Die Gleichstellung kann sich demnach nur darauf beziehen, dass sie innerhalb des privatrechtlich organisierten Unternehmens als Arbeitnehmer des Betriebs anzusehen sind, in dem sie tätig werden (s. § 5 Rdn. 14; in diesem Sinne auch § 6 Abs. 1 BwKoopG, § 5 Abs. 1 BWpVerwPG, § 5 Abs. 1 BfAIPG; § 4 Abs. 2 BAFISBAÜbnG). Die Gesetzesmaterialien stützen diese Interpretation (vgl. RegE BT-Drucks. 16/11608, S. 21: »als deren Arbeitnehmer gelten«). Da diese Personen somit als Arbeitnehmer des Betriebs anzusehen sind, steht ihnen sowohl das aktive als auch das passive Wahlrecht zu (s. § 5 Rdn. 90 ff.). Ihre Rechtsstellung unterscheidet sich also wesentlich von derjenigen der Leiharbeitnehmer (s. Rdn. 84 ff. sowie § 5 Rdn. 103).

139 Die **Betriebszugehörigkeit besteht** solange, wie ihr »tätig sein« im Einsatzbetrieb andauert. Dies setzt nicht zwingend voraus, dass sie tatsächlich eine Arbeitsleistung erbringen. So wird die Betriebs-

zugehörigkeit im Falle der Personalgestellung durch eine Unterbrechung der Tätigkeit oder vorübergehende Arbeitsbefreiung (etwa infolge Krankheit oder Urlaub) ebenso wenig beendet wie bei den Arbeitnehmern, die in einer unmittelbaren arbeitsvertraglichen Beziehung zum Betriebsinhaber stehen (s. Rdn. 56). Ausreichend ist, dass die Personen dem Weisungsrecht des Inhabers des Einsatzbetriebs unterliegen (s. § 5 Rdn. 86 f.). Die **Betriebszugehörigkeit endet** aber mit der Beendigung der Personalgestellung, etwa infolge der Kündigung des Gestellungsvertrages durch den Einsatzarbeitgeber (vgl. auch *BAG* 17.02.2015 EzA § 95 BetrVG 2001 Nr. 9 Rn. 29 = AP Nr. 56 zu § 99 BetrVG 1972 Rn. 29). Mit der Beendigung der Gestellung erlischt auch das Wahlrecht im Einsatzbetrieb.

Durch Gestellungsvertrag verpflichten sich häufig **kirchliche Organisationen**, teils aber auch überkonfessionelle Fach- und Berufsverbände gegenüber den Trägern von Krankenhäusern, Alters- und Pflegeheimen, Schulen u. ä. Einrichtungen, diesen das erforderliche (Pflege-)Personal zur Verfügung zu stellen (»Schwestern-Gestellungsverträge«; vgl. dazu näher *Müllner* Aufgespaltene Arbeitgeberstellung und Betriebsverfassungsrecht, S. 42 ff.). Insoweit ist zu beachten, dass seit der **Änderung des § 1 Abs. 1 AÜG** auch gemeinnützige und karitative Organisationen vom Anwendungsbereich des Gesetzes erfasst werden (s. Rdn. 78; *BAG* 21.02.2017 NZA 2017, 662 Rn. 51 f.). Sofern diese Organisationen bei ihnen beschäftigte Arbeitnehmer im Rahmen einer wirtschaftlichen Tätigkeit an Dritte überlassen, handelt es sich um **erlaubnispflichtige Arbeitnehmerüberlassung**, so dass hinsichtlich der Betriebszugehörigkeit die hierfür maßgeblichen Grundsätze, insbesondere § 14 Abs. 1 und 2 AÜG, gelten (s. Rdn. 84 ff.). **140**

Allerdings weist die Personalgestellung über Gestellungsverträge häufig **Besonderheiten** auf, die eine abweichende Betrachtung gebieten. Wird etwa eine **(Rote-Kreuz-)Schwester** aufgrund eines solchen Gestellungsvertrages ihrer Schwesternschaft (vom Roten Kreuz e. V.) mit einem Krankenhausträger in dessen Krankenhaus tätig, kann dort ihre betriebsverfassungsrechtliche Betriebszugehörigkeit aus unterschiedlichen Gründen zu verneinen sein. Zunächst ist zu bedenken, ob das Betriebsverfassungsgesetz für dieses Krankenhaus überhaupt gilt; bei öffentlich-rechtlichen Krankenanstalten (§ 130) und bei Krankenhäusern, die Einrichtungen von Religionsgemeinschaften sind (§ 118 Abs. 2), ist das nicht der Fall. Findet das Betriebsverfassungsgesetz Anwendung, so ist zu beachten, dass die gestellte Schwester nach **§ 5 Abs. 2 Nr. 3** nicht als Arbeitnehmerin gilt, wenn ihre Beschäftigung nicht in erster Linie ihrem Erwerb dient, sondern vorwiegend durch **Beweggründe karitativer oder religiöser Art** bestimmt ist. Das ist vor allem bei Mitgliedern von Orden und Kongregationen und bei Diakonissen der Fall, nach billigenswerter h. M. aber nicht bei Rote-Kreuz-Schwestern (vgl. *Fitting* § 5 Rn. 333; *Richardi* § 5 Rn. 178; *Trümner/DKKW* § 5 Rn. 182; s. a. § 5 Rdn. 146 ff.) und erst recht nicht bei Schwestern überkonfessioneller Fach- und Berufsverbände. **141**

Gilt das Betriebsverfassungsgesetz und greift § 5 Abs. 2 Nr. 3 nicht ein, so kommt es für die Frage der betriebsverfassungsrechtlichen Stellung der Gestellungskräfte im Einsatzbetrieb maßgeblich darauf an, wie das **Rechtsverhältnis der Gestellungskraft zu dem Gestellungsträger** einzuordnen ist. So ist Voraussetzung für das Wahlrecht des § 7 Satz 2, dass ein »Arbeitnehmer eines anderen Arbeitgebers zur Arbeitsleistung überlassen« wird. Grundlage der Tätigkeit im Einsatzbetrieb muss also ein Arbeitsvertrag zwischen dem Gestellungsträger und dem überlassenen Arbeitnehmer sein. Nur dies entspricht im Übrigen dem Sinn und Zweck der Regelung. Eine zumindest partielle Gleichstellung von Personen im drittbezogenen Personaleinsatz mit den Stammarbeitnehmern ist nur gerechtfertigt, wenn diese sich im Einsatzbetrieb in einer vergleichbaren Situation befinden und daher in vergleichbarer Weise schutzbedürftig sind, was wiederum voraussetzt, dass dem Betriebsinhaber im Verhältnis zu diesen Personen vergleichbare Arbeitgeberrechte, insbesondere das arbeitsrechtliche Weisungsrecht nach § 106 GewO, zustehen. Liegt aber im Verhältnis zwischen dem Gestellungsträger und der gestellten Person kein Arbeitsverhältnis vor, so ist es denknotwendig ausgeschlossen, dass zwischen der gestellten Person und dem Betriebsinhaber arbeitsrechtliche Beziehungen bestehen, wenn und sofern der Betriebsinhaber mit dieser Person keinen eigenen Arbeitsvertrag abschließt, sondern seine Rechte ausschließlich vom Gestellungsträger ableitet (*BAG* 20.02.1986 AP Nr. 2 zu § 5 BetrVG 1972 Rotes Kreuz = EzA § 5 BetrVG 1972 Nr. 45 unter II 3; **a. M.** *Müllner* Aufgespaltene Arbeitgeberstellung und Betriebsverfassungsrecht, S. 49 f.). Die vom Gestellungsträger übertragenen Rechte ändern ihren Charakter schließlich nicht dadurch, dass sie von einem Dritten ausgeübt werden. **142**

143 Aus diesem Grunde ist bei einer Tätigkeit von Rote-Kreuz-Schwestern aufgrund eines Gestellungsvertrages zwischen der Schwesternschaft und einem Krankenhausträger zu unterscheiden. Bestehen zwischen der Schwesternschaft und der Schwester ausschließlich vereinsrechtliche Beziehungen, erbringt sie also ihre **Dienstleistung als Vereinsbeitrag im Rahmen ihrer Mitgliedschaft**, so besteht zwischen beiden kein Arbeitsverhältnis. Insbesondere besteht kein Rechtsformzwang dergestalt, dass eine Dienstleistung in persönlicher Abhängigkeit rechtlich nur im Rahmen eines Arbeitsverhältnisses erbracht werden kann (*BAG* 03.06.1975 EzA § 5 BetrVG 1972 Nr. 19 = AP Nr. 1 zu § 5 BetrVG 1972 Rotes Kreuz; 06.07.1995 EzA § 5 ArbGG 1979 Nr. 11 = AP Nr. 22 zu § 5 ArbGG 1979; 17.03.2015 EzA § 1 AÜG Nr. 19 Rn. 12; **a. M.** *Fitting* § 5 Rn. 334; *Gitter* SAE 1976, 208; *Mestwerdt* NZA 2014, 281 [283 f.], die annehmen, dass neben der Mitgliedschaft ein Arbeitsverhältnis bestehe; krit. auch *Trümner/DKKW* § 5 Rn. 185; s. a. § 5 Rdn. 146). Das Bestehen eines Arbeitsverhältnisses kann auch nicht darauf gestützt werden, dass durch die vereinsrechtliche Konstruktion zwingende Arbeitnehmerschutzvorschriften »umgangen« würden (so aber *Mestwerdt* NZA 2014, 281 [283 f.]; *Schmitt* ZESAR 2017, 167 [169 f.]), da durch die Vereinssatzung der Schwesternschaft ein zumindest im Wesentlichen gleichwertiger Schutz gewährleistet ist (hiervon geht offenbar auch *BAG* 21.02.2017 NZA 2017, 662 Rn. 40 ff. aus). Besteht somit zwischen der Schwester und der Schwesternschaft ausschließlich eine vereinsrechtliche Beziehung und wird die Schwester allein aufgrund des Gestellungsvertrags zwischen der Schwesternschaft und dem Krankenhausträger tätig, können zwischen der gestellten Schwester und dem Krankenhausträger keine arbeitsrechtlichen Beziehungen entstehen. Die Schwestern sind daher **weder Arbeitnehmer des Krankenhauses** i. S. d. § 7 Satz 1, **noch** sind sie **nach § 7 Satz 2 wahlberechtigt** (*BAG* 20.02.1986 AP Nr. 2 zu § 5 BetrVG 1972 Rotes Kreuz = EzA § 5 BetrVG 1972 Nr. 45; *Christiansen* Betriebszugehörigkeit, S. 142 f.; **a. M.** *Homburg/DKKW* § 7 Rn. 27 f.; *Reichold/HWK* § 7 BetrVG Rn. 18; *Richardi* § 5 Rn. 142, 178, der annimmt, dass es sich um eine Sonderform des mittelbaren Arbeitsverhältnisses handele; s. a. *Müllner* Aufgespaltene Arbeitgeberstellung und Betriebsverfassungsrecht, S. 109 ff., der zwar die Betriebszugehörigkeit bejaht, aber der gestellten Schwester gleichwohl kein aktives und passives Wahlrecht einräumen will). Hieran hat sich auch durch die **neuere Rechtsprechung des *EuGH*** nichts geändert (ebenso wohl *Schmitt* ZESAR 2017, 167 [175]; **a. M.** *Wiebauer/LK* § 7 Rn. 22). Zwar sind danach die Rote-Kreuz-Schwestern als Leiharbeitnehmer i. S. d. RL 2008/104/EG anzusehen (*EuGH* 17.11.2016 NZA 2017, 41 Rn. 38 ff. – *Ruhrlandklinik*; *BAG* 21.02.2017 NZA 2017, 662 Rn. 25 ff.). Die Richtlinie macht aber keine Vorgaben im Hinblick auf die betriebsverfassungsrechtliche Stellung der Leiharbeitnehmer, etwa deren aktives oder passives Wahlrecht im Entleiherbetrieb (s. § 5 Rdn. 148; so auch *BAG* 21.02.2017 NZA 2017, 662 Rn. 47).

144 **Steht die Schwester zu ihrer Schwesternschaft in einem Arbeitsverhältnis,** wie das z. B. bei Agnes-Karll-Schwestern (vgl. *Müllner* Aufgespaltene Arbeitgeberstellung und Betriebsverfassungsrecht, S. 45) und sog. Gastschwestern bei einer Schwesternschaft vom Roten Kreuz e. V. (*BAG* 04.07.1979 AP Nr. 10 zu § 611 BGB Rotes Kreuz [insoweit zust. *Mayer-Maly*]) der Fall ist, so gehören sie als Arbeitnehmer zum Betrieb ihrer Schwesternschaft. Werden sie aufgrund eines Gestellungsvertrages in einem anderen Krankenhaus tätig, so können je nach Ausgestaltung des Gestellungsvertrages arbeitsrechtliche Beziehungen zum Krankenhausträger entstehen. Voraussetzung hierfür ist, dass im Verhältnis zwischen der Schwester und dem Krankenhausträger arbeitsrechtstypische Rechte und Pflichten begründet werden, insbesondere der Krankenhausträger berechtigt ist, durch Ausübung des Weisungsrechts aus dem mit der Schwesternschaft bestehenden Arbeitsvertrag die Arbeitspflicht der Schwester unmittelbar zu konkretisieren (s. Rdn. 87). Das *BAG* (04.07.1979 EzAÜG Nr. 58 = AP Nr. 10 zu § 611 BGB Rotes Kreuz; vgl. auch *BSG* 28.08.1968 BSGE 28, 208 [210] = AP Nr. 7 zu § 611 BGB Rotes Kreuz; *BVerwG* 29.04.1966 BVerwGE 24, 76 [77]) hat eine solche arbeitsrechtliche Beziehung im Falle der typischen Gestellungsverträge der DRK-Schwesternschaften allerdings verneint. Das ist indes voreilig, weil unbeachtet bleibt, dass sowohl den leitenden Ärzten als auch den Oberschwestern Weisungsbefugnisse gegenüber den Schwestern zustehen (vgl. auch *Mayer-Maly* Anm. zu *BAG* AP Nr. 10 zu § 611 BGB Rotes Kreuz; *Konzen* ZfA 1982, 259 [304 mit Fn. 308]). Im Grundsatz ist daher davon auszugehen, dass die Schwestern dem Krankenhausträger zur Arbeitsleistung überlassen und daher nach § 7 Satz 2 wahlberechtigt sind, wenn sie länger als drei Monate im Krankenhaus eingesetzt werden. Dagegen wird man entsprechend der in § 14 AÜG zum Ausdruck gekommenen gesetzgeberischen Wertung annehmen müssen, dass die arbeitsrechtlichen Beziehungen zum Krankenhausträger nicht ausreichen, um die (volle) Betriebszugehörigkeit zu begründen (für doppelte Betriebszugehörigkeit aber *Christiansen* Betriebszugehörigkeit, S. 140). Die Schwestern bleiben vielmehr auch für die Dauer der Gestellung der Schwesternschaft zugeordnet. Werden die sog. Gastschwestern nicht durch Gestellungsvertrag im Betrieb eines fremden Rechtsträgers eingesetzt, ist vielmehr eine **Schwesternschaft** vom Deutschen Roten Kreuz **Mitbetreiberin eines Krankenhauses** (als gemeinsamer Betrieb), so sind die Gastschwestern diesem Betrieb betriebsverfassungsrechtlich zuzuordnen und dort wahlberechtigt und ggf. wählbar (zutr. *BAG* 14.12.1994 EzA § 1 BetrVG 1972 Nr. 9).

4. Fremdfirmenarbeitnehmer

Arbeitnehmer von Fremdfirmen, die aufgrund eines zwischen dem Betriebsinhaber und der Fremdfirma geschlossenen Dienst- oder Werkvertrages im Betrieb tätig werden, **gehören nicht zur Belegschaft des Drittbetriebes**, in dem sie ihre Arbeit leisten (*BAG* 18.01.1989 EzA § 9 BetrVG 1972 Nr. 4 S. 7, 10 ff.; 30.01.1991 EzA § 10 AÜG Nr. 3; 16.04.2003 EzA § 9 BetrVG 2001 Nr. 1 unter II 2c der Gründe; 21.07.2004 EzA § 9 BetrVG 2001 Nr. 3 unter B I 2 a; 15.03.2006 EzAÜG BetrVG Nr. 93 unter II 2b bb; *Christiansen* Betriebszugehörigkeit, S. 108; *Fitting* § 7 Rn. 54; *Homburg/DKKW* § 7 Rn. 22; *Joost/MünchArbR* 2. Aufl., § 216 Rn. 54; *Koch/ErfK* § 7 BetrVG Rn. 4; *Reichold/HWK* § 7 BetrVG Rn. 17; *Richardi* § 5 Rn. 91; *Säcker/Joost* Betriebszugehörigkeit, S. 45; *Schüren/Hamann* AÜG, § 14 Rn. 542; *Trümner/DKKW* § 5 Rn. 104; *Wiebauer/LK* § 7 Rn. 22). Die Fremdfirmenarbeitnehmer werden im Rahmen der mit dem Betriebsinhaber bestehenden Werk- oder Dienstverträge als Erfüllungsgehilfen (§ 278 BGB) ihres Arbeitgebers in dessen Funktion als Unternehmer (Werkunternehmer, Dienstnehmer) tätig. Die Werk- und Dienstleistungen können dabei unterschiedlicher Art sein, z. B. Bau- und Montagearbeiten, Reparatur- oder Wartungsarbeiten, Installations- und Instandhaltungsarbeiten (*BAG* 30.01.1991 EzA § 10 AÜG Nr. 3), Gebäudereinigung (*BAG* 18.01.1989 EzA § 9 BetrVG 1972 Nr. 4 S. 10 ff.), die Bewachung des Betriebsgeländes (*BAG* 28.11.1989 EzA § 14 AÜG Nr. 2) oder Unterrichtstätigkeiten (Lehrkräfte an Schulen; *BAG* 15.03.2006 EzAÜG BetrVG Nr. 93 unter II 2b bb) umfassen. In neuerer Zeit haben vor allem Dienstleistungen im Bereich der Unternehmensberatung oder der IT-Branche, bei denen die Dienstleistungen in dem Betrieb des Auftraggebers in Zusammenarbeit mit dem betriebseigenen Personal ausgeführt werden, Bedeutung erlangt (hierzu etwa *Henssler* RdA 2017, 83 [90 f.]; s. a. BT-Drucks. 18/10064, S. 14 sowie *LAG Baden-Württemberg* 01.08.2013 LAGE § 10 AÜG Nr. 11). Die entscheidende Frage in solchen Fällen ist stets, ob es sich tatsächlich im Verhältnis zwischen dem Betriebsinhaber als Auftraggeber und dem Dienstleister als Auftragnehmer um ein Schuldverhältnis handelt, das die Erbringung einer selbständigen Dienstleistung, insbesondere in Gestalt eines Werk- oder Dienstvertrages, zum Gegenstand hat, oder ob der Vertrag darauf gerichtet ist, dem Inhaber des Einsatzbetriebs lediglich Personal zur Verfügung zu stellen, damit dieser die Arbeitskraft der beim Auftragnehmer beschäftigten Personen nach seinen unternehmerischen Vorstellungen einsetzen kann. Im ersten Fall handelt es sich um einen Fremdfirmeneinsatz, im zweiten um Arbeitnehmerüberlassung (s. Rdn. 74). Liegt in diesem Sinne ein Fremdfirmeneinsatz vor, so scheidet eine Zugehörigkeit der Fremdfirmenarbeitnehmer zum Drittbetrieb aus, weil es an einer arbeitsrechtlichen Beziehung zu dessen Inhaber fehlt. Die Arbeitnehmer unterliegen auch im Rahmen des Einsatzes im Drittbetrieb **allein dem Weisungsrecht des Dienstleisters (ihres Arbeitgebers)**. Der Betriebsinhaber als Auftraggeber kann ihnen zwar projektbezogene Anweisungen nach § 645 Abs. 1 Satz 1 BGB erteilen, die sie als Erfüllungsgehilfen ihres Arbeitgebers zu befolgen haben. Insoweit handelt es sich aber nicht um ein arbeitsrechtliches Weisungsrecht, weswegen der Betriebsinhaber ihnen gegenüber keine Arbeitgeberstellung innehat (*BAG* 18.01.1989 EzA § 9 BetrVG 1972 Nr. 4 S. 15; 30.01.1991 EzA § 10 AÜG Nr. 3 S. 10; 15.03.2006 EzAÜG BetrVG Nr. 93 unter II 2b bb (1); 20.09.2016 EzA § 10 AÜG Nr. 34 Rn. 30). Im Falle des Fremdfirmeneinsatzes kommt es folglich auch nicht zu einer Aufspaltung der Arbeitgeberstellung dergestalt, dass ein Teil der Arbeitgeberbefugnisse von einem Dritten ausgeübt wird. Vielmehr verbleiben sämtliche Rechte und Pflichten in dem »angestammten« Rechtsverhältnis, also zwischen den Parteien des Rechtsverhältnisses, aus dem sie entspringen. Die Möglichkeit zur »Steuerung« des Arbeitseinsatzes der Fremdfirmenarbeitnehmer beruht allein auf der inhaltlichen Verknüpfung der Vertragspflichten in beiden Schuldverhältnissen (s. Rdn. 74 f.). Aus diesem Grunde sind sie auch nicht i. S. d. § 7 Satz 2 zur Arbeitsleistung überlassen, so dass ihnen im Einsatzbetrieb **kein ak-**

tives (und damit auch kein passives) **Wahlrecht** zusteht (*BAG* 15.03.2006 EzAÜG BetrVG Nr. 93 unter II 2b bb; *Brors* NZA 2002, 123 [126]; *Engels/Trebinger/Löhr-Steinhaus* DB 2001, 532 [536]; *Hanau* RdA 2001, 65 [68]; *Maschmann*/AR § 7 BetrVG Rn. 3; *Richardi/Thüsing* § 7 Rn. 10; *Wiebauer/LK* § 7 Rn. 22; abw. *Däubler* AuR 2001, 1 [4] und 285 [286]). Die Fremdfirmenarbeitnehmer gehören vielmehr allein dem Betrieb ihres Vertragsarbeitgebers an, der sie entsandt hat; sie sind dort Außendienst-Arbeitnehmer (s. Rdn. 47; ebenso *Wiebauer/LK* § 7 Rn. 17).

5. Überlassung von Bedienungspersonal

146 Ob die **Überlassung von Bedienungspersonal** beim Verkauf, der Vermietung oder dem Leasing von Gütern, insbesondere Maschinen, technischen Anlagen und Systemen, auch Arbeitnehmerüberlassung ist, ist streitig (*Becker/Kreikebaum* Zeitarbeit, 2. Aufl. 1982, S. 59 f.; *Becker/Wulfgramm* AÜG, Einl. Rn. 26; *Sandmann/Marschall* AÜG, Art. 1 § 1 Rn. 23; *Schüren/Hamann* AÜG, § 1 Rn. 218 ff.; *Wank/ErfK* § 1 AÜG Rn. 27 f.). Insbesondere wird die Ansicht vertreten, dass bei solchen gemischten Rechtsverhältnissen z. B. ein Mietvertrag mit einem **Dienstverschaffungsvertrag** gekoppelt sei, der wegen unterschiedlichen Leistungsinhalts keineswegs mit einem Arbeitnehmerüberlassungsvertrag identisch sei (*BAG* 16.06.1982 AP Nr. 41 zu § 1 TVG Tarifverträge Bau = EzAÜG, § 5 TVG Nr. 1; 02.08.2006 – 10 AZR 756/05 – juris, Rn. 21 ff. [Leitsatz in NZA 2006, 1432]; *Becker/Kreikebaum* Zeitarbeit, 2. Aufl. 1982, S. 59 f.; *Becker/Wulfgramm* AÜG, Einl. Rn. 26). Die Sinnhaftigkeit und Berechtigung einer solchen Unterscheidung will jedoch nicht einleuchten, wenn der Vertrag auf die Verschaffung von Arbeitsleistungen durch Arbeitnehmer desjenigen gerichtet ist, der sich zur Überlassung des Bedienungspersonals verpflichtet hat. Dann wird der Tatbestand der Arbeitnehmerüberlassung nicht deshalb ausgeschlossen, weil und sofern bei wirtschaftlicher Betrachtung die Überlassung des Bedienungspersonals nur als Nebenleistung (Service-Leistung) zur Maschinenüberlassung anzusehen ist (ebenso *Gick* Gewerbsmäßige Arbeitnehmerüberlassung zwischen Verbot und Neugestaltung, S. 169 f.; *Schüren/Hamann* AÜG, § 1 Rn. 222; zust. *Christiansen* Betriebszugehörigkeit, S. 131 f.; **a. M.** *Sandmann/Marschall* AÜG, Art. 1 § 1 Rn. 23), auch nicht dadurch, dass die Gebrauchsüberlassung des Gerätes oder der Maschine »den Inhalt des Vertrages prägt« (so aber *BAG* 17.02.1993 EzA § 10 AÜG Nr. 6: Gebrauchsüberlassung von fünf Frachtflugzeugen an ein Luftfrachtunternehmen mit je dreifachen Besatzungen soll keine gewerbliche Arbeitnehmerüberlassung darstellen; ähnlich *BAG* 02.08.2006 – 10 AZR 756/05 – juris, Rn. 22; zust. *Kalb/HWK* § 1 AÜG Rn. 29), und auch nicht deshalb, weil und sofern der Überlassende zusätzlich die Haftung für Arbeitsbereitschaft und Arbeitskraft des überlassenen Arbeitnehmers übernimmt (so offenbar *Becker/Kreikebaum* Zeitarbeit, 2. Aufl. 1982, S. 59). Zustimmung verdient vielmehr die Auffassung, die den Arbeitnehmerüberlassungsvertrag als Unterfall des Dienstverschaffungsvertrags qualifiziert (*Müller-Glöge*/MK-BGB § 611 Rn. 38; *Raab* ZfA 2003, 389 [392 f.]; *Schüren/Hamann* AÜG, § 1 Rn. 217; *Wank*/ErfK § 1 AÜG Rn. 25).

147 Die Betriebszugehörigkeit des überlassenen **Bedienungs-, Einweisungs-, Montage-** oder **sonstigen Service-Personals** beurteilt sich daher auch bei der Kopplung mit Kauf, Miete etc. ebenso wie bei der einfachen Arbeitnehmerüberlassung. Dabei ist im Unterschied zur früheren Rechtslage (hierzu 9. Aufl., § 7 Rn. 55 m. w. N.) unerheblich, ob die Überlassung gewerbsmäßig geschieht oder nicht, da nach der Neufassung des § 1 Abs. 1 AÜG die Frage der Gewerbsmäßigkeit ohnehin nicht mehr das entscheidende Abgrenzungskriterium zwischen erlaubnispflichtiger und erlaubnisfreier Arbeitnehmerüberlassung darstellt (s. Rdn. 78). Voraussetzung für die Anwendung der Grundsätze über die Arbeitnehmerüberlassung ist bei der hier behandelten Überlassung von Bedienungspersonal etc. aber immer, dass wirklich eine Personalüberlassung seitens des Verkäufers, Vermieters etc. vorliegt, d. h. dass dessen Vertragspartner nach dem Inhalt des Vertrages befugt sein soll, die dem Verkäufer oder Vermieter aus dem Arbeitsverhältnis mit seinen Arbeitnehmern zustehenden Arbeitgeberbefugnisse und die hiermit verbundene Personalhoheit auszuüben (*Schüren/Hamann* AÜG, § 1 Rn. 225 f.; *Wank*/ErfK § 1 AÜG Rn. 28). Handeln die Arbeitnehmer im Verhältnis zu dem Vertragspartner dagegen nur als Erfüllungsgehilfen ihres Arbeitgebers, so sind sie in keinem Fall Arbeitnehmer des Betriebes, in dem die Maschinen oder Anlagen zum Einsatz kommen. Dies ist regelmäßig dann der Fall, wenn nach dem Vertrag eine mit Hilfe der Maschine oder Anlage zu erbringende Dienst- oder Werkleistung geschuldet ist (vgl. zur Abgrenzung Rdn. 73 f. sowie Rdn. 145).

6. Gruppenarbeit

148 Differenziert muss auch die Betriebszugehörigkeit bei Gruppenarbeit in der Form der sog. **Eigengruppe** gesehen werden, die dadurch gekennzeichnet ist, dass sich die Gruppenmitglieder zur gemeinsamen Arbeitserbringung zusammenschließen (meist als BGB-Gesellschaft, bei entsprechender Gestaltung aber auch als Verein oder als GmbH; vgl. *Rüthers* ZfA 1977, 1 [34 f.]; *Schaub / Koch* Arbeitsrechts-Handbuch, § 181 Rn. 15), bevor sie ihre Arbeitsleistung einem Unternehmer anbieten (Orchester, Musikkapelle, Bauarbeiterkolonne, Heimleiterehepaar). Die Rechtsbeziehungen, die dabei begründet werden, können vielfältiger Art sein. Wenn die Gruppe namens aller Gruppenmitglieder mit dem Unternehmer als Arbeitgeber Einzelarbeitsverträge schließt, ist deren Betriebszugehörigkeit zum Beschäftigungsbetrieb nicht zweifelhaft. Wird hingegen von der Gruppe in eigenem Namen lediglich ein Werk- oder Dienstvertrag geschlossen, dann sind die Gruppenmitglieder beim Arbeitseinsatz im Drittbetrieb nicht betriebszugehörig; sie sind höchstens sog. Fremdfirmenarbeitnehmer (s. Rdn. 145). Möglich ist aber auch, dass die **Gruppe in eigenem Namen einen Dienstverschaffungsvertrag schließt** (*Rüthers* ZfA 1977, 1 [36]; *Schaub / Koch* Arbeitsrechts-Handbuch, § 181 Rn. 17 ff.). Dann hängt es von der Vertragsgestaltung ab, in welcher Rechtsform die Gruppenmitglieder den Erfüllungsanspruch des Dritten erfüllen, wenn sie in dessen Betrieb die Arbeit aufnehmen: Ist die Verschaffung von selbständigen Dienstleistungen versprochen, so kommt es nicht zu arbeitsrechtlichen Beziehungen; war dagegen von vornherein an die Leistung abhängiger Dienste im Drittbetrieb gedacht, dann schließen die Gruppenmitglieder bei Arbeitsaufnahme (ausdrücklich oder konkludent) jeweils Einzelarbeitsverträge, so dass ihre Betriebszugehörigkeit unzweifelhaft ist. Schließlich kann der **Arbeitseinsatz im Drittbetrieb** aber auch **als Arbeitnehmerüberlassung zu qualifizieren** sein, vorausgesetzt, dass die Rechtsbeziehungen der Gruppenmitglieder zur Gruppe arbeitsrechtlich gestaltet sind (*Hergenröder / ZLH* Arbeitsrecht, § 29 Rn. 7, 10; *Richardi* § 5 Rn. 107; krit. *Konzen* ZfA 1982, 259 [300]). Dann beurteilt sich deren Betriebszugehörigkeit nach den allgemein bei der Arbeitnehmerüberlassung geltenden Regeln (s. Rdn. 84 ff.).

7. Mittelbares Arbeitsverhältnis

149 Von drittbezogenem Personaleinsatz spricht man auch beim mittelbaren Arbeitnehmer (*F. Becker* ZfA 1978, 131; *ders.* AuR 1982, 369, [370]), **der sich gegenüber einer Mittelsperson** (z. B. Kapellmeister, Zwischenmeister, Krankenhausarzt in leitender Stellung), die **selbst Arbeitnehmer eines Dritten** (Unternehmer, Hauptarbeitgeber) ist, **arbeitsvertraglich verpflichtet**, Arbeit so zu leisten, dass durch sie zugleich die Arbeitsverpflichtung des Mittelsmannes dem Dritten gegenüber mit dessen Wissen und Willen erfüllt wird (*BAG* 08.08.1958 AP Nr. 3 zu § 611 BGB Mittelbares Arbeitsverhältnis; *Hergenröder / ZLH* Arbeitsrecht, § 29 Rn. 15). Vom Leiharbeitsverhältnis unterscheidet sich das mittelbare Arbeitsverhältnis dadurch, dass der Verleiher selbständiger Unternehmer ist, während der Mittelsmann selbst Arbeitnehmer ist. Daran wird deutlich, dass der Mittelsmann selbst keine eigenständige arbeitstechnische Zielsetzung verfolgt und deshalb keinen eigenen Betrieb hat (vgl. auch *Konzen* ZfA 1982, 259 [268]; **a. M.** aber offensichtlich *Müllner* Aufgespaltene Arbeitgeberstellung und Betriebsverfassungsrecht, S. 124; *Christiansen* Betriebszugehörigkeit, S. 145). Mittelsmann und mittelbarer Arbeitnehmer verfolgen vielmehr nur den Betriebszweck des Hauptarbeitgebers. Zwischen diesem und dem mittelbaren Arbeitnehmer bestehen auch arbeitsrechtliche Beziehungen. Denn die Arbeitgeberfunktionen sind zwischen Mittelsmann und Hauptarbeitgeber gespalten; die Aufspaltung hängt nur ihrem Umfange nach von der praktizierten Vertragsgestaltung ab (*Konzen* ZfA 1982, 259 [275, 302]; *Müllner* Aufgespaltene Arbeitgeberstellung und Betriebsverfassungsrecht, S. 31 ff.; vgl. auch *BAG* 09.04.1957 AP Nr. 2 zu § 611 BGB Mittelbares Arbeitsverhältnis; 26.11.1975 EzA § 611 BGB Arbeitnehmerbegriff Nr. 5 = AP Nr. 19 zu § 611 BGB Abhängigkeit; 12.12.2001 EzA § 611 BGB Arbeitnehmerbegriff Nr. 87 = AP Nr. 111 zu § 611 BGB Abhängigkeit). Diese arbeitsrechtlichen Beziehungen genügen jedoch zusammen mit der tatsächlichen Arbeitsleistung im Betrieb des Hauptarbeitgebers und dem Fehlen eines Betriebes des Mittelsmannes, um den **mittelbaren Arbeitnehmer dem Betrieb des Hauptarbeitgebers zuzuordnen** und seine volle Betriebszugehörigkeit zu bejahen (im Ergebnis h. M.; *Fitting* § 5 Rn. 229; *Richardi* § 5 Rn. 101 f.; s. a. § 5 Rdn. 136).

8. Gesamthafenarbeitsverhältnis

150 Elemente »echter Leiharbeit« begegnen auch beim Gesamthafenarbeitsverhältnis. Das Gesamthafenarbeitsverhältnis ist das Rechtsverhältnis zwischen einem Hafenarbeiter und einem Gesamthafenbetrieb (dessen Bildung das Gesetz über die Schaffung eines besonderen Arbeitgebers für den Bereich der Hafenarbeit vom 03.08.1950 [BGBl. I, S. 352] ermöglicht und der als Einrichtung von Tarifvertragsparteien durch Tarifvertrag geschaffen wird), der die unständigen, nicht zum Stammpersonal eines Hafeneinzelbetriebes gehörenden Hafenarbeiter einstellt und sie jenen nach Bedarf zur Arbeitsleistung zuteilt. Demgemäß ist bei jedem Arbeitseinsatz **die Arbeitgeberstellung gegenüber dem Hafenarbeiter zwischen Gesamthafen- und Hafeneinzelbetrieb aufgespalten** (*BAG* 19.07.1957 AP Nr. 1 zu § 1 GesamthafenbetriebsG; *Bötticher* Die gemeinsamen Einrichtungen der Tarifvertragsparteien, 1966, S. 13; *Müllner* Aufgespaltene Arbeitgeberstellung und Betriebsverfassungsrecht, S. 34 ff.; *Richardi* § 1 Rn. 96). Bei der Beurteilung der Betriebszugehörigkeit von Gesamthafenarbeitern ist einerseits zu beachten, dass ihre arbeitsrechtlichen Beziehungen zum Hafeneinzelbetrieb in der Praxis (aufgrund des Einstellungsvertrages, der Satzungen und Verwaltungsanordnungen, die zum GesamthafenbetriebsG ergangen sind) intensiver sind als dies normalerweise zwischen Leiharbeitnehmer und Entleiher der Fall ist (vgl. etwa *Müllner* Aufgespaltene Arbeitgeberstellung und Betriebsverfassungsrecht, S. 36). Andererseits ist zu berücksichtigen, dass die unständigen Hafenarbeiter erst durch das auf Dauer angelegte Gesamthafenarbeitsverhältnis den sozialen Schutz (z. B. bezahlter Urlaub, Lohnfortzahlung im Krankheitsfall, Kündigungsschutz u. Ä.) erhalten, den sie als Stunden- und Tagelöhner wegen ständigen Arbeitgeberwechsels nicht hätten. Deshalb muss sich dieser Schutz auch im Gesamthafenbetrieb verwirklichen, zu dem sie gehören. Die abgespaltenen arbeitsrechtlichen Beziehungen zum jeweils beschäftigenden Hafeneinzelbetrieb **reichen** deshalb trotz gesteigerter Intensität grundsätzlich **nicht aus, den Gesamthafenarbeiter** bei seinen kurzfristigen Einsätzen bereits (auch) **zur Belegschaft der Hafeneinzelbetriebe zu rechnen** (so im Ergebnis auch *Richardi* § 1 Rn. 96; a. M. *Christiansen* Betriebszugehörigkeit, S. 135 f.). Anders sieht das *BAG* dies für den **Gesamthafen Hamburg**, weil das Gericht die Satzung für dessen Gesamthafenbetrieb i. V. m. der Vereinbarung über die Schaffung eines besonderen Arbeitgebers für Hafenarbeiter in Hamburg vertretbar dahin auslegt, dass (zusätzlich) mit Arbeitsantritt ein Arbeitsverhältnis des zugeteilten Gesamthafenarbeiters mit dem Inhaber des Hafeneinzelbetriebes zustande kommt (*BAG* 25.11.1992 EzA § 9 BetrVG 1972 Nr. 5). Der Gesamthafenarbeiter ist nach § 7 Satz 2 im Hafeneinzelbetrieb wahlberechtigt, wenn er dort ununterbrochen länger als drei Monate eingesetzt wird.

151 Im Gegensatz zum Gesamthafenarbeiter gehören bloße Hafen**aushilfs**arbeiter nur zu demjenigen Beschäftigungsbetrieb, in dem sie jeweils kurzfristig beschäftigt werden (*BAG* 23.02.1961 AP Nr. 2 zu § 1 GesamthafenbetriebsG; 25.11.1992 EzA § 9 BetrVG 1972 Nr. 5); sie werden von der Gesamthafenbetriebsgesellschaft nur vermittelt, stehen zu dieser aber nicht in einem Arbeitsverhältnis.

VI. Maßgeblicher Zeitpunkt

152 Maßgeblich für die Beurteilung der Wahlberechtigung nach Satz 1 und 2 ist der **Zeitpunkt der Stimmabgabe** (s. Rdn. 14); dieser Zeitpunkt wird im Wahlausschreiben festgelegt (§ 3 Abs. 2 Nr. 11 WO), auch wenn die Wahl des Betriebsrats im vereinfachten Wahlverfahren (§ 14a) auf einer Wahlversammlung erfolgt (§ 31 Abs. 1 Satz 3 Nr. 11, § 36 Abs. 3 WO). Erstreckt sich der Zeitraum für die Stimmabgabe über mehrere Tage, so genügt es, wenn ein Arbeitnehmer am Tage seiner Stimmabgabe die Wahlrechtsvoraussetzungen erfüllt, z. B. wenn ein Arbeitnehmer erst an diesem Tage seinen 18. Geburtstag hat (**a. M.** *Richardi / Thüsing* § 7 Rn. 22, der zulässt, dass ein Siebzehnjähriger seine Stimme abgibt, wenn er am letzten Tag der Stimmabgabe seinen 18. Geburtstag hat) oder wenn er nach Ausübung seines Wahlrechts aus dem Betrieb ausscheidet.

153 Erfolgt die Wahl des Betriebsrats im vereinfachten Wahlverfahren (§ 14a), so ist der Zeitpunkt der (zweiten) Wahlversammlung für die Beurteilung der Wahlberechtigung maßgebend; das gilt auch bei nachträglicher schriftlicher Stimmabgabe (§§ 35, 36 Abs. 4 WO), weil dafür Voraussetzung ist, dass Wahlberechtigte an der Wahlversammlung nicht teilnehmen können.

Indes kann nicht jeder Wahlberechtigte sein Wahlrecht ausüben. Von der Beurteilung der Wahl- **154** berechtigung zum festgesetzten Zeitpunkt der Stimmabgabe (Wahlversammlung) ist die Frage zu unterscheiden, ob der Wahlberechtigte sein Wahlrecht auch **ausüben kann**. Diese Unterscheidung ist deshalb praktisch wichtig, weil nach § 2 Abs. 3, § 30 Abs. 1 Satz 6, § 36 Abs. 1 Satz 3 WO das aktive (und passive) Wahlrecht nur Arbeitnehmern zusteht, die in die **Wählerliste eingetragen** sind. Die Eintragung in die Wählerliste kann aber nicht als zusätzliche materielle Voraussetzung der Wahlberechtigung verstanden werden; sie ist lediglich förmliche Voraussetzung für die Ausübung des Wahlrechts. Diese Beurteilung muss trotz der missverständlichen Formulierung in § 2 Abs. 3 WO (»das Wahlrecht steht nur ... zu«) daraus hergeleitet werden, dass die Verordnungsermächtigung für den Erlass der WO in § 126 zu keinen Bestimmungen ermächtigt, die zusätzliche, über den Inhalt der §§ 7, 8 hinausgehende Erfordernisse für das Wahlrecht (und die Wählbarkeit) aufstellen. Verfassungskonform kann daher § 2 Abs. 3 WO nur als Ordnungs- und Verfahrensvorschrift interpretiert werden (so auch *Gerhard Müller* FS *Schnorr von Carolsfeld*, S. 367 [386]; *Schröder* DB 1965, 1009; vgl. auch *BAG* 29.06.1965 BAGE 17, 223 [227] = AP Nr. 11 zu § 13 BetrVG). Die Eintragung bzw. Nichteintragung in die Wählerliste hat deshalb keine materiell konstitutive Bedeutung für die Wahlberechtigung (allgemeine Meinung; *BAG* 21.03.2017 – 7 ABR 19/15 – juris, Rn. 28; *Fitting* § 7 Rn. 92; *Homburg/DKKW* § 7 Rn. 2; *Richardi/Thüsing* § 7 Rn. 57; *Wiebauer/LK* § 2 WO Rn. 1, 2). Die Eintragung begründet keine Wahlberechtigung, wenn die materiellen Voraussetzungen zum Zeitpunkt der Stimmabgabe nicht (mehr) vorliegen; andererseits kann jemand wahlberechtigt sein, der nicht in der Wählerliste eingetragen ist. In beiden Fällen richtet sich zuvorderst nach der materiellen Wahlberechtigung zum Zeitpunkt der Wahl, ob die Wahl später nach § 19 wegen Verstoßes gegen wesentliche Vorschriften des Wahlrechts (oder der Wählbarkeit) (evtl. erfolgreich) angefochten werden kann (s. *Kreutz* § 19 Rdn. 22 ff.; zust. *BAG* 21.03.2017 – 7 ABR 19/15 – juris, Rn. 28).

Da jedoch verfahrensmäßig die Nichteintragung in die Wählerliste die Nichtzulassung zur Stimm- **155** abgabe zur Folge hat, kommt dem **Zeitpunkt der Aufstellung** bzw. **Berichtigung** oder **Ergänzung der Wählerliste** praktisch wichtige Bedeutung für die Teilnahme an der konkreten Betriebsratswahl zu. Dabei fallen der Tag der Stimmabgabe und der Zeitpunkt der Aufstellung der Wählerliste notwendig auseinander, weil die Wählerliste, die vom Wahlvorstand schon bei Einleitung der Wahl (= Erlass des Wahlausschreibens, § 3 Abs. 1 Satz 2 WO) aufgestellt sein muss (§ 2 Abs. 4, § 3 Abs. 2 Nr. 2, § 31 Abs. 1 Satz 3 Nr. 2 WO), auf Einspruch oder von Amts wegen nur »bis zum Tage vor dem Beginn der Stimmabgabe berichtigt oder ergänzt werden« kann (§ 4 Abs. 3 Satz 2 WO). Daraus folgt, dass der Wahlvorstand schon bei der Aufstellung, aber auch bis zum Tage vor der Wahl, durch Berichtigung oder Ergänzung diejenigen in die Wählerliste aufzunehmen hat, die am Wahltag voraussehbar wahlberechtigt sind bzw. diejenigen nicht aufzunehmen bzw. später zu streichen hat, die an diesem Tage nicht mehr wahlberechtigt sind, auch wenn sie es zum Zeitpunkt der Aufstellung der Wählerliste noch waren. Namentlich sind zwischenzeitliche Ein- bzw. Austritte in bzw. aus dem Betrieb von Arbeitnehmern und die Arbeitsaufnahme bzw. Beendigung des Überlassungsverhältnisses von Leiharbeitnehmern zu berücksichtigen sowie die Erreichung des Wahlalters. Danach bleiben naturgemäß nur diejenigen Wahlberechtigten von der Ausübung des Wahlrechtes völlig ausgeschlossen, die erst am Wahltag in den Betrieb eintreten oder als Leiharbeitnehmer nach § 7 Satz 2 die Arbeit aufnehmen. Auf ihre Nichtteilnahme an der Wahl kann dann konsequenterweise auch eine Wahlanfechtung nicht gestützt werden (s. *Kreutz* § 19 Rdn. 23).

VII. Streitigkeiten

Über die Wahlberechtigung entscheidet zunächst der **Wahlvorstand** bei der Aufstellung der Wähler- **156** liste (= Liste der Wahlberechtigten), § 2 Abs. 1, 30 Abs. 1 WO; zu dieser Aufgabe des Wahlvorstands näher *Kreutz* § 18 Rdn. 19 sowie *Jacobs* § 2 WO Rdn. 1 ff. Für die Zuordnung von Arbeitnehmern zum Kreis der leitenden bzw. nicht leitenden Angestellten ist ggf. das Verfahren nach § 18a zu beachten. Gegen die Richtigkeit der Wählerliste (durch Nichteintragung eines Wahlberechtigten oder Eintragung eines Nichtwahlberechtigten) kann **schriftlich Einspruch** beim Wahlvorstand eingelegt werden, mit Wirkung für die laufende Betriebsratswahl allerdings nur vor Ablauf von zwei Wochen seit Erlass des Wahlausschreibens (§ 4 Abs. 1 WO) bzw. im vereinfachten Wahlverfahren nur vor Ablauf von drei Tagen seit Erlass des Wahlausschreibens (§ 30 Abs. 2, § 36 Abs. 1 Satz 3 WO). Einspruchsberechtigt ist jeder Arbeitnehmer des Betriebes sowie Leiharbeitnehmer, die nach § 7 Satz 2 wahlberechtigt sind (zu weiteren Einspruchsberechtigten *Jacobs* § 4 WO Rdn. 3).

157 Bleibt nach Entscheidung des Wahlvorstands über den Einspruch die Wahlberechtigung eines (oder mehrerer) Arbeitnehmer streitig, so kann die **Entscheidung des Wahlvorstands** bereits **vor** Abschluss des Wahlverfahrens (dazu *Kreutz* § 18 Rdn. 40) **selbständig** gerichtlich **angefochten** werden, wenn sie rechtsfehlerhaft ist (Feststellung der Unwirksamkeit der Entscheidung, sofern kein Leistungsantrag in Betracht kommt; s. *Kreutz* § 18 Rdn. 83). Das Arbeitsgericht entscheidet auf Antrag im Beschlussverfahren (§ 2a Abs. 1 Nr. 1, Abs. 2, §§ 80 ff. ArbGG); der Wahlvorstand ist dabei Antragsgegner. Zu diesem Verfahren, das in besonders gelagerten Fällen auch zur Aussetzung des Wahlverfahrens führen kann, näher *Kreutz* § 18 Rdn. 80 ff. Dem Antrag eines Arbeitnehmers auf gerichtliche Entscheidung fehlt jedoch das Rechtsschutzinteresse, wenn er zuvor nicht Einspruch beim Wahlvorstand eingelegt hat.

158 Bleibt der **Wahlvorstand untätig** oder entscheidet er nicht rechtzeitig über den Einspruch, so kann vor Abschluss des Wahlverfahrens ggf. die **Ersetzung** des Wahlvorstands gemäß § 18 Abs. 1 Satz 2 betrieben werden; zu diesem Verfahren *Kreutz* § 18 Rdn. 43 ff.

159 Beruht der Streit über die Wahlberechtigung von Arbeitnehmern darauf, dass **unklar** ist, ob ein **Betriebsteil** als selbständiger Betrieb gem. § 4 Abs. 1 Satz 1 gilt oder als **Kleinstbetrieb** nach § 4 Abs. 2 dem Betrieb zuzuordnen ist, so kann gemäß § 18 Abs. 2 auch vor der Wahl eine Entscheidung des Arbeitsgerichts beantragt werden; zu diesem Verfahren *Kreutz* § 18 Rdn. 56 ff.

160 Nach Abschluss der **Wahl** wird der Streit um die Wahlberechtigung von Arbeitnehmern und Leiharbeitnehmern im **Wahlanfechtungsverfahren** nach § 19 als Vorfrage entschieden: Ein Verstoß gegen § 7 Satz 1 oder 2 kann als Verstoß gegen eine wesentliche Vorschrift über die Wahlberechtigung die Anfechtung der Wahl begründen (dazu näher *Kreutz* § 19 Rdn. 23, 54). Im Wahlanfechtungsverfahren ist der neu gewählte Betriebsrat Anfechtungsgegner.

161 Auch **unabhängig** von einer konkreten Wahl kann über die Wahlberechtigung durch das Arbeitsgericht im Beschlussverfahren (mit-)entschieden werden, wenn der **betriebsverfassungsrechtliche Status** eines Arbeitnehmers streitig ist und mit **Wirkung für** die **Zukunft** geklärt werden soll (*BAG* 28.04.1964 EzA § 4 BetrVG Nr. 1 = AP Nr. 3 zu § 4 BetrVG). In diesem Falle fehlt das Rechtsschutzinteresse auch dann nicht, wenn im (letzten) Wahlverfahren kein Einspruch gegen die Wählerliste erhoben und/oder nach der Wahl keine Wahlanfechtung erfolgt ist. Zur materiellen Rechtskraft des Beschlusses und ihren objektiven, subjektiven und zeitlichen Grenzen *BAG* 20.03.1996 AP Nr. 32 zu § 19 BetrVG 1972 = EzA § 322 ZPO Nr. 10.

§ 8
Wählbarkeit

(1) Wählbar sind alle Wahlberechtigten, die sechs Monate dem Betrieb angehören oder als in Heimarbeit Beschäftigte in der Hauptsache für den Betrieb gearbeitet haben. Auf diese sechsmonatige Betriebszugehörigkeit werden Zeiten angerechnet, in denen der Arbeitnehmer unmittelbar vorher einem anderen Betrieb desselben Unternehmens oder Konzerns (§ 18 Abs. 1 des Aktiengesetzes) angehört hat. Nicht wählbar ist, wer infolge strafgerichtlicher Verurteilung die Fähigkeit, Rechte aus öffentlichen Wahlen zu erlangen, nicht besitzt.

(2) Besteht der Betrieb weniger als sechs Monate, so sind abweichend von der Vorschrift in Absatz 1 über die sechsmonatige Betriebszugehörigkeit diejenigen Arbeitnehmer wählbar, die bei der Einleitung der Betriebsratswahl im Betrieb beschäftigt sind und die übrigen Voraussetzungen für die Wählbarkeit erfüllen.

Literatur
Literaturnachweise zum BetrVG 1952 siehe 8. Auflage

Wählbarkeit § 8

Boewer/Nolte Anrechnung von Wehr- und Kriegsdienstzeiten auf die Betriebszugehörigkeit, 1967; *Linsenmaier/Kiel* Der Leiharbeitnehmer in der Betriebsverfassung – »Zwei-Komponenten-Lehre« und normzweckorientierte Gesetzesauslegung, RdA 2014, 135; *Löwisch* Freiheit und Gleichheit der Wahl zu Betriebsrat und Personalrat, BB 2014, 117; *Nicolai* Zum Zählen und Wählen bei Betriebsratswahlen, DB 2003, 2599; *Pramann* Die Anrechnung von (Vor-)Dienstzeiten auf die Betriebszugehörigkeit im KSchG, BetrVG, BetrAVG, DB 1978, 2476; *W. Schneider* Verlust der Wählbarkeit nach Feststellung der Gültigkeit einer Vorschlagsliste zur Betriebsratswahl, FS *Däubler*, 1999, S. 286; *ders.* Aktives und passives Wahlrecht, AiB 2005, 710; *J. Schröder* Mängel und Heilung der Wählbarkeit bei Aufsichtsrats- und Betriebsratswahlen, 1979. Vgl. ferner die Angaben zu § 7.

Inhaltsübersicht **Rdn.**

I. Vorbemerkung	1–10
II. Die Wählbarkeit	11–14
1. Inhalt	11–13
2. Sonstige Bedeutung der Wählbarkeit	14
III. Voraussetzungen der Wählbarkeit	15–61
1. Wahlberechtigung	16–25
2. Sechsmonatige Betriebszugehörigkeit	26–54
a) Zweck	26
b) Maßgeblicher Zeitpunkt	27–29
c) Anwendungsbereich	30
d) Dauer	31–35
e) Unterbrechung	36–39
f) Wehrdienst	40–42
g) Anrechnungszeiten (Abs. 1 Satz 2)	43–53
h) Folgen der Nichtbeachtung	54
3. Fähigkeit, Rechte aus öffentlichen Wahlen zu erlangen	55–58
4. Keine weiteren materiellen Wählbarkeitsvoraussetzungen	59–61
IV. Ausübungsvoraussetzungen für das passive Wahlrecht	62
V. Neu errichtete Betriebe (Abs. 2)	63–67
VI. Streitigkeiten	68–71

I. Vorbemerkung

Die Vorschrift, die die **Wählbarkeit** (passives Wahlrecht) für die Wahl des Betriebsrates regelt, hat die **Wählbarkeitsvoraussetzungen** gegenüber § 7 BetrVG 1952 wesentlich geändert, insbesondere die Anforderungen an die Wählbarkeit erheblich zurückgenommen, um möglichst vielen Arbeitnehmern die Wählbarkeit zum Betriebsrat zuzugestehen (vgl. *Ausschuss für Arbeit und Sozialordnung* zu BT-Drucks. VI/2729, S. 12). **1**

Weggefallen ist eine **besondere Altersgrenze** für die Wählbarkeit, die früher auf die Vollendung des 21. Lebensjahres (als damaliger Volljährigkeitsgrenze) festgelegt war. Die altersmäßige Gleichstellung (Vollendung des 18. Lebensjahres) für Wahlberechtigung (§ 7 Satz 1) und Wählbarkeit (für die nach § 8 Abs. 1 Satz 1 die Wahlberechtigung Voraussetzung ist), die auf einen Antrag des Ausschusses für Arbeit und Sozialordnung zurückgeht, wurde von diesem damit begründet, dass »in diesem Alter die Arbeitnehmer voll in das Arbeitsleben integriert sind und es deshalb sachgerecht erscheint, ihnen auch das passive Wahlrecht zuzuerkennen« (zu BT-Drucks. VI/2729, S. 20). **2**

Die für die Wählbarkeit nach wie vor erforderliche **Mindestdauer der Betriebszugehörigkeit** wurde von früher einem Jahr **auf sechs Monate verkürzt**, »da dieser Zeitraum im Allgemeinen ausreicht, um den Überblick über die betrieblichen Verhältnisse zu erwerben, der für die Ausübung des Betriebsratsamtes erforderlich ist« (Begründung zum RegE BT-Drucks. VI/1786, S. 37). Zusätzlich wurde »im Hinblick auf die rechtliche bzw. wirtschaftliche Einheit eines Unternehmens bzw. Konzerns« (Begründung zum RegE BT-Drucks. VI/1786, S. 37) bestimmt (§ 8 Abs. 1 Satz 2), dass auf die sechsmonatige Betriebszugehörigkeit Zeiten angerechnet werden, in denen der Arbeitnehmer unmittelbar vorher einem anderen Betrieb desselben Unternehmens oder Konzerns i. S. d. § 18 Abs. 1 **3**

Raab 413

AktG angehört hat. Vgl. zur rechtspolitischen Bewertung dieser Neuerung Rdn. 26. Wegen der Verkürzung der Mindestdauer der Betriebszugehörigkeit auf sechs Monate wurde auf die früher nach § 7 Abs. 1 Satz 2 BetrVG 1952 bestehende Möglichkeit einer Verkürzung der Mindestdauer durch Vereinbarung zwischen Arbeitgeber und Mehrheit der Arbeitnehmer verzichtet.

4 Weggefallen ist als Voraussetzung der Wählbarkeit das **Wahlrecht zum Deutschen Bundestag**. Damit sind **alle ausländischen Arbeitnehmer wählbar**. Beseitigt wurde eine Differenzierung zwischen Arbeitnehmern aus EWG-Staaten (jetzt: EU-Staaten) und solchen aus Nicht-EWG-Staaten, die bereits als diskriminierend empfunden wurde. Denn für Arbeitnehmer aus EWG-Staaten galt die Voraussetzung des aktiven Wahlrechts zum deutschen Bundestag aufgrund der Verordnung Nr. 1612/68 des Rates der EWG über die Freizügigkeit der Arbeitnehmer innerhalb der Gemeinschaft vom 15.10.1968 (ABlEG Nr. 257 vom 19. Oktober 1968, S. 2) nicht mehr.

5 Ausdrücklich sind die in **Heimarbeit** Beschäftigten, die in der Hauptsache für den Betrieb gearbeitet haben, um dessen Betriebsratswahl es geht, in den Kreis der wählbaren Arbeitnehmer einbezogen worden. Dabei handelt es sich jedoch nur um eine Klarstellung, da sie in diesem Betrieb schon als Wahlberechtigte (s. § 7 Rdn. 40) wählbar sind.

6 Erstmalig **von der Wählbarkeit ausgeschlossen** wurden Personen, die die in § 8 Abs. 1 Satz 3 genannten Voraussetzungen erfüllen, weil es im Hinblick auf die Stellung der Betriebsratsmitglieder nicht angemessen erschien, solchen Personen das passive Wahlrecht zuzuerkennen (zu BT-Drucks. VI/2729, S. 37). Die geltende, seit 01.01.1975 gültige Fassung von § 8 Abs. 1 Satz 3 geht auf eine Änderung durch Art. 238 Nr. 1 des Einführungsgesetzes zum Strafgesetzbuch (EGStGB) vom 02.03.1974 (BGBl. I, S. 469) zurück. Vgl. näher Rdn. 55 f.

7 § 8 Abs. 2 entspricht unter Berücksichtigung der notwendigen Anpassungen an Abs. 1 dem § 7 Abs. 2 BetrVG 1952.

8 Die Vorschrift bestimmt die Voraussetzungen der Wählbarkeit **erschöpfend** (vgl. *BAG* 16.02.1973 EzA § 19 BetrVG 1972 Nr. 1 = AP Nr. 1 zu § 19 BetrVG 1972; 12.10.1976 EzA § 8 BetrVG 1972 Nr. 2 = AP Nr. 1 zu § 8 BetrVG 1972) und enthält **zwingendes** Recht, weil die organisatorischen Bestimmungen des Betriebsverfassungsrechtes aus Gründen der Rechtssicherheit nur durch Gesetz geregelt werden können, sofern dieses nicht selbst abweichende (tarifliche oder betriebsvereinbarungsrechtliche) Regelungen zulässt. Eine Einschränkung oder Erweiterung des passiven Wahlrechts durch Tarifvertrag, Betriebsvereinbarung oder durch Vereinbarung zwischen Arbeitgeber und der Mehrheit der Arbeitnehmer (wie es nach § 7 Abs. 1 Satz 2 BetrVG 1952 möglich war) ist (wirksam) nicht möglich. Insbesondere können auch keine zusätzlichen persönlichen Wählbarkeitsvoraussetzungen durch Tarifvertrag aufgestellt werden (*BAG* 16.02.1973 EzA § 19 BetrVG 1972 Nr. 1 = AP Nr. 1 zu § 19 BetrVG 1972; allgemeine Meinung in der Literatur; vgl. *Fitting* § 8 Rn. 3; *Homburg/DKKW* § 8 Rn. 2; *Wiebauer/LK* § 8 Rn. 1). Vgl. zu Regelungsmöglichkeiten durch Tarifvertrag nach § 3 Abs. 1 Nr. 3 *Franzen* § 3 Rdn. 55 f.

9 Besonders ist die Wählbarkeit zur **Jugend- und Auszubildendenvertretung** (§ 61 Abs. 2), zur **Bordvertretung** (§ 115 Abs. 2 Nr. 2) und zum **Seebetriebsrat** (§ 116 Abs. 2 Nr. 2) geregelt.

10 Zum **Personalvertretungsrecht** vgl. § 14, 15 BPersVG; für **Sprecherausschüsse** vgl. § 3 Abs. 2 SprAuG.

II. Die Wählbarkeit

1. Inhalt

11 § 8 regelt die **Wählbarkeit**, d. h. das **passive Wahlrecht**. Das aktive Wahlrecht (Wahlberechtigung) ist in § 7 geregelt. Die Betriebsratsfähigkeit erfordert nach § 1 u. a. drei wählbare Arbeitnehmer.

12 Die Wählbarkeit ist, wie die Bezeichnung »passives Wahlrecht« (vgl. etwa § 2 Abs. 3 WO) besser deutlich macht, entsprechend dem aktiven Wahlrecht ein **subjektives Recht**, nicht lediglich eine Fähigkeit i. S. einer rechtserheblichen Eigenschaft einer Person (zust. *Reichold/HWK* § 8 BetrVG Rn. 3;

a. M. *Fitting* § 8 Rn. 5; *Wiebauer/LK* § 8 Rn. 1; *Wlotzke/WPK* § 8 Rn. 1; wenn sie davon sprechen, die Wählbarkeit sei die Fähigkeit, Mitglied des Betriebsrates und damit aller vom Betriebsrat zu besetzenden Betriebsverfassungsorgane zu werden). Das passive Wahlrecht ist höchstpersönlich, d. h. es ist weder abtretbar noch durch einen Stellvertreter ausübbar, und es ist unverzichtbar. Inhaltlich gibt die Wählbarkeit das Recht, sich um ein Betriebsratsamt bewerben zu können, d. h. sich zur Wahl stellen zu können, nicht rechtswidrig von der Wahlkandidatur ausgeschlossen oder im Wahlverfahren benachteiligt zu werden, die Wahl annehmen zu können und nach Annahme das Amt in der Amtszeit ausüben zu können sowie vom Betriebsrat in andere Betriebsverfassungsorgane (Gesamtbetriebsrat, Konzernbetriebsrat) entsandt werden zu können. Die Wählbarkeit begründet jedoch keine Pflicht zur Kandidatur oder zur Annahme der Wahl (so auch *Galperin/Löwisch* § 8 Rn. 1); auch kann das Betriebsratsamt niedergelegt werden (§ 24 Nr. 2).

Die materiellen Voraussetzungen der Wählbarkeit (des passiven Wahlrechts) sind in § 8 erschöpfend und abschließend bestimmt (allgemeine Meinung, vgl. Rdn. 8). Ebenso wie beim aktiven Wahlrecht (vgl. dazu § 7 Rdn. 7) steht auch nach § 2 Abs. 3 WO auch das passive Wahlrecht nur Arbeitnehmern zu, die in die **Wählerliste**, die vom Wahlvorstand für jede Betriebsratswahl aufzustellen ist (§ 2 Abs. 1, § 30 Abs. 1, § 36 Abs. 1 WO), **eingetragen** sind. Dabei handelt es sich hier wie dort jedoch nur um eine Verfahrensvorschrift (**zusätzliche formelle Voraussetzung**), der keine konstitutive Bedeutung für die Wählbarkeit zukommt (vgl. dazu § 7 Rdn. 15, 154 f.). Hier wie dort zwingt diese Verfahrensvorschrift jedoch zu der praktisch wichtigen Unterscheidung zwischen der materiellen Wählbarkeit und der Frage, ob das passive Wahlrecht auch **ausgeübt** werden kann, d. h. insbesondere die Wahlkandidatur zugelassen und der Betreffende damit bei der Stimmabgabe von den Wahlberechtigten auch gewählt werden kann. Verfahrensmäßig genügt jedoch die Eintragung in die Wählerliste allein nicht zur Ausübung des passiven Wahlrechts. Hinzukommen muss als weitere formelle Voraussetzung der Ausübung noch die **Aufnahme** des passiv **Wahlberechtigten in einen Wahlvorschlag**, weil die Wahl zum Betriebsrat notwendig aufgrund von Wahlvorschlägen erfolgt (vgl. § 14 Abs. 3, § 14a Abs. 2, 3 Satz 2 sowie §§ 11, 20, 34 Abs. 1 Satz 1, § 36 Abs. 4 WO).

2. Sonstige Bedeutung der Wählbarkeit

Auch im **Unternehmensmitbestimmungsrecht** wird überwiegend auf die Regelung der Wählbarkeit in § 8 abgestellt. So können nach § 7 Abs. 4 Satz 1 und 4 MitbestG nur solche Arbeitnehmer als Aufsichtsratsmitglieder der Arbeitnehmer gewählt werden, die das 18. Lebensjahr vollendet haben, ein Jahr dem Unternehmen angehören und die weiteren Voraussetzungen des § 8 Betriebsverfassungsgesetz erfüllen. Erfolgt die Wahl durch Wahlmänner, so sind nach § 10 Abs. 3 MitbestG zu Wahlmännern nur wählbar solche Arbeitnehmer, die nach § 10 Abs. 2 Satz 1 MitbestG wahlberechtigt sind und die weiteren Wählbarkeitsvoraussetzungen des § 8 Betriebsverfassungsgesetz erfüllen. Entsprechend ist die Wählbarkeit im Anwendungsbereich des MontanMitbestErgG geregelt (vgl. § 6 Abs. 2 für die Wählbarkeit der Aufsichtsratsmitglieder der Arbeitnehmer; § 8 Abs. 3 für die Wählbarkeit zu Delegierten, wenn die Wahl durch Delegierte erfolgt) und neuerdings auch im DrittelbG für die (immer) unmittelbare Wahl der Aufsichtsratsmitglieder der Arbeitnehmer, die Arbeitnehmer des Unternehmens sind (§ 4 Abs. 3 Satz 1 und 4). Dagegen stellt das MontanMitbestG für die Wählbarkeit von Arbeitnehmern zum Aufsichtsrat (durch die Betriebsräte) keine besonderen Anforderungen; § 8 ist im Geltungsbereich dieses Gesetzes daher nicht anwendbar.

III. Voraussetzungen der Wählbarkeit

Wählbar (d. h. passiv wahlberechtigt) ist jeder nach § 7 Satz 1 Wahlberechtigte (vgl. Rdn. 16 ff.), der (am ersten Tag der Stimmabgabe; vgl. Rdn. 27 f.) sechs Monate dem Betrieb angehört (vgl. Rdn. 26 ff.) und nicht durch strafgerichtliche Verurteilung die Fähigkeit verloren hat, Rechte aus öffentlichen Wahlen zu erlangen (vgl. Rdn. 56 ff.). Die **Ausübung** des passiven Wahlrechts (die tatsächliche Wählbarkeit) hängt darüber hinaus (verfahrensmäßig) von der Eintragung in die Wählerliste und der Aufnahme in einen Wahlvorschlag ab (vgl. Rdn. 13).

§ 8   II. 1. Zusammensetzung und Wahl des Betriebsrats

1. Wahlberechtigung

16 Voraussetzung der Wählbarkeit ist zunächst die **Wahlberechtigung zum Betriebsrat** (aktives Wahlrecht). Die Wahlberechtigung bestimmt sich nach § 7 (vgl. zum Überblick § 7 Rdn. 11 f.). Entgegen dem Wortlaut von § 8 Abs. 1 Satz 1 sind jedoch **nicht** »alle«Wahlberechtigten wählbar (wenn die weiteren Wählbarkeitsvoraussetzungen vorliegen). Die Formulierung »alle« ist mit der Einfügung von Satz 2 in § 7 (durch Art. 1 Nr. 7 BetrVerf-Reformgesetz) unstimmig geworden. Denn § 7 Satz 2 gewährt den von der Norm erfassten Leiharbeitnehmern (vgl. § 7 Rdn. 98) nur die Wahlberechtigung (vgl. § 7 Rdn. 93 ff.); sie sind aber nach wie vor im Entleiherbetrieb nicht wählbar. **§ 14 Abs. 2 Satz 1 AÜG** bestimmt das ausdrücklich für die Fälle erlaubnispflichtiger (früher: gewerbsmäßiger) Überlassung; in § 2 Abs. 3 Satz 2 WO wird das lediglich klargestellt. In den Fällen **erlaubnisfreier** (früher: nicht gewerbsmäßiger) **Überlassung** gilt die Norm entsprechend, wenn die dort zugrunde gelegten Wertungsvoraussetzungen auch bei echter Leiharbeit vorliegen (vgl. m. w. N. § 7 Rdn. 123 ff.; ebenso *BAG* 17.02.2010 AP Nr. 14 zu § 8 BetrVG 1972 = EzA § 8 BetrVG 2001 Nr. 2 Rn. 25, 29 ff.; 10.10.2012 EzA § 8 BetrVG 2001 Nr. 3 = AP Nr. 15 zu § 8 BetrVG 1972 Rn. 13; *LAG Nürnberg* 18.08.2003 LAGE § 9 BetrVG 2001 Nr. 2 S. 7 = DB 2003, 2604; *Linsenmaier/Kiel* RdA 2014, 135 [140]; *Nicolai* DB 2003, 2599, 2600; *Reichold/HWK* § 8 BetrVG Rn. 4; *Richardi/Thüsing* § 8 Rn. 5; *Wiebauer/LK* § 8 Rn. 2; *Wlotzke/WPK* § 8 Rn. 14; im Ergebnis auch *Stege/Weinspach/Schiefer* § 8 Rn. 2; **a. M.** (für die Wählbarkeit) *Fitting* § 8 Rn. 26 f.; *Homburg/DKKW* § 8 Rn. 20; *Schüren/Hamann* AÜG, § 14 Rn. 448). Hieran hat sich auch nach der Aufgabe der Zwei-Komponenten-Lehre durch das *BAG* für die Fälle der aufgespaltenen Arbeitgeberstellung nichts geändert (*Linsenmaier/Kiel* RdA 2014, 135 [140]). Für die analoge Anwendung des § 14 Abs. 2 Satz 1 AÜG bei nicht erlaubnispflichtiger Arbeitnehmerüberlassung spricht entscheidend, dass auch § 7 Satz 2 für das aktive Wahlrecht nicht zwischen erlaubnispflichtiger, erlaubnisfreier und nach § 1 Abs. 3 AÜG privilegierter Arbeitnehmerüberlassung unterscheidet. Es wäre aber ein Wertungswiderspruch, wenn dieser Unterschied dann beim passiven Wahlrecht zum Tragen käme, da sich aus dem Motiv oder dem Zweck der Überlassung keine Gründe für eine solche Differenzierung ableiten lassen (zutr. *BAG* 17.02.2010 AP Nr. 14 zu § 8 BetrVG 1972 = EzA § 8 BetrVG 2001 Nr. 2 Rn. 29; *Linsenmaier/Kiel* RdA 2014, 135 [140]). Die unterbliebene Anpassung des § 8 dürfte daher ein schlichtes Redaktionsversehen des Gesetzgebers darstellen (*Wiebauer/LK* § 8 Rn. 2). Wählbar sind mithin **nur die Wahlberechtigten nach § 7 Satz 1** (so auch *BAG* 10.03.2004 EzA § 9 BetrVG 2001 Nr. 2 unter B I 2a; 20.04.2005 EzA § 14 AÜG Nr. 5; 17.02.2010 EzA § 8 BetrVG 2001 Nr. 2 Rn. 25; *Gräfl* JArbR Bd. 42 [2005], S. 133 [136]; zust. *Hess. LAG* 16.08.2007 – 9 TaBV 27/07 – juris; *LAG Thüringen* 29.03.2007 EzAÜG BetrVG Nr. 97; **abl.** *LAG Schleswig-Holstein* 24.05.2007 EzAÜG BetrVG Nr. 98: bei dauerhafter Überlassung ohne Rückrufvorbehalt; diesem folgend *LAG Hamburg* 03.09.2007 EzAÜG BetrVG Nr. 101. Das sind alle Arbeitnehmer, die zum (letzten) Zeitpunkt der Stimmabgabe (vgl. § 7 Rdn. 14, 152) dem Betrieb angehören (vgl. zur Betriebszugehörigkeit ausführlich § 7 Rdn. 17 ff.; vgl. dazu, dass Wahlberechtigte nach § 7 Satz 2 nicht in diesem umfassenden Sinn betriebszugehörig sind, § 7 Rdn. 84 ff.) und das 18. Lebensjahr vollendet haben (vgl. § 7 Rdn. 66 bis Rdn. 68).

17 **Verfassungsrechtliche Bedenken** gegen einen Ausschluss der Wählbarkeit der im Entleiherbetrieb nach § 7 Satz 2 wahlberechtigten Leiharbeitnehmer gem. § 14 Abs. 2 Satz 1 AÜG (vgl. insofern *Hamann* NZA 2003, 526, 529 f.; *Schüren/Hamann* AÜG, § 14 Rn. 63; *Trümner/DKKW* § 5 Rn. 91) sind **unbegründet** (zust. *BAG* 17.02.2010 EzA § 8 BetrVG 2001 Nr. 2 Rn. 28). Der Gleichheitssatz (Art. 3 Abs. 1 GG) ist nicht verletzt (ebenso *Löwisch* BB 2014, 117 [121]). Nach st. Rspr. des *BVerfG* wäre das nur der Fall, wenn die Differenzierung in dem Sinne willkürlich wäre, dass sich schlechterdings kein plausibler Grund für sie nennen lässt. Ein sachlich einleuchtender Grund liegt jedoch schon darin, dass beim Ausschluss der Wählbarkeit die Arbeitnehmer eines anderen Arbeitgebers, die im Betrieb nur eingesetzt werden, den eigenen Arbeitnehmern des Inhabers des Entleiherbetriebs gegenübergestellt werden. Außerdem sind Leiharbeitnehmer als Betriebsratsmitglieder im Entleiherbetrieb schon deshalb ungeeignet, weil ihr Einsatz (jedenfalls in Absprache von Entleiher und Verleiher) jederzeit beendet werden kann, ohne dass die Vorschrift des § 103 Abs. 3 zum Schutz der Kontinuität der Betriebsratsarbeit eingreifen könnte (ebenso jetzt *BAG* 17.02.2010 EzA § 8 BetrVG 2001 Nr. 2 Rn. 28; *LAG Köln* 22.06.2009 – 2 TaBV 74/08 – juris, Rn. 27; *Linsenmaier/Kiel* RdA 2014, 135 [140]; vgl. auch *Schüren* RdA 2004, 184 [185 Fn. 13]). Die Gleichbehandlung von erlaubnispflichtiger und erlaubnisfreier Arbeitnehmerüberlassung im Hinblick auf den Ausschluss der Wählbarkeit ist da-

Wählbarkeit § 8

gegen geradezu verfassungsrechtlich geboten, weil die Frage, ob die Überlassung im Rahmen einer wirtschaftlichen Tätigkeit i. S. d. § 1 Abs. 1 AÜG erfolgt oder nicht, keinen hinreichenden Rechtfertigungsgrund für eine Differenzierung darstellt (*BAG* 17.02.2010 EzA § 8 BetrVG 2001 Nr. 2 Rn. 30 [gegen eine Ungleichbehandlung von gewerbsmäßiger und nicht gewerbsmäßiger Arbeitnehmerüberlassung]; s. a. § 7 Rdn. 123 f.).

Wählbar sind dagegen die **Beamten, Soldaten und Arbeitnehmer des öffentlichen Dienstes**, 18 die im Rahmen einer Zuweisung oder Personalgestellung in Betrieben privatwirtschaftlich verfasster und damit nach § 130 dem BetrVG unterliegender Unternehmen tätig sind. Diese gelten nach **§ 5 Abs. 1 Satz 3** kraft gesetzlicher Fiktion als Arbeitnehmer des Betriebs, in dem sie tätig sind. Ihr aktives Wahlrecht ergibt sich, da sie als betriebszugehörig zu behandeln sind, aus § 7 Satz 1. Folglich sind sie in dem Einsatzbetrieb auch wählbar, wenn sie diesem sechs Monate angehören (*BAG* 15.08.2012 EzA § 5 BetrVG 2001 Nr. 8; s. § 5 Rdn. 90 f.). Zu verfassungsrechtlichen Bedenken im Hinblick auf die hiermit verbundene Besserstellung dieses Personenkreises gegenüber Arbeitnehmern, die im Rahmen einer Personalüberlassung zwischen privatrechtlich verfassten Unternehmen in Betrieben anderer Arbeitgeber tätig werden, s. § 5 Rdn. 103 f.

Da die Wählbarkeit neben der Wahlberechtigung noch von weiteren Voraussetzungen, namentlich der 19 sechsmonatigen Betriebszugehörigkeit abhängig ist, ist **keineswegs jeder** wahlberechtigte Arbeitnehmer des Betriebs i. S. d. § 7 Satz 1 wählbar. Da andererseits die Wahlberechtigung nach dem eindeutigen Wortlaut des § 8 unverzichtbare Voraussetzung der Wählbarkeit ist, kann es nicht vorkommen, dass jemand wählbar, aber nicht wahlberechtigt ist.

Das muss entgegen weit verbreiteter Auffassung (vgl. *BAG* 14.05.1997 EzA § 8 BetrVG 1972 Nr. 8 bei 20 fristloser Kündigung = SAE 1998, 89 [zust. v. *Hoyningen-Huene*]; 10.11.2004 EzA § 8 BetrVG 2001 Nr. 1 bei ordentlicher Kündigung; *LAG Hamm* 06.05.2002 NZA-RR 2003, 480; *LAG Köln* 10.02.2010 – 8 TaBV 65/09 – juris, Rn. 60; *Fitting* § 8 Rn. 18; *Homburg/DKKW* § 8 Rn. 25; *Hueck/Nipperdey* II/2, S. 1132 Fn. 7; *Koch/*ErfK § 8 BetrVG Rn. 2; *Nicolai/HWGNRH* § 8 Rn. 5; *Nikisch* III, S. 79; *Reichold/HWK* § 8 BetrVG Rn. 6; *Richardi/Thüsing* § 8 Rn. 15; *Stege/Weinspach/Schiefer* § 8 Rn. 2; *Wiebauer/LK* § 8 Rn. 4; *Wlotzke/WPK* § 8 Rn. 5) namentlich beim **Rechtsstreit über** die **Wirksamkeit** einer ordentlichen oder außerordentlichen **Kündigung** des Arbeitsverhältnisses durch den Arbeitgeber gelten: Wenn und soweit in solchen Fällen der Gekündigte mangels Betriebszugehörigkeit (vgl. dazu § 7 Rdn. 41 ff.) nicht wahlberechtigt ist, kann er auch nicht wählbar sein (ebenso *Küchenhoff* § 8 Rn. 2; *Joost/*MünchArbR § 216 Rn. 72; *Schröder* DB 1965, 1009 [1011]); passive ohne aktive Wahlberechtigung ist wertungsmäßig unstimmig. In diesem Zusammenhang kommt es nicht auf den Gesichtspunkt an, einen unklaren Schwebezustand zu meistern; entscheidend ist das Fehlen der Betriebszugehörigkeit mangels tatsächlicher Beziehungen zum Betrieb (vgl. § 7 Rdn. 42, 44), an der die Wahlberechtigung und an dieser wiederum die Wählbarkeit scheitern (*BAG* 14.05.1997 EzA § 8 BetrVG 1972 Nr. 8 S. 3 gesteht das im Ansatz zu, meint aber, dass der Gekündigte hinsichtlich seiner Wählbarkeit [nur insoweit] »wie ein Betriebsangehöriger« zu behandeln sei, wenn er eine Kündigungsschutzklage erhoben hat). Der Befürchtung, dass sich der Arbeitgeber durch (unwirksame) fristlose oder ordentliche Kündigung vor der Wahl eines ihm unbequemen (potentiellen) Kandidaten entledigen könnte (vgl. etwa *BAG* 14.05.1997 EzA § 8 BetrVG 1972 Nr. 8; *Fitting* § 8 Rn. 19; *Homburg/DKKW* § 8 Rn. 25), kann nur dadurch Rechnung getragen werden, dass ein Betroffener notfalls mit Hilfe der Gerichte seine tatsächliche Weiterbeschäftigung durchsetzt (s. § 7 Rdn. 44). Dabei ist für die Erfolgsaussichten einer einstweiligen Verfügung zu berücksichtigen, dass neben (bisherigen) Betriebsratsmitgliedern auch bereits den Wahlbewerbern der besondere Kündigungsschutz nach § 15 Abs. 3 KSchG, § 103 zugutekommt und auch Arbeitnehmern, die zu einer Betriebs- oder Wahlversammlung zur Wahl eines Wahlvorstandes einladen oder die Bestellung eines Wahlvorstandes durch das Arbeitsgericht beantragen, Schutz vor ordentlicher Kündigung genießen (§ 15 Abs. 3a n. F.). Im Übrigen ist darauf hinzuweisen, dass die Rspr. des *BAG*, die ausdrücklich darauf zielt, die Wahl vor Behinderung oder Beeinflussung (§ 20 Abs. 1, 2) zu schützen, selbst eine Beeinflussung der Wähler in Kauf nehmen muss, die darin liegt, dass diese ihre Stimme einem Bewerber geben (können), der sein Amt niemals ausüben kann, wenn seine Kündigungsschutzklage keinen Erfolg hat; denn bis zum rechtskräftigen Abschluss des Kündigungsschutzverfahrens ist er nach *BAG* an der Ausübung seines Amtes verhindert. Das ist vor allem bei Mehrheitswahl (Personenwahl) misslich.

21 Das für die Wählbarkeit bei Kündigungen Gesagte muss für **Versetzungen in einen anderen Betrieb** entsprechend geltend. Auch hier lässt sich nicht zwischen aktivem und passivem Wahlrecht unterscheiden. Vielmehr muss mit dem aktiven Wahlrecht auch die Wählbarkeit nach § 8 Abs. 1 entfallen (**a. M.** konsequenterweise *LAG Köln* 10.02.2010 – 8 TaBV 65/09 – juris, Rn. 64 f.; zust. *Homburg/DKKW* § 8 Rn. 25). Die Zugehörigkeit zu dem bisherigen Betrieb und damit das (auch) passive Wahlrecht bleiben daher einmal dann erhalten, wenn trotz der Tätigkeit in dem aufnehmenden Betrieb die tatsächliche Beziehung zum abgebenden Betrieb erhalten bleibt. Dies kommt bei vorübergehenden Versetzungen in Betracht, insbesondere wenn der dem Arbeitnehmer zugewiesene Arbeitsbereich erhalten und für ihn im Falle der Rückkehr reserviert bleibt (s. § 7 Rdn. 45; zum Fortbestand der Betriebszugehörigkeit bei Versetzung eines Amtsträgers auch § 103 Rdn. 38). Ist die Versetzung dagegen mit einer Auflösung der tatsächlichen Beziehung zum Betrieb verbunden, so bleibt die Wählbarkeit nur erhalten, wenn die Weiterbeschäftigung des Arbeitnehmers (notfalls gerichtlich) durchgesetzt wird (s. § 7 Rdn. 45). Auch insoweit ist zu beachten, dass ein Wahlbewerber mit der Aufstellung des Wahlvorschlags (zum maßgeblichen Zeitpunkt s. § 103 Rdn. 22) den besonderen Amtsschutz des § 103 Abs. 3 genießt, Versetzungen, die zum Verlust der Wählbarkeit führen, also nur dann zulässig sind, wenn sie mit Zustimmung des Betriebsrats oder des Kandidaten selbst erfolgen.

22 Umgekehrt ist jeder nach § 7 Satz 1 Wahlberechtigte, der die weiteren Voraussetzungen der Wählbarkeit erfüllt, wählbar. Dabei ist die **Wahlberechtigung** als Voraussetzung der Wählbarkeit **strikt nach denselben Kriterien** und im Ergebnis ebenso zu beurteilen, wie wenn es lediglich darum geht, das aktive Wahlrecht **zu bestimmen**. Vgl. deshalb bei:

23 a) streitiger Arbeitnehmereigenschaft: § 7 Rdn. 16 und § 5 Rdn. 15 ff.

24 b) streitiger Betriebszugehörigkeit: § 7 Rdn. 17 ff.

namentlich:
- fehlerhaftem Arbeitsverhältnis: § 7 Rdn. 33;
- vorübergehender Befreiung von der Arbeitspflicht (insbesondere Urlaub, Arbeitsunfähigkeit infolge Krankheit, Suspendierung): § 7 Rdn. 56;
- Grundwehrdienst/Zivildienst: § 7 Rdn. 60;
- Teilzeitbeschäftigung: § 7 Rdn. 34;
- Zugehörigkeit zu mehreren Betrieben: § 7 Rdn. 40. Früher geäußerte Bedenken gegen eine doppelte oder mehrfache Wählbarkeit wegen der Befürchtung, dass das mehrfach gewählte Betriebsratsmitglied seine Aufgaben in mehreren Betrieben nicht ordnungsgemäß erfüllen könnte (vgl. *Erdmann/Jürging/Kammann* § 8 Rn. 4; *Galperin/Siebert* § 7 Rn. 36; *Nikisch* III, S. 79), werden heute zu Recht nicht mehr geteilt. Soweit früher die Zulässigkeit einer Mehrfachwahl davon abhängig gemacht wurde, dass keine Beeinträchtigung der Funktion des z. B. zu zwei Betriebsräten gewählten Mitglieds zu erwarten ist (*Hueck/Nipperdey* II/2, S. 1134), ist diese Einschränkung schon deswegen nicht gerechtfertigt, weil die doppelte oder gar mehrfache Belastung eines Betriebsratsmitgliedes durch Erweiterung des Erfahrungs- und Aktionshorizontes kompensiert werden kann (ebenso *Weiss/Weyand* § 8 Rn. 7) und im Übrigen ein Betriebsratsmitglied bei grober Vernachlässigung seiner Amtspflichten nach § 23 Abs. 1 aus dem Betriebsrat ausgeschlossen werden kann (vgl. *Oetker* § 23 Rdn. 19 ff.), so dass für einen präventiven Ausschluss der Wählbarkeit durch teleologische Reduktion des § 8 kein Grund besteht, zumal eine Bestimmung im RegE zum BetrVG 1952, die im Anschluss an § 20 BRG 1920 die Doppelwahl ausschließen wollte, im Gesetzgebungsverfahren abgelehnt wurde;
- Aushilfstätigkeit: § 7 Rdn. 39. Allerdings wird in diesen Fällen die Wählbarkeit vielfach an der Voraussetzung sechsmonatiger Betriebszugehörigkeit scheitern;
- Außendienst-Arbeitnehmern: § 7 Rdn. 47 ff. Außendienst-Arbeitnehmern, namentlich im Ausland tätigen Arbeitnehmern eines inländischen Betriebes, fehlt jedoch nicht deshalb die Wählbarkeit, weil abzusehen ist, dass sie ihr Amt im inländischen Betrieb in der Regel nicht selbst ausüben können und deshalb weitgehend von einem Ersatzmitglied im Betriebsrat vertreten werden müssen. Die Gegenauffassung (*Galperin/Löwisch* § 8 Rn. 18; *Schlochauer/HSWG* § 8 Rn. 13) statuiert insoweit unzulässigerweise in Gestalt eines persönlichen Wahlhindernisses eine weitere gesetzlich nicht vorgesehene Wählbarkeitsvoraussetzung (zust. *Fitting* § 8 Rn. 24);
- Arbeitnehmer in Matrixstrukturen: § 7 Rdn. 52 ff.;

Wählbarkeit § 8

– Leiharbeit (Arbeitnehmerüberlassung): § 7 Rdn. 93 ff., 125, 127, 129;
– Gesamthafenarbeitsverhältnis: § 7 Rdn. 150;
– Gestellungsvertrag (»Schwestern-Gestellungsverträge«): § 7 Rdn. 138 ff.;
– Überlassung von Bedienungspersonal: § 7 Rdn. 146 ff.;
– Gruppenarbeit: § 7 Rdn. 148;
– Mittelbarem Arbeitsverhältnis: § 7 Rdn. 149;
– Fremdfirmenarbeitnehmer: § 7 Rdn. 145.

c) streitigem Wahlalter und Geschäftsfähigkeit: § 7 Rdn. 66 ff. 25

2. Sechsmonatige Betriebszugehörigkeit

a) Zweck

Die Betriebszugehörigkeit ist (eigenständige) Voraussetzung der Wahlberechtigung nach § 7 Satz 1 (s. 26 § 7 Rdn. 17) und über diese auch bereits Voraussetzung der Wählbarkeit; Betriebsfremde (z. B. Funktionäre einer Gewerkschaft) sind weder wahlberechtigt noch wählbar. Während jedoch für die Wahlberechtigung nach § 7 Satz 1 die Dauer der Betriebszugehörigkeit keine Rolle spielt, ist es weitere Voraussetzung der Wählbarkeit, dass der Wahlberechtigte **sechs Monate** dem Betrieb angehört oder als in Heimarbeit Beschäftigter in der Hauptsache für den Betrieb gearbeitet hat, um dessen Betriebsratswahl es geht. **Zweck** dieser **Mindestdauer** der **Betriebszugehörigkeit** ist es, zu gewährleisten, dass nur der Arbeitnehmer des Betriebs als Wahlbewerber in Betracht kommt, der den Überblick über die betrieblichen Verhältnisse erworben hat, der für die Ausübung des Betriebsratsamtes erforderlich ist (Begründung zum RegE BT-Drucks. VI/1786, S. 37). Der Gesetzgeber selbst hat diese Zwecksetzung jedoch weitgehend dadurch konterkariert, dass nach § 8 Abs. 1 Satz 2 auf die sechsmonatige Betriebszugehörigkeit Zeiten angerechnet werden, in denen der Arbeitnehmer unmittelbar vorher einem anderen Betrieb desselben Unternehmens oder Konzerns (§ 18 Abs. 1 AktG) angehört hat. Das Erfordernis sechsmonatiger Betriebszugehörigkeit erhält dadurch eher den Charakter einer Ordnungsvorschrift, die dagegensteht, dass bisherige Betriebs-, Unternehmens- oder Konzernfremde kurzfristig, d. h. kaum dass sie zur Belegschaft gehören, Betriebsratspositionen besetzen können. Angesichts von Abs. 1 Satz 2 ist eine kleinliche Beurteilung der Dauer der Betriebszugehörigkeit nicht angebracht (zust. *Homburg*/DKKW § 8 Rn. 7). Anderseits genügt es nicht, wenn ein Arbeitnehmer in einem unternehmens- oder konzernfremden Betrieb Informationen und Kenntnisse erworben hat, die für die Ausübung des Betriebsratsamtes erforderlich oder nützlich sind.

b) Maßgeblicher Zeitpunkt

Wählbar ist nur, wer dem Betrieb sechs Monate angehört (Abs. 1 Satz 1). Den **maßgeblichen Zeit-** 27 **punkt**, zu dem die sechsmonatige Betriebszugehörigkeit bestehen muss, bestimmt § 8 aber nicht. Da sich das passive Wahlrecht jedoch zuvorderst darauf bezieht, dass sich ein Arbeitnehmer zur Wahl stellen kann (vgl. Rdn. 12), muss der **Zeitpunkt der Wahl** (Stimmabgabe) entscheidend sein (*BAG* 10.10.2012 EzA § 8 BetrVG 2001 Nr. 3 = AP Nr. 15 zu § 8 BetrVG 1972 Rn. 20 ff.; ebenso im Kontext des Kündigungsschutzes des § 15 Abs. 3 Satz 1 KSchG *BAG* 07.07.2011 AP Nr. 69 zu § 15 KSchG1969 = EzA § 15 KSchG n. F. Nr. 68 Rn. 38 ff.; *LAG Hamm* 21.04.1982 DB 1982, 2709; *Fitting* § 8 Rn. 33; *Richardi/Thüsing* § 8 Rn. 18; *Wlotzke/WPK* § 8 Rn. 7); das gilt gleichermaßen für die Wahl in einem Wahlgang nach § 14 wie auf einer Wahlversammlung im vereinfachten Wahlverfahren nach § 14a. Nicht maßgeblich ist der (frühere) Zeitpunkt der Aufstellung der Wählerliste durch den Wahlvorstand oder die Benennung in einem Wahlvorschlag oder gar der (spätere) Zeitpunkt des Beginns der Amtszeit des Betriebsrates.

Ist die Stimmabgabe nach dem Wahlausschreiben (§ 3 Abs. 2 Nr. 11 WO) **an mehreren Tagen** mög- 28 lich, so genügt es nach ganz h. M., wenn der Wahlberechtigte erst **am letzten Tag der Stimmabgabe** dem Betrieb sechs Monate angehört (vgl. *Fitting* § 8 Rn. 33; *Koch*/ErfK § 8 BetrVG Rn. 3; *Nicolai*/HWGNRH § 8 Rn. 33; *Reichold*/HWK § 8 BetrVG Rn. 8; *Richardi/Thüsing* § 8 Rn. 18; *Wiebauer*/LK § 8 Rn. 6). Das *BAG* hat bisher lediglich festgestellt, dass das Erfordernis der sechsmonatigen Betriebszugehörigkeit nicht bereits bei der Aufstellung und Einreichung der Wählerliste vorliegen müsse, da der Wahlbewerber noch keine in die Zuständigkeit des Betriebsrats fallenden Entscheidun-

Raab

gen zu treffen habe und daher der für die Amtsausübung erforderlichen Kenntnisse noch nicht bedürfe. Es müsse vielmehr auf den Zeitpunkt der Wahl, d. h. der Stimmabgabe ankommen (*BAG* 10.10.2012 EzA § 8 BetrVG 2001 Nr. 3 = AP Nr. 15 zu § 8 BetrVG 1972 Rn. 20 ff.). Nicht zu entscheiden hatte das Gericht, ob bei einer zeitlich gestreckten Wahl auf den Beginn des Wahlvorgangs oder auf dessen Ende abzustellen ist (dies übersieht *Wiebauer/LK* § 8 Rn. 6, der die Entscheidung für die h. M. in Anspruch nimmt). Die besseren Gründe sprechen dafür, dass der Wahlberechtigte bereits am **ersten Tag der Stimmabgabe** dem Betrieb bereits sechs Monate angehört haben muss (zust. *Brors*/HaKo § 8 Rn. 9). Ansonsten könnte für einen Bewerber (an den vorausgegangenen Wahltagen) die Stimme abgegeben werden, der die Voraussetzungen der Wählbarkeit zu diesem Zeitpunkt noch nicht erfüllt. Da für die Wahlberechtigung der letzte Tag der Stimmabgabe maßgeblich ist (vgl. § 7 Rdn. 152), kann es somit vorkommen, dass jemand (mit Erreichen der Altersgrenze am letzten Wahltag) zwar wahlberechtigt (vgl. § 7 Rdn. 66), aber noch nicht wählbar ist, wenn auch die sechsmonatige Betriebszugehörigkeit erst am letzten Wahltag erreicht wird.

29 Die **Berechnung** der Sechs-Monats-Frist erfolgt nach §§ 186 ff. BGB. Die Frist beginnt nach § 187 Abs. 2 Satz 1 BGB mit dem ersten Tag der Betriebszugehörigkeit (vgl. dazu auch Rdn. 31), der bei der Fristberechnung mitgerechnet wird, und endet nach § 188 Abs. 2 BGB mit Ablauf des Tages des sechsten Monats, der dem Tag vorhergeht, der dem Fristbeginn entspricht. Wer z. B. am 01.10. in den Betrieb eingetreten ist, vollendet die Sechs-Monate-Frist der Betriebszugehörigkeit am 31.03. des folgenden Jahres und ist daher am 01.04. wählbar.

c) Anwendungsbereich

30 Wenn nach Abs. 1 Satz 1 alle (nach § 7 Satz 1; vgl. Rdn. 16) Wahlberechtigten wählbar sind, die dem Betrieb sechs Monate angehören, so bedeutet das doch **nicht**, dass bereits auch **alle Voraussetzungen dieser Wahlberechtigung** über diesen Zeitraum bestanden haben müssen. Das Gesetz verlangt nicht, dass jemand **als** Wahlberechtigter sechs Monate dem Betrieb angehört hat; es genügt, wenn ein zur Zeit der Wahl Wahlberechtigter zu diesem Zeitpunkt dem Betrieb sechs Monate angehört. Insbesondere sind deshalb auch die Zeiten **vor** Vollendung des 18. Lebensjahres, in denen der betreffende Arbeitnehmer oder Auszubildende noch nicht wahlberechtigt war (vgl. § 7 Rdn. 66), voll mitzurechnen (insoweit allgemeine Meinung; vgl. *Fitting* § 8 Rn. 37; *Homburg/DKKW* § 8 Rn. 11; *Richardi/Thüsing* § 8 Rn. 23).

d) Dauer

31 Die Voraussetzungen der Wählbarkeit sind in jedem Falle erfüllt, wenn der Arbeitnehmer eine sechsmonatige **Betriebszugehörigkeit** aufweisen kann. Für die Bestimmung der Dauer ist die Betriebszugehörigkeit nach den auch sonst maßgeblichen Kriterien zu beurteilen. Das Erfordernis sechsmonatiger **Betriebszugehörigkeit erfüllt danach** derjenige Arbeitnehmer, der sechs Monate in einem Arbeitsverhältnis gerade zum Betriebsinhaber gestanden hat (»arbeitsrechtliche Beziehung zum Betriebsinhaber«) **und** dessen Arbeitsleistung über einen Zeitraum von sechs Monaten dem Betriebszweck zugeordnet werden kann (»tatsächliche Beziehung zum Betrieb«); vgl. zu den Voraussetzungen der Betriebszugehörigkeit näher § 7 Rdn. 18 ff.

32 Da es nicht erforderlich ist, dass der Arbeitnehmer dem Betrieb während der sechs Monate als Wahlberechtigter angehört hat (s. Rdn. 30), erfüllt er die Voraussetzungen auch dann, wenn er zwar während dieses Zeitraumes nicht zu dem vom Betriebsrat repräsentierten Personenkreis gehört, aber in den Betrieb »eingegliedert« war, also im Rahmen der arbeitstechnischen Zwecksetzung des Betriebes in einer einem Arbeitnehmer i. S. d. § 5 Abs. 1 vergleichbaren Weise tätig geworden ist. Deshalb sind Zeiten, in denen jemand zu dem in **§ 5 Abs. 2 und 3 genannten Personenkreis** gehörte, mitzurechnen (*Fitting* § 8 Rn. 36; *Koch*/ErfK § 8 BetrVG Rn. 3; *Nicolai/HWGNRH* § 8 Rn. 16; *Richardi/Thüsing* § 8 Rn. 21; *Weiss/Weyand* § 8 Rn. 2; **a. M.** *Kreutz* 9. Aufl., § 8 Rn. 28). Anders zu beurteilen ist es dagegen, wenn der frühere Arbeitgeber nach einem Betriebsinhaberwechsel als Arbeitnehmer für den neuen Betriebsinhaber tätig wird. Dann sind Zeiten vor dem Betriebsübergang nicht zu berücksichtigen, weil der Arbeitgeber dem Betrieb in einer Funktion angehörte, die mit der eines Arbeitnehmers nicht vergleichbar, dieser vielmehr geradezu entgegengesetzt ist.

Wählbarkeit § 8

Nach h. M. sind auf die Dauer der Betriebszugehörigkeit auch **Zeiten der Beschäftigung als Leih-** 33
arbeitnehmer anzurechnen, wenn im unmittelbaren Anschluss an die Überlassung ein Arbeitsverhältnis zu dem (bisherigen) Entleiher begründet wird (*BAG* 10.10.2012 EzA § 8 BetrVG 2001 Nr. 3 = AP Nr. 15 zu § 8 BetrVG 1972 Rn. 13 ff.; *Fitting* § 8 Rn. 38; *Homburg / DKKW* § 8 Rn. 11; *Koch/ ErfK* § 8 BetrVG Rn. 3; *Linsenmaier / Kiel* RdA 2014, 135 [140 f.]; *Nicolai / HWGNRH* § 8 Rn. 14; *Reichold / HWK* § 8 BetrVG Rn. 8; *Richardi / Thüsing* § 8 Rn. 22; jetzt auch *Brors* / HaKo § 8 Rn. 8; **a. M.** *Kreutz* bis zur 9. Aufl., § 8 Rn. 30; diesem zust. *ArbG Berlin* 23.05.1990 EzA § 8 BetrVG 1972 Nr. 7). Dem ist zuzustimmen. – Allerdings lässt sich dies – entgegen der Ansicht des *BAG* (10.10.2012 EzA § 8 BetrVG 2001 Nr. 3 Rn. 14) nicht damit begründen, dass das Gesetz von »Wahlberechtigten« und nicht von »wahlberechtigten Arbeitnehmern« spreche und daher auch die nach § 7 Satz 2 Wahlberechtigten meine. Der Siebte Senat setzt sich insoweit in Widerspruch zu seiner eigenen Rspr., hat er doch in anderen Entscheidungen überzeugend dargelegt, dass »Wahlberechtigte« i. S. d. § 8 Abs. 1 nur die nach § 7 Satz 1 wahlberechtigten betriebszugehörigen Arbeitnehmer seien (*BAG* 10.03.2004 EzA § 9 BetrVG 2001 Nr. 2, unter B I 2a; 17.02.2010 EzA § 8 BetrVG 2001 Nr. 2 Rn. 25; s. a. Rdn. 16). Der Wortlaut spricht vielmehr zunächst gegen eine Anrechenbarkeit. In § 8 Abs. 1 Satz 2 ist nämlich von der »sechsmonatigen Betriebszugehörigkeit« die Rede. Leiharbeitnehmer sind aber für die Dauer der Überlassung gerade nicht dem Entleiherbetrieb zuzuordnen (s. § 7 Rdn. 85 ff.). Hieran ändert sich auch dann nichts, wenn man für die Fälle der aufgespaltenen Arbeitgeberstellung – wie das *BAG* – nicht mehr an der Zwei-Komponenten-Lehre festhält (s. *BAG* 24.08.2016 NZA 2017, 269 Rn. 21; zur Aufgabe der Zwei-Komponenten-Lehre durch die Rspr. s. § 7 Rdn. 18 ff.). Entscheidend sind vielmehr systematisch-teleologische Erwägungen (insofern zutr. *BAG* 10.10.2012 EzA § 8 BetrVG 2001 Nr. 3 Rn. 16 f.). Die sechsmonatige Betriebszugehörigkeit soll in erster Linie sicherstellen, dass der Arbeitnehmer über hinreichende Kenntnisse und Erfahrungen über die Verhältnisse im Betrieb verfügt (s. Rdn. 26). Hierfür ist aber auch eine Tätigkeit als Leiharbeitnehmer geeignet. Der der Zwei-Komponenten-Lehre zugrunde liegende Gedanke, dass die volle Betriebszugehörigkeit das Bestehen eines Arbeitsverhältnisses mit dem Betriebsinhaber voraussetzt (s. § 7 Rdn. 26 f.), spielt dagegen keine Rolle (*BAG* 10.10.2012 EzA § 8 BetrVG 2001 Nr. 3 Rn. 16). Im Übrigen würde sich ein Wertungswiderspruch zu § 8 Abs. 1 Satz 2 ergeben, wenn man Zeiten der Beschäftigung als Leiharbeitnehmer unberücksichtigt ließe. Wenn schon Zeiten der Beschäftigung in einem Betrieb eines anderen Konzernunternehmens, in denen es an beiden Voraussetzungen für die Betriebszugehörigkeit mangelt (s. § 7 Rdn. 19), berücksichtigungsfähig sind, so wäre es kaum zu rechtfertigen, die Anrechnung von Zeiten, in denen die Betriebszugehörigkeit nur an der fehlenden rechtlichen Beziehung zum Betriebsinhaber scheitert, auszuschließen (*BAG* 10.10.2012 EzA § 8 BetrVG 2001 Nr. 3 Rn. 17; *Linsenmaier / Kiel* RdA 2014, 135 [141]). Nicht anrechnungsfähig sind dagegen Zeiten der Tätigkeit als sog. **Fremdfirmenarbeitnehmer** (vgl. dazu § 7 Rdn. 145). Diese sind daher im Drittbetrieb nicht allein deshalb wählbar, weil sie in diesem jahrelang tätig waren, bevor sie in ein Arbeitsverhältnis zu dessen Inhaber getreten sind.

Die **tatsächliche Beziehung zum Betrieb** setzt voraus, dass das Arbeitsverhältnis zum Betriebsinha- 34
ber in Vollzug gesetzt worden ist; dies geschieht normalerweise durch Arbeitsaufnahme (vgl. § 7 Rdn. 33). Folgt die Invollzugsetzung der rechtlichen Begründung des Arbeitsverhältnisses zeitlich nach, so **beginnt** die Sechs-Monate-Frist erst mit dem Tag der Invollzugsetzung zu laufen. Dies ergibt sich entgegen verbreiteter Ansicht (vgl. etwa *Richardi / Thüsing* § 8 Rn. 20; *Wiebauer / LK* § 8 Rn. 6) freilich nicht aus dem Zweck der Vorschrift, Einblick in die betrieblichen Verhältnisse zu erhalten, sondern daraus, dass die tatsächliche neben der rechtlichen Beziehung Voraussetzung der Betriebszugehörigkeit ist (so für § 8 ausdrücklich auch *BAG* 28.11.1977 EzA § 8 BetrVG 1972 Nr. 4 = AP Nr. 2 zu § 8 BetrVG 1972; vgl. ausführlich § 7 Rdn. 22 f.).

In der Literatur wird bei einer **Unterbrechung der tatsächlichen Beschäftigung** überwiegend 35
zwischen einer »kürzeren« oder »längeren« Unterbrechung unterschieden. Während »gewichtige« Fehlzeiten den Lauf der Sechs-Monate-Frist hemmen sollen, sind kürzere Unterbrechungen bei der Berechnung der Dauer der Betriebszugehörigkeit nicht zu berücksichtigen. Als erheblich in diesem Sinne werden Unterbrechungen von mehr als zwei Monaten angesehen (so *Fitting* § 8 Rn. 44 f.; *Richardi / Thüsing* § 8 Rn. 24; *Stege / Weinspach / Schiefer* § 8 Rn. 6; *Wiebauer / LK* § 8 Rn. 10). Dies ist im Hinblick auf den Sinn und Zweck des Erfordernisses (s. Rdn. 34) nicht überzeugend (abl. auch *Homburg / DKKW* § 8 Rn. 13). Entscheidend ist vielmehr allein, ob trotz tatsächlicher Nichtbeschäf-

Raab

tigung die Betriebszugehörigkeit fortbesteht. Das ist bei Fortdauer des Arbeitsverhältnisses immer dann der Fall, wenn der Arbeitnehmer lediglich vorübergehend von seiner Arbeitspflicht befreit ist (und nicht das gesamte Arbeitsverhältnis ruht), z. B. bei Krankheit, Urlaub, Sonderurlaub, Zeiten von Beschäftigungsverboten nach MuSchG, Suspendierung durch den Arbeitgeber, Teilnahme am rechtmäßigen Arbeitskampf, Elternzeit (vgl. § 7 Rdn. 56 ff.). Insoweit kann es vorkommen (vgl. § 7 Rdn. 33), dass ein Arbeitnehmer bis zur Wahl so gut wie nicht oder gar überhaupt nicht für den Betrieb gearbeitet hat und doch (wahlberechtigt und) wählbar ist. Dem steht auch die Entscheidung *BAG* 28.11.1977 EzA § 8 BetrVG 1972 Nr. 4 = AP Nr. 2 zu § 8 BetrVG 1972 = SAE 1979, 10 (zust. *Schlüter/Belling*) nicht entgegen. Dort hat das Gericht die Betriebszugehörigkeit (zu Recht) nur deshalb verneint, weil der Arbeitnehmer nie im Betrieb eingewesen war und eine tatsächliche Zuordnung auch für die Zukunft nicht beabsichtigt und abzusehen war. Inwieweit die Kandidatur eines im Betrieb weithin Unbekannten allerdings Aussicht auf Erfolg hat, ist eine andere Frage, die das Gesetz jedoch auch bei der Anrechnung anderweitiger Beschäftigungszeiten nach Abs. 1 Satz 2 vernachlässigt.

e) Unterbrechung

36 Das Gesetz fordert (anders als etwa § 1 Abs. 1 KSchG) **nicht**, dass der Arbeitnehmer dem Betrieb in den letzten sechs Monaten vor der Wahl **ohne Unterbrechung** angehört hat, die Betriebszugehörigkeit also in einem zusammenhängenden Zeitraum von sechs Monaten bestanden hat. Wie sich eine **Unterbrechung der Betriebszugehörigkeit** auf die Berechnung ihrer Dauer auswirkt, ist gleichwohl zweifelhaft. Eine solche Unterbrechung liegt dann vor, wenn entweder die »arbeitsrechtliche Beziehung zum Betriebsinhaber« und/oder die »tatsächliche Beziehung zum Betrieb« (vgl. zu diesen Voraussetzungen der Betriebszugehörigkeit § 7 Rdn. 18 ff.) **beendet, später** aber wieder **neu begründet** wird. Hauptfall ist das Ausscheiden des Arbeitnehmers mit Beendigung des Arbeitsverhältnisses und spätere Neueinstellung. In Betracht kommt aber auch die bloße Unterbrechung der (tatsächlichen) Mitverfolgung des Betriebszweckes durch den Arbeitnehmer trotz Fortdauer des Arbeitsverhältnisses (nicht zu verwechseln mit der vorübergehenden Befreiung des Arbeitnehmers von seiner Arbeitspflicht; vgl. Rdn. 35), wie insbesondere bei Ausscheiden des Arbeitnehmers aus dem Betrieb nach Ablauf der Kündigungsfrist bzw. nach fristloser Kündigung und späterer Wiederaufnahme der Arbeit während des Kündigungsschutzprozesses (vgl. § 7 Rdn. 41 ff.). Der Betriebsinhaberwechsel (durch Rechtsgeschäft [§ 613a BGB] oder Gesamtrechtsnachfolge nach UmwG) führt nicht zur Unterbrechung der Betriebszugehörigkeit, weil er die Identität des Betriebes unberührt lässt (ebenso *Fitting* § 8 Rn. 43; *Richardi/Thüsing* § 8 Rn. 31; allgemein schon *Seiter* AR-Blattei Betriebsinhaberwechsel, B IV 3c aa)

37 Die h. M. nimmt an, dass eine **Unterbrechung der tatsächlichen Tätigkeit** (je nach Länge der Unterbrechung) höchstens zur Hemmung des Laufs der Sechs-Monats-Frist führt, mit der Folge, dass lediglich die Zwischenzeiten nicht angerechnet werden (vgl. Rdn. 35), während bei einer **Unterbrechung des rechtlichen Bestandes des Arbeitsverhältnisses** grundsätzlich die Sechs-Monate-Frist mit der Neueinstellung erneut zu laufen beginnen soll (vgl. etwa *Fitting* § 8 Rn. 39; *Nicolai/HWGNRH* § 8 Rn. 19; *Richardi/Thüsing* § 8 Rn. 25; ähnlich *Homburg/DKKW* § 8 Rn. 15: nur, wenn die Unterbrechung »mehrere Monate« beträgt, während bei einer »kürzeren« Unterbrechung nur die Zeit der Unterbrechung nicht mitgerechnet werden soll). Das überzeugt nicht (ebenso *Wiebauer/LK* § 8 Rn. 10, der allerdings nach der Dauer der Unterbrechung differenziert, s. Rdn. 35). Zum einen wird dabei die Unterbrechung der Betriebszugehörigkeit unzutreffend abgegrenzt, weil auch Fälle bloßer Unterbrechung der tatsächlichen Beschäftigung während vorübergehender Befreiung des Arbeitnehmers von seiner Arbeitspflicht dazugerechnet werden (vgl. dazu Rdn. 35). Zum anderen wird mit der Unterscheidung von rechtlicher und tatsächlicher Unterbrechung der Betriebszugehörigkeit verkannt, dass es immer eine Frage der rechtlichen Beurteilung ist, ob die Betriebszugehörigkeit unterbrochen ist. Vor allem aber überzeugt die Differenzierung weder im Ansatz noch im Ergebnis, weil in allen Fällen der Unterbrechung der Betriebszugehörigkeit diese in der Zwischenzeit fehlt, so dass dies in **gleicher Weise** bei der Berechnung ihrer Dauer berücksichtigt werden muss. Vertreter der h. M. suchen dem dadurch Rechnung zu tragen, dass bei einer Unterbrechung des rechtlichen Bestandes des Arbeitsverhältnisses vorausgehende Tätigkeiten im Betrieb dann anzurechnen sein sollen, wenn »die Neueinstellung mit Rücksicht auf die frühere Tätigkeit erfolgt, es sich also um eine Wiedereinstellung handelt« (*Richardi/Thüsing* § 8 Rn. 26; *Wlotzke/WPK* § 8 Rn. 10) bzw. zwischen den Arbeitsverhältnissen »ein innerer Zusammenhang derart (besteht), dass das neue Arbeitsverhältnis als die Fortsetzung des früheren anzusehen ist« (*Fitting* § 8 Rn. 40, die dann auch die Zeiten kurzfristiger Unterbrechung mitberücksichtigen). Diese Formeln sind sicher ausreichend bei der Beurteilung mehrerer aneinander anschließender befristeter Arbeitsverhältnisse, bei witterungsbedingter Unterbrechung des Arbeitsverhältnisses im Baugewerbe oder bei der Wiedereinstellung nach (ausnahmsweise) lösender Abwehraussperrung im Arbeitskampf. Sie sind aber zu eng und auch nicht konturenscharf genug, wie sich bei mehr oder weniger langen Unterbrechungen des Arbeitsverhältnisses wegen **Auftragsmangels** beim Arbeitgeber sowie namentlich bei der Beurteilung der Beschäftigung in **Saisonbetrieben** zeigt, bei denen allgemein eine Anrechnung früherer Beschäftigungszeiten abgelehnt wird (vgl. *Fitting* § 8 Rn. 42; *Nicolai/HWGNRH* § 8 Rn. 20; *Richardi/Thüsing* § 8 Rn. 27).

Richtig erscheint demgegenüber, grundsätzlich in **allen** Fällen der Unterbrechung der Betriebszugehörigkeit eine (bloße) Hemmung des Laufs der Sechs-Monats-Frist anzunehmen mit der Folge, dass die einzelnen Teilzeiten zusammengerechnet, die Zwischenräume aber nicht mitgerechnet werden (zust. *Joost*/MünchArbR § 216 Rn. 83; wohl auch *Brors*/HaKo § 8 Rn. 5, 6; in den Ergebnissen auch *Homburg*/DKKW § 8 Rn. 13, 15). Angesichts der Regelung in § 8 Abs. 1 Satz 1 ist eine kleinlichere Beurteilung nicht angebracht, zumal auch bei mehrfacher, zeitlich unterbrochener Betriebszugehörigkeit der erforderliche Überblick über die konkreten betrieblichen Verhältnisse erworben und sichergestellt werden kann, dass der Wahlbewerber im Betrieb nicht wie ein Fremder erscheint. Das ist insbesondere dann der Fall, wenn der Arbeitnehmer nach der Unterbrechung auf seinem alten Arbeitsplatz weiterbeschäftigt wird oder die Unterbrechung nicht mehr als sechs Monate dauert. Erst bei längerfristiger Unterbrechung wird man auf die Umstände des Einzelfalles abzustellen haben (z. B. zwischenzeitliche Arbeitslosigkeit unschädlich, nicht aber anderweitiges Arbeitsverhältnis zu einem Dritten). 38

In **Saisonbetrieben**, die einen jahreszeitlich bedingten zusätzlichen Arbeitskräftebedarf haben, aber das ganze Jahr über arbeiten, kommt dementsprechend eine Anrechnung früherer Betriebszugehörigkeitszeiten für diejenigen Arbeitnehmer in Betracht, die regelmäßig, aber nur während der Saison beschäftigt werden (**a. M.** die h. M.; vgl. Nachweise Rdn. 37; wie hier *Brors*/HaKo § 8 Rn. 7). Bei sog. **Kampagnebetrieben**, in denen typischerweise nur während eines Teils des Jahres Arbeitnehmer beschäftigt werden, ist zunächst zu prüfen, ob nicht nach § 8 Abs. 2 die Voraussetzung sechsmonatiger Betriebszugehörigkeit entfällt. Ist das nicht der Fall, so kommt wie bei Saisonbetrieben eine Anrechnung früherer Beschäftigungszeiten in Betracht, wenn ein Arbeitnehmer regelmäßig die Kampagnen mitmacht (**a. M.** auch hier die h. M.; vgl. die Nachweise Rdn. 37 a. E.; wie hier *Brors*/HaKo § 8 Rn. 7). 39

f) Wehrdienst
Arbeitnehmer, die **Grundwehr-** oder **Zivildienst** leisten oder an einer **Wehr-** oder **Eignungsübung** teilnehmen, bleiben während dieser Zeiten trotz des Ruhens der Hauptleistungspflichten **betriebszugehörig**, da das Schuldverhältnis i. w. S. fortbesteht (s. § 7 Rdn. 60). Sie sind daher auch während des Wehrdienstes etc. sowohl **wahlberechtigt als auch wählbar** (*Brors*/HaKo § 8 Rn. 4; *Fitting* § 8 Rn. 14 f.; *Homburg*/DKKW § 8 Rn. 22; *Joost*/MünchArbR § 216 Rn. 70; *Kröller* BB 1972, 228; *Maurer* DB 1972, 975; *Pramann* DB 1978, 2476 [2479]; **a. M.** *Hueck/Nipperdey* II/2, S. 1135; *Kreutz* 9. Aufl., § 8 Rn. 38; *Thiele* 2. Bearbeitung, § 8 Rn. 11). Für die Dauer des Dienstes sind sie jedoch typischerweise an der Amtsausübung verhindert, so dass vorübergehend ein Ersatzmitglied nachrückt (§ 25 Abs. 1 Satz 2; *Fitting* § 8 Rn. 14; s. a. *Oetker* § 25 Rdn. 16 ff.). Nach ausdrücklicher gesetzlicher Bestimmung (in §§ 6 Abs. 2 Satz 1, 10 ArbPlSchG, § 78 Abs. 1 Nr. 1 ZivildienstG bzw. § 8 Satz 1 VO zum EignungsübungsG vom 15.02.1956, BGBl. I, S. 71) werden diese **Dienstzeiten** außerdem **auf die Dauer der Betriebszugehörigkeit angerechnet**. Deshalb ist ein Arbeitnehmer wählbar, wenn die Dauer seiner tatsächlichen Beschäftigungszeiten (vor und nach den Einberufungszeiten) und seine Dienstzeit zusammen sechs Monate ergeben; das hat vor allem dann praktische Bedeutung, wenn ein Arbeitnehmer einberufen worden ist, der noch nicht sechs Monate dem Betrieb angehört hat. Die Anrechnung der Dienstzeiten ist nicht davon abhängig, dass der Betreffende während seiner tatsächlichen Beschäftigung ausreichend Einblick in die betrieblichen Verhältnisse gehabt 40

hat (**a. M.** *Thiele* 2. Bearbeitung, § 8 Rn. 23); denn dieser Gesichtspunkt wird durch die speziellen Bestimmungen über die Anrechnung im Interesse des Arbeitsplatzschutzes völlig vernachlässigt (das verkennen *Stege / Weinspach / Schiefer* § 8 Rn. 6 sowie *Wiebauer / LK* § 8 Rn. 8, indem sie lediglich einen Individualschutz der Anrechnungsvorschriften einräumen; zutr. dagegen *Fitting* § 8 Rn. 46; *Richardi / Thüsing* § 8 Rn. 28 f.).

41 Die Anrechnung der Dienstzeit gilt nach § 16 Abs. 7 ArbPlSchG entsprechend auch für den **freiwilligen Wehrdienst**. Für den während der Aussetzung der Wehrpflicht (s. § 7 Rdn. 60) an die Stelle des Zivildienstes getretenen **Bundesfreiwilligendienst** fehlt dagegen eine solche Regelung. Insbesondere sind die Vorschriften des ArbPlSchG nicht anwendbar. Die Freiwilligen sind daher allenfalls dann wählbar, wenn sie mit dem Arbeitgeber vereinbart haben, dass das Arbeitsverhältnis fortbestehen und lediglich die Hauptleistungspflichten für die Dauer des Freiwilligendienstes vorübergehend ruhen sollen (s. § 7 Rdn. 61). Auch in diesem Fall setzt die Wählbarkeit aber voraus, dass sie dem Betrieb mindestens sechs Monate vor Beginn des Dienstes angehört haben.

42 Wehr- und Ersatzdienstzeiten, die ein **Ausländer** in seinem Heimatland ableistet, werden grundsätzlich nicht auf eine dadurch unterbrochene Betriebszugehörigkeit angerechnet, weil die Auslegung ergibt, dass das ArbeitsplatzschutzG (EignungsübungsG) seinem persönlichen Geltungsbereich nach auf Deutsche beschränkt ist (vgl. auch *Hess. LAG* 02.03.1977 BB 1974, 789; *Schimana* BB 1978, 1017; **a. M.** *Galperin / Löwisch* § 8 Rn. 11; *Homburg / DKKW* § 8 Rn. 13; *Weiss / Weyand* § 8 Rn. 4). Nur bei Staatsangehörigen aus EU-Staaten ist im Hinblick auf Art. 45 Abs. 2 AEUV ebenso wie bei deutschen Arbeitnehmern eine Anrechnung geboten, um eine unterschiedliche Behandlung der Arbeitnehmer der EU-Mitgliedstaaten zu vermeiden (*EuGH* 15.10.1969 AP Nr. 2 zu Art. 177 EWG-Vertrag; vgl. auch *BAG* 27.02.1969 AP Nr. 1 zu Art. 177 EWG-Vertrag und 04.12.1969 EzA § 6 ArbPlSchG Nr. 1 = AP Nr. 1 und 3 zu Art. 177 EWG-Vertrag; zust. *Fitting* § 8 Rn. 47; *Homburg / DKKW* § 8 Rn. 13; *Richardi / Thüsing* § 8 Rn. 30; krit. *Schimana* BB 1978, 1017).

g) Anrechnungszeiten (Abs. 1 Satz 2)

43 Auf die nach Abs. 1 Satz 1 erforderliche sechsmonatige Betriebszugehörigkeit werden nach Abs. 1 Satz 2 **Zeiten angerechnet**, in denen der Arbeitnehmer (oder Auszubildende) unmittelbar vorher einem anderen Betrieb **desselben Unternehmens oder Konzerns** (im Sinne von § 18 Abs. 1 AktG) angehört hat. Das Erfordernis sechsmonatiger Betriebszugehörigkeit wird deshalb auch erfüllt, wenn die Zeit der jetzigen Betriebszugehörigkeit und die Anrechnungszeit zusammen (am 1. Wahltag) sechs Monate ergeben. Mit dieser Anrechenbarkeit wollte der Gesetzgeber der rechtlichen Einheit eines Unternehmens bzw. der wirtschaftlichen Einheit eines Konzerns Rechnung tragen (Begründung zum RegE BT-Drucks. VI/1786, S. 37); er hat damit aber zugleich den ursprünglichen Zweck der Bestimmung konterkariert, nämlich zu gewährleisten, dass nur ein Arbeitnehmer wählbar ist, der einen zur Ausübung seines Amtes ausreichenden Überblick über die Verhältnisse des konkreten Betriebes gewonnen hat (vgl. Rdn. 26). Zu beachten ist, dass sich Anrechnungszeiten wegen der Ausübungsvoraussetzungen für das passive Wahlrecht (vgl. Rdn. 13, 62) nur dann auswirken, wenn der Arbeitnehmer spätestens am letzten Tag der Wahlvorschlagsfrist zu dem Betrieb gehört, um dessen Betriebsratswahl es geht. Zu beachten ist auch, dass es auf eine (jetzige) Betriebszugehörigkeit (und damit auf die Anrechnungsfrage) zum Wahlbetrieb für diejenigen **Arbeitnehmer** überhaupt nicht ankommt, die einem **Kleinstbetrieb** angehören, der nach § 4 Abs. 2 dem Wahlbetrieb zugeordnet wird; diese müssen die Wählbarkeitsvoraussetzungen im Kleinstbetrieb erfüllen, also dort nach § 7 Satz 1 wahlberechtigt sein und diesem Betrieb, ggf. unter Berücksichtigung von Anrechnungszeiten nach Abs. 1 Satz 2, am (ersten) Wahltag sechs Monate angehören. Entsprechendes gilt für Arbeitnehmer, die einem **Betriebsteil** angehören, der nach § 4 Abs. 1 Satz 1 als selbständiger Betrieb gilt, wenn dessen Arbeitnehmer gem. § 4 Abs. 1 Satz 2 die Teilnahme an der Wahl im Wahlbetrieb wirksam beschlossen haben.

44 Anrechenbar sind nur unmittelbar vorausgehende Zeiten der Zugehörigkeit zu einem anderen Betrieb **desselben Unternehmens oder Konzerns**. Zur Frage, wann mehrere Betriebe demselben Unternehmen angehören, vgl. *Kreutz / Franzen* § 47 Rdn. 11 ff., 15 ff. Fehlt es an der Unternehmenszugehörigkeit, so ist die Konzernzugehörigkeit anrechenbar. Da Konzerne nur von Unternehmen gebildet werden, kommt insoweit nur die Zugehörigkeit zu einem Betrieb eines Unternehmens in Be-

tracht, das mit dem Unternehmen, zu dem der Betrieb gehört, dem der Arbeitnehmer jetzt angehört, in einem Konzernverhältnis steht. Der Klammerzusatz in Satz 2 auf § 18 Abs. 1 AktG stellt zudem weiterhin klar, dass es sich um einen sog. Unterordnungskonzern handeln muss, d. h. es müssen ein herrschendes und ein oder mehrere abhängige Unternehmen unter der einheitlichen Leitung des herrschenden Unternehmens zusammengefasst sein. Die Anrechnung der Zugehörigkeit zum Betrieb eines Unternehmens, das zu einem sog. Gleichordnungskonzern i. S. d. § 18 Abs. 2 AktG gehört, ist damit ausgeschlossen (unstr.). Vgl. zur Konzernabgrenzung ausführlich *Franzen* § 54 Rdn. 15 ff.; zur Unterscheidung von Unterordnungs- und Gleichordnungskonzern *Franzen* § 54 Rdn. 8. Belanglos ist, ob der Arbeitnehmer vom Betrieb eines abhängigen Unternehmens in einen des herrschenden Unternehmens gewechselt ist oder umgekehrt oder vom Betrieb eines abhängigen Unternehmens in den eines anderen abhängigen Unternehmens. Die Anrechenbarkeit ist nicht auf die vorausgehende Zugehörigkeit zu einem inländischen Betrieb des Unternehmens oder Konzerns beschränkt; eine solche Beschränkung lässt sich nicht aus dem Territorialitätsprinzip herleiten, und der Zweck der Norm (vgl. Rdn. 26) gebietet sie nicht.

Das Gesetz sagt nicht, welcher **Zeitpunkt für** die **Beurteilung** maßgeblich ist, ob der frühere und der jetzige Betrieb demselben Unternehmen oder Unterordnungskonzern angehören. Die Frage kann auf sich beruhen, wenn der Betriebswechsel des Arbeitnehmers im Unternehmen oder Unterordnungskonzern stattgefunden hat und bis zum Zeitpunkt der Wahl keine Veränderungen der Unternehmens- oder Konzernstruktur erfolgt sind. In Betracht zu ziehen sind jedoch auch Veränderungen dieser Strukturen, sei es, dass der frühere Betrieb **damals** demselben Unternehmen oder Konzern angehörte, zum Zeitpunkt der Betriebsratswahl im jetzigen Betrieb aber bereits aus dem Unternehmens- oder Konzernverband ausgeschieden ist (z. B. durch Veräußerung eines abhängigen Konzernunternehmens, zu dem der frühere Beschäftigungsbetrieb gehört), sei es, dass der frühere und der jetzige Betrieb **jetzt** demselben Unternehmen oder Konzern angehören, dies aber zum Zeitpunkt der Zugehörigkeit des Arbeitnehmers zum früheren Betrieb noch nicht der Fall war (z. B. weil das Unternehmen, zu dem der Betrieb gehörte, zu diesem Zeitpunkt noch nicht abhängiges Konzernunternehmen war). Bei beiden Fallkonstellationen ist entscheidend zu berücksichtigen, dass Abs. 1 Satz 2 bezweckt, der rechtlichen Einheit des Unternehmens bzw. der wirtschaftlichen Einheit des Unterordnungskonzerns Rechnung zu tragen, um damit zu erreichen, dass ein Betriebswechsel innerhalb dieser Einheiten in den letzten sechs Monaten vor der Wahl die Wählbarkeit nicht ausschließt (vgl. Rdn. 3, 26). Deshalb **genügt** es **für** die **Anrechnung**, wenn der Betriebswechsel im Unternehmen bzw. Konzern stattgefunden hat, auch wenn diese jeweilige Einheit **später** aufgelöst worden ist. Umgekehrt genügt es auch, wenn die Einheit zum Zeitpunkt der Betriebsratswahl im jetzigen Betrieb besteht. In beiden Fällen muss der Betriebswechsel jedoch (spätestens) im inneren Zusammenhang mit der Umstrukturierung des Unternehmens oder Konzerns erfolgt sein, weil sonst die Voraussetzung nicht erfüllt ist, dass der Arbeitnehmer **unmittelbar** vorher einem anderen Betrieb desselben Unternehmens oder Konzerns angehörte. Deshalb kommt eine Anrechnung nicht in Betracht, wenn ein Arbeitnehmer nicht spätestens bei der Veräußerung eines abhängigen Konzernunternehmens in den Betrieb eines anderen Konzernunternehmens übernommen wird, selbst wenn ein solcher Wechsel später (zufällig) doch noch erfolgt. Eine Anrechnung ist auch ausgeschlossen, wenn ein Arbeitnehmer von einem Betrieb eines selbständigen Unternehmens in einen Betrieb eines anderen selbständigen Unternehmens wechselt, selbst wenn beide Unternehmen später einen Unterordnungskonzern bilden.

45

In Betracht kommt nur die Anrechnung **vorheriger** auf die jetzige Betriebszugehörigkeit. Eine umgekehrte Anrechnung der jetzigen Betriebszugehörigkeit auf eine frühere Zugehörigkeit zu einem anderen Betrieb desselben Unternehmens oder Konzerns ist nicht möglich; sie würde auch ins Leere gehen, weil der Arbeitnehmer jetzt mangels Zugehörigkeit zum früheren Betrieb dort nicht wahlberechtigt, also auch nicht wählbar ist. Die Anrechnung ist jedoch nicht davon abhängig, dass der Arbeitnehmer jetzt dem früheren Betrieb nicht mehr angehört. Deshalb kann ein Arbeitnehmer, der mehreren Betrieben eines Unternehmens oder Unterordnungskonzerns angehört, die Sechs-Monats-Frist in Betrieb A dadurch erfüllen, dass seine vorausgehende längere Beschäftigung in Betrieb B angerechnet wird.

46

Anrechenbar sind nur Beschäftigungszeiten, die der jetzigen Betriebszugehörigkeit **unmittelbar vorausgehen**. Erforderlich und maßgebend ist ein unmittelbarer **zeitlicher Zusammenhang** (so auch

47

Fitting § 8 Rn. 49; *Homburg/DKKW* § 8 Rn. 8; *Koch/*ErfK § 8 BetrVG Rn. 3; *Richardi/Thüsing* § 8 Rn. 34). Ob sich beim Betriebswechsel neben der tatsächlichen Zuordnung auch die rechtliche Beziehung zum Arbeitgeber ändert, ist unerheblich. Eine Anrechenbarkeit kommt sowohl in Betracht, wenn ein Arbeitnehmer unter Fortbestand seines Arbeitsverhältnisses zu demselben Arbeitgeber von einem in einen anderen Betrieb desselben Unternehmens versetzt worden ist, als auch dann, wenn das Arbeitsverhältnis zum früheren Betriebsinhaber beendet und ein neues Arbeitsverhältnis zum jetzigen Betriebsinhaber begründet worden ist, wie das wegen der rechtlichen Selbständigkeit der Konzernunternehmen beim Betriebswechsel im Unterordnungskonzern weithin der Fall sein wird (sofern nicht ausnahmsweise der Übergang des Arbeitsverhältnisses rechtsgeschäftlich vereinbart worden ist).

48 Bei einer **Versetzung** ist der unmittelbare zeitliche Zusammenhang stets zu bejahen; dabei spielt es keine Rolle, ob die Versetzung mittels Weisungsrechts des Arbeitgebers oder mit Einverständnis des Arbeitnehmers unter Änderung des Arbeitsvertrages erfolgt ist. In den anderen Fällen kann die »Unmittelbarkeit« **nicht zweifelhaft** sein, wenn sich die jetzige Betriebszugehörigkeit **ohne zeitlichen Zwischenraum** an die vorangegangene anschließt. Andererseits ist die Unmittelbarkeit zu verneinen, wenn ein Arbeitnehmer zwischenzeitlich – wenn auch nur vorübergehend – einem anderen Betrieb angehört hat, dessen Betriebszugehörigkeit nicht nach Abs. 1 Satz 2 anrechenbar ist (so auch *Fitting* § 8 Rn. 49; *Homburg/DKKW* § 8 Rn. 9; *Wlotzke/WPK* § 8 Rn. 11; **a. M.** *Weiss/Weyand* § 8 Rn. 6). **Zweifelhaft** ist die »Unmittelbarkeit«, wenn die jetzige Betriebszugehörigkeit in einem gewissen zeitlichen Abstand an die frühere anschließt, ohne dass der Arbeitnehmer zwischenzeitlich anderweitig betriebszugehörig geworden ist. Kleinliche Betrachtung ist in diesen Fällen jedoch nicht angebracht, weil namentlich bei der rechtlichen Beendigung und Neubegründung des Arbeitsverhältnisses zeitliche Verzögerungen auftreten können, die gleichwohl den engen inneren Zusammenhang des Betriebswechsels im Unternehmen oder Konzern nicht aufheben. Nur das Hinzutreten anderweitiger äußerer Anhaltspunkte, wie etwa die Tatsache, dass der Arbeitnehmer zwischenzeitlich als Arbeitsloser der Arbeitsvermittlung zur Verfügung gestanden hat, gebieten eine andere Beurteilung. Allerdings können die zeitlichen Zwischenräume nicht auf die Betriebszugehörigkeit angerechnet werden.

49 Es entspricht dem Sinn des Abs. 1 Satz 2 (vgl. Rdn. 26), bei einem **mehrfachen Betriebswechsel** eines Arbeitnehmers innerhalb desselben Unternehmens oder Unterordnungskonzerns in den letzten sechs Monaten vor der Betriebsratswahl sämtliche Zeiten vorausgehender Betriebszugehörigkeit anzurechnen.

50 Beim **Betriebsinhaberwechsel** bleibt die Identität des Betriebes gewahrt und dementsprechend wechselt die Betriebszugehörigkeit der Arbeitnehmer nicht und wird auch nicht unterbrochen (ebenso *Fitting* § 8 Rn. 43; *Homburg/DKKW* § 8 Rn. 8; *Nicolai/HWGNRH* § 8 Rn. 15, 27; *Richardi/Thüsing* § 8 Rn. 31); Abs. 1 Satz 2 kommt daher nicht zur Anwendung (und zwar unabhängig davon, ob der Betrieb im Wege der Einzelrechtsnachfolge oder bei Rechtsträgerumwandlung nach dem UmwG im Wege der Gesamtrechtsnachfolge auf den neuen Inhaber übergeht). Das gilt auch, wenn ein Betrieb nach einer Unternehmensaufspaltung oder Rechtsträgerspaltung (nach UmwG) als **Gemeinschaftsbetrieb** fortgeführt wird (vgl. *Konzen* Unternehmensaufspaltungen und Organisationsänderungen im Betriebsverfassungsrecht, 1986, S. 103 ff.).

51 Eine ununterbrochene Zugehörigkeit zum gleichen Betrieb liegt dagegen **nicht** vor, wenn ein Arbeitnehmer vor einer **unternehmensinternen** Betriebsumstrukturierung einem Betrieb angehörte, der dann durch Spaltung oder Zusammenfassung mit einem anderen Betrieb untergegangen ist. In diesen Fällen könnte zwar in den neuen Betriebseinheiten des Unternehmens eine Anrechnung früherer Betriebszugehörigkeit erfolgen; diese erübrigt sich aber, wenn nach Abs. 2 die Voraussetzung sechsmonatiger Betriebszugehörigkeit für die Wählbarkeit entfällt, weil die neuen Betriebe bei Einleitung der Betriebsratswahl weniger als sechs Monate bestehen (für die Zusammenfassung von Betrieben im Ergebnis ebenso *Fitting* § 8 Rn. 61; *Homburg/DKKW* § 8 Rn. 36; *Nicolai/HWGNRH* § 8 Rn. 30; *Richardi/Thüsing* § 8 Rn. 32). Nach verbreiteter Meinung ist es aber auch möglich, dass ein Betrieb in einen anderen Betrieb unter Beibehaltung von dessen Identität lediglich »eingegliedert« wird (vgl. näher *Kreutz* § 21a Rdn. 60 ff.); da dann keine Neueinrichtung eines Betriebes vorliegt, ist es nur konsequent, die Zeiten der Betriebszugehörigkeit im »eingegliederten« Betrieb auf die Betriebszugehörigkeit im aufnehmenden Betrieb nach Abs. 1 Satz 2 anzurechnen (*Fitting* § 8 Rn. 62; *Homburg/DKKW* § 8 Rn. 36; *Richardi/Thüsing* § 8 Rn. 32). § 21a Abs. 1 Satz 1 erkennt auch die Möglichkeit

Wählbarkeit § 8

an, dass nach Spaltung eines Betriebes ein Betriebsteil in einen anderen Betrieb eingegliedert wird; in diesem Fall ist die frühere Betriebszugehörigkeit zum gespaltenen Betrieb anzurechnen. Erfolgt die Spaltung oder Zusammenlegung von Betrieben oder Betriebsteilen **unternehmensübergreifend** im Zusammenhang mit einer Betriebsveräußerung oder einer Umwandlung nach dem UmwG (vgl. § 21a Abs. 3), kann die frühere Betriebszugehörigkeit nach Abs. 1 Satz 2 nur angerechnet werden, wenn der aufnehmende Rechtsträger zum selben Konzern i. S. v. § 18 Abs. 1 AktG gehört. Das gilt etwa auch, wenn lediglich ein Betriebsteil durch Einzel – oder Gesamtrechtsnachfolge auf einen anderen Inhaber übergeht, der diesen als selbständigen Betrieb fortführt, sofern sich eine Anrechnung früherer Betriebszugehörigkeit nicht nach Abs. 2 erübrigt.

Das Erfordernis sechsmonatiger Betriebszugehörigkeit entfällt nach Abs. 2, wenn der Betrieb bei der 52 Einleitung der Betriebsratswahl weniger als sechs Monate besteht. In einem solchen Fall erübrigt sich die Anrechnung vorhergehender Betriebszugehörigkeit nach Abs. 1 Satz 2, selbst wenn dessen Voraussetzungen erfüllt sind. Man kann in den Fällen des Abs. 2 aber nicht sagen, dass es auf die Dauer der Betriebszugehörigkeit (wie bei der Wahlberechtigung nach § 7 Satz 1; s. § 7 Rdn. 11) überhaupt nicht ankommt. Erforderlich ist nach dem Wortlaut vielmehr, dass der **Arbeitnehmer bei der Einleitung der Betriebsratswahl im Betrieb beschäftigt** ist, d. h. betriebszugehörig ist. Eingeleitet wird die Betriebsratswahl mit Erlass des Wahlausschreibens (§ 3 Abs. 1 Satz 1 WO). Da der Wahlvorstand (bei Wahl des Betriebsrats nach § 14) nach § 3 Abs. 1 Satz 1 WO »spätestens sechs Wochen vor dem ersten Tag der Stimmabgabe« das Wahlausschreiben zu erlassen hat, ist nach § 8 Abs. 2 nur wählbar, wer bereits **mindestens sechs Wochen vor dem ersten Tag der Stimmabgabe dem Betrieb angehört**. Da der Wahlvorstand berechtigt ist, das Wahlausschreiben auch wesentlich früher zu erlassen, kann sich der Zeitraum der tatsächlich erforderlichen Betriebszugehörigkeit auch entsprechend verlängern. Erfolgt die Wahl des Betriebsrats im vereinfachten Wahlverfahren nach § 14a, hat der Wahlvorstand die Wahl unverzüglich einzuleiten (§ 36 Abs. 1 WO), wenn sie im einstufigen Verfahren stattfindet (§ 14a Abs. 3); eine bestimmte Mindestdauer der Betriebszugehörigkeit ist damit aber nicht vorgegeben, da der Wahlvorstand den Zeitpunkt der Wahlversammlung zur Wahl des Betriebsrats selbst festlegt. Erfolgt die Wahl allerdings im zweistufigen Verfahren (§ 14a Abs. 1; §§ 28 ff. WO), schrumpft die Dauer erforderlicher Betriebszugehörigkeit vor dem Tag der ersten Stimmabgabe auf eine Woche. Denn in diesem Fall hat der Wahlvorstand das Wahlausschreiben in der Wahlversammlung zur Wahl des Wahlvorstandes zu erlassen (§ 31 Abs. 1 WO), der eine Woche später die Wahlversammlung zur Wahl des Betriebsrats zu folgen hat (§ 14a Abs. 1 Satz 4).

Ein in **Heimarbeit** Beschäftigter ist nur wählbar, wenn er über einen Zeitraum von sechs Monaten in 53 der Hauptsache für den Betrieb gearbeitet hat (Abs. 1 Satz 1). Auch auf diesen Sechs-Monats-Zeitraum sind nach Abs. 1 Satz 2 Zeiten anzurechnen, in denen der Heimarbeiter in der Hauptsache unmittelbar vorher für einen anderen Betrieb desselben Unternehmens oder Konzerns i. S. d. § 18 Abs. 1 AktG gearbeitet hat (so auch *Fitting* § 8 Rn. 32; *Richardi / Thüsing* § 8 Rn. 38).

h) Folgen der Nichtbeachtung
Wird ein Arbeitnehmer gewählt, der noch nicht sechs Monate dem Betrieb angehört hat, so berechtigt 54 dieser Mangel zur **Anfechtung der Wahl** nach § 19 (*Hess. LAG* 30.07.2015 – 9 TaBV 230 / 14 – juris, Rn. 34). Ist die zweiwöchige Anfechtungsfrist (§ 19 Abs. 2 Satz 2) versäumt worden, so kann das Erlöschen der Mitgliedschaft des Gewählten durch gerichtliche Entscheidung über die **Feststellung seiner Nichtwählbarkeit** herbeigeführt werden (§ 24 Nr. 6). Allerdings wird der Mangel geheilt, sobald der Arbeitnehmer dem Betrieb (spätestens bei der letzten mündlichen Tatsachenverhandlung) sechs Monate angehört. Hieraus ist im Umkehrschluss zu folgern, dass eine **Heilung des Mangels im Laufe eines Anfechtungsverfahrens** nicht in Betracht kommt (offen gelassen von *Hess. LAG* 30.07.2015 – 9 TaBV 230/14 – juris, Rn. 34). Wenn § 24 Nr. 6 eine Feststellung der Nichtwählbarkeit ausschließt, wenn die Voraussetzungen des passiven Wahlrechts zwar zum Zeitpunkt der Wahl gefehlt haben, aber nachträglich eingetreten sind, dann trägt das Gesetz damit dem Umstand Rechnung, dass dieses Verfahren eine Durchbrechung der mit dem Ablauf der Anfechtungsfrist verbundenen Bestandskraft der Wahl ist. Die Mitgliedschaft soll daher nur noch in Frage gestellt werden können, wenn dem Arbeitnehmer auch aktuell noch die Fähigkeit, in den Betriebsrat gewählt zu werden, fehlt, so dass für die Zukunft verhindert werden kann, dass nicht wählbare Personen ihr Amt ausüben können.

Ist die Wahl dagegen ordnungsgemäß angefochten worden, geht es nicht um die Frage der zukünftigen Legitimation des Betriebsratsmitglieds, sondern um die Ordnungsmäßigkeit des Wahlergebnisses (s. *Kreutz* § 19 Rdn. 13). Hierfür kann es nur auf den Zeitpunkt der Durchführung der Wahl ankommen, nicht auf den der gerichtlichen Entscheidung. Eine Heilung scheidet jedenfalls dann aus, wenn der Gewählte die Wahl nach § 17 Abs. 1 WO nicht angenommen hat und für diesen nach § 17 Abs. 2 WO eine andere Person an seine Stelle getreten ist (*Hess. LAG* 30.07.2015 – 9 TaBV 230/14 – juris, Rn. 34). Vgl. auch Rdn. 69 f.

3. Fähigkeit, Rechte aus öffentlichen Wahlen zu erlangen

55 Nach Abs. 1 Satz 3 ist **nicht wählbar**, wer infolge strafgerichtlicher Verurteilung die Fähigkeit, Rechte aus öffentlichen Wahlen zu erlangen, nicht besitzt. Diese Fassung des Gesetzes geht auf eine Änderung durch Art. 238 Nr. 1 EGStGB zurück; sie ist seit 01.01.1975 in Kraft (vgl. Rdn. 6). Zuvor war nicht wählbar, wer infolge Richterspruchs die Wählbarkeit oder die Fähigkeit, öffentliche Ämter zu bekleiden, nicht besaß. Der entsprechende Verlust konnte durch Urteil des Bundesverfassungsgerichts in einem Verfahren über die Verwirkung von Grundrechten (§ 39 Abs. 2 BVerfGG) oder aufgrund strafgerichtlicher Verurteilung (§§ 33 ff. StGB a. F.) eintreten.

56 Nunmehr ist die Fähigkeit zur Bekleidung öffentlicher Ämter nicht mehr Wählbarkeitsvoraussetzung; ohne Bedeutung ist auch die nach § 45 Abs. 5 StGB mögliche Aberkennung des Rechts, in öffentlichen Angelegenheiten zu wählen oder zu stimmen. **Allein maßgebend** ist die Fähigkeit, Rechte aus öffentlichen Wahlen zu erlangen. Der Verlust dieser Fähigkeit, d. h. der Wählbarkeit bei öffentlichen Wahlen (vgl. die Überschrift von § 45 StGB), tritt nach deutschem Recht nur als Nebenfolge strafgerichtlicher Verurteilung nach Maßgabe der §§ 45 bis 45b StGB ein. Wenn jemand wegen eines Verbrechens (vgl. zur Abgrenzung § 12 Abs. 1 StGB) zu Freiheitsstrafe von mindestens einem Jahr verurteilt wird, erfolgt der Verlust kraft Gesetzes für die Dauer von fünf Jahren (§ 45 Abs. 1 StGB); ansonsten kommt strafgerichtliche Aberkennung für die Dauer von zwei bis fünf Jahren in Betracht, soweit das Gesetz diese Aberkennung besonders vorsieht (§ 45 Abs. 2 StGB), z. B. in §§ 92a, 101, 102 Abs. 2, 108c, 109i StGB. Die Dauer des Verlustes der Fähigkeit, Rechte aus öffentlichen Wahlen zu erlangen, und damit die Wählbarkeit, wird von dem Tage an gerechnet, an dem die Freiheitsstrafe verbüßt, verjährt oder erlassen ist (§ 45a Abs. 2 StGB). Wiederverleihung der Fähigkeit durch das Gericht ist möglich (§ 45b StGB).

57 Das Gesetz verlangt **nicht**, dass die strafgerichtliche Verurteilung durch ein **deutsches** Gericht erfolgt ist und der Verlust der Fähigkeit, Rechte aus öffentlichen Wahlen zu erlangen, nach **deutschem** Strafrecht eingetreten ist. Erforderlich ist nur, dass der Verlust kausal auf einer strafgerichtlichen Verurteilung beruht. In Betracht kommt deshalb auch, dass die Fähigkeit, Rechte aus öffentlichen Wahlen zu erlangen, infolge strafgerichtlicher Verurteilung **im Ausland** entzogen worden ist. Allerdings erscheint der Verlust der Wählbarkeit zum Betriebsrat in diesen Fällen nur dann angemessen, wenn die ausländische Entscheidung nicht im Widerspruch zum Ordre Public der Bundesrepublik Deutschland steht (so im Ergebnis auch *Brill* BB 1978, 1574; *Fitting* § 8 Rn. 55; *Galperin/Löwisch* § 8 Rn. 13a). Ein solcher Widerspruch wäre z. B. anzunehmen, wenn die genannte Fähigkeit ausländischen Arbeitnehmern wegen gewerkschaftlicher oder politischer Betätigung in ihrem Heimatland abgesprochen worden wäre (so *Homburg/DKKW* § 8 Rn. 32).

58 **Stichtag** ist hier, da es um den Verlust einer Wählbarkeitsvoraussetzung geht, der **letzte Wahltag** (so schon *Thiele* 2. Bearbeitung, § 8 Rn. 30). Erlangt das Strafurteil erst danach Rechtskraft, so kommt eine Anfechtung der Wahl nach § 19 nicht in Betracht. Die Mitgliedschaft des Gewählten im Betriebsrat erlischt jedoch nach § 24 Nr. 4 wegen Verlustes der Wählbarkeit.

4. Keine weiteren materiellen Wählbarkeitsvoraussetzungen

59 Das Wahlrecht zum Deutschen Bundestag als (frühere) Voraussetzung der Wählbarkeit ist weggefallen (vgl. Rdn. 4). Deshalb sind neben deutschen ohne Einschränkung auch alle **ausländischen** und **staatenlosen Arbeitnehmer wählbar**, wenn sie die maßgeblichen Voraussetzungen der Wählbarkeit (Wahlberechtigung nach § 7 Satz 1; sechsmonatige Betriebszugehörigkeit; Fähigkeit, Rechte aus öf-

Wählbarkeit § 8

fentlichen Wahlen zu erlangen) erfüllen. Ebenso sind **Betreute** wählbar, die nach Maßgabe des § 13 Nr. 2 BundeswahlG vom Wahlrecht zum Bundestag ausgeschlossen sind. Die Betreuung (§§ 1896ff. BGB) steht weder dem aktiven (s. § 7 Rdn. 67) noch dem passiven Wahlrecht im Betriebsverfassungsrecht entgegen. Hätte der Gesetzgeber die Wählbarkeit Betreuter ausschließen wollen, hätte er das Betriebsverfassungsgesetz ebenso ändern müssen, wie er dies in einer Vielzahl anderer Bundesgesetze getan hat (vgl. Art. 7 BtG). Da das passive Wahlrecht höchstpersönliches Teilnahmerecht ist (vgl. Rdn. 12), unterliegt seine Ausübung nicht einem angeordneten Einwilligungsvorbehalt des Betreuers (s. *Oetker* § 61 Rdn. 31).

Es besteht keine Inkompatibilität (Unvereinbarkeit) zwischen der Mitgliedschaft im Wahlvorstand und im Betriebsrat. Deshalb sind die **Mitglieder des Wahlvorstandes wählbar** (vgl. dazu näher *Kreutz* § 16 Rdn. 36), wie umgekehrt auch Betriebsratsmitglieder zu Wahlvorstandsmitgliedern für die nächste Betriebsratswahl bestellt werden können (vgl. *Kreutz* § 16 Rdn. 35). Unvereinbar ist hingegen eine doppelte Mitgliedschaft im Betriebsrat und in der Jugend- und Auszubildendenvertretung. Das Gesetz bringt dies dadurch zum Ausdruck, dass ein **Jugend- und Auszubildendenvertreter** zum Betriebsrat **wählbar** ist, nach § 61 Abs. 2 Satz 2 aber nicht umgekehrt ein Betriebsratsmitglied zur Jugend- und Auszubildendenvertretung (vgl. dazu näher *Oetker* § 61 Rdn. 35 ff.). 60

Der **Ausschluss** eines Mitgliedes **aus dem Betriebsrat** durch Beschluss des Arbeitsgerichts gemäß § 23 Abs. 1 führt zum Erlöschen seiner Mitgliedschaft im Betriebsrat (§ 24 Nr. 5), steht seiner Wählbarkeit zur nächsten ordentlichen Betriebsratswahl aber nicht entgegen (heute unstr.; vgl. dazu näher *Oetker* § 23 Rdn. 116). Das gilt entsprechend auch für den Fall der Auflösung des Betriebsrates nach § 23 Abs. 1. Auch bei vorzeitiger Neuwahl des Betriebsrates kann der Ausgeschlossene selbst dann wählbar, wenn aus Anlass seines Ausschlusses auch die übrigen Betriebsratsmitglieder ihr Betriebsratsamt niederlegen oder der Betriebsrat mit Mehrheit seiner Mitglieder seinen Rücktritt beschlossen hat und dann durch die vorzeitige Neuwahl möglicherweise die Wirkung der Amtsenthebung im Ergebnis vereitelt wird (sehr str.; vgl. dazu näher *Oetker* § 23 Rdn. 117 f.). Eine ganz andere Frage ist es, ob bei wiederholtem Ausschluss aus dem Betriebsrat die Berufung eines Arbeitnehmers auf sein passives Wahlrecht **missbräuchlich** ist. Dies hat zunächst der Wahlvorstand zu entscheiden; gegen seine Entscheidung kann das Arbeitsgericht angerufen werden (vgl. Rdn. 68). 61

IV. Ausübungsvoraussetzungen für das passive Wahlrecht

Die **Eintragung in die Wählerliste** und die **Aufnahme in einen Wahlvorschlag** sind verfahrensmäßige Voraussetzungen dafür, dass das passive Wahlrecht auch ausgeübt werden kann, d. h. insbesondere die Wahlkandidatur zugelassen und der Betreffende damit bei der Stimmabgabe von den Wahlberechtigten auch gewählt werden kann (vgl. dazu Rdn. 13 und 43). 62

V. Neu errichtete Betriebe (Abs. 2)

Die sechsmonatige Betriebszugehörigkeit als **Voraussetzung** der Wählbarkeit **entfällt** nach Abs. 2 in Betrieben, die am Tage der Einleitung der Betriebsratswahl weniger als sechs Monate bestehen. Dadurch wird sichergestellt, dass auch in neu errichteten Betrieben jederzeit Betriebsratswahlen stattfinden können, wenn im Übrigen die Voraussetzungen der Betriebsratsfähigkeit gegeben sind. Für die Wählbarkeit in solchen Betrieben genügt es, dass ein Arbeitnehmer bei der Einleitung der Betriebsratswahl »im Betrieb beschäftigt« ist und die übrigen Voraussetzungen der Wählbarkeit erfüllt, d. h. nach § 7 Satz 1 wahlberechtigt ist und die Fähigkeit besitzt, Rechte aus öffentlichen Wahlen zu erlangen (vgl. Rdn. 15). Mit der Formulierung »im Betrieb beschäftigt« ist die Betriebszugehörigkeit des Arbeitnehmers gemeint, wie sich daraus ergibt, dass dieses Erfordernis an die Stelle sechsmonatiger Betriebszugehörigkeit tritt. Auch im Rahmen des Abs. 2 genügt es für die Betriebszugehörigkeit eines Arbeitnehmers aber nicht, dass er tatsächlich im Betrieb beschäftigt ist; die arbeitsrechtliche Beziehung gerade zum Betriebsinhaber muss hinzukommen (vgl. § 7 Rdn. 26 f., 30). Gerade daraus rechtfertigt sich die Nichtwählbarkeit der Leiharbeitnehmer, denen nach § 7 Satz 2 lediglich die Wahlberechtigung zuerkannt wird (vgl. § 7 Rdn. 98). Andererseits ist die tatsächliche Beschäftigung am Tage der 63

64 Maßgeblicher Zeitpunkt für die Beurteilung der Wählbarkeit nach Abs. 2 ist die **Einleitung** der Betriebsratswahl, d. h. nach § 3 Abs. 1 Satz 2, § 31 Abs. 1 Satz 2, § 36 Abs. 2 Satz 2 WO der Tag des Erlasses des Wahlausschreibens durch den Wahlvorstand (vgl. dazu auch *Jacobs* § 3 WO Rdn. 3). Zu diesem Zeitpunkt darf der Betrieb noch nicht sechs Monate bestehen, und wählbar ist nur, wer (die übrigen Voraussetzungen der Wählbarkeit erfüllt und) zu diesem Zeitpunkt dem Betrieb bereits angehört; spätere Erlangung der Betriebszugehörigkeit genügt nicht (ebenso *Fitting* § 8 Rn. 59; *Nicolai/HWGNRH* § 8 Rn. 24). Dagegen brauchen die übrigen Voraussetzungen der Wählbarkeit zum Zeitpunkt der Einleitung der Betriebsratswahl noch nicht vorzuliegen. Das ergibt sich daraus, dass Abs. 2 nur die »Vorschrift in Abs. 1 über die sechsmonatige Betriebszugehörigkeit« modifiziert. Ein Arbeitnehmer, der am Tage des Erlasses des Wahlausschreibens dem Betrieb angehört, ist daher auch dann wählbar, wenn er erst später (bis zur Wahl) sein 18. Lebensjahr vollendet und damit wahlberechtigt wird (vgl. Rdn. 30).

65 Unerheblich ist, ob andernfalls ein Betriebsrat nicht gewählt werden könnte, weil kein Arbeitnehmer die Voraussetzung sechsmonatiger Betriebszugehörigkeit erfüllt. Da diese Voraussetzung erst am Wahltag vorliegen muss (vgl. Rdn. 27), Abs. 2 aber entscheidend auf die Einleitung der Betriebsratswahl abstellt und das Wahlausschreiben (bei Wahl des Betriebsrats nach § 14) nach § 3 Abs. 1 Satz 1 WO spätestens sechs Wochen vor dem ersten Tag der Stimmabgabe zu erlassen ist, kann es vorkommen (unzutreffend *Galperin/Löwisch* § 8 Rn. 21), dass zum Zeitpunkt der Wahl der Betrieb sechs Monate oder länger besteht und Arbeitnehmer diesem sechs Monate angehören; gleichwohl richtet sich in solchen Fällen die Wählbarkeit allein nach Abs. 2, und die Dauer der Betriebszugehörigkeit ist nur insoweit von Bedeutung, als der Arbeitnehmer bereits bei Erlass des Wahlausschreibens dem Betrieb angehören muss. Soweit Abs. 2 eingreift, kommt auch eine Anrechnung früherer Betriebszugehörigkeitszeiten nach Abs. 1 Satz 2 nicht in Betracht (vgl. Rdn. 52). Durch frühzeitigen Erlass des Wahlausschreibens kann der Wahlvorstand die Voraussetzungen für eine Wählbarkeit nach Abs. 2 schaffen. Das Erfordernis sechsmonatiger Betriebszugehörigkeit ist insoweit in neu errichteten Betrieben manipulierbar; allerdings durch den Wahlvorstand dann nicht, wenn die Wahl des Betriebsrats im vereinfachten Wahlverfahren im zweistufigen Verfahren nach § 14a Abs. 1 erfolgt (vgl. Rdn. 52).

66 Abs. 2 gilt nur für Betriebe, die bei der Einleitung der Wahl weniger als sechs Monate bestehen; es muss sich also um einen **neuen Betrieb** handeln. Es genügt nicht, wenn der Betrieb schon seit längerem besteht, aber noch nicht sechs Monate betriebsratsfähig ist (vgl. aber *LAG Hamm* ARSt. 1978, 158, das Abs. 2 entsprechend anwenden will). Erfasst werden nicht nur im Zusammenhang mit einer Unternehmensneugründung oder -erweiterung neu errichtete Betriebe, sondern ebenso auch durch Umorganisation neu geschaffene Betriebe, z. B. wenn ein Betrieb gespalten wird und bisherige Betriebsteile als Betriebe verselbständigt werden oder wenn Betriebe zu einem neuen Betrieb zusammengefasst werden (vgl. auch Rdn. 51). Solche Umorganisationen der Betriebsstruktur können unternehmensintern erfolgen, aber auch im Rahmen unternehmensübergreifender Unternehmensumstrukturierungen (vgl. zu weiteren Fallkonstellationen und den betriebsverfassungsrechtlichen Voraussetzungen und Auswirkungen solcher Betriebsumstrukturierungen [Untergang und Fortbestand von Betrieben, Übergangsmandat des Betriebsrats, Erforderlichkeit von Wahlen] näher Anm. zu § 21a). Wird ein Betrieb auf Dauer (und nicht nur vorübergehend, wie etwa während eines Arbeitskampfes) **stillgelegt** und später wieder eröffnet, so findet nach der Neueröffnung Abs. 2 Anwendung (ebenso *Fitting* § 8 Rn. 63; *Richardi/Thüsing* § 8 Rn. 37). Ob dies auch für sog. **Kampagnebetriebe**, z. B. ein Sommerhotel an der Ostsee, gilt, wie weithin vertreten wird (vgl. *Fitting* § 8 Rn. 63, *Richardi/Thüsing* § 8 Rn. 37), ist zweifelhaft, weil bei diesen gerade keine Stilllegung auf unbestimmte Dauer erfolgt, so dass nur in besonders gelagerten Einzelfällen der Betrieb neu entsteht; vgl. dazu auch Rdn. 39. Keine Neugründung liegt vor, wenn der bisherige Betrieb unter Erweiterung des Betriebszwecks (Klinik) in ein neues Gebäude umzieht (vgl. *BAG* 26.09.1996 EzA § 15 KSchG n. F. Nr. 45).

67 Wie lange ein Betrieb bei der Einleitung der Wahl schon besteht, richtet sich nach dem **Betriebsbeginn**. Entscheidend ist dabei auf den Zeitpunkt (Tag) abzustellen, zu dem in Übereinstimmung mit dem Willen des Betriebsinhabers die arbeitstechnische Zweckverfolgung in einer Organisationseinheit mit Arbeitnehmern erkennbar begonnen hat oder nach einer Organisationsumstrukturierung (Betriebsspaltung, Zusammenfassung von Betrieben oder Betriebsteilen) die neue(n) Betriebseinheit(en) dadurch objektiv erkennbar geworden ist (sind), dass (neue) Leitungsstellen die Leitungsmacht rechtlich und tatsächlich übernommen haben (vgl. zum Wirksamwerden der Spaltung *Kreutz* § 21a Rdn. 47, der Zusammenfassung *Kreutz* § 21a Rdn. 82).

VI. Streitigkeiten

Über die Wählbarkeit entscheidet **zunächst der Wahlvorstand** bei der Aufstellung der Wählerliste (§ 2 Abs. 1, § 30 Abs. 1, § 36 Abs. 1 WO) und bei der Prüfung von Wahlvorschlägen (§§ 7, 33 Abs. 3, § 36 Abs. 5 WO). Für die Zuordnung leitender Angestellter ist ggf. das Verfahren nach § 18a zu beachten. Gegen die Richtigkeit der Wählerliste kann zunächst schriftlich Einspruch beim Wahlvorstand eingelegt werden (§ 4 Abs. 1, § 30 Abs. 2, § 36 Abs. 1 WO; vgl. auch § 7 Rdn. 156). Bleibt nach der Entscheidung des Wahlvorstands über den Einspruch die Wahlberechtigung und damit die Wählbarkeit eines Arbeitnehmers streitig und / oder hat der Wahlvorstand einen Wahlvorschlag (Vorschlagsliste) wegen Nichtwählbarkeit eines Bewerbers für ungültig erklärt oder beanstandet (§ 7 Abs. 2, § 33 Abs. 3, § 36 Abs. 5 WO), so kann die Entscheidung des Wahlvorstands bereits **vor** Abschluss des Wahlverfahrens (vgl. dazu *Kreutz* § 18 Rdn. 40) selbständig gerichtlich angefochten werden. Das Arbeitsgericht entscheidet dann auf (Feststellungs-) Antrag im Beschlussverfahren (§ 2a Abs. 1 Nr. 1, Abs. 2, §§ 80 ff. ArbGG) über die Wählbarkeit; Antragsgegner ist der Wahlvorstand. Vgl. zu diesem Verfahren, das in besonders gelagerten Fällen auch zur Aussetzung des Wahlverfahrens führen kann, näher *Kreutz* § 18 Rdn. 80 ff. **68**

Nach Abschluss der Wahl ist deren **Anfechtung** nach § 19 Abs. 1 möglich, wenn gegen wesentliche Vorschriften über die Wählbarkeit verstoßen worden ist. § 8 ist eine solche »wesentliche« Vorschrift; das gilt auch für die Wählbarkeit nach Abs. 2. Die Wahl eines Nichtwählbaren wie der Ausschluss eines Wählbaren von der Wahl (Streichung eines Bewerbers von der Vorschlagsliste) kommen als Anfechtungsgründe in Betracht (vgl. *BAG* 11.03.1975 EzA § 24 BetrVG 1972 Nr. 1 = AP Nr. 1 zu § 24 BetrVG 1972; 11.04.1958 AP Nr. 1 zu § 6 BetrVG 1952; vgl. auch *Kreutz* § 19 Rdn. 24); auch der Ausschluss einer Vorschlagsliste bei Verkennung der Wählbarkeit des Listenvertreters (vgl. *BAG* 14.05.1997 EzA § 8 BetrVG 1972 Nr. 8, wo aber die Wählbarkeit zu Unrecht bejaht wird; vgl. Rdn. 20). Im Umkehrschluss zu § 24 Nr. 6 ergibt sich, dass aus Gründen der Rechtssicherheit das Fehlen der Wählbarkeit eines oder einzelner Betriebsratsmitglieder regelmäßig **nicht** die **Nichtigkeit** der Wahl zur Folge haben kann (so auch *BAG* 28.11.1977 EzA § 19 BetrVG 1972 Nr. 14 = AP Nr. 6 zu § 19 BetrVG 1972 = SAE 1978, 153 [zust. *Fabricius / Decker*]; *Fitting* § 8 Rn. 66; *Stege / Weinspach / Schiefer* § 8 Rn. 11). Nur die Wahl eines lediglich aus einer Person bestehenden Betriebsrats kann bei Offensichtlichkeit der Nichtwählbarkeit nichtig sein. **69**

Die erfolgreiche Anfechtung der Wahl wegen der Nichtwählbarkeit nur einzelner Betriebsratsmitglieder hat die Wirkung, dass die Mitgliedschaft des Betreffenden im Betriebsrat erlischt, die **Wahl im Übrigen** aber **gültig** bleibt und nicht wiederholt wird (vgl. näher *Kreutz* § 19 Rdn. 142). Zur Anfechtung bei fehlerhaftem Ausschluss eines Wählbaren vgl. *Kreutz* § 19 Rdn. 55. Wird die Frist zur Anfechtung der Wahl nach § 19 Abs. 2 versäumt, so erlischt die Mitgliedschaft im Betriebsrat wegen fehlender Wählbarkeit nur, wenn nach § 24 Nr. 6 das Arbeitsgericht die Nichtwählbarkeit (rechtskräftig) feststellt (vgl. dazu näher *Oetker* § 24 Rdn. 65 ff.); dazu ist nach dem eindeutigen Gesetzeswortlaut allerdings Voraussetzung, dass der Mangel bis zum Ende der letzten Tatsachenverhandlung noch vorliegt und nicht zwischenzeitlich geheilt ist (z. B. weil der Arbeitnehmer zwischenzeitlich sechsmonatige Betriebszugehörigkeit erreicht hat). **70**

Verliert ein Betriebsratsmitglied nach der Wahl die Wählbarkeit, so erlischt seine Mitgliedschaft im Betriebsrat kraft Gesetzes (§ 24 Nr. 4); vgl. dazu *Oetker* § 24 Rdn. 53. **71**

§ 9
Zahl der Betriebsratsmitglieder[1]

Der Betriebsrat besteht in Betrieben mit in der Regel
5 bis 20 wahlberechtigten Arbeitnehmern aus einer Person,
21 bis 50 wahlberechtigten Arbeitnehmern aus 3 Mitgliedern,
51 wahlberechtigten Arbeitnehmern
bis 100 Arbeitnehmern aus 5 Mitgliedern,
101 bis 200 Arbeitnehmern aus 7 Mitgliedern,
201 bis 400 Arbeitnehmern aus 9 Mitgliedern,
401 bis 700 Arbeitnehmern aus 11 Mitgliedern,
701 bis 1.000 Arbeitnehmern aus 13 Mitgliedern,
1.001 bis 1.500 Arbeitnehmern aus 15 Mitgliedern,
1.501 bis 2.000 Arbeitnehmern aus 17 Mitgliedern,
2.001 bis 2.500 Arbeitnehmern aus 19 Mitgliedern,
2.501 bis 3.000 Arbeitnehmern aus 21 Mitgliedern,
3.001 bis 3.500 Arbeitnehmern aus 23 Mitgliedern,
3.501 bis 4.000 Arbeitnehmern aus 25 Mitgliedern,
4.001 bis 4.500 Arbeitnehmern aus 27 Mitgliedern,
4.501 bis 5.000 Arbeitnehmern aus 29 Mitgliedern,
5.001 bis 6.000 Arbeitnehmern aus 31 Mitgliedern,
6.001 bis 7.000 Arbeitnehmern aus 33 Mitgliedern,
7.001 bis 9.000 Arbeitnehmern aus 35 Mitgliedern.

In Betrieben mit mehr als 9000 Arbeitnehmern erhöht sich die Zahl der Mitglieder des Betriebsrats für je angefangene weitere 3000 Arbeitnehmer um 2 Mitglieder.

Literatur
Ahlburg 3-5-7-9-11 ...?, AIB 2013, 544; *Bissels* »Der Grundsatz ›Wählen, aber nicht zählen‹ gilt nicht mehr«, BB 2013, 2048; *Blanke* Die betriebsverfassungsrechtliche Stellung der Leiharbeit, DB 2008, 1153; *Brors* »Leiharbeitnehmer wählen ohne zu zählen« – eine kurzlebige Entscheidung, NZA 2003, 1380; *Brors / Schüren* Konzerninterne Arbeitnehmerüberlassung zur Kostensenkung, BB 2004, 2745; *Brose* Die betriebsverfassungsrechtliche Stellung von Leiharbeitnehmern nach den Änderungen des AÜG, NZA 2005, 797; *Däubler* Wählen, aber nicht zählen – vermeidbare Rigiditäten im Betriebsverfassungsrecht, AuR 2004, 81; *Deinert* Neuregelung des Fremdpersonaleinsatzes i m Betrieb, RdA 2017, 65 ff.; *Dewender* Die Rechtsstellung der Leiharbeitnehmer nach den §§ 7 Satz 2 und 9 BetrVG, RdA 2003, 274; *ders.* Betriebsfremde Arbeitnehmer in der Betriebsverfassung unter besonderer Berücksichtigung der unechten Leiharbeitnehmer (Diss. Bochum), 2004; *Dörner* Der Leiharbeitnehmer in der Betriebsverfassung, FS *Wißmann*, 2005, S. 286; *Gräfl* Aktuelle Rechtsprechung des Siebten Senats des Bundesarbeitsgerichts zur Anfechtung und Nichtigkeit von Betriebsratswahlen, JArbR Bd. 42 (2005), S. 133; *dies.* Die Anfechtung von Betriebsratswahlen in der jüngeren Rechtsprechung des BAG, FS *Bepler*, 2012, S. 185; *Hamann* Leiharbeitnehmer in der Betriebsverfassung – Plädoyer für eine einheitliche Berücksichtigung bei den Schwellenwerten des BetrVG, GS *Wörlen*, 2013, S. 519; *ders.* Die Richtlinie Leiharbeit und ihre Auswirkungen auf das nationale Recht der Arbeitnehmerüberlassung, EuZA 2009, 287; *ders.* »Entwurf eines Gesetzes zur Änderung des AÜG und anderer Gesetze« vom 17.02.2016, AuR 2016, 136; *Krause* Berücksichtigung von Leiharbeitnehmern bei der Betriebsratsgröße des Entleiherbetriebs – Rechtsprechungsänderung, JA 2014, 308; *ders.* Arbeit in der Holzklasse, Gesetzliche und kollektivvertragliche Rahmung der Leiharbeit, KJ 2013, 119; *Kreutz* Leiharbeitnehmer wählen – nur Argumente zählen, FS *Wißmann*, 2005, S. 364; *Künzel / Schmid* Sie zählen!? Unternehmensmitbestimmung – mitbestimmt von der Leiharbeit, NZA 2016, 531; *Lambrich / Reinhard* Schwellenwerte bei der Unternehmensmitbestimmung – Wann beginnt die Mitbestimmung?, NJW 2014, 2229; *Lindemann / Simon* Wahlberechtigung und Ermittlung der Betriebsratsgröße, NZA 2002, 365; *Linsenmaier / Kiel* Der Leiharbeitnehmer in der Betriebsverfassung – »Zwei-Komponenten-Lehre« und normzweckorientierte Gesetzesauslegung, RdA 2014, 135; *Löwisch / Wegmann*

---

1 Gemäß Artikel 14 Satz 2 des Gesetzes zur Reform des Betriebsverfassungsgesetzes (BetrVerf-Reformgesetz) vom 23. Juli 2001 (BGBl. I S. 1852) gilt § 9 (Artikel 1 Nr. 8 des BetrVerf-Reformgesetzes) für im Zeitpunkt des Inkrafttretens bestehende Betriebsräte erst bei deren Neuwahl.

Zahlenmäßige Berücksichtigung von Leiharbeitnehmern in Betriebsverfassungs- und Mitbestimmungsrecht, BB 2017, 373; *Markowski/Sendelbeck* Berücksichtigung von Leiharbeitnehmern bei der Betriebsratsgröße, AiB 2013, 660; *Nicolai* Zum Zählen und Wählen bei Betriebsratswahlen, DB 2003, 2599; *Oetker* Arbeitnehmerüberlassung und Unternehmensmitbestimmung im entleihenden Unternehmen nach § 14 II 5 und 6 AÜG, NZA 2017, 29; *Ohlgardt* Keine Berücksichtigung der leitenden Angestellten bei Bestimmung der Zahl der Betriebsratsmitglieder?, BB 1972, 1186; *Nölke* Berücksichtigung von Zeitarbeitskräften bei der Bestimmung der Größe des Betriebsrats, Besprechungsaufsatz zum BAG-Beschluss vom 13.3.2013 – 7 ABR 69/11, SAE 2014, 1; *Ratayczak* Leiharbeitnehmer – Arbeitnehmer 2. Klasse?, AiB 2003, 276; *ders.* Leiharbeitnehmer wählen, aber zählen nicht!, AiB 2004, 212; *Reichold* »Wählen heißt auch Zählen« – Die neue BAG-Rechtsprechung zur »Einbürgerung« von Leiharbeitnehmern, FS *von Hoyningen-Huene*, 2014, S. 413; *Rieble* Leiharbeitnehmer zählen doch?, NZA 2012, 485; *Rudolph* Die »in der Regel« Beschäftigten, AiB 2005, 713; *Schiefer* Keine Berücksichtigung von Leiharbeitnehmern bei der Ermittlung von Schwellenwerten im Betriebsverfassungsgesetz, DB 2002, 1774; *Tschöpe* Die Bestimmung der »in der Regel« beschäftigten Arbeitnehmer, BB 1983, 1416. Vgl. ferner die Angaben bei *Kreutz/Raab* zu § 7; *Zimmerling* Schwellenwerte des Betriebsverfassungsgesetzes bei Beschäftigung von Leiharbeitnehmern, 2015; *Zimmermann* BB 2014, 2592; *ders.* Der Referentenentwurf zur AÜG-Reform 2017, BB 2016, 53.

Inhaltsübersicht Rdn.

I.	Vorbemerkung	1–4
II.	Mitgliederzahl des Betriebsrats	5
III.	Arbeitnehmerzahl als Bestimmungsgröße	6–24
	1. Feststellung der Zahl betriebsangehöriger Arbeitnehmer	6–17
	2. Feststellung des Regelstandes	18–24
IV.	Einköpfiger und mehrköpfiger Betriebsrat	25–29
	1. Einköpfiger Betriebsrat	26–28
	2. Mehrköpfiger Betriebsrat	29
V.	Abweichungen von der gesetzlichen Mitgliederzahl	30–33
VI.	Streitigkeiten	34–38

I. Vorbemerkung

§ 9 bestimmt die **Zahl der Betriebsratsmitglieder**, die zu wählen sind. Die Vorschrift dient der sachgerechten Erfüllung der betriebsverfassungsrechtlichen Aufgaben des Betriebsrats, deren Umfang typischerweise von der Zahl regelmäßig beschäftigter Arbeitnehmer maßgeblich geprägt wird (*BAG* 18.01.2017 NZA 2017, 865 Rn. 29). Gegenüber § 9 BetrVG 1952 weist die Vorschrift zwei wesentliche **Änderungen** auf: Nach der früheren Regelung konnte die Zahl der Betriebsratsmitglieder in Betrieben mit mehr als eintausend Arbeitnehmern über die gesetzlich festgelegten, gestaffelten Zahlen hinaus in vorgesehenen Grenzen durch Beschluss der Arbeitnehmer erhöht werden; eine Höchstzahl von 35 Mitgliedern durfte unabhängig von der Zahl der Arbeitnehmer jedoch nicht überschritten werden. § 9 sieht dagegen eine nach der Betriebsgröße gestaffelte feste Zahl der Betriebsratsmitglieder vor (Satz 1); die Begrenzung auf eine feste Höchstzahl ist weggefallen (Satz 2). Bis zur **Novelle vom 20.12.1988** lautete § 9 Satz 1: »Der Betriebsrat besteht in Betrieben mit in der Regel 5 bis 20 wahlberechtigten Arbeitnehmern aus einer Person (Betriebsobmann), . . .«. Durch die Novelle 1988 wurde der Klammerzusatz »Betriebsobmann« gestrichen. Damit soll klargestellt werden, dass in diesen Betrieben auch eine Frau zum Betriebsrat gewählt werden kann. Das war allerdings nie strittig. Das Anliegen, geschlechtsneutral zu formulieren, steht in Übereinstimmung mit den Änderungen in § 14 Abs. 4 Satz 2 a. F. und § 25 Abs. 3, wo das Wort »Ersatzmann« durch das Wort »Ersatzmitglied« ersetzt wurde, und in § 115 Abs. 2 Nr. 3, wo der Klammerzusatz »Bordobmann« gestrichen wurde. Einen entsprechend geschlechtsneutralen Ausdruck hat die Novelle vom 20.12.1988 für den »Vermittler« in § 18a Abs. 2 und 3 nicht gefunden. Durch Art. 1 Nr. 8 **BetrVerf-Reformgesetz** vom 23.07.2001 (BGBl. I, S. 1852) sind die für die Betriebsratsgröße maßgeblichen Arbeitnehmerzahlen gesenkt und damit die Betriebsräte zahlenmäßig vergrößert worden. Diese Erhöhung wirkt sich ab der dritten Größenstufe aus (da nunmehr der Betriebsrat in Betrieben mit in der Regel 101 Arbeitnehmern bereits aus sieben Mitgliedern besteht, während das früher erst ab 151 Arbeitnehmern der Fall war) und setzt sich im weiteren Stufenkatalog von § 9 Satz 1 fort. Im RegE (BT-Drucks. 14/5741, S. 36 zu Nr. 8) wird diese

1

Ausweitung mit der Erweiterung der Aufgaben des Betriebsrats begründet; genannt werden die »mit der Einführung und Anwendung neuer Techniken zusammenhängenden komplexen Fragen wie moderne Produktions- und Arbeitsmethoden, Qualifizierung, Beschäftigungssicherung und Arbeits- und Umweltschutz«. An anderer Stelle der Begründung des RegE wird demgegenüber aber auch der Zweck hervorgehoben, »die Attraktivität des Betriebsratsamtes« zu steigern (BT-Drucks. 14/5741, S. 26 II. Zielsetzung Nr. 5), indem »die Arbeit im Betriebsrat auf mehr Schultern verteilt« wird (BT-Drucks. 14/5741, S. 28 III. Wesentlicher Inhalt Nr. 4). Zur Steigerung der Kostenbelastung, insbesondere für kleine, mittlere und Filialunternehmen, äußert sich die Begründung nicht. Für den neu gefassten § 9 gilt die Übergangsregelung nach Art. 14 Satz 2 BetrVerf-Reformgesetz (vgl. amtl. Anm. zum Gesetzestext). Mit dem Inkrafttreten von Art. 1 des Gesetzes zur Änderung des Arbeitnehmerüberlassungsgesetzes und anderer Gesetze vom 21.01.2017 (BGBl. I, S. 258) zum 01.04.2017 gilt **§ 14 Abs. 2 Satz 4 AÜG** mit einer Regelung zur Berücksichtigung von **Leiharbeitnehmern** im Entleiherbetrieb, die auch die Schwellenwerte des § 9 betrifft (Rdn. 10 f.).

2 Die Vorschrift enthält **zwingendes Recht**. Eine Abänderung durch Tarifvertrag oder Betriebsvereinbarung kommt nicht in Betracht. Das gilt auch für die nach § 3 Abs. 1 Nr. 1 bis 3 aufgrund eines Tarifvertrags oder einer Betriebsvereinbarung gebildeten betriebsverfassungsrechtlichen Organisationseinheiten, da diese nach § 3 Abs. 5 als Betriebe im Sinne des Gesetzes gelten. Für die in diesen zu bildenden Arbeitnehmervertretungen gelten mithin die Vorschriften des Betriebsverfassungsgesetzes über »Zusammensetzung und Wahl des Betriebsrats« (§§ 7–20 sowie die WO); vgl. auch *Franzen* § 3 Rdn. 61. Eine Reduzierung der Zahl der Betriebsratsmitglieder kommt nach § 11 in Betracht (vgl. Rdn. 31 f.).

3 Besonders sind die Zusammensetzung und Größe des **Gesamtbetriebsrats** (§ 47), des **Konzernbetriebsrats** (§ 55), der **Jugend- und Auszubildendenvertretung** (§ 62), der **Gesamt-Jugend- und Auszubildendenvertretung** (§ 72 Abs. 2), der **Konzern-Jugend- und Auszubildendenvertretung** (§ 73a Abs. 2), der **Bordvertretung** (§ 115 Abs. 2 Nr. 3) und des **Seebetriebsrats** (§ 116 Abs. 2 Nr. 3) geregelt.

4 Zum **Personalvertretungsrecht** vgl. § 16 BPersVG; für **Sprecherausschüsse** vgl. § 4 Abs. 1 SprAuG.

II. Mitgliederzahl des Betriebsrats

5 Die **stets ungerade** Zahl der Betriebsratsmitglieder richtet sich in gestaffelter Form nach der Zahl der in der Regel betriebsangehörigen (»in Betrieben mit«) Arbeitnehmer. Diese Zahl ist die Bestimmungsgröße für die Betriebsratsgröße, die sich für Betriebe bis in der Regel 9000 Arbeitnehmer unmittelbar aus dem Stufenkatalog des § 9 Satz 1 ablesen lässt (neu gefasst durch BetrVerf-Reformgesetz; vgl. Rdn. 1) und für größere Betriebe nach Satz 2 zu berechnen ist (vgl. Rdn. 29). Als Ordnungsvorschrift soll § 9 sicherstellen, dass die Zahl der Betriebsratsmitglieder in einem angemessenen Verhältnis zur Zahl der Arbeitnehmer des Betriebs steht. Das Gesetz berücksichtigt dabei in den ersten beiden Stufen (5 bis 20 und 21 bis 50 Arbeitnehmer) nur die **wahlberechtigten** Arbeitnehmer des Betriebes (vgl. zur Wahlberechtigung nach § 7 Satz 1 *Raab* § 7 Rdn. 16 ff.). Auch in der dritten Stufe müssen unter den bis zu 100 Arbeitnehmern mindestens 51 wahlberechtigt sein (ebenso BAG 18.01.1989 EzA § 9 BetrVG 1972 Nr. 4 S. 8 f.= AP Nr. 1 zu § 9 BetrVG 1972; *Fitting* § 9 Rn. 9, 41; *Koch/ErfK* § 9 BetrVG Rn. 3; *Richardi/Thüsing* § 9 Rn. 3; *Homburg/DKKW* § 9 Rn. 2; *Stege/Weinspach/Schiefer* § 9 Rn. 2; *Wlotzke/WPK* § 9 Rn. 3; unzutreffend, weil mit dem Gesetzestext unvereinbar, früher *Gnade/Kehrmann/Schneider/Blanke* 2. Aufl., § 9 Rn. 1; *Brecht* § 9 Rn. 3, die meinten, ab 52 Arbeitnehmern komme es nur auf die Zahl der Beschäftigten ohne Rücksicht auf ihre Wahlberechtigung an, weil das sonst u. U. zu einer Verkleinerung des Betriebsrats gegenüber der schon nach dem BetrVG 1952 vorgeschriebenen Mitgliederzahl führen würde; krit. auch *Linsenmaier/Kiel* RdA 2014, 135, 143 in Fn. 115). Erst ab der vierten Stufe (101 bis 200) kommt es nur auf die Zahl der betriebsangehörigen Arbeitnehmer (wahlberechtigte und nicht wahlberechtigte jugendliche Arbeitnehmer) und nicht mehr auf ein besonders Quorum von Wahlberechtigten an (ebenso BAG 18.09.1989 EzA § 9 BetrVG 1972 Nr. 4 S. 8 f.; *Richardi/Thüsing* § 9 Rn. 3; *Fitting* § 9 Rn. 41 undeutlich Rn. 9 sowie *Wiebau-*

er/LK § 9 Rn. 1). Auch dabei bleibt jedoch zu berücksichtigen, dass in Betrieben mit weniger als fünf wahlberechtigten und drei wählbaren Arbeitnehmern ein Betriebsrat nicht gewählt werden kann (§ 1 Abs. 1 Satz 1).

III. Arbeitnehmerzahl als Bestimmungsgröße

1. Feststellung der Zahl betriebsangehöriger Arbeitnehmer

Zur Bestimmung der Zahl der Betriebsratsmitglieder ist zunächst die maßgebliche **Zahl der Arbeitnehmer oder der wahlberechtigten Arbeitnehmer des Betriebes** festzustellen (krit. zu dieser Differenzierung in Satz 1 *Joost*/MünchArbR § 216 Rn. 88). 6

Das erfordert zunächst die richtige **Betriebsabgrenzung** (vgl. dazu *Franzen* § 1 Rdn. 26 ff.). Dabei ist insbesondere auch zu beachten, dass Arbeitnehmer von Betriebsteilen, die nicht nach § 4 Abs. 1 Satz 1 als selbständige Betriebe gelten, ebenso mitzuzählen sind wie die betriebsangehörigen Arbeitnehmer von Kleinstbetrieben, die nach § 4 Abs. 2 dem Betrieb zugeordnet sind; mitzuzählen sind auch die Arbeitnehmer eines Betriebsteils, der nach § 4 Abs. 1 Satz 1 als selbständiger Betrieb gilt, wenn sie gem. § 4 Abs. 1 Satz 2 die Teilnahme an der Wahl im Wahlbetrieb wirksam beschlossen haben. 7

Wer **Arbeitnehmer** ist, bestimmt sich nach dem **betriebsverfassungsrechtlichen Arbeitnehmerbegriff (§ 5)**; vgl. dazu näher *Raab* § 5 Rdn. 15 ff. Zu berücksichtigen sind auch die in **§ 5 Abs. 1 Satz 3** genannten Beschäftigten. Das sind z. B. **Beamte**, die in Betrieben privatrechtlich organisierter Unternehmen tätig sind, ebenso Arbeitnehmer eines öffentlich-rechtlichen Krankenhauses, die im Rahmen eines Personalgestellungsvertrages in einem privatisierten Unternehmen des Krankenhauses tätig werden (*LAG Berlin-Brandenburg* 16.02.2011 – 15 TaBV 2347/10 – juris, Rn. 39), vgl. *Raab* § 7 Rdn. 16. Das folgt aus einer Auslegung des § 5 Abs. 1 Satz 3, die sich an dessen Wortlaut, an dessen Systematik sowie am Normzweck des § 5 Abs. 1 Satz 3 und des § 9 orientiert (richtig und ausführlich dazu *BAG* 15.12.2011 EzA § 5 BetrVG 2001 Nr. 7 Rn. 20 ff. = AP Nr. 77 zu § 5 BetrVG 1972 [für Arbeitnehmer aus dem öffentlichen Dienst, die in Betrieben privatrechtlich organisierter Unternehmen tätig sind; zu solchen, die insoweit aufgrund eines Personalgestellungsvertrags tätig werden, *LAG Berlin-Brandenburg* 16.02.2011 – 15 TaBV 2347/10 – juris, Rn. 24 ff.]; bestätigt durch *BAG* 12.09.2012 EzA § 9 BetrVG 2001 Nr. 5 Rn. 16 = AP Nr. 14 zu § 9 BetrVG 1972; 05.12.2012 EzA § 5 BetrVG 2001 Nr. 10 Rn. 23 = AP Nr. 81 zu § 5 BetrVG 1972; insoweit zust. *Rieble* NZA 2012, 485 [»durchweg konsequent«]; krit. *Lipinski* BB 2012, 2636). Auch die Entstehungsgeschichte des § 5 Abs. 1 Satz 3 stützt dieses Ergebnis (*BAG* 15.12.2011 EzA § 5 BetrVG 2001 Nr. 7 Rn. 27 f. = AP Nr. 77 zu § 5 BetrVG 1972). Es ist zudem verfassungsrechtlich unbedenklich (*BAG* 15.12.2011 EzA § 5 BetrVG 2001 Nr. 7 Rn. 29 ff. = AP Nr. 77 zu § 5 BetrVG 1972). **Nicht** mitzuzählen sind Auszubildende in reinen Ausbildungsbetrieben, weil sie nicht als Arbeitnehmer i. S. d. § 5 gelten (*BAG* 16.11.2011 – 7 ABR 48/10 – juris, Rn. 21 i. V. m. Rn. 13; *Wiebauer*/LK § 9 Rn. 2), außerdem die Personen, die unter § 5 Abs. 2 fallen, und die leitenden Angestellten nach § 5 Abs. 3, da sie vom Betriebsrat nicht repräsentiert werden und zum Betriebsrat weder wahlberechtigt noch wählbar sind (allgemeine Meinung; siehe nur *BAG* 12.10.1976 AP Nr. 1 zu § 8 BetrVG 1972 sowie auch § 18a), ferner Arbeitnehmer in der Freistellungsphase der Altersteilzeit nach dem sog. Blockmodell, weil sie nicht mehr in die betriebliche Organisation eingegliedert sind (*BAG* 16.04.2003 EzA § 9 BetrVG 2001 Nr. 1 = AP Nr. 7 zu § 9 BetrVG 1972). Nicht mitzuzählen sind auch Arbeitnehmer eines anderen Unternehmens, die im Rahmen eines **Werk- oder Dienstvertrags** im Betrieb tätig sind und weiterhin dem Weisungsrecht ihres Vertragsarbeitgebers unterliegen (*BAG* 15.03.2006 EzAÜG BetrVG Nr. 93; 21.07.2004 EzA § 9 BetrVG 2001 Nr. 3 = AP Nr. 8 zu § 9 BetrVG 1972; 16.04.2003 EzA § 9 BetrVG 2001 Nr. 1 = AP Nr. 7 zu § 9 BetrVG 1972). Daran hat das Inkrafttreten des Art. 1 des Gesetzes zur Änderung des Arbeitnehmerüberlassungsgesetzes und anderer Gesetze vom 21.02.2017 (BGBl. I, S. 258), das den Missbrauch von Werksvertragsgestaltungen verhindern soll, nichts geändert. Für **Leiharbeitnehmer** im Entleiherbetrieb, die zwar dem Weisungsrecht des Entleihers unterliegen, aber nicht in einem Arbeitsverhältnis mit ihm stehen, gelten besondere Regelungen (s. Rdn. 10 f.). 8

Mitzuzählen sind nur **betriebsangehörige Arbeitnehmer** (zuerst *BAG* 18.01.1989 EzA § 9 BetrVG 1972 Nr. 4 S. 7; bestätigt durch *BAG* 29.05.1991 EzA § 19 BetrVG 1972 Nr. 31 S. 4 [ebenso 9 die Vorinstanzen *LAG Berlin* 01.02.1988 LAGE § 9 BetrVG 1972 Nr. 2 und *LAG Düsseldorf* 26.09.1990 LAGE § 9 BetrVG 1972 Nr. 3]; *BAG* 16.11.2011 – 7 ABR 48/10 – juris, Rn. 15; grundlegend zur Rechtslage nach dem BetrVerf-Reformgesetz 2001 *BAG* 16.04.2003 EzA § 9 BetrVG 2001 Nr. 1 [insoweit zust. *Hamann*] = AP Nr. 7 zu § 9 BetrVG 1972 [zust. *Maschmann*, der aber die Anforderungen verkennt, die das *BAG* in st. Rspr. an das Vorliegen der Betriebszugehörigkeit stellt] = SAE 2004, 165 [zust. *Kreutz*]; weiterführend *BAG* 10.03.2004 EzA § 9 BetrVG 2001 Nr. 2 [krit. *Hamann*]; 21.07.2004 EzA § 9 BetrVG 2001 Nr. 3 S. 3; bestätigend *BAG* 07.05.2008 EzA § 9 BetrVG 2001 Nr. 4 Rn. 16; vgl. zur Rechtsprechung des BAG aus Richtersicht *Dörner* FS *Wißmann*, S. 286; *Gräfl* JArbR Bd. 42 [2005], S. 133 [137 f.]; *LAG Düsseldorf* 31.10.2002 AP Nr. 6 zu § 7 BetrVG; siehe auch *Thür. LAG* 20.10.2011 – 6 TaBV 8/10 – juris, Rn. 33 ff.; die Literatur folgt dem *BAG* ganz überwiegend; vgl. etwa *Koch*/ErfK § 9 BetrVG Rn. 1; *Brose* NZA 2005, 797; v. *Hoyningen-Huene* Betriebsverfassungsrecht, § 7 Rn. 11; *Kreutz* FS *Wißmann*, S. 364 [366 f.]; *Lindemann/Simon* NZA 2002, 365, 366; *Wiebauer*/LK § 9 Rn. 1 f.; *Nicolai* DB 2003, 2599 [2600]; *Raab* ZfA 2003, 389 [437]; *Reichold*/ HWK § 9 BetrVG Rn. 4; *Richardi/Thüsing* § 9 Rn. 6; *Schiefer* DB 2002, 1774 [1776]; *Schirmer* 50 Jahre Bundesarbeitsgericht, S. 1063 [1076]; *Stege/Weinspach/Schiefer* § 9 Rn. 2a; *Wolf* JArbR Bd. 40 [2003], S. 99 [109]; ebenso diejenigen, die – entgegen der Rechtsprechung des *BAG* – die Betriebszugehörigkeit der nach § 7 Satz 2 wahlberechtigten Leiharbeitnehmer bejahen; vgl. *Brors* NZA 2003, 1380; *Fitting* § 9 Rn. 4, 14; *Schüren/Hamann* AÜG, § 14 Rn. 22 ff.; im Ansatz auch *Ziemann* AuR 1990, 58 [61]; wohl auch *Däubler* AuR 2004, 81; *Blanke* DB 2008, 1153 [1156]; **a. M.** *Nielebock/Hayen* JArbR Bd. 40 [2003], S. 99 [109]; *Homburg*/DKKW § 9 Rn. 10; *Schüren* RdA 2004, 184 [185]; vgl. auch *Hamann* Anm. zu *BAG* 10.03.2004 EzA § 9 BetrVG 2001 Nr. 2 S. 18). Diese Beschränkung ergibt sich (von der Gegenansicht verkannt) aus dem Wortlaut von § 9 Satz 1 und 2, wo es jeweils heißt »in Betrieben mit ... Arbeitnehmern«. Indem der Gesetzeswortlaut auf Arbeitnehmer »in Betrieben« abstellt, ergibt sich das Erfordernis ihrer Betriebszugehörigkeit ebenso, wie das etwa im Wortlaut von § 7 Satz 1 klargestellt ist; dort hat der Gesetzgeber (BetrVerf-Reformgesetz) vor dem Worten »alle Arbeitnehmer« die Worte »des Betriebs« eingefügt und damit bewusst die schon h. M. bestätigt, die zuvor das dort ungeschriebene Erfordernis der **Betriebszugehörigkeit** aus der Natur der Sache und aus systematischen Aspekten hergeleitet hatte (vgl. *Raab* § 7 Rdn. 11, 17). Zur Arbeitnehmereigenschaft i. S. d. BetrVG 1972 muss die **Betriebszugehörigkeit als eigenständige Tatbestandsvoraussetzung** in § 9 hinzukommen. Deshalb ist ein Arbeitnehmer, der nicht zum Betrieb gehört, nach § 9 ebenso wenig zu berücksichtigen wie eine Person, die zwar zum Betrieb gehört, aber (wie etwa ein leitender Angestellter nach § 5 Abs. 3, s. Rdn. 8) nicht Arbeitnehmer i. S. d. Gesetzes ist. Das Erfordernis der Betriebszugehörigkeit ergibt sich für § 9 nicht etwa daraus, dass Betriebszugehörigkeit auch Voraussetzung der Wahlberechtigung nach § 7 Satz 1 ist (vgl. *Raab* § 7 Rdn. 11); deshalb entfällt dieses Erfordernis nicht, soweit der Stufenkatalog des § 9 ab der vierten Stufe nur auf »Arbeitnehmer« abstellt.

10 Soweit es in den **ersten drei Stufen des Katalogs** auf »**wahlberechtigte Arbeitnehmer**« ankommt (Rdn. 5), war es bis zum Inkrafttreten von Art. 1 des Gesetzes zur Änderung des Arbeitnehmerüberlassungsgesetzes und anderer Gesetze vom 21.02.2017 (BGBl. I, S. 258), der mit Wirkung zum 01.04.2017 den neuen **§ 14 Abs. 2 Satz 4 AÜG** eingefügt hat, umstritten, ob auch **Leiharbeitnehmer** zur Berechnung der Schwellenwerte in § 9 mitzuzählen sind (zu ihrer betriebsverfassungsrechtlichen Stellung ausführlich *Raab* § 7 Rdn. 84 ff. mw.N.). Der **Siebte Senat** des *BAG* hatte mit Beschluss vom **13.03.2013** seine bisherige Rechtsprechung aufgeben und entschieden, zukünftig **regelmäßig beschäftigte Leiharbeitnehmer bei den Schellenwerten des § 9 zu berücksichtigen** (*BAG* 13.03.2013 EzA § 9 BetrVG 2001 Nr. 6 Rn. 21 ff. [zust. *Hamann*] = AP Nr. 15 zu § 9 BetrVG 1972 [zust. *Reichold*]; zust. *Fitting* § 1 Rn. 279, § 9 Rn. 25a; *Kloppenburg*/HaKo § 5 Rn. 39 ff.; *Krause* JA 2014, 308 ff.; ders. KJ 2013, 119, 123; *Linsenmaier/Kiel* RdA 2014, 204; *Markowski/Sendelbeck* AiB 2013, 660; *Reichold* FS *von Hoyningen-Huene*, S. 413 [419 f.]; *Zimmerling* Schwellenwerte des Betriebsverfassungsgesetzes bei Beschäftigung von Leiharbeitnehmern, S. 300 ff.; *LAG Rheinland-Pfalz* 06.03.2015 – 1 TaBV 23/14 – juris, Rn. 22; wohl auch *Lambrich/Reinhard* NJW 2014, 2229, 2231 f.; abl. *Kreutz/Jacobs* Voraufl. Rn. 10; *Raab* Voraufl., § 7 Rn. 112 ff.; *Bissels* BB 2013, 2048; *Nölke* SAE 2014, 1 ff.; *Wank*/ErfK Einl. AÜG Rn. 35 f, § 14 AÜG Rn. 7). Der Senat führte dafür zunächst den systematischen Kontext zu § 7 Satz 2 (Rn. 27), vor allem den mit der Staffelung des § 9 verfolgten **Zweck** an, der sicherstellen solle, dass die Zahl der Betriebsratsmitglieder in einem angemessenen Verhältnis zur Zahl der betriebsangehörigen Arbeitnehmer stehe: Der Umfang der Betriebsratsarbeit werde durch die im Betrieb tätigen Leiharbeitnehmer »auch bei einer nur partiellen Vertretung in erheblichem Umfang beeinflusst« (Rn. 29 ff.). Wann von einem **regelmäßigen Einsatz** von Leiharbeitnehmern im Entleiherbetrieb auszugehen ist, führte der Siebte Senat nicht aus. Vieles spricht dafür, dass er sich nicht an § 7 Satz 2 zur Wahlberechtigung (drei Monate) orientieren, sondern wie der Erste Senat bei § 23 Abs. 1 Satz 3 KSchG einen Rückblick auf die bisherige personelle Stärke des Betriebs und eine Einschätzung seiner zukünftigen Entwicklung vornehmen und dabei solche Leiharbeitnehmer mitzählen wird, deren Beschäftigung dem »Regelzustand« des Betriebs entspricht, die also beispielsweise nicht lediglich zur Vertretung von Stammarbeitnehmern oder zur Abdeckung von Auftragsspitzen eingesetzt werden (*BAG* 24.01.2013 EzA § 9 BetrVG 2001 Nr. 6 Rn. 24 = AP Nr. 15 zu § 9 BetrVG 1972; s. näher Rdn. 21).

Die Entscheidung vom 13.03.2013 knüpfte an den **Beschluss des Siebten Senats** vom **05.12.2012** 11 zur **Aufgabe der reinen »Zwei-Komponenten-Lehre«** an (zu ihr näher *Raab* § 7 Rdn. 19 m. w. N.). Mit ihr könnten keine »sachgerechten Ergebnisse« erzielt werden. Man müsse sich deshalb »differenzierenden Lösungen« zuwenden, »die zum einen die jeweiligen ausdrücklich normierten spezialgesetzlichen Konzepte, zum anderen aber auch die Funktion des Arbeitnehmerbegriffs im jeweiligen betriebsverfassungsrechtlichen Zusammenhang angemessen berücksichtigen« (»**normzweckorientierte Gesetzesauslegung**«; *BAG* 05.12.2012 EzA § 5 BetrVG 2001 Nr. 10 Rn. 20, 25 ff. = AP Nr. 81 zu § 5 BetrVG 1972; dazu aus dem Blickwinkel der Arbeitnehmerüberlassung umfassend und instruktiv *Linsenmaier/Kiel* RdA 2014, 135 ff., 139 ff.). Für § **23 Abs. 1 Satz 3 KSchG** hatte der Zweite Senat ebenfalls entschieden, dass Leiharbeitnehmer zu berücksichtigen sind, wenn die Leiharbeitnehmer einen regelmäßigen Beschäftigungsbedarf abdecken (*BAG* 24.01.2013 NZA 2013, 726 Rn. 11 ff.), und für § **111 Satz 1** vor der Rechtsprechungsänderung des Siebten Senats schon der Erste Senat, wenn die Leiharbeitnehmer länger als drei Monate im Entleiherbetrieb eingesetzt werden (*BAG* 18.10.2011 EzA § 111 BetrVG 2001 Nr. 8 Rn. 17 ff. = AP Nr. 70 zu § 111 BetrVG 1972 [*Hamann*]). Bei § **9 MitbestG** hat der Siebte Senat, wie zu erwarten war (*Kreutz/Jacobs* Vorauf. Rn. 10), ebenso entschieden (*BAG* 04.11.2015 EzA § 9 MitbestG Nr. 2 Rn. 30 ff. = AP Nr. 2 zu § 9 MitbestG [*Künzel*]; anders *Raiser/Veil/Jacobs* MitbestG § 9 Rn. 5 i. V. m. § 3 Rn. 11; vgl. zuvor schon zur Berechnung der Betriebszugehörigkeit in § 8 Abs. 1 Satz 1 bereits *BAG* 10.10.2012 EzA § 8 BetrVG 2001 Nr. 3 = AP Nr. 15 zu § 8 BetrVG 1972), und ebenfalls zu § **38 Abs. 1**, so das Leiharbeitnehmer bei der Freistellungsstaffel mitzurechnen sind (*BAG* 18.01.2017 NZA 2017, 865 Rn. 25 ff.: »keine grundsätzlich unterschiedlichen Zwecke« der Normen; anders noch *BAG* 22.10.2003 EzA § 38 BetrVG 2011 Nr. 2 = AP Nr. 28 zu § 38 BetrVG 1972). Zu § **17 Abs. 1 Satz 1 KSchG** gibt es bislang keine höchstrichterliche Entscheidung. Das *LAG Düsseldorf* lehnt auch auf der Grundlage der neuen Rechtsprechung eine Berücksichtigung von Leiharbeitnehmern für Nr. 2 zu Recht ab, weil die Vorschrift in erster Linie arbeitsmarktpolitische Ziele verfolgt, eine Entlassungswelle im Entleiherbetrieb nicht zwangsläufig zur Beendigung der Arbeitsverhältnisse zwischen Verleiher und Leiharbeitnehmern führt und der Normzweck deren Berücksichtigung deshalb nicht verlangt (*LAG Düsseldorf* 08.09.2016 – 11 Sa 705/15 – juris, Rn. 64 ff., 71 ff. m. w. N.)

Die neue Rechtsprechung des Siebten Senats **überzeugt zwar** weiterhin **nicht** (s. ausführlich dazu 12 *Kreutz/Jacobs* Vorauf. Rn. 10 m. w. N., *Raab* § 7 Rdn. 109 m. w. N.). Allerdings ordnet der neue § **14 Abs. 2 Satz 4 AÜG** seit dem 01.04.2017 nunmehr an (s. Rdn. 10), dass bei **Bestimmungen des Betriebsverfassungsgesetzes** (mit Ausnahme des § 112a BetrVG), die »eine **bestimmte Anzahl oder einen bestimmten Anteil von Arbeitnehmern voraussetzen**«, »**Leiharbeitnehmer auch im Entleiherbetrieb zu berücksichtigen**« sind (zum unionsrechtlichen Hintergrund s. Art. 7 RL 2008/104/EG, der freilich nur die »Einrichtung« von Arbeitnehmervertretungen betrifft, dazu *Hamann* EuZA 2009, 287, 322 f.; *Linsenmaier/Kiel* RdA 2014, 135, 142; *Zimmerling* Schwellenwerte des Betriebsverfassungsgesetzes bei Beschäftigung von Leiharbeitnehmern, S. 282 ff., jew. m. w. N.). Diese Entscheidung des Gesetzgebers ist zu akzeptieren. Damit sind bei § 9 die regelmäßig im Betrieb beschäftigten Leiharbeitnehmer mitzuzählen (*Löwisch/Wegmann* BB 2017, 373; *Wiebauer/LK* § 9 Rn. 2).

Dem Gesetzgeber ist es jedoch **nicht** gelungen, das Gesetzesvorhaben **widerspruchsfrei** umzusetzen. 13 Im Koalitionsvertrag zwischen CDU, CSU und SPD für die 18. Legislaturperiode, den § 14 Abs. 2 Satz 4 AÜG insoweit umsetzt, heißt es noch: »Zur Erleichterung der Arbeit der Betriebsräte wird gesetzlich klargestellt, dass Leiharbeitnehmer bei den betriebsverfassungsrechtlichen Schwellenwerten grundsätzlich zu berücksichtigen sind, **sofern dies der Zielrichtung der jeweiligen Norm nicht widerspricht**« (Hervorhebung von Verf., abgedruckt insoweit in AuR 2014, 14, 15). Das suggeriert, es solle nach dem Willen des Gesetzgebers wie auch nach der neuen Rechtsprechung (Rdn. 10 ff.) weiterhin auf den jeweiligen Normzweck ankommen (so *Hamann* AuR 2016, 136, 141: »keine weitergehende, normzweckunabhängige Berücksichtigung von Leih-AN gewollt«; ebenso *Oetker* NZA 2017, 29, 32 für die Unternehmensmitbestimmung [Umkehr der Argumentationslast gegenüber der bisherigen Rechtslage: die Ausklammerung der Leiharbeitnehmer aus einem Schwellenwert sei rechtfertigungsbedürftig]). Dafür spricht nicht nur, dass die Normzwecke der verschiedenen Schwellenwerte disparat sein können (*Oetker* NZA 2017, 29, 32 für die Unternehmensmitbestimmung). Dafür lässt sich auch der in der Begründung des Gesetzentwurfs enthaltene Satz anführen, »ein Mitzählen der Leiharbeitnehmer ist danach für jeden Schwellenwert gesondert anhand dessen Zwecksetzung zu prüfen« (BT-Drucks. 18/9232, S. 1, 29). Unterstellt man vor diesem Hintergrund, der Gesetzgeber habe auch bei der Neuregelung an einer normzweckorientierten Bestimmung festhalten wollen, müsste methodisch entgegen dem eindeutigen Wortlaut des § 14 Abs. 2 Satz 4 AÜG über dessen teleologische Reduktion nachgedacht werden, um Leiharbeitnehmer in Schwellenwerte auch weiterhin nicht einzubeziehen, wenn es der Normzweck nicht erfordert.

14 **Gegen eine teleologische Reduktion** spricht allerdings, dass der Gesetzgeber den relativierenden Vorbehalt aus dem Koalitionsvertrag nicht in den Gesetzeswortlaut übernommen hat (gegen einen »Vorbehalt des Normzwecks« auch *Deinert* RdA 2017, 65 [81]); ferner *Oetker* NZA 2017, 29, 32 für die Unternehmensmitbestimmung). Dagegen spricht ferner die Begründung zum Gesetzentwurf der Bundesregierung, in der es heißt, die Neuregelung »dient der Rechtsklarheit und erleichtert die Arbeit der Betriebsräte im Einsatzbetrieb«. Nach der Begründung stellt das Gesetz klar, »dass Leiharbeitnehmer mit Ausnahme des § 112a des BetrVG bei den betriebsverfassungsrechtlichen Schwellenwerten auch im Entleiherbetrieb« mitzählen (BT-Drs. 18/9232, S. 1, 29; i. E. wie hier *Zimmermann* BB 2016, 53, 56). Eine teleologische Reduktion ist daher schon grundsätzlich zweifelhaft. Für § 9 ist jedoch auch ferner zu bedenken, dass sich die »Klarstellung« in der Gesetzesbegründung eindeutig auf die im selben Absatz zitierte (in Rdn. 10 erwähnte) »geänderte Rechtsprechung« des Siebten Senats bezieht. Auch heißt es, die Neuregelung greife »die geänderte Rechtsprechung des Bundesarbeitsgerichts zum Mitzählen von Leiharbeitnehmern bei betriebsverfassungsrechtlichen Schwellenwerten im Entleiherbetrieb auf« (BT-Drs. 18/9232, S. 1, 29). Selbst bei einer normzweckabhängigen Berücksichtigung von Leiharbeitnehmern muss daher davon ausgegangen werden, dass sich der Gesetzgeber das Normzweckverständnis des Siebten Senats zu § 9 zu eigen gemacht hat. Damit ist **jedenfalls in Bezug auf § 9** für eine teleologische Reduktion des § 14 Abs. 2 Satz 4 AÜG (**Leiharbeitnehmer zählen nur mit, wenn der jeweilige Normzweck es gebietet**) entgegen dem eindeutigen Wortlaut (**Leiharbeitnehmer zählen immer mit**) kein Raum (krit. zur Begründung des Gesetzentwurfs insoweit auch *Künzel/Schmid* NZA 2016, 531 [534 f.] zu den Schwellenwerten der Unternehmensmitbestimmung: »nicht stimmig«).

15 Vgl. zur **Abgrenzung betriebsverfassungsrechtlicher Betriebszugehörigkeit** ausführlich *Raab* § 7 Rdn. 17 ff. sowie Rdn. 33 ff., 47 ff., 69 ff. zu den problematischen Fallgruppen.

16 Die Feststellung der Arbeitnehmerzahl ist **Aufgabe des Wahlvorstands** (*Joost*/MünchArbR § 216 Rn. 97). Das folgt daraus, dass dieser die Zahl der zu wählenden Betriebsratsmitglieder nach § 3 Abs. 2 Ziff. 5, § 31 Abs. 1 Satz 3 Ziff. 5 WO im Wahlausschreiben anzugeben hat, das aber nur tun kann, wenn er die Belegschaftsstärke festgestellt hat. Der Arbeitgeber hat den Wahlvorstand dabei zu unterstützen (§ 2 Abs. 2, § 30 Abs. 1 WO), insbesondere auch die erforderlichen Unterlagen zur Verfügung zu stellen. Kommt es, namentlich zwischen Wahlvorstand und Arbeitgeber, vor Abschluss der Wahl zum Streit über die maßgebliche Arbeitnehmerzahl, entscheidet auf (Feststellungs-)Antrag das Arbeitsgericht im Beschlussverfahren (§§ 2a Abs. 1 Nr. 1 Abs. 2, 80 ff. ArbGG; vgl. Rdn. 34). Das Rechtsschutzinteresse an der Feststellung entfällt jedoch, wenn die Wahl durchgeführt und nicht angefochten wird und auch völlig ungewiss ist, ob die Streitfrage für künftige Wahlen noch eine Rolle spielen kann. Ein vor Durchführung der Wahl eingeleitetes Beschlussverfahren kann auch nach der Wahl nicht ohne Weiteres in ein Wahlanfechtungsverfahren umgedeutet werden (vgl. *BAG* 15.12.1972 EzA § 9 BetrVG 1972 Nr. 1 = SAE 1975, 37 [krit. *Dütz*]; vgl. auch *Kreutz* § 18 Rdn. 86 ff.).

Aus § 3 Abs. 2 Nr. 5, § 31 Abs. 1 Satz 3 Nr. 5 WO ist weiterhin zu folgern, dass **maßgebender Zeit-** 17 **punkt** für die Feststellung der Zahl der betriebszugehörigen Arbeitnehmer oder wahlberechtigten Arbeitnehmer, nach der sich die Zahl der Betriebsratsmitglieder verbindlich richtet, der **Tag des Erlasses des Wahlausschreibens** ist, mit dem nach § 3 Abs. 1 Satz 2, § 31 Abs. 1 Satz 2 WO die Betriebsratswahl eingeleitet ist (allgemeine Meinung; vgl. *BAG* 12.10.1976 AP Nr. 1 zu § 8 BetrVG 1972 = SAE 1978, 1 [*Dütz*]; 16.04.2003 EzA § 9 BetrVG 2001 Nr. 1 S. 9; 07.05.2008 EzA § 9 BetrVG 2001 Nr. 4 Rn. 17; *LAG Berlin-Brandenburg* 10.02.2011 – 25 TaBV 2219/10 – juris, Rn. 28; *Fitting* § 9 Rn. 37; *Joost/MünchArbR* § 216 Rn. 96; *Wiebauer/LK* § 9 Rn. 7; *Reichold/HWK* § 9 BetrVG Rn. 6; *Richardi/Thüsing* § 9 Rn. 16; *Homburg/DKKW* § 9 Rn. 6).

2. Feststellung des Regelstandes

Festzustellen ist die Zahl der betriebsangehörigen Arbeitnehmer oder wahlberechtigten Arbeitneh- 18 mer, die dem Betrieb **in der Regel** angehören (dazu *Gräfl* FS Bepler, S. 185 [192] m. w. N.). Deshalb ist nicht ohne Weiteres von der Zahl der am Stichtag (vgl. Rdn. 17) dem Betrieb angehörenden Arbeitnehmer auszugehen. Vielmehr hat der Wahlvorstand die schwierige Aufgabe, den Regelstand (Normalstand) zu ermitteln (vgl. *BAG* 16.11.2004 EzA § 111 BetrVG 2001 Nr. 2 S. 3; 07.05.2008 EzA § 9 BetrVG 2001 Nr. 4 Rn. 17; 12.11.2008 – 7 ABR 73/07 – juris, Rn. 16; *Joost/MünchArbR* § 216 Rn. 91) und zwar nicht nur im Hinblick auf die Belegschaftsstärke, sondern auch im Hinblick auf die Wahlberechtigung der Arbeitnehmer, soweit es in den ersten drei Staffelstufen darauf ankommt (das kann z. B. praktisch bedeutsam werden, wenn zufällig viele jugendliche Arbeitnehmer am Stichtag beschäftigt sind, die demnächst aber das 18. Lebensjahr vollenden). Eine genaue Bestimmung der Regelbeschäftigtenzahl ist insbesondere in größeren Betrieben und in Betrieben, die regelmäßig mit Aushilfskräften arbeiten, schwierig. Sie ist nahezu unmöglich bei hoher Arbeitnehmerfluktuation im Prozess des Schrumpfens oder Expandierens von Betrieben, bei denen die Feststellung des Regelstandes nicht nur die regelmäßige **bisherige** und **jetzige** personelle Stärke zu berücksichtigen hat, sondern auch von einer **Prognose** über die wirtschaftliche Entwicklung des Betriebes abhängt. Berücksichtigt man das und auch, dass in den Grenzfällen der Stufen des § 9 kaum mit Sicherheit festgestellt werden kann, ob ein Betrieb z. B. in der Regel 1000 oder 1001 Arbeitnehmer hat (siebte oder achte Stufe), überzeugt die Rechtsprechung, die dem **Wahlvorstand** einen »gewissen **Beurteilungsspielraum** im Rahmen seines pflichtgemäßen Ermessens einräumt« (vgl. *BAG* 12.10.1976 AP Nr. 1 zu § 8 BetrVG 1972 = SAE 1978, 1 [insoweit zust. *Dütz*]; *LAG Schleswig-Holstein* 27.10.1994 LAGE § 19 BetrVG 1972 Nr. 13 und 25.03.2003 NZA-RR 2004, 251; *LAG Düsseldorf* 24.11.1998 LAGE § 19 BetrVG 1972 Nr. 19; *Hess. LAG* 10.02.2000 LAGE § 19 BetrVG 1972 Nr. 20; *LAG München* 24.07.2007 – 6 TaBV 3/07 – juris, Rn 33; zust. *Koch/ErfK* § 9 BetrVG Rn. 1; *Fitting* § 9 Rn. 11; *Joost/MünchArbR* § 216 Rn. 97; *Richardi/Thüsing* § 9 Rn. 11; *Nicolai/HWGNRH* § 9 Rn. 9; *Homburg/DKKW* § 9 Rn. 23; abl. wegen Unvereinbarkeit mit dem Rechtsstaatsprinzip dagegen *P. Nipperdey* DB 1977, 1093 [1095]). Obwohl der Gesetzeswortlaut den Regelstand als feste Rechnungsgröße für die Bestimmung der Zahl der Betriebsratsmitglieder bestimmt, ist dem Wahlvorstand damit ein Erkenntnisrecht zuzubilligen, das namentlich im Wahlanfechtungsverfahren nicht in vollem Umfang gerichtlicher Überprüfung unterliegt, weil es in den Grenzfällen nicht nur eine richtige Lösung gibt und es deshalb ausreicht, dass die getroffene Feststellung »vertretbar« ist (zust. *Hess. LAG* 10.02.2000 LAGE § 19 BetrVG 1972 Nr. 20; *Brors/HaKo* § 9 Rn. 7; *Homburg/DKKW* § 9 Rn. 23; *Wiebauer/LK* § 9 Rn. 8). Dadurch sinkt die (Kosten-)Gefahr einer Wiederholung der Wahl, zumal eine bloße Berichtigung des Wahlergebnisses bei zu kleiner oder zu großer Zahl zu wählender Betriebsratsmitglieder nach bisheriger Rechtsprechung nicht in Betracht kommt (vgl. *BAG* 29.05.1991 EzA § 19 BetrVG 1972 Nr. 31; 12.10.1976 AP Nr. 1 zu § 8 BetrVG 1972 und 12.10.1976 AP Nr. 5 zu § 19 BetrVG 1972; näher dazu Rdn. 36). Da die Zahl der Betriebsratsmitglieder von Stufe zu Stufe um zwei Mitglieder steigt, kann die vom Wahlvorstand vorzunehmende Feststellung nach pflichtgemäßem Ermessen bei unterschiedlichen Betriebsgrößen nicht graduell verschieden sein.

Im Rahmen seines Beurteilungsspielraums darf der Wahlvorstand den Regelstand ebenso wenig 19 ohne Weiteres mit dem Ist-Stand am Stichtag gleichsetzen wie mit der Zahl der in der Vergangenheit regelmäßig beschäftigten Arbeitnehmer (ebenso *BAG* 16.04.2003 EzA § 9 BetrVG 2001 Nr. 1 S. 9; 07.05.2008 EzA § 9 BetrVG 2001 Nr. 4 Rn. 17; 12.11.2008 – 7 ABR 73/07 – juris, Rn. 16), wenn diese Zahl am Stichtag höher oder niedriger ist. Dann ist auch die Ursache dieser Schwankungen mitzuberücksichtigen (*Wiebauer/LK* § 9 Rn. 3); dabei bleiben solche Schwankungen unberücksichtigt, die erkennbar auf vorübergehender, zeitbedingter Arbeitshäufung (z. B. Inventur, Ausverkauf, Festtage) oder entsprechendem Arbeitsrückgang beruhen. Arbeitnehmer, die nicht ständig, sondern nur **zeitweilig** beschäftigt werden, zählen nur, wenn »**sie normalerweise während des größten Teils des Jahres in dem Betrieb tätig sind**« (*BAG* 07.05.2008 EzA § 9 BetrVG 2001 Nr. 4 Rn. 17 und 12.11.2008 – 7 ABR 73/07 – juris, Rn. 16; *Gräfl* FS Bepler, S. 185 [192]). Maßgeblich ist die »normale Beschäftigtenzahl, also diejenige Personalstärke, die für den Betrieb im Allgemeinen kennzeichnend ist« (*BAG* 07.05.2008 EzA § 9 BetrVG 2001 Nr. 4 Rn. 17 m. w.N). »In der Regel« bedeutet auch nicht »durchschnittlich« (*BAG* 22.02.1983 EzA § 4 Ausschlussfristen Nr. 54 S. 178; 07.05.2008 EzA § 9 BetrVG 2001 Nr. 4 Rn. 17; *Homburg/DKKW* § 9 Rn. 7); deshalb kommt es auf eine Jahresdurchschnittszahl nicht an. Prognosen für die überschaubare Zukunft sind zu berücksichtigen (*LAG Berlin-Brandenburg* 10.02.2011 – 25 TaBV 2219/10 – juris, Rn. 28; *LAG Düsseldorf* 24.11.1998 LAGE § 19 BetrVG 1972 Nr. 19; *LAG München* 14.04.1987 LAGE § 18 BetrVG 1972 Nr. 2 S. 3), soweit sie auf betriebliche Fakten oder konkrete Entscheidungen des Arbeitgebers (*BAG* 07.05.2008 EzA § 9 BetrVG 2001 Nr. 4 Rn. 17) gegründet werden können, z. B. einen Personalabbau oder eine Personalaufstockung im Rahmen der konkreten Personalplanung, an der der Betriebsrat beteiligt worden ist, oder geplante Entlassungen aufgrund eines Interessenausgleichs (*ArbG Hamburg* 22.12.1983 DB 1984, 250) oder eines Interessenausgleichs und Sozialplans, selbst wenn einzelne Arbeitnehmer Kündigungsschutzklage angekündigt haben (*LAG Schleswig-Holstein* 27.10.1994 LAGE § 19 BetrVG 1972 Nr. 13). Die bloße Befürchtung, dass es aufgrund anhaltend schlechter Auftragslage in naher Zukunft zu Entlassungen kommen wird, hat dagegen außer Betracht zu bleiben (*LAG Hamm* 06.10.1978 DB 1979, 1563). Ebenso genügt bei einer deutlichen Über- oder Unterschreitung eines Schwellenwertes kein pauschaler Verweis auf saisonale Schwankungen; vielmehr muss eine abweichende Prognose auch hier durch nachvollziehbare Tatsachen wie eine entsprechende Personalentwicklung im Vorjahr zu rechtfertigen sein (vgl. *LAG Rheinland-Pfalz* 06.03.2015 – 1 TaBV 23/14 – juris, Rn. 24). Unberücksichtigt müssen Arbeitnehmer (oder Auszubildende) bleiben, von deren geplanter Einstellung der Arbeitgeber erklärtermaßen vor Erlass des Wahlausschreibens Abstand genommen hat, selbst wenn das nur geschehen ist, um die Wahl eines größeren Betriebsrats (durch Aufsteigen im Stufenkatalog des § 9) zu verhindern (*BAG* 16.04.2003 EzA § 9 BetrVG 2001 Nr. 1 S. 9) oder das Überschreiten anderer Schwellenwerte (z. B. § 38) zu vermeiden; wenn jedoch konkrete Anhaltspunkte (insbesondere der wirtschaftlichen Entwicklung des Betriebs) dafür bestehen, dass die ursprüngliche Planung nach der Wahl doch noch umgesetzt wird, ist diese zu berücksichtigen.

20 In Betrieben, die regelmäßig mit **Aushilfsarbeitnehmern** arbeiten, ist zu klären, welche Zahl von nicht ständig beschäftigten Arbeitnehmern dem Regelstand entspricht. Dabei kann es sich um jeweils andere Aushilfskräfte handeln (*LAG Düsseldorf* 26.09.1990 LAGE § 9 BetrVG 1972 Nr. 3 für Taxiaushilfsfahrer; *Stege/Weinspach/Schiefer* § 9 Rn. 3). Die Rechtsprechung stellt dabei darauf ab, welche Anzahl für einen Zeitraum von **mindestens sechs Monaten im Jahr** beschäftigt worden ist und ob auch künftig mit der Beschäftigung in gleichem Umfang gerechnet werden kann (vgl. *BAG* 12.10.1976 AP Nr. 1 zu § 8 BetrVG 1972; *LAG Hamm* 11.05.1979 DB 1979, 2380; *LAG Düsseldorf* 26.09.1990 LAGE § 9 BetrVG 1972 Nr. 3; zust. *Joost*/MünchArbR § 216 Rn. 90). Das muss dann auch für **Saisonbetriebe** entsprechend gelten, wenn die Saison für die nicht ständig beschäftigten Saisonarbeitnehmer mindestens sechs Monate im Jahr dauert (ebenso *Fitting* § 9 Rn. 16; *Homburg/DKKW* § 9 Rn. 11; vgl. auch *BAG* 16.04.2004 EzA § 111 BetrVG 2001 Nr. 2 S. 4). Bilden Aushilfskräfte einen **Pool**, den der Arbeitgeber durch Rahmenvereinbarungen, die keine Arbeitsverträge sind, zusammengestellt hat, und werden dann mit solchen Aushilfskräften bei Bedarf jeweils für einen Tag befristete Arbeitsverträge abgeschlossen, zählen nicht alle dem Pool angehörenden Aushilfskräfte als in der Regel beschäftigt, sondern nur die durchschnittliche Zahl der an einem Arbeitstag beschäftigten Aushilfskräfte (*BAG* 07.05.2008 EzA § 9 BetrVG 2001 Nr. 4) oder die regelmäßig mit Aushilfskräften besetzten Arbeitsplätze (*Hess. LAG* 03.05.2007 – 9 TaBV 189/06 – juris, Rn. 28; bestätigt durch *BAG* 12.11.2008 – 7 ABR 73/07 – juris, Rn. 17). Auch wenn der Wahlvorstand die Befristung der Tagesarbeitsverhältnisse für unwirksam hält, kann er die betroffenen Aushilfskräfte nicht als dauerhafte Arbeitnehmer berücksichtigen, solange diese die Unwirksamkeit ihrer individualvertraglichen Befristung nicht nach § 17 Satz 1 TzBfG geltend gemacht haben (*BAG* 07.05.2008 EzA § 9 BetrVG

2001 Nr. 4 Rn. 21, *LAG Rheinland-Pfalz* 08.10.2015 – 5 TaBV 13/15 – juris, Rn. 27). In sog. **Kampagnebetrieben** sind dagegen sämtliche während der Kampagne beschäftigten Arbeitnehmer zu berücksichtigen (ebenso *Richardi/Thüsing* § 9 Rn. 13; vgl. auch *BAG* 16.04.2004 EzA § 111 BetrVG 2001 Nr. 2 S. 4). **Teilzeitbeschäftigte** (Aushilfskräfte, Abrufkräfte) zählen voll (*Joost*/MünchArbR § 216 Rn. 90; vgl. auch *BAG* 07.05.2008 EzA § 9 BetrVG 2001 Nr. 4 Rn. 20), nicht etwa nur anteilig (*LAG Hamm* 11.05.1979 DB 1979, 2380); trotz vorgetragener Kritik (vgl. *Hanau* RdA 2001, 65 [67 f.]; *Richardi* NZA 2001, 346 [350]) hat das BetrVerf-Reformgesetz an dieser Rechtslage nichts geändert.

Leiharbeitnehmer sind nach neuer Rechtsprechung des Siebten Senats (*BAG* 13.03.2013 EzA § 9 BetrVG 2001 Nr. 6 Rn. 21 ff. [zust. *Hamann*] = AP Nr. 15 zu § 9 BetrVG 1972 [zust. *Reichold*]; dazu Rdn. 10 f.) und seit dem 01.04.2017 auch wegen § 14 Abs. 2 Satz 4 AÜG (Rdn. 10) **mitzuzählen**. Wie bei Stammarbeitnehmern **muss es sich um »in der Regel« im Entleiherbetrieb tätige Leiharbeitnehmer handeln** (*BAG* 13.03.2013 EzA § 9 BetrVG 2001 Nr. 6 Rn. 35 [zust. *Hamann*] = AP Nr. 15 zu § 9 BetrVG 1972 [zust. *Reichold*]; *Linsenmaier/Kiel* RdA 2014, 135, 145; für § 23 Abs. 1 Satz 3 KSchG ebenso *BAG* 24.01.2013 EzA § 23 KSchG Nr. 38 Rn. 24 = AP Nr. 49 zu § 23 KSchG 1969; für § 111 Satz 1 BetrVG *BAG* 18.10.2011 EzA § 111 BetrVG 2001 Nr. 8 Rn. 21 = AP Nr. 70 zu § 111 BetrVG 1972 [*Hamann*]). § 14 Abs. 2 Satz 4 AÜG hat daran nichts geändert (s. BT-Drucks. 18/9232, S. 1, 29). Entsprechend den vom Zweiten Senat zu § 23 Abs. 1 Satz 3 KSchG (*BAG* 24.01.2013 EzA § 23 KSchG Nr. 38 Rn. 24 = AP Nr. 49 zu § 23 KSchG 1969) und vom Ersten Senat zu § 111 Satz 1 BetrVG (*BAG* 18.10.2011 EzA § 111 BetrVG 2001 Nr. 8 Rn. 21 = AP Nr. 70 zu § 111 BetrVG 1972 [*Hamann*]) entwickelten Grundsätzen, die auf § 9 BetrVG übertragbar sind, ist auch in Bezug auf die Leiharbeitnehmer für das Tatbestandsmerkmal »in der Regel« die **Beschäftigungslage** maßgeblich, **die im Allgemeinen für den Betrieb kennzeichnend ist** (ebenso *Linsenmaier/Kiel* RdA 2014, 135, 145; *Wiebauer/LK* § 9 Rn. 7; in diese Richtung auch *LAG Rheinland-Pfalz* 06.03.2015 – 1 TaBV 23/14 – juris, Rn. 22 f.). Es kommt deshalb nicht auf die zufällige tatsächliche Zahl der Leiharbeitnehmer im Zeitpunkt der Feststellung an. Vielmehr ist auch insoweit auf die bisherige personelle Stärke des Betriebs zurückzublicken und seine zukünftige Entwicklung einzuschätzen; Zeiten außergewöhnlich hohen oder niedrigen Geschäftsanfalls sind nicht zu berücksichtigen. Leiharbeitnehmer sind deshalb »in der Regel« beschäftigt und deshalb mitzuzählen, wenn ihre Beschäftigung dem »Regelzustand« des Betriebs entspricht, soweit also bestimmte Arbeitsplätze im entsprechenden Referenzzeitraum stets mit Arbeitnehmern besetzt waren oder sein werden, sei es mit eigenen Arbeitnehmern des Entleihers, sei es, etwa nach deren Ausscheiden oder »immer schon« mit (wechselnden) Leiharbeitnehmern (zu Letzterem *Zimmermann* BB 2014, 2592). Etwas konkreter heißt es in verschiedenen Entscheidungen, dass Arbeitnehmer, die nicht ständig, sondern lediglich zeitweilig beschäftigt werden, nur dann »in der Regel« beschäftigt werden, wenn sie normalerweise während des größten Teils eines Jahres, d. h. **länger als sechs Monate**, beschäftigt werden (zu § 9 MitbestG auch mit Verweis auf Leiharbeitnehmer *BAG* 04.11.2015 EzA § 9 MitbestG Nr. 2 Rn. 36 = AP Nr. 2 zu § 9 MitbestG; zu § 23 Abs. 1 Satz 3 KSchG *BAG* 24.01.2013 EzA § 23 KSchG Nr. 38 Rn. 24 = AP Nr. 49 zu § 23 KSchG 1969; zu § 111 Satz 1 BetrVG *BAG* 18.10.2011 EzA § 111 BetrVG 2001 Nr. 8 Rn. 21 = AP Nr. 70 zu § 111 BetrVG 1972 [*Hamann*]; *BAG* 16.11.2004 EzA § 111 BetrVG 2001 Nr. 2 unter II. 2. = AP Nr. 58 zu § 111 BetrVG 1972; ebenso zu § 9 BetrVG für Aushilfskräfte, aber ohne die Nennung von sechs Monaten, *BAG* 07.05.2008 EzA § 9 BetrVG 2001 Nr. 4 Rn. 17 = AP Nr. 12 zu § 9 BetrVG 1972). Der Wahlvorstand hat auch insoweit einen **Beurteilungsspielraum** (Rdn. 18; so für Leiharbeitnehmer auch *Linsenmaier/Kiel* RdA 2014, 135, 145).

In **Elternzeit** befindliche (oder zur Betreuung eines Kindes freigestellte) Arbeitnehmer zählen (auch bei Betriebszugehörigkeit; vgl. *Raab* § 7 Rdn. 56) nicht mit, wenn und solange für sie befristet (vgl. *Müller-Glöge*/ErfK § 21 BEEG Rn. 11) Vertreter eingestellt und diese mitzuzählen sind; das bestimmt § 21 Abs. 7 BEEG ausdrücklich. Es zählt aber nur der Freigestellte, wenn für ihn zwei Vertreter als Teilzeitbeschäftigte befristet eingestellt werden (*BAG* 15.03.2006 – 7 ABR 39/05 – juris). Wurde ein zuvor arbeitsloser Arbeitnehmer zur Vertretung eines Arbeitnehmers, der sich beruflich weiterbildet, befristet eingestellt (**Jobrotation**), zählte nicht er, sondern nur der sich Weiterbildende (§ 231 Abs. 2 SGB III a. F.; die Regelung galt zwischen dem 01.01.2002 und dem 31.12.2008).

Der Regelstand, den der Wahlvorstand am Stichtag (vgl. Rdn. 17) feststellt, bleibt auch dann für die Zahl der zu wählenden Betriebsratsmitglieder maßgebend, wenn sich die Zahl der wahlberechtigten und sonstigen Arbeitnehmer im Betrieb **bis zur Wahl ändert**, sei es, dass sie größer oder kleiner wird (*Wiebauer/LK* § 9 Rn. 7). Das bedeutet, dass die am Wahltag wahlberechtigten Arbeitnehmer den Betriebsrat in der im Wahlausschreiben angegebenen Größe wählen. Eine Ausnahme gilt nur für den Fall, dass der Betrieb zwischenzeitlich seine Betriebsratsfähigkeit verliert, weil die Zahl der wahlberechtigten oder wählbaren Arbeitnehmer unter die Mindestzahlen des § 1 Abs. 1 Satz 1 sinkt. Dann ist das Wahlverfahren abzubrechen; eine dennoch durchgeführte Wahl wäre nichtig (so auch *Richardi/Thüsing* § 9 Rn. 16).

24 Die **während der Amtszeit** des Betriebsrats eintretenden **Änderungen** der Zahl der regelmäßig beschäftigten Arbeitnehmer verändern die Zahl der (gewählten) Betriebsratsmitglieder nicht. Das gilt auch für einen aus drei Mitgliedern bestehenden Betriebsrat, wenn die Zahl der wahlberechtigten Arbeitnehmer im Betrieb unter 21 sinkt (vgl. *ArbG Kaiserslautern* 18.02.2008 – 2 BV 2/08 – juris, Rn. 11). Nur wenn der Betrieb seine Betriebsratsfähigkeit verliert, weil die Zahl der betriebsangehörigen wahlberechtigten Arbeitnehmer unter fünf sinkt (§ 1 Abs. 1 Satz 1), verliert der Betriebsrat automatisch seine Funktionen (vgl. *Kreutz* § 21 Rdn. 37). Darüber hinaus berücksichtigt das Gesetz Veränderungen der Arbeitnehmerzahl nur in einem Fall: Wenn die Zahl der regelmäßig beschäftigten Arbeitnehmer mit Ablauf von 24 Monaten nach der Wahl um die Hälfte, mindestens aber um 50 gestiegen oder gesunken ist, ist nach § 13 Abs. 2 Nr. 1 ein neuer Betriebsrat zu wählen. In diesem Fall führt der bisherige Betriebsrat gemäß §§ 21 Satz 5, 22 sein Amt weiter bis zur Bekanntgabe des Wahlergebnisses des neu gewählten Betriebsrats. Vgl. dazu näher § 13 Rdn. 36 ff.

IV. Einköpfiger und mehrköpfiger Betriebsrat

25 Die Zahl der Betriebsratsmitglieder lässt sich für Betriebe mit in der Regel bis 9000 Arbeitnehmern unmittelbar aus der 18-stufigen Tabelle des § 9 Satz 1 ablesen; das BetrVerf-Reformgesetz (vgl. Rdn. 1) hat diese Größenstufen von 12 auf 18 ausgeweitet. Das Gesetz bestimmt damit aber keine Höchstzahl. Bei größerer Arbeitnehmerzahl ist die Zahl der Betriebsratsmitglieder vielmehr nach Satz 2 zu berechnen.

1. Einköpfiger Betriebsrat

26 In Betrieben mit in der Regel fünf bis zwanzig (nach § 7 Satz 1) wahlberechtigten Arbeitnehmern ist nur eine Person zu wählen. Dieser einköpfige Betriebsrat ist »der Betriebsrat« i. S. d. Gesetzes. Er hat grundsätzlich dieselben Rechte und Pflichten wie ein Betriebsrat, der aus mehreren Personen besteht (mehrköpfiger, mehrgliedriger Betriebsrat); das ist unstr. und kommt jetzt auch terminologisch dadurch zum Ausdruck, dass die besondere Bezeichnung »Betriebsobmann« gestrichen wurde (vgl. Rdn. 1).

27 Besonderheiten ergeben sich in **organisatorischer Hinsicht** daraus, dass es bei einköpfigem Betriebsrat keinen Vorsitzenden, keinen stellvertretenden Vorsitzenden und keinen Betriebsausschuss geben kann und auch keine eigentlichen Betriebsratssitzungen stattfinden. Seine Entschließungen (bei Entscheidungen einer Person sollte entgegen verbreitetem Sprachgebrauch vom »Entschluss«, nicht vom »Beschluss« gesprochen werden) hat das Betriebsratsmitglied jedoch ebenfalls schriftlich niederzulegen und zu protokollieren (analog § 34), um sie von unverbindlichen Äußerungen unterscheiden zu können (ebenso *Richardi/Thüsing* § 9 Rn. 25). Soweit das Gesetz dem Betriebsratsvorsitzenden oder dem Betriebsausschuss (§ 27) besondere Aufgaben zuweist, werden diese vom einzigen Betriebsratsmitglied wahrgenommen. So hat dieses etwa die Betriebsversammlung zu leiten (§ 42 Abs. 1 Satz 1) und kann nach § 80 Abs. 2 Satz 2 Einblick in die Listen der Bruttolöhne und -gehälter nehmen (vgl. mit Rechtsprechungsnachweisen *Weber* § 80 Rdn. 107 ff.). Eine Freistellung des Betriebsratsmitgliedes von seiner beruflichen Tätigkeit nach § 38 kommt nicht in Betracht, weil dafür mehr als 200 Arbeitnehmer erforderlich sind.

28 Auch in **materieller Hinsicht** sind die Rechte des einköpfigen Betriebsrats insoweit eingeschränkt, als das Gesetz Beteiligungsbefugnisse des Betriebsrats davon abhängig macht, dass in der Regel mehr als 20 wahlberechtigte Arbeitnehmer vorhanden sind, also mehr als ein einköpfiger Betriebsrat im Re-

gelfall repräsentiert. Das gilt namentlich für die Beteiligung bei den personellen Einzelmaßnahmen der §§ 99 bis 101 (Einstellung, Eingruppierung, Umgruppierung, Versetzung) sowie für die Beteiligung bei Betriebsänderungen nach § 111. Da für die Beteiligung des Betriebsrats nach §§ 99, 111 jedoch nicht die Größe des Betriebsrats entscheidend ist, sondern es nur Tatbestandsvoraussetzung ist, dass in Unternehmen mit nur einem Betrieb zumindest 21 regelmäßig beschäftigte wahlberechtigte Arbeitnehmer vorhanden sind, stehen auch in solchen Fällen dem einköpfigen Betriebsrat die Beteiligungsbefugnisse zu, wenn er in der Regel mehr als 20 wahlberechtigte Arbeitnehmer repräsentiert, z. B. weil nach der Wahl die Arbeitnehmerzahl entsprechend gestiegen ist (nicht hinreichend differenzierend, aber i. E. wohl ebenso *Fitting* § 9 Rn. 40; *Richardi/Thüsing* § 9 Rn. 26; *Homburg/DKKW* § 9 Rn. 25). Umgekehrt verliert aus denselben Gründen auch ein mehrköpfiger Betriebsrat die Beteiligungsbefugnisse nach §§ 99, 111, wenn die Zahl der in der Regel beschäftigten wahlberechtigten Arbeitnehmer des einzigen Betriebs eines Unternehmens (nach der Wahl) unter 21 sinkt (ebenso wohl auch *Richardi/Thüsing* § 9 Rn. 26). Nunmehr ist darüber hinaus zu beachten, dass für die Beteiligungsrechte des Betriebsrats nach §§ 99, 111 die maßgebliche Arbeitnehmergrenzzahl nicht wie bisher auf den Betrieb, sondern auf das Unternehmen bezogen ist (Änderung durch Art. 1 Nr. 64 und 70 BetrVerf-Reformgesetz). Deshalb hat auch ein einköpfiger Betriebsrat, der in der Regel weniger als 21 wahlberechtigte Arbeitnehmer repräsentiert, diese Beteiligungsrechte, wenn im Unternehmen (mit mehreren Betrieben) insgesamt in der Regel mehr als zwanzig wahlberechtigte Arbeitnehmer vorhanden sind.

2. Mehrköpfiger Betriebsrat

In Betrieben mit in der Regel mindestens 21 wahlberechtigten Arbeitnehmern ist ein mehrköpfiger (mehrgliedriger) Betriebsrat zu wählen. Die stets ungerade Zahl der Betriebsratsmitglieder ergibt sich bis zu einer Betriebsgröße von 9000 Arbeitnehmern unmittelbar aus dem Stufenkatalog des § 9 Satz 1 und beträgt 3 bis 35 Mitglieder. Dabei ist zu berücksichtigen, dass das Gesetz in der zweiten und dritten Stufe (21 bis 50; 51 bis 100) nicht nur auf die Zahl der Arbeitnehmer des Betriebs abstellt, sondern nur (zweite Stufe) oder auch (dritte Stufe) auf die Zahl der wahlberechtigten Arbeitnehmer im Betrieb. Erst ab der vierten Stufe (101 bis 200) kommt es allein auf die Zahl der betriebsangehörigen Arbeitnehmer an (vgl. Rdn. 5). In Betrieben mit mehr als 9000 Arbeitnehmern erhöht sich die Zahl der Betriebsratsmitglieder von 35 Mitgliedern für je angefangene 3000 betriebsangehörige Arbeitnehmer um zwei; auch dabei muss es sich um in der Regel beschäftigte Arbeitnehmer handeln (vgl. Rdn. 18).

29

Danach sind in Betrieben mit in der Regel
 9 001 bis 12 000 Arbeitnehmern 37 Mitglieder,
12 001 bis 15 000 Arbeitnehmern 39 Mitglieder,
15 001 bis 18 000 Arbeitnehmern 41 Mitglieder,
18 001 bis 21 000 Arbeitnehmern 43 Mitglieder usw.
zu wählen.

Mit dem Verzicht auf eine gesetzliche Höchstgrenze trägt das Gesetz der Tatsache Rechnung, dass der Aufgabenbereich des Betriebsrats beträchtlich größer geworden ist und mit der Arbeitnehmerzahl steigt. Gleichwohl wird deutlich, dass die Betriebsratsgröße bei mehrköpfigem Betriebsrat im Stufenkatalog nicht proportional zur maßgeblichen Arbeitnehmerzahl steigt; hinsichtlich der Betriebsratsgröße werden kleinere Betriebe gegenüber Großbetrieben mit steigender Arbeitnehmerzahl mehr und mehr begünstigt. Daraus ist abzuleiten, dass es nicht **Zweck** des § 9 ist, die Betriebsratsgröße dem tatsächlichen Arbeitsaufwand anzupassen; das wird auch dadurch bestätigt, dass in den ersten drei Größenklassen nur auf wahlberechtigte Arbeitnehmer abgestellt wird, obwohl auch die nicht wahlberechtigten (insbesondere minderjährigen) Arbeitnehmer vom Betriebsrat repräsentiert werden. § 9 soll lediglich sicherstellen, dass die Zahl der Betriebsratsmitglieder in einem vom Gesetzgeber für angemessen gehaltenen Verhältnis zur Zahl der betriebsangehörigen Arbeitnehmer stehen soll (vgl. insoweit bereits *BAG* 18.01.1989 EzA § 9 BetrVG 1972 Nr. 4 S. 7; zu weitergehenden Zwecküberlegungen in den Beschlüssen des Siebten Senats des *BAG* vom 16.04.2003 EzA § 9 BetrVG 2001 Nr. 1 und 10.03.2004 EzA § 9 BetrVG 2001 Nr. 2 deshalb krit. *Kreutz* SAE 2004, 168 [171 f.]; *ders.* FS *Wißmann*, S. 364 [374]). Um den sich in Großbetrieben aus der Zusammenarbeit mit einem großen Kollegialorgan ergebenden Schwierigkeiten zu begegnen, hat das Gesetz in § 28 die Möglichkeit eröffnet, neben dem Betriebsausschuss (§ 27) weitere Ausschüsse zu bilden (vgl. *Apel* BUV 1971, 12 [16]). Andererseits können nach § 3 Abs. 1 Nr. 5, Abs. 2 durch Tarifvertrag oder Betriebsvereinbarung zusätzlich betriebsverfassungsrechtliche Vertretungen der Arbeitnehmer geschaffen werden, die die Zusammenarbeit zwischen Betriebsrat und Arbeitnehmern erleichtern (vgl. dazu *Franzen* § 3 Rdn. 27 ff.).

V. Abweichungen von der gesetzlichen Mitgliederzahl

30   § 9 bestimmt die Zahl der Betriebsratsmitglieder **zwingend**; eine Erhöhung oder Herabsetzung der Mitgliederzahl durch Tarifvertrag, Betriebsvereinbarung oder Vereinbarung zwischen Arbeitgeber und Arbeitnehmern oder Wahlvorstand ist nicht möglich (*Joost*/MünchArbR § 216 Rn. 94; vgl. Rdn. 2). Das gilt etwa auch dann, wenn nicht genügend wählbare Arbeitnehmer vorhanden oder genügend Wählbare zur Übernahme des Amtes bereit sind (missverständlich insoweit *BAG* 07.05.2008 EzA § 9 BetrVG 2001 Nr. 4 Rn. 18). Zur Errichtung zusätzlicher Vertretungen der Arbeitnehmer nach § 3 Abs. 1 Nr. 5 vgl. *Franzen* § 3 Rdn. 27 ff.

31   Eine Verringerung der Mitgliederzahl gegenüber der Staffelung in § 9 ergibt sich (notwendigerweise) aber dann, wenn ein Betrieb **weniger wählbare** Arbeitnehmer hat als nach § 9 gewählt werden müssten. Nach § 11 ist dann die Zahl der nächstniedrigeren Betriebsgröße, die sich wiederum nach dem Stufenkatalog des § 9 bestimmt, zugrunde zu legen. Das bedeutet, dass auch in diesen Fällen der Betriebsrat eine ungerade Zahl von Mitgliedern haben muss, um Mehrheitsentscheidungen zu ermöglichen (vgl. *BAG* 11.04.1958 AP Nr. 1 zu § 6 WahlO 1953).

32   Das Gesetz sieht keine weiteren Fälle vor, bei denen eine Verringerung der Mitgliederzahl in Betracht kommt. In der Literatur (vgl. *Koch*/ErfK § 11 BetrVG Rn. 1; *Fitting* § 11 Rn. 8, 9; *Wiebauer*/LK § 11 Rn. 6; *Richardi*/*Thüsing* § 9 Rn. 20; *Stege*/*Weinspach*/*Schiefer* § 9 Rn. 1; *Homburg*/DKKW § 9 Rn. 4; *Wlotzke*/WPK § 11 Rn. 3; zweifelnd jetzt *Nicolai*/HWGNRH § 11 Rn. 8) wird jedoch § 11 für analog anwendbar gehalten, wenn
   – nach erfolgter Wahl nicht genügend Gewählte die Wahl annehmen (für diesen Fall der Lit. folgend *LAG Schleswig-Holstein* 07.09.1988 LAGE § 11 BetrVG 1972 Nr. 1) oder
   – die vorgeschriebene Mitgliederzahl nicht erreicht wird, weil trotz ordnungsgemäßen Wahlausschreibens die Wahlvorschläge von vornherein nicht genügend Bewerber aufweisen oder bei Mehrheitswahl nicht genügend Bewerber überhaupt eine Stimme erhalten haben (für diesen Fall der Lit. folgend *LAG Düsseldorf* 04.07.2014 LAGE § 11 BetrVG 2001 Nr. 1 Rn. 29 ff. [ebenso die Vorinstanz *ArbG Essen* 04.02.2014 – 2 BV 69/13 – juris, Rn. 36 ff.]).

Diesen Analogien, die erkennbar verhindern sollen, dass dem Arbeitgeber Kosten der Neuwahl aufgebürdet werden, ist jedoch entgegenzuhalten, dass es einen beachtenswerten Unterschied in der Interessenlage ausmacht, ob eine Belegschaft einen Betriebsrat in der vorgeschriebenen Größe nicht bilden kann (dazu § 11) oder nicht bilden **will** (indem sich nicht genügend wählbare Arbeitnehmer zur Bewerbung oder zur Annahme des Amtes bereitfinden). Darüber hinaus ist an der vorgeschriebenen Betriebsratsgröße festzuhalten, weil sonst die Gefahr besteht, dass der Betriebsrat seine Aufgaben nicht ordnungsgemäß wahrnehmen kann. Schließlich kann es keinen Unterschied machen, ob nach der Wahl nicht genügend Gewählte die Wahl annehmen oder nach der Annahme der Wahl sogleich wieder so viele ihr Amt niederlegen, dass die Gesamtzahl der Betriebsratsmitglieder unter die vorgeschriebene Zahl sinkt. Im letzteren Falle ist gemäß § 13 Abs. 2 Nr. 2 eine Neuwahl durchzuführen; das muss daher auch gelten, wenn nicht genügend Gewählte die Wahl annehmen oder bei Mehrheitswahl nicht genügend Bewerber zumindest eine Stimme erhalten haben. Weisen die Wahlvorschläge nicht genügend Bewerber auf, um den Betriebsrat mit der vorgeschriebenen Zahl an Mitgliedern besetzen zu können, hat das bei der Wahl des Betriebsrats gem. § 14 nach §§ 8, 9 WO zwar nicht die Ungültigkeit der Vorschlagsliste(n) zur Folge. Der Wahlvorstand hat jedoch in entsprechender Anwendung von § 9 WO eine Nachfrist zu setzen und ggf. mangels ausreichender Wahlvorschläge den Wahlgang abzusagen (i. E. ebenso *Fitting* § 9 WO Rn. 2; *Heinze* NZA 1988, 568 [570]; *Richardi*/*Forst* § 9 WO Rn. 1). Bei der Wahl des Betriebsrats im vereinfachten Wahlverfahren gem. § 14a hat der Wahlvorstand entsprechend §§ 33 Abs. 5, 36 Abs. 6 WO bekannt zu machen, dass die Wahl nicht stattfindet. Dann kann erst durch die Bestellung eines neuen Wahlvorstandes ein neues Wahlverfahren begonnen werden.

Zur Frage, wie zu verfahren ist, wenn das **Geschlecht**, das in der Belegschaft **in der Minderheit** ist, die auf dieses Geschlecht entfallenden Mindestsitze im Betriebsrat (§ 15 Abs. 2) nicht besetzen kann, weil nicht genügend Bewerber dieses Geschlechts in Wahlvorschlägen aufgestellt werden, bei Mehrheitswahl nicht genügend Bewerber überhaupt eine Stimme erhalten oder nicht genügend gewählte Vertreter das Amt annehmen, vgl. § 15 WO Rdn. 7 ff. **33**

VI. Streitigkeiten

Die richtige Bestimmung der Zahl der Betriebsratsmitglieder obliegt dem Wahlvorstand (vgl. Rdn. 16). Entstehen vor Abschluss des Wahlverfahrens Streitigkeiten, entscheidet das Arbeitsgericht im Beschlussverfahren (§ 2a Abs. 1 Nr. 1, Abs. 2, §§ 80 ff. ArbGG); vgl. dazu näher *Kreutz* § 18 Rdn. 80 ff. Wird vom Gericht eine vom Wahlausschreiben (vgl. § 3 Abs. 2 Nr. 5, § 31 Abs. 1 Satz 3 Nr. 5, § 36 Abs. 3 WO) abweichende Zahl zu wählender Betriebsratsmitglieder festgestellt, ist die Wahl regelmäßig abzubrechen und ein neues Wahlausschreiben zu erlassen. Eine bloße Berichtigung des fehlerhaften Wahlausschreibens ist bei der Wahl des Betriebsrats gem. § 14 wegen der Fristen nach § 3 Abs. 2 Nr. 3 und § 8 Abs. 1 Nr. 1 und § 4 WO praktisch nicht möglich. Anders ist das nur, wenn unter Berücksichtigung des Neubeginns dieser Fristen sowohl die Nachfristmöglichkeit nach § 9 WO gewahrt bleibt als auch die Wochenfrist nach § 10 Abs. 2 WO eingehalten werden kann. Entsprechendes gilt im vereinfachten einstufigen Wahlverfahren für die Einhaltung der Mindestfrist nach § 14a Abs. 3 Satz 2 (vgl. § 36 Abs. 3 Nr. 2, Abs. 5 WO). Erfolgt die vereinfachte Wahl im zweistufigen Wahlverfahren, scheitert eine bloße Berichtigung des Wahlausschreibens schon daran, dass Wahlvorschläge nach § 14a Abs. 2 nur bis zum Ende der Wahlversammlung zur Wahl des Wahlvorstandes eingereicht werden konnten (vgl. § 33 Abs. 1 Satz 2 WO). Stellt das Gericht fest, dass mehr als drei Betriebsratsmitglieder zu wählen sind, hat, wenn keine Vereinbarung nach § 14a Abs. 5 zustande kommt, der Wahlvorstand die Wahl des Betriebsrats gem. § 14 durchzuführen. **34**

Ist die Wahl aufgrund einer vom Wahlvorstand (unter Berücksichtigung seines Beurteilungsspielraums; vgl. Rdn. 18 f.) unrichtig ermittelten und im Wahlausschreiben bekannt gemachten Zahl zu wählender Betriebsratsmitglieder durchgeführt worden, ist der Betriebsrat nicht richtig besetzt und die Wahl kann nach § 19 **angefochten werden**, weil insoweit gegen eine wesentliche Vorschrift über das Wahlverfahren verstoßen worden ist (vgl. *BAG* 07.05.2008 EzA § 9 BetrVG 2001 Nr. 4; 21.07.2004 EzA § 9 BetrVG 2001 Nr. 3; 10.04.2004 EzA § 9 BetrVG 2001 Nr. 2; 16.04.2003 EzA § 9 BetrVG 2001 Nr. 1; 29.05.1991 EzA § 19 BetrVG 1972 Nr. 31 S. 4; 12.10.1976 AP Nr. 1 zu § 8 BetrVG 1972 und 12.10.1976 AP Nr. 5 zu § 19 BetrVG 1972; *LAG Berlin* 02.05.1994 LAGE § 19 BetrVG 1972 Nr. 12; *LAG Hamburg* 19.04.2010 NZA-RR 2010, 585 [Rn. 47]; *LAG Schleswig-Holstein* 27.10.1994 LAGE § 19 BetrVG 1972 Nr. 13; *LAG Hamm* 17.08.2008 EzAÜG BetrVG Nr. 100; *LAG Berlin-Brandenburg* 10.02.2011 – 25 TaBV 2219/10 – juris, Rn. 37; *LAG Bremen* 24.11.2009 – 1 TaBV 27/08 – juris, Rn. 52; *Joost/MünchArbR* § 216 Rn. 99; vgl. auch *Gräfl* JArbR Bd. 42 (2005), S. 133 [137 f.]). Das gilt sowohl für die Annahme einer zu großen als auch einer zu kleinen Zahl; vgl. auch *Kreutz* § 19 Rdn. 31. Ist die Größe des zu wählenden Betriebsrats lediglich verkannt worden, ist die Wahl **nicht nichtig** (*BAG* 29.05.1991 EzA § 19 BetrVG 1972 Nr. 31 S. 3); zu weit geht aber die Formulierung, dass bei Zugrundelegung einer unrichtigen Zahl von Betriebsratsmitgliedern die Wahl »in keinem Fall« als nichtig anzusehen ist (so aber unter unzutreffender Berufung auf *BAG* 12.10.1976 AP Nr. 5 zu § 19 BetrVG 1972; *Fitting* § 9 Rn. 59; *Homburg/DKKW* § 9 Rn. 27; wie hier *Brors/HaKo* § 9 Rn. 13; *Wlotzke/WPK* § 9 Rn. 14). Nichtig ist die Wahl bei Offensichtlichkeit, etwa bei einer willkürlich festgelegten geraden Zahl von Betriebsratsmitgliedern (*Wiebauer/LK* § 9 Rn. 16: bei »eklatanten Verstößen«). **35**

Fraglich ist, ob im Anfechtungsverfahren das Wahlergebnis **durch das Arbeitsgericht korrigiert** werden kann (vgl. dazu und allgemein zur Korrektur des Wahlergebnisses im Anfechtungsverfahren *Kreutz* § 19 Rdn. 129 ff.) oder ob die Wahl im Ganzen wiederholt werden muss. Nach *BAG* und h. L. kommt eine bloße Korrektur **nicht** in Betracht (vgl. *BAG* 07.05.2008 EzA § 9 BetrVG 2001 Nr. 4 **36**

Rn. 23; 29.05.1991 EzA § 19 BetrVG 1972 Nr. 31 S. 8 [Gruppenwahl/Mehrheitswahl]; 12.10.1976 AP Nr. 5 zu § 19 BetrVG 1972 = SAE 1977, 141 mit insoweit zust. Anm. von *Bohn* [Gruppenwahl/Mehrheitswahl] und 12.10.1976 AP Nr. 1 zu § 8 BetrVG 1972 [Gemeinschaftswahl/Listenwahl]; *LAG* Berlin 02.05.1994 LAGE § 19 BetrVG 1972 Nr. 12; *LAG* Schleswig-Holstein 27.10.1994 LAGE § 19 BetrVG 1972 Nr. 13; *Koch*/ErfK § 9 BetrVG Rn. 4; *Nicolai*/HWGNRH § 9 Rn. 22; *Homburg*/DKKW § 9 Rn. 26 f.). Dagegen halten *Fitting* (§ 9 Rn. 53) und *Richardi* (7. Aufl., § 9 Rn. 18; unklar jetzt *Richardi*/*Thüsing* § 9 Rn. 24) bei Listenwahl (Verhältniswahl) eine Korrektur für möglich, weil dabei im Allgemeinen davon auszugehen ist, dass die Entscheidung der Wähler für die Liste nicht von der Anzahl der zu wählenden Betriebsratsmitglieder abhängig ist (vgl. aber *Kreutz* § 19 Rdn. 131 a. E.). Bei der Mehrheitswahl soll dagegen die Korrekturmöglichkeit nicht bestehen, weil nicht ausgeschlossen werden kann, dass bei Festlegung der richtigen Zahl andere Kandidaten gewählt worden wären (*Fitting* § 9 Rn. 52; für Berichtigung auch in diesem Fall *Weiss*/*Weyand* § 9 Rn. 5). Diese differenzierende Auffassung überzeugt in der Begründung; ihr ist zu folgen (ebenso *Brors*/HaKo § 9 Rn. 13), auch deshalb, weil sie den Arbeitgeber nicht mit den Kosten einer Neuwahl belastet. Die Korrektur bei Listenwahl sieht dann so aus, dass bei Annahme einer **zu großen** Zahl die Bewerber mit den geringsten Höchstzahlen (nach *d'Hondt*) nicht Betriebsratsmitglieder, sondern nur Ersatzmitglieder geworden sind. Ist eine **zu geringe** Zahl zugrunde gelegt worden, rücken aus den Listen diejenigen mit den nächsten Höchstzahlen in den Betriebsrat nach. Sind allerdings auf den Listen nicht genügend Bewerber vorhanden, ist eine Neuwahl durchzuführen (vgl. Rdn. 32; für diesen Fall ebenso *Fitting* § 9 Rn. 54).

37 Wird die Wahl innerhalb der Anfechtungsfrist (§ 19 Abs. 2) nicht angefochten, bleibt der Betriebsrat mit der unrichtigen Größe für die Dauer der Amtszeit bestehen (vgl. *BAG* 14.01.1972 AP Nr. 2 zu § 20 BetrVG Jugendvertreter = SAE 1973, 69 [*W. Blomeyer*]; *Fitting* § 9 Rn. 56; *Richardi*/*Thüsing* § 9 Rn. 22; *Homburg*/DKKW § 18 Rn. 18; *Stege*/*Weinspach*/*Schiefer* § 9 Rn. 5). Das gilt jedoch nur, wenn der Wahlvorstand die Zahl der Betriebsratsmitglieder irrtümlich falsch ermittelt hat. Ist dagegen das Wahlausschreiben insoweit ordnungsgemäß gewesen, entspricht die Zahl der im Wahlergebnis bekannt gemachten Betriebsratsmitglieder aber nicht der Staffelung nach § 9, weil sich nicht genügend wählbare Arbeitnehmer zur Bewerbung oder zur Annahme des Amtes bereitgefunden haben und der Wahlvorstand deshalb zu Unrecht § 11 analog angewandt hat (vgl. Rdn. 32), kann die damit nicht ordnungsgemäße Zusammensetzung des Betriebsrats zwar ebenfalls im Wahlanfechtungsverfahren geltend gemacht werden. Selbst wenn das aber nicht geschieht, hat gleichwohl entsprechend § 13 Abs. 2 Nr. 2 eine Neuwahl stattzufinden.

38 Nach Durchführung der Betriebsratswahl ist der Streit über die Größe und Zusammensetzung des Betriebsrats und darüber, ob eine Neuwahl durchzuführen ist (vgl. Rdn. 37), im arbeitsgerichtlichen Beschlussverfahren zu entscheiden (§ 2a Abs. 1 Nr. 1, Abs. 2, §§ 80 ff. ArbGG).

Die richtige Zusammensetzung des Betriebsrats kann außer bei Nichtigkeit der Wahl (vgl. Rdn. 35) nicht als Vorfrage in einem anderen Verfahren behandelt werden, z. B. in einem Kündigungsschutzprozess, wenn der Arbeitgeber einwendet, der gekündigte Arbeitnehmer sei zu Unrecht in den Betriebsrat gewählt worden, weil der Wahlvorstand die Zahl der Betriebsratsmitglieder zu hoch angesetzt habe (zust. *Fitting* § 9 Rn. 56; *Homburg*/DKKW § 9 Rn. 27). Das Arbeitsgericht ist im Urteilsverfahren auch vor Ablauf der Anfechtungsfrist nicht berufen, von sich aus das endgültig festgestellte Wahlergebnis zu berichtigen. Eine Korrektur kann nur im Rahmen des Anfechtungsverfahrens erfolgen (vgl. *BAG* 14.01.1972 AP Nr. 2 zu § 20 BetrVG Jugendvertreter).

§ 10
(weggefallen)

Die Vorschrift ist durch Art. 1 Nr. 9 BetrVerf-Reformgesetz in Folge der Aufgabe des Gruppenprinzips in der Betriebsverfassung aufgehoben worden.

Anhang zu § 10: Sonderregelung für Beamte in Betrieben der privatisierten Postunternehmen

Nach der Privatisierung der Deutschen Post sind in den Postnachfolgeunternehmen (**Deutsche Post AG, Deutsche Postbank AG, Deutsche Telekom AG**) Beamte beschäftigt, deren Rechtsstatus als Bundesbeamte fortbesteht (§ 2 Abs. 2 PostPersRG). In den Postnachfolgeunternehmen ist grundsätzlich das Betriebsverfassungsgesetz anzuwenden (§ 24 Abs. 1 PostPersRG). Die dort beschäftigten Beamten **gelten** dabei **als Arbeitnehmer** (§ 24 Abs. 2 Satz 1 PostPersRG). Sie können aber auch leitende Angestellte i. S. d. Betriebsverfassungsgesetzes sein, auf die dessen Vorschriften grundsätzlich nicht anzuwenden sind (§ 24 Abs. 2 Satz 1 PostPersRG). Diesen Beamten können aber auch Tätigkeiten in anderen Unternehmen zugewiesen werden (vgl. Rdn. 13).

Entsprechendes gilt nach der Privatisierung der Deutschen Bundesbahn/Deutschen Reichsbahn für die der **Deutschen Bahn AG zugewiesenen Beamten** (§ 19 DBGrG), allerdings ohne Einschränkung. Betriebsverfassungsrechtliche Besonderheiten sind dort dadurch entbehrlich geworden, dass zur Wahrung der Interessen der der Deutschen Bahn AG zugewiesenen Beamten gegenüber den sie betreffenden Entscheidungen und Maßnahmen des Bundeseisenbahnvermögens besondere Personalvertretungen gebildet werden, die ausschließlich von diesen Beamten gewählt werden (§ 17 Abs. 1 DBGrG).

Demgegenüber hat das PostPersRG (§§ 26 ff.) die **Wahrung der Interessen** der den Postnachfolgeunternehmen zugewiesenen **Beamten** in beamtenspezifischen Personalangelegenheiten **in das Betriebsverfassungsrecht** integriert. So sieht § 28 PostPersRG die Beteiligung des Betriebsrats in den Angelegenheiten der Beamten nach § 76 Abs. 1, § 78 Abs. 1 Nr. 3 bis 5, § 79 Abs. 3 und § 4 Abs. 4 Satz 1 und 2 BPersVG vor. Abweichend von § 33 Abs. 1 und 2 BetrVG beschließen in diesen Angelegenheiten nach gemeinsamer Beratung im Betriebsrat **nur die Vertreter der Beamten**, sofern sie im Betriebsrat vertreten sind (§ 28 Abs. 1 Satz 2 PostPersRG; vgl. zum Verfahren §§ 29, 30). Nur in diesen Angelegenheiten ist die **Beamtengruppe** im Betriebsrat eine **eigene Gruppe**.

Um die **Vertretung der Beamten als Gruppe** zu ermöglichen, sieht § 26 PostPersRG Modifizierungen zu den grundsätzlich anwendbaren Vorschriften des Betriebsverfassungsgesetzes über die Wahl und Zusammensetzung des Betriebsrats (§ 26 Nr. 1 bis 6 PostPersRG) sowie über seine Ersatzmitglieder (§ 26 Nr. 7 PostPersRG) vor. § 26 PostPersRG ist durch Art. 6 Nr. 2 BetrVerf-Reformgesetz neu gefasst worden. Die Änderung geht darauf zurück, dass mit der Aufgabe des Gruppenprinzips im Betriebsverfassungsgesetz die Zuordnung der Beamten entsprechend ihrer jeweiligen Beschäftigung zu den Gruppen der Arbeiter und Angestellten gegenstandslos geworden ist. Daneben regelt die aufgrund des § 34 PostPersRG erlassene »Verordnung zur Durchführung der Betriebsratswahlen bei den Postunternehmen (WOP)« vom 22. Februar 2002 (BGBl. I, S. 946.) die gegenüber der WO zu beachtenden wahlrechtlichen Besonderheiten. Die WOP ist als Anhang 3 abgedruckt. Zu den Sonderregelungen vgl. auch die Überblicke bei *Fitting* § 14 Rn. 72 ff.; *Richardi/Thüsing* § 14 Rn. 69 ff.; *Homburg*/DKKW § 14 Rn. 37 ff.

Abweichend von ihrer grundsätzlichen Zuordnung zur Arbeitnehmerschaft bilden die in den Betrieben der Postnachfolgeunternehmen beschäftigten **Beamten** (soweit sie nicht den leitenden Angestellten zuzuordnen sind oder beurlaubte Beamte sind, die in einem Arbeitsverhältnis zum jeweiligen Postnachfolgeunternehmen stehen) neben der Gruppe der Arbeitnehmer eine eigene Gruppe, es sei denn, dass die Mehrheit dieser Beamten vor der Wahl in geheimer Abstimmung hierauf verzichtet. Das Gesetz stellt klar, dass der **Verzicht** die absolute Mehrheit der wahlberechtigten Beamten erfordert. Der Verzicht ist dem Wahlvorstand innerhalb der von diesem festgesetzten (Ausschluss-)Frist mitzuteilen (§ 5 WOP). In diesem Fall sind bloß wenige Besonderheiten nach § 7 WOP zu beachten.

Erfolgt der Verzicht nicht, bilden die **Beamten eine eigene Wählergruppe**. Arbeitnehmer und Beamte müssen in diesem Fall entsprechend ihrem **zahlenmäßigen Verhältnis** in der Belegschaft im Betriebsrat vertreten sein, wenn dieser mindestens aus drei Mitgliedern besteht (§ 26 Nr. 2 PostPersRG). Diese Bestimmung ist § 10 Abs. 1 a. F. nachgebildet (vgl. näher 6. Aufl., *Kreutz* § 10 Rn. 8 ff.), der in Folge der Aufgabe des Gruppenprinzips im Betriebsverfassungsgesetz durch das BetrVerf-Reformgesetz aufgehoben worden ist. Die Verteilung der Betriebsratssitze auf die Gruppen hat zur Grundlage, dass zunächst nach § 9 unter Einbeziehung der betriebsangehörigen Beamten die Zahl

§ 10　　　　　　　　　　　　　　　　II. 1. Zusammensetzung und Wahl des Betriebsrats

der zu wählenden Betriebsratsmitglieder zu ermitteln ist. Weiter setzt die Sitzverteilung voraus, dass die Gesamtzahl der Angehörigen jeder Gruppe ermittelt wird. Beides ist Aufgabe des Wahlvorstands, weil dieser im Wahlausschreiben die Zahl der zu wählenden Betriebsratsmitglieder sowie ihre Verteilung auf die Gruppen anzugeben hat (vgl. § 6 Nr. 2 lit. c WOP), das aber nur tun kann, wenn er die Gruppenstärke zuvor festgestellt und die Verteilung auf die Gruppen errechnet hat. Maßgebend ist die Gruppenstärke am Tag des Erlasses des Wahlausschreibens (§ 6 Nr. 3 Abs. 1 WOP). Spätere Veränderungen bleiben unberücksichtigt. Mitzuzählen sind jeweils für ihre Gruppe alle **betriebsangehörigen** Arbeitnehmer und Beamten. Die Wahlberechtigung oder gar die Wählbarkeit spielt für die Ermittlung der Gruppenstärke keine Rolle. Aus diesem Grund sind insbesondere jugendliche Arbeitnehmer mitzuzählen. Es ist nicht auf die Zahl der »in der Regel« Beschäftigten abzustellen. Nach Feststellung der jeweiligen Gruppenstärke hat der Wahlvorstand die Betriebsratssitze entsprechend »ihrem zahlenmäßigen Verhältnis« zu verteilen. Das erfolgt nach den Grundsätzen der Verhältniswahl nach dem d'Hondtschen Hochzahlensystem (§ 6 Nr. 3 WOP; vgl. dazu § 14 Rdn. 36 ff.). Kompliziert wird die Sitzverteilung, weil innerhalb der jeweiligen Gruppe im Betriebsrat das Geschlecht in der Minderheit mindestens entsprechend seinem zahlenmäßigen Verhältnis in der Gruppe vertreten sein muss. § 15 Abs. 2 BetrVG ist entsprechend anzuwenden (§§ 24 Abs. 1, 26 PostPersRG, § 4 Abs. 1 Satz 2 WOP). Die Bestimmung der Mindestsitze für das Geschlecht in der Minderheit in der Gruppe erfolgt entsprechend § 5 WO (§ 6 Nr. 4 WOP), die Verteilung der Betriebsratssitze bestimmt § 6 Nr. 9 WOP mit der Maßgabe, dass § 15 Abs. 5 Nr. 1 bis 5 WO entsprechend gilt (§ 6 Nr. 9 lit. e WOP) (vgl. dazu mit interessanter Sachverhaltskonstellation *BAG* 16.03.2005 EzA § 15 BetrVG 2001 Nr. 1 = AP Nr. 3 zu § 15 BetrVG 1972).

7　§ 26 Nr. 3 Satz 1 PostPersRG bestimmt, dass die Arbeitnehmer und Beamten ihre Vertreter in getrennten Wahlgängen wählen. Das **Gruppenwahlprinzip**, nach dem die Wahl in jeder Gruppe technisch wie eine eigenständige Wahl durchgeführt wird, ist für die Wahl des mehrköpfigen Betriebsrats aber nicht zwingend vorgeschrieben. Statt als Gruppenwahl findet die Betriebsratswahl als gemeinsame Wahl (Gemeinschaftswahl) statt, wenn die wahlberechtigten Angehörigen beider Gruppen das vor der Wahl in getrennten, geheimen Abstimmungen beschließen. § 26 Nr. 3 PostPersRG ist § 14 Abs. 2 a. F. nachgebildet (vgl. deshalb näher 6. Aufl. dieses Kommentars § 14 Rn. 33 ff., 37 ff.), der in Folge der Aufgabe des Gruppenprinzips im Betriebsverfassungsgesetz durch das BetrVerf-Reformgesetz neu gefasst worden ist. Ohne Vorabstimmungen erfolgt die Wahl kraft Gesetzes (§ 26 Nr. 3 Satz 2 PostPersRG) immer als gemeinsame Wahl, wenn der Betriebsrat im vereinfachten Wahlverfahren nach § 14a zu wählen ist. Dabei ist das Zahlenverhältnis von Arbeitnehmern und Beamten ohne Bedeutung, wenn nur ein einköpfiger Betriebsrat zu wählen ist.

8　Im Falle der Gruppenwahl sind zur **Unterzeichnung von Wahlvorschlägen** der Gruppen nur die wahlberechtigten Angehörigen der jeweiligen Gruppe berechtigt. Für das erforderliche Unterschriftenquorum nach § 14 Abs. 4 zählen nur die wahlberechtigten Gruppenangehörigen. § 26 Nr. 5 PostPersRG stellt das klar. Es ist nicht mehr vorgesehen, dass eine Gruppe Angehörige der anderen Gruppe (»Gruppenfremde«) in einen Wahlvorschlag aufnehmen und als ihre Vertreter in den Betriebsrat wählen kann (anders bisher § 26 Nr. 1 Satz 2 PostPersRG a. F., der die entsprechende Anwendung von § 12 bestimmte; diese Vorschrift ist durch das BetrVerf-Reformgesetz aufgehoben worden). Es gilt uneingeschränkt das Prinzip der Gruppenvertretung.

9　Eine weitere Besonderheit besteht darin, dass die Wahl nach den Grundsätzen der **Mehrheitswahl** erfolgt, wenn einer Gruppe **nur ein** Vertreter im Betriebsrat zusteht (§ 26 Nr. 4 PostPersRG). Diese Bestimmung ist § 14 Abs. 4 Satz 1 Halbs. 2 a. F. nachgebildet (vgl. 6. Aufl. § 14 Rn. 67 ff.). Sie geht über die Anordnung der Fälle in § 14 Abs. 2 Satz 2 n. F. hinaus, in denen (ausnahmsweise) nach den Grundsätzen der Mehrheitswahl zu wählen ist.

10　Als weitere Sondervorschrift bestimmt § 26 Nr. 6 PostPersRG, dass in Betrieben mit Beamten dem **Wahlvorstand ein Beamter** angehören muss. Das gilt auch dann, wenn die Beamten gemäß § 26 Nr. 1 PostPersRG auf die Bildung einer eigenen Gruppe verzichtet haben.

11　Die Vorschriften des Betriebsverfassungsgesetzes über die Zusammensetzung und Wahl des Betriebsrats sehen in § 14 Abs. 3 und 5, § 16 Abs. 1 Satz 6, Abs. 2, § 17 Abs. 3 und 4, § 18 Abs. 1 Satz 2, Abs. 3 Satz 2, § 19 Abs. 2 Satz 1 Rechtspositionen für die im Betrieb vertretenen Gewerkschaften vor. In § 26

PostPersRG ist aber nicht bestimmt, dass in Betrieben mit Beamten die im Betrieb vertretenen **Berufsverbände der Beamten** den im Betrieb vertretenen Gewerkschaften gleichstehen. Diese Lücke ist dadurch zu schließen, dass die genannten Bestimmungen entsprechend auf die im Betrieb vertretenen Berufsverbände der Beamten anzuwenden sind (vgl. dazu auch *Franzen* § 2 Rdn. 36).

Für die **Anfechtung** der Betriebsratswahl gilt gemäß § 26 Eingangssatz PostPersRG § 19 BetrVG. Hat die Wahl als Gruppenwahl stattgefunden, kann sich die Anfechtung auf die Wahl einer Gruppe beschränken, wenn der Anfechtungsgrund nur den Wahlgang einer Gruppe betrifft (*BAG* 16.01.2008 EzA § 7 BetrVG 2001 Nr. 1 Rn. 29; vgl. auch *Kreutz* § 19 Rdn. 139). 12

Beamten, die dienstrechtlich einem Postnachfolgeunternehmen zugeordnet sind, kann nach § 4 Abs. 4 PostPersRG eine **Tätigkeit im Betrieb eines anderen Unternehmens zugewiesen** werden. Nach § 24 Abs. 3 PostPersRG gelten diese Beamten dann u. a. für die Anwendung des Betriebsverfassungsgesetzes als Arbeitnehmer dieses anderen Unternehmens. Daraus hat das *BAG* (16.01.2008 EzA § 7 BetrVG 2001 Nr. 1) überzeugend abgeleitet, dass diese Beamten dann betriebsverfassungsrechtlich nur als betriebsangehörige Arbeitnehmer des anderen Unternehmens gelten, weil sie ihre Arbeitsleistung ausschließlich dort erbringen. Dementsprechend sind sie nur dort bei der Betriebsratswahl wahlberechtigt und wählbar, nicht (auch) im Betrieb des Postnachfolgeunternehmens, dem sie dienstrechtlich nach wie vor zugeordnet sind. 13

§ 11
Ermäßigte Zahl der Betriebsratsmitglieder

Hat ein Betrieb nicht die ausreichende Zahl von wählbaren Arbeitnehmern, so ist die Zahl der Betriebsratsmitglieder der nächstniedrigeren Betriebsgröße zugrunde zu legen.

Inhaltsübersicht   **Rdn.**

		Rdn.
I.	Vorbemerkung	1–5
II.	Voraussetzungen der Zurückstufung	6–10
III.	Keine entsprechende Anwendung der Vorschrift	11, 12
IV.	Streitigkeiten	13–15

I. Vorbemerkung

Die Vorschrift entspricht (fast) wörtlich § 11 BetrVG 1952. Sie gestattet in Abweichung und Ergänzung zu § 9 die Bildung des Betriebsrats mit einer geringeren Zahl von Mitgliedern, wenn **keine ausreichende Zahl von wählbaren Arbeitnehmern** im Betrieb vorhanden ist. Es hätte der Übersichtlichkeit gedient, wenn die Regelung nicht in einer gesonderten Vorschrift, sondern als § 9 Abs. 2 getroffen worden wäre. 1

Durch die Ausweitung der Wählbarkeit (vgl. *Raab* § 8 Rdn. 2 ff.) ist die **praktische Bedeutung** der Vorschrift, die schon vorher nicht groß war, noch **weiter gesunken**. Dabei ist insbesondere auch zu berücksichtigen, dass § 11 für Betriebe mit bis zu 50 wahlberechtigten Arbeitnehmern, in denen nach § 9 (zweite Stufe) drei Betriebsratsmitglieder zu wählen sind, (unstr.) nicht anwendbar ist, weil nach § 1 Abs. 1 Satz 1 drei wählbare Arbeitnehmer Mindestvoraussetzung für die Betriebsratsfähigkeit sind. Sind diese nicht vorhanden, kann mangels Betriebsratsfähigkeit auch kein einköpfiger Betriebsrat gemäß nächst niedrigerer Betriebsgröße gewählt werden. 2

§ 11 gilt nicht für den Gesamtbetriebsrat (vgl. § 47), den Konzernbetriebsrat (vgl. § 55), die Jugend- und Auszubildendenvertretung (vgl. § 63), die Gesamt-Jugend- und Auszubildendenvertretung (vgl. § 72) und die Konzern-Jugend- und Auszubildendenvertretung (vgl. § 73a; wie hier *Wiebauer/LK* § 11 Rn. 2; a. A. für die Jugend- und Auszubildendenvertretung *Fitting* § 11 Rn. 1). Die Bestimmung gilt jedoch für die Bordvertretung (§ 115 Abs. 2) und den Seebetriebsrat (§ 116 Abs. 2). 3

§ 11

4 Die Vorschrift enthält **zwingendes** Recht. In anderer Weise kann die Zahl der Betriebsratsmitglieder weder durch Tarifvertrag oder Betriebsvereinbarung noch durch Vereinbarung zwischen Arbeitgeber und Arbeitnehmern oder Wahlvorstand ermäßigt werden (vgl. § 9 Rdn. 30). Insbesondere kann **keine gerade Zahl** von Betriebsratsmitgliedern festgelegt werden; insoweit ist § 9 zwingend. Auch kann keine Betriebsgröße bei der Zurückstufung übersprungen werden, wenn die für die nächst niedrigere Betriebsgröße erforderliche Zahl wählbarer Arbeitnehmer vorhanden ist (vgl. auch Rdn. 8). Ebenso wenig kann eine ausreichende Zahl wählbarer Arbeitnehmer durch Vereinbarung geschaffen werden, weil auch § 8 (Wählbarkeit) zwingend ist.

5 Es gibt keine entsprechenden Vorschriften im BPersVG und im SprAuG.

II. Voraussetzungen der Zurückstufung

6 Eine Zurückstufung der Zahl der Betriebsratsmitglieder auf die Zahl der nächst niedrigeren Betriebsgröße setzt voraus, dass dem Betrieb **am Tage des Erlasses des Wahlausschreibens** als maßgeblichem Stichtag (vgl. Rdn. 9) **nicht die »ausreichende Zahl« wählbarer Arbeitnehmer** angehört. Wer wählbar ist, bestimmt sich ausschließlich nach § 8. Ob die Zahl wählbarer Arbeitnehmer in einem Betrieb »**nicht ausreichend**« ist, bestimmt sich allein im Vergleich zur (stets ungeraden) Zahl der zu wählenden Betriebsratsmitglieder nach § 9. Ohne Bedeutung ist in diesem Zusammenhang die Ordnungsvorschrift des § 6 Abs. 2 WO, die bestimmt, dass jede Vorschlagsliste mindestens doppelt so viele Bewerber aufweisen soll, wie in dem Wahlvorgang Betriebsratsmitglieder zu wählen sind.

7 Nicht ausreichend ist die Zahl, wenn im Betrieb weniger wählbare Arbeitnehmer vorhanden sind als entsprechend der Betriebsgröße, die sich nach der Belegschaftsstärke bestimmt, nach § 9 Betriebsratsmitglieder gewählt werden müssen. Beispiel: Von 160 Arbeitnehmern eines Betriebes sind nur sechs (oder fünf) wählbar; dann sind gemäß der nächst niedrigeren Betriebsgröße (51 Wahlberechtigte bis 100 Arbeitnehmer) fünf Betriebsratsmitglieder zu wählen. § 11 ist daher nicht anzuwenden, wenn mindestens ebenso viele wählbare Arbeitnehmer vorhanden sind, wie nach der jeweiligen Stufe der Belegschaftsstärke gemäß § 9 Betriebsratsmitglieder zu wählen sind. Beispiel: Von 160 Arbeitnehmern im Betrieb sind sieben wählbar; dann sind sieben Betriebsratsmitglieder zu wählen. Eine Zurückstufung auf die erste Größenstufe des § 9 kommt mangels Betriebsratsfähigkeit eines solchen Betriebes nicht in Betracht (vgl. Rdn. 2).

8 Das Gesetz sieht nur **eine** Zurückstufung auf die Zahl der Betriebsratsmitglieder nach der jeweiligen **nächst niedrigeren** Betriebsgröße vor. Sollten auch für diese nicht genügend wählbare Arbeitnehmer vorhanden sein, um alle Betriebsratssitze dieser Stufe besetzen zu können, ist es nach h. M. geboten, auf die übernächste Stufe zurückzugehen (vgl. *BAG* 11.04.1958 BAGE 5, 274 = AP Nr. 1 zu § 6 WahlO 1953 [zust. *Dietz*]; *LAG Düsseldorf* 04.07.2014 LAGE § 11 BetrVG 2001 Nr. 1 Rn. 36; implizit auch *ArbG Essen* 04.02.2014 – 2 BV 69/13 – juris; *Brors*/HaKo § 11 Rn. 3; *Koch*/ErfK § 11 BetrVG Rn. 1; *Fitting* § 11 Rn. 6; *Nicolai*/HWGNRH § 11 Rn. 4; *Richardi*/*Thüsing* § 11 Rn. 2; *Homburg*/DKKW § 11 Rn. 4; *Wiebauer*/LK § 11 Rn. 5; *Wlotzke*/WPK § 11 Rn. 2). Beispiel: In einem Betrieb mit 160 Arbeitnehmern sind nur drei (oder vier) Arbeitnehmer wählbar. Dann soll nach h. M. von der vierten Stufe des § 9 Satz 1 über die dritte Stufe auf die zweite Stufe zurückzugehen sein, und es sollen drei Betriebsratsmitglieder zu wählen sein. Dieser Ansicht ist, zumal ihr kaum praktische Bedeutung zukommen wird, zu folgen, weil sonst ein solcher (betriebsratsfähiger) Betrieb keinen Betriebsrat bilden **könnte**. Gleichwohl ist das nicht ganz unbedenklich, weil in solchen Fällen zu befürchten ist, dass der zahlenmäßig zu kleine Betriebsrat nach der in §§ 9 und 11 getroffenen gesetzlichen Wertung seine Aufgaben nicht ordnungsgemäß erfüllen kann.

9 Ob die Voraussetzungen des § 11 vorliegen, hat der **Wahlvorstand** festzustellen, da er die Zahl der zu wählenden Betriebsratsmitglieder im Wahlausschreiben anzugeben hat (§ 3 Abs. 2 Nr. 5, § 31 Abs. 1 Satz 3 Nr. 5, § 36 Abs. 3 WO). Dabei ist der Tag des Erlasses des Wahlausschreibens maßgebend (vgl. § 9 Rdn. 17). Die an diesem Stichtag zutreffend bestimmte Zahl der zu wählenden Betriebsratsmitglieder bleibt für die ganze Amtszeit maßgebend, auch wenn die Zahl der wählbaren Arbeitnehmer nach Erlass des Wahlausschreibens so groß wird, dass eine normale Besetzung des Betriebsrats nach § 9 möglich wäre (sofern der Wahlvorstand die Wahl nicht abgebrochen und ein neues Wahlausschreiben erlassen hat). Eine **Nachwahl**, um den Betriebsrat doch noch auf die nach § 9 vorgeschriebene Mitgliederzahl zu bringen, ist **nicht möglich** (ebenso *Fitting* § 11 Rn. 7; *Nicolai/HWGNRH* § 11 Rn. 6; *Richardi/Thüsing* § 11 Rn. 5; *Homburg/DKKW* § 11 Rn. 3). Auch eine Neuwahl kommt nicht bereits deshalb in Betracht, weil sich die Zahl der wählbaren Arbeitnehmer (mindestens) auf die nach § 9 maßgebliche Zahl erhöht hat (vgl. § 13 Abs. 2, wo dieser Fall nicht aufgeführt ist).

Hat sich die Zahl der Wählbaren erst nach Erlass des Wahlausschreibens so **verringert**, dass der Betriebsrat in der nach § 9 vorgeschriebenen Größe nicht ordnungsgemäß besetzt werden kann, ist bei der Feststellung des Wahlergebnisses (§§ 16, 17 WO) nach § 11 zu verfahren und lediglich die Zahl der Betriebsratsmitglieder der nächst niedrigeren Betriebsgröße zugrunde zu legen. 10

III. Keine entsprechende Anwendung der Vorschrift

Hat ein Betrieb eine ausreichende Zahl von wählbaren Arbeitnehmern, soll nach einer weitverbreiteten Auffassung (vgl. *BAG* 11.04.1958 AP Nr. 1 zu § 6 WahlO 1953; unklar, aber wohl auch *BAG* 07.05.2008 EzA § 9 Nr. 4 Rn. 18; *LAG Schleswig-Holstein* 07.09.1988 LAGE § 11 BetrVG 1972 Nr. 1; *LAG Düsseldorf* 04.07.2014 LAGE § 11 BetrVG 2001 Nr. 1 Rn. 29 ff. [ebenso die Vorinstanz *ArbG Essen* 04.02.2014 – 2 BV 69/13 – juris, Rn. 36 ff.]; *Koch/ErfK* § 11 Rn. 1; *Fitting* § 11 Rn. 8, 9; *Wiebauer/LK* § 11 Rn. 6; *Reichold/HWK* § 11 Rn. 2; *Richardi/Thüsing* § 11 Rn. 6 ff.; *Homburg/DKKW* § 11 Rn. 4; *Stege/Weinspach/Schiefer* § 11 Rn. 1; *Weiss/Weyand* § 11 Rn. 2; differenzierend *Galperin/Löwisch* § 11 Rn. 11, 12 und § 23 Rn. 3 WO; unentschieden *Brors*/HaKo § 11 Rn. 5; zweifelnd *Nicolai/HWGNRH* § 11 Rn. 8) § **11 entsprechend** (*Fitting* § 11 Rn. 8, 9; *Wiebauer/LK* § 11 Rn. 6; *Homburg/DKKW* § 11 Rn. 4, sprechen von »sinngemäßer« Anwendung) anzuwenden sein, wenn der Betriebsrat nicht mit der in § 9 vorgesehenen Zahl von Betriebsratsmitgliedern besetzt werden kann, 11
– weil nach erfolgter Wahl nicht genügend Gewählte die Wahl annehmen oder
– weil die vorgeschriebene Mitgliederzahl deshalb nicht erreicht wird, weil (trotz ordnungsgemäßen Wahlausschreibens) die Wahlvorschläge von vornherein nicht genügend Bewerber aufweisen oder
– weil bei Mehrheitswahl nicht genügend Arbeitnehmer überhaupt eine Stimme erhalten haben.

Diese Analogien sind jedoch **abzulehnen**, weil es einen beachtenswerten Unterschied in der Interessenlage ausmacht, ob eine Belegschaft einen Betriebsrat in der vorgeschriebenen Größe nicht wählen **kann** (Fall des § 11) oder wählen **will** (vgl. näher dazu § 9 Rdn. 32).

Nach Wortlaut und Zweck (vgl. Rdn. 8) ist § 11 nicht anwendbar, wenn das **Geschlecht in der Minderheit** nicht die ausreichende Zahl von Wählbaren hat, um die gem. § 15 Abs. 2 zustehenden Mindestsitze besetzen zu können. In diesem Fall, aber auch wenn diese Sitze nicht besetzt werden können, weil nicht genügend Bewerber dieses Geschlechts in Wahlvorschlägen aufgestellt worden sind, bei Mehrheitswahl zumindest eine Stimme erhalten oder die Wahl angenommen haben, kommt eine analoge Anwendung von § 11 nicht in Betracht (so im Gegensatz zur Befürwortung der Analogie in den Fällen der Rdn. 11 auch *Fitting* § 11 Rn. 10; *Richardi/Thüsing* § 11 Rn. 10). Insoweit fehlt bereits die für eine Analogie erforderliche planwidrige Regelungslücke, weil die WO Sonderregelungen enthält, die alle überschüssigen Sitze des Geschlechts in der Minderheit den Bewerbern des anderen Geschlechts zuweisen (§ 15 Abs. 5 Nr. 5; § 22 Abs. 4 WO). Diese Bestimmungen sind von der Verordnungsermächtigung in § 126 Nr. 5a gedeckt, da danach die WO die Verteilung der Sitze im Betriebsrat auch regeln kann, »soweit die Sitze nicht gemäß § 15 Abs. 2 besetzt werden können«. Kann auch von den Bewerbern des anderen Geschlechts der Betriebsrat nicht mit der in § 9 vorgesehenen Zahl von Betriebsratsmitgliedern besetzt werden, gelten die Ausführungen in Rdn. 11 und § 9 Rdn. 32 entsprechend (für analoge Anwendung von § 11 indessen *Richardi/Thüsing* § 11 Rn. 6 ff.). 12

IV. Streitigkeiten

Zunächst hat der **Wahlvorstand** festzustellen, ob sich die Zahl der Betriebsratsmitglieder nach § 11 bestimmt (§ 3 Abs. 2 Nr. 5, § 31 Abs. 1 Satz 3 Nr. 5 WO). Bei Streitigkeiten über die unmittelbare 13

14 Hat die Wahl auf der Grundlage unrichtiger Anwendung des § 11 stattgefunden, ist sie wegen Verstoßes gegen eine wesentliche Vorschrift über das Wahlverfahren anfechtbar (§ 19). Ebenso wie bei unrichtiger Festlegung der Betriebsratsgröße nach § 9 kommt jedoch auch dann, wenn schon im Wahlausschreiben in unrichtiger Anwendung des § 11 eine zu geringe Zahl von Betriebsratsmitgliedern zugrunde gelegt wurde, eine **Korrektur** des Wahlergebnisses durch das Arbeitsgericht in Betracht, wenn die Wahl insgesamt als Listenwahl stattgefunden hat und eine Komplettierung des Betriebsrats aus den Listen möglich ist; ansonsten ist – wie stets bei Mehrheitswahl – das Wahlergebnis aufzuheben, und es hat eine Neuwahl stattzufinden (vgl. dazu näher § 9 Rdn. 36; inkonsequent insoweit *Richardi/Thüsing* § 11 Rn. 11 gegenüber § 9 Rn. 21).

15 Eine Korrektur des Wahlergebnisses kommt auch dann in Betracht, wenn sich der Wahlvorstand in einem Fall der Rdn. 10 fehlerhaft verhalten hat. Hat der Wahlvorstand in den Fällen der Rdn. 11 dagegen § 11 zu Unrecht analog angewandt, ist eine Korrektur dieses Verstoßes nicht möglich. Die Anfechtung führt dann zur Aufhebung des Wahlergebnisses und zur Neuwahl. Selbst wenn jedoch die Anfechtungsfrist (§ 19 Abs. 2 Satz 2) versäumt wird, hat gleichwohl entsprechend § 13 Abs. 2 Nr. 2 eine Neuwahl stattzufinden (vgl. auch § 9 Rdn. 37).

§ 12
(weggefallen)

Die Vorschrift ist durch Art. 1 Nr. 10 BetrVerf-Reformgesetz in Folge der Aufgabe des Gruppenprinzips in der Betriebsverfassung aufgehoben worden.

§ 13
Zeitpunkt der Betriebsratswahlen

(1) **Die regelmäßigen Betriebsratswahlen finden alle vier Jahre in der Zeit vom 1. März bis 31. Mai statt. Sie sind zeitgleich mit den regelmäßigen Wahlen nach § 5 Abs. 1 des Sprecherausschussgesetzes einzuleiten.**

(2) **Außerhalb dieser Zeit ist der Betriebsrat zu wählen, wenn**
1. **mit Ablauf von 24 Monaten, vom Tage der Wahl an gerechnet, die Zahl der regelmäßig beschäftigten Arbeitnehmer um die Hälfte, mindestens aber um fünfzig, gestiegen oder gesunken ist,**
2. **die Gesamtzahl der Betriebsratsmitglieder nach Eintreten sämtlicher Ersatzmitglieder unter die vorgeschriebene Zahl der Betriebsratsmitglieder gesunken ist,**
3. **der Betriebsrat mit der Mehrheit seiner Mitglieder seinen Rücktritt beschlossen hat,**
4. **die Betriebsratswahl mit Erfolg angefochten worden ist,**
5. **der Betriebsrat durch eine gerichtliche Entscheidung aufgelöst ist oder**
6. **im Betrieb ein Betriebsrat nicht besteht.**

(3) **Hat außerhalb des für die regelmäßigen Betriebsratswahlen festgelegten Zeitraums eine Betriebsratswahl stattgefunden, so ist der Betriebsrat in dem auf die Wahl folgenden nächsten Zeitraum der regelmäßigen Betriebsratswahlen neu zu wählen. Hat die Amtszeit des Betriebsrats zu Beginn des für die regelmäßigen Betriebsratswahlen festgelegten Zeitraums noch nicht ein Jahr betragen, so ist der Betriebsrat in dem übernächsten Zeitraum der regelmäßigen Betriebsratswahlen neu zu wählen.**

Literatur
Literaturnachweise zum BetrVG 1952 siehe 8. Auflage.

Hahn/Rudolph Der Rumpfbetriebsrat, AiB 2008, 534; *dies.* Betriebsratswahlen außerhalb des regelmäßigen Wahlzeitraums, AiB 2008, 651; *Kolbe* Mitbestimmung und Demokratieprinzip, 2013; *Nießen* Fehlerhafte Betriebsratswahlen (Diss. Köln), 2006; *Scheduikat* Außerordentliche Betriebsratswahlen unter besonderer Berücksichtigung der Fallgruppe des § 13 Abs. 2 Nr. 6 BetrVG (Diss. Kiel), 2001 (zit.: Außerordentliche Betriebsratswahlen); *Sieg* Qualen bei Arbeitnehmerwahlen, FS *Hromadka*, 2008, S. 437; *Vogt* Betriebsratswahl 1981 – Zusammenhänge von Wahlzeitraum und Amtszeit bestehender Betriebsräte, BlStSozArbR 1981, 113; *Wahsner* Amtszeit und Aufgaben des geschäftsführenden Betriebsrats nach § 22 BetrVG, AuR 1979, 208. Vgl. ferner die Angaben zu §§ 18a, 21, 21a (Übergangsmandat) und 21b (Restmandat).

Inhaltsübersicht

		Rdn.
I.	Vorbemerkung	1–10
II.	Regelmäßige Betriebsratswahlen (Abs. 1 Satz 1)	11–19
III.	Zeitgleiche Einleitung der Wahlen (Abs. 1 Satz 2)	20–27
IV.	Wahlen außerhalb des festen Wahlzeitraums (Abs. 2)	28–81
	1. Veränderungen in der Belegschaftsstärke (Nr. 1)	36–49
	2. Zu geringe Zahl von Betriebsratsmitgliedern (Nr. 2)	50–61
	3. Rücktritt des Betriebsrats (Nr. 3)	62–69
	4. Erfolgreiche Anfechtung der Betriebsratswahl (Nr. 4)	70–74
	5. Auflösung des Betriebsrats durch gerichtliche Entscheidung (Nr. 5)	75–77
	6. Nichtbestehen eines Betriebsrats (Nr. 6)	78–81
V.	Anschluss an die regelmäßigen Wahlzeiträume (Abs. 3)	82–85
VI.	Streitigkeiten	86

I. Vorbemerkung

Die Vorschrift regelt den **Zeitpunkt der Betriebsratswahl**; im BetrVG 1952 gab es keine entsprechende Vorschrift. Die Übergangsregelung im Einigungsvertrag für die neuen Bundesländer ist durch Zeitablauf gegenstandslos geworden (vgl. dazu 5. Aufl., Anhang zu § 13). **1**

In **Abs. 1 Satz 1** wird erstmals festgelegt, dass regelmäßige Betriebsratswahlen für alle Betriebe im selben Jahr und zwar in der Zeit vom 1. März bis zum 31. Mai stattfinden. Der Gesetzgeber hat diese Regelung zur Erleichterung der organisatorischen Vorbereitung der Betriebsratswahlen durch die Gewerkschaften getroffen (vgl. *Ausschuss für Arbeit und Sozialordnung* [11. Ausschuss], zu BT-Drucks. VI/2729, S. 12). Gleichzeitig wird es aber auch den Arbeitgeberverbänden erleichtert, ihre Mitglieder auf die Betriebsratswahlen vorzubereiten (*Fitting* § 13 Rn. 5). Außerdem rücken die Betriebsratswahlen damit stärker als früher in das Bewusstsein der Öffentlichkeit. **2**

Durch die **Novelle vom 20.12.1988** (BGBl. I, S. 2312) wurde in Abs. 1 Satz 1 der Drei-Jahre-Rhythmus für die regelmäßigen Betriebsratswahlen auf einen **Vier-Jahre-Rhythmus** umgestellt. Dabei handelt es sich um eine Folgeänderung im Hinblick auf die Verlängerung der Amtszeit des Betriebsrats in § 21 Satz 1 von drei auf vier Jahre (vgl. Bericht des 11. Ausschusses, BT-Drucks. 11/3618, S. 17). Diese Änderungen, die im Gesetzentwurf der Fraktionen der CDU/CSU und FDP (BT-Drucks. 11/2503) noch nicht enthalten waren, beruhen auf der Beschlussempfehlung des 11. Ausschusses (BT-Drucks. 11/3604, S. 6, 8); zur Begründung vgl. Bericht des 11. Ausschusses, BT-Drucks. 11/3618, S. 10 f. sowie *Kreutz* § 21 Rdn. 1. Diese Neuregelung in Abs. 1 Satz 1 galt nach § 125 Abs. 3 a. F. (durch die Novelle vom 20.12.1988 eingefügt) für Betriebsräte, die nach dem 31.12.1988 gewählt worden sind. Für die regelmäßigen Betriebsratswahlen hat demnach der Vier-Jahre-Rhythmus mit dem Wahlzeitraum 1. März bis 31. Mai **1990 begonnen**, da die letzten regelmäßigen Wahlen im (alten) Drei-Jahres-Rhythmus 1987 stattgefunden haben. Die zukünftigen regelmäßigen Betriebsratswahlen finden 2018, 2022 usw., und zwar in der Zeit vom 1. März bis 31. Mai, statt. **3**

Abs. 1 Satz 2 wurde durch die **Novelle vom 20.12.1988** in das Gesetz eingefügt. Diese Bestimmung ist im Zusammenhang damit zu sehen, dass durch Art. 2 der Novelle vom 20.12.1988 (BGBl. I, S. 2312 [2316]) das SprAuG geschaffen wurde, das die gesetzliche Verankerung der Sprecherausschüsse der leitenden Angestellten enthält. Da mithin künftig in den Betrieben mit Betriebsrat und Sprecherausschuss (oder Unternehmenssprecherausschuss) zwei Arbeitnehmervertretungen gewählt werden **4**

können, stellt sich vor allem vor Wahlen die Frage, wer leitender Angestellter ist und wer es nicht ist. Die Beantwortung dieser Frage soll (neben der Präzisierung des Begriffs des leitenden Angestellten in § 5 Abs. 3 und 4) durch ein besonderes Zuordnungsverfahren erleichtert werden; zu diesem Zweck ist § 18a durch die Novelle vom 20.12.1988 in das Gesetz eingefügt worden (vgl. *Kreutz* § 18a Rdn. 1). Um dieses Zuordnungsverfahren durchführen zu können, hat der Gesetzgeber zum einen die Amtszeit von Betriebsrat und Sprecherausschuss (vgl. § 21 Satz 1, § 5 Abs. 4 Satz 1 SprAuG) und zum anderen den Zeitraum für die regelmäßigen Betriebsratswahlen und die regelmäßigen Wahlen nach dem SprAuG (vgl. § 13 Abs. 1 Satz 1, § 5 Abs. 1 Satz 1 SprAuG) synchronisiert: Die Wahlen finden übereinstimmend »alle vier Jahre in der Zeit vom 1. März bis zum 31. Mai« statt. Gleichsam in einem zweiten (Gedanken-)Schritt wurde dann durch § 13 Satz 2, der mit § 5 Abs. 1 Satz 2 SprAuG übereinstimmt, festgelegt, dass die **regelmäßigen Betriebsratswahlen und die regelmäßigen Wahlen des Sprecherausschusses** (oder des Unternehmenssprecherausschusses gemäß § 20 Abs. 1 Satz 2 i. V. m. § 5 Abs. 1 Satz 2 SprAuG) **zeitgleich einzuleiten** sind. Der Gesetzgeber ist dabei offensichtlich von der Vorstellung ausgegangen, dass mit der Synchronisation der regelmäßigen Wahlen die Durchführung des Zuordnungsverfahrens im Regelfall sichergestellt ist (vgl. dazu aber Rdn. 26). Dementsprechend wird in § 18a Abs. 1 die Verpflichtung zur zeitgleichen Einleitung der Wahlen zum rechtlichen Ansatzpunkt für die Verpflichtung zur Durchführung des Zuordnungsverfahrens gemacht: Danach haben sich die Wahlvorstände unverzüglich nach Aufstellung der Wählerlisten gegenseitig darüber zu unterrichten, welche Angestellten sie den leitenden Angestellten zugeordnet haben, **wenn** die Wahlen nach § 13 Abs. 1 und § 5 Abs. 1 SprAuG zeitgleich einzuleiten sind (vgl. dazu näher *Kreutz* § 18a Rdn. 14 ff.). Der Gesetzgeber des **BetrVerf-Reformgesetzes** hat es versäumt, das vereinfachte Wahlverfahren (§§ 14a, 17a) mit § 13 Abs. 1 Satz 2 abzustimmen (zu Konsequenzen vgl. Rdn. 21).

5 Abs. 2 regelt die Fälle, in denen der Betriebsrat **außerhalb** des regelmäßigen Wahlzeitraums zu wählen ist. Die Tatbestände in Abs. 2 Nr. 1, 2, 3 und 5 entsprechen denen des § 22 Abs. 1 BetrVG 1952. Durch die Novelle vom 20.12.1988 ist der nunmehr vierjährigen Amtsperiode des Betriebsrats (§ 21 Satz 1) die **Stichtagsbestimmung** in Abs. 2 Nr. 1 angepasst worden. Danach ist jetzt Stichtag für die Beurteilung der Neuwahl wegen Veränderung der Belegschaftsstärke der Ablauf von **24** Monaten vom Tage der Wahl an gerechnet, nicht mehr der Ablauf von 18 Monaten (wie bei der früher dreijährigen Amtszeit). Das Gesetz hält damit in der Relation daran fest, dass die für die Neuwahl maßgebliche Frist etwa in der Mitte der Amtszeit erreicht wird (vgl. zu Einzelheiten Rdn. 36 ff.). Schon 1972 wurden die Fälle Nr. 4 (erfolgreiche Anfechtung der Betriebsratswahl) und Nr. 6 (Nichtbestehen eines Betriebsrats im Betrieb) neu aufgenommen. Diese Ergänzung war systematisch geboten, weil Abs. 2 in allgemeiner Form und bisher abschließend die Fälle regelte, in denen außerhalb des regelmäßigen Wahlzeitraums Betriebsratswahlen stattfinden konnten. Systematisch ist das jetzt nicht mehr stimmig. Mit Einführung des Übergangsmandats des Betriebsrats als allgemein gültiger Rechtsgrundsatz beim Untergang eines Betriebes durch Spaltung oder Zusammenlegung (§ 21a) durch das **BetrVerf-Reformgesetz** hat der Katalog des Abs. 2 den Charakter einer abschließenden Regelung verloren; denn Betriebsräte, die ein Übergangsmandat ausüben, haben unverzüglich Wahlvorstände für Neuwahlen zu bestellen (vgl. näher *Kreutz* § 21a Rdn. 40 ff., 80). In **Abs. 3** wird für die Fälle des Abs. 2 der **Anschluss an den regelmäßigen Wahlturnus** geregelt.

6 § 13 Abs. 1 gilt nicht für die Wahl der **Jugend- und Auszubildendenvertretung**. Diese Wahlen finden alle zwei Jahre in der Zeit vom 1. Oktober bis 30. November statt. Für die Wahl der Jugendvertretung außerhalb dieser Zeit gilt § 13 Abs. 2 Nr. 2 bis 6 und Abs. 3 jedoch entsprechend (§ 64 Abs. 1).

7 § 13 gilt auch für die Wahl des **Seebetriebsrats** (§ 116 Abs. 2). Für die Wahl der **Bordvertretung** ist § 13 Abs. 1 und 3 dagegen nicht anzuwenden; vor Ablauf ihrer Amtszeit ist die Bordvertretung jedoch unter den in § 13 Abs. 2 Nr. 2 bis 5 genannten Voraussetzungen neu zu wählen (§ 115 Abs. 2 Nr. 5). Für den **Gesamt-** und **Konzernbetriebsrat** hat § 13 keine unmittelbare Bedeutung. Doch sind beide Gremien neu zu besetzen, wenn ein Betriebsrat nach § 13 Abs. 2 oder die Betriebsräte allgemein nach § 13 Abs. 1 neu gewählt worden sind.

8 Die Vorschrift enthält **zwingendes Recht**. Das bedeutet namentlich, dass weder der regelmäßige Wahlzeitraum (1. März bis 31. Mai) noch der Vier-Jahre-Rhythmus (Abs. 1) noch die Tatbestände, in denen außerhalb des regelmäßigen Wahlzeitraums Betriebsratswahlen stattfinden können (Abs. 2), noch die Anschlussregelung in Abs. 3 durch Tarifvertrag, Betriebsvereinbarung oder eine Absprache zwischen Arbeitgeber und Arbeitnehmern abgeändert werden können (unstr.; vgl. *Fitting* § 13 Rn. 3; *Nicolai/HWGNRH* § 13 Rn. 1). § 13 bestimmt aber nur den **Wahlzeitpunkt verbindlich**; die Bestimmung begründet hingegen keinen Zwang zur Errichtung von Betriebsräten (vgl. dazu auch Rdn. 19).

§ 13 ist anwendbar, soweit Arbeitnehmervertretungen in betriebsverfassungsrechtlichen Organisationseinheiten zu wählen sind, die durch Tarifvertrag oder Betriebsvereinbarung nach **§ 3 Abs. 1 Nr. 1 bis 3, Abs. 2** gebildet worden sind. Diese gelten nach § 3 Abs. 5 als Betriebe im Sinne des Betriebsverfassungsgesetzes; deshalb gelten zwingend auch die Wahlvorschriften für die Betriebsratswahl (vgl. *Franzen* § 3 Rdn. 61). Nicht anwendbar ist § 13 auf zusätzliche Vertretungen nach § 3 Abs. 1 Nr. 5 und Arbeitsgemeinschaften nach § 3 Abs. 1 Nr. 4. **9**

Zum **Personalvertretungsrecht** vgl. § 27 BPersVG; für **Sprecherausschüsse** vgl. § 5 Abs. 1 bis 3 SprAuG. **10**

II. Regelmäßige Betriebsratswahlen (Abs. 1 Satz 1)

Nach Abs. 1 Satz 1 werden **regelmäßige Betriebsratswahlen** in Abständen von vier Jahren in der Zeit vom 1. März bis 31. Mai durchgeführt. Der Vier-Jahre-Rhythmus hat 1990 begonnen (vgl. Rdn. 3); die nächsten regelmäßigen Betriebsratswahlen werden daher vom 1. März bis 31. Mai 2018, 2022 usw. stattfinden. Mit der Bestimmung eines festen Zeitraums (1. März bis 31. Mai) in feststehenden Wahljahren (1990, 1994, 1998 usw.) legt das Gesetz einen festen Wahlzeitraum (Wahlperiode, z. B. 01.03. bis 31.05.2010) fest und stellt damit sicher, dass im Grundsatz **in allen Betrieben** die Wahl des Betriebsrats etwa **zur selben Zeit** stattfindet. Zur Zielsetzung dieser Regelung vgl. Rdn. 2. Das Gesetz nennt diese Wahlen die »regelmäßigen« Betriebsratswahlen, weil sie der regelmäßigen vierjährigen Amtszeit des Betriebsrats entsprechen (vgl. § 21 Satz 1). § 13 regelt aber nur den regelmäßigen Wahlzeitraum; Beginn und Ende der Amtszeit des Betriebsrats sind nach § 21 zu bestimmen. Außerhalb des in Abs. 1 festgelegten Wahlzeitraums kann eine Betriebsratswahl nur dann wirksam stattfinden, wenn einer der Tatbestände des Abs. 2 Nr. 1 bis 6 gegeben ist oder nach § 21a Wahlvorstände für Neuwahlen zu bestellen sind. Dabei ist insbesondere zu beachten, dass ein Betriebsrat jederzeit gewählt werden kann, wenn im (betriebsratsfähigen) Betrieb bisher kein Betriebsrat besteht (Abs. 2 Nr. 6). **11**

Im Wahljahr findet die Betriebsratswahl »in der Zeit vom 1. März bis 31. Mai statt«. Diese kalendermäßige Fixierung des Wahlzeitraums bezieht sich **nur** auf den **Wahltag** (Tag der Stimmabgabe), weil an diesem die eigentliche Wahl stattfindet, nicht auf die gesamte Vorbereitung und Durchführung der Betriebsratswahl (allgemeine Meinung; vgl. *Fitting* § 13 Rn. 6; *Richardi/Thüsing* § 13 Rn. 6). Der Tag oder die Tage der Stimmabgabe werden vom Wahlvorstand im Wahlausschreiben festgelegt (§ 3 Abs. 2 Nr. 11, § 31 Abs. 1 Satz 3 Nr. 11 WO). **12**

Der **erste Tag** der Stimmabgabe kann bereits der 1. März sein. Bei mehreren Wahltagen genügt es nicht, dass der letzte Wahltag auf dem 1. März liegt; dieser Tag kommt nach dem eindeutigen Gesetzeswortlaut nur als erster Wahltag in Betracht (ebenso *Brors*/HaKo § 13 Rn. 3; *Koch*/ErfK § 13 BetrVG Rn. 1; *Joost*/MünchArbR § 216 Rn. 3; *Reichold*/HWK § 13 BetrVG Rn. 3; *Homburg*/DKKW § 13 Rn. 6; *Weiss/Weyand* § 13 Rn. 1; *Wiebauer*/LK § 13 Rn. 1; **a. M.** *Fitting* § 13 Rn. 6; *Richardi/Thüsing* § 13 Rn. 6; *Stege/Weinspach/Schiefer* § 13 Rn. 1, *Wlotzke*/WPK § 13 Rn. 4, alle ohne Begründung). **13**

Findet die Stimmabgabe vor dem 1. März des Wahljahres statt, ist die Wahl (grundsätzlich) **nichtig** (und nicht lediglich nach § 19 anfechtbar), wenn nicht einer der in Abs. 2 Nr. 1 bis 6 genannten Fälle vorliegt, der eine Neuwahl außerhalb des regelmäßigen Wahlzeitraums gestattet (i. E. allgemeine Meinung; vgl. *BAG* 11.04.1978 AP Nr. 8 zu § 19 BetrVG 1972; *LAG Hamm* 22.08.1990 DB 1990, 2531; *ArbG Regensburg* 20.09.1989 BB 1990, 852; *Brors*/HaKo § 13 Rn. 3; *Fitting* § 13 Rn. 20; *Joost*/MünchArbR § 216 Rn. 4; *Nicolai/HWGNRH* § 13 Rn. 5; *Nießen* Fehlerhafte Betriebsratswahlen, S. 67 ff.; *Reichold*/HWK § 13 BetrVG Rn. 5; *Richardi/Thüsing* § 13 Rn. 7; *Homburg*/DKKW § 13 Rn. 7; *Wiebauer*/LK § 13 Rn. 3;), oder Neuwahlen nach § 21a wegen Untergangs eines Betriebes erforderlich geworden sind. Diese Rechtsfolge ergibt sich gem. § 134 BGB, weil § 13 Abs. 1 im Kontext **14** mit Abs. 2 das Verbot enthält, außerhalb des festen regelmäßigen Wahlzeitraums einen Betriebsrat zu wählen, sofern nicht einer der in Abs. 2 (oder § 21a) genannten Tatbestände vorliegt; Rechtssicherheit und Rechtsklarheit fordern die Nichtigkeit der Wahl bei Verstoß. Subjektive Momente sind dabei belanglos (z. B. Kenntnis des Verbots, Abwahl eines Betriebsrats); auf die Offensichtlichkeit eines Verstoßes kommt es nicht an (ebenso *Nießen* Fehlerhafte Betriebsratswahlen, S. 69 f.). Der Arbeitgeber ist demgemäß auch nicht zur Tragung der Kosten einer solchen, von vornherein nichtigen Wahl nach § 20 Abs. 3 verpflichtet (vgl. zu weiteren Konsequenzen der nichtigen Betriebsratswahl *Kreutz* § 19 Rdn. 153 ff.). Eine Ausnahme von der Nichtigkeitsfolge wird man allerdings machen müssen, wenn in einem Betrieb irrigerweise in Anlehnung an die in Rdn. 13 genannten Literaturstimmen bei mehrtägiger Wahl erst der letzte Tag der Stimmabgabe auf den 1. März fällt.

15 Die **Wahlvorbereitungen** können schon vor dem 1. März beginnen (unstr.; vgl. auch § 16 Abs. 1 Satz 1, wonach der bisherige Betriebsrat den Wahlvorstand »spätestens« zehn Wochen vor Ablauf seiner Amtszeit zu bestellen hat, damit aber auch eine wesentlich frühzeitigere Bestellung möglich ist). Das wird, auch soweit die Wahl im vereinfachten (insbesondere im einstufigen) Wahlverfahren erfolgt, sogar vielfach erforderlich, zumindest zweckmäßig sein, um die nach Gesetz und WO einzuhaltenden Fristen wahren zu können und um zu verhindern, dass der Betrieb (vorübergehend) betriebsratslos wird. Allerdings ist zu berücksichtigen, dass zeitaufwendige Vorabstimmungen (über eine anderweitige Verteilung der Betriebsratssitze auf die Gruppen und/oder über eine gemeinsame Wahl) mit Aufhebung von § 12 Abs. 1 und Neufassung von § 14 Abs. 2 weggefallen sind. Nach wie vor ist aber einzuplanen, dass Streitigkeiten, die u. U. eine arbeitsgerichtliche Entscheidung nötig machen, zu erheblichen Verzögerungen führen können. Deshalb sollte die Zeitplanung so angelegt werden, dass die Bekanntgabe des Wahlergebnisses spätestens an dem Tag erfolgen kann, an dem die Amtszeit des alten Betriebsrats abläuft; denn dann beginnt die Amtszeit des neu gewählten Betriebsrats am nächsten Tag (vgl. § 21 Satz 2; vgl. dazu *Kreutz* § 21 Rdn. 15 ff.). Keine ausreichende Empfehlung ist es, schematisch darauf abzustellen, dass das Wahlergebnis »bis zum 31. Mai spätestens« feststeht (so aber *Galperin/Löwisch* § 13 Rn. 4); denn dann wäre vorübergehende Betriebsratslosigkeit in all den Fällen nicht zu vermeiden, in denen die Amtszeit des bisherigen Betriebsrats mit Ablauf von vier Jahren vor dem 31. Mai endet.

16 Um (vorübergehende) Betriebsratslosigkeit zu vermeiden, wird dementsprechend der Ablauf der Amtszeit des bisherigen Betriebsrats nicht nur den Beginn der Wahlvorbereitungen bestimmen, sondern auch die konkrete Festlegung des Tages oder der Tage **der Stimmabgabe** im Zeitraum vom 1. März bis 31. Mai durch den Wahlvorstand (§ 3 Abs. 2 Nr. 11, § 31 Abs. 1 Satz 3 Nr. 11 WO). Dabei ist zu beachten, dass eine vor Ablauf der Amtszeit des bisherigen Betriebsrats durchgeführte Wahl dessen Amtszeit nicht verkürzt. Die Amtsperiode des neu gewählten Betriebsrats beginnt nämlich ungeachtet vorheriger Wahl oder auch der Bekanntgabe des Wahlergebnisses erst mit Ablauf der Amtszeit des Vorgängers (§ 21 Satz 2), was aber spätestens am 31. Mai der Fall ist (§ 21 Satz 3).

17 Nach dem Gesetz kann der **letzte Tag** der Stimmabgabe bei ordnungsgemäßer Einhaltung des Wahlzeitraumes noch auf den 31. Mai gelegt werden. Das kann insbesondere dann praktisch werden, wenn bei den letzten regelmäßigen Betriebsratswahlen das Wahlergebnis erst nach dem 31. Mai bekannt gegeben worden ist, so dass die Amtszeit des bisherigen Betriebsrats nicht vor dem 31. Mai enden muss. Erfolgt dann die Bekanntgabe des Wahlergebnisses aber nicht noch am selben Tag, ist der Betrieb mit Ablauf des 31. Mai ohne Betriebsrat, weil die Amtszeit des bisherigen Betriebsrats spätestens am 31. Mai endet (§ 21 Satz 3).

18 Hat die Stimmabgabe nicht bis zum 31. Mai stattgefunden, kann die Wahl **zu jedem späteren Zeitpunkt** nachgeholt werden. Das ergibt sich daraus, dass dann im Betrieb kein Betriebsrat besteht, weil die Amtszeit des bisherigen Betriebsrats spätestens mit Ablauf des 31. Mai abgelaufen ist und deshalb der Fall von § 13 Abs. 2 Nr. 6 vorliegt (vgl. dazu näher Rdn. 78 ff.).

19 Die Einführung des festen regelmäßigen Wahlzeitraums begründet **keinen Zwang zur Errichtung** von Betriebsräten in betriebsratsfähigen Betrieben. Das gilt insbesondere auch für all die Betriebe, in denen bisher kein Betriebsrat besteht. Ein solcher Errichtungszwang folgt auch nicht aus § 13 Abs. 2 Nr. 6. In Betrieben, in denen bisher ein Betriebsrat bestanden hat, ist dieser jedoch verpflichtet, rechtzeitig vor Ablauf seiner Amtszeit den Wahlvorstand zu bestellen (§ 16 Abs. 1). Gegenüber dem untä-

tigen Betriebsrat kommt jedoch (praktisch) keine Sanktion in Betracht (vgl. näher *Kreutz* § 16 Rdn. 15 ff.).

III. Zeitgleiche Einleitung der Wahlen (Abs. 1 Satz 2)

Nach Abs. 1 Satz 2, der mit § 5 Abs. 1 Satz 2 SprAuG übereinstimmt, **sind** die regelmäßigen Betriebs- 20
ratswahlen mit den regelmäßigen Wahlen des Sprecherausschusses (oder des Unternehmenssprecherausschusses) **zeitgleich einzuleiten**. Zum rechtstechnischen Zusammenhang, in dem diese Bestimmung steht und zu sehen ist, vgl. Rdn. 4. Die Verpflichtung zur zeitgleichen Einleitung besteht nur, wenn es sich bei der Betriebsratswahl und bei den Wahlen nach dem SprAuG jeweils um **regelmäßige Wahlen** handelt. § 13 Abs. 1 Satz 1 nennt, wie bisher, die Wahlen, die alle vier Jahre in der Zeit vom 1. März bis zum 31. Mai stattfinden, die »regelmäßigen Betriebsratswahlen«, weil sie der regelmäßigen, jetzt vierjährigen Amtszeit des Betriebsrats entsprechen (§ 21 Satz 1). § 5 Abs. 1 Satz 1 SprAuG ist dem nachgebildet. Früher war der Begriff »regelmäßige Betriebsratswahl« nur von nomineller Bedeutung. Das hat sich durch die Einfügung von Abs. 1 Satz 2 (und entsprechend § 5 Abs. 1 Satz 2 SprAuG) geändert; er ist insoweit jetzt als Terminus technicus zu interpretieren. Voraussetzung ist zunächst, dass es sich um Wahlen handelt, die im regelmäßigen Wahlzeitraum eines Wahljahres stattfinden. Das genügt jedoch nicht. Die Verpflichtung zur zeitgleichen Einleitung der Wahlen setzt voraus, dass der **Vier-Jahres-Rhythmus** für »regelmäßige« Wahlen **schon begonnen hat**. Das ist nur der Fall, wenn beide Arbeitnehmervertretungen schon bestehen; nur dann ist mit einer Neuwahl im nächsten festen Wahlzeitraum zu rechnen, an die die Verpflichtung zu zeitgleicher Wahleinleitung anknüpfen kann. Die erstmalige Wahl des Betriebsrats oder (näher liegend) des Sprecherausschusses ist daher noch nicht »die regelmäßige« Wahl, auch wenn sie im festen Wahlzeitraum des § 13 Abs. 1 Satz 1 oder des § 5 Abs. 1 Satz 1 SprAuG durchgeführt wird (**a. M.** ohne Begründung *Dänzer-Vanotti* AuR 1989, 204; *Stege/Weinspach/Schiefer* § 13 Rn. 1). Der Gesetzgeber (vgl. Beschlussempfehlung des 11. Ausschusses, BT-Drucks. 11/3604, S. 13) hat das beim der Regelung des § 125 Abs. 3 a. F. gesehen (die Aufhebung der Vorschrift durch Art. 1 Nr. 80 BetrVerf-Reformgesetz ändert daran nichts). Dort ist die erstmalige Anwendung des § 13 Abs. 1 Satz 2 (anders als die des § 13 Abs. 1 Satz 1) gerade nicht schon für die erste Betriebsratswahl nach dem 31.12.1988 angeordnet worden, obwohl § 37 Abs. 1 SprAuG bestimmt, dass die erstmaligen Wahlen des Sprecherausschusses oder des Unternehmenssprecherausschusses im Zeitraum der regelmäßigen Wahlen im Jahre 1990 stattfinden. Die Verpflichtung zur zeitgleichen Einleitung bestand daher erstmals für die Wahlen im Wahlzeitraum 1994, wenn im Wahlzeitraum 1990 ein Betriebsrat und ein Sprecherausschuss (oder Unternehmenssprecherausschuss) gewählt worden sind (ebenso *Engels/Natter* BB 1989, Beil. Nr. 8, S. 1 [15]). Regelmäßige Wahlen finden aber auch dann statt, wenn Wahlen, die außerhalb des festen Wahlzeitraums nach Abs. 2 stattgefunden haben, nach Abs. 3 im nächsten Wahlzeitraum (ggf. wieder) in den regelmäßigen Wahlturnus eingegliedert werden (ebenso *Fitting* § 13 Rn. 11). Bei Wahlen, bei denen die eine oder beide keine regelmäßigen Wahlen sind, ist eine zeitgleiche Einleitung gesetzlich nicht vorgeschrieben (vgl. *Sieg* FS *Hromadka*, 2008, S. 437 [443] f., § 13 Abs. 2 Nr. 1); sie kann aber verabredet werden mit der Folge, dass die Wahlvorstände verpflichtet sind, das Zuordnungsverfahren nach § 18a Abs. 1 Satz 1 2. Halbs. durchzuführen (vgl. dazu näher *Kreutz* § 18a Rdn. 23 ff.).

Abs. 1 Satz 2 begründet die **Verpflichtung** zur zeitgleichen Einleitung der regelmäßigen Wahlen 21
»sind ... einzuleiten«. Die Einleitung der Wahl ist Aufgabe des jeweiligen Wahlvorstands (§ 18 Abs. 1 Satz 1; § 7 Abs. 4 Satz 1 SprAuG). Die Wahl wird mit Erlass des Wahlausschreibens eingeleitet (§ 3 Abs. 1 Satz 2 WO und WOSprAuG). Das gilt auch für die Wahl im vereinfachten Wahlverfahren (§ 31 Abs. 1 Satz 2, § 36 Abs. 2 Satz 2 WO); soweit es sich dabei, wie insbesondere immer im zweistufigen vereinfachten Wahlverfahren nach § 14a Abs. 1, um die erstmalige Wahl in einem bisher betriebsratslosen Betrieb handelt (vgl. § 14a Rdn. 20), besteht die Verpflichtung mangels »regelmäßiger« Wahl nicht (vgl. Rdn. 20). Die Verpflichtung zu zeitgleicher Wahleinleitung bedeutet daher die **Rechtspflicht der beteiligten** (vgl. Rdn. 22) **Wahlvorstände**, das jeweilige Wahlausschreiben am selben Tag zu erlassen (ebenso *Dänzer-Vanotti* AuR 1989, 204; *Engels/Natter* BB 1989, Beil. Nr. 8, S. 1 [15]; *Fitting* § 13 Rn. 12, 15; *Joost*/MünchArbR § 216 Rn. 7; *Wiebauer*/LK § 13 Rn. 6; *Richardi/Thüsing* § 13 Rn. 11; *Stege/Weinspach/Schiefer* § 13 Rn. 1; *Wlotzke* DB 1989, 111 [124]). Es muss aber auch

nur der Erlass der Wahlausschreiben zeitgleich erfolgen. Im Übrigen müssen beide Wahlen nicht parallel ablaufen (ebenso *Engels/Natter* BB 1989, Beil. Nr. 8, S. 1 [15]); insbesondere muss der Tag der Stimmabgabe nicht übereinstimmen (ebenso *Fitting* § 13 Rn. 13). An die (bloße) **gesetzliche Verpflichtung** zur zeitgleichen Einleitung der Wahlen knüpft § 18a Abs. 1 Satz 1 1. Halbs. die Verpflichtung der Wahlvorstände zur Durchführung des dort geregelten Zuordnungsverfahrens (vgl. dazu näher *Kreutz* § 18a Rdn. 14 ff.). Die Verpflichtung zur zeitgleichen Einleitung der Wahl kann neben dem Wahlvorstand der Sprecherausschusswahl den Wahlvorstand der Betriebsratswahl nur dann treffen, wenn er im Hinblick auf den Erlass des Wahlausschreibens Gestaltungsspielraum hat. Das ist nur der Fall, wenn die Wahl nach § 14 (§ 1 ff. WO) oder im einstufigen vereinfachten Wahlverfahren nach § 14a Abs. 3 (§ 36 WO) erfolgt, nicht aber, wenn die Betriebsratswahl im zweistufigen Verfahren des vereinfachten Wahlverfahrens nach § 14a Abs. 1 (§§ 28 ff. WO) zu erfolgen hat. Denn in diesem Fall hat der Wahlvorstand noch in der Versammlung, in der er gewählt worden ist, das Wahlausschreiben zu erlassen und damit die Wahl einzuleiten (§ 31 Abs. 1 WO). Das hat die Folge, dass diesen Wahlvorstand die Verpflichtung aus § 13 Abs. 1 Satz 2 nicht trifft; die Vorschrift ist insoweit durch die speziellere Regelung in § 14a Abs. 1 i. V. m. § 31 Abs. 1 WO verdrängt.

22 Die Verpflichtung zum zeitgleichen Erlass der Wahlausschreiben besteht für **die Wahlvorstände** der Betriebsrats- und der betrieblichen Sprecherausschusswahl (§ 13 Abs. 1 Satz 2; § 5 Abs. 1 Satz 2 SprAuG). Diese Rechtspflicht besteht aber auch dann, wenn in einem Unternehmen mit mehreren Betrieben statt betrieblicher Sprecherausschüsse in regelmäßigen Wahlen (vgl. Rdn. 20) ein Unternehmenssprecherausschuss gewählt wird. Das ergibt sich aus der Verweisung in § 20 Abs. 1 Satz 2 SprAuG auf »§§ 2 bis 15« SprAuG, die also auch für § 5 Abs. 1 Satz 2 SprAuG gilt, und im Zusammenhang damit aus § 13 Abs. 1 Satz 2, der in allgemeiner Form die Verpflichtung zur zeitgleichen Einleitung der Betriebsratswahl »mit den regelmäßigen Wahlen nach § 5 Abs. 1 Sprecherausschussgesetz« anordnet (ebenso *Fitting* § 13 Rn. 14, die die sachliche Richtigkeit der gesetzlichen Regelung mit dem Hinweis untermauern, dass auch bei der Wahl eines Unternehmenssprecherausschusses die Abgrenzung der jeweils wahlberechtigten Personen notwendig ist; *Richardi/Thüsing* § 13 Rn. 9; *Wlotzke/WPK* § 13 Rn. 5). In diesem Fall trifft den **Unternehmenswahlvorstand** für die Wahl eines Unternehmenssprecherausschusses (vgl. § 20 Abs. 2 Satz 1 SprAuG) sowie die einzelnen Wahlvorstände für die Betriebsratswahl in den Betrieben die Verpflichtung zum zeitgleichen Erlass der Wahlausschreiben. Sind aber die Wahl zum Unternehmenssprecherausschuss und die Betriebsratswahlen in den einzelnen Betrieben des Unternehmens zeitgleich einzuleiten, bedeutet das de facto, dass auch alle Betriebsratswahlen (zusammen mit der Unternehmenssprecherausschusswahl) zeitgleich einzuleiten sind (vgl. auch *Kreutz* § 18a Rdn. 20 f.). Ob der Gesetzgeber die daraus resultierenden Koordinationsprobleme erkannt hat, muss bezweifelt werden.

23 Die Verpflichtung zu zeitgleicher Einleitung der Wahlen umfasst mangels Festlegung eines festen Termins zum Erlass der Wahlausschreiben durch Gesetz oder die Wahlordnungen die **Verpflichtung** der beteiligten Wahlvorstände, eine entsprechende **Terminabsprache zu treffen**. Der Tag des Erlasses der Wahlausschreiben kann auch vor dem 1. März liegen. Dabei ist außerdem zu beachten, dass es (im normalen Wahlverfahren nach § 14) vom Tag des Erlasses des Wahlausschreibens abhängt, wann die Stimmabgabe frühestens wirksam stattfinden kann; denn das Wahlausschreiben ist spätestens sechs Wochen vor dem ersten Tag der Stimmabgabe zu erlassen (§ 3 Abs. 1 Satz 1 WO und WOSprAuG). Außerdem ist zu berücksichtigen, dass die Stimmabgabe sowohl für die Betriebsratswahl als auch für die Sprecherausschusswahl (Unternehmenssprecherausschusswahl) so rechtzeitig vor Ablauf der Amtszeit (vgl. dazu näher *Kreutz* § 21 Rdn. 21 ff.) der bestehenden Vertretungen stattfindet, dass (möglichst) eine betriebsratslose oder sprecherausschusslose Zeit vermieden wird. Enden die Amtszeiten der bestehenden Vertretungen zu unterschiedlichen Zeiten, müssen die Wahlvorstände, wenn sie ihrer Verpflichtung gerecht werden wollen, den Tag des Erlasses der Wahlausschreiben am frühesten Amtsende orientieren (so auch *Dänzer-Vanotti* AuR 1989, 204; *Fitting* § 13 Rn. 12).

24 Das Gesetz hat keine Vorsorge für den Fall getroffen, dass sich die beteiligten Wahlvorstände **nicht** auf einen Tag zum Erlass der Wahlausschreiben **einigen können**. Eine Entscheidung durch das Arbeitsgericht oder eine der Einigungsstelle nachgebildete Stelle oder durch den Arbeitgeber ist nicht vorgesehen. Die zeitgleiche Einleitung der Wahlen ist Rechtspflicht der beteiligten Wahlvorstände; damit korrespondiert aber kein gegenseitiger Anspruch, der notfalls mit Hilfe des Arbeitsgerichts durch-

gesetzt werden könnte, weil der Zeitpunkt für die Einleitung der Wahlen insoweit nirgends festgelegt ist (zutr. *Wiebauer/LK* § 13 Rn. 6; zust. *Reichold/HWK* § 13 BetrVG Rn. 6; a. A. *Fitting* § 13 Rn. 15). Es ist auch nicht ersichtlich, wie die Einhaltung der Rechtspflicht (ggf. im Wege einer einstweiligen Verfügung) durch das Arbeitsgericht praktikabel gesichert werden könnte (so aber *Fitting* § 13 Rn. 15, die es für möglich halten, dass das Arbeitsgericht den Tag für den Erlass des Wahlausschreibens konkret festlegt; zust. *Koch*/ErfK § 13 BetrVG Rn. 1; abl. *Nicolai/HWGNRH* § 13 Rn. 9).

Kommt keine Terminabsprache zustande und werden die Wahlen tatsächlich auch nicht zeitgleich eingeleitet, löst das **keine Sanktionen** aus. Eine **Ersetzung der Wahlvorstände** durch das Arbeitsgericht kommt **nicht** in Betracht. Eine solche Ersetzung sieht das SprAuG überhaupt nicht vor (vgl. § 7 Abs. 4 SprAuG). Die Amtsenthebung des Betriebsrats-Wahlvorstands nach § 18 Abs. 1 Satz 2 soll die Durchführung der Wahl, nicht aber ihre Recht- und Ordnungsmäßigkeit gewährleisten (vgl. *Kreutz* § 18 Rdn. 43). Die Durchführung der Betriebsratswahl leidet aber nicht, wenn sie (pflichtwidrig) nicht zeitgleich mit der Wahl nach dem SprAuG durchgeführt wird. Ein Verstoß gegen die Verpflichtung zur zeitgleichen Einleitung kann auch **nicht** die **Anfechtbarkeit** der Wahlen nach § 19 Abs. 1 oder § 8 Abs. 1 SprAuG begründen (i. E. übereinstimmend *Brors/HaKo* § 13 Rn. 5; *Koch*/ErfK § 13 BetrVG Rn. 1; *Fitting* § 13 Rn. 17; *Wiebauer/LK* § 13 Rn. 6; *Reichold/HWK* § 13 BetrVG Rn. 6; *Richardi/Thüsing* § 13 Rn. 12). Entgegen *Wiebauer* wird man § 13 Abs. 1 Satz 2 und § 5 Abs. 1 Satz 2 SprAuG zwar als wesentliche Vorschriften über das Wahlverfahren ansehen müssen; das ergibt sich aus ihrem zwingenden Charakter (vgl. *Kreutz* § 19 Rdn. 19). Der Verstoß gegen die Verpflichtung zur zeitgleichen Wahleinleitung als solcher kann aber das Wahlergebnis **unter keinen Umständen** beeinflussen (vgl. zu den Kausalitätsanforderungen bei Wahlfehlern ausführlich *Kreutz* § 19 Rdn. 42 ff.).

§ 13 Abs. 1 Satz 2 ist nicht nur deshalb eine unvollkommene Vorschrift (**lex imperfecta**), weil die Verpflichtung zur zeitgleichen Einleitung der Wahlen nicht durchsetzbar ist und ihre Nichtbefolgung sanktionslos bleibt. Eine weitere Unzulänglichkeit liegt darin, dass der Gesetzgeber **keine Vorkehrungen für eine etwa gleichzeitige Bestellung der Wahlvorstände** für die Durchführung der regelmäßigen Wahlen (nach BetrVG und SprAuG) **getroffen** hat. Nach wie vor dirigiert der Ablauf der Amtszeit des amtierenden Betriebsrats oder der des Sprecherausschusses (Unternehmenssprecherausschusses) den Zeitpunkt der Bestellung der Wahlvorstände für die Neuwahl (§ 16 Abs. 1 Satz 1, § 7 Abs. 1 SprAuG). Dabei besteht für die amtierenden Arbeitnehmervertretungen keine Verpflichtung zur Abstimmung über die Bestellung der Wahlvorstände. Wenn aber die rechtswirksame Bestellung der beteiligten Wahlvorstände nicht zumindest tatsächlich so synchron erfolgt, dass sie zeitlich übereinstimmend vor ihrer gesetzlichen Aufgabe stehen, die Wahl unverzüglich einzuleiten (§ 18 Abs. 1 Satz 1, § 7 Abs. 4 Satz 1 SprAuG), läuft ihre **Verpflichtung zur zeitgleichen Einleitung** der Wahlen ins Leere und **muss** damit **entfallen**. Das ist immer dann der Fall, wenn ein zu beteiligender Wahlvorstand erst zu einem Zeitpunkt bestellt wird, zu dem die von ihm durchzuführende Wahl bereits eingeleitet hat (vgl. auch *Kreutz* § 18a Rdn. 18). Weitergehend *Fitting* (§ 13 Rn. 16), die der Verpflichtung des Wahlvorstands der Betriebsratswahl zur unverzüglichen Wahleinleitung und Durchführung nach § 18 Abs. 1 Satz 1 »im Konfliktfall«, also generell, Vorrang vor der Verpflichtung zur zeitgleichen Einleitung der Wahl einräumt; ein solches Rangverhältnis ist jedoch nicht zu begründen und praktisch auch nicht erforderlich (vgl. *Kreutz* § 18a Rdn. 19).

Trotz aller Unzulänglichkeiten der Regelung erfüllen § 13 Abs. 1 Satz 2 und § 5 Abs. 1 Satz 2 SprAuG im Wesentlichen ihre Funktion, die Durchführung des Zuordnungsverfahrens nach § 18a für den Regelfall regelmäßiger Wahlen zu sichern (vgl. Rdn. 4). Entgegen der Vorstellung des Gesetzgebers (vgl. Entwurfsbegründung BT-Drucks. 11/2503, S. 31 [zu Nummer 3]) ist es (auch) für die Durchführung des Zuordnungsverfahrens in der Fallkonstellation des § 18a Abs. 1 Satz 1 1. Halbs. nicht erforderlich, dass die regelmäßigen Wahlen **tatsächlich** zeitgleich eingeleitet werden und das Zuordnungsverfahren abgeschlossen ist, bevor die Wahlen eingeleitet werden (vgl. näher *Kreutz* § 18a Rdn. 19). Außerdem ist zu erwarten, dass die Erreichung der Rechtsfolge des § 18a Abs. 5 Satz 2 (Einschränkung der Wahlanfechtbarkeit; vgl. *Kreutz* § 18a Rdn. 97 ff.) einen hinreichenden Anreiz zur tatsächlichen Durchführung des Zuordnungsverfahrens ausüben wird. Soweit die Pflicht zur zeitgleichen Einleitung der Wahlen unter den in Rdn. 26 genannten Voraussetzungen entfällt und damit der Ansatz für die Verpflichtung zur Durchführung des Zuordnungsverfahrens nach § 18a Abs. 1, greift die Auffangvorschrift des § 18a Abs. 4 ein und sichert die Durchführung eines Zuordnungsverfahrens (vgl. dazu *Kreutz* § 18a Rdn. 18, 32, 35).

IV. Wahlen außerhalb des festen Wahlzeitraums (Abs. 2)

28 In § 13 Abs. 2 Nr. 1 bis 6 werden die Tatbestände aufgeführt, bei deren Vorliegen – gemäß Eingangssatz von Abs. 2 – außerhalb des in Abs. 1 festgelegten Wahlzeitraums der Betriebsrat zu wählen ist. Von »außerordentlichen Betriebsratswahlen« sollte nicht gesprochen werden, weil ansonsten sogleich klarzustellen ist, dass die Wahlen nach allgemeinen Grundsätzen stattfinden, aber eben außerhalb des in Abs. 1 Satz 1 bestimmten Zeitraums. Die Aufzählung ist **zwingend** (vgl. Rdn. 8), aber insofern **nicht mehr abschließend**, als auch nach § 21a jederzeit Neuwahlen erforderlich werden können (unzutreffend deshalb etwa *Nicolai/HWGNRH* § 13 Rn. 10; *Homburg/DKKW* § 13 Rn. 7, die nach wie vor erschöpfende Aufzählung annehmen). In den genannten Fällen braucht die Wahl weder im Zeitraum vom 1. März bis 31. Mai stattzufinden noch in einem Wahljahr. Wird außerhalb der Wahlperiode eine Wahl durchgeführt, ohne dass einer der Tatbestände des Abs. 2 (oder des § 21a) vorliegt, ist sie nichtig (vgl. Rdn. 14).

29 Mit der Formulierung im Eingangssatz von Abs. 2 »ist der Betriebsrat zu wählen« statuiert das Gesetz keinen Errichtungszwang und begründet keine Wahlpflicht (vgl. auch Rdn. 19). Die Bestimmung regelt nur, **wann** außerhalb des festen regelmäßigen Wahlzeitraums nach Abs. 1 eine Wahl **zulässig** ist, also ein Betriebsrat (wirksam) gewählt werden **kann**.

30 Die in Abs. 2 aufgezählten Sonderfälle lassen sich dahin **ordnen**, dass der Betriebsrat außerhalb der Wahlperiode nur dann wirksam gewählt werden kann, wenn
– sich die **Belegschaftsstärke** erheblich **verändert** hat (Nr. 1);
– der **Betriebsrat nicht mehr ordnungsgemäß** besetzt ist (Nr. 2);
– ein Betriebsrat **nicht mehr** besteht (Nr. 3, 4, 5);
– in einem Betrieb ein Betriebsrat **nicht** besteht (Nr. 6).

31 In den Fällen der Nr. 1 bis 3 ist der bisherige Betriebsrat nach § 22 befugt und verpflichtet, die Betriebsratsgeschäfte im Ganzen – nicht nur die laufenden Geschäfte – weiterzuführen, bis ein neuer Betriebsrat gewählt und das Wahlergebnis bekannt gegeben ist, jedoch längstens bis zu dem Zeitpunkt, an dem seine Amtszeit nach § 21 geendet hätte (vgl. dazu näher *Kreutz* § 22 Rdn. 19). Für die Fälle der Nr. 1 und 2 ist § 22 allerdings überflüssig (Redaktionsversehen), weil in diesen Fällen nach § 21 Satz 5 die Amtszeit (als solche) des bisherigen Betriebsrats erst mit Bekanntgabe des Wahlergebnisses des neu gewählten Betriebsrats endet; bedeutungsvoll bleibt § 22 daher nur für die Fälle der Nr. 3 (Rücktritt des Betriebsrats). Zur Unterscheidung zwischen Amtsfortführung gemäß § 21 Satz 5 (in den Fällen des § 13 Abs. 2 Nr. 1 und 2) und der Weiterführung der Geschäfte nach § 22 (in den Fällen des § 13 Abs. 2 Nr. 3) vgl. *Kreutz* § 22 Rdn. 9 f., 19 f.

32 Den Fällen der Nr. 3 bis 6 ist gemeinsam, dass im Betrieb **ein Betriebsrat nicht (mehr) besteht**. Auch nach dem Rücktritt des Betriebsrats (Nr. 3; str.; vgl. Rdn. 65), der erfolgreichen Wahlanfechtung (Nr. 4) und der Betriebsratsauflösung durch gerichtliche Entscheidung (Nr. 5) besteht im Betrieb ein Betriebsrat nicht (mehr); das ist der Tatbestand, an den allein nach Nr. 6 die Möglichkeit jederzeitiger Betriebsratswahlen als Rechtsfolge geknüpft ist. Im Hinblick auf die Rechtsfolge (Betriebsratswahl außerhalb der Wahlperiode) sind Nr. 3 bis 5 somit an sich überflüssig. Gleichwohl sind diese Tatbestände als speziellere Regelungen gegenüber Nr. 6 zu beachten. Der Tatbestand der Nr. 3 ist zudem bedeutungsvoll, weil das Gesetz dort den Rücktritt des Betriebsrats durch qualifizierten Mehrheitsbeschluss zulässt; in den Fällen der Nr. 5 ist besonders § 23 Abs. 2 zu beachten. Neben den Fällen der Nr. 3 bis 5 kommt der Regelung in Nr. 6 daher der Charakter einer beschränkten **Generalklausel** (Auffangtatbestand) für die Zulässigkeit der Betriebsratswahl außerhalb der Wahlperiode zu (so auch weit verbreiteter Sprachgebrauch; vgl. *Fitting* § 13 Rn. 47; *Nicolai/HWGNRH* § 13 Rn. 36; *Richardi/Thüsing* § 13 Rn. 13; *Weiss/Weyand* § 13 Rn. 11).

33 Liegt kein Fall der Nr. 1 bis 5 vor und greift auch die Generalklausel der Nr. 6 nicht ein, steht damit (sofern man von den Fällen eines Betriebsuntergangs nach § 21a absieht) fest, dass im Betrieb ein ord-

nungsgemäß besetzter Betriebsrat besteht. Daraus, dass das Gesetz für diesen Fall eine Neuwahl außerhalb der Wahlperiode nicht zulässt, folgt, dass ein **konstruktives Misstrauensvotum** gegen den amtierenden Betriebsrat durch Abwahl im Rahmen einer Neuwahl **nicht möglich** ist; diese Neuwahl ist nichtig (zust. *Fitting* § 13 Rn. 20; *Joost*/MünchArbR § 216 Rn. 9; *Richardi/Thüsing* § 13 Rn. 15; vgl. auch Rdn. 14).

Die Wahlen nach Abs. 2 sind **nach den allgemeinen Grundsätzen über die Wahl des Betriebsrats** durchzuführen. 34

Es ist jedoch zu beachten, dass in den Fällen der Nr. 1 bis 3 der bisherige Betriebsrat berechtigt und 35 verpflichtet ist, den **Wahlvorstand** für die Neuwahl zu **bestellen** (vgl. dazu Rdn. 48, 61, 66). Nach erfolgreicher Wahlanfechtung muss zur Wiederholung der Wahl ein neuer Wahlvorstand eingesetzt werden; dazu ist der bisherige Betriebsrat nicht zuständig (vgl. dazu Rdn. 73). Ist der Betriebsrat durch gerichtliche Entscheidung aufgelöst worden, hat das befasste Arbeitsgericht einen Wahlvorstand einzusetzen (§ 23 Abs. 2); vgl. dazu Rdn. 77.

1. Veränderungen in der Belegschaftsstärke (Nr. 1)

Nach Abs. 2 Nr. 1 ist Neuwahl zulässig, wenn mit Ablauf von 24 Monaten nach der Wahl die **Zahl** der 36 **regelmäßig beschäftigten** Arbeitnehmer um die Hälfte, mindestens aber um 50 **gestiegen** oder **gesunken** ist. Das Gesetz erkennt damit an, dass angesichts der verhältnismäßig langen regelmäßigen Amtsperiode von vier Jahren (§ 21 Satz 1) bestimmte wesentliche Veränderungen in der Belegschaftsstärke die Überprüfung veranlassen, ob der Betriebsrat noch das Vertrauen der gegenwärtig beschäftigten Arbeitnehmer genießt. Damit wird zugleich auch einem Legitimationskonflikt vorgebeugt, der sich daraus ergeben könnte, dass die Belegschaft einerseits dem insoweit souveränen Betriebsrat keinerlei Weisungen erteilen kann (vgl. *Kreutz* Grenzen der Betriebsautonomie, S. 24), andererseits der Betriebsrat aber die gesamte Belegschaft (mit Ausnahme der leitenden Angestellten) repräsentiert, und zwar insbesondere auch diejenigen Arbeitnehmer, die anders oder nicht gewählt haben oder die erst nach der Wahl Belegschaftsangehörige geworden sind. Allerdings fehlt dem gültig gewählten Betriebsrat nach der Vorstellung des Gesetzes auch bei maßgeblicher Veränderung der Belegschaftsstärke nicht die Legitimation der Betroffenen im fortbestehenden Betrieb; das ergibt sich aus § 21 Satz 5, wonach der bisherige Betriebsrat in vollem Umfange bis zur Bekanntgabe des Wahlergebnisses eines neu gewählten Betriebsrats im Amt bleibt. Schließlich dient die Regelung in Nr. 1 auch dazu, die Betriebsratsstärke der Belegschaftsstärke anzupassen und damit eine ordnungsgemäße Repräsentation sicherzustellen (vgl. zum Sinn der Vorschrift auch *Brors*/HaKo § 13 Rn. 7; *Fitting* § 13 Rn. 21; *Nicolai*/HWGNRH § 13 Rn. 13; *Richardi/Thüsing* § 13 Rn. 25; *Scheduikat* Außerordentliche Betriebsratswahlen, S. 8 f.; *Homburg*/DKKW § 13 Rn. 13). Im Übrigen liegt der Vorschrift der Gedanke zugrunde, dass allein spätere Veränderungen der Belegschaftsstärke, die die vorausgesetzten Größenordnungen nicht erreichen, keinen Einfluss auf Bestand und Zusammensetzung des Betriebsrats während der gesamten regelmäßigen Amtszeit haben sollen (BAG 07.12.1988 EzA § 19 BetrVG 1972 Nr. 25 S. 4).

Die Neuwahl kommt nur in Betracht, wenn die maßgebliche Veränderung der Belegschaftsstärke 37 »**mit Ablauf von 24 Monaten, vom Tage der Wahl an gerechnet**«, vorliegt (zur Änderung durch die Novelle vom 20.12.1988 vgl. Rdn. 5). Das Gesetz stellt damit auf einen **Stichtag** zur Beurteilung der Veränderungen ab, nicht etwa auf die Amtsdauer des Betriebsrats. Vorübergehende frühere, am Stichtag nicht mehr vorhandene Veränderungen oder erst nach dem Stichtag eintretende Veränderungen in der Zahl der Arbeitnehmer rechtfertigen keine Neuwahl (unstr.; vgl. *Koch*/ErfK § 13 BetrVG Rn. 3; *Fitting* § 13 Rn. 22, 25; *Reichold*/HWK § 13 BetrVG Rn. 8; *Richardi/Thüsing* § 13 Rn. 19; *Homburg*/DKKW § 13 Rn. 8; *Stege/Weinspach/Schiefer* § 13 Rn. 3; *Wlotzke*/WPK § 13 Rn. 8). In den ersten 24 Monaten nach der Wahl kommt eine Neuwahl wegen einer Veränderung der Belegschaftsstärke in keinem Fall in Betracht.

Stichtag ist der Tag **nach** Ablauf der 24-Monate-Frist vom Wahltag an gerechnet (ebenso *Fitting* § 13 38 Rn. 23; *Richardi/Thüsing* § 13 Rn. 20), nicht der Tag, an dem diese Frist abläuft.

Für die **Berechnung des Stichtags** ist der Tag der Wahl der maßgebliche Bezugszeitpunkt. Es kommt 39 auf den Tag der Stimmabgabe, bei mehreren Wahltagen auf den letzten Tag der Stimmabgabe an; nicht entscheidend ist der Tag der Bekanntgabe des Wahlergebnisses oder der Tag, an dem die Amtszeit des Betriebsrats nach § 21 begonnen hat (ebenso *Fitting* § 13 Rn. 23; *Richardi/Thüsing* § 13 Rn. 20). Für die **Berechnung der 24-Monate-Frist** gelten die §§ 187 Abs. 1, 188 Abs. 2 BGB; danach wird der (letzte) Wahltag nicht mitgerechnet, und die Frist läuft mit dem Tag ab, der der Zahl nach dem Wahltag entspricht. Hat z. B. die Wahl am 24. April 2014 stattgefunden, lief die 24-Monate-Frist am 24. April 2016 um 24:00 Uhr ab; Stichtag war der 25. April 2016.

40 Neuwahlen haben quantitativ zur Voraussetzung, dass die Zahl der (regelmäßig beschäftigten) Arbeitnehmer des Betriebes am Stichtag (vgl. Rdn. 38) gegenüber dem letzten Wahltag als Bezugszeitpunkt **um die Hälfte, mindestens** aber um **50** gestiegen oder gesunken ist. Es handelt sich dabei um zwei Voraussetzungen, die **nebeneinander** vorliegen müssen (unstr.); sonstige Veränderungen, auch wenn sie wesentlich sind, und bloße Fluktuationen in der Belegschaft bleiben unberücksichtigt. Der Grund für die Veränderung der (regelmäßigen) Belegschaftsstärke ist unmaßgeblich (Schrumpfen oder Expandieren von Betrieben, vor allem auch durch Ein- und Ausgliederung von Betriebsteilen, sofern das nach § 21a nicht zum Untergang des Betriebes führt, der seinerseits die Notwendigkeit von Neuwahlen auslöst). Die **Erhöhung** und die **Verminderung** der Arbeitnehmerzahl werden gleich behandelt. Zunächst muss die Zahl der Arbeitnehmer im Vergleich zum Wahltag um die Hälfte gestiegen oder gesunken sein. Bei ungerader Zahl erfordert das eine Aufrundung (Beispiel: Waren am Wahltag 111 Arbeitnehmer im Betrieb regelmäßig beschäftigt, muss die Zahl am Stichtag mindestens 167 betragen, d. h. die Arbeitnehmerzahl muss um 56 gestiegen sein). **Außerdem** muss die Erhöhung mindestens 50 (regelmäßig beschäftigte) Arbeitnehmer ausmachen (hat sich z. B. die Zahl der Arbeitnehmer von 98 auf 147 erhöht, finden gleichwohl keine Neuwahlen statt, da die Erhöhung nicht mindestens 50 Arbeitnehmer beträgt). Unzutreffend ist die Aussage (*Fitting* § 13 Rn. 29; zust. *Nicolai/HWGNRH* § 13 Rn. 18; *Reichold/HWK* § 13 BetrVG Rn. 8), Abs. 2 Nr. 1 könne nur in Betrieben ab 100 Arbeitnehmern angewendet werden. Beispiel: Die Zahl der Arbeitnehmer hat sich von 98 auf 45 am Stichtag verringert; dann ist die Zahl um mehr als die Hälfte und um mehr als 50 gesunken. Im Extremfall kann sie in Betrieben mit 55 Arbeitnehmern eingreifen, wenn die Zahl der regelmäßig Beschäftigten auf 5 sinkt oder umgekehrt von 5 auf 55 ansteigt.

41 Bei der Berechnung der Veränderung der Belegschaftsstärke wird nur auf die Zahl der **regelmäßig beschäftigten Arbeitnehmer** abgestellt. Wer Arbeitnehmer ist, bestimmt sich nach § 5; vgl. dazu näher *Raab* § 5 Rdn. 15 ff. Zur Abgrenzung der in der Regel (»regelmäßig«) beschäftigten Arbeitnehmer vgl. § 9 Rdn. 18 ff.; insbesondere zur Berücksichtigung von Aushilfskräften vgl. § 9 Rdn. 20. Eine Neuwahl kommt daher namentlich dann nicht in Betracht, wenn Veränderungen in der Beschäftigtenzahl auf vorübergehender zeitbedingter Arbeitshäufung oder entsprechendem Arbeitsrückgang beruhen (vgl. *Koch*/ErfK § 13 BetrVG Rn. 3; *Fitting* § 13 Rn. 27; *Richardi/Thüsing* § 13 Rn. 23). Zu den regelmäßig Beschäftigten zählen auch hier die leitenden Angestellten (§ 5 Abs. 3) nicht. Nachdem der Siebte Senat des *BAG* mit Beschluss vom 13.03.2013 entschieden hat, fortan auch **Leiharbeitnehmer** bei den Schwellenwerten nach § 9 zu berücksichtigen (*BAG* 13.03.2013 EzA § 9 BetrVG 2001 Nr. 6 Rn. 21 ff. [zust. *Hamann*] = AP Nr. 15 zu § 9 BetrVG 1972 [zust. *Reichold*]; vgl. § 9 Rdn. 10 ff.; ausführlich zur Kritik s. *Kreutz/Jacobs* Voraufl., § 9 Rdn. 10; *Raab* § 7 Rdn. 109, je m. w. N.), jedenfalls aber seit dem Inkrafttreten von § 14 Abs. 2 Satz 4 AÜG zum 01.04.2017 (s. § 9 Rdn. 10), sind auch Leiharbeitnehmer bei der Belegschaftsstärke zu berücksichtigen, sofern sie regelmäßig im Betrieb beschäftigt sind (so auch *Fitting* § 13 Rn. 27; zu den »in der Regel« beschäftigten Leiharbeitnehmern vgl. § 9 Rdn. 18 ff.).

42 Zu beachten ist, dass das Gesetz sowohl für den maßgeblichen Stichtag (vgl. Rdn. 38) als auch für den Tag der Wahl als maßgeblichem Bezugszeitpunkt **nur** auf die regelmäßig beschäftigten Arbeitnehmer abstellt. Das ist eine in sich zunächst konsequente, eigenständige Regelung. Aus Gründen der Rechtsklarheit wird dabei aber vernachlässigt, dass ansonsten die Zahl der regelmäßig beschäftigten Arbeitnehmer nur bei der Bestimmung der Betriebsratsgröße nach § 9 (ab dritter Stufe) eine Rolle spielt (vgl. § 9 Rdn. 5, 18), dabei aber nicht der Zeitpunkt der Wahl, sondern der Zeitpunkt der Einleitung der Betriebsratswahl durch den Wahlvorstand maßgeblich ist (vgl. § 9 Rdn. 17). Veränderungen der Belegschaftsstärke im Zeitraum zwischen der Einleitung der Wahl und dem Wahltag bleiben somit unberücksichtigt. Konsequenz der Regelung in Nr. 1 ist zudem, dass die Zahl der am Wahltag regelmäßig beschäftigten Arbeitnehmer **zusätzlich** zu ermitteln ist, weil sie sonst keine Rolle spielt.

Im Hinblick darauf wäre es konsequenter gewesen, in Nr. 1 auf die Veränderung der regelmäßig beschäftigten wahlberechtigten Arbeitnehmer abzustellen, zumal nur die wahlberechtigten Arbeitnehmer auf die Zusammensetzung des Betriebsrats Einfluss haben. Nach dem eindeutigen Wortlaut der Nr. 1 **kommt** es jedoch **auf die Wahlberechtigung nicht an.** Weder ist erforderlich, dass die regelmäßig beschäftigten Arbeitnehmer zum Zeitpunkt der Wahl wahlberechtigt waren, noch spielt die Wahlberechtigung der Arbeitnehmer am Stichtag eine Rolle (unstr.; vgl. *Brors*/HaKo § 13 Rn. 7; *Koch*/ErfK § 13 BetrVG Rn. 3; *Fitting* § 13 Rn. 27; *Richardi/Thüsing* § 13 Rn. 21; *Homburg*/DKKW § 13 Rn. 10). Auf die Erfüllung der Quantitätsanforderungen in Nr. 1 ist es auch ohne Einfluss, wenn Arbeitnehmer, die zum Zeitpunkt der Betriebsratswahl noch nicht 18 Jahre alt waren, zwischenzeitlich ihr 18. Lebensjahr vollendet haben und damit wahlberechtigt geworden sind (ebenso *Richardi/Thüsing* § 13 Rn. 21; *Wlotzke/WPK* § 13 Rn. 9).

43

Entscheidend ist, dass sich die **Gesamtzahl** der regelmäßig beschäftigten Arbeitnehmer entsprechend verändert hat. Verschiebungen in der **Zusammensetzung der Belegschaft,** insbesondere zwischen den Geschlechtern, die zu einer anderen Verteilung der Betriebsratssitze auf die Geschlechtergruppen führen würde (§ 15 Abs. 2), oder wesentliche Bestandsveränderungen bei den Beschäftigten des einen oder anderen Geschlechts rechtfertigen **keine** Neuwahl (unstr.). Auch eine weitgehende Auswechslung der regelmäßig Beschäftigten in der 24-Monate-Frist führt nicht zur Neuwahl, wenn sich nicht gleichzeitig die Gesamtzahl um die Hälfte, mindestens aber um 50 Arbeitnehmer vermindert oder erhöht hat (zust. *Schneider* Betriebsratswahl, § 13 Rn. 17). Bei bloßer Arbeitnehmerfluktuation (Veränderung der Personenidentität) lässt sich auch keine analoge Anwendung von Abs. 2 Nr. 1 rechtfertigen, weil der Normzweck nicht zur Überprüfung zwingt, ob der Betriebsrat noch das Vertrauen der gegenwärtig beschäftigten Arbeitnehmer genießt (vgl. Rdn. 36). Eine Veränderung der Belegschaftsstärke kann dagegen eintreten, wenn sich nachträglich im Betriebsabgrenzungsverfahren nach § 18 Abs. 2 rechtskräftig herausstellt, dass eine Betriebsratswahl aufgrund **unrichtiger Betriebsabgrenzung** stattgefunden hat. Da in diesen Fällen der gewählte Betriebsrat jedoch grundsätzlich bis zum Ablauf seiner Amtszeit im Amt bleibt (vgl. *Kreutz* § 18 Rdn. 72, 73, 75), kommt es nur für die Fallkonstellation, dass Arbeitnehmer von Betriebsteilen oder Kleinstbetrieben fehlerhaft nicht an der Wahl des Betriebsrats im Hauptbetrieb beteiligt wurden, zur analogen Anwendung des Abs. 2 Nr. 1 (vgl. *Kreutz* § 18 Rdn. 74). Eine Zuständigkeitserweiterung infolge der Anfechtung der Betriebsratswahl bei Verkennung des Betriebsbegriffs kommt nicht in Betracht (vgl. *Kreutz* § 19 Rdn. 72).

44

Eine Neuwahl ist auch dann möglich, wenn sie **nicht** zu einer **Änderung** der **Betriebsratsgröße** führt (allgemeine Meinung). Eine teleologische Reduktion kommt für diese Fälle nicht in Betracht, weil die Zielsetzung der Bestimmung diversivikant ist (vgl. Rdn. 36) und auch die Überprüfung veranlasst, ob der Betriebsrat noch das Vertrauen der in quantitativer Hinsicht wesentlich veränderten Belegschaft genießt (so auch *Nikisch* III, S. 114; *Richardi/Thüsing* § 13 Rn. 25). Beispiel: Waren in einem Betrieb am Wahltag 110 und sind nach 24 Monaten 170 regelmäßig beschäftigte Arbeitnehmer vorhanden, ist eine Neuwahl erforderlich, obwohl der Betriebsrat nach § 9 (vierte Stufe) nach wie vor aus sieben Mitgliedern besteht. Die Betriebsratsgröße richtet sich bei der Neuwahl gemäß § 9 immer nach der **aktuellen** Belegschaftsstärke (ebenso *Fitting* § 13 Rn. 30; vgl. auch BAG 20.11.1984 EzA § 64 BetrVG 1972 Nr. 1).

45

Weil die Neuwahl nicht zu einer Veränderung der Betriebsratsgröße führen muss (vgl. Rdn. 45), ist sie auch dann nötig, wenn sich die Belegschaft in erforderlichem Umfange vermindert hat, gleichzeitig (zufällig) aber aus dem Betriebsrat so viele Mitglieder (ohne Eintritt fehlender Ersatzmitglieder) ausgeschieden sind, dass die nach § 9 für die geringere Betriebsgröße (Belegschaftsstärke) vorgeschriebene Betriebsratsgröße eingehalten wird (heute allgemeine Meinung; bedenklich nur *Hueck/Nipperdey* II/2, S. 1175 Fn. 8; dagegen zutr. *Scheduikat* Außerordentliche Betriebsratswahlen, S. 13). Umgekehrt ist eine Neuwahl auch bei gestiegener Belegschaftsstärke durchzuführen, wenn sich der Betriebsrat aus Ersatzmitgliedern entsprechend der nach § 9 vorgeschriebenen Staffelung vergrößern könnte (ebenso *Richardi/Thüsing* § 13 Rn. 26; *Schneider* Betriebsratswahl, § 13 Rn. 19).

46

Wegen veränderter Belegschaftsstärke können Neuwahlen **in der Regel nur einmal** zwischen zwei Wahlperioden durchgeführt werden. Das ergibt sich für die regelmäßigen Betriebsratswahlen nach § 13 Abs. 1 daraus, dass diese alle vier Jahre in der Zeit vom 1. März bis 31. Mai stattfinden, so dass die für die Neuwahl maßgebliche 24-Monate-Frist nur einmal, nämlich etwa in der Mitte der vierjäh-

47

rigen Amtszeit, erreicht wird, selbst wenn man berücksichtigt, dass diese Frist vom Zeitpunkt der Wahl rechnet, die Amtszeit des gewählten Betriebsrats nach § 21 Satz 2 und 3 u. U. aber erst Wochen später beginnt. Ist der Betriebsrat jedoch außerhalb der festen Wahlperiode gewählt worden, kann sich nach § 13 Abs. 3 Satz 2 eine Amtszeit des Betriebsrats von nahezu fünf Jahren ergeben. In einem solchen Fall können die Voraussetzungen für eine Neuwahl wegen geänderter Belegschaftsstärke (theoretisch) zweimal vorliegen, weil die (erste) Neuwahl eine Wahl i. S. v. Abs. 2 Nr. 1 ist (ebenso *Fitting* § 13 Rn. 31; *Homburg/DKKW* § 13 Rn. 13; zust. *Koch*/ErfK § 13 BetrVG Rn. 4; **a. M.** *Joost*/Münch-ArbR § 216 Rn. 14; undeutlich *Richardi/Thüsing* § 13 Rn. 18). Aber auch wenn die Amtszeit nach § 13 Abs. 3 Satz 1 deutlich weniger als vier Jahre dauert, kann eine Neuwahl nach Abs. 2 Nr. 1 erforderlich sein, z. B. wenn der Betriebsrat drei Jahre vor der nächsten Wahlperiode gewählt worden ist und am Stichtag (vgl. Rdn. 38) die weiteren Voraussetzungen vorliegen. Für die Beurteilung der Erforderlichkeit einer Neuwahl ist in allen Fällen der Ablauf von 24 Monaten seit dem Wahltag entscheidend; nach § 13 Abs. 3 beurteilt sich der Anschluss an den regelmäßigen Wahlturnus.

48 Liegen am Stichtag die Voraussetzungen für eine Neuwahl nach Nr. 1 vor, hat der amtierende Betriebsrat, der mit allen Rechten und Pflichten bis zur Bekanntgabe des endgültigen Wahlergebnisses einer Neuwahl im Amt bleibt (§ 21 Satz 5), gemäß § 16 Abs. 1 **unverzüglich** einen Wahlvorstand zu bestellen (vgl. zur Begründung *Kreutz* § 16 Rdn. 13). Bleibt er untätig, können das Arbeitsgericht (entsprechend § 16 Abs. 2 auf Antrag von mindestens drei Wahlberechtigten oder einer im Betrieb vertretenen Gewerkschaft; vgl. dazu *Kreutz* § 16 Rdn. 60 ff.) oder auch der Gesamtbetriebsrat (so auch *Hess. LAG* 08.12.2005 AuR 2006, 253) oder, falls ein solcher nicht besteht, der Konzernbetriebsrat (entsprechend § 16 Abs. 3; vgl. dazu *Kreutz* § 16 Rdn. 81 ff.) den Wahlvorstand bestellen. Untätigkeit kann im Übrigen u. U. eine grobe Pflichtverletzung i. S. v. § 23 Abs. 1 darstellen (vgl. *Kreutz* § 16 Rdn. 17; ebenso *Fitting* § 13 Rn. 32; *Homburg/DKKW* § 13 Rn. 14).

49 Findet keine Neuwahl statt, endet die Amtszeit des bisherigen Betriebsrats gemäß § 21 mit Ablauf der regelmäßigen vierjährigen Amtszeit, spätestens aber am 31. Mai des nächsten Wahljahres.

2. Zu geringe Zahl von Betriebsratsmitgliedern (Nr. 2)

50 Nach Abs. 2 Nr. 2 ist der Betriebsrat neu zu wählen, wenn die Gesamtzahl der Betriebsratsmitglieder nach dem Eintritt sämtlicher Ersatzmitglieder unter die vorgeschriebene Zahl der Betriebsratsmitglieder (§§ 9, 11) gesunken ist. Das Gesetz bringt damit zum Ausdruck, dass es die vorgeschriebene (immer ungerade) Zahl der Betriebsratsmitglieder für erforderlich hält, damit der Betriebsrat seine Aufgaben ordnungsgemäß erfüllen kann.

51 **Maßgebliche Bezugsgröße** im Tatbestand der Nr. 2 ist die **vorgeschriebene Zahl der Betriebsratsmitglieder**. Das Gesetz schreibt die erforderliche Zahl der Betriebsratsmitglieder in §§ 9 und 11 vor. Gleichwohl kann die in §§ 9 und 11 abstrakt festgelegte Zahl für eine Neuwahl nach Nr. 2 nicht die allein maßgebliche Bezugsgröße sein. Das ergibt sich im Kontext der Voraussetzungen der Nr. 2 daraus, dass »die **Gesamtzahl** der Betriebsratsmitglieder **gesunken** sein muss«. Daraus folgt, dass von der ursprünglichen Gesamtzahl der Betriebsratsmitglieder auszugehen ist (so i. E. ganz h. M.; vgl. *Brors*/HaKo § 13 Rn. 8; *Koch*/ErfK § 13 BetrVG Rn. 4; *Fitting* § 13 Rn. 33; *Nicolai/HWGNRH* § 13 Rn. 24; *Richardi/Thüsing* § 13 Rn. 28). Diese ursprüngliche Zahl ergibt sich aus dem Wahlausschreiben (§ 3 Abs. 2 Nr. 5, § 31 Abs. 1 Satz 3 Nr. 4 WO) und der Bekanntmachung des Wahlergebnisses (§§ 18, 23 Abs. 1, § 34 Abs. 3, § 35 Abs. 4, § 36 Abs. 4 WO). Dabei hat der Wahlvorstand bei der Berechnung der Zahl der Betriebsratsmitglieder unbedingt von §§ 9 und 11 auszugehen (vgl. § 9 Rdn. 32). Deshalb werden im Regelfall die in §§ 9 und 11 vorgeschriebene und die tatsächliche Zahl ursprünglicher Betriebsratsmitglieder übereinstimmen. Ist allerdings **irrtümlich** eine zu hohe oder zu geringe Zahl von Betriebsratsmitgliedern angegeben und auch gewählt worden, ist diese Zahl die für Nr. 2 maßgebliche Bezugsgröße, wenn die Wahl nicht oder nicht rechtzeitig angefochten worden ist und dementsprechend der Betriebsrat mit der unrichtigen Größe für die Dauer der Amtszeit bestehen bleibt (vgl. dazu näher § 9 Rdn. 37; zust. *Brors*/HaKo § 13 Rn. 8; *Koch*/ErfK § 13 BetrVG Rn. 4; *Nicolai/HWGNRH* § 13 Rn. 24; *Homburg/DKKW* § 13 Rn. 16).

52 Daraus folgt weiter, dass eine **Veränderung der Belegschaftsstärke** während der Amtsperiode des Betriebsrats **keinen** Einfluss auf die Beurteilung der **vorgeschriebenen Zahl** der Betriebsratsmitglie-

der haben kann (vgl. Literatur Rdn. 51); eine solche Veränderung wird nur im Rahmen von Abs. 2 Nr. 1 erfasst (ebenso *Richardi/Thüsing* § 13 Rn. 28). Deshalb kommt eine Neuwahl nach Nr. 2 auch dann in Betracht, wenn die Gesamtzahl der ursprünglichen Betriebsratsmitglieder gesunken ist, aber der inzwischen verringerten Belegschaftsstärke entspricht (ebenso *Koch/ErfK* § 13 BetrVG Rn. 4; *Fitting* § 13 Rn. 33; *Nicolai/HWGNRH* § 13 Rn. 25; *Richardi/Thüsing* § 13 Rn. 28; **a. M.** *Hueck/Nipperdey* II/2, S. 1175 Fn. 8; *Nikisch* III, S. 115; beide m. w. N. älterer Literatur und Rechtsprechung; dagegen zutr. *Scheduikat* Außerordentliche Betriebsratswahlen, S. 16 f.); in diesem Fall kann allerdings zugleich eine Neuwahl nach Abs. 2 Nr. 1 in Betracht kommen, wenn die Belegschaft im dort vorgesehenen Umfang vermindert worden ist (vgl. Rdn. 46). Andererseits kommt eine Neuwahl nach Nr. 2 nicht in Betracht, wenn die Belegschaftsstärke so angestiegen ist, dass die gleich gebliebene Zahl der Betriebsratsmitglieder dieser Belegschaftsstärke gemessen am Stufenkatalog des § 9 nicht mehr entspricht.

Eine **Neuwahl nach Nr. 2 setzt** demnach **voraus**, dass der (mehrgliedrige) Betriebsrat auf Dauer 53 nicht mehr die ursprüngliche (vgl. Rdn. 51) Gesamtzahl der Betriebsratsmitglieder (bei Fortbestand des Betriebsrats als solchem) hat, weil für ein ausgeschiedenes Mitglied kein Ersatzmitglied mehr vorhanden ist, das in den Betriebsrat einrücken kann. Maßgeblicher Beurteilungszeitpunkt ist das Ausscheiden des Betriebsratsmitglieds, das nicht mehr ersetzt werden kann. Scheiden gleichzeitig mehrere Mitglieder aus, die alle nicht mehr ersetzt werden können, kommt eine Neuwahl nach Nr. 2 nur in Betracht, wenn zumindest ein Mitglied weiter im Amt ist, das gem. § 22 die Geschäfte weiterführt. Ansonsten bleibt nur die Möglichkeit einer Neuwahl nach Abs. 2 Nr. 6.

Dem Tatbestand nach liegt Nr. 2 auch vor, wenn das Mitglied des **einköpfigen Betriebsrats** (früher: 54 »Betriebsobmann«) endgültig aus dem Amt ausscheidet und kein Ersatzmitglied mehr zur Verfügung steht. In diesem Fall ergibt sich aber die Besonderheit, dass mit dem Ausscheiden des (einzigen) Betriebsratsmitglieds im Betrieb kein Betriebsrat mehr besteht, so dass eine Amtsfortführung nach § 21 Satz 5 ebenso wenig in Betracht kommt wie eine Weiterführung der Geschäfte nach § 22. Deshalb hat in diesem Falle die Neuwahl nach Abs. 2 Nr. 6 stattzufinden (vgl. auch Rdn. 79).

Der Tatbestand der Nr. 2 setzt voraus, dass die Mitgliedschaft (das Amt) eines Betriebsratsmitgliedes, 55 für das ein Ersatzmitglied nicht mehr zur Verfügung steht, **endgültig erloschen** ist. Alle Beendigungsgründe nach § 24 kommen in Betracht (vgl. dazu näher *Oetker* § 24 Rdn. 8 ff.). Die zeitweilige Verhinderung eines Betriebsratsmitglieds führt aber nicht zum Ausscheiden aus dem Betriebsrat, auch wenn nach § 25 Abs. 1 Satz 2 im Regelfall ein Ersatzmitglied nachrückt; das zeitweilig verhinderte Mitglied bleibt im Amt (unstr.; vgl. *BAG* 18.08.1982 AP Nr. 24 zu § 102 BetrVG 1972; *Fitting* § 13 Rn. 34; *Richardi/Thüsing* § 13 Rn. 30; *Scheduikat* Außerordentliche Betriebsratswahlen, S. 18; vgl. auch *Oetker* § 25 Rdn. 16 ff.). Auch bei vorübergehender Beschlussunfähigkeit des Betriebsrats kommt deshalb eine Neuwahl nicht in Betracht (*BAG* 18.08.1982 AP Nr. 24 zu § 102 BetrVG 1972).

Durch das Ausscheiden eines Betriebsratsmitgliedes muss die ursprüngliche **Gesamtzahl** der Be- 56 triebsratsmitglieder **gesunken** sein. Das ist so lange nicht der Fall, als noch Ersatzmitglieder in den Betriebsrat nachrücken können, § 13 Abs. 2 Nr. 2. Erst wenn kein Ersatzmitglied mehr vorhanden ist, das nachrücken könnte, kommt die Neuwahl in Betracht. Dabei ist es nicht entscheidend, aus welchem Grunde kein Ersatzmitglied vorhanden ist. Auch wenn von vornherein kein Ersatzmitglied vorhanden war, weil etwa nur so viele Wahlbewerber zur Verfügung standen oder bei Mehrheitswahl überhaupt nur so viele Bewerber eine Stimme erhielten, wie Betriebsratsmitglieder zu wählen waren, ist die Neuwahl notwendig. Das Gesetz erfasst aber namentlich auch die Fälle, dass bereits **sämtliche Ersatzmitglieder** für ausgeschiedene Betriebsratsmitglieder in den Betriebsrat **nachgerückt** sind (vgl. den Gesetzeswortlaut: »**nach** Eintreten sämtlicher Ersatzmitglieder«). In welcher Reihenfolge Ersatzmitglieder – auch listen- und geschlechtsübergreifend – nachrücken, bestimmt sich ohne Unterschied, ob Verhältnis- oder Mehrheitswahl stattgefunden hat, immer nach § 25 Abs. 2 (vgl. dazu ausführlich *Oetker* § 25 Rdn. 49 ff.). Erst wenn sich ergibt, dass nach der maßgeblichen Reihenfolge, in der Ersatzmitglieder nachrücken, kein Ersatzmitglied vorhanden ist, sind »sämtliche« Ersatzmitglieder »eingetreten« und Neuwahl hat stattzufinden.

Aus der Reihenfolge des Nachrückens von Ersatzmitgliedern nach § 25 Abs. 2 ergibt sich auch, dass 57 die Betriebsratsmitglieder und Ersatzmitglieder einer **Liste** oder eines **Geschlechts** nicht dadurch eine Neuwahl **erzwingen** können, dass sie ihr Betriebsratsamt niederlegen, solange die dadurch entstehende Lücke noch durch Ersatzmitglieder einer anderen Liste oder des anderen Geschlechts geschlossen werden kann (vgl. auch *Fitting* § 13 Rn. 37; *Richardi/Thüsing* § 13 Rn. 33; *Homburg/DKKW* § 13 Rn. 17).

58 Sind zur Zeit des Ausscheidens eines Betriebsratsmitglieds **alle** noch vorhandenen **Ersatzmitglieder als Vertreter** vorübergehend verhinderter Mitglieder **tätig**, rückt das nach § 25 Abs. 2 zu bestimmende Ersatzmitglied als ordentliches Mitglied nach. Das Nachrücken geht einer Vertretung vor. Der Umstand, dass dann das vorübergehend verhinderte Betriebsratsmitglied nicht mehr vertreten werden kann, begründet die Notwendigkeit einer Neuwahl nicht, weil es im Amt bleibt (vgl. Rdn. 55).

59 Eine Neuwahl nach Nr. 2 kann nicht bereits dann stattfinden, wenn in einem Betrieb, in dem lediglich ein **einköpfiger Betriebsrat** gewählt worden ist, sämtliche Ersatzmitglieder auf Dauer ausgeschieden sind. In diesem Fall ist die Gesamtzahl der Betriebsratsmitglieder nicht unter die vorgeschriebene Zahl (ein Betriebsratsmitglied) gesunken. Hinzunehmen ist, dass dann bei zeitweiliger Verhinderung niemand vorhanden ist, der das Betriebsratsamt wahrnimmt. Scheidet das Betriebsratsmitglied aus, ist ein betriebsratsloser Zustand nicht zu vermeiden; dann kann aber im Betrieb jederzeit eine Neuwahl nach Abs. 2 Nr. 6 stattfinden (vgl. auch Rdn. 54). Vom Ausscheiden ist der Rücktritt des Betriebsratsmitglieds zu unterscheiden (vgl. Rdn. 64).

60 Eine Neuwahl nach Nr. 2 findet auch nicht bereits deshalb statt, weil ein Betriebsrat **von Anfang an** nicht die vom Gesetz (§§ 9 und 11) vorgeschriebene Zahl von Betriebsratsmitgliedern hat. Beruht die Unterbesetzung auf einem Irrtum des Wahlvorstandes und wurde die Wahl nicht angefochten, ist die vorhandene Zahl die »ursprüngliche Gesamtzahl« i. S. d. Nr. 2 (vgl. Rdn. 51). Eine Neuwahl kommt dann erst in Betracht, wenn eines der Betriebsratsmitglieder aus dem Amt scheidet und nicht durch ein Ersatzmitglied ersetzt werden kann. Ausnahmsweise ist Abs. 2 Nr. 2 jedoch **entsprechend anzuwenden**, wenn der Wahlvorstand zu Unrecht § 11 analog angewandt hat, weil – trotz ordnungsgemäßen Wahlausschreibens – sich nicht genügend wählbare Arbeitnehmer zur Bewerbung oder zur Annahme des Amts bereitgefunden oder nicht genügend Kandidaten überhaupt eine Stimme erhalten haben. Diese Fälle sind dem Sinken der Gesamtzahl der Betriebsratsmitglieder während der Amtsperiode gleichzustellen (str.; vgl. § 9 Rdn. 37, 32).

61 Liegen die Voraussetzungen der Nr. 2 vor, gelten für die Bestellung des Wahlvorstands für eine Neuwahl und das Ende der Amtszeit des nicht mehr ordnungsgemäß besetzten Betriebsrats die Ausführungen in Rdn. 48, 49 entsprechend (vgl. zum Umfang der Rechte und Pflichten des Betriebsrats *Hahn/Rudolph* AiB 2008, 534). Das bedeutet z. B., dass der Betriebsrat bis zum Ablauf seiner Amtsperiode im Amt bleibt, wenn er seiner Verpflichtung zur Durchführung von Neuwahlen nach § 13 Abs. 2 Nr. 2 nicht nachkommt, obwohl die Zahl der Mitglieder unter die vorgesehene Mindestzahl gesunken ist; das gilt nicht, wenn der Betriebsrat vorher nach § 23 Abs. 1 Satz 1 aufgelöst oder nach § 16 Abs. 2 durch das Arbeitsgericht ein Wahlvorstand bestellt wird, der eine Neuwahl einleitet (*LAG Düsseldorf* 15.04.2011 LAGE § 13 BetrVG 2001 Nr. 1 Rn. 110). Findet ein Neuwahlverfahren statt, richtet sich die Zahl der nach § 9 zu wählenden Betriebsratsmitglieder nach der **aktuellen** Belegschaftsstärke zum Zeitpunkt des Erlasses des Wahlausschreibens (vgl. § 9 Rdn. 17), nicht etwa nach der ursprünglichen Gesamtzahl (ebenso *Fitting* § 13 Rn. 37; für Neuwahl einer Jugendvertretung auch *BAG* 22.11.1984 EzA § 64 BetrVG 1972 Nr. 1).

3. Rücktritt des Betriebsrats (Nr. 3)

62 Der Betriebsrat kann nach Abs. 2 Nr. 3 durch **Beschluss seines Rücktritts** Neuwahlen herbeiführen (oder einem bereits neu gewählten Betriebsrat den Amtsbeginn ermöglichen; vgl. dazu Rdn. 67). Das Gesetz erkennt in Nr. 3 an, dass der Betriebsrat jederzeit mit den Stimmen der **Mehrheit seiner Mitglieder** seinen Rücktritt beschließen kann (Selbstauflösung). Der Beschluss braucht also nicht einstimmig zu erfolgen; es genügt die Mehrheit aller Mitglieder (also absolute Stimmenmehrheit); ebenso *Koch*/ErfK § 13 BetrVG Rn. 5; *Fitting* § 13 Rn. 39; *Nicolai*/HWGNRH § 13 Rn. 27; *Reichold*/HWK § 13 BetrVG Rn. 10; *Richardi/Thüsing* § 13 Rn. 39; *Homburg/DKKW* § 13 Rn. 19. Darin liegt aber auch eine Besonderheit gegenüber sonstigen Betriebsratsbeschlüssen, für die die Mehrheit der Stimmen der in der Sitzung anwesenden Mitglieder genügt, wenn mindestens die Hälfte der Mitglieder an der Beschlussfassung teilnimmt (§ 33 Abs. 1 und 2). Der Rücktrittsbeschluss ist in einer ordnungsgemäß einberufenen Sitzung zu fassen. Ersatzmitglieder, die als Stellvertreter für ein zeitweilig verhindertes Mitglied in den Betriebsrat eingerückt sind, haben volles Stimmrecht. Der Beschluss erfordert die positive Zustimmung der Mehrheit der Betriebsratsmitglieder; deshalb werden fehlende Mitglieder und nicht abgegebene Stimmen als Nein-Stimmen gerechnet (vgl. *Grunsky* SAE 1980, 68 [71]); auch die Stimmenthaltung wirkt sich wie eine Ablehnung des Antrags aus. Natürlich kann der Rücktrittsbeschluss auch einstimmig erfolgen.

Die **Gründe** für den Rücktritt (z. B. Herbeiführung von Neuwahlen, Protest, Ermöglichung des Amtsantritts eines bereits gewählten Betriebsrats, absehbarer Erfolg einer Wahlanfechtung [vgl. dazu Rdn. 74]) sind für dessen Wirksamkeit **belanglos** und gerichtlich nicht überprüfbar (ebenso BAG 03.04.1979 AP Nr. 1 zu § 13 BetrVG 1972 = SAE 1980, 68 [zust. *Grunsky*]; *Fitting* § 13 Rn. 39; *Richardi/Thüsing* § 13 Rn. 39; *Nicolai/HWGNRH* § 13 Rn. 29; *Homburg/DKKW* § 13 Rn. 18; *Stege/Weinspach/Schiefer* § 13 Rn. 8). Allerdings kann der Rücktrittsbeschluss unwirksam sein, wenn und soweit die für die Mehrheit erforderlichen zustimmenden Stimmen mangels Ernstlichkeit nach § 118 BGB unwirksam sind, weil sie in der Erwartung abgegeben worden sind, dass der Mangel der Ernstlichkeit nicht verkannt werde (ebenso i. E. *Fitting* § 13 Rn. 39; *Richardi/Thüsing* § 13 Rn. 39; einschränkend *Nicolai/HWGNRH* § 13 Rn. 29). 63

Auch das **Mitglied eines einköpfigen Betriebsrats** kann einen Rücktrittsbeschluss (besser: Rücktritts**entschluss**) fassen. Es besteht keine Veranlassung, diesem die Möglichkeit der Herbeiführung einer Neuwahl durch Rücktritt zu versagen. Dass der Gesetzeswortlaut »Mehrheit seiner Mitglieder« auf den mehrgliedrigen Betriebsrat zugeschnitten ist, bedeutet keine Beschränkung auf diesen, sondern in Abweichung von § 33 Abs. 1 nur die Festlegung einer qualifizierten Mehrheit (ebenso *Koch/ErfK* § 13 BetrVG Rn. 5; *Fitting* § 13 Rn. 40; *Richardi/Thüsing* § 13 Rn. 40; *Homburg/DKKW* § 13 Rn. 22; *Wlotzke/WPK* § 13 Rn. 13); diese ist jedoch auch bei der Willensentscheidung des einzigen Mitglieds gegeben. Ob der einköpfige Betriebsrat zurücktritt oder ob das Betriebsratsmitglied lediglich i. S. v. § 24 Abs. 1 Nr. 2 sein Amt niederlegt, unterliegt seiner freien Entscheidung. Die Unterscheidung ist jedoch im Hinblick auf unterschiedliche Rechtsfolgen (hier: Neuwahl mit der Folge, dass das zurückgetretene Mitglied die Geschäfte nach § 22 weiterführt; da: Nachrücken des Ersatzmitglieds mit der Folge, dass eine Neuwahl nur nach Abs. 2 Nr. 6 möglich ist, wenn kein Ersatzmitglied zur Verfügung steht; vgl. Rdn. 59) wichtig und notfalls durch Auslegung der Erklärung unter Berücksichtigung der geäußerten Motive zu treffen (ebenso *Fitting* § 13 Rn. 40; *Richardi/Thüsing* § 13 Rn. 40; *Wlotzke/WPK* § 13 Rn. 13; *Brors/HaKo* § 13 Rn. 9; *Reichold/HWK* § 13 BetrVG Rn. 10). Persönliche Gründe (Krankheit, Arbeitsüberlastung, Verärgerung) sprechen für Amtsniederlegung; die Absicht, Neuwahlen herbeizuführen, für Rücktritt. 64

Mit dem (wirksamen) Rücktrittsbeschluss endet – ohne dass es einer Mitteilung etwa an den Arbeitgeber oder der Belegschaft bedarf – **die Amtszeit** des Betriebsrats als solchem (Selbstauflösung), und es erlischt zugleich das Amt aller Betriebsratsmitglieder (auch derjenigen, die überstimmt wurden oder nicht an der Abstimmung teilgenommen haben), und aller Ersatzmitglieder, so dass der Betriebsrat neu zu wählen ist. Das ergibt sich im Umkehrschluss daraus, dass der Fall des Rücktritts des Betriebsrats in § 21 Satz 5 nicht genannt ist, wo bestimmt wird, dass die Amtszeit in den Fällen des § 13 Abs. 2 Nr. 1 und 2 (erst) mit der Bekanntgabe des Wahlergebnisses des neu gewählten Betriebsrats endet (zust. *Koch/ErfK* § 13 BetrVG Rn. 5; vgl. auch *Homburg/DKKW* § 13 Rn. 20). Nach anderer Auffassung (vgl. *Fitting* § 13 Rn. 42; *Reichold/HWK* § 13 BetrVG Rn. 10; *Richardi/Thüsing* § 13 Rn. 41; nebenbei auch BAG 29.09.1988 AP Nr. 76 zu § 613a BGB Bl. 7) soll der Rücktrittsbeschluss das Amt des Betriebsrats nicht sofort beenden, sondern nur eine Neuwahl erforderlich machen, weil die Nichtnennung des § 13 Abs. 2 Nr. 3 in § 21 Satz 5 nur ein Redaktionsversehen sein soll. Der Streit ist weitgehend theoretischer Natur, weil der zurückgetretene Betriebsrat jedenfalls **kraft Gesetzes** (§ 22) in vollem Umfang die Geschäfte, nicht nur die laufenden Geschäfte, so lange weiterzuführen hat, bis ein neuer Betriebsrat gewählt und das Wahlergebnis bekannt gegeben ist. In diesem Rahmen hat der Betriebsrat die volle Rechte- und Pflichtenstellung (auch Ersatzmitglieder können nachrücken) und seine Mitglieder in vollem Umfang die persönliche Rechtsstellung wie ein Betriebsrats- 65 mitglied. Vgl. zur Bedeutung des § 22 und seines Verhältnisses zu § 21 Satz 5 näher *Kreutz* § 22 Rdn. 9 f.

66 Hat der Betrieb einen Betriebsrat, der gemäß § 22 die Geschäfte weiterführt, sind grundsätzlich Neuwahlen erforderlich. Zu deren Durchführung hat der geschäftsführende Betriebsrat unverzüglich einen Wahlvorstand gemäß § 16 Abs. 1 zu bestellen; bleibt er untätig, gelten die Ausführungen in Rdn. 48 entsprechend. Vgl. Rdn. 74 für den Fall nachträglich erfolgreicher Wahlanfechtung.

67 Neuwahlen erübrigen sich, wenn zum Zeitpunkt des Rücktrittsbeschlusses bereits ein neuer Betriebsrat gewählt und das Wahlergebnis bekannt gegeben ist, die Amtszeit des zurückgetretenen Betriebsrats aber noch nicht beendet war (Fall des § 21 Satz 2). In diesem Fall beginnt die Amtszeit des neu gewählten Betriebsrats mit dem Rücktrittsbeschluss, ohne dass noch eine Weiterführung der Geschäfte nach § 22 in Betracht kommt (zutr. *ArbG Bielefeld* 18.04.1975 AuR 1975, 284).

68 Wird im Falle der Nr. 3 (aus welchem Grunde auch immer) kein neuer Betriebsrat gewählt, endet die Weiterführung der Geschäfte nach § 22 mit dem Zeitpunkt, zu dem die regelmäßige Amtsperiode des Betriebsrats geendet hätte, spätestens am 31. Mai der nächsten Wahlperiode (vgl. *Kreutz* § 22 Rdn. 19 ff.).

69 Vom Rücktritt durch Beschluss des Betriebsrats ist der Fall zu **unterscheiden**, dass **alle Betriebsratsmitglieder** – ohne förmlichen Beschluss i. S. v. Nr. 3 – ihre **Ämter** gemäß § 24 Abs. 1 Nr. 2 **niederlegen**. In einem solchen Fall erlischt das persönliche Amt der Betreffenden, der Betriebsrat als solcher besteht aber fort mit der Konsequenz, dass die Ersatzmitglieder anstelle der Ausgeschiedenen nachrücken (§ 25 Abs. 1). Sind nicht genügend Ersatzmitglieder vorhanden, die nachrücken können, liegt ein Fall des § 13 Abs. 2 Nr. 2 vor (vgl. Rdn. 50 ff.). Sind bei der Amtsniederlegung keine Ersatzmitglieder vorhanden oder haben alle Betriebsratsmitglieder und **zugleich** alle Ersatzmitglieder ihr Amt niedergelegt, besteht der Betriebsrat nicht mehr: So wie das Amt der einzelnen Betriebsratsmitglieder immer endet, wenn der Betriebsrat als solcher endet, endet der Betriebsrat als solcher, wenn das persönliche Amt aller Betriebsratsmitglieder und Ersatzmitglieder endet. In diesem Fall ist eine Neuwahl nach § 13 Abs. 2 Nr. 6 möglich (ebenso *Koch*/ErfK § 13 BetrVG Rn. 6; *Kissel* Freundesgabe für *Alfred Söllner*, 1990, S. 143 [145]; *Wiebauer*/LK § 13 Rn. 13; *Richardi*/*Thüsing* § 13 Rn. 41, 51; *Wlotzke*/*WPK* § 13 Rn. 14). In diesen Fällen kommt eine Fortführung der Geschäfte des Betriebsrats nach § 22 nicht in Betracht. Auch eine analoge Anwendung dieser Bestimmung ist nicht möglich, weil niemand zur Weiterführung der Geschäfte des Betriebsrats gegen seinen Willen gezwungen werden kann. Nichts anderes gilt auch dann, wenn die Amtsniederlegung aller als »gemeinsame Aktion« stattfindet (*Wiebauer*/LK § 13 Rn. 10; **a. M.** unter Umdeutung der Amtsniederlegungen in einen »kollektiven Rücktritt« *Fitting* § 13 Rn. 41). Die zit. Gegenauffassung scheitert schon daran, dass der Rücktritt einen förmlichen Beschluss erfordert (vgl. Rdn. 62; zust. *Brors*/HaKo § 13 Rn. 9; *Reichold*/HWK § 13 BetrVG Rn. 13; unklar insoweit *Richardi*/*Thüsing* § 13 Rn. 52 und *Homburg*/DKKW § 13 Rn. 21, die für den Fall, dass alle Betriebsratsmitglieder [nicht auch die Ersatzmitglieder] ihr Amt niederlegen, durch Auslegung der Einzelerklärungen ermitteln wollen, ob nicht doch ein Rücktrittsbeschluss gewollt ist; vgl. auch *Nicolai*/HWGNRH § 13 Rn. 30); das lässt sich nicht als »reine Förmelei« abtun. Im Übrigen hat diese Umdeutung keinen Sinn, weil in der Amtsniederlegung aller auch zugleich die persönliche Ablehnung der Weiterführung der Geschäfte nach § 22 liegt, die entsprechend § 24 Nr. 2 möglich ist (vgl. dazu *Kreutz* § 22 Rdn. 12).

4. Erfolgreiche Anfechtung der Betriebsratswahl (Nr. 4)

70 Bei erfolgreicher Anfechtung der Betriebsratswahl nach § 19 endet das Amt des Betriebsrats **mit der Rechtskraft des Beschlusses** des Arbeitsgerichts, wenn dieser die gesamte Wahl für unwirksam erklärt (vgl. dazu *Kreutz* § 19 Rdn. 136). Die Rechtskraft tritt mit Ablauf der Rechtsmittelfrist oder der Frist zur Einlegung der Nichtzulassungsbeschwerde (§ 92a ArbGG) gegenüber allen Beteiligten oder mit der Zustellung der letztinstanzlichen Entscheidung ein. Dann muss die Wahl im Ganzen wiederholt werden; es besteht aber keine Rechtspflicht dazu. Eine Weiterführung der Geschäfte ist für diese Fälle nicht vorgesehen (vgl. § 22). Bei Nichtigkeit der Betriebsratswahl (vgl. *Kreutz* § 19 Rdn. 143 ff.), deren Geltendmachung nicht an ein bestimmtes gerichtliches Verfahren gebunden ist, kann in einem

betriebsratsfähigen Betrieb jederzeit ein Betriebsrat nach § 13 Abs. 2 Nr. 6 gewählt werden (vgl. Rdn. 78 f.).

Korrigiert das Arbeitsgericht nur das Wahlergebnis (vgl. dazu *Kreutz* § 19 Rdn. 129 ff.), ist die Wahlanfechtung zwar auch erfolgreich gewesen, eröffnet aber nicht die Möglichkeit zur Neuwahl. Entsprechendes gilt, wenn nur die Wahl eines Betriebsratsmitglieds oder einzelner Betriebsratsmitglieder mit Erfolg angefochten worden ist; dann erfolgt lediglich eine Ersetzung des betreffenden Mitglieds oder der betreffenden Mitglieder durch ein Ersatzmitglied (vgl. dazu *Kreutz* § 19 Rdn. 135). 71

Da der Tatbestand der Nr. 4 erst **mit Rechtskraft** der arbeitsgerichtlichen Entscheidung erfüllt ist, können **vorher keine** Vorbereitungen für eine Wiederholung der Wahl (etwa durch Bestellung eines Wahlvorstands) getroffen werden (vgl. auch *BVerwG* 10.08.1978 BVerwGE 56, 208; *Richardi/Thüsing* § 13 Rn. 43; vgl. auch *Kreutz* § 19 Rdn. 137). Eine vor Rechtskraft der Entscheidung im Wahlanfechtungsverfahren durchgeführte Neuwahl ist nichtig. 72

Ist die gesamte Wahl rechtskräftig für rechtsunwirksam erklärt worden, ist, falls die Wahl wiederholt werden soll, ein **neuer Wahlvorstand** ausschließlich nach §§ 17, 17a einzusetzen. Da der bisherige Betriebsrat nunmehr nicht mehr besteht und auch keine Weiterführung der Geschäfte erfolgt (vgl. Rdn. 70), kann er den Wahlvorstand nicht bestellen. Auch fehlt eine dem § 23 Abs. 2 entsprechende Bestimmung für eine Bestellung des Wahlvorstandes durch das Arbeitsgericht; diese Bestimmung ist mangels planwidriger Regelungslücke nach vielen Novellen zum BetrVG auch nicht analog anzuwenden. 73

Ein Betriebsrat kann bei absehbarem Erfolg eines Wahlanfechtungsverfahrens nicht verhindern, dass mit der Rechtskraft der arbeitsgerichtlichen Entscheidung ein betriebsratsloser Zustand im Betrieb eintritt, der so lange dauert, bis die Wiederholung der Wahl stattgefunden hat und das Wahlergebnis bekannt gegeben ist. Der Empfehlung (vgl. *Schneider* Betriebsratswahl, § 13 Rn. 34), rechtzeitig vor dem Termin der letzten mündlichen Verhandlung in zweiter oder dritter Instanz oder auch noch nach der arbeitsgerichtlichen Entscheidung, aber vor Eintritt der Rechtskraft (so *Schneider* Betriebsratswahl, § 13 Rn. 34) den Rücktritt des Betriebsrats nach § 13 Abs. 2 Nr. 3 mit der Folge zu beschließen, dass der Betriebsrat dann die Geschäfte nach § 22 weiterführen kann, hilft nicht weiter: Mit der rechtskräftigen Entscheidung im Wahlanfechtungsverfahren muss mit dem Amt des Betriebsrats jedenfalls auch die Weiterführung der Geschäfte nach § 22 enden, weil das Gesetz für diesen Fall die Weiterführung nicht vorsieht (so auch *BAG* 29.05.1991 EzA § 4 BetrVG 1972 Nr. 6 S. 4 mit der zutr. Konsequenz, dass der Rücktritt des Betriebsrats das Rechtsschutzinteresse im Wahlanfechtungsverfahren nicht entfallen lässt; ebenso *LAG Köln* 16.01.1991 LAGE § 19 BetrVG 1972 Nr. 11 S. 3; *LAG München* 04.10.1989 LAGE § 19 BetrVG 1972 Nr. 9 S. 2 f.; *LAG Düsseldorf* 16.10.1986 DB 1987, 177; *LAG Schleswig-Holstein* 18.03.1999 NZA-RR 1999, 523; vgl. mit Nachweisen auch *Kreutz* § 22 Rdn. 14; zust. *Brors/HaKo* § 13 Rn. 10; *Koch/ErfK* § 13 BetrVG Rn. 6; *Fitting* § 13 Rn. 44; *Stege/Weinspach/Schiefer* § 13 Rn. 8; *Wlotzke/WPK* § 13 Rn. 15; **a. M.** *ArbG Hamburg* 02.11.1988 AuR 1989, 386). Hat der Betriebsrat nach Rücktritt (im Rahmen fortbestehender Geschäftsführungsbefugnis nach § 22) zunächst wirksam einen Wahlvorstand für eine Neuwahl bestellt, verliert dieser mit Rechtskraft der Anfechtungsentscheidung sein Amt wegen Zweckfortfalls, weil nunmehr nicht mehr der Rücktritt, sondern die erfolgreiche Wahlanfechtung Grund für die Neuwahl ist (i. E. jetzt auch *Fitting* § 13 Rn. 44 mit dem zutr. Hinweis, dass eine betriebsratslose Zeit dadurch verhindert wird, dass der nach dem Rücktritt bestellte Wahlvorstand die Neuwahl bis zur Rechtskraft der Anfechtungsentscheidung »durchzieht«, d. h. mit der Bekanntmachung des endgültigen Wahlergebnisses jedenfalls das Wahlverfahren beendet hat; zust. zu diesem Hinweis auch *Brors/HaKo* § 13 Rn. 10); es ist dann nach §§ 17, 17a ein neuer Wahlvorstand einzusetzen. 74

5. Auflösung des Betriebsrats durch gerichtliche Entscheidung (Nr. 5)

Wegen **grober Verletzung seiner gesetzlichen Pflichten** kann der Betriebsrat nach § 23 Abs. 1 durch Beschluss des Arbeitsgerichts **aufgelöst** werden. Mit der Rechtskraft des Beschlusses (durch Ablauf der Rechtsmittelfrist gegenüber allen Beteiligten oder Zustellung der letztinstanzlichen Entscheidung) endet das Amt des Betriebsrats. Eine Weiterführung der Geschäfte kommt nicht in Betracht (vgl. 75

§ 13 | II. 1. Zusammensetzung und Wahl des Betriebsrats

§ 22); sie wäre in diesem Fall geradezu widersinnig. Da der Betrieb ohne Betriebsrat ist, sind Neuwahlen durchzuführen, ohne dass dazu allerdings eine Rechtspflicht besteht.

76 Der **Ausschluss einzelner Mitglieder** aus dem Betriebsrat nach § 23 Abs. 1 führt als solcher nicht zu Neuwahlen, da in diesem Falle Ersatzmitglieder nachrücken (§§ 24 Abs. 1 Nr. 5, 25 Abs. 1). Sind Ersatzmitglieder nicht vorhanden, ist der Weg zu Neuwahlen nach Abs. 2 Nr. 2 eröffnet.

77 Wird der Auflösungsbeschluss rechtskräftig (also nicht sogleich mit dem Auflösungsbeschluss), hat das **Arbeitsgericht** unverzüglich von Amts wegen einen **neuen Wahlvorstand** einzusetzen (dazu *Oetker* § 23 Rdn. 143 ff.).

6. Nichtbestehen eines Betriebsrats (Nr. 6)

78 Wenn in einem nach § 1 Abs. 1 betriebsratsfähigen Betrieb ein Betriebsrat nicht besteht, kann außerhalb des in § 13 Abs. 1 Satz 1 bestimmten regelmäßigen Wahlzeitraums jederzeit die Wahl eines Betriebsrats erfolgen. Abs. 2 Nr. 6 stellt das in Form einer **beschränkten Generalklausel** (vgl. dazu Rdn. 32) sicher.

79 Voraussetzung für eine jederzeit mögliche Betriebsratswahl nach Nr. 6 ist nur, dass (in einem betriebsratsfähigen Betrieb) **ein Betriebsrat nicht besteht** (und nicht schon ein Sonderfall nach Abs. 2 Nr. 3, 4 oder 5 vorliegt). Aus welchem Grund ein Betriebsrat nicht besteht, ist gleichgültig (so auch *Koch/ErfK* § 13 BetrVG Rn. 6; *Fitting* § 13 Rn. 47; *Nicolai/HWGNRH* § 13 Rn. 36; *Reichold/HWK* § 13 BetrVG Rn. 13; *Richardi/Thüsing* § 13 Rn. 50; *Homburg/DKKW* § 13 Rn. 29). An folgende **Fälle** ist vor allem zu denken: Die Arbeitnehmer haben bisher keine Initiative ergriffen, einen Betriebsrat zu wählen; ein Betrieb ist neu errichtet worden; die Betriebsratswahl war nichtig (ebenso *Fitting* § 13 Rn. 48; *Nicolai/HWGNRH* § 13 Rn. 37; *Homburg/DKKW* § 13 Rn. 29; *Stege/Weinspach/Schiefer* § 13 Rn. 11; *Wiebauer/LK* § 13 Rn. 11); ein Betrieb oder Betriebsteil (i. S. v. § 4 Abs. 1 Satz 1) ist erst betriebsratsfähig geworden; die Amtszeit eines bisher bestehenden Betriebsrats ist abgelaufen, ohne dass rechtzeitig eine Neuwahl eingeleitet worden ist; alle Betriebsratsmitglieder einschließlich der Ersatzmitglieder haben ihr Amt niedergelegt (vgl. dazu Rdn. 69); alle Betriebsratsmitglieder sind ausgeschieden und können nicht ersetzt werden (vgl. Rdn. 53); das ausgeschiedene Mitglied des einköpfigen Betriebsrats kann nicht ersetzt werden (vgl. dazu Rdn. 54). **Keine** Betriebsratslosigkeit ergibt sich bei **unternehmensinternen Umstrukturierungen der betrieblichen Organisationsbereiche**, z. B. wenn bisher selbständige Betriebe mit Betriebsrat gespalten oder zu einem neuen Betrieb zusammengelegt werden (vgl. ausführlich *Kreutz* § 21a Rdn. 14 ff., 55 ff.). Auch bei **Unternehmensumstrukturierungen** tritt keine Betriebsratslosigkeit ein, sofern ein Betrieb übergeht (vgl. *Kreutz* § 21 Rdn. 39 f.) oder ein Betriebsrat ein Übergangsmandat wahrnimmt (vgl. dazu ausführlich *Kreutz* § 21a Rdn. 84 ff.).

80 Findet nach Abs. 2 Nr. 6 eine Neuwahl statt, obwohl in Wirklichkeit ein Betriebsrat besteht (z. B. Neuwahl in einem nach § 4 Abs. 1 Satz 1 als selbständiger Betrieb geltenden Betriebsteil, obwohl für diesen Betrieb ein einheitlicher Betriebsrat gewählt und diese Wahl nicht angefochten worden ist; unzutreffende Annahme der Nichtigkeit einer Wahl, sofern die Nichtigkeit nicht durch arbeitsgerichtliche Entscheidung mit Rechtskraft [für und gegen alle; vgl. *Kreutz* § 19 Rdn. 160] festgestellt worden ist), ist die Wahl nichtig (vgl. BAG 11.04.1978 AP Nr. 8 zu § 19 BetrVG 1972; vgl. auch Rdn. 14).

81 Besteht kein Betriebsrat, ist der Wahlvorstand nach §§ 17, 17a zu bestellen.

V. Anschluss an die regelmäßigen Wahlzeiträume (Abs. 3)

82 Durch § 13 soll erreicht werden, dass die Betriebsratswahlen in allen Betrieben möglichst im selben Zeitraum stattfinden. Für Fälle, in denen nach Maßgabe des § 13 Abs. 2 Wahlen außerhalb dieses Zeitraums stattgefunden haben, wird durch die Regelungen in Abs. 3 der Anschluss an die regelmäßigen Wahlzeiträume hergestellt. Die Eingliederung in den regelmäßigen Wahlrhythmus erfolgt grundsätzlich (Abs. 3 Satz 1) bei der nächsten, ausnahmsweise (Abs. 3 Satz 2) bei der übernächsten regelmäßi-

gen Betriebsratswahl i. S. v. Abs. 1. Selbstverständlich stellen sich keine Anschlussprobleme, wenn ein Betriebsrat zwar erstmals, aber innerhalb (und nicht außerhalb) einer regelmäßigen Wahlperiode gewählt worden ist.

Ist ein Betriebsrat nach Abs. 2 gewählt worden, findet die nächste Betriebsratswahl **grundsätzlich** im folgenden regelmäßigen Wahlzeitraum statt (Abs. 3 Satz 1). Die Amtszeit des Betriebsrats ist in diesem Fall kürzer als die regelmäßige vierjährige Amtszeit nach § 21 Satz 1. Die Amtszeit endet spätestens am 31. Mai des Jahres, in dem die nächsten regelmäßigen Betriebsratswahlen stattfinden (§ 21 Satz 3). Damit wird verhindert, dass eine Amtszeit dadurch verlängert wird, dass eine Neuwahl nicht stattfindet; in diesem Fall ist der Betrieb betriebsratslos (vgl. BAG 06.12.2006 AP Nr. 5 zu § 21b BetrVG 1972 Rn. 17). Wenn im regelmäßigen Wahlzeitraum aber ein Betriebsrat gewählt worden ist, endet die Amtszeit bereits mit der Bekanntgabe des Wahlergebnisses (vgl. *Kreutz* § 21 Rdn. 29 f. m. w. N.). Das folgt aus § 21 Satz 2, weil ein Ablauf der Amtszeit des Alt-Betriebsrats nicht anders bestimmt ist (vgl. auch *Gast* BB 1987, 331 [332]). 83

War der außerhalb der Wahlperiode gewählte Betriebsrat zum Beginn des für die regelmäßigen Betriebsratswahlen in Abs. 1 festgelegten Zeitraums (1. März des Wahljahres) **noch nicht ein Jahr im Amt**, erfolgt die Neuwahl ausnahmsweise erst in der übernächsten Wahlperiode (Abs. 3 Satz 2). Dadurch werden Wahlkosten gespart und auch Ineffektivität der Betriebsratsarbeit durch doppelte Einarbeitungszeiten vermieden. In diesem Falle dauert die Amtszeit länger als vier Jahre, äußerstenfalls gut fünf Jahre. Die Amtszeit endet spätestens am 31. Mai des übernächsten Wahljahres (§ 21 Satz 4); sie endet aber bereits mit der Bekanntgabe des Wahlergebnisses, wenn in dieser Wahlperiode frühzeitig ein Betriebsrat gewählt worden ist (vgl. Rdn. 83). 84

In der Literatur hat es lange Zeit viel Verwirrung darüber gegeben, wann in Grenzfällen in der nächsten, wann in der übernächsten Wahlperiode neu zu wählen ist, weil die Amtszeit des Betriebsrats **zum Beginn** der nächsten Wahlperiode **noch nicht** ein Jahr betragen hat (vgl. die Altauflagen der Kommentare). Richtig ist: Die Wahl hat **in der nächsten** Wahlperiode stattzufinden, wenn das Wahlergebnis **vor dem 1. März** (also 28. Februar und früher) des dem Wahljahr vorausgehenden Jahres bekannt gegeben worden ist. Ist das Wahlergebnis dagegen erst am 1. März des Wahlvorjahres oder später bekannt gegeben worden, erfolgt Neuwahl erst in der übernächsten Wahlperiode (ebenso i. E. *BAG* 16.04.2008 EzA § 1 BetrVG 2001 Nr. 7 Rn. 15 f.; *Brors/HaKo* § 13 Rn. 13; *Koch/ErfK* § 13 BetrVG Rn. 7; *Fitting* § 13 Rn. 52; *Nicolai/HWGNRH* § 13 Rn. 42; *Richardi/Thüsing* § 13 Rn. 58; *Homburg/DKKW* § 13 Rn. 33; *Stege/Weinspach/Schiefer* § 13 Rn. 12), wenn nicht in der Zwischenzeit nach Abs. 2 (z. B. wegen Rücktritts des Betriebsrats nach Abs. 2 Nr. 3) eine Betriebsratswahl durchzuführen ist. Diese Fristberechnung ergibt sich folgendermaßen: Beurteilungsstichtag ist der 1. März des nächsten Wahljahres (z. B. 2010, 2014), weil die regelmäßige Wahlperiode nach Abs. 1 an diesem Tage beginnt. Für die Berechnung der Amtsdauer des Betriebsrats ist von deren Beginn auszugehen. Das ist in allen Fällen einer Wahl nach Abs. 2, um deren Anschluss es geht, der Tag der Bekanntgabe des Wahlergebnisses; das folgt für die Fälle des Abs. 2 Nr. 4 bis 6 aus § 21 Satz 2, für die Fälle der Nr. 1 und 2 aus § 21 Satz 5 und für die Fälle der Nr. 3 aus § 22. Für die Berechnung der Jahresfrist gelten §§ 187 Abs. 1, 188 Abs. 2 BGB. Nach § 187 Abs. 1 wird der Tag der Bekanntgabe des Wahlergebnisses nicht mitgezählt; dementsprechend endet die Jahresfrist nach § 188 Abs. 2 mit dem Ablauf des Tages des letzten Monats, der durch seine Zahl dem Tag entspricht, in den die Bekanntgabe des Wahlergebnisses gefallen ist. 85

VI. Streitigkeiten

Über alle sich aus § 13 ergebenden Streitigkeiten (Zeitpunkt der Betriebsratswahl, Zulässigkeit oder Erforderlichkeit einer Wahl außerhalb der Wahlperiode, Neuwahl im Anschluss an eine Wahl nach Abs. 2) entscheidet auf Antrag das Arbeitsgericht im Beschlussverfahren (§ 2a Abs. 1, Abs. 2, §§ 80 ff. ArbGG). 86

§ 14
Wahlvorschriften

(1) Der Betriebsrat wird in geheimer und unmittelbarer Wahl gewählt.

(2) Die Wahl erfolgt nach den Grundsätzen der Verhältniswahl. Sie erfolgt nach den Grundsätzen der Mehrheitswahl, wenn nur ein Wahlvorschlag eingereicht wird oder wenn der Betriebsrat im vereinfachten Wahlverfahren nach § 14a zu wählen ist.

(3) Zur Wahl des Betriebsrats können die wahlberechtigten Arbeitnehmer und die im Betrieb vertretenen Gewerkschaften Wahlvorschläge machen.

(4) Jeder Wahlvorschlag der Arbeitnehmer muss von mindestens einem Zwanzigstel der wahlberechtigten Arbeitnehmer, mindestens jedoch von drei Wahlberechtigten unterzeichnet sein; in Betrieben mit in der Regel bis zu zwanzig wahlberechtigten Arbeitnehmern genügt die Unterzeichnung durch zwei Wahlberechtigte. In jedem Fall genügt die Unterzeichnung durch fünfzig wahlberechtigte Arbeitnehmer.

(5) Jeder Wahlvorschlag einer Gewerkschaft muss von zwei Beauftragten unterzeichnet sein.

Literatur
Literaturhinweise zum **BetrVG 1952** siehe 8. Auflage.

Faecks/Meik Zur Form eines Wahlvorschlags in der Betriebsratswahl, NZA 1988, 193; *Heinze* Mängel der Vorschlagslisten in der Betriebsratswahl, NZA 1988, 568; *Klein, J.* Die Stellung der Minderheitsgewerkschaften in der Betriebsverfassung (Diss. Freiburg), 2007 (zit.: Minderheitsgewerkschaften); *Nießen* Fehlerhafte Betriebsratswahlen (Diss. Köln), 2006; *Raab* Die Schriftform in der Betriebsverfassung, FS *Konzen*, 2006, S. 719; *Schneider* Die verschiedenen Wahlverfahren, AiB 1980, Heft 6, S. 9; *Stückmann* Die Rücknahme von Zustimmungserklärungen auf Vorschlagslisten zur Betriebsratswahl, DB 1994, 630; *Triemel* Minderheitenschutz in den Organisationsvorschriften der Betriebsverfassung (Diss. Konstanz), 2005; *Wiesner* Die Schriftform im Betriebsverfassungsgesetz (Diss. Kiel), 2008.

Zu den Änderungen durch die **Novelle 1988** (jetzt § 14 Abs. 3 bis 5)

Buchner Das Gesetz zur Änderung des Betriebsverfassungsgesetzes, über Sprecherausschüsse der leitenden Angestellten und zur Sicherung der Montanmitbestimmung, NZA 1989, Beil. Nr. 1, S. 2; *Dänzer-Vanotti* Die Änderung der Wahlvorschriften nach dem neuen Betriebsverfassungsgesetz, AuR 1989, 204; *Däubler* Das Spaltergesetz – der neue Angriff auf die Gewerkschaftsbewegung, AiB 1986, 99; *Engels/Natter* Die geänderte Betriebsverfassung, BB 1989, Beil. Nr. 8, S. 1; *Friese* Kollektive Koalitionsfreiheit und Betriebsverfassung (Diss. Jena), 2000; *Hanau* Der Entwurf eines Gesetzes zur Verstärkung der Minderheitenrechte in den Betrieben und Verwaltungen, RdA 1985, 291; *ders.* Zur Neuregelung der leitenden Angestellten und des Minderheitenschutzes in der Betriebsverfassung, AuR 1988, 261; *Heither* Minderheiten- und Gruppenschutz im neuen Betriebsverfassungsgesetz, NZA 1990, Beil. Nr. 1, S. 11; *Klaus* Politische Rechte gegen Arbeitnehmerrechte, AiB 1988, 327; *Kolbe* Mitbestimmung und Demokratieprinzip, 2013; *Löwisch* Novellierung des Mitbestimmungsrechts, DB 1988, 1953; *Plander* Differenzierungen in der Betriebsverfassung – ein sinnvoller Weg?, AiB 1988, 272; *ders.* Freiheit und Gleichheit der Wahl zu Betriebsrat und Personalrat, BB 2014, 117; *Richardi* Der Gesetzentwurf zur Verstärkung der Minderheitenrechte in den Betrieben und Verwaltungen, AuR 1986, 33; *Röder* Die Neuregelung der Betriebsverfassung, NZA 1989, Beil. Nr. 4, S. 2; *Schneider* Novellierung des Betriebsverfassungsgesetzes: Zerschlagung bewährter Strukturen?, AiB 1988, 99; *ders.* Betriebsverfassung am Scheideweg: Interessenvertretung oder Ständestrukturen?, AiB 1988, 164; *Schumann* Ein Beitrag zur Spaltung der Arbeitnehmerschaft, AiB 1988, 205; *Sieg* Qualen bei Arbeitnehmerwahlen, FS *Hromadka*, 2008, S. 437; *Voss* Die Rechtsstellung von Minderheitslisten im Betriebsrat, 2015; *Wlotzke* Die geplanten Änderungen zum Betriebsverfassungsgesetz (außer »leitende Angestellte«), Festschrift für *K. Molitor*, 1988, S. 397; *ders. Die* Änderungen des Betriebsverfassungsgesetzes und das Gesetz über Sprecherausschüsse der leitenden Angestellten, DB 1989, 111.

Zu den Änderungen durch das **BetrVerf-Reformgesetz 2001** vgl. die Nachweise bei § 14a.

Wahlvorschriften § 14

Inhaltsübersicht Rdn.

I. Vorbemerkung 1–8
II. Allgemeine Wahlgrundsätze (Abs. 1) 9–29
   1. Geheime Wahl 12–23
   2. Unmittelbare Wahl 24, 25
   3. Freie Wahl 26, 27
   4. Gleiche und allgemeine Wahl 28, 29
III. Wahlverfahren (Abs. 2) 30–46
   1. Verhältniswahl 32–41
   2. Mehrheitswahl 42–46
IV. Wahlvorschläge (Abs. 3 bis 5) 47–102
   1. Wahlvorschläge der Arbeitnehmer (Abs. 3 und 4) 50–77
     a) Vorschlagsberechtigung 50–63
     b) Wahlbewerber 64–66
     c) Form und Inhalt der Wahlvorschläge 67–74
     d) Einreichungsfrist 75–77
   2. Wahlvorschläge der im Betrieb vertretenen Gewerkschaften (Abs. 3 und 5) 78–102
     a) Vorschlagsberechtigung 83–89
     b) Wahlvorschläge 90–100
     c) Recht auf Zugang zum Betrieb 101, 102
V. Streitigkeiten 103–105

I. Vorbemerkung

§ 14 enthält die **Grundsätze**, nach denen die Betriebsratswahl zu erfolgen hat (einschließlich des Wahlvorschlagsrechts), sofern der Betriebsrat nicht im »vereinfachten Wahlverfahren für Kleinbetriebe« nach § 14a zu wählen ist. Dieses vereinfachte Wahlverfahren hat das BetrVerf-Reformgesetz neu geschaffen; es gilt zwingend für Betriebe mit in der Regel fünf bis fünfzig wahlberechtigten Arbeitnehmern (§ 14a Abs. 1 Satz 1) sowie fakultativ in Betrieben mit in der Regel 51 bis 100 wahlberechtigten Arbeitnehmern, wenn Wahlvorstand und Arbeitgeber seine Anwendung vereinbaren (§ 14a Abs. 5). Für beide Wahlverfahren regelt die aufgrund des § 126 erlassene Wahlordnung »Erste Verordnung zur Durchführung des Betriebsverfassungsgesetzes [Wahlordnung – WO]« vom 11.12.2001 (BGBl. I, S. 3494), die die Wahlordnung 1972 (BGBl. I, S. 49, zuletzt geändert durch VO vom 16.01.1995, BGBl. I, S. 43) abgelöst hat, die technische Durchführung der Wahl nach § 14 (Erster Teil) und nach § 14a (Zweiter Teil); insoweit werden (auch) §§ 14 und 14a ergänzt und konkretisiert. Die WO ist hier in Bd. I, Anhang 1 abgedruckt und kommentiert. 1

Die in § 14 niedergelegten Grundsätze besagen, 2
– dass der Betriebsrat **gewählt** wird (Abs. 1),
– dass die Wahl **geheim** und **unmittelbar** zu sein hat (Abs. 1),
– dass die Wahl nach den Grundsätzen der **Verhältniswahl** erfolgt (Abs. 2 Satz 1) und nur **ausnahmsweise** nach den Grundsätzen der **Mehrheitswahl** (Abs. 2 Satz 2),
– dass die Wahl aufgrund von **Wahlvorschlägen** erfolgt, die wahlberechtigte Arbeitnehmer (Abs. 3, 4) und die im Betrieb vertretenen Gewerkschaften (Abs. 3, 5) machen können.

§ 14 ist durch Art. 1 Nr. 11 **BetrVerf-Reformgesetz** vom 23.07.2001 (BGBl. I, S. 1852) **neu gefasst** worden. Bis zur Novelle vom 20.12.1988, die das Wahlvorschlagsrecht (Abs. 5 bis 8 a. F.) zugunsten eines stärkeren Minderheitenschutzes tiefgreifend geändert hat (eigenes allgemeines Wahlvorschlagsrecht der im Betrieb vertretenen Gewerkschaften; Herabsetzung der für einen gültigen Wahlvorschlag der Arbeitnehmer erforderlichen Unterschriftenquoren), entsprach § 14 inhaltlich weitgehend § 13 BetrVG 1952 (vgl. ausführlich zur Entwicklungsgeschichte der Norm 6. Aufl., § 14 Rn. 3ff.). Mit der Neufassung durch das BetrVerf-Reformgesetz ist die Wahl des Betriebsrats nach § 14 wesentlich vereinfacht und damit erleichtert worden. Das ist die Folge der **Aufhebung des Gruppenprinzips** in der Betriebsverfassung. Dadurch ist die Notwendigkeit entfallen, dass die Gruppe der Arbeiter und die der Angestellten ihre Vertreter in getrennten Wahlgängen wählen; 3

§ 14

auch ist die gemeinsame Wahl nicht davon abhängig, dass die wahlberechtigten Angehörigen beider Gruppen sie vor der Wahl in getrennten, geheimen Abstimmungen beschließen. Folgerichtig ist Abs. 2 a. F. aufgehoben worden, so dass jetzt, ohne dass das ausdrücklich bestimmt ist, die Betriebsratswahl immer als gemeinsame, einheitliche Wahl aller Wahlberechtigten erfolgt. Mit der Aufgabe des Gruppenprinzips im Wahlsystem ist aber auch der Schutz der Minderheitsgruppe entfallen, weil es nun nicht mehr allein deren wahlberechtigten Gruppenangehörigen überlassen ist, ihre Vertreter in den Betriebsrat zu wählen. Zu Besonderheiten der Betriebsratswahl in den Betrieben der **Post-Aktiengesellschaften**, denen **Beamte** zugeordnet sind, vgl. Anhang zu § 10.

4 Bei der **Neufassung** des § 14 durch das BetrVerf-Reformgesetz ist Abs. 1 unverändert geblieben; Abs. 2 a. F. ist aufgehoben worden (vgl. Rdn. 3). Abs. 2 n. F. bestimmt (wie bisher Abs. 3 a. F.), dass die Wahl (grundsätzlich) nach den Grundsätzen der Verhältniswahl erfolgt (Abs. 2 Satz 1), aber dann nach den Grundsätzen der Mehrheitswahl, wenn nur ein Wahlvorschlag eingereicht wird (Abs. 2 Satz 2). Darüber hinaus werden in Abs. 2 Satz 2 die Grundsätze der Mehrheitswahl generell für alle Wahlen verbindlich vorgegeben, bei denen der Betriebsrat im vereinfachten Wahlverfahren nach § 14a zu wählen ist (vgl. dazu § 14a Rdn. 55). Für den Fall, dass der Betriebsrat nur aus einer Person besteht, ist die in Abs. 4 Satz 2 a. F. angeordnete Notwendigkeit entfallen, ein Ersatzmitglied in einem getrennten Wahlgang zu wählen; für die Bestimmung der Ersatzmitglieder gilt jetzt § 25 Abs. 2 Satz 3, weil der einköpfige Betriebsrat im vereinfachten Wahlverfahren nach den Grundsätzen der Mehrheitswahl gewählt wird (vgl. Abs. 2 Satz 2). Hinsichtlich des Wahlvorschlagsrechts entsprechen Abs. 3 und 5 n. F. Abs. 5 und 8 a. F.; Abs. 4 n. F. trägt der Aufgabe des Gruppenprinzips Rechnung, indem jetzt für Wahlvorschläge auf die Unterzeichnung durch »wahlberechtigte Arbeitnehmer« abgestellt wird; hinsichtlich der Höhe des relativen und absoluten Unterschriftenquorums ist keine Änderung gegenüber Abs. 6 a. F. erfolgt.

5 § 14 ist entsprechend für die Wahl der **Bordvertretung** (vgl. § 115 Abs. 2 Eingangssatz) und des **Seebetriebsrats** (vgl. § 116 Abs. 2 Eingangssatz) anzuwenden; bei letzterem müssen die Wahlvorschläge jedoch grundsätzlich nur von drei Wahlberechtigten unterschrieben werden, soweit nicht nach § 14 Abs. 4 Satz 1 2. Halbs. zwei Unterschriften genügen (vgl. § 116 Abs. 2 Nr. 4). Für die Wahl von Bordvertretung und Seebetriebsrat gilt daneben die aufgrund des § 126 erlassene »Zweite Verordnung zur Durchführung des Betriebsverfassungsgesetzes (Wahlordnung Seeschifffahrt – WOS)« vom 07.02.2002, BGBl. I, S. 594 (abgedruckt in Bd. I, Anhang 23).

6 Die Grundsätze für die Wahl der **Jugend- und Auszubildendenvertretung** bestimmt § 63 Abs. 1 und Abs. 2 Satz 2, der § 14 Abs. 2 bis 5 für entsprechend anwendbar erklärt; daneben gelten §§ 38 bis 40 WO (vgl. Bd. I, Anhang 1). § 63 Abs. 2 Satz 2 ist durch das BetrVerf-Reformgesetz an die Änderungen des § 14 durch Anpassung der Verweisungen geändert worden. § 14 ist **nicht** auf den Gesamtbetriebsrat (vgl. § 47 Abs. 2, 3), den Konzernbetriebsrat (vgl. § 55 Abs. 1, 2), die Gesamt-Jugend- und Auszubildendenvertretung (vgl. § 72 Abs. 2, 3) und die Konzern-Jugend- und Auszubildendenvertretung (vgl. § 73a Abs. 2) **anzuwenden**, da diese Gremien nicht gewählt werden.

7 § 14 enthält **zwingendes** Recht. Die Wahlgrundsätze und das Wahlvorschlagsrecht können weder durch Tarifvertrag oder Betriebsvereinbarung noch durch Vereinbarung zwischen Arbeitgeber und Arbeitnehmern oder Wahlvorstand abgeändert werden (beachte demgegenüber § 14a Abs. 5). § 14 gilt auch, soweit Arbeitnehmervertretungen in betriebsverfassungsrechtlichen Organisationseinheiten zu wählen sind, die durch Tarifvertrag oder Betriebsvereinbarung nach § 3 Abs. 1 Nr. 1 bis 3, Abs. 2 gebildet worden sind. Da diese nach § 3 Abs. 5 als Betriebe i. S. d. Betriebsverfassungsgesetzes gelten, sind auch die Wahlvorschriften über die Betriebsratswahl nach § 14 anzuwenden, sofern nicht nach dem vereinfachten Wahlverfahren für Kleinbetriebe nach § 14a zu wählen ist (s. *Franzen* § 3 Rdn. 61; zust. *Fitting* § 14 Rn. 7). Nicht anwendbar ist § 14 auf zusätzliche Vertretungen nach § 3 Abs. 1 Nr. 5 und Arbeitsgemeinschaften nach § 3 Abs. 1 Nr. 4.

8 Zum **Personalvertretungsrecht** vgl. § 19 BPersVG; für **Sprecherausschüsse** vgl. § 6 SprAuG.

II. Allgemeine Wahlgrundsätze (Abs. 1)

Abs. 1 legt zunächst verbindlich fest, dass der Betriebsrat **gewählt** wird. Davon gibt es keine Ausnahme. Jede andere Errichtung ist unzulässig und **nichtig** (ebenso *Koch/*ErfK § 14 BetrVG Rn. 1; *Fitting* § 14 Rn. 9; *Nicolai/HSWGNRHWGNRH* § 14 Rn. 4). Es gibt weder die Möglichkeit, dass das Arbeitsgericht oder sonstige staatliche Stellen noch dass der Arbeitgeber einen Betriebsrat einsetzt (vgl. BAG 29.09.1988 AP Nr. 76 zu § 613a BGB Bl. 7 R *[zust. Joost]*). Die Wahl erfolgt durch die wahlberechtigten Arbeitnehmer des Betriebes (vgl. zur Wahlberechtigung *Raab* § 7 Rdn. 11 ff.). Die Wahl findet als **Urnenwahl** statt, sofern sie nicht ausnahmsweise (vgl. §§ 24 bis 26 WO) in der Form der sog. Briefwahl erfolgt.

Abs. 1 bestimmt verbindlich, dass der Betriebsrat in **geheimer** und **unmittelbarer** Wahl gewählt wird. Darüber hinaus ist allgemein anerkannt, dass auch die Grundsätze **freier, allgemeiner** und **gleicher** Wahl gelten, obwohl das Gesetz das nicht ausdrücklich sagt. Deren Geltung ergibt sich aus der engen Verbundenheit der Wahlrechtsgrundsätze zueinander, die sich gegenseitig ergänzen und bedingen; sie haben auch partiell im Gesetz und in der Wahlordnung Ausdruck gefunden. Namentlich dient der Grundsatz der geheimen Wahl der Wahlfreiheit, setzt sie voraus und gewährleistet sie. Die Wahlfreiheit ist mit dem Wahlrecht anerkannt. Mit der Wahlfreiheit wiederum hängen die Prinzipien gleicher und allgemeiner Wahl auf das engste zusammen, weil sie übereinstimmend auf den Wert der einzelnen Stimme zielen. Alle Wahlgrundsätze gelten gleichermaßen für beide Wahlverfahren nach Abs. 2 (Verhältniswahl, Mehrheitswahl).

Die Wahlgrundsätze für die Betriebsratswahl sind **einfachgesetzlicher,** unterverfassungsrechtlicher **Art**. Sie können daher in ihrer Wertigkeit nicht mit den verfassungsrechtlich (Art. 38 Abs. 1 Satz 1, 28 Abs. 1 Satz 2 GG) gewährleisteten Wahlrechtsgrundsätzen gleichgesetzt werden, die alle Staatsgewalt binden (Art. 20 Abs. 3 GG) und als allgemeine Rechtsprinzipien mit Grundrechtsqualität für alle politischen Wahlen im staatlichen und kommunalen Bereich gelten (vgl. *BVerfG* 15.02.1978 BVerfGE 47, 253, [276 m. w. N.]). Eine andere Frage ist, inwieweit diese verfassungsrechtlichen Wahlgrundsätze auch bei der Ausgestaltung der Betriebsratswahlen Geltung beanspruchen können (vgl. *Löwisch* BB 2017, 117). Diese Frage hat praktische Bedeutung namentlich für die Beurteilung der Verfassungsmäßigkeit der Unterschriftenquoren in Abs. 4 und 5 (vgl. dazu Rdn. 54 ff., 94 ff.).

1. Geheime Wahl

Die Wahl muss **geheim** sein. Der Grundsatz geheimer Wahl erfordert eine Gestaltung der Stimmabgabe, bei der für andere (insbesondere für die übrigen Wähler, die Kandidaten, den Wahlvorstand, den Arbeitgeber) nicht erkennbar ist, welche Wahlentscheidung der Wahlberechtigte getroffen hat. Das erfordert eine **schriftliche Stimmabgabe** unter Verwendung von Stimmzetteln und Wahlumschlägen und – bei Urnenwahl – Vorrichtungen, die gewährleisten, dass niemand beobachten kann, ob und wie der Stimmzettel gekennzeichnet und in den Wahlumschlag eingelegt wird. Bei Briefwahl ist die Geheimhaltung der Stimmabgabe nach Maßgabe der §§ 25 f. WO besonders ausgestaltet. Die Geheimhaltung der Wahlentscheidung soll den Schutz des Wählers vor Druck oder Repressalien Dritter gewährleisten (*BAG* 12.06.2013 EzA § 14 BetrVG 2001 Nr. 2 Rn. 18 Rn. 20 = AP Nr. 64 zu § 19 BetrVG 1972). Entscheidend ist, dass der Inhalt des eigentlichen Wahlaktes geheim bleibt; die Tatsache, dass jemand nicht gewählt hat, unterliegt dagegen nicht dem Geheimhaltungsgebot (zust. *Koch/*ErfK § 14 BetrVG Rn. 1; *Nicolai/HSWGNRHWGNRH* § 14 Rn. 6). Der Grundsatz der geheimen Wahl dient dabei nicht nur für den eigentlichen Wahlakt, sondern auch für die Wahlvorbereitung sowie nach Beendigung der Wahl gegenüber Auskunftsverlangen über die Stimmabgabe; Einschränkungen sind dieses Grundsatzes sind nur zulässig, wenn diese zur Durchführung einer ordnungsgemäßen Wahl erforderlich sind (*BAG* 12.06.2013 EzA § 14 BetrVG 2001 Nr. 2 Rn. 20 Rn. 20 = AP Nr. 64 zu § 19 BetrVG 1972). Diese Grundätze sind insbesondere durch das Verfahren über die Stimmabgabe, den Wahlvorgang und die Stimmauszählung in §§ 11 ff. WO formalisiert und unabdingbar ausgestaltet.

Zur Sicherung des Wahlgeheimnisses sieht die WO im Ersten Teil (Wahl des Betriebsrats nach § 14) deshalb Folgendes **zwingend** vor:

- Stimmabgabe durch Stimmzettel in hierfür bestimmten Umschlägen (Wahlumschlägen), § 11 Abs. 1 Satz 2 WO;
- Stimmzettel und Wahlumschläge müssen sämtlich die gleiche Größe, Farbe, Beschaffenheit und Beschriftung haben, § 11 Abs. 2 Satz 2 und 3 WO;
- Stimmzettel dürfen nicht mit besonderen Merkmalen versehen sein oder versehen werden, § 11 Abs. 4 WO;
- der Wahlvorstand hat geeignete Vorkehrungen für eine unbeobachtete Kennzeichnung der Stimmzettel im Wahlraum zu treffen und verschlossene Wahlurnen bereitzustellen, § 12 Abs. 1 WO;
- bei Briefwahl ist die Stimmabgabe besonders ausgestaltet, §§ 25, 26 WO.

14 **Unzulässig** ist danach eine **offene** (öffentliche) **Stimmabgabe**, z. B. durch Handaufheben, Zuruf, Akklamation in einer Versammlung (vgl. *BAG* 12.10.1961 BAGE 11, 318 [321]). Unzulässig ist auch die Stimmabgabe ohne Verwendung des Wahlumschlags; bloßes Falten der Stimmzettel genügt nicht (vgl. *Herschel* DB 1963, 1046; *Nicolai/HSWGNRHWGNRH* § 14 Rn. 8; *Richardi/Thüsing* § 14 Rn. 10; *Wlotzke/WPK* § 14 Rn. 4). Mit Ausnahme der Briefwahl dürfen Stimmzettel und Wahlumschläge nur im Wahlraum ausgegeben, ausgefüllt und abgegeben werden. Die Wahlurne muss vom Wahlvorstand verschlossen und so eingerichtet sein, dass ohne Öffnung eingeworfene Wahlumschläge nicht herausgenommen werden können (§ 12 Abs. 1 Satz 2 WO).

15 Die Gewährleistung des Wahlgeheimnisses **gebietet**, dass der Wähler seine Wahlentscheidung auf dem Stimmzettel mittels Schreibstift in neutraler Weise kenntlich macht. Das geschieht im Regelfall durch ein Kreuz (+ oder x) im aufgedruckten Kreis hinter dem Wahlvorschlag, das der Wähler auf den Stimmzettel setzt (instruktiv dazu *Sieg* FS *Hromadka*, 2013, S. 437 [444 ff.]). Andere Formen der Kennzeichnung (z. B. Abhaken, Strich, Unterstreichen von Wahlvorschlägen, Durchstreichen aller Wahlvorschläge bis auf einen), die den Willen des Wählers eindeutig (z. B. nicht beim Setzen eines Fragezeichens, beim Einreißen des Stimmzettels) und neutral wiedergeben, sind nicht ausgeschlossen (vgl. § 11 Abs. 4 WO). Unzulässig ist es aber, den Namen des Gewählten selbst auszuschreiben; andernfalls könnte durch Identifizierung der Schrift die Wahlentscheidung aufdeckbar sein. Der Wahlzettel darf vom Wähler auch nicht unterschrieben sein oder den Wählernamen oder Einträge enthalten, die auf die Person des Wählers hinweisen (*Sieg* FS *Hromadka*, 2013, S. 437 [444]). Ebenso sind Forderungen, Aufträge oder Wünsche an die Kandidaten oder Meinungsäußerungen auf der Vorder- oder Rückseite des Stimmzettels ausgeschlossen (Vorschläge für Vorkehrungen zur Vermeidung der Ungültigkeit bei *Sieg* FS *Hromadka*, 2008, S. 437 [445 ff.]). Liegt eine gültige Kennzeichnung nicht vor oder lässt die Kennzeichnung den Willen des Wählers nicht zweifelsfrei erkennen, ist die Stimme ungültig.

16 Der Wahlvorstand muss sicherstellen, dass der Wähler bei der Kennzeichnung des Stimmzettels und der Einlage des Stimmzettels in den Wahlumschlag unbeobachtet ist (zust. *Stege/Weinspach/Schiefer* § 14 Rn. 4, 6). Das geschieht am besten durch die Aufstellung von **Wahlkabinen** oder die Einrichtung von Wahlzellen, die gegen Einsicht geschützt sind. Auch ein Nebenraum kommt in Betracht, wenn er ausschließlich vom Wahlraum aus zugänglich ist.

17 Aus dem Grundsatz der geheimen Wahl folgt, dass das Wahlrecht nur **persönlich** ausgeübt werden kann; Stellvertretung in der Stimmabgabe ist unzulässig (i. E. allgemeine Meinung; dabei wird jedoch vielfach auf den Grundsatz der Unmittelbarkeit abgestellt; vgl. *Fitting* § 14 Rn. 16; *Richardi/Thüsing* § 14 Rn. 17; *Nicolai/HSWGNRHWGNRH* § 14 Rn. 10). Der Wähler muss den Stimmzettel persönlich kennzeichnen, in den Wahlumschlag einlegen und in die Wahlurne werfen (§ 12 Abs. 3 WO). Das gilt im Grundsatz auch für die Briefwahl; dabei ist allerdings eine persönliche Übermittlung des Wahlbriefes nicht erforderlich.

18 Unzulässig ist es, dass mehrere Wähler gleichzeitig die zur unbeobachteten Kennzeichnung vorgesehene Kabine benutzen. Wahlvorstandsmitglieder, Wahlhelfer oder Dritte (Wahlbewerber) dürfen bei der Kennzeichnung des Stimmzettels **keine Hilfe leisten**, auch nicht bei ausländischen Arbeitnehmern ohne ausreichende deutsche Sprachkenntnisse (vgl. *ArbG Bremen* 19.07.1972 DB 1972, 1830; *Koch*/ErfK § 14 BetrVG Rn. 1; *Fitting* § 14 Rn. 12; *Richardi/Thüsing* § 14 Rn. 12; *Homburg/DKKW* § 14 Rn. 10; *Weiss/Weyand* § 14 Rn. 2) oder bei Personen mit **geistigen** Gebrechen. Ein Wahlberechtigter, der durch **körperliche** Gebrechen (z. B. Blindheit, Armverletzungen) **behindert** ist, den Stimmzettel zu kennzeichnen oder den Stimmzettel in den Wahlumschlag einzulegen und dann in die Wahlurne zu werfen, kann sich einer Person seines Vertrauens zur technischen Hilfeleistung bedienen, um sein Wahlrecht überhaupt ausüben zu können (so jetzt auch § 12 Abs. 4 Satz 1 WO; schon bisher h. M.). § 12 Abs. 4 Satz 4 WO verpflichtet die Vertrauensperson zur Geheimhaltung der Kenntnisse, die sie bei der Hilfeleistung zur Stimmabgabe erlangt hat. Nicht zur Hilfeleistung dürfen aber auch insoweit Wahlbewerber, Wahlhelfer und Mitglieder des Wahlvorstandes herangezogen werden (§ 12 Abs. 4 Satz 2 WO). Ein Wahlberechtigter, der des **Lesens unkundig** ist (Analphabet), kann ebenfalls eine Person seines Vertrauens zur Hilfeleistung bei der Stimmabgabe heranziehen (§ 12 Abs. 4 Satz 5 WO).

Auf die Wahrung des Wahlgeheimnisses **bei** der Stimmabgabe kann der Wähler nicht wirksam verzichten. Der Wahlvorstand hat darauf zu achten, dass jeder geheim wählt, z. B. die Wahlkabine benutzt und nicht vor den Augen anderer seinen Stimmzettel ausfüllt oder seinen gekennzeichneten Stimmzettel fotografiert, etwa mit dem Handy. Bei »offener« Stimmabgabe könnte Druck auf diejenigen ausgeübt werden, die geheim abstimmen wollen. Mit unkorrekten Bedingungen kann sich auch niemand wirksam einverstanden erklären. **19**

Es verstößt nicht gegen das Wahlgeheimnis, wenn ein Wähler selbst **vor** oder **nach** dem eigentlichen Wahlakt Dritten offenbart, wie er abzustimmen gedenkt oder abgestimmt hat; eine Pflicht, sein Wahlgeheimnis zu wahren, besteht für den Wahlberechtigten nicht. Bei Offenbarung vor der Wahl besteht aber immer die Möglichkeit, dass sich der Wähler bei der geheimen Stimmabgabe doch anders entscheidet. Auch bei nachträglicher Offenbarung bleibt diese unverbindlich und der Wähler kann keinen verwertbaren Beweis über sein Abstimmungsverhalten erbringen. Zu Recht hat das *BVerwG* (21.07.1975 BVerwGE 49, 75) in einem Wahlanfechtungsverfahren einer Personalratswahl angenommen, dass sowohl die Verwertung einer freiwillig abgegebenen eidesstattlichen Versicherung als auch die gerichtliche Vernehmung von Wählern über ihre Stimmabgabe unzulässig sind. Das gebietet die Wahrung des Wahlgeheimnisses des Offenbarenden selbst durch Gerichte und Dritte sowie das Wahlgeheimnis anderer Wahlberechtigter, das ansonsten tangiert werden könnte. Durch die bloße Zubilligung eines Zeugnisverweigerungsrechtes, das vielfach hervorgehoben wird (vgl. etwa *Homburg/DKKW* § 14 Rn. 12; *Stege/Weinspach/Schiefer* § 14 Rn. 7; darauf *auch* abstellend LAG Hamm 05.08.2011 – 10 TaBV 13/11 – juris, Rn. 85), könnte das Wahlgeheimnis nicht ausreichend gewährleistet werden, ganz abgesehen von dem Zwiespalt, in den dabei ein Wähler kommen könnte (vgl. *BVerwG* 21.07.1975 BVerwGE 49, 75 [78 f.]; auch *BAG* 06.07.1956 BAGE 3, 80 = AP Nr. 4 zu § 27 BetrVG für die Wahl des Betriebsratsvorsitzenden; zust. jetzt auch *Fitting* § 14 Rn. 15; *Joost/*MünchArbR § 216 Rn. 110; *Richardi/Thüsing* § 14 Rn. 15; LAG Hamm 14.09.2007 – 13 TaBV 2/07 – juris, Rn. 22). Eine gerichtliche Nachprüfung, wie jemand gewählt hat, ist deshalb – auch durch Verwertung einer freiwillig abgegebenen eidesstattlichen Versicherung von Wählern über ihre Stimmabgabe oder ihre Vernehmung als Zeuge – wegen des Wahlgeheimnisses unzulässig (*LAG Hamm* 05.08.2011 – 10 TaBV 13/11 – juris, Rn. 85; *Wiebauer/LK* § 14 Rn. 10). **20**

Es verstößt nicht gegen den Grundsatz der geheimen Wahl, dass nach § 14 Abs. 4 die Gültigkeit von Wahlvorschlägen von der Unterzeichnung durch eine Mindestzahl von Wahlberechtigten abhängig ist. Soweit damit eine Einschränkung des Wahlgeheimnisses verbunden sein kann, ist diese gerechtfertigt, um den Wahlakt auf ernsthafte Bewerber zu beschränken, dadurch das Stimmgewicht der einzelnen Wählerstimmen zu sichern und so indirekt der Gefahr der Stimmenzersplitterung vorzubeugen (vgl. *BVerfG* 01.08.1953 BVerfGE 3, 19 [31 f.]; 23.03.1982 BVerfGE 60, 162 [167]; 16.10.1984 BVerfGE 67, 369 [377]). **21**

Die schriftliche Stimmabgabe in der Form der sog. **Briefwahl** ist mit dem Grundsatz der geheimen Wahl **vereinbar** (vgl. *BVerfG* 15.02.1967 BVerfGE 21, 200 [204]). Für die Abstimmungen nach § 14 Abs. 2 a. F. hat das *BAG* zu Recht angenommen, dass der Grundsatz der geheimen Wahl auch einer generellen (ausschließlich) schriftlichen Stimmabgabe durch Briefwahl nicht entgegensteht (vgl. *BAG* 14.02.1978 AP Nr. 7 zu § 19 BetrVG 1972 = SAE 1980, 72 [zust. *Kreutz*]; **a. M.** vorher *LAG Düsseldorf* 27.03.1975 DB 1975, 937 unter nicht tragfähiger Berufung auf das »Demokratieverständnis der neuzeitlichen abendländischen Geschichte«). Die Frage ist müßig, ob die Betriebsratswahl selbst ausschließlich in der Form der Briefwahl durchgeführt werden kann (etwa unter dem Gesichtspunkt der Kostenersparnis), denn § 24 WO gibt die Voraussetzungen einer Briefwahl verbindlich an, sieht diese aber nicht als Regelfall vor (*BAG* 14.02.1978 AP Nr. 7 zu § 19 BetrVG 1972). Da die Brief- **22** wahl insoweit freilich als Wahlform zugelassen und mit dem Grundsatz geheimer Wahl vereinbar ist, könnte bei ausschließlicher Briefwahl logisch nichts anderes gelten, weil nicht ersichtlich ist, wie dabei Quantität zu einem Qualitätsumschlag führen könnte (*Kreutz* SAE 1980, 72; zust. *Reichold/HWK* § 14 BetrVG Rn. 5).

23 Unzulässig ist die **Auszählung** bereits abgegebener Stimmen **vor Abschluss der gesamten Wahl** (vgl. auch § 13 WO), d. h. grundsätzlich vor Ablauf der Zeit der Stimmabgabe am letzten Wahltag, die der Wahlvorstand im Wahlausschreiben festgesetzt hat (§ 3 Abs. 2 Nr. 11 WO). Das verlangt aber weniger der Grundsatz geheimer Wahl, der nur dann tangiert wäre, wenn die Auszählung jeweils so kurzfristig erfolgen würde, dass die Wahlentscheidung einzelner Wähler noch rekonstruierbar wäre. Entscheidend ist insoweit vielmehr der Grundsatz **freier Wahl** berührt, weil das Bekanntwerden von Teilergebnissen die Entschließungsfreiheit von Wahlberechtigten, die noch nicht gewählt haben, beeinträchtigen könnte. Deshalb ist eine Auszählung nach einzelnen Betriebsabteilungen oder nach Wahlräumen, namentlich wenn die Wahl an mehreren Tagen betriebsbedingt (z. B. Schichtbetrieb) zu verschiedenen Zeiten stattfindet, unzulässig (ebenso *Richardi/Thüsing* § 14 Rn. 14). Auch die Stimmen von Briefwählern dürfen nicht vor Abschluss der gesamten Wahl ausgezählt werden; das Verfahren bei der Stimmabgabe hat sich nach § 26 WO zu richten. Mit der Stimmenauszählung könnte deshalb zwar schon begonnen werden, wenn alle Wahlberechtigten gewählt haben, sie scheiterte jedoch am Gebot der Öffentlichkeit (vgl. dazu auch *Kreutz* § 18 Rdn. 29, 34).

2. Unmittelbare Wahl

24 **Unmittelbare** Wahl bedeutet, dass **allein** die wahlberechtigten Arbeitnehmer durch ihre Stimmabgabe über die Zusammensetzung des Betriebsrats befinden. Nach Abschluss der Stimmabgabe darf niemand durch mehr oder minder freien Bestimmungswillen auf das Wahlergebnis Einfluss nehmen; es darf vielmehr nur die (mathematische) Ermittlung und Feststellung des Wahlergebnisses erfolgen. Damit ist die Bestellung (Wahl) von **Wahlmännern** oder **Delegierten**, die ihrerseits erst die endgültige Wahl vornehmen, **ausgeschlossen**.

25 Die Nichtannahme der Wahl (§ 17 Abs. 1 Satz 2 WO) und die Niederlegung des Betriebsratsamtes (§ 24 Abs. 1 Nr. 2) sind keine Verstöße gegen den Unmittelbarkeitsgrundsatz. Bei Listenwahl (Verhältniswahl) wird die Unmittelbarkeit gewahrt, obwohl die abgegebenen Stimmen allen Bewerbern derselben Liste, nicht aber einer bestimmten Person auf dieser Liste, zugutekommen; maßgebend ist dabei, dass allein die Wähler das Wahlergebnis bestimmen, selbst wenn die Wahl eines Bewerbers an die Mitwahl anderer geknüpft ist.

3. Freie Wahl

26 Die Betriebsratswahl ist **frei** (vgl. Rdn. 10). Die Wahlfreiheit hat zum Inhalt, dass jeder Wahlberechtigte sein Wahlrecht ohne physischen Zwang, psychologischen Druck oder sonstige Einflussnahme auf seine Entschließungsfreiheit ausüben kann. Zunächst bedeutet das, dass jeder Wahlberechtigte frei in seiner Entscheidung ist, ob er an der Wahl teilnimmt oder nicht (freie Wahlbetätigung). Der Wahlberechtigte hat ein Wahlrecht, aber keine Wahlpflicht; andererseits ist auch der rechtsgeschäftliche Verzicht auf das Wahlrecht nicht wirksam möglich (vgl. dazu *Raab* § 7 Rdn. 6). Aus der Teilnahme oder Nichtteilnahme an der Wahl dürfen keinerlei Nachteile oder Vorteile entstehen; das gewährleistet § 20 Abs. 2. Darüber hinaus sichert § 20 Abs. 3 die Freiheit der Wahl dadurch ab, dass diese während der Arbeitszeit durchgeführt werden kann, was den Arbeitgeber aber nicht zum Abzug von Lohn oder Gehalt berechtigt. Auch hat der Arbeitgeber die übrigen Kosten der Wahl zu tragen.

27 Das Prinzip der freien Wahl umfasst die **freie Stimmabgabe**, d. h. die Freiheit, die Stimme für einen bestimmten Wahlvorschlag (gültig oder ungültig) abzugeben. Das schließt die Beeinflussung vor der Wahl durch **Werbemaßnahmen** nicht aus (vgl. zu den Grenzen zulässiger Wahlpropaganda im Betrieb *Franzen* § 2 Rdn. 84 ff.). Verboten sind jedoch Einflussnahmen auf die Entschließungsfreiheit beim Wahlakt selbst, sei es durch Einwirkungen von Personen auf die Wähler unmittelbar vor oder im Wahlraum oder durch die Gestaltung des Wahlverfahrens. Insoweit dürfen insbesondere Stimmzettel nicht durch Inhalt oder äußere Gestaltung dem Wähler die Entscheidung in bestimmtem Sinne

nahelegen. In diesem Sinne bestimmt § 11 Abs. 2 Satz 2 WO, dass die Stimmzettel und Wahlumschläge sämtlich die gleiche Größe, Farbe, Beschaffenheit und Beschriftung haben müssen. Beispiel für unzulässige Beeinflussung (nach *BAG* 14.01.1969 BAGE 21, 277 [281] = AP Nr. 12 zu § 13 BetrVG): unterschiedlich starker Druck der Kreise auf den Stimmzetteln, die anzukreuzen sind. Zu Recht hat das *BAG* (06.12.2000 EzA § 19 BetrVG 1972 Nr. 40 S. 4) eine Verletzung des Grundsatzes freier Wahl aber auch schon darin gesehen, dass der Wahlvorstand während des noch laufenden Wahlvorgangs einem Wahlbewerber Einblick in die mit Stimmabgabevermerken versehene Wählerliste gewährte, so dass dieser Wahlberechtigte, die noch nicht gewählt hatten, gezielt ansprechen konnte, um sie zur Stimmabgabe zu bewegen. Dementsprechend dürfen auch Wahlvorstandsmitglieder und Wahlhelfer ihre Kenntnis nicht dazu ausnutzen, Wahlberechtigte auf ihr noch nicht ausgeübtes Wahlrecht anzusprechen (*BAG* 06.12.2000 EzA § 19 BetrVG 1972 Nr. 40 S. 8). Vgl. zur Unzulässigkeit vorzeitiger Stimmenauszählung Rdn. 23.

4. Gleiche und allgemeine Wahl

Beide Grundsätze zielen weitgehend übereinstimmend auf den Wert der einzelnen Wählerstimme (vgl. Rdn. 10). Der Grundsatz **gleicher** Wahl besagt, dass jeder Wähler mit seiner Stimme den gleichen Einfluss auf das Wahlergebnis hat (vgl. zum Grundsatz der Gleichheit der Wahl in der Betriebsverfassung und zur Verhältnismäßigkeit von Einschränkungen zusammenfassend *BAG* 16.03.2005 EzA § 15 BetrVG 2001 Nr. 1 S. 8 ff., 11 ff. = AP Nr. 3 zu § 15 BetrVG 1972). Jeder Wahlberechtigte besitzt die gleiche Stimmenzahl, und jede Stimme hat das gleiche Gewicht. Das Gewicht der Wählerstimmen darf nicht nach irgendwelchen Kriterien wie zum Beispiel der Frage Vollzeit- oder Teilzeitbeschäftigung differenziert werden (ausführlich dazu *Kolbe* Mitbestimmung und Demokratieprinzip, 2013, S. 264 ff. m. w. N.). In diesem Sinne ergibt sich aus §§ 11 Abs. 3, 20 Abs. 1 WO, dass jeder wahlberechtigte Arbeitnehmer **eine** Stimme hat. **28**

Der Grundsatz **allgemeiner** Wahl geht dahin, dass jeder Wahlberechtigte sein Wahlrecht in formal gleicher Weise ausüben kann und nicht unberechtigt (z. B. wegen des Geschlechts, der Religionszugehörigkeit, der Gewerkschaftszugehörigkeit, der Staatsangehörigkeit oder aufgrund untergeordneter Tätigkeiten im Betrieb) von der Wahlteilnahme ausgeschlossen wird. Dem Grundsatz steht nicht entgegen, dass die Wahlberechtigung an bestimmte Voraussetzungen geknüpft ist (vgl. § 7) und dass nur derjenige sein Wahlrecht ausüben kann, der in die Wählerliste eingetragen ist (§ 2 Abs. 3 WO). Das ist sachlich gerechtfertigt, um eine geordnete Stimmabgabe sicherzustellen. Entgegen verbreiteter Auffassung (vgl. *Brors*/HaKo § 14 Rn. 5; *Fitting* § 14 Rn. 17; *Nicolai*/HWGNRH § 14 Rn. 11; *Richardi*/*Thüsing* § 14 Rn. 19; *Homburg*/DKKW § 14 Rn. 14) folgt aus dem Grundsatz allgemeiner Wahl nicht das Verbot, den Betrieb in Wahlkreise aufzuteilen, in denen jeweils besondere Kandidaten zur Wahl stehen; eine **Wahlkreisaufteilung** ist vielmehr **unzulässig**, weil sie mit dem gesetzlichen Wahlsystem (Wahl des gesamten Betriebsrats nach den Grundsätzen der Verhältnis- oder Mehrheitswahl) unvereinbar ist. **29**

III. Wahlverfahren (Abs. 2)

Für die Wahl des Betriebsrats nach § 14 bestimmt nunmehr Abs. 2 das Wahlsystem (Wahlverfahren) wesentlich einfacher und überschaubarer als nach früherem Recht (§ 14 Abs. 2 bis 4 a. F.). Mit der Aufgabe des Gruppenprinzips durch das BetrVerf-Reformgesetz ist die früher maßgebliche Unterscheidung zwischen Gruppenwahl (bei der die Gruppe der Arbeiter und die der Angestellten ihre Vertreter in getrennten Wahlgängen wählten) und gemeinsamer Wahl (bei der die Wahl in einem Wahlgang erfolgte, wenn die wahlberechtigten Angehörigen beider Gruppen das vor der Wahl in getrennten, geheimen Abstimmungen beschlossen) weggefallen. Damit steht kraft Gesetzes fest, dass **alle Wahlberechtigten** im Betrieb den Betriebsrat in einem **einheitlichen Verfahren** wählen. Das Gesetz unterscheidet dabei nur zwischen **Verhältniswahl** und **Mehrheitswahl**. Grundsätzlich erfolgt die Wahl nach den Grundsätzen der Verhältniswahl (Abs. 2 Satz 1); vgl. zur Frage, ob dieses Verhältniswahlrecht grundsätzlich verfassungsrechtlich geboten ist, (ausholend bejahend) *Jens Klein* Minderheitsgewerkschaften, S. 292 ff.; vgl. dazu auch *Voss* Die Rechtsstellung von Minderheitslisten im Betriebsrat, S. 34: **30**

Grundsatz der Verhältniswahl als »wesentlichster Grundsatz des Minderheitenschutzes« (und passim). Das setzt aber voraus, dass zwei oder mehr gültige Vorschlagslisten eingereicht werden. Wird nur eine gültige Vorschlagsliste eingereicht, erfolgt die Wahl nach den Grundsätzen der Mehrheitswahl (Abs. 2 Satz 2 Halbs. 1). Die nähere Ausgestaltung dieses Wahlverfahrens erfolgt im Ersten Teil der WO (§§ 1 bis 27); dabei ist das Verfahren bei mehreren Vorschlagslisten in §§ 11 bis 19 WO, das bei nur einer Vorschlagsliste in §§ 20 bis 23 WO näher geregelt. Vgl. zur WO Bd. I, Anhang 1.

31 Die Wahl ist jedoch nur dann im »normalen« Wahlverfahren nach § 14 durchzuführen, wenn sie nicht im sog. »vereinfachten Wahlverfahren für Kleinbetriebe« nach § 14a zu erfolgen hat. § 14a enthält insofern die **speziellere Verfahrensregelung**. Das »vereinfachte Wahlverfahren« ist zwingend vorgeschrieben, wenn der zu wählende Betriebsrat aus **nicht mehr als drei** Mitgliedern besteht. Das ergibt sich im Kontext von § 14a Abs. 1 Satz 1 und § 9 Satz 1 (erste und zweite Stufe), weil dieses Wahlverfahren nur für Betriebe mit in der Regel fünf bis fünfzig wahlberechtigten Arbeitnehmern bestimmt ist, in denen der Betriebsrat nach § 9 Satz 1 aus einer Person oder drei Mitgliedern besteht. Nur wenn es zu einer Vereinbarung zwischen Wahlvorstand und Arbeitgeber nach § 14a Abs. 5 kommt, ist auch ein Betriebsrat, der aus fünf oder (im Ausnahmefall) sieben Mitgliedern besteht, im vereinfachten Wahlverfahren zu wählen (vgl. dazu § 14a Rdn. 112 ff.). Im Umkehrschluss folgt daraus, dass die Wahl eines Betriebsrats, der aus **fünf oder mehr Mitgliedern** besteht, grundsätzlich (d. h. vorbehaltlich einer Vereinbarung gemäß § 14a Abs. 5) im Verfahren nach § 14 Abs. 2 durchzuführen ist. Die früher maßgebliche Unterscheidung danach, ob ein mehrköpfiger (Abs. 2 a. F.) oder lediglich ein einköpfiger (Abs. 4 a. F.) Betriebsrat zu wählen ist (vgl. 6. Aufl., § 14 Rn. 33 ff., 77 ff.), hat damit ihre Bedeutung verloren.

1. Verhältniswahl

32 Steht fest, dass der Betriebsrat mit fünf oder (ausnahmsweise) sieben Mitgliedern mangels einer Vereinbarung nach § 14a Abs. 5 nicht im vereinfachten Wahlverfahren zu wählen ist, und in allen Fällen, in denen der zu wählende Betriebsrat aus neun oder mehr Mitgliedern besteht und deshalb die Wahl zwingend nach den Verfahrensgrundsätzen des § 14 Abs. 2 stattzufinden hat, muss zur Erfassung und Anwendung des maßgeblichen Wahlsystems **geklärt werden**, ob die Wahl nach den Grundsätzen der Verhältniswahl oder als Mehrheitswahl durchzuführen ist. Das Gesetz geht von der **Verhältniswahl als Regelfall** aus (Abs. 2 Satz 1). Die Wahl findet, wie sich im Kontext von Abs. 2 Satz 1 und 2 ergibt, jedoch **nur dann** als Verhältniswahl statt, wenn insgesamt **zwei oder mehr gültige Wahlvorschläge** (Vorschlagslisten) eingereicht worden sind. Wird nur **ein** (gültiger) **Wahlvorschlag** eingereicht, erfolgt die Wahl nach den Grundsätzen der **Mehrheitswahl** (vgl. dazu Rdn. 42 ff.). Da es von der Zahl der eingereichten (gültigen) Vorschlagsliste(n) abhängt, ob die Wahl nach den Grundsätzen der Verhältniswahl oder als Mehrheitswahl durchzuführen ist, kann das vom Wahlvorstand erst nach Ablauf der Frist zur Einreichung von Wahlvorschlägen festgestellt werden (vgl. zu dieser Aufgabe und zur Beschaffung entsprechender Stimmzettel *Kreutz* § 18 Rdn. 26). Unabhängig von der Zahl der Wahlvorschläge findet die Wahl immer nach den Grundsätzen der Mehrheitswahl statt, wenn der Betriebsrat im vereinfachten Wahlverfahren nach § 14a zu wählen ist; das bestimmt Abs. 2 Satz 2 Halbs. 2, obwohl das systematisch korrekt in § 14a hätte geregelt werden müssen.

33 Das Gesetz spricht in Abs. 2 Satz 1 die »Grundsätze der Verhältniswahl« an, ohne diese zu bestimmen. Es geht davon aus, dass diese Grundsätze bekannt sind. Die **Wahlordnung bestimmt** in §§ 11 bis 19 **Näheres** (vgl. die Erl. dort).

34 Das **Verhältniswahlsystem** ist dadurch **gekennzeichnet**, dass den Wahlvorschlägen (»Vorschlagslisten« genannt) grundsätzlich in dem Verhältnis Sitze zugeteilt werden, wie sie bei der Wahl Stimmen erhalten haben. Die auf einen Wahlvorschlag entfallenden Stimmen werden zusammengerechnet und dann die zu vergebenden Sitze nach dem zahlenmäßigen Verhältnis der erzielten Gesamtstimmen auf die Wahlvorschläge verteilt. Theoretisch gibt es für die proportionale Verteilung eine Fülle von Berechnungsverfahren (vgl. dazu etwa *Schreiber* Handbuch des Wahlrechts zum Deutschen Bundestag, Kommentar zum Bundeswahlgesetz, 8. Aufl. 2009, § 6 Rn. 8 f. m. w. N.; zu Auswirkungen der verschiedenen Verfahren mit Beispielen vgl. *Triemel* Minderheitenschutz, S. 35 ff.); der Verordnungsgeber hat sich in der WO für das **d'Hondtsche Verfahren** entschieden (vgl. dazu Rdn. 36 f.). Gegenüber

dem Mehrheitswahlsystem hat das Verhältniswahlsystem den Vorteil, dass es Minderheiten »gerechter« behandelt und deshalb besonders bei einer Mehrheit von Wahlvorschlägen geeignet ist. Dem Wähler gibt das Verhältniswahlsystem die Gewissheit, dass keine Stimme »verloren« geht und jede Stimme den gleichen Erfolgswert hat wie die anderen.

Nach der WO ist die **Verhältniswahl eine »gebundene« Listenwahl**. Diese setzt mindestens zwei 35 Wahlvorschläge (»Vorschlagslisten«; vgl. dazu Rdn. 47) voraus, unter denen der Wähler auswählen kann. Jeder Wähler hat unabhängig davon, wie viele Betriebsratsmitglieder insgesamt zu wählen sind, nur **eine Stimme** und kann diese nur für **eine Liste** abgeben (§ 11 Abs. 1 Satz 1 WO). Er ist dabei an die gültige Vorschlagsliste gebunden, kann dieser seine Stimme nur als solcher geben, kann die auf der Vorschlagsliste in erkennbarer Reihenfolge aufgeführte Bewerberreihe (§ 6 Abs. 3 WO) nur »en bloc« wählen, nicht einzelne Bewerber aus den Listen auswählen. Der Wähler kann die Vorschlagsliste, die er wählen will, nicht verändern, kann weder die Reihenfolge der Bewerber ändern noch Bewerber streichen oder andere hinzusetzen; sonst ist seine Stimme ungültig (§ 11 Abs. 4 WO). Der Wähler kann auf dem Stimmzettel also nur die Vorschlagsliste ankreuzen (§ 11 Abs. 3 WO) oder sonst kenntlich machen (vgl. Rdn. 15), der er seine Stimme geben will. Die Vorschlagslisten werden entsprechend den vom Wahlvorstand durch das Los ermittelten Ordnungsnummern (§ 10 Abs. 1 WO) unter Angabe der beiden an erster Stelle benannten Bewerber und ggf. eines Kennworts (§ 11 Abs. 2 WO) auf dem Stimmzettel aufgeführt. Demgegenüber wird in der Literatur de lege ferenda auch für die Betriebsverfassung ein System »variabler« Listenwahl mit Elementen einer Persönlichkeitswahl gefordert, wie es für politische Wahlen schon verbreitet verwendet wird (vgl. *Triemel* Minderheitenschutz, S. 44 ff.). Dabei erhält der Wähler mehrere oder so viele Stimmen wie Mandate zu vergeben sind. Diese kann er »kumulieren« (einem Bewerber oder mehreren Bewerbern einer Vorschlagsliste mehrere Stimmen geben) und/oder »panaschieren« (Bewerbern verschiedener Listen Stimmen geben). Die Sitzverteilung erfolgt dann proportional nach der Zahl der Stimmen, die die Kandidaten einer Liste insgesamt erhalten haben; innerhalb einer Liste aber nicht nach Listenplatz, sondern in der Reihenfolge erreichter Stimmenzahl der Bewerber.

Die **proportionale Sitzverteilung** erfolgt nach dem Höchstzahlverfahren, das der belgische Mathe- 36 matiker *d'Hondt* entwickelt hat (***d'Hondtsches*** **System**). Diese Berechnungsart folgt nicht aus der Natur des Verhältniswahlsystems. Es ist vielmehr in § 15 WO festgelegt.

Das *d'Hondtsche* Berechnungsverfahren geht dahin, die auf die einzelnen Vorschlagslisten entfallene 37 Gesamtstimmenzahl so lange durch 1, 2, 3, 4 usw. zu teilen, bis aus den gewonnenen Teilzahlen so viele **Höchstzahlen** ermittelt sind, wie Betriebsratssitze zu verteilen sind. Jede Vorschlagsliste erhält dann so viele Sitze, wie Höchstzahlen auf sie entfallen. Das Verfahren verzichtet also auf die Ermittlung eines Zuteilungsquotienten; es geht rechnerisch von den Stimmenzahlen aus, die die Vorschlagslisten erreicht haben, und verteilt die Sitze nach der durchschnittlich höchsten Stimmenzahl der Wahlvorschläge.

Die **verhältnismäßige Sitzverteilung**, die der Wahlvorstand vorzunehmen hat, ist in § 15 WO nä- 38 her geregelt. Auszugehen ist von den Stimmenzahlen, die die einzelnen Vorschlagslisten erreicht haben. Diese sind in einer Reihe nebeneinander zu stellen und dann sämtlich durch 1, 2, 3, 4 usw. zu teilen, bis aus den dadurch gewonnenen Teilzahlen so viele Höchstzahlen ermittelt werden können, wie Betriebsratsmitglieder zu wählen sind (§ 15 Abs. 1 WO). Die Höchstzahlen sind dann auszusondern und der Größe nach zu ordnen (§ 15 Abs. 2 Satz 1 WO). Dann erhält jede Vorschlagsliste so viele Sitze im Betriebsrat zugeteilt, wie Höchstzahlen auf sie entfallen (§ 15 Abs. 2 Satz 2 WO). Wenn die niedrigste noch zu berücksichtigende Höchstzahl auf zwei oder mehr Vorschlagslisten zugleich fällt, entscheidet das Los, welcher Liste dieser Sitz zufällt (§ 15 Abs. 2 Satz 3 WO). Steht fest, wie viele Sitze auf die einzelne Vorschlagsliste entfallen, bestimmt sich nach der Reihenfolge der Benennung der Bewerberinnen und Bewerber auf dieser Liste, wer gewählt ist (§ 15 Abs. 4 WO). Enthält eine Vorschlagsliste weniger Bewerber, als Höchstzahlen auf sie entfallen (beachte, dass § 6 Abs. 2 WO, wonach eine Liste doppelt so viele Bewerber aufweisen soll, wie Betriebsratsmitglieder zu wählen sind, nur Sollvorschrift ist), werden die noch zu vergebenden Sitze der oder den Vorschlagsliste(n) zugeteilt, auf die die folgenden Höchstzahlen entfallen, für die Sitze noch nicht vergeben sind (§ 15 Abs. 3 WO). Da nach § 15 Abs. 2 BetrVG n. F. das **Geschlecht**, das in der Belegschaft **in der Minderheit** ist, mindestens entsprechend seinem zahlenmäßigen Verhältnis im Betriebsrat vertreten sein muss (vgl. § 15

§ 14 II. 1. Zusammensetzung und Wahl des Betriebsrats

Rdn. 21 ff.), kann es notwendig werden, die nach § 15 Abs. 1 bis 4 WO vorgenommene **Sitzverteilung zu korrigieren**, wenn danach von Angehörigen des Geschlechts in der Minderheit nicht die erforderliche Mindestzahl von Sitzen eingenommen wird. § 15 Abs. 5 WO bestimmt, wie dann zu verfahren ist (vgl. dazu **näher mit Beispielen** § 15 WO Rdn. 8 ff.).

39 **Erstes Beispiel zur verhältnismäßigen Sitzverteilung:** Im Betrieb sind 612 betriebszugehörige Arbeitnehmer beschäftigt. Gemäß § 9 Satz 1 (sechste Stufe) sind elf Betriebsratsmitglieder zu wählen. Es sind drei Vorschlagslisten eingereicht worden. Die Liste I enthält die Bewerber A, B, C, D, E, F, G; die Liste II K, L, M; die Liste III U, V, W, X, Y, Z. Die Liste I hat 240, die Liste II 61 und die Liste III 198 der abgegebenen gültigen Stimmen erhalten. Nach dem *d'Hondtschen* System (§ 15 WO) werden die elf Sitze wie folgt verteilt:

Gewinnung der Teilzahlen:

240 Liste I	**61 Liste II**	**198 Liste III**
: 1 = 240	: 1 = 61	: 1 = 198
: 2 = 120	: 2 = 30,5	: 2 = 99
: 3 = 80	: 3 = 20,33	: 3 = 66
: 4 = 60	: 4 = 15,25	: 4 = 49,5
: 5 = 48	: 5 = 12,2	: 5 = 39,6
: 6 = 40	: 6 = 10,16	: 6 = 33

Der Größe nach sind folgende Höchstzahlen auszusondern:

(1) 240 Liste I   (7)   61 Liste II
(2) 198 Liste III   (8)   60 Liste I
(3) 120 Liste I   (9)   49,5 Liste III
(4)   99 Liste III   (10)   48 Liste I
(5)   80 Liste I   (11)   40 Liste I
(6)   66 Liste III

Auf die Liste I entfallen sechs, auf die Liste III vier Höchstzahlen; Liste I erhält sechs Sitze, Liste III vier Sitze. Die Liste II erhält entsprechend einer Höchstzahl einen Sitz. Gewählt sind die Bewerberinnen/Bewerber A, B, C, D, E, F (Liste I), K (Liste II) sowie U, V, W, X (Liste III), vorbehaltlich einer Korrektur nach § 15 Abs. 5 WO, wenn sich unter diesen Personen nicht die erforderliche Mindestzahl von Angehörigen des Geschlechts in der Minderheit befindet.

40 **Zweites Beispiel zur verhältnismäßigen Sitzverteilung:** Im Betrieb sind 190 betriebsangehörige Arbeitnehmer beschäftigt. Gemäß § 9 Satz 1 (vierte Stufe) sind sieben Betriebsratsmitglieder zu wählen. Es sind zwei Vorschlagslisten eingereicht worden. Die Liste I enthält die Bewerber A, B, C, D, E, F; die Liste II V, W, X, Y, Z. Die Liste I hat 160, die Liste II 22 gültige Stimmen erhalten. Dann ergibt sich folgende Sitzverteilung:

Gewinnung der Teilzahlen:

160 Liste I	**22 Liste II**
: 1 = 160	: 1 = 22
: 2 = 80	: 2 = 11
: 3 = 53,33	: 3 = 7,33
: 4 = 40	: 4 = 5,5
: 5 = 32	: 5 = 4,4
: 6 = 26,66	: 6 = 3,66
: 7 = 22,85	: 7 = 3,14

Der Größe nach sind folgende Höchstzahlen auszusondern: 160; 80; 53,33; 40; 32; 26,66; 22,85 (alle Liste I). Auf Liste I entfallen damit sieben Höchstzahlen, mehr als sie Bewerber enthält. Der Liste I fallen daher nur sechs Sitze zu; den siebten Sitz erhält Liste II (§ 15 Abs. 3 WO). Gewählt sind A, B, C, D, E, F (Liste I) und V (Liste II).

Wahlvorschriften § 14

Die Höchstzahlen sind ohne unmittelbare Bedeutung für die Ermittlung der **Ersatzmitglieder**. 41
Wenn ein Gewählter die Annahme des Amtes ablehnt oder ein Mitglied nachträglich aus dem Betriebsrat ausscheidet oder zeitweilig verhindert ist, rücken zunächst immer diejenigen Bewerber **derselben** Vorschlagsliste nach, die nicht gewählt worden sind, und zwar grundsätzlich in der Reihenfolge ihrer Listenplätze; zu Ausnahmen kann es kommen, weil § 15 Abs. 2 zu berücksichtigen ist (vgl. auch § 17 Abs. 2 WO). Erst wenn eine Liste erschöpft ist, rückt ein Ersatzmitglied von der Liste nach, auf die die nächste Höchstzahl entfallen ist; ist auch diese Liste erschöpft, dann aus der Liste mit der nächsten Höchstzahl usw. (§ 25 Abs. 2 Satz 1 und 2; vgl. auch *Oetker* § 25 Rdn. 49 ff.).

2. Mehrheitswahl

Ist insgesamt **nur ein** (gültiger) **Wahlvorschlag** (Vorschlagsliste) eingereicht worden, erfolgt die Wahl 42
der Betriebsratsmitglieder nach den Grundsätzen der Mehrheitswahl (§ 14 Abs. 2 Satz 2 Halbs. 1 BetrVG; §§ 20 ff. WO). Die Bestimmung, dass die Grundsätze der Mehrheitswahl auch im vereinfachten Wahlverfahren nach § 14a gelten, ist systematisch unstimmig als Halbs. 2 dem § 14 Abs. 2 Satz 2 angefügt worden; korrekt hätte die Regelung in § 14a getroffen werden müssen (vgl. § 14a Rdn. 4).

Die **Mehrheitswahl ist eine Personenwahl**. Da es im Wahlverfahren nach § 14 Abs. 2 (anders als bei 43
der Wahl des einköpfigen Betriebsrats, die im vereinfachten Wahlverfahren nach § 14a zu erfolgen hat) immer um die Wahl mehrerer Personen geht, sind grundsätzlich diejenigen gewählt, die **der Reihe nach** die meisten Stimmen erhalten haben (relative Mehrheit). Bei Stimmengleichheit entscheidet das Los (§ 22 Abs. 3 WO). Die Ermittlung der Gewählten nach der Höhe der von den Bewerberinnen und Bewerbern erzielten Stimmenzahlen erfährt jedoch dadurch eine **Durchbrechung**, dass nach § 15 Abs. 2 das Geschlecht, das in der Belegschaft in der Minderheit ist, zwingend mindestens entsprechend seinem zahlenmäßigen Verhältnis im Betriebsrat vertreten sein muss. Deshalb kann z. B. eine Bewerberin, wenn das weibliche Geschlecht in der Minderheit ist, auch dann gewählt sein, wenn sie weniger Stimmen erhalten hat als männliche Bewerber, die keinen Sitz im Betriebsrat erhalten (vgl. das Beispiel § 22 WO Rdn. 1). § 22 WO trägt dem Rechnung. Danach werden zunächst die dem Geschlecht in der Minderheit zustehenden Mindestsitze mit Angehörigen dieses Geschlechts in der Reihenfolge der jeweils höchsten Stimmenzahl besetzt (§ 22 Abs. 1 WO). Erst danach werden die weiteren Sitze geschlechtsneutral in der Reihenfolge der jeweils höchsten Stimmenzahlen vergeben (§ 22 Abs. 2 WO). Unter Berücksichtigung des § 15 Abs. 2 bestimmt sich auch die Reihenfolge der Ersatzmitglieder nach der Höhe der erreichten Stimmenzahlen (§ 25 Abs. 2 Satz 3).

Bei Mehrheitswahl hat jeder Wähler **so viele Stimmen**, wie im Wahlgang insgesamt Betriebsratsmit- 44
glieder zu wählen sind (§ 20 Abs. 3 Satz 1 Halbs. 2 WO). Er kann seine Stimme(n) nur für solche Bewerber abgeben, die in der Vorschlagsliste aufgeführt sind (§ 20 Abs. 1 WO); auf den Stimmzetteln sind die Namen **sämtlicher** Bewerber in der Reihenfolge aufzuführen, in der sie auf der (einzigen) Vorschlagsliste benannt sind (§ 20 Abs. 2 WO). Dementsprechend kann der Wähler nicht die (einzige) Liste »en bloc« wählen; er ist auch **nicht an die Reihenfolge gebunden**, in der die Bewerber auf dem Stimmzettel aufgeführt sind. Der Wähler entscheidet frei, welchem oder welchen Kandidaten er seine Stimme(n) gibt. Der Wähler kann auf den Stimmzetteln **so viele Bewerber** ankreuzen oder in sonstiger Weise an der auf dem Stimmzettel vorgesehenen Stelle kenntlich machen (vgl. dazu Rdn. 15), wie Betriebsratsmitglieder in dem Wahlgang zu wählen sind und er demgemäß Stimmen hat. Er kann jedoch jedem Bewerber nur eine Stimme geben. Kreuzt der Wähler mehr Kandidaten an, als zu wählen sind, ist die Stimmabgabe ungültig (§§ 20 Abs. 3, 11 Abs. 4 WO). Kreuzt der Wähler einen Kandidaten mehrmals an, setzt er insgesamt aber nicht mehr Kreuze auf den Stimmzettel, als er Stimmen hat, ist die Stimmabgabe (eine Stimme) gültig; dem Wähler ist es unbenommen, weniger Bewerber zu wählen, als er Stimmen hat.

Die Mehrheitswahl hat gegenüber der Verhältniswahl den Vorteil, dass der Entscheidungsspielraum des 45
Wählers erweitert wird, weil er nicht an die Reihenfolge der Bewerber auf der Vorschlagsliste gebunden ist, diese für ihn nicht »starr« ist, so dass er unmittelbar (mit-)bestimmen kann, wer in den Betriebsrat einrückt (vgl. auch *Fitting* § 14 Rn. 30), freilich nur im Hinblick auf die auf dem Stimmzettel genannten Bewerber. Gegenüber Minderheiten ist das Mehrheitswahlsystem jedoch nachteiliger als das Verhältniswahlsystem, weil die für unterlegene Kandidaten abgegebenen Stimmen unberücksichtigt

Jacobs 483

bleiben. Betriebliche Mehrheiten, insbesondere auch wegen gewerkschaftlicher Organisationszugehörigkeit, favorisieren deshalb das Mehrheitswahlsystem (vgl. auch *Richardi / Thüsing* § 14 Rn. 37).

46 **Beispiel der Sitzverteilung bei Mehrheitswahl:** Einem Betrieb gehören 148 Arbeitnehmer an; davon sind 128 Männer, 20 Frauen. Nach § 9 Satz 1 4. Stufe sind sieben Betriebsratsmitglieder zu wählen. Das Geschlecht in der Minderheit ist weiblich. Nach § 15 Abs. 2 i. V. m. § 5 WO muss wenigstens ein Betriebsratssitz einer Frau zufallen (vgl. zur Berechnung § 5 WO Rdn. 4). Es wird nur eine gültige Vorschlagsliste eingereicht; die auf dieser Liste aufgeführten Bewerber erhalten folgende Stimmenzahlen:

A	(Mann)	47	G	(Mann)	66
B	(Mann)	103	H	(Frau)	27
C	(Mann)	100	I	(Frau)	25
D	(Frau)	11	K	(Mann)	111
E	(Frau)	26	L	(Mann)	65
F	(Frau)	67	M	(Frau)	88

Zunächst wird der dem weiblichen Geschlecht in Minderheit zufallende Mindestsitz der M zugeteilt (§ 22 Abs. 1 WO), weil sie unter den Bewerberinnen die höchste Stimmenzahl erreicht hat. In der Reihenfolge der erreichten Stimmenzahl werden die weiteren (sechs) Sitze verteilt (§ 22 Abs. 2 WO) an: K, B, C, F, G und L.

Ersatzmitglieder sind in der Reihenfolge der erreichten Stimmenzahlen (§ 25 Abs. 2 Satz 3) A, H, E, I und D; beim Nachrücken von Ersatzmitgliedern (z. B. wenn M und F ausscheiden) ist jedoch § 15 Abs. 2 zu berücksichtigen (s. *Oetker* § 25 Rdn. 58).

IV. Wahlvorschläge (Abs. 3 bis 5)

47 Die Betriebsratswahl erfolgt **immer** aufgrund von **Wahlvorschlägen** (vgl. Abs. 3 bis 5). Der Wahlvorschlag im Wahlverfahren nach § 14 ist die schriftliche, unterschrieben beim Wahlvorstand einzureichende Benennung einer Person oder mehrerer Personen, die zur Wahl zum Betriebsratsmitglied vorgeschlagen werden (*LAG Schleswig-Holstein* 09.01.2017 – 3 TaBVGA 3/16 – juris, Rn. 53). Die WO spricht von »**Vorschlagslisten**« (§ 6 Abs. 1, § 20 Abs. 1 WO). Der Ausdruck erklärt sich daher, dass die Wahl nach § 14 Abs. 2 Satz 1 grundsätzlich nach den Grundsätzen der Verhältniswahl erfolgt, die Listenwahl ist. Von Wahlvorschlägen spricht die Wahlordnung bei den Wahlvorschlägen der Gewerkschaften (§ 27 WO) und bei der Wahl des Betriebsrats im vereinfachten Wahlverfahren (§ 33 WO). Die unterschiedliche Bezeichnung hat materiellrechtlich keine Bedeutung (vgl. auch § 6 WO Rdn. 1). Die **Zahl** der jeweils Vorgeschlagenen ist für die Gültigkeit eines Wahlvorschlags ohne Belang (*LAG Schleswig-Holstein* 09.01.2017 – 3 TaBVGA 3/16 – juris, Rn. 90). § 6 Abs. 2 WO, wonach jede Vorschlagsliste doppelt so viele Bewerberinnen oder Bewerber aufweisen soll, wie im Wahlgang Betriebsratsmitglieder zu wählen sind, ist reine Ordnungsvorschrift. Ein Wahlvorschlag ist deshalb auch dann gültig, wenn er weniger Wahlbewerber benennt, als Betriebsratsmitglieder zu wählen sind (ebenso die ganz h. M.; vgl. § 6 WO Rdn. 7); vgl. aber auch sogleich Rdn. 48 a. E. Näheres über die **Einreichungsfrist, Form, Inhalt, Prüfung** und **Bekanntmachung** von Wahlvorschlägen regeln §§ 6 bis 10 WO sowie § 27 WO für Wahlvorschläge der Gewerkschaften. Die WO ist hier in Bd. I, Anhang 1, abgedruckt und kommentiert; vgl. deshalb auch immer die Erl. zu den einschlägigen Bestimmungen der WO.

48 Nur wer in einem Wahlvorschlag (Vorschlagsliste) **benannt** ist, **kann** in den Betriebsrat **gewählt werden** (vgl. § 11 Abs. 1 Satz 1, § 20 Abs. 1 WO). Ohne schriftlichen Wahlvorschlag kann (außer im vereinfachten Wahlverfahren nach § 14a Abs. 2 BetrVG, § 33 Abs. 1 Satz 2 WO) keine wirksame Wahl stattfinden; erfolgt die Wahl doch, ist sie **nichtig**, nicht nur anfechtbar (ebenso *Koch/* ErfK § 14 BetrVG Rn. 5; *Fitting* § 14 Rn. 43; *Joost/* MünchArbR § 216 Rn. 163; *Nicolai/ HSWGNRHWGNRH* § 14 Rn. 24; *Reichold/HWK* § 14 BetrVG Rn. 15; *Richardi / Thüsing* § 14 Rn. 41; *Homburg/DKKW* § 14 Rn. 18; *Wlotzke/WPK* § 14 Rn. 25). Die Wahl ist aber nicht bereits deshalb nichtig, weil sie aufgrund eines ungültigen Wahlvorschlags durchgeführt wird (**a. M.** bei Un-

gültigkeit nach § 6 Abs. 1 S. 2, § 8 Abs. 1 Nr. 2 WO *LAG Hamm* 09.09.1994 BB 1995, 260); vgl. auch Rdn. 74. Ist in der Einreichungsfrist (vgl. dazu Rdn. 75) beim Wahlvorstand kein gültiger Wahlvorschlag eingereicht worden und bleibt auch eine Nachfrist (§ 9 Abs. 1 WO) ungenutzt, ist der Wahlgang abzusagen (§ 9 Abs. 2 WO). Der Wahlgang ist auch dann abzusagen, wenn auf den eingereichten Wahlvorschlägen (nach Nachfristsetzung) nicht mindestens so viele Bewerber zur Wahl vorgeschlagen sind, wie nach der Belegschaftsstärke Betriebsratsmitglieder zu wählen sind (vgl. dazu ausführlich und m. w. N. § 9 Rdn. 32 sowie weitergehend *Heinze* NZA 1988, 568 [570]).

Das Recht, Wahlvorschläge zu machen (»Wahlvorschlagsrecht«), hat durch die **Novelle** vom 20.12.1988 tief greifende Veränderungen erfahren (vgl. Rdn. 3). Das BetrVerf-Reformgesetz hat daran, abgesehen von der Neugliederung der Bestimmung, im Ansatz nichts Wesentliches geändert; die Regelungen zum Wahlvorschlagsrecht enthalten Abs. 3 bis 5 (früher Abs. 5 bis 8 a. F.). Nach Abs. 3 steht das Wahlvorschlagsrecht gleichermaßen den **wahlberechtigten Arbeitnehmern** und den **im Betrieb vertretenen Gewerkschaften** zu. Die Gültigkeit von Wahlvorschlägen der Arbeitnehmer ist nach wie vor an ein Unterschriftenquorum Wahlberechtigter gebunden, das durch die Novelle vom 20.12.1988 jedoch erheblich herabgesetzt wurde (Abs. 4) und nach der Aufhebung des Gruppenprinzips durch das BetrVerf-Reformgesetz jetzt allgemein auf »wahlberechtigte Arbeitnehmer« abstellt. Wahlvorschläge der im Betrieb vertretenen Gewerkschaften erfordern zu ihrer Gültigkeit dagegen keine Stützunterschriften Wahlberechtigter (Abs. 5). Der **Arbeitgeber** ist **nicht** wahlvorschlagsberechtigt. 49

1. Wahlvorschläge der Arbeitnehmer (Abs. 3 und 4)

a) Vorschlagsberechtigung

Nach Abs. 3 können zunächst die **wahlberechtigten Arbeitnehmer** des Betriebs Wahlvorschläge zur Wahl des Betriebsrats machen. Das Wahlvorschlagsrecht ist Teil ihres Wahlrechts nach § 7 Satz 1 (s. *Raab* § 7 Rdn. 6, 8). Der Vorschlagende muss wahlberechtigt sein (vgl. zur Wahlberechtigung ausführlich *Raab* § 7 Rdn. 11 ff.). Auch Leiharbeitnehmer, die nach § 7 Satz 2 wahlberechtigt sind, aber nicht betriebszugehörig (s. *Raab* § 7 Rdn. 91 f., 93 ff.) sind, sind berechtigt, Wahlvorschläge einzureichen (vgl. *Fitting* § 14 Rn. 45; *Homburg*/DKKW § 14 Rn. 26; ebenso i. E. neben denjenigen, die die Betriebszugehörigkeit der nach § 7 Satz 2 Wahlberechtigten sowieso bejahen [vgl. die Nachweise bei *Raab* § 7 Rdn. 91 f., 93 ff.] *Fitting* § 14 Rn. 45; *Kreutz* SAE 2004, 168 [173]; *Löwisch* BB 2001, 1734, 1737; *Löwisch*/*Kaiser* § 7 Rn. 13; *Maschmann* DB 2001, 2446 [2448]; *Nicolai*/HSWGNRHWGNRH § 14 Rn. 26; *Reichold*/HWK § 14 BetrVG Rn. 17; *Richardi*/*Thüsing* § 14 Rn. 45)4; *Wank*/ErfK § 14 AÜG Rn. 6). Der Vorgeschlagene muss wählbar sein (vgl. zur Wählbarkeit ausführlich *Raab* § 8 Rdn. 15 ff.). Beide müssen in die Wählerliste eingetragen sein (§ 2 Abs. 3 WO); ggf. ist die Wählerliste rechtzeitig zu berichtigen (§ 4 WO). Sonst ist der Vorschlag ungültig. **Sämtliche** Wahlberechtigten sind vorschlagsberechtigt; das ist durch das BetrVerf-Reformgesetz im Wortlaut von Abs. 4 klargestellt worden, nachdem die frühere Unterscheidung zwischen Wahlvorschlägen bei Gruppenwahl (Abs. 6 a. F.) und gemeinsamer Wahl (Abs. 7 a. F.) in Folge der Aufgabe des Gruppenprinzips entfallen ist. 50

Der **einzelne** Wahlberechtigte **allein** ist **nicht** vorschlagsberechtigt. Jeder Wahlvorschlag bedarf der Unterstützung durch eine **Mindestzahl** wahlberechtigter Arbeitnehmer, die den Wahlvorschlag unterzeichnen müssen (Abs. 4). Der Wahlvorschlag ist somit **gemeinsamer Vorschlag** der Unterzeichner (vgl. dazu Rdn. 69). Ein Wahlvorschlag, der **bei Einreichung** nicht die nach Abs. 4 erforderliche Zahl von (Stütz-) Unterschriften aufweist, ist ungültig (§ 8 Abs. 1 Nr. 3 WO). Jeder einzelne oder mehrere Wahlberechtigte oder eine Gruppe von Wahlberechtigten können indes die **Initiative** ergreifen und (nach Absprachen oder internen Abstimmungen über die Bewerber und ihre Reihung) einen schriftlichen Wahlvorschlag aufstellen, für den sie sodann erst die erforderlichen Stützunterschriften bei anderen Wahlberechtigten im Betrieb sammeln, bevor dieser beim Wahlvorstand eingereicht wird. 51

Mit dem Erfordernis einer Mindestzahl von Stützunterschriften (»Unterschriftenquorum«) soll bewirkt werden **(Zweck)**, dass nur solche Wahlvorschläge zur Wahl gestellt werden, die ernsthafte Aussicht auf Erfolg haben; zugleich soll dadurch das Stimmgewicht der einzelnen Wählerstimme gesichert und indirekt der Gefahr der Stimmenzersplitterung vorgebeugt werden. Durch die **Novelle** vom 20.12.1988 ist das für einen gültigen Wahlvorschlag der Arbeitnehmer **erforderliche Unterschrif-** 52

tenquorum gegenüber dem früheren Recht (§ 14 Abs. 5, 6 BetrVG 1972 a. F.) erheblich **herabgesetzt** worden (vgl. näher Rdn. 54); das BetrVerf-Reformgesetz hat daran nichts geändert. Nach wie vor unterscheidet das Gesetz dabei ein **relatives** (in Prozenten ausgedrücktes) und ein (vorrangiges) **absolutes** (in festen Zahlen ausgedrücktes) Unterschriftenquorum.

53 Nach Abs. 4 Satz 1 Halbs. 1 muss jeder Wahlvorschlag der Arbeitnehmer von **mindestens einem Zwanzigstel** (5 %) der wahlberechtigten Arbeitnehmer des Betriebs unterzeichnet sein. Die Maßgeblichkeit dieses relativen Unterschriftenquorums wird jedoch durch die Festlegung absoluter Zahlen (absolutes Unterschriftenquorum) verdrängt: **In jedem Fall genügt** die Unterzeichnung durch **fünfzig** wahlberechtigte Arbeitnehmer (Abs. 4 Satz 2), auch wenn diese Zahl weniger als ein Zwanzigstel ausmacht. **Erforderlich** sind andererseits grundsätzlich jeweils **mindestens drei** Unterschriften (Abs. 4 Satz 1 Halbs. 1), selbst wenn diese Zahl mehr als ein Zwanzigstel ausmacht (vgl. dazu auch Rdn. 57). Das kann im (normalen) Wahlverfahren nach § 14 aber nur für Betriebe mit in der Regel 51 wahlberechtigten Arbeitnehmern bis 59 Arbeitnehmern praktisch werden, weil in Betrieben mit in der Regel bis fünfzig wahlberechtigten Arbeitnehmern das vereinfachte Wahlverfahren für Kleinbetriebe nach § 14a stattzufinden hat. Da dieses auch immer in Betrieben mit in der Regel bis zu zwanzig wahlberechtigten Arbeitnehmern stattzufinden hat, kann es sich auch nur im vereinfachten Wahlverfahren auswirken, dass nach Abs. 4 Satz 1 Halbs. 2 in solchen Betrieben ausnahmsweise die Unterzeichnung (oder Unterstützungserklärung; vgl. § 14a Rdn. 42) durch zwei Wahlberechtigte genügt. Systematisch korrekt hätte Abs. 4 Satz 1 Halbs. 2 deshalb nach § 14a übernommen werden müssen.

54 Bis zur Novelle vom 20.12.1988 (vgl. § 14 Abs. 5, 6 BetrVG 1972 a. F.) betrug das relative Unterschriftenquorum ein Zehntel (10 %). Das absolute Quorum war so festgelegt, dass hundert Unterschriften genügten, ohne Ausnahme aber mindestens drei Unterschriften erforderlich waren. Der Gesetzgeber hat durch die Novelle 1988 die Unterschriftenquoren halbiert und die Ausnahmeregelung in Abs. 6 Satz 1 Halbs. 2 (jetzt: Abs. 4 Satz 1 Halbs. 2: zwei Unterschriften genügen) gegenüber dem Erfordernis einer Mindestzahl von drei Stützunterschriften geschaffen, um der Entscheidung des *BVerfG* aus dem Jahr 1984 (*BVerfG* 16.10.1984 BVerfGE 67, 369 = AuR 1985, 62 *[Herschel]*) auch für die Betriebsratswahl Rechnung zu tragen (vgl. Entwurfsbegründung, BT-Drucks. 11/2503, S. 23, 31). Das *BVerfG* hat § 19 Abs. 4 Satz 2, Abs. 5 BPersVG a. F., die mit § 14 Abs. 5 Satz 2, Abs. 6 BetrVG 1972 a. F. inhaltlich übereinstimmten, insoweit als mit Art. 3 Abs. 1 GG unvereinbar und nichtig erklärt, als danach Wahlvorschläge von mindestens einem Zehntel der wahlberechtigten Gruppenangehörigen oder von mindestens einem Zehntel der wahlberechtigten Beschäftigten unterzeichnet sein mussten. Die Verfassungswidrigkeit eines relativen Unterschriftenquorums von 10 %, nur darauf bezieht sich die Entscheidung, begründete das *BVerfG* vor allem damit, dass dieses Quorum eine übermäßige Beschränkung der Allgemeinheit und Gleichheit der Personalratswahl sei und damit Wahlbewerber vom Wahlgang ausgeschlossen werden, die ernsthafte Aussichten auf einen Sitz in der Personalvertretung haben. Das Gericht hat allerdings ausdrücklich offen gelassen, welches (relative) Quorum im Personalvertretungsrecht noch als sachgerecht und damit verfassungsrechtlich unbedenklich erachtet werden kann, um aussichtslose Wahlvorschläge von der Wahl auszuschließen (*BVerfG* 16.10.1984 BVerfGE 67, 369, [380]). Das Gericht hat aber darauf hingewiesen, dass dabei auch die Reichweite der in Art. 9 Abs. 3 GG gewährleisteten Koalitionsfreiheit nicht verkannt werden darf (*BVerfG* 16.10.1984 BVerfGE 67, 369, [379]).

55 Nach der Entscheidung des *BVerfG* zum Personalvertretungsrecht war für die Betriebsratswahl (zumindest) auch das **relative Unterschriftenquorum** von 10 % nach § 14 Abs. 5 Satz 2, Abs. 6 BetrVG 1972 a. F. als **verfassungswidrig** anzusehen und seine Herabsetzung verfassungsrechtlich geboten (so schon 4. Aufl., § 14 Rn. 86; auch *Buchner* NZA 1989, Beil. Nr. 1, S. 2; *Engels/Natter* BB 1989, Beil. Nr. 8, S. 1 [16 f.]; *LAG Hamm* 27.02.1985 DB 1985, 1347; *Löwisch* BB 1988, 1953; *Richardi* AuR 1986, 33 [36]; *Röder* NZA 1989, Beil. Nr. 4, S. 2 [7]; *Schneider* AiB 1988, 99 [101]; *Säcker* BT-Protokoll, 11. Wahlperiode, 48. Sitzung des Ausschusses für Arbeit und Sozialordnung am 28.09.1988 [Sachverständigenanhörung], S. 165; ebenso dort *Kreutz*, S. 175; zweifelnd dort *Hanau*, S. 141 wegen Bedenken, das Prinzip der politischen Demokratie auf Wahlen im Privatrechtsbereich zu übertragen; zweifelnd auch *Wlotzke* DB 1989, 111 [112] unter Berufung auf *Hanau* Die juristische Problematik des Entwurfs eines Gesetzes zur Verstärkung der Minderheitenrechte in den Betrieben und Verwaltun-

gen, Rechtsgutachten, Bundesverband der gemeinwirtschaftlichen Unternehmen e. V., 1986, S. 13 ff.; verneinend *Schumann* AiB 1988, 205 wegen angeblicher Unterschiede zwischen Personal- und Betriebsverfassung). Obwohl das *BVerfG* (16.10.1984 BVerfGE 67, 369 [380]) ausdrücklich offen gelassen hat, welches (relative) Unterschriftenquorum als verfassungsrechtlich unbedenklich erachtet werden kann, billigt es doch zugleich erneut (*BVerfG* 16.10.1984 BVerfGE 67, 369 [377]; vgl. davor auch 23.03.1982 BVerfGE 60, 162 [168]) das Erfordernis einer bestimmten Unterschriftenzahl, um den Wahlakt auf ernsthafte Bewerber zu beschränken und so indirekt der Gefahr der Stimmenzersplitterung vorzubeugen. Andererseits hat das *BVerfG* (16.10.1984 BVerfGE 67, 369 [379]) eine Regelung als »offensichtlich« verfassungswidrig bezeichnet, die ein höheres Quorum verlangt als die Zahl der für einen Personalratssitz erforderlichen Stimmen (ebenso wieder *BVerfG* 12.10.2004 NZA 2004, 1395, wo auch das Unterschriftenquorum [10 % oder 100 Unterschriften] des § 12 Abs. 1 Satz 2 MitbestG für verfassungswidrig erklärt wird [zust. *Säcker* RdA 2005, 113]). Vor diesem Beurteilungsrahmen ist festzuhalten, dass verfassungsrechtliche Bedenken wegen Verstoßes gegen Art. 3 Abs. 1 und Art. 9 Abs. 3 GG gegen die Höhe des jetzt geltenden relativen Quorums von 5 % (ein Zwanzigstel) nicht bestehen und auch von niemandem angemeldet worden sind (vgl. näher zu den Erwägungen des Gesetzgebers *Engels/Natter* BB 1989, Beil. Nr. 8, S. 1 [16 f.]; nach *BVerfG* 22.10.1985 BVerfGE 71, 81 [97] ist in der Regel ein Quorum von 5 % verfassungsrechtlich nicht zu beanstanden; *Jens Klein* Minderheitsgewerkschaften, S. 269 ff. hält ein Quorum von 5 % für verfassungsfest, d. h. verfassungsgemäß nicht erhöhbar). Das gilt erst recht, da auch das in jedem Fall genügende absolute Unterschriftenquorum von hundert auf fünfzig Unterschriften herabgesetzt worden ist und daher schon bei mehr als eintausend wahlberechtigten Arbeitnehmern das Quorum rechnerisch unter 5 % liegt.

56 Ob auch die Herabsetzung des **absoluten Unterschriftenquorums** von einhundert auf fünfzig Unterschriften verfassungsrechtlich geboten war, kann dahinstehen, weil das *BVerfG* in der Entscheidung vom 16.10.1984 nur über die Verfassungswidrigkeit des relativen Quorums von 10 % entschieden hat. Der Gesetzgeber wollte mit der Herabsetzung verfassungsrechtliche Risiken vermeiden (vgl. *Wlotzke* FS *K. Molitor*, 1988, S. 397 [400]), zumal Instanzgerichte bei Vorlagebeschlüssen nach Art. 100 GG an das *BVerfG* von der Verfassungswidrigkeit auch des absoluten Quorums ausgegangen sind (vgl. die Nachweise bei *Engels/Natter* BB 1989, Beil. Nr. 8, S. 1 [17]). Diese Herabsetzung ist verbreitet auf Kritik gestoßen. Es wird die Gefahr einer Stimmenzersplitterung in Großbetrieben befürchtet, die vor allem radikalen Splitter- und Randgruppen zugutekomme (vgl. zur Kritik der SPD Bericht des 11. Ausschusses, BT-Drucks. 11/3618, S. 5; ferner *Hanau* AuR 1988, 261 [264 f.]; *Röder* NZA 1989, Beil. Nr. 4, S. 2 [7]; *Schneider* AiB 1988, 99 [101]). Zweifel an der Verfassungsmäßigkeit dieser Regelung bestehen jedoch nicht, da den Prinzipien der Allgemeinheit und Gleichheit der Wahl umso eher entsprochen wird, je niedriger das maßgebliche Unterschriftenquorum ist. Wenn es durch die Herabsetzung des absoluten Quorums öfter als früher dazu kommt, dass der Betriebsrat nach den minderheitenfreundlicheren Grundsätzen der Verhältniswahl gewählt wird (vgl. Abs. 2), weil mehr als eine gültige Vorschlagsliste eingereicht wird, liegt das in der Zielsetzung des Gesetzgebers, durch eine Verstärkung der Minderheitenrechte »mehr Demokratie im betrieblichen Alltag zu verwirklichen« (Entwurfsbegründung, BT-Drucks. 11/2503, S. 26). Im Übrigen besagt die Erleichterung von Wahlvorschlägen noch nicht, dass Minderheitsgruppierungen bei der Wahl auch tatsächlich Erfolg haben (*Heither* NZA 1990, Beil. Nr. 1, S. 2 [12]).

57 Dass das **absolute Mindestunterschriftenquorum** (von der Sonderregelung nach Abs. 4 Satz 1 Halbs. 2 n. F. abgesehen) nach wie vor **drei** Unterschriften erfordert, könnte man im Hinblick auf die Entscheidung des *BVerfG* aus dem Jahr 1984 (16.10.1984 BVerfGE 67, 369) insofern für verfassungsrechtlich bedenklich erscheinenhalten, als diese Zahl sogar mehr als ein Zehntel ausmachen kann, soweit nämlich im Einzelfall einundzwanzig bis neunundzwanzig wahlberechtigte Arbeitnehmer vorhanden sind (insoweit greift Abs. 4 Satz 1 Halbs. 2 n. F. nicht ein). Das *BVerfG* hat zwar in genereller Form »Unterschriftenquoren von mindestens einem Zehntel« als übermäßige Beschränkung der Wahlgleichheit bezeichnet (16.10.1984 BVerfGE 67, 369 [378]). Das Gericht hat aber nicht über die (absolute) Mindestzahl von drei Stützunterschriften entschieden und sich auch nicht beiläufig zu dieser Frage geäußert. Auch zeigt sich bei der Sonderregelung des Abs. 4 Satz 1 Halbs. 2, dass für kleine Betriebe ein Quorum von unter 10 % nicht erreichbar ist (dort ergibt sich ein Quorum bis zu maximal 40 % bei fünf Arbeitnehmern). Da aber auch bei diesen ein Unterschriftenquorum sachlich gerechtfertigt ist, um den Wahlakt auf ernst zu nehmende Bewerber zu beschränken und damit

§ 14   II. 1. Zusammensetzung und Wahl des Betriebsrats

indirekt der Gefahr einer Stimmenzersplitterung vorzubeugen, kann insofern die Elle eines in Prozenten ausgedrückten (relativen) Quorums nicht schematisch angelegt werden. Dass ein absolutes Mindestquorum von drei Unterschriften ein maximales Quorum von 14,2 % (bei einundzwanzig Arbeitnehmern) bedeutet und erst bei sechzig Arbeitnehmern ein Zwanzigstel (5 %) erreicht, ist mithin verfassungskonform; der Gesetzgeber hat insoweit den ihm zukommenden Gestaltungsspielraum nicht überschritten.

58 Zu begrüßen ist gleichwohl die Absenkung auf absolut **zwei** Stützunterschriften bei **kleinen Betrieben** mit in der Regel (vgl. § 9 Rdn. 18 ff.) bis zu zwanzig wahlberechtigten Arbeitnehmern (Abs. 4 Satz 1 Halbs. 2). Damit wird eine übermäßige Beschränkung der Wahlgleichheit vermieden und doch verhindert, dass sich jeder Wahlberechtigte selbst vorschlagen kann. Damit können auch bei nur fünf wahlberechtigten Arbeitnehmern zwei Wahlvorschläge gemacht werden.

59 Für die im Einzelfall erforderliche Mindestzahl von Unterschriften ist die im **Wahlausschreiben** (mit dem Stichtag seines Erlasses) **angegebene Zahl verbindlich** (§ 3 Abs. 2 Nr. 6 WO). Ergeben sich bei der Berechnung des Zwanzigstels **Bruchteile** einer Zahl, ist auf die nächste volle Zahl aufzurunden, weil das Gesetz verlangt, dass **mindestens** ein Zwanzigstel erreicht werden muss (zust. *Fitting* § 14 Rn. 47; *Wlotzke/WPK* § 14 Rn. 27; i. E. auch *Richardi/Thüsing* § 14 Rn. 59). Sind z. B. 142 Arbeitnehmer wahlberechtigt, muss ein Wahlvorschlag von acht wahlberechtigten Arbeitnehmern unterzeichnet sein.

60 **Jeder** Wahlberechtigte kann einen Wahlvorschlag durch Unterzeichnung unterstützen. Insbesondere kann auch ein **Wahlbewerber** den Vorschlag unterzeichnen, in dem er selbst zur Wahl vorgeschlagen wird (unstr.). Die schriftliche Zustimmung des Bewerbers zur Kandidatur (vgl. Rdn. 65) ist als solche jedoch keine Stützunterschrift; ist anderes gewollt, muss das der Wahlvorschlag durch entsprechende Rubriküberschriften deutlich ausweisen (*BAG* 06.11.2013 EzA § 14 BetrVG 2001 Nr. 4 Rn. 18 = – 7 ABR 65/11 AP Nr. 3 zu § 14 BetrVG 1972– juris, Rn. 18; *LAG Frankfurt a. M.* 20.04.1989 BB 1989, 1692; *Hess. LAG* 28.01.2002 NZA-RR 2002, 424; vgl. auch *LAG Hamm* 01.07.2011 – 13 TaBV 26/11 – juris, Rn. 32 f.; *BAG* 06.11.2013 – 7 ABR 65/11 – juris, Rn. 18). Wahlvorschläge, die nur Angehörige eines Geschlechts als Bewerberinnen oder Bewerber benennen, können von wahlberechtigten Angehörigen des anderen Geschlechts unterstützt werden. Auch **Mitglieder (und Ersatzmitglieder) des Wahlvorstands**, die als solche immer wahlberechtigt sein müssen (vgl. § 16 Abs. 1, § 17 Abs. 1), können einen Wahlvorschlag unterzeichnen. Dagegen spricht nicht, dass der Wahlvorstand über die Ordnungsmäßigkeit der Wahlvorschläge zu entscheiden hat (§ 7 WO). Denn die Überprüfung der Wahlvorschläge auf ihre Gültigkeit ist rechtlich gebunden (§ 8 WO) und eröffnet dem Wahlvorstand keinen Ermessensspielraum, den dieser zu irgendwelchen Manipulationen nutzen könnte oder der ihn in eine Interessenkollision bringen könnte. Außerdem unterliegen alle Maßnahmen und Entscheidungen des Wahlvorstandes arbeitsgerichtlicher Überprüfung (vgl. *BAG* 15.12.1972 AP Nr. 1 zu § 14 BetrVG 1972; vgl. auch *Kreutz* § 18 Rdn. 80 ff.). Da Wahlvorstandsmitglieder zudem zugleich für die Betriebsratswahl kandidieren können (vgl. dazu näher *Kreutz* § 16 Rdn. 36), besteht erst recht keine Inkompatibilität (Unvereinbarkeit) zwischen der Mitgliedschaft im Wahlvorstand und der Unterzeichnung eines Wahlvorschlags als wahlberechtigter Arbeitnehmer (ganz überwiegende Auffassung; vgl. *BAG* 04.10.1977 AP Nr. 2 zu § 18 BetrVG 1972 unter Abkehr von einer früheren, entgegengesetzten Entscheidung in einem Sonderfall [*BAG* 03.10.1958 AP Nr. 3 zu § 18 BetrVG]; *LAG Frankfurt a. M.* 23.11.1976 AuR 1977, 347; *Fitting* § 14 Rn. 51; *Wiebauer/LK* § 14 Rn. 264; *Homburg/DKKW* § 14 Rn. 30). Im Extremfall ist es daher durchaus möglich, dass die Wahl auf der Grundlage eines Wahlvorschlags durchgeführt wird, der nur von Mitgliedern des Wahlvorstands unterzeichnet ist und auf dem sie zur Wahl vorgeschlagen werden (abl. früher *Dietz/Richardi* § 16 Rn. 46; *Galperin/Löwisch* § 14 Rn. 52).

61 Jeder Wahlberechtigte kann rechtswirksam **nur einen** Wahlvorschlag unterzeichnen. Hat er mehrere Vorschläge unterzeichnet, sind seine Unterschriften bis auf eine nach Maßgabe der § 6 Abs. 5 WO zu streichen. Führt die Streichung von Doppelunterschriften dazu, dass ein Wahlvorschlag nicht mehr die erforderliche Zahl von Unterschriften aufweist, wird dieser ungültig (vgl. *BAG* 05.12.1980 AP Nr. 9 zu § 15 KSchG 1969), falls der Mangel nicht binnen einer Frist von drei Arbeitstagen beseitigt wird (§ 8 Abs. 2 Nr. 3 WO).

Vor Einreichung eines Wahlvorschlags beim Wahlvorstand kann die **Unterschrift zurückgenommen** werden, indem sie vom Arbeitnehmer selbst oder mit seiner Zustimmung durch einen anderen, insbesondere den Listenführer (vgl. § 6 Abs. 4 WO), durchgestrichen wird (ebenso *Stückmann* DB 1994, 630; *Stege/Weinspach/Schiefer* § 14 Rn. 27; **a. M.** *Fitting* § 14 Rn. 55 f.; *Richardi/Thüsing* § 14 Rn. 55, die im Anschluss an *BVerwG* 05.02.1971 BVerwGE 37, 162 einen Widerruf nur gegenüber dem Wahlvorstand zulassen wollen); bei Streichung ist, um Missbräuche auszuschließen, kenntlich zu machen, wer gestrichen hat (ebenso *Galperin/Löwisch* § 14 Rn. 55). 62

Auch **nach Einreichung** des Wahlvorschlags ist die Rücknahme von Unterschriften durch Erklärung gegenüber dem Wahlvorstand möglich, wie sich aus § 8 Abs. 1 Nr. 3 Satz 2 WO ergibt (verkannt von *Koch*/ErfK § 14 BetrVG Rn. 7); davon allein wird aber die Gültigkeit des Vorschlags nicht berührt, selbst wenn der Vorschlag deshalb nicht mehr genügend Unterschriften enthält (vgl. § 8 Abs. 1 Nr. 3 Satz 2 WO). Insoweit bleibt deshalb auch der Kündigungsschutz der Wahlbewerber erhalten. Wird mit Rücknahmeerklärung aber zugleich ein anderer Wahlvorschlag eingereicht, der von demselben Arbeitnehmer unterzeichnet ist, hat der Wahlvorstand, weil § 8 Abs. 1 Nr. 3 Satz 2 Halbs. 2 WO das so anordnet, von einer Unterzeichnung mehrerer Wahlvorschläge auszugehen und nach § 6 Abs. 5 WO zu verfahren (so schon *BAG* 01.06.1966 AP Nr. 2 zu § 6 WahlO 1953; *Homburg/DKKW* § 14 Rn. 29); in diesem Fall ist dann für den Vorschlag, bei dem die Streichung erfolgt, ggf. nach § 8 Abs. 2 Nr. 3 WO zu verfahren. 63

b) Wahlbewerber
Zur Wahl kann jeder **vorgeschlagen** werden, der **wählbar** ist (vgl. zu den Wählbarkeitsvoraussetzungen näher *Raab* § 8 Rdn. 15 ff.); dementsprechend setzt der besondere Kündigungsschutz des Wahlbewerbers nach § 15 Abs. 3 KSchG zumindest dessen Wählbarkeit voraus (vgl. *BAG* 26.09.1996 EzA § 15 KSchG n. F. Nr. 45). Wählbar sind auch die Mitglieder und Ersatzmitglieder des Wahlvorstandes (vgl. *BAG* 12.10.1976 AP Nr. 1 zu § 8 BetrVG 1972; 04.10.1977 AP Nr. 2 zu § 18 BetrVG 1972 sowie näher *Kreutz* § 16 Rdn. 36). Zur Ausübung des passiven Wahlrechts ist die Eintragung in die Wählerliste erforderlich (§ 2 Abs. 3 WO; vgl. dazu auch *Raab* § 8 Rdn. 13); diese Eintragung ist jedoch nicht Voraussetzung für die Gültigkeit eines Wahlvorschlags. Ggf. ist die Wählerliste rechtzeitig zu berichtigen; das kann durch schriftlichen Einspruch beim Wahlvorstand in der Zwei-Wochen-Frist seit Erlass des Wahlausschreibens (§ 4 Abs. 1 WO), in der auch Wahlvorschläge eingereicht werden können (vgl. dazu Rdn. 75), herbeigeführt werden. Um diese Frist zu wahren, ist notfalls zugleich mit dem Wahlvorschlag der Einspruch gegen die Wählerliste zu verbinden. 64

Die Vorgeschlagenen müssen in **erkennbarer Reihenfolge** und unter Angabe der in § 6 Abs. 3 Satz 1 WO genannten persönlichen Daten im Wahlvorschlag aufgeführt werden; die **schriftliche Zustimmung** des Bewerbers zur Aufnahme in den Wahlvorschlag ist mit dem Wahlvorschlag einzureichen (§ 6 Abs. 3 Satz 2 WO); näher dazu § 6 WO Rdn. 11. Mängel sind jedoch, mit Ausnahme des Mangels erkennbarer Reihung der Bewerber (§ 8 Abs. 1 Nr. 2 WO), binnen einer Frist von drei Arbeitstagen (vgl. dazu § 41 WO Rdn. 4) nach Beanstandung durch den Wahlvorstand heilbar (§ 8 Abs. 2 Nr. 1 und 2 WO); verstreicht die Frist ungenutzt, ist der Wahlvorschlag insgesamt ungültig. Der Wahlvorstand kann die Ungültigkeit nicht dadurch vermeiden oder beseitigen, dass er einen Bewerber, dessen Zustimmung fehlt, einfach aus dem Wahlvorschlag streicht. 65

Eine Bewerberin oder ein Bewerber kann **nur auf einer** Vorschlagsliste vorgeschlagen werden (§ 6 Abs. 7 WO). Ist der Name derselben Person mit ihrer schriftlichen Zustimmung auf mehreren eingereichten Listen aufgeführt, hat sie auf Aufforderung durch den Wahlvorstand vor Ablauf von drei Arbeitstagen zu erklären, welche Bewerbung sie aufrechterhält. Die andere ist dann zu streichen. Erklärt sich der Bewerber oder die Bewerberin nicht fristgerecht, ist er oder sie von sämtlichen Listen zu streichen (§ 6 Abs. 7 Satz 3 WO). Streichungen bei Doppelkandidatur lassen die Gültigkeit der Vorschlagslisten im Übrigen unberührt (vgl. dazu auch Rdn. 71). 66

c) Form und Inhalt der Wahlvorschläge
Jeder Wahlvorschlag, für dessen äußere Beschaffenheit keine besonderen Anforderungen bestehen (*LAG* Schleswig-Holstein 09.01.2017 – 3 TaBVGa 3/16 – juris, Rn. 77), muss, wenn er dem Wahlvor- 67

stand eingereicht (näher dazu § 6 WO Rdn. 6) wird, von der erforderlichen Anzahl von Wahlberechtigten unterzeichnet sein. »Unterzeichnung« erfordert eine **eigenhändige** (handschriftliche) **Namensunterschrift** (ausführlich dazu *Wiesner* Die Schriftform im Betriebsverfassungsgesetz, S. 199 ff., 213 ff.); ungenügend sind Namenszeichen, Namensstempel, Faksimilestempel, Druckschrift (wenn sie kein individuelles Schriftbild ergibt) sowie Telefax und E-Mail. Das **Schriftformerfordernis** des § 126 Abs. 1 BGB muss eingehalten sein (vgl. auch § 14a Abs. 2 Satz 2). Es genügt z. B. nicht, dass die Stützunterschriften zu einem Wahlvorschlag nicht im Original vorliegen, sondern nur eingescannt, als Datei per E-Mail übermittelt, sodann ausgedruckt und anschließend eingereicht wurden (wie hier *Wiebauer/LK* § 14 Rn. 27; **a. A.** offenbar der Siebte Senat in *BAG* 21.01.2009 EzA § 19 BetrVG 2001 Nr. 7 = AP Nr. 61 zu § 19 BetrVG 1972, der sich daran, ohne die Frage zu problematisieren, jedenfalls nicht stört; wie hier *Boemke* Anm. zu *BAG* 21.01.2009 jurisPR-ArbR 31/2009 Anm. 3; ebenso für die Wahl der Arbeitnehmervertreter in den Aufsichtsrat [§ 29 Satz 1 WODrittelbG] ausführlich *LAG Düsseldorf* 18.10.2007 – 11 TaBV 68/07 – juris, Rn. 33 ff.). Der Wahlvorschlag muss **persönlich unterschrieben sein**; Stellvertretung ist hier (anders als bei § 126 Abs. 1 BGB) aus Gründen der Rechtsklarheit nicht zulässig (zust. *Nießen* Fehlerhafte Betriebsratswahlen, S. 236; ebenso i. E. *BAG* 12.02.1960 AP Nr. 11 zu § 18 BetrVG; *Brors/HaKo* § 14 Rn. 10; *Fitting* § 14 Rn. 52; *Joost/MünchArbR* § 216 Rn. 165; *Nicolai/HSWGNRHWGNRH* § 14 Rn. 28; *Raab* FS *Konzen*, 2006, S. 719 [728]; *Reichold/HWK* § 14 BetrVG Rn. 18; *Richardi/Thüsing* § 14 Rn. 56; *Wlotzke/WPK* § 14 Rn. 28; i. E. übereinstimmend *Homburg/DKKW* § 14 Rn. 27, der dabei auf den Grundsatz der Unmittelbarkeit bei allen Wahlhandlungen abstellt; ebenso *Koch/ErfK* § 14 BetrVG Rn. 7; *Löwisch/Kaiser* § 14 Rn. 11; **a. M.** *ArbG Essen* 19.03.1965 DB 1965, 671; *LAG Düsseldorf* 27.09.1965 DB 1965, 1823; *Dietz/Richardi* § 14 Rn. 82, die die Unterzeichnung durch einen Bevollmächtigten genügen lassen, wenn die Vollmacht bis zum Ablauf der Frist für die Einreichung der Wahlvorschläge erbracht wird, und die sogar die Genehmigung einer vollmachtlosen Unterzeichnung zulassen wollten). Die Unterschrift muss leserlich sein, zumindest identifizierbar, damit der Wahlvorstand die Wahlberechtigung des Unterzeichners feststellen kann (vgl. *ArbG Herne* 12.04.1972 DB 1972, 976); ansonsten wird die Unterschrift nicht gezählt.

68 Die Unterzeichner eines Wahlvorschlags müssen sich durch ihre Namensunterschrift **offen** zu diesem **bekennen**; insoweit erfährt der Grundsatz geheimer Wahl eine Einschränkung. Das muss im Interesse der mit den Unterschriftenquoren verfolgten Zielsetzung in Kauf genommen werden (vgl. auch *BVerfG* 13.06.1956 BVerfGE 5, 77 [82]). Deshalb unterliegt auch die Unterzeichnung selbst nicht der Geheimhaltung, kann z. B. auch in aller Öffentlichkeit eingeholt werden, z. B. in einer Betriebsversammlung (ebenso *Richardi/Thüsing* § 14 Rn. 55). Der Arbeitgeber ist aber nicht verpflichtet, Wahlbewerber zur Sammlung von Stützunterschriften von der Arbeit freizustellen (ebenso *LAG Berlin* 09.01.1979 BB 1979, 1036; *LAG Hamm* 06.02.1980 DB 1980, 1223; **a. M.** *ArbG Berlin* 07.11.1978 AuR 1979, 315).

69 Jeder Wahlvorschlag ist **gemeinsamer Vorschlag** aller, die ihn unterzeichnet haben, nicht etwa Vorschlag nur des Listenvertreters oder des Einreichers (vgl. *BAG* 15.12.1972 AP Nr. 1 zu § 14 BetrVG 1972; 25.05.2005 EzA § 14 BetrVG 2001 Nr. 1 S. 5). Deshalb müssen alle Unterschriften den ganzen Wahlvorschlag, d. h. sämtliche Bewerber decken. Das ist unstrittig der Fall, wenn die Stützunterschriften auf demselben Blatt erfolgen, auf dem die Bewerber aufgeführt sind. Das muss aber nicht so sein und wird bei großer Zahl auch nicht möglich sein. **Nicht erforderlich** ist, dass alle Unterschriften auf **einer Urkunde** geleistet werden; es können die Unterschriften auch in verschiedenen Wahlvorschlagsexemplaren gesammelt werden, wenn diese nur sämtliche Bewerber inhaltlich übereinstimmend aufführen (ebenso *LAG Frankfurt a. M.* 16.03.1987 LAGE § 14 BetrVG 1972 Nr. 2 S. 8; *Koch/ErfK* § 14 BetrVG Rn. 7; *Fitting* § 14 Rn. 52; *Nicolai/HSWGNRHWGNRH* § 14 Rn. 30; *Richardi/Thüsing* § 14 Rn. 57; *Homburg/DKKW* § 14 Rn. 28; *Stege/Weinspach/Schiefer* § 14 Rn. 29). Ungenügend ist aber grundsätzlich die Sammlung von Stützunterschriften auf Blättern, die nicht mit einer Kandidatenliste verbunden sind (vgl. *LAG Saarland* 30.10.1995 NZA-RR 1996, 172 = LAGE § 14 BetrVG 1972 Nr. 3; *LAG Düsseldorf* 19.04.1968 DB 1968, 898). Kandidatenliste und Blätter mit Stützunterschriften müssen eine **einheitliche Urkunde** bilden, damit eindeutig (zweifelsfrei) erkennbar ist, welchen Wahlvorschlag die Unterzeichner unterstützen (*BAG* 25.05.2005 EzA § 14 BetrVG 2001 Nr. 1 S. 5; *LAG Schleswig-Holstein* 09.01.2017 – 3 TaBVGA 3/16 – juris, Rn. 79). Umstritten ist dabei, welche Anforderungen an diese Einheitlichkeit zu stellen sind, insbesondere auch, um Manipulatio-

nen möglichst auszuschließen. Es genügt, wenn Unterschriftenliste und Kandidatenliste mittels Büroklammer oder im Schnellhefter verbunden sind (so auch *Faecks/Meik* NZA 1988, 193 [195]; zust. *Nießen* Fehlerhafte Betriebsratswahlen, S. 240). Zu Recht hat *Hess. LAG* (21.12.1995 NZA-RR 1996, 461) ausnahmsweise sogar auf jede feste Verbindung verzichtet, weil Kandidaten- und Unterschriftenliste im Hinblick auf Namen, Reihenfolge und Unterschriften identisch waren (und deshalb nach den Umständen alle Wahlbewerber ihren gemeinsamen Wahlvorschlag unterstützten). Nach **a. M.** soll dagegen ein Zusammenheften (mittels Heftmaschine) durch Heftklammer erforderlich, aber auch genügend sein (so *ArbG Hamm* 26.03.1972 DB 1972, 1634; wohl auch *LAG Frankfurt a. M.* 16.03.1987 LAGE § 14 BetrVG 1972 Nr. 2 S. 8; *LAG Nürnberg* 13.03.1991 LAGE § 18 BetrVG 1972 Nr. 4; *LAG Bremen* 26.03.1998 LAGE § 18 BetrVG 1972 Nr. 6; *LAG Hamm* 24.05.2002 – 10 TaBV 63/02 – juris, Rn. 71; *Hess. LAG* 18.09.2003 AuR 2004, 318; *Brors*/HaKo § 14 Rn. 11; *Stege/Weinspach/Schiefer* § 14 Rn. 29.; *Wiesner* Die Schriftform im Betriebsverfassungsgesetz, S. 215 f. sowie überwiegend die Kommentarliteratur in Vorauflagen, vgl. die Nachweise BAG 25.05.2005 EzA § 14 BetrVG 2001 Nr. 1 S. 5). Soweit das gefordert wird, um dem Wahlvorstand die Prüfung der Wirksamkeit des Wahlvorschlags zu erleichtern, wird verkannt, dass auch diese Art der äußerlich-körperlichen Verbindung »spurenlose« Manipulationen nicht ausschließt. Eine solche feste körperliche Verbindung ist genügend, aber nicht erforderlich. Zutreffend hat das *BAG* (25.05.2005 EzA § 14 BetrVG 2001 Nr. 1 S. 6) im Anschluss an die Rechtsprechung des *BGH* (24.09.1997 BGHZ 136, 257 = NJW 1998, 58) zur Wahrung der Schriftform nach § 126 BGB anerkannt, dass sich die Einheitlichkeit der Urkunde auch aus anderen Merkmalen und Umständen ergeben kann; genannt werden beispielhaft eine fortlaufende Paginierung aller Blätter, fortlaufende Nummerierung der Stützunterschriften, graphische Gestaltung oder die Wiedergabe des Kennwortes der Vorschlagliste auf den einzelnen Blättern (zust. *Nießen* Fehlerhafte Betriebsratswahlen, S. 240; jetzt auch *Fitting* § 14 Rn. 53; *Richardi/Thüsing* § 14 Rn. 57; *Schneider* AiB 2006, 53; *Homburg/DKKW* § 14 Rn. 19; *Wlotzke/WPK* § 14 Rn. 28; abl. *Wiesner* Die Schriftform im Betriebsverfassungsgesetz, S. 215 f.).

Eine **nachträgliche** inhaltliche **Änderung** eines Wahlvorschlags **vor** Einreichung **ohne Einverständnis der Unterzeichner** macht diesen unrichtig und damit **ungültig** (ebenso *Koch*/ErfK § 14 BetrVG Rn. 7; *Fitting* § 14 Rn. 54; *Nicolai*/HSWGNRHWGNRH § 14 Rn. 38; *Richardi/Thüsing* § 14 Rn. 62; *Sbresny-Uebach* AR-Blattei SD 530.6, Rn. 152; *Stege/Weinspach/Schiefer* § 14 Rn. 20). Das *BAG* (15.12.1972 AP Nr. 1 zu § 14 BetrVG 1972 = SAE 1973, 234 [*Bohn*]) hat dahingestellt sein lassen, ob der Wahlvorschlag ungültig wird, und hat angenommen, er sei »**kein** Wahlvorschlag i. S. d. BetrVG« (dem *BAG* in dieser ausweichenden Diktion folgend: *Dietz/Richardi* § 14 Rn. 87; *Homburg/DKKW* § 14 Rn. 19). Ungültigkeit tritt insbesondere ein, wenn ein Unterzeichner ohne das Einverständnis all derjenigen, die vor ihm unterschrieben haben, oder derjenige, der den Wahlvorschlag einreicht, einen oder mehrere Kandidaten streicht (so *BAG* 15.12.1972 AP Nr. 1 zu § 14 BetrVG 1972); ebenso wenig dürfen die Reihenfolge der Bewerber geändert (vgl. *ArbG Hamm* 26.03.1972 DB 1972, 1634) oder neue Kandidaten benannt werden (vgl. *ArbG Hamm* 21.07.1976 AuR 1977, 186; **a. M.** *LAG Düsseldorf* 17.05.2002 LAGE § 14 BetrVG 2001 Nr. 2: analog § 8 Abs. 2 WO heilbar).

Ein besonderer Fall inhaltlicher Änderung des Wahlvorschlags ergibt sich, wenn ein Bewerber **vor** oder **nach** Einreichung des ihn benennenden Wahlvorschlags seine Zustimmung zur Aufnahme in den Vorschlag zurückzieht und deshalb als Kandidat **gestrichen** wird. Keine vertretbare Lösung ist es, die Rücknahme der Kandidatur auszuschließen und den Bewerber auf die Möglichkeit der Ablehnung der Wahl zu verweisen (so aber *LAG Düsseldorf* 18.01.1982 DB 1982, 1628; *Fitting* § 14 Rn. 56; *Homburg/DKKW* § 14 Rn. 24; *Koch*/ErfK § 14 BetrVG Rn. 7; vgl. auch § 9 Abs. 2 WO BPersVG). Das könnte zu einer Wählertäuschung führen. Außerdem kann ein Bewerber durch seine Kandidatur auf einem weiteren Wahlvorschlag (Doppelkandidatur) über das Verfahren nach § 6 Abs. 7 WO doch seine Streichung herbeiführen. Erfolgt die Rücknahme der Kandidatur **vor** Einreichung des Wahlvorschlags, muss dieser allerdings neu aufgestellt und nochmals unterzeichnet werden, damit die Unterzeichner ihr Einverständnis mit dem geänderten Vorschlag zum Ausdruck bringen können (zust. *Brors*/HaKo § 14 Rn. 12; *Stege/Weinspach/Schiefer* § 14 Rn. 24; vgl. auch *Richardi/Thüsing* § 6 WO Rn. 12; **a. M.** *Stückmann* DB 1994, 630 [631], der die Möglichkeit zur Rücknahme von Stützunterschriften genügen lässt). Dieses (umständliche) Verfahren steht auch in Wertungsübereinstimmung mit § 8 Abs. 2 Nr. 2 WO, wonach ein Bewerber durch Verweigerung seiner schriftlichen Zustimmung zur

Aufnahme in einen ihn benennenden Wahlvorschlag dessen Ungültigkeit herbeiführen kann. Erfolgt die Rücknahme der Kandidatur (insbesondere durch schriftliche Erklärung gegenüber dem Wahlvorstand) **nach** Einreichung des ansonsten gültigen Wahlvorschlags, ist es ohne Einfluss auf dessen Wirksamkeit, wenn der Betreffende vom Wahlvorstand gestrichen wird oder die Wähler in sonstiger Weise (etwa Zusatz: Kandidatur zurückgezogen) auf die Rücknahme hingewiesen werden (i. E. ebenso *BAG* 27.04.1976 AP Nr. 4 zu § 19 BetrVG 1972; *Richardi/Thüsing* § 14 Rn. 61; *Stege/Weinspach/Schiefer* § 14 Rn. 24; **a. M.** *LAG Düsseldorf* 18.01.1982 DB 1982, 1628; *Brors*/HaKo, § 14 Rn 12; *Fitting* § 14 Rn. 56; *Schneider* AiB 2006, 53). Mit Beginn der Stimmabgabe kommt eine Rücknahme der Kandidatur nicht mehr in Betracht; der Gewählte kann aber die Wahl ablehnen (§ 17 Abs. 1 Satz 2 WO).

72 Dass jeder Wahlvorschlag nach § 6 Abs. 2 WO mindestens **doppelt so viele Bewerber** aufweisen soll, wie im Wahlgang Betriebsratsmitglieder zu wählen sind, ist **reine Ordnungsvorschrift**. Eine Nichtbeachtung führt nicht zur Ungültigkeit des Vorschlags (vgl. § 8 WO), wenn dieser zumindest einen wählbaren Bewerber benennt (h. M.; abweichend *Heinze* NZA 1988, 568 [570]; *Sbresny-Uebach* AR-Blattei SD 530.6, Rn. 114; vgl. aber § 9 Rdn. 32 zu der Frage, was zu geschehen hat, wenn die Wahlvorschläge insgesamt weniger Bewerber aufweisen als Betriebsratsmitglieder zu wählen sind). Der Wahlvorstand darf den Wahlvorschlag nicht zurückweisen, höchstens darauf hinweisen, dass der Vorschlag nicht § 6 Abs. 2 WO entspricht (vgl. *BAG* 29.06.1965 BAGE 17, 223 = AP Nr. 11 zu § 13 BetrVG); wird der Wahlvorschlag gleichwohl zurückgewiesen, ist die Wahl anfechtbar (vgl. auch *Kreutz* § 19 Rdn. 32). § 6 Abs. 2 WO unterstreicht, dass eine Vorschlagsliste beliebig viele Bewerber aufweisen kann; es gibt (auch im Hinblick auf die Erlangung des besonderen Kündigungsschutzes von Wahlbewerbern nach § 15 Abs. 3 KSchG) **keine Höchstgrenze** (vgl. *LAG Köln* 29.03.2001 BB 2001, 1356: über 80 % der Wahlberechtigten als Bewerber auf einer Liste).

73 Eine **Verbindung von Vorschlagslisten** ist **unzulässig** (§ 6 Abs. 6 WO). Angesichts des Gestaltungsspielraums bei der Aufstellung von Vorschlagslisten ist es auch völlig überflüssig, mehrere Listen gegenüber anderen als Einheit zu behandeln.

74 Es ist Aufgabe des **Wahlvorstands**, die **Gültigkeit** der eingereichten Wahlvorschläge **zu prüfen** (§§ 7 Abs. 2, 8 WO), die gültigen Vorschlagslisten mit Ordnungsnummern zu versehen (§ 10 Abs. 1 WO) und die als gültig anerkannten Wahlvorschläge in gleicher Weise **bekanntzumachen** wie das Wahlausschreiben (§ 10 Abs. 2 WO). Lässt der Wahlvorstand einen Wahlvorschlag zu Unrecht als ungültig nicht zur Wahl zu oder lässt er einen ungültigen Wahlvorschlag unbeanstandet zu (vgl. dazu *BAG* 02.02.1962 BAGE 12, 244 [253] = AP Nr. 10 zu § 13 BetrVG, wo das Gericht aber zu Unrecht allein auf die Kenntnis des Wahlvorstands von der Fehlerhaftigkeit abstellt), berechtigt das zur Anfechtung der Wahl (vgl. dazu auch Rdn. 105); seine Entscheidung ist aber auch schon vor Abschluss der Wahl anfechtbar (vgl. Rdn. 104). Zur Frage, wie zu verfahren ist, wenn nach Bekanntmachung eines als gültig anerkannten Wahlvorschlags ein Bewerber vor dem Wahltag seine Wählbarkeit verliert, vgl. § 8 WO Rdn. 9.

d) Einreichungsfrist

75 Wahlvorschläge sind **vor Ablauf von zwei Wochen** seit Erlass des Wahlausschreibens (§ 3 Abs. 1 WO) beim Wahlvorstand **einzureichen** (§ 6 Abs. 1 Satz 2 WO); die Zwei-Wochen-Frist beginnt am Tag nach Erlass des Wahlausschreibens (§ 187 Abs. 1 BGB, § 41 WO) und endet mit Ablauf des Tages der zweiten Woche, der dem Tag des Erlasses entspricht (§ 188 Abs. 2 BGB, § 41 WO). Maßgebend ist für den Erlass des Wahlausschreibens bei mehreren Aushängen der letzte Aushang (*LAG Hamm* 26.02.1976 BB 1976, 1075). Ein Wahlvorschlag, der nicht fristgerecht dem Wahlvorstand zugegangen ist, ist ungültig (§ 8 Abs. 1 Nr. 1 WO). Zur Form der Einreichung vgl. § 6 WO Rdn. 6.

76 Der **letzte Tag der Einreichungsfrist ist im Wahlausschreiben anzugeben** (§ 3 Abs. 2 Nr. 8 WO). Der Wahlvorstand darf den Ablauf der Einreichungsfrist am letzten Tag der Frist nicht (uhrzeitmäßig) auf das **Ende der Arbeitszeit** festlegen (ausführlich zum Problem, das auch bei anderen Fristen besteht [§ 3 WO Rdn. 10, § 6 WO Rdn. 5]; § 4 WO Rdn. 5; **a. A.** die h. M. *BAG* 12.02.1960 AP Nr. 11 zu § 18 BetrVG; 01.06.1966 BAGE 18, 312 [318], beide zur WO 1953; 04.10.1977 AP Nr. 2 zu § 18 BetrVG 1972; zust. *Fitting* § 6 WO Rn. 3; *Richardi/Thüsing* § 3 WO Rn. 17; *Homburg/*

DKKW § 14 Rn. 25). Gesetzliche Fristen stehen nicht zur Disposition des Wahlvorstands. Allerdings erfolgt der Zugang bei einem nach der betriebsüblichen Arbeitszeit eingereichten Wahlvorschlag regelmäßig erst am Folgetag (s. § 4 WO Rdn. 5). I. E. muss sich Wahlvorstandsvorsitzende oder ein sonstiger Empfangsberechtigter deshalb mindestens bis zum Ende der betrieblichen Arbeitszeit zur Empfangnahme von Wahlvorschlägen bereithalten (i. E. so auch *LAG Frankfurt a. M.* 07.02.1991 NZA 1992, 78).

Ist **kein gültiger Wahlvorschlag** fristgerecht (von wahlberechtigten Arbeitnehmern oder den im Betrieb vertretenen Gewerkschaften) eingereicht worden, hat der Wahlvorstand das sofort bekanntzumachen und eine **Nachfrist** von einer Woche zu setzen (§ 9 Abs. 1 WO). In dieser Zeit können auch Wahlvorschläge, die zuvor verspätet eingereicht worden waren, erneut eingereicht werden. Verstreicht die Nachfrist ungenutzt, ist die Wahl abzubrechen und sofort bekannt zu machen, dass die Wahl nicht stattfindet (§ 9 Abs. 2 WO). Entsprechend ist zu verfahren, wenn der Wahlvorstand feststellt, dass Wahlvorschläge zwar eingereicht, aber insgesamt nicht genügend Bewerber vorgeschlagen sind, um den Betriebsrat ordnungsgemäß (§§ 9, 11) zu besetzen (vgl. dazu § 9 Rdn. 32). 77

2. Wahlvorschläge der im Betrieb vertretenen Gewerkschaften (Abs. 3 und 5)

Nach Abs. 3 können **die im Betrieb vertretenen Gewerkschaften** Wahlvorschläge zur Wahl des Betriebsrats machen. Dieses gewerkschaftliche Wahlvorschlagsrecht ist nicht an weitere Voraussetzungen geknüpft und nicht auf Sonderfälle beschränkt; es ist ein **eigenes allgemeines** Wahlvorschlagsrecht jeder Gewerkschaft, die im Betrieb vertreten ist (unstr.). Das gewerkschaftliche Wahlvorschlagsrecht besteht gleichwertig **neben** dem Wahlvorschlagsrecht der wahlberechtigten Arbeitnehmer des Betriebs; es bedarf im Gegensatz zu jenem aber nicht der Unterzeichnung durch eine bestimmte Mindestzahl wahlberechtigter Arbeitnehmer des Betriebs. Es **genügt** die Unterzeichnung von **zwei Beauftragten** der Gewerkschaft (Abs. 5, die Unterschriften können innerhalb der Zwei-Wochen-Frist des § 6 Abs. 1 Satz 2 WO nachgereicht werden, *LAG Schleswig-Holstein* 09.01.2017 – 3 TaBVGa 3/16 – juris, Rn. 81 f.). Durchführungsbestimmung zu Abs. 3 und 5 ist § 27 WO. 78

Das allgemeine eigene Wahlvorschlagsrecht ist den Gewerkschaften durch die **Novelle vom 20.12.1988** eingeräumt worden (vgl. Rdn. 3). Der Gesetzgeber hat die Neuregelung bewusst als eine **rechtspolitische** Entscheidung getroffen, um kleineren Gewerkschaften als solchen den Zugang zur Betriebsratswahl zu erleichtern. Zur Begründung wird unter Berufung auf die Entscheidung des *BVerfG* aus dem Jahr 1965 (30.11.1965 AP Nr. 7 zu Art. 9 GG) darauf verwiesen, dass dadurch die Ausübung des in Art. 9 Abs. 3 GG verankerten Rechts der Koalitionen, sich im Bereich der Betriebsverfassung zu betätigen und Einfluss auf die Wahl des Betriebsrats zu nehmen, erleichtert wird (vgl. Entwurfsbegründung, BT-Drucks. 11/2503, S. 23). Während mithin jetzt das Wahlvorschlagsrecht der **betrieblichen Entfaltungsmöglichkeit** der Gewerkschaften in deren eigenem Interesse dient, hatte dieses nach § 14 Abs. 7 BetrVG 1972 a. F. zuvor eher nur eine Hilfsfunktion bei der Betriebsratswahl. Danach konnten die im Betrieb vertretenen Gewerkschaften Wahlvorschläge nur dann machen, wenn im Betrieb kein Betriebsrat bestand. Der Gesetzgeber hatte diese Regelung 1972 als sachliche Neuerung gegenüber § 13 BetrVG 1952 mit dem Ziel geschaffen, die erstmalige Wahl von Betriebsräten in Betrieben zu erleichtern, in denen bisher ein Betriebsrat nicht gewählt wurde (vgl. Begründung zum RegE, BT-Drucks. VI/1786, S. 38). Die gesetzliche Regelung ging allerdings bereits über diese »Anschub«-Zielsetzung hinaus, weil das Wahlvorschlagsrecht der im Betrieb vertretenen Gewerkschaften nach dem Wortlaut des Abs. 7 a. F. nur voraussetzte, dass in einem Betrieb kein Betriebsrat bestand. Gleichgültig war, aus welchem Grund ein Betriebsrat nicht bestand. Das Vorschlagsrecht war daher nicht nur dann gegeben, wenn im Betrieb noch nie ein Betriebsrat gewählt worden war, sondern auch dann, wenn zum Zeitpunkt der Einreichung des Wahlvorschlags als maßgeblichem Stichtag die Amtszeit des bisherigen Betriebsrats abgelaufen war oder die Betriebsratswahl mit Erfolg angefochten worden war (§ 13 Abs. 2 Nr. 4) oder nichtig war oder der Betriebsrat durch gerichtliche Entscheidung aufgelöst worden war (§ 13 Abs. 2 Nr. 5; vgl. m. w. N. 4. Aufl., § 14 Rn. 110). Außerdem war zu berücksichtigen, dass auch nach Abs. 7 a. F. das Wahlvorschlagsrecht der Gewerkschaften erst einsetzte, nachdem bereits ein Wahlvorstand bestellt war und dieser die Wahl schon eingeleitet hatte. Auch dadurch war die bloß unterstützende Funktion in Richtung auf ein eigenständiges Zugangsrecht der Gewerkschaften zur Betriebsratswahl gelockert, auch wenn man den Zusammenhang zu 79

§ 16 Abs. 2 Satz 1, § 17 Abs. 4 Satz 1 nicht übersehen darf, wonach die im Betrieb vertretenen Gewerkschaften berechtigt sind, die gerichtliche Bestellung des Wahlvorstands zu beantragen, wenn Betriebsratslosigkeit droht.

80 Da die im Betrieb vertretenen Gewerkschaften als solche nicht wahlberechtigt sind, kann ihr Wahlvorschlagsrecht nicht (wie das der Wahlberechtigten; vgl. Rdn. 50) aus dem Wahlrecht abgeleitet werden. Es bestehen jedoch keine rechtlichen Bedenken, dass ein **zusätzliches** Wahlvorschlagsrecht auch Nicht-Wahlberechtigten eingeräumt wird (vgl. *Kreutz* BT-Prot. Nr. 48, 11. Wahlperiode, Ausschuss für Arbeit und Sozialordnung, öffentliche Informationssitzung [Sachverständigenanhörung] am 28.09.1988, S. 176). Das muss unabhängig davon gelten, ob diese Berechtigung im Interesse des Berechtigten selbst oder im übergeordneten Interesse des Funktionierens der Betriebsverfassung erfolgt (vgl. auch § 18 Abs. 1 BWahlG zum Wahlvorschlagsrecht der politischen Parteien). Das Wahlvorschlagsrecht der im Betrieb vertretenen Gewerkschaften ergibt sich aber nicht bereits aus Art. 9 Abs. 3 GG (vgl. Rdn. 96).

81 In den parlamentarischen Beratungen war das allgemeine Wahlvorschlagsrecht der im Betrieb vertretenen Gewerkschaften **sehr umstritten** (vgl. Bericht des 11. Ausschusses, BT-Drucks. 11/3618, S. 5; vgl. zur Kritik auch BT-Prot. Nr. 48, S. 11. Wahlperiode, Ausschuss für Arbeit und Sozialordnung, öffentliche Informationssitzung [Sachverständigenanhörung] am 28.09.1988, passim). Übereinstimmend ist es von DGB und BDA abgelehnt worden (vgl. BT-Prot. Nr. 48, S. 17 *[Klaus]* und S. 75 f. *[Mager]*). Bedenken wurden vor allem darauf gestützt, dass damit die systematische Unterscheidung im deutschen kollektiven Arbeitsrecht zwischen gewerkschaftsunabhängiger Interessenvertretung im Betrieb und überbetrieblicher Interessenvertretung durch Gewerkschaften verwischt wird (vgl. insbesondere *Hanau* AuR 1988, 261 [264]; *ders.* BT-Prot. Nr. 48, 11. Wahlperiode, Ausschuss für Arbeit und Sozialordnung, öffentliche Informationssitzung [Sachverständigenanhörung] am 28.09.1988, S. 141; vgl. auch *Richardi* AuR 1986, 33 [35]) und das Prinzip der Einheitsgewerkschaft (das allerdings kein Rechtsprinzip ist) gefährdet wird, indem kleinere Gewerkschaften »aufgebaut« werden (vgl. *Hanau* AuR 1988, 261 [264]; *Plander* AiB 1988, 272 [273]; *Schneider* GewMH 1988, 409 [412]; *Schumann* AiB 1988, 205). Vgl. zu (ungerechtfertigten) verfassungsrechtlichen Bedenken näher Rdn. 95 ff.

82 Demgegenüber ist darauf hingewiesen worden (vgl. *Engels/Natter* BB 1989, Beil. Nr. 8, S. 1 [17]; *Wlotzke* FS *K. Molitor*, 1988, S. 397 [401]; *ders.* DB 1989, 111 [113]), dass bereits auch die meisten **Personalvertretungsgesetze der Länder** den in der Dienststelle vertretenen Gewerkschaften ein **allgemeines Wahlvorschlagsrecht** zur Personalratswahl einräumen (vgl. zum damaligen Zeitpunkt die Personalvertretungsgesetze von Baden-Württemberg [§ 17 Abs. 4], Bayern [Art. 19 Abs. 4], Berlin [§ 16 Abs. 4], Hamburg [§ 19 Abs. 5], Hessen [§ 16 Abs. 3], Niedersachsen [§ 18 Abs. 2], NRW [§ 16 Abs. 4], Rheinland-Pfalz [§ 17 Abs. 4], Saarland [§ 17 Abs. 4], Schleswig-Holstein [§ 15 Abs. 4]) und der DGB selbst zum BetrVG 1952 ein eigenständiges Wahlvorschlagsrecht der im Betrieb vertretenen Gewerkschaften gefordert hat (vgl. RdA 1952, 256 [§ 13 Abs. 4]). Heute räumt auch § 19 Abs. 4 Satz 1 BPersVG den in der Dienststelle vertretenen Gewerkschaften ein eigenes allgemeines Wahlvorschlagsrecht ein (vgl. Änderungsgesetz vom 10.07.1989, BGBl. I, S. 1380).

a) **Vorschlagsberechtigung**

83 Wahlvorschlagsberechtigt sind nur die im Betrieb vertretenen **Gewerkschaften** (vgl. zum Begriff auch *Franzen* § 2 Rdn. 26 ff.). Das Betriebsverfassungsgesetz setzt den Gewerkschaftsbegriff voraus; es enthält keine Bestimmungen darüber, welche Voraussetzungen eine Arbeitnehmervereinigung erfüllen muss, um Gewerkschaft zu sein. Nach der Rechtsprechung des *BAG* werden (im Hinblick auf den Koalitionsbegriff nach Art. 9 Abs. 3 GG) Arbeitnehmervereinigungen im weiteren und Gewerkschaften im engeren Sinn unterschieden (*BAG* 15.03.1977 AP Nr. 24 zu Art. 9 GG = EzA § 2 TVG Nr. 12; *Heither* NZA 1990, Beil. Nr. 1, S. 11 [13]; diese Unterscheidung ist mit dem GG vereinbar; vgl. schon *BVerfG* 18.11.1954 AP Nr. 1 zu Art. 9 GG). Arbeitnehmervereinigungen, die nicht Gewerkschaften sind, steht mithin das Wahlvorschlagsrecht nicht zu; sie können nur über Wahlvorschläge der wahlberechtigten Arbeitnehmer Zugang zur Betriebsratswahl erreichen (ebenso *Engels/Natter* BB 1989, Beil. Nr. 8, S. 1 [18]; *Fitting* § 14 Rn. 62; *Heither* NZA 1990, Beil. Nr. 1, S. 11 [13]; *Homburg/ DKKW* § 14 Rn. 34). Ausnahmsweise gilt das nicht für die im Betrieb vertretenen **Berufsverbände der Beamten** in den Betrieben der Deutsche Bahn AG und der Postnachfolgeunternehmen (Deut-

Wahlvorschriften § 14

sche Post AG, Deutsche Postbank AG und Deutsche Telekom AG). Da die dort beschäftigten Beamten für die Anwendung des Betriebsverfassungsgesetzes als Arbeitnehmer gelten (vgl. Anhang zu § 10 Rdn. 1, 2, 11), ist es gerechtfertigt, ihre Berufsverbände entsprechend den im Betrieb vertretenen Gewerkschaften als vorschlagsberechtigt anzusehen (i. E. ebenso *Fitting* § 14 Rn. 62; *Kraft* FS *Wiese*, 1998, S. 219 [233 f.]; *Richardi/Thüsing* § 14 Rn. 45; vgl. auch *Franzen* § 2 Rdn. 36).

Der **Gewerkschaftsbegriff** hat nach Ansicht des *BAG* (vgl. 15.03.1977 AP Nr. 24 zu Art. 9 GG [insoweit krit. *Wiedemann*] = EzA § 2 TVG Nr. 12 [insoweit zust. *Dütz*]; *BVerfG* 20.10.1981 BVerfGE 58, 233 [252] hat die Frage ausdrücklich offen gelassen; die Literatur steht der Ansicht des *BAG* z. T. krit. gegenüber; vgl. *Buchner* 25 Jahre *BAG*, 1979, S. 55 [56 ff.]; *Brox* SAE 1986, 232 [233]; *Konzen* SAE 1984, 136 ff.; *Kraft* FS *Wiese*, 1998, S. 219 [233]; *Richardi* AuR 1986, 33 [35]; vgl. auch *Jens Klein* Minderheitsgewerkschaften, S. 166 ff.; *Ramrath* SAE 2006, 111; vgl. m. w. N. *Franzen* § 2 Rdn. 34) in der Rechtsordnung stets dieselbe Bedeutung (»**einheitlicher Gewerkschaftsbegriff**«). Er ist also im Betriebsverfassungsrecht ebenso zu verstehen wie im Tarifvertragsrecht, wo auf Arbeitnehmerseite nur Gewerkschaften Tarifvertragspartei sein können (§ 2 Abs. 1 TVG) und wo das *BAG* in einer Vielzahl von Entscheidungen (vgl. AP und EzA jeweils zu § 2 TVG) den Gewerkschaftsbegriff entwickelt hat. Nach dieser Rechtsprechung ist an die Gewerkschaftseigenschaft **erhebliche Mindestanforderungen** zu stellen. In einer Vielzahl von Entscheidungen fordert das *BAG* stereotyp: »Die Arbeitnehmervereinigung muss sich als satzungsgemäße Aufgabe die Wahrnehmung der Interessen ihrer Mitglieder in ihrer Eigenschaft als Arbeitnehmer gesetzt haben und willens sein, Tarifverträge abzuschließen. Sie muss frei gebildet, gegnerfrei, unabhängig und auf überbetrieblicher Grundlage organisiert sein und das geltende Tarifrecht als verbindlich anerkennen. Sie muss weiter ihre Aufgabe als Tarifpartner sinnvoll erfüllen können. Dazu gehören einmal Durchsetzungskraft gegenüber dem sozialen Gegenspieler, zum anderen aber auch Leistungsfähigkeit der Organisation« (vgl. dazu zuletzt etwa *BAG* 14.12.2010 EzA § 2 TVG Nr. 31 [*Greiner*] Rn. 65 ff. m. w. N. = AP Nr. 6 zu § 2 TVG Tariffähigkeit [*Bayreuther*]). Das *BVerfG* (20.10.1981 BVerfGE 58, 233 [248 ff.]) hat diese Rechtsprechung gebilligt, auch hinsichtlich der Anforderungen an Durchsetzungskraft und Leistungsfähigkeit (in der Literatur werden diese Anforderungen, ebenso wie das Dogma eines einheitlichen Gewerkschaftsbegriffs, z. T. abgelehnt; vgl. m. w. N. *Franzen* § 2 Rdn. 31 ff.; umfassend *Wiedemann/Oetker* TVG, § 2 Rn. 199 ff.).

84

Der Gesetzgeber hat in den **Gesetzesmaterialien** die Rechtsprechung des *BAG* zur Einheitlichkeit des Gewerkschaftsbegriffs und zugleich zur Auslegung des Gewerkschaftsbegriffs bestätigt. In der Entwurfsbegründung zur Novelle vom 20.12.1988 (BT-Drucks. 11/2503, S. 23) heißt es dementsprechend: »Das Bundesarbeitsgericht hat in ständiger Rechtsprechung den Begriff der Gewerkschaft konkretisiert und damit auch für Wahlvorstände handhabbar gemacht: Die Arbeitnehmervereinigung muss frei gebildet, gegnerfrei, unabhängig, auf überbetrieblicher Grundlage organisiert und zum Abschluss von Tarifverträgen willens sein. Sie muss ferner über Durchsetzungskraft gegenüber dem sozialen Gegenspieler und ausreichende organisatorische Leistungsfähigkeit verfügen. Durch diese Grundsätze wird das Wahlvorschlagsrecht der Gewerkschaften auf Arbeitnehmervereinigungen mit einer beachtlichen Verankerung in der Arbeitnehmerschaft beschränkt«. Kritik an dieser »Festschreibung« der Anforderungen an die Gewerkschaftseigenschaft (vgl. *Kreutz* BT-Prot. Nr. 48 [wie Rdn. 80], S. 177) hat der Gesetzgeber nicht gelten lassen. Im Bericht des 11. Ausschusses (BT-Drucks. 11/3618, S. 5) sind die Anforderungen, die nach der Rechtsprechung des *BAG* an eine Gewerkschaft zu stellen sind, nochmals wörtlich wiederholt. Im Hinblick auf diese Entstehungsgeschichte sind nur diejenigen Arbeitnehmervereinigungen **wahlvorschlagsberechtigte Gewerkschaften**, die die Anforderungen erfüllen, die nach der Rechtsprechung des *BAG* (vgl. Rdn. 84) an eine (**tariffähige**) **Gewerkschaft** gestellt werden, einschließlich der Anforderungen an Durchsetzungskraft gegenüber dem sozialen Gegenspieler und Leistungsvermögen (ebenso *Engels/Natter* BB 1989, Beil. Nr. 8, S. 1 [18]; *Heither* NZA 1990, Beil. Nr. 1, S. 11 [13]; *Löwisch* BB 1988, 1953; *Wlotzke* DB 1989, 111 [113]; krit. *Buchner* NZA 1989, Beil. Nr. 1, S. 2 [3]). Das gilt jedenfalls, solange das *BAG* an seiner bisherigen Rechtsprechung festhält. Bei den privatisierten Bahn- und Postunternehmen ist § 14 Abs. 3 und 5 aber entsprechend auf jeden im Betrieb vertretenen Berufsverband der Beamten anzuwenden (vgl. Rdn. 83 sowie Anhang zu § 10 Rdn. 11).

85

Unter den Gewerkschaftsbegriff fallen sicher die im *DGB* zusammengeschlossenen Einzelgewerkschaften, einschließlich ihrer Orts- und Bezirksverwaltungen, sofern sie die Befugnis zum Abschluss

86

von Tarifverträgen haben. Außerdem ist die Gewerkschaftseigenschaft zu bejahen, wenn die Tariffähigkeit einer Arbeitnehmervereinigung im arbeitsgerichtlichen Beschlussverfahren nach § 2a Abs. 1 Nr. 4, Abs. 2, § 97 ArbGG rechtskräftig festgestellt worden ist; diese Entscheidung hat Wirkung für und gegen alle (*BAG* 14.03.1978 AP Nr. 30 zu § 2 TVG Bl. 2 R). Zweifelhaft kann die Gewerkschaftseigenschaft bei Arbeitnehmerverbänden sein, die Mitglied in einem Gesamtverband (Dachverband) sind, der wiederum Mitglied des Christlichen Gewerkschaftsbundes Deutschlands (*CGB*) ist. Dass sie keine Gewerkschaft im arbeitsrechtlichen Sinne ist, hat das Bundesarbeitsgericht für die »Christliche Gewerkschaft Bergbau-Chemie-Energie« (*BAG* 16.01.1990 EzA § 2 TVG Nr. 18) und die »Christliche Gewerkschaft Holz und Bau Deutschlands« (*BAG* 16.01.1990 EzA § 2 TVG Nr. 19) festgestellt; die Tariffähigkeit der »Christlichen Gewerkschaft Metall« wurde dagegen bejaht (*BAG* 28.03.2006 EzA § 2 TVG Nr. 28). Vgl. zu den Anforderungen an die Gewerkschaftseigenschaft einer relativ kleinen Arbeitnehmervereinigung (Unabhängige Flugbegleiter Organisation – UFO) *BAG* 14.12.2004 EzA § 2 TVG Nr. 27.

87 **Im Betrieb vertreten** ist eine Gewerkschaft (schon, aber auch nur) dann, wenn ihr mindestens eine Arbeitnehmerin oder ein Arbeitnehmer (Frau oder Mann oder Frau) des Betriebs als Mitglied angehört (allgemeine Meinung; vgl. *Franzen* § 2 Rdn. 39; vgl. auch *BAG* 10.11.2004 EzA § 17 BetrVG 2001 Nr. 1, wo der Siebte Senat zutr. darlegt, dass das Vertretensein im Betrieb nicht zusätzlich die Tarifzuständigkeit der Gewerkschaft für den Betrieb oder das Unternehmen erfordert). Die Mitgliedschaft lediglich eines Leiharbeitnehmers i. S. v. § 7 Satz 2 genügt auch nicht, da dieser nicht als betriebszugehörig zählt (vgl. s. *Raab* § 7 Rdn. 107 ff.; *, §* 9 Rdn. 10 ff.; *Fitting* § 14 Rn. 63; *Löwisch / Wegmann* BB 2017, 373; *Wiebauer/LK* § 14 Rn. 25; ablehnend *Raab* § 7 Rdn. 107 ff.). Nicht erforderlich ist, dass das Mitglied im Betrieb wahlberechtigt ist (ebenso *Fitting* § 14 Rn. 63); deshalb ist es auch unerheblich, ob dieser Arbeitnehmer als Wahlbewerber vorgeschlagen wird. **Maßgeblicher Stichtag** ist der Zeitpunkt der Einreichung des Wahlvorschlags (ebenso *Fitting* § 14 Rn. 63; *Richardi / Thüsing* § 14 Rn. 45).

88 Da nur eine im Betrieb vertretene Gewerkschaft wahlvorschlagsberechtigt ist, muss der **Wahlvorstand** das Vorliegen dieser Voraussetzungen **prüfen** (§ 27 Abs. 1 i. V. m. § 7 Abs. 2 Satz 2 WO), wenn eine Arbeitnehmervereinigung einen Wahlvorschlag einreicht. Das kann bezüglich der Gewerkschaftseigenschaft vor allem dann schwierig werden, wenn es sich um eine Organisation handelt, die bisher keinen Tarifvertrag für den Geltungsbereich des Betriebs abgeschlossen hat. Der Wahlvorstand ist zu Rückfragen berechtigt; er kann sich in Zweifelsfällen die erforderlichen Unterlagen vorlegen lassen (*Dänzer-Vanotti* AuR 1988, 204 [205]). Er kann auch vom Arbeitgeber Unterstützung verlangen (entsprechend § 2 Abs. 2 WO). Wenn nicht offenkundig ist, dass eine Gewerkschaft im Betrieb vertreten ist, ist dafür von dieser Gewerkschaft **Beweis** zu führen, insbesondere durch namentliche Benennung eines Mitglieds (vgl. *Franzen* § 2 Rdn. 40 ff.), notfalls auch durch mittelbare Beweismittel wie notarielle Erklärung ohne Namensnennung oder durch eine entsprechende eidesstattliche Versicherung (ebenso *Dänzer-Vanotti* AuR 1988, 204 [205]; *Fitting* § 14 Rn. 63; zust. *Brors/HaKo* § 14 Rn. 17; *Reichold/HWK* § 14 BetrVG Rn. 19; entsprechend zum Nachweis im arbeitsgerichtlichen Beschlussverfahren auch *BAG* 25.03.1992 EzA § 2 BetrVG 1972 Nr. 14 [gebilligt durch Nichtannahme der Verfassungsbeschwerde durch *BVerfG* 21.03.1994 EzA § 2 BetrVG 1972 Nr. 14a]; *LAG Düsseldorf* 05.12.1988 LAGE § 2 BetrVG 1972 Nr. 6; *LAG Köln* 06.10.1989 LAGE § 2 BetrVG 1972 Nr. 7; *LAG Nürnberg* 18.07.1990 LAGE § 2 BetrVG 1972 Nr. 8; einschränkend auch *ArbG Nürnberg* 06.06.1989 EzA § 2 BetrVG 1972 Nr. 13; *ArbG München* ARSt. 1987, 20 Nr. 15; *Grunsky* AuR 1990, 105; gegen dieses »Geheimverfahren« *Prütting / Weth* DB 1989, 2273, AuR 1990, 269 und NJW 1993, 576; differenzierend *Schilken* SAE 1993, 308). Die Zulassung eines wegen Fehlens dieser Voraussetzungen ungültigen Wahlvorschlags kann die Anfechtbarkeit der Wahl ebenso begründen wie die Nichtzulassung eines ordnungsgemäßen Wahlvorschlags, z. B. wegen Verkennung der Gewerkschaftseigenschaft (vgl. *Kreutz* § 19 Rdn. 26 ff., 32 sowie § 7 WO Rdn. 13). Maßgeblich ist immer die objektive Rechtslage.

89 Das Wahlvorschlagsrecht jeder im Betrieb vertretenen Gewerkschaft tritt **neben** das Wahlvorschlagsrecht der wahlberechtigten Arbeitnehmer nach Abs. 3 und 4; auch die Ausübung des gewerkschaftlichen Wahlvorschlagsrechts verdrängt deren Wahlvorschlagsrecht nicht, auch nicht, soweit diese Gewerkschaftsmitglieder sind. Das gewerkschaftliche Wahlvorschlagsrecht besteht unabhängig davon,

wie viele Personen als Betriebsratsmitglieder zu wählen sind und ob es sich um eine regelmäßige Betriebsratswahl (§ 13 Abs. 1) oder eine Wahl außerhalb des regelmäßigen Wahlzeitraums (§ 13 Abs. 2) handelt; es besteht analog § 14 Abs. 3 und 5 auch im vereinfachten Wahlverfahren für Kleinbetriebe nach § 14a (vgl. § 14a Rdn. 44).

b) Wahlvorschläge

Jede im Betrieb vertretene Gewerkschaft kann für jeden Wahlgang **nur einen** Wahlvorschlag einreichen (ebenso *Engels/Natter* BB 1989, Beil. Nr. 8, S. 1 [18]; *Heither* NZA 1990, Beil. Nr. 1, S. 11 [13]). 90

Zur Wahl kann jeder vorgeschlagen werden, der **wählbar** ist (vgl. näher Rdn. 64 ff.). Die Gewerkschaften sind nicht darauf beschränkt, im Betrieb vorhandene (wählbare) Gewerkschaftsmitglieder als Bewerber zur Wahl vorzuschlagen; sie sind in der **Benennung** wählbarer Kandidaten **frei** (ebenso *Däubler* Gewerkschaftsrechte im Betrieb, Rn. 94; *Fitting* § 14 Rn. 65; *Reichold/HWK* § 14 Rn. 19; *Richardi/Thüsing* § 14 Rn. 45; *Homburg/DKKW* § 14 Rn. 35; *Wlotzke/WPK* § 14 Rn. 30). Sie benötigen aber die **schriftliche Zustimmung** des Vorgeschlagenen nach § 27 Abs. 1 i. V. m. § 6 Abs. 3 Satz 2 WO; vgl. dazu näher § 6 WO Rdn. 11. 91

Für die Wahlvorschläge der im Betrieb vertretenen Gewerkschaften gelten die allgemeinen Vorschriften über die Einreichungsfrist (vgl. Rdn. 75 ff.), Form und Inhalt, Gültigkeit und Bekanntmachung (vgl. Rdn. 67 ff.) entsprechend § 27 Abs. 1 WO. Besonderheiten ergeben sich nur daraus, dass es nach Abs. 5 keiner Mindestzahl von Stützunterschriften Wahlberechtigter (wie bei Wahlvorschlägen der Arbeitnehmer nach Abs. 4) bedarf, sondern nur erforderlich, aber auch genügend ist, dass jeder Wahlvorschlag bei Einreichung von **zwei Beauftragten der Gewerkschaft** unterzeichnet ist; andernfalls ist der Wahlvorschlag ungültig (§ 27 Abs. 2 WO). Auch **inhaltliche Änderungen** an einem Vorschlag müssen durch zwei Beauftragte der Gewerkschaft unterzeichnet werden (*LAG Rheinland-Pfalz* 14.01.2016 – 5 TaBV 19/15 – juris., Rn. 33; Rechtsbeschwerde eingelegt: 7 ABR 19/16). Wenn sich **zwei Gewerkschaften** zusammentun, um einen gemeinsamem Wahlvorschlag einzureichen, muss der gemeinsame Wahlvorschlag ebenfalls nur von **zwei Beauftragten** unterzeichnet werden, weil beide Gewerkschaften zusammen als »eine« Gewerkschaft i. S. der Vorschrift auftreten möchten (*LAG Mecklenburg-Vorpommern* 03.05.2010 – 2 TaBVGa 2/10 – juris, Rn. 21). Innerhalb der Einreichungsfrist kann eine zunächst ungültige Vorschlagsliste wegen der fehlenden Unterschriften ergänzt nochmals eingereicht werden; das ist schon dann der Fall, wenn die Unterschriften nachgeholt werden (ebenso *Fitting* § 14 Rn. 69). Die Unterschriften sind persönlich und handschriftlich abzugeben. Dabei muss deutlich werden, dass die Unterschriften namens der jeweiligen Gewerkschaft erfolgen. Nicht erforderlich ist, dass die Unterzeichner den Wahlvorschlag selbst beim Wahlvorstand einreichen. Die Gewerkschaft kann einen Arbeitnehmer des Betriebs, der Mitglied der Gewerkschaft sein muss, als Listenvertreter benennen (§ 27 Abs. 3 Satz 2 WO); dieser kann den Wahlvorschlag einreichen. Nur wenn eine solche Benennung nicht erfolgt, gilt der Beauftragte, der an erster Stelle unterschrieben hat, als Listenvertreter (§ 27 Abs. 3 Satz 1 WO). 92

Die **Gewerkschaft entscheidet** selbst, **wer ihre Beauftragten sind** (*LAG Schleswig-Holstein* 09.01.2017 – 3 TaBVGA 3/16 – juris, Rn. 64). In Betracht kommen insbesondere gewerkschaftsangehörige Arbeitnehmer des Betriebs sowie externe ehrenamtliche Funktionäre oder (hauptamtliche) Angestellte der Gewerkschaft (ebenso *Engels/Natter* BB 1989, Beil. Nr. 8, S. 1 [18]; *Fitting* § 14 Rn. 68; *Stege/Weinspach/Schiefer* § 14 Rn. 30; *Wlotzke* DB 1989, 111 [112 f.]). Es ist aber nicht vorgeschrieben, dass die Beauftragten Mitglieder der Gewerkschaft sein müssen, für die sie den Wahlvorschlag einreichen. Es muss sich um Personen handeln, die die Gewerkschaft **vertreten** können. Maßgeblich ist die Vertretungsmacht, namens der Gewerkschaft einen Wahlvorschlag zu machen (zust. *Richardi/Thüsing* § 14 Rn. 46), nicht das schuldrechtliche Rechtsverhältnis (Auftrag, Arbeitsverhältnis) zwischen der Gewerkschaft und dem Beauftragten. Die Vertretungsmacht kann aus der Satzung der Gewerkschaft folgen (bei Mitgliedern des zur Vertretung berechtigten Organs), kann aber auch (durch das satzungsgemäß zuständige Organ) rechtsgeschäftlich formfrei (§ 167 Abs. 2 BGB) erteilt sein (Vollmacht). In Zweifelsfällen kann der Wahlvorstand verlangen, dass die Gewerkschaft die Beauftragung bestätigt (ebenso auch § 19 Abs. 9 Satz 2 BPersVG) oder die Beauftragten ihre Vertretungsmacht durch Vorlage der Satzung oder durch schriftliche Vollmacht nachweisen (ebenso *Engels/Natter* BB 1989, Beil. Nr. 8, S. 1 [18]; *Fitting* § 14 Rn. 68; *Heither* NZA 1990, Beil. Nr. 1, S. 11 [14]; *Richar-* 93 di/*Thüsing* § 14 Rn. 46; *Homburg*/DKKW § 14 Rn. 3435, der aber ungenau auch von »Ermächtigung« spricht). Die Frist des § 6 Abs. 1 Satz 2 WO gilt dafür nicht (so wohl auch *LAG Hamm* 10.03.1998 NZA-RR 1998, 400). Allerdings kann nur innerhalb dieser Frist eine zunächst fehlende Vertretungsmacht noch eingeräumt werden mit der Folge, dass der Wahlvorschlag als nochmals eingereicht und gültig behandelt werden kann. Andernfalls ist er als einseitiges Rechtsgeschäft ungültig (§ 180 Satz 1 BGB); eine Genehmigung analog § 177 BGB mit Wirkung ex tunc (§ 184 BGB) gem. § 180 Satz 2 BGB scheidet aus, weil der Wahlvorstand mit seinem Beweisverlangen zu erkennen gibt, dass er Zweifel an der Vertretungsmacht hat und diese »beanstandet«. Werden für den Wahlgang mehrere Vorschlagslisten einer Gewerkschaft eingereicht, die von vertretungsberechtigten Beauftragten der Gewerkschaft unterzeichnet sind, kann der Wahlvorstand vom Vertretungsorgan der Gewerkschaft binnen drei Arbeitstagen (analog § 6 Abs. 5 WO) die Entscheidung darüber verlangen, welche Liste nach Abs. 5 gültig sein soll. Unterbleibt die fristgerechte Erklärung, ist nur der zuerst eingereichte Vorschlag gültig. Ein gewerkschaftlicher Wahlvorschlag liegt auch dann vor, wenn er von wahlberechtigten Arbeitnehmern unterzeichnet ist, von denen zumindest zwei von ihrer Gewerkschaft bevollmächtigt sind, einen Gewerkschaftsvorschlag einzureichen; das ist vor allem dann bedeutungsvoll, wenn die Vorschlagsliste, die von Wahlberechtigten unterzeichnet ist, die nach Abs. 4 erforderliche Zahl von Stützunterschriften bei Einreichung nicht hat oder später infolge von Streichungen (§ 6 Abs. 5 WO) nicht mehr hat und demgemäß als Vorschlag der Arbeitnehmer ungültig wäre (vgl. § 8 Abs. 1 Nr. 3, Abs. 2 Nr. 3 WO; ebenso *Engels*/*Natter* BB 1989, Beil. Nr. 8, S. 1 [18]; *Fitting* § 14 Rn. 70; *Richardi*/*Thüsing* § 14 Rn. 46a). Erforderlich ist dabei aber, dass der Wahlvorschlag für den Wahlvorstand (auch) als Gewerkschaftsvorschlag erkennbar ist (vgl. *LAG Nürnberg* 13.03.2002 AuR 2002, 238).

94 Die gewerkschaftlichen Vorschläge bedürfen nach Abs. 5 zu ihrer Gültigkeit **nicht der Unterzeichnung durch eine Mindestzahl wahlberechtigter Arbeitnehmer des Betriebs** (unstr.). Nach dem klaren Wortlaut bedürfen nach Abs. 4 nur die Wahlvorschläge der Arbeitnehmer der dort jeweils festgelegten Mindestzahlen von (Stütz-)Unterschriften. Das Gesetz musste deshalb für das allgemeine Wahlvorschlagsrecht der im Betrieb vertretenen Gewerkschaften nach Abs. 3 in Abs. 5 nicht nochmals ausdrücklich festlegen, dass Abs. 4 nicht anzuwenden ist (anders noch § 14 Abs. 7 BetrVG 1972 a. F.); es war ausreichend, Einzelheiten des gewerkschaftlichen Wahlvorschlagsrechts positiv festzulegen. Neben der Unterzeichnung durch zwei Gewerkschaftsbeauftragte sind aber Unterschriften (bloß) Wahlberechtigter unschädlich (*BAG* 15.05.2013 – 7 ABR/40/11 – juris, Rn. 24). Auch ein **gemeinsamer Wahlvorschlag** durch wahlberechtigte Arbeitnehmer und Gewerkschaft ist möglich, wenn dieser sowohl durch zwei Gewerkschaftsbeauftragte als auch durch Wahlberechtigte in der nach Abs. 4 festgelegten Mindestzahl unterzeichnet ist. Das Verbot der Verbindung von Vorschlagslisten (§ 6 Abs. 6 WO) wird dadurch nicht berührt.

95 **§ 14 Abs. 5 ist verfassungsgemäß** (ebenso *Engels*/*Natter* BB 1989, Beil. Nr. 8, S. 1 [18 f.]; *Fitting* § 14 Rn. 67; *Heither* NZA 1990, Beil. Nr. 1, S. 11 [13]; *Richardi*/*Thüsing* § 14 Rn. 47; *Triemel* Minderheitenschutz, S. 101 f.; vgl. auch *Friese* Kollektive Koalitionsfreiheit und Betriebsverfassung, S. 372 ff. und *Jens Klein* Minderheitsgewerkschaften, S. 325 ff., die beide ein gewerkschaftliches Wahlvorschlagsrecht [unter Ablehnung des »einheitlichen Gewerkschaftsbegriffs«] für verfassungsfest, d. h. von Art. 9 Abs. 3 Satz 1 GG geboten halten). Im Gesetzgebungsverfahren zur Novelle vom 20.12.1988 sind verfassungsrechtliche Bedenken dagegen erhoben worden, dass die gewerkschaftlichen Wahlvorschläge – anders als die Wahlvorschläge wahlberechtigter Arbeitnehmer nach Abs. 6 und 7 a. F. (jetzt Abs. 4) – keine Stützunterschriften Wahlberechtigter benötigen (vgl. Bericht des 11. Ausschusses, BT-Drucks. 11/3618, S. 5). Darin liegt jedoch weder ein Verstoß gegen Art. 9 Abs. 3 Satz 1 GG unter dem Gesichtspunkt einer unzulässigen Differenzierung zwischen Gewerkschaften und sonstigen Arbeitnehmervereinigungen beim Unterschriftenquorum (vgl. Rdn. 96) noch ein Verstoß gegen Art. 3 Abs. 1 GG unter dem Gesichtspunkt einer Verletzung des Grundsatzes der Wahlchancengleichheit aller Wahlbewerber (vgl. Rdn. 97 ff.).

96 **Ein Verstoß gegen Art. 9 Abs. 3 Satz 1 GG scheidet aus**, weil sich aus dieser Bestimmung ein Wahlvorschlagsrecht von Arbeitnehmerkoalitionen **nicht** herleiten lässt (vgl. zur Gegenansicht vgl. *Friese* Kollektive Koalitionsfreiheit und Betriebsverfassung, S. 372 ff. und *Jens Klein* Minderheitsgewerkschaften, S. 325 ff.), welches ggf. jeglicher Differenzierung zwischen ihnen entgegenstünde.

Der Gesetzgeber hat sich im Gesetzgebungsverfahren auf die Entscheidung des *BVerfG* aus dem Jahr 1965 (30.11.1965 AP Nr. 7 zu Art. 9 GG) berufen (vgl. BT-Drucks. 11/2503, S. 23) und hervorgehoben, dass durch das gewerkschaftliche Wahlvorschlagsrecht die Ausübung des in Art. 9 Abs. 3 GG verankerten Rechts der Koalitionen, sich im Bereich der Betriebsverfassung zu betätigen und Einfluss auf die Wahl des Betriebsrats zu nehmen, erleichtert werden soll. Das *BVerfG* hat in der genannten Entscheidung anerkannt, dass Art. 9 Abs. 3 GG den Koalitionen das Recht gewährleistet, sich im Bereich der Personalvertretung zu betätigen; hierzu gehöre auch die Werbung vor Personalratswahlen in der Dienststelle. Die Wahlwerbung vor Personalrats- und Betriebsratswahlen ist qualitativ jedoch nicht mit einem eigenen Wahlvorschlagsrecht gleichzusetzen (zweifelhaft *Buchner* NZA 1989, Beil. Nr. 1, S. 2 [3]; *Wlotzke* FS *K. Molitor*, 1988, S. 397 [402]). Das *BVerfG* (30.11.1965 AP Nr. 7 zu Art. 9 GG Bl. 3 R) hat es nicht beanstandet, dass (damals) Gewerkschaften kein Recht hatten, selbst Wahlvorschläge einzureichen. Auch der Entscheidung des *BVerfG* aus dem Jahr 1984 (16.10.1984 BVerfGE 67, 369) ist nicht zu entnehmen, dass es das Grundrecht der Koalitionsfreiheit gebietet, den im Betrieb vertretenen Koalitionen ein eigenes Wahlvorschlagsrecht einzuräumen. Die Entscheidung beschränkt sich darauf, den Koalitionen den durch Art. 9 Abs. 3 GG gewährleisteten »Einfluss auf die Wahl der Personalräte« im Hinblick auf überhöhte Unterschriftenquoren zu sichern (*BVerfG* 16.10.1984 BVerfGE 67, 369 [377, 379]), zieht ein eigenes Wahlvorschlagsrecht für sie aber nicht in Betracht. I. E. ist daher festzuhalten, dass ein eigenes Wahlvorschlagsrecht der Koalitionen von Art. 9 Abs. 3 GG nicht gefordert wird (so auch *Richardi* AuR 1986, 33 [34 f.]), das Wahlvorschlagsrecht der Gewerkschaften nach Abs. 3 und 5 aber deren Betätigung als Koalition in der Betriebsverfassung fördert. Die Frage ist, ob darin eine verfassungswidrige Ungleichbehandlung liegt gegenüber Arbeitnehmervereinigungen, die nicht Gewerkschaften sind, und einzelnen Wahlberechtigten im Hinblick auf das von diesen zu erbringende Unterschriftenquorum.

Das ist nicht der Fall. Das **gewerkschaftliche Wahlvorschlagsrecht** (Abs. 3) **verstößt in seiner Ausgestaltung durch Abs. 5 nicht gegen die verfassungsrechtlichen Grundsätze der Allgemeinheit und Gleichheit der Wahl** (Art. 3 Abs. 1 GG). Nach der Rechtsprechung des *BVerfG* sind die Grundrechte (gemäß Art. 1 Abs. 3 GG) auf die Privatrechtsgesetzgebung voll anzuwenden (vgl. *BVerfG* 04.05.1971 BVerfGE 31, 58 [72 f.]; 22.02.1983 BVerfGE 63, 181 [195]). Insbesondere geht das *BVerfG* zu Recht ganz selbstverständlich von der Anwendbarkeit des Art. 3 GG aus (vgl. die Rechtsprechung zu den ungleichen Kündigungsfristen für Arbeiter und Angestellte nach § 622 BGB: *BVerfG* 16.11.1982 BVerfGE 62, 256 [274]; 30.05.1990, BB 1990, Beil. Nr. 27). Obgleich das Betriebsverfassungsgesetz zum Privatrecht gehört (vgl. *Wiese* Einl. Rdn. 89 ff.; *Zöllner/Loritz/Hergenröder* Arbeitsrecht, § 46 III 1), ist daher **§ 14 Abs. 5 an Art. 3 Abs. 1 GG zu messen**. Der Gleichheitssatz (Art. 3 Abs. 1 GG) umfasst die Grundsätze der Gleichheit und Allgemeinheit der Wahl (*BVerfG* 05.04.1952 BVerfGE 1, 208 [242, 247]; 23.02.1982 BVerfGE 60, 162 [167]; 16.10.1984 BVerfGE 67, 369 [377]). Diese gelten über Art. 28 Abs. 1, 38 Abs. 1 GG hinaus nicht nur bei politischen Abstimmungen, sondern auch im öffentlich-rechtlichen Bereich der Sozialversicherung (*BVerfG* 24.02.1971 BVerfGE 30, 227 [245 f.]) und im Personalvertretungsrecht (*BVerfG* 16.12.1975 BVerfGE 41, 1 [11 f.]; 23.02.1982 BVerfGE 60, 162 [167 ff.]; 16.10.1984 BVerfGE 67, 369 [377 f.]). Nach einem obiter dictum des *BVerfG* (23.01.1957 BVerfGE 6, 84 [91]) besitzt der Grundsatz der Wahlgleichheit »in allen Bereichen und für alle Personengemeinschaften« Gültigkeit; folglich ist er auch im Bereich des Betriebsverfassungsgesetzes anzuwenden. Der **Grundsatz** der **Wahlgleichheit** bezieht sich nicht nur auf die Stimmabgabe, sondern **erfasst auch das Wahlvorschlagsrecht** und gebietet die Chancengleichheit aller Wahlbewerber (vgl. *BVerfG* 24.02.1971 BVerfGE 30, 227 [246]; 23.02.1982 BVerfGE 60, 162 [167]; 16.10.1984 BVerfGE 67, 369 [377 f.]; 22.10.1985 BVerfGE 71, 81 [94]). Die Differenzierung beim Unterschriftenquorum fällt also in den Schutzbereich des Art. 3 Abs. 1 GG. Die Befreiung gewerkschaftlicher Wahlvorschläge vom Unterschriftenquorum ist aber **sachlich gerechtfertigt**.

Der allgemeine Gleichheitssatz lässt Differenzierungen bereits bei **sachlichen Gründen** zu, wenn Ungleichbehandlung und rechtfertigender Grund in einem angemessenen Verhältnis zueinanderstehen (*BVerfG* 30.05.1990 BB 1990, Beil. Nr. 27, unter C I der Gründe m. w. N.). Demgegenüber wird die Wahlgleichheit im Bereich der politischen Wahlen strikt und formal verstanden, so dass es besonderer, zwingender Gründe bedarf, wenn die Regel formalisierter Wahl(chancen)gleichheit ausnahmsweise durchbrochen werden soll (*BVerfG* 06.02.1956 BVerfGE 4, 375 [382 f.]; 30.05.1962

BVerfGE 14, 121 [133]; 22.10.1985 BVerfGE 71, 81 [96]). Gleichwohl hat das *BVerfG* keinen Verfassungsverstoß darin gesehen, dass nach § 20 Abs. 2 und 3 Bundeswahlgesetz für Wahlvorschläge neu auftretender Parteien und Wahlberechtigter ein Unterschriftenquorum verlangt wird, nicht aber von Parteien, die bei der letzten Wahl Erfolg hatten (vgl. dazu m. w. N. *Schreiber* Kommentar zum Bundeswahlgesetz, 8. Aufl. 2009 § 20 Rn. 8). Hinzu kommt, dass außerhalb des Bereichs allgemeiner politischer Wahlen das demokratische Postulat der politischen Gleichheit aller Staatsbürger nicht trägt (*BVerfG* 16.12.1975 BVerfGE 41, 1 [12]). Das *BVerfG* hat es dementsprechend im Jahr 1985 ausdrücklich offengelassen, inwieweit der in erster Linie für politische Wahlen und Abstimmungen entwickelte Grundsatz formaler Wahlchancengleichheit im Bereich des Arbeits- und Sozialwesens anzuwenden ist und damit zu einer Verengung des Gestaltungsspielraums des Gesetzgebers führt (*BVerfG* 22.10.1985 BVerfGE 71, 81 [94 f.]). Auch erkennt das Gericht an, dass sich das Ausmaß zulässiger Differenzierungen »nach der Natur des jeweils in Frage stehenden Sachbereichs« richtet (*BVerfG* 23.02.1982 BVerfGE 60, 162 [168]; 22.10.1985 BVerfGE 71, 81 [96] und 24.02.1971 BVerfGE 30, 227 [246] hat im Bereich der Wahlen der Sozialversicherung auf einen »sachlichen Grund« für Differenzierungen abgestellt).

99 Das Erfordernis eines Unterschriftenquorums greift in die Wahlgleichheit ein und der Wählerentscheidung vor. Gleichwohl hat das *BVerfG* in st. Rspr. das Erfordernis einer bestimmten Unterschriftenzahl als sachlich gerechtfertigt angesehen, **wenn und soweit** es dazu dient, den **Wahlakt auf ernsthafte Bewerber zu beschränken**, dadurch das Stimmgewicht der einzelnen Wählerstimme zu sichern und so indirekt der Gefahr der Stimmenzersplitterung vorzubeugen (*BVerfG* 23.02.1982 BVerfGE 60, 162 [168]; 16.10.1984 BVerfGE 67, 369 [377 f.]; 22.10.1985 BVerfGE 71, 81 [96 f.]). Insofern bestehen dem Grunde und der Höhe nach keine Bedenken gegen das in § 14 Abs. 4 vorgesehene Unterschriftenquorum für Wahlvorschläge Wahlberechtigter (vgl. Rdn. 54 ff.); nach dem *BVerfG* (22.10.1985 BVerfGE 71, 81 [97]) ist in der Regel ein Quorum von 5 % verfassungsrechtlich nicht zu beanstanden. Für gewerkschaftliche Wahlvorschläge hat der Gesetzgeber ein Unterschriftenquorum nicht für erforderlich gehalten, um den Wahlakt auf ernsthafte Bewerber zu beschränken. Auf die hohen Anforderungen, die nach der vom Gesetzgeber gebilligten Rechtsprechung des *BAG* an die Gewerkschaftseigenschaft zu stellen sind (vgl. Rdn. 84 f.), hat der Gesetzgeber vielmehr die Erwartung gestützt, dass das Wahlvorschlagsrecht der Gewerkschaften »auf Arbeitnehmervereinigungen mit einer beachtlichen Verankerung in der Arbeitnehmerschaft beschränkt« wird (vgl. Entwurfsbegründung, BT-Drucks. 11/2503, S. 23) und dementsprechend gewerkschaftliche Wahlvorschläge auch ohne Quorum ernsthafte und aussichtsreiche Vorschläge sind (so auch *Engels/Natter* BB 1989, Beil. Nr. 8, S. 1 [18]; *Heither* NZA 1990, Beil. Nr. 1, S. 2 [13], der geltend macht, dass Stützunterschriften und Anforderungen an die Gewerkschaftseigenschaft dieselbe Funktion erfüllen). Unter dem Gesichtspunkt, dass die Regelung des **Wahlvorschlagsrechts der Wählerentscheidung nur möglichst wenig vorgreifen darf** (*BVerfG* 23.02.1982 BVerfGE 60, 162 [168]; 22.10.1985 BVerfGE 71, 81 [96]), ist mithin die Befreiung gewerkschaftlicher Wahlvorschläge vom Unterschriftenquorum sachlich gerechtfertigt, ja geradezu geboten, um Unterschiedliches nicht willkürlich gleich zu behandeln.

100 Auch das *BVerfG* (24.02.1971 BVerfGE 30, 227 [246 m. w. N.]) hat es nicht beanstandet, dass Wahlvorschlagsberechtigte an ein Unterschriftenquorum gebunden sind, während andere davon befreit sind. Insbesondere hat es das Gericht in dieser Entscheidung nicht generell als verfassungswidrig bezeichnet, beim Unterschriftenquorum zwischen Gewerkschaften und sonstigen Arbeitnehmervereinigungen zu differenzieren (so aber *Hanau* BT-Protokoll Nr. 48, 11. Wahlperiode, Ausschuss für Arbeit und Sozialordnung, S. 141 f.). In der Entscheidung ging es nur um die weitere Frage, ob es sich bei Wahlen im Bereich der Sozialversicherung rechtfertigen lässt, dass nur von sonstigen Arbeitnehmervereinigungen, nicht aber von Gewerkschaften ein Unterschriftenquorum verlangt wird, wenn beide nicht in der letzten Vertreterversammlung vertreten, insofern also in gleicher Lage waren. Nur das hat das Gericht verneint und dabei vor allem auf die strukturspezifischen Gesichtspunkte in diesem Sachbereich verwiesen, dass sich nämlich bei wahlvorschlagsberechtigten (!) sozial- oder berufspolitischen Arbeitnehmervereinigungen im Bereich der Sozialversicherung die Ernsthaftigkeit ihrer Vorschlagslisten nicht ausnahmslos in Abrede stellen lässt, wenn man dort gleiche Maßstäbe wie bei den Gewerkschaften anlegt, die umfassenderen Aufgaben nachgehen als die dort tätigen sonstigen Vereinigungen, die gerade in der Teilnahme an den Wahlen in der Sozialversicherung ein Schwergewicht ihrer Aufgaben sehen und dort deshalb als solche auch wahlvorschlagsberechtigt sind (vgl. dazu auch *Engels/Natter* BB 1989, Beil. Nr. 8, S. 1 [18]).

c) Recht auf Zugang zum Betrieb

Zur Wahrnehmung des eigenen Wahlvorschlagsrechts hat jede im Betrieb vertretene Gewerkschaft ein **101 Recht auf Zugang zum Betrieb** nach Maßgabe von § 2 Abs. 2. Das bezieht sich **auch** auf **externe** Gewerkschaftsbeauftragte (ebenso *Engels/Natter* BB 1989, Beil. Nr. 8, S. 1 [19]; *Fitting* § 14 Rn. 71; *Heither* NZA 1990, Beil. Nr. 1, S. 11 [14]; *Wlotzke* DB 1989, 111 [113]; *Wlotzke/WPK* § 14 Rn. 32; wohl auch *Richardi/Thüsing* § 14 Rn. 63). Das Zugangsrecht besteht schon vor Einreichung des gewerkschaftlichen Wahlvorschlags (ebenso *Fitting* § 14 Rn. 71; **a. M.** offenbar *Heither* NZA 1990, Beil. Nr. 1, S. 11 [14]: »mit der Einreichung«), z. B. zur Gewinnung von Wahlbewerbern. Es bezieht sich im Übrigen auf alle mit der Wahl im Zusammenhang stehenden Aktivitäten, einschließlich der Wahlwerbung.

Die im Betrieb vertretenen Gewerkschaften können auch gegen den Willen ihrer im Betrieb beschäftigten wahlberechtigten Mitglieder einen externen gewerkschaftlichen Wahlvorschlag einreichen. Dadurch steigt der Einfluss externer Gewerkschaftsfunktionäre auch für die Kandidatenaufstellung bei Vorschlagslisten Wahlberechtigter. Zur Problematik der Drohung mit dem Gewerkschaftsausschluss vgl. *Kreutz* § 20 Rdn. 43 ff. **102**

V. Streitigkeiten

Streitigkeiten über die Regelungen des § 14 und der sie ergänzenden Bestimmungen der WO (und **103** WOP) entscheidet auf Antrag das Arbeitsgericht im Beschlussverfahren (§ 2a Abs. 1 Nr. 1, Abs. 2, §§ 80 ff. ArbGG). Ein Rechtsschutzinteresse des Antragstellers ist erforderlich.

Entscheidungen und Maßnahmen des Wahlvorstands bei der Vorbereitung (vgl. dazu *Kreutz* **104** § 18 Rdn. 19) und Durchführung (vgl. dazu *Kreutz* § 18 Rdn. 25 f.) der Wahl, die gegen § 14 oder ergänzende Bestimmungen der WO verstoßen, können vor Abschluss des Wahlverfahrens (vgl. dazu *Kreutz* § 18 Rdn. 40) **selbständig** im arbeitsgerichtlichen Beschlussverfahren **angefochten** werden; dabei ist der Wahlvorstand Antragsgegner. Vgl. zu diesem Verfahren, das in besonders gelagerten Fällen auch zur Aussetzung des Wahlverfahrens führen kann, *Kreutz* § 18 Rdn. 80 ff. Zum Verfahren über die Zuordnung leitender Angestellter vgl. § 18a.

Verstöße gegen die Bestimmungen des § 14 und der sie ergänzenden zwingenden Bestimmungen der **105** WO können als Verstöße gegen wesentliche Bestimmungen über das Wahlverfahren die **Anfechtung der Wahl** im Wahlanfechtungsverfahren nach § 19 **begründen** (vgl. dazu *Kreutz* § 19 Rdn. 26 ff., 33). Ausnahmsweise kann die Wahl sogar nichtig sein (vgl. Rdn. 48 und *Kreutz* § 19 Rdn. 144 ff.).

§ 14a
Vereinfachtes Wahlverfahren für Kleinbetriebe

(1) In Betrieben mit in der Regel fünf bis fünfzig wahlberechtigten Arbeitnehmern wird der Betriebsrat in einem zweistufigen Verfahren gewählt. Auf einer ersten Wahlversammlung wird der Wahlvorstand nach § 17a Nr. 3 gewählt. Auf einer zweiten Wahlversammlung wird der Betriebsrat in geheimer und unmittelbarer Wahl gewählt. Diese Wahlversammlung findet eine Woche nach der Wahlversammlung zur Wahl des Wahlvorstands statt.

(2) Wahlvorschläge können bis zum Ende der Wahlversammlung zur Wahl des Wahlvorstands nach § 17a Nr. 3 gemacht werden; für Wahlvorschläge der Arbeitnehmer gilt § 14 Abs. 4 mit der Maßgabe, dass für Wahlvorschläge, die erst auf dieser Wahlversammlung gemacht werden, keine Schriftform erforderlich ist.

(3) Ist der Wahlvorstand in Betrieben mit in der Regel fünf bis fünfzig wahlberechtigten Arbeitnehmern nach § 17a Nr. 1 in Verbindung mit § 16 vom Betriebsrat, Gesamtbetriebsrat oder Konzernbetriebsrat oder nach § 17a Nr. 4 vom Arbeitsgericht bestellt, wird der Betriebsrat abweichend von Absatz 1 Satz 1 und 2 auf nur einer Wahlversammlung in gehei-

mer und unmittelbarer Wahl gewählt. Wahlvorschläge können bis eine Woche vor der Wahlversammlung zur Wahl des Betriebsrats gemacht werden; § 14 Abs. 4 gilt unverändert.

(4) Wahlberechtigten Arbeitnehmern, die an der Wahlversammlung zur Wahl des Betriebsrats nicht teilnehmen können, ist Gelegenheit zur schriftlichen Stimmabgabe zu geben.

(5) In Betrieben mit in der Regel 51 bis 100 wahlberechtigten Arbeitnehmern können der Wahlvorstand und der Arbeitgeber die Anwendung des vereinfachten Wahlverfahrens vereinbaren.

Literatur

Berg Rechtliche und praktische Fragen des zweistufigen vereinfachten Wahlverfahrens, AiB 2002, 17; *Boch* Zur Fehlerhaftigkeit des vereinfachten Wahlverfahrens nach § 94 Abs. 6 Satz 3 SGB IX bei unerkannt überhöhter Wählerzahl, SAE 2007, 151; *Buchner* Betriebsverfassung – Novelle auf dem Prüfstand, NZA 2001, 633; *Däubler* Eine bessere Betriebsverfassung? Der Referentenentwurf zur Reform des BetrVG, AuR 2001, 1; *ders*. Die veränderte Betriebsverfassung – Erste Anwendungsprobleme, AuR 2001, 285; *Dütz* Abschaffung des Minderheitenschutzes durch das BetrVerf-ReformG 2001, DB 2001, 1306; *Engels / Trebinger / Löhr-Steinhaus* Regierungsentwurf eines Gesetzes zur Reform des Betriebsverfassungsgesetzes, DB 2001, 532; *Franke* Das vereinfachte Wahlverfahren nach § 14a BetrVG – Nachbesserung ist geboten, DB 2002, 211; *Gräfl* Aktuelle Rechtsprechung des Siebten Senats des Bundesarbeitsgerichts zur Anfechtung und Nichtigkeit von Betriebsratswahlen, JArbR 42 (2005), S. 133; *Grote* Novellierungsvorschläge zu den Vorschriften über die Zusammensetzung und Wahl des Betriebsrats (§§ 7–20 BetrVG 1972) (Diss. Kiel), 2001 (zit.: Novellierungsvorschläge); *Hanau* Denkschrift zu dem Regierungsentwurf eines Gesetzes zur Reform des Betriebsverfassungsgesetzes, RdA 2001, 65; *ders*. Die Reform der Betriebsverfassung, NJW 2001, 2513; *Jens Klein* Die Stellung der Minderheitsgewerkschaften in der Betriebsverfassung (Diss. Freiburg), 2007 (zit.: Minderheitsgewerkschaften); *Konzen* Der Regierungsentwurf des Betriebsverfassungsreformgesetzes, RdA 2001, 76; *Löwisch* Änderung der Betriebsverfassung durch das Betriebsverfassungs-Reformgesetz (Teil I), BB 2001, 1734; *ders*. Die vereinfachte Betriebsratswahl – eine Fehlkonstruktion, JZ 2002, 187; *Nielebock / Hayen* Bessere demokratische Teilhabe im Betrieb. Bedingungen der Betriebsratsarbeit und erste Erfahrungen mit den Betriebsratswahlen 2002 nach der Novellierung des Betriebsverfassungsgesetzes, JArbR Bd. 40 (2003), S. 65; *Nießen* Fehlerhafte Betriebsratswahlen (Diss. Köln), 2006; *Quecke* Änderungen des Verfahrens zur Betriebsratswahl, AuR 2002, 1; *Richardi / Annuß* Neues Betriebsverfassungsgesetz: Revolution oder strukturwahrende Reform?, DB 2001, 41; *Rudolph / Lautenbach* Vereinbarung des vereinfachten Wahlverfahrens, AiB 2006, 152; *Schiefer / Korte* Gesetzentwurf eines Gesetzes zur Reform des Betriebsverfassungsgesetzes, NZA 2001, 351; *dies*. Die Durchführung von Betriebsratswahlen nach neuem Recht, NZA 2002, 57 (Teil 1), 113 (Teil 2); *Schiefer / Worzalla* 10 Jahre novelliertes Betriebsverfassungsgesetz – eine Bestandsaufnahme, NZA 2011, 1396; *Triemel* Minderheitenschutz in den Organisationsvorschriften der Betriebsverfassung (Diss. Konstanz), 2005 (zit.: Minderheitenschutz); *Thüsing / Lambrich* Die Wahl des Betriebsrats nach neuem Recht, NZA-Sonderheft 2001, 79; *Voss* Die Rechtsstellung von Minderheitslisten im Betriebsrat, 2015; *Will* Das vereinfachte Wahlverfahren für Kleinbetriebe, FA 2006, 71; *Worzalla* 10 Jahre novelliertes Betriebsverfassungsgesetz – eine Bestandsaufnahme, NZA 2011, 1396.

Vgl. ferner die Angaben zu § 14.

Inhaltsübersicht

	Rdn.
I. Vorbemerkung	1–10
II. Wahlverfahren für Kleinbetriebe (Anwendungsbereich)	11–19
III. Zweistufiges vereinfachtes Wahlverfahren (Abs. 1)	20–84
1. Erste Wahlversammlung (Abs. 1 Satz 2)	22–53
a) Wahl eines Wahlvorstands	22–24
b) Einleitung der Wahl des Betriebsrats	25–34
c) Wahlvorschläge	35–53
aa) Vorschlagsberechtigung	39–45
bb) Wahlbewerber	46–50
cc) Prüfung und Bekanntmachung	51–53
2. Zweite Wahlversammlung (Abs. 1 Satz 3)	54–67
a) Wahlgrundsätze, Wahlsystem	54–56
b) Vorbereitung und Durchführung	57–67
3. Feststellung des Wahlergebnisses	68–84

	a) Feststellung des vorläufigen Wahlergebnisses	69–78
	b) Feststellung und Bekanntmachung des endgültigen Wahlergebnisses	79–84
IV.	Einstufiges vereinfachtes Wahlverfahren (Abs. 3)	85–111
	1. Bestellung des Wahlvorstands	88–90
	2. Einleitung der Wahl	91–99
	3. Durchführung der Wahl	100–110
	4. Feststellung des Wahlergebnisses	111
V.	Vereinbarung der Anwendung des vereinfachten Wahlverfahrens (Abs. 5)	112–124
	1. Voraussetzungen	115–118
	2. Vereinbarung des vereinfachten Wahlverfahrens	119–124
VI.	Streitigkeiten	125–128

I. Vorbemerkung

Die Vorschrift ist durch Art. 1 Nr. 12 BetrVerf-Reformgesetz vom 23.07.2001 (BGBl. I, S. 1852) in **1** das Betriebsverfassungsgesetz eingefügt worden und gilt seit dem 28.07.2001 (vgl. Art. 14 Satz 1 BetrVerf-Reformgesetz, das am 27.07.2001 verkündet wurde).

Ziel der Neuregelung ist es, »mit dem speziell für Kleinbetriebe geschaffenen vereinfachten Wahl- **2** verfahren die Errichtung von Betriebsräten in Kleinbetrieben zu erleichtern« und dadurch »dazu beizutragen, dass wieder in mehr Betrieben Interessenvertretungen gebildet werden« (Begründung zum RegE, BT-Drucks. 14/5741, S. 36 f. zu Nr. 12). Als maßgeblichen Grund dafür, dass in kleineren Betrieben eher selten Betriebsräte bestehen (vgl. statistische Angaben bei *Wassermann* WSI-Mitt. 2000, 697 [704]), nennt die Begründung zum RegE (BT-Drucks. 14/5741, S. 37), ohne das zu belegen, »das besonders für Kleinbetriebe zu aufwendige Wahlverfahren« (krit. dazu *Reichold*/HWK § 14a BetrVG Rn. 3).

Nach der Systematik des Gesetzes ist jetzt zu unterscheiden zwischen dem speziell für Kleinbetriebe **3** geschaffenen »**vereinfachten Wahlverfahren**« (vgl. die Überschriften von §§ 14a, 17a) und dem herkömmlichen »normalen« Wahlverfahren (§ 14). Vereinfachte Wahlverfahren gelten nach § 14a Abs. 1 Satz 1 oder § 14a Abs. 3 Satz 1 **zwingend nur** in Betrieben mit in der Regel fünf bis fünfzig wahlberechtigten Arbeitnehmern. Daraus ergibt sich im Kontext mit § 9, dass die Betriebsratswahl zwingend nur dann im vereinfachten Wahlverfahren durchzuführen ist, wenn der Betriebsrat aus einer Person (§ 9 Satz 1 [erste Stufe]) oder aus drei Mitgliedern besteht (§ 9 Satz 1 [zweite Stufe]). Vorbehaltlich einer (freiwilligen) Vereinbarung nach § 14a Abs. 5 ergibt sich daraus im Umkehrschluss, dass bei größeren Betrieben, in denen der Betriebsrat dementsprechend aus fünf oder mehr Mitgliedern besteht, das herkömmliche Wahlverfahren nach wie vor gilt. Da in seinem Anwendungsbereich das speziellere Wahlverfahren für Kleinbetriebe das herkömmliche Wahlverfahren verdrängt, stehen beide Wahlverfahren in einem Regel-Ausnahmeverhältnis. Daher ist es gerechtfertigt, dem »vereinfachten Wahlverfahren« begrifflich das »**Regelwahlverfahren**« gegenüberzustellen, obwohl Gesetz und Wahlordnung diesen Begriff nicht verwenden. Die aufgrund des § 126 erlassene **Wahlordnung** vom 11.12.2001 (BGBl. I, S. 3494) regelt aber auch zunächst die technische Durchführung der Wahl nach § 14 (Erster Teil) und erst danach diejenige nach § 14a (Zweiter Teil), wobei deren Besonderheiten aufgegriffen werden, aber auch in weitem Umfang Bestimmungen aus dem Ersten Teil für entsprechend anwendbar erklärt werden. Die WO ist in Bd. I, Anhang 1 abgedruckt und kommentiert.

Bei systematischer Betrachtung der Bestimmungen über das Regelwahlverfahren (§§ 14, 15, 16, 17; **4** §§ 1–27 WO) und derjenigen über das vereinfachte Wahlverfahren (§ 14a i. V. m. § 14 Abs. 2 Satz 2, §§ 15, 17a; §§ 28–37 WO) fallen **Besonderheiten ins Gewicht, die mit der Einfügung des vereinfachten Wahlverfahrens entstanden sind**. Bei beiden Verfahren ist der Wahlvorstand für die Einleitung und Durchführung der Betriebsratswahl und für die Feststellung des Wahlergebnisses zuständig (§ 18 Abs. 1 Satz 1) und damit unverzichtbar; somit beginnt die Betriebsratswahl mit der Bestellung (oder Wahl) des Wahlvorstands. Gleichwohl unterscheidet das Gesetz für das Regelwahlverfahren nach wie vor (strikt) zwischen den Vorschriften über die Bestellung des Wahlvorstands einerseits (§§ 16, 17) und den Grundsätzen (Wahlvorschriften), nach denen die Betriebsratswahl zu erfolgen hat (§§ 14, 15), andererseits; diese Wahlvorschriften werden durch die Bestimmungen im Ersten

Teil der Wahlordnung (§§ 1–27) ergänzt und konkretisiert. Auch beim vereinfachten Wahlverfahren für Kleinbetriebe bestimmt § 17a die Bestellung des Wahlvorstandes getrennt von den Grundsätzen, nach denen die Wahl zu erfolgen hat (§§ 14a, 15). Dabei ist jedoch zum einen zu berücksichtigen, dass nicht (wie es systematisch korrekt wäre) in § 14a, sondern in § 14 Abs. 2 Satz 2 (quasi als Annexregelung) bestimmt wird, dass die Wahl im vereinfachten Wahlverfahren ausschließlich nach den Grundsätzen der Mehrheitswahl erfolgt. Zum anderen ist zu beachten, dass § 14a Abs. 1 Satz 1 davon ausgeht, dass »der Betriebsrat in einem zweistufigen Verfahren gewählt« wird, das aus zwei »Wahlversammlungen« besteht. Auf einer ersten Wahlversammlung wird der Wahlvorstand nach § 17a Nr. 3 gewählt (§ 14a Abs. 1 Satz 2); auf der zweiten Wahlversammlung, die eine Woche später stattzufinden hat (§ 14a Abs. 1 Satz 4), wird dann der Betriebsrat gewählt (§ 14a Abs. 1 Satz 3). Insoweit werden also, anders als beim Regelwahlverfahren, die Wahl des Wahlvorstandes und diejenige des Betriebsrats verfahrensmäßig miteinander verbunden; dementsprechend enthält der Zweite Teil der Wahlordnung (Erster Abschnitt, §§ 28–35) zu diesen beiden Wahlen ergänzende und konkretisierende Vorschriften (soweit es dabei in §§ 28, 29 WO um die Wahl des Wahlvorstands geht, sind die Regelungen durch die Verordnungsermächtigung in § 126 Nr. 1 gedeckt, weil auch die Wahl des Wahlvorstands der Vorbereitung der eigentlichen Betriebsratswahl dient). Der Anwendungsbereich dieses zweistufigen Verfahrens ist aber auf die Fälle beschränkt, in denen der Wahlvorstand in Betrieben ohne Betriebsrat nach § 17a Nr. 3 zu wählen ist; das ergibt sich im Kontext von § 14a Abs. 1 Satz 2, Abs. 3 und § 17a (vgl. dazu näher Rdn. 20 f.). In allen anderen Fällen, in denen der Wahlvorstand (nach § 17a) anderweitig wirksam bestellt worden ist und dementsprechend eine erste Wahlversammlung zur Wahl des Wahlvorstands nicht erforderlich ist, ist ein einstufiges Verfahren vorgesehen, bei dem die Wahl des Betriebsrats (abweichend von § 14a Abs. 1 Satz 1 und 2) auf nur einer Wahlversammlung stattfindet (§ 14a Abs. 3; § 36 WO). Nicht Gesetz geworden ist die im RefE eines BetrVerf-Reformgesetzes vom 04.12.2000 vorgesehene Regelung, nach der das vereinfachte Wahlverfahren für Kleinbetriebe immer auf eine (einzige) Wahlversammlung beschränkt sein sollte. Ziel dieses Entwurfes, der auf einen Novellierungsvorschlag des *DGB* zurückgeht (vgl. Novellierungsvorschläge des DGB zum Betriebsverfassungsgesetz 1972, 1998, S. 20 f.), war, die Wahl des Betriebsrats an einem einzigen Tag durchzuführen (vgl. Entwurfsbegründung, S. 33).

5   Die **wesentlichen Unterschiede** zwischen Regelwahlverfahren und vereinfachtem Wahlverfahren bestehen darin, dass das vereinfachte Wahlverfahren mit erheblich **verkürzten Fristen** auskommt, die Wahl des Betriebsrats ausschließlich nach den **Grundsätzen der Mehrheitswahl** stattfindet (während das Regelwahlverfahren grundsätzlich nach den Grundsätzen der Verhältniswahl erfolgt) und statt einer Urnenwahl an Wahltagen (wie beim Regelwahlverfahren) immer auf einer **Wahlversammlung** erfolgt.

6   In Betrieben mit in der Regel fünf bis fünfzig wahlberechtigten Arbeitnehmern hat die Betriebsratswahl **zwingend** im vereinfachten Wahlverfahren stattzufinden (ebenso *Brors/HaKo* § 14a Rn. 1; *Fitting* § 14a Rn. 6; *Nicolai/HWGNRH* § 14a Rn. 2; *Richardi/Thüsing* § 14a Rn. 2; *Stege/Weinspach/Schiefer* § 14a Rn. 1). Aber auch die Grundsätze, nach denen dieses Wahlverfahren stattzufinden hat, sind **zwingend**. Die zwingenden Regelungen können weder durch Tarifvertrag oder Betriebsvereinbarung (auch nicht für die nach § 3 Abs. 1 bis 3, Abs. 2 gebildeten »kleinbetrieblichen« Organisationseinheiten; vgl. entsprechend § 14 Rdn. 7) noch durch Vereinbarung zwischen Arbeitgeber und Arbeitnehmern oder Wahlvorstand abgeändert werden. Insbesondere können Arbeitgeber und Wahlvorstand nicht die Anwendung des Regelwahlverfahrens vereinbaren, wenn das vereinfachte Wahlverfahren durchzuführen ist, weil dem Betrieb in der Regel nicht mehr als 50 wahlberechtigte Arbeitnehmer angehören. Die im falschen Wahlverfahren durchgeführte Betriebsratswahl ist anfechtbar (vgl. Rdn. 127).

7   Nach § 14a Abs. 5 können Arbeitgeber und Wahlvorstand in Betrieben mit in der Regel 51 bis 100 wahlberechtigten Arbeitnehmern die **Anwendung** des vereinfachten Wahlverfahrens (statt des kraft Gesetzes anwendbaren Regelwahlverfahrens) **vereinbaren** (vgl. dazu ausführlich Rdn. 112 ff.). Da diese Vereinbarung zur Voraussetzung hat, dass der Wahlvorstand schon bestellt ist, kann durch die Vereinbarung nur erreicht werden, dass die Wahl des Betriebsrats **im einstufigen Verfahren** des vereinfachten Wahlverfahrens erfolgt (§ 14a Abs. 3); das ist mithin gemeint, wenn die Anwendung des vereinfachten Wahlverfahrens vereinbart wird. Gemäß § 37 WO richtet sich dann das Wahlverfahren

konsequenterweise nach § 36 WO. Es kann aber nur die Anwendung des vereinfachten (einstufigen) Wahlverfahrens im Ganzen vereinbart werden, nicht lediglich diejenige einzelner Grundsätze (z. B. Mehrheitswahl oder Wahl auf einer Wahlversammlung) dieses Wahlverfahrens. § 14a Abs. 5 war im RegE eines BetrVerf-Reformgesetzes noch nicht enthalten. In der Begründung des RegE (BT-Drucks. 14/5741, S. 37) war die Begrenzung des vereinfachten Wahlverfahrens auf Betriebe mit bis zu fünfzig wahlberechtigten Arbeitnehmern vielmehr damit begründet worden, dass sich zur Gewährleistung der Beachtung der demokratischen Wahlgrundsätze die Anzahl der wahlberechtigten Arbeitnehmer (und damit verbunden die Anzahl der zu wählenden Betriebsratsmitglieder) »in überschaubarem Rahmen halten muss«. § 14a Abs. 5 geht auf einen Beschluss des BT-Ausschusses für Arbeit und Sozialordnung zu einem Änderungsantrag der Fraktionen der *SPD* und *Bündnis 90/DIE GRÜNEN* zurück (vgl. Ausschussdrucks. 14/1610 vom 19.06.2001, S. 1); nach der Antragsbegründung soll es Arbeitgeber und Wahlvorstand ermöglicht werden, gemeinsam zu entscheiden, ob für einen Betrieb der Größenklasse von 51 bis 100 wahlberechtigten Arbeitnehmern die Durchführung der Betriebsratswahl nach dem vereinfachten Wahlverfahren sinnvoll ist.

Für die Wahl der **Jugend- und Auszubildendenvertretung** gilt § 14a entsprechend (§ 63 Abs. 4 **8** und 5); auch dabei findet die Wahl ausschließlich nach den Grundsätzen der Mehrheitswahl statt (§ 63 Abs. 2 Satz 2 i. V. m. entsprechender Geltung von § 14 Abs. 2). Auf die Wahl des **Seebetriebsrats** ist § 14a nicht anzuwenden (§ 116 Abs. 2 Nr. 5). Für die Wahl der **Bordvertretung** ist in § 115 Abs. 2 nicht bestimmt, dass § 14a nicht anzuwenden ist. In § 115 Abs. 2 Nr. 6 ist jedoch ein verkürztes Wahlverfahren vorgesehen, das als speziellere Regelung angesehen werden kann, die § 14a verdrängt.

Im Recht der **Schwerbehindertenvertretung** wird die Vertrauensperson (Schwerbehindertenver- **9** tretung) und ein Mitglied oder mehrere stellvertretende Mitglieder in Betrieben und Dienststellen mit weniger als fünfzig wahlberechtigten schwerbehinderten Menschen im vereinfachten Wahlverfahren gewählt, sofern der Betrieb oder die Dienststelle nicht aus räumlich weit auseinander liegenden Teilen besteht (§ 94 Abs. 6 Satz 3 SBG IX); vgl. zu dieser Einschränkung *BAG* 07.04.2004 EzA § 94 SGB IX Nr. 1. Einzelheiten zu diesem vereinfachten Wahlverfahren, bei dem die Wahl in einer einzigen Wahlversammlung unter Leitung einer gewählten Wahlleitung erfolgt, regelt die Wahlordnung Schwerbehindertenvertretungen (SchwbVWO) vom 23.04.1990 (BGBl. I, S. 811), zuletzt geändert durch Art. 54 des Gesetzes vom 19.06.2001 (BGBl. I, S. 1046, 1125) in §§ 18 ff. Beachtenswerte Besonderheiten gegenüber § 14a Abs. 1 Satz 1 bestehen darin, dass § 94 Abs. 6 Satz 3 SGB IX zahlenmäßig auf »weniger als 50«, also nur »bis zu 49« abstellt und es dabei nicht auf die Zahl der »in der Regel« betriebsangehörigen schwerbehinderten Menschen ankommt, sondern exakt auf deren Zahl zum Zeitpunkt der Einladung zur Wahlversammlung (§ 19 Abs. 1 SchwbVWO); vgl. dazu *BAG* 16.11.2005 EzA § 94 SGB IX Nr. 3; *Boch* SAE 2007, 151.

Im **Personalvertretungsrecht** und für **Sprecherausschüsse** gibt es keine entsprechende Vorschrift. **10**

II. Wahlverfahren für Kleinbetriebe (Anwendungsbereich)

Anders als die Überschrift andeutet, regelt § 14a nicht ein (Singular) vereinfachtes Wahlverfahren für **11** Kleinbetriebe, sondern ein vereinfachtes **zweistufiges** Verfahren (Abs. 1 Satz 1) und ein vereinfachtes **einstufiges** Verfahren (Abs. 3 Satz 1) zur Wahl des Betriebsrats. Dementsprechend konsequent unterscheidet die Wahlordnung in ihrem Zweiten Teil zwischen der »Wahl des Betriebsrats im zweistufigen Verfahren« (§§ 28–35) und der »Wahl des Betriebsrats im einstufigen Verfahren« (§ 36). Maßgeblich für diese Unterscheidung und dementsprechend für das einzuhaltende Verfahren ist, ob zwei »Wahlversammlungen« zu erfolgen haben oder bloß eine. Das richtet sich entscheidend danach, ob eine erste Wahlversammlung zur Wahl eines Wahlvorstands nach § 17a Nr. 3 erforderlich ist (Abs. 1 Satz 2). In diesem Falle erfolgt die Wahl des Betriebsrats auf einer zweiten Wahlversammlung (Abs. 1 Satz 3), die eine Woche nach der Versammlung zur Wahl des Wahlvorstands stattfinden hat (Abs. 1 Satz 4). Wegen der Verbindung beider »Wahlversammlungen« (vgl. dazu Rdn. 4) spricht das Gesetz (Abs. 1 Satz 1) davon, dass der Betriebsrat (!) in einem zweistufigen Verfahren gewählt wird. Ist der Wahlvorstand dagegen schon wirksam anderweitig bestellt worden (vgl. zu Einzelheiten Rdn. 88 ff.), wird der Betriebsrat nach Abs. 3 Satz 1 auf nur einer Wahlversammlung gewählt (deshalb »einstufiges Verfah-

12 Die Unterscheidung beider vereinfachter Wahlverfahren gilt nicht für die Abgrenzung ihres Anwendungsbereichs. Der **Anwendungsbereich** beider vereinfachter Wahlverfahren ist auf Betriebe mit in der Regel fünf bis fünfzig wahlberechtigten Arbeitnehmern beschränkt (Abs. 1 Satz 1, Abs. 3 Satz 1). Diese Betriebe sind die »**Kleinbetriebe**«, von denen die amtliche Überschrift von § 14a spricht. Das belegt die Entstehungsgeschichte der Norm. Denn diese Vorschrift war schon im RegE eines BetrVerf-Reformgesetzes vorgesehen, während § 14a Abs. 5 erst später eingefügt wurde (vgl. Rdn. 7), der jetzt auch für größere Betriebe (51–100 wahlberechtigte Arbeitnehmer) vorsieht, dass Arbeitgeber und Wahlvorstand die Anwendung des vereinfachten Wahlverfahrens vereinbaren können.

13 Bei einer Betriebsgröße von fünf bis (höchstens) fünfzig wahlberechtigten Arbeitnehmern besteht der Betriebsrat nach dem Stufenkatalog des § 9 Satz 1 (erste und zweite Stufe) aus **nicht mehr als drei Mitgliedern**. Dass das Gesetz gleichwohl den Anwendungsbereich der vereinfachten Wahlverfahren nicht unmittelbar an der Mitgliederzahl des zu wählenden Betriebsrats ausrichtet, erklärt sich daraus, dass auch für die Bestimmung der Zahl der Betriebsratsmitglieder die Arbeitnehmerzahl die Bestimmungsgröße ist (vgl. § 9 Rdn. 6).

14 Zur Entscheidung der Frage, ob die Betriebsratswahl zwingend im vereinfachten Verfahren stattzufinden hat, ist zunächst die **Zahl** der wahlberechtigten Arbeitnehmer festzustellen. Parallel zu den ersten beiden Stufen des § 9 Satz 1 berücksichtigt § 14a dabei nur die **wahlberechtigten** (vgl. zur Wahlberechtigung *Raab* § 7 Rdn. 11 ff.) **Arbeitnehmer** (vgl. zur Arbeitnehmereigenschaft näher *Raab* § 5 Rdn. 15 ff.) **des Betriebes** (vgl. zur Betriebsabgrenzung *Franzen* § 1 Rdn. 28 ff.; dabei ist insbesondere auch zu beachten, dass die wahlberechtigten Arbeitnehmer von Betriebsteilen, die nach § 4 Abs. 1 nicht als selbständige Betriebe gelten, ebenso mitzuzählen sind wie diejenigen von Kleinstbetrieben, die nach § 4 Abs. 2 dem Betrieb zugeordnet sind, und auch diejenigen eines Betriebsteils, der nach § 4 Abs. 1 Satz 1 als selbständiger Betrieb gilt, wenn diese gem. § 4 Abs. 1 Satz 2 die Teilnahme an der Wahl im Wahlbetrieb wirksam beschlossen haben). Mitzuzählen sind auch die oben (*Raab* § 7 Rdn. 16) genannten Beamten, nicht jedoch die in § 5 Abs. 2 genannten Personen und die leitenden Angestellten nach § 5 Abs. 3 (vgl. auch § 9 Rdn. 8).

15 Mitzuzählen sind nur **betriebsangehörige** wahlberechtigte Arbeitnehmer. Diese Beschränkung ergibt sich aus dem Wortlaut »in Betrieben mit ... Arbeitnehmern«. Auch diejenigen **Leiharbeitnehmer**, die nach § 7 Satz 2 wahlberechtigt sind, **zählen** spätestens seit dem Inkrafttreten von § 14 Abs. 2 Satz 4 AÜG zum 01.04.2017 **mit** (näher § 9 Rdn. 10 ff.; *Löwisch / Wegmann* BB 2017, 373; *Wiebauer / LK* § 14a Rn. 2; vgl. zuvor schon zu § 9 BAG 13.03.2013 EzA § 9 BetrVG 2001 Nr. 6 Rn. 21 ff. [zust. *Hamann*] = AP Nr. 15 zu § 9 BetrVG 1972 [zust. *Reichold*]).

16 Maßgeblich ist die Zahl der betriebsangehörigen wahlberechtigten Arbeitnehmer, die dem Betrieb **in der Regel** angehören. Zur Feststellung des Regelstandes (Normalstand) vgl. näher § 9 Rdn. 18 ff.

17 Die **Feststellung** der Zahl der wahlberechtigten Arbeitnehmer, die dem Betrieb in der Regel angehören, ist **Aufgabe des Wahlvorstands**, und zwar unabhängig davon, ob es um die Frage geht, ob ein vereinfachtes Wahlverfahren zweistufig oder lediglich einstufig durchzuführen ist. Im **einstufigen Verfahren** steht der bestellte Wahlvorstand vor der Aufgabe, die Wahl des Betriebsrats unverzüglich einzuleiten (§ 36 Abs. 1 Satz 1 WO); das geschieht durch Erlass des Wahlausschreibens (§ 36 Abs. 2 Satz 2 WO). In diesem sind Ort, Tag und Zeit der Wahlversammlung zur Wahl des Betriebsrats anzugeben (§ 36 Abs. 3 i. V. m. § 31 Abs. 1 Satz 3 Nr. 11 WO). Diese Angabe setzt aber die vorherige Feststellung durch den Wahlvorstand voraus, dass die Wahl nach § 14a Abs. 3 Satz 1 in einer Wahlversammlung stattzufinden hat. Im **zweistufigen Verfahren** gilt i. E. nichts anderes. Zwar ist in diesem Fall zunächst der Wahlvorstand selbst in einer ersten Wahlversammlung nach § 17a Nr. 3 zu wählen (Abs. 1 Satz 2), zu der drei wahlberechtigte Arbeitnehmer des Betriebs oder eine im Betrieb vertretene Gewerkschaft einladen können (§ 17a Nr. 3 Satz 2, § 17 Abs. 3). Obwohl diese erste Wahlversammlung bereits zum zweistufigen vereinfachten Verfahren nach § 14a Abs. 1 rechnet, unterscheidet sie sich doch nicht von der Betriebsversammlung in betriebsratslosen Betrieben zur Wahl eines Wahlvorstands im Regelwahlverfahren (§ 17 Abs. 2). Deshalb ist es keine verbindliche Vorgabe für das weitere Verfahren, ob die Einladenden zu einer Wahl- oder Betriebsversammlung zur Wahl des Wahlvorstands eingeladen haben. Nach der Wahl des Wahlvorstandes ist es dessen Aufgabe festzustellen, ob die Wahl des Betriebsrats in einer Wahlversammlung zu erfolgen hat und das ggf. im Wahlausschreiben anzugeben (§ 31 Abs. 1 Satz 3 Nr. 11, § 36 Abs. 3 WO); anderenfalls hat der Wahlvorstand die Wahl nach den Vorschriften des Regelwahlverfahrens vorzubereiten und einzuleiten (ebenso i. E. *Fitting* § 14a Rn. 23). Zur Möglichkeit einer Vereinbarung nach Abs. 5 vgl. Rdn. 116.

Der **Arbeitgeber hat** den Wahlvorstand bei seiner Aufgabe **zu unterstützen**. Im Falle des zweistufigen vereinfachten Wahlverfahrens geschieht das dadurch, dass der Arbeitgeber der einladenden Stelle alle für die Anfertigung der Wählerliste erforderlichen Unterlagen in einem versiegelten Umschlag aushändigt (§ 28 Abs. 2 WO), den diese dann dem (gewählten) Wahlvorstand zu übergeben hat (§ 30 Abs. 1 Satz 4 WO); Einzelheiten dazu in den Anm. zu §§ 28, 30 WO. Beim einstufigen Verfahren folgt die Unterstützungspflicht des Arbeitgebers aus § 36 Abs. 1 Satz 3 i. V. m. § 2 Abs. 2 WO. Kommt es zwischen Arbeitgeber und Wahlvorstand zum Streit über die maßgebliche Arbeitnehmerzahl als Bestimmungsgröße für oder gegen ein vereinfachtes Wahlverfahren, entscheidet vor Abschluss der Wahl auf (Feststellungs-)Antrag das Arbeitsgericht im Beschlussverfahren (§ 2a Abs. 1 Nr. 1, Abs. 2, §§ 80 ff. ArbGG). 18

Maßgebender Zeitpunkt für die Feststellung der Zahl der dem Betrieb angehörenden wahlberechtigten Arbeitnehmer ist der **Tag des Erlasses des Wahlausschreibens** (a. A. *Wiebauer/LK* § 14a Rn. 4: Zeitpunkt der Bestellung des Wahlvorstands), mit dem die Betriebsratswahl immer eingeleitet wird (§ 3 Abs. 1 Satz 2, § 31 Abs. 1 Satz 2, § 36 Abs. 2 Satz 2 WO). Das lässt sich aus § 31 Abs. 1 Satz 3 Nr. 11 WO (oder § 36 Abs. 3 i. V. m. § 31 Abs. 1 Satz 3 Nr. 11 WO) schließen, folgt aber zugleich daraus, dass der Wahlvorstand im Wahlausschreiben die Zahl der zu wählenden Betriebsratsmitglieder nach § 9 anzugeben hat (§ 31 Abs. 1 Satz 3 Nr. 5; § 36 Abs. 3 i. V. m. § 31 Abs. 1 Satz 3 Nr. 5 WO), aber auch das nur tun kann, wenn er die Belegschaftsstärke zuvor festgestellt hat. Hat der Wahlvorstand einen Regelstand von höchstens fünfzig betriebsangehörigen wahlberechtigten Arbeitnehmern festgestellt, bleibt dieser auch dann für die Durchführung des vereinfachten Wahlverfahrens maßgebend, wenn sich die Zahl bis zur Wahlversammlung zur Wahl des Betriebsrats noch erhöht. Umgekehrt ändert sich das einschlägige Wahlverfahren auch dann nicht, wenn der Wahlvorstand das Regelwahlverfahren eingeleitet hat, bis zum Wahltag die Zahl der wahlberechtigten Arbeitnehmer aber unter fünfzig sinkt. 19

III. Zweistufiges vereinfachtes Wahlverfahren (Abs. 1)

Der Betriebsrat wird nur dann im zweistufigen vereinfachten Verfahren gewählt, wenn in einem betriebsratsfähigen Kleinbetrieb bisher **kein** Betriebsrat besteht (ebenso i. E. *Fitting* § 14a Rn. 9; *Wiebauer/LK* § 14a Rn. 6; *Nicolai/HWGNRH* § 14a Rn. 9; *Richardi/Thüsing* § 14a Rn. 4; *Homburg/DKKW* § 14a Rn. 5). Dass das Verfahren auf die (erstmalige) Wahl in einem betriebsratslosen Betrieb zielt, erschließt sich im Regelungszusammenhang, in dem § 14a Abs. 1 Satz 2 für die Wahl des Wahlvorstands in der ersten Wahlversammlung § 17a Nr. 3 in Bezug nimmt, der seinerseits an die Fallkonstellationen des § 17 Abs. 2 anknüpft, unter denen in Betrieben ohne Betriebsrat der Wahlvorstand in einer Betriebsversammlung gewählt wird. 20

Auch in betriebsratslosen Kleinbetrieben findet das zweistufige vereinfachte Wahlverfahren jedoch nur dann statt, wenn für den Betrieb **weder** ein **Gesamtbetriebsrat noch** ein **Konzernbetriebsrat zuständig** ist **oder**, falls eine solche Zuständigkeit besteht, der Gesamtbetriebsrat oder der (ersatzweise zuständige) Konzernbetriebsrat die Bestellung des Wahlvorstands **unterlässt**. Auch in betriebsratslosen Kleinbetrieben ist nämlich **primär** der Gesamtbetriebsrat oder der Konzernbetriebsrat zur Bestellung des Wahlvorstands zuständig (*Fitting* § 14a Rn. 44; *Wiebauer/LK* § 14a Rn. 10; **a. M.** nur *Löwisch* BB 2001, 1734 [1739]; *Neumann* BB 2002, 510 [512]). Das ergibt sich aus § 17a Eingangssatz i. V. m. § 17 Abs. 1 (vgl. dazu näher *Kreutz* § 17a Rdn. 13). In § 14a Abs. 1 Satz 2 wird das i. E. durch die Bezugnahme auf § 17a Nr. 3 bestätigt. Nach dieser Vorschrift wird der Wahlvorstand nur »in den Fällen des § 17 Abs. 2« in einer Wahlversammlung gewählt. Das aber sind die Fälle, in denen weder ein Gesamtbetriebsrat noch ein Konzernbetriebsrat besteht (§ 17 Abs. 2 Satz 1) oder der Gesamtbetriebsrat oder (der ersatzweise zuständige) Konzernbetriebsrat die Bestellung des Wahlvorstands unterlässt 21

(§ 17 Abs. 2 Satz 2). Dem kann nicht mit Erfolg entgegengehalten werden, dass in § 14a Abs. 3 Satz 1 die Bestellung des Wahlvorstands durch Gesamtbetriebsrat oder Konzernbetriebsrat in betriebsratslosen Kleinbetrieben nicht als Voraussetzungsvariante für die Durchführung des einstufigen vereinfachten Wahlverfahrens genannt ist, dort insoweit vielmehr nur auf § 17a Nr. 4 verwiesen wird. Dabei handelt es sich um ein Redaktionsversehen des Gesetzgebers (ebenso *Quecke* AuR 2002, 1 [3]). Im Hinblick auf das Ziel, die Bildung von Betriebsräten in Kleinbetrieben zu erleichtern (vgl. Rdn. 2), wäre es ein eklatanter Wertungswiderspruch, wenn der Gesamtbetriebsrat oder Konzernbetriebsrat in Kleinbetrieben zur Bestellung des Wahlvorstands nur bei Untätigkeit eines bestehenden Betriebsrats eingeschaltet würde (vgl. § 14a Abs. 3 i. V. m. § 17a Nr. 1 und § 16 Abs. 3), nicht aber bei betriebsratslosen Kleinbetrieben. Für die Deutung von *Löwisch* (BB 2001, 1734 [1739]), der Gesetzgeber wolle so vermeiden, dass in Kleinbetrieben sogar dann ein Betriebsrat errichtet werden kann, wenn nicht einmal drei wahlberechtigte Arbeitnehmer oder eine im Betrieb vertretene Gewerkschaft initiativ werden, gibt es in der Entstehungsgeschichte der Norm keine Anhaltspunkte. Hat im betriebsratslosen Kleinbetrieb der Gesamtbetriebsrat oder der in zweiter Linie zuständige Konzernbetriebsrat den Wahlvorstand bestellt, hat das einstufige vereinfachte Wahlverfahren analog Abs. 3 Satz 1 stattzufinden. Zutr. i. E. (vgl. § 14a Abs. 3), gleichwohl unstimmig in der Schrittfolge ist es, wenn unter Gleichstellung mit der Bestellung eines Wahlvorstands durch Gesamt- oder Konzernbetriebsrat hervorgehoben wird, dass das zweistufige vereinfachte Wahlverfahren auch dann ausscheidet, wenn der Wahlvorstand bereits durch das Arbeitsgericht bestellt worden ist (so *Fitting* § 14a Rn. 9; *Homburg/DKKW* § 14a Rn. 5): Eine solche Bestellung setzt nach § 17a Nr. 4 auch in betriebsratslosen Kleinbetrieben den gescheiterten Versuch voraus, einen Wahlvorstand auf einer Wahlversammlung zu wählen. Im zweistufigen Wahlverfahren ist aber gerade die erste Wahlversammlung zur Wahl des Wahlvorstands vorgesehen (vgl. weiter Rdn. 23).

1. Erste Wahlversammlung (Abs. 1 Satz 2)

a) Wahl eines Wahlvorstands

22 Das zweistufige vereinfachte Wahlverfahren **beginnt** mit der **Einladung** zur ersten Wahlversammlung, in der der Wahlvorstand nach § 17a Nr. 3 gewählt wird. Nach § 17a Nr. 3 Satz 2 gilt für die Einladung zu dieser Wahlversammlung § 17 Abs. 3 entsprechend. § 28 WO konkretisiert und ergänzt § 17a Nr. 3 Satz 2. Vgl. zu den Einzelheiten *Kreutz* § 17a Rdn. 15 ff. sowie die Anm. zu § 28 WO. Zu beachten ist, dass diese Wahlversammlung nach § 44 Abs. 1 Satz 1 grundsätzlich während der betrieblichen Arbeitszeit stattzufinden hat.

23 Findet aufgrund ordnungsgemäßer Einladung die erste Wahlversammlung statt, kann während der Versammlung der (immer aus drei Mitgliedern bestehende) **Wahlvorstand** von der Mehrheit der anwesenden Arbeitnehmer **gewählt** werden (§ 17a Nr. 3 Satz 1, § 29 WO). Vgl. zu Einzelheiten dieser Wahl *Kreutz* § 17a Rdn. 22 ff. sowie die Erl. zu § 29 WO. Findet trotz Einladung keine (erste) Wahlversammlung statt oder wird auf dieser Wahlversammlung kein Wahlvorstand gewählt, kommt **subsidiär** eine Bestellung des Wahlvorstands **durch** das **Arbeitsgericht** in Betracht (§ 17a Nr. 4, wonach § 17 Abs. 4 entsprechend gilt; vgl. dazu *Kreutz* § 17a Rdn. 26 ff.). Kommt es dazu, findet nach § 14a Abs. 3 das einstufige vereinfachte Wahlverfahren statt (vgl. Rdn. 89).

24 Ist der Wahlvorstand bestellt und hat die Wahlversammlung auch noch dessen Vorsitzenden bestimmt (vgl. *Kreutz* § 17a Rdn. 25), ist damit, im Unterschied zur Betriebsversammlung nach § 17 Abs. 2, die erste Wahlversammlung noch längst nicht beendet und **darf** vom Versammlungsleiter **nicht geschlossen werden**. Vielmehr übernimmt nunmehr noch in dieser ersten Wahlversammlung der gerade bestellte Wahlvorstand als Kollegialorgan die Leitung der Wahl des Betriebsrats (§ 30 Abs. 1 Satz 2, § 1 WO). Unter Leitung des Vorsitzenden des Wahlvorstands wird die erste Wahlversammlung weitergeführt. Der Wahlvorstand ist nicht berechtigt, vom zweistufigen auf das einstufige vereinfachte Wahlverfahren nach § 14a Abs. 3 überzugehen. Dagegen muss der Wahlvorstand zum Regelwahlverfahren übergehen, wenn die Prüfung (vgl. Rdn. 28) ergibt, dass der Betrieb nicht Kleinbetrieb ist, weil ihm mehr als fünfzig wahlberechtigte Arbeitnehmer angehören; der Wahlvorstand kann sich in diesem Fall um eine Vereinbarung mit dem Arbeitgeber nach § 14a Abs. 5 bemühen (vgl. dazu Rdn. 112 ff., insbesondere auch Rdn. 116).

b) Einleitung der Wahl des Betriebsrats

Noch in der ersten Wahlversammlung hat der Wahlvorstand einen wesentlichen Teil seiner Aufgaben zu erfüllen; deshalb steht er unter hohem Zeitdruck. In grundsätzlicher Weise wird die Aufgabenstellung des Wahlvorstands in § 18 Abs. 1 dahin festgelegt und ablaufmäßig strukturiert, dass er die Wahl einzuleiten, durchzuführen und das Wahlergebnis festzustellen hat (vgl. dazu näher *Kreutz* § 18 Rdn. 6 ff.). Für die Wahl im zweistufigen vereinfachten Wahlverfahren erfolgt eine Konkretisierung und Ergänzung in den detaillierten Bestimmungen der §§ 30–35 WO, die vielfach auf die Bestimmungen der WO zur Wahl des Betriebsrats (im Regelwahlverfahren) nach § 14 Bezug nehmen (§§ 1–27 WO). Noch in der ersten Wahlversammlung hat der Wahlvorstand die **Vorbereitung** der Wahl durch Einleitung der Wahl **abzuschließen** und darüber hinaus auch bereits **wesentliche Aufgaben** zu erledigen, die zur Phase **der Durchführung** der Wahl gehören. Im Einzelnen ergibt sich insoweit die Rechts- und Aufgabenstellung des Wahlvorstands aus §§ 30–33 WO (vgl. zu Einzelheiten auch immer die Erl. dort). Zur Vermeidung von Verstößen des Wahlvorstands gegen wesentliche Vorschriften über das Wahlrecht, die Wählbarkeit und das Wahlverfahren, die zur Anfechtbarkeit der Wahl nach § 19 Abs. 1 führen können, empfiehlt es sich dringend, dass diejenigen, die zur ersten Wahlversammlung einladen, zur Unterstützung des Wahlvorstands den weiteren Verfahrensablauf durch einen Arbeits- und Zeitplan genauestens vorbereiten. Wahlhelfer kann der Wahlvorstand zu seiner Unterstützung in dieser Phase noch nicht heranziehen (§ 30 Abs. 1 Satz 2, § 1 Abs. 2 Satz 2 WO). 25

Die Aufgabenerfüllung noch in der ersten Wahlversammlung dient der **Beschleunigung**, weil schon eine Woche später in der zweiten Wahlversammlung der Betriebsrat gewählt wird (Abs. 1 Satz 3 und 4). Die Fortführung der ersten Wahlversammlung ist vor allem an dem Ziel orientiert, dass noch in dieser Versammlung dem Wahlvorstand gegenüber von den Wahlvorschlagsberechtigten die Wahlvorschläge gemacht werden müssen. Das gibt § 14a Abs. 2 Halbs. 1 verbindlich vor; danach können Wahlvorschläge **nur** bis zum Ende der Wahlversammlung zur Wahl des Wahlvorstands gemacht werden. Damit wird zugleich festgelegt, wie weit noch in der ersten Wahlversammlung das Verfahren zur Wahl des Betriebsrats voranzutreiben ist. Mit dem Ende der ersten Wahlversammlung **müssen die als gültig anerkannten Wahlvorschläge feststehen**; diese hat der Wahlvorstand unmittelbar nach Abschluss der ersten Wahlversammlung bekannt zu machen (§ 33 Abs. 4 WO). Auf diese Weise will der Gesetzgeber sicherstellen, dass für den Zeitraum von einer Woche bis zur Wahl klar ist, wer für das Betriebsratsamt kandidiert (vgl. BT-Drucks. 14/5741, S. 37). Ist in der ersten Wahlversammlung kein gültiger Wahlvorschlag gemacht worden, hat der Wahlvorstand bekannt zu machen, dass die Wahl nicht stattfindet (§ 33 Abs. 5 WO); eine Nachfristsetzung zur Einreichung von Wahlvorschlägen, wie sie § 9 WO im Regelwahlverfahren vorsieht, kommt nicht in Betracht. 26

Die Aufgaben, die der Wahlvorstand noch in der ersten Wahlversammlung zu erfüllen hat, sind und bleiben seine **Leitungsaufgaben**; sie werden nicht etwa Aufgaben der Wahlversammlung als solcher. Soweit zur Aufgabenerfüllung vom Wahlvorstand **Entscheidungen** getroffen werden müssen (vgl. Rdn. 28, 46, 52), sind diese in Sitzungen des Wahlvorstands durch Beschluss zu treffen (§ 30 Abs. 1 Satz 2, § 1 Abs. 3 WO). Sinnvollerweise ist zu diesem Zwecke die Versammlung, ggf. mehrfach kurzzeitig zu unterbrechen. Mindestens über die gefassten **Beschlüsse** ist eine Sitzungsniederschrift (»Ergebnisprotokoll«) anzufertigen, die vom Vorsitzenden und mindestens einem weiteren stimmberechtigten Mitglied des Wahlvorstands zu unterzeichnen ist. 27

Unmittelbar nach seiner Konstituierung hat der Wahlvorstand die **Wahl des Betriebsrats einzuleiten** (§ 30 Abs. 1 Satz 1 WO). Das geschieht **durch Erlass des Wahlausschreibens** (§ 31 Abs. 1 Satz 2 WO). Da der Erlass des Wahlausschreibens zugleich die Phase der Vorbereitung der Wahl abschließt (vgl. *Kreutz* § 18 Rdn. 7), hat der Wahlvorstand zunächst die **Entscheidungen** zu treffen, die als unverzichtbarer Inhalt in das Wahlausschreiben eingehen müssen (vgl. § 31 Abs. 1 Satz 3 WO): 28

– Das Wahlausschreiben muss enthalten eine unverzügliche Aufstellung einer Liste der Wahlberechtigten **(Wählerliste)**, getrennt nach Geschlechtern (§ 30 Abs. 1 Satz 3 WO) und unter Ausweis der nach § 7 Satz 2 Wahlberechtigten, die nach § 14 Abs. 2 Satz 1 AÜG nicht wählbar sind (§ 30 Abs. 1 Satz 6, § 2 Abs. 1 Satz 3 WO). Die erforderlichen Unterlagen erhält der Wahlvorstand in einem versiegelten Umschlag von der »einladenden Stelle« (§ 30 Abs. 1 Satz 4 WO), die ihn zuvor vom Arbeitgeber erhalten hat (§ 28 Abs. 2 WO); ggf. erforderliche weitere Auskünfte hat der Arbeitgeber zu erteilen (§ 30 Abs. 1 Satz 6, § 2 Abs. 2 WO). Da der Arbeitgeber weder berechtigt ist (vgl. *Kreutz* § 17a Rdn. 17), noch verpflichtet werden kann, an der ersten Wahlversammlung teilzunehmen, hat er sicherzustellen, seiner Unterstützungspflicht gerecht werden zu können. Mit der Aufstellung der Wählerliste ist die Entscheidung über die Wahlberechtigung und Wählbarkeit jedes einzelnen Arbeitnehmers verbunden; ihr kommt deshalb besondere Bedeutung zu, weil ungeachtet des objektiven Vorliegens der Voraussetzungen nach §§ 7 und 8 das aktive und passive Wahlrecht nur von den Arbeitnehmern ausgeübt werden kann, die in die Wählerliste eingetragen sind (§ 30 Abs. 1 Satz 6, § 2 Abs. 3 WO); vgl. *Raab* § 7 Rdn. 7 und § 8 Rdn. 13. Die Aufnahme in die Wählerliste setzt zugleich die Entscheidung darüber voraus, ob Betriebsteile oder Kleinstbetriebe dem Hauptbetrieb zuzuordnen sind.

- Das Ausschreiben muss die Feststellung enthalten, ob das (zweistufige) **vereinfachte Verfahren** durchzuführen ist (vgl. Rdn. 17); bejahendenfalls Festlegung von **Ort, Tag** und **Zeit** der **Wahlversammlung** zur Wahl des Betriebsrats unter Berücksichtigung der Wochenfrist (gleicher Wochentag in der nächsten Woche, bei Feiertag der nachfolgende Arbeitstag) nach § 14a Abs. 1 Satz 4 (§ 31 Abs. 1 Satz 3 Nr. 11 WO); diese Wochenfrist darf als Mindestfrist nicht unterschritten, aus sachlichen Gründen aber überschritten werden. Zu beachten ist, dass die Wahlversammlung nach § 44 Abs. 1 Satz 1 grundsätzlich während der betrieblichen Arbeitszeit stattzufinden hat.
- Dazu gehört die Festlegung, an welchem **Ort** die **Wählerliste** und ein Abdruck der WO zur Einsichtnahme ausliegen sollen, ob die Bekanntmachung ergänzend oder ausschließlich in elektronischer Form (gemäß § 2 Abs. 4 Satz 3 und 4 WO) erfolgen soll und wo und wie dann Kenntnis genommen werden kann (§ 31 Abs. 1 Satz 3 Nr. 2);
- außerdem die Feststellung des **Anteils der Geschlechter**, sofern nicht nur ein Betriebsratsmitglied zu wählen ist (§ 31 Abs. 1 Satz 3 Nr. 4 WO) und die
- Feststellung der **Zahl der** zu wählenden **Betriebsratsmitglieder** (§§ 9, 11 BetrVG) und Errechnung (§ 15 Abs. 2 BetrVG i. V. m. §§ 32, 5 WO) der auf das Geschlecht in der Minderheit entfallenden **Mindestsitze** im Betriebsrat, wenn der zu wählende Betriebsrat aus mindestens drei Mitgliedern besteht (§ 31 Abs. 1 Satz 3 Nr. 5 WO); ferner die
- Feststellung, **wie viele** wahlberechtigte Arbeitnehmer einen **Wahlvorschlag unterstützen** müssen (§ 31 Abs. 1 Satz 3 Nr. 6 WO; § 14 Abs. 4, § 14a Abs. 2);
- die Festlegung, wo **Wahlvorschläge ausgehängt** werden (§ 31 Abs. 1 Satz 3 Nr. 10 WO);
- die Festlegung von Ort, Tag und Zeit der **nachträglichen schriftlichen Stimmabgabe** sowie ggf. der nachträglichen schriftlichen Stimmabgabe für Betriebsteile und Kleinstbetriebe (§ 31 Abs. 1 Satz 3 Nr. 13 WO);
- die Festlegung der **Betriebsadresse** des Wahlvorstands, bei der Einsprüche (gegen die Wählerliste) und sonstige Erklärungen gegenüber dem Wahlvorstand abzugeben sind (§ 31 Abs. 1 Satz 3 Nr. 14 WO);
- die Festlegung von **Ort, Tag** und **Zeit** der öffentlichen **Stimmauszählung** (§ 31 Abs. 1 Satz 3 Nr. 15 WO).

29 Der Wahlvorstand ist im vereinfachten Wahlverfahren nicht verpflichtet, vor Erlass des Wahlausschreibens ausländische Arbeitnehmer, die der deutschen Sprache nicht mächtig sind, entsprechend den Vorgaben in § 2 Abs. 5 WO zu unterrichten; diese Vorschrift gilt nach § 30 Abs. 1 Satz 6 WO nicht entsprechend und ist mangels planwidriger Regelungslücke im Kleinbetrieb auch nicht analog anzuwenden.

30 Eine **Verpflichtung** des Wahlvorstands nach § 13 Abs. 1 Satz 2, die Wahl ggf. **zeitgleich** mit der eines (Unternehmens-)Sprecherausschusses (vgl. *Kreutz* § 18a Rdn. 20) **einzuleiten**, besteht schon deshalb **nicht**, weil es sich um die erstmalige Wahl in einem bisher betriebsratslosen Betrieb handelt, die noch nicht »regelmäßige« Wahl i. S. dieser Vorschrift ist (vgl. § 13 Rdn. 20, 21).

31 Sind alle notwendigen Vorentscheidungen getroffen, hat der Wahlvorstand »in der Wahlversammlung« das **Wahlausschreiben zu erlassen**, das den nach § 31 Abs. 1 Satz 3 WO erforderlichen **Mindestinhalt** haben muss, soweit die Angaben im konkreten Wahlverfahren nicht entbehrlich sind (vgl. § 31 WO Rdn. 2). Das Wahlausschreiben kann weitere Hinweise enthalten (z. B. Hinweis gemäß § 15 Abs. 1 BetrVG).

32 Das Wahlausschreiben ist **erlassen**, wenn das vom Wahlvorstand beschlossene, schriftlich niedergelegte Wahlausschreiben vom Vorsitzenden und mindestens einem weiteren Mitglied des Wahlvor-

standes unterschrieben ist (§ 31 Abs. 1 Satz 1 WO) und durch Aushang eines Abdrucks oder unter den Voraussetzungen des § 2 Abs. 4 Satz 4 WO in elektronischer Form bekannt gemacht worden ist (§ 31 Abs. 2 WO; vgl. dazu, dass erst die Bekanntgabe den Tatbestand des Erlasses vollendet, § 3 WO Rdn. 3). Da jedoch der Erlass »in der Wahlversammlung« zu erfolgen hat, genügt es nicht, wenn ein Abdruck des Wahlausschreibens noch am Tage seines Erlasses, aber erst nach Abschluss der ersten Wahlversammlung ausgehängt wird. Die Bekanntmachung hat vielmehr so zu erfolgen, dass die **Teilnehmer der Versammlung** vom Inhalt des Wahlausschreibens **Kenntnis nehmen können**. In Betracht kommen ein Aushang oder mehrere Aushänge im Versammlungsraum; sinnvoll ist auch die Aushändigung einer Kopie an alle Versammlungsteilnehmer. Die Bekanntgabe in der Wahlversammlung ist schon deshalb unverzichtbar, weil das Wahlausschreiben auch Angaben enthält, die die Grundlage für das weitere Verfahren noch in der ersten Wahlversammlung bilden (insbesondere die Angaben nach § 31 Abs. 1 Satz 3 Nr. 5, 6, 8, 9 WO). Ein Abdruck des Wahlausschreibens ist vom Tage seines Erlasses bis zum letzten Tag der Stimmabgabe an einer geeigneten, für die Wahlberechtigten zugänglichen Stelle im Betrieb (oder entsprechend an mehreren Stellen) auszuhängen und in gut lesbarem Zustand zu erhalten (§ 31 Abs. 2 WO); auf die Vollendung des Erlasses hat dieser Aushang keinen Einfluss.

Mit Erlass des Wahlausschreibens ist die **Betriebsratswahl eingeleitet** (§ 31 Abs. 1 Satz 2 WO); vgl. **33** zu Fragen der Berichtigung, Ergänzung und des Neuerlasses des Wahlausschreibens § 3 WO Rdn. 27 ff. Nach § 30 Abs. 1 Satz 6 i. V. m. § 2 Abs. 4 WO sind »vom Tage« der Einleitung der Wahl an die Wählerliste und ein Abdruck der WO zur Einsichtnahme an geeigneter Stelle im Betrieb auszulegen; aus dem Wahlausschreiben ergibt sich der Ort dieser Auslage (§ 31 Abs. 1 Satz 3 Nr. 2 WO). Da jedoch die Wählerliste nach § 30 Abs. 1 Satz 3 noch »in der Wahlversammlung« aufzustellen ist, hat der Wahlvorstand die **Einsichtnahme** bereits **dort** im Anschluss an ihre Aufstellung zu **ermöglichen**.

Mit dem Erlass des Wahlausschreibens beginnt auch die **Frist für Einsprüche gegen die** Richtigkeit **34** der **Wählerliste** (§ 30 Abs. 2 Satz 1 WO). Die Einspruchsfrist beträgt (nur) drei (Kalender-)Tage seit Erlass des Wahlausschreibens, weil schon eine Woche später die zweite Wahlversammlung stattfindet, auf der der Betriebsrat gewählt wird. Sie beginnt mit Ablauf des Tages, an dem das Wahlausschreiben erlassen worden ist (§ 41 WO i. V. m. § 187 Abs. 1 BGB); für den Ablauf der Frist ist § 193 BGB zu beachten (vgl. § 41 WO Rdn. 3). Schriftliche Einsprüche gegen die Wählerliste (vgl. zur Einspruchsberechtigung § 4 WO Rdn. 2) können dem Wahlvorstand sogleich nach Erlass des Wahlausschreibens in der Wahlversammlung vorgelegt werden; der Wahlvorstand hat über sie unverzüglich, d. h. ohne schuldhafte Verzögerung zu entscheiden (§ 30 Abs. 2 Satz 2 i. V. m. § 4 Abs. 2 Satz 1 WO). Das bedeutet aber nicht in allen Fällen zwingend, dass die (schriftliche) Entscheidung des Wahlvorstandes noch in der ersten Wahlversammlung ergehen muss (vgl. § 30 Abs. 2 Satz 2 i. V. m. § 4 Abs. 2 Satz 5 WO); anders ist das nur, wenn von der Entscheidung die Beurteilung der Gültigkeit eines Wahlvorschlags abhängig ist (vgl. Rdn. 43, 46).

c) Wahlvorschläge

Mit dem Erlass des Wahlausschreibens beginnt die Phase der **Durchführung** der Wahl i. S. v. § 18 **35** Abs. 1 Satz 1, die mit dem Abschluss der Stimmabgabe (in der zweiten Wahlversammlung [vgl. Rdn. 63] oder mit Ablauf der Frist für die nachträgliche schriftliche Stimmabgabe [vgl. Rdn. 73]) endet (vgl. *Kreutz* § 18 Rdn. 7). In dieser Phase steht der Wahlvorstand vor der Aufgabe, eine ordnungsgemäße Wahlentscheidung der Wähler herbeizuführen. Aus § 14a Abs. 2, der durch 33 WO konkretisiert und ergänzt wird, ergeben sich die Aufgaben, die **noch in der ersten Wahlversammlung** zu erfüllen sind:
— Entgegennahme von Wahlvorschlägen (§ 14a Abs. 2 BetrVG, § 33 Abs. 1 WO);
— Prüfung und ggf. Beanstandung von Wahlvorschlägen (§ 33 Abs. 2 und 3 WO);
— Feststellung der gültigen Wahlvorschläge (vgl. Rdn. 52).

Auch im vereinfachten Wahlverfahren, bei dem die Wahl immer als Mehrheitswahl (Personenwahl) **36** erfolgt (§ 14 Abs. 2 Satz 2 Halbs. 2), erfolgt die Wahl **notwendig** aufgrund von **Wahlvorschlägen**; für das zweistufige Verfahren ist das in § 14a Abs. 2 BetrVG, § 33 Abs. 1 WO festgelegt. Nur wer in einem Wahlvorschlag benannt ist, kann in den Betriebsrat gewählt werden (§ 34 Abs. 1 Satz 1 WO). Ohne Wahlvorschlag kann keine wirksame Wahl stattfinden; deshalb muss der Wahlvorstand die

§ 14a

Wahl absagen, wenn in der Wahlversammlung kein Wahlvorschlag gemacht worden ist (§ 33 Abs. 5 WO). Erfolgt die Wahl doch, ist sie nichtig, nicht nur anfechtbar (vgl. § 14 Rdn. 48). Die Wahl ist auch dann abzusagen, wenn ein aus drei Mitgliedern bestehender Betriebsrat zu wählen ist (§ 9 Satz 1 [zweite Stufe]), aber nicht mindestens drei Bewerber zur Wahl vorgeschlagen sind (str.; vgl. § 9 Rdn. 32).

37 Die Wahlvorschläge können (beim zweistufigen Verfahren) **nur in der ersten Wahlversammlung** gemacht werden. Das ergibt sich daraus, dass Wahlvorschläge ausschließlich **dem Wahlvorstand gegenüber** zu machen sind (§ 33 Abs. 1 Satz 2 WO), der selbst erst in dieser Versammlung gewählt wird. Missverständlich ist demgegenüber die Formulierung in § 14a Abs. 2 Halbs. 2 geraten. Wenn danach »Wahlvorschläge der Arbeitnehmer, die erst auf dieser Wahlversammlung gemacht werden,« keiner Schriftform bedürfen, besagt das nicht, dass schriftliche Wahlvorschläge schon vor der ersten Wahlversammlung gemacht werden können. Sie können nur vorbereitet werden, werden aber erst zu Wahlvorschlägen, wenn sie dem Wahlvorstand auf der ersten Wahlversammlung eingereicht werden. Mit Wahlvorschlägen, die »erst« auf der Wahlversammlung gemacht werden, sind daher in erster Linie unvorbereitete spontane Wahlvorschläge der Arbeitnehmer gemeint; diese bedürfen keiner Schriftform, können mündlich vorgebracht werden. Der **Verzicht auf die Schriftform** bezieht sich jedoch nicht allein auf solche »spontanen« Wahlvorschläge (**a. M.** offenbar *Fitting* § 14a Rn. 28); eine solche Differenzierung wäre auch nicht handhabbar. Vielmehr können alle Wahlvorschläge der Arbeitnehmer mündlich gemacht werden, da sie alle erst auf der Wahlversammlung zu machen sind und nicht schriftlich vorbereitet werden müssen. So wie die Vorbereitung eines Wahlvorschlags auch durch bloße Absprachen erfolgen kann, kann auch ein schriftlich vorbereiteter Wahlvorschlag mündlich gemacht werden; er muss nicht schriftlich eingereicht werden (**a. M.**, aber ohne Begründung *Berg* AiB 2002, 17 [23]; *Fitting* § 14a Rn. 30; *Nicolai/HWGNRH* § 14a Rn. 14), wenn den Unterstützern die Schriftform nicht opportun ist, z. B. weil sie die Unterstützung bei denen ausloten wollen, die keine Stützunterschrift geleistet haben, und erst recht nicht, wenn der Vorschlag nicht die erforderliche Zahl der Stützunterschriften gefunden hat (vgl. Rdn. 42). Wegen der Möglichkeit mündlicher Wahlvorschläge spricht § 14a Abs. 2 zu Recht davon, dass Wahlvorschläge »gemacht werden«; sie müssen nicht schriftlich »eingereicht« werden (wie § 6 Abs. 1 Satz 2 WO das im Regelwahlverfahren bestimmt). In diesem Zusammenhang ist es eine wesentliche Verfahrensvorschrift, dass schon in der Einladung zur ersten Wahlversammlung darauf hingewiesen werden muss, dass Wahlvorschläge bis zum Ende dieser Versammlung gemacht werden können (§ 28 Abs. 1 Satz 5 lit. b) WO); dadurch wird die Möglichkeit angezeigt, schon im Vorfeld die Aufstellung von Wahlvorschlägen zu betreiben, und einem Überrumpelungseffekt auf der Versammlung vorgebeugt.

38 Wahlvorschläge können **nur** in der (kurzen) **Zeitspanne** von der **Konstituierung** des Wahlvorstands (oder der Übernahme der Versammlungsleitung durch seinen Vorsitzenden; vgl. Rdn. 24) **bis zum förmlichen Ende** der ersten Wahlversammlung (§ 14a Abs. 2 Halbs. 1 BetrVG, § 33 Abs. 1 Satz 2 WO) gemacht werden. Eine **Mindest(stunden)frist** ist **nicht** vorgesehen (zust. *Richardi/Thüsing* § 14a Rn. 20; unzutr. *Schiefer/Korte* NZA 2002, 113 [119], die willkürlich von einer »auf zwei Stunden bezifferten Frist« ausgehen). Anders als nach § 6 Abs. 1 Satz 1 WO (für das Regelwahlverfahren) ist nicht bestimmt, dass Wahlvorschläge erst nach Erlass des Wahlausschreibens gemacht werden können. Der Gültigkeit eines Wahlvorschlags steht es deshalb nicht entgegen, dass ein schriftlich vorbereiteter Wahlvorschlag dem Wahlvorstand schon vor Erlass des Wahlausschreibens übergeben wird, auch wenn diejenigen, die den Vorschlag eingereicht haben, dann den Versammlungsraum verlassen. Vor Erlass des Wahlausschreibens muss der Wahlvorstand Wahlvorschläge, insbesondere mündliche, nicht entgegennehmen, wenn er das zur Gewährleistung eines überschaubaren Verfahrensablaufs nicht will. Die Wahlversammlung ist beendet, wenn der Vorsitzende sie für geschlossen erklärt. Den Versammlungsteilnehmern ist jedoch ausreichend Gelegenheit einzuräumen, Wahlvorschläge zu machen, um eine Wahlbehinderung i. S. v. § 20 Abs. 1 auszuschließen (vgl. § 33 WO Rdn. 3). Wahlvorschläge, die erst nach dem förmlichen Ende der ersten Wahlversammlung gemacht oder eingereicht werden, sind ungültig. Werden sie berücksichtigt, liegt ein Wahlverfahrensverstoß vor, der die Wahl nach § 19 anfechtbar macht (ebenso *Fitting* § 14a Rn. 34).

aa) Vorschlagsberechtigung

Das Recht, Wahlvorschläge zu machen (»**Wahlvorschlagsrecht**«), ist für das vereinfachte Wahlverfahren in § 14a **nicht optimal geregelt** (abw. *Richardi/Thüsing* § 14a Rn. 23; ähnlich *Fitting* § 14a Rn. 33): Der Gesetzgeber hat weder eine § 14 Abs. 3 entsprechende eigenständige Regelung getroffen, wie das bezüglich der Wahlgrundsätze geheimer und unmittelbarer Wahl geschehen ist (§ 14a Abs. 1 Satz 3, Abs. 3 Satz 1), noch hat er die Geltung dieser Vorschrift bestimmt, wie das im Hinblick auf § 14 Abs. 4 geschehen ist (§ 14a Abs. 2 Halbs. 2, Abs. 3 Satz 2 Halbs. 2). Dadurch ist jedenfalls auf den ersten Blick nicht ganz klar, ob die im Betrieb vertretenen Gewerkschaften wie im Regelwahlverfahren (§ 14 Abs. 3 und 5) wahlvorschlagsberechtigt sind. I. E. ist das zu bejahen (vgl. Rdn. 44).

Wahlvorschlagsberechtigt sind alle **wahlberechtigten Arbeitnehmer**. Auch das ist nicht ausdrücklich geregelt, folgt aber aus § 14a Abs. 2 Halbs. 2. Auch wenn dort nur von Wahlvorschlägen »der Arbeitnehmer« gesprochen wird, ergibt sich aus der Bezugnahme auf § 14 Abs. 4, der im Kontext mit § 14 Abs. 3 auszulegen ist, dass nur wahlberechtigte Arbeitnehmer gemeint sind. § 33 Abs. 1 Satz 2 WO stellt das klar. Das Wahlvorschlagsrecht ist Teil ihres aktiven Wahlrechts (vgl. *Raab* § 7 Rdn. 6, 8). Auch Leiharbeitnehmer, die nach § 7 Satz 2 wahlberechtigt (aber nicht betriebszugehörig) sind, haben daher das Recht, Wahlvorschläge zu machen (vgl. § 14 Rdn. 50, *Raab* § 7 Rdn. 121). Nicht wahlberechtigte Arbeitnehmer sind nicht deshalb wahlvorschlagsberechtigt, weil sie (berechtigt) an der Wahl des Wahlvorstands in der ersten Wahlversammlung teilgenommen haben.

Der **einzelne** Wahlberechtigte **allein** ist **nicht** vorschlagsberechtigt. Jeder Wahlvorschlag durch Arbeitnehmer bedarf der **Unterstützung** durch eine Mindestzahl Wahlberechtigter, so dass der Wahlvorschlag gemeinsamer Vorschlag aller Unterstützer ist; das gilt gemäß § 14a Abs. 2 Halbs. 2, § 14 Abs. 4 auch für die Wahlvorschläge der Arbeitnehmer in der ersten Wahlversammlung des zweistufigen vereinfachten Verfahrens (vgl. zum Zweck dieser Regelung § 14 Rdn. 52). Bei der Betriebsratswahl in Kleinbetrieben greift normalerweise nur das absolute Unterstützungsquorum nach § 14 Abs. 4 (vgl. § 14 Rdn. 53, 57). Danach bedarf jeder Wahlvorschlag in Betrieben mit bis zu fünfzig wahlberechtigten Arbeitnehmern mindestens der Unterstützung durch drei Wahlberechtigte; zwei genügen in Betrieben mit in der Regel bis zu zwanzig wahlberechtigten Arbeitnehmern. Auch Leiharbeitnehmer zählen mit, wenn sie wahlberechtigt sind (vgl. Rdn. 15; § 9 Rdn. 10 ff.). Für die im Einzelfall erforderliche Mindestzahl der Unterstützer ist die im Wahlausschreiben angegebene Zahl verbindlich (§ 31 Abs. 1 Satz 3 Nr. 6 WO).

Der **Mindestunterstützung** bedarf jeder Wahlvorschlag durch wahlberechtigte Arbeitnehmer, der schriftliche wie der mündliche. Alle Wahlvorschläge können schriftlich eingereicht oder mündlich gemacht werden (vgl. Rdn. 37). Wird ein (vorbereiteter) **schriftlicher Wahlvorschlag** beim Wahlvorstand eingereicht, muss er bei Einreichung die erforderliche Zahl von (Stütz-)Unterschriften aufweisen; ansonsten ist er ungültig (§ 33 Abs. 3 Satz 2 i. V. m. § 8 Abs. 1 Nr. 3 WO). Das schließt aber nicht aus, dass der gleiche Wahlvorschlag in der Wahlversammlung mündlich gemacht wird und dann eine hinreichende Unterstützung findet (ebenso *Fitting* § 14a Rn. 31; *Richardi/Thüsing* § 14a Rn. 21; zust. *Nicolai/HWGNRH* § 14a Rn. 14). **Wahlvorschläge**, die nicht schriftlich und unterschrieben eingereicht werden, können **mündlich** gemacht werden, indem dem Wahlvorstandsvorsitzenden als Versammlungsleiter Personen benannt werden (eine Person oder mehrere Personen), die zur Wahl zum Betriebsratsmitglied vorgeschlagen werden. Für die erforderliche Unterstützung bedeutet das nach der modifizierten Geltung von § 14 Abs. 4 (gemäß § 14a Abs. 2 Halbs. 2), dass auch die Unterstützungserklärungen der Wahlberechtigten mündlich gegenüber dem Wahlvorstand erfolgen; das kann durch ausdrückliche Erklärung geschehen, aber auch konkludent durch Handzeichen auf die entsprechende Frage des Versammlungsleiters (unstr.). In der Versammlungsniederschrift sind die Vorschlagende und diejenigen, die den Vorschlag unterstützen, zu vermerken (ebenso *Fitting* § 14a Rn. 31; vgl. auch *Wlotzke/WPK* § 14a Rn. 12); hat sich der Vorschlagende selbst vorgeschlagen, liegt darin zugleich die Unterstützung seines Vorschlags und sein (nach § 33 Abs. 2 Satz 1 i. V. m. § 6 Abs. 3 Satz 2 WO) notwendiges Einverständnis zur Kandidatur. Der Wahlvorstand hat zu beachten, dass verschiedene Wahlvorschläge nicht durch denselben Arbeitnehmer unterstützt werden dürfen. Ist das doch geschehen, hat der Betreffende auf Aufforderung des Wahlvorstands noch in der Wahlversammlung zu erklären, welche Unterstützung er aufrechterhält (§ 33 Abs. 2 Satz 2 WO); unterbleibt diese Erklärung, ist nach § 6 Abs. 5 Satz 3 WO zu verfahren. Mündliche Wahlvorschläge, die nicht die erforderliche Unterstützung erhalten, sind ungültig (§ 33 Abs. 3 Satz 2 i. V. m. § 8 Abs. 1 Nr. 3 WO). Führt die Streichung einer Doppelunterstützung dazu, dass ein Wahlvorschlag nicht mehr die erforderliche Zahl von Unterstützern hat, wird der Wahlvorschlag ungültig, falls dieser Mangel nicht noch in der ersten Wahlversammlung durch die Unterstützung eines anderen Wahlberechtigten beseitigt wird (§ 33 Abs. 3 Satz 2 i. V. m. § 8 Abs. 2 Nr. 3 WO). Wie sich aus § 33 Abs. 3 Satz 2 i. V. m. § 8 Abs. 1 Nr. 3 Satz 2 WO ergibt, wird die Gültigkeit eines Wahlvorschlags nicht dadurch berührt, dass gegenüber dem Wahlvorstand die Rücknahme schriftlicher oder mündlicher Unterstützung erklärt wird, wenn der Wahlvorschlag zunächst mit der notwendigen Unterstützung gemacht worden ist (vgl. auch § 14 Rdn. 63).

43 **Jeder Wahlberechtigte** kann einen schriftlichen oder mündlichen Wahlvorschlag unterstützen, insbesondere auch ein Wahlbewerber den Vorschlag, den er selbst macht. Auch die Mitglieder (und Ersatzmitglieder) des Wahlvorstands, die als solche immer wahlberechtigt sein müssen (vgl. *Kreutz* § 17a Rdn. 10), können einen Wahlvorschlag unterstützen (vgl. zur Ausräumung von Bedenken § 14 Rdn. 60). Ein Wahlvorschlag ist nicht schon dann ungültig, wenn derjenige, der ihn macht oder auf dessen Unterstützung es ankommt, nicht in die Wählerliste eingetragen ist; diese kann ggf. noch berichtigt werden, wenn gegen ihre Richtigkeit vor Ablauf von drei Tagen seit Erlass des Wahlausschreibens schriftlich beim Wahlvorstand Einspruch eingelegt wird (§ 30 Abs. 2 WO). Im zweistufigen vereinfachten Wahlverfahren muss jedoch am Ende der ersten Wahlversammlung feststehen, welche Wahlvorschläge der Wahlvorstand als gültig anerkennt; diese hat er nämlich unmittelbar nach Abschluss dieser Versammlung bekanntzumachen (§ 33 Abs. 4 WO). Deshalb muss bei Streit über die Wahlberechtigung als Gültigkeitsvoraussetzung eines Wahlvorschlags der Wahlvorstand noch während dieser Versammlung entscheiden. Das setzt aber voraus, dass zugleich mit dem Wahlvorschlag der (schriftliche) Einspruch gegen die Wählerliste verbunden wird; in einem schriftlich eingereichten Wahlvorschlag kann ein solcher Einspruch gesehen werden.

44 Nach § 14 Abs. 3 können neben den wahlberechtigten Arbeitnehmern auch die **im Betrieb vertretenen Gewerkschaften** Wahlvorschläge machen. Ein solches eigenes allgemeines Wahlvorschlagsrecht jeder im Betrieb vertretenen Gewerkschaft hat der Gesetzgeber nicht in das eigenständige vereinfachte Wahlverfahren für Kleinbetriebe nach § 14a übernommen (vgl. Rdn. 39). Das kann jedoch nicht als bewusste Entscheidung des Gesetzgebers des BetrVerf-Reformgesetzes zur Vereinfachung des Verfahrens oder dahin verstanden werden, es allein den Wahlberechtigten überlassen zu wollen, Wahlvorschläge zu machen, oder hinzunehmen, dass die Wahl mangels Wahlvorschlags nach § 33 Abs. 5 WO abzusagen ist. Für einen solchen Willen des Gesetzgebers sind in der Entstehungsgeschichte der Norm keinerlei Hinweise zu finden. Im Gegenteil: Einer solchen Deutung steht die erklärte Absicht entgegen, mit der Neuregelung für Kleinbetriebe »dazu beizutragen, dass wieder in mehr Betrieben Interessenvertretungen gewählt werden« (vgl. Rdn. 2). Auch steht dagegen, dass jede im Betrieb vertretene Gewerkschaft zur ersten Wahlversammlung einladen kann (§ 17a Nr. 3 Satz 2, § 17 Abs. 3), auf der nach der Wahl des Wahlvorstands bis zu deren Ende die Wahlvorschläge gemacht werden können (§ 14a Abs. 2 Halbs. 1). Es ist deshalb davon auszugehen, dass dem Gesetzgeber eine **planwidrige Regelungslücke** unterlaufen ist, die durch **analoge Anwendung von § 14 Abs. 3 und 5 zu schließen** ist (zust. *Jens Klein* Minderheitsgewerkschaften, S. 333). Die WO geht ohne Weiteres über das gesetzgeberische Manko hinweg und wie selbstverständlich vom Wahlvorschlagsrecht der im Betrieb vertretenen Gewerkschaften aus (§ 33 Abs. 1 Satz 2, Abs. 2 Satz 3 WO; so auch *Koch*/ErfK § 14a BetrVG Rn. 3; *Wiebauer*/LK § 14a Rn. 12; *Nicolai*/HWGNRH § 14a Rn. 16; *Wlotzke*/WPK § 14a Rn. 11; nach *Richardi*/*Thüsing* § 14a Rn. 23 gilt § 14 Abs. 3 auch »ohne besondere Hinweise«; ähnlich *Fitting* § 14a Rn. 33, weil »§ 14a auf den Wahlgrundsätzen des § 14 aufbaut«; vgl. auch *Brors*/HaKo § 14a Rn. 9, die § 14 Abs. 3 anwendet, »obwohl eine klare Verweisung auf diese Vorschrift letztlich fehlt«; unerwähnt ist das gewerkschaftliche Vorschlagsrecht etwa bei *Berg* AiB 2002, 17 [23 f.]; *Stege*/*Weinspach*/*Schiefer* § 14a Rn. 8).

45 Vgl. zum **Wahlvorschlagsrecht der Gewerkschaften** näher § 14 Rdn. 78 ff. Nach § 33 Abs. 2 Satz 3 WO gilt für die Anforderungen an ihre Wahlvorschläge § 27 WO entsprechend (vgl. auch die Erl. dort). Ein Wahlvorschlag einer Gewerkschaft muss von **zwei Beauftragten unterzeichnet** sein (§ 14 Abs. 5 analog), sonst ist er ungültig (§ 27 Abs. 2 WO). Daraus folgt, dass Wahlvorschläge einer Gewerkschaft in der ersten Wahlversammlung dem Wahlvorstand **immer schriftlich** einzureichen sind (i. E. unstr.). Die Befreiung vom Schriftformerfordernis durch § 14a Abs. 2 Halbs. 2 gilt dem Wortlaut nach nur für Wahlvorschläge der Arbeitnehmer; in § 33 Abs. 1 Satz 3 WO wird das allerdings nicht ausdrücklich umgesetzt (vgl. auch § 33 WO Rdn. 4). Wahlvorschläge der Gewerkschaften bedürfen zu ihrer Gültigkeit aber **keiner** Unterzeichnung durch eine Mindestzahl wahlberechtigter Arbeitnehmer (vgl. § 14 Rdn. 94 ff.).

bb) Wahlbewerber

Von den Vorschlagsberechtigten kann **jeder** zur Wahl zum Betriebsratsmitglied **vorgeschlagen** werden, der **wählbar** ist (vgl. zu den Wählbarkeitsvoraussetzungen näher *Raab* § 8 Rdn. 15 ff.). Wählbar sind auch die Mitglieder und Ersatzmitglieder des Wahlvorstands (vgl. näher *Kreutz* § 16 Rdn. 36). Zur Ausübung des passiven Wahlrechts ist die Eintragung in die Wählerliste erforderlich (§ 30 Abs. 1 Satz 6 i. V. m. § 2 Abs. 3 WO). Diese Eintragung ist an sich nicht Voraussetzung für die Gültigkeit eines Wahlvorschlags, weil die Wählerliste ggf. noch berichtigt werden kann. Wie beim Streit über die Wahlberechtigung (vgl. Rdn. 43) muss jedoch auch über die Wählbarkeit als Gültigkeitsvoraussetzung eines Wahlvorschlags noch während der ersten Wahlversammlung entschieden werden, wenn schriftlich Einspruch gegen die Wählerliste eingelegt wird. 46

Ein Wahlbewerber kann **in mehreren** Wahlvorschlägen vorgeschlagen werden; § 6 Abs. 7 WO ist in § 33 Abs. 2 WO nicht in Bezug genommen. Da bei Mehrheitswahl jeder Bewerber nur einmal auf dem Stimmzettel erscheint und jeder Wähler jedem Kandidaten nur eine Stimme geben darf (vgl. § 34 Abs. 1 Satz 3 WO), ist die Benennung in mehreren Wahlvorschlägen ohne Bedeutung. 47

Da die Bewerber auf dem Stimmzettel in alphabetischer Reihenfolge aufgeführt werden (§ 34 Abs. 1 Satz 2 WO), ist ein schriftlich eingereichter Wahlvorschlag **entgegen** § 33 Abs. 3 Satz 2 i. V. m. § 8 Abs. 1 Nr. 2 WO auch dann gültig, wenn die Bewerber **nicht** in erkennbarer **Reihenfolge** aufgeführt sind. Bei mündlicher Benennung der Bewerber gibt es das Problem ohnehin nicht. 48

Soweit Wahlvorschläge mündlich gemacht werden, bedarf es **entgegen** § 33 Abs. 2 Satz 1 i. V. m. § 6 Abs. 3 Satz 2 WO **keiner schriftlichen Zustimmung** der Bewerber zur Aufnahme in den Wahlvorschlag. Es liegt in der Konsequenz der Zulässigkeit mündlicher Wahlvorschläge, dass auch die Vorgeschlagenen ihre Bereitschaft zur Kandidatur auf Befragen mündlich erklären; das ist in der Versammlungsniederschrift zu vermerken. 49

Dass jeder Wahlvorschlag nach § 33 Abs. 2 Satz 1 i. V. m. § 6 Abs. 2 WO mindestens **doppelt so viele Bewerber** aufweisen soll, wie Betriebsratsmitglieder zu wählen sind, ist **reine Ordnungsvorschrift** und führt bei Nichtbeachtung nicht zur Ungültigkeit des Vorschlags (vgl. § 14 Rdn. 72). 50

cc) Prüfung und Bekanntmachung

Es ist **Aufgabe des Wahlvorstands**, die **Gültigkeit** der gemachten Wahlvorschläge **zu prüfen** (§ 33 Abs. 2 Satz 2, Abs. 3 i. V. m. § 7 Abs. 2 Satz 2 WO, §§ 8, 27 Abs. 2 WO). **Entgegen** § 7 Abs. 2 Satz 2 WO steht dem Wahlvorstand dabei **keine Frist** zu (vgl. § 33 WO Rdn. 6). Die Prüfung hat unverzüglich noch in der Wahlversammlung zu erfolgen (ebenso *Berg* AiB 2002, 17 [24]). Hält der Wahlvorstand einen Wahlvorschlag für ungültig oder beanstandet er ihn sonst, ist dem oder den Vorschlagenden Gelegenheit zu geben, die Mängel noch in der Wahlversammlung zu beseitigen; die lediglich entsprechende Anwendung von § 7 Abs. 2 Satz 2 WO ergibt auch, dass Beanstandungen nicht schriftlich erfolgen müssen. 51

Bevor der Vorsitzende die erste Wahlversammlung schließt, muss der Wahlvorstand durch Beschlussfassung feststellen, ob gültige Wahlvorschläge gemacht worden sind, denn **unmittelbar nach** Schluss der ersten Wahlversammlung hat der Wahlvorstand die als gültig anerkannten Wahlvorschläge bekanntzumachen (§ 33 Abs. 4 WO) oder, wenn kein gültiger Wahlvorschlag gemacht worden ist, bekannt zu machen, dass die Wahl nicht stattfindet (§ 33 Abs. 5 WO). Eine Nachfristsetzung zur Einreichung von Wahlvorschlägen ist unzulässig. Mit der Absage der Wahl **erlischt das Amt** des Wahlvorstands. Dann kann nur durch Bestellung eines neuen Wahlvorstands ein neues Wahlverfahren begonnen werden (vgl. entsprechend § 9 WO Rdn. 7). Das gilt auch dann, wenn der Wahlvorstand pflichtwidrig die Absage 52 der Wahl unterlässt; insbesondere ist der Wahlvorstand nicht berechtigt, in das einstufige vereinfachte Wahlverfahren überzugehen und die Wahl erneut einzuleiten (vgl. aber Rdn. 62).

53 Lässt der Wahlvorstand einen Wahlvorschlag zu Unrecht als ungültig nicht zur Wahl zu oder lässt er einen (objektiv) ungültigen Wahlvorschlag unbeanstandet zu, berechtigt das zur Anfechtung der Wahl nach § 19.

2. Zweite Wahlversammlung (Abs. 1 Satz 3)

a) Wahlgrundsätze, Wahlsystem

54 Im zweistufigen vereinfachten Wahlverfahren wird auf einer **zweiten** Wahlversammlung der Betriebsrat gewählt (Abs. 1 Satz 3). Für diese Wahl gelten die allgemeinen **Wahlgrundsätze** wie im Regelwahlverfahren (§ 14 Rdn. 9 ff.). Abs. 1 Satz 3 bestimmt (wie § 14 Abs. 1) verbindlich die Grundsätze **geheimer** und **unmittelbarer** Wahl. Darüber hinaus gelten aber auch die Grundsätze **freier, allgemeiner** und **gleicher** Wahl (vgl. näher zur Begründung § 14 Rdn. 10).

55 Die Wahl findet ausschließlich nach den **Grundsätzen der Mehrheitswahl** statt; das ist (systematisch verfehlt; vgl. Rdn. 4) in § 14 Abs. 2 Satz 2 Halbs. 2 zwingend festgelegt. Vgl. zu den Grundsätzen, die bei Mehrheitswahl gelten, ausführlich § 14 Rdn. 42 ff. Eine **Mindestwahlbeteiligung** ist **nicht** vorgeschrieben. Im Unterschied zur Mehrheitswahl im Regelwahlverfahren, wenn nur eine Vorschlagsliste eingereicht wird (§ 14 Abs. 2 Satz 2 Halbs. 1), gilt für die inhaltliche Gestaltung der **Stimmzettel** im vereinfachten Wahlverfahren eine wesentliche Besonderheit. Während dort die Bewerber in der Reihenfolge auf dem Stimmzettel aufzuführen sind, in der sie auf der Vorschlagsliste benannt sind (§ 20 Abs. 2 WO), hat der Wahlvorstand hier die verschiedenen Wahlvorschläge zu einem Stimmzettel mit den wirksam vorgeschlagenen Bewerbern zusammenzufassen und die Bewerber in **alphabetischer Reihenfolge** unter Angabe von Familienname, Vorname und Art der Beschäftigung im Betrieb aufzuführen (§ 34 Abs. 1 Satz 2 WO). Diese Stimmzettel dürfen keine weiteren Zusätze (wie etwa Hinweise auf die Wahlvorschläge oder die Zugehörigkeit der Bewerber zu einer Gewerkschaft) enthalten (§ 34 Abs. 1 Satz 4 i. V. m. § 11 Abs. 4 WO).

56 Die undifferenzierte, generelle Festlegung des **Mehrheitswahlsystems** für das vereinfachte Wahlverfahren in § 14 Abs. 2 Satz 2 ist in der Literatur auf massive **Kritik** gestoßen. Anders als bei der Wahl nur eines Betriebsratsmitglieds, bei der sich ein Minderheitenschutz ohnehin im Wahlergebnis nicht widerspiegeln kann (höchstens bei der Bestimmung der Ersatzmitglieder), wird die Abschaffung des Minderheitenschutzes bei der Wahl eines mehrköpfigen Betriebsrats durch das Verhältniswahlsystem zum Nachteil kleiner Gewerkschaften und anderer Minderheiten moniert (vgl. *Buchner* NZA 2001, 633 [636]; *Dütz* DB 2001, 1306; *Konzen* RdA 2001, 76 [88]; krit. auch *Brors*/HaKo § 14a Rn. 3; *Reichold*/HWK § 14a BetrVG Rn. 2). In der Tat ist das Mehrheitswahlsystem für Minderheiten nachteiliger als das Verhältniswahlsystem, weil keine proportionale Berücksichtigung der für unterlegene Kandidaten abgegebenen Stimmen stattfindet, diese vielmehr unberücksichtigt bleiben (vgl. § 14 Rdn. 45). Teilweise wird deshalb in der Einführung des Mehrheitswahlsystems durch das BetrVerf-Reformgesetz ein Verstoß gegen das Demokratieprinzip gesehen (*Dütz* DB 2001, 1306; *Franke* DB 2002, 211 [213]; vgl. auch *Hanau* NJW 2001, 2513 [2517]). *Rieble* (Zur Verfassungsmäßigkeit des Entwurfes eines Gesetzes zur Reform des Betriebsverfassungsgesetzes, Gutachten für die BDA, 2001, S. 25 ff.) hält sie wegen Verstoßes gegen die Koalitionsfreiheit der Minderheitenkoalitionen (Art. 9 Abs. 3 GG) und den Gleichheitssatz (Art. 3 Abs. 1 GG i. V. m. den Wahlgrundsätzen und dem Demokratieprinzip) sogar für verfassungswidrig; ebenso *Jens Klein* (Minderheitsgewerkschaften, S. 330 ff.) mangels zwingenden Sachgrunds, von dem (seiner Ansicht nach) verfassungsrechtlich vorgegebenen Verhältniswahlrecht in der Betriebsverfassung abzuweichen. Die Kritik ist i. E. unbegründet (vgl. auch *Löwisch* BB 2001, 726, der § 14 Abs. 2 Satz 2 insoweit billigend erwähnt), obwohl die Begründung des Gesetzgebers (BT-Drucks. 14/5741, S. 36 zu Nr. 11), die Einführung des Mehrheitswahlsystems solle mithelfen, die Wahl des Betriebsrats in Kleinbetrieben zu vereinfachen, eher vage bleibt. Unabhängig von der Frage, ob und inwieweit im Betriebsverfassungsrecht das Demokratieprinzip zu beachten ist (bejahend etwa *Dütz* DB 2001, 1306; *Franke* DB 2002, 211 [213]; *Hanau* NJW 2001, 2513 [2516]; krit. *Kreutz* Grenzen der Betriebsautonomie, S. 25 ff.; *Triemel* Minderheitenschutz, S. 22 ff., 164), beachtet die Kritik nicht hinreichend die in besonderer Weise überschaubaren und von den Einzelpersönlich-

keiten geprägten Verhältnisse in Kleinbetrieben und würdigt auch nicht, dass die Mehrheitswahl gegenüber der Verhältniswahl den Vorteil hat, dass (ganz i. S. d. Demokratieprinzips) der Entscheidungsspielraum des Wählers erweitert ist, weil er nicht an die Reihenfolge der Bewerber auf der Vorschlagsliste gebunden ist, so dass er unmittelbar bestimmen kann, wer in den dreiköpfigen Betriebsrat einrückt (vgl. § 14 Rdn. 45).

b) Vorbereitung und Durchführung

Ist der Wahlvorstand nach Abschluss der ersten Wahlversammlung seinen **Bekanntmachungspflich-** 57
ten im Hinblick auf Wählerliste und Wahlordnung (§ 30 Abs. 1 Satz 6 i. V. m. § 2 Abs. 4 und § 31 Abs. 1 Satz 3 Nr. 2 WO), Wahlausschreiben (§ 33 Abs. 2 WO) und der als gültig anerkannten Wahlvorschläge (§ 33 Abs. 4 WO) nachgekommen, hat er insbesondere folgende **Aufgaben**:
— Entgegennahme der und Entscheidung über rechtzeitige (§ 30 Abs. 2 Satz 1 WO) **Einsprüche gegen** die Richtigkeit der **Wählerliste** (§ 30 Abs. 2 i. V. m. § 4 Abs. 2 und 3 WO), soweit über diese nicht bereits im Zusammenhang mit der Beurteilung der Gültigkeit von Wahlvorschlägen noch in der ersten Wahlversammlung zu entscheiden war (vgl. Rdn. 43, 46); ggf. Berichtigung und Ergänzung der Wählerliste, insbesondere bei begründetem Einspruch, bei Eintritt oder Ausscheiden von Wahlberechtigten bis zum Tage vor Beginn der Stimmabgabe;
— **Beschaffung** der **Stimmzettel** für die Stimmabgabe nach den Grundsätzen der Mehrheitswahl (§ 34 Abs. 1 Satz 2 WO; vgl. zur inhaltlichen Gestaltung Rdn. 55); für die äußere Beschaffenheit gelten die allgemeinen Regeln (§ 34 Abs. 1 Satz 4 i. V. m. § 11 Abs. 2 Satz 2 WO);
— **Beschaffung** von **Wahlumschlägen, Wahlurne(n)** und **Wahlkabine(n)** oder Treffen sonstiger Vorkehrungen zum unbeobachteten Ausfüllen der Stimmzettel (§ 34 Abs. 1 Satz 4 i. V. m. § 11 Abs. 1 Satz 2, Abs. 2 Satz 3, § 12 Abs. 1 WO);
— Wahlberechtigten, die an der zweiten Wahlversammlung nicht teilnehmen können, ist nach § 14a Abs. 4 **Gelegenheit zur schriftlichen Stimmabgabe** zu geben (vgl. dazu näher Rdn. 58). Wird die nachträgliche schriftliche Stimmabgabe erforderlich, hat der Wahlvorstand das unter Angabe von Ort, Tag und Zeit der öffentlichen Stimmauszählung, die zuvor festzulegen sind, in gleicher Weise wie zuvor das Wahlausschreiben bekannt zu machen (§ 35 Abs. 2 WO). Diese zusätzliche Bekanntmachung erübrigt sich, wenn bereits im Wahlausschreiben (§ 31 Abs. 1 Satz 3 Nr. 15 WO) die Angaben zu Ort, Tag und Zeit der öffentlichen Stimmauszählung auf den Ablauf der nachträglichen schriftlichen Stimmabgabe bezogen sind, wie das insbesondere dann zu geschehen hat, wenn für Betriebsteile oder Kleinstbetriebe die nachträgliche schriftliche Stimmabgabe beschlossen und im Wahlausschreiben angegeben ist (§ 31 Abs. 1 Satz 3 Nr. 13 WO);
— Heranziehung von **Wahlhelfern** zur Unterstützung bei der Durchführung der Stimmabgabe (§ 30 Abs. 1 Satz 2 i. V. m. § 1 Abs. 2 Satz 2 WO);
— **Sicherstellung**, dass die **Stimmabgabe** nach Ort und Zeit so erfolgen kann, wie es im Wahlausschreiben (§ 31 Abs. 1 Satz 3 Nr. 11 WO) angegeben ist (vgl. zu Änderungen Rdn. 60).

Die zwingende Gesetzesvorgabe (§ 14a Abs. 4), dass allen Wahlberechtigten, die an der Wahlversamm- 58
lung zur Wahl des Betriebsrats (zweite Wahlversammlung im zweistufigen Verfahren) nicht teilnehmen können, Gelegenheit zur schriftlichen Stimmabgabe zu geben ist, hat § 35 WO mit der neuen **Rechtsfigur einer nachträglichen schriftlichen Stimmabgabe** umgesetzt. »Nachträglich« erfolgt dabei die Stimmabgabe, weil sie dem Wahlvorstand nicht (entsprechend § 25 Satz 1 Nr. 3 WO im Regelwahlverfahren) bis zum Abschluss der Stimmabgabe in der Wahlversammlung vorliegen muss, sondern erst innerhalb einer Nachfrist, die der Wahlvorstand nach pflichtgemäßem Ermessen (vgl. dazu näher § 35 WO Rdn. 5) festzusetzen hat und die nach Tag und Uhrzeit ggf. bereits im Wahlausschreiben anzugeben ist (§ 31 Abs. 1 Satz 3 Nr. 13 WO). Neben der nachträglichen schriftlichen Stimmabgabe sieht die WO keine schriftliche Stimmabgabe wie im Regelwahlverfahren vor. Das ergibt sich nicht nur aus der Überschrift zu § 35 WO, sondern vor allem daraus, dass § 26 in § 35 WO nicht in Bezug genommen ist, vielmehr in § 35 Abs. 3 WO eine eigenständige Regelung zum »Verfahren bei der Stimmabgabe« getroffen worden ist.

Verwirrend und unstimmig ist allerdings § 35 Abs. 2 WO. Die dort bestimmte **Bekanntmachungs-** 59
pflicht (vgl. Rdn. 57) knüpft daran an, dass »die nachträgliche schriftliche Stimmabgabe aufgrund eines Antrags nach Absatz 1 Satz 1 erforderlich« wird. Insofern wird jedoch nicht beachtet, dass

§ 14a II. 1. *Zusammensetzung und Wahl des Betriebsrats*

eine nachträgliche schriftliche Stimmabgabe nicht nur erforderlich wird, wenn Wahlberechtigte, die an der Wahlversammlung nicht persönlich teilnehmen können (vgl. zu solchen Verhinderungsgründen § 35 WO Rdn. 2), beim Wahlvorstand die nachträgliche schriftliche Stimmabgabe **beantragen**. Nach § 35 Abs. 1 Satz 3 i. V. m. § 24 Abs. 2 und 3 WO kann das ebenfalls der Fall sein; die entsprechende Anwendung von § 24 WO bezieht sich auf die nachträgliche Stimmabgabe. Das bedeutet zunächst, dass entsprechend § 24 Abs. 3 WO für Betriebsteile und Kleinstbetriebe eine nachträgliche schriftliche Stimmabgabe **beschlossen** werden kann. Das bestätigt § 31 Abs. 1 Satz 3 Nr. 13 WO, wo sogar vorausgesetzt wird, dass der Wahlvorstand einen solchen Beschluss schon vor Erlass des Wahlausschreibens fasst, weil er in dieses eingehen muss; dadurch wird eine spätere Beschlussfassung allerdings nicht ausgeschlossen. Nichts anderes gilt dann aber auch bei entsprechender Anwendung von § 24 Abs. 2 WO. Danach hat der Wahlvorstand **von Amts wegen** Wahlberechtigten die Unterlagen für die nachträgliche schriftliche Stimmabgabe auszuhändigen oder zu übersenden, von denen ihm bekannt ist, dass sie zum Zeitpunkt der Wahlversammlung wegen der Eigenart ihres Beschäftigungsverhältnisses (insbesondere Außendienst, Telearbeit, Heimarbeit) voraussichtlich nicht im Betrieb (oder Versammlungsraum) anwesend sein werden (ebenso *Fitting* § 14a Rn. 38; i. E. auch *Koch*/ErfK § 14a BetrVG Rn. 4; *Nicolai/HWGNRH* § 14a Rn. 17; *Homburg/DKKW* § 14a Rn. 28; *Stege/Weinspach/Schiefer* § 14a Rn. 12; *Wlotzke/WPK* § 14a Rn. 16; **a. M.** *Richardi/Thüsing* § 14a Rn. 29, weil das dem Wahlvorstand nicht zumutbar sein soll; zust. *Reichold/HWK* § 14a BetrVG Rn. 18). § 35 Abs. 2 WO ist deshalb **entsprechend** anzuwenden, wenn die nachträgliche Stimmabgabe in den Fällen des § 24 Abs. 2 oder 3 WO erforderlich wird. Zu den Aufgaben des Wahlvorstands im Vorfeld der Wahlversammlung gehört es, die Briefwahlunterlagen für die nachträgliche schriftliche Stimmabgabe berechtigten Antragstellern nach § 35 Abs. 1 Satz 1 WO, Wahlberechtigten i. S. v. § 24 Abs. 2 WO sowie den Wahlberechtigten in den Betriebsteilen und Kleinstbetrieben, für die nachträgliche schriftliche Stimmabgabe beschlossen ist (§ 24 Abs. 3 WO), auszuhändigen oder zu übersenden.

60 **Tag, Uhrzeit und Ort der zweiten Wahlversammlung** hat der Wahlvorstand schon im Wahlausschreiben verbindlich anzugeben (§ 31 Abs. 1 Satz 3 Nr. 11 WO); auf die Einhaltung des **Wochenabstands** als **Mindestfrist** nach § 14a Abs. 1 Satz 4 ist besonders zu achten (ebenso *ArbG Kiel* 21.10.2009 – 3 BV 23b/09 – juris, Rn. 12: nicht dispositive Frist [hier: Verkürzung von einer Woche auf zwei Tage]). Einer zusätzlichen **Einladung** zur Wahlversammlung bedarf es **nicht**. Zweifelhaft ist, inwieweit nach Abschluss der ersten Wahlversammlung insoweit noch Änderungen vorgenommen werden können. Möglich ist eine förmliche **Änderung des Wahlausschreibens** durch den Wahlvorstand bezüglich des Versammlungs**ortes**, wenn zwingende betriebliche Gründe dafür vorliegen und die Veränderung noch rechtzeitig vor dem Versammlungstermin so bekannt gemacht wird, dass alle Wahlberechtigten davon Kenntnis nehmen können, so dass keine Einschränkung ihres Wahlrechts eintritt. Dementsprechend kann auch eine unwesentliche Änderung der **Uhrzeit** in Betracht kommen.

61 Muss dagegen der im Wahlausschreiben festgelegte **Tag** der Wahlversammlung geändert werden, kann das ohne Aufhebung des Wahlausschreibens und Neuausschreibung der Wahl nicht wirksam geschehen. Die Notwendigkeit zu einer solchen Änderung kann sich vor allem ergeben, wenn der Wahlvorstand Wahlfehler feststellt, die ohne Berichtigung durch Neuerlass des Wahlausschreibens die Anfechtbarkeit der Wahl begründen (vgl. § 3 WO Rdn. 27 ff.). Dazu gehört namentlich der Fall, dass bei der Festlegung des Tags der Wahlversammlung der Wochenabstand nach § 14a Abs. 1 Satz 4 (versehentlich) nicht gewahrt wurde, der den Arbeitnehmern als Mindestfrist Zeit zur Information (über die Kandidaten) geben soll und nach der nachvollziehbaren Wertung des Gesetzgebers dafür in Kleinbetrieben auch gerade ausreicht. Abs. 1 Satz 4 ist eine wesentliche Vorschrift über das Wahlverfahren i. S. d. § 19 Abs. 1; ihre Nichteinhaltung ist daher ein Wahlfehler, der, falls er unberichtigt bleibt und das Wahlergebnis beeinflussen konnte (vgl. *Kreutz* § 19 Rdn. 58), die Anfechtbarkeit der Wahl begründet; die Wahl ist aber nicht nichtig (**a. M.** *Schiefer/Korte* NZA 2002, 113 [120]).

62 Zweifelhaft ist jedoch, ob der **Wahlvorstand zur Neuausschreibung** der Wahl **berechtigt** ist, weil im zweistufigen vereinfachten Wahlverfahren das Wahlausschreiben zwingend in der ersten Wahlversammlung zu erlassen ist und nur bis zum Ende dieser Versammlung Wahlvorschläge gemacht werden können (§ 14a Abs. 2 Halbs. 1). Die Frage ist zu bejahen. Allerdings ist insoweit die mit dem zweistufigen Verfahren beabsichtigte extreme Beschleunigung nicht mehr zu erreichen. Es ist aber nicht anders zu verfahren wie im einstufigen vereinfachten Wahlverfahren nach § 14a Abs. 3, wenn der Wahlvorstand in den dort vorausgesetzten Varianten bestellt worden ist. Da das zweistufige vereinfachte Verfahren speziell für betriebsratslose Betriebe geschaffen wurde (vgl. Rdn. 20), weil hier die Notwendigkeit besteht, zunächst auf einer Belegschaftsversammlung einen Wahlvorstand zu wählen, ist nicht anzunehmen, dass das Mandat dieses Wahlvorstands gerade nur auf die förmliche Durchführung dieses zweistufigen Verfahrens beschränkt ist und auch dann bis zum bitteren Ende durchgeführt werden muss, wenn schon absehbar ist, dass Wahlfehler eine Anfechtbarkeit der Wahl begründen, wenn keine Berichtigung erfolgt. Auch aus § 19 Abs. 1 ergibt sich, dass eine Berichtigung von Wahlfehlern zur Beseitigung des bis dahin bestehenden Anfechtungsgrunds immer vorzugswürdig ist. Schließlich ist zu bedenken, dass andernfalls nicht nur der Beschleunigungs- und Vereinfachungseffekt verfehlt würde, sondern auch das Ziel, dass Wahl wieder in mehr Betrieben Interessenvertretungen gebildet werden (vgl. Rdn. 2); denn wenn die Wahl im Wahlanfechtungsverfahren für unwirksam erklärt wird, müsste zunächst wiederum in einer ersten Wahlversammlung ein neuer Wahlvorstand nach § 17a Nr. 3 gewählt werden (vgl. § 13 Rdn. 73). Manipulationen im Verfahren ist dadurch vorgebeugt, dass der Wahlvorstand eine Neuausschreibung der Wahl nur vornehmen kann, wenn das zweistufige Verfahren in der ersten Wahlversammlung zu mindestens einem gültigen Wahlvorschlag geführt hat und deshalb das Amt des Wahlvorstands nicht mit der Absage der Wahl erloschen ist (vgl. Rdn. 52). Außerdem kann ein Abbruch des eingeleiteten Wahlverfahrens wegen Wahlfehlern, die vor der Stimmabgabe erfolgt sind, nur vor Beginn der Stimmabgabe in der zweiten Wahlversammlung erfolgen; danach sind diese Fehler irreparabel (vgl. *Kreutz* § 19 Rdn. 36 f.).

Im vereinfachten Wahlverfahren tritt die **Wahlversammlung** zur Wahl des Betriebsrats (zweite Wahlversammlung im zweistufigen Verfahren) **funktional** an die Stelle des **Tages der Stimmabgabe** im Regelwahlverfahren (vgl. § 31 Abs. 1 Satz 3 Nr. 11 WO, wo der Tag der Wahlversammlung zur Wahl des Betriebsrats im Klammerzusatz »Tag der Stimmabgabe« genannt wird, freilich vorbehaltlich nachträglicher schriftlicher Stimmabgabe). **Ausschließlicher Zweck** dieser Versammlung ist die (persönliche) Stimmabgabe der Wahlberechtigten (»Wahl des Betriebsrats«). Vom Urnengang der einzelnen Wahlberechtigten am Tag der Stimmabgabe unterscheidet sich die Stimmabgabe im vereinfachten Wahlverfahren insoweit nur dadurch, dass sich alle Wahlberechtigten **zum selben Zeitpunkt zur Stimmabgabe versammeln**. Da jedoch auf dieser Versammlung die Stimmabgabe aller Wahlberechtigten wegen des strikten Gebots geheimer Stimmabgabe nicht gleichzeitig erfolgen kann, besteht kein wesentlicher Unterschied zum Regelwahlverfahren, wenn dort die Zeit der Stimmabgabe am Wahltag unter der Voraussetzung zulässigerweise auf Wahlstunden beschränkt wird, dass dadurch allen Wahlberechtigten die Ausübung ihres Stimmrechts ermöglicht wird (vgl. § 3 WO Rdn. 18); deshalb kann sich nur im Einzelfall erweisen, ob mit der Wahlversammlung gegenüber dem Urnengang eine einfachere und ökonomischere Verfahrensweise gefunden ist (zweifelnd *Hanau* RdA 2001, 65 [69]). Ein Unterschied besteht nur insoweit, als im Regelwahlverfahren die Wahl grundsätzlich mit Ablauf der im Wahlausschreiben angegebenen Uhrzeit der Stimmabgabe am Wahltag abgeschlossen ist, während bei der Wahlversammlung die **Stimmabgabe** schon, aber auch erst dann **abgeschlossen** ist, wenn der Versammlungsleiter die **Versammlung schließt**, nachdem allen im Versammlungsraum versammelten Wahlberechtigten hinreichend Gelegenheit zur Stimmabgabe gegeben worden ist. Das schließt allerdings nicht aus, dass auch Wahlberechtigte, die zum Zeitpunkt der Eröffnung der Wahlversammlung noch nicht im Versammlungsraum anwesend sind, ihre Stimme abgeben können, vorausgesetzt, dass sie noch vor Schließung der Versammlung im Raum erscheinen. Eine Stimmabgabe der Wahlberechtigten in alphabetischer Reihenfolge ist nicht vorgegeben und kann vom Wahlvorstand auch nicht verbindlich vorgegeben werden.

Die Wahlversammlung hat nach § 44 Abs. 1 Satz 1 grundsätzlich während der betrieblichen (zu deren Maßgeblichkeit s. *Weber* § 44 Rdn. 8) Arbeitszeit stattzufinden, soweit nicht die Eigenart des Betriebes (z. B. Schichtarbeit) eine andere Regelung zwingend erfordert; das ist schon bei der Festlegung von Ort, Tag und Zeit der Wahlversammlung vor Erlass des Wahlausschreibens vom Wahlvorstand zu berücksichtigen (§ 31 Abs. 1 Satz 3 Nr. 11 WO). § 44 Abs. 1 Satz 2 und 3 enthält eine gegenüber § 20 Abs. 3 speziellere, eigenständige und in sich geschlossene Regelung der Vergütung für die Zeit der Teilnahme an der Wahlversammlung einschließlich zusätzlicher Wegezeiten und der Fahrtkostenerstattung (vgl. dazu näher *Weber* § 44 Rdn. 33 ff., 49 ff.); diese Regelungen gelten jedoch nur für die teilnahmeberechtigten Wahlberechtigten (vgl. Rdn. 66). Zum Versammlungsort s. *Weber* § 42 Rdn. 23 ff.

65 In der Wahlversammlung hat der Wahlvorstand insbesondere folgende **Aufgaben**:
- Der **Vorsitzende** des Wahlvorstands eröffnet und schließt die Versammlung;
- **Überwachung der Stimmabgabe** (durch mindestens ein stimmberechtigtes Wahlvorstandsmitglied und einen Wahlhelfer) nach § 34 Abs. 1 Satz 4 i. V. m. § 12 Abs. 2 und 4 WO;
- **Mitwirkung bei der Stimmabgabe** (vgl. Rdn. 67);
- Versiegelung und Verwahrung der **Wahlurne(n)**, wenn wegen nachträglicher schriftlicher Stimmabgabe die öffentliche Stimmauszählung nicht unmittelbar nach Abschluss der Stimmabgabe durchgeführt wird (§ 34 Abs. 2 WO).

66 An der Wahlversammlung sind **nur** die **Wahlberechtigten berechtigt teilzunehmen**, weil nur sie durch Stimmabgabe an der Wahl des Betriebsrats mitwirken können, auch wenn sie ihre Stimme nicht abgeben müssen; kraft Amtes sind darüber hinaus die nicht stimmberechtigten Mitglieder des Wahlvorstands beteiligt. Obwohl keine Mindestwahlbeteiligung vorgeschrieben ist, muss die Wahl doch »auf einer Wahlversammlung« erfolgen. Eine Versammlung setzt aber voraus, dass **zumindest drei Wahlberechtigte** zum angegebenen Zeitpunkt im Versammlungsraum anwesend sind; das ist jedoch schon dann der Fall, wenn die drei wahlberechtigten Mitglieder des Wahlvorstands anwesend sind. Die Wahlversammlung ist **nicht betriebsöffentlich** (wie die Sitzung des Wahlvorstands zur Feststellung des Wahlergebnisses nach § 18 Abs. 3 Satz 1; vgl. *Kreutz* § 18 Rdn. 32 ff.) und erst recht nicht öffentlich. Trotz Gleichstellung der Wahlversammlung mit einer ordentlichen Betriebsversammlung in § 44 Abs. 1 bezüglich Zeitpunkt, Verdienstausfall und Fahrtkostenerstattung verbietet der Grundsatz der Wahlfreiheit (vgl. § 14 Rdn. 26 f.) eine weitergehende Gleichstellung im Hinblick auf eine Teilnahme des Arbeitgebers gemäß § 43 Abs. 2 Satz 1 (ebenso i. E. *Däubler* AuR 2001, 285 [287]) und von Beauftragten der im Betrieb vertretenen Gewerkschaften nach § 46 Abs. 1. Zwar bestehen keine grundsätzlichen Bedenken gegen eine Stimmabgabe in einer Versammlung (vgl. *Hanau* RdA 2001, 65 [69]), auch wenn die gleichzeitige Anwesenheit aller Wahlberechtigten in höherem Maße publik macht, wer an der Wahl teilnimmt, als der individuelle Urnengang. Im Interesse der Freiheit der Wahl muss aber unterbunden werden, dass Nichtwahlberechtigte, wie insbesondere Arbeitgeber oder Gewerkschaftsbeauftragte, allein durch ihre Anwesenheit Einfluss auf die Entschließungsfreiheit der Wahlberechtigten ausüben.

67 Für den **äußeren Ablauf des Wahlvorgangs** gelten dieselben Regeln wie beim Urnengang. Die Stimmabgabe erfolgt ausschließlich unter Verwendung von Stimmzetteln und Wahlumschlägen (§ 34 Abs. 1 Satz 4 i. V. m. § 11 Abs. 1 Satz 2 WO), die dem Wähler im Versammlungsraum ausgehändigt werden. Auf dem Stimmzettel kennzeichnet der Wähler den oder die von ihm Gewählten durch Ankreuzen. Es dürfen (höchstens) so viele Bewerber angekreuzt werden, wie Betriebsratsmitglieder zu wählen sind (§ 34 Abs. 1 Satz 3 WO). Der Wahlvorstand hat durch die äußeren Umstände sicherzustellen, dass der Wähler seine Kennzeichnung des Stimmzettels im Versammlungsraum unbeobachtet treffen kann (§ 34 Abs. 1 Satz 4 i. V. m. § 12 Abs. 1 Satz 1 WO). Der gekennzeichnete Stimmzettel ist vom Wähler in den Wahlumschlag einzulegen und in die Wahlurne einzuwerfen, nachdem die Stimmabgabe in der Wählerliste vermerkt worden ist (§ 34 Abs. 1 Satz 4 i. V. m. § 12 Abs. 3 WO). Die Stimmabgabe hat persönlich zu erfolgen, soweit nicht nach § 34 Abs. 1 Satz 4 i. V. m. § 12 Abs. 4 WO eine Hilfestellung durch Vertrauenspersonen in Betracht kommt.

3. Feststellung des Wahlergebnisses

68 Mit der Schließung der (zweiten) Wahlversammlung (vgl. Rdn. 63) ist die Wahl durch persönliche Stimmabgabe abgeschlossen. Insgesamt ist die Wahl aber nur abgeschlossen, wenn keine nachträgliche schriftliche Stimmabgabe in Betracht kommt. Deshalb verpflichtet § 34 Abs. 2 WO den Wahlvorstand im Fall nachträglicher schriftlicher Stimmabgabe dazu, noch am Ende der zweiten Wahlversammlung die Wahlurne zu versiegeln und aufzubewahren. Keineswegs ist mit dem Abschluss der Wahl das gesamte Wahlverfahren beendet. Wie im Regelwahlverfahren schließt sich auch im vereinfachten Wahlverfahren nach der Durchführung der Wahl eine dritte und letzte Phase an (vgl. *Kreutz* § 18 Rdn. 7). In dieser hat der Wahlvorstand vor allem die Aufgabe **festzustellen, wer** als Betriebsratsmitglied **ge-**

Vereinfachtes Wahlverfahren für Kleinbetriebe § 14a

wählt ist und das **bekanntzumachen** (§ 18 Abs. 3 Satz 1). Dabei ist zwischen der Feststellung des vorläufigen und des endgültigen Wahlergebnisses zu unterscheiden (vgl. *Kreutz* § 18 Rdn. 28 ff., 37 ff.).

a) Feststellung des vorläufigen Wahlergebnisses

Nach Abschluss der Wahl hat der Wahlvorstand unverzüglich öffentlich die **Auszählung der Stimmen** vorzunehmen, das sich daraus ergebende **Wahlergebnis** in einer Niederschrift (Protokoll) **festzustellen** und den Arbeitnehmern des Betriebes **bekannt zu geben** (§ 18 Abs. 3 Satz 1). 69

Stimmenauszählung, Feststellung des (vorläufigen) Wahlergebnisses und dessen Bekanntgabe sind Aufgaben, die der gesamte Wahlvorstand als **Kollegialorgan** in einer **Sitzung** zu erledigen hat. Bei der Stimmenauszählung kann der Wahlvorstand zu seiner Unterstützung **Wahlhelfer** heranziehen (§ 30 Abs. 1 Satz 2 i. V. m. § 1 Abs. 2 Satz 2 WO). 70

Die **gesamte Sitzung** ist **öffentlich**, d. h. betriebsöffentlich (vgl. dazu näher *Kreutz* § 18 Rdn. 32 ff.). Auch im Falle der nachträglichen Briefwahl findet nur **eine** öffentliche Sitzung des Wahlvorstands statt; anders als im Regelwahlverfahren sind nämlich die Freiumschläge der Briefwähler nicht unmittelbar vor Abschluss der Stimmabgabe (am Wahltag) in einer öffentlichen Sitzung zu öffnen (§ 26 Abs. 1 Satz 1 WO), die nicht mit der öffentlichen Sitzung des Wahlvorstands nach Abschluss der Wahl identisch ist (vgl. § 26 WO Rdn. 2), sondern erst in der öffentlichen Sitzung nach Ablauf der Frist für die nachträgliche schriftliche Stimmabgabe, in der dann auch die Stimmauszählung vorzunehmen ist (§ 35 Abs. 3 und 4 WO). 71

Es ist eine Besonderheit des vereinfachten (ein- und zweistufigen) Wahlverfahrens, dass hinsichtlich des **Beginns** der öffentlichen **Sitzung** des Wahlvorstands zur Feststellung des Wahlergebnisses danach unterschieden werden muss, ob noch mit nachträglicher schriftlicher Stimmabgabe (vgl. Rdn. 58) zu rechnen ist oder nicht. Das richtet sich danach, ob Briefwahlunterlagen ausgehändigt oder übersandt wurden; das ergibt sich aus der Wählerliste, in der das zu vermerken ist (§ 35 Abs. 1 Satz 3 i. V. m. § 24 Abs. 1 Satz 3 WO). Sind **keine Briefwahlunterlagen** ausgegeben worden und ist dementsprechend auch keine Bekanntmachung nach § 35 Abs. 2 WO erfolgt (vgl. Rdn. 59), hat der Wahlvorstand unverzüglich (ohne schuldhafte Verzögerung, § 121 Abs. 1 BGB) nach Abschluss der Wahl, d. h. in diesem Fall nach Schließung der zweiten Wahlversammlung, mit der öffentlichen Stimmauszählung zu beginnen (§ 34 Abs. 3 WO). Dabei ist jedoch strikt zu beachten, dass Ort, Tag und Uhrzeit der öffentlichen Stimmauszählung bereits im Wahlausschreiben anzugeben sind (§ 31 Abs. 1 Satz 3 Nr. 15 WO) und damit verbindlich vorgegeben sind. In Betracht kommt insoweit auch die Angabe, dass die öffentliche Stimmauszählung im Anschluss an die (nicht öffentliche) zweite Wahlversammlung im Versammlungsraum stattfindet. 72

Sind hingegen **Briefwahlunterlagen ausgegeben** worden, richtet sich der Beginn öffentlicher Stimmauszählung nach Tag, Uhrzeit und Ort in der Bekanntmachung gemäß § 35 Abs. 2 WO, ggf. auch im Wahlausschreiben selbst (vgl. Rdn. 57). In diesem Fall ist die Wahl (schriftliche Stimmabgabe) erst mit Ablauf der vom Wahlvorstand nach pflichtgemäßem Ermessen festgesetzten Frist (vgl. dazu näher § 35 WO Rdn. 5) für die nachträgliche schriftliche Stimmabgabe abgeschlossen; insofern sind auch die Tage dieser Frist noch »Wahltage« (vgl. § 36 Abs. 2 Satz 3 WO). Dabei muss es auch bleiben, wenn etwa die Freiumschläge (§ 35 Abs. 1 Satz 3 i. V. m. § 25 Satz 1 Nr. 3 WO) der Briefwähler schon am Ende der (zweiten) Wahlversammlung im Wahlraum eingegangen sind; das erfordert das Gebot der Öffentlichkeit der Sitzung, da sich der Wahlvorstand durch die Bekanntmachung nach § 35 Abs. 2 oder § 31 Abs. 1 Satz 3 Nr. 15 WO bereits öffentlich festgelegt hat. 73

Im Falle nachträglicher schriftlicher Stimmabgabe **beginnt** die **öffentliche Sitzung** mit dem Öffnen der rechtzeitig eingegangenen Freiumschläge der Briefwähler, die der Wahlvorstand bis dahin zu sammeln und ungeöffnet aufzubewahren hat (§ 35 Abs. 3 WO). Der Wahlvorstand hat die Ordnungsmäßigkeit jeder brieflichen Stimmabgabe entsprechend § 25 WO zu prüfen und bejahendenfalls die (ungeöffneten) Wahlumschläge (nach Vermerk der Stimmabgabe in der Wählerliste) nach Beseitigung der Versiegelung in die Wahlurne zu legen (vgl. zu Einzelheiten dieses Verfahrens die Erl. zu § 26 WO, da § 35 Abs. 3 dem § 26 Abs. 1 WO nachgebildet ist). Im Anschluss an die Erledigung der schriftlichen Stimmabgaben nimmt der Wahlvorstand die Stimmauszählung vor (§ 35 Abs. 4 WO). Dabei ist ebenso 74

Jacobs 521

zu verfahren wie im Fall, dass keine nachträgliche schriftliche Stimmabgabe erfolgt (§ 34 Abs. 3 bis 5 WO).

75 In diesem Fall **beginnt** die **öffentliche Sitzung** mit der Öffnung der bis dahin verschlossenen Wahlurne(n). Unverzüglich danach erfolgt die Entnahme der Stimmzettel aus den Wahlumschlägen, die Prüfung der Gültigkeit der Stimmzettel sowie die Zusammenzählung der auf jeden einzelnen Bewerber (Mehrheitswahl!) entfallenden Stimmen (§ 34 Abs. 3 Satz 2 i. V. m. § 21 WO; vgl. zur Stimmenauszählung auch *Kreutz* § 18 Rdn. 36).

76 Sodann erfolgt die **Verteilung der Sitze** und die **Ermittlung** der zu Betriebsratsmitgliedern **gewählten Personen**, deren Namen noch in der Sitzung mündlich bekannt zu geben sind (§ 34 Abs. 3 Satz 1, Abs. 4 und 5 WO). Bei der Ermittlung der Gewählten ist zu unterscheiden, ob nur ein Betriebsratsmitglied oder mehrere (drei) Betriebsratsmitglieder zu wählen sind. Besteht der Betriebsrat nur aus **einem Mitglied**, ist die Person gewählt, die die meisten Stimmen erhalten hat (§ 34 Abs. 4 Satz 1 WO). Bei Stimmengleichheit muss der Wahlvorstand unverzüglich durch Losentscheid das Wahlergebnis feststellen (§ 34 Abs. 4 Satz 2 WO).

77 Sind **mehrere** (drei) **Betriebsratsmitglieder** zu wählen, gelten für die Ermittlung der Gewählten die Bestimmungen über die Sitzverteilung bei Mehrheitswahl im Regelwahlverfahren nach § 22 WO entsprechend (§ 34 Abs. 5 WO). Dabei muss der Wahlvorstand zweistufig verfahren (vgl. die Erl. zu § 22 WO), weil die dem Geschlecht in der Minderheit zustehenden Mindestsitze (oder ein Mindestsitz bei dreiköpfigem Betriebsrat) verteilt werden müssen und deshalb nicht ausschließlich die Bewerber gewählt sein müssen, die relativ die meisten Stimmen erhalten haben (vgl. auch § 14 Rdn. 43). Können die (nach § 15 Abs. 2 BetrVG, § 5 WO ermittelten) Mindestsitze für das Geschlecht in der Minderheit nicht besetzt werden, ist entsprechend § 22 Abs. 4 WO zu verfahren.

78 Nachdem er die gewählten Personen ermittelt hat, hat der Wahlvorstand (nochmals) durch Beschluss (seiner stimmberechtigten Mitglieder) die Feststellungen über das Wahlergebnis und die Zwischenergebnisse zu treffen, die dann in einer Niederschrift (Protokoll) festzuhalten sind (§ 34 Abs. 3 Satz 2 i. V. m. § 23 Abs. 1 WO). Die **Wahlniederschrift** ist die schriftliche Feststellung des Wahlergebnisses (vgl. § 16 WO Rdn. 1); ist sie vom Vorsitzenden und einem weiteren stimmberechtigten Mitglied des Wahlvorstands unterschrieben (§ 34 Abs. 3 Satz 2 i. V. m. § 23 Abs. 1 Satz 2 und § 16 Abs. 2 WO), ist damit das **vorläufige Wahlergebnis festgestellt** und die **öffentliche Sitzung** des Wahlvorstands **beendet**.

b) Feststellung und Bekanntmachung des endgültigen Wahlergebnisses

79 Zur Feststellung des endgültigen Wahlergebnisses hat der Wahlvorstand zunächst unverzüglich (d. h. ohne schuldhafte Verzögerung, § 121 Abs. 1 Satz 1 BGB) die Gewählten **schriftlich** von ihrer Wahl zu **benachrichtigen** (§ 34 Abs. 3 Satz 2 i. V. m. § 23 Abs. 1 Satz 2 und § 17 Abs. 1 WO). Die Benachrichtigung erübrigt sich, soweit die Gewählten schon nach der öffentlichen Stimmauszählung nach § 34 Abs. 3 Satz 1 WO die Annahme der Wahl gegenüber dem Wahlvorstand erklärt haben (vgl. § 17 WO Rdn. 2). Die Gewählten sind frei in ihrer Entscheidung, ob sie die Wahl annehmen oder ablehnen (vgl. § 34 Abs. 4 Satz 3, Abs. 5 i. V. m. § 23 Abs. 2 WO). Die Wahl gilt als angenommen, wenn die Ablehnung dem Wahlvorstand nicht binnen drei Arbeitstagen nach Zugang der Benachrichtigung erklärt wird (§ 34 Abs. 3 Satz 2 i. V. m. § 23 Abs. 1 Satz 2 und § 17 Abs. 1 Satz 2 WO); aus § 17 Abs. 1 Satz 2 WO ergibt sich, dass die Ablehnung vor Zugang der schriftlichen Benachrichtigung nicht wirksam erklärt werden kann (vgl. dazu und zur Fristberechnung § 17 WO Rdn. 3).

80 **Bei Ablehnung** der Wahl hat der Wahlvorstand festzustellen, wer an die Stelle des jeweils Ablehnenden tritt. Das ist, wenn nur **ein** Betriebsratsmitglied zu wählen ist, der Bewerber mit der nächsthöchsten Stimmenzahl (§ 34 Abs. 4 Satz 3 WO); ist kein weiterer Bewerber vorhanden oder ist ein solcher nicht gewählt (weil er nicht mindestens eine Stimme erhalten hat), ist das Wahlverfahren damit erfolglos beendet. Sind **mehrere** Betriebsratsmitglieder zu wählen, bestimmt sich das Nachrücken nach § 34 Abs. 5 i. V. m. § 23 Abs. 2 WO unter Berücksichtigung der Mindestvertretung für das Geschlecht in der Minderheit (vgl. § 23 WO Rdn. 2). Die nachrückenden Arbeitnehmer sind wiederum schriftlich zu benachrichtigen (vgl. Rdn. 79); wenn auch ein Nachrücker ablehnt, wiederholt sich das Ganze.

Zur Frage, wie zu verfahren ist, wenn ein dreiköpfiger Betriebsrat mangels Gewählter, die die Wahl annehmen, nicht ordnungsgemäß (§§ 9, 11) besetzt werden kann, vgl. § 11 Rdn. 11.

Bei Ablehnung der Wahl durch Gewählte und darüber hinaus immer dann, wenn sich das in der Wahlniederschrift festgestellte (vorläufige) Wahlergebnis nachträglich als unrichtig erweist, hat der Wahlvorstand (noch bis zur Bekanntmachung des endgültigen Wahlergebnisses; vgl. Rdn. 82) Wahlergebnis und Wahlniederschrift zu **berichtigen** (vgl. dazu *Kreutz* § 19 Rdn. 38 f., § 16 WO Rdn. 5). 81

Stehen die Namen der Gewählten nach Annahme der Wahl endgültig fest, hat der Wahlvorstand die **Namen** der neuen Betriebsratsmitglieder durch zweiwöchigen Aushang oder in gleicher Weise **bekanntzumachen**, wie er gemäß § 31 Abs. 2 WO das Wahlausschreiben bekannt gemacht hat (§ 34 Abs. 3 Satz 2 i. V. m. § 23 Abs. 1 Satz 2 und § 18 WO); der Tag der Bekanntmachung ist anzugeben. Diese Bekanntmachung ist die **endgültige Feststellung des Wahlergebnisses**. Damit **beginnt** die **Amtszeit** des Betriebsrats (§ 21 Satz 2 Halbs. 1), der im zweistufigen Verfahren in einem bisher betriebsratslosen Betrieb gewählt worden ist. Neben den Namen des Gewählten oder der Gewählten sollten zumindest auch die Stimmenzahlen der nicht gewählten Personen bekannt gemacht werden, weil sich nach der Höhe der erreichten Stimmenzahlen die Reihenfolge der Ersatzmitglieder (beim dreiköpfigen Betriebsrat unter Berücksichtigung des § 15 Abs. 2) bestimmt (§ 25 Abs. 2 Satz 2). Auf die Anfechtungsmöglichkeit gemäß § 19 muss nicht hingewiesen werden. 82

Mit der Bekanntmachung des endgültigen Wahlergebnisses ist das vereinfachte **Wahlverfahren beendet** (nicht aber das Amt des Wahlvorstands; vgl. *Kreutz* § 16 Rdn. 90). Der Zeitpunkt der Bekanntmachung (bei mehreren Aushängen der Zeitpunkt des letzten; vgl. § 18 WO Rdn. 3) ist maßgeblich für den Lauf der **Wahlanfechtungsfrist** nach § 19 Abs. 2 Satz 2 (vgl. *Kreutz* § 19 Rdn. 87 f.). Zur Frage einer Berichtigung des Wahlergebnisses durch den Wahlvorstand bis zum Ende der zweiwöchigen Aushangfrist vgl. *Kreutz* § 19 Rdn. 39. 83

Unverzüglich nach Bekanntgabe des endgültigen Wahlergebnisses (str.; vgl. *Kreutz* § 18 Rdn. 41) hat der Wahlvorstand dem Arbeitgeber und den im Betrieb vertretenen Gewerkschaften (in den Postnachfolgeunternehmen auch den im Betrieb vertretenen Berufsverbänden der Beamten; vgl. Anhang zu § 10 Rdn. 1, 11) eine **Abschrift** der (u. U. berichtigten) **Wahlniederschrift zu übersenden** (§ 18 Abs. 3 Satz 2). Vgl. näher zu dieser Verpflichtung *Kreutz* § 18 Rdn. 41. Zur Aufbewahrung der **Wahlakten** vgl. *Kreutz* § 18 Rdn. 42. 84

IV. Einstufiges vereinfachtes Wahlverfahren (Abs. 3)

Nach Abs. 3 Satz 1 wird der Betriebsrat in Kleinbetrieben (vgl. Rdn. 11 ff.) abweichend vom zweistufigen Verfahren (Abs. 1 Satz 1 und 2) auf nur einer Wahlversammlung gewählt. Das Verfahren ist **einstufig**, weil es keiner Wahlversammlung zur Wahl eines Wahlvorstands nach § 17a Nr. 3 bedarf; es setzt erst nach der Bestellung des Wahlvorstands durch den Betriebsrat, den Gesamtbetriebsrat oder den Konzernbetriebsrat oder das Arbeitsgericht gemäß § 17a ein. Im Gegensatz zum zweistufigen Verfahren, das allein auf die Wahl eines Betriebsrats in einem bisher betriebsratslosen Betrieb zugeschnitten ist (vgl. Rdn. 20), kann das einstufige Verfahren in **Kleinbetrieben mit** und **ohne Betriebsrat** stattfinden, nur eben im betriebsratslosen Betrieb dann nicht, wenn es der Wahl eines Wahlvorstands auf einer Wahlversammlung bedarf und deshalb das zweistufige Verfahren zwingend eingehalten werden muss. 85

Vom zweistufigen **unterscheidet** sich das einstufige Verfahren vor allem dadurch, dass mit dem Wegfall der ersten Wahlversammlung (Abs. 1 Satz 2) die Notwendigkeit entfällt, exakt noch in dieser Versammlung die Wahl des Betriebsrats einzuleiten und soweit durchzuführen, dass am Ende dieser Versammlung die als gültig anerkannten Wahlvorschläge schon feststehen (vgl. Rdn. 25 ff., 35 ff.). Diese Aufgaben des Wahlvorstands sind mithin im einstufigen Verfahren wie im Regelwahlverfahren zu erledigen; dabei räumen Gesetz (Abs. 3 Satz 2) und WO (§ 36 als konkretisierende Ausführungsregelung) dem Wahlvorstand zur Vereinfachung des Verfahrens jedoch in weit größerem Umfang Gestaltungsspielräume für pflichtgemäße Ermessensentscheidungen ein, als sie zwingende Fristenregelungen im Regelwahlverfahren lassen. 86

87 Vom Regelwahlverfahren **unterscheidet** sich das einstufige Verfahren im Verfahrensablauf (neben den Fristerleichterungen) nur dadurch, dass die Wahl des Betriebsrats, d. h. der eigentliche Wahlakt durch Stimmabgabe, nicht in Form eines Urnengangs der Wahlberechtigten erfolgt, sondern auf einer Wahlversammlung, die der zweiten Wahlversammlung im zweistufigen vereinfachten Wahlverfahren entspricht (vgl. Rdn. 54 ff.). Im Gegensatz zum Regelwahlverfahren (§ 14 Abs. 2 Satz 1) erfolgt die Wahl im einstufigen wie im zweistufigen Verfahren immer nach den Grundsätzen der Mehrheitswahl (§ 14 Abs. 2 Satz 2 Halbs. 2).

1. Bestellung des Wahlvorstands

88 Nach § 14a Abs. 3 Satz 1 wird der Betriebsrat in Kleinbetrieben dann auf nur einer Wahlversammlung gewählt, wenn der Wahlvorstand »nach § 17a Nr. 1 i. V. m. § 16 vom Betriebsrat, Gesamtbetriebsrat oder Konzernbetriebsrat oder nach § 17a Nr. 4 vom Arbeitsgericht bestellt« worden ist. Diese Aufzählung der Varianten zur Bestellung des Wahlvorstands ist unstimmig unvollständig. In § 36 Abs. 1 Satz 1 WO wird das durch eine offenbar bewusst allgemein gehaltene Aufzählung und einen pauschalen Klammerhinweis »§§ 14a Abs. 3, 17a des Gesetzes« kaschiert.

89 Von der Aufzählung in **Abs. 3 Satz 1** werden nur die Fälle erfasst, dass der Wahlvorstand in **Kleinbetrieben mit Betriebsrat** vom amtierenden Betriebsrat (§ 17a Nr. 1 i. v. m. § 16 Abs. 1) oder vom Gesamtbetriebsrat oder Konzernbetriebsrat (§ 17a Nr. 1 i. V. m. § 16 Abs. 3) bestellt worden ist. Übersehen ist der Fall, dass der Wahlvorstand **vom Arbeitsgericht** bestellt worden ist (§ 17a Nr. 1 i. V. m. § 16 Abs. 2). Da § 16 Abs. 2 in § 17a Nr. 1 hinsichtlich der Bestellungsfrist ausdrücklich modifiziert wird, wäre es abwegig anzunehmen, dass nach dem Plan des Gesetzgebers im Falle der Bestellung des Wahlvorstands durch das Arbeitsgericht der Betriebsrat ausnahmsweise nicht im einstufigen vereinfachten Wahlverfahren, sondern im Regelwahlverfahren erfolgen soll; das stünde auch im Wertungswiderspruch zur Nennung des § 17a Nr. 4 in § 14a Abs. 3 Satz 1. Die durch das Versehen des Gesetzgebers entstandene Regelungslücke ist durch analoge Anwendung von § 14a Abs. 3 Satz 1 zu schließen (andere gehen wie selbstverständlich davon aus, dass auch eine Bestellung durch das Arbeitsgericht nach §§ 17a Nr. 1, 16 Abs. 2 in Betracht kommt; vgl. *Fitting* § 14a Rn. 44; *Nicolai/HWGNRH* § 14a Rn. 19; *Richardi/Thüsing* § 14a Rn. 34; *Wlotzke/WPK* § 14a Rn. 19). Bei **Kleinbetrieben ohne Betriebsrat** wird nur der Fall aufgegriffen, dass der Wahlvorstand nach § 17a Nr. 4 vom Arbeitsgericht bestellt worden ist. Dabei hat der Gesetzgeber übersehen, dass nach der Systematik des § 17a, der die Bestellung des Wahlvorstands im vereinfachten Wahlverfahren eigenständig und abschließend regelt, auch in Kleinbetrieben ohne Betriebsrat **primär** der **Gesamtbetriebsrat** oder ersatzweise der **Konzernbetriebsrat** zur Bestellung des Wahlvorstands zuständig ist. Das ergibt sich aus der Bezugnahme im Eingangssatz von § 17a auf § 17, der im Hinblick auf § 17 Abs. 1 nicht modifiziert wird; auch die Bezugnahme in § 17a Nr. 3 auf § 17 Abs. 2 bestätigt dieses Ergebnis (vgl. Rdn. 21). Auch insoweit ist deshalb eine analoge Anwendung von § 14a Abs. 3 Satz 1 geboten (zust. *Nicolai/HWGNRH* § 14a Rn. 19; ohne Begründung für die Anwendbarkeit von Abs. 3 *Fitting* § 14a Rn. 44, *Richardi/Thüsing* § 14a Rn. 34, *Wlotzke/WPK* § 14a Rn. 19; **a. M.** *Löwisch* BB 2001, 1734 [1739]; *Neumann* BB 2002, 510 [512]). Schließlich ist die Analogie auch dann geboten, wenn der Wahlvorstand nach **§ 23 Abs.** 2 vom Arbeitsgericht bestellt worden ist.

90 Zusammenfassend hat mithin das einstufige vereinfachte Wahlverfahren in Kleinbetrieben **verbindlich stattzufinden**, wenn der Wahlvorstand **in Betrieben mit Betriebsrat** vom amtierenden Betriebsrat, vom Arbeitsgericht oder vom Gesamtbetriebsrat oder Konzernbetriebsrat und **in Betrieben ohne Betriebsrat** vom Gesamtbetriebsrat oder Konzernbetriebsrat oder vom Arbeitsgericht (auch im Falle des § 23 Abs. 2) bestellt worden ist. Der Wahlvorstand ist nicht berechtigt, namentlich auch dann nicht, wenn ein aus drei Mitgliedern bestehender Betriebsrat zu wählen ist, die Wahl stattdessen nach den Bestimmungen des Regelwahlverfahrens durchzuführen; Wahlvorstand und Arbeitgeber können das auch nicht wirksam vereinbaren. Zur Anfechtbarkeit der Wahl bei falschem Wahlverfahren vgl. Rdn. 127.

2. Einleitung der Wahl

Nach Bestellung des Wahlvorstands (und deren Wirksamwerden; vgl. *Kreutz* § 18 Rdn. 17) steht der Wahlvorstand nach § 18 Abs. 1 Satz 1 vor der **Aufgabe**, die Betriebsratswahl unverzüglich einzuleiten, sie durchzuführen und das Wahlergebnis festzustellen; ihm ausschließlich obliegt die Leitung der Wahl (§ 36 Abs. 1 Satz 3, § 1 Abs. 1 WO). Vgl. zur Aufgaben- und Rechtsstellung des Wahlvorstands und den Phasen im chronologischen Ablauf des Wahlverfahrens *Kreutz* § 18 Rdn. 6 ff. **91**

Zunächst hat der Wahlvorstand die Wahl des Betriebsrats unverzüglich, d. h. (nach der Legaldefinition in § 121 Abs. 1 Satz 1 BGB) »ohne schuldhaftes Zögern« einzuleiten. Die **Einleitung** erfolgt durch und mit **Erlass des Wahlausschreibens** (§ 36 Abs. 2 Satz 2 WO). Das Wahlausschreiben bildet die Grundlage des Wahlverfahrens; sein Erlass bedarf sorgfältiger Vorbereitung, um eine Anfechtbarkeit der Wahl möglichst zu vermeiden. Die Phase der Vorbereitung der Wahl (vgl. *Kreutz* § 18 Rdn. 7) wird mit Erlass des Wahlausschreibens abgeschlossen. **92**

Der Wahlvorstand ist zu **unverzüglichem** Erlass des Wahlausschreibens verpflichtet. Unverzüglichkeit des Handelns lässt ihm Raum zu pflichtgemäßen Ermessensentscheidungen ohne besonderen Zeitdruck. Anders als im zweistufigen Verfahren (vgl. Rdn. 25) besteht **kein verbindlicher Zeitmaßstab**. Besteht im Betrieb ein Betriebsrat, soll zwar der letzte Tag der Stimmabgabe (bei nachträglicher schriftlicher Stimmabgabe) eine Woche vor dem Tag liegen, an dem die Amtszeit des Betriebsrats abläuft (§ 36 Abs. 2 Satz 3 WO). Ebenso wie bei § 3 Abs. 1 Satz 3 WO als entsprechender Vorschrift im Regelwahlverfahren handelt es sich dabei jedoch nur um eine »Soll«-Vorschrift, deren Nichteinhaltung die Anfechtbarkeit der Wahl nicht begründen kann, weil sie keine wesentliche Vorschrift über das Wahlverfahren i. S. v. § 19 Abs. 1 ist (vgl. § 3 WO Rdn. 5); sie zielt darauf, »möglichst« eine betriebsratslose Zeit zu vermeiden. **93**

Anders als im Regelwahlverfahren (§ 3 Abs. 1 Satz 1 WO) muss im einstufigen vereinfachten Verfahren das **Wahlausschreiben nicht** spätestens sechs Wochen vor dem Tag der Wahlversammlung (als [erstem] Tag der Stimmabgabe) erlassen werden. Die Einhaltung einer solchen Mindestfrist (vgl. dazu § 3 WO Rdn. 2) zur Information der Arbeitnehmer hat der Gesetzgeber für Kleinbetriebe gut nachvollziehbar nicht für erforderlich gehalten. Der Wahlvorstand hat die Bestimmung des zeitlichen Abstands zwischen dem Tag des Erlasses des Wahlausschreibens und dem Tag der Wahlversammlung nach pflichtgemäßem Ermessen vorzunehmen. Er hat dabei allerdings als unveränderbaren Fixpunkt zu beachten, dass **Wahlvorschläge nur bis eine Woche vor der Wahlversammlung** gemacht werden können (§ 14a Abs. 3 Satz 2 Halbs. 1). Wie beim zweistufigen Verfahren (vgl. Rdn. 26) hält das Gesetz diesen Wochenzeitraum zur Information der Wahlberechtigten über die Kandidaten in Kleinbetrieben für ausreichend, aber auch für erforderlich. Das bedeutet aber auch, dass der Wahlvorstand bei der Festlegung des Tages der Wahlversammlung, der im Wahlausschreiben anzugeben ist (§ 36 Abs. 3 Satz 1 i. V. m. § 31 Abs. 1 Satz 3 Nr. 11 WO), eine angemessene Frist zur Vorlage der Wahlvorschläge einzukalkulieren hat. Entsprechend der Wertung in § 28 Abs. 1 Satz 2 WO ist insoweit eine Mindestfrist von ebenfalls einer Woche noch ausreichend (ebenso *LAG Frankfurt a. M.* 23.01.1993 AuR 2003, 158; *Fitting* § 14a Rn. 49; *Richardi/Thüsing* § 36 WO Rn. 5; *Homburg/DKKW* § 14a Rn. 27; zust. *Brors/HaKo* § 14a Rn. 18, *Reichold/HWK* § 14a BetrVG Rn. 17). Das Wahlausschreiben ist also mindestens zwei Wochen vor dem Tag der Wahlversammlung zu erlassen, wenn der Wahlvorstand keine längere Frist für den Eingang der Wahlvorschläge für erforderlich hält; der Tag der Wahlversammlung darf danach der Tag sein (z. B. Mittwoch), an dem zwei Wochen vorher (ebenfalls Mittwoch) das Wahlausschreiben erlassen worden ist. **94**

Der **notwendige Inhalt** des Wahlausschreibens erfordert in der Vorbereitungsphase die gleichen **Entscheidungen** des Wahlvorstands wie im zweistufigen Verfahren (vgl. ausführlich, insbesondere auch zur Aufstellung der Wählerliste Rdn. 28); das ergibt sich aus § 36 Abs. 3 Satz 1, der auf § 31 Abs. 1 Satz 3 WO verweist. Besonderheiten (vgl. § 36 Abs. 3 Satz 1 Nr. 1 und 2) betreffen lediglich Hinweise auf die Einreichung von Wahlvorschlägen, die (nicht wie im zweistufigen Verfahren in der ersten Wahlversammlung, auch mündlich, zu machen sind, sondern) spätestens eine Woche vor der Wahlversammlung zur Wahl des Betriebsrats beim Wahlvorstand (schriftlich) einzureichen sind. Für die Bestimmung der Mindestsitze für das Geschlecht in der Minderheit gilt § 32 WO entsprechend (§ 36 Abs. 4 WO). **95**

§ 14a II. 1. *Zusammensetzung und Wahl des Betriebsrats*

96 Zusätzlich hat der Wahlvorstand festzustellen, ob **vor Einleitung** der Wahl das **Verfahren über die Zuordnung** der leitenden Angestellten nach § 18a durchzuführen ist. Auch im einstufigen Verfahren kann für den Wahlvorstand, wenn es sich um regelmäßige Wahlen handelt (vgl. dazu § 13 Rdn. 20), nach § 13 Abs. 1 Satz 2 die **Verpflichtung** bestehen, die Wahl **zeitgleich** mit den regelmäßigen Wahlen des ggf. bestehenden Unternehmenssprecherausschusses (praktisch scheiden regelmäßige Sprecherausschusswahlen in Kleinbetrieben aus) **einzuleiten** (vgl. § 13 Rdn. 22) und dementsprechend unverzüglich nach Aufstellung der Wählerliste (vgl. zum Beginn näher *Kreutz* § 18a Rdn. 39 ff.) ein Zuordnungsverfahren nach § 18a in Gang zu setzen (i. E. auch *Quecke* AuR 2002, 1, [4]; dagegen soll nach *Fitting* [§ 18a Rn. 4] mangels »Zeitpuffer für den Abstimmungsprozess« § 18a hier unanwendbar sein). Voraussetzung ist jedoch, dass beide Wahlvorstände tatsächlich so zeitnah bestellt worden sind, dass sie zeitgleich vor ihrer gesetzlichen Aufgabe stehen, die Wahlen einzuleiten. Das wird vielfach nicht der Fall sein, weil für die Bestellung des Wahlvorstands im Kleinbetrieb nach § 17a Nr. 1 wesentlich kürzere Fristen (vier oder drei Wochen vor Ablauf der Amtszeit) als im SprAuG (zehn Wochen vor Ablauf der Amtszeit gemäß § 20 Abs. 1 Satz 2 i. V. m. § 7 Abs. 1 SprAuG) vorgesehen sind. Wenn aber ein beteiligter Wahlvorstand erst bestellt wird, wenn der andere die von ihm durchzuführende Wahl bereits eingeleitet hat, entfällt die Verpflichtung zur zeitgleichen Einleitung der Wahlen (vgl. § 13 Rdn. 26). Auch wenn das nicht der Fall ist, bleibt doch ein Verstoß gegen die Verpflichtung ohne Sanktion (vgl. § 13 Rdn. 25).

97 Vor Erlass des Wahlausschreibens hat der Wahlvorstand **ausländische Arbeitnehmer**, die der deutschen Sprache nicht mächtig sind, wie im Regelwahlverfahren (vgl. *Kreutz* § 18 Rdn. 20) zu unterrichten (§ 36 Abs. 1 Satz 3 i. V. m. § 2 Abs. 5 WO).

98 Das Wahlausschreiben ist **erlassen**, wenn es vom Vorsitzenden und mindestens einem weiteren stimmberechtigten Mitglied des Wahlvorstands unterschrieben ist (§ 36 Abs. 2 Satz 1 WO) und (vgl. § 3 WO Rdn. 3) durch Aushang oder unter den Voraussetzungen des § 2 Abs. 4 Satz 4 WO in elektronischer Form bekannt gemacht ist (§ 36 Abs. 3 Satz 2, § 31 Abs. 2 WO).

99 Mit Erlass des Wahlausschreibens ist die Betriebsratswahl eingeleitet (§ 36 Abs. 2 Satz 2 WO). Am gleichen Tag sind die **Wählerliste** und ein **Abdruck** der **WO** zur Einsichtnahme im Betrieb auszulegen oder unter den Voraussetzungen des § 2 Abs. 4 Satz 4 WO in elektronischer Form bekanntzumachen; aus dem Wahlausschreiben ergibt sich, wo und wie Kenntnis genommen werden kann (§ 36 Abs. 3 i. V. m. § 31 Abs. 1 Satz 3 Nr. 2 WO). Zugleich beginnt mit diesem Zeitpunkt die Frist für **Einsprüche gegen** die **Wählerliste**; diese ist wie im zweistufigen vereinfachten Verfahren (vgl. Rdn. 34) auf **drei** (Kalender-)Tage seit Erlass des Wahlausschreibens verkürzt (§ 36 Abs. 1 Satz 3 i. V. m. § 30 Abs. 2 WO).

3. Durchführung der Wahl

100 Mit Erlass des Wahlausschreibens beginnt die Phase der Durchführung der Wahl i. S. v. § 18 Abs. 1 Satz 1 (vgl. *Kreutz* § 18 Rdn. 7). Wie im zweistufigen vereinfachten Wahlverfahren endet diese Phase mit Abschluss der Stimmabgabe in der Wahlversammlung oder mit Ablauf der Frist für die nachträgliche schriftliche Stimmabgabe; § 35 WO gilt im einstufigen Verfahren entsprechend (§ 36 Abs. 4 WO).

101 **Neben** den Aufgaben, die der Wahlvorstand wie auch im zweistufigen vereinfachten Verfahren im Vorfeld der Wahlversammlung zur Wahl des Betriebsrats zu erledigen hat (vgl. Rdn. 57 f.), kommen im einstufigen Verfahren die **Entgegennahme, Prüfung** und ggf. **Beanstandung** von **Wahlvorschlägen** hinzu (§ 36 Abs. 5 WO), Aufgaben, die im zweistufigen Verfahren bereits in der ersten Wahlversammlung zu bewältigen sind (vgl. ausführlich Rdn. 35 ff.).

102 Die Wahl erfolgt auch hier notwendig aufgrund von **Wahlvorschlägen**, die **bis eine Woche vor der Wahlversammlung** zur Wahl des Betriebsrats beim Wahlvorstand schriftlich einzureichen sind (§ 36 Abs. 5 Satz 1 WO, der hinsichtlich der Anordnung »schriftlicher Einreichung beim Wahlvorstand« § 14a Abs. 3 Satz 2 Halbs. 1 ergänzt und konkretisiert). Anders als im Regelwahlverfahren (§ 6 Abs. 1 Satz 2 WO) ist damit für den Eingang von Wahlvorschlägen beim Wahlvorstand keine feste, mit dem Erlass des Wahlausschreibens beginnende Frist als Ausschlussfrist gesetzt worden (vgl. § 6 WO Rdn. 4),

sondern ein Schlusstag, der vom Zeitpunkt der Wahlversammlung dirigiert wird (vgl. Rdn. 94). Ungenau ist es deshalb, wenn in § 36 Abs. 5 Satz 2 und 3 WO von einer »gesetzlichen Mindestfrist zur Einreichung der Wahlvorschläge« gesprochen wird. Eine Mindestfrist besteht nur insoweit, als Wahlvorschläge spätestens eine Woche vor dem Tag der Wahlversammlung schriftlich beim Wahlvorstand eingehen müssen. Diese Frist kann nicht verkürzt, aber auch nicht verlängert werden. Da Wahlvorschläge noch an dem Tag gemacht werden können, an dem eine Woche später die Wahlversammlung stattfindet, kann der letzte Tag zur Einreichung z. B. ein Mittwoch sein, wenn eine Woche später ebenfalls am Mittwoch die Wahlversammlung stattfindet. Der letzte Tag für die Einreichung von Wahlvorschlägen ist im Wahlausschreiben anzugeben (§ 36 Abs. 3 Satz 1 Nr. 2 Halbs. 2 WO). Dabei ist es geboten (vgl. Rdn. 108), dass der Wahlvorstand Dienststunden angibt, bis zu deren Ende die Wahlvorschläge bei ihm eingegangen sein müssen (vgl. näher § 6 WO Rdn. 5, 6). Maßgeblich ist der Eingang unter der Betriebsadresse des Wahlvorstands; rechtzeitige Absendung genügt nicht. Nicht rechtzeitig eingereichte Wahlvorschläge sind unheilbar ungültig (§ 36 Abs. 5 Satz 2 i. V. m. § 8 Abs. 1 Nr. 1 WO).

Wie im Regelwahlverfahren müssen Wahlvorschläge immer **schriftlich** eingereicht werden. Zur **Vorschlagsberechtigung** vgl. näher Rdn. 39 ff.; zu Fragen nach den **Wahlbewerbern** vgl. Rdn. 46 ff. (nach § 36 Abs. 5 Satz 2 gelten § 6 Abs. 2 bis 5 und § 8 WO grundsätzlich entsprechend). **103**

Für **Wahlvorschläge der Arbeitnehmer** gilt § 14 Abs. 4 unverändert (§ 14a Abs. 3 Satz 2 Halbs. 2; vgl. ausführlich dazu § 14 Rdn. 50 ff.). Jeder Wahlvorschlag muss von der erforderlichen Anzahl von Wahlberechtigten persönlich unterschrieben sein (vgl. zum erforderlichen Unterschriftenquorum Rdn. 41; verbindlich ist die im Wahlausschreiben angegebene Mindestzahl (§ 36 Abs. 3 Satz 1 i. V. m. § 31 Abs. 1 Satz 3 Nr. 6 WO). Hat ein Wahlberechtigter mehrere Wahlvorschläge unterzeichnet, ist entsprechend § 6 Abs. 5 WO zu verfahren. Die Erklärungsfrist nach § 6 Abs. 5 Satz 2 WO endet jedoch in jedem Falle mit dem Zeitpunkt, bis zu dem Wahlvorschläge spätestens eingereicht werden können (§ 36 Abs. 5 Satz 2 WO); erklärt sich der Unterzeichner bis zu diesem Zeitpunkt nicht, ist nach § 6 Abs. 5 Satz 3 WO zu verfahren. Dadurch wird sichergestellt, dass die Wochenfrist nach § 14a Abs. 3 Satz 2 gewahrt werden kann. Für den **Wahlvorschlag einer im Betrieb vertretenen Gewerkschaft** analog § 14 Abs. 3 und 5 (vgl. Rdn. 44) gilt § 27 WO entsprechend; es ist ein Versehen, dass das in § 36 Abs. 5 WO nicht bestimmt ist (vgl. § 33 Abs. 2 Satz 3 WO). Vgl. zum Wahlvorschlagsrecht der Gewerkschaften ausführlich § 14 Rdn. 78 ff. **104**

Es ist Aufgabe des Wahlvorstands, die **Gültigkeit** der eingereichten Wahlvorschläge zu **prüfen** und sie ggf. schriftlich unter Angabe der Gründe dem Vorschlagenden gegenüber zu beanstanden (§ 36 Abs. 5 Satz 2 i. V. m. § 7 Abs. 2 Satz 2, § 8 und § 27 Abs. 2 WO). Die Prüfung hat immer unverzüglich zu erfolgen; die Ausschöpfung der Frist von zwei Arbeitstagen nach § 7 Abs. 2 Satz 2 WO kommt jedenfalls dann nicht in Betracht, wenn dadurch die Wochenfrist des § 14a Abs. 3 Satz 2 Halbs. 1 nicht gewahrt wird. **105**

Entgegen § 36 Abs. 5 Satz 2 i. V. m. § 8 Abs. 1 Nr. 2 WO ist ein Wahlvorschlag auch dann **gültig**, wenn die Bewerber **nicht in erkennbarer Reihenfolge** aufgeführt sind (vgl. Rdn. 48). **Gültig** ist auch ein Wahlvorschlag, der **nicht doppelt so viele Bewerber** aufweist, wie Betriebsratsmitglieder zu wählen sind (vgl. Rdn. 50). **106**

Mängel eines Wahlvorschlags i. S. v. § 8 Abs. 2 Nr. 1 bis 3 WO können binnen einer gesetzlichen Frist von drei Arbeitstagen seit Mitteilung der Beanstandung durch den Wahlvorstand beseitigt werden. Diese Frist endet jedoch ggf. vorzeitig mit dem Zeitpunkt, bis zu dem spätestens Wahlvorschläge eingereicht werden können (§ 36 Abs. 5 Satz 2 WO); darauf hat der Wahlvorstand hinzuweisen. Gelingt die Beseitigung eines (heilbaren) Mangels bis zu diesem Zeitpunkt nicht, wird der Wahlvorschlag endgültig ungültig. Anders als im Regelwahlverfahren (vgl. § 8 WO Rdn. 6) läuft die Nachfrist zur Mängelbeseitigung nicht unabhängig davon, ob die Zeit zur Einreichung von Wahlvorschlägen zwischenzeitlich geendet hat. Auch diese Regelung (vgl. auch Rdn. 104) dient der Wahrung der Wochenfrist des § 14a Abs. 3 Satz 2 Halbs. 1. **107**

Der Wahlvorstand hat die als gültig anerkannten **Wahlvorschläge** in gleicher Weise **bekanntzumachen**, wie er das Wahlausschreiben bekannt gemacht hat. Nach § 36 Abs. 5 Satz 3 WO hat das »nach Ablauf der gesetzlichen Mindestfrist zur Einreichung der Wahlvorschläge« zu geschehen. Diese Be- **108** stimmung ist unklar. Zum einen gibt es eine solche »Mindestfrist zur Einreichung« nicht (vgl. Rdn. 102); gemeint ist, dass die Bekanntmachung zu erfolgen hat, wenn die Zeit zur Einreichung von Wahlvorschlägen unter Wahrung von § 14a Abs. 3 Satz 2 Halbs. 1 abgelaufen ist. Zum anderen bleibt durch die vage Formulierung »nach Ablauf« offen, wann die Bekanntmachung spätestens zu erfolgen hat. Das ist in Parallele zu § 33 Abs. 4 WO zu präzisieren. Wenn es danach dem Wahlvorstand im zweistufigen Verfahren zugemutet wird, die Bekanntmachung unmittelbar nach Abschluss der ersten Wahlversammlung vorzunehmen, um die Wochenfrist bis zur zweiten Wahlversammlung als Bekanntmachungsfrist zu wahren, ist auch im einstufigen Verfahren entsprechende Eile geboten, um die Arbeitnehmer noch eine Woche vor der Wahlversammlung über die Kandidaten zu informieren und damit der Zielsetzung des § 14a Abs. 3 Satz 2 Halbs. 1 gerecht zu werden. Das bedeutet, dass der Wahlvorstand unmittelbar nach Schluss der Einreichungszeit in einer Sitzung über die Gültigkeit von Wahlvorschlägen Beschluss zu fassen hat, soweit nicht die Gültigkeit frühzeitig eingereichter Wahlvorschläge schon festgestellt worden ist. Die als gültig anerkannten Wahlvorschläge hat der Wahlvorstand unmittelbar nach Schluss der Sitzung bekanntzumachen.

109 Ist **kein gültiger Wahlvorschlag** eingereicht worden, darf der Wahlvorstand (anders als nach § 9 WO im Regelwahlverfahren) keine Nachfrist zur Einreichung von Wahlvorschlägen setzen (ebenso *Fitting* § 14a Rn. 50); dem steht § 14a Abs. 3 Satz 2 Halbs. 1 zwingend entgegen. Vielmehr ist der Wahlvorstand verpflichtet, unverzüglich bekanntzumachen, dass die Wahl nicht stattfindet (§ 36 Abs. 6 WO). Mit der Absage der Wahl **erlischt das Amt** des Wahlvorstands (vgl. Rdn. 52).

110 Nach § 14a Abs. 3 Satz 1 wird der **Betriebsrat** auch im einstufigen Verfahren nicht im Urnengang, sondern **auf einer Wahlversammlung** in geheimer und unmittelbarer Wahl **gewählt**. Diese Wahlversammlung entspricht der zweiten Wahlversammlung im zweistufigen Verfahren und weist gegenüber dieser in **Funktion** und **Ablauf** keine Besonderheiten auf (vgl. näher Rdn. 63 ff.). Wie bei dieser gelten die **allgemeinen Wahlgrundsätze** und die **Grundsätze der Mehrheitswahl** (vgl. näher Rdn. 54 ff.). § 36 Abs. 4 WO bestimmt, dass die für das zweistufige Verfahren aufgestellten Vorschriften über das **Wahlverfahren** (§ 34 WO) und über die **nachträgliche schriftliche Stimmabgabe** (§ 35 WO) entsprechend gelten (vgl. insoweit Rdn. 57 ff.).

4. Feststellung des Wahlergebnisses

111 Es gelten keine Besonderheiten gegenüber dem zweistufigen Verfahren; nach § 36 Abs. 4 gelten §§ 34, 35 WO entsprechend. Vgl. im Einzelnen Rdn. 68 ff.

V. Vereinbarung der Anwendung des vereinfachten Wahlverfahrens (Abs. 5)

112 Kraft Gesetzes (§ 14a Abs. 1 und 3) gilt abweichend vom Regelwahlverfahren ein (ein- oder zweistufiges) vereinfachtes Wahlverfahren zwingend (vgl. Rdn. 3) nur für Kleinbetriebe, d. h. in Betrieben mit in der Regel fünf bis fünfzig wahlberechtigten Arbeitnehmern (vgl. Rdn. 11 ff.). Darüber hinausgehend ermöglicht Abs. 5 Wahlvorstand und Arbeitgeber in Betrieben mit in der Regel 51 bis 100 wahlberechtigten Arbeitnehmern, **durch Vereinbarung** die Anwendung des vereinfachten Wahlverfahrens festzulegen.

113 **Abs. 5** (vgl. zur Entstehungsgeschichte Rdn. 7) ist in mehrfacher Hinsicht ein **Fremdkörper** im System der Betriebsratswahlvorschriften. Grundsätzliche Bedenken bestehen dagegen, dass der Gesetzgeber wesentliche Verfahrensgrundsätze der Betriebsratswahl der **Disposition** von Vertragspartnern überlässt, statt selbst verbindlich zu entscheiden. Auch wenn nur die Anwendung des vereinfachten Wahlverfahrens im Ganzen vereinbart werden kann (vgl. Rdn. 7), bedeutet der Wechsel vom Regelwahlverfahren zum vereinfachten Wahlverfahren zugleich ein Abgehen von den Grundsätzen der Verhältniswahl im Urnengangverfahren (§ 14 Abs. 2 Satz 1) und eine Option für die Wahl des Betriebsrats nach den Grundsätzen der Mehrheitswahl (§ 14 Abs. 2 Satz 2) auf einer Wahlversammlung (§ 14 Abs. 3). *Hanau* (NJW 2001, 2513 [2517]) hält namentlich die Dispositionsmöglichkeit über das Wahlsystem bereits für unvereinbar mit dem »in Art. 20 GG verankerten Vorbehalt des Gesetzes aufgrund der Wesentlichkeitstheorie«; ein Grenzfall ist insoweit jedenfalls erreicht, die Grenze zur Verfassungs-

widrigkeit wegen der Komplexität der vom Gesetzgeber vorgelegten Entscheidungsvarianten (Regelwahlverfahren oder einstufiges vereinfachtes Wahlverfahren) aber nicht überschritten (zust. *Triemel* Minderheitenschutz, S. 166 ff.; *Schaub/Koch* Arbeitsrechts-Handbuch, § 217 Rn. 39; ähnlich *Richardi/Thüsing* § 14a Rn. 2, wo aber argumentativ unstimmig auf eine Vereinbarung zwischen Arbeitgeber und Betriebsrat abgestellt wird). Keinesfalls kann daher der an die Wahlvorstände gerichteten Empfehlung (*Franke* DB 2002, 211 [212 f.] wegen Verletzung des Demokratiegebots) zugestimmt werden, das vereinbarte vereinfachte Wahlverfahren in »verfassungskonformer Auslegung« nach den Grundsätzen der Verhältniswahl durchzuführen, wenn zwei oder mehr »Listen« eingereicht werden; diese Wahl wäre nach § 19 anfechtbar. Verwunderung lösen aber auch die **Parteien** aus, denen das Gesetz die Vereinbarungsbefugnis überlässt. Der Arbeitgeber, der bisher im Betriebsratswahlverfahren lediglich eine Unterstützungsfunktion gegenüber dem Wahlvorstand hatte (vgl. § 2 Abs. 2 WO), soll nunmehr darüber mitbestimmen, welches Wahlverfahren für die Betriebsratswahl im Betrieb »sinnvoll« ist (vgl. Rdn. 7), und damit über das Wahlsystem u. U. sogar Einfluss auf die Zusammensetzung des Betriebsrats gewinnen können. Genauso ungewöhnlich ist auch, dass das Gesetz den Wahlvorstand als Vertragspartner des Arbeitgebers bestimmt, obwohl doch der Betriebsrat dessen betriebsverfassungsrechtlicher Gegenpol ist, während der Wahlvorstand bisher nur im Rahmen des durch Gesetz und WO formalisierten Wahlverfahrens tätig wird; indem er zukünftig darüber mitbestimmen kann, nach welcher Verfahrensart er die Wahl durchführen will, erhält seine Rechtsstellung eine neue Qualität. Immerhin können die Parteien frei bestimmen, ob sie die Vereinbarung überhaupt schließen wollen; der Wahlvorstand entscheidet dabei für sich nach pflichtgemäßem Ermessen. Verwunderlich ist schließlich, dass Abs. 5 **keinerlei Form** vorschreibt und damit auch zulässt, dass die Vereinbarung stillschweigend getroffen wird und Manipulationsmöglichkeiten dadurch nicht ausgeschlossen sind. Abs. 5 sollte aufgehoben werden.

Dafür spricht auch, dass die Bestimmung auf **Wertungswidersprüchen** beruht. Zum einen steht die Möglichkeit der Ausweitung des vereinfachten Wahlverfahrens auf Betriebe mit bis zu 100 wahlberechtigten Arbeitnehmern im Widerspruch zu der Begründung, mit der im RegE des BetrVerf-Reformgesetzes die Schaffung eines vereinfachten Wahlverfahrens gerade für Kleinbetriebe begründet worden ist (vgl. Rdn. 7). Systematisch unstimmig ist es zudem, dass in Abs. 5 auf Betriebe mit 51 **bis 100 wahlberechtigten** Arbeitnehmern abgestellt wird. Diese Größenklasse ist in § 9 Satz 1 nicht vorgesehen; dort kommt es in der dritten Stufe nur auf 51 wahlberechtigte Arbeitnehmer an, während darüber hinaus alle betriebsangehörigen Arbeitnehmer zählen. Die Entstehungsgeschichte der Vorschrift gibt allerdings keinen Aufschluss darüber, ob der Gesetzgeber die Vereinbarungsmöglichkeit auf Betriebe begrenzen wollte, in denen der Betriebsrat aus fünf Personen besteht (§ 9 Satz 1 [dritte Stufe]), und dementsprechend ein Redaktionsversehen vorliegt, oder ob es eine taktische Überlegung war, auf bis zu 100 wahlberechtigte Arbeitnehmer abzustellen, um dadurch ggf. unter Hinzurechnung nicht wahlberechtigter jugendlicher Arbeitnehmer auch in Betrieben, in denen der Betriebsrat aus sieben Personen besteht, die Vereinbarung zu ermöglichen. Eine teleologische Reduktion auf Fälle der dritten Stufe von § 9 Satz 1 kann daher nicht in Betracht kommen (i. E. wie hier *Nicolai/HWGNRH* § 14a Rn. 26; *Rudolph/Lautenbach* AiB 2006, 152 f.; *Homburg/DKKW* § 14a Rn. 2; **a. M.** *Quecke* AuR 2002, 1 [2]: restriktive Auslegung; zust. *Reichold/HWK* § 14a BetrVG Rn. 1; *Schaub/Koch* Arbeitsrechts-Handbuch, § 217 Rn. 39). 114

1. Voraussetzungen

Da die Anwendung des vereinfachten Wahlverfahrens nur von Wahlvorstand und Arbeitgeber vereinbart werden kann, ist **Voraussetzung**, dass der Wahlvorstand bestellt und die **Bestellung wirksam** geworden ist; das ist normalerweise der Fall, wenn das letzte Mitglied seine Zustimmung zur Bestellung gegeben hat (vgl. *Kreutz* § 16 Rdn. 30, 31, § 17 Rdn. 39), bei gerichtlicher Bestellung aber erst mit Rechtskraft des Bestellungsbeschlusses (vgl. *Kreutz* § 16 Rdn. 73, vgl. auch § 17 Rdn. 50, 58). 115

Die **Bestellung** muss in Betrieben **mit** Betriebsrat nach **§ 16** (durch den amtierenden Betriebsrat, Abs. 1; das Arbeitsgericht, Abs. 2; den Gesamtbetriebsrat oder Konzernbetriebsrat, Abs. 3), in Betrieben **ohne** Betriebsrat nach **§ 17** (durch den Gesamtbetriebsrat oder Konzernbetriebsrat, Abs. 1; durch die Betriebsversammlung, Abs. 2; durch das Arbeitsgericht, Abs. 4) erfolgt sein. Das Gesetz enthält keine Anhaltspunkte dafür, dass nur ein nach § 16 bestellter Wahlvorstand (so aber ohne Begründung 116

Richardi / Thüsing § 37 Rn. 1 WO) oder sogar nur ein vom Betriebsrat bestellter Wahlvorstand die Vereinbarung nach Abs. 5 treffen kann; das kann jeder im Regelwahlverfahren bestellte Wahlvorstand (ebenso *Brors* / HaKo § 14a Rn. 20; *Nicolai / HWGNRH* § 14a Rn. 27; *Stege / Weinspach / Schiefer* § 14a Rn. 14; *Wlotzke / WPK* § 14a Rn. 23 mit zutr. Klarstellung, dass auch ein Betriebsrat mit Übergangsmandat den Wahlvorstand bestellt haben kann; wohl auch *Fitting* § 14a Rn. 53a; offenlassend, aber tendenziell auch *BAG* 19.11.2003 EzA § 19 BetrVG 2001 Nr. 2 S. 4). Die Bestellung im vereinfachten Wahlverfahren nach § 17a kommt dagegen grundsätzlich nicht in Betracht, weil es sich dabei um eine Sonderregelung für die Bestellung des Wahlvorstands in Kleinbetrieben handelt, zu denen die Betriebe nach Abs. 5 nicht gehören (vgl. Rdn. 12), für die zudem ein vereinfachtes Wahlverfahren nach § 14a Abs. 1 oder 3 schon kraft Gesetzes zwingend gilt. Wenn aber ein in einer ersten Wahlversammlung nach § 14a Abs. 1 Satz 2, § 17a Nr. 3 gewählter Wahlvorstand feststellt, dass der Betrieb nicht Kleinbetrieb ist, weil ihm mehr als fünfzig wahlberechtigte Arbeitnehmer angehören, muss die Wahl im Regelwahlverfahren weitergeführt werden (vgl. Rdn. 24). Dann kann der Wahlvorstand eine Vereinbarung nach Abs. 5 schließen (ebenso *Fitting* § 14a Rn. 53a). Wer im Regelwahlverfahren auch immer den Wahlvorstand bestellt, muss aber berücksichtigen, dass diesem nicht nur die überkommene Aufgaben- und Rechtsstellung zukommt, die Wahl des Betriebsrats nach formalisierten Vorgaben des Gesetzes und der WO einzuleiten, durchzuführen und das Wahlergebnis festzustellen (vgl. *Kreutz* § 18 Rdn. 6 ff.), sondern kraft Gesetzes auch die Kompetenz, über die Ablösung des Regelwahlverfahrens und die Anwendung des vereinfachten Wahlverfahrens durch Vereinbarung mit dem Arbeitgeber (mit-)zu bestimmen. Rechtlich bindende Weisungen können dem Wahlvorstand nicht erteilt werden. Auch eine Absprache zwischen Betriebsrat und Arbeitgeber bindet den Wahlvorstand nicht (ebenso *Will* FA 2006, 71 [72]; *Rudolph / Lautenbach* AiB 2006, 152 [153]).

117 Die Vereinbarung kann nur in Betrieben getroffen werden, denen **in der Regel** (vgl. dazu § 9 Rdn. 18 ff.) **51 bis 100 wahlberechtigte** (vgl. zur Wahlberechtigung näher *Raab* § 7 Rdn. 11 ff.) **Arbeitnehmer** (vgl. zur Arbeitnehmereigenschaft *Raab* § 5 Rdn. 15 ff.) **angehören**. Die Beschränkung auf betriebsangehörige wahlberechtigte Arbeitnehmer ergibt sich aus dem Wortlaut »in Betrieben mit ... Arbeitnehmern«. **Leiharbeitnehmer**, die nach § 7 Satz 2 wahlberechtigt sind, zählen **mit** (Rdn. 15; näher § 9 Rdn. 10 ff.). Wahlvorstand und Arbeitgeber müssen übereinstimmend feststellen, dass diese Voraussetzungen gegeben sind. Ist das der Fall, spielt es keine Rolle, ob der zu wählende Betriebsrat aus fünf oder sieben Mitgliedern besteht; das festzustellen ist allein Aufgabe des Wahlvorstands (vgl. Rdn. 17).

118 Der Tag der Vereinbarung ist der **maßgebliche Zeitpunkt** für die Feststellung, ob die Vereinbarung nach der Zahl der dem Betrieb angehörenden wahlberechtigten Arbeitnehmer wirksam getroffen werden kann. Stellt der Wahlvorstand dann am Tag des Erlasses des Wahlausschreibens fest, dass dem Betrieb weniger als 51 wahlberechtigte Arbeitnehmer angehören, geht eine Vereinbarung nach Abs. 5 ins Leere, weil in diesem Fall das einstufige vereinfachte Wahlverfahren kraft Gesetzes (§ 14a Abs. 3) verbindlich vorgegeben ist. Stellt der Wahlvorstand (nach Aufstellung der Wählerliste) dagegen fest, dass dem Betrieb **mehr als einhundert wahlberechtigte** Arbeitnehmer angehören, darf er die Betriebsratswahl nach den Vorschriften des einstufigen vereinfachten Wahlverfahrens einleiten; die maßgebliche Belegschaftsstärke am Tag des Erlasses des Wahlausschreibens, mit dem die Betriebsratswahl eingeleitet wird (§ 3 Abs. 1 Satz 2, § 37 i. V. m. § 36 Abs. 2 Satz 2 WO), entzieht einer Vereinbarung nach Abs. 5 die Grundlage. In diesem Fall hat die Wahl des Betriebsrats im Regelwahlverfahren zu erfolgen.

2. Vereinbarung des vereinfachten Wahlverfahrens

119 Da der Wahlvorstand schon bestellt ist, wenn es zur Vereinbarung über die Anwendung des vereinfachten Wahlverfahrens kommt, kann immer nur dessen **einstufige Verfahrensvariante vereinbart** werden, und diese nur **im Ganzen** (vgl. Rdn. 7). § 37 WO als Durchführungsvorschrift bestimmt deshalb systematisch korrekt, dass sich das Wahlverfahren nach § 36 WO als der für das einstufige Verfahren einschlägigen Bestimmung richtet. Vgl. zum einstufigen vereinfachten Wahlverfahren ausführlich Rdn. 85 ff.

Wahlvorstand und **Arbeitgeber** sind die **Parteien** der Vereinbarung; nur sie sind am Abschluss beteiligt. Der Wahlvorstand handelt in eigenem Namen; er wird aus der in Abs. 5 gesetzlich begründeten Kompetenz tätig. Die Vereinbarung ist **Vertrag sui generis**, der zur Anwendung des einstufigen vereinfachten Wahlverfahrens führt. Das erfordert korrespondierende Willenserklärungen von Wahlvorstand und Arbeitgeber; diese können ausdrücklich, aber auch konkludent erfolgen (ebenso *BAG* 19.11.2003 EzA § 19 BetrVG 2001 Nr. 2 S. 5; *Fitting* § 14a Rn. 53; *Gräfl* JArbR 42 (2005), S. 133 [138]). Das setzt die Willensbildung des Wahlvorstands durch (wirksamen) Beschluss voraus; dieser ist in einer Sitzung des gesamten Wahlvorstands mit einfacher Mehrheit der Stimmen der stimmberechtigten Mitglieder zu fassen und in eine Sitzungsniederschrift zu Beweiszwecken aufzunehmen (vgl. § 1 WO Rdn. 8 ff., 12 ff.). Der Vorsitzende vertritt den Wahlvorstand beim Abschluss der Vereinbarung in der Erklärung (§ 26 Abs. 2 analog). Eine Vereinbarung nach Abs. 5 kommt aber nicht zustande, wenn der Arbeitgeber auf ein (konkludentes) Angebot des Wahlvorstands schweigt (*BAG* 19.11.2003 EzA § 19 BetrVG 2001 Nr. 2 S. 5), weil dem bloßen Schweigen kein positiver Erklärungswert zukommt. Kommt keine Einigung zustande, bleibt es beim Regelwahlverfahren. 120

Die Vereinbarung bedarf **keiner konstitutiven Form**, auch nicht der Schriftform (vgl. Rdn. 113); weder Abs. 5 noch die WO enthält eine Formvorschrift. Gleichwohl ist dringend zu empfehlen, die Vereinbarung schriftlich niederzulegen und von beiden Parteien unter Datumsangabe unterzeichnen zu lassen, damit im Streitfall die Vereinbarung des vereinfachten Wahlverfahrens, und damit das richtige Verfahren, beweiskräftig dargetan werden kann. 121

Die Anwendung des vereinfachten Wahlverfahrens können Wahlvorstand und Arbeitgeber **nur in der Phase der Vorbereitung der Wahl** vereinbaren. Ist mit Erlass des Wahlausschreibens die Betriebsratswahl im Regelwahlverfahren eingeleitet (§ 3 Abs. 1 Satz 2 WO), kann der Wechsel zum vereinfachten Wahlverfahren nicht mehr vereinbart werden. Obwohl Gesetz und WO versäumt haben, die Frage zu regeln, ergibt sich diese Zeitgrenze daraus, dass das Wahlausschreiben die Grundlage des weiteren Wahlverfahrens bildet, die nicht mehr zur Disposition anderweitiger Vereinbarung gestellt ist. Dabei muss es auch bleiben, wenn wegen Wahlfehlern ein Neuerlass des Wahlausschreibens erforderlich wird (vgl. § 3 WO Rdn. 28); andernfalls könnten Manipulationen nicht ausgeschlossen werden. 122

Wird rechtzeitig die Anwendung des vereinfachten Wahlverfahrens vereinbart, ist das Regelwahlverfahren durch das einstufige vereinfachte Wahlverfahren ersetzt. Der **Wahlvorstand** ist an diese Änderung **gebunden**; er muss die Wahl nach den Vorschriften des einstufigen Verfahrens einleiten, durchführen, das Wahlergebnis feststellen und bekanntmachen (vgl. Rdn. 85 ff.). Als privatrechtlicher Vertrag unterliegt die Vereinbarung aber den allgemeinen Vorschriften über die Wirksamkeit und Unwirksamkeit von Rechtsgeschäften. Die damit einhergehenden Rechtsunsicherheiten belasten das Verfahren. Die im falschen Wahlverfahren durchgeführte Wahl ist anfechtbar, aber nicht nichtig (vgl. *BAG* 19.11.2003 EzA § 19 BetrVG 2001 Nr. 2; *Gäfl* FS *Bepler*, 2012, S. 185 [195]; vgl. auch Rdn. 127). Die damit u. U. verbundenen Kosten einer Neuwahl wird der Arbeitgeber zu bedenken haben, bevor er eine Vereinbarung nach Abs. 5 trifft. 123

Die Vereinbarung des vereinfachten Wahlverfahrens ist nur **für die Wahl** gültig, die der Wahlvorstand durchzuführen hat, der sie als Partei mit dem Arbeitgeber getroffen hat; eine Dauerregelung für die Zukunft ist nicht möglich (ebenso *Homburg/DKKW* § 14a Rn. 3; zust. *Brors*/HaKo § 14a Rn. 20; *Koch*/ErfK § 14a BetrVG Rn. 6; *Fitting* § 14a Rn. 54a; *Nicolai/HWGNRH* § 14a Rn. 29; *Rudolph/Lautenbach* AiB 2006, 152 [154]; *Reichold*/HWK § 14a BetrVG Rn. 19; *Richardi/Thüsing* § 14a Rn. 2; wohl auch *Wlotzke/WPK* § 14a Rn. 24). Mit dem Ende seines Amtes endet die Vereinbarung; sie gilt auch nicht mehr in den Fällen einer vorgezogenen Neuwahl nach § 13 Abs. 2, auch nicht, wenn die im vereinbarten einstufigen vereinfachten Wahlverfahren durchgeführte Betriebsratswahl mit Erfolg angefochten worden ist (oder nichtig ist) und deshalb (durch einen neuen Wahlvorstand; vgl. § 13 Rdn. 73) wiederholt wird (§ 13 Abs. 2 Nr. 4; zust. *Fitting* § 14a Rn. 54a; *Rudolph/Lautenbach* AiB 2006, 152 [154]; *Richardi/Thüsing* § 14a Rn. 2; **a. M.** *Schneider* GewMH 1988, 409 [412], sofern nicht gerade die Unwirksamkeit der Vereinbarung nach Abs. 5 die Unwirksamkeit der Wahl verursacht hat). 124

VI. Streitigkeiten

125 Streitigkeiten über die Regelungen des § 14a und der sie ergänzenden WO (und WOP) entscheidet auf Antrag das Arbeitsgericht im Beschlussverfahren (§ 2a Abs. 1 Nr. 1, Abs. 2, §§ 80 ff. ArbGG). Ein Rechtsschutzinteresse des Antragstellers ist erforderlich.

126 Entscheidungen des Wahlvorstands bei der Vorbereitung und Durchführung des vereinfachten Wahlverfahrens, die gegen § 14a oder ergänzende Vorschriften der WO verstoßen, können grundsätzlich bereits vor Abschluss des Wahlverfahrens **selbständig** im arbeitsgerichtlichen Beschlussverfahren **angefochten** werden (vgl. entsprechend § 14 Rdn. 104).

127 Die Betriebsratswahl ist **nicht** bereits **nichtig**, wenn sie **im falschen Wahlverfahren** durchgeführt wird, auch wenn dabei konsequenterweise auch alle für das richtige Wahlverfahren geltenden wesentlichen Vorschriften des Gesetzes und der WO unbeachtet bleiben (ebenso *BAG* 19.11.2003 EzA § 19 BetrVG 2001 Nr. 2 S. 6); das wäre mit der Zielsetzung (vgl. Rdn. 2) der Schaffung des vereinfachten Wahlverfahrens unvereinbar, die Errichtung von Betriebsräten in Kleinbetrieben zu erleichtern. Die Wahl ist dann aber nach § 19 **anfechtbar** (ebenso *BAG* 19.11.2003 EzA § 19 BetrVG 2001 Nr. 2 S. 6; vgl. entsprechend auch *BAG* 07.04.2004 EzA § 94 SGB IX Nr. 1 unter B II 5 und 16.11.2005 EzA § 94 SGB IX Nr. 3 LS 2, beide für den Fall, dass die Wahl der Schwerbehindertenvertretung fälschlich im vereinfachten Wahlverfahren nach § 94 Abs. 6 Satz 3 SGB IX statt im förmlichen Wahlverfahren durchgeführt worden ist; zust. *Fitting* § 14a Rn. 4; *Nießen* Fehlerhafte Betriebsratswahlen, S. 74 ff.; *Richardi/Thüsing* § 14a Rn. 2; *Wlotzke/WPK* § 14a Rn. 27). Falsch ist das Regelwahlverfahren nach § 14, wenn die Wahl zwingend im vereinfachten Wahlverfahren für Kleinbetriebe nach § 14a zu erfolgen hat oder eine wirksame Vereinbarung nach § 14a Abs. 5 getroffen worden ist. Umgekehrt ist die Durchführung des ein- oder zweistufigen vereinfachten Wahlverfahrens in einem Betrieb falsch, der nicht Kleinbetrieb ist, sofern keine wirksame Vereinbarung nach § 14a Abs. 5 erfolgt ist. Ein wesentlicher Wahlfehler liegt auch dann vor, wenn der Wahlvorstand, der im zweistufigen vereinfachten Wahlverfahren auf der ersten Wahlversammlung gewählt worden ist, zum einstufigen vereinfachten Verfahren übergeht (vgl. Rdn. 24). Zweifelhaft ist, ob die im falschen Wahlverfahren durchgeführte Betriebsratswahl im Zusammenhang mit weiteren Verstößen gegen wesentliche Wahlvorschriften des betriebenen (falschen) Wahlverfahrens ggf. sogar nichtig ist; verneinend, wenn keiner der Vorstöße gegen wesentliche Wahlvorschriften für sich genommen die Nichtigkeit begründet, jetzt unter Änderung der bisherigen Rechtsprechung *BAG* 19.11.2003 EzA § 19 BetrVG 2001 Nr. 2 S. 6 (vgl. dazu *Kreutz* § 19 Rdn. 147). Wenn ein Wahlvorstand die Wahl nicht irrtümlich, sondern (durch Tatsachen belegt) wissentlich und willkürlich im falschen Wahlverfahren durchführt, kann diese auch nichtig sein (vgl. *Nießen* Fehlerhafte Betriebsratswahlen, S. 77).

128 Verstöße gegen die Bestimmungen des § 14a und der sie ergänzenden zwingenden Bestimmungen der WO können als Verstöße gegen wesentliche Bestimmungen über das Wahlverfahren die **Anfechtung der Wahl** im Wahlanfechtungsverfahren nach § 19 **begründen** (vgl. *Kreutz* § 19 Rdn. 26, 33). Ausnahmsweise kann die Wahl sogar nichtig sein (vgl. *Kreutz* § 19 Rdn. 144 ff.).

§ 15
Zusammensetzung nach Beschäftigungsarten und Geschlechter

(1) Der Betriebsrat soll sich möglichst aus Arbeitnehmern der einzelnen Organisationsbereiche und der verschiedenen Beschäftigungsarten der im Betrieb tätigen Arbeitnehmer zusammensetzen.

(2) Das Geschlecht, das in der Belegschaft in der Minderheit ist, muss mindestens entsprechend seinem zahlenmäßigen Verhältnis im Betriebsrat vertreten sein, wenn dieser aus mindestens drei Mitgliedern besteht.

Literatur
Literaturhinweise zum BetrVG 1952 siehe 8. Auflage.

Berger-Delhey Vom »listenübergreifenden Geschlechtersprung« zum »Auffangminderheitengeschlechtsmitglied«, ZTR 2002, 113; *Besgen* Die Auswirkungen des AGG auf das Betriebsverfassungsrecht, BB 2007, 213; *Brors* Ist § 15 II BetrVG verfassungswidrig?, NZA 2004, 472; *Däubler* Die veränderte Betriebsverfassung – Erste Anwendungsprobleme, AuR 2001, 285; *Engels/Trebinger/Löhr-Steinhaus* Regierungsentwurf eines Gesetzes zur Reform des Betriebsverfassungsgesetzes, DB 2001, 532; *Etzel* Wahlordnung contra Betriebsverfassungsgesetz, AuR 2002, 62; *Franke* Betriebsratswahlen 2002 – Wahlanfechtungen sind vorprogrammiert, NJW 2002, 656; *ders.* Zur Berechnung des Minderheitengeschlechts nach § 15 II BetrVG, NZA 2005, 394; *Gräfl* Die Anfechtung von Betriebsratswahlen in der jüngeren Rechtsprechung des BAG, FS *Bepler*, 2012, S. 185; *Grote* Novellierungsvorschläge zu den Vorschriften über die Zusammensetzung und Wahl des Betriebsrats (§§ 7–20 BetrVG 1972) (Diss. Kiel), 2001 (zit.: Novellierungsvorschläge); *Hänlein* Minderheitsgeschlecht in der Betriebsratswahl, AuR 2004, 112; *Hanau* Denkschrift zu dem Regierungsentwurf eines Gesetzes zur Reform des Betriebsverfassungsgesetzes, RdA 2001, 65; *Kamanabrou* Betriebsratswahl – Geschlechterquote, RdA 2006, 186; *Homburg/Klebe* § 15 Abs. 2 BetrVG: Ein Beitrag zur Gleichstellung in der Betriebsverfassung, FS *Pfarr*, 2010, S. 209; *Kocher/Laskowski/Rust/Weber* Gleichstellung der Geschlechter in der Privatwirtschaft – gibt es noch Handlungsbedarf des Gesetzgebers?, FS *Pfarr*, 2010, S. 117; *Kolbe* Mitbestimmung und Demokratieprinzip, 2013; *Konzen* Der Regierungsentwurf des Betriebsverfassungsreformgesetzes, RdA 2001, 76; *Löwisch* Änderung der Betriebsverfassung durch das Betriebsverfassungsreformgesetz (Teil I), BB 2001, 1734; *ders.* Geschlechterquote für Personalräte, NZA 2011, 1075; *Nielebock* Ein Schritt zur Gleichstellung im Betriebsrat: Frauenquote, AiB 2001, 681; *Podewin* Ist die Geschlechterquote bei Betriebsratswahlen verfassungskonform?, BB 2005, 2521; *Schneider* Betriebsratswahlen 2002: Mindestmandate für das Geschlecht in der Minderheit, AiB 2002, 74; *ders.* Mindestquote für das Minderheitsgeschlecht, AiB 2005, 716; *Siebert* Der »Listensprung« in der Betriebsratswahl – eine kritische Betrachtung, NZA-RR 2014, 340; *Triemel* Minderheitenschutz in den Organisationsvorschriften der Betriebsverfassung (Diss. Konstanz), 2005 (zit.: Minderheitenschutz); *Ubber/Weller* Ist der Schutz des Minderheitsgeschlechts nach dem Betriebsverfassungsgesetz und der Wahlordnung 2001 verfassungswidrig?, NZA 2004, 893; *Weller* Ist der »Listensprung« nach § 15 Abs. 5 Nr. 2 WO BetrVG wirklich verfassungsgemäß?, NZA 2005, 1228; *Will* Die Geschlechterquote im Rahmen der Betriebsratswahlen, FA 2002, 73; *Worzalla* 10 Jahre novelliertes Betriebsverfassungsgesetz – eine Bestandsaufnahme, NZA 2011, 1396.

Inhaltsübersicht   Rdn.

I.   Vorbemerkung   1–9
II. Zusammensetzung nach Organisationsbereichen und Berufsgruppen (Abs. 1)   10–14
     1. Organisationsbereiche   10, 11
     2. Berufsgruppen   12
     3. Folgen der Nichtbeachtung   13, 14
III. Zusammensetzung nach Geschlechtern (Abs. 2)   15–32
     1. Geschlecht in der Minderheit   17–20
     2. Mindestvertretung im Betriebsrat   21–29
        a) Bestimmung der Mindestsitze (§§ 5, 32 WO)   24–26
        b) Verteilung der Betriebsratssitze (§§ 15, 22 WO)   27–29
     3. Streitigkeiten   30–32

I. Vorbemerkung

Bis zum BetrVerf-Reformgesetz vom 23.07.2001 (BGBl. I, S. 1852) entsprach § 15 weitgehend den bereits in § 10 Abs. 4, § 14 BetrVG 1952 enthaltenen Bestimmungen, suchte aber den Minderheitenschutz der Geschlechter und Beschäftigungsarten noch zu erweitern oder – was in der beibehaltenen Überschrift der Vorschrift nicht berücksichtigt wurde – an der Betriebsorganisation auszurichten. Während § 14 BetrVG 1952 lediglich bestimmte, dass sich der Betriebsrat möglichst aus Vertretern der verschiedenen Beschäftigungsarten der im Betrieb tätigen Arbeitnehmer zusammensetzen soll, wurde nach § 15 Abs. 1 Satz 1 a. F. in erster Linie eine Zusammensetzung des Betriebsrats aus Arbeitnehmern der einzelnen Betriebsabteilungen und unselbständigen Nebenbetriebe angestrebt. Das ergab sich daraus, dass nach § 15 Abs. 1 Satz 2 a. F. erst »dabei auch« die verschiedenen Beschäftigungsarten berücksichtigt werden sollten. Nach § 15 Abs. 2 a. F. war die Vertretung der Geschlechter entsprechend ihrem zahlenmäßigen Verhältnis nicht mehr wie früher in § 10 Abs. 4 BetrVG 1952 auf

1

die Vertretung der Gruppen im Betriebsrat bezogen, sondern, wie sich im Kontext der Abs. 1 und 2 a. F. ergab, auf den Betriebsrat.

2 Durch Art. 1 Nr. 13 BetrVerf-Reformgesetz ist § 15 neu gefasst worden. Während bei Abs. 1 der Charakter einer nicht zwingenden Sollvorschrift beibehalten wurde, bestimmt **Abs. 2** nunmehr **zwingend**, dass das Geschlecht, das in der Belegschaft in der Minderheit ist (»Geschlecht in der Minderheit«), mindestens entsprechend seinem zahlenmäßigen Verhältnis im Betriebsrat vertreten sein muss, wenn dieser aus mindestens drei Mitgliedern besteht. Diese Bestimmung kann weder durch Tarifvertrag oder Betriebsvereinbarung noch durch Vereinbarung zwischen Arbeitgeber und Wahlvorstand oder durch übereinstimmende Beschlüsse der Geschlechter abgeändert werden. Sie gilt gleichermaßen im normalen Wahlverfahren nach § 14 und im vereinfachten Wahlverfahren nach § 14a. Für die erstmalige Anwendung der Vorschrift war die Übergangsregelung in Art. 14 Satz 2 BetrVerf-Reformgesetz zu beachten. Danach gilt § 15 n. F. erst bei der Neuwahl für Betriebsräte, die beim Inkrafttreten des Gesetzes (28.07.2001) bestanden oder deren Wahlen bereits vorher eingeleitet und deshalb noch nach früherem Recht durchzuführen waren (*LAG Bremen* 11.07.2002 LAGE § 14 BetrVG 2001 Nr. 3).

3 In **Abs. 1** sind die bisherigen Sätze 1 und 2 a. F. zu einem Satz zusammengefasst worden. Damit ist die vorrangige Berücksichtigung der Organisationsbereiche gegenüber den Beschäftigungsarten (vgl. Rdn. 1) aufgehoben; beide Gesichtspunkte sollen **nebeneinander** bei der Zusammensetzung des Betriebsrats **möglichst** berücksichtigt werden (vgl. zu den Folgen der Nichtbeachtung Rdn. 14). Nach wie vor kommt das in der insoweit unveränderten Überschrift zu § 15 nicht zum Ausdruck. Der Ausdruck »Organisationsbereiche« hat die bisher als organisatorische Untergliederungen genannten »Betriebsabteilungen« und »unselbständige Nebenbetriebe« abgelöst; das ist eine redaktionelle Anpassung, die sich aus den Änderungen der §§ 3 und 4 durch das BetrVerf-Reformgesetz ergibt (Begründung zum RegE, BT-Drucks. 14/5741, S. 37 zu Nr. 13).

4 Mit der Umwandlung von **Abs. 2** von einer Sollvorschrift in eine **zwingende (Muss-)Vorschrift** will der Gesetzgeber ausweislich der Begründung zum RegE des BetrVerf-Reformgesetzes (BT-Drucks. 14/5741, S. 37 zu Nr. 13) »dem Gleichberechtigungsgrundsatz des Art. 3 Abs. 2 GG« Rechnung tragen und sicherstellen, »dass der Zugang von Frauen zum Betriebsrat, in dem sie in aller Regel unterrepräsentiert sind, nicht nur erleichtert, sondern auch tatsächlich durchgesetzt wird« (so auch *BAG* 16.03.2005 EzA § 15 BetrVG 2001 Nr. 1 = AP Nr. 3 zu § 15 BetrVG 1972). Der zwingende Charakter der Norm entspricht einem Vorschlag, den *Löwisch* schon 1974 auf dem 54. DJT vorgetragen hat (vgl. Gutachten D, S. 13 [81, 103]); vergleichbare Regelungen enthielten auch bereits einige Landespersonalvertretungsgesetze (vgl. § 13 Abs. 1 Satz 1 hessisches Personalvertretungsgesetz; § 10 Abs. 2 Satz 1 Mitbestimmungsgesetz Schleswig-Holstein). Im Entwurf eines Gleichstellungsgesetzes von SPD-Abgeordneten und SPD-Fraktion von 1993 war bereits die Forderung enthalten, Abs. 2 in eine Mussvorschrift zu ändern (BT-Drucks. 12/5717, S. 20: »Frauen müssen entsprechend ihrem Anteil an der Belegschaft im Betriebsrat vertreten sein«). Diese Forderung hat der Gesetzgeber im Rahmen der Beratungen des 2. Gleichberechtigungsgesetzes unter Hinweis auf eine unverhältnismäßige Einschränkung demokratischer Wahlgrundsätze zurückgewiesen (vgl. die Stellungnahme der damaligen Bundesregierung zu entsprechenden Vorschlägen des Bundesrats, BT-Drucks. 12/5468, S. 59, 71; BT-Ausschuss für Frauen und Jugend, BT-Drucks. 12/7333, S. 33). Mit ausschlaggebend für die jetzige Neuregelung war wohl, dass auch der *DGB* 1998 in seinen Novellierungsvorschlägen zum Betriebsverfassungsgesetz 1972 (S. 22) eine zwingende Regelung forderte. Die dort vorgebrachte Begründung, die bisherige Sollregelung habe ihr Ziel, die anteilige Beteiligung von Frauen in den Betriebsräten, nicht erreicht, hat sich der RegE in der Begründung zu eigen gemacht (vgl. BT-Drucks. 14/5741, S. 37 zu Nr. 13). Den Materialien ist kein Hinweis zu entnehmen, was es bedeuten soll, dass jetzt in der Überschrift aus dem früheren Wort »Geschlechtern« das Wort »Geschlechter« geworden ist, das sprachlich unstimmig ist, soweit es um die Zusammensetzung des Betriebsrats geht; vermutlich handelt es sich um ein Redaktionsversehen, da eine Frauenförderungsmaßnahme nicht erkennbar ist.

5 Die **jetzige Fassung** von Abs. 2 geht auf einen Änderungsantrag der Fraktionen der *SPD* und *Bündnis 90/DIE GRÜNEN* zum RegE BetrVerf-Reformgesetz zurück, den der BT-Ausschuss für Arbeit und Sozialordnung beschlossen hat (vgl. Ausschussdrucks. 14/1610 vom 19.06.2001, S. 1). Der RegE BetrVerf-Reformgesetz sah zunächst vor, dass die Geschlechter entsprechend ihrem zahlenmäßigen Ver-

hältnis im Betriebsrat vertreten sein müssen (dazu *Homburg/Klebe* FS *Pfarr*, 2010, S. 209, 210 f.). Diese starre Regelung war kritisiert worden; denn »sie bewirkt in den Bereichen, in denen bereits engagierte Frauen über ihren zahlenmäßigen Anteil an der Belegschaft hinaus in den Betriebsrat gewählt worden sind, dass diese Frauen künftig für eine Arbeit im Betriebsrat nicht mehr tätig sein können« (Antragsbegründung der Fraktionen Ausschussdrucks. 14/1610 vom 19.06.2001, S. 2). Durch die jetzige »Mindest«-Regelung soll gewährleistet werden, dass das Geschlecht in der Minderheit über seinen Anteil an der Belegschaft hinaus im Betriebsrat vertreten sein kann. Das kann entgegen der Zielsetzung »Frauenförderung« aber auch das männliche Geschlecht betreffen, weil Abs. 2 geschlechtsneutral formuliert ist (vgl. auch *Löwisch* BB 2001, 1734 [1738]).

Obgleich § 15 Abs. 1 kein zwingendes Recht enthält, besteht keine Möglichkeit, die Regelung durch Tarifvertrag, Betriebsvereinbarung oder Vereinbarung zwischen Arbeitgeber und Arbeitnehmern in eine verbindliche »Muss«-Vorschrift abzuwandeln. Das folgt daraus, dass die Bestimmungen über die Wahl und Zusammensetzung des Betriebsrats (§§ 7 bis 20) grundsätzlich zwingend (nicht dispositiv) sind, soweit das Gesetz keine abweichenden Regelungen zulässt und deshalb **keine Möglichkeit zur Schaffung betrieblicher Wahlordnungen** besteht (zust. *Fitting* § 15 Rn. 4; *Joost*/MünchArbR § 216 Rn. 102; *Reichold*/HWK § 15 BetrVG Rn. 2). Deshalb kann nicht festgelegt werden, dass Untergliederungen des Betriebes oder betriebsverfassungsrechtlicher Organisationseinheiten, die nach § 3 Abs. 1 Nr. 1 bis 3 gebildet worden sind, oder Berufsgruppen in einem bestimmten Verhältnis im Betriebsrat vertreten sein müssen. Vertreter einer Betriebsabteilung oder einer Berufsgruppe können daher ihre Vertretung im Betriebsrat nicht erzwingen (so schon *Popp* BB 1955, 96; *Rewolle* BB 1957, 225, [226]). 6

Dass § 15 nur die Organisationsstruktur, die Beschäftigungsarten und die Geschlechter erwähnt, schließt nicht aus, dass auch unter weiteren Aspekten und unter Berücksichtigung anderer Minderheiten Wahlvorschläge aufgestellt und Betriebsratsmitglieder gewählt werden. In der Literatur wird in diesem Zusammenhang insbesondere auf die Berücksichtigung **ausländischer Arbeitnehmer** hingewiesen (vgl. *Fitting* § 15 Rn. 1; *Frauenkron* § 15 Rn. 1; *Homburg*/DKKW § 15 Rn. 2; *Weiss*/*Weyand* § 15 Rn. 2). 7

§ 15 gilt auch für die **Bordvertretung** (vgl. § 115 Abs. 2) und den **Seebetriebsrat** (vgl. § 116 Abs. 2). Für die Wahl der **Jugend- und Auszubildendenvertretung** sieht das Gesetz in § 62 Abs. 2 und 3 weithin entsprechende Regelungen vor; insbesondere hat das BetrVerf-Reformgesetz auch § 62 Abs. 3 zwingend dahin geändert, dass das Geschlecht in der Minderheit mindestens entsprechend seinem zahlenmäßigen Verhältnis in der Jugend- und Auszubildendenvertretung vertreten sein muss, wenn diese aus mindestens drei Mitgliedern besteht. § 15 ist für den Gesamtbetriebsrat (vgl. § 47), den Konzernbetriebsrat (vgl. § 55), die Gesamtjugend- und Auszubildendenvertretung (vgl. § 72) und die Konzern-Jugend- und Auszubildendenvertretung (§ 73a) nicht anwendbar, da diese nicht gewählt, sondern entsandt werden. In Form von Sollregelungen wird aber bestimmt, dass bei der Entsendung in den Gesamtbetriebsrat (§ 47 Abs. 2 Satz 2) und in den Konzernbetriebsrat (§ 55 Abs. 1 Satz 2) die Geschlechter angemessen berücksichtigt werden sollen (vgl. *Kreutz*/*Franzen* § 47 Rdn. 41; *Franzen* § 55 Rdn. 12). 8

Zum **Personalvertretungsrecht** vgl. § 17 Abs. 6 und 7 BPersVG; für **Sprecherausschüsse** vgl. § 4 Abs. 2 SprAuG. Dort ist jedoch jeweils (wie früher in § 15 Abs. 2 a. F.; vgl. Rdn. 2) die Vertretung der Geschlechter entsprechend ihrem zahlenmäßigen Verhältnis als nicht zwingende Sollvorschrift beibehalten. 9

II. Zusammensetzung nach Organisationsbereichen und Berufsgruppen (Abs. 1)

1. Organisationsbereiche

Nach Abs. 1 soll sich der Betriebsrat möglichst aus Arbeitnehmern der einzelnen Organisationsbereiche und der im Betrieb vertretenen Beschäftigungsarten zusammensetzen. Im Gegensatz zu Betrieben und betriebsverfassungsrechtlichen Organisationseinheiten (vgl. § 3 Abs. 5) und Betriebsteilen, die als Betriebe gelten (vgl. § 4 Abs. 1 Satz 1), werden in einzelnen »Organisationsbereichen« keine eigenen 10

Betriebsräte gewählt. Auch besteht nach der Gesetzeslage keine Möglichkeit, den Betrieb oder andere Organisationseinheiten entsprechend ihrer ggf. vorhandenen organisatorischen Gliederungen in Wahlkreise aufzuteilen (vgl. § 14 Rdn. 29; mit unterschiedlicher Begründung, aber i. E. ebenso *Brors/HaKo* § 15 Rn. 2; *Fitting* § 15 Rn. 7; *Nicolai/HWGNRH* § 15 Rn. 8; *Richardi/Thüsing* § 15 Rn. 7, 9). Auf dem Weg über die Berücksichtigung der Arbeitnehmer der einzelnen Organisationsbereiche will § 15 Abs. 1 daher erreichen, dass diese Organisationsteile im Betriebsrat vertreten sind, damit einerseits der Betriebsrat sachverständig zu den Problemen dieser Teilbereiche Stellung nehmen und die speziellen Belange gerade ihrer Arbeitnehmer wahrzunehmen vermag (ebenso *Fitting* § 15 Rn. 7), andererseits diese Arbeitnehmer sich auch im Betriebsrat repräsentiert fühlen können. Die Betriebsratsmitglieder aus diesen Teilbereichen haben aber keinerlei Funktion etwa als Arbeitsgruppensprecher und auch keinerlei besondere Stellung im Betriebsrat. Alle Betriebsratsmitglieder repräsentieren vielmehr die gesamte Belegschaft. Ersatzmitglieder rücken dementsprechend nach § 25 Abs. 2 nach, keineswegs aus dem Organisationsteil, dem das ausgeschiedene oder zeitweilig verhinderte Mitglied angehört (ebenso *Fitting* § 15 Rn. 8; *Nicolai/HWGNRH* § 15 Rn. 5; *Richardi/Thüsing* § 15 Rn. 10; *Homburg/DKKW* § 15 Rn. 4).

11 **Organisationsbereiche** eines Betriebes sind organisatorische Untergliederungen wie Betriebsabteilungen und Betriebsteile, die nach § 4 Abs. 1 Satz 1 nicht als selbständige Betriebe gelten, aber auch Kleinstbetriebe, die nach § 4 Abs. 2 dem Hauptbetrieb zugeordnet sind. Organisationsbereiche einer nach § 3 Abs. 1 Nr. 1 bis 3 gebildeten Organisationseinheit sind z. B. Betriebe, wenn etwa für Unternehmen mit mehreren Betrieben die Bildung eines unternehmenseinheitlichen Betriebsrats oder unter Zusammenfassung von Betrieben die eines einheitlichen Betriebsrats bestimmt worden ist (§ 3 Abs. 1 Nr. 1). Auf eine enge und exakte Abgrenzung kann hier aber verzichtet werden, wie die abschwächende Formulierung »soll . . . möglichst« zu erkennen gibt. Auch spielen Größe und Eigenart eines Betriebes oder einer anderen Organisationseinheit für die Abgrenzung eine maßgebliche Rolle (vgl. § 3 Abs. 3 WO).

2. Berufsgruppen

12 Dem Ziel, im Betriebsrat eine repräsentative Vertretung der Arbeitnehmer zu schaffen, die zu allen Fragen sachkundig Stellung nehmen kann, dient des Weiteren auch das Bestreben des Gesetzes (Abs. 1), den im Betrieb vertretenen Beschäftigungsarten (= Berufsgruppen, z. B. Schlosser, Schreiner, Sekretärinnen, Facharbeiter/Hilfsarbeiter, kaufmännische/technische Angestellte) im Betriebsrat »möglichst auch« eine Repräsentation zu sichern. Doch haben auch diese Betriebsratsmitglieder keinerlei Sonderfunktion oder Sonderstatus (vgl. Rdn. 10). Sie sind insbesondere auch nicht Gruppenvertreter.

3. Folgen der Nichtbeachtung

13 § 15 Abs. 1 ist eine Sollvorschrift. Ein bestimmter **Adressat**, an den sich die Vorschrift wendet, wird nicht genannt. Da die Wahl nur aufgrund von Wahlvorschlägen stattfindet, wendet sich die Bestimmung in erster Linie an die wahlvorschlagsberechtigten Arbeitnehmer und Gewerkschaften (§ 14 Abs. 3) und fordert sie auf, bei der Aufstellung von Wahlvorschlägen entsprechend zu verfahren. Dementsprechend bestimmt § 3 Abs. 3 WO, ebenfalls als Ordnungsvorschrift, dass der Wahlvorstand im Wahlausschreiben auf die Beachtung von § 15 Abs. 1 hinweisen soll, sofern das nach Größe, Eigenart oder Zusammensetzung der Arbeitnehmerschaft des Betriebs zweckmäßig ist.

14 Da § 15 Abs. 1 nicht zwingend ist (vgl. Rdn. 2), **beeinflusst** die Nichtbeachtung der Vorschrift **die Gültigkeit** der Wahl **nicht**. § 15 Abs. 1 ist keine wesentliche Vorschrift über das Wahlverfahren i. S. v. § 19 Abs. 1. Deshalb kann eine Wahlanfechtung nicht mit Erfolg auf die Nichtbeachtung dieser Bestimmung gestützt werden (so auch *Fitting* § 15 Rn. 2; *Joost*/MünchArbR § 216 Rn. 102; *Wiebauer*/LK § 15 Rn. 1; *Reichold*/HWK § 15 BetrVG Rn. 2; *Richardi/Thüsing* § 15 Rn. 20; *Homburg/DKKW* § 15 Rn. 3; *Stege/Weinspach/Schiefer* § 15 Rn. 1; *Wlotzke*/WPK § 15 Rn. 4).

III. Zusammensetzung nach Geschlechtern (Abs. 2)

§ 15 Abs. 2 bestimmt **zwingend** (vgl. Rdn. 4), dass das Geschlecht, das in der Belegschaft in der Minderheit ist, mindestens entsprechend seinem zahlenmäßigen Verhältnis (zum Mehrheitsgeschlecht) im Betriebsrat vertreten sein muss, wenn dieser aus mindestens drei Mitgliedern besteht, was nach §§ 9, 11 zu bestimmen ist. Dabei kennzeichnet das Merkmal »Geschlecht« die Unterscheidung von Männern und Frauen. Dem Geschlecht, das im Betrieb in der Minderheit ist, gewährt die Vorschrift einen **Minderheitenschutz** (zutr. *Däubler* AuR 2001, 285 [287]) **in Form einer Mindestvertretung im Betriebsrat.** Wegen der geschlechtsneutralen Formulierung kann dieser den weiblichen, aber ebenso auch den männlichen Belegschaftsangehörigen zugutekommen, obwohl es das erklärte Regelungsziel der Vorschrift ist, den Zugang von Frauen zum Betriebsrat tatsächlich durchzusetzen (vgl. Begründung zum RegE BetrVerf-Reformgesetz, BT-Drucks. 14/5741, S. 37 zu Nr. 13). Zu Recht hat der Gesetzgeber aber auch dem männlichen Geschlecht, wenn es in der Minderheit ist, diese Mindestvertretung zugebilligt. Das fordert das Gleichberechtigungsgebot des Art. 3 Abs. 2 GG. Dieses hätte der Novellierungsvorschlag des *DGB* verfehlt, der nur Frauen eine Mindestvertretung gewähren wollte (vgl. Novellierungsvorschläge des *DGB* zum Betriebsverfassungsgesetz 1972, 1998, S. 22; dazu *Grote* Novellierungsvorschläge, S. 97 f.). Gestützt auf die spezielle gesetzliche Verordnungsermächtigung in § 126 Nr. 5a regelt die **Wahlordnung** (WO) vom 11.12.2001 (BGBl. I, S. 3494) die technische Durchführung der Bestimmung der Mindestsitze für das Geschlecht in der Minderheit (§§ 5, 32 WO), die Verteilung der Betriebsratssitze (§§ 15, 22, 34 Abs. 5, 36 Abs. 4 WO) sowie das Verfahren, soweit die Sitze nicht gem. § 15 Abs. 2 BetrVG besetzt werden können (§§ 15 Abs. 5, 22 Abs. 4, 34 Abs. 5, 36 Abs. 4 WO); insoweit wird § 15 Abs. 2 ergänzt und konkretisiert. Die WO ist unten Bd. I, Anhang 1 abgedruckt und kommentiert.

In der vorliegenden Ausgestaltung ist § 15 Abs. 2 **verfassungsgemäß**. Die Norm trägt dem Gleichberechtigungsgebot des Art. 3 Abs. 2 Satz 2 GG sachangemessen Rechnung (ebenso *Konzen* RdA 2001, 76 [88]; zust. *Brors*/HaKo § 15 Rn. 1; *Reichold*/HWK § 15 BetrVG Rn. 5; *Triemel* Minderheitenschutz, S. 70 ff., 76; ArbG Bonn 16.10.2002 AuR 2003, 76; dieser Ansicht hat sich der Siebte Senat des *BAG* [16.03.2005 EzA § 15 BetrVG 2001 Nr. 1 = AP Nr. 3 zu § 15 BetrVG 1972] mit ausholender und überzeugend abwägender Begründung angeschlossen; dem *BAG* zust. *Homburg/Klebe* FS *Pfarr*, 2010, S. 209 [213 ff.]; *Kocher/Laskowski/Rust/Weber* FS *Pfarr*, 2010, S. 117 [132]; *Kolbe* Mitbestimmung und Demokratieprinzip, 2013, S. 263 f., 268 f., 270 f., *Maschmann*/AR § 15 BetrVG Rn. 2; LAG Niedersachsen 10.03.2011 – 5 TaBV 96/10 – juris, Rn. 33 f.; **abl.**, d. h. wegen unzutreffender Abwägung kollidierender Verfassungsgüter Verfassungswidrigkeit bejahend *Kamanabrou* RdA 2006, 186; *Jens Klein* Minderheitsgewerkschaften, S. 342 ff.; *Podewin* BB 2005, 2521; wohl auch *Ubber* Anm. zu BAG 16.03.2005 AP Nr. 3 zu § 15 BetrVG 1972); sie ist geeignet, die bisher typische Unterrepräsentanz von Frauen im Betriebsrat tatsächlich auszugleichen (vgl. zum Frauenanteil in den Betriebsräten vor der Neuregelung *Niedenhoff* Die Praxis der betrieblichen Mitbestimmung, 1999, S. 152 f.; *Rudolph/Wassermann* Trendreport Betriebsrätewahlen '98, 1998, S. 48) und hat sich auch **praktisch bewährt** (*Homburg/Klebe* FS *Pfarr*, 2010, S. 109 [215 f.]; *Kocher/Laskowski/Rust/Weber* FS *Pfarr*, 2010, S. 117 [132]; *Löwisch* NZA 2011, 1075, jew. m. w. N.). Dem gegenüber kann ihre Verfassungswidrigkeit weder aus einem Verstoß gegen das »demokratische Prinzip der gleichen Wahl« (Art. 38 Abs. 1 Satz 1 GG i. V. m. den sich aus Art. 3 Abs. 1 GG ergebenden Anforderungen an den Grundsatz der Gleichheit der Wahl, den der Siebte Senat des *BAG* [16.03.2005 EzA § 15 BetrVG 2001 Nr. 1 = AP Nr. 3 zu § 15 BetrVG 1972] auch für die Betriebsratswahl anerkennt) hergeleitet werden (vgl. dazu auch *Brors* NZA 2004, 472; **a. M.** *Hanau* RdA 2001, 65 [70]; ähnlich *Franke* NJW 2002, 656 [658]; *Badura* ZBVR 2002, 255; *Ubber/Weller* NZA 2004, 893; vgl. auch *Berger-Delhey* ZTR 2002, 113 [115]; *Schiefer/Korte* NZA 2002, 57 [61]; *Richardi/Thüsing* § 15 Rn. 4) noch aus einem Verstoß gegen Art. 3 Abs. 3 Satz 1 GG (**a. M.** *Rieble* Zur Verfassungsmäßigkeit des Entwurfs eines Gesetzes zur Reform des Betriebsverfassungsgesetzes, Gutachten für die BDA, 2001, S. 38 [41 ff.]). Hinreichende Sachgründe rechtfertigen die (Ermessens-)Entscheidung des Gesetzgebers, für das Geschlecht in der Minderheit eine zwingende Mindestvertretung im Betriebsrat einzuführen. Zwar liegt darin eine Einschränkung des Grundsatzes gleicher Wahl (vgl. § 14 Rdn. 10, 28) und auch eine Ungleichbehandlung wegen des Geschlechts, weil die Zusammensetzung des Betriebsrats nicht mehr allein von den bei der Wahl erreichten Stimmen abhängig ist, sondern auch vom Geschlecht der Bewerber, und wohl auch eine Einschränkung des aus Art. 9 Abs. 3 GG herzuleitenden Grundsatzes der gleichen Wettbewerbschancen der Koalitionen. Das ist verfassungsrechtlich jedoch ebenso wenig zu beanstanden, wie die bisherige Zusammensetzung des Betriebsrats nach Berufsgruppen (Arbeiter und Angestellte), die ebenfalls entsprechend ihrem zahlenmäßigen Verhältnis im Betriebsrat vertreten sein mussten (§ 10 Abs. 1 a. F.), wegen unterschiedlicher Interessenlagen der Gruppen zulässig war. Mit Recht zieht insoweit die Begründung zum RegE des BetrVerf-Reformgesetzes (vgl. BT-Drucks. 14/5741, S. 37 zu Nr. 13) eine sachliche Parallele, indem darauf abgestellt wird, dass der Betriebsrat mit unterschiedlichen beruflichen Problemen von Frauen und Männern unmittelbar konfrontiert ist und »daher eine Schlüsselposition bei der Beseitigung von Nachteilen und Durchsetzung der Gleichstellung von Frauen und Männern« einnimmt. Mit ähnlicher Begründung hat der *Hessische Staatsgerichtshof* (Urteil vom 22.12.1993 PersR 1994, 67 [zust. *Rothländer*]; gutachterlich auch bereits *Denninger* PersR 1992, 1) § 13 hess. PVG verfassungsrechtlich gebilligt, wo ebenfalls der (relative) Geschlechterproporz bei der Zusammensetzung des Personalrats zwingend vorgeschrieben war. Gleichwohl hielt das *LAG Köln* (13.10.2003 AuR 2004, 111 [krit. *Hänlein*] = NZA-RR 2004, 247) § 15 Abs. 2 wegen Verstoßes gegen den Grundsatz der Wahlgleichheit für verfassungswidrig und hatte nach Art. 100 GG dem *BVerfG* die Rechtsfrage zur Entscheidung vorgelegt. Das BVerfG hat die Vorlage mit Kammerbeschluss vom 11.10.2006 nach § 81a Satz 1 BVerfGG als unzulässig zurückgewiesen (telefonische Auskunft des BVerfG vom 06.07.2011 an *Manfred Löwisch*, Az. 1 BvL 9/03, siehe *Löwisch* NZA 2011, 1075 Fn. 4). § 15 Abs. 2 ist auch **europarechtskonform** (*BAG* 16.03.2005 EzA § 15 BetrVG 2001 Nr. 1 S. 17 = AP Nr. 3 zu § 15 BetrVG 1972; vgl. ausführlich *Triemel* Minderheitenschutz, S. 80 ff.; ebenso *Richardi/Thüsing* § 15 Rn. 4). Verfassungsgemäß ist auch die Umsetzung der in § 15 Abs. 2 BetrVG für das Geschlecht in der Minderheit festgelegten Mindestquote in § 15 Abs. 5 Nr. 2 WO (sog. **Listensprung**; vgl. dazu näher § 15 WO Rdn. 9; ausführlich und überzeugend *BAG* 16.03.2005 EzA § 15 BetrVG 2001 Nr. 1 = AP Nr. 3 zu § 15 BetrVG 1972; *Gräfl* FS *Bepler*, 2012, S. 185 [190]; **a. M.** diejenigen, die bereits § 15 Abs. 2 BetrVG für nicht verfassungsgemäß halten; ferner nochmals *Weller* NZA 2005 1228).

1. Geschlecht in der Minderheit

17 Es ist Aufgabe des Wahlvorstands festzustellen, **welches Geschlecht** in der Belegschaft zahlenmäßig **in der Minderheit** ist (§ 5 Abs. 1 Satz 1 WO). Da es nur zwei Geschlechter gibt, kann immer nur ein Geschlecht in der Minderheit sein. Nur dessen Mindestvertretung im Betriebsrat sichert Abs. 2. Die Anwendung dieser Bestimmung setzt voraus, dass der Belegschaft des Betriebs überhaupt Männer und Frauen angehören und ein Betriebsrat zu wählen ist, der mindestens aus drei Mitgliedern besteht; das ist nach § 9 Satz 1 [zweite Stufe] der Fall, wenn dem Betrieb in der Regel mindestens 21 wahlberechtigte Arbeitnehmer angehören. Sind nur Angehörige eines Geschlechts vorhanden, fehlt es für einen Minderheitenschutz am Geschlecht in der Minderheit. Gleiches gilt, wenn beiden Geschlechtern die gleiche Anzahl von Arbeitnehmern angehört (so jetzt auch *Brors*/HaKo § 15 Rn. 3; *Koch*/ErfK § 15 BetrVG Rn. 3; *Fitting* § 15 Rn. 19; *Nicolai*/HWGNRH § 15 Rn. 19; *Richardi/Thüsing* § 15 Rn. 13). Ist (nach § 9 Satz 1 1. Stufe) nur ein einköpfiger Betriebsrat zu wählen, ist das Zahlenverhältnis von Frauen und Männern ohne Bedeutung; insbesondere ist dem zahlenmäßig stärkeren Geschlecht nicht das Recht vorbehalten, das Betriebsratsmitglied zu stellen. Das wäre mit dem Grundsatz gleicher Wahl unvereinbar (vgl. § 14 Rdn. 28).

18 Für die Ermittlung des zahlenmäßigen Anteils der Geschlechter in der Belegschaft sind **alle betriebsangehörigen** (vgl. dazu näher *Raab* § 7 Rdn. 17 ff.) **Arbeitnehmer** und **Arbeitnehmerinnen** mitzuzählen, einschließlich der zur Berufsausbildung Beschäftigten, der im Außendienst oder in Telearbeit Beschäftigten und der in Heimarbeit Beschäftigten, die in der Hauptsache für den Betrieb arbeiten (§ 5 Abs. 1), dazu gehören auch Arbeitnehmer eines öffentlich-rechtlichen Krankenhauses, die im Rahmen eines Personalgestellungsvertrages in einem privatisierten Unternehmen des Krankenhauses tätig werden (vgl. § 5 Abs. 1 Satz 3, *LAG Berlin-Brandenburg* 16.02.2011 – 15 TaBV 2347/10 – juris, Rn. 39); leitende Angestellte (§ 5 Abs. 3) und die in § 5 Abs. 2 genannten Personen werden nicht mitgezählt (vgl. entsprechend *Raab* § 7 Rdn. 16). **Auch Leiharbeitnehmer**, die nach § 7 Satz 2 wahlberechtigt sind, **zählen** spätestens seit dem Inkrafttreten von § 14 Abs. 2 Satz 4 AÜG zum 01.04.2017 **mit** (näher § 9 Rdn. 10 ff.; wie hier i. E. *Wiebauer*/LK § 15 Rn. 5; anders offenbar

Löwisch/Wegmann BB 2017, 373 [374]; vgl. zuvor schon zu § 9 *BAG* 13.03.2013 EzA § 9 BetrVG 2001 Nr. 6 Rn. 21 ff. [zust. *Hamann*] = AP Nr. 15 zu § 9 BetrVG 1972 [zust. *Reichold*]). Belegschaftszugehörigkeit und Betriebszugehörigkeit sind synonyme Begriffe (vgl. § 5 Abs. 1 Satz 1 WO, wo anders als in § 15 Abs. 2 nicht auf das zahlenmäßige Verhältnis in der Belegschaft, sondern im Betrieb abgestellt wird). Transsexuelle zählen erst nach operativer Geschlechtsumwandlung zum neuen Geschlecht (vgl. § 10 Transsexuellengesetz, BGBl. I 1980, S. 1654). Maßgeblich ist die zahlenmäßige Stärke der Geschlechter am **Tag des Erlasses** des Wahlausschreibens; das legt § 5 Abs. 1 Satz 3 WO ausdrücklich fest. Änderungen, die nach Erlass des Wahlausschreibens eintreten, bleiben unberücksichtigt.

Die **Wahlberechtigung** oder gar die Wählbarkeit spielen für die Ermittlung der zahlenmäßigen **19** Stärke der Geschlechter **keine** Rolle, weil es ganz allgemein auf das zahlenmäßige Verhältnis »in der Belegschaft« ankommt. Deshalb sind insbesondere auch jugendliche Arbeitnehmerinnen und Arbeitnehmer, die nach § 7 Satz 1 nicht wahlberechtigt sind, mitzuzählen (ebenso *Fitting* § 15 Rn. 16; *Nicolai/HWGNRH* § 15 Rn. 18; *Richardi/Thüsing* § 15 Rn. 12 f.; *Wlotzke/WPK* § 15 Rn. 6; **a. M.** *Quecke* AuR 2002, 1; *Schneider* AiB 2002, 74 [75] und *Homburg/DKKW* § 15 Rn. 12, der in Korrelation zu § 9 Satz 1 [zweite und dritte Stufe] auf wahlberechtigte Arbeitnehmer abstellen will, dabei aber übersieht, dass dann insoweit auch die Zahl der »in der Regel« Betriebsangehörigen maßgeblich sein müsste); das gilt auch dann, wenn eine Jugend- und Auszubildendenvertretung gewählt ist. Die Heranziehung der getrennt nach Geschlechtern aufgestellten Wählerliste (§ 2 Abs. 1 Satz 1 WO) genügt daher nicht zur exakten Ermittlung des Zahlenverhältnisses.

Anders als bei der Festlegung der Zahl der Betriebsratsmitglieder nach § 9 sind im Rahmen des § 15 **20** Abs. 2 stets alle Belegschaftsangehörigen zu berücksichtigen, selbst wenn am Stichtag (Ausgang des Wahlausschreibens) vorübergehend mehr oder weniger Frauen oder Männer beschäftigt sind, als das »in der Regel« der Fall ist; es ist insoweit **nicht** auf die Zahl der **regelmäßig** Beschäftigten abzustellen (ebenso *Fitting* § 15 Rn. 16; *Nicolai/HWGNRH* § 15 Rn. 18; *Richardi/Thüsing* § 15 Rn. 13; *Homburg/DKKW* § 15 Rn. 13). Sofern es dadurch zu einer Verschiebung im Verhältnis der Betriebsratsgröße zur jeweiligen Geschlechterstärke kommt, wird das nur dadurch aufgefangen, dass Abs. 2 einen spezifischen Minderheitenschutz gewährleistet.

2. Mindestvertretung im Betriebsrat

Dem Geschlecht in der Minderheit kommt nach Abs. 2 eine Mindestvertretung im Betriebsrat zu. Daraus und aus dem Fehlen gesetzlicher Ergänzungsvorschriften folgt, dass dieser **Minderheitenschutz** **21** ausschließlich in der **Zusammensetzung** des Betriebsrats zu verwirklichen ist. Darüber hinaus ist die Geschlechtervertretung nicht als durchgängiges Strukturprinzip der Betriebsverfassung bei der Wahl des Betriebsrats, seiner Organisation und Geschäftsführung ausgebaut worden, wie das bei der durch das BetrVerf-Reformgesetz aufgehobenen früheren Unterscheidung der Gruppen der Arbeiter und Angestellten der Fall war (vgl. dazu 6. Aufl., § 10 Rn. 2). Anders als für die Gruppenwahl nach § 14 Abs. 2 a. F. ist **nicht** vorgesehen, dass Frauen und Männer ihre Betriebsratsmitglieder in **getrennten Wahlgängen** wählen (wie das schon einmal im Entwurf des BetrVG 1952 vorgesehen war, der aber nicht Gesetz geworden ist; vgl. *Rewolle* BB 1957, 225 [226]); deshalb findet die Wahl zum Betriebsrat **immer** als **gemeinsame** Wahl von Frauen und Männern statt; das wird in der Begründung zum RegE des BetrVerf-Reformgesetzes (BT-Drucks. 14/5741, S. 53 zu Nr. 81) ausdrücklich hervorgehoben (ebenso *Engels/Trebinger/Löhr-Steinhaus* DB 2001, 532 [541]). Auch enthalten das Gesetz und dementsprechend die Wahlordnung **keinerlei** verbindliche geschlechtsspezifische **Vorgaben für** die Aufstellung der **Wahlvorschläge**, aufgrund derer die Betriebsratswahl nach § 14 oder § 14a immer erfolgt. Wahlvorschläge können als reine Frauenlisten, reine Männerlisten (vgl. Sachverhalt *BAG* 16.03.2005 EzA § 15 BetrVG Nr. 1 = AP Nr. 3 zu § 15 BetrVG 1972) sowie gemischte Listen mit Frauen und Männern als Bewerber eingereicht werden (unstr.; vgl. *Fitting* § 15 Rn. 13; *Richardi/Thüsing* § 14 Rn. 35); solchen reinen Listen können aber keine Sitze bei dem nicht berücksichtigten Geschlecht zufallen (vgl. zu taktischen Überlegungen bei der Aufstellung gemischter Listen § 15 WO Rdn. 10). Mit der durch Abs. 2 angeordneten Mindestvertretung im Betriebsrat ist somit auch keine Verpflichtung zur Zwangskandidatur für Angehörige des Geschlechts in der Minderheit verbunden (vgl. Begründung zum RegE des BetrVerf-Reformgesetzes BT-Drucks. 14/5741, S. 53 zu Nr. 81), die mit dem Grundsatz freier Wahl unvereinbar wäre (vgl. § 14 Rdn. 26); eine andere Frage ist, wie

§ 15   II. 1. Zusammensetzung und Wahl des Betriebsrats

zu verfahren ist, wenn die Mindestsitze für das Geschlecht in der Minderheit von diesem nicht besetzt werden können (vgl. dazu Rdn. 28).

22 Das Geschlecht in der Minderheit muss »**mindestens**« entsprechend seinem zahlenmäßigen Verhältnis im mehrköpfigen Betriebsrat vertreten sein. Mit dieser »Mindest«-Regelung gewährt das Gesetz Minderheitenschutz, verzichtet dabei aber auf eine starre (relative) Geschlechterquote wie sie bestünde, wenn beide Geschlechter strikt entsprechend ihrem zahlenmäßigen Verhältnis im Betriebsrat vertreten sein müssten (so noch der RegE; vgl. Rdn. 5). Dadurch ist sichergestellt, dass das Geschlecht in der Minderheit auch über sein zahlenmäßiges Verhältnis zum Mehrheitsgeschlecht in der Belegschaft hinaus im Betriebsrat vertreten sein kann (vgl. auch *Löwisch* BB 2001, 1734 [1738]; *BAG* 13.03.2013 EzA § 15 BetrVG 2001 Nr. 2 Rn. 12 = AP Nr. 4 zu § 15 BetrVG 1972); gerade das wollte der Änderungsantrag der Fraktionen von *SPD* und *Bündnis 90/DIE GRÜNEN* gewährleisten (vgl. Rdn. 5). Kein Angehöriger des Geschlechts in der Minderheit muss daher befürchten, bei der Verteilung der Betriebsratssitze ungeachtet der erreichten höheren Stimmzahl nicht zum Zuge zu kommen, weil der Sitz dem Mehrheitsgeschlecht zusteht (vgl. auch *Däubler* AuR 2001, 285 [287]). Im Extremfall kann das Geschlecht in der Minderheit, wenn seine Vertreter von der Mehrheit gewählt werden, auch alle Betriebsratssitze einnehmen, weil dem Geschlecht, das in der Belegschaft in der Mehrheit ist, kein Minderheitsschutz bei der Vertretung im Betriebsrat zukommt. Umgekehrt sichert die »Mindest«-Regelung dem Geschlecht in der Minderheit nicht mindestens einen Sitz (vgl. *BAG* 10.03.2004 EzA § 9 BetrVG 2001 Nr. 2 unter B I 3); maßgeblich ist die proportionale Sitzverteilung.

23 Die »Mindest«-Regelung bedeutet nicht, dass die Zahl der Vertreter des Minderheitsgeschlechts im Betriebsrat immer auf die Zahl aufzurunden ist, bei der das zahlenmäßige Verhältnis in der Belegschaft erreicht ist (**a. M.** *Löwisch* BB 2001, 1734 [1738], der das Beispiel bildet, dass einer Belegschaft von 100 Arbeitnehmern 30 Frauen und 70 Männer angehören; dann sollen von den fünf Betriebsratssitzen [unter Aufrundung von 30/100 auf 40/100] zwei auf die Frauen und drei auf die Männer entfallen; ebenso *Wiebauer/LK* § 15 Rn. 7; zust. *Etzel* HzA Gruppe 19, Rn. 90; *Franke* NJW 2002, 656 [658]; vgl. dagegen Rdn. 24). Mit der Mindestregelung bestimmt das Gesetz nicht, dass das Geschlecht in der Minderheit mindestens zu dem Prozentsatz im Betriebsrat vertreten sein muss, mit dem es in der Belegschaft vertreten ist. Wie die Entstehungsgeschichte der Norm zeigt (vgl. Rdn. 5), bezieht sich das »zahlenmäßige Verhältnis« als maßgeblicher Verteilungsschlüssel auf die Geschlechter. Deshalb darf nach der Mindestregelung das Minderheitsgeschlecht nicht weniger Sitze erhalten, als ihm **proportional** nach der Gesamtzahl der Angehörigen **beider Geschlechter** in der Belegschaft zustehen. Die Berechnungsart proportionaler Sitzverteilung auf die Geschlechter wird im Gesetz nicht näher festgelegt. Theoretisch gibt es unterschiedliche Berechnungsverfahren (vgl. § 14 Rdn. 34). Die nähere Festlegung überlässt das Gesetz in der Verordnungsermächtigung (§ 126 Nr. 5a) dem Verordnungsgeber. Dieser hat sich in § 5 WO für das *d'Hondt*sche Höchstzahlverfahren entschieden und damit im Wesentlichen das Verfahren übernommen, das vor Aufhebung des Gruppenprinzips durch das BetrVerf-Reformgesetz für die Verteilung der Betriebsratssitze auf die Gruppen der Arbeiter und Angestellten galt, die nach § 10 Abs. 1 a. F. ebenfalls entsprechend ihrem »zahlenmäßigen Verhältnis« im Betriebsrat vertreten sein mussten. Das ist nicht zu beanstanden und verstößt insbesondere nicht gegen § 15 Abs. 2 als höherrangiges Recht (ebenso i. E. und mit übereinstimmender Begründung *LAG Rheinland-Pfalz* NZA-RR 2003, 591 = AiB 2003, 649 [zust. *Döther*] gegen die Vorinstanz *ArbG Ludwigshafen* 19.06.2002 BB 2002, 2016; wie selbstverständlich auch *BAG* 10.03.2004 EzA § 9 BetrVG 2001 Nr. 2; 16.03.2005 EzA § 15 BetrVG 2001 Nr. 1 = AP Nr. 3 zu § 15 BetrVG 1972; ebenso jetzt *Brors/*HaKo § 15 Rn. 6; *Fitting* § 15 Rn. 17; *Richardi/Thüsing* § 15 Rn. 16a; *Triemel* Minderheitenschutz, S. 78; *Wlotzke/WPK* § 15 Rn. 8; i. E. auch *Boemke* BB 2002, 2018; *Wolf* JArbR 40 (2003), S. 99 [113]; **a. M.** *Etzel* HzA Gruppe 19, Rn. 90, Rn. 91; *ders.* AuR 2002, 62; *Franke* NJW 2002, 656 [658]; *ders.* NZA 2005, 394; *Weller* NZA 2005, 1228 [1230]; *Ubber* Anm. zu *BAG* 16.03.2005 AP Nr. 3 zu § 15 BetrVG 1972).

a) Bestimmung der Mindestsitze (§§ 5, 32 WO)

24 Nachdem der Wahlvorstand über die Ermittlung der Gesamtzahl der betriebsangehörigen Arbeitnehmer beider Geschlechter das Geschlecht in der Minderheit festgestellt hat (vgl. Rdn. 17 ff.), hat er die

sich aus §§ 9, 11 ergebende Zahl der Betriebsratssitze rechnerisch »entsprechend ihrem zahlenmäßigen Verhältnis« (§ 15 Abs. 2) auf die Geschlechter zu verteilen, um die auf das Geschlecht in der Minderheit entfallenden Mindestsitze im Betriebsrat festzulegen (§ 5 Abs. 1 Satz 2 WO), deren **Zahl** dann **im Wahlausschreiben anzugeben** ist (§ 3 Abs. 2 Nr. 5; § 31 Abs. 1 Satz 3 Nr. 5 WO). **§ 5 Abs. 1 Satz 2 bis 4, Abs. 2 WO** bestimmt im Einzelnen, wie der Wahlvorstand die Verteilung der Betriebsratssitze auf die Geschlechter **zu errechnen** hat. Danach ist die Verteilung nach den Grundsätzen der Verhältniswahl (**Höchstzahlverfahren**; vgl. dazu näher § 14 Rdn. 34 ff.) vorzunehmen. Die Zahlen der betriebsangehörigen Frauen und Männer sind in eine Reihe nebeneinander zu stellen und beide durch 1, 2, 3, 4 usw. zu teilen. Unter den gefundenen Teilzahlen werden so viele Höchstzahlen ausgesondert, wie Betriebsratsmitglieder zu wählen sind. Das Geschlecht in der Minderheit erhält dann so viele Mitgliedersitze zugeteilt, wie Höchstzahlen auf es entfallen.

Beispiel (nach *Löwisch* BB 2001, 1734 [1738]):

Einem Betrieb gehören 100 Arbeitnehmerinnen und Arbeitnehmer an; davon sind 30 Frauen und 70 Männer. Nach § 9 (3. Stufe) sind fünf Betriebsratsmitglieder zu wählen. Dann errechnet sich die Sitzverteilung folgendermaßen:

70 Männer	**30 Frauen**
: 1 = 70	: 1 = 30
: 2 = 35	: 2 = 15
: 3 = 23,33	: 3 = 10
: 4 = 17,5	: 4 = 7,5

Die fünf Höchstzahlen sind: 70; 35; 30; 23,33; 17,5. Davon entfallen vier auf die Männer, eine auf die Frauen. Die Frauen als das Geschlecht in der Minderheit bekommen einen Sitz (als Mindestsitz) zugeteilt (nicht zwei, wie *Löwisch* BB 2001, 1734 [1738] meint).

Ist die niedrigste für die Verteilung der Sitze noch in Betracht kommende Höchstzahl bei Frauen und 25 Männern gleich, entscheidet das **Los** darüber, welchem Geschlecht dieser letzte Sitz zufällt (§ 5 Abs. 2 Satz 3 WO). Da dieser Losentscheid der Ermittlung des zahlenmäßigen Verhältnisses nach dem Höchstzahlverfahren entspricht, ist er auch damit vereinbar, dass nach § 15 Abs. 2 das Geschlecht in der Minderheit »mindestens« entsprechend dem zahlenmäßigen Verhältnis der Geschlechter in der Belegschaft vertreten sein muss.

Eine Mindestvertretung des Geschlechts in der Minderheit scheidet aus, wenn es nach dem Höchst- 26 zahlverfahren **völlig ausfällt**; dann greift der Minderheitenschutz nach § 15 Abs. 2 nicht (ebenso *BAG* 10.03.2004 EzA § 9 BetrVG 2001 Nr. 2 unter B I 3a); die Sitzverteilung im Betriebsrat richtet sich allein nach den bei der Wahl erreichten Stimmenzahlen. Im Wahlausschreiben ist dann anzugeben, dass auf das Geschlecht in der Minderheit kein Mindestsitz entfällt. Eine **festbestimmte** Mindestzahl von Sitzen, wie sie früher § 10 Abs. 2 a. F. der Minderheitsgruppe zusicherte, sehen weder das Gesetz noch (dementsprechend) die Wahlordnung für das Geschlecht in der Minderheit vor (vgl. auch § 5 WO Rdn. 6).

b) Verteilung der Betriebsratssitze (§§ 15, 22 WO)

Hat die Betriebsratswahl stattgefunden, richtet sich die **Sitzverteilung**, die der Wahlvorstand vor- 27 zunehmen hat, in unterschiedlicher Weise danach, ob die Wahl nach den Grundsätzen der **Verhältniswahl** (§ 15 WO) oder als **Mehrheitswahl** (§ 22 WO) erfolgt ist; § 22 WO gilt entsprechend, wenn die Mehrheitswahl im vereinfachten Wahlverfahren nach § 14a stattgefunden hat (vgl. § 34 Abs. 5, § 36 Abs. 4, § 37 WO). Dabei sieht die Wahlordnung besondere Verfahrensregelungen zur Sicherstellung der Vergabe der Mindestsitze an das Geschlecht in der Minderheit vor (§ 15 Abs. 5, § 22 Abs. 1 WO; vgl. zum **Verfahren im Einzelnen die Anm. dort**).

In Ausführung der Verordnungsermächtigung nach § 126 Nr. 5a ist in § 15 Abs. 5 Nr. 5 und § 22 28 Abs. 4 WO auch näher geregelt, wie zu verfahren ist, wenn die Sitze, die dem Geschlecht in der Minderheit (nach § 15 Abs. 2 BetrVG und § 5 WO) zustehen, von Angehörigen dieses Geschlechts **nicht besetzt werden können**. Sie werden dann mit Angehörigen des anderen Geschlechts besetzt, bleiben also nicht etwa unbesetzt, so dass der Betriebsratsgröße entsprochen wird, die von §§ 9, 11 vorgegeben wird (vgl. auch *Fitting* § 15 Rn. 28; *Richardi/Thüsing* § 15 Rn. 18; *Homburg/DKKW* § 15 Rn. 22 f.; *Stege/Weinspach/Schiefer* § 15 Rn. 8). Eine solche Abweichung bei der Besetzung der Minderheitssitze ergibt sich dann, wenn das Geschlecht in der Minderheit keine oder nicht genügend wählbare Angehörige hat (z. B. weil eine Vielzahl jugendlicher Arbeitnehmer mitgezählt ist) oder wenn das Minderheitsgeschlecht überhaupt nicht an der Wahl teilnimmt oder nicht genügend Angehörige hat, die sich zur Kandidatur oder zur Annahme des Amtes nach der Wahl bereitfinden oder bei Mehrheitswahl nicht zumindest eine Stimme erhalten (und damit nicht gewählt sind). Daraus wird deutlich, dass der mit der Mussvorschrift vom Gesetzgeber intendierte Abbau der bisherigen Unterrepräsentanz der Frauen nur fruchten kann, wenn eine hinreichende Bereitschaft zur Kandidatur vorhanden ist. Dem anderen Geschlecht fallen auch dann die Sitze zu, wenn das Minderheitsgeschlecht zwar ursprünglich das ihm zukommende Mindestkontingent besetzt hat, aber nach dem Ausscheiden eines Vertreters dieses Geschlechts aus dem Betriebsrat kein Ersatzmitglied des jeweiligen Geschlechts vorhanden ist. Zur Frage, was zu geschehen hat, wenn das jeweils andere Geschlecht die ihm zufallenden Sitze seinerseits nicht besetzen kann, vgl. § 9 Rdn. 33.

29 Das Geschlecht in der Minderheit kann **nicht** wirksam auf die ihm nach § 15 Abs. 2 BetrVG, § 5 WO zustehenden Mindestsitze im Betriebsrat **verzichten** (etwa dadurch, dass die Angehörigen dieses Geschlechts das vor der Wahl in geheimer Abstimmung beschließen). Da es eine § 12 a. F. entsprechende Vorschrift nicht gibt, kann auch eine von Gesetz und Wahlordnung **abweichende** Bestimmung der Zahl der Mindestsitze (durch getrennte Beschlüsse der Angehörigen beider Geschlechter) **nicht** wirksam geregelt werden, auch dann nicht, wenn bereits absehbar ist, dass es dem Geschlecht in der Minderheit rechtlich (beim Fehlen einer ausreichenden Zahl wählbarer Angehöriger) oder tatsächlich (z. B. wegen fehlender Bereitschaft zur Kandidatur) unmöglich sein wird, die ihm zustehenden Sitze zu besetzen; die Sitze fallen dann dem anderen Geschlecht automatisch zu (vgl. Rdn. 28). Es ist auch **nicht möglich**, dass das Geschlecht in der Minderheit Angehörige des **anderen** Geschlechts als seine Mindestvertreter in den Betriebsrat wählt. Das scheitert jedenfalls aus praktischen Gründen daran, dass die Wahl als gemeinsame Wahl durchgeführt wird und dabei nicht feststellbar ist, von wem die Gewählten gewählt worden sind, wenn das Prinzip der geheimen Wahl nicht verletzt wird (vgl. entsprechend zu § 12 Abs. 2 a. F. 6. Aufl., § 12 Rn. 31).

3. Streitigkeiten

30 Streitigkeiten über die Regelungen des § 15 Abs. 2 und die sie ergänzenden Bestimmungen der WO (WOP) entscheidet auf Antrag das Arbeitsgericht im Beschlussverfahren (§ 2a Abs. 1 Nr. 1, Abs. 2, §§ 80 ff. ArbGG). Ein Rechtsschutzinteresse des Antragstellers ist Zulässigkeitsvoraussetzung.

31 Zunächst ist es **Aufgabe des Wahlvorstands**, (über die Ermittlung des zahlenmäßigen Anteils der Geschlechter in der Belegschaft) das Geschlecht in der Minderheit festzustellen (§ 5 Abs. 1 Satz 1 WO) und die Mindestsitze für dieses Geschlecht zu errechnen (§ 5 Abs. 1 Satz 2 WO). Diese sind im Wahlausschreiben anzugeben (§ 3 Abs. 2 Nr. 5, § 31 Abs. 1 Satz 3 Nr. 5 WO), ebenso der (zahlenmäßige) Anteil der Geschlechter in der Belegschaft mit dem wörtlichen Hinweis auf § 15 Abs. 2 (§ 3 Abs. 2 Nr. 4, § 31 Abs. 1 Satz 3 Nr. 4 WO). Im Streitfall können diese Entscheidungen des Wahlvorstands bei der Vorbereitung und Durchführung der Wahl bereits **vor** Abschluss der Wahl **selbständig** gerichtlich angefochten werden; dabei ist der Wahlvorstand Anfechtungsgegner. Vgl. zu diesem Verfahren, das in besonders gelagerten Fällen auch zur Aussetzung des Wahlverfahrens führen kann, näher *Kreutz* § 18 Rdn. 80 ff.

32 § 15 Abs. 2 ist als zwingende Vorschrift eine wesentliche Vorschrift über das Wahlverfahren (ebenso *Etzel* HzA Gruppe 19, Rn. 91; *Löwisch* BB 2001, 1734 [1738]; *BAG* 10.03.2004 EzA § 9 BetrVG 2001 Nr. 2 Orientierungssatz 3). Verstöße gegen den Minderheitenschutz nach § 15 Abs. 2 und die ihn ergänzenden zwingenden Bestimmungen der WO (§§ 5, 15 Abs. 5, § 22, § 3 Abs. 2 Nr. 4, 5, § 31 Abs. 1 Satz 3 Nr. 4, 5 WO) können deshalb als Verstöße gegen wesentliche Bestimmungen über das Wahlverfahren die Anfechtung der Wahl im Wahlanfechtungsverfahren nach § 19 begründen (vgl. *Kreutz* § 19 Rdn. 26 ff.; *BAG* 13.03.2013 EzA § 15 BetrVG 2001 Nr. 2 Rn. 12 = AP Nr. 4 zu § 15 BetrVG 1972); die Wahl ist aber selbst dann nicht nichtig, wenn § 15 Abs. 2 überhaupt nicht be-

achtet worden ist (*Brors*/HaKo § 15 Rn. 15). Hat die Wahl auf der Grundlage einer falschen Berechnung der Mindestsitze für das Geschlecht in der Minderheit stattgefunden und ist dieses deshalb nicht mindestens entsprechend seinem zahlenmäßigen Verhältnis im Betriebsrat vertreten, kommt eine bloße Korrektur des Wahlergebnisses durch das Arbeitsgericht, die eine Neuwahl vermeidet, nicht in Betracht; anders als bei (nur) unrichtiger Festlegung der Betriebsratsgröße (vgl. § 9 Rdn. 36) gilt das auch bei Listenwahl, weil nicht ausgeschlossen werden kann, dass bei richtiger Festlegung der Mindestsitze die Kandidaten/Kandidatinnen zumindest in anderer Reihenfolge (vgl. § 15 WO Rdn. 10) aufgestellt und andere Kandidaten gewählt worden wären. Eine bloße Korrektur des Wahlergebnisses scheidet auch aus, wenn das Wahlausschreiben den unzutreffenden Hinweis enthält, dass nach § 15 Abs. 2 mindestens ein Betriebsratssitz auf eine Frau entfällt (*BAG* 10.03.2004 EzA § 9 BetrVG 2001 Nr. 2 unter B I 3b); sie kommt aber in Betracht, wenn die Wahl nur wegen Verstoßes gegen § 15 Abs. 5 oder § 22 WO angefochten wird, weil der Wahlvorstand die Verteilung der Betriebsratssitze nicht zugunsten des Geschlechts in der Minderheit vorgenommen hat oder lediglich die fehlerhafte Verteilung der Sitze auf die Vorschlaglisten gerügt wird (ebenso *BAG* 16.03.2005 EzA § 15 BetrVG 2001 Nr. 1 = AP Nr. 3 zu § 15 BetrVG 1972). Wird die Anfechtungsfrist (§ 19 Abs. 2) versäumt, bleibt der Betriebsrat in seiner fehlerhaften Zusammensetzung für die Dauer der Amtszeit bestehen.

§ 16
Bestellung des Wahlvorstands

(1) **Spätestens zehn Wochen vor Ablauf seiner Amtszeit bestellt der Betriebsrat einen aus drei Wahlberechtigten bestehenden Wahlvorstand und einen von ihnen als Vorsitzenden. Der Betriebsrat kann die Zahl der Wahlvorstandsmitglieder erhöhen, wenn dies zur ordnungsgemäßen Durchführung der Wahl erforderlich ist. Der Wahlvorstand muss in jedem Fall aus einer ungeraden Zahl von Mitgliedern bestehen. Für jedes Mitglied des Wahlvorstands kann für den Fall seiner Verhinderung ein Ersatzmitglied bestellt werden. In Betrieben mit weiblichen und männlichen Arbeitnehmern sollen dem Wahlvorstand Frauen und Männer angehören. Jede im Betrieb vertretene Gewerkschaft kann zusätzlich einen dem Betrieb angehörenden Beauftragten als nicht stimmberechtigtes Mitglied in den Wahlvorstand entsenden, sofern ihr nicht ein stimmberechtigtes Wahlvorstandsmitglied angehört.**

(2) **Besteht acht Wochen vor Ablauf der Amtszeit des Betriebsrats kein Wahlvorstand, so bestellt ihn das Arbeitsgericht auf Antrag von mindestens drei Wahlberechtigten oder einer im Betrieb vertretenen Gewerkschaft; Absatz 1 gilt entsprechend. In dem Antrag können Vorschläge für die Zusammensetzung des Wahlvorstands gemacht werden. Das Arbeitsgericht kann für Betriebe mit in der Regel mehr als zwanzig wahlberechtigten Arbeitnehmern auch Mitglieder einer im Betrieb vertretenen Gewerkschaft, die nicht Arbeitnehmer des Betriebs sind, zu Mitgliedern des Wahlvorstands bestellen, wenn dies zur ordnungsgemäßen Durchführung der Wahl erforderlich ist.**

(3) **Besteht acht Wochen vor Ablauf der Amtszeit des Betriebsrats kein Wahlvorstand, kann auch der Gesamtbetriebsrat oder, falls ein solcher nicht besteht, der Konzernbetriebsrat den Wahlvorstand bestellen. Absatz 1 gilt entsprechend.**

Literatur
Eylert Der besondere Kündigungsschutz für Wahlvorstandsmitglieder, Wahlbewerber und Wahlinitiatoren bei der Betriebsratswahl, AuR 2014, 300; *Grimm/Bock/Windeln* Betriebsratswahlen: Vorzeitige Bestellung des Wahlvorstands – Sonderkündigungsschutz ohne Funktion, DB 2006, 156; *Haberkorn* Können Mitglieder des Wahlvorstands bei der Betriebsratswahl selbst wählen und gewählt werden? BB 1968, 87; *Jacobs* Die Wahlvorstände für die Wahlen des Betriebsrats, des Sprecherausschusses und des Aufsichtsrats (Diss. Kiel), 1995 (zit.: Die Wahlvorstände); *Kunze* Die Bestellung des Wahlvorstands, Personalvertretung 1982, 1; *Löwisch/Wegmann* Zahlenmäßige Berücksichtigung von Leiharbeitnehmern in Betriebsverfassungs- und Mitbestimmungsrecht, BB 2017, 373; *Monjau* Rechte und Pflichten des Wahlvorstands, DB 1963, 656; *Nießen* Fehlerhafte Betriebsratswahlen (Diss. Köln), 2006; *Otto/Schmidt* Bestellung des Wahlvorstands – Grenzen des Beurteilungsspielraums des Betriebsrats und Rechtsschutz-

§ 16

möglichkeiten des Arbeitgebers, NZA 2014, 169; *Zumkeller/Karwatzki* Die Neutralitätspflicht von Wahlvorstand und Mitgliedern des Wahlvorstands nach dem BetrVG, BB 2011, 2101.

Inhaltsübersicht **Rdn.**

I. Vorbemerkung	1–9
II. Bestellung des Wahlvorstands durch den Betriebsrat (Abs. 1)	10–59
1. Die Bestellung als Recht und Pflicht des Betriebsrats	10–18
2. Zeitpunkt der Bestellung	19–24
3. Form der Bestellung (Bestellungsverfahren)	25–31
4. Zusammensetzung des Wahlvorstands	32–48
a) Mitglieder	32–36
b) Mitgliederzahl, Gruppenvertretung	37–42
c) Vorsitzender	43, 44
d) Ersatzmitglieder	45–48
5. Gewerkschaftliches Entsenderecht (Abs. 1 Satz 6)	49–59
a) Entsenderecht	49–51
b) Entsendung von Beauftragten	52–59
III. Bestellung des Wahlvorstands durch das Arbeitsgericht (Abs. 2)	60–80
1. Voraussetzungen	62–72
2. Gerichtliche Bestellung	73–75
3. Bestellung betriebsfremder Gewerkschaftsmitglieder	76–80
IV. Bestellung durch Gesamtbetriebsrat oder Konzernbetriebsrat (Abs. 3)	81–87
V. Rechtsstellung des Wahlvorstands als Organ	88–92
VI. Rechtsstellung der Mitglieder des Wahlvorstands	93–99
VII. Streitigkeiten	100–106

I. Vorbemerkung

1 Für die Einleitung und Durchführung der Betriebsratswahl und für die Feststellung des Wahlergebnisses ist ein **Wahlvorstand unverzichtbar** (vgl. Rdn. 5). Bezüglich **Zuständigkeit** und **Verfahren** der Amtseinsetzung des Wahlvorstandes unterscheidet das Gesetz jetzt zwischen dem Regelwahlverfahren (§§ 16, 17) und dem vereinfachten Wahlverfahren für Kleinbetriebe (§ 17a). Für das **Regelwahlverfahren** unterscheidet das Gesetz weiter danach, ob im Betrieb ein Betriebsrat besteht (§ 16) oder nicht (§ 17). Besteht ein Betriebsrat, so hat in erster Linie dieser den Wahlvorstand zu bestellen (§ 16 Abs. 1), subsidiär das Arbeitsgericht (§ 16 Abs. 2) oder der Gesamtbetriebsrat bzw. (falls ein Gesamtbetriebsrat nicht besteht) der Konzernbetriebsrat (§ 16 Abs. 3). Besteht in einem betriebsratsfähigen Betrieb kein Betriebsrat, so bestellt in erster Linie der Gesamtbetriebsrat bzw. Konzernbetriebsrat einen Wahlvorstand (§ 17 Abs. 1), in zweiter Linie wird ein Wahlvorstand in einer Betriebsversammlung gewählt (§ 17 Abs. 2), subsidiär dazu durch das Arbeitsgericht bestellt (§ 17 Abs. 4). Das Arbeitsgericht hat den Wahlvorstand auch dann einzusetzen, wenn es den Betriebsrat aufgelöst hat (§ 23 Abs. 2). **Die Aufgaben des Wahlvorstandes** sind **nicht** in §§ 16, 17, sondern in § 18 sowie näher in der WO geregelt (vgl. § 18 Rdn. 6 ff.). Die Bestellung des Wahlvorstands in **Kleinbetrieben**, in denen der Betriebsrat zwingend im vereinfachten Wahlverfahren nach § 14a gewählt wird, erfolgt ausschließlich nach § 17a; durch den Verweis auf §§ 16 und 17 in § 17a Eingangssatz ergibt sich, dass auch in Kleinbetrieben für die Bestellung des Wahlvorstands danach zu unterscheiden ist, ob ein Betriebsrat besteht oder nicht (vgl. § 17a Rdn. 7).

2 § 16 Abs. 1 und 2 entsprachen zunächst im Kern § 15 BetrVG 1952, erfuhren aber bereits wesentliche Fristenänderungen. Die früher gültigen **Fristen** für die Bestellung des Wahlvorstands durch den Betriebsrat (6 Wochen) und das Arbeitsgericht (4 Wochen) hatten sich in der Praxis als zu kurz erwiesen und sind zunächst durch das BetrVG 1972 um jeweils zwei Wochen verlängert worden. Durch die **Novelle vom 20.12.1988** (BGBl. I, S. 2312) sind sie nochmals um jeweils zwei Wochen verlängert worden. Der Betriebsrat ist jetzt verpflichtet, den Wahlvorstand **spätestens zehn** Wochen vor Ablauf seiner Amtszeit zu bestellen (Abs. 1 Satz 1); die gerichtliche Bestellung ist **frühestens acht** Wochen vor Ablauf der Amtszeit des Betriebsrats zulässig (Abs. 2 Satz 1). Diese Änderungen stehen im Zusammen-

hang mit der durch die Novelle 1988 neu geschaffenen gesetzlichen Regelung über das Zuordnungsverfahren (zur Bestimmung der leitenden Angestellten) nach § 18a, für das der Gesetzgeber einen Zeitraum von zwei Wochen veranschlagt hat, um die deshalb die Zeiträume in § 16 Abs. 1 und 2 zu verlängern waren. Der Gesetzgeber ist dabei davon ausgegangen, dass das Zuordnungsverfahren spätestens zwei Wochen vor Einleitung der Wahlen zu beginnen hat und noch vor Einleitung der Wahlen abgeschlossen wird (§ 18a Abs. 1 1. Halbs.). Der Gesetzgeber hat aber nicht bemerkt, dass der an Mindestfristen gebundene zeitliche Ablauf des Wahlverfahrens durch die Einbeziehung des Zuordnungsverfahrens **unstimmig** geworden ist, weil keine gesetzlichen Vorkehrungen für eine etwa zeitgleiche Bestellung der Wahlvorstände für die Betriebsratswahl und die Wahl nach dem SprAuG getroffen worden ist (vgl. § 18a Rdn. 18, 41). Das erfordert entsprechende Korrekturen an der gesetzlichen Konzeption zu § 18a (vgl. dazu näher § 18a Rdn. 16 ff., 39 ff.). Unabhängig davon ist die Verlängerung der Fristen für die Bestellung des Wahlvorstands zu begrüßen, weil sie diesem mehr Spielraum für die ordnungsgemäße Einleitung und Durchführung des Wahlverfahrens gibt. Die Fristverlängerung nach Abs. 1 Satz 1 betrifft nur die Verpflichtung des Betriebsrats zur Bestellung des Wahlvorstands. Daraus folgt nicht die Verpflichtung des Betriebsrats, mit dem (amtierenden) Sprecherausschuss die Bestellung der Wahlvorstände abzusprechen (vgl. § 18a Rdn. 18), damit das Zuordnungsverfahren nach § 18a durchgeführt werden kann; dies ist aber zweckmäßig (vgl. auch *Fitting* § 16 Rn. 9 ff.).

Neu gegenüber dem BetrVG 1952 hat das BetrVG 1972 Abs. 1 Satz 2, 3 und 4 und Abs. 2 Satz 2 und 3 **3** eingefügt; diese Bestimmungen sind danach unverändert geblieben. Durch die **Novelle vom 20.12.1988** ist Abs. 1 Satz 6 n. F. (damals auch als Satz 6; zwischenzeitlich Satz 7) neu eingefügt worden. Durch dieses **gewerkschaftliche Entsenderecht** soll mehr Transparenz bei der Tätigkeit des Wahlvorstands gewährleistet werden, weil die Sitzungen des Wahlvorstands grundsätzlich nicht öffentlich sind (vgl. Entwurfsbegründung, BT-Drucks. 11/2503, S. 23, 31). Durch Art. 5 des **2. GleichBG** vom 24.06.1994 (BGBl. I, S. 1406) ist Abs. 1 Satz 5 n. F. (damals als Satz 6 mit der Folge, dass Satz 6 Satz 7 wurde) neu eingefügt worden, damit die jeweiligen **Interessen der Geschlechter** im Wahlvorstand ausgewogen wahrgenommen werden können; der Gesetzgeber hat die Bestimmung aber bewusst als bloße Soll-Vorschrift ausgestaltet und eine weitergehende Regelung, etwa in Form einer Muss-Vorschrift oder einer Quotierung, als unangemessen bezeichnet (vgl. BT-Drucks. 12/5468, S. 41 f.). Durch das **BetrVerf-Reformgesetz** vom 23.07.2001 (BGBl. I, S. 1852) ist Abs. 1 Satz 5 a. F. BetrVG 1972 in Folge der Aufgabe des Gruppenprinzips in der Betriebsverfassung aufgehoben worden (mit der Folge, dass aus den Sätzen 6 und 7 die Sätze 5 und 6 der n. F. wurden). Abs. 3 ist neu eingefügt worden. Die Möglichkeit, dass **Gesamtbetriebsrat** oder (falls ein solcher nicht besteht) **Konzernbetriebsrat** den Wahlvorstand **bestellen**, soll als Alternative zur Bestellung durch das Arbeitsgericht nach § 16 Abs. 2 die Bestellung erleichtern, wenn der originär zuständige Betriebsrat untätig bleibt (vgl. Begründung zum RegE BetrVerf-Reformgesetz, BT-Drucks. 14/5741, S. 38 zu Nr. 14).

§ 16 regelt die Bestellung des Wahlvorstands durch den Betriebsrat ebenso **zwingend** wie den Gang **4** des Verfahrens, wenn der Betriebsrat seiner Pflicht zur Bestellung des Wahlvorstands nicht bzw. nicht rechtzeitig nachkommt (nur Abs. 1 Satz 5 ist als bloße Soll-Vorschrift nicht zwingend; vgl. Rdn. 3). Die Bestimmung kann nicht durch Tarifvertrag, Betriebsvereinbarung oder Vereinbarung zwischen Arbeitgeber und Arbeitnehmern abgeändert werden, auch nicht für Betriebsräte in den nach § 3 Abs. 1 Nr. 1 bis 3, Abs. 2 gebildeten Organisationseinheiten. Unabhängig vom zwingenden Charakter der Vorschrift eröffnen die »Kann«-Bestimmungen in Abs. 1 Satz 2 und 4, Abs. 2 Satz 2 und 3 und Abs. 3 Ermessensspielräume.

Eine **ohne Wahlvorstand** eingeleitete und durchgeführte Betriebsratswahl ist **nichtig** (jetzt unstr.; **5** vgl. *RAG* ARS 4, 315; *LAG Düsseldorf* 09.01.2012 – 14 TaBV 69/11 Rn. 60 – juris; *Brecht* § 16 Rn. 1; *Brors*/HaKo § 16 Rn. 2; *Fitting* § 16 Rn. 87; *Galperin/Löwisch* § 16 Rn. 1; *Joost*/MünchArbR § 216 Rn. 138; *Koch*/ErfK § 16 BetrVG Rn. 1; *Nießen* Fehlerhafte Betriebsratswahlen, S. 81 ff.; *Reichold/HWK* § 16 BetrVG Rn. 3; *Richardi/Thüsing* § 16 Rn. 1; *Schlochauer/HSWG* § 16 Rn. 2; *Stege/Weinspach/Schiefer* § 16 Rn. 15; *Wlotzke*/WPK § 16 Rn. 1; jetzt auch *Homburg*/DKKW § 16 Rn. 1 (anders noch *Schneider*/DKK 8. Aufl., § 19 Rn. 40a); vgl. auch § 19 Rdn. 150); sie ist keine Betriebsratswahl, weil nur ein förmlich bestellter Wahlvorstand eine solche Wahl leiten kann (§ 18 Abs. 1 Satz 1 BetrVG, § 1 Abs. 1 WO).

§ 16 II. 1. Zusammensetzung und Wahl des Betriebsrats

6 Konsequenterweise ist eine Betriebsratswahl auch dann nichtig, wenn die **Bestellung** (oder **Wahl** nach § 17 Abs. 2) eines **Wahlvorstands nichtig** ist (ebenso *Nießen* Fehlerhafte Betriebsratswahlen, S. 141 ff.; *Knittel* SGB IX, § 94 Rn. 147; *Wiebauer/LK* § 16 Rn. 28; *LAG Köln* 10.03.2000 LAGE § 3 BetrVG Nr. 6 S. 9; *LAG Düsseldorf* 07.09.2010 – 16 TaBV 57/10 – juris, Rn. 85 = AuR 2011,79 LS 2; *LAG Düsseldorf* 09.01.2012 – 14 TaBV 69/11 – juris, Rn. 61; *ArbG Wesel* 29.09.2010 – BV 34/10 – juris, Rn. 27; im Ergebnis *LAG München* 16.06.2008 – 11 TaBV 50/08 – juris, Rn. 99; einschränkend *Jacobs* Die Wahlvorstände, S. 180 ff.; ausdrücklich offen gelassen von *BAG* 19.11.2003 EzA § 19 BetrVG 2001 Nr. 1 [unter C I 3] = AP Nr. 55 zu § 19 BetrVG 1972 für den Fall, dass die Wahl des Wahlvorstands durch die Belegschaft unter Verkennung des Betriebsbegriffs erfolgt und deshalb ebenso wenig nichtig ist wie die spätere Betriebsratswahl; wieder offen lassend *BAG* 27.07.2011 EzA § 19 BetrVG 2001 Nr. 8 Rn. 44 ff. = AP Nr. 2 zu § 16 BetrVG 1972 in einem Fall, in dem festgestellte Verfahrensfehler nicht zur Nichtigkeit der Bestellung führten; ebenso bei unterstelltem Bestellungsfehler *BAG* 13.03.2013 EzA § 3 BetrVG 2001 Nr. 6 Rn. 18 = AP Nr. 10 zu § 3 BetrVG 1972; allerdings hält auch das *BAG* [27.07.2011 EzA § 19 BetrVG 2001 Nr. 8 Rn. 47 = AP Nr. 2 zu § 16 BetrVG 1972; 15.10.2014 EzA § 16 BetrVG 2001 Nr. 1 Rn. 39 = AP Nr. 3 zu § 16 BetrVG 1972; zust. *LAG Schleswig-Holstein* 02.04.2014 – 3 TaBVGa 2/14 – juris, Rn. 48] bei nichtiger Bestellung das Gremium für »rechtlich inexistent«; **a. M.**, d. h. nur Anfechtbarkeit der Betriebsratswahl auch bei nichtiger Bestellung des Wahlvorstands *Fitting* § 19 Rn. 5, jetzt offen lassend § 16 Rn. 87; *Rieble/Triskatis* NZA 2006, 233 [238]).

7 Allerdings ist die Bestellung oder Wahl des Wahlvorstands nur in **Ausnahmefällen** (bei besonders schwerwiegenden Gesetzesverstößen und Errichtungsfehlern sowie beim Eingreifen des Prioritätsprinzips) **nichtig** (vgl. zu Einzelfällen § 16 Rdn. 16, 20, 85 f. und § 17 Rdn. 11, 14, 19, 30 ff., 48). Das ist so auch die Position des BAG (vgl. *BAG* Siebter Senat 27.07.2011 EzA § 19 BetrVG 2001 Nr. 8 Rn. 47: Nichtigkeit nur bei offensichtlichem und besonders grobem Verstoß gegen die Bestellungsvorschriften, also nur in ungewöhnlichen Ausnahmefällen; ebenso wieder *BAG* 15.10.2014 EzA § 16 BetrVG 2001 Nr. 1 Rn. 39 = AP Nr. 3 zu § 16 BetrVG 1972, wo sich das Gericht für eine solche Beschränkung der Nichtigkeitsfolge auf das im BetrVG [§§ 1, 21a, 21b, 22] geschützte Interesse beruft, betriebsratslose Zustände zu vermeiden; dem folgen die Instanzgerichte; vgl. etwa *LAG Hamm* 12.04.2013 – 13 TaBV 64/12 – juris, Rn. 58; *LAG Schleswig-Holstein* 02.04.2014 – 3 TaBVGa 2/14 – juris, Rn. 48). Im Normalfall führen Verstöße gegen zwingende Vorschriften über die Bestellung des Wahlvorstands nur zu einer »**fehlerhaften Bestellung**«, die nach h. M. die Anfechtbarkeit der Wahl nach § 19 begründen kann (vgl. dazu aber Rdn. 106), aber auch schon vor Abschluss der Wahl durch Antrag beim Arbeitsgericht (auch auf Erlass einer einstweiligen Verfügung) angegriffen werden kann (vgl. Rdn. 100). Ausführlich zur nicht immer unproblematischen Abgrenzung nach Fehlertypen strukturiert *Nießen* Fehlerhafte Betriebsratswahlen, S. 84 ff.

8 § 16 gilt grundsätzlich auch für die **Bordvertretung** und den **Seebetriebsrat**; jedoch sind die Fristen für die Bestellung des Wahlvorstands bei der Bordvertretung verkürzt (vgl. § 115 Abs. 2 Nr. 7), für den Seebetriebsrat verlängert (vgl. § 116 Abs. 2 Nr. 6); für diesen ist zudem hinsichtlich der Mitglieder des Wahlvorstands die Sonderregelung in § 116 Abs. 2 Nr. 7 zu beachten. Für die Wahl der **Jugend- und Auszubildendenvertretung** ist der Wahlvorstand nach § 63 Abs. 2, 3 zu bestellen. § 16 gilt nicht für **Gesamtbetriebsrat** (vgl. § 47), **Konzernbetriebsrat** (vgl. § 55), **Gesamt-Jugend- und Auszubildendenvertretung** (vgl. § 72) und die **Konzern-Jugend- und Auszubildendenvertretung** (§ 73a), da diese Gremien nicht gewählt werden.

9 Zum **Personalvertretungsrecht** vgl. § 20 BPersVG; für **Sprecherausschüsse** vgl. § 7 Abs. 1 SprAuG.

II. Bestellung des Wahlvorstands durch den Betriebsrat (Abs. 1)

1. Die Bestellung als Recht und Pflicht des Betriebsrats

10 Abs. 1 regelt die Bestellung des Wahlvorstands durch den Betriebsrat vor Ablauf seiner Amtszeit. Besteht im Betrieb ein Betriebsrat, so ist es **in erster Linie** seine Aufgabe, den Wahlvorstand zu bestellen. Diese Aufgabe ist (in den Kategorien des Privatrechts) Recht und Pflicht des Betriebsrats; das ergibt die

Auslegung (»Spätestens ... bestellt der Betriebsrat«). Die **Pflicht** soll im Interesse der Kontinuität der Betriebsratsarbeit sicherstellen, dass rechtzeitig ein Wahlvorstand für die (anstehende) Neuwahl bestellt wird; das **Recht** sichert den Einfluss des bisherigen Betriebsrats auf die Zusammensetzung des Wahlvorstands. Die Bestimmung des Wahlvorstands ist Ausübung des Rechts und Erfüllung der Pflicht.

Wenn und solange im Betrieb ein Betriebsrat besteht, ist es **immer primär** sein Recht und seine Pflicht, den Wahlvorstand zu bestellen, **gleichgültig aus welchem Grunde die Neuwahl** durchzuführen ist. 11

Das Gesetz geht erkennbar von dem Regelfall aus, dass die Neuwahl erforderlich wird, weil die Amtszeit des Betriebsrates zu einem **feststehenden** (nach dem Gesetz berechenbaren) **Termin** abläuft; nur auf diese Fälle passt die Formulierung »spätestens« zehn Wochen vor Ablauf seiner Amtszeit« (Abs. 1 Satz 1). Erfasst wird damit zunächst der Fall des Ablaufs der regelmäßigen Amtszeit von vier Jahren (§ 21 Satz 1); denn in diesem Fall endet die Amtszeit mit Ablauf von vier Jahren, gerechnet seit ihrem Beginn, spätestens jedoch am 31. Mai des Jahres, in dem nach § 13 Abs. 1 Satz 1 die nächsten regelmäßigen Betriebsratswahlen stattfinden (§ 21 Satz 3); vgl. weiter Rdn. 22. Erfasst wird aber auch die Beendigung der **verkürzten** oder **verlängerten Amtszeit** des Betriebsrats, der nach § 13 Abs. 2 außerhalb des regelmäßigen Wahlzeitraums gewählt worden ist und für den nach § 13 Abs. 3 der Anschluss an den regelmäßigen Wahlzeitraum hergestellt wird; denn auch in diesen Fällen endet die Amtszeit zu einem feststehenden Termin, nämlich nach § 21 Sätze 3 und 4 spätestens am 31. Mai des Wahljahres, in dem der Betriebsrat nach § 13 Abs. 3 neu zu wählen ist; vgl. dazu weiter Rdn. 23. Außerdem werden auch die Sonderfälle erfasst, in denen ein Betriebsrat in Folge von unternehmensinternen Betriebsumstrukturierungen oder Unternehmensumstrukturierungen nach § 21a ein **Übergangsmandat** ausübt (vgl. dazu näher § 21a Rdn. 41, 80). Auch wenn für mehrere Betriebe (unter Verkennung des Betriebsbegriffs) ein einheitlicher Betriebsrat gewählt worden ist, zukünftig aber (etwa als Ergebnis eines Verfahrens nach § 18 Abs. 2) von **mehreren selbständigen** Betrieben **auszugehen** ist, hat doch der amtierende Betriebsrat für sämtliche Betriebe Wahlvorstände nach § 16 Abs. 1 zu bestellen. Dies ist nicht nur eine Frage der Praktikabilität, sondern folgt daraus, dass während der Amtszeit dieses Betriebsrats in diesen Betrieben ein Betriebsrat besteht, der der Bestellung eines Wahlvorstands nach § 17 entgegensteht. 12

Der Betriebsrat hat den Wahlvorstand aber auch in den Fällen des § 13 Abs. 2 Nr. 1 bis 3 zu bestellen, in denen eine **Neuwahl außerhalb des regelmäßigen Wahlzeitraums** und damit vor Ablauf der regelmäßigen Amtszeit des Betriebsrats stattzufinden hat, auch wenn dabei der Zeitpunkt des Ablaufs seiner Amtszeit im Vorhinein kalendermäßig nicht berechnet werden kann (vgl. zum Behelf Rdn. 24). Dies folgt zwingend daraus, dass in diesen Fällen der Betriebsrat die Geschäfte nach § 22 weiterzuführen hat, bis ein neuer Betriebsrat gewählt und das Wahlergebnis bekannt gegeben ist, und zu diesen Geschäften auch die Bestellung des Wahlvorstands nach § 16 Abs. 1 gehört (im Ergebnis unstr.; vgl. *Fitting* § 16 Rn. 13; *Homburg/DKKW* § 16 Rn. 6; *Nicolai/HWGNRH* § 16 Rn. 2, 9; *Richardi/Thüsing* § 16 Rn. 4, 22; *Wiebauer/LK* § 16 Rn. 4). § 16 Abs. 1 gilt insoweit unmittelbar (ebenso *Fitting* § 16 Rn. 13), nicht nur entsprechend (so *Brecht* § 16 Rn. 4; *Thiele* 2. Bearbeitung, § 16 Rn. 6). Es macht keinen Unterschied, ob die Amtszeit des bisherigen Betriebsrats noch läuft (so nach § 21 Satz 5 in den Fällen des § 13 Abs. 2 Nr. 1 und 2) oder der Betriebsrat die Geschäfte lediglich weiterführt (so im Falle des § 13 Abs. 2 Nr. 3). 13

Bei einer Neuwahl in den Fällen des § 13 Abs. 2 Nr. 4 und 5 findet § 16 Abs. 1 grundsätzlich keine Anwendung, weil mit Rechtskraft der Entscheidungen kein Betriebsrat mehr besteht (vgl. *Jacobs* § 13 Rdn. 73, 77). Bei erfolgreicher **Anfechtung** der Betriebsratswahl (§ 13 Abs. 2 Nr. 4) ist der Wahlvorstand nach § 17 zu bestellen (ausführlich dazu *Jacobs* Die Wahlvorstände, S. 137 ff.). Nach **Auflösung** des Betriebsrats (§ 13 Abs. 2 Nr. 5) hat das Gericht von Amts wegen den Wahlvorstand einzusetzen (§ 23 Abs. 2). Auch bei **Nichtigkeit** einer Betriebsratswahl kommt § 16 Abs. 1 nicht zur Anwendung (ebenso *Fitting* § 16 Rn. 15; *Homburg/DKKW* § 16 Rn. 7, die dabei aber nur auf die rechtskräftige Feststellung der Nichtigkeit durch das ArbG abstellen), sondern § 17. 14

Kommt der Betriebsrat seiner Pflicht **nicht rechtzeitig** (vgl. dazu Rdn. 19 ff.) nach, so bestellt das Arbeitsgericht auf Antrag von mindestens drei Wahlberechtigten oder einer im Betrieb vertretenen Gewerkschaft den Wahlvorstand (Abs. 2); alternativ kann auch der Gesamtbetriebsrat oder, falls ein 15 solcher nicht besteht, der ggf. zuständige Konzernbetriebsrat den Wahlvorstand bestellen (Abs. 3). Die Kompetenz von Arbeitsgericht und Gesamtbetriebsrat (bzw. Konzernbetriebsrat) ist jedoch **subsidiär** und **verdrängt die Primärberechtigung** des Betriebsrats **nicht**; denn Abs. 2 und 3 lassen Abs. 1 unberührt. Deshalb kann der amtierende Betriebsrat den Wahlvorstand noch so lange bestellen, **bis eine eventuell beantragte Bestellung** eines Wahlvorstands **durch das Arbeitsgericht** (mit Ablauf der Beschwerdefrist) **rechtskräftig** wird (ebenso BAG 19.03.1974 AP Nr. 1 zu § 17 BetrVG 1972: zu § 17 Abs. 3 a. F. [jetzt § 17 Abs. 4] BetrVG 1972; LAG Hamm 23.09.1954 AP Nr. 1 zu § 15 BetrVG; Brors/HaKo § 16 Rn. 13; Fitting § 16 Rn. 12; Homburg/DKKW § 16 Rn. 5; Jacobs Die Wahlvorstände, S. 132 ff.; Joost/MünchArbR § 216 Rn. 123; Löwisch/LK § 16 Rn. 5; Nicolai/HWGNRH § 16 Rn. 7; Richardi/Thüsing § 16 Rn. 21; Stege/Weinspach § 16 Rn. 1; Wlotzke/WPK § 16 Rn. 3; **a. M.** Brecht § 16 Rn. 15, der die Bestellung durch den Betriebsrat nur bis zur Bestellung durch gerichtlichen Beschluss – ohne Rücksicht auf Rechtskraft – zulassen wollte; so bis 5. Aufl. auch Dietz/Richardi § 16 Rn. 14) oder die Bestellung **durch den Gesamtbetriebsrat** (bzw. Konzernbetriebsrat) **wirksam** wird (vgl. dazu Rdn. 85). Solange der Gesamtbetriebsrat (bzw. Konzernbetriebsrat) den Wahlvorstand nicht bestellt, kann der Betriebsrat sogar abwarten, bis das Arbeitsgericht einen Wahlvorstand bestellt hat, um dann, je nachdem ob ihm die bestellten Wahlvorstandsmitglieder genehm sind, seinerseits einen Wahlvorstand zu bestellen; dieses Ergebnis mag unerfreulich sein, es ist aber unvermeidbar, weil die gerichtliche Bestellung erst mit der Rechtskraft des Gestaltungsbeschlusses allseitige Wirkung entfaltet (vgl. auch Thiele 2. Bearbeitung, § 16 Rn. 9). Mit der nachträglichen Bestellung des Wahlvorstands durch den Betriebsrat erledigt sich ein anhängiges Beschlussverfahren aber nicht von selbst. Hat das Arbeitsgericht noch nicht entschieden, so ist das Verfahren durch das Gericht von Amts wegen für erledigt zu erklären, wenn die Bestellung, etwa durch den beteiligten Betriebsrat, vorgebracht wird (vgl. BAG 19.03.1974 AP Nr. 1 zu § 17 BetrVG 1972), oder bei Erledigungserklärung durch die Beteiligten nach § 83a Abs. 2 ArbGG einzustellen. Hat das Arbeitsgericht den Wahlvorstand bereits bestellt, so muss der Betriebsrat Beschwerde einlegen und beantragen, das Verfahren einzustellen; das LAG hat dann nach Antrag zu verfahren (§§ 90 Abs. 2, 83a Abs. 2 ArbGG). Versäumt der Betriebsrat die Beschwerdefrist, so folgt aus der Rechtskraft des Gestaltungsbeschlusses (vgl. zur Rechtskraft von Beschlüssen im Beschlussverfahren Grunsky ArbGG, § 80 Rn. 50 m. w. N.; Matthes/Spinner/GMP ArbGG, § 84 Rn. 22 ff.; Weth in: Schwab/Weth ArbGG § 84 Rn. 15 ff.), dass der gerichtlich bestellte der allein rechtmäßige Wahlvorstand ist; dies ist auch in zukünftigen gerichtlichen Verfahren, z. B. einer Wahlanfechtung von präjudizieller Bedeutung. Deshalb verliert zugleich der vom Betriebsrat verspätet bestellte Wahlvorstand sein Amt, und von ihm bereits getroffene Maßnahmen werden unwirksam (so im Ergebnis schon Thiele 2. Bearbeitung, § 16 Rn. 9; ihm folgend Galperin/Löwisch § 16 Rn. 6; Schlochauer/HSWG § 16 Rn. 6; Stege/Weinspach/Schiefer § 16 Rn. 1; jetzt auch Fitting § 16 Rn. 57). Der amtierende Betriebsrat kann den durch Gerichtsbeschluss bestellten Wahlvorstand nicht abberufen; vgl. auch ArbG Berlin DB 1974, 830; näher dazu Rdn. 91.

16 Bleibt der **Betriebsrat untätig**, so ist es gleichwohl unzulässig, die Wahl eines Wahlvorstandes in einer Betriebsversammlung nach § 17 Abs. 2 zu betreiben; solange der Betriebsrat im Amt ist oder die Amtsgeschäfte nach § 22 weiterführt, liegt der Tatbestand der Betriebsratslosigkeit i. S. d. § 17 nicht vor. Insoweit kann daher unmittelbar nur die gerichtliche Ersatzbestellung nach § 16 Abs. 2 herbeigeführt werden (vgl. dazu näher Rdn. 60 ff.), wenn auch der Gesamtbetriebsrat untätig bleibt oder weder ein Gesamtbetriebsrat besteht, noch ein Konzernbetriebsrat für den Betrieb zuständig ist (§ 16 Abs. 3). Wird der Wahlvorstand gleichwohl von einer unzuständigen Betriebsversammlung gewählt, statt vom amtierenden Betriebsrat bestellt, so ist diese Bestellung fehlerhaft, aber nicht nichtig (ebenso BAG 21.07.2004 EzA § 4 BetrVG 2001 Nr. 1 [unter B II 1b bb (3)] = AP Nr. 15 zu § 4 BetrVG 1972; vgl. zu dem Fall, dass der Betriebsrat nach einem Betriebsübergang im Amt und dadurch zur Bestellung eines Wahlvorstands zuständig geblieben ist, LAG Bremen 18.12.2013 – 2 TaBV 21/13 – juris); denn solange der Wahlvorstand von einer Stelle bestellt wird, die nach §§ 16–17a dazu vorgesehen ist, kann nach dieser gesetzlichen Wertung die Bestellung bei Unzuständigkeit im konkreten Einzelfall nur dann nichtig sein, wenn es dadurch zu einem konkurrierenden Nebeneinander mehrerer Wahlvorstände kommt (z. B. weil der amtierende Betriebsrat seinerseits noch einen Wahlvorstand bestellt).

17 Weigert sich der **Betriebsrat beharrlich**, den Wahlvorstand zu bestellen, so kann dies als grobe Verletzung seiner Pflicht aus § 16 Abs. 1 Satz 1 zu seiner **Auflösung** nach § 23 Abs. 1 führen (ebenso LAG Düsseldorf DB 1976, 682; Fitting § 16 Rn. 17; Galperin/Löwisch § 16 Rn. 1; Jacobs Die Wahlvorstände, S. 145 ff.; Nicolai/HWGNRH § 16 Rn. 11; Richardi/Thüsing § 16 Rn. 8; Wiebauer/LK § 16 Rn. 4), mit der Folge, dass das Gericht von Amts wegen einen Wahlvorstand einzusetzen hat (§ 23 Abs. 2). Dieser Weg ist jedoch umständlicher und auch aus zeitlichen Gründen für die Praxis gegenüber der Ersatzbestellung nach § 16 Abs. 2 nicht empfehlenswert. Wegen § 23 Abs. 2 ließe sich auch nicht erreichen, die gerichtliche Bestellung zu vermeiden und eine Wahl des Wahlvorstands in einer Betriebsversammlung nach § 17 Abs. 2 zu ermöglichen. Die Auflösung des Betriebsrates kann jedoch **neben** der gerichtlichen Bestellung des Wahlvorstands nach § 16 Abs. 2 sinnvoll sein, wenn in den Fällen einer Neuwahl nach § 13 Abs. 2 Nr. 1 bis 3 Gründe vorliegen, den Betriebsrat nicht bis zur Bekanntgabe des Wahlergebnisses eines neu gewählten Betriebsrates nach § 22 die Geschäfte weiterführen zu lassen (vgl. auch Richardi/Thüsing § 16 Rn. 8).

Ist die **Amtszeit** des Betriebsrats **abgelaufen**, so besteht er nicht mehr und kann den Wahlvorstand nicht mehr wirksam bestellen (unstr.; vgl. BAG 02.03.1955 AP Nr. 1 zu § 18 BetrVG). In diesem Falle bestimmt sich die Bestellung eines Wahlvorstands ebenso wie bei erfolgreicher Anfechtung und Nichtigkeit der Wahl (vgl. Rdn. 14) nach § 17, weil der Betrieb dann betriebsratslos ist. Davon ergibt sich nur dann eine Ausnahme, wenn wegen Säumigkeit des Betriebsrates bereits die gerichtliche Ersatzbestellung nach § 16 Abs. 2 beantragt war, **bevor** die Amtszeit des bisherigen Betriebsrats abgelaufen war; dann ist dieses Verfahren fortzuführen (so auch Fitting § 16 Rn. 57; Homburg/DKKW § 16 Rn. 24; zust. BAG 23.11.2016 NZA 2017, 589 = DB 2017, 854) und das Recht, den Wahlvorstand zu bestellen, geht nicht etwa vom Arbeitsgericht auf die Belegschaft über (**a. M.** offenbar Richardi/Thüsing § 16 Rn. 35), nach § 17 Abs. 2 auch dann nicht, wenn kein Gesamtbetriebsrat besteht und kein Konzernbetriebsrat zuständig ist. Nach Ablauf der Amtszeit des bisherigen Betriebsrats kann jedoch kein Verfahren nach § 16 Abs. 2 mehr eingeleitet werden (vgl. dazu Rdn. 67; **a. M.** LAG Düsseldorf DB 1976, 682). Auf den Bestand eines vom Betriebsrat noch vor Ablauf seiner Amtszeit bestellten Wahlvorstands ist es ohne Einfluss, wenn die Amtszeit danach endet. 18

2. Zeitpunkt der Bestellung

Der Betriebsrat hat den Wahlvorstand »**spätestens** zehn Wochen vor Ablauf seiner Amtszeit« zu bestellen (s. zum Ende der Amtszeit § 21 Rdn. 21 ff.). Eine **frühere** Bestellung ist zulässig (»spätestens«) und auch (unabhängig von taktischen Erwägungen, etwa auch zum Sonderkündigungsschutz für Mitglieder des Wahlvorstands nach § 15 Abs. 3 KSchG; vgl. Rdn. 20, 94) zu empfehlen, damit nicht bei (absehbaren) Verzögerungen im Zeitplan des Wahlverfahrens (vgl. Jacobs § 3 WO Rdn. 2 ff.) mit Ablauf der Amtszeit des bisherigen Betriebsrats ein betriebsratsloser Zustand eintritt (vgl. auch § 21 Rdn. 24); diese Gefahr besteht freilich in den Neuwahlfällen des § 13 Abs. 2 Nr. 1 bis 3 zunächst wegen Weiterführung der Geschäfte nach § 22 nicht. Eine Pflicht zu früherer Bestellung besteht nicht, selbst dann nicht, wenn bei regelmäßigen Wahlen sonst keine Synchronisation mit der Sprecherausschusswahl möglich ist (vgl. dazu § 18a Rdn. 18; ebenso Jacobs Die Wahlvorstände, S. 143 ff.; nach Fitting § 16 Rn. 10 soll für die Bestellung der Wahlvorstände »in der Praxis« vom Ende der Amtszeit derjenigen Vertretung auszugehen sein, deren Amtszeit zuerst endet; zust. Brors/HaKo § 16 Rn. 3; Joost/MünchArbR § 216 Rn. 121; Koch/ErfK § 16 BetrVG Rn. 2; Reichold/HWK § 16 BetrVG Rn. 5). 19

Das Gesetz bestimmt nicht, **wann frühestens** ein Wahlvorstand bestellt werden kann; es stellt dies ins Ermessen des Betriebsrats. Deshalb lässt sich ein frühestmöglicher Zeitpunkt nicht abstrakt nach Wochen bis zum Ablauf der Amtszeit des Betriebsrats festlegen (so aber Grimm/Brock/Windeln DB 2006, 156 [158]: 16 Wochen vor Ablauf der Amtszeit; zust. Otto/Schmidt NZA 2014, 169 [171]). Eine Grenze ergibt sich allein nach dem Verbot des Rechtsmissbrauchs (unzulässige Rechtsausübung). Nur wenn der Betriebsrat sein Bestellungsrecht (s. Rdn. 10) durch »sachlich gänzlich unangemessen« frühzeitige Bestellung (für diesen Maßstab auch BAG 19.04.2012 AP Nr. 72 zu § 15 KSchG Rn. 15 = NZA 2013, 112; zust. Fitting § 16 Rn. 8) rechtsmissbräuchlich ausübt, ist diese rechtsunwirksam und nichtig. Das wird nur ausnahmsweise der Fall sein, etwa wenn ersichtlich vom Wahlvorstand keine umfangreichen oder schwierigen Sach- und Rechtsfragen zu klären sind und Anhaltspunkte (etwa geplante Betriebsumstrukturierungen oder Personalmaßnahmen) dafür vorliegen, dass die auffällig frühzeitige Bestellung nur dazu dient, den Wahlvorstandsmitgliedern Sonderkündigungsschutz nach § 15 Abs. 3 KSchG zu verschaffen (im Streitfall vertretbar, aber doch bedenklich grenzwertig LAG Hamm 20

06.09.1013 NZA-RR 2013, 637, das die Bestellung am 28. Juni 2013 für die regelmäßige Wahl im Frühjahr 2014 nicht als nichtig angesehen hat; nach *Richardi/Thüsing* § 16 Rn. 21 soll eine Verdoppelung der Mindestfrist Rechtsmissbrauch indizieren; das ist jedoch eher willkürlich gegriffen, weil die konkreten betrieblichen Verhältnisse und die Umstände des Einzelfalles ausschlaggebend sein müssen).

21 Eine **spätere**, die 10-Wochen-Mindestfrist nicht wahrende Bestellung ist rechtlich so lange möglich, wie keine Ersatzbestellung durch das Arbeitsgericht nach § 16 Abs. 2 rechtskräftig oder eine Bestellung durch Gesamtbetriebsrat bzw. Konzernbetriebsrat nach § 16 Abs. 3 wirksam geworden ist (vgl. Rdn. 15).

22 Beim Ablauf der **regelmäßigen vierjährigen Amtszeit** (§ 21 Satz 1) lässt sich die 10-Wochen-Mindestfrist (nach §§ 187 Abs. 1, 188 Abs. 2 BGB) am einfachsten dadurch berechnen, dass zunächst der Tag der Beendigung der Amtszeit festgestellt (vgl. dazu näher § 21 Rdn. 22) und dann von diesem Tag zehn Wochen zurückgerechnet wird. Es ist jedoch zu berücksichtigen, dass für die 10-Wochen-Frist der Tag der Bestellung des Wahlvorstands gemäß § 187 Abs. 1 BGB nicht mitgerechnet wird. Der Tag, an dem die Bestellung spätestens zu erfolgen hat, entspricht deshalb dem Tag (z. B. Donnerstag), an dem zehn Wochen später die Amtszeit abläuft (im Ergebnis so auch *Fitting* § 16 Rn. 7). Ist dieser Tag ein Sonnabend, Sonntag oder gesetzlicher allgemeiner Feiertag, so tritt an dessen Stelle der letzte **davor liegende** Werktag (zust. *Fitting* § 16 Rn. 7; ferner *Brors/HaKo* § 16 Rn. 4); § 193 BGB findet insoweit keine Anwendung, weil die Mindestfrist von zehn Wochen sonst nicht eingehalten würde.

23 Ist der Betriebsrat nach § 13 Abs. 2 außerhalb des regelmäßigen Wahlzeitraums gewählt worden, so läuft seine nach § 13 Abs. 3 **verkürzte oder verlängerte Amtszeit** spätestens am 31. Mai des Neuwahl-Jahres ab (§ 21 Sätze 3 und 4). In diesen Fällen muss der Betriebsrat den Wahlvorstand spätestens am 22. März bestellen (vgl. zur Berechnung Rdn. 22). In Fällen eines **Übergangsmandats** nach § 21a hat die Bestellung des Wahlvorstands **unverzüglich** zu erfolgen (vgl. dazu näher § 21a Rdn. 41 f.).

24 Bei einer Neuwahl in den Fällen des § 13 Abs. 2 Nr. 1 bis 3 **kann** die 10-Wochen-Frist im Vorhinein kalendermäßig **nicht berechnet werden**, weil die Amtszeit (§ 21 Satz 5) bzw. die Weiterführung der Geschäfte (vgl. § 22 Rdn. 16 ff.) erst mit der Bekanntgabe des Wahlergebnisses des neu gewählten Betriebsrates endet. In diesen Fällen hat der Betriebsrat den Wahlvorstand **unverzüglich**, d. h. ohne schuldhaftes Zögern (vgl. § 121 BGB) zu bestellen (allgemeine Meinung; vgl. *Brors/HaKo* § 16 Rn. 6; *Fitting* § 16 Rn. 13; *Homburg/DKKW* § 16 Rn. 6; *Koch/ErfK* § 16 BetrVG Rn. 3; *Nicolai/HWGNRH* § 16 Rn. 9; *Richardi/Thüsing* § 16 Rn. 22; *Wlotzke/WPK* § 16 Rn. 4). Problematisch ist in diesen Fällen, von welchem Zeitpunkt ab beim Arbeitsgericht die Ersatzbestellung des Wahlvorstandes nach § 16 Abs. 2 »beantragt« werden kann oder der Gesamtbetriebsrat (bzw. der Konzernbetriebsrat) die Bestellung vornehmen kann (vgl. dazu Rdn. 66).

3. Form der Bestellung (Bestellungsverfahren)

25 Das Gesetz regelt das Verfahren der Bestellung des Wahlvorstands durch den Betriebsrat nicht besonders. Die Bestellung gehört nicht zu den laufenden Geschäften des Betriebsrats (ebenso *Fitting* § 16 Rn. 24). Es ist deshalb von der Notwendigkeit einer Beschlussfassung nach § 33 auszugehen, sofern die Geschäftsordnung des Betriebsrats (§ 36) keine besonderen Vorschriften über die Bestellung des Wahlvorstands enthält. Der Beschluss erfordert die Abstimmung zu einem bestimmten Antrag; der Antrag ist angenommen, wenn er die erforderliche Stimmenmehrheit erhält (vgl. dazu *Raab* § 33 Rdn. 29).

26 Die Bestellung des Wahlvorstands beinhaltet die Entscheidung, dass der Wahlvorstand gebildet wird, wie viele und welche Personen ihm als Mitglieder angehören. Diese Entscheidung kann in **einem** Beschluss, aber auch in **mehreren** getrennten Beschlüssen getroffen werden. Der Betriebsrat entscheidet als Kollegialorgan in einer Sitzung **mit der Mehrheit der Stimmen der anwesenden Mitglieder** (§ 33 Abs. 1), Beschlussfähigkeit vorausgesetzt (§ 33 Abs. 2); das ist im Ergebnis unstr. (vgl. BAG 27.07.2011 EzA § 19 BetrVG 2001 Nr. 8 Rn. 49 = AP Nr. 2 zu § 16 BetrVG 1972; *Brors/HaKo* § 16 Rn. 8; *Fitting* § 16 Rn. 23; *Homburg/DKKW* § 16 Rn. 9; *Nicolai/HWGNRH* § 16 Rn. 13; *Richardi/Thüsing* § 16 Rn. 23; *Wlotzke/WPK* § 16 Rn. 6). Über die vorgeschlagenen Mitglieder

kann (unter Berücksichtigung von § 16 Abs. 1 Satz 3) einzeln oder »en bloc« abgestimmt werden. In beiden Fällen ist **positiv** die **(absolute)** Mehrheit der Stimmen der anwesenden Betriebsratsmitglieder erforderlich. Ein förmliches Wahlverfahren findet nicht statt; Wahlrechtsgrundsätze finden keine Anwendung. Insbesondere sind Entscheidungen mit relativer Mehrheit oder Wahlen nach den Grundsätzen der Verhältniswahl (Listenwahl) ausgeschlossen (so schon *Thiele* 2. Bearbeitung, § 16 Rn. 8; zust. *Schneider/DKK* § 16 Rn. 9). Es ist aber möglich, mehrere Personen zur Auswahl zu stellen. Gewählt ist aber auch in diesem Falle nur, wer die absolute Mehrheit erreicht. Kommt es im ersten Wahlgang nicht zu dieser Mehrheit, so muss – vorbehaltlich einer entsprechenden Regelung in der Geschäftsordnung – keineswegs eine Stichwahl zwischen den beiden Kandidaten mit den meisten Stimmen stattfinden (zust. *Fitting* § 16 Rn. 23; *Jacobs* Die Wahlvorstände, S. 147 ff.; *Nicolai/HWGNRH* § 16 Rn. 13; **a. M.** *Galperin/Löwisch* § 16 Rn. 8 und *Richardi/Thüsing* § 16 Rn. 23, die die Bestellung des Wahlvorstands als Personalentscheidung der Sache nach als **Wahl** ansehen; daraus folgt jedoch nicht die Notwendigkeit einer Stichwahl). Vielmehr muss, wie immer, wenn die zur Abstimmung Gestellten nicht die erforderliche absolute Mehrheit finden, wiederholt abgestimmt werden in derselben Sitzung, notfalls nach Vertagung. Sollte die Bestellung des Wahlvorstandes an der erforderlichen Mehrheit scheitern, kann unter den Voraussetzungen des § 16 Abs. 2 die Ersatzbestellung durch das Arbeitsgericht herbeigeführt werden oder nach § 16 Abs. 3 die Bestellung durch den Gesamtbetriebsrat (bzw. Konzernbetriebsrat) erfolgen. Ohne die nach § 33 Abs. 1 erforderliche Mehrheit ist der Beschluss über die Bestellung des Wahlvorstands unwirksam; dieser Verfahrensfehler (vgl. zu dessen Geltendmachung Rdn. 100) ist jedoch nach billigenswerter Ansicht des *BAG* (27.07.2011 EzA § 19 BetrVG 2001 Nr. 8 Rn. 48 ff.) nicht so schwerwiegend, dass die darauf beruhende Bestellung des Wahlvorstands nichtig ist (jedenfalls wenn keine Anhaltspunkte für ein Kalkül bestehen »die Mehrheit durch die Minderheit zu majorisieren«).

Die Bestellung des Wahlvorstandes kann auch dem Betriebsausschuss oder einem Ausschuss nach § 28 übertragen werden; zweckmäßig ist das wegen der Einmaligkeit der Aufgabe nicht (ebenso *Fitting* § 16 Rn. 24; zust. *Homburg/DKKW* § 16 Rn. 10; *Richardi/Thüsing* § 16 Rn. 24). 27

Zugleich mit der Bestimmung der Wahlvorstandsmitglieder oder in einem getrennten Beschluss hat der Betriebsrat einen von ihnen als **Vorsitzenden des Wahlvorstands** zu bestimmen (§ 16 Abs. 1 Satz 1); vgl. zu dessen Rechtsstellung Rdn. 43. Versäumt der Betriebsrat dies, so hat er es nachzuholen. Nur wenn der Betriebsrat zwischenzeitlich nicht mehr besteht, können die Wahlvorstandsmitglieder aus ihrer Mitte einen Vorsitzenden bestimmen (vgl. *BAG* 24.12.1965 AP Nr. 5 zu § 16 BetrVG; ebenso *Fitting* § 16 Rn. 33; *Galperin/Löwisch* § 16 Rn. 9; *Nicolai/HWGNRH* § 16 Rn. 18; *Richardi/Thüsing* § 16 Rn. 18; **a. M.** *Jacobs* Die Wahlvorstände, S. 140 f.: jederzeit selbst). 28

Der Betriebsrat kann zugleich oder in getrennten Beschlüssen ein **Ersatzmitglied** für jedes Wahlvorstandsmitglied bestellen (Abs. 1 Satz 4); vgl. dazu auch Rdn. 45 f. 29

Mit der Beschlussfassung im Betriebsrat ist der Wahlvorstand **noch nicht wirksam** bestellt. Erforderlich ist weiterhin die **Zustimmung** der Betroffenen; denn kein Arbeitnehmer ist verpflichtet, das (Ehren-) Amt als Mitglied des Wahlvorstands oder als dessen Vorsitzender anzunehmen (unstr.). Deshalb hat der Vorsitzende des Betriebsrats (§ 26 Abs. 2 Satz 1) zunächst die Betroffenen zu informieren und ihre Zustimmung einzuholen (§ 26 Abs. 2 Satz 2), sofern die Zustimmung nicht schon vor der Beschlussfassung des Betriebsrates erteilt worden ist. Aber auch in letzterem Fall kann nachträglich die Annahme des Amtes verweigert werden. Da zu diesem Zeitpunkt der Wahlvorstand noch nicht wirksam bestellt ist, rückt ein eventuell bestelltes Ersatzmitglied nur nach, wenn der Betriebsrat dies vorsorglich so beschlossen hat (vgl. Rdn. 46). Die konkludente Zustimmung liegt in der Aufnahme der Tätigkeit im Wahlvorstand (ebenso *Richardi/Thüsing* § 16 Rn. 50). Lehnt ein Arbeitnehmer die Übernahme des Amtes ab, so ist nach Maßgabe des in Rdn. 26 Gesagten ein anderes Mitglied zu bestellen. 30

Wird die letzte noch ausstehende Zustimmung erteilt, so **ist** der Wahlvorstand **bestellt**. Für die Bestimmung des Zeitpunkts der Bestellung ist die Beschlussfassung im Betriebsrat maßgebend, weil die Zustimmung der Betroffenen entsprechend § 184 Abs. 1 BGB auf diesen Zeitpunkt zurückwirkt (zust. *Eylert* AuR 2014, 300 [303 mit Fn. 47]; vgl. auch *Jacobs* Die Wahlvorstände, S. 185). Wollte der Betriebsrat eine höhere Zahl von Wahlvorstandsmitgliedern bestellen (Abs. 1 Satz 2), sind aber nur 31 drei Arbeitnehmer zur Annahme des Amtes bereit, so besteht der Wahlvorstand aus diesen Personen; nimmt eine höhere, aber gerade Zahl von Arbeitnehmern das Amt an, so ist ein weiteres Mitglied zu bestellen, weil der Wahlvorstand in jedem Fall aus einer ungeraden Zahl bestehen muss. Kann der Betriebsrat wegen fehlender Zustimmung der Arbeitnehmer einen Wahlvorstand nicht bilden (und dementsprechend auch nicht der Gesamtbetriebsrat nach Abs. 3), so kommt, solange die Amtszeit des Betriebsrats nicht abgelaufen ist, nur die gerichtliche Ersatzbestellung nach Abs. 2 in Betracht, durch die auch Betriebsfremde bestellt werden können (§ 16 Abs. 2 Satz 3).

4. Zusammensetzung des Wahlvorstands

a) Mitglieder

32 Zu Mitgliedern des Wahlvorstands können vom Betriebsrat **nur Wahlberechtigte** bestellt werden. In Betracht kommen Wahlberechtigte **nach § 7 Satz 1** (vgl. dazu *Raab* § 7 Rdn. 16 ff.), die dem Betrieb angehören, um dessen Betriebsratswahl es geht (vgl. zur Betriebszugehörigkeit als Voraussetzung der Wahlberechtigung nach § 7 Satz 1 *Raab* § 7 Rdn. 17 ff.). Auch (Leih-) Arbeitnehmer, die **nach § 7 Satz 2** im Einsatzbetrieb wahlberechtigt sind, wenn sie die dort genannten Voraussetzungen erfüllen (s. dazu *Raab* § 7 Rdn. 93 ff.), können bestellt werden, weil § 16 Abs. 1 Satz 1 insoweit tatbestandlich allein auf die Wahlberechtigung abstellt, nicht zusätzlich auf Betriebszugehörigkeit (vgl. *Raab* § 7 Rdn. 121; im Ergebnis schon bisher übereinstimmend *Fitting* § 16 Rn. 21; *Koch/ErfK* § 16 BetrVG Rn. 4; *Richardi/Thüsing* § 16 Rn. 11; jetzt auch *Wiebauer/LK* § 16 Rn. 10). An dieser Rechtslage ändert die Neuregelung in § 14 Abs. 2 Satz 4 AÜG nichts: Wenn danach Leiharbeitnehmer (i. S. d. AÜG) auch im Entleiherbetrieb zu berücksichtigen sind, soweit Bestimmungen des BetrVG eine bestimmte Anzahl von Arbeitnehmern voraussetzen (wie das hier in Abs. 1 Satz 1 der Fall ist), wird damit nur ihre zahlenmäßige Berücksichtigung festgelegt; nicht aber wird zugleich das Vorliegen weiterer (Anwendungs-)Voraussetzungen der erfassten Bestimmungen des BetrVG unterstellt, wie hier die Wahlberechtigung, die im Einzelfall erfüllt sein müssen (ebenso *Löwisch/Wegmann* BB 2017, 373 [374 f.] unter stimmiger Berufung auf die Gesetzesmaterialien; ebenso *Raab* § 7 Rdn. 115, 119). Auch **die in § 5 Abs. 1 Satz 3 Genannten** (Beamte, Soldaten, Arbeitnehmer [einschließlich Auszubildender] des öffentlichen Dienstes), die in einem Betrieb eines privatwirtschaftlichen Unternehmens tätig sind (dazu näher *Raab* § 5 Rdn. 80 ff., 84 ff.), sind, da sie als Arbeitnehmer i. S. d. Gesetzes gelten, nach § 7 Satz 1 wahlberechtigt (s. auch *Raab* § 5 Rdn. 90 m. w. N.) und können somit bestellt werden.

33 **Maßgebender Zeitpunkt** für die Beurteilung der Wahlberechtigung ist hierbei der Tag der Bestellung, nicht wie sonst (vgl. *Raab* § 7 Rdn. 14) der der Stimmabgabe, weil der Wahlvorstand von Anfang an aus drei Wahlberechtigten bestehen muss (zust. *LAG Schleswig-Holstein* 19.03.2010 – 4 TaBVGa 5/10 – juris, Rn. 43). Das bedeutet für das Wahlalter, dass wirksam nur Volljährige (also Personen, die das 18. Lebensjahr am Tag der Bestellung schon vollendet haben) bestellt werden können; das ist auch derjenige, der am Bestellungstag 18. Geburtstag hat, weil am Tag, der diesem Geburtstag vorhergeht, das 18. Lebensjahr nach § 188 Abs. 2, § 187 Abs. 2 BGB endet. Die Vollendung des 18. Lebensjahres ist gleichermaßen Voraussetzung der Wahlberechtigung nach § 7 Satz 1 und Satz 2 (vgl. *Raab* § 7 Rdn. 66, 106).

34 Nicht erforderlich ist, dass neben den Voraussetzungen der Wahlberechtigung die weiteren Voraussetzungen der Wählbarkeit erfüllt sind; die Wählbarkeit ist nicht Voraussetzung wirksamer Bestellung. **Betriebsfremde Gewerkschaftsmitglieder** können vom Betriebsrat **nicht** in den Wahlvorstand berufen werden; anders ist das nur bei gerichtlicher Ersatzbestellung nach Abs. 2 Satz 3. Bei Wahrnehmung eines Übergangsmandats nach § 21a sind nur Wahlberechtigte zu bestellen, die dem Betrieb angehören um dessen Betriebsratswahl es jeweils geht; z. B. können im Ursprungsbetrieb Arbeitnehmer nicht zu Wahlvorstandsmitgliedern bestellt werden, deren Arbeitsverhältnisse nach § 613a Abs. 1 BGB bereits auf einen Betriebsteilerwerber übergegangen sind (vgl. *LAG Hessen* NZA-RR 2004, 27), und zwar auch dann nicht, wenn sie Mitglieder des das Übergangsmandat wahrnehmenden Betriebsrats sind. Entsprechend sind nur jeweils wahlberechtigte Betriebsangehörige zu bestellen, wenn ein einheitlicher Betriebsrat für mehrere Betriebe Wahlvorstände zu bestellen hat (vgl. dazu Rdn. 12);

denn mangels Betriebszugehörigkeit (bzw. mangels Einsatzes im Betrieb bei den nach § 7 Satz 2 wahlberechtigten Leiharbeitnehmern) sind sie in den jeweils anderen Betrieben nicht wahlberechtigt.

Jeder Wahlberechtigte kann zum Wahlvorstandsmitglied bestellt werden (unstr.; s. auch *BAG* 15.10.2014 EzA § 16 BetrVG 2001 Nr. 1 Rn. 57 = AP Nr. 3 zu § 16 BetrVG 1972). Der Betriebsrat ist in der Auswahl unter den Wahlberechtigten völlig frei. Nur in Betrieben der privatisierten Postunternehmen hat er § 26 Nr. 6 PostPersRG als weiterhin gültige Spezialvorschrift zu beachten (dazu näher Rdn. 41). Namentlich können auch **Mitglieder** des (noch) amtierenden **Betriebsrats** (unstr.) sowie **potentielle Wahlbewerber** und **Unterzeichner** von Wahlvorschlägen bestellt werden (auch insoweit – jedenfalls im Ergebnis – unstr.; vgl. *BAG* 12.10.1976 BAGE 28, 203 = AP Nr. 1 zu § 8 BetrVG 1972 = SAE 1978, 1 [insoweit zust. *Dütz*]; *BAG* 04.10.1977 AP Nr. 2 zu § 18 BetrVG 1972; 06.12.2000 EzA § 19 BetrVG 1972 Nr. 40 S. 8; *Brors*/HaKo § 16 Rn. 10; *Fitting* § 16 Rn. 22; *Homburg*/DKKW § 16 Rn. 12; *Jacobs* Die Wahlvorstände, S. 102 ff.; *Joost*/MünchArbR § 216 Rn. 130; *Koch*/ErfK § 16 BetrVG Rn. 4; *Nicolai*/HWGNRH § 16 Rn. 14; *Reichold*/HWK § 16 BetrVG Rn. 7; *Richardi*/*Thüsing* § 16 Rn. 12, 58; *Stege*/*Weinspach*/*Schiefer* § 16 Rn. 9; *Weiss*/*Weyand* § 16 Rn. 4; *Wiebauer*/LK § 16 Rn. 12; *Wlotzke*/WPK § 16 Rn. 5). Auch **kündigungsgefährdete** Wahlberechtigte können bestellt werden, um ihnen gezielt den besonderen Kündigungsschutz nach § 103 BetrVG, § 15 Abs. 3 KSchG zukommen zu lassen (so zu Recht *Nießen* Fehlerhafte Betriebsratswahlen, S. 99 ff. gegen *D. Neumann* BB 2002, 510 [512]); ein solcher Bestellungsbeschluss ist nicht per se rechtsmissbräuchlich (s. aber Rdn. 20). **35**

Wer zum Wahlvorstandsmitglied bestellt worden ist, kann dies auch dann **bleiben, wenn er sich** um einen Sitz im Betriebsrat **bewirbt und/oder** einen **Wahlvorschlag unterzeichnet**; er muss sein Amt im Wahlvorstand nicht vorher niederlegen. Die Mitgliedschaft im Wahlvorstand ist mit der Bewerbung um ein Betriebsratsamt und mit der Unterzeichnung eines Wahlvorschlags vereinbar; das Gesetz enthält weder in § 8 noch in § 16 eine Bestimmung der Unvereinbarkeit (Inkompatibilität). Das Schweigen des Gesetzes bedeutet insoweit angesichts der dem Gesetzgeber des Betriebsverfassungsgesetzes bekannten Problematik die Billigung der Vereinbarkeit. Für eine entgegengesetzte Rechtsfortbildung ist kein Raum, zumal der Wahlvorstand grundsätzlich nur im Rahmen des durch Gesetz und WO formalisierten Verfahrens tätig wird, seine Maßnahmen und Entscheidungen schon vor der Wahl gerichtlicher Überprüfung unterliegen (*BAG* 15.12.1972 AP Nr. 1 zu § 14 BetrVG 1972; vgl. § 18 Rdn. 80 ff.) und die fehlerhafte Betriebsratswahl ggf. nach § 19 anfechtbar ist, so dass dem Wahlvorstand insgesamt keine solche Machtfülle zukommt, die es erfordern würde, jeden Anschein der Parteilichkeit von vornherein auszuschließen (so zu Recht *BAG* wie Rdn. 35; vgl. auch *LAG Baden-Württemberg* BB 1976, 1318; *LAG Bremen* BB 1976, 1414; *LAG Hamm* BB 1978, 358; *LAG Rheinland-Pfalz* 23.10.1975 EzA § 16 BetrVG 1972 Nr. 5; dem folgt die Lit. jetzt ganz überwiegend; vgl. *Fitting* § 16 Rn. 22; *Gamillscheg* II, S. 388; *Homburg*/DKKW § 16 Rn. 12; *Jacobs* Die Wahlvorstände, S. 103 ff.; *Koch*, *Wiebauer*, *Nicolai*, *Stege*/*Weinspach*/*Schiefer*, alle wie Rdn. 35; früher schon *Haberkorn* BB 1968, 87; unentschieden *Richardi*/*Thüsing* § 16 Rn. 35; für Inkompatibilität zur Wahlbewerbung unter Berufung auf Grundsätze des demokratischen Wahlverfahrens *Dietz*/*Richardi* § 16 Rn. 45; *Galperin*/*Löwisch* § 16 Rn. 52; für Unvereinbarkeit auch mit der Unterzeichnung von Wahlvorschlägen nur *Dietz*/*Richardi* § 16 Rn. 46; diese Mindermeinungen unterscheiden sich im Ergebnis jedoch nicht von der h. M., weil ein Verstoß gegen die Inkompatibilität zwar rechtswidrig sein soll, darin aber kein Verstoß gegen wesentliche Vorschriften über das Wahlverfahren liegen soll, so dass eine darauf gestützte Wahlanfechtung nicht begründet wäre; so *Dietz*/*Richardi* § 16 Rn. 47). Auch soweit der Wahlvorstand nunmehr nach § 14a Abs. 5 (in Betrieben mit in der Regel 51 bis 100 wahlberechtigten Arbeitnehmern) die Kompetenz zukommt, über die Ablösung des Regelwahlverfahrens und die Anwendung des (einstufigen) vereinfachten Wahlverfahrens durch Vereinbarung mit dem Arbeitgeber (mit-)zu bestimmen (vgl. dazu krit. *Jacobs* § 14a Rdn. 113, 116), ist keine andere Beurteilung geboten. Denn zum einen kann der Wahlvorstand eine solche Vereinbarung nicht erzwingen und zum anderen kann sie nur bis zum Erlass des Wahlausschreibens getroffen werden (vgl. *Jacobs* § 14a Rdn. 122), also in einer Phase, in der noch keine Wahlvorschläge vorliegen. Besondere Fairness- und Sorgfaltspflichten der Wahlvorstandsmitglieder gegenüber ihren Mitbewerbern betont *LAG Hessen* NZA-RR 1996, 461; vgl. zu Neutralitätspflichten *Zumkeller*/*Karwatzki* BB 2011, 2101. **36**

b) Mitgliederzahl, Gruppenvertretung

37 Der Wahlvorstand muss aus **mindestens drei Mitgliedern** bestehen (Abs. 1 Satz 1), unabhängig davon, ob 5 oder etwa 35 Betriebsratsmitglieder zu wählen sind. Im vereinfachten Wahlverfahren hat der Wahlvorstand immer nur aus drei Wahlberechtigten zu bestehen (§ 17a Nr. 2); vgl. § 17a Rdn. 10.

38 Der Betriebsrat kann nach Abs. 1 Satz 2 **mehr als drei** Mitglieder bestellen. Da der Wahlvorstand aber (zur Vermeidung von Pattsituationen) nach Abs. 1 Satz 3 immer aus einer **ungeraden Zahl** von Mitgliedern bestehen muss, kommt nur eine **Erhöhung** auf 5, 7, 9, 11 usw. Mitglieder in Betracht, wobei keine Höchstgrenze festgelegt ist (ebenso *Fitting* § 16 Rn. 30; *Richardi/Thüsing* § 16 Rn. 10; *Schlochauer/HSWG* § 16 Rn. 11). Vgl. zum besonderen Kündigungsschutz der Mitglieder des Wahlvorstands Rdn. 94.

39 Voraussetzung für die Erhöhung ist, dass die jeweils höhere Zahl zur ordnungsgemäßen Durchführung der Wahl **erforderlich** ist. Diese Erforderlichkeit unterliegt als unbestimmter Rechtsbegriff bei Streit über die Wirksamkeit des Bestellungsbeschlusses arbeitsgerichtlicher Überprüfung im Beschlussverfahren (ebenso *LAG Nürnberg* 30.3. und 15.05.2006 AR-Blattei ES 530.6 Nr. 90 und 91; *Brors*/HaKo § 16 Rn. 9; *Fitting* § 16 Rn. 28; *Nicolai/HWGNRH* § 16 Rn. 15; *Richardi/Thüsing* § 16 Rn. 10; *Wlotzke/WPK* § 16 Rn. 5); deshalb ist eine vorherige Erörterung der vorgesehenen Erhöhung mit dem Arbeitgeber sinnvoll, obwohl dessen Zustimmung nicht nötig ist (ebenso *Fitting* § 16 Rn. 28). »Erforderlich« ist die Erhöhung dann, wenn eine größere Zahl von Wahlvorstandsmitgliedern unter Berücksichtigung der konkreten Verhältnisse des Betriebs (Größe, Schichtarbeit, räumliche Entfernung von Betriebsteilen) notwendig ist, um die anstehende Wahl gemäß den Bestimmungen der WO ordnungsgemäß durchführen zu können. Bloße Zweckdienlichkeit genügt nicht; auch nicht per se, dass bei früheren Wahlen ein größerer Wahlvorstand bestellt worden war (zust. *Otto/Schmidt* NZA 2014, 169 [171]). Eine Erhöhung kommt insbesondere dann in Betracht, wenn bei Großbetrieben die Einrichtung von mehr als drei Wahlräumen notwendig ist, in denen gleichzeitig gewählt wird, da nach § 12 Abs. 2 WO während der Stimmabgabe ständig mindestens ein Mitglied des Wahlvorstands (neben einem vom Wahlvorstand herangezogenen Wahlhelfer) im Wahlraum anwesend sein muss (vgl. auch Begründung zum RegE, BT-Drucks. VI/1786 S. 33; *Brors*/HaKo § 16 Rn. 9; *Fitting* § 16 Rn. 29; *Homburg/DKKW* § 16 Rn. 15; *Koch*/ErfK § 16 BetrVG Rn. 5; *Wiebauer*/LK § 16 Rn. 11; nach *Richardi/Thüsing* § 16 Rn. 10 soll nur in diesen Fällen eine Erhöhung erforderlich sein). Berücksichtigt man, dass letztlich erst der Wahlvorstand selbst die Entscheidung über die Anzahl der Wahllokale und den oder die Tage der Stimmabgabe zu treffen hat (§ 3 Abs. 2 Nr. 11 WO), so wird deutlich, dass die Erforderlichkeit nicht rein objektiv zu bestimmen ist; entscheidend muss sein, ob der Betriebsrat die Erhöhung vernünftigerweise für erforderlich halten durfte; ein Beurteilungsspielraum kommt dem Betriebsrat dabei allerdings nicht zu (**a. M.** insoweit *Richardi/Thüsing* § 16 Rn. 10; zust. *Koch*/ErfK § 16 BetrVG Rn. 5; *Nicolai/HWGNRH* § 16 Rn. 15). Stellt sich die Erforderlichkeit einer Erhöhung erst **nachträglich** heraus, kann der Betriebsrat durch nachträglichen Beschluss die Zahl der Wahlvorstandsmitglieder erhöhen (unstr.). Bei fehlender Erforderlichkeit einer Erhöhung hat das *LAG Nürnberg* (30.03. und 15.05.2006 AR-Blattei ES 530.6 Nr. 90 und 91) bei entsprechendem Antrag die Feststellung der Unwirksamkeit des Bestellungsbeschlusses bzw. eines nachträglichen Erhöhungsbeschlusses im Wege einstweiliger Verfügung (sog. Feststellungsverfügung) getroffen; dem ist nicht zu folgen (vgl. § 18 Rdn. 106).

40 Selbst wenn eine Erhöhung der Mitglieder des Wahlvorstands erforderlich ist, **muss** der Betriebsrat diese **nicht** vornehmen; er hat insoweit einen Ermessensspielraum. Dabei kann vor allem berücksichtigt werden, dass zwar nicht der Betriebsrat, wohl aber der Wahlvorstand **Wahlhelfer** zu seiner Unterstützung heranziehen kann (§ 1 Abs. 2 Satz 2 WO; vgl. dazu näher *Jacobs* § 1 WO Rdn. 17).

41 Gehören dem Betrieb Arbeiter und Angestellte an, so mussten früher nach Abs. 1 Satz 5 BetrVG 1972 a. F. zwingend **beide Gruppen** im Wahlvorstand vertreten sein; diese Vorschrift ist in Folge der Aufgabe des Gruppenprinzips in der Betriebsverfassung durch das BetrVerf-Reformgesetz aufgehoben worden (vgl. Rdn. 3). Das hindert den Betriebsrat nicht, auch zukünftig Mitglieder beider Gruppen bewusst in den Wahlvorstand zu berufen. In den Betrieben der privatisierten **Postunternehmen** (Deutsche Post AG, Deutsche Postbank AG, Deutsche Telekom AG), in denen **Beamte** (Mehrzahl) beschäftigt werden, muss dem Wahlvorstand (mindestens) ein Beamter angehören; das bestimmt § 26 Nr. 6 PostPersRG als weiterhin gültige Spezialvorschrift gegenüber § 5 Abs. 1 Satz 3 (vgl. *Raab* § 5

Bestellung des Wahlvorstands § 16

Rdn. 79 m. w. N.) zwingend und gilt deshalb auch dann, wenn die Beamten gemäß § 26 Nr. 1 PostPersRG auf die Bildung einer eigenen Wählergruppe verzichtet haben. Eine Abweichung von dieser Wahlvorschrift ist dann nicht zu vermeiden und unschädlich, wenn sich kein Beamter vor oder nach Beschlussfassung des Betriebsrats zur Übernahme des Amtes im Wahlvorstand bereit erklärt. Andererseits ist der Betriebsrat nicht gehindert, auch mehrere Beamte mit deren Zustimmung zu bestellen. Soweit Beamte in Betrieben anderer privatrechtlich organisierter Unternehmen tätig sind, gilt nicht Entsprechendes wie in den Postunternehmen; sie gelten dort als Arbeitnehmer (§ 5 Abs. 1 Satz 3) und können als Wahlberechtigte nach § 7 Satz 1 in freier Entscheidung vom Betriebsrat bestellt werden (s. Rdn. 32).

§ 15 gilt für die Zusammensetzung des Wahlvorstands nicht. Das Gesetz sieht auch **nicht** zwingend 42 vor, dass beide **Geschlechter im Wahlvorstand** vertreten sein müssen, wenn dem Betrieb wahlberechtigte Frauen und Männer angehören. Nach Abs. 1 Satz 5, der durch das 2. GleichBG eingefügt wurde (vgl. Rdn. 3), sollen dann allerdings Frauen und Männer dem Wahlvorstand angehören. Diese Soll-Vorschrift ist als Appell an den Betriebsrat gerichtet; sie ist aber keine wesentliche Vorschrift über das Wahlverfahren i. S. v. § 19 Abs. 1 (vgl. § 19 Rdn. 20). Bilden zwei oder mehr Unternehmen einen **gemeinsamen Betrieb**, so muss auch auf diese Struktur keine Rücksicht genommen werden (vgl. *LAG Hamm* NZA 1989, 734).

c) Vorsitzender
Eines der Wahlvorstandsmitglieder ist vom Betriebsrat (nicht vom Wahlvorstand selbst; vgl. Rdn. 28) 43 zum **Vorsitzenden** zu bestellen. Der Vorsitzende vertritt den Wahlvorstand nach Maßgabe der von diesem gefassten Beschlüsse nach außen, namentlich gegenüber dem Arbeitgeber, den Arbeitnehmern sowie bei Rechtsstreitigkeiten, bei denen der Wahlvorstand beteiligt ist (vgl. Rdn. 101 f.), vor dem Arbeitsgericht. Er hat die Sitzungen einzuberufen, zu leiten und zusammen mit mindestens einem weiteren Mitglied des Wahlvorstands das Wahlausschreiben (§ 3 Abs. 1 Satz 1 WO) und die Wahlniederschrift (§ 16 Abs. 2 WO) zu unterschreiben.

Ein **Stellvertreter** des Vorsitzenden ist nicht vorgesehen, kann aber bestellt werden, sei es, dass ein 44 anderes Wahlvorstandsmitglied mit der Stellvertreterfunktion betraut wird, sei es, dass ein Ersatzmitglied gerade für den Vorsitzenden bestellt wird (ebenso *Richardi / Thüsing* § 16 Rn. 57).

d) Ersatzmitglieder
Um die Funktionsfähigkeit und Kontinuität eines einmal eingesetzten Wahlvorstands zu sichern, sieht 45 Abs. 1 Satz 4 vor, dass für jedes Mitglied des Wahlvorstands für den Fall seiner Verhinderung ein **Ersatzmitglied** bestellt werden kann. Auch insoweit kommen nur Wahlberechtigte in Betracht. Der Appell gemäß Abs. 1 Satz 5 (vgl. Rdn. 42) gilt entsprechend. Ein Ersatzmitglied wird erst dann Wahlvorstandsmitglied, wenn es endgültig oder zeitweilig in den Wahlvorstand eingetreten ist (vgl. zur Rechtsstellung Rdn. 94).

Die Ersatzmitglieder werden ebenso wie die Mitglieder des Wahlvorstands durch Mehrheitsbeschluss 46 des Betriebsrats bestellt, und zwar entweder in der Weise, dass für jedes Mitglied ein bestimmtes Ersatzmitglied bestellt wird, oder dass ein Ersatzmitglied für mehrere Mitglieder bestimmt wird, oder dass mehrere Ersatzmitglieder für ein oder mehrere Mitglieder bestimmt werden, wenn dabei nur die **Reihenfolge** des Nachrückens genau **festgelegt** wird (allgemeine Meinung; vgl. *Fitting* § 16 Rn. 35; *Homburg/DKKW* § 16 Rn. 16; *Koch*/ErfK § 16 BetrVG Rn. 7; *Nicolai*/HWGNRH § 16 Rn. 19; *Richardi/Thüsing* § 16 Rn. 19; *Wlotzke*/WPK § 16 Rn. 7).

Ersatzmitglieder rücken im Falle der **Verhinderung** eines ordentlichen Mitglieds nach. Dabei sind 47 nach jetzt allgemeiner Auffassung die Fälle der endgültigen Verhinderung (wegen Niederlegung des Amtes oder Ausscheidens aus dem Betrieb) der zeitweiligen Verhinderung (z. B. wegen Krankheit, Urlaub) gleichgestellt; das folgt daraus, dass in § 16 Abs. 1 Satz 4 schlechthin von »Verhinderung« die Rede ist, während in § 25 Abs. 1 die zeitweilige Verhinderung dem Ausscheiden gegenübergestellt ist (vgl. *BAG* 14.12.1965 AP Nr. 5 zu § 16 BetrVG; *Fitting* § 16 Rn. 36; *Homburg/DKKW* § 16 Rn. 16; *Koch*/ErfK § 16 BetrVG Rn. 7; *Nicolai*/HWGNRH § 16 Rn. 19; *Richardi/Thüsing* § 16 Rn. 20; *Wiebauer/LK* § 16 Rn. 13). Ein Ersatzmitglied rückt (mangels eines Verhinderungsfalles) nicht bereits dann ein, wenn eine zum ordentlichen Mitglied bestellte Person die Übernahme des Amtes ablehnt (ebenso *Fitting* § 16 Rn. 25; **a. M.** *Jacobs* Die Wahlvorstände, S. 97 ff., der aber zulässt, dass das Bestellungsorgan bis zur Wirksamkeit der Bestellung des Wahlvorstands die Besetzung noch ändert; krit. *Nicolai/HWGNRH* § 16 Rn. 22), sofern der Betriebsrat das nicht vorsorglich so beschlossen hat (vgl. dazu Rdn. 30).

48 Der Betriebsrat **kann**, er muss aber keine Ersatzmitglieder bestellen, obwohl dies aus Zweckmäßigkeitsgründen zu empfehlen ist. Sind keine oder zu wenig Ersatzmitglieder bestellt und ist der Wahlvorstand durch das Ausscheiden von Mitgliedern nicht mehr mit mindestens drei Mitgliedern besetzt, so ist er zwar funktionsuntüchtig, aber verliert nicht seine Existenz; vielmehr kommt eine **Ergänzung** in Betracht, durch die die Kontinuität des Wahlvorstandes gewahrt wird (unstr.). Die Ergänzung hat zunächst der Betriebsrat, sofern er noch im Amt ist bzw. die Geschäfte noch fortführt, unverzüglich vorzunehmen (vgl. *BAG* 14.12.1965 AP Nr. 5 zu § 16 BetrVG; *LAG Düsseldorf* DB 1975, 260); das gilt auch, wenn der Wahlvorstand nach § 16 Abs. 2 durch das Arbeitsgericht bestellt worden war (ebenso *Thiele* 2. Bearbeitung, § 16 Rn. 31; **a. M.** *Brecht* § 16 Rn. 18; *Fitting* § 16 Rn. 64; *Schlochauer/HSWG* § 16 Rn. 30: nur das Arbeitsgericht). Bleibt der Betriebsrat untätig, so kommt eine Ergänzung durch das Arbeitsgericht entsprechend § 16 Abs. 2 in Betracht (ebenso *Brecht* § 16 Rn. 13; *Fitting* § 16 Rn. 37; *Homburg/DKKW* § 16 Rn. 17; *Koch*/ErfK § 16 BetrVG Rn. 7; *Schlochauer/HSWG* § 16 Rn. 30) oder auch entsprechend § 16 Abs. 3 durch den Gesamtbetriebsrat (bzw. den Konzernbetriebsrat). Ist die Amtszeit des Betriebsrats bereits abgelaufen, so ist es systematisch folgerichtig, zunächst die Ergänzung durch den Gesamtbetriebsrat (bzw. den Konzernbetriebsrat) nach § 17 Abs. 1, in zweiter Linie durch die Betriebsversammlung nach § 17 Abs. 2 zu betreiben; erst ersatzweise erfolgt die Ergänzung durch das Arbeitsgericht nach § 17 Abs. 4 (ebenso *Fitting* § 16 Rn. 38; *Homburg/DKKW* § 16 Rn. 17; *Koch*/ErfK § 16 BetrVG Rn. 7; *Schlochauer/HSWG* § 16 Rn. 30; **a. M.** *Brecht* § 16 Rn. 13, der die sofortige Ergänzung nach § 16 Abs. 2 durch das Arbeitsgericht zulassen wollte). Eine Selbstergänzung des Wahlvorstandes durch Zuwahl ist in keinem Falle möglich (so schon *Thiele* 2. Bearbeitung, § 16 Rn. 24; zust. *Fitting* § 16 Rn. 38).

5. Gewerkschaftliches Entsenderecht (Abs. 1 Satz 6)

a) Entsenderecht

49 Nach Abs. 1 Satz 6 hat **jede im Betrieb vertretene Gewerkschaft** das Recht, einen dem Betrieb angehörenden Beauftragten als ein zusätzliches, nicht stimmberechtigtes Mitglied in den Wahlvorstand zu entsenden, sofern ihr kein stimmberechtigtes Wahlvorstandsmitglied angehört (vgl. zur Zielsetzung dieser Neuregelung Rdn. 3). Vgl. zum einheitlichen Gewerkschaftsbegriff, der auch hier maßgeblich ist, *Jacobs* § 14 Rdn. 83 ff. Nach allgemeiner Meinung ist eine Gewerkschaft schon dann im Betrieb vertreten, wenn ihr **ein** Arbeitnehmer des Betriebes als Mitglied angehört (vgl. *BAG* 10.11.2004 EzA § 17 BetrVG 2001 Nr. 1 mit der vorsorglichen Einschränkung [Orientierungssatz 2], dass der Arbeitnehmer nach der Satzung der Gewerkschaft nicht offensichtlich zu Unrecht als Mitglied aufgenommen worden ist); das ist auch noch dann der Fall, wenn das Arbeitsverhältnis dieses Mitglieds gekündigt ist und es auch tatsächlich nicht weiterbeschäftigt wird, solange über seine Kündigungsschutzklage nicht rechtskräftig entschieden ist (*Hess. LAG* 15.05.2014 – 9 TaBV 194/13 – juris, Rn. 22 ff.). Die Tarifzuständigkeit der Gewerkschaft für den Betrieb oder das Unternehmen des Arbeitgebers reicht allein für das Vertretensein im Betrieb nicht aus, ist aber auch nicht zusätzlich erforderlich (*BAG* 10.11.2004 EzA § 17 BetrVG 2001 Nr. 1 S. 5; anders noch die Vorinstanz *LAG München*). Bei allen privatisierten Unternehmen (wie insbesondere Bahn- und Postunternehmen, Kooperationswirtschaftsunternehmen der Bundeswehr, der Bundesrepublik Deutschland – Finanzagentur GmbH, der Germany Trade and Invest – Gesellschaft für Außenwirtschaft und Standortmarketing GmbH, der DFS Deutsche Flugsicherung GmbH; vgl. zu den einschlägigen Gesetzen die Nachweise bei *Raab* § 5 Rdn. 76) ist Abs. 1 Satz 6 entsprechend auf jeden im Betrieb vertretenen **Berufsverband der Beamten** anzuwenden. Entsprechendes gilt für im Betrieb vertretene **Berufsverbände der Soldaten,** wenn Soldaten unter Beibehaltung ihres Dienstverhältnisses zum Bund eine Tätigkeit in einem Kooperationsunternehmen der Bundeswehr zugewiesen ist (vgl. auch *Fitting* § 16 Rn. 42 mit ergänzenden Hinweisen).

Das **Entsenderecht** der Gewerkschaften setzt voraus, dass der Wahlvorstand durch den Betriebsrat 50
(§ 16 Abs. 1), das Arbeitsgericht (§ 16 Abs. 2 Satz 1) oder Gesamtbetriebsrat bzw. Konzernbetriebsrat
(§ 16 Abs. 3) bestellt worden ist; es besteht durch weitere Verweise auf § 16 Abs. 1 aber auch, wenn der
Wahlvorstand nach § 17 Abs. 1, 2 oder 4 bestellt oder durch die Betriebsversammlung gewählt worden
ist. Das Amt des Wahlvorstands als Kollegialorgan beginnt mit dem Wirksamwerden der Bestellung
(bzw. Wahl) seines letzten Mitglieds (vgl. Rdn. 31; § 17 Rdn. 50). Das Entsenderecht **entsteht nicht**,
wenn bereits ein Mitglied der Gewerkschaft (durch Bestellung oder Wahl) stimmberechtigtes Wahlvorstandsmitglied geworden ist. Insoweit kommt es nur auf die Mitgliedschaft in der Gewerkschaft an; das
Mitglied muss nicht Funktionsträger der Gewerkschaft sein (*Engels/Natter* BB 1989, Beil. Nr. 8, S. 1
[20]). Der Betriebsrat kann daher, insbesondere wenn mehr als drei Wahlvorstandsmitglieder erforderlich sind (Abs. 1 Satz 2), durch Bestellung von Mitgliedern der im Betrieb vertretenen Gewerkschaften deren Entsenderecht ausschließen. Ersatzmitgliedschaft (§ 16 Abs. 1 Satz 4) eines Gewerkschaftsmitgliedes steht dem Entsenderecht nicht entgegen, solange das Ersatzmitglied nicht endgültig oder
zeitweilig in den Wahlvorstand eingetreten ist. Geschieht das, so endet die Mitgliedschaft des entsandten Mitglieds im Wahlvorstand (zust. *Fitting* § 16 Rn. 43).

Den im Betrieb vertretenen Gewerkschaften **steht es frei**, ob sie das ihnen zustehende Entsenderecht 51
ausüben. Es ist ein Recht, keine Pflicht. Betriebsrat, Arbeitgeber und Wahlvorstand sind nicht
verpflichtet, die im Betrieb vertretenen Gewerkschaften auf ein möglicherweise bestehendes Entsenderecht hinzuweisen (ebenso *Fitting* § 16 Rn. 45; *Heither* NZA 1990, Beil. Nr. 1, S. 11 [14]; *Nicolai/
HWGNRH* § 16 Rn. 27; *Stege/Weinspach/Schiefer* § 16 Rn. 12a). Dies folgt daraus, dass das Entsenderecht ein **Initiativrecht** ist, das von der jeweils berechtigten Gewerkschaft auszuüben ist. Die
Gewerkschaft muss (durch einen satzungsgemäß berechtigten oder bevollmächtigten Vertreter, ggf.
auch den Entsandten selbst) dem **Vorsitzenden des Wahlvorstands** (vgl. zu dessen Rechtsstellung
Rdn. 43; *Jacobs* § 1 WO Rdn. 7) **mitteilen**, welche Person sie als nicht stimmberechtigtes Mitglied
in den Wahlvorstand entsandt hat. Erst mit Zugang dieser Erklärung (analog § 26 Abs. 2 Satz 2) gehört
der rechtmäßig Entsandte dem Wahlvorstand an und ist zu den Sitzungen des Wahlvorstands zu laden
(zust. *Homburg/DKKW* § 16 Rn. 22). Vorher ist der Wahlvorstand auch ohne zusätzlich entsandte
Mitglieder ordnungsgemäß zusammengesetzt (ebenso *Richardi/Thüsing* § 16 Rn. 31). Die Ausübung
des Entsenderechts ist an **keine bestimmte Frist** gebunden; solange das Wahlverfahren noch nicht
beendet ist (vgl. dazu § 18 Rdn. 40), ist die Entsendung noch möglich (ebenso *Fitting* § 16 Rn. 46).
Zur Wahrnehmung des Entsenderechts hat jede im Betrieb vertretene Gewerkschaft **ein Zugangsrecht zum Betrieb** nach Maßgabe von § 2 Abs. 2 (z. B. um einen Arbeitnehmer für die Entsendung
in den Wahlvorstand zu gewinnen); ebenso *Fitting* § 16 Rn. 43.

b) Entsendung von Beauftragten

Die im Betrieb vertretenen Gewerkschaften können nur »**einen dem Betrieb angehörenden Be-** 52
auftragten« in den Wahlvorstand entsenden. Vgl. zur Betriebszugehörigkeit ausführlich *Raab* § 7
Rdn. 17 ff.; aber auch ein nach § 7 Satz 2 wahlberechtigter Leiharbeitnehmer kommt in Betracht,
weil er auch zum Wahlvorstandsmitglied bestellt werden kann (vgl. Rdn. 32). **Externe** Gewerkschaftsbeauftragte kommen **nicht** in Betracht; das gilt auch dann, wenn der Wahlvorstand durch das
Arbeitsgericht bestellt worden ist und dabei auch Betriebsfremde zu ordentlichen Wahlvorstandsmitgliedern nach § 16 Abs. 2 Satz 3 bestellt worden sind (zust. *Fitting* § 16 Rn. 48). Die Gewerkschaften können Personen aus dem Kreis ihrer **Mitglieder**, aber **auch Nichtmitglieder** entsenden (ebenso
Fitting § 16 Rn. 49; *Jacobs* Die Wahlvorstände, S. 116; *Joost/* MünchArbR § 216 Rn. 131; zust. *Richardi/Thüsing* § 16 Rn. 28; **a. M.** ohne Begründung *Engels/Natter* BB 1989, Beil. Nr. 8, S. 1 [20]; *Heither*
NZA 1990, Beil. Nr. 1, S. 11 [14]; die Begründung für diese Auffassung lässt sich auch nicht daraus
herleiten, dass das Entsenderecht nur dann nicht entsteht, wenn schon ein Gewerkschaftsmitglied
zum Wahlvorstandsmitglied bestellt oder gewählt worden ist; bei dem klaren Wortlaut des Gesetzes
ist diese Diskrepanz vielmehr hinzunehmen); der Betreffende muss nur »Beauftragter« der Gewerkschaft sein. Das setzt voraus, dass ein schuldrechtliches Rechtsverhältnis zwischen Gewerkschaft
und Beauftragtem (Auftrag, §§ 662 ff. BGB) durch entsprechende Einigung über die Mitwirkung
im Wahlvorstand zustande gekommen ist; auf Vertretungsmacht kommt es nicht an, weil der Beauftragte im Wahlvorstand kein Stimmrecht hat (unzutreffend deshalb *Homburg/DKKW* § 16 Rn. 22,
der auf Bevollmächtigung abstellt). Es können aber nur **wahlberechtigte Arbeitnehmer** entsandt

werden (vgl. zur Wahlberechtigung ausführlich *Raab* § 7 Rdn. 11 ff.), nicht etwa Personen, die das 18. Lebensjahr noch nicht vollendet haben. Das folgt daraus, dass der Entsandte Mitglied im Wahlvorstand wird (vgl. Rdn. 55), aber nach § 16 Abs. 1 Satz 1 der Wahlvorstand **immer** aus Wahlberechtigten bestehen muss (ebenso *Fitting* § 16 Rn. 49, 50; *Heither* NZA 1990, Beil. Nr. 1, S. 11 [14]; zust. *Homburg/ DKKW* § 16 Rn. 22; unzutreffend *Wiebauer/LK* § 16 Rn. 16, der auch die Entsendung leitender Angestellter und der in § 5 Abs. 2 genannten Personen für möglich hält). Der Entsendung von Betriebsratsmitgliedern, Wahlbewerbern oder Unterzeichnern von Wahlvorschlägen steht nichts im Wege; denn jeder Wahlberechtigte kann Mitglied im Wahlvorstand sein (vgl. Rdn. 32 ff.). Auch ein vom Betriebsrat nach § 16 Abs. 1 Satz 4 bestelltes Ersatzmitglied für ein ordentliches Wahlvorstandsmitglied kann entsandt werden (vgl. auch Rdn. 50).

53 Jede Gewerkschaft kann **nur ein** zusätzliches Mitglied in den Wahlvorstand entsenden. Ein entsandtes Mitglied des Wahlvorstands kann sein Amt jederzeit niederlegen (vgl. Rdn. 97). Die entsendende Gewerkschaft kann den Auftrag jederzeit widerrufen (§ 771 BGB), weil dem Gesichtspunkt der Amtskontinuität bei stimmrechtslosen entsandten Mitgliedern (s. Rdn. 55) keine Bedeutung zukommt. In beiden Fällen kann die Gewerkschaft ein anderes Mitglied entsenden. Für den Fall bloßer Verhinderung eines entsandten Wahlvorstandsmitgliedes kann die Gewerkschaft aber **kein Ersatzmitglied** entsenden (ebenso *Fitting* § 16 Rn. 51; *Richardi/Thüsing* § 16 Rn. 29); zust. *Homburg/DKKW* § 16 Rn. 23; unklar *Heither* NZA 1990, Beil. Nr. 1, S. 11 [14]). Da entsandte Mitglieder für die Funktionsfähigkeit und Kontinuität des Wahlvorstands nicht erforderlich sind, kommt mangels vergleichbarer Interessenlage eine entsprechende Anwendung von Abs. 1 Satz 4 nicht in Betracht.

54 Haben Gewerkschaften Mitglieder in den Wahlvorstand entsandt, so ist es **Recht und Pflicht des Wahlvorstands, zu prüfen** und durch Beschluss der stimmberechtigten Mitglieder zu entscheiden, ob die Voraussetzungen für eine rechtswirksame Entsendung vorliegen (ebenso *Engels/Natter* BB 1989, Beil. Nr. 8, S. 1 [21]; *Fitting* § 16 Rn. 44; *Heither* NZA 1990, Beil. Nr. 1, S. 11 [14]; *Reichold/ HWK* § 16 BetrVG Rn. 9; *Richardi/Thüsing* § 16 Rn. 30; **a. M.** *Dänzer-Vanotti* AuR 1989, 204 [205], der die Prüfung für eine Aufgabe des Betriebsrats hält, wenn dieser den Wahlvorstand bestellt hat). In Zweifelsfällen kann sich der Wahlvorstand die erforderlichen Unterlagen vorlegen lassen; er kann auch vom Arbeitgeber Unterstützung verlangen (entsprechend § 2 Abs. 2 WO); vgl. auch *Jacobs* § 14 Rdn. 88. Streitigkeiten zwischen Wahlvorstand und Gewerkschaft über die Zusammensetzung des Wahlvorstands entscheidet vor Abschluss der Wahl das Arbeitsgericht auf Antrag im Beschlussverfahren (§ 2a Abs. 1 Nr. 1, Abs. 2; §§ 80 ff. ArbGG); vgl. auch Rdn. 100.

55 Der von einer im Betrieb vertretenen Gewerkschaft in den Wahlvorstand entsandte Beauftragte **ist Mitglied** des Wahlvorstands; das ist nach dem Gesetzeswortlaut von Abs. 1 Satz 6 eindeutig (ebenso *Fitting* § 16 Rn. 52; *Heither* NZA 1990, Beil. Nr. 1, S. 11 [14]; *Richardi/Thüsing* § 16 Rn. 32). Dieses Mitglied hat **kein Stimmrecht**; es kann mithin an Entscheidungen des Wahlvorstands, die gemäß § Abs. 3 WO durch Beschluss getroffen werden, nicht durch Stimmabgabe teilnehmen. Außerdem kann es nicht mitwirken, soweit die WO ausdrücklich die Tätigkeit stimmberechtigter Mitglieder des Wahlvorstands im Wahlverfahren vorschreibt (vgl. § 1 Abs. 3 Sätze 1 und 3, § 3 Abs. 1 Satz 1, § 12 Abs. 2, § 16 Abs. 2 WO). **Im Übrigen** hat dieses Mitglied jedoch **die gleichen Rechte und Befugnisse** wie die bestellten oder gewählten Mitglieder im Wahlvorstand (z. B. Teilnahmerecht an Sitzungen, Rederecht, Beratungsrecht, Recht auf Einsicht in Unterlagen); es ist nicht auf »kontrollierende Beobachtung« beschränkt (**a. M.** *Engels/Natter* BB 1989, Beil. Nr. 8, S. 1 [20]; *Homburg/DKKW* § 16 Rn. 23). Im Unterschied zu § 20 Abs. 1 Satz 3 BPersVG gewährt § 16 Abs. 1 Satz 6 nicht nur das Recht, »an den Sitzungen des Wahlvorstands mit beratender Stimme teilzunehmen«, sondern die Mitgliedschaft im Wahlvorstand. Zwar hätte ein solches (bloßes) Teilnahmerecht zur Erfüllung der Zielsetzung der Neuregelung ausgereicht, nämlich mehr Transparenz bei der Tätigkeit des Wahlvorstands zu gewährleisten (vgl. Rdn. 3); zutr. *Fitting* § 16 Rn. 52. Da der Wortlaut des Gesetzes den gewerkschaftlichen Beauftragten jedoch ausdrücklich als »Mitglied« bezeichnet, kommt auch im Hinblick auf die persönliche Rechtsstellung der entsandten Mitglieder eine teleologische Reduktion nicht in Betracht.

56 Die entsandten Mitglieder des Wahlvorstands **zählen nicht mit**, soweit es darum geht, ob der Wahlvorstand den zwingenden Anforderungen der Zusammensetzung nach § 16 Abs. 1 Satz 3 (ungerade Zahl) entspricht (*Engels/Natter* BB 1989, Beil. Nr. 8, S. 1 [20]). Auch zählen sie bei der Beurteilung der Beschlussfähigkeit des Wahlvorstands nicht; ebenso wenig bei der Bestimmung der erforderlichen

Bestellung des Wahlvorstands § 16

Mehrheit für Beschlüsse des Wahlvorstands. Beschlüsse, die etwa nur mit Hilfe ihrer Stimme zustande kommen, sind unwirksam. Sie können auch nicht als Ersatzmitglieder herangezogen werden, sofern sie dazu nicht bestellt oder gewählt worden sind (vgl. Rdn. 52).

Da die entsandten Gewerkschaftsbeauftragten Mitglieder des Wahlvorstands sind, genießen sie vom Zeitpunkt des Wirksamwerdens ihrer Entsendung an (vgl. Rdn. 51) nach § 103 BetrVG, § 15 Abs. 3 KSchG **besonderen Kündigungsschutz** (ebenso *Fitting* § 16 Rn. 53; *Heither* NZA 1990, Beil. Nr. 1, S. 11 [14]; zust. *Eylert* AuR 2014, 300 [301]; **a. M.** *Engels/Natter* BB 1989, Beil. Nr. 8, S. 1 [21]). Vgl. im Übrigen zur Rechtsstellung als Mitglied des Wahlvorstands Rdn. 93 ff. 57

§ 16 Abs. 1 Satz 6 gewährt das gewerkschaftliche Entsenderecht **zwingend**. Die Vorschrift ist deshalb eine wesentliche Vorschrift über das Wahlverfahren i. S. v. § 19 Abs. 1 (vgl. § 19 Rdn. 19). Wird ein von einer Gewerkschaft Entsandter zu Unrecht vom Wahlvorstand zurückgewiesen (vgl. Rdn. 54) oder zu Unrecht als Wahlvorstandsmitglied beteiligt, obwohl die Voraussetzungen für eine wirksame Entsendung nicht vorliegen, so ist der Wahlvorstand nicht ordnungsgemäß zusammengesetzt. Gleichwohl kann dies die Anfechtbarkeit der Wahl nach § 19 Abs. 1 nicht begründen, weil die Mitwirkung oder Nichtmitwirkung stimmrechtsloser Wahlvorstandsmitglieder **als solche** das Wahlergebnis **unter keinen Umständen** beeinflussen kann (ebenso *Engels/Natter* BB 1989, Beil. Nr. 8, S. 1 [20]; *Fitting* § 16 Rn. 55; im Ergebnis zust. *Homburg/DKKW* § 16 Rn. 23; *Koch/*ErfK § 16 BetrVG Rn. 6; abw. *Triemel* Minderheitenschutz, S. 118 f.; vgl. zu den str. Kausalitätsanforderungen bei Wahlfehlern ausführlich § 19 Rdn. 42 ff.; beachte aber auch [zu § 16 Abs. 1 Satz 5 a. F.] *BAG* 14.09.1988 EzA § 16 BetrVG 1972 Nr. 6 sowie näher Rdn. 106). 58

Neben dem Entsenderecht und unabhängig davon, ob von ihm Gebrauch gemacht wurde, kommt eine **Unterstützung** des Wahlvorstands durch eine im Betrieb vertretene Gewerkschaft **auf Anforderung** in Betracht (vgl. § 18 Rdn. 13). 59

III. Bestellung des Wahlvorstands durch das Arbeitsgericht (Abs. 2)

Nach § 16 Abs. 2 hat das Arbeitsgericht den Wahlvorstand **auf Antrag** von mindestens drei Wahlberechtigten oder einer im Betrieb vertretenen Gewerkschaft zu bestellen, wenn acht Wochen vor Ablauf der Amtszeit des Betriebsrats kein Wahlvorstand besteht. Für die gerichtliche Bestellung gelten grundsätzlich die gleichen Bestimmungen wie für die Bestellung durch den Betriebsrat nach Abs. 1; das ergibt sich aus der Verweisung in Abs. 2 Satz 1 Halbs. 2, wonach **Abs. 1 entsprechend** gilt. D. h. für die Zusammensetzung des Wahlvorstands (s. näher Rdn. 32 ff.), dass nur Wahlberechtigte (s. Rdn. 32) zu bestellen sind, sofern nicht die Ausnahmeregelung nach Abs. 2 Satz 3 eingreift (dazu Rdn. 76 ff.). Es müssen (mindestens) drei Wahlvorstandsmitglieder bestellt werden, einer von ihnen als Vorsitzender (Abs. 1 Satz 1); die Geschlechter sollen vertreten sein (Abs. 1 Satz 5). Auch das Arbeitsgericht darf die Zahl der Mitglieder nur (auf ungerade Zahlen, Abs. 1 Satz 3) erhöhen, wenn dies zur ordnungsgemäßen Durchführung der Wahl erforderlich ist (Abs. 1 Satz 2). Ersatzmitglieder können (und sollten in der Regel) bestellt werden (Abs. 1 Satz 4). Für das Entsenderecht der im Betrieb vertretenen Gewerkschaften nach Abs. 1 Satz 6 gilt das in Rdn. 49 ff. Gesagte (und zwar auch dann, wenn gemäß Abs. 2 Satz 3 betriebsfremde Gewerkschaftsmitglieder zu Mitgliedern des Wahlvorstands bestellt werden; das folgt aus der pauschalen Verweisung auf Abs. 1). 60

Die Kompetenz des Arbeitsgerichts ist **subsidiär** und verdrängt die Primärberechtigung und -verpflichtung des Betriebsrates zur Bestellung des Wahlvorstands nicht, solange die gerichtliche Bestellung nicht rechtskräftig ist (vgl. dazu näher Rdn. 15). Alternativ besteht die ebenfalls subsidiäre Kompetenz von Gesamtbetriebsrat bzw. Konzernbetriebsrat nach § 16 Abs. 3. 61

1. Voraussetzungen

Über die Bestellung des Wahlvorstands entscheidet das Arbeitsgericht im Beschlussverfahren (§ 2a Abs. 1 Nr. 1, Abs. 2, §§ 80 ff. ArbGG). Das setzt einen entsprechenden **Antrag** voraus; das Arbeitsgericht wird nicht von Amts wegen tätig. Der Antrag kann schriftlich oder mündlich zu Protokoll 62 der Geschäftsstelle des Arbeitsgerichts (§ 81 Abs. 1 ArbGG), in dessen Bezirk der Betrieb liegt (§ 82 ArbGG), gestellt werden (s. auch § 19 Rdn. 95).

63 Die weiteren Voraussetzungen, die nach § 16 Abs. 2 vorliegen müssen, damit das Arbeitsgericht den Wahlvorstand bestellt, betreffen **alle die Begründetheit** des Antrags; es handelt sich **nicht** um Zulässigkeits- oder Verfahrensvoraussetzungen. Das wird in der betriebsverfassungsrechtlichen Literatur und Rechtsprechung weithin anders gesehen; namentlich wird die »Antragsberechtigung« (»Antragsbefugnis«) als eigenständige Verfahrensvoraussetzung geprüft (vgl. *Fitting* § 16 Rn. 60; *Homburg/DKKW* § 16 Rn. 25; *Richardi/Thüsing* § 16 Rn. 38; vgl. weiter auch die Kommentare zu § 19 Abs. 2 bezüglich der Anfechtungsberechtigung und dazu § 19 Rdn. 62; die Rechtsprechung formulierte zunächst lange unsicher; vgl. *BAG* 14.02.1978 AP Nr. 7 zu § 19 BetrVG 1972 = SAE 1980, 72 [*Kreutz*]: »Voraussetzung sowohl für die prozessuale Einleitung und Weiterführung eines Beschlussverfahrens als auch für eine materiell-rechtlich günstige Entscheidung«; *BAG* 10.06.1983 AP Nr. 10 zu § 19 BetrVG 1972; *BAG* DB 1985, 1799; für Verfahrensvoraussetzung aber eindeutig zuletzt etwa *BAG* 15.10.2014 EzA § 16 BetrVG 2001 Nr. 1 Rn. 23 = AP Nr. 3 zu § 16 BetrVG 1972: Antragsbefugnis dient dazu, »Popularklagen auszuschließen«). Mit *Grunsky* (ArbGG, § 80 Rn. 29 ff., § 81 Rn. 6) ist jedoch davon auszugehen, dass jeder einen Antrag i. S. v. § 81 Abs. 1 ArbGG stellen kann, der behauptet, ein eigenes Recht geltend zu machen, und alles andere dann eine Frage der Begründetheit des Antrags ist (dem kommt die Rspr. allerdings nahe, da sie für die Antragsbefugnis regelmäßig genügen lässt, dass der Antragsteller »eigene Rechte geltend macht und dies nicht von vornherein aussichtslos erscheint«; so *BAG* 15.10.2014 EzA § 16 BetrVG 2001 Nr. 1 Rn. 23 = AP Nr. 3 zu § 16 BetrVG 1972).

64 Die gerichtliche Bestellung des Wahlvorstands setzt zunächst voraus, **dass** acht Wochen vor Ablauf der Amtszeit des Betriebsrats **kein Wahlvorstand besteht**. Es ist unbeachtlich, warum er nicht besteht, ob wegen Untätigkeit oder Säumnis des Betriebsrats oder wegen fehlender Bereitschaft von Wahlberechtigten, das Wahlvorstandsamt zu übernehmen. Zur Frage, wann der Wahlvorstand besteht, d. h. wirksam bestellt ist, vgl. Rdn. 30, 31.

65 Die gerichtliche **Bestellung** ist **frühestens** acht Wochen vor Ablauf der Amtszeit des Betriebsrats zulässig (so wohl auch *Brors*/HaKo § 16 Rn. 12; *Wlotzke/WPK* § 16 Rn. 10). Demgegenüber wird in der Literatur verbreitet die Auffassung vertreten, dass der **Antrag** (auf gerichtliche Bestellung des Wahlvorstands) frühestens acht Wochen vor Ablauf der Amtszeit **gestellt** werden kann (vgl. *Fitting* § 16 Rn. 56, 58; *Galperin/Löwisch* § 16 Rn. 16; *Homburg/DKKW* § 16 Rn. 27; *Koch*/ErfK § 16 BetrVG Rn. 9; *Maschmann*/AR § 16 BetrVG Rn. 4; *Nicolai/HWGNRH* § 16 Rn. 34; *Reichold/HWK* § 16 BetrVG Rn. 10; *Richardi/Thüsing* § 16 Rn. 34; *Wiebauer/LK* § 16 Rn. 18). Schon dem Wortlaut nach handelt es sich jedoch bei dieser Frist, die sich allein auf das Bestehen des Wahlvorstands bezieht, nicht um eine Voraussetzung der Zulässigkeit des Antrags; zudem wäre es in hohem Maße unbefriedigend, wenn ein Antrag nur deshalb als unzulässig abzuweisen wäre, weil er etwa einen oder zwei Tage zu früh eingereicht worden ist. Entscheidend muss sein, dass das Arbeitsgericht den Wahlvorstand nicht zu früh bestellt.

66 Für die **Berechnung der Acht-Wochen-Frist** gilt bei regelmäßiger vierjähriger Amtszeit des Betriebsrates das in Rdn. 22 Gesagte. Die gerichtliche Bestellung ist dementsprechend in diesen Fällen frühestens an dem Tage zulässig (z. B. Donnerstag), an dem acht Wochen später die Amtszeit des Betriebsrates abläuft. In den Fällen verkürzter oder verlängerter Amtszeit eines Betriebsrates (§ 13 Abs. 3), der außerhalb des regelmäßigen Wahlzeitraums gewählt worden ist (§ 13 Abs. 2) und dessen Amtszeit spätestens am 31. Mai des Neuwahl-Jahres abläuft (§ 21 Sätze 3 und 4), kann der Wahlvorstand frühestens am 5. April durch das Gericht bestellt werden (zu Unrecht stellen *Fitting* § 16 Rn. 59 und *Koch*/ErfK § 16 BetrVG Rn. 9 bei der Fristberechnung auf den 6. April ab). Bei Wahrnehmung eines Übergangsmandats nach § 21a ist gerichtliche Bestellung frühestens an dem Tag zulässig (z. B. Donnerstag), an dem acht Wochen später das Übergangsmandat endet (vgl. § 21a Rdn. 41). Bei einer Neuwahl in den Fällen des § 13 Abs. 2 Nr. 1 bis 3 kann die Acht-Wochen-Frist kalendermäßig nicht berechnet werden (vgl. Rdn. 24). In diesen Fällen muss dem Betriebsrat eine **angemessene Frist** zur Bestellung belassen werden; zu Recht wird überwiegend eine Frist von zwei Wochen in Anlehnung an die Differenz der Fristen in § 16 Abs. 1 und 2 als angemessen angesehen (vgl. *Brecht* § 16 Rn. 15; *Fitting* § 16 Rn. 58; *Galperin/Löwisch* § 16 Rn. 16; *Homburg/DKKW* § 16 Rn. 27; *Koch*/ErfK § 16 BetrVG Rn. 9; *Nicolai/HWGNRH* § 16 Rn. 34; *Richardi/Thüsing* § 16 Rn. 34; zust. *BAG* 23.11.2016 NZA

2017, 589 Rn. 34 = DB 2017, 854; **a. M.** *Wahsner* AuR 1979, 208, der eine Mindestfrist von vier Wochen für angemessen hält). Die gerichtliche Bestellung des Wahlvorstands kann daher frühestens zwei Wochen nach dem Tag erfolgen, an dem der Betriebsrat den Wahlvorstand spätestens hätte bestellen müssen, wenn er noch unverzüglich (vgl. Rdn. 24) gehandelt hätte (**a. M.** *Thiele* 2. Bearbeitung, § 16 Rn. 27, der auf den Tag abstellen wollte, an dem die Neuwahl erforderlich wurde). Hierbei wird sich positiv auswirken, dass das Gericht besser als die Antragsteller beurteilen kann, wann die gerichtliche Bestellung frühestens in Betracht kommt; im Übrigen ist auch hier zu berücksichtigen, dass der **Betriebsrat noch** bis zur Rechtskraft der Entscheidung des Arbeitsgerichts die Bestellung selbst vornehmen kann (vgl. Rdn. 15).

Die gerichtliche Bestellung nach Abs. 2 kann **nicht mehr** erfolgen, wenn der **Antrag erst** gestellt wird, **nachdem** die Amtszeit des Betriebsrates **abgelaufen** ist; dann ist der Betrieb ohne Betriebsrat, und die Zuständigkeit zur Bestellung des Wahlvorstands richtet sich nach § 17 und der dort vorgesehenen Reihenfolge (sofern nicht noch vor Ablauf der Amtszeit die Bestellung des Wahlvorstands durch den Gesamtbetriebsrat bzw. Konzernbetriebsrat nach § 16 Abs. 3 erfolgt ist), so dass die gerichtliche Ersatzbestellung nach § 16 Abs. 2 systematisch nicht mehr in Betracht kommt (vgl. Rdn. 18; ferner *Koch*/ErfK § 16 BetrVG Rn. 9; *Richardi*/*Thüsing* § 16 Rn. 35; **a. M.** *LAG Düsseldorf* DB 1976, 682). Entscheidend ist insoweit der Zeitpunkt der Antragstellung; ist dieser vor Ablauf der Amtszeit des Betriebsrats gestellt worden, so kann das Gericht noch über die Bestellung entscheiden. Denn die in Abs. 2 bestimmte Frist geht vom alsbaldigen Ablauf der Amtszeit nach Antragstellung aus. Wollte man demgegenüber verlangen, dass die Amtszeit etwa zum Zeitpunkt der letzten mündlichen Verhandlung (ggf. in zweiter Instanz) noch nicht abgelaufen ist, würde diese gerichtliche Bestellung sinnwidrig weithin leerlaufen (zutr. *LAG Berlin-Brandenburg* 16.10.2014 – 18 TaBV 996/14 – juris, Rn. 29; bestätigend *BAG* 23.11.2016 – 7 ABR 13/15 – NZA 2017, 589 Rn. 28). Es besteht aber die Möglichkeit, dass zwischenzeitlich (vor Rechtskraft) durch den Gesamtbetriebsrat (bzw. Konzernbetriebsrat) nach § 17 Abs. 1 oder in einer Betriebsversammlung nach § 17 Abs. 2 (vgl. § 17 Rdn. 10) ein Wahlvorstand bestellt wird (zust. *BAG* 23.11.2016 NZA 2017, 589 Rn. 26); deren Zuständigkeit folgt daraus, dass in dem Betrieb jetzt kein Betriebsrat (mehr) besteht. Erfolgt eine solche Bestellung, gilt für das gerichtliche Bestellungsverfahren das in Rdn. 15 Gesagte entsprechend.

Das Arbeitsgericht kann den Wahlvorstand **nur dann** bestellen, wenn **mindestens drei Wahlberechtigte** (nach § 7 Satz 1 oder auch Satz 2; vgl. dazu näher Rdn. 32) oder **eine im Betrieb vertretene Gewerkschaft** (vgl. dazu Rdn. 49 und *Jacobs* § 14 Rdn. 83 ff.) dies beantragen (s. Rdn. 62). In den privatisierten Unternehmen ist Abs. 2 Satz 1 entsprechend auf jeden im Betrieb vertretenen Berufsverband der Beamten (bzw. Soldaten) anzuwenden (vgl. Rdn. 49 und *Jacobs* Anhang zu § 10 Rdn. 11). Auf Antrag des Arbeitgebers darf die gerichtliche Bestellung nicht erfolgen (ebenso *Fitting* § 16 Rn. 60; *Homburg*/DKKW § 16 Rn. 25; *Nicolai*/HWGNRH § 16 Rn. 36; *Richardi*/*Thüsing* § 16 Rn. 37), weil die Aufzählung der Antragsteller (h. M: »Antragsberechtigung«) in Abs. 2 Satz 1 abschließend ist; mangels Gesetzeslücke kommt insoweit auch keine Analogie zu § 19 Abs. 2 in Betracht. Jeder **einzelne** Wahlberechtigte kann einen Antrag stellen; jedoch genügt es nicht, wenn nur ein oder zwei Antragsteller vorhanden sind. Vielmehr muss nach ausdrücklicher gesetzlicher Bestimmung das Verfahren von mindestens drei Wahlberechtigten getragen werden, um der Betriebsratswahl von vornherein eine gewisse Erfolgsaussicht zu geben. Es ist belanglos, wie sich das **Verhältnis der Antragsteller zueinander** darstellt; gemeinsame, aber auch Einzelantragstellung kommen in Betracht. In jedem Falle handelt jeder Antragsteller aus eigenem Recht, kann seinen Antrag deshalb auch jederzeit frei zurücknehmen (§ 81 Abs. 2 ArbGG), in der Beschwerdeinstanz allerdings nur mit Zustimmung der anderen Beteiligten (§ 87 Abs. 2 Satz 3 ArbGG). Auch drei Betriebsratsmitglieder können einen Antrag stellen, nicht aber der noch amtierende Betriebsrat als Organ.

Vom Zeitpunkt der Antragstellung an genießen bei gemeinsamer Antragstellung die ersten drei aufgeführten Arbeitnehmer, bei Einzelantragstellung (von mindestens drei Antragstellern) die zeitlich ersten drei Antragsteller **besonderen Kündigungsschutz** nach § 15 Abs. 3a KSchG. Ihnen kann bis zur Bekanntgabe des Wahlergebnisses oder für den Fall, dass ein Betriebsrat nicht gewählt wird, vom Zeitpunkt der Antragstellung an drei Monate nicht ordentlich gekündigt werden. Dieser Sonderkündigungsschutz wird aber nicht ausgelöst, wenn nur ein einzelner Wahlberechtigter zusammen mit einer antragsberechtigten Gewerkschaft die gerichtliche Wahlvorstandsbestellung beantragt (*LAG München*

30.04.2008 – 5 Sa 551/07 – juris). Steht drei Monate nach Antragstellung noch nicht fest, dass ein Betriebsrat nicht gewählt wird (z. B. weil das gerichtliche Bestellungsverfahren noch nicht rechtskräftig abgeschlossen ist), besteht der Sonderkündigungsschutz bis zur Bekanntgabe des Wahlergebnisses oder solange fort, bis feststeht (z. B. bei Abbruch der Wahl durch den Wahlvorstand), dass er nicht gewählt wird (ebenso *Etzel/Kreft*/KR § 15 KSchG Rn. 167; *Fitting* § 17 Rn. 38). Abs. 3a ist durch Art. 7 Nr. 1 BetrVerf-Reformgesetz neu in § 15 KSchG eingefügt worden; die Bestimmung soll die Bereitschaft zur Antragstellung fördern (vgl. die Begründung zum RegE BetrVerf-Reformgesetz, BT-Drucks. 14/5741, S. 55). Der besondere Kündigungsschutz gilt jedoch nur für betriebsangehörige Wahlberechtigte, nicht für die nach § 7 Satz 2 wahlberechtigten Leiharbeitnehmer in ihrem Arbeitsverhältnis zum Verleiher.

70 Der Antrag ist **nur begründet** (vgl. auch *BAG* 14.02.1978 AP Nr. 7 zu § 19 BetrVG 1972 = SAE 1980, 72 *[Kreutz]* und Rdn. 63), d. h. das Arbeitsgericht darf den Wahlvorstand nur dann bestellen, wenn **während der gesamten Dauer des Verfahrens**, ggf. bis zur letzten mündlichen Anhörung in der Rechtsbeschwerdeinstanz, drei Wahlberechtigte bzw. eine im Betrieb vertretene Gewerkschaft ihren Antrag verfolgen; nicht ausreichend ist, dass ein Antrag einmal wirksam gestellt worden ist (unter Betonung des Vorliegens einer Verfahrensvoraussetzung ebenso *BAG* 21.11.1975 AP Nr. 6 zu § 118 BetrVG 1972 – zu § 17 Abs. 3 a. F. [jetzt § 17 Abs. 4] BetrVG 1972; zust. *LAG München* 07.12.2011 NZA-RR 2012, 83 [84]; *Fitting* § 16 Rn. 60; *Koch*/ErfK § 16 BetrVG Rn. 9; *Nicolai*/HWGNRH § 16 Rn. 36; *Richardi*/*Thüsing* § 16 Rn. 38; *Wiebauer*/LK § 16 Rn. 19; vgl. auch *Galperin*/*Löwisch* § 16 Rn. 18; *Homburg*/DKK § 16 Rn. 25; **a. M.** früher *BAG* 04.11.1960 BAGE 10, 154 [158] = AP Nr. 2 zu § 16 BetrVG). Scheidet einer von nur drei Antragstellern aus dem Betrieb aus oder nimmt er seinen Antrag zurück oder verliert eine antragstellende Gewerkschaft während des Verfahrens ihre Vertretung im Betrieb (z. B. weil das einzige Mitglied aus dem Betrieb ausscheidet), so darf das Gericht keinen Wahlvorstand bestellen.

71 Grundsätzlich ist die Frage zu bejahen, ob **an die Stelle** eines wahlberechtigten Arbeitnehmers, der seinen Antrag zurückgenommen hat oder aus dem Betrieb ausgeschieden ist, »im Austausch« ein anderer Wahlberechtigter durch seine nachträgliche Antragstellung treten kann (zust. *Brors*/HaKo § 16 Rn. 12). Die billigenswerte Rechtsprechung des *BAG*, nach der ein solches Auswechseln bei der Wahlanfechtung nach § 19 Abs. 2 wegen Versäumung der Antragsfrist nicht in Betracht kommt (vgl. dazu näher § 19 Rdn. 78), kann mangels Antragsfrist hier nicht übernommen werden. Erforderlich ist jedoch, dass die Antragstellung des »Beitretenden« vor Ablauf der Amtszeit des Betriebsrats erfolgt, weil sich sonst die Zuständigkeit zur Bestellung des Wahlvorstands nach § 17 richtet (vgl. Rdn. 67). Wegen der Möglichkeit dieses »Auswechselns« gibt es keinen Grund, etwa wie nach der Rspr. bei der Wahlanfechtungsberechtigung (vgl. § 19 Rdn. 76) über den späteren Wegfall der Wahlberechtigung von Antragstellern hinwegzusehen (ebenso im Ergebnis *LAG München* 07.12.2011 NZA-RR 2012, 83 [84]).

72 Nach Abs. 2 Satz 2 kann der Antragsteller **Vorschläge für die Zusammensetzung** des Wahlvorstandes machen; namentlich können sich antragstellende Arbeitnehmer selbst vorschlagen oder (in Betrieben mit in der Regel mehr als 20 wahlberechtigten Arbeitnehmern) auch betriebsfremde Mitglieder einer im Betrieb vertretenen Gewerkschaft (vgl. Rdn. 76 ff.). Das Arbeitsgericht ist jedoch in der Auswahl völlig frei, soweit es Abs. 1 Satz 1, 3 beachtet (ebenso *Fitting* § 16 Rn. 61; *Galperin*/*Löwisch* § 16 Rn. 19), insbesondere an die Vorschläge nicht gebunden (zust. *BAG* 10.11.2004 EzA § 17 BetrVG 2001 Nr. 1 [unter B II] = AP Nr. 7 zu § 17 BetrVG 1972; vgl. auch *Homburg*/DKKW § 16 Rn. 26; *Nicolai*/HWGNRH § 16 Rn. 37; *Richardi*/*Thüsing* § 16 Rn. 41); es braucht die Nichtbestellung der Vorgeschlagenen nicht zu begründen. Andererseits ist das Gericht mangels jeglichen Kontakts zu den Arbeitnehmern des Betriebes praktisch auf die Vorschläge angewiesen; es wird von diesen daher nur bei besonderem Anlass abweichen. Die vorgeschlagenen Personen sind im Beschlussverfahren nicht Beteiligte (vgl. *BAG* 06.12.1977 AP Nr. 10 zu § 118 BetrVG 1972; 10.11.2004 EzA § 17 BetrVG 2001 Nr. 1 S. 4); ebenso wenig die vom Arbeitsgericht bestellten Wahlvorstandsmitglieder (*BAG* 10.11.2004 EzA § 17 BetrVG 2001 Nr. 1 [unter B I 1] = AP Nr. 7 zu § 17 BetrVG 1972).

2. Gerichtliche Bestellung

Die **gerichtliche Bestellung** wird erst **mit Rechtskraft** des Beschlusses (materiell-rechtlich) **wirksam** (ebenso *BAG* 26.11.2009 EzA § 15 n. F. KSchG Nr. 65 Rn. 12 = AP Nr. 64 zu § 15 KSchG 1969; *Richardi/Thüsing* § 16 Rn. 51). Das führt schon angesichts einer Beschwerdefrist von einem Monat (§ 87 Abs. 2 Satz 1 i. V. m. § 66 Abs. 1 ArbGG) zu erheblichen Verzögerungen bei der Betriebsratswahl. Deshalb empfiehlt es sich, dass der gerichtlich bestellte Wahlvorstand, wenn die Mitglieder ihre auch hier erforderliche Zustimmung zur Bestellung (s. Rdn. 30) erteilt haben (ggf. konkludent und vorweggenommen, etwa wenn sich antragstellende Arbeitnehmer selbst vorgeschlagen haben; so auch *BAG* 26.11.2009 EzA § 15 n. F. KSchG Nr. 65 Rn. 25 = AP Nr. 64 zu § 15 KSchG 1969), mit der Vorbereitung der Wahl beginnt, diese möglicherweise auch bereits einleitet – ungeachtet der Tatsache, dass diese Maßnahmen und Entscheidungen unwirksam werden, wenn die Bestellung nicht rechtskräftig wird. Damit steht es nicht im Widerspruch, dass der besondere Kündigungsschutz für gerichtlich bestellte Wahlvorstandmitglieder nach § 15 Abs. 3 Satz 1 KSchG nach billigenswerter Entscheidung des *BAG* (26.11.2009 EzA § 15 n. F. KSchG Nr. 65 Rn. 13 ff. = AP Nr. 64 zu § 15 KSchG 1969) bereits mit der Verkündung des Einsetzungsbeschlusses als »Zeitpunkt seiner Bestellung« und nicht erst mit dessen Rechtskraft beginnt; diese Auslegung gebietet der Schutzzweck dieses Kündigungsschutzes (vgl. auch Rdn. 94). Vor Rechtskraft des Bestellungsbeschlusses können dem Wahlvorstand durch einstweilige Verfügung allerdings auch Maßnahmen zur Durchführung der Wahl bis zum Rechtskräftigwerden der Bestellung untersagt werden (*LAG Hamm* 14.08.2009 – 10 TaBVGa 3/9 – juris, allerdings begrifflich unstimmig). Wird der arbeitsgerichtlich bestellte Wahlvorstand (etwa durch Amtsniederlegung von Mitgliedern) unter Fortbestehen seiner Existenz funktionsunfähig, gilt das zur personellen Ergänzung in Rdn. 48 Gesagte entsprechend. Voraussetzung **gerichtlicher Ergänzung** (entsprechend Abs. 2) ist, dass der Bestellungsbeschluss rechtskräftig geworden ist. Bei Amtsniederlegung vor Rechtskraft des Bestellungsbeschlusses des ArbG kann die Ergänzungsbedürftigkeit noch durch Beschwerde beim LAG geltend gemacht werden.

Zweifelhaft ist, ob die gerichtliche Bestellung eines Wahlvorstands auf Antrag eines Antragsberechtigten, insbesondere einer im Betrieb vertretenen Gewerkschaft, im Wege **einstweiliger Verfügung** (Befriedungsverfügung) in Betracht kommen kann; mangels eines drohenden Rechtsverlustes (s. Rdn. 67) als Verfügungsgrund wird das regelmäßig ausscheiden (**a. M.** im Ansatz *LAG München* 20.04.2004 LAGE § 16 BetrVG 2001 Nr. 1 unter Berufung »auf das Gebot der Effektivität des einstweiligen Rechtsschutzes«; im Ergebnis hat das Gericht allerdings den auf § 17 Abs. 4 i. V. m. § 16 Abs. 2 gestützten Antrag einer im Betrieb vertretenen Gewerkschaft auf Bestellung eines Wahlvorstands mit ausschließlich betriebsfremden Gewerkschaftsmitgliedern [vgl. insoweit Rdn. 78] im Wege einer einstweiligen Verfügung zurückgewiesen).

Ist ein durch rechtskräftigen Gerichtsbeschluss bestellter Wahlvorstand (durch Amtsniederlegung oder sonstige Beendigung der Mitgliedschaft [s. Rdn. 99]) funktionsunfähig geworden, kommt eine gerichtliche personelle **Ergänzung** (entsprechend § 16 Abs. 2) auch durch **einstweilige Verfügung** in Betracht, Das gilt bei entsprechendem Antrag aber nur, wenn die (grundsätzlich nur subsidiäre) arbeitsgerichtliche Kompetenz nicht hinter Primärberechtigungen zurücktreten muss (s. Rdn. 48); andernfalls fehlt ein Verfügungsanspruch, auch wenn die Eilbedürftigkeit (als Verfügungsgrund) nicht zweifelhaft ist (so im Ergebnis wohl auch *LAG Köln* 29.05.2013 – 3 TaBVGa 3/13 – juris).

3. Bestellung betriebsfremder Gewerkschaftsmitglieder

Während bei gerichtlicher Bestellung des Wahlvorstands grundsätzlich dieselben Bestimmungen zu beachten sind wie bei der durch den Betriebsrat (vgl. Rdn. 60), lässt § 16 Abs. 2 Satz 3 bei gerichtlicher Bestellung eine **Ausnahme** von dem Grundsatz zu, dass nur wahlberechtigte Arbeitnehmer aus dem Betrieb zu Wahlvorstandsmitgliedern bestellt werden können (vgl. Rdn. 32). Danach kann das Arbeitsgericht für Betriebe mit in der Regel mehr als 20 wahlberechtigten Arbeitnehmern **auch Betriebsfremde** zu Mitgliedern des Wahlvorstandes bestellen, wenn dies zur ordnungsgemäßen Durchführung der Wahl erforderlich ist. In Betracht kommen als Betriebsfremde aber **nur Mitglieder** einer (jeden) **im Betrieb vertretenen Gewerkschaft** (vgl. dazu Rdn. 49 und *Jacobs* § 14 Rdn. 83 ff.). Der Gesetzgeber wollte mit dieser Regelung die Bildung von Betriebsräten erleichtern (vgl. zu BT-Drucks. VI/2729, S. 12). Bei den privatisierten Unternehmen ist Abs. 2 Satz 3 entsprechend auf jeden im Betrieb vertretenen Berufsverband der Beamten (bzw. Soldaten) anzuwenden (vgl. Rdn. 49 und *Jacobs* Anhang zu § 10 Rdn. 11).

77 Die Bestellung betriebsfremder Wahlvorstandsmitglieder kommt für Betriebe, in denen nur ein einköpfiger Betriebsrat zu wählen ist, grundsätzlich nicht in Betracht, da in solchen definitionsgemäß in der Regel höchstens 20 Wahlberechtigte beschäftigt sind (vgl. § 9). Maßgeblicher Beurteilungszeitraum ist hier jedoch der Zeitpunkt der Bestellung, nicht der der Stimmabgabe. Diese Beschränkung wirkt sich indes nur im Rahmen entsprechender Anwendung von § 16 Abs. 2 Satz 3 gemäß § 17a Eingangssatz aus, weil der einköpfige Betriebsrat immer im vereinfachten Wahlverfahren zu wählen ist, bei dem sich die Bestellung des Wahlvorstands nach § 17a richtet.

78 Betriebsfremde dürfen nur dann bestellt werden, wenn dies zur ordnungsgemäßen Durchführung der Wahl **erforderlich** ist. Die Erforderlichkeit bestimmt sich nach den konkreten Verhältnissen des einzelnen Betriebes; sie ist vom Antragsteller darzutun, notfalls vom Gericht von Amts wegen zu erforschen (§ 83 Abs. 1 ArbGG). Überwiegend wird die Erforderlichkeit bejaht, wenn nicht genügend wahlberechtigte Arbeitnehmer des Betriebes zur Übernahme des Wahlvorstandsamtes bereit oder in der Lage (z. B. bei Sprachschwierigkeiten) sind (vgl. *LAG Düsseldorf* DB 1975, 260; *Fitting* § 16 Rn. 70, 71; *Galperin/Löwisch* § 16 Rn. 20; *Homburg/DKKW* § 16 Rn. 29; *Nicolai/HWGNRH* § 16 Rn. 39; *Richardi/Thüsing* § 16 Rn. 45). Da sich das Merkmal der Erforderlichkeit jedoch einschränkend auf die **ordnungsgemäße** Durchführung der Wahl und nicht schlechthin auf die Durchführung bezieht, wird man dem nur mit der Einschränkung zustimmen können, dass **nicht sämtliche** Wahlvorstandsmitglieder **Betriebsfremde** sein dürfen (einschränkend auch *Brecht* § 16 Rn. 29; wohl auch *Joost/* MünchArbR § 216 Rn. 132; im Ergebnis auch *Nicolai/HWGNRH* § 16 Rn. 39; die Einschränkung abl. *Jacobs* Die Wahlvorstände, S. 112 ff.; *Homburg/DKKW* § 16 Rn. 26; *Richardi/Thüsing* § 16 Rn. 45; wohl auch *LAG München* 20.04.2004 LAGE § 16 BetrVG 2001 Nr. 1 S. 5 f.). Diese Einschränkung ist auch mit der Zielsetzung der Bestimmung vereinbar, nach der die Bildung von Betriebsräten gefördert, aber nicht erzwungen werden soll (zu BT-Drucks. VI/2729, S. 12). Im Übrigen spielt es für die Bestellung Betriebsfremder keine Rolle, ob die gerichtliche Bestellung von drei Wahlberechtigten oder, was näher liegend ist, von einer im Betrieb vertretenen Gewerkschaft beantragt worden ist.

79 Der Betriebsfremde muss lediglich **Mitglied** einer im Betrieb vertretenen Gewerkschaft sein; ob er deren Arbeitnehmer oder überhaupt Arbeitnehmer ist, ist insoweit belanglos. Besondere Qualifikationsanforderungen stellt das Gesetz nicht; insbesondere ist auch keine besondere Sachkunde für die Aufgaben des Wahlvorstands erforderlich (**a. M.** offenbar *Richardi/Thüsing* § 16 Rn. 46). Allerdings muss der Betreffende nach Einschätzung des Gerichts die Gewähr für die ordnungsgemäße Durchführung der Wahl bieten. Obwohl das Gesetz in diesem Zusammenhang nicht auf die Wahlberechtigung abstellt, ist analog Abs. 1 Satz 1 zu fordern, dass der Betriebsfremde wahlberechtigt wäre, wenn er dem Betrieb angehören würde; namentlich Minderjährige können daher nicht bestellt werden.

80 Betriebsfremde Wahlvorstandsmitglieder erhalten für ihre Tätigkeit **keine Vergütung**. Auch sie handeln ehrenamtlich (unstr.). Da sie zum Betriebsinhaber in keinem Arbeitsverhältnis stehen, steht ihnen auch kein Lohnfortzahlungsanspruch nach § 20 Abs. 3 Satz 2 zu. Notwendige Aufwendungen und Auslagen sind ihnen jedoch nach § 20 Abs. 3 Satz 1 zu erstatten (ebenso *Fitting* § 16 Rn. 73; *Homburg/ DKKW* § 16 Rn. 30; *Richardi/Thüsing* § 16 Rn. 47); das gilt auch für einen eventuellen Verdienstausfall (zust. *Fitting* § 16 Rn. 73; *Homburg/DKKW* § 16 Rn. 30). Allerdings haben Betriebsfremde gegenüber ihrem Arbeitgeber nicht allein deshalb einen Anspruch auf Freistellung von der Arbeit, weil sie durch Gerichtsbeschluss zum Wahlvorstandsmitglied in einem anderen Betrieb bestellt worden sind; dazu bedarf es einer Vereinbarung. Soweit eine Gewerkschaft ihrem Mitglied Aufwendungen und Auslagen erstattet, kann sie vom Arbeitgeber gemäß § 683 BGB Aufwendungsersatz verlangen; im Streitfall im Beschlussverfahren (ebenso *Fitting* § 16 Rn. 73).

IV. Bestellung durch Gesamtbetriebsrat oder Konzernbetriebsrat (Abs. 3)

Nach Abs. 3 können jetzt auch der Gesamtbetriebsrat und ersatzweise der Konzernbetriebsrat den Wahlvorstand bestellen. Die Vorschrift ist neu; sie soll neben Abs. 2 die Bestellung des Wahlvorstands erleichtern, wenn der nach Abs. 1 primär zuständige Betriebsrat ihn nicht rechtzeitig bestellt (vgl. Rdn. 3). Die Möglichkeit der Bestellung nach Abs. 3 ist eine **Alternative** zur arbeitsgerichtlichen Bestellung nach Abs. 2. Beide Alternativen sind **subsidiärer** Art; von beiden Möglichkeiten kann nur Gebrauch gemacht werden, wenn acht Wochen vor Ablauf der Amtszeit des Betriebsrats kein Wahlvorstand besteht. Hier wie dort ist unbeachtlich, warum er nicht besteht (vgl. Rdn. 64); Untätigkeit des Betriebsrats ist kein Tatbestandsmerkmal. Wie die gerichtliche Bestellung ist auch die durch Gesamtbetriebsrat bzw. Konzernbetriebsrat **frühestens** acht Wochen vor Ablauf der Amtszeit des Betriebsrats zulässig (vgl. Rdn. 65; zur Fristberechnung in den unterschiedlichen Fallgestaltungen des Amtsendes und einer Neuwahl in den Fällen des § 13 Abs. 2 Nr. 1 bis 3 vgl. Rdn. 66). Da Abs. 3 nichts Näheres zum Verfahren bestimmt, erfolgt die Bestellung, wie diejenige durch den Betriebsrat (vgl. Rdn. 26), durch Beschluss des Gesamtbetriebsrats nach § 51 Abs. 3 (vgl. dazu näher *Kreutz/Franzen* § 51 Rdn. 64 ff.) bzw. durch Beschluss des ersatzweise zuständigen Konzernbetriebsrats nach § 59 Abs. 1 i. V. m. § 51 Abs. 3 (vgl. dazu näher *Franzen* § 59 Rdn. 29 ff.). Maßgebend für die Bestimmung des Zeitpunktes der Bestellung ist die Beschlussfassung, da die auch hier notwendige Zustimmung der Betroffenen nach § 184 Abs. 1 BGB auf diesen Zeitpunkt zurückwirkt (vgl. Rdn. 31). Dementsprechend ist z. B. bei regelmäßiger vierjähriger Amtszeit des Betriebsrats der Beschluss über die Bestellung des Wahlvorstands durch den Gesamtbetriebsrat frühestens an dem Tag zulässig (z. B. Mittwoch), an dem acht Wochen später die Amtszeit des Betriebsrats abläuft. Das bedeutet aber nicht, dass die Beschlussfassung frühestens in einer Sitzung an diesem Mittwoch erfolgen darf; eine frühere Beschlussfassung unter der aufschiebenden Bedingung, dass der Wahlvorstand am Stichtag nicht besteht, ist möglich.

Nach Abs. 3 kann **ausschließlich** der **Gesamtbetriebsrat** den Wahlvorstand bestellen, **falls er rechtswirksam besteht**. Das setzt nur voraus, dass der Betrieb zu einem Unternehmen gehört, in dem der Gesamtbetriebsrat errichtet und durch rechtmäßige Konstituierung handlungsfähig geworden ist (vgl. dazu *Kreutz/Franzen* § 47 Rdn. 46). Unbeachtlich ist, ob der Betriebsrat seiner Verpflichtung zur Entsendung von zwei Mitgliedern in den Gesamtbetriebsrat nach § 47 Abs. 2 nachgekommen ist oder nicht. Es bedarf auch keiner Zuständigkeitsbeurteilung nach § 50. Abs. 3 ist eigenständige Kompetenznorm, die den Gesamtbetriebsrat berechtigt, den Wahlvorstand subsidiär zu bestellen. Vgl. zur Nichtigkeit der Bestellung durch einen in nichtiger Weise errichteten oder nicht mehr bestehenden Gesamtbetriebsrat § 17 Rdn. 11.

Nur für den Fall, dass im Unternehmen kein Gesamtbetriebsrat besteht, ist der bestehende **Konzernbetriebsrat** berechtigt, den Wahlvorstand in Betrieben der Konzernunternehmen zu bestellen. Unbeachtlich ist, warum im Unternehmen kein Gesamtbetriebsrat besteht (etwa weil ein solcher entgegen § 47 Abs. 1 pflichtwidrig nicht errichtet worden ist oder im Unternehmen mit mehreren betriebsratsfähigen Betrieben nicht mehrere Betriebsräte bestehen oder das Unternehmen nur einen Betrieb hat oder das Amt eines Gesamtbetriebsrats geendet hat [vgl. *Kreutz/Franzen* § 47 Rdn. 51 ff.]). Dem Nichtbestehen ist bloße Untätigkeit eines bestehenden Gesamtbetriebsrats nicht gleichgestellt; sie kann eine ersatzweise Zuständigkeit des Konzernbetriebsrats nicht, auch nicht etwa analog Abs. 3, begründen (im Ergebnis ebenso *Quecke* AuR 2002, 1 [2]; vgl. auch *Fitting* § 16 Rn. 78; *Koch*/ErfK § 16 BetrVG Rn. 8; *Nicolai*/HWGNRH § 16 Rn. 45; *Reichold*/HWK § 16 BetrVG Rn. 13; *Richardi*/*Thüsing* § 16 Rn. 49). Das Zuständigkeitsverhältnis zwischen Gesamtbetriebsrat und Konzernbetriebsrat ist in Abs. 3, wie auch sonst (vgl. *Franzen* § 58 Rdn. 6), nach dem Grundsatz der Zuständigkeitstrennung (Prinzip des »Entweder/Oder«) gestaltet, durch Zuständigkeitsüberschneidungen ausgeschlossen werden.

Die Bestellung des Wahlvorstands nach Abs. 3 ist in den Kategorien des Privatrechts als **Recht** des Gesamtbetriebsrats bzw. des Konzernbetriebsrats ausgestaltet (»kann«), aber **nicht** als **Pflicht** (vgl. aber zur Bestellungspflicht nach § 17 Abs. 1 nach Ablauf der Amtszeit des Betriebsrats [und damit eingetretener Betriebsratslosigkeit des Betriebs] § 17 Rdn. 13). Deshalb ist es nicht pflichtwidrig, wenn etwa der Gesamtbetriebsrat untätig bleibt, falls acht Wochen vor Ablauf der Amtszeit des Betriebsrats noch kein Wahlvorstand besteht. Die subsidiäre Kompetenz von Gesamtbetriebsrat oder Konzernbetriebsrat verdrängt die Primärberechtigung des Betriebsrats nach Abs. 1 nicht, lässt aber auch dessen Verpflichtung zur Bestellung des Wahlvorstands unberührt. Deshalb kann und muss der amtierende Betriebsrat den Wahlvorstand noch so lange bestellen, bis eine Bestellung durch den Gesamtbetriebsrat bzw. Konzernbetriebsrat wirksam (oder eine daneben subsidiär mögliche Bestellung durch das Arbeitsgericht nach Abs. 2 rechtskräftig) wird (vgl. auch Rdn. 15). Da der Gesamtbetriebsrat (bzw. Konzernbetriebsrat) die Bestellung des Wahlvorstands aus eigenem Recht vornimmt, bedarf es anders als nach Abs. 2 keiner förmlichen Antragstellung eines oder mehrerer Interessierter oder ihrer Aufforderung (so auch *LAG Nürnberg* 25.01.2007 – 1 TaBV 14/06 – juris, Rn. 21, das zu Recht auch einen Auskunftsanspruch des Gesamtbetriebsrats gegenüber dem Arbeitgeber über betriebsratslose Betriebe des Unternehmens [§ 51 Abs. 5, § 80 Abs. 2] bejaht).

85 Überschneiden sich die Bestellung von Wahlvorständen durch Betriebsrat und Gesamtbetriebsrat (bzw. Konzernbetriebsrat), so kommt es grundsätzlich auf die frühere Beschlussfassung an; da jedoch die Bestellung jeweils erst mit der letzten noch ausstehenden Zustimmung eines bestellten Wahlvorstandsmitglieds wirksam wird (vgl. Rdn. 31), kann auch diese den Ausschlag geben zur Beantwortung der Frage, welche Bestellung **zuerst wirksam** geworden ist und damit nach dem **Prioritätsprinzip** gilt (ebenso im Ergebnis *Fitting* § 16 Rn. 76; *Nicolai/HWGNRH* § 16 Rn. 49; *Stege/Weinspach/Schiefer* § 16 Rn. 7b); dementsprechend kann der (zunächst säumige) Betriebsrat einen Wahlvorstand nicht mehr wirksam bestellen, nachdem die Bestellung eines Wahlvorstands durch den Gesamtbetriebsrat (bzw. Konzernbetriebsrat) wirksam geworden ist (**a. M.** *Brors*/HaKo § 16 Rn. 14; *Reichold/HWK* § 16 BetrVG Rn. 13, beide unter tatbestandlich unzutreffender und zudem unpraktikabler Berufung auf die Subsidiarität der Bestellung nach Abs. 3). Bei dieser Rechtslage sollte der Gesamtbetriebsrat (bzw. Konzernbetriebsrat) dem säumigen Betriebsrat die Bestellung eines Wahlvorstands unter Fristsetzung vorher ankündigen.

86 Die subsidiäre **Berechtigung** nach Abs. 3 **endet** zum einen (erst dann), wenn eine ebenfalls subsidiäre Bestellung eines Wahlvorstands durch das Arbeitsgericht nach Abs. 2 rechtskräftig wird; auch insoweit gilt das **Prioritätsprinzip** (zuerst *Löwisch* BB 2001, 1734 [1738]; zust. *Fitting* § 16 Rn. 76; *Stege/Weinspach/Schiefer* § 16 Rn. 7b; *Wiebauer/LK* § 16 Rn. 25; ferner im Ergebnis *Homburg/DKKW* § 16 Rn. 33; *Koch*/ErfK § 16 BetrVG Rn. 8; *Reichold/HWK* § 16 BetrVG Rn. 12; *Wlotzke/WPK* § 16 Rn. 15; wohl auch, aber ungenau *Richardi/Thüsing* § 16 Rn. 49; unklar, aber wohl abw. *Brors*/HaKo § 16 Rn. 14; zweifelnd *Nicolai/HWGNRH* § 16 Rn. 50). Im Übrigen endet die Berechtigung nach Abs. 3 mit Ablauf der Amtszeit des Betriebsrats. Da der Betrieb damit ohne Betriebsrat ist, entsteht jedoch gleichzeitig die Primärzuständigkeit des Gesamtbetriebsrats bzw. Konzernbetriebsrats zur Bestellung eines Wahlvorstands nach § 17 Abs. 1 (vgl. dazu § 17 Rdn. 8). Soweit bei den genannten Fallkonstellationen das Prioritätsprinzip eingreift, ist die spätere Bestellung eines Wahlvorstands immer **nichtig** (ebenso *Nießen* Fehlerhafte Betriebsratswahlen, S. 125 ff.), ebenso wie die von diesem durchgeführte Betriebsratswahl (s. näher dazu Rdn. 6).

87 Für die Bestellung des Wahlvorstands durch Gesamtbetriebsrat oder Konzernbetriebsrat gelten die Bestimmungen über seine **Zusammensetzung** nach § 16 Abs. 1 entsprechend (§ 16 Abs. 3 Satz 2); vgl. dazu näher Rdn. 32 bis 48. Anders als bei gerichtlicher Bestellung (vgl. Rdn. 76 ff.) ist die Bestellung betriebsfremder Gewerkschaftsmitglieder aber unzulässig, da die entsprechende Anwendung von Abs. 2 Satz 3 in Abs. 3 Satz 2 nicht bestimmt (ebenso *Fitting* § 16 Rn. 79) und wegen der Möglichkeit gerichtlicher Bestellung auch nicht analog anwendbar ist (*Richardi/Thüsing* § 16 Rn. 49).

V. Rechtsstellung des Wahlvorstands als Organ

88 Das **Amt** des Wahlvorstands als Kollegialorgan **beginnt** mit dem Wirksamwerden der Bestellung seines letzten Mitglieds (vgl. Rdn. 31, 85), im Falle arbeitsgerichtlicher Bestellung aber erst mit Rechtskraft des Beschlusses (vgl. Rdn. 73).

89 Die Aufgaben, die Rechte und Pflichten des Wahlvorstands ergeben sich aus § 18 Abs. 1 und 3, § 29 Abs. 1 und der WO; vgl. ausführlich jeweils dort. Ausschließlich dem Wahlvorstand obliegt die Leitung der Wahl (§ 1 Abs. 1 WO); er kann sich eine schriftliche Geschäftsordnung geben, § 1 Abs. 2

Bestellung des Wahlvorstands § 16

WO. Als Kollegialorgan trifft er seine Entscheidungen in der Form des Beschlusses, welcher mit einfacher Stimmenmehrheit seiner stimmberechtigten Mitglieder gefasst wird (§ 1 Abs. 3 WO). Der Wahlvorstand wird von seinem Vorsitzenden nach außen vertreten (vgl. Rdn. 43).

Nach h. M. **endet** das **Amt** des Wahlvorstands mit der Einberufung des neu gewählten Betriebsrats zur **90** konstituierenden Sitzung nach § 29 Abs. 1 Satz 1 (so unter ausdrücklicher Bestätigung älterer Rechtsprechung *BAG* 14.11.1975 AP Nr. 1 zu § 18 BetrVG 1972; unter bloßer Berufung auf diese Entscheidung wiederum *BAG* 15.10.2014 EzA § 16 BetrVG 2001 Nr. 1 Rn. 59 = AP Nr. 3 zu § 16 BetrVG 1972; *LAG Düsseldorf* DB 1979, 110; Zeitpunkt offen gelassen: *BAG* 14.01.1983 AP Nr. 9 zu § 19 BetrVG 1972; ungenau *BAG* 25.09.1986 AP Nr. 7 zu § 1 BetrVG 1972: mit Ablauf der Betriebsratswahl; vgl. ferner *Etzel* HzA Gruppe 19/1 Rn. 94; *Fitting* § 16 Rn. 83; *Richardi/Thüsing* § 16 Rn. 59; *Schlochauer/HSWG* § 16 Rn. 29; *Wlotzke/WPK* § 16 Rn. 16; ebenso *Maschmann*/AR § 16 BetrVG Rn. 7, allerdings mit zutr. Einschränkung, dass das Amt des Wahlvorstands mit Annahme der Wahl durch den Gewählten endet, wenn der neue Betriebsrat aus nur einer Person besteht). Dabei wird jedoch übersehen, dass der Vorsitzende des Wahlvorstands nach dem 1972 neu eingefügten § 29 Abs. 1 Satz 2 die konstituierende Sitzung des Betriebsrats bis zur Wahl eines Wahlleiters zu leiten hat und der Wahlvorstand deshalb bis zu diesem Zeitpunkt noch im Amt ist, weil es ohne Wahlvorstand auch keinen Vorsitzenden gibt (ebenso im Ergebnis *Galperin/Löwisch* § 16 Rn. 25; *Homburg/DKKW* § 16 Rn. 21; *Jacobs* Die Wahlvorstände, S. 186 ff.; *Joost/*MünchArbR § 216 Rn. 135; *Koch/*ErfK § 16 BetrVG Rn. 10; *Reichold/HWK* § 16 BetrVG Rn. 4; vgl. auch *Raab* § 29 Rdn. 18; **a. M.** *Etzel* HzA Gruppe 19/1 Rn. 95).

Vorher kann der einmal **wirksam bestellte** Wahlvorstand **nur** durch gerichtlichen Beschluss nach **91** § 18 Abs. 1 Satz 2 durch einen anderen Wahlvorstand **ersetzt** werden (vgl. dazu näher § 18 Rdn. 43 ff.). Der (amtierende) Betriebsrat kann deshalb den Wahlvorstand nicht mehr abberufen oder ersetzen (ebenso *ArbG Berlin* BB 1974, 838; *Etzel* HzA Gruppe 19/1 Rn. 97; *Fitting* § 16 Rn. 84; *Galperin/Löwisch* § 16 Rn. 26; *Homburg/DKKW* § 16 Rn. 18; *Koch/*ErfK § 16 BetrVG Rn. 10; *Richardi/Thüsing* § 16 Rn. 60). Der Wahlvorstand kann nicht mit der Mehrheit seiner Mitglieder seine Selbstauflösung oder seinen Rücktritt beschließen; § 1 Abs. 3 Satz 1 WO gilt insoweit nicht und § 13 Abs. 2 Nr. 3 kann wegen der Unterschiede in der Bestellung und dem Aufgabenbereich des Wahlvorstands keine entsprechende Anwendung finden (vgl. *LAG Düsseldorf* BB 1975, 516; *Fitting* § 16 Rn. 84; *Galperin/Löwisch* § 16 Rn. 25; *Homburg/DKKW* § 16 Rn. 19; *Richardi/Thüsing* § 16 Rn. 60). Auch durch einstimmigen Beschluss kann die Selbstauflösung nicht herbeigeführt werden; im Ergebnis ist diese jedoch dadurch erreichbar, dass sämtliche Mitglieder und Ersatzmitglieder ihr Amt niederlegen; eine konkludente Amtsniederlegung dieser Art wird man vielfach in der Aufgabe jedweder Amtstätigkeit erkennen können. Geschieht dies nicht (z. B. weil der Wahlvorstand beschließt, das Wahlverfahren lediglich vorläufig nicht weiter zu betreiben), so verliert der untätige, nach § 16 Abs. 1 Satz 1 bestellte Wahlvorstand nicht etwa mit Ablauf des regelmäßigen Wahlzeitraums nach § 13 Abs. 1 Satz 1 sein Amt (vgl. zu solchen »Erwägungen« aber *BAG* 14.01.1983 AP Nr. 7 zu § 1 BetrVG 1972 = SAE 1987, 224 [insoweit zu Recht abl. *Kort*]; eine solche Sanktion wäre mit der Rechtssicherheit unvereinbar, wie § 18 Abs. 1 Satz 2 zeigt. Ein Amtsverlust durch Zeitablauf ist auch nicht erforderlich, um dem besonderen Kündigungsschutz der Wahlvorstandsmitglieder (vgl. Rdn. 94) ein Ende zu setzen; bei längerer Untätigkeit ist die Berufung auf die Mitgliedschaft im Wahlvorstand rechtsmissbräuchlich (für Amtsverlust durch Zeitablauf aber *Jacobs* Die Wahlvorstände, S. 202 ff.).

Auf den Bestand des wirksam bestellten Wahlvorstands ist es **ohne Einfluss**, wenn danach das Amt **92** des bestellenden Organs (Betriebsrat, Gesamt- oder Konzernbetriebsrat) endet (so für den Fall der Beendigung des Amts des Gesamtbetriebsrats auch *BAG* 15.10.2014 EzA § 16 BetrVG 2001 Nr. 1 Rn. 61 = AP Nr. 3 zu § 16 BetrVG 1972). Sein Amt endet auch nicht bei einem bloßen Wechsel in der Betriebsinhaberschaft, weil eine Änderung in der Betriebsführung die betriebliche Organisationseinheit nicht berührt (so auch für den Fall, dass einer von mehreren Arbeitgebern den bisherigen Gemeinschaftsbetrieb allein weiterführt, *BAG* 15.10.2014 EzA § 16 BetrVG 2001 Nr. 1 Rn. 62 = AP Nr. 3 zu § 16 BetrVG1972). Nach neuerer (im Ergebnis richtiger) Rspr. des *BAG* **endet sein Amt** jedoch mit der »Auflösung« des Betriebes, für den er bestellt ist (*BAG* 15.10.2014 EzA § 16 BetrVG 2001 Nr. 1 Rn. 59, 71 = AP Nr. 3 zu § 16 BetrVG 1972). Dabei soll nach Ansicht des Siebten Senats eine »Auflösung« vorliegen, wenn »die Identität des Betriebs infolge organisatorischer Änderungen offenkundig verloren gegangen ist«. Mit den Begriffen »Auflösung« und »Identitätsverlust« verfehlt das Gericht jedoch die einschlägigen gesetzlichen Begrifflichkeiten (insbes. in § 21b); richtigerweise endet danach das Amt des Wahlvorstands in den Fallkonstellationen, in denen eine Stilllegung, Spaltung oder Zusammenlegung von Betrieben zu deren **Untergang** führt, im Fall der Spaltung nur bei »Betriebsaufspaltung« (s. § 21a Rdn. 23 ff.), bei Zusammenfassung von mehreren Betrieben zu einem Betrieb sowie im sog. Eingliederungsfall nur der eingegliederte Betrieb (vgl. zu dieser Unterscheidung § 21a Rdn. 61 ff.). Vgl. zu weiteren Sonderfällen der Amtsbeendigung eines Wahlvorstands noch oben Rdn. 15 a. E. und § 18 Rdn. 70 (für den Fall, dass seine Bestellung nicht in Übereinstimmung mit einer rechtskräftigen Entscheidung in einem Verfahren nach § 18 Abs. 2 steht) sowie *Jacobs* § 13 Rdn. 74. Bei Streit über die Wirksamkeit der Bestellung und Zusammensetzung des Wahlvorstands gilt Rdn. 100; vgl. dort auch zur Amtsbeendigung wegen Unmöglichkeit seiner Zweckerreichung.

VI. Rechtsstellung der Mitglieder des Wahlvorstands

93 Die Mitgliedschaft im Wahlvorstand ist ein **Ehrenamt**, das nicht besonders vergütet wird. Bei **Arbeitsversäumnis** ergibt sich ein Entgeltfortzahlungsanspruch nach Maßgabe des § 20 Abs. 3 Satz 2. Notwendige **Aufwendungen** sind nach § 20 Abs. 3 Satz 1 zu ersetzen. Vgl. auch § 20 Rdn. 55 ff., 66 ff. (dort auch zur Teilnahme an Schulungsveranstaltungen über die Betriebsratswahl). Für die Mitglieder des Wahlvorstands gelten die Schutzbestimmungen nach § 78 analog (vgl. § 78 Rdn. 14); sie unterliegen als solche aber nicht der Geheimhaltungspflicht nach § 79.

94 Die Mitglieder des Wahlvorstandes genießen vom Zeitpunkt ihrer Bestellung an (vgl. Rdn. 30, 51, 73, 81) nach § 103 BetrVG, § 15 Abs. 3 Satz 1 KSchG **besonderen Kündigungsschutz**; vgl. dazu näher *Raab* § 103 Rdn. 21 ff. Für die Bestimmung des Zeitpunkts der Bestellung durch den Betriebsrat (Gesamtbetriebsrat, Konzernbetriebsrat) ist dessen **Beschlussfassung** maßgeblich (vgl. aber *Grimm/Bock/Windeln* DB 2006, 156, die den Sonderkündigungsschutz in teleologischer Reduktion auf die Bestellung des Wahlvorstands durch den Betriebsrat frühestens 16 Wochen vor Ablauf seiner Amtsperiode begrenzen wollen, um Rechtsmissbräuchen frühzeitiger Bestellung zu begegnen; dem ist so nicht zu folgen [s. näher zu unangemessen frühzeitiger Bestellung Rdn. 20]). Dies folgt daraus, dass die nachträgliche Zustimmung der Betroffenen, die Voraussetzung der Wirksamkeit der Bestellung ist (s. Rdn. 30, 85), entsprechend § 184 Abs. 1 BGB auf den Zeitpunkt der Beschlussfassung zurückwirkt. Bei Bestellung eines Wahlvorstands durch ein Gericht beginnt der Sonderkündigungsschutz mit **Verkündung**, nicht erst mit Rechtskraft **des Einsetzungsbeschlusses** (und damit dessen materiellrechtlichem Wirksamwerden); diese Auslegung des »Zeitpunkts der Bestellung« in § 15 Abs. 3 Satz 1 KSchG erfordert insbesondere dessen Schutzzweck (so billigenswert BAG [26.11.2009 EzA § 15 KSchG n. F. Nr. 65 = AP Nr. 64 zu § 15 KSchG 1969], das *LAG München* [18.09.2007 – 6 Sa 372/07 – juris] als Vorinstanz bestätigt, aber dabei weiterführend über die Bestellung eines Wahlvorstandmitglieds durch Beschluss des LAG [so *LAG München* für den Bestellungsbeschluss, der die Rechtsbeschwerde nicht zulässt, aber noch mit dem Rechtsmittel der Nichtzulassungsbeschwerde angreifbar oder angegriffen und deshalb noch nicht rechtskräftig ist] hinaus jede [»ein Gericht«] gerichtliche Bestellung erfasst, also auch schon diejenige durch das ArbG; so jetzt auch *LAG Düsseldorf* 07.02.2011 – 11 Sa 1229/10 – juris). Zum Sonderkündigungsschutz der in den Wahlvorstand entsandten Gewerkschaftsbeauftragten vgl. Rdn. 57.

95 Der besondere Kündigungsschutz gilt **nicht für betriebsfremde** Wahlvorstandsmitglieder, die nach Abs. 2 Satz 3 bestellt worden sind, in ihrem Arbeitsverhältnis. **Ersatzmitglieder** erwerben den besonderen Kündigungsschutz erst, wenn sie anstelle eines verhinderten Mitglieds in den Wahlvorstand nachgerückt sind. Dabei macht es keinen Unterschied, ob das Ersatzmitglied für ein ausgeschiedenes Mitglied endgültig oder für ein zeitweilig verhindertes Mitglied vorübergehend nachgerückt ist. Das gilt nicht nur für den Schutz nach § 15 Abs. 3 Satz 1 KSchG, sondern nach Sinn und Zweck der Vorschrift auch für den nachwirkenden Kündigungsschutz (bis zu sechs Monaten nach Bekanntgabe des Wahlergebnisses) nach § 15 Abs. 3 Satz 2 KSchG (str.; wie hier schon *Thiele* 2. Bearbeitung, § 16 Rn. 35). Eine Ausnahme macht insoweit nur § 15 Abs. 3 Satz 2 Halbs. 2 KSchG. Bei (ausnahmsweise) **nichtiger Bestellung** eines »Wahlvorstands« (vgl. Rdn. 7, 16, 20, 85 f. und § 17 Rdn. 11, 14, 19, 30 f.,

Bestellung des Wahlvorstands § 16

47) entsteht für dessen »Mitglieder« der besondere Kündigungsschutz nicht. Das kann ausnahmsweise auch dann der Fall sein, wenn eine sachlich unangemessen frühzeitige Bestellung gerade mit dem Ziel erfolgt, den Wahlvorstandsmitgliedern (zudem in nicht erforderlicher Zahl) den besonderen Kündigungsschutz zu verschaffen (s. näher Rdn. 20). Der besondere Kündigungsschutz gilt nicht für **Bewerber** für das Amt des Wahlvorstands; sie sind keine »Wahlbewerber« i. S. v. § 15 Abs. 3 KSchG (zutr. *BAG* 31.07.2014 EzA § 15 KSchG n. F. Nr. 73 Rn. 24 ff. m. w. N., auch zur Gegenmeinung = AP Nr. 76 zu § 15 KSchG 1969

Die Mitglieder des Wahlvorstands können sich um einen Sitz im Betriebsrat **bewerben** und einen Wahlvorschlag **unterzeichnen**; vgl. Rdn. 36. **96**

Jedes Mitglied des Wahlvorstands kann sein **Amt jederzeit niederlegen** (unstr. vgl. *LAG Düsseldorf* BB 1975, 516); dies geschieht durch (ernst gemeinte) Erklärung gegenüber dem Vorsitzenden; wenn dieser selbst betroffen ist, durch Erklärung gegenüber den übrigen Wahlvorstandsmitgliedern (vgl. *Schlochauer/HSWG* § 16 Rn. 30; undeutlich *Galperin/Löwisch* § 16 Rn. 24; *Richardi/Thüsing* § 16 Rn. 61: gegenüber dem Wahlvorstand). Wird die Amtsniederlegung vor Bekanntgabe eines Wahlergebnisses mit Zugang der Erklärung wirksam, endet damit für den Betroffenen mit der Beendigung seiner Mitgliedschaft im Wahlvorstand sein besonderer Kündigungsschutz nach § 15 Abs. 3 Satz 1 KSchG; das *BAG* (09.10.1986 EzA § 15 KSchG n. F. Nr. 35 = SAE 1987, 315 [zust. *Hammen*]) billigt ihm aber vom Zeitpunkt seines Ausscheidens aus dem Amt den sechsmonatigen nachwirkenden Kündigungsschutz nach § 15 Abs. 3 Satz 2 KSchG zu, obwohl der nach dem Gesetzeswortlaut die Bekanntgabe des Wahlergebnisses zur Voraussetzung hat. **97**

Im Falle der Amtsniederlegung (oder auch sonstiger Beendigung einer Mitgliedschaft im Wahlvorstand; s. Rdn. 99) rückt ein Ersatzmitglied, soweit vorhanden, nach; andernfalls muss der Wahlvorstand **ergänzt** werden (dazu näher Rdn. 48, 73 ff.). Solange die Ergänzung auf mindestens drei Mitglieder (§ 16 Abs. 1 Satz 1) aussteht, ist der Wahlvorstand funktionsuntüchtig, aber existent, sofern mindestens ein Mitglied im Amt ist. Verbleibende Wahlvorstandsmitglieder behalten deshalb ihren Kündigungsschutz nach § 15 Abs. 3 Satz 1 KSchG, solange das Amt des gesamten Wahlvorstands nicht erlischt (näher dazu Rdn. 90 ff.); so auch *ArbG Herford* 16.05.2014 – 1 Ga 9/14 – juris, Rn. 60). **98**

Die **Mitgliedschaft** im Wahlvorstand **endet** weiterhin bei Wegfall der Wahlberechtigung (insbesondere durch Ausscheiden aus dem Betrieb) sowie mit dem Erlöschen des Amtes des gesamten Wahlvorstands (vgl. dazu Rdn. 90 ff.). Der Betriebsrat kann die Bestellung des einzelnen Mitgliedes nicht widerrufen oder dieses abberufen (vgl. *ArbG Berlin* BB 1974, 838 unter Hinweis auf § 18 Abs. 1 Satz 2), wohl aber die Gewerkschaft das von ihr entsandte Mitglied (vgl. Rdn. 53; ebenso *Fitting* § 16 Rn. 51). **99**

VII. Streitigkeiten

Streitigkeiten über die ordnungsgemäße **Bestellung und Zusammensetzung** des Wahlvorstands entscheidet **vor Abschluss der Wahl** das Arbeitsgericht auf Antrag im Beschlussverfahren (§ 2a Abs. 1 Nr. 1, Abs. 2, §§ 80 ff. ArbGG); vgl. *BAG* 14.12.1965 BAGE 18, 41 = AP Nr. 5 zu § 16 BetrVG [zust. *Neumann-Duesberg*]; 03.06.1975 BAGE 27, 163 = AP Nr. 1 zu § 5 BetrVG 1972 Rotes Kreuz; *Fitting* § 16 Rn. 88; *H. Hanau* Die Anfechtung der Betriebsratswahl, DB 1986, Beil. Nr. 4, S. 11 f.; *Homburg/DKKW* § 16 Rn. 35; *Nicolai/HWGNRH* § 16 Rn. 58; *Richardi/Thüsing* § 16 Rn. 65; *Wiebauer/LK* § 16 Rn. 26. Insbesondere kann insoweit die (deklaratorische) Feststellung der Unwirksamkeit der Bestellung und/oder der Zusammensetzung des Wahlvorstands (als feststellungsfähiges Rechtsverhältnis) beantragt werden (vgl. *BAG* 03.06.1975 BAGE 27, 163 = AP Nr. 1 zu § 5 BetrVG 1972 Rotes Kreuz) wie umgekehrt deren Wirksamkeit (vgl. *BAG* 14.12.1965 BAGE 18, 41 = AP Nr. 5 zu § 16 BetrVG). **100**

Antragsberechtigt (nicht i. S. einer selbständigen Verfahrensvoraussetzung, wie die h. M. annimmt, sondern als Frage der **Aktivlegitimation**; vgl. Rdn. 63) sind in entsprechender Anwendung des § 19 Abs. 2 (ebenso *Fitting* § 16 Rn. 88; *Nicolai/HWGNRH* § 16 Rn. 58; *Richardi/Thüsing* § 16 Rn. 68; *Wiebauer/LK* § 16 Rn. 26) der Arbeitgeber, jede im Betrieb vertretene Gewerkschaft und (mindestens) drei Wahlberechtigte. Dass nicht ein einzelner Wahlberechtigter allein antragsbefugt **101** ist, rechtfertigt sich daraus, dass es in der Sache um die Auflösung des Wahlvorstands als Kollegialorgan geht und dabei ein gewisser Schutz vor möglicherweise willkürlichen bzw. aussichtslosen Verfahren erforderlich erscheint. Neben den in § 19 Abs. 2 Genannten muss man aber auch den (noch) amtierenden Betriebsrat für antragsbefugt halten, damit dieser die Möglichkeit hat (vgl. Rdn. 91), Fehler bei der Bestellung des Wahlvorstands zu korrigieren (im Ergebnis so auch *Galperin/Löwisch* § 16 Rn. 32; zust. *Homburg/DKKW* § 16 Rn. 35; wohl auch *Brors*/HaKo § 16 Rn. 17; *Reichold/HWK* § 16 BetrVG Rn. 14; *Wiebauer/Lk* § 16 Rn. 26; *Wlotzke/WPK* § 16 Rn. 19). Im Streitfall ist der Wahlvorstand Beteiligter (vgl. auch *BAG* 03.06.1975 BAGE 27, 163 = AP Nr. 1 zu § 5 BetrVG 1972 Rotes Kreuz: Antragsgegner); er verliert seine Beteiligtenfähigkeit jedoch mit der Beendigung seines Amtes (vgl. Rdn. 90), kann dann namentlich kein Rechtsmittel mehr einlegen (*BAG* 14.11.1975 AP Nr. 1 zu § 18 BetrVG 1972; **a. M.** für den Fall, dass Wahlvorstandsmitglieder Antragsteller [gemäß § 10 Abs. 3 der 1. und 2. WO bzw. § 11 Abs. 3 3. WO MitbestG] sind, *BAG* 25.08.1981 AP Nr. 2 zu § 83 ArbGG 1979) und ist auch im Wahlanfechtungsverfahren nicht zu beteiligen, selbst wenn sich die Anfechtung nur auf Mängel seiner Bestellung oder seines Verfahrens bezieht (*BAG* 14.01.1983 AP Nr. 9 zu § 19 BetrVG 1972).

102 Vgl. im Übrigen zu Fragen dieser **Variante** eines »**vorgeschalteten Kontrollverfahrens**« während des Wahlverfahrens § 18 Rdn. 80 ff., 107. Wie dort dargelegt (§ 18 Rdn. 90 ff.) ist auch hier der **Erlass einstweiliger Verfügungen** zulässig (§ 85 Abs. 2 ArbGG, §§ 935 ff. ZPO) und wegen des Zeitdrucks vielfach notwendig. Denn wenn die Wahl erst einmal durchgeführt und abgeschlossen ist, kommt die Feststellung unwirksamer Bestellung des Wahlvorstands für dieses Wahlverfahren zu spät, sofern der Antrag nicht schon wegen Wegfalls des Feststellungsinteresses unzulässig wird. Effektiven Rechtsschutz gewährt nur die **Leistungsverfügung** (vgl. dazu und zum Folgenden § 18 Rdn. 94 ff., 104 ff.). Bei nichtiger Bestellung kann dem Wahlvorstand durch Leistungsverfügung verboten werden, die Wahl einzuleiten oder, wenn dies schon geschehen ist, kann ihm die Verpflichtung zu deren Abbruch auferlegt und mit dem Verbot einer Neueinleitung (»Totalabbruch«) verbunden werden. Gleiches kommt bei bloß fehlerhafter (rechtswidriger, aber nicht nichtiger) Bestellung und Zusammensetzung des Wahlvorstands nicht in Betracht, auch wenn das aus Sicht der h. M., die in solchen Fällen (anders als hier vertreten; vgl. Rdn. 106) die Betriebsratswahl stets für anfechtbar hält, nicht folgerichtig erscheint (vgl. dazu näher § 18 Rdn. 106). Das gerichtliche Verbot der (Neu-)Einleitung der Wahl führt wegen Unmöglichkeit seiner Zweckerreichung zum Amtsende des Wahlvorstands.

103 Auch **Streitigkeiten** über die **Rechtsstellung der Mitglieder** des Wahlvorstands sind vom Arbeitsgericht im Beschlussverfahren zu entscheiden (§ 2a Abs. 1 Nr. 1, Abs. 2, §§ 80 ff. ArbGG). Vgl. auch Rdn. 80.

104 Gegen die arbeitsgerichtliche Bestellung des Wahlvorstands nach § 16 Abs. 2 ist die Beschwerde als Rechtsmittel statthaft (§ 87 ArbGG).

105 **Maßnahmen** und **Entscheidungen** des **Wahlvorstands** können ebenfalls vor Abschluss der Wahl selbständig angefochten werden; vgl. dazu näher § 18 Rdn. 80 ff. sowie Rdn. 90 ff. zur Zulässigkeit einstweiliger Verfügungen. Zu anderen Streitigkeiten während des Wahlverfahrens, bei denen auch der Wahlvorstand als Antragsteller in Betracht kommt, vgl. § 18 Rdn. 107.

106 Nach h. M. können **Mängel bei der Bestellung** des Wahlvorstands wegen Nichtbeachtung der zwingenden Regelungen in § 16 (z. B. Bestellung des Wahlvorstands durch einen nicht mehr amtierenden Betriebsrat [*BAG* 14.11.1975 AP Nr. 1 zu § 18 BetrVG]) zur Anfechtung der Betriebsratswahl berechtigen. Das erscheint im Ergebnis unzutreffend, weil dabei das Merkmal der Kausalität im Tatbestand des § 19 Abs. 1 verkannt wird; vgl. näher Rdn. 27, 52. Unabhängig davon ist allerdings den zwingenden Bestimmungen über die Bestellung des Wahlvorstands und den Gang des Bestellungsverfahrens unbedingt Rechnung zu tragen; Verstößen muss aber vor Abschluss der Wahl entgegengetreten werden (vgl. Rdn. 100). Eine Betriebsratswahl ist jedoch **nichtig**, wenn sie ohne Wahlvorstand durchgeführt wird oder wenn die Bestellung des Wahlvorstands (ausnahmsweise) nichtig ist (vgl. Rdn. 5 f.).

§ 17
Bestellung des Wahlvorstands in Betrieben ohne Betriebsrat

(1) Besteht in einem Betrieb, der die Voraussetzungen des § 1 Abs. 1 Satz 1 erfüllt, kein Betriebsrat, so bestellt der Gesamtbetriebsrat oder, falls ein solcher nicht besteht, der Konzernbetriebsrat einen Wahlvorstand. § 16 Abs. 1 gilt entsprechend.

(2) Besteht weder ein Gesamtbetriebsrat noch ein Konzernbetriebsrat, so wird in einer Betriebsversammlung von der Mehrheit der anwesenden Arbeitnehmer ein Wahlvorstand gewählt; § 16 Abs. 1 gilt entsprechend. Gleiches gilt, wenn der Gesamtbetriebsrat oder Konzernbetriebsrat die Bestellung des Wahlvorstands nach Absatz 1 unterlässt.

(3) Zu dieser Betriebsversammlung können drei wahlberechtigte Arbeitnehmer des Betriebs oder eine im Betrieb vertretene Gewerkschaft einladen und Vorschläge für die Zusammensetzung des Wahlvorstands machen.

(4) Findet trotz Einladung keine Betriebsversammlung statt oder wählt die Betriebsversammlung keinen Wahlvorstand, so bestellt ihn das Arbeitsgericht auf Antrag von mindestens drei wahlberechtigten Arbeitnehmern oder einer im Betrieb vertretenen Gewerkschaft. § 16 Abs. 2 gilt entsprechend.

Literatur
Blank Betriebsratswahlen in Betrieben ohne Betriebsrat, AiB 1980, Heft 6, S. 12; *Eder* Keine geteilte Wahlversammlung bei der Wahl des Wahlvorstands im vollkontinuierlichen Schichtbetrieb, AiB 2011, 695; *Fay/Homburg* Einstweiliger Rechtsschutz im Zusammenhang mit Betriebsratswahlen, AuR 2012, 290; *Jacobs* Die Wahlvorstände für die Wahlen des Betriebsrats, des Sprecherausschusses und des Aufsichtsrats (Diss. Kiel), 1995 (zit.: Die Wahlvorstände); *Löwisch* BB-Forum: Betriebsrat wider den Willen der Belegschaft?, BB 2006, 664; *Popp* Die Bestellung des Wahlvorstands für die Betriebsratswahl durch die Betriebsversammlung, DB 1959, 403 *Richter* »Trotz Einladung« – Hat die Reform des BetrVG Auswirkungen auf die Auslegung des § 17 IV BetrVG?, NZA 2002, 1069.

Inhaltsübersicht

		Rdn.
I.	Vorbemerkung	1–5
II.	Bestellung eines Wahlvorstands durch Gesamt – oder Konzernbetriebsrat (Abs. 1)	6–15
	1. Voraussetzungen	8–12
	2. Bestellung des Wahlvorstands	13–15
III.	Wahl des Wahlvorstands in der Betriebsversammlung (Abs. 2)	16–50
	1. Voraussetzungen	17–20
	2. Einberufung der Betriebsversammlung	21–36
	a) Einladungsberechtigte	22–27
	b) Einladung	28–36
	3. Wahl des Wahlvorstands	37–50
IV.	Bestellung des Wahlvorstands durch das Arbeitsgericht (Abs. 4)	51–58
	1. Voraussetzungen	53–57
	2. Gerichtliche Bestellung	58
V.	Rechtsstellung des Wahlvorstands und seiner Mitglieder	59
VI.	Streitigkeiten	60–64

I. Vorbemerkung

§ 17 regelt die **Bestellung des Wahlvorstands** im **Regelwahlverfahren** in einem (betriebsratsfähigen) Betrieb, in dem **kein Betriebsrat besteht** und deshalb eine Bestellung nach § 16 nicht vorgenommen werden kann. Die Bestellung des Wahlvorstands in betriebsratslosen (betriebsratsfähigen) **Kleinbetrieben**, in denen der Betriebsrat zwingend im vereinfachten Wahlverfahren nach § 14a gewählt wird, erfolgt ausschließlich nach § 17a, wo im Eingangssatz aber bestimmt ist, dass § 17 grundsätzlich Anwendung findet (s. näher § 17a Rdn. 7). Im betriebsratslosen Betrieb ist der Wahlvorstand primär vom Gesamtbetriebsrat bzw. Konzernbetriebsrat zu bestellen (Abs. 1); in zweiter Linie ist der

§ 17　　　　　　　　　　　　　　　　　II. 1. Zusammensetzung und Wahl des Betriebsrats

Wahlvorstand von den Arbeitnehmern in einer Betriebsversammlung zu wählen (Abs. 2), zu der nach Abs. 3 drei wahlberechtigte Arbeitnehmer des Betriebs oder eine im Betrieb vertretene Gewerkschaft einladen können. Findet trotz Einladung keine Betriebsversammlung statt oder wählt sie keinen Wahlvorstand, so kann (erst dann) die Bestellung auf Antrag gemäß Abs. 4 ersatzweise durch das Arbeitsgericht erfolgen.

2　Die Vorschrift entspricht dem Regelungsgegenstand nach § 16 BetrVG 1952; durch das BetrVG 1972 sind jedoch eine Reihe früherer Streitfragen ausgeräumt worden. So wurde insbesondere klargestellt, dass der Wahlvorstand in der Betriebsversammlung von der Mehrheit der **anwesenden** Arbeitnehmer gewählt wird (vgl. jetzt Abs. 2) und **wer** (von Arbeitnehmerseite) zu der Wahl-Betriebsversammlung einladen kann (vgl. jetzt Abs. 3). Von verfahrensmäßiger Bedeutung ist die Einfügung der Worte »trotz Einladung« (vgl. jetzt Abs. 4). Durch Art. 1 Nr. 15 **BetrVerf-Reformgesetz** vom 23.07.2001 (BGBl. I, S. 1852) ist die Vorschrift in wesentlichen Punkten verändert worden. Die Überschrift ist neu gefasst worden. Durch Neufassung von Abs. 1 Satz 1 ist die Primärzuständigkeit von Gesamtbetriebsrat und (ersatzweise) Konzernbetriebsrat zur Bestellung des Wahlvorstands neu begründet worden; in der Begründung zum RegE BetrVerf-Reformgesetz (BT-Drucks. 14/5741, S. 38 zu Nr. 15) wird dazu nur hervorgehoben, dass »dadurch das Wahlverfahren vereinfacht und die Kosten der Betriebsratswahl verringert« werden gegenüber der früher (nach § 17 Abs. 1 a. F.) immer notwendigen Betriebsversammlung zur Wahl eines Wahlvorstands, »deren Durchführung aufwendig und kostenintensiv ist«. Dementsprechend ist nunmehr in Abs. 2 (unter Abänderung der früher in Abs. 1 enthaltenen Regelung) bestimmt, dass der Wahlvorstand nur dann in einer Betriebsversammlung gewählt wird, wenn weder ein Gesamtbetriebsrat noch ein Konzernbetriebsrat besteht (Abs. 2 Satz 1) oder wenn der Gesamtbetriebsrat oder Konzernbetriebsrat die Bestellung unterlässt (Abs. 2 Satz 2). Die bisherigen Abs. 2 und 3 sind inhaltlich unverändert Abs. 3 und 4 geworden.

3　§ 17 ist **zwingend**. Durch Tarifvertrag, Betriebsvereinbarung oder sonstige Absprachen können die Zuständigkeitsreihenfolge und das Verfahren der Amtseinsetzung des Wahlvorstands nicht abgeändert werden. Namentlich kann aber auch die Voraussetzung nicht aufgehoben werden, dass nur im Betrieb ohne Betriebsrat die Arbeitnehmer den Wahlvorstand überhaupt in einer Betriebsversammlung wählen können. Zur Rechtsfolge, wenn trotz Bestehens eines Betriebsrats ein Wahlvorstand in einer Betriebsversammlung gewählt wird, vgl. § 16 Rdn. 16.

4　Die Vorschrift gilt nicht für **Gesamtbetriebsrat, Konzernbetriebsrat, Gesamt-Jugend- und Auszubildendenvertretung und Konzern-Jugend- und Auszubildendenvertretung**, da diese nicht durch Wahlen gebildet werden (vgl. §§ 47, 54, 72, 73a); sie gilt ferner nach § 63 Abs. 2 und 3 nicht für die **Wahl der Jugend- und Auszubildendenvertretung**. Für die Wahl der **Bordvertretung** gilt nur § 17 Abs. 3 entsprechend (vgl. § 115 Abs. 2 Nr. 8); für den **Seebetriebsrat** gilt die Sonderregelung in § 116 Abs. 2 Nr. 7.

5　Zum **Personalvertretungsrecht** vgl. §§ 21, 22 BPersVG; für **Sprecherausschüsse** vgl. § 7 Abs. 2 und 3 SprAuG.

II. Bestellung eines Wahlvorstands durch Gesamt – oder Konzernbetriebsrat (Abs. 1)

6　Abs. 1 ist durch das BetrVerf-Reformgesetz 2001 **neu** gefasst worden (vgl. Rdn. 2). In betriebsratsfähigen Betrieben ohne Betriebsrat, in denen nach § 13 Abs. 2 Nr. 6 jederzeit die Wahl eines Betriebsrats erfolgen kann, war es bisher (Abs. 1 Satz 1 a. F.) in erster Linie ein Recht der Arbeitnehmer des Betriebs, mit Mehrheit einen Wahlvorstand in einer Betriebsversammlung zu wählen und dadurch das Verfahren zur Wahl eines Betriebsrats in Gang zu setzen oder sich gerade auch dagegen zu entscheiden. Diese vorrangige Rechtsposition hat das BetrVerf-Reformgesetz den Belegschaftsmitgliedern genommen und durch ein sog. »Mentorenprinzip« ersetzt, das die Bildung von Betriebsräten erleichtern soll (vgl. Begründung zum RegE BetrVerf-Reformgesetz, BT-Drucks. 14/5741, S. 27). Danach ist es jetzt primär Aufgabe des Gesamtbetriebsrats oder, falls ein solcher nicht besteht, des Konzernbetriebsrats, einen Wahlvorstand zu bestellen.

Die **Neuregelung** ist wegen »Missachtung des Belegschaftswillens« vielfach **kritisiert** worden (vgl. 7 etwa *Buchner* NZA 2001, 633 [636]; *Hanau* RdA 2001, 66 [69]; *Konzen* RdA 2001, 76 [88]; *Rieble* ZIP 2001, 133 [135]; *Schiefer/Korte* NZA 2001, 71 [77]; *dies.* NZA 2002, 57 [62]). Die dem gegenüber von *Engels/Trebinger/Löhr-Steinhaus* (DB 2001, 532 [535]) aus Gesetzgebersicht vorgetragenen Argumente sind nicht treffend: Wenn nunmehr der Gesamtbetriebsrat bzw. der Konzernbetriebsrat vorrangig einen Wahlvorstand zu bestellen hat, kann keine Rede davon sein, dass er »gleichsam an die Stelle der drei Wahlberechtigten bzw. der im Betrieb vertretenen Gewerkschaft tritt, die nach § 17 Abs. 3 zur Betriebsversammlung einladen können, die den Wahlvorstand wählt«; denn diese bedürfen dort eines positiven Votums der Mehrheit der anwesenden Arbeitnehmer. Zudem ist der Vergleich auch deshalb verfehlt, weil der Gesamtbetriebsrat eine Einladungsberechtigung nach Abs. 3 gerade nicht hat (vgl. Rdn. 25). Außerdem fehlt dem Gesamtbetriebsrat jegliche demokratische Legitimation, für betriebsratslose Betriebe tätig zu werden (vgl. *Kreutz/Franzen* § 50 Rdn. 57). Folgerichtig ist allerdings der Gesichtspunkt, dass § 17 Abs. 1 Satz 1 dem Gesamtbetriebsrat die Möglichkeit gibt, für einen vollständigen »Unterbau« zu sorgen (*Däubler* AuR 2001, 1 [2]), nachdem sich jetzt seine originäre Zuständigkeit nach § 50 Abs. 1 Satz 1 Halbs. 2 auf Betriebe ohne Betriebsrat erstreckt. Den Kompromissvorschlag (vgl. *Hanau* RdA 2001, 69), die Rechtsposition von Gesamtbetriebsrat oder Konzernbetriebsrat auf eine Berechtigung zur Einladung einer Betriebsversammlung zur Wahl eines Wahlvorstands zu begrenzen, hat der Gesetzgeber nicht aufgegriffen. Eine vorrangige Rechtsposition der Gesamtbelegschaft besteht jetzt nur noch insoweit, als nach Abs. 4 die gerichtliche Bestellung eines Wahlvorstands nur erfolgen darf, wenn »trotz Einladung« (vgl. dazu Rdn. 55) keine Betriebsversammlung stattgefunden hat oder diese keinen Wahlvorstand gewählt hat. Die Konsequenz, zur Harmonisierung mit der Zielsetzung von Abs. 1 in Abs. 4 die Worte »trotz Einladung« wieder (vgl. Rdn. 2) zu streichen, hat das BetrVerf-Reformgesetz nicht gezogen (vgl. dazu *Richter* NZA 2002, 1069; zu verfassungsrechtlichen Bedenken selbst gegen § 17 Abs. 4 wegen »Missachtung des Belegschaftswillen« s. *Bonanni/Hiebert* ArbRB 2015, 282). Für eine analoge Anwendung von § 17 Abs. 1 Satz 1 plädiert *Däubler* (FS *Kreutz*, S. 69 [77 f.]) für den Fall, dass im Unternehmen mit mehreren Betrieben nur ein Betriebsrat besteht und deshalb nach eindeutiger Bestimmung in § 47 Abs. 1 kein Gesamtbetriebsrat errichtet werden kann; für eine solche Ausweitung des sog. »Mentorenprinzips« auf den einzigen Betriebsrat im Unternehmen fehlt es jedoch an einer planwidrigen Regelungslücke und mangels überbetrieblicher Interessenvertretung auch an vergleichbarer Interessenlage.

1. Voraussetzungen

Voraussetzung für die Bestellung eines Wahlvorstands durch den Gesamtbetriebsrat oder (ersatzwei- 8 se) den Konzernbetriebsrat nach Abs. 1 ist zunächst (vgl. weiter Rdn. 11), dass in einem nach § 1 Abs. 1 Satz 1 betriebsratsfähigen Betrieb **kein Betriebsrat** besteht und deshalb die Bestellung des Wahlvorstands nicht nach § 16 Abs. 1 erfolgen kann. Bloße **Untätigkeit** eines amtierenden oder die Geschäfte nach § 22 weiterführenden Betriebsrats **genügt nicht** (vgl. auch § 16 Rdn. 16). Warum ein Betriebsrat nicht besteht, ist dabei unerheblich (ebenso *Fitting* § 17 Rn. 4; *Richardi/Thüsing* § 17 Rn. 5; *Wiebauer/LK* § 17 Rn. 2). Abs. 1 findet Anwendung, wenn in einem betriebsratsfähigen Betrieb noch nie ein Betriebsrat bestanden hat oder ein Betrieb erst betriebsratsfähig geworden ist oder ein Betrieb erst neu errichtet worden ist. Abs. 1 gilt auch, wenn die Amtszeit des bisherigen Betriebsrats abgelaufen ist oder (in den Fällen des § 13 Abs. 2 Nr. 1 bis 3) die Weiterführung der Geschäfte nach § 22 geendet hat (vgl. § 21 Satz 3 und dazu § 22 Rdn. 19 ff.), ohne dass dieser Betriebsrat einen Wahlvorstand bestellt hat oder noch in seiner Amtszeit (bzw. Geschäftsweiterführung) die Bestellung eines Wahlvorstands durch das Arbeitsgericht nach § 16 Abs. 2 beantragt worden ist (vgl. § 16 Rdn. 67); Abs. 1 gilt auch dann, wenn der Gesamtbetriebsrat bzw. Konzernbetriebsrat in der Amtszeit des bisherigen Betriebsrats sein subsidiäres Bestellungsrecht nach § 16 Abs. 3 nicht (rechtzeitig) ausgeübt hat (vgl. § 16 Rdn. 84). Betriebsratslos ist ein Betrieb auch, wenn die Betriebsratswahl nichtig ist (ohne dass es insoweit gerichtlicher Feststellung bedarf) oder eine Wahl nach § 19 insgesamt mit Erfolg rechtskräftig angefochten worden ist (§ 13 Abs. 2 Nr. 4). Ist der Betriebsrat nach § 23 Abs. 1 rechtskräftig aufgelöst worden, so ist der Betrieb zwar auch betriebsratslos; in diesen Fällen ist nach § 23 Abs. 2 jedoch unmittelbar und ausschließlich das Arbeitsgericht zur Bestellung des Wahlvorstands zuständig. Vgl. zum Nichtbestehen eines Betriebsrats auch *Jacobs* § 13 Rdn. 79.

9 Soweit ein Betriebsrat nach § 21a ein **Übergangsmandat** hat, ist Betriebsratslosigkeit nicht gegeben (vgl. zur Bestellung der Wahlvorstände in diesen Fällen § 21a Rdn. 40 ff., 80). Auch wenn in Betriebsteilen bisher (zu Unrecht) getrennt Betriebsräte gewählt wurden, nunmehr aber unter zutreffender Betriebsabgrenzung (etwa als Ergebnis eines Verfahrens nach § 18 Abs. 2 oder richtiger Einsicht) ein gemeinsamer Betriebsrat zu wählen ist, ist der Betrieb (insgesamt gesehen) doch nicht betriebsratslos; das Bestehen der Betriebsräte darf insoweit trotz der durch § 17 Abs. 1 eröffneten Möglichkeit nicht ignoriert werden. Nach der Wertentscheidung des Gesetzgebers in § 21a Abs. 2 bestellt der Betriebsrat des nach der Zahl der wahlberechtigten Arbeitnehmer (bisher) größten Betriebs den Wahlvorstand (ebenso *Fitting* § 17 Rn. 5; *Stege / Weinspach / Schiefer* § 17 Rn. 1c; **a. M.** [unter unstimmiger Berufung auf die hier vertretene Meinung] *Richardi / Thüsing* § 17 Rn. 7: Bestellung auf einer gemeinsamen Sitzung aller Betriebsräte; zuzustimmen ist jedoch der dortigen Ansicht, dass dann, wenn nur in einem von mehreren Betriebsteilen in Wirklichkeit einheitlichen Betriebs ein Betriebsrat besteht, dieser nach § 16 Abs. 1 einen Wahlvorstand zu bestellen hat, der dann eine einheitliche Betriebsratswahl einleiten kann; ebenso *LAG Niedersachsen* NZA-RR 1998, 545).

10 Hat der **bisherige Betriebsrat** wirksam einen Wahlvorstand bestellt, so kommt nach der Systematik des Gesetzes (selbstverständlich) auch nach Ablauf seiner Amtszeit keine Bestellung nach § 17 in Betracht, solange der vom Betriebsrat bestellte Wahlvorstand im Amt und funktionsfähig ist. Letzteres ist aber z. B. nicht der Fall, wenn der Betriebsrat im Falle der Wahlanfechtung noch vor Rechtskraft der gerichtlichen Entscheidung einen Wahlvorstand bestellt hat, weil dessen Amt mit der Rechtskraft der Anfechtungsentscheidung endet (näher dazu *Jacobs* § 13 Rdn. 74); es ist ferner wegen Fehlens eines entsprechenden Mandats dann nicht der Fall, wenn ein Betriebsrat vor der Zusammenlegung von Betrieben den Wahlvorstand für die Wahl zum Betriebsrat im neuen Betrieb bestellt hat (**a. M.** *LAG Frankfurt a. M.* AuR 1989, 353, für den Fall, dass nur in einem der zusammengelegten Betriebe ein Betriebsrat bestand; schon wegen des Übergangsmandats nach § 21a Abs. 2 ist diese Konstruktion jetzt aber überholt), und auch dann nicht, wenn das Amt des Wahlvorstands wegen Untergangs des Betriebs, für den er bestellt worden ist, geendet hat, etwa durch unternehmensinterne Aufspaltung (s. näher § 16 Rdn. 92). Entsprechendes gilt, wenn das **Arbeitsgericht** gemäß § 16 Abs. 2 einen Wahlvorstand rechtskräftig bestellt hat. Ist die beantragte gerichtliche Bestellung nach § 16 Abs. 2 bei Ablauf der Amtszeit des Betriebsrats bzw. Beendigung der Weiterführung der Geschäfte nach § 22 noch nicht oder noch nicht rechtskräftig erfolgt, so besteht noch kein Wahlvorstand (vgl. § 16 Rdn. 73), so dass ein solcher auch nach § 17 Abs. 1 bestellt werden kann. Geschieht dies, muss jedoch darauf geachtet werden, dass die gerichtliche Bestellung nicht rechtskräftig wird, weil sonst der nach § 17 Abs. 1 bestellte Wahlvorstand sein Amt verliert und von ihm bereits getroffene Maßnahmen unwirksam werden; vgl. dazu und zur Frage, wie der Eintritt der Rechtskraft verhindert werden kann, § 16 Rdn. 15.

11 Nach Abs. 1 ist es **ausschließliche Aufgabe** des im Unternehmen **errichteten Gesamtbetriebsrats**, den Wahlvorstand in betriebsratslosen Betrieben zu bestellen; das gilt auch für betriebsratslose Gemeinschaftsbetriebe (*I. Schmidt* FS *Küttner*, S. 499 [505]). Voraussetzung ist, dass der betriebsratslose Betrieb zu dem Unternehmen gehört, in dem der Gesamtbetriebsrat errichtet und durch rechtmäßige Konstituierung handlungsfähig geworden ist (vgl. dazu *Kreutz / Franzen* § 47 Rdn. 46), und dass dessen Amt auch noch nicht wegen Wegfalls der Voraussetzungen seiner Errichtung geendet hat (vgl. dazu *Kreutz / Franzen* § 47 Rdn. 51 ff.). Die **Bestellung** eines Wahlvorstands durch einen rechtlich nicht mehr bestehenden Gesamtbetriebsrat ist (anders als durch einen nicht mehr amtierenden Betriebsrat; vgl. § 16 Rn. 93) ebenso **nichtig** (so *LAG Düsseldorf* 09.01.2012 – 14 TaBV 69/11; 07.09.2010 – 16 TaBV 57/10, beide juris) wie eine Wahlvorstandsbestellung in einem betriebsratslosen Betrieb, der im Zeitpunkt der Bestellung nicht oder nicht mehr dem Unternehmen angehört, in dem der Gesamtbetriebsrat besteht; diesem kommt kein Übergangsmandat zu (vgl. § 21a Rdn. 11). Nichtig ist die Bestellung eines Wahlvorstands auch, wenn der bestellende Gesamtbetriebsrat durch schwerwiegende Errichtungsfehler nichtig errichtet worden ist und dies (s. dazu *Kreutz / Franzen* § 47 Rdn. 130 ff.) etwa auch schon rechtskräftig gerichtlich festgestellt worden ist (so *BAG* 15.10.2014 EzA § 16 BetrVG 2001 Nr. 1 Rn. 41 = AP Nr. 3 zu § 16 BetrVG 1972; vgl. dort aber auch Rn. 25 ff. zu mehreren einzelnen Errichtungsfehlern, die die Wirksamkeit der Errichtung nicht berühren). Bei nichtiger Bestellung ist auch die von diesem als Wahlvorstand inexistenten Gremium durchgeführte Betriebsratswahl nichtig (vgl. § 16 Rdn. 6).

Nur für den Fall, dass ein Gesamtbetriebsrat nicht (mehr) besteht, ist es **ersatzweise Aufgabe** des **12 Konzernbetriebsrats,** den Wahlvorstand in betriebsratslosen Betrieben der Konzernunternehmen zu bestellen; das Zuständigkeitsverhältnis zwischen Gesamtbetriebsrat und Konzernbetriebsrat entspricht demjenigen in § 16 Abs. 3 (vgl. näher § 16 Rdn. 83).

2. Bestellung des Wahlvorstands

Die Bestellung des Wahlvorstands in betriebsratslosen Betrieben ist als **primäre Berechtigung** und **13 Verpflichtung** des Gesamtbetriebsrats bzw. Konzernbetriebsrats ausgestaltet. Deren Primärzuständigkeit folgt daraus, dass nach § 17 Abs. 2 ein Wahlvorstand nur dann in einer Betriebsversammlung gewählt werden darf, wenn weder ein Gesamtbetriebsrat noch ein Konzernbetriebsrat besteht (Abs. 2 Satz 1) oder ein bestehender Gesamtbetriebsrat oder Konzernbetriebsrat die Bestellung unterlässt (Abs. 2 Satz 2). Im Unterschied zu § 16 Abs. 3 (»kann«) ist die Bestellung eines Wahlvorstands hier nicht nur Recht (vgl. § 16 Rdn. 84), sondern auch **Pflicht** von Gesamtbetriebsrat oder Konzernbetriebsrat (ebenso *Koch*/ErfK § 17 BetrVG Rn. 1; *Schaub/Koch* Arbeitsrechts-Handbuch, S. 217 Rn. 1b; *Schlochauer*/HSWG § 17 Rn. 3a; *Stege/Weinspach/Schiefer* § 17 Rn. 2; *Wlotzke*/WPK § 17 Rn. 5; wohl auch *Homburg*/DKKW § 17 Rn. 1; **a. M.** *Fitting* § 17 Rn. 10; *Maschmann*/AR § 17 BetrVG Rn. 1; *Nicolai*/HWGNRH § 17 Rn. 7; *Reichold*/HWK § 17 Rn. 3: nur Kompetenznorm; *Richardi*/*Thüsing* § 17 Rn. 3; *LAG Nürnberg* 25.01.2007 – 1TaBV 14/06, Rn. 23 – juris). Das ergibt sich zwar nicht eindeutig aus dem Wortlaut »Besteht... kein Betriebsrat, so bestellt...«. Für eine Verpflichtung spricht jedoch, dass die entsprechende Formulierung in § 16 Abs. 1 Satz 1 unstr. ebenfalls als Regelung von Recht und Pflicht zu verstehen ist (vgl. § 16 Rdn. 10), weiter § 17 Abs. 2 Satz 2, wo Konsequenzen an das Unterlassen der Bestellung geknüpft werden, und schließlich auch die Absicht des Gesetzgebers, eine einfachere und für den Arbeitgeber kostengünstigere Bestellung eines Wahlvorstands sicher zu stellen (vgl. Rdn. 2). Dementsprechend spricht auch die Gesetzesbegründung zu § 17 Abs. 2 Satz 2 davon, dass der Gesamtbetriebsrat bzw. Konzernbetriebsrat »seiner Verpflichtung nach Abs. 1 nicht nachkommt« (vgl. BT-Drucks. 14/5741, S. 38 zu Nr. 15 lit. c). Der Gesetzgeber hat es aber versäumt, die Pflichtenstellung zu präzisieren. Insbesondere ist nicht bestimmt, dass die Bestellung des Wahlvorstands »unverzüglich« oder innerhalb einer kalendermäßig berechenbaren Frist zu erfolgen hat. Die Konsequenzen daraus, die der Gesetzgeber offenbar nicht bedacht hat, zeigen sich bei § 17 Abs. 2 Satz 2 (vgl. Rdn. 18). Wegen der unpräzisen Pflichtenlage dürften aber Konsequenzen gegen einzelne Mitglieder des Gesamt- oder Konzernbetriebsrats wegen grober Pflichtverletzung (Ausschluss gemäß §§ 48, 56) regelmäßig ausscheiden (im Ergebnis übereinstimmend *Fitting* § 17 Rn. 10; *Nicolai*/HWGNRH § 17 Rn. 7; *Richardi*/*Thüsing* § 17 Rn. 3; *Schlochauer*/HSWG § 17 Rn. 3a; *Wlotzke*/WPK § 17 Rn. 5). Damit der Gesamtbetriebsrat (ersatzweise der Konzernbetriebsrat) seine gesetzliche Verpflichtung (Aufgabe) ordnungsgemäß erfüllen kann, ist ihm der Arbeitgeber (bzw. die Konzernleitung) unaufgefordert **zur Information** darüber **verpflichtet,** in welchen Betrieben des Unternehmens (bzw. der Konzernunternehmen) kein Betriebsrat besteht (§§ 51 Abs. 1, 80 Abs. 2 Satz 1; bzw. §§ 59 Abs. 1, 51 Abs. 5, 80 Abs. 2 Satz 1).

Für die Bestellung des Wahlvorstands durch Gesamtbetriebsrat oder (ersatzweise) Konzernbetriebsrat **14** gelten die Bestimmungen über seine **Zusammensetzung** nach § 16 Abs. 1 entsprechend (§ 17 Abs. 1 Satz 2). Vgl. näher § 16 Rdn. 32 ff. Das bedeutet, dass nur Wahlberechtigte des betriebsratslosen Betriebs zu bestellen sind; weil diese Betriebe nicht im Gesamtbetriebsrat (bzw. Konzernbetriebsrat) vertreten sein können, können aus deren Mitgliederkreis überhaupt keine Mitglieder bestellt werden. Es müssen (mindestens) drei Wahlvorstandsmitglieder bestellt werden, einer von ihnen als Vorsitzender (§ 16 Abs. 1 Satz 1); die Geschlechter sollen berücksichtigt werden (§ 16 Abs. 1 Satz 5). Die Zahl der Mitglieder darf nur (auf ungerade Zahlen, § 16 Abs. 1 Satz 3) erhöht werden, wenn dies zur ordnungsgemäßen Durchführung der Wahl erforderlich ist (§ 16 Abs. 1 Satz 2). Ersatzmitglieder können (und sollten in der Regel) bestellt werden (§ 16 Abs. 1 Satz 4). Für das Entsenderecht der im Betrieb vertretenen Gewerkschaften nach § 16 Abs. 1 Satz 6 gilt das § 16 Rdn. 49 ff. Gesagte. Die Bestellung erfolgt durch **Beschluss** des Gesamtbetriebsrats bzw. des ersatzweise zuständigen Konzernbetriebsrats, zu dessen Wirksamkeit die Zustimmung der Betroffenen erforderlich ist (vgl. § 16 Rdn. 81). Ohne Beschlussfassung ist eine »Bestellung« nichtig (vgl. zu einem Grenzfall zutr. *LAG Hamm* 02.05.2013 – 13 TaBVGa 3/13 – juris).

15 Die Im Übrigen verfahrensmäßig nicht besonders geregelte Rechtsausübung erfordert, dass Mitglieder des Gesamtbetriebsrats (bzw. Konzernbetriebsrats) in **Vorbereitung eines Beschlussantrags** in ihrem Gremium in Erfahrung bringen, welche Arbeitnehmer zur Übernahme des Amts im Wahlvorstand bereit und geeignet sind. Dazu hat ihnen der Arbeitgeber nach dem Grundsatz vertrauensvoller Zusammenarbeit (§ 2 Abs. 1) auf Verlangen Zutritt zum Betrieb zu gewähren (weitergehend, aber ohne Begründung *Fitting* § 17 Rn. 8 und *Wlotzke/WPK* § 17 Rn. 6: Zutrittsrecht steht zu). Nach § 40 Abs. 2 i. V. m. § 51 Abs. 1 (bzw. § 59 Abs. 1) kann aber auch die Nutzung der im Unternehmen (bzw. im Konzern) vorhandenen Informations- und Kommunikationstechnik verlangt werden (vgl. zum Anspruch des Gesamtbetriebsrats auf Freischaltung von Telefonen zur Informationsbeschaffung *BAG* 09.12.2009 EzA § 40 BetrVG 2001 Nr. 17 = AP Nr. 97 zu § 40 BetrVG 1972 *[zust. Weber, Wedde]*. Der Gesamtbetriebsrat ist aber nach § 17 Abs. 1 Satz 1 nicht berechtigt, in betriebsratslosen Betrieben zum Zwecke der Bestellung eines Wahlvorstands Informationsveranstaltungen in Form von Belegschaftsversammlungen durchzuführen (so im Ergebnis zutr. *BAG* 16.11.2011 EzA § 17 BetrVG 2001 Nr. 2 = AP Nr. 9 zu § 17 BetrVG 1972); nur diese Auslegung des Bestellungsrechts vermeidet schwerwiegende Wertungswidersprüche zur Entstehungsgeschichte des § 17 Abs. 1 Satz 1 und zur Systematik des § 17 (ausführlich dazu *Kreutz* RdA 2013, 176 [177 f.]). Erst recht lässt sich keine Berechtigung zur Durchführung solcher Informationsveranstaltungen aus einer sog. Annexkompetenz (kraft Sachzusammenhangs) zu § 17 Abs. 1 Satz 1 herleiten (zutr. im Ergebnis auch insoweit *BAG* [16.11.2011 EzA § 17 BetrVG 2001 Nr. 2 Rn. 30 ff.] gegen die Vorinstanz [*LAG Hessen* 04.02.2010 – 9 TaBV 199/09], die in freier Rechtschöpfung gegenteilig entschieden hat; vgl. auch dazu und grundsätzlich zur Verabschiedung des Denkens von Annexkompetenzen im Betriebsverfassungsrecht *Kreutz* RdA 2013, 176 [178 ff.]).

III. Wahl des Wahlvorstands in der Betriebsversammlung (Abs. 2)

16 Soweit nach Abs. 2 ein Wahlvorstand in einer Betriebsversammlung gewählt werden kann, handelt es sich nicht um ein Recht der Betriebsversammlung als solcher (vgl. zum Streit über die Rechtsnatur der Betriebsversammlung *Weber* § 42 Rdn. 8 f.); vielmehr ist es ein **Recht der Arbeitnehmer** des Betriebes, den Wahlvorstand zu wählen, das von diesen **in der Betriebsversammlung ausgeübt** wird. Zu Recht formuliert dementsprechend § 17 Abs. 2 Satz 1, dass der Wahlvorstand in der Betriebsversammlung »von der Mehrheit der anwesenden Arbeitnehmer gewählt« wird.

1. Voraussetzungen

17 Wegen der Konzeption einer Primärzuständigkeit von Gesamtbetriebsrat bzw. Konzernbetriebsrat zur Bestellung des Wahlvorstands in einem nach § 1 Abs. 1 betriebsratsfähigen, aber betriebsratslosen Betrieb nach § 17 Abs. 1 (vgl. näher Rdn. 6 ff.) ist zunächst Voraussetzung für die Wahl eines Wahlvorstands in einer Betriebsversammlung nach § 17 Abs. 2 Satz 1, dass im Betrieb **kein Betriebsrat** besteht (vgl. Rdn. 8), aber auch **kein Gesamtbetriebsrat** und **kein Konzernbetriebsrat** besteht, dessen Zuständigkeit sich auf den betriebsratslosen Betrieb erstreckt (vgl. Rdn. 11). Warum diese Arbeitnehmervertretungen nicht bestehen, ist ohne Belang. Bestehen sie nicht, kann die Wahl eines Wahlvorstands in einer Betriebsversammlung **jederzeit** vorgenommen werden, also innerhalb oder außerhalb des regelmäßigen Wahlzeitraums.

18 Im Grundsatz gilt diese **jederzeitige** Wahlmöglichkeit aber auch, **wenn ein Gesamtbetriebsrat besteht** (bzw. ersatzweise ein Konzernbetriebsrat). Das ergibt sich aus Folgendem: Nach § 17 Abs. 2 Satz 2 wird der Wahlvorstand auch dann in einer Betriebsversammlung gewählt, wenn ein **Gesamtbetriebsrat** besteht, der aber die **Bestellung** des Wahlvorstands nach Abs. 1 **unterlässt**; Gleiches gilt, wenn kein Gesamtbetriebsrat, aber ein Konzernbetriebsrat besteht, der die Bestellung nach Abs. 1 unterlässt. Voraussetzung ist also nur, dass der bestehende Gesamtbetriebsrat bzw. der Konzernbetriebsrat die Bestellung eines Wahlvorstandes unterlässt. Ein solches **Unterlassen** liegt jedoch stets vor, **solange** der Wahlvorstand **noch nicht bestellt** worden ist (ebenso *Löwisch/LK* § 17 Rn. 5). Denn er kann jederzeit bestellt werden, weil in Betrieben ohne Betriebsrat auch die Betriebsratswahl jederzeit erfolgen kann (vgl. *Jacobs* § 13 Rdn. 79). Da der Gesamtbetriebsrat (ersatzweise der Konzernbetriebsrat) nicht

gehalten ist, die Bestellung des Wahlvorstands unverzüglich vorzunehmen, ist ein »Unterlassen« nicht davon abhängig, dass die Bestellung (i. S. d. Legaldefinition des § 121 Abs. 1 BGB) schuldhaft verzögert wird; das wäre aus der Sicht der Einladungsberechtigten zur Betriebsversammlung auch schwerlich rechtssicher zu beurteilen. Dem Gesamtbetriebsrat ist insbesondere auch keine (wie auch immer zu bestimmende) »angemessene« Frist zur Bestellung vorbehalten. Eine solche hätte der Gesetzgeber zwar bestimmen können; das hat er aber versäumt (vgl. Rdn. 13). Anhaltspunkte für eine kalendermäßig zu berechnende Frist bestehen (anders als bei § 16 Abs. 2 und 3 in den Fällen des § 13 Abs. 2 Nr. 1 bis 3; vgl. § 16 Rdn. 66) nicht. Auch der Gesichtspunkt, dass die Bestellung des Wahlvorstands nach Abs. 1 Pflicht des Gesamtbetriebsrats bzw. Konzernbetriebsrats ist (vgl. Rdn. 13), ändert nichts daran, dass sie nicht erfüllt ist, solange ein Wahlvorstand nicht (wirksam) bestellt ist. Unerheblich ist, warum das nicht geschehen ist; insoweit besteht für diejenigen, die zu einer Betriebsversammlung nach Abs. 2 Satz 1 einladen wollen, auch keinerlei Aufklärungspflicht (ebenso *Fitting* § 17 Rn. 14; **a. M.** *Richardi/Thüsing* § 17 Rn. 8). Unmaßgeblich ist auch, ob der Gesamtbetriebsrat (bzw. Konzernbetriebsrat) schon zur Bestellung eines Wahlvorstands tätig geworden ist (z. B. durch Sondierungsgespräche zur Findung von Wahlvorstandsmitgliedern), und ob dies im Betrieb erkennbar war; im letzteren Fall soll nach verbreiteter Ansicht noch kein »Unterlassen der Bestellung« vorliegen (vgl. *Fitting* § 17 Rn. 13; *Richardi/Thüsing* § 17 Rn. 8: Sperrwirkung; zust. *Reichold/HWK* § 17 BetrVG Rn. 6; *Maschmann/AR* § 17 BetrVG Rn. 2). Diese Differenzierung ist jedoch mit erheblichen Rechtsunsicherheiten behaftet und zudem praktisch überflüssig. Denn:

Die Möglichkeit nach Abs. 2 Satz 2, in einer Betriebsversammlung einen Wahlvorstand zu wählen, **19** solange der Gesamtbetriebsrat (bzw. Konzernbetriebsrat) untätig bleibt, **verdrängt nicht** dessen **Primärzuständigkeit**. Deshalb kann der Gesamtbetriebsrat (bzw. der Konzernbetriebsrat) einen Wahlvorstand noch so lange bestellen, bis ein Wahlvorstand in der Betriebsversammlung nach § 17 Abs. 2 endgültig bestellt ist (vgl. Rdn. 50) oder eine evtl. nach § 17 Abs. 4 beantragte ersatzweise Bestellung eines Wahlvorstands durch das Arbeitsgericht (mit Ablauf der Beschwerdefrist) rechtskräftig wird. Auch insoweit gilt nach dem **Prioritätsprinzip** (vgl. § 16 Rdn. 85) die Bestellung, die zuerst wirksam geworden ist (ebenso *Fitting* § 17 Rn. 14; *Homburg/DKKW* § 17 Rn. 3; *Wiebauer/LK* § 17 Rn. 7; wohl auch *Wlotzke/WPK* § 17 Rn. 7); die spätere Bestellung ist nichtig (so im Ergebnis auch *Brors/* HaKo § 17 Rn. 5; *Fitting* § 17 Rn. 14; *Nießen* Fehlerhafte Betriebswahlen, S. 125 ff.), ebenso wie von diesem durchgeführte Betriebsratswahl (vgl. § 16 Rdn. 6). Erfolgt die Bestellung des Wahlvorstands noch vor dem Termin, zu dem die Betriebsversammlung eingeladen ist, ist diese sofort abzusagen, weil in dieser die Wahl des Wahlvorstands nicht mehr wirksam stattfinden kann (ebenso *Fitting* § 17 Rn. 14) und deshalb auch eine Vergütung nach § 44 Abs. 1 ausscheiden muss. Der besondere Kündigungsschutz für die Einladenden nach § 15 Abs. 3a KSchG (s. Rdn. 23) bleibt trotz Absage bestehen.

Wenn die Voraussetzungen nach § 17 Abs. 2 Satz 1 oder 2 vorliegen, kann in einer Betriebsversamm- **20** lung ein Wahlvorstand **auch dann noch** gewählt werden, wenn beim Arbeitsgericht unter den Voraussetzungen des § 17 Abs. 4 die Ersatzbestellung beantragt worden ist, solange eine rechtskräftige Entscheidung noch nicht vorliegt; die Kompetenz des Arbeitsgerichts ist auch hier nur subsidiär (ebenso *BAG* 19.03.1974 AP Nr. 1 zu § 17 BetrVG 1972 m. w. N. = AR-Blattei, Betriebsverfassung VI, Entsch. 42 [zust. *Monjau*]; *LAG Hamm* 02.10.2009 – 10 TaBV 27/09 – juris, Rn. 60; *LAG Köln* 21.05.2013 – 3 TaBVGa 3/13 – juris, Rn. 32; *Fitting* § 17 Rn. 36; *Galperin/Löwisch* § 17 Rn. 1; *Homburg/DKKW* § 17 Rn. 17; *Richardi/Thüsing* § 17 Rn. 10; *Schlochauer/HSWG* § 17 Rn. 17).

2. Einberufung der Betriebsversammlung

Die Wahl eines Wahlvorstands durch die Arbeitnehmer des Betriebes kann nur in einer Betriebsver- **21** sammlung erfolgen; Teilversammlungen oder Abteilungsversammlungen kommen dafür nicht in Betracht (ebenso im Ergebnis *Eder* AiB 2011, 695; *Fay/Homburg* AuR 2012, 290 [292 f.]; *Fitting* § 17 Rn. 19a; *Wiebauer/LK* § 17 Rn. 11), weil es in geteilten Versammlungen nicht möglich ist, dass der Wahlvorstand entsprechend der gesetzlichen Anforderung in einer Betriebsversammlung von der Mehrheit der (gleichzeitig) anwesenden Arbeitnehmer (nach deren Wahlvorschlägen) gewählt wird; das ist gegenüber § 42 Abs. 1 Satz 3 die speziellere Regelung (verkannt von *LAG Sachsen-Anhalt* 29.06.2011 – 5 TaBVGa 1/11 – juris, Rn 36 = AiB 2011, 694, das die Nichtigkeit der Wahl in einer

Betriebsversammlung in einem vollkontinuierlichen Schichtbetrieb damit begründet, dass keine geteilte Wahlversammlung an zwei Tagen stattgefunden hat und deshalb die während der Betriebsversammlung im Schichtbetrieb gebundenen Arbeitnehmer nicht teilnehmen konnten; vgl. dazu noch näher Rdn. 35). Auch sonstige Formen der Abstimmung, etwa in einem sog. Briefwahlverfahren, sind unzulässig und können nicht zu einer wirksamen Bestellung des Wahlvorstands führen. Die Einberufung einer Betriebsversammlung zur Wahl eines Wahlvorstands erfolgt durch Einladung Einladungsberechtigter (Abs. 3).

a) Einladungsberechtigte

22 Zur Wahl-Betriebsversammlung können (mindestens) **drei wahlberechtigte Arbeitnehmer des Betriebes** (vgl. dazu *Raab* § 7 Rdn. 11 ff.) und **jede im Betrieb vertretene Gewerkschaft** (vgl. dazu § 16 Rdn. 49 sowie *Jacobs* § 14 Rdn. 83 ff.) einladen (Abs. 3). Da das Gesetz Betriebszugehörigkeit der wahlberechtigten Arbeitnehmer fordert (»Arbeitnehmer des Betriebs«), waren schon bisher im Unterschied zu den nach § 7 Satz 1 wahlberechtigten Arbeitnehmern des Betriebs, bei denen Betriebszugehörigkeit Voraussetzung der Wahlberechtigung ist (s. *Raab* § 7 Rdn. 17 ff.), die nach § 7 Satz 2 wahlberechtigten Leiharbeitnehmer mangels Betriebszugehörigkeit (str., s. *Raab* § 7 Rdn. 84 ff.) nicht einladungsberechtigt (ebenso *Löwisch/LK* 6. Aufl., § 17 Rn. 6; *Nicolai/HWGNRH* § 17 Rn. 15; *Wlotzke/WPK* § 17 Rn. 8). Hält man, wie es zutr. ist, daran fest, dass Leiharbeitnehmer nach § 7 Satz 2 im Betrieb nur eingesetzt werden, aber rechtlich nicht betriebszugehörig sind (s. *Raab* § 7 Rdn. 92), dann hat sich an ihrer nicht bestehenden Einladungsberechtigung auch durch die allgemeine Neuregelung in § 14 Abs. 2 Satz 4 AÜG nichts geändert. Danach sind jetzt Leiharbeitnehmer (i. S. d. AÜG) im Entleiherbetrieb zu berücksichtigen, soweit Bestimmungen des BetrVG eine bestimmte Anzahl von Arbeitnehmern voraussetzen, wie das hier in Abs. 3 der Fall ist; damit wird jedoch nur ihre zahlenmäßige Berücksichtigung festgelegt, nicht aber wird zugleich das Vorliegen weiterer (Anwendungs-) Voraussetzungen der erfassten Bestimmungen fingiert, wie hier die Betriebszugehörigkeit (ebenso unter zutr. Berufung auf die Gesetzesbegründung [BT-Drucks. 18/9232 S. 28 f.] *Löwisch/Wegmann* BB 2017, 373 [374]; ebenso *Raab* § 7 Rdn. 115). Die wahlberechtigten Leiharbeitnehmer sind mithin nach wie vor mangels Betriebszugehörigkeit nicht einladungsberechtigt (**a. M.** *Wiebauer/LK* § 17 Rn. 8); das steht auch nicht im Wertungswiderspruch dazu, dass sie zu Wahlvorstandsmitgliedern bestellt werden können (s. § 16 Rdn. 32); denn es macht einen Unterschied, ob wahlberechtigte Leiharbeitnehmer bei der Betriebsratswahl eine Aufgabe übernehmen oder im betriebsratslosen Betrieb durch die Einberufung einer Belegschaftswahlversammlung als Initiatoren einer Betriebsratswahl auftreten können (zur Wertigkeit s. auch Rdn. 37). Bei den privatisierten Unternehmen ist Abs. 3 entsprechend auf jeden im Betrieb vertretenen Berufsverband der Beamten (ggf. der Soldaten) anzuwenden (näher dazu § 16 Rdn. 49; vgl. auch *Fitting* § 17 Rn. 16). Mindestens drei Einladende müssen in der Einladung gemeinsam auftreten; parallele Einladungen einzelner Wahlberechtigter genügen nicht. Ein einzelner Arbeitnehmer allein ist danach nicht einladungsberechtigt. Kommt es aufgrund einer im Übrigen ordnungsgemäßen Einladung durch einen einzelnen Arbeitnehmer zu einer Betriebsversammlung, in der ordnungsgemäß ein Wahlvorstand gewählt wird, so ist diese Wahl wegen dieses Einladungsfehlers nicht nichtig, die von diesem Wahlvorstand durchgeführte Betriebsratswahl ebenso wenig (zust. *Brors/HaKo* § 17 Rn. 9).

23 Die ersten drei (in vertikaler oder horizontaler Reihung) in der Einladung aufgeführten Arbeitnehmer genießen **besonderen Kündigungsschutz** nach § 15 Abs. 3a KSchG; ihnen kann vom Zeitpunkt der Einladung an bis zur Bekanntgabe des Wahlergebnisses oder, falls ein Betriebsrat nicht gewählt wird, drei Monate vom Zeitpunkt der Einladung an nicht ordentlich gekündigt werden. Abs. 3a ist durch Art. 7 Nr. 1 BetrVerf-Reformgesetz neu in § 15 KSchG eingefügt worden; der besondere Kündigungsschutz soll dazu beitragen, »insbesondere in betriebsratslosen Betrieben die Initiative für die Wahl von Betriebsräten zu ergreifen« (vgl. BT-Drucks. 14/5741, S. 55).

24 Die **Einladungsberechtigung der im Betrieb vertretenen Gewerkschaften** ist nicht davon abhängig, dass die Arbeitnehmer des Betriebes nicht initiativ geworden sind; sie sollten der Belegschaft aber in angemessener Frist ein Prärogativ zugestehen (vgl. auch zu BT-Drucks. VI/2729, S. 12). Die Gewerkschaften sind aus eigenem Recht einladungsberechtigt; völlig verfehlt insoweit *BAG* 29.07.2009 EzA § 3 BetrVG 2001 Nr. 3 Rn. 28 obiter dictum = AP Nr. 7 zu § 3 BetrVG 1972, wo

vom Recht die Rede ist, »den Betriebsrat zur Einberufung einer Betriebsversammlung anzuhalten (§ 17 Abs. 3 BetrVG, § 43 Abs. 4 BetrVG)«, und das im betriebsratlosen Betrieb! Die Beauftragten der im Betrieb vertretenen Gewerkschaften haben nach Maßgabe von § 2 Abs. 2 das Recht, zur Vorbereitung und zur Einberufung der Betriebsversammlung (Aushängen eines Einladungsschreibens) den Betrieb zu betreten (vgl. auch *BAG* 07.05.1986 EzA § 17 BetrVG 1972 Nr. 5 [unter II.4.] = AP Nr. 18 zu § 15 KSchG 1969; *LAG Köln* 06.10.1989 LAGE § 2 BetrVG 1972 Nr. 7; *LAG Rheinland-Pfalz* 11.01.2013 – 9 TaBVGa 2/12 – juris; ebenso *Fitting* § 17 Rn. 20; *Homburg/DKKW* § 17 Rn. 7; *Koch*/ErfK § 17 BetrVG Rn. 2) und mit den Arbeitnehmern (auch am Arbeitsplatz) Gespräche zu führen, namentlich um im Vorfeld der Betriebsversammlung Bewerber für das Wahlvorstandsamt zu gewinnen (insoweit einschränkend *Nicolai*/HWGNRH § 17 Rn. 19). Eine im Betrieb vertretene Gewerkschaft kann zur Wahlversammlung auch in das Gewerkschaftshaus einladen (*BAG* 07.05.1986 EzA § 17 BetrVG 1972 Nr. 5 = AP Nr. 18 zu § 15 KSchG 1969 hat das auch nicht als fehlerhaft beanstandet). Dagegen generell einschränkend *LAG Hamm* 12.04.2013 – 13 TaBV 64/12 – juris, Rn. 51 ff.: Die Betriebsversammlung muss auch bei Einladung durch eine Gewerkschaft im Betrieb stattfinden, sofern ein geeigneter Raum vorhanden ist, dessen Überlassung die Gewerkschaft notfalls durch einstweilige Verfügung erwirken muss; dabei verkennt das Gericht aber, dass nach § 44 Abs. 1 die Wahl-Betriebsversammlung nur bezüglich Zeitpunkt und Verdienstausfall einer ordentlichen Betriebsversammlung zwingend gleichgestellt wird und kein Versammlungsort für die Einberufung der Versammlung nach § 17 Abs. 2 gesetzlich festgeschrieben ist; deshalb ist dieses enge Verständnis als zu weitgehend abzulehnen, auch wenn das Gericht die Einladung in eine Gaststätte nur als einfachen Errichtungsfehler einstuft, der nicht zur Nichtigkeit der Wahl eines Wahlvorstands führt, aber dem Gericht doch zur Anfechtbarkeit der von diesem Wahlvorstand durchgeführten Betriebsratswahl reichte; abl. zu letzterem § 16 Rdn. 106). Die Einladung namens der Gewerkschaft setzt Vertretungsmacht des Einladenden voraus.

Die Aufzählung der Einladungsberechtigten in Abs. 3 ist **nicht erschöpfend** (a. M. noch *Thiele* 2. Bearbeitung, § 17 Rn. 8; neuerdings *Homburg/DKKW* § 17 Rn. 4; *Reichold*/HWK § 17 BetrVG Rn. 7; *Wiebauer*/LK § 17 Rn. 9; *Wlotzke*/WPK § 17 Rn. 8); die Vorschrift soll nur klarstellen, wer von der Arbeitnehmerseite einladen kann (vgl. Rdn. 2). Einladungsberechtigt sind neben den dort Genannten der (noch amtierende) Betriebsrat und der Arbeitgeber. 25

Die Einladungsberechtigung des Betriebsrates scheitert nicht daran, dass die Wahl eines Wahlvorstandes in der Betriebsversammlung zur Voraussetzung hat, dass im Betrieb kein Betriebsrat besteht (vgl. Rdn. 8). Wenn der bisherige Betriebsrat selbst – aus welchen Gründen auch immer – keinen Wahlvorstand bestellen will, aber will, dass dies in einer Betriebsversammlung geschieht, so kann er dies, vorbehaltlich zwischenzeitlich rechtskräftiger gerichtlicher Bestellung eines Wahlvorstands nach § 16 Abs. 2 oder einer Bestellung durch den Gesamtbetriebsrat (bzw. den Konzernbetriebsrat) nach § 16 Abs. 3, dadurch erreichen, dass er eine Betriebsversammlung nach § 43 Abs. 1 mit dem Tagesordnungspunkt »Wahl eines Wahlvorstandes« so terminiert einberuft, dass diese erst nach Ablauf seiner Amtszeit stattfindet (vgl. auch *Jacobs* Die Wahlvorstände, S. 156); dann allerdings die Primärzuständigkeit des Gesamtbetriebsrats (bzw. Konzernbetriebsrats) nach § 17 Abs. 1 zu beachten (vgl. dazu Rdn. 18, 19). Der Gesamtbetriebsrat (oder ersatzweise der Konzernbetriebsrat) hat keine Einladungsberechtigung; sie stünde im Wertungswiderspruch zu seiner Primärberechtigung (vgl. Rdn. 13), die der Gesetzgeber gerade in der Absicht begründet hat, eine einfachere und für den Arbeitgeber kostengünstigere Bestellung des Wahlvorstands sicherzustellen (vgl. Rdn. 2); obiter dictum im Ergebnis ebenso *BAG* 16.11.2011 EzA § 17 BetrVG 2001 Nr. 2 Rn. 21 = AP Nr. 9 zu § 17 BetrVG 1972. 26

Auch der **Arbeitgeber** kann zur Betriebsversammlung einladen, wenn die Voraussetzungen nach Abs. 2 Satz 1 oder 2 dafür vorliegen, dass der Wahlvorstand in einer Betriebsversammlung gewählt werden kann (str., wobei der Streit bisher nur für den Fall geführt wurde, dass im Betrieb kein Betriebsrat besteht; insoweit wie hier: *BAG* 14.12.1965 BAGE 18, 41 [52] = AP Nr. 5 zu § 16 BetrVG [zust. *Neumann-Duesberg*]; 19.03.1974 AP Nr. 1 zu § 17 BetrVG 1972 = AR-Blattei, Betriebsverfassung VI, Entsch. 42 [zust. *Monjau*]; *LAG Hamm* DB 1980, 1222; ausführlich *Jacobs* Die Wahlvorstände, S. 151 ff.; *Küchenhoff* § 17 Rn. 8; *Nicolai*/HWGNRH § 17 Rn. 14; *Nießen* Fehlerhafte Betriebsratswahlen, S. 104 ff.; *Richardi/Thüsing* § 17 Rn. 13; *Schaub/Koch* Arbeitsrechts-Handbuch, § 217 Rn. 3 [anders 27

Koch/ErfK § 17 BetrVG Rn. 2]; *Stege/Weinspach/Schiefer* § 17 Rn. 2; *Triemel* Minderheitenschutz, S. 122; *Vogt* Die Betriebs- und Abteilungsversammlung, 3. Aufl. 1977, S. 64 m. w. N. älterer Literatur und Rechtsprechung; **a. M.** *Brors*/HaKo § 17 Rn. 9; *Fitting* § 17 Rn. 22; *Frauenkron* § 17 Rn. 2; *Homburg*/DKKW § 17 Rn. 4; *Joost*/MünchArbR § 216 Rn. 125; *Reichold*/HWK § 17 BetrVG Rn. 7; *Wiebauer*/LK § 17 Rn. 19; *Weiss/Weyand* § 17 Rn. 4; *Wenzel* DB 1975, Beil. Nr. 2, S. 4; *Wlotzke/WPK* § 17 Rn. 8). Solange ein Betriebsrat besteht, kann der Arbeitgeber zwar nur verlangen, dass dieser eine Betriebsversammlung einberuft (§ 43 Abs. 3). Wenn kein Betriebsrat (mehr) besteht, spricht aber nichts gegen die Einberufung durch den Arbeitgeber selbst. Eine Störung der Geschäftsführung des Betriebsrates ist nicht zu befürchten. Dagegen spricht auch nicht, dass der Arbeitgeber die gerichtliche Bestellung des Wahlvorstands nach §§ 16 Abs. 2, 17 Abs. 4 nicht beantragen kann. Zu Unrecht nimmt die Gegenauffassung die Entstehungsgeschichte für sich in Anspruch (vgl. *Galperin/Löwisch* § 17 Rn. 6; früher auch *Fitting/Auffarth/Kaiser/Heither* 14. Aufl., § 17 Rn. 11); im Ausschuss für Arbeit und Sozialordnung ist nämlich nicht die Berechtigung des Arbeitgebers zur Einberufung einer Betriebsversammlung, sondern nur die Antragsberechtigung für die gerichtliche Bestellung des Wahlvorstands abgelehnt worden (vgl. zu BT-Drucks. VI/2729, S. 21: zu § 17; zutr. *Dietz/Richardi* § 17 Rn. 7). Darüber hinaus deckt sich die Einberufung durch den Arbeitgeber mit der Zielsetzung des Gesetzgebers, möglichst in allen Betrieben die Bildung von Betriebsräten zu fördern (vgl. zu BT-Drucks. VI/2729, S. 12), auch wenn die Errichtung einer Arbeitnehmervertretung den Arbeitnehmern obliegt. Insoweit verweist *Thüsing* (*Richardi/Thüsing* § 17 Rn. 13) zu Recht auf eine vergleichbare Wertung in § 21 BPersVG; danach hat der Leiter einer personalratsfähigen Dienststelle eine Personalversammlung zur Wahl eines Wahlvorstands einzuberufen, wenn kein Personalrat besteht. Angesichts vieler nicht konzernzugehöriger Unternehmen mit nur einem Betrieb ist auch der Einwand nicht treffend, die Einladungsberechtigung des Arbeitgebers habe mit der Primärkompetenz von Gesamt- bzw. Konzernbetriebsrat nach § 17 Abs. 1 ihre Berechtigung verloren (so zunächst *Reichold*/ArbK § 17 Rn. 7). Hinzu kommt, dass die Gegenauffassung keinerlei praktische Konsequenzen aus ihrer Auffassung zieht (vgl. *Fitting*, ferner *Koch*/ErfK, *Reichold*, *Wlotzke*). In der von ihm einberufenen Betriebsversammlung hat sich der Arbeitgeber allerdings jeder Einflussnahme auf die Wahl der einzelnen Mitglieder des Wahlvorstands zu enthalten, darf seinerseits auch keine Wahlvorschläge machen (ebenso *Nicolai*/HWGNRH § 17 Rn. 18), um sich nicht dem Vorwurf der Wahlbeeinflussung (§ 20 Abs. 2) auszusetzen.

b) Einladung

28 Das Gesetz schreibt für die Einladung **weder** eine besondere **Form noch** eine **Frist** vor; solche sind daher nicht erforderlich (allgemeine Meinung). Die Einladung muss jedoch den Zeitpunkt, den Ort (im Betrieb; s. aber auch Rdn. 24), den Gegenstand der Betriebsversammlung (beabsichtigte Wahl eines Wahlvorstands) sowie die Einladenden (vgl. *LAG Hamm* DB 1974, 389, das mangels Schriftformerfordernis zutr. nicht verlangt, dass die Einladung unterschrieben ist) angeben und so rechtzeitig bekannt gemacht werden, dass **alle** Arbeitnehmer des Betriebes von ihr **Kenntnis nehmen können** und dadurch insoweit die Möglichkeit erhalten, an der Betriebsversammlung teilzunehmen und an der Wahl des Wahlvorstands mitzuwirken. **Rechtzeitiger Aushang** an den **betriebsüblichen Mitteilungsbrettern** (»Schwarzes Brett«) und/oder Rundschreiben an alle Arbeitnehmer **genügt**. Einer ausdrücklichen Aufforderung, an der Betriebsversammlung teilzunehmen, bedarf es nicht (*LAG Hamm* 09.12.1977 EzA § 4 BetrVG 1972 Nr. 3).

29 Nicht genügt bloß die Verteilung von Handzetteln, wenn nicht sichergestellt ist, dass alle Arbeitnehmer Kenntnis erlangen können. Für die Rechtzeitigkeit genügt ein Aushang drei Tage vor dem Tag der Betriebsversammlung nach der Wertentscheidung in § 28 Abs. 1 Satz 2 WO 2001 (»mindestens sieben Tage«) nicht mehr (vgl. *LAG Hamm* 13.04.2012 LAGE § 19 BetrVG 2001 Nr. 5 Rn. 108 f.: betriebliche Verhältnisse im Einzelfall maßgebend, aber § 28 Abs. 1 Satz 2 WO gibt »Anhaltspunkt«, dass eine Woche ausreichend ist; **a. M.** *LAG Baden-Württemberg* 20.02.2009 – 5 TaBVGa 1/9 – juris, Rn. 34: Frist von drei Tagen ausreichend; zweifelnd, ob Wertung der WO zu beachten ist, wenn die Bestimmung nicht unmittelbar anwendbar ist). Die ausschließliche Einladung mittels einer im Betrieb vorhandenen Informations- und Kommunikationstechnik genügt nur, wenn sichergestellt ist, dass sie alle Arbeitnehmer erreicht (vgl. entsprechend § 28 Abs. 1 Satz 4, 2. Halbs., § 2 Abs. 4 Satz 4 WO); bei Einladung per E-Mail erfordert das, dass alle Arbeitnehmer über einen eigenen E-Mail-Anschluss ver-

fügen (vgl. *BAG* 19.11.2003 EzA § 19 BetrVG 2001 Nr. 2 unter B II 1a i. V. m. den Sachverhaltsangaben = AP Nr. 54 zu § 19 BetrVG 1972). Eine mündliche Einladung genügt selbst in kleineren Betrieben (in denen § 17 Abs. 3 nach § 17a Nr. 3 Satz 2 entsprechend gilt) nicht, da nach § 28 Abs. 1 Satz 3 WO die Einladung durch Aushang bekannt zu machen ist (zutr. *Richardi/Thüsing* § 17 Rn. 14, der aber die hier vertretene Meinung verkennt). Will eine im Betrieb vertretene Gewerkschaft einladen, so genügt es nicht, dass dem Arbeitgeber Einladungsschreiben zur Weiterleitung an die einzelnen Arbeitnehmer übergeben werden, wenn dieser sie nicht weiterleitet (vgl. *BAG* 07.05.1986 EzA § 17 BetrVG 1972 Nr. 5 = AP Nr. 18 zu § 15 KSchG 1969; 26.02.1992 EzA § 17 BetrVG 1972 Nr. 6 = AP Nr. 6 zu § 17 BetrVG 1972; *LAG Düsseldorf* AiB 1984, 78). Soweit der Arbeitgeber zur Mitwirkung verpflichtet ist, die Einladung (etwa an Außendienst-Arbeitnehmer) weiterzuleiten (vgl. dazu auch *LAG Hamburg* RDV 1994, 190: bei Kostenübernahme durch die einladende Gewerkschaft; *LAG Rheinland-Pfalz* 07.01.2008 – 5 TaBV 56/07 – juris: bei gewerbsmäßiger Überlassung der Arbeitnehmer), müssen die Initiatoren der Betriebsratswahl diese Verpflichtung notfalls mit Hilfe der Arbeitsgerichte durchsetzen (vgl. *BAG* 26.02.1992 EzA § 17 BetrVG 1972 Nr. 6, S. 7).

Bei nicht ordnungsgemäßer Einladung nach den genannten strengen Kriterien sollte nach einem richtungweisenden Urteil des zweiten Senats des *BAG* von 1986 die Wahl des Wahlvorstands in der gleichwohl zustande gekommenen Betriebsversammlung nicht nur fehlerhaft, sondern **nichtig** sein, »jedenfalls, wenn durch den Mangel der Einladung das Wahlergebnis beeinflusst werden konnte«, weil nicht alle Arbeitnehmer zumindest die Möglichkeit hatten an der Wahl mitzuwirken (*BAG* 07.05.1986 EzA § 17 BetrVG Nr. 5 S. 10 = AP Nr. 18 zu § 15 KSchG 1969; folgend *LAG Köln* 06.10.1989 LAGE § 2 BetrVG 1972 Nr. 7 S. 6; *LAG Baden-Württemberg* 20.02.2009 – 5 TaBVGa 1/9 – juris, Rn. 31 ff., 41; *ArbG Essen* NZA-RR 2005, 258; zust. *Joost*/MünchArbR § 216 Rn. 125; *Koch*/ErfK § 17 BetrVG Rn. 2; *Reichold*/HWK 3. Aufl., § 17 BetrVG Rn. 8; *Wiebauer*/LK § 17 BetrVG Rn. 11; *Wlotzke*/WPK § 17 Rn. 9; unklar *Homburg*/DKKW § 17 Rn. 5 mit Fn. 13). Für diese Strenge wurde vom *BAG* eine Verletzung des zu einer demokratischen Wahl gehörenden Grundsatzes der Allgemeinheit der Wahl angeführt und hervorgehoben, dass mangels gesetzlich vorgeschriebener Mindestbeteiligung an der Betriebsversammlung zu gewährleisten sei, dass nicht »durch eine gezielte Auswahl der eingeladenen Arbeitnehmer der überwiegenden Mehrheit die Durchführung einer Betriebsratswahl aufgezwungen« werde. Diese Argumentation **überzeugt nicht** mehr (vgl. aber noch 10. Aufl., § 17 Rn. 25). Sie ist dadurch wertungswidersprüchlich geworden, da jetzt nach § 17 Abs. 1 der Gesamtbetriebsrat (ersatzweise der Konzernbetriebsrat) primär berechtigt ist, in betriebsratslosen Betrieben einen Wahlvorstand zu bestellen (s. Rdn. 13). Mit dieser Wertentscheidung hat der Gesetzgeber der Belegschaft die Rechtsposition genommen, sich in der Betriebsversammlung zur Wahl eines Wahlvorstands gegen die Ingangsetzung einer Betriebsratswahl zu entscheiden, indem Kandidaten nicht die Mehrheit der Stimmen der Anwesenden erhielten; nach der Begründung zum BetrVerf-Reformgesetz 2001 soll das die Bildung von Betriebsräten erleichtern (s. Rdn. 6). Um dazu Wertungswidersprüche zu vermeiden, können Mängel der Einladung nur in besonders gelagerten Ausnahmefällen unter Berücksichtigung der Besonderheiten des Einzelfalles zur Nichtigkeit der Wahl des Wahlvorstands und damit (s. § 16 Rdn. 6) auch der von diesem durchgeführten Betriebsratswahl führen. Das stimmt überein mit der Entscheidung des *BAG* vom 27.07.2011 (EzA § 19 BetrVG 2001 Nr. 8 Rn. 47 = AP Nr. 2 zu § 16 BetrVG 1972), mit der der Siebte Senat (zwar nicht speziell mit Blick auf Einladungsfehler aber) in allgemeiner Form entschieden hat, dass die Nichtigkeit der Bestellung des Wahlvorstands auf ungewöhnliche Ausnahmefälle zu beschränken ist, und zwar wegen des vom BetrVG geschützten Interesses daran, betriebsratslose Zustände zu vermeiden (vgl. auch *BAG* 21.07.2004 EzA § 4 BetrVG 2001 Nr. 1 [unter B II 1 b (3)] = AP Nr. 15 zu § 4 BetrVG 1972: keine Nichtigkeit der Betriebsratswahl [und damit auch unausgesprochen nicht der Wahl des Wahlvorstands?] bei »u. U. unzureichender Einladung«; Nichtigkeit bei Ladungsfehlern einschränkend auch *Fitting* § 17 Rn. 18 f.; gegen Nichtigkeit auch bei gravierenden Fehlern der Einladung *Jacobs* Die Wahlvorstände, S. 180 ff. [183]; *Nießen* Fehlerhafte Betriebsratswahlen, S. 116 f.).

Bei ordnungswidriger Einladung kann demnach die Wahl eines Wahlvorstands **nur nichtig** sein, wenn ein repräsentativer Teil der Belegschaft nicht an der Betriebsversammlung teilgenommen hat und dies offensichtlich (auch) darauf beruht, dass er die Einladung nicht zur Kenntnis nehmen konnte; nicht entscheidend ist, ob der Mangel der Einladung das Ergebnis der Wahlvorstandswahl beeinflussen konnte. Danach zutr. *LAG Nürnberg* (AuR 1998, 492): Keine Nichtigkeit, wenn bei einer Belegschaft von

140 Arbeitnehmern 90 Arbeitnehmer von der Einladung Kenntnis nehmen konnten; verfehlt *ArbG Hamburg* (NZA-RR 2015, 137 Rn. 51 ff.): Nichtigkeit der Wahl. obwohl mit der Einladung ca. 90 % einer Belegschaft von 538 Arbeitnehmern erreicht werden konnten. Zu Recht hat das *Hess. LAG* (15.05.2014 – 9 TaBV 194/13 – juris, R. 26) eine ansonsten ordnungsgemäße Einladung nicht beanstandet, in der zu einer Versammlung im vereinfachten statt im regulären Verfahren eingeladen worden war, weil die einladende Gewerkschaft von weniger als 51 wahlberechtigten Arbeitnehmern ausgegangen ist. Im Übrigen ist zu beachten, dass sonstige Einladungsfehler, wie überhaupt einfache Mängel bei der Bestellung eines Wahlvorstands, die nicht deren Nichtigkeit zur Folge haben, die von diesen ordnungsgemäß durchgeführte Betriebsratswahl entgegen h. M. nicht einmal anfechtbar machen (s. § 16 Rdn. 106, § 19 Rdn. 27, 52).

32 Ist bereits eine ordnungsgemäße Einladung ergangen, sind (nach Ort und Zeit) andere Einladungen unzulässig (ebenso *LAG Köln* 06.10.1989 LAGE § 2 BetrVG 1972 Nr. 7 S. 6, das aber billigt, dass eine im Betrieb vertretene Gewerkschaft zu derselben Betriebsversammlung zusätzlich einladen kann, zu der bereits von drei wahlberechtigten Arbeitnehmern eingeladen worden ist; Konsequenz ist, dass ihren Beauftragten nach § 2 Abs. 2 Zugang zum Betrieb zu gewähren ist [vgl. Rdn. 24]; folgerichtig können dann aber mindestens drei wahlberechtigte Arbeitnehmer des Betriebs zusätzlich zu der Betriebsversammlung einladen, zu der eine im Betrieb vertretene Gewerkschaft schon eingeladen hat [*Fitting* § 17 Rn. 16]; den ersten drei in dieser Einladung Aufgeführten kommt dann der besondere Kündigungsschutz nach § 15 Abs. 3a KSchG zu).

33 Kommt es gleichwohl zu »Konkurrenzversammlungen«, auf denen verschiedene Wahlvorstände gewählt werden, so ist nach dem **Prioritätsprinzip** die **spätere Bestellung nichtig** (so auch *Nießen* Fehlerhafte Betriebsratswahlen, S. 119, 125 ff.; im Ergebnis übereinstimmend *LAG Hamm* 16.05.2014 – 7 TaBV Ga 17/14 – juris, Rn. 46), und damit die von diesem durchgeführte Betriebsratswahl (vgl. § 16 Rdn. 6). Das gilt so aber nur, wenn die spätere Bestellung auf der späteren Einladung zur Betriebsversammlung beruht. Hat dagegen die später einberufene Betriebsversammlung durch entsprechend vorgezogene Terminierung den Wahlvorstand noch vor der zuerst einberufenen Betriebsversammlung gewählt, ist das Prioritätsprinzip auf die zeitlich **erste Einladung** zu beziehen, weil für die spätere Einladung keine rechtlich geschützte Notwendigkeit bestanden hat (so zutr. *LAG Hamm* 16.03.2015 – 13 TaBV Ga 3/15 – juris, Rn. 26 ff.). Ist die Bestellung eines Wahlvorstands nach dem Prioritätsprinzip nichtig, kann diesem (wie immer bei nichtiger Bestellung; s. § 18 Rdn. 105) durch einstweilige Verfügung der Totalabbruch aufgegeben bzw. die Durchführung einer Betriebsratswahl verboten werden (so im Ergebnis auch die zitierten Entscheidungen des *LAG Hamm*).

34 Zugleich mit der Einladung können **Vorschläge** für die personelle und zahlenmäßige **Zusammensetzung** des Wahlvorstands gemacht werden (Abs. 3 i. V. m. § 16 Abs. 1). Lädt der Arbeitgeber ein (s. Rdn. 27), so hat er kein Recht, personelle Vorschläge zu machen. Es können nur Wahlberechtigte vorgeschlagen werden (vgl. § 16 Rdn. 32); auch eine im Betrieb vertretene Gewerkschaft kann keine betriebsfremden Mitglieder vorschlagen. An die Vorschläge sind die Arbeitnehmer in der Betriebsversammlung nicht gebunden (unstr.).

35 Die Betriebsversammlung zur Wahl des Wahlvorstandes hat nach § 44 Abs. 1 Satz 1 grundsätzlich **während der Arbeitszeit** stattzufinden und ist entsprechend zu terminieren, soweit nicht die Eigenart des Betriebes (z. B. Schichtarbeit) eine andere Regelung zwingend erfordert (vgl. dazu *Weber* § 44 Rdn. 17 ff.). Schwierig ist die Terminierung, wenn im Betrieb aus organisatorisch-technischen Gründen kontinuierlich in Schichten gearbeitet wird. Dann kommt eine Verlegung der Betriebsversammlung auf einen Zeitpunkt außerhalb der Arbeitszeit nicht in Betracht, weil immer betriebliche Arbeitszeit ist (zu deren Maßgeblichkeit vgl. *Weber* § 44 Rdn. 8). Ein Dilemma ergibt sich dann daraus, dass eine Vollversammlung aller Arbeitnehmer wegen der in der jeweiligen Schicht gebundenen Arbeitnehmer nicht stattfinden kann, wegen der Eigenart dieser Betriebsversammlung aber auch nicht auf Teilversammlungen ausgewichen werden kann (vgl. Rdn. 21). Konsequenz muss sein, dass die Betriebsversammlung während der Arbeitszeit stattzufinden hat und die Einladenden nur darauf zu achten haben, dass eine größtmögliche Zahl an Arbeitnehmern teilnehmen kann (zust. *Wiebauer/LK* § 17 Rn. 11). Wird dementsprechend ein Wahlvorstand ordnungsgemäß gewählt, ist die Wahl wirksam (verkannt von *LAG Sachsen-Anhalt* 29.06.2011 – 5 TaBVGa 1/11 – juris, Rn. 36 f. = AiB 2011, 694, das verfehlt Nichtigkeit der Wahl annimmt, weil die einladende Gewerkschaft in Kauf genommen

hat, dass in der Schicht gebundenen Arbeitnehmer nicht teilnehmen konnten). Eines Einvernehmens mit dem Arbeitgeber über die zeitliche Lage der Betriebsversammlung bedarf es insoweit nicht (vgl. dazu *Weber* § 44 Rdn. 10); Zeitpunkt und Ort der Betriebsversammlung sind jedoch zwischen Arbeitgeber und Einladenden abzusprechen. Die Zeit der Teilnahme einschließlich zusätzlicher Wegezeiten ist den Arbeitnehmern **wie Arbeitszeit zu vergüten**; Fahrtkosten sind vom Arbeitgeber zu erstatten (§ 44 Abs. 1 Satz 2 und 3).

Da die Betriebsversammlung nach § 17 in § 44 Abs. 1 einer ordentlichen Betriebsversammlung im Sinne der §§ 42 bis 46 bezüglich Zeitpunkt und Verdienstausfall gleichgestellt wird, ist es hier (vgl. aber § 17a Rdn. 17) geboten, auch im Übrigen die §§ 42 ff. anzuwenden (vgl. *BAG* 07.05.1986 EzA § 17 BetrVG 1972 Nr. 5 S. 9). soweit sie nicht das Bestehen eines Betriebsrats voraussetzen oder eine speziellere Regelung besteht (vgl. Rdn. 21). Das bedeutet namentlich, dass nicht nur die im Betrieb vertretenen Gewerkschaften zu informieren sind und ihre Beauftragten gemäß § 46 Abs. 1 beratend an der Versammlung teilnehmen können (sofern sie nicht schon selbst eingeladen haben), sondern auch der Arbeitgeber nach § 43 Abs. 2 Satz 1 einzuladen ist und beratend teilnehmen kann (ebenso *LAG Berlin* 10.02.1986 LAGE § 19 BetrVG 1972 Nr. 4 S. 9f.; *Fitting* § 17 Rn. 26: unter Berücksichtigung des beschränkten Auftrags dieser Betriebsversammlung; *Jacobs* Die Wahlvorstände, S. 163 ff.; *Nicolai/HWGNRH* § 17 Rn. 25; *Richardi* 7. Aufl., § 17 Rn. 13; *Stege/Weinspach/Schiefer* § 17 Rn. 5; *Wiebauer/LK* § 17 Rn. 14; **a. M.** im Hinblick auf das Teilnahmerecht des Arbeitgebers *ArbG Bielefeld* AuR 1983, 91; *Homburg/DKKW* § 17 Rn. 8; *Reichold/HWK* § 17 BetrVG Rn. 9; *Richardi/Thüsing* § 17 Rn. 18: Umkehrschluss zu § 43 Abs. 2 Satz 1 und 2). Nimmt der Arbeitgeber teil, so kann er einen Beauftragten seines Arbeitgeberverbandes hinzuziehen (§ 46 Abs. 1 Satz 2); nimmt der Arbeitgeber nicht teil, so kann er sich zwar vertreten lassen (s. *Weber* § 43 Rdn. 52 f.), nicht aber von einer betriebsfremden Person (z. B. Rechtsanwalt), weil sonst der Grundsatz der Nichtöffentlichkeit der Versammlung (§ 42 Abs. 1 Satz 2) verletzt wird (vgl. *LAG Berlin* 10.02.1986 LAGE § 19 BetrVG 1972 Nr. 4 S. 9f.).

3. Wahl des Wahlvorstands

Findet aufgrund ordnungsgemäßer Einladung (oder auch ordnungswidriger, aber nicht zur Nichtigkeit der Wahl führender Einladung; s. Rdn. 30 f.) eine Betriebsversammlung statt, so kann in ihr von den **anwesenden** Arbeitnehmern ein Wahlvorstand gewählt werden; eine Pflicht zur Wahl besteht nicht. Die Wahl des Wahlvorstands ist der einzige Fall einer verbindlichen Entscheidung der Betriebsversammlung (vgl. *Weber* § 42 Rdn. 7). Für die Wirksamkeit der Wahl ist nicht Voraussetzung, dass ein bestimmtes Quorum, etwa die Mehrheit der Arbeitnehmer des Betriebes an der Betriebsversammlung teilnimmt (unstr.; vgl. *BAG* 07.05.1986 EzA § 17 BetrVG 1972 Nr. 5 [unter II 2 b aa] = AP Nr. 18 zu § 15 KSchG 1969; *LAG Baden-Württemberg* 20.02.2009 – 5 TaBVGa 1/9 – juris, Rn. 30; *Fitting* § 17 Rn. 25; *Homburg/DKKW* § 17 Rn. 10; *Richardi/Thüsing* § 17 Rn. 21; *Wiebauer/LK* § 17 Rn. 15; *Wlotzke/WPK* § 17 Rn. 11); der Wahlvorstand wird von der Mehrheit der anwesenden Arbeitnehmer gewählt (Abs. 2 Satz 1 Halbs. 1). Das erleichtert die Wahl. Da die Wahl jedoch nicht von der Betriebsversammlung, die aus den Arbeitnehmern des Betriebes mit Ausnahme des in § 5 Abs. 2 und 3 genannten Personenkreises besteht, sondern **in** einer Betriebsversammlung erfolgt, muss tatsächlich eine Versammlung von Arbeitnehmern (Mehrzahl) stattfinden. Das setzt voraus, dass zumindest drei Arbeitnehmer der Einladung folgen und zum angegebenen Zeitpunkt im Versammlungsraum anwesend sind; Stellvertretung ist dabei ausgeschlossen.

Für die Wahl des Wahlvorstands in der Betriebsversammlung gelten die **Bestimmungen über seine Zusammensetzung** nach § 16 Abs. 1 entsprechend (§ 17 Abs. 2 Satz 1 Halbs. 2); ausführlich dazu § 16 Rdn. 32 bis 48. Das bedeutet: Der Wahlvorstand muss aus mindestens **drei Wahlberechtigten** bestehen, einer von ihnen als **Vorsitzender**; die Wahl Betriebsfremder ist unzulässig. Unterbleibt die Bestimmung des Vorsitzenden, so kann der Wahlvorstand (anders als bei der Bestellung durch den Betriebsrat; vgl. § 16 Rdn. 28, 43) seinen Vorsitzenden sofort selbst bestimmen; eine erneute Betriebsversammlung zu verlangen, wäre formalistisch (ebenso *BAG* 14.12.1965 BAGE 18, 41 = AP Nr. 5 zu § 16 BetrVG; *Fitting* § 17 Rn. 29; *Galperin/Löwisch* § 17 Rn. 11; *Richardi/Thüsing* § 17 Rn. 28). Die **Zahl** der Mitglieder des Wahlvorstands kann **erhöht** werden, wenn dies zur ordnungsgemäßen Durchführung der Wahl erforderlich ist; immer muss aber eine **ungerade** Zahl von Mitgliedern bestellt werden (vgl. § 16 Rdn. 38 f.). Erscheint die Erhöhung erforderlich, so hat die Betriebsversammlung zunächst darüber (mit Mehrheit der anwesenden Arbeitnehmer) zu beschließen, bevor die eigentliche Wahl stattfindet (so förmlich *LAG Nürnberg* 17.05.2013 – 5 TaBVGa 2/13 – juris = BB 2013, 2100 LS); s. aber Rdn. 47. Ein Erhöhungsbeschluss kann aber durch spätere Beschlussfassung (ggf. konkludent) wieder aufgehoben werden, etwa wenn sich bei der Wahl zeigt, dass nur drei Bewerber die erforderliche Mehrheit der anwesenden Arbeitnehmer erreicht haben). **Ersatzmitglieder** können (und sollten) gewählt werden (vgl. § 16 Rdn. 45 f.). Ist kein Ersatzmitglied vorhanden, so ist zur Ergänzung des Wahlvorstands eine Nachwahl in einer erneuten Betriebsversammlung erforderlich, wenn der Wahlvorstand beim Ausscheiden eines Mitgliedes weniger als drei Mitglieder hat (vgl. *BAG* 14.12.1965 BAGE 18, 41 = AP Nr. 5 zu § 16 BetrVG; *Fitting* § 17 Rn. 30; *Richardi/Thüsing* § 17 Rn. 29). In den Betrieben der Postunternehmen, in denen Beamte beschäftigt werden, muss dem Wahlvorstand ein **Beamter** angehören (vgl. § 16 Rdn. 41). In Betrieben mit weiblichen und männlichen Arbeitnehmern sollen **beide Geschlechter** im Wahlvorstand vertreten sein; dies ist aber nicht zwingend (vgl. § 16 Rdn. 42). In den in der Betriebsversammlung gewählten Wahlvorstand kann jede im Betrieb vertretene Gewerkschaft nach Maßgabe des § 16 Abs. 1 Satz 6 ein nicht stimmberechtigtes Mitglied **entsenden**, sofern ihr nicht schon ein gewähltes stimmberechtigtes Wahlvorstandsmitglied angehört (vgl. näher § 16 Rdn. 49 ff.).

39 Für die Wahl des Wahlvorstands in der Betriebsversammlung gibt das Gesetz **keine** besonderen **Verfahrensvorschriften** und bestimmt auch die **Wahlgrundsätze** nur insoweit, als es verlangt, aber auch genügen lässt, dass der Wahlvorstand von der Mehrheit der anwesenden Arbeitnehmer gewählt wird. Es dürfen daher im Übrigen **keine strengen** Anforderungen förmlicher Art gestellt werden (ebenso *BAG* 07.05.1986 EzA § 17 BetrVG 1972 Nr. 5 S. 10 f., wo aber noch verlangt wird, dass der Grundsatz der Allgemeinheit der Wahl durch eine ordnungsgemäße Einladung zur Wahlversammlung gewahrt ist; s. dazu jetzt Rdn. 30 f.). Das schließt aber nicht aus, dass die »Wahl« bei gravierenden Verfahrensverstößen nichtig ist (vgl. Rdn. 48).

40 Die förmliche Wahl eines **Versammlungsleiters** (mit relativer Mehrheit) ist zweckmäßig, aber nicht nötig (vgl. *Fitting* § 17 Rn. 23; *Jacobs* Die Wahlvorstände, S. 166; *Koch*/ErfK § 17 BetrVG Rn. 3; *Homburg/DKKW* § 17 Rn. 11; *Stege/Weinspach/Schiefer* § 17 Rn. 3; *Wiebauer/LK* § 17 Rn. 15; strenger: *Galperin/Löwisch* § 17 Rn. 9; *Nicolai/HWGNRH* § 17 Rn. 26; *Richardi/Thüsing* § 17 Rn. 17: »ist« zu wählen). Es genügt, wenn einer der einladenden Arbeitnehmer oder ein Beauftragter einer einladenden Gewerkschaft (ebenso *LAG Berlin* 10.02.1986 LAGE § 19 BetrVG 1972 Nr. 4 S. 9; *ArbG Bielefeld* NZA 1987, 680; *Jacobs* Die Wahlvorstände, S. 167; zust. *Homburg/DKKW* § 17 Rn. 11; **a. M.** *Nicolai/HWGNRH* § 17 Rn. 26: ein betriebsfremder Gewerkschaftsvertreter kann nicht Leiter sein; dabei wird aber verkannt, dass die Einladungsberechtigung einer im Betrieb vertretenen Gewerkschaft die spezielle Regelung gegenüber einem Rückschluss aus § 46 ist) die Versammlung eröffnet und die Wahl leitet. In Betracht kommt aber auch, dass jeder andere Arbeitnehmer, mit dessen Leitung die Mehrheit der Versammlung zumindest konkludent einverstanden ist; das gilt insbesondere, wenn der Arbeitgeber die Betriebsversammlung eingeladen hat (vgl. Rdn. 27). Für die Ordnungsmäßigkeit der Wahl des Wahlvorstandes ist es letztlich ohne Bedeutung, wer die Versammlung geleitet hat; maßgeblich ist, dass der Wahlvorstand von der Mehrheit der anwesenden Arbeitnehmer gewählt wird (vgl. *BAG* 19.03.1974 AP Nr. 1 zu § 17 BetrVG 1972 = AR-Blattei, Betriebsverfassung VI, Entsch. 42 [*Monjau*]; 14.12.1965 BAGE 18, 41 [53] = AP Nr. 5 zu § 16 BetrVG).

41 Die Wahlvorstandsmitglieder werden mit **Mehrheit der Stimmen der anwesenden Arbeitnehmer gewählt**. Erforderlich ist zur Wahl **jedes einzelnen** Mitglieds die positive Mehrheit der Stimmen der an der Betriebsversammlung teilnehmenden Arbeitnehmer (ebenso *Fitting* § 17 Rn. 28; *Jacobs* Die Wahlvorstände, S. 167 f.; *Richardi/Thüsing* § 17 Rn. 24; *Schlochauer/HSWG* § 17 Rn. 13; vgl. ferner *Homburg/DKKW* § 17 Rn. 10; *Nicolai/HWGNRH* § 17 Rn. 27). Nicht erforderlich ist die Mehrheit der Stimmen der Arbeitnehmer des Betriebes überhaupt (dies ist verfassungsrechtlich unbedenklich; vgl. *LAG Hamm* NZA 1988, 484). **Nicht genügend** ist die Mehrheit der **abgegebenen** Stimmen (unstimmig anders *ArbG Hamburg* 07.01.2015 [NZA-RR 2015, 137 unter II 3b], das die Mehrheit der abgegebenen Stimmen für maßgeblich erklärt, sich dazu unzutreffend aber auf *Fitting* beruft), da Abs. 2 Satz 1 Halbs. 1 eindeutig auf die Mehrheit der **anwesenden** Arbeitnehmer abstellt. Arbeitnehmer, die an der Betriebsversammlung teilnehmen, aber keine Stimme abgeben, verhindern deshalb u. U. die Wahl eines Wahlvorstands (bzw. können auf diese Weise die Wahl eines Betriebsrats boykottieren); ebenso Arbeitnehmer, die sich der Stimme enthalten (und damit in der Wirkung eine Neinstimme abgeben). Ist die Teilnehmerzahl nicht überschaubar, so wird es nötig sein, eine Teilnehmerliste auszulegen, um notfalls die erforderliche Stimmenmehrheit bestimmen zu können.

Teilnahmeberechtigt sind alle Arbeitnehmer des Betriebes, nicht nur die wahlberechtigten; ausgenommen ist nur der in § 5 Abs. 2 und 3 genannte Personenkreis. **Gekündigte** Arbeitnehmer, die nach Ablauf der Kündigungsfrist oder nach fristloser Kündigung nicht weiterbeschäftigt werden, sind deswegen, auch wenn sie Kündigungsschutzklage erhoben haben, während der Prozessdauer nicht betriebsangehörig (s. *Raab* § 7 Rdn. 2) und dementsprechend nicht teilnahmeberechtigt (**a. M.** *LAG Mecklenburg-Vorpommern* 30.01.2017 – 3 TaBVGa 1/17 – juris [zurecht abl. *Boemke* jurisPR-ArbR 20/2017 Anm. 4], das dogmatisch mehrfach unstimmig in einer Art Billigkeitsentscheidung im Rahmen eines einstweiligen Rechtsschutzverfahrens darauf abstellt, dass der Gekündigte wie ein Betriebsangehöriger zu behandeln sei, weil nicht feststehe, dass er nicht mehr in den Betrieb zurückkehre; im Streitfall war der Gekündigte einer der Einladenden zur Wahlversammlung). Teilnahmeberechtigt sind auch **alle Leiharbeitnehmer**, die im Betrieb eingesetzt werden; das bestimmt für erlaubte gewerbsmäßige Arbeitnehmerüberlassung § 14 Abs. 2 Satz 2 AÜG; bei echter (nicht gewerbsmäßiger) Leiharbeit gilt die Bestimmung entsprechend (**a. M.** *Wiebauer/LK* § 17 Rn. 16). Da Abs. 2 keinen bestimmten Schwellenwert (bestimmte Anzahl oder bestimmter Anteil) für die Teilnahme von Arbeitnehmern an der Betriebsversammlung voraussetzt, ist insoweit die Neuregelung des § 14 Abs. 2 Satz 4 AÜG für die Berücksichtigung der Leiharbeitnehmer nicht einschlägig. **42**

Stimmberechtigt in der Betriebsversammlung sind alle teilnahmeberechtigten Arbeitnehmer (s. Rdn. 42), die am Versammlungsort anwesend sind (ebenso *Brecht* § 17 Rn. 4; *Fitting* § 17 Rn. 27; *Galperin/Löwisch* § 17 Rn. 4; *Homburg/DKKW* § 17 Rn. 12; *Jacobs* Die Wahlvorstände, S. 161; *Richardi/Thüsing* § 17 Rn. 22), auch die nach § 7 Satz 2 wahlberechtigten Leiharbeitnehmer, da diese als Wahlvorstände auch zu Mitgliedern des Wahlvorstands bestellt (vgl. § 16 Rdn. 32) und mithin auch gewählt werden können und die Wählbarkeit die Stimmberechtigung einschließt; nicht stimmberechtigt sind sonstige Leiharbeitnehmer, da § 14 Abs. 2 Satz 2 AÜG nur ihre Teilnahmeberechtigung festlegt (im Ergebnis ebenso *Richardi/Thüsing* § 17 Rn. 22; zust. *Reichold/HWK* § 17 BetrVG Rn. 9). **43**

Die Wahl der Wahlvorstandsmitglieder erfolgt durch Stimmabgabe zu **Wahlvorschlägen**, die von den Einladenden (vgl. § 17 Abs. 3 und Rdn. 34) oder aus der Mitte der Versammlung gemacht werden können. Der Gesichtspunkt der Wahl erfordert nicht, dass so viele Wahlvorschläge gemacht werden müssten, dass die Stimmberechtigten »auswählen« können. Die Wahlvorschläge sind vom Versammlungsleiter zu sammeln und nach Feststellung, dass die Vorgeschlagenen zur Kandidatur bereit sind, zur Abstimmung zu stellen. Wenn er sein Einverständnis zur Kandidatur vorher (schriftlich) erklärt hat, kann auch ein Wahlberechtigter vorgeschlagen (und gewählt) werden, der nicht in der Betriebsversammlung anwesend ist. **44**

Da es keine besonderen Vorschriften über das **Wahlverfahren** gibt, steht dieses zur Disposition der Mehrheit in der Betriebsversammlung. Soweit nichts anderes beschlossen wird, kann die Wahl formlos durch Handaufheben stattfinden; geheime Wahl unter Verwendung von Stimmzetteln ist nicht erforderlich (unstr.; vgl. *BAG* 17.05.1986 EzA § 17 BetrVG 1972 Nr. 5 S. 11 [unter II 2 b bb] = AP Nr. 18 zu § 15 KSchG 1969; *ArbG Bielefeld* NZA 1987, 680; früher schon *BAG* 14.12.1965 BAGE 18, 41 = AP Nr. 5 zu § 16 BetrVG; ferner *Fitting* § 17 Rn. 27; *Galperin/Löwisch* § 17 Rn. 10; *Homburg/DKKW* § 17 Rn. 12; *Nicolai/HWGNRH* § 17 Rn. 27; *Richardi/Thüsing* § 17 Rn. 26; *Weiss/Weyand* § 17 Rn. 3). **45**

Auch der **Abstimmungsmodus** kann nach Zweckmäßigkeitsgesichtspunkten bestimmt werden; es muss jedoch gewährleistet sein, dass am Schluss zweifelsfrei feststeht, wer gewählt ist und dass die Mehrheit der Anwesenden mit dieser Wahl einverstanden ist. Sofern etwa nur ein Vorschlag zur Wahl von drei bestimmten Wahlvorstandsmitgliedern (und ggf. drei Ersatzmitgliedern) vorliegt, kann auch »en bloc« abgestimmt werden (zust. *Homburg/DKKW* § 17 Rn. 13). **46**

Alle Stimmberechtigten wählen alle Wahlvorstandsmitglieder gemeinschaftlich. Liegen **mehr Wahlvorschläge** vor, als Wahlvorstandsmitglieder zu wählen sind und wird formlos durch Handaufheben **47**

§ 17   *II. 1. Zusammensetzung und Wahl des Betriebsrats*

gewählt, so muss notwendig über jeden Kandidaten **getrennt** abgestimmt und die erreichte Stimmenzahl festgestellt werden. Wird mit Stimmzetteln gewählt, so kann die Wahl auch derart erfolgen, dass jeder Stimmberechtigte so viele Stimmen hat, wie Wahlvorstandsmitglieder zu wählen sind; dabei ist aber Stimmenhäufung auf einen Bewerber nicht möglich.

48   **Unterbleibt** eine **Abstimmung** ganz, so ist die Wahl **nichtig** (vgl. ArbG Bielefeld NZA 1987, 680: Festlegung des Wahlvorstands durch den Versammlungsleiter; zust. *Fitting* § 17 Rn. 27; *Nießen* Fehlerhafte Betriebsratswahlen, S. 124) und damit auch die von diesem Wahlvorstand durchgeführte Betriebsratswahl (vgl. § 16 Rdn. 6.). Sind fünf Kandidaten vorgeschlagen aber mangels eines vorausgehenden Erhöhungsbeschlusses der Betriebsversammlung nur drei Wahlvorstandsmitglieder zu wählen, so muss nach *LAG Nürnberg* (17.05.2013 – 5 TaBVGa 2/13 – juris = BB 2013, 2100 [LS]) zwingend eine Abstimmung darüber erfolgen, wer dem Wahlvorstand angehören soll; die Wahl der fünf Kanditen zu Wahlvorstandsmitgliedern durch Akklamation soll nichtig sein; dabei ist allerdings unberücksichtigt geblieben, dass in der Abstimmung über die fünf Kandidaten zugleich konkludent die Erhöhung der Zahl der Wahlvorstandsmitglieder durch die Betriebsversammlung gesehen werden kann. Andere Fehler beim Wahlakt führen nicht zur Nichtigkeit der Bestellung und dementsprechend auch nicht zur Nichtigkeit der vom fehlerhaft bestellten Wahlvorstand durchgeführten Betriebsratswahl (vgl. § 16 Rdn. 6). Hat etwa ein Kandidat (neben zwei ordnungsgemäß gewählten Wahlvorstandsmitgliedern) nicht (ganz) die Mehrheit der Stimmen der anwesenden Arbeitnehmer erreicht, ist die Bestellung des Wahlvorstands fehlerhaft, aber nicht nichtig (verkannt von *LAG München* 16.06.2008 – 11 TaBV 50/08 – juris, das bei dieser Sachverhaltskonstellation von einer Betriebsratswahl »ohne Wahlvorstand« ausgeht; gleichwohl hat das Gericht im Ergebnis richtig entschieden [s. § 18 Rdn. 105]; ebenso verfehlt für Nichtigkeit der Wahl eines fünfköpfigen Wahlvorstands [nach gültigem Erhöhungsbeschluss der Betriebsversammlung] *ArbG Hamburg* [NZA-RR 2015, 137 unter II 3 b], weil nur drei der fünf als Wahlvorstandsmitglieder anerkannten Bewerber die erforderliche Stimmenmehrheit erhielten, die beiden anderen weniger).

49   **Gewählt** sind die Bewerber in der Reihenfolge der höchsten Stimmenzahlen, vorausgesetzt, dass die jeweils erreichte Stimmenzahl der Mehrheit der in der Betriebsversammlung anwesenden Arbeitnehmer entspricht; die Mehrheit nur der abgegebenen Stimmen reicht nicht zur Wahl. Erreichen im ersten **Wahlgang** kein oder nicht genügend Bewerber die Mehrheit der Stimmen der Anwesenden, so sind ein, ggf. auch mehrere weitere Wahlgänge durchzuführen, ggf. derart, dass nurmehr über die im vorausgegangenen Wahlgang erfolgreichsten Kandidaten in Form einer Stichwahl abgestimmt wird, um die Bildung eines Wahlvorstandes zu erreichen (ebenso *Richardi/Thüsing* § 17 Rn. 24).

50   Der Wahlvorstand **ist bestellt**, wenn die Gewählten die Annahme der Wahl erklären; der Versammlungsleiter hat sie dementsprechend zu befragen. Auch wer der Kandidatur zugestimmt hat, kann die Wahl ablehnen. Ist der Wahlvorstand bestellt, so hat die Betriebsversammlung (mit der Mehrheit der Stimmen der anwesenden Arbeitnehmer) noch den Vorsitzenden zu bestimmen; dies ist nicht automatisch der Bewerber, der unter den Gewählten die meisten Stimmen erhalten hat (ebenso *Richardi/Thüsing* § 17 Rn. 28; vgl. auch Rdn. 38). Ggf. sind Ersatzmitglieder zu wählen; vgl. Rdn. 38. Es ist zweckmäßig, die Ergebnisse der Wahl schriftlich zu fixieren und das vom Versammlungsleiter unterschriebene Protokoll dem gewählten Wahlvorstand zu übergeben.

IV. Bestellung des Wahlvorstands durch das Arbeitsgericht (Abs. 4)

51   Um die Wahl eines Betriebsrats zu fördern, kann auch in einem betriebsratslosen Betrieb auf Antrag von mindestens drei wahlberechtigten Arbeitnehmern oder einer im Betrieb vertretenen Gewerkschaft das Arbeitsgericht einen Wahlvorstand bestellen – vorausgesetzt, dass der **Versuch gescheitert** ist, in einer Betriebsversammlung nach Abs. 2 einen Wahlvorstand zu wählen (Abs. 4 Satz 1). Wird der Antrag auf gerichtliche Bestellung eines Wahlvorstands gestellt, ist vom Zeitpunkt der Antragstellung abhängig, ob sich die gerichtliche Bestellung nach Abs. 4 richtet oder nach § 16 Abs. 2, wenn im Betrieb bisher ein Betriebsrat bestand. Abs. 4 findet Anwendung, wenn dessen Amtszeit bei Antragstellung bereits abgelaufen ist, § 16 Abs. 2, wenn der Antrag noch vor Ablauf der Amtszeit gestellt wird;

das Verfahren nach § 16 Abs. 2 ist dann fortzuführen, auch wenn die Amtszeit des Betriebsrats endet (s. § 16 Rdn. 67; ebenso *BAG* 23.11.2016 NZA 2017, 589 Rn. 26 = DB 2017, 854).

Ebenso wie bei der Bestellung des Wahlvorstands nach § 16 Abs. 2 ist auch die Kompetenz des Arbeitsgerichts nach § 17 Abs. 4 nur **subsidiärer** Art; die Bestellung durch das Arbeitsgericht ist Ersatzbestellung. Das Recht, in einer Betriebsversammlung nach Abs. 2 einen Wahlvorstand zu wählen, bleibt daher den Arbeitnehmern des Betriebes so lange erhalten, bis durch das Arbeitsgericht ein Wahlvorstand rechtskräftig bestellt worden ist (vgl. *BAG* 19.03.1974 AP Nr. 1 zu § 17 BetrVG 1972 und die Nachweise Rdn. 20); im Falle des Abs. 2 Satz 2 allerdings vorbehaltlich der weiter bestehenden Primärzuständigkeit des Gesamtbetriebsrats bzw. des Konzernbetriebsrats nach Abs. 1 (vgl. Rdn. 19). Wird nachträglich in einer Betriebsversammlung ein Wahlvorstand gewählt, so muss allerdings der Eintritt der Rechtskraft eines evtl. zwischenzeitlich erfolgten gerichtlichen Bestellungsbeschlusses verhindert werden; vgl. dazu Rdn. 10 und § 16 Rdn. 15. 52

1. Voraussetzungen

Das Arbeitsgericht darf den Wahlvorstand nur dann bestellen, wenn mindestens drei wahlberechtigte Arbeitnehmer oder eine im Betrieb vertretene Gewerkschaft (s. dazu § 16 Rdn. 49 und *Jacobs* § 14 Rdn. 83 ff.) dies beantragen. Obwohl das Gesetz hier im Unterschied zu § 16 Abs. 2 Satz 1 nicht bündig nur von mindestens drei Wahlberechtigten spricht, ergibt sich daraus tatbestandlich kein Unterschied; auch hier kommen Wahlberechtigte nach § 7 Satz 1 und Satz 2 als Antragsteller in Betracht (s. näher § 16 Rdn. 68, 32). Die **Antragsberechtigung** ist auch hier Frage der Begründetheit (**Aktivlegitimation**) des Antrags; auch sonst gilt das bei § 16 Rdn. 63, 68 bis 71 Gesagte entsprechend. Auch hier besteht für die ersten drei Antragsteller der besondere Kündigungsschutz nach § 15 Abs. 3a KSchG (vgl. § 16 Rdn. 69). Die Antragsteller müssen nicht mit denjenigen identisch zu sein, die zur Betriebsversammlung eingeladen haben (ebenso *Richardi/Thüsing* § 17 Rn. 32; zust. *Homburg/DKKW* § 17 Rn. 18; *Wlotzke/WPK* § 17 Rn. 13). Der Arbeitgeber ist nicht antragsberechtigt; eine von der CDU/CSU-Fraktion geforderte Antragsberechtigung des Arbeitgebers ist im Ausschuss für Arbeit und Sozialordnung ausdrücklich abgelehnt worden (vgl. zu BT-Drucks. VI/2729, S. 21). 53

Weitere Voraussetzung für die gerichtliche Bestellung des Wahlvorstands ist, dass entweder trotz Einladung keine Betriebsversammlung »stattfindet« oder zwar eine Betriebsversammlung stattfindet, diese aber keinen Wahlvorstand wählt. Eine dieser Alternativen ist **Voraussetzung der Begründetheit**, nicht etwa Zulässigkeitsvoraussetzung des Antrags (vgl. dazu § 16 Rdn. 63; vgl. jetzt auch *Brors*/HaKo § 17 Rn. 10; *Fitting* § 17 Rn. 32; *Weiss/Weyand* § 17 Rn. 5; *Wiebauer/LK* § 17 Rn. 19; *Wlotzke/WPK* § 17 Rn. 12; **a. M.** *Homburg/DKKW* § 17 Rn. 17; *Richardi/Thüsing* § 17 Rn. 31). Daraus folgt zugleich, dass das Scheitern des Versuchs, in einer Betriebsversammlung einen Wahlvorstand zu wählen, keine zeitliche Voraussetzung der Antragstellung ist, sondern eine vom Gericht zu prüfende und festzustellende Voraussetzung **für seine Bestellung** des Wahlvorstands (vgl. auch § 16 Rdn. 65). 54

Die gerichtliche Bestellung kommt in Betracht, wenn **trotz Einladung keine** Betriebsversammlung **stattfindet**; sie scheidet also von vornherein aus, wenn überhaupt keine Einladung erfolgt ist (ebenso *BAG* 26.02.1992 EzA § 17 BetrVG 1972 Nr. 6 = AP Nr. 6 zu § 17 BetrVG 1972; *Galperin/Löwisch* § 17 Rn. 12; *Nicolai/HWGNRH* § 17 Rn. 31; *Richardi/Thüsing* § 17 Rn. 31). Dem völligen Fehlen einer Einladung ist die nicht ordnungsgemäße Einladung gleichzustellen, weil ohne ordnungsgemäße Einladung in der Betriebsversammlung ein Wahlvorstand nicht wirksam bestellt werden kann (im Ergebnis ebenso *Brors*/HaKo § 17 Rn. 10; *Koch*/ErfK § 17 BetrVG Rn. 4; *Nicolai/HWGNRH* § 17 Rn. 31; *Reichold*/HWK § 17 BetrVG Rn. 11; *Stege/Weinspach/Schiefer* § 17 Rn. 4; *Wiebauer/LK* § 17 Rn. 19; »jedenfalls grundsätzlich« auch *BAG* 26.02.1992 EzA § 17 BetrVG1972 Nr. 6 = AP Nr. 6 zu § 17 BetrVG 1972, aber ohne Anhaltspunkte dafür, wann dieser Vorbehalt Bedeutung erlangen könnte). Insofern reicht nicht der ernsthafte Versuch einer Einberufung zur Erfüllung des Merkmals »trotz Einladung«. Es ist auch unerheblich, aus welchen Gründen es zu der Einladung der Arbeitnehmer nicht gekommen ist (vgl. *LAG Düsseldorf* AiB 1984, 78 [79]; zweifelnd *LAG Düsseldorf* DB 1976, 682). Auch wenn der Arbeitgeber seine erforderliche Mitwirkung am Zustandekommen einer ordnungsgemäßen Einladung verweigert, gilt nichts anderes; andernfalls würde der mit der Einfügung des Merkmals »trotz Einladung« bezweckte Vorrang der Interessen der Gesamtbelegschaft im betrieb- 55 ratslosen Betrieb gegenüber den Interessen der Initiatoren einer Betriebsratswahl verfehlt (*BAG* 26.02.1992 EzA § 17 BetrVG 1972 Nr. 6; zust. *Koch*/ErfK § 17 BetrVG Rn. 4; *Nicolai*/HWGNRH § 17 Rn. 31; *Stege*/*Weinspach*/*Schiefer* § 17 Rn. 4; *Richardi*/*Thüsing* § 17 Rn. 31; *Wiebauer*/LK § 17 Rn. 19; ausführlich begründet *Richter* NZA 2002, 1069, dass die Auslegung des *BAG* auch nach Einführung der Primärzuständigkeit von Gesamtbetriebsrat bzw. Konzernbetriebsrat zur Bestellung des Wahlvorstands im betriebsratslosen Betrieb nach § 17 Abs. 1 weiter richtig und maßgebend ist, weil sich die Ziele beider Normen neutralisieren; krit. und teilweise abl. *Fitting* § 17 Rn. 33: Überbetonung des Wortlauts; *Homburg*/DKKW § 17 Rn. 17, der ohne Begründung einen Verzicht auf die Einladung bei sehr erschwerten Umständen oder Unzumutbarkeit fordert). War eine ordnungsgemäße (vgl. Rdn. 28 f.) Einladung erfolgt, so ist weitere Voraussetzung (dieser Alternative), dass gleichwohl **keine** Betriebsversammlung **zustande gekommen ist**. Das ist **nur** dann der Fall, wenn nicht mindestens drei Arbeitnehmer der Einladung gefolgt und zum angegebenen Zeitpunkt im Versammlungsraum anwesend waren (vgl. Rdn. 37). Andere Gründe gibt es nach der Einfügung der Worte »trotz Einladung« in den Gesetzestext nicht.

56 Der Antrag auf gerichtliche Ersatzbestellung ist auch dann begründet, wenn aufgrund ordnungsgemäßer Einladung zwar eine Betriebsversammlung zustande gekommen ist, in ihr aber **kein Wahlvorstand gewählt** wurde. Warum er nicht gewählt wurde, ist unerheblich; in Betracht kommen insbesondere das Fehlen von Kandidaten oder die Tatsache, dass nicht genügend Bewerber die Mehrheit der Stimmen der anwesenden Arbeitnehmer erreicht haben (vgl. Rdn. 41). Ein Wahlvorstand ist in der Betriebsversammlung auch dann nicht gewählt worden, wenn zwar ein oder zwei, aber nicht mindestens drei Bewerber eine ausreichende Stimmenzahl erreicht haben. In diesem Falle beschränkt sich die gerichtliche Ersatzbestellung nicht bloß auf eine Ergänzung zu den »Gewählten« (**a. M.** offenbar *Schneider* Betriebsratswahl, § 17 Rn. 18); diese können aber auch vom Gericht bestellt werden (weitergehend *Jacobs* Die Wahlvorstände, S. 115: Das Gericht muss die Gewählten bestellen, wenn nicht gewichtige Gründe dagegen sprechen).

57 Eine Ersatzbestellung durch das Arbeitsgericht nach Abs. 4 kommt auch dann in Betracht, wenn in einer Betriebsversammlung nach Abs. 2 ein aus drei Mitgliedern bestehender Wahlvorstand gewählt worden ist, später aber ein Mitglied aus dem Amt geschieden und eine neue Betriebsversammlung zur Wahl eines Ersatzmitgliedes trotz Einladung nicht zustande gekommen ist oder keine Wahl vorgenommen hat (ebenso *Galperin*/*Löwisch* § 17 Rn. 12).

2. Gerichtliche Bestellung

58 Für die gerichtliche Bestellung des Wahlvorstands nach § 17 Abs. 4 gelten für dessen **Zusammensetzung** gemäß § 17 Abs. 4 Satz 2 zunächst § 16 Abs. 2 und über § 16 Abs. 2 Satz 1 Halbs. 2 weiterhin die allgemeinen Bestimmungen nach § 16 Abs. 1 wie für die Bestellung durch den Betriebsrat; vgl. insoweit § 16 Rdn. 72 ff., 60, 32 ff. Hervorzuheben ist, dass auch bei gerichtlicher Bestellung nach § 17 Abs. 4 zur Erleichterung der Bildung des Betriebsrates (vgl. zu BT-Drucks. VI/2729, S. 12) in Betrieben mit in der Regel mehr als 20 wahlberechtigten Arbeitnehmern betriebsfremde Mitglieder einer im Betrieb vertretenen Gewerkschaft zu Wahlvorstandsmitgliedern bestellt werden können, wenn dies zur ordnungsgemäßen Durchführung der Wahl erforderlich ist (vgl. dazu § 16 Rdn. 76 ff.). Die gerichtliche Bestellung wird mit Rechtskraft des Beschlusses wirksam (s. § 16 Rdn. 73). Wird der Wahlvorstand danach (etwa durch Amtsniederlegung) funktionsunfähig, ist für seine personelle Ergänzung auch hier die nur subsidiäre arbeitsgerichtliche Kompetenz nach Abs. 4 zu beachten (s. § 16 Rdn. 73 ff.).

V. Rechtsstellung des Wahlvorstands und seiner Mitglieder

59 Die Rechtsstellung eines Wahlvorstands (vgl. dazu § 16 Rdn. 88 ff.) und der Wahlvorstandsmitglieder (vgl. dazu § 16 Rdn. 93 ff.), die nach § 17 bestellt werden, ist dieselbe wie bei einer Bestellung nach Maßgabe des § 16; insoweit unterscheidet sich nur das Bestellungsverfahren. Die in einer nichtigen Wahl (vgl. Rdn. 19, 30 f., 47) gewählten Wahlvorstandsmitglieder genießen **nicht** den besonderen Kündigungsschutz nach § 103 BetrVG, § 15 Abs. 3 KSchG (vgl. *BAG* 07.05.1986 EzA § 17 BetrVG

1972 Nr. 5 [unter II 3] = AP Nr. 18 zu § 15 KSchG 1969); Gleiches gilt bei nichtiger Bestellung durch den Gesamtbetriebsrat (vgl. Rdn. 11, 14).

VI. Streitigkeiten

Streitigkeiten über die ordnungsgemäße Bestellung, Wahl und Zusammensetzung des vom Gesamtbetriebsrat (oder Konzernbetriebsrat) bestellten oder in einer Betriebsversammlung gewählten Wahlvorstands entscheidet **vor** Abschluss der Betriebsratswahl das Arbeitsgericht auf Antrag im Beschlussverfahren (§§ 2 Abs. 1 Nr. 1, Abs. 2; 80 ff. ArbGG; vgl. näher m. w. N. § 16 Rdn. 100 sowie *BAG* 08.02.1957 BAGE 3, 288 = AP Nr. 1 zu § 82 BetrVG). Das gilt auch bei Streit um die Frage, ob wegen Bestehens eines Betriebsrats, eines Gesamtbetriebsrats oder Konzernbetriebsrats der Wahlvorstand zu Unrecht in einer Betriebsversammlung gewählt worden ist. Bei nichtiger Bestellung oder Wahl des Wahlvorstands kommt auch die vollständige Untersagung der Betriebsratswahl (»Totalabbruch«) durch Erlass einer einstweiligen Verfügung (Leistungsverfügung) in Betracht; vgl. § 18 Rdn. 104 ff.

60

Gegen die Einberufung einer Betriebsversammlung zur Wahl eines Wahlvorstandes kann sich der Arbeitgeber ebenfalls im Beschlussverfahren wenden, z. B. wenn er meint, dass das Betriebsverfassungsgesetz nach § 118 Abs. 2 für seinen Betrieb überhaupt nicht zur Anwendung kommt (vgl. *BAG* 03.02.1976 AP Nr. 8 zu § 118 BetrVG 1972 = SAE 1976, 201 [zust. *Galperin*]).

61

Gegen die arbeitsgerichtliche Bestellung des Wahlvorstands nach § 17 Abs. 4 ist die Beschwerde als Rechtsmittel statthaft (§ 87 ArbGG).

62

Ist (ausnahmsweise) die Bestellung durch den Gesamtbetriebsrat (vgl. Rdn. 11, 14) oder Wahl eines Wahlvorstands in einer Betriebsversammlung (vgl. Rdn. 19, 30 ff., 48) nichtig, so ist auch die von diesem durchgeführte **Betriebsratswahl nichtig** (vgl. § 16 Rdn. 6). Ob darüber hinaus Mängel bei der Bestellung oder Wahl des Wahlvorstands zur Anfechtung der Betriebsratswahl berechtigen, ist zweifelhaft; vgl. näher dazu § 19 Rdn. 27, 52.

63

Wegen der den im Betrieb vertretenen Gewerkschaften in § 17 Abs. 3 und 4 eingeräumten Initiativrechte fehlt einem Antrag einer im Betrieb vertretenen Gewerkschaft auf Feststellung, dass in dem Betrieb ein Betriebsrat gewählt werden kann, das Rechtsschutzinteresse (vgl. *BAG* 03.02.1976 AP Nr. 8 zu § 118 BetrVG 1972).

64

§ 17a
Bestellung des Wahlvorstands im vereinfachten Wahlverfahren

Im Fall des § 14a finden die §§ 16 und 17 mit folgender Maßgabe Anwendung:
1. **Die Frist des § 16 Abs. 1 Satz 1 wird auf vier Wochen und die des § 16 Abs. 2 Satz 1, Abs. 3 Satz 1 auf drei Wochen verkürzt.**
2. **§ 16 Abs. 1 Satz 2 und 3 findet keine Anwendung.**
3. **In den Fällen des § 17 Abs. 2 wird der Wahlvorstand in einer Wahlversammlung von der Mehrheit der anwesenden Arbeitnehmer gewählt. Für die Einladung zu der Wahlversammlung gilt § 17 Abs. 3 entsprechend.**
4. **§ 17 Abs. 4 gilt entsprechend, wenn trotz Einladung keine Wahlversammlung stattfindet oder auf der Wahlversammlung kein Wahlvorstand gewählt wird.**

Literatur
Vgl. die Angaben bei § 14a.

Inhaltsübersicht

		Rdn.
I.	Vorbemerkung	1–6
II.	Bestellung des Wahlvorstands in Kleinbetrieben	7–28

1. Kleinbetriebe mit Betriebsrat	8–12
2. Kleinbetriebe ohne Betriebsrat	13–28
a) Bestellung durch Gesamtbetriebsrat bzw. Konzernbetriebsrat	13, 14
b) Wahl in einer Wahlversammlung	15–25
c) Bestellung durch das Arbeitsgericht	26–28
III. Rechtsstellung des Wahlvorstands und seiner Mitglieder	29
IV. Streitigkeiten	30

I. Vorbemerkung

1 § 17a ist durch Art. 1 Nr. 16 BetrVerf-Reformgesetz vom 23.07.2001 (BGBl. I, S. 1852) neu in das Betriebsverfassungsgesetz eingefügt worden. Die Bestimmung regelt die **Bestellung des Wahlvorstands** »im Fall des § 14a« (§ 17a Eingangssatz), d. h. **in Kleinbetrieben**, in denen die Wahl des Betriebsrats zwingend im vereinfachten Wahlverfahren nach § 14a stattzufinden hat. »Kleinbetriebe« sind Betriebe mit in der Regel fünf bis fünfzig wahlberechtigten Arbeitnehmern (vgl. dazu ausführlich *Jacobs* § 14a Rdn. 11 ff.). Die Bestimmung bezweckt Beschleunigungen und Vereinfachungen.

2 Die **Überschrift** von § 17a ist demgegenüber **missverständlich**, indem sie allgemein von der »Bestellung des Wahlvorstands im vereinfachten Wahlverfahren« spricht. Denn das Gesetz unterscheidet für das vereinfachte Wahlverfahren (ebenso wie für das Regelwahlverfahren) zwischen den Vorschriften über die Bestellung des Wahlvorstands (§ 17a) und den Wahlvorschriften, nach denen die Betriebsratswahl zu erfolgen hat (§ 14a, § 14 Abs. 2 Satz 2, § 15), obwohl die Betriebsratswahl hier wie dort mit Bestellung des für die Einleitung und Durchführung der Betriebsratswahl unverzichtbaren Wahlvorstands beginnt (vgl. *Jacobs* § 14a Rdn. 5). Gleichwohl weist das vereinfachte Wahlverfahren eine Besonderheit auf, zu der die Überschrift von § 17a passt. Beim vereinfachten Wahlverfahren sind ein zweistufiges und ein einstufiges Verfahren zu unterscheiden (vgl. *Jacobs* § 14a Rdn. 11). Beim zweistufigen Verfahren (§ 14a Abs. 1 Satz 1) besteht die Besonderheit, dass die Wahl des Wahlvorstands nach § 17a Nr. 3 (§ 14a Abs. 1 Satz 2) und die Wahl des Betriebsrats (§ 14a Abs. 1 Satz 3) verfahrensmäßig zu eben diesem zweistufigen Verfahren miteinander verbunden sind, das auf zwei Wahlversammlungen stattfindet. Insoweit, aber nur insoweit, findet die Bestellung des Wahlvorstands (nach § 17a Nr. 3) tatsächlich **im** vereinfachten Wahlverfahren statt. Dagegen findet in allen anderen Varianten der Bestellung des Wahlvorstands nach § 17a das dann einstufige vereinfachte Wahlverfahren nach § 14a Abs. 3 erst statt, wenn der Wahlvorstand bereits bestellt ist (vgl. dazu *Jacobs* § 14a Rdn. 88 ff.).

3 Wie im Regelwahlverfahren ist auch die im vereinfachten Wahlverfahren **ohne Wahlvorstand** eingeleitete und durchgeführte Betriebsratswahl **nichtig** (vgl. § 16 Rdn. 5).

4 § 17a regelt Zuständigkeit und Verfahren der Bestellung des Wahlvorstands **in Kleinbetrieben zwingend**. Durch Tarifvertrag oder Betriebsvereinbarung kann die Bestimmung nicht abgeändert werden, auch nicht für die nach § 3 Abs. 1 Nr. 1 bis 3, Abs. 2 gebildeten »kleinbetrieblichen« Organisationseinheiten (vgl. *Jacobs* § 14 Rdn. 7). Soweit nach **§ 14a Abs. 5** zwischen Wahlvorstand und Arbeitgeber die Anwendung des vereinfachten Wahlverfahrens vereinbart werden kann, betrifft dies nicht die Bestellung des Wahlvorstands nach § 17a; als Vereinbarungspartner muss der Wahlvorstand bereits wirksam bestellt sein (vgl. *Jacobs* § 14a Rdn. 115 f.), so dass seine Bestellung nicht Gegenstand der Vereinbarung sein kann (ebenso *Fitting* § 17a Rn. 2).

5 Für die Bestellung des Wahlvorstands zur Wahl der **Jugend- und Auszubildendenvertretung** entsprechend § 14a gelten die Fristverkürzungen nach § 63 Abs. 4 Satz 2.

6 Im **Personalvertretungsrecht** und für **Sprecherausschüsse** gibt es keine entsprechende Vorschrift. Zum vereinfachten Wahlverfahren der **Schwerbehindertenvertretung** vgl. *Jacobs* § 14a Rdn. 9.

II. Bestellung des Wahlvorstands in Kleinbetrieben

7 § 17a enthält **Sonderregelungen** für die Bestellung des Wahlvorstands in Kleinbetrieben, durch die die Regelungen in §§ 16 und 17 teilweise modifiziert werden. §§ 16 und 17 finden jedoch ohne Ein-

Bestellung des Wahlvorstands im vereinfachten Wahlverfahren § 17a

schränkung Anwendung, soweit § 17a nichts Abweichendes bestimmt; das ergibt sich aus § 17a Eingangssatz (im Ergebnis. h. M.; vgl. Rdn. 13). Auch im Rahmen des § 17a ist danach (wie im Regelwahlverfahren; s. § 16 Rdn. 1) für die Bestellung des Wahlvorstands danach zu unterscheiden, ob im Betrieb ein Betriebsrat besteht oder nicht. In Betrieben **mit Betriebsrat** findet § 16 mit den in § 17a Nr. 1 und 2 angeordneten Modifizierungen Anwendung. In Betrieben **ohne Betriebsrat** findet § 17 Anwendung; § 17a Nr. 3 und 4 enthalten insofern nur geringfügige Abänderungen. Nur für den Fall, dass der Wahlvorstand in einem betriebsratslosen Betrieb auf einer Wahlversammlung nach § 17a Nr. 3 gewählt wird, findet dies im zweistufigen vereinfachten Wahlverfahren nach § 14a Abs. 1 statt (vgl. Rdn. 2). In allen anderen Fällen erfolgt zunächst die Bestellung des Wahlvorstands nach § 17a; erst im Anschluss daran findet das einstufige vereinfachte Wahlverfahren nach § 14a Abs. 3 statt (vgl. dazu näher *Jacobs* § 14a Rdn. 88 ff.).

1. Kleinbetriebe mit Betriebsrat

Besteht im Kleinbetrieb ein Betriebsrat, so hat **in erster Linie dieser** den Wahlvorstand nach § 16 Abs. 1 zu bestellen (§ 17a Eingangssatz). Gegenüber dem Regelwahlverfahren (vgl. § 16 Rdn. 10 ff.) gelten dabei **zwei Besonderheiten:** 8

Zum einen ist der Zeitpunkt, bis zu dem der Betriebsrat den Wahlvorstand **spätestens** zu bestellen hat (vgl. § 16 Rdn. 19 ff.), von zehn Wochen auf **vier** Wochen vor Ablauf seiner Amtszeit verkürzt worden (§ 17a Nr. 1 i. V. m. § 16 Abs. 1 Satz 1). Mit dieser Fristverkürzung soll offensichtlich der Tatsache Rechnung getragen werden, dass das hier vorgesehene einstufige vereinfachte Wahlverfahren mit wesentlich kürzeren Fristen auskommt als das Regelwahlverfahren (vgl. *Jacobs* § 14a Rdn. 94, 96). Gleichwohl setzt die Ausschöpfung dieser knapp bemessenen Frist den Wahlvorstand unnötig unter Zeitdruck, der höchstens dadurch zu rechtfertigen ist, dass im zweistufigen vereinfachten Wahlverfahren noch viel größerer Zeitdruck besteht; eine deutlich frühere Bestellung, die zulässig ist (ebenso *Fitting* § 17a Rn. 4; *Koch*/ErfK § 17a BetrVG Rn. 1), ist daher zu empfehlen (s. zur Frage des frühest möglichen Zeitpunkts § 16 Rdn. 20). 9

Zum anderen finden hinsichtlich der **Zusammensetzung des Wahlvorstands** (vgl. § 16 Rdn. 32 ff.) § 16 Abs. 1 Satz 2 und 3 keine Anwendung (§ 17a Nr. 2). Das bedeutet, dass der Wahlvorstand **immer aus drei** Wahlberechtigten zu bestehen hat, da § 16 Abs. 1 Satz 1 insoweit unverändert gilt; das gilt auch, wenn nur ein einköpfiger Betriebsrat zu wählen ist. Die Nichtanwendung von § 16 Abs. 2 Satz 3 darf nicht isoliert betrachtet und dahin missverstanden werden, dass der Wahlvorstand auch nur aus zwei oder gar nur einer Person bestehen kann. **Ausgeschlossen** ist nur eine **Erhöhung** der Mitgliederzahl (auf eine ungerade Zahl), weil diese zur Durchführung der Wahl in Kleinbetrieben nicht erforderlich ist (vgl. Begründung zum RegE des BetrVerf-Reformgesetzes, BT-Drucks. 14/5741, S. 38 zu Nr. 16). Im Übrigen ist § 16 Abs. 1 unverändert anzuwenden. D. h., dass nur Wahlberechtigte zu bestellen sind und einer der drei Wahlvorstandsmitglieder zum Vorsitzenden zu bestellen ist (§ 16 Abs. 1 Satz 1). Ersatzmitglieder können (und sollten) bestellt werden (§ 16 Abs. 1 Satz 4); **a. M.**, aber unzutreffend, nur *Löwisch*/LK 6. Aufl., § 17a Rn. 1. Die Geschlechter sollen berücksichtigt werden (§ 16 Abs. 1 Satz 5). Das Entsenderecht der im Betrieb vertretenen Gewerkschaften gilt (§ 16 Abs. 1 Satz 6); s. dazu näher § 16 Rdn. 49 ff. 10

Die Bestellung der Wahlvorstandsmitglieder erfolgt durch Beschluss des Betriebsrats. Das Mitglied des einköpfigen Betriebsrats entscheidet allein, muss aber die Betroffenen informieren und ihre Zustimmung einholen. Die Bestellung wird erst wirksam, wenn die letzte noch ausstehende Zustimmung erteilt wird (vgl. § 16 Rdn. 26 ff., 31). Die Bestellung nur einer Person als Wahlvorstand durch einen »Betriebsobmann« ist fehlerhaft, führt aber nicht zur Nichtigkeit der Betriebsratswahl (so *Hess. LAG* 27.09.2012 – 16 Sa 1741/11 – juris, Rn. 29). 11

In Kleinbetrieben besteht wie im Regelwahlverfahren **subsidiär** die **gleichrangige** Kompetenz des **Arbeitsgerichts** (§ 16 Abs. 2) und des **Gesamtbetriebsrats** bzw. **Konzernbetriebsrats** (§ 16 Abs. 3) zur Bestellung des Wahlvorstands (vgl. § 16 Rdn. 60 ff., 81 ff.). Während jedoch dort die subsidiäre Bestellung frühestens acht Wochen vor Ablauf der Amtszeit des Betriebsrats zulässig ist, ist diese Frist in Kleinbetrieben auf **drei Wochen** verkürzt (§ 17a Nr. 1 i. V. m. § 16 Abs. 2 Satz 1, Abs. 3 Satz 1). Diese Fristverkürzung korreliert mit derjenigen nach § 16 Abs. 1 Satz 1 (§ 17a Nr. 1), zeigt 12 aber zugleich an, dass der vom Gesetzgeber gewollte Beschleunigungseffekt vielfach nicht verhindern wird, dass mit Ablauf der Amtszeit des bisherigen Betriebsrats zunächst ein betriebsratsloser Zustand eintritt. Für die Bestellung des Wahlvorstands nach § 16 Abs. 2 und 3 gelten die Bestimmungen über seine Zusammensetzung nach § 16 Abs. 1 entsprechend (§ 16 Abs. 2 Satz 1 und Abs. 3 Satz 2). Auch insoweit findet jedoch § 16 Abs. 1 Satz 2 und 3 keine Anwendung (§ 17a Nr. 2); vgl. Rdn. 10.

2. Kleinbetriebe ohne Betriebsrat

a) Bestellung durch Gesamtbetriebsrat bzw. Konzernbetriebsrat

13 Besteht in einem betriebsratsfähigen Kleinbetrieb kein Betriebsrat, so bestellt wie im Regelwahlverfahren (vgl. § 17 Rdn. 6 ff.) **primär der Gesamtbetriebsrat** oder, falls ein solcher im Unternehmen nicht besteht, der bestehende Konzernbetriebsrat im konzernzugehörigen Betrieb einen Wahlvorstand. Das ergibt sich aus § 17a Eingangssatz i. V. m. § 17 Abs. 1 (ebenso im Ergebnis *Quecke* AuR 2002, 1 [3]; jetzt h. M.; vgl. *Brors*/HaKo § 17a Rn. 4; *Fitting* § 17a Rn. 8; *Homburg*/DKKW § 17a Rn. 4; *Koch*/ErfK § 17a BetrVG Rn. 1; *Reichold*/HWK § 17a BetrVG Rn. 4; *Richardi*/*Thüsing* § 14a Rn. 9; *Schlochauer*/HSWG § 17a Rn. 6; *Stege*/*Weinspach*/*Schiefer* § 17a Rn. 4; *Wiebauer*/LK § 17a Rn. 33; **a. M.** *Löwisch* BB 2001, 1734 [1739]; *Neumann* BB 2002, 510 [512]). Nach dem Eingangssatz findet § 17 Anwendung, also auch § 17 Abs. 1, obgleich diese Vorschrift in § 17a keine Modifizierung erfährt. Der Hinweis, dass §§ 16 und 17 »mit folgender Maßgabe Anwendung« finden, bedeutet nicht, dass diese Bestimmungen nur insoweit Anwendung finden, wie sie nachfolgend Veränderungen unterliegen. Das wäre kein sinnvolles Regelungskonzept. § 17a Nr. 2 zeigt vielmehr, dass §§ 16 und 17, teilweise modifiziert, im ganzen gelten, soweit nicht ausdrücklich bestimmt ist, dass einzelne Sätze keine Anwendung finden. Das ist für § 17 Abs. 1 nicht bestimmt; vielmehr bestätigt die Bezugnahme in § 17a Nr. 3 auf § 17 Abs. 2, dass das Gesetz ganz selbstverständlich von dessen Geltung ausgeht (vgl. dazu näher *Jacobs* § 14a Rdn. 21). Dass in § 14a Abs. 3 Satz 1 der Fall einer Bestellung des Wahlvorstands in betriebsratslosen Kleinbetrieben durch Gesamtbetriebsrat oder Konzernbetriebsrat nicht aufgegriffen ist, ist kein stichhaltiges Gegenargument. Es handelt sich dabei um ein Redaktionsversehen des Gesetzgebers neben mehreren anderen, das durch Analogie zu korrigieren ist (vgl. *Jacobs* § 14a Rdn. 89). Schließlich lassen sich auch keine übergeordneten systematischen Gesichtspunkte dafür finden, dass das BetrVerf-Reformgesetz gerade hinsichtlich einer Bestellung des Wahlvorstands in betriebsratslosen Kleinbetrieben die Kompetenz von Gesamtbetriebsrat und Konzernbetriebsrat ausschließen wollte. Für das Gegenteil spricht vielmehr, dass nach § 50 Abs. 1 und § 58 Abs. 1 deren originäre Zuständigkeit auf alle Betriebe ohne Betriebsrat erstreckt wird, und zwar ohne demokratische Legitimation (vgl. *Kreutz*/*Franzen* § 50 Rdn. 57) und ohne dass Größenkriterien dabei eine Rolle spielen.

14 Nach § 17a Eingangssatz i. V. m. § 17 Abs. 1 Satz 2 gilt für die Bestellung des Wahlvorstands durch Gesamtbetriebsrat oder Konzernbetriebsrat hinsichtlich seiner Zusammensetzung § 16 Abs. 1 entsprechend. Dabei ist jedoch zu berücksichtigen, dass § 17a Nr. 2 allgemein §§ 16 und 17 dahin modifiziert, dass § 16 Abs. 1 Satz 2 und 3 keine Anwendung findet; das gilt auch, soweit in § 17 auf § 16 Abs. 1 Bezug genommen wird. Deshalb muss der Wahlvorstand **immer aus drei Mitgliedern** bestehen; die Mitgliederzahl darf nicht erhöht werden (vgl. Rdn. 10).

b) Wahl in einer Wahlversammlung

15 Nach § 17a Nr. 3 Satz 1 wird der Wahlvorstand »in den Fällen des § 17 Abs. 2« in einer Wahlversammlung von der Mehrheit der anwesenden Arbeitnehmer gewählt. Diese Wahlversammlung ist **die erste Wahlversammlung** im Rahmen des zweistufigen vereinfachten Wahlverfahrens nach § 14a Abs. 1 (vgl. Rdn. 2). Die Wahl eines Wahlvorstands in (auf) dieser Wahlversammlung hat zur **Voraussetzung**, dass **einer der Fälle des § 17 Abs. 2** vorliegt, in denen nach der Zuständigkeitsordnung des § 17 die Wahl des Wahlvorstands in einer Betriebsversammlung erfolgen kann. Das ist zunächst nach § 17 Abs. 2 Satz 1 der Fall, wenn weder ein Gesamtbetriebsrat noch ein Konzernbetriebsrat besteht, der die Primärzuständigkeit zur Bestellung eines Wahlvorstands nach § 17 Abs. 1 wahrnehmen kann (vgl. § 17 Rdn. 13). Unerheblich ist, warum sie nicht bestehen. Nach § 17 Abs. 2 Satz 2 kann die Wahl eines Wahlvorstands in einer Betriebsversammlung aber auch dann erfolgen, wenn der Gesamt-

betriebsrat oder, falls ein solcher nicht besteht, der ersatzweise zuständige (bestehende) Konzernbetriebsrat die Bestellung eines Wahlvorstands unterlässt. Ein solches »Unterlassen« liegt vor, so lange keine (wirksame) Bestellung eines Wahlvorstands erfolgt ist (vgl. § 17 Rdn. 18). Ohne Belang ist, warum das nicht der Fall ist. Da jedoch § 17 Abs. 2 Satz 2 die Primärzuständigkeit von Gesamtbetriebsrat (bzw. Konzernbetriebsrat) nicht verdrängt (vgl. § 17 Rdn. 19), ist vor Einladung zur Wahlversammlung eine Rücksprache empfehlenswert; ggf. ist die Wahlversammlung abzusagen, wenn noch im Einladungszeitraum vom Gesamtbetriebsrat (bzw. Konzernbetriebsrat) ein Wahlvorstand bestellt wird.

§ 17a Nr. 3 modifiziert § 17 Abs. 2 nur dadurch, dass der Wahlvorstand in einer »**Wahlversammlung**« **16** und nicht in einer »Betriebsversammlung« gewählt wird. Das stimmt mit der Begrifflichkeit in § 14a Abs. 1 Satz 2 überein. Aus der Entstehungsgeschichte der Norm lassen sich keine weiteren Sachgesichtspunkte für diese Modifizierung entnehmen; sie geht wohl darauf zurück, dass zunächst nach § 14a Abs. 1 des RefE eines BetrVerf-Reformgesetzes für die Wahl des Betriebsrats insgesamt nur eine Wahlversammlung vorgesehen war, »in der« dementsprechend in den Fällen des § 17 Abs. 2 der Wahlvorstand zu wählen war (vgl. § 17a Nr. 3 RefE).

Mit der **Einladung zur Wahlversammlung** nach § 17a Nr. 3 **beginnt** das zweistufige vereinfachte **17** Wahlverfahren zur Wahl des Betriebsrats nach § 14a Abs. 1 (vgl. *Jacobs* § 14a Rdn. 22). Nach § 17a Nr. 3 Satz 2 gilt für die Einladung § 17 Abs. 3 entsprechend (vgl. zu Einzelheiten auch § 17 Rdn. 21 ff. sowie die Erl. zu § 28 WO, der § 17a Nr. 3 Satz 2 konkretisiert und ergänzt). Danach können zu dieser Wahlversammlung drei betriebsangehörige wahlberechtigte Arbeitnehmer sowie jede im Betrieb vertretene Gewerkschaft einladen (s. dazu § 17 Rdn. 22 ff.) und Vorschläge für die personelle Zusammensetzung des immer aus drei Mitgliedern bestehenden Wahlvorstands (§ 17a Nr. 2, § 29 Satz 2 WO) machen.

Aus der lediglich entsprechenden Anwendung von § 17 Abs. 3 ist abzuleiten, dass insoweit die Aufzäh- **18** lung der **Einladungsberechtigten** (anders als bei der Einladung zu einer Betriebsversammlung; vgl. § 17 Rdn. 25 f.) **erschöpfend** und abschließend ist. Eine Einladungsberechtigung des (noch amtierenden) **Betriebsrats** muss ausscheiden, weil dieser sonst darüber entscheiden könnte, ob die Neuwahl im zweistufigen oder einstufigen vereinfachten Wahlverfahren stattzufinden hat. Auch wenn dies im Einzelfall durchaus sinnvoll sein kann, ist dies doch mit der zwingenden gesetzlichen Regelung des vereinfachten Wahlverfahrens nach § 14a Abs. 1 und 3 unvereinbar. Auch eine Einladungsberechtigung des **Arbeitgebers** muss hier ausscheiden, weil die Wahlversammlung zur Wahl eines Wahlvorstands die erste Stufe eines in sich geschlossenen zweistufigen Verfahrens zur Wahl des Betriebsrats darstellt, an dem er nicht beteiligt ist. Dementsprechend ist der Arbeitgeber (anders als zur Betriebsversammlung nach § 17 Abs. 2; vgl. § 17 Rdn. 36) auch **nicht** zur Wahlversammlung **einzuladen**; auch hat er kein Recht, dort zu sprechen; § 43 Abs. 1 Satz 1 und 2 ist nicht entsprechend anwendbar (im Ergebnis ebenso *Berg* AiB 2002, 17 [21]; *Däubler* AuR 2001, 285 [286]; *Nielebock/Hayen* JArbR Bd. 40, 2003, 65 [88]; *Richardi/Forst* § 29 WO Rn. 2; *Richardi/Thüsing* § 14a Rn. 14; *Schlochauer/ HSWG* § 14a Rn. 5; konsequenterweise *Homburg/DKKW* § 17 Rn. 8; **a. M.** *Fitting* § 30 WO Rn. 3 [dort unter unstimmiger Berufung auf *Kreutz/Jacobs* 10. Aufl., § 30 WO Rn. 2] und § 14a BetrVG Rn. 21 unter Hinweis auf praktische Vorteile hinsichtlich der Auskunftspflichten des Arbeitgebers gemäß § 30 Abs. 1 Satz 6, § 2 Abs. 2 WO). Ein Teilnahmerecht muss auch deshalb ausscheiden, weil in dieser Wahlversammlung im Unterschied zur Betriebsversammlung nach § 17 Abs. 2 nicht nur der Wahlvorstand zu wählen ist, sondern darüber hinaus die Wahl des Betriebsrats einzuleiten ist und durch die Entgegennahme von Wahlvorschlägen in die Phase der Durchführung dieser Wahl einzutreten ist (vgl. *Jacobs* § 14a Rdn. 25 ff., 35 ff.); da das Wahlvorschlagsrecht Teil des Wahlrechts ist, gebietet der Grundsatz der Wahlfreiheit, dass der Arbeitgeber nicht anwesend ist. Die Ausgestaltung der Unterstützungspflicht des Arbeitgebers nach § 28 Abs. 2 WO trägt dem Rechnung. Wer (wie *Fitting* § 30 WO Rn. 3, § 14a BetrVG Rn. 21) ein Teilnahmerecht bejaht, muss dieses deshalb jedenfalls beschränken.

Die Einladenden haben bei der Festlegung von Tag und Zeit der Wahlversammlung zur Wahl des Wahl- **19** vorstands zu beachten, dass diese grundsätzlich **während der Arbeitszeit** stattzufinden hat; das bestimmt § 44 Abs. 1 Satz 1. Zwar wird § 17a Nr. 3 in § 44 Abs. 1 Satz 1 nicht ausdrücklich genannt; die Bestimmung ist aber über § 14a (§ 14a Abs. 1 Satz 2) einbezogen, und damit ist auch klargestellt, dass die Zeit der Teilnahme einschließlich zusätzlicher Wegezeiten den Arbeitnehmern wie Arbeitszeit zu vergüten ist und zusätzliche Fahrtkosten zu erstatten sind (§ 44 Abs. 1 Satz 2 und 3).

20 Das Gesetz schreibt für die Einladung weder eine besondere Form noch eine Frist vor. Nach § 28 Abs. 1 Satz 2 WO muss die Einladung jedoch **mindestens sieben Tage vor** dem Tag der Wahlversammlung erfolgen (vgl. dazu näher *Jacobs* § 28 WO Rdn. 4); das ist zwingend (*ArbG Kiel* 21.10.2009 – 3 BV 23b/09 – juris). Die Einladung ist durch **Aushang** an geeigneter Stelle im Betrieb bekannt zu machen (§ 28 Abs. 1 Satz 3 WO); eine Bekanntmachung ausschließlich in elektronischer Form (E-Mail, Intranet) ist nur unter den Voraussetzungen des § 2 Abs. 4 Satz 4 WO zulässig (§ 28 Abs. 1 Satz 4 Halbs. 2 WO). Die Mindestfrist läuft erst mit ordnungsgemäßer Bekanntgabe. Soll die Wahlversammlung z. B. an einem Mittwoch stattfinden, muss die Einladung spätestens am Dienstag der Vorwoche bekannt gemacht werden. Die Einladung muss die in § 28 Abs. 1 Satz 5 lit. a) bis d) WO geforderten **Hinweise** enthalten, aus denen sich ergibt, dass in der Wahlversammlung nicht nur die Wahl des Wahlvorstands erfolgen soll, sondern die Wahl des Betriebsrats so weit geführt wird, dass am Ende dieser Versammlung feststeht, ob gültige Wahlvorschläge vorliegen oder nicht (vgl. *Jacobs* § 14a Rdn. 51 ff.). Der Arbeitgeber hat den Einladenden (»einladende Stelle«, § 28 Abs. 1 Satz 1 WO) unverzüglich nach Aushang der Einladung die für die Anfertigung der Wählerliste (nach § 2 WO) erforderlichen Unterlagen in einem versiegelten Umschlag auszuhändigen (§ 28 Abs. 2 WO), den diese später dem gewählten Wahlvorstand zu übergeben haben (§ 30 Abs. 1 Satz 4 WO).

21 Die ersten drei der in der ordnungsgemäß bekannt gemachten Einladung aufgeführten Arbeitnehmer genießen **besonderen Kündigungsschutz** nach § 15 Abs. 3a KSchG (vgl. § 17 Rdn. 23).

22 Findet aufgrund ordnungsgemäßer Einladung die Wahlversammlung statt, so **kann** in (auf) ihr von den anwesenden Arbeitnehmern ein Wahlvorstand gewählt werden. Eine Pflicht zu dieser Wahl besteht nicht; der Wille der Mehrheit der anwesenden Arbeitnehmer entscheidet, weil zur Wahl eines jeden Wahlvorstandsmitglieds die positive Mehrheit der Stimmen der an der Wahlversammlung teilnehmenden Arbeitnehmer erforderlich ist. Für die Wirksamkeit der Wahl ist nicht Voraussetzung, dass ein bestimmtes Quorum, etwa die Mehrheit der Arbeitnehmer des Betriebes, an der Versammlung teilnimmt. Der Wahlvorstand (d. h. die Wahlvorstandsmitglieder) wird von der **Mehrheit der anwesenden Arbeitnehmer** gewählt. Eine solche Mehrheit setzt allerdings voraus, dass mindestens drei Arbeitnehmer im Versammlungsraum anwesend sind (vgl. § 17 Rdn. 37); dabei zählen auch Leiharbeitnehmer (vgl. § 17 Rdn. 42). Ist das nicht der Fall, findet i. S. v. § 17a Nr. 4 keine Wahlversammlung statt; das zweistufige vereinfachte Wahlverfahren nach § 14a Abs. 1 ist damit erfolglos beendet.

23 Für die Wahl eines Wahlvorstands in der Wahlversammlung gelten die Bestimmungen über seine **Zusammensetzung** nach § 16 Abs. 1 entsprechend (§ 17a Nr. 3 i. V. m. § 17 Abs. 2 Satz 1 Halbs. 2), aber mit der Besonderheit, dass der Wahlvorstand immer aus drei Mitgliedern besteht und eine Erhöhung der Mitgliederzahl unzulässig ist (§ 29 Satz 2 WO; das folgt aus § 17a Nr. 2; vgl. Rdn. 14). Vgl. im Übrigen § 17 Rdn. 38.

24 Zum **Verfahren der Wahl** der Wahlvorstandsmitglieder in der Wahlversammlung vgl. entsprechend § 17 Rdn. 39 ff.

25 Der Wahlvorstand ist **bestellt**, wenn drei Wahlvorstandsmitglieder mit der erforderlichen Mehrheit der Stimmen der anwesenden Arbeitnehmer gewählt worden sind und die Annahme der Wahl erklärt haben (vgl. § 17 Rdn. 50). Mit der Mehrheit der Stimmen der anwesenden Arbeitnehmer ist anschließend noch einer von ihnen zum **Vorsitzenden** zu wählen (§ 29 Satz 3 WO), unter dessen Leitung sodann die erste Wahlversammlung im zweistufigen vereinfachten Wahlverfahren weitergeführt wird (vgl. *Jacobs* § 14a Rdn. 24). Ist in der Wahlversammlung kein aus drei Mitgliedern bestehender Wahlvorstand gewählt worden (vgl. zu den Gründen § 17 Rdn. 56), so ist mit der Schließung dieser Versammlung das zweistufige vereinfachte Betriebsratswahlverfahren erfolglos beendet.

c) Bestellung durch das Arbeitsgericht

26 Findet trotz ordnungsgemäßer Einladung keine Wahlversammlung statt oder wird in der Wahlversammlung kein Wahlvorstand gewählt, gilt **§ 17 Abs. 4 entsprechend** (§ 17a Nr. 4); von *BAG* 10.11.2004 EzA § 17 BetrVG 2001 Nr. 1 wird § 17a Nr. 4 übergangen, da ein Kleinbetrieb (28 Arbeitnehmer) gegeben war. Vorausgesetzt, dass der Versuch gescheitert ist, in der Wahlversammlung einen Wahlvorstand zu wählen (vgl. dazu näher § 17 Rdn. 53 ff.), kann danach auch in einem betriebsratslosen Kleinbetrieb auf Antrag von mindestens drei wahlberechtigten Arbeitnehmern oder einer im Betrieb vertretenen Gewerkschaft das **Arbeitsgericht** einen Wahlvorstand bestellen.

Die Bestellung durch das Arbeitsgericht ist **Ersatzbestellung** zur Wahl in einer Wahlversammlung. 27 Das Recht, einen Wahlvorstand in einer Wahlversammlung nach § 17a Nr. 3 zu wählen, bleibt daher den Arbeitnehmern des Betriebes so lange erhalten, bis durch das Arbeitsgericht ein Wahlvorstand **rechtskräftig** bestellt worden ist (vgl. dazu § 17 Rdn. 52; ebenso *Fitting* § 17a Rn. 21).

Für die **Zusammensetzung** eines vom Arbeitsgericht zu bestellenden Wahlvorstands gelten entspre- 28 chend § 17 Abs. 4 Satz 2 zunächst § 16 Abs. 2 und über § 16 Abs. 2 Satz 1 Halbs. 2 weiterhin die allgemeinen Bestimmungen des § 16 Abs. 1 entsprechend. Da § 16 Abs. 2 Satz 3 gilt, können in Betrieben mit in der Regel mehr als zwanzig wahlberechtigten Arbeitnehmern betriebsfremde Mitglieder einer im Betrieb vertretenen Gewerkschaft zu Mitgliedern des Wahlvorstands bestellt werden (vgl. dazu § 16 Rdn. 76 ff.). Der Wahlvorstand muss auch hier **immer aus drei** Mitgliedern bestehen; dies ergibt sich aus der Modifizierung von § 16 Abs. 1 durch § 17a Nr. 2 (vgl. Rdn. 14).

III. Rechtsstellung des Wahlvorstands und seiner Mitglieder

Zur **Rechtsstellung** des **Wahlvorstands** und seiner **Mitglieder** vgl. § 16 Rdn. 88 ff., 93 ff. Zu den 29 Aufgaben des nach § 17a Nr. 3 gewählten Wahlvorstands im zweistufigen vereinfachten Wahlverfahren nach § 14a Abs. 1 vgl. *Jacobs* § 14a Rdn. 25 ff., 57 ff.; zu den Aufgaben des Wahlvorstands im einstufigen vereinfachten Wahlverfahren nach § 14a Abs. 3 vgl. *Jacobs* § 14a Rdn. 91 ff.

IV. Streitigkeiten

Vgl. dazu § 16 Rdn. 100 ff. und § 17 Rdn. 60 ff. 30

§ 18
Vorbereitung und Durchführung der Wahl

(1) Der Wahlvorstand hat die Wahl unverzüglich einzuleiten, sie durchzuführen und das Wahlergebnis festzustellen. Kommt der Wahlvorstand dieser Verpflichtung nicht nach, so ersetzt ihn das Arbeitsgericht auf Antrag des Betriebsrats, von mindestens drei wahlberechtigten Arbeitnehmern oder einer im Betrieb vertretenen Gewerkschaft. § 16 Abs. 2 gilt entsprechend.

(2) Ist zweifelhaft, ob eine betriebsratsfähige Organisationseinheit vorliegt, so können der Arbeitgeber, jeder beteiligte Betriebsrat, jeder beteiligte Wahlvorstand oder eine im Betrieb vertretene Gewerkschaft eine Entscheidung des Arbeitsgerichts beantragen.

(3) Unverzüglich nach Abschluss der Wahl nimmt der Wahlvorstand öffentlich die Auszählung der Stimmen vor, stellt deren Ergebnis in einer Niederschrift fest und gibt es den Arbeitnehmern des Betriebs bekannt. Dem Arbeitgeber und den im Betrieb vertretenen Gewerkschaften ist eine Abschrift der Wahlniederschrift zu übersenden.

Literatur
Literaturnachweise zum BetrVG 1952 siehe 8. Auflage.

Bonanni/Mückl Betriebsratswahlen 2010 – Was tun, wenn die Wahl falsch läuft?, BB 2010, 437; *Bram* Wahlstopp im Eilbeschlussverfahren, FA 2006, 66; *Dzida/Hohenstatt* Einstweilige Verfügung auf Abbruch einer Betriebsratswahl, BB-Spezial 14/2005, 1; *Fay/Homburg* Einstweiliger Rechtsschutz im Zusammenhang mit Betriebsratswahlen, AuR 2012, 290; *Fuchs* Feststellung und Veröffentlichung des Wahlergebnisses, Gewerkschafter 1975, 44; *H. Hanau* Die Anfechtung der Betriebsratswahl, Die Voraussetzungen der Anfechtung – Das vorgeschaltete Kontrollverfahren, DB 1986, Beil. Nr. 4; *Heider* Der Eilantrag auf Abbruch von Betriebsratswahlen, NZA 2010, 488; *Held* Der

Erlass einstweiliger Verfügungen gegen den Wahlvorstand nach Einleitung einer Betriebsratswahl, DB 1985, 1691; *Jacobs* Die Wahlvorstände für die Wahlen des Betriebsrats, des Sprecherausschusses und des Aufsichtsrats (Diss. Kiel), 1995 (zit.: Die Wahlvorstände); *Kamp* Der Scheinbetriebsrat (Diss. München), 2006; *Kamphausen* Einheitlicher Betrieb bei mehreren Unternehmen – Verfahrensrechtliche Probleme, NZA 1988, Beil. Nr. 4, S. 10; *Klein* Prozessuale Optionen zur Durchsetzung der Rechtmäßigkeit der Betriebsratswahl und der sich ihr anschließenden innerorganschaftlichen Wahlakte, ZBVR 2001, 138, 254; 2002, 35; *Korinth* Ärger bei der Betriebsratswahl – was tun, wenn die Wahl schiefläuft?, ArbRB, 2006, 44; *Krois* Abbruch einer Betriebsratswahl – Fehler bei der Bestellung des Wahlvorstandes, SAE 2012, 100; *Nießen* Fehlerhafte Betriebsratswahlen (Diss. Köln), 2006; *Otto/Schmidt* Bestellung des Wahlvorstands – Grenzen des Beurteilungsspielraums des Betriebsrats und Rechtsschutzmöglichkeiten des Arbeitgebers, NZA 2014, 169; *Paland* Berichtigung von Fehlern während laufender Wahlen nach dem Mitbestimmungsgesetz '76, DB 1988, 1494; *Preis* Individueller Wahlrechtsschutz gegen Entscheidungen des Wahlvorstands bei der Betriebsratswahl, AuR 1973, 9; *Richardi* Betriebsratswahlen nach § 3 BetrVG – nicht »Wie es euch gefällt!«, NZA 2014, 232; *Rieble* Der Schein – Gemeinschaftsbetrieb, FS Kreutz, 2010, S. 387; *Rieble/Triskatis* Vorläufiger Rechtsschutz im Betriebsratswahlverfahren, NZA 2006, 233; *Salamon* Betriebsratswahlen unter Verkennung des Betriebsbegriffs, NZA 2014, 175; *Schneider* Einleitung und Durchführung der Betriebsratswahl, AiB 1980, Heft 5, S. 7; *Thau* Mängel der Aufsichtsratswahlen nach dem Mitbestimmungsgesetz, dargestellt anhand der Rechtsbehelfe im Wahlverfahren, 1983 (zit.: Mängel der Aufsichtsratswahlen); *Veit/Wichert* Betriebsratswahlen – Einstweilige Verfügung gegen rechtswidrige Maßnahmen des Wahlvorstands, DB 2006, 390; *Walker* Grundlagen und aktuelle Entwicklungen des einstweiligen Rechtschutzes im Arbeitsgerichtsprozess, ZfA 2005, 45; *Wichert* Einstweiliger Rechtsschutz bei Betriebsratswahlen, AuA 2010, 148; *Wiesner* Korrekturen von Fehlern der Betriebsratswahl, FA 2007, 38; *Winterfeld* Einstweiliger Rechtsschutz bei fehlerhafter Betriebsratswahl, NZA 1990, Beil. Nr. 1, S. 20; *Zwanziger* Gerichtliche Eingriffe in laufende Betriebsratswahlen, DB 1999, 2264.

Inhaltsübersicht

		Rdn.
I.	Vorbemerkung	1–5
II.	Rechtsstellung des Wahlvorstands	6–42
	1. Allgemeines	6–15
	2. Einleitung der Wahl	16–24
	3. Durchführung der Wahl	25, 26
	4. Feststellung des Wahlergebnisses	27–42
	a) Feststellung des vorläufigen Wahlergebnisses	28–36
	b) Feststellung des endgültigen Wahlergebnisses	37–39
	c) Ende des Wahlverfahrens	40–42
III.	Ersetzung des Wahlvorstands (Abs. 1 Satz 2)	43–55
	1. Voraussetzungen	44–50
	2. Ersetzung durch Gerichtsbeschluss	51–55
IV.	Entscheidung über betriebsratsfähige Organisationseinheiten (Abs. 2)	56–79
	1. Bedeutung und Reichweite der Bestimmung	56–65
	2. Betriebsabgrenzungsverfahren	66–79
	a) Verfahren	66–68
	b) Entscheidung und Bindungswirkung	69–79
V.	Rechtsschutz gegen Entscheidungen des Wahlvorstands	80–106
	1. Zulässigkeit	80, 81
	2. Rechtsschutzverfahren	82–89
	3. Einstweilige Verfügungen	90–106
	a) Aussetzung der Wahl	93
	b) Leistungsverfügungen	94–106
	aa) Berichtigungsverfügungen	96, 97
	bb) Wahlabbruchverfügung zur Neueinleitung	98–103
	cc) Totalabbruch der Wahl	104–106
VI.	Andere Streitigkeiten während des Wahlverfahrens	107

I. Vorbemerkung

Die Vorschrift regelt in Abs. 1 Satz 1 und Abs. 3 in grundsätzlicher Weise die **Rechtsstellung des** 1
Wahlvorstands: Er hat die Betriebsratswahl unverzüglich einzuleiten, sie durchzuführen und das
Wahlergebnis festzustellen; kommt der Wahlvorstand dieser Verpflichtung nicht nach, so kommt als
Sanktion seine **Ersetzung** nach Maßgabe von Abs. 1 Satz 2 und 3 in Betracht. Einen völlig anderen
Regelungskomplex betrifft Abs. 2: Diese Bestimmung eröffnet den dort Genannten das Recht, jederzeit eine Entscheidung des Arbeitsgerichts darüber herbeizuführen, ob eine betriebsratsfähige Organisationseinheit vorliegt.

Dem Regelungsgegenstand nach entspricht § 18 Abs. 1 und 2 weitgehend § 17 BetrVG 1952. In 2
Abs. 1 ist jedoch die Rechtsstellung des Wahlvorstands gesetzlich umfassender und präziser bestimmt,
als das in § 17 Abs. 1 BetrVG 1952 der Fall war. Abs. 1 Satz 3 stellt durch Verweisung auf § 16 Abs. 2
die Zusammensetzung des Wahlvorstands bei arbeitsgerichtlicher Ersetzung klar. Abs. 3 wurde »im
Hinblick auf die Bedeutung, die der Feststellung des Wahlergebnisses in einem demokratischen
Rechtsstaat zukommt« (vgl. zu BT-Drucks. VI/2729, S. 21), neu eingefügt. Durch das **BetrVerf-Reformgesetz** vom 23.07.2001 (BGBl. I, S. 1852) ist dem Betriebsrat die Antragsberechtigung
nach Abs. 1 Satz 2 eingeräumt worden. In Abs. 2 wurde klargestellt, dass in allen Zweifelsfällen
über das Vorliegen einer betriebsratsfähigen Organisationseinheit eine Entscheidung des Arbeitsgerichts beantragt werden kann, und zwar jederzeit, nicht nur vor einer konkreten Wahl.

§ 18 gilt nicht für den Gesamtbetriebsrat, den Konzernbetriebsrat, die Gesamt-Jugend- und Auszubil- 3
dendenvertretung und die Konzern-Jugend- und Auszubildendenvertretung (vgl. §§ 47, 54 und 72,
73a), da diese nicht durch Wahlen gebildet werden. Für die Wahl der **Jugend- und Auszubildendenvertretung** gilt § 18 Abs. 1 Satz 1 und 2 und Abs. 3 entsprechend (vgl. § 63 Abs. 2 und 3). Auf die
Wahl der **Bordvertretung** und des **Seebetriebsrats** findet § 18 uneingeschränkt Anwendung (vgl.
§ 115 Abs. 2, § 116 Abs. 2 jeweils Eingangssatz).

Die Vorschrift enthält **zwingendes** Recht. Eine Abänderung durch Tarifvertrag, Betriebsverein- 4
barung oder sonstige Absprachen ist nicht möglich, auch nicht für die Arbeitnehmervertretungen
in den nach § 3 Abs. 1 Nr. 1 bis 3, Abs. 2 gebildeten Organisationseinheiten (vgl. *Jacobs* § 14 Rdn. 7).
Das hat das *LAG Köln* (21.01.1995, AP Nr. 9 zu § 18 BetrVG 1972) verkannt, indem es angenommen
hat, dass das Antragsrecht des Arbeitgebers nach § 18 Abs. 2 vertraglich ausgeschlossen sein kann (mit
der Folge, dass ein gleichwohl gestellter Antrag unzulässig sein soll).

Zum **Personalvertretungsrecht** vgl. § 23 BPersVG; für **Sprecherausschüsse** vgl. § 7 Abs. 4 5
SprAuG.

II. Rechtsstellung des Wahlvorstands

1. Allgemeines

Nach Abs. 1 Satz 1 hat der Wahlvorstand die Aufgabe, die Betriebsratswahl unverzüglich einzuleiten, 6
durchzuführen und das Wahlergebnis festzustellen. Diese Aufgabe ist in den Kategorien des Privatrechts zuvorderst **Verpflichtung**, wie Abs. 1 Satz 2 ausdrücklich deutlich macht, aber auch **Recht**
des Wahlvorstands. Die Verpflichtung soll sicherstellen, dass das Wahlverfahren durchgeführt und
ein Betriebsrat gebildet wird. Das Recht sichert dem Wahlvorstand die ausschließliche Leitung der
Wahl (vgl. § 1 Abs. 1 WO). Zur (partiellen) Rechtssubjektivität (Organisationsrechte, Vermögensrechte) der Wahlvorstände vgl. *Jacobs* Die Wahlvorstände, S. 57 ff. Zur Rechtsstellung des Wahlvorstands als
Organ und der Mitglieder des Wahlvorstands vgl. § 16 Rdn. 88 ff., 93 ff.

Das Gesetz gliedert und strukturiert die **Aufgaben- und Rechtsstellung** des Wahlvorstands **am** 7
chronologischen Ablauf des Wahlverfahrens, nachdem der Wahlvorstand nach §§ 16, 17 oder
17a bestellt worden ist. Dabei lassen sich drei Phasen unterscheiden: Die erste betrifft den Zeitabschnitt
von der Bestellung des Wahlvorstands bis zur Einleitung der Wahl mit Erlass des Wahlausschreibens
(vgl. § 3 Abs. 1 WO). In der Terminologie der Überschrift zu § 18 betrifft diese Phase die Vorbereitung
der Wahl; diese wird mit der Einleitung der Wahl abgeschlossen. Die zweite, sich anschließende Phase

reicht bis zum Abschluss der Stimmabgabe. Abs. 1 Satz 1 spricht insoweit von der Durchführung der Wahl. In einem weiteren Sinne gebraucht jedoch die Überschrift zu § 18 den Ausdruck »Durchführung der Wahl«. Hier umfasst sie zugleich die dritte Phase des Wahlverfahrens, nämlich die Feststellung des Wahlergebnisses, die mit der Bekanntmachung der Gewählten endet und das Wahlverfahren abschließt. Danach obliegt dem Wahlvorstand nur noch die Aufgabe, den Betriebsrat nach § 29 Abs. 1 zur konstituierenden Sitzung einzuberufen, die zunächst vom Vorsitzenden des Wahlvorstandes geleitet wird. Mit der Bestellung eines Wahlleiters aus der Mitte des Betriebsrates endet das Amt des Wahlvorstands (vgl. § 16 Rdn. 90).

8 § 18 Abs. 1 Satz 1 spricht die Aufgaben- und Rechtsstellung des Wahlvorstands nur in **grundsätzlicher Weise** an; eine **Konkretisierung** bzw. **Ergänzung** erfolgt durch die detaillierten **Bestimmungen der WO** (hier als Anhang 1 in Bd. I **abgedruckt** und **kommentiert**). die (ebenso wie die Wahlordnung Seeschifffahrt für die Wahl der Bordvertretung und des Seebetriebsrats; hier abgedruckt als Anhang 3 in Bd. I) aufgrund der Verordnungsermächtigung in § 126 erlassen worden ist; bei den privatisierten Postunternehmen ist außerdem die Verordnung zur Durchführung der Betriebsratswahlen bei den Postunternehmen (WOP) zu beachten (hier abgedruckt als Anhang 4 in Bd. 1). Vgl. deshalb zu Einzelheiten auch immer die Kommentierungen zur WO. Die Recht- und Ordnungsmäßigkeit der Wahl erfordert, dass der Wahlvorstand die gesetzlichen Vorschriften (§§ 7 bis 15, 18, 18a, 20) und die Bestimmungen der WO beachtet. Zum gerichtlichen Rechtsschutz **gegen** Maßnahmen und Entscheidungen des Wahlvorstandes vor Abschluss der Betriebsratswahl vgl. Rdn. 80 ff. Bei Verstößen des Wahlvorstands gegen wesentliche Vorschriften über das Wahlrecht, die Wählbarkeit und das Wahlverfahren kann die Wahl nach Maßgabe von § 19 **angefochten** werden (vgl. dazu § 19 Rdn. 17 ff.). Bei besonders schwerwiegenden Verstößen kann die Wahl auch **nichtig** sein (vgl. dazu § 19 Rdn. 143 ff.). Um die Anfechtbarkeit oder gar die Nichtigkeit der Wahl tunlichst zu vermeiden, ist der Wahlvorstand berechtigt und verpflichtet, sog. Wahlfehler, soweit möglich, zu **berichtigen** (vgl. dazu § 19 Rdn. 35 ff.); das folgt aus seiner Aufgaben- und Rechtsstellung nach § 18 Abs. 1 Satz 1 (vgl. Rdn. 6). Ebenso hat er Gerichtsentscheidungen zu **beachten**, die zwischen den Beteiligten rechtskräftig geworden sind (*LAG Bremen* 27.02.1990 LAGE § 18 BetrVG 1972 Nr. 3 S. 7 f.; vgl. auch *BAG* 20.03.1996 AP Nr. 32 zu § 19 BetrVG 1972 *[Krause]* = AP Nr. 10 zu § 322 ZPO zur Arbeitnehmereigenschaft einer Beschäftigtengruppe). In allen Streitfällen über die Ordnungs- und Rechtmäßigkeit des Wahlverfahrens kann der Wahlvorstand durch **Antragstellung** im arbeitsgerichtlichen Beschlussverfahren (§ 2a Abs. 1 Nr. 1, Abs. 2; §§ 80 ff. ArbGG) die gerichtliche Entscheidung herbeiführen. Das gilt nicht nur für das Betriebsabgrenzungsverfahren nach Abs. 2 (vgl. Rdn. 63, 66), sondern etwa auch für die Frage, ob ein Arbeitnehmer wahlberechtigt und/oder wählbar ist.

9 Der Wahlvorstand ist **strafantragsberechtigt** (§ 119 Abs. 2), wenn jemand die Betriebsratswahl behindert oder durch Zufügung oder Androhung von Nachteilen oder durch Gewährung oder Versprechen von Vorteilen beeinflusst (§ 119 Abs. 1 Nr. 1).

10 In der grundsätzlichen Ausgestaltung durch § 18 Abs. 1 Satz 1 und Abs. 3 ist die Aufgaben- und Rechtsstellung des Wahlvorstands immer gleich. **Unterschiede** ergeben sich jedoch daraus, dass das BetrVerf-Reformgesetz neben das überkommene Regelwahlverfahren (§ 14) ein spezielleres vereinfachtes Wahlverfahren für Kleinbetriebe (§ 14a) gestellt hat (vgl. *Jacobs* § 14a Rdn. 3). Die **Aufgabenbesonderheiten im Ablauf des vereinfachten Wahlverfahrens**, bei dem wiederum zwischen einem zweistufigen Verfahren (§ 14a Abs. 1; §§ 28 bis 35 WO) und einem einstufigen Verfahren (§ 14a Abs. 3; § 36 WO) zu unterscheiden ist, sind in den Kommentierungen zu § 14a herausgestellt. Die nachfolgende Kommentierung konzentriert sich auf das **Regelwahlverfahren** nach § 14 und die Konkretisierungen und Ergänzungen durch §§ 1 bis 27 WO. Insoweit ist die Aufgaben- und Rechtsstellung des Wahlvorstands **immer gleich**, unabhängig davon, ob er durch den Betriebsrat (§ 16 Abs. 1), den Gesamtbetriebsrat bzw. Konzernbetriebsrat (§ 16 Abs. 3, § 17 Abs. 1), die Betriebsversammlung (§ 17 Abs. 2) oder das Arbeitsgericht (§ 16 Abs. 2, § 17 Abs. 4, § 18 Abs. 1 Satz 2, § 23 Abs. 2) bestellt worden ist.

11 Der Wahlvorstand trifft seine Entscheidungen in grundsätzlich nicht öffentlichen (vgl. aber Rdn. 32 ff.) **Sitzungen** durch **Beschlüsse**, die mit einfacher Stimmenmehrheit seiner stimmberechtigten Mitglieder gefasst werden (§ 1 Abs. 3 Satz 1 WO). Über jede Sitzung ist ein **Protokoll** aufzunehmen, das mindestens den Wortlaut der gefassten Beschlüsse enthält (§ 1 Abs. 3 Satz 2 WO)

Vorbereitung und Durchführung der Wahl § 18

und vom Vorsitzenden und einem weiteren stimmberechtigten Mitglied des Wahlvorstands zu unterschreiben ist (§ 1 Abs. 3 Satz 3 WO). Ersatzmitglieder haben erst dann Sitz und Stimme, wenn sie – vorübergehend oder endgültig – nachgerückt sind (vgl. § 16 Rdn. 47). Die Mitglieder, die von den im Betrieb vertretenen Gewerkschaften (und Berufsverbänden der Beamten) nach § 16 Abs. 1 Satz 6 in den Wahlvorstand entsandt worden sind, haben kein Stimmrecht, im Übrigen jedoch die gleichen Rechte und Befugnisse wie die bestellten oder gewählten Mitglieder des Wahlvorstands (vgl. § 16 Rdn. 55). Der Wahlvorstand wird nach außen von seinem Vorsitzenden vertreten (vgl. § 16 Rdn. 43). Der Wahlvorstand kann einzelne Mitglieder oder (bei erhöhter Mitgliederzahl) einen **Ausschuss** mit vorbereitenden Maßnahmen oder Aufgaben beauftragen; materielle Entscheidungen des Wahlvorstands sind aber immer vom Wahlvorstand als Kollegium zu treffen (ebenso *Fitting* § 18 Rn. 8; *Wlotzke/WPK* § 18 Rn. 2).

Der Wahlvorstand kann sich durch Beschluss mit einfacher Stimmenmehrheit eine **schriftliche Geschäftsordnung** geben (§ 1 Abs. 2 Satz 1 WO); zu deren zweckmäßigem Inhalt vgl. *Jacobs* § 1 WO Rdn. 16. **12**

Der Wahlvorstand ist berechtigt, **Rechtshilfe** und **Rechtsberatung einer im Betrieb vertretenen Gewerkschaft** (s. dazu § 16 Rdn. 49) in Anspruch zu nehmen, um das komplizierte Wahlverfahren fehlerfrei abzuwickeln; zu diesem Zwecke kann der Wahlvorstand (§ 31 gilt nicht entsprechend) beschließen, Gewerkschaftsbeauftragte zu Sitzungen einzuladen (ebenso *LAG Düsseldorf* BB 1980, 1424; *Sächs. LAG* 27.03.2006 – 3 TaBV 6/06 – juris; *LAG Mecklenburg-Vorpommern* 11.11.2013 LAGE § 16 BetrVG 2001 Rn. 27; *Fitting* § 18 Rn. 11 f.; *Homburg/DKKW* § 18 Rn. 2; *Richardi/Thüsing* § 16 Rn. 54). Dies gilt unabhängig davon, ob im Betrieb vertretene Gewerkschaften bereits von ihrem Entsenderecht nach § 16 Abs. 1 Satz 6 Gebrauch gemacht haben, wenn dem Wahlvorstand wegen schwieriger Sach- und Rechtsfragen die Hinzuziehung externer Experten erforderlich erscheint. Die im Betrieb vertretenen Gewerkschaften haben aber (ungeachtet ihrer Wahlanfechtungsberechtigung nach § 19 Abs. 1) kein eigenständiges Recht (uneingeladen durch betriebsfremde Beauftragte), an Sitzungen des Wahlvorstands beratend teilzunehmen; ein entsprechender Antrag der CDU/CSU wurde im Ausschuss für Arbeit und Sozialordnung abgelehnt, um die Unabhängigkeit des Wahlvorstands nicht in Frage zu stellen (vgl. zu BT-Drucks. VI/2729, S. 21: zu § 16). Jetzt gewährleistet das gewerkschaftliche Entsenderecht nach § 16 Abs. 1 Satz 6 die Transparenz der Tätigkeit des Wahlvorstands zur Genüge (vgl. dazu § 16 Rdn. 3). Eingeladenen Gewerkschaftsbeauftragten ist auf **Antrag des Wahlvorstands** gemäß § 2 Abs. 2 Zutritt zum Betrieb zu gewähren (vgl. *LAG Düsseldorf* BB 1980, 1424; *Sächs. LAG* 27.03.2006 – 3 TaBV 6/06 – juris; *ArbG Iserlohn* 28.01.1980 EzA § 2 BetrVG 1972 Nr. 11; *Fitting* § 18 Rn. 13; *Koch/ErfK* § 18 BetrVG Rn. 1; *Wlotzke/WPK* § 18 Rn. 3; demgegenüber folgert *LAG Mecklenburg-Vorpommern* [11.11.2013 LAGE § 16 BetrVG 2001 Nr. 2 Rn. 27 f.] unzutreffend, dass eingeladene Gewerkschaftsbeauftragte ein eigenes Zugangsrecht nach § 2 Abs. 2 haben, da insoweit verkannt wird, dass die Unterstützung des Wahlvorstands keine im Gesetz genannte Aufgabe im Betrieb vertretener Gewerkschaften ist; nicht praktikabel einschränkend *LAG Hamm* DB 1981, 848: wenn der Einladung sachlich erforderlich ist; ebenso *Nicolai/HWGNRH* § 18 Rn. 8; **a. M.** *LAG Hamm* DB 1978, 844: kein Zutrittsrecht, Kontaktaufnahme außerhalb des Betriebes reicht aus; s. auch *Franzen* § 2 Rdn. 56). Entsprechendes gilt in den privatisierten Unternehmen für die im Betrieb vertretenen Berufsverbände der Beamten und ggf. der Soldaten (vgl. dazu § 16 Rdn. 49). **13**

Der Wahlvorstand kann auch beschließen, den Arbeitgeber oder einen Vertreter (z. B. den Personalleiter) und/oder amtierende Betriebsratsmitglieder zu Sitzungen einzuladen; diese sind dann ebenfalls beratend teilnahmeberechtigt. **14**

Der Wahlvorstand ist vielfach auf die **Unterstützung durch den Arbeitgeber** angewiesen, zu der dieser auch verpflichtet ist (vgl. § 2 Abs. 2 WO). Anderseits muss der Arbeitgeber schon wegen der Kosten einer eventuellen Wiederholung der Wahl daran interessiert sein, dass der Wahlvorstand das Wahlverfahren fehlerfrei vorbereitet und durchführt. Der **Grundsatz vertrauensvoller Zusammenarbeit** (§ 2 Abs. 1) muss daher als Leitmaxime auch das Verhältnis zwischen Arbeitgeber und Wahlvorstand beherrschen (ebenso *Jacobs* Die Wahlvorstände, S. 335 ff.; *Weber* ZfA 1991, 187 [196 f.]). Daraus folgt verallgemeinernd, dass der Arbeitgeber verpflichtet ist, dem Wahlvorstand in erforderlichem Umfang bei der Erfüllung seiner Aufgaben (unter Wahrung des Behinderungs- und Beeinflus- **15**

§ 18   *II. 1. Zusammensetzung und Wahl des Betriebsrats*

sungsverbots nach § 20 Abs. 1, 2) Unterstützung zu gewähren (vgl. *Jacobs* Die Wahlvorstände, S. 327 ff.).

2. Einleitung der Wahl

16 Der Wahlvorstand hat zunächst die **Wahl unverzüglich**, d. h. nach der Legaldefinition in § 121 Abs. 1 BGB »ohne schuldhaftes Zögern« **einzuleiten**. Die Einleitung erfolgt durch und mit **Erlass des Wahlausschreibens** (§ 3 Abs. 1 Satz 2 WO), auf den sich in dieser Phase des Wahlverfahrens die Anstrengungen des Wahlvorstandes zu konzentrieren haben.

17 Die Verpflichtung zum unverzüglichen Erlass des Wahlausschreibens setzt voraus, dass die **Bestellung** des Wahlvorstands **wirksam geworden** ist. Das ist normalerweise der Fall, wenn das letzte Mitglied seine Zustimmung zur Bestellung gegeben hat (vgl. § 16 Rdn. 30, 31, 73, 81, § 17 Rdn. 14, 50). Da die gerichtliche Bestellung aber erst mit Rechtskraft des Bestellungsbeschlusses wirksam wird, kann dem Wahlvorstand in diesen Fällen kein schuldhaftes Zögern vorgehalten werden, wenn er zunächst den Ablauf der Beschwerdefrist abwartet; er kann aber auch bereits vorher mit der Vorbereitung und Einleitung der Wahl beginnen (vgl. § 16 Rdn. 73, § 17 Rdn. 58).

18 »Unverzüglichkeit« des Handelns lässt dem Wahlvorstand einen **Spielraum pflichtgemäßen Ermessens** (ebenso *Fitting* § 18 Rn. 9; *Homburg/DKKW* § 18 Rn. 2; *Reichold/HWK* § 18 BetrVG Rn. 4; *Richardi/Thüsing* § 18 Rn. 4; *Schlochauer/HSWG* § 18 Rn. 5), fordert nicht blinden Aktionismus. Der Wahlvorstand muss den Erlass des Wahlausschreibens gründlich vorbereiten, um eine Anfechtbarkeit der Wahl möglichst zu vermeiden (*Thiele* 2. Bearbeitung, § 18 Rn. 7; zust. *Homburg/DKKW* § 18 Rn. 2; *Wlotzke/WPK* § 18 Rn. 4). Sind die Mitglieder weniger sachkundig, muss ihnen eine längere Zeit zugestanden werden, sich in die rechtliche Materie einzuarbeiten, als wenn sie bereits über einschlägige Kenntnisse und Erfahrungen verfügen (zust. *Brors*/HaKo § 18 Rn. 4). Von einem schuldhaften Zögern kann auch dann nicht die Rede sein, wenn der Wahlvorstand zunächst Streitfragen gerichtlich (ggf. im Wege einstweiliger Verfügung) klären lässt, z. B. zunächst ein Verfahren nach § 18 Abs. 2 anstrengt (ebenso *Galperin/Löwisch* § 18 Rn. 3; *LAG Niedersachsen* 20.02.2004 – 16 TaBV 86/03 – juris = Vorinstanz zu *BAG* 01.12.2004 EzA § 18 BetrVG 2001 Nr. 1, vgl. zum Sachverhalt dort). Auch aus § 3 Abs. 1 WO folgt **kein verbindlicher Zeitmaßstab** (unklar *Fitting* § 18 Rn. 15; *Schlochauer/HSWG* § 18 Rn. 5). Besteht im Betrieb ein Betriebsrat, so soll zwar der erste Tag der Stimmabgabe spätestens eine Woche vor dem Tag liegen, an dem die Amtszeit des Betriebsrats abläuft (§ 3 Abs. 1 Satz 3 WO). Dabei handelt es sich jedoch nur um eine »Soll«-Vorschrift (vgl. *Jacobs* § 3 WO Rdn. 5); sie zielt darauf, möglichst einen betriebsratslosen Zustand zu vermeiden. Andererseits setzt zwar § 3 Abs. 1 Satz 1 WO eine verbindliche Mindestfrist: Das Wahlausschreiben ist spätestens sechs Wochen vor dem ersten Tag der Stimmabgabe zu erlassen. Dabei dirigiert aber nicht der Tag der Stimmabgabe den Zeitpunkt des Erlasses; vielmehr hängt vom Tag des Erlasses des Wahlausschreibens ab, wann die Stimmabgabe frühestens wirksam stattfinden kann.

19 In der Vorbereitungsphase vor Erlass des Wahlausschreibens hat der Wahlvorstand (neben tatsächlichen Vorbereitungshandlungen) eine Reihe von **Entscheidungen** zu treffen, die als unverzichtbarer Inhalt des späteren Wahlausschreibens in dieses eingehen müssen (vgl. § 3 Abs. 2 WO):
– **Aufstellung** einer Liste der Wahlberechtigten (**Wählerliste**), getrennt nach den Geschlechtern und unter Ausweis der nach § 7 Satz 2 wahlberechtigten Leiharbeitnehmer, die nach § 14 Abs. 2 Satz 1 AÜG nicht wählbar sind (§ 2 Abs. 1 WO). Mit der Aufstellung der Wählerliste ist einmal die Entscheidung über die Wahlberechtigung und Wählbarkeit jedes einzelnen Arbeitnehmers verbunden; ihr kommt deshalb besondere Bedeutung zu, weil ungeachtet des objektiven Vorliegens der Voraussetzungen nach §§ 7 und 8 das aktive und passive Wahlrecht nur von den Arbeitnehmern ausgeübt werden kann, die in die Wählerliste eingetragen sind (§ 2 Abs. 3 WO); s. *Raab* § 7 Rdn. 154 f. und § 8 Rdn. 13. Die Aufnahme in die Wählerliste setzt zugleich die Entscheidung darüber voraus, ob Betriebsteile und Kleinstbetriebe dem Hauptbetrieb zuzuordnen sind (§ 4); im Streitfall kann und sollte das Arbeitsgericht nach § 18 Abs. 2 angerufen werden, um einer Wahlanfechtung insoweit vorzubeugen. Leitende Angestellte (§ 5 Abs. 3) sind bei der Betriebsratswahl weder wahlberechtigt noch wählbar und dementsprechend nicht in die Wählerliste aufzunehmen. Über die

Vorbereitung und Durchführung der Wahl § 18

Zuordnung zu den leitenden Angestellten ist der Wahlvorstand für die Sprecherausschusswahl gemäß § 18a Abs. 1 Satz 1 zu unterrichten;
- Feststellung, ob das **Verfahren über die Zuordnung der leitenden Angestellten** nach § 18a durchzuführen ist (vgl. dazu § 18a Rdn. 13 ff.); ggf. ist dieses unverzüglich nach Aufstellung der Wählerliste in Gang zu setzen (vgl. näher § 18a Rdn. 37 ff.);
- Festlegung, an welchem **Ort** die **Wählerliste** und ein Abdruck der WO bis zum Abschluss der Stimmabgabe zur Einsichtnahme ausliegen sollen, ob die Bekanntmachung ergänzend oder ausschließlich in elektronischer Form erfolgen soll und wo und wie dann Kenntnis genommen werden kann (§ 2 Abs. 4 i. V. m. § 3 Abs. 2 Nr. 2 WO);
- Feststellung des **Anteils der Geschlechter** (§ 3 Abs. 2 Nr. 4 WO);
- Feststellung der **Zahl der zu wählenden Betriebsratsmitglieder** (§§ 9, 11) und Berechnung (§ 15 Abs. 2; § 5 WO) der auf das Geschlecht in der Minderheit entfallenden **Mindestsitze** im Betriebsrat (§ 3 Abs. 2 Nr. 5 WO);
- Berechnung bzw. Feststellung, **wie viele Arbeitnehmer** einen **Wahlvorschlag unterzeichnen** müssen (§ 3 Abs. 2 Nr. 6; vgl. dazu *Jacobs* § 14 Rdn. 51 ff.);
- Festlegung der **Betriebsadresse des Wahlvorstands**, bei der Einsprüche, Wahlvorschläge und sonstige Erklärungen gegenüber dem Wahlvorstand abzugeben sind (§ 3 Abs. 2 Nr. 12 WO);
- Festlegung des **letzten Tages der Frist**, in der Wahlvorschläge einzureichen sind (§ 3 Abs. 2 Nr. 8 WO); dies richtet sich nach dem **Datum des Erlasses des Wahlausschreibens**, das ebenfalls festzulegen ist (§ 3 Abs. 2 Nr. 1 WO);
- Festlegung, wo als gültig anerkannte **Wahlvorschläge ausgehängt** werden (§ 10 Abs. 2, § 3 Abs. 2 Nr. 10 WO);
- Festlegung von **Ort, Tag und Zeit der Stimmabgabe** (§ 3 Abs. 2 Nr. 11 WO); dabei ist es besonders wichtig, den ersten Tag der Stimmabgabe und den Tag des Erlasses des Wahlausschreibens so aufeinander abzustimmen, dass der erste Tag der Stimmabgabe frühestens sechs Wochen nach dem Tag des Erlasses des Wahlausschreibens liegt (§ 3 Abs. 1 Satz 1 WO);
- Festlegung, für welche Betriebsteile und Kleinstbetriebe ggf. **schriftliche Stimmabgabe** (Briefwahl) stattfindet (§ 24 Abs. 3, § 3 Abs. 2 Nr. 11 WO);
- Festlegung von **Ort, Tag** und **Zeit** der öffentlichen **Stimmauszählung** (§ 3 Abs. 2 Nr. 13 WO).

Vor Erlass des Wahlausschreibens hat der Wahlvorstand **ausländischen Arbeitnehmern**, die der deutschen Sprache nicht mächtig sind, in geeigneter Weise (z. B. durch Merkblatt in der oder den Fremdsprachen, Einsatz von Dolmetschern in Versammlungen) über Wahlverfahren, Aufstellung der Wähler- und Vorschlagslisten, Wahlvorgang und Stimmabgabe zu unterrichten (§ 2 Abs. 5 WO). Versäumt er dies, so kann die Wahl deswegen anfechtbar sein; obwohl § 2 Abs. 5 WO nur als Sollvorschrift formuliert worden ist, ist es eine wesentliche Vorschrift über das Wahlverfahren i. S. v. § 19 Abs. 1 (s. § 19 Rdn. 19, 31; näher *Jacobs* § 2 WO Rdn. 19 ff.; *BAG* 13.10.2004 EzA § 19 BetrVG 2001 Nr. 4 = AP Nr. 1 zu § 2 WahlO BetrVG 1972; *LAG Hamm* DB 1982, 2252; *Fitting* § 2 WO Rn. 12; *Galperin/Löwisch* § 2 WO Rn. 11; *Homburg/DKKW* § 2 WO Rn. 26; zust. *Brors/HaKo* § 18 Rn. 3; *Wlotzke/WPK* § 18 Rn. 3; abl. jetzt *Richardi/Forst* § 2 WO Rn. 21 unter Berufung auf *Ricken* [BAG-Report 2005, 151] und die Gesetzgebungsgeschichte). Zweifelhaft ist, ob es genügt, wenn das Wahlausschreiben auch in den Landessprachen der im Betrieb beschäftigten ausländischen Arbeitnehmer bekannt gemacht wird; so *LAG Hamm* BB 1973, 939; vgl. dazu *Jacobs* § 2 WO Rdn. 21. 20

Für alle vorbereitenden Maßnahmen und Entscheidungen hat der Wahlvorstand jetzt **drei Wochen** Zeit, wenn er erst, wie es § 16 Abs. 1 noch entspricht, zehn Wochen vor Ablauf der Amtszeit des Betriebsrats bestellt worden ist und wenn er den freilich nicht zwingenden § 3 Abs. 1 Satz 3 WO beachtet, wonach der erste Tag der Stimmabgabe spätestens eine Woche vor dem Tag liegen soll, an dem die Amtszeit des Betriebsrates abläuft; denn der erste Tag der Stimmabgabe darf zwingend frühestens sechs Wochen nach Erlass des Wahlausschreibens stattfinden (§ 3 Abs. 1 Satz 1 WO). Dieser Zeitraum ist erst durch die Novelle vom 20.12.1988 von früher einer Woche auf jetzt drei Wochen dadurch ausgeweitet worden, dass der späteste Zeitpunkt für die Bestellung des Wahlvorstands durch den Betriebsrat auf zehn (früher: acht) Wochen vor Ablauf seiner Amtszeit vorverlegt worden ist; diese Änderung steht im Zusammenhang mit der Einführung des Zuordnungsverfahrens nach § 18a, für das der Gesetzgeber einen Zeitraum von zwei Wochen veranschlagt hat (vgl. § 16 Rdn. 2). Ein zu knapp bemessener Zeitrahmen von höchstens einer Woche ergibt sich, wenn der Betriebsrat nach § 16 Abs. 2 durch das Ar- 21 beitsgericht oder nach § 16 Abs. 3 durch den Gesamtbetriebsrat bzw. den Konzernbetriebsrat bestellt worden ist, weil diese Bestellung frühestens acht Wochen vor Ablauf der Amtszeit des Betriebsrates erfolgen darf (vgl. § 16 Rdn. 60 ff., 81 ff.); dabei werden Verzögerungen vielfach unvermeidlich sein.

22 Sind alle Vorentscheidungen getroffen, so hat der Wahlvorstand das **Wahlausschreiben zu erlassen**, das den nach § 3 Abs. 2 WO erforderlichen Mindestinhalt haben muss (dazu ausführlich *Jacobs* § 3 WO Rdn. 7 ff.). Das Wahlausschreiben kann weitere Angaben enthalten (z. B. Hinweis gemäß § 3 Abs. 3 WO), wenn der Wahlvorstand dies für angemessen hält. Zu dem Gesichtspunkt, dass nach § 13 Abs. 1 Satz 2 die regelmäßige Wahl **zeitgleich** mit der regelmäßigen Wahl nach § 5 Abs. 1 SprAuG einzuleiten ist, vgl. *Jacobs* § 13 Rdn. 20 ff.

23 Das Wahlausschreiben ist **erlassen**, wenn es vom Vorsitzenden und mindestens einem weiteren stimmberechtigten Mitglied des Wahlvorstands unterschrieben ist (§ 3 Abs. 1 Satz 1 WO) und eine Abschrift oder ein Abdruck an einer oder mehreren geeigneten, den Wahlberechtigten zugänglichen Stellen im Betrieb (insbesondere: »Schwarzes Brett«) ausgehängt ist (§ 3 Abs. 4 Satz 1 WO); ergänzend (§ 3 Abs. 4 Satz 2 WO) und unter den Voraussetzungen von § 2 Abs. 4 Satz 4 WO auch ausschließlich kann die Bekanntmachung in elektronischer Form (E-Mail, Intranet) erfolgen (§ 3 Abs. 4 Satz 3 WO). Erst die Bekanntgabe vollendet den Tatbestand des Erlasses (s. *Jacobs* § 3 WO Rdn. 3). Erfolgen (etwa in größeren Betrieben) auf Beschluss des Wahlvorstands mehrere Aushänge, so bestimmt sich der Zeitpunkt des Erlasses nach dem letzten Aushang (allgemeine Meinung; vgl. *LAG Hamm* DB 1976, 921 für den Fall, dass das Wahlausschreiben in insgesamt 25 auswärtigen Geschäftsstellen einer Zeitungsvertriebs- und Anzeigengesellschaft ausgehängt wird).

24 Mit Erlass des Wahlausschreibens ist die **Betriebsratswahl eingeleitet** (§ 3 Abs. 1 Satz 2 WO). Mit diesem Zeitpunkt beginnen die jeweils zweiwöchigen Fristen für Einsprüche gegen die Wählerliste (§ 4 Abs. 1 WO) und zur Einreichung von Wahlvorschlägen (§ 6 Abs. 1 Satz 2). Nach diesem Zeitpunkt bestimmt sich auch, ob der erste Tag der Stimmabgabe unter Einhaltung einer sechswöchigen Mindestfrist festgelegt worden ist (§ 3 Abs. 1 Satz 1 WO); die Wahl kann anfechtbar sein, wenn diese Frist auch nur um einen Tag unterschritten wird (vgl. *LAG Hamm* DB 1982, 2252 sowie *Jacobs* § 3 WO Rdn. 4). Am gleichen Tage sind die **Wählerliste** und ein **Abdruck** der **WO** zur Einsichtnahme im Betrieb **auszulegen** (§ 2 Abs. 4 WO); aus dem Wahlausschreiben ergibt sich der Ort der Auslage sowie bei Bekanntmachung in elektronischer Form wo und wie Kenntnis genommen werden kann (§ 3 Abs. 2 Nr. 2 WO).

3. Durchführung der Wahl

25 Die Phase der Durchführung der Wahl i. S. v. § 18 Abs. 1 Satz 1 beginnt mit Erlass des Wahlausschreibens und endet mit Abschluss der Stimmabgabe (vgl. Rdn. 7). Ziel des Wahlvorstandes muss es in diesem Abschnitt vor allem sein, eine **ordnungsgemäße Wahlentscheidung der Wähler** herbeizuführen.

26 Dabei hat der Wahlvorstand insbesondere folgende Aufgaben:
– Entgegennahme und Entscheidung über **Einsprüche gegen** die Richtigkeit der **Wählerliste**; ggf. Berichtigung (§ 4 Abs. 2 WO) oder (insbesondere bei Eintritt von Wahlberechtigten in den Betrieb oder bei Ausscheiden) **Ergänzung** oder **Berichtigung** (§ 4 Abs. 3 WO) der Wählerliste;
– Entgegennahme, Prüfung und ggf. Beanstandung von **Wahlvorschlägen** (Vorschlagslisten) nach §§ 6 bis 8 WO. Wird rechtzeitig keine gültige Vorschlagsliste eingereicht, ist eine Nachfrist zu setzen, notfalls ist die Wahl abzubrechen (§ 9 WO; vgl. auch *Jacobs* § 9 Rdn. 32). Die Reihenfolge der gültigen Wahlvorschlägen zuzuteilenden Ordnungsnummern ist bei Anwesenheit der Listenvertreter auszulosen (§ 10 Abs. 1 WO); spätestens eine Woche vor Beginn der Stimmabgabe sind die als gültig anerkannten Wahlvorschläge in gleicher Weise bekanntzumachen, wie das Wahlausschreiben bekannt gemacht worden ist (§ 10 Abs. 2 WO);
– Feststellung, ob die Wahl als **Verhältniswahl** (Listenwahl) **oder Mehrheitswahl** stattfindet, sowie Beschaffung entsprechender Stimmzettel (§§ 11, 20 Abs. 2 WO; vgl. auch *Jacobs* § 14 Rdn. 32 ff.);
– **Beschaffung** von Wahlumschlägen, Wahlurnen und Wahlkabinen für die Stimmabgabe (§§ 12, 20 Abs. 3 Satz 2 WO);
– Aushändigung oder Übersendung von **Briefwahlunterlagen** nach § 24 WO;

- **Sicherstellung**, dass die **Stimmabgabe** nach Ort und Zeit so erfolgen kann, wie es im Wahlausschreiben (§ 3 Abs. 2 Nr. 11 WO) angegeben ist;
- Heranziehung von **Wahlhelfern** zur Unterstützung bei der Durchführung der Stimmabgabe (§ 1 Abs. 2 Satz 2 WO);
- **Überwachung der Stimmabgabe** durch mindestens ein stimmberechtigtes Wahlvorstandsmitglied und einen Wahlhelfer in jedem Wahlraum und Vermerk der Stimmabgabe in der Wählerliste (§ 12 Abs. 2 bis 4, § 20 Abs. 3 Satz 2 WO);
- Öffnung, Prüfung und weitere Behandlung **schriftlicher Stimmabgaben** nach § 26 WO;
- Versiegelung und Verwahrung der **Wahlurne(n)**, wenn die Stimmabgabe unterbrochen wird und wenn die Stimmauszählung nicht unmittelbar nach Beendigung der Stimmabgabe durchgeführt wird (§ 12 Abs. 5, § 20 Abs. 3 Satz 2 WO);
- Prüfung, ob wegen irreparabler Wahlfehler, die zur Anfechtbarkeit oder gar Nichtigkeit der Wahl führen, das **Wahlverfahren abzubrechen und neu einzuleiten** ist (vgl. dazu § 19 Rdn. 37; ferner *LAG Bremen* 27.02.1990 LAGE § 18 BetrVG 1972 Nr. 3 S. 7; *ArbG Iserlohn* DB 1988, 1759).

4. Feststellung des Wahlergebnisses

In der dritten und letzten Phase des Wahlverfahrens (vgl. Rdn. 7) hat der Wahlvorstand vor allem die Aufgabe **festzustellen, wer** als Betriebsratsmitglied **gewählt ist** und dies **bekanntzumachen**. Das Gesetz unterstreicht die Bedeutung dieser Aufgabe »in einem demokratischen Rechtsstaat« (vgl. Rdn. 2) dadurch, dass es in § 18 Abs. 3 Einzelheiten selbst regelt und dies nicht lediglich der WO überlässt; ergänzend sind die §§ 13 bis 19, 21–23 WO zu beachten. 27

a) Feststellung des vorläufigen Wahlergebnisses

Nach Abschluss der Wahl hat der Wahlvorstand unverzüglich öffentlich die **Auszählung der Stimmen** vorzunehmen, das sich daraus ergebende **Wahlergebnis** in einer Niederschrift (Protokoll) **festzustellen und** den Arbeitnehmern des Betriebes **bekannt zu geben** (§ 18 Abs. 3 Satz 1 BetrVG; §§ 13, 20 Abs. 3 Satz 2 WO). 28

Der **Abschluss der Wahl** ist vom Abschluss des (gesamten) Wahlverfahrens zu unterscheiden (vgl. dazu Rdn. 40 ff.). Die Wahl ist grundsätzlich dann abgeschlossen, wenn die im Wahlausschreiben angegebene Zeit der Stimmabgabe am (letzten) Wahltag abgelaufen ist. Ausnahmsweise ist der Abschluss auch schon dann anzunehmen, wenn alle Wahlberechtigten ihre Stimme abgegeben haben (s. *Jacobs* § 14 Rdn. 23); in diesem Falle scheitert ein unmittelbar daran anschließender Beginn der Stimmenauszählung jedoch am Gebot der Öffentlichkeit (vgl. Rdn. 34). 29

Das gesamte Verfahren zur Feststellung des Wahlergebnisses hat **unverzüglich**, d. h. »ohne schuldhaftes Zögern« (vgl. Rdn. 16) zu erfolgen. Das bedeutet nicht, dass mit der Stimmenauszählung **immer unmittelbar** nach Ablauf der Zeit der Stimmabgabe begonnen werden muss. Besonderheiten der betrieblichen Verhältnisse (z. B. Schichtarbeit; weit entfernte Wahllokale; Benutzbarkeit einer EDV-Anlage, über die die Stimmenauszählung vorgenommen werden soll, vgl. *LAG Hamm* BB 1978, 358) sind zu berücksichtigen. Um dem Verdacht von Manipulationen vorzubeugen, sollte der Wahlvorstand die Feststellung des (vorläufigen; vgl. Rdn. 36) Wahlergebnisses so schnell wie zumutbar vornehmen, möglichst im Anschluss an die Stimmabgabe, in der Regel spätestens an dem auf den (letzten) Wahltag folgenden Arbeitstag (vgl. *Jacobs* § 13 WO Rdn. 2). 30

Stimmenauszählung, Feststellung des (vorläufigen) Wahlergebnisses und dessen Bekanntmachung sind Aufgaben des Wahlvorstands als **Kollegialorgan**, die in einer Sitzung zu erledigen sind. Eine dezentrale Stimmenauszählung etwa in verschiedenen Wahlräumen unter der Leitung einzelner Mitglieder des Wahlvorstands ist daher nicht zulässig. Der Wahlvorstand kann **Wahlhelfer** zu seiner Unterstützung bei der Stimmenauszählung heranziehen (§ 1 Abs. 2 Satz 2 WO). 31

Die **gesamte Sitzung** ist **öffentlich**. Das Gebot der Öffentlichkeit bezieht sich schon nach dem Satzbau, erst recht aber nach Sinn und Zweck von § 18 Abs. 3 Satz 1 auf das gesamte Verfahren zur Feststellung des (vorläufigen) Wahlergebnisses, nicht lediglich auf den Vorgang der Stimmenauszählung im engeren Sinne (ebenso im Ergebnis *ArbG Bochum* DB 1975, 1898; *Fitting* § 18 Rn. 21; *Nicolai/* 32

HWGNRH § 18 Rn. 22; *Reichold/HWK* § 18 BetrVG Rn. 6; *Richardi/Thüsing* § 18 Rn. 7; *Schneider* Betriebsratswahl, § 18 Rn. 12; *Weiss/Weyand* § 18 Rn. 2; **a. M.** *Bulla* Die Betriebsrats- und Jugendvertreterwahl, S. 101; *Stege/Weinspach/Schiefer* § 18 Rn. 6; einschränkend auch *Thiele* 2. Bearbeitung, § 18 Rn. 24). Die Öffentlichkeit ist ein Grundanliegen im demokratischen Rechtsstaat (vgl. BT-Drucks. VI/2729, S. 21); sie soll Interessierten die Möglichkeit geben, die Ordnungsmäßigkeit der Feststellung des Wahlergebnisses beobachten zu können, damit der Verdacht von Wahlergebnismanipulationen hinter verschlossenen Türen erst gar nicht aufkommen kann (zust. *BAG* 15.11.2000 EzA § 18 BetrVG 1972 Nr. 9 S. 3 [unter II 2] = AP Nr. 10 zu § 18 BetrVG 1972). Deshalb sind auch die Feststellungen, die nach §§ 16, 23 WO in die Wahlniederschrift aufzunehmen sind, »vor den Augen und Ohren der Öffentlichkeit« zu treffen, weil dieses Protokoll u. U. in einem späteren Anfechtungsverfahren ein wichtiges Beweismittel sein kann. Auch die Öffnung der Freiumschläge bei schriftlicher Stimmabgabe und das weitere Verfahren nach § 26 Abs. 1 WO hat in öffentlicher Sitzung stattzufinden (vgl. *LAG Schleswig-Holstein* NZA-RR 1999, 523; *LAG Nürnberg* 27.11.2007 LAGE § 19 BetrVG 2001 Nr. 3a; bei allgemeiner schriftlicher Stimmabgabe zur Wahl der Schwerbehindertenvertretung ebenso *BAG* 10.07.2013 EzA § 18 BetrVG 2001 Nr. 2 Rn. 17 ff. = AP Nr. 6 zu § 94 SGB IX), allerdings unmittelbar vor Abschluss der Stimmabgabe und nicht erst in der Sitzung nach Abschluss der Wahl; beide Sitzungen können jedoch ineinander übergehen (vgl. *Jacobs* § 26 WO Rdn. 2).

33 Mit dem Gebot der Öffentlichkeit ist nicht die allgemeine, sondern die **Betriebsöffentlichkeit** gemeint (unstr.; vgl. *BAG* 15.11.2000 EzA § 18 BetrVG 1972 Nr. 9 [unter II 1 m. w. N.] = AP Nr. 10 zu § 18 BetrVG 1972). **Dazu rechnen** alle Arbeitnehmer des Betriebes ohne Rücksicht auf ihre Wahlberechtigung und der Arbeitgeber. Auch die im Betrieb vertretenen Gewerkschaften gehören dazu (h. M., vgl. *Fitting* § 18 Rn. 23; *Homburg/DKKW* § 13 WO Rn. 6; *Richardi/Forst* § 13 WO Rn. 3; jetzt auch *BAG* 16.04.2003 EzA § 20 BetrVG 2001 Nr. 1 S. 5 [unter II 1 b bb (1)] = AP Nr. 21 zu § 20 BetrVG 1972; zust. *Brors/HaKo* § 18 Rn. 10; *Wiebauer/LK* § 18 Rn. 7 *Wlotzke/WPK* § 18 Rn. 7; wohl auch *Nicolai/HWGNRH* § 18 Rn. 23), und zwar im Hinblick auf ihr Wahlanfechtungsrecht nach § 19 Abs. 2 auch dann, wenn sie bisher nicht an der Wahl beteiligt waren (etwa nach § 16 Abs. 1 Satz 6, Abs. 2, § 17 Abs. 4, § 14 Abs. 3, 5); **a. M.** *Schlochauer/HSWG* § 18 Rn. 9; *Stege/Weinspach/Schiefer* § 18 Rn. 6. Deren Beauftragte können deshalb an der Sitzung teilnehmen und nach § 2 Abs. 2 Zugang zum Betrieb verlangen (zust. *Reichold/HWK* § 18 BetrVG Rn. 6). Sonstige Betriebsfremde, einschließlich der Vertreter von Presse, Rundfunk und Fernsehen, haben kein Zutrittsrecht (zust. *Wiebauer/LK* § 18 Rn. 7).

34 **Öffentlichkeit** der Sitzung **erfordert**, dass Ort und Zeit der Sitzung vorher öffentlich mit dem Hinweis auf die Betriebsöffentlichkeit der Sitzung bekannt gemacht werden. Das hat jetzt (WO vom 11.12.2001) schon im Wahlausschreiben zu geschehen (§ 3 Abs. 2 Nr. 13 WO); überholt insoweit *BAG* 15.11.2000 EzA § 18 BetrVG 1972 Nr. 9 S. 2: im Wahlausschreiben, »aber auch noch später«; inaktuell insoweit *Fitting* § 18 Rn. 24; *Gräfl* JArbR 42 (2005), S. 133 [140]; *dies.* FS *Bepler*, S. 185 [194]; obiter dictum verkannt von *LAG München* 10.03.2008 – 6 TaBV 87/07 – juris; unter bloßer Berufung auf die Entscheidung vom 15.11.2000 nicht nachvollziehbar wiederum bei Wahl zur Schwerbehindertenvertretung *BAG* 10.07.2013 EzA § 18 BetrVG 2001 Nr. 2 Rn. 20 = AP Nr. 6 zu § 94 SGB IX: »nicht notwendig bereits im Wahlausschreiben«; das widerspricht aber § 5 Abs. 1 Nr. 15 SchwVWO). Um einen Verstoß gegen § 18 Abs. 3 Satz 1 zu vermeiden, muss der Wahlvorstand grundsätzlich, insbesondere auch wenn alle Wahlberechtigten bereits frühzeitig ihre Stimme abgegeben haben, mit der Sitzung doch bis zu dem im Wahlausschreiben angegebenen Zeitpunkt der öffentlichen Stimmauszählung abwarten. Es bedeutet keinen Verstoß gegen das Gebot der Öffentlichkeit, wenn die Sitzung in der Arbeitszeit stattfindet und Arbeitnehmer deshalb nicht teilnehmen können, weil kein Recht auf bezahlte Freistellung besteht (vgl. *LAG Schleswig-Holstein* 26.07.1989 LAGE § 20 BetrVG 1972 Nr. 8). Auch liegt kein Verstoß vor, wenn die Sitzung aus betriebstechnischen Gründen (Benutzung der EDV-Anlage) in die frühen Morgenstunden verlegt wird, in denen der Betrieb mit öffentlichen Verkehrsmitteln noch nicht erreichbar ist (so *LAG Hamm* BB 1978, 358), oder wenn wegen des Fassungsvermögens des Sitzungsraumes nicht allen Interessierten Zutritt gewährt werden kann (vgl. *BAG* 15.11.2000 EzA § 18 BetrVG 1972 Nr. 9, S. 3). Ein Verstoß liegt aber vor, wenn der bekannt gemachte Raum für die Stimmenauszählung nicht frei zugänglich ist (vgl. *LAG Berlin* 16.11.1987 LAGE § 19 BetrVG 1972 Nr. 6: Einlass nur auf Klingelzeichen; ebenso *ArbG Frankfurt* 22.11.2004 – 15 BV 409/04 – juris).

Vorbereitung und Durchführung der Wahl § 18

Das **Gebot der Öffentlichkeit** in § 18 Abs. 3 Satz 1 ist eine **wesentliche Wahlverfahrensvor-** 35
schrift i. S. v. § 19 Abs. 1, so dass ein Verstoß, der vom Wahlvorstand auch nicht mehr korrigiert werden kann, die Anfechtung der Wahl rechtfertigen kann (allgemeine Meinung; vgl. etwa *BAG* 10.07.2013 EzA § 18 BetrVG 2001 Nr. 2 Rn. 21 = AP Nr. 6 zu § 94 SGB IX), grundsätzlich aber noch keine Nichtigkeit der Wahl begründet (so auch *LAG Düsseldorf* 12.12.2008 – 9 TaBV 165/08 – juris, Rn. 25, 27; *LAG Hamm* 30.01.2015 – 13 TaBV 46/14 – juris, Rn. 7; auch das *BAG* erwägt keine Nichtigkeit [s. etwa *BAG* 10.07.2013]; anders aber *ArbG Bochum* DB 1972, 1730; *ArbG Celle* ARSt. 1980, 30; *LAG München* 10.03.2008 – 6 TaBV 87/07 – juris Rn. 34: bei früherer Stimmenauszählung als im Wahlausschreiben angegeben; für Nichtigkeit schon wegen der Möglichkeit der Manipulation des Wahlergebnisses bei Nichtöffentlichkeit der Stimmauszählung *Nießen* Fehlerhafte Betriebsratswahlen, S. 290 ff., 345; vgl. auch *Jacobs* § 13 WO Rdn. 4).

Die **öffentliche Sitzung** beginnt mit der Öffnung der bis dahin verschlossenen, u. U. versiegelten 36
(vgl. § 3 Abs. 5 WO) Wahlurne(n) (vgl. *Jacobs* § 14 WO Rdn. 2). Unverzüglich danach (vgl. *ArbG Bochum* DB 1975, 1898) erfolgt die Entnahme der Stimmzettel aus den Wahlumschlägen, die Prüfung der Gültigkeit der Stimmzettel sowie die Zusammenzählung der auf jede Vorschlagsliste (bei Verhältniswahl) bzw. auf jeden einzelnen Bewerber (bei Mehrheitswahl) entfallenen Stimmen (§§ 14, 21 WO). Die Stimmauszählung kann mit Hilfe einer EDV-Anlage erfolgen (vgl. *ArbG Bremen* DB 1972, 1830; *LAG Hamm* BB 1978, 358; *LAG Berlin* 16.11.1987 LAGE § 19 BetrVG 1972 Nr. 6; *Fitting* § 18 Rn. 24; *Homburg/DKKW* §§ 14 WO Rn. 4; *Koch/ErfK* § 18 BetrVG Rn. 3; *Nicolai/HWGNRH* § 18 Rn. 24; *Richardi/Forst* § 14 WO Rn. 3; *Schlochauer/HSWG* § 18 Rn. 9; *Wiebauer/LK* § 18 Rn. 9). Die Stimmauszählung ist Aufgabe des gesamten Wahlvorstands und nicht auf die stimmberechtigten Mitglieder des Wahlvorstands und ggf. Wahlhelfer beschränkt (ebenso *Fitting* § 13 WO Rn. 3; **a. M.** *Homburg/DKKW* § 13 WO Rn. 2). Sodann erfolgt die **Berechnung und Verteilung der Sitze** unter Beachtung der dem **Geschlecht in der Minderheit** zustehenden **Mindestsitze** (bei Verhältniswahl nach § 15 WO, bei Mehrheitswahl nach § 22 WO) und die **Ermittlung** der zu Betriebsratsmitgliedern **gewählten Personen**, deren Namen noch in der Sitzung mündlich bekannt zu geben sind (§§ 13, 20 Abs. 3 Satz 2 WO). Schließlich hat der Wahlvorstand (nochmals) durch Beschluss (seiner stimmberechtigten Mitglieder) die Feststellungen über das Wahlergebnis und die Zwischenergebnisse zu treffen, die dann in einem Protokoll festzuhalten sind (§§ 16, 23 Abs. 1 WO). Ist diese **Wahlniederschrift** vom Vorsitzenden und einem weiteren stimmberechtigten Mitglied des Wahlvorstands unterschrieben, so ist damit das **vorläufige Wahlergebnis festgestellt** und die öffentliche Sitzung des Wahlvorstands beendet. Vgl. zu Einzelfragen der einschlägigen Vorschriften der WO die Kommentierungen hier Bd. I, Anhang 1.

b) Feststellung des endgültigen Wahlergebnisses
Zur Feststellung des **endgültigen Wahlergebnisses** hat der Wahlvorstand zunächst **unverzüglich** 37
(d. h. ohne schuldhaftes Zögern, vgl. Rdn. 16) die Gewählten **schriftlich** von ihrer Wahl zu **benachrichtigen** (§ 17 Abs. 1, § 23 Abs. 1 Satz 2 WO). Diese sind frei in ihrer Entscheidung, ob sie die Wahl annehmen oder ablehnen (vgl. § 17 Abs. 2 WO); die Wahl gilt als angenommen, wenn die Ablehnung dem Wahlvorstand nicht binnen drei Arbeitstagen nach Zugang der Benachrichtigung erklärt wird (§ 17 Abs. 1 Satz 2). Bei Ablehnung der Wahl hat der Wahlvorstand festzustellen, wer an die Stelle des jeweils Ablehnenden tritt. Das beurteilt sich bei Verhältniswahl nach § 17 Abs. 2 WO, bei Mehrheitswahl nach § 23 Abs. 2 WO. Die nachrückenden Arbeitnehmer sind wiederum nach § 17 Abs. 1, § 23 Abs. 1 Satz 2 WO zu benachrichtigen; wenn auch sie ablehnen, wiederholt sich das Ganze. Ist bei Verhältniswahl eine Liste erschöpft, so kommt die Liste mit der nächst höchsten Höchstzahl zum Zuge (vgl. *Jacobs* § 14 Rdn. 41); dabei kann es aber wegen der Berücksichtigung der dem Geschlecht in der Minderheit zustehenden Mindestsitze zu Korrekturen kommen (§ 17 Abs. 2 Satz 3 i. V. m. § 15 Abs. 5 Nr. 2 bis 5 WO). Bei Mehrheitswahl gilt Entsprechendes für die Bewerber mit der nächst höchsten Stimmenzahl. Zur Frage, wie zu verfahren ist, wenn der Betriebsrat mangels Gewählter, die die Wahl annehmen, nicht ordnungsgemäß (§§ 9, 11) besetzt werden kann, vgl. *Jacobs* § 11 Rdn. 11.

Bei Ablehnung der Wahl durch Gewählte und darüber hinaus immer dann, wenn sich das in der Wahl- 38
niederschrift festgestellte vorläufige Wahlergebnis nachträglich als unrichtig erweist, hat der Wahlvor-

Kreutz

stand Wahlergebnis und Wahlniederschrift bis zur Bekanntmachung des endgültigen Wahlergebnisses (vgl. sogleich Rdn. 39) zu **berichtigen** (vgl. dazu § 19 Rdn. 38 f. und *Jacobs* § 16 WO Rdn. 5).

39 Stehen die **Namen der Gewählten** nach Annahme der Wahl endgültig fest, so hat der Wahlvorstand die Namen der neuen Betriebsratsmitglieder durch zweiwöchigen Aushang in gleicher Weise (gleicher Ort, gleiche Zahl) **bekanntzumachen**, wie er das Wahlausschreiben bekannt gemacht hat (§§ 18, 23 Abs. 1 Satz 2 WO). In der Bekanntmachung liegt die **endgültige Feststellung des Wahlergebnisses**; ggf. **beginnt** damit die **Amtszeit** des Betriebsrats nach § 21 Satz 2. Der Aushang ist vom Vorsitzenden und mindestens einem weiteren stimmberechtigten Mitglied des Wahlvorstands zu unterzeichnen (§§ 18, 23 Abs. 1 Satz 2 i. V. m. § 3 Abs. 4 und 1 WO; vgl. auch *Jacobs* § 18 WO Rdn. 2); ebenso *Bulla* Die Betriebsrats- und Jugendvertreterwahl, S. 105; *Fitting* § 18 WO Rn. 2; *Homburg/DKKW* § 18 WO Rn. 4). Neben den Namen der Gewählten sollten zumindest auch die auf alle Listen (bei Verhältniswahl) bzw. Bewerber (bei Mehrheitswahl) entfallenen Stimmenzahlen bekannt gemacht werden, möglichst sogar sämtliche Zwischenergebnisse, die in der Wahlniederschrift enthalten sind (ebenso *Schneider* Betriebsratswahl, § 18 Rn. 13). Der Tag des Aushangs ist anzugeben; ein Hinweis auf die Anfechtungsmöglichkeit gemäß § 19 ist nicht erforderlich.

c) Ende des Wahlverfahrens

40 Mit der Bekanntmachung des endgültigen Wahlergebnisses ist das **Wahlverfahren beendet** (nicht aber das Amt des Wahlvorstands; vgl. § 16 Rdn. 90). Der Zeitpunkt der Bekanntmachung, bei mehreren Aushängen der Zeitpunkt des letzten (vgl. Rdn. 23 sowie *Jacobs* § 18 WO Rdn. 3), ist **maßgeblich** für den Lauf der Wahlanfechtungsfrist nach § 19 Abs. 2 (vgl. § 19 Rdn. 87 f.). Die zweiwöchige Aushangfrist, in der die Aushänge in gut lesbarem Zustand zu halten sind, stimmt mit der **Wahlanfechtungsfrist** überein; die Wahl ist also nur während der Dauer des Aushangs anfechtbar. Eine Berichtigung des Wahlergebnisses durch den Wahlvorstand kommt nun grundsätzlich nicht mehr in Betracht (vgl. aber § 19 Rdn. 39).

41 **Unverzüglich nach Bekanntgabe** des endgültigen Wahlergebnisses (ebenso *Reichold/HWK* § 18 BetrVG Rn. 7; *Richardi/Forst* § 18 WO Rn. 3, anders aber wohl *Richardi/Thüsing* § 18 Rn. 7; wohl auch *Homburg/DKKW* § 18 Rn. 10; **a. M.** *Fitting* § 18 Rn. 28; *Galperin/Löwisch* § 18 Rn. 5; *Schlochauer/HSWG* § 18 Rn. 10: nach Unterzeichnung in der öffentlichen Sitzung des Wahlvorstands) hat der Wahlvorstand dem Arbeitgeber und den im Betrieb vertretenen Gewerkschaften (in den privatisierten Unternehmen auch den im Betrieb vertretenen Berufsverbänden der Beamten und ggf. der Soldaten; vgl. § 16 Rdn. 49), die ihm bekannt sind (ebenso *Fitting* § 18 Rn. 28; *Homburg/DKKW* § 18 Rn. 10), eine **Abschrift** der (u. U. berichtigten) **Wahlniederschrift zu übersenden**. § 18 Abs. 3 Satz 2 BetrVG und § 18 Satz 2, § 23 Abs. 1 Satz 2 WO, die dem Wahlvorstand diese Verpflichtung auferlegen, sind jedoch keine Wahlverfahrensvorschriften, weil die Übersendung nach Abschluss der Wahl zu erfolgen hat; auf ihre Verletzung kann daher eine Wahlanfechtung nicht gestützt werden (ebenso *Brors*/HaKo § 18 Rn. 10; *Fitting* § 18 Rn. 29; *Homburg/DKKW* § 18 WO Rn. 8; *Koch*/ErfK § 18 BetrVG Rn. 3; *Nicolai*/HWGNRH § 18 Rn. 28; *Reichold/HWK* § 18 BetrVG Rn. 7; *Schlochauer*/HSWG § 18 Rn. 10; *Wiebauer/LK* § 18 Rn. 10). Der Arbeitgeber und alle zum Zeitpunkt der Bekanntgabe des endgültigen Wahlergebnisses im Betrieb vertretenen Gewerkschaften haben jedoch einen Erfüllungsanspruch, den sie im arbeitsgerichtlichen Beschlussverfahren (§ 2a Abs. 1 Nr. 1, Abs. 2, §§ 80 ff. ArbGG) gegen den Wahlvorstand und, wenn dessen Amt geendet hat, notfalls noch gegen den Betriebsrat durchsetzen können (vgl. *LAG Düsseldorf* BB 1978, 1310).

42 Die **Wahlakten** sind zunächst vom Wahlvorstand aufzubewahren. Vgl. zum Einsichtsrecht von Wahlanfechtungsberechtigten und zur späteren Aushändigung der Wahlakten an den konstituierten Betriebsrat die Erl. zu § 20 WO. Verspätet eingegangene Briefwahlumschläge hat der neue Betriebsrat einen Monat nach Bekanntgabe des endgültigen Wahlergebnisses ungeöffnet zu vernichten, wenn die Wahl nicht angefochten worden ist (§ 28 Abs. 2 WO).

III. Ersetzung des Wahlvorstands (Abs. 1 Satz 2)

§ 18 Abs. 1 Satz 2 sieht die Ersetzung des Wahlvorstands als **Sanktion** vor, wenn er seinen **Verpflichtungen nicht nachkommt**. Dadurch soll die **Durchführung** der Wahl, nicht aber ihre Recht- und Ordnungsmäßigkeit gewährleistet werden (*Thiele* 2. Bearbeitung, § 18 Rn. 12; zust. *Homburg/ DKKW* § 18 Rn. 13; *Koch*/ErfK § 18 BetrVG Rn. 4). Die Ersetzung erfolgt (nur) durch das Arbeitsgericht auf Antrag des Betriebsrats (vgl. Rdn. 2) oder von drei wahlberechtigten Arbeitnehmern (in Betracht kommen Wahlberechtigte nach § 7 Satz 1 und Satz 2; s. zur Begründung ausführlich § 16 Rdn. 32) oder einer im Betrieb vertretenen Gewerkschaft (vgl. dazu § 16 Rdn. 49, *Jacobs* § 14 Rdn. 83 ff. und *Franzen* § 2 Rdn. 26 ff.). Die Antragsberechtigung des Betriebsrats bestätigt, dass er auch den von ihm wirksam bestellten Wahlvorstand nicht wieder abberufen kann. Die gerichtliche Ersetzung des Wahlvorstands als Organ (s. Rdn. 52) ist die einzig mögliche Sanktion; die Verpflichtung zur Durchführung der Wahl ist nicht durch einstweilige Verfügung erzwingbar (*ArbG Iserlohn* DB 1988, 1759).

1. Voraussetzungen

Voraussetzung der Ersetzung ist zunächst, dass der Wahlvorstand seiner **Verpflichtung** (vgl. Rdn. 6) 44 nicht nachkommt, die Wahl unverzüglich einzuleiten, sie durchzuführen und das Wahlergebnis festzustellen. Das ergibt sich im Kontext der Sätze 1 und 2 in Abs. 1, da mit der Formulierung »dieser Verpflichtung« in Satz 2 auf Satz 1 Bezug genommen wird. Es handelt sich um ein sprachliches Redaktionsversehen, wenn das Gesetz von »dieser« Verpflichtung (Einzahl) spricht, obwohl es sich in Satz 1 um eine Mehrzahl von Verpflichtungen handelt; dies erklärt sich daraus, dass Satz 2 unverändert aus dem BetrVG 1952 übernommen wurde, während in Satz 1 die Durchführung der Wahl und die Feststellung des Wahlergebnisses zusätzlich aufgenommen wurden. Da in Abs. 1 Satz 1 die Verpflichtungen des Wahlvorstands nur in grundsätzlicher Weise festgelegt sind (vgl. Rdn. 8), ist für die Beurteilung deren Konkretisierung und Ergänzung durch Abs. 3 Satz 1 und die Bestimmungen der WO maßgebend (ebenso *Brecht* § 18 Rn. 4). Die Nichterfüllung einer jeden Verpflichtung kann die Ersetzung begründen. Die Ersetzung kommt daher selbst dann noch in Betracht, wenn der Wahlvorstand die Wahl unverzüglich eingeleitet und durchgeführt hat, das vorläufige Ergebnis auch festgestellt hat, aber der Verpflichtung zur Bekanntmachung des endgültigen Wahlergebnisses (vgl. Rdn. 39) nicht nachkommt (vgl. auch *Schlochauer/HSWG* § 18 Rn. 12).

Eine Ersetzung kommt nur in Betracht, wenn der Wahlvorstand einer oder mehrerer seiner Verpflichtungen **nicht nachkommt**. Das setzt **Untätigkeit** oder **Säumigkeit** voraus (ebenso *Fitting* § 18 Rn. 48; *Homburg/DKKW* § 18 Rn. 13; *Maschmann*/AR § 18 BetrVG Rn. 5; *Nicolai/HWGNRH* § 18 Rn. 32; *Wlotzke/WPK* § 18 Rn. 13). **Fehlerhafte** (gesetz- und wahlordnungswidrige) Maßnahmen und Entscheidungen des Wahlvorstands genügen grundsätzlich **nicht** (ebenso *Fitting* § 18 Rn. 48; *Nicolai/HWGNRH* § 18 Rn. 32; *Richardi/Thüsing* § 18 Rn. 10); sie können jedoch im arbeitsgerichtlichen Beschlussverfahren vor Abschluss des Wahlverfahrens selbständig angefochten werden (dazu näher Rdn. 80 ff.) oder die Anfechtbarkeit der Wahl nach § 19 begründen. Blinder Aktionismus kann jedoch in Wirklichkeit Untätigkeit sein; das gilt insbesondere dann, wenn Maßnahmen oder Entscheidungen des Wahlvorstands in so hohem Maße unzweckmäßig oder unrechtmäßig sind, dass sie letztlich die Wahl überhaupt unmöglich machen (*Thiele* 2. Bearbeitung, § 18 Rn. 12; ebenso *Fitting* § 18 Rn. 49; *Homburg/DKKW* § 18 Rn. 13; *Nicolai/HWGNRH* § 18 Rn. 32; *Stege/Weinspach/Schiefer* § 18 Rn. 8; vgl. auch *LAG Niedersachsen* 20.02.2004 NZA-RR 2004, 640).

Zur Ersetzung genügt **objektive** Untätigkeit oder Säumnis; ein (zusätzliches) Verschulden ist nicht 46 erforderlich (ebenso *Brors*/HaKo § 18 Rn. 7; *Fitting* § 18 Rn. 48; *Galperin/Löwisch* § 18 Rn. 6a; *Homburg/DKKW* § 18 Rn. 13; *Koch*/ErfK § 18 BetrVG Rn. 4; *Maschmann*/AR § 18 BetrVG Rn. 5; *Nicolai/HWGNRH* § 18 Rn. 32; *Reichold/HWK* § 18 BetrVG Rn. 9; *Richardi/Thüsing* § 18 Rn. 11; *Wiebauer/LK* § 18 Rn. 12; *Wlotzke/WPK* § 18 Rn. 13), zumal der Wahlvorstand als Gremium nicht schuldfähig ist (ebenso *Richardi/Thüsing* § 18 Rn. 11). Zu berücksichtigen ist jedoch, dass in den Fällen, in denen Säumnis deshalb vorliegt, weil der Wahlvorstand einer Verpflichtung zu »unverzüglichem« Handeln nicht nachkommt (z. B. bei Einleitung der Wahl, § 18 Abs. 1 Satz 1; bei Ermittlung des vorläufigen Wahlergebnisses, § 18 Abs. 3 Satz 1), »schuldhaftes« Zögern Voraussetzung der Säumnis ist (vgl. Rdn. 16), die Verzögerung also auf Vorsatz oder Fahrlässigkeit der Wahlvorstandsmitglieder beruhen muss.

47 Entgegen verbreiteter Auffassung ist es **nicht erforderlich**, dass pflichtwidrige Untätigkeit oder Säumnis des Wahlvorstands zu einer **Verzögerung** des Wahlverfahrens führen (so aber *Galperin/ Löwisch* § 18 Rn. 6a; *Homburg/DKKW* § 18 Rn. 13; *Richardi/Thüsing* § 18 Rn. 10; *Wiebauer/LK* § 18 Rn. 12; wie hier dagegen *Brors/HaKo* § 18 Rn. 7; *Jacobs* Die Wahlvorstände, S. 192 ff.; *Wlotzke/ WPK* § 18 Rn. 13), obwohl das meist der Fall sein wird. Insofern hat sich die Rechtslage dadurch geändert, dass die Ersetzung nicht nur (wie nach § 17 Abs. 1 BetrVG 1952) in Betracht kommt, wenn der Wahlvorstand seiner Verpflichtung zur unverzüglichen Einleitung der Wahl nicht nachkommt, sondern auch dann, wenn er Verpflichtungen bei der Durchführung der Wahl und der Feststellung des Wahlergebnisses nicht erfüllt (z. B. wenn er Einsprüche in großer Zahl gegen die Wählerliste nicht entscheidet). Umgekehrt muss eine Verzögerung des Wahlverfahrens nicht pflichtwidrig sein; das gilt insbesondere, wenn der Wahlvorstand zunächst Streit- und Zweifelsfragen gerichtlich klären lässt, z. B. durch Einleitung eines Verfahrens nach § 18 Abs. 2 (vgl. Rdn. 18).

48 Für die Ersetzung ist auch belanglos, ob der Wahlvorstand vom Betriebsrat (§ 16 Abs. 1) oder vom Gesamtbetriebsrat bzw. Konzernbetriebsrat (§ 16 Abs. 3, § 17 Abs. 1) bestellt, von der Betriebsversammlung gewählt (§ 17 Abs. 2) oder vom Arbeitsgericht (nach § 16 Abs. 2, § 17 Abs. 4, § 18 Abs. 1 Satz 2, § 23 Abs. 2) bestellt worden ist. Es kommt also auch die Ersetzung eines in einem früheren Ersetzungsverfahren eingesetzten Wahlvorstands in Betracht, wenn dieser seine Verpflichtungen nicht erfüllt. In allen Fällen kann die Ersetzung **nur** durch das **Arbeitsgericht** erfolgen; insbesondere können weder der Betriebsrat einen Wahlvorstand abberufen (vgl. § 16 Rdn. 91) noch die Betriebsversammlung einen Wahlvorstand abwählen (vgl. § 17 Rdn. 19). Die Ersetzung durch das Arbeitsgericht setzt aber voraus, dass der **Wahlvorstand wirksam** bestellt worden ist. Das ist auch bei fehlerhafter Bestellung der Fall, nicht aber, wenn die Bestellung nichtig ist (vgl. § 16 Rdn. 6 mit Einzelhinweisen) und das Arbeitsgericht dies erkennt. Denn ein als Wahlvorstand nicht existentes Gremium ist nicht ersetzbar. Dann muss ein neuer Wahlvorstand von der nach §§ 16–17a dazu berufenen zuständigen Stelle bestellt werden (zutr. *ArbG Essen* NZA-RR 2005, 258 für den Fall, dass die Wahl des Wahlvorstands in einer Betriebsversammlung nach § 17 Abs. 2 nichtig war). Insoweit kann sich hilfsweise ein Antrag auf Feststellung der Unwirksamkeit der Bestellung des Wahlvorstands empfehlen (vgl. § 16 Rdn. 100). Von der Ersetzung i. S. v. § 18 Abs. 1 Satz 2 sind die Fälle einer Ergänzung eines Wahlvorstands durch das Arbeitsgericht nach § 16 Abs. 2, § 17 Abs. 4 und § 23 Abs. 2 zu unterscheiden (vgl. § 16 Rdn. 48).

49 Ist der Wahlvorstand einer seiner Verpflichtungen nicht nachgekommen, so **hat** ihn das Arbeitsgericht **zu ersetzen, wenn** der (noch amtierende) Betriebsrat, drei wahlberechtigte Arbeitnehmer oder eine im Betrieb vertretene Gewerkschaft dies **beantragen** (zur Antragsberechtigung s. Rdn. 43). Bei den privatisierten Unternehmen sind entsprechend auch die im Betrieb vertretenen Berufsverbände der Beamten (und ggf. der Soldaten) antragsberechtigt (vgl. § 16 Rdn. 49). Der Antrag ist Gestaltungsantrag (*BAG* 01.12.2004 EzA § 18 BetrVG 2001 Nr. 1 [unter II 1, S. 3]). Das Arbeitsgericht hat dabei keinen Ermessens- oder Beurteilungsspielraum. Die Antragsberechtigten haben vielmehr beim Vorliegen der Voraussetzungen Anspruch auf die Ersetzung durch das Gericht. Wie immer, wenn das Gesetz die **Antragsberechtigung** besonders regelt, handelt es sich (entgegen h. M.) auch in § 18 Abs. 1 Satz 2 nicht um eine Verfahrens- oder Zulässigkeitsvoraussetzung, sondern um eine Frage der **Aktivlegitimation** als Voraussetzung der Begründetheit des Antrags (vgl. näher § 16 Rdn. 63).

50 Vgl. zur Antragsberechtigung von **mindestens drei** wahlberechtigten Arbeitnehmern § 16 Rdn. 32, 70 f. Antragsberechtigt ist **jede im Betrieb vertretene Gewerkschaft** (s. dazu näher § 16 Rdn. 49). Die Antragsberechtigung des **Betriebsrats** ist durch das BetrVerf-Reformgesetz in § 18 Abs. 1 Satz 2 eingefügt worden (vgl. Rdn. 2). Dessen Antragsberechtigung setzt voraus, dass er noch im Amt ist oder nach § 22 die Geschäfte weiterführt; sie ist nicht auf den Fall beschränkt, dass der Wahlvorstand vom Betriebsrat bestellt worden ist (vgl. Rdn. 48). Die gesetzliche Neuerung schließt keine wirkliche Regelungslücke, weil mit Ausnahme des einköpfigen Betriebsrats schon bei dreiköpfigem Betriebsrat dessen Mitglieder als wahlberechtigte Arbeitnehmer den Antrag stellen können; sie schafft aber eine Regelungslücke, weil nach dem Gesetz der **Gesamtbetriebsrat** (bzw. der Konzernbetriebsrat) auch dann nicht antragsberechtigt ist, wenn er den Wahlvorstand bestellt hat (§ 16 Abs. 3, § 17 Abs. 1). Da nach der Begründung zum RegE BetrVerf-Reformgesetz (BT-Drucks. 14/5741, S. 38 zu Nr. 17

lit. a) der untätige Wahlvorstand gerade auch auf Antrag des Betriebsrats, der ihn bestellt hat, vom Arbeitsgericht soll ersetzt werden können, ist es ein planwidriger Wertungswiderspruch, dass gleiches für den Gesamtbetriebsrat (bzw. Konzernbetriebsrat) nicht entsprechend bestimmt worden ist. Insoweit ist deshalb eine **analoge** Anwendung von Abs. 1 Satz 2 geboten (zust. *Reichold/HWK* § 18 BetrVG Rn. 10; im Ergebnis auch *Brors*/HaKo § 18 Rn. 7; wohl auch *Fitting* § 18 Rn. 46; diesen zust. *Koch/* ErfK § 18 BetrVG Rn. 6; abl. dagegen *Nicolai/HWGNRH* § 18 Rn. 33; *Wiebauer/LK* § 18 Rn. 23). Der **Arbeitgeber** ist **nicht** antragsberechtigt (unstr.). Unterbleibt die Antragstellung, so bleibt der untätige Wahlvorstand im Amt, sofern die Untätigkeit nicht als Amtsniederlegung sämtlicher Wahlvorstandsmitglieder und Ersatzmitglieder durch ernsthafte Weigerung zu deuten ist (vgl. § 16 Rdn. 91).

2. Ersetzung durch Gerichtsbeschluss

51 Das Arbeitsgericht entscheidet auf Antrag im Beschlussverfahren (§ 2a Abs. 1 Nr. 1, Abs. 2, §§ 80 ff. ArbGG). Antragsgegner ist der bisherige Wahlvorstand. Der Arbeitgeber (ebenso *Richardi/Thüsing* § 18 Rn. 14) und der Betriebsrat, soweit er nicht Antragsteller ist, aber noch im Amt ist oder die Geschäfte führt und soweit er den Wahlvorstand bestellt hat, sind nach § 83 Abs. 3 ArbGG zu hören (vgl. näher zur Beteiligungsbefugnis § 19 Rdn. 107 ff.); Entsprechendes gilt für den Gesamtbetriebsrat (bzw. Konzernbetriebsrat). Das Ersetzungsverfahren wird unzulässig, wenn das Rechtsschutzinteresse entfällt, etwa durch die rechtskräftige Entscheidung in einem Verfahren nach § 18 Abs. 2, dass keine betriebsratsfähige Organisationseinheit vorliegt (vgl. *BAG* 01.12.2004 EzA § 18 BetrVG 2001 Nr. 1); vgl. zur Bindungswirkung dieser Entscheidung Rdn. 78 f.

52 Ist der Antrag begründet, so hat das Gericht durch Beschluss die Ersetzung des Wahlvorstandes derart vorzunehmen, dass es den bisherigen Wahlvorstand **abberuft** und zugleich die Mitglieder des neuen Wahlvorstands **bestellt**. Der Beschluss hat Gestaltungswirkung. Stets ist der gesamte bisherige Wahlvorstand abzuberufen. Die Ersetzung einzelner Mitglieder ist nicht vorgesehen und deshalb nicht zulässig (ebenso *Fitting* § 18 Rn. 47; *Galperin/Löwisch* § 18 Rn. 6a; *Homburg/DKKW* § 18 Rn. 17; *Jacobs* Die Wahlvorstände, S. 191; *Maschmann*/AR § 18 BetrVG Rn. 6; *Nicolai/HWGNRH* § 18 Rn. 35; *Richardi/Thüsing* § 18 Rn. 11). Möglich ist aber, dass ein abberufenes Mitglied wieder bestellt wird, wenn nach der Überzeugung des Gerichts sein persönliches Verhalten im alten Wahlvorstand nicht zu beanstanden war (ebenso *Fitting* § 18 Rn. 52; *Homburg/DKKW* § 18 Rn. 18; *Nicolai/HWGNRH* § 18 Rn. 35; *Reichold/HWK* § 18 BetrVG Rn. 10; *Richardi/Thüsing* § 18 Rn. 15; *Wiebauer/LK* § 18 Rn. 14); das kann nicht für alle Mitglieder des abberufenen Wahlvorstands zutreffen (ebenso *Maschmann*/AR § 18 BetrVG Rn. 6). Der bisherige Wahlvorstand kann seine Abberufung nicht dadurch verhindern, dass er **nach** Antragstellung die Aktivitäten entfaltet (z. B. die Wahl einleitet), die er vorher pflichtwidrig versäumt hat (vgl. *ArbG Essen* AuR 1983, 188).

53 Für die Bestellung der Mitglieder des neuen Wahlvorstands gilt **§ 16 Abs. 2 entsprechend** (§ 18 Abs. 1 Satz 3). Das bedeutet zunächst, dass sich die Zusammensetzung nach § 16 Abs. 1 zu richten hat, auf den § 16 Abs. 2 Satz 1 Halbs. 2 verweist; vgl. dazu § 16 Rdn. 32 ff. Nach § 16 Abs. 2 Satz 2 kann der Antragsteller Vorschläge für die Zusammensetzung des neuen Wahlvorstands machen (vgl. § 16 Rdn. 72), an die das Arbeitsgericht aber nicht gebunden ist (vgl. *BAG* 10.11.2004 EzA § 17 BetrVG 2001 Nr. 1 S. 7). Darüber hinaus kann das Arbeitsgericht unter den Voraussetzungen des § 16 Abs. 2 Satz 3 auch betriebsfremde Mitglieder einer im Betrieb vertretenen Gewerkschaft bestellen (s. dazu näher § 16 Rdn. 76 ff.); das kann gerade in einem Ersetzungsverfahren erforderlich werden (vgl. *Thüringer LAG* 20.01.2005 – 1 TaBV 1/04 – juris).

54 Die Ersetzung (als Rechtsgestaltung) wird erst **mit Rechtskraft** des Ersetzungsbeschlusses **wirksam**. Der bisherige Wahlvorstand ist als Antragsgegner beschwerdebefugt. Mit Rechtskraft endet das Amt des bisherigen Wahlvorstands. Die Abberufung hat **keine Rückwirkung** (ebenso *Fitting* § 18 Rn. 51; *Homburg/DKKW* § 18 Rn. 17; *Koch*/ErfK § 18 BetrVG Rn. 4; *Maschmann*/AR § 18 BetrVG Rn. 6; *Reichold/HWK* § 18 BetrVG Rn. 10; *Richardi/Thüsing* § 18 Rn. 16; *Wlotzke/WPK* § 18 Rn. 14); das ergibt sich aus der Bedeutung des Wortes »ersetzt«. Deshalb bleiben, sofern sie es sind, bereits durchgeführte Maßnahmen und Entscheidungen des bisherigen Wahlvorstands wirksam (z. B. die Einleitung und Durchführung der Wahl, wenn der Wahlvorstand seiner Verpflichtung zur Feststellung des

Wahlergebnisses nicht nachgekommen ist). Insoweit unterscheidet sich das Ersetzungsverfahren wesentlich von einem Beschlussverfahren, in dem die Unwirksamkeit der Bestellung des Wahlvorstands festgestellt wird (vgl. dazu § 16 Rdn. 100). Dem bisherigen Wahlvorstand können auf Antrag durch einstweilige Verfügung nach § 85 Abs. 2 ArbGG weitere Tätigkeiten untersagt werden (so schon *Brecht* § 18 Rn. 7; *Thiele* 2. Bearbeitung, § 18 Rn. 14; vgl. auch Rdn. 94 ff.). Mit Rechtskraft des Beschlusses verlieren die Mitglieder des bisherigen Wahlvorstands ihr Amt, damit auch den besonderen Kündigungsschutz nach § 15 Abs. 3 Satz 1 KSchG; der nachwirkende Kündigungsschutz nach § 15 Abs. 3 Satz 2 KSchG kommt ihnen nicht zu; § 15 Abs. 3 Satz 2 Halbs. 2 bestimmt dies ausdrücklich.

55 Mit Rechtskraft des Beschlusses wird die Bestellung des neuen Wahlvorstands wirksam, vorausgesetzt, dass alle Mitglieder ihrer Bestellung zugestimmt haben (vgl. § 16 Rdn. 73). Um weitere Verzögerungen zu verhindern, empfiehlt es sich, das Wahlverfahren bereits weiterzuführen, ungeachtet der Tatsache, dass alle Entscheidungen des neuen Wahlvorstands unwirksam werden, wenn das Rechtsmittel des bisherigen Wahlvorstands Erfolg hat; vor Rechtskraft des Ersetzungsbeschlusses können dem neuen Wahlvorstand allerdings durch einstweilige Verfügung auch Maßnahmen zur Durchführung der Wahl untersagt werden (*LAG Niedersachsen* 04.12.2003 BB 2004, 1114). Der neue Wahlvorstand ist nicht nur berechtigt (so *Galperin/Löwisch* § 18 Rn. 8; *Homburg/DKKW* § 18 Rn. 17; *Nicolai/HWGNRH* § 18 Rn. 36), sondern **verpflichtet** (so auch *Fitting* § 18 Rn. 51; *Richardi/Thüsing* § 18 Rn. 16), rechtsfehlerhafte Maßnahmen und Entscheidungen des bisherigen Wahlvorstands zu berichtigen, notfalls zu wiederholen (z. B. das Wahlausschreiben neu zu erlassen), um eine Anfechtbarkeit der Wahl zu vermeiden.

IV. Entscheidung über betriebsratsfähige Organisationseinheiten (Abs. 2)

1. Bedeutung und Reichweite der Bestimmung

56 Die Betriebsabgrenzung ist für die Betriebsratswahl grundlegend, weil nur für einen Betrieb i. S. d. Gesetzes ein Betriebsrat gewählt werden kann und nur die betriebszugehörigen Arbeitnehmer und die im Betrieb (länger als drei Monate) eingesetzten Leiharbeitnehmer wahlberechtigt (s. *Raab* § 7 Rdn. 17 ff., 99) sind und auch nur die betriebszugehörigen Arbeitnehmer wählbar (vgl. *Raab* § 8 Rdn. 26 ff.) sind. Die Betriebsabgrenzung als Aufgabe des Wahlvorstands kann rechtlich und tatsächlich schwierig sein; das erkennt das Gesetz mit der systematischen Einordnung des selbständigen Betriebsabgrenzungsverfahrens nach § 18 Abs. 2 in den Abschnitt über die Wahl des Betriebsrats besonders an. Wird die Betriebsabgrenzung unrichtig vorgenommen und werden auf dieser Grundlage fehlerhaft ein Betriebsrat (statt mehrerer) oder mehrere Betriebsräte (statt eines einzelnen) gewählt, so sind diese Wahlen grundsätzlich **nicht nichtig** (vgl. § 19 Rdn. 151). Die Wahlergebnisse können jedoch nach § 19 Abs. 1 **anfechtbar** sein, wenn die infolge der unrichtigen Betriebsabgrenzung notwendig eintretende Verletzung der Vorschriften über das Wahlrecht und die Wählbarkeit (ggf. auch über das Wahlverfahren) das Wahlergebnis beeinflussen konnte (vgl. zum Kausalitätserfordernis § 19 Rdn. 42).

57 In der durch das BetrVerf-Reformgesetz geänderten Neufassung (vgl. Rdn. 2) stellt § 18 Abs. 2 jetzt klar, was auch schon davor trotz entgegenstehender einschränkender Formulierung in § 18 Abs. 2 a. F. allgemein anerkannt war (vgl. 6. Aufl., § 18 Rn. 56): Dass bei Zweifeln oder Streit über die richtige Betriebsabgrenzung **jederzeit** (nicht nur vor einer konkreten Wahl) die selbständige Entscheidung des Arbeitsgerichts von den nach Abs. 2 Antragsberechtigten darüber beantragt werden kann, ob **ein** oder **zwei** oder **mehrere betriebsratsfähige Betriebe** (Organisationseinheiten) vorliegen (nicht nur wie zuvor, ob ein Betriebsteil oder Nebenbetrieb selbständig oder dem Hauptbetrieb zuzuordnen ist). § 18 Abs. 2 a. F. hatte seine eigenständige Bedeutung für die Eröffnung des Rechtswegs zu den Arbeitsgerichten (schon vor der Wahl, um einer späteren Anfechtbarkeit vorzubeugen) längst verloren; die Vorschrift war insoweit noch Relikt aus der Zeit, als die Zuständigkeit der Arbeitsgerichte zur Entscheidung über betriebsverfassungsrechtliche Streitigkeiten noch enumerativ bestimmt war (bis zum BetrVG 1972). Nach der seitdem gültigen Generalklausel in § 2a Abs. 1 Satz 1, Abs. 2 ArbGG entscheiden die Arbeitsgerichte im Beschlussverfahren über alle »Angelegenheiten aus dem Betriebsverfassungsgesetz« (vgl. etwa *BAG* 20.03.1996 EzA § 322 ZPO Nr. 10 = AP Nr. 32 zu § 19 BetrVG

1972 Bl. 4 R). Dazu rechnet auch die Betriebsabgrenzung, die für die Betriebsratswahl, den Zuständigkeitsbereich des Betriebsrats und ausnahmsweise für den Umfang seiner Beteiligungsrechte (vgl. § 95 Abs. 2) bedeutungsvoll ist.

Nach § 18 Abs. 2 kann in **allen** Zweifels- und Streitfällen **jederzeit** die arbeitsgerichtliche Entscheidung darüber herbeigeführt werden, »ob eine **betriebsratsfähige Organisationseinheit** vorliegt«, sofern ein (in jeder Lage des Verfahren von Amts wegen zu prüfendes) Rechtsschutzinteresse an dieser Entscheidung besteht. Damit kann eine für die gesamte Betriebsverfassung grundsätzliche Vorfrage geklärt werde (dies zutr. betonend *BAG* 23.11.2016 – 7 ABR 3/15 – juris, Rn. 57). Das Gesetz verwendet statt des Betriebsbegriffs den der **Organisationseinheit**, um auch diejenigen betriebsverfassungsrechtlichen Organisationseinheiten zu berücksichtigen, die nach § 3 auf der Grundlage eines Tarifvertrages (§ 3 Abs. 1 Nr. 1 bis 3), in Ausnahmefällen durch Betriebsvereinbarung (§ 3 Abs. 2) und in einem Fall sogar durch Beschluss der Arbeitnehmer (§ 3 Abs. 3) zur Wahl eines Betriebsrats gebildet werden können (vgl. zu diesen Regelungsmöglichkeiten *Franzen* § 3, insb. § 3 Rdn. 46 ff., 51 ff.). Darin liegt keine Diskrepanz zum Betrieb als betriebsratsfähiger Organisationseinheit, an die das Gesetz anknüpft; denn die Organisationseinheiten nach § 3 haben zwar nicht den Betrieb als Organisationsbasis, gelten aber nach § 3 Abs. 5 Satz 1 als Betriebe i. S. d. BetrVG. 58

Betriebsratsfähige Organisationseinheiten liegen vor, wenn es sich um Betriebe (nach § 1 Abs. 1 Satz 1), um gemeinsame Betriebe (nach § 1 Abs. 1 Satz 2), um als selbständige Betriebe geltende Betriebsteile (nach § 4 Abs. 1 Satz 1) oder um betriebsverfassungsrechtliche Organisationseinheiten handelt, die nach § 3 Abs. 5 Satz 1 als Betriebe i. S. d. BetrVG gelten (vgl. *BAG* 09.12.2009 EzA § 1 BetrVG 2001 Nr. 8 Rn. 21 = AP Nr. 19 zu § 4 BetrVG 1972; 18.01.2012 EzA § 1 BetrVG 2001 Nr. 9 Rn. 23 = AP Nr. 33 zu § 1 BetrVG Gemeinsamer Betrieb). Auch das Unternehmen kann in diesem Sinne betriebsratsfähige Organisationseinheit sein, wenn durch Tarifvertrag oder (Gesamt-) Betriebsvereinbarung die Bildung eines unternehmenseinheitlichen Betriebsrats bestimmt ist (§ 3 Abs. 1 Nr. 1 lit. a, Abs. 2) oder durch Beschluss der Arbeitnehmer nach § 3 Abs. 3. 59

Streit- und Zweifelsfragen können sich dementsprechend aus der Anwendung von §§ **1** und **4**, aber auch aus den Gestaltungsmöglichkeiten nach § **3 ergeben**: Durch gerichtliche Entscheidung kann nicht nur Klarheit darüber geschaffen werden, **ob** eine betriebsratsfähige Organisationseinheit vorliegt oder nicht (z. B. ob im Unternehmen nach § 3 Abs. 1 Nr. 1 lit. a) oder Abs. 2 oder Abs. 3 ein unternehmenseinheitlicher Betriebsrat zu wählen ist), sondern (wie bisher) vor allem auch und zugleich die **richtige Betriebsabgrenzung** herbeigeführt werden (z. B. bei Streit über die Frage, ob ein **Betriebsteil** nach § 4 Abs. 1 Satz 1 als selbständiger Betrieb gilt oder nicht; denn wenn das nicht der Fall ist, ist der Betriebsteil Teil des betriebsratsfähigen Hauptbetriebs, anderenfalls liegen zwei betriebsratsfähige Betriebe vor [vgl. etwa *BAG* 21.07.2004 EzA § 4 BetrVG 2001 Nr. 1 = AP Nr. 15 zu § 4 BetrVG 1972; 07.05.2008 NZA 2009, 328]). 60

Entsprechend hat das Gericht auf Antrag auch in anderen Fällen darüber zu befinden, ob **ein** oder **zwei** oder **mehrere selbständige Betriebe** vorliegen, **z. B. wenn streitig ist**: 61
– ob für **mehrere Betriebsstätten** eines Unternehmens ein (gemeinsamer) Betriebsrat zu wählen ist (weil nur ein Betrieb besteht) oder ob die einzelnen Betriebsstätten selbst betriebsratsfähige Betriebe sind (vgl. den Sachverhalt zu *BAG* 09.12.2009 EzA § 1 BetrVG 2001 Nr. 8 = AP Nr. 19 zu § 4 BetrVG 1972; *LAG* Berlin-Brandenburg 11.06.2015 NZA-RR 2016, 19),
– ob ein **gemeinsamer Betrieb** mehrerer Unternehmen nach § 1 Abs. 1 Satz 2, Abs. 2 vorliegt oder jeweils selbständige Betriebe verschiedener Arbeitgeber (vgl. dazu etwa *BAG* 09.04.1991 EzA § 18 BetrVG 1972 Nr. 7 = AP Nr. 8 zu § 18 BetrVG 1972; 22.06.2005 EzA § 1 BetrVG 2001 Nr. 4 = AP Nr. 23 zu § 1 BetrVG 1972 Gemeinsamer Betrieb; 13.08.2008 – 7 ABR 21/07 – NZA-RR 2009, 255; 18.01.2012 EzA § 1 BetrVG 2001 Nr. 9 = AP Nr. 33 zu § 1 BetrVG 1972 Gemeinsamer Betrieb; 13.02.2013 BB 2013, 2170 = EzA § 1 BetrVG 2001 Nr. 10 = AP Nr. 34 zu § 1 BetrVG 1972 Gemeinsamer Betrieb; zur Abgrenzung ausführlich *Kreutz* FS *Richardi*, S. 637; *Franzen* § 1 Rdn. 46 ff.),
– ob **Hauptverwaltung und Produktionsstätte** trotz räumlicher Einheit selbständige Betriebe sind (vgl. *BAG* 23.09.1982 AP Nr. 3 zu § 4 BetrVG 1972),
– ob durch **Zusammenlegung** zweier bisher selbständiger Betriebe (vgl. § 21a Rdn. 58 ff.) ein neuer Betrieb entstanden ist (vgl. *BAG* 25.09.1986 EzA § 1 BetrVG 1972 Nr. 6 = AP Nr. 7 zu

§ 1 BetrVG 1972) oder durch **Spaltung** eines Betriebs (vgl. § 21a Rdn. 17 ff.) mehrere neue Betriebe,
- ob betriebsratsunfähige **Kleinstbetriebe** nach § 4 Abs. 2 dem und welchem Hauptbetrieb zuzuordnen sind (vgl. *BAG* 17.01.2007 EzA § 4 BetrVG 2001 Nr. 2 = AP Nr. 18 zu § 4 BetrVG 1972) oder ob mehrere solcher Kleinstbetriebe zu einem betriebsratsfähigen Betrieb zusammengefasst werden können,
- ob ein **Beschluss** nach § 4 Abs. 1 Satz 2 wirksam ist und dementsprechend die Arbeitnehmer dieses Betriebsteils an der Betriebsratswahl im Hauptbetrieb teilnehmen oder nicht,
- ob eine betriebsverfassungsrechtliche Organisationseinheit nach § 3 Abs. 1 Nr. 1 bis 3 durch **Tarifvertrag wirksam** bestimmt worden ist oder ggf. nach § 3 Abs. 2 durch eine **(Gesamt-) Betriebsvereinbarung**; dabei kann über Auslegungsfragen hinaus insbesondere auch zu klären sein, ob die tatbestandlichen Voraussetzungen für eine vom Gesetz abweichende Regelung(-sbefugnis) erfüllt sind; sofern mehrere (Zuordnungs-) Tarifverträge kollidieren, kann auch darüber zu entscheiden sein, welcher Tarifvertrag nach § 4a Abs. 3 i. V. m. Abs. 2 Satz 2 TVG anwendbar ist und welche vom Gesetz abweichenden Organisationseinheiten damit wirksam gebildet sind.
- ob Betriebe, Betriebsteile, Kleinstbetriebe, Sparten, Unternehmen zu einer durch Kollektivvertrag nach § 3 wirksam gebildeten Organisationseinheit gehören oder nicht.

62 Solange eine bindende Entscheidung über die Betriebsabgrenzung nach Abs. 2 nicht ergangen ist, kann darüber auch **als Vorfrage** in einem Urteilsverfahren (z. B. Kündigungsschutzverfahren, in dem geltend gemacht wird, dass der Betriebsrat nach § 102 Abs. 1 zu hören sei, weil ein einheitlicher Betrieb i. S. d. Gesetzes vorliegt) oder Beschlussverfahren (z. B. über streitige Beteiligungsrechte des Betriebsrats) entschieden werden; § 18 Abs. 2 steht dem nicht entgegen (vgl. *BAG* 03.12.1985 EzA § 4 BetrVG 1972 Nr. 4 = AP Nr. 28 zu § 99 BetrVG 1972).

63 Nach wie vor kommt Abs. 2 Bedeutung im Hinblick auf die dort geregelte **Antragsberechtigung** zu, und zwar unabhängig davon, ob man diese mit der h. M. als Verfahrensvoraussetzung oder, wie hier, als Frage der Aktivlegitimation einstuft (vgl. dazu näher § 16 Rdn. 63 sowie § 19 Rdn. 62). Sie ist für den **Arbeitgeber**, die beteiligten **Betriebsräte** (auch für den Gesamtbetriebsrat [oder Konzernbetriebsrat], wenn über seine Zuständigkeit für betriebsverfassungsrechtliche Einheiten gestritten wird; so zu Recht *BAG* 22.06.2005 [EzA § 1 BetrVG 2001 Nr. 4 = AP Nr. 23 zu § 1 BetrVG 1972 Gemeinsamer Betrieb], bei Streit über das Vorliegen eines Gemeinschaftsbetriebs) und **Wahlvorstände** freilich auch aus ihrer materiell-betriebsverfassungsrechtlichen Betroffenheit von der richtigen Betriebsabgrenzung herzuleiten; insoweit erübrigt sich lediglich eine besondere Prüfung. Dabei ist allerdings darauf zu achten, dass Wahlvorstände aus dem Verfahren ausscheiden, wenn ihr Amt erlischt (vgl. *LAG Nürnberg* 04.01.2007 NZA-RR 2007, 214). Bei Betriebsräten kommt nach Ablauf der Amtszeit des antragstellenden Betriebsrats eine Funktionsnachfolge durch den neu gewählten Betriebsrat in Betracht (vgl. zu verschiedenen Fallkonstellationen solcher Funktionsnachfolge *BAG* 13.2.2013 EzA § 1 BetrVG 2001 Nr. 10 Rn. 16 = AP Nr. 34 zu § 1 BetrVG 1972; 24.11.2011 EzA § 42 BetrVG 2001 Nr. 1 Rn. 15 = AP Nr. 13 zu § 5 BetrVG 1972 Ausbildung); der Antrag eines Gesamtbetriebsrats kann aber auch unzulässig werden, wenn sein Amt endet (vgl. *BAG* 22.06.2005 – 7 ABR 30/04 – juris).

64 Für die **im Betrieb vertretenen Gewerkschaften** bedeutet die Zubilligung der Antragsberechtigung hingegen die konstitutive Einräumung einer betriebsverfassungsrechtlichen Rechtsposition; bei den privatisierten Unternehmen gilt dies entsprechend für jeden im Betrieb vertretenen Berufsverband der Beamten, ggf. der Soldaten (vgl. näher § 16 Rdn. 49). Dabei genügt die Vertretung im Betrieb oder in dem Betriebsteil oder Kleinstbetrieb, um dessen Zuordnung es geht (ebenso *Fitting* § 18 Rn. 59; *Homburg/DKKW* § 18 Rn. 23; *Richardi/Thüsing* § 18 Rn. 25; *Schlochauer/HSWG* § 18 Rn. 19). Die früher umstrittene Frage, ob die Gewerkschaften auch unabhängig von einer bevorstehenden Wahl antragsberechtigt sind, ist jetzt zu bejahen, weil nunmehr ein Antrag nach Abs. 2 von allen Antragsberechtigten jederzeit gestellt werden kann. Diese Aufwertung ihrer betriebsverfassungsrechtlichen Rechtsposition bedeutet aber nicht, dass eine Gewerkschaft, die selbst keinen Antrag nach § 18 Abs. 2 stellt, beteiligungsberechtigt i. S. v. § 83 Abs. 3 ArbGG ist, wenn ein anderer Antragsberechtigter sein Antragsrecht ausübt (ebenso *Wlotzke/WPK* § 18 Rn. 17; vgl. entsprechend zum Wahlanfechtungsverfahren § 19 Rdn. 109).

Die Bestimmung der Antragsberechtigten in § 18 Abs. 2 ist **nicht abschließend** (zust. *Brors*/HaKo 65 § 18 Rn. 8; *Koch*/ErfK § 18 BetrVG Rn. 6; *Reichold*/HWK § 18 BetrVG Rn. 13; **a. M.** *Homburg*/ DKKW § 18 Rn. 23; im Ergebnis auch *Fitting* § 18 Rn. 59, 60; *Nicolai*/HWGNRH § 18 Rn. 43; *Stege/Weinspach/Schiefer* § 18 Rn. 10; *Wiebauer/LK* § 18 Rn. 19; jetzt auch, aber ohne Begründung *BAG* 18.01.2012 EzA § 1 BetrVG 2001 Nr. 9 Rn. 71 = AP Nr. 33 zu § 1 BetrVG 1972 Gemeinsamer Betrieb). Kraft materiell-rechtlicher Betroffenheit sind auch der **Sprecherausschuss**, ggf. der Unternehmenssprecherausschuss und die nach dem SprAuG bestellten Wahlvorstände antragsberechtigt (*Richardi/Thüsing* § 18 Rn. 26; zust. auch *Koch*/ErfK § 18 BetrVG Rn. 6; *Reichold*/HWK § 18 BetrVG Rn. 13; *Wiebauer/LK* § 18 Rn. 19). Antragsberechtigt sind in entsprechender Anwendung von § 19 Abs. 2 Satz 1 vor der Wahl auch mindestens **drei wahlberechtigte Arbeitnehmer** (s. § 19 Rdn. 70) aus dem betreffenden (Haupt-)Betrieb, Betriebsteil oder Kleinstbetrieb (abl. *Fitting* § 18 Rn. 60; *Koch*/ErfK § 18 BetrVG Rn. 6; *Maschmann*/AR § 18 Rn. 8; *Richardi/Thüsing* § 18 Rn. 27: es fehlt an einer Regelungslücke; *Reichold*/HWK § 18 BetrVG Rn. 13: »Analogie überzeugt nicht«). Diese Analogie rechtfertigt sich daraus, dass das Verfahren nach § 18 Abs. 2, wie seine systematische Einordnung im Gesetz deutlich macht, nach wie vor gerade vor der Wahl deren Anfechtbarkeit vorbeugen soll, die Anfechtungsberechtigung jedoch drei beliebigen Wahlberechtigten zusteht, ohne dass es auf eine Verletzung ihrer betriebsverfassungsrechtlichen Rechtsposition ankommt. Antragsberechtigt kann darüber hinaus auch **ein einzelner Arbeitnehmer** sein (pauschal abl. *BAG* 18.01.2012 EzA § 1 BetrVG 2001 Nr. 9 Rn. 71 = AP Nr. 33 zu § 1 BetrVG 1972 Gemeinsamer Betrieb); seine Aktivlegitimation (h. M.: Antragsberechtigung als Verfahrensvoraussetzung) ist dann gegeben, wenn er durch die vom Wahlvorstand vorgenommene Betriebsabgrenzung in seinem aktiven oder passiven Wahlrecht verletzt wird (zust. *Brors*/HaKo § 18 Rn. 8; im Ergebnis auch *Fitting* § 18 Rn. 60; *Richardi/Thüsing* § 18 Rn. 27). Das kann für Arbeitnehmer in Betriebsteilen oder Kleinstbetrieben sowohl bei unzutreffender Zuordnung wie Nichtzuordnung der Fall sein. Die Antragsberechtigung einzelner ergibt sich konsequent daraus, dass diese unter entsprechenden Voraussetzungen auch ganz allgemein gegen Maßnahmen und Entscheidungen des Wahlvorstands Rechtsschutz im Beschlussverfahren suchen können (vgl. dazu Rdn. 84). Die **Schwerbehindertenvertretung** ist nicht antragsberechtigt; wegen ihrer beschränkten Aufgabenstellung (nach §§ 94, 95 SGB IX, ab 2018: nach §§ 177, 178 SGB IX) kommt mangels Regelungslücke auch keine Analogie in Betracht (*BAG* 18.01.2012 EzA § 1 BetrVG 2001 Nr. 9 Rn. 72 = AP Nr. 33 zu § 1 BetrVG 1972 Gemeinsamer Betrieb; zust. *Fitting* § 18 Rn. 60; *Richardi/Thüsing* § 18 Rn. 27; *Wiebauer/LK* § 18 Rn. 19).

2. Betriebsabgrenzungsverfahren

a) Verfahren

Das Arbeitsgericht entscheidet auf **Antrag** (§ 81 ArbGG) im **Beschlussverfahren** (§ 2a Abs. 1 Nr. 1, 66 Abs. 2, §§ 80 ff. ArbGG). **Örtlich** zuständig ist nach § 82 Abs. 1 Satz 1 ArbGG das Arbeitsgericht, in dessen Bezirk der Hauptbetrieb oder Gemeinschaftsbetrieb liegt (bzw. dessen Leitung ihren Sitz hat); wird die Selbständigkeit von Betrieben, Betriebsteilen oder Kleinstbetrieben geltend gemacht, so ist deren Belegenheit maßgebend (ebenso *Richardi/Thüsing* § 18 Rn. 24). Bei Streit um eine Organisationseinheit nach § 3 kann auch das Arbeitsgericht zuständig sein, in dessen Bezirk das Unternehmen (oder auch die Konzernspitze) seinen Sitz hat, nämlich dann, wenn um eine zentrale Organisationseinheit (z. B. Unternehmen als Basis eines unternehmenseinheitlichen Betriebsrats) gestritten wird, nicht um dezentrale Einheiten (so auch *Matthes/Spinner/GMP* ArbGG, § 82 Rn. 10; *Greiner/GWGB* ArbGG, § 82 Rn. 6). Bei örtlicher Unzuständigkeit ist der Antrag von Amts wegen an das örtlich zuständige Arbeitsgericht zu verweisen (§§ 80 Abs. 3, 48 Abs. 1 ArbGG, § 17a GVG), nicht etwa als unzulässig abzuweisen.

Der Antrag ist **Feststellungsantrag** (unstr.; vgl. *BAG* 29.01.1987 EzA § 1 BetrVG 1972 Nr. 5 = AP 67 Nr. 6 zu § 1 BetrVG 1972 Bl. 2 m. w. N.). Er muss den Antragsteller deutlich machen und ein bestimmtes Begehren erkennen lassen, kann aber auch alternativ formuliert sein, weil das Verfahren nach dem Wortlaut des Abs. 2 schon in Betracht kommt, um Zweifel auszuräumen. Zu beachten ist, dass es nach neuer Ansicht des *BAG* (09.12.2009 EzA § 1 BetrVG 2001 Nr. 8 Rn. 18 = AP Nr. 19 zu § 4 BetrVG 1972; 18.01.2012 EzA § 1 BetrVG 2001 Nr. 9 Rn. 18 = AP Nr. 33 zu § 1 BetrVG 1972 Gemeinsamer Betrieb; 24.04.2013 EzA § 3 BetrVG 2001 Nr. 7 Rn. 22 = AP Nr. 11 zu § 3 BetrVG

1972) im Verfahren nach § 18 Abs. 2 um die Feststellung eines Rechtsverhältnisses (i. S. d. § 256 Abs. 1 ZPO) geht, nicht (mehr wie früher angenommen; vgl. *BAG* 09.04.1991 EzA § 18 BetrVG 1972 Nr. 7 S. 7 = AP Nr. 8 zu § 18 BetrVG 1972) um die Feststellung eines tatsächlichen Zustands; durch die ausdrückliche gesetzliche Regelung sei klargestellt, dass die Betriebsratsfähigkeit einer Organisationseinheit als Rechtsverhältnis i. S. d. § 256 Abs. 1 ZPO zu erachten sei. Folglich muss der Antrag den Erfordernissen des § 256 Abs. 1 ZPO genügen; er muss auf die Feststellung (des Bestehens oder Nichtbestehens) der Betriebsratsfähigkeit einer Organisationseinheit (oder mehrerer) gerichtet sein, und der Antragsteller muss daran ein rechtliches Interesse (Feststellungsinteresse) haben. Zur **Antragsberechtigung** vgl. Rdn. 63 ff. Zur **Begründung** ist ein Sachverhalt vorzutragen, aus dem sich zunächst Zweifel am Vorliegen einer betriebsratsfähigen Organisationseinheit oder an der Zuordnung oder Selbständigkeit von Betrieben oder Betriebsteilen ergeben. Der Antrag hat rechtlich für das Wahlverfahren **keine aufschiebende Wirkung**; praktisch kann das der Fall sein, wenn der Wahlvorstand das Verfahren betreibt und zunächst dessen Ausgang abwartet (vgl. dazu Rdn. 18). Zur Möglichkeit **einstweiliger Verfügungen** während des Wahlverfahrens vgl. Rdn. 90 ff.

68 **Beteiligungsberechtigt** i. S. d. § 83 Abs. 3 ArbGG sind der Arbeitgeber, die beteiligten Wahlvorstände und Betriebsräte, sofern sie nicht schon Antragsteller sind (vgl. *BAG* 25.08.1981 AP Nr. 2 zu § 83 ArbGG 1979) und solange sie im Amt sind (vgl. *BAG* 24.02.1976 AP Nr. 2 zu § 4 BetrVG 1972; 25.09.1986 AP Nr. 7 zu § 1 BetrVG 1972 = EzA § 1 BetrVG 1972 Nr. 6). Ohne Antragstellung sind im Betrieb vertretene Gewerkschaften nicht beteiligungsbefugt (vgl. Rdn. 64). Bei Antragstellung vor einer konkreten Wahl ist bis zum Abschluss des Wahlverfahrens das notwendige (s. Rdn. 67) **Feststellungsinteresse** stets zu bejahen, schon weil der Entscheidung in einem Wahlanfechtungsverfahren **präjudizielle Wirkung** für die Beteiligten zukommt (vgl. Rdn. 78); danach dann, wenn der Streit auch für künftige Wahlen oder die Zuständigkeitsabgrenzung gewählter Betriebsräte oder den Umfang der Beteiligungsrechte des Betriebsrats Bedeutung behält, gleichgültig, ob die Wahl angefochten (vgl. *BAG* 07.08.1986 EzA § 4 BetrVG 1972 Nr. 5 = AP Nr. 5 zu § 1 BetrVG 1972) oder nicht angefochten worden ist (vgl. *BAG* 25.11.1980 EzA § 18 BetrVG 1972 Nr. 4 = AP Nr. 3 zu § 18 BetrVG 1972; 24.02.1976 AP Nr. 2 zu § 4 BetrVG 1972; *LAG Köln* 21.01.1995 AP Nr. 9 zu § 18 BetrVG 1972 Bl. 2). Entsprechend ist das Feststellungsinteresse zu bejahen, wenn die gerichtliche Entscheidung von vornherein außerhalb eines konkreten Wahlverfahrens beantragt worden ist. Im Übrigen kann der Antragsteller, sofern er anfechtungsberechtigt ist (§ 19 Abs. 2 Satz 1), während der Anfechtungsfrist seinen **Antrag** entsprechend § 264 Nr. 3 ZPO in einen Wahlanfechtungsantrag **ändern**, ohne dass die Zustimmung der übrigen Beteiligten oder die Bejahung der Sachdienlichkeit durch das Gericht nach § 81 Abs. 3 ArbGG erforderlich ist (vgl. *BAG* 14.01.1983 BAGE 41, 275 = EzA § 81 ArbGG Nr. 1 = AP Nr. 9 zu § 19 BetrVG 1972), oder zusätzlich ein Anfechtungsverfahren einleiten, das dann ggf. bis zur Entscheidung im Betriebsabgrenzungsverfahren ausgesetzt werden kann (vgl. etwa *BAG* 05.03.1974 AP Nr. 1 zu § 5 BetrVG 1972). Zu beachten ist, dass bei Versäumung der Wahlanfechtungsfrist die Antragsberechtigung von drei Wahlberechtigten oder einem einzelnen Arbeitnehmer (vgl. Rdn. 65) entfällt, so dass ihr Antrag mangels Aktivlegitimation abzuweisen ist.

b) Entscheidung und Bindungswirkung

69 Wird die Entscheidung des Arbeitsgerichts mit Ablauf der Beschwerdefrist noch **vor** Abschluss des Wahlverfahrens **rechtskräftig** (was vielfach aus Zeitgründen nicht der Fall sein wird, z. B. wenn der Arbeitgeber die Entscheidung erst innerhalb eines Wahlverfahrens beantragt hat), so ist die **festgestellte Betriebsabgrenzung für alle am Verfahren Beteiligten verbindlich** (vgl. *BAG* 01.12.2004 EzA § 18 BetrVG 2001 Nr. 1 [unter II 1]; 27.01.1981 BAGE 35, 1 [3] = AP Nr. 2 zu § 80 ArbGG 1979 mit insoweit einschränkender Anm. von *Grunsky* = SAE 1982, 317 [insoweit zust. *Schreiber*]; *BAG* 27.08.1968 AP Nr. 4 zu § 80 ArbGG 1953; ebenso *Fitting* § 18 Rn. 61; *Matthes/Spinner/GMP* ArbGG, § 84 Rn. 27; *G. Müller* JArbR Bd. 9 [1971], 1972, S. 23 [52]; einschränkend *Grunsky* ArbGG, § 80 Rn. 50: Bindungswirkung grundsätzlich nur für Antragsteller und -gegner); die Erstreckung der Rechtskraftwirkung auf alle Beteiligte rechtfertigt sich aus der Geltung des Untersuchungsgrundsatzes und deren Verpflichtung, an der Sachverhaltsaufklärung mitzuwirken (§ 83 Abs. 1 ArbGG). Der Feststellungsbeschluss wirkt **nicht** für und gegen **alle** (vgl. aber zur Rechtskrafterstreckung auf die Arbeitnehmer Rdn. 79). Die beteiligten Wahlvorstände haben, wenn sie von einer entgegenstehenden Betriebsabgrenzung ausgegangen sind, den Wahlgang abzubrechen und ggf. neu

einzuleiten (ebenso *Gnade* FS *Herschel*, S. 148; zust. *BAG* 01.12.2004 EzA § 18 BetrVG 2001 Nr. 1 [unter II 1]; vgl. jetzt auch *Fitting* § 18 Rn. 61; *Homburg/DKKW* § 18 Rn. 25; *Koch/*ErfK § 18 BetrVG Rn. 5; *Nicolai/HWGNRH* § 18 Rn. 46; *Reichold/HWK* § 18 BetrVG Rn. 14; *Richardi/Thüsing* § 18 Rn. 36; *Salamon* NZA 2014, 175 [177]; *Wiebauer/LK* § 18 Rn. 20; *Wlotzke/WPK* § 18 Rn. 18).

Ob ein bisheriger **Wahlvorstand im Amt bleibt** (oder ob sein Amt wegen Zweckfortfalls endet), **70** hängt wiederum davon ab, ob seine Bestellung in Übereinstimmung oder im Gegensatz zur gerichtlichen Betriebsabgrenzung erfolgt ist (ebenso *BAG* 01.12.2004 EzA § 16 BetrVG 2001 Nr. 1 [unter II 1]). Wird im Verfahren nach Abs. 2 festgestellt, dass die Betriebsstätte, in der der Wahlvorstand bestellt worden ist, keine betriebsratsfähige Organisationseinheit darstellt, endet das Amt des Wahlvorstands mit Eintritt der Rechtskraft (*BAG* 01.12.2004 EzA § 16 BetrVG 2001 Nr. 1 S. 4). In anderen Konstellationen ist ggf. der Wahlvorstand neu zu bestellen (vgl. auch *Gnade* FS *Herschel*, S. 148 mit Fn. 61), z. B. wenn das Gericht das Vorliegen eines Betriebes feststellt, aber zwei Wahlvorstände unter Annahme getrennter Betriebe bestellt worden waren. Wird eine Betriebsratswahl unter Missachtung einer im Verfahren nach Abs. 2 ergangenen bindenden (vgl. dazu Rdn. 78) gerichtlichen Entscheidung durchgeführt, kann sie (nicht nur anfechtbar sondern) wegen offensichtlicher Verkennung des Betriebsbegriffs nichtig sein, und zwar auch dann, wenn der Feststellungsbeschluss bei der Bestimmung des Betriebs durch Verfahrensbeteiligte (wegen anhängiger Nichtzulassungsbeschwerde) noch nicht formell rechtskräftig war (vgl. *BAG* 19.11.2003 EzA § 19 BetrVG 2001 Nr. 1 = AP Nr. 55 zu § 19 BetrVG 1972; *ArbG Frankfurt* 24.01.2012 – 13 BVGa 32/12 – juris).

Ist ein **Wahlverfahren durchgeführt** und die Wahl **nicht angefochten** worden und wird dann spä- **71** ter eine Entscheidung nach § 18 Abs. 2 **rechtskräftig**, aus der sich ergibt, dass die **Wahl aufgrund unrichtiger Betriebsabgrenzung stattgefunden** hat, so sind verschiedene Fallkonstellationen zu unterscheiden und zu beurteilen. Ebenso ist es, wenn die Entscheidung des Arbeitsgerichts **von vornherein außerhalb** eines konkreten Wahlverfahrens beantragt worden ist (vgl. Rdn. 58), insbesondere um Klarheit für künftige Betriebsratswahlen oder die Zuständigkeit oder (von der Arbeitnehmerzahl abhängige) Beteiligungsrechte eines amtierenden Betriebsrats zu schaffen, etwa auch nach unternehmensinternen Umstrukturierungen der betrieblichen Organisationseinheiten oder Unternehmensumstrukturierungen (vgl. dazu § 21a) oder nach der Bildung betriebsverfassungsrechtlicher Organisationseinheiten (nach § 3 Abs. 1 Nr. 1 bis 3, Abs. 2), die nach § 3 Abs. 5 Satz 1 als Betriebe gelten. Dabei gilt es, folgende **Fallkonstellationen zu unterscheiden**:

(1) Ist ein **Betriebsteil** oder **Kleinstbetrieb zu Unrecht** einem Hauptbetrieb **zugeordnet** worden, **72** so ist diese Wahl wirksam, weil eine Verkennung des Betriebsbegriffs grundsätzlich nicht zur Nichtigkeit der Wahl führt (vgl. § 19 Rdn. 151), eine Anfechtbarkeit wegen Versäumung der Anfechtungsfrist aber nicht mehr besteht. Der Betriebsrat bleibt dementsprechend bis zum Ablauf seiner Amtszeit für alle Betriebsteile, für die und in denen er gewählt worden ist, im Amt, namentlich auch für den Betriebsteil oder Kleinstbetrieb, dessen Selbständigkeit rechtskräftig festgestellt worden ist (ebenso im Ergebnis *Brors/*HaKo § 18 Rn. 9; *Fitting* § 18 Rn. 62; *Gnade* FS *Herschel*, S. 149; *Homburg/DKKW* § 18 Rn. 25, aber mit unzutreffendem Beleg in Fn. 60; *Koch/*ErfK § 18 BetrVG Rn. 5; *Reichold/HWK* § 18 BetrVG Rn. 15; *Wlotzke/WPK* § 18 Rn. 19). Das folgt daraus, dass die Feststellungsentscheidung mangels Gestaltungswirkung nichts daran ändert, dass die Betriebsräte wirksam gewählt sind. Mithin sind die selbständigen Betriebsteile nicht betriebsratslos; für sie kann deshalb nicht nach § 13 Abs. 2 Nr. 6 ein Betriebsrat gewählt werden (**a. M.** *Richardi/Thüsing* § 18 Rn. 34, der in der Zwischenzeit aber § 22 entsprechend anwenden will). Eine gleichwohl durchgeführte Wahl ist konsequenterweise sogar nichtig (vgl. *Jacobs* § 13 Rdn. 80). Ob das *BAG* diese Konsequenz ziehen wird, ist allerdings zweifelhaft (vgl. *BAG* 11.04.1978 AP Nr. 8 zu § 19 BetrVG 1972 Bl. 2, letzter Absatz; *BAG* 09.04.1991 EzA § 18 BetrVG 1972 Nr. 7 S. 7 = AP Nr. 8 zu § 18 BetrVG 1972), zumal auch wegen des Literaturstreits zu dieser Frage.

(2) Ist **zu Unrecht ein gemeinsamer Betriebsrat** für zwei oder mehr selbständige Betriebe (eines **73** Unternehmens oder verschiedener Unternehmen [gemeinsamer Betrieb]) gewählt worden, so ist diese Wahl ebenfalls wirksam, und der Betriebsrat bleibt grundsätzlich bis zum Ablauf seiner Amtszeit im Amt. Ein Zuständigkeitsverlust tritt nicht ein; er könnte hier nicht einmal praktikabel durchgeführt werden. Die Lösung könnte vielmehr nur in der Annahme liegen, dass mit Rechtskraft das Amt des

§ 18 II. 1. Zusammensetzung und Wahl des Betriebsrats

gemeinsamen Betriebsrats endet; dies scheitert jedoch daran, dass die Wahl bei fehlerhafter Betriebsabgrenzung nicht nichtig ist und der Feststellungsentscheidung keine Gestaltungswirkung zukommt (im Ergebnis übereinstimmend *BAG* 09.04.1991 EzA § 18 BetrVG 1972 Nr. 7 S. 8 = AP Nr. 8 zu § 18 BetrVG 1972; *Koch*/ErfK § 18 BetrVG Rn. 5; *Nicolai*/*HWGNRH* § 18 Rn. 47; wohl auch *Fitting* § 18 Rn. 62). Das vorzeitige Amtsende eines Betriebsrats, der zu Unrecht für einen (vermeintlichen) Gemeinschaftsbetrieb mehrerer Unternehmen gewählt worden ist, kann aber dadurch herbeigeführt werden, dass die beteiligten Arbeitgeber diesen nachträglich auflösen (überzeugend herausgearbeitet von *Rieble* FS *Kreutz*, S. 387 ff.), und zwar unabhängig davon, ob die Bestandskraft des Betriebsrats den Gemeinschaftsbetrieb nur fingiert (so *Rieble*, der deshalb für eine Auflösung durch »Lossagung« plädiert) oder sogar konstituiert; andernfalls entstünde ein Wertungswiderspruch dazu, dass ein wirklicher Gemeinschaftsbetrieb jederzeit für die Zukunft aufgelöst werden kann (vgl. zum Entstehen eines unternehmensübergreifenden Übergangsmandats in diesem Fall § 21a Rdn. 97). Vgl. zur Rechtslage, wenn erst nach einer Betriebsratswahl unternehmensintern die Spaltung eines Betriebes erfolgt, § 21a Rdn. 14 ff. Anders ist die Rechtslage, wenn erst nach einer Betriebsratswahl im Zuge einer Unternehmensspaltung (Rechtsträgerspaltung) Betriebsteile auf ein oder mehrere selbständige Unternehmen übertragen worden sind, dann aber zweifelhaft ist, ob die abgespaltenen und verbliebenen Teile weiterhin einen gemeinsamen Betrieb der beteiligten Unternehmen bilden. In diesem Fall endet mit Rechtskraft der Entscheidung, dass kein gemeinsamer Betrieb besteht, die Zuständigkeit des gewählten Betriebsrats für die abgespaltenen Teile (vgl. *ArbG Bochum* BB 1987, 968). Diese sind, vorbehaltlich eines (noch) bestehenden Übergangsmandats (vgl. § 21a Rdn. 94), betriebsratslos; für sie kann nach § 13 Abs. 2 Nr. 6 jederzeit ein Betriebsrat gewählt werden.

74 (3) Ist nur in einem Hauptbetrieb unter **fehlerhafter Nichteinbeziehung** der Arbeitnehmer **von Betriebsteilen** oder **Kleinstbetrieben** ein Betriebsrat gewählt worden, so ist auch diese Wahl wirksam. Der Betriebsrat ist ab Rechtskraft jedoch auch für die nicht selbständigen Betriebsteile und Betriebe zuständig, bei denen kein eigener Betriebsrat gewählt worden ist (ebenso *BAG* 03.12.1985 EzA § 4 BetrVG 1972 Nr. 4 = AP Nr. 28 zu § 99 BetrVG 1972 [zust. *Otto*]; *Brors*/HaKo § 18 Rn. 9; *Fitting* § 18 Rn. 64: vergleichbar der nachträglichen Vergrößerung des Betriebs; *Homburg*/DKKW § 18 Rn. 25; *Koch*/ErfK § 18 BetrVG Rn. 5; *Reichold*/HWK § 18 BetrVG Rn. 15; *Wlotzke*/WPK § 18 Rn. 19; vgl. auch *Richardi*/*Thüsing* § 18 Rn. 35). Da die Arbeitnehmer der Betriebsteile und Kleinstbetriebe aber nicht an der Wahl im Hauptbetrieb beteiligt waren, kann in Analogie zu § 13 Abs. 2 Nr. 1 eine Neuwahl in Betracht kommen (ebenso die zuvor genannten *Brors*, *Fitting*, *Koch*, *Reichold*).

75 (4) Wird rechtskräftig festgestellt, dass ein bisher als selbständiger Betrieb behandelter **Betriebsteil** dem Hauptbetrieb **zuzuordnen ist**, so bleibt ein **in jenem Betriebsteil gewählter Betriebsrat** bis zum Ablauf seiner Amtszeit im Amt, und der Betriebsteil fällt nicht in den Zuständigkeitsbereich des Betriebsrats im Hauptbetrieb (ebenso *Fitting* § 18 Rn. 63; *Koch*/ErfK § 18 BetrVG Rn. 5; *Reichold*/HWK § 18 BetrVG Rn. 15; a. M. *Richardi*/*Thüsing* § 18 Rn. 35; *Schlochauer*/HSWG § 18 Rn. 20). Insofern greift der Gesichtspunkt durch, dass die Verkennung des Betriebsbegriffs nicht zur Nichtigkeit der Wahl führt (vgl. § 19 Rdn. 151; speziell für den Fall, dass für einen Teil eines Betriebs ein Betriebsrat gewählt und die Wahl nicht angefochten worden ist, vgl. *BAG* 27.06.1995 EzA § 111 BetrVG 1972 Nr. 31 S. 3 [zust. *B. Gaul*] = AP Nr. 7 zu § 4 BetrVG 1972). Entsprechendes gilt, wenn unter Verkennung des Betriebsbegriffs in einem einheitlichen Betrieb **mehrere Betriebsräte** für jeweils einzelne Betriebsteile gewählt worden sind (vgl. *BAG* 07.12.1988 EzA § 19 BetrVG 1972 Nr. 25 = AP Nr. 15 zu § 19 BetrVG 1972; 31.05.2000 EzA § 19 BetrVG 1972 Nr. 39 = AP Nr. 12 zu § 1 BetrVG 1972 [zust. *v. Hoyningen-Huene*]); dies gilt auch, wenn das Vorliegen eines gemeinsamen Betriebs mehrerer Unternehmen verkannt worden ist.

76 (5) Wird rechtskräftig festgestellt, dass ein Betrieb, Betriebsteil, Kleinstbetrieb, Sparte oder Unternehmen einer nach § 3 Abs. 1 Nr. 1 bis 3 oder Abs. 2 durch Kollektivvertrag (oder Beschluss nach § 3 Abs. 3) **rechtswirksam gebildeten**, vom Gesetz abweichenden **Organisationseinheit** fehlerhaft nicht zugeordnet oder zu Unrecht zugeordnet worden ist (z. B. bei Zusammenfassung von Betrieben), gilt das in Rdn. 72 bis 75 Gesagte entsprechend. Auch insoweit handelt es sich um Fälle einer Verkennung des Betriebsbegriffs auf Grundlage der Auslegung des Kollektivvertrages (bzw. des Beschlusse nach § 3 Abs. 3). Auch insoweit bleiben deshalb grundsätzlich alle gewählten Betriebsräte bis zum Ab-

lauf ihrer Amtszeit im Amt, der in der Organisationseinheit gewählte Betriebsrat ggf. unter Zuständigkeitserweiterung für betriebsratslose Teileinheiten (vgl. auch *Fitting* § 18 Rn. 64a).

(6) Eine andere Fallkonstellation ist gegeben, wenn rechtskräftig festgestellt wird, dass eine vom Gesetz abweichende **Organisationseinheit** nach § **3 nicht rechtswirksam bestimmt** worden ist. Dies ist der Fall, wenn die Prüfung des zugrunde liegenden Kollektivvertrages (oder Beschlusses) als Vorfrage (anders als in einem Rechtsstreit nach 9 TVG) dessen Unwirksamkeit (Nichtigkeit) ergibt, weil die gesetzlich vorausgesetzten Tatbestandmerkmale für eine vom Gesetz abweichende Regelung nicht erfüllt sind (die Rechtsfolge »Unwirksamkeit« ist dabei unstreitig; vgl. für einen Zuordnungstarifvertrag *BAG* 13.03.2013 EzA § 3 BetrVG 2001 Nr. 6 Rn. 27 ff. = AP Nr. 10 zu § 3 BetrVG 1972; für eine Gesamtbetriebsvereinbarung, die einen unternehmenseinheitlichen Betriebsrat bestimmen soll, *BAG* 24.04.2013 EzA § 3 BetrVG 2001 Nr. 7 Rn. 25 = AP Nr. 11 zu § 3 BetrVG 1972; *Franzen* § 3 Rdn. 76; *Fitting* § 3 Rn. 23). Zweifelhaft und str. ist, ob dann auch die auf dieser nichtigen Basis durchgeführte Betriebsratswahl nichtig ist oder ob es sich auch insoweit um eine schlichte Verkennung des Betriebsbegriffs handelt, die zur Anfechtbarkeit der Wahl führt, aber nicht zu ihrer Nichtigkeit (gegen Nichtigkeit einer Wahl auf Grundlage eines unwirksamen Zuordnungstarifvertrages »in der Regel« *BAG* 13.03.2013 EzA § 3 BetrVG 2001 Nr. 6 Rn. 16 f. m. w. N. auch zur Gegenmeinung = AP Nr. 10 zu § 3 BetrVG 1972; *Franzen* § 3 Rdn. 76 m. w. N.; *Koch/ErfK* § 18 BetrVG Rn. 5; *Fitting* § 3 Rn. 23; **a. M.** *Fitting* § 18 Rn. 64b; *Richardi* NZA 2014, 232 [234]; *Richardi* § 3 Rn. 97 [anders *Richardi/Thüsing* § 18 Rn. 33]). Eine Verkennung des Betriebsbegriffs liegt vor, weil nicht erkannt wurde, dass wegen der Unwirksamkeit der vom Gesetz abweichenden Regelung nach dem gesetzlichen Betriebsstrukturen zu wählen war. Aber auch insoweit erfordert die richtige Betriebsabgrenzung die Beurteilung schwieriger Tat- und Rechtsfragen, namentlich zu den materiellen Tatbestandsvoraussetzungen, bei denen unbestimmte Rechtsbegriffe verwendet werden, wie insbesondere die nach § 3 Abs. 1 Nr. 1–3 geforderte »Sachgerechtigkeit« und »Zweckmäßigkeit« der Regelung. Wie in anderen Fällen einer Verkennung des Betriebsbegriffs (s. § 19 Rdn. 151) fehlt deshalb auch insoweit grundsätzlich die Offenkundigkeit fehlerhafter Betriebsabgrenzung. Der auf unwirksamer Grundlage gewählte Betriebsrat bleibt bis zum Ende seiner Amtszeit im Amt, sofern der Tarifvertrag oder die Betriebsvereinbarung in Parallele zu § 3 Abs. 4 nichts anders bestimmt. Entsprechendes gilt, wenn im Abgrenzungsverfahren nach § 18 Abs. 2 als Vorfrage festgestellt wird, dass der zugrunde liegende Tarifvertrag **wegen Tarifkonkurrenz** nach § 4a Abs. 3, Abs. 2 Satz 2 TVG nicht anwendbar war.

Die **Bindungswirkung** eines Feststellungsbeschlusses über die Betriebsabgrenzung bleibt unabhängig vom Zeitpunkt der Antragstellung (innerhalb oder außerhalb eines Wahlverfahrens) **für alle Verfahrensbeteiligten** so lange **bestehen**, als sich die rechtlichen und tatsächlichen strukturellen Voraussetzungen, die ihm zugrunde liegen, nicht ändern (vgl. *BAG* 27.01.1981 BAGE 35, 1 = AP Nr. 2 zu § 80 ArbGG 1979; 29.01.1987 EzA § 1 BetrVG 1972 Nr. 5 = AP Nr. 6 zu § 1 BetrVG 1972; 19.11.2003 EzA § 19 BetrVG 2001 Nr. 1 S. 5 = AP Nr. 55 zu § 19 BetrVG 1972; *Fitting* § 18 Rn. 58; *Koch/ErfK* § 18 BetrVG Rn. 5; *Richardi/Thüsing* § 18 Rn. 30; *Wiebauer/LK* § 18 Rn. 20; *Wlotzke/WPK* § 18 Rn. 17). Die Bindung von Betriebsrat und Wahlvorstand ist dabei nicht auf die jeweilige Amtsperiode beschränkt, sondern erfasst den jeweils im Amt befindlichen **Funktionsnachfolger** als den Repräsentanten der Belegschaft (so für den Betriebsrat *BAG* 27.01.1981 BAGE 35,1 = AP Nr. 2 zu § 80 ArbGG 1979). Verfahrensrechtlich kommt der rechtskräftigen Entscheidung **präjudizielle Wirkung** für alle Streitigkeiten zwischen den Beteiligten zu (z. B. im Wahlanfechtungsverfahren [vgl. *BAG* 20.03.1996 EzA § 322 ZPO Nr. 10 = AP Nr. 32 zu § 19 BetrVG 1972 Bl. 4 R: auch nach einem Wandel der höchstrichterlichen Rechtsprechung; dem im Ergebnis zust. *R. Krause*] oder bei Streitigkeiten über den Umfang von Beteiligungsrechten des Betriebsrats); darüber hinaus schließt sie bei Identität der Beteiligten und des Sachverhalts eine erneute Entscheidung über dieselbe Betriebsabgrenzungsfrage aus (vgl. *BAG* 27.01.1981 BAGE 35, 1 = AP Nr. 2 zu § 80 ArbGG 1979; ferner *BAG* 25.11.1980 AP Nr. 3 zu § 18 BetrVG 1972).

Schließlich wirkt der rechtskräftige Feststellungsbeschluss auch im Verhältnis zwischen dem (oder den) verfahrensbeteiligten **Arbeitgeber(n)** und seinen (ihren) **Arbeitnehmern**, soweit dieses Verhältnis durch betriebsverfassungsrechtliche Normen bestimmt wird. Eine solche Bindungswirkung (Rechtskrafterstreckung) sieht das Verfahrensrecht (anders als § 9 TVG) zwar nicht vor; sie ist mit dem *BAG* aber daraus herzuleiten, dass § 18 Abs. 2 ein Verfahren zur Verfügung stellt, das die verbindliche Klärung von Zweifeln über die richtige Betriebsabgrenzung als Grundlage der gesamten Betriebsverfassung bezweckt, so dass eine in diesem Verfahren ergangene Entscheidung für die Anwendung aller betriebsverfassungsrechtlichen Normen auch im Verhältnis zu den betriebsangehörigen Arbeitnehmern verbindlich sein muss (so *BAG* 09.04.1991 EzA § 18 BetrVG 1972 Nr. 7 [im Ergebnis zust. *Dütz/Rotter*] im Anschluss an *Dütz* JArbR Bd. 20 [1982], 1983, S. 33 [51]; bestätigt durch *BAG* 01.12.2004 EzA § 18 BetrVG 2001 Nr. 1 S. 4; zust. auch *Konzen* FS Zeuner, S. 401 [408]; ausführlich *R. Krause* Rechtskrafterstreckung im kollektiven Arbeitsrecht, 1996, S. 374 ff.; *Wiebauer/LK* § 18 Rn. 21 weitergehend *Matthes/Spinner/GMP* ArbGG, § 84 Rn. 28: Wirkung gegenüber allen; vgl. auch *Richardi/Thüsing* § 18 Rn. 31: Tatbestandswirkung). Ist z. B. rechtskräftig festgestellt, dass zwei Unternehmen keinen gemeinsamen Betrieb haben, so steht auch für die Beurteilung eines Abfindungsanspruchs nach § 113 Abs. 3 das Vorliegen von selbständigen Betrieben fest (*BAG* 09.04.1991 EzA § 18 BetrVG 1972 Nr. 7 = AP Nr. 8 zu § 18 BetrVG 1972); ist rechtskräftig festgestellt, dass ein Betriebsteil selbständig ist, so kann ein dort gekündigter Arbeitnehmer nicht geltend machen, die Kündigung sei mangels Anhörung des Betriebsrats des Hauptbetriebs unwirksam (*BAG* 09.04.1991 EzA § 18 BetrVG 1972 Nr. 7 S. 7 obiter dictum). Vgl. zur Bindungswirkung einer Entscheidung im Verfahren nach Abs. 2 für ein Ersetzungsverfahren nach Abs. 1 Satz 2 *BAG* 01.12.2004 EzA § 18 BetrVG 2001 Nr. 1 S. 4 f.: Bindungswirkung für die am Ersetzungsverfahren Beteiligten, auch wenn sie am Verfahren nach Abs. 2 nicht beteiligt waren. Keine Bindungswirkung besteht dagegen, wenn es im Kündigungsschutzverfahren um die Anwendung des Betriebsbegriffs in § 1 Abs. 1, Abs. 2 Nr. 1b, § 23 Abs. 1 (Betriebsgröße) KSchG geht (vgl. m. w. N. *BAG* 18.10.2006 EzA § 1 KSchG Betriebsbedingte Kündigung Nr. 151 Rn. 44; 13.06.1985 EzA § 1 KSchG Nr. 41 S. 170 f., beide zur Feststellung eines gemeinsamen Betriebs), weil dies keine betriebsverfassungsrechtliche Vorfrage betrifft.

V. Rechtsschutz gegen Entscheidungen des Wahlvorstands

1. Zulässigkeit

80 Nach heute unstreitiger Auffassung in Literatur und Rechtsprechung können einzelne **Maßnahmen und Entscheidungen des Wahlvorstands** bereits **vor Abschluss** des Wahlverfahrens gesondert, und ohne dass die Voraussetzungen der Wahlanfechtung (immer) erfüllt sein müssen, vor den Arbeitsgerichten **angegriffen** werden (vgl. *BAG* 15.12.1972 BAGE 24, 480 = AP Nr. 1 zu § 14 BetrVG 1972 = SAE 1973, 234 [zust. *Bohn*]; 15.12.1972 AP Nr. 5 zu § 80 ArbGG 1953 = SAE 1975, 37 [zust. *Dütz*]; 03.06.1975 BAGE 27, 163 = AP Nr. 1 zu § 5 BetrVG 1972 Rotes Kreuz; *LAG Berlin* AuR 1979, 252; ARSt. 1984, 158; *ArbG Berlin* DB 1972, 877; zum BetrVG 1952 schon *BAG* 14.12.1965 BAGE 18, 41 = AP Nr. 5 zu § 16 BetrVG; *Brors/HaKo* § 18 Rn. 6; *Etzel* HzA Gruppe 19/1 Rn. 146; *Fitting* § 18 Rn. 33; *Gnade* FS Herschel, S. 147, 157; *H. Hanau* DB 1986, Beil. Nr. 4, S. 8 ff.; *Held* DB 1985, 1691 ff.; *Homburg/DKKW* § 19 Rn. 16; *Koch/*ErfK § 18 BetrVG Rn. 7; *G. Müller* FS Schnorr von Carolsfeld, S. 396; *Nicolai/HWGNRH* § 18 Rn. 37; *Nießen* Fehlerhafte Betriebsratswahlen, S. 365 ff. mit ausführlicher Begründung; *Preis* AuR 1973, 9 ff.; *Reichold/HWK* § 18 BetrVG Rn. 16; *Richardi/Thüsing* § 18 Rn. 19; *Stege/Weinspach/Schiefer* § 19 Rn. 14; *Weiss/Weyand* § 19 Rn. 8; *Wiebauer/LK* § 18 Rn. 23; *Winterfeld* NZA 1990, Beil. 1, S. 20; *Wlotzke/WPK* § 18 Rn. 9; zum MitbestG vgl. *BAG* 25.08.1981 AP Nr. 2 zu § 83 ArbGG 1979 Bl. 4; ausführlich auch *Thau* Mängel der Aufsichtsratswahlen, S. 479 ff.).

81 Obwohl das Betriebsverfassungsgesetz ein solches Verfahren nicht ausdrücklich vorsieht, ergibt sich seine Zulässigkeit aus der umfassenden Zuständigkeit der Arbeitsgerichte zur Entscheidung aller betriebsverfassungsrechtlichen Streitigkeiten im Beschlussverfahren nach der Generalklausel des § 2a Abs. 1 Nr. 1, Abs. 2 ArbGG (so eindeutig mit Recht *BAG* 15.12.1972 BAGE 24, 480 = AP Nr. 1 zu § 14 BetrVG 1972; vgl. auch *Grunsky* ArbGG, § 2a Rn. 12; *Hauck/Helml/Biebl* ArbGG, § 2a Rn. 10; *Matthes/Schlewing/GMP* ArbGG, § 2a Rn. 42; *Walker* in: Schwab/Weth ArbGG, § 2a Rn. 33; *Waas/GWBG* ArbGG, § 2a Rn. 14). Es bedarf insoweit weder der analogen Anwendung des § 18 Abs. 2, noch steht diese Bestimmung einem allgemeinen **vorgeschalteten Kontrollverfahren** entgegen; vielmehr hat sie durch die Entwicklung im arbeitsgerichtlichen Verfahrensrecht ihre den Rechtsweg eröffnende Bedeutung verloren (vgl. Rdn. 57). Auch § 19 steht einer gerichtlichen Geltendmachung einzelner Wahlfehler vor Abschluss des Wahlverfahrens nicht entgegen, nachdem § 1

Abs. 4 Wahlordnung 1953, wonach Entscheidungen und Maßnahmen des Wahlvorstands nur im Zusammenhang mit der Betriebsratswahl angefochten werden konnten, wegen zweifelhafter Ermächtigungsgrundlage bereits 1962 (BGBl. I, S. 64) aufgehoben worden war und sich politische Vorstellungen, die Kontrolle einzuschränken, bei der Novellierung des BetrVG 1972 nicht durchsetzen konnten (vgl. § 18 Abs. 2 DGB-Entwurf AuR 1968, 83; CDU/CSU-Fraktion, BT-Drucks. VI/1806, S. 13). Ein vorgeschaltetes Kontrollverfahren deckt sich wegen des damit erreichbaren **vorbeugenden Rechtsschutzes** (vgl. *Dütz* SAE 1975, 39) vielmehr weitgehend mit den Zielsetzungen des § 19 (vgl. § 19 Rdn. 14 ff.): Möglichst rasch und zuverlässig Klarheit über den Bestand eines Wahlergebnisses herbeizuführen, Betriebsratslosigkeit und die Kosten einer Neuwahl zu vermeiden. Selbst wenn wegen der Kürze der zur Verfügung stehenden Zeit vielfach vor Abschluss des Wahlverfahrens keine rechtskräftige Entscheidung herbeigeführt werden kann und daher einer Anfechtbarkeit aus tatsächlichen Gründen nur eingeschränkt vorgebeugt werden kann, rechtfertigt sich der frühzeitige Rechtsschutz wegen seines Beschleunigungseffekts; hinzu kommt der praktisch wichtige **vorläufige Rechtsschutz** in diesem vorgeschalteten Kontrollverfahren (vgl. dazu näher Rdn. 90 ff.). Allerdings ist dieses Verfahren kein in ein früheres Stadium verlegtes Anfechtungsverfahren. Es geht nicht um den Bestand eines gewählten Gremiums, sondern lediglich um die Sicherstellung der Rechtmäßigkeit einzelner Maßnahmen und Entscheidungen und damit um die Sicherstellung einer rechtmäßigen (nicht anfechtbaren oder gar nichtigen) Wahl. Prüfungsmaßstab ist dementsprechend primär auch nicht eine (potentielle) Beeinflussung des Wahlergebnisses durch Wahlrechtsverstöße. Neben dem Rechtsschutz gegen Entscheidungen des Wahlvorstands kommen die Regeln über das »vorgeschaltete Kontrollverfahren« **auch für andere Streitigkeiten während des Wahlverfahrens** entsprechend zur Anwendung (vgl. Rdn. 107). Zum Übergang aus dem vorgeschalteten Kontrollverfahren durch Antragsänderung in ein Wahlanfechtungsverfahren nach Abschluss des Wahlverfahrens vgl. Rdn. 87.

2. Rechtsschutzverfahren

Das Arbeitsgericht entscheidet auf **Antrag im Beschlussverfahren** (§ 2a Abs. 1 Nr. 1, Abs. 2, §§ 80 ff. ArbGG). Nach § 82 Abs. 1 Satz 1 ArbGG ist das Arbeitsgericht **örtlich** zuständig, in dessen Bezirk der Betrieb liegt (bzw. dessen Leitung ihren Sitz hat; s. auch Rdn. 66). Der Antrag ist schriftlich oder zu Protokoll der Geschäftsstelle zu stellen (§ 81 Abs. 1 ArbGG). Der Antrag muss entsprechend § 253 Abs. 2 ZPO den **Antragsteller** deutlich machen und den **Wahlvorstand als Antragsgegner** und ein **bestimmtes Begehren** erkennen lassen sowie soweit begründet sein, dass Verletzungen von Wahlvorschriften durch den Wahlvorstand möglich erscheinen (vgl. näher zur Antragsschrift *Ahrendt*/ GK-ArbGG, § 81 Rn. 2 ff.; *Greiner*/GWBG ArbGG, § 81 Rn. 3 ff.; *Grunsky* ArbGG, § 81 Rn. 2; *Hauck*/*Helml*/*Biebl* ArbGG, § 81 Rn. 4 ff.; *Matthes*/*Spinner*/GMP ArbGG, § 81 Rn. 7 ff.; *Reinfelder* in: *Düwell*/*Lipke* ArbGG, § 81 Rn. 2 ff.; *Weth* in: *Schwab*/*Weth* § 81 Rn. 3 ff.).

82

Antragsgegenstand können sämtliche fehlerhaften Maßnahmen, Entscheidungen und Unterlassungen des Wahlvorstands sein. Der Antrag kann sich auf ein **Leistungsbegehren** richten (Handlungen vorzunehmen oder zu unterlassen, z. B. den Wahlvorstand zu verpflichten, einen Arbeitnehmer in die Wählerliste aufzunehmen oder aus dieser zu streichen, einen zurückgewiesenen Wahlvorschlag anzunehmen oder einen eingereichten Wahlvorschlag zurückzuweisen, das Wahlverfahren durch ein neues Wahlausschreiben [etwa mit berichtigter Zahl zu wählender Betriebsratsmitglieder oder der Mindestsitze für das Geschlecht in der Minderheit] von neuem einzuleiten) oder dem Wahlvorstand jede weitere Handlung zu untersagen, die auf die Durchführung der Wahl gerichtet ist (so der [ausgelegte] Antrag in *BAG* 27.07.2011 EzA § 19 BetrVG 2001 Nr. 8 Rn. 19 = AP Nr. 2 zu § 16 BetrVG 1972). Ein Leistungsantrag auf Berichtigung der Wählerliste kommt auch gegen eine im Verfahren nach § 18a getroffene und durchgeführte Zuordnungsentscheidung in Betracht (vgl. näher § 18a Rdn. 108 ff.). Da der Antragsteller auch im Beschlussverfahren in jeder Lage des Verfahrens ein Rechtsschutzinteresse an seinem Antrag haben muss, kommt ein Antrag auf **bloße Feststellung** der Rechtswidrigkeit von Maßnahmen und Entscheidungen nur in Betracht, wenn ein Leistungsantrag nicht möglich ist; der Feststellungsantrag ist insoweit aus Gründen der Prozessökonomie subsidiär, zumal ein Feststellungsbeschluss nicht vollstreckbar ist (vgl. *BAG* 01.12.1961 AP Nr. 1 zu § 80 ArbGG 1953; *Grunsky* ArbGG, § 80 Rn. 23; *Thau* Mängel der Aufsichtsratswahlen, S. 556 m. w. N.). Zudem kann Gegenstand eines zulässigen Feststellungsantrags nur das Bestehen oder Nichtbestehen eines feststellungsfähi-

83

gen Rechtsverhältnisses sein (§ 256 Abs. 1 Satz 1 ZPO), wozu allerdings auch einzelne Rechte und Pflichten gehören (prägnant dazu BAG 24.02.2016 EzA § 256 ZPO 2002 Nr. 18 Rn. 12). Das Gericht ist nach § 139 ZPO verpflichtet, auf die Stellung sachgerechter Anträge hinzuwirken (vgl. Matthes/Spinner/GMP ArbGG, § 81 Rn. 34; Grunsky ArbGG, § 81 Rn. 5; Hauck/Helml/Biebl ArbGG, § 81 Rn. 4).

84 Die **Antragsberechtigung**, die nach h. M. Prozessvoraussetzung, nach hier vertretener Auffassung Frage der Aktivlegitimation im Rahmen der Prüfung der Begründetheit ist (vgl. näher § 16 Rdn. 63 und § 19 Rdn. 62), ist wegen der weitgehend übereinstimmenden Zielsetzung zwischen einem vorgeschalteten Kontrollverfahren und dem Anfechtungsverfahren nach § 19 zunächst **analog § 19 Abs. 2 Satz 1** zu bestimmen (ebenso Etzel HzA Gruppe 19/1 Rn. 149; Fitting § 18 Rn. 43; H. Hanau DB 1986, Beil. Nr. 4, S. 9; Richardi/Thüsing § 18 Rn. 20; Schlochauer/HSWG § 18 Rn. 21; Wlotzke/WPK § 18 Rn. 9; Zwanziger DB 1999, 2264 [2266]; zust. LAG Hamm 31.08.2016 – 7 TaBVGa 3/16 – juris, Rn. 31; LAG Düsseldorf 13.03.2013 – 9 TaBVGa 5/13 – juris, Rn. 57; LAG Schleswig-Holstein 05.04.2012 – 4 TaBVGa 1/12 – juris, Rn. 21; LAG Baden-Württemberg 09.03.2010 – 15 TaBVGa 1/10 – juris, Rn. 46; LAG Hamburg 19.04.2010 NZA-RR 2010, 585 [586]). Sie steht danach, ohne dass weiteres zu prüfen wäre, dem **Arbeitgeber** (so wohl auch BAG 27.07.2011 EzA § 19 BetrVG 2001 Nr. 8 Rn. 20 = AP Nr. 2 zu § 16 BetrVG 1972), **jeder im Betrieb vertretenen Gewerkschaft** (ebenso LAG Schleswig-Holstein 05.04.2012 – 4 TaBVGa 1/12 – juris, Rn. 20 f.; vgl. auch BAG 05.03.1974 AP Nr. 1 zu § 5 BetrVG 1972 = EzA § 5 BetrVG 1972 Nr. 7 [krit. Kraft]; 14.12.1965 AP Nr. 5 zu § 16 BetrVG 1952; LAG Baden-Württemberg BB 1972, 918; einschränkend Wiebauer/LK § 18 Rn. 23: nur wenn sie in ihrem Wahlvorschlagsrecht nach § 14 Abs. 3 betroffen sind) **und mindestens drei wahlberechtigten Arbeitnehmern** (s. § 19 Rdn. 70 und § 16 Rdn. 32) zu; in den privatisierten Unternehmen auch jedem im Betrieb vertretenen Berufsverband der Beamten und ggf. der Soldaten(vgl. § 16 Rdn. 49). Darüber hinaus ist jeder **einzelne** Arbeitnehmer antragsberechtigt, der durch Maßnahmen des Wahlvorstands in seinem aktiven oder passiven Wahlrecht unmittelbar betroffen wird (ebenso BAG 15.12.1972 BAGE 24, 480 = AP Nr. 1 zu § 14 BetrVG 1972; LAG Hamburg NZA-RR 1997, 136; LAG Nürnberg AuR 2002, 238; LAG Hamm 24.03.2010 – 10 TaBVGa 7/10 – juris, Rn. 59; Etzel HzA Gruppe 19/1Rn. 149; Fitting § 18 Rn. 43; H. Hanau DB 1986, Beil. Nr. 4, S. 11 f.; G. Müller FS Schnorr von Carolsfeld, S. 396; ausführlich Preis AuR 1973, 9 ff.; Richardi/Thüsing § 18 Rn. 20; Stege/Weinspach/Schiefer § 19 Rn. 14; Weiss/Weyand § 19 Rn. 8; Wiebauer/LK § 18 Rn. 23; Wlotzke § 18 Rn. 9; Zwanziger DB 1999, 2266), z. B. wenn er seine Aufnahme in die (richtige) Wählerliste oder als Wahlbewerber oder Unterzeichner eines Wahlvorschlages dessen Zulassung erreichen will (vgl. zur Problematik unrichtiger Betriebsabgrenzung in diesem Zusammenhang Rdn. 65). Auf diese Weise wird effektiver Rechtsschutz **gegen Verletzungen des subjektiven Wahlrechts** möglich, der im Anfechtungsverfahren wegen der Begrenzung der Anfechtungsberechtigung auf mindestens drei Wahlberechtigte so nicht gewährleistet ist. Entsprechend § 18 Abs. 2 ist auch der **Betriebsrat** antragsberechtigt.

85 Die **Beteiligungsberechtigung** i. S. v. § 83 Abs. 3 ArbGG beurteilt sich hier entsprechend dem Anfechtungsverfahren; demnach ist zwar **immer** der **Arbeitgeber**, eine im Betrieb vertretene Gewerkschaft dagegen grundsätzlich ebenso wenig beteiligungsbefugt wie drei beliebige Wahlberechtigte (vgl. näher § 19 Rdn. 108 ff.). Dieser Unterschied zwischen Antragsberechtigung und Beteiligungsberechtigung wird auch vom BAG anerkannt (vgl. BAG 25.08.1981 BAGE 37, 31 = AP Nr. 2 zu § 83 ArbGG 1972 [insoweit zust. Grunsky] = SAE 1982, 195 [zust. Zeiss]; BAG 19.09.1985 EzA § 19 BetrVG 1972 Nr. 22 = AP Nr. 12 zu § 19 BetrVG 1972). Für eine **Gewerkschaft** gilt **nur** dann etwas anderes, wenn ihr eigenes Wahlvorschlagsrecht nach § 14 Abs. 3, 5 berührt ist. Der noch amtierende Betriebsrat ist zu beteiligen, wenn er in einer betriebsverfassungsrechtlichen Rechtsposition unmittelbar betroffen wird, z. B. wenn mit einer Entscheidung des Wahlvorstands zugleich die Rechtmäßigkeit seiner Bestellung durch den Betriebsrat angegriffen wird; entsprechend gilt das für den Gesamtbetriebsrat (bzw. Konzernbetriebsrat), wenn er den Wahlvorstand bestellt hat. Wahlvorstandsmitglieder sind nicht zu beteiligen, wenn es nur um die Existenz oder Rechte des Wahlvorstands (als Antragsgegner) geht (BAG 27.07.2011 EzA § 19 BetrVG 2001 Nr. 8 Rn. 16 = AP Nr. 2 zu § 16 BetrVG 1972).

Vorbereitung und Durchführung der Wahl § 18

In jeder Lage des Verfahrens muss (wie auch sonst im Beschlussverfahren) ein **Rechtsschutzinteresse** 86
an dem Antrag bestehen; andernfalls ist der Antrag als unzulässig abzuweisen. Richtet sich der Antrag auf die Berichtigung der Wählerliste, so **fehlt** das Rechtsschutzinteresse, wenn nicht zuvor nach § 4 WO Einspruch beim Wahlvorstand eingelegt worden ist (s. *Raab* § 7 Rdn. 157; ebenso *Etzel* HzA Gruppe 19/1 Rn. 147; *Wlotzke/WPK* § 18 Rn. 9; **a. M.** *Winterfeld* NZA 1990, Beil. 1, S. 20 [25]). Das Rechtsschutzinteresse **entfällt** in der Regel mit Abschluss des Wahlverfahrens, weil und soweit damit einzelne Maßnahmen und Entscheidungen des Wahlvorstands keine selbständige Bedeutung mehr haben (vgl. *BAG* 05.03.1974 BAGE 26, 36 = AP Nr. 1 zu § 5 BetrVG 1972 Bl. 5: für die Wählerliste; *BAG* 15.12.1972 AP Nr. 5 zu § 80 ArbGG 1953 = SAE 1975, 37 [insoweit zust. *Dütz*]: unrichtige Feststellung der Zahl der Betriebsratsmitglieder) und der Antrag lediglich darauf hinauslaufen würde, die Richtigkeit einer Rechtsauffassung gerichtlich gutachterlich zu bestätigen (vgl. grundlegend *BAG* 29.07.1982 EzA § 81 ArbGG 1979 Nr. 2 = AP Nr. 5 zu § 83 ArbGG 1979 Bl. 3). Bei einem Leistungsantrag entfällt das Rechtsschutzinteresse bereits vorher, insbesondere mit Abschluss der Stimmabgabe, wenn die begehrte Entscheidung im zwischenzeitlich weitergelaufenen Wahlverfahren keinen Einfluss mehr haben kann (vgl. auch *H. Hanau* DB 1986, Beil. Nr. 4, S. 9). In einem solchen Fall kann der Antragsteller seinen Leistungsantrag entsprechend § 264 Nr. 2 ZPO in einen Feststellungsantrag ändern; ggf. ist vom Gericht darauf hinzuwirken. Das Feststellungsinteresse leitet sich dann aus der präjudiziellen Wirkung der Entscheidung für alle Verfahrensbeteiligten in einem eventuellen Wahlanfechtungsverfahren her und besteht deshalb ebenfalls bis zum Abschluss des Wahlverfahrens (zutr. *Thau* Mängel der Aufsichtsratswahlen, S. 557 f.).

Ist über den Antrag **bei Abschluss des Wahlverfahrens** noch **nicht rechtskräftig** entschieden, so 87
kann der Antragsteller, sofern er nach § 19 Abs. 2 Satz 1 anfechtungsberechtigt ist, seinen Antrag entsprechend § 264 Nr. 3 ZPO innerhalb der Anfechtungsfrist nach § 19 Abs. 2 Satz 2 in einen Wahlanfechtungsantrag umstellen, ohne dass nach § 81 Abs. 3 ArbGG die Zustimmung der übrigen Beteiligten oder die Bejahung der Sachdienlichkeit durch das Gericht notwendig ist (vgl. *BAG* 14.01.1983 BAGE 41, 275 = AP Nr. 9 zu § 19 BetrVG 1972; *Etzel* HzA Gruppe 19/1 Rn. 151); in diesem Falle tritt der neu gewählte Betriebsrat an die Stelle des Wahlvorstands als Antragsgegner. In Betracht kommt aber auch die Neueinleitung eines Wahlanfechtungsverfahren (vgl. auch Rdn. 68).

Ausnahmsweise besteht das **Rechtsschutzinteresse** auch **nach Abschluss des Wahlverfahrens** fort, 88
wenn (wie beim Betriebsabgrenzungsverfahren; vgl. Rdn. 68) die zugrunde liegende streitige Wahlfrage auch für zukünftige Wahlen oder die Zuständigkeit des neu gewählten Betriebsrats von Bedeutung ist, insbesondere bei Streitigkeiten über betriebsverfassungsrechtliche Statusfragen (s. dazu *Raab* § 5 Rdn. 287 ff.; vgl. auch *BAG* 15.12.1972 AP Nr. 5 zu § 80 ArbGG 1953, wo das Gericht ein Rechtsschutzinteresse an der Feststellung der Größe des Betriebsrats zu Recht verneint hat). Es handelt sich dabei um die Streitfragen wahlrechtlicher Natur, die nach allgemeinen Grundsätzen auch außerhalb eines konkreten Wahl- oder Wahlanfechtungsverfahrens zum Gegenstand eines arbeitsgerichtlichen Beschlussverfahrens gemacht werden können. Dabei entfällt das Rechtsschutzinteresse auch dann nicht, wenn die Wahlanfechtung (aus welchen Gründen auch immer) versäumt wurde, weil im Wahlanfechtungsverfahren über die zugrunde liegende Streitfrage nicht rechtskräftig entschieden wird (vgl. aber zum Wegfall der Antragsberechtigung nach Versäumung der Wahlanfechtung Rdn. 68).

Wird die Entscheidung des Arbeitsgerichts noch **vor Abschluss** des **Wahlverfahrens rechtskräftig**, so 89
bindet sie **alle Verfahrensbeteiligten**; sie erwächst aber nicht für und gegen alle in Rechtskraft (vgl. entsprechend Rdn. 69). Wird dem Wahlvorstand eine bestimmte Handlung aufgegeben oder eine Maßnahme aufgehoben, so ist entsprechend zu verfahren, ggf. sind die betroffenen Wahlhandlungen zu wiederholen (vgl. zur Zwangsvollstreckung gegen den Wahlvorstand, insbesondere durch Festsetzung von Zwangs- und Ordnungsgeld gemäß § 85 Abs. 1 ArbGG, §§ 888, 890 ZPO, *Walker* in: *Schwab/Weth* ArbGG, § 85 Rn. 4 ff.; *Matthes/Spinner/GMP* ArbGG, § 85 Rn. 14 ff.; *Grunsky* ArbGG, § 85 Rn. 5; *Hauck/Helml/Biebl* ArbGG, § 85 Rn. 5). Kann die Entscheidung wegen des bereits erreichten Stadiums des Wahlverfahrens nicht mehr berücksichtigt, der Wahlfehler also nicht mehr korrigiert werden, so kommt ihr doch für alle Beteiligten präjudizielle Wirkung in einem späteren Wahlanfechtungsverfahren zu (ebenso *Preis* AuR 1973, 14), darüber hinaus ist eine erneute Entscheidung bei Identität der Beteiligten und des Sachverhalts ausgeschlossen (vgl. Rdn. 78).

3. Einstweilige Verfügungen

90 Der Antrag, mit dem Maßnahmen und Entscheidungen des Wahlvorstands im Beschlussverfahren angegriffen werden, hat **keine aufschiebende Wirkung** für das Wahlverfahren. Da dieses in einem relativ kurzen Zeitraum abläuft und mit seinem Ende in der Regel das Rechtsschutzinteresse am Antrag entfällt (vgl. Rdn. 86), tut Eile not. **Einstweiliger Rechtsschutz** wird besonders **wichtig**; das gilt erst recht für das vereinfachte Wahlverfahren für Kleinbetriebe nach § 14a. Im Beschlussverfahren ist nach § 85 Abs. 2 Satz 1 ArbGG der **Erlass einstweiliger Verfügungen zulässig**; §§ 935 ff. ZPO sind mit gewissen Modifikationen entsprechend anwendbar (§ 85 Abs. 2 Satz 2 ArbGG). Das gilt unstr. auch im vorgeschalteten Kontrollverfahren. Danach ist für den Erlass das Gericht der Hauptsache (Beschlussverfahren gegen Maßnahmen und Entscheidungen des Wahlvorstands, Rdn. 82 ff.) zuständig; das ist das ArbG (das LAG nur, wenn die Hauptsache bereits dort anhängig ist).

91 Die Begründetheit eines Antrags auf Erlass einer einstweiligen Verfügung setzt voraus, dass ein Verfügungsanspruch des Antragstellers besteht und ein Verfügungsgrund gegeben ist. Zur Antragsberechtigung gilt das oben (Rdn. 84) Gesagte. Aus der Antragsberechtigung folgt der **Verfügungsanspruch** (als Abwehranspruch), wenn ein Verstoß oder Verstöße gegen einschlägige wesentliche Wahlvorschriften durch den Wahlvorstand vorliegen. Eilbedürftigkeit als **Verfügungsgrund** ist regelmäßig gegeben (vgl. auch *LAG Hamm* DB 1973, 1024; *H. Hanau* DB 1986, Beil. Nr. 4, S. 9; *Dzida/Hohenstatt* BB-Spezial 14/2005, 1 [2]; *Nießen* Fehlerhafte Betriebsratswahlen, S. 383 ff., 473; *Richardi/Thüsing* § 18 Rn. 21; zu einer abweichenden Konstellation s. *ArbG Wesel* 20.05.2008 – 5 BVGa 2/8 – juris).

92 Mittels einstweiliger Verfügung kommen theoretisch die **Aussetzung der Wahl** bis zur rechtskräftigen Entscheidung in der Hauptsache (dazu Rdn. 93) sowie die sofortige Erfüllung des im Hauptverfahren geltend gemachten Leistungsanspruchs (sog. **Leistungsverfügung** oder Befriedigungsverfügung; dazu Rdn. 94 ff.) in Betracht (vgl. zu Art und Inhalt einstweiliger Verfügungen im Wahlverfahren ausführlich *Nießen* Fehlerhafte Betriebsratswahlen, S. 395–487 sowie zu den prozessualen Anforderungen ihres Erlasses [unter Auswertung insbesondere der Kommentare zum ArbGG] S. 497–543). Zum Verfügungsverfahren und zu den Rechtsmitteln vgl. die Kommentare zu § 85 ArbGG. Hervorzuheben ist, dass der Rechtszug vor dem LAG (auf Beschwerde gegen einen Beschluss des ArbG) endet, weil die Rechtsbeschwerde gegen einen Beschluss des LAG nicht statthaft ist (§ 92 Abs. 1 Satz 3 ArbGG), also vom LAG auch nicht zugelassen werden kann. Deshalb kann das BAG insoweit auch nicht unmittelbar in die Klärung von Rechtsfragen eingreifen, die im einstweiligen Verfügungsverfahren von Instanzgerichten unterschiedlich beurteilt werden (vgl. aber Rdn. 98).

a) Aussetzung der Wahl

93 Die **Aussetzung der Wahl** hat den Vorteil, im Hinblick auf den Streitgegenstand keine vollendeten Tatsachen zu schaffen; sie erweist sich als Sicherungsmittel im traditionellen Verständnis des einstweiligen Rechtsschutzes **(Sicherungsverfügung)**. Ihr im Normalfall **nicht hinnehmbarer Nachteil** besteht aber darin, dass auf diese Weise für einen erheblichen Zeitraum quasi das ganze Betriebsverfassungsrecht für den betroffenen Betrieb suspendiert werden könnte (vgl. auch *LAG Hamm* DB 1975, 1176; *LAG Düsseldorf* DB 1978, 987). Dies ist, selbst wenn an den Erlass einer solchen Verfügung besonders strenge Anforderungen gestellt werden, weder mit dem Zweck des Gesetzes im Allgemeinen noch mit der Zielsetzung eines vorgeschalteten Kontrollverfahrens während des Wahlverfahrens vereinbar. Außerdem steht mit der sog. Leistungsverfügung (vgl. Rdn. 94 ff.) ein Rechtsbehelf zur Verfügung, mit dem schneller und einfacher Abhilfe möglich ist. Von besonders gelagerten Fallkonstellationen abgesehen, kann deshalb die einstweilige **Aussetzung** der Wahl bis zur rechtskräftigen Entscheidung in der Hauptsache grundsätzlich **nicht** in Betracht kommen (ebenso *H. Hanau* DB 1986, Beil. Nr. 4, S. 11; *Held* DB 1985, 1691, 1692; *Homburg/DKKW* § 18 Rn. 15; *Fitting* § 18 Rn. 37; *Koch/ErfK* § 18 BetrVG Rn. 7; *Nicolai/HWGNRH* § 18 Rn. 38; *Reichold/HWK* § 18 BetrVG Rn. 17; *Veit/Wichert* DB 2006, 390 [392]; *Wiebauer/LK* § 18 Rn. 24; *Wlotzke/WPK* § 18 Rn. 10; *Zwanziger* DB 1999, 2264 [2265]; im Ergebnis auch *Rieble/Triskatis* NZA 2006, 233 [236]; *Walker* ZfA 2005, 45 [70]; einschränkend *Winterfeld* NZA 1990, Beil. Nr. 1, S. 20: bei allen Wahlmängeln mit Ausnahme des Streits über die richtige Betriebsabgrenzung, bei die Wahlaussetzung i. S. d. § 938 ZPO für gerechtfertigt hält; dieser zust. *Nießen* Fehlerhafte Betriebsratswahlen, S. 479 ff., 482 ff.; höchstens »in besonders schwerwiegenden Fällen«, die aber nicht aufgezeigt werden, wollte das *LAG*

Hamm [DB 1975, 1176] die Aussetzung [bis zum Abschluss eines Verfahrens nach § 18 Abs. 2] zulassen; dem *LAG Hamm* folgend: *Dietz / Richardi* § 18 Rn. 27; *Gnade* FS *Herschel*, S. 157; *Schlochauer/HSWG* § 18 Rn. 22, § 19 Rn. 4; für Aussetzung nur bei Mängeln, die zur Nichtigkeit der Wahl führen würden, *LAG Köln* DB 1987, 1996; *Homburg/DKKW* § 19 Rn. 16; ähnlich und nur ganz ausnahmsweise *LAG Hamburg* NZA-RR 1997, 136 [138]; einschränkend auch *Matthes/Spinner/GMPM* ArbGG, § 85 Rn. 38; dagegen halten die Aussetzung für möglich: *BAG* 15.12.1972 AP Nr. 5 zu § 80 ArbGG 1953 obiter dictum; *LAG Düsseldorf* DB 1968, 898; *LAG Nürnberg* ARSt. 1979, 47; vgl. auch *LAG Düsseldorf* DB 1978, 211, 987 zum MitbestG; *Etzel* HzA Gruppe 19/1 Rn. 148 [einschränkend bei nicht eindeutiger Rechtslage, Rn. 148/1]; lediglich die Aussetzung der Wahl [nicht den berichtigenden Eingriff in das Wahlverfahren mittels Leistungsverfügung] hielt für zulässig: *Heinze* RdA 1986, 273 [286]; *Heinze*/MK-ZPO, 2. Aufl. 2001, § 935 Rn. 94 ff.; grundsätzlich auch *Richardi/Thüsing* § 18 Rn. 21: Aussetzung als milderes Mittel).

b) Leistungsverfügungen

Die sog. **Leistungsverfügung** ist heute im Zivilprozessrecht (neben der Sicherungsverfügung nach § 935 ZPO und ungeachtet umstrittener Abgrenzungsfragen zur Regelungsverfügung nach § 940 ZPO) allgemein **anerkannt** (vgl. etwa *Baumbach/Lauterbach/Albers/Hartmann* ZPO, Grundz. § 916 Rn. 6 ff.; *Grunsky* in: *Stein/Jonas* ZPO, vor § 935 Rn. 31 ff.; *Seiler* in: *Thomas/Putzo* ZPO, § 940 Rn. 6 ff.). Mit der **Rechtsprechung** (vgl. *LAG Hamm* DB 1975, 1176 m. w. N.; *LAG Düsseldorf* DB 1978, 255; *LAG Hamburg* NZA-RR 1997, 136 [137]; umfangreiche weitere Nachweise zu dieser Rspr. der Instanzgerichte, auf die es deshalb maßgeblich ankommt, weil gegen Beschlüsse über einstweilige Verfügungen die Rechtsbeschwerde nicht zulässig ist [vgl. § 92 Abs. 1 Satz 3 ArbGG] in den nachfolgenden Rdn. 96, 100 ff., 107; überholt sind demgegenüber *LAG Düsseldorf* DB 1978, 211; *LAG Nürnberg* ARSt. 1979, 47) und der ganz überwiegenden Auffassung in der betriebsverfassungsrechtlichen **Literatur** (vgl. *Grunsky* ArbGG, § 85 Rn. 21; *H. Hanau* DB 1986, Beil. Nr. 4, S. 9 ff.; *Held* DB 1985, 1691; *Preis* AuR 1973, 12; *Winterfeld* NZA 1990, Beil. Nr. 1, S. 20 [22 ff.]; aus neuerer Zeit *Bonanni/Mückl* BB 2010, 437 [438 f.]; *Bram* FA 2006, 66; *Dzida/Hohenstatt* BB-Spezial 14/2005, 1 [2]; *Fitting* § 18 Rn. 38; *Homburg/DKKW* § 19 Rn. 16, 22; *Koch/ErfK* § 18 BetrVG Rn. 7; *Nießen* Fehlerhafte Betriebsratswahlen, S. 438 ff.; *Richardi/Thüsing* § 18 Rn. 21; *Rieble/Triskatis* NZA 2006, 233 [236]; *Veit/Wichert* DB 2006, 390; *Walker* ZfA 2005, 45 [70]; *Wichert* AuA 2010, 148; ohne nähere Begründung auch: *Brecht* § 18 Rn. 5; *Brors*/HaKo § 18 Rn. 6; *Reichold*/HWK § 18 BetrVG Rn. 17; *Schlochauer/HSWG* § 18 Rn. 22; *Wiebauer/LK* § 18 Rn. 24; *Wlotzke/WPK* § 18 Rn. 10; ausführlich zum MitbestG *Thau* Mängel der Aufsichtsratswahlen, S. 566 ff.; **a. M.** *Gnade* FS *Herschel*, S. 147; *Heinze* wie Rdn. 93 a. E.) ist die **Leistungsverfügung** zum Antragsanspruch auch **im Beschlussverfahren** (auch im vorgeschalteten Kontrollverfahren) **anzuerkennen**.

Die Leistungsverfügung bewirkt eine (vorläufige) Erfüllung des geltend gemachten Verfügungsanspruchs bei Begründetheit; sie ermöglicht dadurch den notwendigen effektiven Rechtsschutz und kann in ihren Abstufungen den Interessen der Beteiligten ausgewogen Rechnung tragen. Dass mit der Leistungsverfügung im Hinblick auf den Streitstand (vorläufig) vollendete Tatsachen geschaffen werden, muss im Rahmen einer Gesamtabwägung des Für und Wider hingenommen werden, weil andernfalls der Wahlvorstand seinerseits durch seine Entscheidungen und Maßnahmen vollendete Tatsachen schaffen könnte, die irreparabel wären, soweit es um die Verletzung des (aktiven oder passiven) Wahlrechts einzelner Arbeitnehmer geht, das später nicht mehr ausgeübt werden kann (vgl. *Preis* AuR 1973, 12), bzw. gegen die erst mit Rechtskraft der Entscheidung im Anfechtungsverfahren (oft erst nach Jahren) Rechtsschutz erlangt werden könnte, verbunden mit danach längerer Betriebsratslosigkeit und den Kosten einer eventuellen Wahlwiederholung für den Arbeitgeber. Umgekehrt werden, mit Ausnahme der Abbruchverfügungen (vgl. Rdn. 98 ff.), durch den Verfügungserlass keine irreparablen Fakten geschaffen, da die einstweilige Verfügung im Wahlanfechtungsverfahren keine Bindungswirkung entfaltet und zur gerichtlichen Überprüfung gestellt werden kann. Mit der Leistungsverfügung kann berichtigend in das Wahlverfahren eingegriffen werden, und zwar abgestuft durch **Berichtigungsverfügung** (s. dazu Rdn. 96, 102) oder **Wahlabbruchverfügung**, bei der wiederum zwischen einem »**Abbruch zur Neueinleitung**« (s. dazu Rdn. 98 ff.) der Betriebsratswahl und einem »**Totalabbruch**« mit dem Verbot weiterer Durchführungshandlungen (s. dazu Rdn. 98, 104 ff.)

zu unterscheiden ist (einen Überblick zu Verfügungsmöglichkeiten bei typischen Wahlfehlern geben *Rieble/Triskatis* NZA 2006, 233 [238 ff.]).

aa) Berichtigungsverfügungen

96 Durch **Berichtigungsverfügung** können dem Wahlvorstand (auf Antrag) bestimmte einzelne **Maßnahmen aufgegeben oder untersagt** (d. h. zur Pflicht gemacht) werden, z. B.
- eine Wählerliste durch Aufnahme oder Streichung bestimmter Arbeitnehmer zu berichtigen,
- einen Wahlvorschlag zuzulassen (vgl. *LAG Frankfurt a. M.* 16.03.1987 LAGE § 14 BetrVG 1972 Nr. 2; *LAG Nürnberg* 13.03.1991 LAGE § 18 BetrVG 1972 Nr. 4; *LAG Hessen* NZA-RR 1996, 461; *LAG Bremen* 26.03.1998 LAGE § 18 BetrVG 1972 Nr. 6; *LAG Düsseldorf* 17.05.2002 LAGE § 14 BetrVG 2001 Nr. 2; *Sächsisches LAG* 22.04.2010 – 2 TaBVGa 2/10 – juris: Anordnung der Zulassung einer Vorschlagsliste unter Streichung eines nicht mehr wählbaren Kandidaten; dazu *Spilger* FS *Etzel*, S. 391) oder nicht zuzulassen (vgl. *LAG Hamm* 19.03.2012 – 10 TaBVGa 5/12 – juris: Verfügungsantrag allerdings abgewiesen, weil das LAG [wertungsmäßig, aber verfehlt] den korrigierenden Eingriff in das laufende Wahlverfahren einem Abbruch der Wahl gleichgestellt hat),
- das Wahlausschreiben zu korrigieren (etwa hinsichtlich der Zahl zu wählender Betriebsratsmitglieder [a. M. *LAG München* 14.04.1987 LAGE § 18 BetrVG 1972 Nr. 2; *LAG Frankfurt a. M.* DB 1991, 239, die zu Unrecht annehmen, dass eine Berichtigung nur bei offenbarer Unrichtigkeit in Betracht kommt; vgl. dazu *Jacobs* § 3 WO Rdn. 28 f.] oder hinsichtlich der Mindestsitze für das Geschlecht in der Minderheit oder hinsichtlich der Zeit des Eingangs der Wahlbriefe [*ArbG Köln* 06.04.2010 – 1 BVGa 21/10 – juris])
- eine willkürlich abgebrochene (und neu eingeleitete) Wahl unter Beachtung rechtskräftiger gerichtlicher Entscheidung weiterzuführen (*LAG Bremen* 27.02.1990 LAGE § 18 BetrVG 1972 Nr. 3).

97 Solange die Berichtigung einzelner Fehler im Wahlgang noch möglich ist (vgl. zu dieser Berichtigungsfähigkeit ausführlich *Nießen* Fehlerhafte Betriebsratswahlen, S. 442 ff.), dürfen der »Abbruch der Wahl und ihre Neueinleitung« (s. Rdn. 99 ff.) nicht angeordnet werden, weil dies in dieser Konstellation einen zu weit reichenden, nicht notwendigen Eingriff in das Wahlverfahren darstellt und deshalb insoweit kein Verfügungsgrund gegeben ist. Die **Berichtigungsverfügung hat Vorrang** vor dieser nur subsidiär zulässigen Abbruchverfügung (ebenso im Ergebnis *Bonanni/Mückl* BB 2010, 437 [438 f.]; *Dzida/Hohenstatt* BB-Spezial 14/2005, 1 [4 f.]; *Heider* NZA 2010, 488 [489]; *Nießen* Fehlerhafte Betriebsratswahlen, S. 442 ff., 454, 470; *Rieble/Triskatis* NZA 2006, 233 [236]; *Walker* ZfA 2005, 45 [70]; auch *Koch*/ErfK § 18 BetrVG Rn. 7; *Wiebauer*/LK § 18 Rn. 27; *Wlotzke*/WPK § 18 Rn. 11; *LAG Baden-Württemberg* 06.03.2006 AiB 2007, 294; *LAG Berlin* 07.02.2006 NZA 2006, 509; *ArbG Berlin* 27.03.2006 – 75 BVGa 5915/06 – juris; *Sächsisches LAG* 19.04.2006 – 8 TaBV 10/06 – juris; 22.04.2010 – 2 TaBVGa 2/10 – juris, Rn. 44). Näheres zu den Anforderungen eines Verfügungsanspruchs auf Berichtigung Rdn. 102.

bb) Wahlabbruchverfügung zur Neueinleitung

98 Ist die Berichtigung einzelner Verstöße gegen wesentliche Wahlvorschriften im laufenden Wahlgang **nicht mehr möglich** (insbesondere weil sonst Fristen der WO unzulässig verkürzt würden und dadurch wiederum zwingende Wahlvorschriften nicht beachtet würden), so kann dem Wahlvorstand (auf Antrag) aufgegeben werden, den **Wahlgang abzubrechen** und **neu einzuleiten.** Dieser Fall der Abbruchverfügung zur Korrektur von Wahlfehlern (»Abbruchverfügung zur Neueinleitung«, »Verfügung zur Neueinleitung«; dazu näher Rdn. 99 ff.) ist strikt von der Aussetzung der Wahl bis zur rechtskräftigen Entscheidung in der Hauptsache (vgl. Rdn. 93) zu unterscheiden; das wurde vielfach verkannt und wird terminologisch noch immer vermischt (vgl. etwa *Gamillscheg* II, S. 433 f.; *Homburg*/DKKW § 18 Rn. 20). Sie ist aber auch strikt von der Abbruchverfügung zu unterscheiden, die dem Wahlvorstand (auf Antrag) die **Durchführung der Wahl vollständig untersagt,** indem ihm **jede weitere Handlung verboten wird, die auf die Durchführung der Wahl gerichtet ist** (»Totalabbruch«, »Totalverhinderung«; dazu näher Rdn. 104 ff.). Diese Differenzierung, die hier schon in der 9. Aufl. 2010 (§ 18 Rdn. 86 ff.) herausgestellt und begründet wurde (zust. *Koch*/ErfK § 18 BetrVG Rn. 7; *Krois* SAE 2012, 100 [104 mit Fn. 40]; jetzt folgend *Wiebauer*/LK § 18 Rn. 28), hat das *BAG* leider nicht nachvollzogen, als es 2011 erstmals – im ordentlichen (Hauptsache-) Be-

schlussverfahren – über die Voraussetzungen eines Wahlabbruchs zu entscheiden hatte (*BAG* 27.07.2011 EzA § 19 BetrVG 2001 Nr. 8 = AP Nr. 2 zu § 16 BetrVG 1972). Diesem Beschluss, in dem über einen beantragten »Totalabbruch« zu entscheiden war, ist deshalb nur im Ergebnis zuzustimmen (vgl. Rdn. 103, 104 ff.), nicht in der Begründung und auch nicht, soweit sich das Gericht dort, offensichtlich ohne dies zu bemerken, auf den Streit in Literatur und Instanzrechtsprechung über die Voraussetzungen einer »Abbruchverfügung zur Neueinleitung« im einstweiligen Verfügungsverfahren eingelassen und pauschal entschieden hat, dass bloße Anfechtbarkeit für einen gerichtlichen Abbruch der Wahl nicht genügt. In einem späteren obiter dictum bestätigt der Siebte Senat allerdings, dass er seine grundlegende Entscheidung vom 27.07.2011 durchaus pauschal »für Eingriffe in die Entscheidungen des Wahlvorstands« versteht (*BAG* 04.11.2015 EzA § 9 MitbestG Nr. 2 Rn. 18 = AP Nr. 2 zu § 9 MitbestG).

Die **Zulässigkeit der Abbruchverfügung zur Neueinleitung** ist in Rechtsprechung und Literatur im Grundsatz **unstreitig**. Nach wie vor bestehen jedoch unterschiedliche Ansichten darüber, ob eine Abbruchverfügung voraussetzt, dass der angegriffene Verstoß gegen eine oder mehrere zwingende Wahlvorschriften mit Sicherheit die Nichtigkeit der Wahl bei Weiterführung zur Folge hätte (dann ist diese Abbruchverfügung unstr. zulässig und der Antrag begründet) oder ob es genügt, dass ein solcher Verstoß mit Sicherheit die Anfechtbarkeit der gleichwohl weitergeführten Betriebsratswahl begründet. **99**

Prognostizierte **Nichtigkeit verlangten** bis zur Entscheidung des *BAG* vom 27.07.2011 (s. Rdn. 98) etwa: *LAG München* 14.04.1987 LAGE § 18 BetrVG 1972 Nr. 2: Bedenken bei Anfechtungsgründen (anders aber *LAG München* 18.07.2007 – 7 TaBV 79/07 – juris: Sicheres Vorliegen von Anfechtungsgründen reicht); *LAG Köln* 17.04.1998 LAGE § 19 BetrVG 1972 Nr. 16; 29.03.2001 BB 2001, 1356; 08.05.2006 – 2 TaBV 22/06 – juris; *LAG Frankfurt a. M.* 21.05.1990 BB 1991, 417; 16.07.1992 NZA 1993, 1008; 29.04.1997 BB 1997, 2220; *LAG Hessen* 28.01.2002 LAGE § 14 BetrVG 2001 Nr. 1 (anders aber *LAG Frankfurt a. M.* 21.03.1990 DB 1991, 239: bei Anfechtungsgründen muss es sich um »schwerwiegende Fehler« handeln; einen solchen Fall nahm an *LAG Hessen* 12.03.1998 NZA-RR 1998, 544; vgl. auch *LAG Hessen* 17.02.2005 – 9 TaBV 28/05 – juris: Sicherheit erfolgreicher Wahlanfechtung kann genügen; 07.08.2008 – 9 TaBV 188/08 – juris: bei schwieriger Rechtslage ist Zurückhaltung geboten, die Wahl abzubrechen); *LAG Niedersachen* 13.05.1998 NZA-RR 1998, 545 (anders aber *LAG Niedersachsen* 04.12.2003 NZA-RR 2004, 197: auch bei Anfechtungsgründen); *LAG Baden-Württemberg* 20.05.1998 AiB 1998, 401; 25.04.2006 AiB 2006, 638; 09.03.2010 BB 2010, 760 (anders aber *LAG Baden-Württemberg* 13.03.1994 DB 1994, 1091; 16.09.1996 NZA-RR 1997, 141: Wahlfehler genügen, die mit Sicherheit einer Anfechtung zum Erfolg verhelfen; 06.03.2006 AiB 2007, 294); *LAG Nürnberg* 13.03.2002 AuR 2002, 238: i. d. R. nicht bei Anfechtungsgründen (anders aber *LAG Nürnberg* 30.03.2006 AR-Blattei ES 530.6 Nr. 90 = FA 2006, 280: Anfechtbarkeit genügt zumindest dann, wenn die Wahl noch vor Ablauf der Amtszeit des bisherigen Betriebsrats durchgeführt werden kann; 08.02.2011 DB 2011, 715 LS 1: Mängel genügen, die mit größter Wahrscheinlichkeit zur Anfechtbarkeit führen); *LAG Hamburg* 06.04.2001 – 5 TaBV 2/01, zit. bei *Dzida/Hohenstatt* BB-Spezial 14/2005, 1, 4 Fn. 38 (anders aber *LAG Hamburg* 06.05.1996 NZA-RR 1997, 136; 26.04.2006 NZA-RR 2006, 413: Anfechtbarkeit genügt; offen lassend, aber tendenziell ebenso 05.04.2006 NZA-RR 2006, 361; 19.04.2010 NZA-RR 2010, 585: Anfechtbarkeit kann genügen); ebenso *Held* DB 1985, 1691 (1693); *Homburg/DKKW* 13. Aufl., § 19 Rn. 16 (anders Rn. 22); *Korinth* ArbRB 2006, 44 (46); *Wiesner* FA 2007, 38 (40); *Wlotzke/WPK* § 18 Rn. 11; *Zwanziger* DB 1999, 2264. **100**

Demgegenüber wurde **bis dahin** überwiegend »sichere« **Anfechtbarkeit zu Recht** als **ausreichend** angesehen: *H. Hanau* DB 1986, Beil. Nr. 4, S. 10 f.; *Fitting*, 26. Aufl. § 18 Rn. 42; *Löwisch/LK* § 18 Rn. 17; *Richardi/Thüsing*, 13. Aufl., § 18 Rn. 21; *Vossen/GK-ArbGG* § 85 Rn. 53; *Walker* in: *Schwab/Weth* ArbGG, 3. Aufl., § 85 Rn. 84; *Winterfeld* NZA 1990, Beil. Nr. 1, S. 20 (22 ff.); ferner *Brors/HaKo* § 18 Rn. 6; *Reichold/HWK* § 18 BetrVG Rn. 17; aus der umfangreichen LAG-Rechtsprechung sind neben den oben Rdn. 100 bereits angeführten »Kontrast«-Nachweisen zu *LAG München*, *LAG Frankfurt/Hessen*, *LAG Niedersachsen*, *LAG Baden-Württemberg*, *LAG Nürnberg* und *LAG Hamburg* zu nennen: *LAG Bremen* 27.02.1990 LAGE § 18 BetrVG 1972 Nr. 3; *LAG Hamm* 09.09.1994 BB 1995, 260; 18.09.1996 LAGE § 18 BetrVG 1972 Nr. 5; 18.03.1998 BB 1998, 1211; **101**

§ 18　　　　　　　　　　　　　　　　*II. 1. Zusammensetzung und Wahl des Betriebsrats*

03.03.2006 – 13 TaBV 18/06 – juris = EzA-SD 2006 Nr. 11, 12; offen lassend 24.03.2010 – 10 TaBVGa 7/10 und 19.05.2010 – 10 TaBVGa 13/10, beide juris; *LAG Düsseldorf* 25.06.2003 LAG-Report 2004, 255; 23.03.2010 – 8 TaBVGa 4/10 – juris; *LAG Berlin* 07.02.2006 NZA 2006, 509; *Sächsisches LAG* 19.04.2006 – 8 TaBV 10/06 – juris; 16.06.2008 – 11 TaBV 50/08 – juris (anders dann 22.04.2010 – 2 TaBVGa 2/10 – juris: Abbruch nur bei Nichtigkeit); *LAG Schleswig-Holstein* 19.03.2010 – 4 TaBVGa 5/10 – juris; bestätigend 07.04.2011 – TaBVGa 1/11 – juris; in jüngerer Zeit hatte diese Ansicht weitere Zustimmung und argumentative Absicherung gefunden: *Dzida/Hohenstatt* BB-Spezial 14/2005, 1; *Bram* FA 2006, 66; *Nießen* Fehlerhafte Betriebsratswahlen, S. 466 ff., 472 f.; *Rieble/Triskatis* NZA 2006, 233; *Veit/Wichert* DB 2006, 390; *Bonanni/Mückl* BB 2010, 437 [439 f.]; *Heider* NZA 2010, 488; *Wichert* AuA 2010, 148.

102 Da sog. Leistungsverfügungen nicht bloß temporäres Zwischenrecht schaffen, müssen an das Vorliegen eines **Verfügungsanspruchs**, hier also des Wahlfehlers, der durch Berichtigungsverfügung oder Abbruchverfügung mit der Verpflichtung zur Neueinleitung korrigiert werden soll, **eher strenge Anforderungen** gestellt werden (*Bram* FA 2006, 66; *Fitting* § 18 Rn. 41). Bloße Wahrscheinlichkeit des Verstoßes gegen eine wesentliche Wahlvorschrift genügt nicht (zust. *Koch*/ErfK § 18 BetrVG Rn. 7; *Wlotzke/WPK* § 18 Rn. 10), ebenso wenig ein »voraussichtlicher«Verstoß (**a. M.** *Veit/Wichert* DB 2006, 390 [392]). In Übereinstimmung mit der Zielsetzung des vorgeschalteten Kontrollverfahrens (vgl. Rdn. 81) ist immer erforderlich, dass nach Maßgabe einer am materiellen Wahlrecht orientierten Schlüssigkeitsprüfung ein Verstoß gegen eine wesentliche Wahlvorschrift zur Überzeugung des Gerichts (mit Sicherheit) vorliegt (ebenso *H. Hanau* DB 1986, Beil. Nr. 4, S. 10 im Anschluss an *Thau* Mängel der Aufsichtsratswahlen, S. 613 f.; *Winterfeld* NZA 1990, Beil. Nr. 1, S. 20 [24]; *Palandt* DB 1988, 1494 [1497], zum MitbestG; *Zwanziger* DB 1999, 2264 [2267]). Die nach § 85 Abs. 2 ArbGG, §§ 936, 920 Abs. 2 ZPO genügende Glaubhaftmachung bezieht sich dabei nur auf den Tatsachenstoff, nicht auf die rechtliche Prüfung und Würdigung, und wird zudem durch den Untersuchungsgrundsatz (§ 83 Abs. 1 ArbGG) eingeengt. Für eine vorrangige (vgl. Rdn. 96) **Berichtigungsverfügung** genügt ein solcher Rechtsverstoß, solange dieser noch (ohne Neueinleitung der Wahl) korrigierbar ist; auf dessen (potentielle) Kausalität für das Wahlergebnis kommt es nicht an (ebenso *Nießen* Fehlerhafte Betriebsratswahlen, S. 445). Eine Schwere des Fehlers von dem Gewicht, dass er zur Nichtigkeit der Wahl führen würde (so *Held* DB 1985, 1691 [1693]), ist nicht erforderlich; eine solche Anforderung macht keinen Sinn, weil solche Fehler im Wahlverfahren kaum vorkommen können, jedenfalls auch nicht (ohne Wahlabbruch) korrigierbar wären (*Nießen* Fehlerhafte Betriebsratswahlen, S. 447). Soweit eine bloße Berichtigung des Wahlfehlers nicht mehr rechtzeitig möglich ist (insbesondere wegen einzuhaltender Fristen) kommt die **Wahlabbruchverfügung** in Betracht, verbunden mit der Verpflichtung des Wahlvorstands **zur Neueinleitung** der Wahl. Auch insoweit ist ein **Nichtigkeitsgrund nicht erforderlich**, reicht aber unstreitig aus (vgl. Rdn. 99). **Es genügt**, dass nach der Überzeugung des Gerichts die Wahl bei Weiterführung **(mit Sicherheit) anfechtbar wäre** (vgl. die Nachweise Rdn. 101). Der verbreitete Einwand, dass dann der Wahlabbruch (verbunden mit Verzögerungen und eventueller Betriebsratslosigkeit) im Wertungswiderspruch zur Wahlanfechtung erfolge, ist widerlegt (vgl. *Dzida/Hohenstatt* BB-Spezial 14/2005, 1 [3 f.]; *Rieble/Triskatis* NZA 2006, 233 [234 f.]; *Nießen* Fehlerhafte Betriebsratswahlen, S. 454 ff.): Dass die Ungültigerklärung des Wahlergebnisses im Wahlanfechtungsverfahren mit Ex-nunc-Wirkung erfolgt, dient nämlich nicht der Vermeidung von Betriebsratslosigkeit, sondern wird allein aus Rechtssicherheitsüberlegungen hergeleitet (vgl. § 19 Rdn. 127). Im Übrigen ist auch bei erfolgreicher Anfechtung des gesamten Wahlergebnisses Betriebsratslosigkeit nicht zu vermeiden (vgl. § 19 Rdn. 136 ff.). Soweit für den Wahlabbruch schon ein Verstoß gegen eine wesentliche Wahlvorschrift als ausreichend angesehen wird (*H. Hanau, Winterfeld, Palandt*), ist dies mit der Erkenntnis verbunden, dass dessen (potentielle) Kausalität auf das Wahlergebnis nicht (immer) vor Abschluss der Wahl feststellbar ist. Vielfach ist das aber doch der Fall (vgl. *Nießen* Fehlerhafte Betriebsratswahlen, S. 337 ff., 470 ff., der insoweit zwischen absoluten und relativen Anfechtungsgründen unterscheidet). Deshalb muss der Wahlabbruchantrag zurückgewiesen werden, wenn zur Überzeugung des Gerichts diese Kausalität nicht erkennbar ist. Auch insoweit steht das Kausalitätserfordernis der bloßen Ahndung von Rechtsverstößen entgegen (vgl. § 19 Rdn. 47).

103 An dieser Beurteilung hat sich durch die zwiespältige (gleichwohl grundlegende) Entscheidung des Siebten Senats des **BAG vom 27.07.2011** EzA § 19 BetrVG 2001 Nr. 8 = AP Nr. 2 zu § 16 BetrVG 1972 [mit sarkastischer Anm. *Rieble*]; s. auch Rdn. 98) nichts geändert. Die pauschale Annahme des

BAG, dass »bloße« Anfechtbarkeit für »einen« Wahlabbruch nicht genügt, wird gegenüber den hier (Rdn. 102) herausgestellten Gesichtspunkten weder originell noch überzeugend begründet (vgl. dazu LS 1 und Rn. 31 ff. des Beschlusses vom 27.07.2011). Der vom Gericht zusätzlich (vgl. Rn. 35) angestellte Vergleich mit politischen Wahlen macht keinen Sinn, weil es dort, anders als im allgemein anerkannten vorgeschalteten Kontrollverfahren (s. Rdn. 80 f.), gerade keinen gerichtlichen Rechtsschutz während des Wahlverfahrens gegen Entscheidungen des Wahlorgans gibt (zutr. *Krois* SAE 2012, 100 [102 f.]). Danach **verdient** das *BAG* für Fälle beantragter »**Abbruchverfügung zur Neueinleitung**« **keine Zustimmung** (ebenso *Krois* SAE 2012, 102 f.; krit. *Rieble* Anm. AP Nr. 2 zu § 16 BetrVG 1972 Bl. 7R f.; *Mückl/Aßmuth* BB 2013, 1909 [1911]: *Wiebauer/LK* § 18 Rn. 28 *Salamon* NZA 2014, 175 [177 f., 180]: bei Verkennung des Betriebsbegriffs und wenn bei der Neueinleitung kein vorübergehender betriebsratsloser Zustand zu besorgen ist; zust. dagegen *Fay/Homburg* AuR 2012, 290 [wie hier dagegen *Homburg/DKKW* § 19 Rn. 22]). Allerdings war zu erwarten, dass sich Instanzgerichte auch im einstweiligen Verfügungsverfahren an dieser Entscheidung orientieren, obwohl das *BAG* im ordentlichen (Hauptsache-) Beschlussverfahren (mehr als 15 Monate nach Verfahrenseinleitung!) entschieden hat und Entscheidungen im einstweiligen Verfügungsverfahren mangels zulässiger Rechtsbeschwerde (§ 92 Abs. 1 Satz 3 ArbGG) höchstrichterlich nicht überprüft werden können. Zwingend ist das indes nicht, auch nicht zur Sicherung einer einheitlichen Rechtsprechung, weil das *BAG* unmittelbar nur über einen beantragten »Totalabbruch« (im Ergebnis richtig; s. Rdn. 104) zu entscheiden hatte. Gleichwohl haben sich in der Folgezeit erwartungsgemäß, soweit ersichtlich, alle mit der Abbruchproblematik im einstweiligen Verfügungsverfahren befassten Landesarbeitsgerichte dem *BAG* angeschlossen und Nichtigkeit der Wahl pauschal als maßgebliche Voraussetzung eines Wahlabbruchs herausgestellt. Auch diese neuere Rechtsprechungsfülle spricht indes nicht gegen die hier vertretene Ansicht, nach der für eine Wahlabbruchverfügung mit der Verpflichtung des Wahlvorstands zur Neueinleitung der Wahl **sichere Anfechtbarkeit genügt**; denn diese neuere Instanz-Rechtsprechung betrifft (fast) ausschließlich Fälle eines beantragten Totalabbruchs (s. die Nachweise Rdn. 104); einschlägig anders nur *LAG Rheinland-Pfalz* 23.04.2015 – 2 TaBVGa 1/15 – juris, Rn. 31; *Hess. LAG* 20.02.2014 – 9 TaBVGa 11/14 – juris, Rn. 10.

cc) Totalabbruch der Wahl
Soll dem Wahlvorstand durch Leistungsverfügung die **Durchführung** der Wahl **vollständig untersagt** werden (Verpflichtung zum **Wahlabbruch**, verbunden mit dem **Verbot einer Neueinleitung** oder, soweit die Wahl noch nicht eingeleitet ist, das **Verbot ihrer Einleitung**), so **erfordert** dieses »Totalverbot« bzw. diese »Totalverhinderung« im Grundsatz, dass auch die (neu) eingeleitete Wahl (mit Sicherheit) **nichtig** wäre. Eine solche Abbruch- und/oder Verbotsverfügung setzt voraus, dass die Wahl überhaupt nicht stattfinden darf oder ein Betriebsrat so nicht errichtet werden darf. Die Feststellung von Anfechtungsgründen genügt insoweit grundsätzlich nicht, wie der Wertung in § 19 zu entnehmen ist. Danach vermag ein Verstoß gegen wesentliche Wahlvorschriften eine Berichtigung und, sofern diese unterblieben ist, eine nachträgliche Anfechtbarkeit der Wahl zu rechtfertigen, nicht aber das Verbot der Wahl. Nichtigkeitsgründe können andererseits jederzeit geltend gemacht werden (vgl. § 19 Rdn. 155), können mithin auch ein Wahldurchführungsverbot im einstweiligen Rechtsschutzverfahren rechtfertigen (so im Ergebnis auch schon *LAG Köln* 27.12.1989 LAGE § 19 BetrVG 1972 Nr. 10; *LAG München* 03.08.1988 LAGE § 19 BetrVG 1972 Nr. 7; *ArbG Bielefeld* BB 1987, 1558; wohl auch *Rieble/Triskatis* NZA 2006, 233 [238]; im Ergebnis übereinstimmend *BAG* 27.07.2011 EzA § 19 BetrVG 2001 Nr. 8 Rn. 25 ff. = AP Nr. 2 zu § 16 BetrVG 1972 [s. Rdn. 98, 103]; diesem im Ergebnis jetzt zust. *Fitting* § 18 Rn. 42; *Homburg/DKKW* § 19 Rn. 16; wie hier *Wiebauer/LK* § 18 Rn. 28 und die Instanzgerichte mit der Konsequenz, dass Totalabbruchanträge mangels voraussehbarer Nichtigkeit der Wahl ganz überwiegend abgewiesen worden sind: so *LAG Thüringen* 06.02.2012 – 1 TaBVGa 1/12 – juris; trotz Bedenken *LAG Schleswig-Holstein* 05.04.2012 – 4 TaBVGa 1/12 – juris; *LAG Hamm* 02.05.2013 – 13 TaBVGa 3/13 – juris; 04.03.2014 – 7 TaBVGa 7/14 – juris; 31.08.2016 – 7 TaBVGa 3/16 – juris: bei Durchführung der Wahl durch einen örtlichen Wahlvorstand in einem bisher betriebsratslosen Unternehmen, wenn nach dessen Bestellung eine Abstimmung nach § 3 Abs. 3 erfolgt und dementsprechend zur Wahl eines unternehmenseinheitlichen Betriebsrats ein Wahlvorstand bestellt wird; *Hess. LAG* 20.02.2014 – 9 TaBVGa 11/14 – juris; *LAG Köln* 08.04.2014 – 7 Ta 101/14 – juris; mangels ersichtlicher Nichtigkeit hat das *LAG Hamm* [06.09.2013 – 7 TaBVGa

7/13 – juris = NZA-RR 2013, 637] konsequent den Antrag abgewiesen, dem Wahlvorstand die Einleitung der Wahl zu untersagen; unstimmig demgegenüber *LAG Nürnberg* [17.05.2013 – 5 TaBVGa 2/13 – juris], das einen Abbruchantrag schon deshalb abgewiesen hat, weil die Wahl vom Wahlvorstand noch nicht »eingeleitet« war; diese formale Argumentation [zu dieser irrig auch *Otto/Schmidt* NZA 2014, 169, 174] verkennt das Einleitungsverbot als Fall des Totalverbots der Wahl, durch das schon in der Vorbereitungsphase die Wahl abgebrochen wird; vgl. zu Fällen einer Totalabbruchverfügung in der neueren Rspr. Rdn. 105).

105 Ein solches Wahldurchführungsverbot wird insbesondere in Betracht kommen, wenn das als Wahlvorstand auftretende Gremium in dieser Funktion überhaupt nicht bestellt wurde oder die **Bestellung des Wahlvorstands** (ausnahmsweise) **nichtig** ist, weil dann auch jede von diesen durchgeführte Wahl nichtig wäre (vgl. näher § 16 Rdn. 6 f.; so im Ergebnis jetzt auch *BAG* 27.07.2011 EzA § 19 BetrVG 2001 Nr. 8 Rn. 24, 36, 44 ff. = AP Nr. 2 zu § 16 BetrVG 1972, allerdings offen lassend, ob die vom nichtig bestellten Wahlvorstand durchgeführte Betriebsratswahl stets nichtig ist; *LAG Hamm* 16.05.2014 – 7 TaBVGa 17/14 – juris und 16.03.2015 – 13 TaBVGa 1/15 – juris: bei nach dem Prioritätsprinzip nichtiger Wahl eines 2. Wahlvorstands [s. dazu § 17 Rdn. 32]; im Ergebnis wie hier auch schon *LAG München* 16.06.2008 – 11 TaBV 50/08 – juris, allerdings bei verfehlter Annahme nichtiger Bestellung des Wahlvorstands [s. dazu § 17 Rdn. 47]; *LAG Baden-Württemberg* 20.02.2009 – 5 TaBVGa 1/9 – juris, Rn. 44 bei Nichtigkeit der Wahl des Wahlvorstands trotz rechtzeitiger Einladung zur Wahlversammlung [vgl. § 17 Rdn. 28 f.]; *LAG Sachsen-Anhalt* 29.06.2011 – 5 TaBVGa 1/11 – juris, allerdings bei verfehlter Annahme nichtiger Wahl des Wahlvorstands in einer Wahlversammlung im vollkontinuierlichen Schichtbetrieb [s. dazu § 17 Rdn. 35]), oder wenn eine fehlerhafte **Betriebsabgrenzung** ausnahmsweise Nichtigkeit der Wahl zur Folge hätte, z. B. wenn von einer bindenden arbeitsgerichtlichen Entscheidung nach § 18 Abs. 2 abgewichen wird (vgl. *ArbG Frankfurt* 24.01.2012 – 13 BVGa 32/12 – juris; weiter auch § 19 Rdn. 150 mit weiteren Beispielen und Nachweisen), oder wenn die Wahl für einen Bereich erfolgen soll, für den bereits ein Betriebsrat besteht (vgl. *Hess. LAG* 30.07.2009 – 9 TaBVGa 145/09 – juris; ebenso die Vorinstanz *ArbG Darmstadt* 09.07.2009 – 7 BVGa 17/09 – juris), oder wenn sie einen Teilbereich umfasst, in dem bereits ein Betriebsrat besteht (zutr. *LAG Hamm* 04.04.2014 – 13 TaBVGa 8/14 – juris).

106 Darüber hinaus kommt eine Totalabbruch- oder Verbotsverfügung, insoweit im Ergebnis in Übereinstimmung mit der Entscheidung des *BAG* vom 27.07.2011 (EzA § 19 BetrVG 2001 Nr. 8 Orientierungssatz 2 und Rn. 36, 44 ff. = AP Nr. 2 zu § 16 BetrVG 1972), **nicht** in Betracht, wenn die **Bestellung des Wahlvorstands** nicht nichtig, aber **fehlerhaft** (rechtswidrig) erfolgt ist (vgl. § 16 Rdn. 6 f.). Allerdings läge das gegenteilige Ergebnis durchaus in der Konsequenz der h. M., die, anders als hier vertreten, schon bei fehlerhafter Bestellung oder Zusammensetzung des Wahlvorstands stets die Anfechtbarkeit der Wahl bejaht, selbst wenn dieser Wahlvorstand die Wahl dann ordnungsgemäß durchführt (vgl. § 19 Rdn. 52). Bei dieser Sicht gibt es keinen einsichtigen Grund, die Wahl »sehenden Auges« der Anfechtbarkeit endgültig zuzuführen. Vielmehr verlangt aus dieser Sicht die Sicherstellung der Rechtmäßigkeit der Wahl (ggf. deren Abbruch und) die Verbotsverfügung, weil mit dieser das Amt des fehlerhaft bestellten Wahlvorstands wegen Unmöglichkeit seiner Zweckerreichung endet, so dass ohne Weiteres und sofort ein neuer Wahlvorstand bestellt werden kann. Demgegenüber könnte eine bloße **Feststellungsverfügung** (Feststellung der Unwirksamkeit der Bestellung des Wahlvorstands) entgegen *LAG Nürnberg* (vgl. die Nachweise § 16 Rdn. 39) nicht »in effektiver Weise für klare Verhältnisse« sorgen, weil diese (wenn sie denn überhaupt zulässig wäre, was str. ist; verneinend etwa *Walker* ZfA 2005, 45 [46 m. w. N.]; *LAG Berlin-Brandenburg* 17.03.2010 – 15 TaBVGa 34/10 – juris, Rn. 32) anders als eine Leistungsverfügung nicht durch Zwangsvollstreckung vollzogen und gegen einen u. U. renitenten Wahlvorstand durchgesetzt werden kann (§§ 936, 928 ZPO). Dementsprechend ist im einstweiligen Verfügungsverfahren ein solcher Feststellungsantrag unzulässig, weil kein Feststellungsinteresse besteht (vgl. *LAG Hamm* 06.09.2013 NZA-RR 2013, 637 LS 2).

VI. Andere Streitigkeiten während des Wahlverfahrens

107 Das oben (Rdn. 80 ff.) dargestellte »vorgeschaltete Kontrollverfahren« kommt entsprechend auch für Streitigkeiten über andere Teilakte der Wahl (als Entscheidungen und Maßnahmen des Wahlvorstands)

während des Wahlverfahrens in Betracht, da das Arbeitsgericht im Beschlussverfahren auf Antrag über alle betriebsverfassungsrechtlichen Streitigkeiten zu entscheiden hat (§ 2a Abs. 1 Nr. 1, Abs. 2, §§ 80 ff. ArbGG); dabei kommt auf Antrag ebenfalls der Erlass von Leistungsverfügungen im Wege einstweiligen Rechtsschutzes in Betracht (vgl. Rdn. 90 ff.). Das gilt namentlich bei Streitigkeiten über:

– die Wirksamkeit der **Bestellung** und **Zusammensetzung des Wahlvorstands** (vgl. dazu § 16 Rdn. 100); vgl. auch Rdn. 105 f.,
– **Wahlbehinderungen** und **Wahlbeeinflussungen** i. S. v. § 20 Abs. 1 und 2, namentlich auch dann, wenn der Wahlvorstand zur Durchsetzung seiner Rechte und Pflichten gegen Wahlbehinderungen des Arbeitgebers (vgl. dazu näher § 20 Rdn. 14 ff.) Rechtsschutz in Anspruch nehmen muss,
– einen **Unterstützungsanspruch des Wahlvorstands** (als Antragsteller) gegenüber dem Arbeitgeber bei der Anfertigung der Wählerliste nach § 2 Abs. 2 WO (vgl. *Jacobs* § 2 WO Rdn. 9 ff.). Anspruchsvoraussetzung ist das Bestehen des Wahlvorstands; daran fehlt es, wenn seine Bestellung (oder Wahl) ausnahmsweise nichtig ist oder überhaupt keine Bestellung in diese Funktion erfolgt ist (so im Ansatz auch *ArbG Hamburg* [07.01.2015 NZA-RR 2015, 137], das aber die Nichtexistenz eines Wahlvorstands bzw. die Nichtigkeit seiner Bestellung nicht tragfähig begründet). Die Unterstützungspflicht entfällt auch, wenn die angestrebte Wahl aus anderen Gründen mit Sicherheit nichtig sein wird; wegen der besonderen praktischen Bedeutung der Wählerliste für die Durchführung der Wahl ist insoweit eine Parallele zum Totalabbruch der Wahl (vgl. Rdn. 104) geboten: Selbst sichere Anfechtbarkeit der angestrebten Wahl und/oder nur fehlerhafte Bestellung des Wahlvorstands lassen die Unterstützungspflicht des Arbeitgebers unberührt (so im Ergebnis auch *LAG Düsseldorf* 09.01.2011 – 14 TaBV 69/11 – juris; bei Anfechtbarkeit übereinstimmend *LAG Hamm* 30.03.2010 – 13 TaBVGa 8/10 – juris; unter Berufung auf *BAG* 27.07.2011 [s. Rdn. 98, 103] jetzt auch *Hess. LAG* 20.02.2014 – TaBVGa 13/14 – juris [bei Streit über die Verkennung des Betriebsbegriffs] und 03.04.2014 – 9 TaBVGa 2/14 – juris [bei Streit über die Wirksamkeit eines Zuordnungstarifvertrages]; *LAG Schleswig-Holstein* 02.04.2014 – 3 TaBVGa 2/14 – juris [bei Streit über die Verkennung des Betriebsbegriffs]; dagegen sollte noch nach *LAG Schleswig-Holstein* 07.04.2011 – 4 TaBVGa 1/11 Rn. 33 – juris sicher [im Streitfall nicht gegebene] Anfechtbarkeit zur Ablehnung der Unterstützung genügen; ebenso wohl *LAG Nürnberg* 08.02.2011 – 6 TaBVGa 17/10 Rn. 49 ff. – juris).

§ 18a
Zuordnung der leitenden Angestellten bei Wahlen

(1) Sind die Wahlen nach § 13 Abs. 1 und nach § 5 Abs. 1 des Sprecherausschussgesetzes zeitgleich einzuleiten, so haben sich die Wahlvorstände unverzüglich nach Aufstellung der Wählerlisten, spätestens jedoch zwei Wochen vor Einleitung der Wahlen, gegenseitig darüber zu unterrichten, welche Angestellten sie den leitenden Angestellten zugeordnet haben; dies gilt auch, wenn die Wahlen ohne Bestehen einer gesetzlichen Verpflichtung zeitgleich eingeleitet werden. Soweit zwischen den Wahlvorständen kein Einvernehmen über die Zuordnung besteht, haben sie in gemeinsamer Sitzung eine Einigung zu versuchen. Soweit eine Einigung zustande kommt, sind die Angestellten entsprechend ihrer Zuordnung in die jeweilige Wählerliste einzutragen.

(2) Soweit eine Einigung nicht zustande kommt, hat ein Vermittler spätestens eine Woche vor Einleitung der Wahlen erneut eine Verständigung der Wahlvorstände über die Zuordnung zu versuchen. Der Arbeitgeber hat den Vermittler auf dessen Verlangen zu unterstützen, insbesondere die erforderlichen Auskünfte zu erteilen und die erforderlichen Unterlagen zur Verfügung zu stellen. Bleibt der Verständigungsversuch erfolglos, so entscheidet der Vermittler nach Beratung mit dem Arbeitgeber. Absatz 1 Satz 3 gilt entsprechend.

(3) Auf die Person des Vermittlers müssen sich die Wahlvorstände einigen. Zum Vermittler kann nur ein Beschäftigter des Betriebs oder eines anderen Betriebs des Unternehmens oder Konzerns oder der Arbeitgeber bestellt werden. Kommt eine Einigung nicht zustan-

de, so schlagen die Wahlvorstände je eine Person als Vermittler vor; durch Los wird entschieden, wer als Vermittler tätig wird.

(4) Wird mit der Wahl nach § 13 Abs. 1 oder 2 nicht zeitgleich eine Wahl nach dem Sprecherausschussgesetz eingeleitet, so hat der Wahlvorstand den Sprecherausschuss entsprechend Absatz 1 Satz 1 erster Halbsatz zu unterrichten. Soweit kein Einvernehmen über die Zuordnung besteht, hat der Sprecherausschuss Mitglieder zu benennen, die anstelle des Wahlvorstands an dem Zuordnungsverfahren teilnehmen. Wird mit der Wahl nach § 5 Abs. 1 oder 2 des Sprecherausschussgesetzes nicht zeitgleich eine Wahl nach diesem Gesetz eingeleitet, so gelten die Sätze 1 und 2 für den Betriebsrat entsprechend.

(5) Durch die Zuordnung wird der Rechtsweg nicht ausgeschlossen. Die Anfechtung der Betriebsratswahl oder der Wahl nach dem Sprecherausschussgesetz ist ausgeschlossen, soweit sie darauf gestützt wird, die Zuordnung sei fehlerhaft erfolgt. Satz 2 gilt nicht, soweit die Zuordnung offensichtlich fehlerhaft ist.

Literatur

Allinger Erste praktische Erfahrungen mit der Bildung von gesetzlichen Sprecherausschüssen, NZA 1990, 552; *Bauer, J.-H.* Sprecherausschußgesetz, 2. Aufl. 1990, S. 131 ff.; ders. Rechte und Pflichten der Sprecherausschüsse und ihrer Mitglieder, NZA 1989, Beil. Nr. 1, S. 20; *Borgwardt/Fischer/Janert* Sprecherausschußgesetz für leitende Angestellte, 2. Aufl. 1990, S. 53 ff. (zit.: SprAuG); *Buchner* Das Gesetz zur Änderung des Betriebsverfassungsgesetzes über Sprecherausschüsse der leitenden Angestellten und zur Sicherung der Montan-Mitbestimmung, NZA 1989, Beil. Nr. 1, S. 2 (11); *Dänzer-Vanotti* Die Änderung der Wahlvorschriften nach dem neuen Betriebsverfassungsgesetz, AuR 1989, 204; *Engels/Natter* Die geänderte Betriebsverfassung, BB 1989, Beil. Nr. 8, S. 1 (13 ff.); *Hromadka/Sieg* SprAuG, 3. Aufl. 2014, § 18a BetrVG; *Jacobs* Die Wahlvorstände für die Wahlen des Betriebsrats, des Sprecherausschusses und des Aufsichtsrats (Diss. *Kiel*), 1995 (zit.: Die Wahlvorstände); *Kronisch* Organisationsformen und Wahl von Sprecherausschüssen der leitenden Angestellten, AR-Blattei SD 1490.1; *Martens* Die Neuabgrenzung der leitenden Angestellten und die begrenzte Leistungsfähigkeit moderner Gesetzgebung, RdA 1989, 73; *Müller, H.-P.* Zur Präzisierung der Abgrenzung der leitenden Angestellten, DB 1988, 1697; *Schneider* Das Verfahren nach § 18a BetrVG im Schnittpunkt der Betriebsrats- und Sprecherausschußwahlen, AiB 1990, 15; *Schneider/Weber* Die Wahlen zum Sprecherausschuß und zum Betriebsrat 1990 – Planspiel für die betriebliche Praxis, NZA 1990, Beil. Nr. 1, S. 29; *Wlotzke* Die Änderungen des Betriebsverfassungsgesetzes und das Gesetz über Sprecherausschüsse der leitenden Angestellten, DB 1989, 111 (124 f.).

Inhaltsübersicht

	Rdn.
I. Vorbemerkung	1–11
II. Zuordnungsverfahren	12–95
1. Anwendungsbereich	13–36
a) Zeitgleich einzuleitende Wahlen (»regelmäßige Wahlen«)	14–22
b) Freiwillige Zuordnungsverfahren	23–26
c) Zuordnungsverfahren in Sonderfällen nach Abs. 4	27–36
2. Ablauf des Verfahrens	37–95
a) Einvernehmliche Zuordnung (Abs. 1)	37–54
aa) Beginn des Zuordnungsverfahrens	39–43
bb) Gegenseitige Unterrichtung	44–47
cc) Gemeinsame Sitzung	48–54
b) Bestellung und Rechtsstellung des Vermittlers (Abs. 3)	55–78
aa) Vermittlerfähigkeit	56–62
bb) Bestellung des Vermittlers	63–71
cc) Rechtsstellung des Vermittlers	72–78
c) Tätigkeit des Vermittlers (Abs. 2)	79–89
d) Besonderheiten des Verfahrens nach Abs. 4	90–95
III. Rechtsfolgen der Zuordnung (Abs. 5)	96–104
1. Kein Ausschluss des Rechtswegs (Abs. 5 Satz 1)	96
2. Beschränkung der Wahlanfechtbarkeit (Abs. 5 Satz 2 und 3)	97–104
IV. Streitigkeiten	105–114

1. Statusstreitigkeiten	105–107
2. Vorgeschaltetes Kontrollverfahren	108–110
3. Streitigkeiten wegen des Zuordnungsverfahrens	111–114

I. Vorbemerkung

Die Vorschrift ist durch die Novelle vom 20.12.1988 (BGBl. I, S. 2312) in das Betriebsverfassungsgesetz eingefügt worden. Sie steht im Zusammenhang mit der Einführung gesetzlich verfasster Sprecherausschüsse der leitenden Angestellten durch das SprAuG (Art. 2 der Novelle vom 20.12.1988, BGBl. I, S. 2312, 2316) und der Neuabgrenzung des Begriffs »leitender Angestellter« in § 5 Abs. 3 und 4 durch die Novelle 1988. Die Aufgabe des Gruppenprinzips (Unterscheidung von Arbeitern und Angestellten) in der Betriebsverfassung durch Art. 1 Nr. 6 BetrVerf-Reformgesetz 2001 berührt die Vorschrift nicht. **1**

Neben dieser materiell-rechtlichen Begriffspräzisierung wollte der Gesetzgeber durch **verfahrensrechtliche** Bestimmungen die Lösung der (im konkreten Fall materiell-rechtlich oft schwierigen) Frage, wer leitender Angestellter ist, **erleichtern** (vgl. Entwurfsbegründung, BT-Drucks. 11/2503, S. 25; Bericht 11. Ausschuss, BT-Drucks. 11/3618, S. 8). Zu diesem Zwecke hat er das Zuordnungsverfahren nach § 18a in der zutreffenden Erwartung geschaffen, dass sich die Frage, wer leitender Angestellter ist bzw. nicht ist, »in aller Regel vor den Wahlen des Betriebsrats und des Sprecherausschusses stellen« (Entwurfsbegründung BT-Drucks. 11/2503, S. 25) wird, nachdem nunmehr in den Betrieben auf gesetzlicher Grundlage diese beiden Arbeitnehmervertretungen gewählt werden können und damit notwendig zu klären ist, welche Angestellten zum Betriebsrat und welche (leitenden) Angestellten zum Sprecherausschuss wahlberechtigt und wählbar sind. Diese Hauptzielsetzung des § 18a, durch Verfahren die Lösung der Zuordnungsproblematik vor den Wahlen rechtssicher zu erleichtern, wird durch die **Rechtswirkung** unterstrichen, die der Zuordnung im Zuordnungsverfahren nach § 18a Abs. 5 Sätze 2 und 3 zukommt: Die Anfechtung der Betriebsratswahl oder (und) der Wahl nach dem SprAuG wegen fehlerhafter (aber nicht offensichtlich fehlerhafter) Zuordnung ist ausgeschlossen. **2**

Bei der **Ausgestaltung** des Zuordnungsverfahrens **zielte** der Gesetzgeber auf ein Verfahren ab, das rasch und kostengünstig durchführbar ist und weder den Betriebsrat noch den Sprecherausschuss einseitig begünstigt (Entwurfsbegründung, BT-Drucks. 11/2503, S. 25), die jeweilige Basis auf Kosten der anderen Arbeitnehmervertretung zu erweitern. Zudem ist es erklärter Zweck des Verfahrens, für die Wahl zum Betriebsrat und zum Sprecherausschuss **einheitlich** (Entwurfsbegründung, BT-Drucks. 11/2503, S. 32; Bericht 11. Ausschuss, BT-Drucks. 11/3618, S. 8) und möglichst **einvernehmlich** durch die am Zuordnungsverfahren Beteiligten (Entwurfsbegründung, BT-Drucks. 11/2503, S. 25) zu entscheiden, ob ein Arbeitnehmer den Angestellten oder den leitenden Angestellten zuzuordnen ist; dadurch sollen Doppelzuordnungen (seltener: doppelte Nichtberücksichtigung) vermieden werden, von denen logisch eine fehlerhaft sein muss mit der Folge, dass darauf eine Wahlanfechtung gestützt werden könnte. **3**

Die Vorschrift bezieht sich **allein** auf die Zuordnung von Arbeitnehmern zum Kreis der leitenden bzw. nicht leitenden Angestellten hinsichtlich **bevorstehender Wahlen zum Betriebsrat und Sprecherausschuss** (im Ergebnis ebenso *Fitting* § 18a Rn. 6, 63; *Stege/Weinspach/Schiefer* § 18a Rn. 14; *Wlotzke* DB 1989, 111 [125]; *Engels/Natter* BB 1989, Beil. Nr. 8, S. 1 [13]). Dies ergibt sich im Kontext der Regelung mit der Überschrift der Vorschrift »Zuordnung der leitenden Angestellten bei Wahlen« sowie aus der begrenzten Rechtswirkung der Zuordnung, die in Abs. 5 Satz 2 festgelegt ist. Die Zuordnungsentscheidung nach § 18a hat **keine Bedeutung für die materielle Rechtsstellung** eines Arbeitnehmers im Rahmen des Betriebsverfassungsgesetzes oder des SprAuG oder anderer arbeitsrechtlicher Gesetze, die Sonderregelungen für leitende Angestellte enthalten (z. B. § 14 Abs. 2 KSchG, § 18 Abs. 1 Nr. 1 ArbZG). **4**

Die Zuordnungsentscheidung nach § 18a ist insbesondere auch **nicht maßgeblich** für nachfolgende Wahlen von Arbeitnehmervertretern **zum Aufsichtsrat** nach dem MitbestErgG, dem MitbestG oder nach dem DrittelbG (ebenso im Ergebnis *Fitting* § 18a Rn. 63; *Richardi/Thüsing* § 18a Rn. 2; *Stege/Weinspach/Schiefer* § 18a Rn. 14; *Trümner/DKKW* § 18a Rn. 73; *Wiebauer/LK* § 18a Rn. 5; *Engels/* **5**

Natter BB 1989, Beil. Nr. 8, S. 1 [13]; *Dänzer-Vanotti* AuR 1989, 204 [207]; *H.-P. Müller* DB 1988, 1697 [1701]; *Wlotzke* DB 1989, 111 [125]). Für Wahlen im Bereich der Montan-Mitbestimmung nach dem MitbestErgG erübrigt sich jetzt die Abgrenzung der leitenden Angestellten von den übrigen Arbeitnehmern. Der Gesetzgeber hat durch die Novelle vom 20.12.1988 (BGBl. I, S. 2312) § 5 Abs. 5 neu in das MitbestErgG eingefügt und dabei die Unterscheidung von leitenden und nicht leitenden Angestellten nicht übernommen. Damit ist entgegen der früher h. M. (vgl. *Martens*, Das Recht der leitenden Angestellten, 1982, S. 387 f. m. w. N.) entschieden, dass leitende Angestellte in gleicher Weise am Wahlverfahren teilnehmen wie nicht leitende. Im Rahmen des MitbestG ist die Abgrenzung der leitenden von den übrigen Angestellten notwendig; es besteht aber ein eigenständiges Abgrenzungsverfahren (vgl. §§ 7 ff. 1., 2. und 3. WO vom 27.05.2002 BGBl. I, S. 1682, 1708 [1741]), das als Spezialregelung vor einer Zuordnungsentscheidung nach § 18a nicht verdrängt werden kann. Bei den Wahlen nach dem DrittelbG (das die §§ 76 ff. BetrVG 1952 abgelöst hat) sind die in § 5 Abs. 3 BetrVG bezeichneten leitenden Angestellten keine Arbeitnehmer i. S. dieses Gesetzes (§ 3 Abs. 1 DrittelbG), also weder wahlberechtigt (§ 5 Abs. 2 DrittelbG) noch wählbar (§ 4 Abs. 3 DrittelbG). Da insoweit die Abgrenzung der leitenden Angestellten nach § 5 Abs. 3 maßgeblich ist, wäre die Bindungswirkung einer Zuordnung nach § 18a sinnvoll (vgl. [zur entsprechenden Rechtslage nach §§ 76 ff. BetrVG 1952] auch *Martens* RdA 1989, 73 [87], der aber, insoweit unklar, eine analoge Anwendung »des § 18a« für gerechtfertigt hält). Sie besteht gleichwohl nicht, weil der Gesetzgeber sie nicht angeordnet hat, obwohl er im Zuge des Novellierungsverfahrens 1988 frühzeitig durch die Literatur auf die Zweckmäßigkeit der Erstreckung hingewiesen worden ist (vgl. insbesondere *Hanau* RdA 1985, 291 [292]; *ders.* AuR 1988, 261 [262]; *Hromadka* DB 1986, 857 [860]; *ders.* DB 1988, 753 [755]; *Martens* RdA 1988, 202 [206]; *H.-P. Müller* DB 1988, 1697 [1701]); auch im DrittelbG ist sie nicht angeordnet worden. Auch kommt ein eigenständiges Abgrenzungsverfahren analog § 18a für die Wahlen zum Aufsichtsrat nach dem DrittelbG deshalb nicht in Betracht, weil dabei lediglich eine negative Ausgrenzung der leitenden Angestellten zu erfolgen hat, während es bei § 18a um die positive Zuordnung eines Angestellten für die Wahl zu einer der beiden gleichgeordneten Arbeitnehmervertretungen geht.

6 Während des Gesetzgebungsverfahrens ist die Begrenzung der Wirkung und Bedeutung des Zuordnungsverfahrens nach § 18a kritisiert worden. Bei Befürwortung der Zweckmäßigkeit einer Abgrenzungserleichterung »durch Verfahren« wurde als **Gegenmodell** im Kern eine Zuordnung mit materiell-rechtlicher **Dauerwirkung** »Register der leitenden Angestellten«) vorgeschlagen, die für alle Gesetze mit Sonderregelungen für leitende Angestellte verbindlich sein sollte. Die Zuordnung sollte schon beim Betriebseintritt eines Angestellten durch ein betriebliches Zuordnungsgremium getroffen werden und nur beschränkt gerichtlich überprüfbar sein (vgl. mit Abweichungen im Einzelnen *Hanau* RdA 1985, 291 [292]; *ders.* RdA 1988, 1 [4]; *ders.* AuR 1988, 261 [262]; *Hromadka* DB 1986, 857 [860]; *ders.* DB 1988, 753 [755]; *H. W. Klein* Leitende Angestellte im Außendienst von Großunternehmen, 1983, S. 158 f.; *Martens* RdA 1988, 202 [206 f.]; *ders.* RdA 1989, 73 [86 f.]; *H.-P. Müller* DB 1987, 1684 [1687 f.]; *ders.* DB 1988, 1697 [1701]). Der Gesetzgeber hat es demgegenüber wegen einer Reihe ungeklärter Folgeprobleme (vgl. dazu *Engels/Natter* BB 1989, Beil. Nr. 8, S. 1 [13]; *Wlotzke* DB 1989, 111 [125]) bei einer **strikten Einordnung des Zuordnungsverfahrens in das Wahlverfahren** belassen. Gegen die »große« Lösung spricht in der Tat, dass die Zuordnung eine Rechtsfrage ist, deren Entscheidung im Streitfall den Arbeitsgerichten obliegen muss, und zwar vor allem im Interesse der Organisationsfreiheit des Arbeitgebers als Unternehmer und des in seiner Rechtsposition betroffenen Angestellten. Im Übrigen ist zu erwarten, dass die praktische Bedeutung einer Zuordnung im Verfahren nach § 18a größer sein wird als ihre rechtliche, insbesondere wenn sie, wie bisher die für die Betriebsratswahl geltende Zuordnung, für die Aufsichtsratswahlen übernommen wird. Außerdem ist die mittelbare Folgewirkung der Zuordnungsentscheidung gemäß § 5 Abs. 4 Nr. 1 zu beachten (vgl. dazu *Raab* § 5 Rdn. 248).

7 § 18a **gilt** auch im Bereich der **Seeschifffahrt**. Da nach ausdrücklicher gesetzlicher Regelung (§ 114 Abs. 6 Satz 2 BetrVG 1972, § 33 Abs. 3 Satz 1 SprAuG) in den Seebetrieben der Seeschifffahrtsunternehmen nur Kapitäne leitende Angestellte sind, bedarf es insoweit keiner Zuordnung. In Seebetrieben werden jedoch keine Sprecherausschüsse gewählt, sondern nur in den Landbetrieben der Seeschifffahrtsunternehmen (§ 33 Abs. 2 SprAuG). Dabei gelten die Kapitäne aus den Seebetrieben als leitende Angestellte des (größten) Landbetriebs (§ 33 Abs. 3 Sätze 2 und 3 SprAuG). Für sons-

tige Angestellte der Landbetriebe gilt aber das besondere Zuordnungsverfahren nach § 18a (zust. *Fitting* § 18a Rn. 2).

§ 18a ist unanwendbar, soweit Arbeitnehmervertretungen in betriebsverfassungsrechtlichen Organisationseinheiten zu wählen sind, die durch Tarifvertrag oder Betriebsvereinbarung nach § 3 Abs. 1 Nr. 1 bis 3, Abs. 2 gebildet worden sind (zust. *Brors*/HaKo § 18a Rn. 2; für entsprechende Anwendung dagegen *Fitting* § 18a Rn. 2; *Richardi/Thüsing* § 18a Rn. 10; *Wiebauer/LK* § 18a Rn. 2). Denn diese gelten nach § 3 Abs. 5 Satz 1 nur »als Betriebe im Sinne dieses Gesetzes«, also des Betriebsverfassungsgesetzes. Das muss zur Folge haben, dass die Arbeitnehmervertretungen nach BetrVG und SprAuG in unterschiedlichen betriebsverfassungsrechtlichen Organisationseinheiten zu wählen sind und deshalb die Anwendbarkeit von § 18a keinen Sinn macht, wenn man von Ausnahmen absieht (etwa wenn ein unternehmenseinheitlicher Betriebsrat [§ 3 Abs. 1 Nr. 1a] und ein Unternehmenssprecherausschuss [§ 29 SprAuG] zu wählen sind). Dagegen spricht auch nicht, dass das SprAuG keinen eigenständigen Betriebsbegriff verwendet und zum materiellen Betriebsverfassungsrecht gehört und deshalb hinsichtlich des Betriebsbegriffs grundsätzlich den Vorgaben des BetrVG folgt. Denn es fehlt im SprAuG eine Bestimmung wie § 3 BetrVG, so dass durch Tarifvertrag oder Betriebsvereinbarung dem Sprecherausschussrecht keine vom Gesetz abweichende betriebsverfassungsrechtliche Organisationseinheit vorgegeben werden kann. Wenn allerdings im Unternehmen vom Arbeitgeber die Betriebsstrukturen den durch Tarifvertrag oder Betriebsvereinbarung vorgegebenen Organisationseinheiten angepasst werden, steht auch der Anwendbarkeit von § 18a nichts entgegen.

§ 18a gilt nur für die Wahl eines Sprecherausschusses nach dem SprAuG, keinesfalls für solche Vertretungen leitender Angestellter, die aufgrund von Vereinbarungen gebildet werden, sofern man deren Bildung nach dem 31.05.1990 (vgl. § 37 Abs. 2 SprAuG) überhaupt noch für zulässig hält (vgl. zum Streitstand *Raab* § 5 Rdn. 286).

§ 18a ist eine **zwingende** Vorschrift. Die Verpflichtungen der Beteiligten und der Ablauf des Zuordnungsverfahrens (Abs. 1 bis 4) sowie die Rechtsfolgenbestimmung in Abs. 5 können nicht durch Tarifvertrag, Betriebsvereinbarung oder sonstige Absprache zwischen Beteiligten abbedungen oder geändert werden. Zulässig sind aber ergänzende Verfahrensvereinbarungen, durch die gesetzliche Regelungslücken geschlossen werden. Der zwingende Charakter der Norm schließt auch eine Rechtsfortbildung nicht aus, soweit sich die Vorschrift, wie insbesondere im Hinblick auf die vorgegebenen (Mindest-)Fristen, als lückenhaft erweist. Auch im vereinfachten Wahlverfahren nach § 14a gilt die Vorschrift zwingend, soweit sie dort, wie im einstufigen vereinfachten Wahlverfahren (vgl. *Jacobs* § 14a Rdn. 96), anwendbar ist (zust. *Wiebauer/LK* § 18a Rn. 3; **a. M.** *Fitting* § 18a Rn. 4; *Nicolai/HWGNRH* § 18a Rn. 2, ohne Begründung). Nicht möglich ist es, durch Vereinbarungen zwischen Tarifvertragsparteien (vgl. zu einer Rahmenabsprache zwischen den Tarifvertragsparteien der chemischen Industrie NZA 1989, 499) oder durch Zuordnungsvereinbarungen zwischen Arbeitgeber, Betriebsrat und Sprecherausschuss langfristig, abschließend und vorgreiflich alle strittigen Statusfälle verbindlich einvernehmlich zu regeln (ebenso *Stege/Weinspach/Schiefer* § 18a Rn. 19; zust. *Fitting* § 18a Rn. 3; *Wiebauer/LK* § 18a Rn. 4). Solche Zuordnungsvereinbarungen Dritter können die am Zuordnungsverfahren nach § 18a beteiligten Wahlvorstände und den Vermittler rechtlich nicht binden. Aber auch die an solchen Vereinbarungen Beteiligten sind nicht wirksam verpflichtet, die Vereinbarung »als Grundlage für das wahlrechtliche Zuordnungsverfahren zu respektieren« (so aber *Martens* RdA 1989, 73 [86 f.]). Da solche Vereinbarungen freilich die Arbeit der Wahlvorstände erleichtern können, wird die Praxis auf sie zurückgreifen, schon um Auseinandersetzungen in der »heißen Phase« der Wahlverfahren zu vermeiden.

Im **Personalvertretungsrecht** gibt es eine entsprechende Vorschrift nicht.

II. Zuordnungsverfahren

§ 18a Abs. 1 bis 4 sehen für **drei Fallkonstellationen** (Anwendungsfälle) ein besonderes Verfahren für die Zuordnung der leitenden Angestellten bei Wahlen zum Betriebsrat und zum Sprecherausschuss vor, durch das formell und vorrangig einheitlich für beide Wahlen entschieden werden soll, welche Angestellten für welche Wahl wahlberechtigt und wählbar sind. Dieses Zuordnungsverfahren ist mehrstufig ausgestaltet. Es zielt in erster Linie auf eine einvernehmliche Zuordnung der Angestellten durch die am Zuordnungsverfahren beteiligten Wahlvorstände (bzw. die nach Abs. 4 Beteiligten). Kommt zwischen diesen eine Verständigung nicht zustande (Abs. 1), so ist ein betriebs-, unternehmens- oder konzernangehöriger Vermittler, ggf. durch Los, zu bestellen (Abs. 3), der letztlich die Zuordnungsentscheidung zu treffen hat (Abs. 2).

1. Anwendungsbereich

13 Der Anwendungsbereich für das Zuordnungsverfahren wird in Abs. 1 Satz 1 und Abs. 4 verbindlich abgesteckt. Das Gesetz verpflichtet danach die jeweils angesprochenen Beteiligten für drei Fallkonstellationen (vgl. dazu Rdn. 14 ff., 23 ff., 27 ff.) zur Durchführung des Zuordnungsverfahrens. Diese Regelung ist jedoch **lückenhaft**. Sie gewährleistet nicht umfassend, dass im Vorfeld der Wahlen des Betriebsrats und des Sprecherausschusses das Zuordnungsverfahren in jedem Falle durchzuführen ist und dadurch formell Klarheit geschaffen wird über die Wahlberechtigung und Wählbarkeit von Angestellten für die jeweilige Wahl. Hinzu kommt, dass auch die Ausgestaltung des Zuordnungsverfahrens nicht sicherstellt, dass da, wo ein Zuordnungsverfahren stattzufinden hat, auch eine Zuordnungsentscheidung getroffen wird, der dann die Rechtsfolge nach Abs. 5 Satz 2 zukommt.

a) Zeitgleich einzuleitende Wahlen (»regelmäßige Wahlen«)

14 Das Zuordnungsverfahren ist nach Abs. 1 Satz 1 **1. Halbs.** durchzuführen, wenn »die Wahlen nach § 13 Abs. 1 BetrVG und nach § 5 Abs. 1 SprAuG zeitgleich einzuleiten sind«. In dieser Fallkonstellation wird also die **Durchführung des Zuordnungsverfahrens** an die gesetzliche **Verpflichtung** der Wahlvorstände **zur zeitgleichen Einleitung** der Wahlen **geknüpft** (vgl. dazu auch *Jacobs* § 13 Rdn. 20 ff.). Diese Verpflichtung besteht nur für die **regelmäßigen** Wahlen des Betriebsrats und des Sprecherausschusses (§ 13 Abs. 1 Satz 2 BetrVG, § 5 Abs. 1 Satz 2 SprAuG). Um das Zuordnungsverfahren in dieser Konstellation zu ermöglichen, hat der Gesetzgeber zunächst in § 5 Abs. 1 Satz 1 SprAuG bestimmt, dass die regelmäßigen Wahlen des Sprecherausschusses ebenso »alle vier Jahre in der Zeit vom 1. März bis 31. Mai« stattfinden wie die regelmäßigen Betriebsratswahlen (§ 13 Abs. 1 Satz 1), und 1990 das erste gemeinsame Wahljahr ist (§ 125 Abs. 1 und 3 [a.F.] BetrVG, § 37 Abs. 1 SprAuG). Die Verpflichtung zur zeitgleichen Einleitung der Wahl beider Arbeitnehmervertretungen ist sodann rechtstechnisch der zweite Schritt, um ein einheitliches Zuordnungsverfahren für beide Wahlen zu erreichen (vgl. Entwurfsbegründung, BT-Drucks. 11/2503, S. 25).

15 Die Verpflichtung zur zeitgleichen Einleitung der Wahlen entstand für die Wahlvorstände **erstmals** für die regelmäßigen Betriebsrats- und Sprecherausschusswahlen **1994** (ebenso *Engels/Natter* BB 1989, Beil. Nr. 8, S. 1 [15]; ungenau *Wlotzke* DB 1989, 111 [124]). Dies ergibt sich daraus, dass die erstmaligen Wahlen des Sprecherausschusses (oder eines Unternehmenssprecherausschusses) nach dem SprAuG im Wahlzeitraum 1. März bis 31. Mai 1990 stattgefunden haben (§ 37 Abs. 1 SprAuG), so dass erst damit der Vier-Jahre-Rhythmus für »regelmäßige« Sprecherausschusswahlen im Betrieb (oder Unternehmen) begonnen hat. Das Gesetz hat auch nichts anderes angeordnet; insbesondere ist in § 125 Abs. 3 a.F. die erstmalige Anwendung des § 13 Abs. 1 Satz 2 nicht schon für die erste Wahl nach dem 31.12.1988 festgelegt worden. Dagegen änderte sich für die Beurteilung der regelmäßigen Betriebsratswahlen nichts dadurch, dass durch die Novelle vom 20.12.1988 (BGBl. I, S. 2312) der frühere Drei-Jahre-Rhythmus in § 13 Abs. 1 Satz 1 auf einen Vier-Jahre-Rhythmus umgestellt worden ist. Das Zuordnungsverfahren war nach Abs. 1 Satz 1 1. Halbs. danach 1994 erstmals dann durchzuführen, wenn im Wahlzeitraum 1990 ein Betriebsrat und ein Sprecherausschuss (oder Unternehmenssprecherausschuss) gewählt worden sind. Die Verpflichtung zur zeitgleichen Einleitung der Wahlen 1994 bestand aber auch dann, wenn außerhalb des Wahlzeitraums 1990 eine Wahl des Betriebsrats oder des Sprecherausschusses stattgefunden hat, die nach § 13 Abs. 3 BetrVG bzw. § 5 Abs. 3 SprAuG im nächsten Wahlzeitraum (1994) wieder in den regelmäßigen Wahlzeitraum einzugliedern war.

16 Die **Verpflichtung** zur **zeitgleichen Einleitung** der Wahlen **bedeutet**, dass jeder der beiden Wahlvorstände das jeweilige Wahlausschreiben am selben Tag zu erlassen hat (vgl. dazu auch *Jacobs* § 13 Rdn. 21). Denn sowohl die Betriebsratswahl (§ 3 Abs. 1 Satz 2 WO), auch im einstufigen vereinfach-

ten Wahlverfahren (§ 36 Abs. 2 Satz 2 WO), bei dem die Verpflichtung zur zeitgleichen Einleitung der Wahl bestehen kann (vgl. *Jacobs* § 14a Rdn. 96), als auch die Wahl des Sprecherausschusses (§ 3 Abs. 1 Satz 2 WO SprAuG) ist mit dem Erlass des Wahlausschreibens durch den Wahlvorstand eingeleitet. Weder die Gesetze noch die Wahlordnungen bestimmen einen festen Termin oder Zeitraum für den Erlass der Wahlausschreiben. Das Gesetz geht davon aus, dass sich die **Wahlvorstände** über den Tag des Erlasses der Wahlausschreiben **verständigen müssen**. Dieser Tag kann innerhalb, aber auch vor dem Wahlzeitraum 1. März bis 31. Mai liegen. Vom Tag des Erlasses des Wahlausschreibens hängt ab, wann die Stimmabgabe frühestens wirksam stattfinden kann; es ist spätestens sechs Wochen vor dem ersten Tag der Stimmabgabe zu erlassen (§ 3 Abs. 1 Satz 1 WO und WOSprAuG); beim einstufigen vereinfachten Betriebsratswahlverfahren lässt sich eine Frist von mindestens zwei Wochen errechnen (vgl. *Jacobs* § 14a Rdn. 94).

Abs. 1 Satz 1 1. Halbs. macht die Verpflichtung zur Durchführung des Zuordnungsverfahrens **allein** von der **gesetzlichen Verpflichtung** zur zeitgleichen Einleitung der regelmäßigen Wahlen abhängig, nicht davon, dass sie tatsächlich auch zeitgleich eingeleitet werden. Der Gesetzgeber ist dabei offenbar von der Vorstellung ausgegangen, dass die vorgeschriebene Synchronisation der regelmäßigen Wahlen die Durchführung des Zuordnungsverfahrens im Regelfall sicherstellt, weil Wahlen, die zeitgleich einzuleiten sind, nach Abstimmung der beteiligten Wahlvorstände auch tatsächlich zeitgleich eingeleitet werden. Nur so ist auch die Bestimmung zu verstehen, dass das Zuordnungsverfahren »spätestens zwei Wochen vor Einleitung der Wahlen« durch gegenseitige Unterrichtung über die Zuordnung von leitenden Angestellten zu beginnen hat. Der Gesetzgeber hat dabei jedoch nicht hinreichend bedacht, dass die zeitgleiche Einleitung der Wahlen voraussetzt, dass sich die Wahlvorstände vorher auf den Tag des Erlasses der Wahlausschreiben verständigen müssen, zur Herbeiführung einer derartigen Einigung aber **keinerlei Sanktionsmechanismus** zur Verfügung steht, insbesondere weil ein Verstoß gegen die Verpflichtung zur zeitgleichen Einleitung der Wahl als solcher keinerlei Auswirkungen auf die Anfechtbarkeit der jeweiligen Wahl hat und auch eine Ersetzung des Wahlvorstands nach § 18 Abs. 1 Satz 2 deswegen nicht in Betracht kommt (s. näher *Jacobs* § 13 Rdn. 25). Insofern ist § 13 Abs. 1 Satz 2 (ebenso wie § 5 Abs. 1 Satz 2 SprAuG) lediglich lex imperfecta. Zur Überwindung dieser Regelungslücke lässt sich deshalb nur auf den **Anreiz zur Durchführung des Zuordnungsverfahrens** verweisen, der sich daraus ergibt, dass die Gefahr einer Wahlanfechtung wegen fehlerhafter Zuordnung von Angestellten ausgeschlossen ist, wenn diese im Verfahren nach § 18a erfolgt ist (Abs. 5 Satz 2) und die Fehlerhaftigkeit nicht »offensichtlich« ist (Abs. 5 Satz 3).

Eine noch schwerer wiegende Unzulänglichkeit der gesetzlichen Synchronisation im Vorfeld der Wahlen ergibt sich daraus, dass **keinerlei Vorkehrungen für eine etwa gleichzeitige Bestellung der Wahlvorstände getroffen** worden sind. Nach wie vor dirigiert der Ablauf der Amtszeit des Betriebsrats bzw. jetzt auch der des Sprecherausschusses die Bestellung des Wahlvorstands (§ 16 Abs. 1 Satz 1; § 7 Abs. 1 SprAuG). Daran hat sich auch nichts dadurch geändert, dass der Gesetzgeber durch die Novelle vom 20.12.1988 (BGBl. I, S. 2312) den spätesten Zeitpunkt für die Bestellung des Wahlvorstands durch den amtierenden Betriebsrat (von früher acht) auf zehn Wochen vor Ablauf seiner Amtszeit vorverlegt hat. Dies ist zwar geschehen, um zu gewährleisten, dass der Wahlvorstand für die Betriebsratswahl genügend Zeit hat, gemeinsam mit dem Wahlvorstand nach dem SprAuG (der ebenfalls zehn Wochen vor Ablauf der Amtszeit des Sprecherausschusses zu bestellen ist) im Verfahren nach § 18a den Kreis der leitenden Angestellten zu bestimmen (Entwurfsbegründung, BT-Drucks. 11/2503, S. 31). Eine Verpflichtung zur Abstimmung der Bestellung der Wahlvorstände für die amtierenden Arbeitnehmervertretungen ergibt sich daraus jedoch nicht. Eine solche Verpflichtung lässt sich auch nicht aus § 13 Abs. 1 Satz 2 oder § 5 Abs. 1 Satz 2 SprAuG herleiten; denn diese Bestimmungen verpflichten nur zur zeitgleichen Einleitung der regelmäßigen Wahlen. Die Wahleinleitung ist jedoch allein Aufgabe des jeweiligen Wahlvorstands. Konsequenz daraus ist, dass die **Verpflichtung zur zeitgleichen Einleitung** der regelmäßigen Wahlen jedenfalls dann leer läuft und damit **entfällt**, wenn die rechtswirksame Bestellung beider Wahlvorstände nicht zumindest tatsächlich so synchron erfolgt, dass sie zeitlich übereinstimmend vor ihrer gesetzlichen Aufgabe stehen, die Wahl unverzüglich einzuleiten (§ 18 Abs. 1 Satz 1; § 7 Abs. 4 SprAuG). Dies ist dann nicht der Fall, wenn einer der beiden Wahlvorstände erst zu einem Zeitpunkt bestellt wird, zu dem der andere die von ihm durchzuführende Wahl bereits eingeleitet hat. Mangels einer Verpflichtung zur zeitgleichen Einleitung der Wahl besteht in diesen Fällen auch keine Verpflichtung zur Durchführung des Zuordnungsverfahrens nach § 18a Abs. 1

Satz 1 1. Halbs. (im Ergebnis so auch *Fitting* § 18a Rn. 30; *Trümner/DKKW* § 18a Rn. 7, 37). In diesen Fällen hat der zuerst bestellte Wahlvorstand jedoch das Zuordnungsverfahren nach Abs. 4 durchzuführen (vgl. Rdn. 32), ggf. später auch der andere Wahlvorstand, wenn dieser zu einem Zeitpunkt bestellt wird, zu dem der zuerst bestellte seine Wahl bereits eingeleitet hat (vgl. Rdn. 35).

19 Wird der zweite Wahlvorstand zu einem Zeitpunkt bestellt, zu dem der zuerst bestellte Wahlvorstand die von ihm durchzuführende Wahl noch nicht eingeleitet hat (aber auch das Verfahren nach Abs. 4 noch nicht durchgeführt worden ist), so **entfällt die Verpflichtung** zur zeitgleichen Einleitung der Wahlen auch dann **nicht**, wenn ersterer bereits alle Vorentscheidungen (vgl. dazu § 18 Rdn. 19) zum Erlass seines Wahlausschreibens getroffen hat (zust. *Brors*/HaKo § 18a Rn. 4). Dementsprechend ist das Zuordnungsverfahren nach Abs. 1 Satz 1 Halbs. 1 durchzuführen, weil in dieser Fallkonstellation allein an die Pflicht zur zeitgleichen Einleitung der Wahlen angeknüpft wird. An dieser Rechtslage ändert sich auch dann nichts, wenn die Verpflichtung zur zeitgleichen Einleitung der Wahl in **Kollision** tritt zur Verpflichtung, die Wahl unverzüglich einzuleiten (§ 18 Abs. 1 Satz 1; § 7 Abs. 4 Satz 1 SprAuG), insbesondere wenn bei einem Hinausschieben der bereits vorbereiteten Einleitung die Wahl selbst nicht mehr rechtzeitig vor Ablauf der Amtszeit der amtierenden Arbeitnehmervertretung erfolgen kann und damit eine betriebsratslose oder sprecherausschusslose Zeit droht (**a. M.** *Fitting* § 13 Rn. 16, § 18a Rn. 27, die für diesen Konfliktfall der Verpflichtung, eine vertretungslose Zeit zu vermeiden, Vorrang einräumen wollen). Denn dem Wahlvorstand, der sich an die gesetzliche Verpflichtung zur zeitgleichen Einleitung der Wahlen hält, kann im Rechtssinne kein schuldhaftes Zögern vorgehalten werden. Die Verpflichtung zur Durchführung des Zuordnungsverfahrens bleibt in diesen Fällen aber auch dann bestehen, wenn die Wahlen nicht zeitgleich eingeleitet werden, z. B. weil der zuerst bestellte Wahlvorstand, ggf. nach Absprache mit dem anderen, seine Wahl vorher einleitet, um eine vertretungslose Zeit zu vermeiden. In diesen Fällen wirkt es sich aus, dass in der Fallkonstellation des Abs. 1 Satz 1 1. Halbs. für die Verpflichtung zur Durchführung des Zuordnungsverfahrens **nicht erforderlich** ist, dass die Wahlen **tatsächlich zeitgleich eingeleitet werden**; hier wie auch in anderen Fällen (vgl. Rdn. 25) ist zudem für die ordnungsgemäße Durchführung des Zuordnungsverfahrens **nicht erforderlich**, dass dieses **abgeschlossen ist, bevor** die Wahlen **eingeleitet** werden (vgl. dazu näher Rdn. 43).

20 Die gesetzliche Pflicht zur zeitgleichen Einleitung der Wahlen besteht auch dann, wenn in einem Unternehmen mit mehreren Betrieben statt betrieblicher Sprecherausschüsse in regelmäßigen Wahlen (vgl. dazu Rdn. 15) ein **Unternehmenssprecherausschuss** gewählt wird. Dies ergibt sich aus der Verweisung in § 20 Abs. 1 Satz 2 SprAuG auf §§ 2 bis 15 SprAuG, die also auch für § 5 Abs. 1 Satz 2 SprAuG gilt. In diesem Fall nimmt der zu bildende Unternehmenswahlvorstand (vgl. arg. § 20 Abs. 2 Satz 1 SprAuG) anstelle einzelner betrieblicher Wahlvorstände nach dem SprAuG an dem Zuordnungsverfahren nach § 18a teil (ebenso *Dänzer-Vanotti* AuR 1989, 204 [207]; *Engels/Natter* BB 1989, Beil. Nr. 8, S. 1 [14]; *Fitting* § 18a Rn. 23, 24; *Schlochauer/HSWG* § 18a Rn. 5; *Schneider* AiB 1990, 15 [17]; *Schneider/Weber* NZA 1990, Beil. Nr. 1, S. 29 [32]; *Stege/Weinspach/Schiefer* § 18a Rn. 2; *Trümner/DKKW* § 18a Rn. 51; *Wlotzke* DB 1989, 111 [124], der aber § 20 Abs. 2 SprAuG missversteht). Es ist aber zu beachten, dass der Unternehmenswahlvorstand das Zuordnungsverfahren jeweils mit dem Wahlvorstand für die regelmäßige Betriebsratswahl **in den einzelnen Betrieben** durchzuführen hat. Es kommt hier also ggf. zu einer **Vielzahl parallel verlaufender Zuordnungsverfahren** bezüglich der dem jeweiligen Betrieb angehörigen Angestellten; es findet nicht etwa ein unternehmenseinheitliches Zuordnungsverfahren statt (ebenso *Fitting* § 18a Rn. 24; *Dänzer-Vanotti* AuR 1989, 204; *Schneider* AiB 1990, 15; *Schneider/Weber* NZA 1990, Beil. Nr. 1, S. 29; *Stege/Weinspach/Schiefer* § 18a Rn. 2; zust. *Koch*/ErfK § 18a BetrVG Rn. 1). Zu den Möglichkeiten einer Zusammenfassung aller Zuordnungsverfahren im praktischen Ablauf vgl. Rdn. 49, 66.

21 Sind die Wahl zum Unternehmenssprecherausschuss und die Betriebsratswahlen in den einzelnen Betrieben des Unternehmens zeitgleich einzuleiten, so bedeutet dies de facto, dass auch alle **Betriebsratswahlen** im Unternehmen **zeitgleich einzuleiten sind**. Dies wird auf erhebliche Koordinierungsschwierigkeiten stoßen und praktisch vielfach nicht möglich sein, wenn sich die amtierenden Arbeitnehmervertretungen nicht vorher (ohne gesetzliche Verpflichtung) über einen möglichst frühzeitigen Zeitpunkt für die von ihnen vorzunehmende Bestellung der Wahlvorstände verständigen und damit diesen die Möglichkeit geben, sich über den Tag der Einleitung der Wahlen so abzustimmen,

dass allseits eine vertretungslose Zeit vermieden wird. Es ist nämlich davon auszugehen, dass auch künftig vielfach die Amtszeiten der Betriebsräte im Unternehmen unterschiedlich enden werden, weil in der Vergangenheit in vielen Unternehmen die Betriebsratswahlen in den einzelnen Betrieben nicht zeitgleich stattgefunden haben. Werden dementsprechend unter Orientierung an der (kurzen) Mindestfrist des § 16 Abs. 1 auch zukünftig die Wahlvorstände für die einzelnen Betriebsratswahlen unterschiedlich bestellt, so hilft auch die Empfehlung einer möglichst frühzeitigen Bestellung jedenfalls des Unternehmenswahlvorstands durch den amtierenden Unternehmenssprecherausschuss sicher nur teilweise weiter. Auch hier ist jedoch zu beachten, dass die Verpflichtung zur Durchführung aller parallel verlaufenden Zuordnungsverfahren nach § 18a Abs. 1 Satz 1 Halbs. 1 **nicht** davon abhängig ist, dass die Wahlen auch **tatsächlich** zeitgleich eingeleitet werden. Maßgeblich ist allein die gesetzliche Verpflichtung zu ihrer zeitgleichen Einleitung. Diese entfällt nur unter den Rdn. 18 genannten Voraussetzungen. Soweit dies der Fall ist, hat dies aber keine Auswirkungen auf die Verpflichtung zur Durchführung der übrigen Zuordnungsverfahren.

Wird kein Unternehmenssprecherausschuss gewählt, so kann in Betrieben, denen in der Regel nicht mindestens zehn leitende Angestellte angehören, kein Sprecherausschuss gewählt werden (§ 1 Abs. 1 SprAuG). In einem solchen Betrieb sind mithin Betriebsrats- und Sprecherausschusswahlen niemals zeitgleich einzuleiten. Daran ändert nichts, dass die leitenden Angestellten dieses Betriebs für die Anwendung des SprAuG als leitende Angestellte des räumlich nächstgelegenen Betriebs desselben Unternehmens gelten, der sprecherausschussfähig ist (§ 1 Abs. 2 SprAuG). Da die Sprecherausschusswahl nur in diesem Betrieb erfolgt, besteht bei regelmäßigen Wahlen auch nur dort die Verpflichtung zur zeitgleichen Einleitung, an die § 18a Abs. 1 Satz 1 Halbs. 1 die Verpflichtung zur Durchführung des Zuordnungsverfahrens knüpft. Es finden mithin weder parallele Zuordnungsverfahren statt (**a. M.** *Schneider* AiB 1990, 15 [16]; *Fitting* § 18a Rn. 25; *Hromadka/Sieg* SprAuG, § 18a BetrVG Rn. 9; *Richardi/Thüsing* § 18a Rn. 9), noch ist der Betriebsratswahlvorstand des sprecherausschussunfähigen Betriebs an dem Zuordnungsverfahren zu beteiligen. Da sich das Ergebnis des Abgrenzungsverfahrens aber auf die von ihm durchzuführende Betriebsratswahl auswirkt, empfiehlt es sich, ihn durch freiwillige Absprache in die Durchführung des Zuordnungsverfahrens einzubeziehen, und damit auch für ihn die Rechtsfolge nach Abs. 5 Satz 2 herbeizuführen (vgl. zu dieser Möglichkeit entsprechend Rdn. 25).

b) Freiwillige Zuordnungsverfahren

Das Zuordnungsverfahren ist nach § 18a Abs. 1 Satz 1 **Halbs. 2** auch dann durchzuführen, wenn Betriebsrats- und Sprecherausschusswahlen zeitgleich eingeleitet werden, **ohne dass** nach § 13 Abs. 1 Satz 2 BetrVG, § 5 Abs. 1 Satz 2 SprAuG dazu eine **gesetzliche Verpflichtung besteht**. Das Gesetz zielt mit dieser Konstellation auf Fälle außerhalb des Bereichs regelmäßiger Wahlen, in denen aber gleichwohl Wahlen zum Betriebsrat **und** zum Sprecherausschuss in zeitlichem Zusammenhang anstehen (ebenso *Fitting* § 18a Rn. 32). Dies ist insbesondere bei **Wahlen außerhalb des festen Wahlzeitraums** nach § 13 Abs. 2 BetrVG, § 5 Abs. 2 SprAuG der Fall, z.B. wenn ein Betrieb neu errichtet worden ist oder wenn beide Arbeitnehmervertretungen (z. B. aus Protest) zurückgetreten sind oder beide Wahlen mit Erfolg angefochten worden sind. Auch wenn ein **Sprecherausschuss (Unternehmenssprecherausschuss) erstmalig** nach dem SprAuG gewählt wird (und damit keine »regelmäßigen« Sprecherausschusswahlen stattfinden; vgl. Rdn. 15), besteht keine gesetzliche Verpflichtung zur zeitgleichen Einleitung mit den regelmäßigen Betriebsratswahlen im Betrieb. Auch in diesem Fall ist daher Abs. 1 Satz 1 2. Halbs. einschlägig, wenn die Wahlen im regelmäßigen Wahlzeitraum stattfinden (ohne Differenzierung auch Entwurfsbegründung, BT-Drucks. 11/2503, S. 32; *J.-H. Bauer* Sprecherausschussgesetz, S. 133; *Wlotzke* DB 1989, 111 [124]). Wird ein Sprecherausschuss dagegen erstmalig nach § 5 Abs. 2 Nr. 1 SprAuG außerhalb des festen Wahlzeitraums (1. März bis 31. Mai eines Wahljahres) gewählt und besteht zu diesem Zeitpunkt ein Betriebsrat, so ist das Zuordnungsverfahren zwingend nach Abs. 4 Satz 3 durchzuführen. Es ist jedoch zu beachten, dass Abs. 4 Satz 3 auch im Fall erstmaliger Wahl eines Sprecherausschusses im regelmäßigen Wahlzeitraum anwendbar sein kann (vgl. näher Rdn. 33).

Die Verpflichtung zur Durchführung des Zuordnungsverfahrens ist nach Abs. 1 Satz 1 2. Halbs. nur davon abhängig, **dass** die Wahlen **zeitgleich eingeleitet**, d. h. die Wahlausschreiben am selben Tag erlassen **werden**. Gemeint ist aber nicht zufällige, sondern **absprachegemäße** Gleichzeitigkeit; denn das Zuordnungsverfahren soll auch in dieser Anwendungsvariante in gleicher Weise wie bei den regelmäßigen Wahlen »spätestens zwei Wochen vor Einleitung der Wahlen« beginnen. Die beteiligten **Wahlvorstände** (ebenso *Fitting* § 18a Rn. 32; unzutreffend dagegen die Entwurfsbegründung, BT-Drucks. 11/2503, S. 32, die davon spricht, dass »Betriebsrat und Sprecherausschuss die Wahlen ohne gesetzliche Verpflichtung zeitgleich einleiten«) haben nach **pflichtgemäßem Ermessen** im Rahmen ihrer Verpflichtung zum unverzüglichen Erlass des Wahlausschreibens (§ 18 Abs. 1 Satz 1; § 7 Abs. 4 Satz 1 SprAuG) durch Beschluss darüber zu entscheiden, ob sie die Wahlen zeitgleich einleiten wollen (zust. *Richardi/Thüsing* § 18a Rn. 6; abw. *Fitting* § 18a Rn. 32; *Trümner/DKKW* § 18a Rn. 26: freies Ermessen). Beschließen sie dies übereinstimmend und haben sie durch ihre Vorsitzenden entsprechende Erklärungen ausgetauscht, sind sie kraft Gesetzes unwiderruflich und zwingend zur Durchführung des Zuordnungsverfahrens verpflichtet (im Ergebnis ebenso *Fitting* § 18a Rn. 32; zust. *Brors*/HaKo § 18a Rn. 6; *Koch*/ErfK § 18a BetrVG Rn. 1), und zwar notfalls des gesamten Zuordnungsverfahrens wie bei den regelmäßigen Wahlen (**a. M.** nur *Trümner/DKKW* § 18a Rn. 27 ff., der annimmt, dass es bei freiwillig-zeitgleicher Wahleinleitung mit der gegenseitigen Unterrichtungspflicht der Wahlvorstände sein Bewenden haben soll; diese Ansicht verkennt jedoch § 18a Abs. 1 Satz 1 Halbs. 2 im Kontext des § 18a Abs. 1 und den Zweck des Zuordnungsverfahrens).

25 Die Wahlvorstände entscheiden mit der Absprache über die zeitgleiche Einleitung der Wahlen zugleich, **dass sie** zur Durchführung des Zuordnungsverfahrens **verpflichtet sein wollen**. Sie übernehmen diese Verpflichtung durch Vereinbarung unmittelbar. Denn sie wissen, dass das Gesetz diese Verpflichtung an die Verabredung der zeitgleichen Wahleinleitung knüpft und dass sie diese nicht beschließen dürfen, wenn sie jene vermeiden wollen. Mithin kommt in Abs. 1 Satz 1 Halbs. 2 hinreichend deutlich die gesetzgeberische Entscheidung zum Ausdruck, dass die beteiligten Wahlvorstände **freiwillig die Durchführung des Zuordnungsverfahrens verabreden können**, wenn mangels gesetzlicher Verpflichtung zu zeitgleicher Einleitung der Wahlen auch keine gesetzliche Verpflichtung zur Durchführung des Zuordnungsverfahrens nach dem 1. Halbs. besteht. Der Gesetzgeber hat sich im 2. Halbs. zwar der Verabredung zeitgleicher Einleitung der Wahlen als Vehikel bedient. Dies erklärt sich jedoch aus seiner Fehlvorstellung, das Zuordnungsverfahren sei vor Einleitung der Wahlen durchzuführen (vgl. Entwurfsbegründung, BT-Drucks. 11/2503, S. 25, 31, dort zu Nr. 3). Abgesehen davon, dass das Verfahren auch noch nach Einleitung der Wahlen durchgeführt, namentlich abgeschlossen werden kann (vgl. dazu näher Rdn. 43), ist auch für eine Durchführung des Zuordnungsverfahrens vor Einleitung der Wahlen **nicht erforderlich**, dass die Wahlausschreiben **am selben Tag** erlassen werden. Deshalb können die Wahlvorstände die Durchführung des Zuordnungsverfahrens **auch dann freiwillig beschließen**, wenn sie (aus welchen Sacheinsichten auch immer) eine zeitgleiche Einleitung der Wahlen nicht beschließen (so im Ergebnis auch *Fitting* § 18a Rn. 33, 34, die die Auffassung aufgegeben haben, dass die freiwillige Absprache der Wahlvorstände nur dann in Betracht komme, wenn kein Betriebsrat und/oder Sprecherausschuss besteht, der nach Abs. 4 an dem Zuordnungsverfahren teilzunehmen habe; *Richardi/Thüsing* § 18a Rn. 25). Auch in diesem Fall haben sie in gleicher Weise wie bei den regelmäßigen Wahlen das Zuordnungsverfahren durchzuführen, und die Zuordnungen erfolgen mit der Rechtsfolge nach Abs. 5 Satz 2 und 3.

26 Verständigen sich die Wahlvorstände im Stadium der Vorbereitung der Wahleinleitungen nicht auf die zeitgleiche Einleitung der Wahlen und beschließen sie auch nicht freiwillig die Durchführung des Zuordnungsverfahrens, so findet dieses **überhaupt nicht** statt. Dann nimmt jeder Wahlvorstand die Aufstellung der für seine Wahl maßgeblichen Wählerliste allein vor, freilich auch ohne die Rechtsfolge nach Abs. 5 Satz 2. Diese Lücke im Konzept des Gesetzes lässt sich auch nicht durch eine zweckwidrige Anwendung des Abs. 4 schließen, falls der Betriebsrat und/oder der Sprecherausschuss noch (ggf. nur geschäftsführend) im Amt sind (**a. M.** *Fitting* § 18a Rn. 35; näher dazu Rdn. 34). Auch eine Analogie kommt nicht in Betracht, weil der Gesetzgeber in der Fallvariante des Abs. 1 Satz 1 Halbs. 2 klar zu erkennen gegeben hat, dass die Durchführung des Zuordnungsverfahrens von einer Absprache der Wahlvorstände abhängig sein soll.

c) Zuordnungsverfahren in Sonderfällen nach Abs. 4

Nach dem Wortlaut des Gesetzes und der Vorstellung des Gesetzgebers (vgl. BT-Drucks. 11/2503, S. 32) hat das Zuordnungsverfahren nach Abs. 4 stattzufinden, wenn mit einer Betriebsratswahl nicht zeitgleich eine Wahl nach dem SprAuG (Satz 1) oder umgekehrt mit einer Wahl nach dem SprAuG nicht zeitgleich eine Betriebsratswahl (Satz 3) eingeleitet wird. Maßgebliches Abgrenzungskriterium für die Anwendung des Abs. 4 ist danach die **nicht zeitgleiche Einleitung** beider Wahlen. Damit sollen erkennbar **die Lücke geschlossen** und die Fälle erfasst werden, die verbleiben, weil nach Abs. 1 Satz 1 die Verpflichtung zur Durchführung des Zuordnungsverfahrens davon abhängig gemacht ist, dass die Einleitung beider Wahlen kraft gesetzlicher Verpflichtung zeitgleich zu erfolgen hat (Halbs. 1) oder freiwillig zeitgleich erfolgt (Halbs. 2). Die rechtstechnische **Unterscheidung** zwischen zeitgleicher und nicht zeitgleicher Einleitung der Wahlen **ergibt aber keine scharfe und stimmige Abgrenzung der Anwendungsbereiche** von Abs. 1 und Abs. 4. Dies liegt vor allem daran, dass der Gesetzgeber keine ausreichenden Vorkehrungen dafür geschaffen hat, dass die Wahlen in den Fällen des Abs. 1 Satz 1 Halbs. 1 auch tatsächlich zeitgleich eingeleitet werden (vgl. Rdn. 17 f.). Dadurch kann Abs. 4 seinem Wortlaut nach Fallkonstellationen erfassen, die der Gesetzgeber mit Abs. 1 erfassen wollte; das erfordert zum Teil eine teleologische Reduktion des Anwendungsbereichs von Abs. 4 (vgl. Rdn. 34). Entsprechendes gilt, wenn die Wahlen in der Fallvariante des Abs. 1 Satz 1 Halbs. 2 nicht zeitgleich eingeleitet werden. Abgesehen davon, dass die Gegenüberstellung von zeitgleicher und nicht zeitgleicher Wahleinleitung die Möglichkeit der Wahlvorstände zu freiwilliger Vereinbarung der Durchführung des Zuordnungsverfahrens (vgl. Rdn. 25) unberücksichtigt lässt, kann dann Abs. 4 dem Wortlaut nach einschlägig sein, obwohl das Gesetz die Durchführung des Zuordnungsverfahrens für diese Fälle eindeutig von einer Verständigung der Wahlvorstände abhängig gemacht hat.

27

Klarere Strukturen des Anwendungsbereichs ergeben sich, wenn man die **Abgrenzung an den Beteiligten** orientiert, die nach Abs. 4 am Zuordnungsverfahren mitzuwirken haben. Dies ist immer nur **ein** Wahlvorstand, dem die jeweils andere, amtierende Arbeitnehmervertretung gegenübergestellt wird, nämlich nach Satz 1 (dem Betriebsratswahlvorstand) der Sprecherausschuss und nach Satz 3 (dem Wahlvorstand nach dem SprAuG) der Betriebsrat. Die Lücke, die Abs. 4 in Ergänzung zu Abs. 1 schließen will, besteht also immer nur im **Fehlen eines zweiten Wahlvorstands**, ohne den das Zuordnungsverfahren nach Abs. 1 nicht durchgeführt werden kann (ähnlich auch *Engels/Natter* BB 1989, Beil. Nr. 8, S. 1 [15, unter 2b]; *Stege/Weinspach/Schiefer* § 18a Rn. 10; zust. *Brors*/HaKo § 18a Rn. 7; im Ansatz wohl auch *Reichold*/HWK § 18a BetrVG Rn. 7). Er wird in Abs. 4 durch die jeweils andere, amtierende Vertretung ersetzt, um das Zuordnungsverfahren (und damit die Rechtsfolge nach Abs. 5 Satz 2) auch in den Sonderfällen zu ermöglichen, in denen die Wahlen nicht zeitgleich (»in zeitlichem Zusammenhang«) durchgeführt werden. Bedeutsam bleibt aber, dass die Bestimmung nicht an die nicht zeitgleiche Wahl (wie auch immer dies abzugrenzen wäre) anknüpft (so missverständlich aber *Engels/Natter* BB 1989, Beil. Nr. 8, S. 15; *Stege/Weinspach/Schiefer* § 18a Rn. 2, 10), sondern an die nicht zeitgleiche Einleitung der Wahlen. Damit ist zwar ein präziser Zeitansatz gewählt; zugleich wird aber für Abs. 4 ein weitergehender Anwendungsbereich eröffnet, als er zur Schließung der nach Abs. 1 verbleibenden Lücken erforderlich ist.

28

Bei der **Konkretisierung des Anwendungsbereichs** ist zu berücksichtigen, dass die Zuordnung leitender Angestellter nach Abs. 4 immer nur für **eine** Wahl Bedeutung haben kann, nämlich für die, zu deren Durchführung der beteiligte Wahlvorstand bestellt ist. Demgegenüber ist es die erklärte Zielsetzung des in **zwei** Wahlverfahren eingebundenen Zuordnungsverfahrens nach Abs. 1, für **beide** Wahlen einheitlich die Zuordnung zu entscheiden (vgl. Rdn. 3) und damit auch für beide Wahlen die Rechtsfolge nach Abs. 5 Satz 2 herbeizuführen. Dies unterstreicht die Hilfsfunktion von Abs. 4; dieser Bestimmung kann bei Lücken im Anwendungsbereich von Abs. 1 lediglich **Auffangbedeutung** zukommen (zust. *Jacobs* Die Wahlvorstände, S. 281; jegliche Auffangfunktion abl., aber ohne tragfähige Begründung *Reichold*/HWK § 18a BetrVG Rn. 7). Im Übrigen kann das Zuordnungsverfahren nach Abs. 4 bei einer Wahl innerhalb oder außerhalb des regelmäßigen Wahlzeitraums durchzuführen sein; dies ergibt sich aus dem ausdrücklichen Hinweis auf eine Wahl nach § 13 Abs. 1 **oder** Abs. 2 (Satz 1) bzw. nach § 5 Abs. 1 **oder** Abs. 2 SprAuG (Satz 3).

29

Nach Abs. 4 ist demnach das Zuordnungsverfahren insbesondere dann durchzuführen, wenn zur Wahl lediglich **einer** Arbeitnehmervertretung (Betriebsrat, Sprecherausschuss bzw. Unternehmensspre-

30

cherausschuss) **außerhalb des regelmäßigen Wahlzeitraums** in den in § 13 Abs. 2 bzw. § 5 Abs. 2 SprAuG abschließend aufgezählten Sonderfällen (zu Einzelheiten s. *Jacobs* § 13 Rdn. 28 ff.) ein Wahlvorstand bestellt ist, während die jeweils andere Arbeitnehmervertretung (ggf. nur geschäftsführend) im Amt ist und ihre Neuwahl nicht ansteht (ansonsten vgl. Rdn. 23). **Beispiel:** Im Wahlzeitraum 2014 sind Betriebsrat und Sprecherausschuss gewählt worden. Die Betriebsratswahl ist mit Erfolg angefochten worden; zur Neuwahl nach § 13 Abs. 2 Nr. 4 ist der Wahlvorstand bestellt worden. Dieser hat dann nach Abs. 4 Satz 1 das Verfahren mit dem Sprecherausschuss zu beginnen.

31 Bei einer Wahl **innerhalb** des **regelmäßigen Wahlzeitraums** findet Abs. 4 zunächst dann Anwendung, wenn nur eine Arbeitnehmervertretung gewählt wird, weil die Amtszeit der anderen Vertretung zu Beginn des regelmäßigen Wahlzeitraums noch nicht ein Jahr betragen hat und diese deshalb (nach § 13 Abs. 3 Satz 2 bzw. § 5 Abs. 3 Satz 2 SprAuG) erst im übernächsten regelmäßigen Wahlzeitraum neu zu wählen ist (s. dazu *Jacobs* § 13 Rdn. 82 ff.).

32 Auch dann, wenn in Betrieben, in denen bisher beide Arbeitnehmervertretungen bestanden haben, **beide** innerhalb des regelmäßigen Wahlzeitraums **neu zu wählen** sind, kann sich wegen fehlender gesetzlicher Synchronisation der Bestellung der Wahlvorstände (vgl. Rdn. 18) die Situation ergeben, dass zunächst nur ein Wahlvorstand bestellt wird. Dieser muss dann seiner Verpflichtung zu unverzüglicher Wahleinleitung (§ 18 Abs. 1 Satz 1 bzw. § 7 Abs. 4 Satz 1 SprAuG), die in dieser Phase des Wahlverfahrens seine Hauptpflicht ist, nachkommen. Dies erfordert auch, dass er unverzüglich nach Aufstellung seiner Wählerliste(n) das Zuordnungsverfahren nach Abs. 4 mit der anderen Arbeitnehmervertretung beginnt. Trotz der gesetzlichen Verpflichtung der Wahlvorstände, die regelmäßigen Wahlen zeitgleich einzuleiten (§ 13 Abs. 1 Satz 2; § 5 Abs. 1 Satz 2 SprAuG), darf er nicht untätig bleiben und die Bestellung des anderen Wahlvorstands abwarten, die zudem immer unsicher ist, weil die Festlegung eines regelmäßigen Wahlzeitraums keinen Zwang zur weiteren Errichtung von Betriebsräten und Sprecherausschüssen begründet und die Verletzung der Verpflichtung der amtierenden Arbeitnehmervertretung, rechtzeitig vor Ablauf ihrer Amtszeit den Wahlvorstand für die Neuwahl zu bestellen (§ 16 Abs. 1; § 7 Abs. 1 SprAuG), praktisch sanktionslos ist (vgl. § 16 Rdn. 15 ff.). Soweit zwischen dem Wahlvorstand und der gegenüberstehenden Arbeitnehmervertretung Einvernehmen (über die Zuordnung der leitenden Angestellten) hergestellt wird, ist damit die Zuordnung mit der Rechtsfolge nach Abs. 5 Sätze 2 und 3 erfolgt, allerdings nur für die vom beteiligten Wahlvorstand durchzuführende Wahl (vgl. zur Rechtsfolge Rdn. 97 ff.). Wenn die gegenüberstehende Arbeitnehmervertretung diese nur beschränkte Zuordnungswirkung vermeiden will, muss sie, statt Einvernehmen herzustellen, den Wahlvorstand für ihre Neuwahl bestellen und damit das weitere Zuordnungsverfahren gemäß Abs. 1 Satz 1 1. Halbs. in die Kompetenz der Wahlvorstände abgeben (im Ergebnis zust. *Fitting* § 18a Rn. 31; *Jacobs* Die Wahlvorstände, S. 282; *Richardi/Thüsing* § 18a Rn. 29; *Wiebauer/LK* § 18a Rn. 15). Ebenso hat sie zu entscheiden, ob sie den Wahlvorstand bestellt oder ob sie Mitglieder benennt, die anstelle des Wahlvorstands an dem Zuordnungsverfahren nach Abs. 4 Satz 2 teilnehmen, wenn keine Übereinstimmung über die Zuordnung besteht. Wird das Zuordnungsverfahren nach Abs. 4 abgeschlossen, so hat die dabei vorgenommene Zuordnung keine rechtliche Bindungswirkung, wenn es später, quasi über Kreuz, zu einem weiteren Verfahren nach Abs. 4 kommt (vgl. dazu Rdn. 35).

33 Entsprechend dem in Rdn. 32 Gesagten ist auch dann zu verfahren, wenn zur Durchführung der **erstmaligen** Wahl einer Arbeitnehmervertretung (z. B. eines Sprecherausschusses) im regelmäßigen Wahlzeitraum der Wahlvorstand bestellt ist, der Wahlvorstand der bereits vorhandenen Arbeitnehmervertretung (im Beispiel: der Betriebsrat) aber noch nicht. Wird in diesem Falle der zweite Wahlvorstand bestellt und damit das weitere Zuordnungsverfahren in die Kompetenz der Wahlvorstände gegeben, so ist zu beachten, dass sich hier die Pflicht zu dessen weiterer Durchführung nach Abs. 1 Satz 1 2. Halbs. richtet; dies setzt aber voraus, dass sich die Wahlvorstände über die zeitgleiche Einleitung der Wahlen oder zumindest über die freiwillige Durchführung des Zuordnungsverfahrens verständigen (vgl. Rdn. 26).

34 **In keinem Fall** hat das Zuordnungsverfahren nach Abs. 4 stattzufinden, wenn in der Phase vor Einleitung beider Wahlen **bereits beide Wahlvorstände** bestellt sind und beide zeitgleich vor ihrer Aufgabe zur unverzüglichen Wahleinleitung stehen. Dies gilt entgegen dem Wortlaut des Abs. 4 auch und gerade dann, wenn die Wahlen nicht zeitgleich eingeleitet werden (was in den Fällen regelmäßiger

Wahlen pflichtwidrig ist) und in dieser Phase der Wahlverfahren der alte Betriebsrat und/oder Sprecherausschuss noch im Amt sind. In dieser Konstellation richtet sich die Verpflichtung zur Durchführung des Zuordnungsverfahrens ausschließlich nach Abs. 1 Satz 1 Halbs. 1 oder 2; Abs. 4 tritt völlig zurück (zust. *Wiebauer/LK* § 18a Rn. 14). Denn im Verfahren nach Abs. 4 könnte der erklärte vorrangige Zweck des Zuordnungsverfahrens nicht erreicht werden, die Zuordnung für **beide** Wahlen **einheitlich** zu bestimmen, um Doppelzuordnungen (oder doppelte Nichtberücksichtigung) zu vermeiden (vgl. Rdn. 3, 29). Bei wortlautgetreuer Anwendung müssten quasi über Kreuz zwei Zuordnungsverfahren jeweils zwischen Wahlvorstand und anderer Arbeitnehmervertretung durchgeführt werden, bei denen unterschiedliche Ergebnisse nicht auszuschließen wären. Nichts anderes gilt, wenn nur noch **eine Arbeitnehmervertretung im Amt** ist, weil in diesem Falle der Wahlvorstand, der die Neuwahl der noch amtierenden Vertretung durchzuführen hat, nicht in das Zuordnungsverfahren nach Abs. 4 einzubinden wäre.

Keine Ausnahme zu dem in Rdn. 34 Gesagten gilt, sondern eine andere Sachlage besteht, wenn bei **35** den regelmäßigen Wahlen einer der Wahlvorstände erst zu einem Zeitpunkt bestellt wird, zu dem **der andere** seine Wahl bereits **eingeleitet hat**. In dieser Situation besteht keine Verpflichtung zur Durchführung des Zuordnungsverfahrens nach Abs. 1 Satz 1 Halbs. 1 (vgl. Rdn. 18). Deshalb entspricht es dem Auffangcharakter des Abs. 4, dass der zuletzt bestellte Wahlvorstand das Verfahren nach dieser Bestimmung durchzuführen hat, sofern die andere Vertretung noch oder (falls die Neuwahl zwischenzeitlich stattgefunden hat) schon im Amt ist (ebenso *Fitting* § 18a Rn. 30, 37; *Jacobs* Die Wahlvorstände, S. 284 f.; *Richardi/Thüsing* § 18a Rn. 28; **a. M.** *Reichold/HWK* § 18a BetrVG Rn. 7). Dabei spielt es keine Rolle, ob der zuerst bestellte Wahlvorstand seinerseits das Zuordnungsverfahren nach Abs. 4 durchgeführt hat oder nicht (vgl. dazu Rdn. 32). Dass ggf. in beiden Verfahren nach Abs. 4 unterschiedliche Ergebnisse erzielt werden, muss hingenommen werden, denn die Rechtsfolge der Zuordnungen ist auf die jeweilige Wahl beschränkt.

Voraussetzung für die Durchführung des Zuordnungsverfahrens nach Abs. 4 ist immer, dass die jeweils **36** andere Arbeitnehmervertretung im Amt ist (sei es auch nur geschäftsführend), wenn in einem Betrieb zur Wahl nach § 13 oder § 5 SprAuG ein Wahlvorstand bestellt ist. **Besteht die andere Arbeitnehmervertretung nicht**, insbesondere weil sie niemals gewählt worden ist (z. B. weil die Mehrheit der leitenden Angestellten die Wahl eines Sprecherausschusses nicht verlangt hat, § 7 Abs. 2 Satz 4 SprAuG), so kommt auch keine analoge Anwendung von Abs. 4 in Betracht. Insbesondere scheidet der Arbeitgeber als Widerpart des Wahlvorstands aus, weil er nach der Konzeption des Gesetzes zur Unterstützung (Abs. 2), ggf. als Vermittler (Abs. 3 Satz 2) in das Zuordnungsverfahren eingebunden ist. Vielmehr entscheidet der Wahlvorstand mit der Eintragung bzw. Nichteintragung bei der Aufstellung der Wählerliste, welche Angestellten er den leitenden Angestellten zuordnet; er ist dabei vom Arbeitgeber gemäß § 2 Abs. 2 Satz 2 WO und WOSprAuG zu unterstützen. Dieser Zuordnung kommt aber nicht die Rechtsfolge nach Abs. 5 Satz 2 zu (ebenso *J.-H. Bauer* Sprecherausschussgesetz, S. 138; *Fitting* § 18a Rn. 41; *Trümner/DKKW* § 18a Rn. 33).

2. Ablauf des Verfahrens

a) Einvernehmliche Zuordnung (Abs. 1)

Hat das Zuordnungsverfahren nach Abs. 1 stattzufinden (vgl. Rdn. 14 ff., 23 ff.), so ist seine Durchführ- **37** rung Aufgabe und gesetzliche **Pflicht** der **beteiligten Wahlvorstände** (zum Verfahren nach Abs. 4 vgl. Rdn. 90 ff.). Nach der gesetzlichen Ausgestaltung **beginnt** das Verfahren mit gegenseitiger Unterrichtung der Wahlvorstände darüber, welche Angestellten sie den leitenden Angestellten zugeordnet haben; dies hat unverzüglich nach Aufstellung der Wählerliste, spätestens jedoch zwei Wochen vor (zeitgleicher) Einleitung der Wahlen zu geschehen (Abs. 1 Satz 1). Dieser Ablauf erfordert **Vorentscheidungen**: Zum einen muss eine interne Willensbildung bei jedem Wahlvorstand vorausgehen; dies geschieht mit Aufstellung der Wählerlisten. Zum anderen haben sich die Wahlvorstände über den Tag zu verständigen, an dem durch Erlass der Wahlausschreiben die Wahlen (zeitgleich) einzuleiten sind; dieser Tag ist nach der Konzeption des Gesetzes maßgebend für die das Zuordnungsverfahren zeitlich strukturierenden Mindestfristen (vgl. aber Rdn. 41 ff.).

38 Die **Aufstellung der Wählerliste** (Liste der aktiv Wahlberechtigten) für jede Wahl ist **ausschließliche Pflicht des jeweiligen Wahlvorstands**. Der Wahlvorstand hat über die Wahlberechtigung und entsprechend über die Aufnahme in die Wählerliste durch **Beschluss** zu entscheiden. Für die **Betriebsratswahl** hat der Wahlvorstand die Wählerliste nach Aufgabe des Gruppenprinzips in der Betriebsverfassung durch Art. 1 Nr. 6 BetrVerf-Reformgesetz nicht mehr getrennt für die Gruppen der Arbeiter und Angestellten aufzustellen (§ 2 Abs. 1 WO). Er hat bei der Aufstellung einer Liste aller Wahlberechtigten (getrennt nach Geschlechtern) aber nach wie vor darüber zu entscheiden, welche Angestellten den leitenden Angestellten zuzuordnen und dementsprechend **nicht** in die Wählerliste aufzunehmen sind, weil sie gemäß §§ 7, 5 Abs. 3 nicht wahlberechtigt sind (s. *Raab* § 7 Rdn. 16). Für die Abgrenzung ist § 5 Abs. 3 und 4 maßgebend (dazu ausführlich *Raab* § 5 Rdn. 159 ff.). Umgekehrt hat der Wahlvorstand für die **Sprecherausschusswahl** (bzw. der Unternehmenswahlvorstand für die Unternehmenssprecherausschusswahl) nur die leitenden Angestellten in die Wählerliste aufzunehmen (§ 2 Abs. 1 WOSprAuG), weil nur diese wahlberechtigt sind (§ 3 Abs. 1 SprAuG). Der Arbeitgeber ist verpflichtet, beide Wahlvorstände bei der Feststellung, wer leitender Angestellter ist, durch Auskünfte und Unterlagen zu unterstützen (§ 2 Abs. 2 WO, § 2 Abs. 2 WOSprAuG).

aa) Beginn des Zuordnungsverfahrens

39 Nach Aufstellung der Wählerlisten hat die gegenseitige Unterrichtung der Wahlvorstände **unverzüglich**, d. h. ohne schuldhaftes Zögern (§ 121 Abs. 1 BGB) zu erfolgen. Der Gesetzgeber hat jedoch erkannt, dass auf diese Weise eine ordnungsgemäße Abwicklung des Zuordnungsverfahrens **vor** Einleitung der Wahlen nicht zu gewährleisten ist. Denn obwohl die Wahlvorstände nach ihrer Bestellung unverzüglich mit der Aufstellung der Wählerlisten zu beginnen haben (s. *Jacobs* § 2 WO Rdn. 2), müssen diese nach allgemeinem Wahlverfahrensrecht erst bei Erlass der Wahlausschreiben, durch die die Wahlen eingeleitet werden (§ 3 Abs. 1 Satz 2 WO und WOSprAuG), vorliegen (vgl. § 2 Abs. 4, § 3 Abs. 2 Nr. 2 WO und WOSprAuG). Deshalb wird in Abs. 1 Satz 1 **zusätzlich** ein verbindlicher Zeitmaßstab gesetzt und bestimmt, dass die Unterrichtung »spätestens jedoch zwei Wochen vor Einleitung der Wahlen« zu geschehen hat. Damit ist aber nicht vorgeschrieben, dass beide Wählerlisten bereits zu diesem Zeitpunkt aufgestellt sein müssen. Denn die Unterrichtungspflicht beschränkt sich nach dem insoweit klaren Wortlaut nur auf den Personenkreis, den die Wahlvorstände den leitenden Angestellten zugeordnet haben. Insbesondere bedeutet dies, dass der Betriebsrats-Wahlvorstand dem Wahlvorstand für die Wahl des Sprecherausschusses nur die Angestellten zu benennen hat, die er **nicht** in seine Wählerliste aufgenommen hat oder aufnehmen wird. Umgekehrt muss letzterer allerdings alle Personen mitteilen, die er in seine Wählerliste aufgenommen hat bzw. beschlossen hat aufzunehmen, auch wenn die Wählerliste noch nicht förmlich aufgestellt ist (ähnlich *Fitting* § 18a Rn. 13).

40 Der Tag, an dem die Unterrichtung **spätestens** zu erfolgen hat, entspricht (gemäß der Fristberechnung nach §§ 187 Abs. 2, 188 Abs. 2 BGB i. V. m. § 41 WO, § 40 WO SprAuG) dem Tag (z. B. Mittwoch), an dem nach Absprache der Wahlvorstände zwei Wochen später (ebenfalls Mittwoch) die Wahlen (durch Erlass der Wahlausschreiben) einzuleiten sind. Der gesetzliche Zeitplan erfordert mithin, dass die Wahlvorstände diesen Tag der Wahleinleitung **vorher schon** festgelegt haben. Soweit es sich um regelmäßige Wahlen handelt, die zeitgleich einzuleiten sind (§ 13 Abs. 1 Satz 2; § 5 Abs. 1 Satz 2 SprAuG), sind sie zu dieser Absprache verpflichtet (zu Einzelheiten s. *Jacobs* § 13 Rdn. 23), ansonsten erfolgt sie freiwillig (vgl. Rdn. 24 f.).

41 Die Bestimmung eines »spätesten« Zeitpunkts für die gegenseitige Unterrichtung **läuft leer**, wenn bis zur Aufstellung der Wählerliste(n) der Tag für den gleichzeitigen Erlass der Wahlausschreiben noch nicht festgelegt worden ist. Dies kann vor allem deshalb der Fall sein, weil der zeitliche Ablauf des Wahlverfahrens, der an Mindestfristen orientiert ist, durch die Einbeziehung des Zuordnungsverfahrens **unstimmig** geworden ist. Der Gesetzgeber war offenbar der Meinung, mit der Erweiterung des vorgegebenen Mindestzeitrahmens für die Durchführung des (Regel-)Wahlverfahrens von acht auf zehn Wochen (§ 16 Abs. 1 Satz 1) dem zusätzlichen Zeitbedarf von zwei Wochen für die Durchführung des Zuordnungsverfahrens hinreichend Rechnung getragen zu haben (vgl. § 16 Rdn. 2; BT-Drucks. 11/2503, S. 31), so dass unter Beibehaltung des bisherigen Terminplans, wie er sich aus Gesetz (§ 16 Abs. 1 Satz 1; § 7 Abs. 1 SprAuG) und den Wahlordnungen (§ 3 Abs. 1 WO und WO-SprAuG) ableiten lässt, eine vertretungslose Zeit möglichst vermieden wird. Dabei ist jedoch unbe-

rücksichtigt geblieben, dass unter Einbeziehung des Zuordnungsverfahrens der Zeitrahmen nur dann gewahrt werden kann, wenn die Wahlvorstände zeitgleich bestellt werden. Gerade dies hat der Gesetzgeber jedoch nicht sichergestellt (vgl. Rdn. 18). Es hängt vielmehr allein vom Verhalten derjenigen amtierenden Arbeitnehmervertretung ab, deren Amtszeit später abläuft, ob sie durch eine freiwillige zeitliche Vorverlegung der Bestellung ihres Wahlvorstands sicherstellt, dass beide Wahlverfahren auch im Gleichschritt durchgeführt werden können.

Die fehlende gesetzliche Harmonisierung muss zur Folge haben, dass die Pflicht, das Zuordnungsverfahren »spätestens zwei Wochen vor Einleitung der Wahlen« zu beginnen, **wegfällt**, wenn der Einleitungstag nach Aufstellung der (ersten) Wählerliste nicht feststeht. Es bleibt dann bei der Pflicht, die gegenseitige Unterrichtung unverzüglich vorzunehmen. Insbesondere sind die Wahlvorstände nicht gezwungen, zunächst den Tag der Wahleinleitung so festzulegen, dass vor diesem noch zwei Wochen zur Durchführung des Zuordnungsverfahrens zur Verfügung stehen. Dies wäre unangebrachter Formalismus, wenn es dadurch auch nur auf einer Seite zu einer Verzögerung der Neuwahl und damit zu einer vertretungslosen Zeit kommen könnte. Es genügt, sicherzustellen, dass ggf. der Vermittler die in Abs. 2 vorgesehene absolute Frist von einer Woche für seine Tätigkeit zur Verfügung hat. 42

Aus der Möglichkeit des Wegfalls der Regelfrist in Abs. 1 Satz 1 folgt zugleich, dass das **Zuordnungsverfahren** auch dann **weiterzuführen ist, wenn die Wahlen** (oder auch nur eine) zwischenzeitlich **eingeleitet werden**. Es gibt keinen Gesichtspunkt, der dem zwingend entgegenstünde. Zwar geht das Gesetz in Abs. 1 Satz 1 mit der Fristbestimmung (idealistisch) davon aus, dass der Personenkreis der leitenden Angestellten rechtzeitig vor Einleitung der Wahlen festgestellt wird (vgl. auch BT-Drucks. 11/2503, S. 25: »Es ist vor Einleitung der Wahlen durchzuführen.«). Nirgendwo sagt das Gesetz aber, dass das Zuordnungsverfahren vor Einleitung der Wahlen beendet sein muss und andernfalls (als erfolglos) abzubrechen ist (so aber im Ergebnis *Schneider* AiB 1990, 15 [18]; *Trümner/DKKW* § 18a Rn. 8, 78 f.; grundsätzlich so auch *Fitting* § 18a Rn. 28, 58, die jetzt aber immerhin eine Weiterführung des Zuordnungsverfahrens aufgrund einer entsprechenden Absprache der beteiligten Wahlvorstände zulassen [*Fitting* § 18a Rn. 29, 58]; so auch *Jacobs* Die Wahlvorstände, S. 289 ff.; *Richardi/Thüsing* § 18a Rn. 28). Der Zweck des Verfahrens, die Zuordnung möglichst einheitlich und einvernehmlich und für beide Wahlen rechtssicher herbeizuführen (vgl. Rdn. 2, 3), erfordert die Weiterführung (ebenso *Allinger* NZA 1990, 552 [553]; zust. *Wiebauer/LK* § 18a Rn. 17). Außerdem sind Veränderungen der Wählerlisten nach Einleitung der Wahlen, auch wenn sie aufgrund von Entscheidungen im Zuordnungsverfahren vorzunehmen sind (vgl. Abs. 1 Satz 3, Abs. 2 Satz 4), nichts Besonderes. Die Wahlvorstände sind nicht nur zu Berichtigungen der Wählerlisten verpflichtet, wenn sie einen rechtzeitigen Einspruch gegen deren Richtigkeit für begründet erachten (§ 4 Abs. 2 WO und WOSprAuG). Sie sind vielmehr vor und nach Ablauf der zweiwöchigen Einspruchsfrist und bis zum Tage vor Beginn der Stimmabgabe **von Amts wegen verpflichtet**, für die Richtigkeit der Wählerlisten durch Berichtigungen und Ergänzungen zu sorgen (vgl. § 4 Abs. 3 WO und WOSprAuG; s. dazu *Jacobs* § 4 WO Rdn. 13). Falls sich durch Berichtigungen und Ergänzungen der Wählerliste zugleich Daten ändern, die den Angaben im Wahlausschreiben zugrunde liegen (Mitgliederzahl des Betriebsrats oder Sprecherausschusses, Vertretung der Geschlechter im Betriebsrat, Mindestzahl der Stützunterschriften für Wahlvorschläge), und eine Berichtigung des Wahlausschreibens nicht in Betracht kommt (s. *Jacobs* § 3 WO Rdn. 28 f.), ist allerdings der Wahlgang abzubrechen und durch Erlass eines neuen Wahlausschreibens erneut einzuleiten (s. *Jacobs* § 4 WO Rdn. 11). Auch insoweit passen sich Veränderungen der Wählerliste aufgrund des Zuordnungsverfahrens nahtlos in die allgemeinen Wahlverfahrensregeln ein. Nicht zuletzt spricht für die Weiterführung des Verfahrens, dass sie eine (mit Blick auf die Rechtsfolgen des Abs. 5 Satz 2 unvernünftige) Verzögerungstaktik eines Wahlvorstands zu unterbinden geeignet ist. 43

bb) Gegenseitige Unterrichtung
Die **Pflicht** zu gegenseitiger **Unterrichtung** bezieht sich auf die Personen, die jeder Wahlvorstand dem Kreis der leitenden Angestellten durch Beschluss zugeordnet hat (vgl. Rdn. 39). Sie beschränkt sich nicht auf Zweifelsfälle. Die Unterrichtung ist formfrei (ebenso *Fitting* § 18a Rn. 14; *Trümner/DKKW* § 18a Rn. 13; weitergehend *Richardi/Thüsing* § 18a Rn. 14: schriftlich). Zweckmäßigerweise erfolgt sie durch Vorlage einer Abschrift der jeweiligen Wählerliste (zust. *Hromadka/Sieg* SprAuG, § 18a BetrVG Rn. 10); an deren Geheimhaltung besteht kein Interesse, weil sie sowieso zur Einsicht- 44

§ 18a

nahme im Betrieb auszulegen (bzw. bei der Betriebsratswahl in elektronischer Form bekanntzumachen) ist (§ 2 Abs. 4 WO und WOSprAuG). Eine **Begründung** der Zuordnungsentscheidung am Maßstab des § 5 Abs. 3 und 4 ist **nicht vorgeschrieben**; sie kann aber zweckmäßig sein, um das Abstimmungsverfahren zu beschleunigen (ebenso *Fitting* § 18a Rn. 14; *Trümner/DKKW* § 18a Rn. 13; zust. *Reichold/HWK* § 18a BetrVG Rn. 3).

45 Die **Gegenseitigkeit** der Unterrichtung bedeutet nicht, dass sie zeitgleich vorzunehmen ist (zust. *Fitting* § 18a Rn. 15; ebenso *Richardi/Thüsing* § 18a Rn. 13; *Trümner/DKKW* § 18a Rn. 12, 15, der jedoch aus taktischen Gründen für einen zeitgleichen Austausch der Listen eintritt; *Wlotzke/WPK* § 18a Rn. 15; unzutreffend *Dänzer-Vanotti* AuR 1989, 204 [206]). Vielmehr hat jeder Wahlvorstand unverzüglich nach Aufstellung **seiner** Wählerliste den anderen Wahlvorstand zu informieren. Sofern der Tag der Einleitung der Wahlen schon abgesprochen ist, muss dies spätestens zwei Wochen vorher erfolgen (vgl. auch Rdn. 39), auch wenn zu diesem Zeitpunkt die Wählerliste als solche noch nicht förmlich aufgestellt ist. Es genügt, wenn ein Wahlvorstand sich auf eine Stellungnahme zu den vom anderen Wahlvorstand mitgeteilten Zuordnungen beschränkt. Übernimmt ein Wahlvorstand die Zuordnungsentscheidungen des anderen, so muss er diesen davon unterrichten.

46 Stimmen beide Wahlvorstände in ihren gegenseitig mitgeteilten Zuordnungsentscheidungen vollkommen überein, gibt es namentlich weder Doppelzuordnungen noch doppelte Nichtberücksichtigung auf den Wählerlisten, **so besteht Einvernehmen**. Damit ist das Zuordnungsverfahren mit der Rechtsfolge nach Abs. 5 Satz 2 und 3 abgeschlossen. **Einvernehmen** wird aber auch dadurch **hergestellt**, dass ein Wahlvorstand seine ursprüngliche(n) Zuordnungsentscheidung(en) durch Beschluss ändert, indem er sich der ihm mitgeteilten Entscheidung des anderen Wahlvorstands anschließt und diesem dies mitteilt. Entsprechendes gilt, wenn beide Wahlvorstände bezüglich verschiedener Personen ihre ursprünglich divergierenden Zuordnungsentscheidungen korrigieren. Die Angestellten sind dann gemäß dieser Übereinstimmung in die jeweilige Wählerliste einzutragen (Abs. 1 Satz 3).

47 Auch soweit nur **teilweise Einvernehmen** besteht oder hergestellt wird, ist betreffs dieser Personen das Zuordnungsverfahren mit der Rechtsfolge nach Abs. 5 Satz 2 und 3 abgeschlossen. Der weitere Fortgang des Verfahrens bezieht sich **immer nur** auf die Angestellten, über deren Zuordnung **noch kein Einvernehmen** besteht. Soweit Einvernehmen erzielt ist, können diese Zuordnungen auch nicht nachträglich streitig gestellt werden, etwa um Druck in der gemeinsamen Sitzung auszuüben (*Engels/Natter* BB 1989, Beil. Nr. 8, S. 1 [15]; *Trümner/DKKW* § 18a Rn. 14; zust. *Brors/HaKo* § 18a Rn. 8; *Koch*/ErfK § 18a BetrVG Rn. 2). Ändert ein Wahlvorstand gleichwohl nachträglich seine Wählerliste entgegen der einvernehmlichen Zuordnung, so kann die Rechtsfolge nach Abs. 5 Satz 2 insoweit nicht eingreifen (vgl. dazu Rdn. 101). Unschädlich ist es dagegen, wenn nachträglich beide Wahlvorstände eine zunächst einvernehmliche Zuordnung abändern, weil sie diese übereinstimmend für (offensichtlich) fehlerhaft halten (so auch *Borgwardt/Fischer/Janert* SprAuG, Teil 2, § 18a Rn. 14).

cc) Gemeinsame Sitzung

48 **Soweit** zwischen den Wahlvorständen durch gegenseitige Unterrichtung kein Einvernehmen über die Zuordnung von Angestellten zum Kreis der leitenden Angestellten besteht oder hergestellt wird, sind sie nach Abs. 1 Satz 2 verpflichtet, in einer **gemeinsamen Sitzung** eine Einigung zu versuchen. Dies ist auch dann der Fall, wenn ein Wahlvorstand jegliche Unterrichtung des anderen unterlassen hat (zust. *Koch*/ErfK § 18a BetrVG Rn. 2; *Reichold/HWK* § 18a BetrVG Rn. 4; *Richardi/Thüsing* § 18a Rn. 16; *Schlochauer/HSWG* § 18a Rn. 9; *Wiebauer/LK* § 18a Rn. 18; *Wlotzke/WPK* § 18a Rn. 5; **a. M.** *Fitting* § 18a Rn. 16; *Stege/Weinspach/Schiefer* § 18a Rn. 3). Für diese zweite Verfahrensstufe ist eine Sitzung vorgeschrieben, damit die Streitfälle in **mündlicher Beratung** unter gleichzeitiger Anwesenheit der Mitglieder beider Wahlvorstände behandelt werden können. Ziel ist die Einigung der Wahlvorstände auf dem Weg über den Austausch von Argumenten in Rede und Gegenrede. Wie sich aus Abs. 2 Satz 1 ergibt, hat die Sitzung im Regelfall spätestens eine Woche vor Einleitung der Wahlen stattzufinden, weil der (ggf. einzuschaltende) Vermittler spätestens an diesem Tag seine Tätigkeit zu beginnen hat (ebenso *Fitting* § 18a Rn. 20; *Stege/Weinspach/Schiefer* § 18a Rn. 4; *Wiebauer/LK* § 18a Rn. 7).

Ist für die Wahl eines Unternehmenssprecherausschusses ein **Unternehmenswahlvorstand** bestellt, so hat dieser mit den einzelnen Betriebsrats-Wahlvorständen in den Betrieben die Zuordnung für die jeweils betriebsangehörigen Angestellten in parallelen Verfahren durchzuführen (vgl. Rdn. 20). Deshalb sind auch grundsätzlich **getrennte (gemeinsame) Sitzungen** durchzuführen. Soll eine (gemeinsame) Sitzung aller oder mehrerer Wahlvorstände stattfinden, so setzt das deren Einverständnis voraus. Doch werden auch in diesem Falle die Zuständigkeiten und Befugnisse der einzelnen Wahlvorstände für ihren Bereich keineswegs (etwa durch Mehrheitsentscheidung) reduziert (ebenso *Fitting* § 18a Rn. 24). Sinnvoll kann eine solche Sitzung vor allem dann sein, wenn Streitfälle auch die Betriebszugehörigkeit von Angestellten betreffen. 49

Berechtigt und verpflichtet, an der gemeinsamen Sitzung **teilzunehmen**, sind alle Mitglieder der beiden Wahlvorstände, auch die nicht stimmberechtigten Mitglieder, die nach § 16 Abs. 1 Satz 6 in den Wahlvorstand entsandt worden sind (ebenso zur Teilnahmeberechtigung *Fitting* § 18a Rn. 19; zust. *Hromadka/Sieg* SprAuG, § 18a BetrVG Rn. 11; *Koch/*ErfK § 18a BetrVG Rn. 2; *Richardi/Thüsing* § 18a Rn. 19; *Schlochauer/HSWG* § 18a Rn. 9; *Wiebauer/LK* § 18a Rn. 7; *Wlotzke/WPK* § 18a Rn. 5; **a. M.** ohne Begründung und zu Unrecht *Klebe/Ratayczak/Heilmann/Spoo* § 18a Rn. 3; *Trümner/DKKW* § 18a Rn. 17 f., der in Abs. 1 Satz 2 gegenüber § 16 Abs. 1 Satz 6 eine speziellere Regelung sieht). Beratend teilnahmeberechtigt sind auch solche Personen, deren Einladung als Sachverständige einer der Wahlvorstände beschlossen hat (vgl. entsprechend für die Sitzungen des Wahlvorstands § 18 Rdn. 13 f.). Das gilt insbesondere für betriebsexterne, sachkundige Beauftragte einer im Betrieb vertretenen Gewerkschaft (ebenso *Fitting* § 18a Rn. 19; insoweit gilt § 31 nicht analog; **a. M.** *Klebe/Ratayczak/Heilmann/Spoo* § 18a Rn. 3; *Trümner/DKKW* § 18a Rn. 20) und den Arbeitgeber (oder einen Vertreter, z. B. den Personalleiter), der beide Wahlvorstände bei der Feststellung der leitenden Angestellten zu unterstützen (§ 2 Abs. 2 WO und WOSprAuG) und ggf. auch den Vermittler zu unterstützen und zu beraten hat (Abs. 2 Satz 2 und 3). 50

Für die gemeinsame Sitzung bestehen **keine besonderen Verfahrensvorschriften** (über Ladung, Ort, Leitung). Mangels näherer Absprachen hat jeweils der Vorsitzende die Mitglieder seines Wahlvorstands **zu laden**, nachdem die Vorsitzenden Zeit und Ort der Sitzung abgesprochen haben. Denn die gemeinsame Sitzung ist zugleich Sitzung jedes Wahlvorstands, zumal auch jeder Wahlvorstand für sich über die Einigung zu entscheiden hat (vgl. Rdn. 52). Die Ladung kann sehr kurzfristig und formlos erfolgen; sie muss nur so rechtzeitig erfolgen, dass allen Mitgliedern die Teilnahme noch möglich ist. Nur für den Fall, dass ein Wahlvorstand die Unterrichtung des anderen völlig unterlassen hat und auch keine Terminabsprache für die gemeinsame Sitzung zustande kommt, erscheint es geboten, dass der Vorsitzende des aktiven Wahlvorstands allein zur gemeinsamen Sitzung einlädt (anders *Fitting* § 18a Rn. 16, die das Verfahren als erfolglos beendet ansehen; vgl. auch *Jacobs* Die Wahlvorstände, S. 276 f., der zutr. geltend macht, dass dann keine förmliche Beschlussfassung des passiven Wahlvorstands möglich ist; das gilt aber nicht, wenn alle stimmberechtigten Mitglieder an der gemeinsamen Sitzung teilnehmen). Mangels anderer Absprache haben die Vorsitzenden der Wahlvorstände die gemeinsame Sitzung **gemeinsam zu leiten** (ebenso *Fitting* § 18a Rn. 20). 51

Die gemeinsame Sitzung ist ein **Erörterungs- und Beratungsforum** (*Fitting* § 18a Rn. 21), **kein Entscheidungsgremium**. In der Sitzung sind (nur; vgl. Rdn. 47 f.) die noch strittigen Zuordnungen nach den maßgeblichen Kriterien des § 5 Abs. 3 und 4, ggf. so, wie sie in Rechtsprechung und Literatur verstanden werden, zwischen den Wahlvorständen zu beraten. Verhaltensmaxime ist der Versuch einer Einigung. Die Wahlvorstände sind verpflichtet, sich um eine Einigung zu bemühen. Sie müssen insbesondere ihre Standpunkte begründen und die Argumente der Gegenseite prüfen. Kompromissbereitschaft ist aber nicht gefordert. Eine Entscheidung der Streitfälle durch Beschlussfassung aller an der Sitzung teilnehmenden stimmberechtigten Wahlvorstandsmitglieder ist nicht vorgesehen; auf diese Weise kann daher namentlich **nicht durch einfachen Mehrheitsbeschluss** verbindlich entschieden werden. Vielmehr müssen die Wahlvorstände jeweils als Kollegialorgan durch Beschluss ihrer (stimmberechtigten) Mitglieder entscheiden, ob sie einem Lösungsvorschlag zustimmen (ebenso im Ergebnis *Engels/Natter* BB 1989, Beil. Nr. 8, S. 1 [15]; *Fitting* § 18a Rn. 21; *Jacobs* Die Wahlvorstände, S. 277; *Koch/*ErfK § 18a BetrVG Rn. 2; *Richardi/Thüsing* § 18a Rn. 20; *Schlochauer/HSWG* § 18a Rn. 10; *Trümner/DKKW* § 18a Rn. 19; *Wiebauer/LK* § 18a Rn. 7; *Wlotzke/WPK* § 18a Rn. 5). Findet gleichwohl eine gemeinsame Abstimmung nach Köpfen statt, so kann dies nur bei Einstimmigkeit 52 rechtstechnisch als Beschluss beider Wahlvorstände gedeutet werden, und dies auch nur dann, wenn beide beschlussfähig sind. Die getrennten Abstimmungen können im Rahmen der gemeinsamen Sitzung erfolgen (**a. M.** *Jacobs* Die Wahlvorstände, S. 278 unter Hinweis auf die Nichtöffentlichkeit der Sitzungen), aber auch in getrennten Sitzungen, zu deren Durchführung die gemeinsame Sitzung unterbrochen wird (ebenso *Fitting* § 18a Rn. 21).

53 Soweit die Wahlvorstände über Streitfälle Übereinstimmung erzielen, sollte dies in einem **Ergebnisprotokoll** über die gemeinsame Sitzung festgestellt werden, das von den beiden Vorsitzenden zu unterzeichnen ist. Die Angestellten sind dann entsprechend ihrer Zuordnung in die jeweilige Wählerliste einzutragen (Abs. 1 Satz 3) und ggf. in der anderen Wählerliste zu streichen. Auch für ihre Person tritt die Rechtsfolge nach Abs. 5 Sätze 2 und 3 ein.

54 Bleiben am Ende der gemeinsamen Sitzung Streitfälle übrig, so ist nunmehr ein Vermittler einzuschalten. Die Wahlvorstände behalten aber gleichwohl die Möglichkeit, sich über die Zuordnung in den Streitfällen noch nachträglich zu einigen. Es ist nicht vorgeschrieben, erscheint aber aus Zeitersparnisgründen vielfach zweckmäßig (ebenso *Fitting* § 18a Rn. 22), dass sich die Wahlvorstände **noch in der gemeinsamen Sitzung auf die Person des Vermittlers einigen** (Abs. 3 Satz 1) oder, soweit eine Einigung nicht zustande kommt, diesen durch Losentscheid bestimmen (Abs. 3 Satz 2). Das setzt allerdings voraus, dass sich jeder Wahlvorstand möglichst schon vor der gemeinsamen Sitzung auf einen (oder auch mehrere) vorzuschlagenden Vermittler festlegt und dessen Einverständnis zur Übernahme der Vermittlerrolle einholt.

b) Bestellung und Rechtsstellung des Vermittlers (Abs. 3)

55 Soweit auch in der gemeinsamen Sitzung zwischen den Wahlvorständen kein Einvernehmen erzielt werden kann, sieht Abs. 2 in einer **dritten Stufe** des Verfahrens zwingend die Einschaltung eines (internen) **Vermittlers** vor, der letztlich in den verbliebenen Streitfällen die Zuordnung zu entscheiden hat. Die Bestellung des Vermittlers richtet sich nach Abs. 3. Danach sind die Wahlvorstände **verpflichtet**, einen Vermittler zu bestellen. Das Gesetz formuliert dies in Abs. 3 Satz 1 missverständlich. Denn auf die Person des Vermittlers **müssen** sich die Wahlvorstände, wie Abs. 3 Satz 3 zeigt, gerade **nicht** einigen. Vielmehr ist die Einigung der Wahlvorstände über die Person des Vermittlers nur der primäre Weg zu dessen Bestellung; sekundär erfolgt seine Bestimmung durch Losentscheid. Im Regelfall (vgl. aber Rdn. 41 ff.) hat die Bestellung so rechtzeitig zu geschehen, dass der Vermittler spätestens eine Woche vor Einleitung der Wahlen seine Tätigkeit aufnehmen kann.

aa) Vermittlerfähigkeit

56 Zum Vermittler können verfahrenswirksam nur die in Abs. 3 Satz 2 **abschließend genannten Personen** bestellt werden. In Betracht kommt danach »nur ein Beschäftigter des Betriebes oder eines anderen Betriebes des Unternehmens oder Konzerns oder der Arbeitgeber«. Durch diese (bewusste) Beschränkung auf sog. interne Vermittler »soll sichergestellt werden, dass das Bestellungsverfahren internen Charakter behält und kostengünstig durchgeführt werden kann« (Entwurfsbegründung, BT-Drucks. 11/2503, S. 32). Aus dem festgelegten Personenkreis kann umgekehrt aber **ohne weitere Beschränkung** jede Person Vermittler werden. Zum Vermittler kann eine Frau oder ein Mann bestellt werden.

57 Da das Gesetz auf **Beschäftigte** abstellt, kommen alle betriebs-, unternehmens- und konzernangehörigen Arbeitnehmer, einschließlich der leitenden Angestellten, als Vermittler in Betracht (ebenso *Fitting* § 18a Rn. 44; *Hromadka/Sieg* SprAuG, § 18a BetrVG Rn. 20; zust. *Maschmann*/AR § 18a BetrVG Rn. 4; *Nicolai*/HWGNRH § 18a Rn. 9; *Richardi/Thüsing* § 18a Rn. 38; *Wiebauer*/LK § 18a Rn. 9; *Wlotzke*/WPK § 18a Rn. 7; **a. M.** für die leitenden Angestellten *Trümner*/DKKW § 18a Rn. 57, dessen Berufung auf § 5 Abs. 3 Satz 1 aber nicht trägt, weil das Gesetz hier auf Beschäftigte abstellt, nicht auf Arbeitnehmer), ferner die im Konzernverbund beschäftigten Personen, die nach § 5 Abs. 2 (vgl. dazu *Raab* § 5 Rdn. 138 ff.) nicht als Arbeitnehmer i. S. d. Betriebsverfassungsgesetzes gelten (ebenso *J.-H. Bauer* Sprecherausschussgesetz, S. 136; *Fitting* § 18a Rn. 45; *Hromadka/Sieg* SprAuG, § 18a BetrVG Rn. 20; *Richardi/Thüsing* § 18a Rn. 38; *Schlochauer*/HSWG § 18a Rn. 12; *Wiebauer*/LK § 18a Rn. 9; **a. M.** *Dänzer-Vanotti* AuR 1989, 204 [206]; zweifelnd *Trümner*/DKKW § 18a Rn. 58).

Letzteres kann mit Blick auf die in § 5 Abs. 2 Nr. 1, 2 und 5 Genannten sinnvollerweise schon deshalb nicht anders sein, weil der Arbeitgeber selbst zum Vermittler bestellt werden kann (krit. aber *G. Müller* DB 1989, 824 [828]). Ausgegrenzt sind aber Ruheständler (ebenso *J.-H. Bauer* Sprecherausschussgesetz, S. 136; ebenso für »Pensionäre« *Fitting* § 18a Rn. 44; *Hromadka/Sieg* SprAuG, § 18a BetrVG Rn. 20; *Trümner/DKKW* § 18a Rn. 56; *Wiebauer/LK* § 18a Rn. 10), weil bzw. sofern sie nicht mehr beschäftigt werden. Zu den im Betrieb Beschäftigten gehören aber die nach § 7 Satz 2 Wahlberechtigten.

Der Vermittler kann, er **braucht nicht** dem Betrieb anzugehören, um dessen Streitfälle es geht. Ohne **58** dass zusätzliche Gesichtspunkte zu beachten sind (z. B. Beschäftigungsdauer, Sachkundigkeit), können auch Beschäftigte aus anderen Betrieben desselben Unternehmens (zum Unternehmensbegriff vgl. *Kreutz/Franzen* § 47 Rdn. 10 ff.) oder der mit diesem in einem Konzern verbundenen Unternehmen zu Vermittlern bestellt werden. Nicht maßgeblich ist, ob es sich bei dem Konzernverbund der Unternehmen um einen **Unterordnungs- oder um einen Gleichordnungskonzern** i. S. v. § 18 Abs. 1 und 2 AktG handelt. Da § 18a Abs. 3 Satz 2, anders als § 8 Abs. 1 Satz 2, § 54 Abs. 1 sowie § 21 Abs. 1 SprAuG nicht einschränkend nur auf § 18 Abs. 1 AktG (Unterordnungskonzern) verweist, ist im Umkehrschluss anzunehmen, dass der Vermittler auch einem Unternehmen im Gleichordnungskonzern angehören kann (ebenso *J.-H. Bauer* Sprecherausschussgesetz, S. 136; *Fitting* § 18a Rn. 46; *Hromadka/Sieg* SprAuG, § 18a BetrVG Rn. 20; *Richardi/Thüsing* § 18a Rn. 39; *Trümner/DKKW* § 18a Rn. 56; *Wiebauer/LK* § 18a Rn. 10; *Wlotzke/WPK* § 18a Rn. 7). Die Annahme eines Redaktionsversehens des Gesetzgebers scheidet insoweit aus, da mit der Novelle vom 20.12.1988 (BGBl. I, S. 2312) zugleich § 21 Abs. 1 SprAuG geschaffen wurde, der nur auf § 18 Abs. 1 AktG verweist. Auch passt der Zweck, der z. B. bei § 54 Abs. 1 zur Ausklammerung des Gleichordnungskonzerns geführt hat (vgl. *Franzen* § 54 Rdn. 4), für die Abgrenzung der Vermittlerfähigkeit nicht. Freilich wird der vom Gesetzgeber angestrebte »interne« Charakter der Vermittlerbestellung (vgl. Rdn. 56) durch die Ausdehnung auf konzernangehörige Beschäftigte angesichts der in der Wirtschaft zu beobachtenden Verflechtungen namentlich auch der großen Unternehmensträger zweifelhaft. Allerdings wird dies kompensiert durch die Aussicht, möglichst neutrale Personen bestellen zu können.

Auch die **Mitglieder** des (noch amtierenden) **Betriebsrats** und des **Sprecherausschusses** im Be- **59** trieb, um dessen Zuordnungsstreitfälle es geht (ebenso *Dänzer-Vanotti* AuR 1989, 204 [206]; *Fitting* § 18a Rn. 44; *Hromadka/Sieg* SprAuG, § 18a BetrVG Rn. 20; *Maschmann*/AR § 18a BetrVG Rn. 4; *Richardi/Thüsing* § 18a Rn. 40; *Wiebauer/LK* § 18a Rn. 9; *Wlotzke/WPK* § 18a Rn. 7; **a. M.** *Martens* RdA 1989, 73 [87]; *Schlochauer/HSWG* § 18a Rn. 12; *Stege/Weinspach/Schiefer* § 18a Rn. 5), erst recht diejenigen in anderen Betrieben, Mitglieder des Gesamt- und Konzernbetriebsrats, eines Gesamtsprecher-, Unternehmenssprecher- und Konzernsprecherausschusses können als Vermittler bestellt werden. Die mögliche Befangenheit dieser Personen war für den Gesetzgeber kein Grund, sie als Vermittler auszuschließen. Ebenso wenig sind deshalb Mitglieder der **beteiligten Wahlvorstände** als Vermittler ausgeschlossen (zust. *Richardi/Thüsing* § 18a Rn. 40; zust. für die Mitglieder des Betriebsrat-Wahlvorstands *Trümner/DKKW* § 18a Rn. 59; **a. M.** *Brors*/HaKo § 18a Rn. 10 sowie die zuvor genannten *Dänzer-Vanotti, Fitting, Hromadka/Sieg, Schlochauer, Stege/Weinspach/Schiefer, Wiebauer*).

Ausdrücklich benennt Abs. 3 Satz 2 auch den **Arbeitgeber** als möglichen Vermittler (das verkennt **60** *Nicolai/HWGNRH* § 18a Rn. 9). Gemeint ist der Arbeitgeber der beteiligten Wahlvorstände. Dagegen lässt sich angesichts der klaren und bewussten gesetzgeberischen Regelung nicht rechtspolitisch einwenden, dass der Arbeitgeber wegen Eigeninteresse und Befangenheit als betriebsverfassungsrechtlicher Gegenpol von Betriebsrat und Sprecherausschuss als Vermittler grundsätzlich ungeeignet sei (so aber *Klebe/Ratayczak/Heilmann/Spoo* § 18a Rn. 4; *Trümner/DKKW* § 18a Rn. 62). Auch der Hinweis auf eine Verkürzung des Vermittlungsverfahrens, die dadurch eintritt, dass die Beratung zwischen Vermittler und Arbeitgeber nach Abs. 2 Satz 3 entfällt (so *Fitting* § 18a Rn. 47), überzeugt nicht. Denn das Vermittlungsverfahren hat keinen Selbstzweck, und die Beratung mit dem Arbeitgeber soll den Vermittler nur mit dessen Argumenten vertraut machen.

Allgemein ist festzustellen, dass **alle** als sog. interne Vermittler in Betracht kommenden Personen **nicht** **61** als (völlig) **unbefangen** angesehen werden können (ebenso *Fitting* § 18a Rn. 43; *Trümner/DKKW* § 18a Rn. 61). Dies ist indes eine rechtspolitische Entscheidung, die der Gesetzgeber im Interesse rascher und kostengünstiger Entscheidung der im Zuordnungsverfahren verbliebenen Streitfälle bewusst getroffen hat (vgl. BT-Drucks. 11/2503, S. 32). Insbesondere ist der Gesetzgeber Alternativvorschlägen (Klärung umstrittener Zuordnungsfälle durch Arbeitsgericht oder Einigungsstelle, Selbsteinschätzung des betroffenen Angestellten entsprechend 3. WO MitbestG oder Letztentscheidungsrecht des Arbeitgebers, wie es in Art. 3 § 3 Abs. 3 MindRG, BT-Drucks. 10/3384 vorgesehen war) gerade nicht gefolgt (vgl. *Engels/Natter* BB 1989, Beil. Nr. 8, S. 1 [14]). Es ist deshalb unzulässig, im Rahmen des Zuordnungsverfahrens auf die genannten Verfahren auszuweichen oder einen sog. externen Vermittler zu bestellen. Die Respektierung der gesetzgeberischen Entscheidung muss dabei umso leichter fallen, als der Zuordnung im Verfahren des § 18a nur begrenzte Rechtswirkung zukommt (vgl. Rdn. 4, Rdn. 97 ff.).

62 **»Externe«**, die nicht als Vermittler bestellt werden dürfen, sind alle Personen, die nicht einem Betrieb des Unternehmens oder Konzerns angehören, in dem die strittigen Zuordnungsfälle zu entscheiden sind (vgl. zur Betriebszugehörigkeit ausführlich *Raab* § 7 Rdn. 17 ff.). Insbesondere scheiden insoweit Richter (auch externe ehrenamtliche Richter aus der Arbeitsgerichtsbarkeit), externe Vertreter von Gewerkschaften und Arbeitgeberverbänden und nicht betriebszugehörige Rechtsanwälte aus, auch wenn sie im Unternehmen oder Konzern ständig Beratungsaufgaben wahrnehmen (ebenso *Borgwardt/Fischer/Janert* SprAuG, Teil 2, § 18a Rn. 20; *Stege/Weinspach/Schiefer* § 18a Rn. 6; *Trümner/DKKW* § 18a Rn. 56).

bb) Bestellung des Vermittlers

63 Das **Verfahren zur Bestellung des Vermittlers** richtet sich vorrangig nach Abs. 3 Satz 1 (Bestellung durch die beteiligten Wahlvorstände), hilfsweise nach Abs. 3 Satz 3 (Losentscheid). Jedes andere Verfahren ist unzulässig. Insbesondere kommt, wenn sich die Wahlvorstände nicht einigen können, auch **keine Ersatzbestellung durch das Arbeitsgericht** in Betracht (ebenso *J.-H. Bauer* Sprecherausschussgesetz, S. 136; *Fitting* § 18a Rn. 51; *Hromadka/Sieg* SprAuG, § 18a BetrVG Rn. 25; *Koch/*ErfK § 18a BetrVG Rn. 3; *Richardi/Thüsing* § 18a Rn. 46; *Trümner/DKKW* § 18a Rn. 67; *Wiebauer/LK* § 18a Rn. 19); eine Analogie zu § 76 Abs. 2 Satz 2 verbietet sich, weil wegen des Losentscheids keine Regelungslücke besteht.

64 Die Wahlvorstände müssen sich auf die Person eines Vermittlers einigen, wenn sie den Losentscheid vermeiden wollen. Der Gesetzgeber hat darauf gesetzt, die Unwägbarkeit des Losentscheids werde einen starken Einigungszwang bewirken (vgl. Bericht des 11. Ausschusses, BT-Drucks. 11/3618, S. 8; krit. dazu *Martens* RdA 1989, 73 [86]). Das Gesetz überlässt es den Wahlvorständen, wie sie die Einigung herbeiführen. Da sie sich als Kollegialorgane einigen müssen, scheidet eine gemeinsame Abstimmung aller beteiligten stimmberechtigten Wahlvorstandsmitglieder über vorgeschlagene Personen aus. Die Wahlvorstände müssen vielmehr im Regelfall zunächst getrennt Beschluss darüber fassen, welche Person (oder Personen) sie als Vermittler vorschlagen wollen, und dann nach gegenseitiger Unterrichtung darüber, ob sie einen Vorschlag der Gegenseite akzeptieren wollen (ebenso *Fitting* § 18a Rn. 48; *Richardi/Thüsing* § 18a Rn. 43). Es bestehen jedoch keine Bedenken dagegen, dass die Wahlvorstände die Bestellung des Vermittlers ihren Vorsitzenden übertragen(zust. *Hromadka/Sieg* SprAuG, § 18a BetrVG Rn. 13). Auch kann ein Wahlvorstand einen Vorschlag der Gegenseite akzeptieren, ohne selbst einen eigenen Vorschlag zu machen. Im Regelfall (vgl. aber Rdn. 41 ff.) ist der Vermittler so rechtzeitig zu bestellen, dass er seine Tätigkeit spätestens eine Woche vor Einleitung der Wahlen beginnen kann (Abs. 2 Satz 1).

65 Es ist nur **ein** Vermittler für alle im Betrieb noch strittigen Zuordnungsfälle zu bestellen, nicht etwa für jeden Streitfall einen Vermittler (ebenso *J.-H. Bauer* NZA 1989, Beil. Nr. 1, S. 20 [22]; *ders.* Sprecherausschussgesetz, S. 137; *Hromadka/Sieg* SprAuG, § 18a BetrVG Rn. 21; zust. *Fitting* § 18a Rn. 42). Das ergibt sich zwingend daraus, dass nach Abs. 2 Satz 1 ein Vermittler tätig zu werden hat, »soweit eine Einigung nicht zustande kommt«. Es können zunächst jedoch mehrere Personen vorgeschlagen werden; das erleichtert die Konsensbildung. Dem Willen des Gesetzgebers widerspricht es aber, mehrere Vermittler zu bestellen, auch wenn ihnen verschiedene Streitfälle zugewiesen werden. Gegen eine solche »Kompromiss«-Lösung spricht der Losentscheid als Verfahren zur Auflösung einer Pattsituation. Außerdem spricht das Gesetz (Abs. 1 Satz 1, Abs. 3 Satz 1) vom Vermittler nur in der Einzahl.

Ist ein **Unternehmenswahlvorstand** (zur Wahl eines Unternehmenssprecherausschusses) beteiligt, hat jeder **beteiligte** Betriebsratswahlvorstand das Recht, einen Vermittler für parallele Vermittlungsverfahren (vgl. Rdn. 20) vorzuschlagen (so auch *Schneider* AiB 1990, 15 [18]; *Schneider/Weber* NZA 1990, Beil. Nr. 1, S. 29 [32]); sie können sich aber auch auf einen Vorschlag einigen. Auch der Unternehmenswahlvorstand kann verschiedene Vermittler für die einzelnen Betriebe vorschlagen, aber auch dieselbe Person für alle Betriebe des Unternehmens. Es wird von den Umständen im Unternehmen abhängen, ob es sich empfiehlt, dass sich alle beteiligten Wahlvorstände auf einen einzigen Vermittler einigen. 66

Einigen sich die Wahlvorstände auf die Person des Vermittlers, so müssen sie ihn mit der Vermittlung beauftragen. Erst wenn er gegenüber den Vorsitzenden der Wahlvorstände (formlos) **annimmt, ist er bestellt**. Schlüssige Annahme liegt im Beginn der Vermittlertätigkeit (näher zu seiner Rechtsstellung Rdn. 72 ff.). Eine Rechtspflicht zur Annahme besteht grundsätzlich für niemanden; sie lässt sich auch nicht aus der arbeits- oder dienstvertraglichen Treuepflicht herleiten (ebenso *J.-H. Bauer* Sprecherausschussgesetz, S. 136; *Fitting* § 18a Rn. 59), kann aber vereinbart sein. 67

Können sich die Wahlvorstände auf keinen Vorschlag einigen, so müssen sie den **Vermittler durch Los bestimmen**. Dies muss auch dann gelten, wenn ein Wahlvorstand selbst keinen Vorschlag gemacht hat, aber auch nicht bereit ist, einen Vorschlag des anderen Wahlvorstands zu akzeptieren. Für den Losentscheid haben die Wahlvorstände **nur je eine** Person vorzuschlagen (Abs. 3 Satz 1 1. Halbs.). Jeder Wahlvorstand muss sich auf eine Person festlegen, damit numerische Vorteile durch eine Vielzahl von Vorschlägen unterbunden bleiben. Die Wahlvorstände sind aber an ihre bisherigen Vorschläge, die sich als nicht konsensfähig erwiesen haben, nicht gebunden und können völlig neue Vorschläge machen (ebenso *Dänzer-Vanotti* AuR 1989, 204 [206]). Das erhöht für jeden Wahlvorstand die Unwägbarkeit des Losentscheids. 68

Für die Auslosung ist **kein besonderes Verfahren** vorgeschrieben. Sie muss nur in einer Weise erfolgen, die dem aleatorischen Charakter des Losentscheids entspricht (z. B. Münzwurf). Die nähere Ausgestaltung des Verfahrens und die Sicherung seiner Ordnungsmäßigkeit ist zwischen den Wahlvorständen bzw. den Vorsitzenden abzusprechen. Die Anwesenheit aller beteiligten Wahlvorstandsmitglieder ist nicht erforderlich, die Möglichkeit dazu aber zweckmäßig, um Zweifel an der Ordnungsmäßigkeit der Auslosung zu vermeiden. Weigert sich ein Wahlvorstand, obgleich er einen Vorschlag gemacht hat, am Losverfahren mitzuwirken, kann der andere Wahlvorstand dieses alleine durchführen, sollte aber einen neutralen Beobachter als Zeugen hinzuziehen. 69

Wird von beiden Wahlvorständen pflichtwidrig kein Vermittler vorgeschlagen oder ist niemand bereit, sich durch Los zum Vermittler bestellen zu lassen, so kann das Zuordnungsverfahren **nicht weitergeführt** werden (zust. *Fitting* § 18a Rn. 51; *Richardi/Thüsing* § 18a Rn. 46; *Wiebauer/LK* § 18a Rn. 20; *Wlotzke/WPK* § 18a Rn. 7; ungenau *J.-H. Bauer* Sprecherausschussgesetz, S. 136; *Trümner/DKKW* § 18a Rn. 24, 65); für die verbliebenen Streitfälle kann die Rechtsfolge nach Abs. 5 Satz 2 nicht eintreten. 70

Nichts anderes kann gelten, wenn nur einer der Wahlvorstände (pflichtwidrig) keinen Personenvorschlag für den Losentscheid macht, aber auch nicht bereit ist, den Vorschlag des anderen Wahlvorstands zu akzeptieren. In diesem Fall kann nicht etwa die von dem anderen Wahlvorstand vorgeschlagene Person als Vermittler tätig werden (ebenso *Fitting* § 18a Rn. 51; *Hromadka/Sieg* SprAuG, § 18a BetrVG Rn. 25; *Richardi/Thüsing* § 18a Rn. 46; *Trümner/DKKW* § 18a Rn. 65; *Wlotzke/WPK* § 18a Rn. 7; **a. M.** *Schlochauer/HSWG* § 18a Rn. 13; *Stege/Weinspach/Schiefer* § 18a Rn. 7; *Wiebauer/LK* § 18a Rn. 19; einschränkend, aber völlig unpraktikabel differenzierend auch *J.-H. Bauer* Sprecherausschussgesetz, S. 136); dem steht nämlich entgegen, dass der Gesetzgeber lediglich das Losverfahren vorgesehen hat, falls sich die beteiligten Wahlvorstände nicht auf die Person eines Vermittlers einigen können, ein Losentscheid aber nicht in Betracht kommt, wenn nur eine Person vorgeschlagen ist. Auch eine ersatzweise gerichtliche Bestellung des Vermittlers kommt nicht in Betracht (s. Rdn. 63). Dass sich damit die gesetzliche Konzeption des Zuordnungsverfahrens auch an dieser Stelle als lückenhaft erweist, muss hingenommen werden. Dies kann auch schon deshalb nicht anders sein, weil es an einem exakt bestimmbaren Zeitpunkt fehlt, zu dem die Vorschläge für die Person des (durch Los zu bestimmenden) Vermittlers gemacht sein müssen. Auch aus Abs. 2 Satz 1 lässt sich insoweit nichts anderes herleiten, 71 weil die Zuordnung in den verbliebenen Streitfällen durch den Vermittler auch noch nach Einleitung der Wahlen erfolgen kann (s. Rdn. 43) und dementsprechend auch das Losverfahren nicht zwingend spätestens eine Woche vor Einleitung der Wahlen erfolgt sein muss.

cc) Rechtsstellung des Vermittlers

72 Die Vermittlertätigkeit ist (ebenso wie die Mitgliedschaft im Wahlvorstand; vgl. § 16 Rdn. 93) ein **Ehrenamt**, das **nicht besonders vergütet** wird (vgl. Entwurfsbegründung, BT-Drucks. 11/2503, S. 32). Zur Übernahme dieses Amtes besteht für niemanden eine gesetzliche Verpflichtung (ebenso *Fitting* § 18a Rn. 59). Aus Dienst- oder Arbeitsvertrag kann sich im Einzelfall für Beschäftigte eine derartige Verpflichtung ergeben (vgl. Rdn. 67). Der Arbeitgeber, der als Vermittler bestellt werden kann (Abs. 3 Satz 2), darf seine Bestellung nicht ablehnen, weil die Vermittlertätigkeit für seinen Betrieb zu leisten ist.

73 Der Vermittler erlangt seine Stellung durch **Annahme** seiner Bestellung. Die Annahmeerklärung ist den bestellenden Wahlvorständen gegenüber formlos abzugeben, auch wenn die Bestellung durch das Losverfahren erfolgt. Wird der Bestellte als Vermittler tätig, liegt darin die schlüssige Annahmeerklärung. Mit der Annahme der Bestellung kommt zwischen dem Vermittler und dem Arbeitgeber, um dessen Betrieb es bei den streitigen Zuordnungsfällen geht, zugleich ein **Vertragsverhältnis** zustande, in dem sich der Vermittler verpflichtet, den vom Gesetz bestimmten Aufgaben- und Pflichtenkreis wahrzunehmen. Da der Vermittler keine besondere Vergütung erhält, gilt insoweit **Auftragsrecht** (§§ 662 ff. BGB), soweit dies mit den gesetzlichen Pflichten des Vermittlers vereinbar ist. An Weisungen (vgl. § 665 BGB) ist der Vermittler z. B. nicht gebunden (*Fitting* § 18a Rn. 59; *Wlotzke/WPK* § 18a Rn. 8). Zwischen den Wahlvorständen und dem von ihnen bestellten Vermittler bestehen dagegen keine unmittelbaren schuldrechtlichen Beziehungen.

74 Der Vermittler hat **keinen Anspruch auf besondere Vergütung** (unstr.). Eine **Vergütungsvereinbarung** kann der Arbeitgeber mit dem Vermittler **nicht wirksam** treffen; sie wäre nach § 134 BGB nichtig, weil sie eine Verletzung des Begünstigungsverbots nach § 20 Abs. 2 bzw. § 8 Abs. 2 Satz 3 SprAuG darstellt. Das Benachteiligungs- und Begünstigungsverbot nach § 20 Abs. 2 bzw. § 8 Abs. 2 Satz 3 SprAuG **gilt** auch für die Vermittlertätigkeit (ebenso *Fitting* § 18a Rn. 59; zust. *Hromadka/Sieg* SprAuG, § 18a BetrVG Rn. 27; *Koch/ErfK* § 18a BetrVG Rn. 3; *Richardi/Thüsing* § 18a Rn. 47). Die Verletzung des Verbots ist nach § 119 Abs. 1 Nr. 1 und § 34 Abs. 1 Nr. 1 SprAuG strafbewehrt. Bei Arbeitsversäumnis ergibt sich für den Vermittler, der Arbeitnehmer ist, ein **Entgeltfortzahlungsanspruch** nach Maßgabe von § 20 Abs. 3 Satz 2 bzw. für leitende Angestellte nach § 8 Abs. 3 Satz 2 SprAuG. Durch diese Bestimmungen hat der Gesetzgeber sichergestellt, dass (neben Wählern, Wahlbewerbern und denjenigen, die im Wahlvorstand tätig sind) auch dem Vermittler bei einer Arbeitsversäumnis, die zur Ausübung der Vermittlertätigkeit dem Grunde und dem Umfang nach erforderlich ist, kein Verdienstausfall entsteht; trotz Arbeitsversäumnis ist der Arbeitgeber nicht berechtigt, das Arbeitsentgelt zu mindern. Anspruchsgrundlage für den Lohn- oder Gehaltsfortzahlungsanspruch ist der Arbeitsvertrag i. V. m. § 611 BGB; es gilt das Lohnausfallprinzip (volles Entgelt nebst allen Zuschlägen, z. B. auch entgangene Überstundenbezahlung; vgl. *BAG* 29.06.1988 AP Nr. 1 zu § 24 BPersVG). Vgl. zu Einzelheiten § 20 Rdn. 64 ff., *Weber* § 37 Rdn. 64 ff. Aus § 20 Abs. 3 Satz 2 bzw. § 8 Abs. 3 Satz 2 SprAuG ergibt sich, dass die Tätigkeit des Vermittlers grundsätzlich während seiner persönlichen Arbeitszeit erfolgt (vgl. § 20 Rdn. 65 m. w. N.). Ist die Vermittlertätigkeit aus betriebsbedingten Gründen außerhalb der Arbeitszeit durchzuführen, so hat dieser analog § 37 Abs. 3 einen **Ausgleichsanspruch** (so allgemein auch *Dänzer-Vanotti* AuR 1989, 204 [207]; *Engels/Natter* BB 1989, Beil. Nr. 8, S. 1 [14 FN 105]; *Fitting* § 18a Rn. 60; *Hromadka/Sieg* SprAuG, § 18a BetrVG Rn. 28; *Wlotzke/WPK* § 18a Rn. 8). Das gilt allerdings nur, wenn der Vermittler nicht leitender Angestellter ist. Denn das SprAuG (vgl. § 14) kennt für leitende Angestellte keine dem § 37 Abs. 3 entsprechende Bestimmung; auch eine Analogie kommt deshalb nicht in Betracht (vgl. *Oetker* ZfA 1990, 43 [51]). Gehört der Vermittler einem anderen Konzernunternehmen an, so richtet sich sein Entgeltfortzahlungsanspruch (wie sein Entgeltanspruch) und ein Ausgleichsanspruch analog § 37 Abs. 3 gegen seinen Arbeitgeber, nicht gegen den Arbeitgeber des Betriebs, in dem es um die Zuordnungsstreitfälle geht. Ein Ausgleichsanspruch zwischen den Konzernunternehmen ist nicht vorgesehen. Der Arbeitgeber, in dessen Betrieb die Zuordnungsstreitfälle zu entscheiden sind, hat jedoch in jedem Falle alle

erforderlichen **persönlichen** (insbesondere Fahrtkosten) und **sachlichen Kosten** zu tragen, die durch die Vermittlertätigkeit entstehen (§ 20 Abs. 3 Satz 1; § 8 Abs. 3 Satz 1 SprAuG); denn dies sind Kosten der Wahlen, für die die Zuordnungsstreitfälle zu entscheiden sind. Vgl. zu Einzelheiten dieser Kostentragungspflicht § 20 Rdn. 55 ff. Daneben kommt ein Aufwendungsersatzanspruch nach § 670 BGB in Betracht (vgl. Rdn. 73).

Da das Zuordnungsverfahren nach § 18a zum Wahlverfahren gehört, darf der Vermittler gemäß § 20 Abs. 1 bzw. § 8 Abs. 2 Satz 1 SprAuG in seiner Tätigkeit **von niemandem behindert** werden; das Verbot ist strafbewehrt (§ 119 Abs. 1 Nr. 1; § 34 Abs. 1 Nr. 1 SprAuG). Der Arbeitgeber behindert den Vermittler insbesondere, wenn er die Unterstützungspflicht nach Abs. 2 Satz 2 nicht erfüllt. **75**

Der Vermittler unterliegt analog § 79 Abs. 2 einer gesetzlichen **Geheimhaltungspflicht** über Betriebs- und Geschäftsgeheimnisse (z. B. auch Gehaltsdaten), die ihm durch seine Vermittlertätigkeit bekannt geworden sind und vom Arbeitgeber ausdrücklich als geheimhaltungsbedürftig bezeichnet worden sind (vgl. dazu näher *Oetker* § 79 Rdn. 11 ff.). Diese Analogie ist gerechtfertigt, weil die Rechtsfigur des Vermittlers unter Abwandlungen an das Modell »Einigungsstelle« angelehnt ist (*Engels/Natter* BB 1989, Beil. Nr. 8, S. 1 [14]), die Mitglieder der Einigungsstelle jedoch in § 79 Abs. 2 genannt sind (im Ergebnis ebenso *Hromadka/Sieg* SprAuG, § 18a BetrVG Rn. 30; *Schlochauer/HSWG* § 18a Rn. 15; **a. M.** *Fitting* § 18a Rn. 59, die eine Geheimhaltungspflicht aber aus dem Arbeits- oder Dienstvertrag des Vermittlers herleiten wollen; ebenso *Koch/ErfK* § 18a BetrVG Rn. 3; *Richardi/Thüsing* § 18a Rn. 49; *Wiebauer/LK* § 18a Rn. 12; *Wlotzke/WPK* § 18a Rn. 8). Dies gilt auch für Vermittler, die leitende Angestellte sind, weil auch § 29 SprAuG diese Geheimhaltungspflicht für Funktionsträger kennt. Da der Vermittler jedoch nicht in § 120 genannt ist, ist eine Verletzung dieser Verschwiegenheitspflicht nicht strafbewehrt. **76**

Einen besonderen **Kündigungsschutz** genießt der Vermittler als solcher **nicht**. Eine Kündigung wegen eines bestimmten Verhaltens als Vermittler kann nach §§ 138 oder 242 BGB unwirksam sein. Ist das nicht der Fall, so ist zu berücksichtigen, dass das Benachteiligungsverbot nach § 20 Abs. 2 bzw. § 8 Abs. 2 Satz 3 SprAuG kein Maßregelungsverbot enthält (vgl. § 20 Rdn. 30). Ein solches Verbot, das die nachträgliche Zufügung von Nachteilen unterbindet, enthält § 78 Satz 2. Dort ist der Vermittler nicht genannt, wohl aber die Mitglieder der Einigungsstelle. Da sich aber auch der Vermittler im Rahmen der Betriebsverfassung exponiert hat, ist § 78 Satz 2 nach seinem Schutzzweck analog anzuwenden (vgl. auch § 78 Rdn. 15). Eine Kündigung wegen der Vermittlertätigkeit ist daher nach § 134 BGB i. V. m. § 78 Satz 2 analog nichtig (im Ergebnis zust. *Fitting* § 18a Rn. 59; *Richardi/Thüsing* § 18a Rn. 50; *Wlotzke/WPK* § 18a Rn. 8), soweit die Maßregelung nicht bereits nach §§ 138 oder 242 BGB unwirksam ist. Dies gilt i. V. m. § 2 Abs. 3 SprAuG auch dann, wenn der Vermittler leitender Angestellter ist, weil auch das SprAuG ein Maßregelungsverbot für Funktionsträger kennt. **77**

Der Vermittler ist **nicht** an **Weisungen** des Arbeitgebers (vgl. Rdn. 73) oder der Wahlvorstände gebunden (ebenso *Fitting* § 18a Rn. 59; *Richardi/Thüsing* § 18 Rn. 52; *Wiebauer/LK* § 18a Rn. 13; *Wlotzke/WPK* § 18a Rn. 8); ihm ist die Entscheidung von Rechtsfragen eigenverantwortlich aufgegeben. Dass er befangen sein kann, ist im Gesetz eingeplant (vgl. Rdn. 61). Erweist sich der Vermittler als **unfähig**, so kann er nicht einseitig durch einen Wahlvorstand abberufen werden. Seine Bestellung kann im Außenverhältnis jedoch dadurch rückgängig gemacht werden, dass sich die Wahlvorstände über einen **neuen Vermittler** einigen oder die strittigen Zuordnungsfälle einvernehmlich entscheiden. Andererseits kann der Vermittler sein Amt jederzeit niederlegen. Dann ist es Aufgabe der Wahlvorstände, einen neuen Vermittler zu bestellen. **78**

c) Tätigkeit des Vermittlers (Abs. 2)

Die Tätigkeit des Vermittlers ist auf die **noch strittigen** Zuordnungsfälle **beschränkt**. Nur in diesen Fällen hat der Vermittler zu versuchen, durch seine Mitwirkung eine Verständigung der Wahlvorstände herbeizuführen, zu der diese bisher nicht gefunden haben (Abs. 2 Satz 1). Soweit seine Einigungsbemühungen erfolglos bleiben, entscheidet der Vermittler (nach Beratung mit dem Arbeitgeber) über die Zuordnung; ihm ist insoweit die Entscheidung von Rechtsfragen am Maßstab des § 5 Abs. 3 und 4 mit der Rechtsfolge nach § 18a Abs. 5 Satz 2 aufgegeben. Der Vermittler ist nicht berechtigt, seine Tätigkeit auf solche Fälle zu erstrecken, über die die Wahlvorstände bereits Einvernehmen erzielt **79** haben, auch wenn er diese Zuordnungen für unzutreffend hält (unstr.; vgl. *Fitting* § 18a Rn. 52; *Maschmann*/AR § 18a BetrVG Rn. 5). Zum Vergleich können die Fälle einvernehmlicher Zuordnung aber herangezogen werden.

80 Die **Wahlvorstände haben** den Vermittler über die Streitfälle und die Gründe für die unterschiedliche Zuordnung **zu informieren**. Der Vermittler hat sich mit Wortlaut und Auslegung des § 5 Abs. 3 und 4 vertraut zu machen. Er ist **berechtigt, vom Arbeitgeber in umfassender Weise Unterstützung zu verlangen** (Abs. 2 Satz 2). Diese Unterstützung ist vom Vermittler geltend zu machen; sie ist nicht unaufgefordert zu gewähren, darf ihm auch nicht aufgedrängt werden. Die Unterstützungspflicht des Arbeitgebers ist am Maßstab des Erforderlichen für die Vermittlertätigkeit in den verbliebenen Streitfällen auszurichten. Insbesondere hat der Arbeitgeber in diesem Rahmen **Auskünfte zu erteilen** und **Unterlagen zur Verfügung zu stellen**. Dies hat unverzüglich zu geschehen. Dabei ist aber zu berücksichtigen, dass der Arbeitgeber bereits die Wahlvorstände bei der Aufstellung der Wählerlisten in gleicher Weise (aber unaufgefordert) zu unterstützen hat (§ 2 Abs. 2 WO und WOSprAuG) wie den Vermittler, so dass dieser die erforderlichen Informationen und Unterlagen auch von jenen verlangen kann.

81 **Unterlagen** sind dabei alle Schriftstücke, die der Arbeitgeber in Besitz hat und die Angaben enthalten, die für die Zuordnung der Angestellten in den Streitfällen von Relevanz sind, namentlich die Arbeitsverträge der Betroffenen, Funktionsbeschreibungen und der Organisationsplan des Unternehmens. **Nicht** dazu gehört die **Personalakte** der Betroffenen im Ganzen (im Ergebnis auch *J.-H. Bauer* Sprecherausschussgesetz, S. 135; *Fitting* § 18a Rn. 53; *Richardi/Thüsing* § 18a Rn. 51; *Wlotzke/WPK* § 18a Rn. 6). Da die Unterlagen **zur Verfügung zu stellen** sind, sind sie nicht nur zur Einsichtnahme vorzulegen, sondern darüber hinaus dem Vermittler auszuhändigen und angemessene Zeit zu belassen; es genügt aber die Aushändigung von Kopien.

82 Die Unterstützungspflicht des Arbeitgebers bezieht sich auf alle Aspekte, die in den streitigen Zuordnungsfällen nach § 5 Abs. 3 und 4 von Bedeutung sind. In Bezug auf die Regelungen des § 5 Abs. 4 Nr. 3 und 4, auf die zurückzugreifen ist, wenn eine eindeutige Zuordnung nach § 5 Abs. 3 Nr. 3 nicht möglich ist, ist der Arbeitgeber ggf. auch verpflichtet, dem Vermittler (wie übrigens schon den Wahlvorständen nach § 2 Abs. 2 WO bzw. WO SprAuG) Informationen über die **Bandbreite** der im Unternehmen an die leitenden Angestellten gezahlten **Jahresarbeitsentgelte** und über das **individuelle** regelmäßige **Jahresbruttoentgelt** derjenigen Angestellten zu geben, deren Zuordnung noch streitig ist (ebenso *J.-H. Bauer* Sprecherausschussgesetz, S. 135; *Engels/Natter* BB 1989, Beil. Nr. 8, S. 1 [12]; *Fitting* § 18a Rn. 53; *Hromadka/Sieg* SprAuG, § 18a BetrVG Rn. 32; *Koch*/ErfK § 18a BetrVG Rn. 3; *Maschmann*/AR § 18a BetrVG Rn. 5; krit., aber unsubstanziiert *Nicolai*/HWGNRH § 18a Rn. 9). Im Rahmen des § 5 Abs. 4 Nr. 3 genügt zwar die Unterrichtung über die generelle Bandbreite der Gehälter der leitenden Angestellten ohne Individualisierung; es genügt aber nicht die Mitteilung, das Gehalt des betreffenden Angestellten liege innerhalb dieser Bandbreite (so aber *Stege/Weinspach/Schiefer* § 18a Rn. 8), weil der Vermittler selbst zu beurteilen hat, welche Gehälter im Rahmen der Streuung für die leitenden Angestellten im Unternehmen üblich sind. Bei § 5 Abs. 4 Nr. 4 reicht zwar grundsätzlich die Erklärung des Arbeitgebers, dass das Gehalt des betreffenden Angestellten oberhalb der dort genannten Grenze liegt (so auch *Stege/Weinspach/Schiefer* § 18a Rn. 8). Da jedoch § 5 Abs. 4 Nr. 4 eine doppelte »Zweifelsregelung« ist und systematisch auf der vorweg zu prüfenden Nr. 3 aufbaut, lässt sich die Mitteilung der individuellen Gehaltshöhe der betreffenden Angestellten gleichwohl nicht vermeiden. Auch der Hinweis, dass es sich bei der individuellen Gehaltshöhe um ein Geschäfts- oder Betriebsgeheimnis handelt, hilft insoweit nicht, weil das Gesetz hier (anders als nach § 43 Abs. 2 Satz 3; § 106 Abs. 2; § 32 Abs. 1 Satz 1 SprAuG) keine Einschränkung enthält. Der Vermittler hat aber keinen Anspruch auf Einblick in die Gehaltslisten.

83 Da der Arbeitgeber den Vermittler umfassend zu unterstützen hat, darf er ihn auch nicht daran hindern, dass er sich die erforderlichen Informationen auch **selbst beschafft**, z. B. durch Informationsgespräche mit denjenigen Arbeitnehmern, deren Zuordnung streitig ist, durch Besichtigung ihres Arbeitsbereichs oder durch Gespräche mit den noch im Amt befindlichen Vertretungsorganen oder ihren Mitgliedern (im Ergebnis ebenso *Fitting* § 18a Rn. 54). Der Vermittler ist aber **nicht berechtigt, Gutachten von Sachverständigen** einzuholen; dies wäre mit dem internen Charakter des Vermitt-

lungsverfahrens unvereinbar (zust. *Hromadka / Sieg* SprAuG, § 18a BetrVG Rn. 32; **a. M.** *Fitting* § 18a Rn. 54, die § 80 Abs. 3 analog anwenden wollen; dem zust. *Brors*/HaKo § 18a Rn. 11).

Sobald sich der Vermittler mit der Rechts- und Sachlage vertraut gemacht hat, hat er den **Versuch zu** 84 **unternehmen**, doch noch eine Verständigung der Wahlvorstände über die Zuordnung in den Streitfällen herbeizuführen. Nach Abs. 2 Satz 1 ist dieser Versuch »spätestens eine Woche vor Einleitung der Wahlen« zu starten. Die Einhaltung dieser Frist ist jedoch von entsprechend frühzeitiger Bestellung des Vermittlers abhängig. Ansonsten hat er den Verständigungsversuch lediglich **unverzüglich** zu unternehmen.

Das Gesetz überlässt es dem Vermittler und seinem Verhandlungsgeschick, wie er die Einigung der 85 Wahlvorstände herbeizuführen sucht; es enthält keine Verfahrensregeln. Der Vermittler kann mit den Wahlvorständen die Streitfälle getrennt oder gemeinsam verhandeln und beraten. Der Vermittler kann vom Arbeitgeber verlangen, dass er ihn dabei unterstützt (Abs. 2 Satz 2). Der Vermittler entscheidet auch über die Dauer der Einigungsbemühungen und darüber, wann sein Verständigungsversuch erfolglos geblieben ist. Der Vermittler ist nicht gehalten, schon während des Verständigungsversuchs seine Entscheidung als Vermittler anzuzeigen. Die Wahlvorstände sind nicht berechtigt, sich durch Bevollmächtigte im (internen!) Vermittlungsverfahren unterstützen oder vertreten zu lassen, z. B. durch Verbandsvertreter oder Rechtsanwälte. Soweit ein Wahlvorstand aufgrund der Vermittlerbemühungen bereit ist, seine ursprüngliche Entscheidung zu ändern, muss er dies durch Beschluss tun. In diesem Fall sind die Angestellten entsprechend der dann einvernehmlichen Zuordnung in die Wählerlisten einzutragen (Abs. 2 Satz 4); auch bezüglich dieser Zuordnungen treten die Rechtsfolgen des Abs. 5 Satz 2 und 3 ein.

Soweit der Verständigungsversuch des Vermittlers erfolglos bleibt, hat er die **Zuordnungsentschei-** 86 **dung(en) selbst zu treffen**, nachdem er zuvor die Streitfälle in rechtlicher und tatsächlicher Hinsicht (nochmals) mit dem Arbeitgeber beraten hat. Bis zur Mitteilung der Entscheidung des Vermittlers können sich die Wahlvorstände aber ihrerseits noch über die Zuordnung in den Streitfällen einigen. Die zwischengeschaltete **Beratung mit dem Arbeitgeber** hat den Zweck, den Vermittler mit dessen Rechtsauffassung vertraut zu machen; sie soll dem Arbeitgeber auch die Möglichkeit geben, seine Vorstellungen über die personale Organisationsstruktur seines Unternehmens darzulegen, die durch die Zuordnungsentscheidung betroffen wird. Ist der Arbeitgeber selbst der Vermittler, so entfällt die Beratung. Unterbleibt die erforderliche Beratung, so führt dies **nicht** zur Unwirksamkeit der Entscheidung des Vermittlers (ebenso *Fitting* § 18a Rn. 56; *Richardi / Thüsing* § 18a Rn. 53).

Der **Vermittler** hat seine Entscheidung über die Zuordnung in den verbliebenen Streitfällen auf der 87 Grundlage des § 5 Abs. 3 und 4 ebenso zu treffen, **wie dies auch die Gerichte zu tun haben**. Dies gilt auch für das Verhältnis der beiden Absätze dieser Vorschrift zueinander (s. dazu *Raab* § 5 Rdn. 234 ff.). Das unterstreicht die erheblichen Anforderungen an die fachliche Geeignetheit des Vermittlers (vgl. auch *Trümner*/DKKW § 18a Rn. 61). Die Schwelle für die Annahme eines juristisch relevanten Zweifels i. S. d. § 5 Abs. 4 Eingangshalbsatz ist für den Vermittler nicht herabgesetzt. Deshalb ist die Annahme rechtlich unzutreffend, ein solcher Zweifel ergebe sich für den Vermittler bereits dann, wenn beide Wahlvorstände ihre Auffassung plausibel begründeten (so aber *Buchner* NZA 1989, Beil. Nr. 1, S. 2 [11]). Die Entscheidung des Vermittlers muss, um wirksam zu sein, **weder schriftlich niedergelegt** und unterschrieben **noch** schriftlich oder mündlich **begründet** werden. Aus Gründen der Rechtssicherheit (insbesondere im Hinblick auf die Rechtsfolgen nach Abs. 5 Satz 2) empfiehlt sich aber zumindest eine schriftliche Niederlegung, die vom Vermittler zu unterschreiben und beiden Wahlvorständen auszuhändigen ist.

Die Wirksamkeit der Entscheidung des Vermittlers ist nicht davon abhängig, dass diese vor Einleitung 88 der Wahlen getroffen wird. Der Abschluss des Zuordnungsverfahrens kann auch noch nach Erlass eines oder beider Wahlausschreiben erfolgen (vgl. näher Rdn. 43).

Die **Wahlvorstände sind verpflichtet**, die Angestellten entsprechend der Entscheidung des Vermitt- 89 lers in die Wählerlisten einzutragen (Abs. 2 Satz 4). Dieser kann dies nicht selbst besorgen, da allein die Wahlvorstände zur Aufstellung und Änderung der Wählerlisten befugt sind (§ 2 Abs. 1 WO bzw. WO-SprAuG). Auch hat seine Entscheidung keine konstitutive Bedeutung. Die Rechtsfolge nach Abs. 5 Satz 2 tritt nur ein, wenn die Eintragung in die Wählerlisten gemäß der Entscheidung des Vermittlers erfolgt. Gleichwohl können die Wahlvorstände die Entscheidung des Vermittlers auch noch einvernehmlich abändern, insbesondere wenn sie diese übereinstimmend für offensichtlich fehlerhaft halten (vgl. auch § 4 Abs. 2 Satz 3 WO und WOSprAuG).

d) Besonderheiten des Verfahrens nach Abs. 4

90 Ist das Zuordnungsverfahren in den Sonderfällen nach Abs. 4 durchzuführen (vgl. Rdn. 27 ff.), so muss verfahrensmäßig der Besonderheit Rechnung getragen werden, dass **nur ein** amtierender Wahlvorstand vorhanden ist (nicht zwei Wahlvorstände, wie in den Fällen des Abs. 1). Abs. 4 modifiziert für diesen Fall das Zuordnungsverfahren dahin, dass (zunächst) das jeweils amtierende Vertretungsorgan (Betriebsrat bzw. Sprecherausschuss) die Funktion des zweiten Wahlvorstands übernimmt (*Engels/ Natter* BB 1989, Beil. Nr. 8, S. 1 [14]). Diese Regelung rechtfertigt sich daraus, dass auch der Wahlvorstand in der Regel vom amtierenden Vertretungsorgan bestellt wird (§ 16 Abs. 1; § 7 Abs. 1 SprAuG). Abs. 4 Sätze 1 und 2 regeln die Fallvariante, dass nur der Wahlvorstand für die Betriebsratswahl amtiert; ihm wird der Sprecherausschuss gegenübergestellt. Ist umgekehrt nur ein Wahlvorstand nach dem SprAuG bestellt, so wird ihm nach Abs. 4 Satz 3 (unter entsprechender Geltung der Sätze 1 und 2) der Betriebsrat gegenübergestellt. Das Zuordnungsverfahren weist danach folgende Besonderheiten auf:

91 Der **amtierende Wahlvorstand** stellt zunächst seine Wählerliste auf und trifft damit zugleich seine Entscheidung darüber, welche Angestellten er den leitenden Angestellten zuordnet. Diese Entscheidung hat er dann unverzüglich, jedoch spätestens zwei Wochen vor Einleitung seiner Wahl, der gegenüberstehenden Arbeitnehmervertretung mitzuteilen (Abs. 4 Satz 1 i. V. m. Abs. 1 Satz 1 1. Halbs. bzw. Abs. 4 Satz 3 i. V. m. Satz 1 und Abs. 1 Satz 1 1. Halbs.). Hält diese die Zuordnungen für zutreffend, so hat sie dies dem Wahlvorstand mitzuteilen. Damit ist das Zuordnungsverfahren abgeschlossen. Die aufgestellte Wählerliste bleibt unverändert bestehen. Für die vom Wahlvorstand durchzuführende Wahl greifen die Rechtsfolgen nach Abs. 5 Satz 2 und 3 ein.

92 Soweit (ganz oder teilweise) zwischen Wahlvorstand und gegenüberstehender Arbeitnehmervertretung kein Einvernehmen über die Zuordnungen besteht oder hergestellt wird (vgl. Rdn. 46), hat die Arbeitnehmervertretung »Mitglieder zu benennen, die anstelle des Wahlvorstands an dem Zuordnungsverfahren teilnehmen« (Abs. 4 Satz 2). Das Zuordnungsverfahren geht also so weiter, wie es sich aus Abs. 1 Satz 2, Abs. 2 und 3 ergibt. Das Gesetz sieht aber davon ab, dass die gesamte amtierende Arbeitnehmervertretung am weiteren Verfahren teilnehmen muss; dies wäre wegen der u. U. großen Mitgliederzahl auch nicht sinnvoll. Vielmehr hat diese Mitglieder zu benennen, die (an ihrer Stelle bzw.) anstelle des (zweiten) Wahlvorstands teilnehmen. Wie sich der Wahlvorstandscharakter dieser § 18a (vgl. die Begründung BT-Drucks. 11/2503, S. 32 zu Abs. 4) und dem Umstand, dass die Mitglieder »zu benennen« (und nicht zu bestellen) sind, entnehmen lässt, kommen **nur Mitglieder des amtierenden Vertretungsorgans** selbst in Betracht, nicht etwa sonstige Arbeitnehmer des Betriebs oder gar Betriebsfremde, etwa Gewerkschaftsvertreter (ebenso *Fitting* § 18a Rn. 39; *Richardi/Thüsing* § 18a Rn. 33). Abs. 4 Satz 2 ist nicht etwa so zu verstehen, dass aus dem Kreis der Wahlberechtigten des Betriebs Mitglieder zu benennen sind, die wie ein Wahlvorstand am weiteren Zuordnungsverfahren teilnehmen.

93 Der amtierenden Arbeitnehmervertretung ist es überlassen, welche und wie viele ihrer Mitglieder sie benennt. Zur Vermeidung von Pattsituationen ist jedoch erforderlich, dass immer eine **ungerade** Zahl von Mitgliedern benannt wird (**a. M.** *Brors/HaKo* § 18a Rn. 7; *Fitting* § 18a Rn. 39: zweckmäßig). Betriebsrat bzw. Sprecherausschuss können auch sämtliche Mitglieder benennen, der Betriebsrat auch die Mitglieder des Betriebsausschusses oder eines sonstigen Ausschusses (ebenso *Fitting* § 18a Rn. 39). Entgegen dem Wortlaut, der in der Mehrzahl von »Mitgliedern« spricht, genügt es, wenn ein einziges Mitglied (z. B. der Vorsitzende) benannt wird (zust. *Richardi/Thüsing* § 18a Rn. 33; *Hromadka/Sieg* SprAuG, § 18a BetrVG Rn. 16; **a. M.** *Fitting* § 18a Rn. 39), zumal auch praktisch werden kann, dass der Sprecherausschuss nur aus einer Person besteht und im weiteren Zuordnungsverfahren nicht nach Köpfen abgestimmt wird (vgl. Rdn. 52). Die Benennung erfolgt durch Beschluss des Vertretungsorgans. Das Gesetz schreibt die Schriftform nicht vor. Der schriftliche Beschluss dient aber dem Nachweis der Legitimation und ist darüber hinaus auch deshalb zumindest zweckmäßig, weil die

benannten Mitglieder im weiteren Fortgang des Zuordnungsverfahrens selbständig Entscheidungen zu treffen haben (vgl. § 27 Abs. 2 Satz 3).

Das Mitglied oder die benannten **Mitglieder als Gruppe** nehmen im weiteren Verlauf ebenso wie 94 »anstelle« ein Wahlvorstand an dem Zuordnungsverfahren teil; ein ausdrücklicher Verweis in Abs. 4 Satz 2 auf den Verfahrensablauf nach Abs. 1 Satz 2 und 3, Abs. 2 und 3 war entbehrlich, weil das Gesetz von »dem« Zuordnungsverfahren spricht, das in den genannten Bestimmungen festgelegt wird. Vgl. zum weiteren Verfahrensablauf, beginnend mit gemeinsamer Sitzung, Rdn. 48 ff. Die benannten Mitglieder entscheiden als Gruppe immer durch Beschluss (ebenso *Fitting* § 18a Rn. 40); eine Abstimmung nach Köpfen mit den Mitgliedern des amtierenden Wahlvorstands kommt nicht in Betracht.

Im Verfahren nach Abs. 4 können Zuordnungen getroffen werden, die nicht mit der Wählerliste über- 95 einstimmen, die zur Wahl der jetzt nicht neu zu wählenden amtierenden Arbeitnehmervertretung aufgestellt wurde. Dies ist hinzunehmen, zumal die Wahlen nicht zeitgleich stattfinden. Demgegenüber will *Schneider* (AiB 1990, 15 [18]; ebenso *Trümner*/*DKKW* § 18a Rn. 31) eine präjudizierende Wirkung der damaligen Wählerliste annehmen, sofern sich die tatsächlichen Verhältnisse seitdem nicht geändert haben. Das kann jedoch nicht richtig sein, weil sonst das Verfahren nach § 18a Abs. 4 leer laufen würde. Außerdem will § 18a Doppelzuordnungen nicht dadurch vermeiden, dass sich eine Seite die Meinung der anderen aufoktroyieren lassen muss, sondern durch eine gegenseitige, möglichst einvernehmliche Zuordnung, die keine der beiden Interessengruppen bevorzugt. Dementsprechend ist zukünftig die Zuordnung nach § 18a Abs. 4 auch für § 5 Abs. 4 Nr. 1 maßgebend.

III. Rechtsfolgen der Zuordnung (Abs. 5)

1. Kein Ausschluss des Rechtswegs (Abs. 5 Satz 1)

Die Zuordnung von Angestellten zum Kreis der leitenden oder nicht leitenden Angestellten im Verfahren nach § 18a hat nur **begrenzte**, gleichwohl für die Wahlverfahren **wichtige Rechtsfolgen**. 96 Abs. 5 Satz 1 bestimmt zunächst, welche Rechtsfolge die Zuordnung im Verfahren nach § 18a **nicht** hat: Durch sie wird der **Rechtsweg nicht ausgeschlossen**. Dies bedeutet zweierlei: **Zum einen** können Streitigkeiten darüber, ob jemand leitender Angestellter ist oder nicht, ungeachtet der Zuordnung im Verfahren nach § 18a wie bisher vor die staatliche Arbeitsgerichtsbarkeit gebracht werden. Gerichtlicher Rechtsschutz kann insoweit in sog. **Statusverfahren** gesucht werden, bei dem der Status als leitender bzw. nicht leitender Angestellter Streitgegenstand in einem arbeitsgerichtlichen Beschlussverfahren ist (vgl. dazu auch Rdn. 105 ff.). Der Status eines (leitenden) Angestellten kann aber auch als **Vorfrage** durch die Arbeitsgerichte im Rahmen eines **Urteilsverfahrens** entschieden werden, etwa eines Kündigungsschutzprozesses, bei dem es um die Frage geht, ob die Kündigung unwirksam ist, weil der Betriebsrat (§ 102 Abs. 1) oder der Sprecherausschuss (§ 31 Abs. 2 SprAuG) vor Ausspruch der Kündigung nicht ordnungsgemäß angehört worden ist. **Zum anderen** lässt sich Abs. 5 Satz 1 aber auch entnehmen, dass **gegen die** im Verfahren nach § 18a getroffene **Zuordnungsentscheidung selbst** gerichtlicher Rechtsschutz in Anspruch genommen werden kann. In der Entwurfsbegründung (BT-Drucks. 11/2503, S. 32) heißt es dementsprechend: »Absatz 5 Satz 1 stellt klar, dass zur Überprüfung der Zuordnung der Rechtsweg eröffnet ist«. Insofern schafft die Zuordnung im Verfahren nach § 18a nicht etwa neues materielles Recht (*Borgwardt*/*Fischer*/*Janert* SprAuG, Teil 2, § 18a Rn. 24); sie hat keine schlechthin rechtlich verbindliche Wirkung. Sie ist Akt der Rechtsanwendung und unterliegt gerichtlicher Kontrolle, soweit diese nach allgemeinem Verfahrensrecht in Betracht kommt (vgl. zu Einzelheiten Rdn. 108 ff.) und die Ausnahmeregelung nach Abs. 5 Satz 2 nicht eingreift.

2. Beschränkung der Wahlanfechtbarkeit (Abs. 5 Satz 2 und 3)

In Abs. 5 **Satz 2** legt das Gesetz die **positive Rechtsfolge** fest, die der Zuordnung im Verfahren nach 97 § 18a zukommt. Danach kann die Anfechtung der Betriebsratswahl (nach § 19) oder der Wahl nach dem SprAuG (nach § 8 Abs. 1 SprAuG) **nicht darauf gestützt werden**, dass die Zuordnung fehlerhaft erfolgt sei. **Satz 3** schränkt diese Rechtsfolge wieder ein: Danach gilt Satz 2 nicht, soweit die Zuordnung **offensichtlich** fehlerhaft ist. Darüber hinaus bestimmen **§ 4 Abs. 2 Satz 2 WO und WOSprAuG**, dass der Einspruch gegen die Wählerliste nicht darauf gestützt werden kann, die Zuordnung nach § 18a sei fehlerhaft erfolgt. Schließlich ist zu beachten, dass der Zuordnungsentscheidung nach **§ 5 Abs. 4 Nr. 1** mittelbare Wirkung für die künftige Beurteilung als leitender Angestellter zukommen kann (vgl. dazu *Raab* § 5 Rdn. 248).

98 Mit der Beschränkung der Anfechtbarkeit der Wahlen nach Abs. 5 Satz 2 kommt der Zuordnung nach § 18a **nur für die jeweils anstehenden Wahlen** Rechtswirkung zu (vgl. näher Rdn. 4 ff.). Die Zuordnung hat auch für zukünftige Betriebsratswahlen oder Wahlen nach dem SprAuG **keine** rechtliche **Dauerwirkung**. Sie ist gleichwohl von Gewicht. Das Gesetz nimmt im Interesse der **Rechtssicherheit** hin, dass die Wahlen insoweit nicht angegriffen werden können und gültig sind, auch wenn Zuordnungsfehler in erheblichem Umfang vorgekommen sind, sofern (nach Satz 3) nur die einzelne Zuordnungsentscheidung nicht offensichtlich fehlerhaft ist. Diese Einschränkung des Rechtsschutzes ist zugleich als **Ausnahme** von der generellen **Rechtsweggarantie** in Abs. 5 Satz 1 zu verstehen (ebenso *J.-H. Bauer* Sprecherausschussgesetz, S. 138; *Engels/Natter* BB 1989, Beil. Nr. 8, S. 1 [14]; *Fitting* § 18a Rn. 62; *Kaiser/LK* § 18a Rn. 19; **a. M.** *Borgwardt/Fischer/Janert* SprAuG, Teil 2, § 18a Rn. 25). Denn ohne die Regelung in Abs. 5 Satz 2 wäre auch im Wahlanfechtungsverfahren die Richtigkeit der Zuordnungen als Vorfrage zu entscheiden, falls deren Fehlerhaftigkeit von Wahlanfechtungsberechtigten geltend gemacht wird. Abs. 5 Satz 1 spricht nicht nur die Zulässigkeit des Rechtswegs als Verfahrens- oder Prozessvoraussetzung an, sondern meint in einem weiteren Sinne die Geltendmachung von Rechten vor Gericht, für die es darauf ankommt, ob jemand leitender Angestellter ist oder nicht. Verfassungsrechtliche Bedenken bestehen gegen Abs. 5 Satz 2 ebenso wenig wie gegen die Festlegung der Anfechtungsfrist in § 19 Abs. 2 Satz 2.

99 Abs. 5 Satz 2 bewirkt einen **Bestandsschutz** für die Arbeitnehmervertretungen (Betriebsrat, [Unternehmens-] Sprecherausschuss), die auf der Grundlage der Zuordnungen im Verfahren nach § 18a gewählt worden sind. Dieser ist aber nicht deshalb bezweckt, weil fehlerhafte Zuordnungen gleich mehrere Wahlen betreffen können (so aber *Fitting* § 18a Rn. 62, 73; *Hromadka/Sieg* SprAuG, § 18a BetrVG Rn. 36), oder zum Schutze vor Minderheitsgruppierungen in Belegschaft oder Arbeitnehmervertretungen, die versucht sein könnten, über die Geltendmachung fehlerhafter Zuordnungen die Wahl des Betriebsrats oder Sprecherausschusses insgesamt »zu Fall zu bringen« (so aber *Wlotzke* DB 1989, 111 [126]). Vielmehr soll Abs. 5 Satz 2 die **Effektivität des Verfahrens** nach § 18a sichern, durch das im Vorfeld der Wahlen schnell, billig und möglichst einvernehmlich die u. U. komplizierte Frage geklärt werden soll, ob ein Arbeitnehmer den Angestellten oder den leitenden Angestellten zuzuordnen ist (vgl. Rdn. 3). Abs. 5 Satz 2 **bezweckt die Privilegierung** der Zuordnungen im Verfahren nach § 18a. Die Beschränkung der Anfechtbarkeit der Wahlen ist gleichsam das »Zuckerbrot«, mit dem der Gesetzgeber den Beteiligten das ihnen auferlegte Zuordnungsverfahren schmackhaft macht. Dieser Privilegierungszweck steht der betont engen Auslegung der Bestimmung, wie sie nachdrücklich von *Fitting* (§ 18a Rn. 62, 75) unter Hinweis auf ihren Ausnahmecharakter gegenüber der generellen Regelung in Abs. 5 Satz 1 gefordert wird, entgegen. Im Übrigen gibt es keinen Auslegungsgrundsatz, der besagt, dass Ausnahmevorschriften eng zu interpretieren sind (vgl. *Larenz* Methodenlehre der Rechtswissenschaft, 6. Aufl. 1991, S. 355 f.).

100 Abs. 5 Satz 2 schließt nicht die Anfechtung der Wahlen aus. Die Bestimmung **schließt nur aus**, dass die **Wahlanfechtung auf die Fehlerhaftigkeit** einer oder mehrerer Zuordnungen **gestützt** wird, die im Verfahren nach § 18a vorgenommen worden sind. Die Fehlerhaftigkeit solcher Zuordnungen kann nicht als Anfechtungsgrund geltend gemacht werden; sie wird im Wahlanfechtungsverfahren nicht als Wahlfehler behandelt, der die Wahl anfechtbar macht. Deshalb spielt es auch keine Rolle, gegen welche wesentliche(n) Vorschrift(en) über das Wahlrecht, die Wählbarkeit oder das Wahlverfahren durch eine (oder mehrere) fehlerhafte Zuordnung und die entsprechende Eintragung in die jeweilige Wählerliste im Einzelnen verstoßen wurde und ob durch den Verstoß das Wahlergebnis geändert oder beeinflusst werden konnte (Kausalität). Die Anfechtbarkeit der Wahlen ist insoweit generell eingeschränkt; sie ist aber überhaupt nicht eingeschränkt, soweit die Zuordnung **offensichtlich** fehlerhaft ist (Abs. 5 Satz 3).

101 Die Beschränkung der Anfechtbarkeit gilt **nur** für den Fall, dass die **Zuordnungsentscheidung als solche** (also im Ergebnis) fehlerhaft ist, weil Arbeitnehmer der falschen Angestelltengruppe zugeord-

net worden sind. Sie gilt auch nur für diejenigen Zuordnungen, die **im Verfahren nach § 18a** getroffen worden sind (ebenso *Engels/Natter* BB 1989, Beil. Nr. 8, S. 1 [14]). Sie gilt **nicht** für Mängel im Zuordnungsverfahren (zust. *Brors*/HaKo § 18a Rn. 12; *Reichold/HWK* § 18a BetrVG Rn. 10; *Wiebauer/LK* § 18a Rn. 23; unentschieden *Wlotzke/WPK* § 18a Rn. 17; **a. M.** *Fitting* § 18a Rn. 71; zust. *LAG Baden-Württemberg* 29.04.2011 – 7 TaBV 7/10 – juris, Rn. 14, 25, das den Verfahrensfehler darin sah, dass der Wahlvorstand der Betriebsratswahl 636 Beschäftigte [von über 12000] allein nach nicht näher belegten Vorgaben des Arbeitgebers und ohne eigene Statusbeurteilung der Gruppe der leitenden Angestellten zugeordnet hat). Der Wortlaut des Abs. 5 Satz 2 ist insofern allerdings nicht eindeutig, weil danach die Anfechtung nicht darauf gestützt werden kann, »die Zuordnung sei fehlerhaft erfolgt«. Das Wort »erfolgt« könnte auch auf die Erfassung von Verfahrensfehlern hindeuten. Verfahrensfehler verdienen jedoch keine Privilegierung, wie sie Abs. 5 Satz 2 bezweckt (vgl. Rdn. 99). Auch Satz 3 macht deutlich, dass sich die Fehlerhaftigkeit, über die hinweggesehen wird, nur auf die Zuordnung als solche bezieht. Wird gegen Vorschriften über das Zuordnungsverfahren verstoßen, so kann dies per se jedoch nicht die Anfechtbarkeit der Wahlen nach § 19 bzw. § 8 Abs. 1 SprAuG begründen (vgl. dazu näher Rdn. 112). Im Wahlanfechtungsverfahren kann jedoch uneingeschränkt (im Ergebnis abweichend *Fitting* § 18a Rn. 71, die nur schwere Verfahrensmängel nach Satz 3 beurteilen) geltend gemacht werden, die Zuordnung, auf deren Fehlerhaftigkeit die Wahlanfechtung gestützt wird, sei – wegen Verfahrensmängeln – in Wirklichkeit nicht »im Verfahren nach § 18a« erfolgt. Dies ist aber nur dann anzunehmen, wenn die Zuordnung durch die am Zuordnungsverfahren nach § 18a Abs. 1 oder Abs. 4 Sätze 1 und 3 Beteiligten nicht einvernehmlich erfolgt oder eine Person als Vermittler entschieden hat, die nicht vermittlerfähig ist oder nicht ordnungsgemäß zum Vermittler bestellt worden ist, oder wenn Angestellte nicht entsprechend ihrer Zuordnung in die jeweilige Wählerliste eingetragen worden sind. Am Verfahren nach § 18a fehlt es aber insbesondere dann nicht, wenn die Zuordnungsentscheidung außerhalb des vom Gesetz vorgegebenen Zeitrahmens, namentlich auch noch nach Einleitung der Wahlen getroffen worden ist.

Die Beschränkung der Anfechtbarkeit tritt nach Satz 3 dann nicht ein, wenn die Zuordnung **offensichtlich** fehlerhaft ist. In diesem Falle gibt das Gesetz der materiellen Gerechtigkeit Vorrang vor der Rechtssicherheit. Offensichtliche Fehlerhaftigkeit ist nach der Entwurfsbegründung (BT-Drucks. 11/2503, S. 32) anzunehmen, wenn sich die **Fehlerhaftigkeit geradezu aufdrängt** (zust. *J.-H. Bauer* Sprecherausschussgesetz, S. 138; *Borgwardt/Fischer/Janert* SprAuG, Teil 2, § 18a Rn. 28; *Fitting* § 18a Rn. 70; *Hromadka/Sieg* SprAuG, § 18a BetrVG Rn. 39; *Koch*/ErfK § 18a BetrVG Rn. 4; *Reichold/HWK* § 18a BetrVG Rn. 10; *Richardi/Thüsing* § 18a Rn. 59; *Stege/Weinspach/Schiefer* § 18a Rn. 16; *Trümner/DKKW* § 18a Rn. 70; *Wiebauer/LK* § 18a Rn. 22; *Wlotzke* DB 1989, 111 [126]; *LAG Baden-Württemberg* 29.04.2011 – 7 TaBV 7/10 – juris, Rn. 14). **102**

Viel ist mit dieser Formel aber noch nicht gewonnen. Ausgangspunkt muss vielmehr die Überlegung sein, dass **erst im Wahlanfechtungsverfahren** als Vorfrage **entschieden** wird, ob wirklich ein Fall offensichtlicher Fehlerhaftigkeit vorliegt, so dass die Wahlanfechtung darauf gestützt werden kann (ebenso *Wiebauer/LK* § 18a Rn. 22). Maßgeblicher Beurteiler ist mithin der **fachkundige Richter**. Dieser ist zu umfassender Prüfung der Vorfrage weder berechtigt noch verpflichtet. Ihm muss die Fehlerhaftigkeit der jeweils einzeln zu beurteilenden Zuordnungsentscheidung »auf den ersten Blick« erkennbar sein (vgl. zum Begriff »offensichtlich« auch die Rechtsprechungsnachweise bei *Jacobs* § 76 Rdn. 70 ff. im Hinblick auf die Beurteilung offensichtlicher Unzuständigkeit der Einigungsstelle im Verfahren nach § 100 ArbGG). Bei der Annahme offensichtlicher Fehlerhaftigkeit ist aber schon deshalb Zurückhaltung geboten, weil die Zuordnungen im Verfahren nach § 18a nicht begründet werden müssen (vgl. Rdn. 44, 87) und deshalb vielfach unbekannt sein wird, von welchen Annahmen die am Zuordnungsverfahren Beteiligten ausgegangen sind und welche Überlegungen sie angestellt haben. Deshalb **geht es viel zu weit**, wenn in der Literatur offensichtliche Fehlerhaftigkeit pauschal etwa schon dann angenommen wird, »wenn ein Angestellter ohne jede Rücksicht auf die Abgrenzungskriterien des § 5 Abs. 3 und 4 als leitender Angestellter angesehen worden ist« oder »wenn bei der Zuordnung von falschen Annahmen ausgegangen worden ist« (so *Fitting* § 18a Rn. 70; vgl. auch *Richardi/Thüsing* § 18a Rn. 59); nach *LAG Baden-Württemberg* (29.04.2011 – 7 TaBV 7/10 – juris, Rn. 103) ist die Zuordnung schon dann offensichtlich fehlerhaft, wenn der Wahlvorstand ersichtlich entweder die Kriterien des § 5 Abs. 3 Satz 2 nicht zugrunde gelegt oder jedenfalls grob verkannt hat. Dementsprechend vordergründig wird in der Literatur auch der Streit darüber geführt, ob die Zuordnung of- **103** fensichtlich fehlerhaft ist, wenn sie ohne Beachtung des Rangverhältnisses zwischen § 5 Abs. 3 und Abs. 4 »allein aufgrund der Hilfskriterien des § 5 Abs. 4« getroffen worden ist (bejahend *Engels/Natter* BB 1989, Beil. Nr. 8, S. 1 [14 f.]; *Fitting* § 18a Rn. 70; *Trümner/DKKW* § 18a Rn. 71; differenzierend zwischen § 5 Abs. 4 Nr. 1 bis 3 und Nr. 4 *Wlotzke* DB 1989, 111 [126]; regelmäßig verneinend *J.-H. Bauer* Sprecherausschussgesetz, S. 138; *Buchner* NZA 1989, Beil. Nr. 1, S. 2 [11]; *Stege/Weinspach/ Schiefer* § 18a Rn. 16; *Wiebauer/LK* § 18a Rn. 22). Andererseits kann es entgegen *Buchner* auch nicht richtig sein, dass es immer gegen die Offensichtlichkeit der Fehlerhaftigkeit spricht, wenn zwei Wahlvorstände sich über die Zuordnung geeinigt haben oder wenn der Vermittler bei fehlender Einigung der Wahlvorstände auf der Grundlage des § 5 Abs. 4 entschieden hat. **Erforderlich ist** vielmehr, dass zunächst der **Antragsteller** im Wahlanfechtungsverfahren einen Sachverhalt vorträgt, der für das Gericht auf den ersten Blick die Fehlerhaftigkeit der Zuordnung ergibt. Dies ist z. B. bei einer Einordnung als leitender Angestellter der Fall, wenn vorgetragen wird, dass der Betreffende lediglich »Titel«-Prokurist ist (§ 5 Abs. 3 Nr. 2), oder dass er zwar zur selbständigen Einstellung, nicht aber zur selbständigen Entlassung befugt ist oder umgekehrt (§ 5 Abs. 3 Nr. 1), oder dass er i. S. v. § 5 Abs. 3 Nr. 3 weder Entscheidungen im Wesentlichen frei von Weisungen trifft noch sie maßgeblich beeinflusst, oder wenn vorgetragen wird, dass in Zweifelsfällen die Bezugsgröße nach § 5 Abs. 4 Nr. 4 falsch berechnet wurde (vgl. auch *Wiebauer/LK* § 18a Rn. 22). Ergibt sich aus dem tatsächlichen Vorbringen des **Antragsgegners**, dass die Zuordnung unter rechtlichen Gesichtspunkten richtig sein kann (z. B. indem vorgetragen wird, dass der betreffende Angestellte nicht nur »Titel«-Prokurist ist oder dass der Angestellte i. S. d. § 5 Abs. 3 Nr. 3 doch Entscheidungen im Wesentlichen frei von Weisungen trifft), so muss das Gericht von Amts wegen (§ 83 Abs. 1 Satz 1 ArbGG), ggf. durch Beweisaufnahme, den Sachverhalt aufklären, der der Entscheidung über die offensichtliche Fehlerhaftigkeit zugrunde zu legen ist. Lässt sich der Sachverhalt nicht voll aufklären, so ist die Zuordnung nicht offensichtlich fehlerhaft. Entsprechend ist zu verfahren, wenn es um die offensichtliche Fehlerhaftigkeit einer Zuordnung zum Kreis der nicht leitenden Angestellten geht. Offensichtliche Fehlerhaftigkeit ist dagegen immer dann anzunehmen, wenn im Statusverfahren ein anderer Status eines Angestellten so rechtzeitig rechtskräftig festgestellt worden ist, dass die Wählerliste bis zum Tag vor Beginn der Stimmabgabe (vgl. § 4 Abs. 3 Satz 2 WO und WOSprAuG) noch hätte berichtigt werden können, dies aber nicht geschehen ist (ebenso *Fitting* § 18a Rn. 70; *Richardi/Thüsing* § 18a Rn. 59; *Trümner/DKKW* § 18a Rn. 75; *Wiebauer/LK* § 18a Rn. 25). Entsprechendes gilt, wenn die Zuordnungsentscheidung selbst noch während des Wahlverfahrens erfolgreich angegriffen worden ist, die Wählerliste aber nicht entsprechend berichtigt worden ist. Eine bloße Inzidententscheidung über den Status eines Angestellten im Urteilsverfahren genügt zur Annahme offensichtlicher Fehlerhaftigkeit einer entgegenstehenden Zuordnung aber nicht (**a. M.** *Fitting* § 18a Rn. 70), weil die Vorfragenentscheidung keinerlei Bindungswirkung hat.

104 Nach § 18a Abs. 5 Satz 2 ist nur die Anfechtung »der« Betriebsratswahl oder »der« Wahl nach dem Sprecherausschussgesetz ausgeschlossen, soweit sie auf die (nicht offensichtliche) Fehlerhaftigkeit der Zuordnung gestützt wird. Schon dem Wortlaut nach bezieht sich demnach die Beschränkung der Anfechtbarkeit **nicht** auf die **Anfechtung** der Wahl nur eines **einzelnen** (oder einzelner) **Mitglieds** des Betriebsrats oder des (Unternehmens-) Sprecherausschusses. Insofern ist auch zu beachten, dass das Gesetz in Abs. 5 Satz 2 nicht auf die Anfechtung »der Wahl« nach § 19 bzw. § 8 Abs. 1 SprAuG verweist, die auch die nach diesen Vorschriften zulässige Anfechtung der Wahl nur einzelner Mitglieder für den Fall umfasst hätte, **dass deren Nichtwählbarkeit** geltend gemacht wird (vgl. näher § 19 Rdn. 101). Damit stimmt es systematisch auch überein, dass die (anfängliche) Nichtwählbarkeit (nach wie vor Schaffung des § 18a) auch noch nach Ablauf der Anfechtungsfrist in einem selbständigen Beschlussverfahren festgestellt werden kann (§ 24 Nr. 6; § 9 Abs. 2 Nr. 6 SprAuG) mit der Folge, dass das Betriebsratsamt des betreffenden Mitglieds mit Wirkung für die Zukunft endet und ein Ersatzmitglied nachrückt. Es hätte aber keinen vernünftigen Sinn gegeben und wäre als gesetzgeberische Fehlleistung einzustufen gewesen, wenn eine Wahlanfechtung wegen Nichtwählbarkeit eines Gewählten ausgeschlossen worden wäre, andererseits aber nach Ablauf der Anfechtungsfrist die gerichtliche Feststellung der Nichtwählbarkeit zugelassen ist, für die § 18a Abs. 5 Satz 2 nicht gilt. Die Beschränkung der Anfechtbarkeit nach Abs. 5 Satz 2 bezieht sich mithin nur auf die Anfechtung der **ganzen Wahl** des Betriebsrats und/oder des (Unternehmens-)Sprecherausschusses, nicht aber auf die Anfechtung der Wahl eines Betriebsrats- oder Sprecherausschussmitglieds, die darauf gestützt wird, dass wegen fehlerhafter Zuordnung ein (nicht wählbarer) Angestellter in den Sprecherausschuss oder ein (nicht wählbarer) leitender Angestellter in den Betriebsrat gewählt worden ist (ebenso im Ergebnis *Fitting* § 18a Rn. 72 ff.; zust. *Koch*/ErfK § 18a BetrVG Rn. 4; *Reichold*/HWK § 18a BetrVG Rn. 10; *Wlotzke*/ WPK § 18a Rn. 18; **a. M.** *Martens* RdA 1989, 73 [87], der durch § 18a Abs. 5 Satz 2 die Wahlanfechtung generell eingeschränkt sieht, also insbesondere auch für den Fall, dass nur die Nichtwählbarkeit eines Gewählten geltend gemacht wird, und der die damit entstehende Diskrepanz zu § 24 Nr. 6 bzw. § 9 Abs. 2 Nr. 6 SprAuG durch eine analoge Anwendung des § 18a Abs. 5 Satz 2 auf dieses Feststellungsverfahren überwinden will [zust. *Richardi*/*Thüsing* § 18a Rn. 60]. Die Analogie ist mangels Regelungslücke jedoch nicht gerechtfertigt. Sie führt zudem zu Unstimmigkeiten mit der Statusbeurteilung im Statusverfahren, für die die Beschränkung der Anfechtbarkeit nach Abs. 5 Satz 2 nicht gilt).

IV. Streitigkeiten

1. Statusstreitigkeiten

Streit über den **betriebsverfassungsrechtlichen Status** eines (oder mehrerer) Arbeitnehmers, der **nicht im Zusammenhang mit einem Wahlverfahren** steht, kann **jederzeit** nach § 2a Abs. 1 Nr. 1 und 2, Abs. 2, §§ 80 ff. ArbGG im arbeitsgerichtlichen Beschlussverfahren ausgetragen werden. Der Antrag ist (positiv) auf Feststellung zu richten, dass der Arbeitnehmer leitender bzw. nicht leitender Angestellter ist oder umgekehrt (negativ) darauf, dass er es nicht ist (**sog. Statusverfahren**). **Antragsberechtigt** (soweit man wie die h. M. an der Antragsbefugnis als Voraussetzung für eine Sachentscheidung im Beschlussverfahren festhält; **a. M.** dazu § 19 Rdn. 62 m. w. N.) sind unstreitig der Arbeitgeber, der betroffene Arbeitnehmer, der Betriebsrat (vgl. insoweit BAG AP Nr. 3, 4, 6, 7, 30, 31, 32 zu § 5 BetrVG 1972) und auch der (Unternehmens-)Sprecherausschuss. Das Rechtsschutzinteresse (Feststellungsinteresse) wurde bisher vom *BAG* (zu Recht) großzügig bejaht (s. auch *Raab* § 5 Rdn. 289); es ist jetzt mit Blick auf § 5 Abs. 4 Nr. 1 erst recht zuzubilligen (*Buchner* NZA 1989, Beil. Nr. 1, S. 2 [11]). Eine **im Betrieb vertretene Gewerkschaft** kann **keinen zulässigen** Antrag stellen, da sie nicht am Statusverhältnis teil hat und ihr die Feststellung dieser Drittrechtsbeziehungen (zu deren grundsätzlicher Zulässigkeit vgl. *Baumbach*/*Lauterbach*/*Albers*/*Hartmann* ZPO, § 256 Rn. 27) das Rechtsschutzinteresse fehlt, weil das Statusverhältnis für ihre Rechtsbeziehungen zu Arbeitgeber, Betriebsrat, Sprecherausschuss oder Arbeitnehmern (jedenfalls außerhalb eines Wahlverfahrens) ohne rechtliche Bedeutung ist (dementsprechend hat das BAG die Antragsberechtigung im Betrieb vertretener Gewerkschaften früher auch nur in unmittelbarem Zusammenhang mit einer Betriebsratswahl bejaht; vgl. BAG 05.03. und 19.11.1974 AP Nr. 1, 3 zu § 5 BetrVG 1972). Ein Antrag der Wahlvorstände kommt schon mangels ihrer Existenz außerhalb des Wahlzeitraums nicht in Betracht. Diese Statusverfahren werden durch § 18a grundsätzlich nicht berührt (unstr.; vgl. für das Rechtsschutzinteresse LAG Berlin NZA 1990, 577 [578]; ArbG Frankfurt NZA 1989, 941 [942]). Nur wenn aus Anlass der letzten Wahlen der betreffende Arbeitnehmer im Verfahren nach § 18a den leitenden Angestellten (positiv) zugeordnet worden ist, kann dies für die Begründetheit des Antrags gemäß § 5 Abs. 4 Nr. 1 eingeschränkte Bedeutung haben.

105

Das Statusverfahren kann auch **im Zeitraum eines Wahlverfahrens** eingeleitet werden, auch noch, nachdem die Zuordnung im Verfahren nach § 18a getroffen worden ist (ebenso grundsätzlich *Brors*/ *HaKo* § 18a Rn. 12; *Engels*/*Natter* BB 1989, Beil. Nr. 8, S. 1 [14]; *Fitting* § 18a Rn. 65; *Hromadka*/ *Sieg* SprAuG, § 18a BetrVG Rn. 38; *Koch*/ErfK § 18a BetrVG Rn. 4; *Martens* RdA 1989, 73 [87 f.]; *Nicolai*/HWGNRH § 18a Rn. 15; *Richardi*/*Thüsing* § 18a Rn. 56; *Stege*/*Weinspach*/*Schiefer* § 18a Rn. 15; *Trümner*/DKKW § 18a Rn. 74 f.; *Wiebauer*/LK § 18a Rn. 24; *Wlotzke*/WPK § 18a Rn. 14); denn durch diese Zuordnung wird der Rechtsweg nicht ausgeschlossen (Abs. 5 Satz 1). Für die Statusbeurteilung hat die im Verfahren nach § 18a getroffene Zuordnung **keinerlei Bindungswirkung** (ebenso *Dänzer-Vanotti* AuR 1989, 204 [207]; *Engels*/*Natter* BB 1989, Beil. Nr. 8, S. 14; *Fitting* § 18a Rn. 65; *Hromadka*/*Sieg* SprAuG, § 18a BetrVG Rn. 37; *Martens* RdA 1989, 87 f.; *Stege*/*Weinspach*/ *Schiefer* § 18a Rn. 14; *Wiebauer*/LK § 18a Rn. 26). Insbesondere hat die Beschränkung der Anfechtbarkeit nach Abs. 5 Satz 2 und 3, die nur für das Wahlanfechtungsverfahren gilt, keine Bedeutung im Statusverfahren (ebenso *Fitting* § 18a Rn. 65, die zutr. geltend machen, dass diese Bestimmungen der rechtmäßigen Durchführung der Wahlen nicht im Wege stehen). Für die Antragszulässigkeit ergeben

106

sich hier im Ergebnis keine Besonderheiten (vgl. Rdn. 105). Den am Zuordnungsverfahren beteiligten **Wahlvorständen** fehlt trotz der Aufgabe, die Wahlen möglichst fehlerfrei und unanfechtbar durchzuführen, grundsätzlich das Rechtsschutzinteresse, weil das Verfahren nach § 18a darauf angelegt ist, die Anfechtbarkeit der Wahlen auch bei fehlerhafter Zuordnung zu vermeiden (Abs. 5 Satz 2). Auch soweit ein Wahlvorstand die vom Vermittler getroffene Zuordnung für offensichtlich fehlerhaft und deshalb die Wahl nach Abs. 5 Satz 3 für anfechtbar hält, kommt es nicht auf die generelle Entscheidung über den betriebsverfassungsrechtlichen Status des Angestellten an, so dass selbst hier das Rechtsschutzinteresse fehlt (im Ergebnis so auch *Engels/Natter* BB 1989, Beil. Nr. 8, S. 1 [14]; zust. *Nicolai/HWGNRH* § 18a Rn. 15; *Wiebauer/LK* § 18a Rn. 24; **a. M.** *Fitting* § 18a Rn. 66, die auch bei Geltendmachung einfacher Fehlerhaftigkeit das Rechtsschutzinteresse damit bejahen, dass es Aufgabe des Wahlvorstands ist, die Wahl in jeder Hinsicht möglichst rechtmäßig durchzuführen; ohne Begründung allgemein *Trümner/DKKW* § 18a Rn. 74; vgl. auch *Eisemann/*ErfK, 8. Aufl., § 18a BetrVG Rn. 6, der das Rechtsschutzinteresse nur vor Durchführung des Zuordnungsverfahrens verneint). Vgl. aber auch Rdn. 110 a. E. Auch Anträge der **im Betrieb vertretenen Gewerkschaften** sind unzulässig (**a. M.** *Fitting* § 18a Rn. 66; *Wlotzke/WPK* § 18a Rn. 14); ihnen fehlt das Rechtsschutzinteresse, weil sie sich gegen die im Verfahren nach § 18a getroffene Zuordnungsentscheidung als solche mit einem Leistungsantrag wenden können (näher dazu Rdn. 110) und deshalb für sie eine allgemeine Statusfeststellung nicht nötig ist.

107 Ergeht im Statusverfahren eine **rechtskräftige Entscheidung**, so ist die auf dem Zuordnungsverfahren beruhende entgegenstehende Eintragung in den Wählerlisten zu berichtigen (ebenso *Brors/*HaKo § 18a Rn. 13; *Fitting* § 18a Rn. 67; *Trümner/DKKW* § 18a Rn. 75; *Wiebauer/LK* § 18a Rn. 25), soweit das noch möglich ist (vgl. § 4 Abs. 3 Satz 2 WO und WOSprAuG). Ob die Statusentscheidung für und gegen alle in Rechtskraft erwächst (so z. B. *Matthes/Spinner/GMP* ArbGG, § 84 Rn. 28), also auch die am Verfahren nicht beteiligten Wahlvorstände bindet, ist zweifelhaft, weil sie keine Gestaltungsentscheidung ist und die Rechtskrafterstreckung deshalb nur auf Praktikabilitätsgründe zu stützen ist (vgl. auch § 18 Rdn. 79). Jedenfalls liegt aber ein Fall offensichtlicher Fehlerhaftigkeit (i. S. d. § 18a Abs. 5 Satz 3) vor, wenn die Berichtigung nicht erfolgt (vgl. Rdn. 103). Ist gemäß der Statusentscheidung ein Arbeitnehmer zu Unrecht nicht zur Kandidatur zugelassen worden und kann dieser Wahlfehler (vgl. § 19 Rdn. 24) nicht mehr korrigiert werden, so hat der betroffene Wahlvorstand, um die Anfechtbarkeit der Wahl zu vermeiden, ggf. den Wahlgang abzubrechen und die Wahl neu einzuleiten. Im Übrigen bleiben die im Verfahren nach § 18a getroffenen Zuordnungen bestehen. Ergeht die Entscheidung erst nach Durchführung der Wahlen und ergibt die Statusfeststellung, dass ein Nichtwählbarer in den Betriebsrat oder den Sprecherausschuss gewählt worden ist, so kann die Anfechtung der Wahl des Betroffenen (unbeschränkt) auf diesen Wahlfehler gestützt werden (vgl. Rdn. 104); dies ist jedoch nicht erforderlich. Denn nach Ablauf der Anfechtungsfrist **erlischt** die Mitgliedschaft des Betroffenen im Betriebsrat oder Sprecherausschuss mit Rechtskraft der Statusentscheidung, aus der seine Nichtwählbarkeit folgt (so im Ergebnis auch *Martens* RdA 1989, S. 73 [88]). Wegen der Gleichwertigkeit von Statusverfahren und dem Verfahren zur Feststellung der (anfänglichen) Nichtwählbarkeit ergibt sich dieses Ergebnis aus einer Analogie zu § 24 Nr. 6 bzw. § 9 Abs. 2 Nr. 6 SprAuG (so jetzt auch *Fitting* § 18a Rn. 67; zust. *Wlotzke* § 18a Rn. 14).

2. Vorgeschaltetes Kontrollverfahren

108 Vom sog. Statusverfahren ist der Fall zu unterscheiden, dass im sog. vorgeschalteten Kontrollverfahren (ausführlich dazu § 18 Rdn. 80 ff.) die im Verfahren nach § 18a getroffene **Zuordnungsentscheidung** selbst (bzw. die dieser entsprechende Eintragung in die jeweilige Wählerliste) im arbeitsgerichtlichen Beschlussverfahren (§ 2a Abs. 1 Nr. 1 und 2, Abs. 2, §§ 80 ff. ArbGG) angegriffen wird. Diese Unterscheidung ist vor allem im Hinblick auf die unterschiedlich zu beurteilende Antragszulässigkeit von Bedeutung; das wird weithin nicht beachtet (vgl. *Fitting* § 18a Rn. 65 ff.; *Stege/Weinspach/Schiefer* § 18a Rn. 15; *Wlotzke* DB 1989, 111 [126]). Im vorgeschalteten Kontrollverfahren können (heute unstr.) Maßnahmen und Entscheidungen des Wahlvorstands bereits vor Abschluss des Wahlverfahrens gerichtlicher Kontrolle unterstellt werden. Dies muss auch für die Zuordnungsentscheidungen gelten, die die Wahlvorstände (bzw. die nach Abs. 4 Beteiligten) im Verfahren nach § 18a einvernehmlich oder der von diesen bestellte Vermittler getroffen haben. Die gerichtliche Kontrolle dieser Zuordnungsentscheidungen wird nicht durch § 18a Abs. 5 Satz 2 eingeschränkt. Diese Bestimmung bezieht sich nur auf die nachträgliche Wahlanfechtung; im Übrigen ist der Rechtsweg nicht ausgeschlossen (vgl. Rdn. 96). Das vorgeschaltete Kontrollverfahren setzt seinerseits nicht voraus, dass die Voraussetzungen der Wahlanfechtung erfüllt sind (vgl. § 18 Rdn. 80). Die Fehlerhaftigkeit der Zuordnung kann deshalb in vollem Umfange geltend gemacht werden, nicht etwa nur bei Offensichtlichkeit (wie nach § 18a Abs. 5 Satz 3). Für einen Antrag auf bloße Feststellung der Fehlerhaftigkeit (oder Rechtswidrigkeit) der Zuordnungsentscheidung fehlt allerdings grundsätzlich das Rechtsschutzinteresse, weil ein Leistungsantrag möglich ist und deshalb der Feststellungsantrag aus Gründen der Prozessökonomie zurücktreten muss.

Der **Leistungsantrag** ist zweckmäßig auf die Berichtigung der Wählerlisten (Eintragung bzw. Streichung) zu richten. Antragsgegner sind grundsätzlich die beteiligten Wahlvorstände. Dies gilt auch, wenn ein Vermittler die Zuordnungsentscheidung getroffen hat. Dieser ist, vergleichbar der Einigungsstelle (vgl. *Jacobs* § 76 Rdn. 152), auch nicht beteiligungsbefugt (= anhörungsberechtigt i. S. v. § 83 Abs. 3 ArbGG), weil er nur Hilfs- und Ersatzfunktionen für die Wahlvorstände (bzw. die nach Abs. 4 Beteiligten) wahrnimmt und dementsprechend kein eigenes betriebsverfassungsrechtliches Interesse am Ausgang der Überprüfung seiner Zuordnungsentscheidung hat. Ein vorheriger Einspruch gegen die Richtigkeit der Wählerliste bei den Wahlvorständen kommt nicht in Betracht (vgl. § 4 Abs. 2 Satz 2 WO und WOSprAuG); das Rechtsschutzinteresse ist davon also nicht abhängig. Da im Wahlverfahren regelmäßig Eilbedürftigkeit gegeben ist, kann auch der **Erlass einstweiliger Verfügungen** (hier in der Form der sog. Leistungsverfügung) beantragt werden (ausführlich dazu § 18 Rdn. 90 ff.).

109

Im vorgeschalteten Kontrollverfahren ist die **Antragsberechtigung** (nach h. M. als eigenständige Verfahrensvoraussetzung, nach hier vertretener Auffassung als Frage der **Aktivlegitimation** als Voraussetzung der Begründetheit des Antrags; vgl. näher § 19 Rdn. 62 m. w. N.) zunächst analog § 19 Abs. 2 Satz 1 bzw. § 8 Abs. 1 Satz 2 SprAuG zu bestimmen (vgl. § 18 Rdn. 84). Sie steht danach dem **Arbeitgeber, jeder im Betrieb vertretenen Gewerkschaft** und **mindestens drei wahlberechtigten Arbeitnehmern** zu. Obwohl nach § 8 Abs. 1 Satz 2 SprAuG die im Betrieb vertretenen Gewerkschaften nicht wahlanfechtungsberechtigt sind, sind sie hier allgemein als Antragsteller zuzulassen, weil eine fehlerhafte Zuordnung im Verfahren nach § 18a zugleich beide Wahlen betrifft; ihre Kontrollbefugnis ist daher durch § 19 Abs. 2 Satz 1 hinreichend legitimiert. Aus entsprechenden Gründen ist es nicht erforderlich, dass sich auf Seiten der Arbeitnehmergruppe drei leitende bzw. drei nicht leitende Angestellte zusammenfinden; es genügt jede gemischte Gruppe von Wahlberechtigten, auch die unter Beteiligung von Arbeitern. Darüber hinaus ist jeder **einzelne Angestellte** antragsberechtigt, der durch die Zuordnungsentscheidung in seinem aktiven oder passiven Wahlrecht unmittelbar betroffen ist. Dem (noch amtierenden) **Betriebsrat** und entsprechend dem **Sprecherausschuss** wird man die Antragsberechtigung entsprechend der Kontrollbefugnis nach § 18 Abs. 2 zuzubilligen haben, obwohl die Zuordnung im Verfahren nach § 18a nur von wahlverfahrensrechtlicher Bedeutung ist und die personelle Kompetenz der Arbeitnehmervertretungen höchstens über § 5 Abs. 4 Nr. 1 berührt wird. Ihnen fehlt aber das Rechtsschutzinteresse, soweit sie nach § 18a Abs. 4 als Beteiligte die Zuordnung einvernehmlich getroffen haben. Die Antragsbefugnis der **Wahlvorstände** (einer gegen den anderen) ist **nicht** anzuerkennen, auch nicht, soweit der Vermittler entschieden hat. Die gerichtliche (Kontroll-)Entscheidung des Streits zwischen den Wahlvorständen über die richtige Zuordnung wäre mit der gesetzlichen Konzeption unvereinbar, durch das Verfahren nach § 18a die Zuordnungen auch bei Nichteinigung der Wahlvorstände schnell, einfach und kostengünstig für die anstehenden Wahlverfahren zu entscheiden. Das Verfahren endet jedoch mit der Entscheidung des Vermittlers, ungeachtet der Verpflichtung der Wahlvorstände, die Angestellten entsprechend ihrer Zuordnung in die jeweilige Wählerliste einzutragen (Abs. 2 Satz 4). Hält allerdings ein Wahlvorstand die Vermittlerentscheidung für offensichtlich fehlerhaft, so kann er Antrag auf **Feststellung** stellen, dass die **Zuordnung offensichtlich fehlerhaft** ist. Das Rechtsschutzinteresse ergibt sich in diesem Fall aus Abs. 5 Satz 3, weil der Wahlvorstand die Aufgabe hat, die Anfechtbarkeit der Wahl unter allen Umständen zu verhindern.

110

3. Streitigkeiten wegen des Zuordnungsverfahrens

111 Rechtsstreitigkeiten, die sich daraus ergeben, dass ein am Zuordnungsverfahren Beteiligter **gesetzliche Verpflichtungen** (insbesondere die Pflicht der Wahlvorstände zur gegenseitigen Unterrichtung oder zur Durchführung der gemeinsamen Sitzung nach Abs. 1 oder ihre Mitwirkungspflicht bei der Bestellung des Vermittlers nach Abs. 3 oder die Pflicht zur Benennung der Mitglieder, die anstelle des Wahlvorstands an dem Zuordnungsverfahren teilnehmen, durch Betriebsrat oder Sprecherausschuss nach Abs. 4 Satz 2 oder die Unterstützungspflicht des Arbeitgebers gegenüber dem Vermittler nach Abs. 2 Satz 2) **nicht erfüllt**, entscheidet das Arbeitsgericht auf (Leistungs-)Antrag im Beschlussverfahren (§ 2a Abs. 1 Nr. 1 und 2, Abs. 2, §§ 80 ff. ArbGG); so auch *Fitting* § 18a Rn. 76; *Wiebauer/LK* § 18a Rn. 16; *Wlotzke/WPK* § 18a Rn. 19. Antragsberechtigt (nicht i. S. einer selbständigen Verfahrensvoraussetzung, wie die h. M. annimmt, sondern als Frage der Aktivlegitimation) ist immer nur derjenige Beteiligte, der jeweils säumigen Verpflichteten als Anspruchsberechtigter gegenübersteht (Wahlvorstand, Vermittler, in den Fällen des Abs. 4 auch der beteiligte Betriebsrat oder Sprecherausschuss); ebenso im Ergebnis *Fitting* § 18a Rn. 76. Die Antragsberechtigung ist hier nicht so zu beurteilen wie im vorgeschalteten Kontrollverfahren (vgl. Rdn. 110), weil Verfahrensfehler als solche nicht zur Wahlanfechtung berechtigen (vgl. Rdn. 112). Das Rechtsschutzinteresse ergibt sich daraus, dass ohne Durchführung des Zuordnungsverfahrens die Beschränkung der Anfechtbarkeit nach Abs. 5 Satz 2 nicht erreichbar ist. Die Entscheidung des Vermittlers nach Abs. 2 Satz 3 kann nicht gerichtlich eingefordert werden, weil er sein Amt jederzeit niederlegen kann (vgl. Rdn. 78). Da Eilbedürftigkeit als Verfügungsgrund im zeitlich engen Wahlverfahren regelmäßig gegeben ist, ist auf Antrag der **Erlass einstweiliger (Leistungs-)Verfügungen zulässig** (vgl. dazu näher § 18 Rdn. 90 ff.).

112 Die Bestimmungen über die Durchführung des Zuordnungsverfahrens (Abs. 1 bis 4) sind wesentliche Vorschriften über das Wahlverfahren; das ergibt sich schon aus ihrem zwingenden Charakter (vgl. § 19 Rdn. 19 sowie hier Rdn. 10). Gleichwohl kann die (völlige oder teilweise) **Nichtdurchführung** des Zuordnungsverfahrens die **Anfechtbarkeit** der Wahlen nach § 19 Abs. 1 bzw. § 8 Abs. 1 SprAuG **nicht begründen** (zust. *Brors*/HaKo § 18a Rn. 14); Verfahrensverstöße können als solche das Wahlergebnis nicht beeinflussen. Das ergibt sich aus der Zielsetzung des § 18a, die Anfechtbarkeit von Wahlen durch fehlerhafte Zuordnungen möglichst zu verhindern, und der insoweit **abschließenden** Rechtsfolgenanordnung in Abs. 5 Satz 2. Zuordnungen, die im Verfahren nach § 18a erfolgt sind, werden danach dadurch privilegiert, dass eine Wahlanfechtung nicht auf ihre (nicht offensichtliche) Fehlerhaftigkeit gestützt werden kann (vgl. Rdn. 99). Mit dieser Zwecksetzung wäre es unvereinbar, wenn Mängel im Zuordnungsverfahren ihrerseits wiederum eigenständige Anfechtungsgründe abgeben könnten. Es genügt, wenn die Privilegierung entfällt, soweit das Zuordnungsverfahren nicht durchgeführt wird. Dann hat jeder Wahlvorstand für sein Wahlverfahren zu entscheiden, welche Arbeitnehmer er den leitenden Angestellten zuordnet. Unterlaufen dabei Fehler, so kann die Wahlanfechtung ohne Einschränkung auf diese Fehlerhaftigkeit gestützt werden, weil die Rechtsfolge nach Abs. 5 Satz 2 nicht eingreift.

113 Die **Ersetzung des Wahlvorstands** durch das Arbeitsgericht kommt **nicht** in Betracht, wenn er seinen in § 18a normierten Mitwirkungspflichten nicht nachkommt. Eine solche Ersetzung sieht das SprAuG überhaupt nicht vor (vgl. § 7 Abs. 4 SprAuG). Die Amtsenthebung des Betriebsrats-Wahlvorstands nach § 18 Abs. 1 Satz 2 soll die Durchführung der Wahl, nicht aber ihre Recht- oder Ordnungsmäßigkeit gewährleisten (vgl. § 18 Rdn. 43). Die Durchführung der Wahl leidet aber nicht, wenn nur das Zuordnungsverfahren (ganz oder teilweise) pflichtwidrig nicht durchgeführt wird.

114 Verweigert der Arbeitgeber dem Vermittler die von diesem nach § 18a Abs. 2 Satz 2 verlangte Unterstützung pflichtwidrig, so stellt dies eine **Wahlbehinderung** i. S. d. § 20 Abs. 1 bzw. § 8 Abs. 2 Satz 1 SprAuG dar (vgl. § 20 Rdn. 14) und kann die Strafbarkeit des Arbeitgebers gemäß § 119 Abs. 1 Nr. 1 bzw. § 34 Abs. 1 Nr. 1 SprAuG begründen. Unabhängig davon kann der Vermittler seinen Unterstützungsanspruch im Wege des arbeitsgerichtlichen Beschlussverfahrens (auch durch einstweilige Verfügung) durchsetzen (vgl. Rdn. 111). Entsprechendes gilt, wenn der Arbeitgeber seine Pflicht zur Unterstützung der Wahlvorstände bei der Anfertigung der Wählerlisten, insbesondere bei der Feststellung der leitenden Angestellten (§ 2 Abs. 2 WO und WOSprAuG) verletzt. Eine Wahlbehinderung durch einen Wahlvorstand kann allenfalls darin gesehen werden, dass er es pflichtwidrig unterlässt, die Angestellten entsprechend der im Zuordnungsverfahren getroffenen Zuordnung in die jeweilige Wäh-

lerliste einzutragen. Die Beeinträchtigung des Wahlverfahrens als Handlungsprozess kann dabei darin gesehen werden, dass er die Wahl nicht so gefördert hat, wie es ihm durch Herbeiführung der Beschränkung der Anfechtbarkeit nach Abs. 5 Satz 2 möglich gewesen wäre.

§ 19
Wahlanfechtung

(1) Die Wahl kann beim Arbeitsgericht angefochten werden, wenn gegen wesentliche Vorschriften über das Wahlrecht, die Wählbarkeit oder das Wahlverfahren verstoßen worden ist und eine Berichtigung nicht erfolgt ist, es sei denn, dass durch den Verstoß das Wahlergebnis nicht geändert oder beeinflußt werden konnte.

(2) Zur Anfechtung berechtigt sind mindestens drei Wahlberechtigte, eine im Betrieb vertretene Gewerkschaft oder der Arbeitgeber. Die Wahlanfechtung ist nur binnen einer Frist von zwei Wochen, vom Tage der Bekanntgabe des Wahlergebnisses an gerechnet, zulässig.

Literatur
Literaturnachweise zum BetrVG 1952 siehe 8. Auflage.

Auffarth AR-Blattei, Betriebsverfassung VI A, Wahlanfechtung, Nachprüfbarkeit der Betriebsratswahl (Stand: 15.01.1973); *Bertelsmann* Anfechtung der Betriebsratswahl, AR-Blattei SD 530.6.1 (Stand: 2002); *Buchner* Betriebsverfassungsrechtliche Stellung der ABM-Beschäftigten – Dispositionsbefugnis der Beteiligten im Wahlanfechtungsverfahren, SAE 2006, 183; *Bulla* Zum Wahlanfechtungsrecht nach dem Betriebsverfassungsgesetz, DB 1977, 303; *Burger* Die Nichtigkeit von Betriebsratswahlen (Diss. Passau), 2008; *Dzida / Hohenstatt* Einstweilige Verfügung auf Abbruch der Betriebsratswahl, BB-Spezial 14/2005, 1; *Forschner* Zum Versäumnis des Einspruchs gegen die Wählerliste nach § 4 WahlO, NZA 2016, 872; *Gnade* Zur Anfechtung der Betriebsratswahl, FS *Herschel*, 1982, S. 137; *Gräfl* Aktuelle Rechtsprechung des Siebten Senats des Bundesarbeitsgerichts zur Anfechtung und Nichtigkeit von Betriebsratswahlen, JArbR 42 (2005), S. 133; *dies.* Anfechtung von Betriebsratswahlen in der jüngeren Rechtsprechung des BAG, FS *Bepler*, 2012, S. 185; *Hanau, H.* Die Anfechtung der Betriebsratswahl, DB 1986, Beil. Nr. 4; *Held* Nichtigkeit der Wahlen der Arbeitnehmervertreter zum Aufsichtsrat, 1983; *Kamp* Der Scheinbetriebsrat (Diss. München), 2006; *Klein, J.* Die Stellung der Minderheitsgewerkschaften in der Betriebsverfassung (Diss. Freiburg), 2007; *Kolmhuber* Anfechtbarkeit und Nichtigkeit der Betriebsratswahl, FA 2006, 68; *Krause / Niemann* Mängel bei den Betriebsratswahlen – wie verfahren?, AuA 1998, 152; *Laux* Die Antrags- und Beteiligungsbefugnis im arbeitsgerichtlichen Beschlußverfahren, 1985 (zit.: Antrags- und Beteiligungsbefugnis); *Lerch / Sparchholz* Wahlanfechtung und nachwirkender Kündigungsschutz, AiB 2007, 594; *Lunk / Schnelle / Witten* Betriebsratswahl 2014 – Aktuelle Rechtsprechung seit der letzten Wahl, NZA 2014, 57; *Müller, G.* Zur Anfechtung der Betriebsratswahl, FS *Schnorr von Carolsfeld*, 1972, S. 367; *Nägele* Die Anfechtung der Betriebsratswahl, ArbRB 2006, 58; *Nießen* Fehlerhafte Betriebsratswahlen (Diss. Köln), 2006; *Preis* Individueller Wahlrechtsschutz gegen Entscheidungen des Wahlvorstands bei der Betriebsratswahl, AuR 1973, 9; *Richardi* Betriebsratswahlen nach § 3 BetrVG – nicht »Wie es Euch gefällt!«, NZA 2014, 232; *Rieble / Triskatis* Vorläufiger Rechtsschutz im Betriebsratswahlverfahren, NZA 2006, 233; *Salamon* Betriebsratswahlen unter Verkennung des Betriebsbegriffs, NZA 2014, 175; *Schröder, J.* Mängel und Heilung der Wählbarkeit bei Aufsichtsrats- und Betriebsratswahlen, 1979; *Thau* Mängel der Aufsichtsratswahlen nach dem MitbestG, dargestellt anhand der Rechtsbehelfe im Wahlverfahren, 1983 (zit.: Mängel der Aufsichtsratswahlen); *Wiesner* Korrekturen von Fehlern der Betriebsratswahl, FA 2007, 38.

Inhaltsübersicht	Rdn.
I. Vorbemerkung	1–7
II. Regelungsgegenstand und Zweck der Norm	8–16
1. Regelungsgegenstand	8–11
2. Anfechtungsgegenstand	12, 13
3. Normzweck	14–16
III. Voraussetzungen der Anfechtbarkeit (Abs. 1)	17–59
1. Verstoß gegen eine wesentliche Wahlvorschrift	17–34
a) Verstoß gegen Vorschriften über das Wahlrecht	22, 23

	b) Verstoß gegen Vorschriften über die Wählbarkeit	24, 25
	c) Verstoß gegen Vorschriften über das Wahlverfahren	26–34
	aa) Mängel des Wahlausschreibens und der Wählerliste	31
	bb) Mängel der Wahlvorschläge	32
	cc) Fehlerhafte Durchführung der Stimmabgabe	33
	dd) Fehlerhafte Feststellung des Wahlergebnisses	34
2.	Fehlende Berichtigung von Verstößen	35–41
3.	Beeinflussung des Wahlergebnisses (Kausalität)	42–59
	a) Kausalität als Tatbestandsmerkmal	42–45
	b) Kausalitätsanforderungen	46–50
	c) Einzelfälle	51–59
IV.	Weitere Anfechtungsvoraussetzungen (Abs. 2)	60–93
1.	Anfechtungsberechtigung	60–83
	a) Bedeutung der Anfechtungsberechtigung	60–62
	b) Voraussetzungen der Anfechtungsberechtigung	63–69
	c) Anfechtungsrecht der Arbeitnehmer	70–78
	d) Anfechtungsrecht der Gewerkschaften	79–81
	e) Anfechtungsrecht des Arbeitgebers	82, 83
2.	Anfechtungsfrist	84–93
V.	Wahlanfechtungsverfahren	94–123
1.	Zuständigkeit des Arbeitsgerichts	94
2.	Anfechtungsantrag	95–105
	a) Umfang des Anfechtungsantrags	98–103
	b) Begründung des Anfechtungsantrags	104, 105
3.	Anfechtungsberechtigung und Antragsberechtigung	106
4.	Beteiligungsberechtigung (Beteiligungsbefugnis) nach § 83 Abs. 3 ArbGG	107–115
	a) Beteiligungsberechtigte	107–112
	b) Bedeutung der Beteiligungsbefugnis	113–115
5.	Dispositionsmaxime und Untersuchungsgrundsatz	116, 117
	a) Dispositionsmaxime	116
	b) Untersuchungsgrundsatz	117
6.	Rechtsschutzinteresse	118–121
7.	Vorläufiger Rechtsschutz	122, 123
VI.	Die Entscheidung im Wahlanfechtungsverfahren und ihre Rechtsfolgen	124–142
1.	Abweisung des Anfechtungsantrags	124
2.	Begründetheit des Anfechtungsantrags (»erfolgreiche Anfechtung«)	125–134
	a) Rechtswirkungen des stattgebenden Beschlusses	125–127
	b) Inhalt des stattgebenden Beschlusses	128–134
	aa) Korrektur des Wahlergebnisses	129–132
	bb) Ungültigerklärung des Wahlergebnisses (»Kassation«)	133, 134
3.	Rechtsfolgen erfolgreicher Wahlanfechtung	135–142
	a) Folgen der Ergebnisberichtigung	135
	b) Folgen der Unwirksamkeit des gesamten Wahlergebnisses	136–138
	c) Keine Unwirksamkeit der Wahl einer Gruppe	139–141
	d) Unwirksamkeit der Wahl eines einzelnen Betriebsratsmitglieds	142
VII.	Nichtigkeit der Wahl	143–161
1.	Voraussetzungen der Nichtigkeit	144–149
2.	Einzelfälle	150–152
	a) Nichtigkeit der Wahl	150
	b) Keine Nichtigkeit der Wahl	151, 152
	aa) Fehlerhafte Betriebsabgrenzung	151
	bb) Weitere Fehler	152
3.	Rechtsfolgen der Nichtigkeit	153–161
	a) Ex-tunc-Nichtigkeit	153, 154
	b) Jederzeitige Geltendmachung	155
	c) Form der Geltendmachung	156–160
	d) Nicht-Wahl	161

I. Vorbemerkung

Die Bestimmung regelt die **Anfechtung der Betriebsratswahl**; sie ist redaktionell neu gefasst, entspricht aber in ihrem sachlichen Gehalt § 18 BetrVG 1952. Das reichhaltige Fallmaterial zu § 18 BetrVG 1952 verdient daher weiterhin Beachtung, soweit es nicht wie vielfach durch neuere Erkenntnisse von Rechtsprechung und Literatur oder, im verfahrensrechtlichen Bereich, durch die Novellen von 1976 und 1979 (sowie spätere Änderungen) zum Arbeitsgerichtsgesetz überholt ist. 1

Die **Anfechtung** ist die **Geltendmachung** der **Anfechtbarkeit** der Wahl; bei Anfechtbarkeit tritt die Unwirksamkeit nicht von selbst ein, sondern ist nur im Wege des Wahlanfechtungsverfahrens geltend zu machen. Von der **Anfechtbarkeit** ist die **Nichtigkeit** der Wahl zu unterscheiden. § 19 ist systematisch nicht dahin zu verstehen, dass bei rechtlichen Mängeln der Wahl nur die Wahlanfechtung in Betracht kommt, Nichtigkeit aber (konkludent) ausgeschlossen ist. Obwohl bereits die Wahlanfechtung einen Verstoß gegen »wesentliche« Vorschriften voraussetzt, sind Steigerungen der Rechtsmängel in qualitativer und quantitativer Hinsicht möglich; deshalb ist zu Recht allgemein anerkannt, dass unter besonderen Umständen ausnahmsweise die Wahl schlechthin nichtig sein kann (vgl. dazu näher Rdn. 143 ff.). 2

Die Anfechtbarkeit (ggf. die Nichtigkeit) der Wahl **schließt es nicht aus**, dass einzelne Handlungen oder Unterlassungen im Rahmen der Vorbereitung oder Durchführung der Wahl bereits **vor Abschluss** des Wahlverfahrens selbständig im arbeitsgerichtlichen Beschlussverfahren gemäß § 2a Abs. 1 Nr. 1, Abs. 2, §§ 80 ff. ArbGG angegriffen werden können. Zur gerichtlichen Überprüfung können insoweit namentlich die Wirksamkeit der Bestellung des Wahlvorstands nach §§ 16, 17 und 17a (vgl. dazu § 16 Rdn. 100, § 17 Rdn. 60, § 17a Rdn. 30) sowie sämtliche Maßnahmen und Entscheidungen des Wahlvorstands (vgl. § 18 Rdn. 80 ff.) gestellt werden, aber bei Streit auch andere Teilakte der Wahl (vgl. § 18 Rdn. 107). Die Zulässigkeit eines solchen **vorgeschalteten Kontrollverfahrens** beugt einem Wahlanfechtungsverfahren vor und vermeidet u. U. Betriebsratslosigkeit und die Kosten einer Neuwahl (vgl. § 13 Abs. 2 Nr. 4) nach erfolgreicher Wahlanfechtung. Vgl. zur Bindungswirkung rechtskräftiger Entscheidungen im vorgeschalteten Kontrollverfahren für das Wahlanfechtungsverfahren § 18 Rdn. 89. Zum Rechtsschutz durch einstweilige Verfügungen vgl. § 18 Rdn. 90 ff. 3

§ 19 gilt für die Anfechtung der Wahl der **Jugend- und Auszubildendenvertretung** entsprechend (§ 63 Abs. 2 Satz 2), mit gewissen Modifizierungen auch für die der **Bordvertretung** (vgl. § 115 Abs. 2 Nr. 9) und des **Seebetriebsrats** (vgl. § 116 Abs. 2 Nr. 8). Für den Gesamtbetriebsrat, den Konzernbetriebsrat, die Gesamt-Jugend- und Auszubildendenvertretung und die Konzern-Jugend- und Auszubildendenvertretung gilt die Vorschrift nicht, da diese Gremien nicht gewählt werden; auch eine analoge Anwendung kommt nicht in Betracht (vgl. für den Gesamtbetriebsrat *BAG* 15.08.1978 BAGE 31, 58 = AP Nr. 3 zu § 47 BetrVG 1972). 4

Für die **Wahl der Arbeitnehmervertreter in den Aufsichtsrat** nach § 76 BetrVG 1952 galt § 19 analog (vgl. in st. Rspr. *BAG* AP Nr. 1 ff. zu § 76 BetrVG 1952, *BAG* 27.01.1993 AP Nr. 29 zu § 76 BetrVG 1952 = EzA § 76 BetrVG 1952 Nr. 14; näher dazu *Kraft* 7. Aufl. Bd. II, Anhang 1, § 76 BetrVG 1952 Rn. 76 ff.); jetzt ist die Anfechtung der Aufsichtsratsmitglieder der Arbeitnehmer in § 11 DrittelbG in weitgehender Anlehnung an § 19 eigenständig geregelt; es gilt die Wahlordnung zum DrittelbG vom 23.06.2004, BGBl. I S. 1393. Besondere, ebenfalls weitgehend an § 19 angelehnte Vorschriften über die Anfechtung der Wahl der Wahlmänner (bzw. Delegierten) sowie der Arbeitnehmervertreter im Aufsichtsrat enthalten auch §§ 21, 22 MitbestG und §§ 10k, 10l MitbestErgG. Rechtsprechung und Schrifttum zu diesen Bestimmungen, insbesondere das Fallmaterial zu § 76 BetrVG 1952 können daher auch zur Interpretation des § 19 herangezogen werden. Das MontanMitbestG kennt keine Wahl der Arbeitnehmervertreter in den Aufsichtsrat. Sinngemäß ist § 19 auf die **Schwerbehindertenvertretung** (Anfechtung der Wahl der Vertrauensperson und/oder der stellvertretenden Mitglieder) anzuwenden (bisher § 94 Abs. 6 Satz 2 SGB IX; nach Änderung durch Art. 1 Bundesteilhabegesetz – BTHG vom 23.12.2016 [BGBl. I, S. 3234] jetzt § 177 Abs. 6 Satz 2 SGB IX); es gilt die »Wahlordnung Schwerbehindertenvertretungen (SchwbVWO)« i. d. F. der Bekanntmachung vom 23.04.1990 (BGBl. I, S. 811), geändert durch Art. 54 des Gesetzes vom 19.06.2011 (BGBl. I, S. 1046), zuletzt (unwesentlich) geändert durch Art. 19 Abs. 21 Bundesteilhabegesetz vom 23.12.2016 (BGBl. 5

I, S. 3234 [3333]); die SchwbVWO ist als Anhang abgedruckt in den (meisten) Kommentaren zum SGB IX.

6 § 19 findet auf **betriebsratsinterne Wahlen analoge** Anwendung, hinsichtlich der Anfechtungsberechtigung (§ 19 Abs. 2 Satz 1) allerdings in modifizierter Form (vgl. *Sibben* NZA 1995, 819). Das gilt für Gesetzesverstöße bei der Wahl des Betriebsratsvorsitzenden und seines Stellvertreters nach **§ 26 Abs. 1** (vgl. *BAG* 13.11.1991 EzA § 26 BetrVG 1972 Nr. 5; 08.04.1992 EzA § 26 BetrVG 1972 Nr. 6 sowie näher *Raab* § 26 Rdn. 16 ff.), bei der Wahl der weiteren Mitglieder des Betriebsausschusses nach **§ 27 Abs. 1** (vgl. *BAG* 13.11.1991 EzA § 27 BetrVG 1972 Nr. 7 sowie *Raab* § 27 Rdn. 25 ff.), weiterer Ausschüsse nach **§ 28 Abs. 1** (*BAG* 16.11.2005 EzA § 28 BetrVG 2001 Nr. 3; *LAG Schleswig-Holstein* 01.11.2012 DB 2012, 2814 sowie *Raab* § 28 Rdn. 25) oder gemeinsamer Ausschüsse nach **§ 28 Abs. 2** (vgl. *BAG* 20.10.1993 EzA § 28 BetrVG 1972 Nr. 4) sowie bei der Wahl der von ihrer beruflichen Tätigkeit freizustellenden Betriebsratsmitglieder nach **§ 38 Abs. 2** (vgl. *BAG* 15.01.1992 EzA § 19 BetrVG 1972 Nr. 37; 11.03.1992 EzA § 38 BetrVG 1972 Nr. 12; 29.04.1992 EzA § 38 BetrVG 1972 Nr. 13; 28.10.1992 EzA § 38 BetrVG 1972 Nr. 14; 25.04.2001 EzA § 38 BetrVG 1972 Nr. 38; *LAG Berlin* NZA-RR 1996, 51; *LAG Bremen* DB 2000, 1232; *LAG Köln* 03.02.2011 – 13 TaBV 73/10 – juris; *LAG Baden-Württemberg* 18.01.2012 – 20 TaBV 1/11 – juris; *LAG Rheinland-Pfalz* 27.10.2015 – 6 TaBV 6/15 – juris sowie *Weber* § 38 Rdn. 63).

7 Zum **Personalvertretungsrecht** vgl. § 25 BPersVG; für **Sprecherausschüsse** vgl. § 8 Abs. 1 SprAuG.

II. Regelungsgegenstand und Zweck der Norm

1. Regelungsgegenstand

8 § 19 bestimmt als **Rechtsfolge**, dass die Wahl beim Arbeitsgericht angefochten werden kann. Die materiellrechtlichen **Anfechtungsvoraussetzungen** werden in beiden Absätzen der Vorschrift **zwingend** geregelt. § 19 enthält dagegen keine besondere Regelung über das Wahlanfechtungsverfahren beim Arbeitsgericht (vgl. dazu Rdn. 94 ff.) und die Rechtswirkungen erfolgreicher (begründeter) Wahlanfechtung (vgl. dazu Rdn. 125 ff.).

9 Mit der Anfechtung wird die **Anfechtbarkeit** der Wahl geltend gemacht; dementsprechend setzt die wirksame Anfechtung zunächst Anfechtbarkeit voraus. Nach Abs. 1 hat die Anfechtbarkeit der Wahl (»die Wahl ... kann angefochten werden«) zur Voraussetzung, dass
– gegen wesentliche Vorschriften über das Wahlrecht, die Wählbarkeit oder das Wahlverfahren verstoßen wurde (sog. »Wahlfehler«),
– eine Berichtigung nicht erfolgt ist,
– und durch den Verstoß das Wahlergebnis geändert oder beeinflusst werden konnte (Kausalität).

10 Nach Abs. 2 sind der Anfechtung **subjektive und zeitliche Grenzen** gesetzt: Die Anfechtbarkeit kann nur von denjenigen geltend gemacht werden, die nach Satz 1 »zur Anfechtung berechtigt sind«, und nach Satz 2 nur innerhalb einer Anfechtungsfrist von zwei Wochen. Dass die Einhaltung der **Anfechtungsfrist** eine materiellrechtliche Voraussetzung wirksamer Anfechtung ist, wird allgemein anerkannt (vgl. näher Rdn. 86). Dagegen soll die Anfechtungsberechtigung nach h. M. eine Verfahrensvoraussetzung sein, bei deren Fehlen ein Anfechtungsantrag vom Arbeitsgericht als unzulässig abzuweisen sein soll. Dem kann nicht gefolgt werden; auch die Anfechtungsberechtigung ist eine materiellrechtliche Voraussetzung wirksamer Anfechtung (vgl. näher Rdn. 62).

11 Liegen alle Anfechtungsvoraussetzungen vor, so haben die Anfechtungsberechtigten **das Recht**, die Wahl beim Arbeitsgericht anzufechten. Ob die Wahl angefochten wird, steht in ihrem Ermessen; von ihrer Initiative hängt ab, ob es zu einem Wahlanfechtungsverfahren kommt. Es gibt keine Pflicht zur Wahlanfechtung (vgl. *BAG* 19.09.1985 EzA § 19 BetrVG 1972 Nr. 22 [unter II] = AP Nr. 12 zu § 19 BetrVG 1972). Es gibt auch keine Wahlanfechtung von Amts wegen. Unterbleibt eine Wahlanfechtung, so wird ein Wahlfehler unbeachtlich (vgl. *BAG* 27.06.1995 EzA § 111 BetrVG 1972 Nr. 31 S. 4 = AP Nr. 7 zu § 4 BetrVG 1972: für fehlerhafte Betriebsabgrenzung); die Wahl ist grundsätzlich gültig (vgl. Rdn. 16).

2. Anfechtungsgegenstand

Nach dem Gesetzeswortlaut kann **die Wahl** angefochten werden; im systematischen Kontext ist klar, dass die Betriebsratswahl gemeint ist. Die Anfechtung bezieht sich nicht auf die Stimmabgabe (als Willenserklärung) des einzelnen Wählers. Sie bezieht sich ebenso wenig auf den Vorgang der Stimmabgabe als dem eigentlichen Wahlvorgang i. S. d. §§ 11 ff. WO. Überhaupt zielt die Anfechtung nicht auf die Betriebsratswahl als einen Prozess, der aus einer Fülle von Teilakten besteht. Soweit es dabei zu Rechtsverstößen (»Wahlfehlern«) gekommen ist, können solche die Wahlanfechtung begründen; sie sind aber nicht Gegenstand der Anfechtung. 12

Die Anfechtung richtet sich gegen das festgestellte endgültige **Wahlergebnis**, das der- oder diejenigen, die die Wahl anfechten, in vollem Umfange oder auch nur partiell nicht gelten lassen wollen. In der Überschrift zu § 18 BetrVG 1952 »Anfechtung des Wahlergebnisses«) kam das klar zum Ausdruck. In den Materialien findet sich kein Hinweis, dass mit der Änderung der Überschrift der Anfechtungsgegenstand sachlich verändert werden sollte, zumal der Gesetzeswortlaut nach wie vor der gleiche ist. Dass sich die Wahlanfechtung gegen das Wahlergebnis richtet und den Mandatsverlust der (festgestellten) Gewählten herbeiführen soll, wird auch dadurch unterstrichen, dass Wahlfehler nur dann die Wahlanfechtung begründen, wenn sie für das Wahlergebnis kausal sein konnten (dritte Voraussetzung der Anfechtbarkeit; vgl. Rdn. 9) und auch die Wahlanfechtungsfrist nach Abs. 2 Satz 2 erst mit Bekanntgabe des Wahlergebnisses zu laufen beginnt. Der Wahlanfechtende begehrt, je nach Antrag, die **Korrektur** oder **Kassation** (Ungültigerklärung) **des Wahlergebnisses** (vgl. im Einzelnen näher Rdn. 98 ff.). 13

3. Normzweck

Wenn mit der Anfechtung eine Korrektur oder Kassation des Wahlergebnisses erreicht werden kann, so zielt die Ermöglichung der Wahlanfechtung erkennbar auf eine gerichtliche Überprüfung der gesetzmäßigen Zusammensetzung des neu gewählten Betriebsrats (so auch *G. Müller* FS *Schnorr von Carolsfeld*, S. 391). Es geht aber zu weit, daraus herzuleiten, die Anfechtung diene nur dem Allgemeininteresse an der Verwirklichung der gesetzlichen Ordnung im Betrieb, nicht aber der Durchsetzbarkeit betriebsverfassungsrechtlicher Rechtspositionen der Wähler, Wahlbewerber, des Arbeitgebers oder der im Betrieb vertretenen Gewerkschaften (so aber *G. Müller* FS *Schnorr von Carolsfeld*, S. 390 f.; ihm folgen *Thiele* 2. Bearbeitung, § 19 Rn. 4; *H. Hanau* DB 1986, Beil. Nr. 4, S. 4 f.). Dabei wird nicht beachtet, dass es von der Initiative der Wahlanfechtungsberechtigten abhängt, ob es überhaupt zu einem Wahlanfechtungsverfahren kommt (vgl. Rdn. 11). Auch zeigt das Erfordernis der Kausalität zwischen Wahlfehler und Wahlergebnis als Voraussetzung der Anfechtbarkeit, dass es **nicht** darum geht, **Rechtsverstöße per se zu ahnden**. 14

Die Rechtsfigur der Wahlanfechtung dient in **erster Linie der Rechtssicherheit** (so ausdrücklich auch *BAG* 13.11.1991 EzA § 26 BetrVG 1972 Nr. 5 S. 4; 13.11.1991 EzA § 27 BetrVG 1972 Nr. 7 S. 5; 31.05.2000 EzA § 19 BetrVG 1972 Nr. 39 [unter B II 1a] = AP Nr. 12 zu § 1 BetrVG 1972 Gemeinsamer Betrieb). Das ist daraus zu schließen, dass Verstöße gegen zwingende wesentliche Wahlvorschriften, auch wenn sie das Wahlergebnis beeinflussen konnten, grundsätzlich nicht (über §§ 134, 139 BGB) zur Nichtigkeit, sondern nur zur Anfechtbarkeit des Wahlergebnisses führen und die Anfechtbarkeit nur in einem rechtssicheren gerichtlichen Verfahren geltend gemacht werden kann. Auch die kurze Anfechtungsfrist (Abs. 2 Satz 2) und die Tatsache, dass nicht ein einzelner Arbeitnehmer allein zur Anfechtung berechtigt ist (vgl. Abs. 2 Satz 1), liegen im Interesse der Rechtssicherheit (vgl. zu BT-Drucks. VI/2729, S. 21: zu § 19). Es soll kurzfristig Klarheit darüber herbeigeführt werden, ob die Wahl überhaupt angegriffen wird (so auch *BAG* 23.07.2014 EzA § 94 SGB IX Nr. 8 Rn. 37 = AP Nr. 7 zu § 94 SGB IX), und ggf. soll möglichst umgehend und zuverlässig geklärt werden, ob ein Betriebsrat wirksam gewählt ist oder nicht. Das gebietet die betriebsverfassungsrechtliche Stellung und Bedeutung des Betriebsrats, mit der es unvereinbar wäre, wenn noch nach Jahr und Tag die Ungültigkeit einer Wahl geltend gemacht werden könnte (vgl. auch *Richardi/Thüsing* § 19 Rn. 2). Allerdings zeigt die Praxis, dass die Entscheidung im Wahlanfechtungsverfahren oft erst nach Jahren rechtskräftig wird; doch auch insoweit wird für Rechtssicherheit gesorgt, indem der gewählte Betriebsrat in jedem Fall so lange rechtmäßig und ohne Legitimationsdefizit amtieren kann, weil auch die erfolgreiche An- 15 fechtung nur in die Zukunft wirkt (vgl. Rdn. 127). Gerade das wird jedoch allein aus Rechtssicherheitserwägungen hergeleitet und dient nicht etwa dem Ziel »besser ein fehlerhaft gewählter Betriebsrat als gar keiner« (zutr. etwa *Nießen* Fehlerhafte Betriebsratswahlen, S. 460 ff.; zust. *Wiebauer/LK* § 19 Rn. 1; verfehlt neuerdings etwa wieder *Burger* Die Nichtigkeit von Betriebsratswahlen, S. 25 ff.).

16 Die Rechtsordnung nimmt es im Interesse der Rechtssicherheit hin, dass eine nicht (rechtzeitig) angefochtene Wahl gültig ist und der Betriebsrat mit allen betriebsverfassungsrechtlichen Rechten und Pflichten im Amt bleibt (*BAG* 21.07.2004 EzA § 4 BetrVG 2001 Nr. 1 [unter B II 2] = AP Nr. 13 zu § 4 BetrVG 1972 S. 10), selbst wenn es – bis zur Grenze der Nichtigkeit (vgl. dazu näher Rdn. 143 ff.) und mit Ausnahme des Mangels der Wählbarkeit (vgl. § 24 Nr. 6) – bei der Vorbereitung und Durchführung der Wahl zu erheblichen Rechtsverstößen gekommen ist. Damit wird der Kompliziertheit des Wahlrechts ebenso Rechnung getragen wie andererseits eine Betriebsratslosigkeit mit ihren vielfältigen Folgen sowie eine u. U. kostenaufwendige Neuwahl vermieden werden. Daraus ist abzuleiten, dass auch an das Vorliegen der Voraussetzungen der Anfechtbarkeit **eher strenge Maßstäbe** anzulegen sind. Im Zweifel ist das Wahlergebnis aufrechtzuerhalten. Außerdem ist ein Wahlergebnis **vorrangig zu berichtigen**, bevor es insgesamt oder teilweise aufgehoben wird (vgl. dazu näher Rdn. 130 f., 134). Keinesfalls darf die Anfechtung der Wahl als »Wahlkampf mit anderen Mitteln« verstanden werden (vgl. auch *G. Müller* FS *Schnorr von Carolsfeld*, S. 393).

III. Voraussetzungen der Anfechtbarkeit (Abs. 1)

1. Verstoß gegen eine wesentliche Wahlvorschrift

17 Nur ein Verstoß gegen eine **wesentliche Vorschrift** über das Wahlrecht, die Wählbarkeit oder das Wahlverfahren macht die Wahl anfechtbar. Entgegen dem insoweit missverständlichen Wortlaut ist es nicht erforderlich, dass gegen »wesentliche Vorschriften« (Mehrzahl) verstoßen worden ist; es genügt der Verstoß gegen eine Wahlvorschrift. Die Wesentlichkeit bezieht sich auf die Wahlvorschrift. Nicht maßgeblich ist, ob der Verstoß wesentlich ist; darauf kommt es erst im Rahmen der Kausalitätsprüfung an (vgl. Rdn. 42 ff.).

18 Das Gesetz unterscheidet in den §§ 7 bis 18a, 20 und in der WO nicht zwischen wesentlichen und unwesentlichen Wahlvorschriften. Die Abgrenzung wird im Schrifttum im Anschluss an die Rechtsprechung des *RAG* (vgl. ARS 4, 252 [254]; 9, 428 [432]) ganz überwiegend anhand der Unterscheidung zwischen **Mussvorschriften** einerseits, bloßen **Soll- und Ordnungsvorschriften** andererseits vorgenommen (vgl. *Auffarth* AR-Blattei, Betriebsverfassung VI A, Wahlanfechtung III v; *Brors/HaKo* § 19 Rn. 5; *Fitting* § 19 Rn. 10; *Galperin/Löwisch* § 19 Rn. 5; *Homburg/DKKW* § 19 Rn. 5; *Hueck/Nipperdey* II/2, S. 1149; *Koch/ErfK* § 19 BetrVG Rn. 2; *Nicolai/HWGNRH* § 19 Rn. 6; *Nikisch* III, S. 106; *Reichold/HWK* § 19 BetrVG Rn. 5; *Richardi/Thüsing* § 19 Rn. 5; *Stege/Weinspach/Schiefer* § 19 Rn. 6a; *Wiebauer/LK* § 19 Rn. 5; *Wlotzke/WPK* § 19 Rn. 4; abl. *G. Müller* FS *Schnorr von Carolsfeld*, S. 382 f.). Auch die Rechtsprechung des *BAG* lag auf dieser Linie (vgl. etwa *BAG* 02.02.1962, 29.06.1965 AP Nr. 10, 11 zu § 13 BetrVG; 11.03.1960 AP Nr. 13 zu § 18 BetrVG). Diese Unterscheidung wird jedoch nicht streng durchgehalten (vgl. *BAG* AP Nr. 1 bis 5, 8 zu § 27 BetrVG, *BAG* 12.10.1976 AP Nr. 2 zu § 26 BetrVG 1972; *G. Müller* FS *Schnorr von Carolsfeld*, S. 383; vgl. auch *Etzel* HzA Gruppe 19/1 Rn. 164; *Hueck/Nipperdey* II/2, S. 1149 Fn. 60 und *Nikisch* III S. 106, die bei zahlreichen Verstößen gegen Sollvorschriften annehmen, dass diese dann in ihrer Gesamtheit als wesentliche Vorschriften qualifiziert werden können; dabei wird jedoch die Wesentlichkeit auf den Verstoß und nicht auf die jeweilige Vorschrift bezogen). Die salvatorische Formulierung lautet: Mussvorschriften sind »grundsätzlich« wesentlich, Soll- und Ordnungsvorschriften »in der Regel« nicht; in beide Richtungen werden damit Ausnahmemöglichkeiten angezeigt. Teilweise wird daraus der Schluss gezogen, dass sich ein allgemeines, praktikables und präzises Unterscheidungskriterium nicht finden lässt und deshalb stets im konkreten Einzelfall zu prüfen ist, ob eine Vorschrift wesentlich ist (so *Gnade* FS *Herschel*, S. 143; *G. Müller* FS *Schnorr von Carolsfeld*, S. 383); dabei soll nach *G. Müller* darauf abzustellen sein, »ob die Vorschriften tragende Gründe des Betriebsverfassungsrechts ansprechen oder nicht«, nach *Fitting* (§ 19 Rn. 10; ähnlich etwa *Homburg/DKKW* § 19 Rn. 2; *Richardi/Thüsing* § 19 Rn. 5) darauf, ob die Vorschriften »tragende Grundprinzipien der Betriebsratswahl enthalten«.

Eine konkrete **Einzelfallprüfung** ist gänzlich **unbefriedigend**. Da die maßgeblichen Wahlvorschriften im Gesetz und in der WO überschaubar sind, ist es möglich, alle diese Vorschriften auf ihre prinzipielle Wesentlichkeit durchzumustern. Dabei ist davon auszugehen, dass alle **zwingenden** Vorschriften **wesentlich** sind (so auch *BAG* 14.09.1988 EzA § 16 BetrVG 1972 Nr. 6 [unter B III 1] = AP Nr. 1 zu § 16 BetrVG 1972; 13.11.1991 EzA § 27 BetrVG 1972 Nr. 7 [unter B II 2a aa] = AP Nr. 3 zu § 27 BetrVG 1972; im Ergebnis auch *Koch/ErfK* § 19 BetrVG Rn. 2; *Fitting* § 19 Rn. 10; *Joost/*MünchArbR § 216 Rn. 206; *Wiebauer/LK* § 19 Rn. 5). **Sollvorschriften** sind vom Gesetzgeber zwar erkennbar mit geringerer Verbindlichkeit auf der Rechtsfolgenseite ausgestaltet; das schließt aber nicht aus, dass sie im Hinblick auf ein ordnungsgemäßes Wahlergebnis (vgl. grundsätzlich zu diesem Maßstab zur Beurteilung der Wesentlichkeit *H. Hanau* DB 1986, Beil. Nr. 4, S. 5 ff.) **wesentlich** sind. Das gilt **für folgende Bestimmungen der WO:** § 2 Abs. 1 Satz 2 (Angabe von Familienname, Vorname und Geburtsdatum in der Wählerliste), § 2 Abs. 5 (Unterrichtung ausländischer Arbeitnehmer, die der deutschen Sprache nicht mächtig sind, durch den Wahlvorstand; vgl. *BAG* 13.10.2004 EzA § 19 BetrVG 2001 Nr. 4 = AP Nr. 1 zu § 2 WahlO BetrVG 1972; *LAG Hamm* DB 1982, 2252; 27.10.2015 – 7 TaBV 19/15 – juris, Rn. 72; *LAG Rheinland-Pfalz* 17.06.2015 – 4 TaBV 14/14 – juris, Rn. 58; 22.07.2015 – 7 TaBV 7/15 – juris, Rn. 77; *LAG Nürnberg* 16.02.2016 NZA-RR 2016, 417), § 4 Abs. 3 (Prüfung der Wählerliste durch den Wahlvorstand auf ihre Vollständigkeit hin); die Unterstützung des Wahlvorstands durch den Arbeitgeber, die früher als Sollvorschrift geregelt war, ist jetzt zwingende Rechtspflicht (§ 2 Abs. 2).

Keine wesentlichen Wahlvorschriften sind danach **nur**
– § 15 Abs. 1 BetrVG 1972 (sowie die dazugehörige Ausführungsvorschrift in § 3 Abs. 3 WO) im Hinblick auf die Zusammensetzung des Betriebsrats nach Organisationsbereichen und Beschäftigungsarten (vgl. dazu *Jacobs* § 15 Rdn. 13 f.; dagegen ist § 15 Abs. 2 jetzt eine zwingende wesentliche Wahlvorschrift; vgl. *Jacobs* § 15 Rdn. 2),
– § 16 Abs. 1 Satz 5 BetrVG im Hinblick auf die Berücksichtigung der Geschlechter im Wahlvorstand, weil diese Bestimmung nicht die Ordnungsmäßigkeit des Wahlergebnisses, sondern (nur) die Wahrnehmung der Interessen der Geschlechter sicherstellen soll (vgl. § 16 Rdn. 3),
– § 18 Abs. 3 Satz 2 BetrVG 1972, weil diese Vorschrift nicht zum Wahlverfahren gehört (vgl. § 18 Rdn. 41),
– § 2 Abs. 4 Satz 2 WO, weil diese Bestimmung lediglich den Schutz persönlicher Daten bezweckt, nicht aber die Ordnungsmäßigkeit des Wahlergebnisses,
– § 3 Abs. 1 Satz 3 WO, weil diese Bestimmung nur darauf zielt, Betriebsratslosigkeit zu vermeiden, nicht aber an der Ordnungsmäßigkeit des Wahlergebnisses orientiert ist; das gilt entsprechend auch für § 36 Abs. 2 Satz 3 WO,
– § 6 Abs. 2 WO im Hinblick auf das Bewerbersoll in Wahlvorschlägen (ebenso *BAG* 29.06.1965 BAGE 17, 223 [227] = AP Nr. 11 zu § 13 BetrVG [zust. *Küchenhoff*]; vgl. auch *Jacobs* § 6 WO Rdn. 7 m. w. N.).

Bei Abweichungen von diesen Sollvorschriften kommt es weder auf die Gründe (**a. M.** nur *Hueck/Nipperdey* II/2, S. 1149 Fn. 60, 1159 Fn. 11) noch auf die Häufigkeit an.

Wegen der Gleichheit der Rechtsfolgen ist eine exakte **Abgrenzung** zwischen den Vorschriften über das Wahlrecht, die Wählbarkeit und das Wahlverfahren **nicht unbedingt erforderlich**; vielfach werden auch Überschneidungen vorliegen; z. B. liegt, wenn ein nicht Wahlberechtigter einen Wahlvorschlag unterzeichnet, ein Verstoß gegen die Wahlberechtigung und das Wahlverfahren vor.

a) Verstoß gegen Vorschriften über das Wahlrecht

Mit Vorschriften über das Wahlrecht ist die **Regelung der Wahlberechtigung** (aktives Wahlrecht) gemeint, nicht etwa das objektive Wahlrecht als die Summe aller Wahlrechtsnormen (vgl. auch *Gnade* FS *Herschel*, S. 144). Da die Wahlberechtigung in § 7 bestimmt ist, kommt hier **unmittelbar** nur ein Verstoß gegen § 7 Satz 1 und Satz 2 in Betracht (vgl. zu deren Voraussetzungen und zu Einzelfragen die ausführliche Kommentierung zu § 7). Ein Verstoß gegen § 7 kann mittelbar auf einer Verletzung von § 5 durch Verkennung des Arbeitnehmerbegriffs beruhen, z. B. durch eine unrichtige Abgrenzung des Kreises der zu ihrer Berufsausbildung Beschäftigten i. S. v. § 5 Abs. 1 Satz 1 oder der in § 5 Abs. 1 Satz 3 genannten Beschäftigten oder der leitenden Angestellten nach § 5 Abs. 3. Mittelbar kann auch § 4 verletzt sein, z. B. durch eine unrichtige Zuordnung oder Nichtzuordnung von Betriebsteilen oder Kleinstbetrieben, und darüber hinaus durch jede andere Verkennung des Betriebsbegriffs nach §§ 1 oder 3. Wenn insoweit in Rspr. und Lit. verbreitet ganz pauschal davon gesprochen wird, dass die Wahl anfechtbar ist, die unter **Verkennung des Betriebsbegriffs** (unrichtiger Betriebsabgrenzung) durchgeführt wird (vgl. etwa *BAG* 19.11.2003 EzA § 19 BetrVG 2001 Nr. 1 [unter C I 1] = AP Nr. 55 zu § 19 BetrVG 1972; 09.12.2009 EzA § 1 BetrVG 2001 Nr. 8 Rn. 31 = AP Nr. 19 zu § 4 BetrVG 1972; 21.09.2011 EzA § 3 BetrVG 2001 Nr. 5 Rn. 29 = AP Nr. 9 zu § 3 BetrVG 1972; 13.03.2013 EzA § 3 BetrVG 2001 Nr. 6 Rn. 17 = AP Nr. 10 zu § 3 BetrVG 1972; *LAG Hamm* 13.04.2012 – 10 TaBV 55/11 – juris, Rn. 105; *Gräfl* FS *Bepler*, S. 185 [194]; *Richardi/Thüsing* § 19 Rn. 20; *Kristina Schmidt* JArbR Bd. 49, 2012, S. 79 [87 m. w. N.]), ist doch immer zu beachten, dass die Anfechtbarkeit daraus herzuleiten ist, dass eine unrichtige Betriebsabgrenzung notwendig zu einer Verletzung der Vorschriften über die Wahlberechtigung (und die Wählbarkeit und ggf. auch über das Wahlverfahren) führt, weil und soweit diese Vorschriften auf den Betrieb bezogen sind, um dessen Betriebsratswahl es geht; die unrichtige Betriebsabgrenzung verletzt aber keine eigenständige Wahlrechtsvorschrift (das ist beim Kausalitätserfordernis zu beachten; vgl. Rdn. 42 ff.). Da § 2 Abs. 3 WO Satz 1 keine materiellen Voraussetzungen der Wahlberechtigung (und der Wählbarkeit) aufstellt (s. *Raab* § 7 Rdn. 154 f.), ist diese Bestimmung keine Vorschrift über die Wahlberechtigung, sondern eine des Wahlverfahrens (ebenso *G. Müller* FS *Schnorr von Carolsfeld*, S. 387).

23 Der **Verstoß** kann in der **Wahlbeteiligung nicht Wahlberechtigter** (z. B. Jugendlicher, leitender Angestellter, nicht betriebszugehöriger Arbeitnehmer, Leiharbeitnehmer bei Nichterfüllung der Voraussetzungen von § 7 Satz 2, Personen, die nicht Arbeitnehmer sind [etwa Auszubildende in reinen Ausbildungsbetrieben; vgl. grundlegend *BAG* 21.07.1993 EzA § 5 BetrVG 1972 Nr. 56 = AP Nr. 8 zu § 5 BetrVG 1972 Ausbildung; danach st. Rspr, etwa wieder *BAG* 16.11.2011 – 7 ABR 48/10 – juris, Rn. 13 m. w. N.; näher dazu *Raab* § 7 Rdn. 62 ff.) oder im **Ausschluss Wahlberechtigter** von der Wahl liegen (vgl. etwa *BAG* 28.04.1964 AP Nr. 3 zu § 4 BetrVG; 25.06.1974 AP Nr. 3 zu § 19 BetrVG 1972), insbesondere auch aufgrund unrichtiger Betriebsabgrenzung. Bei Streit um die Wahlberechtigung ist die Rechtskraftwirkung einer Entscheidung in einem früheren Beschlussverfahren zu beachten (vgl. *BAG* 20.03.1996 AP Nr. 32 zu § 19 BetrVG 1972 *[Krause]* = EzA § 322 ZPO Nr. 10). Ein Verstoß kann sich vor allem beim Akt der Stimmabgabe selbst ereignen, aber auch vorher, soweit es im Wahlverfahren auf die Wahlberechtigung ankommt, z. B. bei der Bestellung des Wahlvorstands nach § 16 Abs. 1 Satz 1, § 17 Abs. 2 Satz 1 2. Halbs. (vgl. dazu etwa *BAG* 03.06.1975 AP Nr. 1 zu § 5 BetrVG 1972 Rotes Kreuz) oder bei der Einreichung von Wahlvorschlägen (§ 14 Abs. 3, 4). Meist wird der Mangel schon in der **unrichtigen Aufstellung der Wählerliste** liegen (vgl. etwa *LAG Hamm* 18.09.2015 – 13 TaBV 20/15 – juris: unberechtigte Aufnahme einer großen Zahl von Leiharbeitnehmern in die Wählerliste, ohne individuelle Prüfung ihrer voraussichtlichen Einsatzdauer). In diesem Falle wird der Verstoß gegen § 7 nicht etwa dadurch geheilt, dass beim Wahlvorstand kein Einspruch gemäß § 4 WO gegen deren Richtigkeit eingelegt worden ist. Die **Versäumung des Einspruchs** hat auch sonst **keinerlei Bedeutung** im Wahlanfechtungsverfahren (vgl. dazu näher Rdn. 64). Ist die Eintragung in die Wählerliste entsprechend der Zuordnung im Verfahren nach § 18a erfolgt, so kann gemäß § 18a Abs. 5 Satz 2 die Anfechtung nicht darauf gestützt werden, die Zuordnung sei fehlerhaft gewesen, weil ein oder mehrere leitende Angestellte fehlerhaft zur Betriebsratswahl zugelassen oder nicht leitende Angestellte fehlerhaft von dieser Wahl ausgeschlossen worden sind; diese Beschränkung der Wahlanfechtbarkeit gilt jedoch nach § 18a Abs. 5 Satz 3 nicht, wenn die Zuordnung »offensichtlich« fehlerhaft ist (vgl. dazu näher § 18a Rdn. 97 ff.). Liegt der Fehler darin, dass ein Arbeitnehmer oder eine Arbeitnehmerin dem falschen Geschlecht in der Wählerliste zugeordnet worden ist, liegt ein Verstoß gegen eine Wahlverfahrensvorschrift (§ 2 Abs. 1 Satz 1 WO) vor.

b) Verstoß gegen Vorschriften über die Wählbarkeit

24 Die **Wählbarkeit** (passives Wahlrecht) ist in § 8 geregelt (vgl. zu deren Voraussetzungen und zu Einzelfragen die Kommentierung dort). Mittelbar kommt auch hier ein Verstoß gegen die §§ 1, 3, 4 (unrichtige Betriebsabgrenzung) und § 5 (Arbeitnehmereigenschaft) und darüber hinaus § 7 in Betracht, weil die Wahlberechtigung Voraussetzung der Wählbarkeit ist. Der **Verstoß** gegen § 8 kann in der **Wahl eines nicht Wählbaren** (z. B. eines nicht betriebsangehörigen Arbeitnehmers [vgl. etwa *BAG* 28.11.1977 AP Nr. 2 zu § 8 BetrVG 1972], insbesondere eines nicht betriebsangehörigen Leiharbeit-

nehmers, auch wenn dieser nach § 7 Satz 2 wahlberechtigt ist [*BAG* 10.03.2004 EzA § 9 BetrVG 2001 Nr. 2 = AP Nr. 8 zu § 7 BetrVG 1972] oder eines Wahlberechtigten, der dem Betrieb noch nicht sechs Monate angehört (s. etwa *Hess. LAG* 30.07.2015 – 9 TaBV 230/14 – juris) oder eines leitenden Angestellten [vgl. *LAG Köln* 21.04.2010 – 9 TaBV 43/09 – juris] oder der Beamten, die zwar dienstrechtlich der Deutschen Post AG zugeordnet, aber dem Betrieb eines anderen Unternehmen zugewiesen sind [*BAG* 16.01.2008 EzA § 7 BetrVG 2001 Nr. 1 = AP Nr. 12 zu § 7 BetrVG 1972]), aber auch in der **Nichtzulassung eines Wählbaren** zur Wahl liegen (z. B. durch unberechtigte Streichung von einer Vorschlagsliste [vgl. *BAG* 15.12.1972 BAGE 24, 480 = AP Nr. 1 zu § 14 BetrVG 1972] oder Nichtzulassung einer Vorschlagsliste wegen Verkennung der Wählbarkeit eines Wahlbewerbers [so bei Nichtberücksichtigung einer Vorbeschäftigungszeit als Leiharbeitnehmer für die sechsmonatige Betriebszugehörigkeit eines Arbeitnehmers, der das Arbeitsverhältnis in unmittelbarem Anschluss an die Überlassung mit dem Entleiher begründet hat, *BAG* 10.10.2012 EzA § 8 BetrVG 2001 Nr. 3 = AP Nr. 15 zu § 8 BetrVG 1972 sowie Vorinstanz *LAG Köln* 02.03.2011 – 8 TaBv 103/10 – juris, Rn. 32] oder bei Nichtzulassung eines in § 5 Abs. 1 Satz 3 genannten Arbeitnehmers als Wahlbewerber [vgl. ohne solchen Verstoß *BAG* 12.09.2012 EzA § 9 BetrVG 2001 Nr. 5 Rn. 28 f. = AP Nr. 14 zu § 9 BetrVG 1972]). Auch insoweit ist aber die Beschränkung der Anfechtbarkeit nach § 18a Abs. 5 Satz 2 und 3 zu beachten, wenn die Zuordnung leitender Angestellter im Verfahren nach § 18a erfolgt ist und nicht offensichtlich fehlerhaft ist; diese Beschränkung greift allerdings dann nicht, wenn sich die Anfechtung nur gegen die Wahl eines nicht wählbaren leitenden Angestellten in den Betriebsrat richtet (vgl. dazu näher § 18a Rdn. 104).

Der Mangel der Wählbarkeit eines Gewählten ist jedoch im Zeitablauf **heilbar**. Das wird vom Gesetz **25** in § 24 Nr. 6 anerkannt (vgl. dazu näher *Oetker* § 24 Rdn. 65 ff.) und muss, zumindest entsprechend, auch für die Anfechtbarkeit der Wahl gelten, wenn die Heilung bis zur letzten gerichtlichen Tatsachenverhandlung eintritt, weil die erfolgreiche Anfechtung erst in die Zukunft wirkt. Deshalb kann z. B. die Wahl nicht mehr mit Erfolg angefochten werden, wenn der Gewählte zwischenzeitlich das 18. Lebensjahr oder eine sechsmonatige Betriebszugehörigkeit vollendet hat (im Ergebnis ebenso *Fitting* § 19 Rn. 18; *Homburg/DKKW* § 19 Rn. 8; *Nicolai/HWGNRH* § 19 Rn. 16; *Reichold/HWK* § 19 BetrVG Rn. 8; *Richardi/Thüsing* § 19 Rn. 7; ausführlich *J. Schröder* Mängel der Betriebsratswahl, S. 13 f.; *Wiebauer/LK* § 19 Rn. 2; *Wlotzke/WPK* § 19 Rn. 6; **a. M.** *Raab* § 8 Rdn. 54). Der Mangel der Wählbarkeit kann im Übrigen auch noch nach Ablauf der Anfechtungsfrist, also außerhalb eines Wahlanfechtungsverfahrens gemäß § 24 Nr. 6 geltend gemacht werden (vgl. dazu näher *Oetker* § 24 Rdn. 65 ff.).

c) Verstoß gegen Vorschriften über das Wahlverfahren

Die wesentlichen Vorschriften über das Wahlverfahren sind in den §§ 9 bis 14a, § 15 Abs. 2, §§ 16 bis **26** 18, 20 Abs. 1 und 2 sowie in den Bestimmungen der WO (mit Ausnahme der unwesentlichen § 2 Abs. 4 Satz 2, § 3 Abs. 1 Satz 3, Abs. 3, § 6 Abs. 2; vgl. Rdn. 20) enthalten. Auch die Bestimmungen über die Durchführung des Zuordnungsverfahrens nach § 18a Abs. 1 bis 4 sind wesentliche Wahlverfahrensvorschriften; ein Verstoß gegen diese Bestimmungen begründet jedoch keine Anfechtbarkeit (vgl. näher § 18a Rdn. 112). Das betriebsverfassungsrechtlich relevante Wahlverfahren umfasst die Wahlvorbereitung, die Durchführung der Wahl sowie die Ermittlung und Feststellung des Wahlergebnisses; das gilt gleichermaßen für das Regelwahlverfahren (§ 14) und das vereinfachte Wahlverfahren (§ 14a).

Alle Vorschriften, auch wenn sie nur einen Teilaspekt regeln, sind solche über das Wahlverfahren. **27** Schon die **Bestellung des Wahlvorstands** gehört zum Wahlverfahren; §§ 16, 17 und § 17a sind Wahlverfahrensvorschriften, deren Verletzung nach h. M. die Anfechtbarkeit begründen kann (vgl. *BAG* 02.03.1955 BAGE 1, 317 [320] = AP Nr. 1 zu § 18 BetrVG: Bestellung des Wahlvorstands durch einen nicht mehr amtierenden Betriebsrat; *BAG* 21.12.1965 AP Nr. 14 zu § 76 BetrVG; 03.06.1975 AP Nr. 1 zu § 5 BetrVG 1972 Rotes Kreuz; *BVerwGE* 9, 357 [360]: Unrichtige Zusammensetzung des Wahlvorstands; *BAG* 31.05.2000 EzA § 19 BetrVG 1972 Nr. 39 [unter B IV 2d] = AP Nr. 12 zu § 1 BetrVG 1972 Gemeinsamer Betrieb: Wahl des Wahlvorstands auf einer Betriebsversammlung anstelle der Bestellung durch den Betriebsrat [mit Übergangsmandat] nach § 16 Abs. 1; ebenso bei amtierendem Betriebsrat *BAG* 21.07.2004 EzA § 4 BetrVG 2001 Nr. 1 [unter B II 1b bb (3) = AP Nr. 15 zu § 4

BetrVG 1972]); dem kann im Ergebnis allerdings nicht gefolgt werden (vgl. näher Rdn. 52). Vgl. zur Nichtigkeit der Wahl bei (ausnahmsweise) nichtiger Bestellung des Wahlvorstands § 16 Rdn. 6.

28 Wesentliche Wahlverfahrensvorschriften sind auch die **Verbote** der **Wahlbehinderung** (§ 20 Abs. 1) und der **Wahlbeeinflussung** (§ 20 Abs. 2); diese sollen, wie die Überschrift von § 20 hervorhebt und dessen systematische Stellung im Abschnitt des Gesetzes über die »Zusammensetzung und Wahl des Betriebsrats« unterstreicht, die (freie) Betriebsratswahl schützen und sicherstellen. Verbotsverstöße können die Anfechtbarkeit der Wahl begründen; s. zu Verstößen ausführlich § 20 Rdn. 11 ff. (Wahlbehinderung) und Rdn. 25 ff. (Wahlbeeinflussung).

29 Nicht zum Wahlverfahren gehören Vorgänge und Maßnahmen, die sich außerhalb des betriebsverfassungsrechtlichen Ordnungsrahmens abspielen, z. B. wenn unter Gewerkschaftsmitgliedern »Vorwahlen« stattfinden, um die Kandidaten einer gewerkschaftlichen Vorschlagsliste zu ermitteln (vgl. *BAG* 24.05.1965 BAGE 17, 165 [170] = AP Nr. 14 zu § 18 BetrVG; *G. Müller* FS *Schnorr von Carolsfeld*, S. 381); vgl. dazu aber auch § 20 Rdn. 47.

30 Im Einzelnen ergibt sich aus der **Kommentierung der einschlägigen Bestimmungen**, wann gegen diese verstoßen wird. Einen inhaltlich beachtlichen, gut strukturierten Überblick über Fehlertypen im Wahlverfahren und ihre Rechtsfolgen hat *Nießen* (Fehlerhafte Betriebsratswahlen, S. 147–294) erarbeitet. In der **Rechtsprechung** (vgl. zu Nachweisen älterer Literatur auch *Auffarth* AR-Blattei, Betriebsverfassung VI A, Wahlanfechtung III 3) haben insbesondere folgende **Wahlverfahrensfehler** als Anfechtungsgründe im Regelwahlverfahren, zu denen auch bereits wichtiges Fallmaterial zu dem durch das BetrVerf-Reformgesetz 2001 neu geschaffenen vereinfachten Wahlverfahren für Kleinbetriebe nach §§ 14a, 17a hinzugekommen ist, eine Rolle gespielt:

aa) Mängel des Wahlausschreibens und der Wählerliste

31 – Nicht ordnungsgemäße Unterrichtung ausländischer Arbeitnehmer (Verstoß gegen § 2 Abs. 5 WO), *LAG Hamm* DB 1982, 2252; *BAG* 13.10.2004 EzA § 19 BetrVG 2001 Nr. 4 = AP Nr. 1 zu § 2 WahlO BetrVG 1972; *LAG Rheinland-Pfalz* 17.06.2015 – 4 TaBV 14/14 – juris, Rn. 57; 22.07.2015 – 7 TaBV 7/15 – juris, Rn. 75; *LAG Nürnberg* 16.02.2016 – 7 TaBV 34/15 – NZA-RR 2016, 417, aber keine Nichtigkeit.
– Keine geeignete gesonderte Unterrichtung blinder oder stark sehbehinderter Mitarbeiter (im Betrieb einer Stiftung, die sich der sozialen und beruflichen Integration solcher Menschen in der Gesellschaft widmet) über Wahlausschreiben, Wählerliste, Wahlvorschläge, WO (wohl als Verstoß entsprechend § 2 Abs. 5 WO gewertet), *Hess. LAG* 24.09.2015 – 9 TaBV 12/15 – juris.
– Fehlen einer Wählerliste (Verstoß gegen § 2 WO) und eines Wahlausschreibens (Verstoß gegen § 3 WO) sowie Nichteinhaltung der Sechs-Wochen-Frist nach § 3 Abs. 1 Satz 1 WO, *BAG* 27.04.1976 AP Nr. 4 zu § 19 BetrVG 1972; Verstoß gegen die Mindestfrist nach § 3 Abs. 1 Satz 1 WO, *Hess. LAG* 14.04.2011 – 9 TaBV 198/10 – juris.
– Aufstellung der Wählerliste nicht getrennt nach Geschlechtern (Verstoß gegen §§ 37, 36 Abs. 1, 2 Abs. 1 Satz 1 WO) und Fehlen bzw. unzureichendes Wahlausschreiben im vereinfachten Wahlverfahren (Verstoß gegen §§ 37, 36 Abs. 3, 31 Abs. 1 Satz 3 WO), *BAG* 19.11.2003 EzA § 19 BetrVG 2001 Nr. 2 = AP Nr. 54 zu § 19 BetrVG 1972.
– Falsche Angabe der Frist zur Einreichung von Wahlvorschlägen (Verstoß gegen § 3 Abs. 2 Nr. 8 WO), *BAG* 12.02.1960 AP Nr. 11 zu § 18 BetrVG; *BAG* 09.12.1992 EzA § 19 BetrVG 1972 Nr. 38 = AP Nr. 2 zu § 6 WahlO BetrVG 1972.
– Nicht ordnungsgemäße Bekanntgabe des Wahlausschreibens (Verstoß gegen § 3 Abs. 4 Satz 1 WO), *LAG Hamm* BB 1953, 234; *BAG* 05.05.2004 EzA § 19 BetrVG 2001 Nr. 3: kein Aushang in jeder Betriebstätte bei Vielzahl; ebenso *BAG* 21.01.2009 EzA § 19 BetrVG 2001 Nr. 7 Rn. 18 ff. = AP Nr. 61 zu § 19 BetrVG 1972, wo aber offen gelassen wird, ob trotz eines Verstoßes gegen § 3 Abs. 4 Satz 1 WO eine ordnungsgemäße Bekanntmachung darin gesehen werden kann, dass eine (zusätzliche) Bekanntmachung in elektronischer Form den Anforderungen nach § 3 Abs. 4 Satz 3, § 2 Abs. 4 Satz 4 WO genügt; nicht ordnungsgemäß ist auch eine ausschließliche Bekanntmachung des Wahlausschreibens per E-Mail, wenn die Voraussetzungen nach § 2 Abs. 4 Satz 4 WO nicht vorliegen (Verstoß gegen §§ 37, 36 Abs. 3 Satz 2, 31 Abs. 2 Satz 2, 3 WO bei vereinfachtem Wahlverfahren), *BAG* 19.11.2003 EzA § 19 BetrVG 2001 Nr. 2 = AP Nr. 54 zu § 19 BetrVG 1972.

- Nicht ordnungsgemäße Auslage der Wählerliste zur Einsichtnahme (Verstoß gegen § 2 Abs. 4 Satz 1 WO), *LAG Köln* 16.01.1991 LAGE § 19 BetrVG 1972 Nr. 11.
- Nicht ordnungsgemäße Auslage des Wahlausschreibens bis zum letzten Tag der Stimmabgabe (Verstoß gegen § 3 Abs. 4 WO), *BAG* 31.01.1969 AP Nr. 19 zu § 76 BetrVG.
- Fehlende Angabe des Ortes der Wahllokale (Verstoß gegen § 3 Abs. 2 Nr. 11 WO), *BAG* 19.09.1985 EzA § 19 BetrVG 1972 Nr. 22 = AP Nr. 12 zu § 19 BetrVG 1972: kein Anfechtungsgrund, wenn Ergänzung so rechtzeitig erfolgt, dass keine Einschränkung des Wahlrechts eintritt; vgl. auch *LAG Berlin* 10.02.1986 LAGE § 19 BetrVG 1972 Nr. 4: kein Anfechtungsgrund, wenn gleichwohl alle Arbeitnehmer an der Wahl teilgenommen haben.
- Unrichtige Angabe der Zahl zu wählender Betriebsratsmitglieder und entsprechend unrichtige Wahl (Verstoß gegen § 9 BetrVG 1972 und § 3 Abs. 2 Nr. 5 WO), *BAG* 12.10.1976 BAGE 28, 203 = AP Nr. 1 zu § 8 BetrVG 1972 = SAE 1978, 1 [*Dütz*]; 12.10.1976 BAGE 28, 212 = AP Nr. 5 zu § 19 BetrVG 1972; *LAG Hamm* DB 1976, 728; *BAG* 18.01.1989 EzA § 9 BetrVG 1972 Nr. 4; 29.05.1991 EzA § 19 BetrVG 1972 Nr. 31 S. 4; *LAG Berlin* 01.02.1988 LAGE § 9 BetrVG 1972 Nr. 2; *LAG Berlin* 02.05.1994 LAGE § 19 BetrVG 1972 Nr. 12; *LAG Schleswig-Holstein* 27.10.1994 LAGE § 19 BetrVG 1972 Nr. 13). Zur Wahl einer zu hohen Zahl von Jugendvertretern vgl. auch *BAG* 14.01.1972 AP Nr. 2 zu § 20 BetrVG Jugendvertreter. Bei unrichtiger Mitgliederzahl ist die Wahl grundsätzlich nicht nichtig (vgl. Rdn. 151).
- Zum Verstoß gegen § 9 BetrVG 1972 wegen Berücksichtigung von Leiharbeitnehmern im Entleiherbetrieb vgl. *BAG* Siebter Senat 16.04.2003 EzA § 9 BetrVG 2001 Nr. 1 = AP Nr. 7 zu § 9 BetrVG 1972 und 10.03.2004 EzA § 9 BetrVG 2001 Nr. 2 = AP Nr. 8 zu § 7 BetrVG 1972; ebenso schon Vorinstanz *LAG Nürnberg* 18.08.2003 LAGE § 9 BetrVG 2001 Nr. 2: Auch wenn diese dort nach § 7 Satz 2 BetrVG wahlberechtigt sind, zählten sie mangels Betriebszugehörigkeit bei der für die Zahl der zu wählenden Betriebsratsmitglieder maßgeblichen Arbeitnehmerzahl nicht (damals h. M.; vgl. 9. Aufl. § 9 Rn. 6 m.w.N.); diese Rspr. hat der Siebte Senat im Beschluss vom 13.03.2013 (EzA § 9 BetrVG 2001 Nr. 6 [zust. *Hamann*] = AP Nr. 15 zu § 9 BetrVG 1972 [abwägend *Reichold*]) aufgegeben und nunmehr im Gegenteil entschieden, dass »in der Regel im Entleiherbetrieb beschäftigte Leiharbeitnehmer bei den Schwellenwerten des § 9 Satz 1 mitzuzählen« sind, wogegen im Entscheidungsfall trotz Übereinstimmung mit der bisherigen Senatsrechtsprechung verstoßen wurde; zust. etwa *LAG Rheinland-Pfalz* 06.03.2015 – 1 TaBV 23/14 – juris, Rn. 19 ff.; diese neuere Rspr. hat der Gesetzgeber durch die Neuregelung in § 14 Abs. 2 Satz 4 AÜG zum Teil bestätigt; danach sind jetzt Leiharbeitnehmer im Entleiherbetrieb zahlenmäßig zu berücksichtigen, wenn Bestimmungen des BetrVG eine bestimmte Anzahl (oder einen bestimmten Anteil) von Arbeitnehmern voraussetzen. Ersteres ist bei den Schwellenwerten des § 9 Satz 1 der Fall, aber nur in Betrieben mit in der Regel mehr als 51 Arbeitnehmern; soweit es in den ersten drei Stufen des Katalogs auf wahlberechtigte Arbeitnehmer ankommt, zählen Leiharbeitnehmer nur, wenn sie nach § 7 Satz 2 wahlberechtigt sind (vgl. zum Problembereich der Berücksichtigung von Leiharbeitnehmern bei den Schwellenwerten des BetrVG *Raab* § 7 Rdn. 107 ff.; zu § 9 auch *Jacobs* § 9 Rdn. 10 ff.; zur Wahlberechtigung von Leiharbeitnehmern s. *Raab* § 7 Rdn. 93 ff.). § 14 Abs. 2 Satz 4 AÜG greift insoweit nicht, weil er nur die zahlenmäßige Berücksichtigung der Leiharbeitnehmer festlegt, aber nicht zugleich das Vorliegen der weiteren Voraussetzungen der erfassten Bestimmung des BetrVG fingiert, wie hier die Wahlberechtigung (zutr. *Löwisch/Wegmann* BB 2017, 373 [374]).
- Unrichtige Angabe der auf das Geschlecht in der Minderheit entfallenden Sitze im Wahlausschreiben (Verstoß gegen § 3 Abs. 2 Nr. 5, § 5 WO), *BAG* 10.03.2004 EzA § 9 BetrVG 2001 Nr. 2 = AP Nr. 8 zu § 7 BetrVG 1972; 13.03.2013 EzA § 15 BetrVG 2001 Nr. 2 Rn. 12 = AP Nr. 4 zu § 15 BetrVG 1972, *LAG Hamm* 17.12.2008 – 10 TaBV 137/7 – juris; *LAG Rheinland-Pfalz* 22.07.2015 – 7 TaBV 7/15 – juris, Rn. 64 ff.
- Keine Korrektur einer nach § 2 Abs. 4 Satz 3 WO auch im Intranet bekannt gemachten Wählerliste, obwohl die Aushänge im Betrieb berichtigt worden sind (Verstoß gegen § 2 Abs. 4 Satz 3 WO), *ArbG Ulm* 27.01.2015 – 5 BV 2/14 – juris, Rn. 25 f.
- Änderung der Wählerliste während des Wahlgangs (Verstoß gegen § 4 Abs. 3 Satz 2 WO), vgl. *LAG Bremen* BB 1961, 933.
- Nichtangabe konkreter Zeiten der Stimmabgabe (Verstoß gegen § 3 Abs. 1 Nr. 11 WO), wenn der Wahlvorstand bei einem Einzelhandelsfilialunternehmen die Wahl so organisiert, dass er die einzel-

nen Filialen nach einem »Tourenplan« zur Stimmabgabe aufsucht (vgl. *LAG Brandenburg* NZA-RR 1999, 418).
- Nichtangabe des Ortes der öffentlichen Stimmenauszählung (Verstoß gegen § 3 Abs. 2 Nr. 13 WO), *Sächsisches LAG* 14.06.2005 AuA 2006, 305; vgl. dazu auch oben § 18 Rdn. 34.
- Verkennung des Betriebsbegriffs (Verstoß gegen §§ 7, 8, 1, 3, 4 BetrVG 1972) und dementsprechend unrichtige Zahl der zu wählenden Betriebsratsmitglieder (Verstoß gegen § 9 BetrVG 1972, § 3 Abs. 2 Nr. 5 WO), *BAG* 17.01.1978 AP Nr. 1 zu § 1 BetrVG 1972 *[Wiese/Starck]*; *BAG* 13.09.1984 EzA § 19 BetrVG 1972 Nr. 20 = AP Nr. 3 zu § 1 BetrVG 1972; st. Rspr. etwa auch *BAG* 19.11.2003 EzA § 19 BetrVG 2001 Nr. 1 LS 1 = AP Nr. 55 zu § 19 BetrVG 1972; der Zeitpunkt der Wahl ist für die Beurteilung unrichtiger Betriebsabgrenzung maßgeblich, nicht etwa der Zeitpunkt der letzten mündlichen Verhandlung, *LAG Rheinland-Pfalz* 08.11.2016 – 8 TaBV 22/15 – juris; zu weiteren umfangreichen Nachweisen bei Verkennung des Betriebsbegriffs vgl. Rdn. 151 ff.
- Durchführung einer Betriebsratswahl im vereinfachten Wahlverfahren ohne (erforderliche) Vereinbarung nach § 14a Abs. 5 (Verstoß gegen § 14a Abs. 1, 5 BetrVG 1972), *BAG* 19.11.2003 EzA § 19 BetrVG 2001 Nr. 2 = AP Nr. 54 zu § 19 BetrVG 1972; vgl. zur fehlerhaften Durchführung der Wahl einer Schwerbehindertenvertretung im vereinfachten Wahlverfahren statt im förmlichen Verfahren (Verstoß gegen § 94 [neu § 177] Abs. 6 Satz 3 SGB IX) *BAG* 07.04.2004 EzA § 94 SGB IX Nr. 1 = AP Nr. 3 zu § 94 SGB IX; 16.11.2005 EzA § 94 SGB IX Nr. 3 = AP Nr. 4 zu § 94 SGB IX.
- Nicht ordnungsgemäße Bekanntmachung der Einladung zur ersten Wahlversammlung (§ 14a Abs. 1 Satz 2), der Wählerliste, des Wahlausschreibens, der Wahlvorschläge sowie Ort und Zeit der Stimmauszählung (Verstöße gegen §§ 28 Abs. 1 Satz 3, 30, 31 Abs. 2 Satz 1, 33 Abs. 4, 35 Abs. 2 WO), *Hess. LAG* 21.05.2015 – 9 TaBV 235/14 – juris.

bb) Mängel der Wahlvorschläge

32
- Unterzeichnung durch nur eine Person (Verstoß gegen § 14 Abs. 4 BetrVG 1972), *BAG* 10.06.1983 BAGE 44, 57 = AP Nr. 10 zu § 19 BetrVG 1972. Jedoch kein Verstoß gegen § 14 Abs. 4, wenn die nötige Zahl sog Stützunterschriften dadurch erreicht wird, dass in der schriftlichen Zustimmung des (hier: einzigen) Wahlbewerbers zur Aufnahme in die Vorschlagsliste zugleich seine Unterzeichnung des Wahlvorschlags zu sehen ist (*BAG* 06.11.2013 EzA § 14 BetrVG 2001 Nr. 4 = AP Nr. 3 zu § 14 BetrVG 1972.
- Fehlen der Unterschriften von zwei Beauftragten bei gewerkschaftlichem Wahlvorschlag (ist kein Wahlvorschlag nach § 14 Abs. 5), *BAG* 15.05.2013 EzA § 14 BetrVG 2001 Nr. 3 Rn. 24 f. = AP Nr. 63 zu § 19 BetrVG 1972; Ungültigkeit (nach § 27 Abs. 2 WO) auch dann, wenn inhaltliche Änderungen vor Einreichung des Wahlvorschlags allein durch einen Beauftragten erfolgen, *LAG Rheinland-Pfalz* 14.01.2016 – 5 TaBV 19/15 – juris, Rn. 15.
- Fehlen der schriftlichen Zustimmung von Wahlbewerbern (Verstoß gegen § 6 Abs. 3 Satz 2 WO), *BAG* 01.06.1966 AP Nr. 15 zu § 18 BetrVG; vgl. auch *LAG Frankfurt a. M.* BB 1988, 2317; zum Fehlen eigenhändiger Namensunterschrift bei Paraphe *LAG Hamm* 20.05.2005 – 10 TaBV94/04 – juris.
- Versäumnis einer Nachfristsetzung (Verstoß gegen § 8 Abs. 2 WO), *BAG* 10.06.1983 BAGE 44, 57 = AP Nr. 10 zu § 19 BetrVG 1972.
- Fehlen oder Unwirksamkeit der nach § 14 Abs. 4 erforderlichen Unterschriften, vgl. *BAG* 04.11.1960 AP Nr. 3 zu § 13 BetrVG.
- Änderung eines Wahlvorschlags durch Streichung von Kandidaten ohne Zustimmung der Unterzeichner (Verstoß gegen § 14 Abs. 4 BetrVG 1972, § 6 Abs. 3 WO), *BAG* 15.12.1972 BAGE 24, 480 = AP Nr. 1 zu § 14 BetrVG 1972; *LAG Düsseldorf* DB 1982, 1628.
- Unzulässige Ergänzung einer Vorschlagsliste (Verstoß gegen § 14 Abs. 4 BetrVG 1972, § 6 Abs. 3 WO), *LAG Kiel* DB 1953, 435.
- Irreführender Kennwortzusatz »IG Metall . . .« einer Vorschlagsliste aus der Belegschaft (Ungültigkeit wegen Verwechslungsgefahr mit einer Gewerkschaftsliste, wenn trotz Beanstandung durch den Wahlvorstand keine Korrektur erfolgt, *LAG Hamm* 18.03.2011 – 13 TaBV 98/10 – juris; mit der dagegen eingelegten Rechtsbeschwerde hatte der Anfechtungsantrag indes Erfolg; nach zutr. Ansicht des *BAG* (15.05.2013 EzA § 14 BetrVG 2001 Nr. 3 Rn. 26 f. = AP Nr. 63 zu § 19 BetrVG

1972 [zust. *Boemke*]) durfte der Wahlvorstand den Wahlvorschlag nicht als ungültig zurückweisen, hätte lediglich das unzulässige Kennwort streichen und dann wie bei fehlendem Kennwort verfahren müssen (§ 7 Abs. 2 Satz 1 WO). Bei der anschließenden Neuwahl wurde wiederum in einer vom Wahlvorstand diesmal zugelassenen Vorschlagsliste der Kennwortzusatz »IG Metall ...« verwendet, ohne dass die Liste von zwei Gewerkschaftsbeauftragten unterzeichnet war (Verstoß gegen § 7 Abs. 2 Satz 2, § 8 Abs. 1 und Abs. 2 WO), *LAG Hamm* 16.12.2014 – 7 TaBV 49/14 – juris; dessen Unwirksamkeitserklärung der Wahl hat *BAG* 26.10.2016 – 7 ABR 4/15 – zutr. bestätigt.
– Nichtzulassung ordnungsgemäßer Wahlvorschläge, z. B. wegen Verkennung des § 6 Abs. 2 WO (*BAG* 19.06.1965 AP Nr. 11 zu § 13 BetrVG) oder des § 6 Abs. 3 Satz 1 WO, indem bei der Beschäftigungsart ein Hinweis auf die Personalverantwortung im Hierarchieverhältnis gefordert wurde (*ArbG Solingen* 25.09.2014 – 4 BV 12/14 – juris) oder wegen Zweifeln an der Eigenhändigkeit der Unterschriftsleistung (*LAG Hamm* 07.07.1976 EzA § 19 BetrVG 1972 Nr. 9).
– Zulassung eines verspätet eingereichten Wahlvorschlags (Verstoß gegen § 6 Abs. 1 Satz 2, § 8 Abs. 1 Nr. 1 WO), *LAG Hamm* BB 1995, 260 (das insoweit aber Nichtigkeit der Wahl annimmt; anders *LAG Hamm* 26.10.2010 – 13 TaBV 54/10 – juris: Anfechtbarkeit).
– Nichtwahrung der Erklärungsfrist nach § 6 Abs. 5 WO, *BAG* 09.12.1992 AP Nr. 2 zu § 6 WahlO zu BetrVG 1972.
– Unzulässige Verkürzung der Frist zur Einreichung der Wahlvorschläge (Verstoß gegen § 6 Abs. 1 WO), *BAG* 12.02.1960 AP Nr. 11 zu § 18 BetrVG; *Hess. LAG* 12.01.2012 – 9 TaBV 115/11 – juris, Rn. 34; *LAG Nürnberg* 31.07.2015 – 3 TaBV 5/15 – juris.
– Versäumung der Aufforderung bei Mehrfachkandidatur, zu erklären, welche Bewerbung aufrechterhalten wird (Verstoß gegen § 6 Abs. 7 Satz 2 WO), *LAG München* 25.01.2007 – 2 TaBV 102/06 – juris.
– Setzen einer zu kurzen Nachfrist für das Einreichen von Wahlvorschlägen (Verstoß gegen § 9 WO), *LAG Frankfurt a. M.* BB 1965, 1395.
– Unterlassung der Auslosung der Reihenfolge der Vorschlagslisten (Verstoß gegen § 10 Abs. 1 WO), *ArbG Wetzlar* DB 1972, 1731.
– Unzulässige Listenverbindung (Verstoß gegen § 6 Abs. 6 WO), *ArbG Hamm* DB 1972, 1734.
– Zulassung einer Liste, in der zwischenzeitlich ausgeschiedene Arbeitnehmer als Wahlbewerber aufgeführt sind (Verstoß gegen § 7 Abs. 2 WO), *LAG Frankfurt a. M.* BB 1988, 2317; vgl. zu den Folgen mangelhafter Wahlvorschlagslisten auch *Heinze* NZA 1988, 568.
– Verletzung der Pflicht zu unverzüglicher Prüfung eingereichter Wahlvorschläge und unverzüglicher Unterrichtung der Listenvertreter bei Ungültigkeit (Verstoß gegen § 7 Abs. 2 Satz 2 WO), *BAG* 25.05.2005 EzA § 14 BetrVG 2001 Nr. 1 = AP Nr. 2 zu § 14 BetrVG 1972; ebenso *BAG* 21.01.2009 EzA § 19 BetrVG 2001 Nr. 7 Rn. 23 ff. = AP Nr. 61 zu § 19 BetrVG 1972; 18.07.2012 EzA § 19 BetrVG 2001 Nr. 9 Rn. 25 ff. = AP Nr. 62 zu § 19 BetrVG 1972 (Vorinstanz: *LAG Düsseldorf* 14.01.2011 – 9 TaBV 15/10 – juris); *LAG Hessen* 19.09.2003 AuR 2004, 318; *LAG Kiel* 12.02.2007 – 6 TaBV 27/06 – juris; vgl. m. w. N. *Jacobs* § 7 WO Rdn. 8.

cc) Fehlerhafte Durchführung der Stimmabgabe

– Verstoß gegen die Grundsätze geheimer, unmittelbarer, freier und allgemeiner Wahl (§ 14 Abs. 1 BetrVG 1972), vgl. dazu *BAG* 14.01.1969 BAGE 21, 277 = AP Nr. 12 zu § 13 BetrVG 1972 (unterschiedliche Gestaltung der Stimmzettel = Verletzung des Grundsatzes geheimer Wahl); *LAG Hamm* DB 1976, 1920 (Wahlberechtigte hatten Briefwahlunterlagen in unmittelbarer Gegenwart eines Bewerbers auszufüllen); *BAG* 06.12.2000 EzA § 19 BetrVG 1972 Nr. 40 = AP Nr. 48 zu § 19 BetrVG 1972 (Verletzung des Grundsatzes der Freiheit der Wahl und der Chancengleichheit durch Gewährung von Einsicht in die mit den Stimmabgabevermerken versehene Wählerliste während laufender Betriebsratswahl durch den Wahlvorstand an einen Wahlbewerber (Verstoß gegen das Verbot der Wahlbeeinflussung; s. § 20 Rdn. 29); zu entsprechenden Verstößen, aber raffinierterer Methode, mit Hilfe von Wahlhelfern Wahlberechtigte gezielt auf ihre noch ausstehende Stimmabgabe ansprechen zu können, vgl. *LAG Köln* 20.02.2015 – 4 TaBV 79/14 – juris; *LAG Niedersachsen* 26.02.2016 – 13 TaBV 27/15 – juris = LAGE § 19 BetrVG 2001 Nr. 7); *Hess. LAG* 10.11.2011 – 9 TaBV 104/11 – juris (systematische Verletzung des Grundsatzes geheimer Wahl beim Öffnen der Briefwahlumschläge), das sogar Nichtigkeit der Wahl annimmt; ferner zur Verletzung des Wahl-

§ 19   II. 1. Zusammensetzung und Wahl des Betriebsrats

geheimnisses *RAG* ARS 10, 520; 11, 254; *LAG Hamm* DB 1982, 2252 (keine Verwendung von Wahlumschlägen = Verstoß gegen § 12 Abs. 3 WO; ebenso *LAG Berlin-Brandenburg* 25.08.2011 – 25 TaBV 529/11 – juris, Rn. 34, das Verstoß gegen § 11 Abs. 1 Satz 2 WO annimmt); *LAG Düsseldorf* 13.12.2016 – 9 TaBV 85/16 – juris (keine Verwendung von Wandschirmen oder Trennwänden im Wahlraum = Verstoß gegen § 12 Abs. 1 WO und dem Grundsatz geheimer Wahl).
- Versäumung der Übersendung von Briefwahlunterlagen (Verstoß gegen § 24 Abs. 1 oder 2 WO), *ArbG Bremen* AiB 1991, 125.
- Keine Verwendung einer Wahlurne bei Briefwahl (Verstoß gegen § 26 Abs. 1 Satz 2 WO), *LAG Hamm* 09.03.2007 – 10 TaBV 105/06 – juris.
- Durchführung der Wahl ausschließlich als Briefwahl (Verstoß gegen § 24 WO), *LAG Schleswig-Holstein* NZA-RR 1999, 523; *LAG Hamm* 12.10.2007 – 10 TaBV 9/07 – juris, Rn. 92; *LAG Hamm* 16.11.2007 – 13 TaBV 109/06 – juris, Rn. 29; *LAG Niedersachsen* 09.03.2011 – 17 TaBV 41/10 – juris; *ArbG Essen* 21.08.2014 – 5 BV 45/14 – juris, Rn. 55.
- Unterlassene »Minimalprüfung« der Berechtigung zahlreichen Briefwahlverlangens (Verstoß gegen § 24 Abs. 1 WO), *LAG Düsseldorf* 16.09.2011 – 10 TaBV 53/11 – juris, Rn. 51 ff.; ebenso bei generell unterlassener Prüfung *LAG Düsseldorf* 08.01.2011 – 10 TaBV 79/10 – juris.
- Generelle Briefwahlanordnung für Betriebsteile und Kleinstbetriebe (Verstoß gegen § 24 Abs. 3 WO), *LAG Hamm* 05.08.2011 – 10 TaBV 13/11 – juris.
- Versäumung der Übermittlung der Briefwahlunterlagen an länger erkrankte Arbeitnehmer von Amts wegen (Verstoß gegen § 24 Abs. 2 WO analog), *ArbG Berlin* 18.06.2010 – 28 BV 6977/10 – juris; ebenso (Verstoß gegen § 24 Abs. 2 WO), wenn der Wahlvorstand im Verleiherbetrieb es versäumt, die Briefwahlunterlagen an die Leiharbeitnehmer im Fremdfirmeneinsatz zu senden, *LAG Hamburg* 08.07.2015 – 6 TaBV 1/15 – juris; vgl. zum Versäumnis, wenn einem langzeiterkrankten Wahlberechtigten zwar die Briefwahlunterlagen übersandt worden sind, nicht aber das Wahlausschreiben (auch Verstoß gegen § 24 Abs. 2 i. V. m. Abs. 1 Nr. 1 WO, aber Wahl deshalb nicht nichtig), *LAG Köln* 06.06.2013 – 13 TaBV 3/13 – juris.
- Pauschale Zurückweisung einer vom Listenvertreter übergebenen Tüte mit über 100 Wahl-Freiumschlägen durch den Wahlvorstand (Verstoß gegen § 25 Abs. 1 Nr. 3 WO), *LAG München* 09.06.2010 – 4 TaBV 105/09 – juris.
- Wahlvorstand veranlasst Aushang von Bildern einiger, aber nicht aller Bewerber (Verstoß gegen das Neutralitätsgebot), so *LAG Nürnberg* 20.09.2011 – 6 TaBV 9/11 – juris, Rn. 109.
- Nichteinhaltung der im Wahlausschreiben angegebenen Zeit der Stimmabgabe (Verstoß gegen § 3 Abs. 2 Nr. 11, § 12 Abs. 2 WO), *BAG* 11.03.1960 AP Nr. 13 zu § 18 BetrVG; vgl. auch *BAG* 19.09.1985 EzA § 19 BetrVG 1972 Nr. 22; *LAG Schleswig-Holstein* 21.06.2011 – 2 TaBV 41/10 – juris, Rn. 43.
- Verstöße gegen Form und Inhalt der Stimmzettel nach § 11 Abs. 2 WO; vgl. *BAG* 03.06.1969 AP Nr. 17 zu § 18 BetrVG (Kennwort abgekürzt); *ArbG Wetzlar* DB 1972, 1731 (Nichtangabe der beiden ersten Bewerber); *LAG Schleswig-Holstein* 15.09.2012 BB 2012, 380 (Verwendung mehrerer Stimmzettel: je einen für jede Vorschlagsliste); *LAG Köln* 05.03.2012 – 5 TaBV 29/11 – juris (alle Bewerber zweier Vorschlagslisten [mit unterschiedlicher Bewerberzahl] auf dem Stimmzettel aufgeführt).
- Durchführung der Wahl ohne Bekanntmachung des Rücktritts von Wahlbewerbern (Verstoß gegen § 11 Abs. 1 WO); vgl. *BAG* 27.04.1976 AP Nr. 4 zu § 19 BetrVG 1972; 15.12.1972 AP Nr. 1 zu § 14 BetrVG 1972.
- Nichtanwesenheit eines von zwei Mitgliedern des Wahlvorstands im Wahlraum während der Stimmabgabe (Verstoß gegen § 12 Abs. 2 WO), *ArbG Gelsenkirchen* BB 1953, 413.
- Fehlerhafter Vermerk der Stimmabgaben in der (elektronischen) Wählerliste, so dass sich bei der Stimmauszählung mehr Stimmzettel in der Wahlurne befinden als Stimmabgaben in der Wählerliste vermerkt sind (Verstoß gegen § 12 Abs. 3 WahlO, der durch nachträgliche Ergänzung oder Berichtigung der Vermerke auch nicht heilbar ist), *BAG* 12.06.2013 EzA § 14 BetrVG 2001 Nr. 2 = AP Nr. 64 zu § 19 BetrVG 1972.
- Rechtswidrige Wahlbehinderung oder Wahlbeeinflussung (Verstoß gegen § 20 Abs. 1 und 2 BetrVG 1972); vgl. *BAG* 08.03.1957 AP Nr. 1 zu § 19 BetrVG; 13.10.1977 AP Nr. 1 zu § 1 KSchG 1969 Verhaltensbedingte Kündigung; DB 1986, 1883; *LAG München* 27.01.2010 – 11 TaBV 22/09 – juris (unzulässiges Einsammeln von Briefwahlunterlagen durch Arbeitgeber und Wahlbewerber);

Wahlanfechtung § 19

zur (unzulässigen) Drohung mit dem Gewerkschaftsausschluss vgl. näher § 20 Rdn. 43 ff.; s. zu weiteren Verstößen gegen die Verbote nach § 20 Abs. 1 und 2 ausführlich § 20 Rdn. 19 ff. und 30 ff.

dd) Fehlerhafte Feststellung des Wahlergebnisses
- Feststellung einer zu großen oder zu geringen Zahl von Betriebsratsmitgliedern (Verstoß gegen §§ 9, 11 BetrVG 1972), vgl. die Nachweise unter Rdn. 31. 34
- Unrichtige Feststellung eines dem Geschlecht in der Minderheit zukommenden Sitzes (Verstoß gegen § 15 Abs. 2 BetrVG 1972), *BAG* 10.03.2004 EzA § 9 BetrVG 2001 Nr. 2 = AP Nr. 8 zu § 7 BetrVG 1972.
- Fehlerhafte Annahme eines sog. Listensprungs (Verstoß gegen § 15 Abs. 5 Nr. 2 WO), *LAG Niedersachsen* 10.03.2011 NZA-RR 2011, 465.
- Nichtberücksichtigung ordnungsgemäß abgegebener oder Berücksichtigung nicht abgegebener oder ungültiger Stimmen (vgl. *RAG* ARS 5, 320; 10, 194; 13, 433).
- Unterlassung unverzüglicher öffentlicher Stimmenauszählung nach Abschluss der Wahl (Verstoß gegen § 18 Abs. 3 Satz 1 BetrVG 1972), *ArbG Bochum* DB 1975, 1898.
- Unterlassung öffentlicher Öffnung der Freiumschläge bei schriftlicher Stimmabgabe (Verstoß gegen § 26 Abs. 1 Satz 1 WO), *LAG Schleswig-Holstein* NZA-RR 1999, 523; ähnlich *LAG Köln* 08.07.2009 – 9 TaBV 15/09 – juris; entsprechend bei Wahl zur Schwerbehindertenvertretung (Verstoß gegen § 12 Abs. 1 Satz 1 SchwbVWO) *BAG* 10.07.2013 EzA § 18 BetrVG 2001 Nr. 2 Rn. 16 ff. = AP Nr. 6 zu § 94 SGB IX.
- Unterbrechung der Stimmenauszählung ohne wichtigen Grund (Verstoß gegen § 18 Abs. 3 Satz 1 BetrVG 1972), *BVerwGE* 36, 170.
- Nichtwahrung der Verantwortlichkeit des Wahlvorstandes für den Auszählungsvorgang (Verstoß gegen § 18 Abs. 3 Satz 1 BetrVG 1972), *LAG Berlin* 16.11.1987 LAGE § 19 BetrVG 1972 Nr. 6.
- Nichtangabe von Ort und Zeit öffentlicher Stimmauszählung (im Wahlausschreiben, jetzt Verstoß gegen § 3 Abs. 2 Nr. 13 WO); vgl. *BAG* 15.11.2000 EzA § 18 BetrVG 1972 Nr. 9 = AP Nr. 10 zu § 18 BetrVG 1972; zur Stimmauszählung vor der im Wahlausschreiben angegebenen Zeit vgl. *LAG München* 10.03.2008 – 6 TaBV 87/07 – juris; s. a. § 18 Rdn. 34 f.

2. Fehlende Berichtigung von Verstößen

Die Anfechtbarkeit setzt weiter voraus, dass eine **Berichtigung** des Wahlfehlers (Verstoß gegen eine wesentliche Wahlvorschrift; s. Rdn. 17 ff.) **nicht erfolgt** ist. Tatbestandsmerkmal ist insoweit allein die Nichtberichtigung. Es spielt keine Rolle, warum die Berichtigung nicht erfolgt ist und wer sie versäumt hat. Es kommt auch nicht darauf an, ob eine Berichtigung überhaupt (noch) möglich war. Ein untauglicher Berichtigungsversuch ist keine Berichtigung. 35

Das Gesetz geht davon aus, dass ein Verstoß gegen eine wesentliche Wahlvorschrift berichtigt werden kann; eine Beschränkung der Berichtigung auf bestimmte Verstöße oder offenbare Unrichtigkeiten ist nicht ersichtlich (vgl. auch *BAG* 19.09.1985 EzA § 19 BetrVG 1972 Nr. 22 [unter III 2] = AP Nr. 12 zu § 19 BetrVG 1972). Das Gesetz gibt zu erkennen, dass nach einem Wahlfehler eine Berichtigung grundsätzlich immer vorzugswürdig ist, weil die rechtzeitige Berichtigung den bis dahin bestehenden Anfechtungsgrund beseitigt (vgl. auch *Galperin/Löwisch* § 19 Rn. 7). Deshalb ist es viel zu eng, wenn die Möglichkeit der Berichtigung in Teilen der Literatur nur auf ein fehlerhaft festgestelltes Wahlergebnis bezogen wird (so etwa *Etzel* HzA Gruppe 19/1 Rn. 169; vgl. auch *Richardi/Thüsing* § 19 Rn. 39; *Schlochauer/HSWG* § 19 Rn. 23), obwohl dies ein wichtiger Berichtigungsfall ist (vgl. Rdn. 38). Grundsätzlich sind **alle** Wahlfehler reparabel, von der fehlerhaften Bestellung des Wahlvorstands über Fehler des Wahlverfahrens bis zur Feststellung des endgültigen Wahlergebnisses (vgl. *BAG* 19.09.1985 EzA § 19 BetrVG 1972 Nr. 22 [unter III 2]; jetzt auch *Fitting* § 19 Rn. 23; *Homburg/DKKW* § 19 Rn. 4, 15; *Koch/*ErfK § 19 BetrVG Rn. 5; *Nicolai/*HWGNRH § 19 Rn. 8; *Wiebauer/LK* § 19 Rn. 12; *Wiesner* FA 2007, 38; *Wlotzke/WPK* § 19 Rn. 10; im Ergebnis wohl auch *Galperin/Löwisch* § 19 Rn. 7; *Joost/*MünchArbR § 216 Rn. 209; *Stege/Weinspach/Schiefer* § 19 Rn. 10). Dabei hängt es von der Art des Verstoßes ab, in welcher Weise die Berichtigung jeweils zu erfolgen hat. Die Berichtigung ist in weitem Sinne zu verstehen. Maßgeblich ist die Wahrung der Bestimmungen des Gesetzes und der WO. Ziel der Berichtigung (und damit Maßstab der Berichtigungsfähigkeit) 36 muss es sein, den Einfluss des Wahlfehlers auf das Wahlergebnis zu unterbinden. Das erfordert bei Wahlfehlern, die vor der Stimmabgabe erfolgt sind, eine so rechtzeitige Korrektur, dass ihr Einfluss auf den Wählerwillen (über eine Einschränkung des Wahlrechts der Wahlberechtigten, vgl. dazu auch *BAG* 19.09.1985 EzA § 19 BetrVG 1972 Nr. 22 [unter III 2]) ausgeschlossen wird; bei Wahlfehlern nach Durchführung der Stimmabgabe ist durch die Berichtigung der wirklichen Wählerentscheidung Rechnung zu tragen.

37 In einer Reihe von Fällen wird eine **rechtzeitige Fehlerkorrektur** den Gang des Wahlverfahrens nicht **verzögern** (z. B. wenn der Wahlvorstand die Wählerliste berichtigt, bevor deren Unrichtigkeit Auswirkungen auf die Einreichung von Wahlvorschlägen haben kann; wenn der Wahlvorstand Beanstandungen gegen einen Wahlvorschlag zurückzieht oder wenn offenbare Unrichtigkeiten des Wahlausschreibens berichtigt werden), in anderen Fällen sehr wohl (z. B. wenn das Wahlausschreiben so fehlerhaft war, dass ein neues Wahlausschreiben zu erlassen und damit die Wahl neu einzuleiten ist [§ 3 Abs. 1 Satz 2 WO]; vgl. dazu *Jacobs* § 3 WO Rdn. 27 ff.). Der **Abbruch** eines eingeleiteten Wahlverfahrens und die damit verbundenen Verzögerungen sind in Kauf zu nehmen, wenn erkennbar ist, dass die vorgekommenen Rechtsverstöße das Wahlergebnis beeinflussen können und in anderer Weise nicht zu berichtigen sind. Ein Grenzfall dürfte allerdings dann erreicht sein, wenn die Fehlerhaftigkeit erst festgestellt wird, nachdem die Stimmabgabe abgeschlossen ist, oder wenn der Mangel etwa darin liegt, dass die unverzügliche öffentliche Stimmenauszählung nach § 18 Abs. 3 Satz 1 unterblieben ist (vgl. dazu *ArbG Bochum* DB 1975, 1898). In solchen Fällen wäre es unverhältnismäßig, die Wahl abzubrechen; Fehler, die nicht in anderer Weise berichtigt werden können, sind dann irreparabel (z. B. wenn die Stimmabgabe aufgrund ungültiger Wahlvorschläge erfolgt ist). Vgl. näher zur Frage einer Berichtigung, wenn die Wahl aufgrund unrichtiger Angaben im Wahlausschreiben über die Zahl der zu wählenden Betriebsratsmitglieder und/oder ihre Verteilung auf die Geschlechter stattgefunden hat, Rdn. 131.

38 Bei einer **Berichtigung des festgestellten Wahlergebnisses** durch den Wahlvorstand nach ansonsten ordnungsgemäßer Durchführung der Wahl ist Kleinlichkeit nicht am Platze, weil insoweit ansonsten auch das Arbeitsgericht im Wahlanfechtungsverfahren die Korrektur noch vorzunehmen hat (vgl. *BAG* 12.10.1976 AP Nr. 5 zu § 19 BetrVG 1972 m. w. N. und näher Rdn. 130). Der Wahlvorstand kann nach der **vorläufigen** Feststellung des Wahlergebnisses (vgl. § 16 WO und § 18 Rdn. 36) insbesondere eine fehlerhafte Auszählung der gültigen Stimmen und Rechenfehler (z. B. die unrichtige Ermittlung der Höchstzahlen und deren Verteilung auf die Listen) sowie die Namen der gewählten Bewerber berichtigen (ebenso *Brecht* § 19 Rn. 6; *Etzel* HzA Gruppe 19/1 Rn. 169; *Fitting* § 19 Rn. 27; *Galperin/Löwisch* § 19 Rn. 7; *Gnade* FS *Herschel*, S. 151; *Richardi/Thüsing* § 19 Rn. 39; *Schneider* Betriebsratswahl, § 19 Rn. 12; *Stege/Weinspach/Schiefer* § 19 Rn. 10). Weiterhin kommt eine Berichtigung fehlerhafter Benachrichtigung der Gewählten (§ 18 WO) in Betracht.

39 Auch **nach der Bekanntmachung des endgültigen Wahlergebnisses** gemäß § 18 WO (vgl. dazu § 18 Rdn. 39) können Berichtigungen des Wahlergebnisses durch den Wahlvorstand noch erfolgen; sie werden sich im Allgemeinen auf offenbare Unrichtigkeiten der Bekanntmachung selbst beschränken. Die h. M. tut sich hierbei schwer, weil sie zu Unrecht annimmt, das Amt des Wahlvorstands ende mit dieser Bekanntmachung (vgl. dazu § 16 Rdn. 90). Es geht allerdings zu weit, wenn *Galperin/Löwisch* (§ 19 Rn. 7) annehmen, dass eine Berichtigung noch bis zur Entscheidung des Arbeitsgerichts im Wahlanfechtungsverfahren in Betracht komme. Mit dem Ende des Amtes des Wahlvorstandes in der konstituierenden Sitzung des Betriebsrats, spätestens aber mit dem Ablauf der zweiwöchigen Aushangfrist nach § 18 WO kann eine Berichtigung durch den Wahlvorstand nicht mehr erfolgen, weil danach das Wahlergebnis auch nicht mehr angefochten werden kann (§ 19 Abs. 2 Satz 2). Wird das Wahlergebnis nach der Bekanntmachung gemäß § 18 WO nochmals berichtigt, beginnt damit die Wahlanfechtungsfrist neu zu laufen (vgl. Rdn. 91).

40 Die **Berichtigung** von Wahlfehlern hat in erster Linie **durch** den **Wahlvorstand** zu erfolgen; er wird es im Allgemeinen auch sein, der die Gesetzesverletzungen begangen hat. Bei **Mängeln der Bestellung des Wahlvorstands** (durch den Betriebsrat) kann die Berichtigung durch Beschluss des (noch amtierenden) Betriebsrats oder, soweit dieser bei der Feststellung des Fehlers nicht mehr im Amt ist oder die Geschäfte nach § 22 führt, durch den Gesamtbetriebsrat (bzw. Konzernbetriebsrat) nach § 17 Abs. 1, durch die Arbeitnehmer in einer Betriebsversammlung nach § 17 Abs. 2 erfolgen, ersatz-

weise durch das Arbeitsgericht (§ 17 Abs. 4). Der neu gewählte Betriebsrat hat keine Möglichkeit zur Berichtigung (**a. M.** noch *Fitting*, 25. Aufl., § 19 Rn. 28: anhand der Wahlakten; zust. *Wiesner* FA 2007, 38 [39 f.]), weil er zur Durchführung der Wahl nicht zuständig ist (ebenso *Galperin/Löwisch* § 19 Rn. 37; *Richardi/Thüsing* § 19 Rn. 72; *Schneider* Betriebsratswahl, § 19 Rn. 14; *Wiebauer/LK* § 19 Rn. 12; *Wlotzke/WPK* § 19 Rn. 25). Ein einzelnes Betriebsratsmitglied kann jedoch ggf. durch seine Amtsniederlegung einem Streit über die Wirksamkeit des Wahlergebnisses den Boden entziehen (vgl. *LAG Hamm* 11.05.1979 EzA § 6 BetrVG 1972 Nr. 2).

§ 19 Abs. 1 verlangt nur, **dass** eine Berichtigung des Verstoßes nicht erfolgt ist, bevor die gerichtliche **41** Anfechtung erfolgt. Es ist kein Tatbestandsmerkmal der Anfechtbarkeit, dass eine Berichtigung des Verstoßes nicht (mehr) möglich ist. Insbesondere hat das Arbeitsgericht im Wahlanfechtungsverfahren das Wahlergebnis zu korrigieren, wenn es noch zu berichtigen ist (vgl. dazu Rdn. 130). Dabei geht es jedoch nicht um eine Frage der Begründetheit, sondern um die Rechtsfolge begründeter Wahlanfechtung.

3. Beeinflussung des Wahlergebnisses (Kausalität)

a) Kausalität als Tatbestandsmerkmal

Ist gegen eine wesentliche Wahlvorschrift verstoßen worden und ist eine Berichtigung nicht (wirksam) **42** erfolgt, so ist die Wahl doch **nur dann** anfechtbar, wenn »durch den Verstoß das Wahlergebnis geändert oder beeinflusst werden konnte«. Diese Kausalität des Verstoßes für das Wahlergebnis ist **Tatbestandsmerkmal** der Anfechtbarkeit (im Ansatz ebenso *BAG* 10.06.2013 EzA § 14 BetrVG 2001 Nr. 2 Rn. 15 = AP Nr. 3 zu § 14 BetrVG 1972; 19.09.1985 EzA § 19 BetrVG 1972 Nr. 22 [unter III 1] = AP Nr. 12 zu § 19 BetrVG 1972; wohl auch *BAG* 14.09.1988 EzA § 16 BetrVG 1972 Nr. 6 [unter B IV] = AP Nr. 1 zu § 16 BetrVG 1972; *LAG Hamm* NZA 1989, 734; vgl. auch *BAG* 02.03.1955 AP Nr. 1 zu § 18 BetrVG; 08.03.1957 AP Nr. 1 zu § 19 BetrVG; 11.03.1960 AP Nr. 13 zu § 18 BetrVG; 28.04.1964 AP Nr. 4 zu § 4 BetrVG; *Brecht* § 19 Rn. 7; *Etzel* HzA Gruppe 19/1, Rn. 172; *Fitting* § 19 Rn. 24; *Gnade* FS *Herschel*, S. 151; *H. Hanau* DB 1986, Beil. Nr. 4, S. 5; *Homburg/DKKW* § 19 Rn. 4; *Hueck/Nipperdey* II/2, S. 1150; *Joost/*MünchArbR § 216 Rn. 210; *Koch/*ErfK § 19 BetrVG Rn. 6; *G. Müller* FS *Schnorr von Carolsfeld*, S. 387; *Nießen* Fehlerhafte Betriebsratswahlen, S. 4 ff.; *Nikisch* III, S. 106; *Richardi/Thüsing* § 19 Rn. 34; *Schlömp-Röder* AuR 1989, 158 f.; *Wiebauer/LK* § 19 Rn. 13; *Wlotzke/WPK* § 19 Rn. 11). Dem wird in Rechtsprechung und Literatur weithin aber nicht das gebührende Gewicht zuerkannt.

Vielfach wird die Auffassung vertreten, die Beeinflussung des Wahlergebnisses durch den Verstoß »sei **43** zunächst zu unterstellen« (vgl. *BAG* 08.03.1957 AP Nr. 1 zu § 19 BetrVG; *Brecht* § 19 Rn. 7; *H. Hanau* DB 1986, Beil. Nr. 4, S. 5; *Schlochauer/HSWG* § 19 Rn. 22). Dem ist nicht zu folgen, weil immer durch Subsumtion (nicht durch Unterstellung) zu ermitteln ist, ob eine Normvoraussetzung auch im konkreten Sachverhalt vorliegt. Nach im Ergebnis ähnlicher Ansicht besteht eine Vermutung dafür, dass ein Verstoß gegen Wahlvorschriften das Wahlergebnis beeinflusst hat (vgl. *H. Hanau* DB 1986, Beil. Nr. 4, S. 5; *Nicolai/HWGNRH* § 19 Rn. 9; *LAG Köln* 02.08.2011 NZA-RR 2012, 23 Rn. 31 zum MitbestG *Thau* Mängel der Aufsichtsratswahlen, S. 269). Dieser Ansicht liegt zwar zutreffend die Auffassung zugrunde, dass das Kausalitätsmerkmal Anfechtbarkeitsvoraussetzung ist. Im Ergebnis kann aber auch ihr nicht gefolgt werden, weil § 19 Abs. 1 keine Vermutungsbasis enthält, von der aus das Gesetz auf die Kausalität schließt. Die Formulierung »es sei denn, dass ... nicht« entspricht nach Form und Struktur nicht einer gesetzlichen Vermutung, sondern hat nur Bedeutung für die **objektive Beweislast** für dieses Merkmal im Wahlanfechtungsverfahren. Die Kausalität ist auch kein negatives Tatbestandsmerkmal (so aber *H. Hanau* DB 1986, Beil. Nr. 4, S. 4), weil es solche Widersinnigkeit nicht gibt. Eher wäre daran zu denken, das Fehlen der Kausalität als eine die Anfechtbarkeit **hindernde Tatsache** zu werten »die Wahl kann ... angefochten werden, es sei denn ...«); in diesem Sinne spricht das *BAG* (14.09.1988 EzA § 16 BetrVG 1972 Nr. 6 S. 4) davon, dass auch ein Verstoß gegen wesentliche Wahlvorschriften dann nicht zur Begründung einer Wahlanfechtung genügt, wenn durch den Verstoß das Wahlergebnis nicht geändert oder beeinflusst werden konnte. Materiellrechtlich besteht aber insoweit kein Unterschied zur Einordnung als Tatbestandsmerkmal.

44 Bei der Beweislastverteilung ist zu berücksichtigen, dass im Beschlussverfahren, das für die Wahlanfechtung Anwendung findet (vgl. Rdn. 94), der **Untersuchungsgrundsatz** gilt (§ 83 Abs. 1 Satz 1 ArbGG). Demzufolge hat das Gericht den Sachverhalt von Amts wegen zu erforschen. Auch wenn die Beteiligten an der Aufklärung des Sachverhaltes mitzuwirken haben (§ 83 Abs. 1 Satz 2 ArbGG), gibt es im Beschlussverfahren keine Behauptungs- und Beweisführungslast (vgl. *Grunsky* ArbGG, § 83 Rn. 7). Deshalb ist es nicht richtig, wenn etwa gesagt wird (vgl. *Fitting/Auffarth/Kaiser/Heither* 15. Aufl., § 19 Rn. 16), es sei »Sache des Anfechtungsgegners, den Nachweis zu führen, dass der Verstoß ohne Einfluss auf das Wahlergebnis geblieben ist« (zutr. *Gnade* FS *Herschel*, S. 152; *Thau* Mängel der Aufsichtsratswahlen, S. 269; vgl. auch *Richardi/Thüsing* § 19 Rn. 37). Nur wenn sich der Sachverhalt nicht aufklären lässt (non liquet), d. h. zur Überzeugung des Gerichts (vgl. § 84 ArbGG) die Kausalität weder bejaht noch verneint werden kann, ist nach der Beweislastverteilung in § 19 Abs. 1 die Wahlanfechtung begründet. Letzteres ist im Ergebnis unstreitig; vgl. *BAG* 02.03.1955 BAGE 1, 317 (322) = AP Nr. 1 zu § 18 BetrVG m. w. N.; *Brors*/HaKo § 19 Rn. 13; *Fitting* § 19 Rn. 26; *Galperin/Löwisch* § 19 Rn. 8; *Hueck/Nipperdey* II/2, S. 1150; *Koch*/ErfK § 19 BetrVG Nr. 6; *Nikisch* III, S. 107; *Richardi/Thüsing* § 19 Rn. 37; *Schlömp-Röder* AuR 1989, 159; *Wlotzke/WPK* § 19 Rn. 12.

45 Diese prozessuale Schlussfolgerung aus der gesetzlichen Formulierung darf den Blick nicht davon ablenken, dass die **Kausalitätsfrage** in erster Linie von **materiellrechtlicher Bedeutung für die Anfechtbarkeit** ist. Auch das *BAG* (14.09.1988 EzA § 16 BetrVG 1972 Nr. 6 S. 5) stimmt dem zu, wenn es meint, dass es sich bei § 19 Abs. 1 letzter Halbs. »nicht in erster Linie um eine Beweislastvorschrift« handelt. Sinn und Zweck der Norm sprechen dafür, an das Kausalitätsmerkmal als maßgeblichen Filter **eher strenge Anforderungen** zu stellen (zust. *Schlömp-Röder* AuR 1989, 158/160); ansonsten würden u. U. sinnloserweise Rechtsverstöße geahndet, die für die Rechtmäßigkeit der Zusammensetzung des neu gewählten Betriebsrats ohne Bedeutung geblieben sind. Für die Herauskehrung der materiellrechtlichen Seite spricht zudem die Entstehungsgeschichte. Der Entwurf der Bundesregierung zum BetrVG 1952 enthielt in § 19 bereits die heutige Formulierung, sollte aber ausweislich der Begründung (vgl. BT-Drucks. 1. Wahlperiode Nr. 1546, S. 43) den §§ 19 und 20 der Wahlordnung zum BRG 1920 entsprechen. Dort wurde zwischen Anfechtbarkeit und Ungültigkeit der Wahl unterschieden (vgl. BGBl. 1920, S. 175). Der Nachweis, dass durch den Verstoß das Wahlergebnis verändert werden konnte, war nach § 20 Wahlordnung BRG 1920 aber unmittelbare Voraussetzung der Ungültigkeit der Wahl.

b) Kausalitätsanforderungen

46 Das Gesetz verlangt für die die Anfechtbarkeit begründende Kausalität, dass durch den Wahlfehler das Wahlergebnis **objektiv beeinflusst werden konnte**. Maßgeblich ist eine **potentielle Kausalität**; nicht erforderlich ist, dass das Ergebnis tatsächlich vom Wahlfehler beeinflusst **worden ist** (unstr.; vgl. *BAGE* 12, 244 [252] = 02.02.1962 AP Nr. 10 zu § 13 BetrVG; *BAG* 14.09.1988 EzA § 16 BetrVG 1972 Nr. 6 S. 5 = AP Nr. 1 zu § 16 BetrVG 1972: hypothetische Betrachtung [zust. *Gaul*]; ebenso *BAG* 15.11.2000 EzA § 18 BetrVG 1972 Nr. 9 = AP Nr. 10 zu § 18 BetrVG 1972; 25.05.2005 EzA § 14 BetrVG 2001 Nr. 1 [unter B II 2d] = AP Nr. 2 zu § 14 BetrVG 1972; *Brors*/HaKo § 19 Rn. 14; *Galperin/Löwisch* § 19 Rn. 8; *Gnade* FS *Herschel*, S. 151; *Koch*/ErfK § 19 BetrVG Rn. 6; *G. Müller* FS *Schnorr von Carolsfeld*, S. 387; *Nießen* Fehlerhafte Betriebsratswahlen, S. 4; *Richardi/Thüsing* § 19 Rn. 34; *Schlochauer/HSWG* § 19 Rn. 22; *Wlotzke/WPK* § 19 Rn. 11). Darin liegt jedoch nicht etwa eine Abschwächung des Kausalitätserfordernisses, sondern die realistische Folgerung daraus, dass sich der tatsächliche Einfluss eines Wahlfehlers vielfach überhaupt nicht feststellen lässt, zumal eine Beweisführung über das tatsächliche oder hypothetische Wahlverhalten am Grundsatz geheimer Wahl scheitert (vgl. *Jacobs* § 14 Rdn. 20). **Umstritten ist, wie potentielle Kausalität zu beurteilen und abzugrenzen ist:**

47 Erforderlich ist die **Möglichkeit**, dass das Wahlergebnis ohne Wahlfehler **anders** ausgefallen wäre (vgl. *G. Müller* FS *Schnorr von Carolsfeld*, S. 387). Würde bereits jede theoretische Möglichkeit genügen (so zumindest vordergründig *BAG* 11.03.1960 AP Nr. 13 zu § 18 BetrVG; 02.02.1962 AP Nr. 10 zu § 13 BetrVG; 28.04.1964 AP Nr. 4 zu § 4 BetrVG; bei einem Verstoß gegen § 18 Abs. 3 Satz 1 ausdrücklich *LAG Berlin* 16.11.1987 LAGE § 19 BetrVG 1972 Nr. 6 S. 8), würde das Tatbestandsmerkmal leer laufen. Das wäre mit Sinn und Zweck der Wahlanfechtung unvereinbar und würde auf eine bloße

Ahndung von Rechtsverstößen hinauslaufen. **Zur (positiven) Feststellung des Kausalitätserfordernisses genügt es deshalb auch nicht,** dass ein **denkbarer Einfluss** des Wahlfehlers auf das Wahlergebnis »**nicht ausgeschlossen werden kann**« (so aber im Ergebnis *BAG* 14.09.1988 EzA § 16 BetrVG 1972 Nr. 6 [zust. *Gaul*] = AuR 1989, 156 [krit. *Schlömp-Röder*] = AP Nr. 1 zu § 16 BetrVG 1972; dort hat es das Gericht als entscheidend bezeichnet, ob eine hypothetische Betrachtung der Wahl ohne Wahlfehler »zwingend zu demselben Wahlergebnis führt«, aber keine Kriterien dafür gefunden, wann ein solch zwingender Schluss gerechtfertigt ist; in jüngeren Entscheidungen hat das *BAG* diese Rspr. aber grundsätzlich bestätigt; vgl. *BAG* 31.05.2000 EzA § 19 BetrVG 1972 Nr. 39 S. 14 = AP Nr. 12 zu § 1 BetrVG 1972 Gemeinsamer Betrieb; 15.11.2000 EzA § 18 BetrVG 1972 Nr. 9 S. 4; 06.12.2000 EzA § 19 BetrVG 1972 Nr. 40 S. 9; 19.11.2003 EzA § 19 BetrVG 2001 Nr. 2 [unter B II 3]; 13.10.2004 EzA § 19 BetrVG 2001 Nr. 4 [unter II 3]; 25.05.2005 EzA § 14 BetrVG 2001 Nr. 1 [unter B II 2d] = AP Nr. 2 zu § 14 BetrVG 1972; 21.01.2009 EzA § 19 BetrVG 2001 Nr. 7 Rn. 29 = AP Nr. 61 zu § 19 BetrVG 1972; zuletzt etwa 10.10.2012 EzA § 8 BetrVG 2001 Nr. 3 Rn. 25 = AP Nr. 15 zu § 8 BetrVG 1972; 12.06.2013 EzA § 14 BetrVG 2001 Nr. 2 Rn. 39 = AP Nr. 64 zu § 19 BetrVG 1972). Im Beschluss vom 31.05.2000 (EzA § 19 BetrVG 1972 Nr. 39 S. 14 = AP Nr. 12 zu § 1 BetrVG 1972 Gemeinsamer Betrieb) **und dann in st. Rspr.** (s. *BAG* 25.05.2005 EzA § 14 BetrVG 2001 Nr. 1 [unter B II 2d] = AP Nr. 2 zu § 14 BetrVG 1972; 21.01.2009 EzA § 19 BetrVG 2001 Nr. 7 Rn. 29 = AP Nr. 61 zu § 19 BetrVG 1972; 18.07.2012 EzA § 19 BetrVG 2001 Nr. 9 Rn. 30 = AP Nr. 62 zu § 19 BetrVG 1972; 12.09.2012 EzA § 9 BetrVG 2001 Nr. 5 Rn. 31 = AP Nr. 14 zu § 9 BetrVG 1972; 10.10.2012 EzA § 8 BetrVG 2001 Nr. 3 Rn. 25 = AP Nr. 15 zu § 8 BetrVG 1972; 12.06.2013 EzA § 14 BetrVG 2001 Nr. 2 Rn. 39 = AP Nr. 63 zu § 19 BetrVG 1972; 10.07.2013 EzA § 18 BetrVG 2001 Nr. 2 Rn. 24 = AP Nr. 6 zu § 94 SGB IX) hat der Siebte Senat daraus (inakzeptabel) sogar abgeleitet, dass »**eine verfahrensfehlerhafte Betriebsratswahl nur dann nicht wiederholt werden muss, wenn sich konkret feststellen lässt, dass auch bei Einhaltung entsprechender Vorschriften zum Wahlverfahren kein anderes Wahlergebnis erzielt worden wäre**«. Vgl. zu dieser Rspr. des Siebten Senats *Gräfl* JArbR 42 (2005), S. 1133 (141); *dies.* FS *Bepler*, S. 185 (195 f.).

Zu Recht hat demgegenüber *G. Müller* (FS *Schnorr von Carolsfeld*, S. 387) in Auswertung der älteren Rechtsprechung des *BAG* die Ansicht begründet, erforderlich sei die theoretisch **denkbare Möglichkeit** eines Kausalverlaufs **als auch** dessen **Wahrscheinlichkeit** (zust. *Thiele* 2. Bearbeitung, § 19 Rn. 40, diesem folgend *LAG Berlin* 10.02.1986 LAGE § 19 BetrVG 1972 Nr. 4 S. 13; jetzt auch *LAG Brandenburg* NZA-RR 1999, 418; *Fitting* § 19 Rn. 24; *Homburg/DKKW* § 19 Rn. 4; zum MitbestG im Ergebnis ähnlich auch *Thau* Mängel der Aufsichtsratswahlen, S. 273 ff.). Dabei ist zu berücksichtigen, dass mit dem (naturwissenschaftlichen) Kriterium der Wahrscheinlichkeit ein wertendes juristisches Korrektiv eingeführt ist, wie es etwa auch im Schadensersatzrecht durch die Adäquanzlehre und die Lehre vom Schutzbereich der Norm anerkannt ist. Dementsprechend ist erforderlich, dass der Wahlfehler nach der allgemeinen Lebenserfahrung und nach den **konkreten Umständen des einzelnen Falles geeignet** ist, das Wahlergebnis zu beeinflussen, und zwar nicht nur unter besonders eigenartigen, unwahrscheinlichen und nach dem gewöhnlichen Verlauf eines Wahlverfahrens außer Betracht zu lassenden Umständen. Steht diese Wahrscheinlichkeit im Anfechtungsverfahren nicht zur Überzeugung des Gerichts fest (vgl. § 84 ArbGG), ist die Anfechtung unbegründet (zust. *Fitting* § 19 Rn. 24; *Schlömp-Röder* AuR 1989, 160; im Ergebnis übereinstimmend *LAG Hamm* NZA 1989, 734). Nur wenn die Beeinflussung des Wahlergebnisses dem Gericht ebenso wahrscheinlich wie unwahrscheinlich erscheint, liegt ein non liquet vor, das genügt, um die Anfechtung zu begründen (vgl. Rdn. 44).

Demgegenüber ist festzuhalten, dass das *BAG* jetzt zwar auch die Notwendigkeit der »Berücksichtigung der konkreten Umstände« herausstellt, dies aber nach wie vor nur im Rahmen der Formel: »Entscheidend ist, ob bei einer hypothetischen Betrachtungsweise eine Wahl ohne den Verstoß gegen wesentliche Wahlvorschriften unter Berücksichtigung der konkreten Umstände zwingend zu demselben Wahlergebnis geführt hätte« (*BAG* 31.05.2000 EzA § 19 BetrVG 1972 Nr. 39 S. 14 = AP Nr. 12 zu § 1 BetrVG 1972 Gemeinsamer Betrieb; 13.10.2004 EzA § 19 BetrVG 2001 Nr. 4 [unter II 3]; 25.05.2005 EzA § 14 BetrVG 2001 Nr. 1 [unter B II 2d] = AP Nr. 2 zu § 14 BetrVG 1972; 21.01.2009 EzA § 19 BetrVG 2001 Nr. 7 Rn. 29 = AP Nr. 61 zu § 19 BetrVG 1972 zuletzt etwa 10.10.2012 EzA § 8 BetrVG 2001 Nr. 3 Rn. 25 = AP Nr. 15 zu § 8 BetrVG 1972; 12.06.2013 EzA § 14 BetrVG 2001

Nr. 2 Rn. 39 = AP Nr. 64 zu § 19 BetrVG 192; dem folgen die Instanzgerichte; zust. etwa auch *Koch/ ErfK* § 19 BetrVG Rn. 6; *Löwisch/LK* 6. Aufl., § 19 Rn. 10; *Richardi/Thüsing* § 19 Rn. 34). Es liegt auf der Hand, dass diese Feststellung höchstens in Ausnahmefällen getroffen werden kann, z. B. bei Verstoß gegen § 2 Abs. 1 Satz 3 WO, wenn keiner der in der Wählerliste nicht ausgewiesenen nicht passiv wahlberechtigten Leiharbeitnehmer Wahlbewerber war (*BAG* 12.09.2012 EzA § 9 BetrVG 2001 Nr. 5 Rn. 34 = AP Nr. 14 zu § 9 BetrVG 1972), oder bei Nichtberücksichtigung Wahlberechtigter oder der Berücksichtigung nicht Wahlberechtigter, aber auch dann nur, wenn bei rechnerischer Beurteilung mögliche psychologische Auswirkungen dieser Wahlrechtsverstöße verdrängt werden (vgl. dazu *Nießen* Fehlerhafte Betriebsratswahlen, S. 170 ff.). Dieses Ergebnis mag an der negativen Formulierung des Kausalitätserfordernisses im Tatbestand des § 19 Abs. 1 orientiert sein, wird aber seiner **Funktion als einschränkendem Tatbestandsmerkmal nicht hinreichend gerecht.**

50   Unter dem »**Wahlergebnis**« ist das endgültige Wahlergebnis zu verstehen. Es betrifft die Feststellung der **neu gewählten Betriebsratsmitglieder** (bzw. des gewählten Betriebsobmanns). Zweifelhaft ist, ob darüber hinaus auch die **Reihenfolge der Ersatzmitglieder** zum Wahlergebnis gehört (so *LAG Hamm* 07.07.1976 EzA § 19 BetrVG 1972 Nr. 9). Der Siebte Senat des *BAG* verneint das mit insoweit zutr. Hinweis darauf, dass Ersatzmitglieder gerade nicht zu Betriebsratsmitgliedern gewählt worden sind (Beschluss 21.02.2001 EzA § 19 BetrVG 1972 Nr. 41 = AP Nr. 49 zu § 19 BetrVG 1972; *Gräfl* JArbR 42 [2005], S. 133 [141]; zust. *Etzel* HzA Gruppe 19/1, Rn. 174; *Fitting* § 19 Rn. 24; *Richardi/ Thüsing* § 19 Rn. 35). Andererseits rücken aber Ersatzmitglieder nach § 25 Abs. 2 grundsätzlich nach dem Ergebnis der Wahl (Listennachfolge bei Verhältniswahl, Stimmenzahl bei Mehrheitswahl) nach. Daher bedeutet es nur eine Umgehung der Kausalitätsproblematik, wenn die Reihenfolge des Nachrückens von Ersatzmitgliedern vom anfechtbaren Wahlergebnis ausgenommen wird. Auch wenn dies aus Gründen rechtssicherer und rechtsklarer Abgrenzung erfolgt (*BAG* 21.02.2001 EzA § 19 BetrVG 1972 Nr. 41), verdient das keine Zustimmung. Das wird besonders deutlich, wenn etwa Ersatzmitglieder schon innerhalb der Wahlanfechtungsfrist nachgerückt sind; in anderen Fällen wird die Kausalität eines Wahlfehlers nur dann zu bejahen sein, wenn auch die Wahrscheinlichkeit eines Nachrückens nach der möglicherweise beeinflussten Reihenfolge der Ersatzmitglieder nach den Umständen des Einzelfalls zu bejahen ist. Soweit durch den Wahlfehler nur Zwischenergebnisse beeinflusst werden können, z. B. die den Vorschlagslisten zufallenden Stimmenzahlen, ist dies unbeachtlich. Insofern ist deshalb die gesetzliche Formulierung »geändert oder beeinflusst« tautologisch, weil immer, wenn das Wahlergebnis beeinflusst werden konnte, es notwendig auch geändert werden konnte.

c) Einzelfälle

51   Da die Beurteilung der Kausalität von den **Umständen des Einzelfalles** abhängt (vgl. Rdn. 47), lassen sich allgemeingültige Aussagen nur in begrenztem Umfange machen.

52   Wahlfehler bei der **Bestellung** und **Zusammensetzung** des **Wahlvorstands** können – allein – das Wahlergebnis (entgegen h. M.) unter **keinen Umständen** beeinflussen. Auch ein fehlerhaft bestellter Wahlvorstand kann die Wahl nur entsprechend den zwingenden und wesentlichen Vorschriften des Gesetzes und der WO durchführen, die das Wahlverfahren weitgehend formalisieren und dem Wahlvorstand keinen Einfluss auf das Wahlergebnis eröffnen, solange er die Wahl ohne Wahlverstoß durchführt. Zu Recht wird im Hinblick darauf auch anerkannt, dass die Mitglieder des Wahlvorstands nicht gehindert sind, Wahlvorschläge zu unterzeichnen und selbst zu kandidieren (vgl. § 16 Rdn. 36). Bei fehlerhafter Bildung und Zusammensetzung des Wahlvorstands ist daher trotz Verstoßes gegen eine wesentliche Wahlvorschrift die **Anfechtbarkeit ausgeschlossen** (vgl. aber zur **Nichtigkeit** der Bestellung des Wahlvorstands § 16 Rdn. 6 und hier Rdn. 150 sowie zur selbständigen Anfechtung seiner Bestellung vor Abschluss der Wahl § 16 Rdn. 100). Im betriebsverfassungsrechtlichen Schrifttum wird das (soweit das Kausalitätsproblem neben der Feststellung, dass §§ 16, 17 [jetzt auch § 17a] »wesentliche« Vorschriften sind, überhaupt angesprochen wird) unter Berufung auf *BAG* 02.03.1955 BAGE 1, 317, 320 (= AP Nr. 1 zu § 18 BetrVG) weithin anders gesehen (vgl. *Nikisch* III, S. 107 Fn. 100; *Richardi/ Thüsing* § 19 Rn. 35: »wenn der Wahlvorstand bei ordnungsgemäßer Bestellung möglicherweise aus anderen Personen zusammengesetzt wäre«; *Schlochauer/HSWG* § 19 Rn. 22; ebenso im Ergebnis *Gräfl* JArbR 42 [2005], S. 133 [141]; vgl. auch *ArbG Bamberg* ARSt. 1975, 151; *H. Hanau* DB 1986, Beil. Nr. 4, S. 6, stellt nicht auf das Kausalitätsproblem ab, sondern spricht mit ähnlichen Überlegun-

gen wie hier zur Kausalität den §§ 16, 17 den Charakter »wesentlicher« Vorschriften ab, so dass schon deshalb Anfechtbarkeit ausscheidet; im Ergebnis **wie hier**: *RAG* ARS 6, 40; *LAG Frankfurt a. M.* BB 1965, 456; *ArbG Frankfurt a. M.* 13.03.2002 – 7 BVGa 76/02 – juris; *Bertelsmann* AR-Blattei SD 530.6.1 Rn. 63; *Fitting* § 19 Rn. 25; *Schlömp-Röder* AuR 1989, 158; *Wiebauer/LK* § 19 Rn. 14; ferner zum MitbestG ausführlich *Thau* Mängel der Aufsichtsratswahlen, S. 287 ff.; ebenso auch *BVerwGE* 56, 208). Genau genommen hat das *BAG* (02.03.1955 AP Nr. 1 zu § 18 BetrVG entgegen Leitsatz 3 dieses Beschlusses) jedoch die Anfechtbarkeit nicht mit der fehlerhaften Bestellung des Wahlvorstands durch den nicht mehr amtierenden Betriebsrat begründet, sondern damit, dass dieser Wahlvorstand damals die Wahl ohne Vorabstimmung als Gemeinschaftswahl (Verstoß gegen § 13 Abs. 2 BetrVG 1952 = § 14 Abs. 2 BetrVG a. F.) durchgeführt hat. Damit ist der entscheidende Differenzierungsgesichtspunkt angesprochen: Nicht die fehlerhafte Bestellung und Zusammensetzung, sondern nur Wahlfehler eines solchen Wahlvorstands können das Wahlergebnis beeinflusst haben. Konsequenterweise muss dann aber auch im Einzelfall die potentielle Kausalität eines solchen Wahlfehlers auf das Wahlergebnis dargetan werden (so im Ergebnis auch *BAG* 02.03.1955 BAGE 1, 317, 320; *BVerwGE* 56, 208; *LAG Hamm* NZA 1989, 734; *Thau* Mängel der Aufsichtsratswahlen, S. 287 ff.).

Leider hat sich der Siebte Senat des *BAG* im Beschluss vom 14.09.1988 (EzA § 16 BetrVG 1972 Nr. 6 **53** [zust. *Gaul*] = AP Nr. 1 zu § 16 BetrVG 1972; zust. *Joost/* MünchArbR § 216 Rn. 211) der hier vertretenen Auffassung ausdrücklich nicht angeschlossen und eine Wahl allein wegen Verstoßes gegen § 16 Abs. 1 Satz 5 a. F. (über die Berücksichtigung der Gruppen bei der Bildung und tatsächlichen Zusammensetzung des Wahlvorstands) für unwirksam erklärt. Diese Entscheidung wird den zu stellenden Kausalitätsanforderungen (vgl. Rdn. 47 ff.) nicht gerecht. Der **Senat bejaht die Kausalitätsfrage** im Hinblick darauf, dass der Wahlvorstand bestimmte Ermessensentscheidungen zu treffen hat (z. B. über den Zeitpunkt des Erlasses des Wahlausschreibens, Ort der Auslage der Wählerliste), bei denen unterschiedliche Gruppeninteressen bestehen könnten, die bei fehlerhafter Zusammensetzung des Wahlvorstands in dessen Entscheidungsfindung nicht einfließen könnten, so dass eine Beeinflussung des Wahlergebnisses nicht ausgeschlossen werden könne. Diese Begründung ist jedoch nicht überzeugend (abl. auch *Schlömp-Röder* AuR 1989, 195 f.; *Fitting* § 19 Rn. 25). Die Tatsache, dass dem Wahlvorstand ein Entscheidungsspielraum überlassen worden ist, spricht vielmehr gerade dafür, dass dieser durch seine jeweilige Entscheidung nach Ansicht des Gesetzgebers das Wahlergebnis erfahrungsgemäß nicht beeinflussen kann. Diese Kritik hat den Siebten Senat nicht überzeugt; er hat seine Rechtsprechung für den Fall bestätigt, dass der Wahlvorstand unter Verstoß gegen § 16 Abs. 1 auf einer Betriebsversammlung gewählt und nicht vom Betriebsrat (mit Übergangsmandat) bestellt worden ist (Beschluss vom 31.05.2000 EzA § 19 BetrVG 1972 Nr. 39 S. 14 = AP Nr. 12 zu § 1 BetrVG 1972 Gemeinsamer Betrieb Bl. 7 [zust. *v. Hoyningen-Huene*] = AR-Blattei ES 530.6.1 Nr. 33 [abl. *Wiese*]; zust. *LAG Nürnberg* 30.03.2006 AR-Blattei 530.6 Nr. 90 unter zweifelhafter Berufung auf *Rieble/Triskatis* NZA 2006, 233 [238], die sich nicht festgelegt haben; ebenso bei Bestellung nicht Wahlberechtigter zu Wahlvorstandsmitgliedern *LAG Hessen* 06.02.2003 NZA-RR 2004, 27; *LAG Köln* 10.02.2010 – 8 TaBV 65/09 – juris; *LAG Schleswig-Holstein* 19.03.2010 – 4 TaBVGa 5/10 – juris, Rn. 48; *LAG Köln* 02.08.2011 NZA-RR 2012, 23 Rn. 31; ausführlich *Nießen* Fehlerhafte Betriebsratswahlen, S. 134 ff.).

Bei Verletzung der Vorschriften über die **Wahlberechtigung** (§ 7), insbesondere durch Aufstellung **54** einer fehlerhaften Wählerliste (durch Berücksichtigung Nichtwahlberechtigter oder Nichtberücksichtigung Wahlberechtigter, auch wegen unrichtiger Betriebsabgrenzung; vgl. Rdn. 22, 23), ist zunächst maßgebend, ob sich mit mathematisch-logischer Wahrscheinlichkeit die Sitzverteilung oder auch die Reihenfolge der Ersatzmitglieder (vgl. Rdn. 50) geändert haben kann (so obiter dictum auch *BAG* 14.09.1988 EzA § 16 BetrVG 1972 Nr. 6 S. 5 f. = AP Nr. 1 zu § 16 BetrVG 1972; 21.02.2001 EzA § 19 BetrVG 1972 Nr. 41 = AP Nr. 49 zu § 19 BetrVG 1972, wo das Gericht aber entschieden hat, dass die Reihenfolge der Ersatzmitglieder nicht mehr zum Wahlergebnis i. S. d. § 19 Abs. 1 Halbs. 2 gehört; vgl. auch *LAG Hamm* 12.10.2007 – 10 TaBV 9/07 – juris). Selbst wenn das der Fall ist, steht damit aber die Kausalität des Verstoßes noch nicht fest, wie etwa der Sachverhalt bei BAGE 16, 8 (= 28.04.1964 AP Nr. 4 zu § 4 BetrVG [krit. *A. Hueck*]) zeigt (vgl. auch *Nießen* Fehlerhafte Betriebsratswahlen, S. 168 ff.). Ist ein Nichtwahlberechtigter auf die Wählerliste gesetzt worden, so ist auch zu berücksichtigen, ob er seine Stimme überhaupt abgegeben hat (vgl. § 12 Abs. 3 WO). Entsprechend ist zu beurteilen, wenn ein Wahlberechtigter dem falschen Geschlecht zugeordnet worden ist.

55 Bei der Verletzung der Vorschriften über die **Wählbarkeit** (§ 8) ist die Kausalität zu bejahen, wenn ein nicht Wählbarer gewählt oder ein Wählbarer nicht zur Wahl zugelassen worden ist (vgl. zu Einzelfällen Rdn. 24). Problematisch ist hingegen der Fall, dass ein Wählbarer nicht in die Wählerliste aufgenommen wurde. Bei diesem Mangel hängt, wenn die Kausalität nicht schon wegen Verstoßes gegen die Wahlberechtigung (vgl. Rdn. 54) zu bejahen ist, die Kausalitätsbeurteilung davon ab, ob es nach den Umständen des Einzelfalles wahrscheinlich ist, dass der Betreffende kandidiert hätte und gewählt worden wäre (vgl. dazu auch *BAG* 28.04.1964 AP Nr. 3 und 4 zu § 4 BetrVG; *G. Müller* Festgabe für *G. Kunze*, 1969, S. 261; zum MitbestG *Thau* Mängel der Aufsichtsratswahlen, S. 281; einschränkend *Nießen* Fehlerhafte Betriebsratswahlen, S. 176 ff.); bei Verkennung des Betriebsbegriffs steigt die Wahrscheinlichkeit mit der Zahl der Betroffenen.

56 Wird ein gültiger **Wahlvorschlag** zu Unrecht nicht zugelassen, ist die Kausalität grundsätzlich immer zu bejahen; bei Wahlvorschlägen der Arbeitnehmer verhindert schon das Unterschriftenquorum, dass ein Wahlvorschlag aussichtslos ist (zust. *Nießen* Fehlerhafte Betriebsratswahlen, S. 252 f.; im Ergebnis auch schon *Hanau/Ulmer* Mitbestimmungsgesetz, 1981, § 21 Rn. 29; *Matthes* GK-MitbestG, § 21 Rn. 60). Dagegen ist die Zulassung ungültiger Wahlvorschläge nur dann kausal, wenn die auf diesen Vorschlag entfallenden Stimmen die Sitzverteilung oder auch die Reihenfolge der Ersatzmitglieder mit mathematischer Wahrscheinlichkeit geändert haben kann (vgl. dazu Rdn. 54).

57 Ist die Wahl im **falschen Wahlverfahren** durchgeführt worden (vgl. *Jacobs* § 14a Rdn. 127), so ist die Kausalität dieses Fehlers immer zu bejahen, weil die Wahl im vereinfachten Wahlverfahren nach § 14a ausschließlich nach den Grundsätzen der Mehrheitswahl (Personenwahl) zu erfolgen hat, während das Regelwahlverfahren (nach § 14) grundsätzlich nach den Grundsätzen der Verhältniswahl (Listenwahl) durchzuführen ist (§ 14 Abs. 2) und schon dieser Unterschied nach allgemeiner Lebenserfahrung zu konkreter Beeinflussung des Wahlergebnisses geeignet ist (ebenso *Fitting* § 19 Rn. 25; zust. *Wiebauer/LK* § 19 Rn. 16; im Ergebnis übereinstimmend *BAG* 19.11.2003 EzA § 19 BetrVG 2001 Nr. 2 S. 6 = AP Nr. 54 zu § 19 BetrVG 1972). Auch für den Fall, dass die Wahl fälschlicherweise im Regelwahlverfahren stattgefunden hat, dort aber nach den Grundsätzen der Mehrheitswahl erfolgt ist, weil nur eine Vorschlagsliste eingereicht worden ist, ist keine Ausnahme geboten.

58 Bei Verstößen gegen Vorschriften über das **Wahlverfahren**, namentlich bei dessen Durchführung durch den Wahlvorstand, hängt die Wahrscheinlichkeit einer Beeinflussung des Wahlergebnisses grundsätzlich von der Beurteilung und den Umständen des Einzelfalles ab. So lassen sich z. B. die Fälle von Fristverstößen nicht einheitlich beurteilen. Eine bestimmungswidrige Verkürzung der Einreichungsfrist für Wahlvorschläge wird eher kausal sein (vgl. etwa *BAG* 12.02.1960 AP Nr. 11 zu § 18 BetrVG) als eine Verkürzung der Sechs-Wochen-Frist des § 3 Abs. 1 WO (*LAG Berlin* 10.02.1986 LAGE § 19 BetrVG 1972 Nr. 4 S. 13; *LAG München* 14.04.1987 LAGE § 18 BetrVG 1972 Nr. 2 S. 4; vgl. aber auch *LAG Hamm* DB 1982, 2252) oder eine Verkürzung der Frist über die Stimmabgabe, wenn die Sachverhaltsaufklärung ergibt, dass die gesamte Belegschaft mit Ausnahme der Kranken und Urlauber bereits an der Abstimmung teilgenommen hat (vgl. *BAG* 19.09.1985 EzA § 19 BetrVG 1972 Nr. 22 S. 85; *BAG* 11.03.1960 AP Nr. 13 zu § 18 BetrVG). Bei einem Verstoß gegen das Gebot öffentlicher Stimmenauszählung (§ 18 Abs. 3 Satz 1) soll es entgegen der Rdn. 47 vertretenen Auffassung nach *LAG Berlin* (16.11.1987 LAGE § 19 BetrVG 1972 Nr. 6 S. 8) genügen, dass die theoretische Möglichkeit von Wahlmanipulationen nicht ausgeschlossen werden kann, weil diese Bestimmung gerade der Minderung abstrakter Gefährdungen diene. Zu Recht wurde die Kausalität vom *LAG Berlin* (10.02.1986 LAGE § 19 BetrVG 1972 Nr. 4 S. 12 f.) bei einem Verstoß gegen § 3 Abs. 2 Nr. 10, 11 a. F., jetzt Nr. 11, 12 WO aber verneint, wenn trotz fehlender Angaben im Wahlausschreiben alle Arbeitnehmer an der Wahl teilgenommen haben; in diesem Fall fehlt die Kausalität auch, wenn der Wahlvorstand unter Verstoß gegen § 10 Abs. 2 WO keine Wahlvorschläge bekanntgemacht hat (*LAG Rheinland-Pfalz* 30.05.1996 NZA 1997, 674). Die Verletzung der Verpflichtung zur zeitgleichen Einleitung der regelmäßigen Betriebsratswahlen mit den regelmäßigen Sprecherausschusswahlen (§ 13 Abs. 1 Satz 2) kann das Wahlergebnis unter keinen Umständen beeinflussen (vgl. *Jacobs* § 13 Rdn. 25); Entsprechendes gilt für die (völlige oder teilweise) Nichtdurchführung des Zuordnungsverfahrens nach § 18a (vgl. § 18a Rdn. 112). Bei Verstoß gegen die Prüfungs- und Unterrichtungspflicht des Wahlvorstands nach § 7 Abs. 2 Satz 2 WO bejaht die Rspr. (vgl. die Nachweise Rdn. 32 a. E.) zutr. die Kau-

In den Fällen einer **Wahlbehinderung** oder **Wahlbeeinflussung** ist es besonders wichtig, konsequent zu subsumieren, um eine unzulässige Vermengung der Frage nach einem Verstoß gegen § 20 Abs. 1 und 2 mit dem Kausalitätserfordernis zu vermeiden. Liegt eine rechtswidrige Behinderung oder Beeinflussung vor (was meist die Hauptschwierigkeit der Beurteilung ausmachen wird), so ist die Kausalitätsfrage ebenso zu beantworten wie sonst; strengere Anforderungen sind nicht angebracht (vgl. auch BAG 08.03.1957 AP Nr. 1 zu § 19 BetrVG). Vielfach wird dabei in Parallele zu den Fällen einer Verletzung der Bestimmungen über die Wahlberechtigung und/oder die Wählbarkeit zu entscheiden sein, z. B. wenn einzelne Personen am Betreten des Wahllokals gehindert werden oder wenn ihnen eine freie Willensentscheidung durch Wahlversprechen unmöglich gemacht worden ist (vgl. zur Problematik ausführlich und differenzierend *Nießen* Fehlerhafte Betriebsratswahlen, S. 317 ff.; zum MitbestG *Thau* Mängel der Aufsichtsratswahlen, S. 293 ff.). Bei Wahlbeeinflussungen wird die Kausalität vielfach fehlen; vgl. § 20 Rdn. 51. 59

IV. Weitere Anfechtungsvoraussetzungen (Abs. 2)

1. Anfechtungsberechtigung

a) Bedeutung der Anfechtungsberechtigung

Die Anfechtungsberechtigung ist das **Recht**, die **Anfechtbarkeit** des Wahlergebnisses **geltend zu machen**; die Anfechtung zielt darauf, das Wahlergebnis zu korrigieren oder zu kassieren (vgl. zum Anfechtungsantrag Rdn. 98 ff.; zum Inhalt der stattgebenden Anfechtungsentscheidung näher Rdn. 125 ff.). Das Anfechtungsrecht ist ein **materiell-rechtliches Gestaltungsrecht**, weil es den Berechtigten das Recht gibt, auf den Bestand des Wahlergebnisses (ganz oder teilweise) einzuwirken. Da die Ausübung dieses Rechts aber nur durch Antrag »beim Arbeitsgericht« erfolgen kann, mithin die Rechtsgestaltungswirkung erst mit der Rechtskraft der arbeitsgerichtlichen Entscheidung eintritt (vgl. Rdn. 125 ff.), kann man von einem **Gestaltungsantragsrecht** sprechen (ähnlich *G. Müller* FS *Schnorr von Carolsfeld*, S. 373). Dementsprechend ist der die Gestaltungswirkung herbeiführende, dem Anfechtungsantrag stattgebende Beschluss ein **Gestaltungsbeschluss**, der keiner Vollstreckung bedarf (vgl. dazu Rdn. 126). 60

Die Anfechtungsberechtigung ist ein **Recht**, aber **keine Pflicht**. Bleiben die Anfechtungsberechtigten untätig, üben sie ihr Gestaltungsantragsrecht nicht rechtzeitig (§ 19 Abs. 2 Satz 2) aus, so haben sie als solche keine weitere Rechtsposition (ebenso BAG 19.09.1985 EzA § 19 BetrVG 1972 Nr. 22 [unter II, S. 84 = AP Nr. 12 zu § 19 BetrVG 1972). Insbesondere umfasst die Anfechtungsberechtigung nicht das Recht, auf Seiten des Antragsgegners dem Anfechtungsverfahren beizutreten, wenn ein Anfechtungsberechtigter die Anfechtung für unbegründet hält. Zu der davon zu unterscheidenden Beteiligungsberechtigung vgl. Rdn. 107 ff. 61

Die Anfechtungsberechtigung ist **Voraussetzung der Begründetheit** der Wahlanfechtung; nur wer anfechtungsberechtigt ist, kann die Wahl wirksam anfechten. Die Anfechtungsberechtigung ist keine Verfahrens- oder Prozessvoraussetzung und auch keine Sachentscheidungsvoraussetzung. Das Schrifttum sieht das ganz überwiegend anders (vgl. *Bulla* DB 1977, 303 [304]; *Fitting* § 19 Rn. 29; *Galperin/Löwisch* § 19 Rn. 13; *Matthes/Spinner/GMP* ArbGG, § 81 Rn. 58 ff.; *Hauck/Helml/Biebl* ArbGG, § 81 Rn. 8; *Laux* Antrags- und Beteiligungsbefugnis, S. 76; *G. Müller* FS *Schnorr von Carolsfeld*, S. 376; *Schlochauer/HSWG* § 19 Rn. 26; *Weth* in: *Schwab/Weth* ArbGG, § 81 Rn. 52 ff., 63; *Stege/Weinspach/Schiefer* § 19 Rn. 2). Auch das BAG hat bis zur Entscheidung vom 21.11.1975 (AP Nr. 6 zu § 118 BetrVG 1972) die Anfechtungsberechtigung nur als Verfahrensvoraussetzung eingestuft. Seit der Entscheidung vom 14.02.1978 (BAGE 30, 114 = AP Nr. 7 zu § 19 BetrVG 1972 = SAE 1980, 72 [krit. *Kreutz*]) sieht das BAG die Anfechtungsberechtigung, die es ohne nähere Begründung mit der Antragsberechtigung (Antragsbefugnis) gleichsetzt, als Voraussetzung »**sowohl** für die prozessuale Einleitung und Weiterführung eines Beschlussverfahrens **als auch** für eine materiellrechtlich günstige Entscheidung« (ebenso *Richardi/Thüsing* § 19 Rn. 42; *Reichold/HWK* § 19 BetrVG Rn. 18; Hess. LAG 62

02.03.2017 – 9 TaBV 120/16 – juris, mit dem kuriosen Ergebnis, dass der Anfechtungsantrag wegen der materiell-rechtlichen Wirkung von Antragsrücknahmen unbegründet war, obwohl diese prozessual in der Beschwerdeinstanz unzulässig waren [s. Rdn. 75], und damit der Antrag nach wie vor zulässig war). Die Anfechtungsberechtigung ist danach sowohl Prozess- als auch Begründetheitsvoraussetzung mit der Folge, dass ein Wahlanfechtungsantrag beim Fehlen der Anfechtungsberechtigung als unzulässig abzuweisen ist (vgl. auch *BAG* 10.06.1983 BAGE 44, 57 = AP Nr. 10 zu § 19 BetrVG 1972; 12.02.1985 EzA § 19 BetrVG 1972 Nr. 21 = AP Nr. 27 zu § 76 BetrVG 1952; 04.12.1986 EzA § 19 BetrVG 1972 Nr. 24 = AP Nr. 13 zu § 19 BetrVG 1972). Diese Auffassung überzeugt nicht, weil nicht erkennbar ist, dass § 19 Abs. 2 Satz 1 von prozessualen Erwägungen getragen ist. Die Vorschrift bestimmt diejenigen, die die Rechtsposition haben, auf das anfechtbare Wahlergebnis einzuwirken. Das ist eine Frage der Aktivlegitimation. Die h. M. ist auch nur daraus erklärlich, dass sie die Antragsberechtigung (»Antragsbefugnis«) als eigenständige Prozessvoraussetzung im Beschlussverfahren versteht, an die, ohne gesetzliche Grundlage, erhebliche »Betroffenheits«-Anforderungen gestellt werden. Diese Problematik stellt sich jedoch in Wirklichkeit nicht. Nach dem Gesetz (§ 81 Abs. 1 ArbGG) kann jeder einen Antrag stellen, wenn er behauptet, ein eigenes Recht geltend zu machen; alles andere ist allein Frage der Begründetheit (so überzeugend *Grunsky* ArbGG, § 80 Rn. 29, § 81 Rn. 6; vgl. weiter *Dütz* Anm. zu *BAG* AP Nr. 8 zu § 118 BetrVG 1972; *Hueck/Nipperdey* I, S. 975; im Ansatz auch *Dunkl* Der Begriff und die Arten der Beteiligten im arbeitsgerichtlichen Beschlussverfahren, 1979, S. 96, einschränkend S. 109 ff.). Das ist auch in den Fällen nicht anders, in denen das Gesetz (wie auch bei der Anfechtungsberechtigung) Antragsrechte ausdrücklich normiert (deshalb überzeugt die Differenzierung etwa bei *Matthes/Spinner/GMP* ArbGG, § 81 Rn. 56/58 nicht). Auch die Prozessökonomie kann nicht für die Gegenmeinung angeführt werden; denn sie führt nicht zu einer Einsparung von Rechtsprechungskapazität, »sondern verkompliziert die Sache nur« (*Grunsky* Anm. zu *BAG* AP Nr. 2 zu § 83 ArbGG 1979). Im Übrigen ist darauf hinzuweisen, dass nach h. M. der Anfechtungsfrist gemäß § 19 Abs. 2 Satz 2 zu Recht nur materiell-rechtliche Bedeutung zukommt (vgl. Rdn. 86), so dass die unterschiedliche Einordnung der Anfechtungsberechtigung auch systematisch nicht einleuchten will. Das *BAG* (vgl. zuletzt etwa *BAG* 15.05.2013 EzA § 14 BetrVG 2001 Nr. 3 Rn. 12 ff. = AP Nr. 63 zu § 19 BetrVG 1972; 06.11.2013 EzA § 14 BetrVG 2001 Nr. 4 Rn. 9 = AP Nr. 3 zu § 14 BetrVG 1972) sucht dies zu überspielen, indem es gliederungsmäßig in Beschlussbegründungen den materiellen Voraussetzungen einer erfolgreichen Wahlanfechtung nach § 19 Abs. 1 pauschal »formelle« (»förmliche«) Voraussetzungen (einer zulässigen [!] Wahlanfechtung) nach § 19 Abs. 2 voraustellt.

b) Voraussetzungen der Anfechtungsberechtigung

63 Das Gesetz bestimmt in § 19 Abs. 2 Satz 1 die zur Anfechtung Berechtigten **abschließend** (im Ergebnis unstr.; vgl. *Fitting* § 19 Rn. 29 ff.; *Galperin/Löwisch* § 19 Rn. 15; *Homburg/DKKW* § 19 Rn. 23; *Nicolai/HWGNRH* § 19 Rn. 19; *Richardi/Thüsing* § 19 Rn. 43, 48). Anfechtungsberechtigt sind danach **nur**: mindestens drei Wahlberechtigte, jede im Betrieb vertretene Gewerkschaft und der Arbeitgeber. Nicht anfechtungsberechtigt ist der neu gewählte Betriebsrat. Wenn er das Wahlergebnis für fehlerhaft hält, hat er aber die Möglichkeit, den Weg zu Neuwahlen dadurch freizumachen, dass er mit der Mehrheit seiner Mitglieder seinen Rücktritt beschließt (vgl. § 13 Abs. 2 Nr. 3). Auch der Wahlvorstand ist nicht anfechtungsberechtigt; das ist auch sinnvoll, weil er die Möglichkeit hat, selbst das endgültige Wahlergebnis auch nach dessen Bekanntmachung noch zu korrigieren, solange er noch im Amt ist (vgl. Rdn. 39). Vgl. aber auch Rdn. 92.

64 Das vom Gesetz den Berechtigten eingeräumte Anfechtungsrecht ist in **keinem** Falle von **zusätzlichen Voraussetzungen** abhängig. Insbesondere ist der rechtzeitige **Einspruch** beim Wahlvorstand **gegen die Richtigkeit der Wählerliste** nach § 4 WO **keine Voraussetzung** der Anfechtungsberechtigung, auch nicht, wenn die Anfechtung auf einen Verstoß gegen §§ 7 oder 8 gestützt wird. Die materiell-rechtlichen Voraussetzungen für das Wahlrecht, die Wählbarkeit und die Anfechtungsberechtigung sind in §§ 7, 8 und 19 Abs. 2 Satz 1 vom Gesetz geregelt. Die Bestimmungen der WO als die in der Normpyramide schwächeren Rechtsnormen können daher weder zusätzliche materielle Voraussetzungen aufstellen noch von den gesetzlichen Anforderungen Ausnahmen zulassen. Die dem Verordnungsgeber in § 126 erteilte Ermächtigung deckt nur Durchführungsbestimmungen (Ordnungsbestimmungen, Verfahrensbestimmungen) im Rahmen der gesetzlichen Regelungen (vgl.

auch *G. Müller* FS *Schnorr von Carolsfeld*, S. 386). Mit dieser tragenden und überzeugenden Begründung hat das *BAG* entschieden, dass die Wahlanfechtungsbefugnis einer **im Betrieb vertretenen Gewerkschaft** nicht davon abhängt, dass zuvor Einspruch gegen die Richtigkeit der Wählerliste eingelegt wurde (vgl. *BAG* 29.03.1974 BAGE 26, 107 = AP Nr. 2 zu § 19 BetrVG 1972 [zust. *Seipel*]; 25.06.1974 AP Nr. 3 zu § 19 BetrVG 1972).

Konsequenterweise kann dann aber für das Anfechtungsrecht des **Arbeitgebers** und der **Arbeitnehmer** nichts anderes gelten (**so auch** *Bulla* DB 1977, 303 [305]; *Gnade* FS *Herschel*, S. 145; *Homburg / DKKW* § 19 Rn. 6; *Wlotzke/WPK* § 19 Rn. 5; im Ergebnis auch *Brors*/HaKo § 19 Rn. 15; *Galperin/ Löwisch* § 19 Rn. 9; *Hueck/Nipperdey* II/2, S. 1149 Fn. 58 unter Berufung auf *RAG* ARS 13, 459 [461]; *Joost*/MünchArbR § 216 Rn. 222; *Koch*/ErfK § 19 BetrVG Rn. 3; *Nicolai*/HWGNRH § 19 Rn. 15; *Reichold*/HWK § 19 BetrVG Rn. 18; *Wiebauer*/LK § 19 Rn. 23; offen gelassen, aber wohl dieser Ansicht zuneigend, *BAG* 27.01.1993 EzA § 76 BetrVG 1952 Nr. 14 S. 9 f. = AP Nr. 29 zu § 76 BetrVG 1952 Bl. 4; wie hier *LAG Köln* AuR 2000, 438 als Vorinstanz zu *BAG* 14.11.2001 EzA § 19 BetrVG 1972 Nr. 42, wo vom *BAG* die Frage wieder offen gelassen, aber die Ansicht des *LAG Köln* bestätigt wurde, wonach bei Nichteinlegung eines Einspruchs gegen die Richtigkeit der Wählerliste jedenfalls das Anfechtungsrecht wegen sonstiger Verstöße (als gegen Wahlrecht und Wählbarkeit) nicht verloren geht; wie hier auch *LAG München* 10.03.2015 – 6 TaBV 64/14 – juris = NZA 2016, 906 LS [krit. *Forschner* NZA 2016, 872]; *LAG Rheinland-Pfalz* 17.06.2015 – 4 TaBV 14/14 – juris, Rn. 56; *LAG Hamm* 30.06.2015 – 7 TaBV 71/14 – juris, Rn. 44; *LAG Baden-Württemberg* 16.07.2015 – 18 TaBV 1/15 – juris, Rn. 68 ff. [ebenso schon Vorinstanz *ArbG Ulm* 27.01.2015 – 5 BV 2/14 – juris, Rn. 22]; wiederum *LAG Hamm* 02.09.2016 – 13 TaBV 94/15 – juris [zur Wahlfechtung bei der Schwerbehindertenvertretung]; Rechtsbeschwerde unter 7 ABR 42/15 eingelegt). Auch kann der Versäumung des Einspruchs **keine heilende Wirkung** gegenüber Verstößen gegen das Wahlrecht und die Wählbarkeit zukommen, so dass insoweit auch nicht schon die Anfechtbarkeit entfällt (vgl. insoweit auch *Richardi/Thüsing* § 19 Rn. 9; unzutreffend *LAG Düsseldorf* DB 1973, 2050 [2051]; *LAG Kiel* AP Nr. 1 zu § 4 WahlO). 65

In keinem Fall ist Platz für Differenzierungen. Insbesondere ist es nicht gerechtfertigt, nach der Einspruchsberechtigung gemäß § 4 WO zu unterscheiden, zumal diese Unterscheidung in sich nicht tragfähig ist, weil nach richtiger Ansicht (vgl. *Jacobs* § 4 WO Rdn. 3) neben den Arbeitnehmern auch der Arbeitgeber und die im Betrieb vertretenen Gewerkschaften zum Einspruch berechtigt sind (**a. M.**, nämlich differenzierend zwischen dem Anfechtungsrecht der (nicht für einspruchsberechtigt angesehenen) Gewerkschaften und des Arbeitgebers einerseits und dem der Arbeitnehmer andererseits, das entfallen soll, wenn kein zumutbarer Einspruch erhoben worden ist, etwa *LAG Düsseldorf* DB 1974, 684; *LAG Frankfurt a. M.* BB 1976, 1271; *LAG Nürnberg* 31.05.2012 – 5 TaBV 36/11 – juris [zur Wahlanfechtung bei der Schwerbehindertenvertretung] = AiB 2013, 393 [zust. *Manske*]; *Etzel* HzA Gruppe 19/1, Rn. 168; *Fitting* § 19 Rn. 14; *Küchenhoff* § 19 Rn. 14; *Richardi/Thüsing* § 19 Rn. 10; *Seipel* Anm. zu *BAG* AP Nr. 2 zu § 19 BetrVG 1972; *Stege/Weinspach/Schiefer* § 19 Rn. 3; *Thiele* 2. Bearbeitung, § 19 Rn. 29 f. folgte dieser Differenzierung nur für den Fall fehlerhafter Nichteintragung eines Wahlberechtigten, dagegen sollte bei Eintragung eines Nichtwahlberechtigten die Versäumung des Einspruchs unbeachtlich sein). Im Übrigen wäre eine nach Wahlfehlern aufgespaltete Anfechtungsberechtigung auch in hohem Maße unpraktikabel. 66

Weil der Einspruch gegen die Wählerliste nur verfahrensmäßig Bedeutung haben kann, handelt ein Arbeitnehmer, der sein Anfechtungsrecht ausübt, auch **nicht missbräuchlich**, wenn er keinen Einspruch erhoben hat, obwohl ihm dies zumutbar gewesen wäre (**a. M.** *Bulla* DB 1977, 303 [305]; *Laux* Antrags- und Beteiligungsbefugnis, S. 77; *Seipel* Anm. zu *BAG* AP Nr. 2 zu § 19 BetrVG 1972; diesem zust. *Richardi/Thüsing* § 19 Rn. 10); dabei ist auch zu berücksichtigen, dass die Wahlanfechtung nicht nur der Durchsetzung individueller Rechtspositionen dient (vgl. Rdn. 14). 67

Mitglieder des neu gewählten **Betriebsrats** und des **Wahlvorstands** sind in ihrer Eigenschaft als wahlberechtigte Arbeitnehmer anfechtungsberechtigt (ebenso *BAG* 20.07.1982 EzA § 76 BetrVG 1952 Nr. 12 = AP Nr. 26 zu § 76 BetrVG; *LAG Brandenburg* NZA-RR 1999, 418; *Fitting* § 19 Rn. 33; *Homburg/DKKW* § 19 Rn. 24; *Koch*/Erfk § 19 BetrVG Rn. 10; *Richardi/Thüsing* § 19 Rn. 48; *Schlochauer*/HSWG § 19 Rn. 26; *Wlotzke/WPK* § 19 Rn. 14); Betriebsratsmitglieder müssen ihr Amt nicht etwa niederlegen (ebenso *LAG Hamm* DB 1976, 1920). 68

69 Die Anfechtungsberechtigung besteht grundsätzlich und hängt nicht von der Stellung eines Anfechtungsantrags ab; sie erlischt aber mit Ablauf der Anfechtungsfrist (vgl. Rdn. 84).

c) Anfechtungsrecht der Arbeitnehmer

70 Anfechtungsberechtigt sind nur **wahlberechtigte** Arbeitnehmer; nur die Wahlberechtigung ist Voraussetzung ihrer Anfechtungsberechtigung. Anfechtungsberechtigt sind danach die nach § 7 Satz 1 wahlberechtigten Arbeitnehmer des Betriebes (s. dazu *Raab* § 7 Rdn. 16 ff.) und die Leiharbeitnehmer, die im Entleiherbetrieb wahlberechtigt sind, wenn sie die Voraussetzungen des § 7 Satz 2 erfüllen (s. dazu *Raab* § 7 Rdn. 93 ff.). Davon macht die gesetzliche Neuregelung in § 14 Abs. 2 Satz 4 AÜG keine Abstriche: Wenn danach Leiharbeitnehmer im Entleiherbetrieb bei Bestimmungen des BetrVG zu berücksichtigen sind, die eine bestimmte Anzahl von Arbeitnehmern voraussetzen (wie es hier in Abs. 2 Satz 1 der Fall ist), wird damit nur ihre zahlenmäßige Berücksichtigung festgelegt, nicht aber wird zugleich das Vorliegen weiterer Anwendungsvoraussetzungen der erfassten Bestimmung des BetrVG unterstellt, wie hier die Wahlberechtigung (zutr. *Löwisch / Wegmann* BB 2017, 373 [374] unter stimmiger Berufung auf die Gesetzesmaterialien); diese müssen im Einzelfall erfüllt sein.

71 Maßgeblicher Zeitpunkt für die Beurteilung der Wahlberechtigung ist hier jedoch, da das Gesetz den Bezug zur Wahl nicht betont, nicht der **Zeitpunkt** der Stimmabgabe (so aber *BAG* 04.12.1986 EzA § 19 BetrVG 1972 Nr. 24 [unter II 4b] = AP Nr. 13 zu § 19 BetrVG 1972 [zust. *M. Wolf* SAE 1987, 223]; 15.02.1989 EzA § 19 BetrVG 1972 Nr. 28 [zust. *Marhold*] = AP Nr. 17 zu § 19 BetrVG 1972; 23.07.2014 EzA § 94 SGB IX Nr. 8 Rn. 31 = AP Nr. 7 zu § 94 SGB IX; *Fitting* § 19 Rn. 29 [unter Verkennung der hier vertretenen Ansicht]; *Koch*/ErfK § 19 BetrVG Rn. 10; *Richardi / Thüsing* § 19 Rn. 44; *Weth* SAE 1990, 293; *Wiebauer*/LK § 19 Rn. 17; *Wlotzke*/WPK § 19 Rn. 15), sondern der **der Anfechtung** durch Antragstellung beim Arbeitsgericht (so zum MitbestG auch *Matthes* GK-MitbestG, § 21 Rn. 70; übereinstimmend diejenigen, die verlangen, dass die Wahlberechtigung »in jedem Stadium des Verfahrens« gegeben sein muss [dazu Rdn. 76]). Nur so wird auch eine Diskrepanz zur Anfechtungsberechtigung einer Gewerkschaft vermieden, die (auch erst) im Zeitpunkt der Antragstellung im Betrieb vertreten sein muss (s. Rdn. 80). Anfechtungsberechtigt ist daher nicht, wer vor Antragstellung seine Betriebszugehörigkeit verloren hat; umgekehrt sind Arbeitnehmer, die erst nach dem Wahltag betriebszugehörig oder volljährig oder nach § 7 Satz 2 wahlberechtigt geworden sind, anfechtungsberechtigt (**a. M.** *BVerwG* 27.04.1983 BVerwGE 67, 145 [148]). Wahlberechtigte, die sich nicht an der Wahl beteiligt haben, sind anfechtungsberechtigt (zutr. *BAG* 04.12.1986 EzA § 19 BetrVG 1972 Nr. 24 [unter II 4b] = AP Nr. 13 zu § 19 BetrVG 1972). Im Streitfall hat das Gericht die Wahlberechtigung festzustellen (vgl. auch *BAG* 28.04.1964 BAGE 16, 1 = AP Nr. 3 zu § 4 BetrVG). Zum Verlust der Wahlberechtigung während des Anfechtungsverfahrens vgl. Rdn. 76.

72 Die Anfechtungsberechtigung steht den Wahlberechtigten in dem Betrieb zu, in dem die Betriebsratswahl stattgefunden hat. Das ist bei unstrittiger Betriebsabgrenzung unproblematisch. Anfechtungsberechtigt sind insoweit aber auch **Wahlberechtigte von Betriebsteilen oder Kleinstbetrieben**, die dem Hauptbetrieb zugeordnet sind, auch wenn die Anfechtung darauf gestützt wird, dass diese Betriebsabgrenzung unrichtig ist. Wahlberechtigte von Betriebsteilen und Kleinstbetrieben sind aber auch dann anfechtungsberechtigt, wenn sie geltend machen, dass ihre Betriebsstätte wegen unrichtiger Betriebsabgrenzung dem Hauptbetrieb nicht zugeordnet worden ist. Verallgemeinernd bedeutet das, dass Wahlberechtigte die Wahl nicht nur in dem Betriebsteil (bzw. Betrieb) anfechten können, in dem sie beschäftigt sind, sondern auch diejenige in einem anderen Betriebsteil (Betrieb), wenn die Anfechtungen darauf gestützt werden, dass unter Verkennung des Betriebsbegriffs in einem einheitlichen Betrieb (etwa auch einem Gemeinschaftsbetrieb) mehrere Betriebsräte gewählt worden sind. Nach h. M. ist es in diesem Fall sogar erforderlich, alle Wahlen anzufechten, weil nur so erreichbar ist, dass die Gesamtbelegschaft einen für den gesamten Betrieb zuständigen Betriebsrat neu (nach § 13 Abs. 2 Nr. 4) wählen kann (*BAG* 07.12.1988 EzA § 19 BetrVG 1972 Nr. 25 = AP Nr. 15 zu § 19 BetrVG 1972; bestätigt durch *BAG* 31.05.2000 EzA § 19 BetrVG 1972 Nr. 39 = AP Nr. 12 zu § 1 BetrVG 1972 Gemeinsamer Betrieb; 14.11.2001 EzA § 19 BetrVG 1972 Nr. 42; zust. *LAG Düsseldorf* 19.04.2016 NZA-RR 2016, 411; *Fitting* § 19 Rn. 41; *Homburg/DKKW* § 19 Rn. 11; **a. M.** *LAG Köln* [Vorinstanz zu *BAG* 31.05.2000] DB 1988, 1327). Soweit das *BAG* aus letzterem ableitet, dass andernfalls bis zum nächsten regelmäßigen Wahlzeitraum Betriebsratslosigkeit für den Betriebsteil ein-

treten würde, dessen Betriebsratswahl allein angefochten worden ist, trifft dies zwar für wesentliche Fallkonstellationen zu (z. B. Anfechtung nur der Wahl im Hauptbetrieb), aber nicht für alle (und insbesondere auch nicht für die der gerichtlichen Entscheidung zugrunde liegende Konstellation; vgl. § 18 Rdn. 74). Dennoch ist der h. M. zuzustimmen, um unerträgliche Zufallsergebnisse auszuschließen. Wegen Unmöglichkeit der Zweckerreichung (Neuwahl im einheitlichen Betrieb) ist deshalb die Anfechtung nur einer Wahl unbegründet (nach *BAG* soll sie unzulässig sein), wenn in einem angeblich einheitlichen Betrieb (Gemeinschaftsbetrieb) mehrere Betriebsräte gewählt worden sind; das gilt jedoch nicht, wenn alle Wahlen, wenn auch nicht in demselben Beschlussverfahren, angefochten worden sind (so *BAG* 14.11.2001 EzA § 19 BetrVG 1972 Nr. 42). Diese Rspr. ist nach *BAG* 21.09.2011 (EzA § 3 BetrVG 2001 Nr. 5 = AP Nr. 9 zu § 3 BetrVG 1972) nicht auf die Fallkonstellation übertragbar, dass durch Tarifvertrag (gemäß § 3 Abs. 1 Nr. 1 lit. b) die Betriebe eines Unternehmens zu verschiedenen betriebsverfassungsrechtlichen Einheiten (i. S. v. § 3 Abs. 5 Satz 1) zusammengefasst sind und dann die Wahl nur in einer dieser Organisationseinheiten wegen Verkennung des tarifvertraglich festgelegten Betriebsbegriffs angefochten wird; ist diese isolierte Anfechtung möglich, können die Wahlberechtigten in diesem Betrieb nicht die Wahlen in sämtlichen anderen tarifvertraglich gebildeten Organisationseinheiten anfechten.

Das Gesetz räumt nur »**mindestens drei** Wahlberechtigten« das Anfechtungsrecht ein. Diese Einschränkung zielt auf Rechtssicherheit (vgl. Rdn. 15); sie soll der Wahlanfechtung eine gewisse Erfolgsaussicht geben, insbesondere aber einzelne Enttäuschte oder Querulanten fernhalten (zust. *BAG* 15.02.1989 EzA § 19 BetrVG 1972 Nr. 28 [unter B, S. 6] = AP Nr. 17 zu § 19 BetrVG 1972). Ein einzelner Arbeitnehmer kann daher die Wahl auch dann nicht erfolgreich anfechten, wenn nur er von dem Wahlfehler betroffen ist, z. B. weil er nicht in die Wählerliste eingetragen oder nicht zur Kandidatur zugelassen wurde, oder wenn bei richtiger Feststellung des Wahlergebnisses gerade er gewählt worden wäre (vgl. dazu *BAG* 20.04.1956 AP Nr. 3 zu § 27 BetrVG). 73

Das Anfechtungsrecht steht **jedem einzelnen Arbeitnehmer** als subjektive Rechtsposition zu, auch wenn nur mindestens drei die Wahl erfolgreich anfechten können (zutr. *BAG* 12.02.1985 EzA § 19 BetrVG 1972 Nr. 21 = AP Nr. 27 zu § 76 BetrVG 1952 [zust. *Rittner*]; bestätigt durch *BAG* 04.12.1986 EzA § 19 BetrVG 1972 Nr. 24 = AP Nr. 13 zu § 19 BetrVG 1972; 15.02.1989 EzA § 19 BetrVG 1972 Nr. 28 [zust. *Marhold* sowie *Weth* SAE 1990, 294] = AP Nr. 17 zu § 19 BetrVG 1972; vgl. auch *BAG* 25.08.1981 BAGE 37, 31 = AP Nr. 2 zu § 83 ArbGG 1979), nicht einer »Gruppe« von mindestens drei Arbeitnehmern aus der Belegschaft (so etwa auch *Matthes/Spinner/GMP* ArbGG, § 81 Rn. 47; **a. M.** *Thiele* 2. Bearbeitung, § 19 Rn. 8 m. w. N.), die ein kollektives Interesse wahrnehmen (**a. M.** *M. Wolf* SAE 1987, 223). Das Innenverhältnis der drei Arbeitnehmer zueinander ist ebenso belanglos wie ihr Verhältnis zur Belegschaft. Insbesondere müssen sich Arbeitnehmer nicht, wie es tatsächlich vielfach der Fall wird, von vornherein zu einer Gruppe mit dem Ziel zusammenschließen, die Wahl anzufechten (zust. *Homburg*/DKKW § 19 Rn. 25), also deren Unwirksamkeit gerichtlich geltend zu machen. Der Anfechtungsantrag ist nicht notwendig gemeinsamer Antrag. Es genügt, wenn sich innerhalb der Anfechtungsfrist beim Arbeitsgericht mindestens drei Wahlberechtigte mit – auch umfangmäßig, vgl. dazu Rdn. 98 ff. – übereinstimmendem Begehren zusammenfinden, auch wenn sie unterschiedliche Wahlrechtsverstöße geltend machen (ebenso *BAG* 15.02.1989 EzA § 19 BetrVG 1972 Nr. 28 [unter B S. 5] = AP Nr. 27 zu § 76 BetrVG 1952). Die Anträge müssen dann miteinander verbunden werden. Da nur drei Wahlberechtigte anfechtungsberechtigt sind, sind sie notwendige Streitgenossen i. S. v. § 62 ZPO (zutr. *Weth* SAE 1990, 294). 74

Da jeder Anfechtende aus eigenem Recht handelt, kann jeder einzelne gemäß § 81 Abs. 2 ArbGG seinen Anfechtungsantrag in erster Instanz jederzeit zurücknehmen (ebenso *BAG* 12.02.1985 EzA § 19 BetrVG 1972 Nr. 21 = AP Nr. 27 zu § 76 BetrVG 1952 – unter Aufgabe von *BAG* 08.12.1970 BAGE 23, 130 = AP Nr. 21 zu § 76 BetrVG), in der Rechtsmittelinstanz allerdings nur mit Zustimmung der anderen Beteiligten (§ 87 Abs. 2 Satz 3 ArbGG); davon gibt es im Wahlanfechtungsverfahren keine Ausnahme (*Hess. LAG* 02.03.2017 – 9 TaBV 120/16 – juris, Rn. 3). Zu Konsequenzen daraus vgl. Rdn. 78. Da die Anfechtenden nicht als »Gruppe« handeln, können sie gemäß § 11 Abs. 1 ArbGG auch nicht gemeinschaftlich vom Sekretär einer Gewerkschaft vertreten werden, wenn nur einer von ihnen Mitglied der betreffenden Gewerkschaft ist (**a. M.** noch *BAG* 08.12.1970). 75

76 **Zweifelhaft ist, ob mindestens drei Antragsteller** während des (ganzen) Anfechtungsverfahrens **wahlberechtigt bleiben müssen** und andernfalls die Anfechtungsberechtigung entfällt. **Zunächst** sahen das *BAG* (12.02.1985 EzA § 19 BetrVG 1972 Nr. 21 = AP Nr. 27 zu § 76 BetrVG 1952; 10.06.1983 EzA § 19 BetrVG 1972 Nr. 19 = AP Nr. 10 zu § 19 BetrVG 1972) und die Literatur (vgl. *Dietz/Richardi* § 19 Rn. 29; *Fitting/Auffarth/Kaiser/Heither* bis 15. Aufl., § 19 Rn. 19; *Galperin/Löwisch* § 19 Rn. 13; *Gnade/Kehrmann/Schneider/Blanke* 2. Aufl., § 19 Rn. 11; *Hess/Schlochauer/Glaubitz* 3. Aufl., § 19 Rn. 26; *Löwisch* 2. Aufl., § 19 Rn. 7) das so. Im Beschluss vom 04.12.1986 (EzA § 19 BetrVG 1972 Nr. 24 [zust. *M. Wolf* SAE 1987, 223] = AP Nr. 13 zu § 19 BetrVG 1972) hat dann der Sechste Senat die Auffassung des *BAG* **geändert** und entschieden, dass ein von drei oder mehreren Arbeitnehmern eingeleitetes Anfechtungsverfahren nicht unzulässig wird, wenn alle Antragsteller während der Dauer des Beschlussverfahrens aus dem Arbeitsverhältnis ausscheiden und damit ihre Betriebszugehörigkeit verlieren; dieses Ausscheiden bewirke weder den Verlust der Anfechtungsbefugnis noch den Fortfall des Rechtsschutzinteresses der Antragsteller, wenn sie das Verfahren weiter betreiben (zust. *Weth* SAE 1990, 291 ff.; *Fitting* § 19 Rn. 29; *Homburg/DKKW* § 19 Rn. 25; *Löwisch/LK* 6. Aufl., § 19 Rn. 12; *Richardi/Thüsing* § 19 Rn. 44; *Schlochauer/HSWG* § 19 Rn. 26; *Stege/Weinspach/Schiefer* § 19 Rn. 2; übereinstimmend zum PersVG *BVerwG* 27.04.1983 BVerwGE 67, 145; 29.11.1983 PersV 1986, 26; bestätigend *BVerwG* 24.02.2015 ZTR 2015, 252 Rn. 10 ff.). Eine **weitere Kurskorrektur** brachte dann der Beschluss des Siebten Senats vom 15.02.1989 (EzA § 19 BetrVG 1972 Nr. 28 [zust. *Marhold*; abl. *Weth* SAE 1990, 294 f.] = AP Nr. 17 zu § 19 BetrVG 1972; bestätigend [bei Anfechtung der Wahl der Schwerbehindertenvertretung] *BAG* 23.07.2014 EzA § 94 SGB IX Nr. 8 Rn. 31 = AP Nr. 7 zu § 94 SGB IX), der bestätigt, dass das Ausscheiden aus dem Arbeitsverhältnis nicht zum Wegfall der Anfechtungsbefugnis führt, wohl aber das endgültige Ausscheiden **aller** Antragsteller zum Wegfall des Rechtsschutzbedürfnisses (dies offen lassend *BVerwG* 24.02.2015 ZTR 2015, 352 Rn. 15). Obiter dictum soll das Anfechtungsverfahren nicht unzulässig werden, wenn zumindest die Betriebszugehörigkeit **eines** Antragstellers fortbesteht (EzA § 19 BetrVG 1972 Nr. 28 S. 5).

77 Die Praxis hat sich auf diese Rspr. einzustellen, auch wenn sie nicht überzeugt. Der Wortlaut des Abs. 2 Satz 1 knüpft die Anfechtungsberechtigung abstrakt an die Wahlberechtigung; wahlberechtigt sind alle volljährigen betriebszugehörigen Arbeitnehmer (§ 7 Satz 1) sowie die nach § 7 Satz 2 wahlberechtigten Leiharbeitnehmer (s. *Raab* § 7 Rdn. 11). Dies wird übergangen, wenn für die Beurteilung der Wahlberechtigung als Voraussetzung der Anfechtungsberechtigung verbindlich auf den Zeitpunkt der Wahl abgestellt wird mit der Folge, dass derjenige, der an der angefochtenen Wahl teilnehmen durfte, seine daraus hergeleitete Anfechtungsberechtigung auch bei Wegfall der Betriebszugehörigkeit nicht mehr verlieren kann. Es widerspricht auch Sinn und Zweck des aus individueller Rechtsposition (vgl. Rdn. 74) betriebenen Anfechtungsverfahrens, wenn derjenige, dessen Betriebszugehörigkeit entfällt bzw. dessen Einsatz als Leiharbeitnehmer endet, jenes weiterführen kann, obwohl er, jedenfalls grundsätzlich, durch die Entscheidung des ArbG nicht mehr betroffen wird. Der Siebte Senat hat diesen Gesichtspunkt im Hinblick auf seine Überlegungen zum Rechtsschutzinteresse zwar anerkannt (s. EzA § 19 BetrVG 1972 Nr. 28 S. 3 = AP Nr. 17 zu § 19 BetrVG 1972 Bl. 1 R, 2), aber in doppelter Hinsicht inkonsequente Schlüsse gezogen: Zum einen, weil der Senat wegen Ausscheidens aller Antragsteller aus dem Betrieb das Rechtsschutzinteresse verneint hat, obwohl er das Fortbestehen der Anfechtungsberechtigung bejaht hat, die doch per se das Rechtsschutzinteresse zu belegen geeignet ist (zutr. *Weth* SAE 1990, 294 f.; vgl. unten Rdn. 118). Zum anderen erscheint es unter dem Gesichtspunkt individueller Rechtsausübung unstimmig, dass der Senat das Rechtsschutzinteresse dann bejahen will, wenn lediglich ein Antragsteller betriebszugehörig bleibt. Da nach hier vertretener Auffassung die Anfechtungsberechtigung Voraussetzung der Begründetheit der Anfechtung ist, nicht ihrer Zulässigkeit (vgl. Rdn. 62), ist es nicht erforderlich, dass mindestens drei Wahlberechtigte während des ganzen Verfahrens die Anfechtung tragen; vielmehr genügt es, wenn sie diese bis zum **Ende der letzten mündlichen Tatsachenverhandlung** in der Beschwerdeinstanz tragen. An den vom Landesarbeitsgericht unterbreiteten Tatsachenstoff ist das *BAG* dann gebunden (§ 93 ArbGG), später eintretende Änderungen der Anfechtungsberechtigung sind nicht mehr zu berücksichtigen. Allerdings entspricht es dem auch in der Rechtsbeschwerdeinstanz geltenden Untersuchungsgrundsatz, wenn das Gericht offenkundige Tatsachen noch von Amts wegen berücksichtigt (vgl. *Grunsky* ArbGG, § 93 Rn. 3). Dazu wird man aber nur den Fall der Rücknahme des Anfechtungsantrags (mit Zustimmung aller Beteiligten gemäß § 92 Abs. 2 Satz 3 ArbGG) durch einen von drei Anfechtenden rechnen können.

Es genügt nicht, dass überhaupt kontinuierlich drei Wahlberechtigte die Wahlanfechtung betreiben. **78** Für den Fall, dass ein Arbeitnehmer aus rechtlichen oder tatsächlichen Gründen aus dem Wahlanfechtungsverfahren ausscheidet (z. B. durch Tod, Rücknahme seines Anfechtungsantrags [vgl. dazu Rdn. 75] oder auch, weil er tatsächlich das Verfahren nicht mehr betreibt [vgl. *BAG* 08.12.1981 AP Nr. 25 zu § 76 BetrVG 1952], nach hier vertretener Auffassung auch bei Verlust der Wahlberechtigung, insbesondere durch Beendigung des Arbeitsverhältnisses und Beendigung des Einsatzes als Leiharbeitnehmer im Betrieb [vgl. zum Streitstand Rdn. 76 f.) und dadurch die Zahl derer, die die Anfechtung betreiben, unter die Mindestzahl drei sinkt, wurde es in der Literatur teilweise für zulässig gehalten, dass an die Stelle des Ausscheidenden ein anderer Wahlberechtigter tritt (vgl. *Dietz/Richardi* § 19 Rn. 29, 47; *Fitting/Auffarth/Kaiser* bis 14. Aufl., § 19 Rn. 17; *Galperin/Löwisch* § 19 Rn. 13; *Küchenhoff* Anm. zu *BAG* AP Nr. 6 zu § 118 BetrVG 1972; krit. *Kreutz* SAE 1980, 75). Dabei wurde aber nicht genügend beachtet, dass jeder Anfechtende die Anfechtungsfrist des § 19 Abs. 2 Satz 2 wahren hat und aus Gründen der Rechtssicherheit die Fristwahrung durch die ursprünglichen Antragsteller später »Beitretenden«, die diese Frist versäumt haben, nicht zugutekommen kann. Das *BAG* hat die Frage eines solchen »**Auswechselns**« lange offen gelassen (vgl. insbesondere *BAG* 14.02.1978 BAGE 30, 114 = AP Nr. 7 zu § 19 BetrVG 1972, wo lediglich das »Auswechseln« in der Rechtsbeschwerdeinstanz ausgeschlossen wurde). Nachdem aber zunächst der Sechste Senat (*BAG* 10.06.1983 EzA § 19 BetrVG 1972 Nr. 19 = AP Nr. 10 zu § 19 BetrVG 1972) unter Bestätigung von *LAG Hamm* (DB 1982, 2709) erkannt hat, dass nach dem Ausscheiden (aus dem Betrieb; vgl. zum Wandel der Rspr. in diesem Punkt Rdn. 76) eines von drei anfechtenden Arbeitnehmern jedenfalls eine im Betrieb vertretene Gewerkschaft dem Verfahren **nicht mehr beitreten kann,** hat der Erste Senat (*BAG* 12.02.1985 EzA § 19 BetrVG 1972 Nr. 21 = AP Nr. 27 zu § 76 BetrVG 1952 [zust. *Rittner*; *Peterek* SAE 1986, 27]) zutr. entschieden, dass dies in gleicher Weise auch für anfechtungsberechtigte Arbeitnehmer gelten muss (zust. *Fitting* § 19 Rn. 30; *Homburg/DKKW* § 19 Rn. 26; *Koch/*ErfK § 19 BetrVG Rn. 10; *Nicolai/HWGNRH* § 19 Rn. 24; *Richardi/Thüsing* § 19 Rn. 39; *Stege/Weinspach/Schiefer* § 19 Rn. 2; *Wlotzke/WPK* § 19 Rn. 15). Dabei wird zu Recht auf die Nichtwahrung der Anfechtungsfrist sowie auf die Notwendigkeit der Klarheit und Rechtssicherheit bei dem bedeutsamen Wahlanfechtungsverfahren abgestellt. Es empfiehlt sich daher, wenn mehr als drei Wahlberechtigte das Wahlergebnis für unwirksam halten, dass sie von vornherein die Anfechtung selbst betreiben oder einen anderen Wahlberechtigten bevollmächtigen, auch in ihrem Namen anzufechten.

d) Anfechtungsrecht der Gewerkschaften

Jede im Betrieb vertretene Gewerkschaft (s. zum Gewerkschaftsbegriff *Franzen* § 2 Rdn. 26 ff., zu ih- **79** rem Vertretensein schon durch ein einziges Mitglied im Betrieb *Jacobs* § 14 Rdn. 83 ff sowie § 16 Rdn. 49) ist anfechtungsberechtigt. Keine Rolle spielt, ob ein Gewerkschaftsmitglied von dem Wahlfehler betroffen wurde; es genügt, wenn das einzige Gewerkschaftsmitglied im Betrieb erst nach dem Wahltag betriebszugehörig geworden ist. Eine selbständige Unterorganisation einer Gewerkschaft, die selbst Gewerkschaft ist, ist anfechtungsberechtigt (vgl. *BAG* 29.03.1974 AP Nr. 2 zu § 19 BetrVG [zust. *Seipel*]; 25.06.1974 AP Nr. 3 zu § 19 BetrVG 1972; zu den Anforderungen *LAG Düsseldorf* 13.12.2006 – 12 TaBV 95/06 – juris, Rn. 16). Im Übrigen kann die Anfechtung auch von einer örtlichen Verwaltungsstelle einer Gewerkschaft betrieben werden, wenn diese dazu durch die Satzung ermächtigt ist (vgl. *BAG* 01.06.1966 AP Nr. 15 zu § 18 BetrVG; *LAG Düsseldorf* 13.12.2006 – 12 TaBV 95/06 – juris, Rn. 23, 48). Bei den privatisierten Unternehmen ist Abs. 2 Satz 1 entsprechend auf jeden im Betrieb vertretenen Berufsverband der Beamten (ggf. der Soldaten) anzuwenden (vgl. § 16 Rdn. 49 und *Jacobs* Anhang zu § 10 Rdn. 11).

Für die Anfechtungsberechtigung der Gewerkschaft ist Voraussetzung, aber nicht genügend, dass sie **80** im Zeitpunkt der Antragstellung im Betrieb vertreten ist; sie muss dies bis zum Ende der letzten mündlichen Tatsachenverhandlung in der Beschwerdeinstanz sein (vgl. Rdn. 77), nach h. M., die die Anfechtungsberechtigung als Prozessvoraussetzung ansieht, sogar bis zum Zeitpunkt der letzten mündlichen Anhörung in der Rechtsbeschwerdeinstanz (vgl. *Fitting* § 19 Rn. 31; *Galperin/Löwisch* § 19 Rn. 14; *Homburg/DKKW* § 19 Rn. 27; *Nicolai/HWGNRH* § 19 Rn. 25; *Richardi/Thüsing* § 19

81 Eine **Gewerkschaft kann** nach Ablauf der Anfechtungsfrist einem Wahlanfechtungsverfahren **nicht beitreten** und anstelle eines ausgeschiedenen Arbeitnehmers das Wahlanfechtungsverfahren fortsetzen (vgl. Rdn. 78 sowie *BAG* 10.06.1983 EzA § 19 BetrVG 1972 Nr. 19 = AP Nr. 10 zu § 19 BetrVG 1972; *LAG Hamm* DB 1982, 2709). Einer Gewerkschaft, die von ihrem Anfechtungsrecht innerhalb der Anfechtungsfrist keinen Gebrauch gemacht hat, verbleibt aus dem mit Ablauf der Anfechtungsfrist erloschenen Anfechtungsrecht keine weitere Rechtsposition; sie ist insbesondere in einem durch andere eingeleiteten Anfechtungsverfahren nicht von Amts wegen nach § 83 Abs. 3 ArbGG zu beteiligen (vgl. *BAG* 19.09.1985 EzA § 19 BetrVG 1972 Nr. 22 = AP Nr. 12 zu § 19 BetrVG 1972 sowie näher Rdn. 109).

Vorangehend Rn. 46; *Wlotzke/WPK* § 19 Rn. 16; vgl. auch *BAG* 21.11.1975 AP Nr. 6 zu § 118 BetrVG 1972 [*Küchenhoff*]; anders früher *BAG* 04.11.1960 BAGE 10, 154 [158] = AP Nr. 2 zu § 16 BetrVG). Die gewandelte Rspr. wonach der Wegfall der Wahlberechtigung die Anfechtungsberechtigung der Arbeitnehmer unberührt lässt (vgl. Rdn. 76), kann hier keine Parallele finden, weil die Anfechtungsberechtigung der Gewerkschaft nicht an die Wahlberechtigung ihrer Mitglieder im Betrieb anknüpft.

e) Anfechtungsrecht des Arbeitgebers

82 Der Arbeitgeber ist immer anfechtungsberechtigt (vgl. zu [ungerechtfertigten] rechtspolitischen Bedenken *Gnade* FS *Herschel*, S. 141, 153). Arbeitgeber i. S. dieser Vorschrift ist derjenige, in dessen Betrieb die Betriebsratswahl stattgefunden hat und der dem neu gewählten Betriebsrat »gegenübersteht«, dessen Partner i. S. d. § 2 Abs. 1 ist (vgl. *BAG* 28.11.1977 AP Nr. 6 zu § 19 BetrVG 1972 = SAE 1978, 153 [*Fabricius/Decker*]: betrifft BGB-Gesellschaft, bei der der einzelne Gesellschafter nicht anfechtungsberechtigt ist; vgl. auch *BAG* 29.08.1985 DB 1986, 1024, wo das Gericht »ein betriebsverfassungsrechtliches Rechtsverhältnis« für die Arbeitgeberstellung i. S. d. BetrVG fordert). Nach einem Betriebsübergang ist der neue Inhaber anfechtungsberechtigt, nicht der bisherige (vgl. *LAG Düsseldorf* BB 1979, 938). Der Arbeitgeber kann auch einen Arbeitnehmer zur Anfechtung (schriftlich) bevollmächtigen, auch durch einen Prokuristen vertreten werden (s. etwa Sachverhalt von *BAG* 21.09.2011 EzA § 3 BetrVG 2001 Nr. 5 Rn. 14 ff. = AP Nr. 9 zu § 3 BetrVG 1972). Vgl. allgemein zur betriebsverfassungsrechtlichen Arbeitgeberstellung *Franzen* § 1 Rdn. 92 ff.

83 Bilden mehrere Unternehmen (Arbeitgeber) einen gemeinsamen Betrieb, so ist die (erforderliche) **einheitliche Leitungsstelle**, die die Arbeitgeberfunktionen im Betrieb wahrnimmt, zur Anfechtung der Wahl eines Betriebsrats im Gemeinschaftsbetrieb berechtigt, **nicht** die **einzelnen** Unternehmensträger, und zwar auch dann nicht, wenn diese Arbeitgeber der im gemeinsamen Betrieb beschäftigten Arbeitnehmer sind (s. näher zur Problematik des Gemeinschaftsbetriebs *Franzen* § 1 Rdn. 46 ff.); wohl aber sind die Arbeitgeber(innen) berechtigt, die Wahl in ihrem gemeinsamen Betrieb **(gemeinsam)** anzufechten (vgl. *BAG* 29.05.1991 EzA § 19 BetrVG 1972 Nr. 31 = AP Nr. 2 zu § 9 BetrVG 1972; bestätigend *BAG* 23.11.2016 – 7 ABR 3/15 – juris, Rn. 26). Neben der einheitlichen Leitungsstelle sind die Arbeitgeber auch nur gemeinsam anfechtungsberechtigt, wenn sie die Anfechtung darauf stützen, dass unter Verkennung eines Gemeinschaftsbetriebs in ihren Betriebsstätten getrennt zwei (oder mehrere) Betriebsräte gewählt worden sind; zutr. hält das *LAG Niedersachsen* (12.01.2016 – 10 TaBV 88/14 – juris; 14.01.2016 – 5 TaBV 33/15 – juris, n.rk. [beachte *BAG* 7 ABR 21/16]) bei dieser Konstellation den einzelnen Arbeitgeber nicht zur Anfechtung der Wahl in seinem Teilbereich berechtigt. Das steht in Wertungsübereinstimmung damit, dass nach (noch) h. M. notwendig alle Wahlen angefochten werden müssen, wenn in einem einheitlichen Betrieb (auch einem Gemeinschaftsbetrieb) mehrere Betriebsräte gewählt worden sind (s. näher Rdn. 72).

2. Anfechtungsfrist

84 § 19 Abs. 2 Satz 2 bestimmt, dass die Wahlanfechtung »nur binnen einer Frist von zwei Wochen … zulässig ist«. Die Einhaltung dieser Frist ist **Anfechtungsvoraussetzung** (ebenso *BAG* 06.12.2000 EzA § 19 BetrVG 1972 Nr. 40 [unter B I 2] = AP Nr. 48 zu § 19 BetrVG 1972). Mit Ablauf der Frist kann die Wahl nicht mehr wirksam angefochten werden; es **erlischt** das **Anfechtungsrecht** der (bis Fristablauf) Anfechtungsberechtigten (ebenso *BAG* 28.04.1964 BAGE 16, 1 [8] = AP Nr. 3 zu § 4 BetrVG; 19.09.1985 EzA § 19 BetrVG 1972 Nr. 22 = AP Nr. 12 zu § 19 BetrVG 1972; bestätigend

Wahlanfechtung §19

BAG 23.07.2014 EzA § 94 SGB IX Nr. 8 Rn. 37 = AP Nr. 7 zu § 94 SGB IX [für die getrennt anzufechtenden Wahlen der Vertrauensperson und der stellvertretenden Mitglieder der Schwerbehindertenvertretung]; *Fitting* § 19 Rn. 36; *Galperin/Löwisch* § 19 Rn. 22; *Gnade* FS *Herschel*, S. 154; *Homburg/DKKW* § 19 Rn. 37; *Wlotzke/WPK* § 19 Rn. 17; unklar *G. Müller* FS *Schnorr von Carolsfeld*, S. 374: Einschränkung der Ausübung des Anfechtungsrechts).

Mit dem Erlöschen der Anfechtungsberechtigung kann die Anfechtbarkeit des Wahlergebnisses nun nicht mehr geltend gemacht werden; das **Wahlergebnis ist** damit, so wie es endgültig bekannt gemacht wurde, **wirksam** und verbindlich, und die Gewählten sind rechtmäßig und mit allen betriebsverfassungsrechtlichen Befugnissen (vgl. *BAG* 19.11.2003 EzA § 19 BetrVG 2001 Nr. 1 S. 3 = AP Nr. 19 zu § 1 BetrVG 1972 Gemeinsamer Betrieb) im Amt – sofern Wahlfehler nicht zur Nichtigkeit des Wahlergebnisses geführt haben (vgl. dazu näher Rdn. 143 ff.). Bei Untätigkeit aller Anfechtungsberechtigten werden somit insoweit die **Mängel** der Betriebsratswahl **geheilt** (vgl. *BAG* 19.09.1985 EzA § 19 BetrVG 1972 Nr. 22 [unter II S. 84] = AP Nr. 12 zu § 19 BetrVG 1972). Eine Besonderheit gilt nur für den Fall fehlender Wählbarkeit. Diese kann ggf. auch noch nach Ablauf der Anfechtungsfrist jederzeit vom Arbeitsgericht auf Antrag nach § 24 Nr. 6 festgestellt werden (vgl. dazu näher *Oetker* § 24 Rdn. 65 ff.). Ist aber z. B. die Zahl der Betriebsratsmitglieder falsch bestimmt oder ist die Verteilung der Sitze auf die Geschlechter fehlerhaft oder ist der Betriebsbegriff verkannt (vgl. dazu Rdn. 22, 72 und § 18 Rdn. 56), so bleibt es für die Wahlperiode bei dem bekannt gemachten Ergebnis. **85**

Wegen der Bedeutung für die Gültigkeit des Wahlergebnisses ist die Anfechtungsfrist eine **materiell-rechtliche Ausschlussfrist** (ebenso mit treffender Begründung *BAG* 28.04.1964 BAGE 16, 1 [8] = AP Nr. 3 zu § 4 BetrVG; *ArbG Gelsenkirchen* BB 1968, 1038; *G. Müller* FS *Schnorr von Carolsfeld*, S. 375; dem BAG folgend: *Fitting* § 19 Rn. 36; *Galperin/Löwisch* § 19 Rn. 22; *Gnade* FS *Herschel*, S. 154; *Küchenhoff* § 19 Rn. 12; *Richardi/Thüsing* § 19 Rn. 53; im Ergebnis zust. *Brors*/HaKo § 19 Rn. 16; *Nicolai*/HWGNRH § 19 Rn. 27; *Reichold*/HWK § 19 BetrVG Rn. 17; *Wiebauer*/LK § 19 Rn. 26; *Wlotzke/WPK* § 19 Rn. 17). Das entspricht dem Charakter des Wahlanfechtungsrechts als Gestaltungsantragsrecht (vgl. Rdn. 60). Konsequenz daraus: Ein verspäteter Anfechtungsantrag ist vom Arbeitsgericht als **unbegründet**, nicht als unzulässig abzuweisen (ebenso *Reichold*/HWK § 19 BetrVG Rn. 17; im Ergebnis auch *BAG* 23.07.2014 EzA § 94 SGB IX Nr. 8 Rn. 36 ff. = AP Nr. 7 zu § 94 SGB IX; verkannt etwa von *LAG Nürnberg* 16.02.2016 NZA-RR 2016, 417; s. auch Rdn. 105). Die Prüfung, ob die Frist eingehalten wurde, kann nur in den Tatsacheninstanzen, nicht mehr in der Rechtsbeschwerdeinstanz vorgenommen werden (vgl. BAGE 16, 1 [8]); ArbG und LAG haben die erforderlichen Feststellungen von Amts wegen zu treffen (vgl. *BAG* 06.12.2000 EzA § 19 BetrVG 1972 Nr. 40 [unter B I 2] = AP Nr. 48 zu § 19 BetrVG 1972). Bei Versäumung der Frist, auch wenn sie unverschuldet ist, scheidet mangels anderweitiger gesetzlicher Regelung eine Wiedereinsetzung in den vorherigen Stand oder eine Zulassung verspäteter Anträge durch das Gericht aus (vgl. *ArbG Gelsenkirchen* BB 1968, 1038; ebenso *Thiele* 2. Bearbeitung, § 19 Rn. 11 m. w. N.; *Fitting* § 19 Rn. 36; zust.; *Etzel* HzA Gruppe 19/1, Rn. 162; *Maschmann*/AR § 19 BetrVG Rn. 6; *Nicolai*/HWGNRH § 19 Rn. 27; *Richardi/Thüsing* § 19 Rn. 53). **86**

Die Anfechtung muss innerhalb von zwei Wochen durch Antrag beim Arbeitsgericht (§ 81 Abs. 1 ArbGG) **erklärt und begründet** werden (vgl. dazu näher Rdn. 104 f.). Fechten Arbeitnehmer die Wahl zunächst nicht in einem gemeinsamen Antrag an (vgl. Rdn. 74), so gilt das für mindestens drei Anträge; ein nachträglicher Beitritt ist nicht möglich (vgl. Rdn. 78). **87**

Der Antrag muss innerhalb der Frist beim Arbeitsgericht **eingehen** (vgl. *BAG* 25.06.1974 AP Nr. 3 zu § 19 BetrVG 1972). Die rechtzeitige Absendung (Aufgabe des schriftlichen Antrags zur Post) ist nicht ausreichend. Eintritt der Rechtshängigkeit innerhalb der Frist ist nicht erforderlich; es genügt, wenn der Antrag dem Betriebsrat als Anfechtungsgegner entsprechend § 167 ZPO (früher § 270 Abs. 3 ZPO a. F.) »demnächst« zugestellt wird (vgl. *BAG* 25.06.1974 AP Nr. 3 zu § 19 BetrVG 1972; 24.05.1965 BAGE 17, 165 [168] = AP Nr. 14 zu § 18 BetrVG; bestätigend *BAG* 13.03.2013 EzA § 15 BetrVG 2001 Nr. 2 Rn. 9 = AP Nr. 4 zu § 15 BetrVG 1972; *Ahrendt*/GK-ArbGG § 81 Rn. 13, 15). Zur Wahrung der Frist genügt auch der rechtzeitige Eingang bei einem örtlich **un**zuständigen Arbeitsgericht (vgl. *BAG* 15.07.1960 AP Nr. 10 zu § 76 BetrVG; bestätigend *BAG* 13.03.2013 EzA § 3 BetrVG 2001 Nr. 6 Rn. 23 = AP Nr. 10 zu § 3 BetrVG 1972; zust. *Ahrendt*/GK-ArbGG § 81 Rn. 14; *Fitting* § 19 Rn. 35; *Homburg*/DKKW § 19 Rn. 37; *Richardi/Thüsing* § 19 Rn. 52), das den **88**

Rechtsstreit durch Beschluss an das örtlich zuständige Arbeitsgericht zu verweisen hat (§§ 80 Abs. 3, 48 Abs. 1 ArbGG i. V. m. § 17a GVG); auch insoweit genügt dann zur Fristwahrung (s. § 17b Abs. 1 Satz 2 GVG), dass die Antragszustellung entsprechend § 167 ZPO demnächst erfolgt. Es muss in Kauf genommen werden, dass somit nach Fristablauf nicht unmittelbar festgestellt werden kann, ob eine Anfechtung erfolgt ist. Entsprechendes gilt, wenn eine Abgabe vom Urteils- in das Beschlussverfahren erfolgt ist (vgl. *Grunsky* ArbGG, § 81 Rn. 3).

89 Die Anfechtung kann fristwahrend nur beim Arbeitsgericht erfolgen, nicht etwa beim Arbeitgeber, dem Betriebsrat oder dem Wahlvorstand. Solange die Anfechtungsfrist nicht verstrichen ist, kann aber der Wahlvorstand auf »Anfechtung« hin das Wahlergebnis noch berichtigen, sofern er noch im Amt ist (vgl. Rdn. 39).

90 Die zweiwöchige Anfechtungsfrist **beginnt** mit (ordnungsgemäßer) Bekanntmachung des endgültigen Wahlergebnisses durch den Wahlvorstand gemäß §§ 18, 3 Abs. 4 WO; bei mehrfachem Aushang ist der Tag des letzten Aushangs maßgebend (vgl. dazu näher § 18 Rdn. 40). Zur **Fristberechnung** gelten die materiellrechtlichen Auslegungsvorschriften der §§ 187 ff. BGB unmittelbar. Da die Bekanntmachung des Wahlergebnisses ein in den Lauf eines Tages fallendes Ereignis ist, beginnt die Frist mit dem auf den Tag der Bekanntmachung folgenden Tag (§ 187 Abs. 1 BGB) und endet nach § 188 Abs. 2 BGB mit dem Ablauf des Tages der zweiten Woche, der durch seine Benennung dem Tag entspricht, an dem das Wahlergebnis bekannt gemacht worden ist. Beispiel: Ist die Bekanntmachung an einem Freitag erfolgt, so endet die Frist mit Ablauf des Freitags der übernächsten Woche. Ist der letzte Tag der Frist am Sitz des Betriebes ein staatlich anerkannter allgemeiner Feiertag (z. B. Oster- oder Pfingstmontag, Maifeiertag, Christi Himmelfahrt) oder (was angesichts üblicher Fünf-Tage-Woche selten vorkommen wird) ein Sonnabend oder Sonntag, so endet die Frist mit Ablauf des nächsten Werktags (§ 193 BGB).

91 Wird das bekannt gemachte Wahlergebnis vom Wahlvorstand **nochmals berichtigt** (vgl. Rdn. 39), so beginnt die Anfechtungsfrist mit Bekanntgabe des berichtigten Ergebnisses erneut zu laufen, und zwar aus Gründen der Rechtssicherheit und der Praktikabilität nicht nur bezüglich des berichtigten Punktes, sondern **insgesamt** (vgl. auch *Maschmann*/AR § 19 BetrVG Rn. 6; *Galperin*/*Löwisch* § 19 Rn. 17; *Schlochauer*/HSWG § 19 Rn. 32; einschränkend *Fitting* § 19 Rn. 35; *Richardi*/*Thüsing* § 19 Rn. 51: nur soweit die Berichtigung angegriffen wird).

92 Solange eine ordnungsgemäße Bekanntmachung des Wahlergebnisses nicht erfolgt, **beginnt** die Anfechtungsfrist **nicht zu laufen**. Dementsprechend kann die Anfechtungsberechtigung nicht erlöschen und so ggf. in der gesamten Amtsperiode des Betriebsrates die Anfechtbarkeit noch geltend gemacht werden (unstr.; vgl. *ArbG Düsseldorf* 28.11.2016 – 2 BV 286/16 – juris, Rn. 70; *Brors*/HaKo § 19 Rn. 16; *Fitting* § 19 Rn. 37; *Galperin*/*Löwisch* § 19 Rn. 21; *Gnade* FS *Herschel*, S. 154; *Homburg*/DKKW § 19 Rn. 36; *G. Müller* FS *Schnorr von Carolsfeld*, S. 375; *Richardi*/*Thüsing* § 19 Rn. 51; *Schlochauer*/HSWG § 19 Rn. 32). Allerdings begründet die Versäumung der Bekanntmachung keinen eigenständigen Anfechtungsgrund (ebenso *Hueck*/*Nipperdey* II/2, S. 1147 Fn. 55), weil dadurch das Wahlergebnis nicht beeinflusst werden kann.

93 Die h. M. (vgl. die Nachweise Rdn. 92) hält es im Anschluss an *LAG München* (BB 1952, 319) aus Gründen der Rechtssicherheit und Rechtsklarheit allgemein für zulässig, dass die Wahl bereits **vor Bekanntgabe des Wahlergebnisses angefochten** wird. Das ist zweifelhaft, weil sich die Anfechtung gerade gegen das Wahlergebnis richtet (vgl. Rdn. 13). Erforderlich ist deshalb, dass zumindest in tatsächlicher Hinsicht ein Wahlergebnis vorliegt, etwa wenn die Bekanntmachung erfolgt ist, aber nicht ordnungsgemäß (vgl. Rdn. 90), oder sich ein Betriebsrat konstituiert hat (vgl. auch *Fitting* § 19 Rn. 37 und *Homburg*/DKKW § 19 Rn. 36, die insoweit auf Verspätung der Bekanntgabe abstellen); insoweit kann der Wahlvorstand die Anfechtung nicht durch Unterlassung des Aushangs vereiteln. Unterbleibt dagegen der Aushang, weil der Wahlvorstand (einstimmig oder mehrheitlich) die Wahl für nichtig hält, so kommt eine Wahlanfechtung mit dem Ziel einer Wiederholung der Wahl mangels Rechtsschutzinteresses nicht in Betracht. Im Streitfall muss vielmehr zunächst die Entscheidung des Wahlvorstands im arbeitsgerichtlichen Beschlussverfahren angegriffen werden, ggf. verbunden mit einem Wahlanfechtungsantrag, der auf eine (bloße) Korrektur des Wahlergebnisses zielt.

V. Wahlanfechtungsverfahren

1. Zuständigkeit des Arbeitsgerichts

Nach § 19 Abs. 1 erfolgt die Anfechtung der Wahl ausschließlich »**beim Arbeitsgericht**«. Da es sich dabei um eine Streitigkeit aus dem BetrVG handelt, findet das **Beschlussverfahren** statt (§ 2a Abs. 1 Nr. 1, Abs. 2, §§ 80 ff. ArbGG). 94

2. Anfechtungsantrag

Die Anfechtung erfordert **immer** einen Antrag an das Arbeitsgericht, schriftlich oder zu Protokoll der Geschäftsstelle (§ 81 Abs. 1 ArbGG); ein elektronisches Dokument genügt unter den Voraussetzungen des § 46c ArbGG der Schriftform, eine Einreichung durch Telefax (Telekopie) genügt unter den gleichen Voraussetzungen, unter denen auch ein Rechtsmittel in dieser Form eingelegt werden kann (näher dazu *Matthes/Spinner/GMP* § 81 ArbGG Rn. 7). Von Amts wegen wird das Gericht nicht tätig. Vgl. zur Anfechtung in der Beschwerdeinstanz durch Antragsänderung Rdn. 103. Nach § 82 Abs. 1 Satz 1 ArbGG ist das Arbeitsgericht **örtlich** zuständig, in dessen Bezirk der Betrieb liegt (bzw. dessen Leitung ihren Sitz hat; s. a. § 18 Rdn. 66), in dem die Wahl stattgefunden hat. 95

Bei der Wahlanfechtung kann es zu einer **Mehrheit** von Antragstellern kommen (vgl. dazu *Ahrendt/ GK-ArbGG* § 81 Rn. 63 ff.; *Matthes/Spinner/GMP* § 81 Rn. 47 ff.; *Weth* in: *Schwab/Weth* § 81 Rn. 97 ff.). Bei Anfechtung durch Wahlberechtigte bedarf es einer notwendigen Mehrheit von mindestens drei Antragstellern, weil nur mindestens drei zusammen anfechtungsberechtigt sind; über deren Anträge ist in einem Verfahren einheitlich zu entscheiden (s. Rdn. 74). Darüber hinaus kann es auch dann zu einer Mehrheit von Antragstellern kommen, wenn neben oder auch unabhängig von einer Mindestzahl anfechtungsberechtigter Wahlberechtigter mehrere sonstige Anfechtungsberechtigte die Wahl anfechten, etwa der Arbeitgeber und eine im Betrieb vertretene Gewerkschaft. Dabei können auch unterschiedliche Anträge gestellt werden, etwa indem der Arbeitgeber die Feststellung der Nichtigkeit der Wahl beantragt, drei Wahlberechtigte aber nur die Berichtigung des Wahlergebnisses (s. zum Umfang Rdn. 98 ff.). Auch insoweit sind mehrere anhängig gewordene Verfahren miteinander zu verbinden. 96

Der Anfechtungsantrag muss entsprechend § 253 Abs. 2 ZPO erkennen lassen, wer Antragsteller ist und gegen wen sich der Antrag richtet (vgl. *LAG München* 10.03.2008 – 6 TaBV 87/07 – juris, das die Angabe eines Antragsgegners zutr. nicht für erforderlich hält; s. a. Rdn. 104). Weiterhin muss der Antrag **Gegenstand** und **Grund** der Anfechtung angeben, einen bestimmten Antrag enthalten (an den das Gericht nach §§ 83 Abs. 1 ArbGG, 308 Abs. 1 ZPO gebunden ist) sowie bei schriftlicher Einreichung vom Antragsteller oder einem nach § 11 ArbGG zugelassenen Vertreter eigenhändig unterschrieben sein (vgl. *Ahrendt/ GK-ArbGG*, § 81 Rn. 3 f., 34 ff.; *Matthes/Spinner/GMP ArbGG*, § 81 Rn. 8 ff.; zum Erfordernis eigenhändiger Unterschrift vgl. auch *BAG* 21.09.2011 EzA § 3 BetrVG 2001 Nr. 5 Rn. 16 = AP Nr. 9 zu § 3 BetrVG 1972: Abkürzung des Namens [Handzeichen], Paraphe genügen nicht); keine wirksame Vertretung liegt z. B. vor, wenn ein anfechtender Arbeitnehmer die Anfechtungsschrift »im Auftrag« für zwei weitere unterzeichnet hat (*LAG Frankfurt a. M.* 26.04.1988 LAGE § 19 BetrVG 1972 Nr. 8). 97

a) Umfang des Anfechtungsantrags

Der Anfechtungsantrag ist entsprechend dem Charakter des Anfechtungsrechts als Gestaltungsantragsrecht (vgl. Rdn. 60) **Gestaltungsantrag**. Er muss daher angeben, inwieweit das Gericht gestaltend auf das Wahlergebnis einwirken soll. Vgl. zur Gestaltungswirkung näher Rdn. 125 ff. 98

Nach § 19 Abs. 1 kann »die Wahl« angefochten werden. Daraus folgt jedoch nicht zwingend, dass sich der Anfechtungsantrag immer auf die **Ungültigerklärung** des Wahlergebnisses insgesamt richten muss. Nach st. Rspr. des *BAG* und dem Schrifttum kann die Anfechtung auf die (bloße) **Berichtigung des Wahlergebnisses** beschränkt werden (vgl. *BAG* 16.03.2005 EzA § 15 BetrVG 2001 Nr. 1 [unter B II 1] = AP Nr. 3 zu § 15 BetrVG 1972; ferner *BAG* AP Nr. 2, 10, 15, 18, 22, 23, 24 zu § 76 BetrVG; *Brors*/HaKo § 19 Rn. 17; *Fitting* § 19 Rn. 39; *Galperin/Löwisch* § 19 Rn. 2; *Koch*/ErfK § 19 99

BetrVG Rn. 8; *Nicolai/HWGNRH* § 19 Rn. 29; *Nikisch* III, S. 107; *Reichold/HWK* § 19 BetrVG Rn. 14; *Richardi/Thüsing* § 19 Rn. 55; *Wlotzke/WPK* § 19 Rn. 19). Soweit dabei vom Antrag auf »Feststellung« des richtigen Wahlergebnisses gesprochen wird, ist jedenfalls die **konstitutive Wirkung** der Feststellung zu beachten (vgl. Rdn. 125, 133). Zur Berichtigungsfähigkeit vgl. Rdn. 131. Bei weitergehendem Antrag darf das Arbeitsgericht die Ungültigkeit des Wahlergebnisses nicht aussprechen, wenn eine Berichtigung möglich ist; **Korrektur geht immer vor Kassation** (vgl. dazu näher Rdn. 130).

100   Zielt die Anfechtung darauf, die Wahl für unwirksam zu erklären, so kommt **Gesamt- und (eingeschränkt) Teilanfechtung** in Betracht. Auch insoweit richtet sich ein (undeutlicher) »Feststellungsantrag« auf konstitutive Feststellung der Unwirksamkeit des Wahlergebnisses (vgl. Rdn. 125).

101   Zu Recht ist (im Hinblick auf den Rechtsgedanken des § 139 BGB; vgl. *G. Müller* FS *Schnorr von Carolsfeld*, S. 370) früher anerkannt gewesen, dass sich bei **Gruppenwahl** der Antrag auf die Ungültigerklärung der Wahl der Mitglieder **einer Arbeitnehmergruppe** beschränken konnte, z. B. wenn nur Mängel der Zulassung oder Nichtzulassung von Wahlvorschlägen in dieser Gruppe geltend gemacht wurden (vgl. mit umfangreichen Nachweisen 6. Aufl., § 19 Rn. 90); mit der Aufgabe des Gruppenprinzips in der Betriebsverfassung durch Art. 1 Nr. 6 BetrVerf-Reformgesetz 2001 ist diese **Problematik** (grundsätzlich) **entfallen** (vgl. auch Rdn. 139); vgl. zu möglichen Ausnahmen in den Betrieben der Postunternehmen *Jacobs* Anhang zu § 10 Rdn. 12. Nach wie vor kann sich der Antrag aber auf die Ungültigerklärung nur der Wahl eines **einzelnen Betriebsratsmitgliedes** beschränken, wenn dessen Nichtwählbarkeit geltend gemacht wird (vgl. BAG 28.01.1977 BAGE 29, 398 = AP Nr. 2 zu § 8 BetrVG 1972 = SAE 1979, 10 [zust. *Schlüter/Belling*]; 25.04.1978 BAGE 30, 266 = AP Nr. 16 zu Internationales Privatrecht, Arbeitsrecht; 20.07.1982 AP Nr. 26 zu § 76 BetrVG 1952; *Fitting* § 19 Rn. 42; *Galperin/Löwisch* § 19 Rn. 25; *Homburg/DKKW* § 19 Rn. 30; *Nicolai/HWGNRH* § 19 Rn. 29; *Stege/Weinspach/Schiefer* § 19 Rn. 1; *Wlotzke/WPK* § 19 Rn. 19; vgl. auch *Richardi/Thüsing* § 19 Rn. 55, 56); wie die Wertentscheidung des Gesetzes in § 24 Nr. 6 zeigt, liegt insoweit ein abtrennbarer Teil der Wahl vor, weil nur das betroffene Mitglied sein Amt verliert und ein Ersatzmitglied an seine Stelle rückt (vgl. auch schon *Thiele* 2. Bearbeitung, § 19 Rn. 64). Der Antrag kann sich auch auf die Ungültigerklärung der Wahl mehrerer einzelner Betriebsratsmitglieder erstrecken (*Fitting* § 19 Rn. 9; *Wlotzke* § 19 Rn. 19).

102   Geht der Antrag ohne Einschränkung dahin, das Wahlergebnis **für unwirksam zu erklären**, so ist er in der Regel dahin auszulegen, dass die Wahl **unter jedem rechtlichen Gesichtspunkt** überprüft werden soll. Damit wird nicht nur die Anfechtbarkeit geltend gemacht, sondern darüber hinaus die Feststellung der Nichtigkeit der Wahl begehrt (ebenso *BAG* 10.06.1983 EzA § 19 BetrVG 1972 Nr. 19 [unter II 2] = AP Nr. 10 zu § 19 BetrVG 1972; 12.10.1976 AP Nr. 1 zu § 8 BetrVG 1972 = SAE 1978, 1 [insoweit zust. *Dütz*]; vgl. auch *BAG* 13.11.1991 EzA § 27 BetrVG 1972 Nr. 7 [unter B I 2] = AP Nr. 3 zu § 27 BetrVG 1972; *LAG Hamm* 03.05.2007 – 10 TaBV 112/06 Rn. 53 – juris; 16.12.2014 – 7 TaBV 49/14 – juris, Rn. 61; 30.06.2015 – 7 TaBV 71/14 – juris, Rn. 70; *Fitting* § 19 Rn. 9; *Homburg/DKKW* § 19 Rn. 46; *Koch/*ErfK § 19 BetrVG Rn. 8; *Richardi/Thüsing* § 19 Rn. 92; *Thiele* 2. Bearbeitung, § 19 Rn. 49; *Wlotzke/WPK* § 19 Rn. 30). Das gilt auch für das umgekehrte Verhältnis (vgl. *BAG* 28.11.1977 BAGE 29, 392 = AP Nr. 6 zu § 19 BetrVG 1972; 17.01.1978 BAGE 30, 12 = AP Nr. 1 zu § 1 BetrVG 1972 [zust. *Wiese/Starck*]). Obwohl der Anfechtungsantrag Gestaltungsantrag ist, der Nichtigkeitsantrag (echter) Feststellungsantrag (vgl. Rdn. 157), liegt keine Antragshäufung vor, weil die Wirksamkeit des Wahlergebnisses der einheitliche Streitgegenstand ist (vgl. *Dütz* SAE 1978, 5; *Thau* Mängel der Aufsichtsratswahlen, S. 458 ff.).

103   Der **Anfechtungsantrag** kann auch **in der Beschwerdeinstanz** in Form einer Antragsänderung gemäß § 264 Nr. 3 ZPO gestellt werden, wenn im Beschlussverfahren zunächst die Wirksamkeit der Bestellung des Wahlvorstands oder die Wirksamkeit von Maßnahmen des Wahlvorstands angegriffen worden ist, die Wahl aber zwischenzeitlich durchgeführt ist; vgl. *BAG* 14.01.1983 EzA § 81 ArbGG 1979 Nr. 1 = AP Nr. 9 zu § 19 BetrVG 1972 sowie § 18 Rdn. 87.

b) Begründung des Anfechtungsantrags

Die **Notwendigkeit zur Antragsbegründung** ergibt sich im Rahmen des § 83 Abs. 1 Satz 2 ArbGG entsprechend § 253 Abs. 2 ZPO; die Anforderungen dürfen im Hinblick darauf, dass das Gericht nach § 83 Abs. 1 Satz 1 ArbGG den Sachverhalt im Rahmen der gestellten Anträge von Amts wegen zu erforschen hat (Untersuchungsgrundsatz), nicht überspannt werden. Erforderlich, aber auch genügend ist, dass der Antragsteller einen Sachverhalt vorträgt, der möglicherweise die Ungültigkeit der Wahl ergeben kann, der also nicht schon auf den ersten Blick erkennbar ganz unerheblich ist. Es genügt, wenn die **Möglichkeit** eines Verstoßes gegen Wahlvorschriften dargetan wird (vgl. *BAG* 24.05.1965 BAGE 17, 165 = AP Nr. 14 zu § 18 BetrVG [insoweit zust. *Neumann-Duesberg*]; 03.06.1969 BAGE 22, 38 = AP Nr. 17 zu § 18 BetrVG; bestätigend *BAG* 21.03.2017 – 7 ABR 19/15 – juris, Rn. 20; *LAG Baden-Württemberg* AR-Blattei, Betriebsverfassung VI, Entsch. 47; *Thiele* 2. Bearbeitung, § 19 Rn. 15, 47; vgl. weiter etwa *G. Müller* FS *Schnorr von Carolsfeld*, S. 378; *Richardi / Thüsing* § 19 Rn. 57). **Substantiierter Vortrag** (etwa zum Kausalitätserfordernis) ist **nicht erforderlich; ebenso wenig Schlüssigkeit** des Antrags (vgl. *BAG* 03.06.1969 AP Nr. 17 zu § 18 BetrVG [insoweit abl. *Galperin*] = SAE 1970, 165 [zust. *Buchner*]; anders kann auch *BAG* 29.03.1974, 25.06.1974 AP Nr. 2 und 3 zu § 19 BetrVG 1972 nicht verstanden werden, wo von einem »schlüssigen Anfechtungsvorbringen« die Rede ist), weil die Schlüssigkeitsprüfung Frage der Begründetheit ist. Auch ist die richtige und ausdrückliche Kennzeichnung des »Antragsgegners« nicht erforderlich (vgl. *Ahrendt/GK-ArbGG* § 81 Rn. 35; *Matthes/Spinner/GMP* ArbGG § 81 Rn. 11), erst recht nicht die Nennung der nach § 83 Abs. 3 ArbGG zu Beteiligenden; es genügt, wenn zu ersehen ist, welche Wahl in welchem Umfang angefochten wird (vgl. *BAG* 24.05.1965 BAGE 17, 165; 20.07.1982 AP Nr. 26 zu § 76 BetrVG 1952 = SAE 1983, 334 [zust. *Otto/Bachmann*]; *ArbG Hamm* BB 1972, 918; *LAG Hamm* BB 1991, 1340).

In einem Fall unzureichender Begründung hat das *BAG* (24.05.1965 BAGE 17, 165 = AP Nr. 14 zu § 18 BetrVG) einen Anfechtungsantrag als unzulässig abgewiesen (zust. *G. Müller* FS *Schnorr von Carolsfeld*, S. 378; *Neumann-Duesberg* Anm. AP Nr. 14 zu § 18 BetrVG; *Thiele* 2. Bearbeitung, § 19 Rn. 15). Das war bedenklich, weil das Gericht dieses Ergebnis auf die Versäumung zureichender Begründung in der Anfechtungsfrist gestützt hat, die jedoch eine materiell-rechtliche Ausschlussfrist ist (vgl. Rdn. 86). Richtig ist, dass der Antrag in der Anfechtungsfrist hinreichend begründet werden muss, weil eine erst später nachgeschobene Begründung einer unzulässigen Verlängerung der Anfechtungsfrist gleichkäme (vgl. *BAG* 24.05.1965 BAGE 17, 165; *Fitting* § 19 Rn. 36). Konsequenterweise hat das Gericht ein Nachschieben von Gründen in diesem Falle (vgl. aber auch Rdn. 117) nicht zugelassen. Der Antrag war daher wegen Fristversäumung unbegründet; dementsprechend zutr. *LAG Hamm* 21.03.2014 – 13 TaBV 110/13 – juris; *LAG Hamburg* 12.03.2015 – 1 TaBV 7/14 – juris, Rn. 31.

3. Anfechtungsberechtigung und Antragsberechtigung

Die **Anfechtungsberechtigung** ist eine Frage der Begründetheit des Antrags (vgl. Rdn. 62). Das von der h. M. als Verfahrensvoraussetzung behandelte Problem einer **Antragsberechtigung** (Antragsbefugnis) stellt sich in Wirklichkeit nicht (vgl. Rdn. 62). Jedenfalls werden auch nach h. M. die in § 19 Abs. 2 Satz 1 genannten Anfechtungsberechtigten ohne nähere Prüfung als antragsberechtigt angesehen, da diese Regelung (zugleich) als spezielle gesetzliche Regelung der Antragsberechtigung zur Anfechtung der Wahl verstanden wird (vgl. *BAG* 14.02.1978 AP Nr. 7 zu § 19 BetrVG 1972; *Ahrendt/GK-ArbGG* § 81 Rn. 74; *Bulla* DB 1977, 303 [304]; *Dunkl* Der Begriff und die Arten der Beteiligten im arbeitsgerichtlichen Beschlussverfahren, 1979, S. 122 ff.; *Etzel* RdA 1974, 215 [225]; *Körnich* Das arbeitsgerichtliche Beschlussverfahren in Betriebsverfassungssachen, 1978, S. 53; *Matthes/Spinner/GMP* ArbGG, § 81 Rn. 59; *Richardi/Thüsing* § 19 Rn. 43; *Weth* in: *Schwab/Weth* ArbGG, § 81 Rn. 63). Als nicht antragsberechtigt werden namentlich der Betriebsrat und der Wahlvorstand angesehen. Vgl. zur Antragsberechtigung einzelner Arbeitnehmer Rdn. 74.

4. Beteiligungsberechtigung (Beteiligungsbefugnis) nach § 83 Abs. 3 ArbGG

a) Beteiligungsberechtigte

107 Nach § 83 Abs. 3 ArbGG bestimmt sich, wer neben (so auch *BAG* seit *BAG* 25.08.1981 AP Nr. 2 zu § 83 ArbGG 1979; 16.03.2005 EzA § 15 BetrVG 2001 Nr. 1 [unter B I 1] = AP Nr. 3 zu § 15 BetrVG 1972) dem Antragsteller am Wahlanfechtungsverfahren zu beteiligen ist. Nach dem formellen Parteibegriff (vgl. *Grunsky* ArbGG, § 80 Rn. 27) ist das immer der bzw. die Antragsgegner, obwohl das ArbGG diesen Begriff nicht kennt (vgl. *BAG* 20.07.1982 EzA § 76 BetrVG 1952 Nr. 12 = AP Nr. 26 zu § 76 BetrVG 1952; *Dörner*/GK-ArbGG § 83 Rn. 35; *Dunkl* Der Begriff und die Arten der Beteiligten im arbeitsgerichtlichen Beschlussverfahren, 1979, S. 126 ff.; *Hauck/Helml/Biebl* ArbGG, § 81 Rn. 7; *Matthes/Spinner/GMP* ArbGG, § 81 Rn. 46; *Weth* in: *Schwab/Weth* ArbGG, § 83 Rn. 41 ff.). Der Antragsteller bestimmt durch seinen Anfechtungsantrag den Streitgegenstand und damit den oder die Antragsgegner. Antragsgegner ist **immer der Betriebsrat**, weil es um seinen Bestand oder seine Zusammensetzung als Gremium geht, gleichgültig, ob die Wirksamkeit des Wahlergebnisses im ganzen oder nur teilweise angegriffen wird (vgl. zur Gesamtanfechtung *BAG* EzA § 19 BetrVG 1972 Nr. 22, 24, 25, 28; zur Teilanfechtung *BAG* 16.03.2005 EzA § 15 BetrVG 2001 Nr. 1 [unter B I 1] = AP Nr. 3 zu § 15 BetrVG 1972; 20.05.1965 AP Nr. 1 zu § 5 BetrVG; 12.02.1960 AP Nr. 11 zu § 18 BetrVG; ebenso *Grunsky* ArbGG, § 83 Rn. 17; *Richardi/Thüsing* § 19 Rn. 60; einschränkend bei Teilanfechtung auf die Betroffenen: *Gnade* FS *Herschel*, S. 155; *Fitting* § 19 Rn. 42). Daneben können der Arbeitgeber (vgl. *BAG* 25.06.1974 AP Nr. 3 zu § 19 BetrVG 1972) und **bei Teilanfechtung** auch die **betroffenen Betriebsratsmitglieder** Antragsgegner sein (vgl. auch *Fitting* § 19 Rn. 42; *Wlotzke/WPK* § 19 Rn. 18).

108 Neben Antragsteller und Antragsgegner ist der **Arbeitgeber** schon nach dem Wortlaut des § 83 Abs. 3 ArbGG **immer** beteiligungsberechtigt (vgl. *Grunsky* ArbGG, § 83 Rn. 12 m. w. N.; *Hauck/Helml/Biebl* ArbGG, § 83 Rn. 12; *Weth* in: *Schwab/Weth* ArbGG, § 83 Rn. 60; im Ergebnis auch *Etzel* HzA Gruppe 19/1, Rn. 175; *Nicolai/HWGNRH* § 19 Rn. 32; *Richardi/Thüsing* § 19 Rn. 59); jedenfalls wird er durch das Wahlanfechtungsverfahren unmittelbar in seinem betriebsverfassungsrechtlichen Rechtsverhältnis zum gewählten Betriebsrat betroffen (so auch *BAG* 04.12.1986 EzA § 19 BetrVG 1972 Nr. 24 [unter II 1] = AP Nr. 13 zu § 19 BetrVG 1972; vgl. auch *BAG* 16.03.2005 EzA § 15 BetrVG 2001 Nr. 1 [unter B I 1] = AP Nr. 3 zu § 15 BetrVG 1972, wo allgemeiner auf die Betroffenheit »durch die betriebsverfassungsrechtliche Ordnung« abgestellt wird; *Brors*/HaKo § 19 Rn. 17; *Fitting* § 19 Rn. 52; *Homburg/DKKW* § 19 Rn. 29; *Matthes/Spinner/GMP* ArbGG, § 83 Rn. 39; *Reichold/HWK* § 19 BetrVG Rn. 15; unzutreffend nach Anfechtungsgründen differenzierend *Laux* Antrags- und Beteiligungsbefugnis, S. 82 ff.). Aus der Beteiligungsbefugnis des Arbeitgebers folgt stets seine Rechtsmittelbefugnis (vgl. Rdn. 114). Im Übrigen ist beteiligungsberechtigt, wer in seiner **betriebsverfassungsrechtlichen Rechtsposition** (Recht oder Rechtsverhältnis) durch das Anfechtungsverfahren **unmittelbar betroffen** ist (st. Rspr.; vgl. etwa *BAG* AP Nr. 2, 3, 9, 13 zu § 83 ArbGG 1979; 19.09.1985 EzA § 19 BetrVG 1972 Nr. 22 = AP Nr. 12 zu § 19 BetrVG 1972; 04.12.1986 EzA § 19 BetrVG 1972 Nr. 24 = AP Nr. 13 zu § 19 BetrVG 1972; 16.03.2005 EzA § 15 BetrVG 2001 Nr. 1 [unter B I 1] = AP Nr. 3 zu § 15 BetrVG 1972; vgl. auch *Grunsky* ArbGG, § 83 Rn. 14; *Hauck/Helml/Biebl* ArbGG, § 83 Rn. 9; *Matthes/Spinner/GMP* ArbGG, § 83 Rn. 13 f.; *Weth* in: *Schwab/Weth* ArbGG, § 83 Rn. 49 ff.; *Wichmann* AuR 1975, 294). Das sind bei Teilanfechtung die betroffenen Betriebsratsmitglieder, weil in diesem Falle **nur sie** ihr Amt verlieren können (vgl. *BAG* 16.03.2005 EzA § 15 BetrVG 2001 Nr. 1 [unter B I 1] = AP Nr. 3 zu § 15 BetrVG 1972); dagegen nicht die Mitglieder des Betriebsrats bei Gesamtanfechtung (ebenso *BAG* 14.01.1983 EzA § 81 ArbGG 1979 Nr. 1 = AP Nr. 9 zu § 19 BetrVG 1972; *LAG Baden-Württemberg* NZA 1988, 371; *LAG München* 04.10.1989 LAGE § 19 BetrVG 1972 Nr. 9; *LAG Schleswig-Holstein* 24.05.2007 EzAÜG BetrVG Nr. 98 Rn. 52) und auch nicht Wahlbewerber, die durch das Verfahren auf Berichtigung des Wahlergebnisses eine Rechtsstellung als Betriebsratsmitglied erst erlangen sollen (*BAG* 16.03.2005 EzA § 15 BetrVG 2001 Nr. 1 [unter B I 2] = AP Nr. 3 zu § 15 BetrVG 1972).

109 Die im Betrieb vertretenen (nicht selbst antragstellenden) **Gewerkschaften** sind **nicht beteiligungsbefugt**. Die nicht wahrgenommene Anfechtungsberechtigung nach § 19 Abs. 2 Satz 1 verleiht keine weitere Rechtsposition, die im Wahlanfechtungsverfahren betroffen sein könnte. Die im Betrieb vertretenen Gewerkschaften sind nicht generell die Hüter einer ordnungsgemäßen Betriebsratswahl.

Auch praktische Schwierigkeiten der Feststellung der im Betrieb vertretenen Gewerkschaften sprechen gegen ihre Beteiligung; schließlich auch die Gleichstellung mit den Arbeitnehmern, weil sonst u. U. auch alle Arbeitnehmer des Betriebes beteiligt werden müssten, da schon drei Wahlberechtigte anfechtungsberechtigt sind. Mit dieser stichhaltigen Begründung hat der Sechste Senat des *BAG* im Beschluss vom 19.09.1985 (EzA § 19 BetrVG 1972 Nr. 22 = AP Nr. 12 zu § 19 BetrVG 1972; vgl. auch schon Beschluss vom 29.08.1985, DB 1986, 1024) im Anschluss an die st. Rspr. des *BVerwG* zum PersVG (vgl. BVerwGE 54, 172) seine früher gegenteilige Ansicht (vgl. *BAG* 15.08.1978 BAGE 31, 58 = AP Nr. 3 zu § 47 BetrVG 1972; 10.06.1983 EzA § 19 BetrVG 1972 Nr. 19 = AP Nr. 10 zu § 19 BetrVG 1972) aufgegeben und zugleich mitgeteilt, dass sich auch der Erste Senat des *BAG* gemäß Beschluss vom 10.09.1985 dem *BVerwG* anschließt und an seiner bisherigen Rechtsprechung (vgl. zuletzt AP Nr. 26 [= SAE 1983, 334 mit insoweit krit. Anm. *Otto/Bachmann*], 27 zu § 76 BetrVG 1952; *BAG* 09.02.1982 BAGE 41, 5 = AP Nr. 24 zu § 118 BetrVG 1972) nicht festhält. Die neue Rspr. ist zwischenzeitlich mehrfach bestätigt worden (vgl. *BAG* 04.12.1986 EzA § 19 BetrVG 1972 Nr. 24 = AP Nr. 13 zu § 19 BetrVG 1972; Siebter Senat 18.01.1989 EzA § 9 BetrVG 1972 Nr. 4; *ArbG Regensburg* BB 1990, 852; *LAG Berlin* NZA-RR 2000, 246; zur Anfechtung der Wahl der Arbeitnehmervertreter zum Aufsichtsrat nach dem BetrVG 1952 unter Aufgabe der früheren Rspr. des Ersten Senats auch *BAG* Siebter Senat 27.01.1993 EzA § 76 BetrVG 1952 Nr. 14 = AP Nr. 29 zu § 76 BetrVG 1952; der Rspr. zust. *Dörner*/GK-ArbGG § 83 Rn. 108; *Fitting* § 19 Rn. 52; *Koch*/ErfK § 19 BetrVG Rn. 12; *Matthes/Spinner/GMP* ArbGG, § 83 Rn. 72, konsequent auch für den Fall, dass die Anfechtung darauf gestützt wird, ein gewerkschaftlicher Wahlvorschlag sei zu Unrecht berücksichtigt worden [**a. M.** insoweit *Laux* Antrags- und Beteiligungsbefugnis, S. 87]; *Nicolai*/HWGNRH § 19 Rn. 32; *Reichold*/HWK § 19 BetrVG Rn. 15; *Richardi/Thüsing* § 19 Rn. 61; *Wiebauer*/LK § 19 Rn. 22; *Wlotzke*/WPK § 19 Rn. 20; krit. *Grunsky* ArbGG, § 83 Rn. 19b; abl. *Homburg*/DKKW § 19 Rn. 29 unter Berufung auf eine »umfassende Unterstützungs- und Beratungsfunktion der Gewerkschaften im Rahmen der Betriebsverfassung«).

Aus dem Gesagten folgt zwingend, dass auch **drei** (beliebige) **Wahlberechtigte**, die von ihrem Anfechtungsrecht keinen Gebrauch gemacht haben, **nicht beteiligungsbefugt** sind, weil mit Ablauf der Anfechtungsfrist ihre Rechtsposition erloschen ist. **Einzelne Arbeitnehmer** sind **nicht** beteiligungsberechtigt, auch wenn die Anfechtung auf eine Verletzung ihrer Wahlberechtigung oder Wählbarkeit gestützt wird, weil sie zwar ein rechtliches Interesse am Ausgang des Verfahrens haben, aber von der Rechtskraft der Entscheidung im Wahlanfechtungsverfahren nicht unmittelbar betroffen werden (zust. jetzt *Richardi/Thüsing* § 19 Rn. 60 [anders noch *Dietz/Richardi* § 19 Rn. 46]; **a. M.** *Laux* Antrags- und Beteiligungsbefugnis, S. 78, die aber auch im Übrigen den Kreis der beteiligungsbefugten Arbeitnehmer viel zu weit zieht; vgl. auch *Grunsky* ArbGG, § 83 Rn. 16, der die Bindung an die Rechtskraft nicht für maßgeblich hält). Aus demselben Grunde kommt auch eine Beteiligungsbefugnis von Unterzeichnern eines Wahlvorschlags oder ihres Listenvertreters nicht in Betracht, soweit es um die Gültigkeit ihres Wahlvorschlags geht. Beteiligungsbefugt ist dagegen das in Betracht kommende **Ersatzmitglied**, wenn die Wahl eines einzelnen Betriebsratsmitglieds wegen Nichtwählbarkeit angefochten wird, weil es im Falle erfolgreicher Anfechtung in den Betriebsrat nachrückt. Ansonsten ist ein **nicht gewählter Bewerber** nicht zu beteiligen, weil er im Falle der Unwirksamkeit der Wahl nicht automatisch in den Betriebsrat einrückt, sondern wie alle anderen nur die Möglichkeit erhält, bei einer Neuwahl erneut zu kandidieren (vgl. *BAG* 12.02.1985 AP Nr. 27 zu § 76 BetrVG 1952 Bl. 2 R).

Der **Wahlvorstand** ist nach Konstituierung des Betriebsrats auch dann nicht Beteiligter, wenn sich die Wahlanfechtung auf Mängel seiner Bestellung oder seines Verfahrens bezieht (so *BAG* 14.01.1983 EzA § 81 ArbGG 1979 Nr. 1, Leitsatz 2 = AP Nr. 9 zu § 19 BetrVG 1972; zust. *Fitting* § 19 Rn. 43; *Richardi/Thüsing* § 19 Rn. 62; anders noch *BAG* 14.11.1975 AP Nr. 1 zu § 18 BetrVG 1972: Erlöschen des Amtes mit Einberufung des Betriebsrats zur konstituierenden Sitzung). Vorher ist er zwar noch im Amt (vgl. § 16 Rdn. 90) und insoweit auch noch beteiligungsfähig i. S. v. § 10 ArbGG; wegen des nahen Endes seines Amtes wird eine zwischenzeitlich bestehende Beteiligungsbefugnis in der Regel aber ins Leere gehen.

Eine **Beteiligung auf Antrag** von drei wahlberechtigten Arbeitnehmern oder einer im Betrieb vertretenen Gewerkschaft, die ihr Wahlanfechtungsrecht nicht fristgerecht ausgeübt haben, aber einem

Anfechtungsantrag auf Seiten des Anfechtungsgegners beitreten wollen, ist **nicht möglich** (insoweit sind die Entscheidungen *BAG* 08.12.1970, 20.07.1982 AP Nr. 21, 26 zu § 76 BetrVG 1952 durch *BAG* 19.09.1985 EzA § 19 BetrVG 1972 Nr. 22 = AP Nr. 12 zu § 19 BetrVG 1972 als überholt anzusehen). Auch darüber hinaus ist eine Verfahrensbeteiligung auf Antrag bei rechtlichem Interesse am Ausgang des Verfahrens nicht anerkannt.

b) Bedeutung der Beteiligungsbefugnis

113 Beteiligungsberechtigte haben nach § 83 Abs. 3, §§ 90, 95 ArbGG ein eigenes **Anhörungsrecht**, das dahin geht, Ausführungen tatsächlicher Art zu machen und Anträge im Rahmen des vom Antragsteller bestimmten Streitgegenstandes zu stellen. Die Anhörung ist in allen Instanzen Pflicht des Gerichts, das die Beteiligungsberechtigten von Amts wegen zu ermitteln und in jeder Lage des Verfahrens zu hören hat (vgl. etwa *BAG* 20.07.1982 EzA § 76 BetrVG 1952 Nr. 12 = AP Nr. 26 zu § 76 BetrVG 1952; 19.09.1985 EzA § 19 BetrVG 1972 Nr. 22 = AP Nr. 12 zu § 19 BetrVG 1972; *Matthes/Spinner/GMP* ArbGG, § 83 Rn. 34 f.; *Grunsky* ArbGG, § 83 Rn. 20). Fehler in der Beteiligung (Nichtbeteiligung von Beteiligten, Beteiligung Nichtbeteiligter) können in der 2. Instanz immer, in der 3. Instanz dann folgenlos korrigiert werden, wenn sie nicht als Verfahrensverstoß gerügt werden und die Möglichkeit auszuschließen ist, dass der angefochtene Beschluss auf dem Verfahrensfehler beruht (vgl. aus jüngerer Zeit *BAG* 16.03.2005 EzA § 15 BetrVG 2001 Nr. 1 [unter B I 2b] = AP Nr. 3 zu § 15 BetrVG 1972; weiter etwa 20.07.1982, 12.02.1985 AP Nr. 26, 27 zu § 76 BetrVG 1952; 14.01.1983 BAGE 41, 275 = AP Nr. 9 zu § 19 BetrVG 1972; *Dörner*/GK-ArbGG, § 83 Rn. 59 ff.; *Grunsky* ArbGG, § 83 Rn. 21, 22; *Hauck/Helml/Biebl* ArbGG, § 83 Rn. 23; *Matthes/Spinner/GMP* ArbGG, § 83 Rn. 26 ff.; *Weth* in: *Schwab/Weth* ArbGG, § 83 Rn. 99 ff.; krit. *Dütz* in Anm. zu *BAG* AP Nr. 1 zu § 20 BetrVG 1972; *ders.* SAE 1978, 6).

114 Über den Wortlaut des § 83 Abs. 3 ArbGG hinaus können **Beteiligte** (wie selbstverständlich Antragsteller und Antragsgegner) **Rechtsmittel einlegen**, wenn sie beschwert sind (**a. M.** nur *Grunsky* ArbGG, § 87 Rn. 6); das gilt nach (formal konsequenter, aber zweifelhafter) h. M. auch für Beteiligungsberechtigte, die zu Unrecht nicht angehört wurden (vgl. etwa *BAG* 15.07.1960 BAGE 21, 210 = AP Nr. 10 zu § 76 BetrVG; 26.11.1968 AP Nr. 18 zu § 76 BetrVG = SAE 1969, 332 [zust. *Buchner*]; *Matthes/Spinner/GMP* ArbGG, § 83 Rn. 31; *Hauck/Helml/Biebl* ArbGG, § 83 Rn. 23; *Weth* in: *Schwab/Weth* ArbGG, § 83 Rn. 101; *Wichmann* AuR 1975, 294 [298]; **a. M.** *Grunsky* ArbGG, § 83 Rn. 20). Konsequenz daraus ist, dass allen Beteiligungsberechtigten der (erstinstanzliche) Beschluss zuzustellen ist, damit die Rechtsmittelfrist in Gang gesetzt wird und ihnen gegenüber der Beschluss formell rechtskräftig werden kann.

115 Auf die jederzeit freie **Antragsrücknahme** durch den Antragsteller in 1. Instanz können die Beteiligungsberechtigten (einschließlich Antragsgegner) keinen Einfluss nehmen (§ 81 Abs. 2 ArbGG); in der Beschwerde- und Rechtsbeschwerdeinstanz ist dagegen die Zustimmung aller Beteiligten erforderlich (das ergibt der Wortlaut der §§ 87 Abs. 2 Satz 3, 92 Abs. 2 Satz 3 ArbGG; vgl. auch *BAG* 04.12.1986 EzA § 19 BetrVG 1972 Nr. 24 [unter II 4b a. E.] = AP Nr. 13 zu § 19 BetrVG 1972; *Matthes/Schlewing/GMP* ArbGG, § 87 Rn. 24; **a. M.** *Grunsky* ArbGG, § 87 Rn. 30: Zustimmung der Antragsgegner genügt). Eine **Erledigungserklärung** in der Hauptsache bedarf nach § 83a Abs. 1, 3 ArbGG schon in 1. Instanz der Zustimmung aller tatsächlich Beteiligten (vgl. *Dütz* RdA 1980, 83 [99]; einschränkend *Grunsky* ArbGG, § 83a Rn. 5); für den Fall, dass nach Rechtshängigkeit Umstände eingetreten sind, aufgrund derer der Antrag jetzt als unzulässig oder unbegründet abzuweisen wäre, genügt aber die einseitige Erledigungserklärung des Antragstellers (vgl. *BAG* 26.04.1990 EzA § 83a ArbGG 1979 Nr. 1 = SAE 1991, 163 [zust. *Peterek/Jox*]). Entsprechendes gilt für eine **Antragsänderung** nach § 81 Abs. 3 ArbGG, die aber auch schon dann zulässig ist, wenn das Gericht sie für sachdienlich hält. Auch ohne Zustimmung oder Zulassung ist eine Antragsänderung unter den Voraussetzungen des § 264 ZPO zulässig; diese Bestimmung ist im Beschlussverfahren entsprechend anwendbar (vgl. *BAG* 14.01.1983 EzA § 81 ArbGG 1979 Nr. 1 = AP Nr. 9 zu § 19 BetrVG 1972; *Dütz* RdA 1980, 83 [97]; *Grunsky* ArbGG, § 81 Rn. 15). Im Übrigen ist jedoch nur eine Einschränkung, keine Erweiterung des ursprünglichen Antrags zulässig, wenn die Anfechtungsfrist abgelaufen ist. Ein **Prozessvergleich** nach § 83a Abs. 1 ArbGG kommt im Wahlanfechtungsverfahren praktisch nicht in Betracht, weil dazu Voraussetzung wäre, dass die Beteiligten über den Gegenstand des Vergleichs verfügen

können; das aber ist bezüglich der zwingenden Vorschriften über die Wahlberechtigung, die Wählbarkeit oder das Wahlverfahren nicht der Fall. Es ist aber möglich, dass die Beteiligten einen **außergerichtlichen Vergleich** schließen, der vom Gericht nicht überprüft werden kann (vgl. *Lepke* DB 1977, 629 [636]), und dann der Anfechtungsantrag zurückgenomen bzw. das Verfahren übereinstimmend für erledigt erklärt wird (vgl. auch *Thau* Mängel der Aufsichtsratswahlen, S. 155 f.).

5. Dispositionsmaxime und Untersuchungsgrundsatz

a) Dispositionsmaxime

Die Einleitung (vgl. Rdn. 95), die Bestimmung des Streitgegenstandes (vgl. Rdn. 98 ff.) und die Beendigung (vgl. Rdn. 115) des Wahlanfechtungsverfahrens stehen (seit der Novelle vom 21.05.1979 zum ArbGG) **zur Disposition** der Beteiligten. 116

b) Untersuchungsgrundsatz

Nach § 83 Abs. 1 Satz 1 ArbGG hat das Arbeitsgericht im Rahmen der gestellten Anträge den Sachverhalt **von Amts wegen** zu erforschen. Damit ist auch für die gesamte Stoffsammlung im Wahlanfechtungsverfahren der **Untersuchungsgrundsatz** festgelegt, abgeschwächt dadurch, dass nach § 83 Abs. 1 Satz 2 ArbGG die Beteiligten an der Aufklärung des Sachverhalts mitzuwirken haben. Liegt ein ausreichend begründeter Antrag vor (vgl. Rdn. 104), so hat das Gericht von Amts wegen **alle Anfechtungsgründe** zu ermitteln (bündig *BAG* 18.07.2012 EzA § 19 BetrVG 2001 Nr. 9 Rn. 22 = AP Nr. 62 zu § 19 BetrVG 1972), sei es, dass sie sich aus dem vorgetragenen Sachverhalt ergeben, nachgeschoben werden (vgl. *BAG* 24.05.1965 BAGE 17, 165 = AP Nr. 14 zu § 18 BetrVG; 01.06.1966 AP Nr. 15 zu § 18 BetrVG; *Etzel* HzA Gruppe 19/1, Rn. 163; *Fitting* § 19 Rn. 36; *G. Müller* FS *Schnorr von Carolsfeld*, S. 379; *Richardi/Thüsing* § 19 Rn. 58, 63; **a. M.** unter Verkennung der Rechtsprechung *Gnade* FS *Herschel*, S. 156; *Schneider/DKK* § 19 Rn. 32; bewusst von der h. M. abweichend *ArbG Berlin* ARSt. 1986, 30) oder vom Gericht selbständig ermittelt werden, und zwar in allen Fällen auch, wenn sich die Beteiligten nicht oder nicht mehr darauf berufen (vgl. *BAG* 13.10.2004 EzA § 5 BetrVG 2001 Nr. 1 Orientierungssatz 3 und m. w. N. unter B II 2a = AP Nr. 71 zu § 19 BetrVG 1972; 04.10.1977 AP Nr. 2 zu § 18 BetrVG 1972; 29.03.1974 BAGE 26, 107 = AP Nr. 2 zu § 19 BetrVG 1972; 03.10.1958, 03.06.1969 AP Nr. 3 und 17 zu § 18 BetrVG; 02.02.1962 AP Nr. 10 zu § 13 BetrVG; 28.04.1964 AP Nr. 4 zu § 4 BetrVG; *LAG Berlin* 02.05.1994 LAGE § 19 BetrVG 1972 Nr. 12; *Brors/HaKo* § 19 Rn. 17; *Fitting* § 19 Rn. 52; *Galperin/Löwisch* § 19 Rn. 22; *Homburg/DKKW* § 19 Rn. 31; *Koch/*ErfK § 19 Rn. 8; *G. Müller* FS *Schnorr von Carolsfeld*, S. 379; *Reichold/HWK* § 19 BetrVG Rn. 14; *Richardi/Thüsing* § 19 Rn. 63). Selbst ein gerichtlicher Vergleich der Beteiligten darüber, dass bestimmte Vorgänge im Wahlanfechtungsverfahren nicht mehr gerügt werden, schränkt nach Ansicht des *BAG* (13.10.2004 EzA § 5 BetrVG 2001 Nr. 1 = SAE 2006, 183 [insoweit krit. *Buchner*]) den gerichtlichen Prüfungsmaßstab nicht ein. In der Rechtsbeschwerdeinstanz können allerdings keine neuen Tatsachen eingebracht werden (vgl. *BAG* 24.05.1957, 06.02.1968 AP Nr. 7 und 16 zu § 76 BetrVG 1952); steht dort aber bereits fest, dass die Anfechtung durchgreift, so darf das Verfahren zwecks Aufklärung und Feststellung weiterer Wahlanfechtungsgründe nicht an das Beschwerdegericht zurückverwiesen werden, sondern es ist in der Sache zu entscheiden (vgl. *BAG* 29.03.1974 BAGE 26, 107 = AP Nr. 2 zu § 19 BetrVG 1972). Das Gericht hat, was zu Unrecht meist in den Hintergrund tritt, aber nicht nur die **Wahlfehler** von Amts wegen zu ermitteln, sondern auch die Tatsachen für die übrigen Voraussetzungen der Anfechtbarkeit, namentlich das **Fehlen einer** (wirksamen) **Berichtigung** (mustergültig: *BAG* 19.09.1985 EzA § 19 BetrVG 1972 Nr. 22 = AP Nr. 12 zu § 19 BetrVG 1972) und die **Kausalität** zwischen Wahlfehler und Wahlergebnis sowie für die **Anfechtungsberechtigung** und die Wahrung der **Anfechtungsfrist**. 117

6. Rechtsschutzinteresse

Das Wahlanfechtungsverfahren erfordert wie jedes Beschlussverfahren als **Verfahrensvoraussetzung** in jedem Stadium des Verfahrens ein **Rechtsschutzinteresse** des oder der Antragsteller. Die Anfechtungsberechtigung nach § 19 Abs. 2 Satz 1 impliziert dieses, weil das Anfechtungsrecht nur auf dem 118

Weg über das Arbeitsgericht ausgeübt werden kann. Keine Rolle spielt, ob das Wahlergebnis insgesamt oder teilweise angegriffen wird und von welchem Anfechtungsberechtigten (zu Unrecht einschränkend beim Anfechtungsrecht des Arbeitgebers: *Gnade* FS *Herschel*, S. 153 gegen *BAG* 02.12.1960 AP Nr. 2 zu § 19 BetrVG). Das Rechtsschutzinteresse fehlt auch bei **Versäumung eines Einspruchs** gegen die Richtigkeit der Wählerliste nach § 4 WO **nicht**, wenn die Anfechtung auf deren Fehlerhaftigkeit gestützt wird (vgl. dazu auch Rdn. 64 f.).

119 Solange der Betriebsrat im Amt ist, entfällt das Rechtsschutzinteresse nicht dadurch, dass die der Anfechtung zugrunde liegende Streitfrage durch **tatsächliche Ereignisse** gegenstandslos wird, z. B. weil Arbeitnehmer, die nicht zur Wahl zugelassen wurden, aus dem Betrieb ausgeschieden sind (vgl. *BAG* 25.06.1974 AP Nr. 3 zu § 19 BetrVG 1972). Es entfällt auch nicht, wenn der Betriebsrat (z. B. weil er den Erfolg der Wahlanfechtung absieht) vor Rechtskraft der gerichtlichen Entscheidung **zurücktritt**; denn der zurückgetretene Betriebsrat verliert seine betriebsverfassungsrechtlichen Funktionen nicht, weil er nach § 22 i. V. m. § 13 Abs. 2 Nr. 3 die Geschäfte weiterführt (so auch *BAG* 29.05.1991 EzA § 4 BetrVG 1972 Nr. 6 [unter B I] = AP Nr. 5 zu § 4 BetrVG 1972; *LAG Düsseldorf* DB 1987, 177; *LAG Köln* 16.01.1991 LAGE § 19 BetrVG 1972 Nr. 11 S. 3; *LAG München* 04.10.1989 LAGE § 19 BetrVG 1972 Nr. 9 S. 2f.; *LAG Schleswig-Holstein* NZA-RR 1999, 523; *LAG Niedersachsen* 01.03.2004 – 16 TaBV 60/03 – juris; *Fitting* § 19 Rn. 44; *Gräfl* JArbR 42 [2005], S. 133 [142]; *Schlochauer/HSWG* § 19 Rn. 36; **a. M.** zu Unrecht *Galperin/Löwisch* § 19 Rn. 28; *G. Müller* FS *Schnorr von Carolsfeld*, S. 380). Entsprechendes gilt in den Fällen des § 13 Abs. 2 Nr. 1 und 2 i. V. m. § 22. Auch im Falle der Betriebsstilllegung ist das Rechtsschutzinteresse gegeben, solange der Betriebsrat noch im Amt ist (ebenso *LAG Berlin* 10.02.1986 LAGE § 19 BetrVG 1972 Nr. 4 S. 7; vgl. dazu auch § 21b Rdn. 7 ff.).

120 Das **Rechtsschutzinteresse** kann im Verlauf des Anfechtungsverfahrens **entfallen**, etwa wenn der Wahlvorstand das Wahlergebnis noch wirksam (vgl. Rdn. 39) dem Anfechtungsantrag entsprechend berichtigt, bei Anfechtung der Wahl eines einzelnen Betriebsratsmitgliedes durch dessen Amtsniederlegung oder Beendigung des Arbeitsverhältnisses oder Verlust der Wählbarkeit (vgl. § 24 Nr. 2, 3 und 4), wenn alle Betriebsratsmitglieder und Ersatzmitglieder ihr Amt niederlegen (vgl. *Jacobs* § 13 Rdn. 69) oder wenn die Amtszeit des Betriebsrats vor dem Termin der letzten mündlichen Verhandlung (in 3. Instanz) endet (*BAG* 16.04.2008 EzA § 1 BetrVG 2001 Nr. 7 Rn. 13 = AP Nr. 32 zu § 1 BetrVG 1972 Gemeinsamer Betrieb; bestätigend 09.09.2015 EzA § 256 ZPO 2002 Nr. 16 Rn. 11 ff.; ebenso für die Schwerbehindertenvertretung *BAG* 18.03.2015 AP Nr. 9 zu § 94 SGB IX und für die Jugend- und Auszubildendenvertretung auch schon *BAG* 13.03.1991 EzA § 19 BetrVG 1972 Nr. 29 = AP Nr. 20 zu § 19 BetrVG 1972). In all diesen Fällen ginge die beantragte richterliche Gestaltung des Wahlergebnisses, die lediglich in die Zukunft wirkt (vgl. Rdn. 127), ins Leere, weil sie für die Beteiligten keine rechtliche Wirkung mehr entfalten kann. Wie der Fall der Berichtigung des Wahlergebnisses durch den Wahlvorstand besonders deutlich macht, ist der Antrag in all diesen Fällen auch unbegründet (zutr. *Thau* Mängel der Aufsichtsratswahlen, S. 112 ff. im Anschluss an *Baumgärtl* SAE 1963, 29, 31). Gleichwohl ist es richtig, in diesen Fällen dem Antragsteller bereits das Interesse an einer gerichtlichen Sachentscheidung abzusprechen (ebenso ausdrücklich *BAG* 16.04.2008 EzA § 1 BetrVG 2001 Nr. 7 Rn. 13 = AP Nr. 32 zu § 1 BetrVG 1972 Gemeinsamer Betrieb; im Ergebnis auch *BAG* 21.06.1957 AP Nr. 2 zu § 81 ArbGG 1953; 08.12.1961, 29.04.1969 AP Nr. 7 und 9 zu § 23 BetrVG; *Fitting* § 19 Rn. 44; *Schlochauer/HSWG* § 19 Rn. 36; offen lassend *Richardi/Thüsing* § 19 Rn. 6660: Erledigung der Hauptsache). Nach neuerer Rspr. (vgl. *BAG* 15.02.1989 EzA § 19 BetrVG 1972 Nr. 28) soll das Rechtsschutzinteresse dann (aber auch nur dann) entfallen, wenn alle anfechtenden Arbeitnehmer während des Beschlussverfahrens endgültig aus ihren Arbeitsverhältnissen ausscheiden (krit. dazu Rdn. 76).

121 **Bei Wegfall des Rechtsschutzinteresses** kann der Antragsteller einer Abweisung seines Antrags als unzulässig dadurch vorbeugen, dass er seinen **Antrag** nach § 81 Abs. 2 ArbGG **zurücknimmt** (in den Rechtsmittelinstanzen allerdings nur mit Zustimmung aller Beteiligten, § 87 Abs. 2 Satz 3, § 92 Abs. 2 Satz 3 ArbGG) oder dass alle Beteiligten übereinstimmend das Verfahren in der Hauptsache für erledigt erklären (§ 83a, § 90 Abs. 2, § 95 Satz 4 ArbGG); es genügt hier aber auch die einseitige Erledigungserklärung (vgl. Rdn. 115) mit der Folge, dass das Verfahren entsprechend § 83a Abs. 2 ArbGG einzustellen ist. Schließlich kann der Antragsteller seinen Anfechtungsantrag in den Tatsacheninstanzen

Wahlanfechtung § 19

(vgl. *BAG* 20.03.1974 AP Nr. 5 zu § 83 ArbGG 1979) **in einen Feststellungsantrag umstellen**, wenn die dem Anfechtungsverfahren zugrunde liegende Streitfrage auch in Zukunft wieder streitig werden könnte und deshalb ein Feststellungsinteresse besteht (z. B. bei Fragen des Arbeitnehmerstatus [so auch *BAG* 13.03.1991 EzA § 19 BetrVG 1972 Nr. 29 S. 4] und der Betriebsabgrenzung). Gemäß § 264 Nr. 2 ZPO, der im Beschlussverfahren entsprechend gilt (vgl. *BAG* 14.01.1983 BAGE 41, 275 = AP Nr. 9 zu § 19 BetrVG 1972; *Grunsky* ArbGG, § 81 Rn. 15), bedarf es zu dieser Antragsänderung nicht der Zustimmung der Beteiligten oder der Zulassung durch das Gericht als sachdienlich.

7. Vorläufiger Rechtsschutz

Mit der Zustellung des Anfechtungsantrags an den Anfechtungsgegner (oder einen anderen Beteiligten) wird entsprechend §§ 261 Abs. 1, 253 Abs. 1 ZPO die **Rechtshängigkeit** begründet (vgl. *Ahrendt*/GK-ArbGG, § 81 Rn. 9 ff. [dort auch zu deren Folgen]; *Grunsky* ArbGG, § 81 Rn. 3; *Matthes*/*Spinner*/*GMP* ArbGG, § 81 Rn. 71). Diese hat jedoch weder suspendierende noch aufschiebende Wirkung. Der neu gewählte Betriebsrat kann bis zur Rechtskraft der gerichtlichen Entscheidung die Amtsgeschäfte uneingeschränkt führen. Die gerichtliche Entscheidung, die dem Anfechtungsantrag stattgibt, wirkt nur für die Zukunft (vgl. dazu Rdn. 127). 122

Im Beschlussverfahren ist der Erlass **einstweiliger Verfügungen** zulässig (§ 85 Abs. 2 Satz 1 ArbGG); §§ 935 ff. ZPO sind mit gewissen Modifikationen anwendbar (§ 85 Abs. 2 Satz 2 ArbGG). Daraus hat *Thiele* (2. Bearbeitung, § 19 Rn. 56) für das Wahlanfechtungsverfahren abgeleitet, dass die einstweilige Verfügung insbesondere zum Ausschluss einzelner Mitglieder von der Mitwirkung im Betriebsrat (ebenso auch *Richardi*/*Thüsing* § 19 Rn. 73) und zur Unterbindung bestimmter Maßnahmen des Betriebsrats in Betracht komme (abl. *Gnade* FS *Herschel*, S. 158). Indes wird der Erlass einer einstweiligen Verfügung in diesen Fällen regelmäßig am Fehlen eines für die Eilbedürftigkeit erforderlichen Verfügungsgrundes scheitern, weil im Wahlanfechtungsverfahren die Rechtmäßigkeit des Wahlergebnisses überprüft wird, nicht aber die Amtsführung eines möglicherweise unrechtmäßig ins Amt gekommenen Betriebsrats oder Betriebsratsmitglieds. Deshalb kann bezüglich des Ausschlusses eines Mitglieds auch keine Parallele zum Ausschlussverfahren nach § 23 gezogen werden (vgl. zur einstweiligen Verfügung dort *Oetker* § 23 Rdn. 262 f.). Maßnahmen des Betriebsrats unterliegen im Übrigen der Rechtskontrolle. 123

VI. Die Entscheidung im Wahlanfechtungsverfahren und ihre Rechtsfolgen

1. Abweisung des Anfechtungsantrags

Wird der Anfechtungsantrag als unzulässig oder unbegründet **abgewiesen**, so steht mit Rechtskraft dieser Entscheidung das (erfolglos angegriffene) Wahlergebnis **endgültig** als **verbindlich** fest; die gewählten Betriebsratsmitglieder sind rechtmäßig im Amt, die Reihenfolge der Ersatzmitglieder steht fest. Da mit Rechtskraft der Entscheidung für alle Verfahrensbeteiligten die Wirksamkeit der Wahl feststeht, kann sie von diesen auch nicht mehr mit dem Antrag auf Feststellung der Nichtigkeit angegriffen werden (vgl. dazu Rdn. 157), weil der Antrag auf Ungültigerklärung der gesamten Wahl zugleich dahin geht, die Nichtigkeit der Wahl festzustellen (vgl. Rdn. 102). Darüber hinaus erscheint es zur Sicherung kontinuierlicher Betriebsratsarbeit geboten, die Bindungswirkung der Entscheidung auch gegenüber allen Belegschaftsmitgliedern anzuerkennen (so auch *R. Krause* Rechtskrafterstreckung im kollektiven Arbeitsrecht, 1996, S. 386 f.). 124

2. Begründetheit des Anfechtungsantrags (»erfolgreiche Anfechtung«)

a) Rechtswirkungen des stattgebenden Beschlusses

Der einem Wahlanfechtungsantrag stattgebende Beschluss hat **rechtsgestaltende** (konstitutive), nicht lediglich feststellende (deklaratorische) **Wirkung** (ebenso *BAG* 29.05.1991 EzA § 19 BetrVG 1972 Nr. 31 [unter B I 1] = AP Nr. 2 zu § 9 BetrVG 1972; ausführlich *R. Krause* [wie Rdn. 124], S. 80 ff.; *G. Müller* FS *Schnorr von Carolsfeld*, S. 373; *Richardi*/*Thüsing* § 19 Rn. 67; *Thiele* 2. Bearbeitung, § 19 125

Rn. 58; *Wlotzke/WPK* § 19 Rn. 21). Dies folgt aus dem Charakter des Anfechtungsrechts als Gestaltungsantragsrecht (vgl. Rdn. 60) und wird in § 13 Abs. 2 Nr. 4 insofern bestätigt, als danach eine Neuwahl erst in Betracht kommt, wenn die Wahl »mit Erfolg« angefochten worden ist.

126 Die rechtsgestaltende Wirkung tritt **mit (formeller) Rechtskraft** des Beschlusses ein (unstr.) und wirkt immer **für und gegen alle**, weil damit eine neue Rechtslage geschaffen ist; eine Vollstreckung kommt nicht in Betracht (vgl. *Grunsky* ArbGG, § 85 Rn. 1).

127 Die Gestaltungswirkung tritt mit Rechtskraft des Beschlusses **nur für die Zukunft** ein. Der Gestaltungsentscheidung kommt keine rückwirkende Kraft zu; sie wirkt nur ex-nunc (nicht ex-tunc). Das gilt unabhängig davon, ob das Wahlergebnis (nur) korrigiert oder kassiert (für ungültig erklärt) wird. So im Ergebnis heute ganz h. M. (vgl. BAG 13.02.2013 EzA § 1 BetrVG 2001 Nr. 10 Rn. 17 = AP Nr. 34 zu § 1 BetrVG 1972 Gemeinsamer Betrieb; 16.03.2005 EzA § 15 BetrVG 2001 Nr. 1 [unter B II 1] = AP Nr. 3 zu § 15 BetrVG 1972 S. 6; 13.03.1991 EzA § 19 BetrVG 1972 Nr. 29; 29.05.1991 EzA § 19 BetrVG 1972 Nr. 31; 13.11.1991 EzA § 26 BetrVG 1972 Nr. 5 S. 3 f.; 21.06.1957 BAGE 4, 268 = AP Nr. 2 zu § 81 ArbGG 1953; *LAG Berlin* 01.02.1988 LAGE § 9 BetrVG 1972 Nr. 2 S. 4; *Brecht* § 19 Rn. 14; *Brors*/HaKo § 19 Rn. 18; *Etzel* HzA Gruppe 19/1, Rn. 178; *Fitting* § 19 Rn. 49; *Gnade* FS *Herschel*, S. 158; *Homburg*/DKKW § 19 Rn. 39; *von Hoyningen-Huene* Betriebsverfassungsrecht, § 7 Rn. 47; *Hueck*/*Nipperdey* II/2, S. 1152; *Joost*/MünchArbR § 216 Rn. 227; *Koch*/ErfK § 19 BetrVG Rn. 7; *R. Krause* [wie Rdn. 124], S. 383; *Maschmann*/AR § 19 BetrVG Rn. 8; *G. Müller* FS *Schnorr von Carolsfeld*, S. 369; *Nikisch* III, S. 108; *Nicolai*/HWGNRH § 19 Rn. 35; *Reichold*/HWK § 19 BetrVG Rn. 21; *Richardi*/*Thüsing* § 19 Rn. 62; *Stege*/*Weinspach*/*Schiefer* § 19 Rn. 12; *Wiebauer*/LK § 19 Rn. 31; *Wlotzke*/WPK § 19 Rn. 21; für Rückwirkung nur *Küchenhoff* § 19 Rn. 3 [S. 97], der unerträgliche Ergebnisse durch eine nach Treu und Glauben beschränkte Geltendmachung der Rückwirkung vermeiden wollte). Die Ex-nunc-Wirkung ist angesichts des Schweigens des Gesetzes rechtsfortbildend in Übereinstimmung mit dem Normzweck (vgl. Rdn. 15) aus Rechtssicherheitsüberlegungen herzuleiten. Es wäre mit der betriebsverfassungsrechtlichen Ordnung unvereinbar, wenn alle vom gewählten Betriebsrat vorgenommenen Maßnahmen und Beschlüsse bis zum Eintritt der Rechtskraft im Wahlanfechtungsverfahren rechtlich in der Schwebe blieben und ggf. dann von Anfang an als unwirksam anzusehen wären. Deshalb kann die Anfechtungswirkung nicht nach § 142 Abs. 1 BGB bestimmt werden. Im Übrigen zeigen die Wirkungen einer Versäumung der Anfechtungsfrist (s. Rdn. 85) dass auch ein nicht ordnungsgemäß zustande gekommenes Wahlergebnis nach der Wertung des Gesetzes Bestand haben kann.

b) Inhalt des stattgebenden Beschlusses

128 Die stattgebende Entscheidung **korrigiert** das Wahlergebnis »Korrektur«) oder **erklärt es für ungültig** »Kassation«). Im Einzelnen hängt der Inhalt der Entscheidung vom Umfang des Anfechtungsantrags ab, an den das Gericht nach § 83 Abs. 1 ArbGG gebunden ist.

aa) Korrektur des Wahlergebnisses

129 Richtet sich der Anfechtungsantrag auf eine **Korrektur des Wahlergebnisses** (vgl. Rdn. 99), so hat das Gericht, wenn der Antrag begründet ist, das richtige Wahlergebnis **positiv festzuhalten** (z. B. dass nicht X, sondern Y gewählt ist); ebenso *Dütz* SAE 1978, 5; *Galperin*/*Löwisch* § 19 Rn. 37; *Richardi*/*Thüsing* § 19 Rn. 71; *Schlochauer*/HSWG § 19 Rn. 41; *LAG Niedersachsen* 10.03.2011 NZA-RR 2011, 465; vgl. auch BAG 02.09.1972 AP Nr. 22 zu § 76 BetrVG. Die Berichtigung erfolgt durch **rechtsgestaltende** Entscheidung des Gerichts (BAG 16.03.2005 EzA § 15 BetrVG 2001 Nr. 1 [unter B II 1] = AP Nr. 3 zu § 15 BetrVG 1972). Es genügt nicht, die Unrichtigkeit des Wahlergebnisses festzustellen (ebenso *Richardi*/*Thüsing* § 19 Rn. 71; *Wlotzke*/WPK § 19 Rn. 35). Kann ein Wahlfehler durch eine Berichtigung nicht behoben werden, so ist der zu enge Berichtigungsantrag als unbegründet abzuweisen. In diesem Falle ist das Gericht wegen der Bindung an den Antrag nicht berechtigt, das Wahlergebnis (ganz oder teilweise) für ungültig zu erklären (vgl. auch BAG 15.07.1960, 26.11.1968 AP Nr. 10, 18 zu § 76 BetrVG).

130 Andererseits hat das Gericht das Wahlergebnis auch dann zu berichtigen, wenn der Antrag auf die Ungültigkeitserklärung des Wahlergebnisses (im Ganzen oder teilweise) gerichtet ist, eine **Berichtigung**

aber **noch erfolgen kann**; der zu weit gehende Anfechtungsantrag ist im Übrigen als unbegründet abzuweisen. Gerichtliche **Korrektur geht** der **Kassation** des Wahlergebnisses **vor**. Dieser Grundsatz ist unter Berücksichtigung des Normzwecks der Vorschrift daraus herzuleiten, dass es nach § 19 Abs. 1 Voraussetzung der Anfechtbarkeit ist, dass eine Berichtigung des Wahlfehlers nicht erfolgt ist. Der darin zum Ausdruck kommenden gesetzlichen Wertung würde es widersprechen, wenn ein vom Wahlvorstand nicht korrigierter, aber noch korrigierbarer Wahlfehler zur Kassation des Wahlergebnisses führen müsste. Dagegen erfordern die Rechtssicherheit, die Vermeidung von Betriebsratslosigkeit und Kosten einer Neuwahl, dass das Gericht seinerseits die Korrektur noch vornimmt (im Ergebnis ebenso *Brors/HaKo* § 19 Rn. 17; *Dütz* SAE 1975, 40; *Fitting* § 19 Rn. 27; *Galperin/Löwisch* § 19 Rn. 37; *Homburg/DKKW* § 19 Rn. 41; *Koch/ErfK* § 19 BetrVG Rn. 7; *G. Müller* FS *Schnorr von Carolsfeld*, S. 392; *Nicolai/HWGNRH* § 19 Rn. 33; *Reichold/HWK* § 19 BetrVG Rn. 21; *Wiebauer/LK* § 19 Rn. 29; im Ansatz übereinstimmend auch die Rspr. des *BAG*; vgl. BAG 12.10.1976 AP Nr. 1 zu § 8 BetrVG 1972 = SAE 1978, 1 [zust. *Dütz*]; 12.10.1976 AP Nr. 5 zu § 19 BetrVG 1972 = SAE 1977, 141 [zust. *Bohn*]; 29.05.1991 EzA § 19 BetrVG 1972 Nr. 31 [unter B II 5] = AP Nr. 2 zu § 9 BetrVG 1972). Darin liegt keine Lösung des Gerichts vom gestellten Antrag, weil der Antrag auf Ungültigerklärung den Antrag auf Berichtigung des Wahlergebnisses als Minus umfasst (vgl. auch *Thau* Mängel der Aufsichtsratswahlen, S. 298).

Die **Korrigierbarkeit des Wahlergebnisses** durch das Gericht ist **begrenzt**. Nach allgemeiner Meinung kommt eine Berichtigung dann in Betracht, wenn dem Wahlvorstand Wahlfehler bei der Feststellung des Wahlergebnisses unterlaufen sind (insbesondere bei fehlerhafter Stimmenauszählung, fehlerhafter Handhabung des d'Hondtschen Höchstzahlverfahrens (s. *Jacobs* § 15 WO Rdn. 1 ff.), fehlerhafter Verteilung der Stimmen oder Sitze auf die einzelnen Vorschlagslisten; vgl. etwa BAG 16.03.2005 EzA § 15 BetrVG 2001 Nr. 1 [unter B II 1] = AP Nr. 3 zu § 15 BetrVG 1972; auch *BAG* AP Nr. 2, 3, 10, 18, 22, 23, 24 zu § 76 BetrVG; AP Nr. 5 zu § 80 ArbGG 1953) und somit durch die Korrektur nur der wahren **Wählerentscheidung Geltung** verschafft wird. Das gilt auch, wenn dem Geschlecht in der Minderheit unter Verstoß gegen §§ 15 oder 22 WO nicht die ihm zustehenden Mindestsitze zugeteilt worden sind. **131**

Wahlfehler, die **bei** der Vorbereitung und Durchführung **der Stimmabgabe** passiert sind, nicht rechtzeitig berichtigt wurden und das Wahlergebnis beeinflussen konnten, können dagegen nach Durchführung der Stimmabgabe durch gerichtliche Korrektur grundsätzlich **ebenso wenig** behoben werden wie durch den Wahlvorstand (vgl. Rdn. 37). Zweifelhaft ist dies nur für Fälle, in denen die Wahl aufgrund **unrichtiger** Berechnung der **Zahl** der **zu wählenden Betriebsratsmitglieder** und entsprechend fehlerhafter Angabe im Wahlausschreiben stattgefunden hat (Verstoß gegen § 3 Abs. 2 Nr. 5 WO) und die Wahl deshalb angefochten worden ist. Unstr. kommt auch in solchen Fällen **keine Ergebnisberichtigung** in Betracht, wenn (und soweit) die Wahl als **Mehrheitswahl** durchgeführt worden ist, also insbesondere auch, wenn die Wahl im vereinfachten Wahlverfahren für Kleinbetriebe nach § 14a stattgefunden hat (§ 14 Abs. 2 Satz 2); dann kann nicht ausgeschlossen werden, dass bei Festlegung der richtigen Zahl andere Kandidaten gewählt worden wären. **Entgegen** insoweit nicht differenzierender **h. M.** (vgl. namentlich für die Wahl eines Betriebsrats mit zu hoher Mitgliederzahl *BAG* 12.10.1976 BAGE 28, 203 = AP Nr. 1 zu § 8 BetrVG 1972; 12.10.1976 BAGE 28, 212 = AP Nr. 5 zu § 19 BetrVG 1972; 29.05.1991 EzA § 19 BetrVG 1972 Nr. 31 = AP Nr. 2 zu § 9 BetrVG 1972; 07.05.2008 EzA § 9 BetrVG 2001 Nr. 4 Rn. 23 = AP Nr. 12 zu § 9 BetrVG 1972; 16.11.2011 – 7 ABR 48/10 – juris, Rn. 22; *LAG Rheinland-Pfalz* 06.03.2015 – 1 TaBV 23/14 – juris, Rn. 19; *LAG Berlin* 01.02.1988 LAGE § 9 BetrVG 1972 S. 1; *LAG Hamm* DB 1976, 728 und 2020, bestätigt durch *BAG* 18.01.1989 EzA § 9 BetrVG 1972 Nr. 4; folgend *Galperin/Löwisch* § 9 Rn. 10; *Homburg/DKKW* § 19 Rn. 41; *Koch/ErfK* § 19 BetrVG Rn. 7; *Schlochauer/HSWG* § 19 Rn. 41; *Stege/Weinspach/Schiefer* § 9 Rn. 5) hat das Arbeitsgericht jedoch **bei Verhältniswahl** im Regelwahlverfahren (§ 14 Abs. 2 Satz 1) das fehlerhafte Wahlergebnis grundsätzlich selbst **zu berichtigen** (vgl. *Jacobs* § 9 Rdn. 36; ebenso *Fitting* § 9 Rn. 53; *Richardi*. Anm. zu AR-Blattei, Betriebsverfassung VI A, Wahlanfechtung, Entsch. 7 [unklar jetzt *Richardi/Thüsing* § 9 Rn. 24]; *Weiss/Weyand* § 9 Rn. 5). In diesen Fällen steht fest, dass aufgrund des Wahlfehlers das Wahlergebnis beeinflusst worden ist und der Betriebsrat nun nicht ordnungsgemäß besetzt ist. Durch eine Korrektur des Wahlergebnisses wird jedoch der Begründetheit der Wahlanfechtung unter Vermeidung der Kosten einer möglichen Neuwahl Rechnung getragen, ohne dass damit der Wählerwille beeinflusst oder gar verfälscht würde. Es er- **132**

scheint im Ansatz ausgeschlossen, dass Wähler bei Kenntnis der richtigen Zahl zu wählender Betriebsratsmitglieder ihre Stimme einer anderen Vorschlagsliste gegeben hätten. Darüber hinaus ist es unwahrscheinlich, dass bei Kenntnis der richtigen Zahl die Bewerber in den Vorschlagslisten in anderer Reihenfolge aufgestellt und dementsprechend gewählt worden wären, weil die entscheidende Bedeutung der Reihenfolge bei Listenwahl bekannt und deshalb auf die »richtige« Reihenfolge geachtet wird und für »taktische« Aufstellungen kein Platz ist. Nur wenn besondere Anhaltspunkte vorliegen, die im Einzelfall diesen Erfahrungssätzen entgegenstehen, muss etwas anderes gelten (vgl. auch *Fitting* § 9 Rn. 53). Eine Beschränkung auf eine Ergebnisberichtigung kommt nach neuer Rechtslage insbesondere dann nicht in Betracht, wenn zugleich die auf das Geschlecht in der Minderheit entfallenden Mindestsitze im Betriebsrat unrichtig berechnet (§ 5 WO) und entsprechend fehlerhaft im Wahlausschreiben angegeben worden sind (Verstoß gegen § 3 Abs. 2 Nr. 5 WO); vgl. zu taktischen Erwägungen zur Platzierung der Geschlechter bei der Aufstellung von Vorschlagslisten *Jacobs* § 15 WO Rdn. 10.

bb) Ungültigerklärung des Wahlergebnisses (»Kassation«)

133 Richtet sich der Antrag auf Ungültigerklärung des Wahlergebnisses »der Wahl« und ist eine Berichtigung nicht mehr möglich (vgl. Rdn. 131), hat das Gericht im Rahmen des begründeten Anfechtungsantrags das gesamte Wahlergebnis (Gesamtanfechtung) bzw. die Wahl des oder der betroffenen Betriebsratsmitglieder (Teilanfechtung) **für ungültig zu erklären** (konstitutive »Feststellung« der Ungültigkeit).

134 Stellt sich bei **Gesamtanfechtung** heraus, dass der festgestellte Wahlfehler das Wahlergebnis nur in einem abgrenzbaren und rechtlich abtrennbaren Teilbereich beeinflusst hat, so ist das Wahlergebnis nur insoweit für ungültig zu erklären und der Anfechtungsantrag im Übrigen als unbegründet abzuweisen. Das gilt, wenn wegen fehlender Wählbarkeit nur die Wahl eines einzelnen oder mehrerer einzelner Betriebsratsmitglieder unwirksam ist (vgl. auch *Richardi/Thüsing* § 19 Rn. 73). Stellt sich bei einer **Teilanfechtung** heraus, dass der zugrunde liegende Wahlfehler das Wahlergebnis insgesamt beeinflussen konnte und nicht auf den angefochtenen Teil beschränkbar ist, so ist der Anfechtungsantrag als unzulässig abzuweisen (vgl. Rdn. 101).

3. Rechtsfolgen erfolgreicher Wahlanfechtung

a) Folgen der Ergebnisberichtigung

135 Bei einer Berichtigung des Wahlergebnisses **gilt** mit Eintritt der Rechtskraft **das richtige Wahlergebnis**. Der Betriebsrat als Kollegialorgan bleibt im Amt. Nach Maßgabe des Beschlusses treten der oder die Gewählten in den Betriebsrat ein; die Mitgliedschaft derjenigen, die zu Unrecht vom Wahlvorstand als gewählt bekannt gemacht worden sind, erlischt (vgl. zu den Rechtsfolgen des Erlöschens der Mitgliedschaft *Oetker* § 24 Rdn. 73 ff.).

b) Folgen der Unwirksamkeit des gesamten Wahlergebnisses

136 Wird das Wahlergebnis insgesamt für unwirksam erklärt, so **endet** mit Eintritt der Rechtskraft des Beschlusses **die Amtszeit des Betriebsrats, und die Mitgliedschaft** aller seiner Mitglieder **erlischt**. Eine Weiterführung der Geschäfte bis zu einer Neuwahl kommt nicht in Betracht; das ergibt sich aus § 22 i. V. m. § 13 Abs. 2 Nr. 4. Der Betrieb ist betriebsratslos (vgl. dazu auch *Jacobs* § 13 Rdn. 70 ff.). Bis zum Amtsende war der Betriebsrat mit allen Konsequenzen voll wirksam im Amt (konnte z. B. Betriebsvereinbarungen abschließen, war nach § 102 Abs. 1 vor jeder Kündigung zu hören etc.); den Betriebsratsmitgliedern kommt bis dahin der besondere Kündigungsschutz nach § 15 KSchG, § 103 BetrVG zugute (wegen § 15 Abs. 1 Satz 2 Halbs. 2 KSchG aber nicht der nachwirkende Kündigungsschutz für Betriebsratsmitglieder, sondern nur der für Wahlbewerber nach § 15 Abs. 3 Satz 2 KSchG).

137 Nach § 13 Abs. 2 Nr. 4 kann nach erfolgreicher Anfechtung **jederzeit** auch außerhalb des regelmäßigen Wahlzeitraums ein Betriebsrat nach den allgemeinen Wahlvorschriften gewählt werden. Ob eine Neuwahl in Gang kommt, hängt allein von der Bestellung eines Wahlvorstands nach § 17 oder § 17a ab.

Nur der Gesamtbetriebsrat (bzw. Konzernbetriebsrat), falls er besteht, ist verpflichtet, für eine Neuwahl zu sorgen (§ 17 Abs. 1, § 17a i. V. m. § 17 Abs. 1); ansonsten hängt sie von den Aktivitäten der Belegschaftsmitglieder oder der im Betrieb vertretenen Gewerkschaften ab (§ 17 Abs. 2, 4, § 17a Nr. 3, 4). Das Arbeitsgericht kann eine Wiederholung der Wahl nicht anordnen und (anders als nach gerichtlicher Auflösung des Betriebsrats, § 23 Abs. 2) auch nicht von Amts wegen einen Wahlvorstand bestellen (unstr.). Auch der Betriebsrat, dessen Wahl angefochten worden ist, ist nicht berechtigt, vor Rechtskraft der Entscheidung im Wahlanfechtungsverfahren einen Wahlvorstand für eine Neuwahl zu bestellen, auch dann nicht, wenn abzusehen ist, dass die Anfechtung erfolgreich sein wird (**a. M.** *Fitting* § 19 Rn. 45 [anders, einschränkend *Fitting* § 13 Rn. 44]; diesen zust. *Brors*/HaKo § 19 Rn. 17; *Homburg*/DKKW § 19 Rn. 40). Denn solange im Betrieb ein Betriebsrat besteht, kann (wie sich aus § 13 Abs. 2 ergibt) wirksam keine Neuwahl stattfinden, für eine solche mithin auch kein Wahlvorstand bestellt werden, dessen Aufgabe nach § 18 Abs. 1 Satz 1 es wäre, unverzüglich die Wahl einzuleiten (im Ergebnis wie hier *Koch*/ErfK § 19 BetrVG Rn. 7; *G. Müller* FS *Schnorr von Carolsfeld*, S. 369; *Reichold*/HWK § 19 BetrVG Rn. 22; *Richardi*/*Thüsing* § 19 Rn. 76; *Wlotzke*/WPK § 19 Rn. 23). Auch durch seinen Rücktritt kann der Betriebsrat dieses Ergebnis nicht umgehen (vgl. *Jacobs* § 13 Rdn. 74).

Es muss immer ein neuer Wahlvorstand bestellt werden, weil das Amt des alten längst geendet hat (vgl. **138** § 16 Rdn. 90) und auch durch die Ungültigerklärung der Wahl nicht wieder auflebt. Vom neuen Wahlvorstand ist die **gesamte Wahl neu** einzuleiten und durchzuführen. Veränderungen der Betriebsstruktur, der Belegschaftsstärke und des Verhältnisses der Geschlechter in der Belegschaft sind voll zu berücksichtigen; es ist nicht etwa von den Grundlagen der für ungültig erklärten Wahl (z. B. für die Zahl der Betriebsratsmitglieder, §§ 9, 11; Verteilung der Sitze auf die Geschlechter, § 15 Abs. 2) auszugehen (**a. M.** zu Unrecht *Richardi*/*Thüsing* § 17 Rn. 77). Wenn im Unterschied zu sonstigen Neuwahlen hier vielfach von einer »Wiederholung« der Wahl gesprochen wird, so findet dies im Gesetz keine Stütze (vgl. § 13 Abs. 2 Nr. 4) und hat auch keinerlei Bedeutung (nachdem die Vorabstimmungen nach §§ 12 Abs. 1, 14 Abs. 2 a. F. weggefallen sind, die nach früher h. M. verbindlich blieben).

c) Keine Unwirksamkeit der Wahl einer Gruppe

Früher war anerkannt, dass bei Gruppenwahl der Anfechtungsantrag auf die Ungültigerklärung der **139** Wahl der Mitglieder einer Arbeitnehmergruppe **(Arbeiter, Angestellte)** beschränkt werden konnte (vgl. 6. Aufl., § 19 Rn. 90) und im Falle solcher Teilanfechtung, aber auch bei Gesamtanfechtung das Wahlergebnis nur bezüglich der Wahl einer Gruppe für unwirksam zu erklären war, wenn nur im Wahlgang dieser Gruppe ein Wahlfehler deren Wahlergebnis beeinflusst hat (vgl. 6. Aufl., § 19 Rn. 127). Diese Besonderheiten sind mit der Aufgabe des Gruppenprinzips in der Betriebsverfassung durch Art. 1 Nr. 6 BetrVerf-Reformgesetz grundsätzlich **entfallen**, sie haben nur in den Betrieben der Postunternehmen noch Bedeutung, wenn dort die Wahl als Gruppenwahl stattgefunden hat (vgl. *Jacobs* Anhang zu § 10 Rdn. 12).

Nach der Neufassung von § 15 Abs. 2 durch Art. 1 Nr. 13 BetrVerf-Reformgesetz vom 23.07.2001 **140** (BGBl. I, S. 1852) sind jetzt **Frauen** und **Männer** betriebsverfassungsrechtlich relevante Arbeitnehmergruppen, da das Geschlecht in der Minderheit zwingend mindestens entsprechend seinem zahlenmäßigen Verhältnis in der Belegschaft im Betriebsrat vertreten sein muss, wenn dieser aus mindestens drei Mitgliedern besteht. Es kommt aber nicht in Betracht, dass das Wahlergebnis nur bezüglich einer dieser Gruppen für unwirksam erklärt wird. Wahlfehler können insoweit das Wahlergebnis nicht in einem abgrenzbaren und rechtlich abtrennbaren Teilbereich beeinflussen, weil Frauen und Männer ihre Betriebsratsmitglieder nicht (wie früher Arbeiter und Angestellte bei Gruppenwahl nach § 14 Abs. 2 a. F.) in getrennten Wahlgängen wählen, sondern immer in gemeinsamer Wahl (vgl. *Jacobs* § 15 Rdn. 21).

Das gesamte Wahlergebnis ist auch dann für ungültig zu erklären (zu den Rechtsfolgen vgl. **141** Rdn. 136 ff.), wenn die dem Geschlecht in der Minderheit zustehenden **Mindestsitze unrichtig berechnet** (Verstoß gegen § 5 WO) und entsprechend fehlerhaft im Wahlausschreiben angegeben worden sind (Verstoß gegen § 3 Abs. 2 Nr. 5 WO); diese Fehler können durch bloße Korrektur des Wahlergebnisses nicht behoben werden, weil nicht ausgeschlossen werden kann, dass bei Festlegung der richtigen Zahl andere Kandidaten und Kandidatinnen gewählt worden wären (vgl. auch Rdn. 131, dort auch zu Korrigierbarkeit des Wahlergebnisses bei Verstoß gegen §§ 15, 22 WO bei Ermittlung der Gewählten).

d) Unwirksamkeit der Wahl eines einzelnen Betriebsratsmitglieds

142 Wird nur die Wahl eines oder mehrerer einzelner Betriebsratsmitglieder **wegen Nichtwählbarkeit für ungültig erklärt**, so kommt insoweit keine Neuwahl in Betracht; das ergibt sich aus der in § 24 Nr. 6 zum Ausdruck gekommenen Wertung. Mit Rechtskraft des Beschlusses erlischt die Mitgliedschaft des Betroffenen im Betriebsrat mit der Folge, dass ein Ersatzmitglied nach Maßgabe des § 25 Abs. 2 (unter Berücksichtigung des § 15 Abs. 2) nachrückt (h. M.; vgl. *BAG* 28.11.1977 BAGE 29, 398 = AP Nr. 2 zu § 8 BetrVG 1972; 25.04.1978 BAGE 30, 266 = AP Nr. 16 zu Internationales Privatrecht, Arbeitsrecht; *Fitting* § 19 Rn. 48; *Homburg/DKKW* § 19 Rn. 42; *Joost/*Münch-ArbR § 216 Rn. 228; *Koch/*ErfK § 19 BetrVG Rn. 7; *G. Müller* FS *Schnorr von Carolsfeld*, S. 372; *Richardi/Thüsing* § 19 Rn. 73; *Thiele* 2. Bearbeitung, § 19 Rn. 64; *Wiebauer/LK* § 19 Rn. 30). Für die Annahme, das Ersatzmitglied rücke schon während des Wahlanfechtungsverfahrens (wegen zeitweiliger Verhinderung des Mitglieds) in den Betriebsrat ein (so *Galperin/Löwisch* § 19 Rn. 36; *Schlochauer/HSWG* § 19 Rn. 47), fehlt wegen der ab Rechtskraft **nur** in die Zukunft wirkenden Gestaltungsentscheidung jeder Anhaltspunkt.

VII. Nichtigkeit der Wahl

143 Von dem nach § 19 Abs. 1 anfechtbaren Wahlergebnis ist das nichtige (»die nichtige Wahl«) zu unterscheiden. Schon seit der Geltung des BRG 1920 ist diese Unterscheidung ebenso allgemein anerkannt wie die Tatsache, dass es auch ohne gesetzliche Regelung nichtige Betriebsratswahlen gibt. Der Gesetzgeber des BetrVG 1972 hat diese Auffassung gebilligt, indem er trotz Kenntnis von Rechtsprechung und Schrifttum die **Nichtigkeit der Wahl nicht ausgeschlossen** hat (so zutr. *G. Müller* FS *Schnorr von Carolsfeld*, S. 393 f.; *Thiele* 2. Bearbeitung, § 19 Rn. 69). Während die Anfechtbarkeit nur zeitlich begrenzt in einem förmlichen Wahlanfechtungsverfahren mit Wirkung für die Zukunft ab Rechtskraft der stattgebenden gerichtlichen Gestaltungsentscheidung geltend gemacht werden kann, tritt die **Nichtigkeit ipso iure von Anfang an** ein und kann daher **jederzeit von jedermann** geltend gemacht werden. Diese gravierenden Unterschiede der Geltendmachung von Wahlfehlern machen ohne Weiteres klar, dass Nichtigkeit **nur in ganz besonderen Ausnahmefällen** (so auch st. Rspr. des *BAG*; s. *BAG* 13.03.2013 EzA § 3 BetrVG 2001 Nr. 6 Rn. 15 = AP Nr. 10 zu § 3 BetrVG 1972; 19.11.2003 EzA § 19 BetrVG 2001 Nr. 2 = AP Nr. 54 zu § 9 BetrVG 1972; 10.06.1983 EzA § 19 BetrVG 1972 Nr. 19 = AP Nr. 10 zu § 19 BetrVG 1972; vgl. auch schon *BAG* AP Nr. 4, 6, 8 zu § 19 BetrVG 1972; ebenso *Brors/HaKo* § 19 Rn. 2; *Etzel* HzA Gruppe 19/1, Rn. 153; *Fitting* § 19 Rn. 4; *Gnade* FS *Herschel*, S. 159; *Homburg/DKKW* § 19 Rn. 43; *Koch/*ErfK § 19 BetrVG Rn. 13; *Nicolai/HWGNRH* § 19 Rn. 40; *Reichold/HWK* § 19 BetrVG Rn. 23; *Richardi/Thüsing* § 19 Rn. 78; *Wiebauer/LK* § 19 Rn. 35 *Wlotzke/WPK* § 19 Rn. 26) angenommen werden kann, weil sonst die mit § 19 verfolgte Zielsetzung (rechtssichere, rasche Klärung der Rechtsgültigkeit der Wahl, Vermeidung von Betriebsratslosigkeit und Kosten einer Neuwahl; vgl. Rdn. 14 ff.) unterlaufen würde.

1. Voraussetzungen der Nichtigkeit

144 In der Rechtsprechung des ***BAG*** variieren die Umschreibungen der Anforderungen an die Nichtigkeit der Wahl. Repräsentativ umfassend ist die **Formel:** Nichtigkeit nur dann, »wenn ein so grober und offensichtlicher Verstoß gegen wesentliche Grundsätze des gesetzlichen Wahlrechts vorliegt, dass nicht einmal der Anschein einer dem Gesetz entsprechenden Wahl vorliegt« (so *BAG* 11.04.1978 AP Nr. 8 zu § 19 BetrVG 1972; vgl. mit Nachweisen älterer Rspr. *BAG* 27.04.1976, 28.11.1977 AP Nr. 4, 6 zu § 19 BetrVG 1972; ebenso oder ganz ähnlich u. a. auch *BAG* 10.06.1983 EzA § 19 BetrVG 1972 Nr. 19 = AP Nr. 10 zu § 19 BetrVG 1972; 13.09.1984 EzA § 19 BetrVG 1972 Nr. 20 = AP Nr. 3 zu § 1 BetrVG 1972; 29.05.1991 EzA § 19 BetrVG 1972 Nr. 31 = AP Nr. 2 zu § 9 BetrVG 1972; 13.11.1991 EzA § 27 BetrVG 1972 Nr. 7 [unter B II 2a] = AP Nr. 3 zu 27 BetrVG 1972; 29.04.1998

EzA § 40 BetrVG 1972 Nr. 82 [unter B II 2] = AP Nr. 58 zu § 40 BetrVG 1972; 22.03.2000 EzA § 14 AÜG Nr. 4 [unter B I 2] = AP Nr. 8 zu § 14 AÜG; zwei Beschlüsse vom 19.11.2003 EzA § 19 BetrVG 2001 Nr. 1 S. 4 und EzA § 19 BetrVG 2001 Nr. 2 S. 6; **zuletzt etwa** BAG 21.07.2004 EzA § 4 BetrVG 2001 Nr. 1 [unter B II 1] = AP Nr. 15 zu § 4 BetrVG 1972; 21.09.2011 EzA § 3 BetrVG 2001 Nr. 5 Rn. 26 = AP Nr. 9 zu § 3 BetrVG 1972; 27.07.2011 EzA § 19 BetrVG 2001 Nr. 8 Rn. 39 = AP Nr. 2 zu § 16 BetrVG 1972; 13.03.2013 EzA § 3 BetrVG 2001 Nr. 6 Rn. 15 = AP Nr. 10 zu § 3 BetrVG 1972; 27.07.2014 EzA § 94 SGB IX Nr. 8 = AP Nr. 7 zu § 94 SGB IX [zur Schwerbehindertenvertretung]; dem folgen die Instanzgerichte soweit ersichtlich ausnahmslos; etwa *LAG München* 03.08.1988 LAGE § 19 BetrVG 1972 Nr. 7; *LAG Hamm* 02.05.2013 – 13 TaBV 3/13 – juris, Rn. 56; 04.04.2014 – 13 TaBVGa 8/14 – juris, Rn. 35; *LAG Schleswig-Holstein* 02.04.2014 – 3 TaBVGa 2/14 – juris, Rn. 35 f.; *LAG Köln* 08.04.2014 – 7 Ta 101/14 – juris, Rn. 15; *LAG Rheinland-Pfalz* 23.04.2015 – 2 TaBVGa 1/15 – juris, Rn. 31). Das **Schrifttum** folgt der Rechtsprechung mit teils wörtlich übereinstimmenden, teils ähnlichen Formeln (vgl. *Brors/HaKo* § 19 Rn. 2; *Etzel* HzA Gruppe 19/1, Rn. 153; *Fitting* § 19 Rn. 4; *Gnade* FS *Herschel*, S. 159; *Homburg/DKKW* § 19 Rn. 43; *Joost/*MünchArbR § 216 Rn. 231; *Koch/ErfK* § 19 BetrVG Rn. 13; *Maschmann/AR* § 19 BetrVG Rn. 9; *G. Müller* FS *Schnorr von Carolsfeld*, S. 394; *Nicolai/HWGNRH* § 19 Rn. 40; *Reichold/HWK* § 19 BetrVG Rn. 23; *Richardi/Thüsing* § 19 Rn. 78, 83; *Stege/Weinspach/Schiefer* § 19 Rn. 15; *Wiebauer/LK* § 19 Rn. 35; *Wiese/Starck* Anm. zu BAG AP Nr. 1 zu § 1 BetrVG 1972; *Wlotzke/WPK* § 19 Rn. 26). Die *BAG*-Formel bedarf jedoch der Konkretisierung und Präzisierung, damit die Forderung nach besonders strengen Anforderungen an die Nichtigkeit auch ernst genommen werden kann.

Erforderlich, aber letztlich nicht ausreichend ist, dass der **Wahlfehler als solcher** »grob und offensichtlich« ist. Wie die auch vom *BAG* (vgl. 24.01.1964 BAGE 15, 235 = AP Nr. 6 zu § 3 BetrVG; 17.01.1978 BAGE 30, 12 = AP Nr. 1 zu § 1 BetrVG 1972) gezogene Parallele zur Nichtigkeit eines Verwaltungsaktes nach der **Evidenztheorie** (vgl. § 44 Verwaltungsverfahrensgesetz) zeigt, ist es jedoch maßgeblich, dass der Akt selbst, hier also »die Wahl«, »den Stempel der Nichtigkeit auf der Stirn trägt«. Kriterium ist demnach die **Offensichtlichkeit der Nichtigkeit**. Das ist mit dem Teil der Formel »dass nicht einmal der Anschein einer dem Gesetz entsprechenden Wahl vorliegt«, gemeint (vgl. *BAG* 27.04.1976 AP Nr. 4 zu § 19 BetrVG 1972; *ArbG Kiel* 20.03.2002 AP Nr. 17 zu § 1 BetrVG 1972). Dabei kommt es nicht auf den Standpunkt eines Außenstehenden, dem lediglich das Wahlergebnis bekannt ist, an, sondern den von mit den betrieblichen Verhältnissen vertrauten Durchschnittsbeobachters (vgl. *BAG* 24.01.1964 BAGE 15, 235; 28.04.1964 AP Nr. 3 zu § 4 BetrVG; 19.11.2003 EzA § 19 BetrVG 2001 Nr. 2 [unter B III 3b] = AP Nr. 54 zu § 19 BetrVG 1972; zust. *Brors/HaKo* § 19 Rn. 2; *Fitting* § 19 Rn. 4; *Joost/*MünchArbR § 216 Rn. 231; *Maschmann/AR* § 19 BetrVG Rn. 9; *G. Müller* FS *Schnorr von Carolsfeld*, S. 394; *Reichold/HWK* § 19 BetrVG Rn. 23; *Richardi/Thüsing* § 19 Rn. 84; *Wiese/Starck* Anm. zu BAG AP Nr. 1 zu § 1 BetrVG 1972; *Wlotzke/WPK* § 19 Rn. 26); der verdient dann auch keinerlei Vertrauensschutz in die Gültigkeit der Wahl (vgl. zu diesem Gesichtspunkt *BAG* 19.11.2003 EzA § 19 BetrVG 2001 Nr. 1 S. 4 und Nr. 2 S. 8). Offensichtlichkeit ist aber nicht zu verwechseln mit Offenkundigkeit i. S. d. § 291 ZPO; gleichwohl wird auch davon gesprochen, das der Verstoß »schwerwiegend und offenkundig« sein muss (*Gräfl* JArbR 42 [2005], S. 133 [143]). Offensichtliche Nichtigkeit kann andererseits nicht bereits deshalb verneint werden, weil derselbe Wahlfehler langjähriger tatsächlicher Handhabung entspricht (so aber *BAG* 17.01.1978 AP Nr. 1 zu § 1 BetrVG 1972 [insoweit krit. *Wiese/Starck*] = SAE 1979, 15 [insoweit krit. *Fabricius/Decker*]); eine solche Handhabung bildet jedoch ein gewichtiges Indiz gegen die Nichtigkeit (ebenso *Fabricius/Decker*).

Zu Recht wird in der *BAG*-Formel betont, dass ein Verstoß »gegen wesentliche **Grundsätze des gesetzlichen Wahlrechts**« vorliegen muss. Selbst offensichtliche Verstöße gegen zwingende einzelne Ordnungs- und Verfahrensvorschriften der WO genügen allein nicht (vgl. auch *BAG* 13.09.1984 EzA § 19 BetrVG 1972 Nr. 20 [unter 2b] = AP Nr. 3 zu § 1 BetrVG 1972). Den verletzten Wahlvorschriften muss Grundsatzcharakter zukommen (zust. *Dewender* SAE 2004, 198; vgl. insoweit auch *Küchenhoff* § 19 Rn. 3), sonst ist der Verstoß nicht »grob« i. S. d. Abgrenzungsformel (vgl. zu dem Versuch einer Präzisierung dieses Merkmals *Nießen* Fehlerhafte Betriebsratswahlen, S. 343 ff.; soweit dieser aus Rechtssicherheitsgründen die Notwendigkeit einer gesetzlichen Regelung der Nichtigkeit sieht, für die er einen Formulierungsvorschlag vorlegt, ist dem nicht zu folgen; ebenso *Burger* Die Nichtigkeit von Betriebsratswahlen, S. 279 ff.; dessen Versuch einer Präzisierung der Abgrenzung zu Anfechtungsgründen [S. 40 ff.] geht jedoch von einer unzutr. Zielsetzung der Anfechtbarkeit aus; vgl. Rdn. 15).

147 Deshalb gibt es eine Reihe bereits als solcher erkannter **absoluter Nichtigkeitsgründe** (vgl. Rdn. 150; ebenso im Ansatz auch *Dütz* SAE 1979, 6; *Nießen* Fehlerhafte Betriebsratswahlen, S. 336 f.). Im Übrigen erfordert die Evidenz der Nichtigkeit für den mit den Betriebsinterna vertrauten Durchschnittsbeobachter eine **verständige wertende Würdigung**; ihm muss sich die Nichtigkeit der Wahl wegen der Schwere des Verstoßes geradezu aufdrängen; sie muss ihm sofort und ohne Weiteres erkennbar sein. Dabei wird ihm vielfach zumindest in Folgewirkung eines gravierenden Wahlfehlers, der schon für sich das Nichtigkeitsverdikt trägt, zugleich eine Vielzahl von Verstößen gegen wesentliche Wahlvorschriften erkennbar sein.

148 Davon ausgehend hat der Erste Senat des *BAG* auch eine Wahlnichtigkeit bei Gesamtwürdigung einer **Massierung von Wahlverstößen** in Betracht gezogen, auch wenn jeder einzelne Verstoß für sich betrachtet u. U. nur die Anfechtbarkeit (nicht die Nichtigkeit) begründen könnte (*BAG* 27.04.1976 AP Nr. 4 zu § 19 BetrVG 1972: Nichtigkeit bejaht [Wahl bereits 12 Tage nach Bestellung eines zwischenzeitlich durch Amtsniederlegung nicht mehr vollständigen Wahlvorstands, ohne Aufstellung einer Wählerliste, ohne Erlass eines Wahlausschreibens, auf der Basis eines in einer Betriebsversammlung aufgestellten Wahlvorschlags, der wegen Rücktritts von Bewerbern, der den Wahlberechtigten z. T. nicht mitgeteilt worden war, zudem unrichtig geworden war, und Stimmauszählung durch ein Betriebsratsmitglied und nicht durch den Wahlvorstand]; *BAG* 10.06.1983 EzA § 19 BetrVG 1972 Nr. 19 = AP Nr. 10 zu § 19 BetrVG 1972: Nichtigkeit verneint [fehlende Zustimmung eines Bewerbers zum Wahlvorschlag, unzulässige Streichung des Bewerbers, Unterzeichnung des Wahlvorschlags für die Angestelltengruppe nur durch einen Angestellten; Zweifel, ob überhaupt Gruppenwahl stattfinden durfte]). Die Lit. hat dem ganz überwiegend zugestimmt (vgl. 7. Aufl., § 19 Rn. 135 m. w. N.); auch Instanzgerichte haben bei Summierung von Wahlfehlern Nichtigkeit bejaht (vgl. *ArbG Mannheim* BG 1953, 320; *ArbG Bochum* DB 1972, 1730; *LAG Hamm* BB 1974, 1486; *ArbG Celle* ARS 1980, 30; *LAG Köln* 16.09.1987 LAGE § 19 BetrVG 1972 Nr. 5; *LAG Berlin* 08.04.2003 LAGE § 19 BetrVG 2001 Nr. 1). Der nunmehr für die Feststellung der Unwirksamkeit einer Betriebsratswahl zuständige Siebte Senat des *BAG* hat **diese Rspr. aufgegeben** (*BAG* 19.11.2003 EzA § 19 BetrVG 2001 Nr. 2 = AP Nr. 54 zu § 19 BetrVG 1972 = SAE 2004, 193 [zust. *Dewender*] = AuR 2004, 309 [zust. *Rudolph*]. Maßgebender Begründungsgesichtspunkt ist für den Siebten Senat, dass eine offensichtliche (sofort und ohne Weiteres erkennbare) Nichtigkeit nicht gegeben ist, wenn es einer wertenden **Gesamt**würdigung bedarf (wie auch bei einer erst durch Beweisaufnahme zu ermittelnden Tatsachenfeststellung nach *BAG* 15.11.2000 – 7 ABR 23/99 – offenbar unveröffentlicht, zit. von *BAG* 19.11.2003 EzA § 19 BetrVG 2001 Nr. 2 [unter B III 3b]; vgl. zu den Erwägungen des Senats *Gräfl* JArbR 42 [2005], S. 133 [143]). Dem ist **zuzustimmen** (ebenso *LAG Hamm* 25.06.2004 – 10 TaBV 61/04 – juris; *LAG Rheinland-Pfalz* 17.11.2004 – 10 TaBV 25/04 – juris; *LAG Schleswig-Holstein* 12.04.2005 – 2 TaBV 8/05 – juris; *LAG München* 09.06.2010 – 4 TaBV 105/09 – juris, Rn. 29; *Thüringer LAG* 06.02.2012 – 1 TaBVGa 1/12 – juris, Rn.; *Hess. LAG* 21.05.2015 – 9 TaBV 235/14 – juris, Rn. 45; *Fitting* § 19 Rn. 4; *Homburg/DKKW* § 19 Rn. 43; *Koch*/ErfK § 19 BetrVG Rn. 13; *Nießen* Fehlerhafte Betriebsratswahlen, S. 331 ff.; zust. auch *Etzel* HzA Gruppe 19/1, Rn. 154; *Löwisch/LK* § 19 Rn. 24; *Maschmann*/AR § 19 BetrVG Rn. 9; *Wlotzke/WPK* § 19 Rn. 26; wohl auch, aber unstimmig formulierend *Reichold/HWK* § 19 BetrVG Rn. 23, abl. *Richardi/Thüsing* § 19 Rn. 84: Quantität ergänzt die Qualität der Verstöße; *Brors*/HaKo § 19 Rn. 2, die aber die Entscheidung verkennt; *Kamp* Der Scheinbetriebsrat, S. 23 ff.; abl. auch *Wißmann/WKS* Mitbestimmungsrecht, § 22 MitbestG Rn. 9: kein Gewinn an Rechtssicherheit). Die Änderung der Rspr. unterstreicht den Ausnahmecharakter der Nichtigkeit einer Betriebsratswahl und dient der Rechtsklarheit und Rechtssicherheit, weil jetzt alle Verstöße gegen wesentliche Wahlvorschriften, die je für sich genommen nicht zur Nichtigkeit der Wahl führen, nur unter Einhaltung der Anfechtungsfrist im Wahlanfechtungsverfahren geltend gemacht werden können. Auch wenn danach die Nichtigkeit einer Betriebsratswahl nicht aus einer »Gesamt«würdigung von Verstößen gegen wesentliche Wahlvorschriften hergeleitet werden kann, bedarf es doch nach wie vor der wertenden Würdigung, ob der einzelne Verstoß (ausnahmsweise) einen Nichtigkeitsgrund darstellt.

Da schon für die Anfechtbarkeit **(potentielle) Kausalität** zwischen Wahlfehler und Wahlergebnis erforderlich ist (vgl. Rdn. 42 ff.), gilt dies erst recht für die Nichtigkeit (zust. *Brors*/HaKo § 19 Rn. 2; **a. M.** *BAG* 24.01.1964 BAGE 15, 235 = AP Nr. 6 zu § 3 BetrVG; *Richardi/Thüsing* § 19 Rn. 85; *Stege/Weinspach/Schiefer* § 19 Rn. 15; *Wiebauer/LK* § 19 Rn. 35; *Hess. LAG* 10.11.2011 – 9 TaBV 104/11 – juris, Rn. 25). Der Einwand (vgl. *G. Müller* FS *O. Kunze*, S. 263 f.), dass bei Nichtigkeit von einem Wahlergebnis nicht gesprochen werden könne, übersieht, dass die Nichtigkeit erst Rechtsfolge ist, die vom Vorliegen des Nichtigkeitstatbestandes abhängt. Auch bei schwerwiegenden und offensichtlichen Wahlfehlern kann es nicht darum gehen, Wahlrechtsverstöße per se zu ahnden. Maßstab der Sanktionierung und der Nichtigkeitsfolge kann nur sein, dass dem Wahlakt die Legitimationswirkung für das Wahlergebnis und damit für eine rechtmäßige Amtsausübung des Betriebsrats als Repräsentant der Belegschaft fehlt (zutr. zum MitbestG *Thau* Mängel der Aufsichtsratswahlen, S. 448; auch *Hanau/Ulmer* Mitbestimmungsgesetz, 1981, § 21 Rn. 38; **a. M.** *Wißmann/WKS* Mitbestimmungsrecht, § 22 MitbestG Rn. 13). Bei den absoluten Nichtigkeitsgründen (vgl. Rdn. 150) ist die Kausalität stets zu bejahen, weil die Wahl in diesen Fällen überhaupt nicht stattfinden durfte. Im Übrigen ist sie zu überprüfen. So genügt es z. B. für die Nichtigkeit einer Wahl nicht, dass 11 Außendienstmitarbeiter entgegen 10jähriger Übung nunmehr zu Unrecht vom Wahlvorstand von der Teilnahme an der Wahl ausgeschlossen werden, wenn dadurch das Wahlergebnis logisch-mathematisch nicht beeinflusst werden konnte (unzutreffend deshalb im Ergebnis *BAG* 24.01.1964 BAGE 15, 235); entgegen *Hess. LAG* (10.11.2011 – 9 TABV 104/11 – juris, Rn. 25) genügt es auch nicht, dass der Wahlvorstand beim Öffnen der Briefwahlumschläge systematisch gegen den Grundsatz geheimer Wahl verstoßen hat, wenn die Stimmauszählung korrekt erfolgte. Entsprechend kann das Kausalitätserfordernis etwa von Bedeutung sein in Fällen besonders schwerwiegender Wahlbehinderung und -beeinflussungen (durch Gewalt oder Drohung mit Gewalt; vgl. dazu § 20 Rdn. 24). Das Kausalitätserfordernis kann im Übrigen dazu führen, dass das Wahlergebnis nur **teilweise nichtig** ist (zutr. *Thau* Mängel der Aufsichtsratswahlen, S. 450).

2. Einzelfälle

a) Nichtigkeit der Wahl

Die Wahl ist in folgenden Fällen nichtig:
- wenn der Betrieb nach § 1 BetrVG nicht betriebsratsfähig ist (unstr.; vgl. auch *Hess. LAG* 22.11.2005 AuR 2006, 172);
- wenn ein Betrieb nicht dem Betriebsverfassungsgesetz unterliegt (vgl. *BAG* 09.02.1982 EzA § 118 BetrVG 1972 Nr. 33 = AP Nr. 24 zu § 118 BetrVG 1972; 29.04.1998 EzA § 40 BetrVG 1972 Nr. 82 = AP Nr. 58 zu § 40 BetrVG 1972, aber unter Gewährung eines Aufwendungsersatzanspruchs nach betriebsverfassungsrechtlichen Grundsätzen für ein nach § 118 Abs. 2 nichtig gewähltes »Betriebsratsmitglied«); zu einer nichtigen Betriebsratswahl in einer Kreishandwerkerschaft (Körperschaft des öffentlichen Rechts) vgl. *LAG Schleswig-Holstein* 05.02.2013 – 1 Sa 299/12 – juris;
- Wahl eines Betriebsrats im Betrieb einer (als e. V. organisierten) DRK-Schwesternschaft durch (fast, nämlich 1441 von 1444 Wahlberechtigten) nur Mitglieder, die nach h. M. keine Arbeitnehmer i. S. d. § 5 Abs. 1 sind (so *ArbG Essen* 29.09.2015 – 2 BV 88/14 – juris);
- Wieder»wahl« eines Betriebsrats durch Akklamation in der Betriebsversammlung (vgl. *BAG* 12.10.1961 BAGE 11, 318 = AP Nr. 84 zu § 611 BGB Urlaubsrecht);
- Wahl ohne schriftlichen Wahlvorschlag im Regelwahlverfahren (vgl. *Jacobs* § 14 Rdn. 48);
- »Abwahl« eines Betriebsrats durch Neuwahl außerhalb des regelmäßigen Wahlzeitraumes, wenn kein Fall des § 13 Abs. 2 vorliegt (vgl. auch *Jacobs* § 13 Rdn. 14; ebenso *Fitting* § 19 Rn. 5; *Galperin/Löwisch* § 19 Rn. 40; *Gräfl* JArbR 42 [2005], S. 133 [144]; *Nicolai/HWGNRH* § 19 Rn. 41; *Nießen* Fehlerhafte Betriebsratswahlen, S. 345/358; *Richardi/Thüsing* § 19 Rn. 81; vgl. auch *BAG* 21.07.2004 EzA § 4 BetrVG 2001 Nr. 1 [unter B II 1b bb (2)] = AP Nr. 15 zu § 4 BetrVG 1972 obiter dictum; 11.04.1978 AP Nr. 8 zu § 4 BetrVG 1972; *ArbG Regensburg* BB 1990, 852; *LAG Hamm* 17.08.2007 EzAÜG BetrVG Nr. 100 Rn. 86);
- Wahl eines Betriebsrats für einen nach § 4 Satz 1 a. F. (jetzt: § 4 Abs. 1 Satz 1) selbständigen Betriebsteil, solange für diesen und andere Betriebsteile ein einheitlicher Betriebsrat gewählt worden ist, der,

ohne dass die Wahl angefochten worden ist, noch im Amt ist (vgl. *BAG* 11.04.1978 AP Nr. 8 zu § 19 BetrVG 1972 = EzA § 19 BetrVG 1972 Nr. 17); Gleiches gilt bei Wahl eines Betriebsrats für einen Teilbereich, wenn für diesen und andere unter dem Gesichtspunkt eines gemeinsamen Betriebs mehrerer Unternehmen bereits ein Betriebsrat gewählt ist (vgl. *Hess. LAG* 30.07.2009 – 9 TaBVGa 145/09 – juris; *LAG Niedersachsen* 02.12.2011 – 6 TaBV 29/11 – juris; aber keine Nichtigkeit, wenn in einem Betriebsteil im regelmäßigen Wahlzeitraum ein Betriebsrat gewählt wird, obwohl zuvor für einen Betrieb einschließlich dieses Betriebsteils ein gemeinsamer Betriebsrat bestand (*BAG* 21.07.2004 EzA § 4 BetrVG 2001 Nr. 1 [unter B II 1b bb (2)] = AP Nr. 15 zu § 4 BetrVG 1972);
- Wahl eines gemeinsamen Betriebsrats für mehrere Filialen, in denen zum Teil bereits Betriebsräte bestehen (vgl. *ArbG Regensburg* BB 1990, 852);
- Wahl eines Betriebsrats, die entgegen einer rechtskräftigen Entscheidung im Betriebsabgrenzungsverfahren nach § 18 Abs. 2 erfolgt ist (vgl. zu deren Bindungswirkung § 18 Rdn. 69, 78; obiter dictum für Nichtigkeit einer Wahl, die entgegen bindender gerichtlicher Abgrenzungsentscheidung durchgeführt worden ist, *BAG* 19.11.2003 EzA § 19 BetrVG 2001 Nr. 1 [unter C I 2] = AP Nr. 55 zu § 19 BetrVG 1972; vgl. auch *ArbG Frankfurt* 24.01.2012 – 13 BVGa 32/12 – juris: Nichtigkeit anzunehmen, wenn der Wahlvorstand eine zweitinstanzliche Entscheidung nach § 18 Abs. 2 nicht zugrunde gelegt hat, auch wenn diese (wegen Nichtzulassungsbeschwerde) noch nicht rechtskräftig war);
- »Bestellung« eines Betriebsrats derart, dass der Arbeitgeber eines neu gegründeten Betriebs den bisherigen Betriebsrat eines aufgelösten Betriebs anerkennt, wenn es an einem Betriebsübergang fehlt (vgl. *BAG* 29.09.1988 AP Nr. 76 zu § 613a BGB Bl. 7 R);
- Wahl ohne Wahlvorstand (vgl. § 16 Rdn. 5, § 17a Rdn. 3). Dieser offensichtliche Wahlmangel wird zudem nicht isoliert vorkommen, weil ohne Wahlvorstand ein geordnetes gesetzmäßiges Wahlverfahren nicht vorstellbar ist. Praktisch bedeutsam sind insoweit aber vor allem die Fälle, in denen die **Bestellung eines »Wahlvorstandes«** zwar erfolgt, aber **nichtig** ist (vgl. m. w. N. § 16 Rdn. 6). Dabei ist jedoch zu berücksichtigen, dass eine lediglich fehlerhafte Bildung und Zusammensetzung eines Wahlvorstands nach hier vertretener Auffassung noch nicht einmal zur Anfechtbarkeit der Wahl führt, wenn dieser Wahlvorstand das Wahlverfahren ordnungsgemäß durchgeführt hat (vgl. Rdn. 52). An die Nichtigkeit der Bestellung eines Wahlvorstands müssen daher **besonders strenge Anforderungen** gestellt werden (vgl. tendenziell auch *BAG* 07.05.1986 EzA § 17 BetrVG 1972 Nr. 5 = AP Nr. 18 zu § 15 KSchG 1969 sowie dazu § 17 Rdn. 30).

b) Keine Nichtigkeit der Wahl

aa) Fehlerhafte Betriebsabgrenzung

151 Die Wahl ist dagegen nicht nichtig:
- Die Wahl ist **nicht nichtig bei (lediglich) fehlerhafter Betriebsabgrenzung** unter (irrtümlicher) Verkennung des Betriebsbegriffes (§§ **1, 3, 4**; s. zu den verschiedenen Fallkonstellationen auch § 18 Rdn. 71 ff. sowie zum Überblick *Salamon* NZA 2014, 175 [176]) durch den Wahlvorstand und entsprechend mittelbarer Auswirkungen auf die Verletzung der Vorschriften über das Wahlrecht, die Wählbarkeit und das Wahlverfahren (vgl. dazu Rdn. 22). Insofern fehlt grundsätzlich bereits die Offenkundigkeit des oder der Wahlfehler, weil die Betriebsabgrenzung eine einzelfallbezogene Beurteilung voraussetzt, die schwierige Tat- und Rechtsfragen aufwirft; das hat der Gesetzgeber mit der Bereitstellung des Verfahrens nach § 18 Abs. 2 ausdrücklich anerkannt (vgl. zu dieser Begründung auch *BAG* 13.09.1984 EzA § 19 BetrVG 1972 Nr. 20 [unter II 2c] = AP Nr. 3 zu § 1 BetrVG 1972; *Thiele* 2. Bearbeitung, § 19 Rn. 32).
- **Nichtig** ist daher nach st. Rspr. und h. M. **weder die Wahl** aufgrund fehlerhafter Zuordnung oder Nichtzuordnung von Betriebsteilen oder Kleinstbetrieben zum Hauptbetrieb (vgl. *BAG* 11.04.1978 AP Nr. 8 zu § 19 BetrVG 1972; 13.09.1984 EzA § 19 BetrVG 1972 Nr. 20 = AP Nr. 3 zu § 1 BetrVG 1972; 07.12.1988 EzA § 19 BetrVG 1972 Nr. 25 = AP Nr. 15 zu § 19 BetrVG 1972; 27.06.1995 EzA § 111 BetrVG 1972 Nr. 31 = AP Nr. 7 zu § 4 BetrVG 1972; wieder bestätigend *BAG* 08.06.1999 EzA § 111 BetrVG 1972 Nr. 37 unter II 1a [zust. *Jacobs*] = AP Nr. 47 zu § 19 BetrVG 1972; *LAG München* 03.08.1988 LAGE § 19 BetrVG 1972 Nr. 7 S. 3 f.; zum BetrVG 1952 schon *BAG* 01.02.1963, 24.01.1964, 21.10.1969 AP Nr. 5 [*Neumann-Duesberg*], 6 [*Küchenhoff*], 10 [*Neumann-Duesberg*] zu § 3 BetrVG, alle m. w. N.; 27.08.1968 AP Nr. 11 zu § 81 BetrVG;

Fitting § 19 Rn. 5; *Galperin / Löwisch* § 19 Rn. 40; *Nikisch* III, S. 110; *Richardi / Thüsing* § 19 Rn. 80; *Wlotzke / WPK* § 19 Rn. 8), **noch die Wahl** eines einheitlichen Betriebsrats für zwei (oder mehr) selbständige Betriebe (vgl. *BAG* 17.01.1978 BAGE 30, 12 = AP Nr. 1 zu § 1 BetrVG 1972 [zust. *Wiese / Starck*] = SAE 1979, 15 [zust. *Fabricius / Decker*]; *BAG* 09.04.1991 EzA § 18 BetrVG 1972 Nr. 7 [unter II 3] = AP Nr. 8 zu § 18 BetrVG 1972; 27.07.2011 EzA § 19 BetrVG 2001 Nr. 8 Rn. 41 ff. = AP Nr. 2 zu § 16 BetrVG 1972 [bei Verkennung der Aufspaltung eines Betriebs in mehrere selbständige Betriebe]; *LAG* Berlin-Brandenburg 06.11.2013 – 10 TaBV 933 / 14 – juris [für Restaurants einer Franchisekette]; das gilt auch für die Wahl eines Betriebsrats in einem tatsächlich nicht gegebenen Gemeinschaftsbetrieb; vgl. *BAG* 19.11.2003 EzA § 22 BetrVG 2001 Nr. 1 [unter I 2] = AP Nr. 19 zu § 1 BetrVG 1972 Gemeinsamer Betrieb; im Ergebnis auch *BAG* 16.04.2008 EzA § 1 BetrVG 2001 Nr. 7 = AP Nr. 32 zu § 1 BetrVG 1972 Gemeinsamer Betrieb), **noch** (umgekehrt) **die Wahl** von mehreren Betriebsräten, wenn in Wirklichkeit ein einheitlicher Betrieb vorliegt (vgl. *BAG* 31.05.2000 EzA § 19 BetrVG 1972 Nr. 39 [unter B II 1a] = AP Nr. 12 zu § 1 BetrVG 1972 Gemeinsamer Betrieb; 19.11.2003 EzA § 19 BetrVG 2001 Nr. 1 = AP Nr. 55 zu § 19 BetrVG 1972); insoweit kommt daher ggf. nur Anfechtbarkeit in Betracht.

– Dementsprechend ist **auch die Wahl** in einer **nach § 3** gebildeten Organisationseinheit **nicht** (wegen Verkennung des gesetzlichen Betriebsbegriffs von §§ 1 und 4) **nichtig** (sondern ggf. nur anfechtbar), wenn sich herausstellt, dass der zugrunde liegende Tarifvertrag (nach § 3 Abs. 1 Nr. 1 bis 3), die Betriebsvereinbarung (nach § 3 Abs. 2) oder ein Beschluss der Arbeitnehmer nach § 3 Abs. 3 unwirksam ist oder schon beendet war (s. dazu näher § 18 Rdn. 77; wie hier bei Wahl auf der Grundlage eines unwirksamen Zuordnungstarifvertrages nach § 3 Abs. 1 Nr. 1 bis 3 auch *BAG* 13.03.2013 EzA § 3 BetrVG 2001 Nr. 6 Rn. 16 ff. = AP Nr. 10 zu § 3 BetrVG *1972 [zust. Kort]*; s. auch schon *LAG Köln* 04.05.2011 – 9 TaBV 78 / 10 – juris; zur Problematik eines unwirksamen Zuordnungstarifvertrages vgl. *BAG* 29.07.2009 EzA § 3 BetrVG 2001 Nr. 3 *[D. Ulber]* = AP Nr. 7 zu § 3 BetrVG 1972; ebenso wie hier bei Wahl auf der Grundlage einer [möglicherweise] nicht mehr anwendbaren Betriebsvereinbarung *BAG* 24.04.2013 EzA § 3 BetrVG 2001 Nr. 7 Rn. 19 = AP Nr. 11 zu § 3 BetrVG 1972, dort [Rn. 23 ff.] auch näher zu den Voraussetzungen der wirksamen Bildung eines unternehmenseinheitlichen Betriebsrats durch (Gesamt-) Betriebsvereinbarung nach § 3 Abs. 1 Nr. 1 lit. a, Abs. 2; zu einem Beschluss nach § 3 Abs. 3, der nicht mit der nach h. M. erforderlichen absoluten Mehrheit aller dem Unternehmen angehörenden Arbeitnehmer gefasst wurde, vgl. *LAG Düsseldorf* 16.10.2008 – 11 TaBV 105 / 08 – juris) oder der Wahlvorstand die Organisationseinheit in unrichtiger Auslegung eines wirksamen Zuordnungs-Tarifvertrags gebildet hat (zutr. *BAG* 21.09.2011 EzA § 3 BetrVG 2001 Nr. 5 Rn. 25 ff. = AP Nr. 9 zu § 3 BetrVG 1972; s. näher § 18 Rdn. 76). Im Umkehrschluss ist festzuhalten, dass insoweit keine Verkennung des Betriebsbegriffs vorliegt, wenn die Wahl auf der Grundlage einer wirksamen und richtig angewandten Zuordnungskollektivvereinbarung erfolgt (so im Ergebnis auch *LAG München* 25.06.2013 – 9 TaBV 11 / 13 – juris, Rn. 117 ff.).

– **Ausnahmsweise** ist dann **Nichtigkeit** anzunehmen, wenn der Wahlvorstand (ggf. mit Billigung des Arbeitgebers und der Belegschaft) vorsätzlich und offensichtlich willkürlich vom gesetzlichen Betriebsbegriff abgewichen ist (ähnlich auch *RAG* ARS 12, 409; *BAG* 24.01.1964 AP Nr. 6 zu § 3 BetrVG Bl. 3; *Fitting* § 19 Rn. 5; *G. Müller* FS *Schnorr von Carolsfeld*, S. 395; *Wlotzke / WPK* § 19 Rn. 27; vgl. auch *ArbG Hamburg* NZA-RR 2006, 361: offensichtliche Nichterfüllung der Voraussetzungen eines gemeinsamen Betriebs), z. B. auch von einer bindenden rechtskräftigen arbeitsgerichtlichen Entscheidung nach § 18 Abs. 2 (vgl. Rdn. 150; *Richardi / Thüsing* § 19 Rn. 80), oder wenn ohne tarifvertragliche oder betriebsvereinbarungsrechtliche Grundlage betriebsverfassungsrechtliche Organisationseinheiten i. S. v. § 3 Abs. 1 Nr. 1 bis 3, Abs. 2 gebildet worden sind (ebenso *Reichold / HWK* § 19 BetrVG Rn. 24; *Richardi / Thüsing* § 19 Rn. 80);

bb) Weitere Fehler

Die Wahl ist auch bei folgenden Fehlern **nicht nichtig**: **152**
– wenn bei einzelnen gewählten Betriebsratsmitgliedern die **Wählbarkeitsvoraussetzungen nicht vorgelegen** haben; dies steht in Übereinstimmung mit der Wertung des Gesetzes in § 24 Nr. 6 (vgl. *BAG* 28.11.1977 BAGE 29, 392 = AP Nr. 6 zu § 19 BetrVG 1972 = SAE 1978, 153 [zust. *Fabricius /*

§ 19　　　　　　　　　　　　　　　II. 1. Zusammensetzung und Wahl des Betriebsrats

Decker]; vgl. auch *BAG* 29.05.1991 EzA § 19 BetrVG 1972 Nr. 31 [unter B I 2] = AP Nr. 2 zu § 9 BetrVG 1972);
- wenn ein Betriebsrat mit zu hoher (oder zu niedriger) **Mitgliederzahl** gewählt worden ist (vgl. *BAG* 29.05.1991 EzA § 19 BetrVG 1972 Nr. 31 [unter B I 2] = AP Nr. 2 zu § 9 BetrVG 1972; *LAG Köln* 17.04.1998 LAGE § 19 BetrVG 1972 Nr. 16; *LAG Hamm* 17.08.2007 EzAÜG BetrVG Nr. 100 Rn. 83; *LAG Berlin-Brandenburg* 10.02.2011 – 3 BV 2219/10 – juris; *LAG Hamm* 15.07.2011 LAGE § 9 BetrVG Nr. 3). Ausnahmsweise kann Nichtigkeit vorliegen, z. B. wenn in einem Bereich mit 12 Wahlberechtigten vier Betriebsratsmitglieder gewählt worden sind (zutr. *ArbG Kiel* 21.10.2009 – 3 BV 23bb/09 – juris);
- wenn der Betriebsrat im **falschen Wahlverfahren** gewählt worden ist (vgl. *Jacobs* § 14a Rdn. 127; ebenso *BAG* 19.11.2003 EzA § 19 BetrVG 2001 Nr. 2 = AP Nr. 54 zu § 19 BetrVG 1972; zust. *ArbG Düsseldorf* 28.11.2016 – 2 BV 286/16 – juris, Rn. 63).

3. Rechtsfolgen der Nichtigkeit

a) Ex-tunc-Nichtigkeit

153　Bei nichtiger Betriebsratswahl hat der Betriebsrat von Anfang an nicht bestanden; die Nichtigkeit des Wahlergebnisses tritt ipso iure ein und hat ex-tunc-Wirkung (so auch *BAG* 29.05.1991 EzA § 19 BetrVG 1972 Nr. 31 = AP Nr. 2 zu § 9 BetrVG 1972). Der Betrieb ist **rechtlich betriebsratslos**. Alle vom »Betriebsrat« getroffenen Maßnahmen sind rechtsunwirksam (so auch *BAG* 29.03.1974 AP Nr. 2 zu § 19 BetrVG 1972; 13.09.1984 EzA § 19 BetrVG 1972 Nr. 20 [unter II 2c] = AP Nr. 3 zu § 1 BetrVG 1972), insbesondere auch Betriebsvereinbarungen und Regelungsabreden; Mitwirkungs- und Mitbestimmungsrechte bestanden und bestehen für die aus nichtiger Wahl hervorgegangene »Betriebsvertretung« nicht (vgl. auch *BAG* 13.03.1991 EzA § 19 BetrVG 1972 Nr. 29 = AP Nr. 20 zu § 19 BetrVG 1972). Die Mitglieder hatten nie den Status oder die Rechtsstellung eines Betriebsratsmitgliedes und genießen insoweit nicht den besonderen Kündigungsschutz der Betriebsratsmitglieder nach § 15 KSchG und § 103 BetrVG (vgl. *BAG* 27.04.1976 AP Nr. 4 zu § 19 BetrVG 1972). Vgl. zu den Rechtsfolgen und Auswirkungen der Nichtigkeit einer Betriebsratswahl näher *Burger* Die Nichtigkeit von Betriebsratswahlen, S. 113–278.

154　Da die Wahl nur bei Evidenz nichtig ist (vgl. Rdn. 145), kommt ein **Schutz des Vertrauens** auf die Gültigkeit der Wahl auf betriebsverfassungsrechtlicher Ebene **für niemanden** in Betracht; Evidenz der Nichtigkeit und Vertrauensschutz schließen sich gegenseitig aus (vgl. auch *BAG* 17.01.1978 BAGE 30, 12 = AP Nr. 1 zu § 1 BetrVG 1972 Bl. 3 R; 19.11.2003 EzA § 19 BetrVG 2001 Nr. 2 [unter B III 3b a. E.] = AP Nr. 54 zu § 19 BetrVG 1972; 21.07.2004 EzA § 4 BetrVG 2001 Nr. 1 [unter B II 1a] = AP Nr. 15 zu § 4 BetrVG 1972: keine Verwirkung des Rechts, die Nichtigkeit geltend zu machen). **Jedermann** kann die Nichtigkeit **zu jeder Zeit** geltend machen; die Nichtigkeit ist jederzeit zu beachten (vgl. *BAG* 27.04.1976 AP Nr. 4 zu § 19 BetrVG 1972; 29.05.1991 EzA § 19 BetrVG 1972 Nr. 31 [unter B I 2] = AP Nr. 2 zu § 9 BetrVG 1972; 13.11.1991 EzA § 27 BetrVG 1972 Nr. 7 S. 5 und EzA § 26 BetrVG 1972 Nr. 5 S. 4; 19.11.2003 EzA § 19 BetrVG 2001 Nr. 2 [unter B I] = AP Nr. 54 zu § 19 BetrVG 1972; 21.07.2004 EzA § 4 BetrVG 2001 Nr. 1 [unter B 1a] = AP Nr. 15 zu § 4 BetrVG 1972; *Galperin/Löwisch* § 19 Rn. 42; *Joost*/MünchArbR § 216 Rn. 232; *Koch*/ErfK § 19 BetrVG Rn. 14; *Krause/Niemann* AuA 1998, 152 [153]; *Maschmann*/AR § 19 BetrVG Rn. 9; *Nicolai*/HWGNRH § 19 Rn. 44; *Nikisch* III, S. 111 Fn. 122; *Reichold*/HWK § 19 BetrVG Rn. 23; *Richardi/Thüsing* § 19 Rn. 87; *Wiebauer*/LK § 19 Rn. 42; *Wlotzke*/WPK § 19 Rn. 29). Die Gegenmeinung (vgl. *Fitting* § 19 Rn. 8; *Homburg*/DKKW § 19 Rn. 45, 48; *Küchenhoff* § 19 Rn. 3), die dem Arbeitgeber die Geltendmachung der Nichtigkeit für die Vergangenheit unter Hinweis auf den Einwand der Arglist versagen will, »wenn er in Kenntnis der Nichtigkeit den nichtigen Betriebsrat längere Zeit als rechtmäßige Betriebsvertretung anerkannt oder als solche behandelt hat« (*Fitting* § 19 Rn. 8), übersieht, dass das aus § 242 BGB hergeleitete Verbot des venire contra factum proprium keine **betriebsverfassungsrechtlichen** Strukturen schaffen kann, die nicht vorhanden sind. Das Verbot kann aber sehr wohl auf **individualrechtlicher Ebene** zwischen Arbeitgeber und Arbeitnehmern Wirkung entfalten. Das gilt z. B. für Regelungen einer »Betriebsvereinbarung«, die der Arbeitgeber freiwillig mit dem rechtlich nicht existenten »Betriebsrat« abgeschlossen hat; diese können individualrechtlich unter dem Gesichtspunkt allgemeiner Arbeitsbedingungen verbindlich sein (vgl. § 77

Rdn. 63 ff.; *von Hoyningen-Huene* DB 1984, Beil. Nr. 1, S. 7 ff.). Entsprechendes gilt für den Lohnanspruch des angeblichen Betriebsratsmitgliedes; hier wäre es treuwidrig, wenn der Arbeitgeber für die »Betriebsrats«-Tätigkeit fortgezahlten Lohn zurückverlangen oder einen noch offen stehenden Lohnanspruch verweigern würde (ebenso im Ergebnis *Galperin/Löwisch* § 19 Rn. 42; *Richardi/Thüsing* § 19 Rn. 87).

b) Jederzeitige Geltendmachung

Die Geltendmachung der Nichtigkeit ist **zeitlich nicht begrenzt**; die Anfechtungsfrist nach § 19 Abs. 2 Satz 2 gilt weder unmittelbar noch analog (unstr.; vgl. auch *BAG* 09.02.1982 EzA § 118 BetrVG 1972 Nr. 33 [unter B II] = AP Nr. 24 zu § 118 BetrVG 1972; 27.07.2005 EzA § 19 BetrVG 2001 Nr. 5 [unter B II 2b] = AP Nr. 1 zu § 19 WahlO BetrVG 1972). Deshalb ist bei verspäteter Wahlanfechtung doch stets zu prüfen, ob die Wahl nichtig ist (ebenso *Richardi/Thüsing* § 19 Rn. 92; vgl. auch Rdn. 158).

155

c) Form der Geltendmachung

Die Nichtigkeit tritt ipso iure ein; ihre Geltendmachung ist nicht an ein bestimmtes gerichtliches Verfahren gebunden, kann also auch außerhalb eines Gerichtsverfahrens jederzeit geltend gemacht werden (missverständlich *Fitting* § 19 Rn. 6 und *Homburg/DKKW* § 19 Rn. 47: Die Feststellung der Nichtigkeit hat rückwirkende Kraft; ähnlich *Wlotzke/WPK* § 19 Rn. 28). Als **Vorfrage** kann die Nichtigkeit in jedem gerichtlichen Verfahren festgestellt werden, z. B. in einem kündigungsschutzrechtlichen Urteilsverfahren (vgl. *BAG* 27.04.1976 AP Nr. 4 zu § 19 BetrVG 1972) oder im Rahmen einer Lohnklage (vgl. *BAG* 13.09.1984 EzA § 19 BetrVG 1972 Nr. 20 = AP Nr. 3 zu § 1 BetrVG 1972). Dem steht nicht entgegen, dass die Inzidententscheidung über die Nichtigkeit nicht einmal zwischen den Beteiligten in Rechtskraft erwächst, so dass die Frage erneut zur gerichtlichen Entscheidung gestellt und in einem anderen Verfahren möglicherweise abweichend entschieden werden kann (vgl. auch *BAG* 24.01.1964 BAGE 15, 235 [239] = AP Nr. 6 zu § 3 BetrVG).

156

Die Feststellung der Nichtigkeit kann nach § 2a Abs. 1 Nr. 1, Abs. 2, §§ 80 ff. ArbGG auch **selbst Gegenstand** eines **arbeitsgerichtlichen Beschlussverfahrens** sein (unstr.; vgl. *BAG* 11.04.1978 AP Nr. 8 zu § 19 BetrVG 1972; *Fitting* § 19 Rn. 9; *Homburg/DKKW* § 19 Rn. 46; *Löwisch/LK* 6. Aufl., § 19 Rn. 25; *Nicolai/HWGNRH* § 19 Rn. 45; *Richardi/Thüsing* § 19 Rn. 91; *Schneider/DKK* § 19 Rn. 42). Der Antrag ist auf (deklaratorische) Feststellung der Nichtigkeit des Betriebsratswahlergebnisses zu richten, weil bei Nichtigkeit die Wahl von Anfang an nichtig ist und nicht erst durch gerichtliche Gestaltungsentscheidung für die Vergangenheit oder für die Zukunft vernichtet wird. Bei der Beurteilung der Nichtigkeit haben die Beschwerdegerichte nach der Rspr. des *BAG* (21.07.2004 EzA § 4 BetrVG Nr. 1 [unter B II 1b] = AP Nr. 15 zu § 4 BetrVG 1972), wie auch sonst bei unbestimmten Rechtsbegriffen, einen Beurteilungsspielraum, so dass deren Würdigung nur einer eingeschränkten rechtsbeschwerderechtlichen Prüfung daraufhin unterliegt, ob der Rechtsbegriff selbst verkannt worden ist, bei der Subsumtion des festgestellten Sachverhalts Denkgesetze oder allgemeine Erfahrungssätze verletzt oder wesentliche Gesichtspunkte übersehen worden sind.

157

Die **Nichtigkeit** der Wahl kann auch im **Wahlanfechtungsverfahren** festgestellt werden. Der Anfechtungsantrag, der auf die (konstitutive) Ungültig**erklärung** des Wahlergebnisses gerichtet ist, umfasst nach st. Rspr. des *BAG* regelmäßig zugleich den Antrag, die Nichtigkeit der Wahl (deklaratorisch) festzustellen, wie umgekehrt der Antrag auf Feststellung der Nichtigkeit den Antrag umfasst, die Ungültigkeit des Wahlergebnisses auszusprechen. Dem ist zu folgen (vgl. auch Rdn. 102). Obwohl der Anfechtungsantrag Gestaltungsantrag und der Nichtigkeitsantrag Feststellungsantrag ist, ist die Wirksamkeit der angegriffenen Wahl übereinstimmend Gegenstand des jeweiligen Beschlussverfahrens, und es liegt keine Antragshäufung vor (vgl. *Dütz* SAE 1978, 5; eingehend *Thau* Mängel der Aufsichtsratswahlen, S. 458 ff.). Wegen der unterschiedlichen Rechtsfolgen muss jedoch im Tenor des Beschlusses zum Ausdruck kommen, ob die Wahl nichtig ist oder für ungültig erklärt wird.

158

Auch nach h. M., die in der **Antragsberechtigung** zu Unrecht eine eigenständige Prozessvoraussetzung sieht (vgl. Rdn. 62), kann die Nichtigkeit der Wahl von **jedermann** geltend gemacht werden, der ein **rechtliches Interesse** an dieser Feststellung hat (vgl. *BAG* 28.11.1977, 11.04.1978,

159

10.06.1983 AP Nr. 6, 8. 10 zu § 19 BetrVG 1972; *Fitting* § 19 Rn. 7; *Richardi/Thüsing* § 19 Rn. 93; *Wlotzke/WPK* § 19 Rn. 29). Über den Kreis der Anfechtungsberechtigten nach § 19 Abs. 2 Satz 1 (Arbeitgeber, jede im Betrieb vertretene Gewerkschaft) hinaus kommen als Antragsteller danach insbesondere auch ein einzelner Arbeitnehmer des Betriebes sowie der Betriebsrat in Betracht, wenn er geltend macht, dass die Wahl eines weiteren Betriebsrats in einem Betriebsteil nichtig ist (so *BAG* 11.04.1978 AP Nr. 8 zu § 19 BetrVG 1972). Der Kreis der **Beteiligungsberechtigten** i. S. d. § 83 Abs. 3 ArbGG entspricht dem beim Anfechtungsverfahren; das bedeutet insbesondere, dass eine im Betrieb vertretene Gewerkschaft nicht beteiligungsbefugt ist, wenn sie nicht selbst Antragstellerin ist (vgl. Rdn. 109). Vgl. entsprechend auch zum Wegfall des Feststellungsinteresses Rdn. 120.

160 Stellt das Gericht die Nichtigkeit der Wahl im Beschluss fest, so entfaltet diese Entscheidung aus Gründen der Praktikabilität entsprechend der Wirkung der stattgebenden Wahlanfechtungsentscheidung **für und gegen alle Rechtskraft** (ebenso im Ergebnis *R. Krause* Rechtskrafterstreckung im kollektiven Arbeitsrecht, 1996, S. 384 f.; *Nikisch* III, S. 111; *Richardi/Thüsing* § 19 Rn. 91; *Wiebauer/LK* § 19 Rn. 43), insbesondere auch gegenüber den Arbeitnehmern des Betriebs, obwohl die Entscheidung keine Gestaltungsentscheidung ist und deshalb eine Rechtskrafterstreckung auf Nichtbeteiligte keineswegs selbstverständlich ist (vgl. auch *Dütz* JArbR 20 [1983], S. 33 [49 ff.], der dieses Ergebnis auf verbandsrechtliche Überlegungen stützt).

d) Nicht-Wahl

161 Das zu den Rechtsfolgen nichtiger Wahlen Gesagte (vgl. Rdn. 153 ff.) gilt entsprechend für **Nicht-Wahlen**, bei denen noch nicht einmal der Schein einer Wahl durch die Belegschaft vorliegt, z. B. wenn der Arbeitgeber oder eine Gewerkschaft einen »Betriebsrat« **einsetzt** (vgl. auch *Küchenhoff* § 19 Rn. 2).

§ 20
Wahlschutz und Wahlkosten

(1) **Niemand darf die Wahl des Betriebsrats behindern. Insbesondere darf kein Arbeitnehmer in der Ausübung des aktiven und passiven Wahlrechts beschränkt werden.**

(2) **Niemand darf die Wahl des Betriebsrats durch Zufügung oder Androhung von Nachteilen oder durch Gewährung oder Versprechen von Vorteilen beeinflussen.**

(3) **Die Kosten der Wahl trägt der Arbeitgeber. Versäumnis von Arbeitszeit, die zur Ausübung des Wahlrechts, zur Betätigung im Wahlvorstand oder zur Tätigkeit als Vermittler (§ 18a) erforderlich ist, berechtigt den Arbeitgeber nicht zur Minderung des Arbeitsentgelts.**

Literatur
Bayreuther Neutralitätspflicht des Arbeitgebers bei betrieblichen Wahlen im US-amerikanischen und deutschen Arbeitsrecht, Gedächtnisschrift für *Unberath*, 2015, S. 35; *Becker-Schaffner* Die Kosten der Betriebsratswahl, BlStSozArbR 1975, 129; *Berg/Heilmann* Kosten und Schutz der Betriebsratswahl, AiB 2013, 586; *Bolt/Gosch* Wahlbehinderung – Wahlbeeinflussung – Wahlwerbung, AiB 1997, 559; *Bischoff* Das Spannungsverhältnis zwischen Gewerkschaftsautonomie und Betriebsautonomie – Wahlbeeinflussung gemäß § 20 Abs. 2 BetrVG (Diss. Kiel), 2003 (zit.: Wahlbeeinflussung); *Brand/Lotz* Neues zu § 119 Abs. 1 Nr. 1 Var. 2 BetrVG – oder die Aktivierung einer bislang ungenutzten Vorschrift, RdA 2012, 73; *Buchner* Behinderung oder Beeinflussung der Betriebsratswahl durch Arbeitgeber? Verfahrensstreit um die Einordnung der leitenden Angestellten, DB 1972, 824; *Caspar* Die gesetzliche und verfassungsrechtliche Stellung der Gewerkschaften im Betrieb (Diss. Erlangen), 1980; *Dörner* Das Verbot der Wahlbehinderung nach § 20 BetrVG – Tatbestand und Rechtsfolgen, FS *Kreutz*, 2010, S. 81; *Dütz* Verbandsbezogene Verhaltenspflichten von Koalitionsmitgliedern, FS *Hilger/Stumpf*, 1983, S. 99; *Gaumann* Gewerkschaftsausschluss wegen Betriebsratskandidatur auf konkurrierender Liste, NJW 2002, 2155; *Günther/Hase* Gewerkschaftsausschluss als unzulässige Wahlbeeinflussung?, DuR 1979, 308; *Kai-Uwe Jacobs* Die Wahlvorstände für die Wahlen des Betriebsrats, des Sprecherausschusses und des Aufsichtsrats (Diss. Kiel), 1995 (zit.: Die Wahlvorstände); *Kohte* Die zivilgesellschaftliche Dimension selbst organisierter Betriebsratswahlen, FS *Höland*, 2015, S. 544; *Lauschke*

Betriebsverfassungsrechtliche Fragen der Kündigung eines Betriebsratskandidaten, DB 1966, 1393; *Lochner* Virtueller Belegschaftswahlkampf (Diss. Mannheim), 2013; *Löwisch* Freiheit und Gleichheit der Wahl zu Betriebsrat und Personalrat, BB 2014, 117; *Maschmann* Virtueller Belegschaftswahlkampf im Netz des Arbeitgebers?, NZA 2008, 613; *ders.* Welchen Einfluss darf der Arbeitgeber auf die Betriebsratswahl nehmen?, NZA 2010, 245; *Nießen* Fehlerhafte Betriebsratswahlen (Diss. Köln), 2006; *Popp* Der Ausschluß von Gewerkschaftsmitgliedern nach Betriebsratswahlen, ZfA 1977, 401; *ders.* Die ausgeschlossenen Gewerkschaftsmitglieder – BGHZ 71, 126, JuS 1980, 798; *Reuter* Grenzen der Verbandsstrafgewalt, ZGR 1980, 101; *Richardi* Betriebsratsamt und Gewerkschaft, RdA 1972, 8; *Rieble* Betriebsratswahlwerbung durch den Arbeitgeber?, ZfA 2003, 283; *Rieble/Wiebauer* Meinungskampf im Betrieb, ZfA 2010, 63; *Rudolph* Betriebsratswahl und Kündigungen, AiB 2005, 655; *Sachse* Das Aufnahme- und Verbleiberecht in den Gewerkschaften, AuR 1985, 267; *ders.* Der Ausschluss von Gewerkschaftsmitgliedern wegen Kandidatur auf konkurrierenden Listen bei Betriebsratswahlen, AuR 1999, 387; *Säcker/Rancke* Verbandsgewalt, Vereinsautonomie und richterliche Inhaltskontrolle (zur Problematik richterlicher Kontrolle von Gewerkschaftsausschlüssen), AuR 1981, 1; *Stein* Der Kündigungsschutz von Bewerbern um betriebsverfassungsrechtliche Ämter, AuR 1975, 201; *Vogt, A.* Behinderung und Beeinflussung von Betriebsratswahlen, BB 1987, 189; *Windscheid* Zum Thema Wahlfreiheit und Verbandsdisziplin, PersV 1964, 2; 1967, 54; *Zöllner* Zur Frage des Gewerkschaftsausschlusses wegen gewerkschaftsschädigender Kandidatur bei Betriebsratswahlen, 1983 (zit.: Gewerkschaftsausschluss).

Inhaltsübersicht   **Rdn.**

I. Vorbemerkung	1–6
II. Schutz vor Wahlbehinderungen (Abs. 1)	7–25
1. Allgemeines Verbot	7–10
2. Behinderungstatbestand	11–25
a) Wahlbehinderung durch den Arbeitgeber	14–22
aa) durch Unterlassen	14–17
bb) durch Tun	18–22
b) Wahlbehinderung durch den Wahlvorstand	23
c) Wahlbehinderung durch Arbeitnehmer des Betriebes	24
d) Wahlbehinderung durch Gewerkschaften	25
III. Verbot der Wahlbeeinflussung (Abs. 2)	26–48
1. Beeinflussungstatbestand	27–29
2. Wahlbeeinflussung durch den Arbeitgeber	30–32
3. Wahlbeeinflussung durch Wahlwerbung	33–42
4. Drohung mit Ausschluss aus der Gewerkschaft	43–48
IV. Rechtsfolgen einer Verbotsverletzung	49–53
V. Wahlkosten (Abs. 3)	54–79
1. Die Kosten der Wahl (Abs. 3 Satz 1)	55–63
a) Sachkosten	58, 59
b) Persönliche Kosten	60–62
c) Streitigkeiten	63
2. Wahlbedingte Arbeitsversäumnis (Abs. 3 Satz 2)	64–79
a) Betätigung im Wahlvorstand	66–71
b) Ausübung des Wahlrechts	72–75
c) Tätigkeit als Vermittler (§ 18a)	76
d) Streitigkeiten	77–79

I. Vorbemerkung

§ 20 enthält (wie schon § 19 BetrVG 1952) **zwei Regelungskomplexe**, die nicht in unmittelbarem **1** Zusammenhang stehen. Als Ausprägungen des Wahlverfahrensgrundsatzes der **freien Wahl** (vgl. *Jacobs* § 14 Rdn. 26 f.) sollen das **Verbot der Wahlbehinderung** (Abs. 1) und das **Verbot der Wahlbeeinflussung** (Abs. 2) die freie Willensbetätigung (Abs. 1) bzw. die freie Willensbildung (Abs. 2) der an der Wahl Beteiligten sichern. Das Gewicht dieses **Wahlschutzes** wird dadurch unterstrichen, dass im Gleichklang eine **vorsätzliche Verbotsverletzung** nach § 119 Abs. 1 Nr. 1, Abs. 2 auf Antrag mit Freiheitsstrafe bis zu einem Jahr **bestraft** werden kann. Ergänzt wird der Wahlschutz durch den besonderen Kündigungsschutz für Mitglieder des Wahlvorstands und Wahlbewerber nach § 103 und § 15

§ 20

Abs. 3, 4 und 5 KSchG sowie einen (durch Art. 7 Nr. 1 BetrVerf-Reformgesetz vom 23.07.2001 [BGBl. I, S. 1852] neu geschaffenen) besonderen Kündigungsschutz nach § 15 Abs. 3a KSchG für Arbeitnehmer, die zur Wahl eines Wahlvorstands in einer Betriebs- bzw. Wahlversammlung einladen oder die Bestellung eines Wahlvorstands beim Arbeitsgericht beantragen. Zusammen mit den **Schutzbestimmungen** nach § 78 für betriebsverfassungsrechtliche Funktionsträger sichern § 20 Abs. 1 und 2 einen umfassenden Schutz der betriebsverfassungsrechtlichen Betätigung der Arbeitnehmer.

2 Abs. 3 verpflichtet den Arbeitgeber, die **Kosten der Wahl** zu tragen einschließlich der Lohn- und Gehaltskosten für notwendige Versäumung von Arbeitszeit zur Ausübung des Wahlrechts, zur Betätigung im Wahlvorstand und zur Tätigkeit als Vermittler. Durch die Novelle vom 20.12.1988 (BGBl. I, S. 2312) ist Abs. 3 Satz 2 dahin ergänzt worden, dass auch die Versäumnis von Arbeitszeit, die zur Tätigkeit als Vermittler im Zuordnungsverfahren nach § 18a erforderlich ist, den Arbeitgeber nicht zur Minderung des Arbeitsentgelts berechtigt. Diese Änderung steht im Zusammenhang mit dem durch die Novelle 1988 neu eingeführten Zuordnungsverfahren nach § 18a im Wahlverfahren, bei dem ein Vermittler einzuschalten ist (§ 18a Abs. 2), wenn sich die beteiligten Wahlvorstände über die Zuordnung von Angestellten zum Kreis der leitenden Angestellten nicht einigen können. Das in § 20 Abs. 3 Satz 2 BetrVG 1952 enthaltene Verbot der Minderung des Arbeitsentgelts wegen Teilnahme an der in § 17 bezeichneten Betriebsversammlung ist aus systematischen Gründen in § 44 Abs. 1 geregelt; Gleiches gilt jetzt für die Teilnahme an Wahlversammlungen im vereinfachten Wahlverfahren für Kleinbetriebe nach § 14a. Kosten der Betriebsratstätigkeit hat der Arbeitgeber nach § 40 zu tragen, Kosten der Einigungsstelle nach § 76a.

3 § 20 gilt entsprechend für die Wahl der **Jugend- und Auszubildendenvertretung** (§ 63 Abs. 2 Satz 2), der **Bordvertretung** (§ 115 Abs. 2) und des **Seebetriebsrats** (§ 116 Abs. 2). Wahlschutz und Wahlkosten der Wahl der Aufsichtsratsmitglieder der Arbeitnehmer nach dem **MitbestG** sind nach § 20 MitbestG inhaltlich entsprechend § 20 geregelt, ebenso jetzt diejenigen nach dem DrittelbG in § 10. Literatur und Rechtsprechung zu beiden Bestimmungen sind daher entsprechend zu beachten.

4 Auf die Bestellung der Mitglieder des Gesamtbetriebsrats, des Konzernbetriebsrats, der Gesamt-Jugend- und Auszubildendenvertretung, der Konzern-Jugend- und Auszubildendenvertretung und des Wirtschaftsausschusses findet § 20 keine Anwendung, weil diese Gremien nicht gewählt werden (vgl. § 47 Abs. 2, § 55 Abs. 1, § 72 Abs. 2, § 73a Abs. 2, § 107 Abs. 2). Dabei greift als Schutzbestimmung § 78 ein. Eine Pflicht des Arbeitgebers zur Tragung eventueller Kosten folgt nach gesetzlicher Verweisung in § 51 Abs. 1 Satz 1, § 59 Abs. 1, § 73 Abs. 2, § 73b Abs. 2 aus § 40, für den Wirtschaftsausschuss in entsprechender Anwendung (s. *Weber* § 40 Rdn. 2).

5 § 20 enthält **zwingendes** Recht. Auf den Wahlschutz nach Abs. 1 und 2 kann kein Beteiligter rechtswirksam verzichten, weder tatbestandsausschließend noch rechtfertigend einwilligen (vgl. auch *BGH* BGHZ 45, 314; 71, 126 [128]). Auch die Kostentragungspflicht des Arbeitgebers kann vertraglich nicht wirksam abbedungen werden; etwas anderes ist es, wenn Erstattungsansprüche gegenüber dem Arbeitgeber nicht geltend gemacht werden.

6 Zum **Personalvertretungsrecht** vgl. § 24 BPersVG, für **Sprecherausschüsse** § 8 Abs. 2 und 3 SprAuG sowie für Europäische Betriebsräte §§ 39, 42 EBRG.

II. Schutz vor Wahlbehinderungen (Abs. 1)

1. Allgemeines Verbot

7 Da nach Abs. 1 Satz 1 »niemand« die Wahl des Betriebsrats behindern darf, ist die Wahlbehinderung in Form einer **Generalklausel jedermann** verboten; Abs. 1 Satz 2 nennt nur beispielhaft (»insbesondere«) einen besonders wichtigen Fall der Wahlbehinderung: Die Beschränkung von Arbeitnehmern in der Ausübung des aktiven und passiven Wahlrechts. Das Behinderungsverbot richtet sich, anders als früher das Benachteiligungsverbot nach § 95 BRG 1920, das sich nur an den Arbeitgeber wandte, gegen jedermann, also den Arbeitgeber, einzelne oder Gruppen von Arbeitnehmern des Betriebes, Wahlvorstand, Betriebsrat, jede Gewerkschaft, ob im Betrieb vertreten oder nicht, sowie gegen jeden

(außenstehenden) Dritten, der tatsächlichen Einfluss auf die Wahl nehmen kann (unstr.). Das kann z. B. eine Gewerkschaftssekretärin sein, die die auf Einladung der Gewerkschaft zustande gekommene Wahlversammlung nach § 14a Abs. 1 Satz 1 leitet (zutr. *LAG Schleswig-Holstein* 09.07.2008 – 6 TaBV 3/08 – juris). Auch im Zusammenwirken von Arbeitgeber und Betriebsrat (etwa durch Betriebsvereinbarung) oder einer Gewerkschaft (etwa durch Haustarifvertrag) darf die (Neu-)Wahl des Betriebsrats nicht behindert werden.

Der **Schutzbereich** des Behinderungsverbots ist schlechthin »**die Wahl**« des Betriebsrats, gleicher- 8 maßen im Regelwahlverfahren (§ 14) und im vereinfachten Wahlverfahren (§ 14a). Dazu gehört nicht nur der Vorgang der eigentlichen Stimmabgabe i. S. d. §§ 11, 12, 25, 34 WO und die Ausübung des passiven Wahlrechts, sondern entsprechend der systematischen Stellung des § 20 jede zur Durchführung der Betriebsratswahl erforderliche und mögliche Maßnahme. Dazu gehören insbesondere bereits die Bestellung des Wahlvorstands durch den Betriebsrat (§ 16 Abs. 1), den Gesamtbetriebsrat bzw. Konzernbetriebsrat (§ 16 Abs. 3, § 17 Abs. 1, § 17a Eingangssatz), ggf. die Einberufung und Durchführung einer Betriebsversammlung zur Wahl des Wahlvorstands nach § 17 Abs. 2 und 3 (vgl. *BayObLG* BB 1980, 1638) bzw. einer Wahlversammlung (§ 17a Nr. 3) oder die Einleitung und das Betreiben eines Verfahrens zur gerichtlichen Bestellung des Wahlvorstands (§ 16 Abs. 2, § 17 Abs. 4, § 17a Nr. 4), aber auch das seiner Ersetzung (§ 18 Abs. 1 Satz 2), eines Betriebsabgrenzungsverfahrens zur Feststellung einer betriebsratsfähigen Organisationseinheit (§ 18 Abs. 2), eines Rechtsschutzverfahrens gegen Entscheidungen des Wahlvorstands (s. dazu näher § 18 Rdn. 80 ff.) oder anderer Streitigkeiten während des Wahlverfahrens (s. § 18 Rdn. 107). Vor allem aber wird die **gesamte Vorbereitung und Durchführung der Wahl durch den Wahlvorstand** erfasst (s. zu dessen Rechtsstellung näher § 18 Rdn. 6 ff.), die Aufstellung und Einreichung von Wahlvorschlägen, die Vermittlertätigkeit nach § 18a Abs. 2, der gesamte Vorgang der Stimmabgabe, die Stimmenauszählung, die Bekanntgabe des vorläufigen und endgültigen Wahlergebnisses. Geschützt wird schließlich auch noch die **Wahlanfechtung**, mit der eine Korrektur oder Kassation des Wahlergebnisses erstrebt wird (unstr.; vgl. auch *Fitting* § 20 Rn. 7; *Galperin/Löwisch* § 20 Rn. 3; *Homburg/DKKW* § 20 Rn. 2; *Koch/ErfK* § 20 BetrVG Rn. 2; *Richardi/Thüsing* § 20 Rn. 5; *Wlotzke/WPK* § 20 Rn. 2).

Zu den die Wahl vorbereitenden Maßnahmen zählt auch die **Wahlwerbung** durch einzelne Arbeit- 9 nehmer oder Gruppen und durch die im Betrieb vertretenen Gewerkschaften (insoweit unstr.; vgl. auch *Fitting* § 20 Rn. 8; *Galperin/Löwisch* § 20 Rn. 12; *Homburg/DKKW* § 20 Rn. 2; *Joost/MünchArbR* § 216 Rn. 181; *Koch/ErfK* § 20 BetrVG Rn. 3; *Nicolai/HWGNRH* § 20 Rn. 5; *Richardi/Thüsing* § 20 Rn. 6; *Wlotzke/WPK* § 20 Rn. 3). Die Wahlwerbung der Arbeitnehmer steht unter dem grundrechtlichen Schutz der Meinungsfreiheit und (soweit Broschüren verteilt werden) der Pressefreiheit (Art. 5 Abs. 1 und 2 GG); vgl. auch *Fitting* § 20 Rn. 25; *Löwisch* BB 2014, 117 (119); *Maschmann/AR* § 20 BetrVG Rn. 5. Das **Recht** der im Betrieb vertretenen **Gewerkschaften zur Wahlwerbung im Betrieb** vor Betriebsratswahlen gehört zum Kernbereich der in Art. 9 Abs. 3 GG enthaltenen kollektiven Betätigungsgarantie und ist heute unstr. (grundlegend [zur Personalratswahl] *BVerfG* 30.05.1965 BVerfGE 19, 303 [312] = AP Nr. 7 zu Art. 9 GG; entsprechend für die Betriebsratswahl *BVerfG* 01.03.1979 BVerfGE 50, 290 [372]; *BGH* 27.02.1978 BGHZ 71, 126 [129]; *BAG* seit 14.02.1967 AP Nr. 10 zu Art. 9 GG; zuletzt etwa *BAG* 06.12.2000 EzA § 19 BetrVG 1972 Nr. 40 [unter B II 3b] = AP Nr. 48 zu § 19 BetrVG 1972; vgl. auch *Franzen* § 2 Rdn. 84 ff.); die Aufgabe der Kernbereichsformel durch das *BVerfG* (14.11.1995 BVerfGE 93, 352 [359 ff.]) unterstreicht das nur. Dementsprechend dürfen sich die im Betrieb vertretenen Gewerkschaften (nur diese!) über ihre Mitglieder im Betrieb und, soweit es um ihr eigenes Wahlvorschlagsrecht geht, ausnahmsweise auch durch betriebsfremde Gewerkschaftsbeauftragte (vgl. Rdn. 17) nach den für alle gleichen Grundsätzen durch Werbemaßnahmen am Wahlkampf beteiligen. Das gilt nicht nur für die Fälle, in denen Gewerkschaften nach § 14 Abs. 3, 5 selbst Wahlvorschläge machen, sondern ganz allgemein, also insbesondere auch, wenn sie **Wahlvorschläge der Arbeitnehmer** (ihrer Mitglieder, von Mitgliedern mitgetragene oder sonstige) **unterstützen** wollen.

Wahlwerbung ist niemals Wahlbehinderung, sondern notwendiger Bestandteil des freien Wahlverfah- 10 rens, ebenso wie bei demokratischen politischen Wahlen (unstr.; vgl. *BAG* 02.12.1960 BAGE 10, 223 = AP Nr. 2 zu § 19 BetrVG; näher zur wahrheitswidrigen Propaganda *Fitting* § 20 Rn. 11); Wahlwerbung kann aber das Verbot der Wahlbeeinflussung nach Abs. 2 verletzen (vgl. dazu Rdn. 33 ff.). Das

Behinderungsverbot selbst gilt nur für die **rechtlich zulässige** Wahlwerbung, also insbesondere ein Werbung, die nicht Rechte Dritter oder Pflichten aus dem Arbeitsverhältnis verletzt oder gar strafbar ist (vgl. *BAG* 13.10.1977 AP Nr. 1 zu § 1 KSchG 1969 Verhaltensbedingte Kündigung; deutlicher *Hess. LAG* 22.10.2015 LAGE § 20 BetrVG 2001 Nr. 2). Deshalb besteht in diesem Zusammenhang die Schwierigkeit, zulässige Wahlwerbung von verbotener Wahlbehinderung abzugrenzen (vgl. dazu Rdn. 21). Die **Wahlwerbung bezieht** sich dem **Gegenstand nach** auf die Aufstellung von Wahlvorschlägen (bei Verhältniswahl: Vorschlagslisten) und die Sammlung notwendiger Stütz-Unterschriften (i. S. d. § 14 Abs. 4) sowie die Werbung um die Stimmen der Wahlberechtigten bei der Stimmabgabe für eine bestimmte Liste (bei Verhältniswahl) oder einen bestimmten Kandidaten (bei Mehrheitswahl) bei der Wahl des Betriebsrats, bis hin zur generellen oder auch individuellen Aufforderung an Wahlberechtigte, auch noch während des bereits laufenden Wahlvorgangs, ihr Wahlrecht auszuüben (*BAG* 06.12.2000 EzA § 19 BetrVG 1972 Nr. 40 [unter B II 2b] = AP Nr. 48 zu § 19 BetrVG 1972).

2. Behinderungstatbestand

11 Eine Wahlbehinderung kann **durch Tun** oder **Unterlassen** geschehen, durch das die Einleitung und Durchführung des Wahlverfahrens als Handlungsprozess gestört, beeinträchtigt oder ganz unmöglich gemacht wird. Behinderungshandlungen richten sich gegen die **Handlungsfreiheit** der Wahlbeteiligten (Arbeitnehmer, Betriebsrat, Wahlvorstand, Wahlhelfer, im Betrieb vertretene Gewerkschaften, Vermittler), indem diese in der Ausübung ihrer betriebsverfassungsrechtlichen Rechte und Pflichten unmittelbar oder mittelbar gehindert oder eingeschränkt werden. Das Gesetz bestätigt diese Begriffsdeutung in Abs. 1 Satz 2, indem es den aus seiner Sicht **wichtigsten Behinderungsfall**, nämlich die Einschränkung der Ausübung des aktiven oder passiven Wahlrechts, beispielhaft (»insbesondere«) besonders hervorhebt. Dieser weiten, auch bereits mittelbares Stören umfassenden Auslegung des Behinderungsbegriffs zust. *Dörner* FS *Kreutz*, S. 81 (84); *Koch*/ErfK § 20 BetrVG Rn. 2. Durch **Unterlassung** kann die Wahl behindert werden, soweit eine Rechtspflicht zur Förderung der Wahl nicht erfüllt wird (z. B. indem der Betriebsrat einen Wahlvorstand nach § 16 Abs. 1 nicht bestellt oder der Gesamtbetriebsrat nicht in den Fällen des § 17 Abs. 1 und § 17a Eingangssatz).

12 Das Gesetz verbietet generalklauselartig **jede** Behinderung der Wahl. Wie aber etwa der Fall einer fristlosen Arbeitgeberkündigung wegen Betriebsdiebstahls während des Wahlverfahrens zeigt, durch die dem betroffenen Arbeitnehmer tatsächlich das Wahlrecht genommen wird, genügt es nicht, wenn objektiv eine Behinderung bewirkt wird; das Verhalten muss **rechtswidrig** sein (so bereits *Thiele* 2. Bearbeitung, § 20 Rn. 14, 17 ff.; ebenso *Jacobs* Die Wahlvorstände, S. 334; *Nicolai*/HWGNRH § 20 Rn. 8; *Reichold*/HWK § 20 BetrVG Rn. 3; *Richardi*/*Thüsing* § 20 Rn. 8; *Wiebauer*/LK § 20 Rn. 4; *Wlotzke*/WPK § 20 Rn. 5). Tatbestand und Rechtswidrigkeit dürfen nicht vermengt werden, sondern müssen getrennt festgestellt oder ausgeschlossen werden. Die objektive Wahlbehinderung indiziert allerdings die Rechtswidrigkeit, so dass die Behinderung rechtfertigungsbedürftig ist; dabei ist auf die Umstände des Einzelfalles abzustellen, auch darauf, was der Störer vorbringt (*Dörner* FS *Kreutz*, S. 81 [85 f.]).

13 Auf **Verschulden** (Vorsatz, Fahrlässigkeit) oder **sonstige subjektive Elemente** (etwa Zweck, Zielsetzung, Absicht) kommt es bei Wahlbehinderungen **nicht** an (zust. *Dörner* FS *Kreutz*, S. 81 [86]; *Homburg*/DKKW § 20 Rn. 1; *Kohte* FS *Höland*, S. 544 [555 f.]; *Reichold*/HWK § 20 BetrVG Rn. 3; *Richardi*/*Thüsing* § 20 Rn. 8).

a) Wahlbehinderung durch den Arbeitgeber

aa) durch Unterlassen

14 Der Arbeitgeber behindert die Wahl, wenn er seine gesetzlichen **Pflichten zur Förderung der Wahl** nicht erfüllt. Dazu rechnen die Verpflichtungen nach § 2 Abs. 2 WO, dem Wahlvorstand alle für die Anfertigung der Wählerliste erforderlichen Auskünfte zu erteilen und die erforderlichen Unterlagen zur Verfügung zu stellen und ihn bei der Feststellung der in § 5 Abs. 3 genannten Personen zu unterstützen (vgl. dazu näher *Jacobs* § 2 WO Rdn. 9 ff.) sowie die Verpflichtung nach § 28 Abs. 2 WO, der einladenden Stelle alle für die Anfertigung der Wählerliste erforderlichen Unterlagen in einem versie-

gelten Umschlag auszuhändigen (vgl. dazu *Jacobs* § 28 WO Rdn. 7 f.); ferner die Unterstützungspflicht gegenüber dem Vermittler nach § 18a Abs. 2 Satz 2 (vgl. dazu ausführlich § 18a Rdn. 80 ff.). Aus der Kostentragungspflicht nach § 20 Abs. 3 Satz 1 ergibt sich eine Wahlbehinderung, wenn der Arbeitgeber erforderliche Räume und Sachmittel (z. B. Stimmzettel, Wahlumschläge, Wahlurne, Wahlkabine) nicht zur Verfügung stellt bzw. deren Beschaffung durch Verweigerung von Vorschüssen verzögert oder unmöglich macht. Immer scheidet insoweit aber eine Wahlbehinderung aus, wenn im konkreten Fall die gesetzlichen Voraussetzungen einer Förderpflicht nicht erfüllt sind, z. B. wenn bei § 2 Abs. 2 WO ein Wahlvorstand überhaupt nicht besteht, weil seine Bestellung (ausnahmsweise, s. § 16 Rdn. 7) nichtig ist.

Aus § 20 Abs. 3 Satz 2 ergibt sich, dass die erforderliche Tätigkeit im Wahlvorstand (für Wahlvorstands- **15** mitglieder und Wahlhelfer), die Ausübung des Wahlrechts und die Vermittlertätigkeit eines Arbeitnehmers nach § 18a Abs. 2 regelmäßig während der Arbeitszeit stattzufinden haben (vgl. dazu auch Rdn. 65). Eine Wahlbehinderung kann daher auch darin liegen, dass der Arbeitgeber **erforderliche Arbeitsbefreiungen** nicht gewährt. Allerdings ist in diesen Fällen immer im Einzelfall zu prüfen, ob das Verhalten des Arbeitgebers durch zwingende betriebliche Erfordernisse gerechtfertigt ist. Liegt eine Wahlbehinderung vor, so dürfen sich die betroffenen Arbeitnehmer auch gegen den Willen ihrer Vorgesetzten vom Arbeitsplatz entfernen, ohne ihre Vertragspflichten zu verletzen (vgl. *Hueck/Nipperdey* II/2, S. 1137; *Säcker* BB 1966, 700 [702]; zust. *Homburg/DKKW* § 20 Rn. 13). Eine über § 20 Abs. 3 hinausgehende Pflicht, Wahlkampf durch Geldmittel und Arbeitsfreistellungen zu fördern, besteht nicht. Deshalb liegt z. B. keine Wahlbehinderung vor, wenn der Arbeitgeber einzelnen Gruppen (z. B. gewerkschaftlichen Vertrauensleuten im Betrieb) keine besonderen Räume für »Vorwahlen« und Wahlversammlungen zur Verfügung stellt (vgl. *BAG* 08.12.1978 AP Nr. 28 zu Art. 9 GG = EzA Art. 9 GG Nr. 28 LS).

Einem gekündigten Arbeitnehmer braucht der Arbeitgeber nach Ablauf der Kündigungsfrist oder **16** nach fristloser Kündigung **keinen Zugang** zum Betrieb zu gewähren, weder als Wahlbewerber noch zur Ausübung des Wahlrechts, weil er nicht (aktiv) wahlberechtigt ist, solange er nicht tatsächlich weiterbeschäftigt wird (s. *Raab* § 7 Rdn. 41 ff.), und deshalb auch nicht wählbar (vgl. *Raab* § 8 Rdn. 20); im Ergebnis so auch *Galperin/Löwisch* § 20 Rn. 5; **a. M.** für Wahlbewerber *Fitting* § 20 Rn. 16; *Homburg/DKKW* § 20 Rn. 14; wohl auch *Richardi/Thüsing* § 20 Rn. 11; vgl. auch *LAG Hamm* DB 1980, 1223; *ArbG Münster* DB 1975, 1468; *ArbG München* AiB 1998, 161; da das *BAG* für die Wählbarkeit gekündigter Arbeitnehmer die Erhebung einer Kündigungsschutzklage genügen lässt [vgl. die Nachweise bei *Raab* § 8 Rdn. 20], liegt es in der Konsequenz dieser Rspr., dass der Arbeitgeber ihnen als Wahlbewerber auch dann Zugang zum Betrieb gewähren muss, wenn sie nicht tatsächlich weiterbeschäftigt werden; so auch *Rudolph* AiB 2005, 655 [658]). Dagegen stellt es eine Wahlbehinderung dar, wenn der Arbeitgeber einem Wahlbewerber während der Freischichten das Betreten des Betriebes zum Sammeln von Stütz-Unterschriften für seinen Wahlvorschlag verbietet (vgl. *LAG Hamm* DB 1980, 1223).

Es stellt **keine Wahlbehinderung** dar, wenn der Arbeitgeber **betriebsfremden** Gewerkschaftsbeauf- **17** tragten einer im Betrieb vertretenen Gewerkschaft den **Zugang** zum Betrieb zum Zwecke der Werbung für von der Gewerkschaft **unterstützte** Wahlvorschläge der Arbeitnehmer **verweigert**; diesen steht ein solches Zugangsrecht nicht zu (vgl. grundlegend *BVerfG* 17.02.1981 BVerfGE 57, 220 [245 ff.] = SAE 1981, 257 [zust. *Scholz*]; *BAG* 29.01.1982 AP Nr. 10 zu Art. 140 GG; 26.01.1982 AP Nr. 35 zu Art. 9 GG; anders noch *BAG* 14.02.1978 AP Nr. 26 zu Art. 9 GG; vgl. auch *Franzen* § 2 Rdn. 84 ff. sowie *BGH* 08.07.1982 BGHZ 84, 352 [357 f.]). Dagegen hat jede im Betrieb vertretene Gewerkschaft zur Wahrnehmung des **eigenen** Wahlvorschlagsrechts nach § 14 Abs. 3, 5 ein Zugangsrecht zum Betrieb, das sich auch auf externe Gewerkschaftsbeauftragte bezieht (vgl. m. w. N. *Jacobs* § 14 Rdn. 101).

bb) durch Tun
Eine Wahlbehinderung in Form der **Beschränkung des Wahlrechts** (Abs. 1 Satz 2) liegt vor allem **18** vor, wenn der Arbeitgeber einen Arbeitnehmer tatsächlich hindert, seine Rechte im Wahlverfahren auszuüben, insbesondere durch die als verbindlich zu verstehende (aber vom Direktionsrecht nicht gedeckte) **Anweisung**, keine Einladung zu einer Wahl- oder Betriebsversammlung zur Wahl eines Wahl-

vorstands vorzunehmen, nicht als Wahlvorstandsmitglied zur Verfügung zu stehen, keine Wahlvorschläge zu unterzeichnen, nicht als Wahlbewerber aufzutreten, die Stimme nicht abzugeben usw. oder durch die Anweisung, sich in bestimmter Weise zu beteiligen, z. B. zu kandidieren, an der Abstimmung teilzunehmen usw. (ebenso *Fitting* § 20 Rn. 17). In diesen Fällen kann die Grenze zur Wahlbeeinflussung nach Abs. 2 allerdings fließend sein (vgl. *Galperin/Löwisch* § 20 Rn. 11). Eine solche Anweisung kann auch vorliegen, wenn der Arbeitgeber Arbeitnehmern, die der Wahlvorstand (ggf. nach Durchführung des Zuordnungsverfahrens gemäß § 18a) in die Wählerliste aufgenommen hat, zu Unrecht schriftlich mitteilt, dass sie leitende Angestellte i. S. d. § 5 Abs. 3 seien und deshalb nicht wahlberechtigt; erforderlich ist aber auch hier, dass der **Anweisungscharakter** der Mitteilung deutlich zu verstehen ist (ebenso *LAG Baden-Württemberg* DB 1972, 1392; *LAG Hamm* DB 1972, 1297; *LAG Schleswig-Holstein* 09.07.2008 – 6 TaBV 3/08 – juris, Rn. 36; *Buchner* DB 1972, 825 f.; *Fitting* § 20 Rn. 18; *Galperin/Löwisch* § 20 Rn. 9; *Koch/*ErfK § 20 BetrVG Rn. 4; *Richardi/Thüsing* § 20 Rn. 12; *Wlotzke/WPK* § 20 Rn. 7). Beschränkt sich der Arbeitgeber auf die Mitteilung seiner (fehlerhaften) Rechtsauffassung, liegt keine Behinderung vor (ebenso *Wiebauer/LK* § 20 Rn. 5; a. M. *Homburg/DKKW* § 20 Rn. 11).

19 Als Wahlbehinderung kommen ferner in Betracht: **Versetzung** in einen anderen Betrieb, **Kündigung** und die **Anweisung zu Dienstreisen** oder sonstigem Außendienst während des Wahltages sowie die **Verweigerung von Zugang zum Betrieb**. Da es sich dabei jedoch keineswegs um typische Behinderungspraktiken handelt und subjektive Abgrenzungskriterien keine Rolle spielen (s. Rdn. 13), kommt es für die Beurteilung einer Wahlbehinderung nur darauf an, ob die Maßnahme nach den allgemeinen Beurteilungsgrundsätzen rechtlich zulässig und sachlich begründet, also nicht rechtswidrig ist (zust. *Wiebauer/LK* § 20 Rn. 6).

20 **Bei Kündigungen** ist der besondere Kündigungsschutz von Wahlbewerbern und Wahlvorstandsmitgliedern (auch der nicht stimmberechtigten nach § 16 Abs. 1 Satz 6) nach §§ 103 BetrVG, 15 Abs. 3 KSchG zu beachten; ebenso derjenige nach § 15 Abs. 3a KSchG für einladende und/oder antragstellende Arbeitnehmer. Im Übrigen erscheint es in allen Kündigungsfällen gerechtfertigt, im Rahmen der Interessenabwägung bei § 1 KSchG, § 626 BGB die Position des Betroffenen im Wahlverfahren, den Zeitpunkt der Kündigung während des Wahlverfahrens und die in der Kündigung liegende objektive Behinderung der Wahl mit zu berücksichtigen. Demgegenüber stellt die h. M. (vgl. *BAG* 13.10.1977 AP Nr. 1 zu § 1 KSchG 1969 Verhaltensbedingte Kündigung = EzA § 74 BetrVG 1972 Nr. 3 LS [zust. *Löwisch*]; 07.05.1986 EzA § 17 BetrVG 1972 Nr. 5 [unter II 1] = AP Nr. 18 zu § 15 KSchG 1969; bestätigend *BAG* 31.07.2014 EzA § 15 KSchG n. F. Nr. 73 Rn. 37 = AP Nr. 76 zu § 1 KSchG 1969; *LAG Hamm* 15.01.1985, 27.08.1987 LAGE § 20 BetrVG 1972 Nr. 5, 6; *ArbG München* DB 1987, 2662; *Fitting* § 20 Rn. 15; *Homburg/DKKW* § 20 Rn. 14; *Koch/*ErfK § 20 BetrVG Rn. 5; *Löwisch/LK* § 20 Rn. 5; *Nicolai/HWGNRH* § 20 Rn. 12; *Richardi/Thüsing* § 20 Rn. 11; *Vogt* BB 1987, 189 [190]; *Weiss/Weyand* § 20 Rn. 3; *Wlotzke/WPK* § 20 Rn. 8) **inkonsequent** (s. Rdn. 13; dieser Kritik zust. *Dörner* FS Kreutz, S. 81 [86]; diesem zust. *Kohte* [FS Höland, S. 544, 555], der aber seinerseits tatbestandlich unstimmig auf eine Kausalbeziehung zwischen Kündigung und Betriebsratswahl abstellen will, obwohl jede Behinderung verboten ist) auf subjektive Merkmale ab und kommt über § 134 BGB (wegen Verstoß gegen das gesetzliche Verbot in Abs. 2 Satz 1) zur Nichtigkeit einer Maßnahme, wenn sie mit der Absicht bzw. zu dem Zwecke erfolgt ist, die Wahl zu behindern. Wegen der Beweisschwierigkeiten für den Arbeitnehmer, der die Darlegungs- und Beweislast trägt, wird allerdings einem solchen »relativen Kündigungsschutz« (oder auch einem entsprechenden Versetzungsschutz) wenig praktische Bedeutung zukommen (vgl. auch *BAG* 07.05.1986 EzA § 17 BetrVG 1972 Nr. 5 [unter III 1] = AP Nr. 18 zu § 15 KSchG 1969; *LAG Hamm* 15.01.1985 LAGE § 20 BetrVG Nr. 5); Beweiserleichterungen nach den Grundsätzen des Beweises des ersten Anscheins werden kaum in Betracht kommen, da es sich auch im zeitlichen Zusammenhang mit einer Betriebsratswahl nicht um typische Behinderungspraktiken handelt (ohne Begründung a. M. *Fitting* § 20 Rn. 33; *Homburg/DKKW* § 20 Rn. 21; *Richardi/Thüsing* § 20 Rn. 30). Beachtenswert ist, dass das *BAG* (14.05.1997 EzA § 8 BetrVG 1972 Nr. 8 = AP Nr. 6 zu § 8 BetrVG 1972; 10.11.2004 EzA § 8 BetrVG 2001 Nr. 1 = AP Nr. 11 zu § 8 BetrVG 1972) einer Wahlbehinderung durch fristlose oder ordentliche Kündigung dadurch vorzubeugen sucht, dass ein gekündigter Arbeitnehmer wählbar bleibt, wenn er Kündigungsschutzklage erhoben hat, auch wenn er während des Prozesses nicht weiterbeschäftigt

wird (vgl. *Raab* § 8 Rdn. 20). Zur Androhung einer Kündigung durch den Arbeitgeber als Wahlbeeinflussung nach Abs. 2 vgl. Rdn. 30.

Eine Wahlbehinderung kann auch in der **Beschränkung oder Unterbindung rechtmäßiger** 21 **Wahlwerbung** liegen, etwa auch in Form einer unzulässig beschränkenden Betriebsvereinbarung; der Arbeitgeber hat zulässige Wahlwerbung durch Arbeitnehmer und die im Betrieb vertretenen Gewerkschaften hinzunehmen (vgl. Rdn. 9, 10). Mündliche Wahlwerbung, das Sammeln von Stütz-Unterschriften für Wahlvorschläge und das Verteilen von Werbematerial (Schriften, Handzettel) hat sich auf die Arbeitspausen sowie die Zeiten vor Beginn und nach Ende der Arbeitszeit zu beschränken (vgl. auch *BAG* 26.01.1982 EzA Art. 9 GG Nr. 35 = AP Nr. 35 zu Art. 9 GG; wie hier *Nicolai*/HWGNRH § 20 Rn. 5; weitergehend *Fitting* § 20 Rn. 8, die diese Werbetätigkeit auch während der Arbeitszeit zulassen, wenn dadurch der Arbeitsablauf nicht gestört wird; zust. *Brors*/HaKo § 20 Rn. 2; *Homburg*/DKKW § 20 Rn. 19; *Koch*/ErfK § 20 BetrVG Rn. 3; *Maschmann*/AR § 20 BetrVG Rn. 5; *Wlotzke*/WPK § 20 Rn. 4). Ein wildes Plakatieren im Betrieb braucht der Arbeitgeber nicht hinzunehmen; insoweit kann er Vorgaben machen. Je nach Betriebsgröße und betrieblichen Verhältnissen kann es auch zu den vom Arbeitgeber zu tragenden Wahlkosten gehören, Tische für die Auslage von Werbematerial und Flächen zum Aushang von Wahlplakaten zur Verfügung zu stellen (ebenso *BAG* 30.08.1983 EzA Art. 9 GG Nr. 37 = AP Nr. 38 zu Art. 9 GG für die Mitgliederwerbung im Betrieb; *Fitting* § 20 Rn. 8). Auch Anstecker (Buttons) und Aufkleber zumindest auf eigener Kleidung der Arbeitnehmer hat der Arbeitgeber zu dulden (vgl. *BAG* 23.02.1979 AP Nr. 30 zu Art. 9 GG *[Mayer-Maly]* = EzA Nr. 29 zu Art. 9 GG *[Zöllner]* = SAE 1980, 187 *[Buchner]*: Betrifft Anbringung von Gewerkschaftsemblemen auf Schutzhelmen). Es ist aber nicht rechtswidrig, wenn der Arbeitgeber durch **allgemeines** Verbot verhindert, dass Wahlwerbung durch Nutzung des Intranet im Unternehmen oder mittels E-Mail-Versands von und zu firmeneigenen PC erfolgt; diese IT-Nutzung ist im Betriebsratswahlkampf verzichtbar (vgl. näher zum Problembereich »virtueller Betriebsratswahlkampf«, den der Arbeitgeber in der Arbeitszeit nicht hinnehmen muss, und zu ggf. gebotenen Differenzierungen in Einzelfällen *Maschmann* NZA 2008, 613; *ders.* BB 2010, 245 [247 f.]; weiterführend *Lochner* Virtueller Belegschaftswahlkampf, 2013). Hat der Arbeitgeber im Großbetrieb allen Vorschlagslisten angeboten, einmalig sein E-Mail-Adressbuch zur Versendung von Wahlwerbung per Mail zu nutzen, dann ist es Wahlbehinderung der Bewerber einer Liste, wenn er sich unberechtigterweise weigert, deren Wahlkampfbroschüre im Intranet weiterzuleiten (so im Ergebnis zutr. *Hess. LAG* 22.10.2015 – 9 TaBV 71/15 – juris, Rn. 47).

Keine rechtswidrige Wahlbehinderung liegt vor, wenn der Arbeitgeber wegen nicht ordnungsgemä- 22 ßer Bestellung (oder Wahl) und Zusammensetzung des Wahlvorstands (vgl. § 16 Rdn. 100; § 17 Rdn. 60) oder während des Wahlverfahrens namentlich gegen Maßnahmen und Entscheidungen des Wahlvorstands oder gemäß § 18 Abs. 2 **gerichtlichen Rechtsschutz** in Anspruch nimmt (vgl. dazu ausführlich § 18 Rdn. 56 ff., 80 ff.). Da einem arbeitsgerichtlichen Beschlussverfahren keine aufschiebende Wirkung für das Wahlverfahren zukommt, kann dieses insoweit auch nicht mutwillig verzögert werden. Soweit ein Antrag Erfolg hat, sind Verzögerungen im Wahlverfahren vielfach nicht zu vermeiden; sie sind aber gerechtfertigt. Das gilt entsprechend für einen Antrag auf Erlass einer **einstweiligen Verfügung** (vgl. dazu § 18 Rdn. 90 ff.; ebenso *Fitting* § 20 Rn. 6; *Richardi*/Thüsing § 20 Rn. 4). Der Arbeitgeber kann auch außergerichtlich gegen Wahlfehler vorgehen (z. B. den Wahlvorstand auf diese aufmerksam machen und auf Abhilfe drängen). Eine Wahlbehinderung liegt aber vor, wenn der Arbeitgeber die Erfüllung seiner Förderungspflicht nach § 2 Abs. 2 WO verweigert, weil er die Bestellung (Wahl) des Wahlvorstands für rechtswidrig hält, sofern die Wahl des Wahlvorstands nicht ausnahmsweise (vgl. § 16 Rdn. 7, § 18 Rn. 97, jeweils m. w. N.) nichtig ist. Der allgemeine Hinweis an die Belegschaft, dass das Wahlrecht »Wahlpflicht« bedeute (vgl. dazu *BAG* 02.02.1962 AP Nr. 10 zu § 13 BetrVG), stellt keine rechtswidrige Wahlbehinderung dar; ebenso wenig der Hinweis, dass für die Teilnahme an der öffentlichen Stimmenauszählung nach der Wahl während der Arbeitszeit kein Entgeltanspruch besteht (vgl. Rdn. 75). Vgl. zur Frage einer **Neutralitätspflicht** des Arbeitgebers im Wahlkampf Rdn. 36.

b) Wahlbehinderung durch den Wahlvorstand

23 Der Wahlvorstand behindert die Wahl, wenn er sie **rechtswidrig verzögert**, sei es durch Nichtstun, sei es durch rechtswidrige Maßnahmen und Entscheidungen, die mittels der Gerichte zu korrigieren sind; auch in der Nichtbeachtung einer rechtskräftigen Gerichtsentscheidung und in willkürlichem Abbruch und Neueinleitung der Wahl kann eine Wahlbehinderung liegen (vgl. *LAG Bremen* 27.02.1990 LAGE § 18 BetrVG 1972 Nr. 3). Im Einzelnen können Wahlbehinderungen in Form der Beschränkung des Wahlrechts i. S. v. Abs. 1 Satz 2, die sich zugleich als Verstöße gegen andere wesentliche Wahlvorschriften darstellen, etwa darin liegen, dass der Wahlvorstand zu Unrecht Wahlberechtigte nicht in die Wählerliste aufnimmt oder sie wieder streicht, Wahlvorschläge nicht zulässt oder Wahlbewerber streicht, Wahlvorschläge oder abgegebene Stimmzettel vernichtet oder das Wahllokal zur Stimmabgabe nicht öffnet.

c) Wahlbehinderung durch Arbeitnehmer des Betriebes

24 Besonders schwerwiegende Beschränkungen des Wahlrechts i. S. v. Abs. 1 Satz 2 liegen vor, wenn Arbeitnehmer andere Arbeitnehmer mit **Gewalt** oder **Drohung** mit Gewalt vom Betreten des Wahllokals abhalten oder zum Verzicht oder zur Rücknahme ihrer Kandidatur zwingen (ebenso *Galperin/Löwisch* § 20 Rn. 6; *Schlochauer/HSWG* § 20 Rn. 15; *Vogt* BB 1987, 189). Dagegen ist die **Nichtteilnahme an der Wahl** keine Wahlbehinderung, weil keine Wahlpflicht besteht. Es darf auch die Absicht des einzelnen bekannt gemacht werden, sich nicht an der Wahl zu beteiligen. Ein allgemeiner Aufruf zum **Wahlboykott** stellt ebenfalls keine Behinderung der Wahl dar, kann aber Wahlbeeinflussung i. S. d. Abs. 2 sein, wenn denjenigen Nachteile angedroht oder zugefügt werden, die dem Aufruf nicht folgen, oder denjenigen Vorteile versprochen oder gewährt werden, die ihm folgen.

d) Wahlbehinderung durch Gewerkschaften

25 Grundsätzlich liegt keine unrechtmäßige Behinderung der Wahl vor, wenn im Betrieb vertretene Gewerkschaften **Einfluss auf** die Aufstellung von **Wahlvorschlägen** (Vorschlagslisten) der Arbeitnehmer nehmen, die ihren Namen tragen (z. B. »Liste IG-Metall«) und ihnen deshalb zugerechnet werden. Entsprechendes gilt, wenn sie verhindern, dass mehrere solcher Vorschläge aufgestellt werden, die dann miteinander konkurrieren. Insofern handelt es sich um Fragen, die der innergewerkschaftlichen **Verbandsautonomie** (d. h. der Gewährleistung der Selbstregelung ihrer Verbandsverhältnisse) unterliegen, die nach Art. 9 Abs. 1 und 3 GG grundrechtlich geschützt ist (vgl. dazu *BVerfG* 24.02.1999 BVerfGE 100, 214 = EzA Art. 9 GG Nr. 64; 01.03.1979 BVerfGE 50, 290 [353 ff.]; *BAG* 02.12.1960 AP Nr. 2 zu § 19 BetrVG; *BGH* 13.06.1966, 27.02.1978 BGHZ 45, 314 [318]; 71, 126 [129]; 19.01.1981 AP Nr. 7 zu § 20 BetrVG 1972). Grenzen der Einflussnahme ergeben sich aus dem Verbot der Wahlbeeinflussung (vgl. Rdn. 43 ff.). Rückwirkungen i. S. einer Wahlbehinderung könnten sich nur dann ergeben, wenn das satzungsmäßige Verfahren nicht eingehalten wird oder wenn die Satzung demokratischen Grundanforderungen nicht gerecht wird. Es besteht aber insbesondere **keine Pflicht zu** innergewerkschaftlicher **Verhältniswahl**, um kleinere Mitgliedergruppen angemessen zu berücksichtigen (vgl. dazu *BGH* 13.06.1966 BGHZ 45, 314 = AP Nr. 5 zu § 19 BetrVG; *Popp* ZfA 1977, 242 f.; *Säcker/Rancke* AuR 1981, 1 [10]; *Zöllner* Gewerkschaftsausschluss, S. 46). Die Kandidatenaufstellung braucht auch **nicht durch Wahl** der gewerkschaftsangehörigen Belegschaftsmitglieder zu erfolgen; es genügt, wenn gewählten gewerkschaftlichen **Vertrauensleuten** im Betrieb die Kandidatenauswahl überlassen ist (vgl. *OLG Celle* NJW 1980, 1004; *Popp* ZfA 1977, 437 ff.; *Zöllner* Gewerkschaftsausschluss, S. 47). Unzulässig wäre aber etwa die Kandidatenaufstellung durch die **Verwaltungsstelle** der Gewerkschaft. Dies gilt freilich nicht, wenn im Betrieb vertretene Gewerkschaften von ihrem eigenen Wahlvorschlagsrecht nach § 14 Abs. 3, 5 Gebrauch machen, selbst wenn dies gegen den Willen ihrer im Betrieb beschäftigten wahlberechtigten Mitglieder geschieht. Keine Frage der Wahlbehinderung, sondern Problem der Wahlbeeinflussung nach Abs. 2 ist es, wenn eine Gewerkschaft ihren Mitgliedern verbandsrechtliche Sanktionen, insbesondere den Gewerkschaftsausschluss für den Fall androht, dass sie auf anderen als den von der Gewerkschaft unterstützten Wahlvorschlägen kandidieren oder solche unterzeichnen (vgl. dazu näher Rdn. 43 ff.).

III. Verbot der Wahlbeeinflussung (Abs. 2)

Die Regelung des Abs. 2, die ebenfalls ein **Verbot für jedermann** enthält (vgl. Rdn. 7 sowie dazu 26 auch *BGH* 19.01.1981 AP Nr. 7 zu § 20 BetrVG 1972), ergänzt das weite Behinderungsverbot des Abs. 1 zu einem umfassenden Wahlschutz. Während jenes darauf zielt, die tatsächliche Durchführung der Wahl und dabei, wie sich aus Abs. 1 Satz 2 ergibt, in erster Linie die freie Willens**betätigung** der Wahlbeteiligten zu sichern (s. Rdn. 11), zielt das Beeinflussungsverbot auf die Sicherung der **freien Willensbildung** aller Wahlbeteiligten (ebenso *Fitting* § 20 Rn. 13, 20; *Homburg/DKKW* § 20 Rn. 1, 15; *Koch*/ErfK § 20 BetrVG Rn. 4, 6; *Maschmann*/AR § 20 BetrVG Rn. 4; *Nicolai/HWGNRH* § 20 Rn. 19; *Reichold/HWK* § 20 BetrVG Rn. 5; *Richardi/Thüsing* § 20 Rn. 25; *Vogt* BB 1987, 189 [190]; *Wlotzke/WPK* § 20 Rn. 9; zust. *BGH* Erster Strafsenat 13.09.2010 EzA § 20 BetrVG 2001 Nr. 3 Rn. 53 = NJW 2011, 88). Diese Zielsetzung der Norm ergibt sich daraus, dass nicht jegliche Wahlbeeinflussung schlechthin verboten ist, sondern nur diejenige, die **durch** Zufügung oder Androhung von **Nachteilen** oder **durch** Gewährung oder Versprechen von **Vorteilen** erfolgt.

1. Beeinflussungstatbestand

Der Verbotstatbestand erfordert zunächst, dass durch ein **Tun** (Unterlassen genügt nur ausnahmsweise, 27 etwa bei Vorteilsgewährung durch Nichtgeltendmachung von Forderungen) auf das auch hier im weitesten Sinne zu verstehende Wahlverhalten (vgl. Rdn. 8) von Wählern, Wahlbewerbern, Wahlvorstandsmitgliedern, Wahlhelfern, Vermittlern usw. eingewirkt wird. Dies muss **ausschließlich** mittels Benachteiligung oder Begünstigung geschehen; dabei genügt das Androhen von Nachteilen und das Versprechen von Vorteilen (im Unterschied zum Benachteiligungs- und Begünstigungsverbot nach § 78 Satz 2; s. § 78 Rdn. 60). Die Einflussnahme auf den Willensentschluss von Wahlbeteiligten ist verboten; unmaßgeblich ist, ob sie tatsächlich Erfolg hat. Insoweit genügt bereits der **Versuch** einer Beeinflussung, sofern die Einflussnahme nur grundsätzlich **geeignet** ist, das Verhalten anderer irgendwie zu beeinflussen (so schon *Thiele* 2. Bearbeitung, § 20 Rn. 28; zust. *Maschmann* BB 2010, 245 [248]; *Maschmann*/AR § 20 BetrVG Rn. 4; *Reichold/HWK* § 20 BetrVG Rn. 5; *Zöllner* Gewerkschaftsausschluss, S. 12; *LAG Niedersachsen* 16.06.2008 – 9 TaBV 14/07 – juris, Rn. 59; vgl. auch *BGH* 19.01.1981 AP Nr. 7 zu § 20 BetrVG 1972; a. M. *Schlochauer/HSWG* § 20 Rn. 22: Kausalität erforderlich). Wie die Wahlbehinderung (vgl. Rn. 12) muss auch die Wahlbeeinflussung, wie die Zulässigkeit von Wahlwerbung zeigt, rechtswidrig sein. Die objektive Wahlbeeinflussung indiziert ihre **Rechtswidrigkeit** (zust. *Wiebauer/LK* § 20 Rn. 9; Rechtfertigungsgründe sind zu beachten).

Anders als bei der Behinderung der Wahl, insbesondere der Beschränkung des Wahlrechts (s. Rn. 12.1), 28 muss bei der Wahlbeeinflussung hinzukommen, dass der Handelnde sich **bewusst ist**, dass er einen an der Wahl Beteiligten begünstigt oder benachteiligt und dadurch auf dessen Willensentscheidung einwirkt (subjektive Wahlbeeinflussung); eine über diese Zielrichtung (s. auch Rdn. 32) hinausgehende Absicht ist nicht zu fordern, insbesondere nicht die Absicht, den Ausgang der Wahl zu beeinflussen (so schon *Thiele* 2. Bearbeitung, § 20 Rn. 28; zust. *Zöllner* Gewerkschaftsausschluss, S. 12). Insgesamt folgt daraus, dass eine Erfüllung des Verbotstatbestandes nach Abs. 2 vorliegen kann, dem aber jegliche Kausalität für das Wahlergebnis fehlt, so dass eine Anfechtbarkeit nach § 19 Abs. 1 nicht in Betracht kommt. Das unterstreicht den präventiven Charakter der Norm.

Die angedrohten und zugefügten Nachteile können ebenso wie die versprochenen oder gewährten 29 Vorteile **materieller** oder **immaterieller** Natur sein (vgl. auch *BGH* 13.06.1966 BGHZ 45, 314 [317]; 27.02.1978 BGHZ 71, 126 [128]). Sie brauchen nicht unmittelbar den zu beeinflussenden Arbeitnehmer treffen; es genügt, wenn die Begünstigung oder Benachteiligung **Dritter** (etwa Angehöriger) geeignet ist, diesen in seinem Verhalten zu bestimmen. Das setzt allerdings dessen Kenntnis von der Begünstigung oder Benachteiligung voraus. Nur insoweit ist eine **mittelbare** Beeinflussung verboten (verkannt von *BGH* Erster Strafsenat 13.09.2010 EzA § 20 BetrVG 2001 Nr. 3 Rn. 3, der allgemein die Gewährung solcher Vorteile von Abs. 2 erfasst sieht, die sich mittelbar auf die Wahl auswirken, aber nicht klärt, wie dies die Willensbildung der Wahlberechtigten beeinflussen kann, wenn die Begünstigung verschleiert wird). Eine mittelbare Wahlbeeinflussung kann etwa auch vorliegen, wenn Mitglieder des Wahlvorstands oder Wahlhelfer einem Wahlbewerber Einblick in die mit Stimmabgabevermerk versehene Wählerliste gewähren, und dieser dann unter Hinweis auf diese Wahlunterlage Arbeitnehmer, die noch nicht gewählt haben, zur Stimmabgabe auffordert (so wohl *BAG* 06.12.2000 EzA § 19 BetrVG 1972 Nr. 40 = AP Nr. 48 zu § 19 BetrVG 1972; zu entsprechenden Verstößen vgl. *LAG Köln* 20.02.2015 – 4 TaBV 79/14 – juris; *LAG Niedersachsen* 26.02.2016 – 13 TaBV 27/15 – juris). In Betracht kommt die unzulässige Beeinflussung einzelner, von Gruppen oder der ganzen Belegschaft. Auf moralische Anstößigkeit kommt es nicht an (zust. *Homburg/DKKW* § 20 Rn. 17; *Koch*/ErfK § 20 BetrVG Rn. 6); das gilt insbesondere für die Verknüpfung des versprochenen oder gewährten Vorteils mit der Art der Wahlbeteiligung (**a. M.** *Nikisch* III, S. 85, 86; ähnlich *Galperin/Löwisch* § 20 Rn. 10).

2. Wahlbeeinflussung durch den Arbeitgeber

30 Der Arbeitgeber verstößt gegen das **Benachteiligungsverbot**, wenn er zur Einwirkung auf das Wahlverhalten mit Versetzung, Zuweisung anderer, minder bezahlter Arbeit, Ausschluss von Sonderzuwendungen (auch gegenüber der gesamten Belegschaft) oder Beförderungen, Entziehung von Vergünstigungen oder Vollmachten, Kündigungen droht oder diese tatsächlich vornimmt (vgl. zur Vorbeugung gegen Wahlbeeinflussung durch Kündigung in der Rspr. des *BAG Raab* § 8 Rdn. 20). Es genügt, wenn Wahlbewerber auf Veranlassung der Personalleitung in Personaleinzelgesprächen mit Vorgesetzten unter Androhung arbeitsrechtlicher Konsequenzen zur Rücknahme ihrer Kandidatur auf einer (wegen rechtsradikaler Äußerungen) in die Kritik geratenen Liste veranlasst werden (so *ArbG Duisburg* 11.09.2014 – 1 BV 16/14 – juris). Abs. 2 enthält jedoch (anders als § 78 Satz 2 oder § 612a BGB) **kein Maßregelungsverbot**; die lediglich nachträgliche Zufügung von Nachteilen, die das Wahlverhalten nicht mehr beeinflussen kann, fällt nicht unter Abs. 2 (ebenso *Richardi/Thüsing* § 20 Rn. 22; *Schlochauer*/HSWG § 20 Rn. 29; zust. *Homburg/DKKW* § 20 Rn. 5; *Wiebauer*/LK § 20 Rn. 10; undeutlich, aber wohl auch *Fitting* § 20 Rn. 19). Eine Maßregelung wegen eines bestimmten Wahlverhaltens kann jedoch nach §§ 138, 242 oder 612a BGB unwirksam sein (ebenso jetzt *Richardi/Thüsing* § 20 Rn. 22). Der Wahlschutz hat **keine Nachwirkung** (**a. M.** offenbar *BGH* BGHZ 45, 314 [317]; BGHZ 71, 126 [128]; BGHZ 87, 337 [340 f.]; 19.01.1981 AP Nr. 7 zu § 20 BetrVG 1972 Bl. 2). Etwas anderes gilt freilich, wenn ein Nachteil vor der Wahlhandlung angedroht und später zugefügt wird.

31 Der Arbeitgeber verstößt gegen das **Begünstigungsverbot**, wenn er z. B. Geld, Beförderungen, Lohn- und Gehaltserhöhungen, Umsetzungen oder Versetzungen auf einen bevorzugten Arbeitsplatz, Sonderurlaub, Geschenke usw. verspricht oder gewährt. Insbesondere darf auch die Teilnahme an der Wahlvorbereitung (Wahlvorstand) und an der Stimmabgabe sowie die Vermittlertätigkeit nicht zusätzlich vergütet werden; Verdienstausfälle sind durch § 20 Abs. 3 Satz 2 ausgeschlossen.

32 Bei Begünstigung und Benachteiligung von Arbeitnehmern ist immer zu prüfen, ob die Maßnahme seitens des Arbeitgebers **subjektiv** zum Zwecke der Wahlbeeinflussung vorgenommen worden ist (s. Rdn. 28). Denn alle diese Maßnahmen können, auch wenn sie in zeitlichem Zusammenhang mit der Wahl stehen, aus betrieblichen und/oder persönlichen Gründen gerechtfertigt sein, so dass ein Verstoß gegen das Verbot der Wahlbeeinflussung ausscheidet.

3. Wahlbeeinflussung durch Wahlwerbung

33 Wahlwerbung der Beteiligten **zielt auf Beeinflussung** der Willensentscheidung anderer. Gleichwohl ist sie notwendiger Bestandteil des betriebsverfassungsrechtlichen Wahlverfahrens (s. Rdn. 9, 10) und im Hinblick auf das Beeinflussungsverbot des Abs. 2 **so lange nicht zu beanstanden**, als Werbemaßnahmen nicht gegen das Benachteiligungs- oder Begünstigungsverbot verstoßen. »Stimmenkauf« ist verboten.

34 Eine **im Betrieb vertretene Gewerkschaft**, die für die von ihr unterstützte Vorschlagsliste oder Kandidaten wirbt, betreibt nicht deshalb unzulässige Wahlbeeinflussung, weil sie den von ihr Unterstützten durch **Wahlhilfe** Vorteile gewährt (z. B. durch die Herstellung oder Finanzierung von Werbematerial). Denn dabei sind diese Unterstützten nicht Adressaten des Beeinflussungsversuchs, sondern die übrigen Wähler (**a. M.** offenbar *Zöllner* Gewerkschaftsausschluss, S. 15). Soweit eine Gewerkschaft in der Wahlwerbung auf die Vorteile hinweist, die ein von ihr getragener Betriebsrat für die Belegschaft

mittels ihrer Unterstützung herausholen kann, fehlt es am Merkmal des Versprechens des Vorteils (so auch *Zöllner* Gewerkschaftsausschluss, S. 15).

Wahlwerbung, die der **Arbeitgeber** oder der **Betriebsrat** zugunsten von Wahlbewerbern treiben, ist **keine** nach Abs. 2 **per se** verbotene Wahlbeeinflussung, weil (was weithin verkannt wird) auch hier (wie bei gewerkschaftlicher Unterstützung, s. Rdn. 34) die Begünstigten nicht die Adressaten eines Beeinflussungsversuchs sind. Denn diese haben sich schon vorher frei für ihre Kandidatur entschieden und es wäre lebensfremd anzunehmen, dass sie die Unterstützung nur erhielten, damit sie ihre Kandidatur nicht zurückziehen. Deshalb geht auch der Einwand fehl, dass nach hier vertretener Ansicht zu eng nur Wahlberechtigte Adressaten einer verbotenen Wahlbeeinflussung seien (*Löwisch* BB 2014, 117 [118]). Abs. 2 schützt die freie Willensbildung aller Wahlbeteiligten (s. Rdn. 27), aber eben nur vor einer Beeinflussung mittels Benachteiligung oder Begünstigung (s. Rdn. 27); und die Bestimmung schützt die Wahl auch nur vor einer unzulässigen Beeinflussung der Wahlbeteiligten. 35

Danach stellt z. B. auch die tatsächliche und finanzielle Unterstützung einer Gruppe von Wahlbewerbern bei der Herstellung einer Wahlzeitung durch den Arbeitgeber keinen Verstoß gegen Abs. 2 dar (zust. *Dannecker* FS *Gitter*, S. 167 [180]; *Rieble* ZfA 2003, 283 [290]; *ders.* ZIP 2009, 1593 [1600]; *Maschmann* BB 2010, 245 [249; anders nun *Maschmann*/AR § 20 BetrVG Rn. 5]; *Nicolai*/HWGNRH § 20 Rn. 22; *Wiebauer*/LK § 20 Rn. 13; **a. M.** BAG 04.12.1986 EzA § 19 BetrVG 1972 Nr. 24 = AP Nr. 13 zu § 19 BetrVG 1972 = AR-Blattei, Betriebsverfassung VI A, Entsch. 18 [zust. *Führich*]; zust. *Brors*/HaKo § 20 Rn. 5; *Fitting* § 20 Rn. 24; *Homburg*/DKKW § 20 Rn. 16; *Koch*/ErfK § 20 BetrVG Rn. 7; *Reichold*/HWK § 20 BetrVG Rn. 5; *Richardi*/*Thüsing* § 20 Rn. 15, 19; *Stege*/*Weinspach*/*Schiefer* § 20 Rn. 6a; *Vogt* BB 1987, 189 [190]; *Wlotzke*/WPK § 20 Rn. 10; vgl. auch LAG Baden-Württemberg 01.08.2007 LAGE § 19 BetrVG 2001 Nr. 3 S. 3; zust. auch BGH Erster Strafsenat 13.09.2010 EzA § 20 BetrVG 2001 Nr. 3 Rn. 55 = NJW 2011, 88 für den Fall einer Zuwendung von Geldmitteln an eine Vorschlagsliste [abl. *Zwiehoff* jurisPR-ArbR 4/2012; in der Begründung abl. *Brand*/*Lotz* RdA 2012, 73; zust. zitierend dagegen *Fitting* § 20 Rn. 24; *Richardi*/*Thüsing* § 20 Rn. 16]; dem BGH wiederum seinerseits zust. BAG 30.06.2015 EzA § 3 BetrVG 2001 Nr. 9 Rn. 51). Ebenso wenig ist es ein Verbotsverstoß, wenn auf der Grundlage von Betriebsvereinbarungen bei der Bestellung von sog. Kommunikationsbeauftragten im Großbetrieben (die die Kommunikation zwischen Betriebsrat und Belegschaft unterstützen sollen und dazu bezahlte Arbeitsfreistellungen erhalten) die Mehrheitsfraktion im Betriebsrat, deren Mitglieder auf der Liste der IG-Metall kandidiert haben, dadurch begünstigt wird, dass die Bestellung durch Mehrheitsbeschluss des Betriebsrats erfolgt und dementsprechend ausschließlich bzw. ganz überwiegend Vertrauensleute der IG-Metall bestellt werden (so im Ergebnis auch BAG 29.05.2015 EzA § 3 BetrVG 2001 Nr. 9 Rn. 50 ff.; allerdings verneint das Gericht hierbei unstimmig eine Begünstigung der IG-Metall-Liste und verkennt, dass ein Verstoß gegen § 20 Abs. 2 ausscheidet, weil die begünstigte Liste nicht Beeinflussungsadressat war). Mangels Versprechens von Vorteilen oder Androhung von Nachteilen liegt auch dann keine unzulässige Wahlbeeinflussung vor, wenn leitende Angestellte (Arbeitgeberrepräsentanten) lediglich Stützunterschriften für eine Vorschlagsliste sammeln (im Ergebnis ebenso *Fitting* § 20 Rn. 23; **a. M.** LAG Hamburg AiB 1998, 701 mit der verfehlten Folgerung, dass eine so zustande gekommene Liste unheilbar ungültig sein soll; *Hess.* LAG 23.08.2001 DB 2001, 2559; dieser Rspr. zust. *Etzel* HzA Gruppe 19/1, Rn. 106; *Reichold*/HWK § 20 BetrVG Rn. 5; *Richardi*/*Thüsing* § 20 Rn. 15, einschränkend Rn. 21) oder wenn der Arbeitgeber oder Wahlbewerber Briefwahlunterlagen lediglich einsammeln (**a. M.** im Ergebnis LAG München 27.01.2010 – 11 TaBV 22/09 – juris; 09.06.2010 – 4 TaBV 105/09 – juris, Rn. 46; zust. unter dem Gesichtspunkt rechtswidriger Behinderung der Wahl *Maschmann*/AR § 20 BetrVG Rn. 3). Wenn der Arbeitgeber in einem Schreiben an alle Arbeitnehmer darauf hinweist, dass bei Wahl einer Gewerkschaftsliste statt einer »freien Liste« dem Unternehmen schwerer Schaden zugefügt werde, ist das Merkmal »Androhung« eines Nachteils nicht erfüllt, weil nachteilige Folgen lediglich prognostiziert werden (insoweit einschränkend auch *Richardi*/*Thüsing* § 20 Rn. 20; *Rieble* ZfA 2003, 283 [307 ff.]; unklar *Reichold*/HWK § 20 BetrVG Rn. 6 mit Fn. 12; **a. M.** ArbG Heilbronn AiB 1999, 581 [zust. *Schneider*]; zust. *Fitting* § 20 Rn. 21). 36

Wie die Beispiele zeigen, lässt sich bei stimmiger Subsumtionsarbeit aus § 20 Abs. 2 entgegen h. M. **nicht herleiten**, dass sich namentlich der Arbeitgeber (und für ihn Handelnde, insbesondere leitende Angestellte) bei der Wahl neutral verhalten, insbesondere jegliche Wahlwerbung im betrieblichen 37

Wahlkampf unterlassen muss. Eine solche **Neutralitätspflicht** (Neutralitätsgebot) lässt sich rechtlich auch nicht mit der Behauptung begründen, Wahl und Zusammensetzung des Betriebsrats als Gegenspieler des Arbeitgebers seien allein Sache der Arbeitnehmer des Betriebs (**so aber** Fitting § 20 Rn. 24; Homburg/DKKW § 20 Rn. 19; Koch/ErfK § 20 BetrVG Rn. 7; Maschmann/AR § 20 BetrVG Rn. 5; im Grundsatz auch Richardi/Thüsing § 20 Rn. 19; zust. BGH 13.09.2010 EzA § 20 BetrVG 2001 Nr. 3 Rn. 54; Hess. LAG 12.11.2015 LAGE § 20 BetrVG 2001 Nr. 2 Rn. 28 [krit. Wichert AuA 2016, 150 ff.]; zur entsprechenden Regelung im MitbestG ähnlich Wißmann/WKS Mitbestimmungsrecht, § 20 MitbestG Rn. 33 mit umfangreichen Nachweisen; **dagegen** wie hier ausführlich Rieble ZfA 2003, 283 [295 ff.]; Rieble/Wiebauer ZfA 2010, 63 [123 ff.]; Nießen Fehlerhafte Betriebsratswahlen, S. 304 ff.; Bayreuther GS Unberath, S. 35 [47]; Wiebauer/LK § 20 Rn. 13; gegen eine dogmatische Herleitung aus § 20 Abs. 2 BetrVG auch Maschmann NZA 2008, 613 [618], ders. BB 2010, 245 [250 ff.], der aber aus Art. 9 Abs. 3 GG eine früher greifende Neutralitätspflicht des Arbeitgebers herleitet, gleichsam als Spiegelbild eines Grundsatzes der Chancengleichheit der Wahlbewerber), auch nicht mit dem Hinweis auf »finanzielle Überlegenheit« des Arbeitgebers (so aber Brors/HaKo § 20 Rn. 5) oder dessen Autorität im Betrieb. Zudem bleibt bei solcher Argumentation eine Berücksichtigung der Meinungsfreiheit und Berufsfreiheit des Arbeitgebers völlig ausgeblendet (s. dazu insbes. Rieble ZfA 2003, 283 [295 ff.]; rechtsvergleichend zum US-amerikanischen Recht Bayreuther GS Unberath, S. 35). Eine entsprechende Neutralitätspflicht des Betriebsrats wird zudem nirgends gefordert (so auch Löwisch BB 2014, 117 [119]).

38 Unstr. dürfte trotzdem sein, dass der Arbeitgeber über Wahlvorschriften informieren und für die Wahl werben darf, indem er auf deren Bedeutung hinweist und die Arbeitnehmer zur Ausübung ihres (aktiven und passiven) Wahlrechts auffordert. Darüber hinaus darf die **Berufung auf** das (angebliche) **Neutralitätsgebot** des Arbeitgebers nicht als Vehikel missbraucht werden, ohne stimmige Subsumtionsarbeit zu Abs. 2 einen Verbotsverstoß zu bejahen, der der Wahlanfechtung zum Erfolg verhilft und den Arbeitgeber mit den Kosten einer Neuwahl belastet; mit Blick auf die h. M. ist diesem gleichwohl Zurückhaltung anzuraten. Verfehlt insoweit Hess. LAG (12.11.2015 LAGE § 20 BetrVG 2001 Nr. 2), das ein »striktes Neutralitätsgebot« in zur Wahlanfechtung berechtigender Art und Weise in dem Fall verletzt sieht, dass der Arbeitgeber (bzw. ein Repräsentant) bei einem Treffen von AT-Angestellten nach deutlicher Kritik am Verhalten des Betriebsrats zur Aufstellung alternativer Listen zur Gruppierung der Betriebsratsvorsitzenden aufgefordert und deren Wiederwahl als Verrat am Unternehmen bezeichnet hat; dabei war sich das Gericht offenbar über die dogmatische Verankerung eines solchen Gebots im Unklaren (widersprüchliche Angaben in Rn. 28 und 48), ist jedenfalls über die nach Abs. 2 wesentliche Frage völlig hinweggegangen, welche Vorteile den Adressaten des Beeinflussungsversuchs versprochen worden sind. Demgegenüber hat das LAG Hamm (27.10.2015 – 7 TaBV 19/15 – juris) im Ergebnis zutr. keine unzulässige Wahlbeeinflussung darin gesehen, dass der Arbeitgeber die übrigen Wahlbewerber nicht von sich aus darüber informiert hat, dass er einer anderen Liste auf deren Anfrage die Nutzung betrieblicher Fernsehmonitore zur Wahlwerbung gestattet hat; allerdings hat das Gericht auch hier nur eine Verletzung der Neutralitätspflicht geprüft und diese verneint, weil in dieser Nichtinformation keine einseitige Unterstützung einer Liste zu sehen sei, sondern die Wahrung einer kreativen Werbeidee. Schon mangels Vorteilsgewährung liegt keine verbotene Wahlbeeinflussung vor, wenn der Arbeitgeber Wahlbewerber (die nicht Wahlvorstandsmitglieder sind) auf deren Wunsch ohne Fortzahlung der Vergütung am Wahltag von der Arbeitsleistung freistellt (zutr. LAG Hamm 30.06.2015 – 7 TaBV 71/14 – juris, Rn. 52). Statt sich um nachvollziehbar stimmige Subsumtionsarbeit zu bemühen, werden auch schlichtweg aus angeblicher **Neutralitätspflichtverletzung des Wahlvorstands** verfehlt Verbotsverstöße hergeleitet; vgl. LAG Nürnberg 20.09.2011 – 6 TaBV 9/11 – juris Rn. 109: Aushang der Bilder von Bewerbern, aber nicht aller; ArbG Frankfurt (Oder) 26.06.2014 – 6 BV 11/14 – juris Rn. 25: Verwendung von Namen und Logo einer Gewerkschaft auf Vor- und Rückseite des Wahlausschreibens.

39 Eine **wahrheitswidrige** Wahlwerbung (Wahlpropaganda, Wahlagitation) kann unzulässige Wahlbeeinflussung sein (vgl. auch Fitting § 20 Rn. 25; Richardi/Thüsing § 20 Rn. 16; Wlotzke/WPK § 20 Rn. 11). Dabei ist jedoch im Grundsatz davon auszugehen, dass die bloße **Propagandalüge**, so verwerflich sie moralisch auch ist, **nicht geeignet** ist, die Entscheidungsfreiheit von Wahlbeteiligten, insbesondere der Wähler, zu beeinflussen (zust. Nicolai/HWGNRH § 20 Rn. 20). Der mündige Wähler bewahrt sich auch in solchen Fällen seine Urteilsfähigkeit, weil er Wahlpropaganda einzuschät-

zen weiß und als Demokrat damit vertraut ist, dass sie nicht immer der Wahrheit entspricht. Darüber hinaus fehlt es im Allgemeinen bei unwahren Behauptungen und nicht ernstgemeinten Wahlversprechen an der Einflussnahme **durch** Zufügung oder Androhung von Nachteilen oder Versprechen von Vorteilen. Insbesondere reicht die bloße Täuschung der Wähler dafür nicht aus (**a. M.** im Ergebnis bei Täuschung über die Gewerkschaftszugehörigkeit *BVerwG* 07.11.1969 BVerwGE 34, 177 [179]).

Nimmt die wahrheitswidrige Propaganda jedoch **ehrenverletzenden Charakter** an, so wird den Be- 40
troffenen ein Nachteil zugefügt, der bei Gewicht auch zur Wahlbeeinflussung geeignet ist. Eine Wahlbeeinflussung ist anzunehmen, wenn **konkurrierende Wahlbewerber** dadurch, weil die Unrichtigkeit nicht ohne Weiteres widerlegbar ist, veranlasst werden, ihre **Bewerbung zurückzuziehen** und dies auch bezweckt war (ebenso *Richardi / Thüsing* § 20 Rn. 16). Entsprechendes kann in besonders gewichtigen Fällen auch gelten, wenn ein **Wähler** von der Wahlteilnahme abgehalten werden soll oder in eine solch psychische Zwangslage versetzt werden soll, dass ihm keine freie Wählerentscheidung mehr möglich ist.

Gegen eine unzulässige Wahlbeeinflussung durch Ehrverletzung kann der Betroffene bereits während 41
des Wahlverfahrens **vor dem Arbeitsgericht** im Beschlussverfahren (ggf. mittels einer einstweiligen Verfügung) Unterlassung verlangen, um so einer Wahlanfechtung vorzubeugen. Insoweit handelt es sich um eine betriebsverfassungsrechtliche Streitigkeit i. S. v. § 2a Abs. 1 Nr. 1 ArbGG (ebenso *ArbG Wesel* BB 1957, 366; *Richardi / Thüsing* § 20 Rn. 16; zust. *Homburg / DKKW* § 20 Rn. 19; *Koch/ ErfK* § 20 BetrVG Rn. 3; *Maschmann / AR* § 20 BetrVG Rn. 1; **a. M.** *Fitting* § 20 Rn. 11 [diesen zust. *Brors*/ HaKo § 20 Rn. 5: es bedarf diesen Schutzes nicht]; *Galperin / Löwisch* § 20 Rn. 9; *Schlochauer/ HSWG* § 20 Rn. 21; *Vogt* BB 1987, 189 [191]). Darüber hinaus kann der Betroffene auch vor den **ordentlichen Gerichten** nach allgemeinen Bestimmungen (§ 823 Abs. 1, 2, §§ 824, 826 BGB; §§ 185 ff. StGB) Rechtsschutz suchen.

Der Wahlkampf darf **hart** geführt werden, auch zwischen rivalisierenden Gewerkschaften (vgl. *BVerfG* 42
30.11.1965 BVerfGE 19, 303 [312] = AP Nr. 7 zu Art. 9 GG). Wird aber bei der Wahlwerbung die Ehre anderer oder deren Persönlichkeitsrecht schwerwiegend verletzt, so rechtfertigt dies eine **fristlose Kündigung** durch den Arbeitgeber. Diese Kündigung stellt ihrerseits **keine Wahlbehinderung** i. S. d. Abs. 1 dar (vgl. *BAG* 13.10.1977 AP Nr. 1 zu § 1 KSchG 1969 Verhaltensbedingte Kündigung [krit. *Pfarr*] = EzA § 74 BetrVG 1972 Nr. 3 [zust. *Löwisch*]; *BAG* 15.12.1977 AP Nr. 69 zu § 626 BGB = SAE 1978, 274 [zust. *Leipold*]; zust. *Fitting* § 20 Rn. 15; *Galperin / Löwisch* § 20 Rn. 14; *Nicolai / HWGNRH* § 20 Rn. 12).

4. Drohung mit Ausschluss aus der Gewerkschaft

Eine Gewerkschaft, die ihren Mitgliedern den Ausschluss aus der Gewerkschaft (oder Funktionsver- 43
bote) für den Fall androht, dass sie **auf einer anderen als der von der Gewerkschaft unterstützten und gebilligten Vorschlagsliste kandidieren**, begeht objektiv und subjektiv eine Wahlbeeinflussung i. S. v. Abs. 2. Denn der Ausschluss aus der Gewerkschaft bedeutet für den Betroffenen, der den sozialen Schutz durch die Gewerkschaft mit seinem Beitritt gewählt hat, einen wirtschaftlichen und ideellen Nachteil; dieser ist auch angedroht, sei es ausdrücklich oder durch Verweis auf entsprechende Satzungsbestimmungen, und generell geeignet, das Verhalten eines Wahlbewerbers zu beeinflussen. Subjektiv geschieht dies zum Zwecke der Unterbindung anderweitiger Wahlkandidatur. Das alles kann vernünftigerweise nicht bestritten werden (vgl. *BGH* BGHZ 45, 314 [315]; 71, 126 [128]; *BGH* 19.01.1981 AP Nr. 7 zu § 20 BetrVG 1972; *Thiele* 2. Bearbeitung, § 20 Rn. 20; *Zöllner* Gewerkschaftsausschluss, S. 9).

Höchst streitig war jedoch, ob jeder entsprechende Versuch der Wahlbeeinflussung durch eine Ge- 44
werkschaft auch eine **Verbotsverletzung** i. S. d. § 20 Abs. 2 darstellt, d. h. eine **rechtswidrige** Nachteilsandrohung (vgl. zu diesem Erfordernis Rdn. 27). Der **BGH** (BGHZ 45, 314 = 13.06.1966 AP Nr. 5 zu § 19 BetrVG; BGHZ 71, 126 = 27.02.1978 AP Nr. 27 zu Art. 9 GG; *BGH* 09.01.1981 AP Nr. 7 zu § 20 BetrVG 1972; BGHZ 87, 337; 102, 265; *BGH* 25.03.1991 WM 1991, 948 [949]; **a. M.** *OLG Celle* NJW 1980, 1004, aufgehoben durch *BGH* 09.01.1981 AP Nr. 7 zu § 20 BetrVG 1972; *LAG Berlin* AuR 1979, 379) und ihm folgend die überwiegende ältere Kommentarliteratur (vgl. *Galperin/Löwisch* § 20 Rn. 13; *Hess / Schlochauer / Glaubitz* 5. Aufl., § 20 Rn. 28; *Löwisch* 4. Aufl., § 20

Rn. 6; *Richardi* 7. Aufl., § 20 Rn. 21; *Stege/Weinspach* 8. Aufl., § 20 Rn. 8; *Weiss/Weyand* § 20 Rn. 10; zum MitbestG: *Hanau/Ulmer* Mitbestimmungsgesetz, 1981, § 20 Rn. 24; *Matthes*/GK-MitbestG, § 20 Rn. 21; *Raiser* MitbestG, 2. Aufl. 1984, § 20 Rn. 10; vgl. weiter etwa *Dütz* FS *Hilger/Stumpf*, S. 99, [110 ff.]; *Maunz/Dürig* GG, Art. 9 Rn. 225; *Reuter* ZGR 1980, 101 [127 f.]; *ders*. JZ 1985, 537) gingen **im Grundsatz** von einer Verbotsverletzung aus, hielten aber in vergleichsweise engen Grenzen Ausnahmen für geboten (vgl. dazu Rdn. 45). Das **BAG** (02.12.1960 BAGE 10, 223 = AP Nr. 2 zu § 19 BetrVG [zust. *Neumann-Duesberg*]) ist zwar im Grundsatz offensichtlich von einem gegensätzlichen Standpunkt ausgegangen, aber zu entsprechenden Ergebnissen gelangt. Demgegenüber stellte (schon früher) ein Teil der Literatur (vgl. *Fitting/Kaiser/Heither/Engels* 19. Aufl., § 20 Rn. 19 ff.; *Gamillscheg* Kollektives Arbeitsrecht I, S. 450; *Gnade* FS *Herschel*, 1982, S. 150; *Herschel* AuR 1978, 319 und AuR 1984, 160; *ders.* Anm. zu *BGH* AP Nr. 7 zu § 20 BetrVG 1972; *Popp* ZfA 1977, 401; *ders*. JuS 1980, 798, [803]; *Sachse* AuR 1985, 267 [275 f.]; *Schneider*/DKK 7. Aufl., § 20 Rn. 26; *Zöllner* Gewerkschaftsausschluss, m. w. N. in Fn. 18) Gewerkschaften in ihrem verbandsrechtlichen Handeln bei der Kandidatenaufstellung sehr viel freier, verneinte **im Grundsatz** eine rechtswidrige Nachteilsandrohung bis hin zu der Auffassung (vgl. *Günther/Hase* DuR 1979, 308 [313 f.]; *Säcker/Rancke* AuR 1981, 1 [7 ff., 15]), die den Gerichten die Zuständigkeit zur Kontrolle über die Angemessenheit eines Gewerkschaftsausschlusses gänzlich entzieht.

45 Die Ausschlussdrohung ist nach der Rspr. des *BGH* nur dann gerechtfertigt und **keine** Verbotsverletzung, wenn sie lediglich **gewerkschaftsfeindliches** Verhalten untersagt, nicht, wenn sie gewerkschaftskonformes Verhalten gebietet (so treffend *Reuter* JZ 1985, 537). Gewerkschaftsfeindlich ist die Kandidatur auf der Vorschlagsliste einer konkurrierenden Gewerkschaft (vgl. *BGH* BGHZ 87, 337 [342]; 71, 126 [129]; *BAG* 02.12.1960 BAGE 10, 223 [229] = AP Nr. 2 zu § 19 BetrVG) sowie auf einer Liste, die von dem Programm bestimmt wird, die Gewerkschaften allgemein oder die Grundordnung, die ihre freie Betätigung garantiert, zu bekämpfen (so *BGH* BGHZ 71, 126 [130]; BGHZ 102, 265 [278]). Diese Rspr. hat nach wie vor Bestand.

46 **In allen anderen Fällen** sollte nach Ansicht des *BGH* und der überwiegenden Literatur (vgl. Rdn. 44 und 6. Aufl., § 20 Rn. 37) die Ausschlussdrohung § 20 Abs. 2 verletzen. Das galt allgemein bei einer Kandidatur auf einer Liste, die zwar mit der von der Gewerkschaft unterstützten Liste (oder der eigenen Gewerkschaftsliste) konkurriert, sich aber über den »Wettbewerb um Stimmen« hinaus, der auch sachliche Kritik einschließt, nicht gegen die Gewerkschaft richtet (vgl. *BGH* BGHZ 45, 314; BGHZ 71, 126; BGHZ 87, 337; BGHZ 102, 265 [277]; *BGH* 19.01.1981 AP Nr. 7 zu § 20 BetrVG 1972).

47 Diese **Rechtsprechung** zur Kandidatur auf einer sog. neutralen Liste (vgl. Rdn. 46) **verletzt nach** dem Beschluss des *BVerfG* vom 24.02.1999 (BVerfGE 100, 214 = EzA Art. 9 GG Nr. 64) die **Koalitionsfreiheit** (Art. 9 Abs. 3 GG) der **Gewerkschaften** (zust. *Sachse* AuR 1999, 387; sehr krit. *Reuter* RdA 2000, 101 ff. wegen der Inkonsistenz der Begründungsgedankengänge; krit. *Gaumann* NJW 2002, 2155). Gewerkschaften dürfen nach dieser Entscheidung Mitgliedern mit einem Ausschluss oder Funktionsverbot drohen, die bei Betriebsratswahlen auf einer konkurrierenden Liste kandidieren; diese **Nachteilsandrohung** ist mithin **nicht rechtswidrig** und verstößt damit nicht gegen § 20 Abs. 2 (in diesem Sinne zust. *Brors*/HaKo § 20 Rn. 5; *Fitting* § 20 Rn. 30; *Homburg*/DKKW § 20 Rn. 25, 26; *Löwisch*/LK § 20 Rn. 13; *Reichold*/HWK § 20 BetrVG Rn. 7; *Wlotzke*/WPK § 20 Rn. 12; tendenziell krit. *Koch*/ErfK § 20 BetrVG Rn. 7; *Joost*/MünchArbR § 216 Rn. 187; weiterhin für die bisherige Unterscheidung [vgl. Rdn. 45, 46] zwischen gewerkschaftsfeindlicher und neutraler Kandidatur *Richardi*/*Thüsing* § 20 Rn. 26; *Schlochauer*/HSWG § 20 Rn. 28a). Die Praxis hat sich auf diese Rechtslage einzustellen. Nach Ansicht des *BVerfG* hat die Rspr. des *BGH* Bedeutung und Tragweite des Art. 9 Abs. 3 GG bei der Anwendung von § 20 Abs. 2 verkannt, indem sie die Intensität der Grundrechtsbeeinträchtigung und das Gewicht der entgegenstehenden Rechtsgüter **nicht angemessen abgewogen** hat, wie es nach Aufgabe der Kernbereichslehre (*BVerfG* 14.11.1995 BVerfGE 93, 352 [358 ff.]) geboten ist (für eine einschränkende verfassungskonforme Auslegung des § 20 Abs. 2 unter dem Gesichtspunkt der Freiheitsrechte der Koalitionen schon zuvor insbesondere *OLG Celle* NJW 1980, 1004; *Säcker/Rancke* AuR 1981, 1 [7 ff.]; *Zöllner* Gewerkschaftsausschluss, S. 26 ff.). Das *BVerfG* bestätigt seine Rspr., wonach Art. 9 Abs. 3 GG Bestand und Organisation der Koalitionen schützt, das Verfahren ihrer Willensbildung und die Führung ihrer Geschäfte, ferner die Selbstbestimmung über ihre innere Ordnung sowie ihre Tätigkeiten zum Zwecke der Förderung

der Arbeits- und Wirtschaftsbedingungen ihrer Mitglieder (vgl. *BVerfG* BVerfGE 50, 290 [373]; BVerfGE 84, 212 [224]; BVerfGE 93, 352 [357]; BVerfGE 94, 268 [282 f.]). Daraus leitet das *BVerfG* ab, dass damit auch Maßnahmen zur Aufrechterhaltung ihrer Geschlossenheit nach innen und außen in den Schutzbereich des Art. 9 Abs. 3 GG fallen. Indem die Rspr. des *BGH* Gewerkschaften daran hindere, ihre innere Geschlossenheit durch verbandsinterne Sanktionen zu wahren, würden deren Freiheitsrechte nachhaltig beeinträchtigt; die individuelle Koalitionsfreiheit ihrer Mitglieder und die mit § 20 Abs. 2 verfolgte Zielsetzung seien demgegenüber von geringerem Gewicht (abl. zu neuen Prämissen dieser Begründungsherleitung *Reuter* RdA 2000, 101).

Die Entscheidung des *BVerfG* lässt offen, unter welchen weiteren Gesichtspunkten die Abwägung **zu einem anderen Ergebnis** kommen kann. In den Gründen der Entscheidung (unter B II 2b cc) heißt es insofern aber einschränkend, dass Verstöße gegen die Solidaritätspflicht »grundsätzlich« zu verbandsinternen Sanktionen führen dürfen, ohne dass die individuelle Koalitionsfreiheit der betroffenen Mitglieder und der in § 20 Abs. 2 gewährte Schutz vor unzulässiger Wahlbeeinflussung »von vornherein verletzt« werden. *Sachse* (AuR 1999, 387 [389 f.] deutet dies dahin, dass eine Gewerkschaft Mitglieder, die bei Betriebsratswahlen auf einer konkurrierenden Liste kandidieren, nur dann wirksam ausschließen kann, wenn die verbandsinterne Kandidatenaufstellung demokratischen Anforderungen genügt und die von der Gewerkschaft aufgestellte Liste entsprechend den verbandsinternen Satzungen oder Richtlinien verfahrensmäßig ordnungsgemäß zustande gekommen ist. Dem ist (jedenfalls) zuzustimmen (vgl. auch *Fitting* § 20 Rn. 30; *Nießen* Fehlerhafte Betriebsratswahlen, S. 309; *Reichold/HWK* § 20 BetrVG Rn. 7; wohl auch *Richardi/Thüsing* § 20 Rn. 27; die verbandsrechtliche Treuepflicht, deren Verletzung zu Sanktionen führen darf, weiter einschränkend *Bischoff* Wahlbeeinflussung, S. 56 ff.). Andernfalls ist auch die Drohung mit dem Ausschluss oder einem Funktionsverbot eine rechtswidrige Nachteilsandrohung i. S. v. § 20 Abs. 2 (ebenso *Koch*/ErfK § 20 BetrVG Rn. 7; *Gaumann* NJW 2002, 2155 [2157]; vgl. auch *BAG* 24.05.1965 BAGE 17, 165 = AP Nr. 14 zu § 18 BetrVG für den Fall, dass ein Mitglied nicht auf die Gewerkschaftsliste aufgenommen wird, obwohl sich die Mehrheit der Gewerkschaftsmitglieder bei gewerkschaftsinternen »Vorwahlen« für dieses ausgesprochen hat).

IV. Rechtsfolgen einer Verbotsverletzung

Die Verbote der Abs. 1 und 2 sind **gesetzliche Verbote** i. S. d. § 134 BGB (unstr.; vgl. auch *BAG* 13.10.1977 AP Nr. 1 zu § 1 KSchG 1969 Verhaltensbedingte Kündigung). Sie stehen nicht zur Disposition durch Rechtsgeschäft; bei Verstoß ist das Rechtsgeschäft nichtig. Das gilt im Grundsatz auch für wahlbehindernde Kündigungen und Versetzungen, hat aber insoweit wenig praktische Bedeutung (vgl. dazu Rdn. 19; weitergehend *Fitting* § 20 Rn. 33; *Richardi/Thüsing* § 20 Rn. 30).

Wahlbehinderungen und Wahlbeeinflussung können schon **während des Wahlverfahrens** im arbeitsgerichtlichen Beschlussverfahren (§ 2a Abs. 1 Nr. 1, Abs. 2, §§ 80 ff. ArbGG) angegriffen werden (ebenso *Fitting* § 20 Rn. 6; *Reichold/HWK* § 20 BetrVG Rn. 8; *Richardi/Thüsing* § 20 Rn. 33 f.). Für das Verfahren gilt Entsprechendes wie für das Rechtsschutzverfahren gegen Maßnahmen und Entscheidungen des Wahlvorstands (vgl. dazu näher § 18 Rdn. 80 ff., 107); zu einstweiligen (Unterlassungs-)Verfügungen nach § 85 Abs. 2 ArbGG vgl. ausführlich § 18 Rdn. 90 ff., 107.

Die Verbote sind **wesentliche Vorschriften über das Wahlverfahren** (s. auch § 19 Rdn. 28), weil die Freiheit der Wahl Schutzgut der Norm ist. Eine Verbotsverletzung kann die Anfechtbarkeit der Wahl nach § 19 Abs. 1 jedoch nur dann begründen, wenn sie das Wahlergebnis beeinflussen konnte. An diesem **Kausalitätserfordernis** (vgl. dazu § 19 Rdn. 42 ff.) wird es vielfach fehlen, insbesondere wenn sich bei versuchter Wahlbeeinflussung nach Abs. 2 der Adressat nicht beeinflussen lässt (z. B. trotz der rechtswidrigen Drohung mit dem Gewerkschaftsausschluss auf einer fremden Liste kandidiert) oder Wahlbehinderungen nur zu Verzögerungen führen. Es ist insoweit zu beachten, dass der Wahlschutz in erster Linie vorbeugend eine freie Wahl sichern, aber nicht eine Korrektur oder Kassation des Wahlergebnisses ermöglichen soll; dafür spricht auch die systematische Stellung hinter § 19 (zutr. *Zöllner* Gewerkschaftsausschluss, S. 12). Dementsprechend kann auch nur in besonders schwerwiegenden Fällen ausnahmsweise **Nichtigkeit** der Wahl in Betracht kommen, namentlich dann, wenn das Ergebnis der Wahl durch gravierende Wahlbehinderungen oder Wahlbeeinflussungen bereits vorher feststand (so *Thiele* 2. Bearbeitung, § 20 Rn. 44; zust. *Richardi/Thüsing* § 20 Rn. 29; *Nießen* Fehlerhafte Betriebsratswahlen, S. 313 ff., der aber bei Wahlbehinderungen [im Anschluss an *ArbG Kiel* 13.11.2003 – 1 BV 34d/03 – juris] Nichtigkeit ausschließt, weil der Behinderer sonst auf diesem Umweg sein Ziel erreichen könne, die Wahl zu verhindern; zu weitgehend *BAG* 08.03.1957 BAGE 4, 63 [67] = AP Nr. 1 zu § 19 BetrVG; zu eng *Fitting* § 20 Rn. 32, die Nichtigkeit auf die Fälle offenen Terrors bei der Stimmabgabe beschränken wollen).

52 Nach h. M. sind beide Verbote **Schutzgesetze** i. S. d. § 823 Abs. 2 BGB, ohne dass dies begründet wird (vgl. *Fitting* § 20 Rn. 34; *Galperin/Löwisch* § 20 Rn. 20; *Homburg/DKKW* § 20 Rn. 20; *Joost*/MünchArbR § 216 Rn. 192; *Koch*/ErfK § 20 BetrVG Rn. 8; *Richardi/Thüsing* § 20 Rn. 31; *Wiebauer/LK* § 20 Rn. 17; *Wlotzke/WPK* § 20 Rn. 13). Das ist für Abs. 2 richtig, da diese Vorschrift ausdrücklich vor Nachteilen schützt (**a. M.** *Rieble* ZfA 2003, 283 [287], der als Schutzgut des ganzen § 20 ausschließlich die freie Betriebsratswahl im kollektiven Interesse sieht); demgegenüber gibt Abs. 1 nicht zu erkennen, dass er Vermögensinteressen der Wahlbeteiligten schützen will. Bei einer Schädigung durch Wahlbehinderung muss es daher bei den allgemeinen (arbeitsvertraglichen und deliktischen) Anspruchsgrundlagen bleiben (zust. *Dörner* FS *Kreutz*, S. 81 [89], der zudem zutr. auf die Notwendigkeit einer Differenzierung nach den Betroffenen verweist).

53 Vorsätzliche Verbotsverletzungen werden auf Antrag **bestraft** (vgl. § 119 Abs. 1 Nr. 1, Abs. 2); Beispiel: *AmtsG Detmold* BB 1979, 783; vgl. auch *BGH* Erster Strafsenat 13.09.2010 EzA § 20 BetrVG 2001 Nr. 3 = NJW 2011, 88, wo die nach Ansicht des Gerichts strafbare Vorteilszuwendung nach § 119 Abs. 1 Nr. 1 Alt. 2 aber nur zu einem Verstoß gegen das Betriebsausgabenabzugsverbot nach § 4 Abs. 5 Nr. 10 EStG, § 8 Abs. 1 Satz 1 KStG führte und damit Vorfrage einer strafbaren Steuerhinterziehung war. Eine Bestrafung nach den Wahlschutzvorschriften der §§ 107 ff. StGB kommt wegen ihres auf politische Wahlen begrenzten Geltungsbereichs (§ 108d StGB) nicht in Betracht. Grobe Verbotsverletzungen durch den Betriebsrat oder seine Mitglieder oder durch den Arbeitgeber unterliegen den besonderen Sanktionen nach § 23. Hat der Arbeitgeber nach Ansicht des neu gewählten Betriebsrats im Wahlverfahren gegen das Behinderungsverbot verstoßen, haben die Betriebsratsmitglieder gleichwohl regelmäßig kein Interesse an einer Wahlanfechtung, wollen aber auch keinen Strafantrag nach § 119 Abs. 2 stellen. Dann besteht aber noch, wie *Dörner* (FS *Kreutz*, S. 81 [87 ff.]) aufgezeigt und näher begründet hat, die Möglichkeit, dass der Betriebsrat im ordentlichen Beschlussverfahren vom Arbeitgeber Unterlassung der (rechtswidrigen) Behinderung verlangt; im Einzelfall kann auch der Antrag auf Feststellung einer rechtswidrigen Wahlbehinderung zulässig sein.

V. Wahlkosten (Abs. 3)

54 Der Arbeitgeber hat die Kosten der Wahl (Abs. 3 Satz 1) und die Kosten für Löhne und Gehälter zu tragen, die nach Abs. 3 Satz 2 trotz Versäumnis von Arbeitszeit weiter zu zahlen sind. Soweit mehrere Unternehmer als Arbeitgeber einen gemeinsamen Betrieb führen, haben sie die Kosten der Wahl (Abs. 3 Satz 1) des im gemeinsamen Betrieb zu bildenden Betriebsrats entsprechend § 421 BGB als Gesamtschuldner zu tragen (*BAG* 08.04.1992 EzA § 20 BetrVG 1972 Nr. 15 = AP Nr. 16 zu § 20 BetrVG 1972); der Entgeltfortzahlungsanspruch nach Abs. 3 Satz 2 richtet sich jeweils gegen den Vertragsarbeitgeber.

1. Die Kosten der Wahl (Abs. 3 Satz 1)

55 Auch für die Kostentragungspflicht ist die **Wahl im weitesten Sinne** zu verstehen (vgl. Rdn. 8). Erfasst werden die Kosten der Bestellung des Wahlvorstands (§§ 16, 17, 17a; vgl. *BAG* 26.02.1992 EzA § 17 BetrVG 1972 Nr. 6 [unter B II 2c] = AP Nr. 6 zu § 17 BetrVG 1972: Kosten der Einladung zur Betriebsversammlung, wenn die Arbeitnehmer aufgrund ihrer typischen Tätigkeit [gewerbsmäßige Arbeitnehmerüberlassung] in der Regel nicht in den Räumen des Betriebs erreichbar sind; *BAG* 31.05.2000 EzA § 20 BetrVG 1972 Nr. 19 = AP Nr. 20 zu § 20 BetrVG 1972: Kosten einer Gewerkschaft, die ihr durch die Beauftragung eines Rechtsanwalts in einem Beschlussverfahren zur gerichtlichen Bestellung eines Wahlvorstands entstanden sind) und der gesamten Tätigkeit des Wahlvorstands, die Kosten (nicht mutwilliger oder rechtsmissbräuchlicher) gerichtlicher Verfahren zur Klärung von

Streitfragen im Zusammenhang mit der Wahl (*BAG* 08.04.1992 EzA § 20 BetrVG 1972 Nr. 15 = AP Nr. 16 zu § 20 BetrVG 1972; 16.04.2003 EzA § 20 BetrVG 2001 Nr. 1 = AP Nr. 21 zu § 20 BetrVG 1972; 11.11.2009 EzA § 80 BetrVG 2001 Nr. 11 = AP Nr. 23 zu § 20 BetrVG 1972; *Fitting* § 20 Rn. 38) bis hin zu den Kosten einer (nicht mutwilligen) Wahlanfechtung durch **alle** Wahlanfechtungsberechtigten, also insbesondere auch durch mindestens drei wahlberechtigte Arbeitnehmer (vgl. *ArbG Gelsenkirchen* BB 1978, 307; *LAG Düsseldorf* 25.10.1995 LAGE § 20 BetrVG 1972 Nr. 10; vgl. auch *BAG* 07.07.1999 EzA § 24 BPersVG Nr. 1 = AP Nr. 19 zu § 20 BetrVG 1972 Bl. 2) und die im Betrieb vertretenen Gewerkschaften (unstr.).

Nicht erfasst werden die Kosten des **Wahlkampfs**, insbesondere der Wahlwerbung (ebenso *LAG Baden-Württemberg* 01.08.2007 LAGE § 19 BetrVG Nr. 3; *ArbG Düsseldorf* BB 1981, 1579; *Brors/*HaKo § 20 Rn. 7; *Fitting* § 20 Rn. 38; *Galperin/Löwisch* § 20 Rn. 21; *Homburg/DKKW* § 20 Rn. 38; *Maschmann* NZA 2008, 613 [615]; *Nicolai/HWGNRH* § 20 Rn. 34; *Richardi/Thüsing* § 20 Rn. 35; *Wiebauer/LK* § 20 Rn. 24; **a.M.** für die Kosten der Kandidatenvorstellung und eine knappe programmatische Aussage *Weiss/Weyand* § 20 Rn. 13) und der Rechtsstreitigkeiten wegen unzulässiger Wahlpropaganda (bis zur Grenze der Wahlbehinderung oder Wahlbeeinflussung); vgl. zwei Beschlüsse des *LAG Hamm* DB 1980, 1223; zust. *Fitting* § 20 Rn. 38. Der Arbeitgeber ist insbesondere auch nicht verpflichtet, zur Herstellung der Chancengleichheit für Wahlbewerber finanzielle Zuwendungen an Arbeitnehmergruppen zu machen, wenn andere von außen (z. B. durch ihre Gewerkschaften) Wahlkampfmittel erhalten (vgl. auch Rdn. 35). 56

Der Arbeitgeber hat nur die Kosten zu tragen, die **notwendig** und **verhältnismäßig** sind (vgl. auch *BAG* 03.12.1987 EzA § 20 BetrVG 1972 Nr. 14 [unter II 2 m. w. N.] = AP Nr. 13 zu § 20 BetrVG 1972; 08.04.1992 EzA § 20 BetrVG 1972 Nr. 15 = AP Nr. 16 zu § 20 BetrVG 1972; 31.05.2000 EzA § 20 BetrVG 1972 Nr. 19 = AP Nr. 20 zu § 20 BetrVG 1972; 16.04.2003 EzA § 20 BetrVG 2001 Nr. 1 [unter II 1a] = AP Nr. 21 zu § 20 BetrVG 1972; 11.11.2009 EzA § 80 BetrVG 2001 Nr. 11 Rn. 16 = AP Nr. 23 zu § 20 BetrVG 1972); das ergibt sich aus § 20 Abs. 3 Satz 2 (»erforderlich«) eindeutig und gilt nach Sinn und Zweck der Pflicht zur Kostentragung auch für Abs. 3 Satz 1 (so auch *BAG* 31.05.2000 EzA § 20 BetrVG 1972 Nr. 19 [unter II 2] = AP Nr. 20 zu § 20 BetrVG 1972). Es gilt insoweit grundsätzlich Gleiches wie bei § 40 (ebenso *BAG* 11.11.2009 EzA § 80 BetrVG 2001 Nr. 11 Rn. 16 = AP Nr. 23 zu § 20 BetrVG 1972); die dort entwickelten Grundsätze gelten entsprechen (vgl. zuletzt etwa *LAG Köln* 15.01.2014 – 11 TaBV 48/13 – juris, Rn. 16; *LAG Hamm* 10.12.2013 – 7 TaBV 85/13 – juris, Rn. 52. Vgl. zur Abgrenzung der Erforderlichkeit und Verhältnismäßigkeit ausführlich *Weber* § 40 Rdn. 11 ff. **Nicht notwendig** waren z. B. Druckkosten, die sich daraus ergaben, dass der Wahlvorstand einem Drittunternehmen den Auftrag gab, die Wahlvorschlagslisten mit den Lichtbildern der Wahlbewerber in Plakatform zu drucken (*BAG* 03.12.1987 EzA § 20 BetrVG 1972 Nr. 14 [unter II 2] = AP Nr. 13 zu § 20 BetrVG 1972). Selbstverständlich sind dagegen z. B. die Kosten notwendig, die ein (vom Gesetz gewollter) Wahlvorstand verursacht, der nach § 16 Abs. 2, § 17 Abs. 4, § 17a Nr. 4 vom Arbeitsgericht eingesetzt worden ist und in dem betriebsfremde Gewerkschaftsmitglieder mitwirken (ebenso *Fitting* § 20 Rn. 41; *Galperin/Löwisch* § 20 Rn. 25). Im Einzelfall ist zu berücksichtigen, dass der Arbeitgeber ein Interesse daran haben muss, dass die Wahl ordnungsgemäß und wirksam erfolgt, damit wesentlich höhere Kosten einer Wahlwiederholung vermieden werden. 57

a) Sachkosten
Zu den Kosten der Wahl gehören insbesondere **Sachkosten**, die dadurch entstehen, dass (insbesondere) der Wahlvorstand **Räumlichkeiten** (einschließlich Einrichtung, Beleuchtung, Beheizung) für seine »Betriebsadresse« (i. S. d. § 3 Abs. 2 Nr. 12 bzw. § 31 Abs. 1 Satz 3 Nr. 14 WO) und als Wahllokal(e) benötigt sowie **Sachmittel**. Diese hat der Arbeitgeber entsprechend dem Rechtsgedanken des § 40 Abs. 2 zunächst »zur Verfügung zu stellen«; er ist grundsätzlich zur **Naturalleistung** verpflichtet (ebenso *Joost/*MünchArbR § 216 Rn. 195; *Nicolai/HWGNRH* § 20 Rn. 35; *Reichold/HWK* § 20 BetrVG Rn. 12; *Richardi/Thüsing* § 20 Rn. 37; wohl auch *Fitting* § 20 Rn. 36; **a. M.** *ArbG Limburg* AuR 1988, 122). Nur wenn der Arbeitgeber die beantragten und erforderlichen Sachmittel nicht oder nicht rechtzeitig beschafft und zur Verfügung stellt, darf der Wahlvorstand das Notwendige im eigenen Namen für Rechnung des Arbeitgebers beschaffen (ebenso *ArbG Halberstadt* 58

14.09.1993 EzA § 20 BetrVG 1972 Nr. 16 S. 5; *Jacobs* Die Wahlvorstände, S. 392; auch *Homburg/ DKKW* § 20 Rn. 32; *Joost/* MünchArbR § 216 Rn. 195; *Nicolai/HWGNRH* § 20 Rn. 35; *Richardi/ Thüsing* § 20 Rn. 37; *Wlotzke/WPK* § 20 Rn. 17). Insoweit kann die Rechtsprechung des *BAG* (21.04.1983 AP Nr. 20 zu § 40 BetrVG 1972 [zust. *Naendrup*] = EzA § 40 BetrVG 1972 Nr. 53 [zust. *Kreutz*]) zu § 40 Abs. 2 nicht stringent übernommen werden, weil das Zeitmoment bei § 20 Abs. 3 gewichtig ist und die Selbstbeschaffung der benötigten Sachmittel durch den Wahlvorstand zunächst ein einfacherer und schnellerer Weg ist als die (auch mögliche) Inanspruchnahme von Rechtsschutz im arbeitsgerichtlichen Beschlussverfahren. Auslagen sind zu erstatten; von Ansprüchen Dritter hat der Arbeitgeber die Mitglieder des Wahlvorstands ggf. freizustellen (zust. *BAG* 03.12.1987 EzA § 20 BetrVG 1972 Nr. 14 = AP Nr. 13 zu § 20 BetrVG 1972; 08.04.1992 EzA § 20 BetrVG 1972 Nr. 15 = AP Nr. 16 zu § 20 BetrVG 1972); Abs. 3 Satz 1 ist die Anspruchsgrundlage.

59 Die erforderlichen Sachmittel richten sich im **Umfang** nach den Verhältnissen des jeweiligen Betriebes. Vom **Gegenstand** her sind zur Verfügung zu stellen: Gesetzestext des BetrVG und Wahlordnung nebst Kommentar, der dem Wahlvorstand für die gesamte Dauer des Wahlverfahrens zur Verfügung stehen muss; ferner für das Geschäftsbedürfnis: Schreibmaterial, Aktenordner, Telefon, Zugang zu der im Betrieb vorhandenen Informations- und Kommunikationstechnik; ferner für die Durchführung der Wahl: Stimmzettel, Wahlumschläge, Wahlurnen, Wahlkabinen, Abdrucke der (auszuhängenden oder den Briefwählern zu überlassenden) Vorschlagslisten (*BAG* 03.12.1987 EzA § 20 BetrVG 1972 Nr. 14 = AP Nr. 13 zu § 20 BetrVG 1972), Übersetzung des Wahlausschreibens (*LAG Frankfurt a. M.* BetrR 1987, 390) oder eines Merkblatts, das der Unterrichtung ausländischer Arbeitnehmer gemäß § 2 Abs. 5 WO dient, sowie Briefmarken für die Briefwahlfreiumschläge und die erforderliche Zusendung der Briefwahlunterlagen (vgl. *ArbG Halberstadt* 14.09.1993 EzA § 20 BetrVG 1972 Nr. 16).

b) Persönliche Kosten

60 Die Beschränkung auf die Tragung der »sächlichen Kosten«, wie sie § 19 Abs. 3 Satz 1 BetrVG 1952 noch vorsah, ist weggefallen; damit ist klargestellt, dass der Arbeitgeber auch die erforderlichen persönlichen Kosten zu tragen hat, die bei der Betriebsratswahl entstehen, namentlich die der **Wahlvorstandsmitglieder**, **Wahlhelfer** und des **Vermittlers** (vgl. zu diesem § 18a Rdn. 74). Die Abgrenzung zu den Sachkosten ist gelegentlich fließend und wegen der gleichen Rechtsfolge nicht entscheidend. Hierher rechnen etwa:

61 Kosten für Reisen mit öffentlichen Verkehrsmitteln von oder zu unselbständigen Betriebsteilen oder Kleinstbetrieben im Rahmen der Vorbereitung und Durchführung der Wahl (z. B. zur Anwesenheit im Wahlraum während der Wahl nach § 12 Abs. 2 WO); Sachkosten entstehen, wenn dieselben Reisen mit einem **Firmenfahrzeug** durchgeführt werden (z. B. um Wahlurnen, Wahlkabinen, Stimmzettel, Wahlumschläge zu entfernten Wahllokalen zu bringen). Auch Reisekosten betriebsfremder Wahlvorstandsmitglieder (§ 16 Abs. 2 Satz 2, § 17 Abs. 4 Satz 2, § 17a Nr. 4) oder des Vermittlers (§ 18a Abs. 2) sind hier zu berücksichtigen. Benutzt der Arbeitnehmer für diese Fahrten seinen **eigenen Pkw**, so sind ihm die Kosten betriebsüblich zu erstatten »Kilometerpauschale«, soweit er diese Kosten bei vernünftiger Betrachtung für erforderlich ansehen konnte (vgl. auch *BAG* 03.03.1983 EzA § 20 BetrVG 1972 Nr. 12 obiter dictum = AP Nr. 8 zu § 20 BetrVG 1972 [*Löwisch*]). Diese Kilometerpauschale gilt **Unfallschäden** nicht ab. Allerdings erfasst die Kostentragungspflicht nach Abs. 3 Satz 1 grundsätzlich auch die Pflicht zum Ersatz der bei der unmittelbaren Wahlvorstandstätigkeit erlittenen **Sachschäden** (für Personenschäden greift die Unfallversicherung ein, weshalb auch ein Schmerzensgeldanspruch nicht in Betracht kommt, zumal § 20 Abs. 3 Satz 1 keinen Deliktanspruch gewährt; vgl. *Löwisch* Anm. zu *BAG* AP Nr. 8 zu § 20 BetrVG 1972); für den Ersatz des Unfallschadens fordert das *BAG* jedoch zu Recht einschränkend, dass das Wahlvorstandsmitglied nach den Umständen des Einzelfalles die Benutzung des eigenen Pkw für erforderlich halten konnte (»erforderliches Risiko«) oder der Arbeitgeber diese gewünscht hat (*BAG* 03.03.1983 EzA § 20 BetrVG 1972 Nr. 12 = AP Nr. 8 zu § 20 BetrVG 1972 [zust. *Löwisch*] unter Aufhebung von *LAG Hamm* DB 1980, 214; zust. auch *Fitting* § 20 Rn. 37; *Homburg/DKKW* § 20 Rn. 33; *Nicolai/HWGNRH* § 20 Rn. 36; *Wiebauer/LK* § 20 Rn. 22; *Wlotzke/WPK* § 20 Rn. 18; ebenso schon *Dietz/Richardi* § 20 Rn. 28). Reisekosten (und sonstige notwendige Aufwendungen) eines Wahlvorstandsmitglieds für die Teilnahme an einer **Schu-**

Wahlschutz und Wahlkosten § 20

lungsveranstaltung rechnen ebenfalls zu den persönlichen Kosten der Wahl, wenn diese Teilnahme ihrerseits erforderlich ist (vgl. dazu näher Rdn. 70). Entsprechendes gilt für Reisekosten (und sonstige Auslagen) für die erforderliche Teilnahme an Gerichtsterminen. Für absehbare persönliche Kosten hat der Arbeitgeber in angemessenem Umfang **Vorschuss** zu leisten (vgl. zur dogmatischen Begründung *Jacobs* Die Wahlvorstände, S. 392/341).

Zu den Wahlkosten gehören auch die erforderlichen **Kosten eines arbeitsgerichtlichen Beschluss- 62 verfahrens** zur Klärung von sonst nicht behebbaren Meinungsverschiedenheiten im inneren Zusammenhang mit der Betriebsratswahl (während des Wahlverfahrens, über die Kostentragungspflicht des Arbeitgebers und bei der Wahlanfechtung). Dabei können die Kosten der Beauftragung eines **Rechtsanwalts** auch schon in erster Instanz erforderlich und verhältnismäßig sein, wenn die Rechtsverfolgung nicht offensichtlich aussichtslos erscheint und es sich um eine schwierige Sach- und Rechtslage handelt oder für deren Beurteilung bestimmte, dem Anwalt in besonderem Maße bekannte Verhältnisse von Bedeutung sein können (*BAG* 26.11.1974 AP Nr. 6 zu § 20 BetrVG 1972 = EzA § 20 BetrVG 1972 Nr. 7 *[Heckelmann]*: Beauftragung eines Rechtsanwalts bei der Geltendmachung von Schulungskosten durch Wahlvorstandsmitglieder; *BAG* 08.04.1992 EzA § 20 BetrVG 1972 Nr. 15 = AP Nr. 16 zu § 20 BetrVG 1972: Beauftragung eines Rechtsanwalts aufgrund ordnungsgemäßen Beschlusses des Wahlvorstands beim Streit über das Vorliegen eines gemeinsamen Betriebs; *BAG* 31.05.2000 EzA § 20 BetrVG 1972 Nr. 19 = AP Nr. 20 zu § 20 BetrVG 1972: Beauftragung eines Rechtsanwalts durch eine im Betrieb vertretene Gewerkschaft im Beschlussverfahren zur gerichtlichen Bestellung eines Wahlvorstands; dabei wird allerdings die Erforderlichkeit der Beauftragung des Anwalts nicht überzeugend hergeleitet; *BAG* 16.04.2003 EzA § 20 BetrVG 2001 Nr. 1 = AP Nr. 21 zu § 20 BetrVG 1972: Rechtsanwaltskosten einer im Betrieb vertretenen Gewerkschaft für die Durchführung eines Beschlussverfahrens zur Durchsetzung eines Zutrittsrechts zum Betrieb für einen bestimmten Gewerkschaftssekretär, der an der Stimmauszählung teilnehmen sollte [vgl. dazu § 18 Rdn. 33]; dabei wird die Erforderlichkeit der Beauftragung des Anwalts zwar im konkreten Fall vertretbar hergeleitet, aber im Orientierungssatz 1 völlig vernachlässigt, wo es viel zu pauschal heißt: »Rechtsanwaltskosten, die einer im Betrieb vertretenen Gewerkschaft bei der Wahrnehmung ihrer im Zusammenhang mit der Betriebsratswahl stehenden betriebsverfassungsrechtlichen Rechte in einem arbeitsgerichtlichen Beschlussverfahren entstehen, gehören zu den von dem Arbeitgeber nach § 20 Abs. 3 Satz 1 BetrVG zu tragenden Kosten der Betriebsratswahl«; zu Recht enger *BAG* 11.11.2009 EzA § 80 BetrVG 2001 Nr. 11 Rn. 16 obiter dictum = AP Nr. 23 zu § 20 BetrVG 1972: »Der Wahlvorstand kann mit der Durchführung eines arbeitsgerichtlichen Beschlussverfahrens zur Klärung einer während des Wahlverfahrens entstandenen Streitigkeit einen Rechtsanwalt beauftragen, sofern er dies nach Abwägung aller Umstände für sachlich notwendig erachten durfte«). In diesem Sinn die Erforderlichkeit einer Beauftragung durch den Wahlvorstand zutr. verneinend *LAG Hamm* 10.12.2013 – 7 TaBV 85/13 – juris (bei Auskunftsverlangen nach § 2 Abs. 2 WO im einstweiligen Verfügungsverfahren); *LAG Köln* 15.01.2014 – 11 TaBV 48/13 – juris (Wahlanfechtungsverfahren). Zu Recht hat das *LAG Hamm* (06.02.1980 EzA § 20 BetrVG 1972 Nr. 11) Rechtsanwaltskosten für erstattungsfähig angesehen, die ein Wahlbewerber für ein einstweiliges Verfügungsverfahren während der Zeit der Betriebsratswahlen aufwenden musste, um in seinen Freischichten den Betrieb zum Sammeln von Unterschriften für seinen Wahlvorschlag betreten zu dürfen (vgl. auch *LAG Berlin* 11.03.1988 LAGE § 20 BetrVG 1972 Nr. 7); das *LAG Düsseldorf* (25.10.1994 LAGE § 20 BetrVG 1972 Nr. 10) hat auch die Freistellung von den Rechtsanwaltskosten im einstweiligen Verfügungsverfahren gebilligt, in dem drei Arbeitnehmer, die bei der Betriebsratswahl kandidiert hatten, bezahlte Freistellung von der Arbeit zur Einsichtnahme in die Wahlakten zwecks Prüfung von Wahlanfechtungsgründen verlangten. Dagegen handelt es sich z. B. nicht um Wahlkosten, wenn ein Wahlvorstandsmitglied einen Rechtsanwalt im Verfahren nach § 103 Abs. 2 beauftragt hat (*LAG Hamm* ARSt 1991, 16). Vgl. ausführlich zur Tragung von Rechtsanwaltskosten *Weber* § 40 Rdn. 114 ff. Die Hinzuziehung eines Rechtsanwalts **außerhalb gerichtlicher** Rechtsstreitigkeiten kann wie die eines sonstigen (juristischen) Sachverständigen entsprechend § 80 Abs. 3 nur nach Vereinbarung mit dem Arbeitgeber erfolgen (zust. *Jacobs* Die Wahlvorstände, S. 390; *BAG* 11.11.2009 EzA § 80 BetrVG 2001 Nr. 11 Rn. 21 ff. = AP Nr. 23 zu § 20 BetrVG 1972 für einen vom Wahlvorstand zur Beratung hinzugezogenen Fachanwalt für Arbeitsrecht [mit ausführlicher Begründung der insoweit gebotenen Analogie in Rn. 22 bis 30]; ohne eine solche ist der Arbeitgeber nicht zur Kostentragung nach Abs. 3 Satz 1 verpflichtet. Verweigert der Arbeitgeber eine Vereinbarung, bleibt die Möglichkeit, dessen Zustimmung durch gerichtliche Entscheidung ersetzen zu lassen (Orientierungssatz 3 zu *BAG* 11.11.2009).

c) Streitigkeiten

63 Alle Streitigkeiten über die Pflicht des Arbeitgebers zur Kostentragung nach § 20 Abs. 3 Satz 1 (einschließlich der Streitigkeiten über die Art und Weise der Beschaffung von Sachmitteln und die Erstattung notwendiger Kosten) werden **auf Antrag** im arbeitsgerichtlichen **Beschlussverfahren** entschieden (§ 2a Abs. 1 Nr. 1, Abs. 2, §§ 80 ff. ArbGG; unstr.; vgl. *BAG* 26.06.1973, 03.03.1983 AP Nr. 3 und 8 zu § 20 BetrVG 1972; 08.04.1992 EzA § 20 BetrVG 1972 Nr. 15; 16.04.2003 EzA § 20 BetrVG 2001 Nr. 1; 11.11.2009 EzA § 80 BetrVG 2001 Nr. 11: Geltendmachung einer Rechtsanwaltsvergütung wegen Beratung eines Wahlvorstands). Leistungsbeschlüsse in vermögensrechtlichen Streitigkeiten sind vorläufig vollstreckbar (§ 85 Abs. 1 Satz 2 ArbGG). Bei Eilbedürftigkeit ist der Erlass einer **einstweiligen Verfügung** nach § 85 Abs. 2 ArbGG zulässig. Einer rechtskräftigen Entscheidung kommt im Hinblick auf den Streitgegenstand zwischen den Beteiligten **präjudizielle Bindungswirkung** zu. Das kann im Hinblick auf eine spätere Lohnklage bedeutungsvoll werden (vgl. Rdn. 76, 78). Die Kosten des Beschlussverfahrens sind Folgekosten der Wahl und damit Wahlkosten, sofern die Rechtsverfolgung erforderlich war (vgl. Rdn. 62).

2. Wahlbedingte Arbeitsversäumnis (Abs. 3 Satz 2)

64 Die Tätigkeit von Arbeitnehmern bei der Betriebsratswahl ist **unentgeltlich**. Die Mitglieder des Wahlvorstands (ob betriebsangehörig oder betriebsfremd in den Fällen der §§ 16 Abs. 2, 17 Abs. 4, 17a Nr. 4) führen ein **Ehrenamt** aus, das nicht besonders vergütet werden darf (ebenso *Fitting* § 20 Rn. 47; *Löwisch/LK* § 20 Rn. 22; *Richardi/Thüsing* § 20 Rn. 42; *Wlotzke/WPK* § 20 Rn. 21); Gleiches gilt für die Vermittlertätigkeit (vgl. § 18a Rdn. 72). Das Gesetz trägt aber Sorge, dass Arbeitnehmern infolge wahlbedingten Arbeitsversäumnisses kein Verdienstausfall entsteht; trotz Arbeitsversäumnis ist der Arbeitgeber nicht berechtigt, das Arbeitsentgelt zu mindern. Unter den Voraussetzungen des Abs. 3 Satz 2 haben Arbeitnehmer einen Lohn- und Gehalts**fortzahlungs**anspruch; Anspruchsgrundlage ist nicht Abs. 3 Satz 2, sondern der Arbeitsvertrag in Verbindung mit § 611 BGB. Es gilt das Lohnausfallprinzip (volles Entgelt nebst allen Zuschlägen, einschließlich der Vergütung für sonst geleistete Überstunden [vgl. *BAG* 29.06.1988 EzA § 37 BetrVG 1972 Nr. 97 = AP Nr. 1 zu § 24 BPersVG]; keine Vergütung, wenn keine Arbeitszeit versäumt wird, z. B. wegen Kurzarbeit [vgl. *BAG* 26.04.1995 EzA § 20 BetrVG 1972 Nr. 17 [unter III] = AP Nr. 17 zu § 20 BetrVG 1972]). Vgl. zu Einzelheiten des Verbots der Entgeltminderung ausführlich *Weber* § 37 Rdn. 64 ff.

65 Aus Abs. 3 Satz 2 ergibt sich, dass nach dem Willen des Gesetzgebers die Ausübung des Wahlrechts, die Betätigung im Wahlvorstand und die Vermittlertätigkeit eines Arbeitnehmers (der nicht leitender Angestellter ist) grundsätzlich **während der Arbeitszeit** stattfinden dürfen und in der Regel auch stattfinden müssen (ebenso *Fitting* § 20 Rn. 44, 48 f.; *Galperin/Löwisch* § 20 Rn. 26, 28; *Nicolai/HWGNRH* § 20 Rn. 43; *Richardi/Thüsing* § 20 Rn. 43, 47; im Ergebnis auch *Homburg/DKKW* § 20 Rn. 34; *Koch/*ErfK § 20 BetrVG Rn. 11; *Wlotzke/WPK* § 20 Rn. 22). Für die Entgeltfortzahlung ist jedoch maßgeblich, dass die jeweilige Arbeitsversäumnis dem **Grunde** und dem **Umfang** nach **erforderlich** ist. Die Entgeltzahlung für die Teilnahme an einer Wahlversammlung nach § 14a und einer Betriebsversammlung nach § 17 Abs. 2 ist in § 44 Abs. 1 ausdrücklich geregelt (vgl. Rdn. 74).

a) Betätigung im Wahlvorstand

66 Arbeitsversäumnis zur **Betätigung im Wahlvorstand** ist unter den gleichen Voraussetzungen **erforderlich** wie die zur Erfüllung der Betriebsratsaufgaben nach § 37 Abs. 2; vgl. zur Abgrenzung der Erforderlichkeit ausführlich *Weber* § 37 Rdn. 42 ff. Im Rahmen des Erforderlichen sind Wahlvorstandsmitglieder von ihrer beruflichen Tätigkeit **zu befreien** (vgl. zur Durchführung *Weber* § 37 Rdn. 56 ff.; ausführlich auch *Jacobs* Die Wahlvorstände, S. 349 ff.); das gilt auch für die nicht stimmberechtigten

Mitglieder nach § 16 Abs. 1 Satz 6. Eine **allgemeine Freistellung** von Wahlvorstandsmitgliedern oder allein ihres Vorsitzenden für die Dauer des Wahlverfahrens ist grundsätzlich **nicht** erforderlich (ebenso *Richardi/Thüsing* § 20 Rn. 43); in Großbetrieben kann es anders sein (ebenso *Homburg/ DKKW* § 20 Rn. 34). Ebenso wenig ist grundsätzlich die Einrichtung einer festen **Sprechstunde** erforderlich; das gilt auch für die Entgegennahme von Einsprüchen gegen die Wählerliste, weil diese schriftlich einzulegen sind (vgl. § 4 Abs. 1 WO).

Muss die Wahlvorstandstätigkeit aus betriebsbedingten Gründen **außerhalb** der Arbeitszeit durchgeführt werden (z. B. Wahlvorstandssitzungen, wenn die Mitglieder des Wahlvorstands in verschiedenen Schichten arbeiten), so haben die Betroffenen entsprechend § 37 Abs. 3 Satz 1 zum Ausgleich Anspruch auf Arbeitsbefreiung unter Fortzahlung des Arbeitsentgelts (ebenso *Fitting* § 20 Rn. 48; *Homburg/DKKW* § 20 Rn. 34; *Joost/MünchArbR* § 216 Rn. 202; *Richardi/Thüsing* § 20 Rn. 43; zust. unter Betonung weitgehender Gleichstellung von Wahlvorstands- und Betriebsratsmitgliedern in ihrer persönlichen Rechtsstellung *BAG* 26.04.1995 EzA § 20 BetrVG 1972 Nr. 17 [unter I 1b] = AP Nr. 17 zu § 20 BetrVG 1972 [gegen Vorinstanz *LAG Schleswig-Holstein* 07.07.1994 LAGE § 20 BetrVG 1972 Nr. 9]; *Wlotzke/WPK* § 20 Rn. 22; die Analogie abl.: *Löwisch/LK*, 6. Aufl., § 20 Rn. 25 [wie hier jetzt *Wiebauer/LK* § 20 Rn. 29]; *Schlochauer/HSWG* § 20 Rn. 45 [wie hier jetzt wohl *Nicolai/HWGNRH* § 20 Rn. 43]; *Stege/Weinspach/Schiefer* § 20 Rn. 13a), ggf. Anspruch auf Mehrarbeitsvergütung analog § 37 Abs. 3 Satz 2 (ebenso wohl *BAG* 26.04.1995 EzA § 20 BetrVG 1972 Nr. 17 = AP Nr. 17 zu § 20 BetrVG 1972; *Fitting* § 20 Rn. 48; *Jacobs* Die Wahlvorstände, S. 382 ff.); vgl. dazu näher *Weber* § 37 Rdn. 84 ff. Zu beachten ist, dass auch für die Teilnahme der Wahlvorstandsmitglieder an der ersten (auf der sie gewählt worden sind) und zweiten Wahlversammlung im vereinfachten Wahlverfahren für Kleinbetriebe (§ 14a) die spezielle Vergütungsregelung in § 44 Abs. 1 gilt.

Darüber hinaus kann **zusätzlich ein Entgeltfortzahlungsanspruch** für versäumte Arbeitszeit bestehen (s. Rdn. 64), wenn eine außerhalb der Arbeitszeit durchzuführende Wahlvorstandstätigkeit (Sitzung) eine anderweitige Arbeitszeit unmöglich oder unzumutbar gemacht hat. Das ist der Fall, wenn das Wahlvorstandsmitglied zwischen dem Ende seiner Nachtschicht und dem Beginn einer Wahlvorstandssitzung die nach § 5 Abs. 1 ArbZG vorgeschriebene Ruhezeit nur dadurch einhalten kann, dass er schon entsprechende Stunden vor Schichtende die Arbeit einstellt. Auch wenn insoweit das ArbZG nicht unmittelbar anwendbar ist, weil Wahlvorstandstätigkeit keine Arbeitszeit i. S. d. ArbZG ist (offen lassend für Betriebsratstätigkeit *BAG* 18.01.2017 – 7 AZR 224/15 – BAG-Pressemitteilung 1/17), folgt doch aus der Wertentscheidung in § 5 Abs. 1 ArbZG die Unzumutbarkeit einer Arbeitsleistung, die einer solchen (angemessenen) Ruhezeit entgegensteht; sie ist erforderliche Arbeitsversäumnis (so überzeugend im Ergebnis *LAG Hamm* 30.01.2015 – 13 SA 604/14 – und *LAG Hamm* 30.01.2015 – 13 SA 933/14).

Zur Betätigung im Wahlvorstand gehört auch die Tätigkeit von **Wahlhelfern**, die der Wahlvorstand nach § 1 Abs. 2 WO zu seiner Unterstützung bei der Durchführung der Stimmabgabe und bei der Stimmenauszählung heranzieht.

Zur Betätigung im Wahlvorstand gehört auch die **Teilnahme** an einer **Schulungsveranstaltung** über die Wahlvorschriften und die Einleitung und Durchführung einer Betriebsratswahl (ebenso *BAG* 05.03.1974 AP Nr. 5 zu § 20 BetrVG 1972; 07.06.1984 EzA § 20 BetrVG 1972 Nr. 13 = AP Nr. 10 zu § 20 BetrVG 1972; *Homburg/DKKW* § 20 Rn. 39; *Löwisch/LK* § 20 Rn. 20; *Richardi/Thüsing* § 20 Rn. 44; der Sache nach auch *Brors/HaKo* § 20 Rn. 8; *Fitting* § 20 Rn. 48; *Jacobs* Die Wahlvorstände, S. 385 ff.; *Joost/MünchArbR* § 216 Rn. 196; *Koch/ErfK* § 20 BetrVG Rn. 10; *Weiss/Weyand* § 20 Rn. 14; *Wlotzke/WPK* § 20 Rn. 22; **a. M.** unter Hinweis auf das Fehlen einer § 37 Abs. 6 entsprechenden Vorschrift für Wahlvorstandsmitglieder *Schlochauer/HSWG* § 20 Rn. 46; wie hier jetzt *Nicolai/HWGNRH* § 20 Rn. 44). Ob dabei das Arbeitsversäumnis im Einzelfall erforderlich ist, richtet sich nach der **Erforderlichkeit der Teilnahme** an der jeweiligen Schulungsveranstaltung. Dies wiederum ist **allein** am konkreten Wissensstand des **einzelnen** (stimmberechtigten) Wahlvorstandsmitglieds im Hinblick auf die zur ordnungsgemäßen eigenverantwortlichen Durchführung der Betriebsratswahl notwendigen Kenntnisse zu messen; eines weitergehenden »besonderen Anlasses« bedarf es nicht (so mit überzeugender Begründung *BAG* 07.06.1984 AP Nr. 10 zu § 20 BetrVG 1972 = EzA § 20 BetrVG 1972 Nr. 13 = SAE 1986, 144 [sehr krit. *Färber*]; der Sechste Senat hat sich dabei unter Aufgabe der bisherigen Rechtsprechung des *BAG* [13.03.1973, 26.06.1973 BAGE 25, 87 und 25, 236 = AP Nr. 1 und 3 zu § 20 BetrVG 1972; 05.03.1974 AP Nr. 5 zu § 20 BetrVG 1972] vor allem auf eine Parallele zur *BAG*-Rechtsprechung zum Schulungsbesuch von Betriebsratsmitgliedern gestützt; vgl. *BAG* 21.11.1978 AP Nr. 35 zu § 37 BetrVG 1972 = SAE 1979, 297 *[Ottow]*). Seinen nicht ausreichenden Kenntnisstand hat grundsätzlich das betreffende Wahlvorstandsmitglied darzulegen; bei **erstmals** berufenen Mitgliedern ist allerdings (wie bei neuen Betriebsratsmitgliedern; *BAG* 21.11.1978) von der Erforderlichkeit der Vermittlung von Kenntnissen über die Wahlvorschriften **auszugehen**, solange der Arbeitgeber nicht das Gegenteil darlegt und ggf. beweist (so *BAG* 07.06.1984 EzA § 20 BetrVG 1972 Nr. 13 = AP Nr. 10 zu § 20 BetrVG 1972; zust. *Fitting* § 20 Rn. 39; *Homburg/ DKKW* § 20 Rn. 40 [aber krit. Rn. 41 zum Ansatz am konkreten Wissensstand bei nicht erstmals Berufenen]; *Joost/*MünchArbR § 216 Rn. 196; wohl auch *Richardi/Thüsing* § 20 Rn. 44; *LAG Hamburg* 14.03.2012 – H6 Sa 116/11 – juris, Rn. 40; zust., aber krit. zur Beweislastumkehr *Jacobs* Die Wahlvorstände, S. 387; anders noch *BAG* 26.06.1973 AP Nr. 4 zu § 20 BetrVG 1972 [krit. *Richardi*); dem noch zust. von *Hoyningen-Huene* Betriebsverfassungsrecht, § 7 Rn. 4). Die Kritik gegen die neue Rechtsprechung (vgl. *Färber* SAE 1986, 146; *Schlochauer/HSWG* § 20 Rn. 37, 46; *Stege/Weinspach/Schiefer* § 20 Rn. 13b: Wahlvorschriften ein überschaubarer Fragenkomplex) ist kurzsichtig und beachtet die rechtlichen Schwierigkeiten nicht, vor denen ein erstmals berufenes Wahlvorstandsmitglied bei der Einleitung und Durchführung einer Betriebsratswahl steht. Im Unterschied zu Betriebsratsmitgliedern kommt erschwerend hinzu, dass der Wahlvorstand unverzüglich agieren muss, während jene Erfahrungen sammeln können. Zu Recht stellt das *BAG* auch nicht mehr ab auf die (ebenfalls zeitaufwendige) Möglichkeit des Selbststudiums und die mit der Unabhängigkeit der Amtsführung unvereinbare Verweisung auf die Unterrichtung durch ehemalige Wahlvorstands- bzw. Betriebsratsmitglieder. Eine (heute zu knappe) halbtägige (so *BAG* 07.06.1984 EzA § 20 BetrVG 1972 Nr. 13 = AP Nr. 10 zu § 20 BetrVG 1972) bzw. (mindestens) ganztägige Teilnahme an einer speziell ausgerichteten Schulungsveranstaltung (einer Gewerkschaft oder eines Arbeitgeberverbandes) ggf. auch aller stimmberechtigten Wahlvorstandsmitglieder steht zudem in einem vernünftigen Verhältnis zum Kostenrisiko der Wahlwiederholung, obwohl wegen der Kompliziertheit der Materie auch geschulten Wahlvorstandsmitgliedern Wahlfehler unterlaufen können, die zur Anfechtbarkeit der Wahl führen können. Für nicht stimmberechtigte Wahlvorstandsmitglieder (§ 16 Abs. 1 Satz 6) ist die Erforderlichkeit einer Schulungsteilnahme in der Regel nicht gegeben, weil sie die Entscheidungen des Wahlvorstands nicht mitbestimmen (ebenso *Fitting* § 20 Rn. 39).

71 Soweit die Teilnahme an einer Schulungsveranstaltung erforderlich ist, besteht nicht nur der Entgeltfortzahlungsanspruch nach Abs. 3 Satz 2; der Arbeitgeber hat nach Abs. 3 Satz 1 auch die **sonstigen Kosten** (Reisekosten, Schulungskosten) zu tragen, soweit sie notwendig und verhältnismäßig sind (vgl. dazu näher *Weber* § 40 Rdn. 70 ff.). Soweit die Teilnahme an der Schulungsveranstaltung allerdings außerhalb der persönlichen Arbeitszeit des Wahlvorstandsmitglieds erfolgt, bestehen keine Ausgleichsansprüche; es gilt nur das Lohnausfallprinzip entsprechend § 37 Abs. 6 i. V. m. Abs. 2, nicht aber § 37 Abs. 3 analog (*BAG* 26.04.1995 EzA § 20 BetrVG 1972 Nr. 17 [unter II] = AP Nr. 17 zu § 20 BetrVG 1972: sonst Besserstellung von Wahlvorstandsmitgliedern gegenüber Betriebsratsmitgliedern nach st. Rspr.).

b) Ausübung des Wahlrechts

72 Die Ausübung des **aktiven Wahlrechts im Regelwahlverfahren** (§ 14), d. h. die Stimmabgabe am Wahltag durch Urnengang, kann grundsätzlich während der Arbeitszeit stattfinden (vgl. Rdn. 65); dementsprechend ist die damit verbundene, vom Umfang her notwendige Arbeitsversäumnis erforderlich, und das Arbeitsentgelt ist weiterzuzahlen. Nach den jeweiligen betrieblichen Verhältnissen, insbesondere bei überschaubaren, örtlich begrenzten kleineren Betrieben kann es aber auch zumutbar sein, die Stimme in den Pausen bzw. vor Beginn und nach Ende der Arbeitszeit abzugeben; allerdings braucht der Arbeitnehmer keine wesentliche Verkürzung seiner Freizeit hinzunehmen.

73 Der Arbeitgeber muss jedem Arbeitnehmer die **Möglichkeit geben**, seine Stimme abzugeben. Insofern kann aber die Abgabe der Stimmen auch nach einem Organisationsplan erfolgen (ebenso *Richardi/Thüsing* § 20 Rn. 47), sofern dabei die Freiheit der Wahlteilnahme nicht eingeschränkt wird. Möglich erscheint insbesondere, zu Beginn und am Ende der Arbeitszeit »Stimmzeiten« einzurichten. Im

Interesse eines ungestörten Betriebsablaufs darf der Arbeitnehmer aber nicht ohne weiteres seinen Arbeitsplatz verlassen, sondern muss sich in betriebsüblicher Weise bei seinem Vorgesetzten abmelden und dabei den betrieblichen Notwendigkeiten auch seinerseits Rechnung tragen (ebenso *Richardi / Thüsing* § 20 Rn. 47; *Schlochauer/HSWG* § 20 Rn. 42). Der Arbeitnehmer braucht aber keine Behinderung seines Wahlrechts hinzunehmen; er kann sich notfalls auch gegen den Willen des Vorgesetzten vom Arbeitsplatz entfernen (so schon *Thiele* 2. Bearbeitung, § 20 Rn. 18).

Die Ausübung des **aktiven Wahlrechts im vereinfachten Wahlverfahren** für Kleinbetriebe (§ 14a), 74 d. h. die Teilnahme an der Wahlversammlung, auf der der Betriebsrat gewählt wird, findet grundsätzlich während der Arbeitszeit statt; die Entgeltzahlung, einschließlich zusätzlicher Wegezeiten und Fahrtkostenerstattung, ist in § 44 Abs. 1 speziell geregelt (vgl. *Jacobs* § 14a Rdn. 64). Diese gegenüber § 20 Abs. 3 Satz 2 speziellere Regelung gilt auch für die Teilnahme an der ersten Wahlversammlung im zweistufigen vereinfachten Wahlverfahren nach § 14a Abs. 1, auf der der Wahlvorstand nach § 17a Nr. 3 gewählt wird. Gleiches gilt aber auch für die Teilnahme an einer Betriebsversammlung zur Bestellung eines Wahlvorstands nach § 17 Abs. 2. Vgl. dazu näher *Weber* § 44 Rdn. 28 ff.; zur Frage einer zusätzlichen Betriebsversammlung nach § 44 Abs. 2 zur Kandidatenvorstellung *Weber* § 44 Rdn. 52 ff.

Da Abs. 3 Satz 2 allgemein von der Ausübung des Wahlrechts spricht, wird auch das **passive Wahl-** 75 **recht** erfasst. Die Betätigung als Wahlbewerber wird jedoch nur ausnahmsweise die Versäumung von Arbeitszeit erforderlich machen, z. B. bei Überbringung eines Wahlvorschlags (vgl. § 7 WO) oder bei Teilnahme des Listenvertreters beim Losentscheid über die Reihenfolge der Ordnungsnummern (vgl. § 10 Abs. 1 WO). Insbesondere ist die **Sammlung von Stütz-Unterschriften** nicht während der Arbeitszeit erforderlich (vgl. *LAG Berlin* BB 1979, 1036; *LAG Hamm* DB 1980, 1223; *Fitting* § 20 Rn. 43; *Nicolai/HWGNRH* § 20 Rn. 45; **a. M.** *Homburg/DKKW* § 20 Rn. 36). Entsprechendes gilt für die **Vorstellung** eines Wahlbewerbers bei Belegschaftsmitgliedern einer Außenstelle (vgl. *ArbG Düsseldorf* BB 1981, 1579). Auch ist für Wahlbewerber, erst recht für Wähler, die Teilnahme an der öffentlichen Stimmenauszählung nach der Wahl (vgl. § 18 Abs. 3 Satz 1 BetrVG, §§ 13, 34 Abs. 3 WO) in der Arbeitszeit nicht erforderlich (ebenso *Schlochauer/HSWG* § 20 Rn. 46; zust. *LAG Schleswig-Holstein* 26.07.1989 LAGE § 20 BetrVG 1972 Nr. 8; *Fitting* § 20 Rn. 43; *Nicolai/HWGNRH* § 20 Rn. 45; **a. M.** für Wahlbewerber *Homburg/DKKW* § 20 Rn. 37).

c) Tätigkeit als Vermittler (§ 18a)

Durch die Novelle vom 20.12.1988 (BGBl. I S. 2312) ist die Vermittlertätigkeit im Zuordnungsver- 76 fahren nach § 18a der Betätigung im Wahlvorstand und der Ausübung des Wahlrechts gleichgestellt worden (vgl. Rdn. 2), soweit ein Arbeitnehmer, der nicht leitender Angestellter ist (für diese vgl. § 8 Abs. 3 Satz 2 SprAuG), zum Vermittler bestellt worden ist. Auch die Vermittlertätigkeit (vgl. dazu § 18a Rdn. 79 ff.) darf daher grundsätzlich während der Arbeitszeit stattfinden (vgl. Rdn. 65); für die vom Umfang her erforderliche Arbeitsversäumnis ist das Arbeitsentgelt weiterzuzahlen. Der Entgeltfortzahlungsanspruch richtet sich immer **gegen den Arbeitgeber des Vermittlers**. Gehört der Vermittler einem Betrieb eines anderen Konzernunternehmens an, was nach § 18a Abs. 3 Satz 2 möglich ist, so richtet sich sein Entgeltfortzahlungsanspruch gegen seinen Arbeitgeber, nicht gegen den Arbeitgeber des Betriebs (Unternehmens), für den er als Vermittler tätig wird; dieser hat jedoch sonstige Sachkosten und persönliche Kosten des Vermittlers nach § 20 Abs. 3 Satz 1 zu tragen (vgl. auch § 18a Rdn. 74).

d) Streitigkeiten

Streitigkeiten über einen **Lohnfortzahlungsanspruch**, insbesondere bei Meinungsverschiedenhei- 77 ten über die Erforderlichkeit der Arbeitsversäumnis, sind nach § 2 Abs. 1 Nr. 3 Buchst. a, Abs. 5, §§ 46 ff. ArbGG auf Klage im arbeitsgerichtlichen **Urteilsverfahren** zu entscheiden, da Anspruchsgrundlage nur der Arbeitsvertrag in Verbindung mit § 611 BGB sein kann und es sich deshalb um eine Streitigkeit aus dem Arbeitsverhältnis handelt (s. Rdn. 64; ebenso *BAG* 11.05. und 26.06.1973, 05.03.1974 AP Nr. 2, 4, 5 zu § 20 BetrVG 1972 [zust. *Richardi* zu Nr. 2 und 4]; *Fitting* § 20 Rn. 50; *Galperin/Löwisch* § 20 Rn. 29; *Homburg/DKKW* § 20 Rn. 44; *Koch*/ErfK § 20 BetrVG Rn. 1; *Nicolai/HWGNRH* § 20 Rn. 47; *Reichold*/HWK § 20 BetrVG Rn. 15; *Richardi/Thüsing* § 20 Rn. 48;

Wiebauer/LK § 20 Rn. 31; *Wlotzke/WPK* § 20 Rn. 25). Über das Vorliegen der Voraussetzungen des § 20 Abs. 3 Satz 2 wird dabei als **Vorfrage** entschieden.

78 Geht der Streit **allein** um die Frage, ob **Arbeitsversäumnis** nach Abs. 3 Satz 2 **erforderlich** ist (z. B. zur Teilnahme eines Wahlvorstandsmitglieds an einer Schulungsveranstaltung oder zum Sammeln von Stütz-Unterschriften durch einen Wahlbewerber während der Arbeitszeit), so ist diese Streitigkeit betriebsverfassungsrechtlicher Natur und nach § 2a Abs. 1 Nr. 1, Abs. 2, §§ 80 ff. ArbGG auf Antrag im **Beschlussverfahren** zu entscheiden. Ist der Antrag des Arbeitnehmers erfolgreich, so kommt der rechtskräftigen Entscheidung für eine etwa nachfolgend noch erforderliche Lohnklage (weil der Arbeitgeber den Lohnfortzahlungsanspruch nicht erfüllt) **präjudizielle Wirkung** zu, d. h. z. B., dass die Erforderlichkeit der Teilnahme an einer Schulungsveranstaltung verbindlich feststeht. Wegen dieser Bindungswirkung fehlt das Rechtsschutzinteresse an einem entsprechenden Feststellungsantrag auch dann nicht, wenn die Schulungsveranstaltung zwischenzeitlich stattgefunden hat.

79 Macht ein Arbeitnehmer nachträglich wegen Teilnahme als Wahlvorstandsmitglied an einer Schulungsveranstaltung (vgl. Rdn. 70, 71) **Reisekosten und Lohnfortzahlung** geltend, so ist der Reisekostenanspruch im Beschlussverfahren (vgl. Rdn. 63), der Lohnfortzahlungsanspruch im Urteilsverfahren geltend zu machen; zwei Verfahren sind unvermeidbar, auch wenn der Streit zwischen Arbeitgeber und Arbeitnehmer in der Sache nur um die Erforderlichkeit der Teilnahme geht. Zur Vermeidung widersprüchlicher Entscheidungen kann ein Verfahren zunächst ausgesetzt werden (vgl. entsprechend m. w. N. *Weber* § 37 Rdn. 323). Da jedoch in beiden Verfahren nur als Vorfrage über die Erforderlichkeit der Teilnahme entschieden wird, entfaltet eine rechtskräftige Entscheidung keine volle präjudizielle Bindungswirkung (**a. M.** *ArbG Gelsenkirchen* BB 1978, 307).

Zweiter Abschnitt
Amtszeit des Betriebsrats

§ 21
Amtszeit

Die regelmäßige Amtszeit des Betriebsrats beträgt vier Jahre. Die Amtszeit beginnt mit der Bekanntgabe des Wahlergebnisses oder, wenn zu diesem Zeitpunkt noch ein Betriebsrat besteht, mit Ablauf von dessen Amtszeit. Die Amtszeit endet spätestens am 31. Mai des Jahres, in dem nach § 13 Abs. 1 die regelmäßigen Betriebsratswahlen stattfinden. In dem Fall des § 13 Abs. 3 Satz 2 endet die Amtszeit spätestens am 31. Mai des Jahres, in dem der Betriebsrat neu zu wählen ist. In den Fällen des § 13 Abs. 2 Nr. 1 und 2 endet die Amtszeit mit der Bekanntgabe des Wahlergebnisses des neu gewählten Betriebsrats.

Literatur
Literaturnachweise zum BetrVG 1952 siehe 8. Auflage.

Berscheid Amtszeit des Betriebsrats und seiner Mitglieder, AR-Blattei SD 530.6.3 (Stand: 1996); *Däubler* Tarifliche Betriebsverfassung und Betriebsübergang, DB 2005, 666; *Gast* Die Amtszeit des Betriebsrats, BB 1987, 331; *Hauck* Betriebsübergang und Betriebsverfassungsrecht, FS *Richardi*, 2007, S. 537; *Huke/Lepping* Die Folgen eines Betriebsübergangs auf betriebliche Interessenvertretungen, FA 2004, 136; *Kissel* Der fehlende Betriebsrat, Freundesgabe für *Alfred Söllner*, 1990, S. 143; *Löwisch* Betriebsratsamt und Sprecherausschußamt bei Betriebsübergang und Unternehmensänderung, BB 1990, 1698; *Rupp* Auswirkungen von Umstrukturierungen auf Interessenvertretungen, AiB 2007, 159; *Schiebe* Die betriebsverfassungsrechtliche Funktionsnachfolge (Diss. Kiel), 2010; *Trümner* Betriebsübergang und Zuordnungstarifverträge, FA 2007, 226; *Umnuß* Organisation der Betriebsverfassung und Unternehmensautonomie. Grundlegung für die Reform des organisatorischen Teils der Betriebsverfassung, 1993; *Wiese* Mehrere Unternehmen als gemeinsamer Betrieb im Sinne des Betriebsverfassungsrechts, FS *Gaul*, 1992, S. 553.

Vgl. auch die Angaben zu § 21a (Übergangsmandat) und § 21b (Restmandat).

Inhaltsübersicht

	Rdn.
I. Vorbemerkung	1–8
II. Amtszeit	9
III. Beginn der Amtszeit	10–20
1. Betriebe ohne Betriebsrat	10–14
2. Betriebe mit Betriebsrat	15–18
3. Wirkungen des Beginns der Amtszeit	19, 20
IV. Ende der Amtszeit	21–50
1. Ablauf der regelmäßigen Amtszeit	22–25
2. Ablauf der nach Satz 3 und 4 verkürzten oder verlängerten Amtszeit	26–30
3. Vorzeitiges Ende der Amtszeit	31–38
a) Fälle des § 21 Satz 5	31, 32
b) Rücktritt des Betriebsrats	33
c) Anfechtung der Betriebsratswahl, Auflösung des Betriebsrats	34
d) Fall des § 3 Abs. 4	35
e) Erlöschen aller Mitgliedschaften	36
f) Verlust der Betriebsratsfähigkeit	37, 38
4. Kein vorzeitiges Ende der Amtszeit	39–48
a) Betriebsübergang	39–44
b) Spaltung und Zusammenschluss von Betrieben	45
c) Untergang des Betriebs	46
d) Arbeitskämpfe	47
e) Insolvenzverfahren	48
5. Wirkungen des Endes der Amtszeit	49, 50
V. Streitigkeiten	51–53

§ 21

I. Vorbemerkung

1 Die Vorschrift regelt die Dauer der Amtszeit des Betriebsrats (Satz 1), den Beginn der Amtszeit (Satz 2) sowie (unvollständig) das Ende der Amtszeit (Satz 3 bis 5). Sie entspricht im wesentlichen § 21 BetrVG 1952. Die regelmäßige Amtszeit des Betriebsrats betrug zunächst nach § 21 Satz 1 BetrVG 1972 a. F. wie nach früherem Recht drei Jahre; nach § 21 Satz 1 BetrVG 1952 a. F. hatte sie ursprünglich nur zwei Jahre betragen, war jedoch durch Gesetz vom 15.12.1964 (BGBl. I S. 1065) auf drei Jahre verlängert worden. Damit sollte die Kontinuität des Betriebsrats und seiner Tätigkeit verbessert und seine Amtszeit an die anderer Gremien der politischen, wirtschaftlichen und sozialen Selbstverwaltung angeglichen werden (Schriftlicher Bericht des Ausschusses für Arbeit, BT-Drucks. IV/2655, S. 1; vgl. auch *Dietz/Richardi* vor § 21 Rn. 1). Durch Art. 1 Nr. 8 der **Novelle vom 20.12.1988** (BGBl. I S. 2312) wurde die regelmäßige (Dauer der) Amtszeit aufgrund der Beschlüsse des 11. Ausschusses (BT-Drucks. 11/3604, S. 8) erneut um ein Jahr auf vier Jahre verlängert. Dadurch sollte noch einmal eine größere Kontinuität der Betriebsratsarbeit sichergestellt werden, weil die Anforderungen an die Betriebsratsmitglieder insbesondere aufgrund der mit neuen Techniken zusammenhängenden Aufgaben immer schwieriger würden und eine längere Einarbeitungszeit für die Mitglieder des Betriebsrats mit sich brächten (vgl. Bericht 11. Ausschuss, BT-Drucks. 11/3618, S. 17 f., sowie zur Diskussion über die Änderung daselbst S. 10 f.; krit. *Wlotzke* DB 1989, 111 [117]). Die vierjährige Amtszeit galt nach § 125 Abs. 3 der Novelle vom 20.12.1988 (BGBl. I, S. 2312) erstmals für Betriebsräte, die nach dem 31.12.1988 gewählt wurden.

2 Im Unterschied zu § 21 Satz 2 BetrVG 1952 beginnt die Amtszeit des Betriebsrats nach § 21 Satz 2 Alt. 1 BetrVG 1972 nicht mehr mit dem Tag der Wahl, sondern mit der Bekanntgabe des Wahlergebnisses. Eingefügt in das BetrVG 1972 wurden die Sätze 3 bis 5, die das Ende der Amtszeit abweichend von der regulären – jetzt vierjährigen – Amtsperiode regeln. Die Einfügung der Sätze 3 und 4 war notwendig, weil nach § 13 Abs. 1 und 3 die Wahltermine vereinheitlicht wurden und sich dadurch kürzere oder längere Amtszeiten ergeben. Satz 5 lässt in den Fällen des § 13 Abs. 2 Nr. 1 und 2 die Amtszeit des alten Betriebsrats mit dem Beginn der Amtszeit des vorzeitig neu gewählten Betriebsrats enden. Diese Regelung ist nur mangelhaft mit der des § 22 abgestimmt, nach der in den genannten Fällen der alte Betriebsrat lediglich die Geschäfte weiterführt. § 21 wird durch §§ 21a, 21b ergänzt, die durch Art. 1 Nr. 18, 19 BetrVerf-Reformgesetz 2001 in das Betriebsverfassungsgesetz eingefügt wurden.

3 Die Vorschrift gilt nicht für den **Gesamtbetriebsrat** und den **Konzernbetriebsrat**. Bei beiden Vertretungen handelt es sich um **Dauereinrichtungen ohne feste Amtszeit**. Die Mitgliedschaft im Gesamtbetriebsrat und im Konzernbetriebsrat endet zwar gemäß §§ 49, 57 mit dem Erlöschen der Mitgliedschaft im Betriebsrat bzw. Gesamtbetriebsrat, doch bedeutet dies lediglich eine personelle Veränderung des fortbestehenden Gesamt- bzw. Konzernbetriebsrats. Deshalb sollte trotz der Einführung einheitlicher Zeiträume für die Wahl der Einzelbetriebsräte gemäß § 13 Abs. 1 und 3 auch nicht von einer regelmäßigen Amtsperiode des Gesamt- bzw. Konzernbetriebsrats gesprochen werden (anders *Richardi/Thüsing* vor § 21 Rn. 4; vgl. dazu näher *Kreutz/Franzen* § 47 Rdn. 49 f.).

4 Die Vorschrift gilt (anders als früher nach § 21 Satz 1 BetrVG 1952, wo die Amtszeit der Jugendvertreter mitgeregelt war) nicht für die Amtszeit der **Jugend- und Auszubildendenvertretung**, die in § 64 Abs. 2 eine § 21 nachgebildete eigenständige Regelung erfahren hat, und ebenso wenig für die **Gesamt-Jugend- und Auszubildendenvertretung** (vgl. für diese *Oetker* § 72 Rdn. 15) und die **Konzern-Jugend- und Auszubildendenvertretung** (vgl. für diese *Oetker* § 73a Rdn. 19 f.).

5 Die Vorschrift gilt dagegen, abgesehen von der Besonderheit einer nur einjährigen Amtszeit, auch für die **Bordvertretung** (§ 115 Abs. 3) sowie ohne jede Einschränkung für den **Seebetriebsrat** (§ 116 Abs. 2).

6 Für die **Schwerbehindertenvertretung** trifft § 94 Abs. 7 (entsprechend ab 2018 § 177 Abs. 7 SGB IX) teilweise abweichende Regelungen (vgl. zur Rechtsstellung der Schwerbehindertenvertretung *Raab* § 32 Rdn. 9 f.). Die regelmäßige Amtszeit der Schwerbehindertenvertretung beträgt gleichfalls vier Jahre (§ 94 Abs. 7 Satz 1 SGB IX). Sie beginnt mit der Bekanntgabe des Wahlergebnisses oder, wenn die Amtszeit der bisherigen Schwerbehindertenvertretung noch nicht beendet ist, mit deren Ab-

Amtszeit § 21

lauf (§ 94 Abs. 7 Satz 2 SGB IX). Zum vorzeitigen Ende der Amtszeit vgl. § 94 Abs. 7 Satz 3 und 5 SGB IX.

Die Vorschrift ist **zwingend**. Eine Abweichung durch Tarifvertrag oder durch Betriebsvereinbarung ist ausgeschlossen (unstr.; vgl. *Fitting* § 21 Rn. 3; *Düwell*/HaKo § 21 Rn. 5; *Koch*/ErfK § 21 BetrVG Rn. 1; *Löwisch*/LK § 21 Rn. 2); sie steht auch nicht zur Disposition der Arbeitsvertragsparteien (*BAG* 08.06.2016 EzA § 14 TzBfG Nr. 122 Rn. 20 = AP Nr. 142 zu § 14 TzBfG). Für Arbeitnehmervertretungen in Organisationseinheiten, die aufgrund eines Tarifvertrages oder einer Betriebsvereinbarung nach § 3 Abs. 1 Nr. 1 bis 3, Abs. 2 gebildet worden sind, finden nach § 3 Abs. 5 Satz 2 die Vorschriften über die Rechte und Pflichten des Betriebsrats Anwendung; insoweit ist auch § 21 maßgeblich (s. *Franzen* § 3 Rdn. 61), weil mit der Amtszeit alle Rechte und Pflichten des Betriebsrats beginnen und bei deren Ende enden. Zum vorzeitigen Amtsende von Betriebsräten nach § 3 Abs. 4 vgl. Rdn. 35 sowie *Franzen* § 3 Rdn. 50. Die Amtszeit zusätzlicher betriebsverfassungsrechtlicher Gremien (Arbeitsgemeinschaften) und Vertretungen nach § 3 Abs. 1 Nr. 4 und 5, Abs. 2 bestimmt sich allerdings ausschließlich nach dem Tarifvertrag oder der Betriebsvereinbarung. 7

Zum **Personalvertretungsrecht** vgl. § 26 BPersVG, für **Sprecherausschüsse** § 5 Abs. 4 SprAuG. 8

II. Amtszeit

Die regelmäßige Amtszeit des Betriebsrats beträgt (für die nach dem 31.12.1988 gewählten Betriebsräte; vgl. Rdn. 1) **vier Jahre** (Satz 1). Diese Regeldauer gilt aber nur für Betriebsräte, die innerhalb des regelmäßigen Wahlzeitraums eines Wahljahres (§ 13 Abs. 1) gewählt worden sind und deren Amtszeit auch innerhalb dieses Wahlzeitraums begonnen hat und nicht vorzeitig endet. In anderen Fällen kann sich die regelmäßige Amtszeit verkürzen oder verlängern, so vor allem, wenn ein Betriebsrat gemäß § 13 Abs. 2 BetrVG außerhalb des Zeitraums der regelmäßigen Betriebsratswahlen gewählt wurde. Um den Anschluss an die einheitlichen Wahlzeiträume zu erreichen, wird seine Amtszeit gemäß § 13 Abs. 3, § 21 Satz 3 und 4 entsprechend angepasst (vgl. Rdn. 26 ff.). Die Amtszeit kann ferner vorzeitig enden, wenn der Betriebsrat aus einem der Gründe des § 13 Abs. 2 Nr. 1 und 2 neu gewählt wird oder ein sonstiger Grund für die vorzeitige Beendigung der Amtszeit vorliegt (vgl. Rdn. 31 ff.). Zum Erlöschen der Mitgliedschaft des einzelnen Betriebsratsmitglieds vgl. § 24. 9

III. Beginn der Amtszeit

1. Betriebe ohne Betriebsrat

Der Beginn der Amtszeit eines neu gewählten Betriebsrats hängt nach Satz 2 davon ab, ob im Zeitpunkt der Bekanntgabe des Wahlergebnisses im Betrieb noch ein Betriebsrat besteht. Ist das nicht der Fall, beginnt die Amtszeit **mit der Bekanntgabe des Wahlergebnisses** (Satz 2, 1. Alternative). Andernfalls beginnt die Amtszeit mit Ablauf der Amtszeit des noch bestehenden Betriebsrats (Satz 2, 2. Alternative). Die Amtszeit des neu gewählten Betriebsrats beginnt dementsprechend aber auch dann mit der Bekanntgabe des Wahlergebnisses, wenn die Amtszeit des noch amtierenden (alten) Betriebsrats (bzw. dessen Befugnis zur Weiterführung der Geschäfte nach § 22) gerade im Zeitpunkt der Bekanntgabe des Neuwahlergebnisses endet, wie das nach Satz 5 (und § 22) der Fall ist (vgl. Rdn. 11), aber auch dann, wenn der alte Betriebsrat außerhalb des regelmäßigen Wahlzeitraums gewählt worden ist (vgl. Rdn. 29). 10

Ein **Betriebsrat besteht nicht** oder nicht mehr, wenn eine Betriebsratswahl in dem Betrieb erstmalig durchgeführt wird, ferner wenn die regelmäßige Amtszeit des alten Betriebsrats schon vor der Bekanntgabe des Wahlergebnisses des neuen Betriebsrats abgelaufen ist (vgl. Rdn. 24) oder wenn die Amtszeit des alten Betriebsrats vorzeitig geendet hat, insbesondere die Betriebsratswahl erfolgreich angefochten oder der Betriebsrat durch eine gerichtliche Entscheidung aufgelöst worden ist (§ 13 Abs. 2 Nr. 4 und 5, §§ 19, 23 Abs. 1; vgl. Rdn. 34). Ein Betriebsrat besteht dagegen noch in den Fällen einer vorzeitigen Neuwahl nach § 13 Abs. 2 Nr. 1 und 2 (erhebliche Veränderung der Zahl der regelmäßig beschäftigten Arbeitnehmer, Absinken der Gesamtzahl der Betriebsratsmitglieder unter die vor- 11 geschriebene Zahl); jedoch endet dessen Amtszeit nach Satz 5 mit der Bekanntgabe des Wahlergebnisses des neu gewählten Betriebsrats (vgl. Rdn. 31). Die Bekanntgabe des Wahlergebnisses bestimmt also auch insoweit (mittelbar) den Beginn der Amtszeit, weil der Ablauf der Amtszeit des alten und der Beginn der Amtszeit des neuen Betriebsrats in diesem Zeitpunkt zusammenfallen. Gleiches gilt im Falle des § 13 Abs. 2 Nr. 3 (mehrheitlich beschlossener Rücktritt des Betriebsrats), obwohl § 21 keine entsprechende Regelung enthält. Der alte Betriebsrat hat jedoch gemäß § 22 die Geschäfte weiterzuführen, bis der neue Betriebsrat gewählt und das Wahlergebnis bekannt gegeben ist. Sachlich besteht insoweit kein Unterschied (vgl. auch § 22 Rdn. 16). Für alle Fälle der Neuwahl nach § 13 Abs. 2 Nr. 1 bis 3 ist damit Betriebsratskontinuität sichergestellt. Auch wenn der bestehende Betriebsrat nach § 13 Abs. 2 außerhalb des regelmäßigen Wahlzeitraums gewählt worden ist, beginnt die Amtszeit des gemäß § 13 Abs. 3 neu gewählten Betriebsrats mit der Bekanntgabe des Wahlergebnisses, weil eben zu diesem Zeitpunkt die Amtszeit des alten Betriebsrats endet (vgl. Rdn. 16, 29).

12 Maßgebend für den Beginn der Amtszeit des neu gewählten Betriebsrats ist der Zeitpunkt der **Bekanntgabe des Wahlergebnisses** (Satz 2, 1. Alternative); ungenau insofern *BAG* 18.05.2016 NZA-RR 2016, 582 Rn. 15 »mit der Wahl«. Gemäß § 18 Abs. 3 Satz 1 hat der Wahlvorstand nach der Wahl öffentlich die Auszählung der Stimmen vorzunehmen, deren Ergebnis in einer Niederschrift festzustellen und es den Arbeitnehmern des Betriebs bekannt zu geben. Die Bekanntgabe selbst erfolgt in der Weise, dass der Wahlvorstand die Namen der gewählten Betriebsratsmitglieder im Betrieb so bekanntmacht, wie er zuvor das Wahlausschreiben bekannt gemacht hat (Aushang, ergänzend, ggf. auch ausschließlich in elektronischer Form; § 18 Satz 1 WO i. V. m. § 3 Abs. 4 WO). Erfolgt die Bekanntmachung durch Aushang an mehreren Stellen, ist der Zeitpunkt des letzten Aushangs maßgebend (ebenso *Buschmann/DKKW* § 21 Rn. 8; *Fitting* § 21 Rn. 8; *Richardi/Thüsing* § 21 Rn. 6). Der Ablauf der Zwei-Wochen-Frist für den Aushang gemäß § 18 Satz 1 WO spielt dagegen keine Rolle, ebenso wenig die gemäß § 18 Abs. 3 Satz 2 BetrVG, § 18 Satz 2 WO vorgeschriebene Übersendung je einer Abschrift der Wahlniederschrift an den Arbeitgeber und die im Betrieb vertretenen Gewerkschaften. Für den Beginn der Amtszeit ist es unerheblich, ob die Bekanntgabe nachträglich berichtigt wird (ebenso *Buschmann/DKKW* § 21 Rn. 8; *Fitting* § 21 Rn. 8).

13 Die Amtszeit des Betriebsrats beginnt sofort mit der Bekanntgabe des Wahlergebnisses, mithin **am Tag** und **im Zeitpunkt der Bekanntgabe**, nicht erst am folgenden Tag (ebenso *Berscheid* AR-Blattei SD 530.6.3 Rn. 15; *Buschmann/DKKW* § 21 Rn. 9; *Düwell/HaKo* § 21 Rn. 7; *Fitting* § 21 Rn. 7; *Galperin/Löwisch* § 21 Rn. 4, 8; *Koch/ErfK* § 21 BetrVG Rn. 2; *Maschmann/AR* § 21 BetrVG Rn. 2; *Reichold/HWK* § 21 Rn. 2; *Richardi/Thüsing* § 21 Rn. 6; *Wlotzke/WPK* § 21 Rn. 3; *Worzalla/Huke/HWGNRH* § 21 Rn. 7; **a. M.** *Brecht* § 21 Rn. 8; *Schaub/Koch* Arbeitsrechts-Handbuch, § 219 Rn. 1, unter Hinweis auf § 187 BGB). Die Betriebsratsmitglieder können gegebenenfalls noch am Tag der Bekanntgabe des Wahlergebnisses zu ihrer ersten Sitzung zusammentreten. Die Vorschriften der §§ 187 ff. BGB folgen zwar dem Grundsatz, dass Fristen nach ganzen Tagen bemessen werden. Das hat aber lediglich Bedeutung für die Berechnung der Vier-Jahres-Frist und deren Ablauf. Der Beginn der Amtszeit des Betriebsrats ist unabhängig davon zu bestimmen, weil Satz 2 gerade auf den Zeitpunkt der Bekanntgabe abstellt. Dem steht auch nicht entgegen, dass die Amtszeit dadurch insgesamt etwas mehr als vier Jahre beträgt, nämlich verlängert um die Zeit von der Bekanntgabe des Wahlergebnisses bis zum Ende dieses Tages.

14 Die sog. **konstituierende Sitzung** des Betriebsrats gemäß § 29 Abs. 1 (vgl. *Raab* § 29 Rdn. 6 ff.) ist keine Voraussetzung einer wirksamen Errichtung des Betriebsrats und hat keinen Einfluss auf den Beginn der Amtszeit (ebenso *Buschmann/DKKW* § 21 Rn. 12; *Fitting* § 21 Rn. 14; *Galperin/Löwisch* § 21 Rn. 6; *Richardi/Thüsing* § 21 Rn. 7; *Worzalla/Huke/HWGNRH* § 21 Rn. 10). Zu den Wirkungen des Beginns der Amtszeit vgl. Rdn. 19 f.

2. Betriebe mit Betriebsrat

15 Die Amtszeit eines neu gewählten Betriebsrats beginnt, wenn im Zeitpunkt der Bekanntgabe des Wahlergebnisses noch ein Betriebsrat besteht, **mit dem Ablauf von dessen Amtszeit** (Satz 2, 2. Alternative). Der Beginn der Amtszeit des neuen Betriebsrats wird also bis zum Ablauf der Amtszeit des alten Betriebsrats hinausgeschoben. Hierdurch ist gewährleistet, dass die Amtszeit des neuen Betriebs-

rats nahtlos an die des alten anschließt, ohne dass dessen Amtszeit verkürzt wird. Zwischen beiden Amtsperioden kann weder eine Lücke entstehen, in der kein Betriebsrat vorhanden ist, noch können sich die Amtszeiten zweier Betriebsräte überschneiden.

Ein **Betriebsrat besteht noch** im Zeitpunkt der Bekanntgabe des Wahlergebnisses (vgl. Rdn. 12), 16 wenn die regelmäßige vierjährige Amtszeit des alten Betriebsrats noch nicht abgelaufen ist. Das wird nur dann praktisch, wenn die Wahl des neuen Betriebsrats innerhalb des regelmäßigen Wahlzeitraums so frühzeitig durchgeführt wird, dass die vierjährige Amtszeit des alten Betriebsrats über den Zeitpunkt der Bekanntgabe des Neuwahlergebnisses hinausläuft, und sei es auch nur bis zum Ablauf des Tages, an dem das Neuwahlergebnis bekannt gemacht wird. Das wiederum setzt aber voraus, dass der alte Betriebsrat innerhalb des vorangegangenen regelmäßigen Wahlzeitraums gewählt worden ist. Zwar besteht ein Betriebsrat auch dann noch, wenn er gemäß § 13 Abs. 2 außerhalb des regelmäßigen Wahlzeitraums gewählt worden ist und seine gemäß § 21 Satz 3 und 4 verkürzte oder verlängerte Amtszeit noch läuft. Es ist jedoch zu berücksichtigen, dass in diesen Fällen bereits mit der Bekanntgabe des Neuwahlergebnisses die Amtszeit des alten Betriebsrats stets endet (vgl. Rdn. 29). Ebenso wie in den Fällen einer vorzeitigen Neuwahl nach § 13 Abs. 2 Nr. 1 bis 3 (vgl. Rdn. 11) fallen deshalb auch der Ablauf der Amtszeit des alten, außerhalb des regelmäßigen Wahlzeitraums gewählten Betriebsrats und der Beginn der Amtszeit des neuen Betriebsrats, der in dem nach § 13 Abs. 3 maßgeblichen regelmäßigen Wahlzeitraum gewählt worden ist, im Zeitpunkt der Bekanntgabe des Neuwahlergebnisses zusammen. Gleiches gilt in den Fällen des § 3 Abs. 4 Satz 2 (s. Rdn. 35).

Die **Amtszeit des neuen Betriebsrats beginnt** nach Satz 2, 2. Alternative regelmäßig mit dem Ab- 17 lauf der Amtszeit des alten Betriebsrats. Diese endet mit dem Ablauf des letzten Tages der Vier-Jahres-Frist um 24 Uhr, nach Satz 3 spätestens am 31. Mai des Jahres der regelmäßigen Betriebsratswahlen (vgl. Rdn. 25). Die Amtszeit des neuen Betriebsrats beginnt dementsprechend um 0 Uhr des folgenden Tages, spätestens am 1. Juni. Die Bekanntgabe des Wahlergebnisses muss freilich bereits erfolgt sein.

In allen Fällen, in denen die Amtszeit des alten Betriebsrats mit Bekanntgabe des Neuwahlergebnisses 18 endet, beginnt die Amtszeit des neu gewählten Betriebsrats im Zeitpunkt der Bekanntgabe des Neuwahlergebnisses. Das sind die Fälle, in denen die Amtszeit des bestehenden Betriebsrats von der regelmäßigen vierjährigen Amtszeit abweicht (vgl. Rdn. 11, 16 und 29).

3. Wirkungen des Beginns der Amtszeit

Mit der Amtszeit beginnen alle Rechte und Pflichten des Betriebsrats als Organ der Betriebsverfassung 19 sowie das Amt und die persönliche Rechtsstellung der Betriebsratsmitglieder (vgl. aber auch Rdn. 20). Eine Unterscheidung zwischen Amtsbeginn und »Amtsausübungsbefugnis« (so *BAG* 23.08.1984 AP Nr. 36 zu § 102 BetrVG 1972 Bl. 2 R, 3 *[Richardi]* = EzA § 102 BetrVG 1972 Nr. 59 S. 497, 499 *[Wiese]*; *Worzalla/Huke/HWGNRH* § 21 Rn. 10; wie hier *Wiese* Anm. zu EzA § 102 BetrVG 1972 Nr. 59 S. 503; *Buschmann/DKKW* § 21 Rn. 15) ist dem Gesetz nicht zu entnehmen (vgl. auch *Raab* § 26 Rdn. 6 m. w. N. und zu den Konsequenzen). **Vor dem Beginn der Amtszeit** stehen dem neuen, schon gewählten Betriebsrat grundsätzlich **keine Amtsbefugnisse** zu; trotzdem gefasste Beschlüsse sind unwirksam (vgl. *ArbG Hameln* BetrR 1991, 250). Eine Ausnahme gilt nur für die sog. konstituierende Sitzung des Betriebsrats gemäß § 29 Abs. 1, die vor Ablauf einer Woche nach dem Wahltag einberufen werden muss, gegebenenfalls (im Betrieb mit Betriebsrat) also schon vor dem Beginn der Amtszeit (vgl. *Raab* § 29 Rdn. 9).

Wenn auch die Amtszeit des neu gewählten Betriebsrats in einem späteren Zeitpunkt als dem der Be- 20 kanntgabe des Wahlergebnisses beginnen kann (vgl. Rdn. 15 ff.), ist doch schon der **besondere Kündigungsschutz** nach § 15 Abs. 1 KSchG, § 103 Abs. 1 und 2 BetrVG für seine Mitglieder mit der Bekanntgabe des Wahlergebnisses gegeben (im Ergebnis ebenso *Raab* § 103 Rdn. 17; *Buschmann/DKKW* § 21 Rn. 14; *Etzel/Rinck* KR § 103 BetrVG Rn. 25; *Fitting* § 21 Rn. 12; *Joost/*MünchArbR 2. Aufl., § 305 Rn. 3; *Deinert/KDZ* KSchR, § 103 BetrVG Rn. 15; *Richardi/Thüsing* § 21 Rn. 10; *Stege/Weinspach/Schiefer* § 103 Rn. 23; *Wlotzke/WPK* § 21 Rn. 4; vgl. auch *BAG* 22.09.1983 EzA § 78a BetrVG 1972 Nr. 12 = AP Nr. 11 zu § 78a BetrVG 1972 Bl. 3 f. *[Löwisch]*; **a. M.** *Brecht* § 21 Rn. 9; *Löwisch/LK* § 21 Rn. 6; *Löwisch/Spinner/Wertheimer* KSchG, 10. Aufl., § 15 KSchG Rn. 15; *Worzalla/Huke/HWGNRH* § 21 Rn. 9: bis zum Beginn der Amtszeit sind die Gewählten nur durch den eingeschränkten nachwirkenden Schutz als Wahlbewerber nach § 15 Abs. 3 Satz 2 KSchG gesichert). Würde der besondere Kündigungsschutz erst mit dem Beginn der Amtszeit des neu gewählten Betriebsrats einsetzen, enthielte das Gesetz eine Lücke, weil nach der ausdrücklichen Regelung des § 15 Abs. 3 Satz 1 KSchG der Kündigungsschutz von Wahlbewerbern gegenüber ordentlichen und außerordentlichen Kündigungen grundsätzlich mit der Bekanntgabe des Wahlergebnisses endet. Danach ist zwar bis zum Ablauf von sechs Monaten eine ordentliche Kündigung ausgeschlossen, jedoch bedarf die außerordentliche Kündigung nicht der Zustimmung des Betriebsrats nach § 103 Abs. 1. Es ist kaum anzunehmen, der Gesetzgeber habe den gewählten, aber noch nicht amtierenden Betriebsratsmitgliedern nicht den vollen Kündigungsschutz gewähren wollen und sie damit schlechter behandeln wollen als Wahlbewerber. Ihr Schutzbedürfnis ist das gleiche wie das der noch im Amt befindlichen Betriebsratsmitglieder. Der Anwendbarkeit des § 15 Abs. 1 KSchG auf die gewählten, aber noch nicht amtierenden Betriebsratsmitglieder steht § 21 nicht entgegen, da diese Vorschrift allein die Amtsstellung nach dem BetrVG betrifft, § 15 KSchG dagegen eine Sonderregelung für den Bereich des Kündigungsschutzes enthält und daher nach deren spezifischem Sinn und Zweck zu interpretieren ist. Danach sind jedoch gewählte, aber noch nicht im Amt befindliche Betriebsratsmitglieder auch schon als Betriebsratsmitglieder anzusehen. Deshalb bedarf es keiner Analogie zu § 15 Abs. 1 KSchG oder § 103 BetrVG (so aber verbreitete Ansicht im Kündigungsschutzrecht; vgl. etwa *von Hoyningen-Huene* in: *von Hoyningen-Huene/Linck* KSchG, § 15 Rn. 39; *Kiel/*ErfK § 15 KSchG Rn. 17; *Linck/APS* § 15 KSchG Rn. 58; *Vossen/SPV* KSchG Rn. 1681); das Ergebnis ist zumindest durch eine extensive Interpretation gerechtfertigt. Die mithin nach § 103 Abs. 1 erforderliche Zustimmung des Betriebsrats zu einer außerordentlichen Kündigung kann allerdings – ebenso wie bei der außerordentlichen Kündigung von Wahlbewerbern – nur von dem noch amtierenden Betriebsrat erteilt werden. Das gilt auch für die Zustimmung zu einer Versetzung nach § 103 Abs. 3; weil die gewählten Betriebsratsmitglieder bereits dem besonderen Kündigungsschutz wie amtierende Betriebsratsmitglieder unterstehen, ist es konsequent und vom gleichen Schutzbedürfnis gedeckt, dass sie auch bereits dem Versetzungsschutz nach § 103 Abs. 3 unterliegen (ebenso *Fitting* § 21 Rn. 12).

IV. Ende der Amtszeit

21 Das Ende der Amtszeit des Betriebsrats ist in den Sätzen 3 bis 5 **unvollständig** geregelt. Sie endet mit dem Ablauf der regelmäßigen vierjährigen Amtszeit (vgl. Rdn. 22 ff.), mit dem Ablauf der verkürzten oder verlängerten Amtszeit eines außerhalb des Zeitraums der regelmäßigen Betriebsratswahlen gewählten Betriebsrats (vgl. Rdn. 26 ff.) oder aus sonstigen, nur teilweise gesetzlich geregelten Beendigungsgründen **vorzeitig** (vgl. Rdn. 31 ff.).

1. Ablauf der regelmäßigen Amtszeit

22 Da die regelmäßige Amtszeit des Betriebsrats nach § 21 Satz 1 vier Jahre beträgt, endet die Amtszeit **in der Regel mit Fristablauf**. Dieser Regelfall gilt aber nur für Betriebsräte, die innerhalb des regelmäßigen Wahlzeitraums eines Wahljahres gemäß § 13 Abs. 1 gewählt worden sind (vgl. Rdn. 29), deren Amtszeit außerdem innerhalb dieses Wahlzeitraums begonnen hat (vgl. Rdn. 25) und innerhalb des nächsten regelmäßigen Wahlzeitraums normal abläuft. **Beginn** und **Ende** der **Vier-Jahres-Frist** sind nach §§ 187 ff. BGB zu berechnen (ebenso *Düwell/*HaKo § 21 Rn. 15; *Fitting* § 21 Rn. 17 f.; *Koch/*ErfK § 21 BetrVG Rn. 3; *Reichold/HWK* § 21 BetrVG Rn. 6; *Richardi/Thüsing* § 21 Rn. 12; *Wlotzke/WPK* § 21 Rn. 6; unklar *Galperin/Löwisch* § 21 Rn. 8). Beginnt die Amtszeit mit der Bekanntgabe des Wahlergebnisses (Satz 2, 1. Alternative; vgl. Rdn. 12 f.), wird gemäß § 187 Abs. 1 BGB dieser Tag bei der Berechnung der Frist nicht mitgezählt. Die Amtszeit des Betriebsrats endet demgemäß mit dem Ablauf des Tages, der durch seine Benennung dem Tag der Bekanntgabe des Wahlergebnisses entspricht (§ 188 Abs. 2 BGB). Wurde z. B. das Wahlergebnis am 24. April 2014 (9.00 Uhr) bekannt gegeben, endet die Amtszeit des Betriebsrats vier Jahre später mit Ablauf des 24. April 2018 (24.00 Uhr). Dieser Tag dürfte auch ein Sonntag (gesetzlicher Feiertag oder Sonnabend) sein; denn die Voraussetzungen für eine Fristverlängerung gemäß § 193 BGB liegen hier nicht vor.

Besteht im Zeitpunkt der Bekanntgabe des Wahlergebnisses noch ein Betriebsrat, beginnt die Amtszeit des neuen Betriebsrats erst mit dem Ablauf von dessen Amtszeit, mithin zu Beginn des dann folgenden Tages (Satz 2, 2. Alternative; vgl. Rdn. 17). Dieser Tag wird gemäß § 187 Abs. 2 Satz 1 BGB bei der Berechnung der Frist mitgezählt, so dass die Amtszeit des Betriebsrats mit dem Ablauf des Tages endet, der dem Tag vorhergeht, der durch seine Benennung dem Anfangstag der Frist entspricht. Läuft beispielsweise die Amtszeit des alten Betriebsrats am 10. Mai ab, beginnt die Amtszeit des neuen Betriebsrats am 11. Mai und endet vier Jahre später mit Ablauf des 10. Mai. 23

Die regelmäßige Amtszeit endet selbst dann mit dem **Ablauf der Vier-Jahres-Frist**, wenn noch **kein neuer Betriebsrat gewählt** und der 31. Mai noch nicht abgelaufen ist (ebenso *Fitting* § 21 Rn. 19; *Joost/* MünchArbR § 217 Rn. 6; *Koch/* ErfK § 21 BetrVG Rn. 3; *Löwisch/LK* § 21 Rn. 7; *Maschmann/* AR § 21 BetrVG Rn. 4; *Reichold/HWK* § 21 BetrVG Rn. 6; *Wlotzke/WPK* § 21 Rn. 8; *Worzalla/Huke/HWGNRH* § 21 Rn. 13; **a. M.** *Richardi/Thüsing* § 21 Rn. 13; wohl auch *Buschmann/DKKW* § 21 Rn. 20; *Berscheid* AR-Blattei SD 530.6.3 Rn. 23, 153, der § 22 analog anwenden will). Eine Weiterführung der Geschäfte gemäß § 22 ist ausgeschlossen (vgl. § 22 Rdn. 14, aber auch Rdn. 15). Mit dem Ende der Amtszeit des alten Betriebsrats wird der Betrieb betriebsratslos. Die Amtszeit des neuen Betriebsrats beginnt dann mit der Bekanntgabe des Wahlergebnisses (Satz 2, 1. Alternative; vgl. Rdn. 10 ff.). Eine Verlängerung der regelmäßigen Amtszeit über den Ablauf der Vier-Jahres-Frist hinaus ist im Gesetz nicht vorgesehen und insbesondere nicht Satz 3 zu entnehmen (so aber *Richardi/Thüsing* § 21 Rn. 13: aus Schutz- und Praktikabilitätsgründen). Nach dieser Vorschrift endet die Amtszeit des Betriebsrats spätestens am 31. Mai des Jahres der regelmäßigen Betriebsratswahlen. Die Vorschrift hat nur die vorzeitige Beendigung der regelmäßigen (vgl. Rdn. 25) und der infolge § 13 Abs. 3 Satz 1 verkürzten (vgl. Rdn. 27) Amtszeit zum Gegenstand, nicht aber die Verlängerung der regelmäßigen Amtszeit. Die Kontinuität des Betriebsrats ist gemäß Satz 2 nur durch rechtzeitige Neuwahl innerhalb des regelmäßigen Wahlzeitraums zu erreichen und mit dem Ablauf des 31. Mai ohnehin unterbrochen. 24

Die regelmäßige Amtszeit endet gemäß Satz 3 **spätestens am 31. Mai** des Jahres, in dem nach § 13 Abs. 1 die regelmäßigen Betriebsratswahlen stattfinden, möglicherweise also schon vor Ablauf der Vier-Jahres-Frist. Dieser Fall kann eintreten, wenn der Betriebsrat zwar in der Zeit vom 1. März bis 31. Mai gewählt, das Wahlergebnis aber erst nach dem 31. Mai bekannt gegeben wurde. Geschah dies beispielsweise am 5. Juni, endet die Amtszeit vier Jahre später mit Ablauf des 31. Mai, nicht erst am 5. Juni. 25

2. Ablauf der nach Satz 3 und 4 verkürzten oder verlängerten Amtszeit

Bedingt durch die Einführung regelmäßiger Betriebsratswahlen in festgelegten Wahlzeiträumen nach § 13 Abs. 1 (vgl. *Jacobs* § 13 Rdn. 2) muss die Amtszeit eines außerhalb der regelmäßigen Wahlzeiträume (Wahlperiode) nach § 13 Abs. 2 zulässigerweise gewählten Betriebsrats so geregelt werden, dass künftige Neuwahlen wieder in diesen Zeitraum fallen. Dem Gesetzgeber ist es indessen nicht gelungen, diesen Zusammenhang in den §§ 13 und 21 angemessen auszudrücken (so mit Recht *Thiele* 2. Bearbeitung, § 21 Rn. 21). Während § 13 Abs. 3 den Zeitraum der Neuwahl festlegt, sucht § 21 Satz 3 und 4 die Amtszeit des alten Betriebsrats entsprechend anzupassen. Der Grundsatz der regelmäßigen vierjährigen Amtszeit gemäß § 21 Satz 1 wird dabei zwangsläufig durchbrochen. Die Regelung des Satzes 3 bezieht sich auf den Fall des § 13 Abs. 3 Satz 1, die des Satzes 4 auf den Fall des § 13 Abs. 3 Satz 2. Vgl. zur richtigen Abgrenzung näher *Jacobs* § 13 Rdn. 85; zu einem Grenzfall aus der Praxis vgl. BAG 16.04.2008 EzA § 1 BetrVG 2001 Nr. 7 Rn. 15 ff. = AP Nr. 32 zu § 1 BetrVG Gemeinsamer Betrieb *[Oetker]*. 26

Ein außerhalb der regelmäßigen Wahlperiode gewählter Betriebsrat muss gemäß § 13 Abs. 3 Satz 1 grundsätzlich in dem auf die Wahl folgenden Zeitraum der regelmäßigen Betriebsratswahlen neu gewählt werden. Die Neuwahl ist eine regelmäßige Betriebsratswahl i. S. d. § 13 Abs. 1. Die Amtszeit des alten Betriebsrats **verkürzt** sich entsprechend auf einen Zeitraum unter vier Jahren und **endet** gemäß Satz 3 **spätestens am 31. Mai** des Jahres der nächsten regelmäßigen Betriebsratswahl (z. B. am 31.05.2018, wenn die Amtszeit am 28.02.2017 oder früher durch Bekanntgabe des Wahlergebnisses begonnen hat). 27

28 Hatte die Amtszeit des Betriebsrats beim Beginn des Zeitraums der regelmäßigen Betriebsratswahlen, mithin am 1. März des Wahljahres (§ 13 Abs. 1), noch nicht ein Jahr betragen (vgl. zur richtigen Berechnung *Jacobs* § 13 Rdn. 85), so ist der Betriebsrat gemäß § 13 Abs. 3 Satz 2 erst im übernächsten Zeitraum der regelmäßigen Betriebsratswahlen neu zu wählen. Seine **Amtszeit verlängert** sich entsprechend über die reguläre vierjährige Amtszeit hinaus um äußerstenfalls ein Jahr. Sie **endet** gemäß Satz 4 **spätestens am 31. Mai** des Jahres, in dem er neu zu wählen ist (z. B. am 31.05.2018, wenn die Amtszeit am 01.03.2013 oder später begonnen hat).

29 Fraglich ist, ob in den Fällen der Rdn. 27, 28 die (verkürzte oder verlängerte) Amtszeit des alten Betriebsrats stets mit Ablauf des 31. Mai endet oder bereits mit der Bekanntgabe des Wahlergebnisses des neu gewählten Betriebsrats (so zu Recht die ganz überwiegende Meinung, vgl. BAG 28.09.1983 EzA § 102 BetrVG 1972 Nr. 56 [unter II 1] = AP Nr. 1 zu § 21 BetrVG 1972 [im Ergebnis zust. *Gast*]; *Buschmann/DKKW* § 21 Rn. 25; *Düwell/HaKo* § 21 Rn. 16; *Fitting* § 21 Rn. 23; *Galperin/Löwisch* § 21 Rn. 10; *Joost/MünchArbR* § 217 Rn. 8; *Koch/ErfK* § 21 BetrVG Rn. 4; *Meisel* Anm. SAE 1986, 119 f.; *Reichold/HWK* § 21 BetrVG Rn. 8; *Richardi/Thüsing* § 21 Rn. 14; *Wlotzke/WPK* § 21 Rn. 10; *Worzalla/Huke/HWGNRH* § 21 Rn. 16 [aber unstimmiges Zitat zu GK-*Kreutz*]; *Thiele* 2. Bearbeitung, § 21 Rn. 24, für den Fall der verlängerten Amtszeit, anders Rn. 25 jedoch bei verkürzter Amtszeit). Aus dem Wortlaut des § 21 ergibt sich nicht das Ende der Amtszeit eines außerhalb des regelmäßigen Wahlzeitraums gewählten Betriebsrats. Die Formulierung in Satz 3 und 4, die Amtszeit ende »spätestens« am 31. Mai, deutet darauf hin, dass dieser Zeitpunkt nur eine zeitliche Höchstgrenze darstellt (vgl. BAG 28.09.1983 EzA § 102 BetrVG 1972 Nr. 56 [unter II 1] = AP Nr. 1 zu § 21 BetrVG 1972; *Fitting* § 21 Rn. 23). Andererseits erfasst die Regelung des § 21 Satz 5, nach der die Amtszeit mit der Bekanntgabe des Wahlergebnisses des neu gewählten Betriebsrats endet, nur die Fälle des § 13 Abs. 2 Nr. 1 und 2. Die Grundregel des § 21 Satz 2 stellt hinsichtlich des Beginns der Amtszeit eines neu gewählten Betriebsrats auf die Bekanntgabe des Wahlergebnisses bzw. bei noch bestehendem Betriebsrat auf das Ende von dessen Amtszeit ab. Andererseits ist es das Ziel des BetrVG, Betriebsratswahlen alle vier Jahre in der Zeit vom 1. März bis 31. Mai durchzuführen. Da die reguläre vierjährige Amtszeit eines außerplanmäßig gewählten Betriebsrats nie in diesem Zeitraum enden würde, kann bei der Bestimmung des Beginns der Amtszeit eines neu gewählten Betriebsrats nur auf die 1. Alternative des § 21 Satz 2, also die Bekanntgabe des Wahlergebnisses, abgestellt werden (im Ergebnis ebenso *Gast* Anm. AP Nr. 1 zu § 21 BetrVG 1972 Bl. 4 Rf.). Dieses Ergebnis ist nicht zuletzt deshalb überzeugend, weil sich aus dem BetrVG kein allgemeiner Rechtsgedanke entnehmen lässt, der Betriebsrat solle so lange wie möglich amtieren (vgl. BAG 28.09.1983 EzA § 102 BetrVG 1972 Nr. 56 [unter II 3] = AP Nr. 1 zu § 21 BetrVG 1972). Die Regelung des § 21 Satz 2 sichert nur die vierjährige Amtszeit eines in regelmäßigen Wahlen gewählten Betriebsrats.

30 Die Amtszeit eines außerhalb des Zeitraums der regelmäßigen Betriebsratswahlen gewählten Betriebsrats endet jedoch dann am 31. Mai des Jahres der nächsten bzw. übernächsten regelmäßigen Betriebsratswahlen, wenn inzwischen **kein neuer Betriebsrat** gewählt worden ist (ebenso BAG 06.12.2006 AP Nr. 5 zu § 21b BetrVG 1972 Rn. 15 ff.; 16.04.2008 EzA § 1 BetrVG 2001 Nr. 7 Rn. 17 = AP Nr. 32 zu § 1 BetrVG 1972 Gemeinsamer Betrieb [*Oetker*]; *Fitting* § 21 Rn. 23; *Galperin/Löwisch* § 21 Rn. 10; *Wlotzke/WPK* § 21 Rn. 10). Auf den Ablauf der Vier-Jahres-Frist kommt es insoweit nicht an.

3. Vorzeitiges Ende der Amtszeit

a) Fälle des § 21 Satz 5

31 Die Amtszeit des Betriebsrats endet vor Ablauf der regelmäßigen vierjährigen Amtszeit (Satz 1) oder einer nach Satz 3 und 4 verkürzten oder verlängerten Amtszeit, wenn ein besonderer Beendigungsgrund eintritt. Ein solcher Beendigungsgrund liegt zunächst nach § 21 Satz 5 in der **Bekanntgabe des Wahlergebnisses** (vgl. Rdn. 12 f.) des neu gewählten Betriebsrats bei vorzeitiger Neuwahl **in den Fällen des § 13 Abs. 2 Nr. 1 und 2**. Der Eintritt der Voraussetzungen einer erheblichen Veränderung der Belegschaftsstärke gemäß § 13 Abs. 2 Nr. 1 (dazu *Jacobs* § 13 Rdn. 36 ff.) oder des Absinkens der Gesamtzahl der Betriebsratsmitglieder unter die vorgeschriebene Zahl gemäß § 13 Abs. 2 Nr. 2 (dazu *Jacobs* § 13 Rdn. 50 ff.) führt nur dazu, dass außerhalb des festen regelmäßigen Wahlzeit-

raums nach § 13 Abs. 2 eine Neuwahl zulässig ist (vgl. *Jacobs* § 13 Rdn. 29), aber nicht schon zur Beendigung der Amtszeit des amtierenden Betriebsrats. Satz 5 sichert insoweit die Fortdauer von dessen Amtszeit bis zur Bekanntgabe des Neuwahlergebnisses und damit zugleich die Betriebsratskontinuität, weil die Amtszeit des neu gewählten Betriebsrats mit der Bekanntgabe des Wahlergebnisses beginnt (vgl. Rdn. 11). Für den Fall, dass der Betriebsrat nicht mehr ordnungsgemäß besetzt ist (§ 13 Abs. 2 Nr. 2), bleibt der Restbetriebsrat (»Rumpfbetriebsrat«) ohne Rücksicht auf die Zahl seiner Mitglieder im Amt (vgl. *BAG* 18.08.1982 EzA § 102 BetrVG 1972 Nr. 48 unter I 3b [zust. *Heinze*] = AP Nr. 24 zu § 102 BetrVG 1972; 16.10.1986 AP Nr. 95 zu § 626 BGB Bl. 2 R), selbst wenn nur noch ein einziges Betriebsratsmitglied vorhanden ist (vgl. *BAG* 19.11.2003 EzA § 22 BetrVG 2001 Nr. 1 [unter I 3] = AP Nr. 19 zu § 1 BetrVG 1972 Gemeinsamer Betrieb; zum »Restmandat« *BAG* 12.01.2000 EzA § 24 BetrVG 1972 Nr. 2 [unter B II 2d cc] = AP Nr. 5 zu § 24 BetrVG 1972; *LAG Düsseldorf/Köln* 20.09.1974 EzA § 22 BetrVG 1972 Nr. 1 S. 5 f.; *ArbG Emden* ARSt. 1976, 62 [Nr. 1075]; *Buschmann/DKKW* § 21 Rn. 30; *Galperin/Löwisch* § 22 Rn. 4; *Huke/HWGNRH* § 22 Rn. 4; *Richardi/Thüsing* § 22 Rn. 4). Erst mit dem Ausscheiden des letzten Betriebsratsmitglieds hört der Betriebsrat auf zu bestehen (vgl. Rdn. 36). Zur Verpflichtung des nach Satz 5 fortbestehenden Betriebsrats, umgehend die gemäß § 13 Abs. 2 zwingend vorgeschriebene Wahl eines neuen Betriebsrats einzuleiten, vgl. *Jacobs* § 13 Rdn. 48, 61. Kommt es zu keiner Neuwahl, endet die Amtszeit des fortbestehenden Betriebsrats mit dem Ablauf derjenigen Amtszeit, die ihm ohne den Eintritt der in § 13 Abs. 2 Nr. 1 und 2 genannten Voraussetzungen zugestanden hätte, mithin mit Ablauf der regelmäßigen vierjährigen Amtszeit (vgl. Rdn. 22 ff.; ebenso *Richardi/Thüsing* § 21 Rn. 20) oder einer nach Satz 3 und 4 verkürzten oder verlängerten Amtszeit (vgl. Rdn. 26 ff.; vgl. auch § 22 Rdn. 21) oder durch Eintritt eines anderen Grundes für die vorzeitige Beendigung der Amtszeit (z. B. Auflösung durch rechtskräftige gerichtliche Entscheidung nach § 23 Abs. 1; vgl. Rdn. 36).

Die Vorschrift des Satzes 5 geht vom Fortbestand des Betriebsrats aus und legt das Ende seiner Amtszeit **32** fest. Diese Regelung passt nicht zu der des § 22, nach der in den Fällen des § 13 Abs. 2 Nr. 1 bis 3 der Betriebsrat lediglich die Geschäfte weiterführt. Die Fälle des § 13 Abs. 2 Nr. 1 und 2 hätten dort nicht genannt werden dürfen (vgl. auch § 22 Rdn. 9). Zur Herabsetzung der Anforderungen an die Beschlussfähigkeit (§ 33 Abs. 2) bei einer vorübergehenden Verhinderung von Betriebsratsmitgliedern und Ersatzmitgliedern vgl. *Raab* § 33 Rdn. 14.

b) Rücktritt des Betriebsrats

Ein weiterer Grund für eine vorzeitige Beendigung der Amtszeit besteht darin, dass der **Betriebsrat** **33** mit der Mehrheit seiner Mitglieder seinen **Rücktritt beschließt** (vgl. § 13 Abs. 2 Nr. 3 und dazu *Jacobs* § 13 Rdn. 62 ff.). Die gesetzliche Regelung folgt der Vorstellung, dass in diesem Falle die Amtszeit des Betriebsrats sofort mit dem Wirksamwerden des Rücktrittsbeschlusses endet und der Betriebsrat gemäß § 22 lediglich die Geschäfte weiterführt; denn der Fall des § 13 Abs. 2 Nr. 3 ist in § 21 Satz 5 nicht genannt. Zwischen dem Fortbestand des Betriebsrats und der Weiterführung der Geschäfte besteht aber sachlich kein Unterschied (vgl. § 22 Rdn. 16). Die Amtszeit des zurückgetretenen Betriebsrats endet faktisch erst mit der Bekanntgabe des Wahlergebnisses des neu gewählten Betriebsrats nach § 22 (im Ergebnis ebenso *Buschmann/DKKW* § 21 Rn. 32; *Düwell/HaKo* § 21 Rn. 3; *Fitting* § 21 Rn. 27; *Löwisch/LK* § 21 Rn. 9; *Reichold/HWK* § 21 BetrVG Rn. 9; *Richardi/Thüsing* § 21 Rn. 19; *Worzalla/Huke/HWGNRH* § 21 Rn. 17; a. M. *Frauenkron* § 13 Rn. 3, § 21 Rn. 3), spätestens mit dem Ablauf derjenigen Amtszeit, die ihm ohne den Rücktrittsbeschluss zugestanden hätte (ebenso *Richardi/Thüsing* § 21 Rn. 20), auch wenn bis dahin kein neuer Betriebsrat gewählt oder ein Wahlergebnis bekannt gegeben wird (vgl. *Fitting* § 21 Rn. 29; *Richardi/Thüsing* § 21 Rn. 20; zust. *BAG* 05.11.2009 NZA-RR 2010, 236 Rn. 17). Ein über den Rücktritt hinausgehendes Recht zur **Selbstauflösung** steht dem Betriebsrat nicht zu (vgl. *LAG Düsseldorf* DB 1975, 840). Zu der vom Rücktritt als Kollektivakt zu unterscheidenden Niederlegung des Amtes durch sämtliche Betriebsratsmitglieder vgl. Rdn. 36 sowie *Jacobs* § 13 Rdn. 69 und § 22 Rdn. 12.

c) Anfechtung der Betriebsratswahl, Auflösung des Betriebsrats

Die Amtszeit des Betriebsrats endet ferner vorzeitig in den Fällen, in denen nach § 13 Abs. 2 Nr. 4 und **34** 5 eine Neuwahl zulässig ist, mithin nach erfolgreicher **Anfechtung** der **Betriebsratswahl** gemäß

§ 19 oder nach **Auflösung** des **Betriebsrats** durch eine gerichtliche Entscheidung gemäß § 23 Abs. 1. Die Amtszeit endet in beiden Fällen mit der Rechtskraft des arbeitsgerichtlichen Beschlusses (vgl. *Oetker* § 23 Rdn. 137 ff.; § 19 Rdn. 136). Eine Weiterführung der Geschäfte bis zur Neuwahl eines Betriebsrats ist insoweit nicht vorgesehen (vgl. § 22 Rdn. 14). Bei **nichtiger** Betriebsratswahl hat der Betriebsrat von Anfang an nicht bestanden (vgl. § 19 Rdn. 153), so dass eine Beendigung einer Amtszeit nicht in Betracht kommt.

d) Fall des § 3 Abs. 4

35 Zu einem vorzeitigen Ende der Amtszeit von Betriebsräten kann es nach § 3 Abs. 4 Satz 2 kommen, wenn durch Tarifvertrag oder Betriebsvereinbarung nach **§ 3 Abs. 1 Nr. 1 bis 3, Abs. 2** vom Gesetz abweichende betriebsverfassungsrechtliche **Organisationseinheiten** gebildet werden. Wann diese Regelungen erstmals anzuwenden sind, überlässt das Gesetz (§ 3 Abs. 4 Satz 1) der Bestimmung durch den Tarifvertrag oder die Betriebsvereinbarung. Wird nichts (anderes) bestimmt, sind die Regelungen erstmals bei der nächsten regelmäßigen Betriebsratswahl anzuwenden; auf diese Weise sichert das Gesetz die Amtskontinuität gewählter Betriebsräte und die Einpassung der Neuwahl in die regelmäßigen Wahlzeiträume. Damit stimmt es überein, dass die Regelungen sofort anwendbar sind, wenn kein Betriebsrat besteht oder aus anderen Gründen eine Neuwahl nach § 13 Abs. 2 erforderlich wird (§ 3 Abs. 4 Satz 1). Sieht allerdings der Tarifvertrag oder die Betriebsvereinbarung einen **anderen Wahlzeitpunkt** vor, der vor oder nach dem nächsten regelmäßigen Wahlzeitraum liegen kann, und wird dieser auch wahrgenommen, so **endet die Amtszeit** aller bestehenden Betriebsräte, die durch die Regelungen nach § 3 Abs. 1 Nr. 1 bis 3 »entfallen«, mit der **Bekanntgabe des Wahlergebnisses** der in der Organisationseinheit gewählten Arbeitnehmervertretung (§ 3 Abs. 4 Satz 2).

e) Erlöschen aller Mitgliedschaften

36 Die Amtszeit des Betriebsrats endet ferner mit dem **Erlöschen** des **Amtes aller seiner Mitglieder** einschließlich der Ersatzmitglieder (vgl. § 24). Das Ende der Amtszeit tritt mit dem Ausscheiden des letzten Betriebsratsmitglieds sofort und endgültig ein (ebenso *BAG* 12.01.2000 EzA § 24 BetrVG 1972 Nr. 2 [unter B II 2b] = AP Nr. 5 zu § 24 BetrVG 1972; 14.08.2001 EzA § 24 BetrVG 1972 Nr. 3 [unter B II b] = AP Nr. 1 zu § 21b BetrVG 1972; 24.10.2001 EzA § 22 BetrVG 1972 Nr. 2 [unter B II 2a ff] = AP Nr. 71 zu § 40 BetrVG 1972 [zust. *Wiese*]; *LAG Hamm* 14.10.2004 – 4 Sa 1102/04 = juris = LAGReport 2005, 182; *Buschmann/DKKW* § 21 Rn. 31; *Düwell*/HaKo § 21 Rn. 20; *Fitting* § 21 Rn. 28; *Reichold*/HWK § 21 Rn. 12; *Richardi/Thüsing* § 21 Rn. 26; *Wlotzke*/WPK § 21 Rn. 14). Eine Weiterführung der Geschäfte bis zur Neuwahl eines Betriebsrats kommt hier anders als im Falle des Rücktritts des ganzen Betriebsrats nicht in Betracht (vgl. § 22 Rdn. 12).

f) Verlust der Betriebsratsfähigkeit

37 Die Amtszeit des Betriebsrats endet auch, wenn die Gesamtzahl der im Betrieb in der Regel **ständig beschäftigten wahlberechtigten Arbeitnehmer unter fünf sinkt** (ebenso *Berscheid* AR-Blattei SD 530.6.3 Rn. 80; *Buschmann/DKKW*§ 21 Rn. 29; *Düwell*/HaKo § 21 Rn. 23; *Fitting* § 21 Rn. 31; *Franzen* § 1 Rdn. 106; *Koch*/ErfK § 21 BetrVG Rn. 4; *Löwisch/LK* § 21 Rn. 11; *Maschmann*/AR § 21 BetrVG Rn. 5; *Reichold/HWK* § 21 BetrVG Rn. 11; *Richardi/Thüsing* § 21 Rn. 23; *Worzalla/Huke*/HWGNRH § 21 Rn. 21; früher *Hueck/Nipperdey* II/2, S. 1177; *Nikisch* III, S. 122; **a. M.** neuerdings *Däubler* FS *Kreutz*, S. 69 [73]: Vorrang der Kontinuität der Interessenvertretung bis zur nächsten regelmäßigen Betriebsratswahl). Die Errichtung eines Betriebsrats setzt gemäß § 1 Abs. 1 Satz 1 voraus, dass ein Betrieb »in der Regel fünf ständige wahlberechtigte Arbeitnehmer« hat, von denen drei wählbar sind (vgl. dazu näher *Franzen* § 1 Rdn. 97 ff.). Die Betriebsratsfähigkeit ist nicht bloß eine Voraussetzung für die Wahl des Betriebsrats, sondern bestimmt gleichzeitig den Geltungsbereich des BetrVG. Ihr Wegfall führt zur sofortigen Beendigung des Betriebsratsamtes (vgl. aber Rdn. 38). Eine Weiterführung der Geschäfte ist ausgeschlossen (vgl. § 22 Rdn. 14). Die Annahme (*Buschmann/DKKW* § 21 Rn. 29; früher *Fitting* § 1 Rn. 269, die diese Ansicht in der 22. Aufl. aufgegeben haben), dass der Betriebsrat (ausnahmsweise) bestehen bleibe, »wenn der Arbeitgeber die Voraussetzung für den Wegfall des Betriebsrats durch willkürliche Entlassung von Arbeitnehmern arglistig herbeiführt, um einen ihm etwa unbequemen Betriebsrat auszuschalten«, ist unbegründet; nach *Däubler*

[FS *Kreutz*, S. 72] soll eine Wahlbehinderung [§ 20 Abs. 1] vorliegen mit der Folge, dass der Betriebsrat so zu behandeln sei, als wäre der Betrieb noch betriebsratsfähig.

Die sofortige Beendigung der Amtszeit tritt dagegen nicht ein, wenn allein die **Zahl** der **wählbaren** **38 Arbeitnehmer** unter die vorgeschriebene Mindestzahl (drei) sinkt (ebenso *Berscheid* AR-Blattei SD 530.6.3 Rn. 81; *Buschmann/DKKW* § 21 Rn. 29; *Fitting* § 21 Rn. 31; s. o. *Franzen* § 1 Rdn. 106; *Löwisch/LK* § 21 Rn. 11; *Reichold/HWK* § 21 BetrVG Rn. 11; *Richardi/Thüsing* § 21 Rn. 23; *Wlotzke/WPK* § 21 Rn. 14; früher *Nikisch* III, S. 122; **a. M.** *Brecht* § 1 Rn. 44). Diese Voraussetzung soll bei Betriebsratswahlen eine hinreichende Auswahlmöglichkeit sicherstellen, hat aber keinen Einfluss auf den Bestand eines wirksam errichteten Betriebsrats, wie die in § 13 Abs. 2 Nr. 2 getroffene Wertung bestätigt. Erst recht bleibt der Betriebsrat im Amt, wenn eine andere rechtlich bedeutsame Beschäftigtenzahl, etwa die Zahl von 21 wahlberechtigten Arbeitnehmern (vgl. § 9) unterschritten oder die Zahl von 20 überschritten wird. Die Rechtsfolgen für dessen Fortbestand bestimmen sich hier ausschließlich nach § 13 Abs. 2 Nr. 1, § 21 Satz 5 (vgl. *Richardi/Thüsing* § 21 Rn. 25). Soweit Beteiligungsrechte des Betriebsrats tatbestandlich von einer Mindestbeschäftigtenzahl abhängig sind (vgl. §§ 99, 111), ist diese freilich maßgebend.

4. Kein vorzeitiges Ende der Amtszeit

a) Betriebsübergang

Geht ein **Betrieb** eines Unternehmensträgers auf einen anderen Rechtsträger **im Wesentlichen** (arg. **39** § 1 Abs. 2 Nr. 2) **ganz über**, so **bleibt** dessen **Betriebsrat im Amt** und behält sein durch die Wahl vermitteltes Mandat zur Wahrnehmung seiner betriebsverfassungsrechtlichen Aufgaben uneingeschränkt gegenüber dem neuen Betriebsinhaber. Das gilt gleichermaßen für die Fälle, in denen die Übertragung eines Betriebes auf einen anderen Inhaber im Wege der **Einzelrechtsnachfolge** durch Rechtsgeschäft (i. S. d. § 613a Abs. 1 BGB) herbeigeführt wird, wie für den Betriebsübergang durch **Gesamtrechtsnachfolge** in Umwandlungsfällen nach dem UmwG (gemäß § 20 Abs. 1 Nr. 1 [Verschmelzung]; §§ 126 Abs. 1 Nr. 9, 131 Abs. 1 Nr. 1 [Spaltung]; §§ 176, 177 [Vermögensübertragung]). Der bloße Wechsel des Betriebsinhabers ist ohne Auswirkung auf die betriebsverfassungsrechtliche Stellung des für diesen Betrieb gewählten Betriebsrats, weil er die Identität des Betriebes als Organisationseinheit unberührt lässt. Das gilt auch für einen Betriebsrat, der für einen übergegangenen Betrieb(steil) ein unternehmensübergreifendes Übergangsmandat hat (s. zu dessen Entstehen § 21a Rdn. 92 ff., zur Dauer § 21a Rdn. 45 ff.).

Für den **rechtsgeschäftlichen Betriebsübergang** i. S. d. § 613a BGB wird dieses Ergebnis zu Recht **40** darauf gestützt, dass der neue Betriebsinhaber kraft Gesetzes als Arbeitgeber in die im Zeitpunkt des Übergangs bestehenden Arbeitsverhältnisse eintritt und an Stelle des bisherigen Betriebsinhabers dessen Leitung übernimmt. Insofern wahrt § 613a Abs. 1 BGB die Betriebsratskontinuität (st. Rspr. des *BAG*; vgl. etwa *BAG* 28.09.1988 EzA § 95 BetrVG 1972 Nr. 14 S. 4; 23.11.1988 EzA § 102 BetrVG 1972 Nr. 72 S. 4; 05.02.1991 EzA § 613a BGB Nr. 93 S. 20; 27.07.1994 EzA § 613a BGB Nr. 123 S. 8; 11.10.1995 EzA § 81 ArbGG 1979 Nr. 16; 05.06.2002 EzA § 47 BetrVG 1972 Nr. 9 S. 4; 28.04.2009 EzA § 99 BetrVG 2001 Eingruppierung Nr. 4 Rn. 10 = AP Nr. 40 zu § 99 BetrVG 1972 Eingruppierung; 08.05.2014 EzA § 1 KSchG Betriebsbedingte Kündigung Nr. 180 Rn. 36 = AP Nr. 205 zu § 1 KSchG 1969 Betriebsbedingte Kündigung; unstr. in der Literatur; vgl. etwa *Bachner* in: *Kittner/Zwanziger/Deinert* Arbeitsrecht, § 97 Rn. 38; *Buschmann/DKKW* § 21 Rn. 36; *Düwell/HaKo* § 21 Rn. 30; *Fitting* § 21 Rn. 34; *B. Gaul* Das Arbeitsrecht der Betriebs- und Unternehmensspaltung, § 27 Rn. 4; *Hauck* FS *Richardi*, 2007, S. 537 [539]; *Hohenstatt/WHSS* D Rn. 8, 10; *Huke/Lepping* FA 2004, 136; *Koch/*ErfK § 21 BetrVG Rn. 5; *Kreft* FS *Wißmann*, 2005, S. 347 [349]; *Kreutz* FS 50 Jahre Bundesarbeitsgericht, 2004, S. 993 f.; *Löwisch/LK* § 21 Rn. 13; *Oberhofer* AuR 1989, 293 [296]; *Preis/*ErfK § 613a BGB Rn. 128; *Reichold/HWK* § 21 BetrVG Rn. 13; *Richardi/Thüsing* § 21 Rn. 28; *Seiter* Betriebsinhaberwechsel, 1980, S. 124; *Trümner/DKK* § 1 Rn. 235; *Wlotzke/WPK* § 21 Rn. 16; *Worzalla/Huke/HWGNR* § 21 Rn. 29).

Für den **Betriebsübergang bei Umwandlungsvorgängen** gilt nichts anderes. Hierzu ist zu beach- **41** ten, dass § 324 UmwG die Anwendung des § 613a Abs. 1 und 4 bis 6 BGB auch für den Betriebsübergang durch Gesamtrechtsnachfolge bei Verschmelzung, Spaltung und Vermögensübertragung (jedenfalls) sicherstellt (h. M.; vgl. *Boecken* Unternehmensumwandlungen und Arbeitsrecht, Rn. 63 ff.; *Däubler* RdA 1995, 136 [139]; *Joost* in: *Lutter* UmwG, 5. Aufl. 2014, § 324 Rn. 3; *Kreßel* BB 1995, 925 [928]; *Wlotzke* DB 1995, 40 [42]). Aber selbst wenn die Arbeitsverhältnisse bereits durch die Gesamtrechtsnachfolge (umwandlungsrechtlich) auf den Rechtsnachfolger übergingen (so *Berscheid* FS *Stahlhacke*, 1995, S. 15 [32]), könnte beim Übergang des (im Wesentlichen) ganzen Betriebes dessen Identität unter dem neuen Inhaber nicht zweifelhaft sein. Der Betriebsrat bleibt auch in diesen Fällen unverändert im Amt (ebenso *Boecken* Unternehmensumwandlungen im Arbeitsrecht, Rn. 356; *Joost* in: Lutter UmwG, § 324 Rn. 20; *Mengel* Umwandlungen im Arbeitsrecht, S. 280 m. w. N., 289 f.; vgl. auch *Bachner, B. Gaul, Hohenstatt, Kreutz*, alle wie Rdn. 40). Nur diese Kontinuität wird zudem den Anforderungen des EG-Rechts gerecht. Denn nach Art. 6 Abs. 1 Unterabsatz 1 der Richtlinie 2001/23/EG vom 12.03.2001 (Betriebsübergangsrichtlinie) wird der Fortbestand der Arbeitnehmervertretung (nach Rechtsstellung und Funktion) über den Zeitpunkt des Betriebsübergangs hinaus ausdrücklich angeordnet, wenn der Betrieb seine Selbständigkeit behält.

42 Ein Betriebsübergang führt auch in **Fallkonstellationen des § 3** nicht zu einem vorzeitigen Amtsende des Betriebsrats (sofern das nicht anders wirksam geregelt wurde). Das gilt einmal dann, wenn ein Betrieb, in dem der Betriebsrat nach den gesetzlichen Bestimmungen gewählt worden ist, auf einen Rechtsträger übergeht, bei dem durch Tarifvertrag oder Betriebsvereinbarung Organisationseinheiten nach § 3 Abs. 1 gebildet sind (vgl. dazu *Franzen* § 3 Rdn. 65; *Trümner* FA 2007, 226; *LAG Mecklenburg-Vorpommern* 08.10.2008 – 2 TaBV 6/08 – juris: Amtsende war wirksam festgelegt) oder ein Betriebsrat nach § 3 Abs. 3 besteht (vgl. *ArbG Hamburg* 13.06.2006 – 19 BV 16/06 – juris). Gleiches gilt auch umgekehrt, wenn eine durch Kollektivvertrag nach § 3 Abs. 1 gebildete Organisationseinheit (Betrieb nach § 3 Abs. 5 Satz 1), in der ein Betriebsrat wirksam besteht, auf einen anderen Rechtsträger übergeht (vgl. dazu *Franzen* § 3 Rdn. 63; *Däubler* DB 2005, 666).

43 Zur **normativen Fortgeltung von Betriebsvereinbarungen** nach einem Betriebsübergang (gerade auch in Folge der Betriebsratskontinuität) vgl. m. w. N. § 77 Rdn. 432, 436 ff.

44 **Ausnahmsweise** führt ein Betriebsübergang zum Zeitpunkt des Übergangs zur **Beendigung der Amtszeit** des Betriebsrats, wenn der Betriebserwerber nicht in den Geltungsbereich des BetrVG fällt, z. B. wenn der Betrieb auf eine Religionsgemeinschaft oder auf eine karitative oder erzieherische Einrichtung einer Religionsgemeinschaft übergeht (**§ 118 Abs. 2**; vgl. *BAG* 09.02.1982 EzA § 118 BetrVG 1972 Nr. 33 = AP Nr. 24 zu § 118 BetrVG 1972 betreffend Krankenhaus; zust. *Düwell*/HaKo § 21 Rn. 31; *Fitting* § 21 Rn. 34; *Koch*/ErfK § 21 BetrVG Rn. 5; *Richardi*/*Thüsing* § 21 Rn. 29; *Wlotzke*/WPK § 21 Rn. 16; krit. zu diesem »Automatismus« *Buschmann*/DKKW § 21 Rn. 37). Das Gleiche gilt, wenn ein Betrieb auf eine Körperschaft, Anstalt oder Stiftung des öffentlichen Rechts übergeht (**§ 130**; vgl. *Richardi*/*Thüsing* § 21 Rn. 29, 30). Ein Übergangsmandat des bisherigen Betriebsrats ist dabei nach deutschem Recht nicht anzuerkennen (vgl. m. w. N. § 21a Rdn. 2; **a. M.** *Buschmann*/DKKW § 21 Rn. 38; *Düwell*/HaKo § 21 Rn. 32), weil ein Betriebsrat weder seine betriebsverfassungsrechtlichen Aufgaben im Öffentlichen Dienst noch die Aufgaben eines Personalrats übergangsweise wahrnehmen kann. Zur Problematik ausreichender Umsetzung von Art. 6 der Richtlinie 2001/23/EG vom 12.03.2001 (Betriebsübergangsrichtlinie) vgl. § 21a Rdn. 2.

b) Spaltung und Zusammenschluss von Betrieben

45 Die Amtszeit eines Betriebsrats endet nicht, wenn ihm in den Fällen des § 21a bei Spaltung und Zusammenschluss von Betrieben, sei es unternehmensintern (§ 21a Abs. 1, 2), sei es unternehmensübergreifend (§ 21a Abs. 3) ein **Übergangsmandat** zukommt; erst mit dessen Beendigung endet das Amt des Betriebsrats ggf. vorzeitig (ebenso *Fitting* § 21 Rn. 33; *Reichold*/HWK § 21 Rn. 15; unklar *Richardi*/*Thüsing* § 21 Rn. 27; verfehlt etwa noch *Hohenstatt*/*Bonanni* NZA 2003, 766 [767]: das Amt des Betriebsrats endet, wenn der Betrieb seine betriebsverfassungsrechtliche Identität verliert; insoweit jedenfalls missverständlich auch *BAG* 15.10.2014 EzA § 16 BetrVG 2001 Nr. 1 Rn. 59 = AP Nr. 3 zu § 16 BetrVG 1972 – obiter dictum). Darüber hinaus sind verschiedene Fallkonstellationen zu unterscheiden: Kommt es in den Fällen eines Zusammenschlusses (Zusammenfassung, Zusammenlegung) von Betrieben zu einem Übergangsmandat nach § 21a Abs. 2 oder 3 für den Betriebsrat des nach der Zahl der wahlberechtigten Arbeitnehmer größten Betriebs, bedeutet das nicht zugleich und zwangsläufig, dass das Amt des Betriebsrats in dem kleineren Betrieb (oder auch mehreren kleineren Betrieben) vorzeitig endet (vgl. § 21a Rdn. 70); in Betracht kommt eine Amtsfortführung zur Wahrnehmung eines Restmandats nach § 21b. Nur wenn ein (kleinerer) Betrieb in einen (größeren) Betrieb, in dem ein Betriebsrat besteht, so eingegliedert wird, dass wegen § 21a Abs. 2 Satz 2 i. V. m. § 21a Abs. 1 Satz 1 letzter Halbsatz kein Übergangsmandat entsteht, sondern der Betriebsrat im aufnehmenden Betrieb unter Zuständigkeitserweiterung für den aufgenommenen Teil regulär im Amt bleibt (vgl. dazu § 21a Rdn. 60, 63), endet das Amt des im eingegliederten Betrieb gebildeten Betriebsrats mit Vollzug der Eingliederung vorzeitig; dessen Funktionsnachfolger wird eo ipso der Betriebsrat des aufnehmenden Betriebs (so im Grundsatz zutr. *BAG* 21.01.2003 EzA § 77 BetrVG 2001 Nr. 3 = AP Nr. 1 zu § 21a BetrVG 1972; allerdings steht das Amtsende unter dem vom *BAG* nicht beachteten Vorbehalt, dass ein Restmandat nach § 21b nicht erforderlich ist [vgl. Rdn. 46]). Andererseits ist zu beachten, dass es auch bei der Spaltung eines Betriebs Fallkonstellationen gibt, bei denen die Amtszeit des Betriebsrats schon deshalb nicht vorzeitig endet, weil er regulär im Amt bleibt (vgl. zu Fällen einer sog. »Betriebsteilabspaltung« § 21a Rdn. 19 ff.). Zur Fortführung eines im Wege unternehmensübergreifender Betriebsspaltung gespaltenen Betriebs als gemeinsamer Betrieb der beteiligten Rechtsträger vgl. § 21a Rdn. 93. Vgl. zu den Auswirkungen der Spaltung eines gemeinsamen Betriebes mehrerer Unternehmen § 21a Rdn. 97.

c) Untergang des Betriebs

46 Ein Untergang eines Betriebs durch Stilllegung, Spaltung oder Zusammenlegung führt nicht zwangsläufig zum vorzeitigen Amtsende des Betriebsrats. Nach § 21b bleibt der Betriebsrat vielmehr so lange im Amt, wie es zur Wahrnehmung von Mitwirkungs- und Mitbestimmungsrechten erforderlich ist, die mit der Stilllegung, der Spaltung oder der Zusammenlegung im Zusammenhang stehen **(Restmandat)**. Vgl. zum Verhältnis eines Restmandats zu einem Übergangsmandat (ggf. dem Fortbestand eines regulären Amtes) bei Betriebsspaltung und Betriebszusammenlegung § 21b Rdn. 28 ff.).

d) Arbeitskämpfe

47 Keine Gründe für eine vorzeitige Beendigung der Amtszeit sind **Streik** oder **Aussperrung**. Das Amt des Betriebsrats bleibt während eines Arbeitskampfes bestehen, selbst wenn der Betrieb hierdurch völlig zum Erliegen kommt. Der Betriebsrat ist überdies nicht funktionsunfähig, sondern lediglich in der Ausübung seiner Beteiligungsrechte beschränkt (vgl. *Kreutz/Jacobs* § 74 Rdn. 57 ff., 69 ff.).

e) Insolvenzverfahren

48 Eine vorzeitige Beendigung der Amtszeit des Betriebsrats tritt auch nicht ein mit der Eröffnung des Insolvenzverfahrens über das Vermögen des Arbeitgebers. Mit der Eröffnung des Insolvenzverfahrens gehen nicht nur gemäß § 80 InsO die Verwaltungs- und Verfügungsbefugnis des Schuldners über sein zur Insolvenzmasse gehörendes Vermögen auf den Insolvenzverwalter über, sondern auch alle Rechte und Pflichten, die sich aus der Arbeitgeberstellung des Schuldners ergeben. Dazu gehört insbesondere die Wahrnehmung der betriebsverfassungsrechtlichen Aufgaben des Arbeitgebers (vgl. auch §§ 120 ff. InsO). Das gilt auch, wenn nur über ein (von mehreren) Unternehmen eines gemeinsamen Betriebs das Insolvenzverfahren eröffnet worden ist (vgl. *Buschmann/DKKW* § 21b Rn. 10). Zu einer vorzeitigen Beendigung der Amtszeit des Betriebsrats eines Gemeinschaftsbetriebes kommt es auch dann nicht, wenn im Zuge der Eröffnung des Insolvenzverfahrens über eines der beteiligten Unternehmen der gemeinsame Betrieb aufgelöst wird, weil dieses Unternehmen seine betriebliche Tätigkeit einstellt und seine Arbeitnehmer aus dem Betrieb ausscheiden, der allein von dem anderen Unternehmen weitergeführt wird (*BAG* 19.11.2003 EzA § 22 BetrVG 2001 Nr. 1 = AP Nr. 19 zu § 1 BetrVG 1972 Gemeinsamer Betrieb, aber mit unstimmigem Begründungsgedankengang unter I 2a). Dem Betriebsrat eines Gemeinschaftsbetriebes kommt jedoch lediglich ein Übergangsmandat nach § 21a Abs. 3 i. V. m. Abs. 1 zu, wenn durch Aufhebung der gemeinsamen Leitung allein die Gemeinsamkeit des Betriebes aufgehoben wird (vgl. § 21a Rdn. 94, 97).

§ 21

5. Wirkungen des Endes der Amtszeit

49 Mit dem Ende seiner Amtszeit enden die Rechtsstellung des Betriebsrats als Organ der Betriebsverfassung sowie das Amt und die persönliche Rechtsstellung der Betriebsratsmitglieder. Der bisherige **Betriebsrat** verliert sämtliche Befugnisse und **hört auf zu bestehen** (z. B. ist ein danach geschlossener Sozialplan ebenso unwirksam [vgl. etwa *Hess. LAG* 15.05.2012 – 12 Sa 280/11 – juris, Rn. 25] wie allgemein ein von einem rechtlich nicht existenten Gremium geschlossener Sozialplan [vgl. etwa *BAG* 17.03.2010 EzA § 47 BetrVG 2001 Nr. 5 Rn. 24 = AP Nr. 18 zu § 47 BetrVG 1972]). Eine Fortsetzung seines Amtes oder eine Weiterführung der Geschäfte bis zur Wahl eines neuen Betriebsrats sind (vorbehaltlich der Regelung des § 22) ausgeschlossen und können weder kollektivvertraglich noch arbeitsvertraglich vereinbart werden (vgl. auch Rdn. 7; ebenso *LAG Hamm* 24.03.2010 – 10 TaBVGa 7/10 – juris; *Fitting* § 21 Rn. 37; *Galperin/Löwisch* § 21 Rn. 11 f., 26). Ebenso wenig können die Befugnisse des Betriebsrats durch ein anderes Organ, etwa den Gesamtbetriebsrat oder die Belegschaft selbst wahrgenommen werden (vgl. *BAG* 16.08.1983 AP Nr. 5 zu § 50 BetrVG 1972 Bl. 2 ff. = EzA § 50 BetrVG 1972 Nr. 9; *Bitzer* BUV 1972, 97 [98]; *Buschmann/DKKW* § 21 Rn. 44; *Galperin/Löwisch* § 21 Rn. 26; *Reichold/HWK* § 21 BetrVG Rn. 5). Im Regelfall wird sich allerdings die Amtszeit des neu gewählten Betriebsrats unmittelbar anschließen (vgl. Rdn. 15), so dass die Kontinuität betriebsverfassungsrechtlicher Interessenvertretung materiellrechtlich und verfahrensrechtlich in vollem Umfang gewahrt bleibt (vgl. auch Rdn. 51). Ist das nicht der Fall (fehlende Funktionsnachfolge), enden nach rechtsfortbildender neuerer Rspr. des *BAG* (grundlegend *BAG* Siebter Senat 24.10.2001 EzA § 22 BetrVG 1972 Nr. 2 [unter B II 2 m. w.N] = AP Nr. 71 zu § 40 BetrVG 1972 zum Prinzip der Funktionsnachfolge und dem Gedanken der Kontinuität betriebsverfassungsrechtlicher Interessenvertretung) ausnahmsweise Kostenerstattungs- und Freistellungsansprüche des Betriebsrats nicht, die zum Zeitpunkt der Beendigung der Amtszeit des Betriebsrats noch nicht erfüllt sind (vgl. m. w. N. § 22 Rdn. 15).

50 Mit dem Ablauf der Amtszeit des Betriebsrats **erlöschen** zugleich das **Amt der Betriebsratsmitglieder** (vgl. § 24 Nr. 1) sowie die Rechtsstellung der Ersatzmitglieder (s. *Oetker* § 25 Rdn. 68), es sei denn, die Mitgliedschaft setzt sich im neu gewählten Betriebsrat fort. Zugleich erlöschen Mitgliedschaften und Funktionen, die die Mitgliedschaft im Betriebsrat zur Tatbestandsvoraussetzung haben, wie die Mitgliedschaft in Ausschüssen (§§ 27, 28 Abs. 1), im Gesamtbetriebsrat (§ 49), Konzernbetriebsrat (§§ 57, 49) sowie etwa Vorsitz im Betriebsrat (§ 26) und Freistellungen (§ 38). Ebenso endet der besondere Kündigungsschutz für Betriebsratsmitglieder gemäß § 15 Abs. 1 Satz 1 KSchG, § 103 Abs. 1 BetrVG sowie ihr Versetzungsschutz nach § 103 Abs. 3 Satz 1. Die Betriebsratsmitglieder genießen jedoch gemäß § 15 Abs. 1 Satz 2 KSchG noch ein Jahr (Mitglieder der Bordvertretung sechs Monate) seit der Beendigung der Amtszeit einen nachwirkenden Kündigungsschutz. Während dieser Zeit ist eine ordentliche Kündigung des Arbeitsverhältnisses ausgeschlossen, sofern nicht das Ende der Amtszeit und der Mitgliedschaft im Betriebsrat auf einer gerichtlichen Entscheidung beruht (vgl. Rdn. 34). Zum nachwirkenden Benachteiligungs- und Begünstigungsverbot vgl. § 78 Rdn. 62.

V. Streitigkeiten

51 Streitigkeiten über den Beginn und das Ende der Amtszeit des Betriebsrats entscheiden die Arbeitsgerichte im Beschlussverfahren (§ 2a Abs. 1 Nr. 1, Abs. 2, §§ 80 ff. ArbGG). Bei Streit kann auch der Fortbestand des Betriebsratsmandats beim Betriebsübergang (vgl. Rdn. 39 ff.) mit einem Feststellungsantrag zur arbeitsgerichtlichen Entscheidung gestellt werden; jedoch entfällt mit Ablauf der Amtszeit das Feststellungsinteresse (*BAG* 11.10.1995 EzA § 81 ArbGG 1979 Nr. 16 = AR-Blattei ES 500 Nr. 114 [krit. *Hergenröder* wegen Verneinung einer präjudiziellen Bindungswirkung für nachfolgende Individualrechtsstreitigkeiten; ebenso *Treber* ZfA 1996, 659, 801]). Beginn und Ende der Amtszeit können ebenso im Verfahren vor der Einigungsstelle (§ 76), in Beschlussverfahren mit anderem Streitgegenstand (z. B. Streit um die Gültigkeit einer Betriebsvereinbarung) und im arbeitsgerichtlichen Urteilsverfahren, etwa im Kündigungsschutzprozess bei der Frage, ob die Kündigung nach § 102 Abs. 1 Satz 3 unwirksam ist (vgl. etwa *BAG* 19.11.2003 EzA § 22 BetrVG 2001 Nr. 1 = AP Nr. 19 zu § 1 BetrVG 1972 Gemeinsamer Betrieb), eine Rolle spielen und dort als Vorfrage mit-

entschieden werden. Zur Beendigung der Amtszeit infolge einer gerichtlichen Entscheidung vgl. Rdn. 34.

Das Ende der Amtszeit des Betriebsrats kann **in anhängigen Beschlussverfahren vielfältige weitere Auswirkungen** haben. So entfällt z. B. die Beteiligungsbefugnis (Beschwerdebefugnis) des bisherigen Betriebsrats mit der Bekanntgabe des Wahlergebnisses bei Neuwahl des Betriebsrats nach § 13 Abs. 2 Nr. 1 (*LAG Hamm* 04.02.1977 EzA § 23 BetrVG 1972 Nr. 5). Der Verlust der Beteiligtenstellung durch das Amtsende des Betriebsrats ist auch noch in der Rechtsbeschwerdeinstanz von Amts wegen zu berücksichtigen und führt zur Unzulässigkeit der vom nicht mehr beteiligten Betriebsrat eingelegten Rechtsbeschwerde (*BAG* 25.09.1996 EzA § 97 ArbGG 1979 Nr. 2 = AP Nr. 4 zu § 97 ArbGG 1979 *[Oetker]*). Ein funktionsnachfolgender Betriebsrat wird jedoch ipso iure Beteiligter eines vom Vorgänger eingeleiteten Beschlussverfahrens und kann etwa eine von diesem eingelegte Rechtsbeschwerde weiterverfolgen, ohne dass es dafür besonderer Prozesshandlungen bedarf (*BAG* 21.01.2003 § 77 BetrVG 2001 Nr. 3 = AP Nr. 1 zu § 21a BetrVG 1972: Funktionsnachfolge nach Eingliederung eines Betriebes; 25.04.1978 AP Nr. 15 zu § 80 BetrVG 1972: Funktionsnachfolge nach Neuwahl; 23.06.2010 EzA § 99 BetrVG 2001 Einstellung Nr. 14 Rn. 11 f. = AP Nr. 17 zu § 81 SGB IX *[Joussen]*: Funktionsnachfolge nach Amtsende eines in einem Gemeinschaftsbetrieb gewählten Betriebsrats und Neuwahl von Betriebsräten in den getrennten Betrieben); vgl. auch *Schiebe* Die betriebsverfassungsrechtliche Funktionsnachfolge, S. 59 ff. 52

Mit dem Ende der Amtszeit entfällt für einen Wahlanfechtungsantrag das Rechtsschutzinteresse, weil sich eine gerichtliche Unwirksamkeitserklärung, die nur für die Zukunft wirkt, für die Beteiligten nicht mehr auswirken kann (s. § 19 Rdn. 120 m. w. N.); der Antrag ist als unzulässig abzuweisen. Gleiches gilt für einen Antrag auf Ausschließung eines Mitglieds aus dem Betriebsrat, weil auch der gestaltende Beschluss nach § 23 Abs. 1 nur für die Zukunft wirkt (s. *BAG* 18.05.2016 – 7 ABR 81/13 – NZA-RR 2016, 582 Rn. 16 ff.); falls das Mitglied auch dem neu gewählten Betriebsrat wieder angehört, kann eine Abweisung des Antrags wegen Unzulässigkeit in der Rechtsbeschwerdeinstanz auch nicht dadurch vermieden werden, dass der Antrag auch auf die Ausschließung aus dem neu gewählten Betriebsrat erweitert wird; diese Antragserweiterung ist, wie das *BAG* zutr. entschieden hat (Rn. 12 ff.), nach § 559 Abs. 1, § 264 Nr. 2 ZPO unzulässig. Zur Frage, ob ein Ausschließungsantrag überhaupt erfolgreich auf Pflichtverletzungen aus der vorangegangenen Amtszeit gestützt werden kann, s. *Oetker* § 23 Rdn. 59 m. w. N.; der Siebte Senat des BAG hat sie jüngst verneint (*BAG* 27.07.2016 NZA 2017, 136; ebenso »grundsätzlich« *Hess. LAG* 11.02.2016 – 9 TaBV 135/15 – juris, Rn. 64). 53

§ 21a
¹Übergangsmandat

(1) Wird ein Betrieb gespalten, so bleibt dessen Betriebsrat im Amt und führt die Geschäfte für die ihm bislang zugeordneten Betriebsteile weiter, soweit sie die Voraussetzungen des § 1 Abs. 1 Satz 1 erfüllen und nicht in einen Betrieb eingegliedert werden, in dem ein Betriebsrat besteht (Übergangsmandat). Der Betriebsrat hat insbesondere unverzüglich Wahlvorstände zu bestellen. Das Übergangsmandat endet, sobald in den Betriebsteilen ein neuer Betriebsrat gewählt und das Wahlergebnis bekannt gegeben ist, spätestens jedoch sechs Monate nach Wirksamwerden der Spaltung. Durch Tarifvertrag oder Betriebsvereinbarung kann das Übergangsmandat um weitere sechs Monate verlängert werden.

(2) Werden Betriebe oder Betriebsteile zu einem Betrieb zusammengefasst, so nimmt der Betriebsrat des nach der Zahl der wahlberechtigten Arbeitnehmer größten Betriebs oder Betriebsteils das Übergangsmandat wahr. Absatz 1 gilt entsprechend.

---

1 Amtl. Anm.: Diese Vorschrift dient der Umsetzung des Artikels 6 der Richtlinie 2001/23/EG des Rates vom 12. März 2001 zur Angleichung der Rechtsvorschriften der Mitgliedstaaten über die Wahrung von Ansprüchen der Arbeitnehmer beim Übergang von Unternehmen, Betrieben oder Betriebsteilen (ABlEG Nr. L 82 S. 16).

(3) Die Absätze 1 und 2 gelten auch, wenn die Spaltung oder Zusammenlegung von Betrieben und Betriebsteilen im Zusammenhang mit einer Betriebsveräußerung oder einer Umwandlung nach dem Umwandlungsgesetz erfolgt.

Literatur
I. Zum Übergangsmandat vor der gesetzlichen Regelung in § 21a
Bachner Das Übergangsmandat des Betriebsrats bei Unternehmensumstrukturierungen, DB 1995, 2068; *ders.* Individual- und kollektivrechtliche Auswirkungen des neuen Umwandlungsgesetzes, NJW 1995, 2881; *Bange* Fortgeltung von Kollektivverträgen bei Unternehmensumstrukturierung durch Umwandlung (Diss. Frankfurt/M.), 2000; *Bauer/Lingemann* Das neue Umwandlungsrecht und seine arbeitsrechtlichen Auswirkungen, NZA 1994, 1057; *Berg, F.* Unternehmensinterne Umstrukturierungen und betriebsverfassungsrechtliche Auswirkungen (Diss. Kiel), 2000; *Berscheid* Die Auswirkungen der arbeitsrechtlichen Vorschriften des Umwandlungsgesetzes auf die einzelnen Arbeitsverhältnisse und die Beteiligungsrechte des Betriebsrats, FS *Stahlhacke*, 1995, S. 15; *ders.* Amtszeit des Betriebsrats bei Unternehmensumwandlungen und Betriebsänderungen, AR-Blattei SD 530.6.4 (Stand: 1996); *Blank/Blanke/Klebe/Kümpel/Wendeling-Schröder/Wolter* Arbeitnehmerschutz bei Betriebsaufspaltung und Unternehmensteilung, 2. Aufl. 1987; *Boecken* Unternehmensumwandlungen und Arbeitsrecht, 1996; *Däubler* Das Arbeitsrecht im neuen Umwandlungsgesetz, RdA 1995, 136; *Düwell* Umwandlungen von Unternehmen und ihre arbeitsrechtlichen Folgen, NZA 1996, 393; *Engels* Betriebsverfassungsrechtliche Aspekte des Spaltungsgesetzes, DB 1991, 966; *ders.* Fortentwicklung des Betriebsverfassungsrechts außerhalb des Betriebsverfassungsgesetzes, FS *Wlotzke*, 1996, S. 279; *ders.* Erstreckung des Übergangmandats (§ 321 UmwG) auf bislang betriebsratslose Einheiten, DB 1997, 2609; *Feudner* Übergangs- und Restmandat des Betriebsrats, BB 1996, 1934; *Haag* Umstrukturierung und Betriebsverfassung (Diss. Konstanz), 1996; *Hellmann* Betriebsauflösung und Betriebsrat, 1994; *Ingenfeld* Die Betriebsausgliederung aus der Sicht des Arbeitsrechts. Arbeitsrechtliche Probleme bei Umstrukturierungen in Unternehmensgruppen unter besonderer Berücksichtigung von Gemeinschaftsbetrieben verbundener Unternehmen (Diss. Köln), 1992; *Jung* Das Übergangsmandat des Betriebsrats (Diss. Bayreuth), 1999; *Junker, A.* Betriebsrat und Betriebsvereinbarung bei der Umstrukturierung von Unternehmen, in: *Hromadka* Recht und Praxis der Betriebsverfassung, 1996, S. 100; *Kissel* Der fehlende Betriebsrat, Gießener Rechtswissenschaftliche Abhandlungen, Bd. 6, Freundesgabe für *Alfred Söllner*, 1990, S. 143; *Klar* Das Übergangsmandat des Betriebsrats, NZA 1997, 470; *Konzen* Unternehmensaufspaltungen und Organisationsänderungen im Betriebsverfassungsrecht, 1986 (zit.: Unternehmensaufspaltungen); *Krause* Das Übergangsmandat des Betriebsrats im Lichte der novellierten Betriebsübergangsrichtlinie, NZA 1998, 1201; *Kreßel* Arbeitsrechtliche Aspekte des neuen Umwandlungsbereinigungsgesetzes, BB 1995, 925; *Kreutz* Betriebsverfassungsrechtliche Auswirkungen unternehmensinterner Betriebsumstrukturierungen – Skizze eines neuen Lösungskonzepts, FS *Wiese*, 1998, S. 235; *ders.* Gestaltungsaufgabe und Beendigung von Betriebsvereinbarungen, FS *Kraft*, 1998, S. 323; *Löwisch* Betriebsratsamt und Sprecherausschußamt bei Betriebsübergang und Unternehmensänderung, BB 1990, 1698; *Mengel* Umwandlungen im Arbeitsrecht (Diss. Köln), 1997; *Oetker/Busche* Entflechtung ehemals volkseigener Wirtschaftseinheiten im Lichte des Arbeitsrechts, NZA 1991, Beilage Nr. 1, S. 18; *Pircher* Betriebsteilung infolge Umstrukturierung, 2000; *Plander* Umstrukturierungen und Änderungen der Arbeitsorganisation als Gegenstände der Betriebsverfassung, NZA 2000, 393; *Rieble* Kompensation der Betriebsspaltung durch den Gemeinschaftsbetrieb mehrerer Unternehmen (§ 322 UmwG), FS *Wiese*, 1998, S. 453; *Umnuß* Organisation der Betriebsverfassung und Unternehmensautonomie. Grundlegung für die Reform des organisatorischen Teils der Betriebsverfassung, 1993; *Vogelsang* Verlust des Betriebsrats infolge Unternehmensteilung? – Lückenlose Kontinuität der betriebsverfassungsrechtlichen Vertretung durch vorübergehende Geschäftsführungsbefugnisse, DB 1990, 1329; *Wiese* Mehrere Unternehmen als gemeinsamer Betrieb im Sinne des Betriebsverfassungsrechts, FS *Gaul*, 1992, S. 553; *Willemsen* Arbeitsrecht im Umwandlungsgesetz – Zehn Fragen aus der Sicht der Praxis, NZA 1996, 791; *Willemsen/Annuß* Neue Betriebsübergangsrichtlinie – Anpassungsbedarf im deutschen Recht?, NJW 1999, 2073; *Willemsen/Hohenstatt* Erstreckung des Übergangsmandats auf betriebsratslose Einheiten?, DB 1997, 609; *Wlotzke* Arbeitsrechtliche Aspekte des neuen Umwandlungsrechts, DB 1995, 40.

II. Zum Übergangsmandat nach dem BetrVerf-Reformgesetz 2001
Au Das Übergangsmandat der Arbeitnehmervertretungen (Diss. Erlangen-Nürnberg), 2014 (zit.: Übergangsmandat); *Bischoff* Das Übergangsmandat des Betriebsrats (Diss. Jena), 2003; *Buschbaum* Das Restmandat des Betriebsrats § 21b BetrVG (Diss. Gießen), 2011 (zit.: Restmandat); *Däubler* Die veränderte Betriebsverfassung – Erste Anwendungsprobleme, AuR 2001, 285; *Engels/Trebinger/Löhr-Steinhaus* Regierungsentwurf eines Gesetzes zur Reform des Betriebsverfassungsgesetzes, DB 2001, 532; *Feudner* Übergangs- und Restmandate des Betriebsrats gemäß §§ 21a, 21b BetrVG, DB 2003, 882; *Fischer* Die Eingliederung eines Betriebes oder Betriebsteiles nach § 21a

BetrVG als Sonderfall der Betriebszusammenfassung, RdA 2005, 39; *Fuhlrott/Oltmanns* Das Schicksal von Betriebsräten bei Betriebs(teil)übergängen, BB 2015, 1013; *Gaul, B.* Das Arbeitsrecht der Betriebs- und Unternehmensspaltung, 2002; *Gragert* Übers Ziel hinaus? – Das Übergangsmandat nach § 21a BetrVG, NZA 2004, 289; *Hahn/Rudolph* Das Übergangsmandat des Betriebsrats, AiB 2009, 436; *Hanau* Die Reform der Betriebsverfassung, NJW 2001, 2513; *Huke/Lepping* Die Folgen eines Betriebsübergangs auf betriebliche Interessenvertretungen, FA 2004, 136; *Hidalgo/Kobler* Betriebsverfassungsrechtliche Folgen des Widerspruchs bei einem Betriebsübergang, NZA 2014, 290; *Käckenmeister* Rechtsfragen des Übergangsmandats bei der Privatisierung öffentlicher Aufgaben (Diss. Tübingen), 2010 (zit.: Übergangsmandat); *Kittner, O.* Beschränkter Umfang des Übergangsmandats nach § 21a BetrVG, NZA 2012, 541; *Konzen* Der Regierungsentwurf des Betriebsverfassungsreformgesetzes, RdA 2001, 76; *Kreft* Normative Fortgeltung von Betriebsvereinbarungen nach einem Betriebsübergang, FS Wißmann, 2005, S. 347; *Kreutz* Übergangsmandat des Betriebsrats und Fortgeltung von Betriebsvereinbarungen bei unternehmensinternen Betriebsumstrukturierungen, Gedächtnisschrift für *Sonnenschein*, 2003, S. 829; *ders.* Normative Fortgeltung von Betriebsvereinbarungen nach einem Betriebsteilübergang, FS 50 Jahre Bundesarbeitsgericht, 2004, S. 993; *Lelley* Kollision zwischen Übergangs- und Restmandat – ein betriebsverfassungsrechtliches Dilemma, DB 2008, 1433; *Lepper/Wiesinger* Das neue Übergangsmandat, AuA 2002, 204; *Lerch* Auswirkungen von Betriebsübergängen und unternehmensinternen Umstrukturierungen auf Betriebsvereinbarungen (Diss. Mainz), 2006; *Linsenmaier* Identität und Wandel – zur Entstehung von Übergangsmandaten nach § 21a BetrVG, RdA 2017, 128; *Löw* Übergangs- und Restmandat bei Widerspruch gegen den Betriebsübergang, AuR 2007, 194; *Löwisch/Schmidt-Kessel* Die gesetzliche Regelung von Übergangsmandat und Restmandat nach dem Betriebsverfassungsreformgesetz, BB 2001, 2162; *Löwisch/Tarantino* Betriebsübergang: Betriebliche Stellung widersprechender Arbeitnehmer, FS *Bepler*, 2012, S. 403; *Maschmann* Betriebsrat und Betriebsvereinbarung nach einer Umstrukturierung, NZA Beilage 2009 Nr. 1 S. 32; *Pewny* Das Übergangsmandat des Betriebsrats (Diss. Osnabrück), 2017 (zit.: Übergangsmandat); *Richardi/Annuß* Neues Betriebsverfassungsgesetz: Revolution oder strukturwahrende Reform?, DB 2001, 41; *Rieble* Das Übergangsmandat nach § 21a BetrVG, NZA 2002, 233; *ders.* Betriebsverfassungsrechtliche Folgen der Betriebs- und Unternehmensumstrukturierung, NZA 2003, Sonderbeilage zu Heft 16, S. 62; *Rieble/Gutzeit* Betriebsvereinbarungen nach Unternehmensumstrukturierungen NZA 2003, 233; *dies.* Übergangsmandat bei Betriebsverschmelzung: Streit zwischen Betriebsräten und Durchsetzung, ZIP 2004, 693; *Rupp* Auswirkungen von Umstrukturierungen auf die Interessenvertretungen, AiB 2007, 159; *Salamon* Die kollektivrechtliche Geltung von Betriebsvereinbarungen beim Betriebsübergang unter Berücksichtigung der neueren BAG-Rechtsprechung, RdA 2007, 153; *Schlenker-Rehage* Das Übergangsmandat des Betriebs- und des Personalrats und die Bedeutung der Richtlinie 2001/13/EG (Diss. Halle), 2010 (zit.: Übergangsmandat); *Schulze/Schreck* Übergaqngs- und Restmandat, AiB 2013, 44; *Sieg/Maschmann* Unternehmensumstrukturierung aus arbeitsrechtlicher Sicht, 2005; *Stöckel* Das Amt des Betriebsrats nach Umstrukturierungen – Das Substrat betriebsverfassungsrechtlicher Repräsentation und die Lehre von der betrieblichen Identität (Diss. Hamburg), 2011 (zit.: Betriebsratsamt nach Umstrukturierungen); *Thüsing* Das Übergangsmandat und das Restmandat des Betriebsrats nach § 21a und § 21b BetrVG, DB 2002, 738; *ders.* Folgen einer Umstrukturierung für Betriebsrat und Betriebsvereinbarung, DB 2004, 2474; *Willemsen/Hohenstatt/Schweibert/Seibt* Umstrukturierung und Übertragung von Unternehmen, Arbeitsrechtliches Handbuch, 5. Aufl. 2016 (zit.: WHSS); *Worzalla* Übergangs- und Restmandat des Betriebsrats nach § 21a und b BetrVG, FA 2001, 261.

Inhaltsübersicht   Rdn.

I.   Vorbemerkung   1–13
II. Übergangsmandat bei unternehmensinterner Betriebsspaltung (Abs. 1)   14–54
     1. Entstehungsvoraussetzungen des Übergangsmandats   17–32
        a) Betriebsspaltung   17–25
           aa) Betriebsspaltung als Tatbestandsmerkmal   20–22
           bb) Abgrenzung »Betriebsaufspaltung«/»Betriebs(teil)abspaltung«   23–25
        b) Betriebsratsfähigkeit der Betriebsteile   26–28
        c) Keine Eingliederung   29–32
     2. Inhalt des Übergangsmandats   33–44
        a) Übergangsmandat als Vollmandat   33–39
        b) Bestellung von Wahlvorständen   40–44
     3. Dauer des Übergangsmandats   45–54
III. Übergangsmandat bei unternehmensinterner Zusammenfassung von Betrieben oder Betriebsteilen (Abs. 2)   55–83
     1. Entstehungsvoraussetzungen des Übergangsmandats   58–69

a) Zusammenfassung zu einem Betrieb	58–66
aa) Tatbestandsmerkmal	58–60
bb) Abgrenzung »Zusammenfassung«/»Eingliederung«	61–66
b) Bestehen von Betriebsräten	67–69
2. Träger des Übergangsmandats	70–74
3. Inhalt und Dauer des Übergangsmandats	75–83
a) Inhalt	76–80
b) Dauer	81–83
IV. Unternehmensübergreifendes Übergangsmandat (Abs. 3)	84–104
1. Unternehmensübergreifende Betriebsumstrukturierungen	86–91
2. Entstehung unternehmensübergreifender Übergangsmandate	92–97
3. Inhalt, Ausübung, Kosten	98–104
V. Streitigkeiten	105

I. Vorbemerkung

1 Die Vorschrift regelt ein **Übergangsmandat des Betriebsrats** für die Fälle, dass ein Betrieb gespalten wird (Abs. 1) und Betriebe oder Betriebsteile zu einem Betrieb zusammengefasst werden (Abs. 2). Diese Übergangsmandate entstehen bei unternehmensinternen Umstrukturierungen der betrieblichen Organisationseinheiten (Abs. 1 und 2), nach Abs. 3 aber auch dann, wenn die Spaltung des Betriebs oder die Zusammenfassung von Betrieben oder Betriebsteilen im Zusammenhang mit einer (rechtsgeschäftlichen) Betriebsveräußerung oder einer Umwandlung nach dem UmwG erfolgt. Mit anderem Regelungsgehalt gelten nach § 111 Satz 3 Nr. 3 die Spaltung und der Zusammenschluss von Betrieben als Betriebsänderungen i. S. d. § 111 Satz 1.

2 Die **Vorschrift** wurde durch Art. 1 Nr. 18 BetrVerf-Reformgesetz vom 23.07.2001 (BGBl. I S. 1852) **neu** in das Betriebsverfassungsgesetz eingefügt. Nach der amtlichen Fußnote in der Überschrift dient die Vorschrift der Umsetzung des Art. 6 der Richtlinie 2001/23/EG des Rates vom 12. März 2001 (ABlEG Nr. L 82 S. 16), die dabei allerdings nicht ganz korrekt bezeichnet wird. Es ist die Richtlinie des Rates »zur Angleichung der Rechtsvorschriften der Mitgliedsstaaten über die Wahrung von Ansprüchen der Arbeitnehmer beim Übergang von Unternehmen, Betrieben oder *Unternehmens- oder Betriebsteilen*«. Diese Richtlinie hat die Richtlinie 77/187/EWG zur Angleichung der Rechtsvorschriften der Mitgliedsstaaten über die Wahrung von Ansprüchen der Arbeitnehmer beim Übergang von Unternehmen, Betrieben und Betriebsteilen (Betriebsübergangsrichtlinie) sowie die dazu ergangene Änderungs-Richtlinie 98/50/EG des Rates vom 29. Juni 1998 (ABlEG Nr. L 201/88, die auch die neue Bezeichnung gebracht hat) ohne materielle Änderungen zusammengefasst. Die Richtlinie 2001/23/EG war bis zum 17.07.2001 umzusetzen; sie ist durch das BetrVerf-Reformgesetz also verspätet umgesetzt worden (vgl. zu Staatshaftungsansprüchen daraus *Löwisch/Schmidt-Kessel* BB 2001, 2162; einschränkend *Düwell*/HaKo § 21a Rn. 20 ff.]). **§ 21a geht über die Umsetzung der Richtlinie weit hinaus**, indem das Übergangsmandat auch auf den weiten Bereich unternehmensinterner Betriebsumstrukturierungen ausgeweitet wurde, während die Richtlinie (nach Art. 1 Abs. 1. a) nur auf den Übergang »auf einen anderen Inhaber« anwendbar ist (vgl. zum Umsetzungsbedarf *Krause* NZA 1998, 1201; *Willemsen/Annuß* NJW 1999, 2073). **Hinter den Anforderungen** der Richtlinie ist der deutsche Gesetzgeber aber dadurch **zurückgeblieben**, dass er nach § 21a Abs. 3 zwar ein Übergangsmandat für Betriebsräte bei unternehmensübergreifenden Betriebsumstrukturierungen geschaffen hat, nicht aber auch für **Sprecherausschüsse** im SprAuG (vgl. dazu auch *Düwell*/HaKo § 21a Rn. 36, der insoweit jetzt auch ein Umsetzungsdefizit einräumt) und im BPersVG für **Personalräte** (vgl. insoweit zum Umsetzungsbedarf *von Roetteken* NZA 2001, 414 [419 ff.]). Da sich der Gesetzgeber indes bewusst auf die Regelung des Übergangsmandats für Betriebsräte beschränkt hat, kommt insoweit mangels planwidriger Regelungslücke keine analoge Anwendung von § 21a in Betracht (vgl. auch *Löwisch/Schmidt-Kessel* BB 2001, 2162; *Löwisch/LK* § 21a Rn. 4; jetzt auch *Weber* § 130 Rdn. 10; ausführlich *Besgen/Langner* NZA 2003, 1239 [1240 m. w. N. Fn. 10]; *Kast/Freihube* DB 2004, 2530 [2531]; *Wollenschläger/von Harbou* NZA 2005, 1081 1091]; *Pawlak/Leydecker* ZTR 2008, 74 [75 ff.]; *Käckenmeister* Übergangsmandat, S. 45 ff., 90; ebenso *LAG Düsseldorf* 16.01.2012 – 14 TaBV 83/11 – juris, Rn. 43 ff.; *ArbG Dessau-Roßlau* 07.04.2009 – 6 Ca 181/08 – juris, Rn. 49). Eine andere Frage

ist, ob und inwieweit jetzt aus der unmittelbaren Anwendung der Richtlinie 2001/23/EG eine Kontinuität der kollektiven Interessenvertretung (nach Art. 6 I Unterabs. 1) bzw. ein Übergangsmandat der bisherigen Vertretung (nach Art. 6 I Unterabs. 4) hergeleitet werden muss, nachdem die Umsetzungsfrist längst abgelaufen ist. Die Rspr., insbesondere auch das *BAG* und der *EuGH*, ist diesen Schritt bisher nicht gegangen. Diskutiert wird in der Lit. vor allem ein allgemeines (s. zu Einzelfallregelungen Rdn. 3) Übergangsmandat des Personalrats bei privatisierenden Umwandlungen (etwa nach §§ 168 ff. UmwG), bei der Dienststellen, Betriebe oder Betriebsteile aus dem Geltungsbereich von Personalvertretungsgesetzen in denjenigen des BetrVG überwechseln und damit das Amt des Personalrats endet (ausführlich verneinend *Besgen/Langner* NZA 2003, 1239 [1241]; *Pawlak/Leydecker* ZTR 2008, 74 [77]; *Käckenmeister* Übergangsmandat, S. 93 ff., 139; *Au* Übergangsmandat, S. 217 ff., 227 f.; *LAG Düsseldorf* 16.01.2012 – 14 TaBV 83/11 – juris, Rn. 47 ff.; bejahend *Buschmann/DKKW* § 21a Rn. 15; *Düwell*/HaKo § 21a Rn. 25 ff.; *Fitting* § 130 Rn. 16; *Roetteken* NZA 2001, 422; *Schlenker-Rehage* Übergangsmandat, S. 193 f.; *Trümner/DKKW* § 130 Rn. 14; vgl. auch *Preis/WPK* § 130 Rn. 6; m. w. N.; *Weber* § 130 Rdn. 8 ff.; zu Entwicklungen auf der Ebene der Landespersonalvertretungsgesetze vgl. *Schleicher* PersV 2006, 211; *Au* Übergangsmandat, S. 206 ff.). Mangels planwidriger Regelungslücke kommt eine Analogie zu § 21a Abs. 3 auch dann nicht in Betracht, wenn im Rahmen von Unternehmensumstrukturierungen Betriebe oder Betriebsteile den Geltungsbereich des BetrVG verlassen (§ 118 Abs. 2, § 130; dazu § 21 Rdn. 44) und damit ihre Betriebsratsfähigkeit verlieren. Auch insoweit ist jetzt jedoch eine unmittelbare Anwendung der Richtlinie 2001/23/EG zu erwägen, um ggf. richtlinienwidrige Schutzlücken zu vermeiden (vgl. auch *Düwell*/HaKo § 21a Rn. 35).

Durch § 21a hat die **Rechtsfigur** des **Übergangsmandats** gleichsam **durch das Hauptportal** Eingang in das Betriebsverfassungsrecht gefunden. Die Rechtsfigur »Übergangsmandat bei Betriebsspaltungen« hatte der Gesetzgeber zunächst nur in eilig gefundenen Regelungen zur Lösung drängender Übergangsprobleme nach der deutschen Wiedervereinigung geschaffen (so für die Spaltung bzw. Entflechtung ehemals volkseigener Wirtschaftseinheiten in § 13 SpTrUG vom 05.04.1991 [BGBl. I S. 854] und § 6b Abs. 9 VermG i. d. F. vom 03.08.1992 [BGBl. I S. 1446]; vgl. dazu *Engels* DB 1991, 966 [967 f.]; *Ganske* DB 1991, 791 [796]; *Oetker/Busche* NZA 1991, Beilage Nr. 1, S. 18 [22 ff.]; ferner im Rahmen der Privatisierung des Eisenbahnwesens in Art. 2 [Deutsche Bahn Gründungsgesetz] §§ 15 Abs. 2, 20 Gesetz zur Neuordnung des Eisenbahnwesens vom 27.12.1993 [BGBl. I S. 2378]; nicht von gleicher Qualität waren dagegen Übergangsmandate, die amtierenden Personalräten im Zusammenhang mit der Privatisierung des Eisenbahn- und Postwesens zur Überleitung in das Betriebsverfassungsrecht zugestanden worden waren; vgl. Art. 2 § 15 Abs. 1 Gesetz zur Neuordnung des Eisenbahnwesens; Art. 4 § 25 Abs. 1 des Gesetzes zur Neuordnung des Postwesens und der Telekommunikation vom 14.09.1994 [BGBl. I S. 2325]; dazu *Engels/Müller/Mauß* DB 1994, 473 [475 ff.]). Methodisch bedenklich hatte der Gesetzgeber die Rechtsfigur sodann im Rahmen der arbeitsrechtlichen Flankierungen des damals neuen Umwandlungsrechts in dessen Übergangs- und Schlussbestimmungen in § 321 UmwG (vom 28.10.1994, BGBl. I S. 3210) auf ein breites Podest gestellt, anstatt sie einer allgemeinen betriebsverfassungsrechtlichen Regelung zuzuführen. Dadurch war der nicht unbegründete Eindruck entstanden, dass die nach überkommenem Betriebsverfassungsrecht vielfach systemwidrige Rechtsfigur quasi durch die Hintertür des Gesellschaftsrechts und ohne grundsätzliche rechtspolitische Diskussion in das Betriebsverfassungsrecht eingeschleust werden sollte; dies erst recht, weil in Art. 13 UmwBerG das Betriebsverfassungsgesetz gerade im Hinblick auf »die Spaltung von Betrieben« (§ 106 Abs. 3 Nr. 8, § 111 Satz 2 Nr. 3 [jetzt Satz 3 Nr. 3]) ergänzt worden ist und in § 324 UmwG Regelungen zu § 613a BGB getroffen worden sind (vgl. zu damaligen politischen Erwägungen im Bundesministerium für Arbeit *Engels* FS *Wlotzke*, S. 279 [284]). Es ist deshalb zu begrüßen, dass sich der Gesetzgeber nunmehr in offener Weise rechtspolitisch für die Sicherung der Kontinuität betriebsverfassungsrechtlicher Interessenvertretung durch das Übergangsmandat entschieden hat.

Durch die Neuregelung des § 21a haben sich alle **Streitstände erledigt**, die sich aus dem nur begrenzten Anwendungsbereich des § 321 UmwG ergaben. Das gilt namentlich für die Streitfrage, ob analog § 321 UmwG ein Übergangsmandat auch für den Fall entsteht, dass nicht durch Umwandlung nach dem Dritten und Vierten Buch UmwG, sondern durch rechtsgeschäftliche Einzelrechtsnachfolge Betriebsteile auf einen neuen Inhaber übergehen (§ 613a BGB); diese Frage war zu bejahen (vgl. 6. Aufl., § 21 Rn. 81 f.). Weiter hat sich aber auch die darüber hinausgehende Streitfrage nach einem allgemeinen Übergangsmandat des Betriebsrats, namentlich auch bei unternehmensinternen Betriebsumstrukturierungen (ohne Arbeitgeberwechsel), erledigt (vgl. dazu m. w. N. 6. Aufl. § 21 Rn. 42). Obwohl der Sachverhalt dazu keine Veranlassung gab (Fall eines rechtsgeschäftlichen Betriebsteilübergangs), hat letztlich auch noch der Siebte Senat des *BAG* im Beschluss vom 31.05.2000 (EzA § 19 BetrVG 1972 Nr. 39 = AP Nr. 12 zu § 1 BetrVG 1972 Gemeinsamer Betrieb [zust. *v. Hoyningen-Huene*] = SAE 2001, 97 [krit. *Boecken*] = AuR 2001, 32 [zust. *Buschmann*] = AR-Blattei ES 530.6.1 Nr. 33 [krit. *Wiese*]) im Wege richterrechtlicher Rechtsfortbildung ein allgemeines betriebsverfassungsrechtliches Übergangsmandat anerkannt, »soweit eine Änderung der betrieblichen Organisation zum Verlust der bisherigen betriebsverfassungsrechtlichen Repräsentation und zum Entstehen neuer betriebsratsfähiger Einheiten führt«; eigenwillig hatte der Senat dieses Übergangsmandat abweichend von § 321 Abs. 1 Satz 2 UmwG auf nur drei Monate beschränkt.

5 § 321 UmwG ist durch Art. 3 Nr. 1 BetrVerf-Reformgesetz aufgehoben worden; ebenso § 20 Deutsche Bahn Gründungsgesetz durch Art. 5 Nr. 2 BetrVerf-Reformgesetz. Beide Bestimmungen sind durch die Schaffung eines allgemein gültigen Übergangsmandats in § 21a überflüssig geworden. § 13 SpTrUG und § 6b Abs. 9 VermG gelten neben § 21a als speziellere Normen weiter, haben aber praktisch keine Bedeutung mehr.

6 § 21a geht von der Unterscheidung zwischen Betriebsumstrukturierungen und Unternehmensumstrukturierungen aus (vgl. Abs. 3), knüpft aber die **Entstehung** von **Übergangsmandaten** konsequent nur an **Betriebsumstrukturierungen** an (vgl. auch *Fitting* § 21a Rn. 8, 12; *Koch*/ErfK § 21a BetrVG Rn. 2; *Richardi/Thüsing* § 21a Rn. 5). Anders als früher § 321 UmwG (sowie die anderen Spezialgesetze; vgl. Rdn. 3) erfasst § 21a damit nicht bloß solche betrieblichen Strukturveränderungen (»Betriebsspaltung«), die Folge der Umstrukturierung oder Reorganisation auf der Ebene der Rechtsträger von Unternehmen (nach dem Dritten und Vierten Buch des UmwG) sind, sondern gleichermaßen alle tatbestandlichen Betriebsumstrukturierungen, seien es solche, die ausschließlich in einem Unternehmen stattfinden (»unternehmensinterne Umstrukturierungen der betrieblichen Organisationseinheiten«), oder solche von externalisierender Art, die über Unternehmensgrenzen hinausgehen (»unternehmensübergreifende Betriebsumstrukturierungen«). **Keine Betriebsumstrukturierung** liegt vor, wenn ein Betrieb im Wesentlichen ganz im Rahmen einer Umstrukturierung auf Rechtsträgerebene auf einen anderen Inhaber übergeht **(Betriebsübergang)**; in diesen Fällen bleibt der Betriebsrat im Amt (vgl. näher und m. w. N. § 21 Rdn. 39 ff.), so dass sich ein Übergangsmandat erübrigt (s. ausführlich Rdn. 87 ff.). Auch die **Bildung** betriebsverfassungsrechtlicher Organisationseinheiten durch Tarifvertrag oder Betriebsvereinbarung nach § 3 Abs. 1 Nr. 1 bis 3, Abs. 2 lässt die tatsächlichen Betriebsstrukturen in diesen Einheiten unverändert; das ergibt sich daraus, dass in diesen Fällen nach § 3 Abs. 5 Betriebe i. S. d. BetrVG nur fingiert werden (nicht real entstehen) und aus der speziellen Regelung des erstmaligen Wahlzeitpunkts in § 3 Abs. 4 (s. *Franzen* § 3 Rdn. 62; *Trümner/DKKW* § 3 Rdn. 196). Deshalb ist z. B. eine Betriebszusammenfassung nach § 3 Abs. 1 Nr. 1b keine Betriebszusammenfassung i. S. d. § 21a Abs. 2. Zu Überlegungen, durch Vereinbarungen nach § 3 Abs. 1 und Abs. 2 im Vorfeld von Umstrukturierungen Übergangsmandate zu vermeiden, vgl. *Pewny* Übergangsmandat, S. 109 ff., 205 ff. Ist ein nach **§ 3 Abs. 5 fingierter Betrieb** aber **entstanden** und dort ein Betriebsrat gewählt, können bei weiteren Betriebsumstrukturierungen Übergangsmandate entstehen, z. B. bei seiner Aufspaltung und Übertragung aller daraus hervorgehenden Teile auf andere Rechtsträger (s. Rdn. 92). Dabei ist allerdings als Besonderheit zu beachten, dass es im Geltungsbereich eines fingierten Betriebs keine Spaltung oder Zusammenfassung real fortbestehender Betriebseinheiten geben kann, weil die Fiktionswirkung unverändert greift (zutr. herausgearbeitet von *Trebeck/Kania* BB 2014, 1595 [1596 ff.]). Vgl. zu den Folgen bei Umstrukturierungen von Betrieben i. S. v. § 3 Abs. 5 *Franzen* § 3 Rdn. 63 ff.; ausführlich zu Besonderheiten bei der Anwendung von § 21a im Bereich der gewillkürten Betriebsverfassung *Linsenmaier* RdA 2017, 128 [137 ff.].

7 Das **Übergangsmandat** des Betriebsrats nach § 21a **soll sicherstellen**, dass bei betrieblichen Organisationsänderungen in einer Übergangsphase keine betriebsratslosen Zeiten entstehen und dadurch die Arbeitnehmer in der für sie besonders kritischen Phase im Anschluss an eine betriebliche Umstrukturierung den Schutz der Beteiligungsrechte des Betriebsrats verlieren (vgl. Begründung zum RegE BetrVerf-Reformgesetz, BT-Drucks. 14/5741, S. 39 zu Nr. 18; ebenso schon die Begründung zu § 321 UmwG, BT-Drucks. 12/6699, S. 174), etwa bei Kündigungen und Betriebsänderungen. Bei

dieser Sinn- und Zweckbestimmung ist der Gesetzgeber offensichtlich von der Vorstellung ausgegangen, dass in den Fällen, in denen das Übergangsmandat tatbestandlich greift, **ansonsten** Betriebsratslosigkeit eintreten würde, die es bis zur Wahl eines Betriebsrats in den neu geschaffenen betriebsratsfähigen Einheiten zu überbrücken gilt. Denn eines Übergangsmandats (i. S. d. Wortbedeutung) bedarf es nicht, wo ein Betriebsrat regulär amtiert. Theoretisch lässt sich der Eintritt von Betriebsratslosigkeit durch betriebliche Umstrukturierungen darauf stützen, dass diese entweder zum vorzeitigen Amtsende eines Betriebsrats, ggf. auch mehrerer Betriebsräte, führen oder zu Zuständigkeitseinbußen des bisherigen Betriebsrats für nunmehr verselbständigte Teile der Einheit, für die er gewählt worden ist. Offen ist dann freilich noch die Frage, warum es durch betriebliche Umstrukturierungen zu einem vorzeitigen Amtsende oder Funktionseinbußen des bisherigen Betriebsrats kommt. Die überkommene betriebsverfassungsrechtliche Dogmatik stützt sich dabei auf die Einsicht, dass sich die Zuständigkeit des Betriebsrats auf den Betrieb erstreckt, von dessen Belegschaft er gewählt ist, so dass Umstrukturierungen dem die Grundlage entziehen, soweit dadurch neue Betriebe entstehen und bisherige Einheiten ihre Identität verlieren (vgl. grundlegend *BAG* 23.11.1988 EzA § 102 BetrVG 1972 Nr. 72 [unter II 2] = AP Nr. 77 zu § 613a BGB; 31.05.2000 EzA § 19 BetrVG 1972 Nr. 39 [unter B IV 2a und b] = AP Nr. 12 zu § 1 BetrVG 1972 Gemeinsamer Betrieb *[zust. v. Hoyningen-Huene]*; 19.11.2003 EzA § 22 BetrVG 2001 Nr. 1 [unter I 2a] = AP Nr. 55 zu § 19 BetrVG 1972; für die h. L. vgl. *Wiese* 5. Aufl., § 21 Rn. 40 ff.; vgl. auch *Buschmann/DKKW* § 21 Rn. 6; *Düwell/HaKo* § 21a Rn. 3; *Fitting* § 21a Rn. 6: »Prinzip der betriebsbezogenen Repräsentation«; *Richardi/Thüsing* § 21a Rn. 2; *Rieble* NZA 2002, 233 [234]). Dieser Sichtweise, der sich der Gesetzgeber mit der Schaffung des § 21a erkennbar angeschlossen hat, ist entgegenzuhalten, dass sie ohne Notwendigkeit zum Teil erst die Schutzlücken aufreißt, die dann durch das Übergangsmandat geschlossen werden (vgl. dazu Rdn. 15 f.). An der uneingeschränkten Geltung des § 21a kann dieser Einwand allerdings nichts ändern; der Rechtsanwender schuldet dem Gesetz Gehorsam.

Die Vorschrift ist **zwingend** (ebenso *Fitting* § 21a Rn. 5; *Worzalla/HWGNRH* § 21a Rn. 2); nach **8** § 21a Abs. 1 Satz 4 kann nur die Dauer des Übergangsmandats durch Tarifvertrag oder Betriebsvereinbarung um weitere sechs Monate verlängert werden (durch Verweis auf Abs. 1 gilt das auch in den Fällen der Abs. 2 und 3). Durch Kollektivvertrag kann das Übergangsmandat nicht ausgeschlossen oder von zusätzlichen Voraussetzungen abhängig gemacht werden, aber auch kein Übergangsmandat zusätzlich festgelegt werden, insbesondere auch nicht durch Betriebsvereinbarung in den Fällen des § 13 Abs. 2 Nr. 4 und 5 bei absehbarem Erfolg eines Wahlanfechtungs- oder Auflösungsverfahrens, bei denen mit der Rechtskraft der arbeitsgerichtlichen Entscheidung ein betriebsratsloser Zustand im Betrieb eintritt. Auch in § 3 ist nicht vorgesehen, dass im Zusammenhang mit Regelungen nach § 3 Abs. 1 bis 3 durch Tarifvertrag oder Betriebsvereinbarung ein Übergangsmandat bestimmt werden kann, etwa als Alternative zur Festlegung eines Wahlzeitpunktes (§ 3 Abs. 4 Satz 2).

Die Vorschrift gilt nicht für die **Jugend- und Auszubildendenvertretung** (vgl. § 64); insoweit ge- **9** nügt dem Gesetzgeber offensichtlich die Repräsentation durch das Übergangsmandat des Betriebsrats. Mangels Regelungslücke ist deshalb § 21a auch nicht analog anzuwenden (s. auch *Oetker* § 64 Rdn. 27 m. w. N.).

Auch für die **Bordvertretung** findet § 21a keine Anwendung (§ 115 Abs. 3); das hat seinen Grund in **10** der fehlenden Zuständigkeit der Bordvertretung in den Beteiligungsangelegenheiten der §§ 111 ff., für die ausschließlich der Seebetriebsrat zuständig ist (vgl. § 116 Abs. 6 Nr. 1c). Für den **Seebetriebsrat** findet § 21a ohne Einschränkung Anwendung (§ 116 Abs. 2 Eingangssatz).

Für den **Gesamtbetriebsrat** und den **Konzernbetriebsrat** sieht das Gesetz kein Übergangsmandat **11** vor. Für eine Analogie zu § 21a fehlen die Voraussetzungen. Es fehlt angesichts der auf § 21a beschränkten Regelung an einer planwidrigen Regelungslücke; es fehlt aber vor allem auch an einem vergleichbaren Schutzbedürfnis (vgl. auch *Rieble* NZA 2002, 233 [240]; *Richardi/Thüsing* § 21a Rn. 33; *Worzalla/HWGNRH* § 21a Rn. 27; zust. *Au* Übergangsmandat, S. 190, 193 f.; *Düwell/HaKo* § 21a Rn. 39; *Wlotzke/WPK* § 21a Rn. 6; *ArbG Bielefeld* 02.04.2008 – 6 BV 16/08 – juris; **a. M.** zögerlich *Buschmann/DKKW* § 21a Rn. 12; *Trittin/DKKW* § 47 Rn. 49, 68, § 54 Rn. 125). Bei **unternehmensinternen** Betriebsumstrukturierungen ändert sich an der Zuständigkeit von Gesamtbetriebsrat und Konzernbetriebsrat (sofern ihr Amt nicht endet; vgl. dazu *Kreutz/Franzen* § 47 Rdn. 51 ff.) nichts; dafür sorgt das Übergangsmandat des Betriebsrats (vgl. Rdn. 38). Bei **unterneh-**

mensübergreifenden Umstrukturierungen tritt wegen des Übergangsmandats des Betriebsrats ebenfalls keine vertretungslose Zeit ein, auch wenn z. B. die Zuständigkeit des bisherigen Gesamtbetriebsrats nach § 50 Abs. 1 entfällt oder dessen Amt endet. Insoweit besteht kein Unterschied zu dem Fall, dass ein Betrieb im Wesentlichen ganz (also ohne Umstrukturierung auf Betriebsebene) auf einen anderen Rechtsträger übergeht; für diesen Betrieb ist ggf. der Gesamtbetriebsrat beim aufnehmenden Rechtsträger zuständig, selbst bei Übertragung sämtlicher Betriebe auf einen anderen Rechtsträger bleibt der Gesamtbetriebsrat aus dem Ursprungsunternehmen aber nicht im Amt (vgl. dazu *Kreutz / Franzen* § 47 Rdn. 52). Auch bei einer Verschmelzung von Rechtsträgern besteht kein Bedürfnis für ein Übergangsmandat der in deren Unternehmen bestehenden Gesamtbetriebsräte. Die bestehenden Betriebsräte sind dann verpflichtet, einen Gesamtbetriebsrat zu errichten (§ 47 Abs. 1); das kann kurzfristig geschehen.

12 Für den Fall, dass Betriebsteile rechtlich verselbständigt werden, sieht § 62b des österreichischen Arbeitsverfassungsgesetzes eine im Ansatz dem Übergangsmandat ähnliche Regelung vor.

13 Im **Personalvertretungsrecht** und für **Sprecherausschüsse** gibt es keine entsprechende Vorschrift (vgl. auch Rdn. 2). Für die **Schwerbehindertenvertretung** in Betrieben ist § 21a nach § 177 Abs. 8 SGB IX n. F. (mit dessen Inkrafttreten am 01.01.2018) entsprechend anzuwenden.

II. Übergangsmandat bei unternehmensinterner Betriebsspaltung (Abs. 1)

14 Aus vielfältigen Gründen kann es dazu kommen, dass die Betriebsorganisation **im Unternehmen** umgestaltet wird. **Einer der Umstrukturierungsfälle** ist die Spaltung eines Betriebes. Ausgehend von der früher verbreiteten Annahme, dass mit dem Wirksamwerden der Spaltung das Amt des im Betrieb bestehenden Betriebsrats vorzeitig enden und damit Betriebsratslosigkeit eintreten würde (vgl. Rdn. 7), bestimmt Abs. 1 Satz 1 jetzt gegenteilig, dass der Betriebsrat im Amt bleibt und die Geschäfte für die ihm bislang zugeordneten Betriebsteile weiterführt, soweit diese Teile die Voraussetzungen des § 1 Abs. 1 Satz 1 erfüllen und nicht in einen anderen Betrieb eingegliedert werden, in dem ein Betriebsrat besteht. Der Klammerzusatz »Übergangsmandat« deutet auf eine Legaldefinition des Übergangsmandats als Rechtsgrundsatz im BetrVG hin, kann dies aber wegen der genannten einschränkenden Voraussetzungen nur für das Übergangsmandat bei Spaltung eines Betriebes sein, nicht für dasjenige bei der Zusammenfassung von Betrieben und Betriebsteilen nach Abs. 2. Allgemeingültig ist das Übergangsmandat als Rechtsfigur dadurch gekennzeichnet, dass trotz Spaltung eines Betriebes oder Zusammenfassung von Betrieben oder Betriebsteilen ein Betriebsrat im Amt bleibt und die Betriebsratsgeschäfte weiterführt, allerdings nur übergangsweise, wie sich aus der Befristung in Abs. 1 Satz 3 ergibt, auf die auch Abs. 2 Satz 2 verweist (vgl. näher zum Inhalt des Übergangsmandats Rdn. 33 ff.).

15 Mit der gesetzlichen Anerkennung der Rechtsfigur eines Übergangsmandats in § 21a hat der Gesetzgeber im Ansatz die (ihm bekannte) alternative (das verkennt offenbar nur *Rieble* NZA 2002, 233 [234]; *ders.* NZA 2003, Sonderbeilage Heft 16 S. 62 [63]) **Lösungskonzeption verworfen**, die in einer Voraufl. dieses Kommentars entwickelt und der damals h. M. gegenübergestellt worden war (vgl. 6. Aufl., § 21 Rn. 40 ff.; *Kreutz* FS *Wiese*, 1998, S. 235). Danach sollte keine unternehmensinterne Umstrukturierung der betrieblichen Organisationsbereiche dazu führen, dass das Amt bestehender Betriebsräte vorzeitig endet und dadurch Betriebsratslosigkeit eintritt; der **Amtskontinuität** in der Amtsperiode wurde der unbedingte **Vorrang** eingeräumt vor der Berücksichtigung neuer Betriebsstrukturen. Diese Ansicht wurde im Wesentlichen auf zwei Sachgesichtspunkte gestützt: Zum einen darauf, dass der Betriebsrat für eine volle Amtsperiode gewählt ist und vorzeitige Neuwahlen nach Betriebsumstrukturierungen gesetzlich nicht vorgesehen waren. Zum anderen und vor allem aber darauf, dass nur so Wertungswidersprüche zur Annahme des Fortbestandes eines Betriebsrats vermieden werden können, der unter Verkennung des Betriebsbegriffs gewählt worden ist. Ein solcher Betriebsrat bleibt, wenn die Wahl nicht angefochten wird, bis zum Ablauf seiner regelmäßigen Amtszeit im Amt; über die wahren Betriebsstrukturen wird hinweggesehen, weil ihre Verkennung nach zutr. h. M. und st. Rspr. des *BAG* die Wahl nicht nichtig macht (vgl. § 19 Rdn. 151). Daraus war wertungsmäßig zwingend zu folgern, dass sie dies auch bei nachträglicher Umstrukturierung durch Spaltung oder Zusammenlegung von Betrieben nicht werden kann. Nachdrücklich wurde auch auf die Gefährdung der

Rechtssicherheit verwiesen, weil auch in diesen Fällen vielfach zweifelhaft und streitig sein wird, ob wirklich neue selbständige Einheiten gebildet worden sind (vgl. dazu näher Rdn. 22 ff.).

Durch die Einführung eines befristeten Übergangsmandats in § 21a hat sich der Gesetzgeber **gegen** 16 **die vorrangige Sicherung der Amtskontinuität** des Betriebsrats **für eine volle Amtsperiode** entschieden. Erklärtes Ziel des Übergangsmandats als Rechtsfigur ist es gerade, nach Umstrukturierungen durch Spaltung eines Betriebes (Abs. 1) oder Zusammenlegung von Betrieben oder Betriebsteilen (Abs. 2) möglichst rasch durch Neuwahlen die Betriebsratsstrukturen den neuen Betriebsstrukturen anzupassen; die in Abs. 1 Satz 2 ausdrücklich hervorgehobene Verpflichtung zu unverzüglicher Bestellung von Wahlvorständen belegt das.

1. Entstehungsvoraussetzungen des Übergangsmandats

a) Betriebsspaltung

Zunächst ist erforderlich, dass ein **Betrieb** gespalten wird, für den ein **Betriebsrat besteht**. Neben 17 Betrieben nach § 1 Abs. 1 Satz 1 kommen ein **gemeinsamer Betrieb** nach § 1 Abs. 1 Satz 2 (vgl. insoweit aber Rdn. 94, 97), **Betriebsteile**, die nach § 4 Abs. 1 Satz 1 als selbständige Betriebe gelten, sowie die aufgrund eines Tarifvertrages oder einer Betriebsvereinbarung nach **§ 3 Abs. 1 Nr. 1 bis 3, Abs. 2 gebildeten Organisationseinheiten**, die nach § 3 Abs. 5 Satz 1 als Betriebe i. S. d. BetrVG gelten (vgl. zur Rückkehr in die gesetzlichen Betriebsstrukturen *Franzen* § 3 Rdn. 37 f.), in Betracht. Wird ein betriebsratsloser Betrieb gespalten, gibt es mangels Betriebsrats kein Übergangsmandat. Im Betrieb besteht ein Betriebsrat im Zeitraum zwischen dem Beginn (vgl. § 21 Rdn. 10 ff.) und dem Ende (vgl. § 21 Rdn. 21 ff.) seiner Amtszeit. Auch wenn im Betrieb ein Betriebsrat ein Übergangsmandat wahrnimmt, besteht ein Betriebsrat (vgl. Rdn. 38); das ist von Bedeutung, wenn es zu weiteren Umstrukturierungen kommt.

Maßgebliches Tatbestandsmerkmal für die Entstehung eines Übergangsmandats nach Abs. 1 Satz 1 ist 18 allein die **Spaltung des Betriebes**. Nach dem Tatbestand der Norm entsteht »ein« Übergangsmandat bei **jeder** Spaltung des Betriebes (das verkennt *Düwell*/HaKo § 21a Rn. 72, 75, der dadurch zu der unhaltbaren Ansicht gelangt, dass der Fall einer Spaltung des Betriebs unter Identitätsverlust in § 21a Abs. 1 Satz 1 nicht geregelt sein soll), sofern zusätzlich die Voraussetzungen des »Soweit«-Satzes erfüllt sind; das ist zutr. und vom Gesetzgeber auch so gewollt.

Auf der **Rechtsfolgenseite erfordert** dies jedoch eine an der Teleologie der Norm ausgerichtete 19 **Einschränkung**. Das ergibt sich aus folgendem: Wenn jede Spaltung das gesetzliche Übergangsmandat entstehen ließe, hätte dies auf der Rechtsfolgenseite die Konsequenz, dass sich in jedem Fall das reguläre Mandat des für eine volle Amtsperiode gewählten Betriebsrats in ein zeitlich eng begrenztes Übergangsmandat umwandeln und Neuwahlen in allen Teilen erforderlich machen würde; denn das Übergangsmandat des Betriebsrats bezieht sich nach dem Wortlaut der Norm auf die Weiterführung der Geschäfte »für die«, d. h. alle ihm bislang zugeordneten Betriebsteile. Nach dem Zweck der Norm, Schutzlücken zu schließen, wenn betriebliche Umstrukturierungen ansonsten zur Betriebsratslosigkeit führen (vgl. Rdn. 7), bedarf es jedoch eines »Übergangs«mandats i. S. d. Wortbedeutung nicht, soweit der Betriebsrat auch nach einer Betriebsspaltung weiter regulär amtiert; insoweit würde ein bloßes Übergangsmandat die Zielsetzung der Norm konterkarieren. Vor Inkrafttreten des § 21a sollte nach ganz h. M. keineswegs bei jeder Betriebsspaltung in allen daraus hervorgehenden Teilen Betriebsratslosigkeit eintreten. Das sollte nur der Fall sein, wenn der Betrieb unter Beseitigung seiner Identität in neue selbständige Betriebe **aufgespalten** wird und **untergeht**. Wenn aber von einem Betrieb nur ein **Teil abgespalten** wird und zum selbständigen Betrieb wird, sollte nur dieser betriebsratslos sein, während der bisherige Betriebsrat im Ursprungsbetrieb im Amt bleiben sollte, sofern dessen Identität weiter zu bejahen ist (vgl. zum Überblick 6. Aufl., § 21 Rn. 41; *Eisemann*/ErfK 2. Aufl., § 21 BetrVG Rn. 9; *Fitting/Kaiser/Heither/Engels* § 21 Rn. 40; *Joost*/MünchArbR 2. Aufl., § 305 Rn. 19; *Stege/Weinspach* § 21 Rn. 19; *Weber/Ehrich/Hörchens* Handbuch zum Betriebsverfassungsrecht, 1. Aufl. 1998, Teil B Rn. 115; *Wiese* 5. Aufl., § 21 Rn. 41 m. w. N.; grundsätzlich auch BAG 23.11.1988 EzA § 102 BetrVG 1972 Nr. 72 [unter I 2a aa] = AP Nr. 77 zu § 613a BGB; 31.05.2000 EzA § 19 BetrVG 1972 Nr. 39 [unter B IV 2b] = AP Nr. 12 zu § 1 BetrVG 1972 Gemeinsamer Betrieb). An diese Rechtslage wollte der Gesetzgeber ausweislich der Begründung zu § 21a (vgl. BT-Drucks.

§ 21a

14/5741, S. 39 zu Nr. 18) anknüpfen. Danach soll das Übergangsmandat entstehen, wenn die Organisationsänderung »zum Wegfall des bisherigen Betriebsrats führt oder ein Teil der Arbeitnehmerschaft aus dem Zuständigkeitsbereich des Betriebsrats herausfällt«. Dem Gesetzgeber ist es aber nicht gelungen, diese Schutzkonzeption im Wortlaut von Abs. 1 Satz 1 angemessen zum Ausdruck zu bringen. Deshalb bedarf es auf der Rechtsfolgenseite einer teleologischen Reduktion (ähnlich *Rieble* NZA 2002, 233 [234]), der das Prinzip »Regelmandat vor Übergangsmandat« aus dem telos von § 21a herleitet; zust. *Stöckel* Betriebsratsamt nach Umstrukturierungen, S. 143, 150 ff.; *Fitting* § 21a Rn. 9, die auf den Schutzzweck der Norm abstellen; ebenso *Reichold/HWK* § 21a BetrVG Rn. 8; zust. *Hanau* FS *Küttner*, 2006, S. 357 [361]; demgegenüber hat *Thüsing* [DB 2002, 738 f.; *Richardi/Thüsing*, 8. Aufl. § 21a Rn. 4, 6] eine Subsidiarität des § 21a ohne methodisch tragfähige Begründung herausgestellt und ist dadurch zu dem unzutreffenden Ergebnis gelangt, dass ein Übergangsmandat nicht eingreift, wenn der Betriebsrat eines Betriebes, von dem nur ein Teil abgespalten wird, regulär im Amt bleibt; zwischenzeitlich hat er zwar dieses Ergebnis korrigiert [DB 2004, 2774; *Richardi/Thüsing* § 21a Rn. 9], hält im Ansatz [Rn. 5] aber nach wie vor daran fest, dass § 21a nur subsidiär gelten soll; dem ohne Begründung zust. *Koch/ErfK* § 21a BetrVG Rn. 3; völlig verfehlt *O. Kittner* [NZA 2012, 541, 542 ff.], der ein Übergangsmandat des Betriebsrats neben einem fortbestehenden Vollmandat im Ursprungsbetrieb generell unter Berufung auf den Schutzzweck der Norm ausschließen will, dabei aber verkennt, dass das Übergangsmandat gerade auch verhindern soll, dass ein Teil der Arbeitnehmerschaft aus dem Zuständigkeitsbereich des Betriebsrats herausfällt). Maßgeblich bleibt, dass vorbehaltlich des »Soweit«-Satzes nach Abs. 1 Satz 1 jede Betriebsspaltung zumindest für einen aus der Spaltung hervorgehenden Betriebsteil ein Übergangsmandat des Betriebsrats auslöst. Ob aber daneben das reguläre Mandat des Betriebsrats im Ursprungsbetrieb fortbesteht oder ob dem Betriebsrat für alle ihm bisher zugeordneten Teile nur das Übergangsmandat verbleibt, hängt zusätzlich davon ab, ob trotz Spaltung der Ursprungsbetrieb erhalten bleibt oder ob die Spaltung zum Untergang des Betriebes führt. Der »Untergang des Betriebes« hat somit als ungeschriebenes Tatbestandsmerkmal Bedeutung für die eintretenden Rechtsfolgen. Damit verdoppelt sich die Auslegungsproblematik: Es ist zu klären, wann überhaupt eine Betriebsspaltung vorliegt (dazu näher Rdn. 20 ff.) und wann durch die Spaltung der Betrieb untergeht (dazu näher Rdn. 23 ff.).

aa) Betriebsspaltung als Tatbestandsmerkmal

20 Zur Klärung der (Auslegungs-)Frage, wann die **Spaltung** eines Betriebes erfolgt, ist **am Betriebsbegriff anzusetzen**. In der Konkretisierung der nach wie vor auf *Jacobi* (FS *Ehrenberg*, 1927, S. 1, 9, 23) zurückgeführten Betriebsdefinition (s. *Franzen* § 1 Rdn. 28), namentlich durch die betriebsverfassungsrechtlich sachgemäße und billigenswerte Rspr. des *BAG*, wird eine betriebliche Organisationseinheit durch die Leitungsstelle (»Leitungsapparat«) konstituiert, die die materiellen und immateriellen Betriebsmittel sowie die menschliche Arbeitskraft steuert und dabei die Entscheidungskompetenz im Kern der Arbeitgeberfunktionen in sozialen und personellen Beteiligungsangelegenheiten nach dem BetrVG besitzt (vgl. *BAG* 23.09.1982 EzA § 1 BetrVG 1972 Nr. 3 S. 19; 25.09.1986 EzA § 1 BetrVG 1972 Nr. 6 S. 63; u. a. auch *BAG* 14.05.1997 EzA § 8 BetrVG 1972 Nr. 8 [unter B I 2] = AP Nr. 6 zu § 8 BetrVG 1972; vgl. auch *Franzen* § 1 Rdn. 43; *Kreutz* FS *Wiese*, 1998, S. 235 [237 ff.]; *Löwisch/LK* § 1 Rn. 4). Die maßgebliche Bedeutung der Leitungsstruktur für die Betriebsabgrenzung im Betriebsverfassungsrecht, die das *BAG* gerade auch in Judikaten zum gemeinsamen Betrieb mehrerer Unternehmen entwickelt hat (vgl. insbesondere *BAG* 14.09.1988 EzA § 1 BetrVG 1972 Nr. 7; 24.01.1996 EzA § 1 BetrVG 1972 Nr. 10; zuletzt etwa *BAG* 22.10.2003 EzA § 1 BetrVG 2001 Nr. 1 = AP Nr. 21 zu § 1 BetrVG 1972 Gemeinsamer Betrieb; 11.02.2004 EzA § 1 BetrVG 2001 Nr. 2 = AP Nr. 22 zu § 1 BetrVG 1972 Gemeinsamer Betrieb [zust. *Joost*]; vgl. dazu m. w. N. *Kreutz* FS *Richardi*, S. 637 [insbesondere S. 643 ff.]) hat der Gesetzgeber in § 1 Abs. 2 Nr. 1 zustimmend aufgegriffen, indem ein gemeinsamer Betrieb mehrerer Unternehmen vermutet wird, wenn zur Verfolgung arbeitstechnischer Zwecke »die Betriebsmittel sowie die Arbeitnehmer von den Unternehmen gemeinsam eingesetzt werden«. Dementsprechend müssen die **Leitungsstrukturen** auch für die Beurteilung der Umstrukturierung von Betrieben durch deren Spaltung und Zusammenlegung **maßgebend** sein (so jetzt auch *Düwell/HaKo* § 21a, etwa Rn. 67; *Koch/ErfK* § 21a BetrVG Rn. 2; *Linsenmaier* RdA 2017, 128 [129]; *Reichold/HWK* § 21a BetrVG Rn. 5; *Wlotzke/WPK* § 21a Rn. 10; *Worzalla/HWGNRH* § 21a Rn. 4; *Au* Übergangsmandat, S. 64; im Ergebnis

auch *Fitting* § 21a Rn. 10, 11a, relativierend aber Rn. 9a). Da die Leitungsstrukturen im Unternehmen vom Arbeitgeber (Unternehmer) bestimmt werden, bedürfen betriebliche Umstrukturierungen entsprechender Veränderungsentscheidungen des Arbeitgebers (vgl. auch § 111).

Die **Spaltung** eines Betriebes **erfordert** danach, dass für den von der bisherigen Leitungsstelle konstituierten Betriebsbereich zukünftig mindestens zwei Leitungsstellen bestehen, denen jeweils für Teile der bisherigen Einheit (Betriebsmittel, Personal) Leitungsaufgaben mit den erforderlichen Leitungsbefugnissen zukommen (vgl. *BAG* 10.12.1996 EzA § 111 BetrVG 1972 Nr. 35 [zust. *Kraft*] unter B II 1b = AP Nr. 110 zu § 112 BetrVG 1972), wo die Spaltung eines Betriebes nach § 111 Satz 2 Nr. 3 [jetzt: Satz 3 Nr. 3] zutr. darin gesehen wurde, dass ein Betriebsteil einer eigenständigen organisatorischen Leitung unterstellt wurde; *LAG Köln* 23.01.2004 – 12 TaBV 64/03 – juris; zust. *Linsenmaier* RdA 2017, 128 [129]; unklar insoweit *Löwisch/Schmidt-Kessel* BB 2001, 2162 [2163] sowie *Löwisch/LK* § 21a Rn. 7, soweit sie daneben auch die Änderung arbeitstechnischer Strukturen genügen lassen [ebenso *Rieble* NZA 2003, Sonderbeilage zu Heft 16, S. 62, 63], aber nicht erklären können, wie dadurch »selbständige arbeitstechnische Organisationseinheiten entstehen« sollen). Das setzt voraus, dass die zur Verfolgung arbeitstechnischer Zwecke eingesetzten personellen, sachlichen und immateriellen Mittel entsprechend aufgeteilt und verschiedenen Leitungsstellen zugeteilt sind. Die **Maßgeblichkeit der Leitungsstrukturen erfordert** namentlich auch die **Aufteilung der bisherigen Belegschaft** (im Ergebnis auch *Worzalla* FA 2001, 261 [262]; *Stege/Weinspach/Schiefer* § 21a Rn. 6; zust. *Stöckel* Betriebsratsamt nach Umstrukturierungen, S. 150); deshalb ist z. B. die Stilllegung eines Betriebsteils (vgl. *BAG* 19.11.2003 EzA § 22 BetrVG 2001 Nr. 1 = AP Nr. 19 zu § 1 BetrVG 1972 Gemeinsamer Betrieb; 24.05.2012 EzA § 1 KSchG Betriebsbedingte Kündigung Nr. 168 Rn. 53 = AP Nr. 194 zu § 1 KSchG 1969 Betriebsbedingte Kündigung), bloßer Personalabbau, die örtliche Verlegung des Betriebs oder die Änderung des Betriebszwecks keine Spaltung (vgl. Rdn. 97). Sofern nach der bisherigen Organisationsstruktur nicht bereits unterscheidbare Teileinheiten vorhanden sind (z. B. Abteilungen wie Produktion und Vertrieb), müssen sie geschaffen werden. Mit der Aufhebung der bisher einheitlichen Leitung als »einigendem Band« entstehen dann immer mehrere (neue bzw. neu gestaltete) betriebliche Einheiten. Das ist so, wenn der bisherige Leitungsapparat (etwa die Leitungsperson) für die ganz überwiegenden Teile des bisherigen Betriebs die Leitungsbefugnisse weiterhin wahrnimmt und nur für einen (etwa gemessen an der betroffenen Arbeitnehmerzahl) relativ kleinen Betriebsteil ein eigener Leitungsapparat eingesetzt wird (vgl. Sachverhalt *BAG* 10.12.1996 EzA § 111 BetrVG 1972 Nr. 35 = AP Nr. 110 zu § 112 BetrVG 1972). Es ist aber auch dann nicht anders, wenn ein Betrieb mit z. B. fünf Abteilungen (Entwicklung, Produktion, Verwaltung, Vertrieb, Service) so gespalten wird, dass für vier Abteilungen selbständige Leitungsapparate geschaffen werden und die bisherige Leitungsperson nurmehr für eine Abteilung die Leitungsaufgaben wahrnimmt. Die Beispiele machen deutlich, dass es sich bei der Betriebsspaltung immer um die Teilung eines Betriebes handelt, in welcher Relation neue Teile auch immer gebildet werden.

Die Beurteilung einer Betriebsspaltung an dem für richtig erkannten leitungsorganisatorischen Betriebsbegriff kann im Einzelfall **schwierige Abgrenzungsfragen** aufwerfen, vor allem auch deshalb, weil die Entscheidungsstrukturen im Unternehmen zuvorderst an betriebswirtschaftlichen Anforderungen ausgerichtet sind, keineswegs aber idealtypisch an den betriebsverfassungsrechtlich maßgeblichen Entscheidungskompetenzen im Kernbereich sozialer und personeller Beteiligungsangelegenheiten (vgl. *Umnuß* Organisation der Betriebsverfassung und Unternehmerautonomie, S. 89 ff. und passim). Man denke nur an die Frage, inwieweit Leitungsstrukturen dezentralisiert werden müssen, um die Einheit eines Betriebes zu teilen, und umgekehrt daran, wie weit dezentralisiert werden darf, ohne einen Betrieb zu spalten. Im Streitfall kann allein im Betriebsabgrenzungsverfahren nach § 18 Abs. 2 (vgl. dazu § 18 Rdn. 56 ff.) rechtssicher geklärt werden, ob Änderungen der Betriebsorganisation zu neuen Betriebseinheiten geführt haben (vgl. zu Konsequenzen Rdn. 42).

bb) Abgrenzung »Betriebsaufspaltung«/»Betriebs(teil)abspaltung«
Noch **schwieriger** ist die für die Rechtsfolgenseite besonders wichtige Abgrenzung, **ob** der **Ursprungsbetrieb** trotz Spaltung **fortbesteht** (mit der Folge regulärer Amtsfortführung des Betriebsrats in diesem) **oder** durch die Spaltung unter Beseitigung seiner Identität **untergeht** und dem Betriebsrat nur noch ein Übergangsmandat (für die aus der Spaltung hervorgehenden Teile) verbleibt

§ 21a

(vgl. Rdn. 19). Der Begriff »Betriebsuntergang« hat in § 21b Eingang in das BetrVG gefunden; danach kann ein Betrieb u. a. durch Spaltung untergehen. Aus der Formulierung »geht ein Betrieb durch ... Spaltung ... unter« ergibt sich aber lediglich, dass nicht jede Spaltung den Untergang des Betriebes zur Folge hat; das bestätigt die Ausgangsposition (vgl. Rdn. 19). Die Abgrenzungsproblematik bleibt aber offen.

24 Nach früher h. M. (vgl. die Nachweise Rdn. 19) und nach Inkrafttreten des § 21a wieder h. M. (vgl. *BAG* 19.11.2003 EzA § 22 BetrVG 2001 Nr. 1 [unter I 2a] = AP Nr. 19 zu § 1 BetrVG 1972 Gemeinsamer Betrieb; 24.05.2012 EzA § 1 KSchG Betriebsbedingte Kündigung Nr. 168 Rn. 48 f. = AP Nr. 194 zu § 1 KSchG 1969 Betriebsbedingte Kündigung.; *Bachner* in: Kittner/Zwanziger/Deinert Arbeitsrecht, § 97 Rn. 44; *Buschmann/DKKW* § 21a Rn. 8, 24; *Düwell/HaKo* § 21a Rn. 72 ff.; *Fitting* § 21a Rn. 9a; *B. Gaul* Betriebs- und Unternehmensspaltung, § 27 Rn. 50; *Hohenstatt/WHSS* D Rn. 51; *Koch/ErfK* § 21a BetrVG Rn. 2; *Linsenmaier* RdA 2017, 128 [129, 140]; *Löwisch/LK* § 21a Richardi/Thüsing § 21a Rn. 12; *Richardi/Thüsing* § 21a Rn. 9; *Rieble* NZA 2002, 233 [234]; *Stege/Weinspach/Schiefer* § 21a Rn. 5; *Stöckel* Betriebsratsamt nach Umstrukturierungen, S. 149 ff., *Thüsing* DB 2004, 2474; *Wlotzke/WPK* § 21a Rn. 11; *Worzalla/HWGNRH* § 21a Rn. 12) soll ein Betrieb **bei Verlust seiner Identität untergehen**. Das soll bei einer Betriebsspaltung der Fall sein, wenn der Betrieb in neue selbstständige Betriebe aufgespaltet wird (»**Betriebsaufspaltung**«), nicht aber dann, wenn von einem Betrieb nur ein Teil (oder Teile) abgespalten wird (»**Betriebs(teil)abspaltung**«). Diese Konzeption gründet weithin auf bloß theoretischer, aber zunächst noch inhaltsleerer Begrifflichkeit und ist insoweit zur stimmigen Abgrenzung untauglich. Dass der Betrieb bei jeder Spaltung seine Identität verliert, folgt schon daraus, dass mit den neu geordneten Leitungsstrukturen die bisherige Identitätsstruktur entfällt; deshalb sind **mit Hilfe des Identitätsbegriffs allein keine Differenzierungen möglich** (vgl. ausführlich *Kreutz* FS *Wiese*, 1998, S. 235 [239 ff.]; ders. Gedächtnisschrift für *Sonnenschein*, 2003, S. 829 [830 ff.]; zust. *Joost*/MünchArbR 2. Aufl., § 305 Rn. 17; ausführlich *Lerch* Auswirkungen von Betriebsübergängen und unternehmensinternen Umstrukturierungen auf Betriebsvereinbarungen, S. 164 ff., 179 ff.; *Schlenker-Rehage* Übergangsmandat, S. 82 ff.; dass für ein Übergangsmandat eine »Änderung der Betriebsidentität« entscheidend ist, betonen auch *Fitting* § 21a Rn. 7 und *Reichold/HWK* § 21a BetrVG Rn. 4; auch den Zweite Senat des BAG [24.05.2012 EzA § 1 KSchG Betriebsbedingte Kündigung Nr. 168 Rn. 49 = AP Nr. 194 zu § 1 KSchG 1969 Betriebsbedingte Kündigung] räumt ein, dass der Identitätsbegriff nicht in einem logischen Sinn verstanden werden kann). Aber auch der **Unterscheidung** von »**Betriebsaufspaltung**« und »**Betriebs(teil)abspaltung**« fehlt auf Betriebsebene die **tatbestandliche Kontur zu präziser Abgrenzung**. Sie greift auf eine nicht tragfähige Parallelbetrachtung zu Umwandlungen auf der Rechtsträgerebene nach dem UmwG zurück (insoweit zust. *Buschmann/DKKW* § 21a Rn. 23; *Fitting* § 21a Rn. 8). Wenn dort bei der Spaltung eines Rechtsträgers nach § 123 Abs. 1 und 2 UmwG zwischen »Aufspaltung« und »Abspaltung« unterschieden wird, bezieht sich diese Begrifflichkeit auf die Übertragung von Vermögensteilen und unterscheidet danach, ob der übertragende Rechtsträger sein Vermögen insgesamt aufspaltet und selbst erlischt oder nur einen Teil von seinem Vermögen abspaltet, aber selbst bestehen bleibt. In diesem Sinn kann aber eine Betriebsteilung niemals zum Untergang eines Betriebes führen, weil jedenfalls immer eine der neuen Einheiten als diejenige zu bezeichnen wäre, die bestehen bleibt; eine Aufspaltung wie bei der Rechtsträgeraufspaltung kann es nicht geben. Die Übernahme der kategorisierenden Begrifflichkeiten aus dem Umwandlungsrecht löst mithin die Abgrenzungsproblematik nicht. Die Argumentation dreht sich im Kreis (vgl. *Rieble* NZA 2003 Sonderbeilage zu Heft 16, S. 62 [63]: Für die Betriebsspaltung kann man von »Abspaltung« sprechen, wenn der bisherige Betrieb identisch bleibt und von »Aufspaltung«, wenn keine der aus der Spaltung hervorgehenden Einheiten mit dem Betrieb identisch ist; wann der Betrieb seine Identität verliert, ist nach *Rieble/Gutzeit* NZA 2003, 233 [234] aber »dunkel« und »ganz unklar«; vgl. auch *Stöckel* Betriebsratsamt nach Umstrukturierungen, S. 152 f., die die Begriffe »Aufspaltung« und »Abspaltung« mit Bezug zum Ursprungsbetrieb mit »identitätsverändernder« [»identitätsvernichtender«] und »identitätswahrender« Spaltung definieren will, aber nicht dartut, nach welchen Kriterien der Identitätslehre, die sie verteidigt, das zu entscheiden ist; ebenso wenig weiterführend *Au* Übergangsmandat, S. 62 ff., 78). Soweit das in der Lit. nicht verkannt wird, wird es schlichtweg verdrängt (vgl. etwa *Löwisch/Schmidt-Kessel* BB 2001, 2162 [2163]).

25 **Unabweisbar erforderlich** ist demgegenüber – über die Feststellung der Aufhebung der bisherigen Leitungsstruktur (als tatbestandliche Spaltung) hinaus (s. Rdn. 21) – die Entwicklung von **Sachkrite-**

rien, nach denen nachvollziehbar und möglichst **rechtssicher** eine zum Untergang des Betriebes führende »Betriebsaufspaltung« von einer »Betriebs(teil)abspaltung« abgegrenzt werden kann, bei der der Ursprungsbetrieb (um den abgespalteten Teil dezimiert) fortbesteht, dort der Betriebsrat regulär im Amt bleibt und ein nach Abs. 1 Satz 1 entstehendes Übergangsmandat dieses Betriebsrats sich nur auf den abgespaltenen Teil bezieht. Im Ausgangspunkt muss klar sein, dass es sich um ein **Wertungsproblem** handelt. Dabei kommt der Zielsetzung der Norm besondere Bedeutung zu. Diese geht dahin, Schutzlücken zu schließen, soweit die Betriebsumstrukturierung Betriebsratslosigkeit zur Folge hätte (vgl. Rdn. 7). Deshalb muss bei der Abgrenzung darauf geachtet werden, dass nicht ohne Not Schutzlücken erst aufgerissen werden, die dann mit einem Übergangsmandat geschlossen werden, das wegen seiner zeitlichen Begrenzung gegenüber dem Regelmandat geringwertiger ist. Das spricht dafür, dem Vorgang einer »Betriebsaufspaltung« **restriktiv** zu begegnen. Ein anderer Gesichtspunkt betrifft die Bildung von **Größenkriterien**. Dabei erscheint es richtig, der Auswirkung der Betriebsspaltung auf die Zusammensetzung der Belegschaft entscheidendes Gewicht beizumessen, weil es gerade um deren Schutz bei der Umstrukturierung geht (zust. wohl *Buschmann/DKKW* § 21a Rn. 27; vgl. auch *Fitting* [§ 21a Rn. 9a: »Indiz«] und *Thüsing* [DB 2004, 2474 sowie *Richardi/Thüsing* § 21a Rn. 6 ff.: »wichtigstes Indiz«], die jedoch rechtsunsicherer letztlich auf die »konkreten Umstände des Einzelfalles« [*Fitting* § 21a Rn. 7] bzw. eine typologische Bestimmung »anhand des Gesamteindrucks der organisatorischen Einheit vorher und nachher« [*Thüsing* § 21a Rn. 5, 6] abstellen wollen; ähnlich *Pewny* Übergangsmandat, S. 13 ff., 17: Belegschaftsschwankung ist in jedem Fall als Indiz heranzuziehen; *Wlotzke/WPK* § 21a Rn. 13; nach *BAG* [24.05.2012 EzA § 1 KSchG Betriebsbedingte Kündigung Nr. 168 Rn. 49 = AP Nr. 194 zu § 1 KSchG 1969 Betriebsbedingte Kündigung] soll es darum gehen, »ob das betriebliche Substrat weitgehend unverändert geblieben ist«, insbesondere in räumlicher und funktionaler Sicht; soweit dabei zusätzlich auf die zum Betriebsübergang, gemeint ist insbesondere der Betriebsteilübergang, nach § 613a BGB entwickelten Kriterien zurückgegriffen wird, wird nicht beachtet, dass es dort um die Bestimmung von wirtschaftlichen Einheiten geht, die unter Wahrung ihrer Identität übergehen, nicht um Größenkriterien, um die es hier gehen muss; dem *BAG* zust. *Linsenmaier* RdA 2017, 128 [129, 135 f.], für den im Rahmen einer die Umstände des Einzelfalles berücksichtigenden Gesamtschau quantitative Gesichtspunkte der Arbeitnehmerzahl nur eine »untergeordnete Rolle« spielen und räumliche, funktionale und strukturelle Kriterien ausschlaggebend sind, der die damit verbundene Rechtunsicherheit aber völlig vernachlässigt). Kategorien wie »kleiner und großer Teil«, »wesentlicher oder unwesentlicher Teil« oder »mehr oder weniger« reichen insoweit aber nicht aus. Vielmehr ist es geboten, die Abgrenzung entsprechend **der in § 13 Abs. 2 Nr. 1** zum Ausdruck kommenden gesetzlichen **Wertung** vorzunehmen (vgl. dazu *Jacobs* § 13 Rdn. 36 ff.). Dort erkennt das Gesetz die Angemessenheit einer Neuwahl erst an, wenn die Belegschaftsstärke um die Hälfte gesunken ist. In entsprechender Wertung liegt eine **»Betriebsaufspaltung«**, die in allen aus der Teilung des Betriebes hervorgehenden Betriebsteilen eine Neuwahl erforderlich macht, erst dann vor, wenn die **Hälfte (oder mehr) der regelmäßigen Belegschaft** des Ursprungsbetriebes **anderweitigen Leitungsstellen** zugeteilt wird (so früher zu § 321 UmwG im Ergebnis schon *Joost* in *Lutter* UmwG, 2. Aufl. 2000, § 321 Rn. 15; ebenso jetzt *Rieble/Gutzeit* NZA 2003, 233 [234]; zust. *Schlenker-Rehage* Übergangsmandat, S. 72, 84 ff.; zust. Rspr.: *LAG Düsseldorf* 11.01.2011 – 17 Sa 828/10 – juris, Rn. 69; 18.11.2011 – 17 Sa 1391/10 – juris, Rn. 43; 18.11.2011 – 17 Sa 1678/10 – juris, Rn. 39; vgl. auch *LAG Nürnberg* 04.09.2007 – 6 TaBV 31/07 – juris = AuR 2007, 445 [LS]; ähnlich *LAG Berlin* 27.07.2006 AuR 2006, 454; abl. *LAG Köln* 23.01.2004 – 12 TaBV 64/03 – juris; vgl. auch *Stöckel* Betriebsratsamt nach Umstrukturierungen, S. 123 ff., die der Wertung in § 13 Abs. 2 Nr. 1 im Rahmen einer wertenden Gesamtbetrachtung bei der Bestimmung der betrieblichen Identität »hohe« Bedeutung zumisst; ebenso *Pewny* Übergangsmandat, S. 17); bis zu diesem Schwellenwert liegt eine bloße »Betriebsteilabspaltung« vor. Anders als bei § 13 Abs. 2 Nr. 1 ist dabei allerdings kein auf den Wahltag bezogener Stichtag maßgebend, sondern das Wirksamwerden der Spaltung (so auch *Fitting* § 21a Rn. 10; *Löwisch/LK* § 21a Rn. 8). Erst mit diesen Begriffsinhalten ist die Unterscheidung von »Betriebsaufspaltung« und »Betriebs(teil)abspaltung« abgrenzungstauglich; nur mit diesen Inhalten wird sie im Folgenden verwendet.

b) Betriebsratsfähigkeit der Betriebsteile

26 Das Übergangsmandat entsteht nach dem »Soweit«-Satz des Abs. 1 Satz 1 nur für die aus der Betriebsspaltung (»Betriebsaufspaltung«, »Betriebsteilabspaltung«) hervorgehenden **Betriebsteile**, die die Voraussetzungen des § 1 Abs. 1 Satz 1 erfüllen, also **betriebsratsfähig** sind. Ob die Betriebsteile schon vor der Spaltung die Voraussetzungen des § 1 Abs. 1 Satz 1 erfüllt haben, ist unmaßgeblich. Die Voraussetzung der Betriebsratsfähigkeit nach der Spaltung erklärt sich aus der Funktion des Übergangsmandats zur Überbrückung von Betriebsratslosigkeit, was Abs. 1 Satz 2 und 3 unterstreichen. Gehen aus der Betriebsspaltung betriebsratsunfähige Kleinstbetriebe hervor, sind diese mit Wirksamwerden der Spaltung als dem maßgeblichen Beurteilungszeitpunkt betriebsratslos. Diese gesetzgeberische Entscheidung ist unter Schutzzweckgesichtspunkten bedenklich, weil insoweit Arbeitnehmer den betriebsverfassungsrechtlichen Schutz durch einen Betriebsrat vorzeitig verlieren, den sie für eine ganze Amtsperiode mitgewählt haben. Mit Art. 6 der Richtlinie 2001/23/EG ist das aber nicht unvereinbar (vgl. Rdn. 2), bei unternehmensinterner Betriebsumstrukturierung schon deshalb nicht, weil die Richtlinie diese nicht erfasst (das verkennt *Buschmann/DKKW* § 21a Rn. 21, 37). Kompensatorisch greift jedoch § 4 Abs. 2 ein, den die Regelung über das Übergangsmandat in § 21a Abs. 1 unberührt lässt (ebenso *Löwisch/LK* § 21a Rn. 10). Das bedeutet, dass mit Wirksamwerden der Spaltung ein daraus hervorgehender Kleinstbetrieb einem Hauptbetrieb zuzuordnen ist. Das kann der Ursprungsbetrieb sein, für den der Betriebsrat regulär im Amt bleibt (vgl. Rdn. 19, 23 ff.), aber auch ein aus der Betriebs(auf)spaltung hervorgegangener Betrieb, für den ein Übergangsmandat verbleibt; in beiden Fällen ist die Repräsentation der Arbeitnehmer im Kleinstbetrieb gewährleistet.

27 Dementsprechend entsteht (vorbehaltlich des Eingreifens von § 4 Abs. 2; vgl. dazu *Franzen* § 4 Rdn. 7 f.) überhaupt kein Übergangsmandat, sondern die **Amtszeit** des Betriebsrats **endet** wegen Verlustes der Betriebsratsfähigkeit (vgl. § 21 Rdn. 37), wenn eine »Betriebsaufspaltung« so erfolgt, dass keiner der entstehenden Betriebsteile betriebsratsfähig ist. Nach § 21b kann aber ein Restmandat in Betracht kommen.

28 Für die Entstehung des Übergangsmandats ist **nicht erforderlich**, dass der aus der Spaltung hervorgehende betriebsratsfähige Betriebsteil als **eigenständiger Betrieb** fortgeführt wird. Auch wenn ein solcher Betriebsteil mit einem aus der Spaltung eines anderen Betriebes hervorgehenden Betriebsteil zusammengefasst wird, entstehen, jedenfalls bei gestreckter Betrachtung, zunächst Übergangsmandate nach Abs. 1 Satz 1. Nach § 21a Abs. 2 entscheidet sich dann, welcher Betriebsrat mit Übergangsmandat nach der Zusammenfassung zu einer neuen Organisationseinheit dort das Übergangsmandat wahrzunehmen hat. Es handelt sich dann allerdings um ein zweites Übergangsmandat, das nach Zuständigkeitsbereich und Dauer von dem ersten Übergangsmandat zu unterscheiden ist.

c) Keine Eingliederung

29 Die Entstehung eines Übergangsmandats setzt nach dem »Soweit«-Satzteil in Abs. 1 Satz 1 als Tatbestandsmerkmal weiter voraus, dass die aus der Betriebsspaltung hervorgehenden betriebsratsfähigen **Betriebsteile nicht** in einem (anderen) Betrieb **eingegliedert** werden, in dem ein **Betriebsrat besteht**. Dabei handelt es sich nicht um ein »negatives« Tatbestandsmerkmal (so aber etwa *Fitting* § 21a Rn. 14; *Rieble* NZA 2002, 233 [236]), weil es eine solche Widersinnigkeit nicht gibt. Abs. 1 Satz 1 schließt im Eingliederungsfall ein Übergangsmandat aus, weil auch ohne dieses keine betriebsratslose Zeit entsteht; der Eingliederungsvorgang macht das Übergangsmandat aus Sicht des Gesetzgebers entbehrlich, weil sich die Zuständigkeit des Betriebsrats im aufnehmenden Betrieb sofort auf die Arbeitnehmer des eingegliederten Betriebsteils erstreckt (ebenso *Fitting* § 21a Rn. 14; *Hohenstatt/WHSS* D Rn. 79; *Koch/*ErfK § 21a BetrVG Rn. 3; *Löwisch/LK* § 21a Rn. 15; *Wlotzke/WPK* § 21a Rn. 15). Diese Entscheidung des Gesetzgebers lässt sich nur so verstehen, dass der Übergang der Leitungsmacht (als maßgeblicher Gesichtspunkt der Betriebsspaltung; vgl. Rdn. 21) in Bezug auf den eingegliederten Betriebsteil so erfolgt, dass die Leitungsstelle des aufnehmenden Betriebes auch sofort dessen Leitung übernimmt. Der Eingliederungsfall erscheint damit als betriebsübergreifende Betriebsspaltung, weil die Leitungsstelle des aufnehmenden Betriebes in die Aufspaltung des Leitungsapparats des zu spaltenden Betriebes einbezogen wird.

30 Da es dem Gesetz zur Vermeidung von Betriebsratslosigkeit genügt, dass im aufnehmenden Betrieb ein Betriebsrat besteht, dessen reguläre Amtszuständigkeit sich mit Wirksamwerden der Spaltung

auch auf den eingegliederten Teil erstreckt, **schließt** das Gesetz zugleich **aus**, dass dieser Eingliederungsfall ein Fall der **Zusammenfassung eines Betriebsteils mit einem Betrieb** i. S. d. § 21a Abs. 2 Satz 1 ist, der ein Übergangsmandat auslöst (zust. *Reichold/HWK* § 21a BetrVG Rn. 7). Damit wird in doppeltem Sinne ein Übergangsmandat entbehrlich. Der Betriebsrat im aufnehmenden Betrieb wird insoweit kraft Gesetzes (partiell) Funktionsnachfolger des Betriebsrats im gespaltenen Betrieb (zust. *Reichold/HWK* § 21a BetrVG Rn. 7; *Linsenmaier* RdA 2017, 128 [130]). Ob wegen der Veränderung der Belegschaftsstärke seine Neuwahl stattzufinden hat, bestimmt sich ausschließlich nach § 13 Abs. 2 Nr. 1.

Der Gesetzgeber hat damit ein einfaches und praktikables Lösungsmodell für alle Fälle gefunden, in denen durch Spaltung ein »kleiner« Betriebsteil einem »größeren« Betrieb zugeordnet wird, in dem ein Betriebsrat besteht. Nach der Gesetzeslage spielen Größenkriterien indes keine Rolle. **Problematisch** ist deshalb die **Konstellation**, dass der eingegliederte Betriebsteil gemessen an der Arbeitnehmerzahl (u. U. wesentlich) größer ist als der aufnehmende Betrieb. Im Falle einer Zusammenfassung von Betrieb und Betriebsteil hätte dann der Betriebsrat des Betriebsteils nach § 21a Abs. 2 Satz 1 ein Übergangsmandat wahrzunehmen. Im Falle der Spaltung zur Eingliederung schließt jedoch Abs. 1 Satz 1 für diesen Betriebsteil ein Übergangsmandat des Betriebsrats des gespaltenen Betriebes gerade aus, das ihn befähigen könnte, in der durch Zusammenschluss mit dem kleineren Betrieb entstehenden neuen Organisationseinheit ein Übergangsmandat nach § 21a Abs. 2 wahrzunehmen. Dem Begriff »Eingliederung« kommt insoweit keine einschränkende Bedeutung zu, auch nicht in dem Sinne, dass die »Identität« des Betriebes, in den eingegliedert wird, erhalten bleiben muss (ebenso *Düwell/HaKo* § 21a Rn. 67; **a. M.** etwa *Richardi/Thüsing* § 21a Rn. 6; *Wlotzke/WPK* § 21a Rn. 15; *Worzalla/HWGNRH* § 21a Rn. 8); da sich die Eingliederung darin zeigt, dass die Leitungsmacht des aufnehmenden Betriebes auf den aufgenommenen Betriebsteil erstreckt wird, ist das sowieso der Fall. Deshalb entspricht es der gesetzlichen Wertung, dass sich auch bei dieser Fallkonstellation die Frage einer Neuwahl allein nach § 13 Abs. 2 Nr. 1 richtet, sofern nicht der Betriebsrat im aufnehmenden Betrieb seinen Rücktritt beschließt, um Neuwahlen nach § 13 Abs. 2 Nr. 3 zu ermöglichen.

Im Eingliederungsfall ist das Übergangsmandat nur ausgeschlossen, wenn im aufnehmenden Betrieb ein Betriebsrat besteht. Daraus folgt im Umkehrschluss, dass das Übergangsmandat für einen Betriebsteil greift, dessen **Eingliederung in einen betriebsratslosen Betrieb** erfolgt, sofern dieser (zumindest nach der Eingliederung) betriebsratsfähig ist (ebenso im Ergebnis *Hess. LAG* 26.11.2009 – 9/5 TaBVGa 226/09 – juris, Rn. 25 = AuR 2011,313 [LS]; *Bachner* in: *Kittner/Zwanziger/Deinert* Arbeitsrecht, § 97 Rn. 45; *Buschmann/DKKW* § 21a Rn. 36; *Hohenstatt/WHSS* D Rn. 79; *Koch/*ErfK § 21a BetrVG Rn. 3; *Reichold/HWK* § 21a BetrVG Rn. 7; *Stege/Weinspach/Schiefer* § 21a Rn. 8; *Wlotzke/WPK* § 21a Rn. 16; zu § 321 Abs. 1 UmwG a. F. *Joost* in *Lutter* UmwG, 2. Aufl. 2000, § 321 Rn. 16, 17; **a. M.** *Feudner* DB 2003, 882 ff.; *Richardi/Thüsing* § 21a Rn. 13). Dabei handelt es sich zugleich um einen Fall der Zusammenfassung des aus der Betriebsspaltung hervorgegangenen Betriebsteils mit einem (betriebsratslosen) Betrieb, der ein Übergangsmandat nach § 21a Abs. 2 auslösen kann (das übersehen z. B. *Feudner* DB 2003, 882 ff.; *B. Gaul* Betriebs- und Unternehmensspaltung, § 27 Rn. 76 ff.; *Worzalla/HWGNRH* § 21a Rn. 9). Dieses (zweite) Übergangsmandat ist dann von dem Betriebsrat mit Übergangsmandat für den Betriebsteil wahrzunehmen (vgl. Rdn. 66).

2. Inhalt des Übergangsmandats

a) Übergangsmandat als Vollmandat

Bei der Spaltung eines Betriebes bleibt der im Betrieb bestehende Betriebsrat grundsätzlich immer im Amt (vgl. zu einer Ausnahme Rdn. 27). Das Wirksamwerden der Spaltung ist **kein Beendigungsgrund** der Amtszeit. Soweit der Betriebsrat bei einer Betriebs(teil)abspaltung nicht sowieso im Ursprungsbetrieb regulär im Amt bleibt, weil dieser nicht untergeht (vgl. Rdn. 25), **sichert** Abs. 1 Satz 1 mit dem **Übergangsmandat** als Rechtsfolge die **Amtskontinuität** in den aus der Spaltung hervorgegangenen Betriebsteilen, die die Voraussetzungen des »Soweit«-Satzes erfüllen (vgl. Rdn. 26 ff.). Das Übergangsmandat ist gesetzlich auf einen **Übergangszeitraum** von sechs Monaten beschränkt (Abs. 1 Satz 3), kann aber durch Tarifvertrag oder Betriebsvereinbarung um weitere sechs Monate verlängert werden (Abs. 1 Satz 4).

34 Das Übergangsmandat ist zunächst dahin gekennzeichnet, dass der Betriebsrat »im Amt bleibt«. Dies ist nicht per se als Verlängerung der Amtszeit zu verstehen; das Gesetz erkennt insoweit vielmehr eingeschränkt an, dass der Betriebsrat für eine volle Amtsperiode gewählt worden ist (vgl. Rdn. 15). Kraft gesetzlicher Anordnung bleibt er damit als betriebsverfassungsrechtliches **Organ** und in seiner bisherigen **personellen Zusammensetzung** und **Mitgliederstärke zur Ausübung des Übergangsmandats** bestehen (ebenso *Löwisch/Schmidt-Kessel* BB 2001, 2162 [2163]; *Richardi/Annuß* DB 2001, 41 [43]; jetzt h. M., vgl. *Buschmann/DKKW* § 21a Rn. 35; *Fitting* § 21a Rn. 16; *Gragert* NZA 2004, 289 [290]; *Hohenstatt/WHSS* D Rn. 95; *Koch/*ErfK § 21a BetrVG Rn. 7; *Lepper/Wiesinger* AuA 2002, 204 [205]; *Löwisch/LK* § 21a Rn. 17; *Reichold/HWK* § 21a BetrVG Rn. 14; *Richardi/Thüsing* § 21a Rn. 27; *Rieble* NZA 2002, 233 [236]; *Stöckel* Betriebsratsamt nach Umstrukturierungen, S. 147; *Wlotzke/WPK* § 21a Rn. 26; einschränkend *Stege/Weinspach/Schiefer* § 21a Rn. 13; *Worzalla/HWGNRH* § 21a Rn. 24; **a. M.**, aber mit einer dem Gesetz nicht entsprechenden Konzeption *Düwell/*HaKo § 21a Rn. 77 ff.; schon zu § 321 UmwG a. F. war dies, wie jetzt wieder, ganz h. M.; vgl. 6. Aufl., § 21 Rn. 76 mit umfangreichen Nachweisen). Ausnahmen sind nicht gerechtfertigt. Auch Betriebsratsmitglieder, die Betriebsteilen angehören, die nicht betriebsratsfähig sind oder in Betriebe mit Betriebsrat eingegliedert worden sind, bleiben im Amt (**a. M.** *Worzalla* FA 2001, 261 [263]), obwohl das Übergangsmandat diese Betriebsteile nicht erfasst. Auch wenn sich im Fall einer Betriebs(teil)abspaltung das Übergangsmandat nur auf den abgespaltenen Betriebsteil bezieht (vgl. Rdn. 25), bleiben die diesem angehörenden Betriebsratsmitglieder zur Ausübung des Übergangsmandats im Amt, obwohl diese Mitglieder andererseits nach § 24 Nr. 4 aus dem Betriebsrat ausscheiden, soweit dieser im (dezimierten) Ursprungsbetrieb regulär im Amt bleibt und dort das normale Regelmandat ausübt (ebenso *Koch/*ErfK § 21a BetrVG Rn. 7; *Reichold/HWK* § 21a BetrVG Rn. 15; *Richardi/Thüsing* § 21a Rn. 29; *Schlenker-Rehage* Übergangsmandat, S. 107 ff.; **a. M.**, d. h. generell gegen ein Ausscheiden während der Dauer eines Übergangsmandats, so dass in dessen Zusammensetzung auch das Regelmandat wahrzunehmen ist, *Buschmann/DKKW* § 21a Rn. 35; *Fitting* § 21a Rn. 16; *Gragert* NZA 2004, 289 [290]; *Hohenstatt/WHSS* D Rn. 95; *Maschmann/AR* § 21a BetrVG Rn. 11; *Wlotzke/WPK* § 21a Rn. 27). Dass der Betriebsrat insoweit **im Regelmandat** und im Übergangsmandat **in unterschiedlicher Zusammensetzung** amtiert, ist misslich, aber hinzunehmen, weil für das Übergangsmandat Abs. 1 Satz 1 als speziellerer Regelung Vorrang gebührt (**a. M.**, d. h. für Vorrang des Regelmandats, so dass in dessen Besetzung auch das Übergangsmandat auszuüben ist, *Düwell/*HaKo § 21a Rn. 80; aus Praktikabilitätsgründen *Rieble* NZA 2002, 233 [235]; *ders.* NZA 2003, Sonderbeilage zu Heft 16, S. 62 [64]; im Ergebnis auch *Au* Übergangsmandat, S. 142 ff., 151, der insoweit für das Übergangsmandat eine teleologische Reduktion des § 24 Nr. 4 verwirft, dabei aber den Gesichtspunkt der Spezialität von § 21a Abs. 1 übersieht). Eine Niederlegung des Betriebsratsamtes (§ 24 Nr. 2) im Betriebsrat mit Übergangsmandat ist jederzeit möglich, ebenso ein Erlöschen der Mitgliedschaft durch Beendigung des Arbeitsverhältnisses zum bisherigen Arbeitgeber oder Verlust der Wählbarkeit, z. B. durch Versetzung in einen an der Spaltung nicht beteiligten Betrieb (§ 24 Nr. 3, 4). Ein Nachrücken von Ersatzmitgliedern bestimmt sich gemäß § 25 Abs. 2 nach den Verhältnissen des das Übergangsmandat wahrnehmenden Betriebsrats.

35 Da der Betriebsrat (wie bisher) im Amt bleibt, bleiben auch der **Betriebsausschuss** (§ 27), andere Ausschüsse (§ 28) und **Freistellungen** (§ 38) bestehen; insoweit ist nicht auf die aus der Spaltung hervorgegangenen (kleineren) Einheiten abzustellen (wie bei der Geschäftsführung; vgl. Rdn. 37) und Freistellungen sind aus Gründen praktischer Handhabung auch nicht zu reduzieren, solange das Übergangsmandat (noch) besteht (ebenso *Reichold/HWK* § 21a BetrVG Rn. 18; *Rieble* NZA 2002, 233 [236]; *Weber* § 38 Rdn. 4). Die Rechtsstellung der Betriebsratsmitglieder ändert sich nicht (insbesondere: Anspruch auf Freistellung unter Entgeltfortzahlung nach § 37 Abs. 2; Ausgleichsansprüche nach § 37 Abs. 3; besonderer [nicht nur nachwirkender] Kündigungsschutz als Betriebsratsmitglieder nach § 15 KSchG. Da die unternehmensinterne Betriebsumstrukturierung mit keinem Arbeitgeberwechsel verbunden ist, trägt dieser uneingeschränkt die erforderlichen **Kosten** der Betriebsratstätigkeit (§ 40), von Neuwahlen (§ 20 Abs. 3) und der Einigungsstellen (§ 76a).

36 Inhaltlich geht das Übergangsmandat dahin, dass der im Amt bleibende Betriebsrat die **Geschäfte** für die ihm bislang zugeordneten Betriebsteile **weiterführt**, obwohl diese nunmehr selbständige Betriebe sind, ggf. auch Teile selbständiger Betriebe bei anschließender Zusammenfassung. Die wesentliche Besonderheit dieser Weiterführung gegenüber der Weiterführung der Geschäfte nach § 22 liegt darin, dass der das Übergangsmandat wahrnehmende Betriebsrat dabei Betriebsratsgeschäfte über Betriebsgrenzen (und die sie absteckenden Leitungsstrukturen) hinweg führt und ihm dabei auf Arbeitgeberseite mehrere Leitungsstellen (Leitungsapparate) gegenüberstehen. Die praktischen Schwierigkeiten der Amtsführung sind insoweit allerdings nicht größer, als wenn unter Verkennung des Betriebsbegriffs (und der damit einhergehenden Leitungsstrukturen) ein einheitlicher Betriebsrat für zwei oder mehrere selbständige Betriebe gewählt worden ist (vgl. Rdn. 15).

Das Übergangsmandat ist ein (unwesentlich) beschränktes, (vor allem) **zeitlich begrenztes** (vgl. Rdn. 45) **Vollmandat.** Beschränkt ist es, weil es sich jeweils nur auf die aus der Spaltung hervorgegangenen Einheiten erstreckt. Deshalb kann der Betriebsrat jeweils nur die Aufgaben und Befugnisse wahrnehmen, die er hätte, wenn er in dem neuen Betrieb gewählt worden wäre (zutr. *Däubler* RdA 1995, 136 [144]). Beteiligungsrechte, die von einer bestimmten Arbeitnehmerzahl im Betrieb abhängig sind (vgl. § 95 Abs. 2), können entfallen; für die Beteiligungsrechte nach §§ 99, 111 gilt das aber bei unternehmensinterner Spaltung nicht, weil die danach maßgebliche Arbeitnehmerzahl nicht mehr wie früher auf den Betrieb, sondern auf das Unternehmen bezogen ist. 37

Das Übergangsmandat ist **Vollmandat**, weil es sich nicht etwa nur auf Abwicklungsangelegenheiten (wie das Restmandat nach § 21b) oder Übergangsangelegenheiten beschränkt, sondern grundsätzlich die Wahrnehmung **sämtlicher Beteiligungsrechte, Befugnisse** und **Aufgaben** nach dem BetrVG (und sonstiger einschlägiger Vorschriften in Gesetzen, Verordnungen und Kollektivverträgen) umfasst (h. M.; vgl. *Düwell*/HaKo § 21a Rn. 51; *Fitting* § 21a Rn. 20; *Koch*/ErfK § 21a BetrVG Rn. 5; *Maschmann*/AR § 21a BetrVG Rn. 10; *Reichold*/HWK § 21a BetrVG Rn. 10; *Richardi*/*Thüsing* § 21a Rn. 19; *Wlotzke*/WPK § 21a Rn. 28; *Worzalla*/HWGNRH § 21a Rn. 30; im Ergebnis auch *Buschmann*/DKKW § 21a Rn. 10; so auch schon zu § 321 UmwG a. F. ganz h. M.; vgl. *Berscheid* FS *Stahlhacke*, S. 15 [46]; *Boecken* Unternehmensumwandlungen und Arbeitsrecht, Rn. 378; *Joost* in *Lutter* UmwG, 2. Aufl. 2000, § 321 Rn. 30; zu § 13 SpTrUG, § 6 Abs. 9 VermG ebenso *Buschmann*/DKK 7. Aufl., § 21 Rn. 67; *Engels* DB 1991, 966 [968]; *Oetker*/*Busche* NZA 1991, Beilage Nr. 1, S. 18 [23]; **a. M.** *Heinze* ZfA 1997, 1 [10], der das Übergangsmandat [ohne tragfähige Begründung] auf den Bereich der personellen Mitbestimmung beschränken wollte; ungerechtfertigt einschränkend für »aufschiebbare Angelegenheiten« *Mengel* Umwandlungen im Arbeitsrecht, S. 299; vage einschränkend auch *Stege*/Weinspach/Schiefer § 21a Rn. 10). Der Betriebsrat kann etwa Betriebsvereinbarungen schließen (z. B. auch eine Vereinbarung über die Verlängerung des Übergangsmandats nach Abs. 1 Satz 4), hat die Mitbestimmungsrechte in sozialen Angelegenheiten, die Beteiligungsrechte bei Kündigungen, Einstellungen, Versetzungen und Betriebsänderungen, kann Sprechstunden und Betriebsversammlungen durchführen und für die jeweiligen neuen Betriebe Mitglieder in den Gesamtbetriebsrat entsenden. Zur Beilegung von Meinungsverschiedenheiten mit den Leitungsstellen der neuen Betriebe kann der Betriebsrat die Einigungsstelle anrufen. Er kann aber auch jederzeit ein arbeitsgerichtliches Beschlussverfahren einleiten, selbst wenn absehbar ist, dass die arbeitsgerichtliche Entscheidung erst nach dem Ende des Übergangsmandats ergeht oder gar rechtskräftig werden kann; es greift dann das Prinzip der Funktionsnachfolge (vgl. *Fitting* § 21a Rn. 20; *Hohenstatt*/WHSS D Rn. 93). Ein Restmandat nach § 21b kann entstehen, wenn noch während der Dauer des Übergangsmandats alle aus der Spaltung hervorgegangenen Teile stillgelegt werden. 38

Das (unternehmensinterne) **Übergangsmandat** befähigt den Betriebsrat nicht nur zum Neuabschluss von Betriebsvereinbarungen in den jeweils neuen Einheiten (vgl. *Fitting* § 21a Rn. 20; *Wlotzke*/WPK § 21a Rn. 28), sondern **leitet** auch alle **Betriebsvereinbarungen** aus dem gespaltenen Betrieb auf die aus der Spaltung hervorgegangenen neuen Betriebe des Unternehmens **über**. Mit dem gesetzlichen Übergangsmandat hat der Gesetzgeber die maßgebende rechtspolitische Vorgabe zur Beurteilung betriebsverfassungsrechtlicher Auswirkungen betrieblicher Umstrukturierungen gemacht. Es sichert die Amtskontinuität in den neuen Betriebseinheiten, auf die sich das Übergangsmandat erstreckt; im Falle regulärer Amtsfortführung bei »Betriebs(teil)abspaltung« im (dezimierten) Ursprungsbetrieb (vgl. Rdn. 25) ist diese Amtskontinuität sowieso nicht zweifelhaft. Die Amtsfortführung verlangt grundsätzlich die **kollektive Fortgeltung** der Betriebsvereinbarungen in ihrem bisherigen Geltungsbereich (vgl. näher § 77 Rdn. 424 m. w. N. und Verweis auf die neuere Rspr. des BAG zur entsprechenden Problematik bei Betriebsteilübertragung; ausführlich *Kreutz* GS *Sonnenschein*, 2003, S. 829; *Kreft* FS *Wissmann*, 2005, S. 348 [354]; *Buschmann*/DKKW § 21a Rn. 64; **a. M.**, aber 39 ohne Begründung *Löwisch/Schmidt-Kessel* BB 2001, 2162 [2163]; ebenso noch *Fitting* § 21a Rn. 22a [wie hier aber § 77 Rn. 165, 174]; *Koch/ErfK* § 21a BetrVG Rn. 5; verbreitet, aber nicht überzeugend, wird die Ablehnung einer kollektivrechtlichen Fortgeltung mit dem Verlust der Identität mit dem Ursprungsbetrieb begründet; vgl. *B. Gaul* Betriebs- und Unternehmensspaltung, § 25 Rn. 179 ff.; *Hohenstatt/WHSS* E Rn. 83 ff.; *Reichold/HWK* § 21a BetrVG Rn. 10, die alle eine Analogie zu § 613a Abs. 1 Satz 2 BGB befürworten, die aber schon mangels Regelungslücke nicht begründet ist; vgl. weiter *Rieble/Gutzeit* NZA 2003, 233; *Thüsing* DB 2004, 2474 [2476 ff.], die eine Analogie zu § 613a Abs. 1 Satz 2 BGB ablehnen, dann aber zur Beendigung von Betriebsvereinbarungen kommen müssten, dies aber nicht sagen). Da die Betriebsvereinbarungen ihre Gestaltungsaufgabe behalten (sofern sich Regelungen nicht ausnahmsweise durch die neuen Betriebsstrukturen erledigen), gibt es keinen tragfähigen Grund, dass sie wegen der Betriebsspaltung enden; das gilt namentlich auch, wenn der Betrieb durch »Betriebsaufspaltung« untergeht (vgl. Rdn. 25 sowie § 77 Rdn. 419 ff.). Mit der Überleitung werden die fortgeltenden Betriebsvereinbarungen zum Bestandteil der kollektiven Normenordnung in den jeweiligen Einheiten. Dort bedarf es jeweils einer Änderungsvereinbarung, wenn sie geändert werden sollen, und des Eintritts eines Beendigungsgrundes, damit sie enden.

b) Bestellung von Wahlvorständen

40 Nach Abs. 1 Satz 2 hat der Betriebsrat »insbesondere unverzüglich **Wahlvorstände zu bestellen**«. Die Hervorhebung dieser herausgegriffenen (»insbesondere«) Aufgabe unterstreicht deren Bedeutung. Durch die rasche Bestellung von Wahlvorständen in allen aus der Spaltung hervorgegangenen Betrieben, für die das Übergangsmandat besteht (die Mehrzahl »Wahlvorstände« erklärt sich aus dieser Sicht), soll die Wahl neuer Betriebsräte vor Ablauf des Übergangsmandats sichergestellt werden; das deckt sich mit der Zwecksetzung des Übergangsmandats, im Übergangszeitraum nach der Betriebsspaltung bis zur Wahl neuer Betriebsräte in den neuen Betrieben Betriebsratslosigkeit zu vermeiden. Abs. 1 Satz 2 gilt gleichermaßen für die Betriebsratswahl im Regelwahlverfahren (§ 14) und im vereinfachten Wahlverfahren (§ 14a); so jetzt auch *Fitting* § 21a Rn. 22; *Wlotzke/WPK* § 21a Rn. 29; zust. *Koch*/ErfK § 21a BetrVG Rn. 5).

41 Die Zuständigkeit des Betriebsrats zur Bestellung des Wahlvorstands gemäß § 16 Abs. 1, § 17a Nr. 1 folgt bereits daraus, dass das Übergangsmandat Vollmandat ist (vgl. Rdn. 38); von einer Sonderregelung des Abs. 1 Satz 2 gegenüber § 17 kann deshalb keine Rede sein (so aber *Fitting* § 21a Rn. 22; zu § 321 UmwG a. F. *Boecken* Unternehmensumwandlungen und Arbeitsrecht, Rn. 377; *Joost* in *Lutter* UmwG, 2. Aufl. 2000, § 321 Rn. 32). Die Sonderregelung besteht nur darin, dass die jeweiligen Wahlvorstände »unverzüglich« (d. h. nach § 121 BGB »ohne schuldhaftes Zögern«) zu bestellen sind, nicht wie nach § 16 Abs. 1 erst spätestens zehn bzw. nach § 17a Nr. 1 erst spätestens drei Wochen vor Ablauf des Übergangsmandats, wenn die Wahl im vereinfachten Wahlverfahren stattzufinden hat; frühere Ansichten zur Beurteilung der Rechtzeitigkeit sind damit überholt (verkannt von *Fitting* § 16 Rn. 14; wie hier *Richardi/Thüsing* § 21a Rn. 26). Wenn der Betriebsrat seiner Pflicht zu unverzüglicher Bestellung nicht nachkommt, ist mit diesem vagen Zeitpunkt die Kompetenz zur Bestellung durch das Arbeitsgericht (§ 16 Abs. 2, § 17a Nr. 1) oder den Gesamtbetriebsrat bzw. Konzernbetriebsrat (§ 16 Abs. 3, § 17a Nr. 1) noch nicht eröffnet. Die Sonderregelung (»unverzüglich«) gilt nur für den Betriebsrat, lässt aber die subsidiären Kompetenzregeln für die anderen Stellen unberührt; anderes wäre auch nicht praktikabel. Erst wenn acht (§ 16 Abs. 2, 3) bzw. im vereinfachten Wahlverfahren für Kleinbetriebe drei (§ 17a Nr. 1) Wochen vor Ablauf des Übergangsmandats noch kein Wahlvorstand besteht, kommt die Bestellung durch das Arbeitsgericht (auf Antrag von drei Wahlberechtigten aus dem neuen Betrieb oder einer in diesem vertretenen Gewerkschaft) oder durch den Gesamtbetriebsrat im Unternehmen bzw. den für das Unternehmen zuständigen Konzernbetriebsrat in Betracht (ebenso im Ergebnis *Löwisch/Schmidt-Kessel* BB 2001, 2162 [2163]; *Löwisch/LK* § 21a Rn. 22; zust. *Reichold/HWK* § 21a BetrVG Rn. 11; *Wlotzke/WPK* § 21a Rn. 29); vgl. zur Antragsberechtigung Wahlberechtigter § 16 Rdn. 68, 32.

42 »Unverzüglichkeit« des Handelns lässt dem Betriebsrat einen Spielraum pflichtgemäßen Ermessens. Von einem schuldhaften Zögern kann insbesondere nicht die Rede sein, wenn der Betriebsrat zunächst **Streit- oder Zweifelsfragen gerichtlich klären** lässt, z.B. ob überhaupt eine Spaltung vorliegt, oder ob eine »Betriebsaufspaltung« oder eine »Betriebs(teil)abspaltung« vorliegt mit unter-

schiedlichen Auswirkungen auf das Betriebsratsmandat (vgl. Rdn. 25). Insbesondere lassen sich solche Streitfragen durch Feststellungsantrag im Betriebsabgrenzungsverfahren nach § 18 Abs. 2 klären (vgl. § 18 Rdn. 56 ff., 66 ff.). Ein solches gerichtliches Verfahren beeinflusst die Dauer eines Übergangsmandats nach Abs. 1 Satz 3 jedoch nicht.

Bei **grober Verletzung** der Pflicht zu unverzüglicher Bestellung der Wahlvorstände kommt die Auflösung des Betriebsrats nach § 23 Abs. 1 in Betracht, mit der Folge, dass das Gericht von Amts wegen die Wahlvorstände einzusetzen hat (§ 23 Abs. 2). **43**

§ 21a Abs. 1 Satz 2 gilt **nicht** für den Fall, dass der Betriebsrat in dem (um eine »Betriebs(teil)abspaltung« dezimierten) **Ursprungsbetrieb** regulär im Amt bleibt. Ob in diesem Betrieb eine vorzeitige Neuwahl in Betracht kommt, bestimmt sich nach § 13 Abs. 2 Nr. 1 (vgl. Rdn. 25 a. E.) sowie Nr. 2 (vgl. Rdn. 34). **44**

3. Dauer des Übergangsmandats

Das Übergangsmandat ist **befristet**; es **endet spätestens** sechs Monate nach Wirksamwerden der Spaltung (Abs. 1 Satz 3). Dies ist ein fester zeitlicher Endtermin, der aber durch Kollektivvereinbarung nach Abs. 1 Satz 4 hinausgeschoben werden kann. Er ist für alle aus der Betriebsspaltung hervorgegangenen Betriebsteile maßgebend, für die das Übergangsmandat wahrgenommen wird. Wird ein solcher Betriebsteil stillgelegt, wandelt sich das Übergangsmandat in ein Restmandat, das nicht befristet (s. § 21b Rdn. 20), aber inhaltlich auf Abwicklungsaufgaben beschränkt ist (s. § 21b Rdn. 10). **45**

Wenn das Übergangsmandat spätestens sechs Monate nach dem **Wirksamwerden der Spaltung** endet, ist anzunehmen, dass es auch spätestens mit diesem Ereignis **beginnt**, obwohl das im Gesetz so nicht zwingend festgelegt ist. Daraus folgt eine gesetzliche **Höchstdauer** von sechs Monaten. Die Frist beginnt gemäß § 187 Abs. 1 BGB am Tag nach dem Wirksamwerden der Spaltung und endet nach § 188 Abs. 2 BGB mit Ablauf des Tages des sechsten Monats, der durch seine Zahl dem Tag des Wirksamwerdens entspricht. **46**

Da die Spaltung durch die Aufteilung der bisherigen Betriebsmittel (einschließlich Belegschaft) und ihre Zuteilung an verschiedene Leitungsstellen (»Leitungsapparate«) gekennzeichnet ist (vgl. Rdn. 21), **wird** sie dadurch **wirksam**, dass die bisher einheitliche Leitung durch den Arbeitgeber aufgehoben wird und die Leitungsstellen für die neuen Einheiten die Leitungsaufgaben und Leitungsbefugnisse rechtlich und tatsächlich übernehmen. Maßgeblich für den Fristbeginn ist also der Tag, an dem die **Aufteilung der Leitungsmacht** vollzogen wird (zust. *Reichold/HWK* § 21a BetrVG Rn. 12; *Wlotzke/WPK* § 21a Rn. 30; wohl auch *Richardi/Thüsing* § 21a Rn. 22; *Worzalla/HWGNRH* § 21a Rn. 40; vgl. auch *Düwell/HaKo* § 21a Rn. 55, der aber nicht auf die unternehmensinterne Spaltung abstellt; *Fitting* § 21a Rn. 10, aber vage Rn. 24; *Maschmann/AR* § 21a BetrVG Rn. 8). Der Arbeitgeber hat den Betriebsrat darüber rechtzeitig und insbesondere hinsichtlich der Aufteilung umfassend zu unterrichten (§ 80 Abs. 2), wie er als Unternehmer im Unternehmen mit in der Regel mehr als zwanzig wahlberechtigten Arbeitnehmern den Betriebsrat schon über die geplante Spaltung rechtzeitig und umfassend zu unterrichten und mit ihm diese geplante Betriebsänderung zu beraten hat (§ 111 Satz 1 und 3 Nr. 3). Die rechtzeitige Unterrichtung ist jedoch keine Wirksamkeitsvoraussetzung für den Fristbeginn (**a. M.** wohl *Buschmann/DKKW* § 21a Rn. 49). **47**

Bereits **vor Fristablauf** endet das Übergangsmandat jeweils für die neuen Betriebe, in denen ein Betriebsrat neu gewählt worden ist, **mit Bekanntgabe des Wahlergebnisses**. Mit dieser Bekanntgabe beginnt die Amtszeit des neu gewählten Betriebsrats (vgl. § 21 Rdn. 12 ff.), so dass dieser Beginn und das Ende des Übergangsmandats für diesen Betrieb zusammenfallen und die mit dem Übergangsmandat bezweckte Betriebsratskontinuität gewahrt ist. Betriebsratslosigkeit ist aber, vorbehaltlich einer Verlängerung des Übergangsmandats nach Abs. 1 Satz 4, für die Betriebe nicht zu vermeiden, in denen bis zum Ablauf der Sechsmonatsfrist ein Betriebsrat nicht gewählt bzw. das Wahlergebnis nicht bekannt gegeben ist. Die Beendigung des Übergangsmandats für einen oder einzelne Betriebe ändert nichts an der bisherigen personellen Zusammensetzung des Betriebsrats zur Wahrnehmung des Übergangsmandats in den verbleibenden Betrieben (zutr. *Löwisch/Schmidt-Kessel* BB 2001, 2161 [2163]). **48**

49 Solange nicht in allen Betrieben, auf die sich das Übergangsmandat erstreckt, ein Betriebsrat gewählt und das Wahlergebnis bekannt gegeben ist, **endet** das **Übergangsmandat** vor Ablauf der Sechsmonatsfrist auch dann **nicht**, wenn in diesem Zeitraum die regelmäßige vierjährige Amtszeit (§ 21 Satz 1) oder eine nach § 13 Abs. 3 verkürzte oder verlängerte Amtszeit (§ 21 Satz 3 und 4) des Betriebsrats abläuft. Nach dem Schutzzweck des Übergangsmandats, Betriebsratslosigkeit zu vermeiden, ist in diesen Fällen eine Verlängerung der Amtszeit geboten (ebenso *Buschmann/DKKW* § 21a Rn. 49; zust. *Wlotzke/WPK* § 21a Rn. 30; **a. M.** *Richardi/Thüsing* § 21a Rn. 23); § 21a Abs. 1 Satz 3 ist insofern für die Beendigung des Übergangsmandats die speziellere Norm (vgl. aber Rdn. 50). Das gilt jedoch nicht bei erfolgreicher Anfechtung der Betriebsratswahl nach § 19 oder nach Auflösung des Betriebsrats durch gerichtliche Entscheidung gemäß § 23 Abs. 1; in beiden Fällen endet die Amtszeit und damit das Übergangsmandat mit der Rechtskraft des arbeitsgerichtlichen Beschlusses (vgl. § 21 Rdn. 34).

50 In den Fällen der Rdn. 49 ist eine Verlängerung der Amtszeit jedoch nur im Falle einer »Betriebsaufspaltung« geboten, bei der sich das reguläre Mandat in ein Übergangsmandat wandelt. Soweit der **Betriebsrat** aber bei »Betriebs(teil)abspaltung« im (dezimierten) Ursprungsbetrieb **regulär im Amt** bleibt, also insoweit kein Übergangsmandat wahrnimmt (vgl. Rdn. 25), endet dessen Amtszeit nach allgemeinen Regeln (vgl. § 21 Rdn. 21 ff.). Ein neu gewählter Betriebsrat übernimmt dann mit Beginn seiner Amtszeit und in ggf. neuer Zusammensetzung als Funktionsnachfolger das Übergangsmandat bis zu dessen Ablauf.

51 Nach Abs. 1 Satz 4 kann das **Übergangsmandat** durch Tarifvertrag oder Betriebsvereinbarung um weitere sechs Monate **verlängert** werden; die Höchstdauer des Übergangsmandats beträgt damit im Kontext mit Abs. 1 Satz 3 ein Jahr (vgl. zu diesen Gestaltungsmöglichkeiten näher *Pewny* Übergangsmandat, S. 66 ff.). Die Verlängerungsmöglichkeit »um weitere sechs Monate« bedeutet eine Höchstdauer, legt die Kollektivvertragsparteien aber nicht zwingend darauf fest, entweder eine Verlängerung »starr« um sechs Monate zu vereinbaren (so wohl *Richardi/Annuß* DB 2001, 41 [44]) oder sie zu unterlassen. Nach den Umständen des Einzelfalles können auch kürzere Verlängerungsfristen vereinbart werden (ebenso *Worzalla* FA 2001, 261 [264]; vgl. auch *Buschmann/DKKW* § 21a Rn. 52; *Richardi/Thüsing* § 21a Rn. 2420), im vorgegebenen Zeitrahmen eine Verlängerung auch mehrfach.

52 Eine wirksame Verlängerung kommt nur in Betracht, solange das **Übergangsmandat noch nicht geendet** hat; nach Ablauf der gesetzlichen Höchstdauer von sechs Monaten (Abs. 1 Satz 3) kann das beendete Übergangsmandat durch eine Verlängerungsvereinbarung nicht wieder aufleben (vgl. *Löwisch/Schmidt-Kessel* BB 2001, 2162 [2163]; *Fitting* § 21a Rn. 26), auch nicht durch eine rückwirkende Vereinbarung. Im Übrigen kann die Verlängerungsvereinbarung vor oder nach Wirksamwerden der Spaltung erfolgen (ebenso *Richardi/Thüsing* § 21a Rn. 23); dass das Übergangsmandat schon begonnen hat, ist nicht Voraussetzung der Verlängerung der gesetzlichen Höchstdauer (Abs. 1 Satz 3). Insbesondere kann durch **Verbandstarifvertrag** generell die Verlängerung von Übergangsmandaten in Form einer betriebsverfassungsrechtlichen Norm festgelegt werden, für deren Geltung die Tarifgebundenheit des Arbeitgebers genügt (§ 3 Abs. 2 TVG); in Betracht kommt aber auch ein **Firmentarifvertrag**, insbesondere bei langwierigen Umstrukturierungsprozessen im Unternehmen, die über den idealtypischen Fall der Spaltung eines Betriebes hinausgehen.

53 Eine **Verlängerung** des Übergangsmandats **durch Betriebsvereinbarung** ist vor allem sinnvoll, wenn dadurch der Anschluss an den nächsten regelmäßigen Wahlzeitraum für die Betriebsratswahl (§ 13 Abs. 1) in den neuen Organisationseinheiten hergestellt werden kann. Diese freiwillige Verlängerungsvereinbarung sollte von Arbeitgeber im Ursprungsbetrieb (dieser ggf. vertreten durch die betriebliche Leitungsstelle) und Betriebsrat vor dem Wirksamwerden der Spaltung geschlossen werden; dann genügt eine Betriebsvereinbarung (vgl. Rdn. 39). Nach Wirksamwerden der Spaltung ermöglicht das Übergangsmandat als Vollmandat dem Betriebsrat zwar auch den Abschluss von Betriebsvereinbarungen (vgl. Rdn. 38); in diesem Falle muss jedoch die Vereinbarung ggf. mit den Leitungsstellen der aus der Spaltung hervorgegangenen Betriebe einzeln geschlossen werden.

54 Wenn bereits eine **tarifliche Regelung besteht**, bleibt für eine Verlängerungsbetriebsvereinbarung wenig Raum. Ein Tarifvorrang ergibt sich allerdings nicht schon aus § 77 Abs. 3, da die Betriebsvereinbarung nach § 21a Abs. 1 Satz 4 keine Arbeitsbedingungen, sondern betriebsverfassungsrechtliche

Regelungen zum Gegenstand hat. Es muss jedoch nach § 4 Abs. 3 TVG bei der unmittelbaren und zwingenden Geltung der Tarifnorm bleiben, wenn diese den Gestaltungsspielraum nach Abs. 1 Satz 4 schon ausschöpft und deshalb die Betriebsvereinbarung im Verhältnis zum Tarifvertrag nicht günstiger ist. Sieht umgekehrt eine Betriebsvereinbarung etwa nur eine Verlängerung des Übergangsmandats um drei Monate vor, kann sie von einem nachfolgenden Haus- oder Verbandstarifvertrag aus den gleichen Gründen abgelöst werden, der eine Verlängerung um sechs Monate regelt (ebenso *Buschmann/DKKW* § 21a Rn. 53).

III. Übergangsmandat bei unternehmensinterner Zusammenfassung von Betrieben oder Betriebsteilen (Abs. 2)

Abs. 2 Satz 1 bestimmt, welcher Betriebsrat das Übergangsmandat wahrzunehmen hat, wenn Betriebe oder Betriebsteile zu einem Betrieb zusammengefasst werden. Daraus ergibt sich, ohne dass das Gesetz dies unmittelbar anordnet, dass auch bei diesen Betriebsumstrukturierungen **im Unternehmen** ein **Übergangsmandat entsteht**. Konzeptionell folgt diese Regelung derjenigen bei der Betriebsspaltung (vgl. Rdn. 14 ff.). Damit stimmt es überein, dass Abs. 1 entsprechend gilt (Abs. 2 Satz 2).

Wenn Abs. 2 Satz 1 daran anknüpft, dass Betriebe **oder** Betriebsteile zusammengefasst werden, ergibt sich zwanglos, dass auch dann nichts anderes gelten kann, wenn ein Betrieb **mit** einem Betriebsteil zu einem Betrieb zusammengefasst wird. Anders als bei Betrieben (vgl. Rdn. 17), die im Unternehmen bestehen (das können auch gepachtete Betriebe sein), müssen Betriebsteile erst geschaffen werden, bevor sie zusammengefasst werden. Dies geschieht durch Spaltung ihrer Ursprungsbetriebe. Keinesfalls trifft es zu, dass das Gesetz, wenn es von Betriebsteilen spricht, nur die Betriebsteile meint, die nach § 4 Abs. 1 Satz 1 als selbständige Betriebe gelten (so aber *Löwisch/Schmidt-Kessel* BB 2001, 2162 [2164]; *Löwisch/LK* § 21a Rn. 29; *Stege/Weinspach/Schiefer* § 21a Rn. 9); werden solche Betriebsteile mit anderen zusammengefasst, dann als Betriebe. Im Sinne von Art. 1 Abs. 1b) der Richtlinie 2001/23/EG genügt vielmehr jede organisierte Zusammenfassung von Betriebsmitteln.

Dem Gesetzgeber ist es auch bei Abs. 2 Satz 1 (vgl. zu Abs. 1 Satz 1 Rdn. 19) **nicht** gelungen, sein **Regelungsprogramm** im Wortlaut der Bestimmung **schlüssig** zum Ausdruck zu bringen. Das Gesetz geht davon aus, dass jeweils nur Betriebe oder/und Betriebsteile zusammengefasst werden, in denen ein Betriebsrat besteht; denn es bestimmt, dass der Betriebsrat des nach der Zahl der wahlberechtigten Arbeitnehmer größten Betriebs oder Betriebsteils das Übergangsmandat wahrzunehmen hat. Das würde zweierlei bedeuten: Zum einen, dass in jedem Fall einer tatbestandlichen Zusammenfassung zu einem Betrieb ein Übergangsmandat nach dem »Prinzip der größeren Zahl« entsteht. Das wäre indes sachlich höchst befremdlich, wenn man etwa den Fall bildet, dass ein Betrieb mit 6000 wahlberechtigten Arbeitnehmern und ein Betrieb mit 18 Arbeitnehmern, in denen jeweils ein Betriebsrat besteht, zusammengefasst werden; es kann nicht richtig sein, dass sich in diesem Fall das reguläre Mandat des für eine volle Amtsperiode gewählten Betriebsrats im Großbetrieb in ein Übergangsmandat wandelt, mit der vordringlichen Aufgabe unverzüglicher Bestellung eines Wahlvorstands zur Wahl eines Betriebsrats in dem »neuen« Betrieb (Abs. 2 Satz 2 i. V. m. Abs. 1 Satz 2). Zum zweiten könnte der Wortlaut auch dahin zu verstehen sein, dass ein Übergangsmandat ausscheidet, wenn nur einer der zusammengefassten Teile betriebsratslos ist. Dann müsste man fragen, wie sich nach der Schutzkonzeption der Norm (vgl. Rdn. 7) die Entbehrlichkeit des Übergangsmandats rechtfertigen ließe. Die einzige Erklärung, die sich anbietet, wäre die, dass sich in diesem Fall das reguläre Mandat des Betriebsrats aus dem einen Betrieb oder Betriebsteil auf die gesamte »neue« Organisationseinheit erstreckt. Aber auch das kann nicht richtig sein, wenn man das Beispiel dahin modifiziert, dass der Großbetrieb betriebsratslos ist und somit dem aus einer Person bestehende Betriebsrat das reguläre Mandat für die gesamte Organisationseinheit zufallen würde. Wie Abs. 1 Satz 1 (s. Rdn. 19) **bedarf somit auch Abs. 2 Satz 1** einer an der Zielsetzung der Norm orientierten **Korrektur**. Dabei ist an den Tatbestandsmerkmalen anzusetzen.

§ 21a

1. Entstehungsvoraussetzungen des Übergangsmandats

a) Zusammenfassung zu einem Betrieb

aa) Tatbestandsmerkmal

58 Nach Abs. 2 Satz 1 setzt das Entstehen eines Übergangsmandats voraus, dass Betriebe oder/und Betriebsteile zusammengefasst werden. Deren **Zusammenfassung zu einem Betrieb** ist danach **Tatbestandsmerkmal**. Das Gesetz verwendet hier den Begriff »Zusammenfassung«, an anderer Stelle für den gleichen Sachverhalt die Begriffe »Zusammenlegung« (§ 21a Abs. 3, § 21b) bzw. »Zusammenschluss« (§ 106 Abs. 3 Nr. 8, § 111 Satz 3 Nr. 3). Dieses Begriffs»wirrwarr«, für das unterschiedliche Sacheinsichten nicht zu erkennen sind, ist dilettantisch (vgl. auch *Rieble* NZA 2002, 233 [237]: »Regelungspfusch«). Die Zusammenfassung von Betrieben i. S. v. § 3 Abs. 1 Nr. 1b ist keine Zusammenfassung i. S. v. § 21a Abs. 2 (s. Rdn. 6); ebenso wenig sind es sonstige unternehmensinterne Zusammenfassungen zu neuen Organisationseinheiten nach § 3 Abs. 1 Nr. 1 bis 3 (vgl. *Franzen* § 3 Rdn. 62 m. w. N.). Eine unternehmensinterne Zusammenfassung von Einheiten scheidet aus, wenn ein unternehmenseinheitlicher Betriebsrat gemäß § 3 Abs. 1 Nr. 1a, Abs. 2 oder Abs. 3 besteht und solange kein weiterer Betrieb (durch Erwerb oder Gesamtrechtsnachfolge) hinzu kommt, auf den sich nach zugrunde liegender Vereinbarung die Zuständigkeit des einheitlichen Betriebsrats nicht erstreckt; das Unternehmen ist dann betriebsverfassungsrechtliche Organisationseinheit und gilt als ein Betrieb (§ 3 Abs. 5 Satz 1).

59 Die Zusammenfassung mehrerer Einheiten muss zu einem Betrieb führen (wie umgekehrt die Spaltung eines Betriebes zu mehreren Einheiten führt). Zur Beurteilung ist auf den Betriebsbegriff abzustellen. Nach dem als richtig erkannten leitungsorganisatorischen betriebsverfassungsrechtlichen Betriebsbegriff wird ein Betrieb als arbeitstechnische Organisationseinheit durch eine Leitungsstelle (»Leitungsapparat«) konstituiert, die die materiellen und immateriellen Betriebsmittel einsetzt, die menschliche Arbeitskraft steuert und dabei die Entscheidungskompetenz im Kern der Arbeitgeberfunktionen in sozialen und personellen Beteiligungsangelegenheiten nach dem BetrVG besitzt (vgl. näher Rdn. 20). Danach **erfordert** eine **Zusammenfassung zu einem Betrieb** immer, dass die in den bisherigen Einheiten zur Verfolgung arbeitstechnischer Zwecke eingesetzten personellen, sachlichen und immateriellen Betriebsmittel vom Arbeitgeber zusammengefasst und unter **einheitliche Leitung** gestellt werden (zust. *Linsenmaier* RdA 2017, 128 [130 f.]; *Wlotzke/WPK* § 21a Rn. 17; *Stöckel* Betriebsratsamt nach Umstrukturierungen, S. 142). Das gilt gleichermaßen für die Zusammenfassung von Betrieben, von Betriebsteilen und von Betrieb mit Betriebsteil. Keine Rolle spielt, ob für die neue Einheit ein neuer gemeinsamer Leitungsapparat aufgebaut worden ist, dem für die neue Organisationseinheit die maßgeblichen Entscheidungskompetenzen übertragen wurden, oder ob etwa die Leitungsstelle eines der bisherigen Betriebe unter entsprechender Zuständigkeitsausweitung mit der einheitlichen Leitung betraut worden ist. Für Einschränkungen oder Differenzierungen lässt das Tatbestandsmerkmal keinen Raum.

60 Deshalb bedarf es, wie die obigen Beispiele (Rdn. 57) deutlich machen, einer **teleologischen Reduktion**. Diese ist auch **gerechtfertigt**; das ergibt sich aus folgendem: Ausweislich der Begründung zu § 21a (vgl. BT-Drucks. 14/5741, S. 39 zu Nr. 18) soll zur Vermeidung betriebsratsloser Zeiten dem Betriebsrat bei jeder Zusammenlegung von Betrieben oder Betriebsteilen ein Übergangsmandat zustehen, »wenn die Organisationsänderung zum Wegfall des bisherigen Betriebsrats führt oder ein Teil der Arbeitnehmerschaft aus dem Zuständigkeitsbereich des Betriebsrats herausfällt«. Im Ausgangspunkt hat sich damit der Gesetzgeber den Standpunkt der vor Inkrafttreten des § 21a ganz h. M. zu den Auswirkungen der Organisationsänderung auf die Betriebsratsstrukturen zu eigen gemacht. Nach eben dieser h. M. sollte aber keineswegs jede Zusammenlegung von Betrieben (zu derjenigen von Betriebsteilen vgl. Rdn. 65) zum vorzeitigen Amtsende der in diesen amtierenden Betriebsräte und damit zur Betriebsratslosigkeit führen. Das sollte nur der Fall sein, wenn durch Zusammenlegung bisher selbständiger Betriebe ein **neuer Betrieb entsteht**. Davon wurde der Fall der **Eingliederung** eines Betriebes in einen anderen unterschieden. In diesem Fall sollte nur das Amt des Betriebsrats im eingegliederten Betrieb enden; der Betriebsrat im aufnehmenden Betrieb sollte dagegen im Amt bleiben und ipso iure auch für die Arbeitnehmer des eingegliederten Betriebes zuständig sein (vgl. *Buschmann/DKKW* 7. Aufl., § 21 Rn. 33 f.; *Eisemann/*ErfK 2. Aufl., § 21 BetrVG Rn. 9; *Fitting/Kaiser/*

Heither/Engels § 21 Rn. 38 f.; *Schlochauer/HSWG* § 21 Rn. 29 f.; *Richardi* 7. Aufl., § 21 Rn. 31 f.; *Stege/Weinspach* § 21 Rn. 17 f.; *Weber/Ehrich/Hörchens* Handbuch zum Betriebsverfassungsrecht, 1. Aufl., Teil B Rn. 114 f.; *Wiese* 5. Aufl. § 21 Rn. 42 m. w. N.). An diese Rechtslage wollte der Gesetzgeber anknüpfen; Abs. 2 Satz 1 lässt jedoch eine Einschränkung vermissen. Diese Lücke ist durch teleologische Reduktion zu schließen (zust. *Fischer* RdA 2005, 39 [40]; *Reichold/HWK* § 21a BetrVG Rn. 9). Dementsprechend ist das **Tatbestandsmerkmal** »Zusammenfassung von Betrieben zu einem Betrieb« dann **nicht erfüllt, wenn es sich um einen Eingliederungsfall handelt** (im Ergebnis entspricht das jetzt wieder verbreiteter Ansicht, auch wenn insoweit die methodische Problematik nicht gesehen wird; vgl. *Hess. LAG* 06.05.2005 – 9 TaBV 61/04 – juris = LAGReport 2004, 379; 23.10.2008 – 9 TaBV 155/08 – juris; *Fitting* § 21a Rn. 14; *Feudner* DB 2003, 882 [884]; *B. Gaul* Betriebs- und Unternehmensspaltung, § 27 Rn. 72; *Löwisch/LK* § 21a Rn. 31; *Löwisch/Schmidt-Kessel* BB 2001, 2162 [2164]; *Richardi/Thüsing* § 21a Rn. 13; *Worzalla/HWGNRH* § 21a Rn. 8). Demgegenüber ist es jedoch nach Wortlaut und Systematik völlig verfehlt, den Fall der Eingliederung eines Betriebes in einen anderen Betrieb gemäß Abs. 2 Satz 2 über den »Soweit«-Satz von Abs. 1 Satz 1 lösen zu wollen (so aber etwa *Fitting* § 21a Rn. 14; *Stöckel* Betriebsratsamt nach Umstrukturierungen, S. 156 ff.; *Wlotzke/WPK* § 21a Rn. 18; *Worzalla/HWGNRH* § 21a Rn. 8; *Linsenmaier* RdA 2017, 128 [131 und mit erheblichen Auswirkungen auf die Auslegung des Begriffs »Eingliederung« S. 132 ff.]); soweit dort von einer Eingliederung die Rede ist, bezieht sich diese ausschließlich auf Betriebsteile, die aus einer Betriebsspaltung hervorgegangen sind. Im Eingliederungsfall entsteht kein Übergangsmandat (vgl. Rdn. 63).

bb) Abgrenzung »Zusammenfassung«/»Eingliederung«

Für die Beurteilung der Tatbestandsmäßigkeit von Abs. 2 Satz 1 kommt damit der Frage entscheidende Bedeutung zu, wie der **Eingliederungsfall** vom **Fall der Zusammenlegung** zu einem neuen Betrieb **abzugrenzen** ist. Vor Inkrafttreten des § 21a wurde diese Unterscheidung von der h. M. (vgl. die Nachweise Rdn. 60) ausgesprochen oder unausgesprochen nur unter Hinweis darauf begründet, dass bei der Zusammenlegung beide Betriebe ihre Identität verlieren und untergehen, während bei der Eingliederung nur der eingegliederte Betrieb untergeht, während der aufnehmende Betrieb seine Identität wahrt und fortbesteht (so jetzt etwa *Fitting* § 21a Rn. 11; *Richardi/Thüsing* § 21a Rn. 13; *Worzalla/HWGNRH* § 21a Rn. 8; *Au* Übergangsmandat, S. 97 ff.; *Hess. LAG* 06.05.2005 [wie Rdn. 60]; *ArbG Düsseldorf* 24.04.2008 – 6 BV 184/07 – juris). Damit bleibt, von der h. M. sorglos ignoriert, die Abgrenzungsproblematik jedoch noch völlig offen, weil mit dem Identitätsbegriff (ebenso wenig wie bei der Betriebsspaltung; vgl. Rdn. 24) keine Differenzierungen möglich sind; mit der neuen Leitungsstruktur entfallen auch bei jeder Zusammenlegung von Betrieben die bisherigen Identitätsstrukturen. Auch bei der Zusammenfassung von Betrieben können keine tragfähigen Parallelen zum Umwandlungsrecht, nämlich der Verschmelzung von Rechtsträgern, die im Wege der Aufnahme und der Neugründung erfolgen kann (§ 2 UmwG), gezogen werden; denn bei der Zusammenlegung von Betrieben im Unternehmen werden Leitungsstrukturen verändert, es finden aber keine Vermögensübertragungen statt. 61

Unabweisbar erforderlich ist demgegenüber die Entwicklung von **Sachkriterien**, nach denen nachvollziehbar abgegrenzt werden kann, wann sich die Zusammenlegung von Betrieben als Eingliederung darstellt, bei der der aufnehmende Betrieb unter Einvernahme des eingegliederten nicht untergeht, sondern fortbesteht. Dabei muss klar sein, dass es sich um ein Wertungsproblem handelt, das aus Gründen der Rechtssicherheit nicht der Beurteilung nach den Umständen des Einzelfalles oder der Einschätzung der Beteiligten überlassen werden kann (vgl. aber *Hohenstatt/WHSS* D Rn. 68 ff., der im Rahmen einer Gesamtschau im Einzelfall entscheiden will, welche Aspekte des Betriebsbegriffs dominieren und welche Kriterien zur Identitätswahrung wesentlich sind und der [Rn. 72] sogar noch die Flexibilität dieser rechtsunsicheren Konzeption herausstellt; ähnlich schon *Haag* Umstrukturierung und Betriebsverfassung, S. 40 ff.; im Ergebnis [s. auch Rdn. 25] ebenso *Linsenmaier* RdA 2017, 128 [135 f.]; vgl. auch *Fischer* RdA 2005, 39 [42 ff.], der letztlich in jedem Einzelfall prüfen will, ob der betriebliche Identitätsverlust so bedeutsam ist, dass [über ein Übergangsmandat] eine Neuwahl erforderlich ist; viel zu eng *Hess. LAG* [wie Rdn. 60], das eine Eingliederung nur annehmen will, wenn die Arbeitnehmer des aufgenommenen Betriebs in die Abteilungen des aufnehmenden Betriebs verteilt werden und dort gegebene Tätigkeiten wahrnehmen, nicht aber, wenn ein Betrieb nur einer 62 gemeinsamen Betriebsleitung unterstellt wird; gerade das kann genügen; zutr. *LAG Düsseldorf* 22.10.2008 – 7 TaBV 85/08 – juris). Zu beachten ist auch, dass es bei dieser Abgrenzung nicht nur darum geht, allgemeingültig zu beurteilen, wann ein Übergangsmandat nach dem Schutzzweck der Norm entbehrlich ist, sondern ebenso auch darum, wann dessen Entstehung als sachwidrig auszuschließen ist (vgl. die Beispiele Rdn. 57). Wie bei der Beurteilung eines Betriebsuntergangs bei Betriebsspaltung (vgl. Rdn. 25) erscheint es allein sachangemessen, bei der erforderlichen **Bildung von Größenkriterien** der Auswirkung der Zusammenfassung auf die Zusammensetzung der Belegschaft in der neuen Einheit entscheidendes Gewicht beizumessen. Eine Eingliederung scheidet aus, wenn Betriebe mit etwa gleich großer regelmäßiger Arbeitnehmerzahl (unter Einbeziehung der nach § 7 Satz 2 wahlberechtigten Leiharbeitnehmer) zusammengefasst werden (so auch *Hohenstatt/WHSS* D Rn. 70, der dem Zahlenverhältnis »erhebliche Bedeutung« zumisst; a. M. *Linsenmaier* RdA 2017, 128 [135]: »untergeordnete Rolle«). Die Eingliederung setzt voraus, dass der aufnehmende Betrieb wesentlich größer ist; dieses Kriterium ist indes noch viel zu vage. *Rieble* (NZA 2002, 233 [237]) will das Zahlenverhältnis »ab 5 zu 1« zugrunde legen; das ist jedoch willkürlich gegriffen. Deshalb ist es geboten, die Abgrenzung wiederum (vgl. Rdn. 25) entsprechend der in § 13 Abs. 2 Nr. 1 zum Ausdruck kommenden gesetzlichen Wertung vorzunehmen (zust. *Schlenker-Rehage* Übergangsmandat, S. 73, 85; vgl. auch *Stöckel* Betriebsratsamt nach Umstrukturierungen, S. 123 ff., die der Wertung des § 13 Abs. 2 Nr. 1 im Rahmen einer wertenden Gesamtbetrachtung »hohe« Bedeutung zumisst). Dort (vgl. näher *Jacobs* § 13 Rdn. 36 ff.) erkennt das Gesetz die Angemessenheit einer Neuwahl, auf die auch § 21a Abs. 2 zielt, erst an, wenn die Belegschaftsstärke um die Hälfte steigt. In entsprechender Wertung liegt dann eine **Eingliederung** vor, wenn Betriebe zusammengefasst werden, von denen der kleinere regelmäßig **weniger als die Hälfte** der Arbeitnehmer des größeren Betriebes hat. Nicht mehr als ein zusätzliches Indiz für die Praxis ist es, wenn der Leitungsapparat (etwa die Leitungsperson) des größeren Betriebes unter entsprechender Zuständigkeitsausweitung mit der einheitlichen Leitung betraut wird. Danach liegt eine **tatbestandsmäßige Zusammenfassung von Betrieben zu einem Betrieb erst dann** vor, wenn die regelmäßige Arbeitnehmerzahl der kleineren Einheit **mindestens die Hälfte der größeren Einheit** erreicht. Zur Beurteilung ist abweichend von § 13 Abs. 2 Satz 1 kein auf den Wahltag bezogener Stichtag maßgebend, sondern das Wirksamwerden der Zusammenfassung (vgl. dazu Rdn. 82).

63 Im **Eingliederungsfall** entsteht **kein Übergangsmandat**. Immer endet das Amt eines im eingegliederten Betrieb bestehenden Betriebsrats vorzeitig, vorbehaltlich eines Restmandats nach § 21b (zutr. *Löwisch/Schmidt-Kessel* BB 2001, 2162 [2164]). Besteht im aufnehmenden Betrieb ein **Betriebsrat,** so **bleibt** dieser **regulär im Amt**; ipso iure erstreckt sich mit Wirksamwerden der Zusammenfassung seine Zuständigkeit auf den eingegliederten Bereich (unstr. im Ergebnis; vgl. *BAG* 21.01.2003 EzA § 77 BetrVG 2001 Nr. 3 [unter B I] = AP Nr. 1 zu § 21a BetrVG 1972). Dieser Betriebsrat ist Funktionsnachfolger des zuvor im aufgenommen Betrieb amtierenden Betriebsrats mit der Folge, dass er gemäß § 83 Abs. 3 ArbGG ipso iure Beteiligter eines von jenem eingeleiteten Beschlussverfahrens wird (*BAG* 21.01.2003 EzA § 77 BetrVG 2001 Nr. 3 [unter B I] = AP Nr. 1 zu § 21a BetrVG 1972). Tatbestandsmäßig (vgl. Rdn. 62) ist eine vorzeitige Neuwahl des Betriebsrats nach § 13 Abs. 2 Nr. 1 ausgeschlossen.

64 Besteht im aufnehmenden Betrieb **kein Betriebsrat**, wird die **neue Einheit insgesamt betriebsratslos** (str., im Ergebnis ebenso *Feudner* DB 2003, 882 [884]; *Hohenstatt/WHSS* D Rn. 65, 83, 86; *Löwisch/LK* § 21a Rn. 31; *Löwisch/Schmidt-Kessel* BB 2001, 2164; *Maschmann* NZA Beilage 2009 Nr. 1 S. 32 [36 f.]; *Rieble* NZA 2002, 233 [237]; *Richardi/Thüsing* § 21a Rn. 13; *Worzalla/HWGNRH* § 21a Rn. 9; ausführlich *Au* Übergangsmandat, S. 100 ff., 110). Dieses Ergebnis vermeidet Wertungswidersprüche. Solche entstünden, wenn zur Vermeidung von Betriebsratslosigkeit angenommen würde, dass dem Betriebsrat des eingegliederten Betriebes ein Übergangsmandat für die gesamte neue Einheit zufiele, in der sein Betrieb aufgegangen ist und in der er nicht einmal von einem Drittel der Arbeitnehmerschaft zur Repräsentation legitimiert ist (gleichwohl für ein solches Übergangsmandat *Bachner* in: *Kittner/Zwanziger/Deinert* Arbeitsrecht § 97 Rn. 48; *Buschmann/DKKW* § 21a Rn. 45; *Fitting* § 21a Rn. 11a; *Wlotzke/WPK* § 21a Rn. 18). Ein Übergangsmandat nur für den eingegliederten Betrieb macht keinen Sinn, weil dieser durch die Eingliederung seine Betriebsratsfähigkeit verloren hat und deshalb nichts überzuleiten ist; den Vorrang der Amtskontinuität hat der Gesetzgeber verworfen (vgl. Rdn. 15).

Werden **Betriebsteile** zu einem Betrieb **zusammengefasst**, so entsteht unter neuer Leitung immer 65
ein neuer Betrieb, weil die Betriebsteile ihrerseits erst aus der Spaltung ihrer Ursprungsbetriebe hervorgegangen sind. Eine der Eingliederung von Betrieben vergleichbare Konstellation gibt es nicht; nach der größeren Zahl der wahlberechtigten Arbeitnehmer bestimmt sich nur, welcher Betriebsrat das Übergangsmandat wahrnimmt.

Dass es die **Eingliederung** des aus einer Betriebsspaltung hervorgehenden **Betriebsteils in einen** 66
Betrieb als Fallkonstellation gibt, belegt der »Soweit«-Satz in § 21a Abs. 1 Satz 1. Erfolgt die Eingliederung im Falle einer betriebsübergreifenden Betriebsspaltung (vgl. Rdn. 29) in einen Betrieb, in dem ein Betriebsrat besteht, so ist wegen der spezielleren Regelung in Abs. 1 Satz 1 die Anwendung von Abs. 2 ausgeschlossen (vgl. Rdn. 30 f.). Indem das Gesetz in diesem Fall dem Betriebsrat des gespaltenen Betriebes ein Übergangsmandat versagt bzw. für entbehrlich hält, wird der Betriebsteil als betriebsratslos eingegliedert; dann ist es in der Tat nur folgerichtig, dass der im aufnehmenden Betrieb regulär amtierende Betriebsrat ipso iure auch für den hinzugekommenen Betriebsteil zuständig wird (so schon vor Inkrafttreten des § 21 h. M.; vgl. *Fitting/Kaiser/Heither/Engels* § 21 Rn. 46; *Wiese* 5. Aufl., § 21 Rn. 42). Besteht aber im aufnehmenden Betrieb kein Betriebsrat, so entsteht ein Übergangsmandat nach Abs. 1 Satz 1 (vgl. Rdn. 32). Ob dieses den Betriebsrat allerdings befähigt, in der aus der Zusammenfassung von betriebsratslosem Betrieb und Betriebsteil entstehenden Einheit ein zweites Übergangsmandat nach Abs. 2 wahrzunehmen, hängt davon ab, ob sich die Zusammenfassung als Eingliederung darstellt oder nicht. Insoweit richtet sich die Abgrenzung nach den gleichen Größenkriterien wie bei der Eingliederung eines Betriebes (vgl. Rdn. 62). Ein Übergangsmandat entsteht daher nur, wenn dem aus der Spaltung hervorgegangenen Betriebsteil mindestens halb so viele Arbeitnehmer angehören wie dem betriebsratslosen Betrieb und deshalb kein Eingliederungsfall vorliegt (vgl. Rdn. 69); ansonsten entsteht kein Übergangsmandat (vgl. Rdn. 63).

b) Bestehen von Betriebsräten

Zweifelhaft ist, ob das Entstehen eines Übergangsmandats weiter voraussetzt, dass in den zusammen- 67
gefassten Betrieben oder Betriebsteilen je ein Betriebsrat besteht (verneinend *Löwisch/Schmidt-Kessel* BB 2001, 2162 [2164]), wobei in den Betriebsteilen ein Betriebsrat mit Übergangsmandat in Betracht kommt. Ausdrücklich ist ein solches **Tatbestandsmerkmal** nicht formuliert. Es ergibt sich jedoch aus der Bestimmung in Abs. 2 Satz 1, dass der Betriebsrat des nach der Zahl der wahlberechtigten Arbeitnehmer größten Betriebs oder Betriebsteils das Übergangsmandat wahrzunehmen hat; dadurch schließt der Gesetzeswortlaut betriebsratslose Einheiten aus.

Sinn macht diese Voraussetzung vor allem, um **Legitimationsdefizite** bei der Wahrnehmung des 68
Übergangsmandats auszuschließen, die entstehen, wenn es sich auch auf betriebsratslose Einheiten erstreckt. Der Einwand, dieses Legitimationsdefizit sei nicht größer als im Falle der kleineren Betriebe mit Betriebsrat, die dem Übergangsmandat des Betriebsrats des größten Betriebs unterstellt werden (*Löwisch/Schmidt-Kessel* BB 2001, 2162 [2164]), ist nicht treffend. Ganz anders (vgl. *Kreutz/Franzen* § 50 Rdn. 55 ff.) als bei der Zuständigkeitserstreckung von Gesamtbetriebsrat und Konzernbetriebsrat auf Betriebe ohne Betriebsrat (§ 50 Abs. 1, § 58 Abs. 1) besteht hier kein grundsätzliches Legitimationsdefizit wegen fehlender Wahl eines Betriebsrats. Durch die Wahl ihres Betriebsrats hat die Belegschaft des kleineren Betriebes vielmehr gezeigt, dass sie nicht außerhalb der Betriebsverfassung stehen will. Die Legitimationskette wird rechtstechnisch dadurch geschlossen, dass an die Stelle des im kleineren Betrieb gewählten Betriebsrats der das Übergangsmandat wahrnehmende Betriebsrat tritt. Dieser ist kraft Gesetzes dessen Funktionsnachfolger und sichert die Kontinuität betriebsverfassungsrechtlicher Interessenvertretung in der neuen Organisationseinheit, in der die bisherigen Einheiten als Teile eingehen.

Gleichwohl ist das Erfordernis, dass in allen zu einem neuen Betrieb zusammengefassten Einheiten ein 69
Betriebsrat besteht, mit dem **Zweck des Übergangsmandats unvereinbar**, sicherzustellen, dass keine betriebsratslosen Zeiten entstehen (vgl. Rdn. 7). Solche würden jedoch (nach der Konzeption des Gesetzes) z. B. für einen Betrieb mit Betriebsrat entstehen, der mit einem betriebsratslosen Betrieb zu einem neuen Betrieb zusammengefasst (also nicht eingegliedert) wird, wenn in diesem Fall ein Übergangsmandat ausgeschlossen wäre. Deshalb bedarf Abs. 2 Satz 1 auch insoweit einer **teleologischen Reduktion** (ähnlich *Fitting* § 21a Rn. 11; *Richardi/Thüsing* § 21a Rn. 14). Die Betriebsrats-

losigkeit eines in der Zusammenfassung beteiligten Betriebes oder Betriebsteils steht mithin der Entstehung eines Übergangsmandats für den neuen Betrieb nicht entgegen (im Ergebnis auch *Engels / Trebinger / Löhr-Steinhaus* DB 2001, 532 [534]; *Löwisch / Schmidt-Kessel* BB 2001, 2162 [2164]; wohl auch *Worzalla* FA 2001, 261 [263]; zu unterschiedlichen Fallkonstellationen vgl. Rdn. 73 f.). Die Differenzierung gegenüber dem Eingliederungsfall (vgl. Rdn. 63) gründet darauf, dass bei Eingliederung der aufnehmende Betrieb bestehen bleibt, während bei der Zusammenfassung zu einem Betrieb alle beteiligten Betriebe ihre Identität verlieren und untergehen (ebenso *Richardi / Thüsing* § 21a Rn. 14). Sind alle Einheiten betriebsratslos, kann es keine Amtsweiterführung geben, z. B. wenn ein betriebsratsloser Betrieb mit einem aus der Spaltung eines anderen betriebsratslosen Betriebs hervorgegangenen Betriebsteil zusammengefasst wird.

2. Träger des Übergangsmandats

70 Vorausgesetzt, dass Betriebsräte in den zusammengefassten Betrieben oder Betriebsteilen bestehen, regelt Abs. 2 Satz 1 nach dem »**Prinzip der größeren Zahl**«, welcher Betriebsrat das Übergangsmandat wahrzunehmen hat. Es ist der Betriebsrat des nach der Zahl der wahlberechtigten Arbeitnehmer größten Betriebs oder Betriebsteils. Dieses Zuordnungsprinzip hat der Gesetzgeber aus § 321 Abs. 2 UmwG a. F. übernommen; es gibt dem Prinzip einer einheitlichen Interessenvertretung Vorrang und schließt aus, dass jeder Betriebsrat nur in seinem Zuständigkeitsbereich das Übergangsmandat ausübt. Es sichert die Amtskontinuität in der neuen Einheit, ohne dass es zu einer unpraktikablen »Aufblähung« des Betriebsrats kommt, wie es der Fall wäre, wenn eine Addition der Betriebsräte zu erfolgen hätte. Diese rechtstechnische gesetzgeberische Entscheidung ist systematisch gut vertretbar. Zwar kann dadurch der das Übergangsmandat wahrnehmende Betriebsrat, gemessen an der Staffelung des § 9, erheblich untersetzt sein. Das aber steht in Übereinstimmung mit § 13 Abs. 2 Nr. 1, wonach eine Anpassung der Größe des Betriebsrats an die veränderte Belegschaftsstärke nur durch Neuwahl möglich ist; auf diese zielt das Übergangsmandat (Abs. 2 Satz 2 i. V. m. Abs. 1 Satz 2). Auch entstehen keine wesentlichen Legitimationsdefizite (vgl. Rdn. 68). Vorbehaltlich eines Restmandats nach § 21b endet das Amt des Betriebsrats aus der kleineren Einheit mit dem Wirksamwerden der Zusammenfassung vorzeitig; das wäre nach der Konzeption des Gesetzgebers (vgl. Rdn. 14 ff.) aber auch ohne Übergangsmandat nicht anders.

71 Werden **Betriebsteile** zu einem neuen Betrieb zusammengefasst oder ein größerer Betriebsteil mit einem kleineren Betrieb, so hat nach dem »Prinzip der größeren Zahl« der Betriebsrat des gespaltenen Betriebs das Übergangsmandat wahrzunehmen, aus dem dieser Betriebsteil durch »Betriebsaufspaltung« oder »Betriebs(teil)abspaltung« hervorgegangen ist (vgl. Rdn. 25). Zu beachten ist dabei, dass das aus der Betriebsspaltung resultierende Übergangsmandat nach Abs. 1 Satz 1 nur zu dem zweiten Übergangsmandat nach Abs. 2 Satz 1 überleitet und damit endet; denn ohne Weiterführung des Amtes nach Abs. 1 Satz 1 hätte der Betriebsteil keinen Betriebsrat, der das Mandat nach Abs. 2 wahrnehmen könnte. Das zweite Übergangsmandat ist nach Zuständigkeitsbereich und Dauer eigenständig (einschränkend *Rieble* NZA 2003 Sonderbeilage zu Heft 16, S. 62 [65]). Bleibt im Fall der »Betriebs(teil)abspaltung« der Betriebsrat im (dezimierten) Ursprungsbetrieb regulär im Amt und wird dann dieser Ursprungsbetrieb mit dem aus der Spaltung eines anderen Betriebs hervorgegangenen Betriebsteil zu einem neuen Betrieb zusammengefasst (dieser also nicht nur eingegliedert; vgl. dazu Rdn. 29 ff.), so handelt es sich um einen Fall der Zusammenfassung von Betrieb mit Betriebsteil. Das reguläre Mandat des Betriebsrats wandelt sich dann in ein befristetes Übergangsmandat, wenn ihm dieses nach dem »Prinzip der größeren Zahl« zufällt.

72 Das »Prinzip der größeren Zahl« stellt allein auf die **Zahl** der **wahlberechtigten Arbeitnehmer** ab. Das zielt darauf, dem Betriebsrat das Übergangsmandat zuzuordnen, der eine größere Legitimationsbasis hat, und der dementsprechend (zumindest tendenziell) zur Bewältigung des Übergangsmandats die größere Zahl von Betriebsratsmitgliedern hat, weil sich diese gemäß § 9 nach der Zahl der (wahlberechtigten) Arbeitnehmer bestimmt. Daraus ergibt sich, dass der vom Gesetz offen gelassene **Beurteilungszeitpunkt** der Zeitpunkt der **letzten Betriebsratswahl** ist, nicht der Zeitpunkt des Wirksamwerdens der Zusammenfassung (ebenso *Fitting* § 21a Rn. 18: auch um Manipulationen durch den Arbeitgeber vorzubeugen; zust. *Wlotzke / WPK* § 21a Rn. 20; **a. M.** *Löwisch / Schmidt-Kessel* BB 2001, 2162 [2164]; *Reichold / HWK* § 21a BetrVG Rn. 16; *Richardi / Thüsing* § 21a Rn. 12; *Rieble* NZA 2002,

233 [237]: weil das Prinzip der größeren Einheit einen Wahlakt ersetzen soll; ausführlich *Rieble/Gutzeit* ZIP 2004, 693 ff.; *Worzalla/HWGNRH* § 21a Rn. 11, 25). Maßgebend richtet sich die Arbeitnehmerzahl mithin nach der Eintragung Wahlberechtigter in die Wählerliste am Tag der Stimmabgabe bei der letzten Betriebsratswahl; spätere Veränderungen bleiben unberücksichtigt. Das ist ein klarer und rechtssicherer Beurteilungsmaßstab, den das Gesetz auch für die Beurteilung des Stimmgewichts der Gesamtbetriebsratsmitglieder in § 47 Abs. 7 vorgegeben hat (vgl. deshalb zu Einzelheiten *Kreutz/Franzen* § 47 Rdn. 64; nicht überzeugend gegen dieses und die anderen hier vorgebrachten Argumente *Rieble/Gutzeit* ZIP 2004, 693 [695]). Dabei zählen auch die nach § 7 Satz 2 wahlberechtigten Leiharbeitnehmer (a. M. *Löwisch/Schmidt-Kessel* BB 2001, 2164, die aber verkennen, dass es nicht wie bei der Bestimmung der Betriebsgröße nach § 9 auf die Betriebszugehörigkeit ankommt; zusätzlicher Beleg dafür ist, dass das Gesetz hier auch nicht auf einen Regelstand abstellt). Bei gleicher Zahl Wahlberechtigter muss durch Losentscheid der Träger des Übergangsmandats ermittelt werden; eine Vereinbarungslösung scheidet wie auch sonst aus (a. M. *Düwell*/HaKo § 21a Rn. 83). Zu den Möglichkeiten einstweiligen Rechtsschutzes **bei Streit** über den Träger des Übergangsmandats vgl. *Rieble/Gutzeit* ZIP 2004, 693 (698 ff.).

Besteht nur in dem nach der Zahl der wahlberechtigten Arbeitnehmer **größten Betrieb** oder **Be-** **73** **triebsteil** ein **Betriebsrat**, hat dieser das Übergangsmandat wahrzunehmen (im Ergebnis jetzt unstr.; vgl. auch *Fitting* § 21a Rn. 19; *Hohenstatt/WHSS* D Rn. 86, 88; *Richardi/Thüsing* § 21a Rn. 14; *Rieble* NZA 2002, 233 [237]; widersprüchlich *Worzalla/HWGNRH* § 21a Rn. 11; zur personellen Reichweite des Übergangsmandats vgl. Rdn. 76); dessen Entstehung ist nicht vom Bestehen von Betriebsräten in allen zusammengefassten Betrieben oder Betriebsteilen abhängig (vgl. Rdn. 69). In diesem Fall entsteht das Übergangsmandat zudem nach dem »Prinzip der größeren Zahl«. Dann repräsentiert der das Übergangsmandat wahrnehmende Betriebsrat allerdings auch die bisherige Belegschaft der betriebsratslosen Einheit, die bisher wegen der fehlenden Wahl eines Betriebsrats außerhalb der Betriebsverfassung gestanden hat. Dieses Legitimationsdefizit ist jedoch hinzunehmen (vgl. auch *Löwisch/Schmidt-Kessel* BB 2001, 2162 [2164]). Das muss schon deshalb so sein, weil andernfalls mit dem Ausschluss eines Übergangsmandats die unverhältnismäßige Folgerung verbunden wäre, dass die Zusammenfassung im größeren Betrieb oder Betriebsteil zur Betriebsratslosigkeit führt. Das wäre mit dem Schutzweck des Übergangsmandats, den Eintritt von Betriebsratslosigkeit in Anschluss an die betriebliche Umstrukturierung zu vermeiden (vgl. Rdn. 7), unvereinbar, erst recht, wenn davon der größere Teil der neuen Einheit betroffen ist. Da es hier um ein unternehmensinternes Übergangsmandat geht, kann das Ergebnis allerdings nicht zusätzlich auf eine richtlinienkonforme Auslegung im Hinblick auf Art. 6 der Richtlinie 2001/23/EG (»Betriebsübergangsrichtlinie«; vgl. Rdn. 2) gestützt werden.

Diese Argumentationslinie muss aber auch dann maßgeblich sein, wenn der nach der Zahl der wahl- **74** berechtigten Arbeitnehmer größte Betrieb oder Betriebsteil betriebsratslos ist, im kleineren Betrieb oder Betriebsteil (bei mehreren im nächst größeren) aber ein Betriebsrat besteht. Dann hat **dieser das Übergangsmandat** wahrzunehmen, auch wenn er vom Gesetz nicht nach dem »Prinzip der größeren Zahl« berufen ist (im Ergebnis ebenso zuerst *Hanau* NJW 2001, 2513 [2515]; wohl auch, aber undeutlich *Engels/Trebinger/Löhr-Steinhaus* DB 2001, 532 [534]; *Worzalla* FA 2001, 261 [263]; jetzt auch *Bachner* in: *Kittner/Zwanziger/Deinert* Arbeitsrecht § 97 Rn. 48; *Buschmann/DKKW* § 21a Rn. 43, 46; *Düwell*/HaKo § 21a Rn. 71; *Fitting* § 21a Rn. 19; *B. Gaul* Betriebs- und Unternehmensspaltung, § 27 Rn. 83; *Hohenstatt/WHSS* D Rn. 88; *Koch*/ErfK § 21a BetrVG Rn. 4; *Richardi/Thüsing* § 21a Rn. 14; *Stege/Weinspach/Schiefer* § 21a Rn. 15; *Stöckel* Betriebsratsamt nach Umstrukturierungen, S. 162 ff.; *Wlotzke/WPK* § 21a Rn. 20; zust. *Au* Übergangsmandat, S. 116 ff.; **a. M.** *Löwisch/Schmidt-Kessel* BB 2001, 2162 [2164]; *Reichold* NZA 2001, 857 [859]; *Reichold/HWK* § 21a BetrVG Rn. 9; *Rieble* NZA 2003 Sonderbeilage zu Heft 16, S. 62 [65]; *Worzalla/HWGNRH* § 21a Rn. 11; zu § 321 Abs. 2 UmwG a. F. *Kallmeyer/Willemsen* UmwG, 2. Aufl. 2001, § 321 Rn. 9, wie hier aber seit 3. Aufl. 2006, vor § 322 Rn. 30 ff. unter [insoweit verfehlter; vgl. Rdn. 2] Betonung richtlinienkonformer Auslegung). Das Übergangsmandat erstreckt sich nach dem Prinzip einheitlicher Interessenvertretung im Betrieb auf den **gesamten** durch Zusammenfassung neu geschaffenen **Betrieb** (a. M. zu § 321 UmwG a. F. *Joost* in *Lutter* UmwG, 2. Aufl. 2000, § 321 Rn. 26, 28: Beschränkung auf die schon bisher durch einen Betriebsrat vertretenen Arbeitnehmer). Die vorrangige Berücksichtigung des Schutzzwecks der Norm führt nicht zu einer unangemessenen Majorisierung einer großen Mehrheit durch eine kleine Minderheit. Es ist nämlich zu berücksichtigen, dass überhaupt kein Übergangsmandat entsteht, wenn sich die Zusammenfassung als Eingliederung darstellt (vgl. Rdn. 63). Wenn aber die Zahl der Arbeitnehmer des kleineren Betriebes mindestens die Hälfte des größeren erreicht (vgl. Rdn. 62) und damit mindestens ein Drittel der Belegschaft des neuen Betriebes, ist der Betriebsrat durch diese Zahl zur Ausübung eines zeitlich begrenzten Übergangsmandats hinreichend legitimiert.

3. Inhalt und Dauer des Übergangsmandats

75 Hinsichtlich Inhalt und Dauer des Übergangsmandats gilt Abs. 1 entsprechend (Abs. 2 Satz 2).

a) Inhalt

76 Der Betriebsrat, der nach dem »Prinzip der größeren Zahl« (vgl. Rdn. 70 ff.) oder ausnahmsweise auch als »Betriebsrat der kleineren Zahl« (vgl. Rdn. 74) das Übergangsmandat wahrzunehmen hat, **bleibt im Amt** und **führt die Geschäfte für den gesamten neuen Betrieb**, der aus der Zusammenfassung der Betriebe oder Betriebsteile entstanden ist (ebenso *Fitting* § 21a Rn. 23; *B. Gaul* Betriebs- und Unternehmensspaltung, § 27 Rn. 84; *Koch*/ErfK § 21a BetrVG Rn. 7; *Reichold/HWK* § 21a BetrVG Rn. 16, 17; *Richardi/Thüsing* § 21a Rn. 14, 19; *Wlotzke/WPK* § 21a Rn. 28; wohl auch *Buschmann/DKKW* § 21a Rn. 61). Da Abs. 1 Satz 1 nur entsprechend gilt, bedeutet die dortige Formulierung »für die ihm bislang zugeordneten Betriebsteile« keine Beschränkung des Übergangsmandats auf den Teil der neuen Einheit, in dem der Betriebsrat gewählt worden ist. Das Mandat dieses Betriebsrats erfährt durch die Umwandlung in ein Übergangsmandat (anders als dasjenige bei Betriebsspaltung) eine **Zuständigkeitsausweitung**. Soweit in zusammengefassten Betrieben und Betriebsteilen schon bisher ein Betriebsrat bestand, sichert das Übergangsmandat die **Amtskontinuität**. Belegschaften bisher betriebsratsloser Betriebe und Betriebsteile werden durch das Übergangsmandat voll in die Betriebsverfassung und die einheitliche kollektive Interessenvertretung einbezogen (wie hier auch *Buschmann/DKKW* § 21a Rn. 46), obwohl sie diesen Betriebsrat nicht durch eine Wahl demokratisch legitimiert haben.

77 Der das Übergangsmandat ausübende Betriebsrat bleibt in seiner bisherigen **personellen Zusammensetzung** und **Mitgliederstärke** bestehen, auch wenn er, gemessen an der Staffelung des § 9, in der neuen Einheit erheblich unterbesetzt ist (vgl. zu weiteren Konsequenzen Rdn. 35). Nur Ersatzmitglieder dieses Betriebsrats können nach Maßgabe von § 25 Abs. 2 nachrücken. Eine Niederlegung des Betriebsratsamtes (§ 24 Nr. 2) ist auch im Betriebsrat mit Übergangsmandat jederzeit möglich. Erlöschen alle Mitgliedschaften (einschließlich die der Ersatzmitglieder), endet die Amtszeit des Betriebsrats vorzeitig (vgl. § 21 Rdn. 36). In diesem Fall gebietet der Zweck des Übergangsmandats, dass der Betriebsrat des nach der Zahl der wahlberechtigten Arbeitnehmer nächst größeren Betriebes das Übergangsmandat wahrnimmt. Durch Rücktrittsbeschluss kann der das Übergangsmandat wahrnehmende Betriebsrat dagegen nicht den Weg freimachen für einen anderen Betriebsrat; insoweit gilt § 22.

78 Das Übergangsmandat ist ein zeitlich begrenztes **Vollmandat** für den gesamten neuen Betrieb (s. Rdn. 38). Erforderliche **Kosten** seiner Ausübung trägt der Arbeitgeber (§ 40).

79 Das Übergangsmandat als Vollmandat befähigt den Betriebsrat, **Betriebsvereinbarungen** mit einem Geltungsbereich für den gesamten neuen Betrieb abzuschließen (z. B. auch eine Vereinbarung über die Verlängerung des Übergangsmandats nach Abs. 2 Satz 2 i. V. m. Abs. 1 Satz 4); vgl. auch *Buschmann/DKKW* § 21a Rn. 61. Die mit dem Übergangsmandat verbundene Amtskontinuität sichert aber auch die **kollektive Fortgeltung** der Betriebsvereinbarungen in ihrem **bisherigen Geltungsbereich**, weil sie diese in den neu geschaffenen Betrieb überleitet. Dort behalten sie trotz des Betriebsuntergangs durch Zusammenfassung zu einem neuen Betrieb ihre Gestaltungsaufgabe, soweit sich Regelungen nicht ausnahmsweise durch die neue Betriebsstruktur erledigen (vgl. näher § 77 Rdn. 419 ff., 424; ausführlich *Kreutz* GS für *Sonnenschein*, 2003, S. 829). Das Übergangsmandat kann indes nur die Überleitung der Betriebsvereinbarungen in die neue Einheit bewirken, nicht aber die Ausweitung ihres bisherigen Geltungsbereichs auf die ganze neue Einheit herbeiführen (unklar insoweit *Buschmann/DKKW* § 21a Rn. 64). Dazu bedarf es einer Vereinbarung der Betriebsver-

einbarungsparteien; zu dieser, aber auch zur Harmonisierung unterschiedlicher Regelungen, die wegen des Gleichbehandlungsgrundsatzes geboten sein kann, berechtigt das Übergangsmandat. Wegen des Gleichlaufs mit dem Übergangsmandat ist die kollektive Fortgeltung von Betriebsvereinbarungen nicht zusätzlich davon abhängig, dass bisherige Betriebe (oder Teile davon) im neuen Betrieb räumlich oder organisatorisch abgrenzbar fortbestehen (vgl. näher § 77 Rdn. 425). Mit der Überleitung werden fortgeltende Betriebsvereinbarungen zum Bestandteil der kollektiven Normenordnung des neuen Betriebes (vgl. auch Rdn. 39).

Nach Abs. 2 Satz 2 i. V. m. Abs. 1 Satz 2 hat der Betriebsrat unverzüglich einen **Wahlvorstand** zu bestellen; dadurch soll die Wahl eines Betriebsrats in dem neuen Betrieb vor Ablauf des Übergangsmandats sichergestellt werden (vgl. näher zu dieser Aufgabe Rdn. 40 ff.). 80

b) Dauer

Das Übergangsmandat ist **befristet; es endet**, wenn in dem neuen Betrieb ein Betriebsrat gewählt worden ist, **mit Bekanntgabe des Wahlergebnisses** (s. Rdn. 48), ansonsten **spätestens** sechs Monate nach Wirksamwerden der Zusammenfassung (Abs. 2 Satz 2 i. V. m. Abs. 1 Satz 3). Dieser Endtermin kann durch Kollektivvereinbarung (Tarifvertrag, Betriebsvereinbarung) um bis zu sechs Monate (s. Rdn. 51) verlängert werden (Abs. 2 Satz 2 i. V. m. Abs. 1 Satz 4). 81

Da die **Zusammenfassung** von Betrieben oder Betriebsteilen zu einem Betrieb durch die Zusammenfassung der diesen bisher zugeordneten Betriebsmittel und ihre Unterstellung unter einheitliche Leitung gekennzeichnet ist (s. Rdn. 59), **wird** sie dadurch **wirksam**, dass die Leitungsstelle die Leitungsmacht über die neue Organisationseinheit rechtlich und tatsächlich übernimmt. Der Tag des Vollzugs ist maßgeblich für den Fristbeginn (s. entsprechend Rdn. 46 f.). 82

Zur **Verlängerung** des Übergangsmandats durch Tarifvertrag oder (freiwillige) Betriebsvereinbarung vgl. Rdn. 51 ff. Anders als im Fall der Betriebsspaltung kann eine Verlängerung durch Betriebsvereinbarung aber erst nach Wirksamwerden der Zusammenfassung mit dem das Übergangsmandat wahrnehmenden Betriebsrat geschlossen werden (nur im Ergebnis übereinstimmend *Löwisch/ Schmidt-Kessel* BB 2001, 2162 [2164]); erst diese Betriebsvereinbarung gilt im Geltungsbereich des neuen Betriebes. 83

IV. Unternehmensübergreifendes Übergangsmandat (Abs. 3)

Von unternehmensinternen Umstrukturierungen der betrieblichen Organisationsbereiche (Spaltung, Zusammenfassung) sind **Unternehmensumstrukturierungen** zu unterscheiden, die namentlich durch **Umwandlung** von Rechtsträgern nach dem UmwG oder **Betriebs- oder Betriebsteilveräußerung** i. S. d. § 613a Abs. 1 BGB erfolgen können; durch sie wird den Anforderungen Rechnung getragen, die eine in ständigem Wandel begriffene Wirtschaft an eine optimale Gestaltung eines Unternehmens stellt. **Mit** solchen unternehmensübergreifenden Unternehmensumstrukturierungen können **Betriebsspaltungen** und **Zusammenfassungen** von Betrieben oder Betriebsteilen **verbunden** sein. Deshalb ordnet § 21a Abs. 3 an, dass auch bei diesen Fallkonstellationen Abs. 1 und 2 gelten; auch insoweit soll das Übergangsmandat sicherstellen, dass in der Übergangsphase nach betrieblichen Organisationsänderungen keine betriebsratslosen Zeiten entstehen, weil der bisherige Betriebsrat wegfällt oder ein Teil der Belegschaft aus seinem Zuständigkeitsbereich herausfällt (vgl. Begründung zu § 21a, BT-Drucks. 14/5741, S. 39 zu Nr. 18). Gerade insoweit wird Art. 6 der Richtlinie 2001/23/EG vom 12.03.2001 umgesetzt (vgl. Rdn. 2), so dass in Zweifelfällen eine richtlinienkonforme Auslegung geboten ist. 84

Abs. 3 stellt dies jedoch keineswegs nur klar (so aber *Löwisch/Schmidt-Kessel* BB 2001, 2162). Vielmehr erweitert diese Vorschrift den Anwendungsbereich des Übergangsmandats gegenüber den Absätzen 1 und 2 erheblich; mit den Worten »gelten auch« wird dies nur ansatzweise angedeutet. Abs. 3 regelt ein **unternehmensübergreifendes Übergangsmandat**. Dessen wesentliche Besonderheit liegt darin, dass der das Übergangsmandat wahrnehmende Betriebsrat über Unternehmens(träger)grenzen hinweg Betriebsratsgeschäfte führt und damit die das Betriebsverfassungsrecht kennzeichnende Bipolari- 85 tät zwischen Betriebsrat und Arbeitgeber hinter sich lässt. Wie schon bei der weniger weitgehenden Vorgängervorschrift des § 321 UmwG a. F. nimmt der Gesetzgeber diesen Systemwandel aus Arbeitnehmerschutzüberlegungen in Kauf.

1. Unternehmensübergreifende Betriebsumstrukturierungen

86 Ein unternehmensübergreifendes Übergangsmandat nach Abs. 3 setzt eine **Spaltung** oder **Zusammenlegung** von Betrieben und Betriebsteilen voraus, die **im Zusammenhang** mit einer Umwandlung nach UmwG oder einer Betriebsveräußerung erfolgt. Im Fall einer solchen Betriebsspaltung richten sich die weiteren Voraussetzungen und Rechtsfolgen des Übergangsmandats nach Abs. 1, im Fall der Zusammenlegung nach Abs. 2. Es ist ein bloßer Lapsus des Gesetzgebers, dass in Abs. 3 der Begriff »Zusammenlegung« verwendet wird und nicht wie in Abs. 2 der Begriff »Zusammenfassung« (s. auch Rdn. 58).

87 Die ausdrückliche Anknüpfung an betriebliche Umstrukturierungen bestätigt zugleich, dass ein **Übergangsmandat nicht** in Betracht kommt, wenn ein **Betrieb** (auch ein fiktiver Betrieb nach § 3 Abs. 5) eines Unternehmensträgers (im Wesentlichen) ganz auf einen anderen Rechtsträger **übergeht**. In diesem Fall bleibt nach ganz h. M. dessen Betriebsrat im Amt und behält sein durch die Wahl vermitteltes Mandat uneingeschränkt gegenüber dem neuen Betriebsinhaber. Dies gilt gleichermaßen für die Fälle eines Betriebsübergangs durch Gesamtrechtsnachfolge in Umwandlungsfällen nach dem UmwG, wie im Falle der Übertragung im Wege der Einzelrechtsnachfolge durch rechtsgeschäftliche Veräußerung i. S. d. § 613a Abs. 1 BGB (s. näher § 21 Rdn. 39 ff. mit umfangreichen Nachweisen). Für ein Übergangsmandat (oder ein Restmandat) besteht insoweit nicht nur kein Bedarf (so *BAG* 08.05.2014 EzA § 1 KSchG Betriebsbedingte Kündigung Nr. 180 Rn. 40 = AP Nr. 205 zu § 1 KSchG 1969 Betriebsbedingte Kündigung), es wäre neben dem regulären Mandat unsinnig.

88 Ein Übergangsmandat kommt mangels Betriebsumstrukturierung auch dann nicht in Betracht, wenn bei einem rechtsgeschäftlichen Betriebsübergang (oder auch bei Gesamtrechtsnachfolge gemäß § 324 UmwG) einzelne Arbeitnehmer wirksam von ihrem **Widerspruchsrecht** nach § 613a Abs. 6 BGB **Gebrauch machen** und deshalb unter Verlust ihrer Zugehörigkeit zum übergehenden Betrieb ihr Arbeitsverhältnis zum ehemaligen Betriebsinhaber fortbesteht (zust. *Moll/Ersfeld* DB 2011, 1108 f.; *Worzalla/HWGNRH* § 21a Rn. 4; *Hidalgo/Kobler* NZA 2014, 290; im Ergebnis auch *Löwisch/Tarantino* FS *Bepler*, 2012, S. 403 [406]; *LAG Nürnberg* 09.08.2011 – 6 Sa 230/10 – juris, Rn. 55; zust. dann *BAG* [Zweiter Senat im Zusammenhang mit der Frage, ob eine Kündigung nach § 102 Abs. 1 Satz 3 unwirksam ist] 08.05.2014 EzA § 1 KSchG Betriebsbedingte Kündigung Nr. 180 Rn. 41 = AP Nr. 205 zu § 1 KSchG 1969 Betriebsbedingte Kündigung; bestätigend *BAG* 24.09.2015 EzA § 626 BGB 2002 Unkündbarkeit Nr. 24 Rn. 61 = AP Nr. 10 zu § 626 BGB Unkündbarkeit; zust. *Fuhlrott/Oltmanns* BB 2015, 1013). Insbesondere sind insoweit die **tatbestandlichen Voraussetzungen** für ein **Übergangsmandat wegen Spaltung** des übergegangenen Betriebs **nicht erfüllt**. Zum einen richtet sich die Widerspruchserklärung individualrechtlich nur gegen den Übergang des Arbeitsverhältnisses. Entscheidend ist aber, dass keine für eine Betriebsspaltung erforderliche Organisationsentscheidung des Arbeitgebers vorliegt (so zutr. zum Restmandat *BAG* 24.05.2012 EzA § 1 KSchG Betriebsbedingte Kündigung Nr. 168 Rn. 56 = AP Nr. 194 zu § 1 KSchG 1969 Betriebsbedingte Kündigung; 24.09.2015 EzA § 626 BGB 2002 Unkündbarkeit Nr. 24 Rn. 66 = AP Nr. 10 zu § 626 BGB Unkündbarkeit); das folgt zwingend aus dem für richtig erkannten leitungsorganisatorischen Betriebsbegriff, nach dem für Betriebsumstrukturierungen Veränderungen der Leitungsstrukturen erforderlich sind, die nur der Arbeitgeber vornehmen kann (s. Rdn. 20); **a. M.** *Buschmann/DKKW* § 21a Rn. 25a und *Löw* AuR 2007, 194, die jedoch eine Betriebsspaltung nicht dartun können und auf andere Sachverhaltskonstellationen ausweichen (vgl. Rdn. 92 a. E.). Insoweit ist **§ 21a** auch **nicht analog** anwendbar. Es besteht keine planwidrige Regelungslücke (zutr. begründend *BAG* 08.05.2014 EzA § 1 KSchG Betriebsbedingte Kündigung Nr. 180 Rn. 41 = AP Nr. 205 zu § 1 KSchG 1969 Betriebsbedingte Kündigung; auch schon *Hidalgo/Kobler* NZA 2014, 290 [291]; zust. *Fuhlrott/Oltmanns* BB 2015, 1013 [1014]; die Analogie wiederum abl. *BAG* 24.09.2015 EzA § 626 BGB 2002 Unkündbarkeit Nr. 24 Rn. 61 = AP Nr. 10 zu § 626 BGB Unkündbarkeit); zudem ist derjenige nicht entsprechend schutzbedürftig, der in eigener Interessenbewertung willentlich aus einem Betrieb ausscheidet, in dem ein Betriebsrat regulär amtiert (**a. M.** und deshalb für Analogie *Schwarze* JA 2015, 70). Zum

Übergangsmandat kann dogmatisch auch dann nichts anderes gelten, wenn nicht nur einige sondern ein erheblicher Teil oder gar alle Arbeitnehmer des Betriebs von ihrem Widerspruchsrecht Gebrauch machen (ebenso *Moll/Ersfeld* DB 2011, 1108 f.; *Hidalgo/Kobler* NZA 2014, 290 [291 f.]; *Fuhlrott/Oltmanns* BB 2015, 1013 [2014]; für ein Übergangsmandat, um Schutzlücken für nicht Widersprechende beim Erwerber zu schließen, bei Widerspruch aller Betriebsrats- und Ersatzmitglieder *Fitting* § 1 Rn. 140, § 21a Rn. 12a). Zweifelhaft kann bei solch kollektivem Widerspruch allerdings sein. ob überhaupt ein Betriebsübergang erfolgt oder dieser scheitert und der Betriebsrat beim bisherigen Inhaber regulär im Amt bleibt; anders als bei Produktionsbetrieben kann das bei betriebsmittelarmen Dienstleistungsbetrieben insbesondere der Fall sein, wenn die Widersprüche noch vor dem geplanten Zeitpunkt des Übergangs erklärt werden.

Mangels eines Betriebsuntergangs durch Spaltung entsteht (entsprechend dem zum Übergangsmandat **89** zur Spaltung Gesagten; s. Rdn. 88) **auch kein Restmandat** nach § 21b im Hinblick auf die Widersprechenden (ebenso *BAG* 24.05.2012 EzA § 1 KSchG Betriebsbedingte Kündigung Nr. 168 Rn. 56 = AP Nr. 194 zu § 1 KSchG 1969 Betriebsbedingte Kündigung [auch Vorinstanz *LAG Düsseldorf* 11.01.2011 – 17 Sa 828/10 – juris, Rn. 68 ff.]; 08.05.2014 EzA § 1 KSchG Betriebsbedingte Kündigung Nr. 180 Rn. 37 = AP Nr. 205 zu § 1 KSchG 1969 Betriebsbedingte Kündigung [auch Vorinstanz *LAG Köln* 17.08.2012 – 10 Sa 1347/11 – juris, Rn. 36 ff.]; 24.09.2015 EzA § 626 BGB 2002 Unkündbarkeit Nr. 24 Rn. 66; *LAG Düsseldorf* 18.01.2011 – 17 Sa 1391/10 – juris, Rn. 43 ff.; *Fitting* § 21b Rn. 6; *Hidalgo/Kobler* NZA 2014, 290 [291]; *Moll/Ersfeld* DB 2011, 1108 [1109]; *Richardi/Thüsing* § 21b Rn. 6). **§ 21b** ist (wie § 21a) auch **nicht analog** anwendbar (so auch *Sächsisches LAG* 21.06.2006 – 2 Sa 677/05 – juris; *LAG Nürnberg* 09.08.2011 – 6 Sa 230/10 – juris, Rn. 54, 55 f.; im Ergebnis auch *LAG Köln* 17.08.2012 – 10 Sa 1347/11 – juris Rn. 36 ff.; ebenso *Fuhlrott/Oltmanns* BB 2015, 1013 [1014, 1015]; *Hidalgo/Kobler* NZA 2014, 290 [291]; **a. M.** *LAG Rheinland-Pfalz* 18.04.2005 NZA-RR 2005, 529, wenn zahlreiche Arbeitnehmer widersprechen; ohne Begründung *LAG Sachsen-Anhalt* 25.11.2010 – 3 TaBV 16/10 – juris, Rn. 44 ff. für zugewiesene Beamte, weil für diese § 613a BGB keine Anwendung finde; zögerlich *Schubert* AuR 2003, 132 [133]; im Anschluss an diesen *Löwisch/Tarantino* FS *Bepler*, S. 403 [406] unter der verfehlten Annahme, dass in der Betriebsveräußerung zugleich eine Betriebsstilllegung liege; der damit einhergehenden Rechtsunsicherheit kann der Arbeitgeber durch vorsorgliche Anhörung des übergehenden Betriebsrats vor einer Kündigung begegnen). Erst wenn der Arbeitgeber Widersprechende einem anderen Betrieb seines Unternehmens zuordnet, werden diese von dessen Betriebsrat regulär repräsentiert.

Insofern ist es Ausdruck verbreiteter Rechtsunsicherheit, dass in Abs. 3 davon die Rede ist, dass die **90** Spaltung oder Zusammenlegung im Zusammenhang mit »einer« »**Betriebsveräußerung**« erfolgt. Das erklärt sich daraus, dass in Rspr. und Lit. (vgl. etwa *BAG* 28.09.1988 EzA § 95 BetrVG 1972 Nr. 14 [unter B I 2a] = AP Nr. 55 zu § 99 BetrVG 1972; 23.11.1988 EzA § 102 BetrVG 1972 Nr. 72 [unter I 2a aa] = AP Nr. 77 zu § 613a BGB; 05.02.1991 EzA § 613a BGB Nr. 93 [unter B IV 2c bb] = AP Nr. 89 zu § 613a BGB; *Buschmann/DKK* 7. Aufl., § 21 Rn. 46; *Wiese* 5. Aufl., § 21 Rn. 47 f.) früher verbreitet einschränkend hervorgehoben wurde, dass beim Betriebsübergang der Wechsel des Betriebsinhabers das Amt des Betriebsrats nur solange unberührt lässt, wie Änderungen der Betriebsorganisation die Identität des Betriebes unter dem neuen Betriebsinhaber nicht verändert. Werde der übernommene Betrieb aber etwa in einen anderen Betrieb des neuen Rechtsträgers eingegliedert oder mit einem solchen Betrieb zu einem neuen Betrieb zusammengefasst, falle die Identität des Betriebes weg mit der Folge, dass das Amt des Betriebsrats (vorbehaltlich eines Übergangsmandats) ende. Dabei wird aber nicht hinreichend beachtet, dass es sich insoweit nicht um Folgen einer Umstrukturierung auf der Rechtsträgerebene handelt, sondern um **unternehmensinterne Umstrukturierungen** der Betriebsorganisation beim neuen Betriebsinhaber. Diese führen ggf. zu einem Übergangsmandat nach § 21a Abs. 2 (vgl. *B. Gaul* Betriebs- und Unternehmensspaltung, § 27 Rn. 72, 74); Abs. 3 ist aber nicht einschlägig. Gleiches gilt bei Umwandlung von Rechtsträgern durch **Verschmelzung** (2. Buch UmwG und **Vermögensvollübertragung** (nach dem 4. Buch UmwG), bei denen die Veränderung durch Gesamtrechtsnachfolge (§ 20 Abs. 1, § 176 UmwG) auf der Rechtsträgerebene auf Betriebsebene die Betriebe (und das Amt gewählter Betriebsräte) unberührt lässt, jedenfalls zunächst.

Daraus resultiert zugleich die Erkenntnis, dass es **Tatbestandsmerkmal** für ein Übergangsmandat **91** nach Abs. 3 i. V. m. Abs. 1 oder 2 ist, dass die Spaltung oder Zusammenlegung »**im Zusammenhang** erfolgt« mit einer **Unternehmensumstrukturierung**. Anders als § 321 UmwG a. F. knüpft § 21a Abs. 3 die Entstehung eines Übergangsmandats allerdings nicht an konkrete Unternehmensumstrukturierungen und deren konkrete Auswirkungen auf die Betriebsebene an (wie die Rechtsträgerspaltung nach § 123 UmwG oder die Vermögensteilübertragung nach § 174 Abs. 2 UmwG). Die Formulierung »im Zusammenhang« ist demgegenüber eher vage, erfasst aber flexibel alle einschlägigen Fallgestaltungen. Insbesondere macht es keinen Unterschied, ob die Unternehmensumstrukturierung durch **Umwandlung nach dem UmwG** erfolgt oder in Form einer **Betriebs(teil)veräußerung** nach § 613a Abs. 1 BGB (vgl. *Fitting* § 21a Rn. 12). Das Gesetz erkennt damit ausdrücklich an, dass unternehmensübergreifende betriebliche Organisationsänderungen keine spezifisch umwandlungsrechtlichen Vorgänge sind. Das zeigt sich augenfällig bei einer Betriebsspaltung. Betriebsteile können, bei »Betriebsabspaltung« wie bei »Betriebsaufspaltung« (vgl. zu dieser Unterscheidung Rdn. 25), auch im Wege rechtsgeschäftlicher Einzelrechtsnachfolge (wenn auch umständlicher, u. U. kostspieliger) auf einen neuen Inhaber übergehen, der sie als selbständige Betriebe weiterführt, z. B. bei Ausgründung mittels Sacheinlage oder durch Betriebsteilveräußerung oder Betriebsteilverpachtung. Wie § 613a Abs. 1 BGB zeigt, hat das UmwG dieses traditionelle Instrumentarium für unternehmensübergreifende Umstrukturierungen unberührt gelassen. Bei Anerkennung eines unternehmensübergreifenden Übergangsmandats gibt es für Differenzierungen keine Sachgründe (vgl. 6. Aufl., § 21 Rn. 81 f.; zuletzt *BAG* 30.05.2000 EzA § 19 BetrVG 1972 Nr. 39 [unter B III 3c] = AP Nr. 12 zu § 1 BetrVG 1972 Gemeinsamer Betrieb). Erforderlich, aber auch genügend für das Entstehen eines unternehmensübergreifenden Übergangsmandats nach Abs. 3 ist immer, dass sich betriebliche Organisationsänderungen über Unternehmens(träger)grenzen hinweg vollziehen, weil sie **auf einer Unternehmensumstrukturierung beruhen**. Andernfalls liegt eine unternehmensinterne Betriebsumstrukturierung vor, für die die Absätze 1 und 2 unmittelbar gelten.

2. Entstehung unternehmensübergreifender Übergangsmandate

92 Ein unternehmensübergreifendes Übergangsmandat entsteht vor allem, wenn eine **Betriebsspaltung** so erfolgt, dass ein oder mehrere Betriebsteile auf einen oder mehrere Rechtsträger übergehen. **Im Übergang** unterscheidbarer, organisatorisch zusammengefasster Teile von Betriebsmitteln einschließlich der Arbeitnehmer (vgl. insoweit Art. 1 Abs. 1b) Richtlinie 2001/23/EG) des bisherigen Betriebes (etwa Entwicklung, Konstruktion, Produktion, Vertrieb, Service, Verwaltung oder Maschinenbau, Kabelherstellung, Metallgießerei) liegt die Betriebsspaltung, da damit (vorbehaltlich einer Weiterführung als Gemeinschaftsbetrieb; vgl. Rdn. 93) augenfällig die einheitliche Leitung aufgehoben wird, die für den Betrieb als organisatorische Einheit konstituierend ist (vgl. Rdn. 20 f.). Dies kann in den beiden Grundkonstellationen »Betriebsaufspaltung« und »Betriebs-(teil)abspaltung« sowohl in der Form rechtsgeschäftlicher Betriebsteilveräußerung i. S. v. § 613a BGB erfolgen (vgl. Rdn. 91), aber auch im Wege einer Rechtsträgerspaltung nach § 123 UmwG oder einer Vermögensteilübertragung nach § 174 Abs. 2 UmwG durch einen spaltungsfähigen Rechtsträger (vgl. §§ 124, 175 UmwG). Schwierige **Abgrenzungsprobleme** wie bei unternehmensinterner Betriebsspaltung (vgl. Rdn. 25) stellen sich dabei **nicht**, weil Betriebsmittelübertragungen stattfinden, die durch Vereinbarung festgelegt bzw. im Spaltungs- und Übernahmevertrag (bei Spaltung zur Neugründung im Spaltungsplan) gemäß § 126 Abs. 1 Nr. 9 UmwG bezeichnet und zugeordnet werden (dabei werden Betriebsteile sogar real als Spaltungsgegenstände angesehen, obwohl sich die partielle Gesamtrechtsnachfolge genau genommen auf einzelne Vermögensgegenstände bezieht). Wenn ein Betrieb ganz wegfällt, weil alle seine Teile auf zumindest zwei Rechtsträger übergehen »Betriebsaufspaltung«), erstreckt sich das Übergangsmandat unternehmensübergreifend (Abs. 3 i. V. m. Abs. 1 Satz 1) auf alle Betriebsteile, die bislang zum Betrieb gehörten; zusätzlich müssen aber die Voraussetzungen des »Soweit«-Satzes in Abs. 1 Satz 1 erfüllt sein, die hier nur dadurch modifiziert werden, dass sich die Frage einer Eingliederung beim übernehmenden Rechtsträger stellt (vgl. dazu näher Rdn. 29 ff.). Dem Betriebsrat bleibt dann nur das Übergangsmandat (so die Fallkonstellation *BAG* 24.09.2015 EzA § 626 BGB 2002 Unkündbarkeit Nr. 24 Rn. 60). Anders ist dies, wenn ein Teil des Betriebes beim übertragenden Rechtsträger (bisheriger Betriebsinhaber) verbleibt, während ein oder mehrere andere Teile im Zuge einer Rechtsträgerabspaltung oder Ausgliederung (nach § 123 Abs. 2 oder 3 UmwG) oder durch Betriebsteilveräußerung auf einen oder mehrere andere Rechtsträger übergehen »Betriebs[teil]abspaltung«). Dann erstreckt sich das Übergangsmandat nur auf übergegangene Teile, während der Betriebsrat für

den verbleibenden Teil im Ursprungsbetrieb (vorbehaltlich einer Neuwahl nach § 13 Abs. 2 Nr. 1, 2) regulär im Amt bleibt (so schon h. M. zu § 321 UmwG a. F.; vgl. 6. Aufl., § 21 Rn. 68 m. w. N.), insoweit etwa auch für die Arbeitnehmer zuständig bleibt, die von ihrem Widerspruchsrecht nach § 613a Abs. 6 BGB Gebrauch gemacht haben (vgl. *Buschmann/DKKW* § 21a Rn. 25a, der darin aber zu Unrecht einen Wertungswiderspruch zur Rechtslage bei Übergang des ganzen Betriebs sieht; vgl. Rdn. 88).

Trotz unternehmensübergreifender Betriebsspaltung entsteht **kein Übergangsmandat**, wenn die an der Spaltung beteiligten Rechtsträger den gespaltenen Betrieb **gemeinsam fortführen**. Über die allgemeine Anerkennung der in Rspr. und Lit. entwickelten Rechtsfigur »gemeinsamer Betrieb mehrerer Unternehmen« (§ 1 Abs. 1 Satz 2) hinaus erkennt das Gesetz diese Konstellation durch die Vermutungsregelung in § 1 Abs. 2 Nr. 2 ausdrücklich an (zuvor ähnlich schon § 322 Abs. 1 UmwG a. F.). Die gemeinsame Fortführung des Betriebes kompensiert in betriebsverfassungsrechtlicher Sicht die unternehmensübergreifende Betriebsspaltung (vgl. den gleichnamigen Beitrag von *Rieble* FS *Wiese*, 1998, S. 453 ff.). Das macht vor allem Sinn, wenn es den Beteiligten zwar um die Übertragung bzw. Verselbständigung von Betriebsteilen geht, sie aber den Betrieb als gemeinsamen Betrieb weiterführen, »um auch weiterhin die arbeitstechnischen Vorteile eines langjährigen eingespielten Betriebs zu nutzen« (vgl. Begründung zu § 1 Abs. 2 Nr. 2, BT-Drucks. 14/5741, S. 33). Ob die unternehmensübergreifende Betriebsspaltung durch Umwandlung nach dem UmwG oder Betriebsteilveräußerung erfolgt, ist für die gemeinsame Fortführung belanglos. Die gemeinsame Fortführung kann bei einer »Betriebsaufspaltung« gemeinsam durch die übernehmenden bzw. erwerbenden Rechtsträger geschehen (a. M. zu § 322 Abs. 1 UmwG a. F. *Heinze* ZfA 1997, 1 [11]), bei einer »Betriebs(teil)abspaltung« durch den übertragenden und den oder die übernehmenden Rechtsträger. Greift die Vermutung nach § 1 Abs. 2 Nr. 2 (vgl. dazu *Franzen* § 1 Rdn. 52) oder sind die Voraussetzungen ohnehin gegeben, die für das Vorliegen eines gemeinsamen Betriebs zu fordern sind (vgl. näher *Franzen* § 1 Rdn. 46 ff.; *Kreutz* FS *Richardi*, 2007, S. 637; *BAG* 13.08.2008 – 7 ABR 21/07 – juris), haben die Beteiligten insbesondere die nach h. M. erforderliche Vereinbarung über die gemeinsame Leitung (»einheitlicher Leitungsapparat«) antizipiert und entsteht mithin der gemeinsame Betrieb unmittelbar infolge der unternehmensübergreifenden Betriebsspaltung, so **bleibt der Betriebsrat regulär im Amt**, weil der Betrieb, für den er gewählt worden ist, als betriebsverfassungsrechtliche Einheit fortbesteht (ebenso im Ergebnis schon zu § 322 UmwG a. F. *Berscheid* AR-Blattei SD 530.6.4, Rn. 89; *Boecken* Unternehmensumwandlungen und Arbeitsrecht, Rn. 365; *Fitting/Kaiser/Heither/Engels* § 21 Rn. 47a; *Kallmeyer/Willemsen* UmwG, 2. Aufl. 2001, § 321 Rn. 6; *Joost* in *Lutter* UmwG, 2. Aufl. 2000, § 321 Rn. 23; *Mengel* Umwandlungen im Arbeitsrecht, S. 294, 312; *Rieble* FS *Wiese*, S. 453 [464]; *Sowka* DB 1988, 1318 [1319]; *Wendeling-Schröder* NZA 1984, 247 [250]; *Wiese* FS *Gaul*, S. 553 [573 f.]; *Wlotzke* DB 1995, 40 [46]; jetzt zu § 21a Abs. 3 im Ergebnis auch *Buschmann/DKKW* § 21a Rn. 29; *Fitting* § 1 Rn. 94; *B. Gaul* Betriebs- und Unternehmensspaltung, § 27 Rn. 6; *Hohenstatt/WHSS* D Rn. 17 ff.; *Reichold/HWK* § 21a BetrVG Rn. 20; *Rieble* NZA 2002, 233 [238 f.]; *Stege/Weinspach/Schiefer* § 21a Rn. 5; *Wlotzke/WPK* § 21a Rn. 21; *Worzalla/HWGNRH* § 21a Rn. 12; im Ergebnis ebenso *Pewny* Übergangsmandat, S. 111 ff., die dabei das Problem eines »Schein-Gemeinschaftsbetriebs« vertieft).

Wird der gespaltene Betrieb zunächst gemeinsam weitergeführt, später aber die **gemeinsame Leitung aufgehoben**, dann verwirklicht sich mit der Beendigung des Gemeinschaftsbetriebes die unternehmensübergreifende Betriebsspaltung; nach Abs. 3 i. V. m. Abs. 1 Satz 1 entsteht damit das unternehmensübergreifende Übergangsmandat, wenn die Betriebsteile betriebsratsfähig sind und beim jeweiligen Unternehmen nicht in einen Betrieb eingegliedert werden, in dem ein Betriebsrat besteht.

Ein unternehmensübergreifendes Übergangsmandat kann auch dann entstehen, wenn **Betriebsteile** oder **Betriebe unternehmensübergreifend zusammengefasst** werden. So können etwa im Rahmen einer Rechtsträgerspaltung (Vermögensteilübertragung) nach dem UmwG **verschiedene Betriebsteile**, die bislang verschiedenen Betrieben beim übertragenden Rechtsträger zugeordnet waren, auf einen übernehmenden bzw. neu gegründeten Rechtsträger so übergehen, dass sie bei diesem nicht als selbständige Betriebe geführt werden, sondern unmittelbar **zu einem** (betriebsratsfähigen) **Betrieb zusammengefasst** werden (Fallkonstellation des § 321 Abs. 2 Satz 1 UmwG a. F.). Auf diesem Wege können etwa die Service-Abteilungen verschiedener Betriebe eines Unternehmens auf eine neu gegründete Service-GmbH übergehen. Dies setzt aber voraus, dass die Spaltung beim übertragen-

§ 21a

den Rechtsträger mindestens die Spaltung von zwei Betrieben zur Folge hat und der beim übernehmenden Rechtsträger eingesetzte Leitungsapparat unmittelbar die Leitung aller übergehenden Betriebsteile übernimmt. Nach dem »Prinzip der größeren Zahl« (§ 21a Abs. 3 i. V. m. Abs. 2 Satz 1) hat dann der Betriebsrat des Betriebes beim übertragenden Rechtsträger das Übergangsmandat im Betrieb des übernehmenden Rechtsträgers wahrzunehmen, dem der nach der Zahl der wahlberechtigten Arbeitnehmer größte Betriebsteil zugeordnet war. Sollte dieser Betrieb betriebsratslos sein, fällt das Übergangsmandat dem Betriebsrat des nächstgrößten Betriebsteils zu (vgl. Rdn. 74).

96 Möglich ist auch, dass **Betriebe** unternehmensübergreifend **zusammengefasst** werden; das kann wiederum durch Rechtsträgerspaltung (Vermögensteilübertragung) nach dem UmwG erfolgen, aber etwa auch dadurch, dass ein Rechtsträger zwei seiner Betriebe an einen Erwerber veräußert, der sie als ein Betrieb fortführt. Voraussetzung ist dabei aber zwingend, dass die bislang beim Veräußerer selbständigen Betriebe beim Erwerber dadurch zu einem neuen Betrieb zusammengefasst werden, dass ein einheitlicher Leitungsapparat unmittelbar deren Leitung beim Übergang übernimmt. Dann bestimmt sich der Träger des Übergangsmandats nach dem »Prinzip der größeren Zahl«. Würde der Erwerber die Betriebe dagegen zunächst als selbständige Betriebe fortführen und erst später zu einem neuen Betrieb zusammenfassen, läge eine unternehmensinterne Betriebszusammenfassung vor (Abs. 2). In beiden Varianten ergeben sich keine wesentlichen Unterschiede für das Übergangsmandat (vgl. Rdn. 100).

97 **Die Errichtung eines (neuen) gemeinsamen Betriebes** durch mehrere Unternehmen unter Abschluss der nach h. M. erforderlichen Führungsvereinbarung (oder bei Eingreifen der Vermutung nach § 1 Abs. 2 Nr. 1) ist eine unternehmensübergreifende Zusammenfassung von Betrieben. Sie geschieht jedoch nicht im Zusammenhang mit einer Umwandlung nach dem UmwG oder einer Betriebsveräußerung; Abs. 3 ist deshalb tatbestandsmäßig nicht erfüllt (und Abs. 2 gilt insoweit nicht). Nach seinem Zweck, Betriebsratslosigkeit zu vermeiden (vgl. Rdn. 7), ist die Bestimmung aber analog anzuwenden, weil sonst (nach der Konzeption des Gesetzgebers) die in den zusammengelegten Betrieben bestehenden Betriebsräte wegfallen und bis zur Wahl eines Betriebsrats im Gemeinschaftsbetrieb ein betriebsratloser Zustand eintreten würde (a. M. *Rieble* NZA 2002, 233 [238], der § 21a Abs. 2 unmittelbar anwenden will, dabei aber vernachlässigt, dass nach der Systematik § 21a Abs. 2 nur für unternehmensinterne Betriebszusammenfassungen gilt). Dementsprechend ist analog Abs. 3 auch Abs. 1 anzuwenden, wenn der gemeinsame Betrieb dadurch **gespalten** wird, dass die beteiligten Arbeitgeber die Führungsvereinbarung beenden und jeweils ihre Teile unter ihrer Leitung weiterführen (zust. *Wlotzke/WPK* § 21a Rn. 22; **a. M.** *Rieble* NZA 2002, 238, der Abs. 1 wiederum unmittelbar anwenden will; ebenso wohl *Buschmann/DKKW* § 21a Rn. 32). Gleiches gilt, wenn aus einem Gemeinschaftsbetrieb mehrerer Arbeitgeber einer ausscheidet und seinen Teil als eigenständigen Betrieb fortführt (vgl. Sachverhalt von *BAG* 31.05.2000 EzA § 19 BetrVG 1972 Nr. 39). Endet jedoch ein Gemeinschaftsbetrieb zweier Arbeitgeber, weil einer (im Insolvenzverfahren) seinen Geschäftsbetrieb und damit seine betriebliche Tätigkeit einstellt, handelt es sich nicht um eine Betriebsspaltung, sondern um eine **Teilstilllegung** des Betriebes (bzw. eine Betriebseinschränkung). Deshalb entsteht kein Übergangsmandat, wenn der verbleibende Arbeitgeber den Betrieb alleine weiterführt. Vielmehr bleibt der im Gemeinschaftsbetrieb gewählte Betriebsrat regulär und unbefristet im Amt (so im Ergebnis zutr. *BAG* 19.11.2003 EzA § 22 BetrVG 2001 Nr. 1 = AP Nr. 19 zu § 1 BetrVG 1972 Gemeinsamer Betrieb). Maßgeblicher Gesichtspunkt kann dafür aber entgegen der Ansicht des 7. Senats nicht sein, dass der Betrieb seine »Identität« wahrt (aus dem Betrieb waren 260 von 286 Arbeitnehmern ausgeschieden), sondern dass der Betrieb nicht untergegangen ist und kein neuer Betrieb entstanden ist. Die Notwendigkeit von Neuwahlen richtet sich nach § 13 Abs. 2 Nr. 1, 2.

3. Inhalt, Ausübung, Kosten

98 Das unternehmensübergreifende Übergangsmandat ist **Vollmandat** (vgl. Rdn. 38; zu seiner Dauer vgl. Rdn. 45 ff., 81 ff.). Es besteht **kein** die (unmittelbar wettbewerbsrelevanten) Beteiligungsrechte einschränkender **Wettbewerbsvorbehalt** für den Fall, dass die an der Betriebsspaltung beteiligten Unternehmen im Wettbewerb zueinander stehen (wie er in § 13 Abs. 3 SpTrUG, § 6b Abs. 9 Satz 5 VermG vorgesehen war; vgl. *Oetker/Busche* NZA 1991, Beilage Nr. 1, S. 18 [24]; *Säcker/Busche* MK-BGB, Zivilrecht im Einigungsvertrag Rn. 1317 ff.). Beruht eine Betriebsspaltung auf einer Spaltung

Übergangsmandat § 21a

oder Vermögensteilübertragung eines Rechtsträgers nach UmwG und entfallen wegen der Spaltung für die aus ihr hervorgegangenen Betriebe Rechte oder Beteiligungsrechte des Betriebsrats (z. B. gemäß §§ 95 Abs. 2, 99, 111 wegen nicht ausreichender Arbeitnehmerzahl), so kann deren **Fortgeltung** nach § 325 Abs. 2 UmwG durch Betriebsvereinbarung oder Tarifvertrag **vereinbart** werden. Eine solche Betriebsvereinbarung kann der das Übergangsmandat wahrnehmende Betriebsrat jeweils mit dem neuen Betriebsinhaber schließen (ebenso schon *Boecken* Unternehmensumwandlungen und Arbeitsrecht, Rn. 420).

Das unternehmensübergreifende Übergangsmandat befähigt den Betriebsrat nicht nur zum Abschluss 99 von Betriebsvereinbarungen jeweils in den neuen Betrieben, sondern sichert dort auch die Betriebsratskontinuität mit der Folge, dass zugleich auch alle **Betriebsvereinbarungen** aus dem (den) Ursprungsbetrieb(en) (weil und soweit sie ihre Gestaltungsaufgabe behalten) auf die neuen Einheiten übergeleitet werden und dort **normativ fortgelten** (vgl. näher § 77 Rdn. 433, 441; ausführlich zur normativen Fortgeltung von Betriebsvereinbarungen nach einem Betriebsteilübergang *Kreutz* FS 50 Jahre Bundesarbeitsgericht, 2004, S. 993).

Der das Übergangsmandat wahrnehmende Betriebsrat bleibt in seiner bisherigen **personellen Zu-** 100 **sammensetzung** und **Mitgliederstärke** im Amt (vgl. Rdn. 34, 77). Im Fall, dass **Betriebe** unternehmensübergreifend **zusammengefasst** werden (vgl. Rdn. 96), ergeben sich dabei keine (wesentlichen) Besonderheiten, weil die Ausübung des Übergangsmandats durch den nach dem Prinzip der größeren Zahl bestimmten Träger beim Erwerber gerade so erfolgt, wie bei unternehmensinterner Betriebszusammenfassung.

Wenn dagegen ein unternehmensübergreifendes Übergangsmandat durch **Betriebsspaltung** entsteht 101 (vgl. Rdn. 92) oder durch unternehmensübergreifende **Zusammenfassung von Betriebsteilen** (vgl. Rdn. 95), ist es dessen Kennzeichen, dass es unternehmensübergreifend auszuüben ist und deshalb dem Betriebsrat in jedem Fall jeweils mindestens zwei Arbeitgeber gegenüberstehen. Das zeigt sich im Falle der Betriebsspaltung (vgl. Rdn. 92) besonders anschaulich in beiden Grundkonstellationen: Im Falle der »Betriebsaufspaltung« hat der Betriebsrat das (ihm allein verbliebene) Übergangsmandat jeweils gegenüber den (zwei oder mehreren) Arbeitgebern wahrzunehmen, auf die Teile des aufgespaltenen Betriebes übergegangen sind; im Fall der »Betriebsteilabspaltung« behält der Betriebsrat für den verbleibenden Teil beim bisherigen Arbeitgeber sein reguläres Amt, hat aber zusätzlich das Übergangsmandat gegenüber allen Arbeitgebern wahrzunehmen, auf die abgespaltene Teile des Ursprungsbetriebes übergegangen sind. In diesen Konstellationen ergeben sich Zweifelsfragen im Hinblick auf die **Rechtsstellung der Betriebsratsmitglieder** und **Kostentragungspflichten**, weil das Gesetz keine Sonderregelungen enthält und deshalb die allgemeinen Bestimmungen (§§ 37, 38, 40, § 20 Abs. 3, § 76a) anzuwenden sind, wenn zwischen den beteiligten Arbeitgebern keine Vereinbarungen über die Kostenverteilung getroffen worden sind, die während der Dauer des Übergangsmandats anfallen (können). Solche Vereinbarungen sind zu empfehlen (vgl. *Rieble* NZA 2002, 233 [236]; zu den Gestaltungsmöglichkeiten näher *Pewny* Übergangsmandat, S. 48 ff., 72 ff.); sie können etwa Bestandteil eines Spaltungs- und Übernahmevertrags (§ 126 UmwG), eines Spaltungsplans (§ 136 UmwG) oder eines Vertrages zwischen Veräußerer und Erwerber nach § 613a Abs. 1 BGB sein. Solche Vereinbarungen können sich an den Grundsätzen orientieren, nach denen ohne Vereinbarung zu verfahren ist. Danach gilt:

Der jeweilige (Vertrags-)Arbeitgeber des einzelnen Betriebsratsmitglieds nach der Betriebsspaltung ist 102 nach § 37 Abs. 2 zur **Freistellung unter Entgeltfortzahlung** verpflichtet, soweit diese zur ordnungsgemäßen Durchführung des Übergangsmandats erforderlich ist (ebenso *Fitting* § 21a Rn. 27; *Gragert* NZA 2004, 289 [292]; *Koch*/ErfK § 21a BetrVG Rn. 8; *Wlotzke*/WPK § 21a Rn. 36; **a. M.** *Richardi*/*Thüsing* § 21a Rn. 30: nur Anspruch auf unbezahlte Freistellung, während der Entgeltfortzahlungsanspruch sich gegen den Betriebsinhaber richten soll, für den das Übergangsmandat jeweils ausgeübt wird; vgl. auch *Weber* § 37 Rdn. 3); Gleiches gilt für **Ausgleichsansprüche** nach § 37 Abs. 3. Das folgt aus der apodiktischen gesetzlichen Anordnung (§ 21a Abs. 3 i. V. m. Abs. 1 Satz 1), dass der Betriebsrat und ihm als Organ seine Mitglieder im Amt bleiben, und zwar ungeachtet ihrer jeweiligen Betriebszugehörigkeit. Das hat der jeweils betroffene Arbeitgeber hinzunehmen; für Differenzierungen lässt das Gesetz keinen Raum. **Freistellungen** nach § 38 bleiben bestehen (vgl. Rdn. 35); auch diese Kosten treffen den Arbeitgeber. Das gilt z. B. auch dann, wenn nach unternehmensübergreifender Betriebsaufspaltung alle Betriebsratsmitglieder einem (neuen) Betrieb angehören und das Übergangsmandat in dem oder den anderen Betrieben ausgeübt wird. Zwischen den beteiligten Arbeitgebern sind auch im Innenverhältnis die so entstehenden Kosten (vorbehaltlich einer Vereinbarung) nicht auszugleichen (so wohl auch *Rieble* NZA 2002, 233 [236]; **a. M.** *Gragert* NZA 2004, 289 [293]; *Weber* § 38 Rdn. 4); dafür fehlt es an einer gesetzlichen Anspruchsgrundlage. Auch der besondere Kündigungsschutz für Betriebsratsmitglieder (§ 15 KSchG) besteht gegenüber dem jeweiligen Arbeitgeber.

103 **Sonstige Kosten** sind jeweils vom Arbeitgeber des Betriebes zu tragen, für den sie anfallen, sofern eine Zuordnung möglich ist (so wohl auch *Fitting* § 21a Rn. 27). Das gilt für die Kosten der Betriebsratswahl (§ 20 Abs. 3) in allen aus der Betriebsspaltung hervorgegangenen Betrieben, für die der Betriebsrat mit Übergangsmandat nach § 21a Abs. 1 Satz 2 unverzüglich Wahlvorstände zu bestellen hat (ebenso *Reichold/HWK* § 21a BetrVG Rn. 18), aber auch für die Kosten der Einigungsstelle (§ 76a), die zur Beilegung von Meinungsverschiedenheiten zwischen dem das Übergangsmandat ausübenden Betriebsrat und einem Arbeitgeber eines neuen Betriebes gebildet wird.

104 Auch bei den **Kosten der Betriebsratstätigkeit** (§ 40 Abs. 1) und des **Sachaufwands** (§ 40 Abs. 2) wird vielfach eine Kostenzuordnung an einzelne beteiligte Arbeitgeber möglich sein, z. B. wenn es um Kosten der Hinzuziehung eines Sachverständigen oder Reisekosten einzelner Betriebsratsmitglieder bei der Durchführung von Aufgaben im Übergangsmandat für einzelne Betriebe geht, oder um entsprechende Kosten von Rechtsstreitigkeiten des Betriebsrats oder seiner Mitglieder aus der Tätigkeit im Übergangsmandat einschließlich der erforderlichen Kosten eines hinzugezogenen Rechtsanwalts. Sofern der Betriebsrat bei einer Betriebsteilabspaltung im Ursprungsbetrieb regulär im Amt bleibt, und deshalb dessen Arbeitgeber nach § 40 Abs. 2 Räume und sachliche Mittel zur Verfügung zu stellen hat, ändert sich hinsichtlich der damit verbundenen Kosten nichts, wenn diese Mittel auch zur Ausübung des Übergangsmandats für die abgespalteten Teile eingesetzt werden. Bei einer Betriebsaufspaltung sind solche Kosten freilich nicht eindeutig zurechenbar. Dann kann insoweit (vgl. auch *Weber* § 40 Rdn. 9; *Fitting* § 21a Rn. 27; *Wlotzke/WPK* § 21a Rn. 35) eine Gesamtschuldnerschaft der Inhaber der aus der Spaltung hervorgegangenen Betriebe unter dem Gesichtspunkt einer Gesamtschuld kraft Zweckgemeinschaft (§ 421 BGB) zur Lösung herangezogen werden, die im Innenverhältnis (§ 426 Abs. 1) nach Größenkriterien auszugleichen ist. Unbegründet und keinesfalls gerechtfertigt ist demgegenüber die Annahme einer pauschalen gesamtschuldnerischen Haftung »für alle Kosten des Betriebsrats« (so aber *Gragert* NZA 2004, 289 [292]; *Worzalla/HWGNRH* § 21a Rn. 38 f.; ArbG Leipzig 05.05.2006 – 10 BV 75/05 – juris).

V. Streitigkeiten

105 Streitigkeiten über das Entstehen oder Bestehen eines Übergangsmandats, sei es zwischen Arbeitgeber und Betriebsrat oder zwischen verschiedenen Betriebsräten, entscheiden die Arbeitsgerichte auf Antrag im Beschlussverfahren (§ 2a Abs. 1 Nr. 1, Abs. 2, §§ 80 ff. ArbGG). Örtlich zuständig ist nach § 82 Abs. 1 ArbGG das Arbeitsgericht, in dessen Bezirk der Betrieb liegt, für den ein Übergangsmandat im Streit ist oder ausgeübt wird (vgl. zur Abgrenzung der örtlichen Zuständigkeit je nachdem, ob es bei Betriebsspaltung um das Übergangs- oder das Restmandat geht, *LAG Berlin-Brandenburg* 20.04.2015 – 21 SHa 462/15 – juris = NZA-RR 2015, 324 [unter II 4b]. Streitigkeiten darüber, ob Änderungen der Betriebsorganisation zu neuen Betriebseinheiten geführt haben, können im Betriebsabgrenzungsverfahren nach § 18 Abs. 2 geklärt werden (vgl. Rdn. 42). Zu Möglichkeiten einstweiligen Rechtsschutzes bei Streit über den richtigen Träger des Übergangsmandats nach dem »Prinzip der größeren Zahl« (§ 21a Abs. 2) vgl. *Rieble/Gutzeit* ZIP 2004, 693; ArbG Cottbus 24.01.2013 – 3 BVGa 1/13 – juris. Bestehen, Beginn und Ende eines Übergangsmandats können auch im Verfahren vor der Einigungsstelle (§ 76) und im arbeitsgerichtlichen Urteilsverfahren eine Rolle spielen und dort als Vorfrage mitentschieden werden, z. B. im Kündigungsschutzprozess bei der Frage, ob eine Kündigung nach § 102 Abs. 1 Satz 3 unwirksam ist. Im Urteilsverfahren sind sämtliche individualrechtlichen Ansprüche der Betriebsratsmitglieder geltend zu machen (§ 2 Abs. 1 Nr. 3 Buchst. a, Abs. 5, §§ 46 ff. ArbGG).

§ 21b
Restmandat

Geht ein Betrieb durch Stilllegung, Spaltung oder Zusammenlegung unter, so bleibt dessen Betriebsrat so lange im Amt, wie dies zur Wahrnehmung der damit im Zusammenhang stehenden Mitwirkungs- und Mitbestimmungsrechte erforderlich ist.

Literatur
Auktor Die individuelle Rechtsstellung der Betriebsratsmitglieder bei Wahrnehmung eines Restmandats, NZA 2003, 950; *Biebl* Das Restmandat des Betriebsrats nach Betriebsstillegung (Diss. München), 1991 (zit.: Restmandat); *ders.* Restmandat des Betriebsrats für Sozialplanmitbestimmung nach Unternehmensteilung?, AuR 1990, 307; *Buschbaum* Das Restmandat des Betriebsrats nach § 21b BetrVG (Diss. Gießen), 2011 (zit.: Restmandat); *Feudner* Übergangs- und Restmandate des Betriebsrats gemäß §§ 21a, 21b BetrVG, DB 2003, 882; *Lelley* Kollision von Übergangs- und Restmandat – ein betriebsverfassungsrechtliches Dilemma, DB 2008, 1433; *Löw* Übergangs- und Restmandat bei Widerspruch gegen den Betriebsübergang, AuR 2007, 194; *Löwisch/Schmidt-Kessel* Die gesetzliche Regelung von Übergangsmandat und Restmandat nach dem Betriebsverfassungsreformgesetz, BB 2001, 2162; *Schubert* Das »Restmandat« bei Betriebsrat und Personalrat, AuR 2003, 132; *Thüsing* Das Übergangsmandat und das Restmandat des Betriebsrats nach § 21a und § 21b BetrVG, DB 2002, 738; *Worzalla* Übergangs- und Restmandat des Betriebsrats nach § 21a und b BetrVG, FA Arbeitsrecht 2001, 261. Vgl. auch die Angaben bei § 21a.

Inhaltsübersicht	Rdn.
I. Vorbemerkung	1–6
II. Restmandat bei Betriebsstilllegung	7–27
1. Entstehungsvoraussetzungen	7–9
2. Inhalt	10–16
3. Ausübung, Dauer, Kosten	17–27
III. Restmandat bei Spaltung und Zusammenlegung von Betrieben	28–33
IV. Streitigkeiten	34

I. Vorbemerkung

Die Vorschrift regelt ein sog. **Restmandat** (vgl. Überschrift) des Betriebsrats für die Fälle, dass der **Betrieb**, in dem er gewählt worden ist, durch die Stilllegung, Spaltung oder Zusammenlegung **untergeht**; er soll dann so lange im Amt bleiben, wie dies zur Wahrnehmung der damit im Zusammenhang stehenden Mitwirkungs- und Mitbestimmungsrechte erforderlich ist. Anknüpfungspunkt für die Regelung ist § 111; dort sind die Stilllegung des ganzen Betriebs (§ 111 Satz 3 Nr. 1) sowie der Zusammenschluss und die Spaltung von Betrieben (§ 111 Satz 3 Nr. 3) Betriebsänderungen, die die Beteiligungsrechte nach § 111 Satz 1, § 112 auslösen. 1

Die **Vorschrift** wurde durch Art. 1 Nr. 19 BetrVerf-Reformgesetz vom 23.07.2001 (BGBl. I S. 1852) **neu** in das Betriebsverfassungsgesetz eingefügt. Damit wurde die von Rspr. und Lit. im Zusammenhang mit Betriebsstilllegungen entwickelte und im Ergebnis weithin anerkannte Rechtsfigur »Restmandat des Betriebsrats« erstmalig gesetzlich geregelt, zugleich aber auch auf die Fälle eines Betriebsuntergangs durch Spaltung und Zusammenlegung ausgeweitet. Das Restmandat soll dem Betriebsrat das Recht sichern, »im Fall der Betriebsstilllegung oder einer anderen Form der Auflösung des Betriebs durch Spaltung oder Zusammenlegung die damit zusammenhängenden gesetzlichen Aufgaben zum Schutz der Arbeitnehmer, wie insbesondere die Mitwirkungs- und Mitbestimmungsrechte nach §§ 111 ff., auch über das Ende der Amtszeit hinaus wahrzunehmen« (Begründung zu § 21b, BT-Drucks. 14/5741, S. 39 zu Nr. 19). 2

Die Vorschrift ist **zwingend**; durch Kollektivvertrag kann das Restmandat im gesetzlichen Umfang weder ausgeschlossen oder eingeschränkt noch (etwa auf andere Beteiligungsrechte) erweitert werden. Zur weiteren Rechtsfortbildung vgl. aber § 22 Rdn. 15. 3

4 Die Vorschrift gilt nicht für die Jugend- und Auszubildendenvertretung (§ 64). Auch für die Bordvertretung findet § 21b nach § 115 Abs. 3 keine Anwendung (vgl. § 21a Rdn. 10); sie gilt aber für den **Seebetriebsrat** (§ 116 Abs. 2 Eingangssatz i. V. m. der Zuständigkeitsregelung nach Abs. 6 Nr. 1c für Betriebsänderungen). Sie gilt auch für die nach § 3 Abs. 1 Nr. 1 bis 3, Abs. 2 gebildeten betriebsverfassungsrechtlichen Organisationseinheiten, da diese als Betriebe gelten (§ 3 Abs. 5 Satz 1).

5 Für den **Gesamtbetriebsrat** kann § 21b ausnahmsweise dann analoge Anwendung finden, wenn dieser für Interessenausgleich und Sozialplan nach §§ 111, 112 bei Stilllegung sämtlicher Betriebe eines Unternehmens zuständig ist (vgl. *Kreutz/Franzen* § 50 Rdn. 54; *Löwisch/LK* § 21b Rn. 6; **a. M.** *Fitting* § 21b Rn. 3; *Schubert* AuR 2003, 132 (133 f.); *Buschbaum* Restmandat, S. 217 ff.; inkonsequent *Feudner* DB 2003, 882 (886).

6 Im **Personalvertretungsrecht** (vgl. *Schubert* AuR 2003, 132 [134], zur analogen Anwendung von § 21b *LAG Baden-Württemberg* 21.10.2015 – 19 Sa 24/15 – juris Rn. 15), für **Sprecherausschüsse** und die Schwerbehindertenvertretung gibt es keine entsprechende Vorschrift.

II. Restmandat bei Betriebsstilllegung

1. Entstehungsvoraussetzungen

7 § 21b ordnet zunächst das Entstehen eines Restmandats für den Fall der **Stilllegung eines Betriebes** an. Dabei geht das Gesetz davon aus, dass das Restmandat erforderlich ist, weil durch die Stilllegung der Betrieb (und damit der Betriebsrat) untergeht. Voraussetzung für das Entstehen eines Restmandats ist immer, dass in dem Betrieb (vgl. § 21a Rdn. 17) bis zum Betriebsuntergang ein Betriebsrat besteht; denn das Restmandat besteht darin, dass er im Amt bleibt (vgl. *BAG* 06.12.2006 AP Nr. 5 zu § 21b BetrVG 1972 Rn. 17). Die **Betriebsstilllegung** ist jedoch, was dabei nicht hinreichend beachtet wird, **kein eigenständiger Grund** für die **Beendigung der Amtszeit** des Betriebsrats. Dies gilt unabhängig davon, ob man die Betriebsstilllegung mit der endgültigen rechtlichen Auflösung der zwischen Arbeitgeber und Arbeitnehmern bestehenden Betriebs- und Produktionsgemeinschaft gleichsetzt (so die wohl h. M.) oder sie schon dann annimmt, wenn die Funktion des Betriebes tatsächlich und nicht nur vorübergehend aufgrund eines Willensentschlusses des Arbeitgebers eingestellt wird (vgl. zum Streitstand und zu Abgrenzungsfragen *Oetker* § 111 Rdn. 67 ff.). Beendigungsgründe der Amtszeit sind im Zusammenhang mit einer Betriebsstilllegung der **Verlust der Betriebsratsfähigkeit** (vgl. § 21 Rdn. 37), vor allem aber das **Erlöschen des Amtes aller Betriebsrats- und Ersatzmitglieder** (vgl. § 21 Rdn. 36), weil ihre Wählbarkeit entfällt.

8 Dabei bestand aber vor Inkrafttreten von § 21b die wesentliche Besonderheit darin, dass dem Betriebsrat **trotz Eintritts eines solchen vorzeitigen Amtsbeendigungsgrundes** im Zuge einer Betriebsstilllegung nach der Rspr. des *BAG* (vgl. etwa *BAG* 16.06.1987 EzA § 111 BetrVG 1972 Nr. 21 [unter] = AP Nr. 20 zu § 111 BetrVG 1972; danach *BAG* 28.10.1992 EzA § 112 BetrVG 1972 Nr. 60 = AP Nr. 63 zu § 112 BetrVG 1972; 10.08.1994 EzA § 112 BetrVG 1972 Nr. 76 = AP Nr. 86 zu § 112 BetrVG 1972; 01.04.1998 EzA § 112 BetrVG 1972 Nr. 99 = AP Nr. 123 zu § 112 BetrVG 1972; 05.10.2000 EzA § 112 BetrVG 1972 Nr. 107 = AP Nr. 141 zu § 112 BetrVG 1972; zuletzt *BAG* 12.01.2000 EzA § 24 BetrVG 1972 Nr. 2 = AP Nr. 5 zu § 24 BetrVG 1972; 14.08.2001 EzA § 24 BetrVG 1972 Nr. 3 = AP Nr. 1 zu § 21b BetrVG 1972; 24.10.2001 EzA § 22 BetrVG 1972 Nr. 2 [unter B II 2a cc] = AP Nr. 71 zu 40 BetrVG 1972 obiter dictum), dem das Schrifttum ganz überwiegend gefolgt ist (vgl. 6. Aufl., § 21 Rn. 46 mit umfangreichen Nachweisen), ein sog. **Restmandat** zur Wahrnehmung seiner mit der Betriebsstilllegung zusammenhängenden gesetzlichen Aufgaben zugestanden wurde. Maßgebliche Erwägung ist dafür stets gewesen, dass das Gesetz (§ 111, 112) dem Betriebsrat bei einer Betriebsstilllegung als Betriebsänderung weitreichende Mitwirkungs- und Mitbestimmungsrechte einräumt, die es zu sichern gilt; der Arbeitgeber soll es nicht in der Hand haben, durch rasche Vollziehung der Betriebsstilllegung die Beteiligungsrechte, namentlich die vielfach längere Zeit in Anspruch nehmende Sozialplanmitbestimmung (§ 112 Abs. 4, 5) zu unterlaufen. Der Gesetzgeber will mit dem Restmandat gerade diese Schutzlücke schließen (vgl. Rdn. 2).

Wenn es nicht die Betriebsstilllegung als solche ist, die über den Wegfall des Betriebes als Organisations- **9** basis des Betriebsrats zu dessen Amtsende führt, sondern in ihrer Durchführung nur das Erlöschen der Mitgliedschaft aller Betriebsrats- und Ersatzmitglieder (§ 24) und daneben der Wegfall der Betriebsratsfähigkeit (§ 1 Abs. 1 Satz 1), so ist **deren Eintritt** auch **maßgebliche Entstehungsvoraussetzung** des Restmandats bei Betriebsstilllegung, d. h. des Übergangs vom Vollmandat auf das Restmandat. Unspezifiziert, weil zu eng am Begriff »Betriebsstilllegung« orientiert, muss demgegenüber die verbreitete Ansicht bleiben, die auf den Vollzug der Stilllegung abstellt und diesen maßgeblich davon abhängig macht, dass »die Belegschaft in rechtlicher Hinsicht aufgelöst worden ist«, sei es durch Versetzung oder Beendigung aller Arbeitsverhältnisse (vgl. *Fitting* § 21b Rn. 7; *Richardi/Thüsing* § 21b Rn. 4; *Worzalla/HWGNRH* § 21b Rn. 2; zust. *Koch*/ErfK § 21b BetrVG Rn. 2; *Reichold*/HWK § 21b BetrVG Rn. 4; *Wlotzke*/WPK § 21b Rn. 3; so im Ergebnis bei [als Versetzung zweifelhafter] Zuweisung sämtlicher Arbeitnehmer an andere Betriebe des Unternehmens wohl auch BAG 08.12.2009 EzA § 21b BetrVG 2001 Nr. 1 Rn. 25 = AP Nr. 129 zu § 99 BetrVG 1972. Die Richtigkeit der hier vertretenen Ansicht folgt daraus, dass der **Betriebsrat im Amt** bleibt und seine **vollen Rechte** ausübt, solange die Arbeitsverhältnisse der Arbeitnehmer einschließlich derjenigen **sämtlicher Betriebsratsmitglieder nicht** (bis auf äußerstenfalls vier Arbeitnehmer, dann Verlust der Betriebsratsfähigkeit) **beendet** sind oder diese in einen anderen Betrieb des Unternehmens versetzt sind. Die Frage eines Restmandats stellt sich insoweit nicht (so im Ergebnis auch BAG 29.03.1977 AP Nr. 11 zu § 102 BetrVG 1972 [*G. Hueck*] = SAE 1978, 87 [*Thiele*]; offen lassend BAG 12.01.2000 EzA § 24 BetrVG 1972 Nr. 2 = AP Nr. 5 zu § 24 BetrVG 1972; danach [BAG 24.10.2001 EzA § 22 BetrVG 1972 Nr. 2 = AP Nr. 71 zu § 40 BetrVG 1972] hat der Siebte Senat für das Entstehen des Restmandats aber wieder auf die Beendigung der Arbeitsverhältnisse aller Betriebsratsmitglieder abgestellt; *Biebl* Restmandat, S. 24; *Buschbaum* Restmandat, S. 53 ff., 60; *Buschmann*/DKKW § 21b Rn. 11; *Galperin/Löwisch* § 21 Rn. 20; *Richardi/Thüsing* § 21b Rn. 3). Wegen des Fortbestehens des Arbeitsverhältnisses eines oder mehrerer Betriebsratsmitglieder erlischt deren Mitgliedschaft im Betriebsrat nach § 24 Nr. 3 nicht, und zwar völlig unabhängig davon, ob bereits in der endgültigen und dauernden Produktionseinstellung eine Betriebsstilllegung zu sehen ist oder nicht. Ein Restmandat wäre insoweit nur dann erforderlich, wenn man annimmt, dass das Amt sämtlicher Betriebsratsmitglieder wegen Wegfalls einer Wählbarkeitsvoraussetzung (§ 24 Nr. 4) endet, wenn die Betriebsstilllegung »zum völligen Wegfall der betrieblichen Organisation« führt (so BAG 14.08.2001 EzA § 24 BetrVG 1972 Nr. 3 = AP Nr. 1 zu § 21b BetrVG 1972). Einem solchen »völligen Wegfall« steht jedoch das Bestehen von Arbeitsverhältnissen entgegen, jedenfalls dann, wenn man die Betriebsstilllegung (mit dem BAG; vgl. die Nachweise bei *Oetker* § 111 Rdn. 67, 72) mit rechtlicher Auflösung des Betriebes gleichsetzt.

2. Inhalt

Das Restmandat hat nunmehr als Rechtsfolge in § 21b seine rechtliche Grundlage; die Problematik, **10** seine Anerkennung dogmatisch und methodisch überzeugend zu begründen, ist entfallen (vgl. dazu näher 6. Aufl., § 21 Rn. 49 ff.). Gleichwohl ist es deutungsbedürftig, wenn das Restmandat im Wortlaut der Vorschrift dahin gekennzeichnet wird, dass der Betriebsrat »im Amt bleibt«. Dass das Restmandat anders als das Übergangsmandat (vgl. § 21a Rdn. 33 ff.) **kein Vollmandat** ist (unstr.; vgl. BAG 24.05.2012 EzA § 1 KSchG Betriebsbedingte Kündigung Nr. 168 Rn. 55 = AP Nr. 194 zu § 1 KSchG 1969 Betriebsbedingte Kündigung; 24.09.2015 EzA § 626 BGB 2002 Unkündbarkeit Nr. 24 Rn. 64 = AP Nr. 10 zu § 626 BGB Unkündbarkeit; 11.10.2016 NZA 2017, 68 Rn. 11 = AP Nr. 7 zu § 21b BetrVG 1972; *Düwell*/HaKo § 21b Rn. 16; *Fitting* § 21b Rn. 16; *Maschmann*/AR § 21b BetrVG Rn. 4; *Richardi/Thüsing* § 21b Rn. 9; *Wlotzke*/WPK § 21b Rn. 13; *Worzalla*/HWGNRH § 21b Rn. 5), ergibt sich aus der beschränkten Aufgabenzuständigkeit (vgl. Rdn. 11 ff.). Deshalb kann das »Im-Amt-Bleiben« nur bedeuten, dass die **Amtszeit** des Betriebsrats über das eigentliche Ende hinaus **verlängert** wird (ebenso *Düwell*/HaKo § 21b Rn. 16). Da sich das eigentliche Ende der Amtszeit des Betriebsrats anlässlich der Betriebsstilllegung aus dem Erlöschen der Mitgliedschaft aller Betriebsratsmitglieder nach § 24 Nr. 3 (nach Ansicht des BAG ggf. auch allgemein nach § 24 Nr. 4; vgl. Rdn. 9) ergibt, wird insoweit über diese verfahrensmäßigen Bestimmungen des Amtsendes hinweggegangen (vgl. schon 6. Aufl., § 21 Rn. 51, wo das Restmandat aus wertender Lösung einer Normenkollision zwischen § 24 Nr. 3 und §§ 111, 112 hergeleitet wurde). Das Restmandat ist somit

§ 21b

II. 2. Amtszeit des Betriebsrats

ein durch den **Aufgabenbezug** umfangmäßig **eingeschränktes Abwicklungsmandat**. Es weist die Besonderheit auf, dass die Betriebsratsmitglieder ihr Amt ohne Arbeitsverhältnis ausüben und eine Belegschaft repräsentiert wird, die es nicht mehr gibt.

11 Inhaltlich ist das **Restmandat** auf die Wahrnehmung der mit der Betriebsstilllegung »im Zusammenhang stehenden Mitwirkungs- und Mitbestimmungsrechte« **beschränkt**. Erforderlich ist, dass Aufgaben und Beteiligungsrechte in **funktionalem Zusammenhang** zur Betriebsstillegung (Spaltung oder Zusammenlegung) stehen (vgl. zuletzt etwa BAG 11.10.2016 NZA 2017, 68 Rn. 11 = AP Nr. 7 zu § 21b BetrVG 1972 [zust. Weller BB 2016, 3136; Winter EWIR 2017, 283]; 22.03.2016 EzA § 106 BetrVG 2001 Nr. 2 Rn. 31 = AP Nr. 19 zu § 106 BetrVG 1972; 08.12.2009 EzA § 21b BetrVG 2001 Nr. 1 Rn. 16 = AP Nr. 129 zu § 99 BetrVG 1972; Fitting § 21a Rn. 16; Löwisch/LK § 21b Rn. 12). Das entspricht dem Zweck der Vorschrift, zu verhindern, dass der Arbeitgeber gerade diese Beteiligungsrechte durch raschen Vollzug der Betriebsstilllegung (ebenso einer Spaltung oder Zusammenlegung) unterläuft (vgl. Rdn. 8). In Betracht kommen nur solche Beteiligungsrechte hinsichtlich der Betriebsstillegung, die **vor dem** (regulären) **Amtsende** des Betriebsrats **entstanden** sind; danach können keine neuen Beteiligungsrechte entstehen (ebenso Biebl Restmandat, S. 39, 41; zust. Richardi/Thüsing § 21b Rn. 11; im Ergebnis auch BAG 24.09.2015 EzA § 626 BGB 2002 Unkündbarkeit Nr. 24 Rn. 64 = AP Nr. 10 zu § 626 BGB Unkündbarkeit), auch nicht für einen Betriebsrat, der erst während der Durchführung der Stillegung gewählt wird. Andernfalls würde ein Wertungswiderspruch dazu entstehen, dass Beteiligungsrechte auch hinsichtlich der Aufstellung eines Sozialplans nur gegeben sind, wenn im Betrieb schon zu dem Zeitpunkt ein Betriebsrat besteht, in dem sich der Arbeitgeber zur Durchführung einer Betriebsänderung entschließt (vgl. BAG 20.04.1982 EzA § 112 BetrVG 1972 Nr. 25 [unter B II 4b] = AP Nr. 15 zu § 112 BetrVG 1972; 28.10.1992 EzA § 112 BetrVG 1972 Nr. 60 [unter B II 2] = AP Nr. 63 zu § 112 BetrVG 1972). Die darüber hinausgehende Entscheidung des BAG vom 16.06.1987, in der ein Restmandat auch für den Fall bejaht wird, dass sich der Arbeitgeber zu einer Betriebsstillegung erst nach dem regulären Amtsende des Betriebsrats (durch Ablauf der regelmäßigen Amtszeit) entschließt, ist zu Recht überwiegend auf Ablehnung gestoßen (vgl. BAG 16.06.1987 EzA § 111 BetrVG 1972 Nr. 21 [abl. Preis]; SAE 1988, 138 [abl. Otto]; AR-Blattei, Betrieb, Entsch. 15 [abl. Richardi]; AP Nr. 20 zu § 111 BetrVG 1972 [zust. Löwisch/Göller]; abl. Wiese 5. Aufl., § 21 Rn. 52; zust. jedoch Buschmann/DKKW § 21b Rn. 13; Fitting § 21b Rn. 8; Koch/ErfK § 21b BetrVG Rn. 5); sie kann wegen ihrer spezifischen, nach einer Billigkeitsentscheidung heischenden Sachverhaltskonstellation auch nicht als repräsentativ für die Grundsatzdiskussion der Frage angesehen werden (ähnlich Kissel Freundesgabe für Alfred Söllner, S. 143 [150 f.]; Wlotzke/WPK § 21b Rn. 10: Sonderfall).

12 In erforderlichem (s. Rdn. 11)) **funktionalem Zusammenhang** mit der Betriebsstilllegung stehen vor allem die Beteiligungsrechte nach § 111 Satz 3 Nr. 1, Satz 1 und 2, § 112 (vgl. die Begründung zu § 21b, oben Rdn. 2; st. Rspr., vgl. etwa BAG 12.01.2000 EzA § 24 BetrVG 1972 Nr. 2 [unter B II 2d aa] = AP Nr. 5 zu § 24 BetrVG 1972; 08.12.2009 EzA § 21b BetrVG 2001 Nr. 1 Rn. 16 = AP Nr. 129 zu § 99 BetrVG 1972; Buschmann/DKKW § 21b Rn. 21; Fitting § 21b Rn. 17; Koch/ErfK § 21b BetrVG Rn. 3; Reichold/HWK § 21b BetrVG Rn. 9; Richardi/Thüsing § 21b Rn. 7; Wlotzke/WPK § 21b Rn. 14; Worzalla/HWGNRH § 21b Rn. 5), insbesondere das **Sozialplanmitbestimmungsrecht** nach § 112 Abs. 4 (vgl. etwa BAG 01.04.1998 EzA § 112 BetrVG 1972 Nr. 99 [unter B II 2] = AP Nr. 123 zu § 112 BetrVG 1972; 26.05.2009 EzA § 112 BetrVG 2001 Nr. 32 Rn. 13 = AP Nr. 203 zu § 111 BetrVG 1972; dazu gehört auch die Änderung eines bereits geltenden Sozialplans, solange dieser nicht vollständig abgewickelt ist (vgl. BAG 05.10.2000 EzA § 112 BetrVG 1972 Nr. 107 = AP Nr. 141 zu 112 BetrVG 1972). Das setzt aber voraus, dass die Betriebsstillegung in einem Unternehmen mit in der Regel mehr als zwanzig wahlberechtigten Arbeitnehmern erfolgt (§ 111 Satz 1).

13 In Betracht kommen auch Beteiligungsrechte bei **personellen Einzelmaßnahmen**, z. B. bei Kündigung oder Versetzung, gerade auch von Arbeitnehmern, die zunächst noch mit Abwicklungsaufgaben beschäftigt werden (vgl. BAG 12.01.2000 EzA § 24 BetrVG 1972 Nr. 2 = AP Nr. 5 zu § 24 BetrVG 1972; 14.08.2001 EzA § 24 BetrVG 1972 Nr. 3 = AP Nr. 1 zu § 21b BetrVG 1972; vgl. weiter auch BAG 25.10.2007 EzA § 613a BGB Nr. 82 Rn. 49 = AP Nr. 333 zu § 613a BGB; LAG Rheinland-Pfalz 20.02.2014 – 2 Sa 123/13 – juris Rn. 80; LAG Niedersachsen 06.03.2006 – 17 Sa 85/06 – juris; 23.04.2007 – 9 Sa 815/06 – juris = AuR 2008, 195; LAG Bremen 09.12.2004 AuR 2005,

420 [*Buschmann*]; *Buschbaum* Restmandat, S. 151 ff.; *Reichold/HWK* § 21b BetrVG Rn. 10; *Stege/Weinspach/Schiefer* § 21b Rn. 4; *Wlotzke/WPK* § 21b Rn. 14). In einem eher kuriosen Streitfall hat das *BAG* (08.12.2009 EzA § 21b BetrVG 2001 Nr. 1 = AP Nr. 129 zu § 99 BetrVG 1972) ein Beteiligungsrecht nach § 99 Abs. 1 Satz 1 im Restmandat für den Fall verneint, dass der Arbeitgeber »nach der vollständigen Stilllegung des Betriebs« Arbeitnehmern eine Tätigkeit in einem anderen Betrieb des Unternehmens zuweist. Ob dabei überhaupt eine Versetzung i. S. d. § 95 Abs. 3 Satz 1 vorliegt, hat das Gericht offen gelassen, weil jedenfalls eine Mitwirkung weder im Belegschafts- noch im Individualinteresse der Betroffenen geboten sei. Stimmig (»nach vollständiger Stilllegung«) ist diese Entscheidung indes nur, wenn man berücksichtigt, dass sie in einem (überflüssigen) nachträglichen Zustimmungsersetzungsverfahren ergangen ist und (was nach dem Sachverhalt nur zu vermuten ist) sämtliche Arbeitnehmer schon zum Zeitpunkt der endgültigen Einstellung der Betriebstätigkeit anderen Betrieben zugewiesen waren (dementsprechend wurde in einer Parallelentscheidung [*BAG* 08.12.2009 – 1 ABR 37/09 – juris] ein Aufhebungsantrag des Betriebsrats nach § 101 als unbegründet abgewiesen). Deshalb ist zweifelhaft, ob der Entscheidung Grundsatzcharakter zukommen kann (das *BVerwG* [25.01.2012 NZA-RR 2012, 360 = BVerwGE 141, 346] ist dem *BAG* gefolgt; vgl. auch *Fitting* § 21b Rn. 17). Bezüglich **weiterer Beteiligungsrechte** verweisen *Löwisch/Schmidt-Kessel* (BB 2001, 2162 [2165] sowie *Löwisch/LK* § 21b Rn. 15; zust. *Buschmann/DKKW* § 21b Rn. 23; abl. *Worzalla/HWGNRH* § 21b Rn. 6) zu Recht etwa auch auf das neue Vorschlagsrecht zur Beschäftigungssicherung (§ 92a) und das Mitbestimmungsrecht über Qualifizierungsmaßnahmen nach § 97 Abs. 2. Das Restmandat erfasst auch die Beteiligungsrechte nach § 17 Abs. 2 KSchG, weil es sich dabei um ein betriebsverfassungsrechtlich geprägtes Verfahren handelt (so zutr. *BAG* 22.09.2016 NZA 2017, 175 Rn. 37).

14 Beteiligungsangelegenheiten, die nicht im Zusammenhang mit der Durchführung der Betriebsstilllegung stehen, aber zum Zeitpunkt der Entstehung des Restmandats noch nicht abgewickelt sind (**»unerledigte Betriebsratsaufgaben«**), werden vom Restmandat **nicht erfasst**; dieses ist kein allgemeines Abwicklungsmandat (ebenso *BAG* 24.10.2001 EzA § 22 BetrVG 1972 Nr. 2 = AP Nr. 71 zu § 40 BetrVG 1972 [keine Geltendmachung bereits entstandener betriebsverfassungsrechtlicher Vermögensrechte; vgl. dazu § 22 Rdn. 15]; bestätigend *BAG* 24.09.2015 EzA § 626 BGB 2002 Unkündbarkeit Nr. 24 Rn. 64 = AP Nr. 10 zu § 626 BGB Unkündbarkeit; 11.10.2016 NZA 2017, 68 Rn. 11 f. = AP Nr. 7 zu § 21b BetrVG 1972 [kein funktionaler Bezug bei Verletzung eines Mitbestimmungsrechts nach § 87 Abs. 1 Nr. 10 noch zu Zeiten des originären Vollmandats]; zust. *LAG München* 29.07.2014 – 6 TaBV 8/14 – juris Rn. 33; *Düwell/HaKo* § 21b Rn. 16; *Etzel* HzA Gruppe 19/1 Rn. 193; *Fitting* § 21b Rn. 16, 18; *Koch/ErfK* § 21b BetrVG Rn. 3; *Maschmann/AR* § 21b BetrVG Rn. 4; *Reichold/HWK* § 21b BetrVG Rn. 11; *Richardi/Thüsing* § 21b Rn. 9; *Stege/Weinspach/Schiefer* § 21b Rn. 7; *Wlotzke/WPK* § 21b Rn. 13; *Worzalla* FA 2001, 261 [265]; *Worzalla/HWGNRH* § 21b Rn. 6; **a. M.** *Däubler* AuR 2001, 1 [3]; 285 [289]; *Konzen* RdA 2001, 76 [85]; *Richardi/Annuß* DB 2001, 41 [44]; zust. *Buschmann/DKKW* § 21b Rn. 23). Zu Recht hat das *BAG* arbeitsgerichtliche Beschlussverfahren eingestellt, weil sich Streitigkeiten mit der Stilllegung des Betriebes erledigt haben (vgl. *BAG* 19.06.2001 EzA § 83a ArbGG 1979 Nr. 7 = AP Nr. 8 zu § 83a ArbGG 1979 = DB 2001, 2659 [Verfahren zur Anfechtung eines Einigungsstellenspruchs über den künftigen Ausgleich der Belastungen durch Nachtarbeit]; *BAG* 14.08.2001 EzA § 24 BetrVG 1972 Nr. 3 = AP Nr. 1 zu § 21b BetrVG 1972 [Streit um die Nachwirkung einer teilmitbestimmten Betriebsvereinbarung]; griffig formuliert der Erste Senat: Das Restmandat »setzt seinem Zweck nach einen die Betriebsstilllegung überdauernden Regelungsbedarf voraus«). Für den das Restmandat ausübenden Betriebsrat entfällt das Entsenderecht in den Gesamtbetriebsrat (ebenso *Feudner* DB 2003, 882 [886]; **a. M.** *Buschmann/DKKW* § 21b Rn. 7); zu einem Ausnahmefall vgl. Rdn. 5. Dementsprechend erlischt die Mitgliedschaft entsandter Mitglieder nach § 49, ggf. auch die Mitgliedschaft im Konzernbetriebsrat (§ 57).

15 Eine **Teilstilllegung** (s. *Oetker* § 111 Rdn. 113 ff.) hat auf das Amt des Betriebsrats keinen Einfluss, solange die Zahl der regelmäßig beschäftigten wahlberechtigten Arbeitnehmer nicht unter fünf sinkt (vgl. § 21 Rdn. 37; § 21a Rdn. 21, 97: es entsteht mangels Spaltung auch kein Übergangsmandat); ebenso *Fitting* § 21b Rn. 9; *Richardi/Thüsing* § 21b Rn. 3; jetzt auch *Buschmann/DKKW* § 21b Rn. 12; *ArbG Berlin* 17.03.2004 NZA-RR 2005, 80. Auch soweit Arbeitnehmer aufgrund der Teilstilllegung aus dem Betrieb ausscheiden, behält der Betriebsrat für alle Beteiligungsangelegenheiten sein reguläres Vollmandat, nicht etwa nur ein Restmandat zu deren Interessenwahrnehmung im Zusammenhang mit der Teilstilllegung (vgl. auch *BAG* 24.05.2012 EzA § 1 KSchG Betriebsbedingte Kündigung Nr. 168 Rn. 50 = AP Nr. 194 zu § 1 KSchG 1969 Betriebsbedingte Kündigung: mangels Spaltung i. S. v. § 21b auch kein Restmandat); nach § 13 Abs. 2 Nr. 1 kann sich die Notwendigkeit einer vorzeitigen Neuwahl ergeben. Nur wenn im Zusammenhang mit einer Teilstilllegung das Amt aller Betriebsrats- und Ersatzmitglieder erlischt, kommt ein Restmandat zur Wahrnehmung der damit im Zusammenhang stehenden Beteiligungsrechte analog § 21b in Betracht; wegen § 15 Abs. 5 KSchG wird dies aber selten praktisch werden.

16 Nach dem Wortlaut des Gesetzes genügt es, dass Beteiligungsrechte im Zusammenhang mit der Betriebsstilllegung stehen und noch in der regulären Amtszeit des Betriebsrats entstanden sind. **Nicht erforderlich** ist danach, dass der Betriebsrat seine Rechte, namentlich das Sozialplanmitbestimmungsrecht **noch in seiner regulären Amtszeit** dem Arbeitgeber gegenüber **geltend** macht (so schon *Biebl* Restmandat, S. 55 f.; *Buschmann/DKKW* § 21b Rn. 15; *Reichold/HWK* § 21b BetrVG Rn. 11; *Richardi/Thüsing* § 21b Rn. 12; *Worzalla/HWGNRH* § 21b Rn. 7). Der Arbeitgeber muss sich immer darauf einstellen, dass der Betriebsrat gesetzliche Rechte noch geltend macht. Die nachträglich Wahl eines Betriebsrats zur Ausübung eines Restmandats durch verbliebene Arbeitnehmer ist nicht möglich (s. Rdn. 7; vgl. *Hess. LAG* 22.11.2005 – 4 TaBV 165/05 – juris = AuR 2006, 172 [LS]; zust. *Buschmann/DKKW* § 21b Rn. 15).

3. Ausübung, Dauer, Kosten

17 Das Restmandat ist vom Betriebsrat als **Organ** auszuüben (nicht etwa allein durch den Vorsitzenden; *BAG* 14.11.1978 AP Nr. 6 zu § 59 KO). Da das Restmandat die Amtszeit des Betriebsrats verlängert (vgl. Rdn. 10), bleibt der Betriebsrat in der **personellen Zusammensetzung** bestehen, in der er zuletzt das reguläre Amt wahrgenommen hat. Maßgeblich für die Beurteilung ist der **Zeitpunkt**, in dem sich das reguläre Mandat in das Restmandat umwandelt (vgl. *BAG* 12.01.2000 EzA § 24 BetrVG 1972 Nr. 2 [unter B II 2d bb] = AP Nr. 5 zu § 24 BetrVG 1972; 05.10.2000 EzA § 112 BetrVG 1972 Nr. 107 [unter II 1b] = AP Nr. 141 zu § 112 BetrVG 1972; 05.05.2010 EzA § 37 BetrVG 2001 Nr. 9 Rn. 17 = AP Nr. 147 zu § 37 BetrVG 1972; *LAG Rheinland-Pfalz* 18.04.2005 AuR 2005, 465; *Fitting* § 21b Rn. 14; *Koch/ErfK* § 21b BetrVG Rn. 4; *Maschmann/AR* § 21b BetrVG Rn. 5; *Reichold/HWK* § 21b BetrVG Rn. 12; *Richardi/Thüsing* § 21b Rn. 13; **a. M.** *Buschmann/DKKW* § 21b Rn. 6, der entgegen *BAG* [12.01.2000], aber in Übereinstimmung mit der Vorinstanz [*LAG Brandenburg* AuR 2000, 237] den Betriebsrat um die ehemaligen Mitglieder aufstocken will, deren Arbeitsverhältnisse im Zusammenhang mit der Betriebsstilllegung, aber noch während des Vollmandats geendet haben). Da dies wiederum von dem (individuellen) Erlöschen des Amtes aller Betriebsrats- und Ersatzmitglieder abhängig ist (vgl. Rdn. 7, 9), erscheint eine möglichst exakte Fixierung der endgültigen Betriebsstilllegung nötig; im allgemeinen werden diese und das reguläre Amtsende, über das das Restmandat hinweghilft, in der Entlassung (bzw. Versetzung) der Belegschaft zusammenfallen (vgl. *Biebl* Restmandat, S. 18 f.). Vgl. zu den Voraussetzungen einer Kündigung von Betriebsratsmitgliedern aus Anlass der Betriebsstilllegung *Raab* § 103 Rdn. 31 f. Hat zu diesem Zeitpunkt der Betriebsrat die Geschäfte nach §§ 22, 13 Abs. 2 Nr. 2 nur noch weitergeführt (vgl. insoweit aber § 22 Rdn. 9), weil durch früheres Ausscheiden von Mitgliedern und wegen Fehlens von Ersatzmitgliedern die Mitgliederzahl unter die in § 9 vorgegebene Mitgliederzahl gesunken war, üben die verbliebenen Mitglieder das Restmandat aus, dann auch in Weiterführung der Geschäfte nach § 22 (ebenso *Fitting* § 21b Rn. 14; zust. *Koch/ErfK* § 21b BetrVG Rn. 4).

18 Das Restmandat kann allerdings **nur so lange** wahrgenommen werden, wie tatsächlich noch ein Betriebsrat mit dem Willen, dieses auszuüben, existiert (das betonten zu Recht schon *BAG* 24.03.1981 AP Nr. 12 zu § 112 BetrVG 1972 Bl. 3 R – Erster Senat; ebenso dieser 05.10.2000 EzA § 112 BetrVG 1972 Nr. 107 [unter II 1b] = AP Nr. 141 zu § 112 BetrVG 1972; *BAG* 23.11.1988 EzA § 102 BetrVG 1972 Nr. 72 [unter I 2b bb] = AP Nr. 77 zu § 613a BGB – Siebter Senat; ebenso dieser 12.01.2000 EzA § 24 BetrVG 1972 Nr. 2 [unter B II 2d cc] = AP Nr. 5 zu § 24 BetrVG 1972). Scheiden Mitglieder des das Restmandat ausübenden Betriebsrats, insbesondere durch Amtsniederlegung (§ 24 Nr. 2) oder Tod aus, so ist dies auch bei Fehlen von Ersatzmitgliedern für das Restmandat ohne Einfluss, solange mindestens noch ein (aktives) Betriebsratsmitglied vorhanden ist (ebenso *BAG* vom 12.01. und 05.10.2000). Die Beschlussfähigkeit richtet sich dabei immer nach der Ist-Stärke (ebenso *Biebl* Rest-

mandat, S. 51 f.). Mitglieder scheiden nicht aus, wenn ihr Arbeitsverhältnis endet; § 24 Nr. 3 (und damit Nr. 4) findet keine Anwendung, weil andernfalls ein Wertungswiderspruch zu der mit der Schaffung des Restmandats verfolgten Zielsetzung entstünde (vgl. Rdn. 8, 10) und auch zur Kündigungsmöglichkeit nach § 15 Abs. 4 KSchG (vgl. *BAG* 05.05.2010 EzA § 37 BetrVG 2001 Nr. 9 Rn. 21 und LS 2 = AP Nr. 147 zu § 37 BetrVG 1972 [zust. *Wiese*]).

Auch wenn mit dem Restmandat über die Bestimmungen des § 24 Nr. 3 und 4 hinweggegangen wird **19** (vgl. Rdn. 10, 18), ist ein Erlöschen der Mitgliedschaft durch **Amtsniederlegung uneingeschränkt weiter möglich** (zust. *BAG* 12.01.2000 EzA § 24 BetrVG 1972 Nr. 2 [unter B II 2d dd] = AP Nr. 5 zu § 24 BetrVG 1972; zust. *Etzel* HzA Gruppe 19/1 Rn. 193; *Fitting* § 21b Rn. 15; *Koch/ErfK* § 21b BetrVG Rn. 4; *Richardi/Thüsing* § 21b Rn. 14; *Wiese* Anm. AP Nr. 147 zu § 37 BetrVG 1972 Bl. 6 R; *Wlotzke/WPK* § 21b Rn. 12). Auch ein das Restmandat ausübendes Betriebsratsmitglied kann nicht gezwungen werden, das Amt gegen seinen Willen fortzuführen (**a. M.** offenbar *Hanau* NJW 2001, 2513 [2515]). Das letzte verbliebene Betriebsratsmitglied kann seine Amtsniederlegung auch dem Arbeitgeber gegenüber erklären (*BAG* 12.01.2000 EzA § 24 BetrVG 1972 Nr. 2 [unter B II 2d dd] = AP Nr. 5 zu § 24 BetrVG 1972). Das sollte aber, um Rechtsunsicherheiten auszuschließen, ausschließlich schriftlich erfolgen. Nur ein Scheinproblem wird mit dem Hinweis angesprochen, abweichend von § 24 Nr. 3 und 4 komme während des Restmandats ein Ausscheiden aus dem (dieses ausübenden) Betriebsrat nicht in Betracht (vgl. *Düwell/HaKo* § 21b Rn. 23; *Richardi/Thüsing* § 21b Rn. 16); denn solange nicht das Amt aller Betriebsrats- und Ersatzmitglieder erloschen ist, ist der Betriebsrat im Amt und es besteht überhaupt kein Restmandat (vgl. Rn. 9; das verkennt *Auktor* NZA 2003, 950 [951]). Richtig ist aber, dass etwa die Versetzung in einen anderen Betrieb oder die Begründung eines Arbeitsverhältnisses mit einem anderen Arbeitgeber die Mitgliedschaft in dem ein Restmandat ausübenden Betriebsrat unberührt lässt (so zutr. *Koch/ErfK* § 21b BetrVG Rn. 4), ebenso wie der Eintritt von Arbeitslosigkeit oder der Eintritt in den Ruhestand.

Das Restmandat ist **nicht befristet**. Abgesehen von dem Fall, dass das letzte Mitglied wegfällt (vgl. **20** Rdn. 18), besteht das Mandat solange, wie vom Betriebsrat Beteiligungsrechte noch wahrgenommen werden, die im Zusammenhang mit der Betriebsstilllegung stehen. Erst mit vollständiger Abwicklung der Beteiligungsangelegenheiten und Ausschöpfung der geltend gemachten Befugnisse **läuft das Mandat aus**, notfalls z. B. erst mit rechtskräftiger Entscheidung bei Streit über die Wirksamkeit (oder Durchführung) des Spruchs der Einigungsstelle über den Sozialplan und weiterer Klärung damit zusammenhängender Fragen (vgl. *BAG* 14.11.1978 AP Nr. 6 zu § 59 KO für die Geltendmachung von Kostenerstattungsansprüchen nach § 40 Abs. 1). In Betracht kommt auch noch die spätere Abänderung eines Sozialplans, solange dieser noch nicht vollständig abgewickelt ist (vgl. *BAG* 05.10.2000 EzA § 112 BetrVG 1972 Nr. 107 = AP Nr. 141 zu § 112 BetrVG 1972). Bei betriebsbedingten Kündigungen, die mit erfolgter Betriebsstilllegung begründet worden sind, besteht das Restmandat auch noch während laufender Kündigungsschutzprozesse; das *Hess. LAG* (13.07.2015 – 16 TaBVGa 165/14 – juris, Rn. 22) hat dieses Ergebnis konsequent damit begründet, dass bei Obsiegen der Kläger möglicherweise Folgekündigungen ausgesprochen werden, der der Arbeitgeber wiederum mit dem Wegfall der bisherigen Arbeitsplätze durch die Betriebsstilllegung begründet und die damit erneut das Beteiligungsrecht nach § 102 Abs. 1 für den zur Ausübung noch bereiten Betriebsrat mit Restmandat auslösen (abl. *Willhelmsen* DB 2016, 717). Auf das Restmandat ist es ohne Einfluss, wenn zwischenzeitlich die reguläre **Amtszeit endet** (§ 21), für die der Betriebsrat gewählt worden ist; denn im Falle der Betriebsstilllegung ist eine Neuwahl zur Herbeiführung der Amtskontinuität regelmäßig ausgeschlossen (im Ergebnis st. Rspr. des *BAG*; vgl. *BAG* 16.06.1987 EzA § 111 BetrVG 1972 Nr. 21 S. 6; 01.04.1998 EzA § 112 BetrVG 1972 Nr. 99 S. 6; ebenso *Buschmann/DKKW* § 21b Rn. 27; *Koch/ErfK* § 21b BetrVG Rn. 5; *Löwisch/LK* § 21b Rn. 8; *Löwisch/Schmidt-Kessel* BB 2001, 2162 [2165]; *Reichold/HWK* § 21b BetrVG Rn. 14; *Richardi/Thüsing* § 21b Rn. 11; *Worzalla/HWGNRH* § 21b Rn. 10).

Ist das **Restmandat erloschen** (z. B. wenn nach Abschluss eines Sozialplans alle Mitglieder ihr Amt **21** niederlegen), kann es später nicht reaktiviert werden (ebenso *Kissel* Freundesgabe für *Alfred Söllner*, S. 143 [152]; *Richardi/Thüsing* § 21b Rn. 15; zust. *Wlotzke/WPK* § 21b Rn. 15), auch dann nicht, wenn es womöglich nur dem Arbeitgeber nutzen würde, z. B. wenn ein Sozialplan, der Dauerregelungen vorsieht, verschlechternd abgeändert werden soll. Nach dem Erlöschen des Restmandats können

§ 21b

aber Kostenfreistellungsansprüche gemäß § 40 Abs. 1 (z. B. von Anwaltshonoraren) noch geltend gemacht werden, und zwar vom Betriebsrat, der das Restmandat ausgeübt hat, in seiner letzten Besetzung. Eine solche Befugnis stützt das *BAG* (Beschluss vom 24.10.2001 EzA § 22 BetrVG 1972 Nr. 2 = AP Nr. 71 zu § 40 BetrVG 1972; vgl. dazu entsprechend § 22 Rdn. 15) in Fällen, in denen nach dem Ende der Amtszeit des Betriebsrats mit Vollmandat ein betriebsratsloser Zustand eintritt, auf eine entsprechende Anwendung von § 22 BetrVG, § 49 Abs. 2 BGB; nach dem Ende des Restmandats kann nichts anderes gelten.

22 Wird späterhin der Betrieb wieder aufgenommen, so lebt das Betriebsratsamt selbst dann nicht mehr auf, wenn sämtliche früheren Betriebsratsmitglieder wieder eingestellt werden; der (neue) Betrieb ist betriebsratslos. Das **Restmandat erstarkt** jedoch wieder **zum Vollmandat**, wenn es zum Zeitpunkt der Wiederaufnahme des Betriebes mit den früheren Arbeitnehmern noch besteht und die regelmäßige Amtszeit des Betriebsrats noch nicht abgelaufen ist; andernfalls würde man unangemessen formalistisch entscheiden.

23 Die erforderlichen **Kosten** der Ausübung des Restmandats hat der Arbeitgeber des stillgelegten Betriebs zu tragen (§§ 40, 76a). Betriebsratsmitglieder haben einen **Vergütungsanspruch** für die erforderliche Zeit der Wahrnehmung des Restmandats (str.). Dabei ist jedoch zu **differenzieren** (treffend *Auktor* NZA 2003, 950 [951 f.]):

24 Ist das Mitglied im Zuge der Betriebsstilllegung in einen **anderen Betrieb des Unternehmens** (oder Konzerns) **versetzt** worden, hat es nur analog § 37 Abs. 2 Anspruch auf bezahlte Freistellung gegen seinen Arbeitgeber, weil die Betriebsratstätigkeit nicht für den Beschäftigungsbetrieb ausgeübt wird. Für die Gleichheit der Interessenlage spricht, dass § 37 Abs. 2 nach § 51 Abs. 1, § 59 Abs. 1 auch für die Tätigkeit im Gesamt- und Konzernbetriebsrat gilt (so auch schon *Auktor* NZA 2003, 950 [951]; zust. *Richardi/Thüsing* § 21b Rn. 18; *Wiese* Anm. AP Nr. 147 zu § 37 BetrVG 1972 Bl. 8 R). Auch § 37 Abs. 3 kann analoge Anwendung finden.

25 Ist **Arbeitslosigkeit** eingetreten oder wird – verallgemeinernd – die Betriebsratstätigkeit sonst **in der Freizeit** erbracht, ergibt sich der Vergütungsanspruch gegen den Inhaber des stillgelegten Betriebs aus § 37 Abs. 3 Satz 3 Halbs. 2 analog (mangels Arbeitspflicht nicht aus § 37 Abs. 2; deshalb ist auch kein Mehrarbeitszuschlag gerechtfertigt); ebenso im Ergebnis *Etzel/Kreft/KR* § 15 KSchG Rn. 146; *Stege/Weinspach/Schiefer* § 103 Rn. 35a (anders §§ 111 bis 113 Rn. 150a); zögerlich *Buschmann/DKKW* § 21b Rn. 26). Die Ehrenamtlichkeit (§ 37 Abs. 1) und das Begünstigungsverbot (§ 78 Satz 2) stehen dieser Analogie nicht entgegen (**a. M.** schon bisher *Auktor* NZA 2003, 950 [952]; im Ergebnis auch *Weber* § 37 Rdn. 6). Die Vorschrift belegt vielmehr, dass das Betriebsratsmitglied Freizeit nicht unentgeltlich opfern muss, wenn ein Freizeitausgleich (wie auch nach der Stilllegung) betriebsbedingt nicht möglich ist; nach der Konzeption des Gesetzes wird insoweit die für die Betriebsratstätigkeit aufgewendete Zeit **zusätzlich** vergütet, so dass diese Vergütung kein Verstoß gegen das Begünstigungsverbot sein kann. Gleichwohl hat sich die Praxis darauf einzustellen, dass der Siebte Senat des *BAG* jetzt die Analogie zu § 37 Abs. 3 Satz 3 Halbs. 2 abgelehnt hat und damit in Übereinstimmung mit der Vorinstanz (*LAG Saarland* 14.05.2008 – 2 Sa 100/07 – juris) einen Vergütungsanspruch dieser Betriebsratsmitglieder für die in ihrer Freizeit erbrachte Betriebsratstätigkeit (*BAG* 05.05.2010 EzA § 37 BetrVG 2001 Nr. 9 = AP Nr. 147 BetrVG 1972 [zust. *Wiese*]; zust. *Fitting* § 21b Rn. 20; *Koch/ErfK* § 21a BetrVG Rn. 5; *Maschmann/AR* § 21b BetrVG Rn. 5; *Richardi/Thüsing* § 21b Rn. 18).

26 Hat das Betriebsratsmitglied zu einem **neuen Arbeitgeber** (außerhalb des Konzerns) ein Arbeitsverhältnis begründet, hat es gegen diesen keinerlei Anspruch auf Freistellung zur Wahrnehmung seines Restmandats während der Arbeitszeit. Mangels jeglicher Anhaltspunkte für eine vergleichbare Interessenlage beim neuen Arbeitgeber (so auch *Auktor* NZA 2003, 950 [952], der aber auf dessen Fürsorgepflicht abstellen will; dagegen im Ergebnis zu Recht *Richardi/Thüsing* § 21b Rn. 18), kommt eine Analogie zu § 37 Abs. 2 nicht in Betracht, auch nicht (mit Blick auf § 78 Satz 2 teleologisch reduziert) auf unbezahlte Freistellung (im Ergebnis ebenso *Worzalla/HWGNRH* § 21b Rn. 8; **a. M.**, also für unbezahlten Freistellungsanspruch *Biebl* Restmandat, S. 61; *Fitting* § 21b Rn. 20; *Koch/ErfK* § 21b BetrVG Rn. 5; *Reichold/HWK* § 21b BetrVG Rn. 15; *Richardi/Thüsing* § 21b Rn. 18; *Weber* § 37 Rdn. 5; *Wiese* Anm. AP Nr. 147 zu § 37 BetrVG 1972 Bl. 8 R; im Ergebnis auch *Busch-

mann/DKKW § 21b Rn. 26; nach dieser Ansicht hätte dann der Arbeitgeber des Ursprungsbetriebs das ausfallende Entgelt nach § 40 Abs. 1 zu bezahlen; das *BAG* [05.05.2010 EzA § 37 BerVG 2001 Nr. 9 Rn. 33 und Orientierungssatz 3 = AP Nr. 147 zu § 37 BetrVG 1972] hat obiter dictum ausdrücklich offen gelassen, ob das Betriebsratsmitglied bei unbezahlter Freistellung für Tätigkeiten im »restmandatierten« Betriebsrat durch den neuen Arbeitgeber Ausgleich für Vermögenseinbußen verlangen kann (gemeint: vom Inhaber des stillgelegten Betriebs). Auch Billigkeitserwägungen können einen Freistellungsanspruch nicht tragen, zumal Betriebsratstätigkeit für einen stillgelegten Betrieb nicht während der (üblichen) Arbeitszeit stattfinden muss. Da das Betriebsratsmitglied mithin in seiner Freizeit (ggf. Urlaub) tätig werden muss, folgt der Vergütungsanspruch (wie bei Arbeitslosigkeit) aus § 37 Abs. 3 Satz 3 Halbs. 2 analog (str.; vgl. Rdn. 25).

Individualrechtliche Ansprüche der Betriebsratsmitglieder (Entgeltfortzahlung bei Arbeitsbefreiung 27 analog § 37 Abs. 2, Ansprüche analog § 37 Abs. 3 Satz 3 Halbs. 2) sind im Urteilsverfahren geltend zu machen (s. *Weber* § 37 Rdn. 314 ff.); Streitigkeiten allein über eine Freistellung analog § 37 Abs. 2 sowie sämtliche Streitigkeiten aus der Anwendung des § 40 und über die Tragung der Kosten der Einigungsstelle nach § 76a entscheiden die Arbeitsgerichte auf Antrag im Beschlussverfahren (§ 2a Abs. 1 Nr. 1, Abs. 2, §§ 80 ff. ArbGG).

III. Restmandat bei Spaltung und Zusammenlegung von Betrieben

Die von Rspr. und Lit. für den Fall der Betriebsstilllegung entwickelte Rechtsfigur »Restmandat« ist 28 vom Gesetzgeber in § 21b auf die Fälle einer **Betriebsspaltung** und einer **Betriebszusammenlegung** übernommen worden. Gemeinsamer Nenner ist der jeweilige **Betriebsuntergang**. Mit Spaltung und Zusammenlegung (vgl. zur Verwendung dieses Begriffs § 21a Rdn. 58) knüpft § 21b tatbestandlich an die Begrifflichkeiten an, die nach § 21a zu einem Übergangsmandat führen und als Betriebsänderungen nach § 111 Satz 3 Nr. 3 die Beteiligungsrechte nach §§ 111, 112 auslösen. Insbesondere diese Mitwirkungs- und Mitbestimmungsrechte soll ein Betriebsrat durch das Restmandat noch wahrnehmen können, wenn der Betrieb, in dem er gewählt worden ist, durch Spaltung oder Zusammenlegung untergeht (vgl. näher zum Inhalt des Restmandats Rdn. 10 ff., zu Ausübung und Dauer Rdn. 17 ff.).

Ein **Betriebsübergang** erfüllt die tatbestandlichen Voraussetzungen für ein Restmandat nicht 29 (ebenso wenig diejenigen für ein Übergangsmandat nach § 21a Abs. 3; s. § 21a Rdn. 87). Im Falle eines Betriebsübergangs geht der Betrieb von einem Rechtsträger auf einen anderen über, geht aber nicht unter, insbesondere auch nicht durch Spaltung oder Betriebsstilllegung. Konzeptionell stimmig bedürfen die Arbeitnehmer insoweit nicht des Schutzes durch ein beschränktes Restmandat; denn beim Betriebsübergang bleibt der im Betrieb bestehende Betriebsrat im Amt und kann gegenüber dem neuen Betriebsinhaber seine betriebsverfassungsrechtlichen Aufgaben uneingeschränkt weiter wahrnehmen (vgl. § 21 Rdn. 39 ff.). **Auch im Hinblick auf Arbeitnehmer, die** dem Übergang ihres Arbeitsverhältnisses **nach § 613a Abs. 6 BGB widersprechen**, entsteht weder ein Restmandat noch ein Übergangsmandat nach § 21a (vgl. näher § 21a Rdn. 87 ff.).

Bei unternehmensinterner (§ 21a Abs. 1 und 2) und bei unternehmensübergreifender (§ 21a Abs. 3) 30 Spaltung und Zusammenlegung von Betrieben kann im Falle eines damit verbundenen Betriebsuntergangs nach § 21a ein Übergangsmandat entstehen. Das Restmandat nach § 21b tritt dann **neben** dieses Übergangsmandat (ebenso *BAG* 24.05.2012 EzA § 1 KSchG Betriebsbedingte Kündigung Nr. 168 Rn. 48 = AP Nr. 194 zu § 1 KSchG 1969 Betriebsbedingte Kündigung; *Fitting* § 21b Rn. 13; zust. *Reichold/HWK* § 21b BetrVG Rn. 17; *Buschbaum* Restmandat, S. 108 ff., 119 ff.; zögerlich *Richardi/Thüsing* § 21b Rn. 7 f.; vgl. auch *Hohenstatt/WHSS* D Rn. 51, 67, der dabei aber unter Verkennung des Übergangsmandats annimmt, dass das Amt der bisherigen Betriebsräte endet). Eine solche **Kumulation von Mandaten** zur Wahrnehmung von Arbeitnehmerinteressen hat der Gesetzgeber offenbar gewollt; die Praxis beklagt die mit einer »Mandatskollision« einhergehende Rechtsunsicherheit (vgl. *Lelley* DB 2008, 1433). Es finden sich im Gesetz und in den Gesetzesmaterialien keine Anhaltspunkte dafür, dass etwa das Restmandat nur subsidiär zur Anwendung kommt, wenn § 21a nicht eingreift (so im Ergebnis aber *Hanau* NJW 2001, 2513 [2515]; *Lelley* DB 2008, 1433 bei Zusammenfassung von

Betrieben »um der Rechtssicherheit Vorrang zu geben«). Die Subsidiarität des Restmandats folgt auch nicht daraus, dass für das Restmandat der Betriebsrat nur so lange im Amt bleibt, wie dies zur Wahrnehmung von Beteiligungsrechten »erforderlich« ist, die mit der Spaltung oder Zusammenlegung im Zusammenhang stehen (a. M. *Löwisch / Schmidt-Kessel* BB 2001, 2162 [2165]; *Löwisch / LK* § 21b Rn. 7; zust. *Feudner* DB 2003, 882 [885]; tendenziell auch *Buschmann / DKKW* § 21b Rn. 16, 19; *Düwell/* HaKo § 21b Rn. 6); denn diese »Erforderlichkeit« bezieht sich nur auf die Dauer »so lange« des Restmandats, nicht aber auf seinen Geltungsbereich (zust. *Reichold / HWK* § 21a BetrVG Rn. 17 mit Fn. 1).

31 Das Vorliegen eines Restmandats ist **unabhängig** davon **zu beurteilen**, ob die Voraussetzungen eines Übergangsmandats erfüllt sind. Für das Entstehen eines Restmandats kommt es nach den Tatbestandsvoraussetzungen des § 21b nur auf die Fallkonstellationen an, bei denen die Spaltung oder Zusammenlegung von Betrieben zu deren Untergang führen. Immer steht dann dem Betriebsrat des untergegangenen Betriebs das Restmandat zu, und zwar immer nur gegenüber dem Arbeitgeber des untergegangenen Betriebs (ebenso *Fitting* § 21a Rn. 28, § 21b Rn. 10, 12; zust. *Reichold / HWK* § 21b BetrVG Rn. 17; im Ergebnis auch *Richardi / Thüsing* § 21b Rn. 7: Das Restmandat erfasst »rückwärts gewandt« den Betrieb, der seine Identität verlor). Belanglos ist, ob und ggf. welchem Betriebsrat ein Übergangsmandat zusteht. Maßgeblicher Zeitpunkt für die Beurteilung der personellen Zusammensetzung des das Restmandat ausübenden Betriebsrats ist das Wirksamwerden der Spaltung oder der Zusammenlegung. Anders als ein möglicherweise parallel entstandenes Übergangsmandat (vgl. § 21a Abs. 1 Satz 3, Abs. 2 Satz 2, Abs. 3) ist das Restmandat als aufgabenbezogenes Abwicklungsmandat (vgl. Rdn. 10) zeitlich nicht beschränkt. Die erforderlichen Kosten der Ausübung des Restmandats hat allein der Arbeitgeber des jeweils untergegangenen Betriebs zu tragen (s. Rdn. 27 ff.).

32 Im Falle einer Betriebsspaltung kommt das Restmandat nur bei der Fallkonstellation einer »**Betriebsaufspaltung**« in Betracht (so auch BAG 24.05.2012 EzA § 1 KSchG Betriebsbedingte Kündigung Nr. 168 Rn. 48 = AP Nr. 194 zu § 1 KSchG 1969 Betriebsbedingte Kündigung; vgl. dazu § 21a Rdn. 24 f.). Dabei gilt das Restmandat für die ganze untergegangene Einheit, auch für solche Teile, die nicht betriebsratsfähig sind oder in einen Betrieb eingegliedert werden, in dem ein Betriebsrat besteht, und auf die sich deshalb ein paralleles Übergangsmandat nicht erstreckt (vgl. § 21a Rdn. 26 ff.; zust. *Fitting* § 21b Rn. 13). Bei einer sog. »Betriebs(teil)abspaltung« bleibt der Betriebsrat dagegen regulär im Amt (vgl. § 21a Rdn. 25); eines Restmandats zur Wahrnehmung von Beteiligungsrechten nach §§ 111, 112 bedarf es deshalb auch im Hinblick auf den oder die abgespaltenen Teile nicht; es entsteht insoweit aber ein Übergangsmandat (vgl. § 21a Rdn. 25).

33 Im Falle der Zusammenlegung von Betrieben ist der sog. Eingliederungsfall (Eingliederung eines Betriebes in einen anderen Betrieb) vom Fall der Zusammenfassung von Betrieben zu einem neuen Betrieb zu unterscheiden (vgl. § 21a Rdn. 61 ff.). Da bei der **Zusammenfassung** beide (oder mehrere) Betriebe untergehen, entsteht für in diesen bestehende Betriebsräte jeweils das Restmandat (zust. *Fitting* § 21b Rn. 13; *Wlotzke / WPK* § 21b Rn. 19) mit Wirksamwerden der Zusammenfassung. Im **Eingliederungsfall** geht jedoch nur der eingegliederte Betrieb unter; folglich entsteht auch nur für dessen Betriebsrat das Restmandat mit dem Wirksamwerden der Eingliederung (vgl. § 21a Rdn. 63; vgl. auch LAG Bremen 09.12.2004 AuR 2005, 420 *[Buschmann]*; zust. *Linsenmaier* RdA 2017, 128 [133]).

IV. Streitigkeiten

34 Streitigkeiten über das Bestehen eines Restmandats und die von diesem erfassten Beteiligungsrechte entscheiden die Arbeitsgerichte im Beschlussverfahren (§ 2a Abs. 1 Nr. 1, Abs. 2, §§ 80 ff. ArbGG). Nach § 82 Abs. 1 ArbGG ist das Arbeitsgericht örtlich zuständig, in dessen Bezirk die Leitung des untergegangenen Betriebs ihren Sitz hatte (vgl. *LAG Berlin-Brandenburg* 20.04.2015 LAGE § 36 ZPO 2002 Nr. 5 = NZA-RR 2015, 324 Rn. 23 [zust. *Boemke* jurisPR-ArbR 24/2014 Anm. 5]). Im Rahmen eines Streits über das Bestehen eines Mitbestimmungsrechts, insbesondere zum Abschluss eines Sozialplans, ist als Vorfrage zu klären, ob das Amt eines Betriebsrats zur Wahrnehmung eines Restmandats besteht. Hingegen fehlt für den isolierten Antrag eines Betriebsrats, festzustellen, dass sein Amt zur

Wahrnehmung eines Restmandats fortbesteht, nach der höchstrichterlichen Rspr. das Feststellungsinteresse, weil durch die Entscheidung noch kein Rechtsfrieden geschaffen werde (s. *BAG* 27.05.2015 EzA § 256 ZPO Nr. 15 [unter B II 2 und Orientierungssatz 3] = AP Nr. 15 zu § 3 BetrVG 1972). Durch Betriebsstilllegung kann sich ein laufendes Beschlussverfahren (auch noch im Rechtsbeschwerdeverfahren) erledigen (vgl. dazu Rdn. 14). Beginn und Ende eines Restmandats können auch im Verfahren vor der Einigungsstelle (§ 76) und im arbeitsgerichtlichen Urteilsverfahren (z. B. in einem Kündigungsschutzprozess bei der Frage, ob die Kündigung nach § 102 Abs. 1 Satz 3 unwirksam ist) eine Rolle spielen und dort als Vorfrage mitentschieden werden.

§ 22
Weiterführung der Geschäfte des Betriebsrats

In den Fällen des § 13 Abs. 2 Nr. 1 bis 3 führt der Betriebsrat die Geschäfte weiter, bis der neue Betriebsrat gewählt und das Wahlergebnis bekanntgegeben ist.

Literatur
Hahn/Rudolph Der Rumpfbetriebsrat. Zum Umfang der Rechte und Pflichten eines nach § 22 BetrVG die Geschäfte weiterführenden Betriebsrats, AiB 2008, 534; *Wahsner* Amtszeit und Aufgaben des »geschäftsführenden Betriebsrats« nach § 22 BetrVG, AuR 1979, 208.

Inhaltsübersicht   Rdn.

I.   Vorbemerkung   1–7
II. Anwendungsfälle   8–15
III. Weiterführung der Geschäfte   16–22
     1. Umfang der Geschäftsführungsbefugnis   16–18
     2. Ende der Geschäftsführungsbefugnis   19–22
IV. Rechtsstellung der Betriebsratsmitglieder   23
V.   Streitigkeiten   24

I. Vorbemerkung

Die Vorschrift entspricht im Wesentlichen § 22 Abs. 2 BetrVG 1952, wurde jedoch in zwei Punkten **1** geändert. Die Befugnis des Betriebsrats zur Weiterführung der Geschäfte ist nicht mehr auf die »laufenden Geschäfte« beschränkt, sondern bleibt in vollem Umfang bestehen. Nach altem Recht kam es zu Meinungsverschiedenheiten darüber, welche Angelegenheiten zu den laufenden Geschäften gehören. Im Interesse der Rechtsklarheit und um in den betreffenden Fällen eine volle Aufgabenerfüllung des Betriebsrats sicherzustellen, hat der Gesetzgeber bewusst von einer Beschränkung der Befugnis des Betriebsrats abgesehen (vgl. amtliche Begründung, BT-Drucks. VI/1786, S. 38). Im Unterschied zum früheren Recht hat der Betriebsrat zudem die Geschäfte nicht mehr bis zur Wahl des neuen Betriebsrats, sondern bis zur Bekanntgabe des Wahlergebnisses weiterzuführen. Diese Regelung entspricht § 21 Satz 2 und 5.

Die Vorschrift gilt nicht für den **Gesamtbetriebsrat** und den **Konzernbetriebsrat**. Beide Vertretungen **2** sind Dauereinrichtungen, bei denen weder vorzeitige Neuwahlen gemäß § 13 Abs. 2 Nr. 1 bis 3 noch eine Weiterführung der Geschäfte in Betracht kommen. Gleiches gilt für den Europäischen Betriebsrat (s. *Oetker* § 32 EBRG Rdn. 2).

Ebenso wenig kommt eine Anwendung der Vorschrift auf die **Jugend- und Auszubildendenvertre- 3 tung** in Betracht, weil eine entsprechende Anwendung in § 65 Abs. 1 nicht angeordnet ist. Das ist aber nur für den Fall des § 13 Abs. 2 Nr. 3 von Bedeutung. Gemäß § 64 Abs. 1 Satz 2 ist auch die Jugend- und Auszubildendenvertretung in den Fällen des § 13 Abs. 2 Nr. 2 und 3 vorzeitig neu zu wählen. Für den Fall des § 13 Abs. 2 Nr. 2 sieht § 64 Abs. 2 Satz 5 jedoch eine Verlängerung der Amtszeit der alten Vertretung bis zur Bekanntgabe des Wahlergebnisses der neu gewählten Jugend- und Auszubildendenvertretung vor; insoweit ist es nur konsequent, dass eine bloße Weiterführung der Geschäfte nicht bestimmt worden ist. Für den Fall des § 13 Abs. 2 Nr. 3 darf hingegen die alte Jugend- und Auszubildendenvertretung bis zur Bekanntgabe des Neuwahlergebnisses die Geschäfte mangels gesetzlicher Anordnung nicht weiterführen (vgl. *Oetker* § 64 Rdn. 21 ff.). Die Vorschrift gilt auch nicht für die Gesamt-Jugend- und Auszubildendenvertretung und die Konzern-Jugend- und Auszubildendenvertretung.

4 Die Vorschrift gilt nach Maßgabe des § 115 Abs. 3 für die **Bordvertretung**, jedoch ist gemäß § 115 Abs. 2 Nr. 5 Satz 2 eine vorzeitige Neuwahl im Falle des § 13 Abs. 2 Nr. 1 ausgeschlossen. Sie gilt ferner ohne Einschränkung für den **Seebetriebsrat** (§ 116 Abs. 2).

5 Die Vorschrift findet keine Anwendung auf die **Schwerbehindertenvertretung**. Da nach § 94 Abs. 7 Satz 4 (entsprechend ab 2018 § 177 Abs. 7 Satz 4) SGB IX bei vorzeitigem Ausscheiden der Vertrauensperson aus dem Amt das mit der höchsten Stimmenzahl gewählte stellvertretende Mitglied für den Rest der Amtszeit nachrückt, kommt eine Weiterführung der Geschäfte nicht in Betracht. Die vorzeitige Beendigung der Amtszeit führt zum sofortigen und endgültigen Amtsverlust. § 22 findet ferner keine Anwendung, wenn durch Tarifvertrag oder Betriebsvereinbarung nach **§ 3 Abs. 1 Nr. 1 bis 3, Abs. 2** vom Gesetz abweichende betriebsverfassungsrechtliche Organisationseinheiten gebildet werden. Die Beendigung der Amtszeit (nicht bloß die Weiterführung der Geschäfte) bestehender Betriebsräte richtet sich dann nach § 3 Abs. 4 (ebenso jetzt *Düwell/HaKo* § 22 Rn. 5; *Richardi/Thüsing* § 22 Rn. 3). Zu einem vorzeitigen Amtsende kann es dabei nach § 3 Abs. 4 Satz 2 kommen (vgl. § 21 Rdn. 35); diese Regelung entspricht § 21 Satz 5 (nicht § 22). Wenn Regelungen nach § 3 Abs. 1 Nr. 1 bis 3 allerdings erstmals bei der nächsten regelmäßigen Betriebsratswahl anzuwenden sind (§ 3 Abs. 4 Satz 1), kann in der Zwischenzeit § 22 zur Anwendung kommen, wenn ein Fall des § 13 Abs. 2 Nr. 1 bis 3 eintritt (ebenso *Fitting* § 22 Rn. 7).

6 Die Vorschrift ist **zwingend**. Sie kann weder durch Tarifvertrag noch durch Betriebsvereinbarung ausgeschlossen oder abgeändert werden (unstr.).

7 Zum **Personalvertretungsrecht** vgl. § 27 Abs. 3 BPersVG, zu **Sprecherausschüssen** § 5 Abs. 5 SprAuG.

II. Anwendungsfälle

8 Mit dem regelmäßigen oder vorzeitigen Ende der Amtszeit verliert der Betriebsrat grundsätzlich alle seine Befugnisse und hört auf zu bestehen (vgl. § 21 Rdn. 49), es sei denn, dass er die **Geschäfte weiterführt**. Das ist allerdings **nicht generell** möglich, sondern kraft ausdrücklicher gesetzlicher Regelung in § 22 **nur** in den **Fällen** des § 13 Abs. 2 Nr. 1 bis 3, wenn also
— mit Ablauf von 24 Monaten, vom Tage der Wahl an gerechnet, die Zahl der regelmäßig beschäftigten Arbeitnehmer um die Hälfte, mindestens aber um fünfzig, gestiegen oder gesunken ist (vgl. *Jacobs* § 13 Rdn. 36 ff.),
— die Gesamtzahl der Betriebsratsmitglieder nach Eintreten sämtlicher Ersatzmitglieder unter die vorgeschriebene Zahl der Betriebsratsmitglieder gesunken ist (vgl. *Jacobs* § 13 Rdn. 50 ff.),
— der Betriebsrat mit der Mehrheit seiner Mitglieder seinen Rücktritt beschlossen hat (vgl. *Jacobs* § 13 Rdn. 62 ff.).

9 Diese Regelung **verträgt sich** allerdings **nicht** mit **§ 21 Satz 5**. Danach endet die Amtszeit des Betriebsrats in den Fällen des § 13 Abs. 2 Nr. 1 und 2 erst mit der Bekanntgabe des Wahlergebnisses des neu gewählten Betriebsrats. Der alte Betriebsrat bleibt also bis zu diesem Zeitpunkt im Amt und hat nicht bloß die Geschäfte weiterzuführen (vgl. § 21 Rdn. 31 f.). Die Vorschrift des § 22 ist somit im Hinblick auf die Fälle des **§ 13 Abs. 2 Nr. 1 und 2 gegenstandslos**.

10 Die Vorschrift hat demnach eine **eigene Bedeutung lediglich** für den Tatbestand des **§ 13 Abs. 2 Nr. 3**, den mehrheitlich beschlossenen **Rücktritt** des **Betriebsrats** (ebenso *Düwell/HaKo* § 22 Rn. 2; *Reichold/HWK* § 22 BetrVG Rn. 1; *Wiese* Anm. zu BAG AP Nr. 71 zu § 40 BetrVG 1972 Bl. 7; *Wlotzke/WPK* § 22 Rn. 1; vgl. auch *Fitting* § 22 Rn. 1). Nur in diesem Falle kommt eine Weiterführung der Geschäfte in Betracht; das gilt etwa auch im Falle des § 3 Abs. 4 Satz 1. Demgegenüber

Weiterführung der Geschäfte des Betriebsrats § 22

soll nach *Richardi/Thüsing* (vgl. § 21 Rn. 19) die Amtszeit des Betriebsrats auch bei dessen Rücktritt erst dann enden, wenn der neue Betriebsrat gewählt und das Wahlergebnis bekannt gegeben ist. Die Regelung des § 21 Satz 5 soll also (jedenfalls im Ergebnis) auch insoweit angewendet werden. Dann wäre allerdings die Vorschrift des § 22 gänzlich überflüssig. Das wiederum steht aber im Widerspruch dazu, dass *Richardi/Thüsing* gerade umgekehrt § 22 den Vorrang einräumen. Praktische Konsequenzen hat dies freilich nicht, weil zwischen dem Fortbestand des Betriebsrats und der Weiterführung der Geschäfte sachlich kein Unterschied besteht (vgl. Rdn. 16) und beide Vorschriften die Befugnisse des alten Betriebsrats mit der Bekanntgabe des Wahlergebnisses des neuen Betriebsrats enden lassen.

Ein wirksamer, mit Mehrheit beschlossener **Rücktritt** des **Betriebsrats** führt an sich zur sofortigen **11** Beendigung seines Amtes. Dennoch behandelt das Gesetz den zurückgetretenen Betriebsrat so, als sei er noch im Amt, indem er die Geschäfte in vollem Umfang weiterzuführen hat. Die darin liegende Missachtung des Willens einer Mehrheit von Betriebsratsmitgliedern ist indessen gerechtfertigt, weil die wirksame Vertretung von Arbeitnehmerinteressen den Vorrang verdient (so zutr. *Thiele* 2. Bearbeitung, § 22 Rn. 10). Eine Weiterführung der Geschäfte entfällt, wenn der Betriebsrat zurücktritt, nachdem bereits ein neuer Betriebsrat gewählt und das Wahlergebnis bekannt gegeben worden ist; in diesem Falle beginnt die Amtszeit des neuen Betriebsrats sofort mit dem Wirksamwerden des Rücktrittsbeschlusses (vgl. *ArbG Bielefeld* AuR 1975, 284; ferner § 21 Rdn. 29).

Der mit Mehrheit beschlossene Rücktritt des Betriebsrats in seiner Gesamtheit ist nicht zu verwech- **12** seln mit dem **Ausscheiden sämtlicher Betriebsratsmitglieder** einschließlich der Ersatzmitglieder aus dem Betriebsrat. Dieses führt ebenfalls zur sofortigen Beendigung des Betriebsratsamtes (vgl. § 21 Rdn. 36). Eine Weiterführung der Geschäfte gemäß § 22 ist in diesem Falle jedoch ausgeschlossen, selbst wenn die Betriebsratsmitglieder nicht nacheinander und aus verschiedenen Gründen ihre Mitgliedschaft im Betriebsrat verlieren (dazu ebenso *BAG* 12.01.2000 EzA § 24 BetrVG 1972 Nr. 2 [unter B II 2b] = AP Nr. 5 zu § 24 BetrVG 1972; 24.10.2001 EzA § 22 BetrVG 1972 Nr. 2 [unter B II 2a ff] = AP Nr. 71 zu § 40 BetrVG 1972 [zust. *Wiese*]: gleichzeitige Beendigung der Arbeitsverhältnisse durch Aufhebungsvertrag; *LAG Hamm* 14.10.2004 – 4 Sa 1102/04 – juris = LAGReport 2005, 182: gleichzeitige Beendigung der Arbeitsverhältnisse durch Eigenkündigung), sondern gleichzeitig und geschlossen ihr Amt niederlegen (§ 24 Nr. 2; vgl. auch *Jacobs* § 13 Rdn. 69; ebenso *Buschmann/DKKW* § 21 Rn. 32; *Düwell*/HaKo § 22 Rn. 5; *Fitting* § 21 Rn. 28, § 22 Rn. 6 [anders aber § 13 Rn. 41 unter Umdeutung in einen kollektiven Rücktritt]; *Löwisch/LK* § 22 Rn. 1; früher *Nikisch* III, S. 125; *Richardi/Thüsing* § 21 Rn. 26, § 22 Rn. 2; **a. M.** *Huke/HWGNRH* § 22 Rn. 5: als Rücktritt zu werten). Niemand darf gegen seinen Willen gezwungen werden, das Amt des Betriebsrats auszuüben.

Eine **entsprechende Anwendung** des § 22 kommt in Betracht, wenn der **Betriebsrat vorüber- 13 gehend beschlussunfähig** ist, weil Betriebsratsmitglieder zeitweilig verhindert sind und nicht durch Ersatzmitglieder vertreten werden können (vgl. *BAG* 18.08.1982 AP Nr. 24 zu § 102 BetrVG 1972 [unter I 3b bb] = EzA § 102 BetrVG 1972 Nr. 48 *[Heinze]* = SAE 1984, 121 *[Körnig]* = AR-Blattei, Betriebsverfassung XIV C, Entsch. 80 *[Herschel]*; *Buschmann/DKKW* § 22 Rn. 6; *Düwell*/HaKo § 22 Rn. 5; *Fitting* § 22 Rn. 7; *Huke/HWGNRH* § 22 Rn. 7; *Stege/Weinspach/Schiefer* § 22 Rn. 3; *Wlotzke/WPK* § 22 Rn. 2). Bei nur zeitweiliger Verhinderung scheidet zwar die Durchführung einer Neuwahl aus, jedoch ist der Restbetriebsrat wertungsmäßig stimmig als befugt anzusehen, während der Zeit der Verhinderung die Geschäfte des Betriebsrats weiterzuführen (vgl. *BAG* 18.08.1982 AP Nr. 24 zu § 102 BetrVG 1972 [unter I 3b bb]: Beteiligungsrechte nach § 102 Abs. 2). Zur dann maßgebenden Berechnung der Beschlussfähigkeit des Restbetriebsrats s. *Raab* § 33 Rdn. 14.

Soweit im Übrigen eine Weiterführung der Geschäfte nach Beendigung des Betriebsratsamts gesetz- **14** lich nicht angeordnet ist, kommt sie auch nicht in Betracht (vgl. aber Rdn. 15). Sie **scheidet daher aus** nach **Ablauf** der **regelmäßigen vierjährigen Amtszeit** gemäß § 21 Satz 1 und 3 (vgl. § 21 Rdn. 24 f.; ferner *BAG* 12.10.1961 AP Nr. 84 zu § 611 BGB Urlaubsrecht Bl. 2 R) sowie der gemäß § 21 Satz 3 und 4 **verkürzten** oder **verlängerten Amtszeit** (vgl. § 21 Rdn. 26 ff.), ebenso aber auch, wenn ein sonstiger Grund für eine vorzeitige Beendigung der Amtszeit eintritt. Das gilt zunächst für die Fälle des § 13 Abs. 2 Nr. 4 und 5 (erfolgreiche **Anfechtung** der **Betriebsratswahl** und **Auflösung** des **Betriebsrats**; ebenso *BAG* 29.05.1991 EzA § 4 BetrVG 1972 Nr. 6 [unter B I] = AP Nr. 5 zu § 4 BetrVG 1972; *LAG Düsseldorf* DB 1975, 840; DB 1987, 177; *LAG Hamburg* 24.10.1988 LAGE § 22 BetrVG 1972 Nr. 2 S. 1 f.; *Berscheid* AR-Blattei SD 530.6.3 Rn. 150; *Buschmann/DKKW* § 22

Rn. 5; *Düwell*/HaKo § 22 Rn. 4; *Fitting* § 22 Rn. 6; *Joost*/MünchArbR § 216 Rn. 23 f.; *Löwisch*/LK § 22 Rn. 1; *Richardi*/*Thüsing* § 22 Rn. 2), für das **Erlöschen des Amtes aller Mitglieder** des Betriebsrats einschließlich der Ersatzmitglieder (vgl. Rdn. 12) sowie für den **Verlust der Betriebsratsfähigkeit** (vgl. § 21 Rdn. 37). In den Fällen einer erfolgreichen **Anfechtung** der **Betriebsratswahl** und der **Auflösung** des **Betriebsrats** durch Gerichtsbeschluss (vgl. § 13 Abs. 2 Nr. 4 und 5) wäre eine Weiterführung der Geschäfte bis zur Wahl eines neuen Betriebsrats durchaus denkbar. Der Gesetzgeber hat aber von einer solchen Übergangslösung abgesehen, um der gerichtlichen Entscheidung über die Ungültigkeit der Betriebsratswahl bzw. die Auflösung des Betriebsrats Geltung zu verschaffen. Im Unterschied zum zurückgetretenen Betriebsrat soll ein derart »makelbehafteter« Betriebsrat auch nicht vorübergehend die Geschäfte weiterführen dürfen. Der Betrieb wird daher mit der Rechtskraft der gerichtlichen Entscheidung betriebsratslos; das kann der Betriebsrat auch nicht dadurch verhindern, dass er vor Rechtskraft der gerichtlichen Entscheidung zurücktritt (vgl. BAG 29.05.1991 EzA § 4 BetrVG 1972 Nr. 6 [unter B I] = AP Nr. 5 zu § 4 BetrVG 1972; *LAG Niedersachsen* DB 1991, 2248; *Jacobs* § 13 Rdn. 74 m. w. N., auch zur Gegenmeinung).

15 In **entsprechender Anwendung** von § 22 BetrVG, § 49 Abs. 2 BGB hält jetzt der Siebte Senat des *BAG* (grundlegend Beschluss vom 24.10.2001 EzA § 22 BetrVG 1972 Nr. 2 = AP Nr. 71 zu § 40 BetrVG 1972 [zust. *Wiese*]; bestätigt durch *BAG* 09.12.2009 EzA § 40 BetrVG 2001 Nr. 16 Rn. 11 = AP Nr. 96 zu § 40 BetrVG 1972 [zust. *Schreiber*]; 17.11.2010 EzA § 37 BetrVG 2001 Nr. 10 Rn. 15 = AP Nr. 149 zu § 37 BetrVG 1972) den Betriebsrat ausnahmsweise auch nach dem Ende seiner Amtszeit (im konkreten Fall: nach Erlöschen aller Mitgliedschaften durch Beendigung der Arbeitsverhältnisse; vgl. Rdn. 12) für befugt, noch nicht erfüllte **Kostenerstattungs-** und **Freistellungsansprüche** gegenüber dem Arbeitgeber weiter geltend zu machen, auch an den Gläubiger abzutreten, der sie dann geltend macht. Diese Ansprüche sollen anders als die betriebsverfassungsrechtlichen Beteiligungsrechte mit dem Ende der Amtszeit nicht ersatzlos wegfallen. Insoweit »gilt« der Betriebsrat nach Ansicht des Gerichts »als fortbestehend« (B II 2b) bb) (3)). Voraussetzung dieser Analogie ist aber, dass nach dem Ende der Amtszeit des Betriebsrats vorübergehend oder dauerhaft ein betriebsratsloser Zustand im Betrieb eintritt. Schließt sich hingegen die Amtszeit eines neu gewählten Betriebsrat an, tritt dieser als Funktionsnachfolger seines Vorgängers in dessen vermögensrechtliche Rechtspositionen ein. Diese Rechtsfortbildung überzeugt (zust. *Fitting* § 22 Rn. 11; *Worzalla*/HWGNRH § 21b Rn. 6); sie schließt eine planwidrige Regelungslücke in entsprechender Anwendung von § 22 (Weiterführung von Geschäften) und § 49 Abs. 2 BGB (Beschränkung der Geschäftsführung auf die Abwicklung begründeter vermögensrechtlicher Rechtspositionen des aus dem Amt geschiedenen Betriebsrats) sachangemessen (auch methodisch zust. *Wiese* Anm. AP Nr. 71 zu § 40 BetrVG 1972; krit. *Buschmann*/DKKW § 21b Rn. 23, der § 21b extensiv anwenden will) und führt zu praktikablen Ergebnissen. Die gesetzliche Regelung eines Restmandats in § 21b steht dieser Rechtsfortbildung nicht entgegen (zweifelnd *Richardi*/*Thüsing* § 21b Rn. 5); denn diese Bestimmung hat nur die von der Lit. gebilligte st. Rspr. des *BAG* zum Restmandat für alle sich im Zusammenhang mit der Betriebsstilllegung ergebenden Beteiligungsrechte »Mitwirkungs- und Mitbestimmungsrechte« festgeschrieben (vgl. § 21b Rdn. 2, 8), damit aber erkennbar keine Entscheidung getroffen gegen die Anerkennung eines weiteren (Rest-) Mandats zur Abwicklung bereits entstandener betriebsverfassungsrechtlicher Vermögensrechte.

III. Weiterführung der Geschäfte

1. Umfang der Geschäftsführungsbefugnis

16 Die Vorschrift begründet generell das Recht und die Pflicht des Betriebsrats, »die Geschäfte« nach der Beendigung der Amtszeit weiterzuführen. Im Gegensatz zu § 22 Abs. 2 BetrVG 1952 ist seine Befugnis nicht auf die Wahrnehmung der »laufenden Geschäfte« beschränkt (vgl. Rdn. 1). Sie erstreckt sich vielmehr auf **sämtliche Rechte** und **Pflichten** eines ordnungsmäßig gewählten und zusammengesetzten **Betriebsrats** (ebenso *LAG Düsseldorf* DB 1987, 177; *LAG Düsseldorf/Köln* 20.09.1974 EzA § 22 BetrVG 1972 Nr. 1 S. 5; *Buschmann*/DKKW § 22 Rn. 8; *Fitting* § 22 Rn. 8; *Koch*/ErfK § 22 BetrVG Rn. 2; *Huke*/HWGNRH § 22 Rn. 7; *Löwisch*/LK § 22 Rn. 5; *Richardi*/*Thüsing* § 22 Rn. 5; *Stege*/*Weinspach*/*Schiefer* § 22 Rn. 1; *Wahsner* AuR 1979, 208 [209]; *Wlotzke*/WPK § 22 Rn. 3); es ist

im Umfang ein Vollmandat (vgl. *Düwell*/HaKo § 22 Rn. 6; *Reichold*/*HWK* § 22 BetrVG Rn. 3). Da auch die persönliche Rechtsstellung der Betriebsratsmitglieder in vollem Umfang erhalten bleibt (vgl. Rdn. 23), besteht zwischen dem **Fortbestand** des **Betriebsrats** und der Weiterführung der Geschäfte **sachlich kein Unterschied**. Der amtierende und der nicht mehr im Amt befindliche, bloß geschäftsführende Betriebsrat sind dennoch dogmatisch klar zu trennende Rechtsfiguren, mag auch nach der derzeitigen Gesetzeslage ihre Befugnis sachlich übereinstimmen (anders offenbar *Richardi*/*Thüsing* § 21 Rn. 19, § 22 Rn. 8; vgl. auch *Fitting* § 21 Rn. 27). Diese Unterscheidung liegt insbesondere der Regelung des § 21 Satz 5 und § 22 zugrunde (vgl. Rdn. 9 f.).

Dem geschäftsführenden Betriebsrat stehen sämtliche Befugnisse aus dem Bereich der **Geschäftsführung** des **Betriebsrats** (§§ 26 ff.) und alle sonstigen **organisations-** und **verfahrensrechtlichen Befugnisse** zu. Die bisherige Geschäftsverteilung (Vorsitz, Ausschüsse) und die Mitgliedschaft in anderen Gremien (Gesamtbetriebsrat, Wirtschaftsausschuss) bleiben in vollem Umfang erhalten. Der geschäftsführende Betriebsrat hat beispielsweise das Recht, Betriebsratssitzungen einzuberufen und durchzuführen (§§ 29 ff.), Anspruch auf Teilnahme an Schulungs- und Bildungsveranstaltungen (§ 37 Abs. 6 und 7) und auf Freistellung (§ 38), kann Betriebsversammlungen durchführen (§§ 42 ff.), Mitglieder des Gesamtbetriebsrats abberufen und neu bestellen (§ 47 Abs. 2, § 49) sowie die Rechte im Verfahren vor der Einigungsstelle (§ 76) und im arbeitsgerichtlichen Beschlussverfahren (§§ 80 ff. ArbGG) wahrnehmen. Die Vorschriften des § 23 Abs. 1 und 3 sind uneingeschränkt anwendbar. Darüber hinaus stehen dem geschäftsführenden Betriebsrat **sämtliche Mitwirkungs-** und **Mitbestimmungsrechte** des Vierten Teils des Gesetzes (§§ 74 ff.) zu und insbesondere das Recht, unbeschränkt freiwillige und mitbestimmungspflichtige **Betriebsvereinbarungen** mit jedem zulässigen Inhalt abzuschließen. **17**

Der einzige Unterschied gegenüber einem noch im Amt befindlichen Betriebsrat besteht darin, dass der geschäftsführende Betriebsrat umgehend die gemäß § 13 Abs. 2 zwingend vorgeschriebene Wahl eines neuen Betriebsrats einleiten muss. Dies gehört zu seinen vorrangigen Pflichten. Der geschäftsführende Betriebsrat hat deshalb nach dem Eintritt der in § 13 Abs. 2 Nr. 1 bis 3 genannten Voraussetzungen **unverzüglich** einen **Wahlvorstand** zu **bestellen** (vgl. *Jacobs* § 13 Rdn. 48, 61, 66; *LAG Düsseldorf* DB 1975, 840; *Buschmann*/*DKKW* § 22 Rn. 10; *Fitting* § 22 Rn. 9; *Galperin*/*Löwisch* § 22 Rn. 5; *Huke*/*HWGNRH* § 22 Rn. 8; *Koch*/ErfK § 22 BetrVG Rn. 2; *Richardi*/*Thüsing* § 22 Rn. 5). Das Verfahren richtet sich nach §§ 16, 17a Nr. 1. Hat er den Wahlvorstand nicht innerhalb einer Frist von zwei Wochen (arg. § 16 Abs. 2 i. V. m. Abs. 1 im Regelwahlverfahren) bzw. innerhalb einer Woche, wenn die Wahl im vereinfachten Wahlverfahren nach § 14a Abs. 3 stattzufinden hat (arg. § 17a Nr. 1 i. V. m. § 16 Abs. 2 und 1), bestellt, so bestellt ihn entsprechend § 16 Abs. 2 das Arbeitsgericht auf Antrag von mindestens drei Wahlberechtigten oder einer im Betrieb vertretenen Gewerkschaft (vgl. § 16 Rdn. 60 ff.) bzw. kann ihn der Gesamtbetriebsrat (ersatzweise der Konzernbetriebsrat) nach § 16 Abs. 3 bestellen (vgl. § 16 Rdn. 81 ff.). **18**

2. Ende der Geschäftsführungsbefugnis

Die Befugnis des Betriebsrats zur Weiterführung der Geschäfte endet, wenn der neue Betriebsrat gewählt und das Wahlergebnis bekanntgegeben ist, spätestens jedoch mit dem Ablauf der regulären Amtszeit. Sie endet somit zum gleichen Zeitpunkt wie die Amtszeit eines gemäß § 21 Satz 5 zunächst fortbestehenden Betriebsrats in den Fällen des § 13 Abs. 2 Nr. 1 und 2 (vgl. § 21 Rdn. 31); insofern besteht zwischen § 21 Abs. 5 und § 22 keine Diskrepanz. Beide Vorschriften knüpfen an die Regelung des § 21 Abs. 2 über den Beginn der Amtszeit an, um einen nahtlosen Übergang der Geschäfte auf den neu gewählten Betriebsrat sicherzustellen. **19**

Maßgebender Zeitpunkt für das Ende der Geschäftsführungsbefugnis ist nicht der Tag der Wahl oder die Feststellung des Wahlergebnisses, sondern die **Bekanntgabe** des **Wahlergebnisses** (vgl. § 21 Rdn. 12). Dieser Zeitpunkt ist unabhängig von den Fristenregelungen der §§ 187 ff. BGB zu bestimmen; denn er ist nicht durch eine der in § 188 BGB genannten Zeiteinheiten festgelegt. Die Weiterführung der Geschäfte endet deswegen unmittelbar mit der Bekanntgabe des Wahlergebnisses, nicht erst mit dem Ablauf des Tages, an dem die Bekanntgabe erfolgt (ebenso *Buschmann*/*DKKW* § 22 Rn. 12; *Fitting* § 22 Rn. 10; *Galperin*/*Löwisch* § 22 Rn. 7; *Huke*/*HWGNRH* § 22 Rn. 10; *Richardi*/ **20**

Thüsing § 22 Rn. 8). Gleichzeitig beginnt die Amtszeit des neu gewählten Betriebsrats (vgl. § 21 Rdn. 13, 16).

21 Denkbar ist, dass **kein neuer Betriebsrat gewählt** wird, etwa weil der geschäftsführende Betriebsrat pflichtwidrig keinen Wahlvorstand bestellt, die Bestellung eines Wahlvorstands gemäß § 16 Abs. 2 oder 3 nicht zum Erfolg führt oder sich das Wahlverfahren besonders lange hinzieht. In diesem Falle endet die Befugnis des alten Betriebsrats zur Weiterführung der Geschäfte mit dem Ablauf derjenigen Amtszeit, die ihm ohne den Eintritt der in § 13 Abs. 2 Nr. 1 bis 3 genannten Voraussetzungen zugestanden hätte, mithin nach Ablauf der regelmäßigen vierjährigen Amtszeit (vgl. § 21 Rdn. 22 ff.) oder einer nach § 21 Satz 3 und 4 verkürzten oder verlängerten Amtszeit (vgl. § 21 Rdn. 26 ff.; ebenso LAG *Düsseldorf/Köln* 20.09.1974 EzA § 22 BetrVG 1972 Nr. 1 S. 5; *Buschmann/DKKW* § 22 Rn. 13; *Düwell*/HaKo § 22 Rn. 8; *Fitting* § 22 Rn. 11; *Galperin/Löwisch* § 22 Rn. 7; *Huke/HWGNRH* § 22 Rn. 11; *Koch*/ErfK § 22 BetrVG Rn. 2; *Richardi/Thüsing* § 22 Rn. 9; *Stege/Weinspach/Schiefer* § 22 Rn. 2; *Wlotzke/WPK* § 22 Rn. 4). Die Befugnis zur weiteren Wahrnehmung der Geschäfte stellt den Betriebsrat nicht schlechter, aber auch nicht besser, als wenn keine Neuwahl erforderlich gewesen wäre. Andernfalls könnte der Betriebsrat durch einen gezielten Rücktritt (§ 13 Abs. 2 Nr. 3) seine Befugnis zur Weiterführung der Geschäfte über den Ablauf der regulären Amtszeit hinaus verlängern.

22 Der unterbliebenen Wahl steht eine **nichtige Wahl** gleich, weil der aus einer solchen Wahl hervorgegangene Betriebsrat rechtlich nicht existent ist (vgl. § 19 Rdn. 153). Die Befugnis des bisherigen Betriebsrats zur Weiterführung der Geschäfte bleibt deshalb in den dargestellten zeitlichen Grenzen unberührt. Wenn der Betriebsrat wegen der sich nachträglich als nichtig erweisenden Wahl die Geschäfte niedergelegt hat, hat er sie alsbald wieder aufzunehmen (ebenso *Buschmann/DKKW* § 22 Rn. 14; *Düwell*/HaKo § 22 Rn. 8; wohl auch *Fitting* § 22 Rn. 12: »bleibt berechtigt«). Das gilt indessen nicht im Falle einer **bloß anfechtbaren Wahl** eines neuen Betriebsrats. Diese ist zunächst rechtswirksam (vgl. § 19 Rdn. 2). Sie beendet deswegen mit der Bekanntgabe des Wahlergebnisses endgültig die Befugnis des bisherigen Betriebsrats zur Weiterführung der Geschäfte. Das Amt des aus der anfechtbaren Wahl hervorgegangenen Betriebsrats endet mit der Rechtskraft des die Ungültigkeit der Wahl feststellenden arbeitsgerichtlichen Beschlusses. Nach diesem Zeitpunkt ist eine Weiterführung der Geschäfte weder durch den früheren noch durch den Betriebsrat, dessen Amt beendet ist (vgl. Rdn. 14), möglich (ebenso *Koch*/ErfK § 22 BetrVG Rn. 2; *Fitting* § 22 Rn. 12; *Galperin/Löwisch* § 22 Rn. 7; *Huke/HWGNRH* § 22 Rn. 11; **a. M.** *Buschmann/DKKW* § 22 Rn. 14).

IV. Rechtsstellung der Betriebsratsmitglieder

23 Die Befugnis des Betriebsrats zur Weiterführung der Geschäfte schließt ein, dass die Betriebsratsmitglieder während dieser Zeit ihre **persönliche Rechtsstellung** in vollem Umfang **beibehalten**. Vor allem genießen sie den besonderen Kündigungsschutz für Betriebsratsmitglieder gemäß § 15 Abs. 1 KSchG, § 103 Abs. 1 BetrVG (ebenso LAG *Düsseldorf/Köln* 20.09.1974 EzA § 22 BetrVG 1972 Nr. 1 S. 5; *Buschmann/DKKW* § 22 Rn. 11; *Fitting* § 22 Rn. 8; *Huke/HWGNRH* § 22 Rn. 9; *Löwisch/LK* § 22 Rn. 5; *Richardi/Thüsing* § 22 Rn. 6; zu § 22 Abs. 2 BetrVG 1952 BAG 27.09.1957 AP Nr. 7 zu § 13 KSchG Bl. 2 R) und den Versetzungsschutz nach § 103 Abs. 3. Der nachwirkende Kündigungsschutz gemäß § 15 Abs. 1 Satz 2 KSchG beginnt erst mit dem Ende der Befugnis zur Weiterführung der Geschäfte, im Regelfall also mit der Bekanntgabe des Wahlergebnisses des neu gewählten Betriebsrats. Die volle Rechtsstellung der Betriebsratsmitglieder bleibt auch dann erhalten, wenn der Betriebsrat pflichtwidrig die Weiterführung der Geschäfte ablehnt (ebenso *Buschmann/DKKW* § 22 Rn. 11; *Thiele* 2. Bearbeitung, § 22 Rn. 15; **a. M.** früher *ArbG* Oberhausen DB 1967, 2077 f.; *Hueck/Nipperdey* II/2, S. 1171). In diesem Fall kommt seine Auflösung nach § 23 Abs. 1 in Betracht.

V. Streitigkeiten

24 Streitigkeiten aus der Anwendung der Vorschrift entscheiden die Arbeitsgerichte im Beschlussverfahren (§ 2a Abs. 1 Nr. 1, Abs. 2, §§ 80 ff. ArbGG).

§ 23
Verletzung gesetzlicher Pflichten

(1) Mindestens ein Viertel der wahlberechtigten Arbeitnehmer, der Arbeitgeber oder eine im Betrieb vertretene Gewerkschaft können beim Arbeitsgericht den Ausschluss eines Mitglieds aus dem Betriebsrat oder die Auflösung des Betriebsrats wegen grober Verletzung seiner gesetzlichen Pflichten beantragen. Der Ausschluss eines Mitglieds kann auch vom Betriebsrat beantragt werden.

(2) Wird der Betriebsrat aufgelöst, so setzt das Arbeitsgericht unverzüglich einen Wahlvorstand für die Neuwahl ein. § 16 Abs. 2 gilt entsprechend.

(3) Der Betriebsrat oder eine im Betrieb vertretene Gewerkschaft können bei groben Verstößen des Arbeitgebers gegen seine Verpflichtungen aus diesem Gesetz beim Arbeitsgericht beantragen, dem Arbeitgeber aufzugeben, eine Handlung zu unterlassen, die Vornahme einer Handlung zu dulden oder eine Handlung vorzunehmen. Handelt der Arbeitgeber der ihm durch rechtskräftige gerichtliche Entscheidung auferlegten Verpflichtung zuwider, eine Handlung zu unterlassen oder die Vornahme einer Handlung zu dulden, so ist er auf Antrag vom Arbeitsgericht wegen einer jeden Zuwiderhandlung nach vorheriger Androhung zu einem Ordnungsgeld zu verurteilen. Führt der Arbeitgeber die ihm durch eine rechtskräftige gerichtliche Entscheidung auferlegte Handlung nicht durch, so ist auf Antrag vom Arbeitsgericht zu erkennen, dass er zur Vornahme der Handlung durch Zwangsgeld anzuhalten sei. Antragsberechtigt sind der Betriebsrat oder eine im Betrieb vertretene Gewerkschaft. Das Höchstmaß des Ordnungsgeldes und Zwangsgeldes beträgt 10.000 Euro.

Literatur
Literaturnachweise zum BetrVG 1952 siehe 8. Auflage.
Adomeit Der Betriebsrat – ein Volkstribun?, NJW 1995, 1004; *Amthauer* Zu den Auswirkungen des AGG auf die Betriebsverfassung (Diss. Oldenburg 2008), 2009 (zit.: Auswirkungen des AGG); *Bährle* Betriebsverfassungsrechtliche Abmahnung, BuW 2003, 129; *Bauer/Diller* Der allgemeine Unterlassungsanspruch des Betriebsrats – Richtungskorrektur oder Revolution?, ZIP 1995, 95; *Baur* Verfahrens- und materiell-rechtliche Probleme des allgemeinen Unterlassungsanspruchs des Betriebsrats bei betriebsverfassungswidrigen Maßnahmen des Arbeitgebers, ZfA 1997, 445; *Bender* Ausschluß eines Betriebsratsmitglieds wegen einer Pflichtverletzung während der vorhergehenden Amtszeit?, DB 1982, 1271; *Besgen/Roloff* Grobe Verstöße des Arbeitgebers gegen das AGG – Rechte des Betriebsrats und der Gewerkschaften, NZA 2007, 670; *Bieback* Arbeitsverhältnis und Betriebsratsamt bei der außerordentlichen Kündigung von Betriebsratsmitgliedern, RdA 1978, 82; *Bobke* BAG verneint Unterlassungsanspruch des Betriebsrats, wenn der Arbeitgeber gegen Mitbestimmungsrechte verstößt, AiB 1983, 84; *ders.* Überstundenanordnung ohne Mitbestimmung des Betriebsrats?, MitbestGespr. 1983, 458; *D. Boewer/P. Boewer* Einstweiliger Rechtsschutz in der Betriebsverfassung, Personalwirtschaft 1984, 330; *Braun* Der allgemeine betriebsverfassungsrechtliche Unterlassungsanspruch des Arbeitgebers und seine systematische Stellung, FS *Simon*, 2001, S. 53; *Buchner* Die persönliche Verantwortlichkeit der Betriebsratsmitglieder für rechtswidrige Betriebsratsbeschlüsse, FS G. *Müller*, 1981, S. 93; *ders.* Sicherstellung des wirtschaftlichen Mitbestimmungsrechts bei Betriebsänderungen durch einstweilige Verfügung, Betriebsverfassung in Recht und Praxis, Handbuch für die Unternehmensleitung, Betriebsrat und Führungskräfte, 1998, Gruppe 6, R. S. 201; *ders.* Die Betriebsänderung – noch eine unternehmerische Entscheidung?, 1984; *Buschmann* Einstweiliger Rechtsschutz nach dem Betriebsverfassungsgesetz, BlStSozArbR 1984, 226; *Chen* Zum Schutz der Repräsentanten der Arbeitnehmer im Recht der Betriebsverfassung und der Unternehmensmitbestimmung, 1995; *Coen* Grundrechtsverwirklichung durch Verfahren vor den Arbeitsgerichten, DB 1984, 2459; *Derleder* Betriebliche Mitbestimmung ohne vorbeugenden Rechtsschutz?, AuR 1983, 289; *ders.* Einstweiliger Rechtsschutz und Selbsthilfe im Betriebsverfassungsrecht, AuR 1985, 65; *ders.* Die Wiederkehr des Unterlassungsanspruchs, AuR 1995, 13; *Dobberahn* Unterlassungsanspruch des Betriebsrats, NJW 1995, 1333; *Dütz* Erzwingbare Verpflichtungen des Arbeitgebers gegenüber dem Betriebsrat, DB 1984, 115; *ders.* Unterlassungs- und Beseitigungsansprüche des Betriebsrats gegen den Arbeitgeber im Anwendungsbereich von § 87 BetrVG, Rechtsgutachten erstattet für die Hans-Böckler-Stiftung, 1983; *ders.* Verfassungsmäßige Gewährleistung eines vorbeugenden Gerichtsschutzes im Betriebsverfassungsrecht, Rechtsgutachten erstattet für die Hans-Böckler-Stiftung, 1984; *Evers* Die Unterlassungsansprüche des Betriebsrats (Diss. Heidelberg), 2005 (zit.: Unterlassungs-

ansprüche); *Fiebig* Die Bestimmtheit des Unterlassungsantrags nach § 23 III 1 BetrVG, NZA 1993, 58; *Fischer* Die neue Rechtsprechung des Bundesarbeitsgerichts zum Unterlassungsanspruch des Betriebsrats bei Verstößen des Arbeitgebers gegen Beteiligungsrechte aus § 87 I BetrVG – BAG, NZA 1995, 40, JA 1995, 712; *Freitag* Betriebsratsamt und Arbeitsverhältnis, Diss. Regensburg 1972; *Forst* Unterlassungsanspruch des Betriebsrats bei Betriebsänderungen kraft Unionsrechts?, ZESAR 2011, 107; *Hanau* Rechtsfolgen mitbestimmungswidriger Arbeitgeberverhaltens – BAGE 42, 11, JuS 1985, 360; *Hartmann* Einstweiliger Rechtsschutz zur Sicherung der Beteiligungsrechte des Betriebsrates (Diss. Osnabrück 1995), 1998 (zit.: Einstweiliger Rechtsschutz); *Heinze* Die betriebsverfassungsrechtlichen Ansprüche des Betriebsrates gegenüber dem Arbeitgeber, DB 1983, Beil. Nr. 9; *Kania* Die betriebsverfassungsrechtliche Abmahnung, DB 1996, 374; *Kehrmann* Bundesarbeitsgericht: Rechtsprechung des 1. Senats ist befremdend, Quelle 1983, 232; *Klebe* Ob Recht oder Unrecht – erstmal wird »durchgezogen«, Quelle 1983, 551; *Klocke* Der Unterlassungsanspruch in der deutschen und europäischen Betriebs- und Personalverfassung (Diss. Halle), 2013 (zit.: Unterlassungsanspruch); *Klumpp* § 23 BetrVG als Diskriminierungssanktion?, NZA 2006, 904; *Koch* Die Abmahnung eines Betriebsratsmitglieds wegen Amtspflichtverletzung, 1991; *Kohte* Der Unterlassungsanspruch der betrieblichen Arbeitnehmervertretung, FS *Richardi*, 2007, S. 601; *Konzen* Betriebsverfassungsrechtliche Leistungspflichten des Arbeitgebers, 1984 (zit.: Leistungspflichten); *ders.* Rechtsfragen bei der Sicherung der betrieblichen Mitbestimmung, NZA 1995, 865; *ders./Rupp* Effektiver Gerichtsschutz und negatorischer Rechtsschutz im BetrVG, DB 1984, 2695; *von Koppenfels-Spieß* Der allgemeine Unterlassungsanspruch gegen den Betriebsrat vor dem Aus?, FS *Blaurock*, 2013, S. 213; *Kümpel* BAG zum Unterlassungsanspruch: Mitbestimmung nur, wenn der Unternehmer mag?, AiB 1983, 132; *ders.* Nochmals: BAG zum Unterlassungsanspruch, AiB 1983, 165; *ders.* Instanzgerichte kontra BAG zum Unterlassungsanspruch des Betriebsrats, AuR 1985, 78; *Lobinger* Zur Dogmatik des allgemeinen betriebsverfassungsrechtlichen Unterlassungsanspruchs, ZfA 2004, 101; *Lukes* Der betriebsverfassungsrechtliche Unterlassungsanspruch des Arbeitgebers gegen den Betriebsrat (Diss. Köln 2016), 2016 (zit.: Unterlassungsanspruch); *Matthes* Über einen vernünftigen Umgang mit dem Unterlassungsanspruch des Betriebsrats, FS *Dieterich*, 1999, S. 355; *Michaelis* Betriebsverfassungsgesetz – im Zweifel Muster ohne Wert?, BetrR 1983, 393; *ders.* Betriebsräte wehrlos?, Mitbestimmung nur, wenn der Unternehmer mag?, BetrR 1983, 709; *Neumann* Unterlassungsansprüche des Betriebsrats gegen den Arbeitgeber nach § 23 Abs. 3 BetrVG?, BB 1984, 676; *Oetter* Vollstreckung aus Vergleichen in Verfahren nach § 23 Abs. 3 Satz 1 BetrVG, AuR 2003, 155; *Olderog* Probleme des einstweiligen Rechtsschutzes im Bereich der sozialen Mitbestimmung, NZA 1985, 753; *Pahle* Der vorläufige Rechtsschutz des Betriebsrats gegen mitbestimmungswidrige Maßnahmen des Arbeitgebers, NZA 1990, 51; *Peter* Mandatsausübung und Arbeitsverhältnis, BlStSozArbR 1977, 257; *Pflüger* Der Unterlassungsanspruch des Betriebsrats bei Betriebsänderungen, DB 1998, 2062; *Pfrogner* Unterlassungsanspruch des Arbeitgebers gegen den Betriebsrat, RdA 2016, 161; *Pohl* Unterlassungsansprüche des Betriebsrates, FS 25 Jahre AG ArbR im DAV, 2006, S. 987; *Prütting* Unterlassungsanspruch und einstweilige Verfügung in der Betriebsverfassung, RdA 1995, 257; *Raab* Negatorischer Rechtsschutz des Betriebsrats gegen mitbestimmungswidrige Maßnahmen des Arbeitgebers (Diss. Mainz), 1993; *ders.* Der Unterlassungsanspruch des Betriebsrates, ZfA 1997, 183; *Richardi* Kehrwende des BAG zum betriebsverfassungsrechtlichen Unterlassungsanspruch des Betriebsrats, NZA 1995, 8; *ders.* Der Beseitigungs- und Unterlassungsanspruch in der Dogmatik des Betriebsverfassungsrechts, FS *Wlotzke*, 1996, S. 407; *Salje* Quasinegatorischer Rechtsschutz im Betriebsverfassungsrecht, DB 1988, 909; *Schleusener* Die betriebsverfassungsrechtliche Abmahnung, NZA 2001, 640; *Schlünder* Die Rechtsfolgen der Mißachtung der Betriebsverfassung durch den Arbeitgeber (Diss. Freiburg 1990), 1991 (zit.: Rechtsfolgen); *Schneider* BAG stellt bisherige Rechtsprechung auf den Kopf, Quelle 1983, 491, 553; *ders.* Bundesarbeitsgericht weicht einer klaren Entscheidung aus, Quelle 1983, 670; *ders.* Rechtsprechung des 1. Senats des Bundesarbeitsgerichts, AiB 1983, 67; *Schulze* Die Zulässigkeit einstweiliger Verfügungen gegen Betriebsänderungen (Diss. Göttingen 1997), 1998 (zit.: Betriebsänderungen); *Schwegler* Der Schutz der Vereinbarungen und Verfahrensrechte zum Interessenausgleich (Diss. Köln 2010), 2011 (zit.: Interessenausgleich); *Schwering* Das Allgemeine Gleichbehandlungsgesetz als Aufgabe und Instrument des Betriebsrates (Diss. Bonn 2009), 2010 (zit: Gleichbehandlungsgesetz); *Schwonberg* Die einstweilige Verfügung des Arbeitgebers in Mitbestimmungsangelegenheiten im Rechtsschutzsystem der Betriebsverfassung (Diss. Göttingen 1996), 1997 (zit.: Rechtsschutzsystem); *Seeberger* Die Sicherung der Beteiligungsrechte des Betriebsrats in wirtschaftlichen Angelegenheiten (Diss. Heidelberg 2010), 2011 (zit.: Sicherung); *Soost/Hummel* Einstweilige Verfügungen des Betriebsrats bei betriebsverfassungswidrigen personellen Einzelmaßnahmen, AiB 2000, 621; *Stroemer* Untersagung von Maßnahmen des Arbeitgebers im arbeitsgerichtlichen Beschlußverfahren auf Antrag des Betriebsrats (Diss. Gießen 1984), 1984; *Telgte* Der ehrenamtliche Richter im Beschlußverfahren, AiB 1985, 61; *Thalhofer* Betriebsverfassungsrechtlicher Beseitigungsanspruch (Diss. Regensburg 1998), 1999; *Trittin* Betriebsräte ohne vorbeugenden Rechtsschutz?, BB 1984, 1169; *ders.* Der Unterlassungsanspruch des Betriebsrats zur Sicherung seiner Mitwirkungsrechte gem. §§ 90, 111, 112 BetrVG, DB 1983, 230; *Völksen* Unterlassungsanspruch des Betriebsrats bei interessenausgleichspflichtigen Betriebsänderungen – Entscheidungshilfe aus Erfurt?, RdA 2010, 354; *Walker* Der einstweilige Rechtsschutz im Zivilprozeß und im arbeitsgerichtlichen Verfahren, 1993 (zit.: Rechtsschutz);

Verletzung gesetzlicher Pflichten § 23

ders. Zum Unterlassungsanspruch des Betriebsrats bei mitbestimmungswidrigen Maßnahmen des Arbeitgebers, DB 1995, 1961; *Hj. Weber* Die Kündigung eines Betriebsratsmitglieds aus wichtigem Grund, NJW 1973, 787; *ders.* Die Rechtsfolgen von Amtspflichtverletzungen des Betriebsrats und seiner Mitglieder, DB 1992, 2135; *K. Weber* Das Erzwingungsverfahren gegen den Arbeitgeber nach § 23 Abs. 3 BetrVG (Diss. Mannheim), 1979 (zit.: Erzwingungsverfahren); *Wenderoth* Der allgemeine Unterlassungsanspruch des Betriebsrats (Diss. Bochum), 2006 (zit. Unterlassungsanspruch); *Wißmann* Vertrauensvorschuss für öffentliche Arbeitgeber. Zu Unterlassungsansprüchen der Personalvertretung, FS 50 Jahre Bundesverwaltungsgericht, 2003, S. 71.

Inhaltsübersicht Rdn.

I. Vorbemerkung	1–13
II. Normzweck des § 23 Abs. 1	14–18
III. Ausschluss aus dem Betriebsrat	19–120
1. Grobe Pflichtverletzung	19–72
a) Gesetzliche Pflichten	20–25
b) Amtspflichten und Vertragspflichten	26–41
aa) Alleinige Verletzung von Amtspflichten	26, 27
bb) Alleinige Verletzung von Vertragspflichten	28
cc) Gleichzeitige Verletzung von Amts- und Vertragspflichten	29–41
c) Grobe Pflichtverletzung	42–50
d) Kein Verschulden	51–56
e) Zeitpunkt der Amtspflichtverletzung	57–62
f) Einzelfälle	63–72
2. Ausschluss von Ersatzmitgliedern	73–76
3. Verfahren der Amtsenthebung	77–108
a) Zuständigkeit	77
b) Antrag	78–100
aa) Antragsbefugnis	79–91
bb) Form, Inhalt	92, 93
cc) Rücknahme	94
dd) Antragsverbindungen	95–100
c) Ausscheiden des Betriebsratsmitglieds nach Antragstellung	101–105
d) Einstweilige Verfügung	106, 107
e) Entscheidung des Arbeitsgerichts	108
4. Wirkungen des Ausschlusses	109–120
a) Verlust des Amtes; Nachrücken eines Ersatzmitglieds	109–112
b) Verlust des besonderen Kündigungsschutzes	113–115
c) Zulässigkeit der Wiederwahl	116–120
IV. Auflösung des Betriebsrats	121–147
1. Grundsatz	121
2. Grobe Pflichtverletzung	122–127
3. Einzelfälle	128
4. Verfahren bei Auflösung des Betriebsrats	129–136
5. Wirkungen der Auflösung	137–142
6. Einsetzung eines Wahlvorstands	143–147
V. Sanktionen gegen den Arbeitgeber	148–308
1. Überblick	148
2. Normzweck des § 23 Abs. 3	149–153
3. Verhältnis des § 23 Abs. 3 zur zwangsweisen Durchsetzung von Ansprüchen des Betriebsrats nach § 85 Abs. 1 ArbGG	154–218
a) Ausschlusswirkung des § 23 Abs. 3 – die Norm als materiellrechtliche Anspruchsgrundlage	154–163
b) Einzelne Anspruchsgrundlagen	164–209
aa) Soziale Angelegenheiten i. S. v. § 87 Abs. 1	164–187
bb) Gestaltung von Arbeitsplatz, Arbeitsablauf und Arbeitsumgebung	188–191
cc) Personelle Angelegenheiten	192–197
dd) Wirtschaftliche Angelegenheiten	198–209

	c) Ergebnisse	210–218
4.	Voraussetzungen für die Verhängung von Ordnungs- und Zwangsgeld	219–249
	a) Gesetzliche Pflichten	219–224
	b) Grober Pflichtenverstoß	225–233
	c) Kein Verschulden	234, 235
	d) Zeitpunkt des Gesetzesverstoßes	236–238
	e) Wiederholungsgefahr	239–244
	f) Einzelfälle	245–249
5.	Erkenntnisverfahren	250–267
	a) Zuständigkeit	251
	b) Antrag	252–256
	c) Antragsberechtigung	257–261
	d) Einstweilige Verfügung	262, 263
	e) Entscheidung des Arbeitsgerichts	264–267
6.	Vollstreckungsverfahren	268–308
	a) Zuständigkeit	272
	b) Antrag	273, 274
	c) Antragsberechtigung	275
	d) Verpflichtung zur Unterlassung oder Duldung einer Handlung (§ 23 Abs. 3 Satz 2)	276–295
	aa) Rechtskräftige gerichtliche Entscheidung	277–280
	bb) Vorherige Androhung	281–284
	cc) Zuwiderhandlung	285–287
	dd) Verschulden	288–290
	ee) Festsetzung des Ordnungsgeldes	291–295
	e) Verpflichtung zur Vornahme einer Handlung (§ 23 Abs. 3 Satz 3)	296–304
	aa) Rechtskräftige gerichtliche Entscheidung	297
	bb) Keine vorherige Androhung erforderlich	298, 299
	cc) Nichtvornahme der Handlung	300
	dd) Kein Verschulden	301
	ee) Festsetzung des Zwangsgeldes	302–304
	f) Rechtsmittel	305
	g) Vollstreckung des Ordnungs- und Zwangsgeldes	306–308

I. Vorbemerkung

1 Die Vorschrift entspricht in **Abs. 1** inhaltlich § 23 BetrVG 1952. Als Voraussetzung der angedrohten Sanktionen wird die »grobe Vernachlässigung« der »gesetzlichen Befugnisse« nicht mehr genannt, sondern nur noch die »grobe Verletzung« der »gesetzlichen Pflichten«. Damit kehrte der Gesetzgeber zu der Formulierung in § 39 Abs. 2 und § 41 BRG 1920 zurück. In der Sache besteht jedoch gegenüber § 23 BetrVG 1952 kein Unterschied (*Huke/HWGNRH* § 23 Rn. 1; *Richardi/Thüsing* § 23 Rn. 4 sowie hier Rdn. 24).

2 **Abs. 2 Satz 1** stimmt mit § 23 Abs. 2 BetrVG 1952 wörtlich überein. In das BetrVG 1972 neu eingefügt wurde **Abs. 2 Satz 2**. Dadurch soll nach Auflösung des Betriebsrats (Abs. 1) die sofortige Einleitung der Neuwahl sichergestellt werden. Die Vorschrift eröffnet auch die Möglichkeit, dass die Antragsteller Vorschläge für die Zusammensetzung des Wahlvorstandes machen können und das Arbeitsgericht Mitglieder einer im Betrieb vertretenen Gewerkschaft, die nicht Arbeitnehmer des Betriebs sind, in den Wahlvorstand berufen und wegen der Verweisung in § 16 Abs. 2 auf dessen Abs. 1 den Wahlvorstand vergrößern und Ersatzmitglieder bestellen kann (*Reg. Begr.* BT-Drucks. VI/1786, S. 39).

3 Neu im BetrVG 1972 ist die Ergänzung der Vorschrift durch **Abs. 3**. Dieser gewährt dem Betriebsrat oder einer im Betrieb vertretenen Gewerkschaft Reaktionsmöglichkeiten gegen den Arbeitgeber, der seine Verpflichtungen aus dem Betriebsverfassungsgesetz grob verletzt hat (zum Ganzen s. Rdn. 148 ff.). Verfassungsrechtliche Bedenken gegen die Neuregelung sind nicht berechtigt (*Richardi* 7. Aufl., § 23 Rn. 85 f. m. w. N.). Art. 28 des 4. Euro-Einführungsgesetzes vom 21.12.2000 (BGBl. I,

S. 1983) passte zum 01.01.2002 in Abs. 3 Satz 5 den bis dahin geltenden Betrag für das Ordnungs- bzw. Zwangsgeld (DM 20 000) an den Euro an.

Im Bereich des **Gesamtbetriebsrats** und des **Konzernbetriebsrats** tritt § **23 Abs. 1** gegenüber den Sondervorschriften in den §§ 48, 56 zurück. Das gilt auch soweit diese Regelungen eine gerichtliche Auflösung des Gesamtbetriebsrats bzw. Konzernbetriebsrats nicht vorsehen; denn anders als beim Betriebsrat kommt bei diesen Gremien aufgrund ihrer Eigenart als Dauereinrichtung nur die Möglichkeit des Ausschlusses einzelner Mitglieder in Betracht (*Fitting* § 23 Rn. 4, § 48 Rn. 5, § 56 Rn. 4; *Galperin/Löwisch* § 48 Rn. 6, § 56 Rn. 1; *Kreft/WPK* § 23 Rn. 2; s. *Kreutz/Franzen* § 48 Rdn. 2; *Richardi/Annuß* § 48 Rn. 1, § 56 Rn. 1). Auch die Anwendbarkeit des § 23 Abs. 2 entfällt, da eine Wahl nicht stattfindet. 4

Demgegenüber findet § **23 Abs. 3** zugunsten des Gesamt- bzw. Konzernbetriebsrats Anwendung (ebenso *Düwell/HaKo* § 23 Rn. 3; *Fitting* § 23 Rn. 4; *Huke/HWGNRH* § 23 Rn. 3; *Koch/ErfK* § 23 BetrVG Rn. 1; *Trittin/DKKW* § 23 Rn. 8; **a. M.** *Galperin/Löwisch* § 23 Rn. 4; *Kreft/WPK* § 23 Rn. 2). Dies folgt aus der Anordnung in § 51 Abs. 5, nach dem die Vorschriften über die Rechte des Betriebsrats für den Gesamtbetriebsrat entsprechend gelten; für den Konzernbetriebsrat verweist § 59 Abs. 1 ebenfalls auf § 51 Abs. 5. Das Antragsrecht steht dem Gesamtbetriebsrat bzw. Konzernbetriebsrat zu, soweit deren Zuständigkeit überhaupt in Betracht kommt (§§ 50, 58). Antragsgegner ist der Unternehmer bzw. Partner auf der Konzernebene, gegebenenfalls aber auch das jeweilige Konzernunternehmen (*K. Weber* Erzwingungsverfahren, S. 178 f.). Soweit in der Vorauflage im Anschluss an vereinzelte Stimmen im Schrifttum (s. *K. Weber* Erzwingungsverfahren, S. 177) die Anwendung des § 23 Abs. 3 auch im Hinblick auf das Antragsrecht **der im Unternehmen bzw. Konzern vertretenen Gewerkschaft** bejaht wurde, wird hieran nicht mehr festgehalten. Die Verweisungsnormen in § 51 Abs. 5 (§ 59 Abs. 1) rechtfertigt die Anwendung des § 23 Abs. 3 ausschließlich für den dort genannten Gesamtbetriebsrat bzw. den Konzernbetriebsrat. 5

Auf die **Jugend- und Auszubildendenvertretung** ist lediglich § 23 Abs. 1 entsprechend anzuwenden (s. § 65 Rdn. 5 ff.); § 23 Abs. 2 und 3 gelten nicht (§ 65 Abs. 1). Auch fehlt für die Jugend- und Auszubildendenvertretung eine allgemeine Verweisungsnorm, wie sie für den Gesamtbetriebsrat und den Konzernbetriebsrat in § 51 Abs. 5 bzw. § 59 Abs. 1 enthalten ist. Deshalb obliegt die Bestellung eines Wahlvorstands nach Auflösung der Jugend- und Auszubildendenvertretung nicht wie nach § 23 Abs. 2 dem Arbeitsgericht von Amts wegen, sondern dem Betriebsrat. Das Bestellungsverfahren richtet sich nach § 63 Abs. 2 und 3 (s. § 65 Rdn. 12). Obwohl die Jugend- und Auszubildendenvertretung kein eigenes Antragsrecht nach § 23 Abs. 3 hat, kann dennoch der Betriebsrat als Interessenwahrer auch der jugendlichen Arbeitnehmer und der Auszubildenden (s. vor § 60 Rdn. 18) aus eigenem Recht unmittelbar aus § 23 Abs. 3 gegen den Arbeitgeber vorgehen (*BAG* 15.08.1978 EzA § 23 BetrVG 1972 Nr. 7 S. 23 = AP Nr. 1 zu § 23 BetrVG 1972 Bl. 1 R; *Fitting* § 23 Rn. 3; *Huke/HWGNRH* § 23 Rn. 4; *Richardi/Thüsing* § 23 Rn. 104; *Trittin/DKKW* § 23 Rn. 8). 6

Für die **Gesamt-Jugend- und Auszubildendenvertretung** gilt § 23 Abs. 1 nach Maßgabe von § 73 Abs. 2 und § 48, jedoch nicht § 23 Abs. 3 (*K. Weber* Erzwingungsverfahren, S. 180 f.). Für die **Konzern-Jugend- und Auszubildendenvertretung** gilt dies entsprechend; § 73b Abs. 2 verweist auf § 56 (*Trittin/DKKW* § 23 Rn. 8). Zum Antragsrecht des Betriebsrats gilt Gleiches (s. Rdn. 6). 7

Auf die **Bordvertretung** und den **Seebetriebsrat** ist Abs. 1 und 2 der Vorschrift uneingeschränkt anwendbar (§ 115 Abs. 3, § 116 Abs. 2; im Einzelnen dazu *K. Weber* Erzwingungsverfahren, S. 180 ff.; das Antragsrecht der Bordvertretung und des Seebetriebsrats nach § 23 Abs. 3 folgt aus § 115 Abs. 1 Satz 2 bzw. § 116 Abs. 1). Zur Amtsenthebung der **Schwerbehindertenvertretung** § 177 Abs. 7 Satz 5 SGB IX (bis 01.01.2018: § 94 Abs. 7 Satz 5 SGB IX). 8

Die Vorschrift ist **abschließend** und **zwingend** und kann weder durch Betriebsvereinbarung noch durch Tarifvertrag abgeändert oder außer Kraft gesetzt werden (*Düwell/HaKo* § 23 Rn. 4; *Fitting* § 23 Rn. 5; *Huke/HWGNRH* § 23 Rn. 5; *Kloppenburg/NK-GA* § 23 BetrVG Rn. 2; *Kreft/WPK* § 23 Rn. 3; *Reichold/HWK* § 23 BetrVG Rn. 3). Sofern Arbeitgeber und Betriebsrat eine Vereinbarung treffen, in der der Arbeitgeber für den Fall einer Verletzung der Mitbestimmungsrechte verspricht, an einen Dritten (z. B. gemeinnützige Einrichtung) eine **Vertragsstrafe** zu zahlen, soll dieser das im Betriebsverfassungsgesetz festgelegte Instrumentarium entgegenstehen, mit dem der Betriebs- 9

§ 23 II. 2. *Amtszeit des Betriebsrats*

rat auf ein mitbestimmungswidriges Verhalten des Arbeitgebers reagieren kann (s. näher *BAG* 19.01.2010 EzA § 23 BetrVG 2001 Nr. 3 Rn. 11 f. = AP Nr. 49 zu § 99 BetrVG 1972 = NZA 2010, 592). Dies weist das *BAG* dem zwingenden Recht zu. Indes dürfte die Rechtswirksamkeit einer zwischen den Betriebsparteien getroffenen Vertragsstrafenabrede bereits an der Rechtsfähigkeit des Betriebsrats scheitern, da das Betriebsverfassungsgesetz keine mit § 1 Abs. 1 TVG vergleichbare Befugnis zur Ausgestaltung der Rechte und Pflichten zwischen den Betriebsparteien kennt (s. *Kreutz* § 77 Rdn. 106, 226). Auch das Instrument der Regelungsabrede stattet den Betriebsrat nicht mit einer der Vertragsfreiheit vergleichbaren Befugnis aus, die Rechtsbeziehungen zwischen den Betriebspartnern auszugestalten. Zur Abgabe einer **strafbewehrten Unterlassungserklärung** des Arbeitgebers s. Rdn. 244 a. E.

10 Zum **Personalvertretungsrecht** vgl. § 28 BPersVG, für **Sprecherausschüsse** § 9 Abs. 1 SprAuG; beide Kodifikationen sehen indes von einem mit § 23 Abs. 3 vergleichbaren Antragsrecht ab. Für **Europäische Betriebsräte** kraft Vereinbarung bzw. kraft Gesetzes sowie das zu deren Bildung errichtete **besondere Verhandlungsgremium** fehlt eine mit § 23 vergleichbare Regelung (s. jedoch § 30 EBRG Rdn. 11 ff.); Entsprechendes gilt für den bei der Europäischen (Aktien-)Gesellschaft kraft Gesetzes gebildeten **SE-Betriebsrat**.

11 Auf das Instrumentarium in § 23 Abs. 3 hat der Gesetzgeber auch zurückgegriffen, um den Arbeitgeber zur Erfüllung der **Pflichten nach den §§ 7 ff. AGG** anzuhalten. Zu diesem Zweck begründet **§ 17 Abs. 2 AGG** ein Antragsrecht zugunsten des Betriebsrats sowie einer im Betrieb vertretenen Gewerkschaft, wenn ein grober Verstoß des Arbeitgebers vorliegt (näher dazu z. B. *Amthauer* Auswirkungen des AGG, S. 203 ff.; *Besgen/Roloff* NZA 2007, 670 ff.; *Kleinebrink* ArbRB 2007, 24 ff.; *Klumpp* NZA 2006, 832 ff.; *Schwering* Gleichbehandlungsgesetz, S. 47 ff.), ohne dass sich die Antragsberechtigten auf die Vermutung in § 22 AGG stützen können (ebenso für die h. M. *Adomeit/Mohr* AGG, § 17 Rn. 19; *Amthauer* Auswirkungen des AGG, S. 216; *Bauer/Krieger* AGG, § 17 Rn. 28; *Mälzer* Die kollektivarbeitsrechtlichen Bezüge des Allgemeinen Gleichbehandlungsgesetzes (Diss. FU Berlin), 2015, S. 250 ff.; *Meinel/Heyn/Herms* AGG, § 17 Rn. 22; *Peick* Darlegungs- und Beweislast nach § 22 Allgemeines Gleichbehandlungsgesetz [AGG] [Diss. Kiel], 2009, S. 100 ff.; *Schleusener/SSV* AGG, § 17 Rn. 23; *Schwering* Gleichbehandlungsgesetz, S. 115 ff.; *Wendeling-Schröder* in: *Wendeling-Schröder/Stein* AGG, § 17 Rn. 46; **a. M.** *Buschmann/DKKW* § 23 Rn. 390). Da § 17 Abs. 2 Satz 1 AGG auf die Voraussetzungen des § 23 Abs. 3 Satz 1 Bezug nimmt, gelten die dazu anerkannten Voraussetzungen (s. Rdn. 225 ff.) auch im Rahmen von § 17 Abs. 2 Satz 1 AGG (statt aller *BAG* 18.08.2009 EzA § 17 AGG Nr. 1 Rn. 36 = AP Nr. 1 zu § 3 AGG = NZA 2010, 222; *Sächs. LAG* 17.09.2010 NZA-RR 2011, 72 [74]; *Bauer/Krieger* AGG, § 17 Rn. 16; *Besgen/Roloff* NZA 2007, 670 [672]; *Buschmann*/HaKo-AGG § 17 Rn. 20; *Wendeling-Schröder* in: *Wendeling-Schröder/Stein* AGG, § 17 Rn. 42). Das gilt ebenfalls, soweit § 17 Abs. 2 Satz 2 AGG die entsprechende Anwendung von § 23 Abs. 3 Satz 2 bis 5 (dazu s. Rdn. 250 ff.) vorsieht (*Schwering* Gleichbehandlungsgesetz, S. 156 ff.).

12 Ein grober Verstoß kommt insbesondere in Betracht, wenn der Arbeitgeber seine im Allgemeinen Gleichbehandlungsgesetz niedergelegten Organisationspflichten verletzt, so z. B., wenn er gegen seine Pflicht in § 11 AGG verstößt und mit der Stellenausschreibung Personen unmittelbar oder mittelbar aus den in § 1 AGG aufgezählten Gründen benachteiligt (*BAG* 18.08.2009 EzA § 17 AGG Nr. 1 Rn. 25 ff. = AP Nr. 1 zu § 3 AGG = NZA 2010, 222; *Hess. LAG* 06.03.2008 AuR 2008, 315; *LAG Saarland* 11.02.2009 – 1 TaBV 73/08 – BeckRS 2011, 65201) oder der Arbeitgeber keine Maßnahmen zum Schutz vor sexuellen Belästigungen ergreift (*ArbG Berlin* 27.01.2012 – 28 BV 17992/11 – BeckRS 2012, 67603). Neben einer Verletzung der Schutzpflichten in § 12 AGG kommt ferner jeder Verstoß des Arbeitgebers gegen das Benachteiligungsverbot (§ 7 AGG) sowie eine Verletzung der Rechte der Arbeitnehmer (§§ 13 ff. AGG) für ein auf § 17 Abs. 2 AGG gestütztes Verfahren in Betracht. § 17 Abs. 2 AGG beschränkt dieses nicht auf die Verletzung der Pflichten nach den §§ 11 f. AGG, sondern dehnt dieses auf alle »Vorschriften aus diesem Abschnitt« und damit auf die §§ 7 ff. AGG aus.

13 Abgesehen von den Fallgestaltungen in Rdn. 12 ist § 17 Abs. 2 AGG in Betrieben mit einem bestehenden Betriebsrat überflüssig, da der Arbeitgeber bei einem groben Verstoß gegen die Pflichten aus den §§ 7 ff. AGG in der Regel zugleich gegen § 75 Abs. 1 verstößt und der Betriebsrat hierauf gestützt ohnehin nach § 23 Abs. 3 vorgehen kann (treffend *Löwisch/LK* § 23 Rn. 18; *Schlachter/ErfK* § 17 AGG

Rn. 2; s. auch *Kreutz/Jacobs* § 75 Rdn. 154; zur unterbliebenen Einbeziehung von Bewerbern in den Schutzbereich des § 75 Abs. 1 s. *Kreutz/Jacobs* § 75 Rdn. 17). Allerdings geht § 17 Abs. 2 AGG in zwei Punkten über das BetrVG hinaus. Erstens eröffnet der Wortlaut des § 17 Abs. 2 Satz 1 AGG das Antragsrecht des Betriebsrats auch dann, wenn der Arbeitgeber die Pflichten aus dem AGG gegenüber leitenden Angestellten oder arbeitnehmerähnlichen Personen verletzt (vgl. § 6 Abs. 1 Satz 1 AGG). Diese Diskrepanz zur Wahrnehmungszuständigkeit des Betriebsrats lässt sich nur durch eine teleologische Reduktion der Antragsbefugnis beseitigen (**a. M.** *Amthauer* Auswirkungen des AGG, S. 205; *Buschmann/DKKW* § 23 Rn. 375; *Schwering* Gleichbehandlungsgesetz, S. 72). Zweitens besteht die eigentliche Bedeutung des § 17 Abs. 2 AGG darin, in betriebsratsfähigen Betrieben ohne Betriebsrat einer dort vertretenen Gewerkschaft das Antragsrecht einzuräumen (s. *Adomeit/Mohr* AGG, § 17 Rn. 14; *Bauer/Krieger* AGG, § 17 Rn. 12; *Buschmann/DKKW* § 23 Rn. 373; *Oetker/*MünchArbR § 15 Rn. 72; *Schlachter/*ErfK § 17 AGG Rn. 3; *Thüsing/*MK-BGB, § 17 AGG Rn. 11).

II. Normzweck des § 23 Abs. 1

Der Zweck des § 23 Abs. 1 wird oftmals eher beiläufig erwähnt. Früher begnügten sich Rechtsprechung und Literatur unter Anknüpfung an obiter dicta in Entscheidungen des *RAG* (13.07.1929 ARS 6, 393 [396]; 01.10.1930 ARS 10, 122 [128]) damit, auf den disziplinarrechtlichen oder weitergehend auf den strafähnlichen Charakter des § 23 Abs. 1 hinzuweisen (*BAG* 05.12.1978 EzA § 101 BetrVG 1972 Nr. 4 S. 13 = AP Nr. 4 zu § 101 BetrVG 1972 Bl. 1 R; *Dietz/Richardi* § 23 Rn. 1; *Galperin/Löwisch* § 23 Rn. 9; *Radke* BB 1957, 1112 [1115]; *Thiele* 2. Bearbeitung, § 23 Rn. 1, 29). Dagegen spricht, dass § 23 Abs. 1 nur den Ausschluss aus dem Betriebsrat oder die Auflösung des Betriebsrats und keine wie auch immer geartete sonstige Einwirkung auf die Betriebsratsmitglieder vorsieht. Sie steht deshalb auch nicht im Abschnitt über Straf- und Bußgeldvorschriften (§§ 119 ff.), sondern im Abschnitt über die Amtszeit des Betriebsrats (§§ 21 ff.). Deshalb ist die Amtsenthebung eines Betriebsratsmitglieds bzw. die Auflösung des Betriebsrats im Hinblick auf die Amtstätigkeit des Betriebsrats zu interpretieren und **nicht** als **Sanktion** wegen eines individuell pflichtwidrigen Verhaltens zu verstehen, mag der Gesetzgeber hinsichtlich der Betriebsratsmitglieder auch an dieses anknüpfen (ebenso jüngst *BAG* 27.07.2016 EzA § 23 BetrVG 2001 Nr. 9 Rn. 28 = AP Nr. 50 zu § 23 BetrVG 1972 = NZA 2017, 136; *Hess. LAG* 23.02.2017 – 9 TaBV 140/16 – BeckRS 2017, 114084; *LAG München* 17.01.2017 – 6 TaBV 97/16 – BeckRS 2017, 103159).

Aus der vorstehend beschriebenen – heute vorherrschenden – Sicht ist die Amtsenthebung bzw. Auflösung des Betriebsrats das Mittel, für die Zukunft ein **Mindestmaß gesetzmäßiger Amtsausübung** des **Betriebsrats** sicherzustellen (ähnlich *BAG* 05.09.1967 EzA § 23 BetrVG Nr. 1 S. 4 = AP Nr. 8 zu § 23 BetrVG Bl. 4 f.; 29.04.1969 EzA § 23 BetrVG Nr. 2 S. 10 = AP Nr. 9 zu § 23 BetrVG Bl. 3 R; 27.07.2016 EzA § 23 BetrVG 2001 Nr. 9 Rn. 28 = AP Nr. 50 zu § 23 BetrVG 1972 = NZA 2017, 136; *Hess. LAG* 19.09.2013 – 9 TaBV 225/12 – BeckRS 2014, 70937; 23.02.2016 – 9 TaBV 140/16 – BeckRS 2017, 114084; *LAG München* 17.01.2017 – 6 TaBV 97/16 – BeckRS 2017, 103159; *Düwell/*HaKo § 23 Rn. 5; *Fitting* § 23 Rn. 51; *Kloppenburg/*NK-GA § 23 BetrVG Rn. 4; *Koch/*ErfK § 23 BetrVG Rn. 1; *v. Koppenfels-Spieß* FS Blaurock, 2013, S. 213 [215]; *Kreft/WPK* § 23 Rn. 4; *Reichold/*HWK § 23 BetrVG Rn. 2; s. auch *BVerwG* 14.02.1969 AP Nr. 8 zu § 26 PersVG Bl. 1 R; *Fenn* SAE 1970, 246 [248]; *Joost/*MünchArbR § 222 Rn. 2; *Richardi/Thüsing* § 23 Rn. 1; *Trittin/DKKW* § 23 Rn. 5; *Windscheid* ZBR 1958, 276 [277]). Deshalb können nur grob gegen ihre Pflichten verstoßende Betriebsratsmitglieder oder der Betriebsrat bei entsprechenden Verstößen von der weiteren Mitwirkung bei der Gestaltung der betriebsverfassungsrechtlichen Ordnung ausgeschlossen werden, während alle anderen Pflichtverletzungen unberücksichtigt bleiben. Bei grob pflichtwidrigen Handlungen besteht von Gesetzes wegen die tatsächliche Vermutung, das Betriebsratsmitglied bzw. der Betriebsrat werde auch für den Rest der Amtszeit das Amt nicht pflichtgemäß wahrnehmen.

Nach den Erwägungen in Rn. 15 kommt es nicht entscheidend darauf an, ob ein Betriebsratsmitglied die **Funktionsfähigkeit des Betriebsrats** unmöglich macht oder ernstlich gefährdet (so aber *BAG* 05.09.1967 EzA § 23 BetrVG Nr. 1 S. 4 = AP Nr. 8 zu § 23 BetrVG Bl. 4 f.; *LAG Berlin-Brandenburg* 01.10.2015 – 5 TaBV 876/15 – BeckRS 2016, 66142; *LAG Düsseldorf* 09.01.2013 – 12 TaBV 93/12 – BeckRS 2013, 71924; 23.01.2015 NZA-RR 2015, 299 [303]; *Koch/*ErfK § 23 BetrVG Rn. 4;

Löwisch/LK § 23 Rn. 20; *Maschmann/AR* § 23 BetrVG Rn. 4); das muss auch bei groben Pflichtverstößen nicht der Fall sein (so aber *ArbG Darmstadt* 12.04.2007 – 12 BV 18/06 – BeckRS 2008, 56287; *Fitting* § 23 Rn. 18; *Trittin/DKKW* § 23 Rn. 16; ablehnend auch *Kreft/WPK* § 23 Rn. 4; *Reichold/HWK* § 23 BetrVG Rn. 7; *Richardi/Thüsing* § 23 Rn. 10).

17 Ebenso wenig ist stets eine **nachhaltige Störung** oder ernstliche **Gefährdung des Betriebsfriedens** erforderlich oder muss das **Vertrauen** zwischen Betriebsrat und Arbeitgeber oder zwischen Betriebsrat und Belegschaft in hohem Maße erschüttert werden (ebenso *Trittin/DKKW* § 23 Rn. 5; a. M. aber *BAG* 05.09.1967 EzA § 23 BetrVG Nr. 1 S. 4 = AP Nr. 8 zu § 23 BetrVG Bl. 4 R; *LAG Düsseldorf* 09.01.2013 – 12 TaBV 93/12 – BeckRS 2013, 71924; 23.01.2015 NZA-RR 2015, 299 [301, 303]; *LAG Hamm* 19.03.2004 – 13 TaBV 146/03 – BeckRS 2004, 30801758; *Löwisch/LK* § 23 Rn. 20; *Thiele* 2. Bearbeitung, § 23 Rn. 29 f.). Dies sind zwar besonders hervorstechende Erscheinungsformen grober Pflichtverletzungen, damit werden aber nicht die Fälle erfasst, in denen die im Betrieb vertretenen Gewerkschaften im eigenen Interesse ihr Antragsrecht ausüben, um z. B. gegen einen ihren betriebsverfassungsrechtlichen Rechten ständig zuwiderhandelnden Betriebsratsvorsitzenden vorzugehen. Hinsichtlich des Betriebsrats als Gremium wäre auch denkbar, dass dieser im Einvernehmen mit dem Arbeitgeber gewerkschaftliche Rechte im Betrieb oder das Verbot selbst günstigerer Betriebsvereinbarungen nach § 77 Abs. 3 zu umgehen sucht. Auch in diesen Fällen geht es jedoch um die Gesetzmäßigkeit der Amtsausübung des Betriebsrats als maßgebender Zweck des § 23 Abs. 1 (s. jedoch die Vorbehalte in *BAG* 20.04.1999 EzA Art. 9 GG Nr. 65 S. 12 = AP Nr. 89 zu Art. 9 GG Bl. 5 f. sowie *Lieb* FS *Kraft*, 1998, S. 343 [348 ff.]; *Walker* ZfA 2000, 29 [34 f.]).

18 Wegen unterschiedlicher Funktionen schließt die Anwendbarkeit des § 23 Abs. 1 **Ansprüche** auf **Unterlassung** (z. B. nach § 74 Abs. 2) oder **Schadenersatz** (zur Problematik *Belling* Die Haftung des Betriebsrats, passim; *Konzen* FS *E. Wolf*, 1985, S. 279 [284, 286 ff.]; 303 ff.]; vgl. auch *Buchner* FS *G. Müller*, S. 93 [112 f.]) nicht aus. Insbesondere hinsichtlich etwaiger Schadensersatzansprüche ist § 23 Abs. 1 nicht als eine abschließende Sonderregelung zu bewerten (a. M. jedoch *Stege/Weinspach/Schiefer* § 23 Rn. 10; *Trittin/DKKW* § 23 Rn. 7). Für Unterlassungsansprüche folgt der nicht abschließende Charakter bereits aus der Verknüpfung des Verfahrens nach § 23 Abs. 1 mit dem Fortbestand des Amts als Betriebsratsmitglied. Dieses soll das Betriebsratsmitglied nicht bei jeder Pflichtverletzung, sondern nur bei einer als »grob« zu bewertenden Pflichtverletzung verlieren können. Keineswegs lässt sich deshalb aus § 23 Abs. 1 die Wertung entnehmen, der Arbeitgeber habe leichte (nicht grobe) Pflichtverletzungen des Betriebsrats bzw. eines Betriebsratsmitglieds hinzunehmen. Der gegenteiligen Würdigung des *Siebten Senats* des *BAG* in dem Beschluss vom 17.03.2010, das Gesamtkonzept des § 23 stehe einem Unterlassungsanspruch des Arbeitgebers gegenüber dem Betriebsrat entgegen (s. *BAG* 17.03.2010 EzA § 74 BetrVG 2001 Nr. 1 Rn. 27 = AP Nr. 12 zu § 74 BetrVG 1972 = NZA 2010, 1133; bestätigend nachfolgend BAG [1. Senat] 15.10.2013 EzA Art. 9 GG Arbeitskampf Nr. 151 Rn. 26 = AP Nr. 181 zu Art. 9 GG Arbeitskampf = NZA 2014, 319; [7. Senat] 28.05.2014 EzA § 76 BetrVG 2001 Nr. 8 Rn. 18 = AP Nr. 66 zu § 76 BetrVG 1972 = NZA 2014, 1213) ist nicht zu folgen (*Kreutz/Jacobs* § 74 BetrVG Rdn. 131 f. sowie § 79 BetrVG Rdn. 74; abl. auch *v. Koppenfels-Spieß* FS *Blaurock*, 2013, S. 213 [216 f.]; *Löwisch/LK* § 23 Rn. 4; *Lukes* Unterlassungsanspruch, S. 24 ff.; *Pfrogner* RdA 2016, 161 [162 f.]). Ob aus einer die Pflichten des Betriebsrats oder der Betriebsratsmitglieder konkretisierenden Vorschriften für den Fall eines bevorstehenden Verstoßes ein Unterlassungsanspruch folgt, ergibt sich stets aus dem Zweck der jeweiligen Vorschrift, ohne dass dem das Verfahren nach § 23 Abs. 1 als abschließende *lex specialis* entgegensteht. Ebenso wenig schließt das in § 23 Abs. 1 etablierte Verfahren eine Bestrafung nach den §§ 119, 120 aus (*Löwisch/LK* § 23 Rn. 6).

III. Ausschluss aus dem Betriebsrat

1. Grobe Pflichtverletzung

19 Nach § 23 Abs. 1 kann der Ausschluss eines Betriebsratsmitglieds aus dem Betriebsrat wegen grober Verletzung seiner gesetzlichen Pflichten beim Arbeitsgericht beantragt werden.

a) Gesetzliche Pflichten

Gesetzliche Pflichten i. S. des § 23 Abs. 1 sind sämtliche **Pflichten** eines Betriebsratsmitglieds, die sich **aus** seiner **Amtsstellung** ergeben (*BAG* 05.09.1967 EzA § 23 BetrVG Nr. 1 S. 3 f. = AP Nr. 8 zu § 23 BetrVG Bl. 3, 4 R; *LAG Düsseldorf* 09.01.2013 – 12 TaBV 93/12 – BeckRS 2013, 71924; 23.01.2015 NZA-RR 2015, 299 [300]). Das gilt zunächst für die im Wege der Auslegung des Betriebsverfassungsgesetzes und anderer allgemeiner oder spezieller Gesetze (s. die Angaben bei *Weber* § 37 Rdn. 31) zu ermittelnden Pflichten des Betriebsratsmitglieds, ferner für die ihm vom Betriebsrat im Rahmen seiner Kompetenz zugewiesenen Aufgaben und schließlich für die Pflichten aufgrund Tarifvertrags oder Betriebsvereinbarung (s. Rdn. 23). Gleichgültig ist, ob die Pflichten gegenüber dem Arbeitgeber, dem Betriebsrat oder der Belegschaft bzw. einzelnen Belegschaftsmitgliedern (z. B. nach § 82 Abs. 2 Satz 2, 3; § 83 Abs. 1 Satz 2, 3; § 84 Abs. 1 Satz 2) bestehen. Maßgebend für Inhalt und Umfang der Pflichten ist der Aufgabenbereich des konkreten Betriebsratsmitglieds (zu Einzelfällen s. Rdn. 63 ff.).

Die gesetzlichen Pflichten können sich aus der **allgemeinen Amtsstellung** des Betriebsratsmitglieds oder aus **besonderen Aufgaben** ergeben, z. B. aus dem Amt des Vorsitzenden des Betriebsrats oder des stellvertretenden Vorsitzenden (*Hess. LAG* 19.09.2013 – 9 TaBV 225/12 – BeckRS 2014, 70937; 23.02.2017 – 9 TaBV 140/16 – BeckRS 2017, 114084), aus der Mitgliedschaft im Betriebsausschuss (§ 27) oder einem anderen Ausschuss (§ 28) oder aus der sonstigen Zuweisung besonderer Funktionen (z. B. als Beauftragter des Betriebsrats für Fragen des Arbeitsschutzes; s. *Düwell/HaKo* § 23 Rn. 9; *Fitting* § 23 Rn. 15; *Huke/HWGNRH* § 23 Rn. 15; *Joost/MünchArbR* § 222 Rn. 3; *Koch/*ErfK § 23 BetrVG Rn. 3; *Richardi/Thüsing* § 23 Rn. 16, 19; *Trittin/DKKW* § 23 Rn. 10). Jedoch muss es sich immer um Pflichten handeln, die sich aus der Amtsstellung des Betriebsratsmitglieds ergeben (*Maschmann/*AR § 23 BetrVG Rn. 3)

Nicht von § 23 Abs. 1 erfasst werden solche Pflichten, die dem Betriebsratsmitglied bei der Wahrnehmung von Aufgaben obliegen, die ihm zusätzlich neben seinem Betriebsratsamt übertragen worden sind und ebenso von anderen Personen, die nicht Betriebsratsmitglieder sind, wahrgenommen werden können, wie z. B. die Funktion als **Beisitzer** einer **Einigungsstelle** (§ 76 Abs. 2 Satz 1; offen *LAG Hamm* 04.05.2012 – 13 TaBV 80/11 – BeckRS 2012, 70260). Allerdings kann die Ablehnung, diese Funktion zu übernehmen, ebenso eine Amtspflichtverletzung sein (s. *Wiese* SAE 1978, 133 [134]), wie die Ausübung dieser Funktion gegen Amtspflichten des Betriebsratsmitglieds verstoßen kann (*Fitting* § 23 Rn. 15; *Koch/*ErfK § 23 BetrVG Rn. 3; *Richardi/Thüsing* § 23 Rn. 19; *Trittin/DKKW* § 23 Rn. 13). Entsprechendes gilt, wenn ein Betriebsratsmitglied Aufgaben des **Wirtschaftsausschusses** wahrzunehmen hat (§ 107). Bei der Wahrnehmung von Aufgaben des **Gesamtbetriebsrats** oder **Konzernbetriebsrats** geht das Gesetz in den §§ 48, 56 selbst davon aus, dass die grobe Verletzung der entsprechenden gesetzlichen Pflichten nur zum Ausschluss aus dem Gesamtbetriebsrat bzw. Konzernbetriebsrat führt. Jedoch kann auch hier zugleich eine Verletzung der gesetzlichen Pflichten als Betriebsratsmitglied vorliegen (*Fitting* § 23 Rn. 15; *Richardi/Thüsing* § 23 Rn. 19).

Pflichten in **Tarifverträgen** oder **Betriebsvereinbarungen** sind **gesetzliche Pflichten** i. S. d. § 23 Abs. 1, soweit sie die nach dem Betriebsverfassungsgesetz bestehenden Pflichten konkretisieren (*LAG Berlin-Brandenburg* 01.10.2015 – 5 TaBV 876/15 – BeckRS 2016, 66142; *Düwell/HaKo* § 23 Rn. 8; *Fitting* § 23 Rn. 15; *Huke/HWGNRH* § 23 Rn. 15; *Koch/*ErfK § 23 BetrVG Rn. 3; *Nikisch* III, S. 128 Fn. 33; *Richardi/Thüsing* § 23 Rn. 18; *Stege/Weinspach/Schiefer* § 23 Rn. 2; *Trittin/DKKW* § 23 Rn. 10; allgemeiner *Galperin/Löwisch* § 23 Rn. 6). Nicht alle durch Tarifvertrag oder Betriebsvereinbarung zulässigerweise begründeten Aufgaben des Betriebsrats und seiner Mitglieder rechtfertigen daher bei grober Verletzung ein Amtsenthebungsverfahren (ebenso *Richardi/Thüsing* § 23 Rn. 18). Auch **schuldrechtliche Absprachen** zwischen Arbeitgeber und Betriebsrat können gesetzliche Pflichten – z. B. nach § 2 Abs. 1 – konkretisieren (zust. *Düwell/HaKo* § 23 Rn. 8), werden aber in der Regel nur dazu dienen, die gegenseitigen Beziehungen zu regeln und nicht, Amtspflichten festzulegen.

Im Gegensatz zu § 23 Abs. 1 BetrVG 1952 ist in § 23 Abs. 1 BetrVG 1972 nur noch von der Verletzung gesetzlicher Pflichten, aber nicht mehr von der **Vernachlässigung gesetzlicher Befugnisse** die Rede. Das bedeutet indessen sachlich keinen Unterschied (s. Rdn. 1). Sämtliche dem Betriebsrat und seinen Mitgliedern nach dem Betriebsverfassungsgesetz zustehenden Befugnisse sind ihnen nicht um ihrer selbst willen, sondern wegen der ihnen vom Gesetzgeber zugedachten Funktion eingeräumt worden und müssen im Rahmen eines pflichtgemäßen Ermessens wahrgenommen werden; sie sind **pflichtgebundene Rechte** (s. bereits *Wiese* RdA 1968, 455 [457]). Deshalb ist die Vernachlässigung gesetzlicher Befugnisse ein Anwendungsfall der Verletzung gesetzlicher Pflichten und dann gegeben, wenn die Rechtsausübung unter Berücksichtigung der Interessen der Arbeitnehmer und des Betriebs (§ 2 Abs. 1) geboten gewesen wäre (im Ergebnis ebenso *BAG* 05.09.1967 EzA § 23 BetrVG Nr. 1 S. 3 = AP Nr. 8 zu § 23 BetrVG Bl. 3; *LAG Berlin-Brandenburg* 01.10.2015 – 5 TaBV 876/15 – BeckRS 2016, 66142; *ArbG Essen* 01.07.2003 AuR 2004, 238 [LS]; *Düwell*/HaKo § 23 Rn. 8; *Fitting* § 23 Rn. 36; *Hueck/Nipperdey* II/2, S. 1183 f.; *Huke*/HWGNRH § 23 Rn. 1; *Kloppenburg*/NK-GA § 23 BetrVG Rn. 7; *Koch*/ErfK § 23 BetrVG Rn. 3; *v. Kummer* Die Nichtausübung betriebsverfassungsrechtlicher Beteiligungsrechte [Diss. München 2012], 2013, S. 101 ff.; *Reichold*/HWK § 23 BetrVG Rn. 5; *Richardi/Thüsing* § 23 Rn. 4; *Thiele* 2. Bearbeitung, § 23 Rn. 12 f.; **a. M.** *Trittin*/DKKW § 23 Rn. 11). Entsprechendes gilt für die **Förderungsgebote** in § 80 Abs. 1 Nr. 2a, 2b, 4, 6 bis 9. Deren gröbliche Vernachlässigung kann als Verstoß gegen die gesetzlichen Pflichten i. S. d. § 23 Abs. 1 zu bewerten sein.

25 Pflichtwidrig kann auch die **rechtsmissbräuchliche Ausübung** von **Befugnissen** sein (*Düwell*/HaKo § 23 Rn. 8; *Fitting* § 23 Rn. 38; *Kloppenburg*/NK-GA § 23 BetrVG Rn. 7; *Koch*/ErfK § 23 BetrVG Rn. 3, 18; *Schwonberg* Rechtsschutzsystem, S. 66). Das folgt aus § 242 BGB und seiner betriebsverfassungsrechtlichen Konkretisierung durch § 2 Abs. 1. Der Rechtsmissbrauch ist ein Handeln ohne Recht (*Schubert*/MK-BGB § 242 Rn. 203). Die Betriebsratsmitglieder dürfen jedoch nur im Rahmen ihrer Befugnisse tätig werden. Allerdings ist nicht jede rechtsmissbräuchliche Ausübung von Befugnissen bereits eine grobe Pflichtwidrigkeit (dazu s. Rdn. 43 ff.). Vielmehr liegt diese erst vor, wenn Befugnisse im Widerspruch zu § 2 Abs. 1 und § 74 Abs. 1 im Einzelfall gravierend missbraucht werden oder wenn ständig ohne Rücksicht auf die betrieblichen Belange einseitig und unangemessen versucht wird, Belegschaftsinteressen durchzusetzen. Dagegen ist es kein Rechtsmissbrauch, wenn die betriebsverfassungsrechtlichen Befugnisse konsequent ausgeschöpft und wahrgenommen werden (zust. *LAG Berlin-Brandenburg* 01.10.2015 – 5 TaBV 876/15 – BeckRS 2016, 66142; *Düwell*/HaKo § 23 Rn. 8; *Fitting* § 23 Rn. 38; *Trittin*/DKKW § 23 Rn. 12). Als eine rechtsmissbräuchliche Ausübung von Befugnissen ist es auch zu bewerten, wenn ein Betriebsratsvorsitzender sein Amt einsetzt, um Forderungen aus seinem Arbeitsverhältnis gegenüber dem Arbeitgeber durchzusetzen (s. *LAG München* 17.01.2017 – 6 TaBV 97/16 – BeckRS 2017, 103159).

b) Amtspflichten und Vertragspflichten

aa) Alleinige Verletzung von Amtspflichten

26 Verletzt ein Betriebsratsmitglied **ausschließlich Amtspflichten**, so sind lediglich betriebsverfassungsrechtliche Sanktionen, insbesondere die Amtsenthebung nach **§ 23 Abs. 1**, möglich (ebenso *BAG* 16.10.1986 EzA § 626 BGB n. F. Nr. 105 S. 486 = AP Nr. 95 zu § 626 BGB Bl. 3; 15.07.1992 EzA § 611 BGB Abmahnung Nr. 26 S. 4 = AP Nr. 9 zu § 611 BGB Abmahnung Bl. 3; 31.08.1994 EzA § 611 BGB Abmahnung Nr. 33 [*Berger-Delhey*] = AP Nr. 98 zu § 37 BetrVG 1972 Bl. 3; 23.10.2008 EzA § 626 BGB 2002 Nr. 25 Rn. 19 = AP Nr. 58 zu § 103 BetrVG 1972 = NZA 2009, 855; 09.09.2015 EzA § 78 BetrVG 2001 Nr. 5 Rn. 41 = AP Nr. 15 zu § 78 BetrVG 1972 = NZA 2016, 57; *LAG Baden-Württemberg* 09.09.2011 LAGE § 15 KSchG Nr. 23; *LAG Berlin* 06.09.1991 LAGE § 611 BGB Abmahnung Nr. 28 S. 2; 03.08.1998 LAGE § 15 KSchG Nr. 17 S. 3; *LAG Berlin-Brandenburg* 12.11.2012 NZA-RR 2013, 293, [294]; *LAG Düsseldorf* 15.10.1992 LAGE § 611 BGB Abmahnung Nr. 33 S. 2; *LAG Köln* 28.11.1996 LAGE § 15 KSchG Nr. 14, S. 4; *LAG Mecklenburg-Vorpommern* 27.11.2013 – 3 Sa 101/13 – BeckRS 2014, 65897; *LAG Niedersachsen* 25.10.2004 NZA-RR 2005, 530 [531]; *LAG Rheinland-Pfalz* 15.04.2015 – 4 TaBV 24/14 – BeckRS 2015, 71245; *Düwell*/HaKo § 23 Rn. 6; *Fitting* § 23 Rn. 21; *Huke*/HWGNRH § 23 Rn. 22; *Koch*/ErfK § 23 BetrVG Rn. 2; *Kreft*/WPK Rn. 10; *Löwisch*/LK § 23 Rn. 10; *Richardi/Thüsing* § 23 Rn. 22; *Trittin*/DKKW § 23 Rn. 14). Die Nichtbeachtung des § 34 durch den Betriebsratsvorsitzenden ist zweifellos nur eine Amtspflichtverletzung (s. *Raab* § 34 Rdn. 10).

27 Vertragsrechtliche Sanktionen, vor allem eine **außerordentliche Kündigung**, sind bei der alleinigen Verletzung von Amtspflichten ausgeschlossen (*LAG Mecklenburg-Vorpommern* 27.11.2013 – 3 Sa 101/13 – BeckRS 2014, 65897; *Maschmann*/AR § 23 BetrVG Rn. 2). Auch eine **arbeitsrechtliche**

Verletzung gesetzlicher Pflichten § 23

Abmahnung, die für den Wiederholungsfall kündigungsrechtliche Konsequenzen in Aussicht stellt, darf wegen der fehlenden Verletzung arbeitsvertraglicher Pflichten nicht erklärt werden (*BAG* 09.09.2015 EzA § 78 BetrVG 2001 Nr. 5 Rn. 41 = AP Nr. 15 zu § 78 BetrVG 1972 = NZA 2016, 57; *LAG Bremen* 02.07.2013 – 1 TaBV 35/12 – BeckRS 2015, 73236; *Löwisch/LK* § 23 Rn. 10; *Schleusener* NZA 2001, 640 [640]; zur sog. betriebsverfassungsrechtlichen Abmahnung s. Rdn. 41, 50). Amtspflichtverletzungen sind als solche entgegen der früher vertretenen und heute allgemein abgelehnten sog. **Erweiterungstheorie** keine Vertragspflichtverletzungen (hierzu *Säcker* RdA 1965, 372; *Schwerdtner* Arbeitsrecht I, S. 220 f.; *Hj. Weber* NJW 1973, 787 [788]).

bb) Alleinige Verletzung von Vertragspflichten
Ebenso wenig kann bei **alleiniger Verletzung von Vertragspflichten** – z. B. schuldhaft schlechter **28** Arbeitsleistung, Verstoß gegen betriebliches Alkoholverbot – ein Betriebsratsmitglied nach § 23 Abs. 1 seines Amtes enthoben werden, denn gesetzliche Pflichten i. S. dieser Vorschrift sind nur Amtspflichten des Betriebsratsmitglieds (*Düwell*/HaKo § 23 Rn. 6; *Fitting* § 23 Rn. 21; *Huke/HWGNRH* § 23 Rn. 23; *Joost*/MünchArbR § 222 Rn. 4; *Koch*/ErfK § 23 BetrVG Rn. 2; *Kreft/WPK* § 23 Rn. 10; *Löwisch/LK* § 23 Rn. 22; *Reichold/HWK* § 23 BetrVG Rn. 4; *Richardi/Thüsing* § 23 Rn. 21; *Trittin/DKKW* § 23 Rn. 14). Die Norm schließt andererseits die Geltendmachung vertraglicher Rechte gegenüber Betriebsratsmitgliedern nicht aus. Soweit es allein um die Verletzung von Vertragspflichten geht, steht ein Betriebsratsmitglied jedem anderen Arbeitnehmer gleich (*BAG* 23.10.2008 EzA § 626 BGB 2002 Nr. 25 Rn. 19 = AP Nr. 58 zu § 103 BetrVG 1972 = NZA 2009, 855). Insbesondere ist nach § 15 Abs. 1 KSchG eine Kündigung von Betriebsratsmitgliedern, wenn auch beschränkt auf die außerordentliche Kündigung unter Beachtung des § 103, zulässig (*LAG Berlin* 03.08.1998 LAGE § 15 KSchG Nr. 17 S. 3; *LAG Mecklenburg-Vorpommern* 27.11.2013 – 3 Sa 101/13 – BeckRS 2014, 65897). Die Amtsenthebung nach § 23 Abs. 1 und die außerordentliche Kündigung nach § 626 BGB kommen daher je nach der Art der Pflichtverletzung unabhängig voneinander in Betracht. Eine wirksame Kündigung hat allerdings mittelbar die Wirkung, dass ein Betriebsratsmitglied mit der Beendigung des Arbeitsverhältnisses auch sein Amt verliert (§ 24 Nr. 3).

cc) Gleichzeitige Verletzung von Amts- und Vertragspflichten
Umstritten ist die Rechtslage, wenn ein Betriebsratsmitglied durch sein Verhalten **sowohl Amts-** **29** **pflichten als auch Vertragspflichten** verletzt. Das ist z. B. anzunehmen, wenn ein Betriebsratsmitglied eine Arbeitsbefreiung nach § 37 Abs. 2 in Anspruch nimmt, obwohl es weiß, dass dessen Voraussetzungen nicht vorliegen (s. *Weber* § 37 Rdn. 45). Zweifelhaft ist, ob in solchen Fällen sowohl eine Amtsenthebung als auch eine außerordentliche Kündigung zulässig ist oder ob jedenfalls die Anforderungen an die Rechtswirksamkeit einer außerordentlichen Kündigung zu verschärfen sind. Die Problematik ergibt sich daraus, dass die Amtstätigkeit eines Betriebsratsmitglieds eher als die eines Arbeitnehmers, der nicht dem Betriebsrat angehört, zu einer Verletzung von Pflichten aus dem Arbeitsverhältnis führen kann (s. allgemein *M. Schmitt* Interessenkonflikte bei der Wahrnehmung des Betriebsratsamtes, Diss. Konstanz 1989). Es ist auch ernstlich nicht zu bestreiten, dass eine Handlung gleichzeitig Pflichten aus mehreren Rechtsverhältnissen verletzen kann (s. *Bieback* RdA 1978, 82 [85]; *Richardi/Thüsing* § 23 Rn. 23).

Die herrschende sog. **Simultantheorie** nimmt an, eine Amtspflichtverletzung könne zugleich eine **30** Vertragsverletzung sein und nach Vertragsgrundsätzen geahndet werden. Insbesondere nach Ansicht der vom **Reichsarbeitsgericht** (14.03.1931 ARS 11, 481 [483]) formulierten Rechtsprechung soll die außerordentliche Kündigung jedoch nur dann gerechtfertigt sein, wenn unter Anlegung eines **besonders strengen Maßstabs** das **pflichtwidrige Verhalten** als **schwerer Verstoß gegen** die **Pflichten aus dem Arbeitsverhältnis** zu werten ist (*BAG* 22.08.1974 EzA § 103 BetrVG 1972 Nr. 6 S. 28 f. = AP Nr. 1 zu § 103 BetrVG 1972 Bl. 5 R; 11.12.1975 EzA § 15 KSchG n. F. Nr. 6 S. 20 f. = AP Nr. 1 zu § 15 KSchG 1969 Bl. 2 f.; 16.10.1986 EzA § 626 BGB n. F. Nr. 105 S. 486 f. = AP Nr. 95 zu § 626 BGB Bl. 3; 15.07.1992 EzA § 611 BGB Abmahnung Nr. 26 S. 4 = AP Nr. 9 zu § 611 BGB Abmahnung Bl. 3; 31.08.1994 EzA § 611 BGB Abmahnung Nr. 33 S. 4 *[Berger-Delhey]* = AP Nr. 98 zu § 37 BetrVG 1972 Bl. 3; 23.10.2008 EzA § 626 BGB 2002 Nr. 25 Rn. 19 = AP Nr. 58 zu § 103 BetrVG 1972 = NZA 2009, 855; 05.11.2009 EzA § 15 KSchG n. F. Nr. 64 Rn. 30

§ 23
II. 2. Amtszeit des Betriebsrats

= AP Nr. 65 zu § 15 KSchG 1969; 12.05.2010 EzA § 15 KSchG n. F. Nr. 67 Rn. 15 = AP Nr. 67 zu § 15 KSchG 1969 = NZA-RR 2011, 15; *LAG Baden-Württemberg* 09.09.2011 LAGE § 15 KSchG Nr. 23; *LAG Berlin-Brandenburg* 12.11.2012 NZA-RR 2013, 293 [294]; *LAG Düsseldorf* 15.12.1992 LAGE § 611 BGB Abmahnung Nr. 33 S. 3 f.; *LAG Hamburg* 04.11.1996 CR 1997, 418 [419 f.]; *Hess. LAG* 12.03.2015 – 9 TaBV 188/14 – BeckRS 2016, 66338; *LAG Mecklenburg-Vorpommern* 27.11.2013 – 3 Sa 101/13 – BeckRS 2014, 65897; *LAG München* 28.04.2014 LAGE § 103 BetrVG 2001 Nr. 17; *LAG Niedersachsen* 25.10.2004 NZA-RR 2005, 530 [531]; *LAG Rheinland-Pfalz* 15.04.2015 – 4 TaBV 24/14 – BeckRS 2015, 71245; *Etzel/Kreft/KR* § 15 KSchG Rn. 43; *Fitting* § 23 Rn. 23; *Galperin/Löwisch* § 23 Rn. 7, § 103 Rn. 18; *von Hoyningen-Huene* in: *von Hoyningen-Huene/Linck* KSchG, § 15 Rn. 99; *Hueck/Nipperdey* II/2, S. 1169; *Joost/*MünchArbR § 222 Rn. 5; *Koch/*ErfK § 23 BetrVG Rn. 2; *Kreft/WPK* § 23 Rn. 11; *Löwisch/LK* § 23 Rn. 22; dagegen *Bieback* RdA 1978, 82 [84 ff.]; *Peter* BlStSozArbR 1977, 257 [258 ff.]; *Schwerdtner* Arbeitsrecht I, S. 221 ff.; *Stege/Weinspach/Schiefer* § 23 Rn. 10; *Trittin/DKKW* § 23 Rn. 102, 105 ff.; *Hj. Weber* NJW 1973, 787 [788 ff.]; *Weiss/Weyand* § 23 Rn. 4).

31 Nach der sog. **Amtshandlungstheorie** sollen für die in betriebsverfassungsrechtlicher Funktion handelnden Arbeitnehmer die Pflichten aus dem Arbeitsvertrag ruhen, wenn und soweit der Amtsträger in der Überzeugung rechtmäßiger Amtsausübung tätig wird. Eine Sanktion wegen Verletzung der Pflichten aus dem Arbeitsverhältnis kommt danach nur in Betracht, wenn der Amtsträger außeramtlich oder in vorsätzlicher Verletzung seiner Amtspflichten gehandelt hat (so insbesondere *Säcker* RdA 1965, 372 [373 ff.]; *ders.* DB 1967, 2072 [2073] sowie bereits *Sinzheimer* JW 1922, 1737 [1738]; dagegen vor allem *Bieback* RdA 1978, 82 [85]; *Schwerdtner* Arbeitsrecht I, S. 224 ff.; *Richardi/Thüsing* § 23 Rn. 24; *Hj. Weber* NJW 1973, 787 [790 f.]).

32 Die sog. **Trennungstheorie** geht mit im Einzelnen unterschiedlicher Begründung davon aus, dass bei Amtspflichtverletzungen das Amtsenthebungsverfahren nach § 23 Abs. 1 den Vorrang *(lex specialis)* habe vor den arbeitsvertragsrechtlichen Sanktionen, insbesondere vor der Kündigung (*Bieback* RdA 1978, 82 [84 ff.]; *Peter* BlStSozArbR 1977, 257 [258 ff.]: »Schutztheorie«; *Schwerdtner* Arbeitsrecht I, S. 226 ff.; *Hj. Weber* NJW 1973, 787 [791 f.]; gegen letzteren *Schwerdtner* Arbeitsrecht I, S. 223). Für eine gleichwohl erklärte außerordentliche Kündigung fehlt dem Arbeitgeber nach diesem Ansatz die Rechtsmacht; das durch § 626 BGB an sich begründete Gestaltungsrecht wird durch § 23 Abs. 1 verdrängt.

33 Dem Gesetz ist eine eindeutige Entscheidung des Theorienstreits nicht zu entnehmen. Jedoch enthält es einige Grundwertungen, die den Rahmen für die Lösung des Problems abstecken. Danach setzt das Amt des Betriebsratsmitglieds nicht nur das Bestehen eines Arbeitsverhältnisses voraus (§ 24 Nr. 3), sondern lässt die arbeitsvertraglichen Pflichten im Grundsatz unberührt (*Richardi/Thüsing* § 23 Rn. 21). Sie werden substantiell weder gemindert, noch wird das Gewicht einer Vertragsverletzung dadurch gesteigert, dass ein Betriebsratsmitglied diese begeht (s. *BAG* 13.10.1955 AP Nr. 3 zu § 13 KSchG Bl. 2; *Richardi/Thüsing* § 23 Rn. 213). Das BetrVG beschränkt die Vertragspflichten nur soweit, wie es erforderlich ist, um eine ordnungsgemäße Amtsausübung zu gewährleisten. Deshalb wird zwar z. B. nach Maßgabe des § 37 Abs. 2 die an sich fortbestehende Arbeitspflicht vorübergehend aufgehoben, die sonstigen arbeitsvertraglichen Pflichten bleiben davon aber unberührt (s. *Weber* § 37 Rdn. 24). Selbst bei der gänzlichen Freistellung eines Betriebsratsmitglieds wird dieses nur von der Arbeitspflicht, nicht dagegen von den übrigen Pflichten aus dem Arbeitsverhältnis entbunden (s. *Weber* § 38 Rdn. 88). Dann ist zwar eine Pflichtverletzung im Leistungsbereich ausgeschlossen, nicht aber die Verletzung von Nebenpflichten aus dem sog. Vertrauensbereich (*BAG* 22.08.1974 EzA § 103 BetrVG 1972 Nr. 6 S. 29 = AP Nr. 1 zu § 103 BetrVG 1972 Bl. 5 R). Es wäre widersinnig, wenn Betriebsratsmitglieder, die trotz ihrer Amtstätigkeit alle Rechte aus dem Arbeitsverhältnis weiter geltend machen können (§ 37 Abs. 2), die auf das allgemeine Gebot von Treu und Glauben (§ 242 BGB) zurückzuführenden und in jedem Rechtsverhältnis geltenden gegenseitigen Rücksichtnahmepflichten (§ 241 Abs. 2 BGB) nicht zu beachten brauchten.

34 Es liefe auf eine nach § 78 Satz 2 **unzulässige Begünstigung** von Betriebsratsmitgliedern hinaus, wenn die von ihnen gleichzeitig mit einer Amtspflichtverletzung begangenen Vertragspflichtverletzungen grundsätzlich unbeachtet blieben. Deshalb sind sowohl die **Amtshandlungstheorie** als auch die **Trennungstheorie abzulehnen.** Das gilt ebenso für die Auffassung, eine mit der Amts-

pflichtverletzung verbundene Vertragspflichtverletzung sei dann kein Grund zur außerordentlichen Kündigung, wenn sie durch das **Amt verursacht** worden sei (so *ArbG Berlin* 27.09.1973 DB 1973, 2532, für den Fall einer Arbeitsversäumnis; *Hess/Schlochauer/Glaubitz* § 23 Rn. 24) oder wenn sie auf einer durch die Amtstätigkeit heraufbeschworenen **Konfliktsituation** beruhe (so *Galperin/Löwisch* § 23 Rn. 7; *Huke/HWGNRH* § 23 Rn. 24). Andererseits ist zu beachten, dass eine Amtsenthebung nach § 23 Abs. 1 nur bei einer groben Verletzung der Amtspflichten des Betriebsratsmitglieds zulässig ist. Deshalb darf, falls das Verhalten des Betriebsratsmitglieds sowohl gegen Amts- als auch Vertragspflichten verstößt, die durch § 23 Abs. 1 bezweckte **Absicherung der Amtstätigkeit** nicht mittelbar dadurch beseitigt werden (§ 24 Nr. 3), dass die außerordentliche Kündigung zugelassen wird, obwohl eine grobe Amtspflichtverletzung zu verneinen ist. Insoweit entfaltet § 23 Abs. 1 für das Recht zur außerordentlichen Kündigung eine **Sperrwirkung** (zust. *Koch*/ErfK § 23 BetrVG Rn. 2; *Kreft/WPK* § 23 Rn. 11). Das muss selbst dann gelten, wenn die gleiche Vertragsverletzung, von einem nicht dem Betriebsrat angehörenden Arbeitnehmer begangen, dessen außerordentliche Kündigung rechtfertigen würde. Darin liegt zwar objektiv eine Besserstellung des Betriebsratsmitglieds gegenüber anderen Arbeitnehmern; diese ist aber durch den Zweck des § 23 Abs. 1 legitimiert und ebenso wenig ein Widerspruch zum Begünstigungsverbot in § 78 Satz 2 wie der vollständige Ausschluss der ordentlichen Kündigung von Betriebsratsmitgliedern nach § 15 Abs. 1 KSchG. Damit begrenzt die § 23 Abs. 1 zugrunde liegende Wertung die Reichweite des wichtigen Grundes i. S. d. § 626 BGB (so schon *Thiele* 2. Bearbeitung, § 23 Rn. 20; ebenso *Kutsch* Schutz des Betriebsrats und seiner Mitglieder [Diss. Mannheim], 1994, S. 165 f.; in ähnlicher Richtung für die schadensersatzrechtliche Haftung auch *Belling* Haftung des Betriebsrats, S. 247).

In diesem Sinne ist dem *BAG* (s. Rdn. 30) und der h. M. im Ergebnis zuzustimmen, dass die außerordentliche Kündigung eines Betriebsratsmitglieds auf schwere Verstöße gegen die Pflichten aus dem Arbeitsverhältnis zu beschränken ist. Die Anforderungen an die Kündigung sind insoweit strenger als gegenüber anderen Arbeitnehmern (*BAG* 31.08.1994 EzA § 611 BGB Abmahnung Nr. 33 S. 4 [*Berger-Delhey*] = AP Nr. 98 zu § 37 BetrVG 1972 Bl. 3; *LAG Rheinland-Pfalz* 15.04.2015 – 4 TaBV 24/14 – BeckRS 2015, 71245; *Fitting* § 23 Rn. 23; *Joost*/MünchArbR § 222 Rn. 5; *Koch*/ErfK § 23 BetrVG Rn. 2; wohl auch *Huke/HWGNRH* § 14 S. 4; *Etzel/Kreft*/KR § 15 KSchG Rn. 43; *Schlochauer/HSWGNR* § 23 Rn. 26). Die Kritik gegen das Erfordernis eines »besonders strengen« Maßstabes (s. *Schlochauer/HSWGNR* § 23 Rn. 23) vermag deshalb nur insoweit zu überzeugen, als der dogmatische Kern für diese Einschränkung zumeist dunkel bleibt. Er erschließt sich aus dem Normzweck des § 23 Abs. 1 und der hieraus abzuleitenden Wertung, dass eine Amtspflichtverletzung nur unter den dort genannten Voraussetzungen zum Verlust der Amtsstellung führen soll. **35**

Aus dem Benachteiligungsverbot in § 78 Satz 2 folgt ferner, dass bei der Bewertung gleichzeitiger Amts- und Vertragspflichtverletzungen berücksichtigt werden muss, ob letztere wegen der Amtstätigkeit eingetreten sind. Sie sind zwar kündigungsrechtlich nicht irrelevant (s. Rdn. 33), jedoch kann es dem Arbeitgeber zuzumuten sein, das Arbeitsverhältnis mit dem Arbeitnehmer fortzusetzen, wenn durch dessen Amtsenthebung als Betriebsratsmitglied ein ähnliches Fehlverhalten nicht mehr zu erwarten ist (so schon *Thiele* 2. Bearbeitung, § 23 Rn. 20; ebenso *BAG* 23.10.2008 EzA § 626 BGB 2002 Nr. 25 Rn. 27 ff. = AP Nr. 58 zu § 103 BetrVG 1972 = NZA 2009, 855; *LAG Berlin-Brandenburg* 12.11.2012 NZA-RR 2013, 293 [294]; *LAG Niedersachsen* 25.10.2004 NZA-RR 2005, 530 [531]; *Richardi/Thüsing* § 23 Rn. 25). Das Amtsenthebungsverfahren genießt zwar keinen logischen oder gesetzessystematischen Vorrang vor § 626 BGB, die Amtsenthebung wirkt aber zurück auf die Beurteilung des wichtigen Grundes, und § 78 Satz 2 gebietet in einem solchen Falle, zunächst nach § 23 Abs. 1 vorzugehen (im Ergebnis ebenso *LAG Berlin-Brandenburg* 12.11.2012 NZA 2013, 293 [294]; *Hess. LAG* 12.03.2015 – 9 TaBV 188/14 – BeckRS 2016, 66338; *LAG Köln* 28.11.1996 LAGE § 15 KSchG Nr. 14 S. 4; *LAG Niedersachsen* 25.10.2004 NZA-RR 2005, 530 [531]; *Etzel/Kreft*/KR § 15 KSchG Rn. 44; *Joost*/MünchArbR § 222 Rn. 5; *Kreft/WPK* § 23 Rn. 11; *Reichold/HWK* § 23 BetrVG Rn. 6; *Richardi/Thüsing* § 23 Rn. 23, 25; *Trittin/DKKW* § 23 Rn. 116). Diese Begrenzung lässt sich auch auf den für das Recht zur außerordentlichen Kündigung geltenden Verhältnismäßigkeitsgrundsatz stützen. Das **Amtsenthebungsverfahren** ist als **mildere Maßnahme** zu bewerten, um zukünftig eine ungestörte Durchführung des Arbeitsverhältnisses zu gewährleisten. Allerdings kann dem Arbeitgeber wegen der nach § 626 BGB vorzunehmenden Abwägung trotz Amtsent- **36** hebung des Betriebsratsmitglieds unter Berücksichtigung aller Umstände die Aufrechterhaltung des Arbeitsverhältnisses nicht zuzumuten sein, weil z. B. durch den Bruch der Verschwiegenheitspflicht ein großer Schaden entstanden und das Vertrauensverhältnis zu diesem Arbeitnehmer unwiederbringlich zerstört worden ist. Dann steht das Amt der außerordentlichen Kündigung nicht entgegen.

37 Zusammenfassend sind somit folgende Grundsätze festzuhalten:
 – Wird durch ein Verhalten sowohl eine Amtspflicht als auch eine Vertragspflicht verletzt, so kommt die Pflichtverletzung als wichtiger Grund für eine außerordentliche Kündigung in Betracht.
 – Der durch § 23 Abs. 1 gewährleistete Amtsschutz schließt es aus, solche Vertragspflichtverletzungen für eine außerordentliche Kündigung heranzuziehen, die nicht als eine grobe Verletzung der gesetzlichen Pflichten i. S. d. § 23 Abs. 1 zu bewerten sind.
 – Die allgemeinen Schranken für das Recht zur außerordentlichen Kündigung gelten auch für Betriebsratsmitglieder. Neben einer Abmahnung kommt auch ein Amtsenthebungsverfahren als milderes Mittel in Betracht, wenn die Prognose gerechtfertigt ist, dass das Arbeitsverhältnis nach seiner Durchführung störungsfrei abgewickelt wird.

38 Eine weitergehende Absicherung der Amtstätigkeit von Betriebsratsmitgliedern ist durch das Gesetz nicht geboten. Insbesondere ist ein Betriebsratsmitglied nicht nach § 78 Satz 2 vor einer Kündigung zu schützen, wenn es unter Missbrauch der Amtsstellung oder unter dem Vorwand angeblicher Amtstätigkeit persönliche Vorteile zu erlangen sucht, wie z. B. eine Arbeitsbefreiung nach § 37 Abs. 2 oder 3. Ebenso wenig ist es geboten, die Kündigungsmöglichkeit zu beschränken, wenn das Betriebsratsmitglied strafbare Handlungen zum Nachteil des Arbeitgebers begeht (enger *Schwerdtner* Arbeitsrecht I, S. 229, 233; **a. M.** *Bieback* RdA 1978, 82 [89]). Auch ein Missbrauch der Amtsstellung zum Zwecke parteipolitischer Agitation unter eindeutigem Verstoß gegen § 74 Abs. 2 Satz 3 kann die Kündigung rechtfertigen.

39 **Hält** ein **Betriebsratsmitglied** sein **Verhalten irrtümlich** für **rechtmäßig**, so liegt eine grobe Amtspflichtverletzung nur in objektiv schweren Fällen und regelmäßig nur bei grober Fahrlässigkeit vor (ebenso *Freitag* Betriebsratsamt und Arbeitsverhältnis, S. 93 ff.; enger *LAG Düsseldorf* 15.12.1992 LAGE § 611 BGB Abmahnung Nr. 33 S. 5). Ein die außerordentliche Kündigung rechtfertigender Grund ist in diesen Fällen bei gleichzeitiger Vertragsverletzung nur gegeben, wenn diese erkennbar war und auch insoweit ein grobes Verschulden vorliegt (ähnlich *BAG* 31.08.1994 EzA § 611 BGB Abmahnung Nr. 33 S. 6 [krit. *Berger-Delhey*] = AP Nr. 98 zu § 37 BetrVG 1972 Bl. 4, das für die Abmahnung allerdings ausschließlich auf die objektive Erkennbarkeit abstellt). Bei leichtfertiger oder grob fahrlässiger Fehlbeurteilung der Rechtmäßigkeit der Amtstätigkeit kann das Betriebsratsmitglied nicht generell von einer Kündigung verschont bleiben (so aber *Säcker* RdA 1965, 372 [374]; *ders.* DB 1967, 2072 [2073]).

40 Liegen unter Berücksichtigung der dargelegten Grundsätze aufgrund eines Verhaltens sowohl eine grobe Amtspflichtverletzung als auch ein Grund zur außerordentlichen Kündigung vor, so hat der Arbeitgeber die **Wahl**, entweder nach § 23 Abs. 1 vorzugehen oder dem Betriebsratsmitglied nach § 626 BGB unter Beachtung des § 103 (§ 15 Abs. 1 KSchG) zu kündigen; auch kann er beide Wege gleichzeitig beschreiten (*Fitting* § 23 Rn. 22; *Galperin/Löwisch* § 23 Rn. 7; *Huke/HWGNRH* § 23 Rn. 24; *Stege/Weinspach/Schiefer* § 23 Rn. 2; *Weiss/Weyand* § 23 Rn. 4; **a. M.** *Bieback* RdA 1978, 82 [84 ff.]). Zur Verbindung entsprechender Anträge s. Rn. 92 ff.

41 Sieht der Arbeitgeber davon ab, die Amtsenthebung zu betreiben oder dem Betriebsratsmitglied außerordentlich zu kündigen, so ist es ihm nicht verwehrt, eine **Abmahnung** auszusprechen; das gilt sowohl für das **vertragswidrige** als auch das **amtswidrige Verhalten** (*BAG* 31.08.1994 EzA § 611 BGB Abmahnung Nr. 33 S. 4 *[Berger-Delhey]* = AP Nr. 98 zu § 37 BetrVG 1972 Bl. 3 für das vertragswidrige Verhalten, wenn der Pflichtenverstoß im Zusammenhang mit der Betriebsratstätigkeit stand; ebenso *Stege/Weinspach/Schiefer* § 23 Rn. 10a; **a. M.** *Richardi/Thüsing* § 23 Rn. 11; *Trittin/DKKW* § 23 Rn. 146). Anders ist die Rechtslage jedoch, wenn das Betriebsratsmitglied ausschließlich der Vorwurf einer Amtspflichtverletzung trifft; in diesem Fall sind die für den Wiederholungsfall angedrohten arbeitsrechtlichen Konsequenzen (Kündigung) als ein Verstoß gegen das Benachteiligungsverbot (§ 78) zu bewerten, da eine außerordentliche Kündigung hierauf nicht gestützt werden dürfte (s. Rdn. 27; ebenso *LAG Düsseldorf* 23.02.1993 LAGE § 23 BetrVG 1972 Nr. 31 S. 5 ff.; *ArbG Detmold*

08.10.1998 AiB 1999, 41; *Fitting* § 23 Rn. 17a; *Löwisch/LK* § 23 Rn. 10; s. ferner *ArbG Berlin* 10.01.2007 – 76 BV 16593/06 – BeckRS 2008, 56299; *Düwell/HaKo* § 23 Rn. 15, 16; *Kania* DB 1996, 374 [376]; *Koch* Die Abmahnung eines Betriebsratsmitglieds wegen Amtspflichtverletzung, S. 124 ff.; *Reichold/HWK* § 23 BetrVG Rn. 9; *Schleusener* NZA 2001, 640 [641 f.]; *Stege/Weinspach/ Schiefer* § 23 Rn. 10a; *Trittin/DKKW* § 23 Rn. 151; s. auch *Wiese* § 87 Rdn. 259 m. w. N.). Solange sich die »Abmahnung« bei ausschließlicher Verletzung einer Amtspflicht hingegen auf die Androhung eines Ausschlussverfahrens nach § 23 Abs. 1 beschränkt, ist diese auch im Hinblick auf das Benachteiligungsverbot in § 78 nicht zu beanstanden, da dieses keinen Schutz amtspflichtwidrigen Verhaltens begründet (s. *Kreutz* § 78 Rdn. 31; ebenso *Löwisch/LK* § 23 Rn. 11). Unberührt bleiben ferner etwaige **Schadenersatzansprüche** gegen das Betriebsratsmitglied (*Fitting* § 23 Rn. 24; a. M. *Trittin/ DKKW* § 23 Rn. 153). Zur Bestrafung wegen der Verletzung von Geheimnissen s. § 120.

c) Grobe Pflichtverletzung

Der Ausschluss aus dem Betriebsrat ist nur bei grober Verletzung der gesetzlichen Pflichten zulässig. Dabei handelt es sich um einen **unbestimmten Rechtsbegriff** (*BAG* 22.06.1993 EzA § 23 BetrVG 1972 Nr. 35 S. 11 = AP Nr. 22 zu § 23 BetrVG 1972 Bl. 5 R; 28.05.2002 EzA § 87 BetrVG 1972 Betriebliche Ordnung Nr. 29 S. 12 = AP Nr. 39 zu § 87 BetrVG 1972 Ordnung des Betriebes Bl. 5 R; 29.04.2004 EzA § 77 BetrVG 2001 Nr. 8 S. 26 = AP Nr. 3 zu § 77 BetrVG 1972 Durchführung Bl. 12; ebenso *Trittin/DKKW* § 23 Rn. 15). Dieser ist vom Rechtsbeschwerdegericht nur daraufhin nachprüfbar, ob das Landesarbeitsgericht den unbestimmten Rechtsbegriff selbst verkannt hat, ob bei der Subsumtion des Sachverhalts unter die Rechtsnorm Denkgesetze oder allgemeine Erfahrungssätze verletzt worden sind und ob die Beurteilung, insbesondere wegen Übersehens wesentlicher Umstände, offensichtlich fehlerhaft ist (*BAG* 21.02.1978 EzA § 74 BetrVG 1972 Nr. 4 S. 41 = AP Nr. 1 zu § 74 BetrVG 1972 Bl. 8; 22.06.1993 EzA § 23 BetrVG 1972 Nr. 35 S. 11 = AP Nr. 22 zu § 23 BetrVG 1972 Bl. 5 R; 28.05.2002 EzA § 87 BetrVG 1972 Betriebliche Ordnung Nr. 29 S. 12 = AP Nr. 39 zu § 87 BetrVG 1972 Ordnung des Betriebes Bl. 5 R; 29.04.2004 EzA § 77 BetrVG 2001 Nr. 8 S. 26 = AP Nr. 3 zu § 77 BetrVG 1972 Durchführung Bl. 12). Im Übrigen haben die Tatsacheninstanzen einen **Beurteilungsspielraum** (s. Rdn. 108). 42

Eine **grobe** Pflichtverletzung liegt vor, wenn diese **objektiv erheblich**, also besonders schwerwiegend gegen den Zweck des Gesetzes verstößt (ähnlich *BAG* 21.02.1978 EzA § 74 BetrVG 1972 Nr. 4 S. 41 = AP Nr. 1 zu § 74 BetrVG 1972 Bl. 8; 22.06.1993 EzA § 23 BetrVG 1972 Nr. 35 S. 12 = AP Nr. 22 zu § 23 BetrVG 1972 Bl. 5 R; *LAG Berlin-Brandenburg* 12.11.2012 NZA 2013, 293 [295]; 01.10.2015 – 5 TaBV 876/15 – BeckRS 2016, 66142; *LAG Düsseldorf* 15.12.1992 LAGE § 611 BGB Abmahnung Nr. 33 S. 5; 09.01.2013 – 12 TaBV 93/12 – BeckRS 2013, 71924; 23.01.2015 NZA-RR 2015, 299 [301]; *Hess. LAG* 19.09.2013 – 9 TaBV 225/12 – BeckRS 2014, 70937; 11.02.2016 – 9 TaBV 135/15 – BeckRS 2016, 70866; 23.02.2017 – 9 TaBV 140/16 – BeckRS 2017, 114084; *LAG München* 17.01.2017 – 6 TaBV 97/16 – BeckRS 2017, 103159; *ArbG Marburg* 07.08.1996 NZA 1996, 1331 [1333]; *Düwell/HaKo* § 23 Rn. 12; *Fitting* § 23 Rn. 14; *Huke/ HWGNRH* § 23 Rn. 16; *Joost/MünchArbR* § 222 Rn. 7; *Kloppenburg/NK-GA* § 23 BetrVG Rn. 8; *Koch/ErfK* § 23 BetrVG Rn. 4; *Kreft/WPK* § 23 Rn. 12; *Reichold/HWK* § 23 BetrVG Rn. 7; *Richardi/Thüsing* § 23 Rn. 29; *Trittin/DKKW* § 23 Rn. 16). 43

Eine Pflichtverletzung ist jedoch nicht schon deshalb schwerwiegend, weil sie **offensichtlich** ist; auch eine leichte Pflichtverletzung kann offensichtlich sein. Jedoch wird eine Pflichtverletzung in der Regel nur grob sein, wenn sie offensichtlich, also eindeutig ist (für die Offensichtlichkeit als Begriffselement *BAG* 21.02.1978 EzA § 74 BetrVG 1972 Nr. 4 S. 41 = AP Nr. 1 zu § 74 BetrVG 1972 Bl. 8; 22.06.1993 EzA § 23 BetrVG 1972 Nr. 35 S. 12 = AP Nr. 22 zu § 23 BetrVG 1972 Bl. 5 R; *LAG Berlin-Brandenburg* 12.11.2012 NZA 2013, 293 [295]; 01.10.2015 – 5 TaBV 876/15 – BeckRS 2016, 66142; *LAG Düsseldorf* 09.01.2013 – 12 TaBV 93/12 – BeckRS 2013, 71924; 23.01.2015 NZA-RR 2015, 299 [301]; *Hess. LAG* 23.05.2013 – 9 TaBV 17/13 – BeckRS 2013, 70451; 19.09.2013 – 9 TaBV 225/12 – BeckRS 2014, 70937; 11.02.2016 – 9 TaBV 135/15 – BeckRS 2016, 70866; 23.02.2017 – 9 TaBV 140/16 – BeckRS 2017, 114084; *LAG München* 17.01.2017 – 6 TaBV 97/16 – BeckRS 2017, 103159; *ArbG Marburg* 07.08.1996 NZA 1996, 1331 [1333]; *Düwell/HaKo* § 23 Rn. 12; *Fitting* § 23 Rn. 14; *Huke/HWGNRH* § 23 Rn. 16; *Kloppenburg/NK-GA* § 23 BetrVG Rn. 8; *Koch/ErfK* § 23 44

BetrVG Rn. 4; *Kreft/WPK* § 23 Rn. 12; *Maschmann*/AR § 23 BetrVG Rn. 4; *Reichold/HWK* § 23 BetrVG Rn. 7; *Stege/Weinspach/Schiefer* § 23 Rn. 2; *Trittin/DKKW* § 23 Rn. 19; **a. M.** *Joost*/MünchArbR § 222 Rn. 9).

45 Entscheidend ist, dass die konkrete Pflichtverletzung unter Berücksichtigung aller Umstände, insbesondere der betrieblichen Gegebenheiten, des Anlasses und der Persönlichkeit des Betriebsratsmitglieds, so erheblich ist, dass es für die weitere Amtsausübung **untragbar** erscheint (ebenso *BAG* 22.06.1993 EzA § 23 BetrVG 1972 Nr. 35 S. 12 = AP Nr. 22 zu § 23 BetrVG 1972 Bl. 5 R; *LAG Berlin* 03.10.1954 ARSt. XVI, S. 10 [Nr. 26]; *LAG Berlin-Brandenburg* 12.11.2012 NZA 2013, 293 [295]; 01.10.2015 – 5 TaBV 876/15 – BeckRS 2016, 66142; *LAG Düsseldorf* 23.01.2015 NZA 2015, 299 [301]; *Hess. LAG* 23.05.2013 – 9 TaBV 17/13 – BeckRS 2013, 70451; 19.09.2013 – 9 TaBV 225/12 – BeckRS 2014, 70937; 11.02.2016 – 9 TaBV 135/15 – BeckRS 2016, 70866; 23.02.2017 – 9 TaBV 140/16 – BeckRS 2017, 114084; 20.03.2017 – 16 TaBV 12/17 – BeckRS 2017, 109528; *LAG München* 17.01.2017 – 6 TaBV 97/16 – BeckRS 2017, 103159; *Düwell*/HaKo § 23 Rn. 12; *Joost*/MünchArbR § 222 Rn. 7; *Kloppenburg*/NK-GA § 23 BetrVG Rn. 8; *Kreft/WPK* § 23 Rn. 12; *Reichold/HWK* § 23 BetrVG Rn. 7).

46 Denkbar ist, dass der Betriebsfrieden ohne Amtsenthebung nachhaltig gestört oder auch nur ernstlich gefährdet bliebe oder dass das Vertrauensverhältnis zum Betriebsrat, der Belegschaft oder dem Arbeitgeber zerstört oder aus anderen Gründen eine gesetzmäßige Arbeit des Betriebsratsmitglieds nicht mehr zu erwarten ist. Dass es auf diese **Zukunftsprognose** ankommt (ebenso *LAG Niedersachsen* 25.10.2004 NZA-RR 2005, 530 [532]; *LAG München* 17.01.2017 – 6 TaBV 97/16 – BeckRS 2017, 103159; *Reichold/HWK* § 23 BetrVG Rn. 7; *Trittin/DKKW* § 23 Rn. 23), wird daran deutlich, dass nach endgültigem Ausscheiden des Betriebsratsmitglieds aus dem Betriebsrat § 23 Abs. 1 nicht mehr anwendbar ist (s. Rdn. 101). Die Vorschrift dient nicht dazu, früheres Verhalten zu sanktionieren. Dieses ist vielmehr nur Anknüpfungspunkt für die Amtsenthebung, um die Gesetzmäßigkeit der Betriebsratsarbeit für die Zukunft zu gewährleisten (s. Rdn. 14). Deshalb scheidet ein Ausschluss aus dem Betriebsrat auch dann aus, wenn ein Betriebsratsvorsitzende Pflichten verletzt hat, die mit seiner besonderen Amtsstellung verbunden sind, und er als Vorsitzender bereits abgewählt wurde und eine Wiederwahl während der noch laufenden Amtsperiode ausgeschlossen erscheint (*Hess. LAG* 23.02.2017 – 9 TaBV 140/16 – BeckRS 2017, 114084). Die Abwahl als Vorsitzender des Betriebsrats lässt es grundsätzlich als ausgeschlossen erscheinen, dass es erneut zu Pflichtverletzungen kommt, die das Betriebsratsmitglied gerade in seiner amtlichen Funktion als Betriebsratsvorsitzender begangen hat (*Hess. LAG* 23.02.2017 – 9 TaBV 140/16 – BeckRS 2017, 114084).

47 Eine grobe Verletzung gesetzlicher Pflichten kann bereits bei einem **einmaligen schwerwiegenden Verstoß** gegeben sein (*BAG* 22.05.1959 AP Nr. 3 zu § 23 BetrVG Bl. 2 R; *Düwell*/HaKo § 23 Rn. 14; *Fitting* § 23 Rn. 17; *Galperin/Löwisch* § 23 Rn. 8; *Huke*/HWGNRH § 23 Rn. 16; *Joost*/MünchArbR § 222 Rn. 8; *Koch*/ErfK § 23 BetrVG Rn. 4; *Kreft/WPK* § 23 Rn. 12; *Nikisch* III, S. 127; *Reichold/HWK* § 23 BetrVG Rn. 7; *Richardi/Thüsing* § 23 Rn. 29; *Trittin/DKKW* § 23 Rn. 29; enger für den Regelfall *BAG* 04.05.1955 AP Nr. 1 zu § 44 BetrVG Bl. 3; auch *LAG Baden-Württemberg* 13.05.1963 WA 1963, 139, verlangt mehrere Verstöße; zum BRG 1920 *RAG* 09.08.1929 ARS 6, 398; 30.11.1932 ARS 17, 43 [47]). Dem Gesetz sind keine Anhaltspunkte dafür zu entnehmen, dass eine grobe Verletzung gesetzlicher Pflichten ein gesetzwidriges Dauerverhalten oder wiederholte Verstöße gegen Amtspflichten voraussetzt. Dann wird die grobe Verletzung gesetzlicher Pflichten jedoch offensichtlich sein.

48 Auch mag eine einmalige Verletzung gesetzlicher Pflichten für sich allein noch nicht schwerwiegend sein, es aber dadurch werden, dass sie **fortgesetzt oder wiederholt** wird (*Galperin/Löwisch* § 23 Rn. 8; *Huke*/HWGNRH § 23 Rn. 16; *Kreft/WPK* § 23 Rn. 12; *Maschmann*/AR § 23 BetrVG Rn. 4; *Nikisch* III, S. 127; *Reichold/HWK* § 23 BetrVG Rn. 7; *Richardi/Thüsing* § 23 Rn. 29; *Trittin/DKKW* § 23 Rn. 20; enger *LAG Berlin-Brandenburg* 01.10.2015 – 5 TaBV 876/15 – BeckRS 2016, 66142; *LAG Düsseldorf* 15.12.1992 LAGE § 611 BGB Abmahnung Nr. 33 S. 5; *Fitting* § 23 Rn. 17: nur ausnahmsweise). Nach Ansicht von *Thiele* (2. Bearbeitung, § 23 Rn. 28) soll dann aber Voraussetzung sein, dass gegen die gleiche Pflicht verstoßen wird (ebenso *Richardi/Thüsing* § 23 Rn. 29; *Trittin/DKKW* § 23 Rn. 20, der unzutreffend sogar einen Hinweis auf die Pflichtverletzung verlangt). Das ist nicht überzeugend, weil z. B. die nachlässige Wahrnehmung unterschiedlichster Pflichten gegenüber

Verletzung gesetzlicher Pflichten § 23

Betriebsrat, Belegschaft und Arbeitgeber ein Betriebsratsmitglied insgesamt für die weitere Zusammenarbeit untragbar erscheinen lassen kann. Für diese Bewertung kann auch auf Pflichtverletzungen aus vorangegangenen Amtsperioden zurückgegriffen werden (*BAG* 27.07.2016 EzA § 23 BetrVG 2001 Nr. 9 Rn. 29 = AP Nr. 50 zu § 23 BetrVG 1972 = NZA 2017, 136).

Eine begangene grobe Pflichtverletzung wird nicht durch **nachträgliche Wiedergutmachung** oder 49 das Versprechen, sich in Zukunft anders zu verhalten, beseitigt (*ArbG Ulm* 18.08.2015 – 5 BV 2/15 – BeckRS 2016, 71634; *Richardi/Thüsing* § 23 Rn. 29 sowie *Ilbertz* PersV 1976, 201 [203] gegen *BVerwG* 25.06.1974 PersV 1974, 386 [387]; **a. M.** *Kloppenburg/NK-GA* § 23 BetrVG Rn. 8; *Trittin/DKKW* § 23 Rn. 21). Das gilt ebenso, wenn aus anderen Gründen eine Wiederholung der Amtspflichtverletzungen für die Zukunft nicht zu erwarten ist (*LAG Mecklenburg-Vorpommern* 31.03.2005 – 1 TaBV 15/04 – juris). Auch die Niederlegung des Vorsitzes im Betriebsrat steht einem Ausschluss nicht entgegen (*ArbG Ulm* 18.08.2015 – 5 BV 2/15 – BeckRS 2016, 71634.

Wegen seines Zwecks unterliegt das Amtsenthebungsverfahren nicht dem ultima-ratio-Grundsatz; der 50 Ausspruch einer **vorherigen Abmahnung** wegen des amtspflichtwidrigen Verhaltens, die sich auf die Androhung einer Amtsenthebung beschränkt, ist deshalb **nicht** für dessen Durchführung **erforderlich** (*LAG Berlin-Brandenburg* 12.11.2012 NZA-RR 2013, 293 [295]; *LAG Düsseldorf* 23.02.1993 LAGE § 23 BetrVG 1972 Nr. 31 S. 4; *LAG Niedersachsen* 25.10.2004 NZA-RR 2005, 530 [532]; *Fitting* § 23 Rn. 17a; *Joost/MünchArbR* § 222 Rn. 8; *Kreft/WPK* § 23 Rn. 13; *Maschmann/AR* § 23 BetrVG Rn. 4; *Reichold/HWK* § 23 BetrVG Rn. 9; *Stege/Weinspach/Schiefer* § 23 Rn. 10a; **a. M.** *Kania* DB 1996, 374 [377] für den Fall, dass erst aus der Wiederholung leichterer Pflichtverletzungen eine grobe Pflichtverletzung i. S. d. § 23 Abs. 1 entsteht; noch weitergehend [generelles Erfordernis einer vorherigen Abmahnung] *ArbG Berlin* 10.01.2007 – 76 BV 16593/06 – BeckRS 2008, 56299; *ArbG Hildesheim* 01.03.1996 AuR 1997, 336 [LS]; *Kloppenburg/NK-GA* § 23 BetrVG Rn. 15; *Koch* Die Abmahnung eines Betriebsratsmitglieds wegen Amtspflichtverletzung, S. 110 ff.; *Trittin/DKKW* § 23 Rn. 20, 149; s. ferner Rdn. 41).

d) Kein Verschulden
Nach dem hier vertretenen Verständnis zum Zweck des § 23 Abs. 1 (s. Rdn. 14) ist ein Verschulden als 51 Voraussetzung der Amtsenthebung nicht erforderlich; es genügt eine objektiv grobe, dem Betriebsratsmitglied zurechenbare Pflichtverletzung (ebenso *BAG* 05.09.1967 EzA § 23 BetrVG Nr. 1 S. 3 = AP Nr. 8 zu § 23 BetrVG Bl. 4 R; *Düwell/HaKo* § 23 Rn. 13; *Hueck/Nipperdey* II/2, S. 1183 m. w. N.; *Joost/MünchArbR* § 222 Rn. 12; *Kreft/WPK* § 23 Rn. 13; *Reichold/HWK* § 23 BetrVG Rn. 8; *Thiele* 2. Bearbeitung, § 23 Rn. 29; vgl. auch *Neumann-Duesberg* FS Erich Molitor, S. 307 [317 ff.], 338]; *ders.* RdA 1962, 289 f.; zum Personalvertretungsrecht ebenso *OVG Münster* 19.12.1960 ZBR 1961, 187; *Brand* RiA 1958, 327 [329]; **a. M.** *BAG* 04.05.1955 AP Nr. 1 zu § 44 BetrVG Bl. 3 R; wohl auch *BAG* 21.02.1978 EzA § 74 BetrVG 1972 Nr. 4 S. 43 = AP Nr. 1 zu § 74 BetrVG 1972 Bl. 8 f.; *RAG* ARS 10, 122 [128]; 15, 59 [62]; 17, 43 [46]; *LAG Berlin* 17.03.1988 BB 1988, 1045 [1046]; *LAG Berlin-Brandenburg* 01.10.2015 – 5 TaBV 876/15 – BeckRS 2016, 66142; *LAG Düsseldorf* 15.10.1992 LAGE § 611 BGB Abmahnung Nr. 33 S. 6; *Hess. LAG* 20.03.2017 – 16 TaBV 12/17 – BeckRS 2017,109528; *ArbG Marburg* 07.08.1996 NZA 1996, 1331 [1333]; *ArbG Paderborn* 08.02.1973 BB 1973, 335; *BVerwG* 14.02.1969 AP Nr. 8 zu § 26 PersVG Bl. 1 R; *OVG Lüneburg* 05.11.1974 PersV 1976, 61 [64]; *Fitting* § 23 Rn. 16: im Regelfall; *Huke/HWGNRH* § 23 Rn. 17; *Koch/ErfK* § 23 BetrVG Rn. 4; *Löwisch/LK* § 23 Rn. 23; *Maschmann/AR* § 23 BetrVG Rn. 4; *Nikisch* III, S. 117; *Richardi/Thüsing* § 23 Rn. 30 f.; *Schwarze/RDW* § 28 Rn. 19 f.; *Stege/Weinspach/Schiefer* § 23 Rn. 3; *Trittin/DKKW* § 23 Rn. 24; *Weiss/Weyand* § 23 Rn. 2; offen *LAG Düsseldorf* 23.01.2015 NZA-RR 2015, 299 [301]; *ArbG Essen* 09.12.2015 – 6 BV 100/15 – BeckRS 2016, 71743).

Die hiervon abweichende und insbesondere auch in der Rechtsprechung befürwortete h. M. schränkt 52 den Verschuldensmaßstab jedoch ein und verlangt eine vorsätzliche oder zumindest grob fahrlässige Verletzung der Amtspflichten (statt aller *Hess. LAG* 20.03.2017 – 16 TaBV 12/17 – BeckRS 2017, 109528; *ArbG Marburg* 07.08.1996 NZA 1996, 1331 [1333]; *Fitting* § 23 Rn. 16; *Huke/HWGNRH* § 23 Rn. 17; *Löwisch/LK* § 23 Rn. 23; *Schwarze/RDW* § 28 Rn. 20; *Stege/Weinspach/Schiefer* § 23 Rn. 3; offen *LAG Düsseldorf* 23.01.2015 NZA-RR 2015, 299 [301]; **a. M.** *Trittin/DKKW* § 23 Rn. 24, der jede Fahrlässigkeit einbezieht). Selbst wenn man an die insoweit übereinstimmenden betriebsverfassungsrechtlichen Kodifikationen seit 1920 (s. Rdn. 1) nicht den strengen Maßstab des BGB anlegen darf, so kann doch nicht unterstellt werden, das Verschulden sei als Tatbestandselement vom Gesetzgeber versehentlich unberücksichtigt geblieben. Die Amtsenthebung dient weder der strafrechtlichen noch der disziplinarischen Ahndung personalen Unrechts und ist auch nicht mit der Verantwortlichkeit für eine vom Schuldner zu vertretende Pflichtverletzung vergleichbar, für die grundsätzlich das Verschuldensprinzip gilt (§ 276 Abs. 1 Satz 1 BGB). Es ist daher anzunehmen, dass es auf das Verschulden gerade nicht ankommen sollte. Deshalb kann der Streit nicht dadurch entschärft werden, dass auf den im Privatrecht von der h. M. vertretenen objektiven Fahrlässigkeitsbegriff abgestellt wird (so *Richardi/Thüsing* § 23 Rn. 31).

53 Das Verschulden ist auch nicht begriffsnotwendiges Element einer »groben« Pflichtverletzung (so *Trittin/DKKW* § 23 Rn. 24). Dazu mag die Begriffsverbindung »grobe Fahrlässigkeit« (§ 277 BGB) verleiten. Jedoch ist das Wort »grob« gerade nicht auf ein etwaiges Verschulden, sondern auf die Pflichtverletzung bezogen (s. auch *BVerwG* 14.02.1969 AP Nr. 8 zu § 26 PersVG Bl. 1 R; *Richardi/Thüsing* § 23 Rn. 30). Das ist sinnvoll, wenn die Amtsenthebung als Mittel verstanden wird, um ein Mindestmaß gesetzmäßiger Amtsausübung des Betriebsrats sicherzustellen (s. Rdn. 14). Nicht jede Pflichtverletzung macht dann den Ausschluss von der weiteren Mitgestaltung der Betriebsverfassung erforderlich, sondern nur eine derart schwerwiegende, dass eine pflichtgemäße Amtsausübung des Betriebsratsmitglieds schlechthin zu verneinen ist und seine weitere Amtsausübung daher untragbar erscheint (s. Rdn. 45). Dafür ist es aber unerheblich, ob die Pflichtverletzung dem Betriebsratsmitglied persönlich vorwerfbar ist (so aber *Maschmann*/AR § 23 BetrVG Rn. 4; *Richardi/Thüsing* § 23 Rn. 31). Der hier vertretenen Auffassung kann auch nicht entgegengehalten werden, sie gebe § 23 Abs. 1 einen anderen Gehalt (so *Richardi/Thüsing* § 23 Rn. 31). Damit wird ohne nähere Begründung ein Vorverständnis für § 23 Abs. 1 mit dem Anspruch auf Verbindlichkeit vertreten. Der Pflichtverletzung als solcher ist der Schuldvorwurf jedenfalls nicht immanent (so aber *BVerwG* 14.02.1969 AP Nr. 8 zu § 26 PersVG Bl. 1 R).

54 Mit dem Abstellen auf eine lediglich objektiv grobe Pflichtverletzung wird jede Diskriminierung des Betriebsratsmitglieds vermieden und dem Benachteiligungsverbot in § 78 Satz 2 am besten Rechnung getragen. Das Betriebsratsmitglied kann daher ohne Furcht, sich im Gestrüpp der komplizierten Regelungen des Betriebsverfassungsrechts zu verfangen, seinen Amtsgeschäften nachgehen. Leichte Pflichtverletzungen, die jedem unterlaufen können, sind schlechthin ohne Auswirkungen auf die weitere Amtsausübung, und grobe Pflichtverletzungen führen ohne weitere Sanktionen nur zur Amtsenthebung, falls nicht zugleich gegen Vertragspflichten oder einen der Tatbestände der §§ 119 ff. verstoßen wird. Die hier vertretene Auffassung vermeidet auch die unterschiedliche Behandlung der Amtsenthebung einzelner Betriebsratsmitglieder und der Amtsenthebung des Betriebsrats als solchen, für die nach allgemeiner Meinung ebenfalls nur ein objektiv grober Pflichtenverstoß gefordert wird (s. Rdn. 127). Im Übrigen ist es nicht zutreffend, dass die objektive Theorie die Amtsenthebung zu sehr erleichtere (so aber *Neumann-Duesberg* FS *Erich Molitor*, S. 307 [317]; ebenso *Trittin/DKKW* § 23 Rn. 25), denn es kommt nur darauf an, die grobe Pflichtverletzung sachgerecht zu begrenzen.

55 Obwohl das Verschulden keine Tatbestandsvoraussetzung von § 23 Abs. 1 ist, wird allerdings in der Regel eine dem Betriebsratsmitglied zurechenbare grobe Pflichtverletzung nur vorliegen, wenn es vorsätzlich oder grob fahrlässig seine Amtspflichten verletzt hat. Offenbart es z. B. ein Betriebsgeheimnis, ohne sich dessen bewusst zu sein, so muss es für die weitere Amtstätigkeit nicht untragbar sein, wenn die Unkenntnis entschuldbar ist (s. auch *RAG* 16.04.1930 ARS 9, 46 [47 f.]). Deshalb führen die unterschiedlichen Auffassungen im Regelfall zu gleichen Ergebnissen. Jedoch muss bei absoluter Amtsunfähigkeit, die zu groben Pflichtverletzungen führt, die Amtsenthebung auch dann zulässig sein, wenn ein persönlicher Schuldvorwurf nicht möglich sein sollte (*Weiss/Weyand* § 23 Rn. 2). In gleicher Weise kann ein querulatorisches oder krankhaft boshaftes Verhalten ohne Verschulden die Amtsenthebung rechtfertigen (*BAG* 05.09.1967 EzA § 23 BetrVG Rn. 1 S. 3 = AP Nr. 8 zu § 23 BetrVG Bl. 4 R; *LAG Berlin-Brandenburg* 01.10.2015 – 5 TaBV 876/15 – BeckRS 2016, 66142; *Fitting* § 23 Rn. 36; *Huke*/HWGNRH § 23 Rn. 17; *Koch*/ErfK § 23 BetrVG Rn. 4; *Löwisch*/LK § 23 Rn. 23; *Maschmann*/AR § 23 BetrVG Rn. 4; *Trittin/DKKW* § 23 Rn. 25; a. M. *Galperin/Löwisch* § 23 Rn. 12; *Richardi/Thüsing* § 23 Rn. 31). Ebenso muss eine grobe Pflichtverletzung auch bei fehlendem Verschulden ein Ausschlussgrund sein, wenn dadurch das Vertrauensverhältnis zum Arbeitgeber, zu

den anderen Betriebsratsmitgliedern oder zur Belegschaft derart nachhaltig gestört ist, dass eine weitere sinnvolle Zusammenarbeit nicht mehr gewährleistet ist und deshalb die vom Gesetz gestellten Aufgaben nicht erfüllt werden können (*Thiele* 2. Bearbeitung, § 23 Rn. 29).

Nicht entscheidend ist dagegen, ob den anderen Betriebsratsmitgliedern die **weitere Zusammen-** 56 **arbeit** mit einem Betriebsratsmitglied **unzumutbar** ist (*BAG* 05.09.1967 EzA § 23 BetrVG Nr. 1 S. 3 = AP Nr. 8 zu § 23 BetrVG Bl. 3 R f.; *Fitting* § 23 Rn. 18; *Galperin/Löwisch* § 23 Rn. 9; *Huke/HWGNRH* § 23 Rn. 18; *Joost*/MünchArbR § 222 Rn. 7; *Richardi/Thüsing* § 23 Rn. 9, 31; *Trittin/DKKW* § 23 Rn. 26; **a. M.** *Neumann-Duesberg* FS Erich Molitor, S. 307 [317 ff.]). Streitigkeiten innerhalb des Betriebsrats können unterschiedliche Ursachen haben und nicht dadurch erledigt werden, dass die Mehrheit des Betriebsrats die Zusammenarbeit mit einem missliebigen Mitglied für unzumutbar erklärt. Dadurch wird das gesetzliche Erfordernis einer groben Amtspflichtverletzung nicht hinfällig. Liegt dieses jedoch vor und wird dadurch die Funktionsfähigkeit des Betriebsrats unmöglich gemacht oder ernstlich gefährdet, so ist der Ausschluss gerechtfertigt (*BAG* 05.09.1967 EzA § 23 BetrVG Nr. 1 S. 3 = AP Nr. 8 zu § 23 BetrVG Bl. 3 R f.; 21.02.1978 EzA § 23 BetrVG 1972 Nr. 4 S. 43 = AP Nr. 1 zu § 74 BetrVG 1972 Bl. 8 R f.; ebenso *Fitting* § 23 Rn. 18; *Galperin/Löwisch* § 23 Rn. 9; *Huke/HWGNRH* § 23 Rn. 18; die Kritik von *Richardi/Thüsing* § 23 Rn. 10 an der Entscheidung des *BAG* erscheint nicht gerechtfertigt, weil das Gericht durchaus eine grobe Pflichtverletzung verlangt).

e) Zeitpunkt der Amtspflichtverletzung

Die Vorschrift des § 23 Abs. 1 dient dem Ausschluss eines Mitglieds aus dem amtierenden Betriebsrat. 57 Deshalb ist umstritten, ob in einem Ausschlussverfahren nur Amtspflichtverletzungen aus der Amtsperiode dieses Betriebsrats berücksichtigt werden dürfen. Von dieser materiellrechtlichen ist die verfahrensrechtliche Frage zu unterscheiden, ob ein während der Amtszeit des amtierenden Betriebsrats eingeleitetes Ausschlussverfahren nach Beendigung der laufenden Amtsperiode fortgesetzt werden darf (hierzu s. Rdn. 101 ff.).

In materiellrechtlicher Hinsicht geht die h. M. zutreffend davon aus, dass in einem Ausschlussverfah- 58 ren grundsätzlich nur Amtspflichtverletzungen der laufenden Amtsperiode zu berücksichtigen sind. **Amtspflichtverletzungen** aus der **abgelaufenen Amtszeit** des bisherigen Betriebsrats sind daher in der Regel als erledigt zu betrachten (zuletzt *BAG* 27.07.2016 EzA § 23 BetrVG 2001 Nr. 9 Rn. 21 ff. = AP Nr. 50 zu § 23 BetrVG 1972 = NZA 2017, 136). Das ist jedenfalls gerechtfertigt, soweit es um die Kooperation innerhalb des Betriebsrats geht. Ist der neue Betriebsrat anders als der bisherige zusammengesetzt, und hat das Betriebsratsmitglied im bisherigen gegen das Gebot zur Kooperation gröblich verstoßen, so wird das in der Regel für den neuen Betriebsrat belanglos sein. Entsprechendes kann für die Beurteilung abgeschlossener Pflichtverletzungen im Verhältnis zum Arbeitgeber gelten. Die Vorschrift des § 23 Abs. 1 soll aber allgemein die gesetzmäßige Amtsausübung des Betriebsrats und, wie das Antragsrecht des Arbeitgebers belegt, auch die vertrauensvolle Zusammenarbeit zwischen Betriebsrat und seinen Mitgliedern einerseits und dem Arbeitgeber andererseits (§ 2 Abs. 1) gewährleisten (s. Rdn. 14 f.).

Verstößt ein Betriebsratsmitglied gröblich gegen diese Grundsätze und **wirkt die Amtspflichtverlet-** 59 **zung** für die Amtsausübung dieses Betriebsratsmitglieds belastend **fort**, so müssen die nach § 23 Abs. 1 Antragsberechtigten befugt sein, den Ausschluss des Betriebsratsmitglieds jedenfalls noch in der folgenden Amtsperiode zu betreiben (im Ergebnis ebenso *LAG Düsseldorf* 23.01.2015 NZA-RR 2015, 299 [302]; *Fenn* SAE 1970, 246 [248]; *Huke/HWGNRH* § 23 Rn. 19; *Koch/*ErfK § 23 BetrVG Rn. 2; *Maschmann*/AR § 23 BetrVG Rn. 12; *Neumann-Duesberg* Anm. zu *BAG* 08.12.1961 AP Nr. 7 zu § 23 BetrVG Bl. 3 R; *Nikisch* III, S. 128 f.; *Reichold*/HWK § 23 BetrVG Rn. 10; *Richardi/Thüsing* § 23 Rn. 27 f.; *Stege/Weinspach/Schiefer* § 23 Rn. 6; *Thiele* 2. Bearbeitung, § 23 Rn. 21 ff.; vgl. auch *BVerwG* 15.01.1960 AP Nr. 2 zu § 26 PersVG bei fortgesetzter Amtspflichtverletzung; **a. M.** *BAG* 29.04.1969 EzA § 23 BetrVG Nr. 2 S. 8 ff. = AP Nr. 9 zu § 23 BetrVG Bl. 2 ff. [abl. *Dietz*] = AuR 1970, 93 [zust. *Hessel*] unter Aufgabe der abweichenden Auffassung *BAG* 02.11.1955 AP Nr. 1 zu § 23 BetrVG Bl. 2 [zust. *A. Hueck* und *Bötticher*] = AuR 1957, 151 [abl. *Frey*]; 27.07.2016 – 7 ABR 14/15 – BeckRS 2016, 74892 Rn. 21 ff.; *LAG Hamm* 09.02.2007 AuR 2007, 316; *Hess. LAG* 12.03.2015 – 9 TaBV 188/14 – BeckRS 2016, 66338; 11.02.2016 – 9 TaBV 135/15 – BeckRS 2016, 70866; *LAG München* 28.04.2014 LAGE § 103 BetrVG 2001 Nr. 17; *LAG Rheinland-Pfalz*

§ 23 II. 2. *Amtszeit des Betriebsrats*

15.04.2015 – 4 TaBV 24/14 – BeckRS 2015, 71245; *ArbG Düsseldorf* 10.03.2016 – 10 BV 253/15 – BeckRS 2016, 67038; *Bender* DB 1982, 1271 ff.; *Düwell*/HaKo § 23 Rn. 5; *Fitting* § 23 Rn. 25; *Galperin/Löwisch* § 23 Rn. 10; *Hueck/Nipperdey* II/2, S. 1185 Fn. 15; *Joost*/MünchArbR § 222 Rn. 10; *Kloppenburg*/NK-GA § 23 BetrVG Rn. 6; *Säcker* JurA 1970, 165 [175 f.]; *Trittin/DKKW* § 23 Rn. 27; *Weiss/Weyand* § 23 Rn. 10; offen *LAG Berlin-Brandenburg* 05.06.2014 LAGE § 23 BetrVG 2001 Nr. 9 = NZA-RR 2014, 538). Das kommt z. B. in Betracht, wenn die Pflichtverletzung so gravierend war, dass die Vertrauensbeziehung zum Arbeitgeber nachhaltig gestört bleibt oder eine sinnvolle Zusammenarbeit auch für den neuen Betriebsrat unzumutbar ist oder auch der antragsberechtigte Teil der Belegschaft oder eine Gewerkschaft dieses Betriebsratsmitglied für die weitere Amtsführung als untragbar ansieht (s. auch *Hess. LAG* 03.09.2009 NZA-RR 2010, 246 [247]: sexuelle Belästigung unter Ausnutzung des Betriebsratsamtes). Die grobe Verletzung betriebsverfassungsrechtlicher Pflichten wird mithin nicht dadurch irrelevant, dass der Betriebsrat neu gewählt worden ist.

60 Nicht überzeugend ist das Gegenargument, in der Wiederwahl liege ein Vertrauensbeweis für dieses Betriebsratsmitglied (so *BAG* 29.04.1969 EzA § 23 BetrVG Nr. 2 S. 10 = AP Nr. 9 zu § 23 BetrVG Bl. 3 f.; *Trittin/DKKW* § 23 Rn. 27; dagegen *Fenn* SAE 1970, 246 [248]; *Huke/HWGNRH* § 23 Rn. 19; *Koch*/ErfK § 23 BetrVG Rn. 2; *Windscheid* ZBR 1958, 276 f.). Ein grober Verstoß gegen die Verpflichtung zur gesetzmäßigen Amtsausübung wird im Anwendungsbereich des § 23 Abs. 1 nicht dadurch geheilt, dass die Mehrheit der Belegschaft ihn billigt. Der vom *BAG* angenommene Vertrauensbeweis ist auch deshalb zweifelhaft, weil die Antragsteller nicht mit der Mehrheit der Wähler identisch zu sein brauchen, die das betroffene Betriebsratsmitglied wiedergewählt haben. Bei einem von Arbeitnehmern gestellten und aufrechterhaltenen Antrag ist vielmehr evident, dass sie das pflichtwidrige Verhalten nach wie vor missbilligen. Gänzlich irrelevant ist es zudem für den gleichfalls durch § 23 Abs. 1 geschützten und an der Wiederwahl nicht beteiligten Arbeitgeber, ob die fortwirkende grobe Pflichtverletzung eines sowohl dem bisherigen als auch dem neuen Betriebsrat angehörenden Betriebsratsmitglieds in der alten oder neuen Amtsperiode begangen wurde. Das gilt besonders, wenn die Amtspflichtverletzung kurz vor Beendigung der Amtszeit des bisherigen Betriebsrats begangen wurde (treffend ebenso *LAG Düsseldorf* 23.01.2015 NZA-RR 2015, 299 [302]). Außerdem ist es denkbar, dass die Pflichtverletzung erst in der neuen Amtszeit festgestellt wird, wie z. B. ein Bruch der Geheimhaltungspflicht nach § 79 (*LAG Bremen* 16.08.1962 DB 1962, 1442; *Richardi/Thüsing* § 23 Rn. 28). Für die Frage, ob eine Amtspflichtverletzung fortwirkt, kommt es letztlich darauf an, ob das Betriebsratsmitglied nach den § 23 Abs. 1 zugrunde liegenden Wertungen für die weitere Amtsführung als untragbar erscheint.

61 Neben der fortwirkenden Pflichtverletzung sind weitere Voraussetzungen für die Einleitung eines Ausschlussverfahrens wegen Amtspflichtverletzungen aus der Amtszeit des bisherigen Betriebsrats nicht zu verlangen. Insbesondere ist eine vorherige **Abmahnung** nicht erforderlich (*LAG Düsseldorf* 23.02.1993 LAGE § 23 BetrVG 1972 Nr. 31 S. 4; *Fitting* § 23 Rn. 17a; *Huke/HWGNRH* § 23 Rn. 16; *Joost*/MünchArbR § 222 Rn. 8; *Kreft/WPK* § 23 Rn. 13; *Löwisch/LK* § 23 Rn. 21; **a. M.** *ArbG Berlin* 10.01.2007 – 76 BV 16593/06 – BeckRS 2008, 56299; *ArbG Hildesheim* 01.03.1996 AuR 1997, 336 [LS]; *Kania* DB 1996, 374 [377]; *Koch* Die Abmahnung eines Betriebsratsmitglieds wegen Amtspflichtverletzung, S. 110 ff.; *Trittin/DKKW* § 23 Rn. 22 sowie hier Rdn. 47 a. E.).

62 Jedoch kann das **Antragsrecht** nach § 2 Abs. 1 i. V. m. § 242 BGB **verwirkt** sein, wenn der Antragsteller dessen Ausübung z. B. willkürlich verzögert und erst in der neuen Amtsperiode den Antrag stellt (*LAG Düsseldorf* 04.11.1964 BB 1965, 371; *OVG Lüneburg* 07.09.1956 AP Nr. 1 zu § 26 PersVG Bl. 1 R; *Neumann-Duesberg* Anm. zu *BAG* 08.12.1961 AP Nr. 7 zu § 23 BetrVG Bl. 3 R; *Nikisch* III, S. 128 f.). Das muss jedoch nicht gleichermaßen für sämtliche Antragsberechtigten gelten. So ist es denkbar, dass dem bisherigen Betriebsrat die Amtspflichtverletzung bekannt war, dem Arbeitgeber jedoch nicht. Sein Antragsrecht bleibt dann unberührt. Daran zeigt sich zugleich, dass aus der verzögerten Antragstellung durch einen Antragsteller nicht auf das Fehlen einer groben Pflichtverletzung geschlossen werden kann (so aber *Richardi/Thüsing* § 23 Rn. 28). Die Einleitung des Ausschlussverfahrens wegen einer Verfehlung während der Amtszeit des bisherigen Betriebsrats ist jedenfalls unbedenklich, wenn die Amtspflichtverletzung erst danach bekannt wird oder wenn z. B. der Arbeitgeber eine ihm bekannte grobe Pflichtverletzung kurz vor Ablauf der Amtszeit des bisherigen Betriebsrats aus Zeitgründen nicht mehr verfolgen konnte oder das Ausschlussverfahren in der begründeten, aber fehl-

geschlagenen Erwartung nicht eingeleitet hat, das Betriebsratsmitglied werde nicht wiedergewählt werden.

f) Einzelfälle

Eine erschöpfende Aufzählung von Amtspflichtverletzungen, die von Betriebsratsmitgliedern began- 63 gen werden können, ist ausgeschlossen. Bei den nachfolgend genannten Beispielen, die vor allem von der Rechtsprechung entschiedene Tatbestände wiedergeben, ist ferner zu beachten, dass die Amtspflichtverletzung unter Berücksichtigung sämtlicher Umstände grob sein muss; im konkreten Fall können die Gesamtumstände daher auch bei einem vergleichbaren Sachverhalt zu einem anderen Ergebnis führen. Mit dieser Maßgabe kommen insbesondere folgende Amtspflichtverletzungen von Betriebsratsmitgliedern in Betracht (s. auch *Fitting* § 23 Rn. 19 f.; *Galperin/Löwisch* § 23 Rn. 13 ff.; *Hueck/Nipperdey* II/2, S. 1182 ff.; *Huke/HWGNRH* § 23 Rn. 29 ff.; *Richardi/Thüsing* § 23 Rn. 12 ff.; *Trittin/DKKW* § 23 Rn. 32):

Verstöße gegen die **Pflicht zur vertrauensvollen Zusammenarbeit** nach § **2 Abs. 1** (s. auch *Fran-* 64 *zen* § 2 Rdn. 50), z. T. aber auch gegen die Friedenspflicht nach § 74 Abs. 2 Satz 2:
– öffentliche Anprangerung des Arbeitgebers wegen angeblich unsozialer Einstellung bzw. Duldung der Herausgabe oder Verteilung eines entsprechenden Flugblattes durch die Gewerkschaft (s. *LAG Bremen* 16.08.1962 DB 1962, 1442);
– Weitergabe einer vom Arbeitgeber für vertraulich und betriebsintern erklärten Liste über die Lohngruppenzugehörigkeit von Arbeitnehmern an die Gewerkschaft (*BAG* 22.05.1959 AP Nr. 3 zu § 23 BetrVG Bl. 1 R f.);
– Erstattung einer Strafanzeige nach § 119 Abs. 2 gegen den Arbeitgeber, wenn besondere Umstände hinzutreten oder wenn die Strafanzeige selbst einen Straftatbestand der §§ 164, 185 ff. StGB erfüllt (*LAG Baden-Württemberg* 25.10.1957 AP Nr. 2 zu § 78 BetrVG Bl. 2 f.);
– Ankündigung, vermeintliche Verstöße gegen das ArbZG zukünftig ohne vorherigen Verständigungsversuch der Gewerbeaufsicht zu melden (*ArbG München* 25.09.2006 AuA 2007, Heft 1, 58);
– Verletzung von Vorschriften zum Schutz der Arbeitnehmer (Datenschutz), für deren Einhaltung auch der Arbeitgeber verantwortlich ist (*LAG Berlin-Brandenburg* 12.11.2012 NZA 2013, 293 [295]);
– Aufforderung an die Betriebsversammlung zur Billigung eines Briefes an den Wirtschaftsminister, in dem dessen Einstellung zu Lohnstreitigkeiten der Sozialpartner angegriffen wird (*LAG München* 14.01.1955 BB 1955, 193);
– falsche Angaben eines freigestellten Betriebsratsmitglieds über den Zweck seiner Tätigkeit während der Arbeitszeit außerhalb des Betriebs (*BAG* 21.02.1978 EzA § 74 BetrVG 1972 Nr. 4 S. 43 = AP Nr. 1 zu § 74 BetrVG 1972 Bl. 9; s. auch *Weber* § 38 Rdn. 92);
– grobe Beschimpfungen oder Verunglimpfungen des Arbeitgebers (*BVerwG* 22.08.1991 EzA § 23 BetrVG 1972 Nr. 30 S. 7 = AP Nr. 2 zu § 28 BPersVG Bl. 3 R; *LAG Niedersachsen* 25.10.2004 NZA-RR 2005, 530 [532 f.], aber wegen einmaliger Entgleisung im Ergebnis verneint; *ArbG Marburg* 28.05.1999 NZA-RR 2001, 91 [92 f.], im konkreten Fall aber verneint; ebenso aufgrund des Einzelfalls *LAG Berlin-Brandenburg* 05.06.2014 LAGE § 23 BetrVG 2001 Nr. 9 = NZA-RR 2014, 538: Vergleich der betrieblichen Arbeitsbedingungen mit Konzentrationslager);
– die Auflösung des Betriebsrats über die Gewerkschaft anzukündigen oder zu betreiben (*ArbG München* 25.09.2006 AuA 2007, Heft 1, 58);
– das Gewicht als Betriebsratsvorsitzender und die Amtspflichten einzusetzen, um – berechtigte oder unberechtigte – persönliche Vorteile zu erreichen (*LAG München* 17.01.2017 – 6 TaBV 97/16 – BeckRS 2017, 103159).

Verstöße gegen das **Verbot** von **Kampfmaßnahmen zwischen Arbeitgeber** und **Betriebsrat** 65 (**§ 74 Abs. 2 Satz 1**; s. auch *Kreutz/Jacobs* § 74 Rdn. 91 sowie *Wiese* NZA 1984, 378 ff.):
– Androhung von Kampfmaßnahmen (*ArbG Berlin* 05.10.1932 ARS 16, LAG S. 57);
– Aufforderung an Arbeitnehmer, die Arbeitsleistung zurückzuhalten, um eine Änderung der Arbeitsbedingungen zu erreichen (*LAG Bayern* ArbGeb. 1960, 124; *LAG Bremen* 16.08.1962 DB 1962, 1442);

§ 23   *II. 2. Amtszeit des Betriebsrats*

- Aufruf zum Streik durch Verteilen von Flugblättern und dgl. (*RAG* 21.12.1929 ARS 7, 444 [445]; 14.03.1931 ARS 11, 481; *LAG Bayern* ArbGeb. 1955, 214; *LAG Hamburg* 27.04.1956 ARSt. XVI, S. 168 [Nr. 472]; *LAG Hamm* 09.11.1955 BB 1956, 41; *ArbG Hagen* 06.10.2011 – 4 BV 39/10 – juris);
- Aufwiegeln der Arbeitnehmer (*LAG Bayern* 23.05.1958 DB 1958, 900; *LAG Kiel* 23.06.1960 AuR 1961, 156 [157]);
- Beteiligung an einem rechtmäßigen Arbeitskampf unter missbräuchlicher Ausnutzung der Amtsstellung und sachlicher Mittel des Betriebsrats (*Bieback* RdA 1978, 82 [92]; *Düwell*/HaKo § 23 Rn. 17; *Fitting* § 23 Rn. 19; *Galperin/Löwisch* § 74 Rn. 12; *Hueck/Nipperdey* II/2, S. 985, 1013; *Huke/HWGNRH* § 23 Rn. 29; *Richardi/Maschmann* § 74 Rn. 24; *Stege/Weinspach/Schiefer* § 74 Rn. 3; *Wiese* NZA 1984, 378 [379]; s. auch *ArbG Elmshorn* 03.03.1978 DB 1978, 1695);
- Beteiligung an einem rechtswidrigen (wilden) Streik, wenn das Kampfziel eine betriebliche Regelung oder Maßnahme ist (*LAG Baden-Württemberg* 24.06.1974 – 1 Ta BV 3/74 – juris; *Düwell*/HaKo § 23 Rn. 17; *ArbG Hamm* 21.07.1975 BB 1975, 1065 [1066]: nur bei Beteiligung an herausragender Stelle, z. B. als Streikposten);
- Streikhetze (*LAG Düsseldorf* 16.12.1952 DB 1953, 256).

66 **Verstoß gegen** die **allgemeine Friedenspflicht** nach § **74 Abs. 2 Satz 2** (*LAG Baden-Württemberg* 10.11.1977 DB 1978, 799; *LAG Düsseldorf* 27.02.1967 DB 1967, 866; *LAG Hamm* 09.11.1955 BB 1956, 41; *LAG Berlin* 17.03.1988 BB 1988, 1045 [1046] – im entschiedenen Rechtsstreit verneint; *Kreutz/Jacobs* § 74 Rdn. 144).

67 **Verstöße gegen** das **Verbot parteipolitischer Betätigung** nach § **74 Abs. 2 Satz 3** (s. auch *Kreutz/Jacobs* § 74 Rdn. 130). Gegen die Vorschrift in § 74 Abs. 2 Satz 3 bestehen verfassungsrechtlich keine Bedenken, jedoch muss bei deren Anwendung der besondere Wertgehalt des Art. 5 Abs. 1 GG, der zu einer grundsätzlichen Vermutung für die Freiheit der Meinungsäußerung führt, gewahrt bleiben und die Amtsenthebung nach § 23 Abs. 1 verhältnismäßig sein (*BVerfG* 28.04.1976 BVerfGE 42, 133 [139 ff.] = AP Nr. 2 zu § 74 BetrVG 1972 Bl. 2 f.; *BAG* 21.02.1978 EzA § 74 BetrVG 1972 Nr. 4 S. 34 = AP Nr. 1 zu § 74 BetrVG 1972 Bl. 5 R). Das ist durch entsprechende Interpretation der groben Verletzung gesetzlicher Pflichten zu erreichen (*BVerfG* 28.04.1976 BVerfGE 42, 133 [142] = AP Nr. 2 zu § 74 BetrVG 1972 Bl. 3 R). Von der Rechtsprechung wurde in folgenden Fällen der Ausschluss für gerechtfertigt gehalten:

- Verteilen von Flugblättern politischen Inhalts *innerhalb* des Betriebs (*BAG* 05.12.1975 EzA § 87 BetrVG 1972 Betriebliche Ordnung Nr. 1 S. 5 = AP Nr. 1 zu § 87 BetrVG 1972 Betriebsbuße Bl. 2 R; 03.12.1954 AP Nr. 2 zu § 13 KSchG Bl. 2 R; *LAG Hannover* 14.09.1955 BB 1956, 109; s. auch *LAG Düsseldorf* 19.10.1951 BB 1952, 116);
- Verteilen von Flugblättern politischen Inhalts *außerhalb* des Betriebs, sofern dies der Betriebssphäre noch zuzurechnen ist und im Zusammenhang mit der Stellung des Betriebsratsmitglieds steht (*BAG* 21.02.1978 EzA § 74 BetrVG 1972 Nr. 4 S. 35 ff. = AP Nr. 1 zu § 74 BetrVG 1972 Bl. 6 R ff. [*Löwisch*] = SAE 1979, 59 [*Bohn*]; 11.12.1975 EzA § 15 KSchG n. F. Nr. 6 S. 23 f. = AP Nr. 1 zu § 15 KSchG 1969 Bl. 3 R; *LAG Niedersachsen* 03.03.1970 BB 1970, 1480; *LAG Tübingen* 29.11.1951 BB 1952, 58; *ArbG Neuwied* 15.05.1953 BB 1954, 128; *VG Berlin* 20.11.1972 PersV 1977, 102);
- Verteilen von Flugblättern politischen Inhalts in einer Betriebsversammlung (*LAG München* 14.01.1955 BB 1955, 193);
- Duldung und Billigung des Verteilens von Flugblättern vor den Werktoren und einer Lautsprecheraktion durch ein Betriebsratsmitglied, wenn hierdurch seine Kandidatur für eine politische Partei unterstützt wird (*LAG Hamburg* 17.03.1970 BB 1970, 1479);
- Verteilen von Einladungszetteln zu einer gewerkschaftlichen Protestaktion (*LAG Bremen* 16.08.1962 DB 1962, 1442);
- Behandlung allgemeinpolitischer und parteipolitischer Themen auf Betriebsversammlungen (*BAG* 04.05.1955 AP Nr. 1 zu § 44 BetrVG Bl. 2 R ff.; *LAG Düsseldorf* 23.06.1971 DB 1977, 2191; *LAG München* 24.04.1951 BB 1951, 701);
- Verlesen eines Schreibens politischen Inhalts im Betriebsrat (*BAG* 18.01.1968 AP Nr. 28 zu § 66 BetrVG Bl. 4 R f.);

Verletzung gesetzlicher Pflichten § 23

- Aufforderung an Arbeitnehmer, ihren Arbeitsplatz zu verlassen, um an Demonstrationen teilzunehmen (*LAG Bremen* 13.12.1968 BB 1969, 404);
- Tragen von Plaketten, die Sympathie oder Zugehörigkeit zu einer politischen Partei dokumentieren, sofern dies Anlass zu Streit geworden oder eine Störung des Betriebsfriedens konkret zu erwarten ist (s. auch *BAG* 23.02.1979 EzA Art. 9 GG Nr. 29 = AP Nr. 30 zu Art. 9 GG; *LAG Düsseldorf* 29.01.1981 DB 1981, 1986; *LAG Hamm* 14.08.1980 DB 1981, 106).

Verstöße gegen die Grundsätze in § 75 Abs. 1 für die Behandlung der Betriebsangehörigen (s. auch *Kreutz/Jacobs* § 75 Rdn. 141): **68**
- Ausüben von Druck auf Arbeitnehmer, einer Gewerkschaft beizutreten, unter Ausnutzung der Amtsstellung (*LAG Bayern* 31.07.1958 ARSt. XXII, S. 168 [Nr. 468]; *LAG Hamm* 11.06.1952 DB 1952, 595; *LAG Köln* 15.12.2000 NZA-RR 2001, 371 [372]; *LAG Schleswig-Holstein* 25.05.1967 DB 1967, 1992; *ArbG München* 19.07.1979 EzA § 23 BetrVG 1972 Nr. 8; *BVerwG* 15.01.1960 AP Nr. 2 zu § 26 PersVG Bl. 1; s. auch *BAG* 19.04.1989 EzA § 40 BetrVG 1972 Nr. 62 S. 7 = AP Nr. 29 zu § 40 BetrVG 1972 Bl. 4 – dort verneint; *BVerwG* 22.08.1991 NJW 1992, 385 – dort verneint);
- Beleidigung eines Arbeitnehmers wegen seines Entschlusses, aus der Gewerkschaft auszutreten (*LAG Kiel* 23.06.1960 DB 1960, 1338 [1339]);
- Benachteiligung nicht gewerkschaftlich organisierter Arbeitnehmer durch beharrliche Weigerung, sich auch für ihre Interessen einzusetzen (*LAG Hannover* SozBA 1956, Rechtsprechung S. 145);
- gewerkschaftliche Betätigung, die zu einer für das Betriebsklima unerträglichen Belästigung Andersgesinnter führt (*RAG* 10.07.1929 ARS 6, 320 [321]);
- bewusste Diffamierung anderer Betriebsratsmitglieder (*LAG Düsseldorf* 27.02.1967 DB 1967, 866; 23.06.1977 DB 1977, 2191; *LAG Hamm* 25.09.1958 BB 1959, 376);
- Beeinträchtigung der Willensentscheidung durch Unterstützung von Kündigungsandrohung bei Nichtunterzeichnung einer »Standortsicherungsvereinbarung« (*ArbG Freiburg* 15.10.1997 AiB 1998, 402 [403]);
- Mitwirkung an einer Abstimmung, die die tarifgebundenen Arbeitnehmer veranlassen soll, einzelvertraglich schlechtere Arbeitsbedingungen zu vereinbaren (*ArbG Marburg* 07.08.1996 NZA 1996, 1331 [1333]).

Verletzung der Verschwiegenheitspflicht: **69**

Nach § 79 unterliegen Betriebsratsmitglieder zugunsten des Arbeitgebers einer Geheimhaltungspflicht. Zugunsten der Arbeitnehmer gilt die Schweigepflicht der Betriebsratsmitglieder nach § 82 Abs. 2 Satz 3, § 83 Abs. 1 Satz 3, § 99 Abs. 1 Satz 3 und § 102 Abs. 2 Satz 5. Darüber hinaus lässt sich eine allgemeine Geheimhaltungspflicht der Betriebsratsmitglieder zugunsten des Betriebsrats oder einzelner Arbeitnehmer nicht aus § 30 Satz 4 oder § 42 Abs. 1 Satz 2 über die Nichtöffentlichkeit von Betriebsratssitzungen und Betriebsversammlungen ableiten (*Hess. LAG* 20.03.2017 – 16 TaBV 12/17 – BeckRS 2017, 109528; s. im Einzelnen *Raab* § 30 Rdn. 25 ff. und *Weber* § 42 Rdn. 57 m. w. N.). Allerdings können Betriebsratsmitglieder das Persönlichkeitsrecht der Eigen- oder Geheimsphäre des Arbeitnehmers verletzen, wenn sie die in ihrer Amtseigenschaft erlangten Kenntnisse über diesen Bereich unbefugt offen legen (s. *Raab* § 30 Rdn. 27). Soweit die Schweigepflicht besteht, hängt es von den Umständen des Einzelfalls ab, ob gegen diese grob verstoßen wurde. Das kann insbesondere bei schwerwiegenden Verstößen gegen die Schweigepflicht oder im Wiederholungsfalle anzunehmen sein (*Hess. LAG* 20.03.2017 – 16 TaBV 12/17 – BeckRS 2017, 109528). Dies hat das *LAG München* (15.11.1977 DB 1978, 894 [895]) bejaht bei einer rücksichtslosen Preisgabe vertraulicher Informationen oder eines – unter Ausnutzung oder aufgrund der Betriebsratseigenschaft erlangten – Wissens gegenüber dem Arbeitgeber (in der Sache ebenso *BayVGH* 14.02.2001 PersV 2003, 27 [29 f.]; *LAG Düsseldorf* 09.01.2013 – 12 TaBV 93/12 – BeckRS 2013, 71924: Verlesung aus Bewerbungsunterlagen in einer Betriebsversammlung; 23.01.2015 NZA-RR 2015, 299 [301]: Bekanntgabe von Betriebs- und Geschäftsgeheimnissen in Betriebsversammlung; *Hess. LAG* 20.03.2017 – 16 TaBV 12/17 – BeckRS 2017, 109528: Weitergabe von Informationen an die Gewerkschaft [im konkreten Fall jedoch mangels Verstoßes gegen § 79 Abs. 1 verneint]); verneint hat dies hingegen das *ArbG Marburg* (28.05.1999 ARSt. 2001, 75 ff.) bei einem einmaligen und erstmaligen Verstoß und anschließender Entschuldigung bei den betroffenen Mitarbeitern. Zum früheren Recht *RAG* 01.10.1930 ARS 10, 122; 20.12.1930

ARS 10, 502; *BAG* 22.05.1959 AP Nr. 3 zu § 23 BetrVG Bl. 1 R f.; 05.09.1967 EzA § 23 BetrVG Nr. 1 S. 54 f. = AP Nr. 8 zu § 23 BetrVG Bl. 6 R f.; *LAG Düsseldorf* 27.02.1967 BB 1967, 1123; *LAG Niedersachsen* 08.12.1958 DB 1959, 115.

70 Vernachlässigung betriebsverfassungsrechtlicher Befugnisse (allgemein *BAG* 05.09.1967 EzA § 23 BetrVG Nr. 1 S. 2 = AP Nr. 8 zu § 23 BetrVG Bl. 3; *ArbG Augsburg* 29.10.1957 ARSt. XIX, S. 208 [Nr. 525]):
- ablehnende Haltung gegenüber Betriebsverfassungsgesetz in seinem ganzen Umfang (*ArbG Neuwied* 15.05.1953 BB 1954, 128 f.);
- beharrliche Weigerung, an einer Abstimmung im Betriebsrat oder an einer Betriebsratssitzung teilzunehmen (s. *Raab* § 33 Rdn. 20; *LAG Hamm* 23.10.1991 LAGE § 37 BetrVG 1972 Nr. 38 S. 1; *ArbG Neuwied* 15.05.1953 BB 1954, 128 f.; ebenso *VGH Baden-Württemberg* 19.11.2002 AuA 2004, Heft 5, 49; s. auch *BAG* 19.04.1989 EzA § 40 BetrVG 1972 Nr. 62 S. 8 = AP Nr. 29 zu § 40 BetrVG 1972 Bl. 4 R – dort verneint);
- willkürliche Ablehnung der Übernahme von Aufgaben im Betriebsrat (s. z. B. *ArbG Halle* 25.01.2013 NZA-RR 2013, 361 [363] sowie *Raab* § 27 Rdn. 23, 29);
- Unterlassung der Einberufung von Betriebsversammlungen und der Erstattung von Tätigkeitsberichten während eines längeren Zeitraums (*LAG Hamm* 25.09.1959 DB 1959, 1227; *ArbG Bamberg* 19.10.1976 ARSt. 1977, S. 94 [Nr. 1100]);
- Ablehnung eines mit Gründen versehenen Antrags eines Viertels der Betriebsratsmitglieder auf Einberufung einer Betriebsratssitzung (s. *Raab* § 29 Rdn. 31; *ArbG Esslingen* 21.05.1964 AuR 1964, 249).

71 Sonstige Verstöße:
- unsittliche bzw. sexuelle Belästigung einer Arbeitnehmerin unter Ausnutzung des Betriebsratsamtes (*Hess. LAG* 11.12.2008 – 9 TaBV 141/08 – BeckRS 2011, 71710 sowie bereits *RAG* 04.10.1930 ARS 10, 489);
- unrichtige Abrechnung von Reisekosten, Verlangen nicht gerechtfertigter Überstundenbezahlung (*BAG* 22.08.1974 EzA § 103 BetrVG 1972 Nr. 6 S. 29 = AP Nr. 1 zu § 103 BetrVG 1972 Bl. 5 R; *LAG Hamm* 23.04.2008 – 10 TaBV 117/07 – BeckRS 2008, 55449);
- Drohung mit einem empfindlichen Übel gegenüber Betriebsangehörigen (s. auch *BAG* 19.04.1989 EzA § 40 BetrVG 1972 Nr. 62 S. 8 = AP Nr. 29 zu § 40 BetrVG 1972 Bl. 4 R – dort verneint);
- Handeln gegen Geschäftsführungsvorschriften, gegen den Betriebsrat, gegen den Betriebsratsvorsitzenden und gegen den Betriebsfrieden (s. *Raab* § 29 Rdn. 70, § 36 Rdn. 19; *LAG Düsseldorf* 27.02.1967 DB 1967, 866 [867]);
- Überschreiten der Vertretungsmacht durch den Vorsitzenden (z. B. Handeln ohne vorherige Beschlussfassung oder Abgabe von Erklärungen, die einem Beschluss des Betriebsrats widersprechen; *Hess. LAG* 23.02.2017 – 9 TaBV 140/16 – BeckRS 2017, 114084; s. ferner *Raab* § 26 Rdn. 42);
- Verstöße gegen die Pflichten eines Mitglieds von Betriebsratsausschüssen (s. *Raab* § 27 Rdn. 62);
- Nichtberücksichtigung betrieblicher Notwendigkeiten nach § 30 Satz 2 bei Anberaumung von Betriebsratssitzungen (*LAG Hamm* 08.06.1978 EzA § 37 BetrVG 1972 Nr. 58 S. 242 f.); zur Durchführung von Betriebsratssitzungen außerhalb des Betriebsgeländes s. *LAG Berlin* 17.03.1988 DB 1988, 863; zur Nichtberücksichtigung der Arbeitszeit teilzeitbeschäftigter Betriebsratsmitglieder s. *Weber* § 37 Rdn. 88;
- Verstöße gegen § 34 (s. *ArbG Essen* 09.12.2015 – 6 BV 100/15 – BeckRS 2016, 71743; *Raab* § 34 Rdn. 10, 31);
- Nichteinladung eines Gewerkschaftsbeauftragten zu einer Betriebsratssitzung (s. *Raab* § 31 Rdn. 15);
- Verstöße gegen § 36 (s. *Raab* § 36 Rdn. 19);
- Werbung für eine Gewerkschaft in einer Betriebsversammlung (*LAG Kiel* 23.06.1960 DB 1960, 1338 [1339]);
- Forderung nach tariflicher Absicherung betrieblicher Sozialleistungen in einer Betriebsversammlung (*LAG Kiel* 23.06.1960 AuR 1961, 157);
- Nichteinschreiten des Betriebsratsvorsitzenden gegen die Behandlung unzulässiger Themen in einer Betriebsversammlung (*LAG München* 14.01.1955 BB 1955, 193);

Verletzung gesetzlicher Pflichten § 23

- Annahme vom Arbeitgeber gewährter unzulässiger Vorteile (s. *Weber* § 37 Rdn. 23; *LAG München* 15.11.1977 DB 1978, 894 [895]; 05.02.2009 – 3 TaBV 107/08 – BeckRS 2009, 67451; *Düwell/HaKo* § 23 Rn. 17);
- Verstöße bei Befreiung von der beruflichen Tätigkeit (s. *Weber* § 37 Rdn. 45, 51, § 38 Rdn. 95);
- Aufzeichnung des Verlaufs einer Betriebsversammlung auf Tonband (*LAG München* 15.11.1977 DB 1978, 894 [895]);
- Unterrichtung der außerbetrieblichen Öffentlichkeit über Betriebsratsinterna (*Hess. LAG* 07.03.2013 – 9 TaBV 197/12 – BeckRS 2013, 72313);
- Heimliche Übertragung einer Betriebsratssitzung an Dritte (*LAG Baden-Württemberg* 09.09.2011 LAGE § 15 KSchG Nr. 23);
- Unerlaubte Zugriffe auf Personalinformationssystem des Arbeitgebers (*LAG Berlin-Brandenburg* 12.11.2012 NZA-RR 2013, 293 [294 f]);
- Handgreiflichkeiten zwischen Betriebsratsmitgliedern während einer Betriebsratssitzung (*ArbG Berlin* 19.05.1981 AuR 1982, 260);
- Vermengung privater Streitigkeiten mit Betriebsratstätigkeit (*ArbG Halle* 25.01.2013 NZA-RR 2013, 361 [363]);
- Behindern der Teilnahme des Beauftragten einer im Betrieb vertretenen Gewerkschaft an einer Betriebsversammlung (*ArbG Esslingen* 21.05.1964 AuR 1964, 249) sowie sonstige Beeinträchtigungen von Gewerkschaftsrechten nach dem Betriebsverfassungsgesetz (z. B. *Raab* § 31 Rdn. 15), auch Verstoß gegen § 77 Abs. 3 (*Fitting* § 23 Rn. 37; s. auch Rdn. 16 sowie Rdn. 128, 245);
- Mitwirkung an rechtswidrigen Betriebsratsbeschlüssen (*Buchner* FS *G. Müller*, S. 93 ff.);
- erhebliche Vorwürfe gegen ein anderes Betriebsratsmitglied bzw. starke Beeinträchtigung der vertrauensvollen Zusammenarbeit der Betriebsratsmitglieder untereinander und des Betriebsfriedens (*LAG Hamm* BB 1959, 376; s. auch *BAG* 05.09.1967 EzA § 23 BetrVG Nr. 1 S. 3 f. = AP Nr. 8 zu § 23 BetrVG Bl. 3 R sowie *Hess. LAG* 23.05.2013 – 9 TaBV 17/13 – BeckRS 2013, 70451 [wiederholter Vergleich der Betriebsratsvorsitzenden mit Hitler]; *LAG Rheinland-Pfalz* 17.12.2009 – 5 TaBV 16/09 – BeckRS 2010, 68272 [Ehrverletzung des Betriebsratsvorsitzenden durch Fotomontage]);
- Störung der Tätigkeit des Betriebsrats durch Herbeiführung eines rechtswidrigen Rücktritts des Betriebsrats (*ArbG Ulm* 18.08.2015 – 5 BV 2/15 – BeckRS 2016, 71643);
- Bereitschaft eines Betriebsratsmitglieds, in einem Rechtsstreit gegen seinen Arbeitgeber falsch auszusagen (*BAG* 16.10.1986 EzA § 626 BGB n. F. Nr. 105 S. 487 = AP Nr. 95 zu § 626 BGB Bl. 3 f.).

Nicht zum Ausschluss führen: 72
- Abstimmungsverhalten bei Beschlüssen des Betriebsrats, es sei denn, das Betriebsratsmitglied hat sich von sachfremden oder gar rachsüchtigen Beweggründen leiten lassen (*BAG* 19.04.1989 EzA § 40 BetrVG 1972 Nr. 62 S. 7 = AP Nr. 29 zu § 40 BetrVG 1972 Bl. 4);
- Initiierung und Beteiligung an einem Ausschließungsverfahren nach § 23 Abs. 1 (*Hess. LAG* 23.05.2013 – 9 TaBV 17/13 – BeckRS 2013, 70451);
- Nichtteilnahme an Abstimmungen im Betriebsrat ohne Beeinträchtigungen für die Beschlussfähigkeit (*ArbG Halle* 25.01.2013 NZA-RR 2013, 361 [362]);
- Verteilen eines gewerkschaftlichen Aufrufs zur Kommunalwahl im Betrieb bei nur geringer Bedeutung des Verstoßes gegen das Verbot der parteipolitischen Betätigung (*BVerfG* 28.04.1976 BVerfGE 42, 133 [142]);
- Einnahme eines unrichtigen, aber nicht völlig abwegigen Rechtsstandpunktes (*BAG* 19.04.1989 EzA § 40 BetrVG 1972 Nr. 62 S. 7 = AP Nr. 29 zu § 40 BetrVG 1972 Bl. 4);
- Unterrichtung der Aufsichtsbehörde über einen tatsächlichen oder vermeintlichen Arbeitszeitverstoß mit Billigung des Betriebsratsgremiums (*ArbG Marburg* 12.11.2010 LAGE § 23 BetrVG 2001 Nr. 6);
- Erstattung einer Strafanzeige gegen den Arbeitgeber, soweit nicht rechtsmissbräuchlich (*LAG Baden-Württemberg* 25.10.1957 AP Nr. 2 zu § 78 BetrVG Bl. 1 R f.);
- Eigenmächtige Ansichnahme von Dienstplänen nach vorheriger Weigerung des Arbeitgebers, diese trotz eines entsprechenden Einigungsstellenspruchs an den Betriebsrat auszuhändigen (*LAG Hamm* 06.02.2009 – 13 TaBV 138/08 – BeckRS 2009, 62379);

- trotz Firmenverunglimpfung im entschiedenen Rechtsstreit verneint (*LAG Berlin* 17.03.1988 BB 1988, 1045);
- Missverständnisse, Meinungsverschiedenheiten und Ungeschicklichkeiten auf Seiten beider Betriebspartner, die eine schwere Beeinträchtigung des Vertrauensverhältnisses verursachen (*LAG Bremen* 16.08.1962 DB 1962, 1442);
- Kritik gegenüber der Geschäftsführung, selbst wenn diese überspitzt oder polemisch ausgefallen ist (*LAG Hamm* 20.03.2009 – 10 TaBV 149/08 – BeckRS 2009, 72938; ferner *LAG Berlin-Brandenburg* 05.06.2014 LAGE § 23 BetrVG 2001 Nr. 9 = NZA-RR 2014, 538: Vergleich der betrieblichen Arbeitsbedingungen mit einem Konzentrationslager);
- wahrheitswidrige Behauptung, keine Betriebsratsunterlagen mehr zu besitzen (*LAG Hamm* 19.03.2004 – 13 TaBV 146/03 – BeckRS 2004, 30801758);
- Ehrverletzungen eines Betriebsratsvorsitzenden durch Fotomontage ohne diffamierenden Charakter (*LAG Rheinland-Pfalz* 17.12.2009 – 5 TaBV 16/09 – BeckRS 2010, 68272);
- Streitigkeiten zwischen Betriebsratsmitgliedern, selbst wenn diese in scharfer Form geführt werden (*LAG Berlin-Brandenburg* 01.10.2015 – 5 TaBV 876/15 – BeckRS 2016, 66142);
- Hinwegsetzen über einen Betriebsratsbeschluss, der das Mitschreiben und die Mitnahme von Arbeitsunterlagen untersagt (*LAG Hamm* 14.08.2009 – 10 TaBV 175/08 – BeckRS 2010, 65184);
- einmalige Missachtung der Ab- und Rückmeldepflichten zwecks Teilnahme an Betriebsratssitzung (*LAG Berlin-Brandenburg* 01.10.2015 – 5 TaBV 876/15 – BeckRS 2016, 66142);
- Weigerung eines Betriebsratsmitglieds trotz Mahnung des Betriebsrats, sich nach § 37 Abs. 2 freistellen zu lassen (*LAG Hamm* 12.11.1973 – 8 TaBV 63/73 – juris; **a. M.** *ArbG Gelsenkirchen* 09.08.1973 – 1 BV 1/73 – juris);
- Werbung für eine Gewerkschaft im Betrieb bei Trennung von gewerkschaftlicher Betätigung und Amt (*OVG Saarland* 15.11.1967 AP Nr. 15 zu Art. 9 GG Bl. 1 R ff.);
- Mitgliedschaft in Tarif- und Verhandlungskommission im Hinblick auf Abschluss eines Firmentarifvertrages (*LAG Berlin-Brandenburg* 01.10.2015 – 5 TaBV 876/15 – BeckRS 2016, 66142);
- Werbung für den Haustarifvertrag einer Gewerkschaft unter gleichzeitiger polemischer Kritik im Hinblick auf eine Konkurrenzgewerkschaft (*LAG Hamm* 20.03.2009 – 10 TaBV 149/08 – BeckRS 2009, 72938);
- Aushang des Betriebsrats zur Belehrung der organisierten und nichtorganisierten Arbeitnehmer über tarifliche Rechte (*ArbG Rosenheim* 07.10.1957 ARSt. XIX, S. 89 [Nr. 243]);
- Information einer Arbeitnehmerin über § 15 Abs. 5 TzBfG (*ArbG Wuppertal* 05.07.2006 – 6 BV 9/06 – juris);
- Unterlassen des Einwirkens auf Arbeitnehmer, die in einen wilden Streik getreten sind (*LAG Hamm* 06.11.1975 BB 1976, 363; *Wiese* NZA 1984, 378 [383]; **a. M.** *LAG Bayern* ArbGeb. 1955, 635 [636]);
- Erörterung von Streikabsichten unter Betriebsratsmitgliedern, selbst wenn die Maßnahmen rechtswidrig sind (*ArbG Hagen* 06.10.2011 – 4 BV 39/10 – juris);
- öffentlicher Vorwurf einzelner Betriebsratsmitglieder gegenüber der Betriebsratsmehrheit, gegen die Arbeitnehmerinteressen mit der Geschäftsführung zusammenzuarbeiten (*ArbG Hamburg* 11.02.1986 AuR 1986, 316);
- bewusst falscher Sachvortrag im Beschlussverfahren nach § 103 Abs. 2 (*LAG Rheinland-Pfalz* 15.04.2015 – 4 TaBV 24/14 – BeckRS 2015, 71245).

2. Ausschluss von Ersatzmitgliedern

73 Die Vorschrift in § 23 Abs. 1 spricht nur vom Ausschluss eines Mitglieds aus dem Betriebsrat. Ersatzmitglieder, die **noch nicht** nach § 25 Abs. 1 **nachgerückt** sind, werden von § 23 Abs. 1 nicht erfasst, weil sie bisher keine Amtspflichten wahrgenommen haben und deshalb auch nicht gegen gesetzliche Pflichten verstoßen konnten. Im Falle des Nachrückens ist zu unterscheiden:

74 Ein nach **§ 25 Abs. 1 Satz 1** in den Betriebsrat **nachgerücktes Ersatzmitglied** erlangt die Rechtsstellung eines ordentlichen Betriebsratsmitglieds (s. § 25 Rdn. 69), so dass von diesem Zeitpunkt an § 23 Abs. 1 uneingeschränkt anwendbar ist. Das gilt selbst dann, wenn die Amtspflichtverletzung vor dem endgültigen Nachrücken, d. h. während einer **vorübergehenden Vertretung** nach § 25

Abs. 1 Satz 2 begangen wurde; denn damit ist das nachgerückte Ersatzmitglied für die weitere Amtsführung untragbar. Deshalb ist es auch unerheblich, wenn das Ersatzmitglied zwischen der vorübergehenden Vertretung und dem endgültigen Nachrücken nicht als Stellvertreter tätig war.

Ein nach § **25 Abs. 1 Satz 2** in den Betriebsrat nachgerücktes Ersatzmitglied hat vom Zeitpunkt der Vertretung an für deren Dauer alle Rechte und Pflichten eines Betriebsratsmitglieds (s. § 25 Rdn. 71 ff.), so dass während dieser Zeit die Anwendung des § 23 Abs. 1 unproblematisch ist. Das gilt ebenso wie beim endgültig nachgerückten Ersatzmitglied auch für Amtspflichtverletzungen aus der Zeit einer früheren Vertretung (s. Rdn. 74). 75

Ist die **Vertretung beendet**, kann trotzdem ein bereits eingeleitetes Ausschlussverfahren fortgesetzt oder wegen einer während der Vertretungszeit begangenen groben Amtspflichtverletzung ein solches eingeleitet werden. Damit ist gewährleistet, dass ein für die Amtsführung untragbares Ersatzmitglied vom erneuten Nachrücken ausgeschlossen wird; § 23 Abs. 1 ist deshalb entsprechend anwendbar (ebenso *Fitting* § 23 Rn. 34; *Huke/HWGNRH* § 23 Rn. 28; *Koch/ErfK* § 23 BetrVG Rn. 8; *Kreft/WPK* § 23 Rn. 17; *Löwisch/LK* § 23 Rn. 3; *Reichold/HWK* § 23 BetrVG Rn. 11; *Richardi/Thüsing* § 23 Rn. 33; *Trittin/DKKW* § 23 Rn. 30; wohl auch *Galperin/Löwisch* § 23 Rn. 28). Verstößt ein Ersatzmitglied nach Beendigung der Vertretung gegen Amtspflichten i. S. d. § 23 Abs. 1, indem es z. B. die nach § 79 Abs. 1 Satz 2 über die Beendigung der Amtszeit hinaus fort geltende Geheimhaltungspflicht verletzt, kann es gleichfalls als Ersatzmitglied ausgeschlossen werden (*Fitting* § 23 Rn. 34; *Galperin/Löwisch* § 23 Rn. 28; *Huke/HWGNRH* § 23 Rn. 28; *Richardi/Thüsing* § 23 Rn. 33). 76

3. Verfahren der Amtsenthebung

a) Zuständigkeit

Über die Amtsenthebung entscheidet nach § 23 Abs. 1 Satz 1 allein das **Arbeitsgericht** im **Beschlussverfahren** (§ 2a Abs. 1 Nr. 1, Abs. 2, §§ 80 ff. ArbGG). Auf andere Weise ist der Ausschluss aus dem Betriebsrat nicht möglich. Insbesondere kann nicht die **Betriebsversammlung** dem Betriebsrat oder einzelnen Betriebsratsmitgliedern das Vertrauen entziehen und die Auflösung des Betriebsrats bzw. den Ausschluss eines Betriebsratsmitglieds beschließen oder auch nur diese zum Rücktritt bzw. zur Niederlegung des Amtes zwingen (*Düwell/HaKo* § 23 Rn. 18; *Fitting* § 23 Rn. 1a; *Huke/HWGNRH* § 23 Rn. 6; *Reichold/HWK* § 23 BetrVG Rn. 3; *Richardi/Thüsing* § 23 Rn. 5; *Schlochauer/HWGNRH* § 23 Rn. 6; *Trittin/DKKW* § 23 Rn. 2). Der Betriebsrat hat kein imperatives Mandat (*Fitting* § 23 Rn. 1a; *Huke/HWGNRH* § 23 Rn. 6; *Reichold/HWK* § 23 BetrVG Rn. 3; *Richardi/Thüsing* § 23 Rn. 5; *Trittin/DKKW* § 23 Rn. 3; zum Personalvertretungsrecht *BVerfG* 27.03.1979 BVerfGE 51, 77 [89 ff.] = AP Nr. 31 zu Art. 9 GG Bl. 4 ff.). Ein Misstrauensvotum kann jedoch Anlass dafür sein, dass der Betriebsrat freiwillig seinen Rücktritt beschließt (§ 13 Abs. 2 Nr. 3) oder ein Betriebsratsmitglied sein Amt niederlegt (§ 24 Nr. 2). Ferner können Antragsberechtigte (s. Rdn. 79 ff.) dadurch veranlasst werden, nach § 23 Abs. 1 einen Antrag beim Arbeitsgericht zu stellen. Der **Betriebsrat** kann nicht selbst den Ausschluss eines seiner Mitglieder beschließen (*BAG* 27.09.1957 AP Nr. 7 zu § 13 KSchG Bl. 2 R), sondern nur einen entsprechenden Antrag nach § 23 Abs. 1 beim Arbeitsgericht stellen. 77

b) Antrag

Das Verfahren auf Ausschluss eines Mitglieds aus dem Betriebsrat wird **nur auf Antrag** der in § 23 Abs. 1 abschließend aufgezählten Antragsberechtigten, dagegen nicht von Amts wegen eingeleitet. Zu den **Kosten** des Verfahrens s. *Weber* § 40 Rdn. 110 f. Für den **Gegenstandswert** ist grundsätzlich von dem Regelwert in § 23 Abs. 3 RVG (5000 Euro) auszugehen (*LAG Nürnberg* 10.10.2013 – 7 Ta 112/13 – BeckRS 2013, 73445; weitergehend *LAG Berlin-Brandenburg* 22.09.2016 – 17 Ta [Kost] 6092/16 – BeckRS 2016, 73880: Verdoppelung des Hilfswerts sowie unten Rdn. 129), sofern die besonderen Umstände des Einzelfalls keine abweichende Festsetzung (nach oben oder unten) bedingen (s. *LAG Berlin-Brandenburg* 22.09.2016 – 17 Ta [Kost] 6092/16 – BeckRS 2016, 73880). 78

aa) Antragsbefugnis

79 Der Antrag kann von mindestens einem **Viertel** der **wahlberechtigten Arbeitnehmer** des Betriebs gestellt werden. Die Wahlberechtigung folgt aus § 7. Antragsberechtigt sind deshalb auch im Entleiherbetrieb eingesetzte Leiharbeitnehmer, sofern ihnen nach § 7 Satz 2 das aktive Wahlrecht zusteht.

80 Die Wahlberechtigung muss im **Zeitpunkt des Antrags** bestehen; unerheblich ist, ob sämtliche Antragsteller bereits im Zeitpunkt der Wahl des Betriebsrats wahlberechtigt waren (*Fitting* § 23 Rn. 9; *Huke/HWGNRH* § 23 Rn. 9; *Richardi/Thüsing* § 23 Rn. 35; *Trittin/DKKW* § 23 Rn. 82; *Weiss/Weyand* § 23 Rn. 6). Die Antragsbefugnis steht jedem Arbeitnehmer des Betriebs unabhängig davon zu, ob das auszuschließende Betriebsratsmitglied dem eigenen oder einem anderen Geschlecht angehört; das Betriebsratsmitglied ist Repräsentant der gesamten Belegschaft und nicht nur einer Gruppe (*Galperin/Löwisch* § 23 Rn. 21). Auch Betriebsratsmitglieder sind als wahlberechtigte Arbeitnehmer antragsbefugt (*Hess. LAG* 23.05.2013 – 9 TaBV 17/13 – BeckRS 2013, 70451; *Fitting* § 23 Rn. 9; *Trittin/DKKW* § 23 Rn. 81).

81 Die **Mindestzahl** von einem Viertel der wahlberechtigten Arbeitnehmer errechnet sich nach dem regelmäßigen, nicht nur vorübergehenden – besonders hohen oder niedrigen – Stand der Belegschaft (*Düwell/HaKo* § 23 Rn. 23; *Fitting* § 23 Rn. 9; *Kloppenburg/NK-GA* § 23 BetrVG Rn. 17; *Koch/ErfK* § 23 BetrVG Rn. 8; *Trittin/DKKW* § 23 Rn. 80; **a. M.** *Weiss/Weyand* § 23 Rn. 6). Sie muss als Verfahrensvoraussetzung **während** des **gesamten Verfahrens**, also bis einschließlich der letzten mündlichen Anhörung in der Rechtsbeschwerdeinstanz, vorliegen (*BAG* 21.11.1975 EzA § 118 BetrVG 1972 Nr. 11 S. 82 = AP Nr. 6 zu § 118 BetrVG 1972 Bl. 2; 14.02.1978 EzA § 19 BetrVG 1972 Nr. 16 S. 59 = AP Nr. 7 zu § 19 BetrVG 1972 Bl. 2; 10.06.1983 EzA § 19 BetrVG 1972 Nr. 19 S. 70 f. = AP Nr. 10 zu § 19 BetrVG 1972 Bl. 2; *Düwell/HaKo* § 23 BetrVG Rn. 23; *Fitting* § 23 Rn. 9; *Huke/HWGNRH* § 23 Rn. 9; *Joost/MünchArbR* § 222 Rn. 15; *Kloppenburg/NK-GA* § 23 BetrVG Rn. 17; *Koch/ErfK* § 23 BetrVG Rn. 8; *Kreft/WPK* § 23 Rn. 7; *Matthes/Spinner/GMP* ArbGG, § 81 Rn. 47; *Richardi/Thüsing* § 23 Rn. 35, 39; *Stege/Weinspach/Schiefer* § 23 Rn. 5; *Trittin/DKKW* § 23 Rn. 79; **a. M.** *Weiss/Weyand* § 23 Rn. 6).

82 Scheiden einzelne Antragsteller während des Verfahrens aus (z. B. wahlberechtigte Leiharbeitnehmer), müssen die restlichen noch die Mindestzahl erreichen; anderenfalls ist das Verfahren einzustellen. Die Antragsbefugnis wird jedoch durch Ausscheiden eines oder mehrerer der antragstellenden Arbeitnehmer aus dem Betrieb nicht beseitigt (*BAG* 04.12.1986 EzA § 19 BetrVG 1972 Nr. 24 S. 95 f. = AP Nr. 13 zu § 19 BetrVG 1972 Bl. 3 f.; *BVerwG* 27.04.1983 E 67, 145 [148]; 29.11.1983 PersV 1986, 26 f.). Jedoch entfällt das Rechtsschutzinteresse, wenn sämtliche Antragsteller endgültig aus ihren Arbeitsverhältnissen ausscheiden (so *BAG* 15.02.1989 EzA § 19 BetrVG 1972 Nr. 28 S. 3 f. = AP Nr. 17 zu § 19 BetrVG 1972 Bl. 1 R ff. für den Fall der Wahlanfechtung). Für das Verfahren nach § 23 Abs. 1 dürfte dies im Hinblick darauf, dass der Antrag von mindestens einem Viertel der wahlberechtigten Arbeitnehmer zu stellen ist, nur in Kleinbetrieben praktisch werden.

83 **Für ausscheidende können nicht andere wahlberechtigte Arbeitnehmer als Antragsteller** dem **Verfahren beitreten** und so ein Absinken unter die Mindestzahl verhindern (**a. M.** *LAG Schleswig-Holstein* 03.12.2013 – 1 TaBV 11/13 – BeckRS 2014, 66286; *Düwell/HaKo* § 23 Rn. 23; *Fitting* § 23 Rn. 9; *Huke/HWGNRH* § 23 Rn. 9; *Kloppenburg/NK-GA* § 23 BetrVG Rn. 18; *Koch/ErfK* § 23 BetrVG Rn. 8; *Kreft/WPK* § 23 Rn. 7; *Maschmann/AR* § 23 BetrVG Rn. 8; *Stege/Weinspach/Schiefer* § 23 Rn. 5; *Thiele* 2. Bearbeitung, § 23 Rn. 39; *Trittin/DKKW* § 23 Rn. 79). Das würde zu erheblicher Rechtsunsicherheit führen, weil offen bliebe, innerhalb welcher Zeit nach dem Ausscheiden eines Arbeitnehmers ein anderer sich dem Verfahren anschließen muss, ob dies auch durch Einlegung eines Rechtsmittels durch andere als die ursprünglichen Antragsteller und auch noch in der Rechtsbeschwerdeinstanz möglich ist (so mit Recht *BAG* 12.02.1985 EzA § 19 BetrVG 1972 Nr. 21 S. 80 = AP Nr. 27 zu § 76 BetrVG 1972 Bl. 4 R). Auch kann **weder** der **Arbeitgeber noch** eine im Betrieb vertretene **Gewerkschaft**, falls durch Ausscheiden wahlberechtigter Arbeitnehmer das Quorum unterschritten wird, an deren Stelle das **Verfahren fortführen** (*Fitting* § 23 Rn. 9; *Huke/HWGNRH* § 23 Rn. 9; *Koch/ErfK* § 23 BetrVG Rn. 8; *Kreft/WPK* § 23 Rn. 7; *Maschmann/AR* § 23 BetrVG Rn. 8; *Stege/Weinspach/Schiefer* § 23 Rn. 5; *Trittin/DKKW* § 23 Rn. 79; ferner *LAG Hamm* 05.05.1982 DB 1982, 2709 f., für die Wahlanfechtung). Es ist vielmehr einzustellen, was nicht ausschließt, dass auf Antrag dieser Antragsberechtigten ein neues Verfahren eingeleitet wird. Entsprechendes gilt für den **Betriebsrat** im Ausschlussverfahren gegen eines seiner Mitglieder.

Antragsberechtigt ist auch der **Arbeitgeber** (hierzu *Franzen* § 1 Rdn. 92 ff.). Sein Antragsrecht ist nach dem Zweck der Vorschrift auf solche Amtspflichtverletzungen zu beschränken, die das Verhältnis des Betriebsratsmitglieds zum Arbeitgeber betreffen, dagegen nicht gegeben bei Amtspflichtverletzungen gegenüber der Belegschaft oder einzelner Betriebsratsmitglieder gegenüber dem Betriebsrat; der Arbeitgeber ist nicht Interessenwahrer der Belegschaft oder des Betriebsrats (*ArbG Marburg* 28.05.1999 ARSt. 2001, 75 [76]; *Fitting* § 23 Rn. 10; *Huke/HWGNRH* § 23 Rn. 12; *Kloppenburg/NK-GA* § 23 BetrVG Rn. 19; *Koch/ErfK* § 23 BetrVG Rn. 8; *Maschmann/AR* § 23 BetrVG Rn. 9; *Richardi/Thüsing* § 23 Rn. 32, 35; *Stege/Weinspach/Schiefer* § 23 Rn. 5; *Trittin/DKKW* § 23 Rn. 83; **a. M.** *Düwell/HaKo* § 23 Rn. 20, der auf das berechtigte Interesse des Arbeitgebers an einer geordneten Geschäftsführung des Betriebsrats hinweist; zust. *Kreft/WPK* § 23 Rn. 7). Etwas Anderes hat indes zu gelten, wenn sich der Arbeitgeber für den Fall der Untätigkeit eine Verletzung seiner Pflichten aus § 75 BetrVG vorwerfen lassen muss (*Hess. LAG* 11.12.2008 – 9 TaBV 141/08 – BeckRS 2011, 71710). **84**

Antragsbefugt ist ferner jede **im Betrieb vertretene Gewerkschaft** (hierzu *Franzen* § 2 Rdn. 26 ff., 39 ff.). Unerheblich ist, ob bei dem beantragten Ausschluss eines Betriebsratsmitglieds dieses derselben, einer anderen oder keiner Gewerkschaft angehört. Die Antragsberechtigung örtlicher Untergliederungen einer Gewerkschaft richtet sich nach deren Satzung (*Düwell/HaKo* § 23 Rn. 21; *Huke/HWGNRH* § 23 Rn. 10; *Koch/ErfK* § 23 BetrVG Rn. 9; *Stege/Weinspach/Schiefer* § 23 Rn. 5; *Trittin/DKKW* § 23 Rn. 84). **85**

Spitzenorganisationen von Gewerkschaften haben kein eigenes Antragsrecht (*LAG Frankfurt a. M.* 16.10.1962 BB 1963, 1016; *Düwell/HaKo* § 23 Rn. 21; *Richardi/Thüsing* § 23 Rn. 36; **a. M.** *Huke/HWGNRH* § 23 Rn. 10; wohl auch *Kloppenburg/NK-GA* § 23 BetrVG Rn. 20). Das Gesetz sieht keine derartige eigene Antragsbefugnis vor, noch besteht für diese ein Bedürfnis. Jedoch können Spitzenorganisationen mit der Antragstellung beauftragt werden (§ 80 Abs. 2, § 11 ArbGG; ebenso *Düwell/HaKo* § 23 Rn. 21; *Fitting* § 23 Rn. 11; *Koch/ErfK* § 23 BetrVG Rn. 9; *Richardi/Thüsing* § 23 Rn. 36; *Stege/Weinspach/Schiefer* § 23 Rn. 5; *Trittin/DKKW* § 23 Rn. 84). Kein Antragsrecht haben **Berufsgruppen** einer Gewerkschaft (*LAG Hamm* 13.03.1968 DB 1969, 135; *Kloppenburg/NK-GA* § 23 BetrVG Rn. 20; *Trittin/DKKW* § 23 Rn. 84). **86**

Auch das Antragsrecht einer Gewerkschaft muss als Verfahrensvoraussetzung während des gesamten Verfahrens vorliegen (*Düwell/HaKo* § 23 Rn. 21; *Fitting* § 23 Rn. 11; *Huke/HWGNRH* § 23 Rn. 10; *Koch/ErfK* § 23 BetrVG Rn. 9; *Richardi/Thüsing* § 23 Rn. 39; **a. M.** *Trittin/DKKW* § 23 Rn. 85; vgl. aber auch Rdn. 81). Das Antragsrecht gibt der Gewerkschaft weder ein allgemeines Überwachungsrecht gegenüber dem Betriebsrat (*Franzen* § 2 Rdn. 56 ff.; *Richardi/Thüsing* § 23 Rn. 36; **a. M.** *Becker/Leimert* AuR 1972, 365 [367 f.]) noch kann sie ihm oder seinen Mitgliedern Weisungen erteilen. **87**

Wegen der besonderen Personalstruktur (Arbeitnehmer und Beamte) in den **privatisierten Postbetrieben** bedarf der Gewerkschaftsbegriff in § 23 Abs. 1 einer Korrektur. Abweichend von den allgemeinen Anforderungen an den im Betriebsverfassungsgesetz verwandten Gewerkschaftsbegriff, den die h. M. untrennbar mit der Tariffähigkeit verknüpft (s. *Franzen* § 2 Rdn. 28 ff.), sind **Berufsverbände der Beamten** in den vorgenannten Betrieben Gewerkschaften i. S. d. § 23 Abs. 1 (ebenso *Düwell/HaKo* § 23 Rn. 21; *Fitting* § 23 Rn. 12; *Huke/HWGNRH* § 23 Rn. 10; *Kloppenburg/NK-GA* § 23 BetrVG Rn. 20; *Kraft FS Wiese*, 1998, S. 219 [232 ff.]; *Kreft/WPK* § 23 Rn. 8; *Trittin/DKKW* § 23 Rn. 84). Dies gebietet nicht nur den Zweck des § 23 Abs. 1, sondern entspricht auch der allgemeinen Ansicht zu § 28 Abs. 1 BPersVG, die im Wege einer erweiternden Auslegung ebenfalls die Berufsverbände der Beamten in den dort normierten Gewerkschaftsbegriff einbezieht (allgemein für das Personalvertretungsrecht *BVerwG* 23.11.1962 AP Nr. 1 zu § 2 PersVG Bl. 1 ff. = E 15, 168 ff.; *Richardi/RDW* § 2 Rn. 51, 54, m. w. N.). **88**

Beim Ausschluss eines Mitglieds ist auch der **Betriebsrat** als solcher (nicht eine Minderheitsgruppe) antragsberechtigt (§ 23 Abs. 1 Satz 2). Seine Willensbildung erfolgt durch Beschluss (§ 33; s. *LAG Hamm* 14.08.2009 – 10 TaBV 175/08 – BeckRS 2010, 65184). Es genügt die einfache Mehrheit der anwesenden Mitglieder. **89**

90 An der Beratung und Abstimmung über den vom Betriebsrat nach § 23 Abs. 1 Satz 1 zu stellenden Antrag darf das Betriebsratsmitglied, dessen Ausschluss beantragt werden soll, nicht teilnehmen (s. auch § 34 BGB, § 136 AktG, § 47 Abs. 4 GmbHG, § 43 Abs. 6 GenG; ebenso *Düwell*/HaKo § 23 Rn. 22; *Fitting* § 23 Rn. 13, § 25 Rn. 17; *Galperin/Löwisch* § 23 Rn. 21; *Huke/HWGNRH* § 23 Rn. 11; *Joost*/MünchArbR § 222 Rn. 15; *Kloppenburg*/NK-GA § 23 BetrVG Rn. 21; *Koch*/ErfK § 23 BetrVG Rn. 9; *Kreft/WPK* § 23 Rn. 9; *Oetker* ZfA 1984, 409 [427 f.]; *Reichold*/HWK § 23 BetrVG Rn. 13; *Stege/Weinspach/Schiefer* § 23 Rn. 5; *Trittin/DKKW* § 23 Rn. 87; **a. M.** *Richardi/Thüsing* § 23 Rn. 38, § 25 Rn. 9 für die Beratung). Es handelt sich nicht um einen organisatorischen Akt des Betriebsrats (hierzu *Raab* § 33 Rdn. 27), sondern um eine Maßnahme gegen das Betriebsratsmitglied und um eine eigene Angelegenheit des Betriebsratsmitglieds (hierzu auch § 25 Rdn. 29 f. sowie *Raab* § 33 Rdn. 24 f.). Wenn ihm Gelegenheit zur Stellungnahme gegeben wurde, hat das Betriebsratsmitglied den Sitzungsraum für die weitere Beratung und Abstimmung zu verlassen. Es ist i. S. d. § 25 Abs. 1 Satz 2 zeitweilig verhindert und wird von einem Ersatzmitglied vorübergehend vertreten, das der Vorsitzende des Betriebsrats rechtzeitig zu laden hat (s. § 25 Rdn. 28 sowie *Raab* § 33 Rdn. 26; ebenso *ArbG Halle* 25.01.2013 NZA-RR 2013, 361 [362]; *ArbG Verden* 25.02.1976 ARSt. 1977, 83 [Nr. 78]; *Düwell*/HaKo § 23 Rn. 22; *Fitting* § 23 Rn. 13, § 25 Rn. 14; *Galperin/Löwisch* § 23 Rn. 21; *Huke/HWGNRH* § 23 Rn. 11; *Joost*/MünchArbR § 222 Rn. 15; *Koch*/ErfK § 23 BetrVG Rn. 9; *Kreft/WPK* § 23 Rn. 9; *Reichold/HWK* § 23 BetrVG Rn. 13; *Schuldt* AuR 1960, 227 [228 f.]; *Stege/Weinspach/Schiefer* § 23 Rn. 5; *Trittin/DKKW* § 23 Rn. 87; **a. M.** *Richardi/Thüsing* § 23 Rn. 38, § 25 Rn. 9). Bei einer gemeinschaftlichen Pflichtverletzung mehrerer Betriebsratsmitglieder sind diese sämtlich von der Beteiligung an der Beschlussfassung ausgeschlossen (*Oetker* AuR 1987, 224 [229]).

91 Der Betriebsrat kann dem betroffenen Betriebsratsmitglied die **Gelegenheit zur Stellungnahme** geben; eine zwingende Pflicht des Betriebsrats hierzu ist aber ebenso wenig anzuerkennen wie ein Recht des betroffenen Betriebsratsmitglieds, zu dem Antrag Stellung nehmen zu können (*Oetker* ZfA 1984, 409 [436 f.]; so auch *BayVGH* 14.02.2001 PersV 2003, 27 [28 f.]; **a. M.** *ArbG Halle* 25.01.2013 NZA-RR 2013, 361 [362]; *Fitting* § 23 Rn. 13; *Trittin/DKKW* § 23 Rn. 87, die eine Verpflichtung des Betriebsrats bejahen; ebenso auch *Raab* § 33 Rdn. 26).

bb) Form, Inhalt

92 Der Antrag muss auf Ausschluss eines Betriebsratsmitglieds gerichtet sein. Er ist beim örtlich zuständigen Arbeitsgericht (§ 82 ArbGG) schriftlich, versehen mit den Unterschriften der Antragsberechtigten, einzureichen oder bei seiner Geschäftsstelle mündlich zur Niederschrift anzubringen (§ 81 ArbGG). Mit der Antragstellung können die auch sonst im arbeitsgerichtlichen Verfahren zur Prozessvertretung befugten Personen betraut werden (§ 80 Abs. 2, § 11 ArbGG).

93 Der Antrag ist zu **begründen** (*Fitting* § 23 Rn. 7; *Huke/HWGNRH* § 23 Rn. 8; *Koch*/ErfK § 23 BetrVG Rn. 7; *Reichold*/HWK § 23 BetrVG Rn. 14; *Trittin/DKKW* § 23 Rn. 74; *Weiss/Weyand* § 23 Rn. 7). Er kann nur auf die grobe Verletzung der gesetzlichen Pflichten i. S. d. § 23 Abs. 1 gestützt werden und muss hinreichend konkret angeben, welches Verhalten dem Betriebsratsmitglied vorgeworfen wird (*Fitting* § 23 Rn. 7; *Huke/HWGNRH* § 23 Rn. 8; *Reichold*/HWK § 23 BetrVG Rn. 14; *Trittin/DKKW* § 23 Rn. 74). Jedoch muss das Arbeitsgericht nach dem Untersuchungsgrundsatz (§ 83 Abs. 1 Satz 1 ArbGG) auch anderen Verstößen nachgehen, wenn sich während des Verfahrens aus dem Vortrag der Beteiligten dafür ein Anhaltspunkt ergibt (*Richardi/Thüsing* § 23 Rn. 42).

cc) Rücknahme

94 Die Rücknahme des Antrags ist in erster Instanz einseitig zulässig (§ 81 Abs. 2 Satz 1 ArbGG). Jeder Arbeitnehmer kann seinen Antrag auch ohne Zustimmung der anderen Antragsteller zurücknehmen (*Düwell*/HaKo § 23 Rn. 19; *Kloppenburg*/NK-GA § 23 BetrVG Rn. 22; *Koch*/ErfK § 23 BetrVG Rn. 7; *Reichold/HWK* § 23 BetrVG Rn. 14; *Trittin/DKKW* § 23 Rn. 75; zu § 19 BAG 12.02.1985 EzA § 19 BetrVG 1972 Nr. 21 S. 80 f. = AP Nr. 27 zu § 76 BetrVG 1972 Bl. 2, unter Aufgabe von BAG 08.12.1970 EzA § 76 BetrVG Nr. 6 S. 32 = AP Nr. 21 zu § 76 BetrVG Bl. 3; ebenso s. *Kreutz* § 19 Rdn. 75; *Laux* Die Antrags- und Beteiligungsbefugnis im arbeitsgerichtlichen Beschlussverfah-

Verletzung gesetzlicher Pflichten § 23

ren, 1985, S. 27 ff.). In den Rechtsmittelinstanzen ist die Rücknahme des Antrags nur mit Zustimmung der anderen Beteiligten zulässig (§ 87 Abs. 2 Satz 3, § 92 Abs. 2 Satz 3 ArbGG; ebenso *Koch/ErfK* § 23 BetrVG Rn. 7; *Reichold/HWK* § 23 BetrVG Rn. 14; *Trittin/DKKW* § 23 Rn. 75).

dd) Antragsverbindungen
Der Arbeitgeber kann den Antrag auf Ausschluss eines Betriebsratsmitglieds mit anderen prozessualen Begehren kumulativ oder hilfsweise verbinden. 95

Liegt nach Ansicht des Arbeitgebers im Verhalten des auszuschließenden Betriebsratsmitglieds zugleich eine Verletzung der Vertragspflichten, so kann er neben dem Antrag nach § 23 Abs. 1 gemäß § 103 Abs. 2 beim Arbeitsgericht kumulativ die **Ersetzung** der **Zustimmung** des **Betriebsrats** zur außerordentlichen Kündigung beantragen (ebenso *LAG Hamm* 09.02.2007 AuR 2007, 316; *LAG Rheinland-Pfalz* 15.04.2015 – 4 TaBV 24/14 – BeckRS 2015, 71245; *Fitting* § 23 Rn. 22; *Huke/HWGNRH* § 23 Rn. 27; *Koch/*ErfK § 23 BetrVG Rn. 10; *Reichold/HWK* § 23 BetrVG Rn. 14; *Richardi/Thüsing* § 23 Rn. 46). Dafür fehlt es nicht am Rechtsschutzbedürfnis (**a. M.** *Trittin/DKKW* § 23 Rn. 30). Die Amtsenthebung wird bereits mit der Rechtskraft des Beschlusses nach § 23 Abs. 1 rechtswirksam; die Kündigung muss dagegen nach Rechtskraft des Ersetzungsbeschlusses erst noch erklärt werden. Auch entfällt mit der wirksamen Amtsenthebung das Zustimmungserfordernis nach § 103. 96

Zulässig ist es ferner, den Antrag auf Zustimmung zur Kündigung als Hauptantrag und den Antrag auf Ausschluss als Hilfsantrag zu stellen, aber nicht umgekehrt (ebenso *Fitting* § 23 Rn. 22, § 103 Rn. 44; *Richardi/Thüsing* § 23 Rn. 46; ferner *BAG* 21.02.1978 EzA § 74 BetrVG 1972 Nr. 4 S. 38 = AP Nr. 1 zu § 74 BetrVG 1972 Bl. 5; *LAG Rheinland-Pfalz* 15.04.2015 – 4 TaBV 24/14 – BeckRS 2015, 71245; **a. M.** *Bohn* SAE 1979, 67 ff.; *Huke/HWGNRH* § 23 Rn. 27; *Thiele* 2. Bearbeitung, § 23 Rn. 48). Für die Zustimmung zur Kündigung als Hilfsantrag ist kein Raum, weil bei Verneinung der Voraussetzungen in § 23 Abs. 1 auch kein Grund zur fristlosen Kündigung vorliegt (s. Rdn. 34). Wenn dem Arbeitgeber primär an der Amtsenthebung des Betriebsratsmitglieds gelegen ist, muss er seinen Antrag hierauf beschränken oder mit dem Antrag auf Zustimmung zur Kündigung kumulativ stellen. Zur Rechtslage bei einer außerordentlichen Kündigung aller Betriebsratsmitglieder *BAG* 25.03.1976 EzA § 103 BetrVG 1972 Nr. 12 S. 68 ff. = AP Nr. 6 zu § 103 BetrVG 1972 Bl. 1 R ff. 97

Der **Antrag auf Ausschluss** eines **Betriebsratsmitglieds** kann mit dem **Antrag auf Auflösung** des gesamten **Betriebsrats verbunden** werden (*LAG Schleswig-Holstein* 03.12.2013 – 1 TaBV 11/13 – BeckRS 2014, 66286; *Buchner* FS *G. Müller*, S. 93 [99]; *Koch/*ErfK § 23 BetrVG Rn. 10; *Reichold/HWK* § 23 BetrVG Rn. 14; *Richardi/Thüsing* § 23 Rn. 47, 64; *Trittin/DKKW* § 23 Rn. 91). Auch hier können jeweils beide Anträge hilfsweise gestellt werden, gleichgültig, ob sie sich auf denselben Sachverhalt oder auf verschiedene Vorgänge stützen. Der Antragsteller kann hauptsächlich am Ausschluss eines bestimmten Betriebsratsmitglieds, z. B. des Vorsitzenden, interessiert sein. Der hilfsweise gestellte, wenn auch in den Wirkungen weitergehende Auflösungsantrag führt im Ergebnis ebenfalls zum Erlöschen der Mitgliedschaft der einzelnen Betriebsratsmitglieder. In welchem Verhältnis die Anträge zueinander stehen sollen, bestimmt sich nach dem in den Anträgen zum Ausdruck kommenden, notfalls im Wege der Auslegung zu ermittelnden Willen des Antragstellers. Unzulässig ist aber eine kumulative Antragstellung (*Richardi/Thüsing* § 23 Rn. 47; *Trittin/DKKW* § 23 Rn. 91; **a. M.** *Thiele* 2. Bearbeitung, § 23 Rn. 49). Der weitergehende Auflösungsantrag genießt aus prozessökonomischen Gründen den Vorrang (ebenso *Fitting* § 23 Rn. 31; *Huke/HWGNRH* § 23 Rn. 36; *Koch/*ErfK § 23 BetrVG Rn. 10; *Trittin/DKKW* § 23 Rn. 91). Wird ihm stattgegeben, können einzelne Betriebsratsmitglieder nicht mehr ihres Amtes enthoben werden (§ 24 Nr. 5, 2. Alternative). 98

Wurde **nur** der **Antrag auf Auflösung** des Betriebsrats gestellt und will das Gericht diesem nicht stattgeben, kann es nicht den nicht beantragten **Ausschluss** eines Betriebsratsmitglieds oder mehrerer Betriebsratsmitglieder als ein **Minus** anordnen (so auch *LAG Schleswig-Holstein* 30.11.1983 AuR 1984, 287; *Koch/*ErfK § 23 BetrVG Rn. 10; *Richardi/Thüsing* § 23 Rn. 64; *Stege/Weinspach/Schiefer* § 23 Rn. 12; *Trittin/DKKW* § 23 Rn. 91). Der Antragsteller bestimmt durch seinen Antrag den Verfahrensgegenstand (*BAG* 15.09.1965 AP Nr. 4 zu § 94 ArbGG 1953 Bl. 2 R f.; 15.09.1965 AP Nr. 10 zu § 76 BetrVG Bl. 3 R f.; 15.07.1960 AP Nr. 15 zu § 76 BetrVG Bl. 2; 26.11.1968 AP Nr. 18 zu 99

§ 76 BetrVG Bl. 2 R; 13.03.1973 EzA § 20 BetrVG 1972 Nr. 1 S. 6 = AP Nr. 1 zu § 20 BetrVG 1972 Bl. 3 R; *Fenn* FS *Schiedermair*, 1976, S. 117 [125]; *Matthes / Spinner / GMP* ArbGG, § 81 Rn. 33). Der Ausschluss eines bestimmten Betriebsratsmitglieds wird regelmäßig über den gewollten Inhalt des Antrags hinausgehen, selbst wenn er zwangsläufig mit der Auflösung verbunden ist. Der Einzelausschluss kann an andere rechtliche Voraussetzungen geknüpft sein (nach h. M. ist hierfür Verschulden erforderlich, s. Rdn. 51) und diskriminierender wirken als die den gesamten Betriebsrat erfassende »anonyme« Auflösung. Auch die Wiederwählbarkeit in einen neuen Betriebsrat kann belastet sein (s. Rdn. 116 ff.). Denkbar ist deshalb, dass der Antragsteller bewusst nicht ein einzelnes Betriebsratsmitglied herausgreifen wollte, um so einseitige Nachteile zu vermeiden. In derartigen Fällen würde das Gericht über seine vom Antrag begrenzte Entscheidungsbefugnis hinausgehen, wenn es ein Betriebsratsmitglied ausschließt. Liegt umgekehrt nur der Antrag auf Ausschluss eines bestimmten Betriebsratsmitglieds vor, so überschreitet das Gericht gleichfalls seine Entscheidungsbefugnis, wenn es den Betriebsrat auflöst.

100 Mit dem Antrag auf Ausschluss kann **gleichzeitig** die **Wahl** des betreffenden **Betriebsratsmitglieds** z. B. wegen fehlender Wählbarkeit **oder** des gesamten **Betriebsrats** unter den Voraussetzungen von § 19 **angefochten** werden. Die Anträge können auch hier jeweils hilfsweise gestellt werden. Werden sie gleichzeitig gestellt, hat das Anfechtungsverfahren aus prozessökonomischen Gründen Vorrang (*Fitting* § 23 Rn. 31; *Huke / HWGNRH* § 23 Rn. 36; *Koch/* ErfK § 23 BetrVG Rn. 10; *Richardi / Thüsing* § 23 Rn. 48, 63; *Trittin / DKKW* § 23 Rn. 92). Die erfolgreiche Anfechtung beendet mit Rechtskraft der Entscheidung ex nunc das Amt des Betriebsratsmitglieds bzw. des Betriebsrats (*Kreutz* § 19 Rdn. 136, 142). Da im letzteren Falle die Weiterführung der Geschäfte bis zur Neuwahl nach § 22 i. V. m. § 13 Abs. 2 Nr. 4 ausgeschlossen ist, wird der Antrag auf Amtsenthebung eines Betriebsratsmitglieds bzw. Auflösung des Betriebsrats gegenstandslos und damit unzulässig. Entsprechendes gilt, wenn wegen ganz besonders schwerer Verstöße die rückwirkende Feststellung der Nichtigkeit der Wahl geltend gemacht wird, was allerdings selten der Fall sein dürfte (hierzu *Kreutz* § 19 Rdn. 143 ff.).

c) Ausscheiden des Betriebsratsmitglieds nach Antragstellung

101 Ein Betriebsratsmitglied kann jederzeit selbst seine Mitgliedschaft im Betriebsrat beenden, indem es sein Amt niederlegt (§ 24 Nr. 2). Damit kann es nicht mehr aus dem Betriebsrat ausgeschlossen werden. Scheidet es während eines anhängigen Amtsenthebungsverfahrens aus dem Betriebsrat aus, so kann das Verfahren seit dem 01.07.1979 (Art. 5 Gesetz zur Beschleunigung und Bereinigung des arbeitsgerichtlichen Verfahrens vom 21.05.1979, BGBl. I S. 545) durch die Beteiligten übereinstimmend für **erledigt erklärt** werden; der Vorsitzende hat dann **das Verfahren einzustellen** (§ 83a Abs. 1 und 2 ArbGG; s. auch § 90 Abs. 2, § 95 Satz 4 ArbGG). Entsprechendes gilt, wenn der Antragsteller das Verfahren für erledigt erklärt hat und die übrigen Beteiligten der Erledigung zustimmen bzw. deren Zustimmung fingiert wird (§ 83a Abs. 3 ArbGG). Stimmen die übrigen Beteiligten der Erledigungserklärung nicht zu, so ist das Verfahren fortzuführen; die Überprüfung des Gerichts beschränkt sich aber darauf, ob ein erledigendes Ereignis eingetreten ist (§ 81 Abs. 3 Satz 1; *BAG* 26.04.1990 EzA § 83a ArbGG 1979 Nr. 1 S. 4 ff. = AP Nr. 3 zu § 83a ArbGG 1979 Bl. 3 ff.; 19.02.2008 AP Nr. 11 zu § 83a ArbGG 1979 Rn. 10 = NZA-RR 2008, 490; 08.12.2010 EzA § 83a ArbGG 1979 Nr. 9 Rn. 8 = AP Nr. 12 zu § 83a ArbGG 1979 = NZA 2011, 362; 03.06.2015 EzA § 83a ArbGG 1979 Nr. 11 Rn. 17 = AP Nr. 14 zu § 83a ArbGG 1979 = NZA 2015, 894; *Greiner / GWBG* ArbGG, § 83a Rn. 13; *Matthes / Spinner / GMP* ArbGG, § 83a Rn. 22; *Richardi / Thüsing* § 23 Rn. 44; *Wiese* 5. Aufl., § 23 Rn. 72; **a. M.** noch *BAG* 15.09.1987 EzA § 99 BetrVG 1972 Nr. 57 S. 12 = AP Nr. 46 zu § 99 BetrVG 1972 Bl. 2 R, wonach die ursprüngliche Zulässigkeit und Begründetheit zu prüfen war und der Antragsteller einen entsprechenden Feststellungsantrag stellen konnte; hierzu auch *Jost / Sundermann* ZZP Bd. 105 [1992], 261 ff.). Beim Ausscheiden eines Betriebsratsmitglieds aus dem Betriebsrat ist die Erledigung eindeutig und daher antragsgemäß auszusprechen. Entsprechendes gilt, wenn vor Abschluss des Verfahrens der Betriebsrat neu gewählt wird und das auszuschließende Betriebsratsmitglied dem neuen Betriebsrat nicht mehr angehört (s. den Fall *BAG* 08.12.1961 AP Nr. 7 zu § 23 BetrVG).

102 Wird der Antrag auf Amtsenthebung trotz des erledigenden Ereignisses aufrechterhalten, ist er wegen **Wegfalls des Rechtsschutzinteresses** als unzulässig abzuweisen (s. auch *BAG* 06.10.1978 AP Nr. 2 zu § 101 BetrVG 1972 Bl. 3 [zust. *Dütz*]; 27.06.2002 EzA § 103 BetrVG 1972 Nr. 43 S. 4 = AP Nr. 47

zu § 103 BetrVG 1972 Bl. 2 R; 18.05.2016 EzA § 23 BetrVG 2001 Nr. 8 Rn. 18 = AP Nr. 49 zu § 23 BetrVG 1972 = NZA-RR 2016, 582; *Fitting* § 23 Rn. 33; *Huke / HWGNRH* § 23 Rn. 32; *Joost /* MünchArbR § 222 Rn. 16; **a. M.** *Richardi / Thüsing* § 23 Rn. 43 f.: als unbegründet abzuweisen; für Einstellung ohne Antrag zum früheren Recht *BAG* 26.06.1957 AP Nr. 2 zu § 81 ArbGG Bl. 3; 08.12.1961 AP Nr. 7 zu § 23 BetrVG Bl. 2 R f.; 29.04.1969 EzA § 23 BetrVG Nr. 2 S. 7 = AP Nr. 9 zu § 23 BetrVG Bl. 4 R; *Thiele* 2. Bearbeitung, § 23 Rn. 53 m. w. N.; diese Rechtsprechung ist durch § 83a ArbGG überholt; s. *Fenn* FS 25 Jahre Bundesarbeitsgericht, 1979, S. 91 [115 f.]; *Grunsky* ArbGG, § 83a Rn. 6). Ist dagegen der gesamte Betriebsrat vorzeitig zurückgetreten, so kann das Ausschlussverfahren nicht eingestellt werden, da der Betriebsrat bis zur Neuwahl die Geschäfte weiterführt und deshalb auch das auszuschließende Mitglied noch im Amt bleibt (§ 22 i. V. m. § 13 Abs. 2 Nr. 3; *LAG Hamm* 24.11.1953 BB 1954, 60; *Fitting* § 23 Rn. 33; *Koch / ErfK* § 23 BetrVG Rn. 7; *Reichold / HWK* § 23 BetrVG Rn. 15; *Richardi / Thüsing* § 23 Rn. 62; *Stege / Weinspach / Schiefer* § 23 Rn. 7a; **a. M.** *Brecht* § 23 Rn. 11).

Trotz Ausscheidens des Betriebsratsmitglieds kann ausnahmsweise ein **Feststellungsinteresse** daran bestehen, dass eine für den Ausschluss aus dem Betriebsrat hinreichend grobe Amtspflichtverletzung vorgelegen hat. Für eine entsprechende Antragsänderung genügt es nicht, dass der Antragsteller ohne zwingenden Grund den Pflichtenverstoß geklärt wissen möchte. Erforderlich ist vielmehr, dass aus der Feststellung für die Zukunft Rechtsfolgen abgeleitet werden können. Die Entscheidung der Belegschaft, ob dieser Arbeitnehmer wieder zur Wahl vorgeschlagen oder gar gewählt werden soll, kann berechtigterweise von einer Klärung der Vorgänge aus der abgelaufenen Amtszeit dieses Mitglieds abhängig gemacht werden. Wenn auch im Grundsatz daran festzuhalten ist, dass das Beschlussverfahren der schnellen und objektiven Klärung aktueller, d. h. gegenwärtiger, nicht überholter Vorgänge dienen soll (*Heither / Schönherr* ArbGG, § 80 Rn. 4; *Hueck / Nipperdey* II/2, S. 1185 Fn. 15), besteht doch unter den bezeichneten Voraussetzungen im Interesse der Rechtsklarheit ein Bedürfnis nach einer weiten Auslegung des Rechtsschutzinteresses. Diese Auffassung steht auch im Einklang mit der Befriedungs- und Klärungsfunktion des Beschlussverfahrens, die das *BAG* (08.12.1961 AP Nr. 7 zu § 23 BetrVG Bl. 2 R) in den Vordergrund gerückt hat (wie hier: *Neumann-Duesberg* Anm. zu *BAG* 08.12.1961 AP Nr. 7 zu § 23 BetrVG Bl. 3 R f.; *ders.* Anm. zu *LAG Hannover* 30.04.1958 SAE 1959, 39; *Brecht* § 23 Rn. 11; vgl. auch *BAG* 08.02.1957 AP Nr. 1 zu § 82 BetrVG Bl. 3 R; *Stege / Weinspach / Schiefer* § 23 Rn. 6; für das Personalvertretungsrecht: *BVerwG* 24.10.1973 E 49, 259 [264 f.]; 20.06.1958 AP Nr. 12 zu § 31 PersVG Bl. 1 R f.; 20.06.1958 AP Nr. 7 zu § 26 PersVG Bl. 1 R; ausdrücklich offen gelassen von *BAG* 08.12.1961 AP Nr. 7 zu § 23 BetrVG Bl. 2; **a. M.** *Hueck / Nipperdey* II/2, S. 1185 Fn. 15; wohl auch *Dietz* Anm. zu *BAG* AP Nr. 9 zu § 23 BetrVG Bl. 5).

Das **Rechtsschutzinteresse** für ein **anhängiges Ausschlussverfahren** ist grundsätzlich anders zu beurteilen, wenn das auszuschließende **Betriebsratsmitglied** vor rechtskräftiger anschließende Entscheidung nach Ablauf der vorangegangenen Amtszeit für die unmittelbar anschließende Amtsperiode **wieder in** den **Betriebsrat gewählt** worden ist. Eine gestaltende Entscheidung ist hier möglich, da das Betriebsratsmitglied seines Amtes enthoben werden kann. Der Antrag bleibt somit zulässig; begründet ist er aber allenfalls, wenn Vorgänge aus der vorangegangenen Amtsperiode noch geprüft werden dürfen. Nach hier vertretener Ansicht ist das zu bejahen, falls sich die Amtspflichtverletzung auf die neue Amtszeit belastend auswirken (s. Rdn. 58 ff.). Kann aber ein erst in der neuen Amtsperiode gestellter Antrag auf solche früheren Pflichtverletzungen gestützt werden, so muss darüber erst recht entschieden werden können, wenn das Ausschlussverfahren bereits in der abgelaufenen Amtsperiode eingeleitet worden ist. Ob dann eine Pflichtverletzung fortwirkt, hängt von den Umständen des Einzelfalles ab (wie hier *Fenn* SAE 1970, 246 [248]; *Huke / HWGNRH* § 23 Rn. 19; *Richardi / Thüsing* § 23 Rn. 28, 45; *Stege / Weinspach / Schiefer* § 23 Rn. 6; zum früheren Recht *BAG* 02.11.1955 AP Nr. 1 zu § 23 BetrVG Bl. 1 R f. [zust. *A. Hueck*]; *LAG Bremen* 16.08.1962 SAE 1963, 128; *BayVGH* 12.11.1965 PersV 1966, 86 [89]; *LAG Düsseldorf* 04.11.1964 BB 1965, 371; *Dietz* § 23 Rn. 11; *Engelhard* ZBR 1957, 10; *Galperin / Siebert* § 23 Rn. 23; *Hueck / Nipperdey* II, 6. Aufl. 1957, S. 737 Fn. 15; *Nikisch* III, S. 128 f.; *Windscheid* ZBR 1958, 276).

Die **gegenteilige** Auffassung des *BAG* (29.04.1969 EzA § 23 BetrVG Nr. 2 S. 7 f. = AP Nr. 9 zu § 23 BetrVG Bl. 1 R ff. [abl. *Dietz*]; zuletzt *BAG* 18.05.2016 EzA § 23 BetrVG 2001 Nr. 8 Rn. 17 f. = AP Nr. 49 zu § 23 BetrVG 1972 = NZA-RR 2016, 582 Rn. 17 f.; dem *BAG* folgend *LAG Berlin*

19.06.1978 DB 1979, 112; *LAG Bremen* 27.10.1987 NZA 1988, 330; *Bender* DB 1982, 1271 [1273]; *Fitting* § 23 Rn. 25; *Hueck/Nipperdey* II/2, S. 1185 Fn. 15; *Joost*/MünchArbR § 222 Rn. 16; *Löwisch/LK* § 23 Rn. 33; *Reichold/HWK* § 23 BetrVG Rn. 2 [anders aber Rn. 15]), das unter ausdrücklicher Aufgabe seiner früheren Rechtsprechung (*BAG* 02.11.1955 AP Nr. 1 zu § 23 BetrVG) auch dann bereits das Rechtsschutzinteresse verneint, wenn das auszuschließende Betriebsratsmitglied wiedergewählt wurde, ist abzulehnen. Das folgt zwar nicht aus dem Wortlaut des § 23, der beide Ansichten zulässt. Die Auffassung einer mit dem Wechsel der Amtszeit automatisch verbundenen »Generalabsolution« (so *Windscheid* ZBR 1958, 277; im Anschluss *Huke/HWGNRH* § 23 Rn. 19) stößt aber auf erhebliche rechtspolitische Bedenken (s. auch Rdn. 60). Sie fördert – je nach Verfahrensdauer und Beschäftigungslage der angerufenen Gerichts – Zufallsentscheidungen und verleitet zum Rechtsmissbrauch, indem z. B. das auszuschließende Betriebsratsmitglied das Verfahren ungebührlich verzögert (s. aber § 9 Abs. 1 Satz 1 ArbGG). Die Konsequenz wäre eine unerträgliche Erschwerung, wenn nicht Verneinung des Rechtsschutzes des Antragstellers, die mit der Zielsetzung des Gesetzes nicht zu vereinbaren ist. Der Hinweis des *BAG* (29.04.1969 AP Nr. 9 zu § 23 BetrVG Bl. 4) auf die Möglichkeit, eine einstweilige Verfügung zu erwirken, löst nicht das Problem einer in die neue Amtszeit hinein fortwirkenden Beeinträchtigung.

d) Einstweilige Verfügung

106 Bei schwerwiegenden Amtspflichtverletzungen kann die gesetzmäßige Amtsausübung durch das Betriebsratsmitglied, insbesondere die vertrauensvolle Zusammenarbeit mit ihm, bis zur rechtskräftigen Entscheidung über den Ausschlussantrag schlechthin nicht mehr gewährleistet sein. Dann kann das Arbeitsgericht auf Antrag im Beschlussverfahren durch einstweilige Verfügung die weitere Amtsausübung bis zur rechtskräftigen Entscheidung untersagen (§ 85 Abs. 2 ArbGG; ebenso *LAG Berlin-Brandenburg* 25.09.2012 – 16 TaBVGa 1218/12 – juris; *LAG Hamm* 18.09.1975 EzA § 23 BetrVG 1972 Nr. 2; *Hess. LAG* 03.09.2009 NZA-RR 2010, 246 [247]; *ArbG München* 19.07.1979 EzA § 23 BetrVG 1972 Nr. 8; *ArbG Wiesbaden* 11.04.1984 ARSt. 1984, 101 [Nr. 90]; *Dütz* ZfA 1972, 247 [256]; *Fitting* § 23 Rn. 32; *Huke/HWGNRH* § 23 Rn. 35; *Joost*/MünchArbR § 222 Rn. 17; *Koch/ErfK* § 23 BetrVG Rn. 7; *Kreft/WPK* § 23 Rn. 6; *Löwisch/LK* § 23 Rn. 32; *Reichold/HWK* § 23 BetrVG Rn. 16; *Richardi/Thüsing* § 23 Rn. 51; *Stege/Weinspach/Schiefer* § 23 Rn. 7; *Trittin/DKKW* § 23 Rn. 95; offen *LAG Berlin-Brandenburg* 05.06.2014 LAGE § 23 BetrVG 2001 Nr. 9 = NZA-RR 2014, 538; zu § 85 ArbGG a. F. s. auch schon *BAG* 29.04.1969 AP Nr. 9 zu § 23 BetrVG Bl. 4; *Hueck/Nipperdey* II/2, S. 1183 Fn. 10b; *Nikisch* III, S. 129). Bis zur rechtskräftigen Entscheidung über den Ausschließungsantrag ist das Betriebsratsmitglied aus rechtlichen Gründen an der Amtsausübung gehindert und wird durch das Ersatzmitglied vertreten (§ 25 Abs. 1 Satz 2); ein endgültiges Nachrücken kommt erst mit Rechtskraft der Entscheidung in Betracht, durch die das Betriebsratsmitglied aus dem Betriebsrat ausgeschlossen ist (s. Rdn. 112).

107 Dagegen ist ein Ausschluss aus dem Betriebsrat durch einstweilige Verfügung nicht möglich (*LAG Berlin-Brandenburg* 05.06.2014 LAGE § 23 BetrVG 2001 Nr. 9 = NZA-RR 2014, 538; *ArbG Wiesbaden* 11.04.1984 ARSt. 1984, 101 [Nr. 90]; *ArbG Aachen* 19.03.2009 – 8 BVGa 3/09 – juris; ebenso *Joost*/MünchArbR § 222 Rn. 17). Bis zur endgültigen Entscheidung wird das Betriebsratsmitglied durch ein Ersatzmitglied vertreten (§ 25 Abs. 1 Satz 2). Auch kann der Betriebsrat nicht selbst durch Mehrheitsbeschluss dem Mitglied die weitere Amtsausübung untersagen (*Richardi/Thüsing* § 23 Rn. 51; *Trittin/DKKW* § 23 Rn. 96; **a. M.** zum Personalvertretungsrecht *Wolber* PersV 1976, 296).

e) Entscheidung des Arbeitsgerichts

108 Liegen die Voraussetzungen des § 23 Abs. 1 Satz 1 vor, so muss das Arbeitsgericht den Ausschluss des Betriebsratsmitglieds aussprechen, jedoch haben die Tatsacheninstanzen einen **Beurteilungsspielraum**, dessen Umfang sich aus freier, pflichtgemäßer Gesamtwürdigung aller Umstände ergibt (*BAG* 21.02.1978 EzA § 73 BetrVG 1972 Nr. 4 S. 41 = AP Nr. 1 zu § 74 BetrVG 1972 Bl. 8; 22.06.1993 EzA § 23 BetrVG 1972 Nr. 35 S. 11 = AP Nr. 22 zu § 23 BetrVG 1972 Bl. 5 R; 28.05.2002 EzA § 87 BetrVG 1972 Betriebliche Ordnung Nr. 29 S. 12 = AP Nr. 39 zu § 87 BetrVG 1972 Ordnung des Betriebes Bl. 5 R; *Hueck/Nipperdey* II/2, S. 1184; *Nikisch* III, S. 128; *Richardi/Thüsing* § 23 Rn. 49; *Trittin/DKKW* § 23 Rn. 9, 94).

4. Wirkungen des Ausschlusses

a) Verlust des Amtes; Nachrücken eines Ersatzmitglieds

Der **Ausschluss** aus dem Betriebsrat wird **rechtswirksam** mit **Rechtskraft** des arbeitsgerichtlichen **109 Beschlusses**; dieser wirkt rechtsgestaltend **für die Zukunft** (*BAG* 08.12.1961 AP Nr. 7 zu § 23 BetrVG Bl. 1 R; *Joost*/MünchArbR § 222 Rn. 18). Bis zur Rechtskraft der Entscheidung bleibt das Betriebsratsmitglied im Amt (*Richardi*/*Thüsing* § 23 Rn. 50), selbst wenn ihm durch einstweilige Verfügung die weitere Amtsausübung untersagt worden sein sollte (dazu s. Rdn. 106). Die Rechtskraft des Beschlusses tritt u. U. erst nach Abschluss des Beschwerde- und Rechtsbeschwerdeverfahrens vor dem Landes- bzw. Bundesarbeitsgericht ein (§§ 87 ff., §§ 92 ff. ArbGG). Ist die Rechtsbeschwerde vom Landesarbeitsgericht nicht zugelassen worden, wird der Beschluss erst wirksam mit Ablauf der Frist für die Einlegung der Nichtzulassungsbeschwerde, gegebenenfalls mit deren Zurücknahme (zur Divergenzrechtsbeschwerde nach früherem Recht *LAG Hamm* 09.11.1977 DB 1978, 216).

Der rechtswirksame **Ausschluss** führt **unmittelbar** zum **sofortigen Verlust** des **Amtes** und der da- **110** mit verbundenen Rechte und Pflichten für die verbleibende Amtszeit des Betriebsrats, dem das Mitglied angehörte (§ 24 Nr. 5). Zugleich erlöschen alle Ämter und Funktionen, die es im Betriebsrat innehatte, z. B. als Vorsitzender des Betriebsrats (s. *Raab* § 26 Rdn. 25) oder Mitglied eines Ausschusses (s. *Raab* § 27 Rdn. 37, § 28 Rdn. 24). Ebenso erlöschen die Ämter, die die Zugehörigkeit zum Betriebsrat voraussetzen, z. B. als Mitglied des **Gesamtbetriebsrats** (§ 49), **Konzernbetriebsrats** (§ 57) oder im **Wirtschaftsausschuss**, soweit es sich nach § 107 Abs. 1 Satz 1 und Abs. 3 Satz 1 um Mitglieder des Betriebsrats handelt (*Düwell*/HaKo § 23 Rn. 24; *Fitting* § 23 Rn. 27, § 24 Rn. 39, § 107 Rn. 8; *Huke*/HWGNRH § 23 Rn. 39; *Joost*/MünchArbR § 222 Rn. 19; *Koch*/ErfK § 23 BetrVG Rn. 11; *Kreft*/WPK § 23 Rn. 17; *Löwisch*/LK § 23 Rn. 34; *Trittin*/DKKW § 23 Rn. 88; einschränkend *Richardi*/*Thüsing* § 24 Rn. 35: nur beim einzigen Betriebsratsmitglied im Wirtschaftsausschuss).

Dagegen **erlöschen nicht** die **Ämter** des ausgeschlossenen Betriebsratsmitglieds als **Beisitzer** einer **111 Einigungsstelle** nach § 76 Abs. 2 Satz 1 (*Düwell*/HaKo § 23 Rn. 24; *Fitting* § 23 Rn. 28; *Koch*/ErfK § 23 BetrVG Rn. 11; *Trittin*/DKKW § 23 Rn. 98; **a. M.** *Galperin*/*Löwisch* § 24 Rn. 34) oder als **Arbeitnehmervertreter im Aufsichtsrat**, da diese Ämter die Zugehörigkeit zum Betriebsrat nicht voraussetzen. War die Zugehörigkeit zum Betriebsrat für die Wahl in diese Gremien maßgebend und wird das Mitglied aus dem Betriebsrat ausgeschlossen, dann kann es aus diesen Gremien nur gesondert abberufen werden. War es allerdings ausdrücklich nur für die Dauer seiner Mitgliedschaft im Betriebsrat zum Beisitzer der Einigungsstelle bestellt worden, endet diese Funktion mit der Rechtskraft des Beschlusses über seinen Ausschluss.

Mit dem Verlust des Amtes rückt zugleich ein **Ersatzmitglied** in die Rechtsstellung des Ausgeschie- **112** denen als Betriebsratsmitglied nach (§ 25 Abs. 1 Satz 1; s. § 25 Rdn. 69). Dagegen übernimmt das Ersatzmitglied nicht die sonstigen Ämter und Funktionen des ausgeschiedenen Mitglieds (s. § 25 Rdn. 70 m. w. N.).

b) Verlust des besonderen Kündigungsschutzes

Der rechtswirksame Ausschluss aus dem Betriebsrat lässt das Arbeitsverhältnis unberührt. Er beseitigt **113** aber *ex nunc* den besonderen Kündigungsschutz des bisherigen Betriebsratsmitglieds. Seine außerordentliche Kündigung bedarf nicht mehr der Zustimmung des Betriebsrats nach § 15 Abs. 1 Satz 1 KSchG i. V. m. § 103 Abs. 1, selbst wenn diese vor dem rechtskräftigen Ausschluss beantragt worden war. Ein vorher mit dem Antrag auf Ausschluss beim Arbeitsgericht gestellter Antrag auf Ersetzung der Zustimmung gemäß § 103 Abs. 2 wird gegenstandslos. Der Arbeitgeber kann daher ab Rechtskraft des Ausschlusses dem bisherigen Betriebsratsmitglied unter Beachtung der Frist des § 626 Abs. 2 BGB fristlos kündigen, wenn es nicht nur amtswidrig gehandelt, sondern zugleich eine arbeitsvertragliche Pflicht grob verletzt hat. Die Ausschlussfrist ist gewahrt, wenn der Arbeitgeber den Antrag auf Ersetzung der Zustimmung des Betriebsrats innerhalb von zwei Wochen seit Kenntniserlangung von den für die Kündigung maßgebenden Tatsachen gestellt (*BAG* 18.08.1977 EzA § 103 BetrVG 1972 Nr. 20 S. 124 = AP Nr. 10 zu § 103 BetrVG 1972 Bl. 4 R) und die Kündigung unverzüglich nach Eintritt der Rechtskraft des Ausschlusses erklärt hat (s. *Raab* § 103 Rdn. 96 ff.).

114 Das ausgeschlossene Betriebsratsmitglied verliert ferner den **nachwirkenden** besonderen **Kündigungsschutz** gegen eine ordentliche Kündigung, weil die Beendigung der Mitgliedschaft auf einer gerichtlichen Entscheidung beruht (§ 15 Abs. 1 Satz 2 letzter Halbsatz KSchG i. V. m. § 24 Nr. 5; *Düwell*/HaKo § 23 Rn. 24; *Fitting* § 23 Rn. 29; *Huke/HWGNRH* § 23 Rn. 38; *Joost*/MünchArbR § 222 Rn. 19; *Koch*/ErfK § 23 BetrVG Rn. 11; *Kreft/WPK* § 23 Rn. 17; *Löwisch/LK* § 23 Rn. 34; *Reichold/HWK* § 23 BetrVG Rn. 17; *Stege/Weinspach/Schiefer* § 23 Rn. 9; *Trittin/DKKW* § 23 Rn. 87). Ein nur im Wege **einstweiliger Verfügung** ausgeschlossenes Betriebsratsmitglied genießt dagegen den vollen Kündigungsschutz, weil diese Maßnahme nur vorläufigen Charakter hat (*Fitting* § 23 Rn. 29; *Koch*/ErfK § 23 BetrVG Rn. 9; *Trittin/DKKW* § 23 Rn. 97).

115 Ein rechtskräftig aus dem Betriebsrat ausgeschlossenes Mitglied verliert darüber hinaus die **Rechte nach § 37 Abs. 4 und 5 sowie § 38 Abs. 4** (m. w. N. s. *Weber* § 37 Rdn. 147, 156, § 38 Rdn. 107; a. M. *Fitting* § 23 Rn. 29; *Koch*/ErfK § 23 BetrVG Rn. 4, 11; *Maschmann*/AR § 23 BetrVG Rn. 14; *Galperin/Löwisch* § 23 Rn. 27; *Trittin/DKKW* § 23 Rn. 97). Dies folgt aus dem Rechtsgedanken des § 15 Abs. 1 Satz 2 KSchG, dem die Wertung zu entnehmen ist, dass das Betriebsratsmitglied den nachwirkenden Amtsschutz verliert, wenn es aufgrund gerichtlicher Entscheidung sein Amt verliert. Es wäre insoweit teleologisch ungereimt, wenn der Vertragsinhaltsschutz aufrechterhalten bliebe, während der Vertragsbeendigungsschutz entfällt. Der Standpunkt der gegenteiligen Ansicht führt zu dem widersinnigen Ergebnis, dass das aufgrund einer gerichtlichen Entscheidung ausgeschlossene Betriebsratsmitglied zwar vor Änderungen der Arbeitsbedingungen, nicht aber vor einer Beendigung des Arbeitsverhältnisses geschützt ist.

c) Zulässigkeit der Wiederwahl

116 Der Ausschluss aus dem Betriebsrat nach § 23 Abs. 1 führt nur zum Verlust des Amtes als Betriebsratsmitglied und der damit verbundenen weiteren Ämter und Funktionen, dagegen nicht der Wählbarkeit, deren Voraussetzungen und Verlust in § 8 abschließend geregelt sind (*BAG* 16.02.1973 EzA § 19 BetrVG 1972 Nr. 1 S. 8 = AP Nr. 1 zu § 19 BetrVG 1972 Bl. 4 R). Deshalb kann unbestritten ein aus dem Betriebsrat ausgeschlossenes Mitglied nach Ablauf der regulären Amtszeit des Betriebsrats für die nächste Amtsperiode wiedergewählt werden, selbst wenn es erst kurz vor der Neuwahl ausgeschlossen wurde (*BAG* 27.07.2016 EzA § 23 BetrVG 2001 Nr. 9 Rn. 27 = AP Nr. 50 zu § 23 BetrVG 1972 = NZA 2017, 136; *Fitting* § 23 Rn. 30; *Huke/HWGNRH* § 23 Rn. 33; *Joost*/MünchArbR § 222 Rn. 21; *Koch*/ErfK § 23 BetrVG Rn. 11; *Löwisch/LK* § 23 Rn. 34; *Reichold/HWK* § 23 BetrVG Rn. 17; *Richardi/Thüsing* § 23 Rn. 52; *Stege/Weinspach/Schiefer* § 23 Rn. 7; *Trittin/DKKW* § 23 Rn. 99; zum früheren Recht *BAG* 29.04.1969 EzA § 23 BetrVG Nr. 2 S. 10 = AP Nr. 9 zu § 23 BetrVG Bl. 3; *Hueck/Nipperdey* II/2, S. 1185 m. w. N. in Fn. 16).

117 Bestritten ist jedoch, ob das ausgeschlossene Betriebsratsmitglied auch bei **vorzeitiger Neuwahl** (§ 13 Abs. 2) sofort wieder in den Betriebsrat gewählt werden kann. Nach § 23 Abs. 1 ist als Sanktion nur der Ausschluss aus dem bestehenden Betriebsrat, dagegen nicht eine darüber hinausgehende Aufhebung der Amtsfähigkeit vorgesehen. Insbesondere ist die Sanktion des § 23 Abs. 1 nicht mit der regulären Amtszeit des amtierenden Betriebsrats verknüpft. Deshalb richtet sich die Wählbarkeit des amtsenthobenen früheren Betriebsratsmitglieds allein nach § 8. Dieser sieht jedoch in der seit 1975 gültigen Fassung (s. *Raab* § 8 Rdn. 55 ff.) den Verlust der Wählbarkeit nur bei strafgerichtlicher Verurteilung (§ 45 StGB) vor. Damit ist jedenfalls dann die Wiederwahl des amtsenthobenen Betriebsratsmitglieds bei vorzeitiger Neuwahl zu bejahen, wenn diese Neuwahl unabhängig von der Amtsenthebung erforderlich wird (ebenso trotz unterschiedlicher Auffassung im Übrigen *Fitting* § 23 Rn. 30; *Richardi/Thüsing* § 8 Rn. 45 f.; *Trittin/DKKW* § 23 Rn. 99; a. M. *Huke/HWGNRH* § 23 Rn. 33).

118 Die Erwägungen in Rdn. 117 sprechen auch für die Zulässigkeit der Wiederwahl des amtsenthobenen Betriebsratsmitglieds bei vorzeitiger Neuwahl, wenn der Betriebsrat mit der Mehrheit seiner Mitglieder den **Rücktritt** beschlossen (§ 13 Abs. 2 Nr. 3) oder die Mehrheit seiner Mitglieder einschließlich der Ersatzmitglieder das **Amt niedergelegt** hat (§ 13 Abs. 2 Nr. 2), um die Wiederwahl des ausgeschlossenen Betriebsratsmitglieds zu ermöglichen (im Ergebnis ebenso *Bender* DB 1982, 1271 [1273]; *Koch*/ErfK § 23 BetrVG Rn. 11; *Fitting* § 23 Rn. 30; *Galperin/Löwisch* § 8 Rn. 16, § 23 Rn. 26; *Thiele* 2. Bearbeitung, § 23 Rn. 63; *Trittin/DKKW* § 23 Rn. 99; vgl. auch *BVerwG* 23.11.1962 BVerwGE 15, 166 [167] = AP Nr. 7 zu § 10 PersVG Bl. 1 R f.; **a. M.** *Richardi/Thüsing*

Verletzung gesetzlicher Pflichten § 23

§ 8 Rn. 46 m. w. N. zum BetrVG 1952 und zum BRG 1920; *Hueck/Nipperdey* II/2, S. 1185; *Huke/ HWGNRH* § 23 Rn. 33; *Nikisch* III, S. 129 f.; *Stege/Weinspach/Schiefer* § 23 Rn. 7).

Die Gegenmeinung lässt sich nicht damit begründen, dass andernfalls die Entscheidung des Gerichts missachtet werde; denn die Amtsenthebung bleibt als Faktum bestehen und sollte als Warnung für das Betriebsratsmitglied nicht unterschätzt werden. Auch die Belegschaft wird die Entscheidung des Gerichts nicht als irrelevant ansehen, sondern bei der Neuwahl berücksichtigen. Deshalb ist diese Fallkonstellation nicht vergleichbar mit einer im Zeitpunkt der Neuwahl noch nicht gerichtlich festgestellten und deshalb weiter verfolgbaren Pflichtverletzung (s. dazu Rdn. 58 ff.). Wenn die Belegschaft das amtsenthobene frühere Betriebsratsmitglied wiederwählt, ist das nach der gegenwärtigen Gesetzeslage nicht verboten und deshalb hinzunehmen, mag das auch rechtspolitisch bedenklich sein. Im Übrigen ist es wertungsmäßig ein Widerspruch, wenn Autoren, die eine Wiederwahl des amtsenthobenen früheren Betriebsratsmitglieds bei vorzeitiger Neuwahl des Betriebsrats verneinen, die Wiederwahl dann für zulässig halten, falls der Betriebsrat selbst nach § 23 Abs. 1 aufgelöst worden war und vorzeitig neu zu wählen ist (so aber *Huke/HWGNRH* § 23 Rn. 56). 119

Andererseits ist nicht zu verkennen, dass ein Betriebsrat gröblich gegen seine gesetzlichen Pflichten verstoßen kann, wenn er nur deshalb den Rücktritt beschließt, um entgegen dem eindeutigen Gerichtsentscheid dem ausgeschlossenen Betriebsratsmitglied die Weiterarbeit im Betriebsrat zu ermöglichen. Entsprechendes gilt, wenn seine Mitglieder mehrheitlich das Amt niederlegen. Insbesondere wäre es ein Verstoß gegen das Gebot zur vertrauensvollen Zusammenarbeit (§ 2 Abs. 1), wenn auf diese Weise ein aus dem Betriebsrat ausgeschlossenes Mitglied sofort wiedergewählt würde, dem gerade auf Antrag des Arbeitgebers gerichtlich attestiert wurde, dass es gegen den Grundsatz vertrauensvoller Zusammenarbeit grob verstoßen hat. Auch entstehen durch eine willkürlich herbeigeführte Neuwahl vorzeitig Kosten. In diesem Falle kann zwar nicht dem Betriebsratsmitglied vorgeworfen werden, es habe erneut pflichtwidrig gehandelt, weil es sich zur Wiederwahl bereitgefunden habe. Jedoch kann in krassen Fällen in dem Verhalten der Betriebsratsmitglieder, die den Rücktrittsbeschluss gefasst oder ihr Amt niedergelegt haben, eine fortwirkende grobe Pflichtverletzung liegen, die nach den oben (s. Rdn. 58 ff.) entwickelten Grundsätzen den Ausschluss dieser Betriebsratsmitglieder aus dem Betriebsrat rechtfertigen. Dagegen kann nicht die Auflösung des Betriebsrats beschlossen werden, da der neu Gewählte trotz etwaiger Personengleichheit mit dem alten nicht identisch ist (**a. M.** *Thiele* 2. Bearbeitung, § 23 Rn. 64). 120

IV. Auflösung des Betriebsrats

1. Grundsatz

Nach § 23 Abs. 1 kann ferner der Betriebsrat wegen grober Verletzung seiner gesetzlichen Pflichten, mithin unter den gleichen Voraussetzungen aufgelöst werden, wie sie für den Ausschluss eines Mitglieds aus dem Betriebsrat gelten. Die hierzu entwickelten Grundsätze sind daher unter Berücksichtigung der nachstehend aufgezeigten Abweichungen auch für die Auflösung des Betriebsrats anzuwenden. 121

2. Grobe Pflichtverletzung

Gesetzliche Pflichten des Betriebsrats sind alle Amtspflichten, die ihm als solchem obliegen. In Betracht kommen neben den allein dem Betriebsrat obliegenden Amtspflichten (z. B. Wahl des Vorsitzenden nach § 26 Abs. 1) die gleichen Amtspflichten wie die eines Betriebsratsmitglieds (s. Rdn. 20 ff., 63 ff.). Voraussetzung ist nur, dass sie wie z. B. das Gebot zur vertrauensvollen Zusammenarbeit nach § 2 Abs. 1 zugleich dem Betriebsrat obliegen und von diesem als solchem verletzt werden. 122

Es genügt daher nicht, dass sämtliche Betriebsratsmitglieder als einzelne, sei es auch gleichzeitig und gemeinsam eine Amtspflichtverletzung begehen, z. B. gegen das Verbot der parteipolitischen Betätigung im Betrieb verstoßen (§ 74 Abs. 2 Satz 3). In diesem Falle ist nur eine Amtsenthebung der Betriebsratsmitglieder möglich (ebenso *LAG Berlin-Brandenburg* 01.10.2015 – 5 TaBV 876/15 – BeckRS 2016, 66142; 04.02.2016 – 10 TaBV 2078/15 – BeckRS 2016, 68009; *LAG Schleswig-Holstein* 123

03.12.2013 – 1 TaBV 11/13 – BeckRS 2014, 66286; *ArbG Dessau* 02.12.2008 AiB 2009, 730 [731]; *ArbG Marburg* 07.08.1996 NZA 1996, 1331 [1332 f.]; *Düwell*/HaKo § 23 Rn. 25; *Fitting* § 23 Rn. 39; *Galperin*/*Löwisch* § 23 Rn. 30; *Huke*/*HWGNRH* § 23 Rn. 42; *Koch*/ErfK § 23 BetrVG Rn. 12; *Trittin*/*DKKW* § 23 Rn. 157). Im Gegensatz zur Auflösung des Betriebsrats würden dann Ersatzmitglieder nachrücken und die Amtstätigkeit des Betriebsrats fortsetzen (*Fitting* § 23 Rn. 39; *Trittin*/*DKKW* § 23 Rn. 157).

124 Da der **Betriebsrat als solcher** eine **Amtspflichtverletzung** begangen haben muss, kommt es **nicht** darauf an, dass **sämtliche Betriebsratsmitglieder** daran mitgewirkt oder auch nur davon gewusst haben (*Düwell*/HaKo § 23 Rn. 26; *Fitting* § 23 Rn. 40; *Galperin*/*Löwisch* § 23 Rn. 30; *Huke*/*HWGNRH* § 23 Rn. 42; *Joost*/MünchArbR § 222 Rn. 13; *Koch*/ErfK § 23 BetrVG Rn. 12; *Kreft*/*WPK* § 23 Rn. 20; *Reichold*/*HWK* § 23 BetrVG Rn. 18; *Richardi*/*Thüsing* § 23 Rn. 56; *Stege*/*Weinspach*/*Schiefer* § 23 Rn. 11; *Trittin*/*DKKW* § 23 Rn. 156); denn für den gesamten Betriebsrat verbindliche Betriebsratsbeschlüsse können schon von mindestens der Hälfte der Betriebsratsmitglieder gefasst werden (§ 33 Abs. 1 und 2). Zu einzelnen Amtspflichten s. Rdn. 128.

125 Nach dem eindeutigen Wortlaut des § 23 Abs. 1 kann ein Betriebsrat nur wegen von ihm selbst begangener grober Pflichtverletzungen aufgelöst werden. Ein neu gewählter Betriebsrat ist – anders als bei der Wiederwahl eines Betriebsratsmitglieds – mit dem alten selbst dann nicht identisch, wenn er mit diesem personengleich ist. Deshalb ist wegen **Pflichtverletzungen** aus der **vorhergehenden Amtszeit** die Auflösung des neuen Betriebsrats nicht zulässig (*Düwell*/HaKo § 23 Rn. 29; *Fitting* § 23 Rn. 39a; *Galperin*/*Löwisch* § 23 Rn. 33; *Kreft*/*WPK* § 23 Rn. 20; *Reichold*/*HWK* § 23 BetrVG Rn. 22; *Trittin*/*DKKW* § 23 Rn. 183; **a. M.** bei gleicher Zusammensetzung des Betriebsrats *Thiele* 2. Bearbeitung, § 23 Rn. 67, und ihm folgend *Huke*/*HWGNRH* § 23 Rn. 44). Ebenso wenig kann ein Auflösungsverfahren gegen einen Betriebsrat nach Beendigung seiner Amtszeit fortgeführt werden (s. Rdn. 134).

126 Wie der Ausschluss eines Mitglieds aus dem Betriebsrat ist auch die Auflösung des Betriebsrats nur bei **grober**, d. h. **objektiv erheblicher Verletzung** seiner gesetzlichen Pflichten möglich (hierzu s. Rdn. 42 ff.).

127 Eine **schuldhafte Pflichtverletzung** ist nach allgemeiner Meinung keine Voraussetzung für die Auflösung des Betriebsrats; es genügt dessen objektiv grobe Pflichtverletzung (*BAG* 22.06.1993 EzA § 23 BetrVG 1972 Nr. 35 S. 11 = AP Nr. 22 zu § 23 BetrVG 1972 Bl. 5 R; *LAG Berlin-Brandenburg* 01.10.2015 – 5 TaBV 876/15 – BeckRS 2016, 66142; *LAG Hamm* 25.09.1959 DB 1959, 1227; *Düwell*/HaKo § 23 Rn. 26; *Fitting* § 23 Rn. 40; *Hueck*/*Nipperdey* II/2, S. 1175 Fn. 7; *Huke*/*HWGNRH* § 23 Rn. 43; *Kloppenburg*/NK-GA § 23 BetrVG Rn. 14; *Koch*/ErfK § 23 BetrVG Rn. 12; *Kreft*/*WPK* § 23 Rn. 20; *Löwisch*/LK § 23 Rn. 35; *Neumann-Duesberg* FS *Erich Molitor*, S. 307 [315]; *Richardi*/*Thüsing* § 23 Rn. 56; *Stege*/*Weinspach*/*Schiefer* § 23 Rn. 11; *Trittin*/*DKKW* § 23 Rn. 158). Das ist zutreffend, weil der Betriebsrat als Gremium nicht schuldhaft handeln kann (zust. *Kreft*/*WPK* § 23 Rn. 20). Da es auf dessen grobe Amtspflichtverletzung ankommt, ist zudem unerheblich, ob einzelne oder die meisten Betriebsratsmitglieder schuldhaft gehandelt haben (**a. M.** jedoch *Nikisch* III, S. 117). Das gilt umso mehr, als von dem Auflösungsbeschluss auch diejenigen Betriebsratsmitglieder erfasst werden, denen kein Schuldvorwurf gemacht werden kann, weil sie z. B. an der Abstimmung über einen grob rechtswidrigen Beschluss nicht teilgenommen haben. Entscheidend ist daher auch hier, dass der Betriebsrat für die weitere Amtsausübung untragbar erscheint.

3. Einzelfälle

128 Eine erschöpfende Aufzählung von Amtspflichtverletzungen, die sich auf den gesamten Pflichtenkreis des Betriebsrats beziehen können, ist nicht möglich. Bei den nachfolgend genannten Beispielen ist ferner zu beachten, dass die Amtspflichtverletzung unter Berücksichtigung sämtlicher Umstände grob sein muss; das bedarf im konkreten Falle der Prüfung. Im Übrigen kann wie ein Betriebsratsmitglied auch der Betriebsrat durch **Vernachlässigung seiner gesetzlichen Befugnisse** gegen Amtspflichten verstoßen (s. hierzu Rdn. 24). Ebenso handelt er pflichtwidrig, wenn er **Amtspflichtverletzungen** seiner Mitglieder oder Organe – z. B. des Betriebsausschusses – **duldet** (*LAG Berlin-Brandenburg* 01.10.2015 – 5 TaBV 876/15 – BeckRS 2016, 66142; *LAG Schleswig-Holstein* 03.12.2013 – 1 TaBV

11/13 – BeckRS 2014, 66286; *Huke/HWGNRH* § 23 Rn. 42; *Koch/*ErfK § 23 BetrVG Rn. 12; *Löwisch/LK* § 23 Rn. 36; **a. M.** *Trittin/DKKW* § 23 Rn. 155; wohl auch *Fitting* § 23 Rn. 36: Billigung stets erforderlich). In Betracht kommen insbesondere folgende Amtspflichtverletzungen des Betriebsrats (s. auch *Fitting* § 23 Rn. 37; *Galperin/Löwisch* § 23 Rn. 35 ff.; *Huke/HWGNRH* § 23 Rn. 46; *Richardi/Thüsing* § 23 Rn. 53; *Trittin/DKKW* § 23 Rn. 159 sowie die Beispiele hier Rdn. 64 ff.):

– Verletzung des Gebots zur vertrauensvollen Zusammenarbeit nach § 2 Abs. 1 (*ArbG Krefeld* 06.02.1995 NZA 1995, 803 [804] sowie *Franzen* § 2 Rdn. 48);
– Duldung, Billigung oder Unterstützung gesetzeswidrigen Verhaltens einzelner Betriebsratsmitglieder (*LAG Berlin-Brandenburg* 01.10.2015 – 5 TaBV 876/15 – BeckRS 2016, 66142; *LAG Schleswig-Holstein* 03.12.2013 – 1 TaBV 11/13 – BeckRS 2014, 66286;
– Unterlassen der Bestellung eines Wahlvorstands und dessen Vorsitzenden entgegen § 16 Abs. 1 Satz 1 (*LAG Düsseldorf* 15.04.2011 LAGE § 13 BetrVG 2001 Nr. 1 sowie *Kreutz* § 16 Rdn. 17);
– Unterlassen der Weiterführung der Geschäfte entgegen § 22 (s. *Kreutz* § 22 Rdn. 16 ff.);
– Unterlassen der Wahl des Betriebsratsvorsitzenden und seines Stellvertreters entgegen § 26 Abs. 1 Satz 1 (s. *Raab* § 26 Rdn. 5);
– unzulässige Übertragung von Aufgaben auf den Vorsitzenden oder Dulden seines Auftretens ohne Vertretungsmacht (s. *Raab* § 26 Rdn. 42);
– Verletzung der Vorschriften über den Minderheitenschutz (z. B. s. *Raab* § 26 Rdn. 22 f., § 35 Rdn. 20, 27 f.);
– Unterlassen der Bildung eines Betriebsausschusses entgegen § 27 Abs. 1 Satz 1 (s. *Raab* § 27 Rdn. 11);
– Verstöße gegen § 30 (s. *Raab* § 30 Rdn. 10, 16, 24);
– Unterlassen erforderlicher Betriebsratssitzungen (*ArbG Wetzlar* 22.09.1992 BB 1992, 2216);
– Unterlassen der Unterrichtung des Arbeitgebers über die Teilnahme und zeitliche Lage der Schulungs- und Bildungsveranstaltungen entgegen § 37 Abs. 6 Satz 3, Abs. 7 Satz 3 (s. *Weber* § 37 Rdn. 300);
– Nichtausschöpfen von Freistellungen nach § 38 (*ArbG Wetzlar* 22.09.1992 BB 1992, 2216);
– Unterlassen der Beratung mit dem Arbeitgeber nach § 38 Abs. 2 Satz 1 (s. *Weber* § 38 Rdn. 57);
– Verstöße gegen § 41 (s. *Weber* § 41 Rdn. 9);
– Unterlassen der Einberufung notwendiger Betriebsversammlungen und der Erstattung von Tätigkeitsberichten entgegen § 43 Abs. 1 und 4 (s. *Weber* § 43 Rdn. 31 f.; *LAG Baden-Württemberg* 13.03.2014 – 6 TaBV 5/13 – BeckRS 2014, 69674; *LAG Frankfurt a. M.* 12.08.1993 BetrR 1994, 39; *LAG Hamm* 25.09.1959 DB 1959, 1227; *LAG Mainz* 04.05.1960 BB 1960, 982; *LAG Schleswig-Holstein* 03.12.2013 – 1 TaBV 11/13 – BeckRS 2014, 66286; *ArbG Bamberg* 19.10.1976 ARSt. 1977, 94 [Nr. 1100]; *ArbG Stuttgart* 24.07.2013 LAGE § 23 BetrVG 2001 Nr. 3; *ArbG Wetzlar* 22.09.1992 BB 1992, 2216);
– Art und Weise der Durchführung von Betriebsversammlungen (*LAG Berlin-Brandenburg* 08.04.2011 – 9 TaBV 2765/10 – BeckRS 2011, 69176);
– Nichtberücksichtigung betrieblicher Belange und der Interessen wesentlicher Teile der Belegschaft bei Festlegung der zeitlichen Lage von Betriebsversammlungen (*LAG Niedersachsen* 30.08.1982 DB 1983, 1312 [1314]; *ArbG Krefeld* 06.02.1995 NZA 1995, 803 [804]);
– Behandlung unzulässiger Themen auf Betriebs- und Abteilungsversammlungen entgegen § 45 (s. *Weber* § 45 Rdn. 8);
– Verhinderung der Teilnahme einer im Betrieb vertretenen Gewerkschaft an einer Betriebsversammlung (*LAG Baden-Württemberg* 13.03.2014 – 6 TaBV 5/13 – BeckRS 2014, 69674);
– Unterlassen der Entsendung von Betriebsratsmitgliedern in den Gesamtbetriebsrat entgegen § 47 Abs. 2 (s. *Kreutz/Franzen* § 47 Rdn. 42);
– Verstoß gegen das Verständigungsgebot nach § 74 Abs. 1 Satz 2 (s. *Kreutz/Jacobs* § 74 Rdn. 27);
– Verstoß gegen das Verbot von Arbeitskämpfen nach § 74 Abs. 2 Satz 1 (*Kreft/WPK* § 23 Rn. 22; s. aber auch *LAG Hamm* 06.11.1975 DB 1976, 343, bei Solidarisierung des Betriebsrats mit wild streikenden Arbeitnehmern bei provokativem Verhalten des Arbeitgebers; es besteht auch keine Einwirkungspflicht auf rechtswidrig streikende Arbeitnehmer, vgl. *Wiese* NZA 1984, 378 [383]);
– Verstoß gegen die allgemeine Friedenspflicht nach § 74 Abs. 2 Satz 2 (s. *Kreutz/Jacobs* § 74 Rdn. 144);

- Verstoß gegen das Verbot parteipolitischer Betätigung nach § 74 Abs. 2 Satz 3 (*BAG* 17.03.2010 EzA § 74 BetrVG 2001 Nr. 1 Rn. 29 = AP Nr. 12 zu § 74 BetrVG 1972 = NZA 2010, 1133 sowie unten *Kreutz/Jacobs* § 74 Rdn. 130);
- Verstoß gegen die Grundsätze des § 75 (s. *Kreutz/Jacobs* § 75 Rdn. 141);
- Abschluss von Betriebsvereinbarungen entgegen § 77 Abs. 3 (*BAG* 22.06.1993 EzA § 23 BetrVG 1972 Nr. 35 S. 7 = AP Nr. 22 zu § 23 BetrVG 1972 Bl. 4; *LAG Schleswig-Holstein* 28.01.1999 AiB 2000, 105; *Däubler* BB 1990, 2256 [2259]; *Düwell*/HaKo § 23 Rn. 27; *Fitting* § 23 Rn. 37; *Huke/ HWGNRH* § 23 Rn. 46; *Koch*/ErfK § 23 BetrVG Rn. 13; *Kreft/WPK* § 23 Rn. 22; *Richardi/Thüsing* § 23 Rn. 53; *Stege/Weinspach/Schiefer* § 23 Rn. 31; **a. M.** *Löwisch/LK* § 23 Rn. 39); s. auch Rdn. 245 sowie Rdn. 16;
- Verletzung der Geheimhaltungspflicht nach § 79 (s. § 79 Rdn. 71; *Hitzfeld* Geheimnisschutz im Betriebsverfassungsrecht, 1990, S. 82 f.);
- Beschlüsse, die gegen arbeitsrechtliche Schutzgesetze oder Tarifverträge verstoßen;
- Nichtbehandlung von Beschwerden nach § 85 (s. *Franzen* § 85 Rdn. 33);
- Nichtbestellung eines Wirtschaftsausschusses entgegen §§ 106, 107 (s. § 106 Rdn. 17);
- Nichtwahrnehmung der Beteiligungsrechte nach § 80, §§ 87 ff., §§ 90 f., §§ 92 ff., §§ 96 ff., §§ 99 ff., §§ 111 ff.;
- missbräuchliche Ausübung von Beteiligungsrechten zum Nachteil einzelner Arbeitnehmer, der Belegschaft oder des Arbeitgebers entgegen § 2 Abs. 1 (s. auch oben Rdn. 25);
- Strafanzeige gegen den Geschäftsführer wegen eines Verstoßes gegen § 119 ohne ansatzweisen Tatverdacht (*ArbG Krefeld* 06.02.1995 NZA 1995, 803 [804]; *Kreft/WPK* § 23 Rn. 22).

4. Verfahren bei Auflösung des Betriebsrats

129 Über die Auflösung des Betriebsrats entscheidet nach § 23 Abs. 1 Satz 1 allein das **Arbeitsgericht** im **Beschlussverfahren** (§ 2a Abs. 1 Nr. 1, Abs. 2, §§ 80 ff. ArbGG). Auf andere Weise kann eine Auflösung des Betriebsrats nicht erzwungen werden (s. Rdn. 77). Zum Rücktritt des Betriebsrats s. Rdn. 131 f. Für den **Gegenstandswert** kann der Regelwert des § 23 Abs. 3 Satz 2 RVG (5000 Euro) herangezogen werden, der für jedes Betriebsratsmitglied um jeweils 1/4 zu erhöhen ist (*LAG Köln* 20.10.1997 NZA-RR 1998, 275; ähnlich *LAG Hamm* 06.03.2009 – 13 TaBV 846/08 – juris, das ausgehend von 1,5fachen Regelwert eine Erhöhung nach Maßgabe der Größenstaffeln vornimmt; weiter gehend *Hess. LAG* 16.03.2009 – 5 TaBV 103/09 – juris, das den 2fachen Regelwert zugrunde legt; ohne Erhöhung jedoch *LAG Schleswig-Holstein* 09.04.2014 – 3 Ta 22/14 – BeckRS 2014, 69595; s. ferner Rdn. 78).

130 Das Verfahren wird nach § 23 Abs. 1 Satz 1 nur auf **Antrag** eingeleitet. Es ist auf Auflösung des Betriebsrats zu richten (zu Inhalt, Form und Zurücknahme des Antrags s. Rdn. 92 f.). Antragsgegner ist der Betriebsrat. **Antragsberechtigt** sind mindestens ein Viertel der wahlberechtigten Arbeitnehmer, der Arbeitgeber und eine im Betrieb vertretene Gewerkschaft. Auch Betriebsratsmitglieder sind als wahlberechtigte Arbeitnehmer antragsbefugt. Die Ausführungen zur Antragsbefugnis beim Ausschluss eines Betriebsratsmitglieds gelten für die Auflösung des Betriebsrats entsprechend (s. Rdn. 79 ff.). Zu **Antragsverbindungen** s. Rdn. 95 ff.

131 Der Betriebsrat kann zwar noch nach Einleitung des Verfahrens seinen **Rücktritt** beschließen (§ 13 Abs. 2 Nr. 3). Da er jedoch die Geschäfte weiterführt, bis der neue Betriebsrat gewählt und das Wahlergebnis bekannt gegeben ist (§ 22), kann er bis dahin durch das Arbeitsgericht aufgelöst werden (ebenso *BAG* 29.05.1991 EzA § 4 BetrVG 1972 Nr. 6 S. 3 f. = AP Nr. 5 zu § 4 BetrVG 1972 Bl. 2; *Düwell*/HaKo § 23 Rn. 29; *Fitting* § 23 Rn. 44; *Huke/HWGNRH* § 23 Rn. 51; *Koch*/ErfK § 23 BetrVG Rn. 14; *Kreft/WPK* § 23 Rn. 19; *Löwisch/LK* § 23 Rn. 41; *Reichold/HWK* § 23 BetrVG Rn. 22; *Richardi/Thüsing* § 23 Rn. 62; *Stege/Weinspach/Schiefer* § 23 Rn. 12a; *Trittin/DKKW* § 23 Rn. 185). Andernfalls könnte der Betriebsrat dadurch, dass er seiner Verpflichtung zur Bestellung des Wahlvorstands (hierzu *Kreutz* § 16 Rdn. 10 f.) nicht nachkommt, die Neuwahl verzögern, um noch möglichst lange im Amt zu bleiben *Kreft/WPK* § 23 Rn. 19). Dieser Gesichtspunkt ist irrelevant, wenn sämtliche Betriebsratsmitglieder ihr Amt niederlegen (§ 24 Nr. 2) und etwaige Ersatzmitglieder entsprechend handeln; ein Wahlvorstand könnte von diesen ehemaligen Betriebsratsmitgliedern nicht mehr bestellt werden. In diesem Fall entfällt das Rechtsschutzinteresse an der Auflösung des nicht mehr existenten Betriebsrats (im Ergebnis ebenso *Richardi/Thüsing* § 23 Rn. 62; **a. M.** *Fitting* § 23 Rn. 44; *Huke/HWGNRH* § 23 Rn. 50; *Trittin/DKKW* § 23 Rn. 185). Allerdings bedarf es im konkreten Fall der sorgfältigen Prüfung, ob die kollektiv erklärte Niederlegung des Amtes nicht als Rücktritt zu verstehen ist.

Verändert sich nach Rücktritt des Betriebsrats dessen personelle Zusammensetzung wesentlich, so soll nach Ansicht von *Thiele* (2. Bearbeitung, § 23 Rn. 77; zust. *Löwisch/LK* § 23 Rn. 41) eine Auflösung des geschäftsführenden Betriebsrats ausgeschlossen sein. Dagegen spricht jedoch, dass dieser Betriebsrat als solcher mit dem, der die Amtspflichtverletzung begangen hat, identisch ist, dass ferner zweifelhaft ist, wann der Betriebsrat personell wesentlich anders besetzt ist, und schließlich, dass andernfalls durch einzelne Amtsniederlegungen die Auflösung des Betriebsrats verhindert werden könnte. Jedoch dürfte dieser Problematik keine große praktische Bedeutung zukommen, da der Betriebsrat nach seinem Rücktritt ohnehin neu zu wählen ist (§ 13 Abs. 2 Nr. 3). Allerdings entfällt das berechtigte Interesse an der Auflösung des Betriebsrats, wenn nach der Pflichtverletzung sämtliche bisherigen Betriebsratsmitglieder aus dem Betriebsrat ausgeschieden und an deren Stelle Ersatzmitglieder getreten sind (*LAG Köln* 19.12.1990 LAGE § 23 BetrVG 1972 Nr. 28 S. 1; zust. *Koch*/ErfK § 23 BetrVG Rn. 14). 132

Ein nicht mehr vollständig besetzter Betriebsrat (**»Rumpfbetriebsrat«**) bleibt bis zur Bekanntgabe des Wahlergebnisses des neu gewählten Betriebsrats im Amt (§ 21 Satz 5, § 13 Abs. 2 Nr. 2, § 22 und dazu s. *Kreutz* § 21 Rdn. 31, § 22 Rdn. 9 sowie § 25 Rdn. 64). 133

Endet die Amtszeit des Betriebsrats während des Beschlussverfahrens, so kann der Betriebsrat nicht mehr aufgelöst werden. Damit entfällt das **Rechtsschutzinteresse** für die Fortsetzung des Verfahrens (ebenso *BAG* 27.07.2016 EzA § 23 BetrVG 2001 Nr. 9 Rn. 26 = AP Nr. 50 zu § 23 BetrVG 1972 = NZA 2017, 136; *Koch*/ErfK § 23 BetrVG Rn. 14; *Kreft/WPK* § 23 Rn. 19). Es kann deshalb unter den gleichen Voraussetzungen wie bei nicht mehr möglicher Amtsenthebung eines Betriebsratsmitglieds für erledigt erklärt werden (s. Rdn. 101 f.). Andernfalls ist der Antrag als unzulässig (s. Rdn. 102; **a. M.** *Richardi/Thüsing* § 23 Rn. 61: als unbegründet) zurückzuweisen. Das Rechtsschutzinteresse für die Fortführung des Verfahrens gegen einen selbst personengleichen neuen Betriebsrat ist in jedem Falle zu verneinen, weil der neue Betriebsrat als solcher nicht mit dem alten identisch ist (*BAG* 27.07.2016 EzA § 23 BetrVG 2001 Nr. 9 Rn. 26 = AP Nr. 50 zu § 23 BetrVG 1972 = NZA 2017, 136; **a. M.** *Thiele* 2. Bearbeitung, § 23 Rn. 78). 134

Liegen die Voraussetzungen von § 23 Abs. 1 vor, so muss das Arbeitsgericht die Auflösung des Betriebsrats beschließen, jedoch hat es einen Beurteilungsspielraum (s. Rdn. 108). 135

Im Gegensatz zum Amtsenthebungsverfahren (s. Rdn. 106) kommt selbst bei einem besonders langwierigen Auflösungsverfahren eine **einstweilige Verfügung**, durch die der Betriebsrat einstweilen aufgelöst oder ihm die Amtsführung gänzlich untersagt wird, nicht in Betracht, weil andernfalls die Arbeitnehmerinteressen zeitweise überhaupt nicht wahrgenommen werden könnten (für die allgemeine Ansicht *ArbG Aachen* 19.03.2009 – 8 BVGa 3/09 – juris; *Fitting* § 23 Rn. 45; *Huke/HWGNRH* § 23 Rn. 51; *Joost*/MünchArbR § 222 Rn. 17; *Koch*/ErfK § 23 BetrVG Rn. 14; *Kreft/WPK* § 23 Rn. 19; *Löwisch/LK* § 23 Rn. 40; *Richardi/Thüsing* § 23 Rn. 67; *Stege/Weinspach/Schiefer* § 23 Rn. 12; *Trittin/DKKW* § 23 Rn. 187). Ob »Zwischenregelungen« zur Abwendung wesentlicher Nachteile (§ 85 Abs. 2 ArbGG, § 940 ZPO) erforderlich und zulässig sind (so *Richardi/Thüsing* § 23 Rn. 67), erscheint zweifelhaft. So würde ein Betriebsrat, der im Mitbestimmungsbereich offensichtlich Obstruktion betreibt, schon nach allgemeinen Rechtsgrundsätzen (§ 2 Abs. 1, § 242 BGB) sich wegen Rechtsmissbrauchs so behandeln lassen müssen, als habe er sein Einverständnis zu einer Regelung erklärt. 136

5. Wirkungen der Auflösung

Die Auflösung des Betriebsrats wird wirksam **mit Rechtskraft** des arbeitsgerichtlichen **Beschlusses**; dieser wirkt **rechtsgestaltend** für die Zukunft (s. auch Rdn. 109). Bis zur Rechtskraft der Entscheidung bleibt die Rechtsstellung des Betriebsrats und seiner Mitglieder unverändert. Der Auflösungsbeschluss wird rechtskräftig, sobald die Rechtsmittelfrist bzw. die Frist für die Nichtzulassungs- 137

§ 23 beschwerde (§ 92a ArbGG) für die Beteiligten abgelaufen ist oder das Rechtsbeschwerdegericht (Bundesarbeitsgericht) entschieden hat. Beteiligt sind alle Betriebsratsmitglieder, der Antragsteller und der Arbeitgeber. Ersatzmitglieder sind Beteiligte, wenn sie endgültig oder vorübergehend nachgerückt sind; im Übrigen sind sie am Verfahren nicht beteiligt.

138 Mit Rechtskraft des Beschlusses ist die **Amtszeit des Betriebsrats** unmittelbar und sofort **beendet**. Damit erlöschen sämtliche Rechte und Pflichten des Betriebsrats; er ist auch nicht berechtigt, die Geschäfte bis zur Wahl eines neuen Betriebsrats fortzuführen (§ 22 i. V. m. § 13 Abs. 2 Nr. 5; *Kreft/WPK* § 23 Rn. 23). Der Betrieb ist dann bis zur Wahl eines neuen Betriebsrats (§ 13 Abs. 2 Nr. 5) betriebsratslos (*Huke/HWGNRH* § 23 Rn. 53; *Löwisch/LK* § 23 Rn. 42; *Reichold/HWK* § 23 BetrVG Rn. 24; *Stege/Weinspach/Schiefer* § 23 Rn. 13; *Trittin/DKKW* § 23 Rn. 188).

139 Zugleich erlischt die **Mitgliedschaft** sämtlicher Betriebsratsmitglieder, also auch derjenigen, die an der Amtspflichtverletzung nicht mitgewirkt haben oder erst danach als Ersatzmitglieder in den Betriebsrat nachgerückt sind (§ 24 Nr. 5; ebenso *Kreft/WPK* § 23 Rn. 23). Da der Auflösungsbeschluss den Betriebsrat als solchen erfasst, können Ersatzmitglieder nicht mehr nach § 25 nachrücken; auch ihre Rechtsposition entfällt, da diese auf den aufgelösten Betriebsrat bezogen ist (statt aller *Fitting* § 23 Rn. 41; *Huke/HWGNRH* § 23 Rn. 33; *Joost/*MünchArbR § 222 Rn. 22; *Koch/*ErfK § 23 BetrVG Rn. 15; *Reichold/HWK* § 23 BetrVG Rn. 24; *Richardi/Thüsing* § 23 Rn. 69; *Trittin/DKKW* § 23 Rn. 188).

140 Mit dem Verlust der Mitgliedschaft im Betriebsrat erlöschen ferner alle **Ämter und Funktionen**, die ein Betriebsratsmitglied im Betriebsrat oder in dieser Eigenschaft in anderen Gremien innehatte (hierzu s. Rdn. 110 f.). Besteht kein Gesamtbetriebsrat, so führt die Auflösung des Betriebsrats zugleich zur vorzeitigen Beendigung der Amtszeit aller Mitglieder des **Wirtschaftsausschusses** (§ 107 Abs. 2 Satz 1 und 2). Ein laufendes **Einigungsstellenverfahren** wird mit der Auflösung des Betriebsrats gegenstandslos (*Düwell/*HaKo § 23 Rn. 31; *Fitting* § 23 Rn. 42; *Koch/*ErfK § 23 BetrVG Rn. 15; *Trittin/DKKW* § 23 Rn. 189).

141 Mit der Auflösung des Betriebsrats **endet** der **besondere Kündigungsschutz** der Betriebsratsmitglieder nach § 15 Abs. 1 KSchG und § 103, da die Beendigung der Mitgliedschaft auf einer gerichtlichen Entscheidung beruht (s. im Einzelnen oben Rdn. 113 ff.). Auch ein **nachwirkender Kündigungsschutz** entfällt, da im Hinblick auf die Rechtsfolge in § 15 Abs. 1 Satz 2 KSchG kein Unterschied besteht, ob die Mitgliedschaft für ein einzelnes oder für alle Betriebsratsmitglieder infolge einer gerichtlichen Entscheidung endet (*Düwell/*HaKo § 23 Rn. 31; *Huke/HWGNRH* § 23 Rn. 54; *Koch/*ErfK § 23 BetrVG Rn. 15; *Maschmann/*AR § 23 BetrVG Rn. 15; *Reichold/HWK* § 23 BetrVG Rn. 24; *Richardi/Thüsing* § 23 Rn. 69; *Stege/Weinspach/Schiefer* § 23 Rn. 13; im Grundsatz auch *Fitting* § 23 Rn. 43, jedoch nur für die Betriebsratsmitglieder, die an der Pflichtverletzung mitgewirkt haben; a. M. wohl *Trittin/DKKW* § 23 Rn. 190). Bis zum Ablauf der Frist für die Einlegung der Nichtzulassungsbeschwerde (§ 92a ArbGG) bzw. deren Rücknahme ist die Rechtskraft des Auflösungsbeschlusses noch nicht eingetreten (s. Rdn. 109), so dass der besondere Kündigungsschutz noch besteht (s. auch *LAG Hamm* 09.11.1977 DB 1978, 216; *Düwell/*HaKo § 23 Rn. 31; *Richardi/Thüsing* § 23 Rn. 69). Zum Fortfall der Rechte nach § 37 Abs. 4 und 5 sowie § 38 Abs. 4 vgl. m. w. N. *Weber* § 37 Rdn. 148, 156, § 38 Rdn. 103 sowie hier Rdn. 115.

142 Die von dem Auflösungsbeschluss betroffenen Betriebsratsmitglieder verlieren nicht die Wählbarkeit und können daher bei der unmittelbar anstehenden Neuwahl des Betriebsrats (§ 13 Abs. 2 Nr. 5) wiedergewählt werden (*Huke/HWGNRH* § 23 Rn. 56; *Koch/*ErfK § 23 BetrVG Rn. 15; *Trittin/DKKW* § 23 Rn. 193). Es gilt das Gleiche wie bei der Wiederwahl von ausgeschlossenen Betriebsratsmitgliedern (hierzu s. Rdn. 116 ff.). Denkbar ist daher, dass der neue Betriebsrat mit dem aufgelösten personengleich ist, selbst wenn dadurch die Entscheidung des Arbeitsgerichts im Ergebnis hinfällig wird.

6. Einsetzung eines Wahlvorstands

143 Ist der Betriebsrat vom Arbeitsgericht aufgelöst worden, so muss vorzeitig ein neuer Betriebsrat gewählt werden (§ 13 Abs. 2 Nr. 5). Da ein Betriebsrat, der sonst einen Wahlvorstand zu bestellen hätte

(§ 16 Abs. 1), nicht mehr besteht, hat nach § 23 Abs. 2 Satz 1 das Arbeitsgericht unverzüglich, d. h. ohne schuldhaftes Zögern, einen Wahlvorstand für die Neuwahl einzusetzen.

Die Einsetzung des Wahlvorstands ist erst **nach Rechtskraft** des Auflösungsbeschlusses möglich. Deshalb kann nicht in diesem, sondern erst in einem weiteren Beschluss der Wahlvorstand bestellt werden (*Galperin/Löwisch* § 23 Rn. 46; *Huke*/HWGNRH § 23 Rn. 58; *Joost*/MünchArbR § 222 Rn. 23; *Reichold*/HWK § 23 BetrVG Rn. 25; *Richardi/Thüsing* § 23 Rn. 71; *Weiss/Weyand* § 23 Rn. 15; **a. M.** *Düwell*/HaKo § 23 Rn. 33; *Fitting* § 23 Rn. 46; *Kloppenburg*/NK-GA § 23 BetrVG Rn. 27; *Koch*/ErfK § 23 BetrVG Rn. 16; *Trittin*/DKKW § 23 Rn. 191). Dadurch werden die Bestellung des Wahlvorstands und die Neuwahl des Betriebsrats nicht ungebührlich verzögert, weil der bisherige Betriebsrat wegen der aufschiebenden Wirkung der Rechtsmittel (§ 87 Abs. 3, § 92 Abs. 3 ArbGG) bis zur Rechtskraft des Auflösungsbeschlusses im Amt ist. Das Arbeitsgericht ist zur Beschleunigung des Bestellungsverfahrens verpflichtet (§ 9 Abs. 1 Satz 1 ArbGG). 144

Die Einsetzung des Wahlvorstands erfolgt **von Amts wegen**; ein Antrag der nach § 16 Abs. 2 Satz 1 oder § 23 Abs. 1 Satz 1 Antragsberechtigten ist nicht erforderlich (*Düwell*/HaKo § 23 Rn. 33; *Fitting* § 23 Rn. 47; *Huke*/HWGNRH § 23 Rn. 58; *Joost*/MünchArbR § 222 Rn. 23; *Koch*/ErfK § 23 BetrVG Rn. 16; *Kreft*/WPK § 23 Rn. 24; *Richardi/Thüsing* § 23 Rn. 71; *Stege/Weinspach/Schiefer* § 23 Rn. 13; *Trittin*/DKKW § 23 Rn. 191). 145

Zuständig ist das **Gericht erster Instanz**, auch wenn das Auflösungsverfahren im höheren Rechtszug abgeschlossen wurde (*Joost*/MünchArbR § 222 Rn. 23; *Kreft*/WPK § 30 Rn. 24; *Richardi/Thüsing* § 23 Rn. 72). Die Entscheidung ergeht im arbeitsgerichtlichen Beschlussverfahren (§ 2a Abs. 1 Nr. 1, Abs. 2, §§ 80 ff. ArbGG). Gegen den Einsetzungsbeschluss findet die Beschwerde nach § 87 ArbGG statt (*Kreft*/WPK § 23 Rn. 24; *Richardi/Thüsing* § 23 Rn. 72). 146

Nach § 23 Abs. 2 Satz 2 gilt für die **Einsetzung** des **Wahlvorstands § 16 Abs. 2 entsprechend**. Das nach Satz 2 dieser Vorschrift gegebene Vorschlagsrecht für die Zusammensetzung des Wahlvorstands steht dem Antragsteller des Auflösungsverfahrens zu, im Gegensatz zu § 16 Abs. 2 Satz 1 gegebenenfalls also auch dem Arbeitgeber (ebenso *Galperin/Löwisch* § 23 Rn. 47; *Huke*/HWGNRH § 23 Rn. 59; *Richardi/Thüsing* § 23 Rn. 74; vgl. auch Reg. Begr. BT-Drucks. VI/1786, S. 39; **a. M.** *Düwell*/HaKo § 23 Rn. 33; *Fitting* § 23 Rn. 47; *Joost*/MünchArbR § 222 Rn. 24; *Kloppenburg*/NK-GA § 23 BetrVG Rn. 27; *Koch*/ErfK § 23 BetrVG Rn. 16; *Kreft*/WPK § 23 Rn. 25; *Trittin*/DKKW § 23 Rn. 192). Die Vorschläge sind erst nach Rechtskraft des Auflösungsbeschlusses im Bestellungsverfahren nach § 23 Abs. 2 möglich (*Galperin/Löwisch* § 23 Rn. 47; *Huke*/HWGNRH § 23 Rn. 59; *Richardi/Thüsing* § 23 Rn. 74; **a. M.** *Kreft*/WPK § 23 Rn. 26; *Thiele* 2. Bearbeitung, § 23 Rn. 85). Es wäre auch nicht sinnvoll, würde der Antragsteller schon dem Arbeitsgericht Vorschläge machen, wenn bei länger dauerndem Rechtsmittelverfahren der Kreis der in Betracht kommenden Personen sich ändert. Die Gewerkschaften können nach § 14 Abs. 3 Wahlvorschläge machen (dazu s. *Jacobs* § 14 Rdn. 78 ff.). Zur Zahl der Wahlvorstandsmitglieder und zur Zusammensetzung des Wahlvorstands s. § 16 Abs. 2 Satz 1 i. V. m. Abs. 1 und *Kreutz* § 16 Rdn. 32 ff. Zur Bestellung von Gewerkschaftsmitgliedern, die nicht Arbeitnehmer des Betriebs sind, zu Mitgliedern des Wahlvorstands vgl. § 16 Abs. 2 Satz 3 und *Kreutz* § 16 Rdn. 76 ff. 147

V. Sanktionen gegen den Arbeitgeber

1. Überblick

Das Betriebsverfassungsgesetz enthält neben § 23 Abs. 3 in § 98 Abs. 5, 6, § 101 und § 104 Spezialvorschriften, die ein gesetzmäßiges Verhalten des Arbeitgebers erzwingen sollen. Auch finden sich in § 102 Abs. 1 Satz 3 und § 113 Regelungen, die an ein bestimmtes gesetzwidriges Verhalten des Arbeitgebers genau bezeichnete Sanktionen knüpfen. Ferner ist nach Maßgabe des § 119 und des § 121 die Verhängung von Freiheits- und Geldstrafen bzw. Geldbußen gegen den Arbeitgeber möglich. Schließlich kann nach § 2a Abs. 1 Nr. 1, Abs. 2, §§ 80 ff. ArbGG bei Streitigkeiten mit dem Arbeitgeber aus dem Betriebsverfassungsgesetz gegen diesen im arbeitsgerichtlichen Beschlussverfahren vorgegangen und nach Maßgabe des § 85 ArbGG die Zwangsvollstreckung betrieben werden. Diese ausdrück- 148 lichen gesetzlichen Regelungen zur Erwirkung eines dem Betriebsverfassungsgesetz entsprechenden Verhaltens des Arbeitgebers werden ergänzt durch Rechtsgrundsätze, die von Rechtslehre und Rechtsprechung entwickelt worden sind. Das gilt vor allem für die im Anwendungsbereich des § 87 geltende Theorie der notwendigen Mitbestimmung. Diesen vielfältigen Sanktionen bei einem betriebsverfassungswidrigen Verhalten des Arbeitgebers liegt weder eine eindeutig erkennbare Gesamtkonzeption des Gesetzgebers zugrunde, noch ist es bisher gelungen, eine allgemein akzeptierte zu entwickeln. Insbesondere konnte noch keine Einigkeit über Zweck und Inhalt des § 23 Abs. 3 und das Verhältnis dieser Norm zur allgemeinen Zwangsvollstreckung nach § 85 ArbGG erzielt werden.

2. Normzweck des § 23 Abs. 3

149 Zum Zweck des § 23 Abs. 3 ist den Gesetzesmaterialien zu entnehmen, dass ein Antrag der *CDU/CSU*, diese Vorschrift zu streichen, weil derartige Maßnahmen zweckmäßiger im Verfahrensrecht zu regeln seien, von der Mehrheit »im Hinblick auf die Sanktionsregelungen gegen den Betriebsrat in Absatz 1 aus Gründen der Gleichgewichtigkeit« abgelehnt wurde (*BT-Ausschuss für Arbeit und Sozialordnung* zu BT-Drucks. VI/2729, S. 21; zur Entstehungsgeschichte insbesondere *Konzen* Leistungspflichten, S. 6, 15, 39 ff.). In diesem Sinne hieß es bereits in dem Schreiben des Bundesministers für Arbeit und Sozialordnung vom 30.11.1970 an die Mitglieder der *SPD*-Bundestagsfraktion, durch den Entwurf werde hinsichtlich der gesetzlichen Sanktionen die bisherige Ungleichbehandlung von Arbeitgebern und Mitgliedern des Betriebsrats beseitigt. Der Gesetzgeber strebte daher durchaus eine materiell gleichwertige Regelung und nicht nur eine vordergründig formale Gleichbehandlung der Betriebspartner an (so aber *Thiele* 2. Bearbeitung, § 23 Rn. 4), ohne allerdings im Hinblick auf § 85 ArbGG das Bedürfnis für § 23 Abs. 3 zu prüfen, geschweige denn das Verhältnis dieser Normen zueinander zu bestimmen.

150 Eine Gleichgewichtigkeit des § 23 Abs. 3 im Verhältnis zu § 23 Abs. 1 ist jedenfalls insofern nicht gegeben, als § 23 Abs. 1 sich nur auf die Amtsstellung der Betriebsratsmitglieder bezieht und zu deren Verlust führen kann, während nach § 23 Abs. 3 die betriebsverfassungsrechtliche Stellung des Arbeitgebers unberührt bleibt, die nach dieser Vorschrift verhängten Sanktionen ihn aber persönlich treffen (s. auch *Düwell*/HaKo § 23 Rn. 34; *Galperin/Löwisch* § 23 Rn. 50; *Joost*/MünchArbR § 222 Rn. 27; *Reichold*/HWK § 23 BetrVG Rn. 27; *Richardi/Thüsing* § 23 Rn. 76). Eine Gleichgewichtigkeit beider Regelungen ist nach der hier vertretenen Auffassung allerdings deshalb zu bejahen, weil § 23 Abs. 1 und Abs. 3 dem gleichen Zweck dienen und über die allgemeine Zwangsvollstreckung hinausgehende Sanktionen ermöglichen (näher zum Zweck Rdn. 151 f.; die über die Zwangsvollstreckung hinausgehenden Sanktionen des § 23 Abs. 1 sind offensichtlich, zu § 23 Abs. 3 s. Rdn. 219 ff.).

151 Hinsichtlich des Zwecks stimmen § 23 Abs. 1 und 3 insofern überein, als beide Vorschriften grundsätzlich an einen in der **Vergangenheit** liegenden **groben Pflichtenverstoß anknüpfen**, aber in die **Zukunft wirken** sollen, indem nach § 23 Abs. 1 der Betriebsrat aufgelöst oder ein Mitglied aus dem Betriebsrat ausgeschlossen, mithin weitere Pflichtwidrigkeiten verhindert werden, und nach § 23 Abs. 3 auf das künftige Verhalten des Arbeitgebers eingewirkt wird (zu § 23 Abs. 1 s. Rdn. 15 und zu § 23 Abs. 3 *BAG* 18.04.1985 EzA § 23 BetrVG 1972 Nr. 10 S. 63 ff. = AP Nr. 5 zu § 23 BetrVG 1972 Bl. 2 f.; 08.08.1989 EzA § 87 BetrVG 1972 Betriebliche Ordnung Nr. 13 S. 8 = AP Nr. 15 zu § 87 BetrVG 1972 Ordnung des Betriebes Bl. 3 R; 14.11.1989 EzA § 99 BetrVG 1972 Nr. 85 S. 7 = AP Nr. 76 zu § 99 BetrVG 1972 Bl. 4; 27.11.1990 EzA § 87 BetrVG 1972 Arbeitszeit Nr. 40 S. 10 f. = AP Nr. 41 zu § 87 BetrVG 1972 Arbeitszeit Bl. 5 R; *Dütz* AuR 1973, 353 [356]; *Fitting* § 23 Rn. 51; *Galperin/Löwisch* § 23 Rn. 59; *Huke*/HWGNRH § 23 Rn. 68; *Joost*/MünchArbR § 222 Rn. 26, 28; *Konzen* Leistungspflichten, S. 73; *Richardi/Thüsing* § 23 Rn. 77, 102; *Trittin*/DKKW § 23 Rn. 195).

152 In der Regelung des § 23 Abs. 3 ist daher ebenso wie in der des § 23 Abs. 1 (dazu s. Rdn. 14) ein Mittel zu sehen, jedenfalls ein **Mindestmaß gesetzmäßigen Verhaltens** des **Arbeitgebers im Rahmen der betriebsverfassungsrechtlichen Ordnung sicherzustellen** (zust. *BAG* 20.08.1991 EzA § 77 BetrVG 1972 Nr. 41 S. 9 = AP Nr. 2 zu § 77 BetrVG 1972 Tarifvorbehalt Bl. 3 R; 16.11.2004 NZA 2005, 416 [417]; 19.01.2010 EzA § 23 BetrVG 2001 Nr. 3 Rn. 11 = AP Nr. 49 zu § 99 BetrVG 1972 Versetzung = NZA 2010, 592; *LAG Baden-Württemberg* 29.10.1990 LAGE § 77 BetrVG 1972 Nr. 10

S. 7; *Düwell*/HaKo § 23 Rn. 34; *Fitting* § 23 Rn. 51; *Kloppenburg*/NK-GA § 23 BetrVG Rn. 29; *Koch*/ErfK § 23 BetrVG Rn. 17; *v. Koppenfels-Spieß* FS *Blaurock*, 2013, S. 213 [215]; *Reichold*/HWK § 23 BetrVG Rn. 27; *Richardi*/*Thüsing* § 23 Rn. 77; *Stege*/*Weinspach*/*Schiefer* § 23 Rn. 14; *Trittin*/ DKKW § 23 Rn. 195; s. auch BAG 05.12.1978 EzA § 101 BetrVG 1972 Nr. 4 S. 13 f. = AP Nr. 4 zu § 101 BetrVG 1972 Bl. 1 R f.; 18.04.1985 EzA § 23 BetrVG 1972 Nr. 10 S. 67 f. = AP Nr. 5 zu § 23 BetrVG 1972 Bl. 3 R; *Konzen* Leistungspflichten, S. 44 f.).

Während sich die Funktion des § 23 Abs. 1 in der Gewährleistung eines Mindestmaßes gesetzmäßiger **153** Amtsausübung des Betriebsrats erschöpft und nicht auf die Sanktion eines individuell pflichtwidrigen Verhaltens gerichtet ist, hat die gegen den Arbeitgeber nach § 23 Abs. 3 mögliche Verhängung eines Ordnungsgelds nach h. M. auch eine repressive Funktion (s. Rdn. 288). Das gilt nicht für das Zwangsgeld, sondern auch beim Ordnungsgeld geht es primär um die Wirkung für die Zukunft. Deshalb ist § 23 Abs. 3 **nicht** als **Straf-** oder **Disziplinarvorschrift** zu verstehen (so aber *LAG Hamm* 04.02.1977 EzA § 23 BetrVG 1972 Nr. 5 S. 16; *Dütz* Unterlassungs- und Beseitigungsansprüche, S. 14, 34 f., 39, 42; *ders.* DB 1984, 115 [116]; *Galperin*/*Löwisch* § 23 Rn. 49; wie hier *BAG* 05.12.1978 EzA § 101 BetrVG 1972 Nr. 4 S. 13 f. = AP Nr. 4 zu § 101 BetrVG 1972 Bl. 1 R; *Derleder* AuR 1983, 289 [294 Fn. 56]; *Konzen* Leistungspflichten, S. 42, 47; *Matthes*/MünchArbR § 240 Rn. 5; *Reichold*/ HWK § 23 BetrVG Rn. 27). Hinsichtlich des Zwecks besteht daher durchaus eine Übereinstimmung zwischen den Regelungen des § 23 Abs. 1 und Abs. 3.

3. Verhältnis des § 23 Abs. 3 zur zwangsweisen Durchsetzung von Ansprüchen des Betriebsrats nach § 85 Abs. 1 ArbGG

a) Ausschlusswirkung des § 23 Abs. 3 – die Norm als materiellrechtliche Anspruchsgrundlage

Die Vorschrift des § 23 Abs. 3 steht in einem im Gesetz nicht aufgelösten Konflikt zu der Möglichkeit **154** des Betriebsrats, die zu seinen Gunsten im Betriebsverfassungsgesetz gewährten Ansprüche gerichtlich geltend zu machen und gegebenenfalls im Wege der Zwangsvollstreckung durchzusetzen. Besonders augenfällig ist dieser Konflikt, wenn der Betriebsrat von dem Arbeitgeber verlangt, Handlungen zu unterlassen, die im Widerspruch zu seinen betriebsverfassungsrechtlichen Pflichten stehen. Sowohl § 23 Abs. 3 als auch das allgemeine arbeitsgerichtliche Beschlussverfahren einschließlich der Zwangsvollstreckung nach § 85 Abs. 1 ArbGG i. V. m. § 890 ZPO eröffnet für das Arbeitsgericht die Möglichkeit, den Arbeitgeber unter Androhung von Zwangsgeld zu einem gesetzeskonformen Verhalten anzuhalten (s. auch *BAG* 19.01.2010 EzA § 23 BetrVG 2001 Nr. 3 Rn. 12 = AP Nr. 49 zu § 99 BetrVG 1972 Versetzung = NZA 2010, 592).

Ausgelöst durch die Kontroverse um einen Unterlassungsanspruch des Betriebsrats bei einem mit- **155** bestimmungswidrigen Verhalten des Arbeitgebers stand zunächst die Reichweite des Verfahrens nach § 23 Abs. 3 im Mittelpunkt. Die Entscheidung des *BAG* vom 22.02.1983 (EzA § 23 BetrVG 1972 Nr. 9 S. 37 [im Ergebnis zust. *Rüthers*/*Henssler*] = AP Nr. 2 zu § 23 BetrVG 1972 Bl. 3 [im Ergebnis zust. *von Hoyningen-Huene*] = SAE 1984, 182 [184] [krit. *Buchner*] = AR-Blattei, Arbeitsgerichtsbarkeit XII, Entsch. 119 [abl. *Bertelsmann*]) sah in dieser Vorschrift nicht nur eine Norm des Verfahrensrechts, sondern eine materiellrechtliche Anspruchsgrundlage und verneinte zudem einen allgemeinen Anspruch des Betriebsrats gegen den Arbeitgeber, dass dieser Handlungen unterlässt, die gegen Mitbestimmungs- oder Mitwirkungsrechte des Betriebsrats verstoßen.

Die durch die Entscheidung des *Ersten Senats* vom 22.02.1983 eingeleitete Rechtsprechung ist **über- 156 wiegend kritisiert** worden. Das gilt sowohl für die Rechtsprechung der **Instanzgerichte** (s. *LAG Berlin* 22.04.1987 LAGE § 23 BetrVG 1972 Nr. 8 S. 28 ff.; *LAG Bremen* 15.06.1984 DB 1984, 1935; *LAG Düsseldorf* 23.08.1983 BB 1983, 2052 = AiB 1984, 143 [*Trittin*]; *LAG Frankfurt a. M.* 11.08.1987 LAGE § 23 BetrVG 1972 Nr. 12 S. 1 f.; 19.04.1988 LAGE § 99 BetrVG 1972 Nr. 17 S. 4 f.; 14.08.1990 LAGE § 87 BetrVG 1972 Arbeitszeit Nr. 21 S. 1 f.; *LAG Hamburg* 09.05.1989 LAGE § 23 BetrVG 1972 Nr. 26 S. 3 ff.; *LAG Köln* 22.04.1985 BB 1985, 1332; *ArbG Berlin* 19.12.1983 BB 1984, 404; *ArbG Düsseldorf* 03.11.1983 AuR 1984, 287; 02.09.1987 BB 1988, 482; *ArbG Hamburg* 10.05.1983 AiB 1983, 95 [96]; 31.08.1983 AuR 1984, 254 = BetrR 1983, 729; 24.01.1984 AuR 1984, 347; weitere Nachweise bei *Kümpel* AuR 1985, 78 [79 f.]) als auch für das **Schrifttum** (s. *Blanke*

AiB 1984, 179 [183 f.]; *Bobke* AiB 1983, 84 ff.; *ders.* MitbestGespr. 1983, 458; *Coen* DB 1984, 2459 [2460 f.]; *Derleder* AuR 1983, 289 ff.; *ders.* AuR 1985, 65 ff.; *Dütz* DB 1984, 115 ff.; *ders.* Unterlassungs- und Beseitigungsansprüche, S. 37 ff.; *Fitting/Kaiser/Heither/Engels* § 23 Rn. 103 ff., § 87 Rn. 206; *Gamillscheg* Arbeitsrecht II, S. 367; *Hanau* NZA 1985, Beil. Nr. 2, S. 3 [12]; *ders.* JuS 1985, 360 ff.; *Herschel* AuR 1984, 281; *Kehrmann* Quelle 1983, 232 [234]; *Klebe* Quelle 1983, 551 f.; *Kümpel* AiB 1983, 132 ff., 165 ff.; *ders.* AuR 1985, 78 ff.; *Leisten* BB 1992, 266 [271]; *Michaelis* BetrR 1983, 393 ff., 709 ff.; *Neumann* BB 1984, 676 f.; *Pahle* NZA 1990, 51 [52 ff.]; *Salje* DB 1988, 909 ff.; *W. Schneider* Quelle 1983, 491 ff., 553 ff., 670 f.; *ders.* AiB 1983, 67 ff.; *Telgte* AiB 1985, 61; *Trittin* BB 1984, 1169 ff.; *Walker* Rechtsschutz, Rn. 841 ff.; *Weiss/Weyand* § 23 Rn. 27; *Wiese* 5. Aufl., § 23 Rn. 119 ff.; krit. auch *Reuter* RdA 1985, 321 [326 f.]).

157 Sie fand aber auch **Zustimmung** (so *LAG Baden-Württemberg* 28.08.1985 DB 1986, 805; *LAG Berlin* 17.05.1984 BB 1984, 1551; *LAG Hamburg* 12.12.1983 DB 1984, 567; 28.05.1984 DB 1984, 1579; im Ergebnis anders noch *LAG Hamburg* 06.08.1983 DB 1983, 2369 [2372]; *LAG Niedersachsen* 05.06.1987 LAGE § 23 BetrVG 1972 Nr. 11 S. 2 f.; *LAG Schleswig-Holstein* 15.11.1984 BB 1985, 997; *ArbG Koblenz* 22.01.1986 DB 1986, 487; *Buchner* Die Betriebsänderung – noch eine unternehmerische Entscheidung?, S. 40; *ders.* Sicherstellung des wirtschaftlichen Mitbestimmungsrechts bei Betriebsänderungen durch einstweilige Verfügung, S. 133 ff.; *von Hoyningen-Huene* DB 1987, 1426 [1434]; *ders./MünchArbR* 1. Aufl., § 300 Rn. 74; *Konzen* Leistungspflichten, S. 92 ff.; *ders.* FS *E. Wolf*, 1985, S. 279 [301 ff.]; *Loritz/ZLH* Arbeitsrecht, § 50 Rn. 57; *Matthes/MünchArbR* 1. Aufl., § 321 Rn. 19; *Schlünder* Rechtsfolgen, S. 126 ff.; *Stege/Weinspach/Schiefer* § 23 Rn. 27, § 87 Rn. 3a; weitere Nachweise zur Rechtsprechung bei *Kümpel* AuR 1985, 78 [80]; vgl. auch *Belling* Haftung des Betriebsrats, S. 347 ff.; *Ehmann* SAE 1984, 104 f.).

158 **Nicht** zu überzeugen vermochte insbesondere die Prämisse des Ersten Senats, § 23 Abs. 3 sei eine **materiellrechtliche Anspruchsgrundlage** (hierfür aber *BAG* 18.04.1985 EzA § 23 BetrVG 1972 Nr. 10 S. 65 ff. = AP Nr. 5 zu § 23 BetrVG 1972 Bl. 2 R ff.; ebenso *Evers* Unterlassungsansprüche, S. 14 ff.; *Fitting* § 23 Rn. 49; *Heinze* DB 1983, Beil. Nr. 9, S. 7 ff., 22; *von Hoyningen-Huene* Anm. zu *BAG* AP Nr. 2 zu § 23 BetrVG 1972 Bl. 8, 9 R; *Klocke* Unterlassungsanspruch, S. 85; *Konzen* Leistungspflichten, S. 42 f., 44, 47 ff., 52, 70 ff.; *Matthes/MünchArbR* § 240 Rn. 5; *Raab* Negatorischer Rechtsschutz gegen mitbestimmungswidrige Maßnahmen des Arbeitgebers, S. 73, 92; *ders.* ZfA 1997, 183 [188]; *Rüthers/Henssler* Anm. zu *BAG* EzA § 23 BetrVG 1972 Nr. 9 S. 52; *Schlünder* Rechtsfolgen, S. 126 ff.; *Stege/Weinspach/Schiefer* § 23 Rn. 17; *Walker* Rechtsschutz, Rn. 774; **a. M.** *LAG Hamburg* 09.05.1989 LAGE § 23 BetrVG 1972 Nr. 26 S. 7 ff.; *Derleder* AuR 1983, 289 [293 ff.]; *ders.* AuR 1985, 65 [68, 74]; *Joost/MünchArbR* § 222 Rn. 30; *Kreft/WPK* § 23 Rn. 28; *Kümpel* AuR 1985, 78 [82 f.]; *Kutsch* Schutz des Betriebsrats und seiner Mitglieder [Diss. Mannheim], 1994, S. 97 f.; *Richardi/Thüsing* § 23 Rn. 79; *Trittin* BB 1984, 1169 [1170]; mit deutlicher Zurückhaltung auch *VG Düsseldorf* 11.05.2017 – 40 L 1742/17.PVL – BeckRS 2017, 112201; vgl. ferner die Angaben in Rdn. 156 zur bisherigen Literatur, aber auch *K. Weber* Erzwingungsverfahren, S. 138 ff.).

159 Dagegen spricht bereits dessen Entstehungsgeschichte. Der Antrag der *CDU/CSU*, § 23 Abs. 3 zu streichen, weil derartige Maßnahmen zweckmäßiger im Verfahrensrecht zu regeln seien, wurde nur im Hinblick auf § 23 Abs. 1 (s. Rdn. 149) und nicht etwa deshalb abgelehnt, weil andernfalls kein – allgemeiner – Anspruch gegen den Arbeitgeber bestehe, ein betriebsverfassungswidriges Verhalten zu unterbinden. Für die verfahrensrechtliche Bedeutung des § 23 Abs. 3 spricht ferner, dass seine auf die Beschlüsse des 10. Ausschusses zurückgehende Endfassung im Interesse unnötiger Rechtszersplitterung terminologisch stärker an die Zwangsvollstreckungsregeln der ZPO angelehnt wurde (s. BT-Drucks. VI/2729, S. 11; zu BT-Drucks. VI/2729, S. 21). Auch dem Wortlaut des § 23 Abs. 3 ist kein Anhalt dafür zu entnehmen, hierdurch habe ein Anspruch gegen den Arbeitgeber begründet werden sollen. Danach ist lediglich das Arbeitsgericht berechtigt, dem Arbeitgeber Handlungen oder Unterlassungen aufzuerlegen. Eine hiermit korrespondierende Berechtigung der Antragsberechtigten, dieses von dem Arbeitgeber verlangen zu können, enthält der Wortlaut der Norm gerade nicht. Die vom Gesetzgeber gewollte Gleichgewichtigkeit mit § 23 Abs. 1 und der insoweit übereinstimmende Wortlaut des § 23 Abs. 3 sprechen vielmehr dafür, dass lediglich wie auch in § 16 Abs. 2 Satz 1, § 17 Abs. 3 Satz 1, § 18 Abs. 1, Abs. 2 ein Antragsrecht begründet werden sollte; § 23 Abs. 1 ist gleichfalls keine materiellrechtliche Anspruchsgrundlage des Arbeitgebers gegen den Betriebsrat (ebenso *Konzen*

Leistungspflichten, S. 6; **a. M.** *Heinze* DB 1983, Beil. Nr. 9, S. 8). Gestützt wird dieses aus dem Betriebsverfassungsgesetz abgeleitete Verständnis zusätzlich durch einen Blick auf § 194 BGB. Ein Anspruch setzt danach voraus, dass zugunsten einer Person ein Recht begründet wird, von einer anderen Person ein Tun, Dulden oder Unterlassen verlangen zu können. Dies gibt der Wortlaut des § 23 Abs. 3 nicht her; er begründet lediglich ein Antragsrecht zum Arbeitsgericht, nicht aber eine Rechtsposition gegenüber dem Arbeitgeber.

Auch der Zweck beider Vorschriften, ein Mindestmaß gesetzmäßigen Verhaltens beider Betriebspartner sicherzustellen (s. Rdn. 152), macht es nicht erforderlich, in § 23 Abs. 1 und 3 Anspruchsgrundlagen zu sehen. Da der Staat die Einhaltung der betriebsverfassungsrechtlichen Ordnung nicht von Amts wegen erzwingt (s. jedoch § 121), aber ein Interesse daran haben muss, dass ungeachtet besonderer Ansprüche grobe Verstöße in jedem Falle unterbunden werden können, hat er den im Einzelnen bezeichneten Personen eine **Garantenstellung** eingeräumt, deren Wahrnehmung unter Inanspruchnahme staatlicher Gerichte ein Antragsrecht voraussetzt. Sicher wäre der Gesetzgeber nicht gehindert gewesen, statt eines Antragsrechts Ansprüche zu schaffen. Da der von ihm angestrebte Zweck aber durch das Antragsrecht erreicht wird und die Norm unter keinem interpretatorischen Aspekt zur Annahme eines Anspruchs zwingt, ist von der ausschließlich verfahrenseinleitenden Bedeutung des Antragsrechts auszugehen. Die praktische Bedeutung der Streitfrage (sie wird gänzlich verneint von *Dütz* Unterlassungs- und Beseitigungsansprüche, S. 36; *ders.* DB 1984, 115 [116]; *ders.* AuR 1973, 353 [356 Fn. 9]) dürfte sich ohnehin darauf beschränken, dass sie den *Ersten Senat* in der Entscheidung vom 22.02.1983 zu der verfehlten Annahme veranlasst hat, § 23 Abs. 3 entfalte im Hinblick auf Unterlassungsansprüche eine Ausschlusswirkung (zust. *Kreft/WPK* § 23 Rn. 33).

161 Enthält daher § 23 Abs. 3 keine Anspruchsgrundlage, so hat diese Norm auch **keine Ausschlusswirkung gegenüber gesetzlich nicht ausdrücklich geregelten Ansprüchen** des **Betriebsrats auf ein betriebsverfassungsgemäßes Verhalten** des **Arbeitgebers**. Es bedarf daher zunächst der Prüfung, ob und mit welchem Inhalt den Normen des Betriebsverfassungsgesetzes Ansprüche zu entnehmen sind, wie sie in der Entscheidung vom 22.02.1983 das *BAG* bereits damals selbst beispielhaft und ohne sich festzulegen für § 2 Abs. 2, § 20 Abs. 3, § 29 Abs. 3, § 40, § 44, § 74 Abs. 2, § 80 Abs. 2, § 89 Abs. 2, § 93 bejaht und für die Beratungsrechte nach § 90 und § 111 erwogen hat (zu § 79 Abs. 1 Satz 1 *BAG* 26.02.1987 EzA § 79 BetrVG 1972 Nr. 1 S. 3 *[von Hoyningen-Huene]* = AP Nr. 2 zu § 79 BetrVG 1972 Bl. 2 R *[Teplitzky]* = SAE 1988, 58 [58 f.] *[Kort]*). Das bedarf der sorgfältigen Einzelanalyse und kann deshalb an dieser Stelle nur exemplarisch für die umstrittensten Fälle dargelegt werden (s. grundlegend *Konzen* Betriebsverfassungsrechtliche Leistungspflichten des Arbeitgebers). Dabei soll verdeutlicht werden, dass auch bei Anerkennung weiterer Ansprüche nach der hier vertretenen Auffassung für § 23 Abs. 3 über die Fälle der Prozessstandschaft hinaus durchaus ein eigenständiger Anwendungsbereich verbleibt.

162 In seinem **Beschluss vom 03.05.1994** (EzA § 23 BetrVG 1972 Nr. 36 S. 7 = AP Nr. 23 zu § 23 BetrVG 1972 Bl. 3) hat der *Erste Senat* des *BAG* seine im Beschluss vom 22.02.1983 vertretene Auffassung unter Bezugnahme auf die vorstehend dargelegte Kritik aufgegeben (bestätigt in *BAG* 23.07.1996 EzA § 87 BetrVG 1972 Arbeitszeit Nr. 56 S. 8 = AP Nr. 68 zu § 87 BetrVG 1972 Arbeitszeit Bl. 3 R f. [abl. *Heinze*]; s. insoweit auch *Lobinger* ZfA 2004, 101 [108 ff.]). Ungeachtet der an dieser Stelle noch nicht zu vertiefenden Frage, ob dem Betriebsrat bei Verstößen des Arbeitgebers gegen das in § 87 Abs. 1 normierte Mitbestimmungsrecht ein Unterlassungsanspruch zusteht (s. Rdn. 164 ff.), korrigierte der Senat vor allem sein Verständnis zu der von ihm § **23 Abs. 3** früher beigelegten Ausschlusswirkung. Die vorgenannte Vorschrift sei **keine abschließende Regelung**; vielmehr müsse – entsprechend der hier vertretenen Ansicht – für jeden Mitbestimmungstatbestand gesondert geprüft werden, ob dieser zugunsten des Betriebsrats einen Unterlassungsanspruch begründet oder nicht (*BAG* 03.05.1994 EzA § 23 BetrVG 1972 Nr. 36 S. 7 = AP Nr. 23 zu § 23 BetrVG 1972 Bl. 3).

163 Bezüglich dieser ersten Aussage stieß der Beschluss des *Ersten Senats* verbreitet auf Zustimmung (so *Derleder* AuR 1995, 13 [14]; *Fitting* § 23 Rn. 97 ff.; *Hartmann* Einstweiliger Rechtsschutz, S. 60 ff.; *Klocke* Unterlassungsanspruch, S. 48 ff.; *Konzen* NZA 1995, 865 [868]; *Kreft/WPK* § 23 Rn. 36; *Lobinger* ZfA 2004, 101 [130 ff.]; *Prütting* RdA 1995, 257 [261 f.]; *Raab* Anm. zu *BAG* 03.05.1994 EzA § 23 BetrVG 1972 Nr. 36 S. 19 f.; *ders.* ZfA 1997, 183 [186 ff.]; *Reichold/HWK* § 23 BetrVG Rn. 29; *Richardi* NZA 1995, 8 [9]; *ders.* Anm. zu *BAG* 03.05.1994 AP Nr. 23 zu § 23 BetrVG 1972

Bl. 8; *ders./Thüsing* § 23 Rn. 80; *Trittin/DKKW* § 23 Rn. 327; *Walker* DB 1995, 961 [962]; *ders.* SAE 1995, 99 [100]). Soweit dem *Ersten Senat* in dieser Hinsicht widersprochen wurde (*Adomeit* NJW 1995, 1004 [1005]; *Bengelsdorf* SAE 1996, 139 [140 f.]; *Dobberahn* NJW 1995, 1333 [1334]; *Evers* Unterlassungsansprüche, S. 20 ff.; *von Hoyningen-Huene* FS *Wiese*, 1998, S. 175 [186]; *Huke/HWGNRH* § 23 Rn. 86 ff.), blieb die Kritik den vorstehend bereits widerlegten Argumentationsfiguren verhaftet, so dass eine nochmalige Auseinandersetzung unterbleiben kann. Obwohl dem Ersten Senat bezüglich seiner zu § 23 Abs. 3 vorgenommenen Korrektur zuzustimmen ist, bleibt kritisch anzumerken, dass er diese nur halbherzig vollzogen hat. Entgegen der hier (s. Rdn. 158 f.) geäußerten Ansicht ist das Gericht unverändert der Auffassung, dass aus § 23 Abs. 3 ein Unterlassungsanspruch folgt und die Norm damit die Rechtsnatur einer materiell-rechtlichen Anspruchsgrundlage aufweist, ohne sich allerdings vertieft mit der gegen dieses Verständnis vorgetragenen Kritik auseinanderzusetzen.

b) Einzelne Anspruchsgrundlagen

aa) Soziale Angelegenheiten i. S. v. § 87 Abs. 1

164 Hinsichtlich der Mitbestimmung des Betriebsrats in sozialen Angelegenheiten nach § 87 steht unverändert im Mittelpunkt, ob ein **Anspruch auf Unterlassung mitbestimmungswidriger Handlungen** anzuerkennen ist. Insoweit vermochten die Erwägungen des *Ersten Senats* des *BAG* in dem Beschluss vom 22.02.1983 (EzA § 23 BetrVG 1972 Nr. 9 S. 41 ff. = AP Nr. 2 zu § 23 BetrVG 1972 Bl. 4 R f.), mit denen ein Unterlassungsanspruch als überflüssig begründet werden sollte, nicht zu überzeugen. Die Anrufung der Einigungsstelle ist kein geeignetes Mittel, mitbestimmungswidrigen Zuständen zu begegnen. Das Interesse des Betriebsrats ist hier nicht auf die Veränderung einer bestehenden Regelung, sondern auf deren Beachtung durch den Arbeitgeber gerichtet. Da mithin nichts zu regeln, sondern einem rechtswidrigen Verhalten des Arbeitgebers zu begegnen ist, handelt es sich um eine Rechtsstreitigkeit, für die nicht die Einigungsstelle, sondern das Arbeitsgericht zuständig ist. Im Hinblick auf deren unterschiedliche Funktionen ist es auch unzutreffend, bei einem rechtswidrigen Verhalten des Arbeitgebers einen Vorrang des Einigungsstellenverfahrens gegenüber der Zuständigkeit des Arbeitsgerichts anzunehmen und zu befürchten, andernfalls könnte der Ausgang des Einigungsstellenverfahrens präjudiziert werden (so aber *Belling* Haftung des Betriebsrats, S. 347 ff.; dagegen jedoch wie hier *Hanau* ZfA 1992, 295 [302]; *Lobinger* ZfA 2004, 101 [133 ff.]; *Raab* ZfA 1997, 183 [210 ff.]).

165 Es reicht auch nicht aus, den Betriebsrat auf die Unwirksamkeit mitbestimmungswidriger Maßnahmen des Arbeitgebers zu verweisen, weil davon nur rechtsgeschäftliche, nicht jedoch tatsächliche Maßnahmen erfasst werden (dies räumt auch *Richardi* FS *Wlotzke*, S. 407 [423] ein) und unabhängig davon die betroffenen Arbeitnehmer aus Unkenntnis, Unsicherheit, Desinteresse oder Furcht vor Sanktionen häufig davon absehen werden, sich auf ihre individualrechtlichen Befugnisse – insbesondere auf ein Zurückbehaltungsrecht – zu berufen. Es besteht daher ein unabweisbares Schutzbedürfnis der Belegschaft, diesen auch vom *BAG* gesehenen »faktischen Zwängen« durch den Betriebsrat begegnen zu können (s. auch *Raab* ZfA 1997, 183 [210 ff.]).

166 Die vorstehende Kritik führte dazu, dass der *Erste Senat* des *BAG* in seinem **Beschluss vom 03.05.1994** seine bisherige Rechtsprechung überdachte und korrigierte. Insbesondere schloss sich der Senat der Auffassung an, dass weder die Anrufung der Einigungsstelle noch die Theorie der Wirksamkeitsvoraussetzung eine hinreichende Sicherung des erzwingbaren Mitbestimmungsrechts bis zum Abschluss des Mitbestimmungsverfahrens gewährleistet (*BAG* 03.05.1994 EzA § 23 BetrVG 1972 Nr. 36 S. 10 f. = AP Nr. 23 zu § 23 BetrVG 1972 Bl. 4 R f.; ebenso *Braun* FS *Simon*, 2001, S. 53 [69]; *Derleder* AuR 1985, 13 [14]; *Raab* ZfA 1997, 183 [210 ff.]; *Walker* DB 1995, 1961 [1963]; zust. insoweit auch *Lobinger* ZfA 2004, 101 [133 ff., 140 f., 159 f.]; Defizite konzediert ebenfalls *Konzen* NZA 1995, 865 [869]; **a. M.** jedoch *Bengelsdorf* SAE 1996, 139 [139 f.]; *Dobberahn* NJW 1995, 1333 [1334]; *Hartmann* Einstweiliger Rechtsschutz, S. 93 ff.). Da der Senat aus § 87 zu Recht ableitete, dass die nach dieser Vorschrift mitbestimmungspflichtigen Maßnahmen grundsätzlich nicht ohne Beteiligung des Betriebsrats durchgeführt werden sollen, billigt er dem Betriebsrat einen selbständigen und auf Unterlassung gerichteten »Nebenleistungsanspruch« zu (*BAG* 03.05.1994 EzA § 23 BetrVG 1972 Nr. 36 S. 11 = AP Nr. 23 zu § 23 BetrVG 1972 Bl. 5), wenn § 87 Abs. 1 diesem ein Mitbestimmungsrecht gewährt.

Verletzung gesetzlicher Pflichten § 23

Nachdem der *Erste Senat* die geänderte Rechtsprechung in dem Beschluss vom 06.12.1994 (EzA § 23 **167** BetrVG 1972 Nr. 37 S. 2 f. = AP Nr. 24 zu § 23 BetrVG 1972 Bl. 1 R f.) für die Frage zugrunde legte, ob dem Betriebsrat gegenüber einer mitbestimmungswidrigen Versetzung ein Unterlassungsanspruch zusteht (s. Rdn. 195), bekräftigte der Senat die Anerkennung eines Unterlassungsanspruchs bei Verletzung der Mitbestimmungsrechte in § 87 Abs. 1 in seinem Beschluss vom 23.07.1996 (EzA § 87 BetrVG 1972 Arbeitszeit Nr. 56 S. 8 = AP Nr. 68 zu § 87 BetrVG 1972 Arbeitszeit Bl. 3 R f.) und verteidigte seine Judikatur gegen die im Schrifttum vorgetragene Kritik (s. Rdn. 177 f.), die seitdem der ständigen Rechtsprechung des Gerichts entspricht (s. Rdn. 175 f.).

Der Vorschrift in **§ 87** ist allerdings **unmittelbar** ein **Anspruch** des einen gegen den anderen Be- **168** triebspartner **auf Unterlassung mitbestimmungswidriger Handlungen nicht zu entnehmen** (so aber *BAG* 18.04.1985 EzA § 23 BetrVG 1972 Nr. 10 S. 66 f. = AP Nr. 5 zu § 23 BetrVG 1972 Bl. 3 f.; *LAG* Berlin 03.02.1981 AuR 1981, 285; *LAG* Bremen 25.07.1986 LAGE § 23 BetrVG 1972 Nr. 7 S. 21; *Bobke* AiB 1983, 84 [85]; *Derleder* AuR 1983, 289 [301]; *ders.* AuR 1985, 65 [75 ff.]; *Dütz* DB 1984, 115 [120]; *ders.* Unterlassungs- und Beseitigungsansprüche, S. 37, 51 f.; *Trittin* BB 1984, 1169 [1172]; vgl. auch *Kümpel* AuR 1985, 78 [91 f.]; mit diesem Grundansatz auch *Lobinger* ZfA 2004, 101 [122 ff.]; anders und insoweit zutr. dagegen *BAG* 22.02.1983 EzA § 23 BetrVG 1972 Nr. 9 S. 39 = AP Nr. 2 zu § 23 BetrVG 1972 Bl. 3 R; *Heinze* DB 1983, Beil. Nr. 9, S. 16 f.; offen gelassen von *BAG* 03.05.1994 EzA § 23 BetrVG 1972 Nr. 36 S. 8 = AP Nr. 23 zu § 23 BetrVG 1972 Bl. 4). Sie begründet die Zuständigkeit des Arbeitgebers und des Betriebsrats für die im Einzelnen genannten Angelegenheiten. Diese können von ihnen daher nur gemeinsam geregelt werden. Eine Maßnahme des Arbeitgebers, die der notwendigen Mitbestimmung entbehrt, ist rechtswidrig und bei rechtsgeschäftlichem Handeln nichtig. Daraus ergibt sich noch kein Anspruch auf ein Tun oder Unterlassen. Schon *Thiele* (4. Aufl., Einleitung Rn. 97) hat darauf hingewiesen, die eigentliche Mitbestimmung sei mit dem Begriff des subjektiven Rechts nicht adäquat zu erfassen; insbesondere gehe es nicht um einen Anspruch des Betriebsrats gegen den Arbeitgeber, ihn mitbestimmen zu lassen (s. auch *Dütz* Unterlassungs- und Beseitigungsansprüche, S. 16; *Konzen* Leistungspflichten, S. 27 ff.; dagegen jedoch *Lobinger* ZfA 2004, 101 [126 ff.]; ihm zustimmend *Jacobs/Burger* SAE 2006, 256 [258 f.]; ebenso auch *Wenderoth* Unterlassungsanspruch, S. 65 ff.). Das wäre ein Rückfall in die inzwischen überwundene Theorie der erzwingbaren Mitbestimmung (s. dazu *Wiese* § 87 Rdn. 105 ff.).

Deshalb ist – entgegen der nunmehr vom *Ersten Senat* befürworteten Ansicht – ein etwaiger **Unter- 169 lassungsanspruch** auch **kein Nebenanspruch** der **Mitbestimmung** (so aber z. B. *Derleder* AuR 1985, 65 [75 ff.]); denn diese ist gerade nicht mit einem schuldrechtlichen Hauptanspruch vergleichbar. Ungeachtet der Regelung in § 74 Abs. 1 Satz 2 ist zumindest auch kein durchsetzbarer Anspruch des Betriebsrats auf Verhandlungen über einen Regelungsgegenstand des § 87 Abs. 1, den Abschluss einer Betriebsvereinbarung oder die Durchführung eines Einigungsstellenverfahrens mit einem entsprechenden »Nebenleistungsanspruch« auf Unterlassung einseitiger Arbeitgebermaßnahmen bis zum Abschluss der Verhandlungen bzw. des Verfahrens anzuerkennen (so aber *Derleder* AuR 1983, 289 [301]; *ders.* AuR 1985, 65 [76]; *Trittin* BB 1984, 1169 [1172]; vgl. auch *BAG* 08.06.1982 EzA § 87 BetrVG 1972 Arbeitszeit Nr. 76 S. 82 = AP Nr. 7 zu § 87 BetrVG 1972 Arbeitszeit Bl. 2 R); der Gesetzgeber hat durch die Gestaltung des Einigungsstellenverfahrens bei Mitbestimmungstatbeständen sichergestellt, dass auch bei unterlassener Teilnahme einer Seite eine verbindliche Regelung zustande kommt (§ 87 Abs. 2, § 76 Abs. 5). Eines Anspruchs auf Erfüllung bedarf es daher nicht (s. auch *Dütz* Unterlassungs- und Beseitigungsansprüche, S. 51 f.).

Die zur Sicherung der notwendigen Mitbestimmung unabweisbaren Ansprüche auf Unterlassung **170** eines der Mitbestimmung widersprechenden Verhaltens bzw. auf Beseitigung eines mitbestimmungswidrigen Zustandes lassen sich jedoch – insoweit auch in Übereinstimmung mit dem *Ersten Senat* – für den Anwendungsbereich von § 87 zwanglos auf das zwischen Arbeitgeber und Betriebsrat bestehende **gesetzliche Schuldverhältnis** stützen. Dieses ist zunächst für Teilbereiche des Betriebsverfassungsrechts anerkannt worden (für § 40 s. *Weber* § 40 Rdn. 20), wird aber mit Recht zunehmend allgemein für die gesamten Rechtsbeziehungen zwischen Arbeitgeber und Betriebsrat bejaht (s. *Belling* Haftung des Betriebsrats, S. 304 ff., 379; *Derleder* AuR 1983, 289 [300 ff.]; *ders.* AuR 1985, 65 [75 f.]; *Dütz* DB 1984, 115 [120]; *Heinze* DB 1983, Beil. Nr. 9, S. 6 f.; *ders.* DB 1982, Beil. Nr. 23, S. 5; *ders.* ZfA 1988, 53 [71 ff.]; *von Hoyningen-Huene* NZA 1989, 122 ff.; *ders.* NZA 1991, 7 [8]; *ders.* Betriebsverfassungsrecht, § 4 Rn. 10; *Konzen* FS E. *Wolf,* 1985, S. 279 [283 f.]; *Raab* ZfA 1997, 187 [197 ff.]; *Seiter* ZfA 1989, 283 [302 f.]; *Trittin* BB 1984, 1169 [1172]). Wenn auch das Beteiligungssystem des Betriebsverfassungsgesetzes nicht als solches schuldrechtlich interpretiert werden darf, hindert das nicht, die Beziehungen der an der Gestaltung der Betriebsverfassung Beteiligten insoweit als Gegenstand eines gesetzlichen Schuldverhältnisses zu verstehen, als es sich um Pflichten des einen gegenüber dem anderen Teil und entsprechende Ansprüche handelt; damit sind die Strukturelemente eines Schuldverhältnisses gekennzeichnet (s. *Larenz* Schuldrecht I, 14. Aufl. 1987, S. 6).

171 Dahinstehen mag, ob dieses gesetzliche Schuldverhältnis durch **§ 2 Abs. 1** begründet wird. Zumindest wird es in dieser Norm vorausgesetzt, insofern das Gebot der vertrauensvollen Zusammenarbeit die gesamten betriebsverfassungsrechtlichen Rechtsbeziehungen zwischen Arbeitgeber und Betriebsrat ungeachtet spezieller vorrangiger Regelungen bestimmt (s. *Franzen* § 2 Rdn. 11, 13). Nach der zutreffenden h. M. handelt es sich dabei um eine unmittelbar beide Seiten verpflichtende Rechtsnorm (*Franzen* § 2 Rdn. 4 f.). Die umfassende Bedeutung des § 2 Abs. 1 darf allerdings nicht dahin missverstanden werden, dass aus dem Gebot zur vertrauensvollen Zusammenarbeit ohne weiteres zusätzliche, im Gesetz nicht geregelte Ansprüche oder gar eine Erweiterung der Beteiligungsrechte abgeleitet werden könnten (s. *Franzen* § 2 Rdn. 11 ff.). Darum geht es in dem hier erörterten Zusammenhang jedoch nicht, sondern allein um die **bestehende mitbestimmungsrechtliche Ordnung.** Sie zu **beachten** und jegliches **mitbestimmungswidrige Verhalten zu unterlassen,** muss als **Mindestinhalt** des **Gebots** zur **vertrauensvollen Zusammenarbeit** als Konkretisierung des Grundsatzes von Treu und Glauben (§ 242 BGB) angesehen werden.

172 Da § 2 Abs. 1 das Verhalten von Arbeitgeber und Betriebsrat zueinander bestimmt, entspricht es dem Sinn dieser Norm, die hiernach bestehenden **Verpflichtungen** auch **unmittelbar** auf den **anderen Betriebspartner** zu beziehen und diesem **entsprechende Ansprüche** zu geben, um ein **betriebsverfassungswidriges Verhalten** des anderen Teils **zu unterbinden** (im Ergebnis ebenso *ArbG Düsseldorf* 02.09.1987 BB 1988, 482; *Kümpel* AuR 1985, 78 [85 f.], m. w. N. zur Rechtsprechung der Instanzgerichte; *Trittin* BB 1984, 1169 [1173]; *ders.* DB 1983, 230 f.; vgl. auch *Braun* FS *Simon,* 2001, S. 53 [65 ff.]; *Dütz* Unterlassungs- und Beseitigungsansprüche, S. 21 f.; *Klocke* Unterlassungsansprüche, S. 71 ff.; *Raab* ZfA 1997, 187 [197 ff.]; **a. M.** *Derleder* AuR 1983, 289 [301]; *ders.* AuR 1985, 65 [75]; *Evers* Unterlassungsansprüche, S. 60 ff.; *Heinze* DB 1983, Beil. Nr. 9, S. 14 f.; *ders.* Anm. zu *BAG* 23.07.1996 AP Nr. 68 zu § 87 BetrVG 1972 Arbeitszeit Bl. 6 f.; *von Hoyningen-Huene* FS *Wiese,* S. 175 [186]; *Konzen* Leistungspflichten, S. 65 f., 92 ff., 96 ff., 114 f. außer im Falle des § 87 Abs. 1 Nr. 6; *ders.* Anm. zu *BAG* EzA § 23 BetrVG 1972 Nr. 10 S. 73 ff.; *Lobinger* ZfA 2004, 101 [116 ff.]; *Richardi* FS *Wlotzke,* S. 407 [416]; *ders. / Thüsing* § 23 Rn. 84).

173 Aus diesem Grunde ist ein Anspruch auf Unterlassung nur anzuerkennen, wenn zukünftig die Gefahr eines erneuten betriebsverfassungswidrigen Verhaltens des Arbeitgebers besteht; bei fehlender **Wiederholungsgefahr** ist der Unterlassungsanspruch nicht zu bejahen (*BAG* 29.02.2000 EzA § 87 BetrVG 1972 Betriebliche Lohngestaltung Nr. 69 S. 7 = AP Nr. 105 zu § 87 BetrVG 1972 Lohngestaltung Bl. 4 [*Raab*]; ebenso *Sächs. LAG* 21.01.2004 – 5 TaBV 14/03 – BeckRS 2004, 31058007). Da der Unterlassungsanspruch darauf abzielt, zukünftiges betriebsverfassungswidriges Verhalten zu unterbinden, betrifft die Wiederholungsgefahr nicht die Zulässigkeit des Antrags, sondern ist materielle Voraussetzung für dessen Begründetheit. Dies folgt indes nicht aus allgemeinen Grundsätzen des negatorischen Rechtsschutzes, sondern aus dem speziellen Zweck des hier befürworteten Unterlassungsanspruchs (s. auch *Raab* Anm. zu *BAG* 29.02.2000 AP Nr. 105 zu § 87 BetrVG 1972 Lohngestaltung Bl. 7 R ff.).

174 Der hier vertretenen Auffassung steht § 23 Abs. 3 nicht entgegen; vielmehr muss die Auslegung dieser Norm der grundsätzlichen Bedeutung des § 2 Abs. 1 gerecht werden und darf nicht wie die frühere Rechtsprechung des *Ersten Senats* zu einem vertrauensvoller Zusammenarbeit eindeutig widersprechenden Ergebnis führen. Wer hierin nicht das Ergebnis einer Auslegung des Gesetzes, sondern bereits Rechtsfortbildung sieht, sollte jedenfalls anerkennen, dass hierfür ein »unabweisbares Verkehrsbedürfnis« (s. *Larenz* Methodenlehre der Rechtswissenschaft, 6. Aufl. 1991, S. 375 f.) mit guten Gründen vertretbar ist (s. auch *Reuter* RdA 1985, 321 [326 f.]). Das gilt auch deswegen, weil die Sicherung der mitbestimmungsrechtlichen Ordnung durch § 23 Abs. 3 nicht ausreichend ist; denn ohne daneben bestehende Ansprüche wäre die Belegschaft außer bei groben Pflichtverstößen des Arbeitgebers sei-

nem rechtswidrigen Verhalten gegenüber schutzlos. Die voraussehbare Konsequenz einer solchen Konzeption wäre, dass zumindest in der Rechtsprechung der Instanzgerichte die Anforderungen an den Begriff des groben Verstoßes immer weiter herabgesetzt würden.

Dieser Argumentation hat sich im Ausgangspunkt auch der *Erste Senat* des *BAG* in dem Beschluss vom 03.05.1994 angeschlossen (*BAG* 03.05.1994 EzA § 23 BetrVG 1972 Nr. 36 S. 8 f. = AP Nr. 23 zu § 23 BetrVG 1972 Bl. 4). Erstens erkannte der Senat an, dass zwischen Arbeitgeber und Betriebsrat ein gesetzliches Schuldverhältnis besteht, das durch wechselseitige und aus § 2 Abs. 1 abzuleitende Rücksichtnahmepflichten geprägt wird. Hieraus folge für den Arbeitgeber als Nebenpflicht, alles zu unterlassen, was der Wahrnehmung des konkreten Mitbestimmungsrechts entgegensteht. Allerdings hat der *Erste Senat* aus diesem im Ausgangspunkt auch hier vertretenen Begründungsansatz mit Recht keinen allgemeinen und globalen Unterlassungsanspruch abgeleitet, sondern diesen ausdrücklich unter den Vorbehalt des einzelnen Mitbestimmungstatbestandes gestellt und nur bejaht, wenn sich aus dem Gesetz entnehmen lässt, dass der Arbeitgeber Maßnahmen in diesem Bereich nur mit Zustimmung des Betriebsrats durchführen können soll (*BAG* 03.05.1994 EzA § 23 BetrVG 1972 Nr. 36 S. 9 f. = AP Nr. 23 zu § 23 BetrVG 1972 Bl. 4 f.; bestätigt durch *BAG* 23.07.1996 EzA § 87 BetrVG 1972 Arbeitszeit Nr. 56 S. 8 = AP Nr. 68 zu § 87 BetrVG 1972 Arbeitszeit Bl. 3 R f.; mit diesem Vorbehalt auch *BAG* 28.05.2002 EzA § 87 BetrVG 1972 Betriebliche Ordnung Nr. 29 S. 11 = AP Nr. 39 zu § 87 BetrVG 1972 Ordnung des Betriebes Bl. 5 bezüglich eines Verstoßes des Arbeitgebers gegen § 75 Abs. 2 Satz 1).

Dementsprechend erkennt der *Erste Senat* einen **Unterlassungsanspruch** bei einer Verletzung der Mitbestimmungsrechte in § **87 Abs. 1 Nr. 1** (*BAG* 21.01.1997 EzA § 87 BetrVG 1972 Betriebliche Ordnung Nr. 23 S. 6 *[Kittner]* = AP Nr. 27 zu § 87 BetrVG 1972 Ordnung des Betriebes Bl. 3), § **87 Abs. 1 Nr. 2** (*BAG* 25.02.1997 EzA § 87 BetrVG 1972 Arbeitszeit Nr. 57 S. 8 = AP Nr. 72 zu § 87 BetrVG 1972 Arbeitszeit Bl. 4 = SAE 1998, 41 [44] *[Reichold]*; 30.06.2015 – 1 ABR 71/13 – BeckRS 2015, 72430 Rn. 16 ff.), § **87 Abs. 1 Nr. 3** (*BAG* 23.07.1996 EzA § 87 BetrVG 1972 Arbeitszeit Nr. 56 S. 8 = AP Nr. 68 zu § 87 BetrVG 1972 Arbeitszeit Bl. 3 R f. *[Heinze]*; 17.11.1998 EzA § 87 BetrVG 1972 Arbeitszeit Nr. 59 S. 5 = AP Nr. 79 zu § 87 BetrVG 1972 Arbeitszeit Bl. 2 R; 11.12.2001 EzA § 87 BetrVG 1972 Arbeitszeit Nr. 64 S. 7 = AP Nr. 93 zu § 87 BetrVG 1972 Arbeitszeit Bl. 3; 24.04.2007 EzA § 87 BetrVG 2001 Arbeitszeit Nr. 11 Rn. 12 = AP Nr. 124 zu § 87 BetrVG 1972 Arbeitszeit), § **87 Abs. 1 Nr. 6** (*BAG* 13.12.2016 NZA 2017, 657 Rn. 35 ff.); § **87 Abs. 1 Nr. 7** (*BAG* 16.06.1998 EzA § 87 BetrVG 1972 Arbeitssicherheit Nr. 3 S. 9 f. = AP Nr. 7 zu § 87 BetrVG 1972 Gesundheitsschutz Bl. 4 R f. *[Merten]* = SAE 2000, 333 *[Carl]* und § **87 Abs. 1 Nr. 10** (*BAG* 03.05.1994 EzA § 23 BetrVG 1972 Nr. 36 S. 9 f. = AP Nr. 23 zu § 23 BetrVG 1972 Bl. 4 f.; 29.02.2000 EzA § 87 BetrVG 1972 Betriebliche Lohngestaltung Nr. 69 S. 7 = AP Nr. 105 zu § 87 BetrVG 1972 Lohngestaltung Bl. 4 *[Raab]*) an und überträgt diesen auch auf das Mitbestimmungsrecht aus § **95 Abs. 1** (*BAG* 26.07.2005 EzA § 95 BetrVG 2001 Nr. 1 S. 9 = AP Nr. 43 zu § 95 BetrVG 1972 Bl. 4 f.; abl. *Jacobs/Burger* SAE 2006, 256 [259]). Ebenso hat das *BAG* inzwischen mit Recht herausgearbeitet, dass nur der **Träger des konkreten Mitbestimmungsrechts** die Unterlassung begehren kann. Ist nach den §§ 50, 58 der Gesamt- bzw. Konzernbetriebsrat für die mitbestimmungspflichtige Angelegenheit zuständig, dann steht der Anspruch auf Unterlassung ausschließlich dem für die Ausübung des Mitbestimmungsrechts zuständigen betriebsverfassungsrechtlichen Organ zu (*BAG* 17.05.2011 EzA § 23 BetrVG 2001 Nr. 5 Rn. 17 = AP Nr. 23 zu § 80 BetrVG 1972).

Im Schrifttum stieß die geänderte Rechtsprechung des *BAG* nur vereinzelt auf Zustimmung (zust. aber *Düwell*/HaKo § 23 Rn. 68; *Fitting* § 23 Rn. 99 ff.; *Hanau* NZA 1996, 841 [844]; *Trittin*/DKKW § 23 Rn. 332 ff.; ebenso im Ergebnis *Fischer* JA 1995, 712 [716]; sowie trotz ergänzender Anmerkungen zur Begründung *Raab* Anm. EzA § 23 BetrVG 1972 Nr. 36; ders. ZfA 1997, 183 [197 ff.]). Sofern dem Ersten Senat zumindest im Ergebnis beigepflichtet wurde, stieß die Begründung auf Ablehnung (*Richardi* NZA 1995, 8 [10]; *ders.* FS *Wlotzke*, S. 407 [415, 416]; *ders.*/*Thüsing* § 23 Rn. 84). Ein Unterlassungsanspruch bestehe nur, wenn der Arbeitgeber Rechtspositionen des Betriebsrats beeinträchtige (*Richardi* NZA 1995, 8 [10 f.]; *ders.* FS *Wlotzke*, S. 407 [418]; ähnlich *Prütting* RdA 1995, 257 [261]).

Die ablehnenden Stellungnahmen im Schrifttum wandten sich insbesondere gegen eine vom *Ersten Senat* vermeintlich vorgenommene Rechtsfortbildung. Das betriebsverfassungsrechtliche Instrumentarium aus Einigungsstellenverfahren und individualrechtlicher Sanktion über die Theorie der Wirksamkeitsvoraussetzung sei abschließend und stehe der »Einpflanzung« (so *Adomeit* NJW 1995, 1004 [1005]) weiterer Ansprüche zur Sicherung der Mitbestimmungsrechte entgegen. Gegebenenfalls verbleibende Schutzdefizite seien als vom Gesetzgeber gewollt hinzunehmen (so *Bengelsdorf* SAE 1996, 139 [141]; *Konzen* NZA 1995, 865 [869]; *Stege/Weinspach/Schiefer* § 23 Rn. 25, 27; *Walker* SAE 1995, 99 [101 f.]; *ders.* DB 1995, 1961 [1963]; wohl auch *Heinze* Anm. zu BAG 23.07.1996 AP Nr. 68 zu § 87 BetrVG 1972 Arbeitszeit; in diesem Sinne ferner *Richardi* FS *Wlotzke*, S. 407 [412], der jedoch wegen seiner Ablehnung der Theorie der Wirksamkeitsvoraussetzung einen Unterlassungsanspruch befürwortet).

179 Der am Beschluss des *Ersten Senats* des *BAG* vom 03.05.1994 geäußerten Kritik ist zuzugeben, dass dessen Begründung nicht restlos zu überzeugen vermag. Dies gilt nicht nur für den in diesem Zusammenhang unzutreffenden Rückgriff (s. Rdn. 169) auf einen ursprünglich von *Derleder* in die Diskussion eingeführten (s. *Derleder* AuR 1983, 289 [301]) »Nebenleistungsanspruch« (kritisch auch der »geistige Urheber« *Derleder* AuR 1995, 13 [14]; sowie ferner *Raab* ZfA 1997, 183 [192]; *Richardi* NZA 1995, 8 [10]; *ders.* FS *Wlotzke*, S. 407 [417]), sondern vor allem im Hinblick auf die Offenheit der vom Gericht postulierten Pflicht, »alles zu unterlassen, was der Wahrnehmung des konkreten Mitbestimmungsrechts entgegensteht« (*BAG* 03.05.1994 EzA § 23 BetrVG 1972 Nr. 36 S. 9 = AP Nr. 23 zu § 23 BetrVG 1972 Bl. 4; kritisch insoweit auch *Konzen* NZA 1995, 865 [871]; *Raab* Anm. zu BAG EzA § 23 BetrVG 1972 Nr. 36 S. 24).

180 Im Kern geht es jedoch nicht um die Frage, ob aus § 2 Abs. 1 ein allgemeiner und alle Beteiligungsrechte erfassender Unterlassungsanspruch abgeleitet werden kann. Im Mittelpunkt steht vielmehr, ob der Arbeitgeber durch die Verletzung des Mitbestimmungsrechts in § 87 gegen das Gebot einer vertrauensvollen Zusammenarbeit verstößt und dem Betriebsrat hieraus ein Anspruch auf Unterlassung erwächst. Während der erste Aspekt nunmehr bejaht werden kann, erfordert der Schritt vom Verstoß gegen § 2 Abs. 1 zum Anspruch auf Unterlassung einer sorgfältigen Bewertung des abgestuften Systems von Beteiligungsrechten und den vom Gesetz geschaffenen Sanktionsinstrumentarien (im Grundansatz zust. *Lobinger* ZfA 2004, 101 [144 f.], der jedoch die »subjektivrechtliche Struktur« der Beteiligungsrechte in den Vordergrund rückt; s. dazu auch Rdn. 168). Insoweit leidet die am Beschluss des *Ersten Senats* geäußerte Kritik darunter, dass sie die abschließende Wirkung der individualrechtlichen Unwirksamkeit und des Einigungsstellenverfahrens lediglich behauptet. Während mit § 101 bzw. § 113 immerhin eine Stellungnahme des Gesetzes vorliegt, fehlt diese für das Mitbestimmungsrecht in § 87 Abs. 1. Dieser Normbefund lässt sich eher dahin würdigen, dass für § 87 Abs. 1 keine abschließende Problemlösung vorliegt.

181 Vorrangig ist deshalb auf den Inhalt des Mitbestimmungsrechts abzustellen. Ihm ist – und insoweit ist dem *Ersten Senat* des *BAG* in vollem Umfange zuzustimmen – die Wertung zu entnehmen, dass der Arbeitgeber in den nach § 87 Abs. 1 mitbestimmungspflichtigen Angelegenheiten keine Maßnahmen ohne Zustimmung des Betriebsrats durchführen darf (**a. M.** *Lobinger* ZfA 2004, 101 [144], der sich für eine differenzierende Beurteilung der jeweiligen Mitbestimmungsrechte ausspricht [149 ff.]). Andernfalls würde der Zweck eines paritätischen Mitbestimmungsrechts unterlaufen. Gerade das Einigungsstellenverfahren (§ 87 Abs. 2) zeigt den Weg, den der Arbeitgeber beschreiten soll, wenn der Betriebsrat seine Zustimmung verweigert. Dessen Zweckbestimmung würde unterlaufen, wenn es dem Arbeitgeber in mitbestimmungspflichtigen Angelegenheiten gestattet wäre, vor Abschluss des Einigungsstellenverfahrens die Maßnahme bereits durchzuführen. Mit gutem Grund beschränkt deshalb das Personalvertretungsrecht den Dienststellenleiter auf »vorläufige« Maßnahmen (§ 69 Abs. 5 BPersVG). Angesichts des Fehlens einer vergleichbaren allgemeinen Vorschrift, für die de lege ferenda (s. *Bauer/Diller* ZIP 1995, 95 [100]) gute Gründe anzuführen sind, entspricht es für diejenigen Beteiligungsrechte, bei denen der Arbeitgeber auf die Zustimmung des Betriebsrats angewiesen ist, dem Zweck des Mitbestimmungsrechts nach § 87, dem Betriebsrat die Rechtsmacht einzuräumen, durch einen Unterlassungsanspruch dem mitbestimmungswidrigen Verhalten des Arbeitgebers zu begegnen und dadurch die mitbestimmungsrechtliche Ordnung zu sichern.

182 Dem vorstehenden Ansatz lässt sich nicht die neuere Judikatur des *Siebten Senats* des *BAG* zu einem nunmehr abgelehnten Unterlassungsanspruch des Arbeitgebers bei einem Verstoß des Betriebsrats gegen § 74 Abs. 2 Satz 3 entgegenhalten (so aber *Schöne* SAE 2011, 182 [186]; in der Tendenz ebenso

Bauer/Willemsen NZA 2010, 1089 [1091]; *Burger/Rein* NJW 2010, 3613 [3614 f.]). Der vom *Siebten Senat* in dem Beschluss vom 17.03.2010 (AP Nr. 12 zu § 74 BetrVG 1972) befürwortete Umkehrschluss aus dem Gesetzeswortlaut (ebenso nachfolgend *BAG* 15.10.2013 EzA Art. 9 GG Arbeitskampf Nr. 151 Rn. 26 = AP Nr. 181 zu Art. 9 GG Arbeitskampf = NZA 2014, 319; 28.05.2014 EzA § 76 BetrVG 2001 Nr. 8 Rn. 18 = AP Nr. 66 zu § 76 BetrVG 1972 = NZA 2014, 1213) ist bereits im Ansatz verfehlt (s. auch *Kreutz/Jacobs* § 74 Rdn. 127 f. sowie § 79 Rdn. 77), da der Senat teleologische Gesichtspunkte ausblendet. Zu widersprechen ist auch der Vorstellung des Senats, der Vorschrift des § 23 sei eine abschließende Wirkung beizumessen (s. *BAG* 17.03.2010 AP Nr. 12 zu § 74 BetrVG 1972 Rn. 27). Insoweit wurde bereits oben (s. Rdn. 161 f.) aufgezeigt, dass § 23 Abs. 3 ausschließlich eine Rechtsfolge für grobe Pflichtverletzungen enthält, ohne die Anerkennung anderweitiger Unterlassungsansprüche auszuschließen (s. a. Rdn. 18 im Hinblick auf § 23 Abs. 1).

Der Betriebsrat kann daher entsprechend der neueren Auffassung des *BAG* bis zu einer Regelung durch Spruch der Einigungsstelle **Unterlassung** eines der Mitbestimmung nach § 87 widersprechenden Verhaltens verlangen (s. im Ergebnis ebenso *LAG Berlin* 03.02.1981 AuR 1981, 285; *LAG Bremen* 13.07.1982 AuR 1983, 123; 15.06.1984 DB 1984, 1935; 25.07.1986 LAGE § 23 BetrVG 1972 Nr. 7 S. 20 f.; *LAG Frankfurt a. M.* 04.08.1987 AuR 1988, 91; 11.08.1987 LAGE § 23 BetrVG 1972 Nr. 12 S. 1 f.; 05.09.1989 LAGE § 87 BetrVG 1972 Betriebl. Lohngestaltung Nr. 7 S. 5; 14.08.1990 LAGE § 87 BetrVG 1972 Arbeitszeit Nr. 21 S. 1 f.; *LAG Hamburg* 09.05.1989 LAGE § 23 BetrVG 1972 Nr. 26 S. 3 ff.; 03.07.2013 – 6 TaBVGa 3/13 – BeckRS 2014, 65030; *LAG Hamm* 06.02.2001 AiB 2001, 488 [489]; *LAG Köln* 22.04.1985 BB 1985, 1332; 03.08.2000 AP Nr. 85 zu § 87 BetrVG 1972 Arbeitszeit Bl. 2; *ArbG Bayreuth* BetrR 1988, Heft 3, S. 15; *ArbG Berlin* 19.12.1983 BB 1984, 404; 24.06.1985 AuR 1986, 220; 22.03.1989 CR 1990, 482 *[Redeker]*; *ArbG Düsseldorf* 22.06.1983 AuR 1984, 55; 03.11.1983 AuR 1984, 287; 02.09.1987 BB 1988, 482; *ArbG Hamburg* 31.08.1983 AuR 1984, 254; 24.01.1984 AuR 1984, 347; *ArbG Köln* 13.07.1989 EzA § 87 BetrVG 1972 Betriebliche Ordnung Nr. 14 S. 2 ff.; *ArbG Münster* 08.09.1986 AiB 1986, 236 [237]; *ArbG Solingen* 17.02.1988 AiB 1988, 312; *Braun* FS Simon, 2001, S. 53 [69]; *Denck* RdA 1982, 279 [284]; *Derleder* AuR 1983, 289 [301 ff.]; *ders.* AuR 1985, 65 [76 f.]; *Dütz* DB 1984, 115 [118 ff.]; *ders.* Unterlassungs- und Beseitigungsansprüche, S. 17, 49 ff., 65; *Düwell*/HaKo § 23 Rn. 69; *Fitting* § 23 Rn. 100 f.; *Galperin/Löwisch* § 87 Rn. 41a; *Hanau* NZA 1985, Beil. Nr. 2, S. 12; *ders.* JuS 1985, 360 [362]; *ders.* NZA 1996, 841 [844]; *Jahnke* SAE 1983, 145 [147]; *Kümpel* AiB 1983, 132 [135 f.]; *Richardi/Thüsing* § 23 Rn. 85; *Salje* DB 1988, 909 [912 f.]; *Staudinger/Richardi/Fischinger* [2011] Vorbem. zu §§ 611 ff. Rn. 1049; *Trittin* BB 1984, 1169 [1172]; *ders.*/DKKW § 23 Rn. 349; vgl. auch schon *BAG* 22.12.1980 EzA § 615 BGB Betriebsrisiko Nr. 7 = AP Nr. 70 zu Art. 9 GG Arbeitskampf Bl. 8 R; 08.06.1982 EzA § 87 BetrVG 1972 Arbeitszeit Nr. 12 S. 82 = AP Nr. 7 zu § 87 BetrVG 1972 Arbeitszeit Bl. 2 R). **183**

Die fehlende **Wiederholungsgefahr** steht der Begründetheit des Anspruchs jedoch entgegen (*BAG* 29.02.2000 EzA § 87 BetrVG 1972 Betriebliche Lohngestaltung Nr. 69 S. 7 = AP Nr. 105 zu § 87 BetrVG 1972 Lohngestaltung Bl. 4 *[Raab]*; ebenso *Sächs. LAG* 21.01.2004 – 5 TaBV 14/03 – BeckRS 2004, 31058007; *Fitting* § 23 Rn. 102; *Richardi/Thüsing* § 23 Rn. 86). Für sie soll indes eine **tatsächliche Vermutung** streiten (so *BAG* 29.02.2000 EzA § 87 BetrVG 1972 Betriebliche Lohngestaltung Nr. 69 S. 7 = AP Nr. 105 zu § 87 BetrVG 1972 Lohngestaltung Bl. 4 *[Raab]*; 26.07.2005 EzA § 95 BetrVG 2001 Nr. 1 S. 9 = AP Nr. 43 zu § 95 BetrVG 1972 Bl. 4 R; 17.03.2015 EzA § 94 BetrVG 2001 Nr. 2 Rn. 39 = AP Nr. 11 zu § 94 BetrVG 1972 = NZA 2015, 885; zust. *Sächs. LAG* 21.01.2004 – 5 TaBV 14/03 – BeckRS 2004, 31058007; *Fitting* § 23 Rn. 102; *Richardi/Thüsing* § 23 Rn. 86; *Trittin*/DKKW § 23 Rn. 349). Aus dem Zweck des Unterlassungsanspruchs folgt, dass die Wiederholungsgefahr nicht nur eine die Zulässigkeit des Antrags betreffende Frage des Rechtsschutzbedürfnisses, sondern materielle **Anspruchsvoraussetzung** ist (s. a. Rdn. 173; s. auch *Raab* Anm. zu *BAG* 29.02.2000 AP Nr. 105 zu § 87 BetrVG 1972 Lohngestaltung Bl. 7 R ff.). **184**

Hat der Arbeitgeber einen **rechtswidrigen Zustand** geschaffen, kann der Betriebsrat dessen **Beseitigung** verlangen (zust. *BAG* 19.01.2010 EzA § 23 BetrVG 2001 Nr. 3 Rn. 11 = AP Nr. 49 zu § 99 BetrVG 1972 Versetzung = NZA 2010, 592; 30.06.2015 – 1 ABR 71/13 – BeckRS 2015, 72430; im Ergebnis ebenso *BAG* 16.06.1998 EzA § 87 BetrVG 1972 Arbeitssicherheit Nr. 3 S. 9 = AP Nr. 7 zu § 87 BetrVG 1972 Gesundheitsschutz Bl. 4 R f. [abl. *Merten*] = SAE 2000, 333 [336 f.] [abl. *Carl*]; *LAG* **185**

Bremen 15.06.1984 DB 1984, 1935 [1936]; *LAG Düsseldorf* 23.08.1983 BB 1983, 2052 = AiB 1984, 143 *[Trittin]*; *LAG Hamm* 17.12.1980 DB 1981, 1336 [1337 f.]; *Adomeit* BB 1972, 53 [54]; *Denck* RdA 1982, 279 [284]; *Dütz* DB 1984, 115 [121 f.]; *ders.* Unterlassungs- und Beseitigungsansprüche, S. 56 ff., 65; *Galperin/Löwisch* § 87 Rn. 41a; *Jahnke* SAE 1983, 145 [147]; *Kania*/ErfK § 87 BetrVG Rn. 138; *Kreft/WPK* § 23 Rn. 43; *Matthes*/MünchArbR § 240 Rn. 40; *Salje* DB 1988, 909 [912 f.]; *Richardi/Thüsing* § 23 Rn. 85; *Staudinger/Richardi/Fischinger* [2011] Vorbem. zu §§ 611 ff. Rn. 1049; *Strasser* FS *G. Müller*, S. 609 [619 f.]; *Thalhofer* Betriebsverfassungsrechtlicher Beseitigungsanspruch, S. 136 ff.; *Trittin/DKKW* § 23 Rn. 349; einschränkend *Derleder* AuR 1983, 289 [303]: nur bei Verschulden; **a. M.** *Stege/Weinspach/Schiefer* § 23 Rn. 28a). Der Durchsetzung dieser Ansprüche steht § 77 Abs. 1 Satz 2 nicht entgegen (**a. M.** *von Hoyningen-Huene* Anm. BAG AP Nr. 2 zu § 23 BetrVG 1972 Bl. 9 R; *ders.* Anm. *BAG* AP Nr. 19 zu § 80 BetrVG 1972 Bl. 7 R; dagegen *Herschel* AuR 1984, 281; *Kümpel* AuR 1985, 78 [84 f.]). Diese Vorschrift dient nicht dazu, ein rechtswidriges Verhalten des Arbeitgebers zu privilegieren.

186 Zur Sicherung des Anspruchs auf Unterlassung bzw. Beseitigung ist grundsätzlich auch eine **einstweilige Verfügung** statthaft (ebenso *LAG Bremen* 15.06.1984 DB 1984, 1935; *LAG Frankfurt a. M.* 03.04.1978 NJW 1979, 783; 11.08.1987 LAGE § 23 BetrVG 1972 Nr. 12 S. 2; 12.07.1988 AuR 1989, 150; *LAG Hamburg* 09.05.1989 LAGE § 23 BetrVG 1972 Nr. 26 S. 9; 03.07.2013 – 6 TaBVGa 3/13 – BeckRS 2014, 65030; *LAG Hamm* 19.04.1973 DB 1973, 1024 f.; 06.02.2001 AiB 2001, 488 [489]; 30.11.2007 – 10 TaBVGa 19/07 – BeckRS 2008, 50912; *Hess. LAG* 04.10.2007 AiB 2008, 100; *LAG Köln* 22.04.1985 BB 1985, 1332; *LAG Rheinland-Pfalz* 19.08.2011 – 9 TaBVGa 1/11 – BeckRS 2011, 77072; *ArbG Berlin* 19.12.1983 BB 1984, 404; *ArbG Bielefeld* 28.02.1996 NZA-RR 1997, 94 [94]; *ArbG Hanau* 15.12.1988 AiB 1989, 170; *ArbG Münster* 08.09.1986 AiB 1986, 236 [237]; *ArbG Solingen* 09.01.1986 DB 1986, 1027; *Derleder* AuR 1983, 289 [303]; *ders.* AuR 1985, 65 [76]; *Dütz* DB 1984, 115 [122 f.]; *ders.* Unterlassungs- und Beseitigungsansprüche, S. 62 ff.; *Düwell*/HaKo § 23 Rn. 73; *Fitting* § 23 Rn. 103; *Galperin/Löwisch* § 87 Rn. 41a; *Kania*/ErfK § 87 BetrVG Rn. 138; *Konzen* Leistungspflichten, S. 96 ff., 109 ff., 115 für § 87 Abs. 1 Nr. 6; *Kreft/WPK* § 23 Rn. 45; *Kümpel* AiB 1983, 132 [137 f.]; *Neumann* BB 1984, 676 f.; *Olderog* NZA 1985, 753 [755 ff.]; *Trittin* BB 1984, 1169 [1174]; *ders.* /DKKW § 23 Rn. 279; *Wenderoth* Unterlassungsanspruch, S. 70 ff.).

187 Dahinstehen kann, ob diese Ansprüche außer auf § 2 Abs. 1 auch noch auf **andere Anspruchsgrundlagen** (§ 78 Satz 1; §§ 1004, 823 Abs. 1 BGB i. V. m. § 87 BetrVG; §§ 1004, 823 Abs. 2 BGB i. V. m. § 78 Satz 1 BetrVG) gestützt werden können (m. w. N. insbesondere *Denck* RdA 1982, 279 [284]; *Derleder* AuR 1983, 289 [299 ff.]; *ders.* AuR 1985, 65 [75 ff.]; *Dütz* Unterlassungs- und Beseitigungsansprüche, passim; *ders.* DB 1984, 116 [118 ff.]; *Heinze* DB 1983, Beil. Nr. 9, S. 14 ff.; *Konzen* Leistungspflichten, passim, insbesondere S. 20 f., 23 f., 49 ff., 76 ff.; *Kümpel* AiB 1983, 132 [135 f.]; *ders.* AuR 1985, 78 [91 f.]; *Trittin* BB 1984, 1169 [1173 f.]). Entscheidend ist, dass die genannten Ansprüche jedenfalls überhaupt im Wege einer sinnvollen Interpretation des Gesetzes begründet werden können und durch § 23 Abs. 3 nicht ausgeschlossen werden. Dabei sollte nicht außer acht gelassen werden, dass in gleicher Weise entsprechende Unterlassungsansprüche des Arbeitgebers gegen den Betriebsrat erforderlich sind, da dem Arbeitgeber ebenso wenig allein mit § 23 Abs. 1 wie dem Betriebsrat mit § 23 Abs. 3 gedient ist. Die hier vertretene Auslegung berücksichtigt daher auch insoweit die vom Gesetzgeber angestrebte Gleichgewichtigkeit beider Regelungen.

bb) Gestaltung von Arbeitsplatz, Arbeitsablauf und Arbeitsumgebung

188 Nach Maßgabe von § 90 ist der Arbeitgeber zur **Unterrichtung** des Betriebsrats und zur **Beratung** mit ihm bei den in dieser Vorschrift genannten Planungsvorhaben verpflichtet (zum Ganzen s. *Weber* § 90 Rdn. 23 ff.). Dem entspricht bei vernünftiger Interpretation dieser Vorschrift ein **Anspruch** des Betriebsrats (ebenso *Degott* BB 1982, 1995; *Dütz* DB 1984, 115 [123 ff.]; *Fitting* § 90 Rn. 48; *Galperin/Löwisch* § 90 Rn. 13; *Hartmann* Einstweiliger Rechtsschutz, S. 32 f.; *Klebe*/DKKW § 90 Rn. 38; *Konzen* Leistungspflichten, S. 18, 24, 54 f., 57 f., 76, 78 ff., 87 ff., 114; *Raab* ZfA 1997, 183 [222]; *Richardi/Annuß* § 90 Rn. 42; *Trittin* BB 1984, 1169 [1172 Fn. 27]; *Walker* Rechtsschutz, Rn. 861; vgl. auch *BAG* 22.02.1983 EzA § 23 BetrVG 1972 Nr. 9 S. 39 = AP Nr. 2 zu § 23 BetrVG 1972 Bl. 3 R; **a. M.** *Heinze* DB 1983, Beil. Nr. 9, S. 17; *Stege/Weinspach/Schiefer* § 23 Rn. 17d), den dieser grundsätzlich, d. h. solange hierfür ein Rechtsschutzbedürfnis besteht, im **Beschlussverfahren**

durchsetzen kann (*Dütz* DB 1984, 115 [123 f.]; *Galperin/Löwisch* § 90 Rn. 13; *Konzen* Leistungspflichten, S. 87 ff., 108); auch der Erlass einer entsprechenden **einstweiligen Verfügung** ist zulässig (ebenso *LAG Hamburg* 02.12.1976 MitbestGespr. 1979, 150 [153 f.]; *Denck* RdA 1982, 279 [283]; *Dütz* DB 1984, 115 [124]; *Fitting* § 90 Rn. 48; *Klebe/DKKW* § 90 Rn. 38; *Konzen* Leistungspflichten, S. 87; *Richardi/Annuß* § 90 Rn. 42; *Rose/HWGNRH* § 90 Rn. 91; *Walker* Rechtsschutz, Rn. 861; a M. *Natzel* Leistung und Lohn Nr. 88/92, S. 57). Der Geltendmachung dieser Ansprüche steht § 23 Abs. 3 nicht entgegen.

Der **Arbeitgeber** bleibt aber in seiner **unternehmerischen Entscheidung frei**; der **Betriebsrat kann** daher die Durchführung der vorgesehenen **Maßnahme nicht verhindern**. Diese eindeutige gesetzgeberische Regelung kann nicht dadurch beseitigt werden, dass dem Arbeitgeber bis zur Erfüllung seiner Unterrichtungs- und Beratungspflicht durch einstweilige Verfügung untersagt wird, die vorgesehene Maßnahme durchzuführen (ebenso *LAG Hamburg* 02.12.1976 MitbestGespr. 1979, 150 [154 – krit. *Jürgens*]; *LAG Nürnberg* 04.02.2003 ARST 2004, 91 f. [LS]; *Degott* BB 1982, 1995; *Fitting* § 90 Rn. 48; *Heinze* DB 1983, Beil. Nr. 9, S. 17; *Konzen* Leistungspflichten, S. 20, 79 f., 87 ff., 109, 115; *Raab* ZfA 1997, 183 [222]; *Rose/HWGNRH* § 90 Rn. 92; *R. Schmidt* BB 1982, 48; *Stege/Weinspach/Schiefer* § 90 Rn. 32; *Walker* Rechtsschutz, Rn. 862; *Weberling* AfP 2005, 139 [141 f.]; **a. M.** *ArbG Frankfurt a. M.* 11.11.1993 AuR 1994, 201 [LS]; *Burghardt* Die Handlungsmöglichkeiten des Betriebsrats, S. 343; *Dütz* DB 1984, 115 [124 f.]; *Hartmann* Einstweiliger Rechtsschutz, S. 85 f.; *Kammann/Hess/Schlochauer* § 90 Rn. 22; *Klebe/DKKW* § 90 Rn. 38; *Köstler* BB 1982, 861; *Richardi/Annuß* § 90 Rn. 42 bei offensichtlichem Verstoß gegen arbeitswissenschaftliche Erkenntnisse; *Trittin* DB 1983, 230 f.; *ders./DKKW* § 23 Rn. 331). 189

Erst recht hat der Betriebsrat **keinen Anspruch auf Beseitigung bereits vollzogener Maßnahmen** (ebenso *ArbG Hamburg* 09.01.1981 DB 1981, 850 [851]; 29.05.1981 BB 1981, 1213 [1214]; *Dütz* DB 1984, 115 [125]; *Konzen* Leistungspflichten, S. 80). Die entgegenstehende Auffassung ist besonders bedenklich, falls der angebliche Anspruch auf Unterrichtung und Beratung streitig ist und das arbeitsgerichtliche Beschlussverfahren sich länger hinzieht; eine einstweilige Verfügung, mit der die Durchführung der vorgesehenen Maßnahme untersagt wird, liefe praktisch auf ein Vetorecht des Betriebsrats hinaus, das der Gesetzgeber gerade nicht gewollt hat (zust. im Ergebnis auch *Rose/HWGNRH* § 90 Rn. 92). 190

Verletzt der **Arbeitgeber** seine **Verpflichtungen nach § 90**, so kommen über den jeweiligen Anspruch hinausgehende Sanktionen nach **§ 119 Abs. 1 Nr. 2** und **§ 121** in Betracht. Dagegen ist **§ 91 keine Sanktionsnorm** bei Verletzung der Verpflichtungen nach § 90 (so aber *BAG* 22.02.1983 EzA § 23 BetrVG 1972 Nr. 9 S. 41 f. = AP Nr. 2 zu § 23 BetrVG 1972 Bl. 4 R f.; *Konzen* Leistungspflichten, S. 18, 52, 58, 76; wie hier *Raab* ZfA 1997, 183 [221 f.]), sondern begründet unabhängig von einem etwaigen Verstoß gegen die Unterrichtungs- und Beratungspflicht des § 90 unter besonderen Voraussetzungen einen eigenständigen Anspruch. Jedoch hat der Gesetzgeber in jedem Falle gewährleisten wollen, dass der Arbeitgeber nicht grob gegen die betriebsverfassungsrechtliche Ordnung verstößt. Deshalb kann bei grober Verletzung der nach § 90 bestehenden Verpflichtungen gegen den Arbeitgeber nach **§ 23 Abs. 3** vorgegangen und die geplante Maßnahme durch einstweilige Verfügung untersagt werden (ebenso *ArbG München/Ingolstadt* 25.04.1974 BetrR 1975, 189 [190 f.] = MitbestGespr. 1977, 67; *Konzen* Leistungspflichten, S. 60 f., 78 f., 91, 104, 109; für die Anwendung von § 23 Abs. 3 im Rahmen des § 90 auch *Galperin/Löwisch* § 90 Rn. 13; *Rose/HWGNRH* § 90 Rn. 92; *Klebe/DKKW* § 90 Rn. 38; *Richardi/Annuß* § 90 Rn. 40; *Stege/Weinspach/Schiefer* § 23 Rn. 17d; *Trittin* DB 1983, 230 [231 f.]; **a. M.** *Heinze* DB 1983, Beil. Nr. 9, S. 17 Fn. 217, 19 f.; *R. Schmidt* BB 1982, 48). Damit erlangt § 23 Abs. 3 über die Fälle der gesetzlichen Prozessstandschaft hinaus hier eine eigenständige Ergänzungsfunktion. 191

cc) Personelle Angelegenheiten

Im Bereich der personellen Angelegenheiten ist die Anwendbarkeit des § 23 Abs. 3 wegen der weithin ausdifferenzierten Rechtsfolgen bei Verletzung der hiernach bestehenden Rechte gering. Das Vorgehen nach **§ 23 Abs. 3** ist zunächst **ausgeschlossen**, soweit nach den §§ 92 bis 105 Ansprüche des Betriebsrats gegen den Arbeitgeber bestehen, die im Beschlussverfahren durchgesetzt werden können. Das dürfte in folgenden Fällen anzunehmen sein (im Wesentlichen ebenso *Konzen* Leistungs- 192 pflichten, S. 53 bis 59; *Walker* Rechtsschutz, Rn. 864 ff.; ferner *Galperin/Löwisch* § 99 Rn. 67 für § 99 Abs. 1; zu § 93 auch *BAG* 22.02.1983 EzA § 23 BetrVG 1972 Nr. 9 S. 39 = AP Nr. 2 zu § 23 BetrVG 1972 Bl. 3 R; **a. M.** *Bachner/DKKW* § 105 Rn. 12; *Buschmann/DKKW* § 93 Rn. 38, § 97 Rn. 29; *Fitting* § 92 Rn. 45, § 93 Rn. 19, § 96 Rn. 41, § 97 Rn. 38; *Galperin/Löwisch* § 92 Rn. 18, § 93 Rn. 10, §§ 96, 97 Rn. 19; *Heinze* DB 1983, Beil. Nr. 9, S. 17 ff.; ders. Personalplanung, Einstellung und Kündigung, 1982, Rn. 49 ff., 87 f., 135; *Homburg/DKKW* § 92 Rn. 52; *Huke/HWGNRH* § 105 Rn. 15; *Richardi/Thüsing* § 92 Rn. 51, § 93 Rn. 35, § 105 Rn. 19; *Rose/HWGNRH* § 92 Rn. 36, § 93 Rn. 17; *Worzalla/HWGNRH* § 96 Rn. 40): für die Unterrichtung und Beratung über die **Personalplanung** nach § 92 Abs. 1, Beratung über **Vorschläge zur Beschäftigungssicherung** nach § 92a Abs. 2 Satz 1, die **Ausschreibung von Arbeitsplätzen** nach § 93, für die Beratung über Fragen, Einrichtungen und Maßnahmen der **Berufsbildung** nach § 96 Abs. 1 Satz 2 und § 97 Abs. 1, für die Unterrichtung, Vorlage der erforderlichen Unterlagen und Auskünfte sowie Mitteilungen nach **§ 99 Abs. 1 Satz 1 und 2**, die Unterrichtung nach **§ 100 Abs. 2 Satz 1** und die Mitteilung nach **§ 105**. Ansprüche sind auch in den Fällen des **§ 98 Abs. 2** (Abberufung eines Ausbilders) und **§ 104** anzunehmen (ebenso *Heinze* DB 1983, Beil. Nr. 9, S. 18 für § 98, S. 19 für § 104; *Konzen* Leistungspflichten, S. 52, 53, 54, 76, 94, 114; *Wiese* Initiativrecht, S. 23), für deren Durchsetzung jedoch Sonderregelungen gelten (§ 98 Abs. 5, § 104 Satz 1), so dass insoweit die Anwendbarkeit des § 23 Abs. 3 ausscheidet (s. aber Rdn. 218 f.).

193 Bei den Mitbestimmungstatbeständen in personellen Angelegenheiten erübrigen sich Verhandlungsansprüche, soweit die Einigungsstelle (s. § 94; § 95 Abs. 1 und 2; § 97 Abs. 2; § 98 Abs. 1, 3, 4 und 6) oder das Arbeitsgericht zur Entscheidung der Angelegenheit berufen ist (s. § 98 Abs. 2 und 5 bei Widerspruch gegen die Bestellung eines Ausbilders; § 99 Abs. 1 Satz 1, Abs. 2 bis 4, §§ 100, 101; hierzu s. auch Rdn. 195 f.; § 103; § 102 Abs. 2 und 3 i. V. m. § 1 Abs. 2 Satz 2 Nr. 1 KSchG). Bei **mitbestimmungswidrigen Zuständen** bestehen, soweit nicht Sonderregelungen eingreifen, aus den gleichen Erwägungen wie zu § 87 (s. Rdn. 161 ff.) **Unterlassungsansprüche** (ebenso *BAG* 26.07.2005 EzA § 95 BetrVG 2001 Nr. 1 S. 9 = AP Nr. 43 zu § 95 BetrVG 1972 Bl. 4 f. [zu § 95 Abs. 1]; *Klebe/DKKW* § 94 Rn. 55, § 95 Rn. 41). Das gilt z. B. bei der Verwendung von **Personalfragebogen** und **Beurteilungsgrundsätzen** oder **Auswahlrichtlinien** entgegen der Mitbestimmung des Betriebsrats nach §§ 94, 95 (ebenso *BAG* 26.07.2005 EzA § 95 BetrVG 2001 Nr. 1 S. 9 = AP Nr. 43 zu § 95 BetrVG 1972 Bl. 4 f. [zu § 95 Abs. 1]; 17.03.2015 EzA § 94 BetrVG 2001 Nr. 2 Rn. 39 = AP Nr. 11 zu § 94 BetrVG 1972 = NZA 2015, 885; *LAG Berlin* 22.04.1987 LAGE § 23 BetrVG 1972 Nr. 8 S. 28 f.; *Raab* ZfA 1997, 183 [225 ff., 229 ff.]; **a. M.** *Jacobs/Burger* SAE 2006, 256 [259]; *Konzen* Leistungspflichten, S. 52, 81; *Walker* Rechtsschutz, Rn. 866 f.; für die Anwendbarkeit des § 23 Abs. 3 *Fitting* § 95 Rn. 31; *Galperin/Löwisch* § 94 Rn. 34, § 95 Rn. 16; *Heinze* DB 1983, Beil. Nr. 9, S. 18; *Klebe/DKKW* § 94 Rn. 55, § 95 Rn. 41). Die Unwirksamkeit dieser Hilfsmittel der Personalplanung und Unverbindlichkeit für die Arbeitnehmer stehen dem ebenso wenig entgegen wie die Unwirksamkeit mitbestimmungswidriger Maßnahmen nach § 87 BetrVG.

194 Entsprechendes gilt bei den Mitbestimmungsrechten des Betriebsrats bei der **Durchführung betrieblicher Bildungsmaßnahmen (§ 98 Abs. 1 und 3)**. Aus § 98 Abs. 5 lässt sich nicht ableiten, dass bei der Verletzung des Beteiligungsrechts nach § 98 Abs. 3 kein allgemeiner Unterlassungsanspruch gegeben ist (**a. M.** *Hess.* LAG 21.06.2012 – 9 TaBV 75/12 – BeckRS 2012, 75689; wie hier *Raab* § 98 BetrVG Rdn. 38). Mit dem Unterlassungsanspruch in § 98 Abs. 5 reagiert das Gesetz ausschließlich auf das Mitbestimmungsrecht in § 98 Abs. 2, ohne dass hieraus der Gegenschluss gezogen werden kann, ein allgemeiner Unterlassungsanspruch bei den paritätischen Mitbestimmungsrechten in § 98 Abs. 1 und 3 sei hierdurch ausgeschlossen. Vielmehr beruht § 98 Abs. 5 auf der besonderen Wertung des Gesetzes, dass bei einer fehlenden Einigung zwischen Arbeitgeber und Betriebsrat nicht die Einigungsstelle, sondern das Arbeitsgericht über eine Rechtsfrage entscheidet. Ausgeschlossen ist ein Unterlassungsanspruch jedoch, wenn das jeweilige Beteiligungsrecht als Unterrichtungs- und Beratungsrecht ausgestaltet ist (*Lunk/Studt* ArbRB 2002, 240 [242], für § 92a).

195 Bei einer Verletzung der **Mitbestimmungsrechte in § 99** steht dem Betriebsrat **kein allgemeiner Unterlassungsanspruch** zu. Diese Position vertritt im Anschluss an die hier befürwortete Ansicht (ebenso *Bengelsdorf* SAE 1996, 139 [151 ff.]; *Braun* FS Simon, 2001, S. 53 [68 f.]; *Dobberahn* NJW 1995, 1333 [1334]; *Fitting* § 99 Rn. 295–298; *Hanau* NZA 1996, 841 [844]; *Hartmann* Einstweiliger Rechts-

Verletzung gesetzlicher Pflichten § 23

schutz, S. 88 ff.; *Konzen* Leistungspflichten, S. 82; *ders.* NZA 1995, 865 [872]; *Matthes* FS *Dieterich*, S. 355 [360 f.]; *ders.*/MünchArbR § 240 Rn. 35; *Raab* ZfA 1997, 183 [236 ff.]; *Richardi/Thüsing* § 23 Rn. 88; *Stege/Weinspach/Schiefer* § 23 Rn. 28; **a. M.** *LAG Düsseldorf* 29.02.2008 – 9 TaBV 91/07 – juris [Vorinstanz zu *BAG* vom 23.06.2009]; *Bachner*/DKKW § 101 Rn. 20; *Bauer/Diller* ZIP 1995, 95 [98]; *Derleder* AuR 1995, 13 [16]; *Klocke* Unterlassungsanspruch, S. 149 ff.; *Lobinger* ZfA 2004, 101 [170 ff.]; *Soost/Hummel* AiB 2000, 621 ff.; *Trittin*/DKKW § 23 Rn. 352; *Weiss/Weyand* § 101 Rn. 5; offen gelassen von *BAG* 06.12.1994 EzA § 23 BetrVG 1972 Nr. 37 S. 3 f. = AP Nr. 24 zu § 23 BetrVG 1972 Bl. 2; ebenfalls ohne Stellungnahme *Kreft/WPK* § 23 Rn. 37; für den Erlass einer einstweiligen Verfügung *LAG Köln* 13.08.2002 NZA-RR 2003, 249 f.; **a. M.** *ArbG Lübeck* 12.07.2007 NZA-RR 2007, 640 [LS]), nunmehr auch das **BAG** (23.06.2009 EzA § 99 BetrVG 2001 Nr. 13 Rn. 16 ff. = AP Nr. 48 zu § 99 BetrVG 1972 Versetzung = NZA 2009, 1430 sowie nachfolgend *BAG* 09.03.2011 EzA § 99 BetrVG 2001 Einstellung Nr. 17 Rn. 13 = AP Nr. 63 zu § 99 BetrVG 1972 Einstellung = NZA 2011, 871; ferner auch *LAG Berlin-Brandenburg* 30.08.2013 – 6 TaBV 953/13 – BeckRS 2013, 72803; *LAG Düsseldorf* 29.07.2013 – 9 TaBV 33/13 – BeckRS 2015, 65460; *LAG Hamburg* 03.07.2013 – 6 TaBVGa 3/13 – BeckRS 2014, 65030; *Hess. LAG* 10.05.2010 – 5/9 TaBV 175/09 – BeckRS 2010, 75268; *LAG Köln* 01.04.2010 – 7 TaBV 74/09 – BeckRS 2011, 72767; *LAG Rheinland-Pfalz* 06.05.2010 – 10 TaBV 8/10 – BeckRS 2010, 71454; *LAG Schleswig-Holstein* 10.05.2016 NZA-RR 2016, 589 [591 f.]).

Allein der Hinweis auf eine Schutzlücke rechtfertigt es nicht, das spezielle Sanktionsinstrumentarium **196** in § 101 zu unterlaufen (ebenso *BAG* 23.06.2009 EzA § 99 BetrVG 2001 Nr. 13 Rn. 21 = AP Nr. 48 zu § 99 BetrVG 1972 Versetzung = NZA 2009, 1430 sowie bereits *Hanau* NZA 1996, 841 [844]; **a. M.** *LAG Düsseldorf* 29.02.2008 – 9 TaBV 91/07 – juris [Vorinstanz zu *BAG* vom 23.06.2009]). Auch aus dem Zweck des Beteiligungsrechts und dem Grundsatz vertrauensvoller Zusammenarbeit lässt sich ein allgemeiner Unterlassungsanspruch nicht ableiten. Im Unterschied zu § 87 Abs. 1 ergibt sich aus § 99 gerade nicht, dass der Arbeitgeber die personelle Maßnahme nur mit Zustimmung des Betriebsrats durchführen darf; dem Betriebsrat steht nach § 99 Abs. 2 lediglich ein normativ gebundenes Vetorecht zu. Die insbesondere bei kurzfristigen Maßnahmen auftretende Schutzlücke (s. *BAG* 23.06.2009 EzA § 99 BetrVG 2001 Nr. 13 Rn. 21 ff. = AP Nr. 48 zu § 99 BetrVG 1972 Versetzung = NZA 2009, 1430; 19.01.2010 EzA § 23 BetrVG 2001 Nr. 3 Rn. 18 = AP Nr. 49 zu § 99 BetrVG 1972 Versetzung = NZA 2010, 592; *Konzen* Leistungspflichten, S. 81; *Lipke* DB 1980, 2239 ff.; *Walker* Rechtsschutz, Rn. 872; **a. M.** *Bengelsdorf* SAE 1996, 139 [151]) ist Ausdruck der vom Gesetzgeber bewusst abgeschwächten Rechtsmacht des Betriebsrats und deshalb hinzunehmen (so auch *BAG* 19.01.2010 EzA § 23 BetrVG 2001 Nr. 3 Rn. 18 = AP Nr. 49 zu § 99 BetrVG 1972 Versetzung = NZA 2010, 592; *Bengelsdorf* SAE 1996, 139 [153]; *Konzen* NZA 1995, 865 [872]; *Matthes*/MünchArbR § 240 Rn. 35; *Walker* Rechtsschutz, Rn. 872; *ders.* DB 1995, 1961 [1964]).

In Betracht zu ziehen ist jedoch die Anwendbarkeit von **§ 23 Abs. 3**, um für die Zukunft ein den **197** Rechten des Betriebsrats entsprechendes Verhalten des Arbeitgebers sicherzustellen (s. *Heinze* DB 1983, Beil. Nr. 9, S. 18, 19; *Richardi* FS *Wlotzke*, S. 407 [410]; *Walker* Rechtsschutz, Rn. 864 ff.). Insbesondere kommt § 23 Abs. 3 bei groben Verstößen gegen **§ 102 Abs. 1 Satz 1 und 2** in Betracht, um dessen Beachtung für die Zukunft zu erzwingen (*ArbG Wilhelmshaven* 24.02.1977 ARSt. 1977, 190 [Nr. 1207]; im Grundsatz auch *LAG Hamm* 19.07.2002 NZA-RR 2002, 642 [642 f.]; *Hanau* JuS 1985, 360 [363]; *Heinze* DB 1983, Beil. Nr. 9, S. 19; *ders.* Personalplanung, Einstellung und Kündigung, 1982, Rn. 502; *Huke*/HWGNR § 105 Rn. 16; *Konzen* Leistungspflichten, S. 82; *Raab* ZfA 1997, 183 [242]). Dies gilt entsprechend für das Beteiligungsrecht in **§ 99** (*BAG* 23.06.2009 EzA § 99 BetrVG 2001 Nr. 13 = AP Nr. 48 zu § 99 BetrVG 1972 Versetzung = NZA 2009, 1430; 06.11.2013 EzA § 25 BetrVG 2001 Nr. 5 Rn. 63 = AP Nr. 2 zu § 33 BetrVG 1972 = NZA-RR 2014, 196; *LAG Berlin* 04.12.1998 – 6 TaBV 6/98 und 7/98 – juris; *LAG Berlin-Brandenburg* 12.06.2013 – 15 TaBV 2028/12 – BeckRS 2013, 72710; 30.08.2013 – 6 TaBV 953/13 – BeckRS 2013, 72803; 19.06.2014 LAGE § 111 BetrVG 2001 Nr. 12; *LAG Düsseldorf* 26.08.1993 LAGE § 23 BetrVG 1972 Nr. 35 S. 2 f.; 29.07.2013 – 9 TaBV 33/13 – BeckRS 2015, 65460; *LAG Hamburg* 03.07.2013 – 6 TaBVGa 3/13 – BeckRS 2014, 65030; *Hess. LAG* 15.12.1998 AuR 1999, 404; *Raab* ZfA 1997, 183 [240 f.]; **a. M.** *Schlochauer*/HSWGNR § 101 Rn. 16). Mangels eines durchsetzbaren Anspruchs ist schließlich bei grober Verletzung der Pflichten des Arbeitgebers nach **§ 96** die Anwendbarkeit des § 23 Abs. 3 zu bejahen (ebenso *Buschmann/DKKW* § 96 Rn. 39; *Fitting* § 96 Rn. 41; *Heinze* DB 1983, Beil. Nr. 9, S. 18; *Preis/WPK* § 96 Rn. 12; *Worzalla/HWGNRH* § 96 Rn. 40).

dd) Wirtschaftliche Angelegenheiten

198 Ungeachtet etwaiger Ansprüche nach den §§ 106 ff. (etwa *Galperin/Löwisch* § 106 Rn. 40; *Konzen* Leistungspflichten, S. 54 f.; **a. M.** *Heinze* DB 1983, Beil. Nr. 9, S. 20; *Walker* Rechtsschutz, Rn. 874) ist vor allem die Beteiligung des Betriebsrats bei **Betriebsänderungen** problematisch.

199 Insoweit gilt zunächst, dass der Unternehmer nach Maßgabe des **§ 111** den Betriebsrat über geplante Betriebsänderungen zu **unterrichten** und mit ihm zu **beraten** hat. Ebenso wie nach § 90 hat der Betriebsrat hierauf einen **Anspruch** (ebenso *LAG Rheinland-Pfalz* 28.03.1989 LAGE § 111 BetrVG 1972 Nr. 10 S. 4; *ArbG Braunschweig* 15.06.1982 DB 1983, 239; *Buchner* Die Betriebsänderung – noch eine unternehmerische Entscheidung?, S. 9; *Dütz* DB 1984, 115 [126]; *Ehmann* Betriebsstillegung und Mitbestimmung, 1978, S. 66 ff.; *Fitting* § 111 Rn. 138; *Galperin/Löwisch* § 111 Rn. 44; *Hess/HWGNRH* § 111 Rn. 189; *Kania/*ErfK § 111 BetrVG Rn. 26; *Konzen* Leistungspflichten, S. 18, 24, 54 f., 57 f., 79 f., 87 ff., 105, 114; *Matthes* DB 1972, 286 [287]; *ders.* FS Dieterich, S. 355 [361]; *ders.*/MünchArbR § 240 Rn. 37; *Raab* ZfA 1997, 183 [245 f.]; *Richardi* Sozialplan und Konkurs, 1975, S. 35; *Trittin* BB 1984, 1169 [1172 FN. 27]; vgl. auch *BAG* 22.02.1983 EzA § 23 BetrVG 1972 Nr. 9 S. 39 = AP Nr. 2 zu § 23 BetrVG 1972 Bl. 3 R sowie näher s. § 111 Rdn. 267, 270; **a. M.** *Hartmann* Einstweiliger Rechtsschutz, S. 32 f.; *Heinze* DB 1983, Beil. Nr. 9, S. 20; *Walker* Rechtsschutz, Rn. 875).

200 Den Anspruch auf Unterrichtung und Beratung kann der Betriebsrat grundsätzlich, d. h. solange hierfür ein Rechtsschutzbedürfnis besteht, im **Beschlussverfahren** gegen den Unternehmer durchsetzen (ebenso *Buchner* Die Betriebsänderung – noch eine unternehmerische Entscheidung?, S. 35 f.; *Dütz* AuR 1973, 353 [357]; *ders.* DB 1984, 115 [125 f.]; *Ehmann* Betriebsstillegung und Mitbestimmung, 1978, S. 66 ff.; *Fitting/Kaiser/Heither/Engels* § 111 Rn. 121; *Konzen* Leistungspflichten, S. 58; vgl. auch *BAG* 18.03.1975 EzA § 80 ArbGG Nr. 7 S. 11 = AP Nr. 1 zu § 111 BetrVG 1972 Bl. 2 R; **a. M.** *Rumpff/Boewer* Wirtschaftliche Angelegenheiten, Rn. 173 ff.). Auch der Erlass einer **einstweiligen Verfügung** ist insoweit statthaft (*LAG Berlin-Brandenburg* 12.12.2013 – 17 TaBVGa 2058/13 – BeckRS 2014, 66466; 19.06.2014 LAGE § 111 BetrVG 2001 Nr. 12; *LAG Rheinland-Pfalz* 13.10.2016 – 6 TaBVGa 2/16 – BeckRS 2016, 74414; *Buchner* Sicherstellung des wirtschaftlichen Mitbestimmungsrechts bei Betriebsänderungen durch einstweilige Verfügung, S. 201 [231 ff.]; *Däubler/DKKW* § 111 Rn. 190; *Dütz* DB 1984, 115 [125 f.]; *Fitting* § 111 Rn. 138; *Kania/*ErfK § 111 BetrVG Rn. 26; *Konzen* Leistungspflichten, S. 87, 115; *Preis/Bender/WPK* § 111 Rn. 37; *Richardi/Annuß* § 111 Rn. 171; im Grundsatz ebenso *Buchner* Die Betriebsänderung – noch eine unternehmerische Entscheidung?, S. 35, 41 ff., der aber für die Dauer der Unterrichtung und Beratung die Durchführung der Betriebsänderung untersagen will; s. ferner § 111 Rdn. 269). Die Geltendmachung dieser Ansprüche wird durch § 23 Abs. 3 nicht ausgeschlossen.

201 Dagegen steht die **unternehmerische Entscheidung** über die geplante **Betriebsänderung allein** dem **Unternehmer** (Arbeitgeber) zu (§ 112); er kann sogar von einem freiwilligen Interessenausgleich abweichen, muss dann aber nach Maßgabe von § 113 Abs. 1 und 2 einen Nachteilsausgleich gewähren. Entsprechendes gilt, wenn der Arbeitgeber die geplante Betriebsänderung durchführt, ohne einen Interessenausgleich mit dem Betriebsrat versucht zu haben (§ 113 Abs. 3), nach Ansicht des *BAG* (18.12.1984 EzA § 113 BetrVG 1972 Nr. 12 S. 71 ff. = AP Nr. 11 zu § 113 BetrVG 1972 Bl. 1 R ff. = SAE 1986, 125 [125 ff.] *[Buchner]* = AR-Blattei, Betriebsverfassung XIV E, Entsch. 26 *[Löwisch]* = DB 1985, 1293 *[P. Nipperdey]*) auch dann, wenn er zwar einen Interessenausgleich versucht, aber nicht das Verfahren vor der Einigungsstelle herbeigeführt und dessen Abschluss abgewartet hat (s. dazu näher § 113 Rdn. 52 ff.). Im Gegensatz zum Sozialplan (§ 112 Abs. 4) ist der Interessenausgleich daher nicht mitbestimmungspflichtig, sondern der Gesetzgeber knüpft lediglich an den unterlassenen Versuch eines Interessenausgleichs eine genau festgelegte Sanktion. Deshalb ist der **Versuch** eines **Interessenausgleichs** nach der Gesetzeslage nur eine **Obliegenheit** (ebenso *Hanau* JuS 1985, 360 [363]; *Hümmerich/Spirolke* BB 1996, 1986 [1990]; *Konzen* Leistungspflichten, S. 105; vgl. auch schon *Fabricius* Relativität der Rechtsfähigkeit, 1963, S. 230 sowie hier §§ 112, 112a Rdn. 51).

Verletzung gesetzlicher Pflichten § 23

Der Betriebsrat hat mithin gegen den Arbeitgeber **keinen Anspruch auf Verhandlungen über** 202 **einen Interessenausgleich** (ebenso *LAG Berlin* 04.10.1982 DB 1983, 888; *Bengelsdorf* DB 1990, 1233 ff.; *Dütz* DB 1984, 115 [126]; *Heinze* DB 1983, Beil. Nr. 9, S. 21; *Konzen* Leistungspflichten, S. 91; *Raab* ZfA 1997, 183 [244 f.]; *Walker* Rechtsschutz, Rn. 875; **a. M.** *LAG Berlin* 07.09.1995 NZA 1996, 1284 [1286]; *LAG Hamburg* 08.06.1983 DB 1983, 2369 [2371]; 05.02.1986 LAGE § 23 BetrVG 1972 Nr. 5 S. 6 [dazu *Kort* CR 1986, 813]; *LAG Hamm* 23.03.1983 AuR 1984, 54; *ArbG Frankfurt a. M.* 02.09.1982 DB 1983, 239 [240]; *ArbG Hamburg* 07.11.1985 DB 1986, 598 [599]; *ArbG Oldenburg* 28.10.1993 EzA § 111 BetrVG 1972 Nr. 29 S. 5; *Buschmann* BB 1983, 510 [513]; *Derleder* AuR 1983, 289 [302]; *Pflüger* DB 1998, 2062 [2063 f.]; *Trittin* DB 1983, 230; *Zwanziger* BB 1998, 477 [479]; offen gelassen vom *BAG* 18.12.1984 EzA § 113 BetrVG 1972 Nr. 12 S. 72 = AP Nr. 11 zu § 113 BetrVG 1972 Bl. 2 = DB 1985, 1293 [*P. Nipperdey*]; *ArbG Schwerin* 13.02.1998 NZA-RR 1998, 448 [450]).

Der Betriebsrat kann deshalb auch **nicht Unterlassung der geplanten Betriebsänderung**, ins- 203 besondere die Erklärungen von Kündigungen, **bis zum Abschluss der Interessenausgleichsverhandlungen** verlangen (ebenso *LAG Baden-Württemberg* 28.08.1985 DB 1986, 805 [806]; 21.10.2009 – 20 TaBVGa 1/09 – BeckRS 2010, 66550; *LAG Berlin-Brandenburg* 12.12.2013 – 17 TaBVGa 2058/13 – BeckRS 2014, 66466; *LAG Düsseldorf* 14.11.1983 DB 1984, 511; 20.06.1997 ARSt. 1998, 32 [34]; *LAG Niedersachsen* 05.06.1987 LAGE § 23 BetrVG 1972 Nr. 11 S. 2 f.; 29.11.2002 BB 2003, 1337 [1337]; *LAG Köln* 08.03.1995 BB 1995, 2115; 30.04.2004 NZA-RR 2005, 199 [199]; *LAG Nürnberg* 09.03.2009 ZTR 2009, 554; *LAG Rheinland-Pfalz* 28.03.1989 LAGE § 111 BetrVG 1972 Nr. 10 S. 2 ff.; 24.11.2004 – 9 TaBV 29/04 – juris; 27.08.2014 NZA-RR 2015, 197 [198]; *LAG Sachsen-Anhalt* 30.11.2004 – 11 TaBV 18/04 – BeckRS 2005, 40126; *LAG Schleswig-Holstein* 13.01.1992 LAGE § 111 BetrVG 1972 Nr. 11 S. 5 ff. [mit gegenläufiger Tendenz aber *LAG Schleswig-Holstein* 20.07.2007 NZA-RR 2008, 244, 246]; *ArbG Bonn* 23.08.1995 BB 1995, 2115; *ArbG Braunschweig* 15.06.1982 DB 1983, 239; *ArbG Dresden* 25.07.1997 NZA-RR 1998, 125 [126]; *ArbG Dresden* 30.11.1999 BB 2000, 363 [LS]; *ArbG Frankfurt/Oder* 22.03.2001 NZA-RR 2001, 646 [647]; *ArbG Gelsenkirchen* 30.11.2006 – 5 BVGa 9/06 – juris; *ArbG Halle [Saale]* 29.10.2004 – 6 BVGa 7/04 – juris; *ArbG Herne* 24.05.1991 DB 1991, 2296; *ArbG Kaiserslautern* 23.10.2002 BB 2003, 532 [LS]; *ArbG Kiel* 13.12.1996 BB 1997, 635 [LS]; *ArbG Marburg* 29.12.2003 NZA-RR 2004, 199 [200]; 04.02.2011 – 2 BVGa 1/11 – juris; *ArbG Minden* 25.09.1996 BB 1997, 635 f.; *ArbG Nürnberg* 20.03.1996 NZA-RR 1996, 411 [413]; *ArbG Passau* 22.10.2002 BB 2003, 744; *ArbG Schwerin* 13.02.1998 NZA-RR 1998, 448 [449 f.]; ebenso im Schrifttum *Bauer* DB 1994, 217 [224 f.]; ders. FS *Wißmann*, 2005, S. 215 [224 f.]; *ders./Göpfert* DB 1997, 1464 [1470]; *ders./Lingemann* NZA 1995, 813 [817]; *Bengelsdorf* DB 1990, 1233 ff. [1282 ff.]; *Beuthien* ZfA 1986, 131 [151 f.]; *ders.* ZfA 1988, 1 [21 ff.]; *Boewer/Boewer* Personalwirtschaft 1984, 330 [334 ff.]; *Buchner* Sicherstellung des wirtschaftlichen Mitbestimmungsrechts bei Betriebsänderungen durch einstweilige Verfügung, S. 201 [218 ff.]; *Caspers*/MK-InsO, §§ 121, 122 Rn. 28; *Diller/Powietzka* DB 2001, 1034 [1037]; *Dzida* ArbRB 2015, 215 [215]; *Ehler* BB 2000, 978 [979]; *Ehrich* BB 1993, 356 [358]; *Eich* DB 1983, 657 [661]; *Fitting* § 111 Rn. 135; *Galperin/Löwisch* § 111 Rn. 46; *Giesen* ZIP 1998, 142 [146 f.]; *Graner* LAGR 2005, 65 [66 f.]; *Greiner* in: *Schlachter/Heinig* Europ. AuS, § 21 Rn. 42; *ders./GWBG* ArbGG, § 85 Rn. 21; *Hanau* JuS 1985, 360 [364]; *ders.* NZA 1996, 841 [844]; *Hartmann* Einstweiliger Rechtsschutz, S. 78 ff.; *Heinze* DB 1983, Beil. Nr. 9, S. 21; *Hess*/HWGNRH § 111 Rn. 192; *Heupgen* NZA 1997, 1271 [1272]; *Hohenstatt* NZA 1998, 846 [850 f.]; *Hümmerich/Spirolke* BB 1996, 1986 [1990]; *Kamanabrou* Arbeitsrecht, Rn. 2849; *Kania*/ErfK § 111 BetrVG Rn. 28; *Konzen* Leistungspflichten, S. 91; *Küttner* Arbeitsrecht und Arbeitsgerichtsbarkeit, 1998, S. 431 [438 ff.]; *Leinemann* ZIP 1989, 552 [557 f.]; *Lieb/Jacobs* Arbeitsrecht, Rn. 883; *Lipinski/Melms* BB 2002, 2226 ff.; *Loritz/ZLH* Arbeitsrecht, § 52 Rn. 57; *Matthes/Spinner/GMP* ArbGG, § 85 Rn. 37 a. E.; *Preis/Bender/WPK* § 111 Rn. 38; *Prütting* RdA 1995, 257 [261]; *Raab* ZfA 1997, 183 [246 ff.]; *Rebel* Grundprobleme des Nachteilsausgleichs gemäß § 113 Abs. 3 BetrVG [Diss. Kiel 2007], 2008, S. 291 ff.; *Richardi/Annuß* § 111 Rn. 168; *Rieble*/AR § 111 BetrVG Rn. 25; *Rumpff/Boewer* Wirtschaftliche Angelegenheiten, Rn. 182 ff.; *Salamon/v. Stechow* NZA 2016, 85 [89]; *Scharff* BB 2016, 437 [443]; *Schlochauer* JbArbR Bd. 20 [1982], 1983, S. 61 [71]; *Schweibert*/WHSS Kap. C Rn. 368; *Schwonberg* Rechtsschutzsystem, S. 306 ff.; *Seeberger* Sicherung, S. 151 ff.; *Spirolke*/NK-GA § 111 Rn. 29; *Stege/Weinspach/Schiefer* § 23 Rn. 28, §§ 111–113 Rn. 102 ff.; *Völksen* RdA 2010, 354 [357 ff.]; *Walker* Rechtsschutz, Rn. 876; *ders.* DB 1995, 1961

[1964 f.]; *ders.* ZfA 2004, 501 [526 ff.]; *ders.* ZfA 2005, 45 [73 f.]; *ders.* FA 2008, 290 [291 ff.]; *Weber* AuR 2008, 365 [378 ff.]; s. auch § 111 Rdn. 276 ff.; **a. M.** *LAG Berlin* 07.09.1995 NZA 1996, 1284 [1286 f.]; *LAG Frankfurt a. M.* 21.09.1982 DB 1983, 613; 30.08.1984 DB 1985, 178 ff.; *LAG Hamburg* 13.11.1981 DB 1982, 1522 = AuR 1982, 389 [zust. *Bertelsmann/Gäbert*]; 08.06.1983 DB 1983, 2369 ff.; 05.02.1986 LAGE § 23 BetrVG 1972 Nr. 5 S. 6; 27.06.1997 AuR 1997, 449 [LS]; *LAG Hamm* 23.03.1983 AuR 1984, 54; 28.08.2003 NZA-RR 2004, 80 [81]; *Hess. LAG* 27.06.2007 AuR 2008, 267 [267 f.]; 28.08.2003, NZA-RR 2004, 80 [81]; 26.02.2007 NZA-RR 2007, 469 [470]; 30.07.2007 BB 2008, 171; 30.05.2008 – 10 TaBVGa 9/08 – BeckRS 2008, 55454; 21.08.2008 – 13 TaBVGa 16/08 – BeckRS 2008, 57206; 28.06.2010 – 13 Ta 372/10 – BeckRS 2010, 72270; 20.04.2012 – 10 TaBVGa 3/12 – BeckRS 2012, 70259; 17.02.2015 NZA-RR 2015, 247 [248]; *LAG München* 22.12.2008 BB 2010, 896 ff.; *LAG Niedersachsen* 04.05.2007 LAGE § 111 BetrVG 2001 Nr. 7 S. 3 f.; *LAG Rheinland-Pfalz* 02.10.2014 – 3 TaBVGa 5/14 – BeckRS 2015, 66363; *LAG Schleswig-Holstein* 15.12.2010 LAGE § 111 BetrVG 2001 Nr 11 = DB 2011, 714; *Thür. LAG* 26.09.2000 LAGE § 111 BetrVG 1972 Nr. 17 S. 2; 18.08.2003 LAGE § 111 BetrVG 2001 Nr. 1 S. 4 f.; *ArbG Berlin* 09.03.2000 AiB 2001, 544 [545]; *ArbG Frankfurt a. M.* 02.09.1982 DB 1983, 239 [240]; *ArbG Gießen* 18.10.1982 AuR 1983, 156; *ArbG Hamburg* 10.05.1983 AiB 1983, 95 f.; 07.11.1985 DB 1986, 598 f.; 04.11.1997 NZA-RR 1998, 127 ff.; 29.05.2012 – 27 BVGa 2/12 – BeckRS 2012, 74683; 25.04.2013 – 27 BVGa 2/13 – BeckRS 2013, 68963; *ArbG Jena* 22.09.1992 BB 1992, 2223; *ArbG Karlsruhe* 22.07.2003 NZA-RR 2004, 482 [483]; *ArbG Köln* 08.05.2008 – 9 BVGa 16/08 – juris; *ArbG Pforzheim* 29.09.2005 – 6 BVGa 82/05 – juris; *ArbG Regensburg* 24.06.2005 – 3 BVGa 5/05 S – juris; *KreisG Saalfeld* 02.04.1991 AuR 1992, 124 sowie im Schrifttum *Bruns* AuR 2003, 15 ff.; *Buschmann* BB 1983, 510 [513 f.]; *Däubler/DKKW* §§ 112, 112a Rn. 52; *Derleder* AuR 1983, 289 [302]; *ders.* AuR 1985, 65 [77]; *ders.* AuR 1995, 13 [16 ff.]; *Dütz* DB 1984, 115 [126 f.]; *Ernst* AuR 2003, 19 [21 f.]; *Fauser/Nacken* NZA 2006, 1136 [1139]; *Forst* ZESAR 2011, 107 [111 ff.]; *Gruber* NZA 2011, 1011 [1012 ff.]; *Heither* FS *Däubler*, 1999, S. 338 [340 ff.]; *ders.* FS *Wlotzke*, S. 394 [405]; *ders.* FS *Dieterich*, 1999, S. 355 [340 ff.]; *Klocke* Unterlassungsanspruch, S. 122 ff.; *Kohte* FS 50 Jahre Bundesarbeitsgericht, 2004, S. 1219 [1248 f.]; *ders.* FS *Richardi*, S. 601 [610 ff.]; *Korinth* ArbRB 2005, 61 [62]; *Matthes/MünchArbR* § 240 Rn. 36 ff.; *ders.* FS *Dieterich*, S. 355 [361 f.]; *ders.* RdA 1999, 178 [180]; *Mauthner* Die Massenentlassungsrichtlinie der EG und ihre Bedeutung für das deutsche Massenentlassungsrecht [Diss. Regensburg], 2004, S. 195 ff.; *Pflüger* DB 1998, 2062 [2065]; *Schaub/Koch* Arbeitsrechts-Handbuch, § 244 Rn. 29a f.; *Schwegler* Interessenausgleich, S. 118 ff.; *Trittin* DB 1983, 230 f.; *ders./DKKW* § 23 Rn. 353; *Wahsner* AiB 1982, 166 [170 ff.]; *Weiss/Weyand* § 111 Rn. 36; *Zabel* AuR 2008, 173 f.; *Zwanziger* BB 1998, 447 [480]; im Ergebnis auch *Lobinger* FS *Richardi*, 2007, S. 657 [663 ff.]; *Schulze* Betriebsänderungen, S. 190 ff. sowie in der Tendenz ebenfalls *LAG Schleswig-Holstein* 20.07.2007 NZA-RR 2008, 244 [246]; *Kreft/WPK* § 23 Rn. 41).

204 Unionsrechtliche Vorgaben erzwingen kein gegenteiliges Verständnis. Der Gesetzgeber ist zwar verpflichtet, für die Verletzung der Informations- und Konsultationspflichten in Art. 7 der **Richtlinie 2001/23/EG** sowie Art. 4 der **Richtlinie 2002/14/EG** eine wirksame Sanktion zu schaffen (s. *EuGH* 08.06.1994 EAS Art. 5 RL 77/187/EWG Nr. 1), dies nötigt aber wegen der in § 113 Abs. 3 getroffenen Regelung nicht zur Anerkennung eines Unterlassungsanspruchs (ebenso *LAG Baden-Württemberg* 21.10.2009 – 20 TaBVGa 1/09 – BeckRS 2010, 66550; *LAG Köln* 27.05.2009 – 2 TaBVGa 7/09 – BeckRS 2009, 66807; *LAG Nürnberg* 09.03.2009 ZTR 2009, 554; *LAG Rheinland-Pfalz* 27.08.2014 NZA-RR 2015, 197 [198]; *ArbG Schwerin* 13.02.1998 NZA-RR 1998, 448 [449]; *Greiner* in: *Schlachter/Heinig* Europ. AuS § 21 Rn. 42 ff.; *Müller-Bonanni/Jenner* in: *Preis/Sagan* Europ. ArbR, § 12 Rn. 234 f.; *Kania/ErfK* § 111 BetrVG Rn. 27; *Oetker/Schubert* EAS B 8300, Rn. 391 ff.; *Schweibert/WHSS* Kap. C Rn. 369; *Seeberger* Sicherung, S. 168 ff.; *Völksen* RdA 2010, 354 [361 ff.]; *Walker* FA 2008, 290 [292 f.]; *Weber/EuArbR* Art. 8 RL 2002/14/EG Rn. 16; *ders.* AuR 2008, 365 [378 ff.]; offen gelassen von *Hanau* JuS 1995, 841 [845]; **a. M.** *LAG Hamm* 28.06.2010 – 13 Ta 372/10 – BeckRS 2010, 72270; *Hess. LAG* 27.06.2007 AuR 2008, 267 [268]; *LAG München* 22.12.2008 BB 2010, 896 ff.; *LAG Rheinland-Pfalz* 02.10.2014 – 3 TaBVGa 5/14 – BeckRS 2015, 66363; *LAG Schleswig-Holstein* 20.07.2007 NZA 2008, 244 [246]; 29.10.2010 LAGE § 111 BetrVG 2001 Nr 11; *ArbG Hamburg* 25.04.2013 – 27 BVGa 2/13 – BeckRS 2013, 68963; *Boemke* EAS B 7100 Rn. 108 f.; *Forst* ZESAR 2011, 107 [111 ff.]; *Gruber* NZA 2011, 1011 [1014 f.]; *Klocke* Unterlassungsanspruch, S. 170 ff.; *Kohte* FS *Richardi*, S. 601 [610 ff.]; *Richardi/Annuß* § 111 Rn. 168; *Schaub/Koch* Arbeitsrechts-Handbuch, § 244 Rn. 29a; *Schwegler* Interessenausgleich, S. 201 ff.; *Trittin/DKKW* § 23 Rn. 346; wohl auch *Kreft/WPK* § 23 Rn. 41; im Grundsatz ebenfalls *Gerdom* Unterrichtungs- und Anhörungspflichten, S. 232 ff.; *Thüsing* Europäisches Arbeitsrecht, 3. Aufl. 2017, § 10 Rn. 88 f.). Die Judikatur des *EuGH* versagt lediglich der Anrechnung eines Nachteilsausgleichs gemäß § 113 Abs. 3 auf die in einem Sozialplan vorgesehene Abfindung wegen betriebsbedingter Entlassungen die rechtliche Anerkennung (*EuGH* 08.06.1994 EAS Art. 5 RL 77/187/EWG Nr. 1 sowie näher § 113 Rdn. 107 ff.; *Oetker* NZA 1998, 1193 [1197 f.]; ferner auch § 111 Rdn. 286 ff.).

Zur inzwischen überholten Kontroverse, ob durch **§ 113 Abs. 3 Satz 2 und 3 a. F.** die Entscheidung 205
gegen einen Unterlassungsanspruch beeinflusst wurde, vgl. bejahend *Bauer/Göpfert* DB 1997, 1464 (1468 f.); *Heupgen* NZA 1997, 1271 (1272); *Löwisch* NZA 1996, 1009 (1016); **a. M.** *ArbG Hamburg* 04.11.1997 NZA-RR 1998, 127 (128) = AuR 1998, 88 (88 f.); *Berscheid* ZIP 1997, 2206 (2206); *Brinkmeier* AiB 1998, 49 (50); *Pflüger* DB 1998, 2062 (2065 f.); *Zwanziger* BB 1998, 477 (481).

Auf der Grundlage der hier befürworteten Position ist auch eine **einstweilige Verfügung** auf Unter- 206
lassung der geplanten Betriebsänderung **unzulässig** (ebenso *LAG Baden-Württemberg* 28.08.1985 DB 1986, 805 [806]; *LAG Köln* 30.04.2004 NZA-RR 2005, 199 [199]; *ArbG Braunschweig* 15.06.1982 DB 1983, 239; *ArbG Düsseldorf* 07.07.1983 DB 1983, 2093; *Bengelsdorf* DB 1990, 1233 [1282, 1284 ff.]; *Buchner* Sicherstellung des wirtschaftlichen Mitbestimmungsrechts bei Betriebsänderungen durch einstweilige Verfügung, S. 201 [231 ff.]; *Eich* DB 1983, 657 ff.; *Hess/HWGNRH* § 111 Rn. 200 f.; *Konzen* Leistungspflichten, S. 108 f., 115; *Preis/Bender/WPK* § 111 Rn. 38; *Richardi/Annuß* § 111 Rn. 168; **a. M.** *LAG Berlin* 07.09.1995 NZA 1996, 1284 [1288]; *LAG Hamburg* 13.11.1981 DB 1982, 1522 = AuR 1982, 389 [zust. *Bertelsmann/Gäbert*]; 08.06.1983 DB 1983, 2369 ff.; 05.02.1986 LAGE § 23 BetrVG 1972 Nr. 5 S. 7; *LAG Hamm* 28.08.2003 NZA-RR 2004, 80 [82]; *LAG Niedersachsen* 04.05.2007 LAGE § 111 BetrVG 2001 Nr. 7 S. 4; *LAG Thüringen* 26.09.2000 LAGE § 111 BetrVG 1972 Nr. 17 S. 2; *ArbG Frankfurt a. M.* 02.09.1982 DB 1983, 239; *ArbG Hamburg* 10.05.1983 AiB 1983, 95; 07.11.1985 DB 1986, 598 f.; *ArbG Karlsruhe* 22.07.2003 NZA-RR 2004, 482 [483]; *ArbG Hamburg* 01.12.2004 NZA-RR 2006, 33 [LS]; *ArbG Oldenburg* 28.10.1993 EzA § 111 BetrVG 1972 Nr. 29 S. 4 ff.; *Bruns* AuR 2003, 15 [18 f.]; *Buschmann* BB 1983, 510 [514]; *Däubler/DKKW* §§ 112, 112a Rn. 53 f.; *Derleder* AuR 1995, 13 [18]; *Dütz* DB 1984, 115 [127]; *Fabricius* 6. Aufl., § 111 Rn. 357 ff.; *Fitting* § 111 Rn. 138; *Heither* FS *Däubler*, 1999, S. 338 [342]; *Trittin* DB 1983, 230; für einen Mittelweg *LAG Frankfurt a. M.* 21.09.1982 DB 1983, 613; 30.08.1984 DB 1985, 178 ff.; 06.04.1993 LAGE § 111 BetrVG 1972 Nr. 12; *Hess. LAG* 27.06.2007 AuR 2008, 267 [268]: Untersagung der Betriebsänderung für die Dauer einer angemessenen Verhandlungsfrist; hiergegen *Hess/HWGNRH* § 111 Rn. 200; *Preis/Bender/WPK* § 111 Rn. 38).

Ebenso besteht **kein Anspruch** auf **Rückgängigmachung** der **unternehmerischen Maßnahme** 207
(ebenso *LAG Rheinland-Pfalz* 13.10.2016 – 6 TaBVGa 2/16 – BeckRS 2016, 74414; *Dütz* DB 1984, 115 [127]; *Konzen* Leistungspflichten, S. 21, 80; **a. M.** *Däubler/DKKW* §§ 112, 112a Rn. 58). Auch kann der Betriebsrat nicht im Wege der einstweiligen Verfügung die **Einhaltung eines Interessenausgleichs** erzwingen (*BAG* 28.08.1991 EzA § 113 BetrVG 1972 Nr. 21 S. 2 *[Schilken]* = AP Nr. 2 zu § 85 ArbGG 1979 Bl. 4 = SAE 1992, 333 *[Schreiber]*).

Verletzt der **Arbeitgeber** seine **Verpflichtungen nach § 111**, so kommen auch hier über den An- 208
spruch hinausgehende Sanktionen nach **§ 119 Abs. 1 Nr. 2** und **§ 121** in Betracht. Bei groben Verstößen kann nach **§ 23 Abs. 3** vorgegangen werden (*Däubler/DKKW* § 111 Rn. 190; *Fitting* § 111 Rn. 139; *Galperin/Löwisch* § 111 Rn. 50; *Heinze* DB 1983, Beil. Nr. 9, S. 20 f.; *Konzen* Leistungspflichten, S. 91, 105; *Richardi/Annuß* § 111 Rn. 167 sowie hier § 111 Rdn. 273 m. w. N.) und eine **einstweilige Verfügung** erwirkt werden, mit der dem Arbeitgeber das weitere Vorgehen, d. h. die Durchführung der Betriebsänderung untersagt wird (ebenso *ArbG Bamberg* 30.11.1984 NZA 1985, 259; *Konzen* Leistungspflichten, S. 60 f., 109; **a. M.** *Heinze* DB 1983, Beil. Nr. 9, S. 21 mit Fn. 265; *Richardi/Annuß* § 111 Rn. 167 sowie diejenigen Stimmen, die im Rahmen des § 23 Abs. 3 überhaupt keine einstweilige Verfügung zulassen, s. Rdn. 262 f.); denn ein grob pflichtwidriges Verhalten soll in jedem Falle verhindert werden. Es geht also nicht um den Unterlassungsanspruch, sondern den Anspruch auf **Unterrichtung und Beratung** vor der Betriebsänderung (das übersieht *LAG Baden-Württemberg* 28.08.1985 DB 1986, 805 [806]).

209 Bei einem unterlassenen **Versuch des Interessenausgleichs** handelt es sich dagegen um keine Pflicht-, sondern um eine Obliegenheitsverletzung, für die § 113 Abs. 3 eine abschließende Regelung trifft, so dass die Unterlassung der Betriebsänderung auch nicht auf § 23 Abs. 3 gestützt werden kann (ebenso *Eich* DB 1983, 657 [661]; *Hanau* JuS 1985, 360 [364]; *ders.* NZA 1985, Beil. Nr. 2, S. 12; *Heinze* DB 1983, Beil. Nr. 9, S. 21 f.; *Hess/HWGNRH* § 111 Rn. 205; *Konzen* Leistungspflichten, S. 105; *Loritz/ZLH* Arbeitsrecht, § 52 Rn. 57; *Stege/Weinspach/Schiefer* §§ 111–113 Rn. 107; *Walker* Rechtsschutz, Rn. 876; vgl. auch *Schlochauer* JbArbR Bd. 20 [1982], 1983, S. 61 [73] mit Hinweisen auf abweichende Entscheidungen der Instanzgerichte).

c) Ergebnisse

210 Die Vorschrift in § 23 Abs. 3 enthält keine (allgemeine) materiell-rechtliche Anspruchsgrundlage und schließt auch aus allgemeinen Grundsätzen abgeleitete Ansprüche nicht aus. Sie hat neben ihrer Funktion als Prozessstandschaftsnorm außerdem in den Fällen eine eigenständige Bedeutung, in denen die nach dem Gesetz gegebenen Ansprüche nicht ausreichen, um den Arbeitgeber zu einem betriebsverfassungsgemäßen Verhalten zu zwingen. Das gilt insbesondere für die nach den Mitwirkungstatbeständen der §§ 90, 111 gegebenen Ansprüche, bei deren Missachtung die Durchführung der vom Arbeitgeber beabsichtigten Maßnahmen aufgrund dieser Ansprüche nicht verhindert werden kann. Verstößt der Arbeitgeber in diesen Fällen grob gegen die ihm obliegenden Pflichten, so kann nach § 23 Abs. 3 gegen ihn vorgegangen und die Beachtung dieser Pflichten vor Ausführung der beabsichtigten Maßnahmen erzwungen werden. Die Vorschrift hat daher eine wichtige **Ergänzungsfunktion**; sie ist ein **Auffangtatbestand** (*Konzen* Leistungspflichten, S. 16, 44 ff., 50, 71, 113, der aber in § 23 Abs. 3 eine materiellrechtliche Anspruchsgrundlage sieht; wie hier dagegen *Derleder* AuR 1985, 65 [74]). Damit ergibt sich für das Verhältnis des § 23 Abs. 3 zu anderen Vorschriften des Betriebsverfassungsgesetzes im Einzelnen Folgendes:

211 Die **Anwendbarkeit** des **§ 23 Abs. 3 scheidet aus, soweit** die **Spezialvorschriften** in § 98 Abs. 5 und in den §§ 101, 104 **zur Anwendung kommen** (Bericht 10. Ausschuss, zu BT-Drucks. VI/2729, S. 21; *BAG* 05.12.1978 EzA § 101 BetrVG 1972 Nr. 4 S. 13 ff. = AP Nr. 4 zu § 101 BetrVG 1972 Bl. 1 R ff. [*Kittner*]; 22.02.1983 EzA § 23 BetrVG 1972 Nr. 9 S. 40 f. = AP Nr. 2 zu § 23 BetrVG 1972 Bl. 4 R zu § 101; *LAG Hamm* 30.07.1976 EzA § 23 BetrVG 1972 Nr. 4 S. 13 f. zu § 101; 28.05.1986 DB 1986, 1830 [1831]; *Fitting* § 23 Rn. 58; *Galperin/Löwisch* § 23 Rn. 51, § 101 Rn. 1a; *Heinze* DB 1983, Beil. Nr. 9, S. 2, 18, 19; *Huke/HWGNRH* § 23 Rn. 90, § 101 Rn. 16; *Kreft/WPK* § 23 Rn. 30; *Trittin/DKKW* § 23 Rn. 355). Da nach diesen Vorschriften nur ein Antragsrecht des Betriebsrats besteht, ist allerdings ein Vorgehen der Gewerkschaften nach § 23 Abs. 3 möglich (ebenso *Dütz* AuR 1973, 353 [357]; *Fitting* § 23 Rn. 58; *Trittin/DKKW* § 23 Rn. 355; *K. Weber* Erzwingungsverfahren, S. 172 ff.), solange der Betriebsrat seine Rechte nicht selbst wahrnimmt (s. auch Rdn. 213).

212 Außerhalb des Anwendungsbereichs der genannten Normen, d. h. wenn es nicht um die Aufhebung einer konkreten personellen Einzelmaßnahme geht, ist dagegen die Heranziehung des § 23 Abs. 3 nicht ausgeschlossen, um z. B. die **Unterlassung künftiger mitbestimmungswidriger personeller Maßnahmen durch den Arbeitgeber sicherzustellen** (*BAG* 17.03.1987 EzA § 23 BetrVG 1972 Nr. 16 S. 97 f. = AP Nr. 7 zu § 23 BetrVG 1972 Bl. 1 R ff. = SAE 1989, 24 [25] [zust. *Hönn*] = AR-Blattei, Arbeitsgerichtsbarkeit XII, Entsch. 149 [zust. *Dütz/Kronthaler*] – insoweit unter Aufgabe der Ansicht in der Entscheidung *BAG* 05.12.1978 EzA § 101 BetrVG 1972 Nr. 4 S. 11 ff. = AP Nr. 4 zu § 101 BetrVG 1972 Bl. 1 ff. [zust. *Kittner*]; 26.01.1988 EzA § 99 BetrVG 1972 Nr. 58 S. 12 = AP Nr. 50 zu § 99 BetrVG 1972 Bl. 5; 28.09.1988 EzA § 95 BetrVG 1972 Nr. 14 S. 5 f. = AP Nr. 55 zu § 99 BetrVG 1972 Bl. 2 R; 08.05.1990 EzA § 99 BetrVG 1972 Nr. 88 S. 1 = AP Nr. 80 zu § 99 BetrVG 1972 Bl. 3; 07.08.1990 EzA § 99 BetrVG 1972 Nr. 91 S. 4 f. = AP Nr. 82 zu § 99 BetrVG 1972 Bl. 3; 23.06.2009 EzA § 99 BetrVG 2001 Nr. 13 Rn. 25 = AP Nr. 48 zu § 99 BetrVG 1972 Versetzung = NZA 2010, 1430; *LAG Düsseldorf* 20.01.1989 LAGE § 118 BetrVG 1972 Nr. 13 S. 5; *LAG Frankfurt a. M.* 09.02.1988 LAGE § 23 BetrVG 1972 Nr. 14 S. 4; *ArbG Frankfurt a. M.* 06.06.1991 AiB 1993, 116; *ArbG Hameln* 12.10.1990 DB 1990, 2611 [2612]; *ArbG Solingen* 17.02.1988 AiB 1988, 312; *Fitting* § 23 Rn. 58; *Hanau* JuS 1985, 360 [362]; *Heinze* DB 1983, Beil. Nr. 9, S. 18, 19; *ders.* Personalplanung, Einstellung und Kündigung, 1982, S. 157 [Rn. 403]; *Kittner* Anm. zu *BAG* 05.12.1978 AP Nr. 4 zu § 101 BetrVG 1972 Bl. 3; *Konzen* Leistungspflichten, S. 12,

48; *Kreft/WPK* § 23 Rn. 30; *Kümpel* AiB 1986, 45 [46 f.]; *Matthes* FS *Dieterich*, S. 355 [362 f.]; *Raab* § 101 Rdn. 24; *Richardi* FS *Wlotzke*, S. 407 [410]; *ders./Thüsing* § 23 Rn. 81; *Schlünder* Rechtsfolgen, S. 146 f.; *Trittin/DKKW* § 23 Rn. 355; vgl. auch BAG 07.11.1975 EzA § 118 BetrVG 1972 Nr. 7 S. 56 = AP Nr. 3 zu § 99 BetrVG 1972 Bl. 4 R [zust. *Kraft/Geppert* für den Fall, dass jegliche Information unterbleibt]; **a. M.** *Derleder* AuR 1983, 289 [302], der einen verfahrenssichernden Unterlassungsanspruch als Nebenleistungspflicht bejaht; *ders.* AuR 1985, 65 [77]; *Galperin/Löwisch* § 101 Rn. 1a). Das ist deshalb gerechtfertigt, weil § 101 nur die Aufhebung einer konkreten personellen Einzelmaßnahme, mithin die Beseitigung eines bereits eingetretenen mitbestimmungswidrigen Zustandes betrifft.

Für das **Verhältnis** des **§ 23 Abs. 3** zur allgemeinen Zwangsvollstreckung nach **§ 85 Abs. 1 ArbGG** gilt Folgendes: Bei **anderen als groben Pflichtverletzungen** können **nur** die **materiell Berechtigten** nach Maßgabe der ihnen zustehenden Ansprüche gegen den Arbeitgeber vorgehen; nach § 85 ArbGG gelten die allgemeinen Vollstreckungsregeln. Bei **groben Pflichtverletzungen** können **materiell Nichtberechtigte** nur nach Maßgabe von § 23 Abs. 3 gegen den Arbeitgeber vorgehen. **Materiell Berechtigte** haben dagegen ihre Ansprüche nach Maßgabe des § 85 ArbGG durchzusetzen; das Verfahren nach § 23 Abs. 3 ist daher gegenüber dem nach den §§ 80 ff., § 85 Abs. 1 ArbGG **subsidiär** (im Ergebnis ebenso *Derleder* AuR 1983, 289 [294]; *Dütz* AuR 1973, 353 [356]; *ders.* DB 1984, 115 [116]; *ders.* Unterlassungs- und Beseitigungsansprüche, S. 35; *ders.* Vorbeugender Gerichtsschutz, S. 39; *Jahnke* BlStSozArbR 1974, 164 [168]; *Joost/*MünchArbR § 222 Rn. 29; *Koch/*ErfK § 23 BetrVG Rn. 27; *Trittin/DKKW* § 23 Rn. 355; *K. Weber* Erzwingungsverfahren, S. 131 ff., 171 f.). Es wäre wenig sinnvoll, beide Verfahren bei gleichen Voraussetzungen mit unterschiedlichen Sanktionsmöglichkeiten nebeneinander für anwendbar zu halten.

Abzulehnen ist daher die Auffassung, das Verfahren nach § 85 Abs. 1 ArbGG sei unzulässig, wenn der materiell Berechtigte, was seinem Antrag zu entnehmen sei, nach § 23 Abs. 3 vorgehe (ebenso *Fitting* § 23 Rn. 108 f.; **a. M.** *Dütz* AuR 1973, 353 [356]; *Thiele* 2. Bearbeitung, § 23 Rn. 89). Gleiches gilt erst recht für die Auffassung, § 23 Abs. 3 schließe die allgemeinen Vollstreckungsregeln aus, soweit vom Arbeitgeber wegen eines groben Verstoßes verlangt werde, eine Handlung zu unterlassen, die Vornahme einer Handlung zu dulden oder eine Handlung vorzunehmen (so aber *Galperin/Löwisch* § 23 Rn. 62; *Kammann/Hess/Schlochauer* § 23 Rn. 76); diese Ansicht führt zu dem unbilligen Ergebnis, dass die Sanktionen gegen den pflichtwidrig handelnden Arbeitgeber bei groben Verstößen geringer als bei leichten wären. Ebenso wäre es nicht sachgerecht, die allgemeinen Vollstreckungsvorschriften für die materiell Berechtigten auszuschließen, wenn ein materiell Nichtberechtigter nach § 23 Abs. 3 vorgeht (ebenso LAG Schleswig-Holstein 07.05.2008 – 6 TaBV 7/08 – BeckRS 2008, 55713; *Fitting* § 23 Rn. 110; *Trittin/DKKW* § 23 Rn. 366; **a. M.** BAG 29.04.2004 EzA § 77 BetrVG 2001 Nr. 8 S. 27 = AP Nr. 3 zu § 77 BetrVG 1972 Durchführung Bl. 12; LAG Düsseldorf 26.06.2003 LAGE § 85 ArbGG 1979 Nr. 5; *Huke/*HWGNRH § 23 Rn. 84; *Thiele* 2. Bearbeitung, § 23 Rn. 89).

Ein Vorrang des § 23 Abs. 3 gegenüber den **allgemeinen Vollstreckungsvorschriften** ist dieser Norm nicht zu entnehmen (ebenso LAG Schleswig-Holstein 07.05.2008 – 6 TaBV 7/08 – BeckRS 2008, 55713; *Fitting* § 23 Rn. 110; *Trittin/DKKW* § 23 Rn. 366). Gleichwohl strahlt die spezielle **Begrenzung des Ordnungsgeldes** in § 23 Abs. 3 auf 10.000 Euro auch auf ein nach § 890 ZPO anzudrohendes Ordnungsgeld aus, da andernfalls die Ordnungsmittel bei einer Nichtbefolgung des allgemeinen Unterlassungsanspruches gravierender sein würden als bei einer groben Pflichtverletzung (BAG 29.04.2004 EzA § 77 BetrVG 2001 Nr. 8 S. 27 = AP Nr. 3 zu § 77 BetrVG 1972 Durchführung Bl. 12; 30.06.2015 – 1 ABR 71/13 – BeckRS 2015, 72430 Rn. 31 sowie LAG Köln 27.07.2007 – 2 TaBV 23/07 – BeckRS 2007, 47963; LAG Schleswig-Holstein 07.05.2008 – 6 TaBV 7/08 – BeckRS 2008, 55713; zust. *Löwisch/LK* § 23 Rn. 15; **a. M.** *Klocke* Unterlassungsanspruch, S. 118 ff.; im Ansatz zuvor auch LAG Düsseldorf 26.06.2003 LAGE § 85 ArbGG 1979 Nr. 5). Entsprechendes gilt für die im Verfahren nach § 23 Abs. 3 wegen § 85 Abs. 1 Satz 3 ArbGG ausgeschlossene **Ordnungshaft** (BAG 05.10.2010 EzA § 85 ArbGG 1979 Nr. 4 Rn. 7 = AP Nr. 12 zu § 85 ArbGG 1979 = NZA 2011, 174). Ebenso ist die Verhängung eines Ordnungsgeldes erst dann statthaft, wenn die Maßnahme zuvor angedroht wurde (LAG Mecklenburg-Vorpommern 10.11.2015 – 2 TaBVGa 5/15 – BeckRS 2016, 66156).

216 Umgekehrt ist das Rechtsschutzbedürfnis für das von einem Nichtberechtigten eingeleitete Verfahren nach § 23 Abs. 3 zu verneinen, sobald ein materiell Berechtigter selbst seinen Anspruch geltend macht (ebenso *Jahnke* BlStSozArbR 1974, 164 [168]; *K. Weber* Erzwingungsverfahren, S. 140 ff., 172). Bis dahin ist jedoch die Anwendbarkeit des § 23 Abs. 3 nicht ausgeschlossen, so dass diese Vorschrift z. B. auch bei Ansprüchen nach § 40 in Betracht kommen kann (s. *Weber* § 40 Rdn. 233; *Fitting* § 40 Rn. 149; einschränkend *Heinze* DB 1983, Beil. Nr. 9, S. 14).

217 **Unberührt** bleiben die **Sanktionsmöglichkeiten** nach den §§ 119, 121 (*Fitting* § 23 Rn. 85; *Galperin/Löwisch* § 23 Rn. 68, 73; *Konzen* Leistungspflichten, S. 79; *Trittin/DKKW* § 23 Rn. 357; *K. Weber* Erzwingungsverfahren, S. 174 f.; wohl auch BAG 22.02.1983 EzA § 23 BetrVG 1972 Nr. 9 S. 40 f. = AP Nr. 2 zu § 23 BetrVG 1972 Bl. 5).

218 Keine Kollision der Verfahren ist nach der hier entwickelten Auffassung denkbar, wenn bei einem groben Verstoß des Arbeitgebers gegen seine betriebsverfassungsrechtlichen Pflichten kein Anspruch auf Unterlassung oder Beseitigung des rechtswidrigen Zustandes besteht. In derartigen Fällen ist allein § 23 Abs. 3 anwendbar.

4. Voraussetzungen für die Verhängung von Ordnungs- und Zwangsgeld

a) Gesetzliche Pflichten

219 Trotz unterschiedlichen Wortlauts entsprechen sich die Begriffe »Verpflichtungen aus diesem Gesetz« i. S. d. § 23 Abs. 3 Satz 1 und »gesetzliche Pflichten« i. S. d. § 23 Abs. 1 Satz 1 (hierzu s. Rdn. 20 ff., 122). Auch die Pflichten des Arbeitgebers nach § 23 Abs. 3 sind daher nicht auf das Betriebsverfassungsgesetz beschränkt. Gemeint sind vielmehr alle **Pflichten**, die sich auf die **durch das Betriebsverfassungsgesetz begründete Rechtsstellung** des **Arbeitgebers** beziehen. Sie können daher auch in **anderen Gesetzen** normiert sein (*K. Weber* Erzwingungsverfahren, S. 106 ff.; ferner *Düwell/HaKo* § 23 Rn. 58 f.; *Fitting* § 23 Rn. 60; *Joost/MünchArbR* § 222 Rn. 31; *Kloppenburg/NK-GA* § 23 BetrVG Rn. 32; *Koch/ErfK* § 23 BetrVG Rn. 17; *Kreft/WPK* Rn. 54; *Matthes/MünchArbR* § 240 Rn. 6; *Reichold/HWK* § 23 BetrVG Rn. 30; *Richardi/Thüsing* § 23 Rn. 99; *Trittin/DKKW* § 23 Rn. 197; *Weiss/Weyand* § 23 Rn. 17; **a. M.** *Huke/HWGNRH* § 23 Rn. 61). In Betracht kommen z. B. § 9 Abs. 3 ASiG, § 22 SGB VII, § 182 SGB IX (bis 01.01.2018: § 84 SGB IX), § 17 Abs. 2 KSchG sowie die §§ 13 bis 15 und 20 EntgTranspG.

220 Verpflichtungen des Arbeitgebers aufgrund von **Tarifverträgen** werden nur von § 23 Abs. 3 erfasst, soweit diese die betriebsverfassungsrechtliche Rechtsstellung des Arbeitgebers konkretisieren (*LAG Baden-Württemberg* 29.10.1990 LAGE § 77 BetrVG 1972 Nr. 10 S. 7; *LAG Düsseldorf* 26.06.2014 – 5 TaBV 35/14 – BeckRS 2015, 65004; *ArbG Marburg* 07.08.1996 NZA 1996, 1337 [1338]; *Düwell/HaKo* § 23 Rn. 58; *Fitting* § 23 Rn. 61; *Galperin/Löwisch* § 23 Rn. 52; *Heinze* DB 1983, Beil. Nr. 9, S. 12; *Koch/ErfK* § 23 BetrVG Rn. 17; *Kreft/WPK* § 23 Rn. 34; *Reichold/HWK* § 23 BetrVG Rn. 30; *Richardi/Thüsing* § 23 Rn. 96, 99; *Huke/HWGNRH* § 23 Rn. 61; *Trittin/DKKW* § 23 Rn. 197; *K. Weber* Erzwingungsverfahren, S. 97 f.).

221 Verpflichtungen aus **Betriebsvereinbarungen** und **Betriebsabsprachen** sind unabhängig davon, ob sie bereits bestehende gesetzliche Pflichten konkretisieren, Verpflichtungen i. S. d. § 23 Abs. 3 Satz 1, weil sie ihre Rechtsgrundlage im Betriebsverfassungsgesetz haben und dazu dienen, die dadurch begründete Rechtsstellung des Arbeitgebers auszugestalten (zust. BAG 29.04.2004 EzA § 77 BetrVG 2001 Nr. 8 S. 25 f. = AP Nr. 3 zu § 77 BetrVG 1972 Durchführung Bl. 11 R; 07.02.2012 EzA § 23 BetrVG 2001 Nr. 6 Rn. 15 = NZA-RR 2012, 359; *LAG Baden-Württemberg* 29.10.1990 LAGE § 77 BetrVG 1972 Nr. 10 S. 7; 25.02.2011 LAGE § 77 BetrVG 2001 Nr. 11; *LAG Köln* 19.02.2010 – 11 TaBV 50/08 – BeckRS 2010, 72971; im Ergebnis ebenso *Düwell/HaKo* § 23 Rn. 58; *Fitting* § 23 Rn. 61; *Galperin/Löwisch* § 23 Rn. 52; *Huke/HWGNRH* § 23 Rn. 61; *Joost/MünchArbR* § 222 Rn. 31; *Kloppenburg/NK-GA* § 23 BetrVG Rn. 32; *Koch/ErfK* § 23 BetrVG Rn. 17; *Kreft/WPK* § 23 Rn. 54; *Matthes/MünchArbR* § 240 Rn. 6; *Reichold/HWK* § 23 BetrVG Rn. 30; *Trittin/DKKW* § 23 Rn. 198; *K. Weber* Erzwingungsverfahren, S. 97 f.; **a. M.** *Richardi/Thüsing* § 23 Rn. 96, 99: nur konkretisierende Betriebsvereinbarungen). Das gilt auch, wenn die Betriebsvereinbarung oder Betriebsabsprache auf dem Spruch einer **Einigungsstelle** beruht (*Düwell/HaKo* § 23

Rn. 58; *Fitting* § 23 Rn. 61; *Joost/*MünchArbR § 222 Rn. 31; *Koch/*ErfK § 23 BetrVG Rn. 17; *Matthes/*MünchArbR § 240 Rn. 6; *Trittin/DKKW* § 23 Rn. 198).

Von § 23 Abs. 3 **nicht erfasst** werden dagegen die Verpflichtungen des Arbeitgebers aufgrund **sonstiger arbeitsrechtlicher Gesetze** und des **Arbeitsvertrages** (*LAG Düsseldorf* 26.06.2014 – 5 TaBV 35/14 – BeckRS 2015, 65004; *Düwell/*HaKo § 23 Rn. 61; *Fitting* § 23 Rn. 60; *Joost/*MünchArbR § 222 Rn. 32; *Kloppenburg/*NK-GA § 23 BetrVG Rn. 33; *Koch/*ErfK § 23 BetrVG Rn. 17; *Kreft/WPK* § 23 Rn. 57; *Reichold/HWK* § 23 BetrVG Rn. 30; *Trittin/DKKW* § 23 Rn. 197). Diese sind nach den allgemeinen Regeln durchzusetzen (zu den **§§ 11 ff. AGG** s. Rdn. 11 ff.). 222

Das gilt indes nicht für die Vorschriften der **§§ 81 ff.**, die zwar die Interessenwahrungspflichten des Arbeitgebers konkretisieren und damit den Inhalt des Arbeitsverhältnisses normieren, zugleich aber die betriebsverfassungsrechtlichen Wirkungen dieser Individualrechte ausgestalten (s. *Franzen* vor § 81 Rdn. 19 f.). Sie begründen daher auch Verpflichtungen des Arbeitgebers aus dem Betriebsverfassungsgesetz und unterliegen der Regelung in § 23 Abs. 3 (*BAG* 16.11.2004 NZA 2005, 416 [417]; *ArbG Hamm* 10.01.1979 BB 1980, 42, bei Verweigerung der Hinzuziehung eines Betriebsratsmitglieds; *Burghardt* Die Handlungsmöglichkeiten des Betriebsrats, 1979, S. 438; *Dütz* AuR 1973, 353 [356]; *Düwell/*HaKo § 23 Rn. 60; *Fitting* § 23 Rn. 60; *Galperin/Löwisch* vor § 81 Rn. 10; *Jahnke* BlStSozArbR 1974, 164 [168 mit Fn. 70]; *Joost/*MünchArbR § 222 Rn. 32; *Kloppenburg/*NK-GA § 23 BetrVG Rn. 29, 32; *Koch/*ErfK § 23 BetrVG Rn. 17; *Reichold/HWK* § 23 BetrVG Rn. 30; *Richardi/Thüsing* § 23 Rn. 99; *Rose/HWGNRH* vor §§ 81–86a Rn. 13; *Trittin/DKKW* § 23 Rn. 197; **a. M.** *Heinze* DB 1983, Beil. Nr. 9, S. 12, 16, Ausnahme: § 85; *Konzen* Leistungspflichten, S. 71 f. außer für § 82 Abs. 2 Satz 2, § 83 Abs. 1 Satz 2, § 84 Abs. 1 Satz 2; *K. Weber* Erzwingungsverfahren, S. 102 ff.). 223

Damit wird der Arbeitnehmer nicht erneut zum Objekt der Betriebsverfassung (so aber *K. Weber* Erzwingungsverfahren, S. 105), sondern zusätzlich geschützt. Es ist ihm unbenommen, seine Individualrechte unabhängig vom Vorgehen der nach § 23 Abs. 3 Antragsberechtigten selbst im Urteilsverfahren durchzusetzen (s. *Franzen* vor § 81 Rdn. 41). Außerdem ist nach § 23 Abs. 3 ein grober Verstoß des Arbeitgebers gegen seine Pflichten erforderlich, der in der Regel nur vorliegen wird, wenn der Arbeitnehmer seine Rechte nach den §§ 81 ff. zunächst selbst geltend gemacht hat, der Arbeitgeber aber deren Erfüllung grundlos verweigert. Dann ist es durchaus im Interesse des Arbeitnehmers, wenn er nicht selbst gegen den Arbeitgeber zu klagen braucht. Auch ist das Verfahren nach § 23 Abs. 3 sinnvoll, wenn z. B. der Arbeitgeber allgemein seiner Unterrichtungspflicht nach § 81 nicht nachkommt. 224

b) Grober Pflichtenverstoß

Ebenso wie § 23 Abs. 1 eine grobe Verletzung der gesetzlichen Pflichten des Betriebsrats bzw. eines Betriebsratsmitglieds voraussetzt (s. Rdn. 42 ff., 126), bedarf es nach § 23 Abs. 3 eines groben Verstoßes des Arbeitgebers gegen seine betriebsverfassungsrechtlichen Verpflichtungen, so dass der gleiche Maßstab gilt. Auch hier handelt es sich um einen **unbestimmten Rechtsbegriff** (s. Rdn. 42). Der Verstoß muss **objektiv erheblich** sein, also besonders schwerwiegend den Zweck des Gesetzes verletzen (s. Rdn. 43; *BAG* 27.11.1990 EzA § 87 BetrVG 1972 Arbeitszeit Nr. 40 S. 11 f. = AP Nr. 41 zu § 87 BetrVG 1972 Arbeitszeit Bl. 6 sowie aus neuerer Zeit *BAG* 28.05.2002 EzA § 87 BetrVG 1972 Betriebliche Ordnung Nr. 29 S. 12 = AP Nr. 39 zu § 87 BetrVG 1972 Ordnung des Betriebes Bl. 5 R; 29.04.2004 EzA § 77 BetrVG 2001 Nr. 8 S. 26 = AP Nr. 3 zu § 77 BetrVG 1972 Durchführung Bl. 11 R; 26.07.2005 EzA § 95 BetrVG 2001 Nr. 1 S. 8 = AP Nr. 43 zu § 95 BetrVG 1972 Bl. 4; 19.01.2010 EzA § 23 BetrVG 2001 Nr. 4 Rn. 28 = AP Nr. 47 zu § 23 BetrVG 1972 = NZA 2010, 659; 09.03.2011 EzA § 99 BetrVG 2001 Einstellung Nr. 17 Rn. 15 = AP Nr. 63 zu § 99 BetrVG 1972 Einstellung = NZA 2011, 871; 07.02.2012 EzA § 23 BetrVG 2001 Nr. 6 Rn. 15 = NZA-RR 2012, 359; 18.03.2014 EzA § 23 BetrVG 2001 Nr. 7 Rn. 15 = AP Nr. 48 zu § 23 BetrVG 1972 = NZA 2014, 987; aus der Rechtsprechung der Instanzgerichte z. B. *LAG Baden-Württemberg* 14.04.1988 AiB 1988, 281; 29.10.1990 LAGE § 77 BetrVG 1972 Nr. 10 S. 8; *LAG Berlin-Brandenburg* 23.03.2010 – 7 TaBV 2511/09 – BeckRS 2011, 67185; 30.08.2013 – 6 TaBV 953/13 – BeckRS 2013, 72803; 12.12.2013 – 17 TaBVGa 2058/13 – BeckRS 2014, 66466; *LAG Düsseldorf* 29.07.2013 – 9 TaBV 33/13 – BeckRS 2015, 65460; 12.01.2015 LAGE § 87 BetrVG 2001 Kontrolleinrichtung Nr. 4 = NZA-RR 2015, 355; *LAG Hamburg* 10.07.1990 BetrR 1991, 310; *LAG Hamm* 19.07.2002 NZA-RR 2002, 642 [642]; 225

Hess. LAG 23.05.2013 – 9 TaBV 288/12 – BeckRS 2013, 72578; *LAG Köln* 19.02.1988 LAGE § 23 BetrVG 1972 Nr. 21 S. 4; 14.11.1991 LAGE § 95 BetrVG 1972 Nr. 13 S. 7; *LAG Schleswig-Holstein* 10.05.2016 NZA-RR 2016, 589 [591]; für das Schrifttum *Düwell/HaKo* § 23 Rn. 62; *Fitting* § 23 Rn. 62; *Galperin/Löwisch* § 23 Rn. 53; *Heinze* DB 1983, Beil. Nr. 9, S. 11; *Huke/HWGNRH* § 23 Rn. 62; *Kloppenburg/NK-GA* § 23 BetrVG Rn. 34; *Kreft/WPK* § 23 Rn. 58; *Matthes/MünchArbR* § 240 Rn. 8; *Reichold/HWK* § 23 BetrVG Rn. 31; *Richardi/Thüsing* § 23 Rn. 101; *Stege/Weinspach/Schiefer* § 23 Rn. 15; *Trittin/DKKW* § 23 Rn. 201; *K. Weber* Erzwingungsverfahren, S. 117 f.; krit. *Konzen* Leistungspflichten, S. 72). Insbesondere in der Missachtung eines gerichtlich festgestellten Rechts des Betriebsrats liegt in der Regel eine als »grob« zu wertende Pflichtverletzung durch den Arbeitgeber (*BAG* 19.01.2010 EzA § 23 BetrVG 2001 Nr. 3 Rn. 19 = AP Nr. 49 zu § 99 BetrVG 1972 Versetzung = NZA 2010, 592).

226 Nicht entscheidend ist die **Offensichtlichkeit** des Pflichtenverstoßes (s. Rdn. 44; ebenso *Trittin/DKKW* § 23 Rn. 204; **a. M.** *LAG Berlin-Brandenburg* 30.08.2013 – 6 TaBV 953/13 – BeckRS 2013, 72803; 12.12.2013 – 17 TaBVGa 2058/13 – BeckRS 2014, 66466; *LAG Düsseldorf* 29.07.2013 – 9 TaBV 33/13 – BeckRS 2015, 65460; *Hess. LAG* 23.05.2013 – 9 TaBV 288/12 – BeckRS 2013, 72578; *LAG Köln* 19.02.1988 LAGE § 23 BetrVG 1972 Nr. 21 S. 4; *LAG Hamm* 19.07.2002 NZA-RR 2002, 642 [643]; *LAG Schleswig-Holstein* 10.05.2016 NZA-RR 2016, 589 [591]; *Fitting* § 23 Rn. 62; *Kloppenburg* NK-GA § 23 BetrVG Rn. 34; *Kreft/WPK* § 23 Rn. 58; *Maschmann/AR* § 23 BetrVG Rn. 17; *Stege/Weinspach/Schiefer* § 23 Rn. 15; vgl. auch *BAG* 23.06.1992 EzA § 87 BetrVG 1972 Arbeitszeit Nr. 51 S. 8 = AP Nr. 20 zu § 23 BetrVG 1972 Bl. 3 R; 28.05.2002 EzA § 87 BetrVG 1972 Betriebliche Ordnung Nr. 29 S. 12 = AP Nr. 39 zu § 87 BetrVG 1972 Ordnung des Betriebes Bl. 5 R; 29.04.2004 EzA § 77 BetrVG 2001 Nr. 8 S. 26 = AP Nr. 3 zu § 77 BetrVG 1972 Durchführung Bl. 11 R; 26.07.2005 EzA § 95 BetrVG 2001 Nr. 1 S. 8 = AP Nr. 43 zu § 95 BetrVG 1972 Bl. 4; 19.01.2010 EzA § 23 BetrVG 2001 Nr. 4 Rn. 28 = AP Nr. 47 zu § 23 BetrVG 1972 = NZA 2010, 659; 09.03.2011 EzA § 99 BetrVG 2001 Einstellung Nr. 17 Rn. 15 = AP Nr. 63 zu § 99 BetrVG 1972 Einstellung = NZA 2011, 873; 07.02.2012 EzA § 23 BetrVG 2001 Nr. 6 Rn. 15 = NZA-RR 2012, 359; 18.03.2014 EzA § 23 BetrVG 2001 Nr. 7 Rn. 15 = AP Nr. 48 zu § 23 BetrVG 1972 = NZA 2014, 987).

227 Zu eng ist es, einen groben Pflichtenverstoß auf die Gefährdung des Betriebsfriedens, der Amtsausübung des Betriebsrats oder der vertrauensvollen Zusammenarbeit der Betriebspartner zu beschränken (**a. M.** *Galperin/Löwisch* § 23 Rn. 53; *Thiele* 2. Bearbeitung, § 23 Rn. 95; *K. Weber* Erzwingungsverfahren, S. 118). Maßgebend ist die Gewährleistung der gesetzmäßigen betriebsverfassungsrechtlichen Ordnung (s. Rdn. 151 sowie Rdn. 16); § 23 Abs. 3 soll, soweit die Vorschrift nicht durch Sonderregelungen ausgeschlossen wird, die Erfüllung sämtlicher betriebsverfassungsrechtlichen Pflichten des Arbeitgebers sicherstellen (*BAG* 05.12.1978 EzA § 101 BetrVG 1972 Nr. 4 S. 12 f. = AP Nr. 4 zu § 101 BetrVG 1972 Bl. 2). Deshalb ist es für das Vorliegen einer groben Pflichtverletzung unerheblich, ob es über die Pflichtverletzung hinaus zu einer Gefährdung des Betriebsfriedens gekommen ist (*Fitting* § 23 Rn. 62; *Trittin/DKKW* Rn. 204). Mit der Annahme einer »Äquivalenzstörung« der beiderseitigen Pflichten der Betriebspartner aus dem zwischen ihnen bestehenden gesetzlichen Schuldverhältnis (so *Heinze* DB 1983, Beil. Nr. 9, S. 11 f.) wird der Zweck des § 23 Abs. 3 nicht angemessen erfasst.

228 Objektiv erheblich kann auch ein **einmaliger schwerwiegender Pflichtenverstoß** sein (*BAG* 14.11.1989 EzA § 99 BetrVG 1972 Nr. 85 S. 8 = AP Nr. 76 zu § 99 BetrVG 1972 Bl. 4; 29.02.2000 EzA § 87 BetrVG 1972 Betriebliche Lohngestaltung Nr. 69 S. 8 = AP Nr. 105 zu § 87 BetrVG 1972 Lohngestaltung Bl. 4 R *[Raab]*); 28.05.2002 EzA § 87 BetrVG 1972 Betriebliche Ordnung Nr. 29 S. 13 = AP Nr. 39 zu § 87 BetrVG 1972 Ordnung des Betriebes Bl. 6; 26.07.2005 EzA § 95 BetrVG 2001 Nr. 1 S. 8 = AP Nr. 43 zu § 95 BetrVG 1972 Bl. 4; 18.03.2014 EzA § 23 BetrVG 2001 Nr. 7 Rn. 15 = AP Nr. 48 zu § 23 BetrVG 1972 = NZA 2014, 987; *LAG Baden-Württemberg* 14.04.1988 AiB 1988, 281; *LAG Düsseldorf* 29.07.2013 – 9 TaBV 33/13 – BeckRS 2015, 65460; *LAG Frankfurt a. M.* 24.02.1987 LAGE § 23 BetrVG 1972 Nr. 9 S. 37; 01.12.1987 LAGE § 23 BetrVG 1972 Nr. 13 S. 3; 09.02.1988 LAGE § 23 BetrVG 1972 Nr. 14 S. 4; *LAG Hamburg* 10.07.1990 BetrR 1991, 310; *Sächs. LAG* 21.01.2004 – 5 TaBV 14/03 – BeckRS 2004, 31058007; *ArbG München* 11.11.1987 AiB 1989, 78; *Düwell/HaKo* § 23 Rn. 63; *Fitting* § 23 Rn. 62; *Joost/MünchArbR* § 222 Rn. 33; *Kloppen-*

Verletzung gesetzlicher Pflichten § 23

burg/NK-GA § 23 BetrVG Rn. 34; *Konzen* Leistungspflichten, S. 73; *Kreft*/WPK § 23 Rn. 59; *Reichold*/HWK § 23 BetrVG Rn. 31; *Richardi*/*Thüsing* § 23 Rn. 101; *Stege*/*Weinspach*/*Schiefer* § 23 Rn. 15; *Trittin*/DKKW § 23 Rn. 203).

Leichtere Verstöße können bei Fortsetzung oder **Wiederholung** die Erheblichkeitsschwelle überschreiten (s. auch Rdn. 48 sowie *BAG* 18.04.1985 EzA § 23 BetrVG 1972 Nr. 10 S. 69 = AP Nr. 5 zu § 23 BetrVG 1972 Bl. 4; 23.04.1991 EzA § 98 BetrVG 1972 Nr. 7 S. 10 = AP Nr. 7 zu § 98 BetrVG 1972 Bl. 6; 16.07.1991 EzA § 87 BetrVG 1972 Arbeitszeit Nr. 48 S. 7 f. = AP Nr. 44 zu § 87 BetrVG 1972 Arbeitszeit Bl. 4 R; *LAG Düsseldorf* 29.07.2013 – 9 TaBV 33/13 – BeckRS 2015, 65460; *LAG Schleswig-Holstein* 09.08.2007 NZA 2008, 639 [640]; *Fitting* § 23 Rn. 62; *Joost*/MünchArbR § 222 Rn. 33; *Reichold*/HWK § 23 BetrVG Rn. 31; *Richardi*/*Thüsing* § 23 Rn. 101; *Stege*/*Weinspach*/*Schiefer* § 23 Rn. 15; *Trittin*/DKKW § 23 Rn. 203). 229

Von § 23 Abs. 3 Satz 1 werden grundsätzlich **sämtliche Verstöße** des Arbeitgebers **gegen** seine **betriebsverfassungsrechtlichen Pflichten** unabhängig davon erfasst, dass die nach dieser Vorschrift vom Arbeitsgericht dem Arbeitgeber aufzugebende Verpflichtung auf die Unterlassung, Vornahme oder Duldung einer Handlung beschränkt ist (ausführlich *K. Weber* Erzwingungsverfahren, S. 109 ff.; ebenso *Düwell*/HaKo § 23 Rn. 44; *Kreft*/WPK § 23 Rn. 46; *Richardi*/*Thüsing* § 23 Rn. 100; im Ergebnis auch *BAG* 05.12.1978 EzA § 101 BetrVG 1972 Nr. 4 S. 14 = AP Nr. 4 zu § 101 BetrVG 1972 Bl. 2; 18.04.1985 EzA § 23 BetrVG 1972 Nr. 10 S. 63 f. = AP Nr. 5 zu § 23 BetrVG 1972 Bl. 2; **a. M.** *LAG Baden-Württemberg* 04.05.1983 ZIP 1983, 1238 [1241]; *Galperin*/*Löwisch* § 23 Rn. 57; *Heinze* DB 1983, Beil. Nr. 9, S. 12 f.; *Huke*/HWGNRH § 23 Rn. 72; *Maschmann*/AR § 23 BetrVG Rn. 17; *Thiele* 2. Bearbeitung, § 23 Rn. 100; offen gelassen in *BAG* 27.11.1973 EzA § 23 BetrVG 1972 Nr. 1 S. 4 = AP Nr. 4 zu § 40 BetrVG 1972 Bl. 2). 230

Aus der gesetzlichen Regelung kann nicht geschlossen werden, zu berücksichtigen seien nur solche Verpflichtungen, die den allgemeinen Vollstreckungsvorschriften der §§ 887, 888 und 890 ZPO zugrunde lägen, so dass der Verstoß des Arbeitgebers gegen seine Verpflichtungen zur Zahlung eines Geldbetrages (§§ 803 ff. ZPO), zur Herausgabe bestimmter beweglicher Sachen (§ 883 ZPO) oder zur Abgabe einer Willenserklärung (§ 894 ZPO) unberücksichtigt bleiben müsse. Die Durchsetzung der betriebsverfassungsrechtlichen Ordnung muss bei jedem groben Pflichtenverstoß möglich sein, da die Antragsberechtigung nicht von der materiellrechtlichen Gläubigerstellung abhängig ist (s. Rdn. 259) und materiell Nichtberechtigte nur nach Maßgabe des § 23 Abs. 3 gegen den Arbeitgeber vorgehen können (s. Rdn. 213). Außerdem werden auch von § 23 Abs. 1 sämtliche Pflichten des Betriebsrats bzw. seiner Mitglieder erfasst (s. Rdn. 20, 122). 231

Kein grober Verstoß liegt vor, wenn der Arbeitgeber in einer **schwierigen** und **ungeklärten Rechtsfrage** eine **vertretbare**, im **Nachhinein** aber **unzutreffende Rechtsansicht** vertritt (st. Rspr. seit *BAG* 27.11.1973 EzA § 23 BetrVG 1972 Nr. 1 S. 4 f. = AP Nr. 4 zu § 40 BetrVG 1972 Bl. 2 f. sowie aus neuerer Zeit *BAG* 28.05.2002 EzA § 87 BetrVG 1972 Betriebliche Ordnung Nr. 29 S. 13 = AP Nr. 39 zu § 87 BetrVG 1972 Ordnung des Betriebes Bl. 6; 29.04.2004 EzA § 77 BetrVG 2001 Nr. 8 S. 26 = AP Nr. 3 zu § 77 BetrVG 1972 Durchführung Bl. 11 R; 26.07.2005 EzA § 95 BetrVG 2001 Nr. 1 S. 8 = AP Nr. 43 zu § 95 BetrVG 1972 Bl. 4; 19.01.2010 EzA § 23 BetrVG 2001 Nr. 4 Rn. 28 = AP Nr. 47 zu § 23 BetrVG 1972 = NZA 2010, 659; 09.03.2011 EzA § 99 BetrVG 2001 Einstellung Nr. 17 Rn. 15 = AP Nr. 63 zu § 99 BetrVG 1972 Einstellung = NZA 2011, 871; 18.03.2014 EzA § 23 BetrVG 2001 Nr. 7 Rn. 15 = AP Nr. 48 zu § 23 BetrVG 1972 = NZA 2014, 987; *LAG Berlin-Brandenburg* 30.08.2013 – 6 TaBV 953/13 – BeckRS 2013, 72803; *LAG Düsseldorf* 29.07.2013 – 9 TaBV 33/13 – BeckRS 2015, 65460; 12.01.2015 LAGE § 87 BetrVG 2001 Nr. 4 = NZA-RR 2015, 355; *LAG Niedersachsen* 21.02.2013 – 15 TaBV 102/12 – BeckRS 2015, 67507; *LAG Schleswig-Holstein* 10.05.2016, NZA-RR 2016, 589 [591]; ebenso im Schrifttum *Düwell*/HaKo § 23 Rn. 62; *Fitting* § 23 Rn. 63; *Huke*/HWGNRH § 23 Rn. 68; *Joost*/MünchArbR § 222 Rn. 35; *Kloppenburg*/NK-GA § 23 BetrVG Rn. 34; *Kreft*/WPK § 23 Rn. 59; *Matthes*/MünchArbR § 240 Rn. 8; *Reichold*/HWK § 23 BetrVG Rn. 31; *Richardi*/*Thüsing* § 23 Rn. 101; *Stege*/*Weinspach*/*Schiefer* § 23 Rn. 15b; *Trittin*/DKKW § 23 Rn. 206; *Weiss*/*Weyand* § 23 Rn. 18; **a. M.** *LAG Hamm* 18.03.1989 LAGE § 87 BetrVG 1972 Arbeitszeit Nr. 14 S. 11 f.; vgl. auch *BAG* 18.04.1985 EzA § 23 BetrVG 1972 Nr. 10 S. 69 f. = AP Nr. 5 zu § 23 BetrVG 1972 Bl. 4 f.) oder zur Klärung einer umstrittenen Rechtsfrage das Arbeitsgericht anruft (*BAG* 15.08.1978 EzA § 23 BetrVG 1972 Nr. 7 232

§ 23

S. 25 f. = AP Nr. 1 zu § 23 BetrVG 1972 Bl. 2 R; zust. mit weiteren Fallgestaltungen *Konzen* Leistungspflichten, S. 73).

233 Beruht das Verhalten des Arbeitgebers auf leichtfertiger oder grob fahrlässiger **Fehlbeurteilung der Rechtslage**, so kann darin ein grober Pflichtenverstoß liegen, wenn der Arbeitgeber z. B. die Rechtsprechung der Arbeitsgerichte nicht zur Kenntnis nimmt (s. auch Rdn. 36; *LAG Hamburg* 26.08.2010 – 7 TaBV 3/10 – BeckRS 2011, 76292; ähnlich *LAG Köln* 19.03.2004 LAGR 2004, 277 [279]; *Galperin/Löwisch* § 23 Rn. 55). Das Verschulden ist zwar keine Voraussetzung des groben Pflichtenverstoßes, jedoch wird grobe Fahrlässigkeit in der Regel ein Indiz dafür sein (s. auch Rdn. 234). Dagegen liegt keine Pflichtwidrigkeit vor, wenn der Arbeitgeber sich einer rechtsmissbräuchlichen Ausübung von Mitbestimmungsrechten des Betriebsrats widersetzt, denn dieser handelt dann selbst pflichtwidrig (s. Rdn. 25). Eine Pflichtwidrigkeit des Betriebsrats kann im Übrigen auch in einem rechtsmissbräuchlichen Vorgehen nach § 23 Abs. 3 liegen.

c) Kein Verschulden

234 Da § 23 Abs. 3 das gesetzmäßige Verhalten des Arbeitgebers sicherstellen soll (s. Rdn. 151), ist ein **Verschulden nicht erforderlich**; auch hier genügt ein objektiv grober, dem Arbeitgeber zurechenbarer Pflichtenverstoß (zu § 23 Abs. 1 s. Rdn. 42, 121; wie hier das *BAG* in st. Rspr. seit *BAG* 18.04.1985 EzA § 23 BetrVG 1972 Nr. 10 S. 70 [abl. *Konzen*] = AP Nr. 5 zu § 23 BetrVG 1972 Bl. 4 R [zust. *von Hoyningen-Huene*] sowie aus neuerer Zeit *BAG* 28.05.2002 EzA § 87 BetrVG 1972 Betriebliche Ordnung Nr. 29 S. 12 = AP Nr. 39 zu § 87 BetrVG 1972 Ordnung des Betriebes Bl. 5 R; 29.04.2004 EzA § 77 BetrVG 2001 Nr. 8 S. 26 = AP Nr. 3 zu § 77 BetrVG 1972 Durchführung Bl. 11 R; 26.07.2005 EzA § 95 BetrVG 2001 Nr. 1 S. 8 = AP Nr. 43 zu § 95 BetrVG 1972 Bl. 4; 19.01.2010 EzA § 23 BetrVG 2001 Nr. 4 Rn. 28 = AP Nr. 47 zu § 23 BetrVG 1972 = NZA 2010, 659; 09.03.2011 EzA § 99 BetrVG 2001 Einstellung Nr. 17 Rn. 15 = AP Nr. 63 zu § 99 BetrVG 1972 Einstellung = NZA 2011, 871; 18.03.2014 EzA § 23 BetrVG 2001 Nr. 7 Rn. 15 = AP Nr. 48 zu § 23 BetrVG 1972 = NZA 2014, 987; aus der Rspr. der Instanzgerichte *LAG Baden-Württemberg* 14.04.1988 AiB 1988, 281; *LAG Berlin* 03.03.1986 AiB 1986, 235 [236]; *LAG Berlin-Brandenburg* 23.03.2010 – 7 TaBV 2511/09 – BeckRS 2011, 67185; 30.08.2013 – 6 TaBV 953/13 – BeckRS 2013, 72803; *LAG Bremen* 18.07.1986 LAGE § 23 BetrVG 1972 Nr. 6 S. 14; *LAG Düsseldorf* 26.11.1993 LAGE § 23 BetrVG 1972 Nr. 34 S. 5; 29.07.2013 – 9 TaBV 33/13 – BeckRS 2015, 65460; 12.01.2015 LAGE § 87 BetrVG 2001 Kontrolleinrichtung Nr. 4 = NZA-RR 2015, 355; *LAG Frankfurt a. M.* 03.11.1992 LAGE § 23 BetrVG 1972 Nr. 32 S. 8; *LAG Hamm* 19.07.2002 NZA-RR 2002, 642 [642]; 25.09.2009 – 10 TaBV 21/09 – BeckRS 2009, 74672; *ArbG München* 11.11.1987 AiB 1989, 78; *ArbG München/Ingolstadt* 25.04.1974 BetrR 1975, 189 [190]; zust. aus dem Schrifttum *Düwell/HaKo* § 23 Rn. 65; *Fitting* § 23 Rn. 64; *Heinze* DB 1983, Beil. Nr. 9, S. 10, 11; *Huke/HWGNRH* § 23 Rn. 63; *Joost/MünchArbR* § 222 Rn. 33; *Kloppenburg/NK-GA* § 23 BetrVG Rn. 34; *Koch/ErfK* § 23 BetrVG Rn. 18; *Kreft/WPK* § 23 Rn. 60; *Löwisch/LK* § 23 Rn. 43; *Matthes/MünchArbR* § 240 Rn. 9; *Reichold/HWK* § 23 BetrVG Rn. 31; *Richardi/Thüsing* § 23 Rn. 102; *Stege/Weinspach/Schiefer* § 23 Rn. 15a; *Trittin/DKKW* § 23 Rn. 205; *K. Weber* Erzwingungsverfahren, S. 119 ff.; *Weiss/Weyand* § 23 Rn. 17; a. M. *ArbG Paderborn* 08.02.1973 BB 1973, 335; *Adomeit* NJW 1995, 1004 [1005]; *Galperin/Löwisch* § 23 Rn. 54).

235 Diese Auffassung ist auch deshalb unbedenklich, weil im Erkenntnisverfahren keine Sanktionen gegen den Arbeitgeber verhängt werden, sondern ihm nur aufgegeben wird, sich in Zukunft der gerichtlichen Anordnung entsprechend zu verhalten. Um ein gesetzmäßiges Verhalten des Arbeitgebers zu erwirken, ist die Einschaltung des Arbeitsgerichts zwar nur bei groben Verstößen geboten, jedoch entspricht es dem Zweck des Gesetzes, auf den Arbeitgeber ohne Rücksicht auf sein Verschulden einzuwirken. In der Regel wird allerdings ein dem Arbeitgeber zurechenbarer grober Pflichtenverstoß nur vorliegen, wenn er vorsätzlich oder grob fahrlässig gehandelt hat (s. auch Rdn. 55).

d) Zeitpunkt des Gesetzesverstoßes

236 Nach **h. M.** ist **materielle Voraussetzung** der Entscheidung des Arbeitsgerichts, dass der grobe **Pflichtenverstoß bereits begangen** wurde (*Düwell/HaKo* § 23 Rn. 64; *Fitting* § 23 Rn. 73, 75; *Joost/MünchArbR* § 222 Rn. 33; *Kloppenburg/NK-GA* BetrVG Rn. 35; *Koch/ErfK* § 23 BetrVG

Rn. 18; *Kreft/WPK* § 23 Rn. 58; *Prütting* RdA 1995, 257 [262]; *K. Weber* Erzwingungsverfahren, S. 91, 123 f.; vgl. auch *BAG* 15.08.1978 EzA § 23 BetrVG 1972 Nr. 7 S. 24 f. = AP Nr. 1 zu § 23 BetrVG 1972 Bl. 2 R; 18.04.1985 EzA § 23 BetrVG 1972 Nr. 10 S. 64 = AP Nr. 5 zu § 23 BetrVG 1972 Bl. 2; *LAG Düsseldorf* 29.07.2013 – 9 TaBV 33/13 – BeckRS 2015, 65460; *LAG Hamm* 04.02.1977 EzA § 23 BetrVG 1972 Nr. 5 S. 16).

Die **bloße Befürchtung** eines groben Verstoßes reicht hiernach nicht aus (*Düwell/HaKo* § 23 Rn. 64; *Fitting* § 23 Rn. 73; *Joost/MünchArbR* § 222 Rn. 33; *Kloppenburg/NK-GA* § 23 BetrVG Rn. 35; *Koch/ErfK* § 23 BetrVG Rn. 18; *Kreft/WPK* § 23 Rn. 58; *Maschmann/AR* § 23 BetrVG Rn. 17; *Pohl* FS AG ArbR im DAV, S. 987 [991]; *K. Weber* Erzwingungsverfahren, S. 90; **a. M.** *Heinze* DB 1983, Beil. Nr. 9, S. 12; *Konzen* Leistungspflichten, S. 74; *ders.* Anm. zu *BAG* 18.04.1985 EzA § 23 BetrVG 1972 Nr. 10 S. 82; vgl. auch *Kümpel* AuR 1985, 78 [82 f. mit Fn. 56]; *Matthes/MünchArbR* § 240 Rn. 8, 9). Insofern sollen sich angeblich die Voraussetzungen des § 23 Abs. 3 Satz 1 von denen des Unterlassungsanspruchs nach § 1004 Abs. 1 Satz 2 BGB unterscheiden, für den die erstmals drohende Beeinträchtigung als ausreichend angesehen wird (*RG* 17.02.1921 RGZ 101, 335 [338 f.]; *BGH* 10.04.1956 LM § 1004 BGB Nr. 27; 31.05.1957 LM § 1004 BGB Nr. 32; *Staudinger/Gursky* [2013], § 1004 Rn. 214 m. w. N.). Da nach der hier vertretenen Auffassung der Zweck des § 23 Abs. 3 darauf gerichtet ist, für die Zukunft ein gesetzmäßiges Verhaltendes Arbeitgebers in Bezug auf die betriebsverfassungsrechtliche Ordnung sicherzustellen (s. Rdn. 152), ist kein Grund ersichtlich, weshalb nicht **auch** bei einer **erstmalig bevorstehenden groben Pflichtverletzung** das **Vorgehen nach § 23 Abs. 3 zulässig** sein sollte (zust. *Matthes/MünchArbR* § 240 Rn. 8, 9; **a. M.** *Joost/MünchArbR* § 222 Rn. 33; *Kreft/WPK* § 23 Rn. 58; *Reichold/HWK* § 23 BetrVG Rn. 32).

Im Gegensatz zum Verfahren nach § 23 Abs. 1, für das grundsätzlich nur Amtspflichtverletzungen der laufenden Amtsperiode des Betriebsrats in Betracht kommen (s. Rdn. 57 ff., 125), ist es für die Beurteilung eines groben **Pflichtenverstoßes** des Arbeitgebers **unerheblich, ob** dieser **während** der **Amtszeit** des **gegenwärtigen** oder eines **früheren Betriebsrats** begangen wurde (ebenso *Huke/HWGNRH* § 23 Rn. 65; *Kreft/WPK* § 23 Rn. 58; *Stege/Weinspach/Schiefer* § 23 BetrVG Rn. 15a; *Trittin/DKKW* § 23 Rn. 209; *K. Weber* Erzwingungsverfahren, S. 92 ff.). Das ist deshalb gerechtfertigt, weil der Pflichtenverstoß nur materielle Voraussetzung für die Erzwingung eines zukünftigen Verhaltens des Arbeitgebers ist, um die Einhaltung der betriebsverfassungsrechtlichen Ordnung zu gewährleisten. Dafür besteht unabhängig davon ein Bedürfnis, wann der Pflichtenverstoß begangen wurde.

e) Wiederholungsgefahr

Das Vorgehen gegen den Arbeitgeber nach § 23 Abs. 3 ist nur gerechtfertigt, wenn die betriebsverfassungsrechtliche Ordnung durch den begangenen groben Pflichtenverstoß noch beeinträchtigt ist (zum erstmals bevorstehenden Verstoß s. Rdn. 236). Deshalb muss entweder der durch diesen Verstoß verursachte **rechtswidrige Zustand** noch **andauern**, oder es muss die **Gefahr** der **Wiederholung** bestehen (so noch *BAG* 27.11.1990 EzA § 87 BetrVG 1972 Arbeitszeit Nr. 40 S. 11 = AP Nr. 41 zu § 87 BetrVG 1972 Arbeitszeit Bl. 6; *LAG Berlin-Brandenburg* 17.09.2014 – 15 TaBV 706/14 – BeckRS 2014, 73732; *LAG Düsseldorf* 29.07.2013 – 9 TaBV 33/13 – BeckRS 2015, 65460; 12.01.2015 LAGE § 87 BetrVG 2001 Kontrolleinrichtung Nr. 4 = NZA-RR 2015, 355; *ArbG Pforzheim* BetrR 1977, 392 [394]; ebenso *Galperin/Löwisch* § 23 Rn. 53, 59; *Huke/HWGNRH* § 23 Rn. 64; *Joost/MünchArbR* § 222 Rn. 36; *Kreft/WPK* § 23 Rn. 61; *Konzen* Leistungspflichten, S. 73 f.; *Stege/Weinspach/Schiefer* § 23 Rn. 15a; *K. Weber* Erzwingungsverfahren, S. 118; wohl auch *Koch/ErfK* § 23 BetrVG Rn. 18; offen gelassen von *BAG* 29.04.2004 EzA § 77 BetrVG 2001 Nr. 8 S. 26 f. = AP Nr. 3 zu § 77 BetrVG 1972 Durchführung Bl. 12). In der Vergangenheit liegende Verstöße, die abgeschlossen sind, können nach Maßgabe der §§ 119, 121 geahndet werden.

Die **gegenteilige Auffassung** des *Sechsten Senats* des *BAG* (18.04.1985 EzA § 23 BetrVG 1972 Nr. 10 S. 70 ff. [abl. *Konzen*] = AP Nr. 5 zu § 23 BetrVG 1972 Bl. 4 R ff. [abl. *von Hoyningen-Huene*]; ebenso *LAG Baden-Württemberg* 30.04.1987 BetrR 1987, 420 [424]; *LAG Berlin* 03.03.1986 AiB 1986, 235 [236]; *LAG Bremen* 18.07.1986 LAGE § 23 Nr. 6 S. 14; *LAG Düsseldorf* 26.11.1993 LAGE § 23 BetrVG 1972 Nr. 34; *ArbG Stralsund* 14.12.2004 AiB 2005, 498 [499]; sowie im Schrifttum *Düwell/HaKo* § 23 Rn. 66; *Fitting* § 23 Rn. 65; *Klocke* Unterlassungsanspruch, S. 86 ff.; *Kloppenburg/NK-GA*

§ 23 BetrVG Rn. 36; *Kümpel* AuR 1985, 78 [82 f.]; *ders.* AiB 1986, 46), nach der das Vorliegen einer Wiederholungsgefahr **nicht erforderlich** sein soll, ist abzulehnen. Unerheblich ist, dass die Wiederholungsgefahr nicht ausdrücklich in § 23 Abs. 3 hervorgehoben wird, da dies auch bei anderen Unterlassungsansprüchen nicht geschehen ist, ohne dass dort das Erfordernis der Wiederholungsgefahr verneint würde (z. B. § 8 Abs. 2 UWG).

241 Auch bei der hier befürworteten Auffassung (s. Rdn. 239) bleibt klärungsbedürftig, ob die Wiederholungsgefahr die Begründetheit des Antrags oder dessen Zulässigkeit betrifft (s. dazu auch *Raab* Anm. zu BAG 29.02.2000 AP Nr. 105 zu § 87 BetrVG 1972 Lohngestaltung Bl. 8 R ff.). Die Norm soll zwar ein zukünftiges betriebsverfassungskonformes Verhalten des Arbeitgebers sicherstellen, gleichwohl ist die Wiederholungsgefahr keine Voraussetzung der Begründetheit. Das Gesetz lässt insoweit bereits die in der Vergangenheit liegende grobe Pflichtverletzung ausreichen. Deshalb sprechen gute Gründe dafür, dass die fehlende Wiederholungsgefahr das **Rechtsschutzbedürfnis** und damit die Zulässigkeit des auf § 23 Abs. 3 gestützten Antrags betrifft (treffend bereits *Raab* Anm. zu BAG 29.02.2000 AP Nr. 105 zu § 87 BetrVG 1972 Lohngestaltung Bl. 8 R ff.). Aufgrund der Schwere der Pflichtverletzung ist die Gefahr der Wiederholung allerdings zu vermuten und entfällt erst, wenn die **Wiederholung einer Pflichtverletzung ausgeschlossen** ist (s. a. Rdn. 244).

242 **Unglücklich** ist auch die **Kennzeichnung** des § 23 Abs. 3 als »**kollektivrechtliche Abmahnung**« (so *BAG* 18.04.1985 EzA § 23 BetrVG 1972 Nr. 10 S. 65 [krit. *Konzen*] = AP Nr. 5 zu § 23 BetrVG 1972 Bl. 2 R [abl. *von Hoyningen-Huene*]; ebenso *LAG Baden-Württemberg* 30.04.1987 BetrR 1987, 420 [424]; *LAG Berlin* 03.03.1986 AiB 1986, 235; *LAG Bremen* 18.07.1986 LAGE § 23 BetrVG 1972 Nr. 6 S. 10; *LAG Frankfurt a. M.* 03.11.1992 LAGE § 23 BetrVG 1972 Nr. 32 S. 9; *LAG Schleswig-Holstein* 14.11.1986 BB 1987, 901; *Düwell/HaKo* § 23 Rn. 66; *Kloppenburg/NK-GA* § 23 BetrVG Rn. 36; *Koch/ErfK* § 23 BetrVG Rn. 18; *Reichold/HWK* § 23 BetrVG Rn. 27; *Stege/Weinspach/Schiefer* § 23 Rn. 14), da die Abmahnung als außergerichtliches Vorgehen nicht mit dem gerichtlichen Verfahren des § 23 Abs. 3 vergleichbar ist (dagegen zur gegenseitig zulässigen »Abmahnung« der Betriebspartner wegen eines betriebsverfassungswidrigen Verhaltens *Wiese* § 87 Rdn. 260 sowie hier Rdn. 50).

243 Entgegen der Ansicht des *BAG* (18.04.1985 EzA § 23 BetrVG 1972 Nr. 10 S. 71 = AP Nr. 5 zu § 23 BetrVG 1972 Bl. 5) steht auch die vom Gesetzgeber angestrebte Gleichgewichtigkeit des § 23 Abs. 3 mit § 23 Abs. 1 (s. Rdn. 149) der hier vertretenen Auffassung nicht entgegen. Richtig ist zwar, dass bei der Amtsenthebung des Betriebsrats oder eines einzelnen Betriebsratsmitglieds lediglich auf die geschehene Verletzung der gesetzlichen Pflichten abzustellen ist, ohne dass die Fortsetzung der Pflichtverletzung zu prüfen wäre. Die Entscheidung nach § 23 Abs. 1 dient aber dazu, für die Zukunft ein Mindestmaß gesetzmäßiger Amtsausübung des Betriebsrats sicherzustellen, und der Gesetzgeber ist bei grob pflichtwidrigen Handlungen von der unwiderlegbaren Vermutung ausgegangen, das Betriebsratsmitglied bzw. der Betriebsrat werde auch für den Rest der Amtszeit das Amt nicht pflichtgemäß ausüben (s. Rdn. 14). Da eine Amtsenthebung des Arbeitgebers nicht in Betracht kommt (s. Rdn. 149), bedarf die Sanktion des § 23 Abs. 3, die gleichfalls das Funktionieren der betriebsverfassungsrechtlichen Ordnung für die Zukunft sicherstellen soll (s. Rdn. 151), zwar einer im Verhältnis zu § 23 Abs. 1 abweichenden Ausgestaltung. Das ändert aber nichts daran, dass diese Sanktion das künftige Verhalten des Arbeitgebers in Bezug auf einen konkreten Tatbestand beeinflussen soll und nicht auf einen in der Vergangenheit abgeschlossenen Vorgang gerichtet ist (zust. *Kreft/WPK* § 23 Rn. 61). Deshalb ist das Erfordernis der Wiederholungsgefahr sinnvoll.

244 Die durch einen groben Pflichtverstoß regelmäßig indizierte **Wiederholungsgefahr** kann jedoch entkräftet sein, wenn eine Wiederholung des pflichtwidrigen Verhaltens aus rechtlichen oder tatsächlichen Gründen **ausgeschlossen** ist (*BAG* 07.02.2012 EzA § 23 BetrVG 2001 Nr. 6 Rn. 15 = NZA-RR 2012, 359; 18.03.2014 EzA § 23 BetrVG 2001 Nr. 7 Rn. 15 = AP Nr. 48 zu § 23 BetrVG 1972 = NZA 2014, 987; *LAG Berlin-Brandenburg* 17.09.2014 – 15 TaBV 706/14 – BeckRS 2014, 73732; *LAG Düsseldorf* 29.07.2013 – 9 TaBV 33/13 – BeckRS 2015, 65460; 12.01.2015 LAGE § 87 BetrVG 2001 Kontrolleinrichtung Nr. 4 = NZA-RR 2015, 355; *Hess. LAG* 21.06.2012 – 9 TaBV 75/12 – BeckRS 2012, 75689; 23.05.2013 – 9 TaBV 288/12 – BeckRS 2013, 72578; *Fitting* § 23 Rn. 63). Allein die Zusicherung des Arbeitgebers, zukünftig seinen betriebsverfassungsrechtlichen Pflichten nachkommen zu wollen, ist für sich genommen jedoch nicht in der Lage, die Wieder-

Verletzung gesetzlicher Pflichten § 23

holungsgefahr zu beseitigen (*BAG* 23.06.1992 EzA § 87 BetrVG 1972 Arbeitszeit Nr. 51 = AP Nr. 20 zu § 23 BetrVG 1972; 07.02.2012 EzA § 23 BetrVG 2001 Nr. 6 Rn. 15 = NZA-RR 2012, 359; 18.03.2014 EzA § 23 BetrVG 2001 Nr. 7 Rn. 15 = AP Nr. 48 zu § 23 BetrVG 1972 = NZA 2014, 987; *LAG Düsseldorf* 29.07.2013 – 9 TaBV 33/13 – BeckRS 2015, 65460; 12.01.2015 LAGE § 87 BetrVG 2001 Kontrolleinrichtung Nr. 4 = NZA-RR 2015, 355; *Hess. LAG* 21.06.2012 – 9 TaBV 75/12 – BeckRS 2012, 75689; 23.05.2013 – 9 TaBV 288/12 – BeckRS 2013, 72578). Anders kann für die Abgabe einer **strafbewehrten Unterlassungserklärung** zu entscheiden sein; allerdings kann der Betriebsrat oder ein Dritter aus Rechtsgründen nicht Begünstigter eines Vertragsstrafeversprechens sein (s. Rdn. 9).

f) Einzelfälle
Nach Maßgabe der vorstehend entwickelten Grundsätze **kommen** als grobe Verstöße des Arbeitgebers gegen seine Pflichten z. B. **in Betracht** (s. auch *Fitting* § 23 Rn. 66; *Trittin/DKKW* § 23 Rn. 212): 245
— einmalige schwere oder fortgesetzt leichtere Verstöße gegen das Gebot zur vertrauensvollen Zusammenarbeit (§ 2 Abs. 1; vgl. *LAG Baden-Württemberg* 14.04.1988 AiB 1988, 281; *ArbG Darmstadt* 24.03.1994 AuR 1994, 381 [L]; *ArbG Ludwigshafen* 21.05.1992 BetrR 1992, 140; *ArbG Oberhausen* 07.12.1984 AiB 1985, 47; *ArbG Stralsund* 14.12.2004 AiB 2005, 498; *ArbG Trier* 14.06.1989 AiB 1989, 353; siehe aber auch *LAG Köln* 21.03.1995 LAGE § 23 BetrVG 1972 Nr. 37);
— offensichtlich unberechtigte Verweigerung des Zutritts von Beauftragten der Gewerkschaften zum Betrieb (§ 2 Abs. 2);
— Verstöße gegen das Verbot der Wahlbehinderung und Wahlbeeinflussung (§ 20 Abs. 1 und 2; vgl. auch *LAG Hamm* 27.04.1972 DB 1972, 1297);
— Ausspruch einer Abmahnung nach § 23 Abs. 1 (*LAG Düsseldorf* 23.02.1993 LAGE § 23 BetrVG 1972 Nr. 31 S. 4 ff.);
— Öffnen der Post des Betriebsrats durch den Arbeitgeber (*ArbG Köln* 21.03.1989 CR 1990, 208);
— Nichtweiterleitung der Post des Betriebsrats (*ArbG Elmshorn* 27.03.1991 AiB 1991, 269);
— Verhinderung einer Betriebsversammlung (*LAG Baden-Württemberg* 30.04.1987 BetrR 1987, 420 ff.);
— Verstöße gegen die betriebliche Friedenspflicht (§ 74 Abs. 2 Satz 1 und 2; vgl. auch *LAG Hamm* 27.04.1972 DB 1972, 1297; *ArbG Regensburg* 28.07.1989 AiB 1989, 354; *ArbG Verden* 14.04.1989 DB 1989, 1580);
— Verstöße gegen das Verbot der parteipolitischen Betätigung (§ 74 Abs. 2 Satz 3; vgl. auch *LAG Hamm* 27.04.1972 DB 1972, 1297);
— beharrliche Missachtung der Unterrichtungsrechte der Belegschaft (§ 43 Abs. 2 Satz 3, § 110);
— willkürliche Ungleichbehandlung von Arbeitnehmern entgegen § 75 (*LAG Berlin-Brandenburg* 20.08.2015 NZA-RR 2016, 74 [im konkreten Fall jedoch verneint]; *ArbG München* 01.09.1976 AuR 1977, 123; *ArbG Verden* 14.04.1989 DB 1989, 1580) oder Verletzung von Persönlichkeitsrechten (*BAG* 28.05.2002 EzA § 87 BetrVG 1972 Betriebliche Ordnung Nr. 29 S. 10 f. = AP Nr. 39 zu § 87 BetrVG 1972 Ordnung des Betriebes Bl 4 R f.; *LAG Köln* 19.02.1988 LAGE § 23 BetrVG 1972 Nr. 21 S. 2 ff.; *LAG Niedersachsen* 24.02.1984 AuR 1985, 99);
— Unterlassen der Durchführung von Vereinbarungen zwischen Betriebsrat und Arbeitgeber, auch soweit sie auf einem Spruch der Einigungsstelle beruhen (§ 77 Abs. 1 Satz 1; vgl. *BAG* 29.04.2004 EzA § 77 BetrVG 2001 Nr. 8 S. 26 = AP Nr. 3 zu § 77 BetrVG 1972 Durchführung Bl. 11 R; *LAG Schleswig-Holstein* 04.03.2008 NZA-RR 2008, 414 f.; *ArbG Lingen* 15.01.1988 AiB 1988, 43);
— Abschluss von Betriebsvereinbarungen entgegen § 77 Abs. 3 (*BAG* 20.08.1991 EzA § 77 BetrVG 1972 Nr. 41 S. 11 ff. *[Berger-Delhey]* = AP Nr. 2 zu § 77 BetrVG 1972 Tarifvorbehalt Bl. 4 R ff. = SAE 1992, 151 [154 ff.] *[Oetker]* = BB 1992, 490 [490 ff.] *[Reske/Berger-Delhey]*; *LAG Hamm* 29.07.2011 – 10 TaBV 91/10 – BeckRS 2011, 77413; *LAG Sachsen-Anhalt* 01.07.2015 – 4 TaBV 32/13 – juris; *LAG Schleswig-Holstein* 28.01.1999 AiB 2000, 105; *ArbG Stuttgart* 20.02.1998 BB 1998, 696 [zust. *Unterhinnighofen* AiB 1998, 282]; krit. *Lieb* FS Kraft, 1998, S. 343 [348 ff.]; *Löwisch/LK* § 23 Rn. 48; *Löwisch/Rieble* TVG, 1. Aufl., § 4 Rn. 77; *Walker* ZfA 2000, 29 [34 f.]; wie hier *Däubler* BB 1990, 2256 [2259]; *Kempen* AuR 1989, 261 [264]; *Matthießen* DB 1988, 285 [290]; *Stege/Weinspach/Schiefer* § 23 Rn. 31; s. auch *ArbG Marburg* 07.08.1996 NZA 1996, 1337

Oetker

§ 23　　　　　　　　　　　　　　　　　　　　　　　　*II. 2. Amtszeit des Betriebsrats*

[1338]; offen gelassen von *BAG* 20.04.1999 EzA Art. 9 GG Nr. 65 S. 12 = AP Nr. 89 zu Art. 9 GG Bl. 5 R *[Richardi]*; ferner s. Rdn. 16);
- gravierende Verstöße gegen das Behinderungs- und Benachteiligungsverbot nach § 78 (*ArbG Bayreuth* 12.12.1973 AuR 1974, 251; *ArbG Oberhausen* 07.12.1984 AiB 1985, 47; *ArbG Pforzheim* BetrR 1977, 392; *ArbG Rosenheim* 22.06.1988 AiB 1989, 83; *ArbG Stralsund* 14.12.2004 AiB 2005, 498; *ArbG Verden* 14.04.1989 DB 1989, 1580; vgl. aber auch *ArbG Ludwigsburg* 25.04.1972 BB 1972, 615); zur Aufforderung des Arbeitgebers an Betriebsratsmitglieder, von Betriebsratssitzungen fernzubleiben oder diese zu verlassen, vgl. *ArbG Frankfurt a. M.* 02.03.1988 AiB 1989, 78; zur Mitteilung der Betriebsratskosten auf einer Betriebsversammlung vgl. *BAG* 19.07.1995 EzA § 43 BetrVG 1972 Nr. 3 S. 4 f. = AP Nr. 25 zu § 23 BetrVG 1972 Bl. 2 R f.; *LAG Düsseldorf* 26.11.1993 LAGE § 23 BetrVG 1972 Nr. 34; zur Ankündigung einer Produktionsverlagerung ins Ausland wegen durch den Betriebsrat verursachter Kostentragungspflicht *ArbG Leipzig* 05.09.2002 NZA-RR 2003, 142; zur Auswertung der Aufzeichnungen über Internetaktivitäten des Betriebsrats *BAG* 20.04.2016 NZA 2016, 1033 Rn. 25;
- ständige Verletzung der Individualrechte einzelner Arbeitnehmer (§§ 81 ff.; s. Rdn. 222, *Franzen* vor § 81 Rdn. 31);
- Verweigerung der Hinzuziehung eines Betriebsratsmitglieds nach § 81 Abs. 3 Satz 3, § 82 Abs. 2 Satz 2, § 83 Abs. 1 Satz 2, § 84 Abs. 1 Satz 2 (*BAG* 16.11.2004 NZA 2005, 416 [417], zu § 82 Abs. 2 Satz 2; *ArbG Hamm* 10.01.1979 BB 1980, 42 [43]).

246 Verstöße gegen die **Mitbestimmung in sozialen Angelegenheiten**:
- allgemein (*LAG Hamburg* 09.05.1989 AuR 1990, 202; *ArbG Lörrach* 22.05.1990 AuR 1991, 121);
- § 87 Abs. 1 Nr. 1: Erlass einer Dienstkleiderordnung (*BAG* 18.04.1989 EzA § 87 BetrVG 1972 Betriebliche Ordnung Nr. 13 S. 8 [zust. *Wiese*] = AP Nr. 15 zu § 87 BetrVG 1972 Ordnung des Betriebes Bl. 3 R); Anweisung des Arbeitgebers über das Verhalten in Anwesenheit von Kunden (*ArbG Köln* 13.07.1989 AiB 1990, 73);
- § 87 Abs. 1 Nr. 2 und 3: Änderung von Dienstplänen (*BAG* 08.08.1989 EzA § 23 BetrVG 1972 Nr. 27 S. 1 ff. = AP Nr. 11 zu § 23 BetrVG 1972 Bl. 2 R ff. = SAE 1991, 63 *[Löwisch]*; 07.02.2012 EzA § 23 BetrVG 2001 Nr. 6 Rn. 16 = NZA-RR 2012, 359); vorübergehende Änderung der Ladenöffnungszeiten (*LAG Bremen* 25.07.1986 LAGE § 23 BetrVG 1972 Nr. 7 S. 21 f.); Einrichtung einer zweiten Schicht für Fremdpersonal (*LAG Frankfurt a. M.* 24.10.1989 DB 1990, 2126, 2127); Neuregelung der Arbeitszeit (*ArbG Münster* 08.09.1986 AiB 1986, 236); Anordnung von Überstunden (*BAG* 18.04.1985 EzA § 23 BetrVG 1972 Nr. 10 S. 67 ff. = AP Nr. 5 zu § 23 BetrVG 1972 Bl. 3 R f.; 27.11.1990 EzA § 87 BetrVG 1972 Arbeitszeit Nr. 40 S. 12 = AP Nr. 41 zu § 87 BetrVG 1972 Arbeitszeit Bl. 6; 16.07.1991 EzA § 87 BetrVG 1972 Arbeitszeit Nr. 48 S. 8 f. = AP Nr. 44 zu § 87 BetrVG 1972 Arbeitszeit Bl. 4 R f.; 22.10.1991 EzA § 87 BetrVG 1972 Arbeitszeit Nr. 49 S. 6 f. = AP Nr. 48 zu § 87 BetrVG 1972 Arbeitszeit Bl. 3 R f.; 23.06.1992 EzA § 87 BetrVG 1972 Arbeitszeit Nr. 51 S. 8 f. = AP Nr. 20 zu § 23 BetrVG 1972 Bl. 3 R ff.; *LAG Berlin* 03.03.1986 AiB 1986, 235 f.; *LAG Bremen* 18.07.1986 LAGE § 23 Nr. 6 S. 11 ff.; *LAG Düsseldorf* 01.02.1991 LAGE § 87 BetrVG 1972 Arbeitszeit Nr. 23 S. 6; 17.05.1993 AuR 1994, 70 [LS]; *LAG Frankfurt a. M.* 24.02.1987 LAGE § 23 BetrVG 1972 Nr. 9 S. 36 ff.); Duldung freiwillig geleisteter Überstunden (*BAG* 27.11.1990 EzA § 87 BetrVG 1972 Arbeitszeit Nr. 40 S. 11 f. = AP Nr. 41 zu § 87 BetrVG 1972 Arbeitszeit Bl. 6; 01.12.1987 LAGE § 23 BetrVG 1972 Nr. 13 S. 1 f.; 24.01.1989 NZA 1989, 943; *LAG Hamm* 18.03.1989 LAGE § 87 BetrVG 1972 Arbeitszeit Nr. 14 S. 4 ff.; *LAG Niedersachsen* 02.11.1988 AuR 1989, 151); Beschäftigung von Leiharbeitnehmern zwecks Umgehung der Mitbestimmung bei Überstunden (*ArbG Mannheim* 01.04.1987 AiB 1987, 141); Anordnung von Sonntagsarbeit (*ArbG Solingen* 17.02.1988 AiB 1988, 312);
- § 87 Abs. 1 Nr. 6: Untersuchungen an Arbeitsplätzen mittels Video-Kameras (*LAG Baden-Württemberg* 14.04.1988 AiB 1988, 281 f.); Einführung des Personalabrechnungs- und Informationssystems »Paisy« (*ArbG Braunschweig* 06.02.1985 DB 1985, 1487 [1488]);
- § 87 Abs. 1 Nr. 10: Verrechnung von Tariflohnerhöhungen mit übertariflichen Zulagen (*ArbG München* 11.11.1987 AiB 1989, 78);
- § 90: Planung von Um-, Neu- und Erweiterungsbauten (*LAG Frankfurt a. M.* 03.11.1992 LAGE § 23 BetrVG 1972 Nr. 32).

Verstöße gegen die Beteiligung in **personellen Angelegenheiten**: 247
- § 92: Mangelnde Unterrichtung über künftigen Personalbedarf bei geplanter Betriebsstilllegung (*ArbG Bamberg* 30.11.1984 NZA 1985, 259);
- § 94 Abs. 2: Aufstellung von Beurteilungsgrundsätzen (*LAG Berlin* 22.04.1987 LAGE § 23 BetrVG 1972 Nr. 8 S. 28 ff.);
- § 98 Abs. 4: Anrufung der Einigungsstelle bei Teilnehmerauswahl für Maßnahmen der betrieblichen Berufsbildung (BAG 18.03.2014 EzA § 23 BetrVG 2001 Nr. 7 Rn. 17 ff. = AP Nr. 48 zu § 23 BetrVG 1972 = NZA 2014, 987);
- §§ 99 ff.: Einstellung von Fremdpersonal (*LAG Frankfurt a. M.* 24.10.1989 DB 1990, 2126); Einstellung von Arbeitnehmern ausländischer Konzerngesellschaften (*LAG Düsseldorf* 29.07.2013 – 9 TaBV 33/13 – BeckRS 2015, 65460); Beschäftigung von Leiharbeitnehmern (*LAG Frankfurt a. M.* 09.02.1988 LAGE § 23 BetrVG 1972 Nr. 14 S. 4 f.); Beschäftigung im Rahmen eines Werkvertrages (*LAG Berlin-Brandenburg* 30.08.2013 – 6 TaBV 953/13 – BeckRS 2013, 72803; *ArbG Hameln* 12.10.1990 DB 1990, 2611); Versetzung von Belegschaftsmitgliedern (*BAG* 19.01.2010 EzA § 23 BetrVG 2001 Nr. 4 Rn. 23 ff. = AP Nr. 47 zu § 23 BetrVG 1972 = NZA 2010, 659; 06.11.2013 EzA § 25 BetrVG 2001 Nr. 5 Rn. 63 = AP Nr. 2 zu § 33 BetrVG 1972 = NZA-RR 2014, 196; *LAG Berlin-Brandenburg* 12.06.2013 – 15 TaBV 2028/12 – BeckRS 2013, 72710; *LAG Brandenburg* 07.11.1994 AiB 1996, 123 [124]; *LAG Düsseldorf* 29.07.2013 – 9 TaBV 33/13 – BeckRS 2015, 65460; *LAG Köln* 14.11.1991 LAGE § 95 BetrVG 1972 Nr. 13 S. 3 ff.; 19.03.2004 LAGR 2004, 277 [279]); Einhaltung der Beteiligungsrechte (*LAG Düsseldorf* 26.08.1993 LAGE § 23 BetrVG 1972 Nr. 35; *Hess. LAG* 10.05.2010 – 5/9 TaBV 175/09 – BeckRS 2010, 75268; *LAG Rheinland-Pfalz* 04.11.2010 – 5 TaBV 21/10 – juris; *ArbG Kaiserslautern* 25.10.2005 AuR 2006, 334); vgl. auch *BAG* 07.11.1975 EzA § 118 BetrVG 1972 Nr. 7 S. 56 = AP Nr. 3 zu § 99 BetrVG 1972 Bl. 4 R);
- § 102: Behinderung bei der Wahrnehmung der Rechte des Betriebsrats (*ArbG Wilhelmshaven* 24.02.1977 ARSt. 1977, 190 [Nr. 1207]);
- § 105: Verletzung der Unterrichtspflicht (*Hess.LAG* 23.05.2013 – 9 TaBV 17/13 – BeckRS 2013, 72578).

Verstöße gegen die Beteiligung in **wirtschaftlichen Angelegenheiten** nach §§ 111 ff.: Einführung eines 248
EDV-Systems (*LAG Hamburg* 05.02.1986 LAGE § 23 BetrVG 1972 Nr. 5 S. 6); mangelnde Unterrichtung über Betriebsstilllegung (*ArbG Bamberg* 30.11.1984 NZA 1985, 259); verspätete, unvollständige oder gänzlich unterlassene Unterrichtung des Wirtschaftsausschusses (*LAG Berlin-Brandenburg* 30.03.2012 – 10 TaBV 2362/11 – BeckRS 2012, 69525).

Verneint wurde ein **grober Pflichtenverstoß:** 249
- Verletzung höherrangigen Tarifrechts (*ArbG Marburg* 07.08.1996 NZA 1996, 1337 [1338]);
- bei Freistellung von Betriebsratsmitgliedern über das notwendige Maß hinaus durch den Insolvenzverwalter (früher: Konkursverwalter) mangels Beschäftigungsmöglichkeit verbunden mit der Aufforderung, Arbeitslosenunterstützung zu beantragen, sofern die Betriebsratstätigkeit nicht behindert wird (*LAG Baden-Württemberg* 04.05.1983 ZIP 1983, 1238);
- wenn Mitarbeiter aus eigenem Entschluss Überstunden leisten und der Arbeitgeber dies hinnimmt (*LAG Schleswig-Holstein* 14.11.1986 BB 1987, 901; **a. M.** *LAG Frankfurt a. M.* 24.01.1989 NZA 1989, 943);
- in Eilfällen, wenn Arbeitgeber und Betriebsrat dafür bisher keine Vorsorge getroffen haben (*LAG Schleswig-Holstein* 14.11.1986 BB 1987, 901);
- Aushang des Entwurfs eines Dienstplans unter Hinweis auf die noch erforderliche Zustimmung des Betriebsrats (*LAG Berlin-Brandenburg* 07.12.2012 – 6 TaBV 880/12 – BeckRS 2013, 65237);
- einmaliger Verstoß gegen das Beteiligungsrecht nach § 98 Abs. 3 bei anschließender Entschuldigung (*Hess. LAG* 21.06.2012 – 9 TaBV 75/12 – BeckRS 2012, 75689);
- vorläufige Durchführung personeller Einzelmaßnahmen, ohne in der Mitteilung an den Betriebsrat die sachlichen Gründe mitzuteilen (*LAG Schleswig-Holstein* 09.08.2007 NZA-RR 2008, 639 [640]);
- Hinweis auf Bedenken bezüglich der Rechtmäßigkeit einer Betriebsversammlung durch Aushang am Schwarzen Brett (*ArbG Hamburg* 05.11.1997 NZA-RR 1998, 214).

5. Erkenntnisverfahren

250 Das Verfahren nach § 23 Abs. 3 wird in **zwei Stufen** durchgeführt. Es beginnt mit dem Erkenntnisverfahren nach § 23 Abs. 3 Satz 1, an das sich bei Missachtung der dem Arbeitgeber auferlegten Verpflichtung das Vollstreckungsverfahren nach § 23 Abs. 3 Satz 2 bis 5 anschließt.

a) Zuständigkeit

251 Für das Erkenntnisverfahren ist nach § 23 Abs. 1 Satz 1 das **Arbeitsgericht** zuständig; es entscheidet im Beschlussverfahren (§ 2a Abs. 1 Nr. 1, Abs. 2, §§ 80 ff. ArbGG; *BAG* 15.08.1978 EzA § 23 BetrVG 1972 Nr. 7 S. 22 = AP Nr. 1 zu § 23 BetrVG 1972 Bl. 1 R).

b) Antrag

252 Das Erkenntnisverfahren wird nur auf Antrag, dagegen nicht von Amts wegen eingeleitet (§ 81 Abs. 1 ArbGG; *Fitting* § 23 Rn. 68; *Huke/HWGNRH* § 23 Rn. 69; *Joost/*MünchArbR § 222 Rn. 37; *Kreft/WPK* § 23 Rn. 47; *Reichold/HWK* § 23 BetrVG Rn. 34; *Stege/Weinspach/Schiefer* § 23 Rn. 20; *Trittin/DKKW* § 23 Rn. 263). Zur **Form** des Antrags s. Rdn. 92.

253 Der Antrag ist zu **begründen**. Er bestimmt den Verfahrensgegenstand und kann nur auf einen groben Verstoß des Arbeitgebers gegen seine betriebsverfassungsrechtlichen Verpflichtungen gestützt werden. Er muss **hinreichend konkret** angeben, welches Verhalten dem Arbeitgeber vorgeworfen wird (*Düwell*/HaKo § 23 Rn. 40; *Fitting* § 23 Rn. 71; *Huke/HWGNRH* § 23 Rn. 70; *Joost/*MünchArbR § 222 Rn. 40; *Koch/*ErfK § 23 BetrVG Rn. 21; *Reichold/HWK* § 23 BetrVG Rn. 34; *Stege/Weinspach/Schiefer* § 23 Rn. 20).

254 Außerdem muss beantragt werden, dem Arbeitgeber aufzugeben, eine konkret bezeichnete Handlung vorzunehmen oder zu unterlassen oder die Vornahme einer solchen Handlung durch Dritte zu dulden (*LAG Berlin-Brandenburg* 12.06.2013 – 15 TaBV 2028/12 – BeckRS 2013, 72710; *LAG Düsseldorf* 29.07.2013 – 9 TaBV 33/13 – BeckRS 2015, 65460). Das gilt auch, wenn der Arbeitgeber gegen seine Pflicht zur Zahlung eines Geldbetrages, zur Herausgabe bestimmter Sachen oder zur Abgabe einer Willenserklärung verstoßen hat (s. hierzu Rdn. 230; *Dietz/Richardi* § 23 Rn. 70, 73). Die **Bestimmtheit des Antrags** ist unabweisbar, da aus dem Beschluss des Arbeitsgerichts gegebenenfalls vollstreckt werden soll. Außerdem hat das Ordnungsgeld einen repressiven Charakter (s. Rdn. 288), so dass aus rechtsstaatlichen Gründen das untersagte Verhalten genau bezeichnet werden muss (ebenso *BAG* 17.03.1987 EzA § 23 BetrVG 1972 Nr. 16 S. 98 f. = AP Nr. 7 zu § 23 BetrVG 1972 Bl. 3 [zust. *von Hoyningen-Huene*] = SAE 1989, 24 [26] [krit. *Hönn*] = AR-Blattei, Arbeitsgerichtsbarkeit XII, Entsch. 149 [zust. *Dütz/Kronthaler*]; 27.01.1990 EzA § 87 BetrVG 1972 Arbeitszeit Nr. 40 S. 6 f. = AP Nr. 41 zu § 87 BetrVG 1972 Arbeitszeit Bl. 3; *LAG Berlin-Brandenburg* 12.06.2013 – 15 TaBV 2028/12 – BeckRS 2013, 72710; *LAG Düsseldorf* 29.07.2013 – 9 TaBV 33/13 – BeckRS 2015, 65460; *LAG Hamm* 05.02.2010 – 13 TaBV 38/09 – juris; *LAG Schleswig-Holstein* 13.01.1992 LAGE § 111 BetrVG 1972 Nr. 11 S. 3 ff.; *Joost/*MünchArbR § 222 Rn. 40; *Löwisch/LK* § 23 Rn. 49; *Stege/Weinspach/Schiefer* § 23 Rn. 18; **a. M.** noch *BAG* 18.04.1985 EzA § 23 BetrVG 1972 Nr. 10 S. 63 ff. [abl. *Konzen*] = AP Nr. 5 zu § 23 BetrVG 1972 Bl. 1 R ff. [abl. *von Hoyningen-Huene*], das es genügen lässt, wenn der mit dem Antrag nach § 23 Abs. 3 erstrebte Erfolg nur mit der künftigen Beachtung der zuvor verletzten Beteiligungsrechte umschrieben wird [sog. **Globalantrag**]; ebenso *BAG* 03.05.1994 EzA § 23 BetrVG 1972 Nr. 36 S. 5 = AP Nr. 23 zu § 23 BetrVG 1972 Bl. 2 R; *LAG Düsseldorf* 26.08.1993 LAGE § 23 BetrVG 1972 Nr. 35 S. 3 ff.; 29.07.2013 – 9 TaBV 33/13 – BeckRS 2015, 65460; vgl. auch *BAG* 17.03.1987 BetrR 1988, Heft 2, S. 14 f.; *LAG Berlin* 03.03.1986 AiB 1986, 235; *LAG Bremen* 18.07.1986 LAGE § 23 BetrVG 1972 Nr. 6 S. 10; 16.12.1988 LAGE § 23 BetrVG 1972 Nr. 17 S. 4 f.; *LAG Frankfurt a. M.* 09.02.1988 LAGE § 23 BetrVG 1972 Nr. 14 S. 2 f.; *Düwell*/HaKo § 23 Rn. 42; *Fiebig* NZA 1993, 58 ff.; *Joost/*MünchArbR § 222 Rn. 40; *Kloppenburg/*NK-GA § 23 BetrVG Rn. 40; *Koch/*ErfK § 23 BetrVG Rn. 21; *Kreft/WPK* § 23 Rn. 47 f.; *Trittin/DKKW* § 23 Rn. 263).

255 Ein auf die bloße **Feststellung** einer groben Pflichtverletzung gerichteter **Antrag** ist nach § 23 Abs. 3 Satz 1 **unzulässig** (*Galperin/Löwisch* § 23 Rn. 59; *Huke/HWGNRH* § 23 Rn. 70; *Koch/*ErfK § 23 BetrVG Rn. 22; *Kreft/WPK* § 23 Rn. 50; *Richardi/Thüsing* § 23 Rn. 107). Lagen die Voraussetzun-

gen des § 23 Abs. 3 Satz 1 nicht vor, so kann der Antrag auch **nicht** in einen (allgemeinen) Feststellungsantrag **umgedeutet** werden (*Fitting* § 23 Rn. 74; *Koch*/ErfK § 23 BetrVG Rn. 22; **a. M.** *Trittin/ DKKW* § 23 Rn. 269); bis zum Ablauf der Beschwerdefrist ist aber eine Antragsänderung möglich (*BAG* 15.08.1978 EzA § 23 BetrVG 1972 Nr. 7 S. 24 f. = AP Nr. 1 zu § 23 BetrVG 1972 Bl. 2 f.; *Fitting* § 23 Rn. 74).

Mit dem Antrag nach § 23 Abs. 3 Satz 1 kann bereits der weitere **Antrag verbunden** werden, dem **Arbeitgeber anzudrohen**, ihn wegen einer jeden Zuwiderhandlung gegen die gerichtlich auferlegte Verpflichtung zu einem **Ordnungsgeld zu verurteilen** (*LAG Berlin* 03.03.1986 AiB 1986, 235 [236]; 10.11.2011 – 6 Ta 2034/11 – juris; *LAG Bremen* 25.07.1986 LAGE § 23 BetrVG 1972 Nr. 7 S. 15; 02.04.1989 LAGE § 23 BetrVG 1972 Nr. 19 S. 2 f.; *LAG Hamburg* 27.01.1992 NZA 1992, 568 [569]; *LAG Schleswig-Holstein* 07.05.2008 – 6 TaBV 7/08 – juris; *Fitting* § 23 Rn. 72; *Joost*/MünchArbR § 222 Rn. 41; *Koch*/ErfK § 23 BetrVG Rn. 21; *Kreft*/WPK § 23 Rn. 49; *Reichold*/HWK § 23 BetrVG Rn. 38; *Stege*/*Weinspach*/*Schiefer* § 23 Rn. 20; *Trittin*/*DKKW* § 23 Rn. 268; **a. M.** *LAG Schleswig-Holstein* 04.03.2008 NZA-RR 2008, 414 [415], das jedoch übersieht, dass lediglich die Verhängung des Ordnungsgeldes eine rechtskräftige Entscheidung voraussetzt, bezüglich der Androhung beschränkt sich § 23 Abs. 3 Satz 2 auf die Notwendigkeit einer »vorherigen« Androhung, ohne zwingend vorauszusetzen, dass zuvor eine rechtskräftige Entscheidung vorliegt). Beide **Anträge** können in erster Instanz einseitig (§ 81 Abs. 2 Satz 1 ArbGG) und in den Rechtsmittelinstanzen mit Zustimmung der anderen Beteiligten **zurückgenommen** werden (§ 87 Abs. 2 Satz 3, § 92 Abs. 2 Satz 3 ArbGG). Zur Androhung s. auch Rdn. 267, 280. Hinsichtlich des Zwangsgeldes nach § 23 Abs. 3 Satz 3 scheidet eine Verbindung der Anträge indes wegen § 888 Abs. 2 ZPO aus (*Kreft*/WPK § 23 Rn. 49).

c) Antragsberechtigung

Antragsberechtigt sind nach § 23 Abs. 3 Satz 1 nur der **Betriebsrat** (s. Rdn. 89) oder eine **im Betrieb vertretene Gewerkschaft** (s. Rdn. 85 f.). Die Regelung ist **abschließend**, so dass andere Personen oder Organe der Betriebsverfassung wie z. B. die **Jugend- und Auszubildendenvertretung** nicht antragsberechtigt sind (*BAG* 15.08.1978 EzA § 23 BetrVG 1972 Nr. 7 S. 22 f. = AP Nr. 1 zu § 23 BetrVG 1972 Bl. 1 R f.; *LAG Rheinland-Pfalz* 19.07.2012 – 10 TaBV 13/12 – BeckRS 2012, 74133; *Düwell*/HaKo § 23 Rn. 38; *Fitting* § 23 Rn. 70; *Joost*/MünchArbR § 222 Rn. 38; *Koch*/ErfK § 23 BetrVG Rn. 20; *Richardi*/*Thüsing* § 23 Rn. 104; *Stege*/*Weinspach*/*Schiefer* § 23 Rn. 16; *Trittin*/*DKKW* § 23 Rn. 271; *K. Weber* Erzwingungsverfahren, S. 129, m. w. N.). Entsprechendes gilt für die **Schwerbehindertenvertretung** (*LAG Rheinland-Pfalz* 19.07.2012 – 10 TaBV 13/12 – juris). Sie können aber als im konkreten Fall materiell Betroffene Beteiligte sein (*BAG* 15.08.1978 EzA § 23 BetrVG 1972 Nr. 7 S. 24 = AP Nr. 1 zu § 23 BetrVG 1972 Bl. 2 sowie § 60 Rdn. 65). Im Gegensatz zu § 23 Abs. 1 sind auch die **Arbeitnehmer** nicht antragsberechtigt, selbst nicht bei einem Verstoß gegen die Individualrechte i. S. d. §§ 81 ff., die der betroffene Arbeitnehmer aber aus eigenem Recht im Urteilsverfahren durchsetzen kann (s. Rdn. 222). Auch kann er die Stellung eines Antrags des Betriebsrats oder einer im Betrieb vertretenen Gewerkschaft anregen. Durch die Beschränkung des Antragsrechts nach § 23 Abs. 3 dürfte gewährleistet sein, dass die nach dieser Vorschrift möglichen Sanktionen nicht zum Mittel der persönlichen Auseinandersetzung zwischen Arbeitgeber und Arbeitnehmer gemacht werden.

Die Antragsberechtigung ist als **Verfahrensvoraussetzung** in jedem Stadium des Verfahrens, auch noch in der Rechtsbeschwerdeinstanz, von Amts wegen zu prüfen (*BAG* 15.08.1978 EzA § 23 BetrVG 1972 S. 22 = AP Nr. 1 zu § 23 BetrVG 1972 Bl. 1 R; *LAG Rheinland-Pfalz* 19.07.2012 – 10 TaBV 13/12 – BeckRS 2012, 74133; **a. M.** *Grunsky* ArbGG, § 80 Rn. 29 f.). Bei einem **Wechsel** des **Betriebsrats** wird das Verfahren vom neuen Betriebsrat fortgesetzt (im Ergebnis ebenso *Kreft*/ WPK § 23 Rn. 52; *Richardi*/*Thüsing* § 23 Rn. 105).

Nach h. M. besteht die **Antragsberechtigung unabhängig** davon, ob der jeweilige Antragsteller **materiellrechtlich Gläubiger** der Verpflichtung ist, deren grobe Verletzung gerügt wird (*BAG* 16.11.2004 NZA 2005, 416 [417]; *Düwell*/HaKo § 23 Rn. 35; *Fitting* § 23 Rn. 69; *Heinze* DB 1983, Beil. Nr. 9, S. 22; *Huke*/HWGNRH § 23 Rn. 61; *Joost*/MünchArbR § 222 Rn. 38; *Koch*/ErfK § 23 BetrVG Rn. 20; *Kreft*/WPK § 23 Rn. 51; *Richardi*/*Thüsing* § 23 Rn. 104; *Stege*/*Weinspach*/*Schiefer* § 23 Rn. 16; *Trittin*/*DKKW* § 23 Rn. 271; *K. Weber* Erzwingungsverfahren, S. 130 f.; **a. M.** *Galpe-*

§ 23   II. 2. Amtszeit des Betriebsrats

rin/Löwisch § 23 Rn. 60 hinsichtlich des Antrags, ein Verhalten zu dulden; *Gravenhorst* SAE 1975, 199 [200]). Nach der hier vertretenen Meinung zeigt sich die Bedeutung des § 23 Abs. 3 u. a. darin, dass unter den in dieser Vorschrift bezeichneten strengen Voraussetzungen ein Antragsrecht materiell Nichtberechtigter besteht (s. Rdn. 213).

260 Diese können daher vor allem im Wege der **gesetzlichen Prozessstandschaft** (*BAG* 16.11.2004 NZA 2005, 416 [417]; *Düwell*/HaKo § 23 Rn. 35; *Fitting* § 23 Rn. 69; *Koch*/ErfK § 23 BetrVG Rn. 20; *Kreft*/WPK § 23 Rn. 51; *Maschmann*/AR § 23 BetrVG Rn. 21; *Prütting* RdA 1995, 257 [262]; *Richardi* NZA 1995, 8 [8]; *Trittin*/DKKW § 23 Rn. 271; **a. M.** *Evers* Unterlassungsansprüche, S. 17 ff.; *Reichold*/HWK § 23 BetrVG Rn. 28) die Verletzung fremder Rechte zum Gegenstand des Verfahrens machen und damit ein gesetzmäßiges Verhalten des Arbeitgebers erzwingen (zust. *ArbG Marburg* 07.08.1996 NZA 1996, 1337 [1338]). Wird z. B. einer im Betrieb vertretenen Gewerkschaft der Zugang zum Betrieb entgegen § 2 Abs. 2 grundlos beharrlich verweigert, dann kann auch der Betriebsrat den Antrag nach § 23 Abs. 3 stellen, obwohl ihm das Zutrittsrecht nicht zusteht. Umgekehrt kann es zur Vermeidung zusätzlicher Konflikte zwischen Arbeitgeber und Betriebsrat in dessen Interesse liegen, dass bei Missachtung seiner Rechte nicht er selbst, sondern eine im Betrieb vertretene Gewerkschaft den Antrag nach § 23 Abs. 3 stellt. Eine Gewerkschaft kann zur Gewährleistung der betriebsverfassungsrechtlichen Ordnung selbst dann den Antrag stellen, wenn der Betriebsrat kein Interesse an der Verfolgung grober Gesetzesverstöße des Arbeitgebers hat (ebenso *ArbG Marburg* 07.08.1996 NZA 1996, 1337 [1338]; zust. *Stege*/*Weinspach*/*Schiefer* § 23 Rn. 16). Schließlich kann bei einer Verletzung der §§ 81 ff. der betroffene Arbeitnehmer den Antrag nach § 23 Abs. 3 nicht selbst stellen (s. Rdn. 257), so dass nach dieser Vorschrift seine Rechte nur vom Betriebsrat oder einer im Betrieb vertretenen Gewerkschaft wahrgenommen werden können (*BAG* 16.11.2004 NZA 2005, 416 [417]; s. aber auch Rdn. 222).

261 Aus dem eigenen **Antragsrecht** der im Betrieb vertretenen **Gewerkschaften** folgt indessen **keine allgemeine Überwachungsfunktion** gegenüber dem Arbeitgeber (ebenso *Huke*/HWGNRH § 23 Rn. 95; *Richardi*/*Thüsing* § 23 Rn. 104; **a. M.** weitergehend *Trittin*/DKKW § 23 Rn. 271). Aus § 23 Abs. 3 kann daher kein Zutrittsrecht zum Betrieb zwecks Ermittlung von Pflichtenverstößen des Arbeitgebers abgeleitet werden (s. *Franzen* § 2 Rdn. 56; *Galperin* BB 1972, 272 [274]; *Huke*/HWGNRH § 23 Rn. 95; *Richardi*/*Thüsing* § 23 Rn. 104: nur bei konkreten Anhaltspunkten für groben Verstoß; s. auch *Reuter* ZfA 1976, 107 [141]).

d) Einstweilige Verfügung

262 Mit Recht wird heute zunehmend auch im Verfahren nach § 23 Abs. 3 die Zulässigkeit einer einstweiligen Verfügung bejaht (*LAG Düsseldorf* 16.05.1990 NZA 1991, 29; *LAG Köln* 22.04.1985 LAGE § 23 BetrVG 1972 Nr. 4 S. 4; 19.03.2004 LAGR 2004, 277 [279 f.]; *LAG Schleswig-Holstein* 09.08.2007 NZA-RR 2007, 639 [239 f.]; *ArbG Bamberg* 30.11.1984 NZA 1985, 259; *ArbG Braunschweig* 06.02.1985 DB 1985, 1487; *ArbG Hamm* 03.02.1972 DB 1972, 342; *ArbG Leipzig* 05.09.2002 NZA-RR 2003, 142 [143]; *ArbG München/Ingolstadt* BetrR 1975, 189 [191]; *ArbG Münster* 08.09.1986 AiB 1986, 236; *ArbG Oberhausen* 07.12.1984 AiB 1985, 47; *Fitting* § 23 Rn. 76; *Hanau* JuS 1985, 360 [361]; *Heinze* DB 1983, Beil. Nr. 9, S. 23; *von Hoyningen-Huene* Anm. zu *BAG* 22.02.1983 AP Nr. 2 zu § 23 BetrVG 1972 Bl. 10 R f.; *Kreft*/WPK § 23 Rn. 63; *Konzen* Leistungspflichten, S. 75, 106 ff.; *Raab* ZfA 1997, 183 [189]; *Thiele* 2. Bearbeitung, § 23 Rn. 101; *Trittin* DB 1983, 230 [231]; *ders.*/DKKW § 23 Rn. 279; *K. Weber* Erzwingungsverfahren, S. 152 ff.; **a. M.** *LAG Hamm* 04.02.1977 EzA § 23 BetrVG 1972 Nr. 5; *LAG Köln* 21.02.1989 LAGE § 23 BetrVG 1972 Nr. 20 S. 3 ff.; *LAG Niedersachsen* 05.06.1987 LAGE § 23 BetrVG 1972 Nr. 11 S. 2 f.; *LAG Rheinland-Pfalz* 30.04.1986 DB 1986, 1629; *ArbG Köln* 05.07.2006 NZA-RR 2006, 523 [523 f.]; *Bertelsmann* AR-Blattei Arbeitsgerichtsbarkeit XII A, C II 5; *Düwell*/HaKo § 23 Rn. 43; *Galperin*/*Löwisch* § 23 Rn. 61; *Huke*/HWGNRH § 23 Rn. 73; *Joost*/MünchArbR § 222 Rn. 42; *Koch*/ErfK § 23 BetrVG Rn. 22; *Maschmann*/AR § 23 BetrVG Rn. 20; *Matthes* FS Dieterich, S. 355 [363]; *ders.*/MünchArbR § 240 Rn. 14; *Richardi*/*Thüsing* § 23 Rn. 113; *Stege*/*Weinspach*/*Schiefer* § 23 Rn. 21).

263 Für die Zulässigkeit einer einstweiligen Verfügung spricht, dass § 85 Abs. 1 Satz 3 ArbGG die Zwangsvollstreckung im Verfahren nach § 23 Abs. 3 in bestimmter Weise einschränkt, während für den Erlass

einer einstweiligen Verfügung nach § 85 Abs. 2 ArbGG insoweit keine Beschränkungen vorgesehen sind (zust. *Kreft/WPK* § 23 Rn. 63). Vor allem spricht gegen die Zulässigkeit einer einstweiligen Verfügung nicht die Annahme eines angeblichen Strafcharakters der Vorschrift (so vor allem *LAG Hamm* 04.02.1977 EzA § 23 BetrVG 1972 Nr. 5 S. 16) oder einer disziplinären Sanktion; denn wenn das Ordnungsgeld auch eine repressive Funktion hat, so sollen doch Ordnungs- und Zwangsgeld primär das zukünftige Verhalten des Arbeitgebers beeinflussen (s. Rdn. 151). Für die Zulässigkeit einer einstweiligen Verfügung spricht ferner die vom Gesetzgeber angestrebte Gleichgewichtigkeit des § 23 Abs. 3 mit dem Verfahren nach § 23 Abs. 1 (zust. *Kreft/WPK* § 23 Rn. 63), in dem nach allgemeiner Meinung einem Betriebsratsmitglied durch einstweilige Verfügung die weitere Amtsausübung bis zur rechtskräftigen Entscheidung untersagt werden kann (s. Rdn. 106). Das Bedürfnis für eine einstweilige Verfügung ist schließlich nach der hier vertretenen Auffassung zum Anwendungsbereich des § 23 Abs. 3 (s. Rdn. 217 ff.) unabweisbar, weil bei groben Pflichtverletzungen des Arbeitgebers, die entweder von dem materiell Berechtigten nicht verfolgt werden oder denen mangels sonstiger Anspruchsgrundlage nur nach § 23 Abs. 3 begegnet werden kann, häufig eine sofortige Entscheidung dringlich geboten ist. Jedoch sind die allgemeinen Grenzen einer einstweiligen Verfügung zu beachten (s. dazu *Heinze* DB 1983, Beil. Nr. 9, S. 23; *Joost*/MünchArbR § 222 Rn. 42; *K. Weber* Erzwingungsverfahren, S. 154 f.).

e) Entscheidung des Arbeitsgerichts

Das Verfahren (zu Einzelheiten *K. Weber* Erzwingungsverfahren, S. 150 ff.) endet durch Beschluss. **264** Liegt nach Auffassung des Arbeitsgerichts kein grober Pflichtenverstoß i. S. d. § 23 Abs. 1 Satz 1 vor, so ist der Antrag als unbegründet zurückzuweisen (ebenso *BAG* 27.11.1973 EzA § 23 BetrVG 1972 Nr. 1 S. 4 = AP Nr. 4 zu § 40 BetrVG 1972 Bl. 2 R; *Düwell/HaKo* § 23 Rn. 41; *Fitting* § 23 Rn. 74; *Joost*/MünchArbR § 222 Rn. 41; *Koch*/ErfK § 23 BetrVG Rn. 22; *Kreft/WPK* § 23 Rn. 66; *Reichold*/HWK § 23 BetrVG Rn. 36; *Trittin/DKKW* § 23 Rn. 282; *K. Weber* Erzwingungsverfahren, S. 91; **a. M.** *Richardi/Thüsing* § 23 Rn. 110 als unzulässig).

Sind die Voraussetzungen des § 23 Abs. 3 Satz 1 gegeben, so hat das Arbeitsgericht ungeachtet des ihm **265** zustehenden Beurteilungsspielraums (s. auch Rdn. 108) dem Arbeitgeber antragsgemäß aufzugeben, eine bestimmte, konkret bezeichnete **Handlung zu unterlassen**, die **Vornahme** einer bestimmten **Handlung durch Dritte zu dulden** oder selbst eine bestimmte **Handlung vorzunehmen** (ebenso *Joost*/MünchArbR § 222 Rn. 41; *Kreft/WPK* § 23 Rn. 66). Das gilt auch, wenn der Arbeitgeber gegen seine Pflicht zur Zahlung eines Geldbetrages, zur Herausgabe bestimmter beweglicher Sachen oder zur Abgabe einer Willenserklärung verstoßen hat; die – mittelbare – Durchsetzung auch dieser Pflichten ist im Verfahren nach § 23 Abs. 3 nicht ausgeschlossen (s. die Angaben Rdn. 222, 254). Das Gericht ist bei seiner Entscheidung nicht an den Antrag gebunden, sondern bestimmt nach freiem Ermessen diejenigen Anordnungen, die ihm am besten zur zukünftigen Sicherung der betriebsverfassungsrechtlichen Ordnung geeignet erscheinen (*Matthes*/MünchArbR § 240 Rn. 10; *Reichold*/HWK § 23 BetrVG Rn. 36; **a. M.** *Heinze* DB 1983, Beil. Nr. 9, S. 13).

Für den **Gegenstandswert** ist mangels anderer Anhaltspunkte der Hilfswert in § 23 Abs. 3 RVG **266** (5.000 Euro) heranzuziehen (*LAG Hamm* 02.02.2009 EzAÜG RVG Nr. 8 = BeckRS 2009, 55075; 21.02.2014 – 13 Ta 62/14 – juris).

War bereits die **Androhung von Ordnungsgeld** beantragt worden (s. Rdn. 256), so ist zugleich hier- **267** über zu entscheiden (*LAG Berlin* 03.03.1986 AiB 1986, 235 [236]; *LAG Bremen* 18.07.1986 LAGE § 23 BetrVG 1972 Nr. 6 S. 15; *LAG Frankfurt a. M.* 03.06.1988 DB 1989, 536; *Fitting* § 23 Rn. 79; *Galperin/Löwisch* § 23 Rn. 63; *Joost*/MünchArbR § 222 Rn. 41; *Richardi/Thüsing* § 23 Rn. 117; *Trittin/DKKW* § 23 Rn. 283; vgl. auch *ArbG Bamberg/Coburg* 13.01.1976 ARSt. 1976, 164 [165]). Gegen den Beschluss des Arbeitsgerichts ist die Beschwerde an das Landesarbeitsgericht gegeben (§ 87 Abs. 1 ArbGG), gegen dessen Entscheidung die Rechtsbeschwerde an das Bundesarbeitsgericht nach Maßgabe des § 92 Abs. 1 ArbGG. Unterblieb die Androhung oder endete das Hauptsacheverfahren mit einem **Vergleich**, so kann der Betriebsrat jederzeit beantragen, durch gesonderten Beschluss des Arbeitsgerichts ein Zwangsgeld anzudrohen, ohne dass ein erneuter Verstoß des Arbeitgebers gegen die auferlegte Verpflichtung erfolgt ist (*LAG Bremen* 12.04.1989 LAGE § 23 BetrVG 1972 Nr. 19 S. 3 f.; *LAG Hamburg* 27.01.1992 NZA 1992, 568 [569]; *Fitting* § 23 Rn. 79; *Huke*/HWGNRH § 23

Rn. 80; *Löwisch/LK* § 23 Rn. 52; *Richardi/Thüsing* § 23 Rn. 117; *Trittin/DKKW* § 23 Rn. 283). Zur Androhung im Vollstreckungsverfahren s. Rdn. 281 ff.

6. Vollstreckungsverfahren

268 Auf das Erkenntnisverfahren folgt als zweite Stufe des Verfahrens nach § 23 Abs. 3 das Vollstreckungsverfahren. Für die Zwangsvollstreckung der im arbeitsgerichtlichen Beschlussverfahren ergangenen Entscheidungen gelten an sich nach § 85 Abs. 1 Satz 3 ArbGG die Vorschriften des Achten Buches der Zivilprozessordnung entsprechend (*LAG Baden-Württemberg* 21.04.2006 – 7 Ta 2/06 – BeckRS 2011, 65815). Diese werden jedoch durch die Sonderregelungen des § 23 Abs. 3 Satz 2 bis 5 in deren Anwendungsbereich verdrängt (*Galperin/Löwisch* § 23 Rn. 62; *Trittin/DKKW* § 23 Rn. 295; *K. Weber* Erzwingungsverfahren, S. 158; zur davon unabhängigen Frage des Verhältnisses beider Verfahren zueinander s. Rdn. 264 ff.). Da § 23 Abs. 3 im Interesse unnötiger Rechtszersplitterung terminologisch an die Zwangsvollstreckungsregeln der ZPO angelehnt wurde (so Bericht 10. Ausschuss, zu BT-Drucks. VI/2729, S. 21), können zu ungeregelten Einzelfragen die §§ 888, 890 ZPO und die zu ihnen entwickelten Grundsätze entsprechend herangezogen werden (ebenso *LAG Baden-Württemberg* 21.04.2006 – 7 Ta 2/06 – BeckRS 2011, 65815; *LAG Bremen* 12.04.1989 LAGE § 23 BetrVG 1972 Nr. 19 S. 2; *Trittin/DKKW* § 23 Rn. 295; *K. Weber* Erzwingungsverfahren, S. 158 m. w. N.).

269 Die Durchführung des Vollstreckungsverfahrens richtet sich nach der Art der zu erzwingenden Verpflichtung. Besteht sie darin, eine **Handlung** zu **unterlassen** oder die Vornahme einer **Handlung zu dulden**, so gilt § 23 Abs. 3 **Satz 2** (s. Rdn. 276 ff.), während bei der Verpflichtung zur **Vornahme** einer **Handlung** § 23 Abs. 3 **Satz 3** (s. Rdn. 296 ff.) anzuwenden ist.

270 **Zwangsmittel** ist im Falle von § 23 Abs. 3 Satz 2 **Ordnungsgeld**, im Falle von § 23 Abs. 3 Satz 3 **Zwangsgeld**. Im Gegensatz zu den allgemeinen Vollstreckungsvorschriften des §§ 888 Abs. 1 Satz 2, 890 Abs. 1 Satz 2 ZPO ist nach § 23 Abs. 3 Satz 5 das **Höchstmaß** des Ordnungsgeldes und Zwangsgeldes auf 10.000 Euro begrenzt; ein höheres Ordnungsgeld darf das Gericht nicht androhen (*BAG* 07.02.2012 EzA § 23 BetrVG 2001 Nr. 6 Rn. 17 = NZA-RR 2012, 359). Auch ist anders als nach § 888 Abs. 1 Satz 1, § 890 Abs. 1 Satz 1 ZPO die Festsetzung von **Ordnungs- und Zwangshaft** ausgeschlossen (s. auch § 85 Abs. 1 Satz 3 ArbGG; *BAG* 05.10.2010 EzA § 85 ArbGG 1979 Nr. 4 Rn. 7 = AP Nr. 12 zu § 85 ArbGG 1979 = NZA 2011, 174; 12.11.2014 EzA § 85 ArbGG 1979 Nr. 7 Rn. 20 = AP Nr. 11 zu § 717 ZPO = NZA 2015, 894).

271 Das nach § 23 Abs. 3 Satz 2 und 3 zu verhängende Ordnungs- bzw. Zwangsgeld ist durch Art. 238 Nr. 2 EGStGB vom 02.03.1974 (BGBl. I S. 469) mit Wirkung vom 01.01.1975 an die Stelle der bis dahin vorgesehenen Geldstrafen getreten. Das Ordnungs- bzw. Zwangsgeld ist daher kein Mittel zur Sanktionierung einer Straftat oder Ordnungswidrigkeit. Jedoch ist das **Ordnungsgeld »repressive Rechtsfolge für einen vorausgegangenen Ordnungsverstoß«** (Begründung zum RegE eines EGStGB, BT-Drucks. 7/550, S. 195 und u. Rdn. 288), während das **Zwangsgeld** ausschließlich ein **Beugemittel** ist (s. Rdn. 308). Wegen der unterschiedlichen Funktionen sind Sanktionen nach den §§ 119, 121 unabhängig von der Verhängung von Ordnungs- oder Zwangsgeld nach § 23 Abs. 3 wegen desselben Rechtsverstoßes zulässig (s. Rdn. 217).

a) Zuständigkeit

272 Für das Vollstreckungsverfahren nach § 23 Abs. 3 Satz 2 und 3 ist das **Arbeitsgericht** zuständig. Das gilt auch, wenn der Vollstreckungstitel auf einer rechtskräftigen Entscheidung des Landesarbeitsgerichts oder des Bundesarbeitsgerichts beruht. Ebenso ist nach den §§ 888, 890 ZPO das Prozessgericht des ersten Rechtszuges zuständig.

b) Antrag

273 Das Vollstreckungsverfahren nach § 23 Abs. 3 Satz 2 und 3 erfordert einen **erneuten Antrag**, wird also nicht von Amts wegen eingeleitet (*Fitting* § 23 Rn. 86; *Huke/HWGNRH* § 23 Rn. 74; *Kreft/WPK* § 23 Rn. 67; *Reichold/HWK* § 23 BetrVG Rn. 37; *Richardi/Thüsing* § 23 Rn. 115). Die Erteilung einer **Vollstreckungsklausel** (§§ 724, 725 ZPO) ist wegen der insoweit abschließenden Rege-

lung in § 23 Abs. 3 Satz 2 für die Einleitung des Vollstreckungsverfahrens nicht erforderlich (*Reichold / HWK* § 23 BetrVG Rn. 37; *K. Weber* Erzwingungsverfahren, S. 156 f.; im Ergebnis auch *LAG Berlin-Brandenburg* 05.04.2017 – 15 Ta 1522/16 – juris: Entbehrlichkeit der Zustellung; **a. M.** *LAG Bremen* 11.03.1993 BB 1993, 795; *LAG Düsseldorf* 05.08.1993 LAGE § 23 BetrVG 1972 Nr. 33; *LAG Schleswig-Holstein* 27.12.2001 ARST 2003, 20 [LS]; *Düwell/HaKo* § 23 Rn. 49; *Kloppenburg/NK-GA* § 23 BetrVG Rn. 44; *Kreft/WPK* § 23 Rn. 70; *Stege/Weinspach/Schiefer* § 23 Rn. 21). Zur **Form** des Antrags s. Rdn. 92. Er kann erst gestellt werden, nachdem der Beschluss i. S. d. § 23 Abs. 3 Satz 1 **rechtskräftig** geworden ist (ebenso *Reichold/HWK* § 23 BetrVG Rn. 37; weitergehend *Fitting* § 23 Rn. 86; *Richardi/Thüsing* § 23 Rn. 117, die auch die Rechtskraft der Androhung verlangen, s. dazu aber Rdn. 280). Der Antrag ist zu **begründen** und auf die Verhängung von **Ordnungs- oder Zwangsgeld** zu richten, ohne dass eine bestimmte **Höhe** angegeben werden muss (*Reichold/HWK* § 23 BetrVG Rn. 37; zu §§ 888, 890 ZPO vgl. *OLG Köln* 05.03.1982 MDR 1982, 589; *Stein/Jonas/Brehm* ZPO, § 888 Rn. 23; *Zöller/Stöber* ZPO, § 888 Rn. 4, § 890 Rn. 13).

Eine **Rücknahme** des **Antrags** führt nach rechtskräftiger Festsetzung des Ordnungsgeldes nach § 23 Abs. 3 Satz 2 weder zur Aufhebung des Beschlusses, noch wird dadurch ein Anspruch auf Rückzahlung des bereits entrichteten Ordnungsgeldes begründet. Im Fall von § 23 Abs. 3 Satz 3 kann der Antragsteller bis zur Beitreibung des Zwangsgeldes seinen Antrag jederzeit rechtswirksam zurücknehmen. **274**

c) Antragsberechtigung
Nach § 23 Abs. 3 Satz 4 sind im Vollstreckungsverfahren gleichfalls nur der **Betriebsrat** oder eine **im Betrieb vertretene Gewerkschaft** antragsberechtigt (zu § 23 Abs. 3 Satz 1 s. Rdn. 257 ff.). Das Antragsrecht besteht unabhängig davon, ob der Antragsteller bereits das Erkenntnisverfahren eingeleitet hatte (*Düwell/HaKo* § 23 Rn. 45; *Fitting* § 23 Rn. 86; *Galperin/Löwisch* § 23 Rn. 66; *Huke/HWGNRH* § 23 Rn. 74; *Kloppenburg/NK-GA* § 23 BetrVG Rn. 42; *Koch/ErfK* § 23 BetrVG Rn. 24; *Kreft/WPK* § 23 Rn. 67; *Reichold/HWK* § 23 BetrVG Rn. 37; *Richardi/Thüsing* § 23 Rn. 115; *Stege/Weinspach/Schiefer* § 23 Rn. 21; *Trittin/DKKW* § 23 Rn. 293; *K. Weber* Erzwingungsverfahren, S. 157; **a. M.** *Erdmann/Jürging/Kammann* § 23 Rn. 16; *Grunsky* ArbGG, § 85 Rn. 8; *Heinze* DB 1983, Beil. Nr. 9, S. 23). Eine Beschränkung des Antragsrechts auf den Antragsteller des Erkenntnisverfahrens folgt weder aus der gesonderten Benennung der Antragsberechtigten in § 23 Abs. 3 Satz 4 noch aus dem Zweck des Gesetzes. Auch im Vollstreckungsverfahren besteht das Antragsrecht unabhängig von der materiellrechtlichen Berechtigung des Antragstellers (zum Erkenntnisverfahren s. Rdn. 259). **275**

d) Verpflichtung zur Unterlassung oder Duldung einer Handlung (§ 23 Abs. 3 Satz 2)
Hat das Arbeitsgericht dem Arbeitgeber im Erkenntnisverfahren aufgegeben, eine bestimmte Handlung zu unterlassen oder die Vornahme einer bestimmten Handlung zu dulden, so ist er auf Antrag (s. Rdn. 273) vom Arbeitsgericht (s. Rdn. 272) zu einem Ordnungsgeld bis zu 10 000 Euro zu verurteilen. Voraussetzungen sind die Rechtskraft der Entscheidung im Erkenntnisverfahren (s. Rdn. 277), die vorherige Androhung (s. Rdn. 281 ff.) und eine schuldhafte Zuwiderhandlung (s. Rdn. 285 ff.). Die Vorschrift in § 23 Abs. 3 Satz 2 ist § 890 ZPO nachgebildet. Zur entsprechenden Anwendung der hierfür geltenden Grundsätze sowie zur Funktion des Ordnungsgeldes s. Rdn. 268 f. **276**

aa) Rechtskräftige gerichtliche Entscheidung
Die Verurteilung zu Ordnungsgeld ist nach dem klaren Wortlaut des § 23 Abs. 3 Satz 2 erst zulässig, nachdem die **Entscheidung** im **Erkenntnisverfahren**, die dem Arbeitgeber die Verpflichtung zur Unterlassung oder Duldung einer Handlung auferlegt, rechtskräftig geworden ist. Das besondere Vollstreckungsverfahren in § 23 Abs. 2 bis 5 setzt nach dem Gesetzeswortlaut ausdrücklich eine gerichtliche Entscheidung voraus. Aus der Gesetzessystematik folgt, dass es sich hierbei um die nach § 23 Abs. 3 Satz 1 beantragte Entscheidung handelt. Bei **anderen gerichtlichen Entscheidungen**, die dem Arbeitgeber aufgeben, eine Handlung zu unterlassen, die Vornahme einer Handlung zu dulden oder eine Handlung vorzunehmen, erfolgt die Vollstreckung nach den allgemeinen Vorschriften der Zivilprozessordnung (§ 85 Abs. 1 ArbGG i. V. m. den §§ 888, 890 ZPO). **277**

278 Dies gilt auch für einen **Vergleich** und zwar selbst dann, wenn dieser im Rahmen eines nach § 23 Abs. 3 Satz 1 eingeleiteten Erkenntnisverfahrens abgeschlossen wurde (ebenso *LAG Düsseldorf* 26.07.1990 NZA 1992, 188; 29.04.1992 NZA 1992, 812; 26.04.1993 LAGE § 23 BetrVG 1972 Nr. 30; 14.05.2002 AuR 2003, 154 [154]; *LAG Köln* 29.08.1994 LAGE § 23 BetrVG 1972 Nr. 36 S. 4; *LAG Schleswig-Holstein* 16.06.2000 – 5 Ta 22/00 – BeckRS 2000, 30785376; *Düwell*/HaKo § 23 Rn. 56; *Joost*/MünchArbR § 222 Rn. 43; **a. M.** *LAG Berlin* 03.11.1994 LAGE § 23 BetrVG 1972 Nr. 38 S. 2; *LAG Bremen* 16.12.1988 LAGE § 23 BetrVG 1972 Nr. 17 S. 6 ff.; 12.04.1989 LAGE § 23 BetrVG 1972 Nr. 19 S. 4; *LAG Hamburg* 27.01.1992 NZA 1992, 568 [569]; *LAG München* 16.10.1986 LAGE § 83a ArbGG 1979 Nr. 2 S. 6 f.; *LAG Rheinland-Pfalz* 20.11.2009 – 7 Ta 237/09 – BeckRS 2010, 66927; 11.12.2014 – 3 Ta 126/14 – BeckRS 2015, 66361; *Koch*/ErfK § 23 BetrVG Rn. 22; *Kreft*/WPK § 23 Rn. 67; s. auch *LAG Bremen* 19.01.1990 LAGE § 40 BetrVG 1972 Nr. 30 hinsichtlich der Anwaltskosten eines Verfahrens nach § 23 Abs. 3, das in der Meinung durchgeführt wird, aus dem in einem vorhergehenden Verfahren nach § 23 Abs. 3 abgeschlossenen Vergleich sei eine Vollstreckung nicht möglich).

279 **Gegen** die **Gleichstellung** des Vergleichs mit der in § 23 Abs. 3 Satz 2 und 3 genannten gerichtlichen Entscheidung spricht sowohl der Gesetzeswortlaut als auch die Gesetzessystematik. Für eine entsprechende Anwendung dieser Vorschriften fehlen die methodischen Voraussetzungen und auch ein hinreichend zwingendes Bedürfnis, da aus einem Vergleich die Vollstreckung nach den allgemeinen Vorschriften eröffnet ist (§ 85 Abs. 1 ArbGG i. V. m. § 794 Abs. 1 Nr. 1 ZPO; ebenso *LAG Berlin* 03.11.1994 LAGE § 23 BetrVG 1972 Nr. 38 S. 3 f.; *LAG Düsseldorf* 26.04.1993 LAGE § 23 BetrVG 1972 Nr. 30; *LAG Köln* 29.08.1994 LAGE § 23 BetrVG 1972 Nr. 36 S. 4).

280 Dagegen muss die **Androhung** des **Ordnungsgeldes** vor dessen Festsetzung **nicht rechtskräftig** sein (ebenso *Koch*/ErfK § 23 BetrVG Rn. 25; *Trittin*/DKKW § 23 Rn. 199; *K. Weber* Erzwingungsverfahren, S. 160 f.; **a. M.** *Fitting* § 23 Rn. 86; *Galperin*/*Löwisch* § 23 Rn. 85; *Huke*/HWGNRH § 23 Rn. 74; *Löwisch*/LK § 23 Rn. 54; *Richardi*/*Thüsing* § 23 Rn. 118; *Thiele* 2. Bearbeitung, § 23 Rn. 108). War die Androhung bereits in dem das Erkenntnisverfahren beendenden Beschluss enthalten, so ist sie allerdings bereits mit diesem rechtskräftig geworden. Ist die Androhung Gegenstand eines späteren selbständigen Beschlusses (s. Rdn. 281 f.), so unterliegt sie als Beginn und Maßnahme der Zwangsvollstreckung den allgemeinen vollstreckungsrechtlichen Vorschriften, da § 23 Abs. 3 insoweit keine eigenständige Regelung trifft. Nach § 85 Abs. 1 Satz 3 ArbGG i. V. m. § 890 ZPO ist die Festsetzung des Ordnungsmittels vor Rechtskraft der Androhung zulässig (*Storz* in: *Wieczorek*/*Schütze* ZPO, § 890 Rn. 78), da § 794 Abs. 1 Nr. 3 ZPO die Zwangsvollstreckung aus gerichtlichen Entscheidungen selbst dann eröffnet, wenn gegen sie das Rechtsmittel der Beschwerde statthaft ist. Auch die Einlegung der Beschwerde hindert die Vollstreckung nicht (*Zöller*/*Stöber* ZPO, § 794 Rn. 20), da die Beschwerde gegen die Androhung wegen § 570 Abs. 1 ZPO keine aufschiebende Wirkung entfaltet (*Müller-Glöge*/GMP ArbGG, § 78 Rn. 25). Aus § 23 Abs. 3 Satz 2 sind keine Anhaltspunkte erkennbar, warum in dem speziellen Vollstreckungsverfahren nach § 23 Abs. 3 Satz 2 von den vorgenannten allgemeinen Grundsätzen des Zwangsvollstreckungsrechts abgewichen werden soll, da gegen den selbständigen Androhungsbeschluss das Rechtsmittel der Beschwerde statthaft ist (s. Rdn. 305).

bb) Vorherige Androhung

281 Die Verhängung eines Ordnungsgeldes ist nur nach vorheriger Androhung zulässig. Das gilt auch, wenn mehrere rechtlich selbständige Unternehmen einen Betrieb bilden (*LAG Baden-Württemberg* 30.04.1992 BB 1992, 2431). Die Androhung kann bereits im Erkenntnisverfahren beantragt und ausgesprochen werden (s. Rdn. 256, 267). Ist das nicht geschehen, so ist auf Antrag ein selbständiger Beschluss zu erwirken (*LAG Berlin-Brandenburg* 05.04.2017 – 15 Ta 1522/16 – juris; s. auch Rdn. 275); dieser ist Beginn des Vollstreckungsverfahrens (*LAG Hamburg* 27.01.1992 NZA 1992, 568 [569]; *Richardi*/*Thüsing* § 23 Rn. 117; allgemein *BGH* 29.09.1978 NJW 1979, 217, m. w. N.).

282 **Antragsberechtigt** ist nicht nur der Antragsteller des Erkenntnisverfahrens, sondern jeder nach § 23 Abs. 3 Satz 4 Antragsberechtigte (ebenso *Fitting* § 23 Rn. 86; *Joost*/MünchArbR § 222 Rn. 47; *Richardi*/*Thüsing* § 23 Rn. 117; **a. M.** wohl *Galperin*/*Löwisch* § 23 Rn. 63).

Verletzung gesetzlicher Pflichten § 23

Zuständig ist entsprechend § 890 Abs. 2 ZPO das Arbeitsgericht selbst dann, wenn die Entscheidung 283 im Erkenntnisverfahren vom Landesarbeitsgericht oder Bundesarbeitsgericht getroffen wurde. Die Entscheidung kann ohne mündliche Verhandlung ergehen, jedoch muss dem Arbeitgeber rechtliches Gehör gewährt werden (§ 85 Abs. 1 ArbGG i. V. m. § 891 Satz 2 ZPO; ebenso *Kreft/WPK* § 23 Rn. 69; *Richardi/Thüsing* § 23 Rn. 126; *Trittin/DKKW* § 23 Rn. 297).

Der arbeitsgerichtliche Beschluss muss die **Verhängung von Ordnungsgeld** androhen. Nicht erfor- 284 derlich ist, dass bereits die **Höhe** festgesetzt wird (*LAG Rheinland-Pfalz* 22.02.1996 NZA-RR 1997, 217 [LS]), jedoch muss das gesetzliche Höchstmaß (10.000 Euro) genannt werden (*LAG Berlin* 03.03.1986 AiB 1986, 235 [236]; *LAG Düsseldorf* 13.08.1987 LAGE § 23 BetrVG 1972 Nr. 10 S. 41 f.; 14.05.2002 AuR 2003, 154 [155]; *Etzel* Rn. 430; *Kloppenburg/NK-GA* § 23 BetrVG Rn. 45; *Koch/ErfK* § 23 BetrVG Rn. 25; *Kreft/WPK* § 23 Rn. 69; *Reichold/HWK* § 23 BetrVG Rn. 38; *Richardi/Thüsing* § 23 Rn. 117; *Stege/Weinspach/Schiefer* § 23 Rn. 21; *Trittin/DKKW* § 23 Rn. 300; allgemein *BGH* 06.07.1995 NJW 1995, 3177 [3181]; *Gruber/MK-ZPO*, § 890 Rn. 27; *Stein/Jonas/Brehm* ZPO, § 890 Rn. 15; *Zöller/Stöber* ZPO, § 890 Rn. 12b). Das Ausmaß des angedrohten hoheitlichen Zwanges muss aus der Ordnungsmittelandrohung ohne weiteres (unmittelbar) erkennbar sein (allgemein *BGH* 06.07.1995 NJW 1995, 3177 [3181]). Ist im Beschluss bereits ein bestimmtes Ordnungsgeld angedroht worden, so kann später kein höheres verhängt werden (*Fitting* § 23 Rn. 80; *Kloppenburg/NK-GA* § 23 BetrVG Rn. 45; *Koch/ErfK* § 23 BetrVG Rn. 25; *Kreft/WPK* § 23 Rn. 71; *Maschmann/AR* § 23 BetrVG Rn. 23; *Richardi/Thüsing* § 23 Rn. 117; *Trittin/DKKW* § 23 Rn. 300; zu § 890 ZPO *Gruber/MK-ZPO*, § 890 Rn. 28; *Stein/Jonas/Brehm* ZPO, § 890 Rn. 15; *Zöller/Stöber* ZPO, § 890 Rn. 12b). Deshalb bestehen keine Bedenken, grundsätzlich das gesetzliche Höchstmaß anzudrohen (*LAG Berlin-Brandenburg* 10.11.2011 – 6 Ta 2034/11 – BeckRS 2011, 78082, sofern kein geringerer Betrag beantragt wird. Zu Rechtsmitteln gegen den Androhungsbeschluss s. Rdn. 305.

cc) Zuwiderhandlung

Der Arbeitgeber muss ferner **nach** vorheriger **Androhung** (s. Rdn. 281 ff.) **gegen** die ihm **rechts-** 285 **kräftig auferlegte Verpflichtung** zur Unterlassung oder Duldung (s. Rdn. 277) **verstoßen** haben. Frühere Verstöße bleiben außer Betracht, weil bis dahin ein Vollstreckungstitel, der missachtet werden könnte, noch nicht vorliegt (im Ergebnis ebenso *LAG Berlin-Brandenburg* 05.04.2017 – 15 Ta 1522/16 – juris; *Fitting* § 23 Rn. 82; *Joost/MünchArbR* § 222 Rn. 46; *Koch/ErfK* § 23 BetrVG Rn. 25; *Löwisch/LK* § 23 Rn. 55; *K. Weber* Erzwingungsverfahren, S. 161; zu § 890 ZPO *Gruber/MK-ZPO*, § 890 Rn. 16; *Stein/Jonas/Brehm* ZPO, § 890 Rn. 20; *Zöller/Stöber* ZPO, § 890 Rn. 4). Wurde dem Arbeitgeber die Verpflichtung durch einstweilige Verfügung auferlegt (s. Rdn. 262 f.), so reicht jede Zuwiderhandlung nach Erlass der einstweiligen Verfügung und Androhung bereits selbst aus, weil die einstweilige Verfügung ein Vollstreckungstitel ist (*Galperin/Löwisch* § 23 Rn. 64; *K. Weber* Erzwingungsverfahren, S. 161). Da § 23 Abs. 3 Satz 2 Teil des Vollstreckungsverfahrens ist, setzt die Verhängung des Ordnungsgeldes keine besondere Schwere des Verstoßes voraus, insbesondere bedarf es keiner erneuten groben Pflichtverletzung i. S. d. § 23 Abs. 3 Satz 1 (*LAG Berlin-Brandenburg* 14.05.2009 – 15 Ta 466/09 – BeckRS 2009, 65925; *LAG Schleswig-Holstein* 25.07.2014 – 5 Ta 172/13 – BeckRS 2014, 72327; ferner Rdn. 289).

Der zwischen Androhung und Zuwiderhandlung verstrichene **Zeitraum** ist grundsätzlich unerheb- 286 lich, sofern nicht die Grenze von 30 Jahren überschritten ist. Dies folgt aus § 197 Abs. 1 Nr. 3 BGB, wobei die Frist mit Eintritt der Rechtskraft zu laufen beginnt (wie hier im Ausgangspunkt *Hess. LAG* 08.05.2009 – 4 Ta 139/09 – BeckRS 2009, 286136; s. auch zur Androhung im Rahmen von § 890 ZPO *KG* 11.11.1986 NJW-RR 1987, 597). Aus dem Zweck des Erzwingungsverfahrens ergibt sich keine feste kurze Frist (*Hess. LAG* 08.05.2009 – 4 Ta 139/09 – BeckRS 2009, 286136; **a. M.** *LAG Schleswig-Holstein* 27.12.2001 NZA-RR 2002, 357 [359 f.], unter Rückgriff auf die Rechtsprechung zur Abmahnung). Allein ein seit Rechtskraft der Entscheidung bzw. Androhung verstrichener Zeitraum rechtfertigt nicht den Vorwurf rechtsmissbräuchlichen Verhaltens. Die für Vollstreckungsverjährung maßgebliche Frist von zwei Jahren (Art. 9 EGStGB) gilt zwar auch bei der Vollstreckung nach § 890 ZPO (*BGH* 05.11.2004 BGHZ 161, 60 [63 f.]), betrifft aber ausschließlich den seit der

Zuwiderhandlung verstrichenen Zeitraum. Einer besonderen Prüfung bedarf allerdings, ob den Arbeitgeber der Vorwurf schuldhaften Verhaltens trifft (s. Rdn. 289).

287 Die Zuwiderhandlung muss der **Schuldner** der vom Arbeitsgericht auferlegten **Verpflichtung selbst begangen** haben. Eine Haftung für Dritte i. S. d. §§ 278, 831 BGB kommt grundsätzlich nicht in Betracht (zu § 890 ZPO *Gruber*/MK-ZPO, § 890 Rn. 22; *Stein/Jonas/Brehm* ZPO, § 890 Rn. 26; *Zöller/Stöber* ZPO, § 890 Rn. 4). Ist der Arbeitgeber eine juristische Person, kommt es auf das Handeln ihrer Organe an (§ 31 BGB). Zur Identität des im Ordnungsgeldverfahren in Anspruch genommenen Arbeitgebers mit der im zugrunde liegenden Beschluss bezeichneten Person *LAG Schleswig-Holstein* 27.12.2001 ARST 2003, 20 (LS).

dd) Verschulden

288 Die Zuwiderhandlung muss **schuldhaft** begangen worden sein, da das Ordnungsgeld kein bloßes Beugemittel ist (ebenso *BAG* 18.04.1985 EzA § 23 BetrVG 1972 Nr. 10 S. 70 = AP Nr. 5 zu § 23 BetrVG 1972 Bl. 4 R; *LAG Baden-Württemberg* 21.04.2006 – 7 Ta 2/06 – juris; *LAG Berlin* 03.03.1986 AiB 1986, 235 [236]; *LAG Berlin-Brandenburg* 05.04.2017 – 15 Ta 1522/16 – juris; *LAG Hamm* 03.05.2007 – 10 Ta 692/06 – juris; *Hess. LAG* 08.05.2009 – 4 Ta 139/09 – BeckRS 2009, 286136; *LAG Schleswig-Holstein* 03.01.2012 – 6 Ta 187/11 – BeckRS 2012, 66015; 25.07.2014 – 5 Ta 172/13 – BeckRS 2014, 72327; *Fitting* § 23 Rn. 84; *Galperin/Löwisch* § 23 Rn. 65; *Huke/HWGNRH* § 23 Rn. 77; *Joost*/MünchArbR § 222 Rn. 46; *Koch*/ErfK § 23 BetrVG Rn. 25; *Kreft/WPK* § 23 Rn. 69; *Löwisch/LK* § 23 Rn. 55; *Reichold/HWK* § 23 BetrVG Rn. 39; *Richardi/Thüsing* § 23 Rn. 119; *Trittin/DKKW* § 23 Rn. 309; *K. Weber* Erzwingungsverfahren, S. 162 f., der aber den repressiven Charakter des Ordnungsgeldes verneint; *Weiss/Weyand* § 23 Rn. 22). Vielmehr zielt es auf **Repression** und **Vergeltung** für ein rechtlich verbotenes Verhalten, indem dem Täter ein Rechtsverstoß vorgehalten und zum Vorwurf gemacht wird, wie das *BVerfG* (25.10.1966 BVerfGE 20, 323 [331] = AP Nr. 16 zu Art. 2 GG = NJW 1967, 195) zu § 890 Abs. 1 ZPO a. F. formuliert hat. Zu § 890 Abs. 1 ZPO n. F. spricht das *BVerfG* (14.07.1981 BVerfGE 58, 159 [163] = NJW 1981, 2457) von strafrechtlichen Elementen, so dass die Ahndung einer Tat ohne Schuld des Täters rechtsstaatswidrig sei und ihn in seinem Grundrecht des Art. 2 Abs. 1 GG verletze (s. auch *BVerfG* 04.12.2006 NJW-RR 2007, 860 [861]).

289 Erforderlich ist Vorsatz oder Fahrlässigkeit (für Fahrlässigkeit auch *LAG Berlin-Brandenburg* 05.04.2017 – 15 Ta 1522/16 – juris); bei juristischen Personen kommt es auf das Verschulden eines Organmitglieds an. Es genügt auch leichte Fahrlässigkeit; ein grober Verstoß wird lediglich nach § 23 Abs. 3 Satz 1, nicht aber für die Zuwiderhandlung nach dessen Satz 2 vorausgesetzt (ebenso *LAG Berlin-Brandenburg* 14.05.2009 – 15 Ta 466/09 – BeckRS 2009, 65925; 05.04.2017 – 15 Ta 1522/16 – juris; *LAG Schleswig-Holstein* 03.01.2012 – 6 Ta 187/11 – BeckRS 2012, 66015; 25.07.2014 – 5 Ta 172/13 – BeckRS 2014, 72327; *Fitting* § 23 Rn. 84; *Galperin/Löwisch* § 23 Rn. 65; *Huke/HWGNRH* § 23 Rn. 77; *Joost*/MünchArbR § 222 Rn. 46; *Kloppenburg*/NK-GA § 23 BetrVG Rn. 45; *Koch*/ErfK § 23 BetrVG Rn. 25; *Löwisch/LK* § 23 Rn. 55; *Reichold/HWK* § 23 BetrVG Rn. 39; *Richardi/Thüsing* § 23 Rn. 119; *Trittin/DKKW* § 23 Rn. 309; *K. Weber* Erzwingungsverfahren, S. 163). Entsprechendes gilt auch für die Zwangsvollstreckung nach § 890 ZPO (*Gruber*/MK-ZPO, § 890 Rn. 21; *Pastor* Die Unterlassungsvollstreckung nach § 890 ZPO, 3. Aufl. 1982, S. 198 ff.; *Rensen* in: *Wieczorek/Schütze* ZPO, § 890 Rn. 12; *Zöller/Stöber* ZPO, § 890 Rn. 5).

290 Das Verschulden kann insbesondere darin bestehen, dass der Arbeitgeber nicht die notwendigen organisatorischen Maßnahmen ergriffen hat (Organisationsverschulden), damit die ihm gegenüber erlassene Unterlassungsverfügung im Betrieb befolgt wird (exemplarisch *LAG Baden-Württemberg* 21.04.2006 – 7 Ta 2/06 – BeckRS 2011, 65815 [verneinend]; *LAG Berlin-Brandenburg* 14.05.2009 – 15 Ta 466/09 – BeckRS 2009, 65925 [bejahend]; 05.04.2017 – 15 Ta 1522/16 – juris [bejahend]; *LAG Hamm* 03.05.2007 – 10 Ta 692/06 – BeckRS 2007, 45169 [bejahend]; *Hess. LAG* 08.05.2009 – 4 Ta 139/09 – BeckRS 2009, 286136 [verneinend]; *LAG Schleswig-Holstein* 03.01.2012 – 6 Ta 187/11 – BeckRS 2012, 66015 [bejahend]; 25.07.2014 – 5 Ta 172/13 – BeckRS 2014, 72327 [bejahend]).

ee) Festsetzung des Ordnungsgeldes

Sind die vorgenannten Voraussetzungen gegeben, so verhängt das Arbeitsgericht auf Antrag (s. Rdn. 273) das angedrohte Ordnungsgeld bis zur Höhe von 10.000 Euro (s. auch Rdn. 270). Gute Gründe sprechen dafür, diese Obergrenze auch dann heranzuziehen, wenn die Vollstreckung aus einem Vergleich (s. Rdn. 278) vorgenommen wird (*LAG Köln* 29.08.1994 LAGE § 23 BetrVG 1972 Nr. 36 S. 3). Wegen des repressiven Charakters des Ordnungsgeldes (s. Rdn. 270) kann dieses auch dann noch verhängt werden, wenn der Arbeitgeber nach Rechtskraft des Beschlusses im Erkenntnisverfahren und vorheriger Androhung des Ordnungsgeldes gegen die ihm auferlegte Verpflichtung verstößen abzuwenden oder die Vornahme der Handlung duldet (*Fitting* § 23 Rn. 83; *Huke/HWGNRH* § 23 Rn. 80; *Kloppenburg/NK-GA* § 23 BetrVG Rn. 45; *Koch/ErfK* § 23 BetrVG Rn. 25; *Reichold/HWK* § 23 BetrVG Rn. 39; *Richardi/Thüsing* § 23 Rn. 120).

Für die konkrete **Höhe des Ordnungsgelds** steht dem Arbeitsgericht in den durch § 23 Abs. 3 Satz 2 sowie den Antrag gezogenen Grenzen ein Ermessensspielraum zu (*LAG Schleswig-Holstein* 03.01.2012 – 6 Ta 187/11 – BeckRS 2012, 66015; 25.07.2014 – 5 Ta 172/13 – BeckRS 2014, 72327). Bei der Ausübung des Ermessens hat sich das Gericht vor allem davon leiten zu lassen, zukünftige Verstöße des Arbeitgebers abzuwenden (*LAG Berlin-Brandenburg* 14.05.2009 – 15 Ta 466/09 – juris; *LAG Schleswig-Holstein* 03.01.2012 – 6 Ta 187/11 – BeckRS 2012, 66015; 25.07.2014 – 5 Ta 172/13 – BeckRS 2014, 72327). Maßgebend ist dabei vor allem das Verschulden des Arbeitgebers, insbesondere auch, ob es sich um ein wiederholtes Zwangsvollstreckungsverfahren handelt (*LAG Berlin-Brandenburg* 05.04.2017 – 15 Ta 1522/16 – juris); zu berücksichtigen ist aber auch die wirtschaftliche Leistungsfähigkeit des Arbeitgebers sowie ein etwaiger wirtschaftlicher Erfolg, der bei ihm infolge des betriebsverfassungswidrigen Verhaltens eingetreten ist (*LAG Berlin-Brandenburg* 05.04.2017 – 15 Ta 1522/16 – juris; *LAG Schleswig-Holstein* 03.01.2012 – 6 Ta 187/11 – BeckRS 2012, 66015; 25.07.2014 – 5 Ta 172/13 – BeckRS 2014, 72327).

Bei **wiederholter Zuwiderhandlung** kann nach § 23 Abs. 3 Satz 2 das Ordnungsgeld wegen jeder Zuwiderhandlung erneut festgesetzt werden; die vorherige einmalige Androhung genügt (*Fitting* § 23 Rn. 83; *Kreft/WPK* § 23 Rn. 71; *Maschmann/AR* § 23 BetrVG Rn. 23 sowie allgemein *Gruber/MK-ZPO*, § 890 Rn. 35; *Rensen* in: *Wieczorek/Schütze* ZPO, § 890 Rn. 53; *Zöller/Stöber* ZPO, § 890 Rn. 20). Die Höhe des Ordnungsgeldes entspricht je Zuwiderhandlung der Höhe der Androhung, höchstens jedoch 10.000 Euro (ebenso *Galperin/Löwisch* § 23 Rn. 68; *K. Weber* Erzwingungsverfahren, S. 164; allgemein zu § 890 ZPO *Zöller/Stöber* ZPO, § 890 Rn. 20).

Bei gleichzeitiger Ahndung mehrerer Zuwiderhandlungen ist **für jeden Verstoß gesondert** zu erkennen (exemplarisch *LAG Berlin-Brandenburg* 05.04.2017 – 15 Ta 1522/16 – juris: 44 Einzelverstöße; *LAG Schleswig-Holstein* 25.07.2014 – 5 Ta 172/13 – BeckRS 2014, 72327: 949 Einzelverstöße). Die Einzelbeträge können zusammengezogen werden, jedoch ist es schief, von einem »Gesamtordnungsgeld« zu sprechen (so *Stege/Weinspach/Schiefer* § 23 Rn. 21; ähnlich *Thiele* 2. Bearbeitung, § 23 Rn. 115: »Gesamtstrafe« sowie *Gruber/MK-ZPO*, § 890 Rn. 36: »Gesamtordnungsmittel«), da es nicht darum geht, entsprechend § 54 StGB das verwirkte höchste Ordnungsgeld zu erhöhen, ohne dass die Summe der einzelnen Ordnungsgelder erreicht werden dürfte. Dafür ist weder § 23 Abs. 3 Satz 2 noch § 890 ZPO ein Anhaltspunkt zu entnehmen. Deshalb kann die Summe der einzelnen verhängten Ordnungsgelder den Gesamtbetrag von 10.000 Euro übersteigen (ebenso *LAG Berlin-Brandenburg* 05.04.2017 – 15 Ta 1522/16 – juris; *LAG Schleswig-Holstein* 25.07.2014 – 5 Ta 172/13 – BeckRS 2014, 72327; *Fitting* § 23 Rn. 88; *Reichold/HWK* § 23 BetrVG Rn. 39; *Richardi/Thüsing* § 23 Rn. 129; *Trittin/DKKW* § 23 Rn. 314; *K. Weber* Erzwingungsverfahren, S. 164; **a. M.** *Joost/MünchArbR* § 222 Rn. 48, anders nur, wenn nach Vollstreckung des Ordnungsgelds wegen einer erneuten Zuwiderhandlung ein weiteres Ordnungsgeld festgesetzt wird). Die für die Höhe des Ordnungsgeldes geltenden Maßstäbe (s. Rdn. 292) können es jedoch gebieten, bei wiederholten Verstößen nicht das Vielfache der für eine einzelne Zuwiderhandlung als angemessene Sanktion zu verhängen (s. *BGH* 18.12.2008 NJW 2009, 921 Rn. 14; kaum haltbar *LAG Schleswig-Holstein* 25.07.2014 – 5 Ta 172/13 – BeckRS 2014, 72327, bei 949 Einzelverstößen; mit schematischer Multiplikation auch *LAG Berlin-Brandenburg* 05.04.2017 – 15 Ta 1522/16 – juris). Das gilt insbesondere, wenn die Zuwiderhandlungen wegen ihres räumlich-zeitlichen Zusammenhangs so eng miteinander verbunden sind, dass sie im Sinne einer **natürlichen Handlungseinheit** als ein zusammengehörender Sachverhalt zu bewerten sind (*BGH* 18.12.2008 NJW 2009, 921 Rn. 13; ferner *Rensen* in: *Wieczorek/ Schütze* ZPO, 890 Rn. 53; *Zöller/Stöber* ZPO, § 890 Rn. 20).

295 Die Festsetzung des Ordnungsgeldes erfolgt durch **Beschluss** des **Arbeitsgerichts** (s. Rdn. 272). Eine mündliche Verhandlung ist nicht erforderlich (§ 85 Abs. 1 ArbGG i. V. m. § 891 Satz 1 ZPO). In diesem Falle entscheidet der Vorsitzende der zuständigen Kammer allein (§ 53 Abs. 1 Satz 1 ArbGG; *LAG* Schleswig-Holstein 27.12.2001 ARST 2003, 20). Der Arbeitgeber ist jedoch vorher zu hören (§ 85 Abs. 1 ArbGG i. V. m. § 891 Satz 2 ZPO); ihm ist daher Gelegenheit zur mündlichen oder schriftlichen Äußerung zu geben (*Düwell*/HaKo § 23 Rn. 47; *Fitting* § 23 Rn. 87; *Koch*/ErfK § 23 BetrVG Rn. 24; *Kreft*/WPK § 23 Rn. 69; *Reichold*/HWK § 23 BetrVG Rn. 39; *Richardi/Thüsing* § 23 Rn. 126; *Trittin*/DKKW § 23 Rn. 297).

e) Verpflichtung zur Vornahme einer Handlung (§ 23 Abs. 3 Satz 3)

296 Hat das Arbeitsgericht dem Arbeitgeber im Erkenntnisverfahren aufgegeben, eine bestimmte Handlung vorzunehmen, so ist gegen ihn auf Antrag (s. Rdn. 273) vom Arbeitsgericht (s. Rdn. 272) ein Zwangsgeld bis zu 10.000 Euro zu verhängen. Voraussetzungen sind die Rechtskraft der Entscheidung im Erkenntnisverfahren (s. Rdn. 297) und die Nichtvornahme der Handlung (s. Rdn. 300), nicht dagegen die vorherige Androhung des Zwangsgeldes (s. Rdn. 298 f.) und ebenso wenig ein schuldhaftes Verhalten (s. Rdn. 301). Die Vorschrift in § 23 Abs. 3 Satz 3 ist § 888 ZPO nachgebildet. Zur entsprechenden Anwendung der hierfür geltenden Grundsätze sowie zur Funktion des Zwangsgeldes s. Rdn. 268 f. sowie Rdn. 301.

aa) Rechtskräftige gerichtliche Entscheidung

297 Die Verhängung von Zwangsgeld ist ebenso wie die von Ordnungsgeld nach dem klaren Wortlaut des § 23 Abs. 3 Satz 3 erst zulässig, nachdem die Entscheidung im Erkenntnisverfahren, die dem Arbeitgeber die Verpflichtung zur Vornahme einer bestimmten Handlung auferlegt, rechtskräftig geworden ist. Eine Ausnahme gilt nur bei Vorliegen einer ohne weiteres vollstreckbaren einstweiligen Verfügung (s. schon Rdn. 262 f.; *K. Weber* Erzwingungsverfahren, S. 168). Dagegen muss der ohnehin nicht erforderliche Androhungsbeschluss (s. Rdn. 298) nicht rechtskräftig sein (ebenso *Düwell*/HaKo § 23 Rn. 50; *Fitting* § 23 Rn. 92; *Trittin*/DKKW § 23 Rn. 300; *K. Weber* Erzwingungsverfahren, S. 167).

bb) Keine vorherige Androhung erforderlich

298 Im Gegensatz zum Verfahren nach § 23 Abs. 3 Satz 2 ist nach dessen Satz 3 eine Androhung der Verhängung von Zwangsgeld nicht erforderlich (*Düwell*/HaKo § 23 Rn. 54; *Fitting* § 23 Rn. 92; *Huke/HWGNRH* § 23 Rn. 81; *Joost*/MünchArbR § 222 Rn. 49; *Koch*/ErfK § 23 BetrVG Rn. 26; *Kreft*/WPK § 23 Rn. 72; *Löwisch*/LK § 23 Rn. 56; *Reichold*/HWK § 23 BetrVG Rn. 40; *Richardi/Thüsing* § 23 Rn. 123; *Stege/Weinspach/Schiefer* § 23 Rn. 21; *Trittin*/DKKW § 23 Rn. 320; *K. Weber* Erzwingungsverfahren, S. 166). Das folgt aus dem Wortlaut des Satzes 3, entspricht aber auch der Regelung in § 888 Abs. 2 ZPO (*Kreft*/WPK § 23 Rn. 72 sowie allgemein *Gruber*/MK-ZPO, § 888 Rn. 24; *Rensen* in: *Wieczorek/Schütze* ZPO, § 888 Rn. 19; *Zöller/Stöber* ZPO, § 888 Rn. 16). Die Festsetzung des Zwangsgeldes ist praktisch eine Androhung, weil der Arbeitgeber die Vollstreckung durch Erfüllung abwenden kann (s. Rdn. 300).

299 Jedoch kann das Arbeitsgericht das Zwangsgeld auf Antrag der nach § 23 Abs. 3 Satz 4 Antragsberechtigten (s. Rdn. 275) auch in einem besonderen Beschluss (nicht in dem das Erkenntnisverfahren beendenden Beschluss; vgl. *K. Weber* Erzwingungsverfahren, S. 166 f.) mit oder ohne Fristsetzung androhen (*Kreft*/WPK § 23 Rn. 72; zu § 888 ZPO *Zöller/Stöber* ZPO, § 888 Rn. 12). Zuständig ist das Arbeitsgericht selbst dann, wenn die Entscheidung im Erkenntnisverfahren vom Landesarbeitsgericht oder Bundesarbeitsgericht getroffen wurde. Die Entscheidung kann ohne mündliche Verhandlung ergehen, jedoch muss dem Arbeitgeber rechtliches Gehör gewährt werden (§ 85 Abs. 1 ArbGG i. V. m. § 891 ZPO). Ist in dem Beschluss bereits ein bestimmtes Zwangsgeld angedroht worden, so kann später kein höheres festgesetzt werden. Zu Rechtsmitteln gegen den Androhungsbeschluss s. Rdn. 305.

Verletzung gesetzlicher Pflichten § 23

cc) Nichtvornahme der Handlung
Voraussetzung für die Verhängung des Zwangsgeldes ist die Nichtvornahme der dem Arbeitgeber auf- 300
erlegten Handlung. Im Gegensatz zu § 888 ZPO ist es nach § 23 Abs. 3 Satz 3 unerheblich, ob die
Handlung ausschließlich vom Willen des Arbeitgebers abhängig ist, so dass sowohl **vertretbare** wie
unvertretbare Handlungen in Betracht kommen (*Huke*/HWGNRH § 23 Rn. 82; *Koch*/ErfK
§ 23 BetrVG Rn. 26; *Richardi / Thüsing* § 23 Rn. 122; *Trittin/DKKW* § 23 Rn. 321; *K. Weber* Erzwingungsverfahren, S. 166; **a. M.** *Grunsky* ArbGG, § 85 Rn. 9, der bei vertretbaren Handlungen § 887
ZPO für anwendbar hält). Jedoch muss dem Arbeitgeber die Handlung möglich sein (*LAG Hamm*
30.07.1976 EzA § 23 BetrVG 1972 Nr. 4 S. 11; *Koch*/ErfK § 23 BetrVG Rn. 26; *Trittin/DKKW*
§ 23 Rn. 321; *K. Weber* Erzwingungsverfahren, S. 167; zu § 888 ZPO vgl. *Stein/Jonas/Brehm* ZPO,
§ 888 Rn. 10; *Rensen* in: *Wieczorek/Schütze* ZPO, § 888 Rn. 13; *Zöller/Stöber* ZPO, § 888 Rn. 2).

dd) Kein Verschulden
Im Gegensatz zu § 23 Abs. 3 Satz 2 ist nach dessen Satz 3 Verschulden nicht erforderlich, da das 301
Zwangsgeld ein **Beugemittel** ist und keinen repressiven Charakter hat (*Düwell*/HaKo § 23 Rn. 54;
Fitting § 23 Rn. 93; *Galperin/Löwisch* § 23 Rn. 71; *Huke*/HWGNRH § 23 Rn. 81; *Joost*/Münch-
ArbR § 222 Rn. 49; *Koch*/ErfK § 23 BetrVG Rn. 26; *Kreft*/WPK § 23 Rn. 72; *Löwisch*/LK § 23
Rn. 56; *Reichold*/HWK § 23 BetrVG Rn. 40; *Richardi / Thüsing* § 23 Rn. 124; *Stege/Weinspach/Schie-
fer* § 23 Rn. 21; *Trittin/DKKW* § 23 Rn. 321; *K. Weber* Erzwingungsverfahren, S. 167; ebenso zu
§ 888 ZPO *Gruber*/MK-ZPO, § 888 Rn. 25; *Stein/Jonas/Brehm* ZPO, § 888 Rn. 21; *Rensen* in:
Wieczorek/Schütze ZPO, § 888 Rn. 20; *Zöller/Stöber* ZPO, § 888 Rn. 7).

ee) Festsetzung des Zwangsgeldes
Hat der Arbeitgeber in der gesetzten Frist oder mangels Fristsetzung in angemessener Frist die Hand- 302
lung nicht vorgenommen, so verhängt das Arbeitsgericht auf Antrag (s. Rdn. 273) das angedrohte
Zwangsgeld bis zur Höhe von 10.000 Euro (s. auch Rdn. 270). Als Beugemittel kann es nicht
mehr verhängt oder vollstreckt werden, wenn der Arbeitgeber inzwischen die Handlung vorgenom-
men hat (ebenso *LAG Hamm* 30.07.1976 EzA § 23 BetrVG 1972 Nr. 4 S. 11; *Düwell*/HaKo § 23
Rn. 54; *Fitting* § 23 Rn. 93; *Koch*/ErfK § 23 BetrVG Rn. 26; *Reichold*/HWK § 23 BetrVG Rn. 41;
Richardi / Thüsing § 23 Rn. 124; *Trittin/DKKW* § 23 Rn. 321; *K. Weber* Erzwingungsverfahren,
S. 168; zu § 888 ZPO s. BGH 06.06.2013 NJW-RR 2013, 1336 Rn. 9 f.; *Gruber*/MK-ZPO, § 888
Rn. 31; *Stein/Jonas/Brehm* ZPO, § 888 Rn. 25; *Rensen* in: *Wieczorek/Schütze* ZPO, § 888 Rn. 10;
Zöller/Stöber ZPO, § 888 Rn. 11 m. w. N.).

Die **wiederholte Festsetzung** von **Zwangsgeld** ist zulässig, wenn der Arbeitgeber trotz Beitreibung 303
des zuvor verhängten Zwangsgeldes der ihm auferlegten Verpflichtung zur Vornahme einer Handlung
weiterhin nicht nachkommt (*Fitting* § 23 Rn. 93; *Joost*/MünchArbR § 222 Rn. 50; *Kreft*/WPK § 23
Rn. 73; *Reichold*/HWK § 23 BetrVG Rn. 41; *Trittin/DKKW* § 23 Rn. 322; *K. Weber* Erzwingungsverfahren, S. 166, 168; ebenso zu § 888 ZPO *Rensen* in: *Wieczorek/Schütze* ZPO, § 888 Rn. 28; *Zöl-
ler/Stöber* ZPO, § 888 Rn. 8; **a. M.** *Brecht* § 23 Rn. 21). Die Höhe des Zwangsgeldes entspricht für
jeden Fall der Festsetzung der angedrohten Höhe, höchstens jedoch jeweils 10.000 Euro (*Kreft*/WPK
§ 23 Rn. 73; s. aber die Bedenken von *Thiele* 2. Bearbeitung, § 23 Rn. 116, bei vertretbaren Handlungen).

Die Festsetzung des Zwangsgeldes erfolgt durch **Beschluss** des **Arbeitsgerichts** (s. Rdn. 282). Eine 304
mündliche Verhandlung ist nicht erforderlich (§ 85 Abs. 1 ArbGG i. V. m. § 891 Satz 1 ZPO). In die-
sem Falle entscheidet der Vorsitzende der zuständigen Kammer allein (§ 53 Abs. 1 Satz 1 ArbGG). Der
Arbeitgeber ist jedoch vorher **anzuhören** (§ 85 Abs. 1 ArbGG i. V. m. § 891 Satz 2 ZPO; ebenso
Kreft/WPK § 23 Rn. 73; *K. Weber* Erzwingungsverfahren, S. 168 Rn. Fn. 50; **a. M.** *Düwell*/HaKo § 23
Rn. 47; *Fitting* § 23 Rn. 94; *Galperin/Löwisch* § 23 Rn. 71; *Koch*/ErfK § 23 BetrVG Rn. 26; *Trittin/
DKKW* § 23 Rn. 323; wie hier zu § 888 ZPO *Zöller/Stöber* ZPO, § 888 Rn. 6); es ist ihm daher Ge-
legenheit zur mündlichen oder schriftlichen Äußerung zu geben. Der Umstand, dass der Arbeitgeber
die Vollstreckung des Zwangsgeldes durch Vornahme der gerichtlich festgesetzten Handlung abwenden kann (mit dieser Begründung *Düwell*/HaKo § 23 Rn. 47; *Fitting* § 23 Rn. 94; *Koch*/ErfK § 23
BetrVG Rn. 24; *Trittin/DKKW* § 23 Rn. 323), ist kein Grund, das Gesetz (§ 891 Satz 2 ZPO) nicht

anzuwenden. Für den **Gegenstandswert** (§ 23 Abs. 3 Satz 2 RVG) ist grundsätzlich der Regelwert von 5.000 Euro heranzuziehen (*LAG Schleswig-Holstein* 22.03.2001 – 5 Ta 148/00 – BeckRS 2001, 30790389).

f) Rechtsmittel

305 Die vom Arbeitsgericht im Vollstreckungsverfahren getroffenen Entscheidungen, nämlich die selbständige Androhung von Ordnungs- und Zwangsgeld sowie deren Festsetzung, unterliegen nach § 85 Abs. 1 Satz 3 ArbGG den Rechtsbehelfen des allgemeinen Vollstreckungsrechts. Es findet daher die **sofortige Beschwerde** an das Landesarbeitsgericht statt (§ 891 Satz 1, § 793, § 577 ZPO, § 78 Abs. 1, § 85 Abs. 1 ArbGG; *LAG Berlin* 27.02.1989 LAGE § 23 BetrVG 1972 Nr. 18 S. 3; 03.11.1994 LAGE § 23 BetrVG 1972 Nr. 38 S. 2; *LAG Hamburg* 27.01.1992 NZA 1992, 568; *Fitting* § 23 Rn. 89; *Huke/HWGNRH* § 23 Rn. 83; *Richardi/Thüsing* § 23 Rn. 127; *Trittin/DKKW* § 23 Rn. 299). Eine **weitere Beschwerde** ist nicht vorgesehen (§ 78 Abs. 2 ArbGG; ebenso *Fitting* § 23 Rn. 89; *Huke/HWGNRH* § 23 Rn. 80; *Reichold/HWK* § 23 BetrVG Rn. 42; *Trittin/DKKW* § 23 Rn. 289). Über die sofortige Beschwerde entscheidet der Vorsitzende der zuständigen Kammer des Landesarbeitsgerichts allein (§ 78 Satz 3 ArbGG), selbst dann, wenn die Entscheidung aufgrund einer mündlichen Verhandlung ergeht (*Müller-Glöge/GMP* ArbGG, § 78 Rn. 36). Aufschiebende Wirkung entfaltet die sofortige Beschwerde nur, wenn sich diese gegen die Festsetzung eines Ordnungs- oder Zwangsmittels richtet (§ 570 Abs. 1 ZPO).

g) Vollstreckung des Ordnungs- und Zwangsgeldes

306 Die Vollstreckung des Beschlusses, durch den das Ordnungs- oder Zwangsgeld verhängt wird (§ 794 Abs. 1 Nr. 3 ZPO), erfolgt beim Ordnungsgeld von Amts wegen nach Maßgabe der Vorschriften der Justizbeitreibungsordnung (*Kreft/WPK* § 23 Rn. 70), beim Zwangsgeld auf Antrag nach den allgemeinen Regeln des Vollstreckungsrechts, d. h. nach § 85 Abs. 1 ArbGG i. V. m. §§ 803 ff. ZPO (*BGH* 02.03.1983 NJW 1983, 1859 f.; **a. M.** für das Ordnungsgeld *K. Weber* Erzwingungsverfahren, S. 164 f.).

307 Die Vollstreckung setzt nicht voraus, dass der Beschluss, durch den Ordnungs- oder Zwangsgeld festgesetzt wird, bereits rechtskräftig ist (*Düwell/HaKo* § 23 Rn. 55; *Koch/ErfK* § 23 BetrVG Rn. 26; *Heinze* DB 1983, Beil. Nr. 9, S. 13; *Trittin/DKKW* § 23 Rn. 317; **a. M.** *Grunsky* ArbGG, § 85 Rn. 8). Das folgt aus § 85 Abs. 1 ArbGG i. V. m. § 794 Abs. 1 Nr. 3 ZPO, da es sich bei dem Beschluss, durch den das Ordnungs- oder Zwangsgeld festgesetzt wird, um eine Entscheidung i. S. d. letztgenannten Vorschrift handelt. Auch die Einlegung der Beschwerde hindert nicht die Vollstreckung, da ihr eine aufschiebende Wirkung nicht ausdrücklich beigelegt wurde (*Müller-Glöge/GMP* ArbGG, § 78 Rn. 25; wie hier zu § 888 ZPO *Zöller/Stöber* ZPO, § 888 Rn. 15). Allerdings ist eine Aussetzung der Vollziehung möglich (§ 570 Abs. 2 und 3 ZPO; *Müller-Glöge/GMP* ArbGG, § 78 Rn. 25).

308 Die beigetriebenen Gelder verfallen der Staatskasse (*BAG* 19.01.2010 EzA § 23 BetrVG 2001 Nr. 3 Rn. 12 = AP Nr. 49 zu § 99 BetrVG 1972 Versetzung = NZA 2010, 592). Anders als nach § 888 Abs. 1 Satz 1 und § 890 Abs. 1 Satz 1 ZPO ist, falls das Ordnungs- oder Zwangsgeld nicht beigetrieben werden kann, eine ersatzweise Ordnungs- oder Zwangshaft ausgeschlossen (s. Rdn. 270). Die Vollstreckung des Ordnungsgeldes ist wegen ihres repressiven Charakters auch dann noch zulässig, wenn der Arbeitgeber nach einer Zuwiderhandlung, aber vor Vollstreckung des Ordnungsgeldes die Handlung unterlässt oder die Vornahme der angedrohten Handlung duldet (s. Rdn. 291; ebenso *Huke/HWGNRH* § 23 Rn. 80; *Richardi/Thüsing* § 23 Rn. 120).

§ 24
Erlöschen der Mitgliedschaft

Die Mitgliedschaft im Betriebsrat erlischt durch
1. Ablauf der Amtszeit,
2. Niederlegung des Betriebsratsamtes,
3. Beendigung des Arbeitsverhältnisses,
4. Verlust der Wählbarkeit,
5. Ausschluss aus dem Betriebsrat oder Auflösung des Betriebsrats aufgrund einer gerichtlichen Entscheidung,
6. gerichtliche Entscheidung über die Feststellung der Nichtwählbarkeit nach Ablauf der in § 19 Abs. 2 bezeichneten Frist, es sei denn, der Mangel liegt nicht mehr vor.

Literatur
Vgl. die Angaben vor § 23.

Inhaltsübersicht

	Rdn.
I. Vorbemerkung	1–6
II. Erlöschen der Mitgliedschaft im Betriebsrat	7–72
1. Überblick	7
2. Erlöschenstatbestände	8–72
a) Ablauf der Amtszeit (Nr. 1)	8
b) Niederlegung des Betriebsratsamts (Nr. 2)	9–21
c) Beendigung des Arbeitsverhältnisses (Nr. 3)	22–52
aa) Allgemeines	22, 23
bb) Befristung und Bedingung	24–28
cc) Nichtigkeit und Anfechtung	29
dd) Tod des Arbeitnehmers bzw. Arbeitgebers	30, 31
ee) Kündigung	32–36
ff) Aussperrung	37, 38
gg) Aufhebungsvertrag	39
hh) Auflösung (§§ 9, 16 KSchG)	40, 41
ii) Ruhen des Arbeitsverhältnisses	42–44
jj) Veräußerung des Betriebs bzw. Betriebsteils	45–48
kk) Insolvenzverfahren	49
ll) Betriebsstilllegung	50–52
d) Verlust der Wählbarkeit (Nr. 4)	53–63
e) Ausschluss aus dem Betriebsrat und Auflösung des Betriebsrats (Nr. 5)	64
f) Feststellung der anfänglichen Nichtwählbarkeit (Nr. 6)	65–72
III. Rechtsfolgen des Erlöschens der Mitgliedschaft	73–75
IV. Erlöschen der Ersatzmitgliedschaft	76–78
V. Streitigkeiten	79

I. Vorbemerkung

Die Vorschrift entspricht inhaltlich § 24 BetrVG 1952 (zuvor: § 39 Abs. 1 BRG), enthält aber gegen- **1** über dem früheren Recht neben redaktionellen Änderungen zwei Ergänzungen: In Nr. 6 wurde auf Anregung des Bundesrats klargestellt, dass die Feststellung der Nichtwählbarkeit nach Ablauf der Frist zur Wahlanfechtung (§ 19 Abs. 2 Satz 2) durch Entscheidung des Arbeitsgerichts zu treffen ist (BT-Drucks. VI/2729, S. 12; zu BT-Drucks. VI/2729, S. 21). Seine nunmehr geltende Fassung erhielt § 24 durch **Art. 1 Nr. 20 BetrVerf-ReformG**, der die notwendigen Konsequenzen aus der Aufgabe des Gruppenprinzips zog und die zuvor in Abs. 2 enthaltene Regelung (dazu 6. Aufl., § 24 Rn. 60 ff.) aufhob. Diese entschied, dass der Wechsel der Gruppenzugehörigkeit eines Betriebsratsmitglieds oder eines Ersatzmitglieds weder dessen Mitgliedschaft im Betriebsrat oder die Stellung als Ersatzmitglied untergehen ließ, noch seine Eigenschaft als Vertreter oder Ersatzmitglied der Gruppe, die es gewählt

§ 24 II. 2. Amtszeit des Betriebsrats

hatte, änderte. Zu § 24 BetrVG 1952 war diese Frage umstritten (s. *BAG* 10.09.1968 AP Nr. 5 zu § 24 BetrVG; 23.04.1971 AP Nr. 3 zu § 25 BetrVG, jeweils m. w. N.).

2 Gemäß § 115 Abs. 3 und § 116 Abs. 2 regelt § 24 auch das Erlöschen der Mitgliedschaft in der **Bordvertretung** und im **Seebetriebsrat**, jedoch legen § 115 Abs. 3 Nr. 2 und § 116 Abs. 2 Nr. 9 weitere Erlöschensgründe fest (dazu *Franzen* § 115 Rdn. 32 ff., § 116 Rdn. 21).

3 Für die Mitglieder der **Jugend- und Auszubildendenvertretung** gilt § 24 entsprechend (§ 65 Abs. 1; hierzu s. § 65 Rdn. 17 ff.).

4 Für das Erlöschen der Mitgliedschaft im **Gesamtbetriebsrat, Konzernbetriebsrat**, in der **Gesamt-Jugend- und Auszubildendenvertretung** sowie der **Konzern-Jugend- und Auszubildendenvertretung** gelten die speziellen Vorschriften der §§ 49, 57, 73 Abs. 2 und 73b Abs. 2. Jedoch ist § 24 bei ihnen insofern von Bedeutung, als die Mitgliedschaft im Gesamt- und Konzernbetriebsrat zugleich mit dem Erlöschen der Mitgliedschaft im entsendenden Betriebsrat (§ 47 Abs. 2) oder Gesamtbetriebsrat (§ 55 Abs. 1) endet. Für die Mitgliedschaft in der Gesamt-Jugend- und Auszubildendenvertretung sowie der Konzern-Jugend- und Auszubildendenvertretung gilt dies entsprechend.

5 Die Vorschrift enthält **zwingendes** (Organisations-)**Recht** und ist weder durch **Tarifvertrag** noch durch **Betriebsvereinbarung** abdingbar (*Fitting* § 24 Rn. 6; *Huke/HWGNRH* § 24 Rn. 4; *Wlotzke/WPK* § 24 Rn. 1). Für die gemäß § 3 Abs. 1 errichteten **zusätzlichen** oder **anderen Vertretungen** gilt § 24 entsprechend, sofern der Tarifvertrag keine abweichende Regelung trifft (*Buschmann/DKKW* § 24 Rn. 3; *Fitting* § 24 Rn. 5; *Galperin/Löwisch* § 24 Rn. 4; *Huke/HWGNRH* § 24 Rn. 3; *Wlotzke/WPK* § 24 Rn. 2).

6 Zum **Personalvertretungsrecht** s. § 29 BPersVG, für **Sprecherausschüsse** § 9 Abs. 2 SprAuG. Für den **Europäischen Betriebsrat kraft Gesetzes** fehlt eine mit § 24 vergleichbare allgemeine Vorschrift, bezüglich der Dauer der Mitgliedschaft trifft § 32 EBRG eine Sonderregelung; Entsprechendes gilt für den **SE-Betriebsrat kraft Gesetzes** (§ 23 Abs. 1 Satz 6 SEBG sowie § 25 SEBG).

II. Erlöschen der Mitgliedschaft im Betriebsrat

1. Überblick

7 Die Vorschrift des § 24 regelt nur das Erlöschen der **Mitgliedschaft** des **einzelnen Betriebsratsmitglieds**. Die Auflösung des Betriebsrats als solchen regeln dagegen § 13, § 21 und § 22. Der Ablauf der Amtszeit (§ 24 Nr. 1) und die gerichtliche Auflösung des Betriebsrats (§ 24 Nr. 5 Fall 2) sind daher in § 24 an sich systematische Fremdkörper. Die gesetzliche Amtszeit endet nach § 21 stets für alle Betriebsratsmitglieder gleichzeitig. Muss der Betriebsrat neu gewählt werden, wird er immer insgesamt neu gewählt. Es gibt keine Beendigung des Amtes einzelner Betriebsratsmitglieder durch bloßen Zeitablauf (anders § 32 Abs. 1 Satz 1 EBRG: vier Jahre). Ebenso wenig kennt das Gesetz eine Teilauflösung des Betriebsrats. Eine arbeitsgerichtliche Entscheidung nach § 23 Abs. 1 Satz 1 Fall 2 führt stets zur Auflösung des gesamten Betriebsrats mit der Folge, dass dieser neu gewählt werden muss (§ 13 Abs. 2 Nr. 5). Ist der Betriebsrat insgesamt zurückgetreten (§ 13 Abs. 2 Nr. 3), so führt er die Geschäfte zunächst **kommissarisch** weiter (§ 22); er bleibt im Amt. Für einzelne Mitglieder können daher auch in dieser Phase noch die Tatbestände in § 24 Nr. 2 bis 6 eintreten und Ersatzmitglieder nachrücken. Entsprechendes gilt, wenn sich der Betriebsrat im Anschluss an einen Untergang des Betriebs infolge der Tatbestände in § 22b auf ein **Restmandat** stützen kann (*BAG* 05.05.2010 EzA § 37 BetrVG 2001 Nr. 9 Rn. 16 ff. = AP Nr. 147 zu § 37 BetrVG 1972 [*Wiese*] = NZA 2010, 1025).

2. Erlöschenstatbestände

a) Ablauf der Amtszeit (Nr. 1)

8 Mit Ablauf der **Amtszeit des Betriebsrats als Organ** (§ 21) erlischt auch die Mitgliedschaft aller Betriebsratsmitglieder. Die Aufnahme dieses Erlöschensgrundes in § 24 Nr. 1 war entbehrlich, weil das Gesetz keinen gesonderten Ablauf der Amtszeit für die einzelnen Betriebsratsmitglieder kennt

Erlöschen der Mitgliedschaft § 24

(s. Rdn. 7 und *Kreutz* § 21 Rdn. 49 f.; ebenso *Joost*/ MünchArbR § 217 Rn. 27; *Reichold*/*HWK* § 24 BetrVG Rn. 2; s. auch *Wlotzke*/*WPK* § 24 Rn. 3, der dem Tatbestand lediglich klarstellende Bedeutung beimisst). Keine Relevanz hat § 24 Nr. 1, wenn es infolge einer Stilllegung, Spaltung oder Zusammenlegung zu einem Untergang des Betriebs kommt, da § 21b für diesen Fall ausdrücklich ein Restmandat des Betriebsrats und damit eine Fortdauer seiner Amtszeit anordnet (*BAG* 05.05.2010 EzA § 37 BetrVG 2001 Nr. 9 Rn. 19 = AP Nr. 147 zu § 37 BetrVG 1972 *[Wiese]* = NZA 2010, 1025).

b) Niederlegung des Betriebsratsamts (Nr. 2)
Die Annahme der Wahl zum Betriebsrat beruht in der Regel auf gesetzlicher Fiktion (§ 17 Abs. 1   9
Satz 2 WO; s. *Jacobs* § 17 WO Rdn. 6), jedoch kann auch eine statusbegründende Willenserklärung vorliegen. Mit der Annahme des Betriebsratsamts fallen dem Gewählten die gesetzlich begründeten Rechte und Pflichten eines Betriebsratsmitglieds zu. Eine Rechtspflicht, das Amt bis zum Ablauf der Amtszeit auszuüben, besteht aber weder gegenüber der Belegschaft noch gegenüber dem Arbeitgeber oder dem Betriebsrat und seinen Mitgliedern (*BAG* 12.01.2000 EzA § 24 BetrVG 1972 Nr. 2 S. 7 = AP Nr. 5 zu § 24 BetrVG 1972 Bl. 3 R). Die Betriebsratsmitglieder stehen als solche insbesondere nicht in einem Auftragsverhältnis.

Folgerichtig geht das Gesetz davon aus, dass jedes Betriebsratsmitglied sein Amt **jederzeit** und **ohne** 10
Angabe von Gründen niederlegen kann. Das ist auch schon vor Beginn der Amtszeit (*BVerwG* 09.10.1959 AP Nr. 2 zu § 27 PersVG; *Richardi*/*Thüsing* § 24 Rn. 8) und während eines Arbeitskampfes möglich. Entsprechendes gilt während eines Restmandats des Betriebsrats (*BAG* 05.05.2010 EzA § 37 BetrVG 2001 Nr. 9 Rn. 19 = AP Nr. 147 zu § 37 BetrVG 1972 *[Wiese]* = NZA 2010, 1025)

Eine Rechtspflicht zur Amtsniederlegung besteht in keinem Falle. Bei einem Austritt aus der 11
Gewerkschaft, auf deren Liste das Mitglied gewählt worden ist, gilt dies ebenfalls. Auch ein Rechtsgeschäft kann eine Pflicht zur Niederlegung des Amtes nicht rechtswirksam begründen (*Galperin*/ *Löwisch* § 24 Rn. 11). Keine Amtsniederlegung liegt vor, wenn der Gewählte die Annahme der Wahl nach § 17 Abs. 2 WO ablehnt (*Fitting* § 24 Rn. 9; *Wlotzke*/*WPK* § 24 Rn. 4).

Die **Amtsniederlegung** erfolgt durch **einseitige empfangsbedürftige Willenserklärung gegen-** 12
über dem Betriebsrat (*BAG* 12.01.2000 EzA § 24 BetrVG 1972 Nr. 2 S. 7 = AP Nr. 5 zu § 24 BetrVG 1972 Bl. 3 R; *LAG Baden-Württemberg* 11.10.2012 – 11 TaBV 2/12 – BeckRS 2013, 65149; *LAG Hamm* 30.08.2004 – 13 [8] Sa 148/04 – juris). Auf sie finden grundsätzlich die allgemeinen zivilrechtlichen Vorschriften über Willenserklärungen (§§ 104 ff. BGB) Anwendung. Eine **Form** schreibt das Gesetz hierfür nicht vor (*LAG Baden-Württemberg* 11.10.2012 – 11 TaBV 2/12 – BeckRS 2013, 65149; *LAG Berlin* 07.02.1967 BB 1967, 1424; *LAG Brandenburg* 02.08.2001 AuR 2002, 198 [LS]; *LAG Hamm* 30.08.2004 – 13 [8] Sa 148/04 – juris; *Düwell*/*HaKo* § 24 Rn. 5; *Fitting* § 24 Rn. 10; *Joost*/MünchArbR § 217 Rn. 28; *Kloppenburg*/NK-GA § 24 BetrVG Rn. 5; *Koch*/ErfK § 24 BetrVG Rn. 3; *Richardi*/*Thüsing* § 24 Rn. 8; *Weber*/*Ehrich*/*Hörchens*/*Oberthür* Kap. D Rn. 114; *Wlotzke*/ *WPK* § 24 Rn. 4).

Die Erklärung wird mit ihrem **Zugang** wirksam. **Empfangszuständig** ist der Vorsitzende des Be- 13
triebsrats, bei dessen Verhinderung der stellvertretende Vorsitzende (§ 26 Abs. 2 Satz 2; *BAG* 12.01.2000 EzA § 24 BetrVG 1972 Nr. 2 S. 7 = AP Nr. 5 zu § 24 BetrVG 1972 Bl. 3 R; *LAG Hamm* 30.08.2004 – 13 [8] Sa 148/04 – juris). Sind der Vorsitzende und sein Stellvertreter noch nicht gewählt (§ 29, § 26 Abs. 1) oder beide verhindert, so genügt eine Erklärung in einer ordnungsgemäß einberufenen Betriebsratssitzung oder, außerhalb einer Sitzung, gegenüber allen Betriebsratsmitgliedern. Eine Erklärung gegenüber dem **Arbeitgeber** ist rechtlich grundsätzlich unbeachtlich (*BAG* 12.01.2000 EzA § 24 BetrVG 1972 Nr. 2 S. 7 = AP Nr. 5 zu § 24 BetrVG 1972 Bl. 3 R; *LAG Baden-Württemberg* 11.10.2012 – 11 TaBV 2/12 – BeckRS 2013, 65149; *LAG Schleswig-Holstein* 19.08.1966 AP Nr. 4 zu § 24 BetrVG; *ArbG Celle* 25.10.1979 ARSt. 1980, 110; *Düwell*/*HaKo* § 24 Rn. 5; *Fitting* § 24 Rn. 10; *Kloppenburg*/NK-GA § 24 BetrVG Rn. 5; *Koch*/ErfK § 24 BetrVG Rn. 3; *Richardi*/*Thüsing* § 24 Rn. 8; *Wlotzke*/*WPK* § 24 Rn. 4). Eine Ausnahme gilt, wenn keine betriebsverfassungsrechtlichen Organe vorhanden sind, denen gegenüber die Amtsniederlegung erklärt werden könnte. Das ist der Fall, wenn der Betriebsrat nur aus einem Mitglied besteht. In dieser Konstellation muss die Amtsniederlegung lediglich eindeutig verlautbart werden, wobei es genügt, wenn das Mitglied diese

gegenüber dem Arbeitgeber erklärt (für den Fall eines Restmandats des einzigen Betriebsratsmitglieds s. *BAG* 12.01.2000 EzA § 24 BetrVG 1972 Nr. 2 S. 7 = AP Nr. 5 zu § 24 BetrVG 1972 Bl. 3 R; *LAG Brandenburg* 02.08.2001 AuR 2002, 198 [LS]; *Düwell*/HaKo § 24 Rn. 5; *Fitting* § 24 Rn. 10; *Koch/ ErfK* § 24 BetrVG Rn. 3; *Reichold/HWK* § 24 BetrVG Rn. 3; *Wlotzke/WPK* § 24 Rn. 4; **a. M.** *Reich* § 24 Rn. 3: Erklärung gegenüber dem Ersatzmitglied). Ohne Rechtswirkung ist – abgesehen von dem vorgenannten Ausnahmefall – auch eine gegenüber der **Betriebsversammlung** abgegebene Erklärung, sofern sie nicht zugleich an den Betriebsrat gerichtet ist. Davon ist in der Regel auszugehen, wenn der Betriebsratsvorsitzende die Versammlung leitet (§ 42 Abs. 1 Satz 1; ebenso *Buschmann*/DKKW § 24 Rn. 7; *Fitting* § 24 Rn. 10; *Richardi/Thüsing* § 24 Rn. 9).

14 Die Erklärung muss hinreichend **bestimmt** (z. B. Erklärung des »Rücktritts«, des »Verzichts«, des »Ausscheidens« usw.) sein. Es ist nicht erforderlich, dass die Amtsniederlegung **ausdrücklich** erklärt wurde, jedoch muss die Erklärung hinreichend deutlich den Willen erkennen lassen, auf die Organstellung zu verzichten (*LAG Baden-Württemberg* 11.10.2012 – 11 TaBV 2/12 – BeckRS 2013, 65149). Unter der Voraussetzung eines hinreichend ersichtlichen Erklärungsverhaltens genügt auch eine **konkludente** Erklärung. Da es sich um eine Willenserklärung handelt, muss aus dem Verhalten jedoch stets hinreichend deutlich erkennbar sein, dass sie auf die Herbeiführung einer Rechtsfolge gerichtet ist. Das ist z. B. nicht der Fall, wenn ein Betriebsratsmitglied erklärt, es wolle in Zukunft keine Betriebsratsarbeit mehr vornehmen (*LAG Hamm* 28.11.2003 AuR 2005, 37 [LS]), oder die Frage nach dem Bestehen eines Betriebsrats auf einer Betriebsversammlung mit Kopfschütteln beantwortet (*BAG* 19.11.2003 EzA § 22 BetrVG 2001 Nr. 1 S. 5 = AP Nr. 19 zu § 1 BetrVG 1972 Gemeinsamer Betrieb Bl. 3). Ebenso wenig genügt eine bloße Absichtserklärung (*LAG Baden-Württemberg* 11.10.2012 – 11 TaBV 2/12 – BeckRS 2013, 65149).

15 Wegen ihres rechtsgestaltenden Charakters soll die Erklärung zudem **unbedingt** sein müssen (hierfür *BVerwG* 09.10.1959 AP Nr. 2 zu § 27 PersVG Bl. 1 R; *Düwell*/HaKo § 24 Rn. 6; *Fitting* § 24 Rn. 11; *Joost*/MünchArbR § 217 Rn. 28; *Kloppenburg*/NK-GA § 24 BetrVG Rn. 6; *Richardi/Thüsing* § 24 Rn. 10; *Weiss/Weyand* § 24 Rn. 2). Eine Amtsniederlegung unter einer Bedingung sei deshalb in der Regel nur als Ankündigung zu werten (so *Buschmann/DKKW* § 24 Rn. 9; im Ergebnis ebenso *Reich* § 24 Rn. 3, die die Erklärung als unwirksam ansehen). Auch nach dieser Auffassung kann jedoch ein nach Eintritt der Bedingung erkennbar gewordenes Verhalten, das der Ankündigung entspricht, als Amtsniederlegung gewertet werden, auch wenn es für sich allein nicht so gedeutet werden könnte. Im Ausgangspunkt ist der h. M. zuzustimmen, da rechtsgestaltende Willenserklärungen grundsätzlich bedingungsfeindlich sind (s. *H. P. Westermann*/MK-BGB § 158 Rn. 22 ff.). Dies gilt jedoch – wie § 2 KSchG zeigt – nicht ohne Einschränkungen und kann insbesondere dann nicht einer Bedingung entgegenstehen, wenn diese so formuliert ist, dass über die Rechtslage keine Unsicherheit zu befürchten ist. Deshalb kann nicht nur die Bestellung zum Geschäftsführer einer GmbH mit einer auflösenden Bedingung versehen werden (so *BGH* 24.10.2005 NZG 2006, 64), sondern auch die Amtsniederlegung. Wegen der Rechtsstellung des Betriebsratsmitgliedes ist jedoch nur eine Amtsniederlegung unter aufschiebender Bedingung in Betracht zu ziehen, bei der zudem die Bedingung so formuliert sein muss, dass über deren Eintritt keine Unsicherheit eintreten kann.

16 Nach h. M. ist die **Anfechtung** der Amtsniederlegung entweder generell (*Fitting* § 24 Rn. 11; *Kloppenburg*/NK-GA § 24 BetrVG Rn. 6; *Koch*/ErfK § 24 BetrVG Rn. 3; *Maschmann/AR* § 24 BetrVG Rn. 3; *Nikisch* III, S. 125; *Richardi/Thüsing* § 24 Rn. 11; *Weiss/Weyand* § 24 Rn. 2) oder zumindest wegen eines Irrtums (*LAG Frankfurt a. M.* 08.10.1992 LAGE § 24 BetrVG 1972 Nr. 1 S. 4; *Buschmann*/DKKW§ 24 Rn. 9; *Düwell*/HaKo § 24 Rn. 6; *Galperin/Löwisch* § 24 Rn. 10; *Huke/ HWGNRH* § 24 Rn. 7; *Joost*/MünchArbR § 217 Rn. 28; *Löwisch/LK* § 24 Rn. 6, die jedoch eine Anfechtung wegen arglistiger Täuschung und widerrechtlicher Drohung zulassen) ausgeschlossen. Entgegen der bis zur 5. Aufl. von *Wiese* vertretenen Ansicht, nach der bis zu dem Zeitpunkt, zu dem der Betriebsrat ohne das anfechtbar ausgeschiedene Mitglied unter Hinzuziehung des Ersatzmitglieds tätig geworden ist, die Anfechtung uneingeschränkt zulässig sein sollte (*Wiese* 5. Aufl., § 24 Rn. 12), sprechen die besseren Gründe für einen gänzlichen Ausschluss des Anfechtungsrechts auch in den Fällen einer arglistigen Täuschung oder widerrechtlichen Drohung. Er ist gerechtfertigt durch den Schutz der Organtätigkeit und das als vorrangig zu bewertende Interesse an einer Kontinuität der Betriebsratszusammensetzung. Aufgrund der Amtsniederlegung ist der Betriebsrat durch das nach-

Erlöschen der Mitgliedschaft § 24

rückende Ersatzmitglied anders zusammengesetzt. Eine erfolgreiche Anfechtung würde diese Rechtsfolge korrigieren und damit die Tätigkeit des Organs beeinträchtigen, ohne dass der Anfechtungsgrund zwingend dem Organ zugerechnet werden kann. Die Beeinträchtigungen würden insbesondere dann zu einer Lähmung der Organtätigkeit führen, wenn die Berechtigung zur Anfechtung zwischen den Beteiligten umstritten ist und einer gerichtlichen Klärung bedarf.

Die **nicht ernstlich gemeinte Erklärung** der **Amtsniederlegung**, die in der Erwartung abgegeben 17 wird, der Mangel der Ernstlichkeit werde nicht verkannt, ist im Gegensatz zum geheimen Vorbehalt (§ 116 BGB) an sich nichtig (§ 118 BGB; für Nichtigkeit wohl *RAG* 30.11.1929 ARS 7, 435 [438]; ebenso *Galperin/Löwisch* § 24 Rn. 10). Dieser Grundsatz ist jedoch in gleichem Umfang wie die Zulässigkeit der Anfechtung einzuschränken (s. Rdn. 16; zust. *Fitting* § 24 Rn. 11; für Beschränkung der Nichtigkeit auf den Fall, dass der Mangel der Ernstlichkeit sich aus dem Inhalt der Erklärung ergibt oder dem Erklärungsempfänger nach den Umständen bekannt oder zumindest erkennbar war *Huke/HWGNRH* § 24 Rn. 7; *Richardi/Thüsing* § 24 Rn. 10; *Wlotzke/WPK* § 24 Rn. 4).

Die Niederlegung des Betriebsratsamts kann mit **sofortiger Wirkung**, aber **auch** auf einen bestimm- 18 ten **späteren Zeitpunkt** erklärt werden (*Düwell*/HaKo § 24 Rn. 6; *Fitting* § 24 Rn. 10; *Galperin/Löwisch* § 24 Rn. 11; *Huke/HWGNRH* § 24 Rn. 7; *Koch*/ErfK § 24 BetrVG Rn. 3; *Richardi/Thüsing* § 24 Rn. 10).

Die wirksam erklärte Amtsniederlegung **kann nicht widerrufen** oder sonst **zurückgenommen** 19 werden (§ 130 Abs. 1 Satz 2 BGB; *BVerwG* 09.10.1959 AP Nr. 2 zu § 27 PersVG Bl. 1 R; *Buschmann*/DKKW § 24 Rn. 8; *Düwell*/HaKo § 24 Rn. 6; *Fitting* § 24 Rn. 11; *Huke/HWGNRH* § 24 Rn. 7; *Joost*/MünchArbR § 217 Rn. 28; *Kloppenburg*/NK-GA § 24 BetrVG Rn. 6; *Koch*/ErfK § 24 BetrVG Rn. 3; *Löwisch*/LK § 24 Rn. 6; *Richardi/Thüsing* § 24 Rn. 11; *Weber/Ehrich/Hörchens/Oberthür* Kap. D Rn. 114; *Wlotzke/WPK* § 24 Rn. 4). Frei widerrufbar ist sie – wie jede andere Willenserklärung auch – lediglich bis zu ihrem Zugang (zur Empfangszuständigkeit s. Rdn. 13).

Zur **gleichzeitigen** und **abgestimmten Amtsniederlegung durch alle Betriebsratsmitglieder** 20 und **Ersatzmitglieder** s. *Jacobs* § 13 Rdn. 69 und *Kreutz* § 22 Rdn. 12.

Die **Niederlegung** des **Amtes** als **Mitglied** des **Betriebsausschusses** oder eines anderen **Ausschus-** 21 **ses** sowie die **Abberufung** aus diesen Ämtern berühren als solche nicht die Mitgliedschaft im Betriebsrat (s. *Raab* § 27 Rdn. 30, § 28 Rdn. 24; ebenso *Buschmann*/DKKW § 24 Rn. 10; zust. *Düwell*/HaKo § 24 Rn. 7; *Fitting* § 24 Rn. 12; *Galperin/Löwisch* § 24 Rn. 12; *Huke/HWGNRH* § 24 Rn. 8; *Koch*/ErfK § 24 BetrVG Rn. 3; *Richardi/Thüsing* § 24 Rn. 8; *Wlotzke/WPK* § 24 Rn. 4). Entsprechendes gilt für die Aufgabe sonstiger Funktionen im Betriebsrat, wie z. B. die Niederlegung des Vorsitzes im Betriebsrat (s. *Raab* § 26 Rdn. 25).

c) Beendigung des Arbeitsverhältnisses (Nr. 3)

aa) Allgemeines

In den Betriebsrat können nur Arbeitnehmer gewählt werden, die zur Belegschaft des Betriebs gehö- 22 ren (§§ 7 Satz 1, 8). Die Beendigung des Arbeitsverhältnisses ist daher ein Unterfall des in § 24 Nr. 4 besonders genannten Verlustes der Wählbarkeit (so richtig *Düwell*/HaKo § 24 Rn. 8; *Richardi/Thüsing* § 24 Rn. 12). Keine Anwendung findet § 24 Nr. 3, wenn die Beendigung des Arbeitsverhältnisses mit einem Untergang des Betriebs verbunden ist und der Betriebsrat infolge eines **Restmandats** nach § 21b fortbesteht (*BAG* 05.05.2010 EzA § 37 BetrVG 2001 Nr. 9 Rn. 20 ff. = AP Nr. 147 zu § 37 BetrVG 1972 [*Wiese*] = NZA 2010, 1025; näher *Buschbaum* Das Restmandat des Betriebsrats nach § 21b BetrVG [Diss. Gießen 2010], 2011, S. 201 ff.; ebenso *Kloppenburg*/NK-GA § 24 BetrVG Rn. 15). Dies folgt aus dem Zweck des Restmandats, da dieses denknotwendig voraussetzt, dass der Betriebsrat als Organ selbst dann fortbesteht, wenn die Arbeitsverhältnisse der Betriebsratsmitglieder wegen der in § 22b genannten Tatbestände aufgelöst worden sind. Dem ist durch eine teleologische Reduktion der Tatbestände in § 24 Nr. 3 und 4 Rechnung zu tragen. Zum Übergangsmandat s. Rdn. 48.

Für das Erlöschen des Betriebsratsamtes ist die **rechtliche Beendigung** des Arbeitsverhältnisses maß- 23 gebend. Deshalb endet die Mitgliedschaft nicht, wenn das Arbeitsverhältnis lediglich ruht (s. insbesondere die Fälle Rdn. 37, 42). Aus welchem Grunde das Arbeitsverhältnis endet, ist ohne Bedeutung. Als Beendigungstatbestände kommen in Betracht: Zeitablauf (s. Rdn. 24 ff.), Eintritt einer auflösenden Bedingung (s. Rdn. 28), Nichtigkeit oder Anfechtung des Arbeitsvertrages (s. Rdn. 29), Tod oder Todeserklärung (s. Rdn. 30), Kündigung (s. Rdn. 32 bis 36), »Abkehr« während eines Arbeitskampfes (s. Rdn. 37), Aufhebungsvertrag (s. Rdn. 39), gerichtliche Entscheidung (s. Rdn. 40) und Erklärung nach § 12 KSchG (s. Rdn. 40). Zur Veräußerung des Betriebs s. Rdn. 45, zur Eröffnung des Insolvenzverfahrens s. Rdn. 49, zur späteren Wiedereinstellung des Arbeitnehmers s. Rdn. 51 f. und zur Betriebsstilllegung s. *Kreutz* § 21 Rdn. 46 ff. und zur Betriebsaufspaltung s. *Kreutz* § 21 Rdn. 45, § 21a Rdn. 17 ff.

bb) Befristung und Bedingung

24 Das auf bestimmte Zeit eingegangene Arbeitsverhältnis endet von selbst durch **Zeitablauf** (§ 15 Abs. 1 TzBfG). Wird es allerdings danach von dem Arbeitnehmer mit Wissen des Arbeitgebers fortgesetzt, gilt es als auf unbestimmte Zeit verlängert, sofern nicht der Arbeitgeber unverzüglich widerspricht (§ 15 Abs. 5 TzBfG). Ein auf bestimmte Zeit eingegangenes Arbeitsverhältnis liegt vor, wenn entweder ein Endtermin oder eine Frist vereinbart wurde oder die Arbeitsleistung für einen nach objektiven Maßstäben bestimmbaren Zweck – z. B. die Vertretung eines vorübergehend erkrankten Arbeitnehmers – erbracht werden sollte (§ 3 Abs. 1 Satz 2 TzBfG). Zur Zulässigkeit einer Befristung allgemein § 14 TzBfG. Lag kein sachlicher Grund für die Befristung vor und ist dieser nicht aufgrund gesetzlicher Sonderbestimmungen entbehrlich, so ist diese unwirksam; das Arbeitsverhältnis besteht auf unbestimmte Zeit und es bedarf zu seiner Beendigung einer Kündigung (§ 16 Satz 1 TzBfG). Diese Rechtsfolge tritt allerdings nur dann ein, wenn der Arbeitnehmer fristgerecht (§ 17 Satz 1 TzBfG) die Rechtsunwirksamkeit der Befristung gerichtlich geltend macht. Für den Fall einer derartigen Klage gelten keine anderen Grundsätze als bei einer vom Betriebsratsmitglied erhobenen Kündigungsschutzklage (s. Rdn. 34).

25 Das **Erreichen** des **Rentenalters** (nach Maßgabe der Vorschriften über die gesetzliche Rentenversicherung) ist kein selbständiger Grund für die Beendigung des Arbeitsverhältnisses und weder ein wichtiger Grund zur außerordentlichen Kündigung noch für sich allein ein personenbedingter Grund zur ordentlichen Kündigung des Arbeitsverhältnisses (zur ordentlichen Kündigung s. § 41 Satz 1 SGB VI; *BAG* 28.09.1961 AP Nr. 1 zu § 1 KSchG Personenbedingte Kündigung Bl. 3 ff. [abl. *Zöllner*] = SAE 1962, 169 [abl. *Bötticher*]; 20.11.1987 EzA § 620 BGB Altersgrenze Nr. 1 S. 11 [*Belling*] = AP Nr. 2 zu § 620 BGB Altersgrenze Bl. 4 R; *Deinert / KDZ* § 1 KSchG Rn. 163j.; *Griebeling / Rachor / KR* § 1 KSchG Rn. 289; *Krause* in: *von Hoyningen-Huene / Linck* KSchG, § 1 Rn. 330; *Vossen / APS* § 1 KSchG Rn. 252; *Weller / Dorndorf /* HK-KSchG, § 1 Rn. 452 f.; s. auch *Säcker* RdA 1976, 91 ff.).

26 Durch **Tarifvertrag** (*BAG* 21.04.1977 EzA § 60 BAT Nr. 1 = AP Nr. 1 zu § 60 BAT; 18.07.1978 EzA § 99 BetrVG 1972 Nr. 21 S. 78 = AP Nr. 9 zu § 99 BetrVG 1972 Bl. 1 R; 20.12.1984 EzA § 620 BGB Bedingung Nr. 4 S. 34 f. = AP Nr. 9 zu § 620 BGB Bedingung Bl. 4 ff. [*Belling*] = SAE 1986, 235 [*Hromadka*]; 06.03.1986 EzA § 620 BGB Bedingung Nr. 6 S. 67 f. = AP Nr. 1 zu § 620 BGB Altersgrenze Bl. 4 ff.; 12.02.1992 EzA § 620 BGB Altersgrenze Nr. 2 S. 8 f. = AP Nr. 5 zu § 620 BGB Altersgrenze Bl. 3 ff. sowie *BAG* 18.01.2012 EzA § 620 BGB 2002 Altersgrenze Nr. 13 = AP Nr. 91 zu § 14 TzBfG = NZA 2012, 575; 12.06.2013 EzA § 620 BGB 2002 Altersgrenze Nr. 14 = NZA 2013, 1428) oder **Betriebsvereinbarung** (dazu zuletzt BAG 13.10.2015 EzA § 75 BetrVG 2001 Nr. 12 Rn. 13 ff. = AP Nr. 109 zu § 77 BetrVG 1972 = NZA 2016, 54 sowie *Kreutz* § 77 Rdn. 384 m. w. N.) kann aber die **Beendigung** des **Arbeitsverhältnisses** bei Vollendung des 65. oder eines höheren bzw. niedrigeren Lebensjahres u. a. wirksam bestimmt werden, wenn ein tarifliches oder in einer Betriebsvereinbarung festgelegtes betriebliches oder von einer Pensionskasse zu zahlendes zusätzliches Ruhegeld ebenfalls ab diesem Alter abstellt oder dem Arbeitnehmer aus der gesetzlichen Altersversicherung ein Altersruhegeld zusteht (§ 10 Satz 3 Nr. 5 AGG; näher zu tarifvertraglichen Altersgrenzen *BAG* 18.01.2012 EzA § 620 BGB 2002 Altersgrenze Nr. 13 = AP Nr. 91 zu § 14 TzBfG = NZA 2012, 575; 12.06.2013 EzA § 620 BGB 2002 Altersgrenze Nr. 14 = NZA 2013, 1428; zu Altersgrenzen in Betriebvereinbarungen *BAG* 05.03.2013 EzA § 77 BetrVG 2001 Nr. 35 = AP Nr. 105 zu § 77 BetrVG 1972 = NZA 2013, 916; 13.10.2015 EzA § 75 BetrVG 2001 Nr. 12 = AP Nr. 109 zu § 77 BetrVG 1972 = NZA 2016, 54).

Sind die Voraussetzungen einer wirksamen Kollektivvereinbarung gegeben, endet auch das Arbeitsverhältnis eines Betriebsratsmitglieds ohne Kündigung (*BAG* 25.03.1971 AP Nr. 5 zu § 57 BetrVG Bl. 8 R). Abzulehnen ist die frühere Ansicht des *BAG* (12.02.1968 AP Nr. 6 zu § 24 BetrVG [abl. *Herschel]* = SAE 1970, 53 [abl. *G. Hueck]*), der Arbeitgeber müsse, falls die Betriebsvereinbarung Ausnahmen von der Beendigung des Arbeitsverhältnisses vorsehe, von dieser Befugnis zugunsten eines Betriebsratsmitglieds während dessen Amtszeit Gebrauch machen; sie lief auf einen unzulässigen Kontrahierungszwang hinaus (*Hanau* RdA 1976, 24 [26]; *Richardi / Thüsing* § 24 Rn. 18j.; **a. M.** *Fitting* § 24 Rn. 22; *Huke / HWGNRH* § 24 Rn. 16). Mit Recht hat das *BAG* (20.12.1984 EzA § 620 BGB Bedingung Nr. 4 S. 44 = AP Nr. 9 zu § 620 BGB Bedingung Bl. 7 f.) diese Auffassung wieder aufgegeben. Zur (abzulehnenden) Anwendung von § 78a s. § 78a Rn. 13. Die Verlängerung eines befristeten Arbeitsvertrags, um die personelle Kontinuität der Betriebsratstätigkeit zu wahren, ist nach § 14 Abs. 1 Satz 1 TzBfG sachlich gerechtfertigt (s. zuletzt *BAG* 08.06.2016 EzA § 14 TzBfG Nr. 122 Rn. 13 ff. = AP Nr. 142 zu § 14 TzBfG = NZA 2016, 1535 Rn. 13 ff.), jedoch verstößt die Weigerung des Arbeitgebers zum Abschluss eines die Kontinuität der Betriebsratstätigkeit wahrenden befristeten Arbeitsvertrags i. d. R. nicht gegen das Benachteiligungsverbot in § 78 Satz 2 (s. *BAG* 25.06.2014 EzA § 78 BetrVG 2001 Nr. 4 = AP Nr. 14 zu § 78 BetrVG 1972 = NZA 2014, 1209 sowie *Kreutz* § 78 Rdn. 74). 27

Die Beendigung des Arbeitsverhältnisses kann sich auch aus dem Eintritt einer **auflösenden Bedingung** ergeben (zur Rechtswirksamkeit § 21 TzBfG i. V. m. § 14 TzBfG). 28

cc) Nichtigkeit und Anfechtung

Nichtigkeit und **Anfechtbarkeit** des **Arbeitsvertrages** können nach h. M. nach Aufnahme der Arbeit in der Regel nicht mit rückwirkender Kraft geltend gemacht werden (Problem des fehlerhaften Arbeitsverhältnisses). Die Anfechtung wegen Willensmangels und die Berufung auf die Nichtigkeit wirken grundsätzlich nur für die Zukunft (s. stellvertretend und ausführlich *Staudinger / Richardi / Fischinger* BGB [2016] § 611 Rn. 701 ff., m. w. N.). Das Betriebsratsamt endet daher erst in dem Zeitpunkt, in dem ein Teil sich auf die Nichtigkeit beruft oder in dem die Anfechtung erklärt und wirksam geworden ist (*Fitting* § 24 Rn. 21). Für das Erlöschen des Betriebsratsamts lässt sich das zusätzlich mit dem Grundgedanken des § 24 Nr. 6 begründen; eine gerichtliche Feststellung der Nichtigkeit oder begründeten Anfechtung ist jedoch nicht erforderlich. 29

dd) Tod des Arbeitnehmers bzw. Arbeitgebers

Der **Tod** des **Arbeitnehmers** beendet in der Regel das Arbeitsverhältnis, weil die Arbeitsleistung im Zweifel höchstpersönlich zu erbringen ist (§ 613 Satz 1 BGB; näher z. B. *Staudinger / Oetker* BGB [2016] Vorbem. zu §§ 620 ff. Rn. 63 f.). Wird es ausnahmsweise mit den Erben (z. B. bei Heimarbeitsverhältnissen) fortgesetzt, so erlischt dennoch das Amt des verstorbenen Betriebsratsmitglieds (*Galperin / Löwisch* § 24 Rn. 8; *Löwisch / LK* § 24 Rn. 1; *Richardi / Thüsing* § 24 Rn. 7). Entsprechendes gilt für den Fall der **Todeserklärung** (*Fitting* § 24 Rn. 2; *Galperin / Löwisch* § 24 Rn. 1, 8; *Richardi / Thüsing* § 24 Rn. 7). Die Beendigung des Amtes tritt ein mit dem nach § 9 Verschollenheitsgesetz als Zeitpunkt des Todes maßgebenden Zeitpunkt (*Richardi / Thüsing* § 24 Rn. 7). 30

Der **Tod** des **Arbeitgebers** beendet das Arbeitsverhältnis nur, wenn der Arbeitnehmer die Arbeitsleistung für den Arbeitgeber persönlich zu erbringen hatte und daher grundsätzlich nicht bei betrieblichen Arbeitsverhältnissen (s. *Staudinger / Oetker* BGB [2016] Vorbem. zu §§ 620 ff. Rn. 65). 31

ee) Kündigung

Die Mitgliedschaft im Betriebsrat schränkt das **Kündigungsrecht** des **Arbeitnehmers** nicht ein. Sie erlischt daher mit Wirksamwerden der Kündigung des Arbeitnehmers. 32

Dagegen ist die **ordentliche Kündigung** des **Arbeitgebers** gemäß § 15 Abs. 1 KSchG ausgeschlossen, es sei denn, dass der Betrieb stillgelegt wird oder bei einer Teilstilllegung die Übernahme in eine andere Betriebsabteilung aus betrieblichen Gründen nicht möglich ist (§ 15 Abs. 4 und 5 KSchG). Die Kündigung des Arbeitgebers aus **wichtigem Grund** bleibt jedoch möglich (§ 15 Abs. 1 Satz 1 Halbs. 2 KSchG). Der Kündigungsgrund muss im Arbeitsvertragsrecht liegen. Die alleinige Verlet- 33 zung von Amtspflichten rechtfertigt keine Kündigung, sondern nur den Ausschluss aus dem Betriebsrat gemäß § 23 Abs. 1 (s. § 23 Rdn. 26). Zum Kündigungsrecht bei gleichzeitiger Verletzung von Amtspflichten und Pflichten aus dem Arbeitsvertrag s. § 23 Rdn. 29 ff.

34 Die nach § 15 Abs. 1 KSchG zulässige **außerordentliche Kündigung** bedarf gemäß § 103 Abs. 1 der **Zustimmung** des **Betriebsrats**. Wird diese verweigert, kann der Arbeitgeber deren Ersetzung durch das Arbeitsgericht beantragen (§ 103 Abs. 2). Ist die Zustimmung erteilt oder vom Arbeitsgericht rechtskräftig ersetzt, so endet das Arbeitsverhältnis bei unbefristeter Kündigung sofort, bei befristeter außerordentlicher Kündigung mit Ablauf der Frist, wenn ein wichtiger Grund vorliegt.

35 Erhebt das gekündigte Betriebsratsmitglied gemäß § 13 Abs. 1 Satz 2, § 4 Satz 1 KSchG **Kündigungsschutzklage**, bleibt die Wirksamkeit der Kündigung bis zur rechtskräftigen Entscheidung des Arbeitsgerichts im Unklaren. Wird die Klage abgewiesen, steht fest, dass die Kündigung in dem Zeitpunkt, zu dem sie erklärt wurde, rechtswirksam geworden ist. Das Betriebsratsamt ist mit Wirkung auf diesen Zeitpunkt erloschen. Wird der Klage stattgegeben, steht fest, dass das Arbeitsverhältnis nicht beendet worden und das Betriebsratsamt nicht erloschen ist. Wegen der Ungewissheit bis zur rechtskräftigen Entscheidung über die Feststellungsklage nach § 13 Abs. 1 Satz 2 KSchG ist das Betriebsratsmitglied an der Ausübung des Amtes zeitweilig verhindert (s. § 25 Rdn. 34 m. w. N.). Die zeitweilige Verhinderung entfällt jedoch, wenn das Betriebsratsmitglied einen **Weiterbeschäftigungsanspruch** durchgesetzt hat (*LAG Hamm* 17.01.1996 LAGE § 25 BetrVG 1972 Nr. 4; *Buschmann*/DKKW § 24 Rn. 14; *Düwell*/HaKo § 24 Rn. 10; *Fitting* § 24 Rn. 16; *Joost*/MünchArbR § 217 Rn. 30; *Koch*/ErfK § 24 BetrVG Rn. 4; *Wlotzke*/WPK § 24 Rn. 6). Zur Problematik einer einstweiligen Verfügung zugunsten des gekündigten Betriebsratsmitglieds s. § 25 Rdn. 37.

36 Zur Anwendbarkeit des Kündigungsverbots des § 15 Abs. 1 KSchG auf **Massenänderungskündigungen** des Arbeitgebers s. *Weber* § 37 Rdn. 20 und *Kreutz* § 78 Rdn. 77.

ff) Aussperrung
37 Werden die **Arbeitnehmer** im Rahmen eines **Arbeitskampfes** rechtmäßig **lösend ausgesperrt**, gilt das nicht für die Arbeitsverhältnisse der **Betriebsratsmitglieder**. Sie können nur mit suspendierender Wirkung ausgesperrt werden; das Betriebsratsamt erlischt daher nicht (*BAG GS* 21.04.1971 AP Nr. 43 zu Art. 9 GG Arbeitskampf Bl. 9 R = SAE 1972, 1 [insoweit krit. *Richardi*]; 25.10.1988 EzA Art. 9 GG Arbeitskampf Nr. 89 S. 4 = AP Nr. 110 zu Art. 9 GG Arbeitskampf Bl. 2 [*Brox*] m. w. N. = AR-Blattei, Arbeitskampf III, Entsch. 14 [*Löwisch*]).

38 Dagegen kann nach h. M. (abw. *Brox/Rüthers* Arbeitskampfrecht, Rn. 319 mit umfassenden Nachweisen) auch ein Betriebsratsmitglied während der suspendierenden Aussperrung »abkehren«, d. h. das Arbeitsverhältnis durch einseitige, empfangsbedürftige Willenserklärung fristlos lösen (*BAG GS* 21.04.1971 AP Nr. 43 zu Art. 9 GG Arbeitskampf Bl. 9 f.). Zur Wahrnehmung des Betriebsratsamts während eines Arbeitskampfes s. *Kreutz/Jacobs* § 74 Rdn. 57 ff.

gg) Aufhebungsvertrag
39 Sowohl das auf bestimmte wie auf unbestimmte Zeit eingegangene Arbeitsverhältnis kann im gegenseitigen Einvernehmen, d. h. durch **Aufhebungsvertrag** jederzeit beendet werden. Maßgebend ist der vereinbarte Zeitpunkt. Der Aufhebungsvertrag bedarf der Schriftform (§ 623 BGB) und kann deshalb grundsätzlich nicht schlüssig vereinbart werden; eine Ausnahme kommt in Betracht, wenn sich aus einer der Schriftform genügenden Abrede konkludent ein Beendigungswille der Parteien ergibt (*Staudinger/Oetker* BGB [2016], § 623 Rn. 95).

hh) Auflösung (§§ 9, 16 KSchG)
40 Eine **Auflösung** des Arbeitsverhältnisses **durch Urteil** des Arbeitsgerichts ist auf Antrag des Arbeitnehmers oder des Arbeitgebers gemäß § 9 Abs. 1 KSchG möglich, wenn dem Antragsteller trotz Begründetheit der Kündigungsschutzklage die Fortsetzung des Arbeitsverhältnisses nicht zuzumuten ist. Bei einer durch § 15 KSchG eröffneten außerordentlichen Kündigung ist jedoch nur der Arbeitnehmer berechtigt, einen Auflösungsantrag zu stellen (arg. e § 13 Abs. 1 Satz 2 KSchG; *BAG* 30.09.2010

EzA § 9 n. F. KSchG Nr. 61 Rn. 15 ff. = AP Nr. 66 zu § 9 KSchG 1969 = NZA 2011, 349). Zur Rechtslage, wenn der Schutz durch § 15 KSchG während eines laufenden Kündigungsschutzprozesses erlangt wird, *BAG* 07.12.1972 AP Nr. 1 zu § 9 KSchG 1969 sowie *Kiel*/ErfK § 9 KSchG Rn. 20, m. w. N.).

Bei Eingehung eines neuen Arbeitsverhältnisses während des Kündigungsrechtsstreits kann das Betriebsratsmitglied bei erfolgreicher Klage nach **§ 16 KSchG** durch **Erklärung gegenüber** dem **bisherigen Arbeitgeber** die Fortsetzung des Arbeitsverhältnisses verweigern. Damit endet auch sein Amt endgültig. **41**

ii) Ruhen des Arbeitsverhältnisses

Wurde früher ein Arbeitnehmer zum **Grundwehrdienst** oder zu einer **Wehrübung** einberufen, so ruhte das Arbeitsverhältnis während des Wehrdienstes (§ 1 Abs. 1, § 10 ArbPlSchG). Entsprechendes galt bei der Leistung von **Zivildienst** (§ 78 Abs. 1 Nr. 1 ZDG i. V. m. § 1 Abs. 1 ArbPlSchG), der Teilnahme an einer **Eignungsübung** (§ 1 Abs. 1 Satz 1 EignungsübungsG; vgl. aber daselbst § 3: Beendigung des Arbeitsverhältnisses bei Verbleib in der Bundeswehr oder Fortsetzung der Übung über vier Monate hinaus) sowie den Dienst im **Zivilschutz** (§ 9 Abs. 2 Satz 2 ZivilschutzG), im **Zivilschutzkorps** (§ 18 Abs. 2 Satz 1 ZivilschutzkorpsG) und im **Katastrophenschutz** (§ 9 Abs. 2 Satz 2 KatastrophenschutzG). **42**

Auch die Inanspruchnahme der **Elternzeit** führt nicht zur Beendigung des Arbeitsverhältnisses, sondern zum Ruhen der beiderseitigen Hauptleistungspflichten, so dass die Zugehörigkeit zum Betriebsrat bestehen bleibt (*BAG* 25.05.2005 EzA § 40 BetrVG 2001 Nr. 9 S. 3 = AP Nr. 13 zu § 24 BetrVG 1972 Bl. 2). Entsprechendes gilt während der **Pflegezeit** (§§ 3 Abs. 1 Satz 1, 4 Abs. 1 PflegeZG). **43**

Das Betriebsratsmitglied kann während der Dauer des Ruhens des Arbeitsverhältnisses zeitweilig an der Amtsausübung verhindert sein und wird von einem Ersatzmitglied vertreten (§ 25 Abs. 1 Satz 1; ebenso *BAG* 25.05.2005 EzA § 40 BetrVG 2001 Nr. 9 S. 3 = AP Nr. 13 zu § 24 BetrVG 1972 Bl. 2; *Buschmann/DKKW* § 24 Rn. 20; *Düwell*/HaKo § 24 Rn. 12; *Fitting* § 24 Rn. 13; *Galperin/Löwisch* § 24 Rn. 22; *Richardi/Thüsing* § 24 Rn. 27; *Wlotzke/WPK* § 24 Rn. 5 sowie näher hier § 25 Rdn. 17 ff.). Ausnahmsweise kann der Eintritt des Ruhenstatbestands mit dem Verlust der Betriebszugehörigkeit verbunden sein (s. Rdn. 54). **44**

jj) Veräußerung des Betriebs bzw. Betriebsteils

Die **Veräußerung** des **Betriebs** führt nicht zur Beendigung des Arbeitsverhältnisses, weil der neue Inhaber nach § 613a Abs. 1 BGB in die Rechte und Pflichten aus den im Zeitpunkt des Übergangs bestehenden Arbeitsverhältnissen eintritt. Die Betriebsratsmitglieder verlieren daher nicht ihre Amtsstellung (*ArbG Passau* 19.03.1974 ARSt. 1975, 65; *Gaul* BUV 1972, 181 [184 f.]; *von Hoyningen-Huene* in: *von Hoyningen-Huene/Linck* KSchG, § 15 Rn. 162; *Koch*/ErfK § 24 BetrVG Rn. 5; *Reichold/HWK* § 24 BetrVG Rn. 6; *Seiter* Betriebsinhaberwechsel, 1980, S. 125; *Wlotzke/WPK* § 24 Rn. 7); es sei denn, dass sie als Arbeitnehmer dem Eintritt des Erwerbers in das Arbeitsverhältnis widersprechen (§ 613a Abs. 6 BGB; *Wlotzke/WPK* § 24 Rn. 7). **45**

Bei der **Veräußerung** eines **Betriebsteils** bleibt dagegen der Betriebsrat in dem nicht veräußerten Betriebsteil bestehen (s. aber § 13 Abs. 2 Nr. 1), und die in dem veräußerten Betriebsteil beschäftigten Betriebsratsmitglieder verlieren mit dem Eintritt des Erwerbers in das Arbeitsverhältnis die Amtsstellung (*BAG* 02.10.1974 AP Nr. 1 zu § 613a BGB Bl. 3 R; *LAG Schleswig-Holstein* 16.08.1984 DB 1985, 47 [48]; *Buschmann/DKKW* § 24 Rn. 22; *Düwell*/HaKo § 24 Rn. 9; *Fitting* § 24 Rn. 26; *Galperin/Löwisch* § 24 Rn. 26; *Huke*/HWGNRH § 24 Rn. 23; *Löwisch*/LK § 24 Rn. 16; *Weiss/Weyand* § 24 Rn. 7; *Wlotzke/WPK* § 24 Rn. 7; s. aber auch *Sowka* DB 1988, 1318 [1320] für den Fall einer Betriebsaufspaltung unter Verlust der Identität des »Mutterbetriebs«; zum **Übergangsmandat** bei einer Veräußerung von Betriebsteilen s. Rdn. 48). **46**

Ihre Mitgliedschaft im Betriebsrat bleibt jedoch erhalten, wenn sie nach § 613a Abs. 6 BGB dem Eintritt des Erwerbers in das Arbeitsverhältnis widersprechen (*Wlotzke/WPK* § 24 Rn. 7). Sie bleiben ferner im Amt, wenn bei einer **Unternehmensaufspaltung** nach Maßgabe des § 613a BGB lediglich **47** die individualrechtliche Zuordnung der Arbeitsverhältnisse verändert wird, betriebsverfassungsrechtlich aber die neu entstandenen Unternehmen wegen unveränderter Leitungsstruktur hinsichtlich der sozialen und personellen Angelegenheiten nunmehr einen **gemeinsamen Betrieb** bilden (§ 1 Abs. 2 Nr. 2; zur Zulässigkeit s. *Kreutz* § 21 Rdn. 45 ff.). Da dieser mit dem bisher bestehenden identisch ist, erlischt bei einer Unternehmensaufspaltung das Betriebsratsamt weder wegen eines Verlustes der Wählbarkeit (§ 24 Nr. 4) noch wegen einer Beendigung des Arbeitsverhältnisses (§ 24 Nr. 3), da letztere Vorschrift als Unterfall des § 24 Nr. 4 (s. Rdn. 22) auf den Betrieb bezogen und das neu entstandene Unternehmen auch Arbeitgeber für den nunmehr gemeinsamen Betrieb ist (*Wiese* FS *Gaul*, 1992, S. 553 [574]; ebenso *Fitting* § 24 Rn. 27; *Sowka* DB 1988, 1318 [1319]; *Wlotzke/WPK* § 24 Rn. 7).

48 Die Beendigung der Mitgliedschaft im Betriebsrat tritt auch ein, wenn der Betriebsrat kraft eines **Übergangsmandats** (§ 21a) für den ausgegliederten Betriebsteil vorübergehend zuständig bleibt und das Betriebsratsmitglied in dem ausgegliederten Betriebsteil beschäftigt ist. Widerspricht dieses nicht dem Eintritt des Erwerbers in das Arbeitsverhältnis, dann endet das Arbeitsverhältnis zu dem bisherigen Inhaber des Betriebsteils und damit auch die Mitgliedschaft im Betriebsrat (*Oetker/Busche* NZA 1991, Beil. Nr. 1, S. 18 [24]; ebenso *Fitting* § 21a Rn. 17, sowie der Betriebsinhaberwechsel zur Beendigung des Arbeitsverhältnisses mit dem Veräußerer führt; a. M. *Buschmann/DKKW* § 24 Rn. 23; *Huke/HWGNRH* § 24 Rn. 23; *Kreutz* § 21a Rdn. 102; *Reichold/HWK* § 24 BetrVG Rn. 9; *Richardi/Thüsing* § 24 Rn. 13, 23; *Wlotzke/WPK* § 24 Rn. 8). Die gegenteilige h. M., die § 21a als *lex specialis* zu § 24 qualifiziert und für die Dauer des Übergangsmandats den Fortbestand der Mitgliedschaft im Betriebsrat bejaht, ist weder mit dem Wortlaut noch mit dem Zweck der Vorschrift vereinbar, die das Übergangsmandat des Betriebsrats anordnet. Diese soll lediglich die Zuständigkeit des Betriebsrats für diejenigen Arbeitnehmer vorübergehend aufrechterhalten, für die der Betriebsrat nach allgemeinen Grundsätzen an sich seine Zuständigkeit verlieren würde. Die Anordnung einer Kontinuität in der personellen Zusammensetzung des Organs lässt sich der gesetzlichen Vorschrift nicht entnehmen; hierfür hätte es einer ausdrücklichen Regelung bedurft, wie sie z. B. das österreichische Betriebsverfassungsrecht mit § 62b Abs. 3 ArbVG trifft.

kk) Insolvenzverfahren

49 Die **Eröffnung** des **Insolvenzverfahrens** über das Vermögen des Arbeitgebers/Unternehmens löst die Arbeitsverhältnisse nicht auf. Deshalb bleibt auch die Mitgliedschaft im Betriebsrat bis zur Auflösung des Betriebs bestehen (*Buschmann/DKKW* § 24 Rn. 24; *Fitting* § 24 Rn. 30; *Galperin/Löwisch* § 24 Rn. 21; *Huke/HWGNRH* § 24 Rn. 21; *Koch*/ErfK § 24 BetrVG Rn. 5; *Reichold/HWK* § 24 BetrVG Rn. 6).

ll) Betriebsstilllegung

50 Zur **Betriebsstilllegung** s. *Kreutz* § 21 Rdn. 46. Ein infolge der Betriebsstilllegung verbleibendes **Restmandat** des Betriebsrats nach § 21b bleibt von § 24 Nr. 3 auch im Hinblick auf die Mitgliedschaft im Betriebsrat unberührt. Das gilt selbst dann, wenn im Rahmen der Betriebsstilllegung das Arbeitsverhältnis beendet wird, da § 24 Nr. 3 wegen des vorrangigen Zwecks des § 21b nicht anwendbar ist (*BAG* 05.05.2010 EzA § 37 BetrVG 2001 Nr. 9 Rn. 20 ff. = AP Nr. 147 zu § 37 BetrVG 1972 [*Wiese*] = NZA 2010, 1025; näher *Buschbaum* Das Restmandat des Betriebsrats nach § 21b BetrVG [Diss. Gießen 2010], 2011, S. 201 ff. sowie hier Rdn. 22).

51 Ist das Arbeitsverhältnis rechtlich beendet, so erlischt das Betriebsratsamt endgültig. Selbst eine vom Arbeitgeber zugesagte alsbaldige **Wiedereinstellung** lässt dieses nicht wieder aufleben (*BAG* 10.02.1977 EzA § 103 BetrVG 1972 Nr. 18 S. 105 = AP Nr. 9 zu § 103 BetrVG 1972 Bl. 2 R zum Fall des § 10 Abs. 1 AÜG; *LAG Nürnberg* 07.08.1974 ABlBayArbMin. 1975, C 27; *Buschmann/DKKW* § 24 Rn. 19; *Düwell*/HaKo § 24 Rn. 11; *Fitting* § 24 Rn. 23; *Galperin/Löwisch* § 24 Rn. 28; *Huke/HWGNRH* § 24 Rn. 22; *Koch*/ErfK § 24 BetrVG Rn. 5; *Reichold/HWK* § 24 BetrVG Rn. 5; *Richardi/Thüsing* § 24 Rn. 17). Etwas anderes gilt nur dann, wenn das rechtlich beendete Arbeitsverhältnis mit Wissen des Arbeitgebers tatsächlich fortgesetzt wird und dieser nicht unverzüglich widerspricht (§ 15 Abs. 5 TzBfG). War das Arbeitsverhältnis jedoch beendet, so können weder der Arbeitgeber noch der Betriebsrat mit dem früheren Betriebsratsmitglied das Wiederaufleben des Amtes

vereinbaren (ebenso für eine Vereinbarung mit dem Arbeitgeber *Fitting* § 24 Rn. 23; *Koch*/ErfK § 24 BetrVG Rn. 5; *Huke*/HWGNRH § 24 Rn. 22; *Richardi*/*Thüsing* § 24 Rn. 20).

Die **lösende Aussperrung** noch nicht nachgerückter **Ersatzmitglieder** (zu diesen allgemein s. Rdn. 76 ff.) beendet deren Arbeitsverhältnis und damit ihre Ersatzmitgliedschaft. Werden sie nach Beendigung des Arbeitskampfes wieder eingestellt, so gewinnen sie ihre Eigenschaft als Ersatzmitglieder jedenfalls dann zurück, wenn die Tarifvertragsparteien ein Maßregelungsverbot vereinbart haben (*BAG GS* 21.04.1971 AP Nr. 43 zu Art. 9 GG Arbeitskampf Bl. 12; ebenso *Fitting* § 24 Rn. 25; *Galperin*/*Löwisch* § 24 Rn. 20; *Huke*/HWGNRH § 24 Rn. 18). Entsprechendes wird auch dann zu gelten haben, wenn, von begründeten Ausnahmen abgesehen, grundsätzlich alle Ausgesperrten mit der Maßgabe wieder eingestellt worden sind, dass die Arbeitsverhältnisse als nicht unterbrochen gelten sollen (*Fitting* § 24 Rn. 25). Eine entsprechende Vereinbarung, die nur in Einzelfällen individuell getroffen worden ist, lässt jedoch die Ersatzmitgliedschaft nicht wieder aufleben. Die Parteien des Arbeitsvertrages haben keine Dispositionsbefugnis über einen betriebsverfassungsrechtlichen Status.

d) Verlust der Wählbarkeit (Nr. 4)

Der **nachträgliche** Verlust der Wählbarkeit führt mit Eintritt dieser Tatsache kraft Gesetzes zum Verlust der Mitgliedschaft im Betriebsrat. Fehlte die Wählbarkeit bereits im Zeitpunkt der Wahl, so erlischt die Mitgliedschaft nach Maßgabe des § 24 Nr. 6 (s. Rdn. 65 ff.). Über die Voraussetzungen der Wählbarkeit s. §§ 7 Satz 1, 8 nebst Erläuterungen.

Die Wählbarkeit entfällt zunächst durch **Ausscheiden aus der Belegschaft des Betriebs** und dem damit verbundenen **Verlust der Betriebszugehörigkeit** (*Fitting* § 24 Rn. 34; *Joost*/MünchArbR § 217 Rn. 33; *Richardi*/*Thüsing* § 24 Rn. 22). Wählbar sind nur die Arbeitnehmer, die in dem Betrieb beschäftigt sind, für den der Betriebsrat gewählt werden soll. Ein Arbeitnehmer, der aus der Belegschaft dieses Betriebs ausscheidet, verliert seine Betriebszugehörigkeit und damit das passive Wahlrecht.

Das **Ruhen des Arbeitsverhältnisses** führt zumindest dann zum Verlust der Betriebszugehörigkeit, wenn – wie bei der **Altersteilzeit** im Blockmodell – sicher feststeht, dass der Arbeitnehmer seine Tätigkeit nicht wieder aufnehmen wird (*BAG* 25.10.2000 EzA § 76 BetrVG 1952 Nr. 16 = AP Nr. 32 zu § 76 BetrVG 1952; 16.04.2003 EzA § 9 BetrVG 2001 Nr. 1 S. 7 f. = AP Nr. 7 zu § 9 BetrVG 1972 Bl. 3 R f. [*Maschmann*]; *Düwell*/HaKo § 24 Rn. 12; *Reichold*/HWK § 24 BetrVG Rn. 8; *Wlotzke*/WPK § 24 Rn. 10 sowie *Raab* § 7 Rdn. 26 f.; s. aber auch *VG Schleswig* 07.03.2000 AiB 2000, 350 f.). Entsprechendes gilt, wenn Arbeitnehmer nach § 4 Abs 3 TVöD zwar in einem Arbeitsverhältnis mit dem bisherigen Arbeitgeber verbleiben, aufgrund einer **Personalgestellung** ihre Arbeitsleistung wegen der Aufgabenverlagerung zu einem anderen Arbeitgeber zukünftig bei diesem erbringen (s. *BVerwG* 22.09.2015 NZA-RR 2016, 106 Rn. 18 ff.: Verlust der Dienststellenzugehörigkeit). In dieser Konstellation scheidet der Arbeitnehmer aus dem bisherigen Betrieb aus und gilt nach § 5 Abs 1 Satz 3 als Arbeitnehmer des anderen Arbeitgebers. Die für die Betriebszugehörigkeit maßgebende tatsächliche Beziehung zu dem Betrieb endet jedoch dann nicht, wenn nach Beendigung des Ruhenstatbestandes eine **Rückkehr in den Betrieb** vorgesehen ist, wie dies z. B. bei der **Elternzeit** oder der **Pflegezeit** der Fall ist (für die Elternzeit *BAG* 25.05.2005 EzA § 40 BetrVG 2001 Nr. 9 S. 3 = AP Nr. 13 zu § 24 BetrVG 1972 Bl. 2).

Scheidet ein Arbeitnehmer aus dem Betrieb wegen **Beendigung des Arbeitsverhältnisses** aus, so erlischt das Betriebsratsamt bereits nach § 24 Nr. 3; Nr. 4 betrifft daher sonstige Fälle des Ausscheidens aus der Belegschaft, vor allem die rechtswirksame **Versetzung** des Arbeitnehmers **in einen anderen Betrieb** desselben Arbeitgebers/Unternehmens (*BAG* 21.09.1989 EzA § 99 BetrVG 1972 Nr. 76 S. 10 = AP Nr. 72 zu § 99 BetrVG 1972 Bl. 5 = SAE 1992, 9 [*Fastrich*], das aber § 24 Abs. 1 Nr. 3 a. F. anwendete; wie hier jetzt *BAG* 11.07.2000 EzA § 103 BetrVG 1972 Nr. 42 S. 7 = AP Nr. 44 zu § 103 BetrVG 1972 Bl. 3 R; *LAG Hamm* 11.01.1989 DB 1989, 1732; ebenso *Düwell*/HaKo § 24 Rn. 17; *Fitting* § 24 Rn. 34; *Galperin*/*Löwisch* § 24 Rn. 24; *Huke*/HWGNRH § 24 Rn. 26; *Joost*/MünchArbR § 217 Rn. 33; *Koch*/ErfK § 24 BetrVG Rn. 6; *Richardi*/*Thüsing* § 24 Rn. 22; *Weiss*/*Weyand* § 24 Rn. 8; *Wlotzke*/WPK § 24 Rn. 11; zur Reichweite des Amtsschutzes bei der Versetzung von Betriebsratsmitgliedern s. *Raab* § 103 Rdn. 24 m. w. N.). Das gilt auch bei Versetzung eines Betriebsratsmitglieds in einen anderen Betrieb des Unternehmens und Teilstilllegung des Betriebs, dem das Betriebsratsmitglied bisher angehörte (**a. M.** *G. Müller* ZfA 1990, 607 [628 f.]), dagegen nicht, wenn bei einer Unternehmensaufspaltung die einzelnen Unternehmen weiterhin einen gemeinsamen Betrieb bilden (s. Rdn. 47 sowie *Kreutz* § 21a Rdn. 93; *Sowka* DB 1988, 1318 [1319]).

57 Eine nur **vorübergehende Abordnung** in einen anderen Betrieb beendet die Betriebszugehörigkeit nicht (*Düwell*/HaKo § 24 Rn. 12; *Fitting* § 24 Rn. 34; *Koch*/ErfK § 24 BetrVG Rn. 6; *Richardi*/*Thüsing* § 24 Rn. 22; *Wlotzke*/WPK § 24 Rn. 11). Der in § 95 Abs. 3 definierte Begriff der Versetzung i. S. d. Betriebsverfassungsrechts (dazu s. *Raab* § 99 Rdn. 80 ff.) ist in diesem Zusammenhang nur insofern von Bedeutung, als die Zuweisung oder Übernahme eines Arbeitsbereichs in einem anderen Betrieb die ursprüngliche Betriebszugehörigkeit jedenfalls dann nicht aufhebt, wenn sie die Dauer von einem Monat nicht überschreitet (zust. *Düwell*/HaKo § 24 Rn. 12). Für die Fälle einer **Arbeitnehmerüberlassung** legt § 14 Abs. 1 AÜG ausdrücklich fest, dass Leiharbeitnehmer Angehörige des entsendenden Betriebs bleiben.

58 Aus der Belegschaft des Betriebs scheidet auch aus, wer die **Eigenschaft als Arbeitnehmer** i. S. d. Gesetzes (§ 5) **verliert**. Wer in das gesetzliche Vertretungsorgan der juristischen Person berufen wird, deren Unternehmen der Betrieb zugeordnet ist, gilt nicht mehr als Arbeitnehmer (§ 5 Abs. 2 Nr. 1). Er verliert die Wählbarkeit und damit sein Betriebsratsamt. Das gleiche gilt, wenn bei einem Arbeitnehmer und Betriebsratsmitglied die Voraussetzungen des § 5 Abs. 2 Nr. 2 bis 5 eintreten oder dieser **leitender Angestellter** (§ 5 Abs. 3, 4) wird (*Düwell*/HaKo § 24 Rn. 16; *Fitting* § 24 Rn. 33; *Huke*/HWGNRH § 24 Rn. 28; *Joost*/MünchArbR § 217 Rn. 33; *Koch*/ErfK § 24 BetrVG Rn. 6; *Reichold*/HWK § 24 BetrVG Rn. 8; *Richardi*/*Thüsing* § 24 Rn. 24). Verloren geht die Arbeitnehmereigenschaft auch bei Personen, die nach § **5 Abs. 1 Satz 3** als Arbeitnehmer gelten und deren Tätigkeit im Betrieb endet (ebenso im Ansatz *LAG Hamm* 16.03.2012 – 13 TaBV 48/11 – BeckRS 2012, 69996, das im entschiedenen Fall jedoch eine Beendigung der Tätigkeit verneint hat).

59 Ein Verlust der Wählbarkeit tritt auch ein bei der **Zusammenlegung** von **Betrieben** oder **Betriebsteilen** zu einem einheitlichen **neuen Betrieb** (*LAG Frankfurt a. M.* 01.09.1988 AuR 1989, 186), bei der **Ausgliederung** des **Betriebsteils**, in dem das Betriebsratsmitglied tätig ist, sei es, dass der Betriebsteil selbständiger Betrieb desselben Unternehmens wird, als Betriebsteil einem anderen Betrieb zugeordnet oder in diesen eingegliedert wird (ebenso *Buschmann*/DKKW § 24 Rn. 29; *Fitting* § 24 Rn. 36; *Galperin*/Löwisch § 24 Rn. 25; *Koch*/ErfK § 24 BetrVG Rn. 6; *Richardi*/*Thüsing* § 24 Rn. 23; im Grundsatz auch *Wlotzke*/WPK § 24 Rn. 12). Der Arbeitnehmer gehört dann nur noch zur Belegschaft des neuen Betriebs und ist in diesem aktiv und passiv wahlberechtigt. Aus der ursprünglichen Belegschaft scheidet er aus und verliert damit auch sein Betriebsratsamt. Zum Übergangsmandat s. Rdn. 48.

60 Für die von Teilen des Schrifttums geäußerte Ansicht, in den Fällen einer Veräußerung der Betriebsabteilung sei § 15 Abs. 5 KSchG analog anzuwenden (so *Buschmann*/DKKW § 24 Rn. 29; *Düwell*/HaKo § 24 Rn. 15; *Fitting* § 24 Rn. 36; *Gerauer* BB 1990, 1127 ff.; *Koch*/ErfK § 24 BetrVG Rn. 6; *Wlotzke*/WPK § 24 Rn. 12) fehlt die für den Analogieschluss notwendige methodische Grundlage. Den Schutz des Arbeitsverhältnisses verwirklicht in dieser Konstellation § 613a BGB und den Organschutz gewährleistet das Widerspruchsrecht des Arbeitnehmers (§ 613a Abs. 6 BGB) ausreichend. Auch bei einer auf § 15 Abs. 5 KSchG gestützten ordentlichen Kündigung steht das Kontinuitätsinteresse des Organs unter dem Vorbehalt, dass der Arbeitnehmer gegen die Kündigung gerichtlich vorgeht und auf Feststellung ihrer Unwirksamkeit klagt (ebenfalls ablehnend *Etzel*/Kreft/KR § 15 KSchG Rn. 153; *Galperin*/Löwisch § 24 Rn. 25; *Huke*/HWGNRH § 24 Rn. 27). In dem neuen Betrieb findet eine Neuwahl zum Betriebsrat statt, im Falle der Angliederung als unselbständiger Betriebsteil (§ 4) und der Eingliederung jedoch nur nach Maßgabe des § 13 Abs. 2 Nr. 1. Zur Umorganisation von Betrieben und Unternehmen insgesamt s. *Kreutz* § 21 Rdn. 39 ff.

61 Wer nach früherem Recht **entmündigt**, unter vorläufige **Vormundschaft** oder wegen geistiger Gebrechen unter **Pflegschaft** gestellt war, verlor nach h. M. das (aktive und passive) Wahlrecht (s. *Raab* § 7 Rdn. 67; bei Entmündigung auch *Huke*/HWGNRH § 24 Rn. 28; zu eng *Galperin*/Löwisch § 24 Rn. 30, die nur die Entmündigung wegen Geisteskrankheit und Geistesschwäche nennen). Mit dem Wirksamwerden der gerichtlichen Entscheidung erlosch die Mitgliedschaft im Betriebsrat. Mit Wir-

kung vom 01.01.1992 gilt das Betreuungsgesetz vom 12.09.1990 (BGBl. I S. 2002). Da die **Anordnung der Betreuung** nicht zum Verlust der Wahlberechtigung führt (s. *Raab* § 7 Rdn. 67), erlischt die Mitgliedschaft im Betriebsrat ebenfalls nicht (**a. M.** *Düwell*/HaKo § 24 Rn. 15; *Fitting* § 24 Rn. 32; *Huke*/HWGNRH § 24 Rn. 28; *Reichold*/HWK § 24 BetrVG Rn. 8; *Richardi*/*Thüsing* § 24 Rn. 26).

Das Betriebsratsamt endet ferner, wenn einem Mitglied die **Wählbarkeit** oder die Fähigkeit, Rechte 62 aus öffentlichen Wahlen zu erlangen, **durch Richterspruch aberkannt** wird (*Raab* § 8 Rdn. 55 ff.). Der Verlust der Wählbarkeit tritt mit Rechtskraft des Urteils ein (§ 45a Abs. 1 StGB). Nach Ablauf der Dauer, für die dem Betriebsratsmitglied die Wählbarkeit durch Richterspruch entzogen ist, lebt das Betriebsratsamt nicht wieder auf. Das gilt selbst dann, wenn die Amtszeit des Betriebsrats zu diesem Zeitpunkt noch nicht abgelaufen sein sollte.

Nach der hier vertretenen Auffassung war nicht wählbar, wer zur Zeit der Wahl **Wehr-** oder **Ersatz-** 63 **dienst** leistet (s. Rdn. 42, dort auch zu weiteren Fällen des Ruhens des Arbeitsverhältnisses); zugleich ruht auch das passive Wahlrecht. Für die Anwendung des § 24 Nr. 4 folgte daraus, dass auch die Mitgliedschaft im Betriebsrat lediglich ruhte, so dass das Betriebsratsmitglied zeitweilig verhindert war (*Richardi*/*Thüsing* § 24 Rn. 27; s. auch Rdn. 42). Nach Beendigung des Wehrdienstes und Rückkehr in den Betrieb lebte das Amt wieder auf; das inzwischen eingetretene Ersatzmitglied räumte dem Zurückkehrenden den Platz. Das entspricht dem Zweck des § 6 Abs. 1 ArbPlSchG, der gerade auch betriebliche Nachteile vermeiden soll. Ein Widerspruch zu der oben (s. *Raab* § 7 Rdn. 60, § 8 Rdn. 41) vertretenen Auffassung, dass der Wehrdienst leistende Arbeitnehmer kein (aktuelles) Wahlrecht hat, besteht nicht. Das Wahlrecht kann nicht nachträglich ausgeübt, wohl aber das Betriebsratsamt wieder aufgenommen und fortgeführt werden.

e) Ausschluss aus dem Betriebsrat und Auflösung des Betriebsrats (Nr. 5)

Wird ein Betriebsratsmitglied durch Beschluss des Arbeitsgerichts gemäß § 23 Abs. 1 aus dem Be- 64 triebsrat ausgeschlossen oder der Betriebsrat aufgelöst, so endet schon nach dem Inhalt des Beschlusses die Mitgliedschaft, im ersten Falle die eines einzelnen Mitglieds, im zweiten Falle die aller Mitglieder unter Einschluss der Ersatzmitglieder. Die Beendigung tritt mit der Rechtskraft des arbeitsgerichtlichen Beschlusses ein, der dem Antrag stattgibt (hierzu § 23 Rdn. 109, 137). Zu den Voraussetzungen und den Rechtsfolgen eines Beschlusses gemäß § 23 Abs. 1 sowie zum Verfahren s. die Erläuterungen zu § 23.

f) Feststellung der anfänglichen Nichtwählbarkeit (Nr. 6)

Ist ein Arbeitnehmer in den Betriebsrat gewählt worden, der zur Zeit der Wahl nicht wählbar war, ist 65 die **Wahl anfechtbar** (s. *Kreutz* § 19 Rdn. 24 f.). Wird diese nicht innerhalb der Frist des § 19 Abs. 2 Satz 2 angefochten, so bleibt der Gewählte für die Dauer der Amtsperiode Mitglied des Betriebsrats. Der besonderen Bedeutung der Wählbarkeitsvoraussetzung trägt das Gesetz jedoch dadurch Rechnung, dass es auch bei nicht angefochtener Wahl die **Berufung auf** die von Anfang an **fehlende Wählbarkeit zulässt**. Der Mangel kann jedoch nur geltend gemacht werden, wenn das **Arbeitsgericht** die **Nichtwählbarkeit** in einem selbständigen Beschlussverfahren **festgestellt** hat; nicht ausreichend ist die Feststellung als Vorfrage in einem Urteilsverfahren (*Fitting* § 24 Rn. 40; *Galperin*/*Löwisch* § 24 Rn. 33; *Huke*/HWGNRH § 24 Rn. 32; *Koch*/ErfK § 24 BetrVG Rn. 7; *Richardi*/*Thüsing* § 24 Rn. 30; *Wlotzke*/WPK § 24 Rn. 14).

Die Feststellung der Nichtwählbarkeit erfolgt **nur auf Antrag** (§ 81 Abs. 1 ArbGG). **Antrags-** 66 **berechtigt** sind diejenigen Personen, die gemäß § 19 Abs. 2 zur Wahlanfechtung berechtigt sind (*BAG* 11.03.1975 EzA § 24 BetrVG 1972 Nr. 1 S. 4 = AP Nr. 1 zu § 24 BetrVG 1972 Bl. 2; 28.11.1977 EzA § 19 BetrVG 1972 Nr. 14 S. 55 = AP Nr. 6 zu § 19 BetrVG 1972 Bl. 3; *Buschmann*/DKKW § 24 Rn. 34; *Düwell*/HaKo § 24 Rn. 23; *Fitting* § 24 Rn. 41; *Galperin*/*Löwisch* § 24 Rn. 33; *Huke*/HWGNRH § 24 Rn. 32; *Joost*/MünchArbR § 217 Rn. 36; *Kloppenburg*/NK-GA § 24 BetrVG Rn. 22; *Koch*/ErfK § 24 BetrVG Rn. 7; *Nikisch* III, S. 126; *Reichold*/HWK § 24 BetrVG Rn. 12; *Richardi*/*Thüsing* § 24 Rn. 31; *Wlotzke*/WPK § 24 Rn. 14; s. dazu auch *Kreutz* § 19

Rdn. 60 ff.). Der Arbeitgeber ist selbst dann notwendiger Beteiligter dieses Verfahrens, wenn er nicht als Antragsteller auftritt (*LAG Berlin* 12.03.1990 LAGE § 5 BetrVG 1972 Nr. 19 Leitsatz 1).

67 Der **Feststellungsantrag** ist **nicht** von der **Einhaltung** einer bestimmten **Frist abhängig** und **gegen** das **Betriebsratsmitglied zu richten** (*BAG* 07.07.1954 AP Nr. 1 zu § 24 BetrVG Bl. 2 f.; 11.03.1975 EzA § 24 BetrVG 1972 Nr. 1 S. 4 = AP Nr. 1 zu § 24 BetrVG 1972 Bl. 2; *Fitting* § 24 Rn. 42; *Galperin/Löwisch* § 24 Rn. 32; *Kloppenburg/NK-GA* § 24 BetrVG Rn. 21; *Richardi/Thüsing* § 24 Rn. 31; *Weiss/Weyand* § 24 Rn. 10; *Wlotzke/WPK* § 24 Rn. 14). Er ist auch schon vor Ablauf der zweiwöchigen Anfechtungsfrist (§ 19 Abs. 2 Satz 2) zulässig, weil der Antragsteller nicht gezwungen ist, bei Nichtwählbarkeit eines Arbeitnehmers zum Betriebsratsmitglied das Verfahren nach § 19 einzuleiten und das Arbeitsgericht ohne Antrag die Wahl nicht für unwirksam erklären kann (*BAG* 29.09.1983 EzA § 15 KSchG n. F. Nr. 32 = AP Nr. 15 zu § 15 KSchG 1969 [*Richardi*] = SAE 1985, 115 [*Schulin*]; *Fitting* § 24 Rn. 42; *Huke/HWGNRH* § 24 Rn. 32; *Richardi/Thüsing* § 24 Rn. 31; *Stege/Weinspach/Schiefer* § 24 Rn. 7; a. M. *Reich* § 24 Rn. 7; *Thiele* 2. Bearbeitung, § 24 Rn. 36).

68 Wurde die **Wahl fristgerecht angefochten**, dann ist der Antrag nach § 24 Nr. 6 unzulässig, sofern nicht der Anfechtungsantrag auf bestimmte andere Anfechtungsgründe beschränkt ist; das Verfahren nach § 24 Nr. 6 ist wegen der unterschiedlichen Rechtsfolgen gegenüber der Wahlanfechtung subsidiär (ebenso *Hess. LAG* 30.07.2015 – 9 TaBV 230/14 – BeckRS 2016, 65752; *Reichold/HWK* § 24 BetrVG Rn. 12; *Richardi* Anm. zu *BAG* 29.09.1983 AP Nr. 15 zu § 15 KSchG 1969 Bl. 6 f.; *ders./Thüsing* § 24 Rn. 33; *Schulin* Anm. SAE 1985, 118 [119]; *Wlotzke/WPK* § 24 Rn. 14). Ist die Wahlanfechtung nicht auf andere Anfechtungsgründe beschränkt worden, kann der Feststellungsantrag zulässig werden, wenn der Anfechtungsantrag wirksam zurückgenommen wird. Eine rechtskräftige Entscheidung im Anfechtungsverfahren, in dem die Wahl unter jedem rechtlichen Gesichtspunkt zur Überprüfung gestellt war, schließt ein nachträgliches Feststellungsverfahren aus (*Buschmann/DKKW* § 24 Rn. 33; *Fitting* § 24 Rn. 43; *Galperin/Löwisch* § 24 Rn. 33a; *Joost/MünchArbR* § 217 Rn. 36; *Wlotzke/WPK* § 24 Rn. 14). Dagegen schließt das **Verfahren** nach **§ 18a** die nachträgliche Feststellung der Nichtwählbarkeit nicht aus (s. *Kreutz* § 18a Rdn. 104; ebenso *Fitting* § 18a Rn. 75, § 24 Rn. 41; *Richardi/Thüsing* § 24 Rn. 33).

69 Die gegenüber § 24 BetrVG 1952 geänderte Fassung des Gesetzes verdeutlicht, dass es **nicht darauf ankommt**, ob der **Mangel** der **Wählbarkeit** bereits vor Ablauf der Anfechtungsfrist **bekannt** war oder erst später erkannt worden ist (*BAG* 11.03.1975 EzA § 24 BetrVG 1972 Nr. 1 S. 4 = AP Nr. 1 zu § 24 BetrVG 1972 Bl. 2). Ohne Bedeutung ist auch, ob gegen die Richtigkeit der Wählerliste Einspruch erhoben worden war (s. *Kreutz* § 19 Rdn. 31). Eine Verwirkung des Antragsrechts kommt wegen des Gewichts des Mangels grundsätzlich nicht in Betracht (*BAG* 11.03.1975 EzA § 24 BetrVG 1972 Nr. 1 S. 5 = AP Nr. 1 zu § 24 BetrVG 1972 Bl. 2 R).

70 Das Gesetz stellt klar, dass die Nichtwählbarkeit nicht mehr festgestellt werden kann, **wenn der Mangel inzwischen behoben** ist (§ 24 Nr. 6 letzter Halbs.). Das gilt indessen nur dann, wenn der die Nichtwählbarkeit begründende Tatbestand ein Anfechtungs- und kein Nichtigkeitsgrund war. Zur Nichtigkeit der Wahl bei Fehlen der Wählbarkeit s. *Raab* § 8 Rdn. 69. Die nur in Ausnahmefällen anzuerkennende Nichtigkeit kann jederzeit und ohne Rücksicht auf einen sie feststellenden Beschluss des Arbeitsgerichts geltend gemacht werden, auch wenn der Mangel inzwischen behoben sein sollte. War die Wahl nur anfechtbar, bleibt es dagegen nach Heilung des Mangels bei der Gültigkeit der nicht angefochtenen Wahl. Ein Feststellungsantrag gemäß Nr. 6 ist als unbegründet abzuweisen.

71 Für die Behebung des Mangels der Wählbarkeit ist der Zeitpunkt der Beendigung der letzten mündlichen Verhandlung, im schriftlichen Verfahren die Verkündung des Beschlusses in der letzten Tatsacheninstanz maßgebend (*BAG* 07.07.1954 AP Nr. 1 zu § 24 BetrVG Bl. 2; *Richardi/Thüsing* § 24 Rn. 32). Die arglistige Verschleppung des Verfahrens mit dem Ziel, die Heilung des Mangels der Wählbarkeit zu erreichen, kann im Einzelfall die Berufung auf die Heilung ausschließen (*Richardi/Thüsing* § 24 Rn. 32).

72 Mit der **rechtskräftigen Feststellung** der **Nichtwählbarkeit erlischt** die **Mitgliedschaft** im Betriebsrat **für** die **Zukunft** (*BAG* 07.07.1954 AP Nr. 1 zu § 24 BetrVG Bl. 1 R; 13.07.1962 AP Nr. 2 zu § 24 BetrVG Bl. 1 R; 29.09.1983 EzA § 15 KSchG n. F. Nr. 32 S. 173 = AP Nr. 15 zu § 15 KSchG 1969 Bl. 1 R f. [*Richardi*] = SAE 1985, 115 [*Schulin*] = AR-Blattei Betriebsverfassung IX, Entsch. 10

Erlöschen der Mitgliedschaft § 24

[*Hanau*]). Beschlüsse des Betriebsrats, an denen das betroffene Mitglied früher mitgewirkt hat, bleiben deshalb wirksam (*Buschmann/DKKW* § 24 Rn. 35; *Fitting* § 24 Rn. 45; *Galperin/Löwisch* § 24 Rn. 33a; *Huke/HWGNRH* § 24 Rn. 34; *Wlotzke/WPK* § 24 Rn. 15). Der **Beschluss** des Arbeitsgerichts hat nicht lediglich feststellende Wirkung, sondern **wirkt rechtsgestaltend** (zust. BAG 29.09.1983 EzA § 15 KSchG n. F. Nr. 32 S. 175 = AP Nr. 15 zu § 15 KSchG 1969 Bl. 2 R; *Richardi/Thüsing* § 24 Rn. 30). Schied daher das betroffene Mitglied bereits aus anderen Gründen aus dem Betriebsrat aus, entfällt das Rechtsschutzbedürfnis für eine Fortsetzung des Verfahrens (BAG 13.07.1962 AP Nr. 2 zu § 24 BetrVG; 11.03.1975 EzA § 24 BetrVG 1972 Nr. 1 S. 5 = AP Nr. 1 zu § 24 BetrVG 1972 Bl. 2 R; *Fitting* § 24 Rn. 48; *Galperin/Löwisch* § 24 Rn. 44; *Huke/HWGNRH* § 24 Rn. 33). Nach § 83a ArbGG ist das Verfahren auf Antrag für erledigt zu erklären.

III. Rechtsfolgen des Erlöschens der Mitgliedschaft

In den Fällen des § 24 Nr. 1 bis 6 **endet** das **Betriebsratsamt** mit Wirkung **für** die **Zukunft**. Damit 73 finden zugleich alle Ämter ihr Ende, die das betroffene Betriebsratsmitglied als solches innehatte. Das gilt nicht nur für den Vorsitz oder stellvertretenden Vorsitz im Betriebsrat, für die Mitgliedschaft im Betriebsausschuss (§ 27) und in Ausschüssen (§ 28), sondern auch für die Mitgliedschaft im Gesamtbetriebsrat (§ 49), im Konzernbetriebsrat (§§ 57, 49) und im Wirtschaftsausschuss (§ 107 Abs. 1), wenn der Betroffene in seiner Eigenschaft als Betriebsratsmitglied (§ 107 Abs. 1 Satz 1 a. E.) in den Wirtschaftsausschuss berufen worden war (*Buschmann/DKKW* § 24 Rn. 36; *Koch*/ErfK § 24 BetrVG Rn. 8; *Richardi/Thüsing* § 24 Rn. 35; *Wlotzke/WPK* § 24 Rn. 16). Dagegen ist die Mitgliedschaft im **Aufsichtsrat** unabhängig vom Erlöschen der Mitgliedschaft im Betriebsrat (*Fitting* § 24 Rn. 46; *Galperin/Löwisch* § 24 Rn. 35; *Huke/HWGNRH* § 24 Rn. 35; *Reichold/HWK* § 24 BetrVG Rn. 13; *Richardi/Thüsing* § 24 Rn. 35; *Wlotzke/WPK* § 24 Rn. 16). Das gilt entsprechend für die Mitgliedschaft in der **Einigungsstelle** (*Düwell*/HaKo § 24 Rn. 24; *Fitting* § 24 Rn. 46; *Huke/HWGNRH* § 24 Rn. 35; *Koch*/ErfK § 24 BetrVG Rn. 8; *Reichold/HWK* § 24 BetrVG Rn. 13; *Richardi/Thüsing* § 24 Rn. 35).

Mit dem Erlöschen der Mitgliedschaft **endet** zugleich die an diese anknüpfende **besondere Rechts-** 74 **stellung**. Es endet der besondere Kündigungsschutz nach § 15 Abs. 1 Satz 1 KSchG, und damit **entfällt das Erfordernis der Zustimmung des Betriebsrats** zur außerordentlichen Kündigung nach § 103. Dagegen bleibt der Ausschluss der ordentlichen Kündigung gemäß **§ 15 Abs. 1 Satz 2 KSchG** und § 29a Abs. 1 Satz 2 HAG noch für die Dauer eines Jahres nach Erlöschen der Mitgliedschaft im Betriebsrat bestehen, es sei denn, die Beendigung der Mitgliedschaft im Betriebsrat beruht auf einer gerichtlichen Entscheidung (§ 15 Abs. 1 Satz 2 a. E. KSchG). Damit sind die Auflösung des Betriebsrats und der Ausschluss von Betriebsratsmitgliedern durch Beschluss des Arbeitsgerichts gemäß § 23 Abs. 1 gemeint (amtliche Begründung, BT-Drucks. VI/1786, S. 59 f.), also der Fall des § 24 Nr. 5, dagegen nicht der Fall der Nr. 6 (*Buschmann/DKKW* § 24 Rn. 38; *Düwell*/HaKo § 24 Rn. 26; *Herschel/Löwisch* KSchG, § 15 Rn. 17; *Löwisch/LK* § 24 Rn. 24; *Matthes* DB 1980, 1165 [1170]; **a. M.** *Etzel/Kreft*/KR § 15 KSchG Rn. 92; *Fitting* § 24 Rn. 47; *von Hoyningen-Huene* in: *von Hoyningen-Huene/Linck* KSchG, § 15 Rn. 60; *Koch*/ErfK § 24 BetrVG Rn. 8; *Linck/APS* § 15 KSchG Rn. 126; *Reichold/HWK* § 24 BetrVG Rn. 13; *Wlotzke/WPK* § 24 Rn. 17). Da der Arbeitnehmer bis zur rechtskräftigen Entscheidung i. S. d. § 24 Nr. 6 Betriebsratsmitglied war (s. Rdn. 72), ist er auch nach Beendigung des Amtes schutzwürdig. Sonst könnte er bis dahin sein Amt nicht unbefangen ausüben.

Die Vorschrift des § 15 Abs. 1 Satz 2 KSchG beschränkt den **nachwirkenden Kündigungsschutz** 75 für Betriebsratsmitglieder **nicht** auf die Fälle der **Beendigung** der **Amtszeit** des **Betriebsrats** als **Kollegialorgan** (§ 21, § 24 Nr. 1; so die früher h. L., vgl. *Dietz/Richardi* 5. Aufl. 1973, § 24 Rn. 39, Anhang § 103 Rn. 4; *Fitting/Auffarth/Kaiser* 12. Aufl. 1977, § 24 Rn. 32, § 103 Rn. 23; *Galperin/Löwisch*, 5. Aufl. 1975, § 24 Rn. 33, § 103 Rn. 42; *Hueck* KSchG, 9. Aufl. 1974, § 15 Rn. 20; *Huke/HWGNRH* § 24 Rn. 37). Für diese Auffassung ließ sich allein der Wortlaut des Gesetzes anführen, nicht aber dessen Zweck. Gegen sie spricht auch die Entstehungsgeschichte, da im Regierungsentwurf ursprünglich auf die »Beendigung der Mitgliedschaft« abgestellt worden war (BT-Drucks. VI/1786, S. 60). Die Änderung der Gesetzesfassung geht auf einen Vorschlag des 10. Ausschusses zurück (BT-Drucks. VI/2729, S. 65), der aber eine sachliche Änderung nicht bezweckte (zu BT-Drucks. VI/2729, S. 36). Deshalb wird der auf ein Jahr nachwirkende Kündigungsschutz für ehemalige Betriebsratsmitglieder nicht nur im Falle des § 24 Nr. 1 wirksam, sondern auch in den Fällen der Nr. 2 und 4 (ebenso nunmehr *BAG* 05.07.1979 EzA § 15 KSchG n. F. Nr. 22 = AP Nr. 6 zu § 15 KSchG 1969 [zust. *Richardi*]; *LAG Hamm* 17.03.1978 DB 1978, 1747 sowie im Schrifttum *Barwasser* AuR 1977, 74; *Buschmann/DKKW* § 24 Rn. 38; *Etzel/Kreft/KR* § 15 KSchG Rn. 80 ff.; *Fitting* § 24 Rn. 47, § 103 Rn. 37; *Galperin/Löwisch* § 24 Rn. 37 ff.; *Gamillscheg* Arbeitsrecht II, S. 459; *ders.* ZfA 1977, 239 [266]; *Hanau* AR-Blattei, Betriebsverfassung IX, Kündigungsschutz der Betriebs- und Personalvertretungen, A I; *von Hoyningen-Huene* in: *von Hoyningen-Huene/Linck* KSchG, § 15 Rn. 51; *Joost/*MünchArbR § 217 Rn. 37; *Matthes* DB 1980, 1165 [1169]; *Reichold/HWK* § 24 BetrVG Rn. 13; *Richardi/Thüsing* § 24 Rn. 36; *Weiss/Weyand* § 24 Rn. 13; *Wlotzke/WPK* § 24 Rn. 17; **a. M.** *Huke/HWGNRH* § 24 Rn. 37). Zum Grundsätzlichen s. § 25 Rdn. 81 ff.

IV. Erlöschen der Ersatzmitgliedschaft

76 Die Mitgliedschaft endet nach dem Gesetzeswortlaut nur, wenn die betreffenden Personen beim Eintritt der in § 24 genannten Tatbestände Mitglieder des Betriebsrats sind. Ersatzmitglieder, die nach § 25 Abs. 1 Satz 1 für ein ausgeschiedenes Mitglied **endgültig nachrücken**, erlangen die uneingeschränkte Rechtsstellung eines Betriebsratsmitglieds, so dass ihr Amt ab diesem Zeitpunkt gemäß § 24 erlöschen kann. Im Falle einer **zeitweiligen Verhinderung** agiert das Ersatzmitglied lediglich als »Stellvertreter«; durch die Stellvertretung wird es nicht zum Mitglied des Betriebsrats (s. § 25 Rdn. 79). Gleichwohl ist § 24 auf das zeitweilig vertretende Ersatzmitglied entsprechend anzuwenden.

77 Die Vorschrift gilt entsprechend auch für **noch nicht nachgerückte Ersatzmitglieder** (*LAG Baden-Württemberg* 11.10.2012 – 11 TaBV 2/12 – BeckRS 2013, 65149 [zu § 24 Nr. 2]; *Buschmann/DKKW* § 24 Rn. 4; *Düwell/HaKo* § 24 Rn. 27; *Fitting* § 24 Rn. 4; *Galperin/Löwisch* § 24 Rn. 4; *Huke/HWGNRH* § 24 Rn. 3; *Koch/ErfK* § 24 BetrVG Rn. 1; *Reichold/HWK* § 24 BetrVG Rn. 1; *Richardi/Thüsing* § 24 Rn. 5; s. aber Rdn. 78). Sie verlieren ihre Eigenschaft als Ersatzmitglied und damit die Fähigkeit, an die Stelle des ausscheidenden Mitglieds zu treten.

78 Mit Ablauf der Amtszeit des Betriebsrats (§ 21) enden daher die Ersatzmitgliedschaften. Die Ersatzmitglieder können auch »ihr Amt niederlegen«, indem sie durch Erklärung gegenüber dem Betriebsrat auf ihre »Anwartschaft« verzichten, von ihr zurücktreten usw. (*LAG Baden-Württemberg* 11.10.2012 – 11 TaBV 2/12 – BeckRS 2013, 65149). Ein aus dem Betrieb ausgeschiedenes Ersatzmitglied kann ebenfalls nicht mehr in den Betriebsrat nachrücken. Ebenso wenig kann es nachrücken, wenn es die Wählbarkeit verloren hat. Dagegen finden § 23 Abs. 1 und § 24 Nr. 5 auf Ersatzmitglieder keine Anwendung, solange sie nicht im Betriebsrat tätig sind. Mit der Auflösung des Betriebsrats nach § 23 Abs. 1 endet allerdings auch die Ersatzmitgliedschaft (s. § 23 Rdn. 139). Für eine Wahlanfechtung wegen eines noch nicht, sei es auch nur als Stellvertreter, nachgerückten Ersatzmitglieds ist kein Raum. Das schließt die Feststellung der anfänglichen Nichtwählbarkeit jedoch nicht aus. Sofern ein Rechtsschutzinteresse besteht (z. B. bevorstehendes Ausscheiden eines Betriebsratsmitglieds), kann der Feststellungsantrag gemäß § 24 Nr. 6 auch schon vor dem Eintritt der Voraussetzungen des § 25 Abs. 1 gestellt und beschieden werden.

V. Streitigkeiten

79 Streitigkeiten darüber, ob die Mitgliedschaft im Betriebsrat erloschen ist, entscheiden die Arbeitsgerichte im Beschlussverfahren (§ 2a Abs. 1 Nr. 1, Abs. 2, §§ 80 ff. ArbGG). In den Fällen des § 24 Nr. 5 und 6 endet die Mitgliedschaft ohnehin kraft eines konstitutiv wirkenden Beschlusses des Arbeitsgerichts. Für ein anschließendes Feststellungsverfahren ist in beiden Fällen kein Raum; es ist unzulässig (*Buschmann/DKKW* § 24 Rn. 40; *Fitting* § 24 Rn. 48). In den übrigen Fällen (Nr. 1 bis 4) kann die Feststellung des Erlöschens des Amtes auch inzidenter im Urteilsverfahren getroffen werden, z. B. in einem Kündigungsschutzprozess, in dem sich der Arbeitnehmer auf den Kündigungsschutz gemäß § 15 Abs. 1 KSchG oder § 103 beruft, oder in einer Vergütungsstreitigkeit, in der sich der Arbeitnehmer z. B. auf § 37 Abs. 1 bis 4, § 38 Abs. 3 beruft.

§ 25
Ersatzmitglieder

(1) Scheidet ein Mitglied des Betriebsrats aus, so rückt ein Ersatzmitglied nach. Dies gilt entsprechend für die Stellvertretung eines zeitweilig verhinderten Mitglieds des Betriebsrats.

(2) Die Ersatzmitglieder werden unter Berücksichtigung des § 15 Abs. 2 der Reihe nach aus den nichtgewählten Arbeitnehmern derjenigen Vorschlagslisten entnommen, denen die zu ersetzenden Mitglieder angehören. Ist eine Vorschlagsliste erschöpft, so ist das Ersatzmitglied derjenigen Vorschlagsliste zu entnehmen, auf die nach den Grundsätzen der Verhältniswahl der nächste Sitz entfallen würde. Ist das ausgeschiedene oder verhinderte Mitglied nach den Grundsätzen der Mehrheitswahl gewählt, so bestimmt sich die Reihenfolge der Ersatzmitglieder unter Berücksichtigung des § 15 Abs. 2 nach der Höhe der erreichten Stimmenzahlen.

Literatur
Literaturnachweise zum BetrVG 1952 siehe 8. Auflage.

Barwasser Zeitweilige Tätigkeit im Betriebsrat und nachwirkender Kündigungsschutz, AuR 1977, 74; *Brill* Stellung, Rechte und Pflichten der Ersatzmitglieder des Betriebsrats, BlStSozArbR 1983, 177; *Eich* Die Annahmeerklärung als Voraussetzung für den Erwerb des Betriebsratsamtes durch Ersatzmitglieder, DB 1976, 47; *Etzel* Kündigungsschutz für Wahlbewerber und Ersatzmitglieder betriebsverfassungsrechtlicher und verwandter Organe, BlStSozArbR 1976, 209; *Kröll* Ersatzmitgliedschaft im Betriebsrat, AiB 2010, 589; *Muratidis* Das Nachrücken von Ersatzmitgliedern in den Betriebsrat gemäß § 25 BetrVG, AiB 1999, 611; *P. Nipperdey* Zum nachwirkenden Kündigungsschutz und Nachrücken von Ersatzmitgliedern, AiB 1999, 250; *Rückert* Probleme beim Einrücken von Ersatzmitgliedern in den Betriebsrat (§ 25 BetrVG), Diss. Würzburg 1982; *Sundermann* Betriebsverfassungsrechtlicher Status und Rechtsstellung der Ersatzmitglieder des Betriebsrats, Diss. Bielefeld 1987 (zit.: Ersatzmitglieder); *Uhmann* Kündigungsschutz von Ersatzmitgliedern, NZA 2000, 576; *ders.* Kündigungsschutz von Ersatzmitgliedern, AuA 2001, 220; *Weinbrenner* Ersatzmitglieder, AiB 2012, 673.

Inhaltsübersicht

		Rdn.
I.	Vorbemerkung	1–6
II.	Zweck der Vorschrift; Begriff des Ersatzmitglieds	7, 8
III.	Voraussetzungen des Nachrückens	9–38
	1. Ausscheiden eines Betriebsratsmitglieds	9–15
	2. Zeitweilige Verhinderung eines Betriebsratsmitglieds	16–38
IV.	Nachrücken des Ersatzmitglieds; Zeitpunkt	39–48
V.	Reihenfolge des Nachrückens	49–63
	1. Grundsätze	49–51
	2. Nachrücken bei Verhältniswahl	52–56
	a) Listennachfolge	52, 53
	b) Erschöpfung der Liste, Listenwechsel	54–56
	3. Nachrücken bei Mehrheitswahl	57, 58
	4. Nachrücken bei Verhinderung mehrerer Betriebsratsmitglieder	59, 60
	5. Besonderheiten bei privatisierten Postbetrieben	61–63
VI.	Erschöpfung aller Listen	64, 65
VII.	Rechtsstellung der Ersatzmitglieder	66–86
	1. Rechtsstellung vor dem Nachrücken	66–68
	2. Rechtsstellung nach dem Nachrücken	69–86
	a) Nachrücken für ein ausgeschiedenes Betriebsratsmitglied	69, 70
	b) Nachrücken für ein zeitweilig verhindertes Betriebsratsmitglied	71–86
VIII.	Streitigkeiten	87, 88

I. Vorbemerkung

1 Die Vorschrift entspricht in **Abs. 1** mit geringen redaktionellen Änderungen § 25 Abs. 1 BetrVG 1952 (zuvor: § 40 BRG). In **Abs. 2** ist auf Vorschlag des Ausschusses für Arbeit und Sozialordnung (BT-Drucks. VI/2729, S. 13; zu BT-Drucks. VI/2729, S. 22) die früher umstrittene Frage, ob bei Erschöpfung einer Vorschlagsliste der Betriebsrat neu zu wählen ist oder das Ersatzmitglied derjenigen Vorschlagsliste nachrückt, auf die nach den Grundsätzen der Verhältniswahl der nächste Sitz entfallen würde, im Interesse der Kontinuität der Betriebsratsarbeit durch Einfügung des Satzes 2 im letzteren Sinne entschieden worden (s. auch Rdn. 54 f.; ferner *BVerwG* 19.02.2013 BVerwGE 146, 48 Rn. 17 = NZA-RR 2013, 499). Abs. 2 Satz 3 entspricht mit redaktionellen Änderungen § 25 Abs. 2 Satz 2 BetrVG 1952. Die vormals in § **25 Abs. 3** enthaltene Regelung (dazu 6. Aufl., § 25 Rn. 1) wurde durch **Art. 1 Nr. 21 BetrVerf-ReformG** aufgehoben, da der durch das BetrVerf-ReformG neu gefasste § 14 die von § 25 Abs. 3 a. F. in Bezug genommene Vorschrift nicht übernommen hat. Für die **privatisierten Postbetriebe** trifft § 26 Nr. 7 PostPersRG eine Sonderregelung, die durch Art. 6 Nr. 2 BetrVerf-ReformG neu gefasst wurde und die vorherige Regelung in § 26 Nr. 4 PostPersRG a. F. abgelöst hat. Für den Fall getrennter Wahlgänge ist eine eigenständige Regelung entbehrlich; bei einer gemeinsamen Wahl soll § 25 anzuwenden sein, wobei jedoch das zahlenmäßige Verhältnis zwischen Arbeitnehmern und Beamten zu beachten ist (§ 26 Nr. 7 i. V. m. § 26 Nr. 2 PostPersRG).

2 Die Vorschrift gilt auch für die **Bordvertretung** (§ 115 Abs. 3), den **Seebetriebsrat** (§ 116 Abs. 2) und die **Jugend- und Auszubildendenvertretung** (§ 65 Abs. 1; hierzu s. § 65 Rdn. 23 f.), nicht aber für den **Wirtschaftsausschuss**. Für ihn ist die Bestellung von Ersatzmitgliedern gleichwohl zulässig (s. § 107 Rdn. 29 m. w. N.). Bei anderen **betriebsratsinternen Ausschüssen (§§ 27, 28 Abs. 1)** ist § 25 grundsätzlich analog anzuwenden, wenn ein Ausschussmitglied aus dem Ausschuss ausscheidet oder zeitweilig an der Ausschusstätigkeit verhindert ist (*BAG* 16.03.2005 EzA § 28 BetrVG 2001 Nr. 2 S. 7 = AP Nr. 6 zu § 28 BetrVG 1972 Bl. 4; *LAG Niedersachsen* 05.09.2007 – 15 TaBV 3/07 – BeckRS 2008, 50157). An einer vergleichbaren Interessenlage fehlt es jedoch, wenn ein Ausschuss um zusätzliche Mitglieder erweitert wird (*BAG* 16.03.2005 EzA § 28 BetrVG 2001 Nr. 2 S. 7 f. = AP Nr. 6 zu § 28 BetrVG 1972 Bl. 4). Bei einer entsprechenden Anwendung von § 25 auf betriebsratsinterne Ausschüsse bleibt allerdings zu beachten, dass sich diese nicht auf § 25 Abs. 2 Satz 2 bezieht, da eine danach eintretende Verschiebung der Sitzverteilung nicht in vergleichbarer Weise wie bei dem Betriebsrat durch die zu wahrende Funktionsfähigkeit des Organs legitimiert ist (*BAG* 16.03.2001 EzA § 28 BetrVG 2001 Nr. 2 S. 6 f. = AP Nr. 6 zu § 28 BetrVG 1972 Bl. 3 f. = SAE 2005, 345 [abl. *Lange*]; *LAG Niedersachsen* 05.09.2007 – 15 TaBV 3/07 – BeckRS 2008, 50157). Im Fall der Erschöpfung der Vorschlagsliste ist stattdessen im Wege der Mehrheitswahl für Ersatz zu sorgen (*LAG Niedersachsen* 05.09.2007 – 15 TaBV 3/07 – BeckRS 2008, 50157). Eine analoge Anwendung des § 25 befürwortet das Bundesarbeitsgericht ferner, wenn die nach § 38 **freizustellenden Betriebsratsmitglieder** aufgrund von Listen gewählt worden sind (*BAG* 16.03.2005 EzA § 28 BetrVG 2001 Nr. 2 S. 5 = AP Nr. 6 zu § 28 BetrVG 1972 Bl. 2 R sowie näher s. *Weber* § 38 Rdn. 86 f. m. w. N.).

3 Die Ersatzmitgliedschaft im **Gesamtbetriebsrat, Konzernbetriebsrat** und in der **Gesamt-Jugend- und Auszubildendenvertretung** sowie der **Konzern-Jugend- und Auszubildendenvertretung** ist in § 47 Abs. 3, § 55 Abs. 2, § 72 Abs. 3 und § 73a Abs. 2 geregelt. Die Ersatzmitglieder und die Reihenfolge ihres Nachrückens sind von den entsendenden Gremien im Voraus für jedes einzelne Mitglied des Gesamt- oder Konzernbetriebsrats und der Gesamt-Jugend- und Auszubildendenvertretung bzw. der Konzern-Jugend- und Auszubildendenvertretung besonders zu bestimmen. Bei Ausschüssen, die von den vorgenannten Organen gebildet wurden, findet § 25 entsprechende Anwendung (*LAG Düsseldorf* 08.05.2012 – 16 TaBV 96/11 – BeckRS 2012, 71537, für Gesamtbetriebsausschuss); für betriebsratsinterne Ausschüsse s. Rdn. 2.

4 Die Vorschrift gilt entsprechend für eine **anderweitige Vertretung der Arbeitnehmer** nach § 3 Abs. 1 Nr. 1 bis 3, weil diese an die Stelle des Betriebsrats tritt (§ 3 Abs. 5 Satz 2), jedoch kann der Tarifvertrag abweichende Regelungen vorsehen (*Buschmann/DKKW* § 25 Rn. 2; *Düwell/*HaKo § 25 Rn. 2; *Fitting* § 25 Rn. 2; *Galperin/Löwisch* § 25 Rn. 2; *Huke/*HWGNRH § 25 Rn. 2). Für eine **zusätzliche Vertretung der Arbeitnehmer** nach § 3 Abs. 1 Nr. 4 und 5 kann der Tarifvertrag bzw. ggf.

eine Betriebsvereinbarung entsprechende Regelungen festlegen (*Buschmann*/DKKW § 25 Rn. 2; *Düwell*/HaKo § 25 Rn. 2; *Fitting* § 25 Rn. 2; *Wlotzke*/WPK § 25 Rn. 1). Zum Nachrücken von Stellvertretern der **Schwerbehindertenvertretung** s. § 177 Abs. 7 Satz 4 SGB IX.

Die Regelungen in § 25 sind **zwingend** (*Düwell*/HaKo § 25 Rn. 1; *Fitting* § 25 Rn. 3; *Galperin*/ **5** *Löwisch* § 25 Rn. 2, 15; *Huke*/HWGNRH § 25 Rn. 1; *Koch*/ErfK § 25 BetrVG Rn. 1; *Wlotzke*/ WPK § 25 Rn. 1). Sie gestatten insbesondere keine gewillkürte Stellvertretung ohne Vorliegen eines Verhinderungsgrundes (s. Rdn. 24). Eine Abänderung ist weder durch Tarifvertrag noch durch Betriebsvereinbarung zulässig (s. aber Rdn. 4). Die Reihenfolge des Nachrückens steht insbesondere auch nicht zur Disposition des Betriebsratsvorsitzenden oder des Betriebsrats (*LAG Schleswig-Holstein* 01.11.2012 DB 2012, 2814 [2815]), sondern ist zwingend durch § 25 Abs. 2 vorgegeben.

Zum **Personalvertretungsrecht** vgl. § 31 BPersVG, zu **Sprecherausschüssen** § 10 SprAuG. Für **6** den **Europäischen Betriebsrat kraft Gesetzes** fehlt eine § 25 entsprechende Regelung; für das **besondere Verhandlungsgremium** ist die Bestellung von Ersatzmitgliedern möglich (§ 10 Abs. 2 EBRG). Entsprechendes kann für den **Europäischen Betriebsrat kraft Vereinbarung** vorgesehen werden (§ 18 Abs. 1 Nr. 2 EBRG). Für die Beteiligung der Arbeitnehmer in der **Europäischen (Aktien-)Gesellschaft** hat der Gesetzgeber diese Regelungsstruktur übernommen. Die Bestellung von Ersatzmitgliedern sieht § 6 Abs. 2 Satz 3 SEBG ausschließlich für das **besondere Verhandlungsgremium** vor, während das SEBG für den **SE-Betriebsrat kraft Gesetzes** keine vergleichbare Bestimmung kennt; für den **SE-Betriebsrat kraft Vereinbarung** eröffnet § 21 SEBG einen mit § 18 Abs. 1 EBRG vergleichbaren Gestaltungsspielraum (*Forst* Die Beteiligungsvereinbarung nach § 21 SEBG [Diss. Bonn], 2010, S. 218).

II. Zweck der Vorschrift; Begriff des Ersatzmitglieds

Die Vorschrift soll die **Kontinuität** der **Arbeit** des **Betriebsrats** (s. auch Rdn. 1) und seine **Be-** **7** **schlussfähigkeit** (§ 33 Abs. 2 letzter Halbs.) dadurch gewährleisten, dass bei Ausscheiden oder Verhinderung von Betriebsratsmitgliedern Ersatzmitglieder endgültig oder vorübergehend nachrücken (*BAG* 08.09.2011 EzA § 25 BetrVG 2001 Nr. 3 Rn. 37 = AP Nr. 70 zu § 15 KSchG 1969 = NZA 2012, 400). Hierfür sollen durch § 25 selbst kurzzeitige Unterbesetzungen im Betriebsrat ausgeschlossen werden (*BAG* 08.09.2011 EzA § 25 BetrVG Nr. 3 Rn. 37 = AP Nr. 70 zu § 15 KSchG 1969 = NZA 2012, 400).

Ersatzmitglieder sind **Wahlbewerber**, die **auf** einem **Wahlvorschlag aufgeführt**, jedoch **nicht** **8** **gewählt** worden sind. Entsprechendes gilt bei einer Mehrheitswahl (§ 14 Abs. 2 Satz 2), also nur ein Wahlvorschlag eingereicht wurde oder die Wahl nach dem vereinfachten Wahlverfahren (§ 14a) durchgeführt worden ist. Die Notwendigkeit eines getrennten Wahlgangs für das Ersatzmitglied, der in § 14 Abs. 4 Satz 2 a. F. vorgesehen war, ist mit der Neufassung des § 14 durch das BetrVerf-ReformG entfallen.

III. Voraussetzungen des Nachrückens

1. Ausscheiden eines Betriebsratsmitglieds

Voraussetzung für das Nachrücken eines Ersatzmitglieds ist, dass nur ein **einzelnes Mitglied** oder **ein-** **9** **zelne Mitglieder** aus dem Betriebsrat **endgültig ausscheiden**, der Betriebsrat im Übrigen aber bestehen bleibt; § 25 gilt daher nicht in allen Fällen des in § 24 bestimmten Erlöschens der Mitgliedschaft (*Richardi*/*Thüsing* § 25 Rn. 3).

Die Vorschrift **gilt nicht beim Ablauf der Amtszeit** (§§ 21, 24 Nr. 1), da diese nur für den Betriebs- **10** rat im Ganzen festgelegt ist; die einzelnen Betriebsratsmitglieder haben keine jeweils gesonderte Amtszeit (s. § 24 Rdn. 8).

Die Vorschrift **gilt nicht, wenn** die **Wahl angefochten** worden ist (§ 19) und das Arbeitsgericht die **11** **Wahl insgesamt für ungültig erklärt** hat. Wird nur die Wahl eines einzelnen Betriebsratsmitglieds

§ 25   *II. 2. Amtszeit des Betriebsrats*

für ungültig erklärt, so gilt es für die Zukunft als nicht gewählt. Das ist seinem Ausscheiden i. S. d. § 25 Abs. 1 Satz 1 gleichzusetzen (s. *Kreutz* § 19 Rdn. 142 m. w. N.).

12 Ersatzmitglieder **rücken** auch dann **nicht nach**, wenn der Betriebsrat durch Beschluss des Arbeitsgerichts **aufgelöst** wurde (§ 23 Abs. 1, § 24 Nr. 5 Fall 2).

13 Hat der **Betriebsrat** dagegen mit der Mehrheit der Stimmen seiner Mitglieder seinen **Rücktritt** beschlossen (§ 13 Abs. 2 Nr. 3), so führt er gemäß § 22 die Geschäfte weiter, bis ein neuer Betriebsrat gewählt und das Wahlergebnis bekannt gegeben ist (s. *Kreutz* § 21 Rdn. 33, § 22 Rdn. 10 ff.). In diesem Falle können Ersatzmitglieder nachrücken, wenn während der Zeit der Weiterführung der Geschäfte einzelne Betriebsratsmitglieder aus einem der in § 24 Nr. 2 bis 4, 5 Fall 1, 6 genannten Gründe aus dem (kommissarisch amtierenden) Betriebsrat ausscheiden oder zeitweilig verhindert sind (*Fitting* § 25 Rn. 13; *Huke/HWGNRH* § 25 Rn. 5; *Koch/ErfK* § 25 BetrVG Rn. 3; *Richardi/Thüsing* § 25 Rn. 6). Entsprechendes gilt, wenn der Betriebsrat aufgrund eines **Restmandats** (§ 21b) amtiert (s. *Kreutz* § 21b Rdn. 17).

14 Mit dem Ablauf der Amtszeit, dem Eintritt der Rechtskraft eines die ganze Wahl für unwirksam erklärenden oder den Betriebsrat auflösenden Beschlusses des Arbeitsgerichts hört der Betriebsrat auf, als Organ zu bestehen. Damit erlöschen auch die Ersatzmitgliedschaften. Es ist ein neuer Betriebsrat zu wählen. Bis zum Abschluss der Wahl hat der Betrieb keinen Betriebsrat.

15 Erlischt die Mitgliedschaft einzelner Betriebsratsmitglieder aus einem der in § 24 Nr. 2 bis 4, 6 genannten Gründen oder durch gerichtlichen Ausschluss aus dem Betriebsrat (§ 23 Abs. 1, § 24 Nr. 5 Fall 1), so scheidet das betroffene Mitglied endgültig aus. Das nachrückende Ersatzmitglied wird ordentliches Betriebsratsmitglied bis zum Ablauf der Amtszeit, sofern seine Mitgliedschaft nicht ebenfalls vorzeitig erlischt.

2. Zeitweilige Verhinderung eines Betriebsratsmitglieds

16 Ein Betriebsratsmitglied ist zeitweilig verhindert, wenn es aus **tatsächlichen** oder **rechtlichen Gründen** seine **amtlichen Funktionen nicht ausüben kann** (*BAG* 23.08.1984 EzA § 103 BetrVG 1972 Nr. 30 S. 201 = AP Nr. 17 zu § 103 BetrVG 1972 Bl. 3 R; 15.11.1984 EzA § 102 BetrVG 1972 Nr. 58 S. 492 = AP Nr. 2 zu § 25 BetrVG 1972 Bl. 2; *BAG* 08.09.2011 EzA § 25 BetrVG 2001 Nr. 3 Rn. 24 = AP Nr. 70 zu § 15 KSchG 1969 = NZA 2012, 400; 27.09.2012 EzA § 626 BGB 2002 Nr. 42 Rn. 19 = AP Nr. 74 zu § 15 KSchG 1969 = NZA 2013, 425; 24.04.2013 EzA § 25 BetrVG 2001 Nr. 4 Rn. 15 = AP Nr. 11 zu § 25 BetrVG 1972 = NZA 2013, 857; 06.11.2013 EzA § 25 BetrVG 2001 Nr. 5 Rn. 27 = AP Nr. 2 zu § 33 BetrVG 1972 = NZA-RR 2014, 196; *LAG Schleswig-Holstein* 01.11.2012 DB 2012, 2814 [2815]; *Düwell/HaKo* § 25 Rn. 7; *Joost/MünchArbR* § 217 Rn. 41; *Koch/ErfK* § 25 BetrVG Rn. 3). Das gilt für sämtliche Aufgaben des Betriebsrats (dazu s. *Weber* § 37 Rdn. 29 ff.), also nicht nur für die Erfüllung von Pflichten (z. B. Teilnahme an einer Betriebsratssitzung), sondern auch für die Ausübung von Rechten (z. B. Beteiligung an einem Antrag auf Einberufung einer Sitzung des Betriebsrats nach § 29 Abs. 3 oder an einem Antrag auf Aussetzung eines Beschlusses nach § 35 Abs. 1).

17 Eine **zeitweilige Verhinderung** kann insbesondere bei Urlaub (*BAG* 20.08.2002 EzA § 38 BetrVG 2001 Nr. 1 S. 7 = AP Nr. 27 zu § 38 BetrVG 1972 Bl. 2; 08.09.2011 EzA § 25 BetrVG 2001 Nr. 3 Rn. 24 ff. = AP Nr. 70 zu § 15 KSchG 1969 = NZA 2012, 400; 27.09.2012 EzA § 626 BGB 2002 Nr. 42 Rn. 19 = AP Nr. 74 zu § 15 KSchG 1969 = NZA 2013, 425; **a. M.** *Stege/Weinspach/Schiefer* § 26 Rn. 15; *Uhmann* NZA 2000, 576 [579], sofern der Betriebsratsvorsitzende zur Entgegennahme der Erklärung in der Lage und bereit ist), Sonderurlaub, Elternzeit (s. Rdn. 21), Beschäftigungsverboten für werdende Mütter und Wöchnerinnen (*ArbG Gießen* 26.02.1986 NZA 1986, 614 [615]), Krankheit (s. Rdn. 18), Kuren, u. U. auswärtiger Arbeit (s. Rdn. 27), Dienstreisen, Teilnahme an einer Schulungs- und Bildungsveranstaltung gemäß § 37 Abs. 6 und 7, Ausspruch eines Hausverbots durch den Arbeitgeber (*Hess. LAG* 29.03.2007 – 9 TaBVGa 68/07 – BeckRS 2011, 71720) sowie bei Unabkömmlichkeit im Betrieb vorliegen. Dagegen ist ein Betriebsratsmitglied wegen seiner Teilnahme an einem Arbeitskampf nicht vorübergehend an der Amtsausübung verhindert (*Kreutz/Jacobs* § 74 Rdn. 58; *Reichold/HWK* § 25 BetrVG Rn. 5; *Richardi/Thüsing* § 25 Rn. 8; *Wiese* NZA 1984, 378

Ersatzmitglieder § 25

m. w. N.). Entsprechendes gilt, wenn ein Betriebsratsmitglied an einem bestimmten Arbeitstag arbeitsfrei hat (*BAG* 27.09.2012 EzA § 626 BGB 2002 Nr. 42 Rn. 31 = AP Nr. 74 zu § 15 KSchG 1969 = NZA 2013, 425), da die Ausübung der Amtsaufgaben in dieser Zeit dem Betriebsratsmitglied nicht unmöglich ist. Vielmehr geht § 37 Abs. 3 davon aus, dass die Amtstätigkeit auch außerhalb der individuellen Arbeitszeit wahrgenommen wird.

Bei **krankheitsbedingter Arbeitsunfähigkeit** besteht eine **Vermutung** für die Amtsunfähigkeit 18 des Betriebsratsmitglieds, die der klagende Arbeitnehmer widerlegen muss (*BAG* 15.11.1984 EzA § 102 BetrVG 1972 Nr. 58 S. 494 = AP Nr. 2 zu § 25 BetrVG 1972 Bl. 3; *LAG Düsseldorf* 06.01.2004 AiB 2004, 753; *LAG München* 03.08.2006 – 3 Sa 459/06 – BeckRS 2009, 68194; *Düwell/HaKo* § 25 Rn. 9; *Reichold/HWK* § 25 BetrVG Rn. 5; *Richardi/Thüsing* § 25 Rn. 7). Jedenfalls liegt in der Regel eine zeitweilige Verhinderung vor, wenn ein Betriebsratsmitglied sich krank gemeldet hat und der Arbeit fernbleibt, selbst wenn sich später herausstellt, dass es nicht arbeitsunfähig krank war und deshalb unberechtigt der Arbeit fernblieb (*BAG* 05.09.1986 EzA § 15 KSchG n. F. Nr. 36 S. 213 *[Schulin]* = AP Nr. 26 zu § 15 KSchG 1969; *LAG Düsseldorf* 06.01.2004 AiB 2004, 753). Hat der Arbeitgeber das erkrankte einzige Betriebsratsmitglied, das nicht vertreten werden kann, während dessen Erkrankung außerhalb des Betriebs dennoch in einer Personalangelegenheit beteiligt, die einen bestimmten Arbeitnehmer betrifft, so muss er dieses auch zu einer wenige Tage später beabsichtigten Kündigung dieses Arbeitnehmers nach § 102 Abs. 1 anhören (*BAG* 15.11.1984 EzA § 102 BetrVG 1972 Nr. 58 S. 494 = AP Nr. 2 zu § 25 BetrVG 1972 Bl. 3 f.; krit. *Stege/Weinspach/Schiefer* § 25 Rn. 4a).

Aus der krankheitsbedingten Arbeitsunfähigkeit folgt indes nicht rechtlich zwingend, dass das Be- 19 triebsratsmitglied auch unfähig ist, seine Amtsaufgaben wahrzunehmen. Deshalb ist das Betriebsratsmitglied nicht wegen Krankheit an der Amtstätigkeit verhindert, wenn es trotz krankheitsbedingter Arbeitsunfähigkeit an einer Betriebsratssitzung teilnimmt (*LAG Schleswig-Holstein* 26.05.2005 – 4 TaBV 27/04 – BeckRS 2005, 41876). Im Hinblick auf die in Rdn. 18 befürwortete Vermutung der Amtsunfähigkeit ist das Betriebsratsmitglied jedoch verpflichtet, seine trotz der Erkrankung fortbestehende Amtsfähigkeit dem Vorsitzenden des Betriebsrats anzuzeigen, da dieser ohne Kenntnis der maßgebenden Umstände nicht von einer fortbestehenden Bereitschaft und Fähigkeit zur Amtsausübung ausgehen kann. Zu den Amtspflichten eines Betriebsratsmitglieds zählt es auch, den Vorsitzenden des Organs über alle Umstände in Kenntnis zu setzen, die für eine ordnungsgemäße Tätigkeit des Organs von Bedeutung sind. Hierzu gehört insbesondere die Mitteilung solcher Umstände, die zu einer zeitweiligen Verhinderung führen, da dies für eine rechtmäßige Vorbereitung und Durchführung der Betriebsratssitzungen unerlässlich ist (*Hess. LAG* 25.07.2014 – 14 Sa 167/13 – BeckRS 2015, 70404). Entsprechendes gilt auch in der umgekehrten Konstellation einer zu vermutenden Amtsunfähigkeit. In diesem Fall trifft das Betriebsratsmitglied die Pflicht, eine ausnahmsweise fortbestehende Amtsfähigkeit anzuzeigen (treffend *LAG Berlin* 01.03.2005 NZA-RR 2006, 32 [33]).

Die zur krankheitsbedingten Arbeitsunfähigkeit befürwortete differenzierende Betrachtung (Rdn. 18 f.) 20 gilt in vergleichbarer Weise, wenn die **arbeitsvertragliche Hauptleistungspflicht** des Betriebsratsmitglieds aus anderen Gründen **suspendiert** ist. So spricht insbesondere in den Fällen einer **urlaubsbedingten Suspendierung der Arbeitpflicht** zwar eine Vermutung dafür, dass das Betriebsratsmitglied für den entsprechenden Zeitraum daran gehindert ist, seine Amtsaufgaben wahrzunehmen (*BAG* 08.09.2011 EzA § 25 BetrVG 2001 Nr. 3 Rn. 29 ff. = AP Nr. 70 zu § 15 KSchG 1969 = NZA 2012, 400; 27.09.2012 EzA § 626 BGB 2002 Nr. 42 Rn. 19 = AP Nr. 74 zu § 15 KSchG 1969 = NZA 2013, 425), es sind aber keine Rechtsgründe ersichtlich, die es dem Betriebsratsmitglied verwehren könnten, sein Amt trotz nicht bestehender Arbeitspflicht auszuüben. Allerdings bleibt es in diesem Fall gehalten, dies dem Betriebsratsvorsitzenden anzuzeigen (*BAG* 08.09.2011 EzA § 25 BetrVG 2001 Nr. 3 Rn. 29, 32 = AP Nr. 70 zu § 15 KSchG 1969 = NZA 2012, 400; 27.09.2012 EzA § 626 BGB 2002 Nr. 42 Rn. 19 = AP Nr. 74 zu § 15 KSchG 1969 = NZA 2013, 425; *LAG Berlin* 01.03.2005 NZA-RR 2006, 32 [33]; *LAG Düsseldorf* 26.04.2010 PersV 2010, 476).

Dementsprechend ist das Betriebsratsmitglied auch während der **Elternzeit** nicht per se als zeitweilig 21 verhindert anzusehen (insoweit im Ansatz zutreffend *BAG* 25.05.2005 EzA § 40 BetrVG 2001 Nr. 9 S. 3 = AP Nr. 13 zu § 24 BetrVG 1972 Bl. 2; *LAG Berlin-Brandenburg* 01.10.2015 – 5 TaBV 876/15 – BeckRS 2016, 66142; ebenso zuvor *LAG München* 22.07.2004 NZA-RR 2005, 29 [29]). Sofern während der Elternzeit das Arbeitsverhältnis fortbesteht, endet nicht das Betriebsratsamt (s. § 24 Rdn. 43),

§ 25

so dass die Befugnis bestehen bleibt, das Amt auch während der Elternzeit auszuüben. Es zählt allerdings zu den mit dem Amt verbundenen Rücksichtnahmepflichten, eine derartige Absicht dem Betriebsratsvorsitzenden anzuzeigen (*LAG Berlin* 01.03.2005 NZA-RR 2006, 32 [33] sowie Rdn. 20). Umgekehrt liegt eine zeitweilige Verhinderung jedenfalls dann vor, wenn das wegen Elternzeit abwesende Betriebsratsmitglied dem Betriebsratsvorsitzenden ausdrücklich angezeigt hat, dass es keine Betriebsratstätigkeit ausüben will (*LAG Hamm* 15.10.2010 – 10 TaBV 37/10 – BeckRS 2011, 67992). Vergleichbare Grundsätze wie für die Elternzeit gelten auch während einer **Pflegezeit**.

22 Maßgebend ist, dass ein Betriebsratsmitglied seine **amtlichen Funktionen nicht wahrnehmen kann**; die **Dauer** der Verhinderung oder deren **Vorhersehbarkeit** sind dagegen **unerheblich** (*BAG* 17.01.1979 EzA § 15 KSchG n. F. Nr. 21 [*Dütz*] = AP Nr. 5 zu § 15 KSchG 1969 Bl. 2; 05.09.1986 EzA § 15 KSchG n. F. Nr. 36 S. 211 [*Schulin*] = AP Nr. 26 zu § 15 KSchG 1969 Bl. 2; *LAG Bremen* 15.02.1985 BB 1985, 1129; *LAG Hamburg* 04.07.1977 DB 1978, 113 [114]; *Buschmann/DKKW* § 25 Rn. 22; *Düwell/HaKo* § 25 Rn. 10; *Fitting* § 25 Rn. 17; *Galperin/Löwisch* § 25 BetrVG Rn. 12; *Huke/HWGNRH* § 25 Rn. 9; *Kloppenburg/*NK-GA § 25 BetrVG Rn. 7; *Koch/*ErfK § 25 BetrVG Rn. 4; *Nikisch* III, S. 132; *Reichold/HWK* § BetrVG Rn. 4; *Schuldt* AuR 1960, 227 [228]; *Stege/Weinspach/Schiefer* § 25 Rn. 4; *Sundermann* Ersatzmitglieder, S. 114 ff.; *Weiss/Weyand* § 25 Rn. 2; *Wlotzke/WPK* § 25 Rn. 9). Die abweichende Auffassung, die eine Verhinderung für einen »gewissen Zeitraum« für erforderlich hielt (so noch *Dietz/Richardi* § 25 Rn. 7 ff. m. w. N. zu der älteren Literatur), ist abzulehnen (wie hier nunmehr auch *Richardi/Thüsing* § 25 Rn. 6). Das Gesetz gibt für diese einschränkende Interpretation keinen Anhalt, es lässt vielmehr ausdrücklich die Verhinderung an der Teilnahme auch nur einer Betriebsratssitzung als Voraussetzung für die Ladung eines Ersatzmitglieds genügen (§ 29 Abs. 2 Satz 5 und 6; s. auch Rdn. 30). Zudem kann eine Betriebsratssitzung sehr kurz sein, so dass das ohnehin viel zu unbestimmte Kriterium eines »gewissen Zeitraums« für die Abgrenzung nicht geeignet ist.

23 Aus § 29 Abs. 2 Satz 5 und 6 kann auch **nicht** geschlossen werden, die **Verhinderung** müsse **vorhersehbar** sein (*Buschmann/DKKW* § 25 Rn. 22; *Kloppenburg/*NK-GA § 25 BetrVG Rn. 7; **a. M.** *Huke/HWGNRH* § 25 Rn. 9 bei einmaliger Verhinderung kürzerer Art). Die Vorhersehbarkeit verpflichtet lediglich das Betriebsratsmitglied zur Mitteilung an den Vorsitzenden und diesen zur Ladung des Ersatzmitglieds. Ein Ersatzmitglied rückt aber auch dann kraft Gesetzes (s. Rdn. 39) nach, wenn der Verhinderungsfall unvorhergesehen eintritt, ein Betriebsratsmitglied also z. B. vor einer Sitzung plötzlich zurücktritt. Das Ersatzmitglied kann dann möglicherweise nicht mehr »rechtzeitig« geladen werden (dazu s. *Raab* § 29 Rdn. 35); erfährt es jedoch von der Sitzung, so ist es berechtigt, an dieser teilzunehmen (*Buschmann/DKKW* § 25 Rn. 7 sowie *BVerwG* 24.10.1975 BVerwGE 49, 271 [275], zu § 38 Abs. 1 Satz 1 NdsPersVG; s. auch Rdn. 30; **a. M.** *Thiele* 2. Bearbeitung, § 25 Rn. 13; zur Unschädlichkeit der nicht rechtzeitigen Ladung des Ersatzmitglieds für die Wirksamkeit eines Betriebsratsbeschlusses s. *Raab* § 33 Rdn. 53). Im Übrigen ist nicht erforderlich, dass die Verhinderung die Teilnahme an einer Betriebsratssitzung betrifft, da sich hierin die Funktion eines Betriebsratsmitglieds nicht erschöpft (*LAG Hamburg* 04.07.1977 BB 1977, 1602).

24 Die Verhinderung muss **objektiv** gegeben, die Vertretung also **erforderlich** sein. Es genügt nicht, dass ein Betriebsratsmitglied aus Desinteresse oder mutwillig seine Aufgaben nicht wahrnimmt; eine **gewillkürte Stellvertretung** ist **unzulässig** (*BAG* 05.09.1986 EzA § 15 KSchG n. F. Nr. 36 S. 212 f. [*Schulin*] = AP Nr. 26 zu § 15 KSchG 1969; *LAG Hamm* 11.01.1989 DB 1989, 1422; 28.11.2003 AuR 2005, 37 [LS]; *Hess. LAG* 25.07.2014 – 14 Sa 167/13 – BeckRS 2015, 70404; *LAG Schleswig-Holstein* 01.11.2012 DB 2012, 2814 [2815 f.]; *BVerwG* 24.10.1975 BVerwGE 49, 271 [274], zu § 38 Abs. 1 Satz 1 NdsPersVG; *Buschmann/DKKW* § 25 Rn. 15; *Galperin/Löwisch* § 25 Rn. 12; *Huke/HWGNRH* § 25 Rn. 10; *Joost/*MünchArbR § 217 Rn. 41; *Koch/*ErfK § 25 BetrVG Rn. 4; *Löwisch/LK* § 25 Rn. 15; *Nikisch* III, S. 133, 184; *Richardi/Thüsing* § 25 Rn. 6, 15; *Schuldt* AuR 1960, 227 [228 FN. 8]; *Stege/Weinspach/Schiefer* § 25 Rn. 4; *Uhmann* NZA 2000, 576 [579]; *Wlotzke/WPK* § 25 Rn. 9; s. ferner *BAG* 19.11.2003 EzA § 22 BetrVG 2001 Nr. 1 S. 5 = AP Nr. 19 zu § 1 BetrVG 1972 Gemeinsamer Betrieb Bl. 3). Aus diesem Grunde bestehen gegen die von der h. M. befürwortete Einbeziehung kurzfristiger Verhinderungen in den Anwendungsbereich des § 25 Abs. 1 Satz 2 auch insoweit keine Bedenken.

Da die Ladung eines Ersatzmitglieds nur beim Vorliegen eines Verhinderungsgrunds rechtmäßig ist, **25** muss der Betriebsratsvorsitzende prüfen, ob z. B. die Teilnahme eines Ersatzmitglieds an einer Betriebsratssitzung zulässig ist. Dies schließt denknotwendig die Prüfung ein, ob die Verhinderung objektiv vorliegt (**a. M.** *Fitting* § 25 Rn. 21). Sofern keine gegenteiligen Anhaltspunkte ersichtlich sind, kann sich der Betriebsratsvorsitzende jedoch auf einen ihm mitgeteilten Verhinderungsgrund verlassen und ist in der Regel nicht verpflichtet, diesen von sich aus zu überprüfen. Die gegenteilige Auffassung, die die Entscheidung über das Vorliegen eines Verhinderungsgrundes im Verantwortungsbereich des einzelnen Betriebsratsmitgliedes belässt (so *Fitting* § 25 Rn. 21), ist mit der Grundkonzeption des Gesetzes nicht vereinbar, da diese eine »Stellvertretung« an das Vorliegen eines Verhinderungsfalles bindet. Zudem geht eine fehlerhafte Würdigung des Betriebsratsvorsitzenden nicht zu Lasten des Ersatzmitglieds (*BAG* 05.09.1986 EzA § 15 KSchG n. F. Nr. 36 S. 212 f. = AP Nr. 26 zu § 15 KSchG 1969 Bl. 2 R; zust. *Wlotzke/WPK* § 25 Rn. 9).

Einer objektiven Verhinderung steht es gleich, wenn es für das Betriebsratsmitglied **unzumutbar** ist, **26** eine Amtsaufgabe wahrzunehmen (*Buschmann/DKKW* § 25 Rn. 17; *Joost*/MünchArbR § 217 Rn. 41; *Reichold/HWK* § 25 BetrVG Rn. 4; *Weber/Ehrich/Hörchens/Oberthür* Kap. D Rn. 133; *Weiss/Weyand* § 25 Rn. 2; *Wlotzke/WPK* § 25 Rn. 9). Seine Amtspflicht ist dann insoweit nach allgemeinen Grundsätzen aufgehoben (zur pflichtbegrenzenden Wirkung von § 242 BGB und des ihn konkretisierenden § 2 Abs. 1 BetrVG *BAG* 03.10.1978 EzA § 40 BetrVG 1972 Nr. 37 S. 171 f. = AP Nr. 14 zu § 40 BetrVG 1972 Bl. 4 R; *Soergel/Teichmann* BGB, § 242 Rn. 61). Während des Urlaubs eines Betriebsratsmitglieds ist davon auszugehen, dass sein Amt ruht (s. Rdn. 18). Es liegt daher ein Fall der objektiven (rechtlichen) Verhinderung vor (*ArbG Emden* 13.12.1978 ARSt. 1979, 132), so dass sich die Frage der Unzumutbarkeit überhaupt nicht stellt (**a. M.** *Buschmann/DKKW* § 25 Rn. 17 sowie *BAG* 08.09.2011 EzA § 25 BetrVG 1972 Nr. 3 Rn. 39 = AP Nr. 70 zu § 15 KSchG 1969 = NZA 2012, 400; 27.09.2012 EzA § 626 BGB 2002 Nr. 42 Rn. 19 = AP Nr. 74 zu § 15 KSchG 1969 = NZA 2013, 425, das gleichfalls auf die Unzumutbarkeit abstellt). Das Betriebsratsmitglied darf deshalb z. B. nicht an einer Betriebsratssitzung teilnehmen (im Ergebnis ebenso *Joost*/MünchArbR § 217 Rn. 41; *Richardi/Thüsing* § 25 Rn. 26; **a. M.** *BAG* 24.06.1969 AP Nr. 8 zu § 39 BetrVG Bl. 2; *Buschmann/DKKW* § 25 Rn. 17). Ein anderes Ergebnis gilt nur, wenn das Betriebsratsmitglied vorher gegenüber dem Betriebsratsvorsitzenden hinreichend deutlich zu erkennen gegeben hat, dass es auch während des Urlaubs seine Betriebsratstätigkeit ausüben will (*BAG* 08.09.2011 EzA § 25 BetrVG 1972 Nr. 3 Rn. 29, 32 = AP Nr. 70 zu § 15 KSchG 1969 = NZA 2012, 400; 27.09.2012 EzA § 626 BGB 2002 Nr. 42 Rn. 19 = AP Nr. 74 zu § 15 KSchG 1969 = NZA 2013, 425; *LAG Düsseldorf* 26.04.2010 PersV 2010, 476 sowie Rdn. 19). Damit ist nicht die Frage zu verwechseln, ob ein Betriebsratsmitglied wegen wichtiger Betriebsratstätigkeit eine Verschiebung seines Urlaubs verlangen kann; dann wäre es in jedem Fall nicht verhindert.

Hat ein **Betriebsratsmitglied weit entfernt vom Betriebsort** (Montage-)**Arbeiten zu leisten** **27** und würde die Teilnahme an einer Betriebsratssitzung unverhältnismäßig hohe Kosten verursachen, die vom Arbeitgeber nach § 40 Abs. 1 nicht zu tragen sind, so ist das Betriebsratsmitglied gleichfalls als vorübergehend verhindert anzusehen (im Ergebnis ebenso *Fitting* § 25 Rn. 21; *Huke/HWGNRH* § 25 Rn. 10; *Richardi/Thüsing* § 25 Rn. 7, 15). Es wäre nicht sachgerecht, in diesem Falle dem Betriebsratsmitglied den Anspruch auf Kostenerstattung zu versagen, ihm andererseits aber freizustellen, nach seinem Belieben und auf seine Kosten an der Betriebsratssitzung teilzunehmen (so aber *Buschmann/DKKW* § 25 Rn. 18). Die hier vertretene Auffassung schafft daher klare Verhältnisse. Selbst wenn die Kosten für die Betriebsratstätigkeit vom Arbeitgeber nach § 40 Abs. 1 zu tragen sind, ist das Betriebsratsmitglied nicht gehalten, sich wegen der Höhe der Kosten für verhindert zu erklären (*BAG* 23.06.2010 EzA § 40 BetrVG 2001 Nr. 20 Rn. 28 = AP Nr. 106 zu § 40 BetrVG 1972 = NZA 2010, 1298, im Hinblick auf Kinderbetreuungskosten). Ebenso begründen infolge der Betriebsratstätigkeit eintretende Betriebsablaufstörungen grundsätzlich keine zur tatsächlichen Verhinderung führende Unzumutbarkeit (*LAG Schleswig-Holstein* 01.11.2012 DB 2012, 2814 [2816]).

Da es auf die Wahrnehmung von Betriebsratsfunktionen und nicht auf die Dauer der Verhinderung **28** ankommt, ist ein Betriebsratsmitglied nicht nur verhindert, wenn es überhaupt nicht (s. Rdn. 22), sondern auch, wenn es nur **teilweise** an einer **Betriebsratssitzung nicht teilnehmen kann**, weil ihm entweder das Erscheinen erst nach Beginn der Sitzung möglich ist oder es diese vorübergehend bzw.

vorzeitig verlassen muss (*Buschmann/DKKW* § 25 Rn. 21; *Düwell/*HaKo § 25 Rn. 10; *Fitting* § 25 Rn. 17; *Koch/*ErfK § 25 BetrVG Rn. 4; *Nikisch* III, S. 132; *Reichold/HWK* § 25 BetrVG Rn. 4; *Wlotzke/WPK* § 25 Rn. 9; **a. M.** *Huke/HWGNRH* § 25 Rn. 9; *Reich* § 25 Rn. 2). Entsprechendes gilt für die Verhinderung eines Betriebsratsmitglieds bei Sitzungen des Betriebsausschusses oder eines weiteren Ausschusses.

29 Ein **Betriebsratsmitglied** ist insbesondere dann teilweise **verhindert** an einer Betriebsratssitzung teilzunehmen, wenn dort über dessen **eigenen Angelegenheiten beraten** und **entschieden** wird (*BAG* 23.08.1984 EzA § 103 BetrVG 1972 Nr. 30 S. 200 f. = AP Nr. 17 zu § 103 BetrVG 1972 Bl. 3 f.; 03.08.1999 EzA § 33 BetrVG 1972 Nr. 1 S. 1 f. = AP Nr. 7 zu § 25 BetrVG 1972 Bl. 2 R f.; 19.03.2002 EzA § 40 BetrVG 2001 Nr. 3 S. 5 = AP Nr. 77 zu § 40 BetrVG 1972 Bl. 2 R; 10.11.2009 EzA § 25 BetrVG 2001 Nr. 2 Rn. 22 = AP Nr. 43 zu § 99 BetrVG 1972 Eingruppierung = NZA-RR 2010, 416; 24.04.2013 EzA § 25 BetrVG 2001 Nr. 4 Rn. 15 = AP Nr. 11 zu § 25 BetrVG 1972 = NZA 2013, 857; 22.08.2013 EzA § 95 SGB IX Nr. 5 Rn. 41 = AP Nr. 21 zu § 81 SGB IX; 06.11.2013 EzA § 25 BetrVG 2001 Nr. 5 Rn. 27, 29 = AP Nr. 2 zu § 33 BetrVG 1972 = NZA-RR 2014, 196; zust. *Buschmann/DKKW* § 25 Rn. 25; *Fitting* § 25 Rn. 18, 20; *Galperin/Löwisch* § 25 Rn. 13, § 33 Rn. 15; *Glock/HWGNRH* § 33 Rn. 18; *Huke/HWGNRH* § 25 Rn. 11; *Koch/*ErfK § 25 BetrVG Rn. 4; *Oetker* ZfA 1984, 409 [432 f.]; *Schuldt* AuR 1960, 227 [228 f.]; *Stege/Weinspach/ Schiefer* § 25 Rn. 5; *Wlotzke/WPK* § 25 Rn. 11; **a. M.** *Nikisch* III, S. 132 f.; *Richardi/Thüsing* § 25 Rn. 9, § 33 Rn. 9). Das Betriebsratsmitglied darf dann weder an der Beratung noch an der Abstimmung teilnehmen (s. *Raab* § 33 Rdn. 24 ff.). Ist das betroffene Mitglied des Betriebsrats zugleich dessen Vorsitzender, so ist es auch im Hinblick auf die Amtshandlungen als Betriebsratsvorsitzender (z. B. Ladung des Ersatzmitgliedes, § 29 Abs. 2 Satz 6) verhindert (*VG Gießen* 22.01.2001 PersV 2002, 414 [416 f.]; **a. M.** *ArbG Berlin* 05.04.2013 – 28 BV 1565/13 – BeckRS 2013, 69310), sofern es sich nicht um solche handelt, bei denen – wie z. B. der Mitteilung des gefassten Beschlusses – kein Entscheidungsspielraum besteht, der von Eigeninteressen beeinflusst werden könnte (*BAG* 19.03.2002 EzA § 40 BetrVG 2001 Nr. 3 S. 5 = AP Nr. 77 zu § 40 BetrVG 1972 Bl. 3).

30 Eine **eigene Angelegenheit** liegt vor, wenn das **Betriebsratsmitglied unmittelbar betroffen** ist (*BAG* 25.03.1976 EzA § 103 BetrVG 1972 Nr. 12 S. 69 f. = AP Nr. 6 zu § 103 BetrVG 1972 Bl. 2; 03.08.1999 EzA § 33 BetrVG 1972 Nr. 1 S. 4 = AP Nr. 7 zu § 25 BetrVG 1972 Bl. 2; 10.11.2009 EzA § 25 BetrVG 2001 Nr. 2 Rn. 22 = AP Nr. 43 zu § 99 BetrVG 1972 Eingruppierung = NZA-RR 2010, 416; 24.04.2013 EzA § 25 BetrVG 2001 Nr. 4 Rn. 15 = AP Nr. 11 zu § 25 BetrVG 1972 = NZA 2013, 857; 22.08.2013 EzA § 95 SGB IX Nr. 5 Rn. 41 = AP Nr. 21 zu § 81 SGB IX; 06.11.2013 EzA § 25 BetrVG 2001 Nr. 5 Rn. 27, 29 = AP Nr. 2 zu § 33 BetrVG 1972 = NZA-RR 2014, 196). Das gilt vor allem für Entscheidungen des Betriebsrats in personellen Angelegenheiten des Betriebsratsmitglieds wie z. B. für die Zustimmung nach § 103 zu einer außerordentlichen **Kündigung** (*BAG* 25.03.1976 EzA § 103 BetrVG 1972 Nr. 12 S. 70 = AP Nr. 6 zu § 103 BetrVG 1972 Bl. 2; 23.08.1984 EzA § 103 BetrVG 1972 Nr. 30 S. 200 f. = AP Nr. 17 zu § 103 BetrVG 1972 Bl. 3 f.). Soll mehreren Betriebsratsmitgliedern aus dem gleichen Anlass außerordentlich gekündigt werden, so ist bei der Beratung und Entscheidung des Betriebsrats über die Zustimmung jedoch nur dasjenige Betriebsratsmitglied zeitweilig verhindert, das durch die ihm gegenüber beabsichtigte Kündigung unmittelbar betroffen ist; an der Entscheidung über die Zustimmung zur Kündigung der anderen Betriebsratsmitglieder darf es sich dagegen beteiligen (*BAG* 25.03.1976 EzA § 103 BetrVG 1972 Nr. 12 S. 70 ff. = AP Nr. 6 zu § 103 BetrVG 1972 Bl. 2 ff.; ausführlich *Oetker* AuR 1987, 242 ff., m. w. N.; s. ferner *LAG Düsseldorf* 25.04.1975 DB 1975, 2041, für den Fall der Kündigung eines Betriebsratsmitglieds und eines anderen Arbeitnehmers).

31 Eine Verhinderung wegen persönlicher Betroffenheit liegt ebenfalls vor, wenn das Betriebsratsmitglied Adressat von personellen Einzelmaßnahmen i. S. d. § 99 ist, also bei **Versetzungen** (*BAG* 19.03.2003 EzA § 40 BetrVG 2001 Nr. 3 S. 5 = AP Nr. 77 zu § 40 BetrVG 1972 Bl. 2 R; 06.11.2013 EzA § 25 BetrVG 2001 Nr. 5 Rn. 30 = AP Nr. 2 zu § 33 BetrVG 1972 = NZA-RR 2014, 196) und **Umgruppierungen** (*BAG* 03.08.1999 EzA § 33 BetrVG 1972 Nr. 1 S. 7 = AP Nr. 7 zu § 25 BetrVG 1972 Bl. 3 R f.; 10.11.2009 EzA § 25 BetrVG 2001 Nr. 2 Rn. 22 = AP Nr. 43 zu § 99 BetrVG 1972 Eingruppierung = NZA-RR 2010, 416; *LAG Rheinland-Pfalz* 10.02.2012 – 6 TaBV 17/11 – BeckRS 2012, 68450). Bei Versetzungen gilt dies insbesondere auch für das Zustimmungsverfahren nach § 103

Ersatzmitglieder § 25

Abs. 3. Ein Betriebsratsmitglied ist ferner verhindert, wenn der Betriebsrat über einen Antrag auf **Ausschluss** eines Betriebsratsmitglieds nach § 23 Abs. 1 Satz 2 entscheidet (s. § 23 Rdn. 89) oder die Berechtigung einer vom Betriebsratsmitglied eingereichten **Beschwerde** nach § 85 Abs. 1 bzw. die Anrufung einer Einigungsstelle nach § 85 Abs. 2 beschließt (*LAG Nürnberg* 16.10.2012 NZA-RR 2013, 23). Kein Fall einer rechtlichen Verhinderung soll hingegen bei der Beschlussfassung über die Einleitung eines Mitbestimmungssicherungsverfahrens nach § 101 selbst dann vorliegen, wenn die Aufhebung einer gegenüber dem Betriebsratsmitglied getroffenen personellen Einzelmaßnahme wegen einer Verletzung des Beteiligungsrechts begehrt wird (*BAG* 06.11.2013 EzA § 25 BetrVG 2001 Nr. 5 Rn. 29 a. E. = AP Nr. 2 zu § 33 BetrVG 1972 = NZA-RR 2014, 196).

Nach teilweise vertretener Ansicht gelten die vorstehenden Grundsätze auch, wenn personelle Maß- 32 nahmen gegenüber dem **Ehepartner** eines Betriebsratsmitglieds beabsichtigt sind (*LAG Düsseldorf* 16.12.2004 – 11 TaBV 79/04 – BeckRS 2005, 40320; zust. *Kloppenburg/NK-GA* § 25 BetrVG Rn. 7; *Wlotzke/WPK* § 25 Rn. 11 sowie bereits *Flatow/Kahn-Freund* Betriebsrätegesetz, 13. Aufl. 1931, § 32 BRG Rn. 8) oder ein Betriebsratsmitglied **indirekt** von einer personellen Maßnahme (z. B. Höhergruppierung) profitiert, die unmittelbar einen anderen Arbeitnehmer betrifft (*LAG Baden-Württemberg* 30.06.2008 – 4 TaBV 1/08 – BeckRS 2008, 55444; offen *BAG* 10.11.2009 EzA § 25 BetrVG 2001 Nr. 2 Rn. 26 = AP Nr. 43 zu § 99 BetrVG 1972 Eingruppierung = NZA-RR 2010, 416; **a. M.** *BAG* 24.04.2013 EzA § 25 BetrVG 2001 Nr. 4 Rn. 16 = AP Nr. 11 zu § 25 BetrVG 1972 = NZA 2013, 857) oder im Rahmen von § 99 Abs. 2 Nr. 3 über eine Benachteiligung des Betriebsratsmitgliedes zu befinden ist (*LAG Baden-Württemberg* 20.10.2011 – 3 TaBV 4/11 – BeckRS 2012, 66293). Dagegen darf das Betriebsratsmitglied sich an **organisatorischen Akten** des **Betriebsrats** wie Wahlen uneingeschränkt beteiligen (s. *Raab* § 33 Rdn. 27).

Soweit ein Betriebsratsmitglied von einer Beratung und Abstimmung unmittelbar betroffen und des- 33 halb zeitweilig verhindert ist, hat der Betriebsratsvorsitzende rechtzeitig ein Ersatzmitglied zu laden (*Raab* § 29 Rdn. 43 f.). Unterlässt er dies, so ist z. B. ein Zustimmungsbeschluss nach § 103 Abs. 1 nichtig (*BAG* 23.08.1984 EzA § 103 BetrVG 1972 Nr. 30 S. 200 f. = AP Nr. 17 zu § 103 BetrVG 1972 Bl. 3 f.; *LAG Hamm* 18.05.1983 DB 1984, 250; *Buschmann/DKKW* § 25 Rn. 25; *Koch/ErfK* § 25 BetrVG Rn. 4; *Reichold/HWK* § 25 BetrVG Rn. 7; *Wlotzke/WPK* § 25 Rn. 11; zurückhaltend demgegenüber nunmehr *BAG* 06.11.2013 EzA § 25 BetrVG 2001 Nr. 5 Rn. 28 = AP Nr. 2 zu § 33 BetrVG 1972 = NZA-RR 2014, 196). Entsprechendes gilt für einen Beschluss, die Zustimmung zu einer beabsichtigten personellen Einzelmaßnahme zu verweigern; wegen der Nichtigkeit des Beschlusses gilt die Zustimmung mit Fristablauf nach § 99 Abs. 3 Satz 2 als erteilt (*BAG* 03.08.1999 EzA § 33 BetrVG 1972 Nr. 1 S. 9 = AP Nr. 7 zu § 25 BetrVG 1972 Bl. 4 R; s. auch *BAG* 10.11.2009 EzA § 25 BetrVG 2001 Nr. 2 Rn. 20 = AP Nr. 43 zu § 99 BetrVG 1972 Eingruppierung = NZA-RR 2010, 416).

Ein Betriebsratsmitglied ist auch **verhindert, wenn** ihm **mit Zustimmung** des **Betriebsrats** (§ 103 34 Abs. 1) **fristlos gekündigt** wurde (§ 15 Abs. 1 KSchG). Hat es die außerordentliche Kündigung gemäß § 13 Abs. 1 Satz 2, § 4 KSchG mit der **Kündigungsschutzklage** beim Arbeitsgericht angegriffen, so ist die Wirksamkeit der Entlassung bis zur rechtskräftigen Entscheidung tatsächlich im Unklaren. Das Urteil des Arbeitsgerichts hat feststellende, nicht konstitutive Wirkung. Die mit dem Schwebezustand verbundene Unsicherheit über das Erlöschen des Betriebsratsamts (§ 24 Nr. 3; s. § 24 Rdn. 34) oder dessen Fortbestand ist mit einer ordnungsgemäßen, den Gewissheitsinteressen aller Beteiligten entsprechenden Amtsausübung des Betriebsrats nicht verträglich. **Das gekündigte Betriebsratsmitglied** ist deshalb bis zur rechtskräftigen Entscheidung an der Amtsausübung **verhindert** (*LAG Düsseldorf* 21.02.1974 DB 1974, 2164; *LAG Düsseldorf/Köln* 20.12.1957 BB 1958, 412; 27.02.1975 DB 1975, 700; *LAG Frankfurt a. M.* 04.06.1957 AP Nr. 2 zu § 25 BetrVG; *LAG Hamburg* 13.10.1954 DB 1954, 978 [979]; *LAG Hamm* 25.08.1961 DB 1961, 1327; 17.01.1996 LAGE § 25 BetrVG 1972 Nr. 4 S. 1; 24.09.2004 – 10 TaBV 95/04 – BeckRS 2009, 54798; 23.06.2014 – 13 TaBVGa 21/14 – BeckRS 2014, 72579; 15.04.2016 – 13 Sa 1364/15 – BeckRS 2016, 71026; *LAG Köln* 27.06.1997 NZA-RR 1998, 266; *LAG München* 27.01.2011 – 3 TaBVGa 20/10 – juris; *LAG Nürnberg* 10.10.1985 LAGE § 25 BetrVG 1972 Nr. 2 S. 4; *LAG Schleswig-Holstein* 02.09.1976 DB 1976, 1974 [1975]; *Buschmann/DKKW* § 24 Rn. 23, § 25 Rn. 23; *Fitting* § 24 Rn. 16, § 25 Rn. 22; *Galperin/Löwisch* § 24 Rn. 15, § 25 Rn. 11; *Huke/HWGNRH* § 25 Rn. 13; *Joost/Münch-*

§ 25 II. 2. Amtszeit des Betriebsrats

ArbR § 217 Rn. 30; *Koch/*ErfK § 25 BetrVG Rn. 4; *Löwisch/LK* § 25 Rn. 20; *Reichold/HWK* § 25 BetrVG Rn. 6; *Richardi/Thüsing* § 24 Rn. 15, § 25 Rn. 12; *Schuldt* AuR 1960, 227 [228]; *Sundermann* Ersatzmitglieder, S. 92 ff.; *Uhmann* NZA 2000, 576 [579]; *Wlotzke/WPK* § 25 Rn. 12; **a. M.** LAG *Düsseldorf* 08.09.1975 NJW 1976, 386 = AR-Blattei, Kirchenbedienstete, Entsch. 6 [abl. *Richardi*]; *ArbG Elmshorn* 10.09.1996 AiB 1997, 173 [174]; *Dütz* DB 1978, Beil. Nr. 13, S. 19; *Reich* § 25 Rn. 2; ebenso nach erstinstanzlichem Obsiegen im Rahmen eines Kündigungsschutzprozesses *ArbG Detmold* 24.08.2016 – 3 Ca 1093/15 – juris).

35 Es wird deshalb während dieses Zeitraums von einem Ersatzmitglied vertreten. Wird die Kündigungsschutzklage abgewiesen, so tritt das Ersatzmitglied endgültig an die Stelle des ausgeschiedenen Betriebsratsmitglieds. Wird dagegen der Kündigungsschutzklage rechtskräftig stattgegeben, übernimmt das Betriebsratsmitglied wieder sein Amt. Eine zeitweilige Verhinderung liegt aber auch dann nicht mehr vor, wenn das Betriebsratsmitglied während des Kündigungsschutzprozesses weiterbeschäftigt wird (*LAG Hamm* 17.01.1996 LAGE § 25 BetrVG 1972 Nr. 4 S. 1; *LAG München* 27.01.2011 – 3 TaBVGa 20/10 – juris; *Buschmann/DKKW* § 25 Rn. 24; *Düwell/HaKo* § 25 Rn. 12; *Richardi/Thüsing* § 25 Rn. 13; *Stege/Weinspach/Schiefer* § 25 Rn. 3; *Sundermann* Ersatzmitglieder, S. 105 ff. sowie hier § 24 Rdn. 34 m. w. N.). Eine Ausnahme gilt ebenfalls, wenn eine Kündigung offensichtlich unwirksam ist (*LAG Hamm* 23.06.2014 – 13 TaBVGa 21/14 – BeckRS 2014, 72579; *LAG München* 27.01.2011 – 3 TaBVGa 20/10 – juris; *LAG Hamburg* 06.10.2005 – 7 TaBV 7/05 – BeckRS 2011, 66664, für die Kündigung eines Ersatzmitgliedes sowie Rdn. 37). Weitergehend verneint das *ArbG Detmold* eine Verhinderung stets dann, wenn das Betriebsratsmitglied im Rahmen eines Kündigungsschutzprozesses erstinstanzlich obsiegt, ohne dass es darauf ankommen soll, ob der Arbeitgeber zugleich auch zur Weiterbeschäftigung verurteilt worden ist (*ArbG Detmold* 24.08.2016 – 3 Ca 1093/15 – juris).

36 Entsprechendes gilt, wenn ein **Arbeitnehmer**, dem **gekündigt** worden ist, **in den Betriebsrat gewählt** wird sowie im Falle eines **Rechtsstreits** über die **Wirksamkeit** einer **Anfechtung** oder die **sonstige Beendigung** des **Arbeitsverhältnisses** (*Galperin/Löwisch* § 25 Rn. 11; *Huke/HWGNRH* § 25 Rn. 14; *Richardi/Thüsing* § 25 Rn. 13; abw. teilweise die 5. Aufl.), insbesondere auch bei einem **Betriebsübergang** und einem gegen den Erwerber eines Betriebsteils geführten Rechtsstreit, dass das Arbeitsverhältnis zu dem Erwerber besteht (*LAG Köln* 27.06.1997 NZA-RR 1998, 266). Wird ein gekündigter und zum Betriebsratsmitglied gewählter Arbeitnehmer im Hinblick auf § 102 Abs. 5 weiterbeschäftigt, so liegt keine Verhinderung vor (*Richardi/Thüsing* § 25 Rn. 13 sowie hier Rdn. 35 a. E.). Gegenüber Betriebsratsmitgliedern ist eine ordentliche Kündigung allerdings nur nach § 15 Abs. 4 und 5 KSchG möglich.

37 Eine **einstweilige Verfügung**, die dem Betriebsratsmitglied in den oben (s. Rdn. 34 f.) dargestellten Fällen die **Fortführung** des **Amtes gestattet**, ist während des Rechtsstreits über den Fortbestand des Arbeitsverhältnisses wegen der damit verbundenen Ungewissheit über das Erlöschen des Betriebsratsamts **grundsätzlich unzulässig** (*LAG Düsseldorf/Köln* 20.12.1957 BB 1958, 412; 27.02.1975 DB 1975, 700; *LAG Frankfurt a. M.* 04.06.1957 AP Nr. 2 zu § 25 BetrVG; *LAG Hamburg* 13.10.1954 DB 1954, 978 [979]; *LAG Hamm* 24.09.2004 – 10 TaBV 95/04 – BeckRS 2009, 54798; 23.06.2014 – 13 TaBVGa 21/14 – BeckRS 2014, 72579; *LAG Köln* 12.12.2001 NZA-RR 2002, 425 [426]; *LAG Schleswig-Holstein* 17.03.1976 DB 1976, 826 f.; 02.09.1976 DB 1976, 1974 [1975]; *Fitting* § 24 Rn. 17; *Heinze* RdA 1986, 273 [288]; *Huke/HWGNRH* § 24 Rn. 12, § 25 Rn. 14; *Richardi/Thüsing* § 25 Rn. 14; *Weber/Ehrich/Hörchens/Oberthür* Kap. D Rn. 136; **a. M.** *Buschmann/DKKW* § 24 Rn. 15; *Dütz* DB 1978, Beil. Nr. 13, S. 18 ff.; *ders.* Anm. EzA § 15 KSchG n. F. Nr. 21 S. 78j; *Galperin/Löwisch* § 24 Rn. 17).

38 **Anders** verhält es sich, wenn eine **Kündigung offensichtlich rechtsunwirksam** ist oder das **Betriebsratsamt** in anderen Fällen **offensichtlich fortbesteht** (*LAG Hamm* 24.09.2004 – 10 TaBV 95/04 – BeckRS 2009, 54798; 23.06.2014 – 13 TaBVGa 21/14 – BeckRS 2014, 72579; *LAG Düsseldorf* 22.02.1977 DB 1977, 1053 [1054]; *LAG Düsseldorf/Köln* 27.02.1975 DB 1975, 700; *LAG Nürnberg* 10.10.1985 LAGE § 25 BetrVG 1972 Nr. 2 S. 4; *LAG Schleswig-Holstein* 02.09.1976 DB 1976, 1974 [1975]; *Fitting* § 24 Rn. 17; *Richardi/Thüsing* § 25 Rn. 14; *Weber/Ehrich/Hörchens/Oberthür* Kap. D Rn. 136; *Weihrauch* AuR 1965, 9; s. auch *LAG Hamburg* 06.10.2005 – 7 TaBV 7/05 – BeckRS 2011, 66664). Das ist z. B. anzunehmen, wenn die außerordentliche Kündigung eines Betriebsratsmit-

Ersatzmitglieder § 25

glieds oder Wahlbewerbers ohne Zustimmung des Betriebsrats erfolgt oder diese noch nicht nach § 103 Abs. 2 ersetzt ist (*LAG Hamm* 24.09.2004 – 10 TaBV 95/04 – BeckRS 2009, 54798; *ArbG Solingen* 22.08.1974 AuR 1976, 217; zust. *Wotzke/WPK* § 25 Rn. 12; s. auch *LAG Hamm* 24.10.1974 DB 1975, 111), aber nicht, wenn die erste und zweite Instanz im Kündigungsschutzprozess zugunsten des Betriebsratsmitglieds entschieden haben, falls der Betriebsrat der außerordentlichen Kündigung zugestimmt hatte (*LAG Schleswig-Holstein* 02.09.1976 DB 1976, 1974 [1975]).

IV. Nachrücken des Ersatzmitglieds; Zeitpunkt

Sind die **Voraussetzungen** des **§ 25 Abs. 1 Satz 1 oder 2** gegeben, so **rückt** das **Ersatzmitglied** 39 **unmittelbar kraft Gesetzes in** den **Betriebsrat nach**; ein konstitutiver Rechtsakt – Beschluss des Betriebsrats, Ernennung oder Benachrichtigung durch den Betriebsratsvorsitzenden – ist hierfür ebenso wenig erforderlich wie die Kenntnis des Ersatzmitglieds vom Verhinderungsfall oder dessen Annahmeerklärung (*BAG* 17.01.1979 EzA § 15 KSchG n. F. Nr. 21 *[Dütz]* = AP Nr. 5 zu § 15 KSchG 1969 Bl. 2; 05.09.1986 EzA § 15 KSchG n. F. Nr. 36 S. 211 *[Schulin]* = AP Nr. 26 zu § 15 KSchG 1969 Bl. 2; 08.09.2011 EzA § 25 BetrVG 2001 Nr. 3 Rn. 34 = AP Nr. 70 zu § 15 KSchG 1969 = NZA 2012, 400; 19.04.2012 NJW 2012, 3740 Rn. 44; *LAG Hamm* 09.02.1994 LAGE § 25 BetrVG 1972 Nr. 3 S. 1; *LAG Schleswig-Holstein* 07.04.1994 LAGE § 15 KSchG Nr. 8 S. 1; *Buschmann/DKKW* § 25 Rn. 6; *Düwell*/HaKo § 25 Rn. 16; *Fitting* § 25 Rn. 14, 15; *Galperin/Löwisch* § 25 Rn. 1, 4, 5; *Huke/HWGNRH* § 25 Rn. 4, 8; *Kloppenburg*/NK-GA § 25 BetrVG Rn. 7, 13; *Koch*/ErfK § 25 BetrVG Rn. 2; *Löwisch/LK* § 25 Rn. 7; *Reichold/HWK* § 25 BetrVG Rn. 4, 8; *Richardi/Thüsing* § 25 Rn. 25; *Stege/Weinspach/Schiefer* § 25 Rn. 3; *Wotzke/WPK* § 25 Rn. 4; **a. M.** *Eich* DB 1976, 47 ff.; *Joost*/MünchArbR § 217 Rn. 47, die § 17 Abs. 1 Satz 2 WO [= § 18 Abs. 1 Satz 2 WO a. F.] analog anwenden wollen; vgl. auch *LAG Hamburg* 04.07.1977 BB 1977, 1602).

Ist das Ersatzmitglied nicht zur Übernahme des Amtes bereit, kann es dieses sofort wieder niederlegen 40 (§ 24 Nr. 2; *ArbG Kassel* 20.02.1996 AuR 1996, 149 [LS]; *Löwisch/LK* § 25 Rn. 8; *Wotzke/WPK* § 25 Rn. 4). In entsprechender Anwendung des § 24 Nr. 2 ist dies auch schon vor Eintritt eines Vertretungsfalles möglich (s. § 24 Rdn. 77 f.). Der Betriebsratsvorsitzende ist im Hinblick auf eine ordnungsgemäße Geschäftsführung des Betriebsrats verpflichtet, das betroffene Ersatzmitglied von einem Vertretungsfall umgehend zu unterrichten (*LAG Hamburg* 12.03.1993 AiB 1994, 304 [LS]; *Buschmann/DKKW* § 25 Rn. 7; *Fitting* § 25 Rn. 23; *Galperin/Löwisch* § 25 Rn. 5; *Huke/HWGNRH* § 25 Rn. 6; *Koch*/ErfK § 25 BetrVG Rn. 2; *Wotzke/WPK* § 25 Rn. 4).

Nach § 29 Abs. 2 Satz 6 hat der Vorsitzende für ein verhindertes Betriebsratsmitglied das Ersatz- 41 glied zu Betriebsratssitzungen zu laden, ohne dass dies eine Wirksamkeitsvoraussetzung für die Teilnahme an der Sitzung wäre (s. Rdn. 23; ebenso *Fitting* § 25 Rn. 23; *Huke/HWGNRH* § 25 Rn. 7; *Weber/Ehrich/Hörchens/Oberthür* Kap. D Rn. 139).

Wegen des Gebots zur vertrauensvollen Zusammenarbeit zwischen Betriebsrat und Arbeitgeber (§ 2 42 Abs. 1) hat der **Betriebsratsvorsitzende** den **Arbeitgeber** von jeder ihm bekannten **Verhinderung** eines **Betriebsratsmitglieds** und über die **Person** des **nachrückenden Ersatzmitglieds** (also nicht nur vor Sitzungen) **unverzüglich** zu **unterrichten** (so zutr. *Nickel/Kuznik* SAE 1980, 267 [272]; zust. *Wotzke/WPK* § 25 Rn. 4; für nur zweckmäßig halten das *Buschmann/DKKW* § 25 Rn. 8; *Fitting* § 25 Rn. 14; *Koch*/ErfK § 25 BetrVG Rn. 2; *Weber/Ehrich/Hörchens/Oberthür* Kap. D Rn. 123; vgl. auch *BAG* 09.11.1977 EzA § 15 KSchG n. F. Nr. 13 S. 50 = AP Nr. 3 zu § 15 KSchG 1969 Bl. 2 R). Die Verletzung dieser Verpflichtung ändert jedoch nichts daran, dass das Ersatzmitglied kraft Gesetzes in den Betriebsrat nachrückt.

Folgt man der in Rdn. 42 vertretenen Auffassung, erübrigt sich die Annahme einer Rechtspflicht des 43 Ersatzmitglieds, den Arbeitgeber von der Vertretung zu benachrichtigen (so *BAG* 06.09.1979 EzA § 15 KSchG n. F. Nr. 23 = AP Nr. 7 zu § 15 KSchG 1969 Bl. 5 R; schwächer *BAG* 17.01.1979 EzA § 15 KSchG n. F. Nr. 21 = AP Nr. 5 zu § 15 KSchG 1969 Bl. 2 R: Ersatzmitglied »soll« den Arbeitgeber informieren). Das Ersatzmitglied genügt seinen Verpflichtungen, wenn es sich bei der Wahrnehmung von Betriebsratsaufgaben bei dem zuständigen Vorgesetzten abmeldet (dazu s. *Weber* § 37 Rdn. 56 ff.). Will es aus der Vertretung Rechte ableiten, wie z. B. den besonderen oder nachwirkenden Kündigungsschutz (s. Rdn. 73, 83 ff.), muss es allerdings die Vertretung darlegen und beweisen (*BAG* 06.09.1979 EzA § 15 KSchG n. F. Nr. 23 = AP Nr. 7 zu § 15 KSchG 1969 Bl. 5 R). Sollte dem Ersatzmitglied daher bekannt sein, dass der Betriebsratsvorsitzende die ihm obliegende Unterrichtung des Arbeitgebers unterlassen hat, so würde das Ersatzmitglied eigenen Interessen zuwiderhandeln, wenn es seinerseits den Arbeitgeber von der Vertretung nicht unterrichtet. Dann handelt es sich aber nur um eine Obliegenheits- und nicht um eine Pflichtverletzung.

44 Im Fall des **§ 25 Abs. 1 Satz 1 rückt** das **Ersatzmitglied** auch dann in den Betriebsrat **nach**, wenn es im **Zeitpunkt** des Eintritts der Voraussetzungen **für** das **Nachrücken** – z. B. wegen Krankheit – **selbst zeitweilig verhindert** ist; dann wird es seinerseits nach § 25 Abs. 1 Satz 2 von dem nächsten Ersatzmitglied für die Dauer seiner Verhinderung vertreten (*LAG Düsseldorf* 06.01.2004 AiB 2004, 753; *LAG Hamm* 09.02.1994 LAGE § 25 BetrVG 1972 Nr. 3 S. 1; *Buschmann/DKKW* § 25 Rn. 4; *Düwell*/HaKo § 25 Rn. 16; *Fitting* § 25 Rn. 35; *Galperin/Löwisch* § 25 Rn. 22; *Huke/HWGNRH* § 25 Rn. 7; *Koch*/ErfK § 25 BetrVG Rn. 2; *Löwisch/LK* § 25 Rn. 7; *Richardi/Thüsing* § 25 Rn. 22; *Schuldt* AuR 1960, 227 [229 f.]; *Stege/Weinspach/Schiefer* § 25 Rn. 6b).

45 Entsprechendes gilt, wenn ein nach **§ 25 Abs. 1 Satz 2** als Vertreter berufenes Ersatzmitglied bei Eintritt des Vertretungsfalles zeitweilig verhindert ist (*BAG* 06.09.1979 EzA § 15 KSchG n. F. Nr. 23 = AP Nr. 7 zu § 15 KSchG 1969 Bl. 3 R; *Huke/HWGNRH* § 25 Rn. 15; *Richardi/Thüsing* § 25 Rn. 22; *Uhmann* NZA 2000, 576 [581]; *Wlotzke/WPK* § 25 Rn. 21). Ist die Vertretung allerdings auf die Wahrnehmung einer konkreten Aufgabe beschränkt, wie z. B. Ausschluss eines Betriebsratsmitglieds von der Beratung und Abstimmung in eigenen Angelegenheiten (s. Rdn. 29 f.), so rückt an Stelle des verhinderten Ersatzmitglieds sofort das nächstfolgende nach. Gleiches gilt, wenn das an sich berufene Ersatzmitglied für längere Zeit als die voraussichtliche Vertretungsdauer verhindert ist (*Hess. LAG* 30.03.2006 – 9/4 TaBV 209/05 – juris; ähnlich *BAG* 06.09.1979 EzA § 15 KSchG n. F. Nr. 23 = AP Nr. 7 zu § 15 KSchG 1969 Bl. 3 R).

46 Tritt die Verhinderung des nach § 25 Abs. 1 Satz 2 zunächst berufenen Ersatzmitglieds dagegen erst während der Vertretung ein, so wird es seinerseits für die Dauer der Verhinderung wiederum von einem Ersatzmitglied vertreten (*BAG* 09.11.1977 EzA § 15 KSchG n. F. Nr. 13 S. 51 f. = AP Nr. 3 zu § 15 KSchG 1969 Bl. 2 R f.; 08.09.2011 EzA § 25 BetrVG 2001 Nr. 3 Rn. 48 = AP Nr. 70 zu § 15 KSchG 1969 = NZA 2012, 400; *Fitting* § 25 Rn. 35; *Galperin/Löwisch* § 25 Rn. 22; *Huke/HWGNRH* § 25 Rn. 15; *Weiss/Weyand* § 25 Rn. 9). Zur Reihenfolge des Nachrückens bei Verhinderung mehrerer Betriebsratsmitglieder s. Rdn. 59.

47 Maßgebend für das Nachrücken ist im Falle des § 25 Abs. 1 Satz 1 der **Zeitpunkt** des **Ausscheidens** des Betriebsratsmitglieds aus dem Betriebsrat. Bei zeitweiliger Verhinderung eines Betriebsratsmitglieds i. S. d. § 25 Abs. 1 Satz 2 kommt es auf den **Beginn** der **Verhinderung** an (*BAG* 17.01.1979 EzA § 15 KSchG n. F. Nr. 21 = AP Nr. 5 zu § 15 KSchG 1969 Bl. 2; **a. M.** *Thiele* 2. Bearbeitung, § 25 Rn. 14, der auf die Verhinderung an der Wahrnehmung konkreter Amtspflichten und -rechte abstellte und bei deren Fehlen die Verhinderung verneinte). Jedoch ist zu unterscheiden: Handelt es sich darum, dass ein Betriebsratsmitglied allgemein seine Funktion nicht wahrnehmen kann, so beginnt die Verhinderung mit dem Arbeitsbeginn des Tages, an dem das ordentliche Betriebsratsmitglied z. B. wegen Erkrankung oder Urlaubs seinen Dienst nicht antreten kann (*BAG* 17.01.1979 EzA § 15 KSchG n. F. Nr. 21 = AP Nr. 5 zu § 15 KSchG 1969 Bl. 2; 06.09.1979 EzA § 15 KSchG n. F. Nr. 23 = AP Nr. 7 zu § 15 KSchG 1969 Bl. 4 R; 08.09.2011 EzA § 25 BetrVG 2001 Nr. 3 Rn. 43 = AP Nr. 70 zu § 15 KSchG 1969 = NZA 2012, 400) oder in dem Zeitpunkt, in dem es z. B. wegen eines Unfalls seinen Dienst vorzeitig abbrechen muss. Kann ein ordentliches Betriebsratsmitglied dagegen eine konkrete Aufgabe nicht wahrnehmen, weil es z. B. von einer Abstimmung ausgeschlossen ist (s. Rdn. 29 f.), so beschränkt sich die Vertretung auf diesen Zeitraum (zum vorverlegten besonderen Kündigungsschutz bei Sitzungen s. aber Rdn. 81).

48 Die **Vertretung endet** in jedem Fall, wenn das ordentliche Mitglied seine Tätigkeit im Betrieb wieder aufnehmen kann (s. auch *BAG* 17.01.1979 EzA § 15 KSchG n. F. Nr. 21 = AP Nr. 5 zu § 15 KSchG 1969 Bl. 2; 06.09.1979 EzA § 15 KSchG n. F. Nr. 23 = AP Nr. 7 zu § 15 KSchG 1969 Bl. 3 R) oder das Ersatzmitglied selbst für längere Zeit als die voraussichtliche Vertretungsdauer verhindert sein wird (ähnlich *BAG* 06.09.1979 EzA § 15 KSchG n. F. Nr. 23 = AP Nr. 7 zu § 15 KSchG 1969 Bl. 3 R).

Ersatzmitglieder § 25

V. Reihenfolge des Nachrückens

1. Grundsätze

Die Reihenfolge des Nachrückens richtet sich nach § 25 Abs. 2. Maßgebend sind die gleichen Grundsätze, die für die Verteilung der Sitze bei der Betriebsratswahl gelten. Es ist daher zu unterscheiden, ob nach den Grundsätzen der Verhältniswahl (Listenwahl) oder der Mehrheitswahl (Personenwahl) verfahren wurde. Unberücksichtigt bleiben von vornherein diejenigen – ursprünglichen – Ersatzmitglieder, die im Zeitpunkt des Nachrückens bereits ihre Eigenschaft als Ersatzmitglied verloren haben (z. B. durch Verlust der Wählbarkeit; ebenso *Fitting* § 25 Rn. 25; *Huke/HWGNRH* § 25 Rn. 24; *Weber/Ehrich/Hörchens/Oberthür* Kap. D Rn. 102). Ansonsten sind die Grundsätze in § 25 Abs. 2 zwingend und stehen nicht zur Disposition des Betriebsratsvorsitzenden oder des Betriebsrats (*LAG Schleswig-Holstein* 01.11.2012 DB 2012, 2814 [2815]). 49

Die Gruppenzugehörigkeit (Arbeiter oder Angestellte) ist seit Inkrafttreten des BetrVerf-ReformG grundsätzlich (s. aber Rdn. 51) für die Reihenfolge des Nachrückens unerheblich. Stattdessen ist bei der Bestimmung des nachrückenden Ersatzmitglieds § 15 Abs. 2 zu berücksichtigen, so dass die Mindestrepräsentanz des **Minderheitsgeschlechts** gewahrt bleiben muss. Dabei bleibt die in dem Wahlausschreiben angegebene Zahl der Mindestsitze (§ 3 Abs. 2 Nr. 5 WO) auch für die Reihenfolge des Nachrückens maßgeblich (*Wlotzke/WPK* § 25 Rn. 14). Veränderungen im Geschlechterproporz der Arbeitnehmer, die während der Amtszeit eingetreten sind und die bei einer Neuwahl des Betriebsrats zu einer Erhöhung oder Verringerung der Mindestsitze führen würden, bleiben bei der Ermittlung des nachrückenden Ersatzmitglieds unberücksichtigt (*ArbG Köln* 12.11.2014 – 17 BV 296/14 – BeckRS 2015, 65002; *Fitting* § 25 Rn. 24; *Koch/ErfK* § 25 BetrVG Rn. 7). Derartige Veränderungen sollen während der Amtszeit die Zusammensetzung des Betriebsrats nicht beeinflussen; andernfalls hätte dieser Sachverhalt bei den in § 13 Abs. 2 aufgezählten Tatbeständen einer vorzeitigen Neuwahl Berücksichtigung finden müssen, was jedoch entsprechend der früheren allgemeinen Ansicht zum Gruppenprinzip (dazu *Kreutz* 6. Aufl., § 13 Rn. 44, m. w. N.) nicht geschehen ist. 50

Von § 25 Abs. 2 abweichende Grundsätze sind bei den **privatisierten Postbetrieben** zu beachten. Bei ihnen erfolgt grundsätzlich eine Gruppenwahl (§ 26 Nr. 1 PostPersRG: Arbeitnehmer einerseits; Beamte andererseits), sofern die Mehrheit der Beamten keine gemeinsame Wahl beschließen oder das vereinfachte Wahlverfahren (§ 14a) zur Anwendung gelangt (§ 26 Nr. 3 Satz 2 PostPersRG). Bei einer **Gruppenwahl** bestimmt sich das nachrückende Ersatzmitglied nach § 25 Abs. 2; bei **gemeinsamer Wahl** gilt dies im Grundsatz ebenfalls, jedoch legt § 26 Nr. 7 PostPersRG ergänzend fest, dass das Verhältnis zwischen Arbeitnehmern und Beamten im Betriebsrat gewahrt bleiben muss. Hierfür schreibt § 26 Nr. 7 PostPersRG einen Gruppenproporz für die Reihenfolge fest, der dem Schutz zugunsten des Minderheitsgeschlechts in § 25 Abs. 2 entspricht. Bei privatisierten Postbetrieben ist dieser ebenfalls zu beachten, so dass es zu einer nur schwer zu handhabenden Verdoppelung des Gruppenschutzes kommt. 51

2. Nachrücken bei Verhältniswahl

a) Listennachfolge

Erfolgt die Wahl nach den Grundsätzen der Verhältniswahl (§ 14 Abs. 2 Satz 1; dazu s. *Jacobs* § 14 Rdn. 32 ff.), so bleibt jeder Liste gemäß § 25 Abs. 2 Satz 1 die Zahl der auf sie entfallenden Sitze grundsätzlich (s. aber Rdn. 54 f.) auch beim Nachrücken von Ersatzmitgliedern erhalten (Grundsatz der Listennachfolge bzw. Konstanz der Mitgliederzahl je Liste). Scheidet daher ein auf einer Liste gewähltes Mitglied aus oder ist es verhindert, so rückt von dieser Liste der nächste nicht gewählte Bewerber nach (s. auch *Jacobs* § 14 Rdn. 41). Das Gesetz trägt damit dem Umstand Rechnung, dass bei der Listenwahl die Listen und nicht Personen gewählt werden (s. auch § 11 Abs. 1 und 3 WO). Das gilt unabhängig davon, ob hierdurch das Geschlecht in der Minderheit im Anschluss nach Maßgabe von § 15 Abs. 2 im Betriebsrat überrepräsentiert ist, insbesondere bleibt ein bei der Wahl wegen § 15 Abs. 2 erfolgter Listenwechsel hiervon unberührt (*ArbG Aichach* 12.11.2014 – 17 BV 296/14 – BeckRS 2014, 23613; *ArbG Köln* 12.11.2014 – 17 BV 296/14 – BeckRS 2015, 65002). 52

53 Von dem Grundsatz in Rdn. 52 gilt eine Ausnahme, wenn das Nachrücken des nächsten nicht gewählten Bewerbers dazu führen würde, dass hierdurch das **Minderheitsgeschlecht** nicht mehr mindestens entsprechend seinem Verhältnis unter den wahlberechtigten Arbeitnehmern im Betriebsrat vertreten wäre. In diesem Fall rückt derjenige nicht gewählte Bewerber auf der Vorschlagsliste nach, dessen Geschlecht dem des bisherigen Mitgliedes entspricht (ebenso § 17 Abs. 2 Satz 2 WO). Fehlt auf der Vorschlagsliste eine entsprechende Person, dann ist die Vorschlagsliste erschöpft und es gelten die Rechtsfolgen des § 25 Abs. 2 Satz 2 (s. Rdn. 55), da andernfalls § 15 Abs. 2 verletzt würde, dessen Beachtung jedoch § 25 Abs. 2 Satz 1 zwingend vorschreibt (*Düwell*/HaKo § 25 Rn. 18; *Fitting* § 25 Rn. 26; *Huke/HWGNRH* § 25 Rn. 24; *Reichold/HWK* § 25 BetrVG Rn. 9; *Richardi/Thüsing* § 25 Rn. 18; *Wlotzke/WPK* § 25 Rn. 18; **a. M.** *Reich* § 25 Rn. 3).

b) Erschöpfung der Liste, Listenwechsel

54 Weist die Liste, der das zu ersetzende Mitglied angehörte, keine nicht gewählten Bewerber mehr auf, dann ist diese Liste erschöpft. Unerheblich ist, ob von vornherein nicht genügend Bewerber aufgeführt waren (§ 6 Abs. 2 WO ist nur eine Sollvorschrift; s. *Jacobs* § 6 WO Rdn. 7), ob die aufgeführten Bewerber aus dem Betrieb ausgeschieden sind oder ihre Wählbarkeit verloren haben oder ob sie die Ersatzmitgliedschaft abgelehnt haben. Das gilt entsprechend, wenn sich auf der Liste keine Bewerber mehr befinden, um dem Geschlechterproporz des § 15 Abs. 2 zu genügen (*Düwell*/HaKo § 25 Rn. 18; *Fitting* § 25 Rn. 27; *Huke/HWGNRH* § 25 Rn. 24; *Reichold/HWK* § 25 BetrVG Rn. 9; *Richardi/Thüsing* § 25 Rn. 18; *Wlotzke/WPK* § 25 Rn. 18).

55 Für den Fall der Erschöpfung einer Liste sieht § 25 Abs. 2 Satz 2 vor, dass das Ersatzmitglied derjenigen Vorschlagsliste zu entnehmen ist, auf die nach den Grundsätzen der Verhältniswahl der nächste Sitz entfallen würde (s. *Jacobs* § 14 Rdn. 41). Das Gesetz entscheidet damit den zum früheren Recht bestehenden Meinungsstreit (Neuwahl oder Übergreifen auf eine andere Liste; dazu insbesondere *Dietz* § 22 Rn. 18a ff., § 25 Rn. 10a, 10b; *Düwell*/HaKo § 25 Rn. 18; *Fitting/Kraegeloh/Auffarth* § 22 Rn. 25, jeweils m. w. N.) zugunsten der Kontinuität der Betriebsratsarbeit (s. Rdn. 1; ferner *BVerwG* 19.02.2013 BVerwGE 146, 48 Rn. 17 = NZA-RR 2013, 499). Unerheblich ist, ob diese Liste bereits durch ein Mitglied im Betriebsrat vertreten ist (*Düwell*/HaKo § 25 Rn. 18; *Fitting* § 25 Rn. 28; *Weber/Ehrich/Hörchens/Oberthür* Kap. D Rn. 104; *Wlotzke/WPK* § 25 Rn. 15).

56 Die Vertretung des Minderheitsgeschlechts ist nach § 15 Abs. 2 zwingend zu beachten, die näheren Einzelheiten regelt § 15 Abs. 5 WO (dazu näher s. *Jacobs* § 15 WO Rdn. 7 ff.). Ist das **Geschlecht in der Minderheit** unter den nicht gewählten Bewerbern nicht mehr vertreten, so ist ein ggf. nach § 15 Abs. 5 Nr. 1 bis 3 WO erfolgter Austausch rückgängig zu machen (*LAG Nürnberg* 13.05.2004 AuR 2004, 317; s. auch § 15 Abs. 5 Nr. 5 WO sowie dazu *Jacobs* § 15 WO Rdn. 11).

3. Nachrücken bei Mehrheitswahl

57 Lag bei der Wahl eines mehrköpfigen Betriebsrats nur ein Wahlvorschlag (Vorschlagsliste) vor oder wurde die Wahl im vereinfachten Verfahren des § 14a durchgeführt, so erfolgte die Wahl nach den Grundsätzen der Mehrheitswahl (§ 14 Abs. 2 Satz 2). Gewählt waren die Bewerber mit der höchsten Stimmenzahl (§§ 22, 34 Abs. 4 und 5 WO, dazu s. *Jacobs* § 14 Rdn. 42 ff.). Scheidet nun ein Mitglied aus oder ist es verhindert, tritt als Ersatzmitglied derjenige Arbeitnehmer ein, der die nächst höhere Stimmenzahl erreicht hat (§ 25 Abs. 2 Satz 3). Wahlbewerber, die keine Stimme erhalten haben, sind nicht zu berücksichtigen, da sie nicht den Status eines Ersatzmitgliedes erlangt haben (*LAG Düsseldorf* 15.04.2011 LAGE § 13 BetrVG 2001 Nr. 1 [LS 3]; *Düwell*/HaKo § 25 Rn. 18; *Fitting* § 25 Rn. 30; *Reich* § 25 Rn. 5).

58 Entsprechend den Grundsätzen der Verhältniswahl (s. Rdn. 53) gilt von der nach Rdn. 57 zu bestimmenden Reihenfolge eine Ausnahme, wenn ein Nachrücken des Bewerbers mit der nächst höheren Stimmenzahl dazu führen würde, dass die Mindestrepräsentanz des **Minderheitsgeschlechts** nicht mehr gewahrt ist; § 15 Abs. 2 ist für die Bestimmung des nachrückenden Ersatzmitgliedes auch dann zwingend zu beachten, wenn nach den Grundsätzen der Mehrheitswahl gewählt wurde (*Düwell*/HaKo § 25 Rn. 19; *Fitting* § 25 Rn. 30; *Huke/HWGNRH* § 25 Rn. 26; *Reichold/HWK* § 25 BetrVG Rn. 9; *Richardi/Thüsing* § 25 Rn. 19; *Wlotzke/WPK* § 25 Rn. 18; **a. M.** *Reich* § 25 Rn. 5). In diesem

Sonderfall muss das nachrückende Ersatzmitglied demselben Geschlecht angehören wie das zu ersetzende Mitglied (s. auch §§ 23 Abs. 2 Satz 2, 34 Abs. 5 WO).

4. Nachrücken bei Verhinderung mehrerer Betriebsratsmitglieder

Ist ein Ersatzmitglied endgültig nachgerückt, so sind beim Ausscheiden oder bei Verhinderung weiterer Betriebsratsmitglieder die nach den oben (Rdn. 52 ff.) dargelegten Grundsätzen Nächstberufenen weitere Ersatzmitglieder. Ist eines dieser Ersatzmitglieder selbst zeitweilig verhindert, so wird es seinerseits nach Maßgabe der oben (Rdn. 44) entwickelten Grundsätze vertreten. War ein Ersatzmitglied zunächst nur als Stellvertreter berufen und scheidet anschließend ein Betriebsratsmitglied endgültig aus dem Betriebsrat aus, so rückt der bisherige Stellvertreter an Stelle des Ausgeschiedenen in den Betriebsrat nach, und das nächstberufene Ersatzmitglied übernimmt die Stellvertretung des verhinderten Betriebsratsmitglieds (s. *Fitting* § 25 Rn. 34; *Nikisch* III, S. 131; *Richardi/Thüsing* § 25 Rn. 23; *Schuldt* AuR 1960, 227 [230]; *Weiss/Weyand* § 25 Rn. 10; **a. M.** *Dietz* § 25 Rn. 10). 59

Der Vorrang eines zunächst berufenen Ersatzmitglieds gilt auch, wenn mehrere Betriebsratsmitglieder derselben Liste gleichzeitig, jedoch unterschiedlich lange zeitweilig verhindert sind; das zunächst berufene Ersatzmitglied nimmt deshalb so lange Stellvertreterfunktionen wahr, wie ordentliche Betriebsratsmitglieder verhindert sind, also selbst dann, wenn das zunächst vertretene Betriebsratsmitglied seine Tätigkeit wieder aufgenommen hat (*BAG* 17.01.1979 EzA § 15 KSchG n. F. Nr. 21 = AP Nr. 5 zu § 15 KSchG 1969 Bl. 2; *Fitting* § 25 Rn. 34). In diesem Falle endet zugleich die Vertretung durch das letztberufene Ersatzmitglied. 60

5. Besonderheiten bei privatisierten Postbetrieben

Bei privatisierten Postbetrieben ist für die Bestimmung des nachrückenden Ersatzmitglieds zu unterscheiden, ob eine Gruppenwahl oder eine gemeinsame Wahl durchgeführt wurde. Zu einer gemeinsamen Wahl kommt es, wenn die Mehrheit der Beamten vor der Wahl auf eine Gruppenwahl verzichten (§ 26 Nr. 1 PostPersRG) oder der Betriebsrat im vereinfachten Verfahren nach § 14a zu wählen ist (§ 26 Nr. 3 Satz 2 PostPersRG). 61

Bei einer **Gruppenwahl** ist das Ersatzmitglied aus derjenigen Vorschlagsliste zu bestimmen, der das zu ersetzende Gruppenmitglied angehört. Wurde bei der Gruppenwahl die Wahl des Gruppenvertreters jedoch nach den Grundsätzen der Mehrheitswahl durchgeführt (§ 26 Nr. 4 PostPersRG), dann bestimmt sich das nachrückende Ersatzmitglied nach § 25 Abs. 2 Satz 3 (näher Rdn. 57). Sind bei einer Verhältniswahl oder einer Mehrheitswahl keine Angehörigen der Gruppe mehr vorhanden, die nachrücken könnten, dann ist auf die Angehörigen der jeweils anderen Gruppe zuzugreifen. Das gilt entsprechend, wenn zwar Gruppenangehörige vorhanden sind, deren Nachrücken aber dazu führen würde, dass der zwingende Geschlechterproporz nach § 15 Abs. 2 verletzt würde. 62

Bei einer **gemeinsamen Wahl** ist ebenfalls danach zu unterscheiden, ob eine Verhältniswahl oder eine Mehrheitswahl erfolgt ist. Da auch bei einer Verhältniswahl der Gruppenproporz im Betriebsrat zu beachten ist (§ 26 Nr. 2 PostPersRG), darf das nach der Vorschlagsliste nachrückende Ersatzmitglied nicht bewirken, dass der Gruppenproporz anschließend nicht mehr gewahrt ist. Deshalb rückt ggf. der nächstfolgende nicht gewählte Bewerber nach, wenn nur so der Gruppenproporz gewahrt werden kann. Kaum noch praktikabel ist die Rechtslage allerdings, wenn neben dem Gruppenproporz zusätzlich der Geschlechterproporz zu beachten ist und auf der Vorschlagsliste sowohl beide Gruppen als auch beide Geschlechter vertreten sind (*Richardi/Thüsing* § 25 Rn. 21). Die Schwierigkeiten lassen sich nur dann vermeiden, wenn nach Geschlechtern getrennte Vorschlagslisten aufgestellt wurden. 63

VI. Erschöpfung aller Listen

Kann ein **ausgeschiedenes Mitglied** des Betriebsrats **nicht** mehr nach Maßgabe des § 25 Abs. 2 durch ein Ersatzmitglied **ersetzt werden**, so ist der Betriebsrat nach § 13 Abs. 2 Nr. **2 neu zu wählen** (*Buschmann/DKKW* § 25 Rn. 28; *Fitting* § 25 Rn. 33; *Huke/HWGNRH* § 25 Rn. 29; *Joost/*Münch- 64

ArbR § 217 Rn. 46; *Löwisch/LK* § 25 Rn. 2; *Reichold/HWK* § 25 BetrVG Rn. 10; *Richardi/Thüsing* § 25 Rn. 24; *Wlotzke/WPK* § 25 Rn. 19). Der Rumpfbetriebsrat führt jedoch die Geschäfte weiter, bis der neue Betriebsrat gewählt und das Wahlergebnis bekannt gegeben ist (§ 21 Satz 5, § 22). Der Betriebsrat ist auch neu zu wählen, wenn für das ausgeschiedene einzige Betriebsratsmitglied kein Ersatzmitglied mehr vorhanden ist (s. *Jacobs* § 13 Rdn. 54).

65 Ist ein Betriebsratsmitglied nur **zeitweilig verhindert**, so ist § 13 Abs. 2 Nr. 2 **nicht anzuwenden**, auch wenn es nicht mehr durch ein Ersatzmitglied vertreten werden kann (*Jacobs* § 13 Rdn. 55). Neuwahlen finden erst statt, wenn sich die Verhinderung als dauernd erweist. Dann ist § 13 Abs. 2 Nr. 2 entsprechend anzuwenden. Bei längerer Verhinderung des einzigen Betriebsratsmitglieds, das nicht vertreten werden kann, ist der Betrieb zwar nicht als betriebsratslos (§ 13 Abs. 2 Nr. 6) anzusehen (so aber *Thiele* 2. Bearbeitung, § 25 Rn. 32), jedoch ist der Betriebsrat in diesem Fall funktionsunfähig, so dass Beteiligungsrechte nicht ausgeübt werden können (*BAG* 15.11.1984 EzA § 102 BetrVG 1972 Nr. 58 S. 492 = AP Nr. 2 zu § 25 BetrVG 1972 Bl. 2 R). Der Arbeitgeber muss Entscheidungen in beteiligungspflichtigen Angelegenheiten nicht zurückstellen, bis der Betriebsrat wieder funktionsfähig ist (*BAG* 15.11.1984 EzA § 102 BetrVG 1972 Nr. 58 S. 492 = AP Nr. 2 zu § 25 BetrVG 1972 Bl. 2 R; *Düwell*/HaKo § 25 Rn. 23; *Huke*/HWGNRH § 25 Rn. 8; *Stege/Weinspach/Schiefer* § 25 Rn. 6a; **a. M.** *Koch*/ErfK § 25 BetrVG Rn. 7; *Reichold/HWK* § 25 BetrVG Rn. 10).

VII. Rechtsstellung der Ersatzmitglieder

1. Rechtsstellung vor dem Nachrücken

66 Die nicht gewählten Wahlbewerber haben vor dem Eintritt eines der Tatbestände in § 25 Abs. 1 keine rechtlich verfestigte, sondern nur eine **tatsächliche Anwartschaft** auf einen Sitz im Betriebsrat bzw. die Vertretung eines verhinderten ordentlichen Mitglieds (*Buschmann/DKKW* § 25 Rn. 3; *Fitting* § 25 Rn. 5; *Huke*/HWGNRH § 25 Rn. 4; *Reichold/HWK* § 25 BetrVG Rn. 11; *Roos* AiB 1999, 250 [257]; *Weber/Ehrich/Hörchens/Oberthür* Kap. D Rn. 97).

67 Die Vorschriften über die Rechte und Pflichten des Betriebsrats und seiner Mitglieder sowie die Schutzbestimmungen des § 78 finden auf sie keine Anwendung (s. aber Rdn. 77). Sie genießen weder den besonderen Kündigungsschutz des § 15 Abs. 1 KSchG, noch ist § 103 auf sie anzuwenden. Der ihnen als Wahlbewerbern gewährte Schutz gemäß § 15 Abs. 3 Satz 2 KSchG erlischt mit Ablauf von sechs Monaten seit Bekanntgabe des Wahlergebnisses. Die noch nicht nachgerückten Ersatzmitglieder sind weder zu Betriebsratssitzungen zu laden, noch bestehen ihnen gegenüber besondere Informationspflichten des Betriebsrats. Sie haben auch keinen Anspruch auf Teilnahme an Schulungs- und Bildungsveranstaltungen (s. *Weber* § 37 Rdn. 177) und selbst während eines Kündigungsschutzverfahrens kein Recht auf Zutritt zum Betrieb (*LAG* Hamm 25.06.2004 – 10 TaBV 61/04 – BeckRS 2004, 30802754). Steht allerdings fest, dass ein Mitglied zwar noch nicht verhindert ist, aber an einer bevorstehenden Betriebsratssitzung nicht teilnehmen kann, so ist das Ersatzmitglied zu laden (§ 29 Abs. 2 Satz 6; s. *Raab* § 29 Rdn. 43 f.).

68 Ein nicht nachgerücktes Ersatzmitglied kann seine **Anwartschaft** entsprechend § 24 **verlieren** (zust. *Reichold/HWK* § 25 BetrVG Rn. 11 sowie hier § 24 Rdn. 77). Mit dem Ablauf der Amtszeit des Betriebsrats (§ 21) erlischt ebenso die Ersatzmitgliedschaft. Auch der Rücktritt des Betriebsrats gemäß § 13 Abs. 2 Nr. 3 erstreckt sich auf die Ersatzmitglieder. Da der Betriebsrat in diesem Falle jedoch die Geschäfte bis zur Bekanntgabe des Ergebnisses der Neuwahl weiterführt, können während dieser Zeit Ersatzmitglieder nachrücken oder als Stellvertreter eintreten (s. Rdn. 13). Die Eigenschaft als Ersatzmitglied geht auch verloren bei Aufgabe dieser Stellung (zur »Niederlegung« vor Eintritt des Vertretungsfalls § 24 Rdn. 78), beim Ausscheiden aus der Belegschaft des Betriebs und anderen Fällen des Verlusts der Wählbarkeit sowie bei Beendigung des Arbeitsverhältnisses. Ein anfänglicher Mangel der Wählbarkeit kann auch bei Ersatzmitgliedern entsprechend § 24 Nr. 6 gerichtlich festgestellt werden (s. auch § 24 Rdn. 78).

2. Rechtsstellung nach dem Nachrücken

a) Nachrücken für ein ausgeschiedenes Betriebsratsmitglied

Mit dem **Ausscheiden** eines **Betriebsratsmitglieds rückt** an dessen Stelle das **Ersatzmitglied** bis zum Ende der Amtszeit des Betriebsrats als nunmehr **ordentliches Mitglied** kraft Gesetzes (s. Rdn. 39) in den Betriebsrat nach. Mit dem Eintritt der Voraussetzungen des § 25 Abs. 1 Satz 1 hat das bisherige Ersatzmitglied daher alle Rechte und Pflichten eines Betriebsratsmitglieds. Das gilt nicht nur hinsichtlich der Amtsfunktionen, sondern auch bezüglich der persönlichen Rechtsstellung. Das nachgerückte Ersatzmitglied genießt deshalb nunmehr den Kündigungsschutz nach § 15 Abs. 1 KSchG und § 103 BetrVG, den Versetzungsschutz nach § 103 Abs. 3, den Schutz nach § 78, § 119 Abs. 1 Nr. 3 und hat Anspruch auf Teilnahme an Schulungs- und Bildungsveranstaltungen (s. *Weber* § 37 Rdn. 177). Der Kündigungsschutz greift sofort und unabhängig davon ein, ob das nachgerückte Betriebsratsmitglied entsprechende Aufgaben wahrgenommen hat (*LAG Schleswig-Holstein* 07.04.1994 LAGE § 15 KSchG Nr. 8 S. 2). 69

Durch Nachrücken wird das bisherige Ersatzmitglied lediglich **Mitglied** des **Betriebsrats**. Es übernimmt dagegen nicht kraft Gesetzes weitergehende Funktionen des ausgeschiedenen Betriebsratsmitglieds (*BAG* 06.09.1979 EzA § 15 KSchG n. F. Nr. 23 = AP Nr. 7 zu § 15 KSchG 1969 Bl. 3; *LAG Hamm* 29.10.1968 DB 1968, 2283; *Buschmann/DKKW* § 25 Rn. 3; *Düwell/HaKo* § 25 Rn. 4; *Fitting* § 25 Rn. 14; *Galperin/Löwisch* § 25 Rn. 6; *Huke/HWGNRH* § 25 Rn. 27; *Joost/*MünchArbR § 217 Rn. 48; *Koch/*ErfK § 25 BetrVG Rn. 2; *Löwisch/LK* § 25 Rn. 3; *Richardi/Thüsing* § 25 Rn. 26; *Stege/Weinspach/Schiefer* § 25 Rn. 9; *Wlotzke/WPK* § 25 Rn. 3). Scheidet z. B. der Vorsitzende oder stellvertretende Vorsitzende des Betriebsrats aus dem Betriebsrat aus, so rückt das Ersatzmitglied nur in den Betriebsrat, nicht in das Amt des Vorsitzenden oder stellvertretenden Vorsitzenden nach (s. *Raab* § 26 Rdn. 68). Entsprechendes gilt beim Ausscheiden eines Betriebsratsmitglieds, das Mitglied des Betriebsausschusses oder eines weiteren Ausschusses (s. *Raab* § 27 Rdn. 38 ff.), des Gesamtbetriebsrats oder Konzernbetriebsrats war. Soweit nicht für diese Funktionen vorsorglich schon Ersatzmitglieder bestellt waren (zum Betriebsausschuss s. *Raab* § 27 Rdn. 37 ff., zum Gesamtbetriebsrat § 47 Abs. 3, für den Konzernbetriebsrat § 55 Abs. 2), sind diese Ämter neu zu besetzen. Auch über die Freistellung eines Betriebsratsmitglieds ist nach dem Ausscheiden des bisher freigestellten Betriebsratsmitglieds neu zu beschließen (s. *Weber* § 38 Rdn. 79). 70

b) Nachrücken für ein zeitweilig verhindertes Betriebsratsmitglied

Das Ersatzmitglied eines zeitweilig verhinderten Betriebsratsmitglieds erlangt mit Eintritt der vorübergehenden Verhinderung nicht die Mitgliedschaft im Betriebsrat, da das verhinderte Betriebsratsmitglied während der Verhinderung seine mitgliedschaftliche Stellung behält und lediglich die hieraus folgenden Rechte und Pflichten ruhen. Dem als Stellvertreter agierenden Ersatzmitglied stehen jedoch kraft Gesetzes (s. Rdn. 39) vom Zeitpunkt der Vertretung an (s. Rdn. 47) alle **Rechte und Pflichten** eines Betriebsratsmitglieds, beschränkt auf die Dauer der Stellvertretung, zu (*BAG* 09.11.1977 EzA § 15 KSchG n. F. Nr. 13 S. 48 = AP Nr. 3 zu § 15 KSchG 1969 Bl. 1 R *[G. Hueck]*; 17.01.1979 EzA § 15 KSchG n. F. Nr. 21 = AP Nr. 5 zu § 15 KSchG 1969 Bl. 1 R; 06.09.1979 EzA § 15 KSchG n. F. Nr. 23 = AP Nr. 7 zu § 15 KSchG 1969 Bl. 3; 05.09.1986 EzA § 15 KSchG n. F. Nr. 36 S. 211 *[Schulin]* = AP Nr. 26 zu § 15 KSchG 1969 Bl. 2; 09.07.2013 EzA § 29 BetrVG 2001 Nr. 2 Rn. 46 = AP Nr. 7 zu § 29 BetrVG 1972 = NZA 2013, 1433; 15.04.2014 EzA § 29 BetrVG 2001 Nr. 4 Rn. 31 = AP Nr. 9 zu § 29 BetrVG 1972 = NZA 2014, 551; *Buschmann/DKKW* § 25 Rn. 14; *Düwell/HaKo* § 25 Rn. 15; *Fitting* § 25 Rn. 7, 14 f.; *Galperin/Löwisch* § 25 Rn. 6; *Huke/HWGNRH* § 25 Rn. 16; *Joost/*MünchArbR § 217 Rn. 48; *Koch/*ErfK § 25 BetrVG Rn. 3; *Nikisch* III, S. 133; *Richardi/Thüsing* § 25 Rn. 30; **a. M.** früher *Galperin/Siebert* § 25 Rn. 5). Das gilt auch, wenn es während dieser Zeit nicht ständig Betriebsratsaufgaben wahrnimmt (*BAG* 05.09.1986 EzA § 15 KSchG n. F. Nr. 36 S. 211 *[Schulin]* = AP Nr. 26 zu § 15 KSchG 1969). 71

Das zeitweilig verhinderte Betriebsratsmitglied hat während dieser Zeit keine Amtsfunktionen, da diese ruhen. Es darf deshalb auch nicht neben dem Stellvertreter tätig werden (s. auch Rdn. 26). Dem vorübergehend verhinderten Betriebsratsmitglied stehen gegenüber dem »Stellvertreter« **keine Weisungsrechte** zu (*BAG* 09.07.2013 EzA § 29 BetrVG 2001 Nr. 2 Rn. 46 = AP Nr. 7 zu § 29 72

BetrVG 1972 = NZA 2013, 1433; 15.04.2014 EzA § 29 BetrVG 2001 Nr. 4 Rn. 31 = AP Nr. 9 zu § 29 BetrVG 1972 = NZA 2014, 551). Das Ersatzmitglied übernimmt ebenso wie beim Nachrücken für ein ausgeschiedenes Betriebsratsmitglied (s. Rdn. 80) nur die Rechtsstellung des Verhinderten als Betriebsratsmitglied, nicht aber dessen damit verbundenen weiteren **Funktionen** (*BAG* 06.09.1979 EzA § 15 KSchG n. F. Nr. 23 = AP Nr. 7 zu § 15 KSchG 1969 Bl. 3; *Buschmann/DKKW* § 25 Rn. 14; *Düwell*/HaKo § 25 Rn. 15; *Fitting* § 25 Rn. 16; *Galperin/Löwisch* § 25 Rn. 6; *Huke/HWGNRH* § 25 Rn. 16; *Koch*/ErfK § 25 BetrVG Rn. 3; *Reichold/HWK* § 25 BetrVG Rn. 11; *Richardi/Thüsing* § 25 Rn. 27; *Wlotzke/WPK* § 25 Rn. 3; **a. M.** früher *Galperin/Siebert* § 25 Rn. 5). Ebenso ist der Stellvertreter eines zeitweilig verhinderten freigestellten Betriebsratsmitglieds nicht selbst zugleich freigestellt (*Weber* § 38 Rdn. 48).

73 Für die Dauer der Stellvertretung stehen dem Ersatzmitglied nicht nur die mit den Amtsfunktionen verbundenen Rechte und Pflichten, sondern auch die **persönlichen Rechte** eines **Betriebsratsmitglieds** zu. Das gilt z. B. für den **besonderen Kündigungsschutz** nach § 15 Abs. 1 Satz 1, Abs. 4 und 5 KSchG und § 103 Abs. 1 und 2 (für die st. Rspr. *BAG* 09.11.1977 EzA § 15 KSchG n. F. Nr. 13 S. 48 ff. = AP Nr. 3 zu § 15 KSchG 1969 Bl. 1 R ff. *[G. Hueck]* = AR-Blattei, Betriebsverfassung IX, Entsch. 35 *[Hanau]* = SAE 1980, 263 *[Nickel/Kuznik]*; 17.01.1979 EzA § 15 KSchG n. F. Nr. 21 *[Dütz]* = AP Nr. 5 zu § 15 KSchG 1969 Bl. 1 R *[G. Hueck]* = AR-Blattei, Betriebsverfassung IX, Entsch. 41 *[Hanau]* = SAE 1980, 265 *[Nickel/Kuznik]*; 06.09.1979 EzA § 15 KSchG n. F. Nr. 23 = AP Nr. 7 zu § 15 KSchG 1969 Bl. 3; 05.09.1986 EzA § 15 KSchG n. F. Nr. 36 S. 211 *[Schulin]* = AP Nr. 26 zu § 15 KSchG 1969 Bl. 2; 08.09.2011 EzA § 25 BetrVG 2001 Nr. 3 Rn. 33 ff. = AP Nr. 70 zu § 15 KSchG 1969 = NZA 2012, 400; 27.09.2012 EzA § 626 BGB 2002 Nr. 42 Rn. 18 = APNr. 74 zu § 15 KSchG 1969 = NZA 2013, 425 sowie für die allgemeine Ansicht im Schrifttum *Buschmann/DKKW* § 25 Rn. 39; *Dorndorf*/HK-KSchG, § 15 Rn. 36; *Etzel/Rinck*/KR § 103 BetrVG Rn. 45 ff.; *Fitting* § 25 Rn. 9; *Galperin/Löwisch* § 25 Rn. 8; *Gamillscheg* ZfA 1977, 239 [267]; *von Hoyningen-Huene* in: *von Hoyningen-Huene/Linck* KSchG, § 15 Rn. 30 ff.; *Huke/HWGNRH* § 25 Rn. 16 f.; *Joost*/MünchArbR § 217 Rn. 49; *Koch*/ErfK § 25 BetrVG Rn. 8; *Löwisch/LK* § 25 Rn. 24; *Matthes* DB 1980, 1165 [1170]; *Raab* § 103 Rdn. 2; *Richardi/Thüsing* § 25 Rn. 31) sowie den **Versetzungsschutz** nach **§ 103 Abs. 3**.

74 Der besondere Schutz vor Kündigungen und Versetzungen ist nicht davon abhängig, dass während des Vertretungszeitraums **Betriebsratsaufgaben wahrgenommen** werden (*BAG* 08.09.2011 EzA § 25 BetrVG 2001 Nr. 3 Rn. 33 ff. = AP Nr. 70 zu § 15 KSchG 1969 = NZA 2012, 400) und gilt auch, wenn sich später herausstellt, dass das Betriebsratsmitglied nicht arbeitsunfähig krank war und deshalb unberechtigt der Arbeit ferngeblieben ist, es sei denn, dass Betriebsrats- und Ersatzmitglied rechtsmissbräuchlich zusammengewirkt haben, um dem Ersatzmitglied den besonderen Kündigungsschutz eines Betriebsratsmitglieds zu verschaffen (*BAG* 05.09.1986 EzA § 15 KSchG n. F. Nr. 36 S. 212 f. *[Schulin]* = AP Nr. 26 zu § 15 KSchG 1969 Bl. 2 R; 08.09.2011 EzA § 25 BetrVG 2001 Nr. 3 Rn. 39 = AP Nr. 70 zu § 15 KSchG 1969 = NZA 2012, 400; ferner *BAG* 12.02.2004 EzA § 15 KSchG n. F. Nr. 56 S. 3 = AP Nr. 1 zu § 15 KSchG 1969 Ersatzmitglied Bl. 2; *LAG Düsseldorf* 06.01.2004 AiB 2004, 753; *Sächs. LAG* 15.11.2002 –10 Sa 725/01 – juris).

75 Der Kündigungs- und Versetzungsschutz besteht auch in dem Fall, in dem das Ersatzmitglied während dieser Zeit selbst vorübergehend verhindert ist (s. Rdn. 44 f.; *BAG* 09.11.1977 EzA § 15 KSchG n. F. Nr. 13 S. 51 f. = AP Nr. 3 zu § 15 KSchG 1969 Bl. 2 R f. [zust. *G. Hueck*]; *RAG* 04.02.1932 ARS 17, 281; 25.05.1932 ARS 15, 522 [525]; *Deinert/DDZ* § 15 KSchG Rn. 28; *Dorndorf*/HK-KSchG, § 15 KSchG Rn. 37; *Etzel/Rinck*/KR § 103 BetrVG Rn. 51; *Fitting* § 25 Rn. 9; *Huke/HWGNRH* § 25 Rn. 17; *Koch*/ErfK § 25 BetrVG Rn. 8; *Linck/APS* § 15 KSchG Rn. 113; *Reichold/HWK* § 25 BetrVG Rn. 12; *Richardi/Thüsing* § 25 Rn. 31 sowie *von Hoyningen-Huene* in: *von Hoyningen-Huene/Linck* KSchG, § 15 Rn. 32, m. w. N.; **a. M.** *Nickel/Kuznik* SAE 1980, 267 [268]).

76 Maßgebend für den Eintritt des besonderen Kündigungsschutzes ist der Zeitpunkt des Zugangs der Kündigungserklärung (ebenso *BAG* 08.09.2011 EzA § 25 BetrVG 2001 Nr. 3 Rn. 43 = AP Nr. 70 zu § 15 KSchG 1969 = NZA 2012, 400; *Huke/HWGNRH* § 25 Rn. 18). Eine während der Stellvertretung erklärte Kündigung ist selbst dann nach § 15 Abs. 1 Satz 1 KSchG unzulässig, wenn die Kündigungsfrist erheblich über die voraussichtliche oder wirkliche Dauer der Vertretung hinausreicht; das Ersatzmitglied soll während dieser Zeit seine Amtspflichten wahrnehmen können, ohne eine ordent-

Ersatzmitglieder § 25

liche Kündigung befürchten zu müssen (*BAG* 09.11.1977 EzA § 15 KSchG n. F. Nr. 13 S. 48 = AP Nr. 3 zu § 15 KSchG 1969 Bl. 1 R; *Richardi/Thüsing* § 25 Rn. 31).

Da es auf den Zeitpunkt des Zugangs der Kündigungserklärung ankommt, unterliegt eine **vor** dem **Nachrücken erklärte** und **zugegangene Kündigung** grundsätzlich den allgemeinen Vorschriften; sie kann somit nach Ablauf der Kündigungsfrist während der Dauer der Stellvertretung wirksam werden (*RAG* 25.05.1932 ARS 15, 522 [524]). Zum Versetzungsschutz nach § 103 Abs. 3 s. *Raab* § 103 Rdn. 36 ff. Jedoch ist eine **Vorwirkung des § 78** in dem Sinne anzuerkennen, dass die vor dem Nachrücken erklärte Kündigung eines Ersatzmitglieds nach § 134 BGB nichtig ist, wenn damit das Nachrücken in das Amt eines Betriebsratsmitglieds verhindert werden soll (ebenso *Buschmann/DKKW* § 25 Rn. 40; *Düwell/HaKo* § 25 Rn. 25; *Fitting* § 25 Rn. 8; *von Hoyningen-Huene* in: *von Hoyningen-Huene/Linck* KSchG, § 15 Rn. 28; *Joost/MünchArbR* § 217 Rn. 49; *Koch/ErfK* § 25 BetrVG Rn. 8; *Richardi/Thüsing* § 25 Rn. 31; *Weber/Ehrich/Hörchens/Oberthür* Kap. D Rn. 101; *Wlotzke/WPK* § 25 Rn. 22; **a. M.** *Kreutz* § 78 Rdn. 62: Vorwirkung nicht anzuerkennen). Dies folgt zwar nicht aus einer (extensiven) Auslegung der Verbotsnorm, wohl aber auf dem Gesichtspunkt einer Gesetzesumgehung, der auch solche Maßnahmen erfasst, die darauf abzielen, dem Ersatzmitglied den Schutz durch § 78 vorzuenthalten. 77

Weitergehend bejaht das *BAG* (17.01.1979 EzA § 15 KSchG n. F. Nr. 21 *[Dütz]* = AP Nr. 5 zu § 15 KSchG 1969 Bl. 2 R *[G. Hueck]* = AR-Blattei, Betriebsverfassung IX, Entsch. 41 *[Hanau]* = SAE 1980, 265 *[Nickel/Kuznik]*; 06.09.1979 EzA § 15 KSchG n. F. Nr. 23 = AP Nr. 7 zu § 15 KSchG 1969 Bl. 3) die Anwendung des § 15 Abs. 1 Satz 1 KSchG vor Beginn des Nachrückens für den Fall, dass in eine kurze Vertretung oder zu Beginn einer längeren Vertretung eine Betriebsratssitzung fällt. Dann soll der besondere Kündigungsschutz auch in der **Vorbereitungszeit** gelten, die mit der **Ladung** beginnt, höchstens jedoch drei Arbeitstage umfasst (zust. *Buschmann/DKKW* § 25 Rn. 40; *Deinert/DDZ* § 15 KSchG Rn. 28; *Dorndorf/HK-KSchG*, § 15 Rn. 36; *Düwell/HaKo* § 25 Rn. 26; *Etzel/Rinck/KR* § 103 BetrVG Rn. 48; *Fitting* § 25 Rn. 8; *Koch/ErfK* § 25 BetrVG Rn. 8; *Linck/APS* § 15 KSchG Rn. 111; *Reichold/HWK* § 25 BetrVG Rn. 12; *Stege/Weinspach/Schiefer* § 25 Rn. 9; *Wlotzke/WPK* § 25 Rn. 22; **a. M.** *Huke/HWGNRH* § 25 Rn. 17). Diese Rechtsfortbildung wäre willkürlich, wenn sie auf Sitzungen beschränkt bliebe; eine Vorbereitung kann ebenso für andere Aufgaben (z. B. Wahrnehmung von Sprechstunden) erforderlich sein. Fraglich ist nur, ob eine vorbereitende Tätigkeit, die wegen des Amtes anfällt und dann zweifellos Betriebsratstätigkeit ist, bereits derart von Gewicht ist, dass eine Rechtsfortbildung überhaupt und in dem vom *BAG* angenommenen Umfang geboten war. Für die Praxis schafft die Dreitagefrist indessen klare Verhältnisse (ebenso zurückhaltend *Uhmann* NZA 2000, 576 [577 f.]). 78

Das durch ein Ersatzmitglied **zeitweilig vertretene ordentliche Betriebsratsmitglied behält** während der Zeit seiner Verhinderung die **persönliche Rechtsstellung als Betriebsratsmitglied** (*Galperin/Löwisch* § 25 Rn. 5; *Huke/HWGNRH* § 25 Rn. 7, 16; *Richardi/Thüsing* § 25 Rn. 28; *Weber/Ehrich/Hörchens/Oberthür* Kap. D Rn. 100) und damit auch den besonderen Kündigungsschutz nach § 15 Abs. 1 Satz 1 KSchG und § 103 (*Huke/HWGNRH* § 25 Rn. 7; *Weber/Ehrich/Hörchens/Oberthür* Kap. D Rn. 100). 79

Auch das als **Stellvertreter** nachgerückte Ersatzmitglied genießt vom Zeitpunkt der Beendigung der Vertretung an für ein Jahr den **nachwirkenden Kündigungsschutz** nach § 15 Abs. 1 Satz 2 KSchG (st. Rspr. seit *BAG* 06.09.1979 EzA § 15 KSchG n. F. Nr. 23 *[Kraft]* = AP Nr. 7 zu § 15 KSchG 1969 *[Löwisch/Mikosch]* = AR-Blattei, Betriebsverfassung IX, Entsch. 46 *[Hanau]* = SAE 1980, 329 *[Nickel]* sowie zuletzt *BAG* 12.02.2004 EzA § 15 KSchG n. F. Nr. 56 S. 3 = AP Nr. 1 zu § 15 KSchG 1969 Ersatzmitglied Bl. 2; 18.05.2006 EzA § 69 ArbGG 1979 Nr. 5 Rn. 23 f. = AP Nr. 2 zu § 15 KSchG 1969 Ersatzmitglied; 08.09.2011 EzA § 25 BetrVG 2001 Nr. 3 Rn. 33 = AP Nr. 70 zu § 15 KSchG 1969 = NZA 2012, 400; 19.04.2012 AP Nr. 34 zu § 1 KSchG 1969 Personenbedingte Kündigung Rn. 41 = NZA 2012, 1449; 27.09.2012 EzA § 626 BGB 2002 Nr. 42 Rn. 26 = NZA 2013, 425; ebenso für die h. L. *Barwasser* AuR 1977, 74 ff.; *Buschmann/DKKW* § 25 Rn. 41; *Deinert/DDZ* § 15 KSchG Rn. 54; *Dorndorf/HK-KSchG*, § 15 Rn. 61; *Düwell/HaKo* § 25 Rn. 22; *Fitting* § 25 Rn. 8, § 103 Rn. 35; *Gamillscheg* ZfA 1977, 239 [267 f.], für den Fall, dass die Vertretung durch Ablauf der Amtszeit des Betriebsrats endet; *von Hoyningen-Huene* in: *von Hoyningen-Huene/Linck* KSchG, § 15 Rn. 55 f.; *Joost/MünchArbR* § 217 Rn. 49; *Koch/ErfK* § 25 BetrVG Rn. 8; *Kiel/ErfK* § 15 KSchG 80

Rn. 36; *Matthes* DB 1980, 1165 [1171]; *Reichold/HWK* § 25 BetrVG Rn. 13; *Richardi/Thüsing* § 25 Rn. 32; *Uhmann* NZA 2000, 576 [580]; einschränkend nur für jeweils das erste Ersatzmitglied einer Liste: *Galperin/Löwisch* § 25 Rn. 9; *Herschel/Löwisch* KSchG, § 15 Rn. 28; *Löwisch/Mikosch* Anm. BAG 06.09.1979 AP Nr. 7 zu § 15 KSchG 1969 Bl. 7, aber sogar dann, wenn diese nicht als Stellvertreter tätig waren; **a. M.** *Brecht* § 25 Rn. 18; *Etzel* BlStSozArbR 1976, 209 [214]; *Huke/HWGNRH* § 25 Rn. 19; *P. Nipperdey* DB 1981, 217 ff.; *Sundermann* Ersatzmitglieder, S. 142 ff.).

81 Der nachwirkende Kündigungsschutz des als Stellvertreter nachgerückten Ersatzmitgliedes ist gerechtfertigt, weil wegen des mit § 15 Abs. 1 Satz 2 KSchG bezweckten individuellen Schutzes des einzelnen Betriebsratsmitglieds unter Beendigung der Amtszeit das Erlöschen der Mitgliedschaft im Betriebsrat zu verstehen ist und das Ersatzmitglied während der Vertretungszeit die gleiche Rechtsstellung wie ein ordentliches Betriebsratsmitglied hat (s. Rdn. 73). Außerdem dient die Vorschrift neben der Sicherung des beruflichen Anschlusses der Abkühlung eventuell während der Amtstätigkeit aufgetretener Kontroversen mit dem Arbeitgeber (BT-Drucks. VI/1786, S. 60; *BAG* 08.09.2011 EzA § 25 BetrVG 2001 Nr. 3 Rn. 40 = AP Nr. 70 zu § 15 KSchG 1969 = NZA 2012, 400; 19.04.2012 AP Nr. 34 zu § 1 KSchG 1969 Personenbedingte Kündigung Rn. 41 = NZA 2012, 1449; 27.09.2012 EzA § 626 BGB 2002 Nr. 42 Rn. 26 = AP Nr. 74 zu § 15 KSchG 1969 = NZA 2013, 425). Wäre der nachwirkende Kündigungsschutz eines Ersatzmitglieds nicht gegeben, würde es auch seine Vertretung nicht unbefangen wahrnehmen können, weil der Arbeitgeber den nach § 15 Abs. 1 Satz 1 KSchG bestehenden Kündigungsschutz dann dadurch unterlaufen könnte, dass er die Beendigung der Vertretung abwartet. Die Vorschrift des § 15 Abs. 1 Satz 2 KSchG dient daher auch der Unabhängigkeit der Amtsausübung (*BAG* 12.02.2004 EzA § 15 KSchG n. F. Nr. 56 S. 3 = AP Nr. 1 zu § 15 KSchG 1969 Ersatzmitglied Bl. 2; 19.04.2012 AP Nr. 34 zu § 1 KSchG 1969 Personenbedingte Kündigung Rn. 41 = NZA 2012, 1449; 27.09.2012 EzA § 626 BGB 2002 Nr. 42 Rn. 26 = AP Nr. 74 zu § 15 KSchG 1969 = NZA 2013, 425; **a. M.** *Richardi/Thüsing* § 25 Rn. 32).

82 Allerdings ist die Anwendung des § 15 Abs. 1 Satz 2 KSchG **nur** gerechtfertigt, **wenn das Ersatzmitglied** während der Vertretungszeit **tatsächlich Betriebsratsaufgaben wahrgenommen** hat, ohne dass es auf deren Umfang ankommt (*BAG* 06.09.1979 EzA § 15 KSchG n. F. Nr. 23 = AP Nr. 7 zu § 15 KSchG 1969 Bl. 2 R, 4 R; 12.02.2004 EzA § 15 KSchG n. F. Nr. 56 S. 3 f. = AP Nr. 1 zu § 15 KSchG 1969 Ersatzmitglied Bl. 2; 18.05.2006 EzA § 69 ArbGG 1979 Nr. 5 Rn. 24 = AP Nr. 2 zu § 15 KSchG 1969 Ersatzmitglied; 08.09.2011 EzA § 25 BetrVG 2001 Nr. 3 Rn. 40 = AP Nr. 70 zu § 15 KSchG 1969 = NZA 2012, 400; 19.04.2012 AP Nr. 34 zu § 1 KSchG 1969 Personenbedingte Kündigung Rn. 41 = NZA 2012, 1449; 27.09.2012 EzA § 626 BGB 2002 Nr. 42 Rn. 26 = AP Nr. 74 zu § 15 KSchG 1969 = NZA 2013, 425; *LAG Niedersachsen* 14.05.1987 AuR 1989, 287; *LAG Schleswig-Holstein* 07.04.1994 LAGE § 15 KSchG Nr. 8 S. 2; ebenso *Barwasser* AuR 1977, 74 [75]; *Dorndorf/HK-KSchG*, § 15 Rn. 63; *Düwell/HaKo* § 25 Rn. 27; *Fitting* § 25 Rn. 10; *von Hoyningen-Huene* in: *von Hoyningen-Huene/Linck* KSchG, § 15 Rn. 56; *Koch/ErfK* § 25 BetrVG Rn. 8; *Löwisch/LK* § 25 Rn. 25; *Reichold/HWK* § 25 BetrVG Rn. 13; *Stege/Weinspach/Schiefer* § 25 Rn. 9; *Wlotzke/WPK* § 25 Rn. 24; **a. M.** *Buschmann/DKKW* § 25 Rn. 41; offen gelassen von *LAG Brandenburg* 25.10.1993 LAGE § 15 KSchG Nr. 9 S. 3; 09.06.1995 LAGE § 15 KSchG Nr. 12 S. 3). Nach dem Zweck des nachwirkenden Kündigungsschutzes können hierzu auch Handlungen gehören, die die Teilnahme an einer Betriebsratssitzung lediglich vorbereiten sollen, wenn das Ersatzmitglied hierbei gegenüber dem Arbeitgeber seine Amtsstellung geltend macht (*LAG Brandenburg* 25.10.1993 LAGE § 15 KSchG Nr. 9 S. 3; 09.06.1995 LAGE § 15 KSchG Nr. 12 S. 3 f., für die Abmeldung beim Vorgesetzten). Die Ladung als solche genügt jedoch ebenso wenig (so aber *LAG Brandenburg* 25.10.1993 LAGE § 15 KSchG Nr. 9 S. 3; 09.06.1995 LAGE § 15 KSchG Nr. 12 S. 3 f.; *Uhmann* NZA 2000, 576 [580]) wie eine fiktive, tatsächlich aber unterbliebene Wahrnehmung von Betriebsratsaufgaben (*BAG* 19.04.2012 AP Nr. 34 zu § 1 KSchG 1969 Personenbedingte Kündigung Rn. 44 = NZA 2012, 1449).

83 Der nachwirkende Kündigungsschutz beträgt **ein Jahr** und **beginnt** mit der Beendigung der Vertretung (*BAG* 06.09.1979 EzA § 15 KSchG n. F. Nr. 23 = AP Nr. 7 zu § 15 KSchG 1969 Bl. 5; 18.05.2006 EzA § 69 ArbGG 1979 Nr. 5 Rn. 24 = AP Nr. 2 zu § 15 KSchG 1969 Ersatzmitglied), so dass im Fall einer weiteren Vertretung die Frist in voller Länge erneut zu laufen beginnt. Für eine an der Dauer der Verhinderung orientierte Verkürzung des Nachwirkungszeitraums (hierfür *Uhmann* NZA 2000, 576 [581], maximal sechs Monate) fehlen hinreichende Anhaltspunkte im Ge-

Ersatzmitglieder § 25

setz. Der nachwirkende Kündigungsschutz besteht im Übrigen unabhängig davon, ob dem Arbeitgeber die Vertretung beim Ausspruch der ordentlichen Kündigung bekannt war (*BAG* 12.02.2004 EzA § 15 KSchG n. F. Nr. 56 S. 4 = AP Nr. 1 zu § 15 KSchG 1969 Ersatzmitglied Bl. 2; 18.05.2006 EzA § 69 ArbGG 1969 Nr. 5 Rn. 24 = AP Nr. 2 zu § 15 KSchG 1969 Ersatzmitglied; *Deinert/KDZ* § 15 KSchG Rn. 45; *Dorndorf*/HK-KSchG, § 15 Rn. 62; *Kiel*/ErfK § 15 KSchG Rn. 32; offen gelassen von *BAG* 06.09.1979 EzA § 15 KSchG n. F. Nr. 23 = AP Nr. 7 zu § 15 KSchG 1969 Bl. 5 R f.; *Weber/Ehrich/Hörchens/Oberthür* Kap. D Rn. 99; **a. M.** *Löwisch/Mikosch* Anm. daselbst Bl. 7 f.; *Uhmann* NZA 2000, 576 [581]); maßgebend ist der vom Ersatzmitglied zu beweisende (s. Rdn. 42) objektive Tatbestand. Dagegen entfällt der nachwirkende Kündigungsschutz, wenn die Beendigung der Mitgliedschaft auf einer gerichtlichen Entscheidung beruht (§ 15 Abs. 1 Satz 2 letzter Halbs. KSchG).

Der Kündigungsschutz in dem Nachwirkungsstadium beschränkt sich allerdings auf den Schutz gegenüber ordentlichen Kündigungen. Der **Schutz durch § 103** gilt bei Ersatzmitgliedern ausschließlich während des Zeitraums, in dem sie ein zeitweilig verhindertes Betriebsratsmitglied vertreten (*BAG* 18.05.2006 EzA § 69 ArbGG 1969 Nr. 5 Rn. 25 = AP Nr. 2 zu § 15 KSchG 1969 Ersatzmitglied; 27.09.2012 EzA § 626 BGB 2002 Nr. 42 Rn. 28 = AP Nr. 74 zu § 15 KSchG 1969 = NZA 2013, 425; näher dazu s. *Raab* § 103 Rdn. 19). 84

Zur **Schulung von Ersatzmitgliedern**, die nach § 25 Abs. 1 Satz 2 nachgerückt sind, s. *Weber* § 37 Rdn. 178. 85

Zum Verlust der Eigenschaft als Ersatzmitglied für die Zukunft durch Ausschluss entsprechend § 23 Abs. 1 s. § 23 Rdn. 73 ff. 86

VIII. Streitigkeiten

Streitigkeiten über die Frage, ob ein Fall des Nachrückens vorliegt und welches Ersatzmitglied nachgerückt ist, entscheiden die Arbeitsgerichte im Beschlussverfahren (§ 2a Abs. 1 Nr. 1, Abs. 2, §§ 80 ff. ArbGG). Entsprechendes gilt für Streitigkeiten über die Rechtswirksamkeit von Beschlüssen des Betriebsrats, an denen ein Ersatzmitglied mitgewirkt hat. Hängt die Wirksamkeit eines Beschlusses des Betriebsrats die Beurteilung einer Rechtsstreitigkeit i. S. d. § 2 Abs. 1 Nr. 2 und 3 ArbGG ab, so kann über die Voraussetzungen des Nachrückens und über die Person des Ersatzmitglieds auch im Urteilsverfahren als Vorfrage entschieden werden. Statusklärende Wirkung hat jedoch nur die im Beschlussverfahren ergangene rechtskräftige Entscheidung. 87

Ein Antrag, mit dem die Feststellung begehrt wird, dass ein Betriebsrat noch besteht, ist unzulässig, wenn der Betriebsrat durch Ersatzmitglieder aufgefüllt werden kann (*ArbG Celle* 16.11.1978 ARSt. 1979, 70). 88

Dritter Abschnitt
Geschäftsführung des Betriebsrats

§ 26
Vorsitzender

(1) Der Betriebsrat wählt aus seiner Mitte den Vorsitzenden und dessen Stellvertreter.

(2) Der Vorsitzende des Betriebsrats oder im Fall seiner Verhinderung sein Stellvertreter vertritt den Betriebsrat im Rahmen der von ihm gefassten Beschlüsse. Zur Entgegennahme von Erklärungen, die dem Betriebsrat gegenüber abzugeben sind, ist der Vorsitzende des Betriebsrats oder im Fall seiner Verhinderung sein Stellvertreter berechtigt.

Literatur
Literaturnachweise zum BetrVG 1952 siehe 8. Auflage.

Brecht Die Vertretung des Betriebsrats durch einzelne oder mehrere seiner Mitglieder, BB 1954, 840; *Canaris* Die Vertrauenshaftung im deutschen Privatrecht, 1971 (zit.: Vertrauenshaftung); *Dietz* Anscheinsvollmacht des Betriebsratsvorsitzenden, RdA 1968, 439; *Gräfl* Aktuelle Rechtsprechung des Siebten Senats des Bundesarbeitsgerichts zur Anfechtung und Nichtigkeit von Betriebsratswahlen, JArbR Bd. 42 (2004), 2005, S. 133; *Hanau / Reitze* Die Wirksamkeit von Sprüchen der Einigungsstelle, FS *Kraft*, 1998, S. 167; *Herschel* Die Vertretungsmacht des Betriebsratsvorsitzenden, RdA 1959, 81; *Hohn* Die Befugnisse der Belegschaftsrepräsentanten zur Abgabe von Willenserklärungen, BB 1973, 800; *Krampe* Die Anfechtbarkeit der Wahl des Betriebsratsvorsitzenden (Diss. Marburg), 2006; *Linsenmaier* Non volenti fit inuria – Beschlussverfahren ohne Betriebsratsbeschluss, FS *Wißmann*, 2005, S. 378; *Reitze* Der Betriebsratsbeschluss (Diss. Köln), 1998; *Sibben* Die Anfechtungsberechtigung bei der Wahl zum Betriebsratsvorsitzenden, NZA 1995, 819; *Witt* Interne Wahlen, AR-Blattei SD, 530.6.2, [1998].

Inhaltsübersicht

	Rdn.
I. Vorbemerkung	1–4
II. Wahl des Vorsitzenden und des stellvertretenden Vorsitzenden	5–28
1. Verpflichtung des Betriebsrats	5, 6
2. Wahlrecht; Wählbarkeit	7, 8
3. Wahlverfahren	9–14
a) Zeitpunkt; Regelung des Wahlverfahrens	9, 10
b) Zwei Wahlgänge; Stimmenmehrheit	11–13
c) Niederschrift	14
4. Folgen von Wahlverstößen	15–23
a) Nichtigkeit der Wahl	15
b) Anfechtung der Wahl	16–21
c) Amtsenthebung	22
d) Abberufung	23
5. Amtszeit; Neuwahlen	24–28
a) Verzicht auf Kandidatur; Nichtannahme des Amtes	24
b) Regelmäßige Amtszeit; vorzeitige Beendigung	25
c) Abberufung	26, 27
d) Neuwahl in sonstigen Fällen	28
III. Rechtsstellung des Vorsitzenden	29–61
1. Überblick	29, 30
2. Vertretungsmacht	31–61
a) Gegenstand der Vertretungsmacht	31, 32
b) Umfang der Vertretungsmacht	33–37
c) Überschreitung der Vertretungsmacht	38–42
d) Nachweis der Vertretungsmacht; Vertrauensschutz	43–52
e) Entgegennahme von Erklärungen	53–61
IV. Rechtsstellung des stellvertretenden Vorsitzenden	62–70
V. Selbstzusammentritt des Betriebsrats; Bevollmächtigung anderer Betriebsratsmitglieder	71–74
VI. Streitigkeiten	75, 76

I. Vorbemerkung

§ 26 hat durch das **BetrVerf-ReformG** vom 23.07.2001 (BGBl. I S. 1852) als Folge der **Aufgabe des** 1
Gruppenprinzips erhebliche Veränderungen erfahren. In dem komplizierten Verfahren zur Wahl des
Betriebsratsvorsitzenden sah der Gesetzgeber einen wesentlichen Nachteil des Prinzips der Gruppenrepräsentation (vgl. *Reg. Begr.* BT-Drucks. 14/5741, S. 27). Als Konsequenz wurden § 26 Abs. 1 Satz 2
a. F., der § 27 Abs. 1 Satz 2 BetrVG 1952 entsprach, sowie der 1972 eingeführte § 26 Abs. 2 a. F., der
zur Verstärkung des Gruppenschutzes durch die Novelle vom 20.12.1988 (BGBl. I S. 2312) nochmals
geändert worden war, ersatzlos gestrichen. § 26 Abs. 1 enthält daher nunmehr nur noch einen Satz,
der frühere Abs. 3 wurde ohne inhaltliche Veränderung zum Abs. 2. **§ 26 Abs. 1 und Abs. 2 Satz 1
n. F.** sind **seit Inkrafttreten des BetrVG 1972 unverändert** und entsprechen – von geringfügigen
sprachlichen Verbesserungen abgesehen – § 27 Abs. 1 Satz 1 und § 27 Abs. 2 BetrVG 1952. § 26
Abs. 2 Satz 2 n. F. wurde im Rahmen des Gesetzgebungsverfahrens zum BetrVG 1972 aufgrund der
Beschlüsse des 10. Ausschusses eingefügt, um im Interesse der Rechtssicherheit die bisher gesetzlich
nicht geregelte Frage eindeutig zu beantworten, wer zur Entgegennahme von Erklärungen befugt
ist, die gegenüber dem Betriebsrat abzugeben sind (BT-Drucks. VI/2729, S. 13; zu BT-Drucks.
VI/2729, S. 22).

§ 26 gilt entsprechend für den **Gesamtbetriebsrat** (§ 51 Abs. 1 Satz 1) und den **Konzernbetriebs-** 2
rat (§ 59 Abs. 1), die **Jugend- und Auszubildendenvertretung** (§ 65 Abs. 1), die **Gesamt-
Jugend- und Auszubildendenvertretung** (§ 73 Abs. 2) sowie die **Konzern-Jugend- und
Auszubildendenvertretung** (§ 73b Abs. 2), die **Bordvertretung** (§ 115 Abs. 4 Satz 1) und den
Seebetriebsrat (§ 116 Abs. 3). Zum **Wirtschaftsausschuss** vgl. *Wiese* FS *Karl Molitor*, 1988, S. 365
(373). Die Vorschrift gilt außerdem für **Sondervertretungen** nach § 3 Abs. 1 Nr. 1 bis 3 (vgl. § 3
Abs. 5 Satz 2), die durch Tarifvertrag, Betriebsvereinbarung oder durch Beschluss der Arbeitnehmer
errichtet werden, da diese an die Stelle des Betriebsrats treten (vgl. § 3 Abs. 5 Satz 2 sowie *Franzen*
§ 3 Rdn. 67 ff.).

Abs. 1 ist zwingend. Von ihm kann weder durch Tarifvertrag noch durch Betriebsvereinbarung ab- 3
gewichen werden (*Fitting* § 26 Rn. 1, 3; *Galperin/Löwisch* § 26 Rn. 2). Nur für Sondervertretungen
nach § 3 Abs. 1 Nr. 1 bis 3 kann durch Tarifvertrag oder Betriebsvereinbarung eine abweichende Regelung getroffen werden (ebenso, allerdings nur für Vertretungen nach § 3 Abs. 1 Nr. 2 und 3, *Fitting*
§ 26 Rn. 3). Die Vertretungsbefugnis des Vorsitzenden bzw. seines Stellvertreters kann, da sie nach
§ 26 Abs. 2 Satz 1 nur im Rahmen der vom Betriebsrat gefassten Beschlüsse besteht, auch anderen
Betriebsratsmitgliedern eingeräumt werden (s. Rdn. 72).

Zu den Parallelregelungen im **Personalvertretungsrecht** vgl. §§ 32, 33 BPersVG sowie für **Spre-** 4
cherausschüsse § 11 Abs. 1 und 2 SprAuG. Zum besonderen **Verhandlungsgremium** und **Europäischen Betriebsrat** kraft Gesetzes § 13 Abs. 1 Satz 3, § 25 Abs. 1 Satz 2, Abs. 2 EBRG (s. *Oetker*
§ 13 EBRG Rdn. 6, § 25 EBRG Rdn. 5 ff.), zu den vergleichbaren Regelungen für den SE-Betriebsrat § 12 Abs. 1 Satz 2, § 23 Abs. 2 Satz 2, Abs. 3 SEBG, für den SCE-Betriebsrat § 12 Abs. 1 Satz 2,
§ 23 Abs. 2 Satz 2, Abs. 3 SCEBG.

II. Wahl des Vorsitzenden und des stellvertretenden Vorsitzenden

1. Verpflichtung des Betriebsrats

Jeder mehrköpfige, d. h. mindestens aus drei Mitgliedern und nicht nur aus einer Person bestehende 5
Betriebsrat (§ 9) **muss** einen **Vorsitzenden** und dessen **Stellvertreter wählen**. Die Wahl ist kraft Gesetzes **Recht** und **Pflicht** des **Betriebsrats** in seiner **Gesamtheit** (ebenso *Fitting* § 26 Rn. 6; *Glock/
HWGNRH* § 26 Rn. 5; *Richardi/Thüsing* § 26 Rn. 1; *Wedde/DKKW* § 26 Rn. 3). Er kann diese Aufgabe nicht nach § 27 Abs. 2 Satz 2, § 28 Abs. 1 Satz 2 auf den Betriebsausschuss oder einen sonstigen
Ausschuss übertragen. Kommt der Betriebsrat seiner Verpflichtung zur Wahl eines Vorsitzenden und
seines Stellvertreters nicht nach, so kann er wegen grober Verletzung seiner gesetzlichen Pflichten
nach § 23 Abs. 1 aufgelöst werden (ebenso *Fitting* § 26 Rn. 6; *Glock/HWGNRH* § 26 Rn. 5;
Löwisch/LK § 26 Rn. 2; *Richardi/Thüsing* § 26 Rn. 1; *Wedde/DKKW* § 26 Rn. 3). Dagegen ist ein

§ 26 II. 3. *Geschäftsführung des Betriebsrats*

Zwang zur Wahl oder eine **Ersatzbestellung durch** das **Arbeitsgericht** – anders als bei der Bestellung des Wahlvorstands nach § 16 Abs. 2 – **ausgeschlossen** (ebenso *Fitting* § 26 Rn. 6; *Galperin/ Löwisch* § 26 Rn. 5; *Glock/HWGNRH* § 26 Rn. 6; *Wedde/DKKW* § 26 Rn. 3).

6 Nicht gefolgt werden kann der Meinung, der Arbeitgeber könne **Verhandlungen mit** einem **Betriebsrat**, der **keinen Vorsitzenden gewählt** hat, ablehnen (so aber *BAG* 23.08.1984 [Sechster Senat] EzA § 102 BetrVG 1972 Nr. 59 S. 496 ff. [abl. *Wiese*] = AP Nr. 36 zu § 102 BetrVG 1972 Bl. 2 ff. [zust. *Richardi*] = SAE 1986, 117 [zust. *Meisel*]; *Fitting* § 26 Rn. 7, § 29 Rn. 13; *Glock/HWGNRH* § 26 Rn. 3; *Koch/*ErfK § 29 BetrVG Rn. 1; *Löwisch/LK* § 26 Rn. 2; *Richardi/Thüsing* § 26 Rn. 1; *Stege/Weinspach/Schiefer* § 26 Rn. 1; *Weiss/Weyand* § 26 Rn. 1; wie hier *Kreft/WPK* § 26 Rn. 2; *Wedde/DKKW* § 26 Rn. 4; *Witt* AR-Blattei SD 530.6.2, Rn. 8). Die Amtszeit des Betriebsrats beginnt mit der Bekanntgabe des Wahlergebnisses, sofern zu diesem Zeitpunkt kein Betriebsrat besteht (§ 21 Satz 2). Mangels gegenteiliger gesetzlicher Regelungen entstehen damit zugleich alle mit dem Amt des Betriebsrats verbundenen Rechte und Pflichten. Eine Unterscheidung zwischen Amtsbeginn und »Amtsausübungsbefugnis« (so *BAG* 23.08.1984 AP Nr. 36 zu § 102 BetrVG 1972 Bl. 2 R, 3) ist dem Gesetz nicht zu entnehmen. Das gilt auch für die Ordnungsvorschrift des § 29 Abs. 1, die lediglich den Zeitpunkt der nach § 26 vorgeschriebenen Wahl festlegt (vgl. im Einzelnen *Wiese* Anm. zu *BAG* EzA § 102 BetrVG 1972 Nr. 59 S. 496 ff.). Der Arbeitgeber braucht deshalb vor Konstituierung des Betriebsrats die Beteiligungsrechte nach allgemeinen Grundsätzen nur dann nicht zu beachten, wenn das für ihn unzumutbar ist (§ 2 Abs. 1; § 242 BGB). Bei kleineren Betriebsräten wird das in der Regel zu verneinen sein. Zur Arbeitsbefreiung unter Fortzahlung des Arbeitsentgelts s. *Weber* § 37 Rdn. 48. Im Übrigen könnten die Betriebsratsmitglieder auch ohne ordnungsgemäße Einberufung jederzeit einstimmig zu einer förmlichen Sitzung zusammentreten (s. § 29 Rdn. 25) und damit wirksame Beschlüsse fassen sowie mit dem Arbeitgeber Vereinbarungen treffen (ebenso *BAG* [Siebter Senat] 28.09.1983 AP Nr. 1 zu § 21 BetrVG 1972 Bl. 3 [zust. *Gast* Bl. 5 R, 6]; *Wedde/DKKW* § 26 Rn. 5; **a. M.** vor Konstituierung des Betriebsrats *BAG* [Sechster Senat] 23.08.1984 AP Nr. 36 zu § 102 BetrVG 1972 Bl. 2 R f.; *LAG Düsseldorf/Köln* 02.01.1968 BB 1968, 628; *Fitting* § 29 Rn. 13; *Glock/HWGNRH* § 26 Rn. 3, § 29 Rn. 2). Der Betriebsrat ist daher auch ohne Wahl des Vorsitzenden und seines Stellvertreters funktionsfähig (ebenso *BAG* [Siebter Senat] 28.09.1983 AP Nr. 1 zu § 21 BetrVG 1972 Bl. 3; *Wedde/DKKW* § 26 Rn. 6; *Witt* AR-Blattei SD 530.6.2, Rn. 8; **a. M.** *BAG* 23.08.1984 [Sechster Senat] AP Nr. 36 zu § 102 BetrVG 1972 Bl. 2 R f.; *BAG* [Zweiter Senat] 15.11.1984 EzA § 102 BetrVG 1972 Nr. 58 S. 492; *LAG Frankfurt a. M.* 30.07.1982 ARSt. 1983, 99 [Nr. 64], 141 [Nr. 1173]; *ArbG Mainz* 25.09.1997 AiB 1998, 469 [abl. *Grimberg*]; *Fitting* § 26 Rn. 9; *Glock/HWGNRH* § 26 Rn. 3; *Joost/*MünchArbR § 218 Rn. 6; *Richardi/Thüsing* § 26 Rn. 1; *Stege/ Weinspach/Schiefer* § 26 Rn. 1, § 29 Rn. 1). Dem steht § 26 Abs. 2 nicht entgegen, weil der Betriebsrat in seiner Gesamtheit selbst handelnd auftreten kann (s. Rdn. 71). Der Arbeitgeber kann aber nach § 2 Abs. 1 verpflichtet sein, mit der Einleitung eines Beteiligungsverfahrens bzw. mit der Durchführung der mitbestimmungspflichtigen Maßnahme bis zur Konstituierung des Betriebsrats zu warten (*BAG* 28.09.1983 AP Nr. 1 zu § 21 BetrVG 1972 Bl. 3; *LAG Rheinland-Pfalz* 19.02.2009 – 11 TaBV 29/08 – juris, Rn. 57; einschränkend *Glock/HWGNRH* § 26 Rn. 4: nur bei vom Betriebsrat nachzuweisendem Rechtsmissbrauch; **a. M.** *ArbG Mainz* 25.09.1997 AiB 1998, 469).

2. Wahlrecht; Wählbarkeit

7 Die **Wahl** erfolgt **aus der Mitte** des **Betriebsrats** (§ 26 Abs. 1); an ihr dürfen daher **nur Mitglieder** des **Betriebsrats** teilnehmen. **Jugend- und Auszubildendenvertreter** nehmen an der Wahl des Vorsitzenden und seines Stellvertreters nicht teil; das ihnen nach § 67 Abs. 2 zustehende Stimmrecht ist beschränkt auf Beschlüsse des Betriebsrats. Wahlberechtigt sind auch die als Vorsitzender und Stellvertreter nominierten Betriebsratsmitglieder, da es sich nicht um eine Abstimmung in eigenen Angelegenheiten (vgl. § 33 Rdn. 27) handelt (im Ergebnis ebenso *Fitting* § 26 Rn. 10; *Glock/HWGNRH* § 26 Rn. 11; *Löwisch/LK* § 26 Rn. 5; *Richardi/Thüsing* § 26 Rn. 4; *Wedde/DKKW* § 26 Rn. 8). Wählbar sind nur Betriebsratsmitglieder. Durch Tarifvertrag können keine zusätzlichen persönlichen Wählbarkeitsvoraussetzungen für die Wahl des Vorsitzenden oder stellvertretenden Vorsitzenden aufgestellt werden, die über die gesetzlichen Anforderungen nach §§ 8, 26 Abs. 1 hinausgehen (*BAG* 16.02.1973 AP Nr. 1 zu § 19 BetrVG 1972 Bl. 4 R). Ebenso wenig kann dies der Betriebsrat (*Fitting*

§ 26 Rn. 11). Jedes Betriebsratsmitglied kann nominiert werden bzw. sich selbst vorschlagen (ebenso *BAG* 08.04.1992 EzA § 26 BetrVG 1972 Nr. 6 S. 5).

Scheidet ein Betriebsratsmitglied aus dem Betriebsrat aus, so tritt ein **Ersatzmitglied** an seine Stelle (§ 25 Abs. 1 Satz 1) und ist dann wahlberechtigt und wählbar. Für ein zeitweilig verhindertes Betriebsratsmitglied kann ein Ersatzmitglied nach § 25 Abs. 1 Satz 2 das aktive Wahlrecht ausüben; es ist aber nicht wählbar (ebenso *Fitting* § 26 Rn. 11; *Gamillscheg* II, S. 502; *Glock/HWGNRH* § 26 Rn. 11 f.; *Kreft/WPK* § 26 Rn. 5; *Nikisch* III, S. 134; *Richardi/Thüsing* § 26 Rn. 4, 10; **a. M.** *Wedde/DKKW* § 26 Rn. 9, falls ein längere Zeit verhindertes Betriebsratsmitglied vertreten wird und ein endgültiges Nachrücken absehbar ist). 8

3. Wahlverfahren

a) Zeitpunkt; Regelung des Wahlverfahrens

Die Wahl ist in der ersten, der »**konstituierenden**« **Sitzung** des Betriebsrats vom **Wahlleiter** durchzuführen (§ 29 Abs. 1, vgl. § 29 Rdn. 6 ff.). Das Gesetz enthält ebenso wie für die anderen internen Wahlen des Betriebsrats, nämlich die Wahl der weiteren Mitglieder des Betriebsausschusses (vgl. § 27 Rdn. 15 ff.) und der Mitglieder der Ausschüsse (vgl. § 28 Rdn. 21 ff.), **keine Vorschriften über** das **Wahlverfahren**. Die Normen über die Wahl des Betriebsrats finden keine Anwendung. Aber auch die Vorschriften über Beschlüsse des Betriebsrats (§ 33; § 35, s. § 35 Rdn. 18) können nicht ohne Weiteres auf das Wahlverfahren übertragen werden, da zwischen Wahlen und Sachentscheidungen zu unterscheiden ist. Entsprechende Anwendung finden diese nur, wenn sie als Ausdruck eines allgemeinen Prinzips der Entscheidungsfindung des Betriebsrats anzusehen sind. Dies ist etwa für § 33 Abs. 2 anzunehmen, wonach mindestens die **Hälfte der Betriebsratsmitglieder an der Wahl teilnehmen** muss. Diese Vorschrift gilt für die Wahl des Betriebsratsvorsitzenden entsprechend (vgl. § 33 Rdn. 13 ff.; ebenso *Fitting* § 26 Rn. 13; *Glock/HWGNRH* § 26 Rn. 7; *Hueck/Nipperdey* II/2, S. 1190; *Kreft/WPK* § 26 Rn. 7; *Löwisch/LK* § 26 Rn. 4; *Nikisch* III, S. 134; *Reichold/HWK* § 26 BetrVG Rn. 3; *Richardi/Thüsing* § 26 Rn. 5; *Wedde/DKKW* § 26 Rn. 8). 9

Der **Betriebsrat** kann **Grundsätze** für die **Durchführung** der **Wahl beschließen** (ebenso *Fitting* § 26 Rn. 9; *Glock/HWGNRH* § 26 Rn. 7; *Löwisch/LK* § 26 Rn. 4; *Richardi/Thüsing* § 26 Rn. 7). Dies kann zum einen im Rahmen der Geschäftsordnung erfolgen (s. § 36 Rdn. 15). Die Wahlvorschriften gelten in diesem Falle, bis sie wieder geändert oder aufgehoben werden. Der Betriebsrat kann jedoch auch ad hoc im jeweiligen Einzelfall im Wege des Mehrheitsbeschlusses Verfahrensregeln festlegen, soweit dem nicht zwingende gesetzliche Vorschriften entgegenstehen. **Mangels besonderer Regelungen** kann die **Wahl ohne Förmlichkeiten**, z. B. durch Handaufheben oder Zuruf durchgeführt werden, wenn nur die zuverlässige Feststellung des Wahlergebnisses gewährleistet ist (ebenso *Fitting* § 26 Rn. 9; *Glock/HWGNRH* § 26 Rn. 7; *Löwisch/LK* § 26 Rn. 4; *Nikisch* III, S. 134; *Richardi/Thüsing* § 26 Rn. 7; *Wedde/DKKW* § 26 Rn. 7). Dies bedeutet auch, dass die Wahl grundsätzlich offen erfolgen kann. Eine **geheime Wahl** findet nur statt, wenn der Betriebsrat dies mehrheitlich (in der Geschäftsordnung oder im jeweiligen Einzelfall) beschlossen hat. Das Verlangen einzelner Betriebsratsmitglieder, die Wahl geheim durchzuführen, genügt nicht, und zwar selbst dann nicht, wenn es sich dabei um sämtliche Betriebsratsmitglieder einer Wahlliste handelt (*ArbG Bielefeld* 12.08.1998 AiB 1999, 341 [abl. *Wedde*]; wohl auch *Löwisch/LK* § 26 Rn. 4; **a. M.** *Fitting* § 26 Rn. 9 [anders bis zur 21. Aufl.]; *Gamillscheg* II, S. 502; *Hässler* Geschäftsführung des Betriebsrates, S. 10; *Lichtenstein* BetrR 1987, 7 [9]; *Reichold/HWK* § 26 BetrVG Rn. 4: »Wahl sollte geheim sein«; *Wedde/DKKW* § 26 Rn. 7; *Witt* AR-Blattei SD 530.6.2, Rn. 20). Die Gegenansicht führt zur Begründung zum einen an, dass damit die Wahlfreiheit des einzelnen Betriebsratsmitglieds gesichert werden solle (*Fitting* § 26 Rn. 9). Die ältere Literatur verweist in diesem Zusammenhang auch darauf, dass auf diese Weise am besten dem Schutz der Minderheitengruppe entsprochen werden könne (*Hässler* Geschäftsführung des Betriebsrates, S. 10; *Joost/MünchArbR*, 2. Aufl., § 306 Rn. 3). Zuzugeben ist, dass die geheime Wahl eine von etwaigen Fraktionszwängen befreite Entscheidung über die einzelnen Kandidaten ermöglichen und dadurch die Chancen eines Kandidaten der Minderheitenliste erhöhen könnte. Angesichts der Tatsache, dass der Gesetzgeber des BetrVerf-ReformG den Minderheitenschutz abgebaut hat, muss jedoch de lege lata davon ausgegangen werden, dass die Entscheidung 10 über die geheime Wahl in das freie Ermessen des Betriebsrats und damit der jeweiligen Mehrheit gestellt ist. Einer solchen Mehrheitsentscheidung stehen auch keine zwingenden Wahlgrundsätze entgegen. Insbesondere trifft es nicht zu, dass es zu den Grundsätzen einer demokratischen Wahl gehöre, dass diese geheim stattzufinden habe, sobald ein Wahlberechtigter dies verlangt (so aber *Kreft/WPK* § 26 Rn. 4). Auch für interne Wahlen in anderen demokratisch legitimierten Organen gilt der Grundsatz, dass diese nur dann geheim stattfinden, wenn dies in einem Gesetz oder in der Geschäftsordnung vorgesehen ist (vgl. für die Wahlen durch den Bundestag § 49 Abs. 1 GO BT; hierzu auch *Zeh* in: *Isensee/Kirchhof* Handbuch des Staatsrechts Bd. III, 3. Aufl. 2005, § 43 Rn. 48). Soweit der Gesetzgeber keine geheime Wahl vorschreibt, bleibt also die Entscheidung über geheime oder offene Wahl dem Gremium überlassen. Einzelne Gremiumsmitglieder können dagegen eine geheime Wahl nicht gegen den Willen der Mehrheit durchsetzen. Eine **Auswahlmöglichkeit** zwischen mehreren Kandidaten ist nicht erforderlich (vgl. *BAG* 29.01.1965 AP Nr. 8 zu § 27 BetrVG Bl. 1 R f.). Bei der Wahl kann den jeweiligen gewerkschaftlichen Stärkeverhältnissen Rechnung getragen werden; »**Koalitionsabsprachen**« darüber, wer Betriebsratsvorsitzender und wer stellvertretender Vorsitzender wird, sind zulässig (*BAG* 01.06.1966 AP Nr. 16 zu § 18 BetrVG Bl. 2 f. [krit. *Galperin*]; *Fitting* § 26 Rn. 11; *Galperin/Löwisch* § 26 Rn. 7; *Glock/HWGNRH* § 26 Rn. 13).

b) Zwei Wahlgänge; Stimmenmehrheit

11 Für die Wahl des Vorsitzenden und seines Stellvertreters sind **zwei getrennte Wahlgänge** aller Betriebsratsmitglieder (gemeinsame Wahl) durchzuführen. **Gewählt** ist, wer jeweils die **meisten Stimmen** erhält (relative Mehrheit); ein Mindestquorum ist nicht vorgeschrieben (ebenso *Fitting* § 26 Rn. 14; *Glock/HWGNRH* § 26 Rn. 9; *Nikisch* III, S. 134; *Richardi/Thüsing* § 26 Rn. 7; *Wedde/DKKW* § 26 Rn. 11), kann aber vom Betriebsrat jedenfalls für den ersten Wahlgang beschlossen werden.

12 Bei **Stimmengleichheit** ist auf Antrag eines Betriebsratsmitglieds die Wahl zu wiederholen. Bei erneuter Pattsituation **entscheidet** entsprechend § 22 Abs. 3, § 34 Abs. 4 Satz 2 WO das **Los** (ähnlich *Fitting* § 26 Rn. 15; *Glock/HWGNRH* § 26 Rn. 9; *Hueck/Nipperdey* II/2, S. 1190 Fn. 4; *Kreft/WPK* § 26 Rn. 7; *Löwisch/LK* § 26 Rn. 5; *Wedde/DKKW* § 26 Rn. 11; vgl. auch *BVerwG* 01.08.1958 AP Nr. 11 zu § 31 PersVG Bl. 2 f.; 15.12.1961 AP Nr. 3 zu § 26 PersVG Bl. 1; *OVG Lüneburg* 06.09.1957 AP Nr. 7 zu § 31 PersVG Bl. 2; für Losentscheid nur bei entsprechendem Beschluss vor der Wahl *Bitzer* BUV 1972, 125 [130]; *Richardi/Thüsing* § 26 Rn. 9; *Stege/Weinspach/Schiefer* § 26 Rn. 6; zur Unzulässigkeit des Losentscheides durch Streichholzziehen vgl. *BVerwG* 15.05.1991 AP Nr. 2 zu § 25 BPersVG Bl. 2 R ff.). Ein Losentscheid kann bereits nach der ersten Abstimmung stattfinden, wenn der Betriebsrat dies vor der Abstimmung beschlossen hat (ebenso *Kreft/WPK* § 26 Rn. 7; *Richardi/Thüsing* § 26 Rn. 9).

13 Da zwei getrennte Wahlgänge durchzuführen sind, ist zum **stellvertretenden Vorsitzenden** nicht automatisch derjenige gewählt, der bei der Wahl des Betriebsratsvorsitzenden die zweithöchste Stimmenzahl erhalten hat (ebenso *Fitting* § 26 Rn. 12; *Löwisch/LK* § 26 Rn. 6; *Richardi/Thüsing* § 26 Rn. 8; *Wedde/DKKW* § 26 Rn. 10). Jedoch wird man dem Betriebsrat das Recht einräumen müssen, vor der Wahl eine solche Regelung zu treffen. Der Wahlleiter stellt das Wahlergebnis fest; damit endet zugleich sein Recht, die Sitzung zu leiten (vgl. § 29 Rdn. 20).

c) Niederschrift

14 Über die konstituierende Sitzung und die in ihr durchgeführten Wahlen ist, wie über jede andere Sitzung des Betriebsrats, eine Niederschrift aufzunehmen, die entsprechend § 34 Abs. 1 Satz 1 die Namen der Gewählten und die Stimmenzahl enthalten muss. Die Niederschrift ist gem. § 34 Abs. 1 Satz 2 von dem gewählten Vorsitzenden, der die Sitzung schließt (s. § 29 Rdn. 22), und zweckmäßigerweise von dem Wahlleiter als dem weiteren Betriebsratsmitglied, das für den von ihm geleiteten Teil der Sitzung verantwortlich ist, zu unterzeichnen (zust. *Wedde/DKKW* § 26 Rn. 11).

4. Folgen von Wahlverstößen

a) Nichtigkeit der Wahl

Die Wahl des Betriebsratsvorsitzenden und des stellvertretenden Vorsitzenden kann an formellen und materiellen Mängeln leiden. Das Gesetz enthält jedoch – anders als für die Wahl des Betriebsrats (vgl. § 19) – keine Regelung hinsichtlich der Folgen von Verstößen gegen Rechtsvorschriften bei internen Wahlen. Eine generelle Nichtigkeit der Wahl kommt nicht in Betracht. Könnte wegen jedes Fehlers die Unwirksamkeit der Amtsausübung des Vorsitzenden bzw. des Stellvertreters ohne zeitliche Begrenzung immer und von jedermann geltend gemacht werden, so wäre die Funktionsfähigkeit der Betriebsverfassung in Frage gestellt (zutr. *BAG* 13.11.1991 EzA § 26 BetrVG 1972 Nr. 5 = AP Nr. 9 zu § 26 BetrVG 1972; *Richardi/Thüsing* § 26 Rn. 17). Eine **Nichtigkeit** der **Wahl** ist daher ebenso wie bei der Wahl des Betriebsrats nur bei **ganz groben offensichtlichen Rechtsverstößen** anzunehmen, z. B. wenn nicht einmal der Anschein einer Wahl gewahrt, gegen demokratische Grundprinzipien oder die guten Sitten verstoßen oder überhaupt kein Betriebsratsbeschluss gefasst wurde. Die Nichtigkeit kann **form-** und **fristlos** von **jedermann geltend gemacht** werden (*BAG* 13.11.1991 EzA § 26 BetrVG 1972 Nr. 5 = AP Nr. 9 zu § 26 BetrVG 1972 unter B 1; 20.11.1993 EzA § 28 BetrVG 1972 Nr. 4 unter B III 2a cc; *Fitting* § 26 Rn. 60 f.; *Glock/HWGNRH* § 26 Rn. 16; *Richardi/Thüsing* § 26 Rn. 27; *Wedde/DKKW* § 26 Rn. 36). Nichtig ist die Wahl, wenn ein nicht dem Betriebsrat angehörendes Belegschaftsmitglied gewählt wurde oder nicht mindestens die Hälfte der Betriebsratsmitglieder an der Wahl teilgenommen hat (vgl. *Hanau/Reitze* FS *Kraft*, S. 167 [172 f.]; *Wedde/DKKW* § 26 Rn. 36). Dagegen ist die Wahl nicht schon dann nichtig, wenn es an einer ordnungsgemäßen Ladung fehlt (ebenso *Fitting* § 26 Rn. 54; *Glock/HWGNRH* § 26 Rn. 16; **a. M.** *Wedde/DKKW* § 26 Rn. 36; *Wiese* 6. Aufl., § 26 Rn. 36; für Nichtigkeit bei fehlender Ladung aller Betriebsratsmitglieder auch *Hanau/Reitze* FS *Kraft*, S. 167 [172]). Die fehlende Ladung stellt zwar einen Verfahrensmangel dar. Dieser ist aber nicht so schwerwiegend, dass nicht einmal mehr der Anschein einer ordnungsgemäßen Wahl besteht und es gerechtfertigt wäre, die Unwirksamkeit der Wahl ohne jede zeitliche Begrenzung geltend zu machen. Im Falle der Nichtigkeit der Wahl ist diese alsbald erneut durchzuführen.

b) Anfechtung der Wahl

Andere, weniger schwerwiegende Rechtsverstöße müssen ebenfalls gerügt und notfalls in einem gerichtlichen Verfahren korrigiert werden können, sollen die entsprechenden Vorschriften über die Wahl des Vorsitzenden und des Stellvertreters nicht leer laufen. Freilich bedarf es insoweit einer zeitlichen Begrenzung, um hinsichtlich der Wahl nach Ablauf einer bestimmten Zeit Rechtssicherheit zu schaffen und die Funktionsfähigkeit der Betriebsverfassung sicherzustellen (vgl. Rdn. 15). Es liegt daher nahe, die Vorschrift des **§ 19 analog** anzuwenden und die Anfechtung der Wahl beim Arbeitsgericht zuzulassen. Die frühere Rechtsprechung hatte denn auch eine uneingeschränkte Analogie zu den Vorschriften über die Anfechtung der Betriebsratswahl (früher § 18 BetrVG 1952, jetzt § 19) bejaht (st. Rspr., grdl. *BAG* 02.11.1955 AP Nr. 1 zu § 27 BetrVG Bl. 1 R f.; zuletzt 21.10.1969 AP Nr. 10 zu § 3 BetrVG Bl. 3 R f.; ebenso zum BetrVG 1972 zunächst auch *BAG* 16.02.1973 AP Nr. 1 zu § 19 BetrVG 1972 Bl. 3 *[Natzel]*; 19.03.1974 AP Nr. 1 zu § 26 BetrVG 1972 Bl. 1 R *[Küchenhoff]*; *LAG Düsseldorf/Köln* 03.10.1975 DB 1975, 2281; *LAG Hamm* 23.11.1972 DB 1973, 433; zum Meinungsstand in der älteren Literatur vgl. die Angaben bei *Wiese* 6. Aufl., § 26 Rn. 37).

Zur Begründung hatte sich das *BAG* zunächst darauf gestützt, dass es sich bei der Wahl des Vorsitzenden und des Stellvertreters um den Schlussakt der Wahl und der Konstituierung des Betriebsrats handele (vgl. etwa *BAG* 20.04.1956 AP Nr. 3 zu § 27 BetrVG). Diese Begründung ist freilich nicht tragfähig. Die Wahl des Vorsitzenden und des Stellvertreters ist nicht mehr Teil der Betriebsratswahl, sondern ein Akt der Geschäftsführung des – bereits konstituierten – Betriebsrats. Aus diesem Grunde kann die Vorschrift des § 19 nicht ohne Weiteres analog auf die betriebsratsinternen Wahlen angewandt werden (zutr. *BAG* 12.10.1976 EzA § 26 BetrVG 1972 Nr. 2 = AP Nr. 2 zu § 26 BetrVG 1972 Bl. 1 R ff. *[Richardi]*). Dies schließt freilich eine analoge Anwendung der Vorschriften über die Anfechtung der Betriebsratswahl nicht gänzlich aus. Auch Verfahrensverstöße bei betriebsratsinternen Wahlen können nicht völlig ohne Folgen für ihre Wirksamkeit bleiben, will man nicht die Verfahrensregeln selbst in Frage stellen. Andererseits kann aus dem Fehlen einer eigenen Anfechtungsregelung nicht geschlossen werden, dass Verfahrensverstöße stets zur Nichtigkeit führen müssten. Da die betriebsratsinterne Wahlen die organisatorische Grundlage für die Betriebsratstätigkeit bilden, besteht auch insoweit ein erhebliches Bedürfnis nach Rechtssicherheit. Hiermit wäre es unvereinbar, wenn die Wirksamkeit der Wahlen zeitlich unbegrenzt in Frage gestellt werden könnte. Da die **Regelung des § 19 überwiegend allgemeine Grundsätze** enthält, die stets Geltung beanspruchen, wenn Wahlen oder Beschlüsse von Vertretungsorganen einer Rechtskontrolle unterworfen werden sollen und die Nichtigkeit eine unangemessene Reaktion darstellen würde, findet die Vorschrift auf **betriebsratsinterne Wahlen entsprechende Anwendung** (*BAG* 13.11.1991 EzA § 26 BetrVG 1972 Nr. 5 unter B 1; 13.11.1991 EzA § 27 BetrVG 1972 Nr. 7 unter B II; 15.01.1992 EzA § 19 BetrVG 1972 Nr. 37 unter B II 2; 21.07.2004 EzA § 47 BetrVG 2001 Nr. 1 unter B I 3; 16.11.2005 EzA § 28 BetrVG 2001 Nr. 3 unter B I 2; vgl. auch *Gräfl* JArbR Bd. 42 (2004), 2005, S. 133 [145 f.]). Dies gilt freilich nur insoweit, wie die Regelungen über die Anfechtung der Betriebsratswahl mit dem besonderen Charakter der internen Wahlen als einem Akt der Geschäftsführung des Betriebsrats in Einklang zu bringen sind. Im Einzelnen gilt folgendes:

18 Zwecks zeitlicher Begrenzung betriebsratsinterner Streitigkeiten und damit aus Gründen der Rechtssicherheit ist an der analogen Anwendung des § 19 Abs. 2 Satz 2 hinsichtlich der **Anfechtungsfrist** von zwei Wochen festzuhalten (st. Rspr.; *BAG* 12.10.1976 EzA § 26 BetrVG 1972 Nr. 2 S. 9; 13.11.1991 EzA § 26 BetrVG 1972 Nr. 5 S. 5; 20.10.1993 EzA § 28 BetrVG 1972 Nr. 4 S. 12; 16.11.2005 EzA § 28 BetrVG 2001 Nr. 3 unter B I 3; *Fitting* § 26 Rn. 55; *Glock/HWGNRH* § 26 Rn. 19; *Kamphausen* NZA 1991, 880 [883 f.]; *Löwisch/LK* § 26 Rn. 21; *Wedde/DKKW* § 26 Rn. 16; **a. M.** *Richardi/Thüsing* § 26 Rn. 26, der die Anfechtungsmöglichkeit nur durch die Verwirkung begrenzt; *Reitze* Der Betriebsratsbeschluss, S. 204 ff., der § 19 Abs. 2 Satz 2 nur Leitbildfunktion beimisst, die dort geregelte Frist jedoch im Interesse einer internen Verständigung nicht als Ausschlussfrist ansieht; abw. zum Personalvertretungsrecht auch *BVerwG* 20.06.1958, 03.10.1958 AP Nr. 12 Bl. 2, Nr. 13 Bl. 2 zu § 31 PersVG). Die Anfechtungsfrist beginnt mit Kenntniserlangung des Anfechtungsgrundes durch den Anfechtungsberechtigten, bei Betriebsratsmitgliedern vom Wahltag an (vgl. *BAG* 20.04.1956 AP Nr. 3 zu § 27 BetrVG Bl. 2 R; 21.10.1969 AP Nr. 10 zu § 3 BetrVG Bl. 4).

19 Hinsichtlich des Kreises der **Anfechtungsberechtigten** ist § 19 Abs. 2 Satz 1 nur mit starken Einschränkungen anwendbar. Anfechtungsberechtigt sind zunächst die Wahlberechtigten zur Wahl des Betriebsratsvorsitzenden. Dies sind die Betriebsratsmitglieder. Abweichend von § 19 Abs. 2 Satz 1 steht das Anfechtungsrecht **jedem einzelnen Betriebsratsmitglied** zu (ebenso *BAG* 13.11.1991 EzA § 26 BetrVG 1972 Nr. 5 S. 6; 13.11.1991 EzA § 27 BetrVG 1972 Nr. 7 unter B II 2b; 21.07.2004 EzA § 47 BetrVG 2001 Nr. 1 B I 3; *Fitting* § 26 Rn. 56; *Gamillscheg* II, S. 503; *Glock/HWGNRH* § 26 Rn. 21; *Löwisch/LK* § 26 Rn. 21; *Richardi/Thüsing* § 26 Rn. 21 ff.; *Sibben* NZA 1995, 819 [820]; *Wedde/DKKW* § 26 Rn. 16, 37). Hierfür spricht zum einen, dass ansonsten eine Anfechtung in kleinen Betrieben ausgeschlossen wäre und dass außerdem der Aspekt der Rechtssicherheit sowie der Vermeidung querulatorischer Klagen (vgl. *Kreutz* § 19 Rdn. 73) nicht in gleicher Weise von Bedeutung ist. Zum anderen wird jedes Betriebsratsmitglied in seiner Amtsausübung betroffen, wenn die Befugnisse des Vorsitzenden von einem nicht ordnungsgemäß legitimierten Betriebsratsmitglied wahrgenommen werden. Nicht anfechtungsberechtigt sind dagegen die **wahlberechtigten Arbeitnehmer** (vgl. *Fitting* § 26 Rn. 58; *Glock/HWGNRH* § 26 Rn. 23; *Richardi/Thüsing* § 26 Rn. 23) sowie der **Arbeitgeber** (vgl. *Fitting* § 26 Rn. 58; *Gamillscheg* II, S. 503; *Glock/HWGNRH* § 26 Rn. 23; *Joost/*MünchArbR § 218 Rn. 4; *Löwisch/LK* § 26 Rn. 21; *Richardi/Thüsing* § 26 Rn. 24; *Sibben* NZA 1995, 819 [820]; *Wedde/DKKW* § 26 Rn. 16, 37; offen gelassen vom *BAG* 13.11.1991 EzA § 26 BetrVG 1972 Nr. 5 S. 6). Die Wahl des Vorsitzenden und des stellvertretenden Vorsitzenden ist ein betriebsratsinterner Vorgang. Nach der gesetzlichen Systematik ist den Arbeitnehmern und erst recht dem Arbeitgeber eine Einflussnahme auf die Interna des Betriebsrats aber verwehrt. Aus demselben Grund ist ein Anfechtungsrecht der **im Betrieb vertretenen Gewerkschaften** ausgeschlossen (vgl. *Hanau/Reitze* FS *Kraft*, S. 167 [173 f.]; *Kreft/WPK* § 26 Rn. 10; *Reichold/HWK* § 26 BetrVG Rn. 14; *Richardi/Thüsing* § 26 Rn. 23; ebenso für Fehler bei der Konstituierung des Gesamtbetriebsrats *BAG* 30.10.1986 EzA § 47 BetrVG 1972 Nr. 4 = AP Nr. 6 zu § 47 BetrVG 1972 [*Dütz*]; s. *Kreutz/Franzen* § 47 Rdn. 133; **a. M.** *BAG* 12.10.1976 EzA § 26 BetrVG 1972 Nr. 2 S. 9 f.; *Fitting* § 26 Rn. 57; *Glock/HWGNRH* § 26 Rn. 22; *Sibben* NZA 1995, 819 [820]; *Wedde/DKKW* § 26 Rn. 16, 37; *Wiese* 6. Aufl., § 26 Rn. 40). Ein solches Anfechtungsrecht der Gewerkschaft lässt sich nicht mit den Einflussmöglichkeiten der Gewerkschaft auf die Wahl des Betriebsrats begründen (so

aber *Sibben* NZA 1995, 819 [820]). Die Kontrollbefugnisse der Gewerkschaft enden mit dem Abschluss der Betriebsratswahl. Die Wahl des Vorsitzenden ist nicht mehr Teil der Betriebsratswahl, sondern ein Akt der internen Selbstorganisation des Betriebsrats und damit der Geschäftsführung. Im Verhältnis zum gewählten Betriebsrat haben die Gewerkschaften keine Kontrollbefugnisse, sondern lediglich unterstützende und beratende Funktion. Eine Rechtmäßigkeitskontrolle der Geschäftsführung des Betriebsrats durch die Gewerkschaft findet grundsätzlich nur nach Maßgabe des § 23 Abs. 1, also bei groben Verletzungen der gesetzlichen Pflichten, statt (vgl. *BAG* 30.10.1986 EzA § 47 BetrVG 1972 Nr. 4 = AP Nr. 6 zu § 47 BetrVG 1972). Der **Betriebsrat** ist nicht anfechtungsberechtigt, da er die Mängel der Wahl selbst korrigieren kann (vgl. *Glock/HWGNRH* § 26 Rn. 23; *Richardi/Thüsing* § 26 Rn. 25; *Sibben* NZA 1995, 819 [820]).

Eine Anfechtung kam früher vor allem bei Verstößen gegen die Vorschriften zum Schutz der Minder- 20
heitsgruppe im Betriebsrat (vgl. § 26 Abs. 1 Satz 2, Abs. 2 a. F.) in Betracht (vgl. hierzu *Wiese* 6. Aufl., § 26 Rn. 37 f. m. w. N.). Nach Aufhebung dieser Bestimmungen ist eine Anfechtung vor allem in den Fällen denkbar, in denen die vorgeschriebene Trennung der Wahlgänge (s. Rdn. 11 ff.) nicht beachtet oder gegen vom Betriebsrat beschlossene Wahlvorschriften (s. Rdn. 10) verstoßen wurde.

Bei einer Wahlanfechtung bleiben der Betriebsratsvorsitzende und sein Stellvertreter so lange im Amt, 21
bis die Wahl rechtskräftig für unwirksam erklärt worden ist (vgl. *BAG* 13.11.1991 EzA § 26 BetrVG 1972 Nr. 5 S. 5; 15.01.1992 EzA § 19 BetrVG 1972 Nr. 37 S. 6; *Richardi/Thüsing* § 26 Rn. 27). Die **gerichtliche Entscheidung wirkt rechtsgestaltend** (vgl. *Fitting* § 26 Rn. 59; *Glock/HWGNRH* § 26 Rn. 24). Dann ist unverzüglich eine Neuwahl durchzuführen.

c) Amtsenthebung
Die Möglichkeit der Wahlanfechtung schließt nicht aus, dass nach § 23 Abs. 1 bei grober Pflichtwid- 22
rigkeit – etwa der willkürlichen Unterdrückung der Minderheit – die betreffenden Betriebsratsmitglieder aus dem Betriebsrat ausgeschlossen werden oder bei einem Zusammenwirken einer Mehrheit von Betriebsratsmitgliedern gegebenenfalls der gesamte Betriebsrat aufgelöst wird (ebenso *Hueck/Nipperdey* II/2, S. 1189 Fn. 3; vgl. auch *BAG* 02.11.1955 AP Nr. 1 zu § 27 BetrVG Bl. 2).

d) Abberufung
Wird die Wahl weder angefochten noch ein Antrag nach § 23 Abs. 1 gestellt, so kann der Betriebsrat 23
bei einem Verstoß gegen Wahlvorschriften auch nach Ablauf der Anfechtungsfrist den Vorsitzenden oder stellvertretenden Vorsitzenden abberufen und neu wählen (s. Rdn. 26).

5. Amtszeit; Neuwahlen

a) Verzicht auf Kandidatur; Nichtannahme des Amtes
Ein Betriebsratsmitglied kann vor der Wahl zum Vorsitzenden oder stellvertretenden Vorsitzenden sei- 24
nen Verzicht auf die Kandidatur erklären (*BAG* 29.01.1965 AP Nr. 8 zu § 27 BetrVG Bl. 2 R; 08.04.1992 EzA § 26 BetrVG 1972 Nr. 6 S. 8 f.; *LAG Hamm* 23.11.1972 DB 1973, 433 [434]). Darin ist eine vorweggenommene Erklärung der Nichtannahme der Wahl zu sehen (*BAG* 08.04.1992 EzA § 26 BetrVG 1972 Nr. 6 S. 9); denn der Gewählte braucht das Amt nicht anzunehmen (*BAG* 29.01.1965 AP Nr. 8 zu § 27 BetrVG Bl. 2 R f.; *Fitting* § 26 Rn. 16; *Glock/HWGNRH* § 26 Rn. 14; *Kreft/WPK* § 26 Rn. 9; *Nikisch* III, S. 136; *Richardi/Thüsing* § 26 Rn. 13, 15; *Wedde/DKKW* § 26 Rn. 12). Der Wahlleiter hat die formlos mögliche Annahme oder Ablehnung der Wahl festzustellen. Ist eine Bedenkzeit erbeten worden, so erfolgt die Erklärung gegenüber den Betriebsratsmitgliedern; in der Einberufung einer Betriebsratssitzung durch den gewählten Vorsitzenden liegt eine konkludente Annahme des Amtes (*Richardi/Thüsing* § 26 Rn. 13). Wird die Annahme abgelehnt, so sind die erforderlichen Wahlen sofort erneut durchzuführen (ebenso *Fitting* § 26 Rn. 16; *Glock/HWGNRH* § 26 Rn. 14; *Richardi/Thüsing* § 26 Rn. 14; *Wedde/DKKW* § 26 Rn. 12). Wegen der herausragenden Bedeutung der Stellung des Vorsitzenden bzw. stellvertretenden Vorsitzenden dürfte die Ablehnung der jeweiligen Funktion – anders als sonst bei Verweigerung der Übernahme von Betriebs-

ratsaufgaben (s. *Oetker* § 23 Rdn. 70) – wohl in keinem Falle eine Amtspflichtverletzung i. S. d. § 23 Abs. 1 sein.

b) Regelmäßige Amtszeit; vorzeitige Beendigung

25 Die Wahl gilt für die gesamte Amtszeit des Betriebsrats (§ 21), bei späterer Wahl für den Rest der Amtszeit, es sei denn, dass der Betriebsrat eine andere Regelung beschließt. Das Amt beginnt daher mit Abschluss der nach § 26 Abs. 1 vorgeschriebenen Wahlen bzw. dem Ablauf der Amtszeit des bisherigen Betriebsrats (s. § 29 Rdn. 9). Die Ämter enden vorzeitig mit der Auflösung des Betriebsrats (§ 23 Abs. 1 Satz 1) und dem sonstigen Erlöschen der Mitgliedschaft im Betriebsrat (§ 24). Der Vorsitzende und sein Stellvertreter können auch jederzeit ihre **Ämter** durch eine eindeutige und unwiderrufliche Erklärung gegenüber dem Betriebsrat **niederlegen** (ebenso *Fitting* § 26 Rn. 19; *Glock/HWGNRH* § 26 Rn. 25; *Kreft/WPK* § 26 Rn. 9; *Löwisch/LK* § 26 Rn. 7; *Nikisch* III, S. 136; *Richardi/Thüsing* § 26 Rn. 15; *Wedde/DKKW* § 26 Rn. 13). Auf die Mitgliedschaft im Betriebsrat ist dies ohne Einfluss.

c) Abberufung

26 Der Betriebsrat kann den Vorsitzenden oder seinen Stellvertreter **jederzeit durch Beschluss (§ 33) mit einfacher Stimmenmehrheit abberufen**, ohne dass besondere Gründe vorliegen müssten; mangelndes Vertrauen genügt (*BAG* 26.01.1962 AP Nr. 8 zu § 626 BGB Druckkündigung Bl. 3 R; 01.06.1966 AP Nr. 16 zu § 18 BetrVG Bl. 2; *LAG* Berlin 20.10.1964 AuR 1965, 282; *Fitting* § 26 Rn. 20; *Glock/HWGNRH* § 26 Rn. 26 f.; *Hueck/Nipperdey* II/2, S. 1193; *Kreft/WPK* § 26 Rn. 12; *Löwisch/LK* § 26 Rn. 7; *Nikisch* III, S. 136; *Richardi/Thüsing* § 26 Rn. 29; *Wedde/DKKW* § 26 Rn. 15; **a. M.** *W. Küchenhoff* Amt und Arbeitsplatz von Betriebsratsmitgliedern, Diss. Münster 1982, S. 82 f.). Einer Regelung in der Geschäftsordnung (§ 36) bedarf es nicht (*LAG* Berlin 20.10.1964 AuR 1965, 282; *Wedde/DKKW* § 26 Rn. 14). Auch die Berücksichtigung der gewerkschaftlichen Stärkeverhältnisse im Betrieb kann ein zulässiger Anlass für die Abberufung sein (*BAG* 01.06.1966 AP Nr. 16 zu § 18 BetrVG Bl. 2 f.). Der Betroffene ist bei dem Beschluss über seine Abberufung stimmberechtigt (s. § 33 Rdn. 27). Die Abberufung ist vom Arbeitsgericht nur nachprüfbar, soweit es um formelle Mängel, das Verbot der Willkür oder einen Sittenverstoß geht (*BAG* 01.06.1966 AP Nr. 16 zu § 18 BetrVG Bl. 2; *LAG* Berlin 20.10.1964 DB 1965, 824; *LAG* Hessen 29.03.2007 – 9 TaBVGa 68/07 – juris, Rn. 20). Eine willkürliche Abberufung kann etwa dann vorliegen, wenn diese während einer Verhinderung des Vorsitzenden und/oder seines Stellvertreters auf einer kurzfristig durch eines der anderen Betriebsratsmitglieder einberufenen Sitzung beschlossen soll, um den Betroffenen keine Gelegenheit zur Stellungnahme zu geben (vgl. den Sachverhalt in *LAG* Hessen 29.03.2007 – 9 TaBVGa 68/07 – juris [Hausverbot für den Vorsitzenden und den Stellvertreter nach fristloser Kündigung durch den Arbeitgeber ohne Zustimmung des Betriebsrats]).

27 Ein auf die Amtsenthebung beschränktes **Ausschlussverfahren** nach § 23 Abs. 1 ist nicht möglich (ebenso *Fitting* § 26 Rn. 20; *Galperin/Löwisch* § 26 Rn. 16; *Glock/HWGNRH* § 26 Rn. 28; *Kreft/WPK* § 26 Rn. 12; *Nikisch* III, S. 136; *Richardi/Thüsing* § 26 Rn. 33). Auf die Mitgliedschaft im Betriebsrat ist die Abberufung durch den Betriebsrat ohne Einfluss, jedoch kann gleichzeitig oder unabhängig davon vom Betriebsrat ein Ausschlussverfahren nach § 23 Abs. 1 betrieben werden. Führt dieses zum Erfolg, so erlischt damit die Mitgliedschaft im Betriebsrat (§ 24 Abs. 1 Nr. 5) und zugleich das Amt des Vorsitzenden oder stellvertretenden Vorsitzenden. Der Antrag auf Ausschluss nach § 23 Abs. 1 kann damit begründet werden, dass eine grobe Verletzung der Pflichten des Vorsitzenden oder stellvertretenden Vorsitzenden des Betriebsrats vorgelegen habe (ebenso *Galperin/Löwisch* § 26 Rn. 16; *Glock/HWGNRH* § 26 Rn. 28; *Richardi/Thüsing* § 26 Rn. 33).

d) Neuwahl in sonstigen Fällen

28 Auch in anderen Fällen des Ausscheidens des Vorsitzenden oder des stellvertretenden Vorsitzenden aus dem Amt ist an Stelle des Ausgeschiedenen in einer unverzüglich einzuberufenden Sitzung des Betriebsrats ein anderes Betriebsratsmitglied nach den gleichen Grundsätzen zu wählen, die für die Wahl des Ausgeschiedenen galten. Der stellvertretende Vorsitzende rückt nicht automatisch in die Stellung des Vorsitzenden nach, vertritt ihn aber bis zur Neuwahl (s. Rdn. 67). Scheiden beide gleichzeitig aus ihren Ämtern aus, so muss ein Betriebsratsmitglied die Initiative zur Neuwahl übernehmen (s.

Vorsitzender § 26

Rdn. 69). Scheidet der Vorsitzende oder der stellvertretende Vorsitzende nicht nur aus dem Amt, sondern auch aus dem Betriebsrat aus, so rückt das Ersatzmitglied nach § 25 Abs. 1 Satz 1 nur in den Betriebsrat, nicht in das Amt nach (s. Rdn. 68 f.).

III. Rechtsstellung des Vorsitzenden

1. Überblick

Dem Vorsitzenden sind **kraft Gesetzes** eine Reihe von **Aufgaben** und **Befugnissen** zugewiesen, die 29
er neben den jedem Betriebsratsmitglied zustehenden Rechten wahrnimmt. Nach § 26 Abs. 2 vertritt er den Betriebsrat im Rahmen der von ihm gefassten Beschlüsse (s. Rdn. 31 ff.) und ist zur Entgegennahme von Erklärungen berechtigt, die dem Betriebsrat gegenüber abzugeben sind (s. Rdn. 53 ff.). Nach § 27 Abs. 1 Satz 2 ist er kraft Amtes Mitglied des Betriebsausschusses (vgl. § 27 Rdn. 14). Er beruft nach § 29 Abs. 2 und 3 die Sitzungen des Betriebsrats ein, setzt die Tagesordnung fest, hat die Sitzungsteilnehmer zu laden und leitet die Sitzungen (s. § 29 Rdn. 23 ff., 33 ff., 51 ff., 65 ff.). Die Sitzungsniederschrift ist von ihm gem. § 34 Abs. 1 Satz 2 zu unterzeichnen (s. § 34 Rdn. 20). Nach § 42 Abs. 1 Satz 1 leitet er die Betriebsversammlung (s. *Weber* § 42 Rdn. 33 ff.). Nach § 65 Abs. 2 Satz 2, § 69 Satz 4 kann er an Sitzungen und Sprechstunden der Jugend- und Auszubildendenvertretung teilnehmen, soweit nicht ein anderes Betriebsratsmitglied damit beauftragt worden ist (s. *Oetker* § 65 Rdn. 77, § 69 Rdn. 22 ff.).

In Betriebsräten mit weniger als neun Mitgliedern können auch die **laufenden Geschäfte** auf den 30 Vorsitzenden übertragen werden (§ 27 Abs. 3). Hieraus ergibt sich zugleich, dass die Führung der laufenden Geschäfte nicht zu den Aufgaben des Vorsitzenden gehört, wenn diese Voraussetzungen nicht vorliegen (ebenso *Bitzer* BUV 1972, 125 [131 f.]; *Galperin/Löwisch* § 26 Rn. 35; zum Streitstand unter der Geltung des § 27 BetrVG 1952 vgl. *Wiese* 6. Aufl., § 26 Rn. 52 m. w. N.). Sofern in kleineren Betrieben eine Übertragung unterbleibt, ist die Führung der laufenden Geschäfte Sache des Betriebsrats. In Betrieben mit größeren Betriebsräten ist dies Aufgabe des Betriebsausschusses (§ 27 Abs. 2 Satz 1). Eine Übertragung auf den Vorsitzenden ist hier ausgeschlossen. Der Betriebsausschuss kann jedoch einzelne seiner Mitglieder und damit auch den Vorsitzenden durch die Geschäftsordnung (§ 36) oder durch einen besonderen Beschluss mit einzelnen vorbereitenden Maßnahmen betrauen (s. § 27 Rdn. 54). Außerdem ist der Vorsitzende berechtigt und verpflichtet, im Interesse einer vertrauensvollen Zusammenarbeit zwischen Betriebsrat und Arbeitgeber (§ 2 Abs. 1) mit diesem ständigen Kontakt zu pflegen (*Hueck/Nipperdey* II/2, S. 1192). Der Vorsitzende trägt zudem die Verantwortung für die Aktenführung des Betriebsrats. Zur Einräumung eines Entscheidungsspielraums für den Vorsitzenden s. Rdn. 35 ff.

2. Vertretungsmacht

a) Gegenstand der Vertretungsmacht

Soweit der Vorsitzende die ihm allein obliegenden Amtspflichten wahrnimmt (vgl. Rdn. 29), handelt 31 er **im eigenen Namen**. Gibt er für den Betriebsrat Erklärungen ab oder nimmt er sie entgegen, so handelt er als **Vertreter**. Dazu ist er nach Maßgabe des § 26 Abs. 2 berechtigt. Da seine Vertretungsmacht auf dem Gesetz und nicht auf rechtsgeschäftlicher Erklärung des Betriebsrats beruht, ist er nicht dessen Bevollmächtigter (ebenso *Fitting* § 26 Rn. 22; *Glock/HWGNRH* § 26 Rn. 31; *Richardi/Thüsing* § 26 Rn. 35); man kann ihn als gesetzlichen Vertreter bezeichnen (ebenso *Galperin/Löwisch* § 26 Rn. 25, auch »Wortführer«; *Hueck/Nipperdey* II/2, S. 1190; *Nikisch* III, S. 140; *Richardi/Thüsing* § 26 Rn. 35; **a. M.** *Fitting* § 26 Rn. 22; *Glock/HWGNRH* § 26 Rn. 31; *Neumann-Duesberg* S. 264 f.; *Wedde/DKKW* § 26 Rn. 17). Entscheidend ist, dass seine Rechtsstellung durch das Gesetz in besonderer Weise ausgestaltet ist. Ihm steht nicht die Befugnis zur eigenen Willensbildung an Stelle des Betriebsrats zu, sondern er hat lediglich aufgrund und **im Rahmen** der **vom Betriebsrat gefassten Beschlüsse** Erklärungen für diesen abzugeben. Handelt der Vorsitzende, ohne dass der Betriebsrat zuvor einen entsprechenden Beschluss gefasst hat, so kann er den Betriebsrat nicht wirksam vertreten; etwaige Erklärungen entfalten daher keine Rechtswirkungen (näher Rdn. 38 ff.). Da der Vorsitzende keinen eigenen rechtsgeschäftlichen Willen bildet, sondern lediglich die Beschlüsse des Betriebsrats umsetzt, kann er den Betriebsrat gegenüber dem Arbeitgeber auch in Angelegenheiten vertreten, in denen er selbst betroffen ist. Zwar ist er insoweit gehindert, an der Entscheidungsfindung im Betriebsrat mitzuwirken. Die Zulässigkeit der Vertretung des Betriebsrats im Verhältnis zum Arbeitgeber im Rahmen der vom Betriebsrat ordnungsgemäß gefassten Beschlüsse bleibt hiervon aber unberührt (vgl. *BAG* 19.03.2003 EzA § 40 BetrVG 2001 Nr. 3 unter II 2b; *Fitting* § 26 Rn. 24). Dennoch ist der Vorsitzende kein Bote. Er übermittelt keine fremde Willenserklärung, sondern gibt eine eigene Willenserklärung ab (vgl. *BAG* 19.03.2003 EzA § 40 BetrVG 2001 Nr. 3 unter II 2b).

32 Um deutlich zu machen, dass der Vorsitzende einerseits mehr ist als ein Bote, andererseits aber ausschließlich zur Umsetzung der vom Betriebsrat gefassten Beschlüsse befugt ist, also keine Vereinbarungen aus eigenem Willensentschluss treffen kann, wird häufig gesagt, dass der Vorsitzende nicht Vertreter im Willen sondern lediglich **Vertreter in der Erklärung** sei (so bereits in der Gesetzesbegründung zum BetrVG 1952, BT-Drucks. I/3585, S. 7; ebenso *BAG* 28.02.1958 AP Nr. 1 zu § 14 AZO Bl. 1 R; 26.09.1963 AP Nr. 2 zu § 70 PersVG Kündigung Bl. 1; 17.02.1981 AP Nr. 11 zu § 112 BetrVG 1972 Bl. 3; 21.02.2002 EzA § 1 KSchG Interessenausgleich Nr. 10 unter B I 3b bb; vgl. auch 29.01.1965 AP Nr. 8 zu § 27 BetrVG Bl. 2: »Sprecher des Betriebsrats«; *Buchner* FS *Gerhard Müller*, 1981, S. 93 [106 f.]; *Dietz* RdA 1968, 439; *Fitting* § 26 Rn. 22; *Herschel* RdA 1959, 81 [83]; *Glock/HWGNRH* § 26 Rn. 32; *Hueck/Nipperdey* II/2, S. 1190, auch »Sprecher des Betriebsrats«; *Kreft/WPK* § 26 Rn. 14; *Richardi/Thüsing* § 26 Rn. 34; *Wedde/DKKW* § 26 Rn. 17; vgl. auch *Nikisch* III, S. 141). Gegen die Figur eines Vertreters in der Erklärung wird freilich mit Recht geltend gemacht, dass neben der rechtsgeschäftlichen Stellvertretung und der Botenschaft kein Raum für eine weitere Form des Handelns für Dritte bleibt (vgl. *Flume* Allgemeiner Teil des Bürgerlichen Rechts, Bd. II, 4. Aufl. 1992, S. 759 ff.; *Galperin/Löwisch* § 26 Rn. 25; *G. Hueck* AcP Bd. 152 [1952/1953], 432 ff.; *Wolf/Neuner* Allgemeiner Teil des Bürgerlichen Rechts, 11. Aufl. 2016, § 49 Rn. 19; *Müller-Freienfels* Die Vertretung beim Rechtsgeschäft, 1955, S. 72; *Neumann-Duesberg* S. 265 f.; *Soergel/Leptien* BGB, vor § 164 Rn. 46 f.; skeptisch auch *Linsenmaier* FS *Wißmann*, S. 378 [381 f.]; s. aber auch *Enneccerus/Nipperdey* Allgemeiner Teil des Bürgerlichen Rechts, Zweiter Halbband, 15. Aufl. 1960, § 178 III1c, S. 1090). Kennzeichnend für die Fälle, in denen eine »Vertretung in der Erklärung« angenommen wird, ist der Umstand, dass der Vertreter nach dem Willen des Vertretenen keinen eigenen Entscheidungsspielraum haben, sondern streng an die Weisungen des Vertretenen gebunden sein soll. Dies schließt aber eine Stellvertretung gem. § 164 Abs. 1 BGB nicht aus. Die Stellvertretung unterscheidet sich von der Botenschaft nicht dadurch, dass der Vertreter selbst darüber entscheiden kann, welchen Inhalt die Willenserklärung hat. Maßgeblich ist vielmehr, ob die Willenserklärung erst durch die Äußerung der Zwischenperson entsteht (dann Stellvertretung) oder ob die Zwischenperson eine bereits fertige Willenserklärung überbringen soll (dann Botenschaft). So gesehen handelt es sich bei dem Handeln eines »Vertreters in der Erklärung« typischerweise um einen Fall der Stellvertretung (zutr. *Flume* Allgemeiner Teil des Bürgerlichen Rechts, Bd. II, 4. Aufl. 1992, S. 761; in der Sache ähnlich *Kreft/WPK* § 26 Rn. 15: der Vorsitzende gebe eigene, inhaltlich an den Willen des Gremiums gebundene Erklärungen ab und sei daher »Vertreter in der Willenskonkretisierung«). Praktische Bedeutung kommt dem Streit freilich nicht zu, weil die Rechtsstellung des Vorsitzenden durch das Gesetz abschließend festgelegt ist. Für die **Abgabe** und den **Zugang** der vom Vorsitzenden abgegebenen Erklärungen gelten die allgemeinen Vorschriften über Willenserklärungen. Insbesondere setzt eine wirksame Vertretung voraus, dass der Vorsitzende nach **außen deutlich zu erkennen** gibt, für den Betriebsrat handeln zu wollen, sofern sich dies nicht bereits aus den Umständen ergibt. Dies ist vor allem dann von Bedeutung, wenn der Vorsitzende in unterschiedlicher Funktion tätig werden könnte, etwa wenn er gleichzeitig Vorsitzender des Betriebsrats und des Gesamtbetriebsrats ist (vgl. *BAG* 24.05.2006 EzA § 29 BetrVG 2001 Nr. 1 Rn. 15). Zur **Bevollmächtigung anderer Betriebsratsmitglieder** vgl. Rdn. 72 ff.

b) Umfang der Vertretungsmacht

33 Die gesetzliche Regelung dient dem **Zweck**, alle Aufgaben, soweit sie nicht kraft Gesetzes dem Vorsitzenden zugewiesen sind (s. Rdn. 29) oder nach Maßgabe der §§ 27, 28 auf Ausschüsse übertragen werden können, vom Betriebsrat als Repräsentant der Belegschaft kollegial entscheiden zu lassen. Der Vorsitzende hat allein die für den Vollzug der Beschlüsse erforderlichen Erklärungen abzugeben, ist aber an deren Inhalt gebunden und damit in seiner Vertretungsmacht beschränkt.

Aus der somit vom Gesetzgeber grundsätzlich gewollten Allzuständigkeit des Betriebsrats folgt, dass er sich seiner **Entscheidungskompetenz nicht** dadurch begeben kann, dass er sie **generell ganz** oder **teilweise auf** den **Vorsitzenden überträgt** (ebenso *BAG* 28.02.1974 AP Nr. 2 zu § 102 BetrVG 1972 Bl. 2 R; 18.03.1965 AP Nr. 25 zu § 66 BetrVG Bl. 2 R; *LAG Köln* 20.12.1983 DB 1984, 937 [938]; *Blanke* AiB 1981, 121 [122]; *Dietz* RdA 1968, 439 [440]; *Fitting* § 26 Rn. 23; *Galperin/Löwisch* § 26 Rn. 36; *Glock/HWGNRH* § 26 Rn. 33; *Hueck/Nipperdey* II/2, S. 1191; *Linsenmaier* FS *Wißmann*, S. 378 [383]; *Neumann-Duesberg* S. 267; *Nikisch* III, S. 141 f.; *Richardi/Thüsing* § 26 Rn. 45; *Wedde/DKKW* § 26 Rn. 20). Für die Übertragung der laufenden Geschäfte wurde bereits oben (s. Rdn. 30) darauf hingewiesen. Das gilt umso mehr für die Übertragung von Aufgaben zur selbständigen Erledigung, weil die Zulässigkeit einer solchen Übertragung durch § 27 Abs. 2 Satz 2, § 28 Abs. 1 Satz 3 und Abs. 2 abschließend geregelt ist und der Vorsitzende als solcher in diesen Bestimmungen nicht genannt wird (zur Kritik der gesetzgeberischen Entscheidung *Stege/Weinspach/Schiefer* § 26 Rn. 9). Für die dargelegte Auffassung spricht auch, dass die betriebsverfassungsrechtlichen Aufgaben pflichtgebundene Befugnisse begründen, auf die nicht verzichtet werden kann (*Wiese* RdA 1968, 455 [457]). 34

Es würde jedoch den betrieblichen Bedürfnissen widersprechen und den Zweck der gesetzlichen Regelung verfehlen, wenn der Betriebsrat dem Vorsitzenden überhaupt keinen **Spielraum** beim **Vollzug** der **Beschlüsse** einräumen dürfte (vgl. auch *Linsenmaier* FS *Wißmann*, S. 378 [382 ff.]). Zwar wird es in der Regel genügen, dass der Vorsitzende bei einer durch den Beschluss des Betriebsrats erledigten Angelegenheit dem Arbeitgeber nur die Entscheidung des Betriebsrats – z. B. die Zustimmung oder Ablehnung zu einer mitbestimmungspflichtigen Angelegenheit – mitteilt. Wenn und soweit das Gesetz den Betriebsrat darüber hinaus dazu verpflichtet, die von ihm getroffene Entscheidung zu begründen (etwa § 99 Abs. 3, § 102 Abs. 3), fällt es jedoch ebenfalls in den Rahmen der Vertretungsmacht des Vorsitzenden, die entsprechende **Begründung** auf der Grundlage der Beratungen in der Betriebsratssitzung **abzufassen**. Es bedarf daher vor der Mitteilung der Gründe an den Arbeitgeber keiner erneuten Beschlussfassung durch den Betriebsrat (*BAG* 30.09.2014 EzA § 34 BetrVG 2001 Nr. 2 Rn. 54). In anderen Fällen kann es zudem zweckmäßig sein, dass der Betriebsrat in einer einzelnen noch nicht entscheidungsreifen Angelegenheit lediglich einen **Grundsatzbeschluss** fasst und den Vorsitzenden ermächtigt, unter Berücksichtigung der ihm vom Betriebsrat erteilten Weisungen und Richtlinien die endgültige Entscheidung selbst zu treffen. Insoweit kommen auch **Alternativbeschlüsse** in Betracht. Zu denken ist z. B. daran, dass der Betriebsrat den Vorsitzenden ermächtigt, in einer bestimmten Angelegenheit je nach dem Ergebnis der Verhandlungen mit dem Arbeitgeber in dem einen oder anderen Sinne zu entscheiden. Der Betriebsrat kann den Vorsitzenden auch ermächtigen, Verhandlungen mit dem Arbeitgeber vor der Einigungsstelle zu führen. Hat der Betriebsrat einen Verhandlungsspielraum abgesteckt und hält sich das vom Vorsitzenden erzielte Ergebnis innerhalb dieses Rahmens, so kommt die Vereinbarung mit Zustimmung des Vorsitzenden zustande. Einer besonderen Beschlussfassung des Betriebsrats über die Zustimmung zu der Vereinbarung bedarf es dann nicht mehr (*BAG* 24.02.2000 EzA § 1 KSchG Interessenausgleich Nr. 7 = AP Nr. 7 zu § 1 KSchG 1969 Namensliste unter II 3b). Auch bei häufiger wiederkehrenden, gleichartigen Fällen kann ein »**Rahmenbeschluss**« des Betriebsrats genügen, weil es überflüssig wäre, wenn der Betriebsrat jedes Mal erneut selbst entscheiden würde. Eine derart eingegrenzte Entscheidungs- und Vertretungsbefugnis des Vorsitzenden ist unbedenklich (ebenso *BAG* 24.02.2000 EzA § 1 KSchG Interessenausgleich Nr. 7 = AP Nr. 7 zu § 1 KSchG 1969 Namensliste unter II 3b; *Dietz* RdA 1968, 439 [440]; *Fitting* § 26 Rn. 29; *Gamillscheg* II, S. 506; *Glock/HWGNRH* § 26 Rn. 35 [anders bis zur 5. Aufl.]; *Hueck/Nipperdey* II/2, S. 1191; *Joost/MünchArbR* § 218 Rn. 8; *Löwisch/LK* § 26 Rn. 14; *Neumann-Duesberg* S. 266; *ders.* RdA 1966, 155; *Nikisch* III, S. 141; *Reitze* Der Betriebsratsbeschluss, S. 16 ff.; *Richardi/Thüsing* § 26 Rn. 45; Bedenken äußern *Stege/Weinspach/Schiefer* § 26 Rn. 9; *Wedde/DKKW* § 26 Rn. 21). 35

Dabei ist jedoch an dem **grundsätzlichen Alleinentscheidungsrecht** und der entsprechenden **Pflicht** des **Betriebsrats** festzuhalten. Die bezeichneten Ausnahmen sind daher nur als zulässig anzusehen, soweit hierfür ein anerkennenswertes Bedürfnis besteht und die Entscheidung im Grundsatz vom Betriebsrat getroffen, dem Vorsitzenden also nur ein beschränkter Spielraum eingeräumt wird (ähnlich *Gamillscheg* II, S. 506; *Nikisch* III, S. 142; vgl. auch *Richardi/Thüsing* § 26 Rn. 45). Unzulässig wäre jedenfalls die allgemeine Ermächtigung des Vorsitzenden durch den Betriebsrat, über Kündigungen selbständig zu entscheiden (ebenso *BAG* 28.02.1974 AP Nr. 2 zu § 102 BetrVG 1972 Bl. 2 R; 36

ArbG Celle 28.06.1974 ARSt. 1975, 62 [Nr. 1074]; *Fitting* § 26 Rn. 23; *Richardi/Thüsing* § 26 Rn. 45; *Stege/Weinspach/Schiefer* § 26 Rn. 9).

37 Da der Vorsitzende bei zulässiger Ermächtigung im Rahmen der vom Betriebsrat gefassten Beschlüsse (§ 26 Abs. 2 Satz 1) handelt, bedarf es nicht der Annahme einer erweiternden rechtsgeschäftlichen Vollmacht (ebenso *Linsenmaier* FS *Wißmann*, S. 378 [382]; *Nikisch* III, S. 141; **a. M.** *Hueck/Nipperdey* II/2, S. 1191; *Neumann-Duesberg* S. 266 f.). Ohne einen entsprechenden **Beschluss** gibt es allerdings keine Vertretung des Betriebsrats im Willen. Der Beschluss muss ordnungsgemäß zustande gekommen sein (zu den Voraussetzungen s. § 33 Rdn. 9 ff.) und kann insbesondere nicht »stillschweigend« gefasst werden (s. § 33 Rdn. 39; ebenso *Richardi/Thüsing* § 26 Rn. 46, 50). Der Auslegung bedarf es, ob die Ermächtigung nur für den gegenwärtigen oder auch für den jeweiligen, also auch den stellvertretenden Vorsitzenden gilt (ebenso *Richardi/Thüsing* § 26 Rn. 58). Die diesen Personen eingeräumte **Vertretungsmacht** kann bis zur erfolgten Ausübung jederzeit durch Beschluss des Betriebsrats wieder **aufgehoben** oder **eingeschränkt** werden (ebenso *Hueck/Nipperdey* II/2, S. 1191; *Richardi/Thüsing* § 26 Rn. 46). Unabhängig davon kann der Betriebsrat, auch wenn er dem Vorsitzenden Vertretungsmacht eingeräumt hat, in seiner Gesamtheit selbst handelnd auftreten (s. Rdn. 71).

c) Überschreitung der Vertretungsmacht

38 Handelt der Vorsitzende ohne Vertretungsmacht, weil er entweder den durch einen Betriebsratsbeschluss gezogenen Rahmen nicht beachtet oder weil überhaupt kein Beschluss vorliegt, so ist seine **Erklärung unwirksam** (*BAG* 10.10.2007 EzA § 26 BetrVG 2001 Nr. 2 Rn. 14 f.; 17.11.2010 EzA § 99 BetrVG 2001 Nr. 20 Rn. 37; 09.12.2014 EzA § 26 BetrVG 2001 Nr. 4 Rn. 15; *Fitting* § 26 Rn. 25 f.; *Glock/HWGNRH* § 26 Rn. 38; *Joost/*MünchArbR § 218 Rn. 10; *Löwisch/LK* § 26 Rn. 12; *Richardi/Thüsing* § 26 Rn. 47). So kommt eine von dem Vorsitzenden unterzeichnete Betriebsvereinbarung nicht wirksam zustande, wenn sie nicht von einem Beschluss des Betriebsrats gedeckt ist. Ein vom Vorsitzenden in einem gerichtlichen Verfahren für den Betriebsrat gestellter Sachantrag ist als unzulässig abzuweisen (*BAG* 18.02.2003 EzA § 77 BetrVG 2001 Nr. 4 unter B I 2; 16.11.2005 EzA § 80 BetrVG 2001 Nr. 4 unter B I 1a). An der erforderlichen Vertretungsmacht fehlt es auch dann, wenn der Betriebsrat entgegen den oben (Rdn. 35 f.) entwickelten Grundsätzen den Vorsitzenden unzulässig weit zum selbständigen Handeln ermächtigt.

39 **Verträge**, die der Vorsitzende ohne die erforderliche Vertretungsmacht abschließt, können entsprechend § 177 Abs. 1 BGB durch **Genehmigung** des Betriebsrats wirksam werden (*BAG* 15.12.1961 AP Nr. 1 zu § 615 BGB Kurzarbeit Bl. 2 R; 10.10.2007 EzA § 26 BetrVG 2001 Nr. 2 Rn. 16 ff.; 17.11.2010 EzA § 99 BetrVG 2001 Nr. 20 Rn. 37; 09.12.2014 EzA § 26 BetrVG 2001 Nr. 4 Rn. 15; *Dietz* RdA 1968, 439 [440 f.]; *Fitting* § 26 Rn. 26, 28; *Glock/HWGNRH* § 26 Rn. 39; *Hueck/Nipperdey* II/2, S. 1191; *Joost/*MünchArbR § 218 Rn. 10; *Kreft/WPK* § 26 Rn. 16; *Neumann-Duesberg* S. 269; *Nikisch* III, S. 142; *Wedde/DKKW* § 26 Rn. 22). Bei **einseitigen Rechtsgeschäften** oder Erklärungen des Betriebsrats (z. B. Zustimmung, Zustimmungsverweigerung, Widerspruch) gilt § 180 BGB entsprechend. Eine Genehmigung kommt hier nur in Betracht, wenn der Adressat des Rechtsgeschäfts die mangelnde Vertretungsmacht nicht beanstandet oder sogar damit einverstanden ist, dass der Vorsitzende ohne entsprechende Beschlussfassung handelt. Die Genehmigung entfaltet grundsätzlich entsprechend § 184 Abs. 1 BGB **Rückwirkung**. Vom Vorsitzenden abgeschlossene Verträge (mit dem Arbeitgeber oder mit Dritten) werden daher als von Anfang an wirksam behandelt (*BAG* 10.10.2007 EzA § 26 BetrVG 2001 Nr. 2 Rn. 17; 17.11.2010 EzA § 99 BetrVG 2001 Nr. 20 Rn. 37). Bei einseitigen Rechtsgeschäften oder Erklärungen des Betriebsrats (z. B. Zustimmung, Zustimmungsverweigerung oder Widerspruch bei geplanten Maßnahmen des Arbeitgebers) treten dieselben Rechtswirkungen ein, als ob der Vorsitzende von Anfang an mit der erforderlichen Vertretungsmacht gehandelt hätte (*Kreft/WPK* § 26 Rn. 16 [Vornahme geschäftsähnlicher Handlungen]). Eine Rückwirkung der Genehmigung ist auch dann nicht ausgeschlossen, wenn der Betriebsrat einer Maßnahme des Arbeitgebers vorher zugestimmt haben muss (**a. M.** *Richardi/Thüsing* § 26 Rn. 49). Voraussetzung ist allerdings, dass der Betriebsrat das in der Vergangenheit liegende rechtsgeschäftliche Verhalten des Vorsitzenden nachträglich legitimieren und nicht lediglich eine Rechtsgrundlage für zukünftige Vereinbarungen oder Maßnahmen schaffen will. Ein solcher Genehmigungswille ist vor allem dann anzunehmen, wenn der Mangel der Vertretungsmacht auf einer fehlerhaften Beschlussfassung des Be-

triebsrats beruht und der Verfahrensfehler mit der nachträglichen Zustimmung »geheilt« werden soll (vgl. hierzu den Sachverhalt in *BAG* 10.10.2007 EzA § 26 BetrVG 2001 Nr. 2).

Nach Ansicht des *BAG* scheidet eine Rückwirkung aus, wenn für die vom Betriebsrat abzugebende **40** Willenserklärung oder das von ihm vorzunehmende Rechtsgeschäft **eine gesetzliche oder rechtsgeschäftliche Frist** besteht (*BAG* 10.10.2007 EzA § 26 BetrVG 2001 Nr. 2 Rn. 18 unter Hinweis auf *BGH* 13.07.1973 NJW 1973, 1789 sowie *BGH* 15.06.1960 BGHZ 32, 375, 383; ähnlich *BAG* 17.11.2010 EzA § 99 BetrVG 2001 Nr. 20 Rn. 38). Dies hat etwa zur Folge, dass in den Fällen, in denen der Arbeitgeber dem Betriebsrat ein befristetes Angebot zum Abschluss einer Vereinbarung gemacht und der Vorsitzende dieses Angebot innerhalb der Frist, jedoch ohne wirksamen Beschluss des Betriebsrats angenommen hat, die Vereinbarung durch Genehmigung des Betriebsrats nur dann wirksam zustande kommt, wenn der Genehmigungsbeschluss noch vor Fristablauf gefasst worden ist. Ansonsten liegt in der Annahme des Angebots durch den Betriebsrat ein neues Angebot, das vom Arbeitgeber erst angenommen werden muss, um die Vereinbarung zustande zu bringen (§ 150 Abs. 1 BGB). Diese Ansicht ist in der zivilrechtlichen Literatur allerdings nicht unumstritten (zur Gegenansicht etwa *Staudinger/Gursky* BGB [2009] § 184 Rn. 21 m. w. N.). So wird eingewandt, dass der Antragende bereits dadurch hinreichend geschützt sei, dass er nach § 177 Abs. 2 BGB den Vertretenen zur Genehmigung auffordern und – zumindest nach Ablauf der Annahmefrist – nach § 178 BGB seinen Antrag widerrufen könne (*Staudinger/Schilken* BGB [2009] § 177 Rn. 9). Bei **gesetzlichen Fristen** (z. B. § 99 Abs. 3 Satz 1, § 102 Abs. 2 Satz 1 und 3) hängt es von Sinn und Zweck der Befristung ab, ob die Genehmigung Rückwirkung entfalten kann. Dies ist in der Regel zu verneinen, wenn die Frist dem Interesse des Arbeitgebers an Rechtssicherheit und Rechtsklarheit dient und infolge des Fristablaufes eine für ihn günstige Rechtslage entstanden ist. So kann der Betriebsrat die Verweigerung der Zustimmung zu einer personellen Einzelmaßnahme nicht nach § 99 Abs. 2 Nr. 2 auf die Nichtbeachtung einer Auswahlrichtlinie stützen, wenn die Richtlinie mangels Vertretungsmacht des Vorsitzenden zunächst nicht wirksam zustande gekommen ist und der Betriebsrat diese erst nach Ablauf der Wochenfrist des § 99 Abs. 3 Satz 1 genehmigt hat (zutr. *BAG* 17.11.2010 EzA § 99 BetrVG 2001 Nr. 20 Rn. 38). Ebenso kann bei nicht fristgebundenen Erklärungen eine Rückwirkung ausgeschlossen sein, wenn dem Gesichtspunkte des Vertrauensschutzes entgegenstehen, weil zwischenzeitlich bereits gesicherte Rechtspositionen entstanden sind, in die im Falle der Rückwirkung der Genehmigung eingegriffen würde (*BAG* 10.10.2007 EzA § 26 BetrVG 2001 Nr. 2 Rn. 21, 24; s. a. Rdn. 49 ff.). Die Genehmigung einer Erklärung im **gerichtlichen Verfahren** ist möglich, allerdings bei verfahrensleitenden Anträgen nur bis zu dem Zeitpunkt, in dem der Antrag durch Prozessentscheidung als unzulässig abgewiesen wird (*BAG* 16.11.2005 EzA § 80 BetrVG 2001 Nr. 4 unter B I 1a; s. a. § 33 Rdn. 68).

Die **Genehmigung bedarf** eines ordnungsgemäßen **Beschlusses** des **Betriebsrats** (§ 33), kann also **41** nicht stillschweigend erfolgen (ebenso *BAG* 10.10.2007 EzA § 26 BetrVG 2001 Nr. 2 Rn. 14; *Dietz* RdA 1968, 439 [441] – anders *ders.* § 27 Rn. 15b; *Fitting* § 26 Rn. 26, 28; *Hueck/Nipperdey* II/2, S. 1191; *Kreft/WPK* § 26 Rn. 17; *Reichold/HWK* § 26 Rn. 15; *Reitze* Der Betriebsratsbeschluss, S. 136 f.; *Wedde/DKKW* § 26 Rn. 22; im Ergebnis auch *Richardi/Thüsing* § 26 Rn. 48; **a. M.** *BAG* 15.12.1961 AP Nr. 1 zu § 615 BGB Kurzarbeit Bl. 2 R; *Brecht* § 26 Rn. 13; *Galperin/Löwisch* § 26 Rn. 30 f.; *Glock/HWGNRH* § 26 Rn. 39; *Neumann-Duesberg* S. 267 f., 270; *Nikisch* III, S. 142; *Stege/Weinspach/Schiefer* § 26 Rn. 10). Sie kann auch nicht durch eine ständige betriebliche, vom Betriebsrat stillschweigend gebilligte Übung ersetzt werden (ebenso *Fitting* § 26 Rn. 26, 28; *Hueck/Nipperdey* II/2, S. 1192 Fn. 8b; *Neumann-Duesberg* S. 267; *ders.* RdA 1966, 155; *Wedde/DKKW* § 26 Rn. 22; **a. M.** *BAG* 28.02.1958 AP Nr. 1 zu § 14 AZO Bl. 1 R f. [abl. *Denecke*]; *LAG Köln* 05.10.1988 LAGE § 26 BetrVG 1972 Nr. 1 S. 6). Diese Auffassung ist unabweisbar, weil der Vorsitzende wirksame Erklärungen nur im Rahmen der vom Betriebsrat gefassten Beschlüsse abgeben kann, eine Heilung unwirksamer Erklärungen des Vorsitzenden daher nur auf diese Weise möglich ist und es eine »stillschweigende« Beschlussfassung nicht gibt (s. § 33 Rdn. 39). Allenfalls kann ein genehmigender Beschluss durch konkludentes Verhalten der Betriebsratsmitglieder zustande kommen (s. § 33 Rdn. 40). Außerdem kommt zugunsten Dritter, insbesondere zugunsten des Arbeitgebers, ein Vertrauensschutz in Betracht, sofern dem Betriebsrat sein Schweigen zugerechnet werden kann (s. Rdn. 45 ff.). Dient der Genehmigungsbeschluss dazu, den Fehler einer vorherigen Beschlussfassung zu heilen, so gilt die Rückwirkung der Genehmigung zunächst nur für das vom Vorsitzenden vorgenommene Rechtsgeschäft. Hiervon zu unterscheiden ist die Frage, ob die erneute Beschlussfassung dazu führt, dass dieselben Rechtsfolgen eintreten, als ob bereits der ursprüngliche Beschluss wirksam gewesen wäre (ebenso wohl *BAG* 10.10.2007 EzA § 26 BetrVG 2001 Nr. 2 Rn. 19 ff.; zu dieser Frage näher s. § 33 Rdn. 67 ff.).

42 Entsprechend § 179 BGB kann eine **Schadensersatzpflicht** des Vorsitzenden in Betracht kommen, wenn er ohne hinreichende Legitimation durch den Betriebsrat handelt (ebenso *BGH* 25.10.2012 EzA § 40 BetrVG 2001 Nr. 24 Rn. 33 ff.; *Fitting* § 26 Rn. 35 i. V. m. § 1 Rn. 211; *Hueck/Nipperdey* II/2, S. 1191; *Joost*/MünchArbR § 218 Rn. 10; *Reichold*/HWK § 26 BetrVG Rn. 15; im Ergebnis auch *Galperin/Löwisch* § 26 Rn. 34; **a. M.** *Glock*/HWGNRH § 26 Rn. 45; *Wedde*/DKKW § 26 Rn. 25: nur unter den Voraussetzungen des § 826 BGB; zu der [verfehlten] Ansicht des BGH, der § 179 BGB bei einem ultra-vires-Handeln des Vorsitzenden entsprechend anwenden will, s. *Franzen* § 1 Rdn. 79). Der Betriebsrat kann auch den pflichtwidrig handelnden Vorsitzenden jederzeit von seinem Amt **abberufen** (s. Rdn. 26 f.); gegebenenfalls ist **§ 23 Abs. 1** anwendbar. Hat der Betriebsrat selbst pflichtwidrig gehandelt, weil er dem Vorsitzenden unzulässigerweise Aufgaben zur selbständigen Erledigung übertragen oder ein Handeln des Vorsitzenden ohne Vertretungsmacht geduldet hat, so kommt die Auflösung des Betriebsrats nach § 23 Abs. 1 in Betracht.

d) Nachweis der Vertretungsmacht; Vertrauensschutz

43 Der Vorsitzende ist kraft Gesetzes legitimiert, den Betriebsrat zu vertreten. Ein **Nachweis** seiner Vertretungsmacht durch Vorlage des auszuführenden Beschlusses oder in anderer Weise ist nicht erforderlich (ebenso *Fitting* § 26 Rn. 30; *Galperin/Löwisch* § 26 Rn. 33; *Glock*/HWGNRH § 26 Rn. 43; *Linsenmaier* FS *Wißmann*, S. 378 [385]; *Richardi/Thüsing* § 26 Rn. 38), kann jedoch bei Vorliegen eines berechtigten Interesses verlangt werden (ebenso *LAG Frankfurt a. M.* 17.08.1993 BB 1994, 574; *Buchner* DB 1976, 532 [535]; *Fitting* § 26 Rn. 30; *Joost*/MünchArbR § 218 Rn. 9, 11; weitergehend *Glock*/HWGNRH § 26 Rn. 43; *Richardi/Thüsing* § 26 Rn. 38). Dabei ist zu berücksichtigen, dass nur eine **jederzeit widerlegbare Vermutung** dafür spricht, der Vorsitzende habe aufgrund und im Rahmen eines ordnungsgemäßen Beschlusses gehandelt (*BAG* 17.02.1981 AP Nr. 11 zu § 112 BetrVG 1972 Bl. 3; 24.02.2000 EzA § 1 KSchG Interessenausgleich Nr. 7 = AP Nr. 7 zu § 1 KSchG 1969 Namensliste unter II 3b; 21.02.2002 EzA § 1 KSchG Interessenausgleich Nr. 10 unter B I 3b bb: gesetzliche Vermutung; distanzierend *BAG* 09.12.2014 EzA § 26 BetrVG 2001 Nr. 4 Rn. 17: kann dahinstehen; *LAG Düsseldorf* 13.10.1994 LAGE § 87 BetrVG 1972 Nr. 9 S. 8; *Fitting* § 26 Rn. 31; *Glock*/HWGNRH § 26 Rn. 44; *Hueck/Nipperdey* II/2, S. 1191 mit Fn. 6c; *Wedde*/DKKW § 26 Rn. 23; für tatsächliche Vermutung *Galperin/Löwisch* § 26 Rn. 31; *Nikisch* III, S. 142 mit Fn. 47; *Richardi/Thüsing* § 26 Rn. 38; **a. M.** *Herschel* RdA 1959, 81 [84]: nur Beweis des ersten Anscheins; gegen jede Beweiserleichterung *Linsenmaier* FS *Wißmann*, S. 378 [385 ff.]; zust. *Kreft/WPK* § 26 Rn. 19). Der Arbeitgeber kann sich daher nicht darauf verlassen, dass der Betriebsratsvorsitzende aufgrund und im Rahmen eines ordnungsgemäßen Beschlusses des Betriebsrats, also mit Vertretungsmacht gehandelt hat. Der **gute Glaube des Arbeitgebers** allein, dass das Handeln des Vorsitzenden durch einen wirksamen Beschluss des Betriebsrats gedeckt ist, wird grundsätzlich **nicht geschützt** und ersetzt insbesondere nicht die ordnungsgemäße Beschlussfassung (ebenso *BAG* 24.02.2000 EzA § 1 KSchG Interessenausgleich Nr. 7 unter II 3b; 08.06.2004 EzA § 87 BetrVG 2001 Betriebliche Lohngestaltung Nr. 5 unter B II 2; *Fitting* § 26 Rn. 31; *Galperin/Löwisch* § 26 Rn. 31; *Kreft/WPK* § 26 Rn. 19; *Richardi/Thüsing* § 26 Rn. 47; *Wedde*/DKKW § 26 Rn. 23; **a. M.** *LAG Düsseldorf/Köln* 05.03.1968 DB 1968, 535 f.; *ArbG Rheine* 24.06.1963 DB 1963, 1259 [1260]; *Brecht* BB 1954, 840 [843]). Andernfalls könnte ein geschickt agierender Betriebsratsvorsitzender die in § 26 Abs. 2 Satz 1 vorausgesetzte Entscheidungszuständigkeit des Betriebsrats überspielen. Ein Vertrauensschutz kommt nur in Betracht, wenn der Betriebsrat in zurechenbarer Weise den Rechtsschein einer entsprechenden Vertretungsmacht gesetzt hat (vgl. Rdn. 45). Deshalb ist jedenfalls dann ein berechtigtes Interesse des Arbeitgebers an einem Nachweis der Vertretungsmacht des Vorsitzenden zu bejahen, wenn nach den Umständen des konkreten Falles begründete Zweifel an dem Vorliegen eines entsprechenden Beschlusses bestehen (im Ergebnis ebenso *Fitting* § 26 Rn. 30; *Galperin/Löwisch* § 26 Rn. 33; *Joost*/MünchArbR § 218 Rn. 9; krit. *LAG Düsseldorf* 13.10.1994 LAGE § 87 BetrVG 1972 Nr. 9 S. 9).

44 Besteht für den Arbeitgeber begründeter Anlass, an der Vertretungsmacht des Vorsitzenden zu zweifeln, so trifft ihn zugleich eine **Obliegenheit**, sich nach dem **ordnungsgemäßen Zustandekom-**

men des **Beschlusses zu erkundigen**, wenn ein Beschluss – z. B. im Anhörungsverfahren nach § 102 Abs. 1 – Voraussetzung der Wirksamkeit einer Maßnahme des Arbeitgebers – hier einer Kündigung – ist (für Annahme einer Obliegenheit auch *Buchner* DB 1976, 532 [535]; vgl. auch *BAG* 15.09.1954, 18.01.1962 AP Nr. 1 Bl. 5, Nr. 20 Bl. 1 R zu § 66 BetrVG; *BAG* 16.12.1960 AP Nr. 3 zu § 133c GewO Bl. 2 f.; 26.09.1963 AP Nr. 2 zu § 70 PersVG Kündigung Bl. 1 R; *Fitting* § 26 Rn. 30; *Oetker* BlStSozArbR 1984, 129 [133]; *Wedde/DKKW* § 26 Rn. 23). Dagegen meint das *BAG* in mehreren Entscheidungen zu § 102 Abs. 1 (04.08.1975, 02.04.1976, 18.08.1982 AP Nr. 4 Bl. 2 R ff., Nr. 9 Bl. 1 R f., Nr. 24 Bl. 3 zu § 102 BetrVG 1972; vgl. auch *LAG Schleswig-Holstein* 11.05.1973 DB 1973, 1606; anders zu § 103 23.08.1984 AP Nr. 17 zu § 103 BetrVG 1972 Bl. 4 ff.), dass sich Mängel, die in den Zuständigkeitsbereich des Betriebsrats fallen, in aller Regel nicht auf die Ordnungsmäßigkeit der Anhörung auswirken, selbst wenn der Arbeitgeber im Zeitpunkt der Kündigung wisse oder vermuten könne, dass die Behandlung der Angelegenheit durch den Betriebsrat nicht fehlerfrei gewesen sei. Diese Auffassung ist abzulehnen. Dem *BAG* (27.05.1975 AP Nr. 4 zu § 102 BetrVG 1972 Bl. 3) ist zwar darin zuzustimmen, dass der Betriebsrat seine gesetzlichen Aufgaben selbständig und eigenverantwortlich wahrzunehmen hat, dass der Arbeitgeber sich nicht in die Amtsführung des Betriebsrats einmischen darf und grundsätzlich weder berechtigt noch verpflichtet ist, vor einer Kündigung auf einen Beschluss des Betriebsrats hinzuwirken. Davon ist jedoch scharf die Frage zu unterscheiden, ob er tätig werden darf, obwohl er weiß, dass der Betriebsrat noch keinen Beschluss gefasst hat, oder jedenfalls begründete Zweifel hieran bestehen. Das ist aus den oben dargelegten Gründen zu verneinen. Sofern die Voraussetzungen für einen Vertrauensschutz nicht vorliegen (vgl. dazu Rdn. 45), kann der Arbeitgeber daher die Kündigung erst nach Ablauf der in § 102 Abs. 2 genannten Ausschlussfristen aussprechen (so zutr. *BAG* 28.02.1974 AP Nr. 2 zu § 102 BetrVG 1972 Bl. 2 R; ebenso *Buchner* DB 1976, 532 ff.; *Fitting* § 26 Rn. 30, § 102 Rn. 51 ff. m. w. N.; vgl. auch *BAG* 26.09.1963 AP Nr. 2 zu § 70 PersVG Kündigung Bl. 1 R; *LAG Hamm* 27.05.1974 DB 1974, 1343 f.).

Ein **Schutz des guten Glaubens des Arbeitgebers** an die Wirksamkeit der Vertretungsmacht kann sich aus **allgemeinen Grundsätzen des Vertrauensschutzes** ergeben (ebenso *BAG* 23.08.1984 AP Nr. 17 zu § 103 BetrVG 1972 Bl. 3 R ff. [krit. *Venrooy*]; 24.02.2000 EzA § 1 KSchG Interessenausgleich Nr. 7 unter II 3b; *Blomeyer* BB 1969, 101 [104]; *Buchner* DB 1976, 532 [535]; *Canaris* Vertrauenshaftung, S. 264 f.; *Dietz* RdA 1968, 439 [441 f.]; *ders.* RdA 1969, 1 [6 f.]; *Fitting* § 26 Rn. 32; *Galperin/Löwisch* § 26 Rn. 32; *Herschel* RdA 1959, 81 [84]; *Hueck/Nipperdey* II/2, S. 1192; *Neumann-Duesberg* S. 268; *Richardi/Thüsing* § 26 Rn. 47, 50 ff., § 33 Rn. 31 ff.; *Witt* Die betriebsverfassungsrechtliche Kooperationsmaxime und der Grundsatz von Treu und Glauben [Diss. Mannheim], 1987, S. 145 ff.; einschränkend *Weiss/Weyand* § 26 Rn. 14; **a. M.** *Glock/HWGNRH* § 26 Rn. 40 f.; *Kreutz* § 77 Rdn. 11; *Oetker* BlStSozArbR 1984, 129 [132 f.]; *Säcker* ZfA 1972, Sonderheft S. 41 [59]; für weitergehenden Vertrauensschutz unter Abgrenzung der Risikosphären zwischen Arbeitgeber und Betriebsrat *Hanau/Reitze* FS Kraft, S. 167 [183]; *Joost/MünchArbR* § 218 Rn. 12; *Reitze* Der Betriebsratsbeschluss, S. 146 ff.; vgl. auch *LAG Düsseldorf* 13.10.1994 LAGE § 87 BetrVG 1972 Nr. 9 S. 7 ff.). Der Wortlaut von Abs. 2 Satz 1, wonach der Vorsitzende den Betriebsrat nur »im Rahmen der gefassten Beschlüsse« vertreten kann, steht dem nicht entgegen (so aber *Glock/HWGNRH* § 26 Rn. 42; *Kreft/WPK* § 26 Rn. 18), da hiermit nur – wie in § 164 Abs. 1 S. 1 BGB – die Voraussetzungen wirksamer Vertretung geregelt werden. Dies schließt aber ebenso wenig wie bei der allgemeinen rechtsgeschäftlichen Vertretung aus, dass der Betriebsrat sich so behandeln lassen muss, als habe ein entsprechender Beschluss vorgelegen. Auch das Argument, dass Rechtsschein und Vertrauensschutz die Willensbildung des Betriebsrats nicht ersetzen könnten (so *Kreutz* § 77 Rdn. 11) und der Vertrauensschutzgedanke in einem Bereich überdehnt werde, in dem es um demokratische Teilhabe der Belegschaft gehe (so *Kreft/WPK* § 26 Rn. 18), kann letztlich nicht überzeugen. Dass es Fälle geben kann, in denen der Vorsitzende ohne Legitimation handelt, der Arbeitgeber aber mit guten Gründen das Vorliegen der Vertretungsmacht annehmen darf, ist kaum zu bestreiten. Das Interesse des Arbeitgebers an einem Schutz dieses Vertrauens ist aber zumindest dann höher zu bewerten als die Interessen von Betriebsrat und Belegschaft, wenn das Vertrauen auf Seiten des Arbeitgebers wesentlich durch den Betriebsrat selbst hervorgerufen worden ist. Zu denken ist vor allem an die Fälle der **Anscheinsvollmacht** und der **Duldungsvollmacht**. Allerdings wird eine Anwendung der Grundsätze der Duldungsvollmacht, die sich von der Anscheinsvollmacht vor allem durch die Kenntnis des Vertretenen vom Verhalten des vollmachtlosen Vertreters unterscheidet, verbreitet abgelehnt, weil es sich dabei um eine rechtsgeschäftlich erteilte Vertretungsmacht handele (*Dietz* RdA 1968, 439 [441 f.]; *ders.* RdA 1969, 1 [6]; *Hueck/Nipperdey* II/2, S. 1192 Fn. 8b; *Neumann-Duesberg* S. 266 f.; *Richardi/Thüsing* § 26 Rn. 50; vgl. ferner allgemein die Nachweise bei *Canaris* Vertrauenshaftung, S. 40). Ordnet man die Duldungsvollmacht als rechtsgeschäftliche Vollmacht ein, so ist in der Tat im Verhältnis von Betriebsrat und Arbeitgeber kein Raum für die Annahme einer Duldungsvollmacht, weil sie auf eine unzulässige stillschweigende Bevollmächtigung des Betriebsratsvorsitzenden hinausliefe. Mit einer neueren Auffassung ist jedoch der rechtsgeschäftliche Charakter der Duldungsvollmacht, soweit es sich nicht um eine schlüssig erklärte Bevollmächtigung handelt, zu verneinen und diese nach Rechtsscheingrundsätzen zu behandeln (*Canaris* Vertrauenshaftung, S. 39 ff.; *Schubert*/MK-BGB § 167 Rn. 7, 91 f.; *Soergel*/*Leptien* § 167 Rn. 15 ff.; vgl. auch BGH 22.10.1990 NJW 1997, 312 [314]). Duldungsvollmacht und Anscheinsvollmacht unterscheiden sich demnach allein hinsichtlich der den Rechtsschein begründenden Umstände. Dann bestehen jedoch keine Bedenken dagegen, dem Betriebsrat einen von ihm wissentlich geschaffenen Scheintatbestand so zuzurechnen, als ob ein wirksamer Beschluss und damit eine entsprechende Vertretungsmacht des Betriebsratsvorsitzenden vorgelegen habe (*Canaris* Vertrauenshaftung, S. 264 f.; *Fitting* § 26 Rn. 33; *Richardi/Thüsing* § 26 Rn. 51, § 33 Rn. 33).

46 Eine Duldungsvollmacht liegt bei Übertragung der allgemeinen Grundsätze vor, wenn der Betriebsrat Kenntnis von der Überschreitung der Vertretungsmacht hat und nichts dagegen unternimmt, obwohl ihm dies möglich gewesen wäre (vgl. BGH 22.10.1996 NJW 1997, 312 [314]). Um eine Anscheinsvollmacht handelt es sich dagegen, wenn der Betriebsrat das Verhalten des Vorsitzenden zwar nicht kennt, es aber bei pflichtgemäßer Sorgfalt hätte kennen und verhindern müssen (vgl. BGH 24.09.1969 LM § 167 BGB Nr. 17). Die gegen die Anscheinsvollmacht im allgemeinen erhobenen Bedenken gelten in der Betriebsverfassung nicht, weil diese sich hauptsächlich gegen die verpflichtende Wirkung der Anscheinsvollmacht und damit gegen die Gleichsetzung der Rechtswirkungen eines schuldhaft erzeugten Anscheins der Vollmacht mit der rechtsgeschäftlich erteilten Vollmacht richten (zur Kritik *Flume* Allgemeiner Teil des Bürgerlichen Rechts, Bd. II, 4. Aufl., 1992, S. 828 ff.; *Medicus/Petersen* Bürgerliches Recht, 25. Aufl. 2015, Rn. 100 f.; ähnliche Bedenken bei *Kreutz* § 77 Rdn. 11; vgl. auch die Nachweise bei *Schubert*/MK-BGB, § 167 Rn. 107 ff.; für Beschränkung der Anscheinsvollmacht auf das Handelsrecht *Canaris* Vertrauenshaftung, S. 48 ff.). Allerdings ist der Problematik bei den **Rechtsfolgen** Rechnung zu tragen. Überschreitet der Vorsitzende die Grenzen seiner Vertretungsmacht, so kommt eine Gleichstellung von Schein und Wirklichkeit nur insoweit in Betracht, als dem Arbeitgeber keine Nachteile entstehen dürfen, wenn er sein Handeln im Vertrauen auf einen entsprechenden Beschluss des Betriebsrats ausgerichtet hat. Die Grundsätze des Vertrauensschutzes aufgrund veranlassten Rechtsscheins haben ihren Anwendungsbereich daher hauptsächlich in den Fällen, in denen der Beschluss des Betriebsrats Voraussetzung für die Zulässigkeit des Arbeitgeberhandelns ist. Dagegen kann durch eine nicht von der Vertretungsmacht gedeckte Erklärung des Vorsitzenden keine rechtliche Bindungswirkung für die Zukunft begründet werden, und zwar weder für den Betriebsrat, noch zu Lasten der Arbeitnehmer.

47 Von sekundärer Bedeutung ist es, ob man die Duldungsvollmacht als eigenständigen Tatbestand ansieht oder ob die wissentliche Duldung des Vertreterhandelns ebenso wie die zurechenbare Unkenntnis als Anwendungsfälle der Anscheinsvollmacht verstanden werden (so *Dietz* RdA 1968, 439 [442]; *Schubert*/MK-BGB § 167 Rn. 102 ff.; auch der BGH unterscheidet in neuerer Zeit nicht mehr scharf zwischen Duldungs- und Anscheinsvollmacht; vgl. BGH 05.03.1998 NJW 1998, 1854 [1855]). Entscheidend ist, dass der **Vertrauenstatbestand dem Betriebsrat zuzurechnen** ist, wenn er das **Auftreten des Betriebsratsvorsitzenden für den Betriebsrat** entweder **kennt oder** es doch **bei Anwendung pflichtgemäßer Sorgfalt hätte erkennen müssen** und es **hätte verhindern können** (insoweit a. M. LAG *Düsseldorf* 13.10.1994 LAGE § 87 BetrVG 1972 Nr. 9 S. 9) und der **Arbeitgeber** auf den so gesetzten **Rechtsschein vertraut hat** und nach **Treu und Glauben** darauf vertrauen durfte. Nach überwiegender Meinung soll es dabei auf die Kenntnis oder fahrlässige Unkenntnis der Mehrheit der Betriebsratsmitglieder ankommen (*Buchner* DB 1976, 532 [535]; *Dietz* RdA 1968, 439 [442]; *Richardi/Thüsing* § 26 Rn. 51, § 33 Rn. 33; ebenso *Canaris* Vertrauenshaftung, S. 265; *Fitting* § 26 Rn. 33 für den Fall der Kenntnis). Jedoch ist zu bedenken, dass dem Betriebsrat als solchem ein solcher Rechtsschein zugerechnet werden muss, so dass die **zurechenbare Kenntnis oder Unkenntnis des Betriebsrats** als Gremium **maßgebend** ist (ebenso *Wedde*/DKKW § 26 Rn. 22 [seit 4. Aufl.]; *Weiss/Weyand* § 26 Rn. 14).

Eine **Überschreitung der Vertretungsmacht** durch den Vorsitzenden kommt im Wesentlichen in **48 zwei Fällen** in Betracht: wenn der Betriebsrat einen entsprechenden Beschluss gefasst hat, dieser aber an Mängeln leidet und deshalb unwirksam ist, oder wenn ein entsprechender Beschluss des Betriebsrats gar nicht vorliegt. Im ersten Fall verdient das Vertrauen des Arbeitgebers regelmäßig Schutz, sofern er keine Anhaltspunkte für einen Beschlussmangel hat. Durch die **fehlerhafte Beschlussfassung** hat der Betriebsrat selbst den Rechtsschein einer Willenserklärung geschaffen. Dieser Rechtsschein ist dem Betriebsrat als Gremium zumindest dann zuzurechnen, wenn eine Angelegenheit in einer Betriebsratssitzung behandelt wurde, an der mindestens eine beschlussfähige Mehrheit teilgenommen hat. Darauf, ob alle teilnehmenden Betriebsratsmitglieder von der Wirksamkeit des Beschlusses überzeugt waren, kommt es nicht an. Sofern ein Mitglied Zweifel an der Wirksamkeit des Beschlusses hat, steht es ihm frei, den Arbeitgeber hierauf aufmerksam zu machen und dadurch den Rechtsschein zu zerstören. Unterlässt es diesen Hinweis, ist es für den durch den Beschluss erzeugten Rechtsschein mit verantwortlich. Gegen die vorstehend entwickelte Auffassung kann nicht eingewandt werden, Rechtsscheinprinzip und Vertrauensgrundsatz könnten die ordnungsgemäße Willensbildung des Betriebsrats nicht ersetzen (so aber *Thiele* 3. Bearbeitung, § 77 Rn. 22), denn Treu und Glauben sind ein allgemeiner Grundsatz unserer Rechtsordnung und daher auch im Betriebsverfassungsrecht zu berücksichtigen. Das wird bestätigt durch § 2 Abs. 1, der als Konkretisierung dieses Grundsatzes anzusehen ist (ebenso *Richardi/Thüsing* § 26 Rn. 52, § 33 Rn. 32 ff.; *Witt* Die betriebsverfassungsrechtliche Kooperationsmaxime und der Grundsatz von Treu und Glauben [Diss. Mannheim], 1987, S. 74 ff.).

Handelt der Vorsitzende, **ohne dass ein entsprechender Beschluss des Betriebsrats vorliegt**, so **49** kommt es darauf an, ob der Betriebsrat die Überschreitung der Vertretungsmacht durch den Vorsitzenden kannte oder hätte kennen müssen und nicht verhindert hat. Fraglich ist, bei wie vielen Betriebsratsmitgliedern diese Voraussetzungen vorliegen müssen, um dem Betriebsrat als Gremium den Rechtsschein zurechnen zu können. Die Parallele zu den Fällen der fehlerhaften Beschlussfassung (s. Rdn. 48) spricht dafür, auch hier die Kenntnis oder das Kennenmüssen einer beschlussfähigen Mehrheit genügen zu lassen.

Ein Scheintatbestand liegt nicht nur vor, wenn der Betriebsratsvorsitzende ohne Vertretungsmacht auf- **50** getreten ist, weil kein oder kein wirksamer Beschluss vorlag oder die Grenzen einer wirksam erteilten Vertretungsmacht überschritten wurden, der Arbeitgeber aber gutgläubig war, sondern auch, wenn der Betriebsratsvorsitzende zunächst erkennbar ohne Vertretungsmacht aufgetreten ist, **der Arbeitgeber aber nach Treu und Glauben von einer wirksamen Genehmigung des Betriebsrats ausgehen durfte** (ebenso *Richardi/Thüsing* § 26 Rn. 53). Gleiches gilt, wenn ein anderes Betriebsratsmitglied mit angeblicher Vertretungsmacht für den Betriebsrat handelnd aufgetreten ist (zur Bevollmächtigung anderer Betriebsratsmitglieder s. Rdn. 72 ff.), der Arbeitgeber nach Treu und Glauben aber auch hier eine wirksame Vertretungsmacht annehmen durfte, weil z. B. das Betriebsratsmitglied einen entsprechenden Beschluss vorgelegt hat, der aber unwirksam war. Entsprechendes muss gelten, wenn der Betriebsrat selbst einen Rechtsschein gesetzt hat, ohne dass der Betriebsratsvorsitzende oder ein anderes Mitglied für den Betriebsrat Erklärungen abgegeben haben, z. B. wenn sämtliche Mitglieder des Betriebsrats einer Maßnahme des Arbeitgebers zustimmen und dabei den Eindruck erwecken, die Zustimmung entspreche einem ordnungsgemäßen Beschluss.

Denkbar ist schließlich, dass **kein Rechtsschein gesetzt** worden ist, der Betriebsratsvorsitzende habe **51** aufgrund und im Rahmen eines wirksamen Beschlusses gehandelt. Das gilt zunächst für die Fälle, in denen der Betriebsratsvorsitzende zwar als Vertreter aufgetreten ist, seine fehlende Vertretungsmacht aber offensichtlich ist, weil er sich z. B. auf eine unzulässige Ermächtigung (vgl. Rdn. 34) beruft, sämtliche Mitbestimmungsrechte des Betriebsrats allein wahrnehmen zu dürfen. Weiter gehören hierher die Fälle, in denen der Betriebsratsvorsitzende nicht als Vertreter aufgetreten ist, der Betriebsrat auch keinen Beschluss gefasst oder einen entsprechenden Eindruck erweckt hat, aber bestimmten Maßnahmen des Arbeitgebers, wie dieser erkannte, nur formlos zugestimmt oder sie hingenommen hat. Dann kann dem Betriebsrat sein Verhalten nach den **Grundsätzen** des **Vertrauensschutzes** wegen **widersprüchlichen Verhaltens zugerechnet** werden, wenn es gegen Treu und Glauben verstieße, dass der Betriebsrat sich später auf den Mangel einer wirksamen Willensbildung beruft (vgl. *Canaris* Vertrauenshaftung, S. 265; *Fitting* § 26 Rn. 34.; *Galperin/Löwisch* § 26 Rn. 32; *Richardi/Thüsing* § 26 Rn. 52, § 33 Rn. 34). Da der Arbeitgeber diesen Mangel kennt, erscheint die Zurechnung nur gerechtfertigt, weil der Arbeitgeber kein Recht zur Einwirkung auf die Geschäftsführung des Betriebsrats hat. Er muss daher jedenfalls ausnahmsweise entsprechend dem Verhalten des Betriebsrats handeln dürfen, wenn er vernünftigerweise mit einem abweichenden Verhalten des Betriebsrats nicht mehr zu rechnen braucht.

52 Ist dem **Betriebsrat** im konkreten Fall sein **Verhalten zuzurechnen**, muss er sich so behandeln lassen, als ob er ordnungsgemäß gehandelt habe. Eine vom Betriebsratsvorsitzenden abgegebene Erklärung ist als aufgrund eines wirksamen Betriebsratsbeschlusses abgegeben anzusehen. Bei Mitbestimmungstatbeständen wirkt die positive Stellungnahme des Betriebsratsvorsitzenden als Zustimmung. Das gilt auch für das Verhältnis des Arbeitgebers zu den Arbeitnehmern des Betriebs. Dadurch werden allerdings keine Rechte und Pflichten begründet, sondern es wird lediglich die durch das Mitbestimmungsrecht des Betriebsrats eingeschränkte Dispositionsfreiheit des Arbeitgebers wiederhergestellt (ebenso *Blomeyer* BB 1969, 101 [105]; **a. M.** *Dietz* RdA 1968, 439 [442], der bei Abschluss einer Betriebsvereinbarung durch den Betriebsratsvorsitzenden deren normative Wirkung bejaht). Der Arbeitgeber könnte daher z. B. nunmehr im Rahmen seines Direktionsrechts die Arbeitszeit einer Gruppe von Arbeitnehmern verlegen (§ 87 Abs. 1 Nr. 2).

e) Entgegennahme von Erklärungen

53 Der mit dem BetrVG 1972 eingefügte § 26 Abs. 2 Satz 2 (s. Rdn. 1) stellt klar, dass der Vorsitzende oder im Falle seiner Verhinderung sein Stellvertreter zur Entgegennahme der dem Betriebsrat gegenüber abzugebenden Erklärungen berechtigt ist. Ihm steht unbeschränkt die **passive Vertretungsbefugnis** zu (*BAG* 27.08.1982 AP Nr. 25 zu § 102 BetrVG 1972 Bl. 2). Das war auch ohne ausdrückliche Regelung bereits nach § 27 Abs. 2 BetrVG 1952 anerkannt (vgl. *Dietz* § 27 Rn. 13, 14; *Fitting/Kraegeloh/Auffarth* § 27 Rn. 13; *Galperin/Siebert* § 27 Rn. 8; *Hueck/Nipperdey* II/2, S. 1192; *Nikisch* III, S. 140).

54 Die Vorschrift gilt nicht nur für rechtsgeschäftliche, sondern für **sämtliche** dem **Betriebsrat gegenüber abzugebenden Erklärungen** und **Mitteilungen** (ebenso *Fitting* § 26 Rn. 38; *Glock/HWGNRH* § 26 Rn. 46; *Kreft/WPK* § 26 Rn. 24; *Richardi/Thüsing* § 26 Rn. 41; *Wedde/DKKW* § 26 Rn. 26). In Betracht kommen vor allem Mitteilungen des Arbeitgebers im Rahmen der Mitbestimmung. Das ist besonders wichtig, soweit der Betriebsrat nach § 99 Abs. 3 Satz 2, § 102 Abs. 2 Satz 2 Ausschlussfristen zu beachten hat. Zu denken ist ferner an sonstige Unterrichtungspflichten, Vorschläge oder Anträge des Arbeitgebers (z. B. § 74 Abs. 1 Satz 2, § 90 Satz 1, § 29 Abs. 3), Erklärungen der Arbeitnehmer gegenüber dem Betriebsrat (z. B. Beschwerden, § 85 Abs. 1), Anträge und Äußerungen anderer Betriebsvertretungen an den Betriebsrat (z. B. der Antrag der Jugend- und Auszubildendenvertretung auf Aussetzung eines Beschlusses des Betriebsrats, § 66 Abs. 1), aber auch Anträge und Erklärungen von einzelnen oder einer Gruppe von Betriebsratsmitgliedern an den Betriebsrat (z. B. Anträge nach § 29 Abs. 3, § 31; Erklärung der Amtsniederlegung als Betriebsrats- oder Ausschussmitglied).

55 Ist dem **Betriebsrat gegenüber** eine **Erklärung abzugeben**, wird sie **wirksam** und damit eine entsprechende Verpflichtung erfüllt oder eine Frist in Lauf gesetzt, sobald die Erklärung dem Vorsitzenden des Betriebsrats bzw. im Falle seiner Verhinderung seinem Stellvertreter **zugegangen** ist. Die Vorschrift des **§ 130 BGB** gilt zwar nur für Willenserklärungen, jedoch ist eine analoge Anwendung auf **andere Mitteilungen** gerechtfertigt. Grundsätzlich können Erklärungen dem Betriebsrat gegenüber nur in dieser Weise abgegeben werden (*BAG* 28.02.1974, 04.08.1975 AP Nr. 2 Bl. 2, Nr. 4 Bl. 1 R zu § 102 BetrVG 1972 für die Mitteilung über die Kündigungsabsicht nach § 102 Abs. 1 Satz 2; s. aber auch Rdn. 59 ff.). Erklärungen unter Anwesenden werden daher, wenn sie schriftlich erfolgen, mit Übergabe oder, wenn sie mündlich erfolgen, in dem Zeitpunkt verbindlich, in dem sie der Erklärungsempfänger vernommen, d. h. akustisch richtig verstanden hat (Vernehmungstheorie; näher *Wolf/Neuner* Allgemeiner Teil des Bürgerlichen Rechts, 11. Aufl. 2016, § 33 Rn. 34 ff.). Erklärungen unter Abwesenden werden wirksam, sobald der Empfänger unter normalen Umständen die Möglichkeit hat, von der in seinen Bereich gelangten Erklärung Kenntnis zu nehmen (*Palandt/Ellenberger* § 130 Rn. 5). Erfolgt die Erklärung in einem Brief, so tritt Zugang regelmäßig dann ein, wenn der Brief mit der Hauspost im Büro des Betriebsrats abgegeben oder in das Postfach des Betriebsrats gelegt wird. Steht dem Betriebsrat ein Telefaxgerät zur Verfügung, so geht eine per Telefax übermittelte Erklärung

zu, wenn die Erklärung von dem Gerät ausgedruckt wird. Bei Übermittlung per E-mail tritt Zugang ein, wenn die Nachricht von dem Mailserver in der Mailbox des Betriebsrats abgelegt worden ist und von dort abgerufen werden kann (zu Einzelheiten vgl. *Palandt/Ellenberger* § 130 Rn. 5). Zugang ist allerdings nur bei Eingang während der Arbeitszeit anzunehmen, da nur während dieses Zeitraumes unter regelmäßigen Umständen mit einer Kenntnisnahme gerechnet werden kann (ebenso wohl *LAG Schleswig-Holstein* 24.10.2013 LAGE § 99 BetrVG 2001 Nr. 23 unter II 1 b bb). Der Arbeitgeber kann auch nicht verlangen, dass der Betriebsrat besondere Anstrengungen unternimmt, um den Zugang einer Erklärung außerhalb der betriebsüblichen Abläufe zu ermöglichen. Vielmehr ist der Arbeitgeber unter dem Gesichtspunkt der vertrauensvollen Zusammenarbeit des § 2 Abs. 1 gehalten, dafür Sorge zu tragen, dass der Betriebsrat nur zu den betriebsüblichen Arbeitszeiten in Anspruch genommen wird. Der Betriebsratsvorsitzende bzw. bei dessen Verhinderung sein Stellvertreter sind daher nicht verpflichtet, eine Mitteilung des Arbeitgebers **außerhalb** der **Arbeitszeit** und außerhalb der **Betriebsräume** entgegenzunehmen (*BAG* 27.08.1982 AP Nr. 25 zu § 102 BetrVG 1972 Bl. 2 R; *LAG Schleswig-Holstein* 24.10.2013 LAGE § 99 BetrVG 2001 Nr. 23 unter II 1 b; zu § 2 Abs. 1 insoweit *Witt* Die betriebsverfassungsrechtliche Kooperationsmaxime und der Grundsatz von Treu und Glauben [Diss. Mannheim], 1987, S. 100, 118). Sie sind allerdings auch nicht gehindert dies zu tun. Nimmt also der Vorsitzende eine Erklärung außerhalb der Arbeitszeit entgegen, so ist sie wirksam zugegangen (*BAG* 27.08.1982 AP Nr. 25 zu § 102 BetrVG 1972 Bl. 2 R). Gleiches gilt, wenn der Vorsitzende auf andere Weise tatsächlich von der Erklärung Kenntnis erlangt.

Wird eine dem Betriebsrat gegenüber abzugebende **Erklärung** einem **anderen Betriebsratsmitglied gegenüber abgegeben**, ohne dass der Vorsitzende des Betriebsrats dieses zum Empfang ermächtigt hat, so fungiert das Betriebsratsmitglied als **Bote des Erklärenden**. Die Erklärung wird daher erst in dem Zeitpunkt wirksam, in dem sie dem Vorsitzenden von diesem Betriebsratsmitglied übermittelt wird oder ihm sonst zur Kenntnis gelangt (ebenso *BAG* 27.06.1985 AP Nr. 37 zu § 102 BetrVG 1972 Bl. 4 *[Ortlepp]* = SAE 1986, 309 *[Mummenhoff]*; *LAG München* 11.05.1988 DB 1988, 2651 [2652]; *Fitting* § 26 Rn. 39; *Glock/HWGNRH* § 26 Rn. 49; *Kreft/WPK* § 26 Rn. 24; *Löwisch/LK* § 26 Rn. 18; *Wedde/DKKW* § 26 Rn. 27; unrichtig *ArbG Hannover* 02.06.1972 AuR 1973, 58, das die Mitteilung nach § 102 Abs. 1 Satz 1 an ein anderes Betriebsratsmitglied für unwirksam hält; ebenso *BAG* 14.11.1978 EzA § 40 BetrVG 1972 Nr. 39 [Nr. 78] bei mündlicher Mitteilung der Kündigungsgründe). Der Vorsitzende kann aber auch ein anderes Betriebsratsmitglied oder eine andere Person ermächtigen, die Erklärung für ihn in Empfang zu nehmen. Diese Person tritt zwar nicht als Empfangsvertreter an die Stelle des Vorsitzenden, da der Vorsitzende seine Vertretungsbefugnis nicht delegieren kann (s. Rdn. 63). Sie ist aber **Empfangsbote** des Vorsitzenden. Für das Wirksamwerden der Erklärung kommt es in diesem Falle ebenfalls auf die Person des Betriebsratsvorsitzenden als des empfangsberechtigten Vertreters des Betriebsrats an. Die Erklärung geht dem Betriebsrat also in dem Zeitpunkt zu, in dem unter regelmäßigen Umständen mit der Weiterleitung durch den Empfangsboten und damit mit einer Kenntnisnahme durch den Betriebsratsvorsitzenden zu rechnen ist (*BGH* 15.03.1989 NJW-RR 1989, 757 [758]). Anders als im Falle des Erklärungsboten gehen jedoch nur die Verzögerungen, die sich als zwangsläufige Folge der Weiterleitung darstellen, zu Lasten des Erklärenden. Weitere Verzögerungen oder Fehler bei der Übermittlung fallen dagegen in den Risikobereich des Betriebsrats (zu den Folgen einer abweichenden Vertretungsregelung s. Rdn. 59). 56

Der **Betriebsrat** hat die **notwendigen Vorkehrungen** zu treffen, damit er von der Erklärung tatsächlich Kenntnis nehmen kann. Dies gilt insbesondere, wenn sowohl der **Vorsitzende** des Betriebsrats als auch sein **Stellvertreter abwesend** sind. Für diesen Fall muss der Betriebsrat sicherstellen, dass ein vertretungsberechtigtes Mitglied die Erklärung entgegennehmen kann (s. Rdn. 69). Fehlt es daran, so geht die Erklärung dem Betriebsrat dennoch in dem Moment zu, in dem sie in den Machtbereich des Betriebsrats gelangt, also z. B. im Büro des Betriebsrats abgegeben worden oder in das Postfach des Betriebsrats gelangt ist (*LAG Frankfurt a. M.* 19.10.1976 AuR 1977, 186 f.). Soweit der **Betriebsrat** mit der Angelegenheit befasst werden muss, ist der **Vorsitzende verpflichtet**, diesen zu **unterrichten** (ebenso *Bitzer* BUV 1972, 125 [133]; *Hässler* Geschäftsführung des Betriebsrates, S. 16; *Uelhoff* Die Vertretungsmacht des Betriebsratsvorsitzenden, S. 19 f.). Unterlässt er es pflichtwidrig, so werden trotzdem etwaige Fristen (z. B. nach § 99 Abs. 3 Satz 2) in Lauf gesetzt. 57

58 Im arbeitsgerichtlichen Verfahren ist der Vorsitzende des Betriebsrats (Gesamtbetriebsrats) in entsprechender Anwendung des § 170 Abs. 2 ZPO (früher § 171 Abs. 2 ZPO) berechtigt, **Zustellungen** an den Betriebsrat (Gesamtbetriebsrat) entgegenzunehmen. Bedient sich der Betriebsrat (Gesamtbetriebsrat) stets und ständig der beim Arbeitgeber bestehenden Posteingangsstelle, kann eine Ersatzzustellung gem. § 178 Abs. 1 Nr. 2 ZPO (früher § 184 Abs. 1 ZPO) durch Aushändigung an eine in der Posteingangsstelle beschäftigte Person erfolgen (*BAG* 20.01.1976 AP Nr. 2 zu § 47 BetrVG 1972 Bl. 2 f. zu § 184 ZPO a. F.).

59 Die dem Vorsitzenden bzw. stellvertretenden Vorsitzenden eingeräumte Befugnis zur Entgegennahme von Erklärungen kann **durch den Betriebsrat** (nicht durch den Vorsitzenden, s. Rdn. 63) für bestimmte Angelegenheiten oder auch in einem konkreten Einzelfall **abweichend** von § 26 Abs. 2 Satz 2 **geregelt** und einem Ausschuss oder einem anderen Betriebsratsmitglied zugewiesen werden (ebenso *BAG* 27.06.1985 AP Nr. 37 zu § 102 BetrVG 1972 Bl. 4; *LAG München* 11.05.1988 DB 1988, 2651 [2652]; *Fitting* § 26 Rn. 43; *Wedde/DKKW* § 26 Rn. 28; **a. M.** *Richardi/Thüsing* § 26 Rn. 43, der nur eine zusätzliche passive Vertretungsbefugnis anderer Betriebsratsmitglieder für zulässig hält). Die entsprechende Person ist dann **Empfangsvertreter** des Betriebsrats. Die Erklärung wird dem Betriebsrat gegenüber also in dem Zeitpunkt wirksam, in dem sie dem Vertreter zugeht (*BGH* 28.11.2001 NJW 2002, 1041 [1042]). Die entsprechende Regelung kann entweder allgemein durch die Geschäftsordnung (s. § 36 Rdn. 15) oder durch einfachen Beschluss des Betriebsrats erfolgen (*LAG Hessen* 18.09.2007 – 4 TaBV 83/07 – juris, Rn. 47 = AuR 2008, 77 [LS]). Das ist vor allem von Bedeutung bei der Übertragung von Aufgaben zur selbständigen Erledigung auf Ausschüsse (§ 28 Abs. 1 Satz 2), denen weder der Vorsitzende des Betriebsrats noch sein Stellvertreter anzugehören brauchen (vgl. § 28 Rdn. 32). Hier ist der Übertragungsbeschluss in der Regel dahin auszulegen, dass der Vorsitzende des Ausschusses im Rahmen der übertragenen Aufgaben für die Entgegennahme von Erklärungen (ausschließlich) zuständig sein soll (ähnlich *BAG* 04.08.1975 AP Nr. 4 zu § 102 BetrVG 1972 Bl. 1 R *[Meisel]*; 27.06.1985 AP Nr. 37 zu § 102 BetrVG 1972 Bl. 3 R f.; *Fitting* § 26 Rn. 43, § 28 Rn. 33; *Kreft/WPK* § 26 Rn. 25; *Richardi/Thüsing* § 26 Rn. 42). Jedoch ist dies nicht zwingend. So kann der Betriebsrat ein Interesse daran haben, dass alle Erklärungen an ihn gegenüber seinem Vorsitzenden abgegeben werden, und das im Übertragungsbeschluss ausdrücklich festlegen. Soll die abweichende Zuständigkeitsregelung abschließend, die vom Betriebsrat bestimmte Person also für die Entgegennahme der Erklärungen ausschließlich zuständig sein, so muss sich der Arbeitgeber dies nur entgegenhalten lassen, wenn er hierüber (rechtzeitig) unterrichtet worden ist (*Fitting* § 26 Rn. 43; *Kreft/WPK* § 26 Rn. 25). Bis zu diesem Zeitpunkt darf er auf die gesetzliche Vertretungsregelung vertrauen und den Vorsitzenden (bzw. den Stellvertreter) als empfangsbefugt ansehen. Dies folgt letztlich aus dem Gebot der vertrauensvollen Zusammenarbeit (§ 2 Abs. 1). Der Betriebsrat verhielte sich widersprüchlich, wenn er einerseits die Mitteilung unterlassen, andererseits aber die Unzuständigkeit des Vorsitzenden rügen würde. Er muss daher die Rechtslage gelten lassen, die ohne die abweichende Regelung bestünde.

60 Zu denken ist auch an die Wahrnehmung der laufenden Geschäfte durch **andere Betriebsratsmitglieder** in kleineren Betriebsräten (§ 27 Abs. 3), die Entsendung anderer Betriebsratsmitglieder zu Betriebsräteversammlungen (§ 53 Abs. 1 Satz 2), Sitzungen oder Sprechstunden der Jugend- und Auszubildendenvertretung (§ 65 Abs. 2 Satz 2, § 69 Satz 4). Diese Rechte können sinnvoll nur ausgeübt werden, wenn die betreffenden Betriebsratsmitglieder vom Betriebsrat zur Entgegennahme von Erklärungen bevollmächtigt werden. Ist das nicht geschehen, sind diese Betriebsratsmitglieder jeweils nur Bote, so dass die Erklärung erst wirksam wird, wenn sie dem Vorsitzenden zugegangen ist (vgl. Rdn. 56).

61 Soweit der Betriebsrat die **Befugnis** zur **Entgegennahme** von **Erklärungen geändert** hat, kann sie einem **Dritten** erst **entgegengehalten** werden, wenn sie ihm mitgeteilt oder in anderer angemessener Weise nach außen verlautbart worden ist (ebenso *Fitting* § 26 Rn. 43; *Kreft/WPK* § 26 Rn. 25; *Wedde/DKKW* § 26 Rn. 28). Der Rechtsgedanke der §§ 170 ff. BGB gilt hier entsprechend.

IV. Rechtsstellung des stellvertretenden Vorsitzenden

Jeder mehrköpfige Betriebsrat muss neben dem Vorsitzenden einen Stellvertreter wählen (§ 26 Abs. 1; s. Rdn. 5). Dieser nimmt für die Dauer der **Verhinderung** des **Vorsitzenden** dessen Aufgaben kraft Gesetzes wahr. Das ist zwar in § 26 Abs. 2 Satz 1 ausdrücklich nur für die Vertretung des Betriebsrats gesagt, gilt aber auch für die Wahrnehmung der sonstigen Aufgaben des Vorsitzenden. Der Stellvertreter tritt damit nur bei Verhinderung des Vorsitzenden in dessen Rechtsstellung ein (*BAG* 07.07.2011 EzA § 26 BetrVG 2001 Nr. 3 Rn. 15). Außer in diesem Falle hat der Stellvertreter keine eigenen Befugnisse, ist allerdings kraft Amtes Mitglied des Betriebsausschusses (§ 27 Abs. 1 Satz 2). Er ist nicht, wie das Gesetz ungenau formuliert, Stellvertreter des Betriebsratsvorsitzenden, sondern stellvertretender Vorsitzender des Betriebsrats (ebenso *LAG Schleswig-Holstein* 22.08.1983 NZA 1985, 68; *Neumann-Duesberg* S. 274; *Richardi/Thüsing* § 26 Rn. 54). **62**

Der Vorsitzende kann dem stellvertretenden Vorsitzenden auch keine seiner **Aufgaben** zur einmaligen oder ständigen Erledigung **übertragen** (ebenso *Fitting* § 26 Rn. 44; *Glock/HWGNRH* § 26 Rn. 50; *Nikisch* III, S. 137; *Richardi/Thüsing* § 26 Rn. 57; *Wedde/DKKW* § 26 Rn. 31). Die Vertretungsmacht des Vorsitzenden umfasst nicht die Befugnis, die Vertretung im Wege der »Untervollmacht« zu delegieren. Nur der **Betriebsrat** selbst kann ihm ebenso wie anderen Betriebsratsmitgliedern (s. Rdn. 72 ff.) generell durch die Geschäftsordnung (§ 36) oder im einzelnen Fall durch Beschluss bestimmte Aufgaben übertragen (ebenso *Bitzer* BUV 1972, 125 [133]; *Fitting* § 26 Rn. 44; *Galperin/Siebert* § 27 Rn. 15). Andererseits kann der Betriebsrat bestimmen, dass bei Verhinderung des Vorsitzenden einzelne seiner Aufgaben von einem anderen Betriebsratsmitglied und nicht von dem stellvertretenden Vorsitzenden wahrgenommen werden (ebenso *Fitting* § 26 Rn. 49). Ein genereller **Entzug der Aufgaben** ist dagegen nicht möglich, da dies in Widerspruch zur gesetzlichen Regelung stünde, die für den Fall der Verhinderung des Vorsitzenden einen institutionalisierten Stellvertreter vorsieht. **63**

Eine **Genehmigung** von **Handlungen** des **stellvertretenden Vorsitzenden**, die nicht von seiner Vertretungsmacht gedeckt sind, weil entweder ein Verhinderungsfall nicht vorlag oder der stellvertretende Vorsitzende sich nicht an die Beschlüsse des Betriebsrats gehalten hat, ist nicht durch den Vorsitzenden, sondern nur durch den Betriebsrat möglich. Eine Frage der **Auslegung** ist, ob die dem **Vorsitzenden** für bestimmte Angelegenheiten eingeräumte **Vertretungsmacht** im Falle seiner Verhinderung **auch für** den stellvertretenden **Vorsitzenden** gilt (vgl. Rdn. 37). War der **Vorsitzende** des Betriebsrats nach § 38 Abs. 1 **freigestellt**, so geht diese bei seiner Verhinderung nicht automatisch auf den stellvertretenden Vorsitzenden über (ebenso *Galperin/Löwisch* § 26 Rn. 38; *Glock/HWGNRH* § 26 Rn. 51; *Kreft/WPK* § 26 Rn. 26). Der Stellvertreter hat jedoch einen Anspruch auf Arbeitsbefreiung nach § 37 Abs. 2. **64**

Ob der **Vorsitzende** – aus tatsächlichen oder rechtlichen Gründen – **verhindert** ist, muss nach den gleichen Grundsätzen wie bei der zeitweiligen Verhinderung eines Betriebsratsmitglieds (§ 25 Abs. 1 Satz 2) beurteilt werden (ebenso *BAG* 07.07.2011 EzA § 26 BetrVG 2001 Nr. 3 Rn. 15; *Fitting* § 26 Rn. 45; *Wedde/DKKW* § 26 Rn. 33; wohl nur terminologisch, nicht aber in der Sache anders *Richardi/Thüsing* § 26 Rn. 55: verlangt werde keine zeitweilige Verhinderung i. S. d. § 25 Abs. 1 Satz 2, sondern es genüge jede Verhinderung; zu den Verhinderungsgründen im Einzelnen s. *Oetker* § 25 Rdn. 16 ff.). Eine Verhinderung ist regelmäßig gegeben, wenn der Vorsitzende sich im **Erholungsurlaub** befindet, da es ihm dann zwar nicht zwingend unmöglich, aber zumindest nicht zuzumuten ist, sein Amt auszuüben. Eine Ausnahme gilt nur, wenn sich der Vorsitzende vorab bereit erklärt hat, auch während des Urlaubs (allgemein oder für bestimmte Angelegenheiten) zur Verfügung zu stehen (*BAG* 27.09.2012 EzA § 626 BGB 2002 Nr. 42 Rn. 19). Daneben kommen vor allem in Betracht: Krankheit, Kur, Teilnahme an einer Schulungsveranstaltung, Dienstreisen. Eine Verhinderung ist aber auch zu bejahen, wenn der Betriebsrat über eine **persönliche Angelegenheit des Vorsitzenden** zu entscheiden hat (ebenso *BAG* 19.03.2004 AP Nr. 77 zu § 40 BetrVG 1972 unter II 2a; *Fitting* § 26 Rn. 45a; *Glock/HWGNRH* § 26 Rn. 54; *Richardi/Thüsing* § 26 Rn. 55; *Wedde/DKKW* § 26 Rn. 33; zur Verhinderung bei Beschlussfassung in eigenen Angelegenheiten s. a. § 33 Rdn. 24 ff.). Dies gilt etwa für die Vertretung des Betriebsrats im Ausschlussverfahren gegen den Vorsitzenden nach § 23 Abs. 1 (vgl. *BAG* 01.08.1958 AP Nr. 1 zu § 83 ArbGG 1953 Bl. 2; *Oetker* § 23 Rdn. 89). Eine Verhinderung wegen persönlicher Betroffenheit besteht auch im Zustimmungsverfahren nach **65**

§ 103 bei außerordentlicher Kündigung des Vorsitzenden (vgl. *LAG Hamm* 09.07.1975 DB 1975, 1851; vgl. § 103 Rdn. 60). Der Vorsitzende darf in diesen Fällen weder die Sitzung leiten, noch als einfaches Mitglied an der Beratung oder der Abstimmung teilnehmen (s. § 33 Rdn. 25; zumindest missverständlich *Richardi / Thüsing* § 26 Rn. 55: Verhinderung bei der Abstimmung), noch den Betriebsrat in einem anschließenden Beschlussverfahren vertreten. Dagegen ist er nicht an der Vertretung des Betriebsrats gegenüber dem Arbeitgeber im Rahmen der von diesem gefassten Beschlüsse gehindert, da er insoweit keine eigene Entscheidung trifft, sondern lediglich die Entscheidung des Betriebsrats übermittelt. Hat der Betriebsrat etwa die nach § 103 erforderliche Zustimmung zur Kündigung des Vorsitzenden verweigert, so kann der Vorsitzende selbst den Arbeitgeber hierüber informieren (*BAG* 19.03.2004 AP Nr. 77 zu § 40 BetrVG 1972 unter II 2b; *Kreft / WPK* § 26 Rn. 27). Auch eine **kurzfristige Verhinderung**, wie eine mehrstündige Abwesenheit des Vorsitzenden, kann eine Verhinderung i. S. d. Gesetzes sein, wenn in dieser Zeit eine unaufschiebbare Angelegenheit erledigt werden muss. Nur dies wird dem Zweck der Regelung, die jederzeitige Aktionsfähigkeit des Betriebsrats zu sichern, gerecht (im Ergebnis ebenso *ArbG Wilhelmshaven* 20.01.1976 ARSt. 1977, 131 [Nr. 127]; *Fitting* § 26 Rn. 45; *Glock / HWGNRH* § 26 Rn. 53; *Richardi / Thüsing* § 26 Rn. 55; *Wedde / DKKW* § 26 Rn. 33). Die Vertretungsmacht des stellvertretenden Vorsitzenden beschränkt sich in diesem Fall jedoch auf die Handlungen, die sofort vorgenommen werden müssen und keinen Aufschub dulden. Andere Angelegenheiten sind vom Vorsitzenden nach seiner Rückkehr zu erledigen.

66 Besondere Bedeutung hat die Frage der Verhinderung des Vorsitzenden auch bei der **Entgegennahme von Erklärungen** mit Wirkung für den Betriebsrat. Nur im **Verhinderungsfall** ist der Stellvertreter befugt, Erklärungen mit Wirkung für den Betriebsrat entgegenzunehmen, was wiederum u. a. Voraussetzung dafür ist, dass der Arbeitgeber seine gegenüber dem Betriebsrat bestehenden Mitteilungspflichten erfüllt hat und entsprechende Fristen (§ 99 Abs. 3, § 102 Abs. 2 Satz 2) in Gang gesetzt werden (*BAG* 28.02.1974 AP Nr. 2 zu § 102 BetrVG 1972 Bl. 2; 27.06.1985 AP Nr. 37 zu § 102 BetrVG 1972 Bl. 3; 07.07.2011 AP Nr. 165 zu § 102 BetrVG 1972 = EzA § 26 BetrVG 2001 Nr. 3 Rn. 15). Liegt kein Verhinderungsfall vor, so hat auch der Stellvertreter nur die Stellung eines Erklärungsboten oder (im Falle der Ermächtigung durch den Vorsitzenden) eines Empfangsboten (s. Rdn. 56). An der Entgegennahme der Erklärung verhindert ist der Vorsitzende einmal dann, wenn er **nicht im Betrieb anwesend** ist, da der Betrieb regelmäßig der für den Empfang der Erklärungen maßgebliche Ort ist (s. Rdn. 55; *BAG* 07.07.2011 AP Nr. 165 zu § 102 BetrVG 1972 = EzA § 26 BetrVG 2001 Nr. 3 Rn. 17). Nach Ansicht des *BAG* soll eine Verhinderung aber auch dann vorliegen, wenn der Arbeitgeber dem Betriebsrat rechtzeitig angekündigt habe, wann und wo er ihm gegenüber **außerhalb des Betriebs eine Erklärung abgeben** wolle, die Entgegennahme dieser Erklärung des Arbeitgebers außerhalb des Betriebs vom Betriebsrat bzw. seinem Vorsitzenden nicht abgelehnt werde und der Betriebsratsvorsitzende die Erklärung des Arbeitgebers aufgrund Ortsabwesenheit nicht entgegennehmen könne. Auch in diesem Fall sei der Vorsitzende des Betriebsrats aus tatsächlichen Gründen nicht in der Lage und damit i. S. v. § 26 Abs. 2 Satz 2 verhindert, die Erklärung des Arbeitgebers entgegenzunehmen mit der Folge, dass sein Stellvertreter zur Entgegennahme berechtigt sei (*BAG* 07.07.2011 AP Nr. 165 zu § 102 BetrVG 1972 = EzA § 26 BetrVG 2001 Nr. 3 Rn. 17: Übergabe von Anhörungsschreiben nach § 102 im Rahmen einer Betriebsräteversammlung nach Ankündigung in der Einladung; zust. *Fitting*, § 26 Rn. 41a). Dem kann in dieser allgemeinen Form **nicht zugestimmt** werden (krit. auch *Wedde / DKKW* § 26 Rn. 31; *Wroblewski* AuR 2012, 34 f.). Richtig ist, dass Betriebsrat und Arbeitgeber abweichend von der allgemeinen Regel einen anderen Ort als den Betrieb für die Entgegennahme von Erklärungen bestimmen können. Dies ergibt sich aus § 269 BGB, der mindestens seinem Rechtsgedanken nach auf die Erfüllung von Informationspflichten durch den Arbeitgeber anwendbar ist. Ist der Vorsitzende zum vereinbarten Zeitpunkt an diesem Ort nicht erreichbar, so liegt in der Tat ein Verhinderungsfall vor, so dass der anwesende stellvertretende Vorsitzende die Erklärung mit Wirkung für den Betriebsrat entgegennehmen kann. Voraussetzung ist allerdings, dass dies zwischen Arbeitgeber und Betriebsrat vereinbart, also gemeinsam »bestimmt« worden ist (zur Notwendigkeit einer Parteivereinbarung über den Leistungsort *Palandt / Grüneberg* § 269 Rn. 8). Das *BAG* lässt es dagegen genügen, dass der Betriebsrat bzw. der Vorsitzende die Übergabe an dem anderen Ort »nicht abgelehnt« habe. Eine Vereinbarung könnte man darin aber nur dann erblicken, wenn das Schweigen des Betriebsrats ausnahmsweise nach § 242 BGB als Zustimmung anzusehen wäre (hierzu *Bork* Allgemeiner Teil des Bürgerlichen Gesetzbuchs, 3. Aufl. 2011, Rn. 575). Da im Betriebsverfassungsrecht der Grundsatz der vertrauensvollen Zusammenarbeit nach § 2 Abs. 1 für das Verhältnis von Arbeitgeber und Betriebsrat eine ähnliche Bedeutung hat wie der Grundsatz von Treu und Glauben für das Schuldverhältnis, könnte man von einem Einverständnis mit einer Übergabe außerhalb des Betriebs ausgehen, wenn der Vorsitzende des Betriebsrats ansonsten nach § 2 Abs. 1 gehalten gewesen wäre, den Arbeitgeber entsprechend zu unterrichten (so *Mittag* jurisPR-ArbR 10/2012 Anm. 5; *Mückl* EWiR § 125 InsO 1/11). Eine solche Informationsobliegenheit wird man aber nur dann bejahen können, wenn der Arbeitgeber redlicherweise davon ausgehen durfte, dass der Vorsitzende sich zu dem genannten Termin an dem entsprechenden Ort befindet. Diese Annahme ist bei einer Betriebsräteversammlung schon wegen der Möglichkeit, andere Mitglieder zu entsenden (§ 53 Abs. 1 Satz 2), nicht ohne Weiteres berechtigt. Selbst wenn man in dem Schweigen ein Einverständnis mit dem Ort der Entgegennahme der Erklärung erblicken wollte, kann man die Tatsache, dass der Vorsitzende nicht an dem vereinbarten Ort erscheint, nicht mit einer Verhinderung gleichsetzen, solange der Vorsitzende sein Amt im Betrieb ausübt und es dem Arbeitgeber ohne besonderen Aufwand möglich ist, ihm die Erklärung dorthin zu übermitteln (*Wroblewski* AuR 2012, 34 [35]). Den berechtigten Interessen des Arbeitgebers, der sich auf die Absprache verlassen hat, lässt sich – ohne eine sachwidrige Dehnung des Begriffs der Verhinderung – dadurch Rechnung tragen, dass der Betriebsrat sich nach § 2 Abs. 1 so behandeln lassen muss, als ob die Erklärung ihm zu dem vereinbarten früheren Zeitpunkt an dem vereinbarten Ort übergeben worden wäre. Gleiches hätte zu gelten, wenn der Arbeitgeber die Erklärung dem an dem vereinbarten Ort anwesenden stellvertretenden Vorsitzenden (oder einem anderen Betriebsratsmitglied) aushändigt. Dieser wäre dann zwar nicht Vertreter des Betriebsrats, sondern Erklärungsbote des Arbeitgebers. Verzögerungen oder Fehler bei der Übermittlung fielen aber – entgegen der allgemeinen Regel (s. Rdn. 56) – dem Betriebsrat zur Last.

Wie § 26 Abs. 2 nur den Fall der Vertretung des Betriebsrats und nicht die sonstigen Aufgaben des Vorsitzenden behandelt, so ist ausdrücklich nur der Fall der Verhinderung des Vorsitzenden, nicht aber der seines **Ausscheidens** aus dem Amt (s. hierzu Rdn. 25 ff.) geregelt. Nach dem dieser Vorschrift zugrunde liegenden Rechtsgedanken übernimmt jedoch auch in diesem Falle der stellvertretende Vorsitzende vorläufig die Aufgaben des Vorsitzenden. Er rückt aber nicht an dessen Stelle nach, so dass ein neuer stellvertretender Betriebsratsvorsitzender zu wählen wäre. Er ist vielmehr verpflichtet, unverzüglich eine Sitzung des Betriebsrats einzuberufen, damit ein neuer Vorsitzender gewählt wird (ebenso *Fitting* § 26 Rn. 48; *Glock/HWGNRH* § 26 Rn. 29, 55; *Kreft/WPK* § 26 Rn. 28; *Nikisch* III, S. 137; *Richardi/Thüsing* § 26 Rn. 16; *Wedde/DKKW* § 26 Rn. 32). Mit der Wahl des neuen Vorsitzenden endet die Vertretung. 67

Die Wahrnehmung der Aufgaben des stellvertretenden Vorsitzenden ist **beschränkt** auf die Ausübung der Funktionen des verhinderten Betriebsratsvorsitzenden, die diesem kraft Amtes zustehen (vgl. auch *LAG Schleswig-Holstein* 22.08.1983 NZA 1985, 68). Die Aufgaben des Vorsitzenden als Betriebsratsmitglied nimmt gem. § 25 Abs. 1 Satz 2 ein Ersatzmitglied wahr (s. *Oetker* § 25 Rdn. 70). Die somit nach den verschiedenen Funktionen auf zwei Personen verteilte Vertretung beginnt und endet mit der Verhinderung des Vorsitzenden. Scheidet der Vorsitzende aus dem Betriebsrat aus, so rückt das Ersatzmitglied gem. § 25 Abs. 1 Satz 1 ebenfalls nur als Betriebsratsmitglied nach (s. Rdn. 28). 68

Sind sowohl der **Vorsitzende** als auch der **stellvertretende Vorsitzende verhindert**, so muss der Betriebsrat, soweit es nicht schon vorsorglich in der Geschäftsordnung (§ 36) oder durch gesonderten Beschluss geschehen ist, die Vertretung ad hoc durch Beschluss regeln (ebenso *LAG Hessen* 29.03.2007 – 9 TaBVGa 68/07 – juris Rn. 17; *Fitting* § 26 Rn. 50; *Glock/HWGNRH* § 26 Rn. 60; *Kreft/WPK* § 26 Rn. 29; *Löwisch/LK* § 26 Rn. 10; *Nikisch* III, S. 137; *Richardi/Thüsing* § 26 Rn. 56; *Wedde/DKKW* § 26 Rn. 34). Das für den stellvertretenden Vorsitzenden nachgerückte Ersatzmitglied nimmt nur dessen Funktion als Betriebsratsmitglied wahr. Da eine ordnungsgemäße Ladung nach § 29 Abs. 2 in diesem Falle nicht ergehen kann, muss der **Betriebsrat selbst zusammentreten** (§ 29 Rdn. 25). Die Initiative hierzu kann von jedem Betriebsratsmitglied ausgehen. Bis zur Regelung der Vertretung durch Beschluss ist der Betriebsrat nicht handlungsunfähig (so aber *Glock/HWGNRH* § 26 Rn. 61; *Richardi/Thüsing* § 26 Rn. 56), weil er in seiner Gesamtheit selbst handelnd auftreten kann (s. Rdn. 71). Außerdem ist jedes **Betriebsratsmitglied berechtigt** und **verpflichtet, Erklärungen** 69 des Arbeitgebers für den Betriebsrat **entgegenzunehmen** (vgl. *BAG* 27.06.1985 AP Nr. 37 zu § 102 BetrVG 1972 Bl. 4; *LAG Frankfurt a. M.* 19.10.1976 AuR 1977, 186 f.; *LAG Frankfurt a. M.* 28.11.1989 LAGE § 26 BetrVG 1972 Nr. 2 S. 2; *LAG Niedersachsen* 23.10.2014 LAGE § 1 KSchG Interessenausgleich Nr. 24 unter B II; *Fitting* § 26 Rn. 40; *Kreft / WPK* § 26 Rn. 29; *Wedde / DKKW* § 26 Rn. 34; **a. M.** *Glock / HWGNRH* § 26 Rn. 58 f.). Der Betriebsrat ist nicht berechtigt, bei nicht nur kurzfristiger Betriebsratsabwesenheit des Betriebsratsvorsitzenden und seines Stellvertreters die Stelle für die Entgegennahme von Erklärungen des Arbeitgebers einseitig zu bestimmen und auf einen vom Betriebsrat entfernt liegenden Aufenthaltsort dieser Personen festzulegen (vgl. *LAG Frankfurt a. M.* 28.11.1989 LAGE § 26 BetrVG 1972 Nr. 2 S. 2 f.).

70 Sind sowohl der **Vorsitzende** als auch der **stellvertretende Vorsitzende** aus dem Betriebsrat **ausgeschieden**, so hat der Betriebsrat nach dem Selbstzusammentritt zunächst einen Wahlleiter zur Durchführung der Neuwahlen zu bestimmen (ebenso *Fitting* § 26 Rn. 50; **a. M.** *Galperin / Löwisch* § 26 Rn. 40, die das dem Lebensalter nach älteste Betriebsratsmitglied für zuständig halten).

V. Selbstzusammentritt des Betriebsrats; Bevollmächtigung anderer Betriebsratsmitglieder

71 Die Vorschrift des § 26 Abs. 2 ist nicht in dem Sinne zu verstehen, dass der Betriebsrat nur durch den Vorsitzenden oder bei seiner Verhinderung durch den stellvertretenden Vorsitzenden vertreten werden darf. Der Betriebsrat kann vielmehr in seiner **Gesamtheit selbst handelnd auftreten**, auch wenn er dem Vorsitzenden eine Angelegenheit zur selbständigen Wahrnehmung übertragen hat (ebenso *Fitting* § 26 Rn. 36; *Löwisch / LK* § 26 Rn. 8; *Wedde / DKKW* § 26 Rn. 24). Das kommt allerdings nur für kleinere Betriebsräte in Betracht und ist in der Regel allein dann von praktischer Bedeutung, wenn der Betriebsrat keinen Vorsitzenden und stellvertretenden Vorsitzenden hat, weil sie z. B. noch nicht gewählt worden (vgl. Rdn. 5 f.), gleichzeitig vom Amt zurückgetreten (s. Rdn. 25) oder beide verhindert sind (vgl. Rdn. 69). Zur Entgegennahme von Erklärungen in diesem Falle s. Rdn. 69.

72 Da die Vertretungsmacht des Vorsitzenden nur im Rahmen der Beschlüsse des Betriebsrats besteht (§ 26 Abs. 2 Satz 1), ist es auch zulässig, dass der Betriebsrat **für bestimmte Angelegenheiten andere Betriebsratsmitglieder** mit der Ausführung seiner Beschlüsse beauftragt und sie entsprechend – jederzeit widerruflich – bevollmächtigt (ebenso *BAG* 05.02.1965 AP Nr. 1 zu § 56 BetrVG Urlaubsplan Bl. 5; *Dietz* RdA 1968, 439 [440]; *Fitting* § 26 Rn. 3, 36, 43; *Kreft / WPK* § 26 Rn. 22; *Löwisch / LK* § 26 Rn. 8; *Reitze* Der Betriebsratsbeschluss, S. 6 ff.; *Richardi / Thüsing* § 26 Rn. 39; *Wedde / DKKW* § 26 Rn. 24; **a. M.** *Glock / HWGNRH* § 26 Rn. 62). Das ist vor allem von Bedeutung, wenn der Betriebsrat Ausschüsse gebildet und ihnen Aufgaben zur selbständigen Erledigung übertragen hat (§ 28 Abs. 1 Satz 3). Da der Vorsitzende und der stellvertretende Vorsitzende den Ausschüssen nicht anzugehören brauchen (s. § 28 Rdn. 32), würde der Zweck der Vorschrift verfehlt, wenn nicht ein Mitglied dieser Ausschüsse mit der Vertretung betraut werden dürfte (ebenso *Fitting* § 26 Rn. 37; *Richardi / Thüsing* § 26 Rn. 40). Entsprechendes gilt im Falle des § 28 Abs. 2. Eine **Beauftragung von Dritten** ist dagegen nicht möglich, weil nur die gewählten Betriebsratsmitglieder zur Wahrnehmung der Interessen der Arbeitnehmer im Rahmen der Betriebsverfassung legitimiert sind.

73 Dem Vorsitzenden darf jedoch die ihm kraft Gesetzes zustehende Vertretungsmacht nicht generell entzogen werden, und zwar weder durch die Geschäftsordnung noch durch Einzelbeschluss (ebenso *Fitting* § 26 Rn. 36; *Richardi / Thüsing* § 26 Rn. 39; *Wedde / DKKW* § 26 Rn. 24). Das wäre auch der Fall, wenn der Betriebsrat beschließen würde, dass er durch den Vorsitzenden und stellvertretenden Vorsitzenden des Betriebsrats gemeinsam vertreten werden solle (*Stege / Weinspach / Schiefer* § 26 Rn. 15b unter Hinweis auf eine unveröffentlichte Entscheidung des *LAG Frankfurt a. M.* vom 20.03.1984). Entsprechendes gilt für die Vertretung des Betriebsausschusses, wenn diesem Aufgaben zur selbständigen Erledigung übertragen worden sind (§ 27 Abs. 2 Satz 2). Sie steht grundsätzlich dem Vorsitzenden zu, da er kraft Amtes dem Betriebsausschuss angehört (§ 27 Abs. 1 Satz 2).

74 Soweit in den genannten Fällen anderen Betriebsratsmitgliedern die Vertretung übertragen wird, bedarf es einer **Vollmacht**, da ihre Vertretungsmacht nicht auf dem Gesetz beruht (ebenso *Fitting* § 26 Rn. 36; *Richardi / Thüsing* § 26 Rn. 39). Zur Entgegennahme von Erklärungen s. Rdn. 59 ff. **Auf-**

gaben zur **selbständigen Erledigung** können auf einzelne Betriebsratsmitglieder nur unter den gleichen engen Voraussetzungen wie beim Vorsitzenden (s. Rdn. 33 ff.) übertragen werden (vgl. auch *Fitting* § 26 Rn. 23).

VI. Streitigkeiten

Streitigkeiten aus der Anwendung des § 26, vor allem über die Wahl des Vorsitzenden und seines Stellvertreters, ihre Abberufung oder Amtsniederlegung, ihre Rechtsstellung und Aufgaben oder die anderer Betriebsratsmitglieder entscheiden die Arbeitsgerichte im Beschlussverfahren (§ 2a Abs. 1 Nr. 1, Abs. 2, §§ 80 ff. ArbGG). Zur Nichtigkeit und Anfechtung der Wahlen s. Rdn. 15 ff. Einzelne Betriebsratsmitglieder können ein Verhalten oder Handeln des Betriebsratsvorsitzenden nicht zur gerichtlichen Prüfung stellen (*LAG Düsseldorf* 15.01.1992 LAGE § 81 ArbGG 1979 Nr. 4). 75

Ein **Antrag** auf Feststellung der Unwirksamkeit der Wahl kann dahin ausgelegt werden, dass diese zugleich angefochten und damit eine gerichtliche Gestaltungsentscheidung begehrt wird (*BAG* 15.01.1992 EzA § 19 BetrVG 1972 Nr. 37 S. 6; 08.04.1992 EzA § 26 BetrVG 1972 Nr. 6 S. 3; 29.04.1992 EzA § 38 BetrVG 1972 Nr. 13 S. 4). Ebenso umfasst ein Antrag auf Anfechtung der Wahl grundsätzlich auch den Antrag, deren Nichtigkeit festzustellen (*BAG* 13.11.1991 EzA § 27 BetrVG 1972 Nr. 7 S. 4). 76

§ 27
Betriebsausschuss

(1) Hat ein Betriebsrat neun oder mehr Mitglieder, so bildet er einen Betriebsausschuss. Der Betriebsausschuss besteht aus dem Vorsitzenden des Betriebsrats, dessen Stellvertreter und bei Betriebsräten mit

9 bis 15 Mitgliedern	**aus 3 weiteren Ausschussmitgliedern,**
17 bis 23 Mitgliedern	**aus 5 weiteren Ausschussmitgliedern,**
25 bis 35 Mitgliedern	**aus 7 weiteren Ausschussmitgliedern,**
37 oder mehr Mitgliedern	**aus 9 weiteren Ausschussmitgliedern.**

Die weiteren Ausschussmitglieder werden vom Betriebsrat aus seiner Mitte in geheimer Wahl und nach den Grundsätzen der Verhältniswahl gewählt. Wird nur ein Wahlvorschlag gemacht, so erfolgt die Wahl nach den Grundsätzen der Mehrheitswahl. Sind die weiteren Ausschussmitglieder nach den Grundsätzen der Verhältniswahl gewählt, so erfolgt die Abberufung durch Beschluss des Betriebsrats, der in geheimer Abstimmung gefasst wird und einer Mehrheit von drei Vierteln der Stimmen der Mitglieder des Betriebsrats bedarf.

(2) Der Betriebsausschuss führt die laufenden Geschäfte des Betriebsrats. Der Betriebsrat kann dem Betriebsausschuss mit der Mehrheit der Stimmen seiner Mitglieder Aufgaben zur selbständigen Erledigung übertragen; dies gilt nicht für den Abschluss von Betriebsvereinbarungen. Die Übertragung bedarf der Schriftform. Die Sätze 2 und 3 gelten entsprechend für den Widerruf der Übertragung von Aufgaben.

(3) Betriebsräte mit weniger als neun Mitgliedern können die laufenden Geschäfte auf den Vorsitzenden des Betriebsrats oder andere Betriebsratsmitglieder übertragen.

Literatur
Literaturnachweise zum BetrVG 1952 siehe 8. Auflage.

Becker Die Übertragung von Betriebsratsbefugnissen auf Ausschüsse und einzelne Betriebsratsmitglieder (§§ 27, 28 BetrVG 1972), Diss. Bonn 1979; *Blanke/Trümner* Die Wahl der Betriebsausschußmitglieder und der freizustellenden Betriebsratsmitglieder, BetrR 1990, 25; *Buchner* Betriebsverfassungs-Novelle auf dem Prüfstand, NZA 2001, 633; *Dütz* Abschaffung des Minderheitenschutzes durch das BetrVerf-ReformG 2001, DB 2001, 1306; *Hanau* Denkschrift zu dem Entwurf eines Gesetzes zur Reform des Betriebsverfassungsgesetzes, RdA 2001, 64; *Heither*

Minderheiten- und Gruppenschutz im neuen Betriebsverfassungsgesetz, NZA 1991, Beil. Nr. 1, S. 11; *Keßler* Der Betriebsratsausschuß (§ 27 BetrVG) (Diss. Würzburg), 1976; *Klein* Die Stellung der Minderheitsgewerkschaften in der Betriebsverfassung (Diss. Freiburg i. Brsg.), 2007; *Lenz* Betriebsausschuss, AiB 1998, 71; *Löwisch* Monopolisierung durch Mehrheitswahl? Zu den Wahlgrundsätzen bei Ausschussbesetzungen und Freistellungen in der Betriebsverfassung, BB 2001, 726; *Moritz* Die Stellung der Jugend- und Auszubildendenvertretung im Rahmen der Betriebsverfassung, Diss. Berlin 1973; *Popp* Die Rechtsfigur des Betriebsausschusses und der Begriff der laufenden Geschäfte nach dem Betriebsverfassungsgesetz, DB 1956, 917; *Raab* Die Schriftform in der Betriebsverfassung, FS *Konzen*, 2006, S. 719; *Trieschmann* Stellung und Aufgaben des Betriebsausschusses nach dem Betriebsverfassungsgesetz, NWB 1974, Fach 26, S. 1237; *Viniol* Die beschließenden Ausschüsse der §§ 27, 28 BetrVG im Vergleich mit den beschließenden Ausschüssen des Kommunalrechts, Diss. Freiburg i. Brsg. 1978. Vgl. ferner vor § 26.

Inhaltsübersicht Rdn.

I. Vorbemerkung	1–8
1. Entstehungsgeschichte	1–4
2. Anwendungsbereich	5–8
II. Betriebsausschuss	9–84
1. Zweck	9
2. Pflicht zur Bildung; Zeitpunkt	10–13
3. Größe; Zusammensetzung	14
4. Wahl der weiteren Ausschussmitglieder	15–27
a) Grundsätze	15–23
b) Mängel der Wahl	24–27
5. Ausscheiden von Ausschussmitgliedern	28–37
6. Ersetzung von Ausschussmitgliedern	38–51
a) Grundsätze	38–41
aa) Regelungslücke	38, 39
bb) Ersetzung der »weiteren Ausschussmitglieder«	40
cc) Ersetzung des Vorsitzenden und des Stellvertreters	41
b) Vorsorgliche Wahl von Ersatzmitgliedern	42–46
aa) Grundsätze	42
bb) Vorsorgliche Wahl von Ersatzmitgliedern bei Ausscheiden von Mitgliedern des Betriebsausschusses	43–45
cc) Vorsorgliche Wahl von Ersatzmitgliedern bei Verhinderung von Mitgliedern des Betriebsausschusses	46
c) Verfahren bei fehlender Regelung durch den Betriebsrat	47–51
aa) Meinungsstand	47
bb) Stellungnahme	48–51
aaa) Unterscheidung zwischen Verhinderung und Ausscheiden	48
bbb) Nachbesetzung bei Ausscheiden eines Ausschussmitglieds	49, 50
ccc) Vertretung eines zeitweilig verhinderten Ausschussmitglieds	51
7. Rechtsstellung und Geschäftsführung des Betriebsausschusses	52–62
8. Laufende Geschäfte	63–69
9. Übertragung von Aufgaben zur selbständigen Erledigung	70–83
10. Übertragung von Aufgaben zur Vorbereitung	84
III. Übertragung der laufenden Geschäfte in kleineren Betriebsräten	85–87
IV. Streitigkeiten	88

I. Vorbemerkung

1. Entstehungsgeschichte

1 Die Vorschrift knüpft an § 28 BetrVG 1952 an. Bereits die ursprüngliche Fassung des § 27 im BetrVG 1972 enthielt jedoch maßgebliche Änderungen. Durch das BetrVerf-ReformG vom 23.07.2001 (BGBl. I, S. 1852) ist die Vorschrift erneut deutlich verändert worden. Neben den inhaltlichen Änderungen (s. Rdn. 3) führte die Neuregelung infolge der Streichung des früheren Absatzes 2 zu einer

Neunumerierung der Absätze: aus den früheren Absätzen 3 und 4 wurden ohne inhaltliche Änderung die Absätze 2 und 3.

Das **BetrVG 1972** hat in § 27 die Möglichkeiten zur Bildung von Betriebsausschüssen gegenüber der Vorgängerregelung in § 28 BetrVG 1952 erheblich erweitert, indem der Schwellenwert zur Bildung von Betriebsausschüssen abgesenkt und die Zahl der Mitglieder erhöht wurde. Ein Betriebsausschuss ist nunmehr nicht erst bei elf, sondern schon bei mindestens neun Betriebsratsmitgliedern zu bilden (Abs. 1 Satz 1). Er besteht ferner nicht wie früher (§ 28 Satz 1 und 2 BetrVG 1952) aus stets nur fünf, sondern je nach der Größe des Betriebsrats aus fünf bis elf Ausschussmitgliedern (Abs. 1 Satz 2, s. Rdn. 14). Das **BetrVerf-ReformG** hat diese Tendenz fortgesetzt. Eine mittelbare Änderung ergab sich zum einen durch die Änderung der Zahlengrenzen für die Betriebsratsgröße in § 9. Da die in § 27 Abs. 1 vorgesehene Zahl von neun Betriebsratsmitgliedern nunmehr bereits in Betrieben mit mehr als 200 Arbeitnehmern (vorher mehr als 300 Arbeitnehmer) erreicht wird, ist auch in solchen Betrieben ein Betriebsausschuss zu bilden. Außerdem wurden in § 27 Abs. 1 Satz 2 die für die Vergrößerung des Betriebsausschusses auf sieben bzw. auf neun Mitglieder maßgeblichen Zahlengrenzen geändert und abgesenkt, um der stärkeren Staffelung der Betriebsratsgröße in § 9 Rechnung zu tragen. Aufgrund der Änderung besteht der Betriebsausschuss bereits bei Betriebsräten mit mehr als 17 (statt früher 19) Betriebsratsmitgliedern (also in Betrieben mit mehr als 1500 Arbeitnehmern [früher mehr als 2000 Arbeitnehmer]) aus sieben Mitgliedern (Vorsitzender, Stellvertreter und fünf weitere Mitglieder), bei Betriebsräten mit mehr als 25 (statt früher 27) Betriebsratsmitgliedern (also in Betrieben mit mehr als 3500 Arbeitnehmern [früher mehr als 4000 Arbeitnehmer]) aus neun Mitgliedern. Das BetrVG 1972 hat auch die **Kompetenzen des Betriebsausschusses** gegenüber der Regelung in § 28 BetrVG 1952 erweitert. So führt der Betriebsausschuss nicht nur wie nach § 28 Satz 3 BetrVG 1952 die laufenden Geschäfte. Vielmehr können ihm auch Aufgaben zur selbständigen Erledigung übertragen werden (Abs. 2 [Abs. 3 a. F.], vgl. Rdn. 70 ff.). Neu gegenüber § 28 BetrVG 1952 ist schließlich Abs. 3 [i.d. F. des BetrVerf-ReformG, früher Abs. 4 a. F.], der Betriebsräten mit weniger als neun Mitgliedern die Möglichkeit einräumt, die laufenden Geschäfte auf den Vorsitzenden des Betriebsrats oder andere Betriebsratsmitglieder zu übertragen (vgl. Rdn. 85 ff.).

Einschneidende Veränderungen hat § 27 als Folge der **Entwicklung des Gruppenschutzes** erfahren. Dieser war zunächst durch das BetrVG 1972 wesentlich verstärkt und eingehend geregelt worden. Während nach § 28 Satz 4 BetrVG 1952 der Betriebsausschuss lediglich aus Angehörigen der im Betriebsrat vertretenen Gruppen der Arbeiter und Angestellten bestehen musste, mussten die Gruppen nach der Regelung des § 27 Abs. 2 a. F. entsprechend dem Verhältnis ihrer Vertretung im Betriebsrat, mindestens aber durch ein Mitglied im Betriebsausschuss vertreten sein (Abs. 2 Satz 1 und 2 a. F.). Außerdem wählten unter bestimmten Voraussetzungen (Abs. 2 Satz 3 a. F.) die Gruppen ihre Vertreter im Betriebsausschuss allein (vgl. zu diesen Regelungen *Wiese* 6. Aufl., § 27 Rn. 13 ff., 28 ff.). Durch die Novelle vom 20.12.1988 wurde der Gruppenschutz nochmals ausgeweitet. So wurden zum einen die Grundsätze der geheimen Wahl sowie – bei einer Mehrheit von Wahlvorschlägen – der Verhältniswahl eingeführt (Abs. 1 Satz 3 und 4). Der hierdurch bewirkte Minderheitenschutz wurde durch die Regelung über die Abberufung der weiteren Ausschussmitglieder in Abs. 1 Satz 5 abgesichert. Zum anderen wurde die Regelung in § 27 Abs. 2 a. F. über die getrennte Wahl der Ausschussmitglieder im Interesse des Schutzes der Minderheitsgruppe modifiziert (vgl. zum Inhalt der Novelle und der hieran geäußerten Kritik *Wiese* 6. Aufl., § 27 Rn. 2 m. w. N.).

Das **BetrVerf-ReformG** vom 23.07.2001 hat das **Gruppenprinzip aufgehoben** und die Unterscheidung zwischen Arbeitern und Angestellten für die Repräsentation der Arbeitnehmer in den verschiedenen Gremien aufgegeben (vgl. aber auch § 5 Abs. 1, hierzu § 5 Rdn. 4). Maßgeblich hierfür war zum einen die Überzeugung, dass sich die Trennung nach Arbeitern und Angestellten historisch überholt habe, zum anderen aber auch das Ziel, sowohl die Wahlen zum Betriebsrat als auch die betriebsratsinternen Wahlen zu vereinfachen (vgl. *Reg. Begr.* BT-Drucks. 14/5741, S. 24, 26, 27). Als Folge der Aufhebung des Gruppenprinzips hat das Gesetz die Regelung in § 27 Abs. 2 a. F. über die getrennte Wahl der Ausschussmitglieder nach Arbeitnehmergruppen ersatzlos gestrichen (vgl. *Reg. Begr.* BT-Drucks. 14/5741, S. 39 zu Nr. 23 Buchst. b). Der Regierungsentwurf sah darüber hinaus auch die Abschaffung des Verhältniswahlrechts und des Grundsatzes der geheimen Wahl sowie die Streichung der Sätze 4 und 5 des Abs. 1 vor (vgl. RegE, BT-Drucks. 14/5741, S. 10 zu Nr. 23

Buchst. a) bb) und cc)). Hieran wurde im Gesetzgebungsverfahren zu Recht erhebliche Kritik geübt (vgl. *Buchner* NZA 2001, 633 [636]; *Dütz* DB 2001, 1306 [1309]; *Hanau* RdA 2001, 64 [70]; *Löwisch* BB 2001, 726 ff.; von politischer Seite stieß die Änderung vor allem bei den Oppositionsfraktionen und bei der Fraktion *BÜNDNIS 90/DIE GRÜNEN* auf Kritik; vgl. den Antrag der Mitglieder der *CDU/CSU*-Fraktion Ausschuss-Drucks. 14/1564 sowie die Bewertung der endgültigen Fassung durch die Mitglieder der Fraktion *BÜNDNIS 90/DIE GRÜNEN*, beides wiedergegeben in dem Bericht des Ausschusses für Arbeits- und Sozialordnung BT-Drucks. 14/6352, S. 45, 57). Der Ausschuss für Arbeits- und Sozialordnung hat unter dem Eindruck dieser Kritik in seiner dem Bundestag zur Beschlussfassung vorgelegten und von diesem gebilligten Fassung des Gesetzentwurfes die Änderungen gestrichen und die Sätze 3 bis 5 des Abs. 1 in ihrer bisher geltenden Fassung wiederhergestellt (vgl. Beschlussfassung und Bericht des Ausschusses für Arbeits- und Sozialordnung BT-Drucks. 14/6352, S. 13, 58).

2. Anwendungsbereich

5 Die Vorschrift gilt mit Abweichungen entsprechend für den **Gesamtbetriebsrat** (§ 51 Abs. 1 und Abs. 2 Satz 3 bis 5) und den **Konzernbetriebsrat** (§ 59 Abs. 1). Sie gilt nicht für die **Jugend- und Auszubildendenvertretung** (vgl. § 65 Abs. 1), die **Gesamt-Jugend- und Auszubildendenvertretung** (vgl. § 73 Abs. 2) und die **Konzern-Jugend- und Auszubildendenvertretung** (vgl. § 73b Abs. 2). Sie findet im Wesentlichen auch keine Anwendung auf die **Bordvertretung** und den **Seebetriebsrat**, obwohl § 115 Abs. 4 und § 116 Abs. 3 die Vorschrift nicht ausdrücklich ausschließen. Da ein Betriebsausschuss jedoch erst bei mindestens neun Betriebsratsmitgliedern gebildet wird (§ 27 Abs. 1 Satz 1), Bordvertretung und Seebetriebsrat aber beide aus höchstens fünf Mitgliedern bestehen (§ 115 Abs. 2 Nr. 3, § 116 Abs. 2 Nr. 3), kommt für sie die Bildung eines Betriebsausschusses nicht in Betracht (ebenso *Fitting* § 27 Rn. 2; *Galperin/Löwisch* § 27 Rn. 5; **a. M.** *Brecht* § 27 Rn. 1). Dagegen ist die Übertragung der laufenden Geschäfte auf den Vorsitzenden der Bordvertretung bzw. des Seebetriebsrats nach § 115 Abs. 4, § 116 Abs. 3 i. V. m. § 27 Abs. 3 zulässig (ebenso *Fitting* § 27 Rn. 2).

6 Hinsichtlich der Geltung für **durch Tarifvertrag geschaffene Arbeitnehmervertretungen nach § 3** ist zu unterscheiden. Für eine anderweitige Vertretung der Arbeitnehmer nach § 3 Abs. 1 Nr. 1 bis 3 gilt § 27 entsprechend, weil eine solche Vertretung an die Stelle des Betriebsrats tritt und deshalb gem. § 3 Abs. 5 Satz 2 die Vorschriften über Rechte und Pflichten des Betriebsrats Anwendung finden (Reg. Begr. BT-Drucks. 14/5741, S. 35; s. *Franzen* § 3 Rdn. 61; *Kreft/WPK* § 27 Rn. 3; abw. *Wedde/DKKW* § 27 Rn. 2: anwendbar nur auf Vertretungen nach § 3 Abs. 1 Nr. 2, nicht auf solche nach § 3 Abs. 1 Nr. 1). Der Tarifvertrag kann jedoch Abweichendes bestimmen, um den Besonderheiten des Unternehmens oder Betriebes Rechnung zu tragen (ebenso *Kreft/WPK* § 27 Rn. 3; *Fitting* § 3 Rn. 5 [für Vertretungen nach § 3 Abs. 1 Nr. 2 und 3]; *Glock/HWGNRH* § 27 Rn. 7 [für Vertretungen nach § 3 Abs. 1 Nr. 2]). Dies ist zwar in § 3 nicht ausdrücklich bestimmt, ergibt sich aber aus dem Zweck der Norm, den Tarifvertragsparteien »weitreichende und flexible« Gestaltungsmöglichkeiten (Reg. Begr. BT-Drucks. 14/5741, S. 33) einzuräumen. Handelt es sich um eine **zusätzliche Vertretung der Arbeitnehmer** nach § 3 Abs. 1 Nr. 4 und 5, ist das Verhältnis von Gesetz und Tarifvertrag gerade umgekehrt. Hier findet § 27 grundsätzlich keine Anwendung, weil diese Gremien neben dem Betriebsrat bestehen und deshalb lediglich ergänzende Funktion haben (vgl. zur Rechtslage unter der Geltung des § 3 Abs. 1 a. F. *Wiese* 6. Aufl., § 27 Rn. 4). Der Tarifvertrag kann jedoch die Anwendung der Vorschrift ausdrücklich vorsehen (*Kreft/WPK* § 27 Rn. 3; einschränkend *Fitting* § 27 Rn. 3 [für Vertretungen nach § 3 Abs. 1 Nr. 4]).

7 In Bezug auf den kraft Gesetzes bestehenden Betriebsrat ist die Vorschrift **zwingend** und kann weder durch Tarifvertrag noch durch Betriebsvereinbarung abbedungen werden (ebenso *Fitting* § 27 Rn. 5, 10; *Galperin/Löwisch* § 27 Rn. 4; *Glock/HWGNRH* § 27 Rn. 7; zu § 27 Abs. 2 Satz 3 a. F. *BAG* 13.11.1991 EzA § 27 BetrVG 1972 Nr. 7 S. 7).

8 Zu den Parallelregelungen im **Personalvertretungsrecht** vgl. §§ 32, 33 BPersVG und für die **Sprecherausschüsse** § 11 Abs. 3 SprAuG. Zum **Europäischen Betriebsrat** kraft Gesetzes § 26, § 27 Abs. 2, § 30 Abs. 2 EBRG (hierzu *Oetker* Band I Anh. 2 EBRG), zum SE-Betriebsrat § 23 Abs. 4 SEBG, zum SCE-Betriebsrat § 23 Abs. 4 SCEBG.

II. Betriebsausschuss

1. Zweck

Schon § 27 BRG 1920 und § 28 BetrVG 1952 berücksichtigten, dass größere Betriebsräte die ihnen 9
vom Gesetzgeber zugewiesenen Aufgaben kaum ordnungsgemäß, vor allem nicht in angemessener
Zeit, erfüllen könnten, dürften sie nur als Plenum tätig werden. Demgemäß war dem Betriebsausschuss die Führung der laufenden Geschäfte zugewiesen. Nachdem die Mitgliederzahl der Betriebsräte insgesamt erhöht (vgl. § 9 BetrVG 1952 und § 9 n. F.) und ihr Aufgabenbereich erheblich
erweitert worden war, war die Neuregelung der Befugnisse des Betriebsausschusses im Interesse einer
Straffung der **Betriebsratsarbeit** (amtl. Begründung, BR-Drucks. 715/70, S. 39) unabweisbar. Sie
ist dadurch verwirklicht worden, dass der Betriebsrat dem Betriebsausschuss – zu anderen Ausschüssen
vgl. § 28 – neben der ihm kraft Gesetzes obliegenden Führung der laufenden Geschäfte weitere Aufgaben zur selbständigen Erledigung übertragen kann (§ 27 Abs. 2 Satz 2). Die Notwendigkeit, Aufgaben auf einen Ausschuss zu verlagern, kann sich z. B. bei der Mitbestimmung in personellen Angelegenheiten aus den vom Betriebsrat zu beachtenden Ausschlussfristen nach § 99 Abs. 3 Satz 2 und
§ 102 Abs. 2 Satz 2 ergeben, um eine rasche Beschlussfassung sicherzustellen. Aber auch in anderen
Fällen – z. B. bei der Behandlung von Beschwerden einzelner Arbeitnehmer nach § 85, denen keine
grundsätzliche Bedeutung zukommt – wäre es u. a. im Hinblick auf die Verpflichtung des Arbeitgebers
zur Entgeltfortzahlung (§ 37 Abs. 2) ein ungerechtfertigter Aufwand, wenn das Plenum des Betriebsrats mit der Angelegenheit befasst würde. Der Betriebsrat sollte daher sorgfältig prüfen, welche Angelegenheiten zu seiner Entlastung und zur Beschleunigung seiner Arbeit auf den Betriebsausschuss oder
andere Ausschüsse (§ 28) übertragen werden können und welche wegen ihrer grundsätzlichen Bedeutung dem Betriebsrat vorbehalten bleiben müssen.

2. Pflicht zur Bildung; Zeitpunkt

Das Gesetz schreibt den Betriebsausschuss für Betriebsräte ab einer Größe von mindestens neun Mit- 10
gliedern – in Betracht kommen also nur Betriebe mit in der Regel mehr als 200 Arbeitnehmern (vgl.
§ 9) – zwingend vor (»so bildet er einen Betriebsausschuss«). Der Betriebsrat ist also bei Vorliegen der
Voraussetzungen **verpflichtet**, einen Betriebsausschuss zu bilden (ebenso *Fitting* § 27 Rn. 7; *Kreft/
WPK* § 27 Rn. 1; *Reichold/HWK* § 27 BetrVG Rn. 2; *Richardi/Thüsing* § 27 Rn. 5). Kleinere Betriebsräte sind dagegen weder verpflichtet noch berechtigt, einen Betriebsausschuss zu bilden; sie können nur nach § 27 Abs. 3 die laufenden Geschäfte übertragen (vgl. Rdn. 85 ff.). Maßgebend für die
Feststellung der Mindestzahl von neun Mitgliedern ist nicht die gesetzlich vorgeschriebene Mitgliederzahl des Betriebsrats nach § 9, sondern die Zahl der gewählten Betriebsratsmitglieder (ebenso
Fitting § 27 Rn. 10a; *Glock/HWGNRH* § 27 Rn. 12; *Richardi/Thüsing* § 27 Rn. 5, 7). **Sinkt** während
der Amtszeit des Betriebsrats dessen **Mitgliederzahl** selbst nach Eintreten sämtlicher Ersatzmitglieder
unter neun, so führt dies allerdings nicht zur automatischen Beendigung des Amtes des Betriebsausschusses. Die Situation ist insofern anders als beim Gesamtbetriebsausschuss (hierzu *BAG* 16.03.2005
EzA § 51 BetrVG 2001 Nr. 2 unter B II 3a bb Rn. 32; s. *Kreutz/Franzen* § 51 Rdn. 38) und beim
Wirtschaftsausschuss (hierzu *BAG* 07.04.2004 AP Nr. 17 zu § 106 BetrVG 1972 = EzA § 106 BetrVG
2001 Nr. 1 unter B II 1). In diesem Falle ist nämlich der Betriebsrat nach § 13 Abs. 2 Nr. 2 neu zu
wählen. Ein Erlöschen des Amtes des Betriebsausschusses hätte zur Konsequenz, dass die laufenden
Geschäfte wieder vom Gesamtgremium wahrzunehmen wären, allerdings nur vorübergehend, weil
in der konstituierenden Sitzung des neu gewählten Betriebsrats erneut ein Betriebsausschuss zu wählen wäre. Dies erscheint unter dem Gesichtspunkt der Effizienz der Betriebsratsarbeit kaum sinnvoll.
Vielmehr entspricht es dem Zweck des § 27 eher, wenn der Betriebsausschuss für den Übergangszeitraum bestehen bleibt, solange der Betriebsrat noch im Amt ist (§ 21 Satz 5, § 22; ebenso *Fitting* § 27
Rn. 10a; *Glock/HWGNRH* § 27 Rn. 8, 12; *Kreft/WPK* § 27 Rn. 5; *Richardi/Thüsing* § 27 Rn. 5;
Wedde/DKKW § 27 Rn. 5).

Bildet der **Betriebsrat** entgegen § 27 Abs. 1 Satz 1 **keinen Betriebsausschuss**, so kann darin eine 11
grobe Verletzung seiner Pflichten liegen und gem. § 23 Abs. 1 die Auflösung des Betriebsrats gerechtfertigt sein (ebenso *ArbG Marburg/Lahn* 28.11.1958 ARSt. 1958/59,10 f. [Nr. 24]; *Fitting* § 27 Rn. 9;
Galperin/Löwisch § 27 Rn. 6; *Glock/HWGNRH* § 27 Rn. 10; *Richardi/Thüsing* § 27 Rn. 6; *Wedde/*

DKKW § 27 Rn. 3). Dafür ist nicht entscheidend, ob ein großer Betriebsrat zur Erleichterung seiner Arbeit den Betriebsausschuss unbedingt benötigt (so aber *Fitting* § 27 Rn. 9), weil diese Frage vom Gesetzgeber bereits entschieden worden ist. Es kommt vielmehr darauf an, ob der Betriebsrat ohne zwingenden Grund die Bildung unangemessen lange verzögert. Ebenso handeln einzelne Betriebsratsmitglieder pflichtwidrig, die ohne sachlichen Grund an der Wahl des Betriebsausschusses nicht teilnehmen.

12 Dagegen **kann** der **Arbeitgeber nicht** die **Zusammenarbeit mit** einem **Betriebsrat**, der **keinen Betriebsausschuss wählt, ablehnen** (ebenso *Fitting* § 27 Rn. 9; *Glock/HWGNRH* § 27 Rn. 11; *Nikisch* III, S. 137 Fn. 24; *Richardi/Thüsing* § 27 Rn. 6; *Wedde/DKKW* § 27 Rn. 3; **a. M.** *Bitzer* BUV 1972, 125 [127]). Erledigt der Betriebsrat als Plenum jedoch laufende Geschäfte, die vom Betriebsausschuss wahrzunehmen gewesen wären, so könnte man erwägen, dass der Arbeitgeber nur für die Anzahl von Betriebsratsmitgliedern, die der Mitgliederzahl des zu bildenden Betriebsausschusses entspricht, zur **Entgeltzahlung** nach **§ 37 Abs. 2** verpflichtet ist, weil in Bezug auf die übrigen Betriebsratsmitglieder die Arbeitsbefreiung nicht zur Durchführung ihrer Aufgaben erforderlich war (so *Dietz* § 28 Rn. 3; *Nikisch* III, S. 137). Diese Auffassung ist jedoch nicht praktikabel, da nicht bestimmbar ist, welchen Betriebsratsmitgliedern der Entgeltanspruch zustehen und welchen er versagt werden soll. Ebenso wenig wäre es gerechtfertigt, sämtlichen Betriebsratsmitgliedern den Entgeltanspruch ganz oder anteilmäßig zu versagen, wenn der Betriebsrat in voller Besetzung laufende Geschäfte erledigt. Die Wahrnehmung der laufenden Geschäfte gehört jedenfalls zu den Aufgaben des Betriebsrats, so dass im Grundsatz Betriebsratsmitglieder hierfür von ihren Arbeitsaufgaben unter Fortzahlung des Arbeitsentgelts freizustellen sind. Allein die Tatsache, dass durch die unterbliebene Bildung des Betriebsausschusses ein Mehraufwand entstanden ist, kann nicht zum vollständigen Verlust des Vergütungsanspruches führen, da die Kürzung des Arbeitsentgelts keine zulässige Sanktion für pflichtwidriges Verhalten des Betriebsrats ist. Aus diesen Gründen ist allen Betriebsratsmitgliedern das volle Arbeitsentgelt zu gewähren (ebenso *Fitting* § 27 Rn. 9; *Glock/HWGNRH* § 27 Rn. 10; *Viniol* Die beschließenden Ausschüsse der §§ 27, 28 BetrVG im Vergleich mit den beschließenden Ausschüssen des Kommunalrechts, S. 161 ff.; *Wedde/DKKW* § 27 Rn. 3; *Richardi/Thüsing* § 27 Rn. 6 [seit der 7. Aufl.]). Für den Arbeitgeber bleibt nur die Sanktion nach § 23 Abs. 1 (*Viniol* Die beschließenden Ausschüsse der §§ 27, 28 BetrVG im Vergleich mit den beschließenden Ausschüssen des Kommunalrechts, S. 164).

13 Der Gesetzgeber hat davon abgesehen, einen **Zeitpunkt** für die Bildung des Betriebsausschusses vorzuschreiben. Da die Anzahl der zu wählenden Betriebsratsmitglieder schon vor der Wahl des Betriebsrats und somit zugleich feststeht, ob ein Betriebsausschuss zu bilden ist, und zudem § 27 Abs. 1 Satz 1 dem Betriebsrat keine zeitliche Disposition einräumt, ist der Betriebsausschuss in dem frühestmöglichen Zeitpunkt zu bilden. Das ist nach Konstituierung des Betriebsrats in der konstituierenden Sitzung (vgl. § 29 Rdn. 6 ff.) der Fall (ebenso *Bitzer* BUV 1972, 125 [126]; *Hässler* Geschäftsführung des Betriebsrates, S. 19; *Glock/HWGNRH* § 27 Rn. 9, § 29 Rn. 6; *Reichold/HWK* § 27 BetrVG Rn. 3; einschränkend *Joost/*MünchArbR § 218 Rn. 10; *Wedde/DKKW* § 27 Rn. 6; für nur zweckmäßig halten das *Fitting* § 27 Rn. 8, § 29 Rn. 6, 21; *Galperin/Löwisch* § 29 Rn. 8 im Widerspruch zu § 27 Rn. 5; *Hueck/Nipperdey* II/2, S. 1189; *Nikisch* III, S. 137 Fn. 25; *Richardi/Thüsing* § 27 Rn. 9; *Stege/Weinspach/Schiefer* § 27 Rn. 2; für unzulässig hält die Bestellung in der konstituierenden Sitzung *Keßler* Der Betriebsratsausschuss, S. 17 ff.). Dem Streit kommt jedoch kaum praktische Bedeutung zu, denn wenn der Betriebsrat den Betriebsausschuss nicht in der konstituierenden, sondern erst in seiner ersten ordentlichen Sitzung wählt (vgl. Rdn. 17), handelt er mangels besonderer Umstände nicht grob pflichtwidrig i. S. d. § 23 Abs. 1.

3. Größe; Zusammensetzung

14 Die Größe des Betriebsausschusses ist – anders als bei den anderen Ausschüssen (s. § 28 Rdn. 31) – in § 27 Abs. 1 Satz 2 abschließend geregelt. Ihm gehören **kraft Amtes** stets der **Vorsitzende** des **Betriebsrats** und sein **Stellvertreter** an sowie zusätzlich bei 9 bis 15 Betriebsratsmitgliedern 3 **weitere Ausschussmitglieder**, bei 17 bis 23 Betriebsratsmitgliedern 5 weitere Ausschussmitglieder, bei 25 bis 35 Betriebsratsmitgliedern 7 weitere Ausschussmitglieder und bei 37 oder mehr Betriebsratsmitgliedern 9 weitere Ausschussmitglieder. Im Gegensatz zu § 9, der eine unbeschränkte Progression der Zahl

der Betriebsratsmitglieder entsprechend der Zahl der Arbeitnehmer des Betriebs kennt, besteht der Betriebsausschuss daher aus höchstens elf Mitgliedern. Maßgebend für die Berechnung ist die Zahl der gewählten Betriebsratsmitglieder, nicht die gesetzlich vorgeschriebene Mitgliederzahl (ebenso *Fitting* § 27 Rn. 10a; *Glock/HWGNRH* § 27 Rn. 12; *Kreft/WPK* § 27 Rn. 5; *Richardi/Thüsing* § 27 Rn. 7; *Wedde/DKKW* § 27 Rn. 5). **Sinkt die Mitgliederzahl** des Betriebsrats trotz Eintretens sämtlicher Ersatzmitglieder unter die gesetzlich vorgeschriebene Größe, so bleibt der Betriebsausschuss auch dann bis zum Ende der Amtszeit des Betriebsrats nach der erforderlichen Neuwahl (§ 13 Abs. 2 Nr. 2, § 21 Satz 5, § 22) unverändert bestehen, wenn die für die entsprechende Zahl von Ausschussmitgliedern erforderliche Betriebsratsgröße nicht mehr erreicht wird (vgl. Rdn. 10). Die weiteren Ausschussmitglieder werden vom Betriebsrat **aus seiner Mitte gewählt** (§ 27 Abs. 1 Satz 3; vgl. Rdn. 15 ff.), können also **nur Betriebsratsmitglieder** sein. Zu Ersatzmitgliedern vgl. Rdn. 38 ff.

4. Wahl der weiteren Ausschussmitglieder

a) Grundsätze

Zu wählen sind nur die **weiteren Ausschussmitglieder** i. S. d. § 27 Abs. 1 Satz 2, dagegen nicht der Vorsitzende des Betriebsrats und dessen Stellvertreter, die dem Betriebsausschuss kraft Amtes angehören. Die weiteren Ausschussmitglieder werden vom Betriebsrat aus seiner Mitte gewählt (§ 27 Abs. 1 Satz 3); **wählbar** sind deshalb **nur Betriebsratsmitglieder** (vgl. Rdn. 14). 15

Vorschriften über das Wahlverfahren enthalten § 27 Abs. 1 Sätze 3 und 4. Danach gilt zunächst der **Grundsatz der geheimen Wahl**. Werden mehrere Wahlvorschläge gemacht, erfolgt die Wahl nach den **Grundsätzen der Verhältniswahl**, ansonsten nach den Grundsätzen der Mehrheitswahl. Der Grundsatz der Verhältniswahl dient dem **Minderheitenschutz** (*BAG* 16.03.2005 AP Nr. 6 zu § 28 BetrVG 1972 = EzA § 28 BetrVG 2001 Nr. 2 unter B II 2b bb; *Buchner* NZA 2001, 633 [636]; *Hanau* RdA 2001, 64 [70]; *Löwisch* BB 2001, 726 ff.). Damit wird sichergestellt, dass in den Fällen, in denen der Betriebsrat aus Vertretern unterschiedlicher Interessengruppen besteht, die Interessengruppen auch im Betriebsausschuss adäquat vertreten sind, der Betriebsausschuss also ein verkleinertes Abbild des Betriebsrats darstellt (so treffend *BAG* 16.03.2005 EzA § 51 BetrVG 2001 Nr. 2 unter B II 3a cc (2) (aa) zur entsprechenden Situation beim Gesamtbetriebsausschuss). Stellen die Interessengruppen jeweils eigene Listen auf, so führt das Verhältniswahlrecht dazu, dass die Gruppen entsprechend ihrem Stimmenverhältnis in dem zu wählenden Gremium vertreten sind. Bei einem stringenten Mehrheitsprinzip könnte hingegen die Mehrheitsgruppe den Betriebsausschuss alleine mit ihren Vertretern besetzen, was insbesondere in den Fällen, in denen dem Betriebsausschuss Aufgaben zur selbständigen Erledigung übertragen werden, zu einer Ausschaltung der Minderheitsgruppe führen würde. Hieraus folgt zugleich, dass es sich bei § 27 Abs. 1 Satz 3 um **zwingendes Recht** handelt, das nicht durch Mehrheitsbeschluss abbedungen werden kann. Dies gilt auch für den Grundsatz der geheimen Wahl. 16

Abgesehen von § 27 Abs. 1 Satz 3 und 4 enthält das Gesetz keine näheren Vorschriften über die Durchführung der Wahl. Da der Gesetzgeber davon abgesehen hat, die Ermächtigungsnorm des § 126 zu ergänzen, können für das Wahlverfahren nach § 27 auch keine Regelungen durch Rechtsverordnung erlassen werden. Insbesondere ist die für die Betriebsratswahl geltende Wahlordnung nicht unmittelbar anwendbar. Der **Betriebsrat kann** aber selbst **Grundsätze für die Durchführung der Wahl aufstellen** (ebenso *Fitting* § 27 Rn. 12; *Glock/HWGNRH* § 27 Rn. 20). Der Betriebsrat ist dabei in der Gestaltung des Wahlverfahrens – in den Grenzen des zwingenden Rechts, vor allem der Grundsätze des § 27 Abs. 1 Satz 3 (s. Rdn. 16) – weitgehend frei. Hat der Betriebsrat keine Regelung getroffen, kommt eine **analoge Anwendung der Vorschriften der Wahlordnung** in Betracht. Sind die Wahlgrundsätze in der Geschäftsordnung nach § 36 enthalten, haben diese nur für die Dauer der Amtszeit des Betriebsrats Bedeutung (vgl. § 36 Rdn. 18) und werden auch dann nur für Nachwahlen praktisch, es sei denn, dass vor der erstmaligen Wahl die Fortgeltung der Geschäftsordnung des bisherigen Betriebsrats beschlossen wird, in der Regeln für die Wahl der weiteren Ausschussmitglieder enthalten sind (zur Bindung an zwingendes Gesetzesrecht vgl. § 36 Rdn. 12). Zum **Zeitpunkt** der **Wahl** vgl. Rdn. 13. Erfolgt sie nicht in der konstituierenden **Sitzung**, ist sie in der nächsten ordnungsgemäß ein- 17 berufenen Sitzung unter **Leitung** des **Betriebsratsvorsitzenden** durchzuführen. Entsprechend § 33 Abs. 2 ist die Wahl nur wirksam, wenn **mindestens die Hälfte der Betriebsratsmitglieder an der Wahl teilnimmt** (vgl. § 33 Rdn. 15; ebenso *Fitting* § 27 Rn. 16; *Galperin/Löwisch* § 27 Rn. 8, 18; *Glock/HWGNRH* § 27 Rn. 18; *Wedde/DKKW* § 27 Rn. 10). Da es sich bei der Wahl um einen organisatorischen Akt des Betriebsrats handelt, können sich auch die als weitere Ausschussmitglieder Nominierten hieran beteiligen (vgl. § 33 Rdn. 27). Zeitweilig verhinderte Betriebsratsmitglieder werden durch **Ersatzmitglieder** vertreten (§ 25 Abs. 1 Satz 2); diese können jedoch nicht in den Betriebsausschuss gewählt werden (vgl. Rdn. 39).

18 **Wahlvorschläge** (Vorschlagslisten) können von beliebigen einzelnen oder mehreren Betriebsratsmitgliedern gemeinsam gemacht werden, selbst wenn sie bei der Wahl in den Betriebsrat verschiedenen Listen angehört haben (ebenso *Fitting* § 27 Rn. 18; *Wedde/DKKW* § 27 Rn. 21 f.). Benannt werden können nur Betriebsratsmitglieder (Rdn. 14, 15). Auch kann sich ein Betriebsratsmitglied selbst vorschlagen. Bei zeitweiliger Verhinderung eines Betriebsratsmitglieds ist das vertretende Ersatzmitglied zu Wahlvorschlägen berechtigt, aber nicht wählbar (vgl. Rdn. 17). Eine Form ist für die Wahlvorschläge nicht vorgeschrieben, so dass diese in der Wahlsitzung auch mündlich gemacht werden können, aber in die Sitzungsniederschrift aufzunehmen sind (s. § 34 Rdn. 15). Wählbar ist nur, wer zur Wahl vorgeschlagen worden ist. Ein vorheriges Einverständnis zur Kandidatur ist nicht erforderlich (**a. M.** *Fitting* § 27 Rn. 20), da die Annahme der Wahl abgelehnt werden kann (s. Rdn. 23). Bei Mehrheitswahl muss der Wahlvorschlag (Liste) jedenfalls so viele Namen enthalten, wie weitere Ausschussmitglieder zu wählen sind, während die Wahlvorschläge (Listen) bei Verhältniswahl auch weniger Namen enthalten können. Zu viele Namen sind unschädlich, weil bei Mehrheitswahl die Sitzverteilung sich danach bestimmt, wer die meisten Stimmen erzielt hat und bei Verhältniswahl nach der Reihenfolge der Benennung auf der Liste (vgl. Rdn. 20, 21).

19 Nicht geregelt ist, ob die Wahl in einem oder mehreren **Wahlgängen** durchzuführen ist. Erfolgt die Wahl nach den Grundsätzen der Verhältniswahl, weil mehrere Wahlvorschläge eingereicht werden, so findet nur ein Wahlgang statt, da ansonsten der Minderheitenschutz unterlaufen würde (ebenso *Glock/HWGNRH* § 27 Rn. 26; *Kreft/WPK* § 27 Rn. 7). Wird dagegen nur ein Wahlvorschlag eingereicht, so ist zweifelhaft, ob in getrennten Wahlgängen über die einzelnen Mitglieder zu entscheiden ist oder ob die weiteren Mitglieder in einem einzigen Wahlgang durch Ankreuzen der auf einem Wahlvorschlag Benannten bestimmt werden. Das Gesetz lässt die Frage offen. Getrennte Wahlgänge mögen zu einem insgesamt anderen Gesamtergebnis führen als bei einem einzigen Wahlgang, weil bei feststehendem Ergebnis einzelner, getrennter Wahlgänge möglicherweise das Wahlverhalten hinsichtlich der Wahlbewerber der noch ausstehenden Wahlgänge beeinflusst wird, um eine personell besser abgestimmte Zusammensetzung des Betriebsausschusses zu gewährleisten. Da das Gesetz jedoch dieses Verfahren nicht vorschreibt, liegt es in der Entscheidungsfreiheit des Betriebsrats, ob er die weiteren Ausschussmitglieder in getrennten Wahlgängen oder in jeweils einem einzigen Wahlgang wählt (ebenso *Fitting* § 27 Rn. 25; *Kreft/WPK* § 27 Rn. 8; *Richardi/Thüsing* § 27 Rn. 15; *Wedde/DKKW* § 27 Rn. 9). Darüber hat der Betriebsrat vorweg zu beschließen.

20 Erfolgt die Wahl nach den Grundsätzen der **Mehrheitswahl** und findet nur **ein Wahlgang** statt, so hat jedes Betriebsratsmitglied **so viele Stimmen, wie** weitere **Ausschussmitglieder zu wählen** sind. Es kann daher auf dem Wahlvorschlag entsprechend viele, aber auch weniger Namen ankreuzen. Kreuzt es mehr an, ist seine Stimme ungültig (ebenso *Fitting* § 27 Rn. 27; *Wedde/DKKW* § 27 Rn. 9). Gewählt sind entsprechend § 22 Abs. 2 Satz 2 WO der Vorgeschlagenen mit der höchsten Stimmenzahl; es genügt also die **relative Mehrheit** (ebenso *Fitting* § 27 Rn. 25; *Richardi/Thüsing* § 27 Rn. 15; *Wedde/DKKW* § 27 Rn. 9). **Stimmengleichheit** ist unerheblich, solange noch genügend Sitze für die Gewählten zu vergeben sind. Entfällt dagegen bei Vergabe des letzten zur Verfügung stehenden Sitzes die gleiche Stimmenzahl auf mehr als zwei Bewerber, so muss das Stimmenpatt zugunsten eines Bewerbers aufgelöst werden. Der Betriebsrat kann im Rahmen der Regelung des Wahlverfahrens (s. Rdn. 17) selbst festlegen, auf welche Weise dies zu geschehen hat. So kann er beschließen, dass eine Stichwahl zwischen den Bewerbern mit derselben Stimmenzahl zu erfolgen hat (*Fitting* § 27 Rn. 27; *Wedde/DKKW* § 27 Rn. 10). Der Betriebsrat kann auch vorsehen, dass über die Vergabe des letzten Sitzes zwischen stimmengleichen Bewerbern (ohne vorherige Stichwahl oder wenn auch die Stichwahl kein Ergebnis bringt) das Los entscheiden soll. Das Los entscheidet schließlich, wenn der Be-

triebsrat keine Regelung getroffen hat (ebenso *Glock/HWGNRH* § 27 Rn. 19; *Kreft/WPK* § 27 Rn. 8; *Wedde/DKKW* § 27 Rn. 9; für die Wahl nach § 38 auch *BAG* 26.02.1987 AP Nr. 7 zu § 38 BetrVG 1972 Bl. 2 R f.). Ein gesetzlicher Vorrang der Stichwahl und damit die Unzulässigkeit des sofortigen Losentscheids lässt sich nicht begründen (abw. *Fitting* § 27 Rn. 26 f.). Da der Betriebsrat in der Gestaltung des Wahlverfahrens weitgehend frei ist, steht es in seinem Ermessen, ob er von der Möglichkeit der Stichwahl Gebrauch macht. Sieht er hiervon ab, so ist der Losentscheid das vom Gesetz für den Regelfall vorgesehene Instrument zur Auflösung eines Stimmenpatts (vgl. etwa § 22 Abs. 3 WO). Wird über jeden Sitz in einem **getrennten Wahlgang** abgestimmt, so hat jedes Betriebsratsmitglied in jedem Wahlgang eine Stimme. Gewählt ist das Betriebsratsmitglied, das in dem jeweiligen Wahlgang die meisten Stimmen erhält (relative Mehrheit). Bei **Stimmengleichheit** gelten im Wesentlichen dieselben Grundsätze wie bei einem gemeinsamen Wahlgang. Mangels abweichender Bestimmung durch den Betriebsrat entscheidet wiederum das Los (ebenso *Fitting* § 27 Rn. 26; *Glock/HWGNRH* § 27 Rn. 19). Der im Losentscheid Unterlegene kann für den nächsten Sitz wieder zur Wahl gestellt werden (zust. *Wedde/DKKW* § 27 Rn. 9). Die Möglichkeit einer erneuten Kandidatur besteht freilich nur solange, wie weitere Mitglieder in den Ausschuss zu wählen sind, also nicht im letzten Wahlgang. Hieraus ergibt sich jedoch wiederum nicht, dass bei Stimmengleichheit im letzten Wahlgang zunächst eine Stichwahl durchzuführen wäre (nicht ganz eindeutig insoweit *Fitting* § 27 Rn. 26). Der Betriebsrat kann dies vorsehen, muss es aber nicht. Trifft er keine Regelung, entscheidet daher sofort das Los.

Wird nach den Grundsätzen der **Verhältniswahl** gewählt (vgl. § 27 Abs. 1 Satz 3), so handelt es sich um eine **Listenwahl** (s. *Jacobs* § 14 Rdn. 35); sie erfolgt in einem **einzigen Wahlgang**. Voraussetzung der Verhältniswahl sind mehrere Wahlvorschläge (Listen). Entsprechend § 11 Abs. 1 Satz 1 WO kann das Betriebsratsmitglied seine Stimme nur einer von ihm nicht abänderbaren Liste geben, hat also nur eine Stimme (vgl. i. E. *Jacobs* § 14 Rdn. 35). Sofern der Betriebsrat kein anderes Verfahren beschließt, erfolgt die Sitzverteilung auf die Listen entsprechend § 15 WO nach dem d'Hondtschen System (Höchstzahlverfahren; ebenso *Fitting* § 27 Rn. 24 [seit 20. Aufl.]; *Kreft/WPK* § 27 Rn. 7; *Richardi/Thüsing* § 27 Rn. 14; *Wedde/DKKW* § 27 Rn. 21). Zur Ermittlung der auf die verschiedenen Listen entfallenden Sitze im Betriebsausschuss ist von der Gesamtzahl der auf die Listen entfallenden Stimmen auszugehen. Zur Ermittlung der Höchstzahlen ist die jeweilige Anzahl der Stimmen nacheinander durch 1, 2, 3, 4 usw. zu teilen, und zwar so lange, wie Höchstzahlen nach der Anzahl der zu verteilenden Sitze zu ermitteln sind. Die Sitze werden sodann in der Reihenfolge der errechneten Höchstzahlen verteilt. Gewählt sind so viele Bewerber, wie Sitze auf die Liste entfallen. Unter den Bewerbern einer Liste entscheidet die Reihenfolge der Benennung darüber, wer gewählt ist. **21**

Beispiel 1: Hat ein Betriebsrat 25 Mitglieder, so sind insgesamt 7 weitere Ausschussmitglieder zu wählen (§ 27 Abs. 1 Satz 2). Entfallen bei zwei kandidierenden Listen auf die Liste I 16 und auf die Liste II 9 Stimmen, so ergibt sich folgende Berechnung:

	Liste I	Liste II
:1	16	9
:2	8	$4^{1}/_{2}$
:3	$5^{1}/_{3}$	3
:4	4	$2^{1}/_{4}$
:5	$3^{1}/_{5}$	$1^{4}/_{5}$
:6	$2^{2}/_{3}$	$1^{1}/_{2}$

Die sieben Höchstzahlen sind 16, 9, 8, $5^{1}/_{3}$, $4^{1}/_{2}$, 4, $3^{1}/_{5}$. Damit erhält im Betriebsausschuss die Liste I 5, die Liste II 2 Sitze. Gewählt sind die Bewerber, die auf der Liste I die fünf ersten Plätze und auf der Liste II die ersten beiden Plätze einnehmen.

Ist die niedrigste noch zu berücksichtigende Höchstzahl auf mehreren Vorschlagslisten gleich hoch, entscheidet entsprechend § 15 Abs. 2 Satz 3 WO das Los, welcher Liste dieser Sitz zufällt (ebenso *Kreft/WPK* § 27 Rn. 7).

Beispiel 2: In demselben Betriebsrat kandidieren drei Listen für den Betriebsausschuss. Entfallen auf die Liste I 12, auf die Liste II 10 und auf die Liste III 3 Stimmen, so ergibt sich folgende Verteilung:

	Liste I	Liste II	Liste III
:1	12	10	3
:2	6	5	$1^1/_2$
:3	4	$3^1/_3$	1
:4	3	$2^1/_2$	$3/_4$

Die sechs ersten Höchstzahlen (12, 10, 6, 5, 4, $3^1/_3$) entfallen auf die Listen I und II, so dass von diesen Listen jede drei Betriebsratsmitglieder in den Betriebsausschuss entsendet. Die siebte Höchstzahl wird sowohl von der Liste I als auch von der Liste III erfüllt. Hier entscheidet das Los. Gewinnt dabei die Liste I, so geht die Liste III leer aus. Das Beispiel verdeutlicht, dass nicht jeder Minderheitengruppe gewährleistet ist, Mitglieder in den Betriebsausschuss zu entsenden.

22 Im Gegensatz zum bis zu der Novelle vom 20.12.1988 geltenden Recht (vgl. Rdn. 3) sind die weiteren Ausschussmitglieder in **geheimer Wahl** zu wählen (§ 27 Abs. 1 Satz 3). Das gilt nicht nur für die Verhältniswahl, sondern auch für die Mehrheitswahl, für die § 27 Abs. 1 Satz 4 lediglich von dem im vorhergehenden Satz geregelten Grundsatz der Verhältniswahl, nicht aber von dem der geheimen Wahl eine Ausnahme macht (ebenso *Fitting* § 27 Rn. 15). Der Grundsatz geheimer Wahl bedingt eine Durchführung, die gewährleistet, dass weder Betriebsratsmitglieder noch andere Personen (Arbeitgeber, sonstige Betriebsangehörige, aber auch Betriebsfremde) die Stimmabgabe individuellen Personen zuordnen können. Deshalb ist jedenfalls eine schriftliche Stimmabgabe unter Verwendung von Stimmzetteln erforderlich (ebenso *Fitting* § 27 Rn. 15; vgl. auch *Jacobs* § 14 Rdn. 12). Die Namen der zu Wählenden sollten zweckmäßigerweise vorab auf den Stimmzetteln aufgeführt und bei der Wahl nur angekreuzt werden (*Fitting* § 27 Rn. 15; *Wedde/DKKW* § 27 Rn. 10). Jedoch dürften mangels ausdrücklicher gesetzlicher Vorschriften keine Bedenken dagegen bestehen, dass die Namen der Gewählten von den Betriebsratsmitgliedern bei der Wahl mit Druckbuchstaben in die Stimmzettel eingetragen werden, solange die Geheimhaltung der Stimmabgabe gewährleistet ist. Unter der gleichen Voraussetzung ist es nicht erforderlich, dass Wahlumschläge, Wahlkabinen oder Wahlurnen verwendet werden. Für die Einhaltung der Grundsätze geheimer Wahl ist der Vorsitzende des Betriebsrats verantwortlich (zu den Rechtsfolgen eines Verstoßes s. Rdn. 25).

23 Die **Annahme** oder **Ablehnung** der **Wahl** erfolgt formlos gegenüber dem Vorsitzenden des Betriebsrats. Eine **Verpflichtung** zur **Übernahme** des **Amtes** besteht **nicht** (ebenso *Fitting* § 27 Rn. 44; *Galperin/Löwisch* § 27 Rn. 11; *Glock/HWGNRH* § 27 Rn. 27; *Richardi/Thüsing* § 27 Rn. 23). Da jedoch jedes Betriebsratsmitglied zur Mitarbeit im Betriebsrat verpflichtet ist, kann die willkürliche Ablehnung des Amtes und sonstiger Aufgaben des Betriebsrats im Wiederholungsfalle u. U. eine grobe Verletzung der gesetzlichen Pflichten i. S. d. § 23 Abs. 1 sein (vgl. auch Rdn. 29). Über die Wahl und deren Ergebnis ist eine **Niederschrift** aufzunehmen (§ 34 Abs. 1 Satz 1).

b) Mängel der Wahl

24 Die Wahl der weiteren Ausschussmitglieder kann an Mängeln leiden. Diese führen nur bei **ganz groben, offensichtlichen Rechtsverstößen** zur **Nichtigkeit** der Wahl, die **form-** und **fristlos** von **jedermann geltend gemacht** werden kann (vgl. § 26 Rdn. 15; *BAG* 11.02.1969 AP Nr. 1 zu § 28 BetrVG Bl. 1 R, 2 R; 13.11.1991 EzA § 27 BetrVG 1972 Nr. 7 S. 7 f.; 20.10.1993 AP Nr. 5 zu § 28 BetrVG 1972 Bl. 5 R; *Fitting* § 27 Rn. 96, 101; *Glock/HWGNRH* § 27 Rn. 28; *Richardi/Thüsing* § 27 Rn. 33; *Wedde/DKKW* § 27 Rn. 47). Das ist nach der bekannten Formel (s. § 26 Rdn. 15) anzunehmen, wenn nicht einmal der Anschein einer Wahl gewahrt, gegen demokratische Grundsätze oder die guten Sitten verstoßen wurde. Die Wahl ist auch nichtig, wenn zwar die Voraussetzungen des § 27 Abs. 1 Satz 1 nicht vorlagen, trotzdem aber ein Betriebsausschuss gewählt wurde (*BAG* 14.08.2013 EzA § 27 BetrVG 2001 Nr. 2 Rn. 11 ff.; *Fitting* § 27 Rn. 101). Schließlich ist die Nichtigkeit der Wahl jedenfalls dann gegeben, wenn die Mehrheit des Betriebsrats sich über den Minderheitenschutz nach § 27 Abs. 1 Satz 3 **willkürlich** hinweggesetzt. Keinesfalls ist die Wahl nichtig, wenn das Wahlverfahren in einer umstrittenen Rechtsfrage einer stark vertretenen Meinung in der Fachliteratur entspricht (vgl. *BAG* 13.11.1991 EzA § 27 BetrVG 1972 Nr. 7 S. 9).

25 Bei Vorliegen sonstiger, weniger schwer wiegender Rechtsverstöße ist die Wahl zwar nicht nichtig, kann aber **analog § 19 angefochten** werden (grdl. *BAG* 13.11.1991 EzA § 27 BetrVG 1972 Nr. 7

unter B II 1; st. Rspr., zuletzt 16.03.2005 EzA § 28 BetrVG 2001 Nr. 2 unter B II 4a bb; 16.11.2005 EzA § 28 BetrVG 2001 Nr. 3 unter B I 2; *Fitting* § 27 Rn. 96; *Glock/HWGNRH* § 27 Rn. 30; *Reichold/HWK* § 27 BetrVG Rn. 13; *Richardi/Thüsing* § 27 Rn. 34 ff.; *Wedde/DKKW* § 27 Rn. 48). Zwar stellt die Wahl der weiteren Ausschussmitglieder einen Akt der Geschäftsführung des Betriebsrats und damit keine Wahl i. S. d. § 19 dar, so dass die Vorschrift keine unmittelbare Anwendung finden kann. Dies schließt jedoch eine entsprechende Anwendung nicht aus. So besteht für eine Anfechtungsmöglichkeit auch bei betriebsratsinternen Wahlen ein Bedürfnis, weil ohne sie entweder jeder Rechtsverstoß zur Nichtigkeit führen oder weniger schwer wiegende Verfahrensfehler gänzlich sanktionslos bleiben müssten. Ersteres würde zu einer unerträglichen Rechtsunsicherheit führen und die Funktionsfähigkeit des Betriebsrats gefährden, die zweite Lösung würde die Verbindlichkeit der Verfahrensvorschriften in Frage stellen. Die Anfechtung hingegen ermöglicht einerseits die Geltendmachung von Mängeln, die nicht automatisch zur Nichtigkeit führen, beschränkt diese andererseits aber in zeitlicher und gegenständlicher Hinsicht, so dass die Wahl nach Ablauf einer gewissen Zeit bestandsfest ist und nicht mehr angegriffen werden kann, womit eine verlässliche Grundlage für die Tätigkeit des Betriebsrats geschaffen wird. Allerdings können nicht sämtliche Einzelheiten der Regelung des § 19 ohne Weiteres auf die Wahlen der Ausschussmitglieder übertragen werden. Vielmehr können sich Einschränkungen daraus ergeben, dass es sich um einen betriebsratsinternen Vorgang handelt (zutr. *BAG* 16.02.1973 AP Nr. 1 zu § 19 BetrVG 1972 Bl. 3 f.; 01.06.1976 AP Nr. 1 zu § 28 BetrVG 1972 Bl. 2 f.). Andererseits bestehen im Hinblick auf die Durchführung der Wahl vielfältige Parallelen zur Betriebsratswahl, so dass jedenfalls partiell eine entsprechende Anwendung des § 19 gerechtfertigt ist (vgl. auch § 26 Rdn. 16 ff. zur Anfechtung der Wahl des Betriebsratsvorsitzenden).

26 Entsprechende Anwendung findet zunächst der Grundsatz, dass über die Berechtigung der Verfahrensrügen im gerichtlichen Verfahren mit **rechtsgestaltender Wirkung** zu entscheiden ist. Bis zur Rechtskraft der Entscheidung bleiben daher die Ausschussmitglieder im Amt (*BAG* 13.11.1991 EzA § 27 BetrVG 1972 Nr. 7 unter B II 1b; 21.07.2004 EzA § 51 BetrVG 2001 Nr. 1 unter B I 1 [zum Gesamtbetriebsausschuss]; 16.11.2005 EzA § 28 BetrVG 2001 unter B I 1c; *Fitting* § 27 Rn. 100; *Richardi/Thüsing* § 27 Rn. 33; *Wedde/DKKW* § 27 Rn. 50; s. a. § 26 Rdn. 21). Ferner ist aus Gründen der Rechtssicherheit analog § 19 Abs. 2 Satz 2 von einer zweiwöchigen **Anfechtungsfrist** auszugehen (*BAG* 13.11.1991 EzA § 27 BetrVG 1972 Nr. 7 unter B II 2b; 16.11.2005 EzA § 28 BetrVG 2001 unter B I 3; *Fitting* § 27 Rn. 98; *Glock/HWGNRH* § 27 Rn. 30 i. V. m. § 26 Rn. 20; *Wedde/DKKW* § 27 Rn. 48; **a. M.** *Richardi/Thüsing* § 27 Rn. 37; vgl. auch § 26 Rdn. 18).

27 Bei der Bestimmung des Kreises der **Anfechtungsberechtigten** ist – wie bei der Anfechtung der Wahl des Betriebsratsvorsitzenden bzw. des Stellvertreters (s. hierzu § 26 Rdn. 19) – zu beachten, dass es sich bei der Wahl der Ausschussmitglieder um einen internen Organisationsakt des Betriebsrats handelt. Die Zubilligung einer Anfechtungsbefugnis darf daher nicht dazu führen, dass Dritte Einflussmöglichkeiten und Kontrollrechte erhalten, die mit der gesetzlichen Aufgabenverteilung unvereinbar sind und daher die Unabhängigkeit der Amtsführung des Betriebsrats in Frage stellen. Anfechtungsberechtigt ist zunächst jedes **einzelne Betriebsratsmitglied** (ebenso *BAG* 13.11.1991 EzA § 27 BetrVG 1972 Nr. 7 S. 10 unter B II 2b; 16.11.2005 EzA § 28 BetrVG 2001 Nr. 3 unter B I 2), da es durch einen Verstoß gegen Wahlvorschriften in seinem eigenen Wahlrecht tangiert wird. Dem **Betriebsrat** als solchem steht dagegen kein Anfechtungsrecht zu, weil er die Ausschussmitglieder abberufen kann (vgl. Rdn. 30; abw. zur früheren Rechtslage *Wiese* 6. Aufl., § 27 Rn. 38 m. w. N.). Der **Arbeitgeber** ist nur ausnahmsweise anfechtungsberechtigt, wenn der Betriebsrat entgegen § 27 Abs. 1 Satz 2 eine höhere Anzahl von Betriebsratsmitgliedern in den Betriebsausschuss gewählt hat, weil dies u. a. wegen der mit der Sitzungsteilnahme verbundenen zusätzlichen Kosten seine Rechtsstellung berührt (so zutr. *Fitting* § 27 Rn. 99a; ebenso *Kreft/WPK* § 27 Rn. 9). Im Übrigen ist der Arbeitgeber ebenso wenig anfechtungsbefugt wie die **Arbeitnehmer des Betriebs** (vgl. § 26 Rdn. 19; *Fitting* § 27 Rn. 99a; *Richardi/Thüsing* § 27 Rn. 35; *Wedde/DKKW* § 27 Rn. 49). Schließlich scheidet auch eine Anfechtung durch **eine im Betrieb vertretene Gewerkschaft** aus (vgl. zur Begründung § 26 Rdn. 19; ebenso *Glock/HWGNRH* § 27 Rn. 31; *Richardi/Thüsing* § 27 Rn. 36; **a. M.** *BAG* 11.02.1969 AP Nr. 1 zu § 28 BetrVG Bl. 1 R; *Fitting* § 27 Rn. 99; *Koch/ErfK* § 27 BetrVG Rn. 6; *Löwisch/LK* § 27 Rn. 26; *Wedde/DKKW* § 27 Rn. 49; differenzierend *Kreft/WPK* § 27 Rn. 9: Anfechtungsrecht nur bei Verhältniswahl, da es dann um Minderheitenschutz gehe, dessen sich auch die Gewerkschaft annehmen dürfe; einschränkend nur für ein Anfechtungsrecht hinsichtlich der

Wahl als solcher, nicht dagegen hinsichtlich interner Geschäftsführungsbeschlüsse im Zusammenhang mit der Wahl *BAG* 16.02.1973 AP Nr. 1 zu § 19 BetrVG 1972 Bl. 3 f. [Konstituierung des Betriebsausschusses im Hinblick auf die schon zuvor festgelegte Aufgabenverteilung für die zu bestimmenden Mitglieder des Betriebsausschusses]; *Wiese* 6. Aufl., § 27 Rn. 38). Dies gilt auch dann, wenn sich der Verstoß gegen Wahlvorschriften zu Lasten der Mitglieder einer Gewerkschaftsliste auswirkt, da die einzelnen Betriebsratsmitglieder von ihrem Anfechtungsrecht Gebrauch machen können. Eine eigene Anfechtungsbefugnis durch die Gewerkschaft könnte hingegen dazu führen, dass die Wahl ohne oder gar gegen den Willen der Betriebsratsmitglieder für ungültig erklärt wird. Dies wäre mit dem Grundsatz der Unabhängigkeit des Betriebsrats unvereinbar.

5. Ausscheiden von Ausschussmitgliedern

28 Der Betriebsausschuss wird für die Dauer der Amtszeit des Betriebsrats gebildet. Die **Mitgliedschaft** im Betriebsausschuss **endet** daher in jedem Falle mit der Amtszeit des Betriebsrats (§ 21) und der Auflösung des Betriebsrats (§ 23 Abs. 1 Satz 1). Sie endet ferner mit dem Erlöschen der Mitgliedschaft im Betriebsrat (§ 24), weil nur Betriebsratsmitglieder dem Betriebsausschuss angehören können (vgl. Rdn. 14, 15). Der Betriebsausschuss kann sich nicht selbst auflösen. **Der Vorsitzende** des **Betriebsrats** und sein **Stellvertreter**, die dem Betriebsausschuss kraft Amtes angehören, scheiden aus ihm auch aus, wenn sie ihre Ämter als Vorsitzender bzw. Stellvertreter verlieren (s. § 26 Rdn. 25 ff.).

29 **Weitere** (gewählte) **Ausschussmitglieder** – Entsprechendes gilt für Ersatzmitglieder (vgl. Rdn. 38 ff.) – sind grundsätzlich **nicht** zur **Übernahme** des **Amtes verpflichtet** und können es daher formlos ablehnen (vgl. Rdn. 23) oder **niederlegen** (ebenso *BAG* 16.03.2005 EzA § 28 BetrVG 2001 Nr. 2 unter B II 4b aa; *Fitting* § 27 Rn. 44; *Galperin/Löwisch* § 27 Rn. 26; *Glock/HWGNRH* § 27 Rn. 32; *Richardi/Thüsing* § 27 Rn. 23 f.; *Wedde/DKKW* § 27 Rn. 18). Jedoch kann die willkürliche Ablehnung oder Niederlegung des Amtes u. U. eine grobe Verletzung der gesetzlichen Pflichten i. S. d. § 23 Abs. 1 sein (vgl. Rdn. 23).

30 **Weitere Ausschussmitglieder** können außerdem jederzeit aus dem Betriebsausschuss **abberufen** werden (ebenso *Fitting* § 27 Rn. 45; *Galperin/Löwisch* § 27 Rn. 26; *Glock/HWGNRH* § 27 Rn. 33; *Richardi/Thüsing* § 27 Rn. 25; *Wedde/DKKW* § 27 Rn. 14). Die Abberufung beschränkt sich in der Regel auf das einzelne Ausschussmitglied; eine Abberufung aller Ausschussmitglieder ist nicht erforderlich, jedoch zulässig, wenn der Betriebsrat es für geboten hält. Die Abberufung erfolgt durch den Betriebsrat als das Gremium, das für deren Wahl zuständig war. Der Betriebsausschuss selbst kann nicht einzelnen seiner Mitglieder das Vertrauen entziehen und sie aus dem Betriebsausschuss ausschließen. Der **Beschluss über** die **Abberufung** erfolgt in einer **Sitzung** des **Betriebsrats** unter Leitung seines Vorsitzenden. An der **Abstimmung** muss die **Hälfte** der **Betriebsratsmitglieder** (§ 33 Abs. 2) teilnehmen. Das betroffene Ausschussmitglied ist **stimmberechtigt**, weil es sich um einen Akt der Geschäftsführung des Betriebsrats handelt (s. § 33 Rdn. 27; ebenso *Fitting* § 27 Rn. 45; *Glock/HWGNRH* § 33 Rn. 30; *Keßler* Der Betriebsratsausschuss, S. 43 f.; *Richardi/Thüsing* § 27 Rn. 29; *Wedde/DKKW* § 27 Rn. 15; **a. M.** *Galperin/Löwisch* § 27 Rn. 26).

31 Sind die weiteren Ausschussmitglieder nach den Grundsätzen der **Verhältniswahl** gewählt worden, so bedarf der Beschluss des Betriebsrats über ihre Abberufung einer Mehrheit von drei Vierteln der Stimmen seiner Mitglieder (§ 27 Abs. 1 Satz 5). Durch das hohe Quorum soll verhindert werden, dass ein der Minderheit im Betriebsrat angehörendes Mitglied, das nach den Grundsätzen der Verhältniswahl in den Betriebsausschuss gewählt wurde, mit einfacher Stimmenmehrheit der Betriebsratsmitglieder wieder abberufen werden kann (vgl. BT-Drucks. 11/2503, S. 33; *BAG* 29.04.1992 EzA § 38 BetrVG 1972 Nr. 13 S. 7; 28.10.1992 EzA § 38 BetrVG 1972 Nr. 14 S. 6; vgl. auch *Weber* § 38 Rdn. 81). Dadurch könnte der vom Gesetzgeber gewollte Minderheitenschutz umgangen werden. Die qualifizierte Mehrheit dient dagegen nicht dazu, die persönliche Rechtsstellung und Unabhängigkeit der Gewählten gegenüber dem Betriebsrat abzusichern, weil das dann für alle Betriebsratsmitglieder ohne Rücksicht auf den Wahlmodus einheitlich gelten müsste (vgl. *BAG* 28.10.1992 EzA § 38 BetrVG 1972 Nr. 14 S. 6; *LAG* Berlin 12.05.1995 LAGE § 38 BetrVG 1972 Nr. 7 S. 2 f.). Zur Abberufung in Verbindung mit einer Neuwahl vgl. Rdn. 35.

Maßgebend für die qualifizierte Mehrheit von drei Vierteln der Stimmen der Mitglieder des Betriebs- 32
rats ist die **gesetzliche Mitgliederzahl** und nicht die Zahl der anwesenden oder an der Beschlussfassung teilnehmenden Betriebsratsmitglieder (vgl. auch § 33 Rdn. 33). Die gesetzliche Mitgliederzahl des Betriebsrats ergibt sich aus § 9, gegebenenfalls aus § 11. Eine **Ausnahme** gilt, wenn nach Eintreten sämtlicher Ersatzmitglieder (§ 25 Abs. 1 Satz 1) die Gesamtzahl der Betriebsratsmitglieder unter die vorgeschriebene Zahl gesunken ist. In diesem Fall ist für die erforderliche Stimmenmehrheit bis zur Bekanntgabe des Ergebnisses der nach § 13 Abs. 2 Nr. 2 erforderlichen Neuwahl des Betriebsrats, also solange der alte Betriebsrat das Amt fortführt (§ 22), die **Iststärke** des Betriebsrats maßgebend (vgl. auch § 33 Rdn. 14). Zur **Errechnung** der **Stimmenmehrheit** ist die maßgebende Mitgliederzahl des Betriebsrats mit drei zu multiplizieren und das Ergebnis durch vier zu teilen. Ergibt das einen Bruch, ist dieser auf die nächst höhere ganze Zahl aufzurunden. Bei einem aus 19 Mitgliedern bestehenden Betriebsrat müssen daher 15 Mitglieder für die Abberufung stimmen.

Sind die weiteren Ausschussmitglieder nach den Grundsätzen der **Mehrheitswahl** gewählt worden (s. 33
§ 27 Abs. 1 Satz 4), so genügt für die Abberufung die **einfache Stimmenmehrheit** der Mitglieder des Betriebsrats (ebenso *Fitting* § 27 Rn. 48; *Wedde/DKKW* § 27 Rn. 16). Voraussetzung ist aber auch hier die Beschlussfähigkeit des Betriebsrats (s. Rdn. 30). Für die Berechnung der Stimmenmehrheit gilt § 33 Abs. 1 (hierzu § 33 Rdn. 29 ff.). Im obigen Beispiel (Rdn. 32) eines aus 19 Mitgliedern bestehenden Betriebsrats müssen daher mindestens 10 Mitglieder an der Abstimmung teilnehmen und 6 der Abberufung zustimmen. Die Regelung erscheint bedenklich, weil sie eine einvernehmliche Mehrheitswahl verhindern kann, wenn Minderheitsvertreter befürchten müssen, jederzeit mit einfacher Mehrheit wieder aus dem Betriebsausschuss abberufen zu werden.

Nach dem eindeutigen Wortlaut des § 27 Abs. 1 Satz 5 bedarf die Abberufung nur dann einer **gehei-** 34
men Abstimmung, wenn die weiteren Ausschussmitglieder nach den Grundsätzen der Verhältniswahl gewählt worden sind. Hieraus folgt im Umkehrschluss, dass in den Fällen, in denen die Wahl nach den Grundsätzen der Mehrheitswahl erfolgt ist, die Abberufung auch durch offene Abstimmung zulässig ist (ebenso *Fitting* § 27 Rn. 50). Diese Differenzierung ist weder einleuchtend noch sachgerecht, zumal die Wahl unabhängig von dem Abstimmungsmodus stets geheim ist (vgl. Rdn. 22). Der Betriebsrat hat aber die Möglichkeit, vor der Abstimmung die geheime Abstimmung zu beschließen (ebenso *Fitting* § 27 Rn. 50; *Richardi/Thüsing* § 27 Rn. 27; vgl. auch § 33 Rdn. 37) oder sie generell in der Geschäftsordnung anzuordnen.

Die Abberufung kann auch **anlässlich der Neuwahl** geschehen (*BAG* 13.11.1991 EzA § 27 BetrVG 35
1972 Nr. 7 S. 10 f.). Eine Neuwahl ohne Abberufung der früher wirksam gewählten Ausschussmitglieder ist nichtig. Hat vor der Neuwahl keine gesonderte Abberufung stattgefunden, so unterliegt die Neuwahl den besonderen Mehrheitserfordernissen des § 27 Abs. 1 Satz 5. Die Wahl der neuen Ausschussmitglieder muss demnach mit der für eine Abberufung erforderlichen Stimmenmehrheit (s. Rdn. 31 ff.) erfolgen, d. h. bei Verhältniswahl nach § 27 Abs. 1 Satz 5 mit einer Mehrheit von drei Vierteln der Stimmen der Betriebsratsmitglieder (*BAG* 13.11.1991 EzA § 27 BetrVG 1972 Nr. 7 S. 4, 10 ff.; *Fitting* § 27 Rn. 51; **a. M.** derselbe Senat 29.04.1992 EzA § 38 BetrVG 1972 Nr. 13 S. 7 f., zur gleichgelagerten Problematik der Abberufung freigestellter Betriebsratsmitglieder s. *Weber* § 38 Rdn. 81). Eine Ausnahme vom Erfordernis der qualifizierten Mehrheit gilt nur, wenn die Neuwahl nicht auf einem Willensentschluss des Betriebsrats beruht, sondern aufgrund bestimmter Umstände alle Mitglieder des Betriebsausschusses neu zu wählen sind (so zutr. für die Neuwahl freizustellender Betriebsratsmitglieder *BAG* 20.04.2005 EzA § 38 BetrVG 2001 Nr. 3 unter B II 1; zu den Fällen erforderlicher Neuwahl bei § 27 s. Rdn. 50; noch weiter gehend *LAG Niedersachsen* 12.12.2005 – 5 TaBV 16/05 – juris, Rn. 70 f. [Neuwahl freizustellender Betriebsratsmitglieder jederzeit ohne Abberufung zulässig]). Ansonsten hätte eine Sperrminorität die Möglichkeit, die ordnungsgemäße Besetzung des Ausschusses zu verhindern.

Nach überwiegender Ansicht bedarf die Abberufung **keiner Begründung** (so – jeweils für die Paral- 36
lelproblematik der Abberufung des freigestellten Betriebsratsmitglieds nach § 38 Abs. 2 Satz 8 – *LAG Hamburg* 07.08.2012 – 2 TaBV 2/12 – juris, Rn. 31 ff.; *Fitting* § 38 Rn. 74; *Kreft/WPK* § 38 Rn. 33). Der Betriebsrat sei weder verpflichtet, dem abberufenen Mitglied Gründe zu benennen, noch müssten solche Gründe in der Einladung zu der entsprechenden Sitzung angegeben werden, da eine Begründungspflicht dem Charakter der geheimen Abstimmung widerspreche (*LAG Hamburg* 07.08.2012 – 2

TaBV 2/12 – juris, Rn. 31 ff.). Richtig ist, dass sich die subjektiven Beweggründe der Betriebsratsmitglieder, die an der geheimen Abstimmung teilgenommen haben, nicht feststellen lassen. Dies schließt es freilich nicht aus zu verlangen, dass es überhaupt objektive Gründe gibt, die eine Abberufung sachlich rechtfertigen können. Diese wären dann ggf. von dem Betriebsrat in einem von dem ausgeschlossenen Mitglied angestrengten Verfahren vorzubringen. Dennoch ist der genannten Ansicht zuzustimmen. Genauso wenig wie ein Recht auf eine nach objektiven Kriterien gerechtfertigte Auswahl der in den Ausschuss zu wählenden Mitglieder besteht, kann es einen entsprechenden Schutz vor einer sachlich nicht gerechtfertigten Abberufung geben. Eine Willkürkontrolle bei der Abberufung müsste dagegen zwingend eine – im Gesetz nicht vorgesehene – Willkürkontrolle der Wahl selbst zur Folge haben. Das eigentliche **Problem** liegt denn auch weniger in der (sachgrundlosen) Abberufung, sondern in dem **Verfahren der Nachwahl**. Kann diese nämlich auch in den Fällen, in denen die Ausschussmitglieder nach den Grundsätzen der Verhältniswahl bestimmt worden sind, nach den Grundsätzen der Mehrheitswahl erfolgen, wenn die Vorschlagsliste, der das abberufene Mitglied angehörte, erschöpft ist (so die h. M., s. Rdn. 47), so könnte eine qualifizierte Mehrheit erst ein Mitglied der Minderheitengruppe abberufen und anschließend mit ihren Stimmen ein Mitglied der Mehrheitsgruppe in den Ausschuss wählen, so dass im Extremfall nur noch Mitglieder der Mehrheitsgruppe im Ausschuss vertreten sind (so in dem Sachverhalt *LAG Hamburg* 07.08.2012 – 2 TaBV 2/12). Verlangt man dagegen bei Abberufung eines im Wege der Verhältniswahl gewählten Mitglieds stets eine Neuwahl aller Ausschussmitglieder (s. Rdn. 50), ist ein Missbrauch des Abberufungsrechts ausgeschlossen.

37 Sowohl die Niederlegung des Amtes durch das Ausschussmitglied als auch dessen Abberufung führen für sich genommen lediglich zur **Beendigung der Mitgliedschaft im Ausschuss**, berühren dagegen nicht das Amt als Betriebsratsmitglied. Das Mitglied scheidet daher nicht gleichzeitig aus dem Betriebsrat aus, es sei denn, dass der Betreffende beide Ämter niederlegen will. Wegen **grober Verletzung** seiner, mit der Mitgliedschaft im Ausschuss verbundenen **Pflichten** kann ein Ausschussmitglied nach § 23 Abs. 1 Satz 1 **aus dem Betriebsrat ausgeschlossen** werden (vgl. *BAG* 11.02.1969 AP Nr. 1 zu § 28 BetrVG Bl. 2 R). Damit scheidet es zugleich aus dem Betriebsausschuss aus. Dagegen kann es nicht in entsprechender Anwendung des § 23 Abs. 1 Satz 1 nur aus dem Betriebsausschuss ausgeschlossen werden (ebenso *Fitting* § 27 Rn. 53; *Galperin/Löwisch* § 27 Rn. 28; *Richardi/Thüsing* § 27 Rn. 26; *Wedde/DKKW* § 27 Rn. 17).

6. Ersetzung von Ausschussmitgliedern

a) Grundsätze

aa) Regelungslücke

38 Das Gesetz schreibt in § 27 Abs. 1 Satz 2 für den Betriebsausschuss – ebenso wie für den Betriebsrat – eine bestimmte Mitgliederzahl vor. Es trifft aber keine Vorsorge dafür, dass der Ausschuss stets über die vorgeschriebene Zahl von Mitgliedern verfügt. Eine Untersetzung droht zum einen, wenn Mitglieder des Ausschusses vorübergehend verhindert sind, zum anderen, wenn sie endgültig aus dem Ausschuss ausscheiden, etwa weil ihre Mitgliedschaft im Betriebsrat endet oder weil sie ihr Amt im Ausschuss niederlegen (s. Rdn. 28, 29). § 27 enthält im Gegensatz zu § 25 Abs. 2 keine Vorschriften darüber, wie ausgeschiedene oder verhinderte Ausschussmitglieder zu ersetzen sind. Anders als in § 47 Abs. 2, § 51 Abs. 1 Satz 1 nimmt das Gesetz auch nicht ausdrücklich den Betriebsrat zur Sicherstellung der Arbeitsfähigkeit des Ausschusses in die Verantwortung. Jedoch ist der **Betriebsrat** auch ohne konkrete gesetzliche Anordnung **verpflichtet**, die in § 27 Abs. 1 Satz 2 vorgeschriebene **Mitgliederzahl** des **Betriebsausschusses zu erhalten**, da dieser sich nicht selbst ergänzen kann (ebenso *BAG* 16.03.2005 EzA § 51 BetrVG 2001 Nr. 2 unter B II 3a bb zur vergleichbaren Problematik der Ergänzung des Gesamtbetriebsausschusses bei Vergrößerung des Gesamtbetriebsrats). Lediglich im Falle des Ausscheidens des **Betriebsratsvorsitzenden** oder seines **Stellvertreters** (vgl. Rdn. 28) sind keine besonderen Maßnahmen in Bezug auf deren Nachfolge im Betriebsausschuss erforderlich (s. Rdn. 41). Einer Regelung bedarf es jedoch in Bezug auf die weiteren Mitglieder des Ausschusses sowie für die Fälle der vorübergehenden Verhinderung des Betriebsratsvorsitzenden bzw. von dessen Stellvertreter. Auf welche Weise der Betriebsrat gewährleistet, dass die Zusammensetzung des Betriebsausschusses der zwingenden gesetzlichen Regelung entspricht, ist mangels gesetzlicher Vorgaben

weitgehend seiner autonomen Entscheidung überlassen. Der Betriebsrat kann daher entweder schon bei der Wahl der Ausschussmitglieder vorsorglich für den Fall ihres Ausscheidens Ersatzmitglieder wählen (s. Rdn. 42 ff.) oder erst beim Ausscheiden eines Ausschussmitglieds den Betriebsausschuss ergänzen (s. Rdn. 47 ff.).

Die ordnungsgemäße Besetzung des Betriebsausschusses wird **nicht bereits durch die Regelung in § 25 über das Nachrücken von Ersatzmitgliedern für ausscheidende Betriebsratsmitglieder** sichergestellt. Die Ersatzmitglieder rücken für die ausgeschiedenen Betriebsratsmitglieder nur in dieser Eigenschaft nach. Gleiches gilt im Falle der Vertretung eines verhinderten Betriebsratsmitgliedes. Die Ersatzmitglieder werden damit nicht gleichzeitig zu Mitgliedern des Ausschusses. Bei zeitweiliger Verhinderung des Betriebsratsmitglieds nach § 25 Abs. 1 Satz 2 scheidet eine Vertretung im Betriebsausschuss durch das Ersatzmitglied schon deshalb aus, weil die Ausschussmitglieder Betriebsratsmitglieder sein müssen (s. Rdn. 14, 15), die Ersatzmitglieder aber im Rahmen der Stellvertretung nicht zu Mitgliedern des Betriebsrats werden (s. *Oetker* § 25 Rdn. 71; ebenso *Fitting* § 27 Rn. 13; *Galperin/Löwisch* § 27 Rn. 10; *Glock/HWGNRH* § 27 Rn. 13; *Wedde/DKKW* § 27 Rn. 11; **a. M.** *Richardi/Thüsing* § 27 Rn. 18). Aber auch beim Ausscheiden eines Mitglieds aus dem Betriebsrat nach § 25 Abs. 1 Satz 1 rückt das Ersatzmitglied nicht automatisch zugleich in die Rechtsstellung des ausgeschiedenen Betriebsratsmitglieds als Ausschussmitglied ein (ebenso *Fitting* § 27 Rn. 13, 22, 29; *Galperin/Löwisch* § 27 Rn. 9; *Glock/HWGNRH* § 27 Rn. 14; *Richardi/Thüsing* § 27 Rn. 17; *Wedde/DKKW* § 27 Rn. 11; vgl. auch *Oetker* § 25 Rdn. 70), weil die Mitgliedschaft im Ausschuss zusätzlich der besonderen Legitimation durch eine Wahl des Betriebsrats bedarf. Der Betriebsrat kann allerdings bei der Bildung des Betriebsausschusses bestimmen, dass beim Ausscheiden eines Betriebsrats- und Ausschussmitglieds das nach § 25 Abs. 1 Satz 1 nachrückende Ersatzmitglied auch Ausschussmitglied wird, sofern dabei der Minderheitenschutz beachtet wird (vgl. Rdn. 42 f.; zust. *Fitting* § 27 Rn. 22; *Wedde/DKKW* § 27 Rn. 23 f.).

bb) Ersetzung der »weiteren Ausschussmitglieder«
Für die **vorsorgliche oder spätere Ergänzung des Betriebsausschusses** ist die Vorschrift des § 27 in gleicher Weise zwingend wie für die erstmalige Wahl der weiteren Ausschussmitglieder. Für das Wahlverfahren gelten daher in beiden Fällen die **Grundsätze der geheimen Wahl und der Verhältniswahl** (s. i. E. Rdn. 15 ff.). Durch die Wahlen zur Ergänzung des Betriebsausschusses darf insbesondere der mit dem Grundsatz der Verhältniswahl verbundene Minderheitenschutz nicht nachträglich ausgehebelt werden. Erfolgte die Bestimmung der Mitglieder des Betriebsausschusses nach § 27 Abs. 1 Satz 3 im Wege der Verhältniswahl, so wäre es etwa unzulässig, wenn der Betriebsrat (mit einfacher Mehrheit) beschließen würde, dass im Falle des Ausscheidens eines Ausschussmitgliedes das nachrückende Betriebsratsmitglied nach den Grundsätzen der Mehrheitswahl zu bestimmen ist. Aber auch eine **isolierte Nachwahl einzelner Ausschussmitglieder** im Wege der Verhältniswahl kann dazu führen, dass der Minderheitenschutz unterlaufen wird (vgl. auch *BAG* 16.03.2005 EzA § 51 BetrVG 2001 Nr. 2 unter B II 3a cc (2) (aa) zum Gesamtbetriebsausschuss). Gehörte das ausgeschiedene Ausschussmitglied einer Minderheitengruppe an, so hätte diese bei einer Nachwahl einzelner Mitglieder im Wege der Verhältniswahl kaum eine Chance, einen ihrer Kandidaten durchzusetzen. An die Stelle des Vertreters der Minderheitengruppe träte dann ein Vertreter der Betriebsratsmehrheit. In bestimmten Fällen kann daher der Minderheitenschutz nur durch Neuwahl sämtlicher Betriebsratsmitglieder sichergestellt werden (vgl. auch *BAG* 16.03.2005 EzA § 28 BetrVG 2001 Nr. 2 unter B II 3a [Neuwahl bei Erweiterung eines Ausschusses nach § 28 um ein weiteres Mitglied]; 16.03.2005 EzA § 51 BetrVG 2001 Nr. 2 unter B II 3a cc (2) (aa) [Neuwahl bei Vergrößerung der Zahl der Mitglieder des Gesamtbetriebsausschusses]; 20.04.2005 EzA § 38 BetrVG 2001 Nr. 3 [Neuwahl bei Erhöhung der Anzahl freizustellender Betriebsratsmitglieder]). Demgegenüber wird eingewandt, dass im Falle einer erforderlich werdenden Nachwahl, also wenn der Betriebsrat nicht bereits vorsorglich Ersatzmitglieder bestimmt hat, der Minderheitenschutz im Interesse der Arbeitsfähigkeit des Ausschusses und einer effektiven Betriebsratsarbeit zurücktreten müsse. Eine isolierte Nachwahl (im Wege der Verhältnis- oder der Mehrheitswahl) müsse folglich auch dann möglich sein, wenn dies dazu führe, dass der Ausschuss die Mehrheitsverhältnisse im Betriebsrat nicht mehr genau abbilde (*LAG Niedersachsen* 05.09.2007 – 15 TaBV 3/07 – juris, Rn. 29; *Dänzer-Vanotti* AuR 1989, 204 [208]; *Fitting* § 27 Rn. 39; *Reichold/HWK* § 27 BetrVG Rn. 6; *Richardi/Thüsing* § 27 Rn. 31 [in gewissem

Widerspruch zu § 27 Rn. 17]; wohl auch *Wedde/DKKW* § 27 Rn. 24). Dabei wird jedoch zumeist **nicht hinreichend zwischen den Fällen des Ausscheidens und der zeitweiligen Verhinderung unterschieden.** Bei einer zeitweiligen Verhinderung wäre eine Neuwahl des gesamten Ausschusses, ja mitunter selbst eine isolierte Nachwahl eine »unverhältnismäßige Wahlprozedur« (so *Reichold/HWK* § 27 BetrVG Rn. 6) und auch im Interesse des Minderheitenschutzes nicht zu rechtfertigen. Da die Wahl nur im Rahmen einer Betriebsratssitzung erfolgen könnte, eine Verhinderung aber vielfach kurzfristig auftritt und nicht vorhersehbar ist, könnte dies Entscheidungsprozesse erheblich verzögern, da der Ausschuss bis zur Nachwahl an der Erledigung seiner Aufgaben gehindert wäre. Hier muss folglich – sofern der Betriebsrat nicht selbst Vorsorge getroffen hat – nach einer Lösung gesucht werden, welche die Funktionsfähigkeit des Ausschusses möglichst ohne Unterbrechungen gewährleistet, auch wenn hierdurch der Ausschuss nicht die Mehrheitsverhältnisse im Betriebsrat abbildet. Dass der Minderheitenschutz im Falle der Verhinderung gegenüber der Sicherung der Arbeitsfähigkeit des Ausschusses zurückzutreten hat, erscheint auch deshalb gerechtfertigt, weil es nur um eine vorübergehende Vertretung des Ausschussmitglieds geht, die Situation insofern also nicht mit der, auf die Dauer der Amtszeit des Betriebsrats angelegten (s. Rdn. 28), Wahl der Ausschussmitglieder nach § 27 Abs. 1 Satz 3 vergleichbar ist. Im Falle des endgültigen Ausscheidens eines Mitglieds rückt das neue Mitglied dagegen dauerhaft bis zum Ende der Amtszeit in den Ausschuss nach. Hier steht die Nachwahl also der erstmaligen Wahl nach § 27 Abs. 1 Satz 3 gleich, so dass für die Wahl im Ausgangspunkt dieselben Grundsätze gelten müssen. Zudem dürften die praktischen Schwierigkeiten deutlich geringer sein, weil ein Ausscheiden seltener vorkommt und meistens nicht so kurzfristig eintritt, dass der Betriebsrat gehindert ist, rechtzeitig ein neues Mitglied zu wählen.

cc) Ersetzung des Vorsitzenden und des Stellvertreters

41 Die vorstehenden Grundsätze beziehen sich auf die vom Betriebsrat gewählten weiteren Ausschussmitglieder, nicht dagegen auf den **Vorsitzenden des Betriebsrats** und **dessen Stellvertreter**. Diese gehören dem Ausschuss kraft Amtes an. Im Falle des **Ausscheidens aus dem Amt** sind der Vorsitzende des Betriebsrats bzw. der Stellvertreter in dieser Funktion nach § 26 Abs. 1 neu zu wählen. Die Nachfolger im Amt rücken dann kraft Gesetzes zugleich in das Amt als Mitglieder des Betriebsausschusses nach (§ 27 Abs. 1 Satz 2). Wird ein Betriebsratsmitglied, das bisher als weiteres Mitglied dem Ausschuss angehörte, zum Vorsitzenden oder zum Stellvertreter gewählt, so gelten für dessen Nachfolge die für die Ersetzung der weiteren Ausschussmitglieder geltenden Regeln (s. Rdn. 42 ff.). Bei **zeitweiliger** Verhinderung des Vorsitzenden des Betriebsrats wird dieser im Vorsitz des Betriebsausschusses durch den stellvertretenden Vorsitzenden vertreten (s. Rdn. 53). Eine Vertretung in Bezug auf die Mitgliedschaft im Ausschuss ist dagegen nicht möglich, da der stellvertretende Vorsitzende selbst Mitglied des Ausschusses ist. Auch bei Verhinderung des stellvertretenden Vorsitzenden gibt es keinen Vertreter in dessen Eigenschaft als Ausschussmitglied kraft Amtes, sofern nicht der Betriebsrat ein anderes Mitglied bestimmt hat, das die Funktion des stellvertretenden Vorsitzenden vertretungsweise wahrnimmt. Sind sowohl der Vorsitzende als auch sein Stellvertreter verhindert, findet eine Vertretung in dieser Eigenschaft ebenfalls nur statt, wenn der Betriebsrat vorab eine Vertretungsregelung für den Verhinderungsfall beider Funktionsträger beschlossen hat oder nach Eintritt des Verhinderungsfalles die Vertretung ad hoc durch Beschluss regelt (s. § 26 Rdn. 69). Fehlt es an einer solchen Vertretungsregelung, so kann auch kein anderes Betriebsratsmitglied die Funktion als Ausschussmitglied kraft Amtes ausüben. In allen diesen Fällen muss der Betriebsausschuss auf andere Weise ergänzt werden, da er ansonsten nicht vollständig besetzt wäre. Da es allein um die Vertretung des Betriebsratsvorsitzenden bzw. seines Stellvertreters in ihrer Funktion als Ausschussmitglied geht, sollte der Betriebsrat zweckmäßigerweise eine vorsorgliche Regelung treffen, für die Entsprechendes wie für die Wahl sonstiger Ersatzmitglieder gilt (vgl. Rdn. 42 ff.). Geschieht dies nicht, so rückt für die Dauer der Verhinderung das Betriebsratsmitglied nach, das aufgrund der Wahl zum Betriebsausschuss als nächstes in den Ausschuss entsandt worden wäre. Im Falle der Mehrheitswahl ist dies das Betriebsratsmitglied, das nach dem zuletzt gewählten Betriebsratsmitglied die meisten Stimmen erhalten hat. Im Falle der Verhältniswahl ist der Vertreter der Liste zu entnehmen, auf die der nächste Sitz entfällt (ebenso *Fitting* § 27 Rn. 43; vgl. auch *Wedde/DKKW* § 27 Rn. 25). Ein Minderheitenschutz kommt hier – anders als bei der vorsorglichen Wahl von Ersatzmitgliedern für die gewählten Mitglieder des

Betriebsausschusses (vgl. Rdn. 44) – nicht in Betracht, da der Vorsitzende des Betriebsrats bzw. sein Stellvertreter keiner Liste zuzuordnen sind.

b) Vorsorgliche Wahl von Ersatzmitgliedern
aa) Grundsätze

Der Betriebsrat kann, um für die notwendige Ergänzung des Betriebsausschusses zu sorgen, bereits bei der Wahl der weiteren Ausschussmitglieder für den Fall ihres Ausscheidens oder der zeitweiligen Verhinderung Ersatzmitglieder wählen (ebenso *Fitting* § 27 Rn. 28 ff.; *Koch*/ErfK § 27 BetrVG Rn. 2; *Richardi/Thüsing* § 27 Rn. 17 ff.; *Wedde/DKKW* § 27 Rn. 11, 24; **a. M.** *Glock/HWGNRH* § 27 Rn. 14 f.). Sofern der Betriebsrat nichts abweichendes bestimmt, sind die gewählten Personen für beide Fälle zu Ersatzmitgliedern berufen. Soweit es um die Wiederbesetzung nach Ausscheiden eines Ausschussmitgliedes geht, ist der Betriebsrat hinsichtlich des **Wahlverfahrens an die Grundsätze des § 27 Abs. 1 Satz 3 gebunden**. Bei der Wahl der Stellvertreter eines verhinderten Ausschussmitglieds gilt zumindest der **Grundsatz der geheimen Wahl**. Außerdem dürfen sich die vom Betriebsrat getroffenen Regelungen nicht in Widerspruch zu den mit der gesetzlichen Regelung des Wahlverfahrens verfolgten Zielen setzen. So ist insbesondere für den Fall, dass die weiteren Ausschussmitglieder im Wege der **Verhältniswahl** gewählt werden, auch für die Regelung der Nachbesetzung der **Minderheitenschutz** zu beachten. Im Einzelnen ist wie folgt zu unterscheiden. 42

bb) Vorsorgliche Wahl von Ersatzmitgliedern bei Ausscheiden von Mitgliedern des Betriebsausschusses

Werden die Ausschussmitglieder nach den Grundsätzen der **Mehrheitswahl** gewählt (s. hierzu Rdn. 20), kann der Betriebsrat beschließen, dass **entsprechend § 25 Abs. 2 Satz 3** die bei der Wahl der weiteren Ausschussmitglieder nicht gewählten Betriebsratsmitglieder in der Reihenfolge der jeweils nächst höchsten Stimmenzahl nachrücken (ebenso *Fitting* § 27 Rn. 31; *Richardi/Thüsing* § 27 Rn. 21). Er kann die Nachfolge im Ausschuss auch **an die Nachfolge im Betriebsrat** dergestalt **koppeln**, dass der Arbeitnehmer, der für das ausgeschiedene Ausschussmitglied in den Betriebsrat nachrückt, zugleich dessen Amt im Ausschuss übernimmt (s. Rdn. 39). Ebenso kann der Betriebsrat aber auch beschließen, dass Ersatzmitglieder erst im Anschluss an die Wahl der weiteren Ausschussmitglieder **in einem besonderen Wahlgang** oder mehreren Wahlgängen (vgl. Rdn. 19) zusätzlich gewählt werden (ebenso *Fitting* § 27 Rn. 32; *Richardi/Thüsing* § 27 Rn. 22). Dabei kann der Betriebsrat für jedes Ausschussmitglied ein bestimmtes oder mehrere Ersatzmitglieder in festgelegter Reihenfolge wählen (vgl. schon *Wiese* 4. Aufl., § 27 Rn. 30 m. w. N.; zust. *Fitting* § 27 Rn. 32). Welchen Modus der Betriebsrat wählt, ist eine Frage der von ihm zu entscheidenden Zweckmäßigkeit. Sollte bei Ausscheiden oder Verhinderung eines Ausschussmitglieds die jeweilige Liste mit Ersatzmitgliedern erschöpft sein, weil diese entweder inzwischen aus dem Betriebsrat ausgeschieden sind oder nunmehr die Übernahme der Funktion eines Ausschussmitglieds ablehnen (vgl. auch Rdn. 23, 29), so muss eine Nachwahl stattfinden (vgl. Rdn. 47 ff.). 43

Werden die weiteren Ausschussmitglieder nach den Grundsätzen der **Verhältniswahl** gewählt, kann der Betriebsrat gleichfalls beschließen, dass die bei der Wahl unterlegenen Betriebsratsmitglieder in der Reihenfolge der jeweils nächst höchsten Stimmenzahl nachrücken. Jedoch ist bezüglich der Nachfolge von ausscheidenden Ausschussmitgliedern der **Minderheitenschutz zu beachten**. Zulässig ist danach jedenfalls eine Regelung, wonach im Falle des Ausscheidens **entsprechend § 25 Abs. 2 Satz 1** die Ersatzmitglieder der Reihe nach aus den nicht gewählten Arbeitnehmern derjenigen Vorschlagslisten zu entnehmen sind, auf denen die zu ersetzenden Ausschussmitglieder gestanden haben (ebenso *Richardi/Thüsing* § 27 Rn. 20; für ein solches Vorgehen unabhängig von einer Regelung des Betriebsrats BAG 16.03.2005 EzA § 28 BetrVG 2001 Nr. 2 [bei Ausscheiden von Mitgliedern von Ausschüssen nach § 28]; *Fitting* § 27 Rn. 34; *Wedde/DKKW* § 27 Rn. 24; vgl. auch zu § 38 Abs. 2 BAG 25.04.2001 EzA § 38 BetrVG 1972 Nr. 18 unter B I 2; **a. M.** *Dänzer-Vanotti* AuR 1989, 204 [208], der eine entsprechende Anwendung des § 25 Abs. 2 Satz 1 ablehnt, aber übersieht, dass der Betriebsrat die entsprechende Anwendung beschließen kann). Denkbar ist auch hier eine **Koppelung an das Betriebsratsmandat**, indem der für das ausscheidende Betriebsratsmitglied nach § 25 Abs. 2 Satz 1 in den Betriebsrat nachrückende Arbeitnehmer zugleich dessen Funktion im Betriebsausschuss 44 übernimmt (s. Rdn. 39). Dagegen kann der Betriebsrat nicht mit einfacher Mehrheit beschließen, dass **entsprechend § 25 Abs. 2 Satz 2** bei Erschöpfung der Vorschlagsliste das Ersatzmitglied für das ausgeschiedene Ausschussmitglied der Liste zu entnehmen ist, auf die bei der Wahl der weiteren Ausschussmitglieder der nächste Sitz entfallen wäre. Auf diese Weise könnte sich nämlich die Betriebsratsmehrheit bei Ausscheiden eines Mitgliedes einer der Minderheitengruppen ein Übergewicht im Betriebsausschuss sichern. Dies wäre mit dem vom Gesetz in § 27 Abs. 1 Satz 3 intendierten Minderheitenschutz unvereinbar (ebenso *BAG* 16.03.2005 EzA § 28 BetrVG 2001 Nr. 2 = SAE 2005, 345 [abl. *H. Lange*] unter B II 2b; **a. M.** *Fitting* § 27 Rn. 35; *Richardi / Thüsing* § 27 Rn. 20; *Wedde / DKKW* § 27 Rn. 24; vgl. aber auch Rdn. 46, 48 zum Rückgriff auf andere Listen bei zeitweiliger Verhinderung). Eine solche Regelung ist daher **nur zulässig, wenn ihr alle im Betriebsrat vertretenen Gruppen zustimmen**. Gelingt eine einvernehmliche Regelung nicht, kann der Betriebsrat für den Fall, dass die jeweilige Vorschlagsliste erschöpft ist, folglich nur eine Nachwahl in Form der Neuwahl sämtlicher Ausschussmitglieder im Wege der Verhältniswahl vorsehen (seit der 17. Aufl. halten *Fitting* eine Neuwahl aller weiteren Mitglieder des Betriebsausschusses zumindest für zulässig; zur Frage der Nachwahl mit einfacher Mehrheit in diesen Fällen s. Rdn. 49 f.). Zulässig wäre natürlich auch eine Regelung, wonach bei jedem Ausscheiden eines Mitgliedes eine solche Neuwahl durchzuführen ist.

45 Aus Gründen des Minderheitenschutzes ist bei einer Wahl nach den Grundsätzen der Verhältniswahl im Unterschied zur Mehrheitswahl eine **gesonderte Wahl** der Ersatzmitglieder für ausgeschiedene Ausschussmitglieder grundsätzlich **unzulässig** (ebenso *Fitting* § 27 Rn. 37 f.; **a. M.** *Richardi / Thüsing* § 27 Rn. 22; *Wedde / DKKW* § 27 Rn. 23; vgl. auch Rdn. 50; offen gelassen von *BAG* 16.11.2005 EzA § 28 BetrVG 2001 Nr. 3 unter B II 3 [zu Ausschüssen nach § 28]). Sie hätte zur Konsequenz, dass die Ersatzmitglieder dann entsprechend der auf die Listen entfallenden Stimmen nach Anzahl und Reihenfolge wiederum den Listen zu entnehmen wären, so dass für ein ausgeschiedenes Ausschussmitglied einer Minderheitsliste ein Ersatzmitglied einer anderen Liste in den Betriebsausschuss nachrücken könnte. In dem Beispiel 1 (vgl. Rdn. 21) wäre es z. B. denkbar, dass das auf der Liste II gewählte Ausschussmitglied aus dem Betriebsausschuss ausscheidet. Würde nun wegen gesonderter Wahl der Ersatzmitglieder deren Reihenfolge sich wiederum nach den Grundsätzen der Verhältniswahl bestimmen, so würde bei gleichem Abstimmungsverhalten das Ersatzmitglied zunächst der Liste I entnommen werden müssen. Damit würde aber der nach § 27 vom Gesetzgeber gewollte Minderheitenschutz nachträglich beseitigt werden. Erst recht wäre es unzulässig, wenn der Betriebsrat beschließen würde, für die nach den Grundsätzen der Verhältniswahl gewählten Ausschussmitglieder in getrennter Wahl Ersatzmitglieder nach den Grundsätzen der Mehrheitswahl zu wählen (ebenso *Fitting* § 27 Rn. 38; **a. M.** *Wedde / DKKW* § 27 Rn. 23). Eine gesonderte Wahl ist daher wiederum nur mit Einverständnis der Minderheitengruppen möglich, verlangt also im Regelfall einen einstimmigen Beschluss der Betriebsratsmitglieder. Denkbar wäre ein solches Einvernehmen etwa, wenn die Minderheit keine geeigneten Ersatzmitglieder benennen könnte.

cc) Vorsorgliche Wahl von Ersatzmitgliedern bei Verhinderung von Mitgliedern des Betriebsausschusses

46 Dagegen steht dem Betriebsrat bei der Regelung der Stellvertretung für zeitweilig verhinderte Mitglieder ein **weiter Gestaltungsspielraum** zu. Sind die Ausschussmitglieder durch **Mehrheitswahl** bestimmt worden, stehen ihm dieselben Optionen offen wie bei der Regelung der Nachfolge im Falle des Ausscheidens (s. Rdn. 43). Sind die Ausschussmitglieder nach den Grundsätzen der **Verhältniswahl** gewählt worden, ist wiederum der Minderheitenschutz zu beachten. Deshalb ist auch hinsichtlich der zur Vertretung berufenen Ersatzmitglieder in erster Linie **entsprechend § 25 Abs. 2 Satz 1** auf die Vorschlagslisten zurückzugreifen, denen die verhinderten Ausschussmitglieder angehören. Eine Regelung, die zu einer Verschiebung des Kräftegleichgewichts im Betriebsausschuss zwischen den im Betriebsrat vertretenen Interessengruppen führen kann, wäre demnach unzulässig, wenn durch ein Nachrückverfahren innerhalb der Listen die vollständige Besetzung des Ausschusses sichergestellt werden kann. Der Betriebsrat kann daneben aber eine Regelung beschließen, die bei Erschöpfung der Listen eine Vertretung ermöglicht, ohne dass es einer Nachwahl bedarf, auch wenn dadurch (vorübergehend) das Stimmverhältnis bei der Wahl der Ausschussmitglieder nicht genau abgebildet wird (s. Rdn. 40). Denkbar wäre zum einen, dass dann **entsprechend § 25 Abs. 2 Satz 2** auf Kandidaten anderer Vorschlagslisten zurückgegriffen werden soll (vgl. auch Rdn. 48). Als zulässig ange-

sehen werden sollte aber auch, wenn der Betriebsrat in **einer getrennten Wahl** Ersatzmitglieder bestimmt, die für die Dauer der Verhinderung des Ausschussmitgliedes das Amt wahrnehmen. Die Minderheitengruppen haben dann die Möglichkeit, ihre Vorschlagslisten so aufzustellen, dass der Fall der Erschöpfung der Liste nicht eintritt (zu diesem Argument auch *BAG* 16.03.2005 EzA § 28 BetrVG 2001 Nr. 2 unter B II 3a; 20.04.2005 EzA § 38 BetrVG 2001 Nr. 3 unter B II 1b; das Gericht begründet damit seine Auffassung, dass der Betriebsrat bei Ausscheiden von Ausschussmitgliedern nach § 28 sowie von freigestellten Betriebsratsmitgliedern bei Erschöpfung der Vorschlagslisten eine Nachwahl nach den Grundsätzen der Mehrheitswahl vornehmen könne; s. hierzu aber auch Rdn. 47 ff.).

c) Verfahren bei fehlender Regelung durch den Betriebsrat

aa) Meinungsstand

Hat der **Betriebsrat keine Vorsorge** für das Nachrücken von Ersatzmitgliedern im Falle des Ausscheidens oder für die Vertretung verhinderter weiterer Ausschussmitglieder **getroffen**, so gibt es im Ausgangspunkt zwei Möglichkeiten, um eine gesetzeskonforme Besetzung des Ausschusses sicherzustellen. Zum einen kann man die Regelung der Vertretung bzw. des Nachrückens wiederum allein der – in diesem Falle nachträglichen – Entscheidung des Betriebsrats überlassen. Dieser hätte dann durch Nachwahl die Mitglieder zu bestimmen, die an die Stelle der ausgeschiedenen oder verhinderten Ausschussmitglieder treten. Zum anderen wäre denkbar, die im Falle des Ausscheidens und der Verhinderung von Betriebsratsmitgliedern geltenden Regelungen des § 25 entsprechend anzuwenden. Die ganz **überwiegende Ansicht** plädiert **primär** für eine **analoge Anwendung der gesetzlichen Regelung des § 25 Abs. 2 Satz 1 und 3** (*BAG* 16.03.2005 EzA § 28 BetrVG 2001 Nr. 2 unter B II 2a [Ausscheiden von Ausschussmitgliedern]; *LAG Niedersachsen* 05.09.2007 – 15 TaBV 3/07 – juris, Rn. 26; *LAG Düsseldorf* 08.05.2012 – 16 TaBV 96/11 – juris, Rn. 58 ff. [für den Gesamtbetriebsausschuss]; *ArbG Berlin* 19.06.2003 NZA-RR 2004, 87 [88]; *Fitting* § 27 Rn. 34; *Klein* Die Stellung der Minderheitsgewerkschaften in der Betriebsverfassung, S. 380 ff.; wohl auch *Wedde/DKKW* § 27 Rn. 24; ebenso für die gleich gelagerte Problematik des Ausscheidens freigestellter Betriebsratsmitglieder *BAG* 25.04.2001 EzA § 38 BetrVG 1972 Nr. 18 unter B I 2; zuletzt *BAG* 20.04.2005 EzA § 38 BetrVG 2001 Nr. 3 unter B II 1a m. w. N.; zust. *Weber* § 38 Rdn. 86; nicht ganz klar *Kreft/WPK* § 27 Rn. 12 f. [entweder Nachwahl oder analoge Anwendung von § 25 Abs. 2 Satz 1 und 3]; *Richardi/Thüsing* § 27 Rn. 20 f., die nur die Möglichkeit erwähnen, dass der Betriebsrat ein solches Verfahren beschließen könne; strikt gegen eine analoge Anwendung des § 25 Abs. 2 *Dänzer-Vanotti* AuR 1989, 204 [208]; *Glock/HWGNRH* § 27 Rn. 15). Das Gesetz enthalte hinsichtlich des Ausscheidens und der Verhinderung von Ausschussmitgliedern eine planwidrige Regelungslücke. Diese sei dadurch zu schließen, dass bei vorheriger Verhältniswahl die Betriebsratsmitglieder, die für das ausgeschiedene Mitglied nachrücken oder die das verhinderte Mitglied vertreten, der Reihe nach der Vorschlagsliste zu entnehmen seien, der das ausgeschiedene oder verhinderte Mitglied angehörte. Im Falle der Mehrheitswahl rücke analog § 25 Abs. 2 Satz 3 das Betriebsratsmitglied nach, das bei der Wahl die höchste Stimmenzahl der nicht berücksichtigten Kandidaten erhalten habe. Nur wenn auf diesem Wege kein Ersatzmitglied zu bestimmen sei, müsse der Betriebsrat das Ersatzmitglied im Wege der Nachwahl bestimmen (*BAG* 16.03.2005 EzA § 28 BetrVG 2001 Nr. 2 unter B II 2a; *LAG Niedersachsen* 05.09.2007 – 15 TaBV 3/07 – juris, Rn. 28 ff.). **Umstritten** ist, ob **§ 25 Abs. 2 Satz 2 entsprechende Anwendung** findet, die Nachwahl bei ursprünglicher Verhältniswahl also schon dann zu erfolgen hat, wenn die Vorschlagsliste, der das zu ersetzende Mitglied angehörte, erschöpft ist, oder erst dann, wenn auch unter Rückgriff auf die übrigen Listen kein Ersatzmitglied zu bestimmen ist. Vor allem das *BAG* lehnt eine entsprechende Anwendung des § 25 Abs. 2 Satz 2 aus Gründen des Minderheitenschutzes ab (*BAG* 16.03.2005 EzA § 28 BetrVG 2001 Nr. 2 = SAE 2005, 345 [abl. *H. Lange*] unter B II 2b; ebenso *LAG Düsseldorf* 08.05.2012 – 16 TaBV 96/11 – juris, Rn. 47 f. [für den Gesamtbetriebsausschuss]; **a. M.** *Fitting* § 27 Rn. 35, 35a; abw. auch *Richardi/Thüsing* § 27 Rn. 20 und *Wedde/DKKW* § 27 Rn. 24, allerdings ohne die entgegenstehende Entscheidung des *BAG* zu erwähnen). Sofern wegen Erschöpfung der Vorschlagsliste eine **Nachwahl** stattzufinden hat, soll diese **nach den Grundsätzen der Mehrheitswahl** erfolgen, auch wenn das ausgeschiedene oder verhinderte Mitglied im Wege der Verhältniswahl bestimmt worden sei. Die hiermit verbundene Einschränkung des Minderheitenschutzes sei hinzunehmen, weil der Minderheitenschutz nicht weiter reichen könne als der ursprüngliche

Wahlvorschlag (*BAG* 16.03.2005 EzA § 28 BetrVG 2001 Nr. 2 unter B II 3a; ebenso zur Parallelproblematik bei § 38 *BAG* 25.04.2001 EzA § 38 BetrVG 1972 Nr. 18 unter B I 2c cc; 20.04.2005 EzA § 38 BetrVG 2001 Nr. 3 unter B II 1b). Eine **Neuwahl aller Ausschussmitglieder** hält das *BAG* nur in dem – beim Betriebsausschuss ausgeschlossenen – Fall für erforderlich, dass sich **die Zahl der Ausschussmitglieder erhöht**, weil damit eine neue Sachlage eingetreten sei, der die ursprünglichen Wahlvorschläge nicht Rechnung tragen konnten (so für Ausschüsse nach § 28 *BAG* 16.03.2005 EzA § 28 BetrVG 2001 Nr. 2 unter B II 3a; für den Gesamtbetriebsausschuss *BAG* 16.03.2005 EzA § 51 BetrVG 2001 unter B II 3a cc; ebenso bei Erhöhung der Zahl der nach § 38 freizustellenden Betriebsratsmitglieder *BAG* 20.04.2005 EzA § 38 BetrVG 2001 Nr. 3 unter B II 1b).

bb) Stellungnahme

aaa) Unterscheidung zwischen Verhinderung und Ausscheiden

48 Der vorstehend dargestellten Ansicht ist **nur zum Teil zu folgen**. Insbesondere erscheint die Annahme einer planwidrigen Regelungslücke und die **Analogie zu § 25 Abs. 2 Satz 1 zu pauschal**, da sie die Unterschiede zwischen der Interessenlage bei Verhinderung des Ausschussmitglieds einerseits und bei dessen Ausscheiden andererseits nicht berücksichtigt. Die Regelung des § 25 über die Ersatzmitglieder ist erforderlich, weil die regelmäßige Betriebsratswahl nur alle vier Jahre stattfindet und Wahlen außerhalb dieses Turnus wegen des hiermit verbundenen Aufwandes auf Ausnahmefälle (§ 13 Abs. 2) beschränkt bleiben sollen. Deshalb sieht das Gesetz vor, dass die ordnungsgemäße Besetzung des Betriebsrats auf andere Weise als durch Nachwahl, allerdings unter Rückgriff auf das Wahlergebnis, sichergestellt werden soll. Eine Nachwahl der Mitglieder des Betriebsausschusses ist dagegen jederzeit durch Einberufung einer Betriebsratssitzung möglich. Als Argument gegen eine Nachwahl und für die analoge Anwendung des § 25 Abs. 2 Satz 1 wird vor allem angeführt, dass Gründe der Praktikabilität für diese Lösung sprächen, weil nur auf diese Weise eine kontinuierliche Betriebsratsarbeit gewährleistet sei (*BAG* 25.04.2001 EzA § 38 BetrVG 1972 Nr. 18 unter B I 2c cc). Dies vermag aber für die Fälle des **Ausscheidens eines Mitgliedes nicht zu überzeugen**. Das Ausscheiden wird im Regelfall so frühzeitig feststehen, dass die Nachwahl rechtzeitig vor dem maßgeblichen Zeitpunkt erfolgen und eine nahtlose Besetzung des Ausschusses gewährleistet werden kann. Da mit dem Ausscheiden längerfristig über die Besetzung des Ausschusses für den Rest der Amtszeit zu entscheiden ist, erscheint eine Nachwahl auch nicht als unverhältnismäßiger Aufwand (so aber *Reichold/HWK* § 27 BetrVG Rn. 6). Sofern der Betriebsrat nicht selbst für den Fall des Ausscheidens von Ausschussmitgliedern ein dem § 25 Abs. 2 entsprechendes Nachrückverfahren vorgesehen hat (vgl. Rdn. 44), sollte man ihm daher die Möglichkeit geben, über die Besetzung des Ausschusses neu zu entscheiden. Es ist in erster Linie Sache des Betriebsrats, für einen nahtlosen Wechsel und die Sicherung der Kontinuität der Aufgabenerfüllung zu sorgen. Dagegen besteht kein Anlass, unabhängig von einem entsprechenden Willen des Betriebsrats einen Automatismus vorzusehen. Gegen ein automatisches Nachrücken kraft Gesetzes entsprechend § 25 Abs. 2 spricht auch, dass die Aufstellung der Listen und die Stimmabgabe anlässlich der erstmaligen Wahl der Ausschussmitglieder erfolgt und man deshalb nicht aus der Reihenfolge auf der Liste (bei Verhältniswahl) bzw. aus der Stimmenanzahl für die einzelnen Mitglieder (bei Mehrheitswahl) auf den Willen des Betriebsrats zum Zeitpunkt des Ausscheidens des Ausschussmitgliedes schließen kann. In der Zwischenzeit kann sich nämlich die personelle Konstellation, etwa durch das Nachrücken von Ersatzmitgliedern in den Betriebsrat, verändert haben. Für den Fall der **vorübergehenden Verhinderung** eines Ausschussmitglieds sprechen dagegen gute Gründe **für eine analoge Anwendung des § 25 Abs. 2**. Die Interessenlage unterscheidet sich insoweit nicht wesentlich von derjenigen bei Verhinderung eines Betriebsratsmitglieds an der Ausübung des Betriebsratsamtes. Insbesondere entspricht es in beiden Fällen der Intention des Gesetzes, die Besetzung des Gremiums mit der vorgeschriebenen Mitgliederzahl sicherzustellen. Anders als beim Ausscheiden des Ausschussmitglieds stellt die Wahl eines Stellvertreters durch den Betriebsrat im konkreten Einzelfall keine praktikable Alternative dar, weil Verhinderungen vielfach kurzfristig auftreten und sich mitunter bis zur Anberaumung einer Betriebsratssitzung schon wieder erledigt haben (s. a. Rdn. 40). Deshalb ist das Fehlen einer Vertretungsregelung in der Tat als eine planwidrige Unvollständigkeit des Gesetzes anzusehen. Da § 25 Abs. 2 dem Bedürfnis nach vollständiger Besetzung des Gremiums Rechnung trägt, ist die Lücke durch die entsprechende Anwendung dieser Vorschrift zu schließen. Der dort vorgesehene Automatismus ist im Falle der Verhinderung hinnehmbar, weil es nicht um

eine Besetzung des Ausschusses auf Dauer, sondern nur um eine vorübergehende Vertretung geht, um die Handlungsfähigkeit des Ausschusses zu sichern. Im Einzelnen ergeben sich hieraus **folgende Konsequenzen:**

bbb) Nachbesetzung bei Ausscheiden eines Ausschussmitglieds
Im Falle des **Ausscheidens** eines Mitglieds aus dem Betriebsausschuss hat – sofern der Betriebsrat keine abweichende Regelung getroffen hat – eine **Nachwahl** zu erfolgen. Die Durchführung der Nachwahl bestimmt sich danach, ob die weiteren Ausschussmitglieder nach den Grundsätzen der Mehrheitswahl oder der Verhältniswahl gewählt wurden. Sind die weiteren Ausschussmitglieder nach den Grundsätzen der **Mehrheitswahl** gewählt worden (s. Rdn. 20), kann die Nachwahl auf den freigewordenen Sitz im Betriebsausschuss beschränkt werden (ebenso *Fitting* § 27 Rn. 33; *Richardi/Thüsing* § 27 Rn. 17, 31). Jedoch ist es auch zulässig, dass der Betriebsrat die Ausschussmitglieder insgesamt neu wählt. Der Beschluss über die Neuwahl sämtlicher Ausschussmitglieder kann zugleich als Abberufung der bisherigen Ausschussmitglieder verstanden werden. Diese bedarf, da die Ausschussmitglieder durch Mehrheitswahl bestimmt worden sind, nicht der qualifizierten Mehrheit nach § 27 Abs. 1 Satz 5. Werden sämtliche Ausschussmitglieder durch den Betriebsrat neu gewählt, steht es den Betriebsratsmitgliedern frei, ob sie wiederum nur einen oder mehrere Wahlvorschläge machen. In letzterem Fall gelten die Grundsätze der Verhältniswahl.

49

Sind die weiteren Ausschussmitglieder nach den Grundsätzen der **Verhältniswahl** gewählt worden (s. Rdn. 21), ist im Gegensatz zur Mehrheitswahl eine **einzelne Nachwahl** für den Ausgeschiedenen **unzulässig** (*LAG Düsseldorf* 08.05.2012 – 16 TaBV 96/11 – juris, Rn. 54 ff. [für den Gesamtbetriebsausschuss]; in der Tendenz ebenso *BAG* 16.03.2005 EzA § 28 BetrVG 2001 Nr. 2 unter B II 2a [für Mitglieder anderer Ausschüsse nach § 28]; *LAG Hessen* 04.03.1993 AiB 1993, 655 [657]; vgl. auch *Fitting* § 27 Rn. 37 ff.; *Klein* Die Stellung der Minderheitsgewerkschaften in der Betriebsverfassung, S. 378 ff.; *Kreft/WPK* § 27 Rn. 13, die allerdings jeweils eine Ausnahme für den Fall der Erschöpfung der Vorschlagslisten machen; ebenso bei Nachwahl eines freizustellenden Betriebsratsmitglieds *BAG* 25.04.2001 EzA § 38 BetrVG 1972 Nr. 18 unter B I 2; s. *Weber* § 38 Rdn. 87; vgl. auch *BAG* 16.03.2005 EzA § 51 BetrVG 2001 Nr. 2 unter B II 3a cc (2) [keine isolierte Nachwahl bei Erweiterung des Gesamtbetriebsausschusses]; **a. M.** [uneingeschränkte Zulässigkeit der isolierten Nachwahl] *Dänzer-Vanotti* AuR 1989, 204 [208]; *Glock/HWGNRH* § 27 Rn. 24; *Reichold/HWK* § 27 BetrVG Rn. 6; *Richardi/Thüsing* § 27 Rn. 31; *Wedde/DKKW* § 27 Rn. 24). Vielmehr hat eine **Neuwahl sämtlicher Ausschussmitglieder** zu erfolgen. Diese bedarf, da sie zwingend erforderlich ist, nicht der nach § 27 Abs. 1 Satz 5 für die Abberufung erforderlichen qualifizierten Mehrheit (s. Rdn. 35). Die Neuwahl ist notwendig, weil nur sie den Grundgedanken des § 27 Abs. 1 Satz 3 verwirklicht, wonach die Zusammensetzung des Betriebsausschusses die Mehrheitsverhältnisse im Betriebsrat widerspiegeln soll. Eine isolierte Nachwahl einzelner Ausschussmitglieder würde demgegenüber den hiermit verbundenen Minderheitenschutz unterlaufen, weil die Minderheit bei einer isolierten Wahl nach den Grundsätzen der Verhältniswahl keine Chance hätte, ihren Kandidaten durchzubringen. Eine isolierte Nachwahl kann die Gewichte aber andererseits auch zu Lasten einer größeren Gruppe verschieben, etwa wenn sich bei Ausscheiden eines ihrer Mitglieder mehrere kleinere Gruppen verbünden und für einen ihrer Kandidaten stimmen. Beides gilt in noch stärkerem Maße, wenn die Nachwahl nach den Grundsätzen der Mehrheitswahl erfolgt. Eine **isolierte Nachwahl** nur des wiederzubesetzenden Ausschusssitzes ist daher **nur zulässig, wenn sämtliche Betriebsratsmitglieder dem zustimmen** (vgl. auch Rdn. 45; für Zulässigkeit der einvernehmlichen Nachwahl auch *Fitting* § 27 Rn. 40; *Kreft/WPK* § 27 Rn. 13; *Wedde/DKKW* § 27 Rn. 24). Das *BAG* erkennt ebenfalls an, dass im Falle der Verhältniswahl der Minderheitenschutz durch eine isolierte Nachwahl beeinträchtigt wird, hält eine vollständige Neuwahl jedoch nur dann für erforderlich, wenn sich die Zahl der zu wählenden Betriebsratsmitglieder erhöht (*BAG* 16.03.2005 EzA § 28 BetrVG 2001 Nr. 2 unter B II 3a; 16.03.2005 EzA § 51 BetrVG 2001 Nr. 2 unter B II 3a cc; 20.04.2005 EzA § 38 BetrVG 2001 Nr. 3 unter B II 1b). Die Nachbesetzung der Positionen ausgeschiedener Betriebsratsmitglieder erfolge zunächst analog § 25 Abs. 2 Satz 1 anhand der jeweiligen Vorschlagslisten, so dass die im Betriebsrat vertretenen Gruppen (das *BAG* spricht von »Koalitionen«) durch eine »entsprechende Gestaltung« der Listen, also durch die Aufstellung einer ausreichend großen Zahl an Kandidaten, Vorsorge treffen könnten, dass es gar nicht erst zu einer Erschöpfung der Liste und damit zu einer Nachwahl komme. Diese Möglichkeit bestehe

50

dagegen für den Fall der Bestellung zusätzlicher Betriebsratsmitglieder nicht (*BAG* 16.03.2005 EzA § 28 BetrVG 2001 Nr. 2 unter B II 3a; 20.04.2005 EzA § 38 BetrVG 2001 Nr. 3 unter B II 1b). Die Erschöpfung einer Vorschlagsliste ist aber nicht zwingend ein Ergebnis mangelnder »Vorsorge« bei der Listenaufstellung, sondern kann auch auf einer Verkettung unvorhersehbarer Ereignisse beruhen. Außerdem erscheint eine solche »Verwirkung« des durch das Verhältniswahlrecht gewährleisteten Schutzes fragwürdig, wenn die Kontinuität im Ausschuss auch unter Wahrung der Wahlgrundsätze durch Neuwahl gesichert werden kann. Selbst wenn man also – entgegen der hier vertretenen Ansicht (Rdn. 48) – im Falle der Verhältniswahl für die Nachfolge des ausgeschiedenen Mitglieds zunächst analog § 25 Abs. 2 Satz 1 auf die nächstplatzierten Kandidaten der Vorschlagsliste zurückgreift, sprechen die besseren Gründe dafür, dass bei Erschöpfung der Vorschlagsliste keine isolierte Nachwahl, sondern eine Neuwahl sämtlicher Ausschussmitglieder zu erfolgen hat. Dasselbe gilt, wenn der Betriebsrat für den Fall des Ausscheidens bestimmt hat, dass entsprechend § 25 Abs. 2 Satz 1 die Nachfolger den jeweiligen Vorschlagslisten zu entnehmen, die Listen aber erschöpft sind.

ccc) Vertretung eines zeitweilig verhinderten Ausschussmitglieds

51 Ist ein Ausschussmitglied **zeitweilig verhindert**, so hängt die Bestimmung des Vertreters ebenfalls davon ab, ob die Ausschussmitglieder nach den Grundsätzen der Mehrheits- oder Verhältniswahl bestimmt worden sind. Hat eine **Mehrheitswahl** stattgefunden, so wird das verhinderte Ausschussmitglied analog § 25 Abs. 2 Satz 3 von dem Betriebsratsmitglied mit der nächst höheren Stimmenzahl vertreten. Im Falle der **Verhältniswahl** erfolgt die Vertretung analog § 25 Abs. 2 Satz 1 durch das Betriebsratsmitglied, das auf der Vorschlagsliste, der das verhinderte Ausschussmitglied angehörte, von den nicht gewählten Betriebsratsmitgliedern am höchsten platziert war (*LAG Niedersachsen* 05.09.2007 – 15 TaBV 3/07, juris, Rn. 26). Ist die Vorschlagsliste, der das verhinderte Ausschussmitglied angehörte, erschöpft, erfolgt die Vertretung analog § 25 Abs. 2 Satz 2 durch das Betriebsratsmitglied der Vorschlagsliste, auf die der nächste Sitz entfallen wäre (ebenso *Fitting* § 27 Rn. 35; **a. M.** *BAG* 16.03.2005 EzA § 28 BetrVG 2001 Nr. 2 unter B II 2b; s. auch die Nachw. in Rdn. 47). Die grundsätzliche Ablehnung einer analogen Anwendung des § 25 Abs. 2 Satz 2 durch das *BAG* ist nicht überzeugend. Die mit dem Listenwechsel verbundene Durchbrechung der Grundsätze des Verhältniswahlrechts und die hiermit einhergehende Einschränkung des Minderheitenschutzes werden vom Gesetz in Kauf genommen, wenn und soweit dies zur Sicherstellung der gesetzmäßigen Besetzung der Gremien erforderlich ist. Warum für die Vertretung von Ausschussmitgliedern etwas anderes gelten sollte als für die Vertretung von Betriebsratsmitgliedern, ist angesichts der Vergleichbarkeit der Interessenlage (s. Rdn. 48) nicht einzusehen. Im Übrigen ginge die Anwendung des § 25 Abs. 2 Satz 2 nicht automatisch zu Lasten der Minderheit. Vielmehr könnte diese auch profitieren, etwa wenn die Mehrheitsliste erschöpft ist, auf der Minderheitsliste dagegen noch nicht berücksichtigte Kandidaten existieren. Sind bei Mehrheitswahl **keine weiteren Kandidaten** mehr vorhanden oder sind bei Verhältniswahl sämtliche Vorschlagslisten erschöpft, so kann der **Betriebsrat ad hoc einen Vertreter** – auch im Wege des Mehrheitsbeschlusses – **bestimmen** (ebenso *LAG Niedersachsen* 05.09.2007 – 15 TaBV 3/07 – juris, Rn. 30). Eine Neuwahl aller Ausschussmitglieder wäre nicht nur unverhältnismäßig, sondern auch verfehlt, weil es nicht um die dauerhafte Besetzung des Ausschusses, sondern nur um die Vertretung eines – noch amtierenden – Ausschussmitgliedes geht. Bis zur Entscheidung des Betriebsrats ist der Ausschuss freilich unterbesetzt. Aus diesem Grunde wird man den **Betriebsrat** für **verpflichtet** erachten müssen, eine **vorsorgliche Regelung** (s. Rdn. 42 ff.) hinsichtlich der Vertretung verhinderter Ausschussmitglieder zu treffen und damit die Arbeitsfähigkeit des Ausschusses zu erhalten, wenn die Vertretung über das Eintreten bisher nicht berücksichtigter Kandidaten entsprechend § 25 Abs. 2 nicht mehr sicherzustellen ist. Kommt er dem nicht nach, kann dies eine grobe Pflichtverletzung nach § 23 Abs. 1 darstellen.

7. Rechtsstellung und Geschäftsführung des Betriebsausschusses

52 Der Betriebsausschuss dient der Straffung der Betriebsratsarbeit (vgl. Rdn. 9). Er ist keine zusätzliche Betriebsvertretung neben dem Betriebsrat, sondern ein **Organ** des **Betriebsrats** (ebenso *Fitting* § 27 Rn. 54; *Galperin/Löwisch* § 27 Rn. 19; *Glock/HWGNRH* § 27 Rn. 35; *Richardi/Thüsing* § 27 Rn. 39; *Wedde/DKKW* § 27 Rn. 26). Er hat deshalb keine von denen des Betriebsrats unterscheidbaren Aufgaben, sondern führt stets die **laufenden Geschäfte** des Betriebsrats und kann von ihm au-

ßerdem **weitere Aufgaben zur selbständigen Erledigung** übertragen erhalten (vgl. Rdn. 70 ff.). In diesem Falle tritt der Betriebsausschuss an die Stelle des Betriebsrats (vgl. Rdn. 79); er ist dann ein verkleinerter Betriebsrat. Deshalb ist es gerechtfertigt, insoweit auf den Betriebsausschuss die Vorschriften über die Geschäftsführung des Betriebsrats entsprechend anzuwenden (ebenso *Fitting* § 27 Rn. 55; *Glock/HWGNRH* § 27 Rn. 38; *Kreft/WPK* § 27 Rn. 17; *Richardi/Thüsing* § 27 Rn. 41 ff.; *Stege/Weinspach/Schiefer* § 27 Rn. 11; *Wedde/DKKW* § 27 Rn. 28; *Wiese* FS Karl Molitor, 1988, S. 365 [370 f.]). Bei der Wahrnehmung der laufenden Geschäfte bedarf es dagegen im Einzelnen der Prüfung, inwieweit die Vorschriften über die Geschäftsführung passen (vgl. die folgenden Anmerkungen; undifferenziert dagegen die vorstehend Genannten).

Den **Vorsitz** im Betriebsausschuss führt für den gesamten Aufgabenbereich der Vorsitzende des Betriebsrats, bei Verhinderung sein Stellvertreter (ebenso *LAG Hessen* 24.09.2009 – 9 TaBV 69/09 – juris, Rn. 42; *Fitting* § 27 Rn. 55; *Galperin/Löwisch* § 27 Rn. 20; *Glock/HWGNRH* § 27 Rn. 37; *Hueck/Nipperdey* II/2, S. 1194; *Nikisch* III, S. 138; *Richardi/Thüsing* § 27 Rn. 40; *Wedde/DKKW* § 27 Rn. 27). Eine abweichende Regelung – etwa in einer Geschäftsordnung – ist unzulässig (*LAG Hessen* 24.09.2009 – 9 TaBV 69/09 – juris, Rn. 42). Die Rechtsstellung des Betriebsratsvorsitzenden im Betriebsausschuss ist die gleiche wie beim Vorsitz im Betriebsrat (s. § 26 Rdn. 29 ff.; ebenso *Glock/HWGNRH* § 27 Rn. 37; *Richardi/Thüsing* § 27 Rn. 40). Insbesondere vertritt er den Betriebsausschuss nach Maßgabe des § 26 Abs. 2. 53

Der Betriebsausschuss kann intern eine **Aufgabenverteilung** vornehmen. In diesem Rahmen kann er auch **informelle Arbeitsgruppen** bilden. Die Regelung in § 28a steht dem nicht entgegen, weil es sich insoweit nicht um eine Arbeitsgruppe i. S. dieser Vorschrift handelt (**a. M.** *LAG Hessen* 24.09.2009 – 9 TaBV 69/09 – juris, Rn. 41). Eine »Arbeitsgruppe« nach § 28a besteht aus Arbeitnehmern, die durch die ihnen zugewiesene Tätigkeit miteinander verbunden sind (s. § 28a Rdn. 13). Ein (informelles) Untergremium des Betriebsrats oder des Betriebsausschusses fällt also nicht hierunter. Der Betriebsausschuss kann den von ihm errichteten informellen Arbeitsgruppen jedoch keine Aufgaben zur selbständigen Erledigung übertragen (insoweit zutr. *LAG Hessen* 24.09.2009 – 9 TaBV 69/09 – juris, Rn. 41). Dieses Recht hat nur der Betriebsrat nach Maßgabe des § 27 Abs. 2 Satz 2 und 3 sowie des § 28 Abs. 1 Satz 3. Einzelne Ausschussmitglieder können mit speziellen Aufgaben – z. B. der Wahrnehmung von Sprechstunden nach § 39 – betraut werden. 54

Der Betriebsausschuss erledigt, soweit erforderlich, seine Aufgaben in **Sitzungen**. Zu diesen lädt in entsprechender Anwendung des § 29 Abs. 2 und 3 der Vorsitzende des Betriebsrats in seiner Eigenschaft als Vorsitzender des Betriebsausschusses ein (s. § 29 Rdn. 33). Für die Sitzungen gilt § 30 entsprechend (§ 30 Rdn. 2). Sie finden daher grundsätzlich während der Arbeitszeit statt, wobei auf die betrieblichen Notwendigkeiten Rücksicht zu nehmen ist (s. § 30 Rdn. 5 ff.). Der Arbeitgeber ist vom Zeitpunkt der Sitzungen vorher zu verständigen (vgl. § 30 Rdn. 16 ff.). Die Sitzungen sind nicht öffentlich (s. § 30 Rdn. 19 ff.). Über jede Sitzung ist entsprechend § 34 Abs. 1 eine **Niederschrift** aufzunehmen (s. § 34 Rdn. 3, 6 ff.); für die Aushändigung von Abschriften, für Einwendungen gegen die Niederschrift und das Einsichtsrecht in Unterlagen des Betriebsausschusses gilt § 34 Abs. 2 und 3 (s. § 34 Rdn. 3, 24 ff., 27 ff., 31 ff.). 55

An den **Sitzungen** des Betriebsausschusses, in denen **Aufgaben zur selbständigen Erledigung** (s. Rdn. 70 ff.) behandelt werden, haben die gleichen Personen ein **Teilnahmerecht**, die an den Sitzungen des Betriebsrats teilnehmen dürfen (s. § 30 Rdn. 19 ff.). Diese Gleichstellung ist geboten, weil der Betriebsausschuss bei selbständiger Erledigung von Aufgaben an Stelle des Betriebsrats handelt (s. Rdn. 52 sowie Rdn. 79) und daher für ein Teilnahmerecht das gleiche Bedürfnis besteht wie bei einer Sitzung des Betriebsrats. Andernfalls müsste, nur um die Teilnahmerechte zu wahren, eine Sitzung des Betriebsrats einberufen werden, was dem Zweck der gesetzlichen Regelung, den Betriebsrat zu entlasten, widersprechen würde. Ein Teilnahmerecht haben daher der **Arbeitgeber** bzw. sein Vertreter unter den Voraussetzungen des § 29 Abs. 4 Satz 1, also wenn der Arbeitgeber zu der Sitzung eingeladen oder die Sitzung auf sein Verlangen hin einberufen worden ist (vgl. § 29 Rdn. 71 ff.; ebenso *Fitting* § 27 Rn. 56, § 29 Rn. 3; *Galperin/Löwisch* § 27 Rn. 21 im Gegensatz zu § 29 Rn. 2; *Richardi/Thüsing* § 27 Rn. 42, § 29 Rn. 54; *Stege/Weinspach/Schiefer* § 27 Rn. 11, die jedoch keine Unterscheidung nach den zu behandelnden Aufgaben treffen). In diesen Fällen hat auch ein vom Arbeitgeber hinzugezogener **Vertreter der Arbeitgebervereinigung** ein Teilnahmerecht (s. § 29 Rdn. 74 ff.; 56

ebenso *Fitting* § 27 Rn. 56; *Galperin/Löwisch* § 27 Rn. 21; *Richardi/Thüsing* § 27 Rn. 42). Ein Teilnahmerecht besteht außerdem für **Gewerkschaftsbeauftragte** unter den Voraussetzungen des § 31 (s. § 31 Rdn. 3 f.; ebenso *Fitting* § 27 Rn. 56; *Richardi/Thüsing* § 27 Rn. 43; *Wedde/DKKW* § 27 Rn. 28 ohne Unterscheidung nach den zu behandelnden Aufgaben) und die Schwerbehindertenvertretung (s. § 32 Rdn. 3).

57 Dagegen besteht **kein Teilnahmerecht** der genannten Personen, soweit der Betriebsausschuss nur **laufende Geschäfte** erledigt (s. Rdn. 63; ebenso *Keßler Der Betriebsratsausschuss*, S. 59 f.; **a. M.** *Fitting* § 27 Rn. 56; *Wedde/DKKW* § 27 Rn. 28). Bei ihnen hat der Betriebsausschuss lediglich die Beschlussfassung des Betriebsrats vorzubereiten, so dass in der Betriebsratssitzung nochmals eine Beratung stattfindet, an der die genannten Personen ihr Teilnahmerecht ausüben können. Die dargelegten Grundsätze gelten auch für die **Schwerbehindertenvertretung**, obwohl § 178 Abs. 4 Satz 1 SGB IX (bis 01.01.2018: § 95 Abs. 4 Satz 1 SGB IX) ihr das Recht gewährt, an allen Sitzungen der Ausschüsse des Betriebsrats teilzunehmen (s. § 32 Rdn. 3). Für den **Vertrauensmann der Zivildienstleistenden** ist in § 3 Abs. 1 ZDVG nur ein Teilnahmerecht an den Sitzungen des Betriebsrats vorgesehen. Soweit jedoch der Betriebsausschuss an Stelle des Betriebsrats Aufgaben selbständig erledigt (s. Rdn. 52), ist der Vertrauensmann der Zivildienstleistenden zur Teilnahme an Ausschusssitzungen berechtigt, weil andernfalls § 3 Abs. 1 ZDVG umgangen werden könnte (ebenso *Kreft/WPK* § 27 Rn. 17; **a. M.** *Fitting* § 27 Rn. 60; *Galperin/Löwisch* § 27 Rn. 23; *Glock/HWGNRH* § 27 Rn. 41; *Wedde/DKKW* § 27 Rn. 30).

58 Für das Teilnahmerecht der **Jugend- und Auszubildendenvertretung** an Sitzungen des Betriebsausschusses ist zu beachten, dass der Gesetzgeber durch die Gewährung eines Rechts der Jugend- und Auszubildendenvertretung zur Entsendung mindestens eines Vertreters zu allen Betriebsratssitzungen eine umfassende Information der Jugend- und Auszubildendenvertretung über die allgemeine Tätigkeit des Betriebsrats sicherstellen wollte (s. *Oetker* § 67 Rdn. 5). Dieser Zweck gebietet es, der Jugend- und Auszubildendenvertretung ein Entsendungsrecht auch zu Ausschusssitzungen zu gewähren, soweit dem Betriebsausschuss Aufgaben zur selbständigen Erledigung übertragen worden sind, weil der Betriebsausschuss für diesen Bereich an die Stelle des Betriebsrats tritt und andernfalls das Entsendungsrecht der Jugend- und Auszubildendenvertretung umgangen werden könnte. Deshalb hat die Jugend- und Auszubildendenvertretung insoweit ein Teilnahmerecht an allen Sitzungen nach Maßgabe des § 67 Abs. 1, kann also jedenfalls immer einen Vertreter entsenden (ebenso *Fitting* § 27 Rn. 58 [seit 20. Aufl.]; *Koch/ErfK* § 27 BetrVG Rn. 3; *Kreft/WPK* § 27 Rn. 17; *Moritz Die Stellung der Jugend- und Auszubildendenvertretung im Rahmen der Betriebsverfassung*, S. 95; s. *Oetker* § 67 Rdn. 7; *Richardi/Thüsing* § 27 Rn. 44; *Richardi/Annuß* § 67 Rn. 10; *Wedde/DKKW* § 27 Rn. 31; *Weiss/Weyand* § 27 Rn. 3; **a. M.** *Galperin/Löwisch* § 27 Rn. 24, § 27 Rn. 3; *Rose/HWGNRH* § 67 Rn. 7, 18). Soweit dem Betriebsausschuss lediglich vorbereitende oder beratende Funktion zukommt, ist ein solches Teilnahmerecht allerdings nur anzuerkennen, wenn es sich um Angelegenheiten handelt, die in besonderer Weise die von der Jugend- und Auszubildendenvertretung repräsentierten Arbeitnehmer betreffen, da insoweit das Teilnahmerecht die Möglichkeit geben soll, auf die Entscheidungsfindung Einfluss zu nehmen, und in den Ausschussberatungen vielfach wesentliche Weichen für die Entscheidung im Betriebsrat gestellt werden (vgl. *Fitting* § 67 Rn. 18; *Richardi/Annuß* § 67 Rn. 10, 18; *Trittin/DKKW* § 67 Rn. 19 f.; für ein generelles Teilnahmerecht auch bei vorbereitenden Ausschüssen *Oetker* § 67 Rdn. 8, 32 m. w. N.; *Weiss/Weyand* § 67 Rn. 3).

59 Dagegen würde ein Teilnahmerecht der gesamten Jugend- und Auszubildendenvertretung an **Sitzungen des Betriebsausschusses, in denen besonders jugendliche Arbeitnehmer betreffende Angelegenheiten behandelt werden** (vgl. § 67 Abs. 1 Satz 2) und ein Stimmrecht aller Jugend- und Auszubildendenvertreter (vgl. § 67 Abs. 2) zu einer ungleichgewichtigen Stimmverteilung zwischen Betriebsrat und Jugend- und Auszubildendenvertretung führen. Deshalb ist die **Zahl der teilnahme- und stimmberechtigten Jugend- und Auszubildendenvertreter** an Sitzungen des Betriebsausschusses im gleichen Verhältnis **zu kürzen**, wie es dem Verhältnis der Anzahl der Mitglieder des Betriebsausschusses zu denen des Betriebsrats entspricht (ebenso *Fitting* § 27 Rn. 59a, § 67 Rn. 18, 23; *Galperin/Löwisch* § 27 Rn. 24 im Gegensatz zu § 67 Rn. 4a; *Oetker* § 67 Rdn. 32; *Richardi/Annuß* § 67 Rn. 18; *Wedde/DKKW* § 27 Rn. 31; **a. M.** *Richardi/Thüsing* § 27 Rn. 44: Teilnahmerecht der gesamten Jugend- und Auszubildendenvertreter. Besteht der Betriebsrat z. B. aus 15 und

der Betriebsausschuss dementsprechend aus fünf Mitgliedern (§ 27 Abs. 1 Satz 2), so kann unter den Voraussetzungen des § 67 Abs. 1 Satz 2, Abs. 2 die Jugend- und Auszubildendenvertretung ein Drittel ihrer Mitglieder mit Stimmrecht entsenden. Ist das Ergebnis der Berechnung ein Bruch, können nur so viele Jugend- und Auszubildendenvertreter entsandt werden, wie es der nächst niedrigen vollen Zahl entspricht (abw. *Fitting* § 27 Rn. 59a; *Wedde/DKKW* § 27 Rn. 31). Dieser geringe Vorteil des Betriebsrats rechtfertigt sich daraus, dass es sich um seine Sitzungen handelt. Die Jugend- und Auszubildendenvertretung entscheidet, welches seiner Mitglieder an der Ausschusssitzung teilnimmt.

60 Die Willensbildung des Betriebsausschusses erfolgt wie die des Betriebsrats durch **Beschlüsse**. Dies gilt sowohl für die laufenden Geschäfte (s. Rdn. 63 ff.) als auch für die selbständige Erledigung von Aufgaben. Unabhängig vom Aufgabenbereich gilt deshalb § 33 entsprechend (s. § 33 Rdn. 3; s. aber auch Rdn. 59). Die Aussetzung von Beschlüssen ist entsprechend § 35 möglich (s. § 35 Rdn. 6).

61 Der Betriebsausschuss kann sich eine **Geschäftsordnung** geben, es sei denn, dass der Betriebsrat in seiner Geschäftsordnung das Verfahren der Ausschüsse mitgeregelt oder ihnen eine eigene Geschäftsordnung gegeben hat (s. § 36 Rdn. 3 m. w. N.). Erlässt sie der Betriebsausschuss, bedarf sie entsprechend § 36 ebenfalls der Schriftform und muss mit der Mehrheit der Stimmen seiner Mitglieder (absolute Mehrheit) beschlossen werden (s. i. E. § 36 Rdn. 7 ff.). Durch Geschäftsordnungsregeln soll vor allem der Informationsfluss zwischen Betriebsausschuss und Betriebsrat sichergestellt und z. B. eine regelmäßige Berichtspflicht gegenüber dem Betriebsrat oder auch eine sofortige Berichtspflicht aus besonderem Anlass festgelegt werden (vgl. auch *Fitting* § 27 Rn. 64). Zur Konkretisierung der laufenden Geschäfte s. Rdn. 68.

62 Die Erfüllung der Aufgaben des Betriebsausschusses durch dessen Mitglieder ist **Betriebsratstätigkeit**. Für sie gelten daher die Vorschriften der §§ 37, 40 unmittelbar. Die Verletzung der Pflichten als Ausschussmitglied ist eine Amtspflichtverletzung des Betriebsratsmitglieds und kann nach § 23 Abs. 1 zum Ausschluss aus dem Betriebsrat führen (s. Rdn. 37). Die Mitglieder des Betriebsrats, also nicht nur des Betriebsausschusses, haben das Recht, jederzeit die **Unterlagen** des Betriebsausschusses **einzusehen** (§ 34 Abs. 3; s. § 34 Rdn. 31 ff.).

8. Laufende Geschäfte

63 Nach § 27 Abs. 2 Satz 1 führt der Betriebsausschuss **die laufenden Geschäfte** des Betriebsrats. Die »laufenden Geschäfte« sind dabei von den »Aufgaben zur selbständigen Erledigung« nach Abs. 2 Satz 2 zu unterscheiden. Erstere gehören kraft Gesetzes zu seinen ständigen Aufgaben, letztere können dem Betriebsausschuss vom Betriebsrat (durch gesonderten Beschluss) übertragen werden. Die laufenden Geschäfte begründen einen **eigenen Zuständigkeitsbereich** des Betriebsausschusses, innerhalb dessen er an Stelle des Betriebsrats entscheidet (ebenso *Fitting* § 27 Rn. 66; *Galperin/Löwisch* § 27 Rn. 29; *Glock/HWGNRH* § 27 Rn. 44 f.; *Hueck/Nipperdey* II/2, S. 1194; *Richardi/Thüsing* § 27 Rn. 49). Das gilt auch dann, wenn der Betriebsrat von der ihm nach § 27 Abs. 2 Satz 2 gegebenen Ermächtigung keinen Gebrauch macht, dem Betriebsausschuss Aufgaben zur selbständigen Erledigung zu übertragen. Die Führung der laufenden Geschäfte ist Recht und Pflicht des Betriebsausschusses; diese Aufgabe kann daher **nicht auf einen anderen Ausschuss (§ 28)** übertragen werden (BAG 14.08.2013 EzA § 27 BetrVG 2001 Nr. 2 Rn. 17 ff.; s. a. Rdn. 85, § 28 Rdn. 12). Der Betriebsrat kann auch nicht generell die Führung der laufenden Geschäfte an sich ziehen, weil bei größeren Betriebsräten i. S. d. § 27 Abs. 1 Satz 1 nach dem eindeutigen Wortlaut und Zweck des Gesetzes diese Aufgabe vom Betriebsausschuss wahrgenommen werden soll.

64 Die damit vom Gesetzgeber gewollte Entlastung des Betriebsrats und Beschleunigung seiner Arbeit (vgl. Rdn. 9) werden jedoch nicht dadurch beeinträchtigt, dass der **Betriebsrat einzelne Angelegenheiten**, die zu den **laufenden Geschäften** gehören, **an sich zieht** (ebenso *Fitting* § 27 Rn. 66; *Nikisch* III, S. 145; *Richardi/Thüsing* § 27 Rn. 49; *Wedde/DKKW* § 27 Rn. 32; **a. M.** *Glock/HWGNRH* § 27 Rn. 45). Dazu muss er, weil anders eine Willensbildung des Betriebsrats nicht möglich ist, einen Beschluss (§ 33) fassen (**a. M.** *Richardi/Thüsing* § 27 Rn. 49), für den die Regelungen des § 27 Abs. 2 Satz 2 und 4 nicht gelten, so dass die einfache Stimmenmehrheit genügt. Der **Betriebsrat** ist gleichfalls berechtigt, einen **Beschluss** des **Betriebsausschusses**, der Dritten gegenüber nicht verbindlich geworden ist, **wieder aufzuheben** (s. a. § 33 Rdn. 43 ff.; ebenso *Fitting* § 27 Rn. 66; *Nikisch*

§ 27 II. 3. *Geschäftsführung des Betriebsrats*

III, S. 145; *Richardi/Thüsing* § 27 Rn. 49; *Wedde/DKKW* § 27 Rn. 32; **a. M.** *Glock/HWGNRH* § 27 Rn. 59).

65 Unter der Geltung des § 28 BetrVG 1952 war es äußerst umstritten, **welche Angelegenheiten zu den laufenden Geschäften gehören** (vgl. *Dietz* § 28 Rn. 22 ff.; *Galperin/Siebert* § 28 Rn. 5 ff.; *Hueck/Nipperdey* II/2, S. 1194 f.; *Nikisch* III, S. 142 ff.). Bei der Neuregelung des § 27 hatte der Gesetzgeber keine Veranlassung, den Begriff der laufenden Geschäfte näher zu erläutern, weil er das Sachproblem der früheren Kontroverse gelöst hatte. Nach § 28 BetrVG 1952 war nämlich die Übertragung von Aufgaben auf den Betriebsausschuss zur selbständigen Erledigung nicht vorgesehen. Es ist daher verständlich, dass unter der Geltung der früheren Regelung eine extensive Auslegung des Begriffs der laufenden Geschäfte versucht wurde. Nachdem der Betriebsrat nunmehr dem Betriebsausschuss und anderen Ausschüssen Aufgaben zur selbständigen Erledigung übertragen kann (§ 27 Abs. 2 Satz 2, § 28 Abs. 1 Satz 3), besteht hierfür kein Bedürfnis mehr. Durch die Zuweisung von Aufgaben zur selbständigen Erledigung an seine Ausschüsse kann der Betriebsrat sich entlasten und seine Arbeit rationell gestalten. Er soll sich jedoch der Bedeutung seiner Entscheidung bewusst sein und muss daher den Übertragungsbeschluss mit absoluter Mehrheit seiner Stimmen fassen und die abgegebenen Aufgaben eindeutig bezeichnen (s. Rdn. 75 f.). Aus der gesetzlichen Regelung folgt damit zwar nicht zwingend, dass zu den laufenden Geschäften keine Aufgaben gehören können, die vom Betriebsrat selbständig zu erledigen sind (so zutr. *Richardi/Thüsing* § 27 Rn. 52). Jedoch wäre es schwer verständlich, wenn zur Grauzone der laufenden Geschäfte solche Aufgaben gehören würden, ohne dass das der Gesetzgeber sie zumindest andeutungsweise bezeichnet hätte. Seine Intention wird auch daran deutlich, dass in der amtl. Begründung (BR-Drucks. 715/70, S. 39) als Beispiele für die Übertragung von Aufgaben zur selbständigen Erledigung die Wahrnehmung der Mitbestimmungsrechte im personellen Bereich oder bei der Verwaltung von Sozialeinrichtungen genannt, Beteiligungsrechte daher offenbar nicht zu den laufenden Geschäften gerechnet werden.

66 Aus allen diesen Gründen ist an der Auffassung festzuhalten, dass zu den laufenden Geschäften **nicht die selbständige Erledigung von Aufgaben** gehört. Das gilt vor allem für die **Wahrnehmung von Mitwirkungs- und Mitbestimmungsrechten**, unabhängig davon, ob sie einmalig oder wiederkehrend zu erledigen sind (ebenso *BAG* 15.08.2012 EzA § 27 BetrVG 2001 Nr. 1 Rn. 19; *LAG Düsseldorf* 23.10.1973 DB 1974, 926; *ArbG Celle* 28.06.1974 ARSt. 1975, 62; *Koch*/ErfK § 27 BetrVG Rn. 4; *Fitting* § 27 Rn. 68; *Galperin/Löwisch* § 27 Rn. 32; *Glock/HWGNRH* § 27 Rn. 49; *Keßler* Der Betriebsratsausschuss, S. 108; *Stege/Weinspach/Schiefer* § 27 Rn. 9; *Wedde/DKKW* § 27 Rn. 33; **a. M.** *Joost*/MünchArbR § 218 Rn. 27 ff.; *Reichold*/HWK § 27 BetrVG Rn. 10; *Richardi/Thüsing* § 27 Rn. 54 ff.; zur Anhörung vor Kündigungen s. a. § 102 Rdn. 50). Die laufenden Geschäfte sind vielmehr **beschränkt auf interne organisatorische und verwaltungsmäßige Aufgaben**, die keiner Beschlussfassung durch den Betriebsrat bedürfen und in der Regel wiederkehrend anfallen (ebenso oder ähnlich *BAG* 15.08.2012 EzA § 27 BetrVG 2001 Nr. 1 Rn. 19; *Fitting* § 27 Rn. 67 f.; *Koch*/ErfK § 27 BetrVG Rn. 4; *Stege/Weinspach/Schiefer* § 27 BetrVG Rn. 9; *Wedde/DKKW* § 27 Rn. 33; **a. M.** vor allem *Richardi/Thüsing* § 27 Rn. 50 ff.: laufende Geschäfte seien alle Angelegenheiten, deren Erledigung eine Entscheidung des Betriebsrats nicht oder nicht mehr erfordert; *Galperin/Löwisch* § 27 Rn. 31; *Glock/HWGNRH* § 27 Rn. 47; *Reichold*/HWK § 27 BetrVG Rn. 8: alle Angelegenheiten ohne grundsätzliche Bedeutung). Nicht zu den laufenden Aufgaben zählt daher die Entscheidung über die **Einleitung eines Beschlussverfahrens**. Diese bedarf der besonderen Beschlussfassung durch den Betriebsrat (*LAG Düsseldorf* 05.08.2015 LAGE § 27 BetrVG 2001 Nr. 4 unter II 2 b aa; *Fitting* § 27 Rn. 68). Die **Vertretung des Betriebsrats** ist ebenfalls nicht Gegenstand der laufenden Geschäfte, sondern Aufgabe des Betriebsratsvorsitzenden (§ 26 Abs. 2). Er ist auch allein für die Entgegennahme von Erklärungen und Mitteilungen zuständig (s. § 26 Rdn. 53 ff.; ebenso *Galperin/Löwisch* § 27 Rn. 31; *Glock/HWGNRH* § 27 Rn. 47 seit 4. Aufl.; *Richardi/Thüsing* § 27 Rn. 52; abw. hinsichtlich der Entgegennahme von Anträgen und Beschwerden *Fitting* § 27 Rn. 68; *Wedde/DKKW* § 27 Rn. 34). Ebenso wenig können die regelmäßigen Besprechungen mit dem Arbeitgeber nach § 74 Abs. 1 zu den laufenden Geschäften gerechnet werden (s. *Kreutz/Jacobs* § 74 Rdn. 14).

67 Danach gehört zu den laufenden Geschäften u. a. die Vorbereitung von Sitzungen einschließlich der Beschlüsse des Betriebsrats (s. aber § 29 Abs. 2 und dazu Rdn. 69), von Betriebs- oder Abteilungsversammlungen, die Anfertigung des Entwurfs von Betriebsvereinbarungen, die Durchführung der

Sprechstunden (s. a. Rdn. 69), die Erteilung von Auskünften, die Führung von vorbereitenden Verhandlungen mit dem Arbeitgeber im Rahmen der Betriebsratsbeschlüsse, die sonstige verwaltungsmäßige Durchführung von Beschlüssen des Betriebsrats, die Einholung von Informationen, die Kontakte mit den im Betrieb vertretenen Gewerkschaften, die Beschaffung von Unterlagen, die Vorprüfung von Beschwerden, die Erledigung des laufenden Schriftwechsels oder die Entgegennahme von Anträgen der Arbeitnehmer (ebenso *BAG* 15.08.2012 EzA § 27 BetrVG 2001 Nr. 1 Rn. 19). Dem Betriebsausschuss steht darüber hinaus das Recht auf **Einsichtnahme in die Lohn- und Gehaltslisten** nach § 80 Abs. 2 Satz 2 Halbs. 2 zu (hierzu s. *Weber* § 80 Rdn. 114 ff.). Da die Einsichtnahme der Informationsbeschaffung und damit der Vorbereitung von Entscheidungen des Betriebsrats dient, zählt sie zu den laufenden Geschäften, so dass es sich lediglich um eine gesetzliche Konkretisierung des Umfangs der Aufgaben des Betriebsausschusses und nicht um eine Erweiterung handelt. Aus diesem Grunde steht die Befugnis in Betrieben ohne Betriebsausschuss den Personen zu, denen durch Beschluss nach § 27 Abs. 3 die laufenden Geschäfte übertragen worden sind (s. *Weber* § 80 Rdn. 115 m. w. N.). Im Unterschied zu den sonstigen laufenden Geschäften (s. Rdn. 63 sowie § 28 Rdn. 12) kann die Aufgabe allerdings nach der ausdrücklichen gesetzlichen Anordnung des § 80 Abs. 2 Satz 2 Halbs. 2 auch einem Ausschuss nach § 28 übertragen werden. Das Recht auf Einsichtnahme in die Lohn- und Gehaltslisten steht dem Betriebsausschuss auch im Rahmen seiner Aufgabe zur **Förderung der Entgeltgleichheit** von Frauen und Männern im Betrieb (§ 13 Abs. 1 EntgTranspG; s. hierzu *Weber* § 80 Rdn. 125 ff.) zu. Der Betriebsausschuss kann dieses Recht wiederum auf einen nach § 28 Abs. 1 Satz 3 gebildeten Ausschuss übertragen (§ 13 Abs. 2 EntgTranspG).

Es empfiehlt sich, zum Zwecke der Klarstellung die laufenden Geschäfte in der **Geschäftsordnung** 68 (§ 36) näher zu bezeichnen. Damit kann freilich der Umfang der Aufgaben nur festgestellt, nicht dagegen mit konstitutiver Wirkung erweitert werden (ebenso *Fitting* § 27 Rn. 69; *Glock/HWGNRH* § 27 Rn. 50; **a. M.** offenbar *Richardi/Thüsing* § 27 Rn. 61; nicht ganz klar *Wedde/DKKW* § 27 Rn. 34). Will der Betriebsrat die Befugnisse des Ausschusses über den Kreis der laufenden Geschäfte hinaus erweitern, so muss er von der Möglichkeit der Aufgabenübertragung nach § 27 Abs. 2 Satz 2 Gebrauch machen (hierzu Rdn. 70 ff.). Dagegen ist es unschädlich, wenn durch Übertragungsbeschluss dem Betriebsausschuss Aufgaben zugewiesen werden, die ohnehin zu den laufenden Geschäften gehören; dieser – formlos mögliche – Beschluss wirkt dann lediglich deklaratorisch.

Selbst wenn der Bereich der laufenden Geschäfte nach der h. M. begrenzt ist, wird die Funktion des 69 Betriebsausschusses dadurch nicht aufgehoben. Entgegen manchen in der Literatur geäußerten Befürchtungen (*Richardi/Thüsing* § 27 Rn. 52; ebenso *Joost/*MünchArbR § 218 Rn. 28) wird die Entlastung des Betriebsrats durch den Betriebsausschuss nicht beseitigt, sondern lediglich der **Betriebsrat gezwungen**, einen **ordnungsgemäßen Übertragungsbeschluss zu fassen**. Das ist keine unzumutbare Belastung für ihn, sondern im Interesse der Rechtssicherheit zu begrüßen. Insbesondere bei Kündigungen dürfte das selbst dann geboten sein, wenn es sich um eine Vielzahl gleich gelagerter Fälle handelt (**a. M.** *Joost/*MünchArbR § 218 Rn. 29). Ebenso wenig wird die Arbeit des Betriebsratsvorsitzenden erschwert. Seine ihm gesetzlich zustehenden Rechte hinsichtlich der Einberufung von Sitzungen nach § 29 Abs. 2 bleiben ihm unbenommen, aber er kann sich zu deren Vorbereitung – z. B. durch Materialsammlungen oder die Anfertigung von Berichten, Beschlussentwürfen usw. – der Hilfe des Betriebsausschusses bedienen. Ferner wird von niemandem behauptet, der Betriebsausschuss müsse in seiner Gesamtheit Sprechstunden abhalten. Wenn dies nach der hier vertretenen Auffassung zu den laufenden Geschäften gehört, hat der Betriebsausschuss aber ungeachtet der Zuständigkeit des Betriebsrats nach § 39 Abs. 1 Satz 2 darüber zu beschließen, in welcher Weise und durch welche seiner Mitglieder die Sprechstunden abgehalten werden. Gegen die Ansicht von *Richardi/Thüsing* spricht schließlich die Unbestimmtheit der dort vorgenommenen Abgrenzung. Laufende Geschäfte sollen danach alle Angelegenheiten sein, deren Erledigung eine Entscheidung des Betriebsrats nicht oder nicht mehr erfordert (vgl. *Richardi/Thüsing* § 27 Rn. 50 im Anschluss an *Hueck/Nipperdey* II/2, S. 1194 f.; ferner *Galperin/Löwisch* § 27 Rn. 31). Wann eine Entscheidung des Betriebsrats nicht oder nicht mehr erforderlich ist, weil sie bereits durch eine Betriebsvereinbarung oder einen Beschluss des Betriebsrats inhaltlich vorbestimmt ist oder es sich um zeitbedingte Aufgaben ohne grundsätzliche Bedeutung für die Belegschaft handelt, ist zumindest für die betriebliche Praxis schwer abzuschätzen. Auch die Einschränkung, dass dabei an Einzelmaßnahmen gedacht sei, die sich auf die Rechtsstellung eines Arbeitnehmers lediglich vorübergehend auswirkten (*Richardi/Thüsing* § 27 Rn. 54), hilft nicht wesentlich weiter. Zuzugestehen ist, dass zumindest viele der von *Richardi/Thüsing* (§ 27 Rn. 54 ff.) genannten Fälle der Mitbestimmung in sozialen oder personellen Angelegenheiten zweckmäßigerweise vom Betriebsausschuss wahrgenommen werden sollten. Es besteht aber kein Grund, hierfür auf einen Übertragungsbeschluss zu verzichten.

9. Übertragung von Aufgaben zur selbständigen Erledigung

70 Nach § 27 Abs. 2 Satz 2 kann der Betriebsrat dem Betriebsausschuss Aufgaben zur selbständigen Erledigung übertragen. Zur Übertragung von Aufgaben auf andere Ausschüsse vgl. § 28. Da die Führung der laufenden Geschäfte dem Betriebsausschuss schon kraft Gesetzes obliegt, kann die Ermächtigung zur Übertragung sich nur auf andere Aufgaben beziehen, die zusätzlich vom Betriebsausschuss wahrgenommen werden sollen. **Ausdrücklich ausgenommen** ist lediglich der **Abschluss von Betriebsvereinbarungen**, der wegen der Bedeutung und des normativen Charakters der Betriebsvereinbarung ausschließlich dem Betriebsrat vorbehalten ist (vgl. amtl. Begründung, BR-Drucks. 715/70, S. 39). Auch die **Wahl** des Vorsitzenden des Betriebsrats und seines Stellvertreters (§ 26 Abs. 1), der weiteren Mitglieder des Betriebsausschusses (§ 27 Abs. 1 Satz 3 und 4) und der Mitglieder der anderen Ausschüsse (§ 28 Abs. 1 Satz 2) ist allein vom Betriebsrat vorzunehmen (ebenso *Fitting* § 27 Rn. 77; *Glock/HWGNRH* § 27 Rn. 55; *Kreft/WPK* § 27 Rn. 30; *Richardi/Thüsing* § 27 Rn. 62; *Wedde/DKKW* § 27 Rn. 37). Entsprechendes gilt für die Entsendung von Betriebsratsmitgliedern in den Gesamtbetriebsrat nach § 47 Abs. 2. Ausgeschlossen ist eine Übertragung von Aufgaben auch in den Fällen, in denen ausnahmsweise für einen Beschluss des Betriebsrats die **Mehrheit der Stimmen seiner Mitglieder** erforderlich ist (s. § 33 Rdn. 33 und § 28 Rdn. 29; ebenso *Kreft/WPK* § 27 Rn. 30). Wegen der grundsätzlichen Bedeutung derartiger Beschlüsse ist hier eine Willensbildung durch den gesamten Betriebsrat erforderlich (ebenso *Fitting* § 27 Rn. 77; *Glock/HWGNRH* § 27 Rn. 55; *Richardi/Thüsing* § 27 Rn. 62). Schließlich können die dem Betriebsratsvorsitzenden kraft Gesetzes zustehenden Befugnisse nicht generell auf den Betriebsausschuss übertragen werden (*Richardi/Thüsing* § 27 Rn. 62).

71 Im Übrigen können jedoch **alle anderen zur Zuständigkeit des Betriebsrats gehörenden Aufgaben** auf den Betriebsausschuss übertragen werden (zur – streitigen – Frage der Übertragbarkeit der regelmäßigen Besprechungen mit dem Arbeitgeber s. *Kreutz/Jacobs* § 74 Rdn. 14). Das gilt auch für die Ausübung von **Mitwirkungs- und Mitbestimmungsrechten** in sozialen, personellen und wirtschaftlichen Angelegenheiten und zwar sowohl für einzelne Aufgaben als auch für einen bestimmten Aufgabenbereich wie z. B. die Verwaltung von Sozialeinrichtungen oder die Wahrnehmung personeller Angelegenheiten (*BAG* 01.06.1976 AP Nr. 1 zu § 28 BetrVG 1972 Bl. 3; *LAG Berlin-Brandenburg* 21.08.2014 LAGE § 81 SGB IX Nr. 14 unter II 1; *Fitting* § 27 Rn. 74; *Galperin/Löwisch* § 27 Rn. 33; *Glock/HWGNRH* § 27 Rn. 52; *Richardi/Thüsing* § 27 Rn. 62; *Stege/Weinspach/Schiefer* § 27 Rn. 10; *Wedde/DKKW* § 27 Rn. 38; für die Beteiligung nach § 102 ebenso *BAG* 04.08.1975 AP Nr. 4 zu § 102 BetrVG 1972 Bl. 1 R f.; vgl. auch § 102 Rdn. 50, 130, § 103 Rdn. 57). Sind dem Betriebsausschuss Mitbestimmungsrechte übertragen, bei denen im Falle der Nichteinigung die Einigungsstelle entscheidet, so umfasst die Übertragung im Zweifel auch das Recht zur **Anrufung der Einigungsstelle** (*Richardi/Thüsing* § 27 Rn. 68; wohl auch *Fitting* § 27 Rn. 73b; **a. M.** [nur der Betriebsrat könne die Einigungsstelle anrufen] *Frauenkron* § 27 Rn. 7; *Wedde/DKKW* § 27 Rn. 37 [in der – unzutreffenden – Annahme, dass der Spruch der Einigungsstelle stets den Charakter einer Betriebsvereinbarung habe]; s. a. Rdn. 81). Eine Ausnahme gilt lediglich, wenn die Anrufung der Einigungsstelle den Abschluss einer Betriebsvereinbarung zum Ziel hat. In diesem Fall bleibt auch das Recht zur Anrufung der Einigungsstelle dem Betriebsrat selbst vorbehalten (s. Rdn. 70; *LAG München* 29.10.2009 LAGE § 98 ArbGG 1979 Nr. 55 S. 6; *Fitting* § 27 Rn. 73b; insoweit wie hier auch *Wedde/DKKW* § 27 Rn. 37).

72 Einschränkungen im Hinblick auf die Übertragbarkeit bestehen auch für die Aufgaben, die in den Betrieben der **privatisierten Postunternehmen** nach Maßgabe des § 28 PostPersRG von den in den Betriebsrat gewählten Vertretern der Beamten wahrzunehmen sind. In diesen Angelegenheiten haben die Vertreter der Beamten – nach gemeinsamer Beratung im Betriebsrat – alleine zu beschließen (zur Rechtslage bei den privatisierten Postunternehmen *Kraft* FS *Wiese*, 1998, S. 219 ff.). Diese Aufgaben können daher nicht auf den Betriebsausschuss zur eigenständigen Wahrnehmung übertragen werden,

weil ansonsten die Alleinentscheidungskompetenz der Beamtenvertreter in Frage gestellt wäre (*Fitting* § 27 Rn. 75; *Richardi / Thüsing* § 27 Rn. 72). Eine Ausnahme gilt nur, wenn die Beamten im Betriebsrat nicht vertreten sind. Über den **Umfang der Übertragung** entscheidet der Betriebsrat nach **pflichtgemäßem Ermessen** (ähnlich für Ausschüsse nach § 28 *BAG* 20.10.1993 EzA § 28 BetrVG 1972 Nr. 4 = AP Nr. 5 zu § 28 BetrVG 1972 unter B II 4; 17.03.2005 EzA § 28 BetrVG 2001 Nr. 1 unter B I: Betriebsrat entscheidet in eigener Verantwortung). Die Entscheidung unterliegt nicht der gerichtlichen Zweckmäßigkeits-, sondern nur einer Rechtskontrolle (*BAG* 20.10.1993 EzA § 28 BetrVG 1972 Nr. 4 = AP Nr. 5 zu § 28 BetrVG 1972 unter B II 4; 17.03.2005 EzA § 28 BetrVG 2001 Nr. 1 unter B I; 15.08.2012 EzA § 27 BetrVG 2001 Nr. 1 Rn. 25).

Unzulässig wäre es jedoch, wenn der **Betriebsrat alle wesentlichen Aufgaben** bis auf diejenigen, 73 die von ihm selbst wahrgenommen werden müssen, dem **Betriebsausschuss zur selbständigen Erledigung übertragen** würde, so dass der Betriebsrat in der Regel nicht mehr als Plenum entscheiden und damit die vom Gesetzgeber im Prinzip gewollte Mitwirkung aller Betriebsratsmitglieder an der Willensbildung des Betriebsrats aufgehoben würde. Dadurch würde der eigentliche Zweck des Betriebsausschusses, die Arbeit des Betriebsrats zu entlasten und zu beschleunigen (vgl. Rdn. 9), verfehlt werden und ein Rechtsmissbrauch vorliegen. Der Betriebsrat muss daher in einem Kernbereich der gesetzlichen Befugnisse als Gesamtorgan zuständig bleiben (vgl. ebenso *BAG* 01.06.1976 AP Nr. 1 zu § 28 BetrVG 1972 Bl. 3; 20.10.1993 AP Nr. 5 zu § 28 BetrVG 1972 Bl. 3 f.; 15.08.2012 EzA § 27 BetrVG 2001 Nr. 1 Rn. 24; *Fitting* § 27 Rn. 78; *Galperin / Löwisch* § 27 Rn. 34; *Glock / HWGNRH* § 27 Rn. 55; *Koch* / ErfK § 27 BetrVG Rn. 5; *Kreft / WPK* § 27 Rn. 30; *Richardi / Thüsing* § 27 Rn. 62; *Wedde / DKKW* § 27 Rn. 37). Dabei ist nicht auf den einzelnen Mitbestimmungstatbestand, sondern auf den gesamten Aufgabenbereich des Betriebsrats abzustellen. Die vollständige Übertragung der Befugnisse aus einem einzelnen Mitbestimmungstatbestand auf einen Ausschuss zur selbständigen Beratung und Entscheidung ist daher zulässig, solange dem Betriebsrat noch hinreichend sonstige Kompetenzen verbleiben (*BAG* 20.10.1993 AP Nr. 5 zu § 28 BetrVG 1972 Bl. 3 R; 17.03.2005 EzA § 28 BetrVG 2001 Nr. 1 unter B I; *LAG* Berlin-Brandenburg 21.08.2014 LAGE § 81 SGB IX Nr. 14 unter II 1).

Kraft Gesetzes gehört zu den Aufgaben des Betriebsausschusses die Ausübung des Rechts auf **Einblick** 74 in die **Listen** über die **Bruttolöhne** und **-gehälter** (§ 80 Abs. 2 Satz 2; s. *Weber* § 80 Rdn. 107 ff.), so dass es keines Übertragungsbeschlusses bedarf (s. Rdn. 67). Jedoch kann dieses Recht vom Betriebsrat einem anderen Ausschuss (§ 28) übertragen werden, der dann an die Stelle des Betriebsausschusses tritt.

Die Übertragung von Aufgaben zur selbständigen Erledigung bedarf eines **Beschlusses** des Betriebs- 75 rats (vgl. § 33). Wegen der Bedeutung der Entscheidung ist hierfür die Mehrheit der Stimmen der Mitglieder des Betriebsrats (**absolute Mehrheit**) erforderlich (§ 27 Abs. 2 Satz 2). Sie ist in der Regel durch Aufrundung der im Wege der Teilung ermittelten Hälfte der gesetzlichen Mitgliederzahl zu errechnen (s. § 33 Rdn. 13 f., 33). Betrifft der Beschluss **überwiegend jugendliche Arbeitnehmer oder Auszubildende**, so dass die Jugend- und Auszubildendenvertreter nach § 67 Abs. 2 Stimmrecht haben und ihre Stimmen bei der Feststellung der Stimmenmehrheit nach § 33 Abs. 3 mitgezählt werden (vgl. § 33 Rdn. 22), erfordert die nach § 27 Abs. 2 Satz 2 vorgeschriebene Mehrheit sowohl die absolute Mehrheit der Betriebsratsmitglieder als auch die absolute Mehrheit der Mitglieder des Betriebsrats und der Jugend- und Auszubildendenvertretung (näher § 33 Rdn. 34 f.; ebenso *Fitting* § 27 Rn. 81; *Kreft / WPK* § 27 Rn. 22 ff.; ähnlich [freilich ohne Erwähnung des zusätzlichen Erfordernisses der absoluten Mehrheit der Betriebsratsmitglieder] *Richardi / Thüsing* § 27 Rn. 63; weitergehend *Wedde / DKKW* § 27 Rn. 35, der sowohl die absolute Mehrheit der Betriebsratsmitglieder, als auch der Jugend- und Auszubildendenvertreter verlangt; anders auch *Wiese* 6. Aufl., § 27 Rn. 81, wonach neben der absoluten Mehrheit der Betriebsratsmitglieder der Stimmen der anwesenden Betriebsratsmitglieder und Jugend- und Auszubildendenvertreter genügt). Das Gesagte gilt nur, wenn der Übertragungsbeschluss selbst überwiegend jugendliche Arbeitnehmer oder Auszubildende betrifft, aber nicht, wenn im Einzelfall bei seiner Anwendung überwiegend jugendliche Arbeitnehmer oder Auszubildende betroffen sein könnten (ebenso *Richardi / Thüsing* § 27 Rn. 63). Für diesen Fall ist aber die Jugend- und Auszubildendenvertretung beim Beschluss des Betriebsausschusses stimmberechtigt (s. Rdn. 59).

76 Der Übertragungsbeschluss bedarf ferner der **Schriftform** (§ 27 Abs. 2 Satz 3). Die Form hat vor allem Klarstellungs- und Beweisfunktion. Sie soll Klarheit und Rechtssicherheit hinsichtlich des Umfanges der Aufgabenübertragung schaffen (näher *Raab* FS *Konzen*, S. 719 [728 f.]). Zugleich dient der schriftliche Beschluss dem Nachweis der Legitimation des Betriebsausschusses. Denkbar wäre auch, dass mit der schriftlichen Abfassung dem Betriebsrat die Bedeutung der Delegation bewusst gemacht werden, der Form also auch eine Warnfunktion zukommen soll (so hier bis zur 8. Aufl. § 27 Rn. 73; ebenso *Kreft / WPK* § 27 Rn. 26). Dies würde freilich voraussetzen, dass die Form nur gewahrt wird, wenn der Text den Betriebsratsmitgliedern bereits bei Beschlussfassung in schriftlicher Fassung vorliegt, was vom Gesetz nicht gefordert wird (s. Rdn. 77). Aus dem Zweck der Schriftform ergibt sich, dass die schriftliche Abfassung der Aufgabenübertragung allein nicht genügt. Vielmehr müssen **die übertragenen Aufgaben** in dem schriftlichen Beschluss so **genau und eindeutig bezeichnet** werden, dass sowohl für die Betriebsratsmitglieder bei der Beschlussfassung als auch für Dritte Klarheit über den Umfang der Aufgabenzuweisung besteht (ebenso *BAG* 17.03.2005 EzA § 28 BetrVG 2001 Nr. 1 unter B II 1; *Fitting* § 27 Rn. 82; *Galperin / Löwisch* § 27 Rn. 35; *Glock / HWGNRH* § 27 Rn. 61; *Raab* FS *Konzen*, S. 719 [730]; *Richardi / Thüsing* § 27 Rn. 64; vgl. auch *BAG* 20.10.1993 AP Nr. 5 zu § 28 BetrVG 1972 Bl. 3). Hierfür genügt es, wenn in dem Übertragungsbeschluss die Normen bezeichnet sind, aus denen sich die übertragenen Befugnisse ergeben. Einer weiteren Erläuterung, etwa einer Aufzählung der hieraus folgenden Beteiligungsrechte, bedarf es nicht (*BAG* 17.03.2005 EzA § 28 BetrVG 2001 Nr. 1 unter B II 1).

77 Mit der Schriftform ist die in § 126 Abs. 1 BGB bezeichnete Form gemeint. Der Übertragungsbeschluss muss folglich in einer **Urkunde** niedergelegt sein, die **vom Vorsitzenden des Betriebsrats eigenhändig durch Namensunterschrift zu unterzeichnen** ist (ebenso *Fitting* § 27 Rn. 83; *Galperin / Löwisch* § 27 Rn. 35; *Glock / HWGNRH* § 27 Rn. 61; *Raab* FS *Konzen*, S. 719 [729 f.]; *Richardi / Thüsing* § 27 Rn. 64; *Wedde / DKKW* § 27 Rn. 35). Da der Übertragungsbeschluss in einer Sitzung des Betriebsrats gefasst wird, wird das Formerfordernis im Regelfall bereits dadurch erfüllt, dass der Beschluss gem. § 34 Abs. 1 Satz 1 mit seinem Wortlaut in die Sitzungsniederschrift aufgenommen und die Niederschrift gem. § 34 Abs. 1 Satz 2 von dem Vorsitzenden und einem weiteren Betriebsratsmitglied unterzeichnet wird. Die Unterschrift des weiteren Betriebsratsmitgliedes ist aber keine Voraussetzung für die Formwirksamkeit des Übertragungsbeschlusses (**a. M.** *Wedde / DKKW* § 27 Rn. 35). Der Schriftform ist auch genügt, wenn die Übertragung in die schriftlich fixierte Geschäftsordnung (vgl. § 36 Rdn. 8) aufgenommen wird (ebenso *BAG* 04.08.1975 AP Nr. 4 zu § 102 BetrVG 1972 Bl. 2; 20.10.1993 AP Nr. 5 zu § 28 BetrVG 1972 Bl. 3; *Fitting* § 27 Rn. 83; *Galperin / Löwisch* § 27 Rn. 35; *Glock / HWGNRH* § 27 Rn. 61; *Richardi / Thüsing* § 27 Rn. 66). Die Schriftform kann durch die elektronische Form ersetzt werden (§§ 126 Abs. 3, 126a BGB).

78 Ist die **Schriftform nicht beachtet** worden, so ist der **Beschluss** gem. § 125 BGB **nichtig** (*Raab* FS *Konzen*, S. 719 [730]; s. a. § 33 Rdn. 65). Gleichwohl in diesen Angelegenheiten gefasste Beschlüsse des Betriebsausschusses sind unwirksam. Der Betriebsrat hat dann an Stelle des Betriebsausschusses neu zu beschließen; eine Genehmigung des Beschlusses ist ausgeschlossen (zust. *Glock / HWGNRH* § 27 Rn. 62; **a. M.** *Fitting* § 27 Rn. 84; *Reichold / HWK* § 27 BetrVG Rn. 14; *Richardi / Thüsing* § 27 Rn. 69), da kein genehmigungsfähiger Tatbestand vorliegt. Der Betriebsrat kann nur das Handeln ohne Vertretungsmacht des Betriebsratsvorsitzenden genehmigen. Zum Vertrauensschutz s. § 26 Rdn. 43 ff.

79 Der **ordnungsgemäße Übertragungsbeschluss** bewirkt, dass der **Betriebsausschuss** für die bezeichneten Aufgaben in vollem Umfang **an die Stelle** des **Betriebsrats** tritt (ebenso *Fitting* § 27 Rn. 71; *Glock / HWGNRH* § 27 Rn. 59; *Wedde / DKKW* § 27 Rn. 36). Die Beschlüsse des Betriebsausschusses haben daher die gleiche Wirkung wie die des Betriebsrats und ersetzen diese (ebenso *Fitting* § 27 Rn. 71; *Glock / HWGNRH* § 27 Rn. 59; *Richardi / Thüsing* § 27 Rn. 67). Jedoch wird die Primärzuständigkeit des Betriebsrats dadurch nicht beseitigt. Ebenso wie der Betriebsrat jederzeit die auf den Betriebsausschuss übertragenen Aufgaben durch Widerruf ganz wieder an sich ziehen kann (s. Rdn. 82), darf er deshalb auch einen einzelnen Beschluss des Betriebsausschusses mit absoluter Stimmenmehrheit der Betriebsratsmitglieder aufheben oder ändern, solange der Beschluss Dritten gegenüber noch nicht wirksam geworden ist (ebenso *Fitting* § 27 Rn. 71; *Stege / Weinspach / Schiefer* § 27 Rn. 13; *Richardi / Thüsing* § 27 Rn. 67; *Wedde / DKKW* § 27 Rn. 36; **a. M.** *Glock / HWGNRH* § 27

Rn. 59). Aus dem Umstand, dass der Betriebsausschuss bei einer Übertragung von Aufgaben zur selbständigen Erledigung an die Stelle des Betriebsrats tritt, kann nicht geschlossen werden, dass er seinerseits **Unterausschüssen** Aufgaben zur selbständigen Erledigung übertragen könnte (ebenso *Fitting* § 27 Rn. 77; s. a. Rdn. 54). Der Betriebsrat kann aber nach Maßgabe des § 28 außer dem Betriebsausschuss noch andere Ausschüsse bilden.

Aufgrund seiner Zuweisungskompetenz kann der **Betriebsrat** die **Rechte** und **Pflichten** des **Be- 80 triebsausschusses** hinsichtlich der zur **selbständigen Erledigung übertragenen Aufgaben im Einzelnen regeln** (ebenso *Fitting* § 27 Rn. 73; *Galperin/Löwisch* § 27 Rn. 35; *Richardi/Thüsing* § 27 Rn. 68; *Wedde/DKKW* § 27 Rn. 38; **a. M.** *Glock/HWGNRH* § 27 Rn. 56 ff., der auf die eigenständige Stellung des Betriebsausschusses verweist, aber verkennt, dass dessen Kompetenzen durch den Betriebsrat begründet werden und deshalb durch den Übertragungsbeschluss begrenzt werden können). So kann er festlegen, dass der Betriebsausschuss unter bestimmten Voraussetzungen – z. B. wegen der grundsätzlichen Bedeutung einer Angelegenheit – diese dem Betriebsrat zur Entscheidung vorlegen muss. Ein vom Betriebsausschuss trotzdem gefasster Beschluss wäre dann nicht von der Ermächtigung gedeckt und unwirksam. Ebenso kann der Betriebsrat eine qualifizierte Mehrheit für die Beschlussfassung vorsehen und auch hier, falls diese Mehrheit nicht erreicht wird, die Vorlage anordnen (ebenso *Fitting* § 27 Rn. 61, 73). Ferner kann durch den Übertragungsbeschluss eine Berichtspflicht an den Betriebsrat festgelegt werden, falls sie nicht schon Gegenstand der Geschäftsordnung ist (s. Rdn. 61; vgl. auch *Fitting* § 27 Rn. 73a; *Glock/HWGNRH* § 27 Rn. 58 [»Betriebspflicht«]; *Richardi/Thüsing* § 27 Rn. 68); gegebenenfalls kann sie diese auch ergänzen. Auch für die Durchführung der Aufgaben können Einzelanweisungen gegeben oder generelle Regeln aufgestellt werden (ebenso *Galperin/Löwisch* § 27 Rn. 35; *Richardi/Thüsing* § 27 Rn. 68).

Schließlich ist es zulässig, dass der **Betriebsrat** sich die **Anrufung** der **Einigungsstelle vorbehält**, **81** falls in einer Frage keine Einigung mit dem Arbeitgeber zustande kommt (ebenso *Fitting* § 27 Rn. 73b; *Richardi/Thüsing* § 27 Rn. 68; **a. M.** *Glock/HWGNRH* § 27 Rn. 56 f.; noch anders *Frauenkron* § 27 Rn. 7, der annimmt, nur der Betriebsrat könne die Einigungsstelle anrufen; ebenso *Wedde/DKKW* § 27 Rn. 37). Die Entscheidung der Einigungsstelle bei Anrufung durch den Betriebsausschuss kann nur die Wirkung einer Regelungsabrede haben, weil der Abschluss von Betriebsvereinbarungen dem Betriebsrat vorbehalten ist (§ 27 Abs. 2 Satz 2). Deshalb wird es sich in der Regel empfehlen, dass der Betriebsrat die Einigungsstelle anruft.

Für den **Widerruf** der Übertragung von Aufgaben gelten gem. § 27 Abs. 2 Satz 4 die Sätze 2 und 3 **82** entsprechend, d. h. die gleichen Grundsätze wie für die Übertragung von Aufgaben zur selbständigen Erledigung. Der Widerruf bedarf daher eines Beschlusses des Betriebsrats mit der Mehrheit der Stimmen seiner Mitglieder und gegebenenfalls derjenigen der Jugend- und Auszubildendenvertreter sowie der Schriftform (vgl. Rdn. 76 f.). Er kann jederzeit erfolgen und braucht nicht begründet zu werden. Entsprechendes gilt für eine **Änderung** des **Umfangs** der übertragenen Aufgaben (vgl. § 33 Rdn. 46). Als zulässiger teilweiser Widerruf ist es zu bewerten, wenn der Betriebsrat in einem Einzelfall die Entscheidung einer Angelegenheit an sich zieht (ebenso BAG 18.07.1978 AP Nr. 1 zu § 101 BetrVG 1972 Bl. 2 R; *Richardi/Thüsing* § 27 Rn. 67; **a. M.** *Glock/HWGNRH* § 27 Rn. 66). Stets endet die Zuständigkeit des Betriebsausschusses mit der Amtszeit des jeweiligen Betriebsrats (s. Rdn. 28).

Das Gesetz schreibt nicht vor, dass die **Übertragung** von **Aufgaben** zur selbständigen Erledigung auf **83** den Betriebsausschuss sowie deren **Widerruf** dem **Arbeitgeber mitgeteilt** werden müssen. Jedenfalls ist die Mitteilung keine Wirksamkeitsvoraussetzung der entsprechenden Beschlüsse (ebenso *Fitting* § 27 Rn. 85; *Glock/HWGNRH* § 27 Rn. 63; *Richardi/Thüsing* § 27 Rn. 65; *Stege/Weinspach/Schiefer* § 27 Rn. 13; *Wedde/DKKW* § 27 Rn. 40). Im Interesse einer vertrauensvollen Zusammenarbeit zwischen Arbeitgeber und Betriebsrat (§ 2 Abs. 1) ist dem Arbeitgeber jedoch Mitteilung zu machen, soweit es für die Zusammenarbeit erforderlich ist (s. § 36 Rdn. 10; ähnlich *Galperin/Löwisch* § 27 Rn. 35 [anders aber für den Widerruf]; *Glock/HWGNRH* § 27 Rn. 64; *Stege/Weinspach/Schiefer* § 27 Rn. 13; **a. M.** *Fitting* § 27 Rn. 85 [im Interesse der Zusammenarbeit empfehlenswert]; *Richardi/Thüsing* § 27 Rn. 65; *Wedde/DKKW* § 27 Rn. 40 [Frage der Zweckmäßigkeit]). Der Arbeitgeber braucht sich die Übertragung und den Widerruf nicht entgegenhalten zu lassen, solange er von ihnen keine Kenntnis erlangt hat (ebenso *Fitting* § 27 Rn. 85; *Glock/HWGNRH* § 27 Rn. 63 f.; *Richardi/Thüsing* § 27 Rn. 65, 69; *Wedde/DKKW* § 27 Rn. 40). Da er im Hinblick auf § 2 Abs. 1 davon ausgehen muss, dass die Mitteilung des Übertragungsbeschlusses zutreffend ist, kann er dessen Vorlage nur verlangen, wenn Zweifel an der Wirksamkeit oder am Umfang der Übertragung bestehen (ebenso im Ergebnis *Fitting* § 27 Rn. 85; *Glock/HWGNRH* § 27 Rn. 64 [allerdings ohne Beschränkung auf Zweifelsfälle]; *Richardi/Thüsing* § 27 Rn. 65; *Wedde/DKKW* § 27 Rn. 40).

10. Übertragung von Aufgaben zur Vorbereitung

84 Das Gesetz regelt in § 27 Abs. 2 Satz 2 nur die Übertragung von Aufgaben zur selbständigen Erledigung. Jedoch kann der Betriebsrat dem Betriebsausschuss auch Aufgaben zur Vorbereitung übertragen (ebenso *Fitting* § 27 Rn. 72; *Richardi/Thüsing* § 27 Rn. 71). In diesem Falle verbleibt dem Betriebsrat die weitere Behandlung, insbesondere die Beschlussfassung. Die Übertragung bedarf nicht der Voraussetzungen des § 27 Abs. 2 Satz 2 und 3; es genügt ein Beschluss mit einfacher Stimmenmehrheit (ebenso *Fitting* § 27 Rn. 72; *Richardi/Thüsing* § 27 Rn. 71).

III. Übertragung der laufenden Geschäfte in kleineren Betriebsräten

85 Betriebsräte mit weniger als neun Mitgliedern können keinen Betriebsausschuss bilden (s. Rdn. 10). Ihnen gestattet § 27 Abs. 3, die laufenden Geschäfte auf den **Vorsitzenden** des Betriebsrats (s. a. § 26 Rdn. 30) oder **andere Betriebsratsmitglieder** zu übertragen. Damit soll auch kleineren Betriebsräten die laufende Arbeit erleichtert werden. Das entspricht einem praktischen Bedürfnis (amtl. Begründung, BR-Drucks. 715/70, S. 39). Die **Aufzählung ist abschließend**. Eine Übertragung der laufenden Geschäfte auf einen Ausschuss gem. § 28 Abs. 1, der nach der Neuregelung durch das BetrVerf-ReformG auch in kleineren Betrieben mit mehr als 100 Arbeitnehmern gebildet werden kann, ist nicht möglich, da der Gesetzgeber den § 27 Abs. 3 (§ 27 Abs. 4 a. F.) trotz der Erweiterung des § 28 Abs. 1 unverändert gelassen hat (*BAG* 14.08.2013 EzA § 27 BetrVG 2001 Nr. 2 Rn. 17 ff; s. a. § 28 Rdn. 12). Die Übertragung betrifft explizit nur die laufenden Geschäfte (zum Umfang s. Rdn. 65 ff.). Dagegen können dem Vorsitzenden oder anderen Betriebsratsmitgliedern nicht Aufgaben zur selbständigen Erledigung übertragen werden. Die Wahrnehmung der sonstigen Aufgaben bleibt, sofern diese nicht auf einen Ausschuss übertragen werden (§ 28 Abs. 1), dem Betriebsrat vorbehalten (ebenso *LAG Bremen* 26.10.1982 AuR 1983, 123; *Fitting* § 27 Rn. 94; *Galperin/Löwisch* § 27 Rn. 36; *Glock/HWGNRH* § 27 Rn. 71; *Richardi/Thüsing* § 27 Rn. 76). Insbesondere kann nicht die Ausübung von Beteiligungsrechten übertragen werden (ebenso *Fitting* § 27 Rn. 94; *Kreft/WPK* § 27 Rn. 33; *Wedde/DKKW* § 27 Rn. 43; im Ergebnis auch *Richardi/Thüsing* § 27 Rn. 76). Die von einem unzulässigen Betriebsausschuss gefassten Beschlüsse wären unwirksam. Zum Einblicksrecht in die Bruttolohn- und Bruttogehaltslisten vgl. § 80 Abs. 2 Satz 2.

86 Der Betriebsrat entscheidet nach **pflichtgemäßem Ermessen** darüber, ob er nur den Betriebsratsvorsitzenden, diesen zusammen mit einem anderen Betriebsratsmitglied, ein einzelnes Betriebsratsmitglied oder mehrere Betriebsratsmitglieder mit der Führung der laufenden Geschäfte betraut und welche Mitglieder dies sind (ebenso *Galperin/Löwisch* § 27 Rn. 38; *Glock/HWGNRH* § 27 Rn. 69; *Richardi/Thüsing* § 27 Rn. 78 f.; noch weiter in der Formulierung *Fitting* § 27 Rn. 92: Betriebsrat sei »in seiner Entscheidung frei«). Werden mehrere Betriebsratsmitglieder gemeinsam mit dieser Aufgabe betraut, sollte besser nicht von einem »geschäftsführenden Ausschuss« gesprochen werden (so aber *Fitting* § 27 Rn. 92; *Galperin/Löwisch* § 27 Rn. 38). Jedenfalls handelt es sich nicht um den Betriebsausschuss i. S. d. § 27 Abs. 1 Satz 1 (ebenso *Fitting* § 27 Rn. 92; *Galperin/Löwisch* § 27 Rn. 38; *Glock/HWGNRH* § 27 Rn. 69; *Richardi/Thüsing* § 27 Rn. 79). Ebenso wenig handelt es sich um einen Ausschuss nach § 28 Abs. 1 (s. Rdn. 85), so dass die Vorschriften über die Geschäftsführung des Betriebsrats nicht entsprechend gelten. Wird ein anderes Betriebsratsmitglied als der Vorsitzende mit der Führung der laufenden Geschäfte betraut, so werden dem Vorsitzenden dadurch seine Befugnisse nach § 26 Abs. 2, § 29 Abs. 2 und 3, § 34 Abs. 1 Satz 2, § 42 Abs. 1 Satz 1 nicht entzogen (ebenso *Fitting* § 27 Rn. 92; *Glock/HWGNRH* § 27 Rn. 69; *Richardi/Thüsing* § 27 Rn. 78). Für den Fall des Ausscheidens oder der Verhinderung eines für die Führung der laufenden Geschäfte benannten Mitglieds kann der Betriebsrat ein anderes Betriebsratsmitglied als Stellvertreter benennen.

Die Übertragung bedarf eines **Beschlusses** des Betriebsrats nach § 33 mit einfacher Stimmenmehrheit, d. h. der Mehrheit der Stimmen der anwesenden Betriebsratsmitglieder (ebenso *Fitting* § 27 Rn. 91; *Galperin/Löwisch* § 27 Rn. 37; *Glock/HWGNRH* § 27 Rn. 70; *Kreft/WPK* § 27 Rn. 33; *Reichold/HWK* § 27 BetrVG Rn. 11; *Wedde/DKKW* § 27 Rn. 44; **a. M.** *Richardi/Thüsing* § 27 Rn. 77: Mehrheit der Stimmen aller Betriebsratsmitglieder, was jedoch aus der Einräumung eines selbständigen Zuständigkeitsbereichs nicht zu begründen ist, sondern nur aus der Einbeziehung von Mitbestimmungsrechten in die laufenden Geschäfte erklärlich wird). Die Schriftform ist für den Übertragungsbeschluss nicht erforderlich; die nach § 34 vorgeschriebene Anfertigung einer Sitzungsniederschrift ist keine Wirksamkeitsvoraussetzung des Beschlusses (s. § 33 Rdn. 66, § 34 Rdn. 10). Die Beachtung des § 34 ist jedoch für den Betriebsrat für Beweiszwecke wichtig (s. § 34 Rdn. 12 f.). Soweit erforderlich, ist wegen des Gebots vertrauensvoller Zusammenarbeit dem Arbeitgeber der Übertragungsbeschluss mitzuteilen (s. a. Rdn. 83; abw. *Fitting* § 27 Rn. 91 [»sollte«]).

87

IV. Streitigkeiten

Über Streitigkeiten aus der Anwendung des § 27 entscheiden die Arbeitsgerichte im Beschlussverfahren (§ 2a Abs. 1 Nr. 1, Abs. 2, §§ 80 ff. ArbGG). In Betracht kommen Streitigkeiten über die Zusammensetzung des Betriebsausschusses, die Wahl und Abberufung seiner Mitglieder, die Anfechtung ihrer Wahl, die Zuordnung einer Angelegenheit zu den laufenden Geschäften, die Wirksamkeit der Zuweisung von Aufgaben zur selbständigen Erledigung an den Betriebsausschuss oder laufender Geschäfte an den Betriebsratsvorsitzenden bzw. andere Betriebsratsmitglieder in Betrieben ohne Betriebsausschuss sowie deren Widerruf und Streitigkeiten über die Geschäftsführung des Betriebsausschusses. Zu Mängeln der Wahl s. Rdn. 24 ff., zur Auslegung von Anträgen auf Feststellung der Unwirksamkeit der Wahl bzw. deren Anfechtung s. § 26 Rdn. 76.

88

§ 28
Übertragung von Aufgaben auf Ausschüsse

(1) Der Betriebsrat kann in Betrieben mit mehr als 100 Arbeitnehmern Ausschüsse bilden und ihnen bestimmte Aufgaben übertragen. Für die Wahl und Abberufung der Ausschussmitglieder gilt § 27 Abs. 1 Satz 3 bis 5 entsprechend. Ist ein Betriebsausschuss gebildet, kann der Betriebsrat den Ausschüssen Aufgaben zur selbständigen Erledigung übertragen; § 27 Abs. 2 Satz 2 bis 4 gilt entsprechend.

(2) Absatz 1 gilt entsprechend für die Übertragung von Aufgaben zur selbständigen Entscheidung auf Mitglieder des Betriebsrats in Ausschüssen, deren Mitglieder vom Betriebsrat und vom Arbeitgeber benannt werden.

Literatur
Amels Die Besetzung und Beschlußfassung der gemeinsamen Ausschüsse nach dem BetrVG, Diss. Erlangen 1992; *Becker* Die Übertragung von Betriebsratsbefugnissen auf Ausschüsse und einzelne Betriebsratsmitglieder (§§ 27, 28 BetrVG 1972), Diss. Bonn 1979; *Kallmeyer* Mitbestimmung durch Sitz und Stimme in gemeinsamen Ausschüssen, DB 1978, 98; *Senne* Gemeinsame Ausschüsse nach § 28 Abs. 3 BetrVG. Ergebnisse und Folgerungen einer empirischen Bestandsaufnahme, BB 1995, 305; *Viniol* Die beschließenden Ausschüsse der §§ 27, 28 BetrVG im Vergleich mit den beschließenden Ausschüssen des Kommunalrechts, Diss. Freiburg i. Brsg. 1978. Vgl. ferner vor § 26 und zu § 27.

Inhaltsübersicht

		Rdn.
I.	Vorbemerkung	1–10
	1. Entstehungsgeschichte	1–5
	2. Anwendungsbereich	6–10
II.	Ausschüsse des Betriebsrats	11–36

§ 28   II. 3. Geschäftsführung des Betriebsrats

    1. Zweck und Aufgaben, Rechtsstellung   11–17
    2. Bildung und Auflösung   18–26
    3. Übertragung und Widerruf von Aufgaben   27–30
    4. Größe und Zusammensetzung   31–34
    5. Geschäftsführung   35, 36
III. Gemeinsam vom Arbeitgeber und Betriebsrat zu besetzende Ausschüsse   37–47
IV. Streitigkeiten   48

I. Vorbemerkung

1. Entstehungsgeschichte

1 § 28 ist **durch das BetrVG 1972 neu geschaffen** worden und hat keinen Vorgänger im BetrVG 1952. Die Vorschrift hat seitdem zwei wesentliche Änderungen erfahren. Zunächst wurde § 28 Abs. 2 der ursprünglichen Fassung durch die **Novelle vom 20.12.1988** (BGBl. I, S. 2312) geringfügig verändert, um den Gruppenschutz zu verstärken. Das **BetrVerf-ReformG vom 23.07.2001** (BGBl. I, S. 1852) hat zu einer weit reichenden Umgestaltung geführt. § 28 Abs. 1 wurde vollständig neu gefasst und zum Teil auch inhaltlich verändert. Der dem Gruppenschutz dienende § 28 Abs. 2 a. F. wurde als Folge der Aufgabe des Gruppenprinzips (hierzu s. § 26 Rdn. 1 sowie § 27 Rdn. 4) aufgehoben. § 28 Abs. 3 a. F. wurde – abgesehen von einer redaktionellen Anpassung – unverändert zum Abs. 2.

2 Bereits unter der Geltung des **BetrVG 1952** war anerkannt, dass der Betriebsrat neben dem Betriebsausschuss Fach- (Sonder-) Ausschüsse zur Wahrnehmung bestimmter Aufgaben bilden könnte (vgl. *Dietz* § 28 Rn. 25, § 36 Rn. 12; *Fitting / Kraegeloh / Auffarth* § 28 Rn. 25 f.; *Galperin / Siebert* § 28 Rn. 1a, § 32 Rn. 1; *Hueck / Nipperdey* II/2, S. 1197 Fn. 2; *Müller-Vorwerk* BB 1966, 212). Jedoch konnten ihnen mangels gesetzlicher Grundlage keine Aufgaben zur selbständigen Erledigung übertragen werden.

3 Diese Möglichkeit wurde erstmals durch das **BetrVG 1972** in Gestalt des § 28 Abs. 1 eröffnet. Die Bildung solcher Ausschüsse war jedoch, gleichgültig ob ihnen Aufgaben zur selbständigen Erledigung übertragen werden sollten oder nicht, nach der bis zum BetrVerf-ReformG geltenden Fassung stets davon abhängig, dass ein Betriebsausschuss gebildet wurde. In Kleinbetrieben, in denen wegen der geringen Zahl an Betriebsratsmitgliedern kein Betriebsausschuss gebildet werden konnte (nach § 9 a. F., § 27 Abs. 1 waren dies Betriebe mit bis zu 300 Arbeitnehmern), konnten daher auch keine anderen Ausschüsse eingerichtet werden. Vielmehr war hier der Betriebsrat darauf beschränkt, vorbereitende Aufgaben auf einzelne Betriebsratsmitglieder zu übertragen (vgl. *Wiese* 6. Aufl., § 28 Rn. 13 m. w. N.).

4 Der Gesetzgeber des **BetrVerf-ReformG** sah hierin eine übermäßige Beschneidung der Arbeitsmöglichkeiten des Betriebsrats. Die immer vielfältiger werdenden Anforderungen an die Betriebsratstätigkeit erforderten nach seiner Ansicht eine stärkere Spezialisierung der Betriebsratsmitglieder, um die gesetzlichen Aufgaben sachgerecht und effizient wahrnehmen zu können. Hierzu gehöre auch, dass nicht alle Angelegenheiten im Plenum behandelt werden müssen, sondern einzelne Fragen an spezialisierte Ausschüsse verwiesen werden können (vgl. *Reg. Begr.* BT-Drucks. 14/5741, S. 26, 28, 39 f.). Aufgrund der Neuregelung ist nunmehr die Bildung von Ausschüssen auch dann zulässig, wenn kein Betriebsausschuss besteht. Das Gesetz spricht daher in der Überschrift auch nicht mehr von »weiteren Ausschüssen«, sondern nur noch von »Ausschüssen«. Freilich hat der Gesetzgeber die Ausschussbildung nicht völlig liberalisiert. Voraussetzung für die Bildung eines Ausschusses ist zum einen, dass in dem Betrieb mehr als 100 Arbeitnehmer beschäftigt werden. Die Begrenzung durch eine Mindestgröße war im Referentenentwurf des BMA noch nicht vorgesehen (vgl. den Abdruck des Referentenentwurfes bei *Schiefer / Korte* NZA 2001, 71 [78]) und wurde erst aufgrund der Kritik des Wirtschaftsministeriums (vgl. den auszugsweisen Abdruck der Stellungnahme des Wirtschaftsministers in Frankfurter Rundschau vom 07.02.2001, S. 7) in den Regierungsentwurf aufgenommen. Zum anderen ist die Möglichkeit, den Ausschüssen Aufgaben zur selbständigen Erledigung zu übertragen, weiterhin an die Bildung eines Betriebsausschusses gebunden (vgl. § 28 Abs. 1 Satz 3 Halbs. 1 n. F.). In Betrieben, deren Betriebsräte keinen Betriebsausschuss bilden (können), können die Ausschüsse da-

Übertragung von Aufgaben auf Ausschüsse § 28

her nur mit vorbereitenden Handlungen betraut werden (vgl. Rdn. 17). Die Entscheidung selbst muss dagegen nach vorhergehender Beratung im Plenum fallen. Trotz dieser Einschränkungen für kleinere Betriebe ist zweifelhaft, ob die Neuregelung sinnvoll ist. Sie entspricht der gesamten Tendenz des BetrVerf-ReformG, durch eine Vermehrung von Gremien den Einfluss des Betriebsrats zu stärken. Angesichts der Tatsache, dass einmal auf unbestimmte Zeit geschaffene Gremien dazu neigen, sich selbst Beschäftigung zu verschaffen, und im Hinblick darauf, dass dies mit nicht unerheblichen Kosten für die kleineren Unternehmen verbunden ist (Bereitstellung von Sachmitteln, Freistellungen etc.), erscheint fraglich, ob nicht die Übertragung von vorbereitenden Aufgaben auf einzelne oder mehrere Betriebsratsmitglieder im jeweiligen Einzelfall ausreichend Möglichkeiten bietet, um dem Bedürfnis nach mehr Effizienz durch Arbeitsteilung und Spezialisierung gerecht zu werden (vgl. etwa die Kritik bei *Schiefer/Korte* NZA 2001, 71; vgl. auch *Hanau* RdA 2001, 65 [68], der mit Recht grundsätzliche Kritik an der ungenügenden Berücksichtigung der Besonderheiten von Kleinbetrieben und -unternehmen in der Neuregelung übt).

Geändert haben sich mit der Neuregelung durch das BetrVerf-ReformG auch die Vorschriften über **5** die **Zusammensetzung der Ausschüsse**. Gem. § 28 Abs. 2 Satz 1 a. F., der auf § 27 Abs. 2 a. F. verwies, mussten Arbeiter und Angestellte entsprechend ihrem zahlenmäßigen Verhältnis im Betriebsrat auch in den Ausschüssen vertreten sein. Eine Ausnahme galt gem. § 28 Abs. 2 Satz 2 a. F. nur für solche Ausschüsse, denen Aufgaben übertragen worden waren, welche nur eine Gruppe betrafen. Mit der **Aufhebung des Gruppenprinzips ist auch § 28 Abs. 2 a. F. ersatzlos entfallen**. Einen gewissen Minderheitenschutz gewährleistet der unveränderte § 28 Abs. 1 Satz 2, der auf § 27 Abs. 1 Satz 3 bis 5 verweist. Die Vorschrift ist durch die Novelle vom 20.12.1988 ins Gesetz eingefügt worden (vgl. zu den durch die Novelle erfolgten sonstigen, durch die Aufhebung des § 28 Abs. 2 a. F. obsolet gewordenen Änderungen *Wiese* 6. Aufl., § 28 Rn. 2). In der Fassung des Regierungsentwurfes war wegen der beabsichtigten Streichung der Sätze 4 und 5 des § 27 Abs. 1 nur noch eine Verweisung auf den (ebenfalls geänderten) § 27 Abs. 1 Satz 3 vorgesehen (vgl. RegE, BT-Drucks. 14/5741, S. 10). Damit wären die Mitglieder der nach § 28 gebildeten Ausschüsse in offener Abstimmung nach den Grundsätzen der Mehrheitswahl zu bestimmen gewesen. In den Ausschussberatungen wurde jedoch die alte Fassung der §§ 27 Abs. 1 Satz 3 bis 5, 28 Abs. 1 Satz 2 wiederhergestellt und damit der Gefahr einer Ausschaltung der Betriebsratsminderheit im Rahmen der Ausschussarbeit begegnet (vgl. Beschlussempfehlung und Bericht des Ausschusses für Arbeits- und Sozialordnung BT-Drucks. 14/6325, S. 14, 58 sowie § 27 Rdn. 4, 16).

2. Anwendungsbereich

Die Regelungen des § 28 Abs. 1 Satz 1 und 3, Abs. 2 gelten entsprechend für den **Gesamtbetriebs- 6 rat** (§ 51 Abs. 1 Satz 1) und den **Konzernbetriebsrat** (§ 59 Abs. 1). Nach Inkrafttreten des BetrVerf-ReformG gilt § 28 Abs. 1 Satz 1 und 2 nunmehr auch für die **Jugend- und Auszubildendenvertretung** (vgl. § 65 Abs. 1 n. F.). Für die **Gesamt-Jugend- und Auszubildendenvertretung** (vgl. § 73 Abs. 2) sowie für die **Konzern-Jugend- und Auszubildendenvertretung** (§ 73b Abs. 2) gilt lediglich § 28 Abs. 1 Satz 1. Die Jugend- und Auszubildendenvertretungen erhalten damit ebenfalls die Möglichkeit, eigene Ausschüsse zu bilden.

Keine Anwendung findet die Vorschrift auf die **Bordvertretung** und den **Seebetriebsrat**, obwohl **7** § 115 Abs. 4 und § 116 Abs. 3 die Vorschrift nicht ausdrücklich ausschließen. Bis zum Inkrafttreten des BetrVerf-ReformG scheiterte die Anwendbarkeit bereits daran, dass die Bildung von Ausschüssen von der Bildung eines Betriebsausschusses abhängig war, da die Bordvertretung und der Seebetriebsrat beide aus höchstens fünf Mitgliedern bestehen (§ 115 Abs. 2 Nr. 3, § 116 Abs. 2 Nr. 3) und ein Betriebsausschuss erst ab neun Betriebsratsmitgliedern zu bilden ist (§ 27 Abs. 1 Satz 1; vgl. zur früheren Gesetzeslage *Wiese* 6. Aufl., § 28 Rn. 3 m. w. N.). Mit der Neuregelung, die Bildung von Ausschüssen nicht mehr von der Bildung eines Betriebsausschusses und damit von einer bestimmten Größe des Betriebsrats abhängig zu machen, scheinen auf den ersten Blick die Voraussetzungen des § 28 Abs. 1 Satz 1 auch für die Bordvertretung und den Seebetriebsrat vorzuliegen, sofern diese mehr als 100 Besatzungsmitglieder vertreten. Dabei ist jedoch zu beachten, dass die Bildung von Ausschüssen die Arbeit des Betriebsrats erleichtern und ihm die Möglichkeit geben soll, Aufgaben zum Zwecke der Entlastung des Plenums und der Arbeitsteilung auf kleinere Gremien zu verlagern. Die Notwendigkeit oder auch nur Zweckmäßigkeit einer solchen Arbeitsteilung hängt aber nicht von der Zahl der vertretenen Arbeitnehmer, sondern von der Größe des Betriebsrats ab (**a. M.** *Kreft/WPK* § 28 Rn. 2) Wenn § 28 Abs. 1 Satz 1 n. F. mehr als 100 Arbeitnehmer verlangt, so bringt das Gesetz damit zum Ausdruck, dass die Möglichkeit der Ausschussbildung in Betrieben bestehen soll, deren Betriebsrat aus mindestens sieben Mitgliedern besteht (vgl. § 9 n. F.). Da die Mitgliederzahl der Bordvertretung und des Seebetriebsrats in jedem Falle niedriger ist, ist hier die Bildung von Ausschüssen nach der Wertung des Gesetzes nicht erforderlich, so dass § 28 keine entsprechende Anwendung findet (i. E. ebenso *Fitting* § 28 Rn. 2; **a. M.** *Kreft/WPK* § 28 Rn. 2; *Wedde/DKKW* § 28 Rn. 2)

8 Die Vorschrift gilt entsprechend für eine **anderweitige Vertretung der Arbeitnehmer** nach § 3 Abs. 1 Nr. 1 bis 3 (vgl. § 3 Abs. 5 Satz 2; vgl. aber auch Rdn. 9). Auf eine **zusätzliche Vertretung der Arbeitnehmer** nach § 3 Abs. 1 Nr. 4 und 5 ist sie nicht anzuwenden (vgl. zur Rechtslage unter der Geltung des § 3 Abs. 1 Nr. 1 a. F. *Wiese* 6. Aufl., § 28 Rn. 4 m. w. N.).

9 Die Vorschrift des § 28 ist **zwingend** und kann weder durch Tarifvertrag noch durch Betriebsvereinbarung abbedungen werden (ebenso *Fitting* § 28 Rn. 3). Ebenso wenig kann der Betriebsrat selbst – etwa im Rahmen der Geschäftsordnung nach § 36 – abweichende Bestimmungen treffen (*BAG* 16.11.2005 EzA § 28 BetrVG 2001 Nr. 3 unter B II 1b bb; s. a. Rdn. 32 sowie § 36 Rdn. 12). Soweit nach § 3 Abs. 1 Nr. 1 bis 3 die Errichtung einer anderen Vertretung der Arbeitnehmer möglich ist, unterliegt allerdings auch die Gestaltung von Ausschüssen im Rahmen des Erforderlichen der Disposition der Tarifpartner (ebenso *Fitting* § 28 Rn. 3; *Galperin/Löwisch* § 28 Rn. 3).

10 Das **PersVG** und das **SprAuG** enthalten keine entsprechenden Vorschriften.

II. Ausschüsse des Betriebsrats

1. Zweck und Aufgaben, Rechtsstellung

11 Die Bildung von Ausschüssen neben dem Betriebsausschuss, denen Aufgaben zur Vorbereitung oder zur selbständigen Erledigung übertragen werden können, **dient** im Hinblick auf die seit 1972 erheblich erweiterten Aufgaben des Betriebsrats der **Intensivierung seiner Arbeit** und der hierbei **erforderlichen Flexibilität** (vgl. amtliche Begründung, BR-Drucks. 715/70, S. 39; Bericht 10. Ausschuss, zu BT-Drucks. VI/2729, S. 13). Gerade bei großen Betriebsräten und den z. T. sehr komplizierten Regelungen des Gesetzes kann damit durch **Spezialisierung und Konzentration** eine erhebliche Erleichterung und Beschleunigung der Betriebsratsarbeit erreicht werden. Aufgrund der Neuregelung durch das BetrVerf-ReformG haben nunmehr auch Betriebsräte in kleineren Betrieben mit mehr als 100 und bis zu 200 Arbeitnehmern, die keinen Betriebsausschuss bilden können, das Recht, Ausschüsse mit der Vorbereitung bestimmter Aufgaben zu betrauen. Hierdurch sollen nach der Vorstellung des Gesetzgebers die Betriebsräte die Möglichkeit erhalten, »die Betriebsratsarbeit besser und effektiver zu strukturieren und zu erledigen, indem sie für bestimmte Angelegenheiten **Fachausschüsse** bilden können, die für fachspezifische Themen zuständig sind und diese für eine sachgerechte Beschlussfassung im Betriebsrat vorbereiten« (*Reg. Begr.* BT-Drucks. 14/5741, S. 39, 40). Die Gesetzesbegründung nennt beispielhaft Ausschüsse für Fragen der Frauenförderung oder der betrieblichen Integration ausländischer Arbeitnehmer (BT-Drucks. 14/5741, S. 40; vgl. auch die in eine ähnliche politische Richtung zielenden Neuregelungen in § 43 Abs. 2 Satz 3, § 45, § 53 Abs. 2 Nr. 2, § 70 Abs. 1 Nr. 1 und 4, § 80 Abs. 1 Nr. 2a und b, Nr. 7, § 88 Nr. 4, § 99 Abs. 2 Nr. 6, § 104). Der Ausschuss ist – ebenso wie der Betriebsausschuss (s. § 27 Rdn. 52) – keine eigenständige Vertretung der Arbeitnehmer, sondern ein **Organ des Betriebsrats** und hat diesem gegenüber eine dienende, unterstützende Funktion (zust. *LAG Baden-Württemberg* 10.04.2013 LAGE § 36 BetrVG 2001 Nr. 1 unter II 1 c).

12 Der Betriebsrat kann den Ausschüssen grundsätzlich **jede Aufgabe** zuweisen, die seiner **eigenen Zuständigkeit** unterliegt (ebenso *BAG* 20.10.1993 AP Nr. 5 zu § 28 BetrVG 1972 Bl. 3). Der Betriebsrat entscheidet nach pflichtgemäßem Ermessen (s. Rdn. 20) darüber, welche Aufgaben er einem Ausschuss zuweist und ob dies zur Vorbereitung oder zur selbständigen Erledigung geschieht. Den Ausschüssen können allerdings **nicht** die **laufenden Geschäfte** des **Betriebsrats** zugewiesen werden

(*BAG* 14.08.2013 EzA § 27 BetrVG 2001 Nr. 2 Rn. 17 ff.; *Wedde/DKKW* § 28 Rn. 11; *Richardi/Thüsing* § 28 Rn. 26; s. a. § 27 Rdn. 63, 85). In Betrieben, in denen ein Betriebsausschuss zu bilden ist, ist dieser kraft Gesetzes für die laufenden Geschäfte zuständig (s. § 27 Rdn. 63). Würde man die laufenden Geschäfte auf einen Ausschuss nach § 28 Abs. 1 übertragen, so stünde dies folglich in Betrieben mit Betriebsausschuss in Widerspruch zu der (zwingenden) gesetzlichen Kompetenzordnung. Aber auch in kleineren Betrieben, in denen ein Betriebsausschuss nicht gebildet werden kann, könnten die laufenden Geschäfte nicht auf einen Ausschuss nach § 28 Abs. 1 übertragen werden (*BAG* 14.08.2013 EzA § 27 BetrVG 2001 Nr. 2 Rn. 19 ff.; *Wedde/DKKW* § 28 Rn. 11; **a. M.** *Richardi/Thüsing* § 28 Rn. 27). Hier ist gem. § 27 Abs. 3 eine Übertragung der laufenden Geschäfte nur auf den Vorsitzenden oder einzelne Betriebsratsmitglieder zulässig. Diese Regelung ist abschließend. Eine Betrauung mit den laufenden Geschäften widerspräche zudem der Funktion der Ausschüsse, die bestimmte fachspezifische Aufgaben wahrnehmen und hierfür die notwendigen Spezialkenntnisse sammeln sollen (zutr. *BAG* 14.08.2013 EzA § 27 BetrVG 2001 Nr. 2 Rn. 22; vgl. auch Rdn. 11). Ebenso unzulässig ist es, einen Ausschuss mit einzelnen Aufgaben zu betrauen, die den laufenden Geschäften zuzuordnen sind. Die Bildung eines eigenen Ausschusses zum Zwecke der **Vorbereitung der Sitzungen des Betriebsrats** ist daher von § 28 Abs. 1 nicht gedeckt (i. E. ebenso *BAG* 14.08.2013 EzA § 27 BetrVG 2001 Nr. 2 Rn. 19, 24 mit der Begründung, dass es sich insoweit nicht um fachspezifische Aufgaben handle; zur Zugehörigkeit der Sitzungsvorbereitung zu den laufenden Geschäften s. § 27 Rdn. 67). Soweit jedoch einem Ausschuss Aufgaben zur selbständigen Erledigung übertragen worden sind, ist er auch für die damit zusammenhängenden laufenden Geschäfte zuständig (ähnlich *Fitting* § 28 Rn. 11; *Glock/HWGNRH* § 28 Rn. 21; *Richardi/Thüsing* § 28 Rn. 26). Zu den sonstigen Grenzen der Aufgabenübertragung s. Rdn. 29.

13 Mitunter wird in der Rechtsprechung die Ansicht vertreten, dass neben dem Betriebsausschuss und den in § 28 Abs. 1 vorgesehenen Fachausschüssen **weitere Ausschüsse** gebildet werden können. So sei etwa die Einrichtung eines **Koordinationsausschusses** zulässig, der lediglich für bestimmte räumlich abgegrenzte Teile eines Betriebs zuständig sei (*LAG Baden-Württemberg* 10.04.2013 LAGE § 36 BetrVG 2001 Nr. 1 unter II 1 c; das *BAG* hatte in der Rechtsbeschwerdeinstanz über diese Rechtsfrage nicht mehr zu befinden, da zwischenzeitlich das Feststellungsinteresse entfallen und der Antrag damit unzulässig geworden war; vgl. *BAG* 27.05.2015 – 7 ABR 24/13 – juris). Ebenso könne ein Koordinationsausschuss aus Mitgliedern aller in einer bestimmten Region tätigen Betriebsräte eines Unternehmens gebildet werden, um die Aktivitäten der unterschiedlichen Betriebsräte abzustimmen, auch wenn ein solches Gremium seinem Typus nach nicht im BetrVG vorgesehen sei (*BAG* 15.01.1992 EzA § 19 BetrVG 1972 Nr. 37 unter III 4 b bb). Dies erscheint problematisch. Wäre der Betriebsrat frei darin, beliebig Aufgaben auf separate Gremien oder Ausschüsse zu verlagern, könnten die Voraussetzungen der §§ 27, 28 jederzeit unterlaufen werden. Es ist daher davon auszugehen, dass die gesetzliche Regelung – wie auch die übrigen organisatorischen Vorschriften der Betriebsverfassung (s. *Franzen* § 3 Rdn. 3) – als abschließend zu verstehen ist (s. a. Rdn. 9). Aufgaben des Betriebsrats können daher – abgesehen von der Beauftragung einzelner Mitglieder – nur entweder dem Betriebsausschuss oder einem nach § 28 Abs. 1 gebildeten Ausschuss übertragen werden, *tertium non datur* (anders offenbar *BAG* 15.01.1992 EzA § 19 BetrVG 1972 Nr. 37 unter III 4 b bb, allerdings für einen durch Vereinbarung mit dem Arbeitgeber gebildeten Ausschuss). Das schließt freilich die Bildung eines Koordinierungsausschusses nicht aus, da es sich hierbei um einen Ausschuss nach § 28 Abs. 1 handeln kann. Es wäre zu eng, unter Aufgaben i. S. d. § 28 Abs. 1 nur spezifische fachliche Aufgaben zu verstehen, die zum Zwecke der arbeitsteiligen Spezialisierung durch Fachausschüsse erledigt werden können (so aber *BAG* 14.08.2013 EzA § 27 BetrVG 2001 Nr. 2 Rn. 24). Vielmehr fallen hierunter alle Aufgaben, die zum Zuständigkeitsbereich des Betriebsrats und nicht zu den laufenden Geschäften gehören (s. Rdn. 12). Auch die Koordinierung der Betriebsratstätigkeit lässt sich hierunter fassen. Folgt man der hier vertretenen Ansicht nicht und hält die Bildung von im Gesetz nicht vorgesehenen Ausschüssen für zulässig, so wären doch für die Bildung solcher Ausschüsse und ihre Tätigkeit die Grundprinzipien des BetrVG, insbesondere die Wahlgrundsätze und die Regeln des Minderheitenschutzes, zu beachten (*BAG* 15.01.1992 EzA § 19 BetrVG 1972 Nr. 37 unter III 4 b bb).

14 Eine Übertragung von **Aufgaben zur selbständigen Erledigung** kommt vor allem in Betracht, um den Betriebsrat bei der Wahrnehmung von Beteiligungsrechten zu entlasten. Zu denken ist z. B. an Ausschüsse für die Verwaltung von Sozialeinrichtungen (Pensionskassen, Werkwohnungen, Kantinen), für Akkordfragen, Angelegenheiten des Arbeitsschutzes, für personelle Angelegenheiten (vgl. *BAG* 04.08.1975, 12.07.1984, 01.06.1976 AP Nr. 4 Bl. 1 R f., Nr. 32 Bl. 2 zu § 102 BetrVG 1972; AP Nr. 1 zu § 28 BetrVG 1972 Bl. 3 *[Bulla]*; auch im Falle der §§ 102, 103: s. § 102 Rdn. 50, § 103 Rdn. 57; **a. M.** *LAG Berlin* 16.10.1979 AuR 1980, 29), für Beschwerden oder an die Ersetzung des Wirtschaftsausschusses nach § 107 Abs. 3 Satz 1 (s. *Oetker* § 107 Rdn. 47 ff.). Die Notwendigkeit eines Ausschusses für personelle Angelegenheiten (Personalausschuss) kann sich vor allem im Hinblick auf die vom Betriebsrat zu beachtenden Ausschlussfristen nach § 99 Abs. 3 Satz 2 und § 102 Abs. 2 Satz 2 ergeben (vgl. auch § 27 Rdn. 9). Zur Wahrnehmung des Rechts auf Einblick in die Listen über die Bruttolöhne und -gehälter vgl. § 80 Abs. 2 Satz 2 und § 27 Rdn. 74.

15 In den Betrieben der **privatisierten Postunternehmen** können einem Ausschuss die in § 28 Post-PersRG genannten Angelegenheiten der Beamten zur selbständigen Entscheidung nur unter Berücksichtigung der dort geregelten Voraussetzungen einer Beschlussfassung übertragen werden, d. h. es muss die Beratung im Betriebsrat und das Alleinentscheidungsrecht der nach § 26 PostPersRG in den Betriebsrat gewählten Vertreter der Beamten gewährleistet sein. Das ist dann zu bejahen, wenn sowohl der Betriebsrat als auch die Beamtengruppe im Betriebsrat jeweils mit der Mehrheit der Stimmen ihrer Mitglieder der Bildung des Ausschusses zugestimmt haben und die Vertreter der Beamtengruppe allein von dieser gewählt werden (*Fitting* § 28 Rn. 37, 37a; *Richardi/Thüsing* § 28 Rn. 10). Bei mehreren Wahlvorschlägen der Beamtenvertreter sind die in den Ausschuss zu entsendenden Mitglieder nach den Grundsätzen der Verhältniswahl zu wählen (ebenso *Fitting* § 28 Rn. 36). Ferner sind die dem Ausschuss angehörenden Beamtenvertreter allein zur Beschlussfassung berufen. Jedoch erscheint es unbedenklich, dass dem Ausschuss auch weitere Betriebsratsmitglieder angehören, auf die das Beratungsrecht des Betriebsrats i. S. d. § 28 PostPersRG übertragen wird (ebenso *Richardi/Thüsing* § 28 Rn. 10; jetzt auch *Fitting* § 28 Rn. 35 [seit 20. Aufl.] unter Aufgabe der gegenteiligen Ansicht). Andernfalls müsste der nur aus Beamtenvertretern bestehende Ausschuss vor seiner Beschlussfassung mit dem Betriebsrat beraten, was den praktischen Nutzen eines solchen Ausschusses mindern würde. Auch die Bildung eines **gemeinsamen Personalausschusses für alle Beschäftigten** ist zulässig (ebenso *Fitting* § 28 Rn. 37). Jedoch müssen bei dessen Bildung und dem Mitbestimmungsverfahren in den in § 28 PostPersRG genannten Angelegenheiten der Beamten die soeben dargelegten Grundsätze (Bildung nur bei Zustimmung sowohl der Mehrheit der Betriebsratsmitglieder als auch der Beamtenvertreter, Bestellung der Ausschussmitglieder der Beamtengruppe allein durch die Beamtenvertreter im Betriebsrat, Alleinentscheidungsrecht der Beamtenvertreter im Ausschuss in den die Beamten betreffenden Angelegenheiten) beachtet werden.

16 Sind einem Ausschuss Aufgaben zur selbständigen Erledigung übertragen worden, so tritt er ebenso wie der Betriebsausschuss **an** die **Stelle** des **Betriebsrats** (vgl. i. E. § 27 Rdn. 52, 79 ff.; ebenso *Fitting* § 28 Rn. 9; *Galperin/Löwisch* § 28 Rn. 5; *Glock/HWGNRH* § 28 Rn. 14; *Richardi/Thüsing* § 28 Rn. 28).

17 Hat der Betriebsrat Ausschüssen **Aufgaben zur Vorbereitung** und nicht zur selbständigen Erledigung zugewiesen, so haben sie keine Entscheidungsbefugnis, sondern nur eine **unterstützende Funktion** für den Betriebsrat oder Betriebsausschuss. Sie dienen dann dem Zweck, deren Entscheidungen vorzubereiten, indem z. B. die notwendigen Tatsachen ermittelt, die zugehörigen Daten erfasst und gesichtet, mit Dritten – z. B. Beschwerdeführern (vgl. § 85 Abs. 1), aber auch dem Arbeitgeber – Informationsgespräche geführt, Rechtsfragen geprüft, Entscheidungsvorschläge entwickelt und konkrete Beschlussvorlagen formuliert werden.

2. Bildung und Auflösung

18 Entgegen der früheren Rechtslage (vgl. hierzu *Wiese* 6. Aufl., § 28 Rn. 12 f. m. w. N.) können nunmehr Ausschüsse nicht nur in Betrieben gebildet werden, in denen ein Betriebsausschuss besteht, sondern in allen **Betrieben mit mehr als 100 Arbeitnehmern**. Die Bildung eines Betriebsausschusses ist nur noch Voraussetzung dafür, dass dem Ausschuss Aufgaben zur selbständigen Erledigung übertragen werden können (§ 28 Abs. 1 Satz 3). Auch wenn dies im Gesetz nicht ausdrücklich erwähnt ist, kommt es für die Berechnung der Betriebsgröße – wie in den anderen Vorschriften – auf die Zahl der regelmäßig beschäftigten Arbeitnehmer an (vgl. § 1 Abs. 1, § 9 Satz 1, § 38 Abs. 1, § 62 Abs. 1,

§ 99 Abs. 1, § 111; hierzu *Franzen* § 1 Rdn. 103 sowie *Jacobs* § 9 Rdn. 18). Weitere Voraussetzung ist, dass es sich um betriebsangehörige Arbeitnehmer handelt. Nach § 14 Abs. 2 Satz 4 AÜG sind zudem **Leiharbeitnehmer** – unabhängig von der Frage ihrer Betriebszugehörigkeit – im Hinblick auf die Schwellenwerte zu berücksichtigen; sie sind daher mitzuzählen (s. näher § 7 Rdn. 113 ff.; so schon zur früheren Rechtslage *Fitting* § 28 Rn. 14; *Linsenmaier/Kiel* RdA 2014, 135 [146]). Dies gilt allerdings nur, wenn sie zu den »regelmäßig beschäftigten« Arbeitnehmern gehören, d. h. wenn sie auf Arbeitsplätzen beschäftigt werden, die üblicherweise entweder durch Leiharbeitnehmer oder durch eigene Arbeitnehmer des Betriebs besetzt sind (s. § 7 Rdn. 116). Unerheblich ist nach dem insoweit eindeutigen Wortlaut die tatsächliche Zahl der Betriebsratsmitglieder, obgleich dies nach dem Zweck der Vorschrift (vgl. Rdn. 4, 11) näher liegen würde. Ein Ausschuss kann daher auch dann gebildet werden, wenn der Betriebsrat nicht über die bei dieser Betriebsgröße vorgeschriebene Zahl von mindestens sieben Mitgliedern (vgl. § 9) verfügt.

In **kleineren Betrieben können Ausschüsse i. S. d. § 28 nicht gebildet werden**. In solchen Betrieben besteht nach der Wertung des Gesetzes kein Bedürfnis für eine solche institutionalisierte Arbeitsteilung. Beschließt der Betriebsrat dennoch die Bildung von Ausschüssen, so ist der Beschluss unwirksam; zugleich stellt das Verhalten des Betriebsrats regelmäßig eine Verletzung seiner Amtspflichten (§ 23 Abs. 1) dar (zutr. *Kreft/WPK* § 28 Rn. 4). Jedoch kann der Betriebsrat – ungeachtet der Bestimmung des § 27 Abs. 3 – einzelne oder mehrere Betriebsratsmitglieder gemeinsam mit der Vorbereitung von Entscheidungen des Betriebsrats betrauen (vgl. *Fitting* § 28 Rn. 16; *Galperin/Löwisch* § 28 Rn. 4; *Kreft/WPK* § 28 Rn. 4; *Reichold/HWK* § 28 BetrVG Rn. 2; *Richardi/Thüsing* § 28 Rn. 6; *Wedde/DKKW* § 28 Rn. 4; unklar *Glock/HWGNRH* § 28 Rn. 5). Auch wenn der Betriebsrat einer Gruppe von Betriebsratsmitgliedern solche Aufgaben überträgt, handelt es sich nicht um einen Ausschuss i. S. d. § 28 Abs. 1. Eine Aufgabenübertragung auf einzelne Betriebsratsmitglieder kann daher – anders als bei einem Ausschuss – nicht generell, sondern nur im jeweiligen Einzelfall erfolgen (ebenso *Fitting* § 28 Rn. 16; *Galperin/Löwisch* § 28 Rn. 4; *Kreft/WPK* § 28 Rn. 4; *Richardi/Thüsing* § 28 Rn. 6). Aufgaben zur selbständigen Erledigung können einem einzelnen Betriebsratsmitglied wie z. B. dem Betriebsratsvorsitzenden oder mehreren Betriebsratsmitgliedern gemeinsam nicht übertragen werden (vgl. *Fitting* § 28 Rn. 19; *Galperin/Löwisch* § 28 Rn. 4, 8; *Glock/HWGNRH* § 28 Rn. 5, § 26 Rn. 35; *Kreft/WPK* § 28 Rn. 4; *Richardi/Thüsing* § 28 Rn. 6; *Wedde/DKKW* § 28 Rn. 4). Möglich ist lediglich, dem ermächtigten Vorsitzenden oder Betriebsratsmitglied einen Entscheidungsspielraum im Rahmen der vom Betriebsrat gefassten Beschlüsse einzuräumen (s. § 26 Rdn. 33 ff., 74).

Ist die **Bildung** von Ausschüssen zulässig, so entscheidet der Betriebsrat nach **pflichtgemäßem Ermessen** darüber, ob er von der gesetzlichen Ermächtigung Gebrauch macht (ebenso *Kreft/WPK* § 28 Rn. 5; *Richardi/Thüsing* § 28 Rn. 7 f.; ähnlich BAG 20.10.1993 AP Nr. 5 zu § 28 BetrVG 1972 Bl. 3 und *Glock/HWGNRH* § 28 Rn. 17: in eigener Verantwortung; dagegen sprechen andere allgemein von »Ermessen« [so *Koch/ErfK* § 28 BetrVG Rn. 1], von »freiem Ermessen« [LAG Baden-Württemberg 10.04.2013 LAGE § 36 BetrVG 2001 Nr. 1 unter II 1 c; *Fitting* § 28 Rn. 7] oder von »eigenen Zweckmäßigkeitserwägungen« [*Wedde/DKKW* § 28 Rn. 7]). Im Gegensatz zum Betriebsausschuss, den der Betriebsrat bilden muss (s. § 27 Rdn. 10), ist der Betriebsrat zur Bildung anderer Ausschüsse gesetzlich nicht verpflichtet. Größere Betriebsräte werden ihre Aufgaben anders aber kaum ordnungsgemäß erledigen und ihre Arbeit nicht rationell gestalten können. Im Hinblick auf das Gebot vertrauensvoller Zusammenarbeit (§ 2 Abs. 1) können sie daher zur Bildung von Ausschüssen verpflichtet sein (im Ergebnis ebenso *Richardi/Thüsing* § 28 Rn. 7; *Viniol* Die beschließenden Ausschüsse der §§ 27, 28 BetrVG im Vergleich mit den beschließenden Ausschüssen des Kommunalrechts, S. 152 ff.). Jedenfalls besteht nur ein Anspruch auf die erforderlichen Arbeitsbefreiungen (s. *Weber* § 37 Rdn. 42 ff.). Die Bildung der Ausschüsse erfolgt durch **Beschluss des Betriebsrats**. Die Gerichte sind nicht befugt, die Entscheidung des Betriebsrats, ob und welche Ausschüsse er bildet und welche Aufgaben er diesen überträgt, auf ihre Zweckmäßigkeit hin zu überprüfen; sie unterliegt vielmehr nur der Rechtskontrolle (BAG 20.10.1993 AP Nr. 5 zu § 28 BetrVG 1972 Bl. 3; vgl. auch LAG Niedersachsen 24.04.2009 NZA-RR 2009, 532 [534]: Zulässigkeit der Einrichtung eines eigenen Personalausschusses für Betriebsratsmitglieder).

Für die **Wahl der Mitglieder der Ausschüsse** gelten seit der Novelle vom 20.12.1988 dieselben Grundsätze wie für die Wahl der Mitglieder des Betriebsausschusses (§ 28 Abs. 1 Satz 2, § 27 Abs. 1

§ 28 II. 3. Geschäftsführung des Betriebsrats

Satz 3 bis 5). Der Betriebsrat hat die Mitglieder »aus seiner Mitte« (§ 27 Abs. 1 Satz 3) zu wählen; wählbar sind also nur Betriebsratsmitglieder. Die Wahl ist **geheim** und erfolgt nach den Grundsätzen der **Verhältniswahl** (Listenwahl). Die Verhältniswahl soll wie im Falle des Betriebsausschusses gewährleisten, dass der Ausschuss hinsichtlich des Stimmengewichts der verschiedenen Gruppen die im Betriebsrat bestehenden Mehrheitsverhältnisse abbildet, und dient damit zugleich dem Minderheitenschutz. Nur wenn lediglich ein Wahlvorschlag gemacht wird, werden die Mitglieder im Wege der **Mehrheitswahl** bestimmt (vgl. hierzu i. E. § 27 Rdn. 16 ff.).

22 Vor der Wahl muss der Betriebsrat zunächst die **Zahl der Mitglieder des Ausschusses festlegen** (vgl. Rdn. 31). Dies kann auch in der Geschäftsordnung erfolgen (*BAG* 16.11.2005 EzA § 28 BetrVG 2001 Nr. 3 unter B II 1b aa (2); s. a. § 36 Rdn. 15). Der Betriebsrat kann die Zahl der Mitglieder auch nachträglich verändern, also erhöhen oder verringern. Im Falle der **Erhöhung der Mitgliederzahl** ist eine isolierte Nachwahl der zusätzlichen Mitglieder unzulässig, da hierdurch der Minderheitenschutz unterlaufen würde. Vielmehr müssen dann sämtliche Ausschussmitglieder neu (im Wege der Verhältniswahl) gewählt werden. Einer vorherigen Abberufung entsprechend § 27 Abs. 1 Satz 5 bedarf es nicht (*BAG* 16.03.2005 EzA § 28 BetrVG 2001 Nr. 2 unter B II 3; s. a. § 27 Rdn. 35, 49 f.). Aber auch bei **Herabsetzung der Mitgliederzahl** ist der Minderheitenschutz zu beachten. Erfolgt die Verkleinerung des Ausschusses während dessen Amtszeit (s. Rdn. 24 sowie § 27 Rdn. 28), so kann die Anpassung nur durch Abberufung von einzelnen Ausschussmitgliedern umgesetzt werden. Hierfür ist, sofern die Ausschussmitglieder nach den Grundsätzen der Verhältniswahl bestimmt worden sind, die qualifizierte Mehrheit nach § 27 Abs. 1 Satz 5 erforderlich (s. Rdn. 24), da es ansonsten die Mehrheitsgruppe in der Hand hätte, gerade die Mitglieder der Minderheitsgruppe aus dem Ausschuss zu drängen.

23 Die Wahl von **Ersatzmitgliedern** für den Fall des Ausscheidens oder der Verhinderung von Ausschussmitgliedern ist nach den gleichen Grundsätzen wie für die Mitglieder des Betriebsausschusses zulässig (vgl. § 27 Rdn. 38 ff.; *Fitting* § 28 Rn. 28a; *Glock/HWGNRH* § 28 Rn. 9; *Kreft/WPK* § 28 Rn. 6; *Richardi/Thüsing* § 28 Rn. 18). Da der Betriebsrat – im Unterschied zum Betriebsausschuss nach § 27 (s. § 27 Rdn. 38 ff.) – nicht verpflichtet ist, ergänzende Ausschüsse zu bilden und daher auch in der Bestimmung der personellen Zusammensetzung frei ist, ist er auch nicht gezwungen, bei Ausscheiden einzelner Mitglieder Ersatzmitglieder vorab oder ad hoc zu bestimmen (vgl. *LAG Niedersachsen* 12.05.2004 – 15 TaBV 75/03 – juris, Rn. 37). Hat der Betriebsrat keine Ersatzmitglieder gewählt und auch kein Verfahren zur Wiederbesetzung des Ausschusses bzw. zur Bestimmung eines Vertreters vorgesehen, so findet nach Ansicht des *BAG* wiederum § 25 Abs. 2 Satz 1 entsprechende Anwendung (*BAG* 16.03.2005 EzA § 28 BetrVG 2001 Nr. 2 unter B II 2a). Die anstelle der ausgeschiedenen Ausschussmitglieder nachrückenden Betriebsratsmitglieder bzw. die Vertreter bei zeitweiliger Verhinderung sind demnach der Reihe nach den jeweiligen Vorschlagslisten zu entnehmen, auf denen die ausgeschiedenen bzw. verhinderten Mitglieder kandidiert haben (s. a. § 27 Rdn. 47). Sind die Vorschlagslisten erschöpft, kann der Betriebsrat im Wege der Mehrheitswahl ad hoc Ersatzmitglieder bestimmen (*BAG* 16.03.2005 EzA § 28 BetrVG 2001 Nr. 2 unter B II 2a m. w. N.). Gegen diese pauschale Lösung sprechen freilich dieselben Gründe wie beim Betriebsausschuss. Überzeugender erscheint es, § 25 Abs. 2 nur im Fall der zeitweiligen Verhinderung entsprechend anzuwenden, im Falle des Ausscheidens dagegen – zumindest bei vorheriger Verhältniswahl – wie bei der Erhöhung der Mitgliederzahl eine Neuwahl sämtlicher Ausschussmitglieder für erforderlich zu halten (näher s. § 27 Rdn. 48 ff.).

24 Für die **Annahme** des **Amtes** und das **Ausscheiden** von **Ausschussmitgliedern** gelten die gleichen Grundsätze wie für die Mitglieder des Betriebsausschusses (vgl. § 27 Rdn. 23, 28 ff.; *Fitting* § 28 Rn. 28; *Glock/HWGNRH* § 28 Rn. 13; *Richardi/Thüsing* § 28 Rn. 19; *Wedde/DKKW* § 28 Rn. 13). Für die **Abberufung** gilt § 27 Abs. 1 Satz 5 entsprechend (§ 28 Abs. 1 Satz 2; s. § 27 Rdn. 30 ff.). Sind die Ausschussmitglieder nach den Grundsätzen der Verhältniswahl gewählt worden, so bedarf es also für die Abberufung eines mit einer Mehrheit von drei Vierteln der Stimmen der Betriebsratsmitglieder (qualifizierte absolute Mehrheit) gefassten Beschlusses. Sind die Ausschussmitglieder nach den Grundsätzen der Mehrheitswahl gewählt worden, so genügt die einfache Mehrheit der Stimmen der Betriebsratsmitglieder (einfache absolute Mehrheit).

Für **Mängel** der **Wahl** von Mitgliedern der Ausschüsse gelten ebenfalls die für die Wahl von Mitgliedern des Betriebsausschusses dargelegten Grundsätze entsprechend (s. § 27 Rdn. 24 ff.; grundsätzlich zur Geltendmachung von Mängeln betriebsratsinterner Wahlen s. § 26 Rdn. 15 ff.). Deshalb sind jedenfalls Gesetzesverstöße, die nicht zur Nichtigkeit der Wahl führen, analog § 19 innerhalb einer Frist von zwei Wochen in einem Wahlanfechtungsverfahren geltend zu machen (vgl. *BAG* 20.10.1993 AP Nr. 5 zu § 28 BetrVG 1972 Bl. 5 f.). Die Ausschussmitglieder bleiben solange im Amt, bis ihre Wahl rechtskräftig für unwirksam erklärt wurde (vgl. *BAG* 20.10.1993 AP Nr. 5 zu § 28 BetrVG 1972 Bl. 5 R.). 25

Haben **Ausschüsse** vorübergehende Aufgaben zu erfüllen, so können sie **auf Zeit** gebildet werden. In diesem Falle findet der Ausschuss mit Ablauf der vom Betriebsrat ausdrücklich vorgesehenen Zeit oder mit der Zweckerreichung sein Ende, ohne dass es eines Auflösungsbeschlusses des Betriebsrats bedarf (ebenso *Fitting* § 28 Rn. 30; *Wedde/DKKW* § 28 Rn. 8). Unabhängig davon kann der Betriebsrat **den Ausschuss jederzeit auflösen** oder einzelne Mitglieder abberufen (s. a. § 27 Rdn. 30). In jedem Falle ist die Tätigkeit eines Ausschusses begrenzt durch die Amtszeit des jeweiligen Betriebsrats. 26

3. Übertragung und Widerruf von Aufgaben

Hinsichtlich der Möglichkeit zur Übertragung von Aufgaben auf einen Ausschuss ist aufgrund der Neuregelung durch das BetrVerf-ReformG (s. Rdn. 4) zwischen kleineren Betrieben mit mehr als 100 Arbeitnehmern und größeren Betrieben mit mehr als 200 Arbeitnehmern zu unterscheiden. Während der Betriebsrat in den größeren Betrieben den Ausschüssen auch Aufgaben zur selbständigen Erledigung übertragen kann (sofern er – pflichtgemäß – einen Betriebsausschuss gebildet hat; vgl. § 28 Abs. 1 Satz 3 Halbs. 1), können Betriebsräte in kleineren Betrieben den Ausschüssen nur vorbereitende Aufgaben übertragen (s. Rdn. 17). 27

Der Betriebsrat muss in dem Beschluss bestimmen, ob einem Ausschuss die Aufgaben – soweit zulässig – zur **selbständigen Erledigung** oder nur zur **Vorbereitung** übertragen werden. Im ersten Falle gilt § 27 Abs. 2 Satz 2 und 3 entsprechend (§ 28 Abs. 1 Satz 3). Der Übertragungsbeschluss bedarf daher der Mehrheit der Stimmen der Betriebsratsmitglieder (absolute Mehrheit; vgl. § 27 Rdn. 75) und gegebenenfalls auch der Mehrheit der Stimmen der Betriebsratsmitglieder und der Jugend- und Auszubildendenvertreter (vgl. § 27 Rdn. 75) sowie der Schriftform (s. § 27 Rdn. 76 f.). In dem Beschluss müssen **die Aufgaben genau bezeichnet** werden (s. § 27 Rdn. 76). Die Übertragung der Aufgaben ist dem Arbeitgeber mitzuteilen (s. § 27 Rdn. 83; ebenso *Glock/HWGNRH* § 28 Rn. 22; vgl. auch *Galperin/Löwisch* § 28 Rn. 6, wo aber weitergehend angenommen wird, dass diese auch im Betrieb bekannt gemacht werden müsse). Werden den Ausschüssen nur Aufgaben zur Vorbereitung übertragen, so genügt für die Wirksamkeit des Beschlusses die Stimmenmehrheit der anwesenden Betriebsratsmitglieder (§ 33 Abs. 1: einfache Mehrheit); auch die Schriftform ist nicht erforderlich. 28

Der **Bereich der Aufgaben**, die auf einen Ausschuss übertragen werden können, wird zunächst **begrenzt durch die Kompetenzen des Betriebsrats**. Das Recht, einen Ausschuss mit bestimmten Angelegenheiten zu betrauen, gibt dem Betriebsrat also nicht die Möglichkeit, seine Kompetenzen zu erweitern. Im Übrigen gelten dieselben Grenzen wie bei der Aufgabenübertragung an den Betriebsausschuss. So kann einem Ausschuss nicht der **Abschluss von Betriebsvereinbarungen** übertragen werden (§ 28 Abs. 1 Satz 3 Halbs. 2 i. V. m. § 27 Abs. 2 Satz 2; s. § 27 Rdn. 70). Eine Übertragung zur selbständigen Erledigung kommt auch nicht in Betracht, wenn nach dem Gesetz die Mehrheit der Stimmen der Betriebsratsmitglieder erforderlich ist (s. § 33 Rdn. 33, § 27 Rdn. 70). Ebenso wenig können die dem Betriebsratsvorsitzenden zustehenden Befugnisse generell auf einen Ausschuss übertragen werden (s. § 27 Rdn. 70). Schließlich können nach § 28 Abs. 1 Satz 1 nur »bestimmte« Aufgaben übertragen werden. Unzulässig ist deshalb die **Übertragung** aller **wesentlichen Aufgaben** des **Betriebsrats** auf Ausschüsse; der Betriebsrat muss als Gesamtorgan in einem Kernbereich der gesetzlichen Befugnisse zuständig bleiben (s. § 27 Rdn. 73; *BAG* 01.06.1976, 20.10.1993 AP Nr. 1 Bl. 3, Nr. 5 Bl. 3 f. zu § 28 BetrVG 1972; *Galperin/Löwisch* § 28 Rn. 7; *Glock/HWGNRH* § 28 Rn. 19; *Kreft/WPK* § 28 Rn. 10; *Richardi/Thüsing* § 28 Rn. 8). Zur Übertragbarkeit der laufenden Geschäfte s. Rdn. 12. 29

§ 28 II. 3. Geschäftsführung des Betriebsrats

30 Die Übertragung von **Aufgaben** kann ganz oder teilweise **widerrufen** werden (s. a. § 27 Rdn. 82, § 33 Rdn. 46). Hinsichtlich der Anforderungen an den Widerruf ist wiederum zu unterscheiden. Sind Aufgaben zur selbständigen Erledigung übertragen worden, so kann der Widerruf nur mit der Mehrheit der Stimmen der Betriebsratsmitglieder (absolute Mehrheit) erfolgen. Der Beschluss bedarf außerdem der Schriftform (§ 28 Abs. 1 Satz 3 Halbs. 2 i. V. m. § 27 Abs. 2 Satz 2 bis 4 und s. § 27 Rdn. 82). Handelt es sich lediglich um Aufgaben, die der Vorbereitung der Entscheidung des Betriebsrats dienen, so genügt für den Widerruf die einfache Stimmenmehrheit.

4. Größe und Zusammensetzung

31 Anders als für den Betriebsausschuss (vgl. § 27 Abs. 1 Satz 2) ist im Gesetz die **Größe** der anderen Ausschüsse nicht vorgeschrieben. Eine Ausnahme gilt, wenn einem Ausschuss die Aufgaben des Wirtschaftsausschusses übertragen werden (s. näher § 107 Abs. 3 Satz 2 und 3 und *Oetker* § 107 Rdn. 49, 53 ff.). Sonst ist die Anzahl der Ausschussmitglieder vom Betriebsrat je nach Art und Umfang der einem Ausschuss übertragenen Aufgaben nach seinem Ermessen festzulegen (ebenso *BAG* 16.11.2005 EzA § 28 BetrVG 2001 Nr. 3 unter B II 1b bb (3); *Fitting* § 28 Rn. 25; *Galperin/Löwisch* § 28 Rn. 9; *Glock/HWGNRH* § 28 Rn. 7; *Richardi/Thüsing* § 28 Rn. 11; *Wedde/DKKW* § 28 Rn. 12; s. a. *BAG* 20.10.1993 AP Nr. 5 zu § 28 BetrVG 1972 Bl. 5). Aus dem Gedanken des Minderheitenschutzes lässt sich **keine Mindestgröße** ableiten (s. Rdn. 33). Die Zahl der Mitglieder kann sich zwar an den Vorgaben für den Betriebsausschuss (vgl. § 27 Abs. 1 Satz 2) orientieren, muss es aber nicht. Sie kann daher auch weniger als fünf Mitglieder betragen. Ebenso ist eine gerade Zahl von Mitgliedern möglich. Dies ist allerdings unzweckmäßig, wenn Beschlüsse gefasst werden müssen, da dann die Möglichkeit eines Stimmenpatts besteht, was als Ablehnung des Antrages gilt (§ 33 Abs. 1 Satz 2; ebenso *Fitting* § 28 Rn. 26; *Glock/HWGNRH* § 28 Rn. 8; *Wedde/DKKW* § 28 Rn. 12). Der Betriebsrat ist in der Bestimmung der Mitgliederzahl aber auch nach oben nicht durch die für den Betriebsausschuss geltenden Vorgaben begrenzt. Die in § 27 Abs. 1 Satz 2 vorgesehenen Zahlengrenzen stellen daher auch **keine Höchstgrenze** dar (so aber *Glock/HWGNRH* § 27 Rn. 8). Der Betriebsrat kann vielmehr darüber hinausgehen, wenn dies zweckmäßig erscheint (*Fitting* § 28 Rn. 25; *Wedde/DKKW* § 28 Rn. 12). Allerdings muss sich der Betriebsrat bei seiner Entscheidung davon leiten lassen, was im Interesse der Qualitätssicherung und Effizienz der Betriebsratsarbeit sinnvoll und notwendig ist. Eine Entscheidung, die auf evident sachfremden Motiven beruht oder gar gegen Prinzipien der Betriebsverfassung verstößt, wäre rechtswidrig und eine Verletzung der Amtspflichten des Betriebsrats (§ 23 Abs. 1). Dies wäre etwa der Fall, wenn die Bestimmung der Größe der Ausschüsse geradezu darauf abzielt, Minderheitengruppen systematisch auszuschließen oder wenigstens einer Gruppe ein Übergewicht im Ausschuss zu sichern. Deshalb findet auch hinsichtlich der Festlegung der Größe des Ausschusses zwar keine Zweckmäßigkeitskontrolle, wohl aber eine Rechtskontrolle statt (s. a. Rdn. 20 sowie *BAG* 20.10.1993 AP Nr. 5 zu § 28 BetrVG 1972 Bl. 3). Der Betriebsrat ist also in seiner Entscheidung nicht völlig frei. Aus diesem Grunde sollte man auch nicht von freiem Ermessen (so aber *BAG* 16.11.2005 EzA § 28 BetrVG 2001 Nr. 3 unter B II 1b bb (3)), sondern von **pflichtgemäßem Ermessen** sprechen (ebenso *Glock/HWGNRH* § 28 Rn. 7; *Galperin/Löwisch* § 28 Rn. 9; *Richardi/Thüsing* § 28 Rn. 11; *Wedde/DKKW* § 28 Rn. 12; nicht eindeutig *Fitting* § 28 Rn. 25, wo nur von »Ermessen« die Rede ist).

32 Die **Zusammensetzung** der Ausschüsse bestimmt der Betriebsrat gleichfalls nach **pflichtgemäßem Ermessen**. Mitglieder des Ausschusses können – außer im Falle des § 107 Abs. 3 Satz 3 – **nur Betriebsratsmitglieder** werden (ebenso *Fitting* § 28 Rn. 28; *Glock/HWGNRH* § 28 Rn. 9; *Richardi/Thüsing* § 28 Rn. 12). Entgegen der Regelung für den Betriebsausschuss (§ 27 Abs. 1 Satz 2) gehören der **Vorsitzende des Betriebsrats und sein Stellvertreter** den Ausschüssen nicht kraft Amtes an. Der Betriebsrat kann sie, braucht sie aber nicht zu Ausschussmitgliedern zu bestellen (ebenso *Fitting* § 28 Rn. 29; *Galperin/Löwisch* § 28 Rn. 9; *Glock/HWGNRH* § 28 Rn. 9; *Kreft/WPK* § 28 Rn. 5; *Richardi/Thüsing* § 28 Rn. 12, 23). Die Bestellung kann – wie bei den anderen Ausschussmitgliedern auch – nur durch Wahl erfolgen. Dagegen ist es nicht zulässig, den Betriebsratsvorsitzenden und seinen Stellvertreter durch (mehrheitlichen) Beschluss – etwa in der Geschäftsordnung – zu geborenen Mitgliedern eines Ausschusses zu bestimmen, da hierdurch die Zahl der zu wählenden Mitglieder automatisch um zwei verringert und damit die Chancen von Minderheitsgruppen, im Rahmen der Ver-

hältniswahl Vertreter in den Ausschuss zu entsenden (s. Rdn. 33), erheblich geschmälert würden (zutr. *BAG* 16.11.2005 EzA § 28 BetrVG 2001 Nr. 3 unter B II 1b bb; zust. *Fitting* § 28 Rn. 29 [abw. bis zur 23. Aufl.]; *Koch/ErfK* § 28 BetrVG Rn. 1; *Richardi/Thüsing* § 28 Rn. 15; **a. M.** *Wedde/DKKW* § 28 Rn. 14; zum zwingenden Charakter der Wahlvorschriften des § 28 s. Rdn. 9). Da der Betriebsratsvorsitzende im Falle seiner Bestellung nicht kraft Amtes, sondern durch Wahl Mitglied des Ausschusses ist, wird er in dieser Funktion auch nicht automatisch vom stellvertretenden Betriebsratsvorsitzenden vertreten (*LAG Schleswig-Holstein* 22.08.1983 NZA 1985, 68; *Fitting* § 28 Rn. 29; *Kreft/WPK* § 28 Rn. 5).

Ein Schutz für Minderheitengruppen, die nur mit einer geringen Zahl von Mitgliedern im Betriebsrat vertreten sind, ergibt sich mittelbar durch das Prinzip der Verhältniswahl, das entgegen dem Regierungsentwurf durch das BetrVerf-ReformG nicht beseitigt worden ist (s. § 27 Rdn. 4). Die Grundsätze der Verhältniswahl wirken sich zwar umso stärker aus, je größer der Ausschuss ist (vgl. *BAG* 20.10.1993 AP Nr. 5 zu § 28 BetrVG 1972 Bl. 6). Hieraus ergibt sich jedoch keine Pflicht des Betriebsrats, die Größe der Ausschüsse so festzulegen, dass auf jede Liste mindestens ein Betriebsratsmitglied entfällt (ebenso *BAG* 16.11.2005 EzA § 28 BetrVG 2001 Nr. 3 unter B II 1b bb (3)). 33

Werden einem **Ausschuss** die **Aufgaben** des **Wirtschaftsausschusses übertragen** (§ 107 Abs. 3 Satz 1), so gilt für die Zusammensetzung die Sonderregelung des § 107 Abs. 3. Der Betriebsrat kann in diesem Fall zusätzlich zu den Mitgliedern des Ausschusses weitere Arbeitnehmer in den Ausschuss berufen. Dies können auch Arbeitnehmer, die nicht Betriebsratsmitglieder sind, und leitende Angestellte sein (zu Einzelheiten s. *Oetker* § 107 Rdn. 53 ff.). 34

5. Geschäftsführung

Für die Geschäftsführung der Ausschüsse gelten grundsätzlich die für den Betriebsrat geltenden Vorschriften entsprechend (*Fitting* § 28 Rn. 32; *Glock/HWGNRH* § 28 Rn. 15 i. V. m. § 27 Rn. 38; *Richardi/Thüsing* § 28 Rn. 23; *Wiese* FS *Karl Molitor*, 1988, S. 365 [370 f.]). Es sei auf die Ausführungen zum Betriebsausschuss (s. § 27 Rdn. 52 ff.) und die Kommentierung der einzelnen Vorschriften über die Geschäftsführung des Betriebsrats verwiesen. Der Betriebsrat sollte sicherstellen, dass er und – sofern ein solcher besteht – der Betriebsausschuss über die Tätigkeit der Ausschüsse im erforderlichen Umfang informiert werden. Gegen die Festlegung einer entsprechenden **Berichtspflicht** des Ausschusses durch den Betriebsrat bestehen keine Bedenken (s. § 27 Rdn. 61, 80; vgl. auch *BAG* 01.06.1976 AP Nr. 1 zu § 28 BetrVG 1972 Bl. 3 R, das auch ohne ausdrückliche Festlegung eine Berichtspflicht im Grundsatz bejaht). 35

Im Unterschied zum Betriebsausschuss, wo der Betriebsratsvorsitzende bzw. im Falle von dessen Verhinderung sein Stellvertreter auch den **Vorsitz im Ausschuss** wahrnimmt (s. § 27 Rdn. 53), gibt es in den übrigen Ausschüssen keinen geborenen Vorsitzenden. Auch wenn der Vorsitzende des Betriebsrats dem Ausschuss angehört (vgl. Rdn. 32), hat er die gleiche Rechtsstellung wie die übrigen Mitglieder des Ausschusses und ist daher nicht von Amts wegen dessen Vorsitzender (ebenso *Fitting* § 28 Rn. 33; *Glock/HWGNRH* § 28 Rn. 15; *Richardi/Thüsing* § 28 Rn. 23). Umstritten ist, wem die **Befugnis zur Bestimmung der Person des Vorsitzenden** zusteht. Nach überwiegender Ansicht kann der Betriebsrat den Vorsitzenden bestimmen, so dass nur bei dessen Schweigen der Vorsitz durch die Ausschussmitglieder selbst geregelt wird (*Fitting* § 28 Rn. 33; *Richardi/Thüsing* § 28 Rn. 23 [seit der 7. Aufl.]; *Wedde/DKKW* § 28 Rn. 13). Andere hingegen wollen den Ausschussmitgliedern entweder das primäre (so *Kreft/WPK* § 28 Rn. 8: Betriebsrat dürfe den Vorsitzenden nur wählen, wenn der Ausschuss nicht innerhalb einer vom Betriebsrat bestimmten Frist von seinem Wahlrecht Gebrauch gemacht habe) oder gar das ausschließliche Bestimmungsrecht (so *Glock/HWGNRH* § 28 Rn. 15) zubilligen. Richtig ist, dass es im Interesse einer vertrauensvollen Zusammenarbeit im Ausschuss zweckmäßig und sachgerecht sein kann, dass das zu leitende Gremium selbst über den Vorsitz entscheidet (*Kreft/WPK* § 28 Rn. 8; vgl. auch § 58 GO BT). Andererseits ist der Ausschuss kein Gremium mit eigenständigen, originären Kompetenzen, sondern ein Organ des Betriebsrats (s. Rdn. 11). Der Betriebsrat entscheidet frei über die Bildung, die Größe und die Zusammensetzung des Ausschusses sowie über dessen Aufgaben. Dann ist aber nicht einzusehen, warum dem Betriebsrat in Bezug auf die Bestimmung des Vorsitzenden keinerlei Kompetenzen zustehen sollen. Weiterhin ist zu berücksichti- 36 gen, dass das Gesetz für den Betriebsausschuss nicht die Wahl durch die Ausschussmitglieder vorsieht, sondern den Ausschussvorsitz an den Vorsitz im Betriebsrat knüpft, was zur Folge hat, dass die Betriebsratsmitglieder hierüber entscheiden. Aus diesem Grunde erscheint es nach der Systematik des Gesetzes nahe liegend, auch bei den übrigen Ausschüssen die Wahl nicht den Ausschussmitgliedern vorzubehalten, sondern mit der überwiegenden Ansicht von einer Primärzuständigkeit des Betriebsrats auszugehen. Auf die Wahl des Ausschussvorsitzenden bzw. seines Stellvertreters ist § 26 Abs. 1 entsprechend anzuwenden (ebenso *Glock/HWGNRH* § 28 Rn. 16). Der Betriebsrat kann mangels entgegenstehender gesetzlicher Regelung aufgrund seiner Organisationsbefugnis auch festlegen, dass z. B. für einen kleinen Ausschuss kein Vorsitzender zu wählen ist, sondern dass die Ausschussmitglieder gleichberechtigt gemeinsam tätig zu werden haben (zust. *Kreft/WPK* § 28 Rn. 8; **a. M.** *Glock/HWGNRH* § 28 Rn. 15), auch wenn einzuräumen ist, dass dies im Hinblick auf eine effiziente Arbeit des Ausschusses kaum zweckmäßig sein dürfte. Ist ein Vorsitzender bestellt worden, kann er durch Beschluss des Betriebsrats bevollmächtigt werden, den Betriebsrat zu vertreten (s. § 26 Rdn. 72 ff.). Das ist jedoch nur erforderlich, wenn dem Ausschuss Aufgaben zur selbständigen Erledigung übertragen werden. Zur passiven Vertretungsmacht in diesem Falle s. § 26 Rdn. 59.

III. Gemeinsam vom Arbeitgeber und Betriebsrat zu besetzende Ausschüsse

37 Die **Ausübung** von **Beteiligungsrechten** kann dadurch **vereinfacht** und **beschleunigt** werden, dass nicht der Betriebsrat (bzw. der Betriebsausschuss oder ein anderer Ausschuss) und der Arbeitgeber als Betriebspartner einander gegenübertreten, sondern in einem gemeinsamen Gremium zusammen die erforderlichen Entscheidungen treffen (zum empirischen Befund *Senne* BB 1995, 305). Zu diesem Zweck können nach § 28 Abs. 2 Ausschüsse gebildet werden, deren Mitglieder vom Betriebsrat und Arbeitgeber benannt und deren vom Arbeitgeber ernannte Mitglieder von diesem zur **selbständigen Entscheidung ermächtigt** werden. Gleiches gilt, falls der Arbeitgeber nicht selbst in dem Ausschuss mitwirkt, für die von ihm benannten Mitglieder; denn der **Ausschuss entscheidet an Stelle der Betriebspartner mit verbindlicher Wirkung für beide.** Er steht im Gegensatz zum Betriebsausschuss und den anderen Ausschüssen des Betriebsrats **selbständig neben** dem **Betriebsrat** und ist **nicht dessen Organ**, sondern eine **eigenständige Einrichtung** der **Betriebsverfassung** (ebenso *BAG* 20.10.1993 AP Nr. 5 zu § 28 BetrVG 1972 Bl. 5; *Fitting* § 28 Rn. 41; *Glock/HWGNRH* § 28 Rn. 25; *Reichold/HWK* § 28 BetrVG Rn. 8; *Richardi/Thüsing* § 28 Rn. 30; *Viniol* Die beschließenden Ausschüsse der §§ 27, 28 BetrVG im Vergleich mit den beschließenden Ausschüssen des Kommunalrechts, S. 188 f.; *Wedde/DKKW* § 28 Rn. 17).

38 Über die **Beteiligung** an gemeinsamen Ausschüssen **beschließt** der **Betriebsrat** nach **pflichtgemäßem Ermessen**. Zur gerichtlichen Überprüfung der Entscheidung s. Rdn. 20. Den gemeinsamen Ausschüssen kann jede Aufgabe übertragen werden, für die der Betriebsrat zuständig ist (*BAG* 20.10.1993 AP Nr. 5 zu § 28 BetrVG 1972 Bl. 3). In Betracht kommen vor allem Ausschüsse für den sozialen Bereich, z. B. für die Verhängung von Betriebsbußen, für die Verwaltung von Sozialeinrichtungen, für Akkordfragen, für den Arbeitsschutz und für Eilfälle (zu einer Technologie-Kommission *BAG* 20.10.1993 AP Nr. 5 zu § 28 BetrVG 1972; **a. M.** *ArbG Wuppertal* 12.10.1992 AiB 1993, 456). Neben der Erledigung von Mitbestimmungsangelegenheiten ist auch die selbständige Wahrnehmung von Mitwirkungsfragen durch einen gemeinsamen Ausschuss zulässig. Der Betriebsrat sollte allerdings – z. B. bei der menschengerechten Gestaltung von Arbeitsplätzen (§ 90) oder der Personalplanung (§ 92) – stets prüfen, ob nicht die Zuständigkeit des gesamten Betriebsrats für die Unterrichtung und Beratung zweckmäßiger ist.

39 Die Vorschrift des § 28 Abs. 2 betrifft entscheidende gemeinsame Ausschüsse. Das schließt nicht aus, dass Arbeitgeber und Betriebsrat daneben **gemeinsame Ausschüsse** (Kommissionen) mit nur **beratender Funktion** bilden. Diese unterliegen nicht den Voraussetzungen des § 28 Abs. 2 (ebenso *Fitting* § 28 Rn. 40; *Glock/HWGNRH* § 28 Rn. 27; *Joost/MünchArbR* § 218 Rn. 44; *Kreft/WPK* § 28 Rn. 14; *Richardi/Thüsing* § 28 Rn. 31; *Wedde/DKKW* § 28 Rn. 21). Solche gemeinsamen Ausschüsse können daher nicht nur in den von § 28 Abs. 1 erfassten Betrieben, sondern auch in Betrieben mit bis zu 100 Arbeitnehmern errichtet werden. Jedoch bedarf es zu ihrer Errichtung eines Beschlusses des Betriebsrats. Zur Wahl der Mitglieder des aufgrund einer Vereinbarung mit dem Arbeitgeber ge-

bildeten sog. **Koordinationsausschusses**, bestehend aus je zwei Mitgliedern aller Betriebsräte im Bereich einer Niederlassung des Arbeitgebers, vgl. *BAG* 15.01.1992 EzA § 19 BetrVG 1972 Nr. 37 S. 3, 12 ff.

Die **Bildung** eines **gemeinsamen Ausschusses mit Entscheidungsbefugnis** setzt voraus, dass ein **40** Betriebsausschuss besteht (§ 28 Abs. 2 i. V. m. Abs. 1 Satz 3; vgl. *Blanke/Wolmerath*/HaKo § 28 Rn. 18; *Fitting* § 28 Rn. 39; *Koch*/ErfK § 28 BetrVG Rn. 2; *Kreft/WPK* § 28 Rn. 16; *Reichold/HWK* § 28 BetrVG Rn. 8; *Richardi/Thüsing* § 28 Rn. 31; vgl. auch Rdn. 18, 27). Nicht erforderlich ist dagegen, dass andere Ausschüsse i. S. d. § 28 Abs. 1 gebildet worden sind (*BAG* 20.10.1993 AP Nr. 5 zu § 28 BetrVG 1972 Bl. 4 R). Besteht ein Betriebsausschuss, können Arbeitgeber und Betriebsrat die Errichtung eines gemeinsamen Ausschusses vereinbaren. Ob solche Ausschüsse eingerichtet werden, obliegt der **freiwilligen Übereinkunft** der Betriebspartner. Insbesondere können solche gemeinsamen Gremien nicht durch verbindlichen Spruch der Einigungsstelle gebildet werden (*BAG* 22.03.2016 EzA § 87 BetrVG 2001 Gesundheitsschutz Nr. 14 Rn. 20). Arbeitgeber und Betriebsrat müssen in der Vereinbarung festlegen, welche Aufgaben vom Ausschuss wahrgenommen werden sollen. Darüber hinaus müssen die für die Übertragung von Aufgaben zur selbständigen Erledigung an einen Ausschuss des Betriebsrats notwendigen Voraussetzungen erfüllt sein (§ 28 Abs. 2 i. V. m. Abs. 1 Satz 3 Halbs. 2 und § 27 Abs. 2 Satz 2 bis 4). Der Beschluss zur Übertragung solcher Aufgaben an den gemeinsamen Ausschuss bedarf daher der **Mehrheit der Stimmen der Betriebsratsmitglieder** sowie der **Schriftform** (s. § 27 Rdn. 75 ff.). Die Schriftform ist gewahrt, wenn die Aufgabenübertragung in der – schriftlichen – Geschäftsordnung (§ 36) enthalten ist (*BAG* 20.10.1993 AP Nr. 5 zu § 28 BetrVG 1972 Bl. 3). Entsprechendes gilt, wenn der Betriebsrat dem gemeinsamen Ausschuss bestimmte Aufgaben im Wege des **Widerrufs** wieder entziehen will (§ 28 Abs. 2 i. V. m. Abs. 1 Satz 3 Halbs. 2, § 27 Abs. 2 Satz 4; vgl. auch Rdn. 30). Die **Aufgaben** müssen in dem Übertragungsbeschluss – ebenso wie bei der Übertragung von Aufgaben an einen Ausschuss des Betriebsrats – hinreichend **bestimmt bezeichnet** werden (s. Rdn. 28). Allein die Verwendung auslegungsfähiger und auslegungsbedürftiger Begriffe führt jedoch nicht zu einer mit dem Gebot der Rechtssicherheit unvereinbaren Unklarheit der Zuständigkeitsverteilung (*BAG* 20.10.1993 AP Nr. 5 zu § 28 BetrVG 1972 Bl. 3). Zulässig ist auch eine Verteilung der Zuständigkeit auf einen Betriebsratsausschuss und einen gemeinsamen Ausschuss. So kann der Betriebsrat einem Ausschuss i. S. d. § 28 Abs. 1 generell z. B. Personalfragen zuweisen und außerdem einzelne Personalfragen (z. B. für Arbeiter oder Angestellte) auf gemeinsame Ausschüsse delegieren (*BAG* 12.07.1984 AP Nr. 32 zu § 102 BetrVG 1972 Bl. 2 R). Entsprechendes gilt für die Übertragung von Aufgaben im Bereich neuer Technologien sowohl auf einen Ausschuss i. S. d. § 28 Abs. 1 als auch auf einen gemeinsamen Ausschuss i. S. d. § 28 Abs. 2 (*BAG* 20.10.1993 AP Nr. 5 zu § 28 BetrVG 1972 Bl. 2 R ff.). **Ausgeschlossen** ist die Übertragung von Aufgaben, die nicht auf einen Ausschuss des Betriebsrats übertragen werden können; das gilt vor allem für den **Abschluss von Betriebsvereinbarungen** (§ 28 Abs. 2 i. V. m. Abs. 1 Satz 3 Halbs. 2, § 27 Abs. 2 Satz 2; vgl. Rdn. 12, 29; ebenso *BAG* 12.07.1984 AP Nr. 32 zu § 102 BetrVG 1972 Bl. 2 R; *Glock/HWGNRH* § 28 Rn. 37; *Richardi/Thüsing* § 28 Rn. 32).

Beruht die Einigung über die von dem gemeinsamen Ausschuss wahrzunehmenden Aufgaben **auf 41 einer Betriebsvereinbarung**, bedarf es keines zusätzlichen Zuweisungsbeschlusses durch den Betriebsrat. Jedoch bedarf der Beschluss, durch den dem Abschluss einer solchen Betriebsvereinbarung zugestimmt wird, der Mehrheit der Stimmen der Betriebsratsmitglieder (absolute Mehrheit) und der Schriftform (§ 28 Abs. 2 i. V. m. Abs. 1 Satz 3 Halbs. 2, § 27 Abs. 2 Satz 2 und 3; vgl. auch Rdn. 28). Gleiches gilt, falls mit dem Arbeitgeber lediglich eine Betriebsabsprache getroffen wurde, für den dann erforderlichen besonderen Zuweisungsbeschluss des Betriebsrats. Der Widerruf der Aufgabenzuweisung kann auch dann einseitig durch den Betriebsrat erfolgen, wenn die übertragenen Aufgaben in einer Betriebsvereinbarung festgelegt sind. Es bedarf also keiner Kündigung der Betriebsvereinbarung. Der gemeinsame Ausschuss bleibt in diesem Falle bestehen und für die übrigen übertragenen Aufgaben zuständig. Ungeachtet dessen kann ein gemeinsamer Ausschuss ebenso wie ein Ausschuss des Betriebsrats i. S. d. § 28 Abs. 1 (s. Rdn. 26) durch Vereinbarung zwischen Arbeitgeber und Betriebsrat auf Zeit errichtet und zudem jederzeit aufgelöst werden.

Arbeitgeber und Betriebsrat müssen sich – unabhängig von der Größe anderer Ausschüsse – über die **42 Zahl** der von jeder Seite zu benennenden **Mitglieder** eines gemeinsamen Ausschusses einigen

§ 28   II. 3. *Geschäftsführung des Betriebsrats*

(ebenso *BAG* 20.10.1993 AP Nr. 5 zu § 28 BetrVG 1972 Bl. 5, 6 R). In der Regel wird es sich um einen paritätisch besetzten Ausschuss handeln (krit. *Senne* BB 1995, 305 [306]). Jedoch kann der Arbeitgeber den vom Betriebsrat zu benennenden Mitgliedern ein Übergewicht einräumen. Dagegen darf der Betriebsrat für seine Mitglieder keine unterparitätische Besetzung vereinbaren, weil dies auf einen unzulässigen Verzicht auf Beteiligungsrechte hinausliefe (ebenso *Fitting* § 28 Rn. 42; *Kreft/ WPK* § 28 Rn. 16; unklar *Wedde/DKKW* § 28 Rn. 16 f.; **a. M.** *Joost*/MünchArbR § 218 Rn. 45; *Kallmeyer* DB 1978, 98; wohl auch *Glock/HWGNRH* § 28 Rn. 30).

43 **Jede Seite benennt ihre Mitglieder allein.** Der Betriebsrat ist dabei – nach der Aufhebung des Gruppenprinzips – in seiner Auswahl frei. Insbesondere ist er nicht verpflichtet, so viele Betriebsratsmitglieder zu entsenden, dass auf jede Liste mindestens ein Betriebsratsmitglied entfällt (*BAG* 20.10.1993 AP Nr. 5 zu § 28 BetrVG 1972 Bl. 6; s. a. Rdn. 33). Ebenso ist es unschädlich, wenn die kleinste und nicht die größte Gruppierung (Liste) ein Ausschussmitglied stellt (vgl. *BAG* 20.10.1993 AP Nr. 5 zu § 28 BetrVG 1972 Bl. 6). Benannt werden können stets **nur Betriebsratsmitglieder**. Eine Beteiligung von Jugend- und Auszubildendenvertretern ist nicht vorgesehen (ebenso *Kallmeyer* DB 1978, 98 [99]). Die Wahl der einzelnen Mitglieder erfolgt nach den gleichen Grundsätzen wie bei den Mitgliedern des Betriebsausschusses und der anderen Ausschüsse (s. Rdn. 21 f.). Entsprechendes gilt für die Wahl von Ersatzmitgliedern, die Annahme des Amtes, das Ausscheiden von Ausschussmitgliedern des Betriebsrats sowie für die Behandlung von Mängeln der Wahl (s. Rdn. 23 ff.).

44 Für die **Geschäftsführung** der gemeinsamen Ausschüsse enthält das Gesetz keine Regeln. Sie können daher von Arbeitgeber und Betriebsrat vereinbart oder vom Ausschuss festgelegt werden. Das gilt vor allem für die **Beschlussfassung des gemeinsamen Ausschusses** (für Zulässigkeit einer Vereinbarung ebenso *Fitting* § 28 Rn. 46; *Galperin/Löwisch* § 28 Rn. 16; **a. M.** *Glock/HWGNRH* § 28 Rn. 33). So könnte auch eine Regelung über die Auflösung von Pattsituationen – z. B. Rückverweisung der Angelegenheit an den Betriebsrat oder den zuständigen Ausschuss des Betriebsrats nach erneutem vergeblichem Versuch einer Beschlussfassung – getroffen werden (*BAG* 12.07.1984 AP Nr. 32 zu § 102 BetrVG 1972 Bl. 2 R). Jedoch kann der Betriebsrat, falls in einer Betriebsvereinbarung keine abweichende Regelung getroffen worden ist, die auch hinsichtlich ihres Umfangs in seinem Ermessen stehende Ermächtigung der von ihm entsandten Mitglieder beschränken und z. B. festlegen, dass diese nur einstimmig oder mehrheitlich Beschlüssen des gemeinsamen Ausschusses zustimmen dürfen, andernfalls die Sache dem Betriebsrat zur Entscheidung vorzulegen ist (ähnlich *Fitting* § 28 Rn. 46; *Wedde/DKKW* § 28 Rn. 18; **a. M.** *Glock/HWGNRH* § 28 Rn. 33). Damit ist dem Schutzinteresse des Betriebsrats genügt.

45 Haben Arbeitgeber und Betriebsrat **keine abweichende Regelung** getroffen und hat auch der Betriebsrat von der Möglichkeit zur Beschränkung der Entscheidungsbefugnis der von ihm entsandten Mitglieder keinen Gebrauch gemacht, so ist davon auszugehen, dass ein gemeinsamer Ausschuss entsprechend den allgemeinen Grundsätzen **gemeinsam zu entscheiden** hat (ebenso *Becker* Die Übertragung von Betriebsratsbefugnissen auf Ausschüsse und einzelne Betriebsratsmitglieder [§§ 27, 28 BetrVG 1972], S. 72 ff.; *Fitting* § 28 Rn. 47; *Glock/HWGNRH* § 28 Rn. 31 f.; *Reichold/HWK* § 28 BetrVG Rn. 11; *Wedde/DKKW* § 28 Rn. 17; **a. M.** Abstimmung nach Bänken: *Hanau* BB 1973, 1274 [1277]; *Joost*/MünchArbR § 218 Rn. 41 f.; *Kreft/WPK* § 28 Rn. 18; *Richardi/Thüsing* § 28 Rn. 39). Entsprechend § 33 Abs. 1 und 2 muss sich dann mindestens die Hälfte der Ausschussmitglieder an einer Beschlussfassung beteiligen (ebenso *Fitting* § 28 Rn. 47; *Glock/HWGNRH* § 28 Rn. 32; **a. M.** *Kreft/WPK* § 28 Rn. 18: § 33 Abs. 2 gilt entsprechend bezogen jeweils auf die Mitglieder beider Seiten), und die Mehrheit der anwesenden Ausschussmitglieder (einfache Mehrheit) muss sich für den Beschluss aussprechen (ebenso *Fitting* § 28 Rn. 47; *Galperin/Löwisch* § 28 Rn. 16; *Glock/HWGNRH* § 28 Rn. 31; *Kallmeyer* DB 1978, 98; *Wedde/DKKW* § 28 Rn. 17). Das gilt deshalb auch, wenn die Mehrheit der Mitglieder der einen Seite von deren Minderheit und den Mitgliedern der anderen Seite überstimmt wird (ebenso *Glock/HWGNRH* § 28 Rn. 31; *Reichold/HWK* § 28 BetrVG Rn. 11; **a. M.** *Joost*/MünchArbR § 218 Rn. 42; *Kreft/WPK* § 28 Rn. 18 [in mitbestimmungspflichtigen Angelegenheiten]; *Richardi/Thüsing* § 28 Rn. 39). Bei **Stimmengleichheit** ist ein Antrag analog § 33 Abs. 1 Satz 2 abgelehnt. Die Angelegenheit fällt dann automatisch an Betriebsrat und Arbeitgeber zurück, ohne dass es eines Widerrufs der Aufgabenübertragung an den gemeinsamen Ausschuss bedarf (*Fitting* § 28 Rn. 48; *Hanau* BB 1973, 1274 [1275]; *Kallmeyer* DB 1978, 98 [99]; *Kreft/WPK* § 28 Rn. 19;

Reichold/HWK § 28 BetrVG Rn. 11; Wedde/DKKW § 28 Rn. 18; **a. M.** Glock/HWGNRH § 28 Rn. 34 f. sowie die hier bis zur Voraufl. in § 28 Rn. 44 vertretene Ansicht). Hierfür spricht, dass das Gesetz in § 28a Abs. 2 Satz 3 für den vergleichbaren Fall, dass zwischen Arbeitsgruppe und Arbeitgeber keine Einigung zu erzielen ist, dieselbe Rechtsfolge vorsieht (zutr. Kreft/WPK § 28 Rn. 19). Den Betriebsrat zum Widerruf der Aufgabenübertragung zu zwingen, wäre zudem deshalb wenig sinnvoll, weil es nur darum geht, die Pattsituation in der konkreten Angelegenheit zu überwinden, der Widerruf aber dem Ausschuss die Befugnis allgemein, also auch für zukünftige Fälle entziehen würde (vgl. auch § 28a Rdn. 42).

Dem besonderen Charakter des gemeinsamen Ausschusses wird es nicht gerecht, wenn angenommen **46** wird, nicht dem Ausschuss, sondern allein den Betriebsratsmitgliedern sei die Ausübung der Mitbestimmung übertragen (so Hanau BB 1973, 1274 [1276 f.]; Joost/MünchArbR § 218 Rn. 41 f.; Richardi/Thüsing § 28 Rn. 39). Die Zuständigkeit des Ausschusses beruht auf der zwischen Arbeitgeber und Betriebsrat getroffenen Vereinbarung (vgl. Rdn. 40 f.), und jede Seite überträgt den von ihr entsandten Mitgliedern die Entscheidungsbefugnis zur Regelung der dem gemeinsamen Ausschuss übertragenen Angelegenheiten (vgl. Rdn. 37). Dieser entscheidet dann aber als einheitliches Gremium (vgl. Rdn. 37). Von einer »mitbestimmten« Regelung kann daher nicht nur die Rede sein, wenn die Mehrheit der vom Betriebsrat entsandten Ausschussmitglieder zustimmt (so aber Kreft/WPK § 28 Rn. 18), sondern auch, wenn sie die Mehrheit aller Ausschussmitglieder findet (s. Rdn. 45). Zur Hinzuziehung von Jugend- und Auszubildendenvertretern zu Sitzungen gemeinsamer Ausschüsse vgl. Kallmeyer DB 1978, 98 [99]. Für eine **Berichtspflicht** der **Betriebsratsmitglieder** in gemeinsamen Ausschüssen gegenüber dem Betriebsrat gilt Entsprechendes wie bei den Ausschüssen des Betriebsrats (vgl. Rdn. 35).

Da ein gemeinsamer Ausschuss nicht für den Abschluss von Betriebsvereinbarungen zuständig ist (vgl. **47** Rdn. 40), haben seine **Beschlüsse keine normative Wirkung** für die Arbeitsverhältnisse der Belegschaft. Die Bedeutung der gemeinsamen Ausschüsse wird dadurch zwar gemindert, weil der Arbeitgeber zur Umsetzung ihrer Beschlüsse auf individualrechtliche Mittel (Direktionsrecht, Arbeitsvertrag) angewiesen ist. Das Verbot des Abschlusses von Betriebsvereinbarungen durch die gemeinsamen Ausschüsse kann jedoch nicht dadurch umgangen werden, dass es als ausreichend angesehen wird, wenn in einer Betriebsvereinbarung Aufgaben und Befugnisse der gemeinsamen Ausschüsse geregelt werden (ebenso Kreft/WPK § 28 Rn. 17; Senne BB 1995, 305 [306]; **a. M.** Fitting § 28 Rn. 50; Galperin/Löwisch § 28 Rn. 18; Wlotzke § 28 Rn. 3). Die im Rahmen dieser Vereinbarungen später gefassten Beschlüsse können schon deshalb nicht von der normativen Wirkung der Betriebsvereinbarung erfasst werden, weil es insoweit an der nach § 77 Abs. 2 Satz 1 erforderlichen Schriftform fehlt (zum ähnlichen Problem der Verweisung auf spätere Tarifverträge s. Kreutz § 77 Rdn. 53).

IV. Streitigkeiten

Streitigkeiten über die Zulässigkeit, Bildung, Größe, Zusammensetzung, Zuständigkeit, Geschäftsfüh- **48** rung und Auflösung der Ausschüsse des Betriebsrats und der gemeinsamen Ausschüsse sowie über die Wahl und Abberufung der Ausschussmitglieder entscheiden die Arbeitsgerichte im Beschlussverfahren (§ 2a Abs. 1 Nr. 1, Abs. 2, §§ 80 ff. ArbGG). Insbesondere kann die Frage, ob die Voraussetzungen für die Errichtung eines Ausschusses vorliegen und ob die Grenzen der Aufgabenübertragung (Rdn. 12 f., 29) beachtet worden sind, zum Gegenstand einer gerichtlichen Feststellung gemacht werden (BAG 14.08.2013 EzA § 27 BetrVG 2001 Nr. 2 Rn. 11; s. a. § 27 Rdn. 24). Zu Mängeln der Wahl s. Rdn. 25 sowie § 27 Rdn. 24 ff., zur Auslegung von Anträgen auf Feststellung der Unwirksamkeit der Wahl bzw. deren Anfechtung s. § 26 Rdn. 76.

§ 28a
Übertragung von Aufgaben auf Arbeitsgruppen

(1) In Betrieben mit mehr als 100 Arbeitnehmern kann der Betriebsrat mit der Mehrheit der Stimmen seiner Mitglieder bestimmte Aufgaben auf Arbeitsgruppen übertragen; dies erfolgt nach Maßgabe einer mit dem Arbeitgeber abzuschließenden Rahmenvereinbarung. Die Aufgaben müssen im Zusammenhang mit den von der Arbeitsgruppe zu erledigenden Tätigkeiten stehen. Die Übertragung bedarf der Schriftform. Für den Widerruf der Übertragung gelten Satz 1 erster Halbsatz und Satz 3 entsprechend.

(2) Die Arbeitsgruppe kann im Rahmen der ihr übertragenen Aufgaben mit dem Arbeitgeber Vereinbarungen schließen; eine Vereinbarung bedarf der Mehrheit der Stimmen der Gruppenmitglieder. § 77 gilt entsprechend. Können sich Arbeitgeber und Arbeitsgruppe in einer Angelegenheit nicht einigen, nimmt der Betriebsrat das Beteiligungsrecht wahr.

Literatur

Annuß Mitwirkung und Mitbestimmung der Arbeitnehmer im RegE zum BetrVG, NZA 2001, 367; *Busch* Arbeitsgruppen und Gruppenarbeit im Betriebsverfassungsgesetz (Diss. Mannheim), 2003; *Blanke* Arbeitsgruppen und Gruppenarbeit in der Betriebsverfassung, RdA 2003, 140; *Däubler* Eine bessere Betriebsverfassung? Der Referentenentwurf zur Reform des BetrVG, AuR 2001, 1; *ders.* Die veränderte Betriebsverfassung – Erste Anwendungsprobleme, AuR 2001, 285; *Engels/Trebinger/Löhr-Steinhaus* Regierungsentwurf eines Gesetzes zur Reform des Betriebsverfassungsgesetzes, DB 2001, 532; *Engels* Der neue § 28a BetrVG – Betriebsverfassungsrechtlicher Sündenfall oder Chance?, FS *Wißmann*, 2005, S. 302; *Federlin* Arbeitsgruppen im Betrieb als neue Größe der Betriebsverfassung, NZA 2001, Sonderbeilage zu Heft 24, S. 24; *ders.* Arbeitsgruppen im Betrieb, Bewegtes Arbeitsrecht, FS *Leinemann*, 2006, S. 505; *Franzen* Die Freiheit der Arbeitnehmer zur Selbstbestimmung nach dem neuen BetrVG, ZfA 2001, 423; *Geffken* Gruppenarbeit und Betriebsräte, AiB 2002, 150; *P. Hanau* Denkschrift zu dem Regierungsentwurf eines Gesetzes zur Reform des Betriebsverfassungsgesetzes, RdA 2001, 65; *Kielkowski* Die betriebliche Einigung (Diss. Trier), 2016; *Konzen* Der Regierungsentwurf des Betriebsverfassungsreformgesetzes, RdA 2001, 76; *Linde* § 28a BetrVG – nur »Sand im Betriebe«? Eine empirische Bestandsaufnahme, AiB 2004, 334; *ders.* Übertragung von Aufgaben des Betriebsrats auf Arbeitsgruppen gemäß § 28a BetrVG (Diss. Köln), 2006 (zit.: Arbeitsgruppen); *Löwisch* Änderung der Betriebsverfassung durch das Betriebsverfassungs-Reformgesetz, BB 2001, 1734, 1790; *ders.* Auswirkungen des Betriebsverfassungs-Reformgesetzes auf Mitwirkung und Mitbestimmung des Betriebsrats, NZA 2001, Sonderbeilage zu Heft 24, S. 40; *Malottke* Die Übertragung von Aufgaben auf Arbeitsgruppen nach § 28a BetrVG, AiB 2001, 625; *St. Müller* Die Übertragung von Betriebsratsaufgaben auf Arbeitsgruppen (§ 28a BetrVG) (Diss. Jena), 2004 (zit.: Arbeitsgruppen); *Natzel* Die Delegation von Aufgaben an Arbeitsgruppen nach dem neuen § 28a BetrVG, DB 2001, 1362; *ders.* Subsidiaritätsprinzip im kollektiven Arbeitsrecht, ZfA 2003, 103; *Neef* Wer schützt vor dem Betriebsrat, NZA 2001, 361; *Nill* Selbstbestimmung in der Arbeitsgruppe? (Diss. Tübingen), 2005; *Pfister* Die Übertragung von Aufgaben auf Arbeitsgruppen gemäß § 28a BetrVG unter besonderer Berücksichtigung der Förderungspflicht aus § 75 Abs. 2 Satz 2 BetrVG (Diss. Kiel), 2007 (zit.: Arbeitsgruppen); *Preis/Elert* Erweiterung der Mitbestimmung bei Gruppenarbeit, NZA 2001, 371; *Raab* Die Arbeitsgruppe als neue betriebsverfassungsrechtliche Beteiligungsebene – Der neue § 28a BetrVG, NZA 2002, 474; *Reichold* Die reformierte Betriebsverfassung, NZA 2001, 857; *ders.* Auswirkungen der Novelle zum BetrVG auf die Organisation der Betriebsverfassung, NZA 2001, Sonderbeilage zu Heft 24, S. 32; *Richardi* Veränderungen in der Organisation der Betriebsverfassung, NZA 2001, 346; *Richardi/Annuß* Neues Betriebsverfassungsgesetz: Revolution oder strukturwahrende Reform?, DB 2001, 41; *Thüsing* Arbeitsgruppen nach § 28a BetrVG, ZTR 2002, 3; *Trümner* Reform des Betriebsverfassungsgesetzes – Allgemeine Beurteilung und Anwendungsprobleme des Reformgesetzes, Brennpunkte des Arbeitsrechts 2002, 2002, S. 269; *Tüttenberg* Die Arbeitsgruppe nach § 28a BetrVG: neue Mitbestimmungsebene neben dem Betriebsrat (Diss. Mainz), 2006 (zit.: Arbeitsgruppe); *Wedde* Rahmenvereinbarung gemäß § 28a BetrVG, AiB 2001, 631; *ders.* Übertragung von Betriebsratsaufgaben gemäß § 28a BetrVG auf Arbeitsgruppen, AuR 2002, 122; *Wendeling-Schröder* Individuum und Kollektiv in der neuen Betriebsverfassung, NZA 2001, 357; *Wenvach* Die Übertragung von Aufgaben auf Arbeitsgruppen nach § 28a BetrVG, ZBVR 2004, 130; *Wolf* Betriebsstrukturen und Betriebsratswahlen nach der Gesetzesnovelle 2001, JArbR Bd. 40 (2002), 2003, S. 99.

Vgl. auch die Literaturangaben zum **BetrVerf-ReformG** vor § 1.

Inhaltsübersicht

	Rdn.
I. Vorbemerkung	1–6
1. Entstehungsgeschichte	1
2. Zweck der Vorschrift	2, 3
3. Bewertung der Neuregelung	4, 5
4. Anwendungsbereich	6
II. Rechtliche Stellung der Arbeitsgruppe	7–9
III. Übertragung von Aufgaben auf die Arbeitsgruppe	10–43
1. Voraussetzungen	10–17
a) Betriebsgröße	10, 11
b) Arbeitsgruppen	12–17
2. Rahmenvereinbarung	18–28
a) Sinn der Vereinbarung	18, 19
b) Zustandekommen	20–22
c) Inhalt	23–25
d) Rechtsnatur	26
e) Beendigung	27, 28
3. Beschluss des Betriebsrats	29–31
4. Umfang der Übertragung	32–36
5. Wirkung der Übertragung	37, 38
6. Widerruf der Übertragung	39, 40
7. Wegfall der Zuständigkeit kraft Gesetzes	41–43
IV. Vereinbarungen zwischen der Arbeitsgruppe und dem Arbeitgeber (Gruppenvereinbarungen)	44–60
1. Rechtliche Einordnung	44
2. Zustandekommen	45–51
a) Abstimmung der Gruppenmitglieder	45–49
b) Abschluss der Vereinbarung	50, 51
3. Besondere Fragen der Gruppenbetriebsvereinbarung	52–55
4. Beendigung	56–60
a) Beendigungsgründe	56, 57
b) Nachwirkung	58–60
V. Streitigkeiten	61–64

I. Vorbemerkung

1. Entstehungsgeschichte

Die Vorschrift ist **durch das BetrVerf-ReformG vom 23.07.2001** (BGBl. I S. 1852) **neu eingefügt** worden. Eine ähnliche Regelung fand sich zuvor in § 87 Abs. 4 des DGB-Entwurfes 1998 (Novellierungsvorschläge des DGB zum Betriebsverfassungsgesetz 1972, 1998). § 28a war bereits im Referentenentwurf des BMA enthalten, allerdings ohne den nunmehr vorgesehenen Schwellenwert hinsichtlich der Betriebsgröße. Aufgrund einer Intervention des Wirtschaftsministeriums wurde dann aber im Regierungsentwurf für die Übertragung von Aufgaben auf Ausschüsse in § 28 Abs. 1 ein solcher Schwellenwert eingeführt (hierzu § 28 Rdn. 4). Dieser wurde dann auch in den neuen § 28a übernommen, so dass die Möglichkeit der Übertragung von Aufgaben auf Arbeitsgruppen nur in Betrieben mit mehr als 100 Arbeitnehmern besteht (BT-Drucks. 14/5741, S. 10). Im Gesetzgebungsverfahren ergaben sich keine Änderungen mehr. 1

2. Zweck der Vorschrift

Eines der wesentlichen Ziele des BetrVerf-ReformG war es, **einzelnen Arbeitnehmern mehr Mitspracherechte und Mitverantwortung** im Rahmen der Betriebsverfassung zu übertragen, weil Arbeitnehmer vielfach auch an ihrem Arbeitsplatz einen erheblichen Entscheidungsspielraum besitzen, der mit einer entsprechenden Verantwortung einher geht. Der gesteigerten Verantwortung im Rah- 2 men der Erledigung der Arbeitsaufgabe soll durch eine stärkere Partizipation der Arbeitnehmer bei der betrieblichen Mitbestimmung Rechnung getragen werden (vgl. *Reg. Begr.* BT-Drucks. 14/5741, S. 25 unter I 7, S. 26 unter II 7). Der Übertragung von Aufgaben des Betriebsrats auf die Arbeitsgruppe nach § 28a kommt im Rahmen dieser Zielsetzung zentrale Bedeutung zu. Die Arbeitnehmer sollen stärker als bisher die Angelegenheiten, die sie selbst oder ihre unmittelbare Arbeitsumgebung betreffen, eigenständig gestalten können. An die Stelle der Mitbestimmung durch den Betriebsrat als Repräsentant aller Arbeitnehmer des Betriebs soll die Mitbestimmung durch die Betroffenen als Gruppe treten. Der Gesetzgeber verspricht sich dadurch zugleich einen Zuwachs an Sach- und Praxisnähe der betrieblichen Mitbestimmung (*Reg. Begr.* BT-Drucks. 14/5741, S. 29).

3 Das Gesetz verleiht der Arbeitsgruppe jedoch **keine eigenständigen Kompetenzen**. Ihr werden nicht kraft Gesetzes bestimmte Beteiligungsrechte zugewiesen, sondern die Wahrnehmung von Beteiligungsrechten setzt stets eine Übertragung durch den Betriebsrat voraus (Abs. 1 Satz 1), der diese Übertragung auch jederzeit widerrufen kann. Außerdem fällt die Zuständigkeit im Falle eines Konfliktes mit dem Arbeitgeber an den Betriebsrat zurück (Abs. 2 Satz 3). Auf diese Weise soll sichergestellt werden, dass der Betriebsrat seine Funktion als einheitliche Interessenvertretung aller Arbeitnehmer des Betriebes jederzeit wahrnehmen kann (vgl. *Reg. Begr.* BT-Drucks. 14/5741, S. 30; krit. *Neef* NZA 2001, 361 [363]; *Rieble* ZIP 2001, 133 [142]).

3. Bewertung der Neuregelung

4 Die Neuregelung ist unterschiedlich aufgenommen worden. Dies mag daran liegen, dass sie gerade unter dem Aspekt der Selbstbestimmung der Arbeitnehmer nicht eindeutig positiv oder negativ bewertet werden kann. Einerseits bietet sie sicher die Chance für mehr Autonomie der Arbeitsgruppe und entspricht damit dem Grundsatz der Subsidiarität, wonach die maßgeblichen Entscheidungen nach Möglichkeit auf einer untergeordneten sachnahen Ebene getroffen werden sollen. Auch sind die Einflussmöglichkeiten der einzelnen Arbeitnehmer bei einer Regelung auf der Ebene der Arbeitsgruppe größer (*Engels* FS *Wißmann*, S. 302 [313]). Die Regelung ist daher als »Schritt hin zu direktdemokratischer Interessenvertretung« (*Blanke* RdA 2003, 140 [141]; *Fitting* § 28a Rn. 6; ähnlich *Thüsing* ZTR 2002, 3: »Basisdemokratie«; ähnlich positiv in der Einschätzung *Wedde*/*DKKW* § 28a Rn. 4; krit. hierzu *Reichold*/*HWK* § 28a BetrVG Rn. 4) und als Beitrag zur Dezentralisierung und Flexibilisierung der Entscheidungsfindung (*Fitting* § 28a Rn. 6a; *Reichold*/*HWK* § 28a BetrVG Rn. 1) begrüßt worden. Andererseits birgt sie aber auch Risiken. Auch wenn man die Kritik, dass mit der neuen Vorschrift die Tendenz zur Kollektivierung und Reglementierung nur weiter fortgesetzt werde (vgl. *Franzen* ZfA 2001, 423 [437]; *Hanau* RdA 2001, 65 [73]; *Rieble* ZIP 2001, 133 [142]), nicht uneingeschränkt teilt, ist nicht zu leugnen, dass die Verlagerung von Kompetenzen auf die Arbeitsgruppe die Gefahr einer **Majorisierung einzelner Arbeitnehmer** mit sich bringt. Zwar ist jede Verlagerung von Entscheidungskompetenzen vom Individuum auf ein irgendwie geartetes Kollektiv mit einem gewissen Maß an Fremdbestimmung verbunden. Dies gilt für die Aufgabenwahrnehmung durch die Arbeitsgruppe genauso wie für die Interessenvertretung durch den Betriebsrat. Doch ist der Betriebsrat als Träger der Mitbestimmungsrechte zum einen durch Wahlen gegenüber sämtlichen Arbeitnehmern des Betriebes legitimiert und zum anderen bei seiner Entscheidung gemäß § 2 Abs. 1 auf das Wohl aller Arbeitnehmer und des Betriebes, also auf ein übergeordnetes Interesse, verpflichtet. Demgegenüber verfolgen die Mitglieder der Arbeitsgruppe naturgemäß in erster Linie ihre Individualinteressen. Die im Gesetz vorgesehene Mehrheitsentscheidung gemäß § 28a Abs. 2 Satz 1 Halbs. 2 kann gerade in Fällen divergierender Interessen innerhalb der Arbeitsgruppe dazu führen, dass die Mehrheit ihre Interessen ohne Rücksicht auf die Belange der Minderheit durchsetzt. Für den einzelnen Arbeitnehmer kann die Verlagerung der Mitbestimmung daher zu einem Verlust an Selbstbestimmung führen (ähnliche Kritik bei *Däubler* AuR 2001, 285 [289]; *Franzen* ZfA 2001, 423 [437]; *Richardi* NZA 2001, 346 [351]; *Wendeling-Schröder* NZA 2001, 357 [359]; krit. auch der DGB in seiner Stellungnahme zum Referentenentwurf, NZA 2001, 135 [138]). Damit wird zugleich der Zweck der Mitbestimmung in Frage gestellt, durch gleichberechtigte Teilhabe der Arbeitnehmer an der Gestaltung der betrieblichen Regelungen eine selbstbestimmte Ordnung zu verwirklichen (näher *Wiese* Einl. Rdn. 80 ff.). Hierzu gehört nicht zuletzt, bei Interessendivergenzen zwischen den Arbeitnehmern für einen angemessenen Ausgleich zu sorgen, der allen Arbeitnehmern gerecht wird (s. *Wiese* Einl. Rdn. 88).

Schwierigkeiten bereitet auch der fragmentarische Charakter der Regelung, die eine **Vielzahl von** 5
Detailfragen offen lässt (ähnlich *Thüsing* ZTR 2002, 3: »detailreichere Normierung wäre wünschenswert gewesen«; vgl. aber auch *Reichold* ZfA 2003, 493 [600]). So enthält die Vorschrift insbesondere keine Vorgaben für das Verfahren der internen Willensbildung innerhalb der Arbeitsgruppe. Die Unsicherheit darüber, ob und unter welchen Voraussetzungen einzelne Gruppenmitglieder die Wirksamkeit der zwischen der Arbeitsgruppe und dem Arbeitgeber getroffenen Vereinbarungen in Zweifel ziehen und als für sich unverbindlich ablehnen können, stellt die Praktikabilität der Regelung in Frage, weil die betriebliche Praxis in hohem Maße auf die Verlässlichkeit solcher Absprachen angewiesen ist. In den Betrieben wird denn auch von der Neuregelung bisher – soweit erkennbar – kaum Gebrauch gemacht (vgl. die Ergebnisse der empirischen Untersuchung von *Linde* AiB 2004, 334 ff., dem kein einziger Anwendungsfall bekannt geworden ist).

4. Anwendungsbereich

Die Vorschrift gilt entsprechend für eine **anderweitige Vertretung der Arbeitnehmer** nach § 3 6
Abs. 1 Nr. 1 bis 3 (vgl. § 3 Abs. 5 Satz 2). Auf eine **zusätzliche Vertretung der Arbeitnehmer** nach § 3 Abs. 1 Nr. 4, 5 ist sie nicht anzuwenden (*Fitting* § 28a Rn. 2; *Wedde/DKKW* § 28a Rn. 2). Bei solchen zusätzlichen Vertretungen kommt im Übrigen der Sache nach eine Verlagerung der Aufgaben auf Arbeitsgruppen kaum in Betracht. **Keine Anwendung** findet § 28a auch auf den Gesamtbetriebsrat, den Konzernbetriebsrat, die Jugend- und Auszubildendenvertretung, die Gesamt-Jugend- und Auszubildendenvertretung sowie die Konzern-Jugend- und Auszubildendenvertretung, da die Vorschrift jeweils in den für die Geschäftsführung dieser Gremien maßgeblichen Regelungen nicht erwähnt ist (§ 51 Abs. 1 Satz 1, § 59 Abs. 1, § 65 Abs. 1, § 73 Abs. 2, § 73b Abs. 2). Dagegen gilt § 28a aufgrund der gesetzlichen Bezugnahme in § 115 Abs. 4, § 116 Abs. 3 für die **Bordvertretung** sowie für den **Seebetriebsrat** entsprechend (*Fitting* § 28a Rn. 2; *Kreft/WPK* § 28a Rn. 1).

II. Rechtliche Stellung der Arbeitsgruppe

Die Übertragung von Aufgaben auf Arbeitsgruppen ist zwar im Anschluss an §§ 27, 28 geregelt. Auch 7
wenn sich der Betriebsrat zu einer Übertragung von Aufgaben entschließt, handelt es sich bei der Arbeitsgruppe aber **nicht um einen Ausschuss oder ein sonstiges Hilfsorgan des Betriebsrats** (*Fitting* § 28a Rn. 7; *Glock/HWGNRH* § 28a Rn. 29; *Kreft/WPK* § 28a Rn. 4; *Natzel* DB 2001, 1362; *Raab* NZA 2002, 474 [475]; *Reichold* NZA 2001, 857 [862]; *Reichold/HWK* § 28a BetrVG Rn. 2). Die Gruppe erfüllt keine Hilfsfunktion gegenüber dem Betriebsrat, sondern dient allein der größeren Autonomie der Gruppenmitglieder bei der Regelung der sie betreffenden Angelegenheiten. Sie ist daher im Verhältnis zum Betriebsrat rechtlich selbständig. Eine Abhängigkeit vom Betriebsrat besteht nur hinsichtlich des »Ob« der Aufgabenübertragung. Soweit jedoch Aufgaben auf die Arbeitsgruppe übertragen worden sind, werden diese von der Arbeitsgruppe in eigener Verantwortung wahrgenommen (vgl. Rdn. 37).

Die Gruppenmitglieder haben jedoch **nicht dieselbe rechtliche Stellung wie Betriebsratsmit-** 8
glieder (vgl. *Fitting* § 28a Rn. 39; *Kreft/WPK* § 28a Rn. 4; *Natzel* DB 2001, 1362; *Reichold/HWK* § 28a BetrVG Rn. 5). So finden insbesondere die Vorschriften über den besonderen Kündigungsschutz für Amtsträger gem. **§ 15 KSchG, § 103** sowie den entsprechenden Schutz der Auszubildenden nach **§ 78a** keine Anwendung (*Fitting* § 28a Rn. 39; *Kreft/WPK* § 28a Rn. 4; *Glock/HWGNRH* § 28a Rn. 31; *Reichold/HWK* § 28a BetrVG Rn. 5; *Richardi/Thüsing* § 28a Rn. 34; *Stege/Weinspach/Schiefer* § 28a Rn. 5; vgl. auch § 103 Rdn. 14). Die Gruppenmitglieder dürfen freilich nicht wegen der Ausübung ihrer betriebsverfassungsrechtlichen Befugnisse, die sich aus der Aufgabenübertragung ergeben, benachteiligt werden (**§ 78 Satz 2 analog**). Hieraus ergibt sich ein **relativer Kündigungsschutz** (*Fitting* § 28a Rn. 39a; *Reichold/HWK* § 28a BetrVG Rn. 5; **a. M.** offenbar *Stege/Weinspach/Schiefer* § 28a Rn. 5) Auch die übrigen Vorschriften zum Schutz der Betriebsratstätigkeit können wegen der Unterschiedlichkeit der Interessenlage nur mit erheblichen Einschränkungen entsprechend angewandt werden (s. bereits *Raab* NZA 2002, 474 [475]). In Betracht kommt eine **Freistellung** einzelner Gruppenmitglieder, etwa eines gewählten Gruppensprechers, analog **§ 37 Abs. 2**, soweit dies

§ 28a *II. 3. Geschäftsführung des Betriebsrats*

für die Wahrnehmung der übertragenen Aufgaben erforderlich ist. Unter den Voraussetzungen des § 37 **Abs. 3** besteht auch ein Anspruch auf Freizeitausgleich (*Fitting* § 28a Rn. 39a; *Kreft/WPK* § 28a Rn. 4; *Reichold/HWK* § 28a BetrVG Rn. 5; *Richardi/Thüsing* § 28a Rn. 34; *Wedde/DKKW* § 28a Rn. 82). Gleiches gilt, wenn zum Zwecke der internen Willensbildung innerhalb der Arbeitsgruppe, etwa zur Abstimmung über den Abschluss einer Gruppenvereinbarung (vgl. Rdn. 48), Versammlungen erforderlich sind. Die Einzelheiten sollten zweckmäßigerweise in der Rahmenvereinbarung zwischen Arbeitgeber und Betriebsrat geregelt werden. Dagegen haben weder die Arbeitsgruppe selbst noch ihre Mitglieder einen Anspruch auf **Teilnahme an Schulungs- und Bildungsveranstaltungen** (§ 37 Abs. 6 und 7; *Fitting* § 28a Rn. 39; *Reichold/HWK* § 28a BetrVG Rn. 5; *Richardi/Thüsing* § 28a Rn. 34; *Stege/Weinspach/Schiefer* § 28a Rn. 5), auf Bereitstellung von Sachmitteln (§ 40 Abs. 2; zust. *Glock/HWGNRH* § 28a Rn. 31; *Kreft/WPK* § 28a Rn. 4; *Reichold/HWK* § 28a BetrVG Rn. 5; *Stege/Weinspach/Schiefer* § 28a Rn. 6; **a. M.** *Fitting* § 28a Rn. 38; *Richardi/Thüsing* § 28a Rn. 34; *Wedde/DKKW* § 28a Rn. 82) oder auf Hinzuziehung internen oder externen Sachverstandes (§ 80 Abs. 2 Satz 3, Abs. 3; ebenso *Glock/HWGNRH* § 28a Rn. 31; *Natzel* DB 2001, 1362; *Stege/Weinspach/Schiefer* § 28a Rn. 6). Diese Vorschriften tragen der besonderen Stellung und Aufgabe des Betriebsrats Rechnung und sind daher nicht ohne Weiteres auf die Arbeitsgruppe übertragbar, auch wenn ihr Aufgaben des Betriebsrats übertragen werden. Dies schließt die Verpflichtung zur Übernahme solcher Kosten durch den Arbeitgeber nicht aus. Sie bedarf aber einer Selbstverpflichtung des Arbeitgebers, etwa generell in der Rahmenvereinbarung oder durch gesonderte Erklärung im jeweiligen Einzelfall. Zur Geheimhaltungspflicht nach § 79 s. *Oetker* § 79 Rdn. 44.

9 Die Fragen der **Binnenorganisation**, insbesondere der Geschäftsführung und Vertretung der Arbeitsgruppe, sind weitgehend ungeregelt geblieben. Mitunter wird insoweit in weitem Umfang eine entsprechende Heranziehung der §§ 26 ff. über die Geschäftsführung des Betriebsrats befürwortet (vgl. insbesondere *Fitting* § 28a Rn. 38 f.; ähnlich weitgehend *Nill* Selbstbestimmung in der Arbeitsgruppe, S. 84 ff.; *Wedde/DKKW* § 28a Rn. 73 ff.). Hiergegen spricht zum einen, dass der Gesetzgeber ausdrücklich von Vorgaben zur inneren Struktur der Arbeitsgruppe abgesehen, also bewusst eine formalisierende Reglementierung vermieden hat, um die Regelung der autonomen Gestaltung auf der betrieblichen Ebene zu überlassen (vgl. *Reg. Begr.* BT-Drucks. 14/5741, S. 40). In erster Linie handelt es sich daher um eine Angelegenheit der Selbstorganisation der Arbeitsgruppe. Die Mitglieder der Arbeitsgruppe können zum einen eine Geschäftsordnung beschließen, die die wesentlichen Verfahrensregeln – im Rahmen der gesetzlichen Vorgaben – verbindlich festlegt. Hierfür bedarf es keiner entsprechenden Anwendung des § 36. Insbesondere besteht eine Pflicht der Arbeitsgruppe zur Aufstellung einer Geschäftsordnung – anders als beim Betriebsrat (s. § 36 Rdn. 6) – nicht. Zum anderen können die Betriebspartner in der Rahmenvereinbarung einen institutionellen Rahmen schaffen (und sollten von dieser Möglichkeit zweckmäßigerweise auch Gebrauch machen, s. Rdn. 25). Sofern es an einer solchen Regelung fehlt, kann aber auf die für den Betriebsrat geltenden Regelungen nur mit äußerster Vorsicht zurückgegriffen werden, da das für den Betriebsrat geltende, mit gutem Grund teilweise stark formalisierte Verfahren dem eher informellen Charakter der Verständigung innerhalb der Arbeitsgruppe nicht gerecht wird (ebenso *Reichold/HWK* § 28a BetrVG Rn. 16). Darauf, ob und in welchem Umfang die §§ 26 ff. entsprechende Anwendung finden können, soll in der Kommentierung der jeweiligen Vorschriften näher eingegangen werden (vgl. § 29 Rdn. 2, § 30 Rdn. 2, § 31 Rdn. 3, § 32 Rdn. 3, § 33 Rdn. 3, § 34 Rdn. 3, 38, § 35 Rdn. 6, § 36 Rdn. 3; vgl. auch Rdn. 45 ff.).

III. Übertragung von Aufgaben auf die Arbeitsgruppe

1. Voraussetzungen

a) Betriebsgröße

10 Ebenso wie in § 28 die Bildung von Ausschüssen des Betriebsrats an eine bestimmte Größe des Betriebs geknüpft ist, ist auch die Übertragung von Aufgaben auf Arbeitsgruppen davon abhängig, dass der Betrieb **mehr als 100 Arbeitnehmer** hat. Auch wenn dies im Gesetz nicht ausdrücklich gesagt wird, kommt es – wie bei den anderen gesetzlichen Schwellenwerten auch – auf die Zahl der **regelmäßig beschäftigten** Arbeitnehmer an (*Fitting* § 28a Rn. 8; *Glock/HWGNRH* § 28a Rn. 9;

Kreft/WPK § 28a Rn. 5; *Raab* NZA 2002, 474; *Reichold/HWK* § 28a BetrVG Rn. 7; *Richardi/Thüsing* § 28a Rn. 5; *Wedde/DKKW* § 28a Rn. 12). Die Berechnung erfolgt nach den für die Ermittlung der Zahl der Betriebsratsmitglieder nach § 9 geltenden Grundsätzen. Zu berücksichtigen sind also nur Arbeitnehmer i. S. d. Betriebsverfassungsgesetzes, also nicht die in § 5 Abs. 2 genannten Personen sowie die leitenden Angestellten nach § 5 Abs. 3 und 4 (*Fitting* § 28a Rn. 8; *Richardi/Thüsing* § 28a Rn. 5). Auf die Wahlberechtigung kommt es nach dem Wortlaut nicht an (*Nill* Selbstbestimmung in der Arbeitsgruppe, S. 65). Zu berücksichtigen sind daher auch die für die Wahl zum Betriebsrat nicht wahlberechtigten jugendlichen Arbeitnehmer (*Fitting* § 28a Rn. 8; *Wedde/DKKW* § 28a Rn. 11). Weitere Voraussetzung ist, dass es sich um betriebsangehörige Arbeitnehmer handelt. Nach § 14 Abs. 2 Satz 4 AÜG sind zudem **Leiharbeitnehmer** – unabhängig von der Frage ihrer Betriebszugehörigkeit – im Hinblick auf die Schwellenwerte zu berücksichtigen; sie sind daher mitzuzählen (s. näher § 7 Rdn. 113 ff.; *Löwisch/LK* § 28a Rn. 5; so schon zur früheren Rechtslage *Fitting* § 28a Rn. 8; *Wedde/DKKW* § 28a Rn. 11). Dies gilt allerdings nur, wenn sie zu den »regelmäßig beschäftigten« Arbeitnehmern gehören, d. h. wenn sie auf Arbeitsplätzen beschäftigt werden, die üblicherweise entweder durch Leiharbeitnehmer oder durch eigene Arbeitnehmer des Betriebs besetzt sind (s. § 7 Rdn. 116 f.). Da es in § 28a auf die Wahlberechtigung nicht ankommt, wird man Leiharbeitnehmer auch dann zu berücksichtigen haben, wenn diese lediglich für die Dauer von bis zu drei Monaten im Betrieb beschäftigt werden, solange sie zu den »regelmäßig beschäftigten« Arbeitnehmern gehören (*Fitting* § 28a Rn. 8; ebenso wohl *Wedde/DKKW* § 28a Rn. 11 [»Leiharbeitnehmer, die länger als drei Monate im Betrieb tätig sind«; hier fehlt offenbar das »nicht«]; allg. zu dieser Frage auch § 7 Rdn. 119). Maßgeblich für die Betriebsgröße ist der **Zeitpunkt der Übertragung der Aufgaben** durch den Betriebsrat auf die Arbeitsgruppe (*Fitting* § 28a Rn. 9; *Richardi/Thüsing* § 28a Rn. 6; *Wedde/DKKW* § 28a Rn. 13).

Der **Sinn des Schwellenwertes** ist **nicht recht verständlich**. Anders als bei der Bildung von Ausschüssen geht es bei der Übertragung auf Arbeitsgruppen nicht – oder zumindest nicht in erster Linie – um eine Entlastung des Betriebsrats als Gesamtgremium (s. Rdn. 7; anders *Engels/Trebinger/Löhr-Steinhaus* DB 2001, 532 [537]; vgl. auch Reg. Begr. BT-Drucks. 14/5741, S. 28: Betriebsrat soll einen Teil seines Alltagsgeschäfts abgeben können), die notwendigerweise erst ab einer bestimmten Betriebsgröße in Betracht kommt, sondern um ein Mehr an Selbstbestimmung durch unmittelbare Beteiligung der einzelnen Arbeitnehmer, die unabhängig von der Zahl der Beschäftigten sinnvoll sein kann (ähnliche Kritik bei *Blanke* RdA 2003, 140 [147]; *St. Müller* Arbeitsgruppen, S. 32 f.; *Nill* Selbstbestimmung in der Arbeitsgruppe, S. 66; *Reichold/HWK* § 28a BetrVG Rn. 7). Auch zum Schutz des Arbeitgebers ist eine solche zahlenmäßige Grenze nicht erforderlich, da eine Verlagerung von Aufgaben auf die Arbeitsgruppe eine (regelmäßig nicht erzwingbare, s. Rdn. 20 f.) Rahmenvereinbarung zwischen Betriebsrat und Arbeitgeber voraussetzt und somit nicht gegen den Willen des Arbeitgebers erfolgen kann. 11

b) Arbeitsgruppen

Der Betriebsrat kann Aufgaben nur auf Arbeitsgruppen verlagern, also nicht auf beliebige Arbeitnehmer des Betriebes. Eine Arbeitsgruppe bilden insbesondere diejenigen Arbeitnehmer, die in **Gruppenarbeit** i. S. d. § 87 Abs. 1 Nr. 13 zusammenwirken (vgl. *Blanke* RdA 2003, 140 [141]; *Federlin* NZA 2001, Sonderheft S. 24 [28]; *Fitting* § 28a Rn. 10; *Glock/HWGNRH* § 28a Rn. 2; *Koch/*ErfK § 28a BetrVG Rn. 2; *Kreft/WPK* § 28a Rn. 6; *Linde* Arbeitsgruppen, S. 120 f.; *Löwisch/LK* § 28a Rn. 7; *Kreft/WPK* § 28a Rn. 6; *Reichold/HWK* § 28a BetrVG Rn. 3; *Richardi/Thüsing* § 28a Rn. 8; *Wedde/DKKW* § 28a Rn. 16). Um Gruppenarbeit in diesem Sinne handelt es sich, wenn die Arbeitnehmer eine ihnen übertragene Arbeitsaufgabe im Wesentlichen eigenverantwortlich erledigen (sog. teilautonome Gruppenarbeit; näher zu den Voraussetzungen der Gruppenarbeit s. *Kreutz/Jacobs* § 75 Rdn. 149 f. sowie *Wiese/Gutzeit* § 87 Rdn. 1078 ff.). 12

Der Anwendungsbereich ist jedoch nicht auf echte Gruppenarbeit beschränkt. Ausweislich der Gesetzesbegründung soll eine Übertragung auch bei **sonstiger Team- und Projektarbeit** sowie für **bestimmte Beschäftigungsarten und Arbeitsbereiche** in Betracht kommen (Reg. Begr. BT-Drucks. 14/5741, S. 40). Der Begriff der Arbeitsgruppe ist daher weiter auszulegen als der der Gruppenarbeit i. S. d. § 87 Abs. 1 Nr. 13 (für eine weite Definition des Begriffes *Fitting* § 28a Rn. 12 f.; *Linde* Arbeits- 13 gruppen, S. 118 ff.; *Löwisch/LK* § 28a Rn. 8; *Reichold/HWK* § 28a BetrVG Rn. 3; *Richardi/Thüsing* § 28a Rn. 8; *Tüttenberg* Arbeitsgruppe, S. 30 ff., 40; widersprüchlich *Wedde/DKKW* § 28a Rn. 16, der einerseits für eine weite Auslegung plädiert, der Sache nach aber eine eher enge Eingrenzung vornimmt). Dies bedeutet allerdings nicht, dass der Begriff der Gruppenarbeit generell weit zu verstehen sei, also das Ziel, der Vorschrift einen möglichst großen Anwendungsbereich zu sichern, zum maßgeblichen interpretatorischen Maßstab gemacht werden dürfte. Vielmehr ist für die Bestimmung des Begriffes der Arbeitsgruppe (hierzu auch *Kreutz/Jacobs* § 75 Rdn. 149 f.) vor allem der Zweck der Regelung zu berücksichtigen. Sie soll eine Verlagerung der Entscheidungsbefugnisse auf eine Gruppe von Arbeitnehmern ermöglichen, die damit ihre Interessen gegenüber dem Arbeitgeber selbst und nicht mediatisiert durch den Betriebsrat wahrnehmen sollen. Dies setzt einerseits voraus, dass es sich um eine homogene Gruppe von Arbeitnehmern handelt, die sich von der übrigen Belegschaft dergestalt abgrenzen lässt, dass die diese Arbeitnehmer betreffenden Angelegenheiten zumindest zum Teil geregelt werden können, ohne dass die Interessen der übrigen Belegschaft hiervon tangiert werden. Ist dies nicht der Fall, ist also eine Abstimmung mit den für andere Arbeitnehmer geltenden Arbeitsbedingungen erforderlich oder würde eine für die gruppenzugehörigen Arbeitnehmer geltende Regelung den Gestaltungsspielraum für die übrigen Arbeitnehmer des Betriebes einengen, bedarf es nämlich der Beteiligung des Betriebsrats als Repräsentant aller Arbeitnehmer. Da der Arbeitsgruppe nur Aufgaben mit Tätigkeitsbezug übertragen werden können (Abs. 1 Satz 2), muss sich außerdem die Verbindung der Arbeitnehmer gerade aus der von ihnen zu verrichtenden Tätigkeit ergeben. Um eine Arbeitsgruppe i. S. d. Vorschrift handelt es sich also, wenn mehrere **Arbeitnehmer aufgrund der ihnen zugewiesenen Tätigkeit derart verbunden** sind, dass sich **mitbestimmungspflichtige Fragen** typischerweise für die Arbeitnehmer **einheitlich** stellen und anders als für die übrige Belegschaft geregelt werden können (vgl. bereits *Raab* NZA 2002, 474 [476]; zust. *Blanke* RdA 2003, 140 [141]; *Nill* Selbstbestimmung in der Arbeitsgruppe, S. 67; ähnlich *Kreft/WPK* § 28a Rn. 7; *Löwisch/LK* § 28a Rn. 8; *Reichold/HWK* § 28a BetrVG Rn. 3; vgl. auch *Richardi/Thüsing* § 28a Rn. 8; *Thüsing* ZTR 2002, 3 [4]: jede Gruppe von Arbeitnehmern, bei der ein Bedarf nach eigenständiger Regelung aufgabenbezogener Sachverhalte vorliegt; abw. *Glock/HWGNRH* § 28a Rn. 2 f.; *Linde* Arbeitsgruppen, S. 124 ff.: maßgeblich sei allein die formelle Abgrenzbarkeit im Rahmen der Betriebsorganisation).

14 Zu eng ist es daher, wenn der Anwendungsbereich auf Arbeitsgruppen beschränkt wird, die über eine weitgehende **Autonomie bei der Erledigung der Aufgaben** verfügen (so *Wedde/DKKW* § 28a Rn. 15 [in gewissem Widerspruch zu dem Plädoyer für eine weite Auslegung in Rn. 16]; auch *Thüsing* ZTR 2002, 3 [4] [ebenso *Richardi/Thüsing* § 28a Rn. 8] stellt auf die »im Wesentlichen eigenverantwortliche« Aufgabenerledigung ab; ähnlich *Koch/ErfK* § 28a BetrVG Rn. 2; wie hier dagegen *Blanke* RdA 2003, 140 [141]; *Federlin* NZA 2001, Sonderheft S. 24 [28]; *Fitting* § 28a Rn. 11; *Löwisch* BB 2001, 1734 [1740]; *Reichold/HWK* § 28a BetrVG Rn. 3; *Stege/Weinspach/Schiefer* § 28a Rn. 4). Zwar wird gerade die Befugnis zur autonomen Gestaltung der Arbeitsabläufe vielfach das Bedürfnis und die Möglichkeit begründen, Sonderregelungen zu schaffen, die ausschließlich für die Arbeitsgruppe gelten, so dass hier ein wesentlicher Anwendungsbereich der Vorschrift liegt. Eine solche Autonomie ist jedoch nicht erforderlich, weil es nicht auf die im Verhältnis zum Arbeitgeber bestehende Selbständigkeit der Arbeitsorganisation ankommt, sondern auf die Eigenständigkeit der Gruppe im Verhältnis zu der übrigen Belegschaft. Ebenso wenig ist es notwendige Voraussetzung, dass die Arbeitnehmer die übertragene **Arbeitsaufgabe gemeinsam erledigen** (vgl. *Fitting* § 28a Rn. 12; *Reichold/HWK* § 28a BetrVG Rn. 3). So können auch die Mitarbeiter des Außendienstes oder die Mitglieder eines Forschungsteams eine Arbeitsgruppe bilden, weil sich bestimmte Regelungsfragen nur für sie oder zumindest für sie in anderer Weise als für die übrigen Arbeitnehmer stellen (*Däubler* AuR 2001, 285 [289]; *Fitting* § 28a Rn. 11, 12a; *Kreft/WPK* § 28a Rn. 7; *Reichold/HWK* § 28a BetrVG Rn. 3). Andererseits reicht allein die gemeinsame Aufgabenerledigung oder die Verrichtung gleichartiger Tätigkeiten nicht aus, um eine Arbeitsgruppe i. S. d. § 28a annehmen zu können, wenn mitbestimmungspflichtige Regelungen sich in ihren Wirkungen nicht auf die durch die gemeinsame Tätigkeit verbundenen Arbeitnehmer begrenzen lassen (**a. M.** offenbar *Engels* FS *Wißmann*, S. 302 [304]; *Fitting* § 28a Rn. 11; nicht ganz klar insoweit *Stege/Weinspach/Schiefer* § 28a Rn. 4).

15 Ob Arbeitnehmer eine Arbeitsgruppe bilden, lässt sich daher nicht abstrakt beantworten, sondern hängt von der Organisation der Arbeitsabläufe im jeweiligen Betrieb ab. Die Zusammenfassung der

Arbeitnehmer zu einer Arbeitsgruppe ist demnach Folge einer freien **Organisationsentscheidung des Arbeitgebers** (vgl. *Franzen* ZfA 2001, 423 [433 f.]; *Kreutz/Jacobs* § 75 Rdn. 151; *Natzel* DB 2001, 1362; *Stege/Weinspach/Schiefer* § 28a Rn. 4; vgl. auch *Däubler* AuR 2001, 285 [289]). Die Gestaltungsmacht des Arbeitgebers bezieht sich aber nur auf die tatsächlichen Verhältnisse, also die Betriebsorganisation, an die der Rechtsbegriff der Arbeitsgruppe anknüpft, nicht auf die Zusammensetzung der Arbeitsgruppe selbst. Insbesondere kann der Arbeitgeber nicht mit konstitutiver Wirkung die Zugehörigkeit von Arbeitnehmern zu einer Arbeitsgruppe bestimmen (*Raab* NZA 2002, 474 [476]; zust. *Linde* Arbeitsgruppen, S. 146 ff.; s. a. Rdn. 17). Der Arbeitgeber ist andererseits nicht verpflichtet, die Tätigkeit der Arbeitnehmer so zu organisieren, dass diese eine Arbeitsgruppe i. S. d. § 28a bilden. Unerheblich ist, ob die Gruppen in die Arbeitsabläufe des Betriebes integriert sind oder parallel zur Arbeitsorganisation des Restbetriebes bestehen (*Fitting* § 28a Rn. 11; *Koch*/ErfK § 28a BetrVG Rn. 2; *Richardi/Thüsing* § 28a Rn. 8; **a. M.** *Wedde*/DKKW § 28a Rn. 20). Ebenso wenig bedarf es einer organisatorischen Verfestigung (*Thüsing* ZTR 2002, 3 [4]; zust. *Fitting* § 28a Rn. 11; *Reichold/ HWK* § 28a BetrVG Rn. 3). **Typische Beispiele** für Arbeitsgruppen, bei denen die Voraussetzungen für eine Aufgabenübertragung nach § 28a vorliegen können, sind neben den (teil)autonomen Arbeitsgruppen i. S. d. § 87 Abs. 1 Nr. 13 etwa Akkordgruppen, Fertigungsteams, Qualitätszirkel und Entwicklungs- und Forschungsabteilungen (*Fitting* § 28a Rn. 11; vgl. a. *Löwisch/LK* § 28a Rn. 8; ausführlich zu den verschiedenen Erscheinungsformen *Federlin* NZA 2001, Sonderheft S. 24 [26]). Genauso wie die Arbeitsgruppe durch eine organisatorische Entscheidung des Arbeitgebers entsteht, kann sie durch eine solche auch wieder **aufgelöst** werden, wenn hierdurch die Verbindung der Arbeitnehmer zu einer Einheit, deren Arbeitsbedingungen einer gesonderten Regelung zugänglich ist, wieder entfällt (z. B. durch Wiedereingliederung der in einem Fertigungsteam erledigten Arbeiten in den allgemeinen Fertigungsprozess).

16 Voraussetzung für die Bildung einer Arbeitsgruppe ist allerdings, dass die Arbeitnehmer demselben Betrieb angehören. Auf **betriebs- oder unternehmensübergreifende Arbeitsgruppen** findet die Vorschrift dagegen keine Anwendung, weil die Befugnis zur Aufgabenübertragung ausschließlich dem Betriebsrat vorbehalten ist, also weder dem Gesamt- noch dem Konzernbetriebsrat zusteht (s. Rdn. 6; *Linde* Arbeitsgruppen, S. 152 ff.; *Löwisch/LK* § 28a Rn. 1; *Nill* Selbstbestimmung in der Arbeitsgruppe, S. 69 f.; *Pfister* Arbeitsgruppen, S. 30 ff.; **a. M.** *Fitting* § 28a Rn. 12b; *Kreft/WPK* § 28a Rn. 9; *Thüsing* ZTR 2002, 3 [4]; *Tüttenberg* Arbeitsgruppe, S. 50 ff.; *Wedde/DKKW* § 28a Rn. 18). Die Aufgabenübertragung lässt sich auch nicht im Wege einer mehrseitigen Vereinbarung durchführen, an der die Betriebsräte sämtlicher betroffener Betriebe bzw. – bei unternehmensübergreifender Organisation – sämtliche betroffenen Arbeitgeber beteiligt sind (so aber *Thüsing* ZTR 2002, 3 [4 f.]; *Richardi/Thüsing* § 28a Rn. 9, 14: »mehrgliedrige Betriebsvereinbarung« nach dem Muster des mehrgliedrigen Tarifvertrags; zust. *Fitting* § 28a Rn. 12b; wie hier dagegen *Pfister* Arbeitsgruppen, S. 31 f.). Vielfach wird nämlich bei betriebs- oder unternehmensübergreifenden Strukturen eine originäre Zuständigkeit des Gesamt- bzw. Konzernbetriebsrats bestehen, über die die Betriebsräte der Einzelbetriebe nicht disponieren können. Etwas anderes gilt freilich, wenn nach § 3 Abs. 1 Nr. 1 bis 3 neue organisatorische Einheiten gebildet werden, die dann als eigenständige Betriebe gelten.

17 Auch wenn danach feststeht, dass die Voraussetzungen einer Arbeitsgruppe gegeben sind, können sich Zweifel hinsichtlich der **personellen Zusammensetzung der Arbeitsgruppe**, insbesondere hinsichtlich der Zugehörigkeit einzelner Arbeitnehmer, ergeben. Arbeitgeber und Betriebsrat können jedoch in der **Rahmenvereinbarung** die personellen Grenzen der Gruppe durch abstrakte Merkmale oder auch durch namentliche Nennung der einzelnen Arbeitnehmer für solche Zweifelsfälle näher konkretisieren. **Personelle Veränderungen** lassen den Fortbestand der Arbeitsgruppe grundsätzlich unberührt (*Fitting* § 28a Rn. 12c; *Kreft/WPK* § 28a Rn. 10; *Reichold/HWK* § 28a BetrVG Rn. 20; *Richardi/Thüsing* § 28a Rn. 11; *Wedde/DKKW* § 28a Rn. 72). Neue Arbeitnehmer, die zu der Arbeitsgruppe hinzukommen oder an die Stelle ausgeschiedener Arbeitnehmer treten, sind an die für die Arbeitsgruppe getroffenen Vereinbarungen in gleicher Weise gebunden wie die übrigen Gruppenmitglieder. In der Literatur wird zum Teil angenommen, dass hiervon eine Ausnahme zu machen sei, wenn die personellen Veränderungen zu einem Verlust der Identität der Arbeitsgruppe führten, etwa wenn sämtliche Arbeitnehmer ausgetauscht würden (vgl. *Reichold/HWK* § 28a BetrVG Rn. 20; *Richardi/Thüsing* § 28a Rn. 11). Abgesehen davon, dass sich wohl nur schwierig bestimmen lässt, wie viele Arbeitnehmer ausgetauscht werden oder ausscheiden müssen, um einen Identitätsverlust anzunehmen, ist dies auch deshalb problematisch, weil das für die Arbeitsgruppe identitätsstiftende Merkmal nicht die ihr angehörenden Individuen, sondern die Zusammenfassung der Arbeitnehmer als Folge der arbeitsorganisatorischen Maßnahme ist (vgl. Rdn. 15). Solange diese unverändert fortbesteht, existiert auch die Arbeitsgruppe (ebenso *Blanke/Wolmerath/*HaKo § 28a Rn. 19; *Fitting* § 28a Rn. 12c). Denkbar ist freilich, dass infolge umstrukturierender Maßnahmen Arbeitsgruppen auch personell neu zusammengesetzt werden. Dann kann eine neue Arbeitsgruppe entstehen, selbst wenn ihr viele Arbeitnehmer der alten Arbeitsgruppe angehören (*Fitting* § 28a Rn. 12c; *Kreft/WPK* § 28a Rn. 10; *Richardi/Thüsing* § 28a Rn. 11). Allerdings kommt es auch hier entscheidend auf Inhalt und Umfang der Umstrukturierungsmaßnahme an. Maßgeblich ist, ob es sich bei wertender Betrachtung um eine Veränderung der bestehenden oder um die Bildung völlig neuer Arbeitsgruppen handelt. Abstrakte Maßstäbe lassen sich hierfür kaum aufstellen, weil die Beurteilung maßgeblich von der jeweiligen Arbeitsorganisation des Betriebes abhängig ist.

2. Rahmenvereinbarung

a) Sinn der Vereinbarung

18 Die Übertragung von Mitbestimmungsbefugnissen vom Betriebsrat auf andere Gremien birgt die **Gefahr der Zersplitterung der Zuständigkeiten**, die zur Unübersichtlichkeit führen und die effektive Organisation der Betriebsabläufe erschweren kann (*Federlin* NZA 2001, Sonderheft S. 24 [28]; *Neef* NZA 2001, 361 [363]; *Raab* NZA 2002, 474 [476]; **a. M.** *Fitting* § 28a Rn. 12a; dass solche Befürchtungen auch in der Praxis bestehen, wird durch empirische Untersuchungen bestätigt, vgl. *Linde* AiB 2004, 334 [336]; *ders.* Arbeitsgruppen, S. 99). Dies gilt erst recht für die Übertragung auf Gruppen von Arbeitnehmern, die – anders als die Ausschüsse – nicht einmal über eine organisatorische Anbindung an den Betriebsrat verfügen. Eine solche Delegation kann daher für den Arbeitgeber die Organisation der betrieblichen Abläufe erheblich erschweren. Ein Vorteil der Betriebsverfassung für den Arbeitgeber besteht nämlich darin, dass er für die Regelung der die Arbeitnehmer betreffenden Angelegenheiten einen einheitlichen Ansprechpartner hat. Aus diesem Grund sieht das Gesetz vor, dass der Betriebsrat nicht eigenmächtig, sondern nur auf der Grundlage einer Vereinbarung mit dem Arbeitgeber Aufgaben auf die Arbeitsgruppe übertragen kann (vgl. aber auch *Blanke* RdA 2003, 140 [149], der das Zustimmungserfordernis damit erklärt, dass nach der Konzeption des Gesetzes die Aufgabenübertragung nach § 28a ebenso wie die Übertragung von Eigenverantwortung an die Arbeitsgruppe nach § 87 Abs. 1 Nr. 13 nach dem Prinzip der »paktierten Delegation« nur im Konsens erfolgen solle).

19 Wie sich bereits aus dem Begriff »Rahmenvereinbarung« ergibt, legt die Vereinbarung lediglich die Grenzen fest, innerhalb derer eine Aufgabenübertragung durch den Betriebsrat erfolgen kann. Die Aufgabenübertragung selbst erfolgt nicht durch die Rahmenvereinbarung, sondern bedarf eines konstitutiven Beschlusses des Betriebsrats, da es um seine Kompetenzen geht. Die Rahmenvereinbarung bildet lediglich eine **Ermächtigungsgrundlage für die Übertragung** (zust. *Reichold/HWK* § 28a BetrVG Rn. 8). Ob und in welchem Umfange der Betriebsrat hiervon Gebrauch macht, obliegt seiner Entscheidung. Zur Frage der rechtlichen Bindung des Betriebsrats bei der Entscheidung s. Rdn. 31. Das Bestehen einer Rahmenvereinbarung ist damit aber auch Voraussetzung für die Wirksamkeit der Aufgabenübertragung an die Arbeitsgruppe (*Fitting* § 28a Rn. 14; *Kreft/WPK* § 28a Rn. 12; *Richardi/Thüsing* § 28a Rn. 16; *Wedde/DKKW* § 28a Rn. 22). Ohne sie entfaltet ein Übertragungsbeschluss des Betriebsrats keine Rechtsfolgen. Endet die Rahmenvereinbarung (etwa infolge Zeitablauf oder Kündigung), so entfällt auch die Zuständigkeit der Arbeitsgruppe zur Regelung der sie betreffenden Angelegenheiten, selbst wenn der Übertragungsbeschluss des Betriebsrats fortbesteht (s. Rdn. 41).

b) Zustandekommen

20 Die Rahmenvereinbarung ist – gleichgültig welche Rechtsnatur sie ansonsten besitzt (hierzu s. Rdn. 26) – ein **privatrechtlicher Vertrag** zwischen Arbeitgeber und Betriebsrat, kommt daher gemäß §§ 145 ff. BGB durch übereinstimmende Willenserklärungen zustande. Sie setzt auf Seiten des Betriebsrats einen wirksamen Beschluss voraus, der – im Unterschied zum Übertragungsbeschluss (vgl. Rdn. 29) – mit einfacher Mehrheit gefasst werden kann (*Fitting* § 28a Rn. 20; *Kreft/WPK* § 28a

Rn. 17). Da das Gesetz keine Regelung enthält, wonach bei mangelnder Einigung zwischen Arbeitgeber und Betriebsrat die Einigungsstelle verbindlich entscheidet, ist die Rahmenvereinbarung **nicht erzwingbar** (*Däubler* AuR 2001, 285 [289] unter Aufgabe der in AuR 2001, 1 [3] geäußerten Zweifel; *Engels/Trebinger/Löhr-Steinhaus* DB 2001, 532 [537]; *Fitting* § 28a Rn. 19; *Franzen* ZfA 2001, 423 [434]; *Glock/HWGNRH* § 28a Rn. 13; *Koch/*ErfK § 28a BetrVG Rn. 2; *Konzen* RdA 2001, 76 [85]; *Kreft/WPK* § 28a Rn. 12; s. *KreutzJacobs* § 75 Rdn. 153; *Natzel* DB 2001, 1362 [1363]; *Reichold* NZA 2001, 857 [862]; *Richardi/Thüsing* § 28a Rn. 18; *Wedde/DKKW* § 28a Rn. 24; offen gelassen von *Blanke/Rose* RdA 2001, 92 [97]). Eine Übertragung kann also nicht gegen den Willen des Arbeitgebers erfolgen.

Dies gilt auch, wenn der Arbeitsgruppe eine Arbeitsaufgabe zur Durchführung im Wege der **(teilautonomen) Gruppenarbeit i. S. v. § 87 Abs. 1 Nr. 13** zugewiesen ist. Zwar steht dem Betriebsrat hinsichtlich der Regelungen über die Durchführung der Gruppenarbeit ein Initiativrecht zu (vgl. *Wiese/Gutzeit* § 87 Rdn. 1093). Der Abschluss der Rahmenvereinbarung zählt aber nicht zu den Grundsätzen der Durchführung der Gruppenarbeit im Sinne der Vorschrift (*Raab* NZA 2002, 474 [476 f.]; zust. *Glock/HWGNRH* § 28a Rn. 13; *Kreft/WPK* § 28a Rn. 12; *Linde* Arbeitsgruppen, S. 90 f.; *Reichold/HWK* § 28a BetrVG Rn. 10; s. *Wiese/Gutzeit* § 87 Rdn. 1104; **a. M.** *Kreutz/Jacobs* § 75 Rdn. 153). Gemeint sind damit Regelungen, die die Organisation der Zusammenarbeit in der Arbeitsgruppe und die Ausübung der ihr übertragenen Eigenverantwortung betreffen. Es geht folglich um das Zusammenwirken, das interne Verhältnis der Mitglieder der Arbeitsgruppe sowie die Abstimmung mit anderen Arbeitsgruppen und dem Arbeitgeber. Dies zeigt sich auch an den in der Gesetzesbegründung genannten Beispielen (Wahl eines Gruppensprechers, dessen Stellung und Aufgaben, Abhalten von Gruppengesprächen, Berücksichtigung leistungsschwächerer Arbeitnehmer, Konfliktlösung in der Gruppe; vgl. BT-Drucks. 14/5741, S. 47; s. *Wiese/Gutzeit* § 87 Rdn. 1095 ff.). Die Frage der Aufgabenübertragung vom Betriebsrat auf die Arbeitsgruppe berührt dagegen das Verhältnis zwischen Betriebsrat und Arbeitsgruppe. Diese wird ausschließlich in § 28a angesprochen.

Die Betriebspartner sind jedoch in ihrer Entscheidung über den Abschluss einer Rahmenvereinbarung nicht völlig frei. Vielmehr haben sie die **Förderungspflicht** gemäß § 75 Abs. 2 Satz 2 zu beachten (*Fitting* § 28a Rn. 19; *Franzen* ZfA 2001, 423 [434]; *Glock/HWGNRH* § 28a Rn. 14; *Löwisch* BB 2001, 1734 [1740]; *Reichold* NZA 2001, 857 [864]; **a. M.** *Richardi/Thüsing* § 28a Rn. 18; *Stege/Weinspach/Schiefer* § 28a Rn. 8a; ausführlich hierzu *Pfister* Arbeitsgruppen, S. 129 ff.). Danach sind Arbeitgeber und Betriebsrat verpflichtet, die Selbständigkeit und die Eigeninitiative nicht nur der einzelnen Arbeitnehmer, sondern auch der Arbeitsgruppen zu fördern. Eine Vereinbarung darf daher von beiden Seiten nur abgelehnt werden, wenn es hierfür sachliche Gründe gibt, etwa wenn der für den Arbeitgeber hiermit verbundene Aufwand zu groß ist oder sonstige Beeinträchtigungen für den Betriebsablauf zu befürchten sind (vgl. *Löwisch* BB 2001, 1734 [1740]; abschwächend im Hinblick auf die Begründungspflicht *Franzen* ZfA 2001, 423 [434]). Eine Verletzung dieser Pflicht macht jedoch die Zustimmung beider Seiten nicht entbehrlich. Die Zustimmung kann auch nicht ohne Weiteres im Wege des arbeitsgerichtlichen Beschlussverfahrens erzwungen werden (vgl. *Fitting* § 28a Rn. 19; **a. M.** *Löwisch/LK* § 28a Rn. 13). Eine Pflichtverletzung ist vielmehr allenfalls mittelbar über § 23 Abs. 1 und 3 sanktioniert (s. *Kreutz/Jacobs* § 75 Rdn. 154; ebenso *Pfister* Arbeitsgruppen, S. 135 ff.; gegen eine Anwendung des § 23 Abs. 1 und 3 *Glock/HWGNRH* § 28a Rn. 14).

c) Inhalt

In der Rahmenvereinbarung ist vor allem festzulegen, **welchen Arbeitsgruppen in welchem Umfange Aufgaben übertragen werden** sollen (vgl. *Reg. Begr.* BT-Drucks. 14/5741, S. 40). Sie muss also zum einen erkennen lassen, welche Gruppe von Arbeitnehmern erfasst werden soll, und zum anderen bestimmen, welche konkreten Aufgaben auf die Arbeitsgruppe übertragen werden können (*Fitting* § 28a Rn. 14; *Glock/HWGNRH* § 28a Rn. 16; *Kreft/WPK* § 28a Rn. 15; *Löwisch/LK* § 28a Rn. 12; *Richardi/Thüsing* § 28a Rn. 15, § 27 Rn. 58 ff.; *Wedde/DKKW* § 28a Rn. 21, 32). Die Aufgabenübertragung selbst ist nicht Gegenstand der Rahmenvereinbarung, sondern allein vom Betriebsrat durch Beschluss zu regeln (s. Rdn. 29). Die Festlegung kann für mehrere Arbeitsgruppen gemeinschaftlich erfolgen. Zweckmäßiger dürfte es jedoch sein, für jede Arbeitsgruppe eine gesonderte Vereinbarung zu treffen. Damit lässt sich zum einen den Besonderheiten der jeweiligen Gruppen angemessen Rechnung tragen. Zum anderen kann auf diese Weise die Rahmenvereinbarung über eine Arbeitsgruppe gekündigt werden, wenn sich die Aufgabenübertragung dort nicht bewährt hat, ohne gleichzeitig die Übertragung auf andere Arbeitsgruppen in Frage zu stellen (*Fitting* § 28a Rn. 17; *Natzel* DB 2001, 1362 [1363]).

24 Die Vereinbarung kann die **personelle Zusammensetzung der Arbeitsgruppe** regeln, also in Zweifelsfällen im Einzelnen festlegen, welche Arbeitnehmer der Arbeitsgruppe zuzuordnen sind (s. Rdn. 17; *Fitting* § 28a Rn. 14; *Glock/HWGNRH* § 28a Rn. 18; *Kreft/WPK* § 28a Rn. 16; *Raab* NZA 2002, 474 [476]; *Wedde/DKKW* § 28a Rn. 37). Dabei sind freilich die gesetzlichen Vorgaben zu beachten. Es muss sich also tatsächlich um eine Gruppe von Arbeitnehmern handeln, die durch tätigkeitsbezogene Merkmale verbunden sind. Ob dies der Fall ist, hängt wiederum von der Organisation der Arbeitsabläufe im Betrieb ab, die im Wesentlichen vom Arbeitgeber mitbestimmungsfrei im Rahmen seines Direktionsrechtes bestimmt wird.

25 Schließlich kann die Rahmenvereinbarung Regelungen über die **Binnenorganisation der Arbeitsgruppe**, insbesondere über deren Willensbildung enthalten (vgl. *Engels* FS *Wißmann*, S. 302 [306]; *Fitting* § 28a Rn. 14, 16; *Glock/HWGNRH* § 28a Rn. 20; *Löwisch* BB 2001, 1734 [1740]; *Wedde/DKKW* § 28a Rn. 38 f.). Dies ist vor allem für das Zustandekommen von Gruppenvereinbarungen i. S. v. Abs. 2 von Bedeutung. Das Gesetz sieht hier nur vor, dass diese Vereinbarung der Mehrheit der Stimmen der Gruppenmitglieder bedarf, lässt aber offen, auf welchem Wege die Willensbildung innerhalb der Gruppe erfolgen soll. So ist nicht geregelt, ob hierfür eine Versammlung der Gruppenmitglieder stattzufinden hat, wer zu dieser Sitzung einlädt, welche formalen Anforderungen an die Einladung und an das Abstimmungsverfahren zu stellen sind, also sämtliche Fragen, die auch im Rahmen der **Geschäftsführung und Beschlussfassung** des Betriebsrats von Bedeutung sind. Da der Gesetzgeber die Entscheidung darüber, ob überhaupt eine Übertragung von Aufgaben erfolgen soll, in die Hände der Betriebspartner legt, entspricht es der Intention der Regelung am ehesten, diese in der Rahmenvereinbarung auch über die Modalitäten bei der Ausübung der übertragenen Befugnisse befinden zu lassen. Folgende Regelungen sind (ohne Anspruch auf Vollständigkeit) denkbar: Vertretung der Arbeitsgruppe gegenüber dem Arbeitgeber, insbesondere Wahl eines Gruppensprechers und eines Vertreters; Durchführung von Sitzungen der Arbeitsgruppe, insbesondere Fragen der Ladung, der Sitzungsleitung, des Ablaufes der Sitzung und der Protokollierung; Zusammenarbeit zwischen Arbeitsgruppe und Betriebsrat bzw. Arbeitgeber (Informationspflichten, Recht des Arbeitgebers oder des Betriebsrats zur Teilnahme an Sitzungen der Arbeitsgruppe); Hinzuziehung von Gewerkschaftsvertretern und deren Voraussetzungen; Art und Weise des Zustandekommens von Beschlüssen der Arbeitsgruppe; Freistellung von Gruppenmitgliedern von der Arbeit im Zusammenhang mit der Wahrnehmung der übertragenen Aufgaben; Bereitstellung von Sachmitteln und Übernahme von Kosten durch den Arbeitgeber; Teilnahme von Gruppenmitgliedern an Schulungs- und Bildungsveranstaltungen (vgl. auch *Engels* FS *Wißmann*, S. 302 [306 f.]; *Fitting* § 28a Rn. 16; *Wedde/DKKW* § 28a Rn. 38 f.; eine Mustervereinbarung findet sich bei *Wedde* AiB 2001, 630 ff.)

d) Rechtsnatur

26 Umstritten ist, ob die Rahmenvereinbarung eine **Betriebsvereinbarung** darstellt oder auch als **Regelungsabrede** geschlossen werden kann. Verbreitet wird angenommen, dass eine Rahmenvereinbarung nur als förmliche Betriebsvereinbarung wirksam zustande kommen könne (*Fitting* § 28a Rn. 18; *Pfister* Arbeitsgruppen, S. 54 ff.; *Reichold/HWK* § 28a BetrVG Rn. 9; *Richardi/Thüsing* § 28a Rn. 13; *Thüsing* ZTR 2002, 3 [5]; *Wedde/DKKW* § 28a Rn. 24 f.; vgl. auch *Koch/ErfK* § 28a BetrVG Rn. 2, wo die Gegenansicht gar nicht mehr erwähnt wird). Andere halten dagegen sowohl einen Abschluss in der Form der Betriebsvereinbarung als auch in der Form der Regelungsabrede für möglich (*Glock/HWGNRH* § 28a Rn. 15; *Kreft/WPK* § 28a Rn. 13 f.; *Linde* Arbeitsgruppen, S. 192 ff.; *St. Müller* Arbeitsgruppen, S. 98 ff.; *Natzel* DB 2001, 1362; *Raab* NZA 2002, 474 [477]; *Schaub* ZTR 2001, 439; *Tüttenberg* Arbeitsgruppe, S. 71 ff.; offen lassend *Stege/Weinspach/Schiefer* § 28a Rn. 8). Für das Erfordernis einer Betriebsvereinbarung wird vielfach angeführt, dass es im Hinblick auf die erheblichen Wirkungen der Rahmenvereinbarung schon aus Gründen der Rechtssicherheit geboten sei, den Inhalt schriftlich zu dokumentieren (vgl. vor allem *Fitting* § 28a Rn. 18; *Reichold/HWK* § 28a BetrVG Rn. 9; *Stege/Weinspach/Schiefer* § 28a Rn. 8; vgl. auch *Kreft/WPK* § 28a Rn. 13, der deswe-

gen unabhängig von der Rechtsform Schriftform verlangt). Dabei wird freilich nicht hinreichend berücksichtigt, dass die Einordnung als Betriebsvereinbarung oder als Regelungsabrede nicht davon abhängt, ob es sich um eine förmliche Vereinbarung i. S. d. § 77 Abs. 2 handelt oder ob diese formlos abgeschlossen wurde. Auch eine Regelungsabrede kann schriftlich erfolgen. Maßgeblich sind vielmehr der Inhalt der Vereinbarung sowie der von den Betriebspartnern hiermit verfolgte Regelungszweck (zust. *Kielkowski* Die betriebliche Einigung, S. 157; *Kreft/WPK* § 28a Rn. 14; *Pfister* Arbeitsgruppen, S. 56; *Tüttenberg* S. 72). Beide Vereinbarungen unterscheiden sich in erster Linie durch die mit der Regelung intendierten Rechtswirkungen. Einer Betriebsvereinbarung bedarf es, wenn zur Erreichung des mit der Vereinbarung verfolgten Zwecks eine normative Regelung erforderlich ist (vgl. *Kreutz* § 77 Rdn. 9). Die Rahmenvereinbarung enthält aber nach ihrem Inhalt eine solche normative Regelung. Sie gestaltet die Zuständigkeitsverteilung im Betrieb nach abstrakt-generellen Regeln aus und führt damit zu einer Modifikation der betriebsverfassungsrechtlichen Organisationsvorschriften. Sie betrifft folglich – anders als die Regelungsabrede – nicht lediglich das Verhältnis zwischen Arbeitgeber und Betriebsrat, sondern setzt an die Stelle der gesetzlichen eine eigenständige Regelung, die – wie die durch sie ersetzte Vorschrift – normativen Charakter hat (überzeugend *Kielkowski* Die betriebliche Einigung, S. 159 f.). Aus dem notwendig normativen Charakter der Vereinbarung folgt, dass sie nur in der Form der Betriebsvereinbarung geschlossen werden kann (meine in NZA 2002, 474 [477] sowie hier bis zur 10. Aufl. § 28a Rn. 26 vertretene abw. Ansicht gebe ich auf).

e) Beendigung

Für die Beendigung der Rahmenvereinbarung **gelten die allgemeinen Grundsätze** (näher hierzu 27 *Kreutz* § 77 Rdn. 21 f., 396 ff.). Ist die Vereinbarung befristet, so verliert sie ihre Wirkung durch Zeitablauf. Außerdem können die Betriebspartner die Vereinbarung einvernehmlich beenden, entweder durch Aufhebungsvertrag oder durch Abschluss einer neuen Rahmenvereinbarung, die an die Stelle der bisherigen tritt. Handelt es sich um eine Betriebsvereinbarung, so kann die Vereinbarung, sofern nichts Abweichendes vereinbart ist, gemäß § 77 Abs. 5 auch jederzeit von beiden Seiten unter Einhaltung einer Frist von drei Monaten gekündigt werden (*Federlin* NZA 2001, Sonderheft S. 24 [28]; *Fitting* § 28a Rn. 20; *Glock/HWGNRH* § 28a Rn. 21; *Wedde/DKKW* § 28a Rn. 26). Diese Kündigungsmöglichkeit besteht analog § 77 Abs. 5 auch dann, wenn die Vereinbarung lediglich die Wirkung einer Regelungsabrede hat (vgl. *Kreutz* § 77 Rdn. 21). Die Rahmenvereinbarung endet schließlich, wenn die **gesetzlichen Voraussetzungen nicht mehr vorliegen**, also der Betrieb die erforderliche Mindestgröße von mehr als 100 Arbeitnehmern nicht mehr erreicht oder die von der Rahmenvereinbarung erfassten Arbeitnehmer keine Arbeitsgruppe mehr bilden, weil damit der Regelungsgegenstand entfällt (*Raab* NZA 2002, 474 [477]; zust. *Fitting* § 28a Rn. 20; *Glock/HWGNRH* § 28a Rn. 22; *Kreft/WPK* § 28a Rn. 18; *Richardi/Thüsing* § 28a Rn. 6; **a. M.** *Linde* Arbeitsgruppen, S. 249).

Eine **Nachwirkung der Rahmenvereinbarung** kommt nicht in Betracht. Die Voraussetzungen ge- 28 mäß 77 Abs. 6 liegen nicht vor, weil die Rahmenvereinbarung nicht erzwingbar ist (vgl. *Fitting* § 28a Rn. 20; *Natzel* DB 2001, 1362 [1363]; *Raab* NZA 2002, 474 [477 f.]; *Wedde/DKKW* § 28a Rn. 27; vgl. auch Rdn. 20 f.). Die der Arbeitsgruppe übertragenen Kompetenzen fallen daher mit Ablauf der Kündigungsfrist wieder an den Betriebsrat zurück. Zur Frage der Nachwirkung etwaiger, von der Arbeitsgruppe mit dem Arbeitgeber abgeschlossener Gruppenvereinbarungen nach § 28a Abs. 2 s. Rdn. 58 ff.

3. Beschluss des Betriebsrats

Die Rahmenvereinbarung mit dem Arbeitgeber verschafft dem Betriebsrat nur die Möglichkeit, Auf- 29 gaben auf Arbeitsgruppen zu übertragen. Die Übertragung selbst bedarf darüber hinaus eines Beschlusses des Betriebsrats. Für diesen Beschluss ist **die Mehrheit der Stimmen der Betriebsratsmitglieder** erforderlich (absolute Mehrheit; vgl. *Fitting* § 28a Rn. 22; *Reichold/HWK* § 28a BetrVG Rn. 11; *Wedde/DKKW* § 28a Rn. 40; vgl. auch § 27 Rdn. 75). Sollen Aufgaben übertragen werden, bei denen die Jugend- und Auszubildendenvertreter ein eigenes Stimmrecht haben, so muss der Beschluss zusätzlich mit der absoluten Mehrheit der Stimmen von Betriebsratsmitgliedern und Jugend- und Auszubildendenvertretern gefasst werden (vgl. § 27 Rdn. 75, § 33 Rdn. 34). Die Übertragung der Aufgaben kann als solche nicht zum **Gegenstand der Rahmenvereinbarung** gemacht werden (*Tüttenberg* Arbeitsgruppe, S. 79 f.; *Wedde/DKKW* § 28a Rn. 43; **a. M.** *Fitting* § 28a Rn. 20; *Linde* Arbeitsgruppen, S. 198 f., 243 ff.). Dies bedeutet nicht, dass einer Rahmenvereinbarung, die eine als konstitutive Übertragung zu verstehende Regelung enthält, jegliche rechtliche Bedeutung abzusprechen wäre. Sofern der Betriebsrat der Vereinbarung mit der erforderlichen Mehrheit zugestimmt hat und die Vereinbarung den Anforderungen der Schriftform genügt (s. Rdn. 30), liegt der Sache nach ein wirksamer Übertragungsbeschluss vor, der lediglich in derselben Urkunde wie die Rahmenvereinbarung dokumentiert ist. Die Übertragung selbst erfolgt also auch in diesem Fall durch die einseitige Gestaltungserklärung des Betriebsrats und nicht etwa aufgrund eines zweiseitigen Rechtsgeschäfts zwischen Betriebsrat und Arbeitgeber. Eine gemeinsame Übertragung durch die Betriebspartner ist ausgeschlossen, weil der Arbeitgeber keine Befugnisse übertragen kann, die ihm gar nicht zustehen. Würde man die Übertragung als Inhalt der Vereinbarung ansehen, so könnte dies folglich nur den Sinn haben, den Betriebsrat im Verhältnis zum Arbeitgeber zur Übertragung für verpflichtet zu erachten. Eine solche Bindung stünde jedoch in Widerspruch zu der (zwingenden) Regelung in Abs. 1 Satz 4, wonach der Betriebsrat die Übertragung jederzeit frei widerrufen kann (s. Rdn. 39). Hieran ändert auch die Möglichkeit der Kündigung der Rahmenvereinbarung nichts (so aber *Linde* Arbeitsgruppen, S. 244), da der Betriebsrat dann zumindest bis zum Ende der Kündigungsfrist (§ 77 Abs. 5, s. Rdn. 27) gebunden wäre.

30 Die Übertragung bedarf gemäß Abs. 1 Satz 3 der **Schriftform**. Die Formvorschrift bezieht sich zunächst auf den Übertragungsbeschluss des Betriebsrats (*Fitting* § 28a Rn. 22; *Reichold/HWK* § 28a BetrVG Rn. 12; *Richardi/Thüsing* § 28a Rn. 19; **a. M.** *Malottke* AiB 2001, 625 [626]: nur auf die Mitteilung gegenüber der Arbeitsgruppe). Es handelt sich um eine gesetzliche Schriftform, so dass sich die Anforderungen aus § 126 Abs. 1 BGB ergeben (*Raab* FS Konzen, 2006 S. 719 [729]). Die Schriftform ist insoweit gewahrt, wenn der Beschluss mit vollständigem Wortlaut in die Sitzungsniederschrift aufgenommen worden ist (s. § 27 Rdn. 77). Da der Betriebsrat der Arbeitsgruppe nur »bestimmte Aufgaben« übertragen kann, muss sich der **Umfang der Übertragung klar und eindeutig** aus dem Übertragungsbeschluss ergeben, damit die Schriftform ihre Funktion erfüllen kann. Die übertragenen Aufgaben sind daher in dem Beschluss genau zu bezeichnen (vgl. § 27 Rdn. 76). Der Betriebsrat kann in seinem Übertragungsbeschluss hinsichtlich der Einzelheiten auch auf den Inhalt der Rahmenvereinbarung Bezug nehmen (s. Rdn. 29). Dann ist aber das Schriftformerfordernis nur gewahrt, wenn auch die Rahmenvereinbarung schriftlich abgefasst worden ist. Die Übertragung ist, damit sie wirksam werden kann, **der Arbeitsgruppe mitzuteilen**. Sofern ein Gruppensprecher oder ein sonstiger Vertreter bestimmt worden ist, kann die Information an diesen erfolgen; ansonsten ist sie an alle Mitglieder der Arbeitsgruppe zu richten (zutr. *Wedde/DKKW* § 28a Rn. 51; vgl. auch *Reichold/HWK* § 28a BetrVG Rn. 12). Fraglich ist, ob sich das **Formerfordernis** auch auf die Mitteilung erstreckt. Hierfür spricht die Parallele zum Fall der Beauftragung des Gesamtbetriebsrats nach § 50 Abs. 2. Wie sich aus der Verweisung auf § 27 Abs. 2 Satz 3 in § 50 Abs. 2 Satz 2 ergibt, bedarf auch die Beauftragung des Gesamtbetriebsrats der Schriftform. Nach einhelliger Ansicht genügt hierfür – anders als bei der Übertragung von Aufgaben auf den Betriebsausschuss – die Aufnahme in die Sitzungsniederschrift nicht, weil es nicht um eine interne Zuständigkeitsverteilung innerhalb des Betriebsrats, sondern um die Verlagerung der Aufgabe auf ein eigenständiges Organ geht. Vielmehr muss die Erklärung über die Beauftragung dem Gesamtbetriebsrat in schriftlicher Form zugehen (s. *Kreutz/Franzen* § 50 Rdn. 69). Da auch die Arbeitsgruppe kein Organ des Betriebsrats, sondern diesem gegenüber selbständig ist (s. Rdn. 7), und zudem die Mitglieder der Arbeitsgruppe nicht die Möglichkeit haben, in die Sitzungsprotokolle des Betriebsrats Einsicht zu nehmen (s. § 34 Rdn. 31), wird man hier zur Wahrung der Form ebenfalls verlangen müssen, dass die Mitteilung gegenüber der Arbeitsgruppe schriftlich erfolgt (*Linde* Arbeitsgruppen, S. 254 ff.; *St. Müller* Arbeitsgruppe, S. 168; *Tüttenberg* Arbeitsgruppe, S. 81; *Wedde/DKKW* § 28a Rn. 50; **a. M.** *Reichold/HWK* § 28a BetrVG Rn. 12; abw. auch hier bis zur 8. Aufl. § 28a Rn. 30). Hierfür genügt es jedenfalls, wenn der Arbeitsgruppe eine vom Vorsitzenden des Betriebsrats eigenhändig unterzeichnete Urkunde zugeht, in welcher der Inhalt des Übertragungsbeschlusses dokumentiert ist. Ausreichend ist aber auch, wenn der Arbeitsgruppe eine Abschrift des maßgeblichen Teils der Sitzungsniederschrift ausgehändigt wird (s. a. § 34 Rdn. 24). Der Betriebsrat ist schließlich gem. § 2 Abs. 1 verpflichtet, die Übertragung der Aufgaben dem Arbeitgeber mitzuteilen (vgl. § 27 Rdn. 83). Die Mitteilung ist keine Wirksamkeitsvoraussetzung; ihr Unterbleiben stellt aber eine Pflichtverletzung dar. Die Unterrichtungspflicht entfällt nicht dadurch, dass der Arbeitgeber der Rahmenvereinbarung zugestimmt hat, weil kein Automatismus besteht. Einer besonderen Mitteilung bedarf es nur dann nicht, wenn sich bereits aus der Rahmenvereinbarung ergibt, dass und in welchem Umfang der Betriebsrat Aufgaben überträgt (s. Rdn. 29).

Der Betriebsrat entscheidet nach **pflichtgemäßem Ermessen** darüber, ob er von seiner Ermächtigung zur Übertragung von Aufgaben Gebrauch macht. Er hat dabei jedoch seine Förderungspflicht aus § 75 Abs. 2 Satz 2 zu beachten (vgl. Rdn. 22). Auch wenn sich hieraus nicht unmittelbar eine Verpflichtung zur Übertragung von Aufgaben auf eine Arbeitsgruppe ableiten lässt, kann die Förderpflicht doch zu einer Ermessensreduktion führen, wenn und soweit keine sachlichen Gesichtspunkte gegen eine Übertragung sprechen, so dass der Betriebsrat im Einzelfall sogar verpflichtet sein kann, Aufgaben auf die Arbeitsgruppe zu delegieren (vgl. *Blanke/Wolmerath*/HaKo § 28a Rn. 11 [seit 4. Aufl.]; *Fitting* § 28a Rn. 25; *Linde* Arbeitsgruppen, S. 258 ff.; *Löwisch* BB 2001, 1734 [1740]; *Pfister* Arbeitsgruppen, S. 133; *Raab* NZA 2002, 474 [478]; **a. M.** *Reichold*/HWK § 28a BetrVG Rn. 11; *Wedde*/DKKW § 28a Rn. 9). Allerdings ist diese Verpflichtung nicht unmittelbar durchsetzbar. Dies ergibt sich nicht zuletzt daraus, dass der Betriebsrat selbst nach einer Übertragung diese jederzeit gemäß Abs. 1 Satz 4 ohne besonderen Grund widerrufen kann (vgl. *Reg. Begr.* BT-Drucks. 14/5741, S. 40; vgl. auch Rdn. 40). Eine willkürliche Verweigerung der Übertragung kann jedoch eine grobe Verletzung der gesetzlichen Pflichten des Betriebsrats i. S. d. § 23 Abs. 1 darstellen. Der Betriebsrat kann die Übertragung – anders als im Falle der §§ 27 und 28 (s. § 27 Rdn. 80) – nicht mit **Auflagen** versehen (*Linde* Arbeitsgruppen, S. 260 ff.; *Richardi/Thüsing* § 28a Rn. 20; **a. M.** *Fitting* § 28a Rn. 23; *Kreft*/WPK § 28a Rn. 22; *Wedde*/DKKW § 28a Rn. 47 f.). Die Arbeitsgruppe ist im Unterschied zu den Ausschüssen kein Hilfsorgan des Betriebsrats (s. Rdn. 7). Werden Aufgaben durch Ausschüsse wahrgenommen, so handelt, auch wenn die Übertragung zur selbständigen Erledigung erfolgt, letztlich stets der Betriebsrat selbst in Gestalt des Ausschusses. Die Übertragung der Aufgaben auf die Arbeitsgruppe soll hingegen den Arbeitnehmern der Arbeitsgruppe die Möglichkeit geben, autonom über die sie betreffenden Angelegenheiten zu entscheiden. Hiermit verträge es sich nicht, wenn der Betriebsrat die Beschlussfassung steuern und die Entscheidungsfreiheit der Arbeitsgruppe durch Auflagen beschränken könnte (s. a. Rdn. 37). Der Betriebsrat kann daher nur darüber entscheiden, ob und welche Aufgaben er der Arbeitsgruppe überträgt, nicht dagegen darüber, in welcher Art und Weise die Arbeitsgruppe die Aufgaben wahrzunehmen hat. In dieser Hinsicht können sich Vorgaben nur aus der Rahmenvereinbarung ergeben (s. Rdn. 25).

4. Umfang der Übertragung

Der Umfang der Aufgabenübertragung ist zunächst **durch die Rahmenvereinbarung begrenzt**. Soweit diese Regelungen über die übertragbaren Aufgaben enthält, ist der Betriebsrat hieran gebunden (s. Rdn. 23). Außerdem müssen die übertragenen Aufgaben im **Zusammenhang mit den von der Arbeitsgruppe zu erledigenden Tätigkeiten** stehen (Abs. 1 Satz 2). Diese Einschränkung entspricht dem Zweck der Regelung, der Arbeitsgruppe mehr Mitverantwortung bei der Gestaltung der Arbeitsabläufe und der Arbeitsumgebung einzuräumen (s. Rdn. 2). Andererseits darf sich der Betriebsrat durch die Übertragung nicht seiner gesetzlichen Aufgabe, Vertreter aller Arbeitnehmer zu sein und für einen umfassenden Interessenausgleich zu sorgen, entziehen. Der Arbeitsgruppe kann also nur die Regelung der Angelegenheiten übertragen werden, die ausschließlich ihr angehörende Arbeitnehmer betreffen. Sofern gleichzeitig Interessen anderer Arbeitnehmer berührt werden, muss der Betriebsrat dagegen die Aufgaben selbst wahrnehmen (vgl. bereits *Raab* NZA 2002, 474 [478]; zust. *Linde* Arbeitsgruppen, S. 208 ff., 213; *Pfister* Arbeitsgruppe, S. 76; *Reichold*/HWK § 28a BetrVG Rn. 13; in der Tendenz ähnlich, wenngleich für eine enge Auslegung plädierend *Wedde*/DKKW § 28a Rn. 44 f.; anders im Ansatz *Richardi/Thüsing* § 28a Rn. 24). Eine Aufgabenübertragung ist damit unter zwei Voraussetzungen möglich: erstens muss die Aufgabe die Gestaltung der Arbeitsorganisation, insbesondere das Zusammenleben und Zusammenwirken innerhalb der Arbeitsgruppe, zum Gegenstand haben; und zweitens muss die Wahrnehmung der Aufgabe auf die Arbeitnehmer der Arbeitsgruppe begrenzbar sein, darf also keine Auswirkungen auf andere Teile des Betriebs oder andere Arbeitnehmer haben (ähnlich *Linde* Arbeitsgruppen, S. 217). Die Frage, ob ein die Aufgabenübertragung rechtfertigender Zusammenhang mit der Tätigkeit der Arbeitsgruppe besteht, ist in vollem Umfang **gericht-**

lich überprüfbar. Abzulehnen ist demgegenüber die Ansicht, dass dem Betriebsrat hinsichtlich der übertragbaren Aufgaben eine Einschätzungsprärogative zustehe, die nur eingeschränkt der gerichtlichen Kontrolle unterliege (so *Thüsing* ZTR 2002, 3 [6]; *Richardi/Thüsing* § 28a Rn. 25; zust. *Fitting* § 28a Rn. 23; *Tüttenberg* Arbeitsgruppe, S. 92; wie hier dagegen *Linde* Arbeitsgruppen, S. 217). Der Begriff der Einschätzungsprärogative ist im Zusammenhang mit der verfassungsgerichtlichen Kontrolle gesetzlicher Regelungen entwickelt worden. Nach der Rspr. des BVerfG ist bei der Prüfung der Verfassungsmäßigkeit gesetzlicher Grundrechtseinschränkungen hinsichtlich der tatsächlichen Wirkungen einer gesetzlichen Maßnahme von der Einschätzung des Gesetzgebers auszugehen, sofern keine Anhaltspunkte für eine Fehleinschätzung vorliegen (vgl. etwa *BVerfG* 04.07.1995 EzA § 116 AFG Nr. 5). Diese Grundsätze sind aber auf die Beurteilung der Frage, ob die Voraussetzungen für eine Verlagerung von Aufgaben auf die Arbeitsgruppe gegeben sind, nicht übertragbar. Zum einen geht es nicht um eine Prognose zukünftiger tatsächlicher Entwicklungen, sondern darum, ob für die Arbeitsgruppe getroffene Regelungen aufgrund der bestehenden Betriebsorganisation unmittelbar oder mittelbar Auswirkungen auf andere Arbeitnehmer des Betriebs haben. Zum anderen ist die Rücknahme der verfassungsgerichtlichen Kontrolle Ausdruck des Respekts vor dem demokratisch legitimierten Gesetzgeber, dessen politischer Handlungsspielraum nicht übermäßig eingeengt werden soll. Die betriebsverfassungsrechtliche Kompetenzordnung steht aber nicht zur Disposition des Betriebsrats oder der Betriebspartner. Liegen die Voraussetzungen des § 28a nicht vor, so darf der Betriebsrat die Aufgabenübertragung nicht vornehmen.

33 Einen Tätigkeitsbezug weisen vor allem die Regelungen in **sozialen Angelegenheiten i. S. d. § 87 Abs. 1** auf. Die Gesetzesbegründung nennt Arbeitszeitfragen, Pausenregelungen oder die Urlaubsplanung (BT-Drucks. 14/5741, S. 40). Die Frage der Regelung der Lage der Arbeitszeit (§ 87 Abs. 1 Nr. 2) kann im Regelfall delegiert werden, da es um die Arbeitsorganisation und damit um die Tätigkeit der Arbeitsgruppe geht (unstr.; vgl. etwa *Fitting* § 28a Rn. 23a; *Linde* Arbeitsgruppen, S. 221; *Tüttenberg* Arbeitsgruppe, S. 93 f. m. w. N.). Gleiches gilt für die Mitbestimmung bei vorübergehender Änderung der Arbeitszeit (§ 87 Abs. 1 Nr. 3), sofern diese auf die Mitglieder der Arbeitsgruppe beschränkt bleibt (*Fitting* § 28a Rn. 23a; *Linde* Arbeitsgruppen, S. 222 f.; *Tüttenberg* Arbeitsgruppe, S. 94; a. M. *Wedde/DKKW* § 28a Rn. 31). Hinsichtlich der Mitbestimmung bei der Urlaubsplanung (§ 87 Abs. 1 Nr. 5) wird man unterscheiden müssen (ebenfalls differenzierend, wenngleich im Detail abw. *Busch* Arbeitsgruppen, S. 105 ff.; *Linde* Arbeitsgruppen, S. 224 f.; generell für Übertragbarkeit *Blanke/Wolmerath/HaKo* § 28a Rn. 12; *Fitting* § 28a Rn. 23a; *St. Müller* Arbeitsgruppen, S. 182; *Tüttenberg* Arbeitsgruppe, S. 96 ff.). Im Ausgangspunkt berührt die Urlaubsplanung – nicht anders als die Bestimmung der täglichen Arbeitszeit – die Frage der Arbeitsaufteilung innerhalb der Gruppe und damit die näheren Umstände der Tätigkeit. Maßgeblich ist daher, inwieweit sich die Regelung auf die Arbeitsgruppe begrenzen lässt. Dies ist für die Aufstellung eines konkreten Urlaubsplans zu bejahen, für die Aufstellung allgemeiner Urlaubsgrundsätze jedoch nur, wenn diese der spezifischen Interessenlage der Arbeitsgruppe Rechnung tragen und auf den Restbetrieb nicht übertragbar sind. Das Mitbestimmungsrecht bei mangelnder Einigung zwischen Arbeitgeber und Arbeitnehmer über die Lage des Urlaubs kann dagegen nur dann von der Arbeitsgruppe wahrgenommen werden, wenn es darum geht, den Urlaub verschiedener Arbeitnehmer der Arbeitsgruppe aufeinander abzustimmen (s. *Wiese/Gutzeit* § 87 Rdn. 496), nicht dagegen, wenn ausschließlich das individualrechtliche Verhältnis von Arbeitgeber und Arbeitnehmer betroffen ist, etwa weil in Streit steht, ob die Grundsätze des § 7 Abs. 1 BUrlG gewahrt sind. Sofern man mit der h. M. insoweit ein Mitbestimmungsrecht für gegeben hält (hierzu *Wiese/Gutzeit* § 87 Rdn. 495 ff.), ist dieses vom Betriebsrat auszuüben, weil es nicht Aufgabe der Arbeitsgruppe ist, bei Konflikten über vertragliche Rechte und Pflichten zwischen Arbeitgeber und Arbeitnehmer zu vermitteln. Keinerlei Tätigkeitsbezug besteht auch im Falle des § 87 Abs. 1 Nr. 4, da es um die Modalitäten der Erfüllung der Gegenleistung geht (*Linde* Arbeitsgruppen, S. 223 f.; *St. Müller* Arbeitsgruppen, S. 181; **a. M.** *Busch* Arbeitsgruppen, S. 105; *Tüttenberg* Arbeitsgruppe, S. 95 f.). Die Mitbestimmung bezüglich der Fragen der Arbeitsordnung (§ 87 Abs. 1 Nr. 1) kann dagegen auf die Arbeitsgruppe übertragen werden, sofern es gerade um die Regelung der Zusammenarbeit und des Zusammenlebens in der Arbeitsgruppe geht (*Fitting* § 28a Rn. 23a; *Linde* Arbeitsgruppen, S. 220 f.; *St. Müller* Arbeitsgruppen, S. 179; **a. M.** *Tüttenberg* Arbeitsgruppe, S. 93). Gleiches gilt für die Mitbestimmung bei auf die Mitglieder der Arbeitsgruppe begrenzten Maßnahmen der technischen Überwachung (§ 87 Abs. 1 Nr. 6; *Fitting* § 28a Rn. 23a; *Linde* Arbeitsgruppen, S. 226;

St. Müller Arbeitsgruppen, S. 182; *Tüttenberg* Arbeitsgruppe, S. 99 [nur bei Leistungsüberwachung]; **a. M.** *Wedde*/DKKW § 28a Rn. 31). Dagegen dürfte im Zusammenhang mit der Mitbestimmung bei der betrieblichen Lohngestaltung (§ 87 Abs. 1 Nr. 10) selbst bei Entgeltregelungen, die ausschließlich für die Arbeitsgruppe gelten sollen, wohl nur eine teilweise Übertragung in Betracht kommen, weil die mit der Mitbestimmung zusammenhängenden Strukturfragen vielfach auch die Interessen der anderen Arbeitnehmer berühren (ähnlich *Fitting* § 28a Rn. 23a; für uneingeschränkte Übertragbarkeit *Linde* Arbeitsgruppen, S. 229 ff.; *Löwisch*/LK § 28a Rn. 9; *Tüttenberg* Arbeitsgruppe, S. 101 ff.). Zur Übertragbarkeit in den Fällen des § 87 Abs. 1 Nr. 7 bis 9, 11 und 12 vgl. *Linde* Arbeitsgruppen, S. 227 ff.; *Tüttenberg* Arbeitsgruppe, S. 99 ff., jeweils m. w. N.

Probleme bereitet das **Verhältnis des § 28a zu § 87 Abs. 1 Nr. 13**. Fraglich ist insbesondere, ob der Betriebsrat die Bestimmung der Grundsätze über die Durchführung der Gruppenarbeit auch der Arbeitsgruppe überlassen kann. Diese könnte dann selbst mit dem Arbeitgeber Regelungen über die Wahl und die Amtszeit eines Arbeitsgruppensprechers, über die Mitwirkung der Gruppenmitglieder bei Entscheidungen oder über die Beilegung von Meinungsverschiedenheiten innerhalb der Arbeitsgruppe treffen (zum Gegenstand der Mitbestimmung nach § 87 Abs. 1 Nr. 13 vgl. *Wiese*/*Gutzeit* § 87 Rdn. 1094 ff.). Diese Fragen betreffen zwar nicht die von der Arbeitsgruppe zu erledigenden Tätigkeiten im engeren Sinne, sondern die innere Organisation der Arbeitsgruppe. Andererseits ergibt sich die Notwendigkeit einer Abstimmung unter den Gruppenmitgliedern gerade aus der besonderen Form der teilautonomen Gruppenarbeit, die ihr vom Arbeitgeber zugewiesen ist. Die Abstimmung dient dabei zugleich der reibungslosen Zusammenarbeit bei der Erledigung der übertragenen Arbeitsaufgabe, weswegen ein Zusammenhang mit der übertragenen Tätigkeit durchaus angenommen werden kann. Im Übrigen stärkt es die Autonomie der Arbeitsgruppe, wenn sie selbst über ihre innere Organisation und etwaige Konfliktlösungsmechanismen bestimmen kann. Die besseren Gründe sprechen daher für eine Übertragbarkeit des Mitbestimmungsrechts aus § 87 Abs. 1 Nr. 13 (ebenso *Blanke* RdA 2003, 140 [151 f.]; *Blanke*/*Wolmerath*/HaKo § 28a Rn. 12; *Fitting* § 28a Rn. 23a; *Franzen* ZfA 2001, 423 [446 f.]; *Linde* Arbeitsgruppen, S. 232 ff.; *Löwisch*/LK § 28a Rn. 3; *Tüttenberg* S. 104 ff.; s. *Wiese*/*Gutzeit* § 87 Rdn. 1104; wohl auch *Konzen* RdA 2001, 76 [85]). Ebenfalls übertragen werden können die Beteiligungsrechte bei einer **Umgestaltung der Arbeitsplätze oder der Arbeitsumgebung gemäß §§ 90, 91** (vgl. *Reg. Begr.* BT-Drucks. 14/5741, S. 40; ebenso *Linde* Arbeitsgruppen, S. 236; *Löwisch*/LK § 28a Rn. 9; *St. Müller* Arbeitsgruppen, S. 189), wenn und soweit es sich um Maßnahmen handelt, die allein die Arbeitsplätze der Arbeitsgruppe betreffen. **34**

Eine Übertragung von Aufgaben im Rahmen der **personellen Angelegenheiten** kommt dagegen regelmäßig nicht in Betracht (vgl. *Linde* Arbeitsgruppen, S. 237 ff.; *Löwisch* BB 2001, 1734 [1740]; *Reichold*/HWK § 28a BetrVG Rn. 14; *Tüttenberg* Arbeitsgruppe, S. 111 ff.; abw. *Fitting* § 28a Rn. 23a f. [für § 98 und § 99 bei Ein- und Umgruppierungen]; *Wedde*/DKKW § 28a Rn. 30 [für § 93 und §§ 96 ff.]). Zum einen stellen sich die dortigen Regelungsfragen vielfach nicht isoliert für die Arbeitsgruppe (so z. B. §§ 92, 93, 95). Zum anderen handelt es sich selbst dort, wo eine Eingrenzung auf die Mitglieder der Arbeitsgruppe möglich ist, um Angelegenheiten, die im Vorfeld der Arbeitsorganisation liegen, insbesondere das Arbeitsverhältnis zwischen Arbeitgeber und einzelnem Arbeitnehmer betreffen (z. B. §§ 99, 102, 103, weitgehend unstr.). Aus diesem Grunde können auch die Beteiligungsrechte des Betriebsrats in Bezug auf die Einführung oder Durchführung von Maßnahmen der Berufsbildung (§§ 96 ff.) nicht auf die Arbeitsgruppe übertragen werden, selbst wenn es um Maßnahmen geht, die ausschließlich der beruflichen Qualifikation von Arbeitnehmern der Arbeitsgruppe dienen (ebenso *Linde* Arbeitsgruppen, S. 239; *St. Müller* Arbeitsgruppen, S. 193; **a. M.** *Fitting* § 28a Rn. 23a; *Löwisch*/LK § 28a Rn. 9; *Tüttenberg* Arbeitsgruppe, S. 113; *Wedde*/DKKW § 28a Rn. 30). Bildungsmaßnahmen dienen nicht der Organisation der betrieblichen Abläufe, sondern sollen die (individuellen) Voraussetzungen für die Erledigung der Arbeitsaufgaben schaffen und sind daher ebenfalls dem Vorfeld der Arbeitsorganisation zuzuordnen. Ebenso wenig kommt eine Übertragung der Beteiligungsrechte in wirtschaftlichen Angelegenheiten, insbesondere bei **Betriebsänderungen i. S. d. §§ 111 ff.** in Betracht (vgl. *Reg. Begr.* BT-Drucks. 14/5741, S. 40; *Fitting* § 28a Rn. 24; *Linde* Arbeitsgruppen, S. 240 f.; *Löwisch* BB 2001, 1734 [1740]; *St. Müller* Arbeitsgruppen, S. 190 ff.; *Reichold*/HWK § 28a BetrVG Rn. 14; *Wedde*/DKKW § 28a Rn. 31; **a. M.** *Tüttenberg* Arbeitsgruppe, S. 114 ff.; zweifelnd auch *Annuß* NZA 2001, 367 [370 Fn. 25]; *Richardi*/*Annuß* DB 2001, 41 [44]; *Richardi*/*Thüsing* § 28a Rn. 24). **35**

§ 28a

36 Selbst wenn der Arbeitsgruppe wirksam Aufgaben übertragen worden sind, steht diese Delegation unter dem Vorbehalt einer einvernehmlichen Regelung mit dem Arbeitgeber. Kann zwischen Arbeitsgruppe und Arbeitgeber keine Einigung erzielt werden, so nimmt nach Abs. 2 Satz 3 der Betriebsrat das Beteiligungsrecht wahr. Das Beteiligungsrecht fällt dann – allerdings beschränkt auf den konkreten Einzelfall – wieder kraft Gesetzes an den Betriebsrat zurück (vgl. *Reg. Begr.* BT-Drucks. 14/5741, S. 40). Hieraus folgt zugleich, dass in den Fällen erzwingbarer Mitbestimmung **nur der Betriebsrat das Recht hat, die Einigungsstelle anzurufen** (*Reg. Begr.* BT-Drucks. 14/5741, S. 40; *Däubler* AuR 2001, 285 [289]; *Fitting* § 28a Rn. 37; *Glock/HWGNRH* § 28a Rn. 43; *Löwisch* BB 2001, 1734 [1741]; *Natzel* DB 2001, 1362 [1364]; *Reichold/HWK* § 28a BetrVG Rn. 22; *Richardi/Annuß* DB 2001, 41 [44]).

5. Wirkung der Übertragung

37 Anders als bei einer Übertragung von Aufgaben an Ausschüsse des Betriebsrats, die auch nur zum Zwecke der Vorbereitung von Entscheidungen des Betriebsrats erfolgen kann (vgl. § 27 Rdn. 84, § 28 Rdn. 28), kommt bei § 28a nur eine **Übertragung zur selbständigen Erledigung** durch die Arbeitsgruppe in Betracht (*Richardi/Annuß* DB 2001, 41 [44]; zust. *Linde* Arbeitsgruppen, S. 246 f., 264; *Pfister* Arbeitsgruppen, S. 69 ff.). Dies kommt – anders als in § 27 Abs. 2 Satz 2, § 28 Abs. 1 Satz 3 – zwar nicht im Wortlaut zum Ausdruck, ergibt sich jedoch aus der Stellung der Arbeitsgruppe sowie dem Zweck der Regelung. Die Arbeitsgruppe ist anders als die Ausschüsse kein Hilfsorgan des Betriebsrats, dem zur Arbeitsentlastung vorbereitende Handlungen übertragen werden könnten. Außerdem kann das gesetzgeberische Ziel, den betroffenen Arbeitnehmern mehr Einfluss auf die sie betreffenden Entscheidungen einzuräumen, nur erreicht werden, wenn die Arbeitsgruppe tatsächlich autonom entscheiden kann (s. Rdn. 31). Deshalb kann sich der Betriebsrat – anders als nach § 50 Abs. 2 Satz 2 bei Beauftragung des Gesamtbetriebsrats – nicht die Befugnis zur endgültigen Entscheidung vorbehalten (so aber *Thüsing* ZTR 2002, 3 [6]; *Richardi/Thüsing* § 28a Rn. 26 in Widerspruch zu Rn. 20; wie hier *Linde* Arbeitsgruppen, S. 264; *Pfister* Arbeitsgruppen, S. 71; *Tüttenberg* Arbeitsgruppe, S. 86). Der Arbeitsgruppe stehen im Zusammenhang mit der Wahrnehmung der Aufgaben – mit Ausnahme der Anrufung der Einigungsstelle – dieselben Befugnisse und Rechte zu wie dem Betriebsrat. So kann die Arbeitsgruppe etwa vom Arbeitgeber nach Maßgabe des § 80 Abs. 2 Satz 1 und 2 Unterrichtung und Vorlage von Unterlagen verlangen (*Fitting* § 28a Rn. 30). Zur Willensbildung innerhalb der Arbeitsgruppe vgl. Rdn. 45 ff.

38 Mit der wirksamen Übertragung auf die Arbeitsgruppe **entfällt die Zuständigkeit des Betriebsrats** für die betreffende Angelegenheit (*Fitting* § 28a Rn. 30; *Glock/HWGNRH* § 28a Rn. 30; *Raab* NZA 2002, 474 [475]; *Reichold/HWK* § 28a BetrVG Rn. 15). Es gibt also keine konkurrierende Zuständigkeit von Arbeitsgruppe und Betriebsrat. Anders als bei einer Übertragung von Aufgaben auf einen Ausschuss (vgl. § 27 Rdn. 79) kann der Betriebsrat daher nicht **Beschlüsse der Arbeitsgruppe aufheben oder abändern**. Dies ergibt sich zum einen im Gegenschluss aus Abs. 2 Satz 3, der nur für den Fall fehlender Einigung zwischen Arbeitsgruppe und Arbeitgeber anordnet, dass die Zuständigkeit an den Betriebsrat zurückfällt. Außerdem würde ein solches Recht des Betriebsrats zur Abänderung oder Aufhebung der Bedeutung der Vorschrift nicht gerecht, die die Autonomie der Arbeitsgruppe auch im Verhältnis zum Betriebsrat stärken soll. Sofern der Betriebsrat mit einer Regelung nicht einverstanden ist, muss er folglich von seinem Widerrufsrecht Gebrauch machen und die Vereinbarung mit dem Arbeitgeber kündigen (vgl. Rdn. 57).

6. Widerruf der Übertragung

39 Der Betriebsrat kann die Übertragung der Aufgaben nach Abs. 1 Satz 4 jederzeit widerrufen. Für den Widerruf als actus contrarius gelten grundsätzlich dieselben Regeln wie für die Übertragung, da Abs. 1 Satz 1 Halbs. 1 und Satz 3 entsprechende Anwendung findet (vgl. Rdn. 29 f.): Der Widerruf bedarf demnach eines **Beschlusses des Betriebsrats** mit der Mehrheit der Stimmen seiner Mitglieder. Außerdem gilt für diesen Beschluss das Erfordernis der **Schriftform**. Erforderlich ist zudem, dass der Widerruf **der Arbeitsgruppe** in der vorgeschriebenen Form **zugeht** (s. Rdn. 30; zu der vergleichbaren Problematik bei § 50 Abs. 2 s. *Kreutz/Franzen* § 50 Rdn. 71; ebenso *Fitting* § 28a Rn. 26

[Zugang erforderlich, damit der Widerruf »gegenüber der Arbeitsgruppe wirksam« wird]; *Kreft/WPK* § 28a Rn. 23; *Wedde/DKKW* § 28a Rn. 54; **a. M.** *Reichold/HWK* § 28a BetrVG Rn. 23; abw. auch hier bis zur 8. Aufl., § 28a Rn. 38). Der Widerruf ist auch **dem Arbeitgeber mitzuteilen**; die Mitteilung dient lediglich der Information, ist also keine Wirksamkeitsvoraussetzung (zust. *Linde* Arbeitsgruppen, S. 266; *St. Müller* Arbeitsgruppen, S. 200 f.; *Pfister* Arbeitsgruppen, S. 112). Bis zum Zugang der Mitteilung genießt der Arbeitgeber jedoch Vertrauensschutz und braucht sich den Widerruf nicht entgegenhalten zu lassen (s. § 27 Rdn. 83; in diesem Sinne sind wohl auch *Fitting* § 28a Rn. 26 und *Kreft/WPK* § 28a Rn. 23 zu verstehen, wonach der Widerruf der Mitteilung an den Arbeitgeber bedürfe, um *diesem gegenüber* Wirkung zu entfalten). Mit dem Widerruf **entfällt die Zuständigkeit der Arbeitsgruppe** mit Wirkung ex nunc. Etwaige Mitbestimmungsrechte stehen nunmehr wieder in vollem Umfange dem Betriebsrat zu (*Fitting* § 28a Rn. 26; *Glock/HWGNRH* § 28a Rn. 44; *Löwisch* BB 2001, 1734 [1740]; *Natzel* DB 2001, 1362 [1363]; *Reichold/HWK* § 28a BetrVG Rn. 23; *Wedde/DKKW* § 28a Rn. 55). Wegen dieser weit reichenden Folgen muss der entsprechende Wille deutlich zum Ausdruck gebracht werden. Insbesondere kann in dem Abschluss einer von einer Gruppenvereinbarung abweichenden Betriebsvereinbarung nicht ohne Weiteres ein konkludenter Widerruf gesehen werden (*Reichold/HWK* § 28a BetrVG Rn. 23; **a. M.** *Richardi/Thüsing* § 28a Rn. 29). Allein daraus, dass der Betriebsrat im Hinblick auf einen konkreten Gegenstand eine abweichende Regelung trifft, lässt sich noch nicht der Wille entnehmen, der Arbeitsgruppe die Regelungszuständigkeit wieder vollständig zu entziehen. Zu den Auswirkungen des Widerrufs auf bereits abgeschlossene Vereinbarungen zwischen der Arbeitsgruppe und dem Arbeitgeber s. Rdn. 57, 60.

Auch über die Ausübung des Widerrufsrechts hat der Betriebsrat nach **pflichtgemäßem Ermessen** zu entscheiden und dabei seine Förderungspflicht aus § 75 Abs. 2 Satz 2 zu beachten (*Fitting* § 28a Rn. 26; *Franzen* ZfA 2001, 423 [434]; *Glock/HWGNRH* § 28a Rn. 45; *Natzel* ZfA 2003, 103 [123]; *Raab* NZA 2002, 474 [479]; *Wolf* JArbR Bd. 40 (2002), S. 99 [118]; **a. M.** *Richardi/Thüsing* § 28a Rn. 22; *Wedde/DKKW* § 28a Rn. 53). Er darf von diesem Recht also nur Gebrauch machen, wenn hierfür **sachliche Gründe** vorliegen, etwa wenn die Arbeitsgruppe bei der Ausübung der übertragenen Befugnisse gegen Rechtsvorschriften verstoßen oder einzelne ihrer Mitglieder bei Entscheidungen unbillig benachteiligt hat oder die Ausübung des Mitbestimmungsrechts durch den Betriebsrat erforderlich ist, um die Interessen von Arbeitnehmern zu wahren, die nicht der Arbeitsgruppe angehören. Liegen solche Gründe nicht vor, stellt der Widerruf eine Pflichtverletzung des Betriebsrats dar, die in schwerwiegenden Fällen einen Auflösungsantrag nach § 23 Abs. 1 rechtfertigen kann. Die Pflichtverletzung führt jedoch nicht zur Unwirksamkeit des Widerrufs (zust. *Fitting* § 28a Rn. 26; *Glock/HWGNRH* § 28a Rn. 45; die Rechtsfolge offen lassend *Franzen* ZfA 2001, 423 [434 f.]; **a. M.** *Pfister* Arbeitsgruppen, S. 134 f.). Im Außenverhältnis unterliegt also das Widerrufsrecht keinen Beschränkungen. Dies ist gemeint, wenn es in der Gesetzesbegründung heißt, dass der Widerruf »jederzeit und ohne besonderen Grund« erfolgen könne (BT-Drucks. 14/5741, S. 40). Hierfür sprechen auch Gründe der Rechtssicherheit. Für den Arbeitgeber muss Klarheit darüber bestehen, wer für ihn der zuständige Ansprechpartner ist. Dies wäre aber nicht gewährleistet, wenn die Wirksamkeit des Widerrufs und damit auch die Zuständigkeit des Betriebsrats unter Berufung auf eine mangelnde sachliche Rechtfertigung jederzeit in Frage gestellt werden könnte.

7. Wegfall der Zuständigkeit kraft Gesetzes

Trotz ursprünglich wirksamer Übertragung der Aufgaben kann die Zuständigkeit der Arbeitsgruppe ohne besonderen Widerruf kraft Gesetzes entfallen. Dies gilt zum einen, wenn die **gesetzlichen Voraussetzungen für eine Aufgabenübertragung nicht mehr vorliegen**, etwa weil die betroffenen Arbeitnehmer infolge organisatorischer Änderungen keine Arbeitsgruppe mehr bilden, der Betrieb nicht mehr über die erforderliche Größe von mehr als 100 (regelmäßig beschäftigten) Arbeitnehmern verfügt oder die Rahmenvereinbarung durch den Betriebsrat oder den Arbeitgeber wirksam gekündigt worden ist. Mit Wegfall der gesetzlichen Voraussetzungen fällt die Zuständigkeit an den Betriebsrat zurück (*Fitting* § 28a Rn. 9, 20; *Löwisch/LK* § 28a Rn. 6; *Reichold/HWK* § 28a BetrVG Rn. 7; *Richardi/Thüsing* § 28a Rn. 6, 17). Zu den Auswirkungen auf Vereinbarungen zwischen der Arbeitsgruppe und dem Arbeitgeber vgl. Rdn. 57, 60.

42 Nach Abs. 2 Satz 3 entfällt die Zuständigkeit der Arbeitsgruppe für eine bestimmte Regelungsfrage auch dann, wenn hierüber **keine Einigung mit dem Arbeitgeber** zu erzielen ist. In diesem Falle nimmt der Betriebsrat das Beteiligungsrecht wahr. Anders als im Falle des Widerrufs bleibt die Aufgabenübertragung als solche hiervon unberührt (zust. *Fitting* § 28a Rn. 28; *Reichold/HWK* § 28a BetrVG Rn. 22). Die Primärzuständigkeit der Arbeitsgruppe für andere Fragen, die demselben Mitbestimmungstatbestand unterfallen, bleibt also erhalten.

43 Ein **Scheitern der Einigung** mit dem Arbeitgeber ist zum einen dann anzunehmen, wenn die Arbeitsgruppe oder der Arbeitgeber die von der jeweils anderen Seite gewünschte Regelung ausdrücklich ablehnen (ebenso wohl *Fitting* § 28a Rn. 37; *Reichold/HWK* § 28a BetrVG Rn. 22; *Richardi/Thüsing* § 28a Rn. 33: sowohl der Arbeitgeber als auch die Arbeitsgruppe könnten das Scheitern »feststellen«; ähnlich *Wedde/DKKW* § 28a Rn. 79: Erklärung einer Seite genügt). Dasselbe muss aber auch gelten, wenn die Arbeitsgruppe zu einem konkreten Regelungsvorschlag des Arbeitgebers nicht innerhalb einer zumutbaren Frist eindeutig Stellung genommen hat. Dies gilt zumindest, wenn der Arbeitgeber ohne die Zustimmung des Betriebsrats bzw. der Arbeitsgruppe nicht agieren darf. Hier ist dem Arbeitgeber ein längerer Schwebezustand nicht zuzumuten. Da die Arbeitsgruppe im Verfahren vor der Einigungsstelle nicht beteiligtenfähig ist (vgl. Rdn. 36), ist eine Anrufung der Einigungsstelle aber erst möglich, wenn das Scheitern der Einigung mit der Arbeitsgruppe feststeht und die Zuständigkeit an den Betriebsrat zurückgefallen ist. Deshalb ist in solchen Fällen auch bei einem Schweigen oder bei einer nicht eindeutigen Stellungnahme der Arbeitsgruppe nach Ablauf einer zumutbaren Frist von einem Scheitern der Einigung auszugehen. Aus Gründen der Rechtssicherheit sollte der maßgebliche Zeitraum in der Rahmenvereinbarung bestimmt werden. Überwiegend wird dagegen angenommen, dass die Feststellung des Scheiterns der Einigung auf Seiten der Arbeitsgruppe aus Gründen der Rechtssicherheit stets einen förmlichen Beschluss erfordere (*Engels* FS *Wißmann*, S. 302 [311 f.]; *Fitting* § 28a Rn. 37a; *Linde* Arbeitsgruppen, S. 274; *Reichold/HWK* § 28a BetrVG Rn. 22). Nachteile für den Arbeitgeber entstünden hieraus nicht, weil dieser selbst das Scheitern »erklären« könne (so ausdrücklich *Linde* Arbeitsgruppen, S. 274 f.; ähnlich *Richardi/Thüsing* § 28a Rn. 33 [sowohl Arbeitsgruppe als auch Arbeitgeber können jederzeit das Scheitern feststellen]). In den Fällen, in denen der Arbeitgeber einen Regelungsvorschlag unterbreitet, gebietet es aber der Zweck der Regelung, der Arbeitsgruppe einen angemessenen Zeitraum einzuräumen, um selbst zu einer Einigung mit dem Arbeitgeber zu gelangen. Könnte hingegen der Arbeitgeber das Scheitern der Verhandlungen feststellen, ohne selbst ernsthaft verhandelt oder eine zumutbare Zeit auf eine Antwort der Arbeitsgruppe gewartet zu haben, hätte er die Möglichkeit, der Arbeitsgruppe ohne sachlichen Grund einseitig die Zuständigkeit zu entziehen und damit die Aufgabenübertragung zu konterkarieren.

IV. Vereinbarungen zwischen der Arbeitsgruppe und dem Arbeitgeber (Gruppenvereinbarungen)

1. Rechtliche Einordnung

44 Nach § 28a Abs. 2 Satz 1 Halbs. 1 kann die Arbeitsgruppe im Rahmen der ihr übertragenen Aufgaben Vereinbarungen mit dem Arbeitgeber schließen. Damit wird zunächst klargestellt, dass **Vereinbarungen** des Arbeitgebers nicht nur mit einzelnen Arbeitnehmern der Arbeitsgruppe, sondern auch **mit der Arbeitsgruppe als solcher** möglich sind. Es handelt sich demnach um Vereinbarungen mit kollektivem Charakter (*Reg. Begr.* BT-Drucks. 14/5741, S. 40). Für diese Vereinbarungen gilt § 77 entsprechend (§ 28a Abs. 2 Satz 2). Genauso wie § 77 Abs. 1 nur allgemein von »Vereinbarungen zwischen Betriebsrat und Arbeitgeber« spricht und damit die Regelungsabrede als rein schuldrechtlich wirkende Vereinbarung oder als Ausübungsform der Mitbestimmung ebenso wie die normativ wirkende Betriebsvereinbarung einschließt (vgl. *Kreutz* § 77 Rdn. 6) meint auch § 28a Abs. 2 Satz 1 jede Form der Einigung zwischen Arbeitgeber und Arbeitsgruppe. Welche **Rechtsqualität dieser Vereinbarung** zukommt, **hängt von deren Inhalt und Regelungszweck ab**. Aus der Verweisung auf § 77 kann also nicht geschlossen werden, dass es sich bei diesen Vereinbarungen stets um Betriebsvereinbarungen handele (vgl. *Raab* NZA 2002, 474 [479]; zust. *Fitting* § 28a Rn. 32; *Linde* Arbeitsgruppen, S. 283 ff.; *Reichold/HWK* § 28a BetrVG Rn. 17; *Tüttenberg* Arbeitsgruppe, S. 170 f.; wohl auch *Kreft/WPK* § 28a Rn. 24; **a. M.** *Däubler* AuR 2001, 285 [289]; *Federlin* NZA 2001, Sonderheft

S. 24 [28]; *Löwisch* BB 2001, 1734 [1741]; *Natzel* DB 2001, 1362 [1363]; *Richardi* NZA 2001, 346 [351]; *Richardi/Thüsing* § 28a Rn. 27, dessen Hinweis auf den Wortlaut der Norm nicht recht verständlich ist, weil Abs. 2 insgesamt auf § 77, also gerade nicht nur auf § 77 Abs. 2 bis 4 verweist; noch anders *Wedde/DKKW* § 28a Rn. 57 ff., wonach die Gruppenvereinbarung systematisch »unterhalb der Ebene von Betriebsvereinbarungen anzusiedeln« sei). Auch die Gesetzesbegründung spricht nur davon, dass die Vereinbarungen unmittelbare und zwingende Wirkung entfalten »können« (vgl. BT-Drucks. 14/5741, S. 40). Ob dies der Fall ist, ist eine Frage der Auslegung. Sollen mit der Vereinbarung unmittelbar Rechte und Pflichten zwischen den Gruppenmitgliedern und dem Arbeitgeber begründet werden, so handelt es sich um eine besondere Form der Betriebsvereinbarung (Gruppenbetriebsvereinbarung). Dient die Vereinbarung nur dazu, das gesetzlich vorgeschriebene Einvernehmen zwischen der an die Stelle des Betriebsrats tretenden Arbeitsgruppe und dem Arbeitgeber im Rahmen der Mitbestimmung herzustellen, so handelt es sich um eine Vereinbarung ohne normativen Charakter (Gruppenregelungsabrede). In jedem Fall ist die Vereinbarung ein **Vertrag** i. S. d. §§ 145 ff. (vgl. *Kreutz* § 77 Rdn. 10, 40 m. w. N.).

2. Zustandekommen

a) Abstimmung der Gruppenmitglieder

Aufgrund des Vertragscharakters der Vereinbarung (vgl. Rdn. 44) kommt diese durch übereinstimmende Willenserklärungen des Arbeitgebers und der Arbeitsgruppe zustande. Hinsichtlich der internen Willensbildung durch die Arbeitsgruppe sieht das Gesetz in Abs. 2 Satz 1 Halbs. 2 vor, dass die Vereinbarung der **Mehrheit der Stimmen der Gruppenmitglieder** bedarf. Maßgeblich ist also die absolute Mehrheit der Stimmen der Arbeitnehmer, die der Arbeitsgruppe angehören. Die Mehrheit der abgegebenen Stimmen oder der bei der Abstimmung anwesenden Gruppenmitglieder genügt nicht (*Fitting* § 28a Rn. 35; *Glock/HWGNRH* § 28a Rn. 36; *Löwisch* BB 2001, 1734 [1740]; *Wedde/DKKW* § 28a Rn. 69).

Nach h. M. sind alle Gruppenmitglieder ohne Rücksicht auf ihr Wahlrecht bei der Abstimmung innerhalb der Arbeitsgruppe **stimmberechtigt** und bei der Berechnung der notwendigen Mehrheit zu berücksichtigen. Ausgenommen seien lediglich die Personen, die keine Arbeitnehmer i. S. d. sind (also die in § 5 Abs. 2 genannten Personen sowie die leitenden Angestellten nach § 5 Abs. 3 und 4; *Fitting* § 28a Rn. 35; *Koch/*ErfK § 28a BetrVG Rn. 3; *Kreft/WPK* § 28a Rn. 24; *Linde* Arbeitsgruppen, S. 174 f.; *Richardi/Thüsing* § 28a Rn. 12; *Wedde/DKKW* § 28a Rn. 70). Bedeutung hat die Frage vor allem für das Stimmrecht jugendlicher Arbeitnehmer sowie der Leiharbeitnehmer, denen nach § 7 Satz 2 kein Wahlrecht zusteht. Freilich bestehen gegen diese Ansicht Bedenken. Zwar spricht der Wortlaut des Abs. 2 lediglich von Gruppenmitgliedern, ohne die Wahlberechtigung zu erwähnen. Doch ist im Rahmen der systematischen Auslegung zu beachten, dass mit der Übertragung der Aufgaben die unmittelbare Beteiligung der Arbeitnehmer im Rahmen der Arbeitsgruppe an die Stelle der nur mittelbaren Beteiligung der Arbeitnehmer über den durch Wahlen legitimierten Betriebsrat tritt. Es wäre aber ein Wertungswiderspruch, wenn Arbeitnehmer, denen ein solcher mittelbarer Einfluss nach der Wertung des Gesetzes nicht zusteht, im Falle der Übertragung der Aufgaben auf die Arbeitsgruppe wesentlich darüber mitentscheiden könnten, ob und welche Vereinbarungen mit dem Arbeitgeber zustande kommen. Dies spricht dafür, nicht allein auf die Zugehörigkeit zu der Arbeitsgruppe abzustellen, sondern zusätzlich zu verlangen, dass den Gruppenmitgliedern das Recht zur aktiven Mitwirkung bei der Willensbildung im Rahmen der Betriebsverfassung zusteht (wie hier *Glock/HWGNRH* § 28a Rn. 37). Stimmberechtigt sind demnach außer den nach § 7 Satz 1 Wahlberechtigten auch die **jugendlichen Arbeitnehmer**, weil diese über ihr Wahlrecht nach § 61 Abs. 1 und die Mitwirkungsrechte der Jugend- und Auszubildendenvertretung auf die Entscheidungen des Betriebsrats Einfluss nehmen können. Die der Arbeitsgruppe zuzuordnenden **Leiharbeitnehmer** sind dagegen nur dann stimmberechtigt, wenn sie nach § 7 Satz 2 wahlberechtigt sind und wenn und soweit sich das auf die Arbeitsgruppe übertragene Beteiligungsrecht auf sie erstreckt (ebenso *Glock/HWGNRH* § 28a Rn. 37; *Tüttenberg* Arbeitsgruppe, S. 186 ff.).

Mit dem Erfordernis der qualifizierten Mehrheit soll sichergestellt werden, dass die Regelung vom Willen der Mehrheit der hiervon betroffenen Arbeitnehmer getragen wird. Es kommt daher für die

Ermittlung der Stimmenmehrheit auf die Zahl **der in der Arbeitsgruppe tatsächlich Beschäftigten** an. Vorübergehend nicht besetzte Arbeitsplätze sind nicht zu berücksichtigen. Andererseits sind Arbeitnehmer, die aufgrund ihres Arbeitsvertrages zur Arbeitsleistung innerhalb der Arbeitsgruppe verpflichtet sind, auch dann stimmberechtigt und mitzuzählen, wenn sie vorübergehend (etwa infolge Krankheit oder Urlaub) an der Arbeitsleistung verhindert sind, da etwaige Regelungen nach dem Ende der Verhinderung auch auf sie Anwendung finden. Kann ein Arbeitnehmer nicht an der Abstimmung teilnehmen, so ist die Erteilung einer **Stimmrechtsvollmacht** zulässig (zust. *Linde* Arbeitsgruppen, S. 175 f.). Wäre dies nicht möglich, so würde eine solche Verhinderung stets zu einer Erhöhung der Anforderungen an das Mehrheitserfordernis führen, da – anders als beim Betriebsrat – ein Ausfall nicht durch nachrückende Ersatzmitglieder aufgefangen werden kann. Allerdings kann die Vollmacht nur einem anderen Gruppenmitglied erteilt werden (zust. *Linde* Arbeitsgruppen, S. 175 f.; *St. Müller* Arbeitsgruppen, S. 252). Es wäre mit dem Zweck der Regelung, die Autonomie der Arbeitsgruppe zu stärken, nicht vereinbar, wenn Dritte Einfluss auf die Regelung der die Arbeitsgruppe betreffenden Angelegenheiten nehmen könnten.

48 Das **Abstimmungsverfahren** ist im Gesetz nicht geregelt. Die Bestimmungen des § 29 sind nur mit erheblichen Einschränkungen (entsprechend) anzuwenden (vgl. auch *Linde* Arbeitsgruppen, S. 163 ff.; *Nill* Selbstbestimmung in der Arbeitsgruppe, S. 85 f.; weitergehend *Fitting* § 28a Rn. 38 f.). Zweckmäßigerweise sollten die Einzelheiten in der Rahmenvereinbarung festgelegt werden. Fehlt eine solche Regelung, so bestehen mehrere Möglichkeiten der Willensbildung. Die Arbeitnehmer können zum einen auf einer **Versammlung der Gruppenmitglieder** einen Beschluss über die Zustimmung zu einer bestimmten Regelung fassen. Ist ein Gruppensprecher gewählt worden, so ist dieser im Zweifel analog § 29 Abs. 2 Satz 1 zur Einberufung einer solchen Versammlung berechtigt. Zum anderen steht den Gruppenmitgliedern jederzeit ein Selbstversammlungsrecht zu (ebenso *Reichold/HWK* § 28a BetrVG Rn. 16; *Wedde/DKKW* § 28a Rn. 76; s. näher § 29 Rdn. 25). Eine wirksame Abstimmung über bestimmte Angelegenheiten ist auf einer solchen ad-hoc-Versammlung zumindest dann möglich, wenn sämtliche Gruppenmitglieder anwesend sind oder zumindest Kenntnis von der Versammlung haben und mit einer Abstimmung einverstanden sind. Fehlen dagegen einzelne Gruppenmitglieder, ohne dass deren Einverständnis vorliegt, so ist eine sofortige Abstimmung unzulässig, weil ansonsten deren Stimmrecht ausgehöhlt würde (*Raab* NZA 2002, 474 [480]). Bei den Anforderungen an die Ladung und die Mitteilung der Tagesordnung sind – sofern es an einer Regelung in der Rahmenvereinbarung oder in der Geschäftsordnung der Arbeitsgruppe fehlt – die Besonderheiten der Arbeitsgruppe zu berücksichtigen. So spielt die Frage der rechtzeitigen Ladung von Ersatzmitgliedern bei der Bemessung der Ladungsfrist keine Rolle. Maßgeblich ist daher allein, dass die Gruppenmitglieder Gelegenheit erhalten, sich ggf. auf den Beratungsgegenstand vorzubereiten (*Raab* NZA 2002, 474 [480]). Es bestehen aber auch keine Bedenken, während der Sitzung noch kurzfristig neue Fragen zum Gegenstand zu machen, sofern es hierfür sachliche Gründe gibt. Da im Falle der Übertragung die Arbeitsgruppe Ansprechpartner des Arbeitgebers in Mitbestimmungsangelegenheiten ist, wird man diesem analog § 29 Abs. 3 und Abs. 4 Satz 1 die Möglichkeit zugestehen müssen, eine Gruppensitzung zu beantragen und hieran teilzunehmen. Ein Teilnahmerecht eines Vertreters des Betriebsrats wäre sinnvoll, ist de lege lata allerdings nur schwer zu begründen; es kann jedoch in der Rahmenvereinbarung vorgesehen werden.

49 Im Gegensatz zu den für die Beschlussfassung des Betriebsrats geltenden Grundsätzen (vgl. § 33 Rdn. 10) ist auch eine **Abstimmung im Umlaufverfahren** zulässig (vgl. ebenso *Fitting* § 28a Rn. 36; *Glock/HWGNRH* § 28a Rn. 38; *Richardi/Thüsing* § 28a Rn. 12; a. M. *Blanke/Wolmerath/HaKo* § 28a Rn. 16; *Linde* Arbeitsgruppen, S. 172 ff.; *Wedde/DKKW* § 28a Rn. 74). Hierfür spricht die unterschiedliche Funktion der Abstimmung. Das Erfordernis gleichzeitiger Anwesenheit der Betriebsratsmitglieder bei der Beschlussfassung ergibt sich aus der besonderen Stellung der Betriebsratsmitglieder als Repräsentanten aller betriebsangehörigen Arbeitnehmer. Maßstab für das Abstimmungsverhalten jedes einzelnen Betriebsratsmitgliedes muss sein, welche Lösung den Interessen aller Arbeitnehmer und dem Wohl des Betriebes am ehesten gerecht wird (§ 2 Abs. 1). Die umfassende Berücksichtigung aller relevanten Gesichtspunkte ist aber am ehesten gewährleistet, wenn ein unmittelbarer Meinungsaustausch zwischen sämtlichen Betriebsratsmitgliedern stattfindet. Demgegenüber nehmen die Gruppenmitglieder bei der Abstimmung ihre individuellen Interessen innerhalb der

Arbeitsgruppe wahr. Um diese Interessen zu definieren, bedarf es keines Meinungsaustausches mit anderen Gruppenmitgliedern.

b) Abschluss der Vereinbarung

Hinsichtlich der Voraussetzungen für den wirksamen Abschluss der Vereinbarung ist zu unterscheiden. Handelt es sich um eine (formlos wirksame) **Regelungsabrede**, so kommt die Vereinbarung mit dem **Wirksamwerden zweier übereinstimmender Willenserklärungen** der Arbeitsgruppe und des Arbeitgebers zustande. Stimmen die Gruppenmitglieder einem Vorschlag des Arbeitgebers zu, so wird die Vereinbarung wirksam, wenn dem Arbeitgeber die Mitteilung über das Ergebnis der Abstimmung zugeht. Im Gesetz ist nicht geregelt, **wer die Arbeitsgruppe dabei im Außenverhältnis zum Arbeitgeber vertritt**. Da es sich um eine Frage der Binnenorganisation der Arbeitsgruppe handelt, kann in der Rahmenvereinbarung eine nähere Bestimmung, etwa in Anlehnung an § 26 Abs. 2 Satz 1, getroffen werden. Ist dies nicht der Fall, so kann die Arbeitsgruppe einem ihrer Mitglieder eine entsprechende Vollmacht erteilen. Sofern ein Gruppensprecher gewählt worden ist, ist dieser im Zweifel als bevollmächtigt anzusehen, Erklärungen gegenüber dem Arbeitgeber mit Wirkung für die Arbeitsgruppe abzugeben und entgegenzunehmen. Die Arbeitsgruppe kann aber auch im jeweiligen Einzelfall einem ihrer Mitglieder Vollmacht erteilen. Fehlt es an jeglicher Vertretungsregelung, so ist jedes Gruppenmitglied als ermächtigt anzusehen, die entsprechende Erklärung abzugeben. Geht die Initiative zur Regelung von der Arbeitsgruppe aus, so kommt die Vereinbarung zustande, wenn das Einverständnis des Arbeitgebers der Arbeitsgruppe zugeht. Sofern ein Gruppenmitglied durch die Rahmenvereinbarung oder durch die Arbeitsgruppe selbst zum Vertreter bestellt worden ist, ist die Erklärung gegenüber diesem, ansonsten gegenüber allen Arbeitnehmern der Arbeitsgruppe abzugeben. 50

Handelt es sich um eine **Betriebsvereinbarung**, sollen also mit normativer Wirkung Rechte und Pflichten zwischen dem Arbeitgeber und den Gruppenmitgliedern begründet werden, so bedarf die Vereinbarung entsprechend § 77 Abs. 2 der **Schriftform**. Die Voraussetzungen ergeben sich aus § 126 Abs. 1 und Abs. 2 Satz 1 BGB. Der Inhalt der Vereinbarung muss in einer Urkunde niedergelegt sein, die vom Arbeitgeber und der Arbeitsgruppe eigenhändig durch Namensunterschrift unterzeichnet ist (vgl. zu den Einzelheiten *Kreutz* § 77 Rdn. 49 ff.). Hinsichtlich der Vertretung der Arbeitsgruppe bei der Unterzeichnung der Vereinbarung gelten die soeben dargelegten Grundsätze entsprechend (vgl. Rdn. 50). Ist ein Gruppenmitglied zur Vertretung der Arbeitsgruppe gegenüber dem Arbeitgeber berufen, so genügt die Unterschrift dieses Arbeitnehmers (zust. *Glock*/HWGNRH § 28a Rn. 41; *Wedde*/DKKW § 28a Rn. 64). Ist dies nicht der Fall, müssen alle Arbeitnehmer der Arbeitsgruppe unterzeichnen, um der Schriftform zu genügen (ebenso *Glock*/HWGNRH § 28a Rn. 41; *Linde* Arbeitsgruppen, S. 287 f.; *Tüttenberg* Arbeitsgruppen, S. 204). Haben einzelne Arbeitnehmer gegen die Regelung gestimmt, so können sie folglich durch Verweigerung der Unterschrift das Zustandekommen der Betriebsvereinbarung verhindern. Dies zeigt, dass die Frage der Vertretung der Arbeitsgruppe im Außenverhältnis dringend einer Regelung bedarf. 51

3. Besondere Fragen der Gruppenbetriebsvereinbarung

Für Betriebsvereinbarungen zwischen der Arbeitsgruppe und dem Arbeitgeber gelten aufgrund der Verweisung in Abs. 2 Satz 2 grundsätzlich **dieselben Regeln wie für Betriebsvereinbarungen zwischen Betriebsrat und Arbeitgeber**. Die Vereinbarungen gelten gemäß § 77 Abs. 4 unmittelbar und zwingend, allerdings beschränkt auf die Gruppenmitglieder (vgl. näher *Kreutz* § 77 Rdn. 186 ff.). Sofern Arbeitnehmer nach Abschluss der Vereinbarung in die Arbeitsgruppe eintreten, erstreckt sich die Vereinbarung auch auf diese (vgl. *Franzen* ZfA 2001, 423 [434]). Soweit Arbeitsbedingungen durch Tarifvertrag geregelt sind oder üblicherweise geregelt werden, wird die Regelungsbefugnis durch die Sperre des § 77 Abs. 3 eingeschränkt (vgl. *Kreutz* § 77 Rdn. 84 ff.). 52

Hinsichtlich der **Innenschranken der Betriebsvereinbarung** (hierzu s. *Kreutz* § 77 Rdn. 329 ff., insbesondere § 77 Rdn. 350 ff.) ist zu beachten, dass die Rechtssetzungsbefugnis der Arbeitsgruppe im Verhältnis zum einzelnen Gruppenmitglied nicht in gleicher Weise legitimiert ist wie diejenige des gewählten Betriebsrats (vgl. auch Rdn. 4; *Richardi* NZA 2001, 346 [351]; *Wendeling-Schröder* 53

§ 28a II. 3. *Geschäftsführung des Betriebsrats*

NZA 2001, 357 [359]; dies räumt auch *Tüttenberg* Arbeitsgruppe, S. 189 ff. ein; abl. dagegen *Fitting* § 28a Rn. 35a; *Linde* Arbeitsgruppen, S. 297 ff.). Ein **Legitimationsdefizit** ergibt sich vor allem gegenüber den bei der Abstimmung unterlegenen Arbeitnehmern. Dieses Legitimationsdefizit muss zu einer Beschränkung der Regelungsbefugnis führen, soweit die Vereinbarung belastende Wirkung für die einzelnen Arbeitnehmer hat. Wären die Gruppenmitglieder uneingeschränkt der Regelungsmacht der Mehrheit der Arbeitsgruppe (im Zusammenwirken mit dem Arbeitgeber) ausgeliefert, so wäre dies ein (auch verfassungsrechtlich bedenklicher) Eingriff in die Privatautonomie des einzelnen Arbeitnehmers.

54 Unbedenklich sind danach Vereinbarungen, die den Gruppenmitgliedern lediglich einen Zuwachs an Rechten verschaffen. Zulässig sind darüber hinaus auch Vereinbarungen, die lediglich die Art und Weise der Ausübung des Direktionsrechts des Arbeitgebers regeln und damit bestehende vertragliche Pflichten der Arbeitnehmer konkretisieren. Problematisch sind dagegen Regelungen, mit denen dem einzelnen Gruppenmitglied **zusätzliche**, nach dem Individualvertrag nicht bestehende **Pflichten auferlegt werden**. Könnten durch Gruppenbetriebsvereinbarungen neue Rechtspflichten für die Gruppenmitglieder gegen deren Willen begründet werden, so wäre dies ein nicht mehr zu rechtfertigender Eingriff in die Privatautonomie des einzelnen Arbeitnehmers. Andererseits würde es zu weit gehen, solche Regelungen ausschließlich in Individualabreden für zulässig zu erachten. Es mag durchaus ein legitimes Interesse an einer kollektiven Regelung für die Arbeitsgruppe bestehen, da deren weiteres Schicksal dann ebenfalls kollektiven Regeln folgt, so dass die Vereinbarung nur einheitlich gegenüber allen Gruppenmitgliedern beendet werden kann und sich die Zulässigkeit der Kündigung nach § 77 Abs. 5 und nicht nach §§ 1, 2 KSchG richtet. Deshalb können in einer Gruppenbetriebsvereinbarung durchaus auch zusätzliche Pflichten für die Gruppenmitglieder begründet werden. Eine solche Vereinbarung ist jedoch entgegen Abs. 2 Satz 1 Halbs. 2 nicht mit den Stimmen der Mehrheit der Gruppenmitglieder, sondern nur mit Einverständnis sämtlicher Gruppenmitglieder möglich (vgl. *Raab* NZA 2002, 474 [481]; **a. M.** *Fitting* § 28a Rn. 35b; *Linde* Arbeitsgruppen, S. 297 ff.; *Tüttenberg* Arbeitsgruppe, S. 193 ff.). Die Vorschrift bedarf also insoweit zum Schutz der Privatautonomie des einzelnen Arbeitnehmers einer Einschränkung im Wege der verfassungskonformen Rechtsfortbildung. Scheitert die Regelung an dem Widerspruch einzelner Arbeitnehmer, so fällt die Regelungszuständigkeit gemäß Abs. 2 Satz 3 an den Betriebsrat zurück. Die gegen die hier vertretene Ansicht vorgebrachten Einwände vermögen nicht zu überzeugen. Eine Aufsplittung der Vereinbarungen in eine Vielzahl von Individualrechten sowie eine Blockade durch einzelne Gruppenmitglieder (so *Fitting* § 28a Rn. 35b) ist nicht zu befürchten. Gruppenbetriebsvereinbarungen sind ohne Weiteres möglich, soweit es darum geht, Regelungen in Bereichen zu treffen, in denen der Arbeitgeber ansonsten einseitige Anordnungen treffen könnte, etwa bei der Regelung der Lage der Arbeitszeit nach § 87 Abs. 1 Nr. 2. Ausgeschlossen ist es lediglich, einen Arbeitnehmer gegen seinen Willen durch eine Gruppenbetriebsvereinbarung zu zusätzlichen Leistungen, etwa zur Leistung von Überstunden, zu zwingen. Könnte die Mehrheit der Gruppenmitglieder eine solche Pflicht zu Lasten der Minderheit begründen, weil sie persönlich ein Interesse an Überstunden haben, der Arbeitgeber aber nur bei Beteiligung aller Arbeitnehmer Überstunden anordnen will und die Arbeitnehmer daher mehrheitlich einer Vereinbarung zustimmen, die für alle Arbeitnehmer Überstunden anordnet, würde die Minderheit für die individuellen Interessen der Mehrheit in die Pflicht genommen. Das Legitimationsdefizit in solchen Fällen lässt sich auch nicht mit dem Hinweis darauf leugnen, dass die Arbeitsgruppe mit einem institutionellen Mandat betraut sei, das sich unmittelbar aus der Betriebsverfassung ergebe (so *Blanke* RdA 2003, 140 [153]; *Linde* Arbeitsgruppen, S. 298). Dies beantwortet nämlich nicht die Frage, ob sich nicht aus den Besonderheiten des Mandats auch besondere Grenzen für die Mandatsausübung ergeben. Eine Bevormundung der Mehrheit durch die Minderheit ist mit dieser Einschränkung nicht verbunden. Vielmehr steht es der Arbeitsgruppe frei, im Wege der – durch Mehrheitsbeschluss zustande kommenden – Regelungsabrede das nach § 87 Abs. 1 Nr. 3 erforderliche Einvernehmen herzustellen und dem Arbeitgeber die Möglichkeit zu geben, von einer ohnehin bestehenden Befugnis zur Anordnung von Überstunden Gebrauch zu machen oder entsprechende Absprachen mit den Arbeitnehmern der Arbeitsgruppe zu treffen.

55 Im Gesetz nicht näher geregelt ist das **Verhältnis einer Gruppenbetriebsvereinbarung zu einer Betriebsvereinbarung** mit demselben Regelungsgegenstand. Entsprechend dem Zweck der Regelung, den Arbeitnehmern der Arbeitsgruppe mehr Eigenverantwortung und eine größere Autonomie

bei der Regelung der sie betreffenden Arbeitsabläufe einzuräumen, wird man von einem Spezialitätsverhältnis auszugehen haben. Die Gruppenbetriebsvereinbarung geht als speziellere Regelung vor, weil sie den besonderen Bedürfnissen der Arbeitsgruppe Rechnung trägt (*Blanke/Wolmerath*/HaKo § 28a Rn. 18; *Fitting* § 28a Rn. 34; *Glock/HWGNRH* § 28a Rn. 32; *Linde* Arbeitsgruppen, S. 305 ff., 308 f.; *Natzel* DB 2001, 1362 [1363]; *Raab* NZA 2002, 474 [481]; *Reichold/HWK* § 28a BetrVG Rn. 17; nicht ganz klar *Neef* NZA 2001, 361 [363], nach dem die Gruppenvereinbarung »im Zweifel« von einer generellen Betriebsvereinbarung abweichen könne; **a. M.** *Blanke* RdA 2003, 140 [152 f.]; *Richardi/Thüsing* § 28a Rn. 29, dessen Argument, dass in der abweichenden Betriebsvereinbarung ein konkludenter Widerruf der Übertragung zu sehen sei, nicht überzeugt; vgl. Rdn. 39).

4. Beendigung

a) Beendigungsgründe

Vereinbarungen zwischen Arbeitgeber und Arbeitsgruppe können **aus denselben Gründen** enden **56 wie Vereinbarungen zwischen Arbeitgeber und Betriebsrat** (Zeitablauf, Zweckerreichung, Aufhebungsvertrag, Ablösung durch eine neue Vereinbarung; näher *Kreutz* § 77 Rdn. 396 ff.). Soweit nichts anderes vereinbart ist, können Vereinbarungen auch von beiden Seiten gemäß § 77 Abs. 5 mit einer Frist von drei Monaten **gekündigt** werden. Dies gilt nicht nur für Gruppenbetriebsvereinbarungen, sondern auch für Regelungsabreden. Die Kündigung bedarf wiederum der Mehrheit der Stimmen der Gruppenmitglieder. Hinsichtlich der Zuständigkeit für die Kündigungserklärung gegenüber dem Arbeitgeber gelten dieselben Grundsätze wie bei Abschluss der Vereinbarung (s. Rdn. 50).

Endet die Regelungszuständigkeit der Arbeitsgruppe, etwa wegen Widerrufs der Aufgaben- **57** übertragung oder wegen Wegfalls der gesetzlichen Voraussetzungen (s. Rdn. 15, 17, 39, 41), so verliert die Vereinbarung dagegen nicht automatisch ihre Wirksamkeit (*Engels/Trebinger/Löhr-Steinhaus* DB 2001, 532 [537]; *Federlin* NZA 2001, Sonderheft S. 24 [28]; *Fitting* § 28a Rn. 27; *Franzen* ZfA 2001, 423 [435]; *Kreft/WPK* § 28a Rn. 23; *Natzel* DB 2001, 1362 [1363]; *Raab* NZA 2002, 474 [481 f.]; *Reichold/HWK* § 28a BetrVG Rn. 21; *Richardi/Thüsing* § 28a Rn. 31). Die Zuständigkeit der Arbeitsgruppe entfällt zwar mit Wirkung ex nunc (s. Rdn. 39). Dies bedeutet jedoch lediglich, dass die Arbeitsgruppe keine neuen Vereinbarungen mit dem Arbeitgeber abschließen kann, nicht dagegen, dass die in der Vergangenheit wirksam abgeschlossenen Vereinbarungen keine Wirkung für die Zukunft mehr entfalten können. So bleiben etwa Betriebsvereinbarungen auch dann wirksam, wenn kein Betriebsrat mehr besteht (s. *Kreutz* § 77 Rdn. 430 m. w. N.). Dies muss erst recht für Gruppenvereinbarungen gelten. Endet die Zuständigkeit der Arbeitsgruppe, so entfällt damit nicht zugleich die kollektive Interessenvertretung. Die Zuständigkeit fällt vielmehr wieder an den Betriebsrat zurück, der damit auch hinsichtlich der bestehenden Vereinbarungen die Rechtsnachfolge der Arbeitsgruppe antritt. Die Vereinbarung bleibt daher in diesen Fällen wirksam, bis ein besonderer Beendigungsgrund vorliegt, etwa wenn die Vereinbarung durch den Betriebsrat oder den Arbeitgeber gekündigt oder gemeinsam von beiden aufgehoben wird (zust. *Fitting* § 28a Rn. 27; *Linde* Arbeitsgruppen, S. 310 f.; *Reichold/HWK* § 28a BetrVG Rn. 21; *Tüttenberg* Arbeitsgruppe, S. 216; abw. *Kreft/WPK* § 28a Rn. 23 [kein Kündigungsrecht des Betriebsrats, solange die Arbeitsgruppe besteht]). Wird die Arbeitsgruppe aufgelöst, endet hingegen auch die Vereinbarung, weil ihr Regelungsgegenstand weggefallen ist (vgl. *Kreutz* § 77 Rdn. 399, 420; ebenso i. E. *Fitting* § 28a Rn. 27 [Wegfall der Geschäftsgrundlage]; *Richardi/Thüsing* § 28a Rn. 31).

b) Nachwirkung

Nach Ablauf einer Gruppenvereinbarung kommt aufgrund der Verweisung in Abs. 2 Satz 2 auch eine **58** Nachwirkung entsprechend § 77 Abs. 6 in Betracht (vgl. *Fitting* § 28a Rn. 32a; *Franzen* ZfA 2001, 423 [435]; *Glock/HWGNRH* § 28a Rn. 34; *Löwisch* BB 2001, 1734 [1741]; *Natzel* DB 2001, 1362 [1363]; *Neef* NZA 2001, 361 [363]; *Reichold/HWK* § 28a BetrVG Rn. 21; **a.M.** *Wedde/DKKW* § 28a Rn. 65). Voraussetzung ist, dass es sich dem Inhalt nach um eine **Betriebsvereinbarung** handelt, mit der unmittelbar Rechte und Pflichten im Verhältnis zwischen dem Arbeitgeber und den Gruppenmitgliedern begründet werden sollen. Dagegen scheidet eine Nachwirkung bei reinen Regelungsabreden mangels normativer Wirkung aus (vgl. *Kreutz* § 77 Rdn. 22, 445 m. w. N. zum Streitstand).

Soweit der Arbeitgeber die Regelungsabrede umgesetzt, insbesondere mit den einzelnen Gruppenmitgliedern individualrechtlich verbindliche Absprachen getroffen hat, bleiben diese allerdings auch nach der Kündigung der Regelungsabrede wirksam (vgl. *Kreutz* § 77 Rdn. 21; *Raab* SAE 1993, 170 f.).

59 Voraussetzung für die Nachwirkung ist weiterhin, dass es sich um eine **erzwingbare Betriebsvereinbarung** handelt, die Fragen regelt, bei denen der Spruch der Einigungsstelle die Einigung zwischen Arbeitgeber und Betriebsrat ersetzt. Dies kann auch bei einer Gruppenbetriebsvereinbarung der Fall sein. Insbesondere steht der entsprechenden Anwendbarkeit des § 77 Abs. 6 nicht entgegen, dass im Falle des Dissenses die Zuständigkeit nach Abs. 2 Satz 3 an den Betriebsrat zurückfällt und nur dieser die Einigungsstelle anrufen kann (*Franzen* ZfA 2001, 423 [435]; *Löwisch* BB 2001, 1734 [1741]; *Reichold/HWK* § 28a BetrVG Rn. 21). Sinn der Regelung ist es, zeitliche Regelungslücken in den Bereichen zu verhindern, in denen eine Regelung nur im Einvernehmen zwischen Arbeitgeber und Betriebsrat erfolgen kann, eine vorläufige Regelung nach dem Auslaufen der Betriebsvereinbarung also nicht einseitig durch den Arbeitgeber, ja vielfach nicht einmal individualrechtlich zwischen Arbeitgeber und einzelnem Arbeitnehmer möglich ist (vgl. näher *Kreutz* § 77 Rdn. 449 m. w. N.). Der Nachwirkung kommt in diesen Fällen eine Überbrückungsfunktion für den Zeitraum bis zum Abschluss einer neuen Betriebsvereinbarung zu. Dann kann es aber für die Nachwirkung nicht darauf ankommen, wer für den Abschluss der neuen Vereinbarung zuständig ist. Maßgeblich ist allein, dass es sich dem Gegenstand nach um eine Angelegenheit der erzwingbaren Mitbestimmung handelt.

60 Aus demselben Grund wirken Betriebsvereinbarungen zwischen Arbeitgeber und Arbeitsgruppe auch dann nach, wenn die **Arbeitsgruppe** für die Regelung der Angelegenheit **nicht mehr zuständig ist**, etwa wenn der Betriebsrat die Übertragung widerrufen und anschließend die Vereinbarung gekündigt hat (vgl. *Raab* NZA 2002, 474 [482]; zust. *Linde* Arbeitsgruppen, S. 314; a. M. *Löwisch* BB 2001, 1734 [1741]). Auch wenn eine die alte Gruppenvereinbarung ablösende neue Vereinbarung nicht mehr von der Arbeitsgruppe selbst abgeschlossen werden kann, besteht doch das Bedürfnis nach einer Überbrückungsregelung in gleicher Weise. Eine Ausnahme gilt freilich, wenn im Betrieb eine Betriebsvereinbarung besteht, die denselben Gegenstand regelt, von ihrem Anwendungsbereich her die Arbeitsgruppe erfasst und bisher lediglich aufgrund der Spezialität der Gruppenvereinbarung nicht zur Anwendung kam (vgl. Rdn. 55). Da in diesem Falle die Gefahr einer Regelungslücke nicht besteht, wäre es nicht zu rechtfertigen, der Gruppenvereinbarung im Wege der Nachwirkung für einen Zeitraum nach Erlöschen der Regelungszuständigkeit der Arbeitsgruppe Geltung zu verschaffen. Hier gilt vielmehr mit dem Wegfall der Zuständigkeit die für die übrigen Arbeitnehmer maßgebliche Regelung (vgl. *Raab* NZA 2002, 474 [482]; zust. *Fitting* § 28a Rn. 34a).

V. Streitigkeiten

61 Über Streitigkeiten im Rahmen des § 28a entscheiden die Arbeitsgerichte im **Beschlussverfahren** nach § 2a Abs. 1 Nr. 1, Abs. 2, §§ 80 ff. ArbGG. Die Arbeitsgruppe ist als solche gemäß § 10 Satz 1 Halbs. 2 ArbGG beteiligtenfähig. Soweit es in dem Verfahren um Rechte und Pflichten der **Arbeitsgruppe** aus den ihr übertragenen Aufgaben geht, ist sie auch **nach § 83 Abs. 3 ArbGG zu beteiligen**. Dasselbe gilt, wenn über die Aufgabenübertragung als solche gestritten wird (vgl. *Fitting* § 28a Rn. 40; *Kreft/WPK* § 28a Rn. 29; *Linde* Arbeitsgruppen, S. 315 f.; *Löwisch* BB 2001, 1734 [1741]; *Natzel* DB 2001, 1362 [1363]; *Reichold/HWK* § 28a BetrVG Rn. 24; *Richardi/Thüsing* § 28a Rn. 35; a. M. *Stege/Weinspach/Schiefer* § 28a Rn. 6; *Wedde/DKKW* § 28a Rn. 84). Im Unterschied zum Wirtschaftsausschuss (vgl. hierzu BAG 08.03.1983 EzA § 118 BetrVG 1972 Nr. 34 = AP Nr. 26 zu § 118 BetrVG 1972; 11.07.2000 EzA § 109 BetrVG 1972 Nr. 2; s. *Oetker* § 106 Rdn. 156, § 109 Rdn. 41) und den sonstigen Ausschüssen des Betriebsrats billigt das Gesetz der Arbeitsgruppe eine gegenüber dem Betriebsrat verselbständigte Rechtsstellung zu. Die Arbeitsgruppe ist nicht Hilfsorgan des Betriebsrats, sondern ein Instrument zur Verwirklichung von mehr Entscheidungsautonomie der Gruppenmitglieder (vgl. Rdn. 7). Aus diesem Grunde steht der Arbeitsgruppe auch ein eigenes Antragsrecht zu.

62 Ein Antragsrecht besteht zum einen, wenn die Arbeitsgruppe im Rahmen der ihr übertragenen Aufgaben **Rechte gegenüber dem Arbeitgeber** geltend macht. So stehen der Arbeitsgruppe im Falle

der Übertragung von Mitbestimmungsrechten auch die damit zusammenhängenden Ansprüche auf Unterrichtung, Beratung und Vorlage von Unterlagen zu. Bei Abschluss einer Gruppenvereinbarung kann die Arbeitsgruppe die Durchführung der Vereinbarung (§ 77 Abs. 1 Satz 1) verlangen und gerichtlich durchsetzen (vgl. *Löwisch* BB 2001, 1734 [1741]). Schließlich kann die Arbeitsgruppe bei Auslegungszweifeln den Inhalt einer Gruppenvereinbarung im Wege des Feststellungsantrages klären lassen (vgl. *Natzel* DB 2001, 1362 [1363]).

Hinsichtlich der **Streitigkeiten über das »Ob« der Aufgabenübertragung** ist zu unterscheiden. 63 Soweit es darum geht, ob die Betriebspartner durch die Ablehnung einer Rahmenvereinbarung oder ob der Betriebsrat nach Abschluss einer solchen Vereinbarung durch Ablehnung der Aufgabenübertragung oder durch deren Widerruf gegen die gesetzliche Förderungspflicht des § 75 Abs. 2 Satz 2 verstoßen haben (vgl. Rdn. 22), steht der Arbeitsgruppe ein Antragsrecht zu (vgl. *Löwisch* BB 2001, 1734 [1741]). Der Antrag kann jedoch nur auf Feststellung der Verletzung der Förderungspflicht gerichtet werden. Dagegen kann die Arbeitsgruppe als solche keinen Antrag nach § 23 Abs. 1 und 3 stellen. Der Kreis der Antragsberechtigten wird durch § 28a nicht erweitert. Antragsberechtigt sind in diesem Falle also nur die einzelnen Gruppenmitglieder in ihrer Eigenschaft als Arbeitnehmer des Betriebs, sofern sie allein oder gemeinsam mit anderen Arbeitnehmern das vom Gesetz vorausgesetzte Quorum erfüllen. Steht der Arbeitsgruppe als solcher ein Antragsrecht zu, so kann der Antrag von dem jeweiligen Vertreter der Gruppe, etwa dem Gruppensprecher, gestellt werden. Besteht keine Regelung hinsichtlich der Vertretung der Arbeitsgruppe (z. B. weil sich der Antrag gegen die Ablehnung einer Rahmenvereinbarung richtet), kann das Antragsrecht auch von den einzelnen Gruppenmitgliedern ausgeübt werden.

Streitigkeiten können sich auch im Hinblick auf die **Wahrnehmung der Aufgaben durch die Ar-** 64 **beitsgruppe** ergeben. Die Arbeitsgruppe muss sich bei der Wahrnehmung ihrer Interessen vor allem in den durch die Rahmenvereinbarung und den Übertragungsbeschluss des Betriebsrats gesteckten Grenzen halten. Vereinbarungen mit dem Arbeitgeber, die hiervon nicht gedeckt sind, sind nichtig (vgl. *Wedde/DKKW* § 28a Rn. 22, 67); sonstige Maßnahmen sind unzulässig. Da mit einer Kompetenzüberschreitung durch die Arbeitsgruppe eine Verletzung der Kompetenzen des Betriebsrats verbunden ist, muss dieser die Möglichkeit haben, die Unwirksamkeit bzw. Unzulässigkeit einer Vereinbarung oder Maßnahme feststellen zu lassen (vgl. *Reichold/HWK* § 28a BetrVG Rn. 24). Ansonsten würde man den Betriebsrat stets zu einem Widerruf der Aufgabenübertragung zwingen, selbst wenn er im Grundsatz an der Übertragung festhalten und lediglich eine Klarstellung der Zuständigkeitsbereiche erreichen will. Eine Inhaltskontrolle von Gruppenvereinbarungen ist ebenso wenig angezeigt wie bei Vereinbarungen zwischen Betriebsrat und Arbeitgeber. Auch in Bezug auf Gruppenvereinbarungen hat sich die gerichtliche Überprüfung daher auf eine Rechtskontrolle zu beschränken (ebenso *Reichold/HWK* § 28a BetrVG Rn. 24; vgl. auch *Kreutz* § 77 Rdn. 342 ff.; **a. M.** *Richardi/Thüsing* § 28a Rn. 30).

§ 29
Einberufung der Sitzungen

(1) Vor Ablauf einer Woche nach dem Wahltag hat der Wahlvorstand die Mitglieder des Betriebsrats zu der nach § 26 Abs. 1 vorgeschriebenen Wahl einzuberufen. Der Vorsitzende des Wahlvorstands leitet die Sitzung, bis der Betriebsrat aus seiner Mitte einen Wahlleiter bestellt hat.

(2) Die weiteren Sitzungen beruft der Vorsitzende des Betriebsrats ein. Er setzt die Tagesordnung fest und leitet die Verhandlung. Der Vorsitzende hat die Mitglieder des Betriebsrats zu den Sitzungen rechtzeitig unter Mitteilung der Tagesordnung zu laden. Dies gilt auch für die Schwerbehindertenvertretung sowie für die Jugend- und Auszubildendenvertreter, soweit sie ein Recht auf Teilnahme an der Betriebsratssitzung haben. Kann ein Mitglied des Betriebsrats oder der Jugend- und Auszubildendenvertretung an der Sitzung nicht teilnehmen, so soll es dies unter Angabe der Gründe unverzüglich dem Vorsitzenden mit-

teilen. Der Vorsitzende hat für ein verhindertes Betriebsratsmitglied oder für einen verhinderten Jugend- und Auszubildendenvertreter das Ersatzmitglied zu laden.

(3) Der Vorsitzende hat eine Sitzung einzuberufen und den Gegenstand, dessen Beratung beantragt ist, auf die Tagesordnung zu setzen, wenn dies ein Viertel der Mitglieder des Betriebsrats oder der Arbeitgeber beantragt.

(4) Der Arbeitgeber nimmt an den Sitzungen, die auf sein Verlangen anberaumt sind, und an den Sitzungen, zu denen er ausdrücklich eingeladen ist, teil. Er kann einen Vertreter der Vereinigung der Arbeitgeber, der er angehört, hinzuziehen.

Literatur
Hamm Teilnahme vom Arbeitgeber an der Betriebsratssitzung, AiB 1999, 488; *Joussen* Das Fehlen einer Tagesordnung bei der Ladung zur Betriebsratssitzung, NZA 2014, 505; *F. W. Kraft* Die konstituierende Sitzung des Betriebsrats, AuR 1968, 66; *Mletzko* Die ordnungsgemäße Einladung zu Betriebsratssitzungen, AiB 1999, 551; *Schmitt* Interessenkonflikte bei der Wahrnehmung des Betriebsratsamtes (Diss. Konstanz), 1989; *Witt* Interne Wahlen, AR-Blattei SD, 530.6.2, [1998]; *Wenwach* Die konstituierende Sitzung des neugewählten Betriebsrats, ZBVR 1998, 24; *Worzalla* Heilung des Ladungsmangels bei nicht erfolgter Übersendung einer Tagesordnung, SAE 2014, 71. Vgl. ferner die Literaturangaben vor § 26 und § 28a.

Inhaltsübersicht

		Rdn.
I.	Vorbemerkung	1–5
II.	Konstituierende Sitzung	6–22
	1. Gegenstand	6
	2. Einberufung	7–15
	3. Teilnahmerecht	16, 17
	4. Leitung	18–22
III.	Weitere Sitzungen	23–85
	1. Einberufung	23–26
	2. Verpflichtung zur Einberufung	27–32
	3. Ladung	33–50
	4. Tagesordnung	51–64
	a) Aufstellung der Tagesordnung	51–53
	b) Erstellung oder Ergänzung der Tagesordnung in der Sitzung des Betriebsrats	54–64
	aa) Meinungsstand	54–58
	bb) Stellungnahme	59–64
	5. Leitung	65–70
	6. Teilnahmerecht des Arbeitgebers	71–79
	7. Zuziehung eines Vertreters der Arbeitgebervereinigung des Arbeitgebers	80–84
	8. Teilnahmerecht anderer Personen	85
IV.	Gemeinsame Sitzungen des Betriebsrats und des Sprecherausschusses	86–89
V.	Streitigkeiten	90

I. Vorbemerkung

1 Die Vorschrift knüpft an § 29 BetrVG 1952 an. Sie entspricht in Abs. 1 Satz 1, Abs. 2 Satz 1 bis 3, Abs. 3 Satz 1 und Abs. 4 inhaltlich dem damaligen Rechtszustand, enthält aber verschiedene redaktionelle Änderungen. Durch das BetrVG 1972 neu eingefügt wurden Abs. 1 Satz 2 und Abs. 2 Satz 4 bis 6. Durch das BetrVerf-ReformG vom 23.07.2001 (BGBl. I, S. 1852) wurde als Folge der Aufhebung des Gruppenprinzips (vgl. *Reg. Begr.* BT-Drucks. 14/5741, S. 40) auch § 29 geändert. Abs. 1 verweist nunmehr nach Aufhebung des § 26 Abs. 2 a. F. (vgl. hierzu § 26 Rdn. 1) nur noch auf § 26 Abs. 1. § 29 Abs. 3 Satz 2, der durch das BetrVG 1972 eingeführt worden war und der ein Gruppenantragsrecht auf Einberufung einer Betriebsratssitzung vorsah, wurde aufgehoben.

2 Die Vorschrift gilt in vollem Umfang entsprechend für die Sitzungen der **Jugend- und Auszubildendenvertretung** (§ 65 Abs. 2 Satz 1 Halbs. 2), der **Bordvertretung** (§ 115 Abs. 4 Satz 1) und des **See-**

betriebsrats (§ 116 Abs. 3 Satz 1). Dagegen gelten für den **Gesamtbetriebsrat** nach § 51 Abs. 2 Satz 3, den **Konzernbetriebsrat** nach § 59 Abs. 2 Satz 3, die **Gesamt-Jugend- und Auszubildendenvertretung** nach § 73 Abs. 2, § 51 Abs. 2 Satz 3 sowie die **Konzern-Jugend- und Auszubildendenvertretung** nach § 73b Abs. 2, § 59 Abs. 2 Satz 3 nur die Absätze 2 bis 4 des § 29. Für die Einberufung dieser Gremien und die Leitung der jeweiligen konstituierenden Sitzung gelten § 51 Abs. 2 Satz 1 und 2, § 59 Abs. 2 Satz 1 und 2 sowie § 73 Abs. 2 i. V. mit § 51 Abs. 2 Satz 1 und 2. Auf den **Betriebsausschuss** (§ 27) und die anderen **Ausschüsse des Betriebsrats** (§ 28) finden § 29 Abs. 2 bis 4 entsprechende Anwendung, soweit ihnen Aufgaben zur selbständigen Erledigung übertragen worden sind (zum Grundsätzlichen *Wiese* FS *Karl Molitor*, 1988, S. 365 [369 ff.], zum **Wirtschaftsausschuss** insbesondere S. 373; ohne Unterscheidung nach Aufgaben ebenso *BAG* 18.11.1980 AP Nr. 2 zu § 108 BetrVG 1972 Bl. 2 R für § 29 Abs. 2 und 3; *Fitting* § 29 Rn. 3; *Glock/HWGNRH* § 29 Rn. 63; *Kreft/WPK* § 29 Rn. 1; *Richardi/Thüsing* § 27 Rn. 41; *Wedde/DKKW* § 29 Rn. 1; **a. M.** *Galperin/Löwisch* § 29 Rn. 2; zum Teilnahmerecht an Ausschusssitzungen vgl. § 27 Rdn. 56 ff. und § 28 Rdn. 35). Die Vorschrift ist dagegen auf die nach § 28a gebildete **Arbeitsgruppe** nur mit Einschränkungen anzuwenden (vgl. *Linde* Arbeitsgruppen, S. 163 ff.; *Reichold/HWK* § 29 BetrVG Rn. 1; **a. M.** *Fitting* § 28a Rn. 38 f.). Der Gesetzgeber hat bewusst von »Vorgaben zur inneren Struktur« der Arbeitsgruppe abgesehen (vgl. *Reg. Begr.* BT-Drucks. 14/5741, S. 40). Deshalb können die Geschäftsführungsvorschriften der §§ 26 ff. nur vorsichtig zur Lückenfüllung herangezogen werden. Soweit ein Gruppensprecher gewählt worden ist, wird man diesen analog § 29 Abs. 2 Satz 1 als berechtigt ansehen können, eine Sitzung der Arbeitsgruppe einzuberufen. Im Übrigen wird man aber die Regeln des § 29 Abs. 2 und 3 nicht anwenden können, da die Arbeitsgruppe vom Gedanken der Selbstorganisation der Arbeitnehmer geprägt ist und die Gruppenmitglieder daher die Möglichkeit haben müssen, ihre Willensbildung weniger förmlich zu gestalten und auch auf informellem Wege zu Entscheidungen zu gelangen (vgl. näher *Raab* NZA 2002, 474 [480]).

Die Vorschrift gilt ferner entsprechend für eine **anderweitige Vertretung der Arbeitnehmer** nach § 3 Abs. 1 Nr. 1 bis 3 (vgl. § 3 Abs. 5 Satz 2), weil diese an die Stelle des Betriebsrats tritt (vgl. § 3 Abs. 5 Satz 2 sowie *Franzen* § 3 Rdn. 61). Sie gilt nicht für eine **zusätzliche Vertretung der Arbeitnehmer** nach § 3 Abs. 1 Nr. 4 und 5 (ebenso *Kreft/WPK* § 29 Rn. 1). 3

Die Vorschrift ist **zwingend** und kann weder durch Tarifvertrag noch durch Betriebsvereinbarung abbedungen werden (ebenso *Fitting* § 29 Rn. 4). Eine Ausnahme gilt lediglich für die Sondervertretungen nach § 3 Abs. 1 Nr. 1 bis 3. Für diese kann in dem Tarifvertrag oder der Betriebsvereinbarung eine abweichende Regelung getroffen werden. 4

Zum **Personalvertretungsrecht** vgl. § 34 BPersVG, für **Sprecherausschüsse** § 12 Abs. 1 bis 4 SprAuG und Rdn. 86 ff., zum **besonderen Verhandlungsgremium** und **Europäischen Betriebsrat** kraft Gesetzes § 13 Abs. 1 Satz 1, § 25 Abs. 1 Satz 1 EBRG (hierzu s. *Oetker* Band I Anh. 2 EBRG). 5

II. Konstituierende Sitzung

1. Gegenstand

In der ersten, sog. **konstituierenden** Sitzung des Betriebsrats ist die nach § 26 Abs. 1 vorgeschriebene Wahl durchzuführen (§ 29 Abs. 1 Satz 1), d. h. es sind der Vorsitzende des Betriebsrats und sein Stellvertreter zu wählen. Ferner kommt die Wahl der weiteren Mitglieder des Betriebsausschusses in Betracht (s. § 27 Rdn. 13). Zur Bedeutung der konstituierenden Sitzung und zur Behandlung weiterer Gegenstände s. Rdn. 22 sowie § 26 Rdn. 6. 6

2. Einberufung

Die konstituierende Sitzung des neu gewählten Betriebsrats ist **vom Wahlvorstand einzuberufen**, der von seinem Vorsitzenden (vgl. § 16 Abs. 1 Satz 1) vertreten wird (ebenso *Fitting* § 29 Rn. 7; *Richardi/Thüsing* § 29 Rn. 4). Das muss vor Ablauf einer Woche nach dem Wahltag, bei mehrtägiger Wahl dem letzten Wahltag, geschehen. Die Verpflichtung besteht auch dann, wenn die Wahl angefochten wurde (ebenso *Fitting* § 29 Rn. 12; *Glock/HWGNRH* § 29 Rn. 3; *Reichold/HWK* § 29 BetrVG 7

Rn. 4; *Wedde/DKKW* § 29 Rn. 4). Die Anfechtung hat rechtsgestaltende Wirkung. Erst mit Rechtskraft der gerichtlichen Entscheidung, welche das Wahlergebnis für ungültig erklärt, entfällt die Grundlage für die Amtsausübung des Betriebsrats (s. *Kreutz* § 19 Rdn. 60, 125 ff.). Hieraus folgt andererseits, dass der Wahlvorstand die konstituierende Sitzung nicht einberufen darf, wenn die Wahl erkennbar nichtig ist (*Reichold/HWK* § 29 BetrVG Rn. 4), weil er nicht dazu beitragen darf, dass ein Betriebsrat ohne gültiges Mandat tätig wird. Der erste Tag der Frist ist der auf den letzten Wahltag folgende Tag (vgl. § 187 Abs. 1 BGB). Der letzte Tag der Frist endet mit dem Ablauf desjenigen Tages der nächsten Woche, welcher durch seine Benennung dem Tage entspricht, in den das Ereignis (letzter Wahltag) fällt (vgl. § 188 Abs. 2 BGB). Beginnt die Frist an einem Mittwoch, endet sie am Dienstag. Fällt allerdings der letzte Tag der Frist auf einen Sonntag, staatlich anerkannten allgemeinen Feiertag oder einen Sonnabend, so tritt an die Stelle dieses Tages der nächste Werktag (§ 193 BGB); bei Fristbeginn an einem Montag endet die Frist daher mit Ablauf des Montags der nächsten Woche.

8 Dem Wortlaut des § 29 Abs. 1 Satz 1 ist trotz der redaktionellen Änderung nicht eindeutig zu entnehmen, ob nur die Einberufung (so die h. M.; vgl. *Fitting* § 29 Rn. 11; *Galperin/Löwisch* § 29 Rn. 4; *Gamillscheg* II, S. 500; *Glock/HWGNRH* § 29 Rn. 3; *Hässler* Geschäftsführung des Betriebsrates, S. 9; *Joost/*MünchArbR § 219 Rn. 3; *Richardi/Thüsing* § 29 Rn. 5; *Wedde/DKKW* § 29 Rn. 5; wohl auch *BAG* 23.08.1984 AP Nr. 36 zu § 102 BetrVG 1972 Bl. 4) oder die **konstituierende Sitzung** des Betriebsrats (so *Erdmann/Jürging/Kammann* § 29 Rn. 3; *Kreft/WPK* § 29 Rn. 2; *Reichold/HWK* § 29 BetrVG Rn. 2; *Weiss/Weyand* § 29 Rn. 1; *Witt* AR-Blattei SD 530.6.2, Rn. 10; zum BetrVG 1952 *Dietz* § 29 Rn. 3; *Erdmann* § 29 Rn. 2; *Meissinger* § 29 Rn. 2) **innerhalb** der **Wochenfrist** stattfinden muss. Sinn der Bestimmung ist die kurzfristige Konstituierung des neuen Betriebsrats. Dem würde es widersprechen, wenn der Wahlvorstand binnen Wochenfrist zwar die Betriebsratsmitglieder laden müsste, die Sitzung selbst aber auf einen unbestimmten späteren Termin einberufen dürfte. Gerade weil der Gesetzgeber nur eine einzige Frist gesetzt hat, ist davon auszugehen, dass sie sich auf den entscheidenden Vorgang, nämlich die konstituierende Sitzung, und nicht nur auf deren Voraussetzung – die Einberufung – beziehen sollte. Dem stehen auch keine technischen Schwierigkeiten entgegen, weil die Gewählten kurz nach der Wahl feststehen, umgehend geladen werden und sich selbst auf die konstituierende Sitzung binnen einer Woche nach der Wahl einstellen können.

9 Die konstituierende Sitzung **ist auch** dann innerhalb der Wochenfrist **einzuberufen**, wenn die **Amtszeit** des **bisherigen Betriebsrats** (vgl. § 21) **noch nicht abgelaufen** ist (ebenso *Galperin/Löwisch* § 29 Rn. 4; *Glock/HWGNRH* § 29 Rn. 3; *Kreft/WPK* § 29 Rn. 2; *Reichold/HWK* § 29 BetrVG Rn. 3; *Richardi/Thüsing* § 29 Rn. 6; *Wedde/DKKW* § 29 Rn. 4; abw. *Fitting* § 29 Rn. 11: spätestens am ersten Tag der Amtszeit des neuen Betriebsrats, aber frühere Einberufung zulässig; **a. M.** *Bitzer* BUV 1972, 125 [126]). Jedoch beginnt die Amtszeit des neuen erst mit Ablauf der Amtszeit des bisherigen Betriebsrats (§ 21 Satz 2). Deshalb ist in diesem Falle die konstituierende Sitzung auf die Wahl des Vorsitzenden und seines Stellvertreters sowie gegebenenfalls der weiteren Mitglieder des Betriebsausschusses beschränkt und danach zu beenden (ebenso *Fitting* § 29 Rn. 11). Das schließt eine Vereinbarung über den ersten Sitzungstermin des neuen Betriebsrats für einen Zeitpunkt nach Beginn seiner Amtszeit und unverbindliche Vorgespräche nicht aus; nur Beschlüsse können mangels Kompetenz nicht gefasst werden. Die Durchführung der konstituierenden Sitzung noch während der Amtszeit des bisherigen Betriebsrats ist nicht nur sinnvoll, weil damit bei einem Wechsel des Betriebsratsvorsitzenden rechtzeitig die Unterrichtung des neuen Vorsitzenden über die laufenden Vorgänge erfolgen kann. Sie ist auch notwendig, wenn man der – allerdings unzutreffenden – Ansicht des *BAG* (s. § 26 Rdn. 6) folgt, dass die Amtsausübungsbefugnis des Betriebsrats erst mit der Wahl des Betriebsratsvorsitzenden beginne. Würde die konstituierende Sitzung erst nach Beginn der Amtszeit des neu gewählten Betriebsrats stattfinden, wären die Arbeitnehmer – wenn auch nur kurzfristig – schutzlos. Die Übergabe der Akten ist allerdings erst mit Amtsbeginn des neuen Betriebsrats zulässig.

10 Zur konstituierenden Sitzung sind **sämtliche** als **Betriebsratsmitglieder gewählten Arbeitnehmer zu laden**. Bei Ablehnung der Wahl durch einen Gewählten tritt an seine Stelle der in derselben Vorschlagsliste in der Reihenfolge nach ihm benannte, nicht gewählte Bewerber (§ 17 Abs. 2 WO). Das ist kein Fall des § 25 Abs. 1 Satz 1, weil der Betreffende so zu behandeln ist, als ob er nicht gewählt worden sei. Anders verhält es sich, wenn der Betreffende nach Ablauf von drei Tagen, nachdem die Wahl als angenommen gilt (§ 17 Abs. 1 Satz 2, § 23 Abs. 1 Satz 2 WO), sein Amt niederlegt. Bei Ver-

hinderung eines Gewählten ist das Ersatzmitglied (§ 25 Abs. 1 Satz 2) zu laden (ebenso *Fitting* § 29 Rn. 14; *Glock/HWGNRH* § 29 Rn. 9; *Richardi/Thüsing* § 29 Rn. 7; *Wedde/DKKW* § 29 Rn. 9). Nicht teilnahmeberechtigte andere Personen (s. Rdn. 17) können nicht geladen werden (vgl. auch *Fitting* § 29 Rn. 14).

War die Einberufung ordnungsgemäß erfolgt, aber nicht wenigstens die Hälfte der neu gewählten Be- **11** triebsratsmitglieder erschienen, so muss der Wahlvorstand sie erneut zur konstituierenden Sitzung einberufen (ebenso *Fitting* § 29 Rn. 15; *Kammann/Hess/Schlochauer* § 29 Rn. 4; *Kreft/WPK* § 29 Rn. 5; *Richardi/Thüsing* § 29 Rn. 10; *Wedde/DKKW* § 29 Rn. 5). Das unbegründete Nichterscheinen stellt eine Pflichtverletzung dar und kann gegebenenfalls Anlass sein, gegen das Betriebsratsmitglied nach § 23 Abs. 1 vorzugehen.

Die Bestimmung des § 29 Abs. 1 Satz 1 ist eine **Ordnungsvorschrift**; aus ihrer Verletzung ergeben **12** sich keine Rechtsfolgen für die Rechtmäßigkeit der Wahl des Vorsitzenden und seines Stellvertreters in einer späteren Sitzung (ebenso *Dietz* § 29 Rn. 3; *Kreft/WPK* § 29 Rn. 3; *Wedde/DKKW* § 29 Rn. 4; vgl. auch *Fitting* § 29 Rn. 9). Entsprechendes gilt für die Wahl des Betriebsausschusses (s. § 27 Rdn. 13). Zwangsmittel sind gegen den säumigen Wahlvorstand nicht gegeben. Insbesondere ist nach Abschluss der Wahl des Betriebsrats eine Abberufung des Wahlvorstands durch das Arbeitsgericht nach § 18 Abs. 1 Satz 2 ausgeschlossen (ebenso *Fitting* § 29 Rn. 10; *Glock/HWGNRH* § 29 Rn. 8; *Richardi/Thüsing* § 29 Rn. 11; *Wedde/DKKW* § 29 Rn. 8).

Beruft der Wahlvorstand pflichtwidrig die **Betriebsratsmitglieder** nicht ein, so können diese **selbst** **13** die **Initiative ergreifen**. Dies kann entweder dadurch geschehen, dass eines oder mehrere Betriebsratsmitglieder den Betriebsrat zur konstituierenden Sitzung einberufen, oder dadurch, dass sich die Betriebsratsmitglieder gemeinsam zur konstituierenden Sitzung versammeln (ebenso *Fitting* § 29 Rn. 9; *Galperin/Löwisch* § 29 Rn. 9; *Gamillscheg* II, S. 501; *Hueck/Nipperdey* II/2, S. 1197 Fn. 5; *Joost*/MünchArbR § 219 Rn. 4; *Kreft/WPK* § 29 Rn. 3; *Nikisch* III, S. 133 f.; *Richardi/Thüsing* § 29 Rn. 11 f.; *Wedde/DKKW* § 29 Rn. 7; **a. M.** BAG 23.08.1984 AP Nr. 36 zu § 102 BetrVG 1972 Bl. 3 f.; abw. auch *Glock/HWGNRH* § 29 Rn. 8: nur freiwillige Zusammenkunft der gewählten Betriebsratsmitglieder). Im Interesse der Rechtsklarheit ist dieses Recht sofort mit Ablauf der Wochenfrist gegeben und nicht noch eine unbestimmte »geringfügige Überschreitung« zuzulassen, um erst dann, wenn der Wahlvorstand »überhaupt nicht oder längere Zeit« seiner Pflicht nicht nachgekommen ist, den Betriebsratsmitgliedern das Recht zur Eigeninitiative einzuräumen (so aber *Fitting* § 29 Rn. 9). Jedes Betriebsratsmitglied kann die übrigen Mitglieder zu der konstituierenden Sitzung laden. Ein Vorrang des nach dem Lebensalter ältesten Mitgliedes besteht nicht (ebenso *Wedde/DKKW* § 29 Rn. 7; **a. M.** *Dietz* § 29 Rn. 5; *Galperin/Siebert* § 29 Rn. 6; *Kammann/Hess/Schlochauer* § 29 Rn. 3). Im Falle der Selbstversammlung des Betriebsrats können die gewählten Betriebsratsmitglieder untereinander Zeit und Ort für die konstituierende Sitzung vereinbaren.

Die Einberufung der konstituierenden Sitzung durch Eigeninitiative der Betriebsratsmitglieder ist nur **14** ordnungsgemäß, wenn sämtliche Betriebsratsmitglieder – notfalls auch Ersatzmitglieder – verständigt worden sind (ebenso *Wedde/DKKW* § 29 Rn. 7). Andernfalls ist die Wahl des Vorsitzenden und seines Stellvertreters nicht wirksam zustande gekommen. Bei ordnungsgemäßer Einberufung wählt der Betriebsrat aus seiner Mitte einen Wahlleiter (ebenso *Richardi/Thüsing* § 29 Rn. 12; **a. M.** *Galperin/Löwisch* § 29 Rn. 9: Leitung der Wahl durch das älteste Betriebsratsmitglied). Sind vorher weitere Beratungen erforderlich, ist zunächst ein Betriebsratsmitglied zu wählen, das bis zur Bestellung des Wahlleiters die Sitzung leitet. Die ordnungsgemäße Einberufung verpflichtet die Betriebsratsmitglieder zu erscheinen.

Die dem Wahlvorstand bzw. seinem Vorsitzenden nach § 29 Abs. 1 zustehenden Rechte erlöschen je- **15** doch nicht schon mit Ablauf der Wochenfrist. Solange die Betriebsratsmitglieder noch nicht zur konstituierenden Sitzung zusammengetreten sind und damit das Recht zur Einberufung verbraucht ist, bleibt diese durch den Wahlvorstand möglich. Bei kollidierenden Einladungen geht die des Wahlvorstands der einzelner Betriebsratsmitglieder vor. Ist der Betriebsrat aufgrund der Initiative von Betriebsratsmitgliedern zusammengetreten, so ist der Vorsitzende des Wahlvorstands trotzdem zur Leitung der Sitzung nach § 29 Abs. 1 Satz 2 berechtigt. Dieses Recht ist auch dann, wenn der Vorsitzende des

Wahlvorstands die Sitzung zunächst nicht geleitet hat, erst mit der Einleitung der Wahl des Wahlleiters (vgl. Rdn. 18) durch das vom Betriebsrat gewählte Mitglied (vgl. Rdn. 14) verbraucht.

3. Teilnahmerecht

16 An der konstituierenden Sitzung nehmen die **Mitglieder** des neu gewählten **Betriebsrats**, bei Verhinderung ihre Ersatzmitglieder teil. Von den Mitgliedern des **Wahlvorstands** darf nur dessen **Vorsitzender**, bei Verhinderung sein Stellvertreter teilnehmen (ebenso *Fitting* § 29 Rn. 7; *Galperin/Löwisch* § 29 Rn. 5; *Glock/HWGNRH* § 29 Rn. 11; *Wedde/DKKW* § 29 Rn. 10), es sei denn, dass sie als Betriebsratsmitglieder gewählt sind. Das Teilnahmerecht des Vorsitzenden des Wahlvorstands ist zeitlich begrenzt durch die Bestellung des Wahlleiters (vgl. Rdn. 18 f.). Damit ist seine Aufgabe erledigt, und er muss mit Rücksicht auf die Nichtöffentlichkeit der Sitzungen des Betriebsrats (§ 30 Satz 4, s. § 30 Rdn. 19 ff.) den Sitzungsraum verlassen, falls er nicht gewähltes Betriebsratsmitglied ist (ebenso *Fitting* § 29 Rn. 7; *Galperin/Löwisch* § 29 Rn. 7; *Glock/HWGNRH* § 29 Rn. 11; *Kreft/WPK* § 29 Rn. 4; *Richardi/Thüsing* § 29 Rn. 4; *Wedde/DKKW* § 29 Rn. 10; vgl. auch *BAG* 28.02.1958 AP Nr. 1 zu § 29 BetrVG Bl. 1 R f.).

17 Der **Arbeitgeber** (§ 29 Abs. 4) und die **Gewerkschaftsbeauftragten** (§ 31) haben kein Recht auf Teilnahme an der konstituierenden Sitzung, die nach § 29 Abs. 1 Satz 1 auf die Mitglieder des Betriebsrats beschränkt ist (ebenso *Fitting* § 29 Rn. 14; *Galperin/Löwisch* § 29 Rn. 5; *Glock/HWGNRH* § 29 Rn. 11; *Kreft/WPK* § 29 Rn. 4; *Reichold/HWK* § 29 BetrVG Rn. 4; **a. M.** für den Arbeitgeber *LAG Düsseldorf/Köln* 14.06.1961 BB 1961, 900; für Gewerkschaftsbeauftragte *Wedde/DKKW* § 29 Rn. 10). Gleiches gilt wegen des beschränkten Zweckes der konstituierenden Sitzung für die Mitglieder der **Jugend- und Auszubildendenvertretung** (ebenso *Fitting* § 29 Rn. 14; *Galperin/Löwisch* § 29 Rn. 5; § 29 Rn. 6; *Kreft/WPK* § 29 Rn. 4; *Reichold/HWK* § 29 BetrVG Rn. 4; **a. M.** *Glock/HWGNRH* § 29 Rn. 11; *Richardi/Thüsing* § 29 Rn. 8; *Wedde/DKKW* § 29 Rn. 10), die **Schwerbehindertenvertretung** (ebenso *Fitting* § 29 Rn. 14; *Kreft/WPK* § 29 Rn. 4; *Reichold/HWK* § 29 BetrVG Rn. 4; **a. M.** *Glock/HWGNRH* § 29 Rn. 11; *Richardi/Thüsing* § 29 Rn. 8; *Wedde/DKKW* § 29 Rn. 10) und den **Vertrauensmann** der **Zivildienstleistenden** (ebenso *Glock/HWGNRH* § 29 Rn. 11). Ebenso wenig können der **Sprecherausschuss** oder einzelne seiner **Mitglieder** zur konstituierenden Sitzung eingeladen werden; § 2 Abs. 2 Satz 2 SprAuG bezieht sich allein auf die weiteren Sitzungen des Betriebsrats (hierzu Rdn. 50). Wird die Wahl unter der Leitung einer nicht befugten Person durchgeführt, kann sie angefochten werden (*BAG* 28.02.1958 AP Nr. 1 zu § 29 BetrVG Bl. 2 f.; *Glock/HWGNRH* § 29 Rn. 13; *Richardi/Thüsing* § 29 Rn. 4; vgl. i. E. § 26 Rdn. 16 ff.).

4. Leitung

18 Die Vorschrift des § 29 Abs. 1 Satz 2 stellt klar, dass sich die Tätigkeit des Wahlvorstands nicht auf die Ladung zur konstituierenden Sitzung des Betriebsrats beschränkt, sondern dass der **Vorsitzende** des **Wahlvorstands**, bei Verhinderung sein Stellvertreter, auch die **Sitzung bis** zur **Bestellung** eines **Wahlleiters** für die Wahl des Betriebsratsvorsitzenden und seines Stellvertreters **zu leiten** hat (amtliche Begründung, BR-Drucks. 715/70, S. 40). Damit ist die nach § 29 BetrVG 1952 umstrittene Frage erledigt (zum damaligen Streitstand *Dietz* § 29 Rn. 2).

19 Zum **Wahlleiter** kann **nur** ein **Betriebsratsmitglied** bestellt werden. Eine Beschränkung auf Betriebsratsmitglieder, die nicht selbst für das Amt des Vorsitzenden oder stellvertretenden Vorsitzenden kandidieren, ist dem Gesetz nicht zu entnehmen (ebenso *Glock/HWGNRH* § 29 Rn. 12). Vorschlagsberechtigt sind sämtliche Betriebsratsmitglieder. Gewählt ist, wer die meisten Stimmen erhält (relative Mehrheit; ebenso *Fitting* § 29 Rn. 17; *Glock/HWGNRH* § 29 Rn. 12; *Wedde/DKKW* § 29 Rn. 11). Mit der Feststellung und Bekanntgabe des Wahlergebnisses endet das Recht des Vorsitzenden des Wahlvorstands, die Sitzung zu leiten, und er hat den Sitzungsraum zu verlassen, falls er nicht Betriebsratsmitglied ist (vgl. Rdn. 16).

20 Die **Leitung** der **weiteren Sitzung obliegt** dem **Wahlleiter**. Er hat die Wahl des Vorsitzenden des Betriebsrats und seines Stellvertreters (ebenso *Fitting* § 29 Rn. 19 [seit 21. Aufl.]; *Galperin/Löwisch* § 29 Rn. 8; *Glock/HWGNRH* § 29 Rn. 13; *Joost/*MünchArbR § 219 Rn. 35; *Koch/*ErfK § 29

BetrVG Rn. 1; *Kreft/WPK* § 29 Rn. 5; *Wedde/DKKW* § 29 Rn. 12; **a. M.** *Hässler* Geschäftsführung des Betriebsrates, S. 11; wohl auch *LAG Hamm* 23.11.1972 DB 1973, 433 [434]) durchzuführen. Zu Einzelheiten der Wahl vgl. die Erläuterungen zu § 26. Mit der Feststellung des Wahlergebnisses und seiner Bekanntmachung endet das Recht des Wahlleiters, die Sitzung zu leiten. Da es sich bei ihm um ein Betriebsratsmitglied handelt, braucht er den Sitzungsraum nicht zu verlassen.

Erst mit der **Wahl** des **Vorsitzenden und** seines **Stellvertreters** ist der **Betriebsrat konstituiert** und voll handlungsfähig (s. aber § 26 Rdn. 6), falls die Amtszeit des bisherigen Betriebsrats abgelaufen ist (s. Rdn. 9). Die mit der Konstituierung des Betriebsrats begonnene Sitzung kann fortgesetzt werden und wird vom neu gewählten Betriebsratsvorsitzenden geleitet. Auch können die weiteren Mitglieder des Betriebsausschusses, der anderen Ausschüsse und die Mitglieder des Gesamtbetriebsrats gewählt werden (s. Rdn. 6 und § 27 Rdn. 13), falls der Wahlausschuss diesen Punkt auf die Tagesordnung gesetzt hat oder der Betriebsrat dies mit der Mehrheit seiner Mitglieder (absolute Mehrheit) beschließt (ebenso *Wedde/DKKW* § 29 Rn. 2 f., 13; für Einstimmigkeit *Richardi/Thüsing* § 29 Rn. 16; s. näher Rdn. 54 ff.).

Die **Behandlung weiterer Gegenstände** ist, ungeachtet einer unverbindlichen Beratung, im Rahmen der konstituierenden Sitzung grundsätzlich nicht möglich. Zum einen ist der Wahlvorstand nicht berechtigt, außer der Wahl des Vorsitzenden, seines Stellvertreters und der Mitglieder des Betriebsausschusses weitere Punkte auf die Tagesordnung zu setzen. Zum anderen würde durch eine Behandlung weiterer Angelegenheiten das Teilnahmerecht der Schwerbehindertenvertretung (§ 32) und der Jugend- und Auszubildendenvertreter (§ 67) unterlaufen, da diese nicht zu der konstituierenden Sitzung geladen werden dürfen (s. Rdn. 17). Nur für den Fall, dass die Schwerbehindertenvertretung und die Jugend- und Auszubildendenvertreter vorsorglich für den auf die Konstituierung folgenden Teil der Sitzung bereitstehen und hinzugezogen werden sowie der Betriebsrat mit der erforderlichen Mehrheit beschließt, bestimmte Gegenstände auf die Tagesordnung zu setzen, ist über sie ein Beschluss zulässig (ebenso *Fitting* § 29 Rn. 21; *Wedde/DKKW* § 29 Rn. 14; für Einstimmigkeit *Glock/HWGNRH* § 29 Rn. 15 f.; *Kreft/WPK* § 29 Rn. 6; *Reichold/HWK* § 29 BetrVG Rn. 6; gänzlich abl. *Galperin/Löwisch* § 29 Rn. 8; offen gelassen vom *BAG* 13.11.1991 EzA § 27 BetrVG 1972 Nr. 7 S. 9; zum Grundsätzlichen s. Rdn. 54 ff.). Findet die konstituierende Sitzung noch während der Amtszeit des alten Betriebsrats statt, müssen sich die Beratungen schon aus Kompetenzgründen auf die nach § 26 Abs. 1 und ggf. nach § 27 Abs. 1 erforderlichen Wahlen beschränken (s. Rdn. 9). In jedem Falle schließt der neue Betriebsratsvorsitzende die Sitzung. Zur Anfertigung einer **Niederschrift** über die konstituierende Sitzung s. § 26 Rdn. 14.

III. Weitere Sitzungen

1. Einberufung

Für die Einberufung der weiteren Sitzungen ist der **Vorsitzende** des Betriebsrats **zuständig** (§ 29 Abs. 2 Satz 1), bei Verhinderung sein Stellvertreter. Ist auch dieser verhindert, darf der nächste geschäftsplanmäßige Vertreter die Einladung vornehmen (*ArbG Marburg* 13.11.1992 ARSt. 1993, 155; s. a. § 26 Rdn. 69). Sitzungen im Sinne dieser Bestimmung sind die **förmlichen Sitzungen** des Betriebsrats, in denen allein Beschlüsse gefasst werden können (s. § 33 Rdn. 9). Nur auf diese Sitzungen finden die Vorschriften der §§ 29 ff. Anwendung. Dem Betriebsrat steht es frei, neben den förmlichen Sitzungen in beliebiger Zusammensetzung informelle interne Gespräche oder Gespräche mit dem Arbeitgeber zu führen. Nur können in diesem Rahmen keine Beschlüsse gefasst werden. Auch die monatlichen Besprechungen zwischen Arbeitgeber und Betriebsrat nach § 74 Abs. 1 Satz 1 sind keine Betriebsratssitzungen, so dass auch dann, wenn sie mit Betriebsratssitzungen verbunden werden, insoweit die §§ 29 ff. keine Anwendung finden.

Die **notwendigen Sitzungen** hat der Betriebsratsvorsitzende **nach pflichtgemäßem Ermessen** je nach Arbeitsanfall und unter Berücksichtigung etwaiger Vorschläge von Betriebsratsmitgliedern, des Betriebsausschusses (§ 27) oder von Belegschaftsmitgliedern **einzuberufen**, soweit nicht die Geschäftsordnung bestimmte Termine für turnusmäßige ordentliche Sitzungen vorsieht (s. § 36 Rdn. 15). Daneben kann er den Betriebsrat zu weiteren Sitzungen einberufen, ist aber auch dann an etwaige Voraussetzungen der Geschäftsordnung gebunden. Eine Verpflichtung zur Einberufung von Betriebsratssitzungen besteht nach § 29 Abs. 3 (s. Rdn. 27 ff.). Zur **Berücksichtigung betrieblicher Notwendigkeiten** bei der Ansetzung des Termins s. § 30 Rdn. 6 ff. Ein unzulässiger Verzicht auf das Recht zur Einberufung von Betriebsratssitzungen wäre es, wenn der Betriebsratsvorsitzende mit dem Arbeitgeber vereinbaren würde, während dessen Urlaub keine Betriebsratssitzungen abzuhalten (im Ergebnis ebenso *ArbG Minden* 24.09.1970 DB 1971, 150; *Richardi/Thüsing* § 29 Rn. 19).

25 Die **Betriebsratsmitglieder** haben **nicht** das **Recht**, selbst zu einer **Betriebsratssitzung einzuladen**, sondern können sie nur nach § 29 Abs. 3 erzwingen (ebenso *Fitting* § 29 Rn. 23; *Glock/HWGNRH* § 29 Rn. 18; s. a. Rdn. 27 ff.; *Richardi/Thüsing* § 29 Rn. 17; **a. M.** *Wedde/DKKW* § 29 Rn. 15 bei Verhinderung des Vorsitzenden und stellvertretenden Vorsitzenden des Betriebsrats). Sie können auch **nicht** mit der Mehrheit ihrer Mitglieder sich **selbst** zu einer Betriebsratssitzung **versammeln** und wirksame Beschlüsse fassen. Etwas anderes gilt **nur**, wenn **sämtliche Mitglieder** des Betriebsrats sich versammeln und **einstimmig** erklären, eine Betriebsratssitzung abhalten zu wollen, weil in diesem Falle die Schutzfunktion einer ordnungsgemäßen Einberufung sich erübrigt (im Ergebnis ebenso *LAG Hamm* 09.07.1975 DB 1975, 1851; *LAG Saarbrücken* 11.11.1964 AP Nr. 2 zu § 29 BetrVG; *ArbG Bad Oldesloe* 21.01.1975 ARSt. 1975, 158 [Nr. 1224]; *Fitting* § 29 Rn. 24, 45, § 33 Rn. 22; *Galperin/Löwisch* § 29 Rn. 16, § 33 Rn. 4; *Glock/HWGNRH* § 29 Rn. 19; *Hueck/Nipperdey* II/2, S. 1197 Fn. 6, 1202; *Kreft/WPK* § 29 Rn. 7; *Nikisch* III, S. 184, 189; *Reichold/HWK* § 29 BetrVG Rn. 8; *Richardi/Thüsing* § 29 Rn. 18; *Wedde/DKKW* § 29 Rn. 15; **a. M.** *Kammann/Hess/Schlochauer* § 29 Rn. 11; *Weiss/Weyand* § 29 Rn. 6). Aus der gleichen Erwägung muss es genügen, wenn nicht erschienene Mitglieder von der Versammlung wissen und ausdrücklich ihre Einwilligung zur Abhaltung einer Ad-hoc-Sitzung erklären (**a. M.** *Richardi/Thüsing* § 29 Rn. 18). Z. B. ist es denkbar, dass wegen eines Eilfalles eine kurzfristige Entscheidung des Betriebsrats erforderlich ist, ein Betriebsratsmitglied aber an der Sitzung nicht teilnehmen kann. Abzulehnen ist die Auffassung von *Neumann-Duesberg* (S. 249), bei einem Zusammentreffen der Hälfte der Betriebsratsmitglieder könnten diese eine Betriebsratssitzung abhalten, wenn die übrigen Mitglieder von der Sitzung und den dort zu behandelnden Fragen vorher nur irgendwie Kenntnis erlangt hätten. Damit wäre eine Nachprüfung der Wirksamkeit von Betriebsratsbeschlüssen kaum, deren Manipulation aber umso leichter möglich.

26 **Ersatzmitglieder** treten **bei** einer **Selbstversammlung** nicht in jedem Falle an die Stelle eines verhinderten Betriebsratsmitglieds (**a. M.** wohl *Richardi/Thüsing* § 29 Rn. 18). Die Verhinderung darf nicht darauf beruhen, dass ein Betriebsratsmitglied mangels Einberufung einer Betriebsratssitzung an der Selbstversammlung nicht teilnehmen kann. Andernfalls ließe sich die Zusammensetzung der Teilnehmer einer Ad-hoc-Sitzung beliebig manipulieren. Die Hinzuziehung von Ersatzmitgliedern ist daher nur zulässig, wenn die Verhinderung des Betriebsratsmitglieds auf Gründen – z. B. Krankheit – beruht, die mit der fehlenden Einberufung nichts zu tun haben. Sind sowohl der **Vorsitzende** als auch der **Stellvertreter verhindert**, die **Sitzung zu leiten**, so hat der Betriebsrat zunächst ein **Mitglied** mit dieser Aufgabe zu betrauen.

2. Verpflichtung zur Einberufung

27 Eine **Verpflichtung** des Betriebsratsvorsitzenden zur Einberufung einer Betriebsratssitzung besteht nach § 29 Abs. 3 **nur**, wenn entweder ein **Viertel** der **Mitglieder** des **Betriebsrats** oder der **Arbeitgeber** es **beantragt**. Da der Betriebsrat nach § 9 aus einer ungeraden Zahl von Mitgliedern besteht, ist bei der Ermittlung des Viertels das durch Teilung errechnete Ergebnis auf die nächst höhere ganze Zahl aufzurunden. Vertretung durch Ersatzmitglieder nach § 25 Abs. 1 Satz 2 ist möglich (ebenso *Fitting* § 29 Rn. 26; *Richardi/Thüsing* § 29 Rn. 20). Andere als die in § 29 Abs. 3 genannten Personen können die Einberufung einer Betriebsratssitzung nicht verlangen, sondern nur anregen (zum Antragsrecht der Jugend- und Auszubildendenvertretung, bestimmte Angelegenheiten auf die Tagesordnung der nächsten Betriebsratssitzung zu setzen, s. § 67 Abs. 3 Satz 1).

28 Der **Antrag** ist an den Vorsitzenden des Betriebsrats zu richten und muss den Gegenstand bezeichnen, dessen Beratung beantragt wird. Er kann auch mündlich gestellt werden, da eine Form nicht vorgeschrieben ist (ebenso *Fitting* § 29 Rn. 31; *Glock/HWGNRH* § 29 Rn. 22). Bei größeren Betriebs-

Einberufung der Sitzungen § 29

räten wird allerdings zum Nachweis der erforderlichen Zahl von einem Viertel der Mitglieder ein schriftlicher Antrag kaum zu umgehen sein. Der Vorsitzende kann den Antrag nicht auf seine Zweckmäßigkeit, sondern nur darauf prüfen, ob der beantragte Gegenstand zu den Aufgaben des Betriebsrats gehört; ist das zu verneinen, so muss er ihn ablehnen (ebenso *Buchner* FS *Gerhard Müller*, 1981, S. 93 [105 f.]; *Glock / HWGNRH* § 29 Rn. 24; *Richardi / Thüsing* § 29 Rn. 23; *Wedde / DKKW* § 29 Rn. 36; vgl. auch *Fitting* § 29 Rn. 31; *Galperin / Löwisch* § 29 Rn. 11), andernfalls ihm stattgeben.

Besteht die **Verpflichtung** des Vorsitzenden **zur Einberufung** einer **Betriebsratssitzung**, so **muss** 29 er den **Gegenstand**, dessen Beratung beantragt ist, auf die **Tagesordnung setzen**. Daneben kann sie auch andere Punkte enthalten. Nach dem Zweck der Vorschrift soll gewährleistet sein, dass der Gegenstand, dessen Beratung beantragt ist, in einer Betriebsratssitzung behandelt wird. Deshalb besteht kein Anspruch auf Einberufung der Sitzung auf einen bestimmten Termin oder zu einer Sondersitzung des Betriebsrats, wenn der Beratungsgegenstand auf einer innerhalb angemessener Zeit stattfindenden turnusmäßigen Betriebsratssitzung behandelt werden kann.

Aus der gleichen Erwägung heraus kann unter den Voraussetzungen des § 29 Abs. 3 verlangt werden, 30 dass ein Beratungsgegenstand auf die Tagesordnung einer Sitzung gesetzt wird, deren Termin nach der Geschäftsordnung feststeht oder die unabhängig davon bereits anberaumt worden ist oder anberaumt werden soll (ebenso *Fitting* § 29 Rn. 28 f.; *Galperin / Löwisch* § 29 Rn. 12; *Glock / HWGNRH* § 29 Rn. 24; *Kreft / WPK* § 29 Rn. 8; *Nikisch* III, S. 178; *Richardi / Thüsing* § 29 Rn. 24; *Wedde / DKKW* § 29 Rn. 34). Ist die Behandlung eines solchen Gegenstandes aus zeitlichen Gründen in der bereits terminierten Sitzung nicht möglich, so muss der Betriebsratsvorsitzende eine neue Sitzung einberufen (ebenso *Fitting* § 29 Rn. 29; *Galperin / Löwisch* § 29 Rn. 12; *Glock / HWGNRH* § 29 Rn. 24). Soweit die Voraussetzungen des § 29 Abs. 3 nicht vorliegen, kann die Aufnahme eines Beratungsgegenstandes in die Tagesordnung nicht verlangt werden, insbesondere also nicht von einem einzelnen Betriebsratsmitglied (ebenso *Richardi / Thüsing* § 29 Rn. 25).

Der **Vorsitzende** des Betriebsrats **handelt pflichtwidrig**, wenn er trotz ordnungsgemäßen Antrags 31 eine Sitzung des Betriebsrats nicht einberuft oder unangemessen verzögert. Das berechtigt die Antragsteller aber nicht, von sich aus den Betriebsrat einzuberufen (ebenso *Fitting* § 29 Rn. 32; *Galperin / Löwisch* § 29 Rn. 13; *Glock / HWGNRH* § 29 Rn. 25; *Nikisch* III, S. 178; *Richardi / Thüsing* § 29 Rn. 26; *Wedde / DKKW* § 29 Rn. 36). Jedoch kann der Betriebsratsvorsitzende abberufen werden (s. § 26 Rdn. 26 f.) oder gegen ihn nach Maßgabe des § 23 Abs. 1 vorgegangen werden (ebenso *ArbG Esslingen* 21.05.1964 AuR 1964, 249; *Fitting* § 29 Rn. 32; *Galperin / Löwisch* § 29 Rn. 13; *Glock / HWGNRH* § 29 Rn. 25; *Richardi / Thüsing* § 29 Rn. 26; *Wedde / DKKW* § 29 Rn. 36).

Eine Pflichtwidrigkeit ist ferner gegeben, wenn der Betriebsratsvorsitzende den Gegenstand, dessen 32 Beratung beantragt ist, nicht auf die Tagesordnung setzt oder eine Sitzung ohne Tagesordnung einberuft (ebenso *Fitting* § 29 Rn. 33; *Galperin / Löwisch* § 29 Rn. 14; *Glock / HWGNRH* § 29 Rn. 26; *Richardi / Thüsing* § 29 Rn. 26). Dann liegt ein Mangel der Ladung vor, der dadurch ausgeräumt werden kann, dass der Betriebsrat durch einen mit der Mehrheit seiner Mitglieder (absolute Mehrheit) gefassten Beschluss den Punkt nachträglich auf die Tagesordnung setzt oder eine Tagesordnung beschließt (s. Rdn. 54 ff.).

3. Ladung

Die Einberufung der Sitzungen erfolgt durch **Ladung**, die dem **Vorsitzenden** des **Betriebsrats ob-** 33 **liegt**. Die Ladung muss, soweit die Geschäftsordnung (§ 36) keine weitergehenden Erfordernisse aufstellt (vgl. § 36 Rdn. 15), mindestens den Tag, die Uhrzeit, den Ort der Sitzung und die Tagesordnung (§ 29 Abs. 2 Satz 3) enthalten. Ladung und Tagesordnung können getrennt übermittelt werden, sofern beides rechtzeitig (s. Rdn. 35) geschieht.

Eine **Form** der Ladung ist nicht vorgeschrieben, kann aber in der Geschäftsordnung (§ 36) vorgese- 34 hen sein. Sonst ist auch eine mündliche Ladung – z. B. telefonisch – zulässig (ebenso *BAG* 08.02.1977 AP Nr. 10 zu § 80 BetrVG 1972 Bl. 3; 28.04.1988 EzA § 29 BetrVG 1972 Nr. 1 S. 5; *Fitting* § 29 Rn. 44; *Galperin / Löwisch* § 29 Rn. 17; *Glock / HWGNRH* § 29 Rn. 28; *Richardi / Thüsing* § 29 Rn. 38; *Wedde / DKKW* § 29 Rn. 18). In der Regel wird sich jedoch eine schriftliche Ladung – zumindest bei größeren Betriebsräten und umfangreicher Tagesordnung – gar nicht vermeiden lassen. Ausreichend ist, wenn die Angaben zur Ladung sowie die Tagesordnung so dokumentiert sind, dass sie von den Teilnehmern jederzeit sichtbar abgerufen oder reproduziert werden können. Die Ladung kann daher ohne Weiteres unter Nutzung moderner Kommunikationsmittel, etwa per E-Mail über das betriebliche Intranet, erfolgen. Die ordnungsgemäße Ladung setzt voraus, dass sie in verkehrsüblicher Weise in die tatsächliche Verfügungsgewalt aller Betriebsratsmitglieder gelangt und diese unter normalen Umständen die Möglichkeit haben, von ihr Kenntnis zu nehmen (*LAG Hamm* 12.02.1992 BB 1992, 1562). Auf die Einladung ist zwar § 130 BGB nicht anwendbar (vgl. auch *BGH* 30.03.1987 BGHZ 100, 264 [267]), jedoch muss nach dem Sinn des § 29 Abs. 2 Satz 2 jedem Mitglied des Betriebsrats Gelegenheit gegeben sein, sich auf die Sitzung ordnungsgemäß vorzubereiten (zur anders gelagerten Rechtslage nach § 51 Abs. 1 GmbHG, für den von dem Zugang als Voraussetzung wirksamer Einladungen abgesehen wird, vgl. m. w. N. *Zöllner/Noack* in: *Baumbach/Hueck* GmbH-Gesetz, 21. Aufl. 2017, § 51 Rn. 3 ff.).

35 Auch eine bestimmte **Frist** sieht das Gesetz nicht vor; sie kann aber gleichfalls in der Geschäftsordnung geregelt werden (vgl. *LAG Hessen* 25.03.2004 – 9 TaBV 117/03 – juris; *Fitting* § 29 Rn. 44; *Joussen* NZA 2014, 505 [506]; vgl. auch § 36 Rdn. 15). Fehlt es an einer solchen Regelung, so schreibt das Gesetz in § 29 Abs. 2 Satz 3 lediglich vor, dass die Ladung »**rechtzeitig**« erfolgen müsse. Bei der Konkretisierung dieses unbestimmten Rechtsbegriffs ist in erster Linie der Zweck der Ladungsfrist zu beachten. Diese soll den Sitzungsteilnehmern einmal die Möglichkeit geben, sich auf die Sitzung einzustellen und sich den nötigen Freiraum für eine Teilnahme zu sichern (ähnlich *LAG Köln* 03.03.2008 BB 2008, 1570 Rn. 32). Da bei Verhinderung einzelner Mitglieder die entsprechenden Ersatzmitglieder geladen werden müssen (s. Rdn. 43), muss die Ladung zudem im Regelfall so früh erfolgen, dass für die Anzeige der Verhinderung und eine entsprechende Ladung der Ersatzmitglieder ausreichend Zeit verbleibt (ebenso *Fitting* § 29 Rn. 44a). Wie sich aus dem Umstand ergibt, dass die Ladung stets zugleich »unter Mitteilung der Tagesordnung« zu erfolgen hat, hat die Ladungsfrist daneben den Sinn, dass sich die Teilnehmer inhaltlich angemessen auf die zu behandelnden Sachpunkte vorbereiten können (*BAG* 24.05.2006 EzA § 29 BetrVG 2001 Nr. 1 Rn. 20; *LAG Düsseldorf* 26.10.2007 – 9 TaBV 54/07 – juris, Rn. 32 f.; *Hess. LAG* 12.03.2015 – 5 TaBV 124/14 – juris, Rn. 25; *LAG Köln* 03.03.2008 BB 2008, 1570 Rn. 32 f.; *Fitting* § 29 Rn. 44a; *Glock/HWGNRH* § 29 Rn. 27; *Reichold/HWK* § 29 BetrVG Rn. 9; *Richardi/Thüsing* § 29 Rn. 37; *Wedde/DKKW* § 29 Rn. 17). Die Dauer der Ladungsfrist dürfte daher auch von dem **Umfang und dem Schwierigkeitsgrad** der zu behandelnden Themen abhängen (*Hess. LAG* 12.03.2015 – 5 TaBV 124/14 – juris, Rn. 54). Bei einer Vielzahl von Tagesordnungspunkten mit umfangreichen Anlagen (etwa dem Entwurf einer komplexen Betriebsvereinbarung) kann die Ladungsfrist länger zu bemessen sein als bei einer Sitzung, in der überwiegend einfach gelagerte Sachverhalte oder Routinefragen zu behandeln sind. Daneben kann die **bisherige betriebliche Praxis** eine Rolle spielen (*LAG Düsseldorf* 26.10.2007 – 9 TaBV 54/07 – juris, Rn. 33; *Hess. LAG* 12.03.2015 – 5 TaBV 124/14 – juris, Rn. 54; *Reichold/HWK* § 29 BetrVG Rn. 9). Maßgeblich hierfür ist allerdings weniger, dass die betrieblichen Gepflogenheiten Aufschluss darüber geben, wie viel Vorbereitungszeit der Betriebsrat selbst für angemessen hält. Entscheidend ist vielmehr, dass sich die Mitglieder auf eine kontinuierliche Ladungspraxis verlassen und ihre Planungen hierauf ausrichten. Welche Konsequenzen sich hieraus für die Bemessung der konkreten Ladungsfrist ergeben, wird allerdings sehr unterschiedlich beurteilt (*LAG Düsseldorf* 26.10.2007 – 9 TaBV 54/07 – juris, Rn. 32 f.: eineinhalb Tage nicht ausreichend, wenn ansonsten eine Ladungsfrist von sechs bis sieben Tagen üblich ist; *Hess. LAG* 12.03.2015 – 5 TaBV 124/14 – juris, Rn. 54 f.: eintägige Vorbereitungszeit bei umfangreicher Tagesordnung nicht ausreichend; *LAG Köln* 03.03.2008 BB 2008, 1570 Rn. 32 f.: nicht zwischen der Ladung und dem Termin der Sitzung lediglich zwei Werktage liegen; *LAG Schleswig-Holstein* 14.01.2016 – 5 TaBV 45/15 – juris, Rn. 72 = NZA-RR 2016, 304 Rn. 40 [anhängig *BAG* 7 ABR 46/16]: Ladung einen Tag vor einer außerordentlichen Sitzung ausreichend, wenn zuvor für denselben Tag, allerdings zu einer späteren Uhrzeit zu einer ordentlichen Sitzung geladen worden war). Zumeist dürfte ein Zeitraum von drei bis vier Arbeitstagen für die Vorbereitung ausreichend sein (*Reichold/HWK* § 29 BetrVG Rn. 9).

36 In **besonderen Fällen**, insbesondere bei eilbedürftigen Angelegenheiten, muss jedoch auch eine **kurzfristige Einladung** möglich sein. Dies zeigt sich schon daran, dass das Gesetz selbst mitunter eine sehr schnelle Reaktion des Betriebsrats verlangt. So muss er bei einer personellen Einzelmaß-

Einberufung der Sitzungen § 29

nahme innerhalb einer Woche (§ 99 Abs. 3 Satz 1, § 102 Abs. 2 Satz 1), bei einer außerordentlichen Kündigung sogar innerhalb von drei Tagen (§ 102 Abs. 2 Satz 3) Stellung nehmen. Bedenkt man, dass die (schriftliche) Stellungnahme innerhalb dieser Frist dem Arbeitgeber zugegangen sein muss (§ 99 Rdn. 165, § 102 Rdn. 146), so wird deutlich, dass die gesetzlichen Zeitvorgaben bei einer Ladungsfrist von drei bis vier Arbeitstagen schon aus praktischen Gründen gar nicht oder kaum einzuhalten wären. Auch in anderen Fällen kann eine kurzfristige Beschlussfassung erforderlich sein, um die Rechte und Interessen des Betriebsrats zu wahren (etwa bei Einleitung eines Verfahrens des vorläufigen Rechtsschutzes im Falle der Verletzung von Mitbestimmungsrechten durch den Arbeitgeber). Jedenfalls in solchen Fällen kann eine Ladung auch dann »rechtzeitig« sein, wenn sie nur einen Tag vor der Sitzung oder gar am Sitzungstag selbst – ggf. telefonisch oder per E-Mail (s. Rdn. 34) – erfolgt (*Fitting* § 29 Rn. 44a; *Glock/HWGNRH* § 29 Rn. 27; *Richardi/Thüsing* § 29 Rn. 37; einschränkend *Wedde/DKKW* § 29 Rn. 18: nur wenn eine angemessene Vorbereitung gewährleistet ist). Dabei kann es nicht darauf ankommen, ob der Vorsitzende bei Beachtung der gebotenen Sorgfalt früher hätte einladen können. Entscheidend ist vielmehr, ob die kurzfristige Anberaumung im Interesse des Betriebsrats erforderlich ist (etwa weil ansonsten der Eintritt der Zustimmungsfiktion wegen Fristablaufs droht, § 99 Abs. 3 Satz 2). Führt der Vorsitzende die Eilbedürftigkeit vorsätzlich oder fahrlässig herbei, so stellt dies zwar eine Pflichtverletzung dar. Es ist aber Sache des Betriebsrats zu entscheiden, ob und mit welchen Maßnahmen (z. B. Abwahl des Vorsitzenden) er hierauf reagiert.

Eine **Ladung erübrigt sich**, soweit den Teilnehmern der Termin der nächsten Sitzung aufgrund eines **37** Betriebsratsbeschlusses oder bei turnusmäßigen Betriebsratssitzungen aus der Geschäftsordnung (§ 36) bekannt ist (ebenso *Fitting* § 29 Rn. 34; *Galperin/Löwisch* § 29 Rn. 18; *Glock/HWGNRH* § 29 Rn. 29; *Kreft/WPK* § 29 Rn. 9; *Richardi/Thüsing* § 29 Rn. 39; *Wedde/DKKW* § 29 Rn. 19; vgl. auch *Reichold/HWK* § 29 BetrVG Rn. 9: kein Verzicht auf die Ladung, aber Verkürzung der Ladungsfrist). Das ist in der Regel bei Ersatzmitgliedern zu verneinen, so dass diese geladen werden müssen (ebenso *Fitting* § 29 Rn. 34; *Glock/HWGNRH* § 29 Rn. 29; *Richardi/Thüsing* § 29 Rn. 39). Der Arbeitgeber ist, auch wenn ihm eine Geschäftsordnung überlassen worden ist, trotzdem einzuladen, weil er nicht an jeder, sondern nur unter den Voraussetzungen des § 29 Abs. 4 (vgl. Rdn. 71 ff.) an einer Betriebsratssitzung teilzunehmen berechtigt ist. Auch wenn die Sitzung auf sein Verlangen stattfindet, muss er aber wissen, in welcher Sitzung der von ihm beantragte Gegenstand behandelt wird. Eine Ladung muss ferner stets an Gewerkschaftsbeauftragte ergehen, da auch sie nur unter den Voraussetzungen des § 31 an den Betriebsratssitzungen teilnehmen. Ein **Verzicht** auf die Ladung ist nur bei Einstimmigkeit sämtlicher Betriebsratsmitglieder möglich (s. a. Rdn. 25).

Falls eine **Ladung sich erübrigt**, ist den Teilnehmern grundsätzlich jedoch die **Tagesordnung 38 rechtzeitig mitzuteilen**. Das ist nur dann nicht erforderlich, wenn die Tagesordnung in einer Betriebsratssitzung beschlossen und den Teilnehmern der nächsten Sitzung bekannt ist. In jener Sitzung verhinderte Betriebsratsmitglieder müssen die Tagesordnung daher jedenfalls der Sitzungsniederschrift (§ 34) entnehmen können. Sonst muss sie ihnen rechtzeitig mitgeteilt werden (ebenso *Fitting* § 29 Rn. 34; *Galperin/Löwisch* § 29 Rn. 18; *Glock/HWGNRH* § 29 Rn. 29). Vgl. jedoch Rdn. 54 ff.

Soweit eine **Ladung** ergehen muss, ist sie **unter Mitteilung** der **Tagesordnung** (s. Rdn. 51 ff.) **an 39 folgende Personen** zu richten:

a) Stets sind sämtliche **Betriebsratsmitglieder** zu laden. Die Ladung sämtlicher Betriebsratsmitglieder ist **Voraussetzung für eine wirksame Beschlussfassung** des Betriebsrats (näher s. § 33 Rdn. 53 f.). Eine Ausnahme gilt nur, wenn sich trotz fehlender Ladung sämtliche Betriebsratsmitglieder versammeln und mit einer Beschlussfassung einverstanden sind.

b) Aufgrund des neu eingefügten § 29 Abs. 2 Satz 4 ist die **Schwerbehindertenvertretung** zu laden **40** (s. § 32 Rdn. 12), weil ihr das Recht zusteht, an allen Sitzungen des Betriebsrats beratend teilzunehmen (§ 32; s. § 32 Rdn. 11).

c) Nach § 3 Abs. 1 ZDVG ist der **Vertrauensmann der Zivildienstleistenden** berechtigt, an Be- **41** triebsratssitzungen beratend teilzunehmen, wenn Angelegenheiten behandelt werden, die im Betrieb beschäftigte Zivildienstleistende betreffen. Er ist daher zu diesen Sitzungen zu laden, auch wenn das Gesetz insoweit schweigt (ebenso *Fitting* § 29 Rn. 36; *Galperin/Löwisch* § 29 Rn. 20; *Glock/*

§ 29

HWGNRH § 29 Rn. 33 [§ 29 Abs. 2 Satz 4 analog]; *Kreft/WPK* § 29 Rn. 10; *Richardi/Thüsing* § 29 Rn. 29).

42 d) Zu laden sind die **Jugend- und Auszubildendenvertreter**, soweit sie nach § 67 ein Recht auf Teilnahme an der Betriebsratssitzung haben (§ 29 Abs. 2 Satz 4). Da die Jugend- und Auszubildendenvertretung nach § 67 Abs. 1 Satz 1 zu allen Betriebsratssitzungen einen Vertreter entsenden kann und die Benennung dieser Person im Ermessen der Jugend- und Auszubildendenvertretung steht, genügt es, wenn die Ladung an die Jugend- und Auszubildendenvertretung als solche zu Händen ihres Vorsitzenden ergeht (ebenso *Fitting* § 29 Rn. 37; *Galperin/Löwisch* § 29 Rn. 19; *Glock/HWGNRH* § 29 Rn. 31; *Richardi/Thüsing* § 29 Rn. 29). Ist ein jugendlicher oder auszubildender Arbeitnehmer von der Jugend- und Auszubildendenvertretung allgemein oder für eine bestimmte Sitzung dem Betriebsratsvorsitzenden ausdrücklich als Sitzungsvertreter benannt worden, so ist dieser selbst zu laden (ebenso *Fitting* § 29 Rn. 37; **a. M.** *Glock/HWGNRH* § 29 Rn. 31, die auch in diesem Falle die Ladung an die Jugend- und Auszubildendenvertretung als solche über ihren Vorsitzenden genügen lassen). Sollen in der Betriebsratssitzung Angelegenheiten behandelt werden, die besonders jugendliche und auszubildende Arbeitnehmer betreffen, so hat insoweit die gesamte Jugend- und Auszubildendenvertretung ein Teilnahmerecht (§ 67 Abs. 1 Satz 2), und es sind sämtliche Mitglieder der Jugend- und Auszubildendenvertretung unter Beschränkung auf diese Tagesordnungspunkte zu laden (ebenso *Fitting* § 29 Rn. 38; *Galperin/Löwisch* § 29 Rn. 20; *Glock/HWGNRH* § 29 Rn. 31; *Kreft/WPK* § 29 Rn. 10). Ist das nicht geschehen, so ändert das nichts am Teilnahmerecht nach § 67 Abs. 1 Satz 2.

43 e) Aufgrund der Vorschrift des § 29 Abs. 2 Satz 6 hat der Vorsitzende bei Verhinderung eines Betriebsratsmitglieds oder Jugend- und Auszubildendenvertreters das **Ersatzmitglied** (vgl. § 25 Abs. 1 Satz 2, § 65 Abs. 1) zu laden (*BAG* 03.08.1999 EzA § 33 BetrVG 1972 Nr. 1). Bei der Auswahl der zu ladenden Ersatzmitglieder hat der Vorsitzende **die durch § 25 Abs. 2 vorgegebene Reihenfolge** zu beachten, da es sich um eine zwingende Regelung handelt (*BAG* 18.01.2006 – 7 ABR 25/05 – juris, Rn. 12; *LAG Schleswig-Holstein* 01.11.2012 DB 2012, 2814 [2815]). Voraussetzung für die Pflicht zur Ladung des Ersatzmitglieds ist allerdings, dass der Vorsitzende **positive Kenntnis von der Verhinderung** hat. Er ist insbesondere nicht verpflichtet, Nachforschungen anzustellen, ob alle geladenen Betriebsratsmitglieder an der Sitzung teilnehmen können (*LAG Hamm* 28.07.2006 – 10 TaBV 12/06 – juris, Rn. 103; *Hess. LAG* 25.07.2014 – 14 Sa 167/13 – juris, Rn. 110 ff.). Aus diesem Grunde soll das Mitglied des Betriebsrats oder der Jugend- und Auszubildendenvertretung, das verhindert ist, an der Sitzung teilzunehmen, dies unter Angabe der Gründe unverzüglich, d. h. ohne schuldhaftes Zögern (§ 121 Abs. 1 Satz 1 BGB) dem Vorsitzenden mitteilen (§ 29 Abs. 2 Satz 5). Er ist allerdings auch dann zur Ladung des Ersatzmitglieds verpflichtet, wenn ihm die Verhinderung nicht mitgeteilt worden ist, er aber auf andere Weise hiervon Kenntnis erlangt hat (ebenso *Fitting* § 29 Rn. 39; *Galperin/Löwisch* § 29 Rn. 19; wohl auch *Kreft/WPK* § 29 Rn. 11). Das ist z. B. anzunehmen, wenn in der Sitzung über eine eigene Angelegenheit des Betriebsratsmitglieds ein Beschluss gefasst werden soll (s. § 33 Rdn. 24 ff. sowie *BAG* 03.08.1999 EzA § 33 BetrVG 1972 Nr. 1).

44 Die **Ladung** von **Ersatzmitgliedern** ist andererseits **nur zulässig, wenn** ein **Betriebsratsmitglied verhindert ist**. Liegt kein Verhinderungsfall vor, ist der Vorsitzende auch dann nicht berechtigt, ein Ersatzmitglied zu laden, wenn das ordentliche Mitglied angekündigt hat, der Sitzung fernbleiben zu wollen, da dies einer – im Gesetz nicht vorgesehenen – gewillkürten Stellvertretung gleichkäme (s. *Oetker* § 25 Rdn. 24; ebenso *LAG Hamm* 28.07.2006 – 10 TaBV 12/06 – juris, Rn. 103; *Fitting* § 29 Rn. 39; *Richardi/Thüsing* § 29 Rn. 33). Ebenso wenig darf der Vorsitzende Ersatzmitglieder zu den Sitzungen zu laden, um sie mit den Geschäften des Betriebsrats vertraut zu machen; das wäre ein Verstoß gegen das Prinzip der Nichtöffentlichkeit (s. § 30 Rdn. 22). Dann bestünde auch kein Anspruch auf Arbeitsbefreiung und Entgeltfortzahlung (s. § 30 Rdn. 13 ff.). Musste allerdings der Vorsitzende mit an Sicherheit grenzender Wahrscheinlichkeit mit der Verhinderung eines Betriebsratsmitglieds rechnen, so darf er das Ersatzmitglied vorsorglich laden. Es darf jedoch an der Sitzung nicht teilnehmen, wenn das ordentliche Betriebsratsmitglied wider Erwarten zur Sitzung erscheint.

45 Die Ladung eines **Ersatzmitglieds** für einen **Jugend- und Auszubildendenvertreter** scheidet im Falle des § 67 Abs. 1 Satz 1 aus. Ist dieser Jugend- und Auszubildendenvertreter, nachdem er von der Jugend- und Auszubildendenvertretung benannt und vom Vorsitzenden des Betriebsrats geladen worden war, verhindert, an der Sitzung teilzunehmen, so ist die Jugend- und Auszubildendenvertretung (vgl. auch Rdn. 42) aufzufordern, ein anderes ordentliches Mitglied der Jugend- und Auszubildendenvertretung zu entsenden.

Das Gesetz erwähnt nicht den Fall der **Verhinderung** der **Schwerbehindertenvertretung**. Das ist auch nicht erforderlich, weil sie bei Verhinderung den Stellvertreter i. S. d. § 177 Abs. 1 Satz 1 SGB IX (bis 01.01.2018: § 94 Abs. 1 Satz 1 SGB IX) zur Sitzung entsenden kann (s. § 32 Rdn. 15). Hatte die Schwerbehindertenvertretung vor Absendung der Ladungen den Betriebsratsvorsitzenden auf die Verhinderung hingewiesen und ihm den Stellvertreter benannt, so ist dieser direkt zu laden (im Ergebnis ebenso *Fitting* § 29 Rn. 40, § 32 Rn. 21; *Galperin/Löwisch* § 29 Rn. 21; **a. M.** *Glock/HWGNRH* § 29 Rn. 37: Schwerbehindertenvertretung). Entsprechendes gilt bei **Verhinderung** des **Vertrauensmannes der Zivildienstleistenden** für dessen Vertreter (vgl. § 2 Abs. 1 und § 3 Abs. 1 ZDVG; ebenso *Fitting* § 29 Rn. 40). **46**

f) Der **Arbeitgeber** erhält nur dann eine Einladung, wenn eine Sitzung auf sein Verlangen anberaumt worden ist oder er ausdrücklich eingeladen werden soll (§ 29 Abs. 4). Da seine Teilnahme auf einzelne Tagesordnungspunkte beschränkt sein kann, braucht die Tagesordnung ihm nur insoweit mitgeteilt zu werden (s. Rdn. 72). Der Zeitpunkt der Betriebsratssitzung ist dem Arbeitgeber jedoch in jedem Falle mitzuteilen (§ 30 Satz 3; s. § 30 Rdn. 16 ff.). Ist der Arbeitgeber verhindert, kann er selbst einen Vertreter entsenden. Auch Sachbearbeiter, die der Arbeitgeber zur Sitzung mitbringen darf (s. Rdn. 74), brauchen nicht geladen zu werden. **47**

g) **Beauftragte** der im Betriebsrat vertretenen **Gewerkschaften** sind einzuladen, wenn ein ordnungsgemäßer Antrag auf Teilnahme nach § 31 vorliegt. In diesem Falle sind der Gewerkschaft nach der ausdrücklichen Vorschrift des § 31 letzter Halbsatz der Zeitpunkt der Sitzung und die Tagesordnung rechtzeitig mitzuteilen (s. § 31 Rdn. 15). Da das Teilnahmerecht des Gewerkschaftsbeauftragten nicht originär besteht, sondern lediglich die Folge eines wirksamen Antrags oder Beschlusses des Betriebsrats (s. § 31 Rdn. 7, 12) ist, kann auch die Teilnahme auf einzelne Tagesordnungspunkte beschränkt werden (s. § 31 Rdn. 21). In diesem Falle ist es als ausreichend anzusehen, wenn dem Gewerkschaftsbeauftragten nur die Tagesordnungspunkte mitgeteilt werden, zu denen er eingeladen worden ist. Das entspricht der Regelung des § 34 Abs. 2 Satz 1, nach der dem Gewerkschaftsbeauftragten nur der Teil der Sitzungsniederschrift auszuhändigen ist, der sich auf seine Teilnahme an der Sitzung bezieht (s. § 34 Rdn. 24). **48**

h) Soweit **Sachverständige** zu den Sitzungen eingeladen werden (s. § 30 Rdn. 20), ist ihnen Zeitpunkt und Ort der Betriebsratssitzung und der Beratungsgegenstand, zu dem sie sich äußern sollen, mitzuteilen. Entsprechendes gilt für **Personen**, die vom Betriebsrat **gehört** werden sollen (s. § 30 Rdn. 21). Der **Vertreter** der **Arbeitgebervereinigung** des Arbeitgebers, der nach Maßgabe des § 29 Abs. 4 an der Sitzung teilnehmen kann (vgl. Rdn. 80 ff.), ist vom Betriebsrat nicht zu laden, sondern vom Arbeitgeber selbst hinzuzuziehen (vgl. Rdn. 81). **49**

i) Nach § 2 Abs. 2 Satz 2 SprAuG kann der Betriebsrat dem **Sprecherausschuss** oder einzelnen seiner **Mitglieder** das Recht einräumen, an Sitzungen des Betriebsrats teilzunehmen. Entsprechendes gilt für den Unternehmenssprecherausschuss und seine Mitglieder (§ 20 Abs. 1 und 4 SprAuG). Über die in seinem Ermessen stehende Teilnahme entscheidet der Betriebsrat durch Beschluss (§ 33). Der Sprecherausschuss bzw. seine Mitglieder haben ebenso wenig einen Anspruch auf Teilnahme wie der Betriebsrat verlangen kann, dass seiner Einladung gefolgt wird (*Hromadka/Sieg* SprAuG, § 2 Rn. 22). Werden bestimmte Mitglieder des Sprecherausschusses eingeladen, sind diese dennoch als Amtsträger angesprochen. Deshalb entscheidet der Sprecherausschuss über die Annahme der Einladung (ebenso *Hromadka/Sieg* SprAuG, § 2 Rn. 22). Diese ist daher auch in diesem Falle durch den Vorsitzenden des Betriebsrats auch dem Vorsitzenden des Sprecherausschusses mitzuteilen (**a. M.** bei Einladung bestimmter Mitglieder des Sprecherausschusses *Fitting* § 29 Rn. 41). **50**

4. Tagesordnung

a) Aufstellung der Tagesordnung

Der **Vorsitzende des Betriebsrats setzt die Tagesordnung fest** (§ 29 Abs. 2 Satz 2). Durch die rechtzeitige Mitteilung an die Sitzungsteilnehmer (vgl. Rdn. 35) soll diesen Gelegenheit gegeben wer- **51** den, sich auf die Sitzung vorzubereiten (*BAG* 28.04.1988 EzA § 29 BetrVG 1972 Nr. 1 S. 6 [*Klevemann*]; 28.10.1992 AP Nr. 4 zu § 29 BetrVG 1972 Bl. 2). Die **Tagesordnungspunkte** müssen dementsprechend so **genau** sein, dass die Teilnehmer über den Gegenstand der beabsichtigten Beratung und Beschlussfassung hinreichend informiert sind (vgl. auch *BAG* 29.04.1992 AP Nr. 15 zu § 38 BetrVG 1972 Bl. 2; *BVerwG* 29.08.1975 BVerwGE 49, 144 [150 f.]; *Hess. LAG* 25.07.2014 – 14 Sa 167/13 – juris, Rn. 114). Sie dürfen daher nicht so allgemein gefasst sein, dass die geladenen Mitglieder sich von den Beratungsgegenständen entweder gar keine oder falsche Vorstellungen machen könnten. Soll etwa ein Betriebsratsmitglied aus einem Ausschuss abberufen werden (s. § 28 Rdn. 24), so wäre es irreführend, hierfür ausschließlich den Tagesordnungspunkt »Wahlen von Ausschussmitgliedern« anzusetzen. Vielmehr muss auch das Erfordernis der vorherigen Abwahl deutlich werden (zutr. *Wedde/DKKW* § 29 Rn. 22). Soll über den Abschluss einer Betriebsvereinbarung beschlossen werden, so muss auch dies aus der Tagesordnung deutlich werden; es genügt nicht, wenn lediglich der Gegenstand der Regelung benannt wird (*Hess. LAG* 25.07.2014 – 14 Sa 167/13 – juris, Rn. 114). Wenn und soweit der Betriebsrat zu personellen Einzelmaßnahmen (Einstellung, Versetzung, Kündigung) Stellung zu nehmen hat, dürfte es dagegen genügen, die Maßnahmen abstrakt zu bezeichnen, ohne den Namen der betroffenen Arbeitnehmer anzugeben. Dies dürfte auch im Interesse der Geheimhaltung (§ 99 Abs. 1 Satz 3) sinnvoll oder gar geboten sein. Wollen Betriebsratsmitglieder erfahren, um welche konkreten Maßnahmen es sich handelt, haben sie die Möglichkeit, sich über ihr Einsichtsrecht aus § 34 Abs. 3 weitere Informationen zu beschaffen (hierzu s. § 34 Rdn. 31 ff.).

52 Im Regelfall findet sich auf einer Tagesordnung am Ende der **Punkt »Verschiedenes«**. Unter diesem Punkt können jedoch keine Beschlüsse mit unmittelbarer Rechtswirkung gefasst werden (*BAG* 28.10.1992 EzA § 29 BetrVG 1972 Nr. 2 = AP Nr. 4 zu § 29 BetrVG 1972 unter B II 2 b; *Glock/ HWGNRH* § 29 Rn. 42; *Richardi/Thüsing* § 29 Rn. 35). Wäre es möglich, jeden denkbaren Gegenstand unter diesem Tagesordnungspunkt zu behandeln, so stünde dies in Widerspruch zu dem Gebot, dass Tagesordnungspunkte so konkret gefasst sein müssen, dass sich die Mitglieder des Betriebsrates über die Gegenstände, über die gegebenenfalls Beschluss zu fassen ist, informieren und eine Meinung bilden können. Das Erfordernis der rechtzeitigen Übersendung der Tagesordnung wäre damit vollständig ausgehöhlt. Dem Punkt »Verschiedenes« kann daher lediglich die Funktion zukommen, dass an dieser Stelle ergänzende allgemeine Informationen gegeben, Diskussionen angestoßen und ein erstes Meinungsbild erhoben oder Anregungen aus dem Kreis der Teilnehmer ermöglicht werden, ohne dass über die Gegenstände bereits in der Sitzung eine verbindliche Entscheidung erfolgt. Die unter diesem Tagesordnungspunkt stattfindenden Diskussionen können lediglich Anlass sein, die Frage in einer der nächsten Sitzungen zum Zwecke der Beratung und Beschlussfassung auf die Tagesordnung zu nehmen. Soll ein Beschluss bereits in der laufenden Sitzung gefasst werden, setzt dies eine entsprechende Ergänzung der Tagesordnung (s. Rdn. 54 ff.) voraus.

53 In den Fällen des § 29 Abs. 3 (s. Rdn. 27 ff.), des § 67 Abs. 3 Satz 1 (s. *Oetker* § 67 Rdn. 53 ff.), des § 178 Abs. 4 Satz 1 SGB IX (bis 01.01.2018: § 95 Abs. 4 Satz 1 SGB IX) sowie bei entsprechenden Beschlüssen des Betriebsrats ist der Vorsitzende des Betriebsrats verpflichtet, einen Gegenstand auf die Tagesordnung zu setzen. Im Übrigen stellt er die Tagesordnung nach **pflichtgemäßem Ermessen** unter Berücksichtigung der für eine Erörterung oder Entscheidung des Betriebsrats anstehenden Probleme zusammen (*ArbG Berlin* 03.04.1980 AuR 1981, 61; vgl. auch *BVerwG* 29.08.1975 BVerwGE 49, 144 [147 f.]). Der Vorsitzende darf die **Tagesordnung** noch vor der Sitzung **ändern** oder **ergänzen**, wenn das den Sitzungsteilnehmern rechtzeitig vor der Sitzung mitgeteilt werden kann (ebenso *BAG* 24.05.2006 EzA § 29 BetrVG 2001 Nr. 1 Rn. 21). Ist das nicht geschehen, so braucht der Betriebsrat sich mit dem betreffenden Gegenstand nicht zu befassen.

b) Erstellung oder Ergänzung der Tagesordnung in der Sitzung des Betriebsrats
aa) Meinungsstand

54 Fraglich und umstritten ist, ob eine **Tagesordnung** noch **in der Betriebsratssitzung selbst aufgestellt** oder ob eine **bestehende Tagesordnung in der Sitzung durch weitere Tagesordnungspunkte ergänzt** werden kann. Der erste Fall ist an sich nach § 29 Abs. 2 Satz 3 ausgeschlossen, da die Mitglieder des Betriebsrats »unter Mitteilung der Tagesordnung« zu der Sitzung zu laden sind. Denkbar ist ein solcher Fall aber, wenn eine Tagesordnung ursprünglich gar nicht erforderlich war, etwa

Einberufung der Sitzungen § 29

wenn der Vorsitzende zu einer Versammlung einlädt, die ausschließlich Beratungszwecken dienen und auf der keine Beschlüsse gefasst werden sollen (etwa zu einer Klausurtagung), sich während der Beratungen aber das Bedürfnis zu einer konkreten Beschlussfassung ergibt (so der Sachverhalt *BAG* 15.04.2014 EzA § 29 BetrVG 2001 Nr. 4). Praktisch weniger relevant dürften die Fälle sein, in denen die Tagesordnung versehentlich nicht mit versandt wird oder in denen die Tagesordnung aufgrund von Zustellungsmängeln nicht allen Betriebsratsmitgliedern zugeht (so in dem Sachverhalt *BAG* 28.04.1988 EzA § 29 BetrVG 1972 Nr. 1 unter II 3a). Deutlich häufiger vorkommen dürften dagegen die Fälle, in denen es lediglich um eine Ergänzung der Tagesordnung geht (so der Sachverhalt *BAG* 18.02.2003 EzA § 77 BetrVG 2001 Nr. 4), sei es, weil einzelne Tagesordnungspunkte bei der Versendung der Ladung vergessen worden sind, sei es, weil sich der Entscheidungsbedarf erst nach der Versendung der Ladung kurzfristig ergeben hat und eine Ergänzung durch den Vorsitzenden noch vor der Sitzung nicht mehr »rechtzeitig« wäre (s. Rdn. 53).

Dass eine Aufstellung oder Ergänzung der Tagesordnung noch in der laufenden Sitzung des Betriebsrats zulässig ist, wird nicht bestritten. Einigkeit besteht auch darüber, dass hierfür Voraussetzung ist, dass die Betriebsratsmitglieder – mit Ausnahme der Tagesordnung – ordnungsgemäß **zu der Sitzung geladen** worden sind und die **Beschlussfähigkeit** des Betriebsrats gegeben ist (*BAG* 09.07.2013 EzA § 29 BetrVG 2001 Nr. 2 Rn. 49; 22.01.2014 EzA § 29 BetrVG 2001 Nr. 3 Rn. 8; 15.04.2014 EzA § 29 BetrVG 2001 Nr. 4 Rn. 35; *Fitting* § 29 Rn. 48a f., § 33 Rn. 24a; *Glock/HWGNRH* § 33 Rn. 22; *Joussen* NZA 2014, 505 [508]; *Wedde/DKKW* § 29 Rn. 27, 28a; *Worzalla* SAE 2014, 71 [75]). Unterschiedlich beurteilt werden jedoch die **Anforderungen an die Beschlussfassung**, mit welcher die Tagesordnung erstmals erstellt, verändert oder ergänzt werden oder ein etwaiger Ladungsmangel (z. B. fehlender Zugang der versandten Tagesordnung) geheilt werden soll. 55

Die **früher h. M.** verlangte hierfür, dass der **vollständig versammelte Betriebsrat einstimmig sein Einverständnis** mit der (neuen) Tagesordnung erklären müsse (*BAG* 28.04.1988 EzA § 29 BetrVG 1972 Nr. 1 [zust. *Klevemann*] = AP Nr. 2 zu § 29 BetrVG 1972 Bl. 3 ff. = AiB 1988, 346 [abl. *Grimberg*]; 28.10.1992 EzA § 29 BetrVG 1972 Nr. 2 = AP Nr. 4 zu § 29 BetrVG 1972 Bl. 2 ff.; 18.02.2003 EzA § 77 BetrVG 2001 Nr. 4 unter B I 2a; 24.05.2006 EzA § 29 BetrVG 2001 Nr. 1 Rn. 19 f.; *LAG Berlin-Brandenburg* 08.05.2009 – 6 TaBV 88/09 – juris, Rn. 22 = BB 2009, 1413 [LS]; *LAG Hamburg* 06.10.2006 – 6 TaBV 12/06 – juris, Rn. 50 ff.; *LAG Köln* 25.11.1998 LAGE § 33 BetrVG Nr. 2; *LAG Saarbrücken* 11.11.1964 AP Nr. 2 zu § 29 BetrVG Bl. 2 R; *LAG Schleswig-Holstein* 28.09.1989 LAGE § 29 BetrVG 1972 Nr. 1 S. 2 f.; *Gamillscheg* II, S. 523; *Hueck/Nipperdey* II/2, S. 1200 Fn. 12; *Joost/MünchArbR* § 219 Rn. 14; *Kreft/WPK* § 29 Rn. 13; *Nikisch* III, S. 178; *Reitze Der Betriebsratsbeschluss*, S. 108 ff.; *Richardi/Thüsing* § 29 Rn. 26, 40; widersprüchlich *Glock/HWGNRH* § 29 Rn. 41 f. [für die bisher h. M.], andererseits § 33 Rn. 22 [für neue Ansicht des *BAG*]). Allerdings bedürfe es keines ausdrücklichen Beschlusses zur Ergänzung der Tagesordnung; es genüge vielmehr, wenn keines der vollzählig versammelten Betriebsratsmitglieder der Behandlung des Tagesordnungspunktes widerspreche (*BAG* 29.04.1992 AP Nr. 15 zu § 38 BetrVG 1972 unter B II 2 c; 18.02.2003 EzA § 77 BetrVG 2001 Nr. 4 unter B I 2a; **a. M.** *Glock/HWGNRH* § 33 Rn. 23). Nicht ausreichend sei dagegen, wenn in der folgenden Sitzung die bei der vorherigen Beschlussfassung nicht anwesenden Betriebsratsmitglieder nunmehr anwesend seien und keine Einwendungen gegen das Protokoll der die Beschlussfassung betreffenden Sitzung erhöben (vgl. *BAG* 28.10.1992 AP Nr. 4 zu § 29 BetrVG 1972 Bl. 2 R). Das Erfordernis der »vollständigen Versammlung aller Betriebsratsmitglieder« wird von manchen so interpretiert, dass die gesetzlich vorgeschriebene Zahl an Betriebsratsmitgliedern an der Sitzung teilnehmen müsse, wobei an die Stelle der verhinderten Betriebsratsmitglieder die Ersatzmitglieder träten (*Reitze Der Betriebsratsbeschluss*, S. 109; *Richardi/Thüsing* § 29 Rn. 40). Dies würde bedeuten, dass eine Änderung oder Ergänzung ausgeschlossen wäre, wenn weniger als die nach § 9 erforderliche Zahl an Betriebsratsmitgliedern anwesend ist. Das *BAG* interpretiert dieses Erfordernis aber noch strenger und versteht seine (frühere) Rspr. so, dass eine Ergänzung der Tagesordnung »nur bei vollständiger Anwesenheit *aller originär gewählten Betriebsratsmitglieder* [Hervorhebung nicht im Original] möglich« sei, schließt hieraus also, dass eine Änderung der Tagesordnung schon »bei Heranziehung von Ersatzmitgliedern, also bei Fehlen auch nur eines originär gewählten Betriebsratsmitglieds ausgeschlossen wäre« (*BAG* 15.04.2014 EzA § 29 BetrVG 2001 Nr. 4 Rn. 33). 56

57 Das *BAG* hat in neuerer Zeit seine **Ansicht modifiziert**. Es hält zwar unverändert an dem Standpunkt fest, dass die Aufstellung oder Ergänzung der Tagesordnung in der Betriebsratssitzung Einstimmigkeit voraussetze. Nicht erforderlich sei aber, dass die Betriebsratsmitglieder vollzählig anwesend seien. Es genüge vielmehr, wenn alle Betriebsratsmitglieder einschließlich etwaiger Ersatzmitglieder rechtzeitig zur Sitzung geladen worden seien, der Betriebsrat beschlussfähig sei und die anwesenden Mitglieder sich einstimmig mit der Tagesordnung einverstanden erklärten (so zunächst der *Erste Senat* in seinem Anfragebeschluss *BAG* 09.07.2013 EzA § 29 BetrVG 2001 Nr. 2 Rn. 45 ff.; dem zust. der *Siebte Senat* in seinem Antwortbeschluss *BAG* 22.01.2014 EzA § 29 BetrVG 2001 Nr. 3 Rn. 8 ff.; vgl. auch die Schlussentscheidung des *Ersten Senats BAG* 15.04.2014 EzA § 29 BetrVG 2001 Nr. 4 Rn. 30 ff.; ebenso für den Gesamtbetriebsrat *BAG* 04.11.2015 EzA § 29 BetrVG 2001 Nr. 5 Rn. 32; *Hess. LAG* 25.07.2014 – 14 Sa 167/13 – juris, Rn. 115). Unschädlich ist daher, wenn einzelne Mitglieder fehlen und der Betriebsrat daher nicht mit der vorgeschriebenen Zahl seiner Mitglieder entscheidet. Ein großer Teil der Literatur hat sich dieser Ansicht angeschlossen (*Boemke* jurisPR-ArbR 33/2014 Anm. 1; *Fitting* § 29 Rn. 48a f., § 33 Rn. 24a; *Glock/HWGNRH* § 33 Rn. 22 f., der aber in § 29 Rn. 41 noch die alte Ansicht vertritt; *Koch/ErfK* § 29 BetrVG Rn. 2; *Maschmann/AR* § 29 BetrVG Rn. 4; *Reichold/HWK* § 29 BetrVG Rn. 10; *Wolmerath/NK-GA* § 33 BetrVG Rn. 6; *Worzalla* SAE 2014, 71 [73 ff.]).

58 Eine **dritte Ansicht** verzichtet auf das Einstimmigkeitserfordernis und hält für die Ergänzung oder Änderung der Tagesordnung einen **Mehrheitsbeschluss** für ausreichend (*Bobrowski* DB 1957, 21 [22]; *Brecht* § 29 Rn. 7; *Joussen* NZA 2014, 505 [508 f.]; *Wedde/DKKW* § 29 Rn. 24 ff.; *Wiese* 6. Aufl., § 29 Rn. 52 ff.). Mitunter wird erwogen, bei Beschlüssen, die eine absolute Mehrheit verlangen, dieses Mehrheitserfordernis auch auf den Beschluss über die nachträgliche Aufnahme des Punktes auf die Tagesordnung zu übertragen (*Wedde/DKKW* § 29 Rn. 28).

bb) Stellungnahme

59 **Abzulehnen** ist zunächst die früher h. M., welche die Möglichkeit einer Aufstellung oder Ergänzung der Tagesordnung in der Sitzung **von dem vollständigen Erscheinen aller Betriebsratsmitglieder abhängig** macht. Ein solches Erfordernis wird der betrieblichen Wirklichkeit und ihren Bedürfnissen nicht gerecht. Insbesondere ist denkbar, dass in Eilfällen (hierzu s. *Wiese* § 87 Rdn. 159 ff.) sofort entschieden werden muss, ohne dass der Punkt schon auf der Tagesordnung aufgeführt werden konnte. Der Betriebsrat ist aber nach § 2 Abs. 1 verpflichtet, in Eilfällen eine notwendige Entscheidung zu ermöglichen (vgl. *Wiese* § 87 Rdn. 165). Es wäre ein durch nichts gerechtfertigter Formalismus, wenn nur wegen Abwesenheit eines einzigen Betriebsratsmitglieds ad hoc kein wirksamer Beschluss gefasst werden könnte (so die auch heute noch treffenden Erwägungen bei *Wiese* 6. Aufl., § 29 Rn. 54; zust. *Joussen* NZA 2014, 505 [508]). Insbesondere wenn man verlangt, dass alle originär gewählten Betriebsratsmitglieder anwesend sein müssen, also schon die Anwesenheit eines Ersatzmitglieds schädlich ist, würden nachträgliche Änderungen oder Ergänzungen der Tagesordnung praktisch unmöglich gemacht (zutr. *BAG* 22.01.2014 EzA § 29 BetrVG 2001 Nr. 3 Rn. 10; 15.04.2014 EzA § 29 BetrVG 2001 Nr. 4 Rn. 33). Die Forderung nach einem vollständigen Erscheinen aller Mitglieder ist auch durch keinerlei Sachgründe gerechtfertigt. Die von der früheren Rspr. für diese Lösung angeführten Argumente sind nicht überzeugend. So dient das Erfordernis der vorherigen Übersendung der Tagesordnung weder dazu, dass verhinderte Betriebsratsmitglieder die Beschlussfassung im Vorfeld dadurch beeinflussen können, dass sie ihre eigene Ansicht anderen Betriebsratsmitgliedern mitteilen und sie davon überzeugen, ihre Argumente in der Sitzung vorzutragen, noch soll ihnen dadurch die Gelegenheit gegeben werden, etwaige Terminkollisionen zu beheben, wenn ihnen ein Tagesordnungspunkt als besonders wichtig erscheint (so *BAG* 28.04.1988 EzA § 29 BetrVG 1972 Nr. 1 unter II 2c bb; 24.05.2006 EzA § 29 BetrVG 2001 Nr. 1 Rn. 20). Ist ein Betriebsratsmitglied an der Teilnahme verhindert, so wird es durch das Ersatzmitglied vertreten (§ 25 Abs. 1 Satz 2). Sämtliche Rechte und Pflichten gehen damit auf das Ersatzmitglied über. Ein Recht, außerhalb der Betriebsratssitzung Einfluss auf die Beschlussfassung zu nehmen, steht dem verhinderten Mitglied nicht zu (zutr. *BAG* 09.07.2013 EzA § 29 BetrVG 2001 Nr. 2 Rn. 46; 22.01.2014 EzA § 29 BetrVG 2001 Nr. 3 Rn. 10; 15.04.2014 EzA § 29 BetrVG 2001 Nr. 4 Rn. 31). Und die Entscheidung über die Teilnahme an einer Betriebsratssitzung darf nicht davon abhängig gemacht werden, welches Gewicht das Betriebsratsmitglied einzelnen Tagesordnungspunkten beimisst (zutr. *BAG* 09.07.2013 EzA § 29 BetrVG

2001 Nr. 2 Rn. 47; 22.01.2014 EzA § 29 BetrVG 2001 Nr. 3 Rn. 9; 15.04.2014 EzA § 29 BetrVG 2001 Nr. 4 Rn. 32). Grundsätzlich ist davon auszugehen, dass das geladene Betriebsratsmitglied auch zur Teilnahme verpflichtet ist (*Joussen* NZA 2014, 505 [508]). Zwar können dem Gründe entgegenstehen, die zu einer Verhinderung führen. Ob und inwieweit das Betriebsratsmitglied anderen Verpflichtungen den Vorrang einräumt, hängt aber allein von der Bedeutung der kollidierenden Umstände ab. Eine Bewertung der in der Sitzung zu behandelnden Gegenstände in wichtig oder unwichtig steht dem Betriebsratsmitglied dagegen nicht zu. Vor allem ist es nicht Sinn der Übersendung der Tagesordnung, eine solche Vorabbewertung zu ermöglichen.

Der Verzicht auf das vollständige Erscheinen aller Mitglieder in der neueren Rspr. stellt daher einen Schritt in die richtige Richtung dar. Das **Festhalten am Einstimmigkeitserfordernis** ist jedoch nach wie vor **nicht überzeugend** (ebenso *Joussen* NZA 2014, 505 [508]; *Wedde/DKKW* § 29 Rn. 24 f.). Dieses lässt sich insbesondere **nicht aus allgemeinen Grundsätzen der Beschlussfassung** in Organen oder anderen vergleichbaren Gremien **ableiten**. Die gesetzlichen Vorschriften, die sich im Recht der privaten Verbände zu einer nachträglichen Aufnahme neuer Tagesordnungspunkte äußern, schließen eine Ergänzung häufig entweder kategorisch aus und erlauben eine Beschlussfassung nur, wenn der Gegenstand bei der Einberufung bezeichnet ist (§ 32 Abs. 1 Satz 2 BGB, § 124 AktG, § 23 Abs. 2 WEG) oder sie knüpfen diese – wie die früher h. M. zu § 29 – an das vollständige Erscheinen aller Mitglieder (§ 51 Abs. 3 GmbHG; Voraussetzung ist außerdem, dass kein Gesellschafter der Beschlussfassung widerspricht; näher *Zöllner/Noack* in: *Baumbach/Hueck* GmbHG, 21. Aufl. 2017, § 51 Rn. 37). Wenn man hierauf mit der neueren Rspr. – aus guten Gründen – verzichtet, erscheint es aber nicht plausibel, für die Beschlussfassung die Zustimmung aller Anwesenden zu verlangen. Damit würde dem Beschluss über die Ergänzung der Tagesordnung eine größere Bedeutung beigemessen als den Beschlüssen, für die der Gesetzgeber ausdrücklich die absolute Mehrheit der Betriebsratsmitglieder vorschreibt (s. die Übersicht § 33 Rdn. 33). Außerdem wäre die für die tägliche Betriebsratsarbeit notwendige Flexibilität mindestens gefährdet, da eine Beschlussfassung über kurzfristig auftretende Beratungsgegenstände schon durch den Widerspruch eines einzigen anwesenden Betriebsratsmitglieds verhindert werden könnte. Die Folge wäre gerade in den eilbedürftigen Fällen, dass entweder dem Betriebsrat die Ausübung seines Mitbestimmungsrechts unmöglich gemacht werden könnte (etwa weil eine Zustimmungsfiktion droht) oder dass kurzfristig, u. U. noch am selben Tage, eine neue Betriebsratssitzung einberufen werden müsste (s. Rdn. 36). Letzteres würde im Zweifel kaum eine intensivere Vorbereitung ermöglichen, dafür aber zu einem zusätzlichen organisatorischen und zeitlichen Aufwand und typischerweise zu einem weiteren Arbeitsausfall führen, was weder im Interesse effektiver Betriebsratsarbeit, noch im Interesse des Arbeitgebers an einem reibungslosen Betriebsablauf liegen dürfte (ebenso *Wedde/DKKW* § 29 Rn. 26). Dass das Einstimmigkeitserfordernis sich keineswegs aus allgemeinen Grundsätzen der Gremienarbeit ergibt, zeigt sich auch daran, dass vergleichbare Verfahrensregelungen, etwa im Bereich der Kommunalverfassung, vorsehen, dass Erweiterungen der Tagesordnung bei Dringlichkeit durch eine (qualifizierte) Mehrheit der Mitglieder beschlossen werden können (vgl. § 34 Abs. 7 Satz 1 GemO Rheinland-Pfalz [2/3 Mehrheit]), oder die Frage vollständig der Regelung durch das Gremium selbst im Rahmen der Geschäftsordnung überlassen (vgl. Art. 45 GemO Bayern).

Als Argument für das Einstimmigkeitserfordernis wird einmal angeführt, dass dieses zum **Schutz der eigenständigen Willensbildung** der Mitglieder des Betriebsrats erforderlich sei. Das einzelne Betriebsratsmitglied solle hierdurch davor bewahrt werden, über Angelegenheiten befinden zu müssen, mit denen es sich aus seiner Sicht noch nicht angemessen befasst und zu denen es sich noch keine abschließende Meinung gebildet habe (*BAG* 22.01.2014 EzA § 29 BetrVG 2001 Nr. 3 Rn. 11; 15.04.2014 EzA § 29 BetrVG 2001 Nr. 4 Rn. 36). Dieses Argument trifft jedoch nicht den Kern des Problems. Könnte ein Gegenstand nachträglich im Wege der Mehrheitsentscheidung und damit gegen den Willen einzelner Betriebsratsmitglieder auf die Tagesordnung gesetzt werden, so würde dies keineswegs dazu führen, dass sich das Betriebsratsmitglied hiermit befassen und inhaltlich Stellung beziehen müsste. Es kann sich vielmehr bei der Abstimmung zur Sachfrage unter Hinweis darauf, dass es sich noch kein abschließendes Bild machen konnte, der Stimme enthalten, was im Übrigen die gleiche Wirkung hat wie eine Ablehnung (§ 33 Rdn. 30). Ein Abrücken vom Einstimmigkeitsprinzip hätte somit lediglich zur Folge, dass eine Mehrheit des Betriebsrats eine Beschlussfassung auch gegen das Votum einzelner Mitglieder bereits in der laufenden Sitzung durchsetzen könnte. Die entscheidende Frage lautet daher, ob es im Interesse des Schutzes der Rechte des einzelnen Betriebsratsmitglieds geboten ist, dass es die Mehrheit des Betriebsrats an einer solchen Beschlussfassung hindern und die Beratung in einer neuen Sitzung erzwingen kann (ähnliche Kritik bei *Wedde/DKKW* § 29 Rn. 25). Ein solches »Vetorecht« erscheint jedoch weder erforderlich noch gerechtfertigt. Insoweit ist zu berücksichtigen, dass der Betriebsrat auch die Entscheidung über eine Ergänzung der Tagesordnung **nach pflichtgemäßem Ermessen** zu treffen hat. Die Mitglieder haben dabei abzuwägen zwischen dem Interesse, einen Beschluss – insbesondere bei Eilbedürftigkeit – bereits in der laufenden Sitzung herbeizuführen, einerseits und dem – in § 29 Abs. 2 Satz 3 als grds. schützenswert anerkannten – Interesse an einer ausreichenden Vorbereitungszeit andererseits. Das Einstimmigkeitsprinzip hat zur Folge, dass ein Beschluss nur dann wirksam zustande kommt, wenn alle anwesenden Mitglieder zum selben Abwägungsergebnis gelangen, sei es, weil sie eine besondere Vorbereitung nicht für erforderlich halten, sei es, weil sie dem Aspekt der Schnelligkeit Vorrang gegenüber dem Interesse an einer längeren Vorbereitungszeit beimessen. Gelangt auch nur ein Mitglied zu einem abweichenden Ergebnis, so setzt es sich gegen alle anderen Betriebsratsmitglieder durch. Warum aber der Interessenabwägung eines Mitglieds ein höherer Rang zukommen soll als derjenigen der ganz überwiegenden Mehrzahl der Mitglieder, ist nicht erkennbar. Bei einer solchen Abwägungsentscheidung handelt es sich um einen Akt der internen Willensbildung des Betriebsrats (ähnlich *Wedde/DKKW* § 29 Rn. 26: »betriebsratsinterne Routineangelegenheit«), für den daher die herkömmlichen Regeln und Grundsätze der Beschlussfassung gelten müssen (ebenso *Joussen* NZA 2014, 505 [508]). Diese sehen als Regelfall das Mehrheitsprinzip vor, »soweit in diesem Gesetz nichts anderes bestimmt ist« (§ 33 Abs. 1). Eine solche abweichende Bestimmung, auf die sich das Einstimmigkeitserfordernis stützen ließe, ist jedoch nicht erkennbar.

62 Als Begründung für das Erfordernis der Einstimmigkeit wird daneben geltend gemacht, dass nur auf diese Weise der notwendige **Minderheitenschutz** gewährleistet werden könne. Ohne das Einstimmigkeitserfordernis bestünde die Gefahr, dass einzelne Betriebsratsmitglieder überrumpelt werden könnten, eine Gefahr, die vor allem in größeren und/oder zerstrittenen Betriebsräten mit rivalisierenden Gruppen und Fraktionen bestehe (so *Wolmerath*/NK-GA § 29 BetrVG Rn. 6; ähnliche Bedenken bei *Kreft/WPK* § 29 Rn. 14). Dieser Aspekt ist durchaus ernst zu nehmen. Allerdings wäre der Versuch einer Betriebsratsmehrheit, Tagesordnungspunkte nachträglich einzuführen, um eine rivalisierende Gruppe zu überraschen und ihr die Möglichkeit zu nehmen, sich argumentativ auf die Debatte vorzubereiten, ein glatter **Rechtsmissbrauch**. Dem Missbrauch von Rechten sollte aber mit Mitteln begegnet werden, die gezielt den Missbrauch ausschließen, nicht dagegen mit solchen, die zugleich einen sinnvollen und sachgemäßen Gebrauch der rechtlichen Instrumente verhindern. Einem Beschluss über die Ergänzung der Tagesordnung ist daher nach den allgemeinen Grundsätzen (§ 242 BGB; hierzu etwa *C. Schubert*/MK-BGB § 242 Rn. 243 ff.) die Wirksamkeit zu versagen, wenn es hierfür keinerlei sachliche Gründe gibt oder der Beschluss sich über entgegenstehende Interessen anderer Betriebsratsmitglieder, die in der Abwägung offensichtlich den Vorrang beanspruchen, in rücksichtsloser Weise hinwegsetzt (zust. *Wedde/DKKW* § 29 Rn. 28; ebenso *Worzalla* SAE 2014, 71 [75]). Wie bereits erwähnt (Rdn. 61), ist dabei die Wertung des § 29 Abs. 2 Satz 3 zu berücksichtigen, dass die Tagesordnung mit der Ladung »rechtzeitig« vor der Sitzung mitzuteilen ist, damit den Mitgliedern des Betriebsrats eine angemessene Zeit zur Vorbereitung auf die zu behandelnden Gegenstände zur Verfügung steht. Hieraus ergibt sich einmal, dass die mit der Ladung versandte Tagesordnung alle zu diesem Zeitpunkt bekannten Gegenstände enthalten sollte. Gegenstände, die sich später ergeben, sind soweit möglich noch »rechtzeitig« vor der Sitzung mitzuteilen. Werden Tagesordnungspunkte bewusst vorenthalten, um sie erst in der Sitzung einzuführen, so liegt hierin nicht nur eine grobe Pflichtverletzung des Vorsitzenden (§ 23 Abs. 1; *Fitting* § 33 Rn. 25). Auch ein Beschluss des Betriebsrats über die Aufnahme eines solchen Tagesordnungspunktes wäre zumindest dann rechtsmissbräuchlich, wenn er gegen den Widerspruch auch nur eines Betriebsratsmitglieds gefasst würde. Eine Ergänzung der Tagesordnung im Wege des Mehrheitsbeschlusses dürfte daher im Regelfall nur dann zulässig sein, wenn eine Mitteilung vor der Sitzung aus Zeitgründen nicht mehr möglich war oder versehentlich unterblieben ist. Ebenso missbräuchlich wäre es, bewusst von der Versendung jeglicher Tagesordnung abzusehen, um diese erst in der Sitzung zu präsentieren. Eine Aufstellung der Tagesordnung in der Sitzung kommt also nur in Betracht, wenn der Ladung versehentlich keine Tagesordnung beigefügt wurde (ebenso i. E. *Wedde/DKKW* § 29 Rn. 28b) oder sich die Notwendigkeit einer Tagesordnung erst aus den Beratungen anlässlich einer zu anderen Zwecken geplanten Zusammenkunft der Betriebsratsmitglieder ergibt (so in dem Fall *BAG* 15.04.2014 EzA § 29 BetrVG 2001 Nr. 4). Rechtsmissbräuchlich ist es zudem, wenn der Betriebsrat einen Gegenstand gegen den Widerspruch einzelner Mitglieder auf die Tagesordnung setzt, obwohl keinerlei Eilbedürftigkeit besteht, die Angelegenheit also auch auf der nächsten planmäßigen Betriebsratssitzung behandelt werden könnte, ohne dass hierdurch die Rechte oder Interessen des Betriebs, des Betriebsrats oder einzelner Arbeitnehmer beeinträchtigt würden.

Abgesehen von den soeben (Rdn. 62) beschriebenen Fällen sprechen dagegen die besseren Gründe nach wie vor nicht für das Einstimmigkeits-, sondern für das **Mehrheitsprinzip**. Die Entscheidung, ob und inwieweit der Betriebsrat noch in der Sitzung Änderungen der Tagesordnung vornimmt, ist ein Akt der internen Willensbildung des Gremiums, für den die allgemeinen Grundsätze gelten. Die Tagesordnungsfälle sind auch nicht mit der Situation vergleichbar, dass es bereits an einer ordnungsgemäßen Ladung zur Sitzung fehlt. Hier kann die fehlende Einladung nur durch den einstimmigen Beschluss aller vollzählig erschienen Betriebsratsmitglieder ersetzt werden (s. Rdn. 25). Bei fehlender Tagesordnung oder deren Änderung bzw. Ergänzung ist ein Schutz der Betriebsratsmitglieder nicht im gleichen Maße erforderlich wie bei fehlender Einladung. Wie bereits dargelegt, besteht für die Mitglieder, die sich außerstande sehen, ad hoc allein aufgrund der in der Sitzung gegebenen Informationen in der Sache zu entscheiden, die Möglichkeit, sich bei der Sachabstimmung der Stimme zu enthalten oder gar mit »Nein« zu stimmen. Ein wirksamer Beschluss kommt daher nur dann zustande, wenn eine Mehrheit der Betriebsratsmitglieder sowohl – nach Abwägung der widerstreitenden Aspekte (s. Rdn. 61) – für die Aufnahme des Tagesordnungspunktes, als auch für den sachlichen Beschlussantrag stimmt. Einem leichtfertigen Umgang mit der Aufstellung der Tagesordnung wird folglich auch dadurch entgegengewirkt, dass eine streitige Ergänzung der Tagesordnung dazu führen kann, dass der Antrag nicht die erforderliche Mehrheit erzielt, und sich der Betriebsrat später erneut mit der Angelegenheit befassen muss. 63

Zusammenfassend ist festzuhalten, dass der Betriebsrat grds. auch noch in der Sitzung eine Tagesordnung wirksam aufstellen oder eine bestehende Tagesordnung um weitere Gegenstände ergänzen kann. Voraussetzung ist allerdings, dass die Betriebsratsmitglieder ordnungsgemäß geladen worden sind und der Betriebsrat beschlussfähig (§ 33 Abs. 2) ist (Rdn. 55). Erfolgt die Änderung der Tagesordnung einstimmig, so ist diese stets wirksam (Rdn. 57 f.). Dabei ist Einstimmigkeit gegeben, wenn kein Betriebsratsmitglied der Änderung widerspricht (Rdn. 56; vgl. *BAG* 29.04.1992 AP Nr. 15 zu § 38 BetrVG 1972 unter B II 2 c; 18.02.2003 EzA § 77 BetrVG 2001 Nr. 4 unter B I 2a). Von einer einvernehmlichen Änderung der Tagesordnung wird man auch dann ausgehen können, wenn nicht separat hierüber abgestimmt wird, der Beschluss über den Sachantrag aber einstimmig ohne Enthaltungen zustande kommt. Nach der hier vertretenen Ansicht kann der Betriebsrat auch mit der **Mehrheit der anwesenden Mitglieder, also mit einfacher Mehrheit,** in der Sitzung eine Tagesordnung oder die Ergänzung einzelner Tagesordnungspunkte beschließen (Rdn. 63). Voraussetzung ist allerdings, dass kein Rechtsmissbrauch vorliegt, es insbesondere Sachgründe gibt, die es rechtfertigen, sich über die Einwände der widersprechenden Betriebsratsmitglieder hinwegzusetzen und eine Befassung noch in derselben Sitzung zu ermöglichen (Rdn. 62). Um Rechtssicherheit zu schaffen, sollte die Frage der Zulässigkeit einer Änderung der Tagesordnung sowie deren Voraussetzungen in der **Geschäftsordnung** geregelt werden (s. § 36 Rdn. 15). Diese kann auch das Erfordernis einer qualifizierten Mehrheit vorsehen oder andere Vorkehrungen für einen Schutz der Minderheit treffen. Die **Absetzung eines Tagesordnungspunktes** ist ebenfalls mit einfacher Mehrheit möglich, sofern nicht die Voraussetzungen des § 29 Abs. 3 vorliegen (ebenso *Brecht* § 29 Rn. 7). Zu den **Rechtsfolgen mangelhafter Ladung** und einer unzulässigen Änderung der Tagesordnung s. a. § 33 Rdn. 53 ff. 64

5. Leitung

Die Leitung der Verhandlung obliegt dem **Vorsitzenden** des **Betriebsrats** (§ 29 Abs. 2 Satz 2), bei dessen Verhinderung dem stellvertretenden Vorsitzenden. Ist auch dieser verhindert, so ist ein Betriebsratsmitglied durch Mehrheitsbeschluss zum Verhandlungsleiter zu bestimmen (s. a. § 26 Rdn. 69; ebenso *Fitting* § 29 Rn. 49; *Galperin/Löwisch* § 29 Rn. 23; *Richardi/Thüsing* § 29 Rn. 43; *Wedde/DKKW* § 29 Rn. 29; vgl. auch *Glock/HWGNRH* § 29 Rn. 61: Wahl eines weiteren stellvertretenden 65

Vorsitzenden), ohne dass bis dahin das älteste Mitglied ein Recht auf die Leitung hätte (**a. M.** *Dietz* § 29 Rn. 22; *Galperin/Löwisch* § 29 Rn. 23; *Hässler* Geschäftsführung des Betriebsrates, S. 29). Dem Arbeitgeber kann, anders als nach § 29 Abs. 2 Satz 2 BRG 1920, die Leitung auch durch Beschluss des Betriebsrats nicht übertragen werden (ebenso *Fitting* § 29 Rn. 60; *Galperin/Löwisch* § 29 Rn. 29; *Glock/HWGNRH* § 29 Rn. 50; *Richardi/Thüsing* § 29 Rn. 51; *Wedde/DKKW* § 29 Rn. 42).

66 Der Vorsitzende des Betriebsrats eröffnet und schließt die Sitzung, er erteilt aufgrund der Rednerliste das Wort und entzieht es, wenn z. B. ein Teilnehmer nicht zur Sache spricht, er stellt die Beschlussfähigkeit des Betriebsrats fest, führt die Abstimmungen durch und stellt deren Ergebnis fest. Er hat auch sicherzustellen, dass der notwendige Inhalt der Sitzungsniederschrift (§ 34) festgehalten wird, ohne dass sie bereits in der Sitzung fertig gestellt werden muss (s. § 34 Rdn. 9). Einzelheiten zur Durchführung der Sitzungen können in der Geschäftsordnung geregelt werden (s. § 36 Rdn. 15).

67 Dem Vorsitzenden steht das **Hausrecht** im Sitzungsraum zu (ebenso *Fitting* § 29 Rn. 49; *Galperin/Löwisch* § 29 Rn. 24; *Glock/HWGNRH* § 29 Rn. 60; *Kreft/WPK* § 29 Rn. 15; *Richardi/Thüsing* § 29 Rn. 46; *Wedde/DKKW* § 29 Rn. 29). Dies gilt auch, wenn der Arbeitgeber an der Sitzung teilnimmt (*Wedde/DKKW* § 29 Rn. 29). Er hat zur Teilnahme nicht berechtigte Personen im Hinblick auf die Nichtöffentlichkeit der Sitzung (§ 30 Satz 4; s. § 30 Rdn. 19 ff.) aus dem Sitzungsraum zu verweisen.

68 Der Vorsitzende ist aufgrund seiner Leitungsbefugnis und in Ausübung des ihm zustehenden Hausrechts ferner verpflichtet, für einen **ordnungsgemäßen Sitzungsablauf** zu sorgen, damit der Betriebsrat seine Aufgaben erfüllen kann. Der Vorsitzende muss daher bei Störungen durch Sitzungsteilnehmer diese zur Ordnung rufen und ihnen notfalls das Wort entziehen. Der Arbeitgeber darf nicht in die Leitung der Sitzung eingreifen, es sei denn, dass er ein Notwehrrecht (§ 227 BGB) oder das Recht zur Selbsthilfe (§ 229 BGB) hat.

69 Der Vorsitzende kann auch **Teilnehmer von der Sitzung ausschließen und aus dem Sitzungsraum verweisen**. Dies gilt auch für Betriebsratsmitglieder (ebenso *Galperin/Löwisch* § 29 Rn. 24 [nur bei entsprechender Regelung der Geschäftsordnung]; *Glock/HWGNRH* § 29 Rn. 60; *Nikisch* III, S. 183; *Richardi/Thüsing* § 29 Rn. 45; *Schmitt* Interessenkonflikte bei der Wahrnehmung des Betriebsratsamtes, S. 54 f.). Die Gegenansicht hält dagegen den Ausschluss von Betriebsratsmitgliedern für unzulässig und verweist darauf, dass ein Ausschluss eines Betriebsratsmitglieds ausschließlich im Verfahren nach § 23 Abs. 1 möglich sei (*LAG Düsseldorf* 07.09.2010 – 16 TaBV 57/10 – juris, Rn. 81 f.; *Fitting* § 29 Rn. 50 f.; *Hässler* Geschäftsführung des Betriebsrates, S. 30; *Joost/MünchArbR* § 219 Rn. 36; *Koch/ErfK* § 29 Rn. 2; *Kreft/WPK* § 29 Rn. 15; *Weiss/Weyand* § 29 Rn. 7; wohl auch *BAG* 27.07.2011 EzA § 19 BetrVG 2001 Nr. 8 Rn. 49). Dabei wird verkannt, dass es bei dem Ausschlussrecht lediglich darum geht, dass der Vorsitzende die notwendigen Maßnahmen treffen kann und muss, um eine ordnungsgemäße Durchführung der Betriebsratssitzung zu gewährleisten. Hierfür ist das Verfahren nach § 23 Abs. 1 nicht geeignet, da der Ausschluss erst mit Rechtskraft der gerichtlichen Entscheidung wirksam wird (s. *Oetker* § 23 Rdn. 109) und auch eine vorläufige Untersagung der Amtsausübung eine gerichtliche Entscheidung im einstweiligen Rechtsschutz voraussetzt (s. *Oetker* § 23 Rdn. 106). Die gerichtliche Entscheidung kommt aber für die konkrete Sitzung regelmäßig zu spät. Außerdem wäre der Ausschluss u. U. sogar eine unverhältnismäßige Maßnahme, wenn es darum geht, ein (einmaliges) Fehlverhalten in einer konkreten Sitzung zu unterbinden. Der Vorsitzende muss andererseits die Befugnis haben, Störungen des Sitzungsablaufs auch dann wirksam entgegenzutreten, wenn diese von Betriebsratsmitgliedern ausgehen. Das hat mit einer »Strafgewalt« des Vorsitzenden (anders *Fitting* § 29 Rn. 50; zust. *LAG Düsseldorf* 07.09.2010 – 16 TaBV 57/10 – juris, Rn. 82) nichts zu tun. Bei der Ausübung seiner Befugnis hat der Vorsitzende sicherlich den Grundsatz der Verhältnismäßigkeit zu beachten und vor dem Ausschluss zunächst alle milderen Mittel auszuschöpfen. Wenn aber Ordnungsrufe und die Entziehung des Wortes ohne Wirkung bleiben, muss der Vorsitzende als ultima ratio das Recht haben, einen Sitzungsteilnehmer aus dem Raum zu verweisen. Das Teilnahmerecht an der Betriebsratssitzung setzt voraus, dass der Teilnehmer sich an das im Gesetz und in der Geschäftsordnung des Betriebsrats vorgeschriebene Verfahren hält. Die Behinderung des Betriebsrats bei der Erfüllung seiner Aufgaben stellt einen Rechtsmissbrauch (§ 242 BGB) dar. Der Teilnehmer verwirkt damit sein Recht auf Teilnahme an der betreffenden Sitzung. Daraus folgen das Recht und zugleich die Pflicht des Vorsitzenden, diesen Teilnehmer aus dem Sitzungs-

raum zu verweisen. Dazu bedarf es weder der Legitimation durch die Geschäftsordnung noch durch einen Beschluss des Betriebsrats.

Kommt der Betreffende der Aufforderung nicht nach, so begeht er Hausfriedensbruch (§ 123 StGB; ebenso *Nikisch* III, S. 183). Liegt eine grobe Pflichtverletzung vor, kann das Betriebsratsmitglied nach § 23 Abs. 1 aus dem Betriebsrat ausgeschlossen werden (ebenso *Fitting* § 29 Rn. 50a; *Galperin/Löwisch* § 29 Rn. 24; *Glock/HWGNRH* § 29 Rn. 60; *Kreft/WPK* § 29 Rn. 15). Nach § 119 Abs. 1 Nr. 2 kann bei Störungen, die zum Abbruch einer Betriebsratssitzung führen, auch eine Bestrafung in Betracht kommen (ebenso *Fitting* § 29 Rn. 50a; *Galperin/Löwisch* § 29 Rn. 24; *Glock/HWGNRH* § 29 Rn. 60; allgemein zur Anwendbarkeit des § 119 Abs. 1 Nr. 2 auf Störungen, die nicht vom Arbeitgeber, sondern von anderen Betriebsverfassungsorganen ausgehen, s. *Oetker* § 119 Rdn. 41). **70**

6. Teilnahmerecht des Arbeitgebers

Der Arbeitgeber hat **kein allgemeines Teilnahmerecht** an Sitzungen (zum Begriff s. Rdn. 23) des Betriebsrats. Er nimmt nach § 29 Abs. 4 Satz 1 nur an den Sitzungen teil, die entweder auf sein Verlangen anberaumt worden sind (§ 29 Abs. 3; s. Rdn. 27 ff.) oder zu denen er ausdrücklich eingeladen worden ist. Ein weitergehendes Teilnahmerecht kann auch nicht aus § 74 Abs. 1 abgeleitet werden (ebenso *Fitting* § 29 Rn. 53; *Galperin/Löwisch* § 29 Rn. 25), weil diese Vorschrift sich nicht auf die Sitzungen des Betriebsrats, sondern auf die Besprechungen zwischen Arbeitgeber und Betriebsrat bezieht. Der Vorsitzende des Betriebsrats entscheidet aufgrund der Tagesordnung nach pflichtgemäßem Ermessen über die Einladung. Ein Beschluss des Betriebsrats ist nicht erforderlich, jedoch ist der Vorsitzende, bei Verhinderung sein Stellvertreter, an einen solchen Beschluss gebunden (ebenso *Wedde/DKKW* § 29 Rn. 39). Andere Betriebsratsmitglieder sind nicht berechtigt, den Arbeitgeber einzuladen. **71**

Das **Teilnahmerecht** des **Arbeitgebers** ist, wenn er selbst die Einberufung der **Sitzung beantragt** hat (§ 29 Abs. 3), auf die Verhandlung derjenigen Gegenstände beschränkt, deren Beratung er beantragt hat (ebenso *Fitting* § 29 Rn. 53; *Kreft/WPK* § 29 Rn. 16; *Nikisch* III, S. 179 Fn 10; *Reichold/HWK* § 29 BetrVG Rn. 14; *Richardi/Thüsing* § 29 Rn. 47; *Wedde/DKKW* § 29 Rn. 38; **a. M.** *Glock/HWGNRH* § 29 Rn. 45). Wird er vom Betriebsrat eingeladen, so kann dieser die Einladung auf bestimmte Tagesordnungspunkte beschränken (ebenso *Fitting* § 29 Rn. 53; *Glock/HWGNRH* § 29 Rn. 45 [abw. 5. Aufl.]; *Kreft/WPK* § 29 Rn. 10, 16; *Reichold/HWK* § 29 BetrVG Rn. 14; *Wedde/DKKW* § 29 Rn. 38; **a. M.** *Galperin/Löwisch* § 29 Rn. 29). In beiden Fällen sind dem Arbeitgeber Zeit und Ort der Betriebsratssitzung sowie die in seiner Gegenwart zu verhandelnden Tagesordnungspunkte mitzuteilen, weil auch er sich vorbereiten, etwaige Sachbearbeiter mitbringen und bei von ihm beantragter Beratung bestimmter Tagesordnungspunkte wissen muss, ob sie in der anberaumten Sitzung behandelt werden sollen (**a. M.** *Fitting* § 29 Rn. 54: Mitteilung der Tagesordnung nur bei Einladung durch den Betriebsrat; wie hier *Richardi/Thüsing* § 29 Rn. 47). **72**

Ist der **Arbeitgeber** eine **juristische Person** oder **Personengesamtheit**, so sind die nach Gesetz oder Gesellschaftsvertrag vertretungsberechtigten Personen nach § 29 Abs. 4 teilnahmeberechtigt (ebenso *Fitting* § 29 Rn. 58; *Galperin/Löwisch* § 29 Rn. 29; *Richardi/Thüsing* § 29 Rn. 48). Das Teilnahmerecht des Arbeitgebers ist kein höchstpersönliches Recht; er **kann sich vertreten lassen**. Die betriebsverfassungsrechtliche Vertretungsbefugnis des Arbeitgebers wird in § 43 Abs. 2 Satz 3 und § 108 Abs. 2 Satz 1 ausdrücklich vorausgesetzt. Da eine Teilnahme der Arbeitgeberseite jedoch nur sinnvoll ist, wenn kompetente Auskünfte gegeben werden, muss der Vertreter hierzu in der Lage sein. Dies ist regelmäßig anzunehmen, wenn als Vertreter eine an der Leitung des Betriebs verantwortlich beteiligte Person entsandt wird (ebenso *Fitting* § 29 Rn. 58; *Galperin/Löwisch* § 29 Rn. 30; *Glock/HWGNRH* § 29 Rn. 48; *Kreft/WPK* § 29 Rn. 16; *Nikisch* III, S. 179; *Richardi/Thüsing* § 29 Rn. 52). Andere Personen kommen als Vertreter in Betracht, wenn sie die erforderliche Fachkompetenz für die einschlägigen Tagesordnungspunkte mitbringen (allgemein hierzu BAG 11.12.1991 AP Nr. 2 zu § 90 BetrVG 1972 Bl. 2 ff.). Die Vertretung durch Betriebsfremde – z. B. einen Anwalt – ist unzulässig. **73**

Ungeachtet der Vertretungsmöglichkeit kann der **Arbeitgeber** zu seiner **Unterstützung** betriebsangehörige Sachbearbeiter in die Sitzung mitbringen, soweit für die anstehenden Tagesordnungs- **74** punkte deren Sachkunde erforderlich ist (ebenso *Fitting* § 29 Rn. 58; *Galperin/Löwisch* § 29 Rn. 32; *Glock/HWGNRH* § 29 Rn. 49; *Richardi/Thüsing* § 29 Rn. 52, § 30 Rn. 13). Er kann jedoch nicht durch die Hinzuziehung beliebiger Personen die Nichtöffentlichkeit der Sitzung (s. § 30 Rdn. 19 ff.) unterlaufen. Betriebsfremde Personen kann der Arbeitgeber außer im Falle des § 29 Abs. 4 Satz 2 nur mit Zustimmung des Betriebsrats hinzuziehen (ebenso *Fitting* § 29 Rn. 58; *Glock/HWGNRH* § 29 Rn. 49; *Richardi/Thüsing* § 29 Rn. 52; *Wedde/DKKW* § 29 Rn. 43). Dies gilt auch für einen Rechtsanwalt, der den Arbeitgeber in einer Angelegenheit berät, die Gegenstand der Sitzung ist (*Henssler* RdA 1999, 38 [47]). Solche betriebsfremden Personen haben dann die Funktion einer Auskunftsperson (s. § 30 Rdn. 21).

75 Der **Arbeitgeber** bzw. sein Vertreter kann in der Sitzung keine Anträge stellen und hat **kein Stimmrecht** (ebenso *Fitting* § 29 Rn. 59; *Galperin/Löwisch* § 29 Rn. 29; *Glock/HWGNRH* § 29 Rn. 50; *Reichold/HWK* § 29 BetrVG Rn. 14; *Richardi/Thüsing* § 29 Rn. 51; *Wedde/DKKW* § 29 Rn. 42). Ihm kann auch nicht die Leitung der Sitzung übertragen werden (s. Rdn. 65). Zum Teil wird angenommen, der Arbeitgeber habe auch keine **beratende Stimme** (so *Fitting* § 29 Rn. 59; vgl. auch *Weiss/Weyand* § 29 Rn. 13). Der Begriff »beratende Stimme« wird indessen im Gegensatz zu § 31 BetrVG 1952 im BetrVG 1972 nicht mehr verwendet. In den §§ 31, 32 wird lediglich Gewerkschaftsbeauftragten und der Schwerbehindertenvertretung das Recht eingeräumt, an Sitzungen des Betriebsrats beratend teilzunehmen. Das wird in § 29 Abs. 4 Satz 1 nicht ausdrücklich gesagt. Jedoch wird es von niemandem bestritten, dass der Arbeitgeber in einer Sitzung das Wort verlangen kann (vgl. außer der oben angeführten Literatur *Galperin/Löwisch* § 29 Rn. 29; *Glock/HWGNRH* § 29 Rn. 51; *Kreft/WPK* § 29 Rn. 16 [Beratungsrecht]; *Wedde/DKKW* § 29 Rn. 42). Der Sinn seiner Teilnahme besteht gerade darin, dass er sich zu den Tagesordnungspunkten äußern darf, zu denen er eingeladen worden ist bzw. zu denen er die Einberufung verlangt hat. Ob er dabei mehr die Meinungsbildung des Betriebsrats zu erleichtern oder seine eigene Auffassung durchzusetzen trachtet, steht ihm frei (vgl. auch *Nikisch* III, S. 179; *Richardi/Thüsing* § 29 Rn. 50). Jedenfalls wird sein Recht zur Äußerung und damit zur Teilnahme an der Beratung inhaltlich nicht dadurch beeinflusst, dass man ihm eine »beratende Stimme« einräumt. Der Frage kommt daher nur terminologische Bedeutung zu (vgl. auch *Galperin/Löwisch* § 29 Rn. 29; *Glock/HWGNRH* § 29 Rn. 51; *Richardi/Thüsing* § 29 Rn. 50).

76 Der Betriebsrat ist aber nicht gehindert, den **Tagesordnungspunkt zu vertagen** und in einer **neuen Sitzung ohne** den **Arbeitgeber** darüber zu beschließen (ebenso *Glock/HWGNRH* § 29 Rn. 52; *Wedde/DKKW* § 29 Rn. 42). Diese Möglichkeit scheidet nur bei Sitzungen aus, die auf Verlangen des Arbeitgebers anberaumt sind (§ 29 Abs. 3 i. V. mit Abs. 4), weil sich in diesem Falle sein Teilnahmerecht auch auf die Beschlussfassung erstreckt (gegen ein Teilnahmerecht des Arbeitgebers an jeder Beschlussfassung *LAG Düsseldorf* (Kammer Köln) 07.03.1975 DB 1975, 743; *Fitting* § 29 Rn. 59; *Richardi/Thüsing* § 29 Rn. 50; *Wedde/DKKW* § 29 Rn. 42).

77 Ist der Arbeitgeber **zur Teilnahme** an einer Betriebsratssitzung berechtigt, so ist er im Rahmen des Grundsatzes einer vertrauensvollen Zusammenarbeit (§ 2 Abs. 1) hierzu auch **verpflichtet** (ebenso *Fitting* § 29 Rn. 56 f.; *Gamillscheg* II, S. 524; *Glock/HWGNRH* § 29 Rn. 46; *Kreft/WPK* § 29 Rn. 16; *Nikisch* III, S. 179; *Reichold/HWK* § 29 BetrVG Rn. 14; *Richardi/Thüsing* § 29 Rn. 49; abschwächend *Stege/Weinspach/Schiefer* § 29 Rn. 11; weitergehend *Wedde/DKKW* § 29 Rn. 40 und *Weiss/Weyand* § 29 Rn. 11, nach denen der Arbeitgeber sich der Teilnahme nicht ohne triftigen Grund entziehen kann; a. M. *Brecht* § 29 Rn. 14; *Dietz* § 29 Rn. 24; *Galperin/Löwisch* § 29 Rn. 26 bei Einladung durch den Betriebsrat; *Hueck/Nipperdey* II/2, S. 1199 Fn. 8a). Indem der Betriebsrat den Arbeitgeber zu einer Sitzung einlädt, bringt er zum Ausdruck, dass er die Teilnahme des Arbeitgebers bei der Behandlung bestimmter Beratungsgegenstände für erforderlich hält und die Zusammenarbeit wünscht. Dann darf sich der Arbeitgeber diesem Anliegen des Betriebsrats nicht entziehen und dadurch dessen Tätigkeit erschweren. Es ist auch zumutbar, dass er jedenfalls einen Vertreter schickt. Hat der Arbeitgeber selbst die Beratung eines Gegenstandes beantragt (§ 29 Abs. 3), muss auch in diesem Falle mindestens ein Vertreter des Arbeitgebers dessen Anliegen erläutern.

78 Die **Verpflichtung** des **Arbeitgebers** ist allerdings **nicht** unmittelbar **erzwingbar** (a. M. *Fitting* § 29 Rn. 57; *Glock/HWGNRH* § 29 Rn. 47; *Wedde/DKKW* § 29 Rn. 41). Ihre Missachtung kann jedoch, wenn die Arbeit des Betriebsrats vorsätzlich behindert wird, ein grober Verstoß gegen die Verpflichtungen des Arbeitgebers sein und Rechtsfolgen nach § 23 Abs. 3 auslösen (ebenso *Fitting* § 29

Rn. 57; *Galperin/Löwisch* § 29 Rn. 27; *Wedde/DKKW* § 29 Rn. 41). Außerdem kommt eine Bestrafung nach § 119 Abs. 1 Nr. 2 in Betracht (ebenso *Fitting* § 29 Rn. 57; *Galperin/Löwisch* § 29 Rn. 28; *Glock/HWGNRH* § 29 Rn. 47; *Nikisch* III, S. 179; *Wedde/DKKW* § 29 Rn. 41). Ist auf Antrag des Arbeitgebers ein bestimmter Gegenstand auf die Tagesordnung gesetzt worden und erscheint der Arbeitgeber trotz ordnungsgemäßer Einladung nicht zu der Sitzung, so ist der Betriebsrat außerdem berechtigt, den Gegenstand durch Beschluss von der Tagesordnung zu streichen.

Zur **Aushändigung** der **Sitzungsniederschrift** bei Teilnahme des Arbeitgebers an einer Betriebsratssitzung s. § 34 Rdn. 24. **79**

7. Zuziehung eines Vertreters der Arbeitgebervereinigung des Arbeitgebers

Der Arbeitgeber kann nach § 29 Abs. 4 Satz 2 einen Vertreter der Arbeitgebervereinigung hinzuziehen, der er selbst angehört. Die Zuziehung ist ein Folgerecht und daher nur gegeben, wenn der Arbeitgeber selbst zur Teilnahme berechtigt ist und die Zuziehung wünscht. Die Arbeitgebervereinigung des Arbeitgebers kann daher nicht von sich aus einen Vertreter entsenden. Außerdem muss der Arbeitgeber sein Teilnahmerecht selbst oder durch einen Vertreter ausüben und kann den Vertreter der Arbeitgebervereinigung nicht mit seiner Vertretung beauftragen (ebenso *Galperin/Löwisch* § 29 Rn. 31; *Glock/HWGNRH* § 29 Rn. 53; *Reichold/HWK* § 29 BetrVG Rn. 14; *Richardi/Thüsing* § 29 Rn. 53; *Wedde/DKKW* § 29 Rn. 45). **80**

Die **Zuziehung** ist ein **eigenes Recht** des **Arbeitgebers** und nicht von der Zustimmung des Betriebsrats abhängig. Auch bedarf es keiner Einladung durch den Betriebsratsvorsitzenden. Jedoch entspricht es dem Gebot vertrauensvoller Zusammenarbeit (§ 2 Abs. 1), dass der Vorsitzende des Betriebsrats nach Möglichkeit rechtzeitig über die Zuziehung unterrichtet wird (i. E. ebenso *Fitting* § 29 Rn. 62; *Glock/HWGNRH* § 29 Rn. 54; *Wedde/DKKW* § 29 Rn. 44). **81**

Verweigert der **Vorsitzende** des **Betriebsrats** dem Vertreter der Arbeitgebervereinigung die **Teilnahme** an der Sitzung, so handelt er **pflichtwidrig**, so dass gegen ihn u. U. nach § 23 Abs. 1 vorgegangen werden kann (ebenso *Fitting* § 29 Rn. 63; *Glock/HWGNRH* § 29 Rn. 56). Jedoch kann der Arbeitgeber deswegen nicht die Teilnahme an der Sitzung (ebenso *Glock/HWGNRH* § 29 Rn. 56; **a. M.** *Fitting* § 29 Rn. 63; *Koch/ErfK* § 29 BetrVG Rn. 3) und ebenso wenig die Anerkennung der in der Sitzung gefassten Beschlüsse verweigern (ebenso *Fitting* § 29 Rn. 63; *Glock/HWGNRH* § 29 Rn. 56), abgesehen davon, dass deren Wirksamkeit nicht von der Anerkennung des Arbeitgebers abhängt. **82**

Der Vertreter der Arbeitgebervereinigung hat das **Recht, sich** in gleicher Weise **zu äußern** wie der Arbeitgeber (s. Rdn. 75). Der Vertreter ist also nicht darauf beschränkt, den Arbeitgeber zu beraten, sondern kann sich selbst an den Beratungen beteiligen (ebenso *Galperin/Löwisch* § 29 Rn. 31; *Glock/HWGNRH* § 29 Rn. 55; *Richardi/Thüsing* § 29 Rn. 54; vgl. auch *BAG* 19.05.1978 AP Nr. 3 zu § 43 BetrVG 1972 Bl. 3 f.; **a. M.** *Bitzer* BUV 1972, 125 [137]; *Fitting* § 29 Rn. 64 [nur Beratung des Arbeitgebers]; *Hässler* Geschäftsführung des Betriebsrates, S. 36; *Kreft/WPK* § 29 Rn. 17; *Wedde/DKKW* § 29 Rn. 45). Es wäre wenig sinnvoll, würde man den Vertreter der Arbeitgebervereinigung darauf verweisen, seine Meinung dem Arbeitgeber in der Sitzung mitzuteilen, damit dieser sie dem Betriebsrat gegenüber wiederholt. Der Vertreter hat jedoch kein originäres, sondern lediglich ein abgeleitetes Teilnahme- und Rederecht. Ihm ist also nur unter denselben Voraussetzungen wie dem Arbeitgeber und auf dessen Wunsch hin das Wort zu erteilen (*Glock/HWGNRH* § 29 Rn. 55; *Richardi/Thüsing* § 29 Rn. 54; für ein Rederecht unter den genannten Voraussetzungen auch *Fitting* § 29 Rn. 64; *Kreft/WPK* § 29 Rn. 64; *Wedde/DKKW* § 29 Rn. 45; ebenso für das Rederecht in der Betriebsversammlung *BAG* 19.05.1978 AP Nr. 3 zu § 43 BetrVG 1972 Bl. 3 f.). Man wird freilich nicht verlangen können, dass der Arbeitgeber bei jeder einzelnen Wortmeldung darum bitten muss, dem Vertreter das Wort zu erteilen. Entscheidend ist, dass der Vertreter sich nicht gegen den Willen des Arbeitgebers in die Beratungen einmischen darf. Im Regelfall gibt der Arbeitgeber schon durch die Hinzuziehung zu erkennen, dass der Vertreter sich auch an der Diskussion beteiligen soll. Solange der Arbeitgeber nichts Gegenteiliges zu erkennen gibt, ist also dem Vertreter auf seine Bitte hin das Wort zu erteilen. **83**

84 Der Vertreter der Arbeitgebervereinigung ist wie die übrigen Teilnehmer der Betriebsratssitzung unter bestimmten Voraussetzungen zur **Geheimhaltung** verpflichtet (s. § 30 Rdn. 25 ff.).

8. Teilnahmerecht anderer Personen

85 Zum Teilnahmerecht anderer Personen vgl. Rdn. 40 ff. und § 30 Rdn. 19 ff.

IV. Gemeinsame Sitzungen des Betriebsrats und des Sprecherausschusses

86 Nach § 2 Abs. 2 Satz 3 SprAuG soll einmal im Kalenderjahr eine gemeinsame Sitzung des Sprecherausschusses und des Betriebsrats stattfinden. Die Vorschrift stellt es nicht in das freie Ermessen beider Gremien, ob eine gemeinsame Sitzung stattfindet, sondern verpflichtet sie hierzu nach allgemeinen Grundsätzen (ebenso *Hromadka / Sieg* SprAuG, § 2 Rn. 23). Deshalb darf von der gemeinsamen Sitzung nur aus einsichtigen, vernünftigen Gründen abgesehen werden. Das ist z. B. der Fall, wenn der Sprecherausschuss bereits auf Einladung des Betriebsrats an einer von dessen Sitzungen teilgenommen hatte (vgl. Rdn. 50) und dabei alle beide Gremien gemeinsam berührenden Fragen behandelt worden waren. Lag kein einsichtiger, vernünftiger Grund vor, von der gemeinsamen Sitzung abzusehen, kann ggf. gegen die Vorsitzenden beider Gremien nach § 23 Abs. 1 BetrVG bzw. § 9 Abs. 1 SprAuG vorgegangen werden.

87 Die **Einberufung** der gemeinsamen Sitzung obliegt den Vorsitzenden beider Gremien. Sie müssen sich über den Termin, Ort und die Tagesordnung der Sitzung verständigen. Unbedenklich ist es, wenn die technische Durchführung der Einladungen einvernehmlich von einem der beiden Vorsitzenden übernommen wird. Für die Vertretung eines verhinderten Mitglieds gelten die allgemeinen Regeln des § 25 BetrVG, § 10 SprAuG.

88 Die Vorschrift des § 29 Abs. 3 ist auf die gemeinsame Sitzung des Betriebsrats und des Sprecherausschusses nicht anzuwenden (ebenso *Fitting* § 29 Rn. 55). Jedoch bestehen keine Bedenken dagegen, dass der Arbeitgeber eine gemeinsame Sitzung anregt und beide Gremien diesem Wunsche entsprechen. Er kann auch zu einer regulären gemeinsamen Sitzung eingeladen werden (ebenso *Fitting* § 29 Rn. 55), hat aber anders als nach § 29 Abs. 4 Satz 1 kein originäres Teilnahmerecht.

89 Die **Leitung** der gemeinsamen Sitzung obliegt den Vorsitzenden beider Gremien. Zulässig und zweckmäßig ist jedoch eine von ihnen mit Zustimmung des Betriebsrats und des Sprecherausschusses zu treffende Vereinbarung über den Vorsitz für die jeweilige Sitzung (ebenso *Fitting* § 29 Rn. 51; *Wedde / DKKW* § 29 Rn. 30). Damit ist zugleich geklärt, wer für das Sitzungsprotokoll verantwortlich ist (s. § 34 Rdn. 5).

V. Streitigkeiten

90 Über sämtliche Streitigkeiten im Zusammenhang mit der Anwendung des § 29 entscheiden die Arbeitsgerichte im Beschlussverfahren (§ 2a Abs. 1 Nr. 1, Abs. 2, §§ 80 ff. ArbGG). Unterlässt der Betriebsratsvorsitzende es pflichtwidrig, einem ordnungsgemäßen Antrag nach § 29 Abs. 3 auf Einberufung einer Betriebsratssitzung zu entsprechen oder einen Beratungsgegenstand auf die Tagesordnung zu setzen (vgl. Rdn. 29 ff.), so kann er hierzu durch einstweilige Verfügung angehalten werden (ebenso *Gamillscheg* II, S. 521; *Richardi / Thüsing* § 29 Rn. 26).

§ 30
Betriebsratssitzungen

Die Sitzungen des Betriebsrats finden in der Regel während der Arbeitszeit statt. Der Betriebsrat hat bei der Ansetzung von Betriebsratssitzungen auf die betrieblichen Notwendigkeiten Rücksicht zu nehmen. Der Arbeitgeber ist vom Zeitpunkt der Sitzung vorher zu verständigen. Die Sitzungen des Betriebsrats sind nicht öffentlich.

Literatur
Butz / Pleul Elektronische Betriebsratsbeschlüsse, AuA 2011, 213; *Fündling / Sorber* Arbeitswelt 4.0 – Benötigt das BetrVG ein Update in Sachen digitalisierte Arbeitsweise des Betriebsrats?, NZA 2017, 552; *Jesgarzewski / Holzendorf* Zulässigkeit virtueller Betriebsratssitzungen, NZA 2012, 1021; *Lukes* Der betriebsverfassungsrechtliche Unterlassungsanspruch des Arbeitgebers gegen den Betriebsrat (Diss. Köln), 2016 (zit.: Unterlassungsanspruch). Vgl. auch die Literatur vor § 26.

Inhaltsübersicht	Rdn.
I. Vorbemerkung	1–4
II. Sitzungen	5–28
1. Berücksichtigung betrieblicher Notwendigkeiten	5–12
2. Arbeitsbefreiung und Entgeltfortzahlung	13–15
3. Verständigung des Arbeitgebers	16–18
4. Nichtöffentlichkeit	19–24
5. Geheimhaltungspflicht	25–28
III. Streitigkeiten	29

I. Vorbemerkung

Die Vorschrift entspricht inhaltlich unverändert § 30 BetrVG 1952, ist jedoch durch das BetrVG 1972 **1** redaktionell neu gefasst worden. Das BetrVerf-ReformG vom 23.07.2001 (BGBl. I, S. 1852) hat § 30 unverändert gelassen. Die Vorschrift gilt entsprechend für den **Gesamtbetriebsrat** (§ 51 Abs. 1 Satz 1), den **Konzernbetriebsrat** (§ 59 Abs. 1), die **Jugend- und Auszubildendenvertretung** (§ 65 Abs. 1), die **Gesamt-Jugend- und Auszubildendenvertretung** (§ 73 Abs. 2), die **Konzern-Jugend- und Auszubildendenvertretung** (§ 73b Abs. 2), die **Bordvertretung** (§ 115 Abs. 4 Satz 1) und die **Seebetriebsrat** (§ 116 Abs. 3 Satz 1). Sie gilt auch entsprechend für eine **anderweitige Vertretung der Arbeitnehmer** nach § 3 Abs. 1 Nr. 1 bis 3 (vgl. § 3 Abs. 5 Satz 2), weil diese an die Stelle des Betriebsrats tritt (vgl. § 3 Abs. 5 sowie *Franzen* § 3 Rdn. 61). Auf eine **zusätzliche Vertretung der Arbeitnehmer** nach § 3 Abs. 1 Nr. 4 und 5 findet die Vorschrift keine unmittelbare Anwendung (anders offenbar *Fitting* § 30 Rn. 2; *Kreft / WPK* § 30 Rn. 1). In dem Tarifvertrag oder der Betriebsvereinbarung nach § 3 Abs. 1 und 2 können aber entsprechende Regelungen getroffen werden (vgl. zur Rechtslage unter § 3 Abs. 1 a. F. *Wiese* 6. Aufl., § 30 Rn. 1). Ist dies nicht der Fall, kommt eine analoge Anwendung des § 30 in Betracht.

Die Vorschrift ist ferner entsprechend auf den **Betriebsausschuss** (§ 27) und die **anderen Aus- 2 schüsse** des Betriebsrats (§ 28) anzuwenden (ebenso *BAG* 18.11.1980 EzA § 108 BetrVG 1972 Nr. 4 [*Wohlgemuth*] = AP Nr. 2 zu § 108 BetrVG 1972 Bl. 2 R; *Fitting* § 30 Rn. 3; *Galperin / Löwisch* § 27 Rn. 21, § 30 Rn. 2; *Glock / HWGNRH* § 30 Rn. 32; *Richardi / Thüsing* § 27 Rn. 41, § 30 Rn. 1; *Stege / Weinspach / Schiefer* § 30 Rn. 1; *Wiese* FS *Karl Molitor*, 1988, S. 365 [373 f.], zum **Wirtschaftsausschuss** insbesondere S. 374). Das gilt unabhängig davon, ob einem Ausschuss Aufgaben zur selbständigen Erledigung oder zur Vorbereitung übertragen worden sind (vgl. § 27 Rdn. 52, 70 ff., 84, § 28 Rdn. 17) oder ob der Betriebsausschuss die laufenden Geschäfte des Betriebsrats wahrnimmt (s. § 27 Rdn. 63 ff.), sofern eine gemeinsame Willensbildung erforderlich ist. Diese ist nur durch Beschluss in einer Sitzung möglich (vgl. auch § 27 Rdn. 55). Die Vorschrift gilt darüber hinaus auch für die **Arbeitsgruppe nach § 28a** (vgl. *Fitting* § 28a Rn. 38a). Zwar ist die Arbeitsgruppe kein Ausschuss des Betriebsrats. Aus der Übertragung von Aufgaben auf die Arbeitsgruppe kann sich aber die Notwendigkeit von Gruppensitzungen ergeben, für die dieselben Grundsätze gelten müssen. So müssen Sitzungen grundsätzlich während der Arbeitszeit stattfinden, um Nachteile für die Arbeitnehmer zu vermeiden (vgl. auch § 44 Abs. 1 Satz 1). Freilich muss auch die Arbeitsgruppe auf die betrieblichen Bedürfnisse Rücksicht nehmen.

3 Die Vorschrift ergänzt § 29. Sie ist **zwingend**; von ihr kann weder durch Tarifvertrag noch durch Betriebsvereinbarung abgewichen werden (ebenso *Fitting* § 30 Rn. 4; *Glock/HWGNRH* § 30 Rn. 2). Auch der Vorsitzende des Betriebsrats ist bei den von ihm einzuberufenden Sitzungen (§ 29 Abs. 2 Satz 1) an § 30 gebunden und kann z. B. nicht die Sitzungen des Betriebsrats regelmäßig außerhalb der Arbeitszeit ansetzen (ebenso *Fitting* § 30 Rn. 4; *Glock/HWGNRH* § 30 Rn. 2).

4 Zum **Personalvertretungsrecht** vgl. § 35 BPersVG, für **Sprecherausschüsse** § 12 Abs. 5 SprAuG. Für **gemeinsame Sitzungen** des **Sprecherausschusses** und des **Betriebsrats** nach § 2 Abs. 2 Satz 3 SprAuG gilt § 30 entsprechend. Zum **besonderen Verhandlungsgremium** und **Europäischen Betriebsrat** kraft Vereinbarung bzw. kraft Gesetzes vgl. § 13 Abs. 2, § 18 Abs. 1 Nr. 4, § 27 EBRG (hierzu s. *Oetker* Band I Anh. 2 EBRG).

II. Sitzungen

1. Berücksichtigung betrieblicher Notwendigkeiten

5 Die Vorschrift regelt vor allem den **Zeitpunkt** der Sitzungen des Betriebsrats. Hinsichtlich der grundsätzlichen Verpflichtung des Betriebsrats, die Sitzungen innerhalb des Betriebsgeländes durchzuführen, vgl. LAG Berlin 23.02.1988 DB 1988, 863, sowie der vom Arbeitgeber zur Verfügung zu stellenden Räume s. *Weber* § 40 Rdn. 146. Der Betriebsrat bzw. dessen Vorsitzender bestimmt allein, wann, wie oft und wie lange er tagt (*BAG* 03.06.1969 AP Nr. 11 zu § 37 BetrVG Bl. 2; *LAG Berlin* 25.11.1985 LAGE § 37 BetrVG 1972 Nr. 19 S. 21; *LAG Hamm* 08.06.1978 EzA § 37 BetrVG 1972 Nr. 58 S. 242). Auch die Verpflichtung des Betriebsrats zur Rücksichtnahme auf die betrieblichen Notwendigkeiten gibt dem Arbeitgeber keinen Anspruch auf eine generelle Regelung, dass Betriebsratssitzungen nur an bestimmten Terminen abgehalten werden dürfen (*ArbG Wesel* 12.04.1988 AuR 1989, 60). **In der Regel**, d. h. wenn nicht besondere Gründe in der Person von Betriebsratsmitgliedern oder den betrieblichen Verhältnissen eine Ausnahme rechtfertigen, finden die Sitzungen **während** der **Arbeitszeit** statt (Satz 1). Die Betriebsratsmitglieder sollen nicht gezwungen sein, ihre Freizeit für die ihnen vom Gesetz zugewiesenen Aufgaben zu opfern (s. a. *Weber* § 37 Rdn. 24, 81). Deshalb ist unter Arbeitszeit die persönliche Arbeitszeit der Betriebsratsmitglieder zu verstehen (zur Arbeitsbefreiung für die Teilnahme an Betriebsratssitzungen vgl. *Weber* § 37 Rdn. 51 ff.). Bei unterschiedlichen Arbeitszeiten – so bei Teilzeitarbeit – sind die Sitzungen so zu legen, dass möglichst viele Betriebsratsmitglieder während ihrer persönlichen Arbeitszeit daran teilnehmen können (vgl. *Bengelsdorf* NZA 1989, 905 [913]; ebenso *Fitting* § 30 Rn. 6; *Glock/HWGNRH* § 30 Rn. 9 f.; *Kreft/WPK* § 30 Rn. 2; *Reichold/HWK* § 30 BetrVG Rn. 2; *Wedde/DKKW* § 30 Rn. 8).

6 Der Betriebsrat hat bei Ansetzung der Sitzungen auf die **betrieblichen Notwendigkeiten Rücksicht** zu **nehmen** (§ 30 Satz 2). Das ist eine Konkretisierung des Gebots zur vertrauensvollen Zusammenarbeit nach § 2 Abs. 1 (*Bulla* RdA 1965, 121 [126 f.]; *Dietz* § 30 Rn. 8; *Galperin/Löwisch* § 30 Rn. 5; *Gamillscheg* II, S. 523; vgl. auch *Glock/HWGNRH* § 30 Rn. 4). Adressat der Vorschrift ist vor allem der Vorsitzende des Betriebsrats, weil er die Sitzungen einberuft (§ 29 Abs. 2 Satz 1). Jedoch ist auch der Betriebsrat an § 30 gebunden, wenn er von seinem Recht Gebrauch macht, Sitzungstermine in der Geschäftsordnung (vgl. § 36 Rdn. 15) oder durch besonderen Beschluss festzulegen (ebenso *Wedde/DKKW* § 30 Rn. 2).

7 Die Verpflichtung zur Rücksichtnahme auf betriebliche Notwendigkeiten betrifft zunächst die Festsetzung von **Sitzungen während** der **Arbeitszeit**, d. h. ihres Zeitpunkts, ihrer Häufigkeit und Dauer (ebenso *BAG* 24.07.1979 AP Nr. 1 zu § 51 BetrVG 1972 Bl. 2 R; *LAG Hamm* 08.06.1978 EzA § 37 BetrVG 1972 Nr. 58 S. 242; *Galperin/Löwisch* § 30 Rn. 5; *Richardi/Thüsing* § 30 Rn. 3). Dabei sind Notwendigkeiten nicht mit betrieblichen Interessen oder Bedürfnissen gleichzusetzen (so aber *Dietz* § 30 Rn. 8; *Galperin/Siebert* § 30 Rn. 3; vgl. auch *Richardi/Thüsing* § 30 Rn. 5 für Sitzungen während

der Arbeitszeit; wie hier *Fitting* § 30 Rn. 10; *Glock/HWGNRH* § 30 Rn. 5; *Joost/* MünchArbR § 219 Rn. 10; *Wedde/DKKW* § 30 Rn. 6), weil Letztere die Dispositionsmöglichkeiten des Betriebsrats weitergehend einschränken würden. In diesem Falle wäre es geboten, dass der Betriebsrat seine Terminierung daran orientiert, was für den Betrieb zweckmäßig ist, während § 30 ihm lediglich äußere Grenzen setzt. Nicht jede Erschwerung des Betriebsablaufs, die schließlich mit allen Sitzungen des Betriebsrats während der Arbeitszeit verbunden ist, bedeutet daher schon eine Beeinträchtigung betrieblicher Notwendigkeiten. Es müssen vielmehr **dringende betriebliche Gründe** vorliegen (ebenso *Hueck/Nipperdey* II/2, S. 1198; *Joost/*MünchArbR § 219 Rn. 10; *Lichtenstein* BetrR 1975, 199 [216]; *Wedde/DKKW* § 30 Rn. 6), die zwingenden Vorrang gegenüber dem Interesse des Betriebsrats haben, die Sitzung zu dem von ihm für zweckmäßig gehaltenen Zeitpunkt anzusetzen (zust. *LAG Berlin-Brandenburg* 18.03.2010 – 2 TaBV 2694/09 – juris, Rn. 22; *Fitting* § 30 Rn. 10; *Kreft/WPK* § 30 Rn. 3).

Deshalb ist der **Betriebsrat nicht verpflichtet**, die **Sitzungen regelmäßig** an den **Beginn** oder das **Ende** der **Arbeitszeit** zu legen (ebenso *Fitting* § 30 Rn. 10; *Joost/*MünchArbR § 219 Rn. 10; *Schaub/Koch* Arbeitsrechts-Handbuch, § 220 Rn. 22; *Reichold/HWK* § 30 BetrVG Rn. 3; *Wedde/DKKW* § 30 Rn. 7; wohl auch *Richardi/Thüsing* § 30 Rn. 5; **a. M.** *Galperin/Löwisch* § 30 Rn. 5; *Stege/Weinspach/Schiefer* § 30 Rn. 2; ähnlich *Glock/HWGNRH* § 30 Rn. 7; vgl. auch *Nikisch* III, S. 182). Das Gegenteil kann auch nicht aus dem Gebot vertrauensvoller Zusammenarbeit nach § 2 Abs. 1 geschlossen werden, weil § 30 als Konkretisierung dieser Bestimmung (vgl. Rdn. 6) die Disposition des Betriebsrats über den Termin nur durch betriebliche Notwendigkeiten einschränkt. Jedoch darf der Betriebsrat sein Terminierungsrecht nicht missbrauchen (§ 2 Abs. 1; § 242 BGB) und willkürlich betriebliche Interessen verletzen. Bei **Schichtarbeit** versteht es sich von selbst, dass Betriebsratsmitglieder, die verschiedenen Schichten angehören, zum Teil außerhalb ihrer Arbeitszeit an Betriebsratssitzungen teilnehmen müssen. Entsprechendes gilt bei **Teilzeitarbeit**. Zum Anspruch auf Freizeitausgleich und Vergütung in diesen Fällen vgl. Rdn. 15. **8**

Die Berücksichtigung betrieblicher Notwendigkeiten kann aber auch dazu führen, dass **Sitzungen außerhalb** der **Arbeitszeit** abzuhalten sind (nicht bei Hausverbot eines Betriebsratsmitgliedes; *ArbG Wilhelmshaven* 19.10.1977 ARSt. 1978, 47 [Nr. 1096]). Das gilt jedenfalls für einzelne Sitzungen. Zweifelhaft ist dagegen, ob infolge der betrieblichen Umstände die Ausnahme für einzelne Betriebe zur Regel werden kann mit der Folge, dass die Betriebsratssitzungen regelmäßig außerhalb der Arbeitszeit stattfinden. Im Hinblick auf die Grundsatzentscheidung des Gesetzgebers ist dies nur dann anzunehmen, wenn organisatorische Vorkehrungen zur Vermeidung von Schwierigkeiten, die in den betrieblichen Verhältnissen begründet sind, ausgeschlossen oder unzumutbar erscheinen (ebenso *Fitting* § 30 Rn. 6; *Glock/HWGNRH* § 30 Rn. 6; *Richardi/Thüsing* § 30 Rn. 4; *Wedde/DKKW* § 30 Rn. 3). Das kann in kleineren Betrieben der Fall sein, wenn z. B. Betriebsratsmitglieder eine Schlüsselposition innehaben, so dass ihr Ausfall die Arbeit lahmlegen oder jedenfalls zu erheblichen Schwierigkeiten führen würde. Sonstige dringende betriebliche Interessen, die ständig der Abhaltung von Sitzungen während der Arbeitszeit entgegenstehen, dürften jedoch kaum vorkommen. Sie können nur die Abhaltung einzelner Sitzungen außerhalb der Arbeitszeit rechtfertigen. **9**

Die **Nichtbeachtung betrieblicher Notwendigkeiten** hat keinen Einfluss auf die Wirksamkeit der Durchführung der Sitzung und den Eintritt der sich hieraus ergebenden Rechtsfolgen. So sind die Mitglieder des Betriebsrats verpflichtet, an den Sitzungen teilzunehmen (s. Rdn. 13; *BAG* 16.01.2008 EzA § 40 BetrVG 2001 Nr. 14 Rn. 14). Ihnen ist daher auch nach § 37 Abs. 2 das Arbeitsentgelt ungekürzt weiterzuzahlen (s. Rdn. 13; ebenso *LAG Hamm* 08.06.1978 EzA § 37 BetrVG 1972 Nr. 58 S. 240 ff.; *Fitting* § 30 Rn. 12; *Galperin/Löwisch* § 30 Rn. 6; *Gamillscheg* II, S. 523; *Glock/HWGNRH* § 30 Rn. 14). Aufwendungen, die im Zusammenhang mit den Sitzungen anfallen (z. B. zusätzliche Fahrtkosten), sind nach § 40 Abs. 1 vom Arbeitgeber zu erstatten (*BAG* 16.01.2008 EzA § 40 BetrVG 2001 Nr. 14 Rn. 14). Ebenso wenig berührt wird die Wirksamkeit der vom Betriebsrat in der Sitzung gefassten Beschlüsse (ebenso *Fitting* § 30 Rn. 12; *Galperin/Löwisch* § 30 Rn. 6; *Glock/HWGNRH* § 30 Rn. 14; *Wedde/DKKW* § 30 Rn. 7). Die Nichtbeachtung der gesetzlichen Voraussetzungen des § 30 stellt jedoch eine Verletzung gesetzlicher Pflichten, insbesondere einen Verstoß gegen das Gebot der vertrauensvollen Zusammenarbeit (§ 2 Abs. 1), dar, die – zumindest bei wiederholten Verstößen – nach **§ 23 Abs. 1** Sanktionen auslösen kann. Hingegen kommen **Schadensersatzansprüche** nur ausnahmsweise in Betracht (ähnlich *Glock/HWGNRH* § 30 Rn. 14 [wo die hier vertretene An- **10**

§ 30　　　　　　　　　　　　　　　　　　　　　　II. 3. Geschäftsführung des Betriebsrats

sicht fälschlich als abweichend zitiert wird]; **a. M.** *Wiese* 6. Aufl., § 30 Rn. 10 unter Hinweis auf *Belling* Haftung des Betriebsrats, 1990, S. 321 f., 355 ff.; allg. zur Haftung des Betriebsrats s. *Franzen* § 1 Rdn. 77 ff.; s. a. § 102 Rdn. 131). Anspruchsgrundlage können im Regelfall nur die Vorschriften des Deliktsrechts sein (insbesondere § 826 BGB; ähnlich *Richardi / Thüsing* vor § 26 Rn. 15). Dagegen lassen sich aus dem gesetzlichen Schuldverhältnis zwischen Arbeitgeber und Betriebsrat aufgrund seiner besonderen Zwecksetzung keine Schadensersatzansprüche des Arbeitgebers ableiten (s. *Franzen* § 1 Rdn. 78 m. w. N.).

11 Bisher noch weitgehend ungeklärt ist, ob dem Arbeitgeber ein **Unterlassungsanspruch** gegen den Betriebsrat zusteht, wenn dieser bei der Terminierung der Betriebsratssitzung die betrieblichen Notwendigkeiten außer Betracht lässt (diese Frage verneinend *LAG Berlin-Brandenburg* 18.03.2010 – 2 TaBV 2694/09 – juris, Rn. 23 ff.). Ein solcher Anspruch lässt sich nicht schon mit dem Hinweis darauf ausschließen, dass das Gesetz dem Arbeitgeber das Auflösungs- bzw. Ausschlussverfahren nach § 23 Abs. 1 zur Verfügung stelle (so aber wohl *LAG Berlin-Brandenburg* 18.03.2010 – 2 TaBV 2694/09 – juris, Rn. 25, wo darauf verwiesen wird, dass in »§ 23 Abs. 3« die »Sanktionen normiert [seien], die bei betriebsverfassungswidrigem Verhalten eintreten können«, was schon deshalb nicht stimmen kann, weil dort nur Ansprüche des Betriebsrats bzw. der Gewerkschaft gegen den Arbeitgeber geregelt sind; ähnlich *BAG* 17.03.2010 EzA § 74 BetrVG 2001 Nr. 1 Rn. 27). § 23 Abs. 1 hat für den Arbeitgeber eine vergleichbare Bedeutung wie § 23 Abs. 3 für den Betriebsrat (s. *Oetker* § 23 Rdn. 149 ff.; vgl. auch *Konzen* Leistungspflichten, S. 39 ff.; *Raab* Negatorischer Rechtsschutz, S. 87 f.). Beide Vorschriften sollen sicherstellen, dass jedenfalls grobe Verstöße gegen die betriebsverfassungsrechtliche Ordnung unterbunden werden können. Eine Ausschlusswirkung gegenüber sonstigen Rechtsbehelfen kommt ihnen nicht zu. Dies hat das *BAG* für Unterlassungsansprüche des Betriebsrats – zu Recht – ausdrücklich festgestellt (*BAG* 03.05.1994 AP Nr. 23 zu § 23 BetrVG 1972 *[Richardi]* = EzA § 23 BetrVG 1972 Nr. 36 *[Raab]* unter B II, st. Rspr.). Für § 23 Abs. 1 kann aber nichts Anderes gelten (s. *Oetker* § 23 Rdn. 161 f., 182; *Kreutz / Jacobs* § 74 Rdn. 128). Richtig ist allerdings, dass sich aus einem Verstoß gegen das Gebot der vertrauensvollen Zusammenarbeit nicht ohne Weiteres ein Anspruch auf Unterlassung des betriebsverfassungswidrigen Verhaltens ableiten lässt (so *LAG Berlin-Brandenburg* 18.03.2010 – 2 TaBV 2694/09 – juris, Rn. 24). Bei mitbestimmungswidrigem Verhalten des Arbeitgebers setzt dies vielmehr zusätzlich voraus, dass ein solcher Abwehranspruch nach Zweck und Systematik des Gesetzes zur Wahrung der betriebsverfassungsrechtlichen (Kompetenz-)Ordnung und zum Schutz der den Betriebspartnern zugewiesenen Verantwortungsbereiche geboten ist (s. hierzu *Raab* Negatorischer Rechtsschutz, S. 166 ff.; *ders.* ZfA 1997, 187 [197 ff., 205]; der Sache nach ebenso *BAG* 03.05.1994 AP Nr. 23 zu § 23 BetrVG 1972 unter B III 2a). Ob auf Seiten des Arbeitgebers ein solcher ergänzender Rechtsschutz geboten ist, lässt sich ebenfalls weder pauschal bejahen noch verneinen (anders offenbar – mit völlig unzureichender Begründung – *BAG* 17.03.2010 EzA § 74 BetrVG 2001 Nr. 1 Rn. 27 ff. mit Orientierungssatz 1; mit Recht abl. *Kreutz / Jacobs* § 74 Rdn. 127 ff., 143; *Oetker* § 23 Rdn. 18; *Raab* RdA 2017, Heft 5 unter III; *Reichold* RdA 2011, 58 [61 f.]). Allerdings ist insoweit zu beachten, dass dem Arbeitgeber – anders als dem Betriebsrat – nicht nur Kompetenzen im Rahmen der betriebsverfassungsrechtlichen Ordnung, sondern subjektive Rechte zustehen, die der Betriebsverfassung gleichsam vorgelagert und Ausfluss der grundrechtlich durch Art. 12 Abs. 1, 14 GG geschützten Unternehmerautonomie sind. Wenn und soweit Pflichten des Betriebsrats nicht die Wahrung der betriebsverfassungsrechtlichen Kompetenzordnung sichern, sondern dazu dienen sollen, diesen Freiheitsraum zu schützen und die Grenzen der Befugnisse des Betriebsrats zu dem dem Arbeitgeber vorbehaltenen Autonomiebereich zu definieren, geht es nicht um die Sicherung von Kompetenzen, sondern um den Schutz von subjektiven Rechten des Arbeitgebers. In diesen Fällen ergibt sich ein Unterlassungsanspruch bereits aus der Rechtszuweisung selbst, sofern ein solcher ergänzender Schutz nicht in Widerspruch zu der gesetzlichen Regelung stünde (hierzu näher *Raab* RdA 2017, Heft 6 unter IV; ähnlich, allerdings ohne die hier vorgenommene Differenzierung, *Lukes* Unterlassungsanspruch, S. 155 ff.). Bei einer Verletzung der Pflicht des Betriebsrats zur Berücksichtigung der betrieblichen Interessen im Rahmen des § 30 Satz 2 liegen die Voraussetzungen für einen solchen Unterlassungsanspruch vor (ebenso *Lukes* Unterlassungsanspruch, S. 293 ff.). Der Betriebsrat greift mit der Terminierung der Sitzungen in den Betriebsablauf und damit in die geschützte Interessensphäre des Arbeitgebers ein. Nach der Wertung des § 30 muss der Arbeitgeber solche Eingriffe und die damit verbundenen Beeinträchtigungen zwar hinnehmen, aber eben nur, wenn und soweit die betrieblichen Erfordernisse angemessen berücksichtigt werden. Ist dies nicht der Fall, muss der Arbeitgeber den rechtswidrigen Eingriff in seine Sphäre abwehren und die betriebsverfassungsmäßige Ordnung schützen bzw. wiederherstellen können. Es widerspräche den grundlegenden Wertentscheidungen des Gesetzes (s. etwa auch § 77 Abs. 1 Satz 2 BetrVG), wenn der Arbeitgeber rechtswidrige Störungen des Betriebsablaufs durch den Betriebsrat wehrlos hinnehmen müsste. Da dem Arbeitgeber andere Rechtsschutz- und Reaktionsmöglichkeiten nicht zu Gebote stehen (s. Rdn. 10), bedarf es eines ergänzenden Rechtsschutzes in Gestalt eines (näher *Raab* RdA 2017, Heft 6 unter V 2a aa) Unterlassungsanspruches. Dem entspricht es im Übrigen, wenn die ganz h. M. annimmt, dass der Arbeitgeber bei Verstößen gegen das Gebot der Rücksichtnahme dem Betriebsrat die Durchführung der Sitzung durch eine **einstweilige Verfügung** des Arbeitsgerichts untersagen lassen kann (§ 85 Abs. 2 ArbGG; *Fitting* § 30 Rn. 13; *Galperin/Löwisch* § 30 Rn. 6; *Glock/HWGNRH* § 30 Rn. 13; *Richardi/Thüsing* § 30 Rn. 19; *Stege/Weinspach/Schiefer* § 30 Rn. 2; *Wedde/DKKW* § 30 Rn. 7). Ein solcher Rechtsschutz setzt nämlich das Bestehen eines zu sichernden materiellen Verfügungsanspruchs voraus (vgl. nur *Walker* Der einstweilige Rechtsschutz im Zivilprozeß und im arbeitsgerichtlichen Verfahren, 1993, Rn. 115, 829).

Eine **Betriebsvereinbarung** über den Zeitpunkt von Betriebsratssitzungen ist mit Rücksicht auf die Regelung des § 30 nicht erforderlich (ebenso *Fitting* § 30 Rn. 9; *Galperin/Löwisch* § 30 Rn. 7). Eine freiwillige Betriebsvereinbarung über den regelmäßigen Zeitpunkt einzelner oder turnusmäßiger Sitzungen (Wochentag, Tageszeit) kann jedoch zweckmäßig sein und ist jedenfalls zulässig (ebenso *Galperin/Löwisch* § 30 Rn. 1; *Nikisch* III, S. 182; *Richardi/Thüsing* § 30 Rn. 7; *Wedde/DKKW* § 30 Rn. 4; a. M. *Fitting* § 30 Rn. 9; *Glock/HWGNRH* § 30 Rn. 11, die nur eine unverbindliche Abstimmung mit dem Arbeitgeber für zulässig halten). Dabei darf jedoch nicht von der zwingenden Bestimmung abgewichen werden, dass die Sitzungen in der Regel während der Arbeitszeit stattfinden, sofern nicht die in Rdn. 9 bezeichneten Ausnahmen vorliegen (ebenso *Fitting* § 30 Rn. 7; *Richardi/Thüsing* § 30 Rn. 7; *Wedde/DKKW* § 30 Rn. 4); eine gegen § 30 Satz 1 verstoßende Betriebsvereinbarung wäre nichtig. Der Betriebsrat darf auch durch zulässige Vereinbarungen über den Zeitpunkt von Betriebsratssitzungen nicht in der Wahrnehmung seiner Aufgaben behindert werden. Er kann daher auch außerordentliche Sitzungen aus besonderem Anlass zu einem anderen Zeitpunkt einberufen, falls dies erforderlich sein sollte (ebenso *Hässler* Geschäftsführung des Betriebsrates, S. 26; *Wedde/DKKW* § 30 Rn. 4; im Ergebnis auch *Fitting* § 30 Rn. 9).

2. Arbeitsbefreiung und Entgeltfortzahlung

Die **Mitglieder** des **Betriebsrats** nehmen aus eigenem Recht an den Betriebsratssitzungen teil und sind hierzu verpflichtet, bedürfen daher, auch wenn diese während der Arbeitszeit abgehalten werden, keiner Erlaubnis des Arbeitgebers. Der Arbeitsausfall eines Betriebsratsmitglieds ist jedenfalls als solcher kein Hinderungsgrund (*ArbG Frankfurt a. M.* 02.03.1988 AiB 1989, 78). Stehen nach Ansicht des Arbeitgebers der Teilnahme betriebliche Belange entgegen, muss er diese Auffassung gegenüber dem Betriebsrat als Organ geltend machen (*ArbG Frankfurt a. M.* 02.03.1988 AiB 1988, 309). Soweit Betriebsratsmitglieder nicht von ihrer beruflichen Tätigkeit nach § 38 freigestellt sind, müssen sie sich jedoch bei den zuständigen Vorgesetzten abmelden (s. *Weber* § 37 Rdn. 56 ff.; BAG 08.03.1957 AP Nr. 4 zu § 37 BetrVG Bl. 2; LAG Kiel 05.05.1970 BB 1970, 969; *Fitting* § 30 Rn. 8; *Galperin/Löwisch* § 30 Rn. 3; *Richardi/Thüsing* § 30 Rn. 2; *Wedde/DKKW* § 30 Rn. 9), nach Beendigung der Sitzung unverzüglich zurückmelden und die Arbeit wieder aufnehmen (vgl. *Fitting* § 30 Rn. 8; *Galperin/Löwisch* § 30 Rn. 3; *Nikisch* III, S. 183; *Wedde/DKKW* § 30 Rn. 9). Der Arbeitgeber ist grundsätzlich verpflichtet, bei der Gestaltung von Arbeitsort und Arbeitszeit der nicht freigestellten Betriebsratsmitglieder auf die Sitzungstermine Rücksicht zu nehmen, um diesen die Teilnahme zu ermöglichen. Dies gilt freilich nur, soweit nicht dringende betriebliche Belange entgegenstehen oder die Probleme durch eine entsprechende Terminierung der Sitzungen behoben werden können (*LAG Köln* 17.04.2002 BB 2002, 2680). Das **Arbeitsentgelt** ist den Betriebsratsmitgliedern für die Zeit des Arbeitsversäumnisses, die durch die Teilnahme an der Sitzung bedingt ist, **fortzuzahlen** (§ 37 Abs. 2, vgl. *Weber* § 37 Rdn. 64 ff.).

Aus eigenem Recht unter Fortzahlung des Arbeitsentgelts nehmen auch die **Jugend- und Auszubildendenvertreter** (§ 67 Abs. 1) und die **Schwerbehindertenvertretung** (§ 32 BetrVG, § 178 Abs. 4 Satz 1 SGB IX [bis 01.01.2018: § 95 Abs. 4 Satz 1 SGB IX], § 179 Abs. 4 Satz 1 SGB IX [bis

01.01.2018: § 96 Abs. 4 Satz 1 SGB IX]) an den Betriebsratssitzungen teil. Für die Hinzuziehung von **Sachverständigen** zur Sitzung des Betriebsrats bedarf es nach § 80 Abs. 3 der näheren Vereinbarung mit dem Arbeitgeber. Diese begründet bei Arbeitnehmern des Betriebs einen Anspruch auf Arbeitsbefreiung unter Fortzahlung des Arbeitsentgelts (ebenso *Richardi / Thüsing* § 30 Rn. 2). Entsprechendes gilt bei der Hinzuziehung sachkundiger Arbeitnehmer (§ 80 Abs. 2 Satz 3) oder sonstiger Auskunftspersonen. Besteht in Bezug auf diese Arbeitnehmer keine Vereinbarung mit dem Arbeitgeber, so muss der Arbeitgeber Arbeitsbefreiung erteilen. Durch **einstweilige Verfügung** kann erwirkt werden, dass der Arbeitgeber vom Betriebsrat eingeladene betriebsangehörige Arbeitnehmer von der Verpflichtung zur Arbeitsleistung freistellt und ihnen die Teilnahme an der Betriebsratssitzung gestattet (*ArbG Frankfurt a. M.* 16.09.1988 AiB 1989, 14 f.).

15 Soweit **Betriebsratssitzungen** wegen betrieblicher Notwendigkeiten **außerhalb** der **Arbeitszeit** stattfinden müssen, haben die Betriebsratsmitglieder Anspruch auf entsprechende **Arbeitsbefreiung** unter Fortzahlung des **Arbeitsentgelts**; nur wenn dies aus betriebsbedingten Gründen nicht möglich ist, besteht ein Anspruch auf Vergütung der aufgewendeten Zeit wie Mehrarbeit (§ 37 Abs. 3 Satz 1, vgl. *Weber* § 37 Rdn. 81 ff.). Entsprechendes gilt, wenn eine Betriebsratssitzung wegen der unterschiedlichen Arbeitszeiten der Betriebsratsmitglieder – z. B. wenn Betriebsratsmitglieder in Wechselschichten arbeiten – während der Freizeit eines Betriebsratsmitglieds stattfindet (vgl. die gesetzliche Klarstellung in § 37 Abs. 3 Satz 2; ebenso bereits zur früheren Rechtslage *Wiese* 6. Aufl., § 30 Rn. 14, § 37 Rn. 73). Die gleichen Grundsätze gelten auch für die **Jugend- und Auszubildendenvertreter** (§ 67 Abs. 1). Zur Erstattung von Fahrtkosten vgl. *Weber* § 40 Rdn. 50, zur Rechtslage nach dem BetrVG 1952 *Dietz* § 30 Rn. 10a.

3. Verständigung des Arbeitgebers

16 Der Arbeitgeber ist vom **Zeitpunkt** jeder – auch einer plötzlich notwendigen – Sitzung vorher zu verständigen (Satz 3), und zwar ohne Rücksicht darauf, ob er selbst nach § 29 Abs. 4 Satz 1 eingeladen wird. Die Mitteilung darf nicht zur Unzeit erfolgen (*Witt* Die betriebsverfassungsrechtliche Kooperationsmaxime und der Grundsatz von Treu und Glauben [Diss. Mannheim], 1987, S. 79). Der Arbeitgeber hat nur einen Anspruch auf Information; die Festsetzung des Zeitpunktes der Sitzung ist nicht von seiner Zustimmung abhängig. Er kann sie daher auch nicht verbieten und darf sie nicht behindern, ist aber berechtigt, auf die betrieblichen Notwendigkeiten hinzuweisen und im Hinblick darauf um eine Verschiebung der Sitzung zu bitten (ebenso *Glock / HWGNRH* § 30 Rn. 16; *Richardi / Thüsing* § 30 Rn. 6). Zur Frage des Rechtsschutzes, wenn der Betriebsrat die betrieblichen Notwendigkeiten nicht beachtet, s. Rdn. 10 f.

17 Die Unterrichtung beschränkt sich auf den Zeitpunkt der Sitzung. Der Arbeitgeber hat aufgrund des § 30 keinen Anspruch auf Mitteilung der **Tagesordnung** (ebenso *LAG Hamm* 08.06.1978 EzA § 37 BetrVG 1972 Nr. 58 S. 242; *Fitting* § 30 Rn. 14; *Galperin / Löwisch* § 30 Rn. 8; *Glock / HWGNRH* § 30 Rn. 15; *Wedde / DKKW* § 30 Rn. 10); diese ist ihm nur bei Sitzungsteilnahme (§ 29 Abs. 4) für die in seiner Gegenwart zu behandelnden Gegenstände zu übersenden (vgl. § 29 Rdn. 47). Die Unterrichtung soll nur dem Arbeitgeber Gelegenheit geben, sich auf die Sitzung einzustellen, um gegebenenfalls Maßnahmen wegen der Verhinderung der Betriebsratsmitglieder, der Jugend- und Auszubildendenvertreter (§ 67 Abs. 1) und der Schwerbehindertenvertretung (§ 32) ergreifen zu können. Deshalb genügt bei regelmäßigen Betriebsratssitzungen, die stets zur gleichen bestimmten Zeit abgehalten werden, die einmalige Unterrichtung des Arbeitgebers (ebenso *ArbG Hamburg* 08.09.1999 AiB 2000, 102; *Glock / HWGNRH* § 30 Rn. 15; *Kreft / WPK* § 30 Rn. 5). Beruht die Festlegung des Zeitpunktes auf einer Vereinbarung mit dem Arbeitgeber (vgl. Rdn. 12), so bedarf es überhaupt keiner Unterrichtung.

18 Die schuldhafte **Unterlassung** der **Unterrichtung** des Arbeitgebers hat keinen Einfluss auf die Wirksamkeit der vom Betriebsrat gefassten Beschlüsse. Der Arbeitgeber kann auch nicht das Arbeitsentgelt der Teilnehmer an der Betriebsratssitzung kürzen (ebenso *Fitting* § 30 Rn. 15; *Galperin / Siebert* § 30 Rn. 8; *Glock / HWGNRH* § 30 Rn. 18; *Wedde / DKKW* § 30 Rn. 10). Er kann jedoch Schadensersatzansprüche geltend machen, falls er durch die fehlende Unterrichtung notwendige betriebliche Dispositionen unterlassen hat und ihm dadurch ein Schaden entstanden ist (ebenso *Fitting* § 30 Rn. 15;

Galperin/Löwisch § 30 Rn. 9; *Kammann/Hess/Schlochauer* § 30 Rn. 12; *Kreft/WPK* § 30 Rn. 5; **a. M.** *Glock/HWGNRH* § 30 Rn. 14, 18; *Wedde/DKKW* § 30 Rn. 10). Ein solcher Anspruch kann sich aus § 823 Abs. 2 BGB ergeben, da die Informationspflicht des § 30 Satz 3 gerade den Schutz des Arbeitgebers vor Vermögensschäden infolge von Betriebsstörungen zum Ziel hat, der Vorschrift also der Charakter eines Schutzgesetzes zugunsten des Arbeitgebers zukommt (zu den Anforderungen an die Schutzgesetzeigenschaft *Soergel/Spickhoff* BGB, 13. Aufl., § 823 Rn. 191 ff., insbesondere 197 ff.; *Wagner/MK-BGB* § 823 Rn. 418 f.). Der Arbeitgeber kann darüber hinaus auch eine **nachträgliche Unterrichtung** über den Zeitpunkt der Sitzung verlangen (wie hier *Kreft/WPK* § 30 Rn. 5; *Richardi/Thüsing* § 30 Rn. 8; **a. M.** *ArbG Hamburg* 08.09.1999 AiB 2000, 102; *Fitting* § 30 Rn. 14). Zwar kann die nachträgliche Information ihren primären Zweck nicht mehr erfüllen. Sie wird dadurch für den Arbeitgeber aber nicht sinn- und gegenstandslos. Der Zeitablauf führt daher nicht zum Wegfall des Erfüllungsanspruches.

4. Nichtöffentlichkeit

Die Sitzungen des Betriebsrats sind nicht öffentlich (§ 30 Satz 4). Damit soll eine sachliche Beratung, unbeeinflusst von nicht zur Teilnahme berechtigten Personen, gewährleistet werden. Es ist keine Stimme bekannt, die bei der Neufassung des BetrVG eine Änderung der schon in § 30 BetrVG 1952 und § 30 Abs. 1 Satz 2 BRG 1920 enthaltenen Regelung gefordert hätte. Nichtöffentlichkeit bedeutet, dass an den Sitzungen des Betriebsrats außer dessen Mitgliedern bzw. Ersatzmitgliedern **nur diejenigen Personen teilnehmen dürfen, denen es aufgrund gesetzlicher Regelung gestattet** ist. Das sind (vgl. i. E. § 29 Rdn. 39 ff.) die Jugend- und Auszubildendenvertreter nach Maßgabe des § 67 Abs. 1, die Schwerbehindertenvertretung (§ 32), gegebenenfalls der Vertrauensmann der Zivildienstleistenden (§ 3 Abs. 1 ZDVG), der Arbeitgeber (§ 29 Abs. 4 Satz 1), sein Vertreter und ggf. vom Arbeitgeber hinzugezogene Sachbearbeiter (s. § 29 Rdn. 73 f.), Beauftragte der Gewerkschaften (§ 31), Vertreter der Arbeitgebervereinigung des Arbeitgebers (§ 29 Abs. 4 Satz 2) sowie der Sprecherausschuss der leitenden Angestellten oder einzelne seiner Mitglieder nach Maßgabe des § 2 Abs. 2 Satz 2 SprAuG; für den Unternehmenssprecherausschuss und seine Mitglieder gilt Entsprechendes (vgl. § 20 Abs. 4 SprAuG). Auch eine **Lautsprecherübertragung** in andere, Dritten zugängliche Räume scheidet aus (vgl. *Neumann-Duesberg* S. 253). Umstritten ist, ob **Konferenzschaltungen** (etwa per Bildtelefon, Videoübertragung oder per Internet [sog. Online-Chats]) mit dem Grundsatz der Nichtöffentlichkeit unvereinbar sind. Hierfür wird angeführt, dass bei einem solchen Übertragungsweg ebenfalls nicht ausgeschlossen werden könne, dass der Inhalt der Besprechung von nicht Teilnahmeberechtigten wahrgenommen werde (vgl. *Reitze* Der Betriebsratsbeschluss, S. 48 f.; zust. *Jesgarzewski/Holzendorf* NZA 2012, 1021 [1022]; *Wedde/DKKW* § 33 Rn. 11; ebenso hier 10. Aufl. Rn. 19; für die Zulässigkeit dagegen *Butz/Pleul* AuA 2011, 213 [214]; *Fündling/Sorber* NZA 2017, 552 [556]; für Zulässigkeit in Ausnahmefällen auch *Fitting* § 33 Rn. 21b). Dem wird zu Recht entgegengehalten, dass allein das Risiko einer Verletzung des Grundsatzes der Nichtöffentlichkeit nicht ohne Weiteres zur generellen Unzulässigkeit führen kann, zumal mit den heutigen technischen Mitteln ein Mitverfolgen der Sitzung durch unbefugte Dritte auch bei gleichzeitiger Anwesenheit aller Betriebsratsmitglieder in einem Raum ermöglicht werden kann (etwa durch die heimliche Übertragung der Sitzung mittels Mobiltelefon durch ein anwesendes Mitglied; zutr. *Fündling/Sorber* NZA 2017, 552 [556]). Aus § 30 Satz 4 folgt daher lediglich, dass im Falle solcher Konferenzschaltungen durch entsprechende technische Vorkehrungen dafür Sorge getragen werden muss, dass ein Mithören durch Dritte ausgeschlossen ist (so jetzt auch § 41a Abs. 2 Nr. 2 EBRG, eingefügt durch Art. 5 des Gesetzes vom 17.07.2017 BGBl. I, S. 2509). Zu der – hiervon zu trennenden – Frage, ob eine Beratung und Beschlussfassung mit den Grundsätzen der internen Willensbildung vereinbar ist, s. § 33 Rdn. 12. Zur Teilnahme des Vorsitzenden des Wahlvorstands an der konstituierenden Sitzung des Betriebsrats vgl. § 29 Rdn. 16.

Der Betriebsrat kann ferner bei einzelnen Fragen nach Maßgabe des § 80 Abs. 3 **Sachverständige** zu den Sitzungen hinzuziehen, soweit dies zur ordnungsgemäßen Erfüllung seiner Aufgaben erforderlich ist. Eine Einschränkung auf die Hinzuziehung außerhalb der Sitzungen des Betriebsrats ist dem Gesetz nicht zu entnehmen. Jedoch muss nicht nur die Hinzuziehung des Sachverständigen überhaupt, sondern gerade auch die Hinzuziehung zur Sitzung erforderlich sein. Die nähere Vereinbarung mit dem

Arbeitgeber bezieht sich nur auf die Hinzuziehung des Sachverständigen, nicht auf seine Teilnahme an der Betriebsratssitzung, weil der Arbeitgeber auf deren Durchführung keinen Einfluss hat. Die Sachverständigen – z. B. in Angelegenheiten des Arbeitsschutzes, Gewerbeaufsichtsbeamte oder Aufsichtspersonen der Unfallversicherungsträger – sollen den Betriebsrat beraten. Sie dürfen daher während der Beratung des Tagesordnungspunktes, zu dem sie geladen sind, anwesend sein, um Fragen zu beantworten, ohne sich selbst an der Beratung zu beteiligen (ebenso *Fitting* § 30 Rn. 19; *Glock/HWGNRH* § 30 Rn. 23; *Richardi/Thüsing* § 30 Rn. 13).

21 **Sonstige Auskunftspersonen** darf der Betriebsrat in einer Betriebsratssitzung zu einzelnen Fragen **anhören**, wenn hierfür ein sachliches Bedürfnis besteht. Hierzu zählen auch die sachkundigen Arbeitnehmer, die gem. § 80 Abs. 2 Satz 3 vom Arbeitgeber zur Verfügung zu stellen sind (*Fitting* § 30 Rn. 17; *Glock/HWGNRH* § 30 Rn. 22; *Kreft/WPK* § 30 Rn. 6; *Reichold/HWK* § 30 BetrVG Rn. 5; *Richardi/Thüsing* § 30 Rn. 13). Hinsichtlich des Teilnahmerechtes solcher Auskunftspersonen ist allerdings zwischen den verschiedenen Gruppen von Auskunftspersonen zu unterscheiden. Die Auskunftspersonen gem. § 80 Abs. 2 Satz 3 haben im Verhältnis zum Betriebsrat eine ähnliche Beratungsfunktion wie die Sachverständigen und unterliegen ebenso wie diese der (durch § 120 Abs. 1 Nr. 3b strafbewehrten) besonderen Geheimhaltungspflicht (§§ 80 Abs. 4, 79 Abs. 2). Deshalb steht ihnen ein Teilnahmerecht auch während der Beratung des Tagesordnungspunktes zu, bei dem ihre Unterstützung benötigt wird. Andere Auskunftspersonen haben ein Teilnahmerecht nur für die Dauer der Befragung durch den Betriebsrat. Dagegen dürfen sie während der Beratung der Angelegenheit durch den Betriebsrat nicht anwesend sein, da dies dem gesetzlichen Prinzip der Nichtöffentlichkeit widersprechen würde (**a. M.**, also für ein Teilnahmerecht der sonstigen Auskunftspersonen auch während der Beratung, *Fitting* § 30 Rn. 19; *Galperin/Löwisch* § 30 Rn. 13; *Glock/HWGNRH* § 30 Rn. 23; *Richardi/Thüsing* § 30 Rn. 13; wie hier für Belegschaftsangehörige, die lediglich in eigener Sache oder als Zeugen gehört werden, *Kammann/Hess/Schlochauer* § 30 Rn. 15). Hierfür spricht auch die Tatsache, dass sich die Geheimhaltungspflicht des § 80 Abs. 4 nach der gesetzlichen Systematik nur auf die in § 80 Abs. 2 Satz 3 genannten Auskunftspersonen bezieht. Ein Teilnahmerecht ohne (strafbewehrte) Geheimhaltungspflicht ist aber mit den Grundprinzipien des Gesetzes unvereinbar.

22 Über den genannten Personenkreis hinaus ist eine **Hinzuziehung weiterer Personen unzulässig**. Das gilt z. B. auch für einen Vertrauensmann der ausländischen Arbeitnehmer (*Brill* BB 1978, 1574 [1575]). Die zwingende Vorschrift gibt dem Betriebsrat nicht das Recht, von sich aus oder im Einvernehmen mit dem Arbeitgeber im konkreten Fall oder generell für bestimmte Angelegenheiten Ausnahmen zuzulassen (ebenso *Fitting* § 30 Rn. 16; *Galperin/Löwisch* § 30 Rn. 10; *Glock/HWGNRH* § 30 Rn. 19; *Wedde/DKKW* § 30 Rn. 13). **Ersatzmitglieder** dürfen an Sitzungen nur teilnehmen, wenn sie gem. § 25 Abs. 1 für ein ausgeschiedenes Betriebsratsmitglied nachgerückt sind oder ein zeitweilig verhindertes Betriebsratsmitglied vertreten (ebenso *Fitting* § 30 Rn. 16; *Galperin/Löwisch* § 30 Rn. 10; *Kreft/WPK* § 30 Rn. 6; *Richardi/Thüsing* § 30 Rn. 12; weitergehend *Löwisch* § 30 Rn. 4).

23 Auch als **Protokollführer** kann nur ein Betriebsratsmitglied teilnehmen (vgl. § 34 Rdn. 8; ebenso für den Wirtschaftsausschuss *BAG* 17.10.1990 EzA § 40 BetrVG 1972 Nr. 65 S. 4; *Richardi/Thüsing* § 30 Rn. 14, § 34 Rn. 6, der aber die Hinzuziehung einer **Schreibkraft** zur Unterstützung für zulässig hält; ihm folgend *Fitting* § 34 Rn. 11; *Wedde/DKKW* § 30 Rn. 13, § 34 Rn. 9; wohl auch *Nikisch* III, S. 185 Fn. 42; *Stege/Weinspach/Schiefer* § 30 Rn. 6; für Hinzuziehung einer Schreibkraft als Protokollführer *ArbG Frankfurt a. M.* 09.01.1997 DB 1997, 1723; *Galperin/Löwisch* § 30 Rn. 13, § 34 Rn. 8; wie hier dagegen *Dietz* § 33 Rn. 5; *Glock/HWGNRH* § 30 Rn. 24 [seit 4. Aufl.]; ebenso zum Bundespersonalvertretungsgesetz *BVerwG* 14.07.1977 BVerwGE 54, 195; *Jacobs/RDW* § 41 Rn. 9; *Windscheid* PersV 1978, 118; **a. M.** *von Friesen* PersV 1978, 119). Inwiefern in größeren Betriebsräten mit einer umfangreichen Tagesordnung der Betriebsratssitzung die Hinzuziehung einer Schreibkraft »in der Regel unerlässlich« sein sollte (so *Fitting* § 34 Rn. 11), ist nicht ersichtlich. Die abgelehnte Auffassung kann insbesondere nicht auf § 40 Abs. 2 gestützt werden (so aber *Richardi/Thüsing* § 34 Rn. 6; wie hier seit 4. Aufl. *Glock/HWGNRH* § 30 Rn. 24, § 34 Rn. 10). Diese Bestimmung regelt weder die Zulassung von Büropersonal zu Sitzungen des Betriebsrats, noch bestimmt sie, dass der Arbeitgeber für die Sitzungen des Betriebsrats Büropersonal zur Verfügung zu stellen habe.

24 Verstößt der Betriebsrat gegen den Grundsatz der Nichtöffentlichkeit, so handelt er **pflichtwidrig**. Das kann Sanktionen nach § 23 Abs. 1 auslösen. Auf die Wirksamkeit der in der Sitzung gefassten Be-

schlüsse des Betriebsrats hat der Verstoß jedoch nur dann Auswirkungen, wenn er als wesentlicher Verfahrensverstoß anzusehen ist (s. § 33 Rdn. 52, 61). Durch die bloße Anwesenheit nicht zugelassener Personen wird ein solcher wesentlicher Verstoß jedenfalls dann nicht begründet, wenn kein Betriebsratsmitglied die Anwesenheit gerügt hat (*BAG* 30.09.2014 EzA § 34 BetrVG 2001 Nr. 2 Rn. 49 ff.). Das Gebot der Nichtöffentlichkeit soll sicherstellen, dass die Betriebsratsmitglieder ihre Argumente offen und unbefangen austauschen können, ohne darauf Rücksicht nehmen zu müssen, welcher Eindruck hierdurch in der (Betriebs-)Öffentlichkeit entsteht und ohne durch unbefugte Dritte hierbei beeinflusst zu werden (s. Rdn. 19). Dieser Schutz soll den Betriebsratsmitgliedern aber nicht gegen ihren Willen aufgezwungen werden. Deshalb bedarf es konkreter Hinweise darauf, dass die Teilnahme Dritter die Unbefangenheit der Beratung und Beschlussfassung beeinträchtigen kann, um aus dem Verstoß gegen die Nichtöffentlichkeit Folgen für die Wirksamkeit des Beschlusses abzuleiten. Notwendige Voraussetzung für einen wesentlichen Verfahrensverstoß ist daher, dass mindestens ein Mitglied vor der Behandlung eines Tagesordnungspunkts die Anwesenheit einer nicht teilnahmeberechtigten Person ausdrücklich beanstandet hat und diese dennoch weiterhin an der Sitzung teilnimmt (*BAG* 30.09.2014 EzA § 34 BetrVG 2001 Nr. 2 Rn. 51). Die entsprechende Rüge ist in die Niederschrift aufzunehmen (vgl. § 34 Rdn. 16). Ist die Anwesenheit nicht gerügt worden, kann sich Unwirksamkeit des Beschlusses allerdings daraus ergeben, dass die nicht teilnahmeberechtigte Person auf die Beschlussfassung konkret Einfluss genommen hat (vgl. § 33 Rdn. 61).

5. Geheimhaltungspflicht

Die Geheimhaltungspflicht über **Betriebs-** oder **Geschäftsgeheimnisse**, die in der Sitzung des Betriebsrats erörtert worden sind, trifft nach Maßgabe des § 79 Abs. 1 nicht nur die Betriebsrats- und Ersatzmitglieder, sondern auch die teilnehmenden Jugend- und Auszubildendenvertreter, die Vertreter von Gewerkschaften und Arbeitgebervereinigungen (§ 79 Abs. 2), die Schwerbehindertenvertretung (vgl. § 32 Rdn. 17), die nach § 80 Abs. 3 Satz 1 hinzugezogenen Sachverständigen sowie die nach § 80 Abs. 2 Satz 3 als Auskunftspersonen zur Verfügung gestellten sachkundigen Arbeitnehmer (§ 80 Abs. 4). Bei Verletzung dieser Pflicht machen sich die genannten Personen außer der Schwerbehindertenvertretung (vgl. aber § 32 Rdn. 17) nach § 120 Abs. 1 Nr. 1 bis 3b strafbar; die Tat wird jedoch nur auf zurücknehmbaren Antrag verfolgt (§ 120 Abs. 5; § 77d Abs. 1 Satz 1 StGB). 25

Die **Geheimhaltungspflicht anderer Personen** über Betriebs- und Geschäftsgeheimnisse kann sich aus dem Rechtsverhältnis ergeben, in dem sie stehen (ebenso *Fitting* § 30 Rn. 20; *Glock/HWGNRH* § 30 Rn. 24, 26; *Richardi/Thüsing* § 30 Rn. 15), und bei Verletzung einen Anspruch auf Schadensersatz begründen. Das kommt nach der hier vertretenen Auffassung (s. Rdn. 20) allerdings nur für die vom Arbeitgeber hinzugezogenen Sachbearbeiter (s. § 29 Rdn. 74) in Betracht, weil andere Personen außer den Sachverständigen und den sachkundigen Arbeitnehmern nach § 80 Abs. 2 Satz 3, für die schon § 80 Abs. 4 gilt, nur angehört werden dürfen. Für Sachbearbeiter folgt die Geheimhaltungspflicht aus ihrem Arbeitsverhältnis (vgl. auch *Oetker* § 79 Rdn. 26, 88 f.). Damit erübrigt es sich anzunehmen, der Betriebsrat sei verpflichtet, dafür zu sorgen, dass die nicht schon nach dem Gesetz zur Geheimhaltung verpflichteten Personen keine Betriebs- oder Geschäftsgeheimnisse erfahren (so *Fitting* § 30 Rn. 20; *Kreft/WPK* § 30 Rn. 7; *Richardi/Thüsing* § 30 Rn. 15). 26

Die unbefugte Offenbarung von **Geheimnissen einzelner Arbeitnehmer** durch Mitglieder und Ersatzmitglieder des Betriebsrats oder die in § 79 Abs. 2 bezeichneten Personen ist ferner nach Maßgabe des § 120 Abs. 2 strafbar (vgl. auch *Oetker* § 79 Rdn. 82 f.); die Tat wird nur auf zurücknehmbaren Antrag des Arbeitnehmers verfolgt (§ 120 Abs. 5; § 77d Abs. 1 Satz 1 StGB). Unabhängig davon kann eine Verletzung des Persönlichkeitsrechts der Eigen- oder Geheimsphäre des Arbeitnehmers vorliegen, wenn Personen die in einer Betriebsratssitzung erlangten Kenntnisse über diesen Bereich unbefugt offenlegen (vgl. *Oetker* § 79 Rdn. 97; *Hitzfeld* Geheimnisschutz im Betriebsverfassungsrecht [Diss. Mannheim], 1990, S. 118 ff.; *Neumann-Duesberg* BB 1957, 715 [718]; ders. Betriebsverfassungsrecht, S. 293; *Wiese* ZfA 1971, 273 [299 ff., 310 f.]). Die Verschwiegenheitspflicht nach § 99 Abs. 1 Satz 3, § 102 Abs. 2 Satz 5 ist nicht nur auf Betriebsratsmitglieder, sondern entsprechend auch auf die sonstigen Sitzungsteilnehmer anzuwenden (ebenso *Richardi/Thüsing* § 30 Rn. 16; **a. M.** *Glock/HWGNRH* § 30 Rn. 27). Eine analoge Anwendung der Strafvorschrift des § 120 Abs. 2 kommt allerdings nach allgemeinen Grundsätzen nicht in Betracht (vgl. Art. 103 Abs. 2 GG). 27

28 Über diesen Rahmen hinaus besteht **keine** aus der Nichtöffentlichkeit ableitbare **allgemeine Verschwiegenheitspflicht** der Teilnehmer über Gegenstände einer Betriebsratssitzung (ebenso *BAG* 05.09.1967 AP Nr. 8 zu § 23 BetrVG Bl. 6 ff.; 21.02.1978 AP Nr. 1 zu § 74 BetrVG 1972 Bl. 8 R; *Fitting* § 30 Rn. 21; *Galperin/Löwisch* § 30 Rn. 15; *Glock/HWGNRH* § 30 Rn. 28; *Hitzfeld* Geheimnisschutz im Betriebsverfassungsrecht [Diss. Mannheim], 1990, S. 149 ff.; *Reichold/HWK* § 30 BetrVG Rn. 5; *Kreft/WPK* § 30 Rn. 7; *Richardi/Thüsing* § 30 Rn. 17; *Wedde/DKKW* § 30 Rn. 14). Der Betriebsrat kann auch nicht den Teilnehmern eine besondere Verschwiegenheitspflicht über vertrauliche Angelegenheiten auferlegen (ebenso *LAG München* 15.11.1977 DB 1978, 894 [895]; *Glock/HWGNRH* § 30 Rn. 27; *Kreft/WPK* § 30 Rn. 7; *Wedde/DKKW* § 30 Rn. 14; **a. M.** *Fitting* § 30 Rn. 20; *Kammann/Hess/Schlochauer* § 30 Rn. 17; *Weiss/Weyand* § 30 Rn. 11), d. h. originär begründen. Jedoch kann hinsichtlich einzelner Gegenstände **ein schutzwürdiges Interesse** des Arbeitgebers, anderer Personen oder des Betriebsrats selbst **an der vertraulichen Behandlung** bestehen, z. B. um die Funktionsfähigkeit des Betriebsrats zu gewährleisten (*BAG* 05.09.1967 AP Nr. 8 zu § 23 BetrVG 1972 Bl. 7; *Fitting* § 30 Rn. 21; *Glock/HWGNRH* § 30 Rn. 29; *Reichold/HWK* § 30 BetrVG Rn. 5; *Wedde/DKKW* § 30 Rn. 15). Insbesondere darf der Zweck der Nichtöffentlichkeit der Sitzung nicht durch spätere Veröffentlichung von Interna der Beratungen vereitelt werden. Der Sinn der nichtöffentlichen Sitzung besteht u. a. darin, den Teilnehmern ein »offenes Wort« ohne Rücksicht auf dessen Wirkung in der (betrieblichen) Öffentlichkeit zu ermöglichen. Aus diesem Grunde dürfte es sich im Hinblick auf die Funktionsfähigkeit des Betriebsrats verbieten, dass Betriebsratsmitglieder Details über Inhalt und Ablauf der Beratungen offenlegen, etwa Äußerungen einzelner Teilnehmern zitieren oder über deren Abstimmungsverhalten berichten (ähnlich *Richardi/Thüsing* § 30 Rn. 17: zulässig seien nur abstrakte Wertungen und Beurteilungen). Sofern solche besonderen Interessen bestehen, darf hierauf besonders hingewiesen werden. Eine Missachtung der Vertraulichkeit in diesen Fällen kann eine grobe Verletzung der Pflicht zur vertrauensvollen Zusammenarbeit nach § 2 Abs. 1 darstellen und gegen Betriebsratsmitglieder Sanktionen nach § 23 Abs. 1, umgekehrt aber auch gegen den Arbeitgeber nach § 23 Abs. 3 auslösen, wenn sie vertrauliche Überlegungen des Betriebsrats pflichtwidrig offenbaren. Die Voraussetzungen einer Bestrafung nach § 119 Abs. 1 Nr. 2 dürften nur selten vorliegen. Zur Mitteilung über das Abstimmungsverhalten von Betriebsratsmitgliedern vgl. § 35 Rdn. 31.

III. Streitigkeiten

29 Streitigkeiten im Zusammenhang mit der Abhaltung von Sitzungen, insbesondere über deren Zeitpunkt unter Berücksichtigung betrieblicher Notwendigkeiten und die Teilnahme bzw. Hinzuziehung, entscheiden die Arbeitsgerichte im Beschlussverfahren (§ 2a Abs. 1 Nr. 1, Abs. 2, §§ 80 ff. ArbGG).

§ 31
Teilnahme der Gewerkschaften

Auf Antrag von einem Viertel der Mitglieder des Betriebsrats kann ein Beauftragter einer im Betriebsrat vertretenen Gewerkschaft an den Sitzungen beratend teilnehmen; in diesem Fall sind der Zeitpunkt der Sitzung und die Tagesordnung der Gewerkschaft rechtzeitig mitzuteilen.

Literatur
Klosterkemper Das Zugangsrecht der Gewerkschaften zum Betrieb, 1980. Vgl. ferner vor § 2 und vor § 26.

Inhaltsübersicht

		Rdn.
I.	Vorbemerkung	1–6
II.	Teilnahme von Gewerkschaftsbeauftragten an Betriebsratssitzungen	7–27

1. Antrag und Betriebsratsbeschluss	7–12
2. Beauftragte der im Betriebsrat vertretenen Gewerkschaften	13, 14
3. Einladung der Gewerkschaftsbeauftragten	15
4. Teilnahme- und Beratungsrecht	16–25
5. Geheimhaltungspflicht	26, 27
III. Streitigkeiten	28

I. Vorbemerkung

Nach § 31 BetrVG 1952 war die Hinzuziehung eines Beauftragten einer im Betrieb vertretenen Gewerkschaft zu Sitzungen des Betriebsrats nur auf Antrag eines Viertels der Mitglieder des Betriebsrats zulässig. Das BetrVG 1972 hatte zunächst im Interesse der Verstärkung des Minderheitenschutzes vorgesehen, dass auch ein Antrag der Mehrheit einer Gruppe des Betriebsrats genügt. Diese Regelung ist nunmehr durch das BetrVerf-ReformG vom 23.07.2001 (BGBl. I, S. 1852) als Folge der Aufhebung des Gruppenprinzips (vgl. *Reg. Begr.* BT-Drucks. 14/5741, S. 40 sowie § 26 Rdn. 1, § 27 Rdn. 4) wieder gestrichen worden, wodurch nunmehr insoweit der vor 1972 bestehende Rechtszustand wiederhergestellt ist. Durch das BetrVG 1972 neu eingeführt worden ist ferner die Bestimmung, dass bei Vorliegen eines Antrags auf Hinzuziehung eines Gewerkschaftsbeauftragten der betreffenden Gewerkschaft der Zeitpunkt der Sitzung und die Tagesordnung rechtzeitig mitzuteilen sind. Dadurch soll es dem Gewerkschaftsbeauftragten möglich sein, sich ordnungsgemäß auf die Betriebsratssitzung vorzubereiten (amtliche Begründung, BR-Drucks. 715/70, S. 40). Allgemein zum Zusammenwirken von Betriebsrat und Gewerkschaften s. *Franzen* § 2 Rdn. 22 ff. **1**

Die Vorschrift gilt entsprechend für Sitzungen des **Gesamtbetriebsrats** (§ 51 Abs. 1 Satz 1), des **Konzernbetriebsrats** (§ 59 Abs. 1), der **Jugend- und Auszubildendenvertretung** (§ 65 Abs. 1), der **Gesamt-Jugend- und Auszubildendenvertretung** (§ 73 Abs. 2), der **Konzern-Jugend- und Auszubildendenvertretung** (§ 73b Abs. 2), der **Bordvertretung** (§ 115 Abs. 4 Satz 1) und des **Seebetriebsrats** (§ 116 Abs. 3). Sie gilt außerdem entsprechend für eine **anderweitige Vertretung der Arbeitnehmer** nach § 3 Abs. 1 Nr. 1 bis 3, weil diese an die Stelle des Betriebsrats tritt (§ 3 Abs. 5 sowie *Franzen* § 3 Rdn. 61; ebenso *Fitting* § 31 Rn. 2; *Glock/HWGNRH* § 31 Rn. 3; *Kreft/WPK* § 31 Rn. 1). Bei einer **zusätzlichen Vertretung der Arbeitnehmer** nach § 3 Abs. 1 Nr. 4 und 5 können die Tarifpartner die Teilnahme von Gewerkschaftsvertretern an den Sitzungen regeln (vgl. *Fitting* § 31 Rn. 2; *Kreft/WPK* § 31 Rn. 1; *Wedde/DKKW* § 31 Rn. 2; **a. M.** *Glock/HWGNRH* § 31 Rn. 3). Zum Teilnahmerecht der Gewerkschaft an Sitzungen des besonderen Verhandlungsgremiums oder des Europäischen Betriebsrats kraft Gesetzes s. *Oetker* § 13 EBRG Rdn. 17 f., § 39 EBRG Rdn. 12. **2**

Die Vorschrift gilt entsprechend für den **Betriebsausschuss** (§ 27) und die **anderen Ausschüsse** (§ 28) (vgl. *BAG* 18.11.1980, 25.06.1987 AP Nr. 2 Bl. 2 R, Nr. 6 Bl. 2 ff. zu § 108 BetrVG 1972; *ArbG Berlin* 27.10.1976 DB 1977, 963 [964]; *ArbG Bielefeld* BetrR 1978, 202 [203]; *Däubler* Gewerkschaftsrechte im Betrieb, Rn. 143; *Fitting* § 27 Rn. 56, § 31 Rn. 26; *Glock/HWGNRH* § 27 Rn. 38, § 31 Rn. 30; *Klinkhammer* DB 1977, 1139 [1140]; *Klosterkemper* Das Zugangsrecht der Gewerkschaften zum Betrieb, S. 16 f.; *Koch/ErfK* § 31 BetrVG Rn. 1; *Löwisch/LK* § 31 Rn. 7; *Richardi/Thüsing* § 27 Rn. 42, § 31 Rn. 25; *Richardi* Anm. EzA § 108 BetrVG 1972 Nr. 3 S. 34; *Wedde/DKKW* § 31 Rn. 2, 19; **a. M.** *Arbeitsring Chemie* § 27 Rn. 4, § 31 Rn. 5; *Galperin/Löwisch* § 31 Rn. 20). Dies gilt nicht nur, wenn den Ausschüssen Aufgaben zur selbständigen Erledigung übertragen worden sind, sondern auch für die Führung der laufenden Geschäfte durch den Betriebsausschuss oder die Wahrnehmung vorbereitender Aufgaben durch einen Ausschuss (anders noch *Wiese* 6. Aufl., § 31 Rn. 3). Die Zuziehung des Gewerkschaftsbeauftragten dient – bei entsprechender Anwendung auf die Ausschüsse – der Unterstützung der Tätigkeit des Ausschusses. Maßgeblich ist daher, ob der Ausschuss insoweit einen Beratungsbedarf sieht. Gleichgültig ist dagegen, ob der Ausschuss an Stelle des Betriebsrats entscheidet oder lediglich eine Entscheidung des Betriebsrats vorbereitet (*Fitting* § 27 Rn. 56, § 31 Rn. 5). Die Vorschrift findet dagegen keine Anwendung auf die Arbeitsgruppe nach § 28a (ebenso *Glock/HWGNRH* § 31 Rn. 32; *Linde* Arbeitsgruppen, S. 168; *St. Müller* Arbeitsgruppen, S. 139 f.; *Reichold/HWK* 31 BetrVG Rn. 1; **a. M.** *Fitting* § 28a Rn. 38; *Kreft/WPK* 31 Rn. 2; *Wedde/DKKW* **3**

§ 31 Rn. 19). Die Arbeitsgruppe ist kein Ausschuss des Betriebsrats. Auch eine entsprechende Anwendung scheidet aus, weil die Aufgabenwahrnehmung durch die Arbeitsgruppe von dem Gedanken der Selbstorganisation der betroffenen Arbeitnehmer geprägt ist. Hiermit vertrüge es sich nicht, wenn eine Minderheit die Hinzuziehung einer nicht der Gruppe zugehörigen Person durchsetzen könnte. Zur Teilnahme eines Gewerkschaftsbeauftragten an Sitzungen des **Wirtschaftsausschusses** vgl. *BAG* 25.06.1987 AP Nr. 6 zu § 108 BetrVG 1972 Bl. 2 ff. und *Oetker* § 108 Rdn. 37 ff.

4 Die Teilnahme eines Gewerkschaftsbeauftragten an den Sitzungen der Ausschüsse ist entsprechend § 31 zum einen dann zulässig, wenn der **Ausschuss dies mehrheitlich beschließt** (s. a. Rdn. 12; ebenso *Däubler* Gewerkschaftsrechte im Betrieb, Rn. 144; *Fitting* § 27 Rn. 56, § 31 Rn. 27; *Glock/HWGNRH* § 31 Rn. 33; *Klosterkemper* Das Zugangsrecht der Gewerkschaften zum Betrieb, S. 17; *Richardi/Thüsing* § 27 Rn. 42, § 31 Rn. 26; *Richardi* AuR 1983, 33 [38]; *Wedde/DKKW* § 31 Rn. 20). Außerdem erscheint es bei entsprechender Anwendung des § 31 gerechtfertigt, dass die Hinzuziehung auch **von einem Viertel der Ausschussmitglieder beantragt** werden kann (ebenso *Däubler* Gewerkschaftsrechte im Betrieb, Rn. 144; *Fitting* § 31 Rn. 27 [seit 21. Aufl.]; *Joost/MünchArbR* § 219 Rn. 24; *Kreft/WPK* § 31 Rn. 2; *Richardi/Thüsing* § 31 Rn. 26). Nicht erforderlich ist, dass die Gewerkschaft im Ausschuss durch ein Mitglied vertreten ist; es genügt, dass sie im Betriebsrat vertreten ist (ebenso *Fitting* § 31 Rn. 27; *Glock/HWGNRH* § 31 Rn. 33; *Richardi/Thüsing* § 27 Rn. 42, § 31 Rn. 27; *Wedde/DKKW* § 27 Rn. 28, § 31 Rn. 20). Daneben bleibt es zulässig, dass der Betriebsrat die Zuziehung eines Gewerkschaftsbeauftragten zu Sitzungen eines Ausschusses beschließt oder die in § 31 genannten Personen dies beantragen (ebenso *Fitting* § 27 Rn. 56, § 31 Rn. 27; *Kreft/WPK* § 31 Rn. 2; *Richardi/Thüsing* § 27 Rn. 42, § 31 Rn. 26; **a. M.** *Galperin/Löwisch* § 31 Rn. 20; *Glock/HWGNRH* § 31 Rn. 33).

5 Die Vorschrift ist **zwingend** und kann nicht durch Tarifvertrag oder Betriebsvereinbarung abbedungen werden (ebenso *Fitting* § 31 Rn. 3; *Galperin/Löwisch* § 31 Rn. 2; *Glock/HWGNRH* § 31 Rn. 3).

6 Zum Personalvertretungsrecht vgl. § 36 BPersVG. Für Sitzungen des **Sprecherausschusses** der leitenden Angestellten gibt es keine entsprechende Bestimmung. Für **gemeinsame Sitzungen** des **Sprecherausschusses** und des **Betriebsrats** nach § 2 Abs. 2 Satz 3 SprAuG gilt § 31 entsprechend (ebenso *Fitting* § 31 Rn. 1).

II. Teilnahme von Gewerkschaftsbeauftragten an Betriebsratssitzungen

1. Antrag und Betriebsratsbeschluss

7 Die Teilnahme an Sitzungen des Betriebsrats setzt einen **Antrag** von **Betriebsratsmitgliedern** voraus. Die Gewerkschaften können **nicht aus eigenem Recht** einen Beauftragten entsenden oder dessen Teilnahme verlangen. Im Rahmen des § 31 haben sie nur eine Unterstützungsfunktion, die vom Willen der erforderlichen Anzahl von Betriebsratsmitgliedern abhängig ist, und keine unmittelbare Einwirkungsmöglichkeit auf das betriebliche Geschehen. Der weitergehenden Forderung des DGB (vgl. § 31 DGB-Entwurf vom 03.02.1998, der insoweit auf frühere Vorschläge zurückgegriffen hat), unter bestimmten Voraussetzungen den Gewerkschaftsbeauftragten ein selbständiges Teilnahmerecht entsprechend der Regelung bei Betriebsversammlungen (§ 46 Abs. 1 Satz 1) zu geben, wurde auch von dem Gesetzgeber des BetrVerf-ReformG nicht entsprochen. Es steht daher auch im Ermessen des Betriebsrats oder der nach § 31 Antragsberechtigten, ob Gewerkschaftsbeauftragte zu Sitzungen des Betriebsrats herangezogen werden. Ebenso kann die Teilnahme auf Beauftragte bestimmter Gewerkschaften beschränkt werden. Beschließt der Betriebsrat, einen Beauftragten einer bestimmten Gewerkschaft hinzuzuziehen, so können andere Gewerkschaften aus dieser Hinzuziehung kein Recht auf Teilnahme herleiten (ebenso *Fitting* § 31 Rn. 15b; *Wedde/DKKW* § 31 Rn. 10). Ebenso wenig ist der Betriebsrat verpflichtet, die Hinzuziehung auf sämtliche im Betriebsrat vertretenen Gewerkschaften auszudehnen (vgl. *Richardi/Thüsing* § 31 Rn. 10; *Wedde/DKKW* § 31 Rn. 10).

8 Der Antrag muss von einem **Viertel** der **Mitglieder** des **Betriebsrats** gestellt werden. Die Antragsteller brauchen weder derjenigen Gewerkschaft anzugehören, deren Beauftragte an Sitzungen des Betriebsrats teilnehmen sollen, noch überhaupt Gewerkschaftsmitglieder zu sein (ebenso *Fitting* § 31

Rn. 13; *Glock/HWGNRH* § 31 Rn. 7; *Löwisch/LK* § 31 Rn. 1; *Kreft/WPK* § 31 Rn. 4; *Nikisch* III, S. 180; *Richardi/Thüsing* § 31 Rn. 8; *Wedde/DKKW* § 31 Rn. 7). Der Vorsitzende des Betriebsrats ist nicht berechtigt, von sich aus Gewerkschaftsmitglieder zu Betriebsratssitzungen einzuladen.

Das **Viertel** der **Mitglieder** des **Betriebsrats** ist aus der Gesamtzahl der Betriebsratsmitglieder zu ermitteln (s. § 29 Rdn. 27), nicht dagegen aus der Zahl der in einer Sitzung anwesenden oder an der Beschlussfassung teilnehmenden Betriebsratsmitglieder (ebenso *Fitting* § 31 Rn. 12; *Galperin/Löwisch* § 31 Rn. 9; *Glock/HWGNRH* § 31 Rn. 7; *Kreft/WPK* § 31 Rn. 3; *Richardi/Thüsing* § 31 Rn. 7; *Wedde/DKKW* § 31 Rn. 7). **Ersatzmitglieder** treten wie sonst nach § 25 Abs. 1 an die Stelle ausgeschiedener oder zeitweilig verhinderter Mitglieder des Betriebsrats. Besteht der **Betriebsrat** nur aus **einer Person**, so kann diese sich von einem Beauftragten ihrer Gewerkschaft beraten lassen (ebenso *Fitting* § 31 Rn. 6; *Wedde/DKKW* § 31 Rn. 8). **9**

Da der Zeitpunkt der Sitzung und die Tagesordnung der Gewerkschaft rechtzeitig mitzuteilen sind (s. Rdn. 15), wird der **Antrag** in der Regel **vor** der **Sitzung** des Betriebsrats **an den Vorsitzenden** des **Betriebsrats** zu richten sein. Er kann aber auch **in** einer **Sitzung** des Betriebsrats gestellt werden, um den Gewerkschaftsbeauftragten in der nächsten Sitzung zu einem bestimmten Punkt beratend hinzuzuziehen. Auch ist es zulässig, den Antrag für dieselbe Sitzung zu stellen, wenn die sofortige Hinzuziehung zweckmäßig erscheint und möglich ist (*Fitting* § 31 Rn. 14; *Glock/HWGNRH* § 31 Rn. 8; *Richardi/Thüsing* § 31 Rn. 9, 17; *Wedde/DKKW* § 31 Rn. 9). In diesem Falle kann zwar die rechtzeitige Mitteilung i. S. d. letzten Halbsatzes des § 31 nicht erfolgen. Da es sich hierbei um eine Schutzvorschrift für die Gewerkschaften handelt, sind sie nicht gehindert, ad hoc einen Beauftragten zu entsenden. Ist dies nicht möglich oder lehnt die Gewerkschaft es ab, so kann der Betriebsrat die Vertagung des Problems, zu dem der Gewerkschaftsbeauftragte gehört werden sollte, beschließen. Er braucht es aber nicht zu tun, weil sonst Anträge auf Hinzuziehung von Gewerkschaftsbeauftragten eine Beschlussfassung des Betriebsrats durch eine Minderheit blockiert werden könnte (ebenso *Däubler* Gewerkschaftsrechte im Betrieb, Rn. 131; *Fitting* § 31 Rn. 14; *Richardi/Thüsing* § 31 Rn. 9; *Wedde/DKKW* § 31 Rn. 9). **10**

Eine **Form** ist für den Antrag nicht vorgeschrieben. **Inhaltlich** muss dem Antrag jedoch zu entnehmen sein, **welche Gewerkschaft** zu **welcher Sitzung** oder zu **welchen Tagesordnungspunkten** (ebenso *Fitting* § 31 Rn. 11; *Galperin/Löwisch* § 31 Rn. 7; *Kreft/WPK* § 31 Rn. 3; *Wedde/DKKW* § 31 Rn. 10) einen Beauftragten entsenden soll. Außerdem ist, sofern dies dem Vorsitzenden nicht ohnehin bekannt ist, der Nachweis zu erbringen, dass die betreffende Gewerkschaft im Betrieb vertreten ist. Einer Begründung des Antrags bedarf es nicht. Wird der Antrag in einer Sitzung des Betriebsrats gestellt, so ist der Antrag im Wortlaut in die Sitzungsniederschrift (§ 34) aufzunehmen (s. § 34 Rdn. 15; *Fitting* § 31 Rn. 11; *Wedde/DKKW* § 31 Rn. 10). Außerdem sind die Namen der Betriebsratsmitglieder zu vermerken, die die Hinzuziehung beantragt haben, damit ermittelt werden kann, ob das nach dem Gesetz erforderliche Quorum von einem Viertel der Betriebsratsmitglieder erreicht ist. Die Aufnahme in die Niederschrift ist aber keine Wirksamkeitsvoraussetzung. Wird der Antrag außerhalb einer Sitzung gestellt, so ist auch dieser formlos gültig; in der Regel wird jedoch zum Nachweis der erforderlichen Mehrheit eine schriftliche Antragstellung notwendig sein (zust. *Wedde/DKKW* § 31 Rn. 10). **11**

Einem Antrag mit der erforderlichen Mehrheit steht es gleich, wenn der **Betriebsrat** mit **Mehrheit** die Hinzuziehung eines Gewerkschaftsbeauftragten **beschließt**, weil damit das Antragsrecht nach § 31 nicht eingeschränkt wird und zudem im Hinblick auf § 33 Abs. 1 und 2 in jedem Falle mindestens die nach § 31 erforderliche Zahl von einem Viertel der Betriebsratsmitglieder dem Beschluss zustimmen muss (ebenso *BAG* 28.02.1990 EzA § 31 BetrVG 1972 Nr. 1 S. 6; *Däubler* Gewerkschaftsrechte im Betrieb, Rn. 128; *Fitting* § 31 Rn. 7, 18; *Galperin/Löwisch* § 31 Rn. 5, 8; *Glock/HWGNRH* § 31 Rn. 1, 6; *Klosterkemper* Das Zugangsrecht der Gewerkschaften zum Betrieb, S. 16; *Koch/ErfK* § 31 BetrVG Rn. 1; *Kreft/WPK* § 31 Rn. 6; *G. Müller* ZfA 1972, 213 [227]; *Richardi/Thüsing* § 31 Rn. 12; *Wedde/DKKW* § 31 Rn. 1, 4). Der Wortlaut des Beschlusses sowie die Stimmenmehrheit, mit der er gefasst worden ist, sind in die Sitzungsniederschrift aufzunehmen (s. § 34 Rdn. 15). Unterbleibt dies, so ist der Beschluss wegen der Formfreiheit dennoch wirksam (s. § 33 Rdn. 66). Stand der Antrag auf Hinzuziehung nicht auf der Tagesordnung, so bedarf es keiner Einstimmigkeit für den Beschluss, weil die Tagesordnung jederzeit durch Beschluss der Mehrheit der Betriebsratsmitglieder ergänzt werden **12** kann (s. § 29 Rdn. 64; ebenso *Richardi / Thüsing* § 31 Rn. 12; *Wedde / DKKW* § 31 Rn. 4; **a. M.** *Galperin / Siebert* § 31 Rn. 4a) und ohnehin auf jederzeitigen Antrag nach § 31 die Hinzuziehung eines Gewerkschaftsbeauftragten zulässig ist (s. Rdn. 10). Liegt ein ordnungsgemäßer Antrag i. S. d. § 31 vor, so braucht der Betriebsrat nicht zusätzlich über die Einladung zu beschließen (s. a. Rdn. 15).

2. Beauftragte der im Betriebsrat vertretenen Gewerkschaften

13 An den Sitzungen können nur Beauftragte von im Betriebsrat vertretenen Gewerkschaften teilnehmen; nicht ausreichend ist, dass eine Gewerkschaft im Betrieb vertreten ist (ebenso *BAG* 28.02.1990 EzA § 31 BetrVG 1972 Nr. 1 S. 3 f. [abl. *Rieble*] = SAE 1991, 31 [zust. *Meisel*] = AR-Blattei, Betriebsverfassung X, Entsch. 66 [zust. *Löwisch*]). Es **genügt**, dass jedenfalls **ein Betriebsratsmitglied Mitglied** der **Gewerkschaft** ist, deren Beauftragter hinzugezogen werden soll (*BAG* 04.11.1960 AP Nr. 2 zu § 16 BetrVG Bl. 2; *Fitting* § 31 Rn. 15; *Richardi / Thüsing* § 31 Rn. 5). Hinsichtlich der **Gewerkschaftseigenschaft** gelten die allgemeinen Grundsätze (hierzu s. *Franzen* § 2 Rdn. 26 ff.). In den privatisierten öffentlichen Unternehmen, insbesondere im Bereich von Bahn und Post, in denen weiterhin Beamte beschäftigt werden, können daher auch Beauftragte der entsprechenden Beamtenverbände unter den Voraussetzungen des § 31 an den Sitzungen teilnehmen (*Fitting* § 31 Rn. 15a; *Kreft / WPK* § 31 Rn. 5; *Wedde / DKKW* § 31 Rn. 11; s. a. *Franzen* § 2 Rdn. 36), und zwar nicht nur in Angelegenheiten, in denen die Vertreter der Beamten im Betriebsrat ein Alleinentscheidungsrecht (§ 28 Abs. 1 PostPersRG) haben (*Fitting* § 31 Rn. 15a; **a. M.** *Wedde / DKKW* § 31 Rn. 7). Sind im Betriebsrat **mehrere Gewerkschaften** vertreten, so können bei Vorliegen entsprechender Anträge oder Beschlüsse des Betriebsrats Beauftragte jeder dieser Gewerkschaften hinzugezogen werden (ebenso *Fitting* § 31 Rn. 15; *Galperin / Löwisch* § 31 Rn. 4; *Glock / HWGNRH* § 31 Rn. 14; *Kreft / WPK* § 31 Rn. 4; *Richardi / Thüsing* § 31 Rn. 10; *Wedde / DKKW* § 31 Rn. 10). Das liegt jedoch im Ermessen der Antragsteller oder des Betriebsrats. Ein Antrag der *CDU / CSU*, in den Betriebsrat – entsprechend § 31 Abs. 1 BRG 1920 und § 35 PersVG – in jedem Falle je einen Vertreter jeder im Betriebsrat vertretenen Gewerkschaft zuzuziehen, wenn die Hinzuziehung auch nur eines Gewerkschaftsbeauftragten beantragt wird, wurde abgelehnt, weil damit eine gezielte, auf den Beratungsgegenstand bezogene Hinzuziehung einer bestimmten, allein sachlich angesprochenen Gewerkschaft unmöglich gemacht und eine solche Automatik dem Erfordernis einer sachnotwendigen Flexibilität nicht gerecht werde (Bericht 10. Ausschuss, zu BT-Drucks. VI / 2729, S. 22). Zur Person des Beauftragten s. Rdn. 16.

14 **Beauftragte anderer**, d. h. nicht im Betriebsrat vertretener **Gewerkschaften** sowie Beauftragte der selbständigen **Vereinigungen von Arbeitnehmern mit sozial- oder berufspolitischer Zwecksetzung** (§ 11 Abs. 1 ArbGG) können dagegen nur als **Sachverständige** (s. § 30 Rdn. 20) oder zur **Anhörung** (s. § 30 Rdn. 21) durch Beschluss des Betriebsrats zu Sitzungen des Betriebsrats hinzugezogen werden (*Fitting* § 31 Rn. 15b; *Galperin / Löwisch* § 31 Rn. 6; *Richardi / Thüsing* § 31 Rn. 6; *Wedde / DKKW* § 31 Rn. 11).

3. Einladung der Gewerkschaftsbeauftragten

15 Bei ordnungsgemäßem Antrag (s. Rdn. 7 bis 11) oder einem Beschluss des Betriebsrats (vgl. Rdn. 12) **muss** der **Vorsitzende** des Betriebsrats die jeweilige **Gewerkschaft** unter rechtzeitiger Mitteilung des Zeitpunktes der Sitzung und Tagesordnung (s. § 29 Rdn. 48) **ersuchen**, einen **Beauftragten** zu der Betriebsratssitzung **zu entsenden**. Ein Entscheidungsermessen steht dem Vorsitzenden nicht zu (*Fitting* § 31 Rn. 16; *Glock / HWGNRH* § 31 Rn. 15; *Kreft / WPK* § 31 Rn. 7; *Reichold / HWK* § 31 BetrVG Rn. 4; *Richardi / Thüsing* § 31 Rn. 11; *Wedde / DKKW* § 31 Rn. 12). Das Wort »kann« im Tatbestand des § 31 bezieht sich auf die Teilnahme des Gewerkschaftsbeauftragten, nicht auf die Einladung durch den Vorsitzenden, bringt also zum Ausdruck, dass dem Beauftragten das Recht zur Teilnahme an der Sitzung zusteht. Die Mitteilungspflicht besteht für jede Sitzung, auch wenn die Hinzuziehung zu mehreren Sitzungen (s. Rdn. 19) erfolgen soll. Kommt der Vorsitzende seiner Verpflichtung nicht nach, kann unter Umständen nach § 23 Abs. 1 wegen grober Pflichtverletzung gegen ihn vorgegangen werden (ebenso *Fitting* § 31 Rn. 16; *Galperin / Löwisch* § 31 Rn. 10; *Glock / HWGNRH* § 31 Rn. 16; *Wedde / DKKW* § 31 Rn. 12). Der Betriebsrat kann auch nicht durch Mehr-

heitsbeschluss den ordnungsgemäßen Antrag ablehnen, weil damit der durch § 31 bezweckte Minderheitenschutz aufgehoben würde (*Fitting* § 31 Rn. 9; *Glock/HWGNRH* § 31 Rn. 15; *Reichold/HWK* § 31 BetrVG Rn. 4; *Richardi/Thüsing* § 31 Rn. 12; *Wedde/DKKW* § 31 Rn. 8). Jedoch kann der Betriebsrat, auch wenn bei ordnungsgemäßem Antrag oder Beschluss des Betriebsrats die Einladung unterblieben ist, die Betriebsratssitzung zumindest dann durchführen, wenn der Betriebsrat dies mit den Stimmen der Mehrheit seiner Mitglieder beschließt (**a. M.** *Brecht* § 31 Rn. 10; *Fitting* § 31 Rn. 25; *Koch*/ErfK § 31 BetrVG Rn. 1; *Wedde/DKKW* § 31 Rn. 12). Ein in solcher Sitzung gefasster Beschluss ist daher wirksam (s. § 33 Rdn. 58).

4. Teilnahme- und Beratungsrecht

Die Gewerkschaft **kann** einen Beauftragten zur Sitzung des Betriebsrats entsenden, braucht es aber nicht zu tun. Sie allein bestimmt die **Person** des **Beauftragten**. Der Betriebsrat hat kein Recht, die Entsendung einer bestimmten Person zu verlangen, kann aber Vorschläge machen. Die Gewerkschaft braucht keinen ihrer Angestellten zu entsenden, sondern kann jedes ihrer Mitglieder beauftragen (ebenso *Fitting* § 31 Rn. 18; *Glock/HWGNRH* § 31 Rn. 18; *Löwisch/LK* § 31 Rn. 4; *Reichold/HWK* § 31 BetrVG Rn. 2; *Richardi/Thüsing* § 31 Rn. 19; *Wedde/DKKW* § 31 Rn. 14). Das kann auch ein Arbeitnehmer des Betriebs sein (ebenso *Däubler* Gewerkschaftsrechte im Betrieb, Rn. 134; *Fitting* § 31 Rn. 18; *Glock/HWGNRH* § 31 Rn. 18; *Löwisch/LK* § 31 Rn. 4; *Nikisch* III, S. 181; *Richardi/Thüsing* § 31 Rn. 19; *Wedde/DKKW* § 31 Rn. 14; **a. M.** *Erdmann* § 31 Rn. 5). Im Interesse des Arbeitgebers erfährt die Freiheit der Auswahlentscheidung jedoch eine Einschränkung, wenn die Gewerkschaft als Beauftragten eine Person auswählt, die einem Konkurrenzunternehmen angehört. Hier kann der Arbeitgeber den Zutritt zum Betrieb auch dann verweigern, wenn es nicht um den Schutz von Betriebsgeheimnissen (vgl. § 2 Abs. 2) geht, weil schon der Einblick in die betrieblichen Abläufe Einfluss auf die Wettbewerbssituation haben kann (*Däubler* Gewerkschaftsrechte im Betrieb, Rn. 134; *Fitting* § 31 Rn. 18; *Galperin/Löwisch* § 31 Rn. 14; *Glock/HWGNRH* § 31 Rn. 19 [abw. 5. Aufl.]; *Kreft/WPK* § 31 Rn. 9; *Richardi/Thüsing* § 31 Rn. 19; **a. M.** *Wedde/DKKW* § 31 Rn. 14; *Weiss/Weyand* § 31 Rn. 6). Die Gewerkschaft darf im Übrigen grundsätzlich (vgl. aber Rdn. 21) **nur einen Beauftragten** entsenden (ebenso *Glock/HWGNRH* § 31 Rn. 22; *Klosterkemper* Das Zugangsrecht der Gewerkschaften zum Betrieb, S. 16; *Reichold/HWK* § 31 BetrVG Rn. 2; *Richardi/Thüsing* § 31 Rn. 18; **a. M.** *Däubler* Gewerkschaftsrechte im Betrieb, Rn. 135; *Fitting* § 31 Rn. 19; *Galperin/Löwisch* § 31 Rn. 15; *Hässler* Geschäftsführung des Betriebsrates, S. 34; *Koch*/ErfK § 31 Rn. 1; *Kreft/WPK* § 31 Rn. 10; *Wedde/DKKW* § 31 Rn. 14; *Weiss/Weyand* § 31 Rn. 3, die eine Entsendung mehrerer Gewerkschaftsmitglieder entweder generell oder zumindest dann zulassen, wenn dies für die sachgerechte Beratung des Betriebsrats erforderlich oder zweckmäßig ist).

Der Betriebsrat kann von den erschienenen Gewerkschaftsmitgliedern den **Nachweis** verlangen, dass sie von ihrer Gewerkschaft beauftragt worden sind, an der Sitzung teilzunehmen (ebenso *Fitting* § 31 Rn. 20; *Galperin/Löwisch* § 31 Rn. 18; *Glock/HWGNRH* § 31 Rn. 26; *Richardi/Thüsing* § 31 Rn. 20; *Wedde/DKKW* § 31 Rn. 15). Bestehen begründete Zweifel an dem Auftrag, so ist der Vorsitzende des Betriebsrats zur Nachprüfung verpflichtet (*Galperin/Löwisch* § 31 Rn. 18). Auch ist der Arbeitgeber als Inhaber des Hausrechts berechtigt, den Nachweis des Auftrags zu verlangen (ebenso *Glock/HWGNRH* § 31 Rn. 26; *Richardi/Thüsing* § 31 Rn. 20; **a. M.** wohl *Wedde/DKKW* § 31 Rn. 15).

Das **Teilnahmerecht** ist **beschränkt** auf **förmliche Betriebsratssitzungen** i. S. d. § 29 (vgl. § 29 Rdn. 23). Deshalb kann nach § 31 nicht die Zuziehung von Gewerkschaftsbeauftragten zu Beratungen des Betriebsrats mit dem Arbeitgeber verlangt werden (ebenso *Fitting* § 31 Rn. 22; *Galperin/Löwisch* § 31 Rn. 3; *Glock/HWGNRH* § 31 Rn. 5; *Nikisch* III, S. 181 f.; *Richardi/Thüsing* § 31 Rn. 4; **a. M.** *Wedde/DKKW* § 31 Rn. 13). Das schließt eine Hinzuziehung von Gewerkschaftsbeauftragten als Sachverständige nach § 80 Abs. 3 oder im gegenseitigen Einvernehmen nicht aus.

Das Teilnahmerecht besteht immer **nur für eine** oder **mehrere bestimmte Sitzungen**, zu denen die Einladung an die Gewerkschaft ergangen ist. Unzulässig wäre eine generelle Einladung zu allen Sitzungen des Betriebsrats aufgrund eines entsprechenden Antrags von Betriebsratsmitgliedern, eines Beschlusses des Betriebsrats oder aufgrund der Geschäftsordnung des Betriebsrats, weil damit der Zweck

§ 31   II. 3. *Geschäftsführung des Betriebsrats*

der Vorschrift verfehlt würde, eine auf den konkreten Beratungsgegenstand bezogene Hinzuziehung einer bestimmten, sachlich angesprochenen Gewerkschaft zu bewirken (s. Rdn. 13; im Ergebnis ebenso *BAG* 25.06.1987 AP Nr. 6 zu § 108 BetrVG 1972 Bl. 3 R [abl. *Däubler*] für Sitzungen des Wirtschaftsausschusses; *ArbG Kaiserslautern* 15.06.1978 ARSt. 1978, 190 [Nr. 1280]; *Glock/HWGNRH* § 31 Rn. 11; *Joost/*MünchArbR § 219 Rn. 22; *Klosterkemper* Das Zugangsrecht der Gewerkschaften zum Betrieb, S. 15; *Neumann-Duesberg* S. 252; *Nikisch* III, S. 180; *Reichold/HWK* § 31 BetrVG Rn. 5; *Richardi/Thüsing* § 31 Rn. 14 f.; *Stege/Weinspach/Schiefer* § 31 Rn. 1; *Zöllner/Loritz/Hergenröder* Arbeitsrecht, § 47 III 6 Fn. 50; **a. M.** *BAG* 28.02.1990 EzA § 31 BetrVG 1972 Nr. 1 S. 2 ff. [zust. *Rieble*] = SAE 1991, 31 [krit., aber im Ergebnis zust. *Meisel*] = AR-Blattei, Betriebsverfassung X, Entsch. 66 [krit. *Löwisch* zur generellen Regelung in der Geschäftsordnung] = RDV 1990, 186 [krit. *Gola*] = JuS 1990, 1026 [krit. *Reuter*]; *ArbG Elmshorn* 28.05.1999 AiB 1999, 521 [*Zabel*]; *Däubler* Gewerkschaftsrechte im Betrieb, Rn. 142; *Düttmann* JArbR Bd. 17 [1979], 1980, S. 71 [75]; *Fitting* § 31 Rn. 7, § 36 Rn. 6 außer bei Antrag einer Minderheit; *Gamillscheg* II, S. 526; *Kreft/WPK* § 31 Rn. 3; *Kremp* AuR 1973, 193 [196]; *Lichtenstein* BetrR 1975, 199 [219 f.]; *Löwisch/LK* § 31 Rn. 1 [nur durch Beschluss, nicht in Geschäftsordnung]; *G. Müller* ZfA 1972, 213 [227 f.]; *Wedde/DKKW* § 30 Rn. 11, § 31 Rn. 6).

20 Gegen die vor allem vom BAG vertretene Gegenansicht spricht neben der – in der Entscheidung unvollständig berücksichtigten – Entstehungsgeschichte des § 31 (s. Rdn. 13), dass die Geschäftsordnung (§ 36) lediglich dazu dient, den durch die zwingenden gesetzlichen Bestimmungen insbesondere der §§ 26 ff. gezogenen Rahmen auszugestalten und zu ergänzen (s. § 36 Rdn. 12 f.). Die Vorschrift des § 36 ist keine Rechtsgrundlage für die Begründung zusätzlicher, im Gesetz nicht enthaltener Befugnisse (ebenso *Voigt* Die Geschäftsordnungen der Kollegialorgane im Privatrecht, Diss. Mannheim 1983, S. 144 m. w. N.). Ohne die Vorschrift des § 31 wäre im Hinblick auf § 30 Satz 4 die Hinzuziehung von Gewerkschaftsbeauftragten zu Sitzungen des Betriebsrats schlechthin unzulässig. Sie ist daher nicht nur eine Sonderregelung im Interesse des Minderheiten- und Gruppenschutzes (so aber *BAG* 28.02.1990 EzA § 31 BetrVG 1972 Nr. 1 S. 6), sondern die alleinige und zugleich begrenzte Ermächtigungsgrundlage für die Hinzuziehung von Gewerkschaftsbeauftragten zu Sitzungen des Betriebsrats. Das gilt sowohl für die Beschränkung auf im Betriebsrat vertretene Gewerkschaften (insoweit auch *BAG*; s. Rdn. 13) als auch für einzelne Sitzungen. Die Vorschrift ist nur insofern eine Regelung des Gruppen- und Minderheitenschutzes, als die sonst nach § 33 für Beschlüsse des Betriebsrats vorgeschriebene Mehrheit bei dem Antrag nach § 31 nicht vorzuliegen braucht. Deshalb steht diese Regelung einem Mehrheitsbeschluss des Betriebsrats nicht entgegen (s. Rdn. 12). Ein in der Geschäftsordnung festgelegtes generelles Teilnahmerecht von Gewerkschaftsbeauftragten verwischt aber die dem Gesetz zugrundeliegende Unterscheidung zwischen betrieblicher und gewerkschaftlicher Interessenvertretung und gefährdet die institutionelle Unabhängigkeit des Betriebsrats gegenüber den Gewerkschaften. Da die Teilnahme auf Beauftragte bestimmter Gewerkschaften beschränkt werden kann (s. Rdn. 7), wäre zudem bei Zulässigkeit einer generellen Geschäftsordnungsregelung eine Gewerkschaft begünstigt, deren Mitglieder die absolute Mehrheit im Betriebsrat stellen. Ferner wird die Regelung des § 31 geradezu auf den Kopf gestellt, wenn der Ausschluss von Gewerkschaftsbeauftragten, denen generell durch die Geschäftsordnung ein Teilnahmerecht an Betriebsratssitzungen eingeräumt wurde, als contrarius actus nur mit Stimmenmehrheit aller Betriebsratsmitglieder möglich wäre. Schließlich sprechen datenschutzrechtliche Erwägungen gegen die generelle Hinzuziehung von Gewerkschaftsbeauftragten. Aufgrund eines Urteils des *Staatsgerichtshofs des Landes Hessen* (30.04.1980 RDV 1986, 143; dazu *Gola* RDV 1990, 186 m. w. N.) wurden § 33 Satz 3 und § 60 Abs. 5 des Hessischen Personalvertretungsgesetzes durch die Neufassung vom 24.03.1988 (GVBl. I, S. 103) dahin ergänzt, dass sowohl an Personalratssitzungen wie an Dienstbesprechungen Gewerkschaftsvertreter nur mit Zustimmung des Betroffenen teilnehmen dürfen, wenn dort Gegenstände behandelt werden, die die Mitteilung oder Erörterung schutzwürdiger personenbezogener Daten einschließen. Auch wenn man entgegen dem Urteil des *Hessischen Staatsgerichtshofs* die Verfassungswidrigkeit des § 31 verneint, ist bei verfassungskonformer Auslegung dieser Vorschrift das Recht auf informationelle Selbstbestimmung der Betroffenen zu beachten. Dem entspricht nur das auf konkrete Betriebsratssitzungen beschränkte Teilnahmerecht.

21 Das Teilnahmerecht kann entsprechend dem Antrag oder Beschluss auf Hinzuziehung eines Gewerkschaftsbeauftragten auf **einzelne Tagesordnungspunkte** beschränkt werden (ebenso *Fitting* § 31

Rn. 14; *Galperin/Löwisch* § 31 Rn. 7; *Glock/HWGNRH* § 31 Rn. 10; *Richardi/Thüsing* § 31 Rn. 16; *Wedde/DKKW* § 31 Rn. 9). Damit ist auch die Möglichkeit gegeben, mehrere Beauftragte derselben Gewerkschaft in einer Sitzung beratend hinzuzuziehen.

Das Teilnahmerecht ist beschränkt auf die **Beratung**. Der Gewerkschaftsbeauftragte darf zu den jeweiligen Tagesordnungspunkten Ausführungen machen. Auf Antrag ist ihm das Wort zu erteilen. Er kann jedoch keine Sachanträge stellen und nimmt nicht an der Abstimmung teil. Da § 31 eine Einschränkung nicht zu entnehmen ist, darf er bei der Abstimmung anwesend sein (ebenso *BAG* 15.10.2014 EzA § 16 BetrVG 2001 Nr. 1 Rn. 55; *Däubler* Gewerkschaftsrechte im Betrieb, Rn. 137; *Fitting* § 31 Rn. 22; *Galperin/Löwisch* § 31 Rn. 17; *Glock/HWGNRH* § 31 Rn. 27; *Richardi/Thüsing* § 31 Rn. 21 f.; *Wedde/DKKW* § 31 Rn. 16). Die Leitung der Sitzung kann dem Beauftragten der Gewerkschaft nicht übertragen werden (§ 29 Abs. 2 Satz 2; *ArbG Stuttgart* 22.12.1952 AR-Blattei, Betriebsverfassung X, Entsch. 1; *Däubler* Gewerkschaftsrechte im Betrieb, Rn. 137; *Glock/HWGNRH* § 31 Rn. 27; *Richardi/Thüsing* § 31 Rn. 22). **22**

Die ordnungsgemäße Einladung eines Gewerkschaftsbeauftragten zur Teilnahme an einer Sitzung des Betriebsrats begründet sein Recht auf **Zugang zum Betrieb**, da der Beauftragte in Wahrnehmung einer im Betriebsverfassungsgesetz vorgesehenen Aufgabe und Befugnis der im Betrieb vertretenen Gewerkschaften handelt. Das Zugangsrecht ergibt sich nicht aus § 31, sondern aus der allgemeinen Vorschrift des § 2 Abs. 2 (ebenso *Glock/HWGNRH* § 31 Rn. 23; *Klosterkemper* Das Zugangsrecht der Gewerkschaften zum Betrieb, S. 20 f.; *Franzen* § 2 Rdn. 60; *Schwerdtner* Anm. JZ 1974, 455 [458 f.]; **a. M.** [§ 31 sei im Verhältnis zu § 2 Abs. 2 lex specialis] *Däubler* Gewerkschaftsrechte im Betrieb, Rn. 231; *Fitting* § 2 Rn. 64, § 31 Rn. 23; *Koch*/ErfK § 31 BetrVG Rn. 1; *Kreft/WPK* § 31 Rn. 9; *Reichold/HWK* § 31 BetrVG Rn. 9 [bis 6. Aufl., in der 7. Aufl. ist der Text der Rn. 9 ersatzlos entfallen]; *Richardi/Thüsing* § 31 Rn. 24; *Richardi* Anm. AP Nr. 1 zu § 2 BetrVG 1972 Bl. 12 R; *Weiss/Weyand* § 31 Rn. 7; nicht ganz klar insoweit *ArbG Elmshorn* 28.05.1999 AiB 1999, 521 *[Zabel]*; zum Zutrittsrecht vgl. auch *Löwisch/LK* § 31 Rn. 4; *Nikisch* III, S. 181). Der Arbeitgeber ist von dem Wunsch nach Betreten des Betriebs zu unterrichten (§ 2 Abs. 2; s. *Franzen* § 2 Rdn. 67 ff.). **23**

Da das Zugangsrecht seine Grundlage in § 2 Abs. 2 findet, besteht es auch nur in den dort genannten Grenzen. Zum einen ist die Befugnis zweckgebunden. Der Zutritt ist zur Wahrnehmung der gesetzlichen Aufgaben, hier also zur Teilnahme an der Sitzung des Betriebsrats zu gewähren. Dem Beauftragten ist daher in erster Linie die Anwesenheit im Sitzungsraum des Betriebsrats zu gestatten. Dagegen ergibt sich aus dem Recht zur Teilnahme an der Sitzung kein uneingeschränktes Zutrittsrecht zum gesamten Betrieb (*Reichold/HWK* § 31 BetrVG Rn. 9 [bis 6. Aufl., in der 7. Aufl. ist der Text der Rn. 9 ersatzlos entfallen]). Zum anderen kann der Arbeitgeber den Zutritt aus den in § 2 Abs. 2 aufgeführten Gründen verweigern. Die Voraussetzungen für die **Einschränkung** des **Zugangsrechts** dürften allerdings rein tatsächlich nur ausnahmsweise vorliegen, da die Notwendigkeiten des Betriebsablaufs, zwingende Sicherheitsvorschriften oder der Schutz von Betriebsgeheimnissen im Regelfall kaum dem Betreten des Sitzungsraums entgegenstehen dürften (zust. *Glock/HWGNRH* § 31 Rn. 24; gegen die Anwendbarkeit dieser Schranken diejenigen, die in § 31 eine Sonderregelung gegenüber § 2 Abs. 2 sehen). Der Zutritt kann daher allenfalls aus besonderen Gründen in der Person des konkreten Gewerkschaftsbeauftragten verwehrt werden, z. B. weil die begründete Befürchtung besteht, er werde seine Anwesenheit zu politischer Agitation, Störungen des Betriebsfriedens, Beleidigungen des Arbeitgebers, sonstigen unerlaubten Handlungen oder zu Konkurrenzzwecken missbrauchen (im Ergebnis ebenso *Fitting* § 31 Rn. 24; *Galperin/Löwisch* § 31 Rn. 16; *Glock/HWGNRH* § 31 Rn. 24; *Kreft/WPK* § 31 Rn. 9; *Neumann-Duesberg* S. 252; *Nikisch* III, S. 181; *Richardi/Thüsing* § 31 Rn. 24). **24**

Handelt der **Gewerkschaftsbeauftragte** in der **Sitzung rechtswidrig**, so muss der Vorsitzende des Betriebsrats ihn zur Ordnung rufen und gegebenenfalls aufgrund seines Hausrechts (s. § 29 Rdn. 67) aus dem Sitzungsraum verweisen; der Gewerkschaftsbeauftragte begeht Hausfriedensbruch (§ 123 StGB), wenn er der Aufforderung nicht nachkommt (*Nikisch* III, S. 181). **Behindert** der **Arbeitgeber** den rechtmäßigen **Zutritt** des Gewerkschaftsbeauftragten zum Betrieb, so kommt eine Bestrafung wegen Störung der Betriebsratstätigkeit i. S. d. § 78 nach § 119 Abs. 1 Nr. 2 in Betracht (ebenso *Fitting* § 31 Rn. 23; *Glock/HWGNRH* § 31 Rn. 25; *Kreft/WPK* § 31 Rn. 9; *Wedde/DKKW* § 31 Rn. 18); die Tat wird nur auf zurücknehmbaren Antrag verfolgt (§ 119 Abs. 2; § 77d Abs. 1 Satz 1 StGB). Außerdem kann gegen den Arbeitgeber nach Maßgabe des § 23 Abs. 3 vorgegangen werden. **25**

§ 31   II. 3. *Geschäftsführung des Betriebsrats*

Zur rechtswidrigen Entfernung eines zu einer Betriebsratssitzung eingeladenen Gewerkschaftsbeauftragten durch einen Polizeibeamten von einer Betriebsratssitzung auf Betreiben des Arbeitgebers vgl. Widerspruchsbescheid der *Polizeidirektion Schleswig-Holstein West* AiB 1991, 200; *Zabel* AuR 1992, 335 ff. – auch zur Durchsetzung des Teilnahmerechts. Zum Zutrittsrecht von Gewerkschaftsbeauftragten vgl. ferner die Erläuterungen zu § 2 Abs. 2 und zu § 46 Abs. 1 Satz 1.

5. Geheimhaltungspflicht

26 Nach § 79 Abs. 2 sind die Beauftragten der Gewerkschaften in gleicher Weise wie die Betriebsratsmitglieder und Vertreter von Arbeitgebervereinigungen nach Maßgabe des § 79 Abs. 1 zur Geheimhaltung von Betriebs- und Geschäftsgeheimnissen verpflichtet, die in der Betriebsratssitzung erörtert worden sind (s. *Oetker* § 79 Rdn. 39). Offenbart der Arbeitgeber nicht selbst in einer Betriebsratssitzung ein Betriebs- oder Geschäftsgeheimnis, so darf ein vorher dem Betriebsrat ausdrücklich als geheimhaltungsbedürftig mitgeteiltes Betriebs- oder Geschäftsgeheimnis ohne Einwilligung des Arbeitgebers vom Betriebsrat nicht in Anwesenheit des Gewerkschaftsbeauftragten erörtert werden, weil § 79 Abs. 1 Satz 3 und 4 keine Ausnahmen im Verhältnis zu den Gewerkschaften vorsehen (*Arbeitsring Chemie* § 31 Rn. 4; **a. M.** *Däubler* Gewerkschaftsrechte im Betrieb, Rn. 139). Aus dem gleichen Grunde darf der Gewerkschaftsbeauftragte, dem ein Betriebs- oder Geschäftsgeheimnis i. S. d. § 79 Abs. 1 Satz 1 in der Betriebsratssitzung mitgeteilt worden ist, es auch nicht seiner Gewerkschaft bekannt geben (ebenso *Fitting* § 31 Rn. 24; *Glock/HWGNRH* § 31 Rn. 28; *Hitzfeld* Geheimnisschutz im Betriebsverfassungsrecht [Diss. Mannheim], 1990, S. 63; *Richardi/Thüsing* § 31 Rn. 23). Soweit Betriebsratsmitglieder nach § 99 Abs. 1 Satz 3, § 102 Abs. 2 Satz 5 zum Stillschweigen verpflichtet sind, gilt Entsprechendes für Gewerkschaftsbeauftragte, wenn ihnen in der Sitzung Tatsachen bekannt werden, die der Verschwiegenheitpflicht unterliegen (ebenso *Hitzfeld* Geheimnisschutz im Betriebsverfassungsrecht [Diss. Mannheim], 1990, S. 128; *Richardi/Thüsing* § 30 Rn. 15, § 31 Rn. 23; *Wedde/DKKW* § 31 Rn. 17; **a. M.** *Glock/HWGNRH* § 31 Rn. 29).

27 Bei **Verletzung** der **Geheimhaltungspflicht** nach § 79 macht sich der Gewerkschaftsbeauftragte nach § 120 Abs. 1 Nr. 2 strafbar, aber nicht bei unbefugter Offenbarung von Geheimnissen eines Arbeitnehmers, da er nicht zu dem in § 120 Abs. 2 bezeichneten Personenkreis zählt (s. *Oetker* § 120 Rdn. 47; vgl. auch *Fitting* § 31 Rn. 24; *Glock/HWGNRH* § 31 Rn. 29; *Wedde/DKKW* § 31 Rn. 17); die Tat wird nur auf zurücknehmbaren Antrag verfolgt (§ 120 Abs. 5; § 77d Abs. 1 Satz 1 StGB). Außerdem kann ein Schadensersatzanspruch wegen Verletzung eines Schutzgesetzes (§ 823 Abs. 2 BGB i. V. m. § 79, § 99 Abs. 1 Satz 3, § 102 Abs. 2 Satz 5) in Betracht kommen (s. *Oetker* § 79 Rdn. 74 f.), gegenüber Arbeitnehmern darüber hinaus auch wegen Verletzung ihres Persönlichkeitsrechts an der Eigensphäre (§ 823 Abs. 1 BGB). Über die Geheimhaltungspflicht hinaus besteht dagegen keine allgemeine Schweigepflicht über Gegenstände der Betriebsratssitzung (s. § 30 Rdn. 28).

III. Streitigkeiten

28 Streitigkeiten über die Zuziehung eines Gewerkschaftsbeauftragten zu den Sitzungen des Betriebsrats einschließlich des Zugangsrechts zum Betrieb werden von den Arbeitsgerichten im Beschlussverfahren entschieden (§ 2a Abs. 1 Nr. 1, Abs. 2, §§ 80 ff. ArbGG). Beteiligte an dem Verfahren i. S. d. § 83 Abs. 1 Satz 2 ArbGG können der Betriebsrat, die antragstellenden Arbeitnehmer, der Arbeitgeber und die zur Teilnahme an der Sitzung aufgeforderte Gewerkschaft sein. Diese ist auch antragsberechtigt, falls sie geltend macht, dass die Voraussetzungen vorliegen, unter denen sie an einer Betriebsratssitzung teilnehmen kann (*BAG* 18.11.1980 AP Nr. 2 zu § 108 BetrVG 1972 Bl. 2 f.; ebenso *Fitting* § 31 Rn. 29; *Galperin/Löwisch* § 31 Rn. 21; *Glock/HWGNRH* § 31 Rn. 34; *Neumann-Duesberg* S. 252; *Nikisch* III, S. 181; *Richardi/Thüsing* § 31 Rn. 29; **a. M.** *ArbG Hagen* 18.12.1956 BB 1957, 437; *Dietz* § 31 Rn. 16; *Galperin/Siebert* § 31 Rn. 3). Eine einstweilige Verfügung ist nach § 85 Abs. 2 ArbGG zulässig und kann vom Betriebsrat oder der hinzugezogenen Gewerkschaft beantragt werden (*ArbG Elmshorn* 28.05.1999 AiB 1999, 521 *[Zabel]*; *Fitting* § 31 Rn. 29; *Richardi/Thüsing* § 31 Rn. 30).

§ 32
Teilnahme der Schwerbehindertenvertretung

Die Schwerbehindertenvertretung (§ 177 des Neunten Buches Sozialgesetzbuch [*bis 01.01.2018: § 94 des Neunten Buches Sozialgesetzbuch*]) kann an allen Sitzungen des Betriebsrats beratend teilnehmen.

Literatur
Literaturnachweise zum BetrVG 1952 siehe 8. Auflage.

Düwell Die Zusammenarbeit von Betriebsrat und Schwerbehindertenvertretung, AuR 1993, 345; *Eichenhofer* Zusammenarbeit zwischen Arbeitgeber, Betriebsrat und Schwerbehindertenvertretung, ZTR 1994, 103; *Großmann / Schimanski* Gemeinschaftskommentar zum Sozialgesetzbuch IX (Lbl.), 2002 ff.; *Hümmerich* Mitwirkungsbefugnisse des Vertrauensmannes der Schwerbehinderten bei Personalentscheidungen, BlStSozArbR 1976, 1; *Neumann / Pahlen / Majerski-Pahlen* SGB IX, Kommentar, 12. Aufl. 2010; *Schareck* Die Rechte und Pflichten der Schwerbehindertenvertretung, AuA 1991, 172; *J. Schmidt* Die Vertretung der Schwerbehinderten durch Betriebsrat und Schwerbehindertenvertretung, AiB 1999, 368; *K. Schmidt* Die persönlichen Rechte und Pflichten des Vertrauensmannes der Schwerbehinderten im neuen Schwerbehindertengesetz, AuR 1974, 75; *Siegler* Die Rechtsstellung des Vertrauensmannes der Schwerbehinderten und seine Ansprüche auf Schulung, Freistellung und Kostenersatz, BlStSozArbR 1979, 55; *Wiegand / Dalichau* Kommentar zum SGB IX (Lbl.), 2003 ff.

Inhaltsübersicht	Rdn.
I. Vorbemerkung	1–7
II. Schwerbehindertenvertretung	8–10
III. Teilnahmerecht an Betriebsratssitzungen	11–19
IV. Streitigkeiten	20

I. Vorbemerkung

Die Vorschrift gibt der Schwerbehindertenvertretung ein Recht auf Teilnahme an den Sitzungen des Betriebsrats. Sie ist durch das BetrVG 1972 eingefügt worden. Ziel ist es zum einen, durch das Teilnahmerecht der Schwerbehindertenvertretung den Informationsfluss zwischen ihr und dem Betriebsrat zu verstärken und damit auch den Betriebsrat bei der Erfüllung seiner Aufgaben zu unterstützen, zu denen auch die Förderung der Eingliederung Schwerbehinderter gehört (vgl. § 176 Satz 1 SGB IX [bis 01.01.2018: § 93 Satz 1 SGB IX]); § 80 Abs. 1 Nr. 4 BetrVG, früher § 54 Abs. 1 Buchst. d BetrVG 1952; hierzu s. *Weber* § 80 Rdn. 43 ff.). Zum anderen soll das Teilnahmerecht der Schwerbehindertenvertretung Gelegenheit geben, die Interessen der Schwerbehinderten in den Sitzungen des Betriebsrats zu vertreten und damit auf dessen Willensbildung Einfluss zu nehmen. Die Vorschrift steht damit im Kontext mit anderen Vorschriften (§ 29 Abs. 2 Satz 4, § 35 Abs. 1, § 51 Abs. 1 Satz 1, § 52 und §§ 176 ff. SGB IX [bis 01.01.2018: §§ 93 ff. SGB IX]), die ebenfalls die Beteiligung der Schwerbehindertenvertretung an den Entscheidungsprozessen im Betrieb sicherstellen sollen. Insgesamt soll damit eine enge Zusammenarbeit zwischen Betriebsrat und Schwerbehindertenvertretung gewährleistet werden (vgl. auch § 182 Abs. 1 SGB IX [bis 01.01.2018: § 99 Abs. 1 SGB IX]). Der Aufgabenbereich der Schwerbehindertenvertretung und ihre Rechtsstellung im Übrigen sind durch §§ 177 ff. SGB IX (bis 01.01.2018: §§ 94 ff. SGB IX) geregelt (vgl. Rdn. 8). Aus diesem Grunde verweist § 32 in dem Klammerzusatz zur Klarstellung auf § 177 SGB IX (bis 01.01.2018: § 94 SGB IX). Die Verweisung bezog sich ursprünglich auf § 24 SchwbG. Das SchwbG ist durch Art. 63 SGB IX vom 19.06.2001 (BGBl. I, S. 1045) aufgehoben worden. Die früheren Regelungen des SchwbG wurden in das SGB IX übernommen. Die §§ 176 ff. SGB IX (bis 01.01.2018: §§ 93 ff. SGB IX) über die Rechte der Schwerbehindertenvertretung entsprechen weitgehend den §§ 23 ff. SchwbG. Durch das BetrVerf-ReformG vom 23.07.2001 (BGBl. I, S. 1852) wurde daher die Bezugnahme der neuen Rechtslage angepasst (vgl. Beschlussempfehlung und Bericht des Ausschusses für Arbeits- und Sozialordnung BT-Drucks. 14/6352, S. 14, 58). Das Bundesteilhabegesetz (Gesetz zur Stärkung der Teilhabe und Selbstbestimmung von Menschen mit Behinderungen vom 23.12.2016, BGBl. I, S. 3234) hat mit Wirkung ab dem 01.01.2018 durch die Einführung einer Vielzahl neuer Bestimmungen zu einer vollständigen Neunummerierung und einer Verschiebung der Vorschriften über die Schwerbehindertenvertretung geführt. Durch Art. 19 Abs. 5 Nr. 1 des Gesetzes wurde dementsprechend die Bezugnahme in § 32 erneut angepasst. § 32 wird durch § 178 Abs. 4 Satz 1 SGB IX (bis 01.01.2018: § 95 Abs. 4 Satz 1 SGB IX) wiederholt, der außerdem klarstellt, dass die Schwerbehindertenvertretung auch das Recht hat, an allen Sitzungen der Ausschüsse des Betriebsrats beratend teilzunehmen (s. Rdn. 3). Unberührt bleibt auch die allgemeine Aufgabe des Betriebsrats, die Eingliederung Schwerbehinderter zu fördern.

2 Eine dem § 32 entsprechende Regelung gilt nach § 52 für Sitzungen des **Gesamtbetriebsrats**; an ihnen kann die Gesamtschwerbehindertenvertretung (§ 180 Abs. 1 SGB IX [bis 01.01.2018: § 97 Abs. 1 SGB IX] teilnehmen. Durch § 180 Abs. 2 SGB IX (bis 01.01.2018: § 97 Abs. 2 SGB IX) wurde zudem erstmals eine Konzernschwerbehindertenvertretung eingeführt. Diese hat nach dem durch das BetrVerf-ReformG neu eingefügten § 59a (vgl. Beschlussempfehlung und Bericht des Ausschusses für Arbeits- und Sozialordnung BT-Drucks. 14/6352, S. 19, 58) ebenfalls ein Teilnahmerecht an den Sitzungen des **Konzernbetriebsrats** (s. näher *Kreutz/Franzen* § 52 Rdn. 18 ff. sowie *Franzen* § 59a Rdn. 14 ff.). Dagegen fehlt eine solche Regelung für Sitzungen der **Jugend- und Auszubildendenvertretung**, der **Gesamt-Jugend- und Auszubildendenvertretung** und der **Konzern-Jugend- und Auszubildendenvertretung**. An den Sitzungen der **Bordvertretung** und des **Seebetriebsrats** kann die Schwerbehindertenvertretung teilnehmen (§ 115 Abs. 4 Satz 1, § 116 Abs. 3), mag die praktische Bedeutung dieses Rechts auch gering sein.

3 § 178 SGB IX (bis 01.01.2018: § 95 SGB IX) enthält **zusätzliche Teilnahmerechte** der Schwerbehindertenvertretung, die über die Regelung des § 32 hinausgehen. Nach § 178 Abs. 4 Satz 1 SGB IX (bis 01.01.2018: § 95 Abs. 4 Satz 1 SGB IX) hat die Schwerbehindertenvertretung das Recht, an **allen Sitzungen der Ausschüsse** des Betriebsrats beratend teilzunehmen. Sie kann deshalb an allen Sitzungen des Betriebsausschusses (§ 27) und der Ausschüsse des Betriebsrats i. S. d. § 28 beratend teilnehmen. Das gilt auch für gemeinsame Ausschüsse i. S. d. § 28 Abs. 2 (*BAG* 21.04.1993 AP Nr. 4 zu § 25 SchwbG 1986 Bl. 2 ff. = SAE 1994, 104 [krit. *Meisel*]). Umstritten ist, ob sich das Teilnahmerecht der Schwerbehindertenvertretung auf sämtliche Ausschüsse des Betriebsrats erstreckt oder nur dann besteht, wenn und soweit den Ausschüssen Aufgaben zur selbständigen Erledigung übertragen worden sind und diese damit an die Stelle des Betriebsrats treten (s. § 27 Rdn. 52, 56 f., § 28 Rdn. 16, 35). Die überwiegende Ansicht plädiert für ein uneingeschränktes Teilnahmerecht an allen Ausschusssitzungen ohne Rücksicht darauf, ob der Ausschuss nur vorbereitende Aufgaben wahrnimmt oder Entscheidungsbefugnisse hat (*Fitting* § 27 Rn. 57, § 32 Rn. 17 f.; *Galperin/Löwisch* § 32 Rn. 10; *Richardi/Thüsing* § 27 Rn. 44, § 32 Rn. 20; *Wedde/DKKW* § 27 Rn. 30, § 32 Rn. 4; wohl auch *BAG* 04.06.1987 AP Nr. 2 zu § 22 SchwbG Bl. 2). Dies wird freilich dem Normzweck nicht gerecht. Das Teilnahmerecht nach § 178 Abs. 4 Satz 1 SGB IX (bis 01.01.2018: § 95 Abs. 4 Satz 1 SGB IX) soll verhindern, dass die Zielsetzung des Gesetzes, die Schwerbehindertenvertretung an der internen Willensbildung zu beteiligen, dadurch ins Leere läuft, dass die Entscheidungen nicht im Betriebsrat, sondern in den Ausschüssen fallen (*BAG* 21.04.1993 AP Nr. 4 zu § 25 SchwbG 1986 Bl. 2 R f.; vgl. auch *Düwell* AuR 1993, 345 [348]). Dann genügt es aber, wenn die Schwerbehindertenvertretung an den Sitzungen von Ausschüssen teilnehmen kann, denen Aufgaben zur selbständigen Erledigung übertragen worden sind. Geht es dagegen – wie im Betriebsausschuss – nur um die laufende Geschäftsführung oder bereiten die Ausschüsse lediglich Beschlüsse des Betriebsrats vor, ist eine Teilnahme nicht erforderlich. Der Normzweck des § 95 Abs. 4 Satz 1 SGB IX wird nicht beeinträchtigt, weil die Interessen der Schwerbehinderten bei der späteren Beratung durch den Betriebsrat gewahrt werden (s. § 27 Rdn. 57). Andererseits spricht der mit der Einrichtung eines Betriebsausschusses sowie mit der Verlagerung der Arbeit auf andere Ausschüsse verfolgte Zweck, eine gestraffte Aufgabenerledigung zu erreichen (s. § 27 Rdn. 9), dafür, den Kreis der an der Beratung Beteiligten nicht zu weit zu fassen. § 178 Abs. 4 SGB IX (bis 01.01.2018: § 95 Abs. 4 SGB IX) ist daher dahingehend einschränkend zu interpretieren, dass ein Teilnahmerecht nur in Ausschüssen besteht, denen Aufgaben zur selbständigen Erledigung übertragen sind (so auch *LAG Schleswig-Holstein* 10.09.2008 LAGE § 32 BetrVG 2001 Nr. 1 II 2b aa; *Glock/HWGNRH* § 32 Rn. 21). Nur wenn eine spätere Interessenwahrung nicht mehr möglich ist, wie bei der Beschlussfassung des Betriebsausschusses darüber, in welcher Weise und durch welche Mitglieder eine Sprechstunde abgehalten werden soll (s. § 27 Rdn. 67, 69), kann ausnahmsweise ein Teilnahmerecht auch in anderen Ausschüssen zu bejahen sein. Kein Teilnahmerecht besteht an Sit-

zungen von **Arbeitsgruppen** nach § 28a, da die Arbeitsgruppe kein Ausschuss des Betriebsrates ist (**a. M.** [entsprechende Anwendung] *Fitting* § 28a Rn. 38, § 32 Rn. 3; *Kreft/WPK* § 32 Rn. 3; *Linde* Arbeitsgruppen, S. 170). Doch kann in der Rahmenvereinbarung (s. § 28a Rdn. 18 ff.) ein Teilnahmerecht vorgesehen werden. Nach **§ 178 Abs. 5 SGB IX** (bis 01.01.2018: § 95 Abs. 5 SGB IX) ist die Schwerbehindertenvertretung zu den **regelmäßigen Besprechungen zwischen Arbeitgeber und Betriebsrat** nach **§ 74 Abs. 1** hinzuzuziehen (zur Rechtslage vor Inkrafttreten des Ersten Gesetzes zur Änderung des Schwerbehindertengesetzes vom 24.07.1986 – in Kraft am 01.08.1986 – [BGBl. I, S. 1110] vgl. *BAG* 19.01.1984 AP Nr. 4 zu § 74 BetrVG 1972 Bl. 1 R f.). Das Teilnahmerecht beschränkt sich jedoch auf die Besprechungen nach § 74 Abs. 1, erstreckt sich also nicht auf sämtliche Gespräche und Sitzungen des Betriebsrats bzw. einzelner Betriebsratsmitglieder mit dem Arbeitgeber (*LAG Schleswig-Holstein* 10.09.2008 LAGE § 32 BetrVG 2001 Nr. 1 II 2). Zum Teilnahmerecht an den **Sitzungen des Wirtschaftsausschusses** vgl. *BAG* 04.06.1987 AP Nr. 2 zu § 22 SchwbG Bl. 1 R ff. und *Oetker* § 108 Rdn. 49 f.

Die Vorschrift gilt ferner entsprechend für eine **anderweitige Vertretung der Arbeitnehmer** nach § 3 Abs. 1 Nr. 1 bis 3, weil diese an die Stelle des Betriebsrats tritt (vgl. § 3 Abs. 5 sowie *Franzen* § 3 Rdn. 61). Bei einer **zusätzlichen Vertretung der Arbeitnehmer** nach § 3 Abs. 1 Nr. 4 und 5, Abs. 2 können die Betriebs- oder Tarifpartner entsprechende Regelungen in der Betriebsvereinbarung oder im Tarifvertrag treffen (vgl. *Fitting* § 32 Rn. 3; *Galperin/Löwisch* § 32 Rn. 4 [zu § 3 Abs. 1 a. F.]; für ein Teilnahmerecht auch ohne besondere Vereinbarung *Richardi/Thüsing* § 32 Rn. 20). 4

Zum Teilnahmerecht des **Vertrauensmannes der Zivildienstleistenden** an den Sitzungen des Betriebsrats s. § 29 Rdn. 41. 5

Die Vorschrift ist **zwingend** und kann weder durch Tarifvertrag noch durch Betriebsvereinbarung abbedungen werden (ebenso *Fitting* § 32 Rn. 4; *Galperin/Löwisch* § 32 Rn. 10). 6

Zum **Personalvertretungsrecht** vgl. § 40 BPersVG. Das **Sprecherausschussgesetz** enthält keine entsprechende Vorschrift. Für **gemeinsame Sitzungen** des **Sprecherausschusses** und des **Betriebsrats** nach § 2 Abs. 2 Satz 3 SprAuG gilt § 32 entsprechend. 7

II. Schwerbehindertenvertretung

Die Stellung der Schwerbehindertenvertretung ist seit dem 01.07.2001 nicht mehr in den §§ 23 bis 29 SchwbG, sondern in den §§ 176 bis 183 SGB IX (bis. 01.01.2018: §§ 93 bis 100 SGB IX) geregelt (s. Rdn. 1). Inhaltliche Änderungen waren hiermit überwiegend (vgl. aber § 180 Abs. 2 SGB IX [bis 01.01.2018: § 97 Abs. 2 SGB IX], hierzu s. Rdn. 2) nicht verbunden, so dass die Vorschriften des SGB IX weitgehend denjenigen des Schwerbehindertengesetzes entsprechen (vgl. hierzu auch die Kommentare zum SGB IX, s. Literatur zu § 32). 8

Die Schwerbehindertenvertretung hat **die Interessen der Schwerbehinderten im Betrieb zu vertreten** und ihnen beratend und helfend zur Seite zu stehen (§ 178 Abs. 1 Satz 1 SGB IX [bis 01.01.2018: § 95 Abs. 1 Satz 1 SGB IX]). Ihre Aufgaben und ihre Rechtsstellung sind durch das Sozialgesetzbuch IX. Buch (SGB IX) weitgehend denen des Betriebsrats nachgebildet worden, nur dass der Schwerbehindertenvertretung **außer** den **Aufgaben nach § 178 SGB IX** (bis 01.01.2018: § 95 SGB IX) **keine Beteiligungsrechte** zustehen (*BAG* 16.08.1977 AP Nr. 1 zu § 23 SchwbG Bl. 2; *Fitting* § 32 Rn. 14; *Galperin/Löwisch* § 32 Rn. 9; *Glock/HWGNRH* § 32 Rn. 9; *Richardi/Thüsing* § 32 Rn. 5). Diese werden für alle Arbeitnehmer einschließlich der Schwerbehinderten allein vom Betriebsrat ausgeübt. Wegen der partiellen Übereinstimmung der Aufgaben und der Rechtsstellung von Betriebsrat und Schwerbehindertenvertretung erscheint es jedoch gerechtfertigt, diese als ein **auf** eine **bestimmte Gruppe von Arbeitnehmern beschränktes betriebsverfassungsrechtliches Organ** anzusehen, selbst wenn aus dieser Kennzeichnung keine Rechtsfolgen abgeleitet werden können (*BAG* 21.09.1989 AP Nr. 1 zu § 25 SchwbG 1986 Bl. 3; *Fitting* § 32 Rn. 14 seit 17. Aufl.; *Richardi/Thüsing* § 32 Rn. 5; **a. M.** *BAG* 16.08.1977 AP Nr. 1 zu § 23 SchwbG Bl. 2 f.; *Galperin/Löwisch* § 32 Rn. 9; *K. Schmidt* AuR 1974, 75; vgl. auch Bericht 11. Ausschuss, BT-Drucks. 7/1515, S. 6). Zur Be- 9 teiligung der Schwerbehindertenvertretung bei **Kündigungen von schwerbehinderten Arbeitnehmern** s. § 102 Rdn. 263 ff.

10 Die Schwerbehindertenvertretung ist jedoch **kein Organ** des **Betriebsrats** (ebenso *Fitting* § 32 Rn. 14; *Glock/HWGNRH* § 32 Rn. 9; *Reichold/HWK* § 32 BetrVG Rn. 2; *Richardi/Thüsing* § 32 Rn. 5), sondern diesem gegenüber selbständig. Die Vertrauensperson ist als solche auch nicht Mitglied des Betriebsrats. Es ist jedoch zulässig, dass sie zugleich Mitglied des Betriebsrats ist (ebenso *Fitting* § 32 Rn. 15; *Galperin/Löwisch* § 32 Rn. 9; *Glock/HWGNRH* § 32 Rn. 9; *Reichold/HWK* § 32 BetrVG Rn. 2; *Wedde/DKKW* § 32 Rn. 2). Im Falle eines solchen **Doppelmandats** bestehen die beiden Funktionen unabhängig voneinander; Rechte und Pflichten des Amtsinhabers sind für beide Funktionen jeweils selbständig zu beurteilen. So ist die Vertrauensperson in ihrer Funktion als Schwerbehindertenvertretung berechtigt, allein gem. § 35 Abs. 1 und § 178 Abs. 4 Satz 2 und 3 SGB IX (bis 01.01.2018: § 95 Abs. 4 Satz 2 und 3 SGB IX) die Aussetzung von Beschlüssen des Betriebsrats zu erwirken. Auch kann sie gegenüber dem Arbeitgeber eine von Betriebsratsbeschlüssen abweichende Meinung vertreten (ebenso *Fitting* § 32 Rn. 15; *Glock/HWGNRH* § 32 Rn. 9). Sie muss sich jedoch die Kenntnis dessen zurechnen lassen, was sie bei der Anhörung des Betriebsrats durch den Arbeitgeber erfahren hat (*LAG München* 30.08.1989 DB 1989, 2236). Die Übernahme des Amtes in der Schwerbehindertenvertretung hat im Übrigen nicht zur Folge, dass die Vertrauensperson in ihrer Eigenschaft als Betriebsratsmitglied an der Ausübung des Amtes i. S. d. **§ 25 Abs. 1 verhindert** ist, da aufgrund der unterschiedlichen Rechte und Befugnisse beide Funktionen nicht miteinander kollidieren. Es ist also weder geboten, noch zulässig, anstelle des als Vertrauensperson agierenden Betriebsratsmitglieds ein Ersatzmitglied zu der Betriebsratssitzung oder zu einzelnen Tagesordnungspunkten zu laden (*LAG Hessen* 01.11.2012 – 9 TaBV 156/12, juris Rn. 26 ff.). Das Amt als Schwerbehindertenvertretung und das Amt als Betriebsratsmitglied enden unabhängig voneinander (ebenso *Fitting* § 32 Rn. 15; *Glock/HWGNRH* § 32 Rn. 9; *Wedde/DKKW* § 32 Rn. 2). Zum **Kündigungsschutz** der Schwerbehindertenvertretung vgl. § 179 Abs. 3 SGB IX (bis 01.01.2018: § 96 Abs. 3 SGB IX) sowie § 103 Rdn. 7.

III. Teilnahmerecht an Betriebsratssitzungen

11 Die Schwerbehindertenvertretung hat nach § 32 (vgl. auch § 178 Abs. 4 Satz 1 SGB IX [bis 01.01.2018: § 95 Abs. 4 Satz 1 SGB IX]) das eigenständige Recht, an **allen Sitzungen** des **Betriebsrats beratend teilzunehmen**. Die Fassung beruht auf den Beschlüssen des 10. Ausschusses (BT-Drucks. VI/2729, S. 15, 22). Dadurch wurde entsprechend den Vorschlägen des Bundesrats (BT-Drucks. VI/1786, S. 63), denen die Bundesregierung zustimmte (BT-Drucks. VI/1786, S. 2 Nr. 1), die im Regierungsentwurf vorgesehene Beschränkung der Teilnahme auf die Verhandlung von Fragen, welche die Interessen der *Schwerbeschädigten* berühren (BT-Drucks. VI/1786, S. 8, 40), beseitigt. Damit sollte nicht nur eine möglichst sachgerechte Entscheidung des Betriebsrats in den die *Schwerbeschädigten* unmittelbar betreffenden Fragen gewährleistet (so amtliche Begründung, BT-Drucks. VI/1786, S. 40), sondern der Erkenntnis Rechnung getragen werden, dass die vom Betriebsrat zu beratenden Gegenstände in der Regel auch die *Schwerbeschädigten* berühren und daher ein regelmäßiges Teilnahmerecht des *Vertrauensmannes der Schwerbeschädigten* (jetzt Schwerbehindertenvertretung) geboten ist (BT-Drucks. VI/1786, S. 63).

12 Der Vorsitzende des Betriebsrats hat nach § 29 Abs. 2 Satz 3 und 4 die Schwerbehindertenvertretung zu allen Betriebsratssitzungen **rechtzeitig unter Mitteilung der Tagesordnung zu laden** (s. § 29 Rdn. 40). Ebenso wie die Jugend- und Auszubildendenvertretung (§ 67 Abs. 3 Satz 1) kann die Schwerbehindertenvertretung nach § 178 Abs. 4 Satz 1 Halbs. 2 SGB IX (bis 01.01.2018: § 95 Abs. 4 Satz 1 Halbs. 2 SGB IX) beantragen, Angelegenheiten, die einzelne Schwerbehinderte oder die Schwerbehinderten als Gruppe besonders betreffen, auf die Tagesordnung der nächsten Sitzung zu setzen. Dagegen hat sie kein Recht, die Einberufung einer Betriebsratssitzung zu verlangen (ebenso *Fitting* § 32 Rn. 23; *Kreft/WPK* § 32 Rn. 5; *Reichold/HWK* § 32 BetrVG Rn. 4; *Richardi/Thüsing* § 32 Rn. 22; *Wedde/DKKW* § 32 Rn. 6). Insoweit ist sie auf Anregungen beschränkt. Da der Betriebsrat nach § 80 Abs. 1 Nr. 4 die Eingliederung Schwerbehinderter zu fördern hat, läge jedoch eine

Amtspflichtverletzung vor, wenn der Betriebsratsvorsitzende sich bei der Einberufung von Sitzungen ohne sachlichen Grund über Anregungen der Schwerbehindertenvertretung hinwegsetzen würde.

Die **unterlassene Ladung** der Schwerbehindertenvertretung ist für die Rechtswirksamkeit von Beschlüssen des Betriebsrats grundsätzlich ohne Bedeutung (ebenso *Fitting* § 32 Rn. 24; *Galperin/Löwisch* § 32 Rn. 12; *Glock/HWGNRH* § 32 Rn. 16; *Reichold/HWK* § 32 BetrVG Rn. 5; *Richardi/Thüsing* § 32 Rn. 22; *Wedde/DKKW* § 32 Rn. 8; s. auch § 33 Rdn. 58; **a. M.** [Nichteinladung führt zur Unwirksamkeit der gefassten Beschlüsse] *Kreft/WPK* § 32 Rn. 8). Jedoch liegt darin eine Verletzung der gesetzlichen Pflichten des Betriebsrats, die gegebenenfalls die Sanktion nach § 23 Abs. 1 auslöst (ebenso *Fitting* § 32 Rn. 24; *Glock/HWGNRH* § 32 Rn. 16). Nur ausnahmsweise kommt nach allgemeinen Grundsätzen eine Nichtigkeit der Beschlüsse wegen Sittenwidrigkeit (§ 138 BGB) in Betracht, falls eine vorsätzliche Benachteiligung Schwerbehinderter vorliegt (ebenso *Galperin/Löwisch* § 32 Rn. 12; *Glock/HWGNRH* § 32 Rn. 16; *Richardi/Thüsing* § 32 Rn. 22). 13

Die Vorschrift **berechtigt** die Schwerbehindertenvertretung, an den **Sitzungen** des **Betriebsrats teilzunehmen**, verpflichtet sie aber nicht (ebenso *Fitting* § 32 Rn. 25; *Galperin/Löwisch* § 32 Rn. 13; *Glock/HWGNRH* § 32 Rn. 17; *Richardi/Thüsing* § 32 Rn. 21; *Wedde/DKKW* § 32 Rn. 9). Ihr Pflichtenkreis ergibt sich allein aus dem SGB IX. Sie kann daher aufgrund der Tagesordnung entscheiden, ob sie an der ganzen Sitzung des Betriebsrats, nur an der Beratung einzelner Tagesordnungspunkte oder überhaupt nicht an der Sitzung teilnimmt. Eine Verletzung ihres pflichtgemäßen Ermessens hat keinen Einfluss auf die Wirksamkeit der vom Betriebsrat gefassten Beschlüsse (ebenso *Fitting* § 32 Rn. 24), kann aber gegebenenfalls nach § 177 Abs. 7 Satz 5 SGB IX (bis 01.01.2018: § 94 Abs. 7 Satz 5 SGB IX) zur Amtsenthebung führen (ebenso *Glock/HWGNRH* § 32 Rn. 17; *Wedde/DKKW* § 32 Rn. 9). 14

Bei **Verhinderung der Schwerbehindertenvertretung** ist ihr Stellvertreter i. S. d. § 177 Abs. 1 Satz 1 SGB IX (bis 01.01.2018: § 94 Abs. 1 Satz 1 SGB IX) – bei mehreren der nach festgelegter Reihenfolge zuständige, sonst der von ihr bestimmte – berechtigt, an der Sitzung des Betriebsrats oder seiner Ausschüsse teilzunehmen (ebenso *Fitting* § 32 Rn. 21; *Galperin/Löwisch* § 32 Rn. 11; *Glock/HWGNRH* § 32 Rn. 13; *Richardi/Thüsing* § 32 Rn. 24; *Wedde/DKKW* § 32 Rn. 7). Einer besonderen Erwähnung des Stellvertreters im BetrVG bedurfte es nicht, weil die Vertretungsbefugnis bereits in § 177 Abs. 1 Satz 1 SGB IX (bis 01.01.2018: § 94 Abs. 1 Satz 1 SGB IX) geregelt ist. Kann in einem Betrieb eines Unternehmens mit mehreren Betrieben eine Schwerbehindertenvertretung nicht gewählt werden oder ist sie nicht gewählt worden, so vertritt die Interessen der in ihm tätigen Schwerbehinderten die Gesamtschwerbehindertenvertretung (vgl. § 180 Abs. 6 Satz 1 SGB IX [bis 01.01.2018: § 97 Abs. 6 Satz 1 SGB IX]). 15

Das **Teilnahmerecht** der Schwerbehindertenvertretung ist **beschränkt auf** die **Beratung**. Sie kann sich zu allen Angelegenheiten äußern, die Gegenstand der Betriebsratssitzung sind, also nicht nur zu solchen, die unmittelbar die Interessen der Schwerbehinderten berühren (ebenso *Fitting* § 32 Rn. 28; *Galperin/Löwisch* § 32 Rn. 13; *Glock/HWGNRH* § 32 Rn. 18; *Richardi/Thüsing* § 32 Rn. 23; *Wedde/DKKW* § 32 Rn. 10; **a. M.** *Frauenkron* § 32 Rn. 4). Aus der Beschränkung des Teilnahmerechts auf die Beratung folgt, dass die Schwerbehindertenvertretung kein Stimmrecht hat. Sie kann auch keinen Antrag zur Abstimmung stellen (ebenso *Galperin/Löwisch* § 32 Rn. 13; *Glock/HWGNRH* § 32 Rn. 18; *Richardi/Thüsing* § 32 Rn. 23). Sie hat aber das Recht, bei der Abstimmung anwesend zu sein (ebenso *Fitting* § 32 Rn. 28; *Richardi/Thüsing* § 32 Rn. 23; *Wedde/DKKW* § 32 Rn. 10), und kann nach Maßgabe des § 35 die Aussetzung eines Beschlusses des Betriebsrats beantragen, wenn sie ihn als eine erhebliche Beeinträchtigung wichtiger Interessen der Schwerbehinderten erachtet (s. § 35 Rdn. 14). 16

Nach Maßgabe des § 179 Abs. 7 SGB IX (bis 01.01.2018: § 96 Abs. 7 SGB IX), der dem § 79 nachgebildet ist, ist die Schwerbehindertenvertretung ebenso wie ein Betriebsratsmitglied zur **Geheimhaltung** von **Betriebs-** und **Geschäftsgeheimnissen** sowie zur **Verschwiegenheit** über **persönliche Verhältnisse** und **Angelegenheiten** der Beschäftigten, die einer vertraulichen Behandlung bedürfen, verpflichtet. Eine Verletzung dieser Verpflichtung ist nach dem bisherigen § 155 SGB IX mit Strafe bedroht. Die ab 2018 geltenden Vorschriften der §§ 237a f. SGB IX haben diese Regelung leicht modifiziert. 17

18 Die Schwerbehindertenvertretung darf in der Ausübung ihres Amtes **nicht behindert** werden § 179 Abs. 2 SGB IX (bis 01.01.2018: § 96 Abs. 2 SGB IX). Zu ihren Aufgaben gehört auch die Teilnahme an Sitzungen des Betriebsrats, die ihr daher nicht verwehrt werden darf (ebenso *Fitting* § 32 Rn. 25). Ebenso wie Betriebsratsmitglieder (s. *Weber* § 37 Rdn. 56 ff.) bedarf sie für die Teilnahme an Sitzungen nicht der Zustimmung des Arbeitgebers, muss sich jedoch bei den zuständigen Vorgesetzten abmelden und nach Beendigung der Sitzung zurückmelden (*Fitting* § 32 Rn. 26; *Kreft/WPK* § 32 Rn. 9; *Wedde/DKKW* § 32 Rn. 11; unklar *Glock/HWGNRH*, der einerseits im Hinblick auf die Mitglieder der Schwerbehindertenvertretung in § 32 Rn. 20 unter Hinweis auf § 37 Abs. 2 eine »Arbeitsbefreiung« verlangt, andererseits im Kontext der Arbeitsbefreiung von Mitgliedern des Betriebsrats in § 37 Rn. 46 – unter Aufgabe der abw. Ansicht der Voraufl. – eine Abmeldung genügen lässt).

19 Nimmt die Schwerbehindertenvertretung an Sitzungen des Betriebsrats teil, so ist das als **notwendiges Versäumnis von Arbeitszeit** anzusehen, das den Arbeitgeber nicht zur Minderung des Arbeitsentgelts berechtigt (§ 179 Abs. 4 Satz 1 SGB IX [bis 01.01.2018: § 96 Abs. 4 Satz 1 SGB IX]). Der Arbeitgeber kann grundsätzlich nicht darauf verweisen, dass eine Beteiligung der Schwerbehindertenvertretung an der Sitzung des Betriebsrats nicht erforderlich gewesen sei, weil keine Angelegenheiten der Schwerbehinderten behandelt worden seien. Andernfalls würde das umfassende Teilnahmerecht an allen Sitzungen (vgl. oben Rdn. 11) ausgehöhlt. Sollte allerdings eine Teilnahme der Schwerbehindertenvertretung bereits vor der Sitzung für sie erkennbar offensichtlich überflüssig sein und nimmt sie trotzdem teil, so liegt kein notwendiges Versäumnis von Arbeitszeit vor (zust. *Glock/HWGNRH* § 32 Rn. 19; **a. M.** *Wedde/DKKW* § 32 Rn. 11; *Fitting* § 32 Rn. 26).

IV. Streitigkeiten

20 Streitigkeiten über die Teilnahme der Schwerbehindertenvertretung an den Sitzungen des Betriebsrats und seiner Ausschüsse sowie über ihre Befugnisse im Rahmen der Betriebsverfassung entscheiden die Arbeitsgerichte im Beschlussverfahren (§ 2a Abs. 1 Nr. 1, Abs. 2, §§ 80 ff. ArbGG; *BAG* 21.09.1989 AP Nr. 1 zu § 25 SchwbG 1986 Bl. 1 R ff.). Über bürgerliche Rechtsstreitigkeiten aus dem Arbeitsverhältnis ist dagegen im Urteilsverfahren zu entscheiden. Dazu gehört der Anspruch auf Fortzahlung des Arbeitsentgelts bei Teilnahme an einer erforderlichen Schulungsveranstaltung (§ 179 Abs. 4 Satz 3 SGB IX [bis 01.01.2018: § 96 Abs. 4 Satz 3 SGB IX]), während der Anspruch auf Ersatz von Schulungskosten gem. § 179 Abs. 8 SGB IX (bis 01.01.2018: § 96 Abs. 8 SGB IX) im Beschlussverfahren geltend zu machen ist (§ 2a Abs. 1 Nr. 3a; ebenso wohl *BAG* 21.09.1989 AP Nr. 1 zu § 25 SchwbG 1986 Bl. 1 R ff.; *Fitting* § 32 Rn. 29 seit 17. Aufl.; *Glock/HWGNRH* § 32 Rn. 24 seit 4. Aufl.; **a. M.** *BAG* 16.08.1977 AP Nr. 1 zu § 23 SchwbG Bl. 2 f.).

§ 33
Beschlüsse des Betriebsrats

(1) Die Beschlüsse des Betriebsrats werden, soweit in diesem Gesetz nichts anderes bestimmt ist, mit der Mehrheit der Stimmen der anwesenden Mitglieder gefasst. Bei Stimmengleichheit ist ein Antrag abgelehnt.

(2) Der Betriebsrat ist nur beschlussfähig, wenn mindestens die Hälfte der Betriebsratsmitglieder an der Beschlussfassung teilnimmt; Stellvertretung durch Ersatzmitglieder ist zulässig.

(3) Nimmt die Jugend- und Auszubildendenvertretung an der Beschlussfassung teil, so werden die Stimmen der Jugend- und Auszubildendenvertreter bei der Feststellung der Stimmenmehrheit mitgezählt.

Literatur
Literaturnachweise zum BetrVG 1952 siehe 8. Auflage.

Buchholz Die Nachprüfbarkeit von Betriebsvertretungsbeschlüssen durch die Gerichte, 1930; *Butz / Pleul* Elektronische Betriebsratsbeschlüsse, AuA 2011, 213; *Fitting* Zur Beschlußfassung der großen Betriebsräte, BetrV 1957, 22; *Fündling / Sorber* Arbeitswelt 4.0 – Benötigt das BetrVG ein Update in Sachen digitalisierte Arbeitsweise des Betriebsrats?, NZA 2017, 552; *Gillerke* Probleme des Teilnahme- und Stimmrechtes der Jugend- und Auszubildendenvertretung, AuA 1993, 52; *Gross* Die Nachprüfbarkeit von Beschlüssen des Betriebsrates durch das Arbeitsgericht, AuR 1953, 71; *Heinze* Wirksamkeitsvoraussetzungen von Betriebsratsbeschlüssen und Folgen fehlerhafter Beschlüsse, DB 1973, 2089; *Jesgarzewski / Holzendorf* Zulässigkeit virtueller Betriebsratssitzungen, NZA 2012, 1021; *Kemmerich* Die gerichtliche Nachprüfbarkeit von Betriebsratsbeschlüssen (Diss. Köln), 1965; *Kettner* Die korrekte Beschlussfassung des Betriebsrats, AiB 1998, 431; *Klar* Beschlussfähigkeit bei vorübergehender Verhinderung von Betriebsratsmitgliedern, NZA 2017, 295; *Krause* Digitalisierung der Arbeitswelt – Herausforderungen und Regelungsbedarf, Gutachten B zum 71. Deutschen Juristentag, 2016 (zit. Gutachten 71. DJT); *Löwisch* Stimmenthaltungen sind keine Nein-Stimmen. Zur Auslegung von § 33 Abs. 1 Satz 1 BetrVG, BB 1996, 1006; *Matusche* Die Beschlussfassung des Betriebsrats nach § 33 BetrVG, AiB 1996, 535; *Oetker* Der nichtige Betriebsratsbeschluß, BlStSozArbR 1984, 129; *ders.* Interessenkollision bei der Ausübung betriebsverfassungsrechtlicher Beteiligungsrechte, ZfA 1984, 409; *Perwitz* Anfechtung und Nichtigkeit von Betriebsratsbeschlüssen (Diss. Köln), 1965; *Reitze* Der Betriebsratsbeschluss (Diss. Köln), 1998; *Schmitt* Befangenheitsprobleme im Betriebsverfassungsgesetz, NZA 1987, 78; *Schuckardt* Der Betriebsratsbeschluß (Diss. Köln), 1965; *Südkamp* Interne Fehler bei Willenserklärungen des Betriebsrates (Diss. Münster), 1989. Vgl. ferner die Literaturangaben vor und zu § 26.

Inhaltsübersicht Rdn.

I.	Vorbemerkung	1–6
II.	Beschlüsse des Betriebsrats	7–46
	1. Zweck und Gegenstand	7, 8
	2. Beschränkung auf Sitzungen	9–12
	3. Beschlussfähigkeit	13–20
	4. Stimmrecht	21–27
	a) Betriebsrats- und Ersatzmitglieder	21
	b) Jugend- und Auszubildendenvertreter	22, 23
	c) Ausschluss in eigenen Angelegenheiten	24–27
	5. Stellvertretung durch Ersatzmitglieder	28
	6. Stimmenmehrheit	29–36
	7. Abstimmungsverfahren	37–42
	8. Aufhebung und Änderung	43–46
III.	Beschlussmängel und ihre Folgen	47–69
	1. Grundsätze	47–50
	2. Arten von Beschlussmängeln	51, 52
	3. Einzelne Verfahrensfehler	53–66
	a) Fehler bei der Ladung	53–58
	b) Fehler bei der Beschlussfassung	59–64
	c) Formmängel	65, 66
	4. Heilung von Beschlussmängeln	67–69
IV.	Streitigkeiten	70

I. Vorbemerkung

Die Vorschrift entspricht in Abs. 1, abgesehen von redaktionellen Änderungen und Ergänzungen, **1** § 32 Abs. 1 BetrVG 1952. Abs. 2 ist gegenüber § 32 Abs. 2 BetrVG 1952 in Anlehnung an die Regelung in anderen neueren Gesetzen (amtliche Begründung, BR-Drucks. 715/70, S. 40) dahingehend geändert worden, dass es für die Beschlussfähigkeit nicht mehr auf die Anwesenheit, sondern die Teilnahme von mindestens der Hälfte der Betriebsratsmitglieder an der Beschlussfassung ankommt (s. Rdn. 16 f.). Neu ist Abs. 3, der die Berücksichtigung der Stimmen der Jugend- und Auszubildendenvertreter bei deren Teilnahme an der Beschlussfassung regelt (vgl. Rdn. 22).

Die Vorschrift findet nur beschränkt auf Beschlüsse anderer Gremien Anwendung. Für den **Gesamt- 2 betriebsrat** gelten § 47 Abs. 7 und 8, § 51 Abs. 3; für den **Gesamtbetriebsausschuss** und die **wei-**

teren **Ausschüsse** des **Gesamtbetriebsrats** ist § 33 Abs. 1 und 2 anzuwenden (§ 51 Abs. 4). Für den **Konzernbetriebsrat** gelten § 55 Abs. 3 und 4, § 59 Abs. 1 i. V. m. § 51 Abs. 3; für den **Konzernbetriebsausschuss** und die **weiteren Ausschüsse** des **Konzernbetriebsrats** ist § 33 Abs. 1 und 2 anzuwenden (§ 59 Abs. 1 i. V. m. § 51 Abs. 4). Für die Beschlüsse der **Jugend- und Auszubildendenvertretung** gilt § 33 Abs. 1 und 2 entsprechend (§ 65 Abs. 1). Für die **Gesamt-Jugend- und Auszubildendenvertretung** gelten § 72 Abs. 7, § 73 Abs. 2 i. V. m. § 51 Abs. 3; für die **Konzern-Jugend- und Auszubildendenvertretung** gelten § 73a Abs. 3, § 73b Abs. 2 i. V. m. § 51 Abs. 3. Für die **Bordvertretung** gilt § 33 Abs. 1 und 2 (§ 115 Abs. 4). Für den **Seebetriebsrat** gilt § 33 Abs. 1 und 2 nach Maßgabe des § 116 Abs. 3 Nr. 1. Abs. 3 ist dagegen nicht anwendbar, weil Jugend- und Auszubildendenvertretungen nur für die Landbetriebe von Seeschifffahrtsunternehmen gebildet werden (§ 114 Abs. 5). Zum **Wirtschaftsausschuss** vgl. *Wiese* FS *Karl Molitor*, 1988, S. 365 (372 f.) sowie *Oetker* § 108 Rdn. 12.

3 Für den **Betriebsausschuss** (§ 27) und die **anderen Ausschüsse** des Betriebsrats (§ 28) fehlt im Gegensatz zu den Ausschüssen des Gesamtbetriebsrats (§ 51 Abs. 4) und des Konzernbetriebsrats (§ 59 Abs. 1 i. V. m. § 51 Abs. 4) eine ausdrückliche Regelung. Es besteht jedoch Einigkeit darüber, dass auf den Betriebsausschuss und die anderen Ausschüsse des Betriebsrats **§ 33 entsprechend anwendbar ist** (s. § 27 Rdn. 60, § 28 Rdn. 35; ebenso *Fitting* § 27 Rn. 61, 73, § 33 Rn. 2; *Galperin/Löwisch* § 27 Rn. 25, § 33 Rn. 3; *Glock/HWGNRH* § 27 Rn. 38, 42, § 33 Rn. 44; *Reichold/HWK* § 33 BetrVG Rn. 2; *Richardi/Thüsing* § 27 Rn. 41, § 28 Rn. 20; *Wedde/DKKW* § 33 Rn. 1; *Wiese* FS *Karl Molitor*, 1988, S. 365 [371 f.]). Das gilt unabhängig davon, ob einem Ausschuss Aufgaben zur selbständigen Erledigung oder zur Vorbereitung übertragen worden sind (s. § 27 Rdn. 60, 70 ff., § 84, § 28 Rdn. 28, 35) oder der Betriebsausschuss die laufenden Geschäfte des Betriebsrats wahrnimmt (s. § 27 Rdn. 63 ff.), sofern eine gemeinsame Willensbildung erforderlich ist. Diese bedarf einer ordnungsgemäßen Beschlussfassung. Der Betriebsrat kann jedoch, weil die Übertragung von Aufgaben zur selbständigen Erledigung seiner freien Entscheidung unterliegt, **Beschlussfähigkeit und Beschlussfassung der Ausschüsse abweichend regeln**, insbesondere eine qualifizierte Mehrheit für das Zustandekommen von Beschlüssen vorschreiben (s. § 27 Rdn. 80; ebenso *Fitting* § 27 Rn. 61, 73, § 33 Rn. 2; *Wedde/DKKW* § 33 Rn. 1). Hinsichtlich der Anwendbarkeit auf Beschlüsse der **Arbeitsgruppe nach § 28a** ist zu unterscheiden. Für Abstimmungen über den Abschluss von Vereinbarungen der Arbeitsgruppe mit dem Arbeitgeber ist das **Mehrheitserfordernis** spezialgesetzlich in § 28a Abs. 2 Satz 1 Halbs. 2 geregelt (s. § 28a Rdn. 45), so dass eine entsprechende Anwendung des § 28a Abs. 1 nicht in Betracht kommt. Für sonstige Abstimmungen kann die Rahmenvereinbarung nach § 28a Abs. 1 besondere Mehrheitserfordernisse festlegen. Ist dies nicht der Fall, kann die Regelungslücke durch eine entsprechende Anwendung von Abs. 1 geschlossen werden (*Fitting* § 28a Rn. 38a; *Kreft/WPK* § 33 Rn. 4; *Wedde/DKKW* § 33 Rn. 1). Dagegen findet die Vorschrift des Abs. 2 über die **Beschlussfähigkeit** keine entsprechende Anwendung (**a. M.** *Fitting* § 28a Rn. 38a; *Kreft/WPK* § 33 Rn. 4; *Wedde/DKKW* § 33 Rn. 1). Der Gesetzgeber hat bewusst von Vorgaben für die innere Struktur der Arbeitsgruppe abgesehen, um betriebliche Regelungen zu ermöglichen (vgl. *Reg. Begr.* BT-Drucks. 14/5741, S. 40). Diese Wertentscheidung darf nicht durch eine unbesehene Übernahme der für die Geschäftsführung des Betriebsrats konzipierten Vorschriften konterkariert werden (vgl. auch *Reichold/HWK* § 28a BetrVG Rn. 16 [vorsichtige Analogie]). Die Vorgaben des Abs. 2 werden aber dem besonderen Charakter der Arbeitsgruppe, die nach einer möglichst flexiblen Abstimmung zwischen den Gruppenmitgliedern verlangt, nicht gerecht. Die Gruppenmitglieder können aus verschiedenen Gründen (Krankheit, Urlaub) an der Teilnahme gehindert sein, und es gibt – im Unterschied zum Betriebsrat – auch keine »Ersatzmitglieder«, die stattdessen geladen werden könnten. Ein starres Quorum, wie in Abs. 2 vorgesehen, könnte daher dazu führen, dass eine Entscheidung der Arbeitsgruppe nicht getroffen und folglich eine Einigung mit dem Arbeitgeber nicht erzielt werden kann, so dass die Zuständigkeit nach § 28a Abs. 2 Satz 3 an den Betriebsrat zurück fiele. Dies dürfte dem Zweck des § 28a kaum gerecht werden. Sofern es keine betrieblichen Regelungen (insbesondere in der Rahmenvereinbarung) gibt, sollten daher keine besonderen Anforderungen an die Beschlussfähigkeit der Arbeitsgruppe gestellt werden. Es genügt vielmehr, wenn alle erreichbaren Gruppenmitglieder – ggf. im Umlaufverfahren (s. § 28a Rdn. 49) – beteiligt werden.

4 Die Vorschrift gilt entsprechend für eine **anderweitige Vertretung der Arbeitnehmer** nach § 3 Abs. 1 Nr. 1 bis 3, weil diese an die Stelle des Betriebsrats tritt. Bei einer **zusätzlichen Vertretung**

Beschlüsse des Betriebsrats § 33

der Arbeitnehmer nach § 3 Abs. 1 Nr. 4 und 5 können die Betriebs- oder Tarifpartner entsprechende Regelungen in der Betriebsvereinbarung bzw. im Tarifvertrag treffen (vgl. *Fitting* § 33 Rn. 5; *Wedde/DKKW* § 33 Rn. 2).

Die Grundsätze des § 33 sind **zwingend**; von ihnen kann weder durch Tarifvertrag noch durch Betriebsvereinbarung abgewichen werden (ebenso *Fitting* § 33 Rn. 7; *Galperin/Löwisch* § 33 Rn. 9 zu § 33 Abs. 2; *Glock/HWGNRH* § 33 Rn. 3; *Kreft/WPK* § 33 Rn. 1; *Nikisch* III, S. 184, 190 f.). Auch die Geschäftsordnung kann keine abweichenden Regelungen vorsehen (ebenso *Fitting* § 33 Rn. 7; *Glock/HWGNRH* § 33 Rn. 3; *Kreft/WPK* § 33 Rn. 1; *Nikisch* III, S. 185, 190 f.). Das schließt ergänzende Regelungen in der Geschäftsordnung über das Abstimmungsverfahren (vgl. Rdn. 37 und § 36 Rdn. 15) oder auch entsprechende Beschlüsse des Betriebsrats im Einzelfall nicht aus. 5

Zum **Personalvertretungsrecht** vgl. §§ 37, 38 BPersVG, für **Sprecherausschüsse** § 13 Abs. 1 und 2 SprAuG, zum **besonderen Verhandlungsgremium** und **Europäischen Betriebsrat** kraft Gesetzes § 13 Abs. 3, § 28 Satz 1 EBRG (hierzu s. *Oetker* Band I Anh. 2 EBRG). 6

II. Beschlüsse des Betriebsrats

1. Zweck und Gegenstand

Beschlüsse dienen der **förmlichen internen Willensbildung** des aus mehreren Mitgliedern zusammengesetzten Betriebsrats. In anderer Weise ist eine verbindliche Willensbildung nicht möglich (*LAG Hannover* 01.10.1952 AuR 1953, 62; *Fitting* § 33 Rn. 9; *Galperin/Löwisch* § 33 Rn. 1; *Glock/HWGNRH* § 33 Rn. 4). Sie ist Voraussetzung für Handlungen und Erklärungen des Betriebsrats. Beschlüsse können in allen Angelegenheiten gefasst werden, die zur Zuständigkeit des Betriebsrats gehören, also nicht nur dem Vorsitzenden zugewiesen sind (s. § 26 Rdn. 29). Sie müssen (vgl. ferner u. a. § 38 Abs. 2 Satz 1) in Angelegenheiten gefasst werden, in denen der Betriebsrat sich gegenüber Dritten – vor allem gegenüber dem Arbeitgeber in Ausübung seiner Beteiligungsrechte – verbindlich zu äußern hat. Der Betriebsrat ist nur nach Maßgabe der gesetzlichen Ermächtigung berechtigt, ihm zustehende Aufgaben und damit die ihm obliegende Entscheidung zur selbständigen Erledigung auf Ausschüsse (vgl. § 27 Abs. 2 Satz 2, § 28 Abs. 1 Satz 2) zu übertragen (s. § 27 Rdn. 70 ff., § 28 Rdn. 27 ff.). **Keine Beschlüsse** sind die vom Betriebsrat **nach §§ 26 ff. durchzuführenden Wahlen** (*Fitting* § 33 Rn. 10; *Hässler* Geschäftsführung des Betriebsrates, S. 40; *Wedde/DKKW* § 33 Rn. 3). 7

Von der Willensbildung des Betriebsrats durch Beschlussfassung ist der **Vollzug** der **Beschlüsse** zu unterscheiden. Dem Vorsitzenden obliegt die Vertretung des Betriebsrats im Rahmen der gefassten Beschlüsse (vgl. § 26 Abs. 2 Satz 1 und hierzu s. § 26 Rdn. 31 ff.). Mit ihrer Ausführung können jedoch auch andere Betriebsratsmitglieder betraut werden (s. § 26 Rdn. 72 ff.). 8

2. Beschränkung auf Sitzungen

Beschlüsse des Betriebsrats können grundsätzlich nur in einer **förmlichen Sitzung** gefasst werden (ebenso *Fitting* § 33 Rn. 20; *Glock/HWGNRH* § 33 Rn. 4; *Löwisch/LK* § 33 Rn. 3; *Richardi/Thüsing* § 33 Rn. 1, 3; *Wedde/DKKW* § 33 Rn. 3, 9; vgl. auch *LAG Frankfurt a. M.* 16.10.1984 DB 1985, 1534; *RG* 23.10.1925 RGZ 111, 412 [415]; ferner § 29 Rdn. 23 und hier Rdn. 10). Dazu bedarf es einer ordnungsgemäßen Ladung der Betriebsratsmitglieder und sonstigen Teilnahmeberechtigten unter Mitteilung der Tagesordnung (s. § 29 Rdn. 33 ff.). Deshalb können grundsätzlich keine Beschlüsse des Betriebsrats anlässlich der monatlichen Besprechungen zwischen Arbeitgeber und Betriebsrat gem. § 74 Abs. 1, sonstiger Besprechungen mit dem Arbeitgeber oder bei anderen Zusammenkünften der Betriebsratsmitglieder gefasst werden (ebenso *Fitting* § 33 Rn. 20; *Galperin/Löwisch* § 33 Rn. 4; *Glock/HWGNRH* § 33 Rn. 4; *Kreft/WPK* § 33 Rn. 9; *Richardi/Thüsing* § 33 Rn. 4; *Wedde/DKKW* § 33 Rn. 9; vgl. aber Rdn. 56). Zur Durchführung der Sitzung vgl. § 30, zur Sitzungsniederschrift § 34. Zu Mängeln bei der Einberufung und Durchführung von Sitzungen s. Rdn. 53 ff. Zur Frage, inwieweit Mängel betriebsratsinterner Vorgänge die Wirksamkeit der Beteiligung des Betriebsrats – z. B. im Anhörungsverfahren nach § 102 Abs. 1 – berühren, s. § 26 Rdn. 44. 9

§ 33

10 Eine Sitzung setzt die **gleichzeitige Anwesenheit der Betriebsratsmitglieder** sowie der sonstigen Teilnahmeberechtigten voraus. Diese müssen so an einem Ort zusammenkommen, dass jeder in der Lage ist, die Äußerungen sämtlicher übrigen Teilnehmer zu vernehmen und sich unmittelbar hierzu zu äußern. Eine **Beschlussfassung im Umlaufverfahren**, also die schriftliche oder mündliche Zustimmung bzw. Ablehnung eines vorformulierten Beschlussvorschlags, ist daher – so zweckmäßig sie vor allem bei Bagatellsachen sein kann – nach der gegenwärtigen Rechtslage ebenso wie nach § 32 BetrVG 1952 **unzulässig** (vgl. BAG 04.08.1975 AP Nr. 4 zu § 102 BetrVG 1972 Bl. 3; *LAG Köln* 25.11.1998 LAGE § 33 BetrVG 1972 Nr. 2; *ArbG Heilbronn* 13.06.1989 BB 1989, 1897; *Fitting* BetrV 1957, 22 [23 f.]; *Fitting* § 33 Rn. 21; *Heinze* DB 1973, 2089 [2091]; *Glock/HWGNRH* § 33 Rn. 4; *Hueck/Nipperdey* II/2, S. 1200; *Joost/MünchArbR* § 219 Rn. 38; *Kreft/WPK* § 33 Rn. 9; *Löwisch/LK* § 33 Rn. 4; *Nikisch* III, S. 177; *Reichold/HWK* § 33 BetrVG Rn. 3; *Richardi/Thüsing* § 33 Rn. 3; *Wedde/DKKW* § 33 Rn. 3, 10; *Wiese* FS Karl Molitor, 1988, S. 365 [372]; **a. M.** *LAG Hamm* 27.05.1974 DB 1974, 1343, für das Anhörungsverfahren nach § 102; *LAG München* 06.08.1974 DB 1975, 1228, für klare und einfach gelagerte Sachverhalte; *Gaul* Das Arbeitsrecht im Betrieb II, S. 453). Dies gilt konsequenterweise auch für Abstimmungen im Wege moderner **elektronischer Kommunikationsmittel** (E-Mail, Internet [IP-Telefonie oder Plattformen, die nach Art eines sog. Chatroom Kommunikation zwischen mehreren Teilnehmern ermöglichen] oder Intranet), weil diese ebenfalls keine gleichzeitige unmittelbare Kommunikation zwischen sämtlichen Mitgliedern gewährleisten (*Fitting* § 33 Rn. 21a).

11 Das gilt **auch dann, wenn sämtliche Betriebsratsmitglieder** mit diesem **Verfahren einverstanden** sind (ebenso *Fitting* § 33 Rn. 21a; *Glock/HWGNRH* § 33 Rn. 4; *Reichold/HWK* § 33 BetrVG Rn. 3; *Wedde/DKKW* § 33 Rn. 3, 10; *Weiss/Weyand* § 33 Rn. 3; **a. M.** zum BetrVG 1952 *Galperin/Siebert* § 32 Rn. 18), weil damit nicht nur die mündliche Beratung des Entscheidungsgegenstandes durch die Betriebsratsmitglieder, sondern auch die Einwirkungsmöglichkeit der Betriebsratsmitglieder auf die Betriebsratsbeschlüsse beeinträchtigt würde. Deshalb wäre es auch gleichgültig, wenn das Umlaufverfahren derart gestaltet würde, dass bei Widerspruch auch nur eines einzigen Betriebsratsmitglieds gegen die Vorlage die Sache in einer Sitzung behandelt werden müsste (*Fitting* BetrV 1957, 22 [23]). Auch durch **telegrafische** oder **fernmündliche Umfrage** kann im Gegensatz zu § 108 Abs. 4 AktG kein Beschluss gefasst werden (ebenso *LAG Frankfurt a. M.* 21.02.1991 ARSt. 1991, 228; *Fitting* § 33 Rn. 21a; *Richardi/Thüsing* § 33 Rn. 3; *Wedde/DKKW* § 33 Rn. 10). Ebenso wenig genügt es, wenn der Betriebsratsvorsitzende nacheinander mit den einzelnen Betriebsratsmitgliedern spricht (vgl. *LAG Baden-Württemberg* 13.09.1965 BB 1965, 1395). Für generell eilbedürftige Angelegenheiten empfiehlt es sich, sie einem Ausschuss zur selbständigen Erledigung zu übertragen.

12 Umstritten ist, ob eine Sitzung und eine Beschlussfassung im Wege der **Konferenzschaltung** (etwa per Videokonferenz) erfolgen kann (generell für Zulässigkeit *Fündling/Sorber* NZA 2017, 552 [555]; differenzierend *Fitting* § 33 Rn. 21b: in Ausnahmefällen, wenn eine Sitzung bei gleichzeitiger Anwesenheit nicht oder nur unter schwierigen Bedingungen möglich wäre; **a. M.** *Reichold/HWK* § 33 BetrVG Rn. 3; *Wedde/DKKW* § 33 Rn. 11). In der Literatur wird darauf hingewiesen, dass solche Videokonferenzen im Aktienrecht für Aufsichtsratssitzungen weithin als einer Präsenzsitzung vergleichbar und daher als zulässig angesehen werden (*Fündling/Sorber* NZA 2017, 552 [555]; zum Meinungsstand im Aktienrecht *Krause* Gutachten 71. DJT B 97 m. w. N.). Dies könnte es nahelegen, auch im Rahmen der Beratungen des Betriebsrats der technischen Entwicklung Rechnung zu tragen und eine Sitzung und Beschlussfassung im Rahmen einer Videokonferenz zuzulassen. Einzuräumen ist, dass eine Videokonferenz – im Unterschied zu den oben (Rdn. 10) genannten anderen Formen elektronischer Kommunikation – den Anforderungen an die gleichzeitige Anwesenheit zumindest weitgehend genügen kann, da sie einen unmittelbaren Austausch von Argumenten ermöglicht. Andererseits darf nicht übersehen werden, dass sie im Hinblick auf die Möglichkeiten der Interaktion nicht in jeder Hinsicht einer Beratung bei gleichzeitiger körperlicher Anwesenheit aller Beteiligten in einem Raum gleichwertig ist (s. hierzu die Stellungnahme des DGB zum Gesetzentwurf der Bundesregierung [BT-Drucks. 18/11926] vom 11.05.2017, S. 5, abrufbar unter http://www.bund-verlag.de/blog/betriebsrat/sitzungsteilnahme-kuenftig-per-videokonferenz-moeglich/). Daher stellt sich zum einen die Frage, ob eine Videokonferenz stets oder nur unter besonderen Voraussetzungen (etwa bei erheblichen Hindernissen für eine Präsenzsitzung oder nur bei Einverständnis aller Mitglieder oder einer qualifizierten Mehrheit) zulässig sein soll (s. *Krause* Gutachten 71. DJT B 97 Fn. 491). Denkbar

wäre auch, dass dem Betriebsrat lediglich die Möglichkeit eröffnet wird, die Zulässigkeit solcher Videokonferenzen in seiner Geschäftsordnung zu regeln. Zum anderen ist zu berücksichtigen, dass das Gesetz – insoweit im Unterschied zur Regelung beim Aufsichtsrat und beim Europäischen Betriebsrat – die Beratung und Beschlussfassung auch bei Abwesenheit einzelner Betriebsratsmitglieder durch die Regelung über das Nachrücken der Ersatzmitglieder sicherstellt (§ 25 Abs. 1 Satz 2). Eine Videokonferenz wird daher selten bis nie erforderlich sein, um überhaupt eine Beschlussfassung herbeiführen zu können (dies übersieht offenbar *Krause* Gutachten 71. DJT B 97). Vielmehr wird sie nur dann notwendig, wenn einem regulären Mitglied die Teilnahme ermöglicht und damit ein Nachrücken von Ersatzmitgliedern vermieden werden soll. Die Entscheidung über die Zulässigkeit einer Videokonferenz beinhaltet daher zugleich eine Priorisierung, d. h. eine Entscheidung darüber, welchem Aspekt größere Bedeutung beigemessen wird: der gleichzeitigen Anwesenheit aller stimmberechtigten Mitglieder in einem Raum oder der Teilnahme sämtlicher regulärer Betriebsratsmitglieder. Die hiermit verbundene Abwägung zwischen widerstreitenden Zielen und Interessen ist aber eine originär rechtspolitische, die dem Gesetzgeber vorbehalten bleiben sollte, zumal sich dem geltenden Recht keine Hinweise darauf entnehmen lassen, welchem Aspekt der Vorrang gebühren soll. Dafür, dass sich die Zulässigkeit einer Sitzung per Konferenzschaltung nicht im Wege der Neuinterpretation des § 33 begründen lässt, spricht nunmehr entscheidend der neue § 41a Abs. 2 EBRG (eingefügt durch Art. 5 des Gesetzes zur Verbesserung der Leistungen bei Renten wegen verminderter Erwerbsfähigkeit und zur Änderung anderer Gesetze vom 17.07.2017, BGBl. I, S. 2509; s. hierzu die Kommentierung des § 41a bei *Oetker* Band I Anh. 2 EBRG). Dieser lässt eine Teilnahme an Sitzungen mittels neuer Informations- und Kommunikationstechnologien unter bestimmten Voraussetzungen zu, wenn ein Besatzungsmitglied von Seeschiffen Mitglied des besonderen Verhandlungsgremiums, des Europäischen Betriebsrats oder einer Arbeitnehmervertretung nach § 19 EBRG ist. Hieraus wird man im Umkehrschluss zu folgern haben, dass es für den Bereich der Betriebsverfassung im Übrigen – zumindest bis zu einer gesetzlichen Neuregelung – bei den überkommenen Grundsätzen für die Sitzungsteilnahme und Beschlussfassung bleiben soll (gegen eine generelle Zulässigkeit »virtueller« Sitzungen des Europäischen Betriebsrats im Wege einer entsprechenden Anwendung des § 41a Abs. 2 EBRG auch *Oetker* § 28 EBRG Rdn. 5). Auch wenn de lege ferenda manches dafür sprechen mag, dass dem Betriebsrat nicht vorenthalten werden sollte, was dem Aufsichtsrat zugestanden wird (so *Krause* Gutachten 71. DJT B 97; zust. *Oetker* JZ 2016, 817 [823 f.]), ist aus diesem Grunde de lege lata daran festzuhalten, dass eine Beschlussfassung die gleichzeitige körperliche Anwesenheit aller stimmberechtigten Mitglieder verlangt.

3. Beschlussfähigkeit

Die Beschlussfähigkeit des Betriebsrats ist eine Voraussetzung für das Zustandekommen wirksamer Beschlüsse (s. Rdn. 63). Sie ist nach § 33 Abs. 2 nur gegeben, wenn mindestens die **Hälfte der Betriebsratsmitglieder einschließlich** etwaiger **Ersatzmitglieder** (s. Rdn. 21, 28) an der Beschlussfassung teilnimmt. Maßgebend ist die gesetzliche Mitgliederzahl des Betriebsrats nach § 9 bzw. nach § 11. Da dieser hiernach aus einer ungeraden Zahl von Betriebsratsmitgliedern besteht, ist in diesen Fällen die durch Aufrundung zu ermittelnde Zahl stets größer als die der übrigen Betriebsratsmitglieder. Stimmberechtigte Jugend- und Auszubildendenvertreter werden für die Feststellung der Beschlussfähigkeit nicht mitgezählt (s. Rdn. 23). **13**

Ist- und **Sollstärke** des Betriebsrats **können divergieren**, wenn nach Eintreten sämtlicher Ersatzmitglieder die Gesamtzahl der Betriebsratsmitglieder unter die vorgeschriebene Zahl der Betriebsratsmitglieder gesunken ist. Dann ist der Betriebsrat neu zu wählen (§ 13 Abs. 2 Nr. 2). Bis zu dem nach § 22 maßgebenden Zeitpunkt ist in entsprechender Anwendung des § 22 für die Beschlussfähigkeit des **Restbetriebsrats** dessen Iststärke entscheidend (*BAG* 18.08.1982 EzA § 102 BetrVG 1972 Nr. 48 *[Heinze]* = AP Nr. 24 zu § 102 BetrVG 1972 Bl. 2 f. = SAE 1984, 121 *[Körnig]* = AR-Blattei, Betriebsverfassung XIV C, Entsch. 80 *[Herschel]; Fitting* § 33 Rn. 12; *Galperin/Löwisch* § 33 Rn. 6; *Glock/HWGNRH* § 33 Rn. 9; *Nikisch* III, S. 184; *Richardi/Thüsing* § 33 Rn. 6; *Wedde/DKKW* § 33 Rn. 5). Dies ist deshalb gerechtfertigt, weil im Fall des § 13 Abs. 2 Nr. 2 die tatsächliche Zahl der Betriebsratsmitglieder von der gesetzlich vorgeschriebenen Zahl abweicht. Da dieser Zustand nur über eine Neuwahl zu korrigieren ist, würde man die Anforderungen an die Beschlussfähigkeit verschärfen und den **14**

Betriebsrat ggf. an der Wahrnehmung seiner Aufgaben hindern, wenn man bis zu diesem Zeitpunkt von der gesetzlich vorgeschriebenen und nicht von der tatsächlichen Zahl der Betriebsratsmitglieder ausgehen würde. Die Vorschrift des § 22 ist ferner nach h. M. entsprechend anzuwenden, wenn **mehr als die Hälfte der Betriebsratsmitglieder vorübergehend an der Amtsausübung verhindert ist** und nicht durch Ersatzmitglieder vertreten werden kann (*BAG* 18.08.1982 AP Nr. 24 zu § 102 BetrVG 1972 unter I 3 b bb; *Fitting* § 33 Rn. 12; *Wedde/DKKW* § 33 Rn. 5). Für die Feststellung der Beschlussfähigkeit des Betriebsrats ist daher von der Zahl der nicht verhinderten Betriebsratsmitglieder auszugehen. Dies gilt allerdings nur, wenn es nicht möglich ist, mit dem Betriebsratsbeschluss bis zur Wiederherstellung der Beschlussfähigkeit abzuwarten (*Klar* NZA 2017, 295 [296]; in diesem Sinne wohl auch *BAG* 18.08.1982 AP Nr. 24 zu § 102 BetrVG 1972 unter I 3 b bb; *Schaub/Koch* Arbeitsrechts-Handbuch, § 220 Rn. 23; *Wedde/DKKW* § 33 Rn. 5). Dies ist etwa dann anzunehmen, wenn der Beschluss fristgebunden (§ 99 Abs. 3, § 102 Abs. 2) und davon auszugehen ist, dass erst nach dem Ablauf der Frist bei mindestens der Hälfte der Betriebsratsmitglieder keine Verhinderungsgründe mehr vorliegen werden (so in dem Fall *BAG* 18.08.1982 AP Nr. 24 zu § 102 BetrVG 1972 unter I 3 b b). Hier würde ein Abstellen auf die gesetzlich vorgeschriebene Zahl der Betriebsratsmitglieder – ähnlich wie im Falle des § 22 – dazu führen, dass der Betriebsrat seine Mitbestimmungsrechte u. U. gar nicht wahrnehmen könnte. Das rechtfertigt es, für die Beschlussfähigkeit nach § 33 Abs. 2 von der Zahl der verfügbaren Mitglieder auszugehen.

15   Die Vorschrift des § 33 Abs. 2 gilt entsprechend für die nach §§ 26 ff. vorzunehmenden **Wahlen** (s. § 26 Rdn. 9, § 27 Rdn. 17; ebenso *Fitting* § 33 Rn. 16; *Glock/HWGNRH* § 33 Rn. 19; *Reichold/HWK* § 33 BetrVG Rn. 1; *Wedde/DKKW* § 33 Rn. 3). In den Betrieben der **privatisierten Postunternehmen** gilt in den in § 28 Abs. 1 S. 1 PostPersRG genannten Angelegenheiten, in denen nur die Vertreter der Beamten zur Beschlussfassung berufen sind, nach § 28 Abs. 1 S. 3 PostPersRG § 33 Abs. 2 BetrVG entsprechend; es muss also mindestens die Hälfte der Vertreter der Beamtengruppe an der Beschlussfassung teilnehmen.

16   Im Gegensatz zu § 32 Abs. 2 BetrVG 1952 (hierzu *Dietz* § 32 Rn. 5) genügt es nicht, dass die **Hälfte der Betriebsratsmitglieder** im Sitzungssaal anwesend ist, sondern sie muss **an der Beschlussfassung teilnehmen**. Gleichgültig ist das Abstimmungsverhalten; das Betriebsratsmitglied nimmt auch dann an der Abstimmung teil, wenn es sich der Stimme enthält (ebenso *Fitting* § 33 Rn. 13; *Glock/HWGNRH* § 33 Rn. 10; *Kreft/WPK* § 33 Rn. 6; *Reichold/HWK* § 33 BetrVG Rn. 5; *Richardi/Thüsing* § 33 Rn. 8; *Wedde/DKKW* § 33 Rn. 6). Es bedarf daher der Feststellung, ob mindestens die Hälfte der Betriebsratsmitglieder an der Abstimmung teilgenommen hat, was durch Zusammenrechnen der Für- und Gegenstimmen sowie der Enthaltungen zu ermitteln ist. Die Enthaltungen müssen festgestellt werden (ebenso *Stege/Weinspach/Schiefer* § 33 Rn. 3; *Wedde/DKKW* § 33 Rn. 7). Es genügt nicht, dass die Für- und Gegenstimmen gezählt und die Stimmen der übrigen anwesenden Betriebsratsmitglieder wie Enthaltungen gewertet werden. Nach der Neufassung des § 33 Abs. 2 spricht keine Vermutung dafür, dass anwesende Betriebsratsmitglieder, die weder für noch gegen den Beschluss gestimmt haben, sich der Stimme enthalten haben (zust. *Glock/HWGNRH* § 33 Rn. 11; a. M. *Fitting* § 33 Rn. 13; *Wedde/DKKW* § 33 Rn. 6).

17   Die **Nichtteilnahme** an der **Abstimmung** kann, braucht aber nicht ausdrücklich erklärt zu werden (vgl. *Richardi/Thüsing* § 33 Rn. 8; a. M. *LAG Baden-Württemberg* 12.03.2014 NZA-RR 2015, 83 [85]; *Fitting* § 33 Rn. 13a; *Wedde/DKKW* § 33 Rn. 6; *Weiss/Weyand* § 33 Rn. 6; inkonsequent *Brecht* § 33 Rn. 4). Auch ein schlafendes Betriebsratsmitglied nimmt nicht an der Abstimmung teil und ist außerstande, seine Nichtteilnahme ausdrücklich zu erklären. Es ist Pflicht des Vorsitzenden, die Beschlussfähigkeit festzustellen (ebenso *Glock/HWGNRH* § 33 Rn. 13; *Stege/Weinspach/Schiefer* § 33 Rn. 3) und bei nicht eindeutigem Abstimmungsverhalten durch Rückfrage Klarheit zu schaffen (*LAG Baden-Württemberg* 12.03.2014 NZA-RR 2015, 83 [85]). Die Beschlussfähigkeit und Beschlussunfähigkeit tritt jedoch unabhängig von der Feststellung des Vorsitzenden von selbst ein (ebenso *Fitting* § 33 Rn. 17; *Glock/HWGNRH* § 33 Rn. 14; *Richardi/Thüsing* § 33 Rn. 12).

18   Der **Nachweis** der **Beschlussfähigkeit** erfolgt dadurch, dass in die Sitzungsniederschrift außer den abgegebenen Fürstimmen auch die Gegenstimmen sowie die Enthaltungen aufgenommen werden (s. § 34 Rdn. 15; ebenso *Fitting* § 33 Rn. 14; *Glock/HWGNRH* § 33 Rn. 17; *Wedde/DKKW* § 33 Rn. 7). Um eine etwaige Differenz zwischen der Zahl der abgegebenen Stimmen und der aus der An-

Beschlüsse des Betriebsrats § 33

wesenheitsliste (§ 34 Abs. 1 Satz 3) zu entnehmenden Zahl der in der Sitzung gegenwärtigen Betriebsratsmitglieder zu erklären und überflüssige Einwendungen gegen die Sitzungsniederschrift (§ 34 Abs. 2 Satz 2) zu vermeiden, ist ferner zu vermerken, wie viele Betriebsratsmitglieder an der Beschlussfassung nicht teilgenommen haben (ebenso *Fitting* § 33 Rn. 14; *Glock/HWGNRH* § 33 Rn. 17; *Richardi/Thüsing* § 33 Rn. 12; *Wedde/DKKW* § 33 Rn. 7).

Die **Beschlussfähigkeit** muss nach dem klaren Gesetzeswortlaut **bei** »der«, d. h. **jeder einzelnen Beschlussfassung** bestehen. Es genügt nicht, dass sie bei Beginn der Sitzung vorhanden war (ebenso *Fitting* § 33 Rn. 15; *Galperin/Löwisch* § 33 Rn. 7; *Glock/HWGNRH* § 33 Rn. 15; *Richardi/Thüsing* § 33 Rn. 7; *Wedde/DKKW* § 33 Rn. 8), weil die Zahl der Teilnehmer zumindest während einer längeren Sitzung ständig wechseln kann. Es ist auch möglich, dass die Beschlussfähigkeit nach dem Eintreffen weiterer Betriebsratsmitglieder erst in einem späteren Zeitpunkt der Sitzung gegeben ist. Bis dahin gefasste Beschlüsse sind unwirksam und müssen daher wiederholt werden. 19

Eine **gewollte Beschlussunfähigkeit** kann dadurch bewirkt werden, dass eine entsprechende Anzahl von Betriebsratsmitgliedern sich nicht an der Abstimmung beteiligt (ebenso *Fitting* § 33 Rn. 15; *Glock/HWGNRH* § 33 Rn. 18; **a. M.** *Richardi/Thüsing* § 33 Rn. 8, 18, der den in § 162 BGB enthaltenen Rechtsgrundsatz heranziehen will). Darin kann, wenn kein sachlicher Grund für dieses Verhalten vorliegt, gegebenenfalls eine grobe Pflichtverletzung i. S. d. § 23 Abs. 1 liegen, die zum Ausschluss aus dem Betriebsrat führen kann (ebenso *Fitting* § 33 Rn. 15; *Galperin/Löwisch* § 33 Rn. 9; *Glock/HWGNRH* § 33 Rn. 18; *Reichold/HWK* § 33 BetrVG Rn. 10; *Wedde/DKKW* § 33 Rn. 8). Die **Beschlussunfähigkeit** kann auch dadurch eintreten, dass **ein Betriebsratsmitglied**, auf dessen Stimme es ankommt, bei der Behandlung eigener Angelegenheiten von der **Teilnahme an der Abstimmung ausgeschlossen** ist (vgl. hierzu Rdn. 24; zust. *Kreft/WPK* § 33 Rn. 6; **a. M.** *Richardi/Thüsing* § 33 Rn. 9). 20

4. Stimmrecht

a) Betriebsrats- und Ersatzmitglieder

An der Beschlussfassung nehmen grundsätzlich alle anwesenden Betriebsratsmitglieder und die nach § 25 Abs. 1 an ihre Stelle getretenen Ersatzmitglieder (s. Rdn. 28) teil. Ersatzmitglieder nehmen aus eigenem Recht an der Beschlussfassung teil und sind an Weisungen des verhinderten Betriebsratsmitglieds nicht gebunden. 21

b) Jugend- und Auszubildendenvertreter

Nach § 67 Abs. 2 haben die Mitglieder der Jugend- und Auszubildendenvertretung in Betriebsratssitzungen volles Stimmrecht, soweit die Beschlüsse überwiegend jugendliche und auszubildende Arbeitnehmer betreffen (s. *Oetker* § 67 Rdn. 36 ff.). Zur Ladung der Jugend- und Auszubildendenvertreter s. § 29 Rdn. 42. Die Vorschrift des § 33 Abs. 3 ergänzt diese Regelung dahingehend, dass die Stimmen der Jugend- und Auszubildendenvertreter bei der Feststellung der Mehrheit mitgezählt werden. Jeder Jugend- und Auszubildendenvertreter ist stimmberechtigt und an Weisungen der Jugend- und Auszubildendenvertretung nicht gebunden (ebenso *Fitting* § 33 Rn. 41). Die Jugend- und Auszubildendenvertreter geben ihre Stimmen einzeln und nicht gemeinsam für die Jugend- und Auszubildendenvertretung ab. Es ist auch nicht erforderlich, dass die Mehrheit der Jugend- und Auszubildendenvertreter einem Beschluss zustimmt (ebenso *Fitting* § 33 Rn. 40; *Richardi/Thüsing* § 33 Rn. 19). Die **Stimmen** der Jugend- und Auszubildendenvertreter haben bei der gemeinsamen Abstimmung das **gleiche Gewicht** wie die Stimmen der Betriebsratsmitglieder (vgl. auch Rdn. 34 für den Fall einer erforderlichen absoluten Mehrheit der Stimmen der Betriebsratsmitglieder). 22

Die Bestimmung des § **33 Abs. 3** gilt jedoch **nicht für** die **Beschlussfähigkeit** des Betriebsrats. Diese ist auch in den Angelegenheiten, in denen nach § 67 Abs. 2 die Jugend- und Auszubildendenvertreter in Betriebsratssitzungen Stimmrecht haben, nur gegeben, wenn mindestens die Hälfte der Betriebsratsmitglieder an der Beschlussfassung teilnimmt (s. Rdn. 13 ff.; ebenso *Fitting* § 33 Rn. 18, 39; *Galperin/Löwisch* § 33 Rn. 12; *Richardi/Thüsing* § 33 Rn. 10; *Wedde/DKKW* § 33 Rn. 4). Damit ist zwar eine Mindestbeteiligung des Betriebsrats an der Beschlussfassung sichergestellt, in kleineren 23

Betrieben aber keineswegs ein Übergewicht der Jugend- und Auszubildendenvertreter bei der Abstimmung ausgeschlossen. Es kann sich auch eine Stimmenmehrheit aus Betriebsratsmitgliedern und Jugend- und Auszubildendenvertretern ergeben. Die Wirksamkeit von Beschlüssen des Betriebsrats, an denen die Jugend- und Auszubildendenvertreter stimmberechtigt teilnehmen, setzt auch nicht voraus, dass mindestens die Hälfte von ihnen an der Beschlussfassung teilnimmt (ebenso *Fitting* § 33 Rn. 18; *Kreft/WPK* § 33 Rn. 6; *Reichold/HWK* § 33 BetrVG Rn. 12; *Richardi/Thüsing* § 33 Rn. 19); die Vorschrift des § 65 Abs. 1, die auf § 33 Abs. 2 Bezug nimmt, gilt nur für die eigenen Sitzungen der Jugend- und Auszubildendenvertretung.

c) Ausschluss in eigenen Angelegenheiten

24 Wenn auch das Gesetz schweigt, entspricht es doch allgemeinen Grundsätzen, dass ein Betriebsratsmitglied oder Jugend- und Auszubildendenvertreter in eigenen, d. h. ihn selbst unmittelbar betreffenden Angelegenheiten sich **nicht an der Abstimmung beteiligen** darf (vgl. *BAG* 25.03.1976, 26.08.1981, 23.08.1984 AP Nr. 6 Bl. 2, Nr. 13 Bl. 2, Nr. 17 Bl. 3 zu § 103 BetrVG 1972; 03.08.1999 EzA § 33 BetrVG 1972 Nr. 1 = AP Nr. 7 zu § 25 BetrVG 1972; *RAG* 14.11.1928, 22.10.1929, 05.12.1931, 11.02.1933, 08.04.1933 ARS 4, 348 [349]; 7, 423 [426]; 13, 533 [535]; 17, 407 [408]; 17, 502 [503]; *LAG Hamm* 09.07.1975 DB 1975, 1851; *LAG Thüringen* 17.12.1997 LAGE § 33 BetrVG 1972 Nr. 1; *Fitting* § 33 Rn. 37; *Heinze* DB 1973, 2089 [2091 f.]; *Glock/HWGNRH* § 33 Rn. 29; *Joost*/MünchArbR § 219 Rn. 41; *Reichold/HWK* § 33 BetrVG Rn. 13; *Richardi/Thüsing* § 25 Rn. 9, § 33 Rn. 23; *Schmitt* Interessenkonflikte bei der Wahrnehmung des Betriebsratsamtes, Diss. Konstanz 1989, S. 182 ff.; *Stege/Weinspach/Schiefer* § 33 Rn. 5; *Wedde/DKKW* § 33 Rn. 25; im Ergebnis auch *Oetker* ZfA 1984, 409 [421 ff.], für »konkret-individuelle Regelungen«; **a. M.** *Bieback* AuR 1977, 321 [326 ff.]). Zu denken ist vor allem an personelle Einzelmaßnahmen, aber auch an Individualmaßnahmen nach § 87 Abs. 1 Nr. 5 und 9, die Auswahl von Teilnehmern für Bildungsmaßnahmen nach § 98 Abs. 3 und 6 (*Schmitt* NZA 1987, 78 ff. mit Vorschlag de lege ferenda) oder den Beschluss über die Einleitung des Amtsenthebungsverfahrens nach § 23 Abs. 1 (s. *Oetker* § 23 Rdn. 90).

25 Der Ausschluss des betroffenen Amtsträgers von der Abstimmung bewirkt zunächst nur, dass dessen Stimme nicht zu seinen Gunsten den Ausschlag geben kann. Darüber hinaus besteht jedoch die Gefahr, dass die Willensbildung des Betriebsrats – z. B. aufgrund von dessen persönlichem Einfluss auf die Betriebsratsmitglieder oder wegen der (falsch verstandenen) Rücksichtnahme der Betriebsratsmitglieder auf dessen persönliche Interessen – durch die bloße Gegenwart des Betroffenen beeinflusst wird. Es muss aber gewährleistet sein, dass der Betriebsrat ohne Rücksicht auf Person und Stellung des Betriebsratsmitgliedes allein aufgrund der von der Sache her gebotenen Maßstäbe entscheidet. Dies gebietet nicht zuletzt der Rechtsgedanke des Begünstigungsverbotes in § 78 Satz 2. Eine unbefangene Beratung und Abstimmung ist jedoch in Anwesenheit des Betroffenen kaum möglich. Aus diesem Grunde steht demjenigen, der wegen seiner persönlichen Betroffenheit von der Stimmabgabe ausgeschlossen ist, auch **kein Anwesenheitsrecht während der Beratung und Abstimmung** zu (*BAG* 26.08.1981, 23.08.1984 AP Nr. 13 Bl. 2 f., Nr. 17 Bl. 3 f. zu § 103 BetrVG 1972 *[Bickel]*; 23.08.1984 EzA § 33 BetrVG 1972 Nr. 1 = AP Nr. 7 zu § 25 BetrVG 1972; *LAG Hamm* 09.07.1975 DB 1975, 1851; *LAG Thüringen* 17.12.1997 LAGE § 33 BetrVG 1972 Nr. 1; *Fitting* § 33 Rn. 38; *Glock/HWGNRH* § 33 Rn. 29; *Joost*/MünchArbR § 219 Rn. 41; *Oetker* ZfA 1984, 409 [435 ff.]; *Schmitt* NZA 1987, 78 [80 f.]; *Schuldt* AuR 1960, 227 [229]; wohl auch *BAG* 25.03.1976 AP Nr. 6 zu § 103 BetrVG 1972 Bl. 2; *Stege/Weinspach/Schiefer* § 33 Rn. 5; *Weiss/Weyand* § 33 Rn. 7; **a. M.** *LAG München* 12.01.1949 AP 1950 Nr. 39 S. 146 [153]; *Galperin/Löwisch* § 33 Rn. 15 im Gegensatz zu § 25 Rn. 13 und § 103 Rn. 14; *Hässler* Geschäftsführung des Betriebsrates, S. 41; *Richardi/Thüsing* § 25 Rn. 9). Eine Begrenzung des Ausschlusses auf die Beschlussfassung mit der Folge, dass das Betriebsratsmitglied bzw. der Jugend- und Auszubildendenvertreter an der Beratung teilnehmen und während der Abstimmung zumindest anwesend sein könnte, lässt sich auch nicht mit einer Analogie zu den gesetzlichen Vorschriften über die Willensbildung bei privatrechtlichen Verbänden (§ 34 BGB, § 136 Abs. 1 AktG, § 47 Abs. 4 GmbHG, § 25 Abs. 5 WEG) begründen, da den Organen solcher Verbände der repräsentative Charakter des Betriebsrats als gewähltes Organ der Belegschaft fehlt (zutr. *BAG* 03.08.1999 EzA § 33 BetrVG 1972 Nr. 1 = AP Nr. 7 zu § 25 BetrVG 1972 Nr. 7 unter Berufung auf *Oetker* ZfA 1984, 409 [435 ff.]; **a. M.** *Richardi/Thüsing* § 25 Rn. 9).

Das Betriebsratsmitglied hat jedoch Anspruch auf **rechtliches Gehör** (ebenso *BAG* 03.08.1999 EzA 26 § 33 BetrVG 1972 Nr. 1 = AP Nr. 7 zu § 25 BetrVG 1972; *Glock/HWGNRH* § 33 Rn. 29 seit 4. Aufl.; **a. M.** *Lichtenstein* BetrR 1975, 199 [225]; *Oetker* ZfA 1984, 409 [436 f.]). Nachdem es gewährt worden ist, hat das Betriebsratsmitglied den Sitzungsraum bis zur Erledigung des Tagesordnungspunktes zu verlassen. Es ist daher i. S. d. § 25 Abs. 1 Satz 2 insoweit **zeitweilig verhindert** (s. *Oetker* § 25 Rdn. 29 f.). Vom Betriebsratsvorsitzenden ist rechtzeitig ein Ersatzmitglied zu laden (s. § 29 Rdn. 43 f.; *BAG* 03.08.1999 EzA § 33 BetrVG 1972 Nr. 1 = AP Nr. 7 zu § 25 BetrVG 1972; *RAG* 05.12.1931, 11.02.1933 ARS 13, 533 [535]; 17, 407 [408]; *LAG Frankfurt a. M.* AP 1950 Nr. 38 S. 143 [145]; *LAG Hamm* 09.07.1975 DB 1975, 1851; *LAG Thüringen* 17.12.1997 LAGE § 33 BetrVG 1972 Nr. 1; *Fitting* § 25 Rn. 23, § 33 Rn. 38; *Galperin/Löwisch* § 33 Rn. 15; *Glock/HWGNRH* § 33 Rn. 29; *Lichtenstein* BetrR 1987, 7 [36]; **a. M.** *Richardi/Thüsing* § 25 Rn. 9, § 33 Rn. 9). Unterbleibt die Ladung des Ersatzmitgliedes, so ist ein dennoch gefasster Beschluss nur wirksam, wenn die Ladung nicht mehr rechtzeitig erfolgen konnte (s. Rdn. 53). Ist in diesem Fall auch ohne das Ersatzmitglied die Beschlussfähigkeit gegeben (Abs. 2), so ist bei der Feststellung des Abstimmungsergebnisses und der erforderlichen Mehrheit von der Zahl der abstimmungsberechtigten anwesenden Betriebsratsmitglieder auszugehen.

Soweit es um **organisatorische Akte des Betriebsrats** (z. B. Wahlen innerhalb des Betriebsrats nach 27 § 26 Abs. 1, § 27 Abs. 1 oder die Abberufung aus entsprechenden Funktionen) geht, an denen sich jedes Betriebsratsmitglied beteiligen kann, ist auch das betroffene Betriebsratsmitglied stimmberechtigt (s. *Oetker* § 25 Rdn. 32 sowie § 26 Rdn. 7, 26, § 27 Rdn. 17, 30; ebenso *Fitting* § 25 Rn. 19, § 33 Rn. 37b; *Galperin/Löwisch* § 25 Rn. 14, § 33 Rn. 15; *Huke/HWGNRH* § 25 Rn. 12; *Joost*/MünchArbR § 219 Rn. 41; *Oetker* ZfA 1984, 409 [427 f.]; *Richardi/Thüsing* § 25 Rn. 11; *Buschmann*/DKKW § 25 Rn. 26). Ebenso wenig liegt ein Ausschlussgrund vor bei der Beschlussfassung über die Teilnahme eines Betriebsratsmitglieds an Schulungsveranstaltungen (ebenso *LAG Berlin-Brandenburg* 09.10.2009 – 22 TaBV 1795/09 – juris, Rn. 21 f.; s. a. *Weber* § 37 Rdn. 283) oder bei einem Beschluss über die Beauftragung eines Rechtsanwalts für die Vertretung des Betriebsrats in einem Beschlussverfahren, in dem es um eine personelle Einzelmaßnahme gegenüber dem Betriebsratsmitglied geht (*LAG Hamm* 10.06.1998 AiB 1999, 461). Kein organisatorischer Akt ist die Beschlussfassung des Betriebsrats über einen Ausschlussantrag nach § 23 Abs. 1 (s. Rdn. 24 a. E. sowie *Oetker* § 23 Rdn. 90).

5. Stellvertretung durch Ersatzmitglieder

Nach § 33 Abs. 2 letzter Halbs. ist Stellvertretung bei der Beschlussfassung durch Ersatzmitglieder zu- 28 lässig. Diese sind daher sowohl bei der Ermittlung der Beschlussfähigkeit als auch der Stimmenmehrheit mit zu berücksichtigen. Das gilt zunächst im Falle des § 25 Abs. 1 Satz 1 beim Ausscheiden eines Mitglieds aus dem Betriebsrat, weil das Ersatzmitglied in dessen gesamte Rechtsstellung eintritt (s. *Oetker* § 25 Rdn. 69). Aber auch bei zeitweiliger Verhinderung eines Betriebsratsmitglieds dient § 33 Abs. 2 letzter Halbs. im Hinblick auf § 25 Abs. 1 Satz 2 nur der Klarstellung. Eine Verhinderung ist auch anzunehmen, soweit der Betriebsrat über persönliche Angelegenheiten eines Betriebsratsmitglieds zu beschließen hat (s. Rdn. 26). Außer in den durch § 25 Abs. 1 abschließend geregelten Fällen ist dagegen eine Stellvertretung unzulässig; das Betriebsratsmitglied kann sich nicht beliebig durch andere Betriebsratsmitglieder vertreten lassen (ebenso *Fitting* § 33 Rn. 23; *Richardi/Thüsing* § 33 Rn. 13; s. näher *Oetker* § 25 Rdn. 24; vgl. auch § 29 Rdn. 44). Zur Frage, wann eine zeitweilige Verhinderung vorliegt, vgl. i. E. *Oetker* § 25 Rdn. 16 ff. Bleibt ein Betriebsratsmitglied einer Sitzung fern, ohne verhindert zu sein, ist kein Ersatzmitglied zu laden (ebenso *Fitting* § 25 Rn. 23, § 33 Rn. 23; *Glock/HWGNRH* § 33 Rn. 21).

6. Stimmenmehrheit

Ein Antrag ist angenommen, wenn er die erforderliche Stimmenmehrheit erhält. Soweit im Betriebs- 29 verfassungsgesetz nichts anderes bestimmt ist (s. Rdn. 33), werden die Beschlüsse des Betriebsrats mit der **Mehrheit** der **Stimmen** der **anwesenden Betriebsratsmitglieder** und **Jugend- und Auszubildendenvertreter** (s. Rdn. 22), d. h. mit **einfacher Stimmenmehrheit** gefasst (§ 33 Abs. 1 Satz 1). Maßgebend für die Ermittlung der Stimmenmehrheit ist daher nicht die Zahl der Betriebsrats-

§ 33 II. 3. *Geschäftsführung des Betriebsrats*

mitglieder. Von ihnen muss jedoch mindestens die Hälfte an der Beschlussfassung teilnehmen, der Betriebsrat also beschlussfähig sein (s. Rdn. 13 ff.). Das Mehrheitsprinzip gilt auch für **Entscheidungen über die Beauftragung oder Entsendung von Personen**, sofern das Gesetz aus Gründen des Minderheitenschutzes nicht ein anderes Abstimmungsprinzip vorsieht (§ 27 Abs. 1 Satz 3, § 28 Abs. 1 Satz 2, § 38 Abs. 2 Satz 1, § 51 Abs. 1 Satz 2). Insbesondere lässt sich aus dem in einzelnen Vorschriften enthaltenen Grundsatz der Verhältniswahl kein allgemeines Prinzip für die Beschlussfassung im Betriebsrat ableiten (*BAG* 21.07.2004 EzA § 47 BetrVG 2001 Nr. 1 unter B II [zu § 47 Abs. 2]; s. a. *Kreutz/Franzen* § 47 Rdn. 38). In den Betrieben der **privatisierten Postunternehmen** gilt in den in § 28 Abs. 1 S. 1 PostPersRG genannten Angelegenheiten, in denen nur die Vertreter der Beamten zur Beschlussfassung berufen sind, nach § 28 Abs. 1 S. 3 PostPersRG § 33 Abs. 1 BetrVG entsprechend; in diesen Angelegenheiten kann daher ein Beschluss nur mit der Mehrheit der Stimmen der anwesenden Vertreter der Beamtengruppe gefasst werden. Zum Abstimmungsverfahren s. Rdn. 37 ff.

30 Die **Stimmenmehrheit** ist nach der **Zahl der in der Sitzung anwesenden Betriebsratsmitglieder und ggf. der Jugend- und Auszubildendenvertreter** zu berechnen. Unerheblich ist dagegen, wie sich die Betriebsratsmitglieder während der Abstimmung verhalten. Eine Stimmenmehrheit liegt also nur vor, wenn die Zahl der für einen Antrag stimmenden Betriebsratsmitglieder und Jugend- und Auszubildendenvertreter größer ist als die Zahl der übrigen anwesenden Betriebsratsmitglieder und Jugend- und Auszubildendenvertreter. Damit **wirken die Enthaltungen wie Gegenstimmen** (ebenso *Fitting* § 33 Rn. 33; *Kreft/WPK* § 33 Rn. 16; *Reichold/HWK* § 33 BetrVG Rn. 10; *Richardi/Thüsing* § 33 Rn. 18; *Wedde/DKKW* § 33 Rn. 21; a. M. *Löwisch* BB 1996, 1006 f.; *Löwisch/LK* § 33 Rn. 10; zust. *Glock/HWGNRH* § 33 Rn. 26; *Reitze* Der Betriebsratsbeschluss, S. 52 ff., 57 ff.). Die Gegenansicht verweist vor allem auf die abweichende Rechtsprechung des *BGH* (25.01.1982 BGHZ 83, 35 ff.; 12.01.1987 NJW 1987, 2430; dagegen *Jauernig* BGB, 12. Aufl. 2007, § 32 Rn. 5) zum Vereinsrecht (zum WEG vgl. *BGH* 08.12.1988 BGHZ 106, 179 ff.), wo Enthaltungen bei der Berechnung der Mehrheit nicht mitzuzählen sind. Diese ist jedoch auf die betriebsverfassungsrechtliche Regelung nicht übertragbar. Hiergegen spricht zum einen der insoweit eindeutige Wortlaut, der auf die Mehrheit der »anwesenden Mitglieder« abstellt. Hierzu zählen aber in jedem Fall alle Mitglieder, die sich an der Abstimmung beteiligen. Zudem widerspräche eine Nichtberücksichtigung der Enthaltungen auch dem Zweck der Regelung. Nach der Wertung des Gesetzes soll ein wirksamer Beschluss nur dann gefasst werden können, wenn er in der Sitzung die Unterstützung der Mehrheit der anwesenden Betriebsratsmitglieder findet. Die Stimmenthaltung bringt aber keine positive Haltung zu dem Beschlussgegenstand zum Ausdruck. Dies entspricht auch der Rechtslage im Personalvertretungsrecht (vgl. § 37 Abs. 1 Satz 2 BPersVG).

31 Umstritten ist, ob auch die an der Beschlussfassung **nicht teilnehmenden Betriebsratsmitglieder** und Jugend- und Auszubildendenvertreter bei der Ermittlung der Stimmenmehrheit zu berücksichtigen sind, so dass ihre Nichtbeteiligung sich ebenfalls wie eine Gegenstimme auswirken würde. Die h. M. verneint dies, weil mit den »anwesenden Mitgliedern« i. S. d. Abs. 1 nur diejenigen gemeint seien, die auch an der Beschlussfassung teilnehmen. Für die Ermittlung der Stimmenmehrheit des Abs. 1 komme es daher nur auf die Mitglieder an, die ihre Stimme abgegeben haben (*Fitting* § 33 Rn. 34; *Kreft/WPK* § 33 Rn. 15 f.; *Reichold/HWK* § 33 BetrVG Rn. 10; *Richardi/Thüsing* § 33 Rn. 18; *Wedde/DKKW* § 33 Rn. 21). Zur Begründung wird angeführt, dass die Stimmenmehrheit sich nur auf den Personenkreis beziehen könne, der zur Herstellung der Beschlussfähigkeit beigetragen habe (*Kreft/WPK* § 33 Rn. 34; ähnlich *Fitting* § 33 Rn. 34). Gegen diese Ansicht spricht jedoch zum einen der Wortlaut, da die Mitglieder, die ihre Stimme nicht abgeben, zwar nicht an der Abstimmung, wohl aber an der Sitzung teilnehmen, also in diesem Sinne »anwesend« sind. Sie widerspricht zudem der Entstehungsgeschichte. Die Vorgängernorm des § 32 BetrVG 1952 stellte sowohl für die Stimmenmehrheit in Abs. 1 als auch für die Beschlussfähigkeit in Abs. 2 auf die Zahl der anwesenden Mitglieder ab. Das BetrVG 1972 hat die Bezugsgröße nur hinsichtlich die Beschlussfähigkeit in § 33 Abs. 2 verändert und erklärt nunmehr die Zahl der an der Beschlussfassung teilnehmenden Mitglieder für maßgeblich. Die Änderung erfolgte zum Zwecke der Anpassung der Regelung im Betriebsverfassungsgesetz an die Regelung der Beschlussfähigkeit in anderen Gesetzen (BT-Drucks. VI/1786, S. 40). Für die Ermittlung der Stimmenmehrheit in Abs. 1 blieb dagegen die Zahl der anwesenden Mitglieder maßgeblich. Da kaum anzunehmen ist, dass die Anpassung des Abs. 1 versehentlich unterblieben ist,

hat sich der Gesetzgeber offenbar bewusst für unterschiedliche Bezugsgrößen bei der Feststellung der Stimmenmehrheit einerseits und der Beschlussfähigkeit andererseits entschieden. Hiermit ist die von der h.M im Wege der Auslegung vorgenommene Gleichschaltung unvereinbar. Schließlich gibt es auch im Hinblick auf den Zweck der Regelung gute Gründe dafür, die an der Abstimmung nicht teilnehmenden Mitglieder bei der Ermittlung der Stimmenmehrheit nicht mitzuzählen. Das Mehrheitserfordernis in Abs. 1 lässt sich nämlich so verstehen, dass Beschlüsse nur dann wirksam gefasst werden können, wenn sie von der Mehrheit derjenigen Mitglieder getragen werden, die Gelegenheit hatten, in der Sitzung zu dem Antrag Stellung zu nehmen. Hierzu zählen aber alle an der Sitzung teilnehmenden stimmberechtigten Mitglieder, auch wenn sie letztlich von ihrem Stimmrecht keinen Gebrauch machen.

Hieraus ergibt sich, dass sich bei einem nach § 9 aus neunzehn Mitgliedern bestehenden Betriebsrat mindestens zehn Mitglieder an der Abstimmung beteiligen müssen. Waren zwölf Mitglieder anwesend, von denen sechs für den Antrag, drei dagegen gestimmt, zwei sich der Stimme enthalten haben und einer nicht an der Abstimmung teilgenommen hat, so ist der Antrag abgelehnt. Haben alle zwölf anwesenden Betriebsratsmitglieder an der Beschlussfassung teilgenommen und haben sechs für, drei gegen den Beschluss gestimmt und drei Mitglieder sich der Stimme enthalten, so ist mangels Stimmenmehrheit der Antrag abgelehnt; § 33 Abs. 1 Satz 2, der bei **Stimmengleichheit** ebenfalls den Antrag für abgelehnt erklärt, dient nur der Klarstellung. Die **Stimme** des **Vorsitzenden** zählt wie jede andere Stimme, gibt also nicht den Ausschlag (ebenso *Fitting* § 33 Rn. 35; *Glock/HWGNRH* § 33 Rn. 27; *Richardi/Thüsing* § 33 Rn. 17). Das gilt auch dann, wenn die Geschäftsordnung etwas anderes vorsieht (ebenso *Richardi/Thüsing* § 33 Rn. 17). **32**

In wichtigen Angelegenheiten schreibt das Gesetz die **Mehrheit der Stimmen der Betriebsratsmitglieder**, d. h. die **absolute Mehrheit** vor. Die in § 33 Abs. 1 eingefügte Ergänzung hat nur klarstellende Bedeutung. Es handelt sich um folgende Beschlüsse: Rücktritt des Betriebsrats (§ 13 Abs. 2 Nr. 3), Übertragung von Aufgaben zur selbständigen Erledigung auf den Betriebsausschuss (§ 27 Abs. 2 Satz 2), auf andere Ausschüsse des Betriebsrats (§ 28 Abs. 1 Satz 3), auf Mitglieder des Betriebsrats in gemeinsamen Ausschüssen (§ 28 Abs. 2) und auf Arbeitsgruppen (§ 28a Abs. 1 S. 1), Abberufung der nach den Grundsätzen der Verhältniswahl gewählten Mitglieder des Betriebsausschusses und weiterer Ausschüsse (§ 27 Abs. 1 Satz 5, § 28 Abs. 1 Satz 2), Erlass einer Geschäftsordnung (§ 36), Beauftragung des Gesamtbetriebsrats durch den Betriebsrat, eine Angelegenheit für den Betriebsrat zu behandeln (§ 50 Abs. 2 Satz 1), Übertragung der Aufgaben des Wirtschaftsausschusses auf einen Ausschuss des Betriebsrats (§ 107 Abs. 3 Satz 1). Die hiernach zu errechnende Stimmenmehrheit ist identisch mit der für die Beschlussfähigkeit zu errechnenden Stimmenzahl (vgl. hierzu Rdn. 13 f.). Besteht der Betriebsrat aus insgesamt neunzehn Mitgliedern, so müssen mindestens zehn Mitglieder für den Antrag stimmen. Dies gilt auch, wenn lediglich fünfzehn Mitglieder an der Sitzung teilnehmen. Zur Berechnung der Mehrheit bei Abweichung der Ist- von der Sollstärke s. Rdn. 14. **33**

Fraglich ist, wie die absolute Mehrheit in den **Angelegenheiten** zu bestimmen ist, in denen den **Jugend- und Auszubildendenvertretern gem. § 67 Abs. 2 ein eigenes Stimmrecht** zusteht. Maßgeblich ist insoweit der Zweck des qualifizierten Mehrheitserfordernisses. Ein Stimmrecht der Jugend- und Auszubildendenvertretung kommt vor allem in den Fällen in Betracht, in denen der Betriebsrat Aufgaben an andere Gremien delegiert (vgl. § 27 Abs. 2 Satz 2, § 28 Abs. 1 Satz 3, § 28a Abs. 1, § 50 Abs. 2 Satz 1, § 107 Abs. 3 Satz 1). Hier soll das Erfordernis der absoluten Mehrheit gewährleisten, dass eine Kompetenzverlagerung nur mit dem Einverständnis der Mehrheit der an sich entscheidungszuständigen Betriebsratsmitglieder erfolgen kann. Da die Jugend- und Auszubildendenvertreter in diesen Angelegenheiten nach § 67 Abs. 2 ein gleichwertiges Stimmrecht haben (s. Rdn. 22), werden ihre Befugnisse durch eine Kompetenzverlagerung in gleicher Weise tangiert. Dies spricht dafür, die Jugend- und Auszubildendenvertreter bei der Berechnung der absoluten Mehrheit genauso zu berücksichtigen wie die Betriebsratsmitglieder. Ein Beschluss mit absoluter Mehrheit setzt folglich die Zustimmung der **Mehrheit der stimmberechtigten Betriebsratsmitglieder und Jugend- und Auszubildendenvertreter** voraus (*Fitting* § 33 Rn. 42; *Kreft/WPK* § 33 Rn. 21; *Reichold/HWK* § 33 BetrVG Rn. 12; *Wedde/DKKW* § 33 Rn. 24; wohl auch *Richardi/Thüsing* § 33 Rn. 19; anders noch *Wiese* 6. Aufl., § 33 Rn. 31, nach dessen Ansicht – neben der absoluten Mehrheit der Betriebsratsmitglieder [hierzu sogleich Rdn. 35] – die Mehrheit der anwesenden Betriebsratsmitglieder und **34**

Jugend- und Auszubildendenvertreter genügt). In einem Betrieb mit einem 15-köpfigen Betriebsrat und fünf Jugend- und Auszubildendenvertretern müssen folglich mindestens elf Betriebsratsmitglieder und Jugend- und Auszubildendenvertreter zustimmen. Hieran ändert sich auch dann nichts, wenn an der Sitzung des Betriebsrats nur drei Jugend- und Auszubildendenvertreter teilnehmen. Die notwendige Mehrheit verringert sich dadurch nicht etwa auf zehn Stimmen.

35 Neben der absoluten Mehrheit der Stimmberechtigten bedarf der Beschluss in diesen Fällen zusätzlich der **absoluten Mehrheit der Betriebsratsmitglieder** (*Fitting* § 33 Rn. 42; *Wedde/DKKW* § 33 Rn. 24). Es wäre mit der Intention des Gesetzes, die organisatorischen Regelungen von der Zustimmung der Mehrheit der Betriebsratsmitglieder abhängig zu machen, nicht vereinbar, wenn eine Minderheit der Betriebsratsmitglieder zusammen mit den Jugend- und Auszubildendenvertretern einen entsprechenden Beschluss wirksam fassen könnte. So wäre z. B. ein Beschluss, mit dem bestimmte, die jugendlichen Arbeitnehmer betreffende Angelegenheiten gem. § 28 Abs. 1 Satz 3 auf einen Ausschuss übertragen werden sollen, in dem eben (Rdn. 34) genannten Beispiel nur dann wirksam, wenn diesem mindestens acht Betriebsratsmitglieder zustimmen. Ergeht dagegen der Beschluss mit einer Mehrheit von zwölf gegen acht Stimmen und setzen sich die Ja-Stimmen aus den fünf Jugend- und Auszubildendenvertretern und sieben Betriebsratsmitgliedern zusammen, so fehlt es an der erforderlichen Mehrheit. Dagegen ist nicht erforderlich, dass auch die Jugend- und Auszubildendenvertreter mit absoluter Mehrheit zustimmen (ebenso *Kreft/WPK* § 33 Rn. 21; *Richardi/Thüsing* § 33 Rn. 19). So wäre in dem genannten Beispiel ein Übertragungsbeschluss nach § 28 Abs. 1 Satz 3 auch dann wirksam zustande gekommen, wenn diesem neben zwei Jugend- und Auszubildendenvertretern mindestens neun Betriebsratsmitglieder zustimmen.

36 In **allen anderen Fällen genügt** bei der Beschlussfassung die **einfache Stimmenmehrheit** der anwesenden Betriebsratsmitglieder (s. Rdn. 29 ff.). Der Betriebsrat kann weder allgemein in der Geschäftsordnung noch im konkreten Fall durch Beschluss eine andere Stimmenmehrheit festlegen, da die Grundsätze des § 33 zwingend sind (s. Rdn. 5; ebenso *Fitting* § 33 Rn. 7, 26; *Glock/HWGNRH* § 33 Rn. 31; *Richardi/Thüsing* § 33 Rn. 22). Zur Dokumentation der Stimmenmehrheit durch die Niederschrift s. § 34 Rdn. 15.

7. Abstimmungsverfahren

37 Das **Gesetz** enthält **keine Vorschriften** über das Abstimmungsverfahren. Es kann jedoch durch die Geschäftsordnung näher geregelt (s. Rdn. 5 und § 36 Rdn. 15) oder aus gegebenem Anlass vom Betriebsrat im Einzelfall beschlossen werden. Dazu gehören vor allem folgende Fragen: offene oder geheime Abstimmung, mündliche (durch Handzeichen) oder schriftliche Stimmabgabe (z. B. bei Anwesenheit von Personen, die nicht dem Betriebsrat angehören), Voraussetzungen einer namentlichen Abstimmung, Reihenfolge der Stimmabgabe, Feststellung des Abstimmungsergebnisses. Hat der Betriebsrat keine besonderen Regelungen getroffen, so ist der Vorsitzende als Sitzungsleiter hinsichtlich des Verfahrens der Abstimmung weitgehend frei. Insbesondere gibt es für die **Abfrage des Abstimmungsverhaltens** (Ja- oder Nein-Stimmen sowie Enthaltungen) keine konkrete Reihenfolge. Der Vorsitzende kann das Abstimmungsergebnis daher auch dadurch ermitteln, dass er nur die Nein-Stimmen und die Enthaltungen abfragt und die Ja-Stimmen anhand der Differenz zu der Zahl der anwesenden (und an der Abstimmung teilnehmenden, s. Rdn. 16 f.) Betriebsratsmitglieder ermittelt (*LAG Baden-Württemberg* 12.03.2014 NZA-RR 2015, 83 [85]).

38 Jedes **Betriebsratsmitglied** gibt seine Stimme in eigener Verantwortung ab; es ist **an Aufträge oder Weisungen nicht gebunden** (ebenso *Fitting* § 33 Rn. 31). Der Beschluss ist **mit der Feststellung des Abstimmungsergebnisses vollendet**. Er ist im Wortlaut und mit der gefassten Stimmenmehrheit in die Sitzungsniederschrift aufzunehmen (§ 34 Abs. 1 Satz 1, vgl. aber auch Rdn. 66). In den Betrieben der **privatisierten Postunternehmen** sind in den in § 28 Abs. 1 S. 1 PostPersRG – abschließend – genannten Angelegenheiten nach gemeinsamer Beratung im Betriebsrat nur die Vertreter der Beamten zur Beschlussfassung berufen (zur Beschlussfähigkeit s. Rdn. 15, zur erforderlichen Stimmenmehrheit s. Rdn. 29 sowie allgemein zur Rechtslage der Beamten in diesen Unternehmen *Franzen* § 1 Rdn. 24). Für die Beschlussfassung der Betriebsräte der **Deutschen Bahn AG** gelten dagegen keine Besonderheiten, weil die Beamten dort für den Bereich des Betriebsverfassungsrechts (zur be-

Beschlüsse des Betriebsrats § 33

sonderen Personalvertretung der Beamten vgl. § 17 DBGrG) ausschließlich den Gruppen der Arbeiter oder Angestellten zugeordnet sind und damit der Zuständigkeit des Betriebsrats insgesamt unterliegen (vgl. allgemein *Franzen* § 1 Rdn. 23). Eine Konsultation der besonderen Personalvertretung der Beamten i. S. d. § 17 DBGrG durch den Betriebsrat vor seiner Beschlussfassung ist dadurch nicht ausgeschlossen (ebenso *Fitting* § 33 Rn. 30).

Ein Beschluss kommt durch Stimmabgabe zustande. Es gibt daher **keine »stillschweigende« Be-** 39 **schlussfassung** derart, dass die Untätigkeit des Betriebsrats einen Beschluss erzeugen könnte (vgl. *BAG* 07.10.1980 AP Nr. 1 zu § 27 BetrVG 1972 Bl. 2 R; 13.11.1991 EzA § 27 BetrVG 1972 Nr. 7 S. 11; 14.02.1996 EzA § 40 BetrVG 1972 Nr. 76 unter B II 4; 06.05.1975 EzA § 37 BetrVG 1972 Nr. 39 S. 9; *LAG* Frankfurt a. M. 17.03.1983 DB 1984, 882 [883]; 16.10.1984 DB 1985, 1534; *Dietz* RdA 1968, 439 [441]; *Fitting* § 33 Rn. 32; *Galperin / Löwisch* § 33 Rn. 1; *Glock / HWGNRH* § 33 Rn. 4; *Kreft / WPK* § 33 Rn. 23; *Reichold / HWK* § 33 BetrVG Rn. 14; *Richardi / Thüsing* § 33 Rn. 26 f.; *Wedde / DKKW* § 33 Rn. 14; **a. M.** *LAG* Düsseldorf 26.02.1992 LAGE § 87 BetrVG 1972 Nr. 7 S. 6 ff.; *Neumann-Duesberg* S. 249 f.; vgl. auch § 26 Rdn. 41).

Damit ist nicht der Fall zu verwechseln, dass die **Abstimmung** über einen Antrag **durch schlüssiges** 40 **Verhalten** zustande kommt. Das ist unbedenklich, weil eine bestimmte Form der Beschlussfassung nicht vorgeschrieben ist (s. Rdn. 37; ebenso *Adomeit* RdA 1963, 263 [266]; *Fitting* § 33 Rn. 32; *Glock / HWGNRH* § 33 Rn. 6; *Richardi / Thüsing* § 33 Rn. 27; *Wedde / DKKW* § 33 Rn. 14; **a. M.** *Frauenkron* § 33 Rn. 7). So ist es denkbar, dass die einmütige Zustimmung sämtlicher Betriebsratsmitglieder zu einem Antrag evident ist. Wenn dann auf die Frage des Vorsitzenden, ob sich gegen den Antrag Widerspruch erhebt, keine Äußerung abgegeben wird und der Vorsitzende die einstimmige Annahme feststellt, so ist der Beschluss durch »beredtes Schweigen« zustande gekommen. Auch kann sich aus einem in einer anderen Angelegenheit gefassten Beschluss des Betriebsrats mittelbar dessen Zustimmung zu einem Antrag ergeben (*Richardi / Thüsing* § 33 Rn. 27).

Eine »stillschweigende« Beschlussfassung liegt schließlich nicht vor, wenn dem Betriebsrat sein 41 **Schweigen** in bestimmter Weise **zugerechnet** wird. So gilt es nach § 99 Abs. 3 Satz 2, § 102 Abs. 2 Satz 2 als Zustimmung. Im Rahmen des § 103 gilt das Schweigen des Betriebsrats dagegen nicht als Zustimmung (s. § 103 Rdn. 65).

Aber auch sonst kann das Schweigen nach allgemeinen Grundsätzen dem Betriebsrat zuzurechnen 42 sein. Es handelt sich um Fälle, in denen entweder der Betriebsratsvorsitzende ohne Vertretungsmacht aufgetreten ist oder der Betriebsrat selbst durch sein Verhalten den Eindruck erweckt hat, er sei mit einer Maßnahme des Arbeitgebers einverstanden, obwohl eine entsprechende Willensbildung durch Beschluss fehlte (s. zu beiden Fällen § 26 Rdn. 45 ff.). Zur **Schriftform** bestimmter **Beschlüsse** vgl. § 27 Abs. 2 Satz 3 und 4 (hierzu s. § 27 Rdn. 76, 82), § 28 Abs. 1 Satz 3 (hierzu s. § 28 Rdn. 28, 30).

8. Aufhebung und Änderung

Der Betriebsrat kann **jederzeit** einen von ihm rechtswirksam gefassten Beschluss durch einen neuen 43 ordnungsgemäßen **Beschluss aufheben** oder **ändern**, solange er **Dritten gegenüber** noch **nicht verbindlich** geworden ist, insbesondere also dem Arbeitgeber die Entscheidung des Betriebsrats noch nicht mitgeteilt worden ist (ähnlich *BAG* 15.12.1961 AP Nr. 1 zu § 615 BGB Kurzarbeit Bl. 3; *LAG* Berlin 06.09.1991 DB 1991, 2593 [2594]; *LAG* Hamm 22.10.1991 LAGE § 611 BGB Direktionsrecht Nr. 11 Leitsatz 1; *Fitting* § 33 Rn. 45; *Galperin / Löwisch* § 33 Rn. 16; *Hässler* Geschäftsführung des Betriebsrates, S. 41 f.; *Glock / HWGNRH* § 33 Rn. 43; *Nikisch* III, S. 187 f.; *Reichold / HWK* § 33 BetrVG Rn. 15; *Richardi / Thüsing* § 33 Rn. 35; *Wedde / DKKW* § 33 Rn. 28). Das gilt auch für eine erneute Beschlussfassung in derselben Sitzung; jedoch müssen die Betriebsratsmitglieder, die an dem ersten Beschluss mitgewirkt haben, noch anwesend sein, selbst wenn sie sich z. T. nicht an der erneuten Beschlussfassung beteiligen (vgl. auch *BAG* 06.03.1962 AP Nr. 1 zu § 37 BPersVG Bl. 1 R ff.).

Der Beschluss des Betriebsrats ist ein **Akt** der **internen Willensbildung**, der zur rechtsgeschäftlichen 44 Erheblichkeit Dritten gegenüber einer besonderen Erklärung bedarf, die durch den Betriebsratsvorsitzenden abgegeben wird (*BAG* 24.04.1979 AP Nr. 1 zu § 87 LPVG Berlin Bl. 3). Sie wird nach h. M.

unter Anwesenden wirksam und für den Betriebsrat verbindlich, sobald sie der Erklärungsempfänger vernommen, d. h. akustisch richtig verstanden hat (Vernehmungstheorie; näher dazu *Wolf/Neuner* Allgemeiner Teil des Bürgerlichen Rechts, 11. Aufl. 2016, § 33 Rn. 37 ff.), unter Abwesenden, sobald sie zugegangen ist, d. h. der Empfänger unter normalen Umständen die Möglichkeit hat, von der in seinen Bereich gelangten Erklärung Kenntnis zu nehmen (§ 130 Abs. 1 Satz 1 BGB; *Palandt/Ellenberger* BGB § 130 Rn. 5). Der Betriebsrat kann dann z. B. nicht mehr die Zustimmung zu einer Einstellung oder Kündigung gegenüber dem Arbeitgeber widerrufen (anders *Galperin/Löwisch* § 33 Rn. 16, die zusätzliche Rechtswirkungen wie den Abschluss eines Arbeitsvertrages verlangen, wobei übersehen wird, dass der Arbeitgeber sich auf die ihm gegenüber abgegebenen Erklärungen verlassen können muss). Die Grundsätze über den Widerruf von Verwaltungsakten sind unanwendbar (zutr. *Nikisch* III, S. 187 f.; ebenso *Richardi/Thüsing* § 33 Rn. 38).

45 Die – u. U. teilweise – Aufhebung eines Beschlusses kann sich auch daraus ergeben, dass ein späterer Beschluss dem früheren inhaltlich widerspricht (vgl. *Bitzer* BUV 1972, 125 [146]; *Hässler* Geschäftsführung des Betriebsrates, S. 42). Zur Aussetzung von Beschlüssen vgl. § 35, zu deren Unwirksamkeit s. Rdn. 47 ff.

46 Soweit Beschlüsse des Betriebsrats ihrem Gegenstand nach auf eine Dauerregelung gerichtet sind und die Disposition über die Regelung allein dem Betriebsrat zusteht, kann er sie für die Zukunft ändern oder aufheben. So kann er die dem Betriebsausschuss nach § 27 Abs. 2 Satz 2 oder den weiteren Ausschüssen nach § 28 Abs. 1 Satz 3 zur selbständigen Erledigung übertragenen Aufgaben in ihrem Umfang ändern oder den Ausschüssen wieder gänzlich entziehen (s. § 27 Rdn. 82, § 28 Rdn. 30).

III. Beschlussmängel und ihre Folgen

1. Grundsätze

47 Beschlüsse des Betriebsrats können an Rechtsmängeln leiden, die sowohl ihr Zustandekommen als auch ihren Inhalt betreffen. Bestritten war früher, inwieweit diese Mängel die Unwirksamkeit der Beschlüsse bewirken. Die damals h. M. war äußerst zurückhaltend, weil sie fälschlicherweise von dem öffentlich-rechtlichen Charakter der Betriebsvertretungen und ihrer Beschlüsse ausging und daher die Nachprüfbarkeit nur beschränkt zuließ (vgl. mit Angaben *Buchholz* Die Nachprüfbarkeit von Betriebsvertretungsbeschlüssen durch die Gerichte; *Dietz* § 32 Rn. 14; *Hueck/Nipperdey* II/2, S. 1201 Fn. 14; *Nikisch* III, S. 189). Nachdem inzwischen Verwaltungsakte auf Mängel gerichtlich überprüft werden können (vgl. §§ 42, 43 VwGO), ist die restriktive Auffassung der früher h. M. ohnehin nicht mehr haltbar. Entsprechend der in diesem Kommentar in Übereinstimmung mit der heute h. L. (s. *Wiese* Einl. Rdn. 89 ff.) vertretenen Auffassung vom privatrechtlichen Charakter der Betriebsvertretungen ist die gerichtliche Nachprüfbarkeit vielmehr unbeschränkt zu bejahen (ebenso *Gross* AuR 1953, 71 [73]; *Hueck/Nipperdey* II/2, S. 1201 Fn. 14; *Richardi/Thüsing* § 33 Rn. 39 f.).

48 Die oft gebrauchte Wendung, es sei nur eine beschränkte gerichtliche Nachprüfung möglich (vgl. z. B. *Galperin/Löwisch* § 33 Rn. 18; § 33 Rn. 24; *Nikisch* III, S. 189; *Wedde/DKKW* § 33 Rn. 29), ist missverständlich. Richtigerweise sind nur die Unwirksamkeitsgründe zu beschränken (ebenso *Richardi/Thüsing* § 33 Rn. 40). Nicht jeder Rechtsverstoß führt demnach zur Unwirksamkeit des Beschlusses. Soweit aber ein Rechtsverstoß zur Unwirksamkeit führt, kann dies auch gerichtlich geltend gemacht werden. Die gerichtliche Kontrolle ist außerdem beschränkt auf Rechtsmängel. Dagegen können die Beschlüsse des Betriebsrats nicht auf ihre Zweckmäßigkeit hin überprüft werden (s. Rdn. 70). Zum Vertrauensschutz beim Handeln des Betriebsratsvorsitzenden aufgrund unwirksamer Beschlüsse vgl. § 26 Rdn. 43 ff. und zur Problematik von Beschlüssen unter einer Bedingung oder Auflage *BAG* 01.12.1977 AP Nr. 11 zu § 103 BetrVG 1972 Bl. 2.

49 Mit der Aussage, dass die Beschlüsse einer gerichtlichen Überprüfung zugänglich sind, ist noch nicht geklärt, welche Rechtsfolgen Beschlussmängel nach sich ziehen und auf welche Weise, insbesondere in welchen zeitlichen Grenzen solche Mängel geltend gemacht werden können. Denkbar wäre zum einen, die bei der Betriebsratswahl geltende Unterscheidung zwischen Mängeln, die zur Nichtigkeit führen, und solchen, die lediglich eine Anfechtungsbefugnis begründen und innerhalb einer bestimm-

ten Frist geltend gemacht werden müssen (s. *Kreutz* § 19 Rdn. 2, 143 ff.), auf mangelhafte Beschlüsse des Betriebsrats zu übertragen, zumal diese Grundsätze auf die internen Wahlen des Betriebsrats entsprechende Anwendung finden (s. § 26 Rdn. 15 ff., § 27 Rdn. 24 ff.). Eine solche **Analogie zu § 19 kommt** jedoch für Beschlüsse des Betriebsrats **nicht in Betracht**, da es sich bei dem Beschluss um einen Akt der internen Willensbildung handelt, dem der Charakter einer Wahl völlig fehlt (*BAG* 21.07.2004 EzA § 47 BetrVG 2001 Nr. 1 unter B I 1; *Fitting* § 33 Rn. 51; *Glock/HWGNRH* § 33 Rn. 34; *Oetker* BlStSozArbR 1984, 129 ff.; *Richardi/Thüsing* § 33 Rn. 40; *Wedde/DKKW* § 33 Rn. 30). Daher bleibt de lege lata als Rechtsfolge nur die **Nichtigkeit** der mängelbehafteten Beschlüsse (vgl. aber auch *Hanau/Reitze* FS *Kraft*, S. 167 [171 f.], die für den Spezialfall des Beschlusses über die Bestellung der Beisitzer für die Einigungsstelle nach § 76 Abs. 2 bereits de lege lata eine Anfechtungslösung entsprechend § 19 befürworten). Dies bedeutet allerdings nicht, dass jeder Rechtsverstoß zur Unwirksamkeit führt. Vielmehr ist hinsichtlich der Rechtsfolgen zwischen den unterschiedlichen Mängeln unter Berücksichtigung von Sinn und Zweck der Norm, gegen die verstoßen wurde, zu unterscheiden (s. Rdn. 53 ff.). Außerdem bleibt die **Wirksamkeit** des **Beschlusses** im **Außenverhältnis** unberührt, wenn er einem Dritten gegenüber verbindlich geworden ist (vgl. dazu Rdn. 43) und dieser bei einer Maßnahme die Anfechtung oder Anfechtbarkeit einer Stimmabgabe weder kennt noch kennen muss (§ 142 Abs. 2 BGB; ähnlich *Richardi/Thüsing* § 33 Rn. 37; a. M. *Glock/HWGNRH* § 33 Rn. 35 seit 4. Aufl.). Zum Schutz des guten Glaubens des Arbeitgebers s. § 26 Rdn. 43 ff.

Eine **Anfechtung des Beschlusses** selbst **nach §§ 119 ff. BGB** ist nach einhelliger Ansicht ausgeschlossen (vgl. *Fitting* § 33 Rn. 51; *Heinze* DB 1973, 2089 [2094 f.]; *Glock/HWGNRH* § 33 Rn. 34; *Hueck/Nipperdey* II/2, S. 1202; *Kreft/WPK* § 33 Rn. 24; *Nikisch* III, S. 190; *Reichold/HWK* § 33 BetrVG Rn. 16; *Richardi/Thüsing* § 33 Rn. 36; vgl. auch *BAG* 01.12.1977 AP Nr. 11 zu § 103 BetrVG 1972 Bl. 2). Jedoch kommt eine **Anfechtung einzelner Stimmabgaben** wegen Irrtums, Drohung oder arglistiger Täuschung in Betracht (ebenso *Fitting* § 33 Rn. 51; *Glock/HWGNRH* § 33 Rn. 35; *Kemmerich* Die gerichtliche Nachprüfbarkeit von Betriebsratsbeschlüssen, S. 32; *Kreft/WPK* § 33 Rn. 24; *Perwitz* Anfechtung und Nichtigkeit von Betriebsratsbeschlüssen, S. 85 f.; *Reichold/HWK* § 33 BetrVG Rn. 16; *Richardi/Thüsing* § 33 Rn. 37; *Schuckardt* Der Betriebsratsbeschluss, S. 92 ff.; *Wedde/DKKW* § 33 Rn. 30). Die erfolgreiche Anfechtung kann bewirken, dass ein vermeintlich angenommener Antrag nicht die nötige Mehrheit erlangt hat und deshalb abgelehnt ist, weil die durch Anfechtung weggefallene Stimme für das Zustandekommen der Mehrheit erforderlich war. Hinsichtlich der Folgen eines solchen rückwirkenden Wegfalls der erforderlichen Stimmenmehrheit ist wiederum zu beachten, dass der Beschluss im Außenverhältnis u. U. dennoch als wirksam zu behandeln sein kann (s. Rdn. 49). Zu den Auswirkungen der Anfechtung der Stimmabgabe, wenn die Abstimmung den Abschluss einer Betriebsvereinbarung zum Gegenstand hatte, vgl. *Kreutz* § 77 Rdn. 70. **50**

2. Arten von Beschlussmängeln

Zweifelhaft ist, welche **Mängel** zur Unwirksamkeit der **Beschlüsse** führen. Insoweit ist zwischen **51** Mängeln, die sich auf den Inhalt beziehen und solchen, die das Verfahren betreffen, zu unterscheiden. Wegen seines **Inhalts** ist der Beschluss unwirksam, wenn er gegen ein gesetzliches Verbot (§ 134 BGB) oder die guten Sitten (§ 138 BGB) verstößt oder der Betriebsrat mangels Zuständigkeit keinen Beschluss fassen konnte (ebenso *Fitting* § 33 Rn. 53 f.; *Galperin/Löwisch* § 33 Rn. 19; *Glock/HWGNRH* § 33 Rn. 33; *Hueck/Nipperdey* II/2, S. 1202; *Richardi/Thüsing* § 33 Rn. 42; vgl. auch *BAG* 23.08.1984 AP Nr. 17 zu § 103 BetrVG 1972 Bl. 3). Siehe auch § 28 Rdn. 18, 27 (Übertragung von Aufgaben auf einen Ausschuss zur selbständigen Erledigung vor Bildung eines Betriebsausschusses).

Mängel des Verfahrens bewirken die Unwirksamkeit des Beschlusses, wenn die Verfahrensvorschrift **52** für das ordnungsgemäße Zustandekommen bzw. den Schutz der Betriebsratsmitglieder als **wesentlich** anzusehen ist (ebenso *BAG* 23.08.1984 EzA § 103 BetrVG 1972 Nr. 30 unter B II 1 a; 15.04.2014 EzA § 29 BetrVG 2001 Nr. 4 Rn. 23; *Richardi/Thüsing* § 33 Rn. 43; ähnlich *Fitting* § 33 Rn. 54; *Glock/HWGNRH* § 33 Rn. 36; *Joost*/MünchArbR § 219 Rn. 47 ff.; *Oetker* BlStSozArbR 1984, 129 [130]). Es bedarf allerdings für jede Norm der Prüfung, ob es sich nach ihrem Zweck um eine – wenn auch verbindliche – Ordnungsvorschrift oder um eine Wirksamkeitsvoraussetzung handelt. Im Zweifel bedarf es der Abwägung, ob das Allgemeininteresse oder das Schutzinteresse der Betroffenen an der Beachtung der Verfahrensvorschrift höher zu bewerten ist als das Interesse an der Aufrechterhaltung des Beschlusses und damit an der Rechtssicherheit (ebenso jetzt *BAG* 15.04.2014 EzA § 29 BetrVG 2001 Nr. 4 Rn. 23; ähnlich bereits *RG* 23.10.1925 *RGZ* 111, 412 [415]; *Galperin/Siebert* § 32 Rn. 20 f.; *Hueck/Nipperdey* II/2, S. 1202 Fn. 14). Für **Verstöße gegen Vorschriften der Geschäftsordnung** gelten dieselben Grundsätze (s. § 36 Rdn. 19).

3. Einzelne Verfahrensfehler

a) Fehler bei der Ladung

53 Die Beschlüsse müssen in einer **förmlichen Sitzung** des Betriebsrats gefasst werden (s. Rdn. 9), zu der grundsätzlich alle Betriebsratsmitglieder einschließlich etwaiger Ersatzmitglieder unter Mitteilung der Tagesordnung gem. § 29 Abs. 2 Satz 3 ordnungsgemäß zu laden sind. **Fehlt es** schon **an einer Ladung**, so sind dennoch gefasste Beschlüsse unwirksam (s. § 29 Rdn. 33 ff., 51 ff.; *BAG* 23.08.1984 EzA § 103 BetrVG 1972 Nr. 30 = AP Nr. 17 zu § 103 BetrVG 1972 unter B II 1 a; 28.04.1988 EzA § 29 BetrVG 1972 Nr. 1 unter II 3 a [krit. *Klevemann*]; 19.08.1992 AP Nr. 3 zu § 76a BetrVG 1972 Bl. 3, st. Rspr.; zuletzt 15.04.2014 EzA § 29 BetrVG 2001 Nr. 4 Rn. 23 m. w. N.; zum BPersVG *BVerwG* 29.08.1975 BVerwGE 49, 144 [151]; *Fitting* § 33 Rn. 22, 54; *Glock/HWGNRH* § 33 Rn. 20 ff., 36; *Hueck/Nipperdey* II/2, S. 1202; *Nikisch* III, S. 184, 189; *Richardi/Thüsing* § 33 Rn. 4, 43; *Wedde/DKKW* § 33 Rn. 32). Die fehlende Ladung des Betriebsrats kann nur dadurch ersetzt werden, dass sich sämtliche Betriebsratsmitglieder versammeln und einstimmig erklären, eine Betriebsratssitzung abhalten zu wollen (s. § 29 Rdn. 25).

54 Voraussetzung für eine wirksame Beschlussfassung ist weiterhin, dass die Ladung ordnungsgemäß erfolgt ist. Dies bedeutet zum einen, dass **sämtliche Betriebsratsmitglieder** ordnungsgemäß und rechtzeitig geladen werden müssen. Ist auch nur ein Betriebsratsmitglied nicht geladen und deshalb nicht erschienen, sind die in der Sitzung gefassten Beschlüsse unwirksam (*BAG* 23.08.1984 EzA § 103 BetrVG 1972 Nr. 30 unter B II 1 a; 18.01.2006 – 7 ABR 25/05 – juris, Rn. 10; *Fitting* § 33 Rn. 22; *Glock/HWGNRH* § 33 Rn. 20; *Kreft/WPK* § 33 Rn. 10). Dieser Mangel kann nur geheilt werden, wenn die nicht geladenen Mitglieder dennoch erschienen sind, etwa weil sie auf andere Weise von der Sitzung erfahren haben (*Kreft/WPK* § 33 Rn. 10). Nach überwiegender Ansicht müssen sich zudem alle nicht geladenen Mitglieder mit der Tagesordnung einverstanden erklären (str.; vgl. Rdn. 56, § 29 Rdn. 54 ff.). Für verhinderte Betriebsratsmitglieder sind die entsprechenden **Ersatzmitglieder** in der sich aus § 25 Abs. 2 ergebenden Reihenfolge zu laden. Geschieht dies nicht oder verstößt die Heranziehung der Ersatzmitglieder gegen die gesetzlich vorgesehene Reihenfolge, so ist der Betriebsrat falsch zusammengesetzt. Etwaige in der Sitzung gefasste Beschlüsse sind dann unwirksam (*BAG* 23.08.1984 EzA § 103 BetrVG 1972 Nr. 30 unter B II 1 a; 18.01.2006 – 7 ABR 25/05 – juris Rn. 10; 06.11.2013 EzA § 25 BetrVG 2001 Nr. 5 Rn. 27). Ein Verfahrensfehler liegt im Falle der unterbliebenen Ladung des Ersatzmitglieds allerdings nur dann vor, wenn der Vorsitzende von der Verhinderung Kenntnis hatte (s. § 29 Rdn. 43). Die fehlende Ladung des Ersatzmitglieds steht einer wirksamen Beschlussfassung zudem dann nicht entgegen, wenn ein Betriebsratsmitglied plötzlich verhindert ist und das Ersatzmitglied nicht mehr rechtzeitig geladen werden kann (vgl. Rdn. 26; ebenso *BAG* 23.08.1984 AP Nr. 17 zu § 103 BetrVG 1972 Bl. 3; 03.08.1999 EzA § 33 BetrVG 1972 Nr. 1 = AP Nr. 7 zu § 25 BetrVG 1972; *LAG Nürnberg* 14.10.1997 LAGE § 29 BetrVG 1972 Nr. 2; *Fitting* § 33 Rn. 23; *Glock/HWGNRH* § 33 Rn. 21; *Richardi/Thüsing* § 29 Rn. 42; *Wedde/DKKW* § 33 Rn. 15).

55 Nach § 29 Abs. 2 Satz 3 sind die Mitglieder des Betriebsrats »rechtzeitig unter Mitteilung der **Tagesordnung**« zu laden. Ein Verfahrensfehler liegt daher vor, wenn der Ladung keine Tagesordnung beigefügt ist, die Tagesordnung nicht vollständig ist oder nicht allen Betriebsratsmitgliedern zugeht oder die Übersendung der Tagesordnung so kurzfristig erfolgt, dass dies nicht mehr als »rechtzeitig« angesehen werden kann (hierzu § 29 Rdn. 35 f.). Die rechtzeitige Übersendung der vollständigen Tagesordnung ist eine **wesentliche Verfahrensvorschrift**. Über Gegenstände, die auf der mit der Ladung übersandten Tagesordnung nicht konkret aufgeführt sind (s. § 29 Rdn. 51) oder bis zum Ende der Ladungs-

Beschlüsse des Betriebsrats § 33

frist nicht mitgeteilt worden sind, können in der Sitzung grds. keine wirksamen Beschlüsse gefasst werden (*BAG* 28.04.1988 EzA § 29 BetrVG 1972 Nr. 1 unter II 3 c; 28.10.1992 EzA § 29 BetrVG 1972 Nr. 2 unter B II 2 a; 04.05.2006 EzA § 29 BetrVG 2001 Nr. 1 Rn. 17; 10.10.2007 EzA § 26 BetrVG 2001 Nr. 2 Rn. 12; 15.04.2014 EzA § 29 BetrVG 2001 Nr. 4 Rn. 25). Der **Mangel** kann aber dadurch **geheilt** werden, dass der Betriebsrat in der Sitzung selbst eine Tagesordnung aufstellt oder neue, nicht oder nicht rechtzeitig mitgeteilte Gegenstände in die Tagesordnung aufnimmt. Nach überwiegender Ansicht bedarf es hierzu eines einstimmigen Beschlusses der anwesenden Betriebsratsmitglieder; nach der hier vertretenen Ansicht genügt ein Mehrheitsbeschluss (s. § 29 Rdn. 54 ff.). Ist ein solcher Mehrheitsbeschluss rechtsmissbräuchlich gefasst worden (s. § 29 Rdn. 62), ist er allerdings seinerseits rechtsunwirksam, was zur Folge hat, dass auch der Beschluss in der Sache an einem wesentlichen Verfahrensmangel leidet und keine Rechtswirkungen entfaltet.

Ohne Einfluss auf die Wirksamkeit der Beschlüsse ist es, wenn der Betriebsrat seine **aus § 30 folgenden Pflichten** nicht beachtet, insbesondere bei Ansetzung der Sitzungen die betrieblichen Notwendigkeiten nicht berücksichtigt (s. § 30 Rdn. 10) oder den Arbeitgeber von der Sitzung vorher nicht verständigt hat (s. § 30 Rdn. 18). 56

In gleicher Weise wie die Ladung der Betriebsratsmitglieder ist grundsätzlich die der **Jugend- und Auszubildendenvertreter** zu behandeln, soweit sie Stimmrecht haben (§ 67 Abs. 2; ebenso *Fitting* § 33 Rn. 22a, 54; *Glock/HWGNRH* § 33 Rn. 20; *Wedde/DKKW* § 33 Rn. 15). Die Nichtbeteiligung der Jugend- und Auszubildendenvertreter berührt die Wirksamkeit des Beschlusses jedoch nicht, wenn die Stimmen der Jugend- und Auszubildendenvertreter das Ergebnis der Beschlussfassung nicht hätten beeinflussen können (ebenso *BAG* 06.05.1975 AP Nr. 5 zu § 65 BetrVG 1972 Bl. 3; s. *Oetker* § 67 Rdn. 44). 57

In allen **übrigen Fällen**, in denen zwar ein **Teilnahmerecht bestimmter Personen** (Arbeitgeber, Schwerbehindertenvertretung, Vertrauensmann der Zivildienstleistenden, Gewerkschaftsbeauftragte) an Betriebsratssitzungen besteht (s. § 30 Rdn. 19 ff.) und eine Ladung erfolgen muss (s. § 29 Rdn. 39 ff.), in denen aber diese Personen kein Stimmrecht haben, berühren das Fehlen oder Mängel der Ladung nicht die Wirksamkeit von Beschlüssen des Betriebsrats (ebenso *Fitting* § 33 Rn. 22a; *Glock/HWGNRH* § 33 Rn. 20; *Richardi/Thüsing* § 29 Rn. 41; zu Mängeln der Ladung der Schwerbehindertenvertretung s. § 32 Rdn. 13). 58

b) Fehler bei der Beschlussfassung

Die Beschlussfassung ist **nur durch Stimmberechtigte** (s. Rdn. 21 ff.) möglich. Haben andere Personen an der Abstimmung teilgenommen – z.B. nicht vertretungsberechtigte Ersatzmitglieder, Jugend- und Auszubildendenvertreter außer im Falle des § 67 Abs. 2, Betriebsratsmitglieder in eigenen Angelegenheiten (s. Rdn. 24 ff.), Gewerkschaftsvertreter oder die Schwerbehindertenvertretung – so ist der Beschluss unwirksam, wenn nicht die Stimmabgabe offensichtlich ohne Einfluss auf das Abstimmungsergebnis war (ebenso *BAG* 06.12.2006 AP Nr. 5 zu § 21b BetrVG 1972 Rn. 19; *Fitting* § 33 Rn. 56; *Galperin/Löwisch* § 33 Rn. 21; *Glock/HWGNRH* § 33 Rn. 38; *Hueck/Nipperdey* II/2, S. 1202; *Kreft/WPK* § 33 Rn. 26; *Nikisch* III, S. 189; *Oetker* BlStSozArbR 1984, 129 [131]; *ders.* ZfA 1984, 409 [438 ff.], bei Beteiligung eines betroffenen Betriebsratsmitglieds an ihn begünstigenden Beschlüssen; *Richardi/Thüsing* § 33 Rn. 45; *Wedde/DKKW* § 33 Rn. 32; ohne Einschränkungen *LAG Hamm* 25.08.1961 DB 1961, 1327 [1328]; *Schmitt* NZA 1987, 78 [81]; offen gelassen von *BAG* 03.08.1999 EzA § 33 BetrVG 1972 Nr. 1 = AP Nr. 7 zu § 25 BetrVG 1972). Das ist in der Regel anzunehmen, wenn bei Nichtberücksichtigung der unzulässigerweise abgegebenen Stimme das Abstimmungsergebnis unberührt bleibt. Der Beweis wird durch die Sitzungsniederschrift geführt; bei geheimer Abstimmung ist eine Zeugenvernehmung über das Abstimmungsverhalten unzulässig (ebenso *Richardi/Thüsing* § 33 Rn. 45). 59

Nimmt ein **Betriebsratsmitglied** oder ein Mitglied der Jugend- und Auszubildendenvertretung an einer **Abstimmung in eigenen Angelegenheiten** teil, so hat allerdings im Regelfall schon die bloße Anwesenheit des Betroffenen Einfluss auf das Stimmverhalten und damit auf das Abstimmungsergebnis (s. Rdn. 25). Ein unter Mitwirkung oder auch nur in Anwesenheit des Betroffenen gefasster Beschluss ist daher regelmäßig unwirksam (hiervon geht offenbar auch *BAG* 24.04.2013 EzA § 25 BetrVG 2001 60

Nr. 4 Rn. 13 ff. aus; distanzierend, die Frage im Ergebnis aber offen lassend *BAG* 06.11.2013 EzA § 25 BetrVG 2001 Nr. 5 Rn. 28 [für Unwirksamkeit dagegen die Vorinstanz *LAG München* 14.06.2011 – 7 TaBV 84/10 – juris, Rn. 41]). Eine Ausnahme gilt allerdings, wenn die Entscheidung zu Ungunsten des Betroffenen ausfällt, da in diesem Falle das Ergebnis offensichtlich nicht auf dessen Einfluss beruht (*Oetker* ZfA 1984, 409 [440 f.]; *Richardi / Thüsing* § 33 Rn. 45; zust. *Reitze* Der Betriebsratsbeschluss, S. 118 ff.; dieser Ansicht zuneigend auch *BAG* 03.08.1999 EzA § 33 BetrVG 1972 Nr. 1 = AP Nr. 7 zu § 25 BetrVG 1972; **a. M.** wohl *LAG Thüringen* 17.12.1997 LAGE § 33 BetrVG 1972 Nr. 1). Zu beachten ist, dass auch im zuletzt genannten Fall der Beschluss unwirksam ist, wenn die – wegen der Verhinderung des Betriebsratsmitgliedes notwendige (s. Rdn. 26) – Ladung des Ersatzmitgliedes unterblieben ist (s. Rdn. 53). Der Beschluss ist also auch in diesem Falle nur dann wirksam, wenn das betroffene Betriebsratsmitglied zusätzlich zu dem ordnungsgemäß besetzten Betriebsrat beteiligt wird (zutr. *BAG* 03.08.1999 EzA § 33 BetrVG 1972 Nr. 1 = AP Nr. 7 zu § 25 BetrVG 1972).

61 Bei Mitwirkung anderer nicht teilnahmeberechtigter Personen an der Betriebsratssitzung (vgl. § 30 Rdn. 22 f.) liegt ein **Verstoß gegen den Grundsatz der Nichtöffentlichkeit** vor. Dieser führt jedoch nicht automatisch zur Unwirksamkeit eines Beschlusses. Ein wesentlicher Verfahrensverstoß (s. Rdn. 52) ist hierin vielmehr nur dann zu erblicken, wenn die Teilnahme oder die Mitwirkung des Dritten die **Beratung oder die Beschlussfassung beeinflusst haben könnte** (*BAG* 28.02.1958 AP Nr. 1 zu § 29 BetrVG Bl. 2; weitergehend *BAG* 30.09.2014 EzA § 34 BetrVG 2001 Nr. 2 Rn. 51 [Beachtung ist grundsätzlich als wesentlich für die Wirksamkeit eines in der Sitzung gefassten Beschlusses anzusehen]; *Fitting* § 30 Rn. 22; *Galperin / Löwisch* § 30 Rn. 14; *Hueck / Nipperdey* II / 2, S. 1198 Fn. 8; *Kreft / WPK* § 33 Rn. 26; *Richardi / Thüsing* § 30 Rn. 18, § 33 Rn. 44; *Wedde / DKKW* § 30 Rn. 16, § 33 Rn. 35; s. a. § 30 Rdn. 24; gegen Unwirksamkeit schlechthin *Glock / HWGNRH* § 30 Rn. 30, § 33 Rn. 40; **a. M.** [für Unwirksamkeit] *Jesgarzewski / Holzendorf* NZA 2012, 1021 [1022]). Eine solche Möglichkeit der Einflussnahme kann sich einmal schon aus der schlichten Präsenz ergeben. Voraussetzung ist in diesem Falle aber, dass die Anwesenheit der nicht zur Teilnahme berechtigten Person von mindestens einem Betriebsratsmitglied beanstandet worden ist (*BAG* 30.09.2014 EzA § 34 BetrVG 2001 Nr. 2 Rn. 51 f.; *Fitting* § 30 Rn. 22; s. § 30 Rdn. 24). Der Verstoß gegen den Grundsatz der Nichtöffentlichkeit führt dagegen regelmäßig zur Unwirksamkeit des Beschlusses, wenn die nicht teilnahmeberechtigte Person auf das Ergebnis der Abstimmung entscheidenden Einfluss genommen hat. Dies ist allerdings nicht schon dann anzunehmen, wenn die Möglichkeit besteht, dass Außenstehende überhaupt auf das Abstimmungsverhalten eingewirkt haben (so aber *Galperin / Löwisch* § 30 Rn. 14; *Hueck / Nipperdey* II / 2, S. 1198 Fn. 8), weil das bei jeder beratenden Stellungnahme nicht teilnahmeberechtigter Personen der Fall sein kann. Der Beschluss ist daher nur bei einer schwerwiegenden Beeinflussung der Willensbildung des Betriebsrats durch diese Personen unwirksam (ebenso *Weiss / Weyand* § 30 Rn. 11). Der Beschluss muss also im Ergebnis auf der Einflussnahme beruhen (*Wedde / DKKW* § 30 Rn. 16; *Richardi / Thüsing* § 30 Rn. 18; ebenso bis 27. Aufl. *Fitting* § 30 Rn. 22). Hiervon ist im Regelfall auszugehen, wenn die Sitzung von einem nicht berechtigten Dritten geleitet wird (*BAG* 28.02.1958 AP Nr. 1 zu § 29 BetrVG Bl. 2; s. Rdn. 62). Zu den Folgen der Mitwirkung von Betriebsratsmitgliedern in eigenen Angelegenheiten s. Rdn. 60.

62 Die **Abstimmung** muss unter der **Leitung** einer hierzu **befugten Person**, in der Regel des Betriebsratsvorsitzenden (s. § 29 Rdn. 65), durchgeführt werden (ebenso *Glock / HWGNRH* § 33 Rn. 39; **a. M.** *ArbG Stuttgart* AR-Blattei, Betriebsverfassung X, Entsch. 1 [abl. *Dietz*]). Zur Durchführung der nach § 26 Abs. 1 vorgeschriebenen Wahlen unter der Leitung einer nicht befugten Person vgl. § 29 Rdn. 17 a. E.

63 Wirksamkeitsvoraussetzung eines Beschlusses ist die **Beschlussfähigkeit** des Betriebsrats bei der Beschlussfassung (s. Rdn. 13 ff.; ebenso *Fitting* § 33 Rn. 15, 54; *Glock / HWGNRH* § 33 Rn. 39; *Hueck / Nipperdey* II / 2, S. 1202; *Nikisch* III, S. 189; *Richardi / Thüsing* § 33 Rn. 43; *Wedde / DKKW* § 33 Rn. 4, 32).

64 Der Antrag muss die erforderliche **Stimmenmehrheit** finden; andernfalls ist er abgelehnt (s. Rdn. 29 ff., vgl. auch Rdn. 3 a. E.). Lässt sich bei einem nicht ordnungsgemäßen Abstimmungsverfahren das Abstimmungsergebnis nicht eindeutig feststellen, ist ein wirksamer Beschluss nicht zustande gekommen. Ist das Abstimmungsergebnis unrichtig festgestellt worden, so ist ein Beschluss nicht deswegen nichtig (so aber *Erdmann / Jürging / Kammann* § 33 Rn. 9; *Galperin / Siebert* § 32 Rn. 22). Viel-

Beschlüsse des Betriebsrats § 33

mehr ist für die Wirkungen des Beschlusses das zutreffende Abstimmungsergebnis maßgeblich. Lag die erforderliche Mehrheit vor, so ist der Antrag angenommen und der Beschluss wirksam zustande gekommen; fehlte es an der erforderlichen Mehrheit, so ist der Antrag abgelehnt und kein Beschluss zustande gekommen. In beiden Fällen ist die angebliche Abweichung des tatsächlichen vom festgestellten Abstimmungsergebnis von demjenigen zu beweisen, der sich auf die Abweichung beruft.

c) Formmängel

Unwirksam ist ein Beschluss, wenn die nach § 27 Abs. 2 Satz 3 und § 28 Abs. 1 Satz 3 vorgeschriebene **Schriftform** nicht beachtet worden ist (s. § 27 Rdn. 76, § 28 Rdn. 28). Bei Nichtbeachtung der nach § 36 vorgeschriebenen Schriftform ist zwar die Geschäftsordnung nichtig, der Beschluss jedoch als gewöhnlicher Geschäftsordnungsbeschluss wirksam (s. § 36 Rdn. 8 f.). 65

Keine Wirksamkeitsvoraussetzung der Beschlüsse ist die Anfertigung einer **Sitzungsniederschrift** und die Aufnahme von Beschlüssen in die Sitzungsniederschrift (s. § 34 Rdn. 10). 66

4. Heilung von Beschlussmängeln

Ist ein vom Betriebsrat gefasster Beschluss wegen eines Verfahrensmangels unwirksam, so steht es dem Betriebsrat frei, einen neuen, ordnungsgemäßen Beschluss zu fassen. Dieser schafft jedenfalls mit Wirkung **für die Zukunft** eine entsprechende Rechtsgrundlage. Bliebe es dabei, könnte man freilich kaum von einer »Heilung« des Mangels sprechen. Die entscheidende Frage ist daher, ob ein nachträglicher Beschluss **Rückwirkung** entfalten und einer aufgrund des früher gefassten, unwirksamen Beschlusses bereits vollzogenen Maßnahme nachträglich eine Legitimationsgrundlage verschaffen kann (zur Genehmigung von Erklärungen des Betriebsratsvorsitzenden s. a. § 26 Rdn. 38 ff.). Eine solche Heilung von Beschlussmängeln ist jedoch **nur eingeschränkt** möglich. Geht es um eine **fristgebundene Entscheidung** des Betriebsrats, so kann eine Heilung grundsätzlich nur durch einen innerhalb der Frist gefassten ordnungsgemäßen Beschluss, nicht dagegen nach Fristablauf erfolgen (ebenso *BAG* 10.10.2007 EzA § 26 BetrVG 2001 Nr. 2 Rn. 23). Dies gilt insbesondere, wenn an die Versäumnis der Frist die Fiktion einer Erklärung bestimmten Inhalts (typischerweise eine Zustimmungsfiktion) geknüpft ist (z. B. § 99 Abs. 3 Satz 2, § 102 Abs. 2 Satz 2; vgl. *BAG* 03.08.1999 EzA § 33 BetrVG 1972 Nr. 1 = AP Nr. 7 zu § 25 BetrVG 1972). Grenzen können sich auch aus dem Gesichtspunkt des **Vertrauensschutzes** ergeben, wenn und soweit der Arbeitgeber oder Dritte sich darauf eingestellt haben, dass sich aus dem unwirksamen Beschluss keinerlei Rechtsfolgen mehr ergeben (*BAG* 10.10.2007 EzA § 26 BetrVG 2001 Nr. 2 Rn. 21, 24). In den übrigen Fällen hängt die Möglichkeit einer rückwirkenden Heilung des Beschlussmangels davon ab, ob nach **Sinn und Zweck** der Vorschrift, die einen Beschluss des Betriebsrats verlangt, eine wirksame Beschlussfassung vor Durchführung der Maßnahme unabdingbar ist oder ob auch eine nachträgliche Bestätigung des unwirksamen Beschlusses dieselbe Funktion erfüllt. 67

Dies dürfte der Sache nach der neueren Linie des *BAG* entsprechen. Nachdem die Rechtsprechung eine Rückwirkung zunächst ohne Einschränkungen bejaht hatte (*BAG* 28.10.1992 EzA § 29 BetrVG 1972 Nr. 2 = AP Nr. 4 zu § 29 BetrVG 1972; *LAG Hamm* 02.07.1997 LAGE § 29 BetrVG 1972 Nr. 3; *LAG Köln* 25.11.1998 LAGE § 33 BetrVG 1972 Nr. 2; *LAG Nürnberg* 14.10.1997 LAGE § 29 BetrVG 1972 Nr. 2), verfährt sie nunmehr deutlich restriktiver. So ist nach **Ansicht des *BAG* eine zeitliche Rückerstreckung eines genehmigenden Beschlusses ausgeschlossen, wenn die Beschlussfassung des Betriebsrats erst nach dem für die Beurteilung eines Sachverhalts maßgeblichen Zeitpunkt erfolgt** (*BAG* 10.10.2007 EzA § 26 BetrVG 2001 Nr. 2 Rn. 21). Bedeutung hat dies insbesondere für Maßnahmen, durch die dem Arbeitgeber nach § 40 Abs. 1 eine Kostentragungspflicht auferlegt wird. Bei dem Beschluss über kostenauslösende Maßnahmen hat der Betriebsrat stets zugleich über die Erforderlichkeit der Maßnahme unter Abwägung der Interessen der Belegschaft und des Arbeitgebers zu befinden (*BAG* 08.03.2000 EzA § 40 BetrVG 1972 Nr. 90; vgl. auch *Weber* § 37 Rdn. 224 f., 282 ff., § 40 Rdn. 11 ff.). Eine unbefangene Abwägung ist aber kaum noch möglich, wenn die Kosten bereits entstanden sind und es nur noch um die Frage geht, von wem die Kosten zu tragen sind. Die Frage der Erforderlichkeit ist daher vor der Durchführung der Maßnahme zu entscheiden. Aus diesem Grunde kann das Fehlen eines wirksamen Beschlusses über die **Teilnahme eines Be-** 68 triebsratsmitglieds an einer Schulungsveranstaltung (§ 37 Abs. 6) nicht durch einen nach Beginn oder nach Abschluss der Schulungsmaßnahme gefassten Beschluss geheilt werden. Eine Kostenerstattungspflicht nach § 40 Abs. 1 wird durch eine solche nachträgliche Beschlussfassung nicht ausgelöst. Dies gilt nicht nur, wenn es an einer vorherigen Beschlussfassung insgesamt fehlt, sondern auch, wenn der ursprüngliche Beschluss fehlerhaft und deshalb unwirksam ist (*BAG* 08.03.2000 EzA § 40 BetrVG 1972 Nr. 90; 10.10.2007 EzA § 26 BetrVG 2001 Nr. 2 Rn. 21; abw. früher *BAG* 28.10.1992 EzA § 29 BetrVG 1972 Nr. 2 = AP Nr. 4 zu § 29 BetrVG 1972; *LAG Nürnberg* 14.10.1997 LAGE § 29 BetrVG 1972 Nr. 2). Gleiches gilt für Beschlüsse über die **Bereitstellung von Sachmitteln** (§ 40 Abs. 2). Auch hier können Beschlussmängel nur behoben werden, wenn die beantragte Maßnahme noch nicht vollzogen, die entsprechenden Sachmittel also noch nicht angeschafft oder bestellt wurden (*LAG Nürnberg* 24.08.2009 – 5 TaBV 32/06 – juris, Rn. 17). Dagegen kann der Betriebsrat die **Bestellung** einer Person zum **Beisitzer der Einigungsstelle** auch nachträglich durch Beschluss genehmigen. Eine zuvor ohne (wirksamen) Beschluss getroffene Vereinbarung zwischen dem Vorsitzenden des Betriebsrats und dem Beisitzer wird damit rückwirkend wirksam, so dass dem Beisitzer auch ein Anspruch auf Vergütung seiner Tätigkeit nach § 76a Abs. 3 zusteht (*BAG* 10.10.2007 EzA § 26 BetrVG 2001 Nr. 2 Rn. 22 ff.; krit. *Boemke* BB 2008, 674; abw. die Vorinstanz *LAG Hessen* 01.06.2006 – 9 TaBV 164/05 – juris). Der Betriebsrat entscheidet hier nicht über die Durchführung des Einigungsstellenverfahrens, also nicht über die kostenauslösende Maßnahme, sondern nur über die Besetzung des ihm zustehenden Sitzes in der Einigungsstelle. Das Tätigwerden des Beisitzers kann der Betriebsrat aber auch nachträglich legitimieren. Ähnliches gilt nach Ansicht des *BAG* für die Beschlussfassung des Betriebsrats über die **Einleitung eines Beschlussverfahrens** und die **Beauftragung eines Rechtsanwalts**. Auch hier könne die Unwirksamkeit des ursprünglichen Beschlusses durch einen ordnungsmäßigen späteren Beschluss geheilt werden (*BAG* 18.02.2003 EzA § 77 BetrVG 2001 Nr. 4 unter B I 2b; 06.12.2006 AP Nr. 5 zu § 21b BetrVG 1972 Rn. 20; vgl. auch *BAG* 05.04.2000 EzA § 40 BetrVG 1972 Nr. 91 unter II). Dies erscheint im Hinblick auf die Genehmigung der Prozessführung überzeugend. Der Betriebsrat kann durch einen nachträglichen Beschluss die bisherigen Prozesshandlungen legitimieren, so dass diese rückwirkend wirksam werden. Eine **Genehmigung der Prozessführung** ist allerdings aus prozessualen Gründen nur bis zum Zeitpunkt der abschließenden Prozessentscheidung in der jeweiligen Instanz möglich (*BAG* 18.02.2003 EzA § 77 BetrVG 2001 Nr. 4 unter B I 3a; 16.11.2005 EzA § 80 BetrVG 2001 Nr. 4 unter B I 1a; 06.12.2006 AP Nr. 5 zu § 21b BetrVG 1972 Rn. 20; vgl. aber auch *LAG Hessen* 01.09.2011 – 5 TaBV 44/11 – juris, Rn. 38 ff., 46: Rückwirkungsverbot für spätere Instanz sei nur dann gerechtfertigt, wenn die Ordnungsmäßigkeit des Beschlusses in der Vorinstanz gerügt worden sei; s. a. *Weber* § 40 Rdn. 115). Ergeht eine solche Prozessentscheidung nicht, weil der Vertretungsmangel unentdeckt bleibt oder das Gericht einer Rüge nicht nachgeht, kann die Genehmigung auch noch zu einem späteren Zeitpunkt und sogar noch nach Eintritt der Rechtskraft erfolgen (arg. e § 579 Abs. 1 Nr. 4 ZPO; vgl. *BAG* 06.11.2013 EzA § 25 BetrVG 2001 Nr. 5 Rn. 53). Problematisch ist dagegen, ob durch einen nachträglichen Beschluss zugleich die **Kostentragungspflicht des Arbeitgebers** hinsichtlich der bereits entstandenen Prozesskosten ausgelöst werden kann. Insoweit ist eine unbefangene Entscheidung nach Beauftragung des Rechtsanwalts und Beginn des Verfahrens kaum noch möglich. Dies spricht – wie im Falle der Schulungskosten – gegen eine Heilung des fehlerhaften Beschlusses (**a. M.** offenbar *LAG Nürnberg* 24.08.2009 – 5 TaBV 32/06 – juris, Rn. 18 f.). Eine Erstattungspflicht des Arbeitgebers nach § 40 Abs. 1 bestünde somit nur in Bezug auf die nach der Beschlussfassung entstehenden Kosten.

69 Fraglich ist, ob in den Fällen, in denen sich eine Heilung ausscheidet, weil es maßgeblich auf den Zeitpunkt der Beschlussfassung ankommt, **Ausnahmen** im Hinblick auf die **Art des Verfahrensmangels** denkbar sind. Vor allem im Zusammenhang mit kostenauslösenden Maßnahmen wäre es im Hinblick auf die Vielfalt und die Komplexität der gesetzlichen Anforderungen an eine ordnungsgemäße Beschlussfassung problematisch, wenn jeder Verfahrensmangel zu einem Wegfall des Kostenerstattungsanspruches und damit zu einer Belastung der Amtsträger führen würde, die die kostenauslösende Maßnahme veranlasst haben. Dies wäre im Übrigen eine Einladung an den Arbeitgeber, sich durch Suche nach Verfahrensfehlern solchen, in der Sache gerechtfertigten Kosten der Betriebsratstätigkeit zu entziehen. Aus diesem Grunde erscheint es vertretbar, eine Heilung des Beschlussmangels zu ermöglichen, wenn deutlich wird, dass bereits der ursprüngliche Beschluss vom Willen der erfor-

derlichen Mehrheit der Betriebsratsmitglieder getragen wurde und die nachträgliche Beschlussfassung allein dazu dient, den bereits vorher gebildeten Willen in der gesetzlich vorgeschriebenen Form zum Ausdruck zu bringen. Dies ist etwa anzunehmen, wenn die notwendige Ladung eines Ersatzmitgliedes unterblieben ist (s. Rdn. 53), die ordnungsgemäß geladenen Betriebsratsmitglieder aber einstimmig oder mit absoluter Mehrheit zugestimmt haben. Dann sollte der Betriebsrat die Möglichkeit haben, durch Bestätigung des Beschlusses rückwirkend die erforderliche Rechtsgrundlage zu schaffen. Dagegen ist eine Heilung durch einen nachträglichen Beschluss aufgrund der Art des Verfahrensmangels ausgeschlossen, wenn der Betriebsrat bei dem ersten Beschluss überhaupt nicht beschlussfähig war (§ 33 Abs. 2, s. Rdn. 63; zust. *LAG Hessen* 01.06.2006 – 9 TaBV 164/05 – juris, Rn. 26) oder der Beschluss unter dem maßgeblichen Einfluss einer nicht teilnahmeberechtigten Person zustande gekommen ist (s. Rdn. 61).

IV. Streitigkeiten

Über Streitigkeiten aus der Anwendung des § 33 entscheiden die Arbeitsgerichte im Beschlussverfahren (§ 2a Abs. 1 Nr. 1, Abs. 2, §§ 80 ff. ArbGG). Das gilt vor allem für Streitigkeiten über die Wirksamkeit von Beschlüssen. Das Gericht kann nur die **Rechtswirksamkeit des Beschlusses** überprüfen, dagegen **nicht seine Zweckmäßigkeit** (ebenso *LAG Düsseldorf* 10.04.1975 DB 1975, 1897 [1898]; *LAG Nürnberg* 19.11.1985 AiB 1986, 93; *Fitting* § 33 Rn. 50; *Galperin/Löwisch* § 33 Rn. 22; *Glock/HWGNRH* § 33 Rn. 45; *Nikisch* III, S. 189; *Reichold/HWK* § 33 BetrVG Rn. 18; *Richardi/Thüsing* § 33 Rn. 41; *Wedde/DKKW* § 33 Rn. 30; bedenklich *BAG* 05.03.1959 AP Nr. 26 zu § 611 BGB Fürsorgepflicht [abl. *A. Hueck*] = AuR 1959, 316 [abl. *Herschel*] = SAE 1959, 145 [abl. *Bulla*]; zust. jedoch *Heinze* DB 1973, 2089 [2095]). Die Nachprüfung erstreckt sich aber auf einen offensichtlichen Ermessensmissbrauch (ebenso *LAG Nürnberg* 19.11.1985 AiB 1986, 93; *Richardi/Thüsing* § 33 Rn. 41). Die Unwirksamkeit eines Beschlusses kann als Vorfrage geprüft werden, und zwar sowohl in einem Beschlussverfahren, als auch in einem Urteilsverfahren, sofern die Wirksamkeit des Beschlusses Voraussetzung für das jeweilige Begehren ist. Macht der Arbeitgeber die Unwirksamkeit eines Beschlusses geltend, so genügt zunächst ein **Bestreiten mit Nichtwissen** (§ 138 Abs. 4 ZPO), da er regelmäßig keine Kenntnis von den für die Ordnungsmäßigkeit des Beschlusses maßgeblichen Vorgängen hat. Erst wenn der Betriebsrat die tatsächlichen Voraussetzungen für einen ordnungsgemäßen Beschluss darlegt, muss der Arbeitgeber sich konkret äußern, welche der vorgebrachten Tatsachen er bestreiten will (*BAG* 09.12.2003 AP Nr. 1 zu § 33 BetrVG 1972 unter B I 1b; 19.01.2005 – 7 ABR 24/04 – juris, Rn. 14; 29.07.2009 EzA § 40 BetrVG 2001 Nr. 15 Rn. 19; 30.09.2014 EzA § 34 BetrVG 2001 Nr. 2 Rn. 37; enger *LAG Hessen* 14.07.2011 – 9 TaBV 192/10 – juris, Rn. 23 ff., das mit bedenkenswerten Argumenten verlangt, dass der Arbeitgeber von Anfang an »konkrete Anhaltspunkte« für Beschlussmängel vorbringen müsse, also die Ordnungsmäßigkeit des Beschlusses nicht »ins Blaue hinein« bestreiten dürfe).

§ 34
Sitzungsniederschrift

(1) Über jede Verhandlung des Betriebsrats ist eine Niederschrift aufzunehmen, die mindestens den Wortlaut der Beschlüsse und die Stimmenmehrheit, mit der sie gefasst sind, enthält. Die Niederschrift ist von dem Vorsitzenden und einem weiteren Mitglied zu unterzeichnen. Der Niederschrift ist eine Anwesenheitsliste beizufügen, in die sich jeder Teilnehmer eigenhändig einzutragen hat.

(2) Hat der Arbeitgeber oder ein Beauftragter einer Gewerkschaft an der Sitzung teilgenommen, so ist ihm der entsprechende Teil der Niederschrift abschriftlich auszuhändigen. Einwendungen gegen die Niederschrift sind unverzüglich schriftlich zu erheben; sie sind der Niederschrift beizufügen.

(3) **Die Mitglieder des Betriebsrats haben das Recht, die Unterlagen des Betriebsrats und seiner Ausschüsse jederzeit einzusehen.**

Literatur
Joussen Kollektivrechtliche Aspekte des Arbeitnehmerdatenschutzes, ZfA 2012, 235; *Kort* Online-Datenzugriff im Betrieb, ZD 2012, 247. Vgl. ferner vor § 26.

Inhaltsübersicht

	Rdn.
I. Vorbemerkung	1–5
II. Sitzungsniederschrift	6–41
1. Verpflichtung zur Anfertigung	6–11
2. Zweck und rechtlicher Charakter	12–14
3. Inhalt	15–17
4. Form	18, 19
5. Unterzeichnung	20
6. Anwesenheitsliste	21–23
7. Aushändigung einer Abschrift an Arbeitgeber und Gewerkschaftsbeauftragte	24–26
8. Einwendungen gegen die Niederschrift	27–30
9. Einsichtsrecht der Betriebsratsmitglieder	31–40
10. Aufbewahrung, Kosten, Eigentum	41
III. Streitigkeiten	42

I. Vorbemerkung

1 Die Vorschrift stimmt in ihrem Abs. 1 wörtlich mit § 33 Abs. 1 BetrVG 1952 überein. In Abs. 2 ist die bisherige Regelung, nach der dem Arbeitgeber, soweit er an der Sitzung teilgenommen hatte, der entsprechende Teil der Niederschrift zur Unterzeichnung vorzulegen war, nicht übernommen worden, weil das Protokoll eine interne Angelegenheit des Betriebsrats ist (amtliche Begründung, BR-Drucks. 715/70, S. 40; zur früheren Rechtslage *Dietz* § 33 Rn. 7). Dagegen ist nunmehr auch dem Beauftragten einer Gewerkschaft, der an der Sitzung teilgenommen hat, der entsprechende Teil der Niederschrift abschriftlich auszuhändigen. Ferner sind Abs. 2 Satz 2 und Abs. 3 neu. Sie wurden aufgrund der Beschlüsse des 10. Ausschusses aufgenommen (BT-Drucks. VI/2729, S. 16). Das BetrVerf-ReformG vom 23.07.2001 (BGBl. I, S. 1852) hat die Vorschrift unverändert gelassen.

2 Die Vorschrift gilt auch für den **Gesamtbetriebsrat** (§ 51 Abs. 1 Satz 1), den **Konzernbetriebsrat** (§ 59 Abs. 1), die **Jugend- und Auszubildendenvertretung** (§ 65 Abs. 1), die **Gesamt-Jugend- und Auszubildendenvertretung** (§ 73 Abs. 2), die **Konzern-Jugend- und Auszubildendenvertretung** (§ 73b Abs. 2), die **Bordvertretung** (§ 115 Abs. 4 Satz 1) und den **Seebetriebsrat** (§ 116 Abs. 3). Sie gilt ferner entsprechend für eine **anderweitige Vertretung der Arbeitnehmer** nach § 3 Abs. 1 Nr. 1 bis 3, weil diese an die Stelle des Betriebsrats tritt (vgl. § 3 Abs. 5 sowie *Franzen* § 3 Rdn. 61). Bei einer **zusätzlichen Vertretung der Arbeitnehmer** nach § 3 Abs. 1 Nr. 4 und 5 können die Betriebs- oder Tarifpartner in der Betriebsvereinbarung oder im Tarifvertrag entsprechende Regelungen treffen (*Fitting* § 34 Rn. 2; *Kreft/WPK* § 34 Rn. 1; *Wedde/DKKW* § 34 Rn. 1).

3 Die Vorschrift des § 34 Abs. 1 ist ferner auf förmliche Sitzungen des **Betriebsausschusses** (§ 27) und der **anderen Ausschüsse** des Betriebsrats (§ 28) entsprechend anzuwenden. Das gilt unabhängig davon, ob ihnen Aufgaben zur selbständigen Erledigung oder zur Vorbereitung übertragen worden sind (s. § 27 Rdn. 52, 70 ff., 84, § 28 Rdn. 28) oder ob der Betriebsausschuss die laufenden Geschäfte des Betriebsrats wahrnimmt (s. § 27 Rdn. 63 ff.), da in allen Fällen eine Beschlussfassung in Betracht kommt und feststehen muss, ob und welche Beschlüsse gefasst worden sind. Ebenso ist die Vorschrift des § 34 Abs. 2 entsprechend anzuwenden, soweit ein Teilnahmerecht an Ausschusssitzungen besteht (s. § 27 Rdn. 56, § 28 Rdn. 35) und die weiteren Voraussetzungen des § 34 Abs. 2 vorliegen (wie hier *Fitting* § 34 Rn. 7 [seit 16.Aufl.]; *Glock/HWGNRH* § 34 Rn. 36; *Richardi/Thüsing* § 27 Rn. 41, § 34 Rn. 2; *Wedde/DKKW* § 34 Rn. 1; **a. M.** *Brecht* § 34 Rn. 1; *Galperin/Löwisch* § 34 Rn. 3: nur für Ausschüsse, denen Aufgaben zur selbständigen Erledigung übertragen worden sind). Zum **Wirt-**

Sitzungsniederschrift § 34

schaftsausschuss: *Wiese* FS *Karl Molitor*, 1988, S. 365 (375 ff.) und *Oetker* § 108 Rdn. 13. Für **Arbeitsgruppen nach** § 28a können die Betriebspartner Regelungen in Bezug auf die in § 34 Abs. 1 und 2 erwähnten Gegenstände (insbesondere Anfertigung der Niederschrift und Aushändigung von Abschriften) in der Rahmenvereinbarung treffen. Fehlt es an einer solchen Regelung, so ist jedenfalls § 34 Abs. 1 und Abs. 2 Satz 2 analog anzuwenden, da bei einer Abstimmung innerhalb der Arbeitsgruppe das vom Gesetz vorausgesetzte Bedürfnis nach einer verlässlichen Dokumentation der Beschlussfassung (s. Rdn. 12) in gleicher Weise besteht (*Fitting* § 34 Rn. 8; *Kreft/WPK* § 34 Rn. 1; *Linde* Arbeitsgruppen, S. 178). Hat der Arbeitgeber an der Sitzung der Arbeitsgruppe teilgenommen, so ist ihm analog § 34 Abs. 2 Satz 1 eine Abschrift auszuhändigen. Dagegen besteht solche Pflicht gegenüber einem Beauftragten der Gewerkschaft mangels Teilnahmerecht nicht (s. § 31 Rdn. 3). Zum **Einsichtsrecht** in die Unterlagen der Ausschüsse und Arbeitsgruppen s. Rdn. 38 f.

Die Vorschrift ist **zwingend**; sie kann weder durch Tarifvertrag noch durch Betriebsvereinbarung abbedungen werden (ebenso *Fitting* § 34 Rn. 3; *Glock/HWGNRH* § 34 Rn. 2). Zulässig sind ergänzende Regelungen in der Geschäftsordnung des Betriebsrats (§ 36). Vgl. auch Rdn. 32. **4**

Zum **Personalvertretungsrecht** § 41 BPersVG, für **Sprecherausschüsse** § 13 Abs. 3 und 4 SprAuG. Für **gemeinsame Sitzungen** des **Betriebsrats** und des **Sprecherausschusses** nach § 2 Abs. 2 Satz 3 SprAuG gelten § 34 BetrVG und § 13 Abs. 3 und 4 SprAuG entsprechend. Soll ein gemeinsames Protokoll erstellt werden, haben beide Gremien darüber sowie über die Modalitäten zu beschließen. Verantwortlich für die Anfertigung des Protokolls sind die Vorsitzenden beider Gremien (s. Rdn. 8), es sei denn, dass einem der beiden Vorsitzenden die alleinige Leitung der Sitzung übertragen wird (s. § 29 Rdn. 89). **5**

II. Sitzungsniederschrift

1. Verpflichtung zur Anfertigung

Das Gesetz schreibt vor, dass über jede **Verhandlung** des Betriebsrats eine Niederschrift aufzunehmen ist (§ 34 Abs. 1 Satz 1). Gemeint sind damit, wie sich aus der Überschrift, § 34 Abs. 2 Satz 1 und der systematischen Stellung der Vorschrift im Abschnitt über die Geschäftsführung des Betriebsrats ergibt, die Sitzungen des Betriebsrats, also nicht die Verhandlungen des Betriebsrats mit dem Arbeitgeber. Die Niederschrift ist auch dann anzufertigen, wenn in der Sitzung keine Beschlüsse gefasst worden sind (ebenso *Fitting* § 34 Rn. 6; *Galperin/Löwisch* § 34 Rn. 6; *Glock/HWGNRH* § 34 Rn. 4; *Nikisch* III, S. 185; *Reichold/HWK* § 34 BetrVG Rn. 4; *Richardi/Thüsing* § 34 Rn. 4; *Wedde/DKKW* § 34 Rn. 2; **a. M.** *Erdmann* § 33 Rn. 2; *Galperin/Siebert* § 33 Rn. 3), weil dieser negative Befund ebenso bedeutsam ist wie der Nachweis, dass überhaupt eine Betriebsratssitzung stattgefunden hat. Die Vorschrift gilt auch für die konstituierende Sitzung des Betriebsrats (s. § 26 Rdn. 14). Die Niederschrift muss den gesamten Sitzungszeitraum erfassen. Die Verpflichtung bezieht sich nur auf die förmlichen Sitzungen (s. § 29 Rdn. 23), dagegen nicht auf sonstige interne Beratungen innerhalb des Betriebsrats (*Dietz* § 33 Rn. 1; *Fitting* § 34 Rn. 6; *Glock/HWGNRH* § 34 Rn. 3). Jedoch kann die Geschäftsordnung (§ 36) vorschreiben, dass über solche Beratungen sowie über alle Gespräche, Beratungen und Verhandlungen mit dem Arbeitgeber Aufzeichnungen anzufertigen sind. **6**

Die Tatsache, dass über die Sitzungen des Betriebsrats eine Niederschrift anzufertigen ist, bedeutet nicht, dass der Verlauf ausschließlich in dieser Niederschrift dokumentiert werden dürfte. Vielmehr sind daneben auch **Mitschriften oder Notizen einzelner Betriebsratsmitglieder**, die sie für ihre eigenen Zwecke anfertigen, zulässig (in der Tendenz ebenso *LAG Hamm* 14.08.2009 – 10 TaBV 175/08 – juris, Rn. 68). Solche Mitschriften dienen typischerweise der Gedächtnisstütze und sind mitunter hilfreich oder sogar notwendig, um zu einem späteren Zeitpunkt Fehler oder Missverständnisse der Protokollierung ansprechen und aufklären zu können. Sie dienen somit u. a. der Vorbereitung einer späteren Genehmigung der Niederschrift und stellen kein »zweites Protokoll« dar. Die entsprechenden Notizen unterliegen allerdings den für die Betriebsratsmitglieder geltenden Geheimhaltungsregeln (s. § 30 Rdn. 25 ff.). **7**

8 Die Verpflichtung trifft den Betriebsrat. **Verantwortlich** für ihre Ausführung ist der **Betriebsratsvorsitzende**, bei Verhinderung sein Stellvertreter (ebenso *Glock/HWGNRH* § 34 Rn. 8; *Richardi/Thüsing* § 34 Rn. 5; *Wedde/DKKW* § 34 Rn. 11), weil er die Verhandlung leitet (§ 29 Abs. 2 Satz 2) und die Niederschrift zu unterzeichnen hat (§ 34 Abs. 1 Satz 2). Er braucht sie jedoch nicht selbst aufzunehmen. Der Betriebsrat hat aber keinen Anspruch darauf, eine ihm nicht angehörende Person zum Zwecke der Protokollführung zu seinen Sitzungen hinzuzuziehen (*BAG* 17.10.1990 AP Nr. 8 zu § 108 BetrVG 1972 Bl. 2). Ein **Protokollführer** kann nur aus dem Kreis der Betriebsratsmitglieder bestellt werden (ebenso *Fitting* § 34 Rn. 10; *Glock/HWGNRH* § 34 Rn. 9; *Richardi/Thüsing* § 34 Rn. 6; *Wedde/DKKW* § 34 Rn. 9; zur Unzulässigkeit der Hinzuziehung einer Schreibkraft s. § 30 Rdn. 23). Die Bestellung erfolgt durch den Betriebsrat, nicht durch dessen Vorsitzenden (ebenso *Fitting* § 34 Rn. 10; *Glock/HWGNRH* § 34 Rn. 9).

9 Ein **Zeitpunkt** für die Anfertigung der Niederschrift ist nicht vorgeschrieben. Sie braucht daher nicht in der Sitzung selbst, sondern kann auch anhand von Protokollnotizen nach der Sitzung fertig gestellt werden (ebenso *BAG* 17.10.1990 AP Nr. 8 zu § 108 BetrVG 1972 Bl. 2; *Fitting* § 34 Rn. 12; *Galperin/Löwisch* § 34 Rn. 8; *Glock/HWGNRH* § 34 Rn. 7; *Richardi/Thüsing* § 34 Rn. 8). Damit besteht auch keine Notwendigkeit für die Hinzuziehung einer **Schreibkraft** zu den Betriebsratssitzungen (**a. M.** die überwiegende Ansicht; zu dieser Frage ausführlich § 30 Rdn. 23 m. w. N.). Der **Wortlaut der Beschlüsse** ist allerdings stets bereits **in der Sitzung schriftlich festzuhalten**, auch wenn die vollständige Niederschrift erst nach der Sitzung erstellt werden soll. Es genügt daher nicht, wenn der Vorsitzende nach der Sitzung demjenigen, der die Niederschrift erstellen soll, allein aufgrund seiner Erinnerung den Inhalt des Beschlusses mitteilt (*LAG Köln* 25.11.1998 LAGE § 33 BetrVG 1972 Nr. 2; *Kreft/WPK* § 34 Rn. 3; zurückhaltender *Richardi/Thüsing* § 34 Rn. 8: schriftliche Niederlegung des Beschlussinhalts in der Sitzung »empfiehlt sich«). Die Protokollnotizen einschließlich der Fixierung von Beschlüssen kann der Betriebsratsvorsitzende selbst oder ein eigens hierfür bestellter **Protokollführer** (s. Rdn. 8) anfertigen. Das sollte in der Geschäftsordnung (§ 36) geregelt werden.

10 Die **Nichtbeachtung** der **Vorschrift** bedeutet eine Pflichtverletzung des Betriebsrats bzw. seines Vorsitzenden und kann Sanktionen nach § 23 Abs. 1 auslösen (ebenso *Galperin/Löwisch* § 34 Rn. 13; *Glock/HWGNRH* § 34 Rn. 8; *Joost/*MünchArbR § 219 Rn. 76; *Wedde/DKKW* § 34 Rn. 13). Es handelt sich jedoch lediglich um eine Ordnungsvorschrift, so dass die **Wirksamkeit der Beschlüsse** des Betriebsrats durch die unterlassene Anfertigung der Niederschrift, die unterbliebene Aufnahme eines Beschlusses, fehlende Unterschriften, die unterbliebene Anfertigung einer Anwesenheitsliste oder die Aushändigung von Abschriften (§ 34 Abs. 2 Satz 1) **nicht berührt** wird (ebenso *BAG* 08.02.1977 AP Nr. 10 zu § 80 BetrVG 1972 Bl. 3 = SAE 1978, 45 [zust. *Schlüter/Belling*]; 30.09.2014 EzA § 34 BetrVG 2001 Nr. 2 Rn. 42; *Fitting* § 33 Rn. 44, 55, § 34 Rn. 26; *Galperin/Löwisch* § 34 Rn. 13; *Glock/HWGNRH* § 33 Rn. 40, § 34 Rn. 13; *Hueck/Nipperdey* II/2, S. 1202; *Nikisch* III, S. 185; *Raab* FS *Konzen*, 2006, S. 719 [731]; *Reichold/HWK* § 34 BetrVG Rn. 3; *Richardi/Thüsing* § 33 Rn. 25, 44, § 34 Rn. 23; *Wedde/DKKW* § 34 Rn. 13; vgl. auch schon *RAG* 14.11.1928 ARS 4, 348 [350]; **a. M.** *OLG Düsseldorf* 30.12.1954 AP Nr. 1 zu § 78 BetrVG [abl. *Dietz*]; *LAG Düsseldorf* 07.09.2010 – 16 TaBV 57/10 – juris, Rn. 82 [für den Fall des Ausschlusses eines Betriebsratsmitglieds von der Sitzung]; *LAG Köln* 25.11.1998 LAGE § 33 BetrVG 1972 Nr. 2; *Erdmann* § 32 Rn. 6, § 33 Rn. 1). Das Gegenteil kann auch nicht durch die Geschäftsordnung bestimmt werden (ebenso *Glock/HWGNRH* § 34 Rn. 15; *Richardi/Thüsing* § 34 Rn. 23). Zu Beweisfragen s. Rdn. 12 ff.

11 Einzelne Beschlüsse des Betriebsrats sind jedoch nichtig (§ 125 BGB), wenn für sie durch das Gesetz die **Schriftform** vorgeschrieben und sowohl eine gesonderte Fixierung als auch die Aufnahme in die Sitzungsniederschrift unterblieben ist (ebenso *BAG* 30.09.2014 EzA § 34 BetrVG 2001 Nr. 2 Rn. 42; *Fitting* § 34 Rn. 27; *Galperin/Löwisch* § 34 Rn. 15; *Glock/HWGNRH* § 34 Rn. 14; *Richardi/Thüsing* § 34 Rn. 24; *Wedde/DKKW* § 34 Rn. 13). Das gilt für den Beschluss über den Erlass einer Geschäftsordnung (§ 36), den Beschluss zur Übertragung von Aufgaben zur selbständigen Erledigung auf den Betriebsausschuss, die anderen Ausschüsse des Betriebsrats oder die gemeinsamen Ausschüsse bzw. deren Widerruf (§ 27 Abs. 2, § 28 Abs. 1 und 2) sowie die Beauftragung des Gesamtbetriebsrats nach § 50 Abs. 2 und deren Widerruf.

2. Zweck und rechtlicher Charakter

Die Vorschrift dient vor allem dem **Nachweis des ordnungsgemäßen Zustandekommens der** 12
Beschlüsse des Betriebsrats. Dieser Nachweis ist wiederum von erheblicher Bedeutung für das Funktionieren der Betriebsverfassung, weil die Beschlüsse des Betriebsrats die Grundlage für seine Tätigkeit bilden. Der Vorsitzende vertritt den Betriebsrat nur »im Rahmen der von ihm gefassten Beschlüsse« (§ 26 Abs. 2 Satz 1). Es wäre daher der Wahrnehmung der Betriebsratsaufgaben in höchster Weise abträglich, wenn nachträglich Streit darüber entstünde, ob das Handeln des Vorsitzenden von den Beschlüssen des Betriebsrats gedeckt ist und diese Frage deshalb nicht verlässlich geklärt werden könnte, weil keine schriftlichen Unterlagen existieren und die Sitzungsteilnehmer unterschiedlicher Auffassung über den Inhalt der Beratungen sind (*Raab* FS *Konzen*, 2006, S. 719 [731]). Zugleich soll die Niederschrift **Gedächtnisstütze und Arbeitsunterlage** für den Arbeitgeber und die Gewerkschaftsbeauftragten (§ 34 Abs. 2 Satz 1; s. Rdn. 24) sowie **Informationsmittel** für die Betriebsratsmitglieder (§ 34 Abs. 3; s. Rdn. 31 ff.) sein.

Die Sitzungsniederschrift ist eine **Privaturkunde i. S. d. § 416 ZPO** (ebenso *BAG* 03.11.1977 AP 13
Nr. 1 zu § 75 BPersVG Bl. 5 R; 30.09.2014 EzA § 34 BetrVG 2001 Nr. 2 Rn. 40; *Fitting* § 34 Rn. 5; *Glock/HWGNRH* § 34 Rn. 16; *Kreft/WPK* § 34 Rn. 1; *Reichold/HWK* § 34 BetrVG Rn. 3; *Richardi/Thüsing* § 34 Rn. 21). Sie begründet damit bei ordnungsgemäßer Unterzeichnung durch den Vorsitzenden und ein weiteres Betriebsratsmitglied (s. Rdn. 20) vollen Beweis dafür, dass die in ihr enthaltenen Erklärungen über den Ablauf der Betriebsratssitzung, insbesondere über die gefassten Beschlüsse, von dem Vorsitzenden und dem weiteren Betriebsratsmitglied abgegeben worden sind (**äußere Beweiskraft**). Damit ist jedoch der Ablauf der Betriebsratssitzung nicht bewiesen, insbesondere nicht, ob Beschlüsse gefasst worden sind und welchen Inhalt sie haben (ebenso *BAG* 30.09.2014 EzA § 34 BetrVG 2001 Nr. 2 Rn. 40; *Fitting* § 34 Rn. 5; *Glock/HWGNRH* § 34 Rn. 16; *Wedde/DKKW* § 34 Rn. 6; **a. M.** *Richardi/Thüsing* § 34 Rn. 23 hinsichtlich Beschlussfassung).

Für die inhaltliche Richtigkeit des Protokolls (**innere Beweiskraft**) gibt die Zivilprozessordnung 14
keine feste Beweisregel; vielmehr gilt § 286 ZPO (freie richterliche Überzeugung entscheidet). Die Niederschrift ist als Zeugnis über die Betriebsratssitzung selbst Beweismittel (bezeugende Privaturkunde). Davon abgesehen kann der Ablauf der Sitzung mit jedem Beweismittel (z. B. Zeuge, Tonband, s. Rdn. 19) bewiesen werden (ebenso *BAG* 08.02.1977 AP Nr. 10 zu § 80 BetrVG 1972 Bl. 3; 03.11.1977 AP Nr. 1 zu § 75 BPersVG Bl. 5 R; *Fitting* § 34 Rn. 26; *Glock/HWGNRH* § 34 Rn. 16; *Joost/*MünchArbR § 219 Rn. 64; *Richardi/Thüsing* § 34 Rn. 23). Ist entgegen der Verpflichtung nach § 34 keine Niederschrift angefertigt worden (s. Rdn. 10), so kann der Beweis über den Ablauf der Sitzung, insbesondere über das Zustandekommen und den Inhalt von Beschlüssen, nur durch andere Beweismittel (Zeugen, Aufzeichnungen von Teilnehmern der Betriebsratssitzung) geführt werden. Die Niederschrift ist im Übrigen eine **Urkunde i. S. d. § 267 StGB** (ebenso *Glock/HWGNRH* § 34 Rn. 17; *Richardi/Thüsing* § 34 Rn. 22; *Wedde/DKKW* § 34 Rn. 6), kann also Gegenstand einer Urkundenfälschung sein.

3. Inhalt

Notwendiger **Mindestinhalt der Niederschrift** sind der Wortlaut der Beschlüsse und die Stimmen- 15
mehrheit, mit der sie gefasst worden sind (§ 34 Abs. 1 Satz 1). Die Niederschrift soll möglichst verlässlich Aufschluss darüber geben, ob ein Beschluss des Betriebsrats mit der erforderlichen Mehrheit gefasst worden ist und welchen Inhalt dieser hat (s. Rdn. 12). Bedeutung hat dies vor allem bei Streitigkeiten über die Wirksamkeit von Beschlüssen (s. § 33 Rdn. 70), aber auch bei Unklarheiten über die Reichweite einer Beschlussfassung, etwa den Umfang der Aufgabenübertragung an einen Ausschuss nach § 28 Abs. 1. Hat etwa der Arbeitgeber vor einer Kündigung den Personalausschuss nach § 102 Abs. 1 beteiligt (s. § 102 Rdn. 50), so hängt die Wirksamkeit der Kündigung (vorbehaltlich eines Vertrauensschutzes für den Arbeitgeber) davon ab, ob dem Ausschuss die Durchführung der Anhörung wirksam übertragen wurde. Zunächst ist daher der **Wortlaut des Antrages** festzuhalten, über den abgestimmt worden ist (zust. *LAG Düsseldorf* 07.09.2010 – 16 TaBV 57/10 – juris, Rn. 82). Ist der Antrag angenommen worden, so ist das **Stimmverhalten sämtlicher Stimmberechtigten** zu dokumentieren. Anzugeben sind also nicht nur die Anzahl der Ja-Stimmen, sondern auch die Anzahl der

§ 34 II. 3. *Geschäftsführung des Betriebsrats*

Gegenstimmen und der Enthaltungen sowie die Zahl der Betriebsratsmitglieder, die ihre Nichtteilnahme an der Abstimmung (s. § 33 Rdn. 16 f.) erklären (*Fitting* § 34 Rn. 14; *Glock/HWGNRH* § 34 Rn. 6; *Joost/*MünchArbR § 219 Rn. 69; *Kreft/WPK* § 34 Rn. 3; *Reichold/HWK* § 34 BetrVG Rn. 5; **a. M.** *Wiese* 6. Aufl., § 34 Rn. 14). Ohne diese Angaben lässt sich später kaum überprüfen, ob bei der Ermittlung der erforderlichen Mehrheiten (s. § 33 Rdn. 29 ff.) ein Fehler unterlaufen ist. Sind neben den Betriebsratsmitgliedern auch die Mitglieder der Jugend- und Auszubildendenvertretung nach § 67 Abs. 2 stimmberechtigt und bedarf der Beschluss neben der Mehrheit der Stimmberechtigten zusätzlich der Mehrheit der Betriebsratsmitglieder (s. § 33 Rdn. 33 f.), so ist zu vermerken, wie die Betriebsratsmitglieder abgestimmt haben. Dagegen ist nicht erforderlich, das Stimmverhalten einzelner durch **Namensnennung** zu kennzeichnen, weil es für die Ermittlung der Stimmenmehrheit hierauf nicht ankommt. Dies gilt selbst bei namentlicher Abstimmung (vgl. *Richardi/Thüsing* § 34 Rn. 4; **a. M.** *Fitting* § 34 Rn. 14; *Glock/HWGNRH* § 34 Rn. 6; *Wedde/DKKW* § 34 Rn. 3), weil die namentliche Abstimmung nur den Sinn hat, das Stimmverhalten innerhalb des Betriebsrats evident zu machen (zur Zulässigkeit der Namensnennung s. aber auch Rdn. 17). Notwendig ist ferner die **Angabe des Datums** der Betriebsratssitzung, damit feststeht, auf welche Sitzung sich die Niederschrift bezieht. Dagegen bedarf es nicht der Angabe des Zeitpunktes des Beginns und Endes der Sitzung (*Reichold/HWK* § 34 BetrVG Rn. 4; *Wedde/DKKW* § 34 Rn. 3 [seit 8. Aufl.]). Zwar muss sich aus der Niederschrift ergeben, wenn einzelne Mitglieder nur an Teilen der Betriebsratssitzung teilgenommen haben, weil dies für die Ermittlung der Beschlussfähigkeit von Bedeutung ist (s. § 33 Rdn. 13 ff.). Hierfür ist aber die Angabe der Uhrzeit von Beginn und Ende der Sitzung nicht erforderlich (s. Rdn. 22). Der Wortlaut eines Antrags und die Stimmenmehrheit sind auch dann aufzunehmen, wenn der **Antrag abgelehnt** wird, weil die Ablehnung ebenfalls ein Beschluss des Betriebsrats ist (ebenso *Fitting* § 34 Rn. 13; *Galperin/Löwisch* § 34 Rn. 6; *Glock/HWGNRH* § 34 Rn. 4; *Richardi/Thüsing* § 34 Rn. 4). Notwendiger Bestandteil der Niederschrift ist schließlich die beizufügende Anwesenheitsliste (§ 34 Abs. 1 Satz 3; s. Rdn. 21 ff.).

16 Darüber hinaus gehören zum Mindestinhalt der Niederschrift sämtliche **Äußerungen und Vorgänge, die konkrete Rechtsfolgen** entfalten können. Dies gilt insbesondere für Umstände, die Verfahrensmängel betreffen und deshalb für die Wirksamkeit der in der Sitzung gefassten Beschlüsse von Bedeutung sein können. Aufzunehmen sind etwa Rügen von Betriebsratsmitgliedern im Hinblick auf Fehler bei der Ladung (*BAG* 30.09.2014 EzA § 34 BetrVG 2001 Nr. 2 Rn. 43) oder Beanstandungen im Hinblick auf die Verletzung des Grundsatzes der Nichtöffentlichkeit (s. § 30 Rdn. 24).

17 Über diesen gesetzlichen Mindestinhalt hinaus kann die **Geschäftsordnung** (§ 36) die Aufnahme weiterer Einzelheiten über den Ablauf und den Inhalt der Sitzung vorschreiben (ebenso *Fitting* § 34 Rn. 3; *Glock/HWGNRH* § 34 Rn. 2; *Richardi/Thüsing* § 34 Rn. 9; *Wedde/DKKW* § 34 Rn. 4). Ebenso kann der Betriebsrat im **Einzelfall** die **Aufnahme beschließen**. Ein Anspruch der Sitzungsteilnehmer auf Aufnahme einer »**Erklärung zu Protokoll**« ist zwar nicht vorgesehen, dürfte aber selbst bei Schweigen der Geschäftsordnung nach allgemeinen Grundsätzen im angemessenen Rahmen anzunehmen sein (*Wiese* FS *Karl Molitor*, 1988, S. 377; zust. *Fitting* § 34 Rn. 15; *Wedde/DKKW* § 34 Rn. 4). Im Übrigen ist es dem Ermessen des Betriebsrats bzw. seines Vorsitzenden überlassen, welcher Inhalt der Niederschrift gegeben wird. Zu Einschränkungen s. Rdn. 30). So ist etwa die Dokumentation des Abstimmungsverhaltens der einzelnen Stimmberechtigten durch Namensnennung – außer bei geheimer Abstimmung – zulässig (*Richardi/Thüsing* § 34 Rn. 4). Zweckmäßig kann auch die wörtliche Aufnahme von Äußerungen einzelner Sitzungsteilnehmer mit Namensangabe sein. Dies gilt insbesondere deshalb, weil die Zustimmung oder die positive Äußerung zu einem Antrag sich auf das Antragsrecht zur Aussetzung von Beschlüssen des Betriebsrats auswirken kann (s. § 35 Rdn. 11, 13 f.). Sinnvoll dürfte auch sein, wenn die Niederschrift die in der Sitzung behandelten Fragen, die hierzu während der Beratung angeführten wesentlichen Argumente sowie die nicht beschlossenen Ergebnisse wiedergibt. Dass diese Angaben zwingend aufzunehmen sind, lässt sich jedoch dem Gesetz nicht entnehmen (ebenso *Glock/HWGNRH* § 34 Rn. 5; **a. M.** hinsichtlich der Angabe der in der Sitzung behandelten Fragen *Richardi/Thüsing* § 34 Rn. 4; *Wedde/DKKW* § 34 Rn. 3).

4. Form

Das Gesetz sieht vor, dass die **Niederschrift** von dem Vorsitzenden und einem weiteren Mitglied **unterzeichnet** werden muss (s. Rdn. 20) und der Niederschrift die **Anwesenheitsliste beizufügen** ist (s. Rdn. 21 ff.). Weitere Formvorschriften für die Anfertigung der Niederschrift bestehen nicht (zur Schriftform einzelner Beschlüsse s. Rdn. 11). Sie können jedoch in der Geschäftsordnung (§ 36) normiert oder im Einzelfall beschlossen werden. Im Übrigen ist es dem Betriebsratsvorsitzenden überlassen, ob er es bei einer handschriftlichen Niederschrift belässt oder sie in Maschinenschrift übertragen, auf einzelnen Blättern anfertigen oder in ein Protokollbuch (ebenso *Richardi/Thüsing* § 34 Rn. 7) eintragen lässt. 18

Tonaufnahmen von Sitzungen des Betriebsrats zu Protokollzwecken sind möglich, wenn sämtliche Anwesenden zustimmen (ebenso *Fitting* § 34 Rn. 12; *Joost/*MünchArbR § 219 Rn. 65; *Kreft/WPK* § 34 Rn. 3; *Wedde/DKKW* § 34 Rn. 7). Ein Mehrheitsbeschluss ist unzulässig, weil über Persönlichkeitsrechte, hier das Recht am gesprochenen Wort, nicht abgestimmt werden, sondern der Inhaber nur selbst verfügen kann. Die Aufnahme von Äußerungen der zustimmenden Sitzungsteilnehmer ist damit nicht ausgeschlossen. Jedoch muss mit Rücksicht auf die vorgeschriebene Schriftform und die Unterzeichnung (s. Rdn. 20) eine Tonaufnahme in jedem Falle übertragen werden (zust. *Wedde/DKKW* § 34 Rn. 7). 19

5. Unterzeichnung

Nach § 34 Abs. 1 Satz 2 ist die Unterzeichnung der Niederschrift durch den **Vorsitzenden** und ein **weiteres Mitglied** des **Betriebsrats** vorgeschrieben. Unterzeichnung bedeutet, dass die Unterschrift den Urkundeninhalt decken, d. h. unter der Urkunde stehen und sie räumlich abschließen muss (vgl. *BGH* 20.11.1990 BGHZ 113, 48 [51 f.]; *Palandt/Ellenberger* § 126 Rn. 6). Da die Unterzeichnung dem Zweck dient, den Inhalt der Niederschrift zu bestätigen, ist sie nur durch Personen möglich, die an der Sitzung teilgenommen haben (*LAG Köln* 25.11.1998 LAGE § 33 BetrVG 1972 Nr. 2; *Reichold/HWK* § 34 BetrVG Rn. 8; *Richardi/Thüsing* § 34 Rn. 10). Ausreichend ist der Familienname. Die Unterschrift des Vorsitzenden wird im Falle seiner Verhinderung durch die seines Stellvertreters ersetzt (vgl. § 26 Abs. 2 Satz 1). Wer als weiteres Mitglied des Betriebsrats unterzeichnet, kann in der Geschäftsordnung (§ 36) festgelegt oder durch den Betriebsrat bestimmt werden (s. § 36 Rdn. 15). Trifft der Betriebsrat keine Regelung, kann auch der Vorsitzende des Betriebsrats das Betriebsratsmitglied benennen. Ist ein Betriebsratsmitglied zum **Protokollführer** bestimmt worden (s. Rdn. 8), so dürfte es dem Zweck der Vorschrift am ehesten entsprechen, wenn dieses Mitglied neben dem Vorsitzenden unterzeichnet und damit die Verantwortung für die Richtigkeit des Protokolls übernimmt (ähnlich *Fitting* § 34 Rn. 19; *Galperin/Löwisch* § 34 Rn. 10; *Wedde/DKKW* § 34 Rn. 11). Zwingend ist dies allerdings nicht (**a. M.** offenbar *LAG Düsseldorf* 06.02.2009 – 9 TaBV 329/09 – NZA-RR 2009, 306 [307]; *Richardi/Thüsing* § 34 Rn. 10). Nach dem Gesetzeswortlaut ist – sofern durch die Geschäftsordnung oder durch Beschluss des Betriebsrats kein konkretes Mitglied bestimmt ist – jedes andere Mitglied des Betriebsrats zur Unterschrift autorisiert (*Fitting* § 34 Rn. 19; *Glock/HWGNRH* § 34 Rn. 11). Die Unterzeichnung muss also nur dann gerade durch den Protokollführer erfolgen, wenn in der Bestellung zum Protokollführer zugleich die Bestimmung zu sehen ist, dass der Protokollführer das »weitere Mitglied« i. S. d. § 34 Abs. 1 Satz 2 sein soll. Dies dürfte zwar regelmäßig der Fall sein. Der Betriebsrat ist aber nicht gehindert, dies anders zu handhaben und die Protokollführung und die Unterzeichnung unterschiedlichen Mitgliedern des Betriebsrats zu übertragen. 20

6. Anwesenheitsliste

In die vom Gesetz vorgeschriebene Anwesenheitsliste hat sich **jeder Teilnehmer eigenhändig**, d. h. durch seine Unterschrift, **einzutragen** (§ 34 Abs. 1 Satz 3). Eine vom Vorsitzenden geführte Namensliste entspricht nicht den gesetzlichen Anforderungen. Neben den Betriebsratsmitgliedern und Ersatzmitgliedern (§ 25 Abs. 1) kommen alle Personen in Betracht, die an Sitzungen des Betriebsrats teilnehmen dürfen (s. § 30 Rdn. 19 ff.). 21

§ 34 II. 3. Geschäftsführung des Betriebsrats

22 Das Gesetz verpflichtet die Teilnehmer lediglich zur **eigenhändigen Eintragung** in die Anwesenheitsliste. Da diese die Teilnahme an der Betriebsratssitzung beweisen soll und damit den Nachweis der Beschlussfähigkeit des Betriebsrats (§ 33 Abs. 2) ermöglicht, ist vom Schriftführer, notfalls vom Vorsitzenden, in der Niederschrift oder Anwesenheitsliste der Zeitraum der Teilnahme (Anfang, Ende) zu vermerken, falls jemand nicht während der gesamten Sitzung anwesend ist (ebenso *Fitting* § 34 Rn. 21; *Galperin/Löwisch* § 34 Rn. 11; *Glock/HWGNRH* § 34 Rn. 12; *Kreft/WPK* § 34 Rn. 7; *Reichold/HWK* § 34 BetrVG Rn. 9; *Wedde/DKKW* § 34 Rn. 5). Dies kann einmal dadurch erfolgen, dass Beginn und Ende der Sitzung sowie der Zeitpunkt, in dem der Teilnehmer zu der Sitzung hinzugekommen ist bzw. diese verlassen hat, nach der Uhrzeit festgehalten werden. Denkbar ist aber auch, dass in der Anwesenheitsliste oder in der Niederschrift aufgeführt wird, bei welchen Punkten der Tagesordnung ein Teilnehmer anwesend bzw. abwesend war.

23 Die Anwesenheitsliste ist **selbständig neben** der **Niederschrift** zu führen. Sie ist dieser jedoch als Anlage beizufügen, ohne dass eine körperliche Verbindung erforderlich ist. Die Aufnahme in ein Protokollbuch ist zulässig. Die Anwesenheitsliste ist Bestandteil der Niederschrift (ebenso *Fitting* § 34 Rn. 21; *Glock/HWGNRH* § 34 Rn. 12; *Richardi/Thüsing* § 34 Rn. 12), so dass gegen sie auch Einwendungen nach § 34 Abs. 2 Satz 2 zulässig sind (s. Rdn. 27 ff.).

7. Aushändigung einer Abschrift an Arbeitgeber und Gewerkschaftsbeauftragte

24 Sowohl dem Arbeitgeber als auch dem oder den Gewerkschaftsbeauftragten (s. § 31 Rdn. 13) ist eine Abschrift der Sitzungsniederschrift auszuhändigen. Die Pflicht besteht allerdings **nur**, wenn diese **Personen** tatsächlich an der **Sitzung teilgenommen** haben. Es ist nicht ausreichend, dass sie ein Recht zur Teilnahme (hierzu s. § 29 Rdn. 48, § 31 Rdn. 7 ff.) hatten (ebenso *Fitting* § 34 Rn. 22; *Glock/HWGNRH* § 34 Rn. 19; *Kreft/WPK* § 34 Rn. 8; *Reichold/HWK* § 34 BetrVG Rn. 10; *Richardi/Thüsing* § 34 Rn. 14; *Wedde/DKKW* § 34 Rn. 14; **a. M.** *Erdmann* § 33 Rn. 6) oder die Niederschrift für sie von besonderem Interesse ist. Der Anspruch des Arbeitgebers auf Aushändigung einer Abschrift besteht aber auch dann, wenn er einen Vertreter zur Sitzung entsandt hat, weil der Arbeitgeber durch den Vertreter teilnimmt (ebenso *Richardi/Thüsing* § 34 Rn. 14). Den genannten Personen ist bei Teilnahme an der Sitzung der »entsprechende« Teil der Niederschrift abschriftlich auszuhändigen, d. h. bei vorübergehender Teilnahme der Teil, der sich auf die während ihrer Anwesenheit behandelten Tagesordnungspunkte bezieht (ebenso *Fitting* § 34 Rn. 22; *Galperin/Löwisch* § 34 Rn. 15; *Glock/HWGNRH* § 34 Rn. 20; *Richardi/Thüsing* § 34 Rn. 14; *Wedde/DKKW* § 34 Rn. 14). Die Anwesenheitsliste ist als Bestandteil der Niederschrift (s. Rdn. 23) gleichfalls abschriftlich auszuhändigen. Die Aushändigung kann durch Übersendung erfolgen. Andere Sitzungsteilnehmer haben keinen Anspruch auf Aushändigung einer Abschrift der Sitzungsniederschrift (ebenso *Glock/HWGNRH* § 34 Rn. 21; *Richardi/Thüsing* § 34 Rn. 13; nach *Fitting* § 34 Rn. 24 und *Wedde/DKKW* § 34 Rn. 16 ist das aber zulässig und grundsätzlich zweckmäßig).

25 Das Gesetz enthält keine Bestimmung über die **Unterzeichnung** der **Abschrift**. Da nur deren Richtigkeit bestätigt werden muss, ist die Unterschrift des Betriebsratsvorsitzenden als ausreichend, aber auch als erforderlich anzusehen und die Mitunterzeichnung durch ein weiteres Betriebsratsmitglied – anders als bei Unterzeichnung der Niederschrift selbst – nicht geboten (*Fitting* § 34 Rn. 23 [seit 15. Aufl.]; *Glock/HWGNRH* § 34 Rn. 19; *Kreft/WPK* § 34 Rn. 8; *Richardi/Thüsing* § 34 Rn. 14; *Wedde/DKKW* § 34 Rn. 14). Eine Unterzeichnung durch den Arbeitgeber ist nicht mehr vorgesehen (s. Rdn. 1). Unterzeichnet er eine ihm ausgehändigte Abschrift eines protokollierten Beschlusses des Betriebsrats, so wird dadurch der Formvorschrift des § 77 Abs. 2 Satz 2 für Betriebsvereinbarungen genügt, wenn der Arbeitgeber die auf den Abschluss einer Betriebsvereinbarung gerichtete Willenserklärung hiermit angenommen hat (ebenso *Fitting* § 34 Rn. 23; *Galperin/Siebert* § 33 Rn. 5; *Kreft/WPK* § 34 Rn. 12; *Richardi/Thüsing* § 34 Rn. 15; *Wedde/DKKW* § 34 Rn. 14. Zur Schriftform einer Betriebsvereinbarung i. E. *Kreutz* § 77 Rdn. 49 ff.).

26 Eine **Aushändigung** von **Abschriften** der Sitzungsniederschrift an die **Betriebsratsmitglieder** ist nicht vorgeschrieben (ebenso *LAG Niedersachsen* 24.04.2009 NZA-RR 2009, 532 [535]; *Reichold/HWK* § 34 BetrVG Rn. 10; *Richardi/Thüsing* § 34 Rn. 13; **a. M.** Anspruch auf Aushändigung, wenn die Betriebsratsmitglieder die Abschrift für ihre Tätigkeit benötigen *Fitting* § 34 Rn. 25; *Galpe-*

rin/Löwisch § 34 Rn. 15; *Glock/HWGNRH* § 34 Rn. 21; *Kreft/WPK* § 34 Rn. 10; *Wedde/DKKW* § 34 Rn. 16) und im Hinblick auf ihr Einsichtsrecht nach § 34 Abs. 3 grundsätzlich nicht erforderlich (Näheres Rdn. 31 ff.). Die Geschäftsordnung kann aber vorsehen, dass allen Betriebsratsmitgliedern eine Abschrift zu überlassen ist.

8. Einwendungen gegen die Niederschrift

Die 1972 eingeführte Bestimmung des § 34 Abs. 2 Satz 2 (vgl. Rdn. 1) gewährt **jedem Sitzungsteilnehmer** das Recht auf Einwendungen gegen die Niederschrift für den Zeitraum seiner Teilnahme, also nicht, wie aus ihrer systematischen Stellung geschlossen werden könnte, nur dem Arbeitgeber und Gewerkschaftsbeauftragten (ebenso *Fitting* § 34 Rn. 29; *Galperin/Löwisch* § 34 Rn. 12; *Glock/HWGNRH* § 34 Rn. 23; *Kreft/WPK* § 34 Rn. 13; *Richardi/Thüsing* § 34 Rn. 17; *Stege/Weinspach/Schiefer* § 34 Rn. 3a; *Wedde/DKKW* § 34 Rn. 17; vgl. auch Bericht 10. Ausschuss, zu BT-Drucks. VI/2729, S. 23). Die Einwendungen können sich auf den gesamten Inhalt der Sitzungsniederschrift beziehen, also auch auf die Anwesenheitsliste. Das ist z. B. von Bedeutung, wenn die angegebenen Uhrzeiten (s. Rdn. 22) nicht stimmen und dadurch für die Wirksamkeit eines Beschlusses eine andere Stimmenmehrheit zu errechnen ist. 27

Die Einwendungen müssen **unverzüglich**, d. h. ohne schuldhaftes Zögern (§ 121 Abs. 1 Satz 1 BGB), nach Kenntniserlangung **schriftlich** erhoben, d. h. beim Betriebsratsvorsitzenden (*Fitting* § 34 Rn. 30; *Richardi/Thüsing* § 34 Rn. 18) eingelegt werden. Sie sind selbst dann der Niederschrift beizufügen, wenn der Vorsitzende oder der Betriebsrat sie für unzutreffend halten (*Fitting* § 24 Rn. 30;; *Richardi/Thüsing* § 34 Rn. 19). Deshalb ist auch die Anfertigung eines »Gegenprotokolls« nicht schlechthin verboten (**a. M.** *LAG Frankfurt a. M.* 19.05.1988 DB 1989, 486; zust. *Fitting* § 34 Rn. 30; *Glock/HWGNRH* § 34 Rn. 22; *Reichold/HWK* § 34 BetrVG Rn. 12; *Wedde/DKKW* § 34 Rn. 15, 17); sie kann jedoch gegebenenfalls rechtsmissbräuchlich und deshalb wegen Verstoßes gegen § 2 Abs. 1 nicht zu beachten sein. Im Übrigen werden vermeintlich unzutreffende Einwendungen i. S. d. § 34 Abs. 2 Satz 2 lediglich aktenkundig gemacht, ohne dass dies unmittelbare Rechtsfolgen, insbesondere für die Wirksamkeit von Betriebsratsbeschlüssen, hätte (ebenso *Fitting* § 34 Rn. 30; *Wedde/DKKW* § 34 Rn. 18). Die Einwendungen sind jedoch von Bedeutung für die Würdigung der Beweiskraft der Niederschrift (s. Rdn. 13 f.). Nur mündlich vorgebrachte Einwendungen sind als Aufforderung an den Betriebsratsvorsitzenden zu verstehen, die Richtigkeit der Niederschrift zu überprüfen (ebenso *Richardi/Thüsing* § 34 Rn. 18). 28

Im Übrigen dient die **Ordnungsvorschrift** dazu, Zweifel an der Richtigkeit der Niederschrift möglichst umgehend auszuräumen (ebenso *Fitting* § 34 Rn. 30; *Glock/HWGNRH* § 34 Rn. 24). Eine Verpflichtung hierzu besteht nicht. Insbesondere hat der Arbeitgeber keinen Anspruch darauf, dass die Niederschrift inhaltlich in seinem Sinne geändert wird. Zweckmäßigerweise stellt der Betriebsrat unabhängig von bereits vorliegenden Einwendungen zu Beginn jeder Sitzung fest, ob gegen die Niederschrift über die letzte Sitzung Einwendungen erhoben werden (ebenso *Fitting* § 34 Rn. 31; *Wedde/DKKW* § 34 Rn. 18). Mit der Protokollierung der Einwendungen ist der Schriftform des Abs. 2 Satz 2 Genüge getan; in der Niederschrift, auf die sich die Einwendungen beziehen, ist dann ein Vermerk anzubringen. Werden die Einwendungen als berechtigt anerkannt, ist dies in der neuen Sitzungsniederschrift zu vermerken und dadurch die frühere zu berichtigen (ebenso *Glock/HWGNRH* § 34 Rn. 25; *Kreft/WPK* § 34 Rn. 14; *Wedde/DKKW* § 34 Rn. 18; *Richardi/Thüsing* § 34 Rn. 20, die meinen, die alte Niederschrift sei zu korrigieren). Damit sind zwar die bereits schriftlich erhobenen Einwendungen erledigt; sie sind jedoch bei der Niederschrift zu belassen. Werden die Einwendungen nicht als berechtigt anerkannt, sollte das in der Niederschrift der Sitzung, in der diese Frage behandelt wird, vermerkt werden. Auf Antrag eines Beteiligten kann die Berechtigung der Einwendungen im Beschlussverfahren geklärt werden (s. Rdn. 42; *Fitting* § 34 Rn. 32; *Glock/HWGNRH* § 34 Rn. 26). Auch kann über die Berechtigung als Vorfrage in einem anderen Rechtsstreit entschieden werden; das Gericht hat dann zu würdigen, ob die vom Betriebsrat für unzutreffend gehaltenen Einwendungen berechtigt sind (s. Rdn. 13 f.). 29

Werden in einer Betriebsratssitzung **geheimhaltungsbedürftige** oder **vertrauliche Tatsachen** behandelt, deren Bekanntwerden zu einer Gefährdung berechtigter Interessen des Arbeitgebers führen 30 könnte, so kann dieser nach Maßgabe des § 2 Abs. 1, d. h. unter Berücksichtigung auch der Interessen des Betriebsrats, gegebenenfalls verlangen, dass diese Tatsachen nicht in die Sitzungsniederschrift aufgenommen bzw. wieder beseitigt werden. Diese von *Wiese* (FS *Karl Molitor*, 1988, S. 365 [386 ff.]; a. M. *Fitting* § 34 Rn. 16) für Niederschriften des Wirtschaftsausschusses entwickelte Auffassung gilt grundsätzlich auch für Niederschriften über Sitzungen des Betriebsrats, zumal die Einschränkung des § 106 Abs. 2 für Betriebs- und Geschäftsgeheimnisse nicht für Betriebsratssitzungen gilt, so dass der Arbeitgeber in diesen zur weitergehenden Offenlegung verpflichtet ist und trotz § 79 um so mehr ein berechtigtes Interesse daran hat, dass die Geheimhaltung gewahrt bleibt. Hinsichtlich **sonstiger Tatsachen**, deren **unkorrekte Wiedergabe** in der Niederschrift zu einer Beeinträchtigung berechtigter Interessen des Arbeitgebers führen würde, kann er nach § 2 Abs. 1 deren Berichtigung verlangen (*Wiese* FS *Karl Molitor*, 1988, S. 365 [389 f.]).

9. Einsichtsrecht der Betriebsratsmitglieder

31   Der durch das BetrVG 1972 eingeführte Abs. 3 (s. Rdn. 1) soll die **gleichmäßige und vollständige Information aller Betriebsratsmitglieder** sicherstellen. Jedes Betriebsratsmitglied soll sich jederzeit über die Vorgänge im Betriebsrat informieren können (Bericht 10. Ausschuss, zu BT-Drucks. VI/2729, S. 23). Hierdurch soll die **Chancengleichheit der Mitglieder** im Hinblick auf die Kenntnis der für die Tätigkeit relevanten Vorgänge hergestellt werden. Das Einsichtsrecht ist insbesondere wegen der nach §§ 27, 28 bestehenden Delegationsmöglichkeiten auf Ausschüsse notwendig, damit sich die Betriebsratsmitglieder auch über die Beratungen und Beschlüsse in Ausschüssen, denen sie nicht angehören, unterrichten können. Außerdem soll gewährleistet werden, dass Mitglieder, denen besondere Funktionen oder Aufgaben übertragen worden sind (Vorsitzende, Stellvertreter, Beauftragte etc.), hierdurch keinen Informationsvorsprung erlangen (*BAG* 12.08.2009 EzA § 34 BetrVG 2001 Nr. 1 Rn. 19). § 34 Abs. 3 dient auf diese Weise zugleich dem **Schutz von Minderheitengruppen** im Betriebsrat, die nicht in allen Ausschüssen vertreten sind (*LAG* Niedersachsen 17.12.2007 – 12 TaBV 86/07 – juris, Rn. 37; vgl. auch *BAG* 12.08.2009 EzA § 34 BetrVG 2001 Nr. 1 Rn. 21: Minderheitenschutz durch Erstreckung des Kontrollrechts auf die Tätigkeit des Vorsitzenden). Das Einsichtsrecht bezieht sich ausschließlich auf die Unterlagen des Betriebsrats; in Unterlagen des Arbeitgebers kann Einsicht nur nach § 80 Abs. 2 Satz 2 verlangt werden. Das **Recht** steht **lediglich den Betriebsratsmitgliedern** und gegebenenfalls den Ersatzmitgliedern (§ 25 Abs. 1) zu, dagegen nicht denjenigen Personen, die an den Betriebsratssitzungen teilnehmen dürfen, ohne Betriebsratsmitglieder zu sein (s. § 30 Rdn. 19 ff.; ebenso *Fitting* § 34 Rn. 35; *Galperin/Löwisch* § 34 Rn. 14; *Glock/HWGNRH* § 34 Rn. 28; *Reichold/HWK* § 34 BetrVG Rn. 14; *Richardi/Thüsing* § 34 Rn. 27). Auch der **Arbeitgeber** hat keinen Anspruch auf Einsichtnahme in die Unterlagen des Betriebsrats. Ein solches Einsichtsrecht wäre mit der Unabhängigkeit des Betriebsrats unvereinbar (*LAG* Düsseldorf 07.03.2012 ZD 2012, 340; s. a. *BAG* 11.11.1997 EzA § 36 BDSG Nr. 1 unter B III 2c aa). Das schließt nicht aus, dass nach pflichtgemäßem Ermessen des Betriebsrats anderen Personen unter Beachtung der Geheimhaltungspflicht nach § 79 Auskünfte unter Heranziehung dieser Unterlagen gegeben werden (ebenso *Fitting* § 34 Rn. 35; *Galperin/Löwisch* § 34 Rn. 14; *Glock/HWGNRH* § 34 Rn. 28; *Richardi/Thüsing* § 34 Rn. 27; *Wedde/DKKW* § 34 Rn. 25). Eine Unterrichtungspflicht des Betriebsrats besteht nach Maßgabe des § 70 Abs. 2 gegenüber der Jugend- und Auszubildendenvertretung. Die **Verweigerung der Einsicht** stellt eine Pflichtverletzung dar und kann ein Vorgehen nach § 23 Abs. 1 rechtfertigen (ebenso *Fitting* § 34 Rn. 40; *Glock/HWGNRH* § 34 Rn. 35).

32   Das **Einsichtsrecht** ist **unabdingbar**. Es kann insbesondere nicht durch einen Beschluss des Betriebsrats eingeschränkt werden (*BAG* 12.08.2009 EzA § 34 BetrVG 2001 Nr. 1 Rn. 23; *Fitting* § 34 Rn. 33; *Kreft/WPK* § 34 Rn. 16; *Richardi/Thüsing* § 34 Rn. 30; *Wedde/DKKW* § 34 Rn. 26). Unzulässig wäre es etwa, das Einsichtsrecht auf bestimmte Unterlagen oder bestimmte Betriebsratsmitglieder zu beschränken (*LAG* Niedersachsen 17.12.2007 – 12 TaBV 86/07 – juris, Rn. 37 f. [Recht auf Einsichtnahme in Unterlagen von Ausschüssen nur für Ausschussmitglieder]). **Grenzen** findet das Einsichtsrecht in der **Sicherung der Funktionsfähigkeit des Betriebsrats**. So darf das Einsichtsrecht zum einen nicht dazu führen, dass der Zweck der Unterlagen, die Tätigkeit des Betriebsrats vollständig und inhaltlich richtig zu dokumentieren, in Frage gestellt wird. Beschränkungen des Einsichtsrechts sind daher zulässig, soweit sie dazu dienen, die Unterlagen vor den Gefahren des Verlustes oder der

Verfälschung zu sichern. Zum anderen darf die Arbeit des Betriebsrats durch die Einsichtnahme nicht gestört oder behindert werden (ebenso *Fitting* § 34 Rn. 33a; *Glock / HWGNRH* § 34 Rn. 32; *Richardi / Thüsing* § 34 Rn. 30). Die Art und Weise der Ausübung des Einsichtsrechts kann in der Geschäftsordnung (§ 36) geregelt werden. Diese darf allerdings nur die gesetzlichen Grenzen des Einsichtsrechts konkretisieren und keine weitergehenden Beschränkungen schaffen. Die Einsicht in die Unterlagen ist **vom Vorsitzenden des Betriebsrats zu gewähren**, weil ihm grundsätzlich die Verantwortung für die Aktenführung obliegt (s. § 26 Rdn. 30). Er kann die Einsicht nicht unter Hinweis auf eine ihm nach § 79 Abs. 1 Satz 1 obliegende Geheimhaltungspflicht verweigern, weil sie im Verhältnis zu den Betriebsratsmitgliedern nicht gilt (§ 79 Abs. 1 Satz 3).

Das Gesetz gibt den Mitgliedern nur ein Einsichtsrecht, also die Möglichkeit, sich mit »eigenen Augen« einen Eindruck von den Unterlagen zu verschaffen. Es besteht dagegen **kein Anspruch auf Überlassung von Unterlagen** (h. M.; *BAG* 27.05.1982 AP Nr. 1 zu § 34 BetrVG 1972 Bl. 1 R; *Fitting* § 34 Rn. 34; *Glock / HWGNRH* § 34 Rn. 33; *Richardi / Thüsing* § 34 Rn. 31). Andererseits schließt die Beschränkung auf ein Einsichtsrecht die Anfertigung von **Notizen** durch das Betriebsratsmitglied nicht aus, wenn hierfür ein sachliches Bedürfnis besteht (§ 242 BGB). Gleiches gilt für die Anfertigung von **Abschriften** oder **Kopien** (ebenso *ArbG Stade* 29.05.2007 RDV 2007, 258 Rn. 28; *Fitting* § 34 Rn. 34; *Koch/*ErfK § 34 BetrVG Rn. 2 [auf Abschriften]; *Kreft/WPK* § 34 Rn. 34; *Reichold / HWK* § 34 BetrVG Rn. 17; *Richardi / Thüsing* § 34 Rn. 31; *Wedde / DKKW* § 34 Rn. 27; für das BPersVG auch *Jacobs/RDW* § 41 Rn. 32; enger *Koch/*ErfK, § 34 BetrVG Rn. 2 [soweit für die ordnungsmäßige Betriebsratstätigkeit unerlässlich]). Das *BAG* lehnt hingegen ein Recht auf Anfertigung von Fotokopien generell ab, weil Voraussetzung für die Herstellung von Ablichtungen die Überlassung der Unterlagen sei, die das Betriebsratsmitglied gerade nicht beanspruchen könne. Es sei daher widersprüchlich, einerseits einen Anspruch auf Überlassung der Unterlagen zu verneinen und andererseits ein Recht auf Anfertigung von Kopien zu bejahen (*BAG* 27.05.1982 AP Nr. 1 zu § 34 BetrVG 1972 Bl. 1 R; vgl. auch *BAG* 12.08.2009 EzA § 34 BetrVG 2001 Nr. 1 Rn. 22; ebenso *Brecht* § 34 Rn. 12: nur in Ausnahmefällen; *Glock / HWGNRH* § 34 Rn. 33; *Joost/* MünchArbR § 219 Rn. 77). Diese Ansicht ist jedoch zu formal und trägt der konkreten Interessenlage nicht hinreichend Rechnung (abl. auch *Pramann* DB 1983, 1922 [1924]). Jedenfalls in größeren Betrieben ist es denkbar, dass dem Betriebsrat ein Kopiergerät zur Verfügung steht (s. *Weber* § 40 Rdn. 153). In diesem Falle kann die Vervielfältigung erfolgen, ohne dass die Unterlagen dem Betriebsratsmitglied überlassen werden müssen, indem die Kopien von anderen Betriebsratsmitgliedern, Hilfskräften des Betriebsrats oder dem betroffenen Betriebsratsmitglied selbst unter Aufsicht angefertigt werden. Sofern hiermit kein unzumutbarer organisatorischer Aufwand verbunden ist, erscheint es nicht gerechtfertigt, dem Betriebsratsmitglied die Anfertigung von Kopien pauschal zu versagen. Ob dem organisatorische Gründe entgegenstehen, ist von den Verhältnissen im konkreten Betrieb abhängig und sollte daher der Beurteilung durch den Betriebsrat überlassen bleiben. Dieser kann die Frage der Anfertigung von Kopien – wie andere Modalitäten der Einsichtnahme – in der Geschäftsordnung (§ 36) näher regeln. Zur ähnlich gelagerten Problematik der Anfertigung von Kopien aus den Personalakten des Arbeitnehmers *Franzen* § 83 Rdn. 25.

Das Einsichtsrecht besteht **jederzeit** (vgl. auch § 80 Abs. 2 Satz 2), ist daher weder zeitlich beschränkt noch von besonderen Voraussetzungen – z. B. einem sachlichen Bedürfnis – abhängig (ebenso *LAG Niedersachsen* 16.02.2001 NZA-RR 2001, 249 [251]; *Fitting* § 34 Rn. 33; *Glock / HWGNRH* § 34 Rn. 31; *Reichold / HWK* § 34 BetrVG Rn. 14; *Richardi / Thüsing* § 34 Rn. 30). Es rechtfertigt sich aus dem allgemein vom Gesetzgeber bejahten Informationsinteresse der Betriebsratsmitglieder (s. Rdn. 31). In welcher Art und Weise die Einsichtnahme gewährt wird, steht zunächst im pflichtgemäßen Ermessen des Betriebsrats. Grenzen können sich einmal aus der Sicherung der Betriebsratstätigkeit (s. Rdn. 32), zum anderen aus den Betriebsabläufen ergeben (ähnlich *LAG Baden-Württemberg* 20.02.2013 – 13 TaBV 11/12 – juris Rn. 31: im Rahmen des praktisch Möglichen). Aus dem Zweck der Regelung (Rdn. 31) ergibt sich jedoch, dass die Einsichtnahme **für sämtliche Betriebsratsmitglieder in gleicher Weise gewährleistet** sein muss. Außerdem dürfen für den Informationszugang **keine vermeidbaren Hürden errichtet** werden, die weder im Hinblick auf die Betriebsratstätigkeit noch zur Sicherung der reibungslosen Betriebsabläufe erforderlich sind, da dies zu einer zeitlichen Verzögerung der Information führen würde und damit dem Gebot der »jederzeitigen« Einsichtnahme widerspräche (*BAG* 12.08.2009 EzA § 34 BetrVG 2001 Nr. 1 Rn. 19). So kann sich aus dem Einsichts-

§ 34   II. 3. *Geschäftsführung des Betriebsrats*

recht des Abs. 3 mittelbar ein Anspruch auf Überlassung eines Schlüssels für das Betriebsratsbüro ergeben, wenn ein Betriebsratsmitglied sich ansonsten nicht in zumutbarer Weise über die den Betriebsrat betreffenden Vorgänge unterrichten könnte (etwa wegen der Lage seiner Arbeitszeit und der Öffnungszeiten des Büros; *LAG Baden-Württemberg* 20.02.2013 – 13 TaBV 11/12 – juris Rn. 32 ff.).

35 Das Einsichtsrecht besteht in Bezug auf **alle Unterlagen** des Betriebsrats. Aus der systematischen Stellung des § 34 Abs. 3 kann also nicht geschlossen werden, dass sich das Einsichtsrecht nur auf die Sitzungsniederschrift bezieht. Unterlagen sind sämtliche Dokumente, die aus der Tätigkeit des Betriebsrats anfallen, gleichgültig, ob er sie selbst angefertigt hat oder ob sie ihm von anderer Seite – z. B. Arbeitgeber, Gewerkschaften, Arbeitnehmer, Gewerbeaufsichtsamt, Berufsgenossenschaft – zugeleitet worden sind (ähnlich *LAG Niedersachsen* 17.12.2007 – 12 TaBV 86/07 – juris, Rn. 36; *Fitting* § 34 Rn. 36; *Glock/HWGNRH* § 34 Rn. 34; *Kreft/WPK* § 34 Rn. 16; *Richardi/Thüsing* § 34 Rn. 28). Gleichgültig ist grundsätzlich, in welcher **Form** die Unterlagen vorliegen (*BAG* 12.08.2009 EzA § 34 BetrVG 2001 Nr. 1 Rn. 16). Erfasst werden alle **Schriftstücke**, also Urkunden (z. B. Niederschriften, Betriebsvereinbarungen, Briefe), Aufzeichnungen oder sonstige Materialien (Listen, Berechnungen). Andererseits erstreckt sich das Einsichtsrecht – entsprechend dem Zweck der Regelung (s. Rdn. 31) – auch nur auf die Unterlagen, die einen **Bezug zu den gesetzlichen Aufgaben des Betriebsrats** haben (*LAG Hamm* 21.03.2014 – 13 TaBVGa 2/14 – juris Rn. 27). Hat ein Mitglied des Betriebsrats in dieser Eigenschaft an Tarifverhandlungen teilgenommen, so besteht daher kein Einsichtsrecht in Unterlagen, die ihm in diesem Zusammenhang zur Verfügung gestellt worden sind (*LAG Hamm* 21.03.2014 – 13 TaBVGa 2/14 – juris Rn. 29 ff.).

36 Sofern Unterlagen in **elektronischer Form** existieren, muss den Betriebsratsmitgliedern Zugang zu den entsprechenden Dateien gewährt werden (*BAG* 12.08.2009 EzA § 34 BetrVG 2001 Nr. 1 Rn. 15 ff.; *LAG München* 24.04.2014 – 3 TaBV 92/13 – juris Rn. 37 ff.; *Joussen* ZfA 2012, 235 [254]; *Kort* ZD 2012, 247 [248]). Die Betriebsratsmitglieder müssen also über das betriebsinterne Netz einen **Online-Zugriff** auf die entsprechenden Ordner mit den Dateien erhalten. Dies gilt zur Wahrung der Chancengleichheit zumindest dann, wenn einzelne Betriebsratsmitglieder auf die Unterlagen unmittelbar von ihrem Arbeitsplatz aus zugreifen können. Besteht diese Möglichkeit, so dürfen andere Mitglieder nicht darauf verwiesen werden, die Unterlagen ausschließlich auf einem im Büro des Betriebsrats befindlichen Rechner einsehen zu können (*LAG München* 24.04.2014 – 3 TaBV 92/13 – juris Rn. 37 ff.). Verfügt der Betriebsrat über ein eigenes **E-Mail-Konto**, so muss zudem gewährleistet sein, dass alle Betriebsratsmitglieder den über dieses Konto erfolgenden Schriftverkehr auf elektronischem Wege einsehen können (*BAG* 12.08.2009 EzA § 34 BetrVG 2001 Nr. 1 Rn. 16 f.). Das *BAG* begründet dies u. a. damit, dass die Mitglieder des Betriebsrats nach dem Gesetzeswortlaut »jederzeit« Einsicht nehmen könnten (*BAG* 12.08.2009 EzA § 34 BetrVG 2001 Nr. 1 Rn. 18; zust. *Kort* ZD 2012, 247 [248]). Doch wird damit das Tatbestandsmerkmal überinterpretiert. »Jederzeit« bedeutet zunächst nur, dass die Einsichtnahme weder von besonderen Voraussetzungen abhängig gemacht noch mit der Begründung abgelehnt werden darf, dass das Begehren »zur Unzeit« erfolge (s. Rdn. 34). Dagegen lassen sich hieraus keine zwingenden Schlüsse darauf ziehen, auf welche Weise die Einsichtnahme erfolgen kann. Entscheidend ist vielmehr, dass das Einsichtsrecht den Sinn hat, den Mitgliedern des Betriebsrats die Möglichkeit zu geben, sich über den jeweiligen Stand der Arbeit des Betriebsrats zu unterrichten. Dem würde es widersprechen, wenn nur einzelne Mitglieder, etwa der Vorsitzende oder die Mitglieder des Betriebsausschusses, elektronisch auf die Daten zugreifen und die übrigen Mitglieder auf die schriftlichen Akten verweisen könnten. Diejenigen Mitglieder, die über einen Online-Zugriff verfügen, hätten damit zum einen typischerweise einen Informationsvorsprung, zum anderen deutlich bessere Möglichkeiten der Recherche. Dies wäre unvereinbar mit der Ratio der Vorschrift, die gerade einen gleichen Informationsstand der Betriebsratsmitglieder sicherstellen soll (insoweit völlig zutr. *BAG* 12.08.2009 EzA § 34 BetrVG 2001 Nr. 1 Rn. 19 ff.). Nach Ansicht des *BAG* beschränkt sich das Einsichtsrecht nach Abs. 3 auf einen **Lesezugriff** (*BAG* 12.08.2009 EzA § 34 BetrVG 2001 Nr. 1 Rn. 17, 22). Der Betriebsrat könne also durch eine Beschränkung auf die Lesefunktion sicherstellen, dass keine Kopien erstellt werden. So sei es zulässig, die Druck- und Kopierfunktion durch geeignete technische Maßnahmen zu sperren. Dies ist konsequent, wenn man auch bei schriftlichen Unterlagen den Betriebsratsmitgliedern das Recht zur Anfertigung von Kopien versagt. Hält man dies mit der hier vertretenen Ansicht (s. Rdn. 33) für zu restriktiv, so wird man den Betriebsratsmitgliedern gestatten (und die technische Möglichkeit geben) müssen, die elektronischen Dokumente auszudru-

cken, da dies der Anfertigung einer Fotokopie entspricht. Dagegen kann der Betriebsrat die Möglichkeit, die **Dateien** aus dem Netz auf einen Rechner **herunterzuladen**, einschränken oder ausschließen, da die Existenz mehrerer gleich lautender elektronischer Dokumente Verwirrung stiften und – insbesondere wenn die Dateien bearbeitet werden können – die Gefahr der Fälschung mit sich bringen kann (vgl. aber auch *ArbG Stade* 29.05.2007 RDV 2007, 258 Rn. 28 [Herunterladen der Dateien immer zulässig]). Darüber hinaus hat der Betriebsrat durch geeignete Maßnahmen sicherzustellen, dass im Rahmen des Zugriffs der Betriebsratsmitglieder auf die elektronischen Daten der erforderliche **Datenschutz** gewährleistet ist (*BAG* 12.08.2009 EzA § 34 BetrVG 2001 Nr. 1 Rn. 27; zust. *Joussen* ZfA 2012, 235 [255]). Aus den Regeln des Datenschutzes lassen sich jedoch keine Beschränkungen für das Einsichtsrecht ableiten (*BAG* 12.08.2009 EzA § 34 BetrVG 2001 Nr. 1 Rn. 26; *LAG München* 24.04.2014 – 3 TaBV 92/13 – juris Rn. 41; *Fitting* § 34 Rn. 33b).

Unterlagen sind nur Dokumente, die im Rahmen der Tätigkeit des Betriebsrats **tatsächlich Verwendung** finden. Ältere, nicht verwendete Entwürfe brauchen daher nicht zugänglich gemacht zu werden. Im Rahmen der **laufenden Geschäftsführung** müssen zudem der Vorsitzende oder der Betriebsausschuss die Möglichkeit haben, die Einsichtnahme in Unterlagen auszuschließen, die lediglich der **internen Abstimmung oder der Vorbereitung von Beratungen oder Beschlüssen** des Betriebsrats dienen. Dies betrifft etwa Dokumente, die sich erst im Entwurfsstadium befinden, oder den informellen Schriftverkehr zwischen den Betriebsratsmitgliedern, denen die laufende Geschäftsführung übertragen ist. Es stellt daher keine unzulässige Einschränkung des Einsichtsrechts dar, wenn zu diesem Zwecke Ordner angelegt oder E-Mail-Konten genutzt werden, auf die die übrigen Betriebsratsmitglieder keinen Zugriff haben. Das Einsichtsrecht erstreckt sich zudem nur auf Unterlagen, die dem Betriebsrat tatsächlich vorliegen. Dagegen kann das Betriebsratsmitglied **nicht verlangen, dass bestimmte Unterlagen** (z. B. Protokolle oder Mitschriften) **angefertigt** oder zu den Akten genommen werden. Die Aktenführung ist eine Maßnahme der Geschäftsführung des Betriebsrats, auf die das einzelne Betriebsratsmitglied – sofern ein bestimmtes Verhalten weder gesetzlich noch in der Geschäftsordnung vorgeschrieben ist – keinen Anspruch hat (*LAG Niedersachsen* 16.02.2001 NZA-RR 2001, 249 [251], *Fitting* § 34 Rn. 37). 37

Zu den Unterlagen des Betriebsrats gehören auch die **Unterlagen der Ausschüsse** (§§ 27, 28); § 34 Abs. 3 dient insoweit der Klarstellung (*LAG Niedersachsen* 16.02.2001 NZA-RR 2001, 249 [250 f.]). Es ist gleichgültig, ob den Ausschüssen Aufgaben zur selbständigen Erledigung übertragen worden sind. Das Einsichtsrecht steht allen Betriebsratsmitgliedern in Bezug auf die Unterlagen sämtlicher Ausschüsse zu. Darauf ob das Betriebsratsmitglied, das Einsicht begehrt, dem Ausschuss angehört oder nicht, kommt es nicht an (*LAG Niedersachsen* 17.12.2007 – 12 TaBV 86/07 – juris, Rn. 37; *Glock/HWGNRH* § 34 Rn. 29; *Richardi/Thüsing* § 34 Rn. 29). Kein Einsichtsrecht der Betriebsratsmitglieder besteht dagegen in Bezug auf **Unterlagen einer Arbeitsgruppe nach § 28a** (*Reichold/HWK* § 34 BetrVG Rn. 16; **a. M.** offenbar *Fitting* § 28a Rn. 38a, § 34 Rn. 38; *Koch*/ErfK § 34 BetrVG Rn. 2; *Kreft/WPK* § 34 Rn. 16; *Wedde/DKKW* § 34 Rn. 19). Zum einen handelt es sich bei der Arbeitsgruppe nicht um einen Ausschuss des Betriebsrats. Zum anderen widerspricht eine Anwendung des Abs. 3 auch dem Zweck der Regelung. Das Einsichtsrecht dient dem Informationsinteresse der Betriebsratsmitglieder in Bezug auf die die Betriebsratstätigkeit betreffenden Vorgänge. Da die Arbeitsgruppe die übertragenen Aufgaben in eigener Verantwortung wahrnimmt und die Zuständigkeit des Betriebsrats für die Dauer der Übertragung entfällt (s. § 28a Rdn. 37 f.), ließe sich ein Einsichtsrecht in Unterlagen der Arbeitsgruppe nur mit einer Kontrollkompetenz des Betriebsrats gegenüber der Arbeitsgruppe rechtfertigen. Eine solche stünde aber in Widerspruch zu dem Ziel, den Arbeitnehmern die eigenverantwortliche Regelung ihrer Angelegenheiten zu ermöglichen. Daher steht nur den Mitgliedern der Arbeitsgruppe ein Einsichtsrecht in entsprechender Anwendung des § 34 zu. 38

Das Einsichtsrecht erstreckt sich auch auf die Unterlagen des **Wirtschaftsausschusses**. Das Recht, in diese Unterlagen Einblick zu nehmen, steht also sämtlichen Betriebsratsmitgliedern und nicht nur den Mitgliedern des Wirtschaftsausschusses zu (ebenso *Fitting* § 34 Rn. 38; *Kreft/WPK* § 34 Rn. 16; *Reichold/HWK* § 34 BetrVG Rn. 16; **a. M.** *Glock/HWGNRH* § 34 Rn. 30; *Richardi/Thüsing* § 34 Rn. 29). Die Gegenansicht beruft sich zu Unrecht auf die besondere Funktion und Aufgabenstellung des Betriebsrats. Zwar unterscheidet sich der Wirtschaftsausschuss in seiner Aufgabenstellung und Zu- 39 sammensetzung von den sonstigen Ausschüssen des Betriebsrats. Dennoch handelt es sich um einen Ausschuss des Betriebsrats, dem im Verhältnis zum Betriebsrat keine eigenständige Aufgabenzuständigkeit, sondern lediglich Hilfsfunktion zukommt, wie sich an der starken Rückbindung durch die Berichtspflicht des § 108 Abs. 4 zeigt (s. *Oetker* § 106 Rdn. 10 f. m. w. N.). Der Wirtschaftsausschuss hat danach sämtliche Informationen gegenüber dem Betriebsrat offen zu legen. Dann gibt es keinen Grund, die Unterlagen des Wirtschaftsausschusses vor den Betriebsratsmitgliedern geheim zu halten.

40 Das Einsichtsrecht besteht ferner hinsichtlich der Unterlagen von **Betriebsratsmitgliedern**, denen nach § 28 Abs. 2 Aufgaben zur selbständigen Entscheidung **in gemeinsamen Ausschüssen** übertragen werden, soweit die Unterlagen aus dieser Tätigkeit erwachsen sind (ebenso *Fitting* § 34 Rn. 39; *Richardi / Thüsing* § 34 Rn. 29). Dagegen folgt das Recht auf Benutzung der **dem Betriebsrat überlassenen Literatur** nicht aus § 34 Abs. 3 (**a. M.** *Fitting* § 34 Rn. 36; *Glock / HWGNRH* § 34 Rn. 34; *Richardi / Thüsing* § 34 Rn. 28; *Wedde / DKKW* § 34 Rn. 20), sondern aus dem Grundsatz vertrauensvoller Zusammenarbeit der Betriebsratsmitglieder. Die Vorschrift des § 34 Abs. 3 soll nur sicherstellen, dass sich die Betriebsratsmitglieder über die Vorgänge im Betriebsrat informieren können (vgl. Schriftlicher Bericht 10. Ausschuss, zu BT-Drucks. VI/2729, S. 23).

10. Aufbewahrung, Kosten, Eigentum

41 Wenn auch die **Aufbewahrung** der Niederschriften vom Gesetz nicht vorgeschrieben ist, so ergibt sich die Verpflichtung doch aus ihrem Zweck, Beweis- und Informationsmittel (s. Rdn. 12, 13 f.) zu sein. Sie sind daher jedenfalls für die Amtszeit des Betriebsrats, darüber hinaus aber so lange aufzubewahren, wie dem protokollierten Inhalt rechtliche Bedeutung zukommen kann, etwa zur Feststellung der Wirksamkeit oder zum Nachweis des Inhalts fortwirkender Beschlüsse des Betriebsrats (ebenso *BAG* 30.09.2014 EzA § 34 BetrVG 2001 Nr. 2 Rn. 43; *Fitting* § 34 Rn. 17; *Galperin / Löwisch* § 34 Rn. 2; *Glock / HWGNRH* § 34 Rn. 18; *Richardi / Thüsing* § 34 Rn. 26; *Wedde / DKKW* § 34 Rn. 12). Die Verpflichtung trifft den Betriebsrat. Zu den **Kosten** der Anfertigung s. *Weber* § 40 Rdn. 39, zum **Eigentum** an der Niederschrift s. *Weber* § 40 Rdn. 214 ff.

III. Streitigkeiten

42 Streitigkeiten im Zusammenhang mit der Sitzungsniederschrift, z. B. über die Verpflichtung zur Anfertigung, den notwendigen Inhalt, die ordnungsgemäße Unterzeichnung, Einwendungen gegen den Inhalt der Niederschrift einschließlich der Anwesenheitsliste, den Anspruch auf Aushändigung an Arbeitgeber und Gewerkschaftsbeauftragte und das Einsichtsrecht der Betriebsratsmitglieder entscheiden die Arbeitsgerichte im **Beschlussverfahren** (§ 2a Abs. 1 Nr. 1, Abs. 2, §§ 80 ff. ArbGG).

§ 35
Aussetzung von Beschlüssen

(1) Erachtet die Mehrheit der Jugend- und Auszubildendenvertretung oder die Schwerbehindertenvertretung einen Beschluss des Betriebsrats als eine erhebliche Beeinträchtigung wichtiger Interessen der durch sie vertretenen Arbeitnehmer, so ist auf ihren Antrag der Beschluss auf die Dauer von einer Woche vom Zeitpunkt der Beschlussfassung an auszusetzen, damit in dieser Frist eine Verständigung, gegebenenfalls mit Hilfe der im Betrieb vertretenen Gewerkschaften, versucht werden kann.

(2) Nach Ablauf der Frist ist über die Angelegenheit neu zu beschließen. Wird der erste Beschluss bestätigt, so kann der Antrag auf Aussetzung nicht wiederholt werden; dies gilt auch, wenn der erste Beschluss nur unerheblich geändert wird.

Aussetzung von Beschlüssen § 35

Literatur
Eich Der Einfluß eines Antrags auf Aussetzung eines Beschlusses des Betriebsrates auf den Lauf der Frist des § 626 II BGB im Zustimmungsverfahren nach § 103 BetrVG, DB 1978, 586; *Oetker* Der Aussetzungsantrag nach § 35 BetrVG im Gefüge des betriebsverfassungsrechtlichen Minderheitenschutzes und seine rechtlichen Probleme, BlStSozArbR 1983, 289. Vgl. ferner vor § 26 und § 32.

Inhaltsübersicht Rdn.

I. Vorbemerkung 1–8
   1. Entstehungsgeschichte 1–3
   2. Anwendungsbereich 4–8
II. Aussetzung von Beschlüssen 9–30
   1. Zweck 9
   2. Antrag 10–20
     a) Antragsrecht 10–14
     b) Form und Frist 15–17
     c) Gegenstand und Inhalt 18, 19
     d) Behandlung durch den Vorsitzenden 20
   3. Wirkung der Aussetzung 21–23
   4. Verständigungsversuch 24
   5. Erneuter Beschluss 25–30
III. Kein Recht auf Minderheitsvotum 31
IV. Streitigkeiten 32

I. Vorbemerkung

1. Entstehungsgeschichte

Die Vorschrift **knüpft an § 34 BetrVG 1952 an**. § 34 Abs. 1 BetrVG 1952 gewährte den Vertretern 1 einer Gruppe (also der Arbeiter oder der Angestellten) das Recht, die Aussetzung von Beschlüssen des Betriebsrats zu verlangen. In der **ursprünglichen Fassung des § 35 Abs. 1** wurde dies beibehalten und auf die Jugend- und Auszubildendenvertretung ausgedehnt. Aufgrund der Beschlüsse des 10. Ausschusses (vgl. BT-Drucks. VI/2729, S. 16; zu BT-Drucks. VI/2729, S. 23) wurde ferner in Abs. 3 der ursprünglichen Fassung dem Vertrauensmann der Schwerbeschädigten (jetzt Schwerbehindertenvertretung) dieselbe Befugnis eingeräumt, indem die Absätze 1 und 2 a. F. für entsprechend anwendbar erklärt wurden. Schließlich enthielt § 35 Abs. 1 gegenüber § 34 BetrVG 1952 kleinere Ergänzungen, die der Klarstellung dienten.

Das **BetrVerf-ReformG** vom 23.07.2001 (BGBl. I, S. 1852) hat als Folge der Aufgabe des Gruppen- 2 prinzips das **Antragsrecht der Gruppenvertreter beseitigt** (vgl. *Reg. Begr.* BT-Drucks. 14/5741, S. 10, 40). Der Gesetzgeber hat davon abgesehen, eine andere Form des Minderheitenschutzes, etwa in Gestalt eines Antragsrechts der Betriebsratsmitglieder einer Minderheitenliste, vorzusehen. Stattdessen wird nun in Abs. 1 neben dem – unverändert gebliebenen – Antragsrecht der Jugend- und Auszubildendenvertretung das Antragsrecht der Schwerbehindertenvertretung erwähnt. Der hierdurch obsolet gewordene Abs. 3 a. F. wurde aufgehoben.

§ 35 Abs. 2 ist durch das BetrVerf-ReformG nicht verändert worden. Die Vorschrift **stimmt** in der 3 **Sache mit** der früheren Regelung des **§ 34 Abs. 2 BetrVG 1952 überein**. Sie enthält allerdings einige präzisierende Ergänzungen. § 34 Abs. 2 BetrVG 1952 hatte lediglich angeordnet, dass der Antrag auf Aussetzung wegen des gleichen Beschlusses nicht wiederholt werden kann. § 35 Abs. 2 Satz 1 stellt zunächst klar, dass nach Ablauf der Wochenfrist erneut ein Beschluss zu fassen ist. Nach § 35 Abs. 2 Satz 2 bleibt es dabei, dass gegen diesen erneuten Beschluss ein Aussetzungsantrag nicht mehr zulässig ist, wenn der zweite Beschluss den ersten bestätigt. § 35 Abs. 2 Satz 2 Halbs. 2 macht zudem deutlich, dass ein bestätigender Beschluss keine vollständige Identität des Beschlussinhalts erfordert, sondern auch bei nur unerheblichen Abweichungen vorliegt.

§ 35

2. Anwendungsbereich

4 Die Vorschrift gilt entsprechend für den **Gesamtbetriebsrat** (§ 51 Abs. 1) und den **Konzernbetriebsrat** (§ 59 Abs. 1). Auf der Ebene des Konzernbetriebsrats kann das Antragsrecht von den Interessenvertretungen, der Konzern-Jugend- und Auszubildendenvertretung (§ 73a) sowie der Konzernschwerbehindertenvertretung (§ 180 Abs. 6 Satz 2 SGB IX [bis 01.01.2018: § 97 Abs. 6 Satz 2 SGB IX]), wahrgenommen werden. Sie gilt ferner für die **Bordvertretung** (§ 115 Abs. 4) und den **Seebetriebsrat** (§ 116 Abs. 3). Sie gilt nicht für Beschlüsse der **Jugend- und Auszubildendenvertretung** (§ 65 Abs. 1), der **Gesamt-Jugend- und Auszubildendenvertretung** (§ 73 Abs. 2) und der **Konzern-Jugend- und Auszubildendenvertretung** (§ 73b Abs. 2), die jedoch die Aussetzung von Beschlüssen des Betriebsrats, Gesamtbetriebsrats bzw. des Konzernbetriebsrats verlangen können (§ 35 Abs. 1, § 66, § 73 Abs. 2, § 73b Abs. 2). Zu § 66 s. *Oetker* § 66 Rdn. 2.

5 Die Vorschrift gilt entsprechend für eine **anderweitige Vertretung der Arbeitnehmer** nach § 3 Abs. 1 Nr. 1 bis 3, weil diese an die Stelle des Betriebsrats tritt (vgl. § 3 Abs. 5 sowie *Franzen* § 3 Rdn. 61). Bei einer **zusätzlichen Vertretung der Arbeitnehmer** nach § 3 Abs. 1 Nr. 4 und 5 können in dem Tarifvertrag oder der Betriebsvereinbarung entsprechende Regelungen getroffen werden (*Fitting* § 35 Rn. 2).

6 Die Vorschrift gilt ferner entsprechend, soweit dem **Betriebsausschuss** nach § 27 Abs. 2 Satz 2 und den **anderen Ausschüssen** nach § 28 Abs. 1 Satz 3 Aufgaben zur selbständigen Erledigung übertragen worden sind, weil andernfalls das Aussetzungsrecht umgangen werden könnte (ebenso *Fitting* § 27 Rn. 63, § 35 Rn. 32; *Galperin/Löwisch* § 27 Rn. 25, § 35 Rn. 2; *Glock/HWGNRH* § 27 Rn. 42, § 35 Rn. 34; *Kreft/WPK* § 35 Rn. 2; *Richardi/Thüsing* § 35 Rn. 26; *Wedde/DKKW* § 35 Rn. 1; weitergehend *Oetker* BlStSozArbR 1983, 289 [293], der § 35 auch auf vorbereitende Ausschüsse anwenden will). Der **Antrag ist an den Betriebsratsvorsitzenden**, nicht an den Ausschussvorsitzenden **zu richten** (ebenso *Fitting* § 35 Rn. 32; *Richardi/Thüsing* § 35 Rn. 26; **a. M.** *Glock/HWGNRH* § 35 Rn. 34; *Kreft/WPK* § 35 Rn. 2; *Oetker* BlStSozArbR 1983, 289 [293 f.]). Da der Betriebsrat über die Durchführung der Aufgaben zur selbständigen Erledigung entscheidet (s. § 27 Rdn. 80, § 28 Rdn. 28), kann er auch festlegen, dass der Aussetzungsantrag an den Vorsitzenden des Ausschusses gerichtet wird (im Ergebnis ebenso *Fitting* § 35 Rn. 32). Er muss von der **Mehrheit der an der Ausschusssitzung teilnehmenden Jugend- und Auszubildendenvertreter** (ebenso *Glock/HWGNRH* § 35 Rn. 34; *Oetker* BlStSozArbR 1983, 289 [293 f.]; **a. M.** *Fitting* § 27 Rn. 63, § 35 Rn. 7) **oder der Schwerbehindertenvertretung** gestellt werden. Gegenüber Beschlüssen des **Wirtschaftsausschusses** ist ein Aussetzungsrecht auch dann nicht gegeben, wenn dessen Aufgaben auf einen Ausschuss des Betriebsrats übertragen worden sind (ebenso *Fitting* § 35 Rn. 33; *Oetker* BlStSozArbR 1983, 289 [293]; *Wedde/DKKW* § 35 Rn. 2). Die Vorschrift findet auch keine Anwendung im Verhältnis zu **Arbeitsgruppen nach § 28a**. Die Regelung der Angelegenheiten der Arbeitsgruppe erfolgt autonom durch die Gruppenmitglieder. Soweit Entscheidungen getroffen werden, die zu einer Beeinträchtigung der Jugendlichen, Auszubildenden oder Schwerbehinderten innerhalb der Arbeitsgruppe führen, ist es Sache der Betroffenen, ihre Interessen bei der internen Willensbildung geltend zu machen. Ein Aussetzungsrecht der jeweiligen Interessenvertretung wäre ein unzulässiger Eingriff in die Autonomie der Arbeitsgruppe. Denkbar wäre allenfalls ein Aussetzungsrecht der betroffenen Gruppenmitglieder in analoger Anwendung des § 35. Ein solches würde jedoch dem Grundsatz der Gleichberechtigung der Gruppenmitglieder widersprechen.

7 Die Vorschrift ist **zwingend**; sie kann weder durch Tarifvertrag noch durch Betriebsvereinbarung abbedungen werden (ebenso *Fitting* § 35 Rn. 3; *Galperin/Löwisch* § 35 Rn. 2; *Glock/HWGNRH* § 35 Rn. 5; *Wedde/DKKW* § 35 Rn. 1). Ergänzend können jedoch Einzelheiten des Verfahrens (Antragstellung, Behandlung des Antrags) in der Geschäftsordnung (ebenso *Brecht* § 35 Rn. 11; *Fitting* § 35 Rn. 3) oder auch durch einfachen Geschäftsordnungsbeschluss des Betriebsrats geregelt werden (zust. *Glock/HWGNRH* § 35 Rn. 5).

8 Zum **Personalvertretungsrecht** vgl. § 39 BPersVG; das **Sprecherausschussgesetz** enthält keine entsprechende Bestimmung.

II. Aussetzung von Beschlüssen

1. Zweck

§ 35 gewährt den Vertretern der jugendlichen Arbeitnehmer und Auszubildenden (vgl. § 60 Abs. 1) **9** und der Schwerbehindertenvertretung (vgl. § 177, § 2 Abs. 2 und 3 SGB IX [bis 01.01.2018: § 94, § 2 Abs. 2 und 3 SGB IX]) ein **suspensives Vetorecht**. Dieses dient dem **Schutz der Interessen dieser besonderen Arbeitnehmergruppen**. Nicht erforderlich ist, dass die jeweilige Gruppe insgesamt beeinträchtigt ist; es genügt, dass es einzelne Gruppenmitglieder sind (*Pouyadou* Die Abhängigkeit des Arbeitnehmers vom Betriebsrat, 1978, S. 129 f.). Durch die Aussetzung des Beschlusses für eine Woche und die notwendige erneute Beschlussfassung soll den Beteiligten die Möglichkeit gegeben werden, die Angelegenheit noch einmal zu durchdenken, sich um eine angemessenere Regelung für alle Beteiligten und damit einen Interessenausgleich zwischen den Gruppen zu bemühen. Andere Gruppen, wie etwa die Arbeitnehmer eines bestimmten Geschlechts (vgl. § 15 Abs. 2) oder die ausländischen Arbeitnehmer (*Brill* BB 1978, 1574 [1575]), werden durch § 35 nicht geschützt. Die Vorschrift bezweckt auch – anders als § 35 a. F. – **nicht (mehr) den Schutz der Minderheiten** im Betriebsrat. Das BetrVerf-ReformG hat das Gruppenantragsrecht beseitigt (s. Rdn. 2). Ein – theoretisch denkbares – Antragsrecht von Vertretern von Minderheitslisten ist nicht vorgesehen. Hierdurch ist auch das Antragsrecht der Vertreter der Beamten in den Betrieben der **privatisierten Postunternehmen** entfallen. Diesen stand nach § 35 Abs. 1 a. F. ein eigenes Antragsrecht zu, wenn und soweit ein Beschluss des Betriebsrats wichtige Interessen der Beamten in den Angelegenheiten, in denen die Beamtenvertreter nach § 28 PostPersRG alleine zu entscheiden haben, erheblich beeinträchtigte (vgl. *Wiese* 6. Aufl., § 35 Rn. 7 m. w. N.). Ein solches Antragsrecht besteht nach § 35 Abs. 1 n. F. nicht mehr.

2. Antrag

a) Antragsrecht

Antragsberechtigt ist zunächst die **Mehrheit** der **Jugend- und Auszubildendenvertretung**. Der **10** Antrag bedarf der **absoluten Mehrheit** der Jugend- und Auszubildendenvertreter (vgl. auch § 66 Abs. 1; ebenso *Fitting* § 35 Rn. 7, § 66 Rn. 3; *Galperin/Löwisch* § 35 Rn. 6; *Rose/HWGNRH* § 66 Rn. 6; *Kreft/WPK* § 35 Rn. 5; *Reichold/HWK* § 35 BetrVG Rn. 3; *Richardi/Thüsing* § 35 Rn. 4; *Richardi/Annuß* § 66 Rn. 4). Der Antrag kann auf einer ordnungsgemäß einberufenen Sitzung der Jugend- und Auszubildendenvertretung beschlossen werden. Notwendig ist dies aber nicht (ebenso *Galperin/Löwisch* § 35 Rn. 6, § 66 Rn. 3; *Kreft/WPK* § 35 Rn. 5; *Reichold/HWK* § 35 BetrVG Rn. 3; *Reitze* Der Betriebsratsbeschluss, S. 27; *Richardi/Thüsing* § 35 Rn. 4; *Rose/HWGNRH* § 66 Rn. 5; **a. M.** *Fitting* § 35 Rn. 7, § 66 Rn. 3; *Oetker* § 66 Rdn. 6; *Richardi/Annuß* § 66 Rn. 4 [ab 12. Aufl.]; *Wedde/DKKW* § 35 Rn. 5). So ist es möglich, den Antrag noch während der Betriebsratssitzung, in der der angegriffene Beschluss gefasst worden ist, zu stellen, sofern er die Unterstützung der erforderlichen Mehrheit der Jugend- und Auszubildendenvertreter findet (vgl. auch Rdn. 17). Der Antrag kann **jederzeit** wieder **zurückgenommen** werden (ebenso *Fitting* § 35 Rn. 17; *Galperin/Löwisch* § 35 Rn. 14; *Glock/HWGNRH* § 35 Rn. 15; *Wedde/DKKW* § 35 Rn. 12).

Das Antragsrecht dient dem Schutz der in § 60 Abs. 1 bezeichneten Personen. Es besteht daher nur, **11** wenn deren Interessen bei der Beschlussfassung unberücksichtigt geblieben sind. Haben die Jugend- und Auszubildendenvertreter bei einem Beschluss des Betriebsrats Stimmrecht, weil er überwiegend jugendliche Arbeitnehmer oder Auszubildende betrifft (§ 67 Abs. 2), **entfällt das Antragsrecht** (zu dessen Begrenzung durch § 67 Abs. 1 Satz 2 und § 67 Abs. 2 s. *Oetker* § 66 Rdn. 9), wenn **die Mehrheit der Jugend- und Auszubildendenvertreter dem Beschluss zugestimmt** hatte (vgl. *Joost/*MünchArbR § 219 Rn. 57; *Kreft/WPK* § 35 Rn. 5; *Oetker* § 66 Rdn. 13 f.; *Reichold/HWK* § 35 BetrVG Rn. 3; *Wedde/DKKW* § 35 Rn. 5; im Ergebnis auch *Richardi/Thüsing* § 35 Rn. 15 [in den Fällen des Rechtsmissbrauchs]; dem zust. *Reitze* Der Betriebsratsbeschluss, S. 25, 27). Das ist allerdings bei geheimer Abstimmung in der Regel nicht feststellbar. Hier ist deshalb der Aussetzungsantrag als zulässig anzusehen, wenn die Mehrheit der Jugend- und Auszubildendenvertretung ihn stellt (ebenso *Joost/*MünchArbR § 219 Rn. 57; *Weiss/Weyand* § 35 Rn. 2). Allerdings ist das

Abstimmungsverhalten auch bei geheimer Abstimmung eindeutig, wenn alle anwesenden Stimmberechtigten einstimmig dem Beschluss zugestimmt haben; dann entfällt das Antragsrecht (zutr. *Joost*/MünchArbR § 219 Rn. 57).

12 **Nicht erforderlich** für das Antragsrecht bei Beschlüssen in den in § 67 Abs. 2 genannten Angelegenheiten ist, dass die **Mehrheit der Jugend- und Auszubildendenvertretung gegen den Beschluss gestimmt** hat (*Glock/HWGNRH* § 35 Rn. 7; *Richardi/Thüsing* § 35 Rn. 9; **a. M.** *Fitting* § 35 Rn. 8; *Wedde/DKKW* § 35 Rn. 5). Das Antragsrecht besteht also auch dann, wenn die Jugend- und Auszubildendenvertreter bei der Beschlussfassung vollständig oder zum Teil nicht anwesend waren oder – rechtswidrigerweise – nicht beteiligt wurden oder wenn zwar die anwesenden Jugend- und Auszubildendenvertreter dem Beschluss zugestimmt haben, diese jedoch nicht die Mehrheit der Jugend- und Auszubildendenvertretung bilden. War hingegen die Mehrheit der Jugend- und Auszubildendenvertretung bei der Betriebsratssitzung anwesend, so muss sie auch ihre Möglichkeiten nutzen, die aus ihrer Sicht bestehenden Interessen der jugendlichen Arbeitnehmer und der Auszubildenden wahrzunehmen. Das Vetorecht ist deshalb ausgeschlossen, wenn sich die Jugend- und Auszubildendenvertreter ohne berechtigten Grund an der Abstimmung nicht beteiligen, weil dann ein späteres Aussetzungsverlangen einen Rechtsmissbrauch darstellen würde. Das Aussetzungsrecht darf nicht dazu instrumentalisiert werden, frühere Versäumnisse auszugleichen.

13 Ähnliche Grundsätze gelten für die Berücksichtigung der Interessen der jugendlichen und auszubildenden Arbeitnehmer, wenn ihre Vertreter nicht stimmberechtigt sind, sondern nur gem. **§ 67 Abs. 1 Satz 2 beratend an der Betriebsratssitzung teilgenommen** haben. Hatten sich die Jugend- und Auszubildendenvertreter bei der Beratung im Sinne des später gefassten Beschlusses geäußert, waren also die Interessen der von ihnen vertretenen Arbeitnehmer berücksichtigt worden, so können sie nicht nachträglich die Aussetzung des Beschlusses beantragen. Das Antragsrecht des § 35 dient nicht dazu, einen inzwischen eingetretenen Meinungswandel zu berücksichtigen. Dasselbe gilt daher, wenn die Mehrheit der Jugend- und Auszubildendenvertretung bei der Betriebsratssitzung anwesend ist und keine Einwände gegen die Beschlussfassung erhebt. Nur wenn die von ihnen mehrheitlich geäußerten Bedenken bei der Beschlussfassung unberücksichtigt geblieben sind, ist das Antragsrecht nach § 35 gegeben (ebenso *Fitting* § 35 Rn. 9; *Wedde/DKKW* § 35 Rn. 5; im Ergebnis ebenso [Aussetzungsrecht wegen Rechtsmissbrauchs ausgeschlossen] *Reichold/HWK* § 35 BetrVG Rn. 3; *Richardi/Thüsing* § 35 Rn. 16; *Reitze* Der Betriebsratsbeschluss, S. 27 f.; **a. M.** *Kreft/WPK* § 35 Rn. 5; *Weiss/Weyand* § 35 Rn. 6). Dagegen besteht das Antragsrecht fort, wenn nur eine Minderheit oder gar kein Jugend- und Auszubildendenvertreter an der Sitzung teilgenommen hat (s. a. *Oetker* § 66 Rdn. 15 m. w. N.). Soweit die Nichtteilnahme darauf beruht, dass die Mitglieder der Jugend- und Auszubildendenvertretung rechtswidrig nicht geladen wurden, ist dies schon deshalb notwendig, weil die unterbliebene Ladung die Wirksamkeit des Beschlusses unberührt lässt (s. § 33 Rdn. 57). Aber auch wenn eine ordnungsgemäße Ladung erfolgt ist, handelt die Jugend- und Auszubildendenvertretung nicht rechtsmissbräuchlich, wenn sie trotz Nichtteilnahme einen Aussetzungsantrag stellt.

14 Ein Antragsrecht steht auch der **Schwerbehindertenvertretung** zu (Abs. 1 n. F., Abs. 3 a. F.; ebenso § 178 Abs. 4 Satz 2 SGB IX [bis 01.01.2018: § 95 Abs. 4 Satz 2 SGB IX]). Zuständig ist die gewählte Vertrauensperson der Schwerbehinderten (§ 177 Abs. 1 SGB IX [bis 01.01.2018 § 94 Abs. 1 SGB IX]). Im Falle der Verhinderung kann ihr Stellvertreter den Aussetzungsantrag stellen (ebenso *Fitting* § 35 Rn. 10; *Galperin/Löwisch* § 35 Rn. 7). Die Schwerbehindertenvertretung nimmt stets nur beratend an den Sitzungen des Betriebsrats teil (§ 32). Auch hier entfällt das Antragsrecht, wenn die Vertrauensperson der Schwerbehinderten bei der Sitzung des Betriebsrats anwesend war und keine Einwände erhoben hat oder wenn etwaige von der Schwerbehindertenvertretung geäußerte Bedenken bereits bei der Beschlussfassung berücksichtigt wurden (vgl. *Fitting* § 35 Rn. 10; *Kammann/Hess/Schlochauer* § 35 Rn. 9; *Richardi/Thüsing* § 35 Rn. 16; **a. M.** *Galperin/Löwisch* § 35 Rn. 11; *Glock/HWGNRH* § 35 Rn. 10; *Kreft/WPK* § 35 Rn. 6). Über § 35 Abs. 1 hinaus kann die Schwerbehindertenvertretung einen Aussetzungsantrag schon dann stellen, wenn sie in einer Angelegenheit, die einen einzelnen oder die schwerbehinderten Arbeitnehmer als Gruppe berührt, zuvor nicht ordnungsgemäß beteiligt worden ist (vgl. § 178 Abs. 4 Satz 2 i. V. m. Abs. 2 Satz 1 SGB IX [bis 01.01.2018 § 95 Abs. 4 Satz 2 i. V. m. Abs. 2 Satz 1 SGB IX]).

b) Form und Frist

Eine **Form** ist für den Antrag im Gesetz nicht vorgeschrieben, kann aber durch die Geschäftsordnung (§ 36) angeordnet werden. Sonst genügt ein mündlicher Antrag. Wird er in einer Sitzung des Betriebsrats gestellt, empfiehlt sich auch beim Fehlen einer entsprechenden Regelung in der Geschäftsordnung die Aufnahme in die Sitzungsniederschrift (§ 34). Wird der Antrag außerhalb einer Sitzung des Betriebsrats gestellt, so ist er an den Vorsitzenden des Betriebsrats zu richten (vgl. § 26 Abs. 2 Satz 2). Zum Nachweis der erforderlichen Mehrheit wird dann in der Regel die Schriftform notwendig sein.

Auch eine **Frist** ist für den Antrag nicht vorgeschrieben. Sie ergibt sich jedoch mittelbar daraus, dass im Gegensatz zu § 34 BetrVG 1952 jetzt eindeutig geklärt ist, dass der Beschluss nur auf die Dauer von einer Woche vom Zeitpunkt der Beschlussfassung an ausgesetzt werden kann (zum früheren Streitstand *Dietz* § 34 Rn. 7a, 10). Der Antrag muss daher jedenfalls innerhalb dieser Frist gestellt werden (ebenso *Fitting* § 35 Rn. 14; *Galperin/Löwisch* § 35 Rn. 8; *Glock/HWGNRH* § 35 Rn. 14; *Kreft/WPK* § 35 Rn. 4; *Oetker* BlStSozArbR 1983, 289 [290]; *Richardi/Thüsing* § 35 Rn. 13; *Wedde/DKKW* § 35 Rn. 8). Nach Ablauf der Wochenfrist findet das Verfahren gem. § 35 keine Anwendung mehr. Der Betriebsrat ist jedoch nicht gehindert, seine früheren Beschlüsse aufzuheben oder zu ändern, soweit sie nicht bereits vollzogen worden sind (s. § 33 Rdn. 43 ff.).

Auch innerhalb der Wochenfrist kann ein Antrag auf Aussetzung nicht mehr gestellt werden, wenn der **Beschluss** bereits **vollzogen** worden ist, weil dann der Antrag gegenstandslos ist (ebenso *LAG Berlin* 24.06.1974 ARSt. 1975, 117 [Nr. 119]; *Fitting* § 35 Rn. 15, 30; *Galperin/Löwisch* § 35 Rn. 8; *Joost/*MünchArbR § 219 Rn. 59; *Kreft/WPK* § 35 Rn. 4; *Richardi/Thüsing* § 35 Rn. 13; *Wedde/DKKW* § 35 Rn. 8; **a. M.** *Glock/HWGNRH* § 35 Rn. 14, 22). Das braucht nicht der Fall zu sein, wenn mit der Durchführung des Beschlusses erst begonnen worden ist, sofern nur die weitere Durchführung ausgesetzt werden kann. Auf jeden Fall empfiehlt es sich deshalb, den Aussetzungsantrag noch in der Sitzung zu stellen, in welcher der angegriffene Beschluss gefasst wurde.

c) Gegenstand und Inhalt

Gegenstand des **Antrags** kann grundsätzlich nur ein **Beschluss** des **Betriebsrats** (vgl. § 33) sein (zur Rechtslage in den Betrieben der privatisierten Postunternehmen bis zum Inkrafttreten des BetrVerf-ReformG *Wiese* 6. Aufl., § 35 Rn. 18). Die Vorschrift bezieht sich **nicht** auf die nach §§ 26, 27, 28, 47 Abs. 2, § 55 Abs. 1 durchzuführenden **Wahlen** (*BAG* 20.04.1956 AP Nr. 3 zu § 27 BetrVG Bl. 2 f.; 01.06.1966 AP Nr. 16 zu § 18 BetrVG Bl. 1 R; *Fitting* § 35 Rn. 5; *Glock/HWGNRH* § 35 Rn. 2; *Kreft/WPK* § 35 Rn. 3; *Reichold/HWK* § 35 BetrVG Rn. 2; *Richardi/Thüsing* § 35 Rn. 11; *Wedde/DKKW* § 35 Rn. 3). Dies war früher vor allem wegen des Gruppenantragsrechts von Bedeutung. Die bei der Wahl unterlegene Minderheitsgruppe konnte also nicht über § 35 eine erneute Wahl durchsetzen. Dies gilt nach § 35 Abs. 1 n. F. unverändert für das Antragsrecht der Jugend- und Auszubildendenvertretung und der Schwerbehindertenvertretung. Sie können nicht die Aussetzung der Wahlentscheidung verlangen, wenn sie der Ansicht sind, dass die gewählten Personen die Interessen der von ihnen vertretenen Arbeitnehmer nicht angemessen vertreten.

Wie sich aus § 35 Abs. 1 ergibt, muss dem **Antrag inhaltlich** zu entnehmen sein, **gegen welchen Beschluss** er sich richtet. Außerdem muss deutlich werden, dass die **Aussetzung des Beschlusses beantragt** wird. Der Antrag muss ferner die Auffassung der Antragsteller zum Ausdruck bringen, dass der Beschluss eine erhebliche Beeinträchtigung wichtiger Interessen der von den Antragstellern vertretenen Arbeitnehmer darstellt. Nicht erforderlich ist, dass solche Interessen dieser Arbeitnehmer unmittelbarer Gegenstand des Beschlusses sind; es genügt, dass die Beeinträchtigung die Folge des Beschlusses ist. Wenn die Beeinträchtigung auch nicht objektiv gegeben zu sein braucht (ebenso *Fitting* § 35 Rn. 16, § 66 Rn. 4; *Glock/HWGNRH* § 35 Rn. 11; *Oetker* § 66 Rdn. 8; *Reichold/HWK* § 35 BetrVG Rn. 2; *Richardi/Thüsing* § 35 Rn. 8; *Richardi/Annuß* § 66 Rn. 5; *Wedde/DKKW* § 35 Rn. 9; **a. M.** *Schaub/Koch* Arbeitsrechts-Handbuch, § 220 Rn. 25), so hat das gesetzliche Erfordernis einer erheblichen Beeinträchtigung wichtiger Interessen doch nur einen Sinn, wenn die entsprechende Behauptung schlüssig dargelegt wird. Es müssen daher die Gründe angegeben werden, die nach Ansicht der Antragsteller ihre Behauptung rechtfertigen, ohne dass die Beeinträchtigung selbst bewiesen werden müsste (*Fitting* § 35 Rn. 16; *Galperin/Löwisch* § 35 Rn. 10; *Glock/HWGNRH* § 35 Rn. 11; *Richardi/Thüsing* § 35 Rn. 8).

d) Behandlung durch den Vorsitzenden

20 Liegen die formalen Voraussetzungen des Antrags vor (s. Rdn. 10 ff.), so **muss** der **Vorsitzende** des Betriebsrats ihm entsprechen, d. h. den Beschluss **aussetzen**. Eine Prüfung der Berechtigung des Antrags steht ihm nicht zu. Er kann jedoch die Aussetzung ablehnen, wenn nach dem eigenen Vortrag der Antragsteller – seine Richtigkeit unterstellt – eine erhebliche Beeinträchtigung wichtiger Interessen der von ihnen vertretenen Arbeitnehmer ausgeschlossen werden kann (ähnlich *Fitting* § 35 Rn. 19 [bei offensichtlicher Unbegründetheit]; *Kreft/WPK* § 35 Rn. 7; *Oetker* § 66 Rdn. 17; *ders.* BlStSozArbR 1983, 289 [291]; *Richardi/Thüsing* § 35 Rn. 17; vgl. auch *Buchner* FS Gerhard Müller, 1981, S. 93 [107 f.]; **a. M.** *Brecht* § 35 Rn. 6; *Galperin/Löwisch* § 35 Rn. 12; *Glock/HWGNRH* § 35 Rn. 16; *Weiss/Weyand* § 35 Rn. 6; anders auch *Reitze* Der Betriebsratsbeschluss, S. 32; *Wedde/DKKW* § 35 Rn. 10: Ablehnung nur bei Rechtsmissbrauch). Entspricht der Vorsitzende pflichtwidrig dem Antrag nicht und führt er den Beschluss durch, so kann eine grobe Pflichtverletzung nach § 23 Abs. 1 vorliegen (*Fitting* § 35 Rn. 19; *Glock/HWGNRH* § 35 Rn. 18; *Richardi/Thüsing* § 35 Rn. 27). Die Wirksamkeit des durchgeführten Beschlusses wird dadurch nicht berührt, weil § 35 nur eine interne Ordnungsvorschrift für die Geschäftsführung des Betriebsrats ist (s. Rdn. 22).

3. Wirkung der Aussetzung

21 Die Aussetzung des Beschlusses bedeutet, dass er zwar rechtlich wirksam bleibt, aber nicht vollzogen wird; er wird lediglich **suspendiert** (*Fitting* § 35 Rn. 1, 18; *Löwisch/LK* § 35 Rn. 1; *Reichold/HWK* § 35 BetrVG Rn. 1; *Richardi/Thüsing* § 35 Rn. 1, 23). Das Gesetz sieht als **Frist** die Dauer einer Woche vom Zeitpunkt der Beschlussfassung an vor. Gleichgültig ist, wann der Antrag innerhalb der Wochenfrist gestellt wurde (vgl. auch Rdn. 16). Für die Berechnung der Frist s. § 29 Rn. 7. Eine **Verkürzung** der Frist ist grundsätzlich **unzulässig** (ebenso *Fitting* § 35 Rn. 20; *Galperin/Löwisch* § 35 Rn. 8, 14; *Glock/HWGNRH* § 35 Rn. 25; s. aber auch Rdn. 22). Da der Betriebsrat noch nicht vollzogene Beschlüsse jederzeit aufheben oder ändern kann (s. Rdn. 16), ist dagegen eine **Verlängerung** der Frist **unbedenklich**, wenn sie vom Betriebsrat beschlossen wird (ebenso *Fitting* § 35 Rn. 20; *Galperin/Löwisch* § 35 Rn. 8; *Glock/HWGNRH* § 35 Rn. 25). Eine faktische Verlängerung der Aussetzung kann sich auch aus der vom Gesetz vorgeschriebenen erneuten Beschlussfassung ergeben (s. Rdn. 26 f.).

22 Eine **Fristenkollision** ist denkbar, wenn der Betriebsrat bei personellen Einzelmaßnahmen seine abweichende Meinung dem Arbeitgeber binnen bestimmter Fristen mitteilen muss, andernfalls seine Zustimmung als erteilt gilt (vgl. § 99 Abs. 3 Satz 2, § 102 Abs. 2 Satz 2 und 3). In diesen Fällen handelt es sich um Ausschlussfristen (s. § 99 Rdn. 161 ff. sowie § 102 Rdn. 138 ff.), die Ausnahmen nicht zulassen. Daraus kann sich faktisch eine Verkürzung der Aussetzungsfrist nach § 35 ergeben. Das ist jedoch zulässig, weil § 35 lediglich eine **interne Ordnungsvorschrift** für die Geschäftsführung des Betriebsrats ist (so zutr. *Fitting* § 35 Rn. 29; s. a. Rdn. 20) und daher an den vom Betriebsrat nach außen einzuhaltenden Fristen nichts ändert (im Ergebnis ebenso *Fitting* § 35 Rn. 30; *Glock/HSWGNR* § 35 Rn. 23; *Joost/*MünchArbR § 219 Rn. 61; *Kreft/WPK* § 35 Rn. 8; *Löwisch/LK* § 35 Rn. 2; *Reichold/HWK* § 35 BetrVG Rn. 4; *Reitze* Der Betriebsratsbeschluss, S. 33 ff.; *Richardi/Thüsing* § 35 Rn. 24 f.; *Wedde/DKKW* § 35 Rn. 11; *Weiss/Weyand* § 35 Rn. 8; **a. M.** *Brecht* § 35 Rn. 8, der durch den Aussetzungsantrag die Äußerungsfristen für die Dauer der Aussetzung als unterbrochen ansieht; ähnlich *Oetker* BlStSozArbR 1983, 289 [292 f.]; vgl. auch *Eich* DB 1978, 586 [588 f.], der annimmt, bei einer außerordentlichen Kündigung eines Betriebsratsmitglieds werde die Zwei-Wochen-Frist gem. § 626 Abs. 2 BGB für eine Woche gehemmt).

23 Die hier vertretene Auffassung wird durch § 178 Abs. 4 Satz 3 SGB IX (bis 01.01.2018: § 95 Abs. 4 Satz 3 SGB IX) bestätigt, der für den Aussetzungsantrag der Schwerbehindertenvertretung die Verlängerung einer Frist ausdrücklich ausschließt. Entsprechendes gilt nach § 39 Abs. 1 Satz 3 BPersVG. Sie führt auch zu keinen unzumutbaren Ergebnissen für die Antragsberechtigten, weil sie nur in den Fällen der wenigen Ausschlussfristen dazu zwingt, alle Argumente in der Regel schon bei der ersten Beschlussfassung zu berücksichtigen oder kurzfristig erneut zusammenzutreten (vgl. auch *Fitting* § 35 Rn. 32). Die gegenteilige Meinung würde, vor allem bei der Einstellung eines Arbeitnehmers, sowohl für diesen als auch für den Arbeitgeber zu einer unzumutbaren Unklarheit führen (ebenso *Fitting* § 35 Rn. 30). Hatte allerdings der Betriebsrat rechtzeitig dem Arbeitgeber seinen Beschluss mitgeteilt und

zugleich auf einen hierzu eingelegten Aussetzungsantrag hingewiesen, so kann es gegen den Grundsatz vertrauensvoller Zusammenarbeit (§ 2 Abs. 1) verstoßen, wenn der Arbeitgeber nach Ablauf der Äußerungsfrist die personelle Maßnahme durchführt, ohne die endgültige Entscheidung des Betriebsrats abzuwarten (zust. *Glock/HWGNRH* § 35 Rn. 24 [seit 6. Aufl.]; *Wedde/DKKW* § 35 Rn. 11; ähnlich *Fitting* § 35 Rn. 31; *Galperin/Löwisch* § 35 Rn. 12a; vgl. auch *Hässler* Geschäftsführung des Betriebsrates, S. 44 Fn. 27). Das ist aber nur dann anzunehmen, wenn für das Vorgehen des Arbeitgebers kein sachlicher Grund bestand.

4. Verständigungsversuch

Innerhalb der Wochenfrist soll eine Verständigung versucht werden. Das geschieht in Verhandlungen zwischen den Betriebsratsmitgliedern. Bei den Verhandlungen **kann** die **Hilfe** der im Betrieb, also nicht nur im Betriebsrat (s. § 31 Rdn. 13) vertretenen **Gewerkschaften in Anspruch genommen werden**. Die Hinzuziehung kann formlos durch jeden Beteiligten geschehen; ein Beschluss des Betriebsrats ist nicht erforderlich (ebenso *Fitting* § 35 Rn. 22; *Galperin/Löwisch* § 35 Rn. 13; *Glock/HWGNRH* § 35 Rn. 26; *Kreft/WPK* § 35 Rn. 9; *Richardi/Thüsing* § 35 Rn. 19). Die Gewerkschaften können sich jedoch nicht aus eigenem Recht in die Verhandlungen einschalten (ebenso *Galperin/Löwisch* § 35 Rn. 13; *Glock/HWGNRH* § 35 Rn. 26; *Klosterkemper* Das Zugangsrecht der Gewerkschaften zum Betrieb, 1980, S. 22; *Richardi/Thüsing* § 35 Rn. 19). Eine förmliche Sitzung des Betriebsrats ist nicht erforderlich, aber auch nicht ausgeschlossen (ebenso *Glock/HWGNRH* § 35 Rn. 25 seit 4. Aufl.; *Wedde/DKKW* § 35 Rn. 14). Soweit Beauftragte der nicht im Betriebsrat, sondern nur im Betrieb vertretenen Gewerkschaften an den Verhandlungen teilnehmen sollen, kann dies im Hinblick auf § 31 jedoch nicht in einer förmlichen Sitzung geschehen (ebenso *Glock/HWGNRH* § 35 Rn. 26). Nicht erwähnt werden in § 35 die **Verbände der Schwerbehinderten**. Deren Vertreter können jedoch vom Betriebsrat als Auskunftspersonen gehört werden (ebenso *Fitting* § 35 Rn. 23; *Galperin/Löwisch* § 35 Rn. 13; *Glock/HWGNRH* § 35 Rn. 27; *Wedde/DKKW* § 35 Rn. 13).

5. Erneuter Beschluss

Der durch das BetrVG 1972 neu gefasste § 35 Abs. 2 (s. Rdn. 3) regelt das Verfahren nach Ablauf der Frist. Danach ist im Gegensatz zu § 34 BetrVG 1952 in jedem Falle, d. h. unabhängig davon, ob es zu einer Verständigung gekommen ist oder nicht, über die Angelegenheit neu zu beschließen, um somit endgültig Klarheit zu schaffen (ebenso *Richardi/Thüsing* § 35 Rn. 20; zur früheren Rechtslage *Dietz* § 34 Rn. 10). Gegenstand der Beschlussfassung ist der angegriffene Beschluss, nicht der frühere Antrag (ebenso *Fitting* § 35 Rn. 24; *Glock/HWGNRH* § 35 Rn. 30; *Richardi/Thüsing* § 35 Rn. 20).

Die **Wochenfrist** dient nur dem **Schutz** der **Antragsteller**, um während angemessener Zeit eine Verständigung zu erzielen. Kommt es vor Ablauf der Wochenfrist zu einer Einigung, so entfällt das Schutzinteresse der Antragsteller, und der Betriebsrat ist berechtigt, innerhalb dieser Frist einen neuen Beschluss in derselben Angelegenheit zu fassen. Entsprechendes gilt, wenn die Antragsteller damit einverstanden sind, dass innerhalb der Wochenfrist ein erneuter Beschluss gefasst wird (ebenso *Fitting* § 35 Rn. 25; *Glock/HWGNRH* § 35 Rn. 28; *Kreft/WPK* § 35 Rn. 11; *Wedde/DKKW* § 35 Rn. 16; a. M. *Galperin/Löwisch* § 35 Rn. 14). Dafür spricht auch, dass die Antragsteller jederzeit ihren Antrag zurücknehmen und damit der Aussetzung die Grundlage entziehen können (s. Rdn. 10).

Nach **Ablauf** der **Wochenfrist** endet die Aussetzung des angegriffenen Beschlusses, und zwar auch dann, wenn ein bestätigender Beschluss bis dahin noch nicht gefasst worden ist (*Fitting* § 35 Rn. 24; *Glock/HWGNRH* § 35 Rn. 32). Der angegriffene Beschluss wird also durch die Aussetzung nicht unwirksam mit der Folge, dass erst ein neuer Beschluss die notwendige Rechtsgrundlage für die Maßnahme schaffen müsste. § 35 ist lediglich eine interne Ordnungsvorschrift (s. Rdn. 20, 22). Es würde im Übrigen der Stellung der Jugend- und Auszubildendenvertretung und der Schwerbehindertenvertretung in der Betriebsverfassung nicht gerecht, wenn diese es in der Hand hätten, durch einen Aussetzungsantrag jeden Beschluss nach Ablauf einer Woche unwirksam werden zu lassen. Wenn § 35 Abs. 2 anordnet, dass nach Ablauf der Frist erneut zu beschließen ist, so gibt das Gesetz andererseits zu erkennen, dass der Beschluss im Interesse der betroffenen Arbeitnehmergruppe im Regelfall nur durchgeführt werden soll, wenn er vom Betriebsrat trotz der Einwände der Jugend- und Auszubilden-

§ 35 II. 3. *Geschäftsführung des Betriebsrats*

denvertretung bzw. der Schwerbehindertenvertretung bestätigt worden ist. Der Betriebsratsvorsitzende ist daher verpflichtet, schon bei Antragstellung dafür zu sorgen, dass umgehend nach Ablauf der Wochenfrist über die Angelegenheit neu beschlossen wird (zust. *Glock/HWGNRH* § 35 Rn. 33; *Wedde/DKKW* § 35 Rn. 17). Eine Verschiebung des erneuten Beschlusses ist jedoch zulässig, wenn der Beschluss erst zu einem späteren Zeitpunkt vollzogen werden kann und soll (*Fitting* § 35 Rn. 25; *Wedde/DKKW* § 35 Rn. 17). Kann die erneute Beschlussfassung erst nach Ablauf der Wochenfrist erfolgen, so kann der Betriebsratsvorsitzende den angegriffenen Beschluss in der Zwischenzeit vollziehen, wenn dies dringend erforderlich ist (nach *Glock/HWGNRH* § 35 Rn. 32 ist der Beschluss uneingeschränkt durchführbar). Damit wird zwar die Entscheidung des Betriebsrats präjudiziert; die im Gesetz enthaltene Regelungslücke zwingt jedoch zu einer auf den Einzelfall abgestellten Interessenabwägung. Sofern der Betriebsratsvorsitzende die verspätete Beschlussfassung zu vertreten hat, kann darin ein grobe Pflichtverletzung nach § 23 Abs. 1 liegen (s. a. Rdn. 20).

28 Der Betriebsrat kann bei der **erneuten Beschlussfassung** den früheren Beschluss bestätigen, abändern oder aufheben (s. § 33 Rdn. 43). Mit seiner **Bestätigung** ist das Verfahren nach § 35 abgeschlossen, d. h. der Aussetzungsantrag ist erledigt und kann nicht wiederholt werden (§ 35 Abs. 2 Satz 2). Auch andere Antragsberechtigte können wegen Ablaufs der Wochenfrist keinen Antrag mehr stellen (ebenso *Fitting* § 35 Rn. 26; *Wedde/DKKW* § 35 Rn. 18; im Ergebnis auch *Glock/HWGNRH* § 35 Rn. 31; *Richardi/Thüsing* § 35 Rn. 21).

29 Ein erneuter Aussetzungsantrag ist nach dem letzten Halbs. des Abs. 2 auch dann ausgeschlossen, wenn der Beschluss zwar nicht in vollem Umfang bestätigt wird, aber nur **unerhebliche Änderungen** aufweist. Hierdurch soll sichergestellt werden, dass kleinere Modifikationen des beanstandeten Beschlusses, die möglicherweise gerade den Anlass der Beanstandung ausräumen sollen, nicht eine erneute Aussetzung möglich machen (vgl. BT-Drucks. VI/2729, S. 16; zu BT-Drucks. VI/2729, S. 23). Eine unerhebliche Abänderung liegt vor, wenn bei objektiver Würdigung die inhaltliche Abweichung gegenüber dem bisherigen Beschluss unwesentlich ist (ebenso *Glock/HWGNRH* § 35 Rn. 31; *Stege/Weinspach/Schiefer* § 35 Rn. 5; ähnlich *Fitting* § 35 Rn. 27). Wird dagegen der **frühere Beschluss erheblich geändert**, so kann ein neuer Aussetzungsantrag von einem der Antragsberechtigten (s. Rdn. 10 ff.) gestellt werden, weil damit erneut wichtige Interessen anderer Personen beeinträchtigt sein können.

30 Wird der **frühere Beschluss** nur **aufgehoben**, dagegen in der Sache selbst kein neuer Beschluss gefasst, so kann von denselben Antragstellern ein neuer Antrag auf Aussetzung nicht gestellt werden, weil er gegenstandslos wäre (ebenso *Kreft/WPK* § 35 Rn. 12; **a. M.** *Fitting* § 35 Rn. 28; *Galperin/Löwisch* § 35 Rn. 15). Etwas anderes gilt dann, wenn die Aufhebung des Beschlusses zu einer Belastung einer anderen Gruppe dadurch führt, dass ein sie begünstigender Beschluss entfällt (zust. *Kreft/WPK* § 35 Rn. 12).

III. Kein Recht auf Minderheitsvotum

31 Vor Inkrafttreten des BetrVerf-ReformG war streitig, ob § 35 Abs. 1 a. F. einer bei der Abstimmung unterlegenen Minderheit das Recht gibt, ihre abweichende Meinung in einem förmlichen Votum dem Arbeitgeber mitzuteilen. Dies wurde überwiegend verneint (*Wiese* 6. Aufl., § 35 Rn. 31 m. w. N.). Die Frage war hauptsächlich dann von Bedeutung, wenn die überstimmten Vertreter einer Arbeitnehmergruppe mit ihrem Aussetzungsantrag keine Änderung des Beschlusses erreichen konnten. Nach der Neufassung durch das BetrVerf-ReformG kann es zwar immer noch vorkommen, dass einzelne »Fraktionen« im Betriebsrat überstimmt werden. Da § 35 Abs. 1 n. F. nach der Abschaffung des Gruppenprinzips auch kein Antragsrecht für Minderheitenlisten vorsieht, lässt sich aber aus der Vorschrift erst recht **kein Recht auf ein Minderheitsvotum** ableiten. Auch die Mitglieder der **Jugend- und Auszubildendenvertretung** können in den Angelegenheiten, in denen ihnen nach § 67 Abs. 2 ein Stimmrecht zusteht, kein Sondervotum gegenüber dem Arbeitgeber abgeben, weil sie die Interessen der in § 60 Abs. 1 genannten Arbeitnehmer ausschließlich gegenüber dem Betriebsrat vertreten (s. *Oetker* vor § 60 Rdn. 19). Inwieweit die Sitzungsteilnehmer über die Sitzung **Stillschweigen zu wahren** haben, bemisst sich nach den zu § 30 (s. § 30 Rdn. 25 ff.) entwickelten

Geschäftsordnung § 36

Grundsätzen. Sie können daher in den aufgezeigten Grenzen über die Sitzung, auch über ihr Abstimmungsverhalten, den Arbeitskollegen und dem Arbeitgeber berichten (ebenso *Galperin/Siebert* § 34 Rn. 6; *Glock/HWGNRH* § 30 Rn. 26; *Richardi/Thüsing* § 35 Rn. 6; **a. M.** *Fitting* § 30 Rn. 20; *Wedde/DKKW* § 30 Rn. 14). Die Nichtöffentlichkeit der Sitzungen steht dem nicht entgegen (ebenso *Galperin/Siebert* § 34 Rn. 6).

IV. Streitigkeiten

Über Streitigkeiten aus der Anwendung des § 35 entscheiden die Arbeitsgerichte im Beschlussverfahren (§ 2a Abs. 1 Nr. 1, Abs. 2, §§ 80 ff. ArbGG). Das gilt auch für die Rechte der Schwerbehindertenvertretung (vgl. *BAG* 21.09.1989 AP Nr. 1 zu § 25 SchwbG 1986 Bl. 2 R ff.). Soweit es um die Zulässigkeit des Antrags auf Aussetzung geht, kann im Beschlussverfahren nur geprüft werden, ob die förmlichen Voraussetzungen des Antrags (s. Rdn. 15 ff.) vorliegen, nicht dagegen die Berechtigung der von den Antragstellern vorgetragenen Gründe (ebenso *Glock/HWGNRH* § 35 Rn. 35; *Richardi/Thüsing* § 35 Rn. 27). Der Vorsitzende des Betriebsrats kann durch einstweilige Verfügung gezwungen werden, rechtzeitig die Sitzung des Betriebsrats zur erneuten Beschlussfassung einzuberufen (s. § 29 Rdn. 90; *Fitting* § 35 Rn. 34; *Glock/HWGNRH* § 35 Rn. 35; *Reichold/HWK* § 35 BetrVG Rn. 7; *Wedde/DKKW* § 35 Rn. 19). **32**

§ 36
Geschäftsordnung

Sonstige Bestimmungen über die Geschäftsführung sollen in einer schriftlichen Geschäftsordnung getroffen werden, die der Betriebsrat mit der Mehrheit der Stimmen seiner Mitglieder beschließt.

Literatur
Literaturnachweise zum BetrVG 1952 siehe 8. Auflage.

Bobrowski Die Geschäftsordnung des Betriebsrats, DB 1957, 21; *Kraushaar* Die Geschäftsordnung des Betriebsrats, AiB 1995, 161; *Voigt* Die Geschäftsordnungen der Kollegialorgane im Privatrecht (Diss. Mannheim), 1983. Vgl. ferner vor § 26.

Inhaltsübersicht

		Rdn.
I.	Vorbemerkung	1–5
II.	Verpflichtung zum Erlass einer Geschäftsordnung	6
III.	Erlass, Änderung und Aufhebung der Geschäftsordnung	7–11
IV.	Inhalt der Geschäftsordnung	12–16
V.	Wirkungen der Geschäftsordnung	17–19
VI.	Streitigkeiten	20

I. Vorbemerkung

Die Vorschrift unterscheidet sich von § 36 BetrVG 1952 dadurch, dass die bisherige Kannvorschrift in eine Sollvorschrift umgewandelt wurde, um wegen der Bedeutung der Geschäftsordnung für den ordnungsgemäßen Ablauf der Betriebsratstätigkeit auf ihren Erlass stärker hinzuwirken (amtliche Begründung, BR-Drucks. 715/70, S. 40). Außerdem ist im Interesse der Rechtssicherheit nunmehr die Schriftform und wegen der Bedeutung der Geschäftsordnung die absolute Stimmenmehrheit vorgeschrieben (amtliche Begründung, BR-Drucks. 715/70, S. 40). **1**

Die Vorschrift gilt entsprechend für den **Gesamtbetriebsrat** (§ 51 Abs. 1 Satz 1), den **Konzernbetriebsrat** (§ 59 Abs. 1), die **Jugend- und Auszubildendenvertretung** (§ 65 Abs. 1), die **2**

§ 36 II. 3. *Geschäftsführung des Betriebsrats*

Gesamt-Jugend- und Auszubildendenvertretung (§ 73 Abs. 2), die Konzern-Jugend- und Auszubildendenvertretung (§ 73b Abs. 2), die Bordvertretung (§ 115 Abs. 4 Satz 1) und den Seebetriebsrat (§ 116 Abs. 3 Satz 1). Sie gilt entsprechend auch für eine anderweitige Vertretung der Arbeitnehmer nach § 3 Abs. 1 Nr. 1 bis 3, weil diese an die Stelle des Betriebsrats tritt (vgl. § 3 Abs. 5 sowie *Franzen* § 3 Rdn. 61). Für eine zusätzliche Vertretung der Arbeitnehmer nach § 3 Abs. 1 Nr. 4 und 5, Abs. 2 können die Tarif- oder Betriebspartner in dem Tarifvertrag bzw. in der Betriebsvereinbarung den Erlass einer Geschäftsordnung vorschreiben (vgl. *Fitting* § 36 Rn. 2).

3 Auch der Betriebsausschuss und die anderen Ausschüsse des Betriebsrats (§§ 27, 28) können sich eine Geschäftsordnung geben (ebenso *Fitting* § 27 Rn. 64, § 36 Rn. 3; *Galperin/Löwisch* § 27 Rn. 20, § 36 Rn. 2; *Glock/HWGNRH* § 36 Rn. 15; *Hueck/Nipperdey* II/2, S. 1195; *Richardi/Thüsing* § 27 Rn. 45, § 28 Rn. 23; *Wedde/DKKW* § 36 Rn. 2), es sei denn, dass der Betriebsrat in seiner Geschäftsordnung das Verfahren der Ausschüsse mitgeregelt oder ihnen eine eigene Geschäftsordnung gegeben hat (ebenso *Fitting* § 27 Rn. 64, § 36 Rn. 3; *Galperin/Löwisch* § 27 Rn. 20; *Kreft/WPK* § 36 Rn. 1; *Richardi/Thüsing* § 27 Rn. 45 [seit der 7. Aufl.]; *Wedde/DKKW* § 36 Rn. 2; a. M. *Glock/HWGNRH* § 36 Rn. 15, der meint, der Betriebsausschuss könne sich nur selbst eine Geschäftsordnung geben; einschränkend auch *Brecht* § 36 Rn. 2, der bei der Übertragung von Aufgaben zur selbständigen Erledigung nur den Betriebsrat für einen Erlass einer Geschäftsordnung für legitimiert hält). Entsprechendes gilt für die Ausschüsse des Gesamtbetriebsrats und des Konzernbetriebsrats. Auch Arbeitsgruppen nach § 28a können sich eine Geschäftsordnung geben (*Kreft/WPK* § 36 Rn. 1). Dies ergibt sich, ohne dass es einer entsprechenden Anwendung des § 36 bedarf, bereits aus dem Zweck des § 28a, mehr unmittelbare Beteiligung der Arbeitnehmer zu verwirklichen und diesen die eigenverantwortliche Regelung der sie betreffenden Angelegenheiten zu überlassen. Hierzu gehören nicht zuletzt die interne Organisation der Arbeitsgruppe und die Regeln der Willensbildung. Eine Pflicht zur Schaffung einer Geschäftsordnung besteht allerdings für die Arbeitsgruppe nicht, weil sie nicht Sachwalter fremder Interessen, sondern ein Forum zur Wahrnehmung der subjektiven Interessen der Gruppenmitglieder ist, die Geschäftsordnung also nur im eigenen Interesse der Arbeitsgruppe liegt.

4 Die Vorschrift ist zwingend und kann weder durch Tarifvertrag noch durch Betriebsvereinbarung abbedungen werden.

5 Zum Personalvertretungsrecht vgl. § 42 BPersVG, für Sprecherausschüsse § 13 Abs. 5 SprAuG, zum besonderen Verhandlungsgremium und zum Europäischen Betriebsrat kraft Gesetzes § 13 Abs. 1 Satz 2, § 28 Satz 2 EBRG (hierzu s. *Oetker* Band I Anh. 2 EBRG).

II. Verpflichtung zum Erlass einer Geschäftsordnung

6 Das Gesetz regelt die Geschäftsführung des Betriebsrats in den §§ 26 ff. nur in Grundzügen. In der täglichen Praxis stellen sich jedoch eine Vielzahl von Einzelfragen, die durch die gesetzlichen Bestimmungen nicht beantwortet werden. Diese Details sollten daher nach Möglichkeit in einer Geschäftsordnung geregelt werden, um für die Geschäftsführung des Betriebsrats klare Rahmenbedingungen zu schaffen. Da die Sicherung einer effizienten Betriebsratsarbeit nicht nur den Betriebsratsmitgliedern dient, sondern auch im Interesse der Arbeitnehmer und des Arbeitgebers liegt, ist § 36 als Sollvorschrift ausgestaltet. Die Vorschrift stellt also den Erlass einer Geschäftsordnung nicht in das Ermessen des Betriebsrats, sondern verpflichtet ihn hierzu nach allgemeinen Grundsätzen (ebenso *Voigt* Die Geschäftsordnungen der Kollegialorgane im Privatrecht, S. 31 f.; vgl. auch *Fitting* § 36 Rn. 1: der Erlass einer Geschäftsordnung sei dem Betriebsrat »aufgegeben«; allgemein zur Bedeutung von Sollvorschriften *Wolff/Bachof/Stober/Kluth* Verwaltungsrecht I, § 31 Rn. 41). Die Bestimmung gilt allerdings nach ihrem Wortlaut und Zweck nur für einen Betriebsrat mit mehreren, d. h. mindestens drei Mitgliedern, nicht dagegen für den aus einer Person bestehenden Betriebsrat (vgl. § 9). Nur aus besonderen Gründen kann von dem Erlass einer Geschäftsordnung abgesehen werden (*Wolff/Bachof/Stober/Kluth* Verwaltungsrecht I, § 31 Rn. 41). Auch kleinere Betriebsräte sollten jedenfalls einige wenige Geschäftsordnungsregeln aufstellen. Die Nichtbeachtung des § 36 ist jedoch ohne Einfluss auf die Wirksamkeit von Beschlüssen des Betriebsrats (ebenso *Fitting* § 36 Rn. 9; *Glock/HWGNRH* § 36 Rn. 1; *Reichold/HWK* § 36 BetrVG Rn. 1). Das ändert freilich nichts daran, dass der

Geschäftsordnung § 36

Betriebsrat seine **Amtspflichten verletzt**, wenn er keine Geschäftsordnung erlässt. Dabei mag es sich im Regelfalle noch nicht um eine grobe Pflichtverletzung i. S. des § 23 Abs. 1 handeln (vgl. auch *Fitting* § 36 Rn. 9; *Glock/HWGNRH* § 36 Rn. 1). Wenn und soweit die Schaffung von Regeln der Geschäftsführung (auch) den Interessen des Arbeitgebers Rechnung trägt, kann es jedoch einen groben Verstoß gegen die Pflicht aus § 36 sowie gegen die Pflicht zur vertrauensvollen Zusammenarbeit nach § 2 Abs. 1 darstellen, wenn der Betriebsrat trotz entsprechender Bitten des Arbeitgebers weiterhin untätig bleibt.

III. Erlass, Änderung und Aufhebung der Geschäftsordnung

Die Geschäftsordnung kommt durch **Beschluss** des **Betriebsrats** (§ 33) zustande. Der Arbeitgeber 7 hat auf das Zustandekommen des Beschlusses keinen Einfluss, kann also insbesondere den Erlass der Geschäftsordnung nicht erzwingen (vgl. aber auch Rdn. 6). Der Beschluss bedarf der Mehrheit der Stimmen des Betriebsrats (absolute Mehrheit; s. § 33 Rdn. 33); entgegen der Regel des § 33 Abs. 1 Satz 1 genügt also nicht die Mehrheit der Stimmen der anwesenden Betriebsratsmitglieder.

Die Geschäftsordnung ist **schriftlich** niederzulegen (zur Schriftform einzelner Beschlüsse vgl. § 27 8 Abs. 2 Satz 3 und 4, § 28 Abs. 1 Satz 3); sie ist daher in einer Urkunde zusammenzufassen und für den Betriebsrat zu unterzeichnen (§ 126 BGB). Anders als nach § 34 Abs. 1 Satz 2, § 1 Abs. 3 Satz 3 WO, die Ausnahmevorschriften sind, ist die Unterschrift des Vorsitzenden des Betriebsrats als ausreichend anzusehen. Das ändert nichts daran, dass der Beschluss über die Geschäftsordnung **in die Sitzungsniederschrift aufzunehmen** und diese nach § 34 Abs. 1 Satz 2 vom Vorsitzenden und daneben von einem weiteren Betriebsratsmitglied zu unterzeichnen ist. Dabei handelt es sich jedoch nur um eine Ordnungsvorschrift (s. § 34 Rdn. 10), nicht um eine Wirksamkeitsvoraussetzung der Geschäftsordnung. Ist die Geschäftsordnung nicht in der Niederschrift enthalten, hat der Vorsitzende ihren Inhalt aber in einer eigenen Urkunde niedergelegt und mit seiner Unterschrift autorisiert, so ist die Geschäftsordnung verbindlich. Umgekehrt ist die Aufnahme der Geschäftsordnung in die vom Betriebsratsvorsitzenden unterzeichnete Sitzungsniederschrift ausreichend, so dass eine besondere Ausfertigung der Geschäftsordnung nicht erforderlich ist (*Richardi/Thüsing* § 36 Rn. 10). Bei **Nichtbeachtung der Formvorschrift** ist die Geschäftsordnung als solche nichtig (§ 125 Satz 1 BGB). Die Nichtbeachtung der in der Geschäftsordnung aufgestellten Regeln stellt also für sich genommen noch keinen Rechtsverstoß dar (*Raab* FS *Konzen*, 2006, S. 719 [732]).

Das Schriftformerfordernis gilt nicht für **einfache Geschäftsführungsbeschlüsse** des Betriebsrats (s. 9 Rdn. 15; **a. M.** wohl *LAG Hamm* 14.08.2009 – 10 TaBV 175/08 – juris, Rn. 69). In Betracht käme ohnehin nur eine entsprechende Anwendung. Hierfür fehlt es aber an der erforderlichen Gesetzeslücke. Die Schriftform soll der besonderen Bedeutung der Geschäftsordnung Rechnung tragen, mit der sich der Betriebsrat allgemeine, für eine Vielzahl von Fallgestaltungen anwendbare und auf Dauer geltende Regeln gibt. Diese sollen schriftlich dokumentiert werden, damit ihr Inhalt jederzeit überprüft und die Einhaltung der Regeln eingefordert werden kann (*Raab* FS *Konzen*, 2006, S. 719 [732]). Würde man die Schriftform auf einfache Geschäftsordnungsbeschlüsse des Betriebsrats übertragen, so würde man ihm die Möglichkeit nehmen oder doch erheblich erschweren, im Einzelfall oder kurzfristig Vorgaben für das interne Verfahren zu beschließen, da die Beschlüsse zu ihrer Wirksamkeit erst schriftlich fixiert werden müssten. Hinzu käme, dass das Formerfordernis auf Geschäftsordnungsbeschlüsse beschränkt bleiben müsste und nicht auf andere Beschlüsse des Betriebsrats übertragbar wäre. Für ein solches gespaltenes Formerfordernis und die hiermit verbundene Ungleichbehandlung fehlt es aber an jeglichem Anhaltspunkt im Gesetz. Die Unterschiede in der Interessenlage bei Erlass einer Geschäftsordnung einerseits und einfachen Geschäftsordnungsbeschlüssen andererseits sowie die Systematik der gesetzlichen Regelung sprechen also gegen eine planwidrige Unvollständigkeit. Die Formfreiheit setzt allerdings voraus, dass der Betriebsrat tatsächlich nur einen einfachen Beschluss über seine eigenen Verfahrensregeln fassen und keine auf Dauer angelegte Geschäftsordnung beschließen wollte. Eine formunwirksame Geschäftsordnung kann deshalb nicht nach § 140 Abs. 1 BGB in eine Vielzahl von einfachen Geschäftsführungsbeschlüssen umgedeutet werden.

10 Eine **Bekanntmachung** der Geschäftsordnung ist mit Rücksicht auf ihre nur interne Bedeutung (s. Rdn. 17) nicht vorgeschrieben und daher nicht erforderlich. Das gilt auch gegenüber dem **Arbeitgeber** (*Fitting* § 36 Rn. 11; *Galperin/Löwisch* § 36 Rn. 4; *Glock/HWGNRH* § 36 Rn. 11; *Kreft/WPK* § 36 Rn. 4; *Richardi/Thüsing* § 36 Rn. 11; *Wedde/DKKW* § 36 Rn. 9). Dieser hat keinen Anspruch auf Aushändigung eines Exemplars der Geschäftsordnung (ebenso *Lichtenstein* BetrR 1975, 199 [227]; a. M. *Arbeitsring Chemie* Anm. zu § 36). Im Interesse einer vertrauensvollen Zusammenarbeit zwischen Arbeitgeber und Betriebsrat (§ 2 Abs. 1) sind dem Arbeitgeber jedoch Teile der Geschäftsordnung mitzuteilen, soweit es für diese Zusammenarbeit erforderlich ist (ebenso *Galperin/Löwisch* § 36 Rn. 4; *Glock/HWGNRH* § 36 Rn. 11 [»zweckmäßig bzw. empfohlen«]; *Joost*/MünchArbR § 219 Rn. 80; *Stege/Weinspach/Schiefer* § 36 Rn. 3 [»erforderlich«]; enger *Fitting* § 36 Rn. 11; *Wedde/DKKW* § 36 Rn. 9, die das nur für zweckmäßig bzw. »geboten« halten). Das kann z. B. bei einer von § 26 Abs. 2 abweichenden Vertretungsregelung (s. § 26 Rdn. 59) oder bei Übertragung von Aufgaben zur selbständigen Erledigung nach § 27 Abs. 2 Satz 2 auf den Betriebsausschuss und nach § 28 Abs. 1 auf die weiteren Ausschüsse der Fall sein. **Betriebsratsmitglieder** haben nach § 34 Abs. 3 das Recht, jederzeit die Geschäftsordnung einzusehen (s. § 34 Rdn. 31 ff.). Sie können sich auch eine Abschrift oder Kopie anfertigen (s. § 34 Rdn. 33). Zweckmäßigerweise sollte den Mitgliedern eine Abschrift ausgehändigt werden, weil dies die beste Gewähr für die Einhaltung der Geschäftsordnungsregeln darstellt. Der Betriebsrat kann dies auch (etwa in der Geschäftsordnung selbst) beschließen. Ohne besondere Grundlage besteht allerdings kein Anspruch auf Aushändigung einer Kopie (vgl. auch § 34 Rdn. 26; a. M. ArbG München 12.04.1989 AuR 1990, 132; *Stege/Weinspach/Schiefer* § 36 Rn. 3). Die Betriebsratsmitglieder können sich jedoch – wie bezüglich der sonstigen Unterlagen des Betriebsrats auch – Abschriften und ggf. selbst Kopien anfertigen (s. § 34 Rdn. 33). Existiert die Geschäftsordnung in elektronischer Form, so ist den Betriebsratsmitgliedern der jederzeitige Zugriff zu eröffnen (s. § 34 Rdn. 36).

11 Eine **Änderung** oder **Ergänzung** der Geschäftsordnung ist nur mit der Mehrheit der Stimmen des Betriebsrats (s. § 33 Rdn. 33) unter Beachtung der Schriftform möglich. Auch die **Aufhebung** der Geschäftsordnung bedarf der gleichen Mehrheit (ebenso *Fitting* § 36 Rn. 13; *Glock/HWGNRH* § 36 Rn. 13; *Löwisch/LK* § 36 Rn. 2; *Reichold/HWK* § 36 BetrVG Rn. 6; *Richardi/Thüsing* § 36 Rn. 13), dagegen nicht der Schriftform (a. M. *Fitting* § 36 Rn. 13; *Glock/HWGNRH* § 36 Rn. 13; *Kreft/WPK* § 36 Rn. 6.). Im einzelnen Falle kann mit der Mehrheit der Stimmen des Betriebsrats von der Geschäftsordnung **abgewichen** werden (ebenso *Fitting* § 36 Rn. 13; *Glock/HWGNRH* § 36 Rn. 13; *Kreft/WPK* § 36 Rn. 6; *Stege/Weinspach/Schiefer* § 36 Rn. 3; *Wedde/DKKW* § 36 Rn. 10; ebenso für das BPersVG *Jacobs/RDW* § 42 Rn. 14; a. M. *Nikisch* III, S. 191; *Richardi/Thüsing* § 36 Rn. 13, die das Einverständnis aller Betriebsratsmitglieder verlangen). Das entspricht allgemeinen Grundsätzen (vgl. *Schweitzer* NJW 1956, 84 [85 f.]).

IV. Inhalt der Geschäftsordnung

12 Die Geschäftsordnung regelt das **bei der Geschäftsführung** des **Betriebsrats** von ihm **einzuhaltende Verfahren**. Sie kann insoweit jede Frage zum Gegenstand haben, die mit der Geschäftsführung des Betriebsrats zusammenhängt. Der **Rahmen** wird durch die **zwingenden gesetzlichen Bestimmungen**, insbesondere die §§ 26 ff., gezogen, die daher nicht geändert, sondern nur ausgestaltet und ergänzt werden können (ebenso BAG 16.11.2005 EzA § 28 BetrVG 2001 Nr. 3 unter B II 1b bb (1); LAG Hamburg 06.10.2006 – 6 TaBV 12/06 – juris, Rn. 61; *Glock/HWGNRH* § 36 Rn. 4; *Richardi/Thüsing* § 36 Rn. 5; noch enger *Fitting* § 36 Rn. 5 [gesetzliche Bestimmungen dürften nur »wiederholt« werden]; zur Frage der Zulässigkeit einer Regelung über die Bildung zusätzlicher, im Gesetz nicht vorgesehener Ausschüsse vgl. LAG Baden-Württemberg 10.04.2013 LAGE § 36 BetrVG 2001 Nr. 1 unter II 1c sowie § 28 Rdn. 13). Zu den gesetzlichen Bestimmungen zählen auch allgemein **anerkannte demokratische Grundsätze** (ebenso LAG Hamburg 06.10.2006 – 6 TaBV 12/06 – juris, Rn. 62; *Galperin/Siebert* § 36 Rn. 5; *Hässler* Geschäftsführung des Betriebsrates, S. 78; *Voigt* Die Geschäftsordnungen der Kollegialorgane im Privatrecht, S. 97; vgl. auch *Galperin/Löwisch* § 36 Rn. 5). Werden gesetzliche Bestimmungen in die Geschäftsordnung übernommen, was zweckmäßig sein kann, so hat das keine konstitutive Bedeutung. Ihre Aufnahme wird auch nicht durch die Formu-

lierung des § 36 – »sonstige Bestimmungen über die Geschäftsführung« – ausgeschlossen. Entsprechendes wie für gesetzliche gilt für betriebsverfassungsrechtlich relevante tarifliche Regelungen.

Zur **Geschäftsführung** des Betriebsrats gehört **alles**, was sich auf die **Durchführung** der ihm durch 13
das **BetrVG** oder einen zulässigen Tarifvertrag übertragenen **Aufgaben** bezieht. Geregelt werden können die **formalen Verfahrensabläufe**, die Art und Weise, in der sich die internen Prozesse sowie die Willensbildung des Betriebsrats vollziehen soll (*LAG München* 28.05.2015 – 4 TaBV 4/15 – juris, Rn. 27). Die Geschäftsordnung kann dagegen **keine zusätzlichen Pflichten** schaffen, die sich nicht bereits aus dem Gesetz ergeben, und zwar weder für den Betriebsrat noch für einzelne Mitglieder. Eine Regelung in der Geschäftsordnung, die die Betriebsratsmitglieder dazu verpflichtet, die von ihnen durchgeführte Betriebsratsarbeit in einem Tätigkeitsnachweis zu dokumentieren, wäre daher unzulässig und unwirksam (*LAG München* 28.05.2015 – 4 TaBV 4/15 – juris, Rn. 34 ff.). Ebenso wenig kann die Geschäftsordnung zusätzliche Aufgaben begründen; sie kann insbesondere die **Mitbestimmungsrechte nicht erweitern** (ebenso *Fitting* § 36 Rn. 5; *Reichold/HWK* § 36 BetrVG Rn. 2; *Richardi/Thüsing* § 36 Rn. 3, 5; *Wedde/DKKW* § 36 Rn. 5). Sie kann auch nicht einseitig Fragen entscheiden, die der zweiseitigen Regelung mit dem Arbeitgeber bedürfen, wie z. B. nach § 39 Abs. 1 Satz 2 die Vereinbarung über Zeit und Ort der Sprechstunden (ebenso *BAG* 16.01.1979 AP Nr. 5 zu § 38 BetrVG 1972 Bl. 2; *Fitting* § 36 Rn. 8; *Glock/HWGNRH* § 36 Rn. 7; *Kreft/WPK* § 36 Rn. 2; *Löwisch/LK* § 36 Rn. 6; *Richardi/Thüsing* § 36 Rn. 3; *Wedde/DKKW* § 36 Rn. 4; zur Freistellung von Betriebsratsmitgliedern s. *Weber* § 38 Rdn. 36). Das schließt nicht aus, dass aufgrund einer solchen Vereinbarung getroffene Regelungen ebenso wie gesetzliche Bestimmungen der Vollständigkeit halber und des besseren Verständnisses wegen mit nur deklaratorischer Wirkung in die Geschäftsordnung aufgenommen werden (ebenso *Nikisch* III, S. 190 mit Fn. 72). Die Geschäftsordnung hat zwar in erster Linie die Aufgabe, Regeln für die Arbeit des Betriebsrats festzulegen, kann ihm aber auch durch Einbeziehung bereits bestehender Regelungen die Arbeit erleichtern. Es ist daher lediglich eine Frage der Zweckmäßigkeit, ob und inwieweit der Inhalt ergänzender Betriebsvereinbarungen – Entsprechendes gilt für einschlägige Tarifverträge (z. B. nach § 38 Abs. 1 Satz 5) – in die Geschäftsordnung aufgenommen wird.

Dagegen können **Fragen**, die in einer **Geschäftsordnung zu regeln** sind, **nicht** durch **Betriebs-** 14
vereinbarung geregelt werden (ebenso *Fitting* § 36 Rn. 8; *Glock/HWGNRH* § 36 Rn. 7; *Löwisch/LK* § 36 Rn. 6; *Richardi/Thüsing* § 36 Rn. 3; *Wedde/DKKW* § 36 Rn. 4, 5). Das schließt nicht aus, dass eine Betriebsvereinbarung Regelungen der Geschäftsordnung des Zusammenhangs wegen wiederholt. Auch können sich die Regelungen einer Betriebsvereinbarung und der Geschäftsordnung ergänzen, wenn z. B. durch eine Betriebsvereinbarung nach § 39 Abs. 1 Satz 2 Zeit und Ort der Sprechstunden des Betriebsrats festgelegt werden und die Geschäftsordnung bestimmt, dass nach Maßgabe dieser Vereinbarung die Sprechstunden abzuhalten sind (*Fitting* § 36 Rn. 8; *Glock/HWGNRH* § 36 Rn. 7; *Richardi/Thüsing* § 36 Rn. 3).

Der Betriebsrat ist nicht gehalten, alle nur denkbaren, mit der Geschäftsführung zusammenhängenden 15
Fragen in der Geschäftsordnung zu regeln (ebenso *Galperin/Löwisch* § 36 Rn. 5), und sollte es vermeiden, seine Arbeit zu sehr zu bürokratisieren (zust. *Glock/HWGNRH* § 36 Rn. 8). Er kann **für Einzelfragen** auch **durch besonderen Beschluss** ein bestimmtes Verfahren festsetzen. Auf solche ad-hoc-Regelungen findet § 36 keine uneingeschränkte Anwendung. So kann eine durch einfachen Beschluss getroffene Regelung über die Geschäftsführung – anders als eine formgerecht beschlossene Geschäftsordnung (s. Rdn. 7) – mit einfacher Stimmenmehrheit wieder geändert werden (s. a. Rdn. 9; *Dietz* § 36 Rn. 13). In der Geschäftsordnung sollten daher in erster Linie Fragen von genereller Bedeutung geregelt werden. Dazu gehören z. B. Bestimmungen über die Zuständigkeit des Vorsitzenden (§ 26 Abs. 2), des Betriebsausschusses (§ 27 Abs. 2), der anderen Ausschüsse (§ 28 Abs. 1) oder einzelner Betriebsratsmitglieder (§ 27 Abs. 3, § 28 Abs. 2; zu eng daher *Glock/HWGNRH* § 36 Rn. 6; *Richardi/Thüsing* § 36 Rn. 7). Insbesondere kann festgelegt werden, was im Einzelnen **zu den laufenden Geschäften gehört**, wobei die Geschäftsordnung auch hier nur den gesetzlichen Aufgabenumfang im Interesse der Klarstellung konkretisieren, nicht dagegen beschränken oder erweitern kann (*Glock/HWGNRH* § 36 Rn. 5; *Richardi/Thüsing* § 36 Rn. 6; vgl. auch § 27 Rdn. 68). Die Geschäftsordnung kann außerdem die **Vertretung des Betriebsrats** abweichend von den gesetzlichen Vorschriften regeln (s. § 26 Rdn. 59). Auch die Zusammensetzung der **Ausschüsse**, das Verfahren der Wahl der Aus-

schussmitglieder und etwaiger Ersatzmitglieder sowie die den Ausschüssen übertragenen Aufgaben können in der Geschäftsordnung bestimmt werden. Ferner sind vor allem **Formalien der Sitzungen** zu regeln: die Einberufung ordentlicher und außerordentlicher Sitzungen, feste Sitzungstermine, regelmäßiger Sitzungsort, Form und Fristen für Ladungen, Abmeldung bei Verhinderung, Vertretung im Vorsitz, Zusendung der Tagesordnung, deren Änderung oder Ergänzung, Ausübung des Rede- und Antragsrechts, die Ordnung in der Sitzung, das Abstimmungsverfahren, die Durchführung interner Wahlen, Unterbrechung und Aussetzung von Sitzungen, nähere Bestimmungen über die Sitzungsniederschrift (§ 34) oder die Führung der Akten des Betriebsrats, Schluss der Sitzung, Bekanntmachung von Beschlüssen und sonstigen Mitteilungen an die Belegschaft usw. Dagegen kann die Geschäftsordnung keine Regelungen in Bezug auf die **Ausübung des Stimmrechts** durch die Betriebsratsmitglieder treffen. So wäre etwa eine Regelung unwirksam, die Stimmenthaltungen für unzulässig erklärt, die Betriebsratsmitglieder also zu einer Abstimmung mit »Ja« oder »Nein« zwingen will (*LAG München* 28.05.2015 – 4 TaBV 4/15 – juris, Rn. 28 ff.). Das Recht zur Stimmenthaltung entspricht allgemeinen Grundsätzen der Willensbildung in Gremien (zu deren Bedeutung s. Rdn. 12) und darf daher zumindest ohne ausdrückliche gesetzliche Ermächtigung nicht ausgeschlossen werden. Zur Frage eines generellen Teilnahmerechts von Gewerkschaftsbeauftragten an Betriebsratssitzungen durch Geschäftsordnungsregelung s. § 31 Rdn. 19 f.

16 **Muster einer Geschäftsordnung** des Betriebsrats sind abgedruckt u. a. bei *Bitzer* BUV 1972, 125 (168 ff.); *Bopp* Die konstituierende Sitzung des Betriebsrats, 1990, S. 161 ff.; *Bopp/Ehrich/Steckhan/v. Maydell* Geschäftsführung des Betriebsrats, 13.4 und 13.5; *Hässler* Geschäftsführung des Betriebsrates, S. 80 ff.; *Glaubrecht/Halberstadt/Zander* Betriebsverfassungsrecht, 10/1.5, S. 6 ff.; *Lichtenstein* BetrR 1987, 7 (57 ff.). Vgl. ferner das Muster einer Geschäftsordnung des Gesamtbetriebsrats bei *Glaubrecht/Halberstadt/Zander* Betriebsverfassungsrecht, 10/1.8, S. 9 ff. Darüber hinaus bieten zahlreiche Internetportale Muster an; vgl. etwa http://www.betriebsrat.com.

V. Wirkungen der Geschäftsordnung

17 Die Geschäftsordnung hat nur **interne Bedeutung** für den **Betriebsrat**. Sie bewirkt eine Selbstbindung (ebenso *Hässler* Geschäftsführung des Betriebsrates, S. 78; *Glock/HWGNRH* § 36 Rn. 4; *Joost/*MünchArbR § 219 Rn. 79) bei seiner Geschäftsführung, bindet also weder den Arbeitgeber (*LAG Frankfurt a. M.* 11.08.1953 AP 1954 Nr. 148 S. 505) noch die Belegschaft (*Dietz* § 36 Rn. 5). Die Wirkung der Geschäftsordnung besteht vor allem darin, dass der Vorsitzende, sein Stellvertreter, der Betriebsausschuss, die weiteren Ausschüsse und einzelne Betriebsratsmitglieder nicht aus eigenem Recht von ihr abweichen können (*Bitzer* BUV 1972, 125 [148]; *Galperin/Löwisch* § 36 Rn. 6). Sie bindet auch die Betriebsratsmitglieder, die als Ersatzmitglieder (§ 25) erst später in den Betriebsrat nachgerückt sind. Sie hat daher **Rechtssatzcharakter** (*BVerwG* 07.11.1969 PersV 1971, 15 [16 f.] für die Geschäftsordnung des Personalrats). Der **Betriebsrat** selbst **kann** jedoch jederzeit **im konkreten Fall** mit der **Mehrheit seiner Stimmen** von ihr **abweichen** oder sie **ändern** (s. Rdn. 11).

18 Die Geschäftsordnung **gilt nur für** die **Dauer** der **Amtszeit** des **Betriebsrats**, der **sie erlassen hat** (ebenso *Bobrowski* DB 1957, 21; *Fitting* § 36 Rn. 12; *Hässler* Geschäftsführung des Betriebsrates, S. 78; *Glock/HWGNRH* § 36 Rn. 12; *Koch/*ErfK § 36 BetrVG Rn. 1; *Kreft/WPK* § 36 Rn. 7; *Löwisch/LK* § 36 Rn. 2; *Nikisch* III, S. 191 f.; *Reichold/HWK* § 36 BetrVG Rn. 7; *Wedde/DKKW* § 36 Rn. 12; a. M. *Richardi/Thüsing* § 36 Rn. 15; *Stege/Weinspach/Schiefer* § 36 Rn. 3; *Weiss/Weyand* § 36 Rn. 4 f.; offen gelassen von *BAG* 27.05.2015 – 7 ABR 24/13 – juris Rn. 22). Das entspricht dem allgemein geltenden Diskontinuitätsprinzip für Geschäftsordnungen (*Achterberg/Schulte* in v. *Mangoldt/Klein/Starck* GG Bd. II, 6. Aufl. 2010, Art. 40 Rn. 55; vgl. auch *BVerfG* 06.03.1952 BVerfGE 1, 144 [148]). Wenn der neue Betriebsrat frühere Geschäftsordnungsregeln als allgemeine Übung beachtet (*Fitting* § 36 Rn. 12), so besteht doch keine Bindung. Eine stillschweigende Übernahme der Geschäftsordnung (so *Erdmann/Jürging/Kammann* § 36 Rn. 6; vgl. auch *Nikisch* III, S. 191 f.) ist mit Rücksicht auf die nach § 36 vorgeschriebene Schriftform ausgeschlossen (zust. *Glock/HWGNRH* § 36 Rn. 12). Praktikabilitätserwägungen vermögen die Fortgeltung nicht zu begründen (**a. M.** *Richardi/Thüsing* § 36 Rn. 15). Hierfür bedarf es vielmehr eines ausdrücklichen Beschlusses mit der Mehrheit der Stimmen des neuen Betriebsrats und dessen schriftlicher Abfassung (ebenso *Wedde/DKKW* § 36 Rn. 12).

Entsprechendes gilt, falls der Betriebsausschuss oder weitere Ausschüsse sich eine eigene Geschäftsordnung gegeben haben (s. Rdn. 3).

Auch wenn die Geschäftsordnung nur interne Wirkung für die Mitglieder des Betriebsrats besitzt, handelt es sich bei den Bestimmungen um echte Rechtsnormen (s. Rdn. 17), die die innere Ordnung des Betriebsrats für die Betriebsratsmitglieder rechtlich verbindlich regeln. Sie entfaltet also insoweit dieselben Rechtswirkungen wie die gesetzlichen Vorschriften über die Geschäftsführung. Deshalb gelten auch bei **Verstößen gegen die Geschäftsordnung** hinsichtlich der **Rechtsfolgen für Beschlüsse**, die unter Verletzung der Vorschriften zustande gekommen sind, die allgemeinen Grundsätze (hierzu s. § 33 Rdn. 52; vgl. auch *LAG Hessen* 25.03.2004 – 9 TaBV 117/03 – juris: Nichteinhaltung der in der Geschäftsordnung vorgesehenen Ladungsfrist). Der Verstoß gegen die Geschäftsordnung führt daher nur dann zur Unwirksamkeit des Beschlusses, wenn die entsprechende Vorschrift nach ihrem erkennbaren Zweck für das Zustandekommen des Beschlusses und für den Schutz der Betriebsratsmitglieder als so wesentlich anzusehen ist, dass von ihrer Einhaltung die Wirksamkeit des Beschlusses abhängen soll (ähnlich *Joost/MünchArbR* § 219 Rn. 82; *Kreft/WPK* § 36 Rn. 8; *Löwisch/LK* § 36 Rn. 3 [bei schweren Verfahrensverstößen ausnahmsweise Nichtigkeit]; *Nikisch* III, S. 191; *Reichold/HWK* § 36 Rn. 6; *Richardi/Thüsing* § 36 Rn. 12, 14; **a. M.** *Koch*/ErfK § 36 BetrVG Rn. 1; *Stege/Weinspach/Schiefer* § 36 Rn. 3; *Wedde/DKKW* § 36 Rn. 11; *Wiese* 6. Aufl. § 36 Rn. 18, nach denen ein Verstoß gegen die Geschäftsordnung nie zur Unwirksamkeit des Beschlusses führt; gegen Unwirksamkeit bei Verstoß gegen Ordnungsvorschriften *Fitting* § 36 Rn. 14; *Glock/HWGNRH* § 36 Rn. 14). Dies ist insbesondere dann anzunehmen, wenn zumindest die Möglichkeit besteht, dass sich der Verstoß auf das Ergebnis der Beschlussfassung ausgewirkt hat. Dagegen berührt ein Verstoß gegen bloße Ordnungsvorschriften, die lediglich die äußere Verfahrensweise regeln, die Wirksamkeit des Beschlusses nicht. Dies ist etwa der Fall, wenn die Ladung entgegen der Vorschrift in der Geschäftsordnung nicht schriftlich, sondern mündlich erfolgt ist (vgl. *Richardi/Thüsing* § 36 Rn. 12). In jedem Fall stellt der Verstoß gegen die Geschäftsordnung eine Verletzung der gesetzlichen Pflichten dar, die in schwerwiegenden Fällen zu Sanktionen nach § 23 Abs. 1 führen kann.

VI. Streitigkeiten

Streitigkeiten im Zusammenhang mit der Geschäftsordnung, insbesondere über deren Erlass, die Wirksamkeit einzelner Bestimmungen, ihre Auslegung, Änderung oder Aufhebung, entscheiden die Arbeitsgerichte im Beschlussverfahren (vgl. § 2a Abs. 1 Nr. 1, Abs. 2, §§ 80 ff. ArbGG).

§ 37
Ehrenamtliche Tätigkeit, Arbeitsversäumnis

(1) Die Mitglieder des Betriebsrats führen ihr Amt unentgeltlich als Ehrenamt.

(2) Mitglieder des Betriebsrats sind von ihrer beruflichen Tätigkeit ohne Minderung des Arbeitsentgelts zu befreien, wenn und soweit es nach Umfang und Art des Betriebs zur ordnungsgemäßen Durchführung ihrer Aufgaben erforderlich ist.

(3) Zum Ausgleich für Betriebsratstätigkeit, die aus betriebsbedingten Gründen außerhalb der Arbeitszeit durchzuführen ist, hat das Betriebsratsmitglied Anspruch auf entsprechende Arbeitsbefreiung unter Fortzahlung des Arbeitsentgelts. Betriebsbedingte Gründe liegen auch vor, wenn die Betriebsratstätigkeit wegen der unterschiedlichen Arbeitszeiten der Betriebsratsmitglieder nicht innerhalb der persönlichen Arbeitszeit erfolgen kann. Die Arbeitsbefreiung ist vor Ablauf eines Monats zu gewähren; ist dies aus betriebsbedingten Gründen nicht möglich, so ist die aufgewendete Zeit wie Mehrarbeit zu vergüten.

(4) Das Arbeitsentgelt von Mitgliedern des Betriebsrats darf einschließlich eines Zeitraums von einem Jahr nach Beendigung der Amtszeit nicht geringer bemessen werden als das Ar-

beitsentgelt vergleichbarer Arbeitnehmer mit betriebsüblicher beruflicher Entwicklung. Dies gilt auch für allgemeine Zuwendungen des Arbeitgebers.

(5) Soweit nicht zwingende betriebliche Notwendigkeiten entgegenstehen, dürfen Mitglieder des Betriebsrats einschließlich eines Zeitraums von einem Jahr nach Beendigung der Amtszeit nur mit Tätigkeiten beschäftigt werden, die den Tätigkeiten der in Absatz 4 genannten Arbeitnehmer gleichwertig sind.

(6) Die Absätze 2 und 3 gelten entsprechend für die Teilnahme an Schulungs- und Bildungsveranstaltungen, soweit diese Kenntnisse vermitteln, die für die Arbeit des Betriebsrats erforderlich sind. Betriebsbedingte Gründe im Sinne des Absatzes 3 liegen auch vor, wenn wegen Besonderheiten der betrieblichen Arbeitszeitgestaltung die Schulung des Betriebsratsmitglieds außerhalb seiner Arbeitszeit erfolgt; in diesem Fall ist der Umfang des Ausgleichsanspruchs unter Einbeziehung der Arbeitsbefreiung nach Absatz 2 pro Schulungstag begrenzt auf die Arbeitszeit eines vollzeitbeschäftigten Arbeitnehmers. Der Betriebsrat hat bei der Festlegung der zeitlichen Lage der Teilnahme an Schulungs- und Bildungsveranstaltungen die betrieblichen Notwendigkeiten zu berücksichtigen. Er hat dem Arbeitgeber die Teilnahme und die zeitliche Lage der Schulungs- und Bildungsveranstaltungen rechtzeitig bekannt zu geben. Hält der Arbeitgeber die betrieblichen Notwendigkeiten für nicht ausreichend berücksichtigt, so kann er die Einigungsstelle anrufen. Der Spruch der Einigungsstelle ersetzt die Einigung zwischen Arbeitgeber und Betriebsrat.

(7) Unbeschadet der Vorschrift des Absatzes 6 hat jedes Mitglied des Betriebsrats während seiner regelmäßigen Amtszeit Anspruch auf bezahlte Freistellung für insgesamt drei Wochen zur Teilnahme an Schulungs- und Bildungsveranstaltungen, die von der zuständigen obersten Arbeitsbehörde des Landes nach Beratung mit den Spitzenorganisationen der Gewerkschaften und der Arbeitgeberverbände als geeignet anerkannt sind. Der Anspruch nach Satz 1 erhöht sich für Arbeitnehmer, die erstmals das Amt eines Betriebsratsmitglieds übernehmen und auch nicht zuvor Jugend- und Auszubildendenvertreter waren, auf vier Wochen. Absatz 6 Satz 2 bis 6 findet Anwendung.

Literatur
Literaturnachweise zum BetrVG 1952 siehe. 8. Auflage.

Aden Lohnzuschläge für hypothetische Arbeit des freigestellten Betriebsratsmitglieds, RdA 1980, 256; *Aszmons* Betriebsratsmitglieder im Aufsichtsrat Spannungsfeld zwischen Vergütungspflicht und Begünstigungsgefahr, DB 2014, 895; *Bayreuther* Die »betriebsübliche« Beförderung des freigestellten Betriebsratsmitglieds, NZA 2014, 235; *Behrendt/Lilienthal* Unzulässige Begünstigung von Betriebsratsmitgliedern im unternehmerischen Alltag – wo sind Grenzen?, KSzW 2014, 277; *Bengelsdorf* Freizeitausgleich für teilzeitbeschäftigte Betriebsratsmitglieder, NZA 1989, 905; *Berger-Delhey* »Problemzone« § 37 BetrVG: Aktuelle Fragen zur Teilnahme an Schulungs- und Bildungsveranstaltungen, ZTR 1995, 545; *Beule* Die arbeitsvertragliche Stellung des nach § 37 Abs. 2 BetrVG gelegentlich befreiten Betriebsratsmitglieds (Diss. Münster), 1993; *Bitsch/Drechsler* Betriebsratsschulungen – Was muss der Arbeitgeber bezahlen, was kann er ablehnen?, AuA 2014, 140; *Bittmann/Mujan* Compliance – Brennpunkt »Betriebsratsvergütung« BB 2012, 637 (Teil 1) und BB 2012, 1604 (Teil 2); *Bleistein* Notwendige Zeitversäumnis für Betriebsratstätigkeit: Kontrollen durch den Arbeitgeber unzulässig?, in: *Rüthers/Hacker* (Hrsg.), Das Betriebsverfassungsgesetz auf dem Prüfstand, 1983, S. 95; *Braunschneider* Betriebsratsarbeit ist Arbeitszeit, AiB 2011, 38; *Bonanni/Blattner* Die Vergütung von Betriebsratsmitgliedern – Ein kleiner Praxisleitfaden mit Beispielen, ArbRB 2015, 115; *Britz* »Ich bin dann mal weg!« – Zur anlassbezogenen Freistellung von Betriebsratsmitgliedern, PersV 2012, 249; *Byers* Die Höhe der Betriebsratsvergütung – Eine kritische Auseinandersetzung mit der Rechtslage, NZA 2014, 65; *Däubler* Schulung und Fortbildung, § 37 Abs. 6 und 7 BetrVG und vergleichbare Vorschriften, 5. Aufl. 2004; *ders.* Unabhängigkeit des Betriebsrats trotz Gegnerfinanzierung – Probleme der Vergütung von Betriebsratsmitgliedern SR 2017, 85; *Deinert* Lohnausfallprinzip in § 37 BetrVG und Verbot der Diskriminierung wegen des Geschlechts, NZA 1997, 183; *Dorn* Bildungsmaßnahmen nach dem BetrVG und nach dem AFG (Diss. Würzburg), 1977; *Dütz* Eigenmächtige Arbeitsversäumnis und Freizeitnahme durch Arbeitnehmer und Betriebsratsmitglieder, DB 1976, 1428; *Dütz/Säcker* Zum Umfang der Kostenerstattungs- und Kostenvorschußpflicht des Arbeitgebers gemäß § 40 BetrVG, DB 1972, Beil. Nr. 17; *Ebert* Berufliche Absicherung für Betriebsratsmitglieder, ArbRB 2011, 344; *H. Esser* Erforderlichkeit mit Beurteilungsspielraum? – Zur Anwendung des § 37 Abs. 6 BetrVG, RdA 1976, 229; *P. Esser* Die Begünstigung von Mitgliedern des Betriebsrats (Diss. Köln), 2014; *Farthmann*

Der gerechte Betriebsratslohn – Funktionswandel in der Betriebsratsarbeit und Entgeltgerechtigkeit, FS *Stahlhacke*, 1995, S. 115; *Fischer*. Das Ehrenamtsprinzip der Betriebsverfassung »post Hartzem« – antiquiert oder Systemerfordernis?, NZA 2007, 484; *ders* . Korruptionsbekämpfung in der Betriebsverfassung, BB 2007, 997; *ders*. Das Ehrenamtsprinzip der Betriebsverfassung »post Hartzem« – revisited, NZA 2014, 71; *Franzen* Professionalisierung der Betriebsratsarbeit – Abschied vom Ehrenamt, in: *Rieble/Junker* (Hrsg.), Unternehmensführung und betriebliche Mitbestimmung, 2008, S. 48; *ders*. Zwingende Wirkung der Betriebsverfassung, NZA 2008, 250; *Freitag* Betriebsratsamt und Arbeitsverhältnis (Diss. Regensburg), 1972; *Fuhlrott/Reiß* Freistellungs- und Kostenübernahmepflicht für Betriebsratsschulungen, ArbRAktuell 2013, 410; *Gaul, B.* Berechnung leistungs- und erfolgsbezogener Jahressonderzahlungen bei Betriebsratsmitgliedern, BB 1998, 101; *Gloistein* Der Betriebsrat im Arbeitskampf – Amtstätigkeit und Entgeltansprüche arbeitskampfbetroffener Betriebsratsmitglieder (Diss. Kiel), 2001; *Greßlin* Teilzeitbeschäftigte Betriebsratsmitglieder (Diss. Freiburg), 2004; *Grikschat* Zum Ausgleichsanspruch für Wegezeiten nach § 37 Abs. 3 BetrVG, AuR 1975, 334; *Hamm* Abmeldung des Betriebsrats – Abschied des BAG von den Stichworten, AuR 1996, 16; *Hanau* Analogie und Restriktion im Betriebsverfassungsrecht (insbesondere in §§ 5, 6, 37 Abs. 6 und 7, 87 Abs. 1 Nr. 8–11 BetrVG), FS *G. Müller*, 1981, S. 169; *Happe* Die persönliche Rechtsstellung von Betriebsräten (Diss. Bielefeld), 2017; *Heckes* Der Rechtsschutz gegen Behördenentscheidungen nach § 37 Abs. 7 BetrVG (Diss. Münster), 2001 (zit: Behördenentscheidungen nach § 37 Abs. 7 BetrVG); *Hennecke* Bemessung von Arbeitsentgelt und allgemeinen Zuwendungen für freigestellte Betriebsräte, BB 1986, 936; *ders*. Die Bemessung von Arbeitsentgelt und allgemeinen Zuwendungen freigestellter Betriebsräte, RdA 1986, 241; *Hoff* Die Konkurrenzbeziehungen der Drittkonsultationsrechte betrieblicher Arbeitnehmervertretungsgremien (Diss. Frankfurt), 2012; *Horcher* Aktuelle Themen von Betriebsratsschulungen, ArbRAktuell 2012, 86; *Ilbertz* Freistellungsverfahren, ZBVR 2002, 141; *Jacobs/Frieling* Grundlagen und Grenzen der Bezahlung freigestellter Betriebsratsmitglieder, ZfA 2015, 241; *dies*. Betriebsratsvergütung bei arbeitszeitunabhängiger Provision, NZA 2015, 513; *Jansen* Kein Karriereknick – Verdienstentwicklung, AiB 2014, 52; *Käufer* Weiterbildung im Arbeitsverhältnis (Diss. Bremen), 2002; *Kappelhoff/Kühnel* Der Schulungsanspruch nach § 37 Abs. 6 BetrVG aus Betriebssicht – Voraussetzungen und Tipps für eine effektive Durchsetzung, ArbRB 2014, 179; *dies*. Entgeltansprüche von Betriebsratsmitgliedern bei streitiger Erforderlichkeit der Betriebsratstätigkeit – Geltendmachung nunmehr auch im Beschlussverfahren möglich?, ArbRB, 2015, 151; *Kehrmann* Pauschalierung von Vergütungs- und Kostenerstattungsansprüchen der Betriebsratsmitglieder, FS *Wlotzke*, 1996, S. 357; *Keilich* Die Bemessung der Betriebsratsvergütung – Gut gemeint ist das Gegenteil von gut, BB 2014, 2229; *Kittner* Ersatz von Kosten für den Besuch von Schulungsveranstaltungen nach § 37 Abs. 6 BetrVG, BB 1972, 969; *ders*. Muss jedes Betriebsratsmitglied über Grundkenntnisse des allgemeinen Arbeitsrechts verfügen?, BlStSozArbR 1979, 257; *Kopp* Probleme des »Bildungsurlaubs« nach § 37 Abs. 7 BetrVG, AuR 1976, 333; *Korinth* BR-Schulung und einstweilige Verfügung – Hinweise zur Antragstellung, ArbRB 2008, 30; *Kort* Zur Gleichbehandlung im deutschen und europäischen Arbeitsrecht, insbesondere beim Arbeitsentgelt teilzeitbeschäftigter Betriebsratsmitglieder, RdA 1997, 277; *Kraft* »Allgemeiner Bildungsurlaub« auf Kosten des Arbeitgebers – eine unzulässige Bevorzugung von Betriebsratsmitgliedern, DB 1973, 2519; *Künzl* Freistellung von Betriebsratsmitgliedern für Schulungsveranstaltungen, ZfA 1993, 341; *Leege* Die Anforderungen an die Abmeldepflicht und die Darlegungslast für erforderliche Betriebsratstätigkeiten nach § 37 Abs. 2 BetrVG – Zugleich Besprechung des Urteils des Siebten Senats vom 15.03.1995 – 7 AZR 643/94, DB 1995 S. 1514 –, DB 1995, 1510; *Leisten* Die Vergütung von Betriebs- oder Personalratsmitgliedern bei Teilnahme an Gerichtsverhandlungen, AuR 1981, 168; *Liebers* Schulungsveranstaltungen gemäß § 37 Abs. 7 BetrVG – nach 7 Jahren Praxis, DB 1980, 638; *Lipp* Honorierung und Tätigkeitsschutz von Betriebsratsmitgliedern (Diss. Passau), 2008; *Löwisch/Rügenhagen* Angemessene arbeitsvertragliche Vergütung von Betriebsratsmitgliedern mit Führungsfunktionen, DB 2008, 466; *Loritz* Rechtsschutz der Arbeitgeber gegen Anerkennung der Geeignetheit von Betriebsräteschulungen, DB 1982, 1368; *ders*. Die Erforderlichkeit und Geeignetheit von Betriebsräte-Schulungs- und Bildungsveranstaltungen, NZA 1993, 2; *Mauer* Vergütungsberechnung für teilzeitbeschäftigte Betriebsratsmitglieder bei Teilnahme an Schulungsveranstaltungen nach dem Lohnausfallprinzip, NZA 1993, 56; *Maußner/Schuhmacher* Der Schulungsanspruch des Betriebsrats, ArbRAktuell 2014, 221; *Mayer* Außendienstmitarbeiter im Betriebsrat, AiB 2011, 668; *Moll/Roebers* Pauschale Zahlungen an Betriebsräte?, NZA 2012, 57; *Mühlhausen* Grundlagen und Grenzen der über die Lohnfortzahlung hinausgehenden Kostentragungspflicht des Arbeitgebers für gewerkschaftliche Schulungs- und Bildungsveranstaltungen nach § 37 Abs. 6 BetrVG (Diss. Marburg), 1997 (zit.: Kostentragungspflicht); *St. Müller* Zum Rechtsschutz des Arbeitgebers gegen die Anerkennung von Betriebsräte-Schulungen nach § 37 Abs. 7 BetrVG, DB 1985, 704; *Natzel* Rechtsstellung des freigestellten Betriebsratsmitglieds, NZA 2000, 77; *Ochsmann* Nachteilsausgleich bei Urlaubsunterbrechung zwecks Teilnahme an einer Betriebsratssitzung?, BB 1978, 562; *Oetker* Bildungsfreistellung für Betriebsräte, AuA 1992, 139; *Pahlen* Der Grundsatz der Verhältnismäßigkeit und die Erstattung von Schulungskosten nach dem BetrVG 72, 1979; **Peter** Ehrenkodex für Betriebsräte, FA 2010, 73; *Pröpper* Abmahnung von Betriebsratsmitgliedern – Gratwanderung zwischen Arbeitspflicht- und Amtspflichtverletzung, ZBVR online 2013, 30; *Ratayczak* Freistellung für Betriebsratsarbeit, AiB 2014, 30; *Rasche* Arbeitnehmerweiterbildung – Gesetzlicher Rahmen und kollektive Gestaltungsmöglichkeiten (Diss. Hannover), 2014 (zit.: Arbeitnehmerweiterbildung); *Rath* Der Freizeitausgleich für teilzeitbeschäftigte Betriebsratsmitglieder nach § 37 Abs. 3 BetrVG, BB 1989, 2326; *Reich / Dieball* Mittelbare Diskriminierung teilzeitbeschäftigter weiblicher Betriebsratsmitglieder, AuR 1991, 225; *Reitze* Zur Teilnahme an Schulungen und der Durchsetzung von Schulungskosten gem. § 40 BetrVG, ZBVR online 2015, 31; *Richardi* Freizeitausgleich teilzeitbeschäftigter Personalratsmitglieder, PersR 1991, 397; *Richter* Nach der Betriebsratswahl: In welchem Umfang muss der Arbeitgeber die Schulung von Betriebsratsmitgliedern finanzieren?, BB 2014, 2233; *Rieble* Die Betriebsratsvergütung, NZA 2008, 276; *ders.* Führungsrolle des Betriebsrats und Corporate Governance, in: *Rieble / Junker* (Hrsg.), Unternehmensführung und betriebliche Mitbestimmung, 2008, S. 10; *ders.* Gewerkschaftswidrige Leistungen an Betriebsräte BB 2009, 1016; *Röhrborn* Betriebsratsvergütung und Lohnausfallprinzip – Heiligenschein oder scheinheilig?, ArbRAktuell 2015, 573; *Rüthers* Zum Arbeitsentgelt des Betriebsrates, RdA 1976, 61; *Schiefer* Schulungs- und Bildungsveranstaltungen gem. § 37 Abs. 7 BetrVG – Tatsächliche und rechtliche Aspekte – Begriff der Geeignetheit, gerichtliche Überprüfbarkeit des Anerkennungsbescheids, Rechtswegproblematik und Anfechtungsberechtigung, DB 1991, 1453; *ders.* Freistellungsansprüche für Betriebsratsmitglieder gem. § 37 Abs. 6 und Abs. 7 BetrVG sowie nach den Bildungsurlaubsgesetzen, DB 1992, 631; *ders.* Schulung und Weiterbildung im Arbeits- und Dienstverhältnis, 1993 (zit.: Schulung); *ders.* Schulung und Weiterbildung im Arbeits- und Dienstverhältnis, NZA 1993, 822; *ders.* Die Rechtsprechung des *EuGH* zur Vergütung teilzeitbeschäftigter Betriebsratsmitglieder bei ganztägiger Schulungsteilnahme – Zugleich Anmerkung zu *LAG Baden-Württemberg* Urteil vom 11.12.1992, DB 1993 S. 1826 –, DB 1993, 1822; *ders.* Inhalt und Kosten von Betriebsratsschulungen. Aktuelle Rechtsprechung des BAG, NZA 1995, 454; *ders.* Betriebsratsschulungen – geänderte Spielregeln, DB 2008, 2649; *Schiefer / Pogge* Ab- und Rückmeldepflichten von Betriebsratsmitgliedern, DB 2012, 743; *Schneider, D.* Entgeltfortzahlung und Konkurrenzen (Diss. Hamburg), 2014; *Schneider, W.* Arbeitsentgelt- und Berufsschutz freigestellter Betriebsratsmitglieder, NZA 1984, 21; *ders.* Erstmals gewählte Betriebsratsmitglieder: erforderliche und geeignete Schulungsmaßnahmen, AiB 2003, 344; *Schönhoft / Oelze* Zeitkonten und Vergütung freigestellter Betriebsratsmitglieder in flexiblen Arbeitszeitmodellen, NZA 2017, 284; *Schubert* Freizeitausgleich und Mehrarbeitsvergütung teilzeitbeschäftigter Betriebsratsmitglieder, AiB 1994, 652; *Schulze / Schreck* An- und Abmelden – Rechte und Pflichten von Betriebsratsmitgliedern, ArbRAktuell 2014, 483; *Schulze / Tillmanns* Pro und Contra: Ist die Betriebsratstätigkeit Arbeitszeit im Sinne des ArbZG?, ArbRAktuell 2012, 475; *Schweibert / Buse* Rechtliche Grenzen der Begünstigung von Betriebsratsmitgliedern – Schattenbosse zwischen »Macht und Ohnmacht«, NZA 2007, 1080; *Söhl* Ist Betriebsratsarbeit Arbeit im Sinne des Arbeitszeitgesetzes?, ArbRAktuell 2015, 570; *Sowka* Schulungsveranstaltungen für Betriebsräte gemäß § 37 BetrVG, BB 1996, 1165; *Stichler* Freizeitausgleich teilzeitbeschäftigter Betriebsratsmitglieder für Schulungsbesuch außerhalb ihrer individuellen Arbeitszeit, BB 1996, 426; *Sturm* Die Vergütung freigestellter und dauerhaft von der Arbeit befreiter Betriebsratsmitglieder unter besonderer Berücksichtigung der Gestaltungsmöglichkeiten (Diss Leipzig), 2016 (zit.: Betriebsratsmitglieder); *Traupe* Mittelbare Diskriminierung teilzeitbeschäftigter Betriebsratsmitglieder (Diss. Bonn), 2002; *Vogt* Schulungsveranstaltungen für Betriebsratsmitglieder und Jugendvertreter, Die Fortbildung 1977, 113; *Walter, Th.* Kosten und Erforderlichkeit von Bildungsveranstaltungen für Betriebs- und Personalräte nach § 37 Abs. 6 BetrVG, AuR 1997, 111; *Wank / Maties* Die Erforderlichkeit von Schulungen der Personalvertretungen nach BetrVG und BPersVG, NZA 2005, 1033; *Weinspach* § 37 Abs. 1 BetrVG – ist das Ehrenamtsprinzip noch zeitgemäß?, FS *Kreutz*, 2010, S. 485; *Wenvach* Anspruch auf Arbeitsbefreiung nach § 37 Abs. 2 und 3 BetrVG, ZBVR 2001, 87; *Wenning-Morgenthaler* Schulungsfreistellung auch für Ersatzmitglieder des Betriebsrates?, BB 1985, 1336; *Wichert* Betriebsräteschulungen gem. § 37 VI BetrVG – Voraussetzungen und Grenzen der Kostentragungspflicht des Arbeitgebers, DB 1997, 2325; *ders.* Vorsicht: Betriebsratsbegünstigung!, AuA 2013, 281; *Wiebauer* Betriebsratsarbeitszeit, NZA 2013, 540; *Wiese* Teilnahme von Betriebsratsmitgliedern an Schulungs- und Bildungsveranstaltungen, BlStSozArbR 1973, 337; *ders.* Schulung der Mitglieder von Betriebsvertretungen, BlStSozArbR 1974, 353; *Windeln* Der Schulungsanspruch nach § 37 Abs. 6 BetrVG aus Arbeitgebersicht – Prüfungsansätze und Handlungsmöglichkeiten, ArbRB 2014, 182; *Wohlgemuth* »Erforderlichkeit« einer Betriebsratsschulung über Probleme des betrieblichen Datenschutzes, BlStSozArbR 1980, 209; *Zimmermann* Zur rechtlichen Problematik von Betriebsratsschulungen mit Verwöhncharakter, NZA 2017, 162.

Vgl. auch Voraufl. sowie die Literatur zu § 40.

Inhaltsübersicht

		Rdn.
I.	Vorbemerkung	1–9
II.	Zweck	10
III.	Betriebsratsamt als Ehrenamt, § 37 Abs. 1	11–23

	1. Allgemeine Bedeutung	11–15
	2. Verbot von Vorteilen	16–21
	3. Rechtsfolgen der Normverletzung	22, 23
IV.	Arbeitsbefreiung, § 37 Abs. 2	24–80
	1. Bedeutung	24
	2. Anwendungsbereich	25–28
	3. Voraussetzungen	29–55
	a) Aufgaben des Betriebsrats	29–41
	b) Erforderlichkeit der Arbeitsbefreiung	42–55
	4. Durchführung der Arbeitsbefreiung	56–63
	5. Verbot der Minderung des Arbeitsentgelts	64–80
V.	Ausgleich für Betriebsratstätigkeit außerhalb der Arbeitszeit, § 37 Abs. 3	81–127
	1. Zweck	81–83
	2. Voraussetzungen	84–104
	a) Betriebsratsmitglieder	85
	b) Betriebsratstätigkeit	86, 87
	c) Tätigkeit außerhalb der Arbeitszeit	88, 89
	d) Betriebsbedingte Gründe	90–104
	3. Arbeitsbefreiung	105–119
	4. Abgeltung	120–127
VI.	Wirtschaftliche und berufliche Sicherung der Betriebsratsmitglieder	128–156
	1. Zweck	128
	2. Arbeitsentgeltschutz, § 37 Abs. 4	129–149
	3. Tätigkeitsschutz, § 37 Abs. 5	150–156
VII.	Teilnahme an Schulungs- und Bildungsveranstaltungen	157–312
	1. Einführung	157–164
	2. Schulungs- und Bildungsveranstaltungen nach § 37 Abs. 6	165–244
	a) Grundlagen	165–171
	aa) Rechtsfolgen- und Tatbestandsverweisung	165–167
	aaa) Arbeitsbefreiung und Entgeltfortzahlung	165
	bbb) Freizeitausgleich	166, 167
	bb) Inhaber des Anspruchs	168–170
	aaa) Arbeitsbefreiung und Entgeltfortzahlung	168, 169
	bbb) Freizeitausgleich	170
	cc) Verpflichtung der Betriebsratsmitglieder	171
	b) Arbeitsbefreiung und Entgeltfortzahlung, § 37 Abs. 6 Satz 1 i. V. m. Abs. 2	172–232
	aa) Voraussetzungen	172–225
	aaa) Erforderlichkeit der Schulung	172–225
	(1) Schulungs- und Bildungsveranstaltung	172–176
	(2) Schulungsberechtigte und schulungsbedürftige Personen	177–182
	(3) Erforderlichkeit von Kenntnissen	183–197
	(4) Schulung mit nur teilweise erforderlicher Thematik	198–201
	bbb) Erforderlichkeit der Kenntniserlangung durch Schulungsteilnahme	202–206
	ccc) Verhältnis der Schulungsveranstaltungen nach § 37 Abs. 6 und 7 zueinander	207–209
	ddd) Erforderlichkeit und Verhältnismäßigkeit der Schulung nach Art und Umfang	207–209
	(1) Erforderlichkeit	210
	(2) Verhältnismäßigkeit	211–213
	(3) Teilnehmerzahl	214–220
	(4) Dauer der Schulung	221, 222
	(5) Wiederholungs- und Vertiefungsveranstaltungen	223
	eee) Beurteilungsspielraum des Betriebsrats	224, 225
	bb) Rechtsfolgen	226–232
	aaa) Allgemeines	226
	bbb) Arbeitsbefreiung und Entgeltfortzahlung bei teilzeitbeschäftigten Betriebsratsmitgliedern	227–232
	c) Freizeitausgleich, § 37 Abs. 6 Satz 1 und 2 i. V. m. § 37 Abs. 3	233–244
	aa) Regelungsgehalt	233–237
	bb) Voraussetzungen	238–241

	aaa) Allgemeine Voraussetzungen	238
	bbb) Besondere Voraussetzungen	239–241
cc) Rechtsfolgen		242–244
3. Schulungs- und Bildungsveranstaltungen nach § 37 Abs. 7		245–280
a) Rechtlicher Charakter des Anspruchs; Verhältnis zu § 37 Abs. 6		245, 246
b) Geeignete Schulungs- und Bildungsveranstaltungen		247–256
c) Anerkennungsverfahren		257–266
d) Zeitlicher Umfang des Schulungsanspruchs		267–275
e) Entgeltfortzahlung, sonstige Kosten, Unfallschutz, Erholungsurlaub		276–280
4. Verfahren bei der Freistellung von Betriebsratsmitgliedern für die Teilnahme an Schulungs- und Bildungsveranstaltungen		281–312
a) Problemübersicht		281
b) Beschluss des Betriebsrats		282–297
aa) Teilnahmeberechtigung und Beschlusserfordernis		282–284
bb) Auswahl der Teilnehmer		285–291
aaa) Bildungsveranstaltungen nach § 37 Abs. 6		285–290
bbb) Bildungsveranstaltungen nach § 37 Abs. 7		291
cc) Auswahl der Schulungs- und Bildungsveranstaltung		292, 293
aaa) Bildungsveranstaltungen nach § 37 Abs. 6		292
bbb) Bildungsveranstaltungen nach § 37 Abs. 7		293
dd) Festlegung der zeitlichen Lage der Teilnahme		294–297
c) Unterrichtung des Arbeitgebers		298–300
d) Anrufung der Einigungsstelle		301–307
e) Freistellung des Betriebsratsmitglieds		308–312
VIII. Streitigkeiten		313–348
1. Zuständigkeit der Arbeitsgerichte		313
2. Urteilsverfahren		314–324
a) Angelegenheiten		314–319
b) Sonstige Verfahrensfragen		320–324
3. Beschlussverfahren		325–347
a) Angelegenheiten		325–344
aa) Streitigkeiten zwischen Arbeitgeber, Betriebsrat und einzelnen Betriebsratsmitgliedern		325–333
bb) Anerkennungsverfahren		334–344
b) Sonstige Verfahrensfragen		345–347
4. Zuständigkeit der Einigungsstelle		348

I. Vorbemerkung

1 Die Vorschrift entspricht in Abs. 1 wörtlich § 37 Abs. 1 BetrVG 1952, in Abs. 2 inhaltlich § 37 Abs. 2 BetrVG 1952. Neu im BetrVG 1972 waren die Abs. 3 bis 7. Durch das **BetrVerf-Reformgesetz** aus dem Jahre 2001 wurden die Regelungen über den Ausgleich für Betriebsratstätigkeit außerhalb der Arbeitszeit und die Teilnahme an Schulungs- und Bildungsveranstaltungen in Abs. 3, 6 und 7 geändert (vgl. näher Rdn. 158, 229 ff., 233 ff., 277 f.).

2 Die Vorschriften des § 37 Abs. 1 bis 3 gelten kraft gesetzlicher Verweisung für den **Gesamtbetriebsrat** (§ 51 Abs. 1 Satz 1) und den **Konzernbetriebsrat** (§ 59 Abs. 1); Abs. 4 bis 7 gelten für die Mitglieder dieser Gremien schon deshalb, weil es sich bei ihnen um Betriebsratsmitglieder handelt (§ 47 Abs. 2 Satz 1, § 55 Abs. 1 Satz 1). Für die **Jugend- und Auszubildendenvertretung** gilt § 37 in vollem Umfang entsprechend (§ 65 Abs. 1). Auf die **Gesamt-Jugend- und Auszubildendenvertretung** sowie die **Konzern-Jugend- und Auszubildendenvertretung** finden Abs. 1 bis 3 entsprechende Anwendung (§ 73 Abs. 2, § 73b Abs. 2); Abs. 4 bis 7 gelten für die Mitglieder dieser Gremien wiederum in ihrer Eigenschaft als Mitglieder der Jugend- und Auszubildendenvertretung (§ 72 Abs. 2, § 73a Abs. 2 Satz 1). Nach § 78a Abs. 2 Satz 2 ist bei Weiterbeschäftigung eines in § 78a Abs. 1 genannten Auszubildenden auf dessen Arbeitsverhältnis § 37 Abs. 4 und 5 entsprechend anzuwenden. Für die **Bordvertretung** gelten lediglich Abs. 1 bis 3 entsprechend (§ 115 Abs. 4). Für den **See-**

betriebsrat gilt § 37 in vollem Umfang nach Maßgabe des § 116 Abs. 3 Nr. 2 und 3. Nach § 76a Abs. 2 Satz 1 gilt für betriebsangehörige **Beisitzer** einer **Einigungsstelle** § 37 Abs. 2 und 3 entsprechend (nicht aber § 37 Abs. 6, vgl. *BAG 20.08.2014 EzA § 37 BetrVG 2001 Nr. 18 Rn. 23* = AP Nr. 157 zu § 37 BetrVG 1972), ebenso nach Maßgabe des § 76a Abs. 2 Satz 2 für die einem Betrieb des Unternehmens oder eines Konzernunternehmens angehörenden Beisitzer. Für Mitglieder des **Wirtschaftsausschusses** vgl. *Oetker* § 107 Rdn. 38 ff., für die **Schwerbehindertenvertretung** § 179 SGB IX (bis 31.12.2017: § 96 SGB IX). Zur Anwendung des § 37 auf Mitglieder einer **Arbeitsgruppe** gem. § 28a vgl. *Fitting* § 28a Rn. 39; *Glock / HWGNRH* § 28a Rn. 31; *St. Müller* Die Übertragung von Betriebsaufgaben auf Arbeitsgruppen (Diss. Jena), 2004, S. 145 f., 155 ff.; *Raab* § 28a Rdn. 8; *ders.* NZA 2002, 474 (475); *Reichold / HWK* § 28a BetrVG Rn. 5; *Richardi / Thüsing* § 28a Rn. 34; *Wedde / DKKW* § 28a Rn. 82.

Nehmen Betriebsratsmitglieder das **Übergangsmandat** nach § 21a wahr, und gibt es infolge der Betriebsspaltung mehrere Betriebsinhaber, so richtet sich der **Anspruch auf Freistellung** nach § 37 Abs. 2 oder auf Freizeitausgleich nach § 37 Abs. 3 stets gegen den **Vertragsarbeitgeber** (*Bischoff* Das Übergangsmandat des Betriebsrats [Diss. Jena], 2003, S. 102; *Gragert* NZA 2004, 289 [292 f.]; *Kreutz* § 21a Rdn. 101). Dieser hat jedenfalls dann die **Vergütung** fortzuzahlen, wenn es sich um Aufgaben handelt, die eindeutig **seinem Betrieb** zugeordnet werden können. Geht es umgekehrt eindeutig um Angelegenheiten **eines anderen** durch die Betriebsspaltung entstandenen **Betriebs**, so sind § 37 Abs. 2 und 3 nur analog anzuwenden, da das Übergangsmandat nicht für den Betrieb des Vertragsarbeitgebers ausgeübt wird. Aus diesem Grund betrifft die Analogie auch lediglich die Freistellungsverpflichtung, der Anspruch ist auf **unbezahlte Freistellung** gerichtet (*Richardi / Thüsing* § 21a Rn. 30; **a. M.** *Bischoff* Das Übergangsmandat des Betriebsrats [Diss. Jena], 2003, S. 102; *Buschmann / DKKW* § 21a Rn. 60; *Fitting* § 21a Rn. 27; *Gragert* NZA 2004, 289 [292 f.]; *Koch /* ErfK § 21a BetrVG Rn. 8; *Kreutz* § 21a Rdn. 102: Bezahlte Freistellung unabhängig davon, für wen die Aufgabe verrichtet wird). Das Betriebsratsmitglied muss den Vergütungsausfall gegenüber dem **anderen Betriebsinhaber als Aufwendung nach** § 40 Abs. 1 geltend machen (i. E. auch *Richardi / Thüsing* § 21a Rn. 24). Diesem gegenüber ist die Vorschrift unmittelbar anwendbar, da eine Betriebsratsaufgabe (das Übergangsmandat) für den Betriebsinhaber wahrgenommen wird (zur vergleichbaren Situation bei der Ausübung eines Restmandats durch ein Betriebsratsmitglied, das einen neuen Arbeitgeber gefunden hat, vgl. sogleich unten). In Fällen, in denen eine Zuordnung nicht eindeutig möglich ist, etwa wenn es um Freistellung für Aufgaben der laufenden Geschäftsführung geht, besteht hinsichtlich des Vergütungsanspruchs eine **gesamtschuldnerische Haftung** beider Betriebsinhaber (für den Vertragsarbeitgeber aus § 37 Abs. 2, 3, für den anderen Betriebsinhaber aus § 40 Abs. 1). Für den Innenausgleich zwischen den beteiligten Arbeitgebern ist, sofern nicht entsprechende Abmachungen vorliegen, eine Quotelung nach der Anzahl der in den jeweiligen Betrieben beschäftigten Arbeitnehmer vorzunehmen. Zur Kostentragungspflicht vgl. noch § 40 Rdn. 9.

Nimmt ein Betriebsratsmitglied Aufgaben auf der Basis eines **Restmandats** nach § 21b wahr, so ist danach zu unterscheiden, ob das Betriebsratsmitglied inzwischen **bei einem anderen Arbeitgeber beschäftigt ist oder nicht** (vgl. dazu ausführlich *Auktor* NZA 2003, 950 ff.; *Biebl* Das Restmandat des Betriebsrats nach Betriebsstilllegung [Diss. München], 1991, S. 57 ff.).

Im **ersten Fall** hat der neue Arbeitgeber das Betriebsratsmitglied zur Wahrnehmung seiner Aufgaben freizustellen. **§ 37 Abs. 2 ist** insoweit **analog anzuwenden** (*Buschmann / DKKW* § 21b Rn. 26; *Fitting* § 21b Rn. 20; *Koch /* ErfK § 21b BetrVG Rn. 5; *Reichold / HWK* § 21b BetrVG Rn. 15; *Richardi / Thüsing* § 21b Rn. 18; *Wiese* Anm. *BAG 05.05.2010* AP Nr. 147 zu § 37 BetrVG 1972; im Ergebnis auch *Auktor* NZA 2003, 950 [952 f.]; *Biebl* Das Restmandat des Betriebsrats nach Betriebsstilllegung [Diss. München], 1991, S. 59 f.: Pflichtenkollision; **a. M.** *Kreutz* § 21b Rdn. 26; *Worzalla / HWGNRH* § 21b Rn. 8). Wenn die Betriebsratstätigkeit aus betrieblichen Gründen außerhalb der Arbeitszeit durchgeführt werden muss, ist ihm analog § 37 Abs. 3 Freizeitausgleich zu gewähren. Allerdings erfasst die Analogie nur die **Freistellungsverpflichtung** bzw. den Freizeitausgleich an sich, der Anspruch ist **nicht** auf **bezahlte** Freistellung bzw. bezahlten Freizeitausgleich gerichtet, da keine Betriebsratsaufgaben in einem Betrieb des neuen Arbeitgebers verrichtet werden. Den **Vergütungsausfall** des Betriebsratsmitglieds muss der alte Arbeitgeber im Rahmen seiner Kostentragungspflicht nach § 40 Abs. 1 tragen (*Auktor* NZA 2003, 950 [953 f.];

§ 37   II. 3. Geschäftsführung des Betriebsrats

Biebl Das Restmandat des Betriebsrats nach Betriebsstillegung [Diss. München], 1991, S. 61; *Buschmann/DKKW* § 21b Rn. 26; *Etzel/KR* § 15 KSchG Rn. 119; *Fitting* § 21b Rn. 20; *Griebe* ArbRAktuell 2014, 506 [507 f.]; *Koch/ErfK* § 21b BetrVG Rn. 5; *Reichold/HWK* § 21b BetrVG Rn. 15; *Richardi/Thüsing* § 21b Rn. 14; *Wiese* Anm. BAG 05.05.2010 AP Nr. 147 zu § 37 BetrVG 1972; vgl. auch *Kreutz* § 21b Rdn. 26).

6   Ist das Betriebsratsmitglied nach einer Stilllegung des Betriebs **ohne neue Beschäftigung**, steht ihm jedenfalls de lege lata gegen den früheren Arbeitgeber kein Anspruch auf Vergütung der zur Wahrnehmung des Restmandats aufgewendeten Freizeit zu. Auch eine Analogie zu § 37 Abs. 3 Satz 3 Halbs. 2 kommt mangels Regelungslücke und mit Blick auf das Ehrenamtsprinzip nicht in Betracht: Das Gesetz gewährt nicht schlechthin einen Ausgleich für aufgewendete Freizeit, sondern löst nur die besondere Situation, dass innerhalb eines bestehenden Arbeitsverhältnisses das Betriebsratsmitglied seine Tätigkeit aus betriebsbedingten Gründen außerhalb der Arbeitszeit verrichten muss und dafür ein Freizeitausgleich wiederum aus betriebsbedingten Gründen nicht möglich ist (*BAG* 05.05.2010 EzA § 37 BetrVG 2001 Nr. 9 Rn. 23 ff. = AP Nr. 147 zu § 37 BetrVG 1972 [*zust. Wiese*]; *Auktor* NZA 2003, 950 [951 f.]; *Fitting* § 21b Rn. 20, § 37 Rn. 72a, 73; *Griebe* ArbRAktuell 2014, 506 [507 f.]; *Richardi/Thüsing* § 37 Rn. 62; *Worzalla/HWGNRH* § 21b Rn. 8; **a. M.** früher *BAG* 14.10.1982 EzA § 15 n. F. KSchG Nr. 29 S. 164 = AP Nr. 1 zu § 1 KSchG 1969 Konzern Bl. 5; *Biebl* Das Restmandat des Betriebsrats nach Betriebsstillegung [Diss. München], 1991, S. 58 f.; *Kreutz* § 21b Rdn. 25).

7   Die Vorschrift gilt entsprechend für eine **anderweitige Vertretung der Arbeitnehmer** nach § 3 Abs. 1 Nr. 1–3, weil diese an die Stelle des Betriebsrats tritt (*Fitting* § 37 Rn. 3; *Glock/HWGNRH* § 37 Rn. 4; *Wedde/DKKW* § 37 Rn. 2). Das gilt in gleicher Weise für tarifvertragliche Regelungen nach § 3 Abs. 1 wie für solche durch Betriebsvereinbarung (§ 3 Abs. 2) und die Wahl eines unternehmenseinheitlichen Betriebsrats nach § 3 Abs. 3. Bei **zusätzlichen betriebsverfassungsrechtlichen Gremien** nach § 3 Abs. 1 Nr. 4 und **zusätzlichen Vertretungen der Arbeitnehmer** nach § 3 Abs. 1 Nr. 5 können die Tarif- oder Betriebspartner entsprechende Regelungen treffen; mangels einer solchen Regelung ist jedenfalls § 37 Abs. 2 entsprechend anwendbar (*Fitting* § 37 Rn. 3; **a. M.** *Glock/HWGNRH* § 37 Rn. 5 f.).

8   Die Vorschrift ist **zwingend** und kann ungeachtet des Begünstigungsverbots nach § 37 Abs. 1 (vgl. Rdn. 16 ff.) weder durch Tarifvertrag noch durch Betriebsvereinbarung zum Nachteil der Betriebsratsmitglieder abbedungen werden (*BAG* 13.07.1994 EzA § 37 BetrVG 1972 Nr. 119 S. 4 = AP Nr. 97 zu § 37 BetrVG 1972 Bl. 3 zu § 37 Abs. 2; 18.01.2017 – 7 AZR 205/15 – juris Rn. 22). Zulässig sind dagegen ergänzende kollektivrechtliche Regelungen zur Durchführung der in § 37 enthaltenen Grundsätze (*Fitting* § 37 Rn. 4; abschwächend *Glock/HWGNRH* § 37 Rn. 8; vgl. auch Rdn. 140). Zu Reformüberlegungen vgl. *Franzen* NZA 2008, 250 (254 f.).

9   Zum **Personalvertretungsrecht** vgl. § 46 BPersVG, für **Sprecherausschüsse** § 14 Abs. 1 SprAuG, zum **Europäischen Betriebsrat** § 40 Abs. 1 EBRG.

II. Zweck

10 Die Vorschrift konkretisiert den in § 78 Satz 2 normierten allgemeinen Grundsatz, dass die Betriebsratsmitglieder wegen ihrer Tätigkeit – auch im Hinblick auf ihre berufliche Entwicklung – weder benachteiligt noch begünstigt werden dürfen. Sie ist gegenüber § 78 Satz 2 die dieser Regelung vorgehende lex specialis, jedoch kann § 78 Satz 2 zur Auslegung des § 37 herangezogen werden (*BAG* 03.06.1969 AP Nr. 11 zu § 37 BetrVG Bl. 1 R [*Richardi*]). Zusammen mit §§ 38, 40 und dem Kündigungsschutz nach §§ 15, 16 KSchG, § 103 BetrVG dient § 37 dazu, die **innere** und **äußere Unabhängigkeit** der Betriebsratsmitglieder und damit eine ordnungsgemäße Durchführung der Aufgaben des Betriebsrats zu gewährleisten (*BAG* 21.06.1957 AP Nr. 5 zu § 37 BetrVG Bl. 1 R [*Küchenhoff*]; 20.10.1993 EzA § 37 BetrVG 1972 Nr. 115 S. 12 = AP Nr. 90 zu § 37 BetrVG 1972 Bl. 5 R [*Schiefer*]; 05.05.2010 EzA § 37 BetrVG 2001 Nr. 9 Rn. 28 = AP Nr. 147 zu § 37 BetrVG 1972 [*Wiese*]; 18.02.2014 – 3 AZR 568/12 – juris, Rn. 28; *Fitting* § 37 Rn. 1; *Glock/HWGNRH* § 37 Rn. 1, 12; *Richardi/Thüsing* § 37 Rn. 2 f.; *Wedde/DKKW* § 37 Rn. 1; vgl. auch Bericht 10. Ausschuss, zu BT-Drucks. VI/2729, S. 23). Die auf das Betriebsratsamt bezogenen Sonderregelungen modifizieren

die Stellung des Betriebsratsmitglieds als Arbeitnehmer. Im Übrigen bleiben die Rechte und Pflichten aus dem Arbeitsverhältnis unberührt (*Richardi/Thüsing* § 37 Rn. 11). Zum Zweck der einzelnen Regelungen des § 37 vgl. die jeweilige Kommentierung.

III. Betriebsratsamt als Ehrenamt, § 37 Abs. 1

1. Allgemeine Bedeutung

Die Mitglieder des Betriebsrats führen ein **Amt**, wie es in § 37 Abs. 1 heißt. Da das Betriebsverfassungsrecht insgesamt dem Privatrecht zuzuordnen ist (*Wiese* Einl. Rdn. 89 ff.), handelt es sich nicht um ein Amt im öffentlich-rechtlichen (so früher *Dietz* § 37 Rn. 1), sondern im privatrechtlichen Sinne (*LAG Düsseldorf* 04.09.1990 LAGE § 37 BetrVG 1972 Nr. 34 S. 1; *Fitting* § 37 Rn. 6; *Glock/HWGNRH* § 37 Rn. 9; *Richardi/Thüsing* § 37 Rn. 6). Dieses Amt ist der durch das Betriebsverfassungsgesetz bestimmte Aufgaben- und Pflichtenkreis des Betriebsratsmitglieds, den dieses allein (vgl. z. B. § 82 Abs. 2 Satz 2) oder im Zusammenwirken mit den anderen Betriebsratsmitgliedern zum Wohl der Arbeitnehmer und des Betriebs (§ 2 Abs. 1) wahrzunehmen hat (zur Rechtsstellung des Betriebsrats vgl. allgemein *Franzen* § 1 Rdn. 62 ff.). Zur **Schwerbehindertenvertretung** vgl. § 179 Abs. 1 SGB IX (bis 31.12.2017: § 96 Abs. 1 SGB IX). 11

Die Bedeutung der Vorschrift ist jedoch weniger in der Kennzeichnung der Tätigkeit des Betriebsratsmitglieds als vielmehr darin zu sehen, dass es sie **unentgeltlich** als **Ehrenamt** wahrzunehmen hat (*BAG* 15.01.1991 EzA GG Art. 9 Arbeitskampf Nr. 96 S. 3 *[Weiser]* = AP Nr. 114 zu Art. 9 GG Arbeitskampf Bl. 1 R; 12.10.1994 EzA § 87 BetrVG 1972 Kurzarbeit Nr. 2 S. 1 = AP Nr. 66 zu § 87 BetrVG 1972 Arbeitszeit Bl. 1 R f.). Entsprechend dem Zweck der Vorschrift, die **Unabhängigkeit und Unparteilichkeit der Tätigkeit des Betriebsratsmitglieds** zu wahren, sind für die Auslegung des Begriffs der Unentgeltlichkeit strenge Maßstäbe anzulegen (*BAG* 20.10.1993 EzA § 37 BetrVG 1972 Nr. 115 S. 12 = AP Nr. 90 zu § 37 BetrVG 1972 Bl. 5 R *[Schiefer]*; *Fitting* § 37 Rn. 7; *Glock/HWGNRH* § 37 Rn. 12; *Joost/MünchArbR* § 220 Rn. 3; *Richardi/Thüsing* § 37 Rn. 7; *Wedde/DKKW* § 37 Rn. 3). Da die Betriebsratsmitglieder andererseits wegen ihrer Tätigkeit **nicht benachteiligt** werden dürfen (**§ 78 Satz 2**), ist durch § 37 Abs. 2 bis 7, § 40 Abs. 1 sichergestellt, dass ihre Tätigkeit für sie nicht auf Dauer mit Opfern verbunden ist. Ihre Amtstätigkeit ist vielmehr der nach dem Arbeitsvertrag geschuldeten Leistung **gleichgestellt** (*Fitting* § 37 Rn. 14; *Richardi/Thüsing* § 37 Rn. 13) und wird wie diese vergütet. 12

Die Zeit der Betriebsratstätigkeit ist **keine Arbeitszeit** nach § 2 ArbZG (*LAG Hamm* 20.02.2015 LAGE § 37 BetrVG 2001 Nr. 10 Rn. 34; *LAG Hannover* 20.04.2015 LAGE § 37 BetrVG 2001 Nr. 12 Rn. 46 ff.; *LAG Schleswig-Holstein* 30.08.2005 – 5 Sa 161/05 – juris, Rn. 42; *LAG Rheinland-Pfalz* 19.08.2008 – 3 TaBVGa 1/08 – juris, Rn. 1; *ArbG Lübeck* 07.12.1999 NZA-RR 2000, 427; *Däubler* SR 2017, 85 [98]; *Kock/BeckOK* § 2 ArbZG Rn. 15; *Richardi/Thüsing* § 37 Rn. 13; *Söhl* ArbRAktuell 2015, 570; *Tillmanns* ArbRAktuell 2012, 477 f.; *Wichert/NK-GA* § 2 ArbZG Rn. 28; *Wiebauer* NZA 2013, 540 f.; **a. M.** *Braunschneider* AiB 2011, 38; *Gün/Karthaus* AiB 2015, 64; *Mey* AuR 2015, 415, *Schulze* ArbRAktuell 2012, 475 ff.; *Wedde/DKKW* § 37 Rn. 43; *Wolmerath* jurisPR-ArbR 28/2015 Anm. 5; **offen gelassen** von *BAG* 18.01.2017 – 7 AZR 224/15 – juris Rn. 26). Darauf deutet schon das Ehrenamtsprinzip hin. Vor allem aber erbringt das Betriebsratsmitglied **keine Arbeitsleistung auf Veranlassung des Arbeitgebers**. Auch unter Berücksichtigung der normzweckorientierten Rechtsprechung des *EuGH* zur Arbeitszeitrichtlinie reicht nicht jeder berufliche Bezug einer Tätigkeit aus, um diese als Arbeit zu qualifizieren, sondern es muss ein Bezug zur Erbringung **beruflicher Leistungen** erhalten bleiben (*EuGH* 09.09.2003 *[Jaeger]*, EzA § 7 ArbZG Nr. 5 Rn. 48 f. = AP Nr. 7 zu EWG-Richtlinie Nr. 93/104; vgl. auch § 44 Rdn. 31 zur Frage, ob die Teilnahme an Betriebsversammlungen als Arbeitszeit zu werten ist). Daran fehlt es bei der Betriebsratstätigkeit, die nicht dem Direktionsrecht des Arbeitgebers unterliegt. Die Unabhängigkeit des Betriebsratsamts verbietet es dem Arbeitgeber im Gegenteil sogar, Einfluss auf Lage und Dauer der Betriebsratstätigkeit zu nehmen (*Tillmanns* ArbRAktuell 2012, 477 f.; *Wichert/NK-GA* § 2 ArbZG Rn. 28; *Wiebauer* NZA 2013, 541 f.; vgl. auch *BAG* 19.07.1977 EzA § 37 BetrVG 1972 Nr. 55 S. 230 = AP Nr. 29 zu § 37 BetrVG 1972). 13

14 Relevant wird dies vor allem dann, wenn ein Betriebsratsmitglied **Aufgaben außerhalb seiner persönlichen Arbeitszeit** wahrnimmt und sich die Frage stellt, ob dies bei der Berechnung von Höchstarbeitszeiten nach § 3 ArbZG oder Ruhezeiten nach § 5 ArbZG berücksichtigt werden müsste. Liegt etwa ein Nachtschichtdienst unmittelbar vor oder nach einer ganztägigen Betriebsratssitzung, so steht außer Frage, dass **unzumutbare Belastungen eines Betriebsratsmitglieds** vermieden werden müssen. Dazu ist aber eine unmittelbare oder analoge Anwendung arbeitszeitrechtlicher Vorschriften nicht erforderlich. Das *BAG* wendet zugunsten des Betriebsratsmitglieds vielmehr in solchen Fällen zu Recht die Vorschrift des § **37 Abs. 2** an: Diese betreffe nicht nur Fälle, in denen eine während der Arbeitszeit verrichtete Betriebsratstätigkeit unmittelbar den Ausfall der Arbeitsleistung zur Folge habe. Der Anspruch auf **Arbeitsbefreiung** erstrecke sich auch auf **unmittelbar vor oder nach der Betriebsratstätigkeit liegende Arbeitszeiten**, wenn deren Einhaltung dem Betriebsratsmitglied **unmöglich** oder **unzumutbar** sei. Dies gilt unabhängig von dem zusätzlich zu gewährenden Freizeitausgleich nach § 37 Abs. 3 (*BAG* 07.06.1989 EzA § 37 BetrVG 1972 Nr. 102 S. 3 ff. = AP Nr. 72 zu § 37 BetrVG 1972 Bl. 2 f.; 18.01.2017 – 7 AZR 224/15 – juris Rn. 26 ff.; 21.03.2017 – 7 ABR 17/15 – juris, Rn. 21; ebenso *LAG Hamm* 30.01.2015 – 13 Sa 933/14 – juris; 20.02.2015 LAGE § 37 BetrVG 2001 Nr. 10 Rn. 34; *ArbG Lübeck* 07.12.1999 NZA-RR 2000, 427; **zust.** *Fitting* § 37 Rn. 43; *Kock*/BeckOK § 2 ArbZG Rn. 15.1; *Söhl* ArbRAktuell 2015, 570 [572]; *Tillmanns* ArbRAktuell 2012, 477 [478]; vgl. dazu auch Rdn. 53 m. w. N.). Den Anspruch auf Arbeitsbefreiung kann in diesem Fall allerdings nur das **Betriebsratsmitglied** selbst geltend machen, nicht der Betriebsrat (*BAG* 21.03.2017 – 7 ABR 17/15 – juris, Rn. 22). Zwar ist der Betriebsrat grundsätzlich berechtigt, für seine Mitglieder die Befreiung von der Arbeitspflicht als eigenes Recht durchzusetzen (vgl. Rdn. 56). Hier geht es aber allein um den Schutz des Betriebsratsmitglieds und damit die individualrechtliche Beziehung zwischen den Arbeitsvertragsparteien (*BAG* 21.03.2017 – 7 ABR 17/15 – juris, Rn. 22). Insofern liegt eine dem § 37 Abs. 3 vergleichbare Interessenlage vor (vgl. dazu Rdn. 106).

15 Zur Bedeutung des **BetrVerf-Reformgesetzes** für das Ehrenamtsprinzip vgl. Rdn. 229, 232, 237. Zur Diskussion um das **Ehrenamt de lege ferenda** vgl. *Ballauf* AiB 2014, 62; *Byers* NZA 2014, 65; *Däubler* SR 2017, 85 [88 f.]; *P. Esser* Die Begünstigung von Mitgliedern des Betriebsrats, S. 205 ff.; *Farthmann* FS *Stahlhacke*, S. 115 ff.; *Fischer* NZA 2007, 484; *ders.* NZA 2014, 71; *Franzen* Professionalisierung der Betriebsratsarbeit – Abschied vom Ehrenamt, in: *Rieble/Junker* (Hrsg.), Unternehmensführung und betriebliche Mitbestimmung, 2008, S. 48; *ders.* NZA 2008, 250; *Happe* Die persönliche Rechtsstellung von Betriebsräten (Diss. Bielefeld), S. 157 ff.; *Jacobs/Frieling* ZfA 2015, 241 [262 ff.]; *Peter* Ehrenkodex für Betriebsräte, FA 2010, 73; *Pflüger* BB 2007, Heft 41, I.; *Röhrborn* ArbRAktuell 2015, 573; *Weinspach* FS *Kreutz*, S. 485.

2. Verbot von Vorteilen

16 **Unentgeltlichkeit** bedeutet, dass dem Betriebsratsmitglied seiner Amtsführung wegen weder vom Arbeitgeber noch von anderen Personen eine Vergütung oder sonstige geldwerte Vorteile gewährt werden dürfen, soweit sie das Amt nicht kraft Gesetzes mit sich bringt (*BAG* 20.10.1993 EzA § 37 BetrVG 1972 Nr. 115 S. 12 = AP Nr. 90 zu § 37 BetrVG 1972 Bl. 5 R [*Schiefer*]; *BAG* 05.05.2010 EzA § 37 BetrVG 2001 Nr. 9 Rn. 28 = AP Nr. 147 zu § 37 BetrVG 1972 [*zust. Wiese*]; *Fitting* § 37 Rn. 8; *Glock*/HWGNRH § 37 Rn. 12, 15; *Richardi/Thüsing* § 37 Rn. 8; *Wedde*/DKKW § 37 Rn. 3; vgl. auch *BGH* 17.09.2009 NJW 2010, 92 [*Bittmann*]; *Bittmann/Mujan* BB 2012, 637 ff.). Dem **tatsächlichen Gewähren** steht das **Versprechen** einer **Leistung** gleich (*Fitting* § 37 Rn. 11; *Glock*/HWGNRH § 37 Rn. 19; *Richardi/Thüsing* § 37 Rn. 10; *Wedde*/DKKW § 37 Rn. 7). Entsprechend seinem Wortlaut ist § 37 Abs. 1 auf geldwerte Vorteile zu beschränken; die Gewährung **immaterieller Vorteile** wegen des Amtes – z. B. die Verleihung des Titels »Prokurist« – ist nach § 78 Satz 2 unzulässig. Zur Bedeutung des Begünstigungsverbots für die Vergütung von **Aufsichtsratstätigkeiten** eines Betriebsratsmitglieds vgl. *Aszmons* DB 2014, 895; *P. Esser* Die Begünstigung von Mitgliedern des Betriebsrats, S. 100 ff.; *Rieble* BB 2009, 1016 ff.). Zum Verbot der Erhebung und Leistung von **Beiträgen** der Arbeitnehmer für Zwecke des Betriebsrats vgl. § 41.

17 Nach § 37 Abs. 1 **verboten ist** z. B. die Gewährung eines **höheren Arbeitsentgelts** als an vergleichbare Arbeitnehmer (*Glock*/HWGNRH § 37 Rn. 15; *Richardi/Thüsing* § 37 Rn. 8; ausf. *P. Esser* Die Begünstigung von Mitgliedern des Betriebsrats, S. 51 ff.; zum Zusammenhang von Ehrenamtsprinzip,

Begünstigungsverbot und **Verbot der Minderung des Arbeitsentgelts** des Betriebsratsmitglieds nach § 37 Abs. 2 vgl. auch Rdn. 64 ff.). Dementsprechend kann die Vergütung eines Betriebsratsmitglieds auch nicht an seiner Betriebsratstätigkeit orientiert werden (*Löwisch / Rügenhagen* DB 2008, 466; *Rieble* NZA 2008, 276; *Schweibert / Buse* NZA 2007, 1080 [1081 f.]; vgl. aber *Gamillscheg* II, S. 567). Muss ein Betriebsratsmitglied jedoch wegen seiner Amtstätigkeit eine geringer entlohnte Arbeit übernehmen, so ist die Fortzahlung des bisherigen Arbeitsentgelts kein unzulässiger Vorteil (*Fitting* § 37 Rn. 9; *Glock / HWGNRH* § 37 Rn. 16; *Richardi / Thüsing* § 37 Rn. 8; *Wedde / DKKW* § 37 Rn. 5; vgl. aber auch Rdn. 129 ff. zu § 37 Abs. 4 und 5). Anders zu entscheiden ist, wenn das Betriebsratsmitglied nicht wegen des Amtes, sondern z. B. aus gesundheitlichen Gründen mit einer geringer vergüteten Tätigkeit beschäftigt wird (*Glock / HWGNRH* § 37 Rn. 16), es sei denn, es bestünde hierauf ein tariflicher oder einzelvertraglicher Anspruch (*Richardi / Thüsing* § 37 Rn. 8). Unzulässig ist auch die Fortzahlung einer Überstundenpauschale an freigestellte Betriebsratsmitglieder, obwohl von den anderen Arbeitnehmern keine Überstunden mehr geleistet werden (*Fitting* § 37 Rn. 8; *Glock / HWGNRH* § 37 Rn. 15) oder die Zahlung einer pauschalen »Ausgleichszulage« an Betriebsratsmitglieder (*Rüthers* RdA 1976, 61 [62 f.]; *Rieble* NZA 2008, 276 [277]). Eine **Pauschalierung** des Arbeitsentgelts ist nur i. S. einer Abschlagszahlung zulässig (*LAG Köln* 13.09.1984 DB 1985, 394). Zur Unzulässigkeit einer pauschalisierten Entgeltanpassung im Rahmen des § 37 Abs. 4 vgl. Rdn. 130. Zur Zulässigkeit der Pauschalierung von Kosten der Betriebsratstätigkeit vgl. § 40 Rdn. 33 f.

Unzulässig ist weiter die Zahlung von **Sitzungsgeldern** neben dem nach § 37 Abs. 2 und 3 weiterzuzahlenden Arbeitsentgelt (vgl. dazu auch *Däubler* SR 2017, 85 [106]), die Gewährung von Arbeitsentgelt trotz nicht erforderlichen Arbeitsversäumnisses oder von Leistungen als angeblichem Ersatz für in Wirklichkeit nicht entstandene oder jedenfalls nicht erforderliche **Aufwendungen** (vgl. allgemein § 40 Rdn. 49 ff.). Unzulässig ist auch eine nach § 37 Abs. 2 und 3 nicht erforderliche Arbeitsbefreiung, eine über § 38 Abs. 1 hinausgehende, sachlich nicht gebotene **Freistellung** oder die sonstige, im Verhältnis zu anderen Arbeitnehmern zusätzliche Gewährung von Freizeit (*BAG* 21.06.1957 AP Nr. 5 zu § 37 BetrVG Bl. 1 R [*Küchenhoff*]; 01.03.1963 AP Nr. 8 zu § 37 BetrVG Bl. 4 [*Neumann-Duesberg*]). **Entsprechendes** gilt für die Gewährung verbilligter Werkwohnungen, für Sonderdeputate, Arbeitgeberdarlehen zu günstigeren Bedingungen als bei anderen Arbeitnehmern, für die kostenlose Überlassung von Parkplätzen, für die von den anderen Arbeitnehmern ein Nutzungsentgelt zu entrichten ist, für längeren Urlaub, nicht leistungsgerechte und auch nicht durch § 37 Abs. 4 gebotene Beförderungen, den Erlass von Pflichten, wie überhaupt jede andere arbeitsvertragliche Besserstellung wegen des Amtes.

Eine **unzulässige** Begünstigung des Betriebsratsmitglieds liegt auch vor, wenn es von der Anwendung **nachteiliger Regelungen eines Tarifvertrags oder einer Betriebsvereinbarung** – z. B. einer Lohnkürzung, Versetzung auf einen geringer bezahlten Arbeitsplatz, Kurzarbeit – ohne sachlichen Grund ausgenommen wird (*LAG Hamburg* 15.03.1959 AP Nr. 6 zu § 13 KSchG Bl. 1 R; *LAG Hamm* 22.07.1958 BB 1959, 559; *Glock / HWGNRH* § 37 Rn. 17; *Richardi / Thüsing* § 37 Rn. 12; *Wedde / DKKW* § 37 Rn. 6).

Dagegen kann sich das Betriebsratsmitglied nach der zutreffenden Ansicht des *BAG* (07.10.2004 NZA 2005, 156; 24.04.1969 EzA § 13 KSchG Nr. 2 S. 4 = AP Nr. 18 zu § 13 KSchG [*zust. Wiese*]) auch bei einer Massen- und Gruppenänderungskündigung auf den **Kündigungsschutz nach § 15 KSchG** berufen (*Betz* Die Änderungskündigung des Arbeitgebers [Diss. Mannheim], 1972, S. 224 ff.; *Kreutz* § 78 Rdn. 77; *Wedde / DKKW* § 37 Rn. 6; **a. M.** *Glock / HWGNRH* § 37 Rn. 17; *Raab* § 103 Rdn. 30 m. w. N.; *Richardi / Thüsing* § 78 Rn. 29 ff., § 103 Anhang Rn. 29). Das gilt umso mehr, als der Gesetzgeber – ebenso wie schon bei der Neufassung des § 15 KSchG durch § 123 Nr. 3 BetrVG 1972 – die Massen- und Gruppenänderungskündigung wiederum nicht vom Schutz des § 15 KSchG ausgenommen hatte.

Da die Amtstätigkeit der Betriebsratsmitglieder der nach dem Arbeitsvertrag geschuldeten Leistung gleichgestellt ist (vgl. Rdn. 12), ist es unbedenklich, sie i. S. d. **Sozialversicherung** als Beschäftigung zu bewerten. Daher ist ein Unfall, den ein Betriebsratsmitglied bei seiner Amtstätigkeit erleidet, nach den Vorschriften über die Unfallversicherung als Arbeitsunfall zu behandeln (*BSG* 20.05.1976 BB 1976, 980; *Fitting* § 37 Rn. 14; *Glock / HWGNRH* § 37 Rn. 13; *Richardi / Thüsing* § 37 Rn. 13;

Wedde/DKKW § 37 Rn. 8; vgl. aber *BSG* 20.02.2001 NJW 2002, 1446: kein Versicherungsschutz bei allein durch Betriebsrat organisierten Feier). Andererseits ist die Amtstätigkeit des Betriebsratsmitglieds mit der arbeitsvertraglich geschuldeten Leistung nicht identisch. Deshalb ist sie im **Arbeitszeugnis** grundsätzlich nur auf Wunsch des Arbeitnehmers zu erwähnen oder wenn es aus besonderen Gründen in seinem Interesse geboten ist (*BAG* 19.08.1992 EzA § 630 BGB Nr. 14 S. 2 ff. = AP Nr. 5 zu § 8 BPersVG – zum BPersVG, offen gelassen bei entsprechendem Wunsch des Arbeitnehmers; *LAG Frankfurt a. M.* 10.03.1977 DB 1978, 167; *LAG Hamm* 12.04.1976 DB 1976, 1112; *Brill* BB 1981, 616 ff.; *Fitting* § 37 Rn. 15; *Glock/HWGNRH* § 37 Rn. 14; *Richardi/Thüsing* § 37 Rn. 13, § 78 Rn. 25a; *Schleßmann* BB 1988, 1320 [1321]; *Wedde/DKKW* § 37 Rn. 9; *Witt* Liber Discipulorum, 1996, S. 189 ff. = BB 1996, 2194 ff.).

3. Rechtsfolgen der Normverletzung

22 Gegen die Grundsätze des Ehrenamts verstoßende **Rechtsgeschäfte** einschließlich der Regelungen eines Tarifvertrages oder einer Betriebsvereinbarung sind nach § 134 BGB **nichtig** (*BAG* 16.02.2005 EzA § 46 BPersVG Nr. 3 = AP Nr. 26 zu § 46 BPersVG; *ArbG Bielefeld* 11.05.2011 – 3 Ca 2383/10 und 3 Ca 2633/10 – juris, jeweils Rn. 40 ff.; *Bittmann/Mujan* BB 2012, 1604; *Fitting* § 37 Rn. 11; *Richardi/Thüsing* § 37 Rn. 10; dazu auch *P. Esser* Die Begünstigung von Mitgliedern des Betriebsrats, S. 143 ff.), **tatsächliche Begünstigungen** sind **rechtswidrig**. Verbotswidrige Zuwendungen können als **ungerechtfertigte Bereicherung** zurückverlangt werden, weil der Zweck des § 37 Abs. 1 einer Anwendung des § 817 Satz 2 BGB entgegensteht (*Bittmann/Mujan* BB 2012, 1604 [1606]; *Glock/HWGNRH* § 37 Rn. 20; *Jacobs/Frieling* ZfA 2015, 241 [259]; *Joost/* MünchArbR § 220 Rn. 133; *Koch/* ErfK § 37 BetrVG Rn. 1; *Moll/Roebers* NZA 2012, 57 [61]; *Reichold/HWK* § 37 BetrVG Rn. 5; *Richardi/Thüsing* § 37 Rn. 10; *Rieble* NZA 2008, 276 [178]; vgl. auch § 41 Rdn. 9; **a. M.** *Fitting* § 37 Rn. 11; *Wedde/DKKW* § 37 Rn. 7; *Wolmerath/HaKo* § 37 Rn. 5; differenzierend *P. Esser* Die Begünstigung von Mitgliedern des Betriebsrats, S. 151 ff.: Rückforderung nur bei kollusivem Zusammenwirken der Beteiligten). Ein Ausschluss des Rückforderungsanspruchs nach § 817 Satz 2 BGB würde die Begünstigung ermöglichen und aufrechterhalten, obwohl § 37 Abs. 1 sie unterbinden soll, um die Unabhängigkeit und Unparteilichkeit des Betriebsratsmitglieds zu wahren (vgl. Rdn. 12). Gerade die Verpflichtung zur Rückgewähr kann ein Betriebsratsmitglied veranlassen, eine Zuwendung nicht anzunehmen (zur Einschränkung des Anwendungsbereichs des § 817 Satz 2 BGB aus teleologischen Gründen vgl. auch *BAG* 28.07.1982 EzA § 5 BBiG Nr. 4 S. 29 f. = AP Nr. 3 zu § 5 BBiG Bl. 2 [*Herschel*] = SAE 1983, 213 [*Gast*]; 03.11.2004 EzA § 134 BGB 2002 Nr. 3 Rn. 23 ff. = AP Nr. 25 zu § 134 BGB; *BGH* 20.05.1964 BGHZ 41, 341 [343 f.]; 31.05.1990 BGHZ 111, 308 Rn. 12 ff.).

23 Die Annahme unzulässiger Vorteile durch das Betriebsratsmitglied kann eine **grobe Verletzung** seiner gesetzlichen Pflichten darstellen und nach § 23 Abs. 1 den Ausschluss aus dem Betriebsrat rechtfertigen (*LAG München* 15.11.1977 DB 1978, 894 [895]; *Fitting* § 37 Rn. 13; *Glock/HWGNRH* § 37 Rn. 21; *Wedde/DKKW* § 37 Rn. 7; ausf. *Fischer* BB 2007, 997; vgl. dazu auch *P. Esser* Die Begünstigung von Mitgliedern des Betriebsrats, S. 154 ff.). Die vorsätzliche Begünstigung oder Benachteiligung eines Betriebsratsmitglieds um seiner Tätigkeit willen ist nach **§ 119 Abs. 1 Nr. 3** strafbar; die Tat wird nur auf – zurücknehmbaren – Antrag verfolgt (§ 119 Abs. 2, § 77d Abs. 1 StGB; ausf. dazu *P. Esser* Die Begünstigung von Mitgliedern des Betriebsrats, S. 163 ff.). Auch kommt das Verfahren nach § 23 Abs. 3 in Betracht. Generell zu strafrechtlichen Aspekten vgl. *Achenbach* Zur Strafbarkeit von Betriebsratsmitgliedern [Diss. Göttingen], 2014.

IV. Arbeitsbefreiung, § 37 Abs. 2

1. Bedeutung

24 Nach § 37 Abs. 2 sind die Mitglieder des Betriebsrats ohne Minderung des Arbeitsentgelts von ihrer beruflichen Tätigkeit, d. h. der durch den Arbeitsvertrag festgelegten Funktion (Arbeitspflicht), zu befreien (zum Verhältnis von Arbeitsbefreiung und Freistellung vgl. § 38 Rdn. 8 f.). Daraus folgt, dass die Betriebsratsmitglieder in ihrer Eigenschaft als Arbeitnehmer grundsätzlich verpflichtet sind, ihrer Ar-

beitspflicht und sonstigen arbeitsvertraglichen Pflichten weiterhin nachzukommen (vgl. auch Rdn. 10; *BAG* 06.08.1981 EzA § 37 BetrVG 1972 Nr. 74 S. 363 = AP Nr. 40 zu § 37 BetrVG 1972 Bl. 2 *[Joachim]*; 15.07.1992 EzA § 611 BGB Abmahnung Nr. 26 S. 5 f. = AP Nr. 9 zu § 611 BGB Abmahnung *[Conze]*; 31.08.1994 EzA § 611 BGB Abmahnung Nr. 33 S. 4 *[Berger-Delhey]* = AP Nr. 98 zu § 37 BetrVG 1972 Bl. 3). Sie sollen jedoch wegen der Inanspruchnahme durch ihre betriebsverfassungsrechtlichen Aufgaben nicht benachteiligt werden (§ 78 Satz 2) und ihre **Amtstätigkeit** daher **grundsätzlich während** der **Arbeitszeit ausüben** (*BAG* 31.10.1985 EzA § 37 BetrVG 1972 Nr. 83 S. 400 = AP Nr. 52 zu § 37 BetrVG 1972 Bl. 1; 11.01.1995 EzA § 37 BetrVG 1972 Nr. 123 S. 4 = AP Nr. 103 zu § 37 BetrVG 1972 Bl. 2; *Fitting* § 37 Rn. 35, 73, 76; *Glock / HWGNRH* § 37 Rn. 22, 71; *Richardi / Thüsing* § 37 Rn. 24; *Wedde / DKKW* § 37 Rn. 10). Zur Schwerbehindertenvertretung vgl. § 179 Abs. 4 Satz 1 SGB IX (bis 31.12.2017: § 96 Abs. 4 Satz 1 SGB IX) und hierzu *BAG* 30.04.1987 EzA § 23 SchwbG Nr. 5 S. 4 ff. = AP Nr. 3 zu § 23 SchwbG.

2. Anwendungsbereich

Die in § 37 Abs. 2 enthaltene **Verpflichtung zur Arbeitsbefreiung** gilt für **nicht ständig freigestellte Betriebsratsmitglieder**. Zwar stellt § 37 Abs. 2 die Grundnorm für die Arbeitsbefreiung von Betriebsratsmitgliedern dar, für die nach § 38 Abs. 1 Satz 1 und 2 freigestellten Betriebsratsmitglieder wird aber die Erforderlichkeit der Arbeitsbefreiung schon unwiderleglich vermutet (vgl. § 38 Rdn. 8 f.; § 38 Abs. 1 RegE zum BetrVG 1972 [BT-Drucks. VI/1786] regelte hingegen noch sowohl die Arbeitsbefreiung der Betriebsratsmitglieder aus einem konkreten Anlass als auch die ständige Freistellung; die beiden Fragen wurden aufgrund der Beschlüsse des 10. Ausschusses im Interesse »terminologischer Klarheit« den neu gefassten § 37 Abs. 2 und § 38 Abs. 1 getrennt zugewiesen, vgl. BT-Drucks. VI/2729, S. 16; zu BT-Drucks. VI/2729, S. 23). Das in § 37 Abs. 2 enthaltene **Verbot der Entgeltminderung** gilt hingegen auch für nach § 38 freigestellte Betriebsratsmitglieder (*BAG* 18.02.2014 – 3 AZR 568/12 – juris, Rn. 26; 29.04.2015 EzA § 37 BetrVG 1972 Nr. 20 Rn. 12 = AP Nr. 159 zu § 37 BetrVG 1972; 18.05.2016 AP Nr 162 zu § 37 BetrVG 1972 Rn. 13; vgl. auch § 38 Rdn. 97). 25

Erfolgt eine **Teilfreistellung** nach § 38 Abs. 1 Satz 3 oder nach § 38 Abs. 1 Satz 5 durch Tarifvertrag oder Betriebsvereinbarung (vgl. § 38 Rdn. 38 ff., 42 ff.), kann **zusätzlich eine Arbeitsbefreiung** nach § 37 Abs. 2 aus konkretem Anlass in Betracht kommen (*Fitting* § 37 Rn. 17; *Glock / HWGNRH* § 37 Rn. 23; *Wedde / DKKW* § 37 Rn. 11). Außerdem ist nach dieser Vorschrift eine über § 38 hinausgehende **generelle gänzliche oder teilweise Freistellung weiterer Betriebsratsmitglieder** zulässig (vgl. § 38 Rdn. 27 ff.). Auch kann nach § 37 Abs. 2 in Betrieben mit **weniger als 200 Arbeitnehmern** die erforderliche Arbeitsbefreiung von Betriebsratsmitgliedern durchgesetzt werden (vgl. § 38 Rdn. 34 ff.). Die wesentliche Bedeutung des § 37 Abs. 2 liegt aber in der Möglichkeit, nicht freigestellte Betriebsratsmitglieder **aus konkretem Anlass vorübergehend von** der **Arbeitspflicht zu befreien**. 26

Nach § 37 Abs. 2 ist nicht nur die Arbeitsbefreiung als solche, sondern auch die **Befreiung von** einer **bestimmten Art** der **Arbeit** möglich, wenn dies zur ordnungsgemäßen Wahrnehmung der Aufgaben eines Betriebsratsmitglieds erforderlich ist (*BAG* 27.06.1990 EzA § 37 BetrVG 1972 Nr. 105 S. 6 = AP Nr. 78 zu § 37 BetrVG 1972; *LAG Schleswig-Holstein* 30.08.2005 – 5 Sa 161/05 – juris; *Fitting* § 37 Rn. 20; *Richardi / Thüsing* § 37 Rn. 14 f.; *Wedde / DKKW* § 37 Rn. 12; a. M. *Glock / HWGNRH* § 37 Rn. 25). Das gilt z. B. für die Umsetzung aus der Wechselschicht in die Normalschicht (*BAG* 13.11.1964 AP Nr. 9 zu § 37 BetrVG Bl. 1 R *[Neumann-Duesberg]*; 03.06.1969 AP Nr. 11 zu § 37 BetrVG Bl. 2 *[Richardi]*; *LAG Düsseldorf* 22.07.1974 DB 1975, 311), von Arbeit im Akkordlohn in Zeitlohn oder vom Außen- in den Innendienst (*LAG Schleswig-Holstein* 30.08.2005 – 5 Sa 161/05 – juris; *ArbG Wuppertal* 09.12.1987 AuR 1988, 323). Jedoch kann der Betriebsratsvorsitzende nicht in jedem Falle die Befreiung von der Nachtschicht verlangen (*LAG Düsseldorf* 22.07.1974 DB 1975, 311). Ferner muss der Arbeitgeber bei der **Zuteilung** des **Arbeitspensums** auf die Inanspruchnahme des Betriebsratsmitglieds durch Betriebsratstätigkeit während der Arbeitszeit Rücksicht nehmen (*BAG* 27.06.1990 EzA § 37 BetrVG 1972 Nr. 105 S. 5 ff. = AP Nr. 78 zu § 37 BetrVG 1972 = SAE 1992, 65 *[krit. Krichel]*; *Fitting* § 37 Rn. 21; *Wedde / DKKW* § 37 Rn. 13; krit. *LAG Düsseldorf* 30.03.1989 NZA 1989, 650; *Joost / MünchArbR* § 220 Rn. 15). Jedoch kann der Betriebsrat keine 27

§ 37 II. 3. *Geschäftsführung des Betriebsrats*

pauschale Senkung der Arbeitsmenge etwa bei der Bearbeitung von Schadensfällen verlangen, wenn der Arbeitgeber die Entlastung des Betriebsratsmitglieds durch nachträgliche Korrektur des zunächst zugeteilten Arbeitspensums bewirkt (*BAG* 27.06.1990 EzA § 37 BetrVG 1972 Nr. 105 S. 7 = AP Nr. 78 zu § 37 BetrVG 1972 = SAE 1992, 65 [*krit. Krichel*]).

28 Die Vorschrift gilt auch für **Ersatzmitglieder**, die Aufgaben eines zeitweilig verhinderten Betriebsratsmitglieds wahrnehmen (§ 25 Abs. 1 Satz 2; *Fitting* § 37 Rn. 18; *Glock/HWGNRH* § 37 Rn. 26; *Wedde/DKKW* § 37 Rn. 14).

3. Voraussetzungen

a) Aufgaben des Betriebsrats

29 Der Anspruch nach § 37 Abs. 2 setzt zunächst voraus, dass die Arbeitsbefreiung der Durchführung von Aufgaben des Betriebsrats dient. Dabei ist ein **objektiver Maßstab** anzulegen (*BAG* 31.08.1994 EzA § 611 BGB Abmahnung Nr. 33 S. 5 [*Berger-Delhey*] = AP Nr. 98 zu § 37 BetrVG 1972 Bl. 3 R; ebenso *Glock/HWGNRH* § 37 Rn. 33; *Joost/*MünchArbR § 220 Rn. 21). Hinsichtlich dieser Voraussetzung ist es daher gleichgültig, ob das Betriebsratsmitglied Arbeitsversäumnis für erforderlich halten durfte; sein guter Glaube wird insoweit nicht geschützt (*BAG* 21.06.2006 – 7 AZR 418/05 – juris, Rn. 14; *Frohner* BlStSozArbR 1979, 65 [66]; *Glock/HWGNRH* § 37 Rn. 33; *Joost/*MünchArbR § 220 Rn. 21; *Richardi/Thüsing* § 37 Rn. 15; *Stege/Weinspach/Schiefer* § 37 Rn. 6; **a. M.** [Anspruch bei entschuldbarem Irrtum] *Fitting* § 37 Rn. 33; *Koch*/ErfK § 37 BetrVG Rn. 2; *Wedde/DKKW* § 37 Rn. 25). Dem Betriebsratsmitglied ist allerdings bei der Frage, ob eine Betriebsratsaufgabe vorliegt oder nicht, ebenso wie bei der Frage der Erforderlichkeit der Arbeitsbefreiung (vgl. dazu Rdn. 44) ein **Beurteilungsspielraum** zuzubilligen (*Gamillscheg* II, S. 546; *Richardi/Thüsing* § 37 Rn. 16; **a. M.** *BAG* 21.06.2006 – 7 AZR 418/05 – juris, Rn. 14; *Frohner* BlStSozArbR 1979, 65 [66]; *Reichold/HWK* § 37 BetrVG Rn. 9; *Wiese* 6. Aufl., § 37 Rn. 21). Darüber hinaus ist ein entschuldbarer Irrtum des Betriebsratsmitglieds für die Beurteilung einer Amtspflichtverletzung nach § 23 Abs. 1 (*Frohner* BlStSozArbR 1979, 65 [66]) sowie für die Berechtigung einer Abmahnung von Bedeutung (*BAG* 31.08.1994 EzA § 611 BGB Abmahnung Nr. 33 S. 6 [*Berger-Delhey*] = AP Nr. 98 zu § 37 BetrVG 1972; *Fitting* § 37 Rn. 34). Zum Beurteilungsspielraum bei Schulungs- und Bildungsveranstaltungen vgl. Rdn. 224.

30 Die **Aufgaben** müssen ferner **von dem Betriebsratsmitglied**, das die Arbeitsbefreiung beansprucht, **wahrzunehmen** sein (*ArbG Kiel* 13.11.1978 DB 1979, 1236). Ob das der Fall ist, richtet sich zunächst nach den gesetzlichen Bestimmungen, soweit sie entweder – z. B. hinsichtlich der Teilnahme an Sitzungen (§ 30) und den Besprechungen nach § 74 Abs. 1 – die Mitwirkung aller Betriebsratsmitglieder voraussetzen (*BAG* 01.03.1963 AP Nr. 8 zu § 37 BetrVG Bl. 3 R *[Neumann-Duesberg]*; 03.06.1969 AP Nr. 11 zu § 37 BetrVG Bl. 2 *[Richardi]*) oder dem Betriebsratsmitglied als einzelnem Aufgaben oder Rechte zuweisen (vgl. § 34 Abs. 3, § 82 Abs. 2 Satz 2, § 83 Abs. 1 Satz 2, § 84 Abs. 1 Satz 2). Zum anderen hat das Betriebsratsmitglied Aufgaben wahrzunehmen, die ihm durch den Betriebsrat generell (vgl. auch § 36) oder im Einzelfall zugewiesen worden sind, wie z. B. die Wahrnehmung von Sprechstunden (*BAG* 13.11.1991 EzA § 37 BetrVG 1972 Nr. 106 S. 7 = AP Nr. 80 zu § 37 BetrVG 1972). Über die **Arbeitseinteilung** innerhalb des Betriebsrats und die **Ausübung** der **Betriebsratstätigkeit** entscheidet der **Betriebsrat** in **eigener Verantwortung** (*BAG* 01.03.1963 AP Nr. 8 zu § 37 BetrVG Bl. 3 R *[Neumann-Duesberg]*; 31.08.1994 EzA § 611 BGB Abmahnung Nr. 33 S. 6 *[Berger-Delhey]* = AP Nr. 98 zu § 37 BetrVG 1972 Bl. 4; *Fitting* § 37 Rn. 45; *Richardi/Thüsing* § 37 Rn. 24; *Wedde/DKKW* § 37 Rn. 27), er muss allerdings auch auf eine rationale Arbeitsgestaltung achten (vgl. Rdn. 46). Die Teilnahme eines dem Gesamtbetriebsrat nicht angehörenden Betriebsratsmitglieds an einer Sitzung des Gesamtbetriebsrats ist allenfalls aus besonderen Gründen zu Informationszwecken erforderlich (*LAG München* 30.10.1985 LAGE § 37 BetrVG 1972 Nr. 18).

31 Die **Aufgaben** des **Betriebsrats** sind durch das Betriebsverfassungsgesetz, die hiernach zulässigen Tarifverträge und Betriebsvereinbarungen sowie durch andere Gesetze festgelegt (vgl. z. B. §§ 99 Abs. 1, 165 Abs. 5, 323 Abs. 2 SGB III; § 17 Abs. 2 und 3 KSchG; § 176 SGB IX (bis 31.12.2017: § 93 SGB IX); §§ 9, 11 ASiG; § 193 Abs. 5 SGB VII; Übersicht bei *Pulte* NZA 2000, 234 ff.). Zu den Aufgaben des Betriebsrats gehören z. B. die Teilnahme an Sitzungen des Betriebsrats (vgl. *BAG* 03.06.1969 AP

Nr. 11 zu § 37 BetrVG Bl. 2 *[Blumensaat]*), des Betriebsausschusses, der weiteren Ausschüsse des Betriebsrats, des Gesamtbetriebsrats (vgl. auch Rdn. 30), des Konzernbetriebsrats, der Jugend- und Auszubildendenvertretung (§ 65 Abs. 2 Satz 2), der Gesamt-Jugend- und Auszubildendenvertretung (§ 73 Abs. 1 Satz 2), der Konzern-Jugend- und Auszubildendenvertretung (§ 73b Abs. 1 Satz 2) und des Wirtschaftsausschusses, die Wahrnehmung von Aufgaben der nationalen Arbeitnehmervertreter im Rahmen des Gesetzes über Europäische Betriebsräte (*Fitting* § 37 Rn. 25 f.), die Wahrnehmung von Sprechstunden des Betriebsrats, die Teilnahme an Betriebs- und Abteilungsversammlungen (auch deren Vorbereitung: vgl. *LAG Düsseldorf* 11.02.1974 AuR 1974, 280), Betriebsräteversammlungen, Jugend- und Auszubildendenversammlungen (§ 71 Satz 2 i. V. m. § 65 Abs. 2 Satz 2), an Besprechungen mit dem Arbeitgeber nach § 74 Abs. 1 und sonstigen Verhandlungen mit ihm, die Teilnahme an Betriebsbesichtigungen durch Gewerbeaufsichtsbeamte oder Vertreter der Berufsgenossenschaften sowie an Unfalluntersuchungen (§ 89 Abs. 2), an Besprechungen des Arbeitgebers mit den Sicherheitsbeauftragten nach § 89 Abs. 4 BetrVG i. V. m. § 22 Abs. 2 SGB VII, Rundgänge durch den Betrieb in Erfüllung der Aufgaben nach § 80 Abs. 1 Nr. 1 (*BAG* 01.03.1963 AP Nr. 8 zu § 37 BetrVG Bl. 3), die Betreuung einzelner Arbeitnehmer bei der Verwirklichung von Individualrechten (§§ 81 ff.) oder sonstige Gespräche mit ihnen im Rahmen der Zuständigkeit des Betriebsrats (*BAG* 06.08.1981 EzA § 37 BetrVG 1972 Nr. 74 S. 363 = AP Nr. 40 zu § 37 BetrVG 1972 Bl. 2 *[Joachim]*) und vor allem die Verwirklichung der Beteiligungsrechte (*BAG* 10.08.1994 BB 1995, 1034).

Wie die Beispiele zeigen, ist es unerheblich, ob die **Aufgaben innerhalb** oder **außerhalb des Betriebs wahrzunehmen** sind (*BAG* 21.06.2006 – 7 AZR 418/05 – juris, Rn. 15; *Fitting* § 37 Rn. 27; *Glock/HWGNRH* § 37 Rn. 31; *Koch/*ErfK § 37 BetrVG Rn. 2; *Wedde/DKKW* § 37 Rn. 17). In der Regel wird der Betriebsrat zwar innerhalb des Betriebs tätig werden, jedoch sind außer der bereits genannten Teilnahme an Sitzungen des Gesamt- und Konzernbetriebsrats oder an Betriebsräteversammlungen (*BAG* 11.07.1978 AP Nr. 57 zu § 37 BetrVG 1972) zahlreiche Aufgaben außerhalb des Betriebs wahrzunehmen. Das gilt z. B. für den **Besuch auswärtiger Arbeitsstätten** sowie für **Verhandlungen mit Behörden** wie dem Gewerbeaufsichtsamt und den Berufsgenossenschaften bei der Durchführung des Arbeitsschutzes oder der Arbeitsagentur bei Arbeitsmarktgesprächen (*BAG* 23.09.1982 EzA § 37 BetrVG 1972 Nr. 76 S. 373 = AP Nr. 42 zu § 37 BetrVG 1972 Bl. 1 Rf.; a. M. *Glock/HWGNRH* § 37 Rn. 32) oder bei drohenden Massenentlassungen (vgl. auch die folgenden Anmerkungen). Zur Anhörung von Betriebsratsmitgliedern durch die **Kommission** in Brüssel vor Unternehmenszusammenschlüssen vgl. *LAG Niedersachsen* 10.06.1992 BB 1993, 291, zu Wege- und Reisezeiten Rdn. 55. 32

Nicht zu den Aufgaben des Betriebsrats gehören **Informationsgespräche** mit **Betriebsräten anderer Betriebe**, soweit nicht die Voraussetzungen einer Betriebsräteversammlung nach § 53 vorliegen (*Fitting* § 37 Rn. 30; *Glock/HWGNRH* § 37 Rn. 32) oder ein konkreter betrieblicher Anlass dafür besteht (*BAG* 21.06.2006 – 7 AZR 418/05 – juris, Rn. 24; *LAG Rheinland-Pfalz* 10.09.2009 NZA-RR 2010, 78 Rn. 32; *Fitting* § 37 Rn. 30; *Koch/*ErfK § 37 BetrVG Rn. 2; *Wedde/DKKW* § 37 Rn. 19; a. M. insofern *Glock/HWGNRH* § 37 Rn. 32), z. B. bei Fragen des Arbeitsschutzes zweier nebeneinander liegender Betriebe. Das *BAG* (10.08.1994 BB 1995, 1034 [abl. *Behrens*]) hat aber zu Recht als Aufgabe des Betriebsrats auch die Entsendung eines Betriebsratsmitglieds zu einer Besprechung mit Mitgliedern anderer Betriebsräte desselben Unternehmens angesehen, wenn diese erfolgte, um die Vorstellungen des entsendenden Betriebsrats hinsichtlich einer Vergütungsregelung für Außendienstmitarbeiter im Vorfeld einer unmittelbar bevorstehenden Betriebsräteversammlung mit Betriebsratsmitgliedern der anderen Betriebe abzustimmen und einen bestehenden Zuständigkeitskonflikt zwischen dem Gesamtbetriebsrat und den einzelnen Betriebsräten zu erörtern. Zu Besprechungen mit ausländischen Betriebsvertretungen bei Einführung eines mitbestimmungspflichtigen grenzüberschreitenden EDV-Systems vgl. *ArbG München* 29.08.1991 DB 1991, 2295; zust. *Wedde/DKKW* § 37 Rn. 20; vgl. auch *Klebe* FS *Gnade*, S. 661 (669 ff.). Die **Durchführung** einer **Betriebsratswahl** gehört – mit Ausnahme der Bestellung des Wahlvorstands – nicht zu den Aufgaben des Betriebsrats, sondern des Wahlvorstands (*BAG* 10.11.1954 AP Nr. 2 zu § 37 BetrVG Bl. 2; *Fitting* § 37 Rn. 31; *Glock/HWGNRH* § 37 Rn. 32; *Richardi/Thüsing* § 37 Rn. 20; *Wedde/DKKW* § 37 Rn. 23). 33

34 Bezüglich der **Teilnahme** an **Verfahren** der **Einigungsstelle differenziert das BAG:** Die Tätigkeit eines Betriebsratsmitglieds als Beisitzer in einer Einigungsstelle gehöre als solche nicht zu den Aufgaben des Betriebsrats. In dieser Funktion sei das Betriebsratsmitglied von Weisungen des Gremiums unabhängig und wirke bei der Schlichtung eines Regelungsstreits in einer betriebsverfassungsrechtlichen Institution eigener Art mit. Allerdings gehöre es zu den Aufgaben des Betriebsrats, die Verhandlungen in der Einigungsstelle zu begleiten und sich mit Vorschlägen der Einigungsstelle kritisch auseinanderzusetzen (BAG 20.08.2014 EzA § 37 BetrVG 2001 Nr. 18 Rn. 21–25 = AP Nr. 157 zu § 37 BetrVG 1972). Ob diese auf den ersten Blick formal nachvollziehbare Unterscheidung die Rolle eines immerhin vom Betriebsrat entsandten Beisitzers in der Einigungsstelle tatsächlich richtig erfasst, erscheint zweifelhaft, ihre praktischen Auswirkungen sich allerdings in Grenzen: Bezüglich der Verpflichtung des Arbeitgebers zur Arbeitsbefreiung nach § 37 Abs. 2 (und zum Freizeitausgleich nach § 37 Abs. 3) enthält § 76a Abs. 2 Satz 1 BetrVG für betriebsangehörige Beisitzer eine ausdrückliche Verweisung (dazu Jacobs § 76a Rdn. 22 ff.). Soweit ein Betriebsratsmitglied (auch ein als Beisitzer entsandtes) nicht in seiner unmittelbaren Funktion als Beisitzer, sondern eben als Betriebsratsmitglied tätig ist, etwa im Rahmen einer Anhörung oder bei der Vorbereitung von Stellungnahmen (vgl. dazu Jacobs § 76 Rdn. 106), gelten § 37 Abs. 2 und 3 unmittelbar. Zu den Auswirkungen auf den Anspruch auf Schulung nach § 37 Abs. 6 siehe Rdn. 163, 205.

35 Zu den Aufgaben des Betriebsrats gehört das **Auftreten vor** den **Gerichten für Arbeitssachen** in Angelegenheiten, in denen der **Betriebsrat** selbst **Beteiligter** in einem Beschlussverfahren ist (BAG 19.05.1983 EzA § 37 BetrVG 1972 Nr. 77 S. 377 = AP Nr. 44 zu § 37 BetrVG 1972 Bl. 2; vgl. auch Rdn. 49). Eine Beratung **einzelner Arbeitnehmer** in individuellen Angelegenheiten gehört im Rahmen des § 85 zu den Aufgaben des Betriebsrats, **nicht** dagegen deren **Vertretung in deren arbeitsgerichtlichen Streitigkeiten** (BAG 09.10.1970 AP Nr. 4 zu § 63 BetrVG Bl. 5 *[Richardi]*; 19.05.1983 EzA § 37 BetrVG 1972 Nr. 77 S. 377 = AP Nr. 44 zu § 37 BetrVG 1972 Bl. 2 *[Weiss]*; 31.08.1994 EzA § 611 BGB Abmahnung Nr. 33 S. 2 f. *[Berger-Delhey]* = AP Nr. 98 zu § 37 BetrVG 1972 Bl. 2; für den Personalrat BAG 14.06.1974 AP Nr. 20 zu § 670 BGB Bl. 2 R *[Wiedemann]*; BVerwG 13.02.1976 – VII P 9.74 – E 50, 176 [183]; 13.02.1976 – VII P 4.75 – E 50, 186 [196 f.]; *Fitting* § 37 Rn. 32; *Frohner* BlStSozArbR 1979, 65 [66]; *Glock/HWGNRH* § 37 Rn. 32; *Richardi/Thüsing* § 37 Rn. 18; *Wedde/DKKW* § 37 Rn. 23). **Keine** Betriebsratstätigkeit ist die Teilnahme eines Betriebsratsmitglieds an der Güteverhandlung in einem Rechtsstreit des **Betriebsratsmitglieds** gegen seinen Arbeitgeber über **eigene Vergütungsansprüche** für Zeiten seiner Betriebsratstätigkeit (LAG Düsseldorf 04.09.1990 LAGE § 37 BetrVG 1972 Nr. 34 S. 2 ff.).

36 Wird ein **Betriebsratsmitglied** als **Zeuge** vor Gericht vernommen – auch im Rahmen eines Verfahrens nach § 119 –, so liegt keine Betriebsratstätigkeit vor; das Betriebsratsmitglied steht vielmehr jedem anderen Zeugen gleich und muss seinen Entgeltausfall nach § 19 des JVEG (BGBl. I, S. 718, 776; zuletzt geändert durch Art. 4 des Gesetzes vom 10.12.2015 [BGBl. I S. 221]) und nicht nach § 37 Abs. 2 geltend machen (LAG Düsseldorf 10.09.1971 DB 1971, 2315; 03.01.1975 DB 1975, 651; *Fitting* § 37 Rn. 29; *Glock/HWGNRH* § 37 Rn. 32; *Richardi/Thüsing* § 37 Rn. 18; *Wedde/DKKW* § 37 Rn. 22).

37 Zu den Aufgaben des Betriebsrats gehört nicht die Teilnahme als **Zuhörer** in einem Strafverfahren wegen Devisenvergehens, Steuerhinterziehung, Meineids und Untreue gegen den ehemaligen Direktor des Betriebs (LAG Freiburg 17.05.1954 AP Nr. 3 zu § 37 BetrVG Bl. 2 Rf. *[Weiss]*). Entsprechendes gilt für die Teilnahme des Betriebsratsvorsitzenden als Beobachter eines arbeitsgerichtlichen Termins, in dem über eine Änderungskündigung nach ordnungsgemäßer Anhörung des Betriebsrats verhandelt wird, selbst wenn der betroffene Arbeitnehmer darum gebeten hat (BAG 19.05.1983 EzA § 37 BetrVG 1972 Nr. 77 S. 377 = AP Nr. 44 zu § 37 BetrVG 1972 Bl. 2 f.; vgl. aber auch BAG 31.05.1989 EzA § 37 BetrVG 1972 Nr. 100 S. 2 f. = AP Nr. 9 zu § 38 BetrVG 1972; 31.08.1994 EzA § 611 BGB Abmahnung Nr. 33 S. 2 f. *[Berger-Delhey]* = AP Nr. 98 zu § 37 BetrVG 1972 Bl. 2; für den Fall, dass der Betriebsrat die zu erwartenden Informationen in weiteren konkret anstehenden Anhörungsverfahren oder in naher Zukunft für die gezielte Wahrnehmung anderer gesetzlicher oder betriebsverfassungsrechtlicher Aufgaben einsetzen kann). Das gilt auch, soweit der Betriebsrat von der Teilnahme Informationen über die allgemeine wirtschaftliche Lage des Unternehmens erwartet (BAG 31.08.1994 EzA § 611 BGB Abmahnung Nr. 33 S. 3 *[Berger-Delhey]* = AP Nr. 98 zu § 37 BetrVG 1972 Bl. 2 R). Die

Anwesenheit eines Betriebsratsmitglieds als Zuhörer ist auch dann nicht erforderlich, wenn es sich um einen grundsätzlichen Rechtsstreit von allgemeiner Bedeutung für den Betrieb handelt (*BAG* 19.05.1983 EzA § 37 BetrVG 1972 Nr. 77 S. 377 = AP Nr. 44 zu § 37 BetrVG 1972 Bl. 2 R; *Frohner* BlStSozArbR 1979, 65 [66]; *Glock/HWGNRH* § 37 Rn. 32; *Joost/*MünchArbR § 220 Rn. 7; *Reichold/HWK* § 37 BetrVG Rn. 8; *Stege/Weinspach/Schiefer* § 37 Rn. 5; **a. M.** LAG Bremen 02.10.1963 DB 1964, 1302; 28.06.1989 DB 1990, 742 f.; *LAG Hamburg* 10.02.1981 DB 1981, 2236 [unter Berücksichtigung des Grundsatzes der Verhältnismäßigkeit]; *LAG Köln* 21.11.1996 AuR 1993, 336 [falls die dadurch erlangten Informationen zur Lösung eines konkreten Konfliktes eingesetzt werden können]; *LAG München* 14.01.1987 BB 1987, 685 [bei fehlender anderer Informationsmöglichkeit über die Auslegung eines neuen Tarifvertrages]; *Fitting* § 37 Rn. 28; *Leisten* AuR 1981, 168 [171 f.]; *Wedde/DKKW* § 37 Rn. 22).

Zu den Aufgaben des Betriebsrats gehört nicht die Wahrnehmung von **Ehrenämtern** in der Gerichtsbarkeit, z. B. als ehrenamtlicher Richter eines Arbeits- oder Sozialgerichts, oder in der Verwaltung, insbesondere der sozialen Selbstverwaltung, z. B. als Mitglied der Organe von Arbeitsagenturen, Krankenkassen, Berufsgenossenschaften (*LAG Düsseldorf* 10.09.1971 DB 1971, 2315; *Fitting* § 37 Rn. 31; *Frohner* BlStSozArbR 1979, 65 [66]; *Glock/HWGNRH* § 37 Rn. 32; *Richardi/Thüsing* § 37 Rn. 19). 38

Zu den Aufgaben des Betriebsrats gehört nicht die Teilnahme an **gewerkschaftlichen Veranstaltungen**, es sei denn, dass es sich um Schulungs- und Bildungsveranstaltungen i. S. d. § 37 Abs. 6 und 7 handelt (ebenso *BAG* 21.06.2006 – 7 AZR 418/05 – juris, Rn. 16; vgl. dazu Rdn. 157 ff.). Ebenso wenig gehört die Werbung für eine Gewerkschaft zu den Aufgaben des Betriebsrats, ungeachtet dessen, dass die Betriebsratsmitglieder in ihrer Eigenschaft als Arbeitnehmer in der Betätigung für ihre Gewerkschaft im Betrieb nicht beschränkt sind (vgl. § 74 Abs. 3). Zu den Aufgaben des Betriebsrats zählt dagegen die Führung von Gesprächen mit den Gewerkschaften nach Maßgabe des § 2 Abs. 1 (vgl. *BAG* 21.06.2006 – 7 AZR 418/05 – juris, Rn. 16; *Fitting* § 37 Rn. 31; *Glock/HWGNRH* § 37 Rn. 30; *Richardi/Thüsing* § 37 Rn. 17; *Wedde/DKKW* § 37 Rn. 18). Ob sie unter zusätzlichem Zeitaufwand außerhalb des Betriebs (z. B. in der Geschäftsstelle einer Gewerkschaft) stattfinden müssen, ist eine Frage der Erforderlichkeit (*BAG* 06.08.1981 EzA § 37 BetrVG 1972 Nr. 73 S. 256 f. = AP Nr. 39 zu § 37 BetrVG 1972 Bl. 2 f.). 39

Nicht zu den Aufgaben des Betriebsrats gehört die **Teilnahme an Tarifverhandlungen**, selbst wenn es sich um den Abschluss eines Firmentarifvertrags handelt und das Betriebsratsmitglied der Tarifkommission angehört (*Fitting* § 37 Rn. 31; *Glock/HWGNRH* § 37 Rn. 32; *Richardi/Thüsing* § 37 Rn. 19). Entsprechendes gilt für die Information von Belegschaftsmitgliedern über den Stand laufender Tarifverhandlungen durch den Betriebsratsvorsitzenden (*ArbG Osnabrück* 17.01.1995 NZA 1995, 1013 [1015]). 40

Auch die Tätigkeit im Aufsichtsrat eines mitbestimmten Unternehmens ist keine Betriebsratsaufgabe (vgl. zu Fragen des Freistellungsanspruchs von Arbeitnehmervertretern im Aufsichtsrat *Schönhoff/Oelze* NZA 2016, 145 ff.). 41

b) Erforderlichkeit der Arbeitsbefreiung
Der Anspruch nach § 37 Abs. 2 setzt voraus, dass die Arbeitsbefreiung **nach Umfang** und **Art** des **Betriebs zur ordnungsgemäßen Durchführung** der **Aufgaben** des **Betriebsratsmitglieds erforderlich** ist. Dabei ist der Grundsatz der **Verhältnismäßigkeit** zu beachten (*Blomeyer* 25 Jahre Bundesarbeitsgericht, 1979, S. 17 [33]; *Glock/HWGNRH* § 37 Rn. 34; *Reichold/HWK* § 37 BetrVG Rn. 11; *Richardi/Thüsing* § 37 Rn. 22). Außerhalb dieses Rahmens sind ein Anspruch des Betriebsratsmitglieds und eine entsprechende Verpflichtung des Arbeitgebers, die für ihn außerdem mit Kosten verbunden ist, nicht gerechtfertigt (vgl. auch § 40 Rdn. 11 ff.). 42

Dem Interesse des Arbeitgebers an einer Auslegung der Vorschrift nach einem streng objektiven Maßstab steht das Interesse der Betriebsratsmitglieder gegenüber, nicht in jedem Falle mit dem Risiko einer Fehlinterpretation der Vorschrift belastet und damit in ihrer Handlungsfähigkeit beschränkt zu werden. Für das Merkmal der Erforderlichkeit ist deshalb im Gegensatz zu einer früher vereinzelt vertretenen Auffassung nicht allein auf objektive Momente (so *Erdmann* § 37 Rn. 4) und ebenso wenig nur auf das subjektive Ermessen des Betriebsrats bzw. seiner Mitglieder abstellen. Maßgebend ist vielmehr, ob unter 43

Berücksichtigung des Grundsatzes der vertrauensvollen Zusammenarbeit (§ 2 Abs. 1) bei **gewissenhafter Abwägung aller Umstände** und damit auch der betrieblichen Belange **im Zeitpunkt** der **Inanspruchnahme** der **Arbeitsbefreiung** diese **zur ordnungsgemäßen Wahrnehmung** der **Aufgaben** des **Betriebsrats** für **erforderlich gehalten werden durfte** (st. Rspr., vgl. *BAG* 06.08.1981 EzA § 37 BetrVG 1972 Nr. 74 S. 373 = AP Nr. 40 zu § 37 BetrVG 1972 Bl. 2 R *[Joachim]*; 15.03.1995 EzA § 37 BetrVG 1972 Nr. 124 S. 8 *[Kittner]* = AP Nr. 105 zu § 37 BetrVG 1972 Bl. 3 R.f.; *Fitting* § 37 Rn. 38; *Glock / HWGNRH* § 37 Rn. 34; *Joost/* MünchArbR § 220 Rn. 13; *Richardi / Thüsing* § 37 Rn. 25; *Wedde / DKKW* § 37 Rn. 26; krit. *Kraft* ZfA 1994, 463 [481 ff.]).

44 Maßgebend ist das **Urteil** eines **vernünftigen Dritten** (*BAG* 15.03.1995 EzA § 37 BetrVG 1972 Nr. 124 S. 8 *[Kittner]* = AP Nr. 105 zu § 37 BetrVG 1972; *Glock/HWGNRH* § 37 Rn. 34; *Joost/* MünchArbR § 220 Rn. 13; *Koch/* ErfK § 37 BetrVG Rn. 3; *Löwisch / LK* § 37 Rn. 25). Zum Teil wird auf das betreffende Betriebsratsmitglied abgestellt (so *ArbG Berlin* 15.11.1974 DB 1975, 110; *Fitting* § 37 Rn. 38; *Richardi / Thüsing* § 37 Rn. 25 f.; *Wedde/DKKW* § 37 Rn. 26). Im Ergebnis besteht hier ein revisionsrechtlich nur eingeschränkt nachprüfbarer **Beurteilungsspielraum** (st. Rspr., vgl. etwa *BAG* 31.08.1994 EzA § 611 BGB Abmahnung Nr. 33 S. 5 *[Berger-Delhey]* = AP Nr. 98 zu § 37 BetrVG 1972 Bl. 3 R; 21.06.2006 – 7 AZR 418/05 – juris, Rn. 23; *Frohner* BlStSozArbR 1979, 65 [68]; *Joost/* MünchArbR § 220 Rn. 13; *Koch/* ErfK § 37 BetrVG Rn. 3; *Richardi / Thüsing* § 37 Rn. 26; *Wedde/DKKW* § 37 Rn. 31; vgl. auch Rdn. 224 f.). Ein Beschluss des Betriebsrats begründet als solcher noch nicht die Erforderlichkeit einer Arbeitsbefreiung und befreit das Betriebsratsmitglied auch nicht von der Überprüfung der Rechtslage hinsichtlich der Erforderlichkeit (*BAG* 06.08.1981 EzA § 37 BetrVG 1972 Nr. 73 S. 356 = AP Nr. 39 zu § 37 BetrVG 1972 Bl. 2; 31.08.1994 EzA § 611 BGB Abmahnung Nr. 33 S. 5 *[Berger-Delhey]* = AP Nr. 98 zu § 37 BetrVG 1972 Bl. 3 R; *Fitting* § 37 Rn. 39). Zur **Darlegungs- und Beweislast** vgl. Rdn. 320.

45 Sind die vorstehend entwickelten Grundsätze beachtet worden, stellt sich aber **nachträglich** heraus, dass die **Arbeitsbefreiung objektiv nicht erforderlich** war, so darf das Arbeitsentgelt nicht gemindert werden (*Fitting* § 37 Rn. 40; *Glock/HWGNRH* § 37 Rn. 34; *Wedde/DKKW* § 37 Rn. 31). Auch eine Abmahnung ist unzulässig (*BAG* 31.08.1994 EzA § 611 BGB Abmahnung Nr. 33 S. 5 f. *[Berger-Delhey]* = AP Nr. 98 zu § 37 BetrVG 1972 Bl. 4 f.; 21.06.2006 – 7 AZR 418/05 – juris, Rn. 14; *Fitting* § 37 Rn. 41). Entscheidend ist also nicht eine objektive ex-post-Perspektive (vgl. auch *Joost/* MünchArbR § 220 Rn. 13; *Richardi / Thüsing* § 37 Rn. 26). Hat das Betriebsratsmitglied allerdings **erkannt**, dass ein Arbeitsversäumnis nicht erforderlich war, so kann auch eine grobe Amtspflichtverletzung i. S. d. § 23 Abs. 1 vorliegen, wenn es dennoch der Arbeit fernbleibt (vgl. auch *Richardi / Thüsing* § 37 Rn. 40; a. M. *Glock/HWGNRH* § 37 Rn. 45). Weiterhin können eine Abmahnung (*BAG* 10.11.1993 EzA § 611 BGB Abmahnung Nr. 29 S. 8 = AP Nr. 4 zu § 78 BetrVG 1972 Bl. 4; *Löwisch/LK* § 37 Rn. 31), bei Zustimmung des Betriebsrats nach § 103 eine Kündigung aus wichtigem Grunde (*Richardi / Thüsing* § 37 Rn. 40; *Glock/HWGNRH* § 37 Rn. 45) oder ein Schadensersatzanspruch in Betracht kommen (*Frohner* BlStSozArbR 1979, 65 [68]). Bei bloßer Fehlbeurteilung der Voraussetzungen des § 37 Abs. 2, insbesondere bei schwierigen und ungeklärten Rechtsfragen treten diese Rechtsfolgen jedoch nicht ein (*BAG* 31.08.1994 EzA § 611 BGB Abmahnung Nr. 33 S. 5 f. *[Berger-Delhey]* = AP Nr. 98 zu § 37 BetrVG 1972 Bl. 4 f.; vgl. auch *Löwisch / LK* § 37 Rn. 31). Zur Begründung eines Vertrauenstatbestandes, falls der Arbeitgeber in der Vergangenheit die Teilnahme an Betriebsrätetreffen mit Betriebsräten anderer Betriebe als erforderlich angesehen hat, vgl. *LAG Berlin* 18.06.1992 DB 1993, 1528.

46 Der **Umfang** der **erforderlichen Arbeitsbefreiung** richtet sich nach den **Umständen** des **einzelnen Falles** (*BAG* 21.11.1978 EzA § 37 BetrVG 1972 Nr. 63 S. 288 f. = AP Nr. 34 zu § 37 BetrVG 1972 Bl. 2 *[Jülicher]*; ebenso *Fitting* § 37 Rn. 38, 45). Das gilt sowohl für die Zahl der Betriebsratsmitglieder als auch für die Dauer der Arbeitsbefreiung des einzelnen Betriebsratsmitglieds. Maßgebend sind vor allem die Art und Größe des Betriebs sowie die sich daraus ergebenden Aufgaben (*Fitting* § 37 Rn. 38, 45; *Richardi/Thüsing* § 37 Rn. 24; *Wedde/DKKW* § 37 Rn. 26). Innerhalb dieses Rahmens ist der Betriebsrat nicht gehindert, seine gesetzlichen Möglichkeiten aktiv wahrzunehmen (*Fitting* § 37 Rn. 38). Jedoch muss er seine **Arbeit** so **rationell** wie möglich **gestalten** (*Fitting* § 37 Rn. 45; *Glock/HWGNRH* § 37 Rn. 31, 36; *Richardi/Thüsing* § 37 Rn. 24) und das Arbeitsversäumnis auf das wirklich erforderliche Maß beschränken. Da es auf die Umstände des einzelnen Falles ankommt, lassen sich dafür **keine Richtwerte** in Anlehnung an § 38 aufstellen, zumal diese Vorschrift nur Mindestzahlen für die Freistellung von Betriebsratsmitgliedern enthält (*BAG* 21.11.1978 EzA § 37 BetrVG 1972 Nr. 63 S. 288 f. = AP Nr. 34 zu § 37 BetrVG 1972 Bl. 2 *[Jülicher]*; ebenso *Fitting* § 37 Rn. 39; *Glock/HWGNRH* § 37 Rn. 34; **a. M.** *Ottow* DB 1975, 646 [647]). Im Einzelfall kommt auch in Betrieben, die den Schwellenwert von 200 Arbeitnehmern gem. § 38 nicht erreichen, eine **vollständige Freistellung** in Betracht. Allerdings bedarf es dafür einer substantiierten Darlegung, dass die konkrete Arbeitsbelastung des Betriebs gegenüber dem in § 38 Abs. 1 gesetzlich unterstellten Normalfall derart erhöht ist, dass eine solche generelle Freistellung erforderlich ist (*BAG* 13.11.1991 EzA § 37 BetrVG 1972 Nr. 106 = AP Nr. 80 zu § 37 BetrVG 1972; *LAG Rheinland-Pfalz* 16.07.2015 – 5 TaBV 5/15 – juris; vgl. auch § 38 Rdn. 27 ff.).

Die **Arbeitseinteilung innerhalb** des **Betriebsrats** ist allein dessen Sache (vgl. Rdn. 30). Falls nicht wie bei Betriebsratssitzungen die Mitwirkung aller Betriebsratsmitglieder erforderlich ist, entscheidet er daher nach seinen Geschäftsbedürfnissen, welche Aufgaben von den einzelnen Betriebsratsmitgliedern wahrzunehmen sind. Der Betriebsrat muss jedoch wegen seiner Verpflichtung zur rationellen Arbeitsgestaltung (vgl. Rdn. 46) seine Aufgaben, soweit das möglich und zumutbar ist, von § 38 **freigestellten Betriebsratsmitgliedern** wahrnehmen lassen; andernfalls ist das Arbeitsversäumnis nicht erforderlich (ähnlich *LAG Hamm* 24.08.1979 EzA § 37 BetrVG 1972 Nr. 66 S. 303; *ArbG Kiel* 13.11.1978 DB 1979, 1236; *Glock/HWGNRH* § 37 Rn. 38; *Joost/MünchArbR* § 220 Rn. 11; *Richardi/Thüsing* § 37 Rn. 24; vgl. auch *Wedde/DKKW* § 37 Rn. 28). Jedoch kann der Betriebsrat nicht generell darauf verwiesen werden, Betriebsratstätigkeit nur von freigestellten Betriebsratsmitgliedern ausüben zu lassen (*BAG* 06.08.1981 EzA § 37 BetrVG 1972 Nr. 74 S. 364 = AP Nr. 40 zu § 37 BetrVG 1972 Bl. 3 *[Joachim]*; 19.09.1985 AP Nr. 1 zu § 42 LPVG Rheinland-Pfalz Bl. 4; *Fitting* § 37 Rn. 45; *Wedde/DKKW* § 37 Rn. 28, 30). Da zusätzliche Freistellungen erforderlich sein können (vgl. § 38 Rdn. 27 ff.), gilt das erst recht für die Arbeitsbefreiung nicht freigestellter Betriebsratsmitglieder aus konkretem Anlass. Das kommt z. B. auch in den Fällen in Betracht, in denen ein Arbeitnehmer gemäß § 82 Abs. 2 Satz 2, § 83 Abs. 1 Satz 2, § 84 Abs. 1 Satz 2 nach freier Wahl ein Mitglied des Betriebsrats zu seiner Unterstützung hinzuziehen kann (*Fitting* § 37 Rn. 47; *Glock/HWGNRH* § 37 Rn. 41; vgl. auch *BAG* 06.08.1981 EzA § 37 BetrVG 1972 Nr. 74 S. 365 = AP Nr. 40 zu § 37 BetrVG 1972 Bl. 3 f. *[Joachim]*).

Nur teilweise erforderlich ist an sich das Arbeitsversäumnis, wenn der **Betriebsrat keinen Vorsitzenden gewählt** hat und notwendige Verhandlungen zwischen ihm und dem Arbeitgeber daher mit sämtlichen Betriebsratsmitgliedern geführt werden müssen, obwohl das sonst nicht erforderlich gewesen wäre (s. *Raab* § 26 Rdn. 6). Da jedoch eine unterschiedliche Behandlung der Betriebsratsmitglieder ebenso wie eine gänzliche Streichung oder auch nur anteilsmäßige Kürzung des Arbeitsentgelts sämtlicher Betriebsratsmitglieder ausscheidet, muss der Arbeitgeber es allen Betriebsratsmitgliedern voll zahlen, und es bleibt nur die Sanktion nach § 23 Abs. 1 (s. *Raab* § 27 Rdn. 12).

An **Besprechungen nach § 74 Abs. 1** (*Fitting* § 37 Rn. 46; *Glock/HWGNRH* § 37 Rn. 40; *Wedde/DKKW* § 37 Rn. 29; **a. M.** wohl *Galperin/Löwisch* § 37 Rn. 30) und **Verhandlungen über grundsätzliche Fragen** (*Fitting* § 37 Rn. 46; *Galperin/Löwisch* § 37 Rn. 30; *Glock/HWGNRH* § 37 Rn. 40; *Wedde/DKKW* § 37 Rn. 29; **a. M.** *Neumann-Duesberg* S. 310 f.) können jedoch alle Betriebsratsmitglieder teilnehmen. Nur unter diesen Voraussetzungen gilt Entsprechendes für sämtliche Ausschussmitglieder bei Verhandlungen über Angelegenheiten, die dem **Betriebsausschuss** oder einem **weiteren Ausschuss** zur selbständigen Erledigung übertragen sind (weitergehend *Fitting* § 37 Rn. 48; *Wedde/DKKW* § 37 Rn. 29). Ist der Betriebsrat in einem **Beschlussverfahren** Beteiligter, wird es in der Regel genügen, wenn der Vorsitzende des Betriebsrats zur Anhörung erscheint, es sei denn, dass es auf die besondere Sachkunde (auch) anderer Betriebsratsmitglieder ankommt (*ArbG Herne* 24.07.1964 BB 1964, 1123 f.; *Leisten* AuR 1981, 168 [170 f.]; *Richardi/Thüsing* § 37 Rn. 24; vgl. aber *ArbG Hamburg* 27.11.1991 AiB 1992, 90 bei gleichzeitiger Durchführung einer Betriebsratssitzung im Gerichtsgebäude). Entsprechendes kommt für **Einigungsstellenverfahren** und für **Verhandlungen mit Behörden** in Betracht. Grundsätzlich ist es auch nicht erforderlich, dass der Vorsitzende des Betriebsrats bei der Konsultation eines Rechtsanwalts in einer betriebsverfassungsrechtlichen Angelegenheit von weiteren Betriebsratsmitgliedern begleitet wird (*LAG Hamm* 23.04.1974 EzA § 37 BetrVG 1972 Nr. 22).

§ 37 II. 3. Geschäftsführung des Betriebsrats

50 Auch das **einzelne Betriebsratsmitglied** muss die von ihm wahrzunehmenden **Aufgaben**, die nach Art und Umfang sehr verschieden sein können, so **rationell** wie möglich **gestalten**. Es darf auf die Erledigung einer Aufgabe nicht beliebig viel, sondern nur die angemessene Zeit verwenden. Zur Überprüfung einer nicht mehr zu korrigierenden Entscheidung des Betriebsrats durch ein Betriebsratsmitglied vgl. *ArbG Ludwigshafen/Landau* 03.07.1984 ARSt. 1985, 102.

51 Die Erforderlichkeit der Arbeitsbefreiung ist grundsätzlich für **Sitzungen** des **Betriebsrats** zu bejahen (*LAG Hamm* 29.04.1975 LAGE § 37 BetrVG 1972 Nr. 38 S. 1). Jedoch ergibt sie sich nicht unmittelbar aus dem Gesetz (so aber *Fitting* § 37 Rn. 36; *Richardi/Thüsing* § 37 Rn. 23). Nach § 30 Satz 1 finden die Sitzungen des Betriebsrats zwar in der Regel während der Arbeitszeit statt, doch braucht die einzelne Sitzung deshalb nicht erforderlich zu sein. Richtig ist nur, dass ein Betriebsratsmitglied in der Regel (anders bei einem Beschluss des Betriebsrats über die Festlegung eines Sitzungstermins oder bei Selbstzusammentritt des Betriebsrats) keinen Einfluss auf deren Anberaumung hat und deshalb die Teilnahme für erforderlich halten darf (ebenso im Ergebnis *LAG Hamm* 08.06.1978 EzA § 37 BetrVG 1972 Nr. 58 S. 241; *Fitting* § 37 Rn. 36; *Richardi/Thüsing* § 37 Rn. 23; *Wedde/DKKW* § 37 Rn. 33). Das Betriebsratsmitglied kann auch nicht wissen, ob eine Sitzung ordnungsgemäß einberufen worden ist, wenn sich aus seiner Ladung nichts Gegenteiliges ergibt. Deshalb entfällt der Entgeltanspruch nicht schon wegen der mängelbehafteten Ladung als solcher (**a. M.** *ArbG Marburg* 13.11.1993 ARSt. 1993, 155). Jedoch kann die Anberaumung einer Sitzung offensichtlich unzulässig sein, wenn z. B. entgegen dem Verbot des § 74 Abs. 2 Satz 1 eingeladen wird, um Maßnahmen des Arbeitskampfes gegen den Arbeitgeber einzuleiten. Dann kann das Betriebsratsmitglied sich nicht auf die Erforderlichkeit berufen. Hinsichtlich der Länge einer Betriebsratssitzung steht es im pflichtgemäßen Ermessen des Betriebsrats, wie ausführlich die einzelnen Tagesordnungspunkte diskutiert werden, so dass in der Regel die gesamte Dauer der Sitzung erforderliche Betriebsratstätigkeit ist (*ArbG Berlin* 03.04.1980 AuR 1981, 61). Das braucht aber nicht der Fall zu sein, wenn die Sitzung für betriebsratsfremde Zwecke umfunktioniert wird. Auch zur Vor- und Nachbereitung von Betriebsratssitzungen kann die Arbeitsbefreiung erforderlich sein (*LAG Berlin* 18.06.1992 AiB 1993, 46). Entsprechende Grundsätze gelten für die Teilnahme an Sitzungen der Ausschüsse des Betriebsrats sowie an Sitzungen des Gesamtbetriebsrats, Konzernbetriebsrats, der Jugend- und Auszubildendenvertretung, der Gesamt-Jugend- und Auszubildendenvertretung und der Konzern-Jugend- und Auszubildendenvertretung.

52 Bei **erforderlichen Sitzungen** kann grundsätzlich **jedes Betriebsratsmitglied** – bei Ausschusssitzungen jedes Ausschussmitglied – **teilnehmen**. Allerdings setzt jede Arbeitsbefreiung nach § 37 Abs. 2 nicht nur die Notwendigkeit der Betriebsratstätigkeit an sich voraus, sondern auch, dass die Betriebsratsarbeit die Nichtleistung der beruflichen Tätigkeit zu einem bestimmten Zeitpunkt erforderlich macht. Hierzu muss das Betriebsratsmitglied eine **Abwägung aller Umstände** und damit auch der betrieblichen Belange **vornehmen** (*BAG* 11.06.1997 – 7 AZR 229/96 – juris, Rn. 12 f.; **vgl. auch Rdn. 43**). **Bei dieser Abwägung kommt dem Betriebsrat ein gerichtlich nur eingeschränkt überprüfbarer Beurteilungsspielraum zu** (*BAG* 21.06.2006 – 7 AZR 418/05 – juris **Rn. 23;** *Hess. LAG* 04.02.2013 – 16 TaBV 261/12 – juris Rn. 27; vgl. auch Rdn. 44). **Im Zweifel hat die Teilnahme an einer Betriebsratssitzung den Vorrang. Je nach Themenzuschnitt der betreffenden Sitzung kann es aber auch sein**, dass unter Berücksichtigung des § 2 Abs. 1 die Erledigung dringender Arbeiten ausnahmsweise den Vorrang haben kann (*BAG* 11.06.1997 – 7 AZR 229/96 – juris, Rn. 12 f.; *Hess. LAG* 04.02.2013 – 16 TaBV 261/12 – **juris Rn. 27**; enger *LAG Hamm* 10.01.1996 [Vorinstanz] LAGE § 611 BGB Abmahnung Nr. 46 S. 3: nur bei betrieblichen Notsituationen). In diesem Falle wird das Betriebsratsmitglied durch ein Ersatzmitglied vertreten (*BAG* 11.06.1997 – 7 AZR 229/96 – juris, Rn. 13). Nimmt das Betriebsratsmitglied trotzdem an der Sitzung teil, verneint das *LAG Hamm* (10.01.1996 LAGE § 611 BGB Abmahnung Nr. 46) die Zulässigkeit einer Abmahnung.

53 § 37 Abs. 2 betrifft nicht nur Fälle, in denen eine während der Arbeitszeit verrichtete Betriebsratstätigkeit unmittelbar den Ausfall der Arbeitsleistung zur Folge hat. Nimmt ein Betriebsratsmitglied an einer außerhalb seiner persönlichen Arbeitszeit stattfindenden Betriebsratssitzung teil oder muss er sonstige Betriebsratstätigkeit außerhalb der persönlichen Arbeitszeit ausüben, so kann es ihm auch **unmöglich** oder **unzumutbar** sein, seine **vor oder nach der Betriebsratssitzung liegende Arbeitszeit** einzuhalten, etwa einen Nachtschichtdienst in den Nächten unmittelbar vor und nach einer ganztägigen

Betriebsratssitzung. Zu Recht gewährt das *BAG* dem Betriebsratsmitglied (unabhängig von dem für die außerhalb der Arbeitszeit aufgewandte Zeit der Sitzungsteilnahme unmittelbar einschlägigen Freizeitausgleich nach § 37 Abs. 3) auch hier einen Anspruch auf Arbeitsbefreiung unter Fortzahlung des Arbeitsentgelts für die betreffenden Nachtschichtarbeitszeiten nach **§ 37 Abs. 2** (*BAG* 07.06.1989 EzA § 37 BetrVG 1972 Nr. 102 S. 3 ff. = AP Nr. 72 zu § 37 BetrVG 1972 Bl. 2 f; 18.01.2017 – 7 AZR 224/15 – juris Rn. 26 ff.; 21.03.2017 – 7 ABR 17/15 – juris, Rn. 21; ebenso *LAG Hamm* 23.10.1991 LAGE § 37 BetrVG 1972 Nr. 38; *LAG Hamm* 20.02.2015 LAGE § 37 BetrVG 2001 Nr. 10 Rn. 34; *ArbG Lübeck* 07.12.1999 NZA-RR 2000, 427; *Bengelsdorf* AuA 2001, 71 [72]; *Fitting* § 37 Rn. 43 f.; *Glock/HWGNRH* § 37 Rn. 44; *Löwisch/LK* § 37 Rn. 28; *Wedde/DKKW* § 37 Rn. 42). Das Betriebsratsmitglied braucht wegen des Benachteiligungsverbots des § 78 Satz 2 auch nicht ein von ihm zuvor erarbeitetes Freizeitkonto zum Ausgleich zu verwenden, wenn andere Arbeitnehmer ihre schichtfreien Tage nach freiem Belieben unter Berücksichtigung ihrer eigenen persönlichen Interessen nehmen können (*BAG* 07.06.1989 EzA § 37 BetrVG 1972 Nr. 102 S. 5 = AP Nr. 72 zu § 37 BetrVG 1972). Der Anwendung des § 37 Abs. 2 steht auch nicht entgegen, dass der Gesetzgeber in § 37 Abs. 3 für den Fall der Betriebsratstätigkeit außerhalb der persönlichen Arbeitszeit eine eigenständige Regelung geschaffen hat. § 37 Abs. 3 regelt diesen Fragenbereich – auch nach der Neufassung im Zuge des BetrVerf-Reformgesetzes im Jahre 2001 – nicht abschließend, sondern will nur verhindern, dass Betriebsratsmitglieder durch einen Verlust persönlicher Freizeit benachteiligt werden (*BAG* 07.06.1989 EzA § 37 BetrVG 1972 Nr. 102 S. 4 = AP Nr. 72 zu § 37 BetrVG 1972). Zur Frage, ob **Betriebsratstätigkeit als Arbeitszeit** i. S. d. § 2 ArbZG zu werten ist, vgl. Rdn. 13.

Bei **Betriebsversammlungen** ist die Arbeitsversäumnis für sämtliche Betriebsratsmitglieder als erforderliche Betriebsratstätigkeit anzusehen. Bei Teil- und Abteilungsversammlungen (§ 42 Abs. 1 Satz 3, Abs. 2) ist jedenfalls die Teilnahme der dem Betriebsteil oder der Abteilung angehörenden Betriebsratsmitglieder erforderlich (*Glock/HWGNRH* § 37 Rn. 39 f.; weitergehend *Wedde/DKKW* § 37 Rn. 35). Jedoch kann ungeachtet des § 42 Abs. 2 Satz 2 aus besonderen Gründen auch die Teilnahme des Betriebsratsvorsitzenden (für dessen generelle Teilnahme *Glock/HWGNRH* § 37 Rn. 40) oder eines besonders sachkundigen weiteren Betriebsratsmitglieds – z. B. des Beauftragten für Fragen des Arbeitsschutzes – erforderlich sein. Es kommt daher auf den zu behandelnden Themenkreis an (ebenso *Fitting* § 37 Rn. 37). Erforderlich kann auch der Zeitaufwand zur Vorbereitung sein. **54**

Müssen **Aufgaben** des Betriebsrats **außerhalb** des **Betriebs** wahrgenommen werden (vgl. die Beispiele Rdn. 32) oder müssen auswärts beschäftigte Betriebsratsmitglieder zur Wahrnehmung von Betriebsratsaufgaben in den Betrieb kommen, so sind auch die während der Arbeitszeit hiermit verbundenen, unvermeidbaren **Wege-** und **Reisezeiten** i. S. d. § 37 Abs. 2 erforderliche Betriebsratstätigkeit (*BAG* 11.07.1978 AP Nr. 57 zu § 37 BetrVG 1972 Bl. 1; 10.11.2004 EzA § 37 BetrVG 2001 Nr. 3 S. 7 = AP Nr. 140 zu § 37 BetrVG 1972; *LAG Schleswig-Holstein* 16.02.2012 – 4 TaBV 28/11 – juris, Rn. 53; *Fitting* § 37 Rn. 42; *Glock/HWGNRH* § 37 Rn. 43; *Richardi/Thüsing* § 37 Rn. 23, 45; *Wedde/DKKW* § 37 Rn. 41). In Betracht kommt z. B. die Anreise zu einem Gerichtstermin, zu Sitzungen des Gesamt- und Konzernbetriebsrats (*LAG Hamm* 23.10.1991 LAGE § 37 BetrVG 1972 Nr. 38 S. 276 [278]) oder einer Betriebsräteversammlung. Bei Betriebsratssitzungen ist die Anreise eines auswärts beschäftigten Betriebsratsmitglieds jedoch nicht erforderlich, wenn es unbedenklich durch ein Ersatzmitglied vertreten werden kann. Zu Wegezeiten außerhalb der Arbeitszeit vgl. Rdn. 103. **55**

4. Durchführung der Arbeitsbefreiung

Beim Vorliegen der Voraussetzungen des § 37 Abs. 2 »sind« die Betriebsratsmitglieder von ihrer Arbeitspflicht »zu befreien« (zum Verfahren s. a. *Schiefer/Pogge* DB 2012, 743; *Schulze/Schreck* ArbRAktuell, 2014, 483). Sie haben (ebenso wie der Betriebsrat, vgl. *BAG* 29.06.2011 EzA § 37 BetrVG 2011 Nr. 12 Rn. 13 = AP Nr. 152 zu § 37 BetrVG 1972 [*Boemke*]; 21.03.2017 – 7 ABR 17/15 – juris, Rn. 22) einen entsprechenden Anspruch. Eine **Zustimmung** des **Arbeitgebers** ist entgegen dem missverständlichen Wortlaut der Vorschrift und anders als im Falle der Freistellung nach § 38 (vgl. dort Rdn. 64) **nicht erforderlich**, sondern nur die **Abmeldung** des Betriebsratsmitglieds vor Verlassen des Arbeitsplatzes beim zuständigen Vorgesetzten (*BAG* 06.08.1981 EzA § 37 BetrVG 1972 Nr. 73 S. 356 = AP Nr. 39 zu § 37 BetrVG 1972 Bl. 2; 15.03.1995 EzA § 37 BetrVG 1972 Nr. 124 S. 3 f. **56**

§ 37   II. 3. Geschäftsführung des Betriebsrats

[*Kittner*] = AP Nr. 105 zu § 37 BetrVG 1972 Bl. 4; 29.06.2011 EzA § 37 BetrVG 2011 Nr. 12 Rn. 19 = AP Nr. 152 zu § 37 BetrVG 1972 [*Boemke*]; *Fitting* § 37 Rn. 49 ff.; *Gamillscheg* II, S. 555; *Joost*/MünchArbR § 220 Rn. 17 f.; *Koch*/ErfK § 37 BetrVG Rn. 5; *Kreft*/WPK § 37 Rn. 16; *Maschmann*/AR § 37 BetrVG Rn. 6; *Richardi*/*Thüsing* § 37 Rn. 27 f.; *Wedde*/DKKW § 37 Rn. 44 f.; **a. M.** *Britz* PersV 2012, 249 [250] mit unzutreffendem Hinweis auf die zu § 37 Abs. 3 ergangene Entscheidung des *BAG* vom 25.08.1999 [EzA § 37 BetrVG 1972 Nr. 140 S. 4 = AP Nr. 130 zu § 37 BetrVG 1972]; *Glock*/HWGNRH § 37 Rn. 46 ff.; *Loritz* Anm. SAE 1990, 205 [207]). Die Abhängigkeit der Arbeitsbefreiung von einer Zustimmung des Arbeitgebers würde zu einer erheblichen Beeinträchtigung der unabhängigen Amtsführung des Betriebsrats führen. Das Betriebsratsmitglied ist von der Arbeitsleistung befreit, wenn dies zur Erfüllung seiner Betriebsratsaufgaben erforderlich ist und er sich ordnungsgemäß abgemeldet hat. Der Arbeitgeber hat insoweit kein Vorprüfungsrecht. Zur Frage, ob bei Betriebsratsmitgliedern, die zugleich **Tendenzträger** i. S. d. § 118 Abs. 1 sind, ausnahmsweise eine Zustimmung des Arbeitgebers erforderlich ist, vgl. *Poeck* Tendenzträger als Betriebsräte und Sprecherausschussmitglieder (Diss. Freiburg), 2011, S. 111 ff. sowie § 118 Rdn. 180.

57 Das gilt nach ständiger und zutreffender Rechtsprechung generell und **nicht nur in Eilfällen**, da ein Zustimmungserfordernis des Arbeitgebers zum Tätigwerden für den Betriebsrat die Unabhängigkeit der Amtsführung des Betriebsrats stets gefährdete und nicht nur dann, wenn das Arbeitsversäumnis unvorhersehbar ist. Die Interessen des Arbeitgebers sind durch das Erfordernis der rechtzeitigen Abmeldung hinreichend gewahrt (vgl. die Nachweise Rdn. 56; ferner *von Friesen* DB 1981, 1618 [1619]; *Joost*/MünchArbR § 220 Rn. 17; *Wedde*/DKKW § 37 Rn. 44; **a. M.** *LAG* Berlin 16.10.1995 LAGE § 15 KSchG Nr. 13 S. 7; *Dütz* DB 1976, 1428 [1431]; *Frohner* BlStSozArbR 1979, 65 [68]; *Kraft* Anm. SAE 1998, 1 [4]; *Wiese* 6. Aufl., § 37 Rn. 49; zum BetrVG 1952 *BAG* 08.03.1957 AP Nr. 4 zu § 37 BetrVG Bl. 2 R).

58 Grundsätzlich besteht eine **Abmeldepflicht auch** dann, wenn der Arbeitnehmer seinen **Arbeitsplatz nicht verlässt**, um Betriebsratstätigkeit zu verrichten. Auch in diesen Fällen kann der Arbeitgeber ein Interesse daran haben, durch entsprechende Organisationsmaßnahmen den Arbeitsablauf sicherzustellen (*BAG* 29.06.2011 EzA § 37 BetrVG 2011 Nr. 12 Rn. 23 = AP Nr. 152 zu § 37 BetrVG 1972 [*Boemke*]). Allerdings kann das Betriebsratsmitglied nach dem Schutzzweck der Abmeldepflicht **im Einzelfall auch ohne entsprechende Information des Arbeitgebers** seine Betriebsratstätigkeit aufnehmen, wenn eine vorübergehende **Umorganisation der Arbeitseinteilung schlechterdings nicht in Betracht** kommt (*BAG* 29.06.2011 EzA § 37 BetrVG 2011 Nr. 12 Rn. 25 = AP Nr. 152 zu § 37 BetrVG 1972 [*Boemke*]; *Fitting* § 37 Rn. 50; *Richardi*/*Thüsing* § 37 Rn. 29). Das kann etwa der Fall sein, wenn ein ausschließlich mit einem langfristig angelegten Projekt befasster Entwicklungsingenieur seine Tätigkeit kurzfristig unterbricht, um an seinem Arbeitsplatz Betriebsratsaufgaben wahrzunehmen (*BAG* 29.06.2011 EzA § 37 BetrVG 2011 Nr. 12 Rn. 25 = AP Nr. 152 zu § 37 BetrVG 1972 [*Boemke*]). Auch bei Außendienstmitarbeitern kann aus tatsächlichen Gründen eine Abmeldung ausgeschlossen sein (*Schlömp* AiB 1987, 251 [252]). Ist in solchen Fällen das Betriebsratsmitglied weder zu einer Ab- noch zu einer Rückmeldung verpflichtet, kann der Arbeitgeber aber die Anfertigung von **Tätigkeitsnachweisen** unter Angabe des Zeitaufwands für die Betriebsratstätigkeit verlangen (*BAG* 29.06.2011 EzA § 37 BetrVG 2011 Nr. 12 Rn. 26 = AP Nr. 152 zu § 37 BetrVG 1972 [*Boemke*]; *Fitting* § 37 Rn. 50; *Richardi*/*Thüsing* § 37 Rn. 29; *Schlömp* AiB 1987, 251 [252]).

59 Die Abmeldung dient dem Zweck, dem Arbeitgeber die Arbeitseinteilung zu erleichtern und den Arbeitsausfall des Betriebsratsmitglieds zu überbrücken. Deshalb muss das **Betriebsratsmitglied** den **Arbeitgeber so rechtzeitig** wie möglich **über** ein **bevorstehendes Arbeitsversäumnis informieren**, damit dieser die betrieblich notwendigen Maßnahmen ergreifen kann (*BAG* 15.07.1992 EzA § 611 BGB Abmahnung Nr. 26 S. 5 = AP Nr. 9 zu § 611 BGB Abmahnung [*Conze*]; 13.05.1997 EzA § 37 BetrVG 1972 Nr. 135 S. 5 = AP Nr. 119 zu § 37 BetrVG 1972 = SAE 1998, 1 [*Kraft*]; *von Friesen* DB 1981, 1618 [1619]; *Wedde*/DKKW § 37 Rn. 45). Eine feste Abmeldefrist kann der Arbeitgeber nicht verlangen (*LAG* Hamm 25.05.2007 – 13 Sa 1117/06 – juris, Rn. 38; *Wedde*/DKKW § 37 Rn. 45). Die Abmeldung kann **mündlich** oder per SMS, E-Mail usw. geschehen und muss **nicht persönlich** durch das betreffende Betriebsratsmitglied erfolgen (vgl. auch *BAG* 15.07.1992 EzA § 37 BetrVG 1972 Nr. 135 S. 5 = AP Nr. 119 zu § 37 BetrVG 1972; *Wedde*/DKKW § 37 Rn. 44). Da es Sache des Betriebsratsmitglieds ist, zu entscheiden, wie es die Meldepflicht bewirkt, ist auch eine

Pflicht zur Teilnahme an einem Zeiterfassungssystem unzulässig (*LAG Hamm* 26.11.2013 – 7 TaBV 74/13 – juris).

Während das *BAG* früher noch stichwortartige Angaben zur Art der beabsichtigten Betriebsratstätig- **60** keit verlangte (*BAG* 19.06.1979 EzA § 37 BetrVG 1972 Nr. 65 S. 301 = AP Nr. 36 zu § 37 BetrVG 1972; 23.06.1983 EzA § 37 BetrVG 1972 Nr. 78 S. 381 = AP Nr. 45 zu § 37 BetrVG 1972 *[Löwisch/ Reimann]*), genügt es nach der neueren Rechtsprechung, dass **Angaben über den Ort und die voraussichtliche Dauer der Betriebsratstätigkeit** gemacht werden (*BAG* 15.03.1995 EzA § 37 BetrVG 1972 Nr. 124 S. 4 f. *[Kittner]* = AP Nr. 105 zu § 37 BetrVG 1972 = SAE 1996, 383 *[Wietek]* = AiB 1995, 735 *[Nielebock]*; 29.06.2011 EzA § 37 BetrVG 2011 Nr. 12 Rn. 21 = AP Nr. 152 zu § 37 BetrVG 1972 *[Boemke]*; *Fitting* § 37 Rn. 50a; *Hamm* AuR 1996, 16 ff.; *Koch/* ErfK § 37 BetrVG Rn. 5; *Wedde/DKKW* § 37 Rn. 45 f.; **a. M.** *Boewer* in *D. Gaul/B. Gaul* Aktuelles Arbeitsrecht 1993, Band 2, S. 522 ff.; *Leege* DB 1995, 1510 ff.; *Sowka* WiB 1995, 830 f.; *Wiese* 6. Aufl., § 37 Rn. 51). Die hierfür gegebene Begründung, stichwortartige Angaben setzten das Betriebsratsmitglied schon im Vorfeld zu erledigender Betriebsratsaufgaben Rechtfertigungszwängen aus, die sich nachteilig auf seine Amtsführung auswirken könnten (*BAG* 15.03.1995 EzA § 37 BetrVG 1972 Nr. 124 S. 5), vermag zwar angesichts der früheren, an der ständigen Rechtsprechung das *BAG* und der h. L. orientierten betrieblichen Praxis nicht zu überzeugen (*Wiese* 6. Aufl., § 37 Rn. 51). Richtig ist aber, dass der Zweck der Abmeldepflicht nicht darin besteht, dem Arbeitgeber ein Vorprüfungsrecht hinsichtlich der Erforderlichkeit der Wahrnehmung von Betriebsratsaufgaben zu verschaffen (*BAG* 15.03.1995 EzA § 37 BetrVG 1972 Nr. 124 S. 5; **anders** *Kruse* Die Rechte des Arbeitgebers gegenüber dem Betriebsrat aus der Betriebsverfassung [Diss. Kiel], 2010, S. 129 f.; *Leege* DB 1995, 1510 [1511]; *Wiese* 6. Aufl., § 37 Rn. 51). Insofern genügt es, dass der Anspruch des Arbeitnehmers auf **Fortzahlung der Vergütung** nur besteht, wenn die Arbeitsversäumnis tatsächlich erforderlich war und das Betriebsratsmitglied dies bei begründeten Zweifeln des Arbeitgebers notfalls substantiiert darlegen muss (*BAG* 15.03.1995 EzA § 37 BetrVG 1972 Nr. 124 S. 5 f.; krit. insoweit *Wedde/DKKW* § 37 Rn. 46, 60; vgl. auch *LAG Hamm* 08.06.1978 EzA § 37 BetrVG 1972 Nr. 58: kein Recht des Arbeitgebers, Lohn einzubehalten, wenn der Arbeitgeber meint, dass im konkreten Fall keine erforderliche Betriebsratstätigkeit gegeben sei; zum Umfang der Darlegungs- und Begründungspflicht des Arbeitgebers bei Zweifeln an der Erforderlichkeit vgl. auch *LAG Berlin* 20.02.1977 AuA 1998, 325). Auch nach Ansicht des *BAG* ist das Betriebsratsmitglied allerdings wegen § 2 Abs. 1 verpflichtet, schon zuvor nähere Angaben über die in Aussicht genommene Tätigkeit zu machen, wenn der Arbeitgeber seinerseits das Betriebsratsmitglied für die Zeit der beabsichtigten Betriebsratstätigkeit an seinem Arbeitsplatz für unabkömmlich hält und aus betriebsbedingten Gründen eine zeitliche Verlegung der Betriebsratstätigkeit verlangt (*BAG* 15.03.1995 EzA § 37 BetrVG 1972 Nr. 124 S. 5).

Nach Beendigung der Betriebsratstätigkeit ist das nicht freigestellte Betriebsratsmitglied zur **Rück-** **61** **meldung** verpflichtet (*BAG* 15.07.1992 EzA § 611 BGB Abmahnung Nr. 26 S. 6 = AP Nr. 9 zu § 611 BGB Abmahnung *[Conze]*; 29.06.2011 EzA § 37 BetrVG 2011 Nr. 12 Rn. 19 = AP Nr. 152 zu § 37 BetrVG 1972 *[Boemke]*). Das Betriebsratsmitglied ist jedoch weder nach § 37 Abs. 2 noch nach § 2 Abs. 1 verpflichtet, die für die Betriebsratstätigkeit aufgewendete Zeit schriftlich aufzuzeichnen (*BAG* 14.02.1990 BB 1990, 1625 f.).

Kommt das Betriebsratsmitglied der Verpflichtung zur Abmeldung nicht nach, so kann eine grobe **62** Pflichtwidrigkeit nach § 23 Abs. 1 vorliegen. Außerdem liegt die Verletzung einer **vertraglichen Nebenpflicht** vor (*BAG* 15.07.1992 EzA § 611 BGB Abmahnung Nr. 26 S. 5 f. *[abl. Kittner]* = AP Nr. 9 zu § 611 BGB Abmahnung Bl. 3 f. *[zust. Conze]*; 29.06.2011 EzA § 37 BetrVG 2011 Nr. 12 Rn. 20 = AP Nr. 152 zu § 37 BetrVG 1972 *[Boemke]*; vgl. auch *BAG* 13.05.1997 EzA § 37 BetrVG 1972 Nr. 135 S. 6 = AP Nr. 119 zu § 37 BetrVG 1972), die den Arbeitgeber zur **Abmahnung** berechtigt, sofern eine hinreichende Gefahr der Wiederholung eines willensgesteuerten objektiven Überschreitens des Beurteilungsspielraums (vgl. Rdn. 44) besteht (*BAG* 10.11.1993 EzA § 611 BGB Abmahnung Nr. 29 S. 8 = AP Nr. 4 zu § 78 BetrVG 1972 Bl. 4; 31.08.1994 EzA § 611 BGB Abmahnung Nr. 33 S. 5 f. *[Berger-Delhey]* = AP Nr. 98 zu § 37 BetrVG 1972 Bl. 3 R; *Fitting* § 37 Rn. 56; *Joost/* MünchArbR § 220 Rn. 17; *Koch/* ErfK § 37 BetrVG Rn. 5; *Richardi/Thüsing* § 37 Rn. 30; einschränkend *LAG Bremen* 06.01.1995 NZA 1995, 964 ff.; **a. M.** *LAG Berlin* 06.09.1991 LAGE § 611 BGB Abmahnung Nr. 28; *Kittner* Anm. EzA § 611 BGB Abmahnung Nr. 26 S. 8 f.; *Wedde/DKKW*

§ 37 Rn. 32). Außerdem berechtigt die Verletzung der vertraglichen Nebenpflicht u. U. zur Kündigung aus wichtigem Grunde (*LAG Hamm* 08.06.2007 – 10 TaBV 31/07 – juris, Rn. 58) und kann zum Schadenersatz verpflichten (*LAG Düsseldorf* 09.08.1985 DB 1985, 2463; *Fitting* § 37 Rn. 56).

63 Das **Verfahren** bei der **Ab-** und **Rückmeldung** von **Betriebsratsmitgliedern** zwecks Wahrnehmung von Betriebsratsaufgaben während der Arbeitszeit unterliegt nach h. M. **nicht** der Mitbestimmung nach § **87 Abs. 1 Nr. 1** (*Fitting* § 37 Rn. 53; *Joost*/MünchArbR § 220 Rn. 18; *Kraft* Anm. SAE 1998, 1 [5]; *Richardi/Thüsing* § 37 Rn. 31; *Wedde/DKKW* § 37 Rn. 48). Das *BAG* begründet dies damit, dass dem Arbeitgeber kein Weisungsrecht hinsichtlich der Betriebsratstätigkeit zukomme (*BAG* 23.06.1983 EzA § 37 BetrVG 1972 Nr. 78 S. 383 f. = AP Nr. 45 zu § 37 BetrVG 1972 [*insoweit* abl. *Löwisch/Reimann*]). Die Abmeldepflicht ist allerdings gleichzeitig **arbeitsvertragliche Pflicht** der Betriebsratsmitglieder (vgl. Rdn. 62; *Löwisch/Reimann* Anm. AP Nr. 45 zu § 37 BetrVG 1972 Bl. 4). Da der Zweck der An- und Abmeldepflicht darin besteht, Arbeitsabläufe zu organisieren und Störungen im Betriebsablauf zu vermeiden (vgl. Rdn. 59), handelt es sich insoweit nicht nur um eine von § 87 Abs. 1 Nr. 1 nicht erfasste bloße Konkretisierungen der Arbeitspflicht, sondern um eine Frage der **Ordnung des Betriebs** (dazu generell *Wiese* § 87 Rdn. 202 ff., 222). Das spräche für ein Mitbestimmungsrecht. Allerdings reicht es für die Mitbestimmungspflicht nicht aus, wenn der Arbeitgeber lediglich deklaratorisch auf die ohnehin bestehende Rechtslage hinweist (*BAG* 13.05.1997 EzA § 37 BetrVG 1972 Nr. 135 S. 4, 6 = AP Nr. 119 zu § 37 BetrVG 1972) oder eine Regelung trifft, die vom Direktionsrecht nicht gedeckt und deshalb unwirksam ist (*BAG* 13.05.1997 EzA § 37 BetrVG 1972 Nr. 135 S. 5 = AP Nr. 119 zu § 37 BetrVG 1972). Soweit schließlich der Arbeitgeber regelt, wie Vorgesetzte verfahren sollen, wenn sich ihnen unterstellte Betriebsratsmitglieder ab- oder rückmelden, konkretisiert er damit lediglich die Arbeitspflicht der Vorgesetzten (*BAG* 13.05.1997 EzA § 37 BetrVG 1972 Nr. 135 S. 6 = AP Nr. 119 zu § 37 BetrVG 1972).

5. Verbot der Minderung des Arbeitsentgelts

64 Das Verbot **ergänzt** den Grundsatz des § 37 **Abs.** 1 über die unentgeltliche Amtsführung und **konkretisiert** damit § 78 **Satz** 2 (*BAG* 10.06.1969 AP Nr. 12 zu § 37 BetrVG Bl. 3; 28.06.1995 EzA § 11 BUrlG Nr. 38 S. 4 = AP Nr. 112 zu § 37 BetrVG 1972 Bl. 3 = SAE 1997, S. 121 [*Treber*]; 18.05.2016 AP Nr. 162 zu § 37 BetrVG 1972 Rn. 13), der sowohl eine Begünstigung als auch eine Benachteiligung der Betriebsratsmitglieder wegen ihrer Tätigkeit verbietet (vgl. dazu auch *Bonanni/Blattner* ArbRB 2015, 115; *Keilich* BB 2014, 2229 ff.; zum Verbot von Vorteilen für Betriebsratsmitglieder siehe auch Rn. 16 ff.). Das Betriebsratsmitglied hat danach Anspruch auf das individuelle Arbeitsentgelt, das es ohne die Arbeitsbefreiung verdient hätte. Dass es tatsächlich nicht gearbeitet hat, ist unerheblich (vgl. auch *BAG* 13.07.1994 EzA § 37 BetrVG 1972 Nr. 119 S. 2 = AP Nr. 97 zu § 37 BetrVG 1972 Bl. 2; dazu weiterhin Rdn. 68 f., 73). Erforderlich ist daher eine **hypothetische Betrachtung** (*BAG* 29.06.1988 EzA § 37 BetrVG 1972 Nr. 97 S. 2 = AP Nr. 1 zu § 24 BPersVG; 16.08.1995 EzA § 37 BetrVG 1972 Nr. 128 S. 3, 5 = AP Nr. 116 zu § 37 BetrVG 1972). Das Arbeitsentgelt soll dem Betriebsratsmitglied trotz der Betriebsratstätigkeit erhalten bleiben und nicht etwa die Betriebsratstätigkeit als solche wie Arbeit vergütet werden; es gilt das **Lohnausfallprinzip** (vgl. u. a. *BAG* 31.07.1986 EzA § 37 BetrVG 1972 Nr. 86 S. 420 = AP Nr. 55 zu § 37 BetrVG 1972 Bl. 1 R, 2; 28.06.1995 EzA § 11 BUrlG Nr. 38 S. 3 f. =AP Nr. 112 zu § 37 BetrVG 1972 Bl. 2 R; 29.04.2015 EzA § 37 BetrVG 2001 Nr. 20 Rn. 14 = AP Nr. 159 zu § 37 BetrVG 1972; *Fitting* § 37 Rn. 59; *Glock/HWGNRH* § 37 Rn. 55; *Richardi/Thüsing* § 37 Rn. 34; *Wedde/DKKW* § 37 Rn. 50; krit. zur Terminologie *Joost*/MünchArbR § 220 Rn. 19).

65 Der Begriff des fortzuzahlenden Arbeitsentgelts i. S. d. § 37 Abs. 2 kann **nicht durch Tarifvertrag modifiziert** werden (*BAG* 10.02.1988 EzA § 37 BetrVG 1972 Nr. 91 S. 5 = AP Nr. 64 zu § 37 BetrVG 1972 Bl. 2 R; 28.08.1991 EzA § 37 BetrVG 1972 Nr. 107 S. 4 = AP Nr. 16 zu § 46 BPersVG; 18.09.1991 EzA § 37 BetrVG 1972 Nr. 109 S. 4 = AP Nr. 82 zu § 37 BetrVG 1972). Sind bei Arbeitsversäumnis die Voraussetzungen des § 37 Abs. 2 nicht gegeben, so entfällt der Entgeltanspruch, falls er nicht aus anderen Gründen (z. B. nach § 616 BGB) weiter besteht (krit. *Glock/HWGNRH* § 37 Rn. 67). Ist das nicht der Fall, sind entgegen § 37 Abs. 2 erbrachte Leistungen ein Verstoß gegen § 37 Abs. 1. Bei **Betriebsratstätigkeit außerhalb** der **Arbeitszeit** hat das Betriebsratsmitglied im Hinblick auf § 37 Abs. 1 ebenfalls keinen Anspruch auf Vergütung, sondern nur Ansprüche nach Maß-

gabe des § 37 Abs. 3 (vgl. Rdn. 81 ff.). Zum Anspruch auf Ersatz von **Aufwendungen** vgl. § 40 Rdn. 93 ff.

Durch § 37 Abs. 2 (Abs. 6 Satz 1, Abs. 7 Satz 1) wird für Betriebsratsmitglieder kein eigenständiger **66** Entgeltanspruch begründet. **Anspruchsgrundlage** ist vielmehr § 611a **Abs. 2 BGB.** § 37 Abs. 2 verbietet lediglich die Minderung des hiernach bestehenden Anspruchs **wegen der Arbeitsbefreiung** (st. Rspr., vgl. u. a. *BAG* 30.01.1973 EzA § 37 BetrVG 1972 Nr. 5 S. 17 f. = AP Nr. 1 zu § 37 BetrVG 1972 Bl. 2 *[Richardi]*; 29.07.1980 EzA § 37 BetrVG 1972 Nr. 70 S. 330 *[Kittner]* = AP Nr. 37 zu § 37 BetrVG 1972 Bl. 1 Rf. *[Bernert]*; 18.05.2016 AP Nr. 162 zu § 37 BetrVG 1972 Rn. 13; *Fitting* § 37 Rn. 58; *Joost*/MünchArbR § 220 Rn. 19). Als Anspruch aus dem Arbeitsverhältnis unterliegt dieser daher auch einer hierauf bezogenen **tariflichen Ausschlussfrist** (*BAG* 08.09.2010 EzA § 4 TVG Ausschlussfristen Nr. 198 Rn. 18 = AP Nr. 148 zu § 37 BetrVG 1972; 19.01.2005 – 7 AZR 208/04 – juris, Rn. 28; *LAG München* 14.01.1987 DB 1987, 1156; *Fitting* § 37 Rn. 58; *Richardi/Thüsing* § 37 Rn. 83; *Wedde*/DKKW § 37 Rn. 59; **a. M.** *Sommer* ZBVR online 2011, Nr. 1, 15; zur Frage, ob wegen § 3 Satz 1 MiLoG für Vergütungsansprüche ein »Mindestlohnsockel« verbleibt, für den nur die allgemeinen Verjährungsfristen gelten, vgl. *Franzen*/ErfK § 3 MiLoG Rn. 2 ff.). Außerdem sind die entsprechenden **Steuer- und Sozialabgaben** zu leisten (*Fitting* § 37 Rn. 58; vgl. noch Rdn. 79).

Das Lohnausfallprinzip gilt ebenso für die Entgeltfortzahlung bei der Teilnahme von Betriebsratsmit- **67** gliedern an einer **Schulungs- und Bildungsveranstaltung** nach **§ 37 Abs. 6**, weil diese Vorschrift unmittelbar auf § 37 Abs. 2 verweist (vgl. u. a. *BAG* 30.01.1973 EzA § 37 BetrVG 1972 Nr. 5 S. 17 f. = AP Nr. 1 zu § 37 BetrVG 1972 Bl. 2 *[Richardi]*; 23.04.1974 EzA § 37 BetrVG 1972 Nr. 22 S. 1 f. = AP Nr. 11 zu § 37 BetrVG 1972 Bl. 1 Rf. *[Blumensaat]*, 13.07.1994 EzA § 37 BetrVG 1972 Nr. 119 S. 1 = AP Nr. 97 zu § 37 BetrVG 1972 Bl. 1 R; *Däubler* Schulung, Rn. 426; *Fitting* § 37 Rn. 182; *Glock*/HWGNRH § 37 Rn. 195; *Richardi*/*Thüsing* § 37 Rn. 151). Nicht anders verhält es sich hinsichtlich des Anspruchs nach **§ 37 Abs. 7** auf bezahlte Freistellung, der ebenso wie der Anspruch auf Fortzahlung des Arbeitsentgelts freigestellter Betriebsratsmitglieder nach § 38 (vgl. dort Rdn. 97) sicherstellen soll, dass Betriebsratsmitglieder wegen ihrer Amtstätigkeit nicht schlechter gestellt werden, als wenn sie gearbeitet hätten (*LAG Düsseldorf* 16.04.1974 DB 1974, 1966; *Däubler* Schulung, Rn. 426; *Fitting* § 37 Rn. 225; *Richardi/Thüsing* § 37 Rn. 198). Der Entgeltanspruch nach § 37 Abs. 6 i. V. m. Abs. 2 besteht wegen des Lohnausfallprinzips **nur insoweit**, als **infolge** einer **Schulung Arbeit ausgefallen** ist, dagegen nicht für eine Schulung außerhalb der Arbeitszeit (*BAG* 18.09.1973 EzA § 37 BetrVG 1972 Nr. 12 S. 35 = AP Nr. 3 zu § 37 BetrVG 1972 Bl. 1 Rf. *[Weiss]*; 19.07.1977 EzA § 37 BetrVG 1972 Nr. 57 S. 235 ff. = AP Nr. 31 zu § 37 BetrVG 1972 Bl. 1 Rf.; *Glock*/HWGNRH § 37 Rn. 196 ff.; *Richardi/Thüsing* § 37 Rn. 152). Das gilt gleichermaßen **für teilzeitbeschäftigte Betriebsratsmitglieder**, die an einer Schulung außerhalb ihrer persönlichen Arbeitszeit teilnehmen (näher Rdn. 227 ff.). Daran hat sich auch durch das **BetrVerf-Reformgesetz** aus dem Jahre 2001 nichts geändert, durch das lediglich Modifikationen in Bezug auf den **Freizeitausgleich** nach § 37 Abs. 3 erfolgt sind (vgl. dazu Rdn. 90 ff. sowie Rdn. 233 ff.).

Fällt während der **Betriebsratstätigkeit** die **Arbeit im Betrieb aus**, so entfällt auch der Entgelt- **68** anspruch, sofern nicht das Arbeitsentgelt nach den Grundsätzen der Betriebsrisikolehre gem. § 615 S. 3 BGB fortzuzahlen ist (vgl. dazu auch *D. Schneider* Entgeltfortzahlung und Konkurrenzen, S. 546 ff.). Wegen des Lohnausfallprinzips und der daraus folgenden hypothetischen Betrachtungsweise ist Voraussetzung für den Entgeltanspruch, dass das Betriebsratsmitglied seine Arbeitsleistung **wegen der Freistellung** nicht erbringt (vgl. auch Rdn. 73). Im Baugewerbe hat das Betriebsratsmitglied für Zeiten der Schlechtwetterperiode vom 01.12. bis 31.03. wie andere Arbeitnehmer auch einen Anspruch auf **Saisonkurzarbeitergeld** gem. §§ 101 f. SGB III (zum früheren Anspruch auf das Schlechtwettergeld vgl. *BAG* 23.04.1974 EzA § 37 BetrVG 1972 Nr. 22 S. 88 = AP Nr. 11 zu § 37 BetrVG 1972 Bl. 1 R ff. *[Blumensaat]*; ferner *BAG* 31.07.1986 EzA § 37 BetrVG 1972 Nr. 86 S. 420 f. = AP Nr. 55 zu § 37 BetrVG 1972 Bl. 1 Rf.: keine Entgeltfortzahlung, sondern nur Anspruch auf Schlechtwettergeld auch dann, wenn während der Zeit des Arbeitsausfalls Betriebsratstätigkeit ausgeübt wurde; **a. M.** *Wedde*/DKKW § 37 Rn. 53). Zum Entgeltanspruch des zu einer Arbeitsgemeinschaft abgestellten Betriebsratsmitglieds gegen den Stammbetrieb (Baugewerbe) bei Teilnahme an einer Schulungsveranstaltung vgl. *ArbG Rheine* 06.10.1975 DB 1976, 730. Bei **Kurzarbeit** besteht gegen den Arbeitgeber nur ein Anspruch auf das der verkürzten Arbeitszeit entsprechende Arbeitsentgelt und im Übrigen auf Kurzarbeitergeld (*BAG* 12.10.1994 EzA § 87 BetrVG 1972 Kurzarbeit Nr. 2 S. 1 = AP Nr. 66 zu § 87 BetrVG 1972 Arbeitszeit Bl. 2; *Däubler* Schulung, Rn. 432; *Fitting* § 37 Rn. 69; *Glock/HWGNRH* § 37 Rn. 58; *Wedde/DKKW* § 37 Rn. 53). Voraussetzung ist jedoch, dass die Kurzarbeit wirksam eingeführt wurde; war die hierauf gerichtete Betriebsvereinbarung wegen Missachtung einer tarifvertraglichen Ansagefrist unwirksam, bleibt der Entgeltanspruch in voller Höhe erhalten (*BAG* 12.10.1994 EzA § 87 BetrVG 1972 Kurzarbeit Nr. 2 S. 2ff. = AP Nr. 66 zu § 87 BetrVG 1972 Arbeitszeit Bl. 2ff.).

69 Versucht der Betriebsrat während eines **wilden Streiks** mit dem Einverständnis des Arbeitgebers durch Verhandlungen zu schlichten, so haben die Betriebsratsmitglieder nach einem Urteil des *BAG* vom 05.12.1978 (6 AZR 485/76 – juris [Anm. *Däubler* AiB 2011, 473]) in Durchbrechung des Lohnausfallprinzips selbst dann einen Anspruch auf Entgeltfortzahlung, wenn infolge des Streiks die Arbeit auch an ihren Arbeitsplätzen ruhte (vgl. dazu auch *BAG* 25.10.1988 EzA Art. 9 GG Arbeitskampf Nr. 89 S. 5 ff. = AP Nr. 110 zu Art. 9 GG Arbeitskampf Bl. 3 *[Brox]* = SAE 1990, 202 *[krit. Loritz]*; ebenso *Fitting* § 37 Rn. 62; *Wedde/DKKW* § 37 Rn. 61; a. M. *Glock/HWGNRH* § 37 Rn. 62). Dagegen haben **ausgesperrte Betriebsratsmitglieder** mit Rücksicht auf ihre ehrenamtliche Tätigkeit selbst dann keinen Entgeltanspruch für die aufgrund der Aussperrung ausgefallene Arbeitszeit, wenn sie während der Aussperrung Betriebsratsaufgaben wahrgenommen haben (*BAG* 25.10.1988 EzA Art. 9 GG Arbeitskampf Nr. 89 S. 5 f. = AP Nr. 110 zu Art. 9 GG Arbeitskampf Bl. 2 Rf. *[abl. Brox]* = SAE 1990, 202 *[zust. Loritz]*; *Koch*/ErfK § 37 BetrVG Rn. 6; a. M. *Wedde/DKKW* § 37 Rn. 61; krit. auch *Hanau*, RdA 1991, 275 [278]; differenzierend *Fitting* § 37 Rn. 61). War ein **Arbeitnehmer vor Beginn** eines **Arbeitskampfes** für einen festliegenden Zeitraum von seiner **Arbeitspflicht** unter Fortzahlung des Arbeitsentgelts **befreit** (hier für die Teilnahme an einer Schulungs- und Bildungsveranstaltung), so verliert er seinen Anspruch auf Fortzahlung des Arbeitsentgelts nicht allein dadurch, dass während dieser Zeit der Betrieb bestreikt wird, solange er nicht konkludent oder ausdrücklich seine Teilnahme am Streik trotz der Arbeitsbefreiung erklärt oder sich tatsächlich am Streikgeschehen beteiligt (*BAG* 15.01.1991 EzA Art. 9 GG Arbeitskampf Nr. 96 S. 4ff. *[Weiss]* = AP Nr. 114 zu Art. 9 GG Arbeitskampf Bl. 3 = SAE 1991, 344 *[Henssler]*; vgl. dazu ausführlich *Gloistein* Der Betriebsrat im Arbeitskampf – Amtstätigkeit und Entgeltansprüche arbeitskampfbetroffener Betriebsratsmitglieder S. 88 ff. sowie *D. Schneider* Entgeltfortzahlung und Konkurrenzen, S. 409, 563, 571). Bedenklich ist, wenn das *BAG* (15.01.1991 EzA Art. 9 GG Arbeitskampf Nr. 96 S. 4ff. *[Weiss]* = AP Nr. 114 zu Art. 9 GG Arbeitskampf Bl. 3) die Erklärung des Betriebsratsmitglieds, es hätte sich »selbstverständlich nicht als Streikbrecher betätigt«, als irrelevant unberücksichtigt lässt (anders *LAG Hamm* 31.01.1990 DB 1990, 2274 – Vorinstanz).

70 Zur **Berechnung der hypothetischen Vergütung** ist die Methode zu wählen, die dem Lohnausfallprinzip am besten gerecht wird. Bei schwankenden Bezügen ist gegebenenfalls eine Schätzung nach den Grundsätzen des § 287 Abs. 2 ZPO vorzunehmen (*BAG* 29.04.2015 EzA § 37 BetrVG 2001 Nr. 20 Rn. 14 = AP Nr. 159 zu § 37 BetrVG 1972; *LAG Köln* 10.05.2016 NZA-RR 2016, 486 Rn. 29; *Fitting* § 37 Rn. 64). Für die **Entgeltberechnung** beim **Zeitlohn** ist der Arbeitnehmer nach dem Lohnausfallprinzip so zu behandeln, als ob die Betriebsratstätigkeit nicht stattgefunden, er vielmehr weitergearbeitet hätte. Wird ein Betriebsratsmitglied regelmäßig über die vertraglich geschuldete Arbeitsleistung hinaus zu weiteren Arbeitseinsätzen herangezogen und unterbleibt das Angebot des Arbeitgebers diesbezüglich nur wegen der Abwesenheit aufgrund Betriebsratstätigkeit, etwa einer Schulungsteilnahme, ist wegen der durch das Lohnausfallprinzip gebotenen **hypothetischen Betrachtungsweise** auch das Entgelt für die ausgefallenen zusätzlichen Arbeitszeiten fortzuzahlen (*BAG* 03.12.1997 EzA § 37 BetrVG 1972 Nr. 138 S. 3 = AP Nr. 124 zu § 37 BetrVG 1972; *Fitting* § 37 Rn. 59, 183). Fällt aus Anlass einer Betriebsratssitzung für im Fahrdienst beschäftigte Arbeitnehmer notwendigerweise eine ganze Schicht aus, so ist die volle Schicht als Arbeitszeit zu vergüten (*LAG Düsseldorf/Köln* 23.08.1977 EzA § 37 BetrVG 1972 Nr. 56 S. 233 f.).

71 Besondere Schwierigkeiten bereitet die Anwendung des § 37 Abs. 2 bei in **Heimarbeit** beschäftigten Betriebsratsmitgliedern (zur Wählbarkeit vgl. § 8), weil sie an keine Arbeitszeit gebunden sind und deshalb eine Arbeitsbefreiung nach dieser Vorschrift ausscheidet. Indessen würde es gegen das Benachteiligungsverbot des § 78 Satz 2 verstoßen, wenn ihre Betriebsratstätigkeit im Gegensatz zu derjenigen der an eine Arbeitszeit gebundenen Betriebsratsmitglieder unberücksichtigt bliebe (*Fitting* § 37

Rn. 70; *Glock/HWGNRH* § 37 Rn. 65). Mangels einer an sich gebotenen gesetzlichen Regelung erscheint eine **analoge Anwendung des § 11 Abs. 2 EFZG** angemessen (so *Glock/HWGNRH* § 37 Rn. 65; **a. M.** *Fitting* § 37 Rn. 70 [der in der jeweils maßgebenden bindenden Festsetzung festgelegte Mindeststundenlohn]; *Koch*/ErfK § 37 BetrVG Rn. 6; *Wedde*/DKKW § 37 Rn. 55 [durchschnittliche Referenzeinkommen] bzw. § 37 Rn. 56 – unter verfehlter Annahme des Zustandekommens eines Arbeitsverhältnisses aufgrund der Wahl in den Betriebsrat – Entgelt in Höhe der Vergütung »vergleichbarer Arbeitnehmer«). Jedoch ist das auf den Feiertag bezogene Entgelt auf die Stunde umzurechnen. Das Betriebsratsmitglied hat die für Betriebsratstätigkeit aufgewendete Zeit nachzuweisen.

Beim **Leistungslohn** ist eine **hypothetische Berechnung** anzustellen, deren Ziel es sein muss, das ohne die Arbeitsbefreiung hypothetisch verdiente Entgelt zu ermitteln (*BAG* 29.04.2015 EzA § 37 BetrVG 2001 Nr. 20 Rn. 14 = AP Nr. 159 zu § 37 BetrVG 1972). Bei der Berechnung **leistungs- oder erfolgsbezogener Jahressonderzahlungen** (Boni) ist deshalb zu ermitteln, welchen Bonus das Betriebsratsmitglied erlangt hätte, wenn er nicht zur Wahrnehmung seiner Betriebsratstätigkeit teilweise von der beruflichen Tätigkeit befreit gewesen wäre. **Hilfstatsachen**, die in Verbindung mit Erfahrungsregeln einen indiziellen Schluss auf ein hypothetisches Ergebnis haben können, sind etwa ein trotz Betriebsratstätigkeit tatsächlich erreichtes Umsatzziel, für den Umsatz maßgebliche Umstände wie Kundenstruktur, Vertragslaufzeiten oder Vertragsverhandlungen sowie ein Vergleich der vor Übernahme des Amtes erzielten Leistungen des Betriebsratsmitglieds mit Durchschnittswerten vergleichbarer Arbeitnehmer (*BAG* 29.04.2015 EzA § 37 BetrVG 2001 Nr. 20 Rn. 18 ff. = AP Nr. 159 zu § 37 BetrVG 1972; vgl. zu weiteren Ansätzen auch *LAG Berlin* 28.06.1996 NZA 1997, 224; *P. Esser* Die Begünstigung von Mitgliedern des Betriebsrats, S. 73 ff.; *Gaul* BB 1998, 101 ff.; für eine analoge Anwendung des § 37 Abs. 4 hingegen *Jacobs/Frieling* NZA 2015, 513 [518]). Bei **Akkordarbeit** ist entweder von dem zuletzt vom Betriebsratsmitglied in der vergleichbaren Zeit erzielten Akkordlohn, hilfsweise vom Durchschnitt der Akkordlöhne der anderen vergleichbaren Arbeitnehmer während der Arbeitsbefreiung des Betriebsratsmitglieds auszugehen (*Däubler* Schulung, Rn. 427; *Fitting* § 37 Rn. 65; *Gaul* BB 1998, 101; *Glock/HWGNRH* § 37 Rn. 56; *Richardi/Thüsing* § 37 Rn. 34; *Wedde*/DKKW § 37 Rn. 52). **72**

Neben der Grundvergütung sind alle **Zuschläge** und **Zulagen** zu zahlen, die das Betriebsratsmitglied ohne die Arbeitsbefreiung verdient hätte, z. B. Zuschläge für Mehr-, Über-, Nacht-, Sonn- und Feiertagsarbeit, Erschwernis- und Sozialzulagen, Wintergeld nach §§ 212 f. SGB III (st. Rspr., vgl. u. a. *BAG* 13.07.1994 EzA § 37 BetrVG 1972 Nr. 119 = AP Nr. 97 zu § 37 BetrVG 1972 Bl. 1 R f.; 05.04.2000 EzA § 37 BetrVG 1972 Nr. 141 = AP Nr. 131 zu § 37 BetrVG 1972; 18.05.2016 AP Nr 162 zu § 37 BetrVG 1972 Rn. 16; *Däubler* Schulung, Rn. 428; *P. Esser* Die Begünstigung von Mitgliedern des Betriebsrats, S. 56 ff.; *Fitting* § 37 Rn. 63; *Glock/HWGNRH* § 37 Rn. 57; *Richardi/Thüsing* § 37 Rn. 34; *Wedde*/DKKW § 37 Rn. 50). Das Betriebsratsmitglied verliert seinen Anspruch auf diese Zuschläge **auch dann** nicht, wenn es aufgrund seiner Amtstätigkeit **tatsächlich keinen Nachtdienst oder keine Sonntagsarbeit** geleistet hat (*BAG* 13.07.1994 EzA § 37 BetrVG 1972 Nr. 119 S. 2 = AP Nr. 97 zu § 37 BetrVG 1972 Bl. 2; 05.04.2000 EzA § 37 BetrVG 1972 Nr. 141 = AP Nr. 131 zu § 37 BetrVG 1972; *LAG Köln* 17.10.2003 – 12 Sa 84/03 – juris Rn. 30; 10.05.2016 NZA-RR 2016, 486 Rn. 30; *Berendt/Lilienthal* KSzW 2014, 277 [278]; *Jacobs/Frieling* ZfA 2015, 241 [244]; siehe auch Rdn. 64). Allerdings ist auch hier das Lohnausfallprinzip zu beachten: Die Nichtleistung muss die **Folge der Freistellung des Betriebsrats** sein, bei hypothetischer Betrachtung müsste das Betriebsratsmitglied ohne die Freistellung den entsprechenden Zuschlag verdient haben. An dieser Voraussetzung fehlt es etwa, wenn Arbeitgeber und Betriebsratsmitglied zu Beginn der Amtszeit eine Änderung der Arbeitszeit beschließen, um einen besseren Kontakt mit der Belegschaft zu ermöglichen und infolge dieser Vereinbarung keine Nachtdienste mehr anfallen (*BAG* 18.05.2016 AP Nr 162 zu § 37 BetrVG 1972 Rn. 16; **a. M.** *LAG Köln* 19.12.2013 LAGE § 37 BetrVG 2001 Nr. 7 [Vorinstanz], das hier § 37 Abs. 4 anwenden will; ähnlich wie das *BAG* hingegen schon *LAG Schleswig-Holstein* 18.06.2009 – 3 Sa 414/08 – juris Rn. 38). Ebenso wenig hat ein Betriebsratsmitglied Anspruch auf eine **Nachtschichtzulage**, wenn für einen vom Arbeitgeber hingenommenen Tausch der Nachtschicht mit einem Arbeitskollegen keine Notwendigkeit bestand (*LAG Düsseldorf* 22.07.1974 DB 1975, 311). Zur steuerlichen Behandlung von Zuschlägen vgl. Rdn. 79. **73**

74 Unerheblich ist, ob eine **Überstundenvergütung** regelmäßig anfällt, sofern sie bei hypothetischer Betrachtung ohne die Arbeitsbefreiung tatsächlich angefallen wäre (*BAG* 29.06.1988 AP Nr. 1 zu § 24 BPersVG Bl. 1 Rf.). Führt die Verrichtung der Betriebsratstätigkeit zum Wegfall der tariflichen Voraussetzungen für den Bezug einer Pauschalvergütung für Überstunden, so ist diese Vergütung gleichwohl auf der Grundlage des Lohnausfallprinzips geschuldet (*LAG Berlin-Brandenburg* 22.02.2012 – 17 Sa 2212/12 – juris). Entsprechendes gilt für bezahlte **Arbeitspausen**, die wegen der Versetzung eines Betriebsratsmitglieds von der Wechselschicht in die Normalschicht entfallen (*LAG Hamburg* 11.11.1994 BetrR 1995, 35). Die Zeit einer **Schulung** nach § 37 Abs. 6 oder 7 ist keine Fehlzeit i. S. einer prämienbegünstigten Anwesenheitsregelung (*ArbG Ludwigshafen* 22.04.1974 AuR 1974, 349). Jedoch darf der Arbeitgeber bei einer freiwillig gewährten Anwesenheitsprämie anspruchsmindernd Fehlzeiten berücksichtigen, die durch die Teilnahme eines Betriebsratsmitglieds an einer nicht für die Betriebsratstätigkeit erforderlichen Schulung entstanden sind (*LAG Hamm* 20.04.1988 DB 1988, 2058). Dagegen besteht ein Anspruch auf **Zusatzurlaub** für besonders gesundheitsgefährdende Arbeiten, die ein Betriebsratsmitglied infolge einer Freistellung nicht weiter verrichtet (*BAG* 08.10.1981 AP Nr. 2 zu § 49 BAT [*Meisel*] – zu § 42 Abs. 2 LPVG NW i. V. m. § 107 BPersVG; ebenso zum Zusatzurlaub und zur Altersfreizeit bei Schichtarbeit im Rahmen des Entgeltschutzes nach § 37 Abs. 4 *LAG Rheinland-Pfalz* 04.02.1998 NZA-RR 1998, 503 f.; **a. M.** *ArbG Hanau* 01.10.1980 AuR 1981, 321; *Natzel* NZA 2000, 77 [80]; *Stege/Weinspach/Schiefer* § 37 Rn. 28).

75 Arbeitsentgelt i. S. d. § 37 Abs. 2 ist auch die **Antrittsgebühr** für Sonntagsarbeit nach den Tarifverträgen in der Druckindustrie (*BAG* 13.07.1994 EzA § 37 BetrVG 1972 Nr. 119 = AP Nr. 97 zu § 37 BetrVG 1972 Bl. 1 R ff.; *ArbG Stuttgart* 12.11.1992 AuR 1993, 223). Gleiches gilt für **Mehrflugstundenprämien** und **-vergütungen** nach § 57 Tarifvertrag-Personalvertretung Bordpersonal der Deutschen Lufthansa (*BAG* 16.08.1995 EzA § 37 BetrVG 1972 Nr. 128 S. 3 ff. = AP Nr. 116 zu § 37 BetrVG 1972), Beträge, die ein Betriebsratsmitglied aus dem **Liquidationspool** eines Krankenhauses ohne Arbeitsbefreiung erhalten hätte (*BAG* 17.02.1993 EzA § 37 BetrVG 1972 Nr. 114 = AP Nr. 94 zu § 37 BetrVG 1972), **Inkassoprämien** (*BAG* 21.09.1971 AP Nr. 2 zu § 2 LohnfG [*Trieschmann*]) sowie den jährlich ausgeschütteten **Bonus** eines Pharmaberaters (vgl. – auch zur Berechnung des Bonus – *LAG Berlin* 28.06.1996 NZA 1997, 224). Zur **Lehrentschädigung** eines freigestellten Personalratsmitglieds vgl. *LAG Schleswig-Holstein* 23.07.1991 PersR 1991, 430. Kein fortzuzahlendes Arbeitsentgelt sind bei Fehlen einer besonderen arbeitsvertraglichen Vereinbarung die dem Bedienungspersonal in Gaststätten von den Gästen freiwillig gegebenen **Trinkgelder** (vgl. dazu die Legaldefinition in § 107 Abs. 3 S. 2 GewO); § 37 Abs. 2 dient nicht dazu, jede durch die Betriebsratstätigkeit verursachte Vermögenseinbuße auszugleichen (*BAG* 28.06.1995 AP Nr. 112 zu § 37 BetrVG 1972 Bl. 2 Rf. = SAE 1997, 121 [zust. *Treber*]; Rn. 6; *Fitting* § 37 Rn. 66; *Koch*/ErfK § 37 BetrVG Rn. 6; *Reichold*/HWK § 37 BetrVG Rn. 15; **a. M.** *Wedde*/DKKW § 37 Rn. 51). Die Möglichkeit, ein im Rahmen eines Arbeitsverhältnisses überlassenes **Firmenfahrzeug privat zu nutzen**, ist Teil der Arbeitsvergütung in Form eines Sachbezugs. Wird deshalb der Arbeitnehmer als Betriebsratsmitglied nach § 37 Abs. 2 vollständig von der beruflichen Tätigkeit befreit, so hat er weiterhin Anspruch auf Überlassung des Fahrzeugs zur privaten Nutzung. Andernfalls käme es zu einer Minderung des Arbeitsentgelts (*BAG* 23.06.2004 EzA § 37 BetrVG 2001 Nr. 2 S. 4 ff. = AP Nr. 139 zu § 37 BetrVG 1972 Bl. 2 ff.; *P. Esser* Die Begünstigung von Mitgliedern des Betriebsrats, S. 122 f.; *Berendt/Lilienthal* KSzW 2014, 277 [280]; krit. *Richardi/Thüsing* § 37 Rn. 33). Stellt der Arbeitgeber dem Arbeitnehmer hingegen ein Firmenfahrzeug ausschließlich zur **Durchführung der arbeitsvertraglich geschuldeten Tätigkeit** zur Verfügung, hat der Arbeitnehmer keinen Anspruch auf Nutzung des Firmenfahrzeugs zum Zwecke der Wahrnehmung von Betriebsratstätigkeit (*BAG* 25.02.2009 – 7 AZR 954/07 – juris Rn. 14; *Fitting* § 37 Rn. 67a; vgl. auch *P. Esser* Die Begünstigung von Mitgliedern des Betriebsrats, S. 124 ff.; **a. M.** *Wedde*/DKKW § 37 Rn. 57).

76 Das Betriebsratsmitglied hat ferner Anspruch auf **allgemeine Zuwendungen** des Arbeitgebers (vgl. § 37 Abs. 4 Satz 2 und dazu Rdn. 145) wie Gratifikationen, zusätzliches Urlaubsgeld, Gewinnbeteiligungen, Abschlussvergütungen, Sozialzulagen, allgemeine Leistungszulagen und vermögenswirksame Leistungen (*LAG Berlin* 28.06.1996 BB 1996, 2571; *LAG Düsseldorf* 16.04.1974 DB 1974, 1966; *Fitting* § 37 Rn. 64; *Glock*/HWGNRH § 37 BetrVG Rn. 57, 117; *Wedde*/DKKW § 37 Rn. 54). Unwirksam ist die in einem Tarifvertrag vorgesehene Kürzung vermögenswirksamer Leistungen bei Teilnahme an

Schulungsveranstaltungen (*ArbG Herne* 10.04.1974 DB 1974, 925; vgl. auch *LAG Düsseldorf* 16.04.1974 DB 1974, 1966).

Das Betriebsratsmitglied hat dagegen keinen Anspruch auf Beträge, die nicht für die Arbeit selbst, son- 77 dern als **Ersatz für Aufwendungen** gezahlt werden – z. B. Wege-(Kilometer-)Gelder, Auslösungen, Beköstigungszulagen –, wenn es die Aufwendungen zwar ohne die Arbeitsbefreiung gemacht hätte, sie ihm aber tatsächlich nicht entstanden sind; andernfalls läge eine unzulässige Begünstigung vor (*BAG* 18.09.1991 EzA § 37 BetrVG 1972 Nr. 109 S. 4 = AP Nr. 82 zu § 37 BetrVG 1972; 16.11.2011 EzA § 46 BPersVG Nr. 4 Rn. 17 = AP Nr. 28 zu § 46 BPersVG; *LAG Köln* 10.05.2016 NZA-RR 2016, 486 Rn. 31; *Fitting* § 37 Rn. 67; *Glock/HWGNRH* § 37 Rn. 59; *Richardi/Thüsing* § 37 Rn. 37; *Wedde/DKKW* § 37 Rn. 57). Um Aufwendungsersatz handelt es sich, wenn typische besondere Aufwendungen anfallen, die jedenfalls in der Regel den Umfang der gewährten Leistung erreichen. Dabei ist eine Pauschalierung des typischen Mehraufwands möglich (vgl. auch *Moll/Roebers* NZA 2012, 57 [58]). Dient eine Leistung nicht vorwiegend der Abgeltung eines wirklichen Mehraufwands, sondern sollen jedenfalls auch **besondere Belastungen** ausgeglichen werden, etwa nervlicher oder körperlicher Art, so ist sie insgesamt kein von der Entgeltfortzahlung nach § 37 Abs. 2 ausgenommener Aufwendungsersatz (*BAG* 05.04.2000 EzA § 37 BetrVG 1972 Nr. 141 = AP Nr. 131 zu § 37 BetrVG 1972). Ebenso verhält es sich, wenn beispielsweise eine Schmutzzulage nicht als Ausgleich für den Verbrauch zusätzlicher Reinigungsmittel, sondern als Entgelt für die Leistung von schmutziger Arbeit geleistet wird (*Fitting* § 37 Rn. 67). Als Aufwandsentschädigung gewertet hat das *BAG* (28.08.1991 EzA § 37 BetrVG 1972 Nr. 107 S. 3 ff. = AP Nr. 16 zu § 46 BPersVG 1972) die Streckenzulage für Wasserbauarbeiter nach den Sonderregelungen zum Mantteltarifvertrag für die Arbeiter des Bundes, weiterhin die Fernauslösung nach § 6 BundesmontageTV (18.09.1991 EzA § 37 BetrVG 1972 Nr. 109 S. 4 ff. = AP Nr. 82 zu § 37 BetrVG 1972), nicht aber die nach der Richtlinie für die Gewährung der Aufwandsentschädigung für Lokomotivführer und Zugbegleiter der Deutschen Bundesbahn gewährte Fahrentschädigung (*BAG* 05.04.2000 EzA § 37 BetrVG 1972 Nr. 141 = AP Nr. 131 zu § 37 BetrVG 1972; zust. *Koch*/ErfK § 37 BetrVG Rn. 6). Zur Zulässigkeit der Kürzung einer Reisekostenpauschale vgl. *LAG Düsseldorf* LAGE § 2 Lohnfortzahlungsgesetz Nr. 4 S. 5 f.

Denkbar ist jedoch, dass im Einzelfall eine als Aufwendungsersatz gekennzeichnete **Leistung** tatsäch- 78 lich der **Verbesserung** des **Lebensstandards** des Arbeitnehmers dient und deshalb als **Arbeitsentgelt** anzusehen ist, auf das daher ein Anspruch des Betriebsratsmitglieds besteht. Ist der Arbeitnehmer typischerweise weder rechtlich verpflichtet noch faktisch darauf angewiesen, Mehraufwendungen zu tätigen, sondern steht es in seinem freien Belieben, die Leistung zur Verbesserung seines Lebensstandards zu verwenden, so fehlt regelmäßig der für den Aufwendungsersatz erforderliche enge sachliche Zusammenhang mit wirklichen Mehraufwendungen. Es handelt sich dann um zusätzliches Arbeitsentgelt (*BAG* 05.04.2000 EzA § 37 BetrVG 1972 Nr. 141 = AP Nr. 131 zu § 37 BetrVG 1972). Arbeitsentgelt ist z. B. der steuerpflichtige Teil der Nahauslösung nach dem BundesmontageTV (*BAG* 10.02.1988 EzA § 37 BetrVG 1972 Nr. 91 S. 5 ff. = AP Nr. 64 zu § 37 BetrVG 1972 Bl. 2 ff.; *LAG Düsseldorf* 29.04.1974 DB 1974, 2405; *LAG Frankfurt a. M.* 16.02.1987 NZA 1988, 69; 31.08.1987 LAGE § 37 BetrVG 1972 Nr. 27; vgl. auch *Fitting* § 37 Rn. 67; *Richardi/Thüsing* § 37 Rn. 37; **a. M.** *Glock/HWGNRH* § 37 Rn. 60). Ein Anspruch auf Ersatz von Aufwendungen nach § 670 BGB i. V. m. § 675 BGB besteht fort, wenn das Betriebsratsmitglied die Aufwendungen trotz der Betriebsratstätigkeit machen muss (*Richardi/Thüsing* § 37 Rn. 37).

Von dem gemäß § 37 Abs. 2 unvermindert weiterzuzahlenden Arbeitsentgelt sind die **Lohnsteuer** 79 und die **Beiträge** für die **Sozialversicherung** einzubehalten und abzuführen. Steuerfrei sind nach § 3b Abs. 1 EStG nur Zuschläge, die für tatsächlich geleistete Sonntags-, Feiertags- oder Nachtarbeit gezahlt werden (vgl. auch *BFH* 08.12.2011 NZA-RR 2012, 197). Diese Voraussetzung ist bei Betriebsratsmitgliedern nicht gegeben, denen derartige Zuschläge nach § 37 Abs. 2 nur zur Vermeidung von Verdienstausfall gezahlt werden, also ohne dass in den betreffenden Zeiten Betriebsratsarbeit in den betreffenden Zeiten geleistet worden wäre (*Fitting* § 37 Rn. 71; **a. M.** *Joost*/MünchArbR § 220 Rn. 27). Der Arbeitgeber ist auch nicht verpflichtet, zur Erhaltung des Lebensstandards des Betriebsratsmitglieds die Beträge, die er an Lohnsteuer auf Sonntags- und Nachtzuschläge einbehalten und an das Finanzamt abgeführt hatte, zusätzlich an den Arbeitnehmer auszuzahlen. Das Lebensstandardprinzip ist weder Merkmal des § 37 Abs. 2 noch des § 78 Satz 2 (*BAG* 29.07.1980 EzA § 37 BetrVG 1972 Nr. 70

S. 330 ff. *[Kittner]* = AP Nr. 37 zu § 37 BetrVG 1972 Bl. 1 R ff. *[Bernert]* = SAE 1982, 69 *[Misera]*; 28.06.1995 EzA § 11 BUrlG Nr. 38 S. 3 ff. = AP Nr. 112 zu § 37 BetrVG 1972 Bl. 3 = SAE 1997, S. 121 *[Treber]*; 15.01.1997 EzA § 37 BetrVG 1972 Nr. 134 S. 1 = AP Nr. 1 zu § 39 LPVG Rheinland-Pfalz; ebenso *P. Esser* Die Begünstigung von Mitgliedern des Betriebsrats, S. 91; *Fitting* § 37 Rn. 71; *Glock / HWGNRH* § 37 Rn. 70; *Richardi / Thüsing* § 37 Rn. 39; **a. M.** früher *BAG* 10.06.1969 AP Nr. 12 zu § 37 BetrVG *[Tipke* und *Wiedemann]* sowie heute noch *Wedde / DKKW* § 37 Rn. 58). Etwas anderes gilt nur dann, wenn die Arbeitsvertragsparteien eine ausdrückliche Regelung darüber getroffen haben, dass der Arbeitgeber die anfallenden Steuern und Sozialversicherungsbeiträge allein übernimmt (*BAG* 29.07.1980 EzA § 37 BetrVG 1972 Nr. 70 S. 330 *[Kittner]* = AP Nr. 37 zu § 37 BetrVG 1972 Bl. 2 *[Bernert]*; EzA § 2 LohnFG Nr. 13 S. 66 f. = AP Nr. 9 zu § 2 LohnFG Bl. 2 R; **a. M.** *P. Esser* Die Begünstigung von Mitgliedern des Betriebsrats, S. 92). Auch wenn Betriebsratssitzungen zur Nachtzeit abgehalten werden und im Betrieb nach § 3b Abs. 1 EStG steuerfreie Nachtarbeitszuschläge gezahlt werden, müssen diese Betriebsratsmitgliedern für die **tatsächlich** in der Nacht geleistete Betriebsratstätigkeit ebenfalls gewährt werden. Andernfalls läge, da Betriebsratsarbeit jedenfalls auch als »Arbeit« i. S. d. § 3b Abs. 1 EStG zu werten ist, eine Benachteiligung von Betriebsratsmitgliedern nach § 78 Satz 2 vor (*Hess. LAG* 10.03.2014 – 16 TaBV 197/13 – juris Rn. 18 ff.).

80 Zur **Unzulässigkeit** der **Entgeltminderung** bei **Zuweisung geringer entlohnter Arbeit** vgl. Rdn. 143.

V. Ausgleich für Betriebsratstätigkeit außerhalb der Arbeitszeit, § 37 Abs. 3

1. Zweck

81 Aus betriebsbedingten Gründen kann es unvermeidbar sein, dass Betriebsratstätigkeit außerhalb der Arbeitszeit durchzuführen ist. Es wäre unangemessen, wenn das Betriebsratsmitglied dafür seine Freizeit opfern müsste. Durch § 37 Abs. 3 werden ihm daher Ausgleichsansprüche gewährt. Ihnen liegt der Gedanke zugrunde, dass **Betriebsratstätigkeit grundsätzlich während der Arbeitszeit** auszuüben ist (vgl. Rdn. 24, ferner § 30 Satz 1, § 39 Abs. 1 Satz 1, § 44 Abs. 1 Satz 1). Der Arbeitgeber hat auch aufgrund des Gebots zur vertrauensvollen Zusammenarbeit durch organisatorische Vorkehrungen dafür zu sorgen, dass Betriebsratsmitglieder in ihrer Amtseigenschaft regelmäßig nur während der Arbeitszeit in Anspruch genommen werden (*BAG* 27.08.1982 EzA § 102 BetrVG 1972 Nr. 49 S. 408 f. = AP Nr. 25 zu § 102 BetrVG 1972 Bl. 2 R; 11.01.1995 EzA § 37 BetrVG 1972 Nr. 123 S. 4 = AP Nr. 103 zu § 37 BetrVG 1972 Bl. 2). Das gilt insbesondere auch für teilzeitbeschäftigte Betriebsratsmitglieder (vgl. Rdn. 85, 88). Wenn dies aus betriebsbedingten Gründen nicht möglich ist, soll das Betriebsratsmitglied jedenfalls einen Ausgleich (vgl. amtliche Begründung, BT-Drucks. VI/1786, S. 41), »eine Art Entschädigung« (*BAG* 19.07.1977 EzA § 37 BetrVG 1972 Nr. 55 S. 229 = AP Nr. 29 zu § 37 BetrVG 1972 Bl. 2 *[Schlüter]*) für die ihm auferlegte Belastung erhalten. Damit dient § 37 Abs. 3 zugleich dem Schutz der Betriebsratsmitglieder vor einer Inanspruchnahme außerhalb der Arbeitszeit (vgl. auch *LAG Baden-Württemberg / Mannheim* 14.09.1976 AP Nr. 25 zu § 37 BetrVG 1972 Bl. 1 R). Zu Vorgeschichte der Regelung unter Geltung des BetrVG 1952 vgl. *Richardi / Thüsing* § 37 Rn. 41.

82 Die in § 37 Abs. 3 geregelten Ausgleichsansprüche stellen **keine Begünstigung** des **Betriebsratsmitglieds** (vgl. § 78 Satz 2) dar und stehen nicht im Widerspruch zum Grundsatz des § 37 Abs. 1, dass die Betriebsratsmitglieder ihr Amt unentgeltlich als Ehrenamt führen (*BAG* 21.05.1974 EzA § 37 BetrVG 1972 Nr. 24 S. 100 = AP Nr. 12 zu § 37 BetrVG 1972 Bl. 2; 28.05.2014 EzA § 37 BetrVG 2001 Nr. 17 Rn. 21 = AP Nr. 156 zu § 37 BetrVG 1972; 27.07.2016 EzA § 37 BetrVG 2001 Nr. 25 Rn. 15 f. = AP Nr. 163 zu § 37 BetrVG 1972; 28.09.2016 – 7 AZR 248/14 – EzA § 37 BetrVG 2001 Nr. 27 Rn. 37 = AP Nr. 165 zu § 37 BetrVG 1972; amtliche Begründung, BT-Drucks. VI/1786, S. 41; zum Meinungsstand unter Geltung des § 37 BetrVG 1952 vgl. *Dietz* § 37 Rn. 3; *Galperin / Siebert* § 37 Rn. 6).

83 Ein Verstoß gegen § 37 Abs. 1 läge allerdings vor, wenn Betriebsratstätigkeit nicht aus betriebsbedingten Gründen außerhalb der Arbeitszeit durchgeführt werden müsste, gleichwohl aber ein Ausgleich gewährt würde (*BAG* 28.09.2016 – 7 AZR 248/14 – EzA § 37 BetrVG 2001 Nr. 27 Rn. 33 = AP

Nr. 165 zu § 37 BetrVG 1972; *Däubler* SR 2017, 85 [94]). Entsprechendes gilt, wenn statt des primär nach § 37 Abs. 3 Satz 1 vorgesehenen Anspruchs auf Arbeitsbefreiung unter Fortzahlung des Arbeitsentgelts ein finanzieller Ausgleich nach § 37 Abs. 3 Satz 2 gewährt wird, ohne dass aus betriebsbedingten Gründen eine Arbeitsbefreiung ausgeschlossen ist. Zu den Folgen des Ehrenamtsprinzips und des § 78 Satz 2 für die Berücksichtigung von Fahrtzeiten zwischen Wohnung und Betrieb vgl. Rdn. 103 f.

2. Voraussetzungen

Ausgleichsansprüche nach § 37 Abs. 3 sind nur gegeben, wenn Betriebsratsmitglieder Betriebsratstätigkeit aus betriebsbedingten Gründen außerhalb der Arbeitszeit durchführen müssen. 84

a) Betriebsratsmitglieder

Die Vorschrift gilt für **sämtliche** Betriebsratsmitglieder, auch für **freigestellte** (*BAG* 21.05.1974 AP Nr. 14 zu § 37 BetrVG 1972 Bl. 2; 28.09.2016 – 7 AZR 248/14 – EzA § 37 BetrVG 2001 Nr. 27 Rn. 37 Rn. 31 ff. = AP Nr. 165 zu § 37 BetrVG 1972). Sie gilt unabhängig von der vereinbarten Arbeitszeit, d. h. nicht nur für vollzeit-, sondern auch für **teilzeitbeschäftigte** Betriebsratsmitglieder (vgl. hierzu Rdn. 88, 93, 117) sowie für in **Bedarfsarbeit** (§ 12 Abs. 1 TzBfG) oder in einem **Job-Sharing** – Arbeitsverhältnis (§ 13 Abs. 1 TzBfG) stehende Betriebsratsmitglieder (*Lipke* NZA 1990, 758 [761]). Für die **Schwerbehindertenvertretung** vgl. § 179 Abs. 6 SGB IX (bis 31.12.2017: § 96 Abs. 6 SGB IX). Zur analogen Anwendung des § 37 Abs. 3 auf **Mitglieder des Wahlvorstands** vgl. *BAG* 26.04.1995 EzA § 20 BetrVG 1972 Nr. 17 = AP Nr. 17 zu § 20 BetrVG 1972. 85

b) Betriebsratstätigkeit

Betriebsratstätigkeit ist alles, was zur ordnungsgemäßen Durchführung der Aufgaben des Betriebsrats erforderlich ist; es gelten die zu § 37 Abs. 2 entwickelten Grundsätze (vgl. Rdn. 29 ff.). Es muss daher nicht nur **objektiv Betriebsratstätigkeit** vorgelegen haben (vgl. Rdn. 29 ff.), sondern ihre **Durchführung** außerhalb der Arbeitszeit **muss erforderlich** gewesen sein (zur Erforderlichkeit vgl. Rdn. 42 ff.; ebenso *LAG Hamm* 08.10.1986 LAGE § 37 BetrVG 1972 Nr. 22 S. 1; *Fitting* § 37 Rn. 75 f.; *Richardi / Thüsing* § 37 Rn. 44; *Wedde / DKKW* § 37 Rn. 63). Ein Ausgleichsanspruch nach § 37 Abs. 3 ist daher nur gegeben, wenn das Betriebsratsmitglied bei Durchführung der Betriebsratstätigkeit während der Arbeitszeit nach § 37 Abs. 2 von der Arbeit zu befreien gewesen wäre. Der Anspruch ist zu verneinen, wenn die Betriebsratstätigkeit nur nützlich war (vgl. *Fitting* § 37 Rn. 76). Durch § 37 Abs. 3 soll nicht Betriebsratstätigkeit außerhalb der Arbeitszeit privilegiert behandelt, sondern ein Ausgleich dafür geschaffen werden, dass sie aus betriebsbedingten Gründen nicht während der Arbeitszeit wahrgenommen werden konnte (vgl. auch Rdn. 81 f.). 86

Zum Ausgleichsanspruch nach § 37 Abs. 3 bei Teilnahme an **Schulungs- und Bildungsveranstaltungen** nach § 37 Abs. 6 und 7 sowie zu den Auswirkungen des **BetrVerf-Reformgesetzes** aus dem Jahre 2001 vgl. Rdn. 158, 166 f., 233 ff., 277 ff. 87

c) Tätigkeit außerhalb der Arbeitszeit

Die Betriebsratstätigkeit muss außerhalb der Arbeitszeit durchgeführt worden sein. Maßgebend ist die **individuelle Arbeitszeit** des **Betriebsratsmitglieds**, das den Ausgleichsanspruch für von ihm ausgeübte Betriebsratstätigkeit geltend macht (*BAG* 31.10.1985 EzA § 37 BetrVG 1972 Nr. 83 S. 400 = AP Nr. 52 zu § 37 BetrVG 1972 Bl. 1; 03.12.1987 EzA § 37 BetrVG 1972 Nr. 89 S. 2 = AP Nr. 62 zu § 37 BetrVG 1972 Bl. 2 R; *Fitting* § 37 Rn. 92; *Glock / HWGNRH* § 37 Rn. 83; *Joost / MünchArbR* § 220 Rn. 29; *Koch / ErfK* § 37 BetrVG Rn. 7; *Wedde / DKKW* § 37 Rn. 71). Das gilt auch für die Arbeitszeit **teilzeitbeschäftigter Betriebsratsmitglieder** oder die Arbeitszeit nach anderen flexiblen Arbeitszeitformen wie etwa der Gleitzeit (*ArbG Freiburg* 28.11.1995 AiB 1996, 377 [378]; *Fitting* § 37 Rn. 92, 92a; *Joost / MünchArbR* § 220 Rn. 29; *Wedde / DKKW* § 37 Rn. 71). Die Betriebsratstätigkeit liegt nur insoweit außerhalb der **Arbeitszeit**, wie sie **zusätzlich** zu der durch Arbeit oder erforderliche Betriebsratstätigkeit ausgefüllten vertraglichen Arbeitszeit des Betriebsratsmitglieds geleistet wird (*BAG* 15.02.1989 EzA § 37 BetrVG 1972 Nr. 101 = AP Nr. 70 zu § 37 BetrVG 1972 Bl. 2 f.). 88

89 Die Betriebsratstätigkeit außerhalb der Arbeitszeit ist dem Arbeitgeber **rechtzeitig anzuzeigen**, damit dieser entscheiden kann, ob für die Betriebsratstätigkeit Arbeitsbefreiung während der Arbeitszeit gewährt werden soll oder ob sie aus betriebsbedingten Gründen außerhalb der Arbeitszeit durchzuführen ist (*BAG* 31.10.1985 EzA § 37 BetrVG 1972 Nr. 83 S. 400 = AP Nr. 52 zu § 37 BetrVG 1972 Bl. 1 R; 03.12.1987 EzA § 37 BetrVG 1972 Nr. 89 S. 5 = AP Nr. 62 zu § 37 BetrVG 1972 Bl. 3 f.). Hatte ein Betriebsratsmitglied (hier: ein **Lehrer**) die beabsichtigte Betriebsratstätigkeit außerhalb der Arbeitszeit angezeigt, war deren Ausübung während der Arbeitszeit aber objektiv nicht möglich, so handelt es sich um betriebsbedingte Gründe i. S. d. § 37 Abs. 3 Satz 1 (*BAG* 04.06.1992 § 37 BetrVG 1972 Nr. 89 S. 5 f. = AP Nr. 62 zu § 37 BetrVG 1972 Bl. 3 R; *Fitting* § 37 Rn. 89; *Joost*/MünchArbR § 220 Rn. 31; *Rath* BB 1989, 2326 [2328]; *Wedde*/DKKW § 37 Rn. 77; **a. M.** *Glock*/HWGNRH § 37 Rn. 82, 84; zur generellen Frage, wie bei einem Lehrer Freistellungszeiten für Betriebsratstätigkeit zur Arbeitszeit in Beziehung zu bringen sind, vgl. *LAG Niedersachsen* 13.11.2001 – 16 Sa 1995/00 – juris). Eine Anzeige ist entbehrlich, wenn sich der Arbeitgeber eindeutig und endgültig auch für zukünftige Fälle geweigert hat, die Betriebsratstätigkeit während der Arbeitszeit zu ermöglichen (vgl. *BAG* 04.06.1992 § 37 BetrVG 1972 Nr. 89 S. 5 f. = AP Nr. 62 zu § 37 BetrVG 1972 Bl. 3 R). Ein Schulträger kann gegenüber einem Lehrer, der nach einzelvertraglicher Vereinbarung berechtigt ist, einen Teil seiner Arbeit nach Zeit, Umfang und Ort selbst zu bestimmen, nicht einseitig anordnen, dieser habe die Betriebsratstätigkeit anstelle der häuslichen Arbeit zu leisten (vgl. *BAG* 04.06.1992 § 37 BetrVG 1972 Nr. 89 S. 5 f. = AP Nr. 62 zu § 37 BetrVG 1972 Bl. 3 R). Die in aller Regel erforderliche Anzeige ist jedoch keine Tatbestandsvoraussetzung des § 37 Abs. 3, so dass bei fehlender Anzeige der Anspruch entfiele (**a. M.** *BAG* 31.10.1985 EzA § 37 BetrVG 1972 Nr. 83 S. 400 f. = AP Nr. 52 zu § 37 BetrVG 1972 Bl. 1 R; 06.12.1987 EzA § 37 BetrVG 1972 Nr. 89 S. 5 = AP Nr. 62 zu § 37 BetrVG 1972 Bl. 3 R; *Bengelsdorf* NZA 1989, 905 [906]; *Rath* BB 1989, 2326 [2328]). Sie ist eine Amtspflicht- und Vertragsverletzung und kann die Folgen des § 23 Abs. 1 auslösen. Der Fortfall jeglicher Ansprüche nach § 37 Abs. 3 wäre schon deshalb nicht gerechtfertigt, weil eine Anzeige nicht in jedem Falle möglich oder zumutbar ist. Das ist z. B. anzunehmen, wenn das für Fragen des Arbeitsschutzes zuständige Betriebsratsmitglied während seiner Arbeitszeit wegen eines Unfalls abberufen wird und die Untersuchung sich unvorhersehbar in seine arbeitsfreie Zeit erstreckt.

d) Betriebsbedingte Gründe

90 Ausgleichsansprüche nach § 37 Abs. 3 sind nur gegeben, wenn Betriebsratstätigkeit aus betriebsbedingten Gründen außerhalb der Arbeitszeit durchzuführen ist. Die Inanspruchnahme von Freizeit muss daher auf den **betrieblichen Verhältnissen**, d. h. vor allem auf der Eigenart des Betriebs, der Gestaltung des Arbeitsablaufs oder der Beschäftigungslage beruhen. Der durch das **BetrVerf-Reformgesetz** neu eingefügte **§ 37 Abs. 3 Satz 2** (der frühere Satz 2 wurde zu Satz 3) nennt als betriebsbedingte Gründe nunmehr ausdrücklich auch unterschiedliche Arbeitszeiten der Betriebsratsmitglieder (näher Rdn. 93 ff.).

91 Nach der Formulierung des *BAG* (31.10.1985 EzA § 37 BetrVG 1972 Nr. 83 S. 400 = AP Nr. 52 zu § 37 BetrVG 1972 Bl. 1 R; 26.01.1994 EzA § 37 BetrVG 1972 Nr. 118 S. 2 = AP Nr. 93 zu § 37 BetrVG 1972 Bl. 1 R) müssen bestimmte **Gegebenheiten und Sachzwänge des Betriebs** die Undurchführbarkeit der Betriebsratstätigkeit während der Arbeitszeit bedingen (vgl. auch *Bengelsdorf* NZA 1989, 905 [907 f.]; *Fitting* § 37 Rn. 79; *Glock*/HWGNRH § 37 Rn. 76; *Richardi*/*Thüsing* § 37 Rn. 44; *Wedde*/DKKW § 37 Rn. 65). Das ist immer anzunehmen, wenn einem Betriebsratsmitglied aus insoweit zwingenden Gründen keine andere Wahl bleibt, als die Betriebsratstätigkeit während seiner Freizeit auszuüben, z. B. weil Betriebsratssitzungen **außerhalb** seiner **Schicht** (*BAG* 26.04.1995 EzA § 20 BetrVG 1972 Nr. 17 S. 5 = AP Nr. 17 zu § 20 BetrVG 1972 Bl. 3; 16.04.2003 EzA § 37 BetrVG 2001 Nr. 1 S. 6 = AP Nr. 138 zu § 37 BetrVG 1972 Bl. 2) oder sonstiger betrieblicher Notwendigkeiten wegen (vgl. § 30 Satz 2; dazu *Raab* § 30 Rdn. 5 ff.) außerhalb der Arbeitszeit stattfinden. In einem Betrieb, der Assistenzleistungen für behinderte Schulkinder während der Schulzeit erbringt, liegt ein Fall betriebsbedingter Betriebsratstätigkeit außerhalb der Arbeitszeit vor, wenn die Tätigkeit während der **Schulferien** erfolgt, zu diesem Zeitpunkt an sich nicht gearbeitet wird, aber im konkreten Fall auch kein Urlaub besteht. Zwar kann der Arbeitgeber die Lage der Schulferien nicht bestimmen, der Arbeitsausfall während der Ferien ergibt sich aber aus dem **Betriebszweck** (*LAG Bremen* 27.11.2013 – 2 Sa 18/13 – juris Rn. 54; zur Betriebsratstätigkeit während des Urlaubs siehe Rdn. 98). § 37 Abs. 3 greift auch, wenn ein Betriebsratsmitglied an **Besichtigungen** der für den Arbeitsschutz zuständigen Stellen zur **Nachtzeit** oder bei **Unfalluntersuchungen** außerhalb der eigenen Arbeitszeit teilnehmen muss. Auch das Betriebsratsmitglied, das eine Schlüsselstellung im Betrieb einnimmt und deshalb **während der Arbeitszeit unabkömmlich** ist, nimmt unaufschiebbare Betriebsratsarbeit während seiner Freizeit aus betriebsbedingten Gründen wahr. Gleiches gilt, wenn ein Betriebsratsmitglied wegen **besonderen Arbeitsanfalls** oder sonst auf Veranlassung des Arbeitgebers außerhalb seiner Arbeitszeit zu einer am Sitz des Gesamtbetriebsrats stattfindenden Betriebsversammlung anreisen muss (*BAG* 11.07.1978 AP Nr. 57 zu § 37 BetrVG 1972 Bl. 1 R; krit. dazu *Staack/ Sparchholz* AiB 2013, 99 [102]: Betriebsbedingtheit schon allein aufgrund der Unternehmensstruktur). Unerheblich ist, ob z. B. eine vom Gesamtbetriebsrat vorgenommene Terminplanung für eine Betriebsversammlung für den Arbeitgeber kostengünstiger ist als deren Durchführung an anderen Wochentagen (*BAG* 26.01.1994 EzA § 37 BetrVG 1972 Nr. 118 S. 3 = AP Nr. 93 zu § 37 BetrVG 1972 Bl. 1 R) und dass ein Betriebsratsmitglied keinen Einfluss auf die Terminplanung des Gesamtbetriebsrats nehmen kann (vgl. *BAG* 26.01.1994 EzA § 37 BetrVG 1972 Nr. 118 S. 3 = AP Nr. 93 zu § 37 BetrVG 1972 Bl. 1 R).

Darüber hinaus ist es gerechtfertigt, alle **Umstände** als **betriebsbedingt** anzusehen, die **vom Arbeitgeber veranlasst** werden, also dem Arbeitgeberbereich zuzuordnen sind (*BAG* 21.05.1974 EzA § 37 BetrVG 1972 Nr. 25 S. 103 = AP Nr. 14 zu § 37 BetrVG 1972 Bl. 2; *Bengelsdorf* NZA 1989, 905 [908]; *Koch*/ErfK § 37 BetrVG Rn. 7; *Richardi/Thüsing* § 37 Rn. 48; *Wedde/DKKW* § 37 Rn. 65). Die **Entscheidung** darüber, ob betriebsbedingte Gründe so gewichtig sind, dass sie eine Betriebsratstätigkeit außerhalb der individuellen Arbeitszeit geboten erscheinen lassen, **obliegt** nicht dem Betriebsrat, sondern – gegebenenfalls im Einvernehmen mit dem Betriebsrat – **dem Arbeitgeber** (*BAG* 03.12.1987 EzA § 37 BetrVG 1972 Nr. 89 S. 4 f. = AP Nr. 62 zu § 37 BetrVG 1972 Bl. 3; 26.01.1994 EzA § 37 BetrVG 1972 Nr. 118 S. 3 = AP Nr. 93 zu § 37 BetrVG 1972 Bl. 1 R). Soweit eine Betriebsratstätigkeit auch während der Arbeitszeit in Betracht gekommen wäre, beruht deren Durchführung außerhalb der Arbeitszeit deshalb nur dann auf betriebsbedingten Gründen, wenn der Arbeitgeber zumindest darauf Einfluss genommen hat, dass sie nicht während der Arbeitszeit verrichtet werden soll. Es entspricht dem Zweck des § 37 Abs. 3, Ausgleichsansprüche zu gewähren, wenn ein Betriebsratsmitglied Freizeit aus Gründen opfert, die zwar nicht durch zwingende betriebliche Gegebenheiten bedingt sind, aber doch in der Sphäre des Arbeitgebers ihren Ursprung haben. Das ist z. B. anzunehmen, wenn auf **Wunsch des Arbeitgebers** eine Verhandlung mit dem Betriebsrat oder eine Betriebsratssitzung außerhalb der Arbeitszeit stattfindet (*Fitting* § 37 Rn. 80; *Glock/HWGNRH* § 37 Rn. 76; a. M. *LAG Hamm* 14.07.1978 EzA § 37 BetrVG 1972 Nr. 61 S. 278 f.). Insoweit ist es daher nicht zutreffend, wenn das *BAG* (19.07.1977 EzA § 37 BetrVG 1972 Nr. 55 S. 230 = AP Nr. 29 zu § 37 BetrVG 1972 Bl. 2 [*Schlüter*]) generell einen Einfluss des Arbeitgebers auf die Gestaltung der Betriebsratsarbeit verneint. Zum Vertrauensschutz bei Abweichen von der bisherigen Handhabung der Gewährung von Freizeitausgleich vgl. *LAG Berlin* 18.06.1992 AiB 1993, 46.

92

Die früher umstrittene Frage nach der Bedeutung **individueller Arbeitszeitmodelle** für das Merkmal der Betriebsbedingtheit ist durch den Gesetzgeber im Zuge des **BetrVerf-Reformgesetzes** in § 37 Abs. 3 Satz 2 aufgegriffen worden (zu verfassungsrechtlichen Aspekten *Wiese* Einl. Rdn. 57 ff.). Namentlich für **teilzeitbeschäftigte Betriebsratsmitglieder** war streitig, ob deren Betriebsratstätigkeit außerhalb ihrer individuellen Arbeitszeit schon als solche »betriebsbedingt« ist und deshalb bei Vorliegen der übrigen Voraussetzungen des § 37 Abs. 3 den Anspruch auf Freizeitausgleich begründet (*LAG Berlin* 30.01.1990 LAGE § 37 BetrVG 1972 Nr. 32 S. 8 f.; *LAG Frankfurt a. M.* 15.07.1992 LAGE § 37 BetrVG 1972 Nr. 26 S. 2 ff.; *LAG Köln* 17.05.1989 NZA 1989, 943; zu weiteren Nachweisen vgl. 7. Aufl.) oder ob das Merkmal der Betriebsbedingtheit i. S. einer dem Arbeitgeber zuzurechnenden Ursache auch hier anhand der konkreten Umstände des Einzelfalles zu prüfen ist (*LAG Düsseldorf* 19.05.1993 LAGE § 37 BetrVG 1972 Nr. 41 S. 3 ff.; *ArbG Gießen* 26.02.1986 NZA 1986, 614 [615]; *Bengelsdorf* NZA 1989, 905 [909 ff.]; *Rath* BB 1989, 2326 [2327 f.]; *Wiese* 6. Aufl., § 37 Rn. 74; zu weiteren Nachweisen vgl. 7. Aufl.). Für die erste Ansicht wurde angeführt, dass Teilzeitarbeit mit ihrer Einführung und konkreten Ausgestaltung stets Teil der vom Arbeitgeber zu verantwortenden betrieblichen Organisation sei. Demgegenüber wurde von der Gegenansicht darauf verwiesen, dass Teilzeitarbeit auf persönlichen Interessen des einzelnen Arbeitnehmers beruhen und in solchen Fällen schon deshalb nicht betriebsbedingt sein könne. Vor allem aber wurde geltend

93

§ 37   II. 3. *Geschäftsführung des Betriebsrats*

gemacht, dass der Ausgleichsanspruch des § 37 Abs. 3 Satz 1 nicht schon dann gegeben sei, wenn in einem Betrieb Teilzeitarbeitsplätze eingerichtet seien, sondern nur, wenn die konkrete Betriebsratstätigkeit aus vom Arbeitgeber zu verantwortenden Gründen zwingend außerhalb der persönlichen Arbeitszeit des teilzeitbeschäftigten Betriebsratsmitglieds durchgeführt werden muss. Nicht die abstrakte arbeitszeitbezogene Betriebsorganisation an sich sei maßgeblich, sondern deren konkrete Auswirkung auf die Möglichkeiten der zeitlichen Festlegung von Betriebsratsarbeit (*Wiese* 6. Aufl., § 37 Rn. 74). Vergleichbare Probleme stellen sich bei anderen Formen flexibler Arbeitszeitgestaltung, etwa bei **Arbeit auf Abruf**, § 12 TzBfG, und bei **Arbeitsplatzteilung**, § 13 TzBfG (*Fitting* § 37 Rn. 83; *Wedde/DKKW* § 37 Rn. 71).

94 Die Neuregelung des **§ 37 Abs. 3 Satz 2** greift aus den denkbaren Möglichkeiten der Auswirkung individueller Arbeitszeitgestaltung auf die zeitliche Lage der Betriebsratsarbeit die praktisch bedeutsame Konstellation **unterschiedlicher Arbeitszeiten** heraus. In Bezug genommen sind dabei sowohl Fälle der **Voll- als auch** Fälle der **Teilzeitbeschäftigung** (vgl. auch die Begründung des RegE BT-Drucks. 14/5741 S. 40). Im ersten Fall geht es um die **unterschiedliche Lage** der Arbeitszeit (etwa Schichtbetrieb, Gleitzeit; vgl. auch *Fitting* § 37 Rn. 82), im zweiten auch um deren **unterschiedlichen Umfang** (vgl. auch *Fitting* § 37 Rn. 83; *Löwisch* BB 2001, 1734 [1741]).

95 Die Gesetzesformulierung beinhaltet zunächst die Festlegung, dass die innerbetriebliche **Arbeitszeitgestaltung stets** als **Teil der betrieblichen Organisation** zu begreifen und insoweit der **Sphäre des Arbeitgebers** zuzurechnen ist (vgl. auch die Begründung des RegE BT-Drucks. 14/5741 S. 40; *Engels/Trebinger/Löhr-Steinhaus* DB 2001, 532 [537]; *Löwisch* BB 2001, 1734 [1741]). Das Gesetz differenziert nämlich nicht danach, ob die unterschiedlichen Arbeitszeiten der Betriebsratsmitglieder Ausdruck eines bestimmten unternehmerischen Konzepts oder Folge des Wunsches einzelner Arbeitnehmer nach individueller Vertragsgestaltung ist. Entscheidend ist nicht, wessen Motive oder Initiative einer individuellen Arbeitszeitgestaltung zugrunde liegen mögen, sondern, in wessen Hand die **Steuerung und Planung eines innerbetrieblichen Arbeitszeitkonzepts** insgesamt liegen (vgl. auch *Bengelsdorf* NZA 1989, 905 [909]; *Fitting* § 37 Rn. 83; *Greßlin* Teilzeitbeschäftigte Betriebsratsmitglieder, S. 75 ff.; *Richardi/Thüsing* § 37 Rn. 52; krit. *Glock/HWGNRH* § 37 Rn. 79). Die zum Teil geäußerte Kritik, dass die Zuweisung flexibler Arbeitszeitmodelle in die Sphäre des Arbeitgebers den modernen Entwicklungen der Arbeitszeitgestaltung und namentlich dem in § 8 TzBfG niedergelegten Rechtsanspruch des Arbeitnehmers auf Teilzeitarbeit widerspreche (*Hanau* RdA 2001, 65 [71]; *Reichold* NZA 2001, 857 [861]), berücksichtigt diesen Aspekt nicht hinreichend.

96 Gleichwohl hat der Gesetzgeber die in Rdn. 93 beschriebene Streitfrage nicht generell und nicht in dem Sinne entschieden, dass in Fällen individueller Arbeitszeitgestaltung in Zukunft jede Überschreitung der persönlichen Arbeitszeit zu Betriebsratszwecken als betriebsbedingt anzusehen ist. § 37 Abs. 3 Satz 2 verlangt vielmehr, dass die Betriebsratstätigkeit wegen der »**unterschiedlichen Arbeitszeiten**« der Betriebsratsmitglieder nicht innerhalb der persönlichen Arbeitszeit erfolgen kann (zust. *Glock/HWGNRH* § 37 Rn. 77; *Greßlin* Teilzeitbeschäftigte Betriebsratsmitglieder, S. 67; *Reichold/HWK* § 37 BetrVG Rn. 18; weitergehend *Richardi/Thüsing* § 37 Rn. 52, der es ausreichen lässt, dass die Betriebsratstätigkeit innerhalb der betrieblichen Arbeitszeit erfolgt; *Wedde/DKKW* § 37 Rn. 66 f.). Nur der nach der bisherigen Rechtsprechung und Literatur ohnehin weitgehend anerkannte Fall unterschiedlicher Arbeitszeiten hat also eine Regelung gefunden (vgl. zu dieser Fallgruppe LAG *Frankfurt a. M.* 15.07.1992 LAGE § 37 BetrVG 1972 Nr. 26 S. 3; LAG *Niedersachsen* 30.05.1985 AiB 1986, 94; *Wiese* 6. Aufl., § 37 Rn. 74). Dazu gehören auch Fälle atypischer individueller Arbeitszeit wie Nachtarbeit bei Zeitungsträgern (LAG *Baden-Württemberg* 14.10.1997 LAGE § 37 BetrVG 1972 Nr. 51 S. 2; in der Revisionsentscheidung hat das *BAG* die Betriebsbedingtheit unterstellt, 25.08.1999 EzA § 37 BetrVG 1972 Nr. 140 S. 3 = AP Nr. 130 zu § 37 BetrVG 1972; vgl. auch *BAG* 19.03.2014 EzA § 37 BetrVG 2001 Nr. 16 Rn. 17 = AP Nr. 155 zu § 37 BetrVG 1972). Wenn aber beispielsweise alle teilzeitbeschäftigten Betriebsratsmitglieder vormittags arbeiten, dann fehlt es am Merkmal der unterschiedlichen Arbeitszeit und § 37 Abs. 3 Satz 2 kommt nicht zur Anwendung. Die Anberaumung einer Betriebsratssitzung am Nachmittag ist nur dann betriebsbedingt, wenn es dafür nach den allgemeinen Maßstäben des § 37 Abs. 3 Satz 1 Gründe gibt, die dem Arbeitgeber zuzurechnen sind (zust. *Fitting* § 37 Rn. 85; *Glock/HWGNRH* § 37 Rn. 83; *Reichold/HWK* § 37 BetrVG Rn. 18; **a. M.** *Wedde/DKKW* § 37 Rn. 66 f.).

Ehrenamtliche Tätigkeit, Arbeitsversäumnis § 37

Zum anderen reicht die unterschiedliche Arbeitszeit allein noch nicht aus, um das Merkmal der Betriebsbedingtheit bejahen zu können. Denn das Gesetz verlangt, dass die Betriebsratstätigkeit »**wegen der unterschiedlichen Arbeitszeiten der Betriebsratsmitglieder nicht innerhalb der persönlichen Arbeitszeit erfolgen kann**«. Erforderlich ist also eine **kausale Beziehung** zwischen der unterschiedlichen Arbeitszeit und der fehlenden Möglichkeit, Betriebsratstätigkeit innerhalb der persönlichen Arbeitszeit zu verrichten. Wenn es also beispielsweise bei einem nur aus teilzeitbeschäftigten Betriebsratsmitgliedern zusammengesetzten Betriebsrat trotz unterschiedlicher Arbeitszeiten möglich wäre, eine Betriebsratssitzung in einem Zeitraum abzuhalten, in dem sich die Arbeitszeiten der einzelnen Mitglieder überschneiden, dann müssen für die Anberaumung einer Sitzung zu einem anderen Zeitpunkt sonstige betriebsbedingte Gründe aus der Sphäre des Arbeitgebers vorliegen, um den Anspruch auf Freizeitausgleich zu rechtfertigen. Ebenso ist es, wenn der aus voll- und teilzeitbeschäftigten Mitgliedern zusammengesetzte Betriebsrat eine Betriebsratssitzung in die arbeitsfreie Zeit teilzeitbeschäftigter Betriebsratsmitglieder legt, obwohl sie während deren Arbeitszeit durchgeführt werden könnte (vgl. auch *Greßlin* Teilzeitbeschäftigte Betriebsratsmitglieder, S. 69 ff.; zur früheren Gesetzesfassung bereits *Bengelsdorf* NZA 1989, 905 [911]; *Wiese* 6. Aufl., § 37 Rn. 74; **a. M.** *Fitting* § 37 Rn. 86). In beiden Fällen kommt § 37 Abs. 3 Satz 1 allenfalls dann zur Anwendung, wenn etwa der Arbeitgeber die zeitliche Lage der Betriebsratssitzung beeinflusst. Liegen allerdings sowohl die Voraussetzung unterschiedlicher Arbeitszeit als auch die Kausalität vor, dann muss nach § 37 Abs. 3 Satz 2 nicht mehr nach weiteren Ursachen in der Sphäre des Arbeitgebers gesucht werden. Die Arbeitszeitorganisation gehört zur Sphäre des Arbeitgebers. 97

Keine betriebsbedingten Gründe liegen vor, wenn Betriebsratstätigkeit außerhalb der Arbeitszeit aus **Gründen** erfolgt, die in der **Person** oder dem **Verhalten** des **Betriebsratsmitglieds** liegen (*BAG* 21.05.1974 EzA § 37 BetrVG 1972 Nr. 25 S. 102 f. = AP Nr. 14 zu § 37 BetrVG 1972 Bl. 2 f.; *Bengelsdorf* NZA 1989, 905 [908 f.]; *Fitting* § 37 Rn. 87; *Glock/HWGNRH* § 37 Rn. 81). Erledigt es z. B. freiwillig Betriebsratsaufgaben außerhalb der Arbeitszeit, ohne dass es durch betriebsbedingte Gründe hierzu gezwungen ist, so besteht kein Ausgleichsanspruch. Denkbar ist, dass der Betriebsratsvorsitzende am Abend vor der nächsten Betriebsratssitzung noch einmal die Akten durchsieht. Ein Ausgleichsanspruch ist auch zu verneinen, wenn ein Betriebsratsmitglied seinen **Urlaub** unterbricht, um an einer Betriebsratssitzung teilzunehmen; denn das ist nicht betriebsbedingt (*BAG* 28.05.2014 EzA § 37 BetrVG 2001 Nr. 17 Rn. 28 = AP Nr. 156 zu § 37 BetrVG 1972; *Fitting* § 37 Rn. 87; *Koch/ErfK* § 37 BetrVG Rn. 7; *Richardi/Thüsing* § 37 Rn. 50; *Sommer* ZBVR online 2013, 13 [17], grunds. auch *Ochsmann* BB 1978, 562, der aber ausnahmsweise einen entsprechenden Anspruch aus allgemeinen Erwägungen bejaht; **a. M.** *Wedde/DKKW* § 37 Rn. 77). Das Betriebsratsmitglied ist vielmehr zeitweilig verhindert (*Oetker* § 25 Rdn. 17, 26) und wird nach § 25 Abs. 1 Satz 2 von einem Ersatzmitglied vertreten. Auch wenn sich das Betriebsratsmitglied entschließt, **während einer ihm nach § 37 Abs. 3 erteilten Arbeitsbefreiung** Betriebsratstätigkeit zu verrichten, kann man jedenfalls nicht ohne Weiteres von einem betriebsbedingten Grund ausgehen (*BAG* 28.05.2014 EzA § 37 BetrVG 2001 Nr. 17 Rn. 28 = AP Nr. 156 zu § 37 BetrVG 1972; **vgl. aber** *LAG Köln* 03.02.2012 – 4 Sa 888/11 – juris, Rn. 37 ff., *Sommer* ZBVR online 2014, 14 [17], die darauf abstellen, dass die durch Weisung festgelegte Lage des Freizeitausgleichs der Sphäre des Arbeitgebers zuzurechnen sei und in dieser Zeit anfallende Betriebsratsarbeit deshalb stets betriebsbedingt sei [zum durch das *LAG Köln* entschiedenen Fall sogleich unter Rdn. 99]). Der Freizeitausgleich soll in ähnlicher Weise wie der Erholungsurlaub den Arbeitnehmer entlasten (vgl. Rdn. 81), so dass das Betriebsratsmitglied, wenn es diese Freistellung unterbricht statt sich vertreten zu lassen, ebenso wie beim Urlaub eine persönliche und nicht vom Arbeitgeber beeinflusste Entscheidung trifft. 98

Eine **andere Fallkonstellation** liegt aber vor, wenn **Arbeitszeit** und dementsprechend auch **Freizeitausgleich zwangsläufig** so liegen, dass **Betriebsratstätigkeit stets außerhalb des entsprechenden Zeitraums** anfällt und diese demzufolge erneut betriebsbedingt ist. Wenn etwa ein teilzeitbeschäftigtes Betriebsratsmitglied als Zeitungszusteller immer nur in den frühen Morgenstunden arbeitet und Betriebsratsarbeit stets während der üblichen Bürostunden stattfindet, führt dies dazu, dass das Betriebsratsmitglied, welches im Anschluss an einen frühmorgendlichen Freizeitausgleich im Laufe des Tages wiederum für den Betriebsrat tätig ist, erneut einen Anspruch auf Freizeitausgleich erwirbt (*BAG* 19.03.2014 EzA § 37 BetrVG 2001 Nr. 16 Rn. 21 = AP Nr. 155 zu § 37 BetrVG 1972; insoweit ebenso *Fitting* § 37 Rn. 99; *Richardi/Thüsing* § 37 Rn. 49; weitergehend als Vorinstanz *LAG* 99

Köln 03.02.2012 – 4 Sa 888/11 – juris, Rn. 37 ff., das allein darauf abstellt, dass der Arbeitgeber den Zeitpunkt des Freizeitausgleichs anordne und deshalb außerhalb dieses Zeitpunkts liegende Betriebsratsarbeit automatisch betriebsbedingt sei; dem zust. *Sommer* ZBVR online 2014, 14 [17]). Es handelt sich hier nicht um eine vom Betriebsratsmitglied beschlossene Unterbrechung der Arbeitsbefreiung, sondern um Betriebsratstätigkeit, die aus betriebsbedingten Gründen außerhalb der persönlichen Arbeitszeit und deshalb automatisch auch außerhalb des Zeitraums eines Freizeitausgleichs liegt.

100 Zur Problematik des Anspruchs auf Freizeitausgleich eines **Betriebsratsmitglieds ohne feste Arbeitszeiten** vgl. *BAG* 31.07.1986 – 6 AZR 146/85; *LAG Schleswig-Holstein* 18.01.1985 ARSt. 1985, 142 (Nr. 1146 – Vorinstanz); 28.05.2014 EzA § 37 BetrVG 2001 Nr. 17 Rn. 24 = AP Nr. 156 zu § 37 BetrVG 1972.

101 Keine betriebsbedingten sind ferner **betriebsratsbedingte Gründe**, d. h. solche Umstände, die sich aus der Gestaltung der Betriebsratstätigkeit durch den Betriebsrat ergeben und dem Einfluss des Arbeitgebers entzogen sind (*BAG* 21.05.1974 EzA § 37 BetrVG 1972 Nr. 25 S. 102 f. = AP Nr. 14 zu § 37 BetrVG 1972 Bl. 2; 19.07.1977 EzA § 37 BetrVG 1972 Nr. 57 S. 238 = AP Nr. 31 zu § 37 BetrVG 1972 Bl. 2 R; 11.07.1978 AP Nr. 57 zu § 37 BetrVG 1972 Bl. 1; *LAG Hamm* 14.07.1978 EzA § 37 BetrVG 1972 Nr. 61 S. 277 ff.; vgl. auch *LAG Köln* 06.03.1998 – 11 [9] Sa 383/97 – juris, wonach eine Vereinbarung zwischen Arbeitgeber und Betriebsrat, dass betriebsratsbedingte Gründe ausreichen, wegen Verstoßes gegen § 78 Satz 2 unwirksam ist; ferner *Bengelsdorf* NZA 1989, 905 [908]; *Fitting* § 37 Rn. 88; *Glock/HWGNRH* § 37 Rn. 81; *Maschmann/AR* § 37 BetrVG Rn. 10; *Richardi/Thüsing* § 37 Rn. 49; krit. *Wedde/DKKW* § 37 Rn. 69). Deshalb ist es unerheblich, ob der Betriebsrat seine Tätigkeit freiwillig in die Freizeit verlegt, z. B. eine Sitzung über die Arbeitszeit hinaus fortsetzt (*LAG Hamm* 14.07.1978 EzA § 37 BetrVG 1972 Nr. 61 S. 277 ff.) oder von vornherein außerhalb der Arbeitszeit abhält, oder hierzu aus nicht betriebsbedingten Gründen gezwungen ist, weil z. B. ein bestimmter Gewerkschaftsbeauftragter erst zu diesem Zeitpunkt erscheinen kann. Entsprechendes gilt, wenn ein Betriebsratsmitglied Auskunft bei dem Vertreter einer Gewerkschaft einholt, der nur nach Feierabend zu sprechen ist (*LAG Hamm* 14.07.1978 EzA § 37 BetrVG 1972 Nr. 61 S. 277 ff.). Auch der Zeitpunkt einer Sitzung des Gesamt- oder Konzernbetriebsrats oder einer Betriebsräteversammlung (*BAG* 11.07.1978 AP Nr. 57 zu § 37 BetrVG 1972; 26.01.1994 EzA § 37 BetrVG 1972 Nr. 118 S. 2 f. = AP Nr. 93 zu § 37 BetrVG 1972) wird in der Regel nicht betriebsbedingt sein. Die dargelegten Grundsätze gelten auch für **freigestellte Betriebsratsmitglieder** (vgl. Rdn. 85). Auch für ein freigestelltes Betriebsratsmitglied steht zur Erledigung seiner Betriebsratsarbeit grundsätzlich seine individuelle Arbeitszeit zur Verfügung, ein Fall des § 37 Abs. 3 liegt nur vor, wenn die Tätigkeit aus betriebsbedingten Gründen außerhalb der Arbeitszeit durchzuführen war (*BAG* 28.09.2016 – 7 AZR 248/14 – EzA § 37 BetrVG 2001 Nr. 27 Rn. 31 ff. = AP Nr. 165 zu § 37 BetrVG 1972). Der Betriebsrat hat im Übrigen dafür zu sorgen, dass die Aufgaben unter den freigestellten Betriebsratsmitgliedern angemessen verteilt werden, so dass sie während der Arbeitszeit erledigt werden können; notfalls müssen weitere Betriebsratsmitglieder ganz oder teilweise freigestellt werden (vgl. hierzu § 38 Rdn. 27 ff.; zu Ausgleichsansprüchen vgl. § 38 Rdn. 100 ff.).

102 Auch die **Teilnahme an einer Betriebs- oder Abteilungsversammlung** kann aus betriebsbedingten Gründen außerhalb der persönlichen Arbeitszeit des Betriebsratsmitglieds liegen. Vgl. dazu und zur Frage nach Ansprüchen des Betriebsrats auf Freizeitausgleich § 44 Rdn. 45.

103 Mit der Betriebsratsarbeit verbundene unvermeidbare **Reise-** und **Wegezeiten** gehören zur Betriebsratstätigkeit (*BAG* 16.04.2003 EzA § 37 BetrVG 2001 Nr. 1 S. 7 = AP Nr. 138 zu § 37 BetrVG 1972 Bl. 2 R; 27.07.2016 EzA § 37 BetrVG 2001 Nr. 25 Rn. 17 = AP Nr. 163 zu § 37 BetrVG 1972; *LAG Schleswig-Holstein* 16.02.2012 – 4 TaBV 28/11 – juris, Rn. 53; vgl. auch Rdn. 55). Jedoch ist bei außerhalb der Arbeitszeit liegenden Reise- und Wegezeiten nur dann ein Ausgleichsanspruch gegeben, wenn hierfür betriebsbedingte Gründe maßgebend waren (*BAG* 11.07.1978 AP Nr. 57 zu § 37 BetrVG 1972; offen gelassen 15.02.1989 EzA § 37 BetrVG 1972 Nr. 101 S. 3 = AP Nr. 70 zu § 37 BetrVG 1972 Bl. 2; vgl. auch *LAG Hamm* 14.07.1978 EzA § 37 BetrVG 1972 Nr. 61 S. 277 ff.; 11.01.1989 DB 1989, 1422; *Bengelsdorf* NZA 1989, 905 [912]; *Fitting* § 37 Rn. 77, 91; *Richardi/Thüsing* § 37 Rn. 45; *Wedde/DKKW* § 37 Rn. 63, 72; a. M. *LAG Bremen* 11.10.1974 BB 1975, 838). Das gilt auch für Reise- und Wegezeiten **teilzeitbeschäftigter Betriebsratsmitglieder** (*LAG Frankfurt a. M.* 15.07.1992 LAGE § 37 BetrVG 1972 Nr. 26 S. 4; *Bengelsdorf* NZA 1989, 905 [912]; *Lipke* NZA

1990, 758 [761]; *Wedde/DKKW* § 37 Rn. 72; **a. M.** *Fitting* § 37 Rn. 91; *Richardi* PersR 1991, 397 [400]).

Bei **tariflichen oder betrieblichen Regelungen über die Durchführung von Dienstreisen** gel- **104** ten diese wegen des Begünstigungsverbots des § 78 Satz 2 auch für Reisen von Betriebsratsmitgliedern (*BAG* 16.04.2003 EzA § 37 BetrVG 2001 Nr. 1 S. 7 = AP Nr. 138 zu § 37 BetrVG 1972 Bl. 2 R; 21.06.2006 AP Nr. 143 zu § 37 BetrVG 1972 Rn. 12; 12.08.2009 EzA § 37 BetrVG 2001 Nr. 8 Rn. 12; *Fitting* § 37 Rn. 77, 102; *Richardi/Thüsing* § 37 Rn. 45). Auch wenn Fahrzeiten von Arbeitnehmern im Zusammenhang mit der Erfüllung ihrer Arbeitspflicht **generell nicht vergütungspflichtig** sind, wie das regelmäßig der Fall ist, können entsprechende für die Wahrnehmung von Betriebsratsaufgaben aufgewendete Fahrzeiten keinen Anspruch auf Freizeitausgleich gemäß § 37 Abs. 3 und keinen Vergütungsanspruch nach § 37 Abs. 3 Satz 3 auslösen. Andernfalls läge eine Begünstigung der Betriebsratsmitglieder vor (*BAG* 27.07.2016 EzA § 37 BetrVG 2001 Nr. 25 Rn. 17 ff. = AP Nr. 163 zu § 37 BetrVG 1972). Zur Frage, ob bei einem privatisierten Bahnunternehmen Fahrten beamteter Betriebsratsmitglieder zu Betriebsratssitzungen einen Arbeitszeitausgleich begründen vgl. *OVG Rheinland-Pfalz* 14.02.2003 – 10 A 11627/02 – juris. Zu Reisekosten bei Betriebsratsschulungen vgl. Rdn. 243.

3. Arbeitsbefreiung

Liegen die Voraussetzungen des § 37 Abs. 3 vor (vgl. Rdn. 84 ff.), so besteht ein **Anspruch** auf **Aus-** **105** **gleich**. Dieser ist **primär auf Arbeitsbefreiung** unter Fortzahlung des Arbeitsentgelts gerichtet. Nur wenn der Anspruch auf Arbeitsbefreiung aus betriebsbedingten Gründen nicht vor Ablauf eines Monats erfüllt werden konnte, besteht **subsidiär ein Abgeltungsanspruch** auf Vergütung der aufgewendeten Zeit wie Mehrarbeit (*BAG* 25.08.1999 EzA § 37 BetrVG 1972 Nr. 140 S. 4 = AP Nr. 130 zu § 37 BetrVG 1972; 12.12.2000 EzA § 4 TVG Textilindustrie Nr. 11 S. 6). Das gilt auch für ein teilzeitbeschäftigtes Betriebsratsmitglied (*LAG Berlin* 11.06.2010 – 6 Sa 675/10 – juris, Rn. 17 f.). Diese **Rangordnung** der **Ansprüche** ist **zwingend**. Andernfalls würde der Zweck des § 37 Abs. 3 verfehlt, eine Begrenzung der Arbeitsbelastung des Betriebsratsmitglieds zu gewährleisten. Darüber hinaus soll im Interesse der persönlichen Unabhängigkeit der Betriebsratsmitglieder so weit wie möglich verhindert werden, dass diese entgegen dem Ehrenamtsprinzip des § 37 Abs. 1 durch ihre Betriebsratstätigkeit zusätzliche Ansprüche erwerben (*BAG* 25.08.1999 EzA § 37 BetrVG 1972 Nr. 140 S. 4 = AP Nr. 130 zu § 37 BetrVG 1972; bestätigt durch *BAG* 08.03.2000 – 7 AZR 136/99 – juris, Rn. 10; ferner *Fitting* § 37 Rn. 93; *Glock/HWGNRH* § 37 Rn. 85; *Koch/*ErfK § 37 BetrVG Rn. 8; *Wedde/DKKW* § 37 Rn. 78).

Der Anspruch auf Arbeitsbefreiung steht dem **einzelnen Betriebsratsmitglied**, nicht dem Betriebs- **106** rat zu (*Fitting* § 37 Rn. 94; *Glock/HWGNRH* § 37 Rn. 88). Es muss ihn selbst gegen den Arbeitgeber als Schuldner des Anspruchs **geltend machen**. Die bloße **Anzeige** der in der Freizeit geleisteten Arbeit **genügt nicht**, auch nicht bei Ansammlung besonders hoher Freizeitausgleichsansprüche (*BAG* 25.08.1999 EzA § 37 BetrVG 1972 Nr. 140 S. 4 = AP Nr. 130 zu § 37 BetrVG 1972; 28.05.2014 EzA § 37 BetrVG 2001 Nr. 17 Rn. 23 = AP Nr. 156 zu § 37 BetrVG 1972). Bei der Geltendmachung des Anspruchs auf Arbeitsbefreiung hat das Betriebsratsmitglied darzulegen, wann und in welchem Umfang es aus betriebsbedingten Gründen Betriebsratstätigkeit außerhalb der Arbeitszeit erbracht hat (*Fitting* § 37 Rn. 94; *Richardi/Thüsing* § 37 Rn. 58; *Wedde/DKKW* § 37 Rn. 78). Das ist nur nicht erforderlich, wenn dies dem Arbeitgeber bekannt ist, weil er z. B. an einer aus betriebsbedingten Gründen außerhalb der Arbeitszeit anberaumten Betriebsratssitzung teilgenommen hat.

Das **Betriebsratsmitglied** darf den **Anspruch** auf Arbeitsbefreiung **nicht eigenmächtig wahr-** **107** **nehmen** und von sich aus der Arbeit fernbleiben, sondern muss gegebenenfalls seinen Anspruch gerichtlich durchsetzen (*Fitting* § 37 Rn. 95; *Glock/HWGNRH* § 37 Rn. 88; *Joost/*MünchArbR § 220 Rn. 35; *Koch/*ErfK § 37 BetrVG Rn. 8; *Maschmann/AR* § 37 BetrVG Rn. 11; *Richardi/Thüsing* § 37 Rn. 59; *Wolmerath/NK-GA* § 37 BetrVG Rn. 22 f.; vgl. auch *BAG* 25.08.1999 EzA § 37 BetrVG 1972 Nr. 140 S. 4 = AP Nr. 130 zu § 37 BetrVG 1972; 19.03.2014 EzA § 37 BetrVG 2001 Nr. 16 Rn. 19 = AP Nr. 155 zu § 37 BetrVG 1972). Andernfalls verstößt es gegen seinen Arbeitsvertrag. Die zu § 37 Abs. 2 im Interesse der Funktionsfähigkeit des Betriebsrats dargelegten Grundsätze (vgl.

Rdn. 56 ff.) sind mangels gleicher Interessenlage nicht anwendbar. Das gilt auch, falls die Arbeitsbefreiung vom Arbeitgeber nicht innerhalb eines Monats gewährt wird, selbst wenn sachliche Gründe hierfür offensichtlich nicht vorlagen (vgl. § 315 Abs. 3 Satz 2 BGB; ebenso *Glock/HWGNRH* § 37 Rn. 88; *Koch*/ErfK § 37 BetrVG Rn. 8; *Richardi/Thüsing* § 37 Rn. 60; **a. M.** *Fitting* § 37 Rn. 96; *Wedde/DKKW* § 37 Rn. 79). Der Arbeitnehmer kann jedoch eine einstweilige Verfügung erwirken (vgl. auch *Däubler* SR 2017, 85 [94]).

108 Der **Arbeitnehmer** hat den **Anspruch** nach § 242 BGB **unverzüglich**, d. h. ohne schuldhaftes Zögern (vgl. § 121 Abs. 1 Satz 1 BGB) **geltend zu machen** (*Fitting* § 37 Rn. 94; *Glock/HWGNRH* § 37 Rn. 89; *Richardi/Thüsing* § 37 Rn. 58), damit der Arbeitgeber sich darauf einstellen kann, die Arbeitsbefreiung innerhalb eines Monats zu gewähren (vgl. § 37 Abs. 3 Satz 3). Die Nichtbeachtung dieser Obliegenheit (*Richardi/Thüsing* § 37 Rn. 58) wirkt sich gegebenenfalls zu Lasten des Arbeitnehmers auf den Spielraum aus, der dem Arbeitgeber bei der Gewährung des Freizeitausgleichs verbleibt, lässt aber den Anspruch an sich unberührt. Der Arbeitnehmer kann den Anspruch sogar noch **nach Ablauf der Monatsfrist** des § 37 Abs. 3 Satz 3 geltend machen. Die Monatsfrist ist **keine Ausschlussfrist** (*BAG* 19.03.2014 EzA § 37 BetrVG 2001 Nr. 16 Rn. 22 = AP Nr. 155 zu § 37 BetrVG 1972). Sie soll **nur zu Gunsten des Arbeitnehmers** sicherstellen, dass der Freizeitausgleich auch tatsächlich in zeitlicher Nähe zur betriebsratsbedingten Mehrbelastung des Arbeitnehmers gewährt wird, wenn er dies wünscht (*LAG Schleswig-Holstein* 16.02.2012 – 4 TaBV 28/11 – juris, Rn. 61; i. E. ebenso *Fitting* § 37 Rn. 94, 104; *Koch*/ErfK § 37 BetrVG Rn. 8; *Reichold/HWK* § 37 BetrVG Rn. 20; *Richardi/Thüsing* § 37 Rn. 58, 61; *Wedde/DKKW* § 37 Rn. 78, 84; *Wolmerath/NK-GA* § 37 BetrVG Rn. 24; vgl. auch *BAG* 25.08.1999 EzA § 37 BetrVG 1972 Nr. 140 S. 3 = AP Nr. 130 zu § 37 BetrVG 1972; **a. M.** *ArbG Gießen* 26.02.1986 NZA 1986, 614; *Glock/HWGNRH* § 37 Rn. 90; *Joost*/MünchArbR § 220 Rn. 34; *Stege/Weinspach/Schiefer* § 37 Rn. 24a). Zum Inhalt der Verpflichtung des Arbeitgebers, wenn der Anspruch nach Ablauf der Monatsfrist geltend gemacht wird, vgl. Rdn. 113 ff. Zur Verjährung des Anspruchs vgl. Rdn. 119.

109 Ausnahmsweise kann allerdings eine unverhältnismäßig späte Geltendmachung des Anspruchs unter Berücksichtigung aller Umstände gegen Treu und Glauben (§ 242 BGB) verstoßen und zum **Erlöschen des Anspruchs** führen. Das gilt auch, wenn der Arbeitgeber dem Betriebsratsmitglied die Arbeitsbefreiung innerhalb der Monatsfrist zugesteht, der Arbeitnehmer davon aber unbegründet **keinen Gebrauch** macht (ähnlich *Fitting* § 37 Rn. 104; *Koch*/ErfK § 37 BetrVG Rn. 8; *Richardi/Thüsing* § 37 Rn. 60; *Wedde/DKKW* § 37 Rn. 84).

110 Für die **Berechnung der Monatsfrist** kommt es nicht auf den Tag der Geltendmachung des Anspruchs an, sondern auf den Tag, an dem das Betriebsratsmitglied aus betriebsbedingten Gründen Betriebsratstätigkeit außerhalb der Arbeitszeit durchführen muss (*Fitting* § 37 Rn. 103; *Glock/HWGNRH* § 37 Rn. 89; *Richardi/Thüsing* § 37 Rn. 57; *Wedde/DKKW* § 37 Rn. 83). Dieser Tag wird bei der Fristberechnung nicht mitgerechnet (§ 187 Abs. 1 BGB). Die Frist endet daher mit dem Ablauf desjenigen Tages des folgenden Monats, der durch seine Zahl dem Tag entspricht, an dem das Betriebsratsmitglied die Betriebsratstätigkeit außerhalb der Arbeitszeit durchgeführt hat (vgl. § 188 Abs. 2 BGB). Ist das z. B. am 12. März geschehen, so endet die Frist am 12. April (vgl. aber auch § 193 BGB).

111 Die Erfüllung des Anspruchs nach § 37 Abs. 3 Satz 1 erfolgt durch Freistellung des Arbeitnehmers seitens des Arbeitgebers. Die Freistellung bedarf keiner Einigung, sondern einer empfangsbedürftigen gestaltenden **Erklärung des Arbeitgebers**. Es handelt sich um eine **Weisung** zur Verteilung der Arbeitszeit i. S. v. § 106 Satz 1 GewO (*BAG* 15.02.2012 EzA § 37 BetrVG 2011 Nr. 15 Rn. 25 = AP Nr. 154 zu § 37 BetrVG 1972; 19.03.2014 EzA § 37 BetrVG 2001 Nr. 16 Rn. 19 = AP Nr. 155 zu § 37 BetrVG 1972; 18.01.2017 – 7 AZR 224/15 – juris Rn. 39).

112 Dem **Arbeitgeber** steht bei der Gewährung der Arbeitsbefreiung das Gestaltungsrecht zu, nach **billigem Ermessen** (§ 315 Abs. 1 BGB) über die zusammenhängende oder ratenweise Gewährung der Arbeitsbefreiung zu entscheiden und deren zeitliche Lage festzusetzen (ebenso *Glock/HWGNRH* § 37 Rn. 87; *Richardi/Thüsing* § 37 Rn. 59). Ein Vorrang der Interessen des Arbeitnehmers ist anders als nach § 7 Abs. 1 BUrlG dem Gesetz nicht zu entnehmen und mangels Rechtsähnlichkeit auch nicht im Wege der Analogie zu begründen (*BAG* 15.02.2012 EzA § 37 BetrVG 2011 Nr. 15 Rn. 26 ff. = AP

Nr. 154 zu § 37 BetrVG 1972; 19.03.2014 EzA § 37 BetrVG 2001 Nr. 16 Rn. 20 = AP Nr. 155 zu § 37 BetrVG 1972; *Glock/HWGNRH* § 37 Rn. 87; *Richardi/Thüsing* § 37 Rn. 59; **a. M.** *Däubler* Schulung, Rn. 452; *ders.* SR 2017, 85 [95]; *Fitting* § 37 Rn. 95, 101; *Koch/ErfK* § 37 BetrVG Rn. 8; *Wedde/DKKW* § 37 Rn. 79). Bei der Ausübung des Gestaltungsrechts des Arbeitgebers sind im Rahmen der Ermessensabwägung nach §§ 106 Satz 1 GewO, 315 Abs. 3 BGB die **betrieblichen Interessen und diejenigen des Arbeitnehmers gegeneinander abzuwägen** (*BAG* 15.02.2012 EzA § 37 BetrVG 2011 Nr. 15 Rn. 31 = AP Nr. 154 zu § 37 BetrVG 1972; 19.03.2014 EzA § 37 BetrVG 2001 Nr. 16 Rn. 20 = AP Nr. 155 zu § 37 BetrVG 1972; vgl. auch *BAG* 03.06.1969 AP Nr. 11 zu § 37 BetrVG Bl. 3 R *[Blumensaat]*).

Kommt es **aus anderen als betriebsbedingten Gründen nicht vor Ablauf eines Monats zur Gewährung einer Arbeitsbefreiung**, so bleibt der darauf gerichtete Anspruch bestehen (*LAG Berlin* 30.01.1990 LAGE § 37 BetrVG 1972 Nr. 32 S. 10; *Fitting* § 37 Rn. 104; *Koch/ErfK* § 37 BetrVG Rn. 8) und muss auch als solcher geltend gemacht werden (*BAG* 25.08.1999 EzA § 37 BetrVG 1972 Nr. 140 S. 4 = AP Nr. 130 zu § 37 BetrVG 1972; *BAG* 12.12.2000 EzA § 4 TVG Textilindustrie Nr. 11 S. 6; 28.05.2014 EzA § 37 BetrVG 2001 Nr. 17 Rn. 23 = AP Nr. 156 zu § 37 BetrVG 1972; *Koch/ErfK* § 37 BetrVG Rn. 8; **a. M.** *Wedde/DKKW* § 37 Rn. 84: Wahlrecht). **113**

Das gilt, da die Monatsfrist keine Ausschlussfrist ist, zunächst dann, wenn das Betriebsratsmitglied den Anspruch innerhalb der Monatsfrist **noch nicht geltend gemacht hatte** (vgl. Rdn. 108; *BAG* 25.08.1999 EzA § 37 BetrVG 1972 Nr. 140 S. 4 = AP Nr. 130 zu § 37 BetrVG 1972; 12.12.2000 EzA § 4 TVG Textilindustrie Nr. 11 S. 6; *LAG Schleswig-Holstein* 16.02.2012 – 4 TaBV 28/11 – juris, Rn. 61; *Koch/ErfK* § 37 BetrVG Rn. 8). Der Anspruch verwandelt sich durch bloßen Ablauf der Monatsfrist nicht etwa automatisch in den Vergütungsanspruch nach § 37 Abs. 3 Satz 3 Halbs. 2 (vgl. *BAG* 25.08.1999 EzA § 37 BetrVG 1972 Nr. 140 S. 4 = AP Nr. 130 zu § 37 BetrVG 1972; 12.12.2000 EzA § 4 TVG Textilindustrie Nr. 11 S. 6; *Reichold/HWK* § 37 BetrVG Rn. 20 f.; 28.05.2014 EzA § 37 BetrVG 2001 Nr. 17 Rn. 23 = AP Nr. 156 zu § 37 BetrVG 1972). Andernfalls könnte der primär vorgesehene (vgl. Rdn. 105) Anspruch auf Arbeitsbefreiung unterlaufen und durch bloßes Abwarten in einen Anspruch auf Geld umgewandelt werden. Einen Anspruch auf Mehrarbeitsvergütung sieht das Gesetz zur Vermeidung einer Besserstellung der Betriebsratsmitglieder aber nur vor, wenn betriebsbedingte Gründe die Gewährung der Arbeitsbefreiung verhindert haben (vgl. *BAG* 25.08.1999 EzA § 37 BetrVG 1972 Nr. 140 S. 4 = AP Nr. 130 zu § 37 BetrVG 1972; 12.12.2000 EzA § 4 TVG Textilindustrie Nr. 11 S. 6). Für den **Zeitraum**, innerhalb dessen der Arbeitgeber den Freizeitausgleich zu gewähren hat, gibt es, da die Monatsfrist schon abgelaufen ist, in derartigen Fällen allerdings keine konkrete gesetzliche Vorgabe. Die Monatsfrist heranzuziehen (und mit Geltendmachung des Anspruchs laufen zu lassen), ist nicht gerechtfertigt, da der Arbeitnehmer seinerseits nicht auf ihr bestanden hatte. Allerdings ist dem in § 37 Abs. 3 Satz 3 zum Ausdruck gekommenen gesetzgeberischen Willen Rechnung zu tragen, dem Arbeitnehmer den Freizeitausgleich **zeitnah zur Mehrbelastung durch Betriebsratstätigkeit** zu gewähren. Hieran hat sich der Arbeitgeber im Rahmen seiner Ermessenausübung nach § 315 BGB zu orientieren. Maßgeblich sind insoweit unter Berücksichtigung der Umstände des Einzelfalles die in Rdn. 112 dargelegten Grundsätze. Sieht sich der Arbeitgeber zum baldigen Freizeitausgleich aus betriebsbedingten Gründen nicht in der Lage, kann der Arbeitnehmer Abgeltung nach Maßgabe des § 37 Abs. 3 Satz 3 Halbs. 2 verlangen. **114**

Wenn der Arbeitgeber Arbeitsbefreiung innerhalb der Monatsfrist **aus in der Person des Betriebsratsmitglieds liegenden Gründen** nicht gewähren konnte, etwa bei Krankheit, kann er vom Betriebsratsmitglied ebenfalls noch geltend gemacht werden. Auch hier bleibt es beim Rangverhältnis zwischen Freizeitanspruch und dessen Abgeltung. Ein unmittelbarer Entgeltanspruch kommt erst in Betracht, wenn der Freizeitausgleich aus betriebsbedingten Gründen verweigert wurde. **115**

Der Anspruch auf Arbeitsbefreiung bleibt ferner bestehen und muss als solcher vorrangig geltend gemacht werden, wenn der Arbeitgeber dem innerhalb der Monatsfrist geltend gemachten Begehren des Arbeitnehmers nach Arbeitsbefreiung **aus anderen als betriebsbedingten Gründen nicht nachgekommen** ist. Das ist der Fall, wenn der **Arbeitgeber** überhaupt nicht reagiert hat, also **untätig** geblieben ist (*BAG* 25.08.1999 EzA § 37 BetrVG 1972 Nr. 140 S. 4 = AP Nr. 130 zu § 37 BetrVG 1972; *Koch/ErfK* § 37 BetrVG Rn. 8; vgl. auch *Fitting* § 37 Rn. 104), oder wenn der Arbeitgeber die Arbeitsbefreiung **verweigert**, weil er die Voraussetzungen des Anspruchs aus § 37 Abs. 3 **schon** **116**

§ 37   II. 3. Geschäftsführung des Betriebsrats

dem Grunde nach nicht für gegeben hält (BAG 08.03.2000 – 7 AZR 136/99 – juris, Rn. 12 f.). Auch hier bleibt der Entgeltanspruch subsidiär und setzt voraus, dass der Arbeitgeber zunächst den Anspruch auf Arbeitsbefreiung aus betriebsbedingten Gründen verwehrt hat. Ergibt sich, dass der Arbeitgeber den Anspruch auf Arbeitsbefreiung zu Unrecht verweigert hatte, so ist er verpflichtet, dem Begehren des Arbeitnehmers unter Berücksichtigung beider Interessen möglichst rasch nachzukommen. Eine feste Zeitgrenze und namentlich die Orientierung an der Monatsfrist sind hier schon deshalb nicht angebracht, weil bis zur gerichtlichen Entscheidung über den Anspruch auf Arbeitsbefreiung der zeitliche Zusammenhang mit der ursprünglichen Mehrbelastung des Arbeitnehmers ohnehin verloren sein wird.

117 Der **Umfang** der Arbeitsbefreiung ist **entsprechend** der aus betrieblichen Gründen außerhalb der Arbeitszeit **tatsächlich** geleisteten **Betriebsratstätigkeit** zu bemessen (BAG 25.08.1999 EzA § 37 BetrVG 1972 Nr. 140 S. 4 = AP Nr. 130 zu § 37 BetrVG 1972; Fitting § 37 Rn. 98; Glock/HWGNRH § 37 Rn. 86; Richardi/Thüsing § 37 Rn. 55). Maßgebend ist der vom Betriebsratsmitglied nachgewiesene Zeitaufwand. Für die gleiche Zeit ist ihm während seiner Arbeitszeit Arbeitsbefreiung zu gewähren (vgl. auch BAG 22.05.1986 AP Nr. 6 zu § 46 BPersVG Bl. 2). Das gilt auch für **teilzeitbeschäftigte Betriebsratsmitglieder** (BAG 25.08.1999 EzA § 37 BetrVG 1972 Nr. 140 S. 3 = AP Nr. 130 zu § 37 BetrVG 1972; LAG Frankfurt a. M. 03.03.1988 DB 1988, 1706 [1707]; Bengelsdorf NZA 1989, 905 [912 f.]). Nach der eindeutigen gesetzgeberischen Entscheidung ist die Betriebsratstätigkeit außerhalb der Arbeitszeit daher **nicht wie Mehrarbeit** zu behandeln, so dass keine über den tatsächlichen Zeitaufwand hinausgehende zusätzliche Arbeitsbefreiung zu gewähren ist (BAG 19.07.1977 EzA § 37 BetrVG 1972 Nr. 55 S. 229 ff. = AP Nr. 29 zu § 37 BetrVG 1972 Bl. 1 R ff. [Schlüter] = SAE 1978, 157 [Ehmann]; LAG Düsseldorf 12.02.1974 DB 1974, 1630 f. [2488]; Eich BB 1974, 1443 [1445]; Fitting § 37 Rn. 98; Glock/HWGNRH § 37 Rn. 93; Koch/ErfK § 37 BetrVG Rn. 8; Richardi/Thüsing § 37 Rn. 55; **a. M.** Wedde/DKKW § 37 Rn. 81). Dementsprechend hat ein Betriebsratsmitglied, dessen Arbeitszeit im Rahmen von zwölfstündigen Schichten zu erbringen ist, für außerhalb seiner Arbeitszeit durchgeführte Betriebsratstätigkeit auch nur einen Anspruch auf Zeitgutschrift der tatsächlich aufgewendeten Zeit. Dauert eine Betriebsratssitzung etwa acht Stunden, dann kann er auch nur insoweit eine Zeitgutschrift verlangen (LAG Baden-Württemberg 25.10.2016 – 19 Sa 26/16 – juris, n.rkr.). Andererseits sieht das Gesetz auch **keine zeitliche Begrenzung** des Ausgleichsanspruchs **auf den Umfang der** für einen Arbeitstag **geschuldeten persönlichen Arbeitszeit** vor (BAG 25.08.1999 EzA § 37 BetrVG 1972 Nr. 140 S. 3 = AP Nr. 130 zu § 37 BetrVG 1972; zust. Fitting § 37 Rn. 99; Koch/ErfK § 37 BetrVG Rn. 8; **a. M.** LAG Baden-Württemberg 14.10.1997 LAGE § 37 BetrVG 1972 Nr. 51 [Vorinstanz]).

118 Die Arbeitsbefreiung ist unter **Fortzahlung** des **Arbeitsentgelts** zu gewähren. Es wird also nicht die außerhalb der Arbeitszeit geleistete Betriebsratstätigkeit vergütet, so dass ein Mehrarbeitszuschlag in Betracht käme (BAG 19.07.1977 EzA § 37 BetrVG 1972 Nr. 55 S. 229 f. = AP Nr. 29 zu § 37 BetrVG 1972 Bl. 2; LAG Baden-Württemberg 26.08.1988 NZA 1989, 567; **a. M.** Wedde/DKKW § 37 Rn. 81). Das Betriebsratsmitglied hat vielmehr Anspruch auf das Arbeitsentgelt, das es ohne die Arbeitsbefreiung verdient hätte (BAG 12.08.2009 EzA § 37 BetrVG 2001 Nr. 8 Rn. 13; LAG Hamburg 15.07.2015 – 6 Sa 15/15 – juris Rn. 36; Fitting § 37 Rn. 102; Glock/HWGNRH § 37 Rn. 93; Richardi/Thüsing § 37 Rn. 56). Die Rechtslage ist daher die gleiche, wie wenn das Betriebsratsmitglied nach § 37 Abs. 2 während der Arbeitszeit wegen der Durchführung von Aufgaben des Betriebsrats von der Arbeit befreit gewesen wäre. Auch hier gilt das **Lohnausfallprinzip**. Hinsichtlich der Zusammensetzung und Höhe des weiterzuzahlenden Arbeitsentgelts gelten daher die zu § 37 Abs. 2 dargelegten Grundsätze (vgl. Rdn. 64 ff.). Wenn ein Betriebsratsmitglied während des Freizeitausgleichs erkrankt, besteht nicht – zusätzlich zur Fortzahlung der Vergütung – noch ein Entgeltfortzahlungsanspruch nach § 3 EFZG, da die krankheitsbedingte Arbeitsunfähigkeit nicht der alleinige Grund für den Ausfall der Arbeitsleistung ist (BAG 15.02.2012 EzA § 37 BetrVG 2011 Nr. 15 Rn. 37 = AP Nr. 154 zu § 37 BetrVG 1972; Fitting § 37 Rn. 102).

119 Der Anspruch auf Arbeitsbefreiung **verjährt** gemäß § 195 BGB mit dem Ablauf von drei Jahren, gerechnet vom Schluss des Jahres an, in dem er entstanden ist. Auch sind tarifliche **Ausschlussfristen** auf den Anspruch auf Arbeitsbefreiung anwendbar (BAG 16.04.2003 EzA § 37 BetrVG 2001 Nr. 1 S. 9 =

AP Nr. 138 zu § 37 BetrVG 1972; 18.01.2017 – 7 AZR 224/15 – juris Rn. 42 ff.; *Fitting* § 37 Rn. 105; *Glock/HWGNRH* § 37 Rn. 92; *Wedde/DKKW* § 37 Rn. 84).

4. Abgeltung

Konnte die Arbeitsbefreiung aus betriebsbedingten Gründen nicht vor Ablauf eines Monats gewährt werden, so ist die für Betriebsratstätigkeit aufgewendete Zeit gemäß § 37 Abs. 3 Satz 3 Halbs. 2 hilfsweise wie **Mehrarbeit**, d. h. vom Betriebsratsmitglied über die von ihm vertraglich geschuldete Arbeitszeit hinaus erbrachte Leistung, **zu vergüten**. Das ist gerechtfertigt, da die nicht durch Arbeitsbefreiung ausgleichbare Betriebsratstätigkeit sich als zusätzliche Leistung des Betriebsratsmitglieds auswirkt (*BAG* 11.01.1995 EzA § 37 BetrVG 1972 Nr. 123 S. 5 = AP Nr. 103 zu § 37 BetrVG 1972 Bl. 2 R; *Fitting* § 37 Rn. 110). Da die Rangordnung der Ansprüche zwingend ist (vgl. Rdn. 105), entsteht der Vergütungsanspruch nur, wenn betriebsbedingte Gründe die Arbeitsbefreiung verhindert haben. Andernfalls bleibt der Anspruch auf Arbeitsbefreiung bestehen (vgl. Rdn. 113 ff.). Da das Gesetz von einem klaren Vorrang des Freizeitausgleichs ausgeht und eine konkrete Prüfung betriebsbedingter Hinderungsgründe für das Entstehen des Abgeltungsanspruchs verlangt, sind **Pauschalzahlungen** zur Abgeltung betriebsbedingter Mehrarbeit **nicht zulässig** (*ArbG Stuttgart* 13.12.2012 AuR 2013, 136 [*Mittag*]; *P. Esser* Die Begünstigung von Mitgliedern des Betriebsrats, S. 84 ff.; *Dzida/Mehrens* NZA 2013, 753 [755 f.]; *Jacobs/Frieling* ZfA 2015, 241 [255 f.]; *Moll/Roebers* NZA 2012, 57 [60 f.]; vgl. auch *Behrendt/Lilienthal* KSzW 2014, 277 [278]; *Klenter* jurisPR-ArbR 8/2013 Anm. 1; **a. M.** *Wedde/DKKW* § 37 Rn. 3; differenzierend *Däubler* SR 2017, 85 [96 ff.]). 120

Der Arbeitnehmer hat aufgrund des Rangverhältnisses zwischen Freizeitausgleich und Abgeltung **kein Wahlrecht** zwischen diesen Ansprüchen. Ebenso wenig kann der Arbeitgeber seine Verpflichtung zur Arbeitsbefreiung durch Zahlung erfüllen (*BAG* 11.01.1995 EzA § 37 BetrVG 1972 Nr. 123 S. 4 = AP Nr. 103 zu § 37 BetrVG 1972 Bl. 2; vgl. auch *Fitting* § 37 Rn. 93; *Glock/HWGNRH* § 37 Rn. 85; *Richardi/Thüsing* § 37 Rn. 61). Das müsste zwar an sich auch gelten, wenn der Arbeitgeber objektiv das Vorliegen betriebsbedingter Gründe verkannt hat, da der im Hinblick auf den Gesundheitsschutz des Arbeitnehmers gegebene Anspruch auf Arbeitsbefreiung vorrangig ist (vgl. *Wiese/Weber* 7. Aufl., § 37 Rn. 102). Hatte allerdings das Betriebsratsmitglied zunächst Freizeitausgleich verlangt, der Arbeitgeber die Erfüllung dieses Anspruchs unter Berufung auf das Vorliegen betriebsbedingter Gründe verweigert, und hatte das Betriebsratsmitglied dies akzeptiert, so setzt sich der Arbeitgeber mit seinem früheren Verhalten in einen unvereinbaren Widerspruch, wenn er nunmehr darauf verweist, es hätte auf Freizeitausgleich geklagt werden müssen, da keine betriebsbedingten Gründe entgegengestanden hätten. In diesem Fall ist nur ein Abgeltungsanspruch sachgerecht (*Fitting* § 37 Rn. 108; *Löwisch/LK* § 37 Rn. 64; vgl. auch *BAG* 18.09.1973 EzA § 37 BetrVG 1972 Nr. 12 S. 34 = AP Nr. 3 zu § 37 BetrVG 1972 Bl. 1 R, wo der Arbeitgeber dies erstmals nach eineinhalb Jahren in der Revisionsinstanz geltend machte; ferner *Richardi/Thüsing* § 37 Rn. 62). 121

Obwohl der Begriff »**betriebsbedingte Gründe**« in § 37 Abs. 3 Satz 1 (und 2) einerseits sowie in Satz 3 gleichlautend verwendet wird und es daher nahe liegt, ihn jeweils im gleichen Sinne zu verwenden (so *Glock/HWGNRH* § 37 Rn. 95; *Joost*/MünchArbR § 220 Rn. 38; *Richardi/Thüsing* § 37 Rn. 61; wohl auch, aber vorsichtig in der Formulierung *BAG* 03.12.1987 EzA § 37 BetrVG 1972 Nr. 89 S. 6 = AP Nr. 62 zu § 37 BetrVG 1972 Bl. 4 [*Weiss*]), hat er doch eine jeweils **unterschiedliche Funktion**. Während es in **§ 37 Abs. 3 Satz 1** darum geht, dem Betriebsratsmitglied überhaupt einen Ausgleichsanspruch einzuräumen und dies auch gerechtfertigt ist, wenn Betriebsratstätigkeit auf **Wunsch des Arbeitgebers** außerhalb der Arbeitszeit wahrgenommen wird (vgl. Rdn. 81, 92), geht es nach **§ 37 Abs. 3 Satz 3** um die Rangordnung der Ausgleichsansprüche. Insoweit hat der Anspruch auf Arbeitsbefreiung nach der Intention des Gesetzgebers Vorrang (vgl. Rdn. 105). Deshalb kommt es hier auf den Willen des Arbeitgebers nicht an (**a. M.** wohl *ArbG Lörrach* 19.12.1995 AiB 1996, 379 f.). Betriebsbedingte Gründe sind vielmehr in einem engeren Sinne dahingehend zu verstehen, dass die Arbeitsbefreiung aus **objektiven, in den betrieblichen Verhältnissen liegenden Gründen** (vgl. Rdn. 91) nicht zumutbar erscheint (ähnlich *BAG* 11.01.1995 EzA § 37 BetrVG 1972 Nr. 123 S. 6 = AP Nr. 103 zu § 37 BetrVG 1972 Bl. 2 R; *ArbG Freiburg* 28.11.1995 AiB 1996, 377 [378]; *Fitting* § 37 Rn. 106; *Wedde/DKKW* § 37 Rn. 85). Das ist auch anzunehmen, wenn bei Teilzeitarbeit das Betriebsratsmitglied von vornherein einen Freizeitausgleich nicht innerhalb seiner persönlichen Arbeits- 122 zeit verwirklichen kann, weil die Amtstätigkeit diese Arbeitszeit voll ausfüllt (*LAG Düsseldorf* 19.05.1993 LAGE § 37 BetrVG 1972 Nr. 41 S. 12 ff.; *ArbG Freiburg* 28.11.1995 AiB 1996, 377 [378]; *Däubler* SR 2017, 85 [96]). Das kann auch bei gänzlich freigestellten Betriebsratsmitgliedern der Fall sein, sofern nicht das Überschreiten ihrer Arbeitszeit betriebsratsbedingt ist (vgl. auch *LAG Köln* 06.03.1998 NZA-RR 1999, 247; *ArbG Freiburg* 28.11.1995 AiB 1996, 377 [378]; *Däubler* SR 2017, 85 [96]).

123 Zur Frage, ob bei der **Teilnahme** an **Betriebs-** und **Abteilungsversammlungen** außerhalb der Arbeitszeit der Anspruch nach § 37 Abs. 3 Satz 3 gegeben ist, vgl. § 44 Rdn. 47.

124 Kann der Arbeitgeber den vom Betriebsratsmitglied verlangten **Freizeitausgleich aus betriebsbedingten Gründen** (zu anderen Fällen vgl. Rdn. 113 ff.) während der Monatsfrist **nicht** gewähren, so verwandelt sich der Anspruch des Betriebsratsmitglieds auf Arbeitsbefreiung mit Ablauf eines Monats unmittelbar **kraft Gesetzes** endgültig in einen **Zahlungsanspruch** (a. M. *Reichold/HWK* § 37 BetrVG Rn. 21); eine Abgeltung dieses Anspruchs durch nachträgliche Gewährung von Freizeit und Zuschlägen ist nicht vorgesehen. Da kraft Gesetzes der primäre Anspruch auf Arbeitsbefreiung durch den sekundären Anspruch auf Abgeltung ersetzt wird, jeweils also nur eine Leistung erbracht werden darf, hat der Arbeitgeber zu keiner Zeit eine Ersetzungsbefugnis (facultas alternativa; **a. M.** *Richardi/Thüsing* § 37 Rn. 61).

125 Die aus betriebsbedingten Gründen nicht durch Arbeitsbefreiung ausgeglichene Betriebsratstätigkeit ist »**wie Mehrarbeit**« **zu vergüten** (*BAG* 11.01.1995 EzA § 37 BetrVG 1972 Nr. 123 S. 5 = AP Nr. 103 zu § 37 BetrVG 1972 Bl. 2 R). Die entsprechende Abgeltung ist deshalb auch nicht im Rahmen des § 4 EFZG und des § 11 BUrlG zu berücksichtigen (*LAG Thüringen* 16.12.2010 LAGE § 4 EntgeltfortzG Tarifvertrag Nr. 45, Rn. 10; anders noch zur früheren Fassung von EZFG und BUrlG *BAG* 11.01.1995 EzA § 37 BetrVG 1972 Nr. 123 = AP Nr. 103 zu § 37 BetrVG 1972). Die **Höhe** der nach § 37 Abs. 3 Satz 3 zu zahlenden **Vergütung** und namentlich die Frage, ob ein Mehrarbeitszuschlag zu zahlen ist, richtet sich in Ermangelung einer allgemeinen gesetzlichen Grundlage nach den für das Arbeitsverhältnis des Betriebsratsmitglieds geltenden tariflichen oder betrieblichen Regelungen bzw. dem Arbeitsvertrag (*Fitting* § 37 Rn. 112; *Glock/HWGNRH* § 37 Rn. 97; *Richardi/Thüsing* § 37 Rn. 64; vgl. auch *LAG Hamm* 09.06.1982 DB 1983, 614).

126 Bei **teilzeitbeschäftigten Betriebsratsmitgliedern** stellt sich für derartige Mehrarbeitszuschläge die Frage, ob diese im Rahmen des § 37 Abs. 3 Satz 3 stets zu zahlen sind oder nur dann, wenn sich ein entsprechender Anspruch auch bei einer Tätigkeit auf der Basis der normalen beruflichen Beschäftigung ergeben würde. Letzteres ist nicht ohne Weiteres der Fall, da tarifliche Regelungen den Zuschlag vielfach an die Überschreitung der regelmäßigen betrieblichen oder tariflichen Arbeitszeit knüpfen (zur Wirksamkeit derartiger Regelungen *EuGH* 15.12.1994 EzA Art. 119 EWG-Vertrag Nr. 24 = AP Nr. 7 zu § 611 BGB Teilzeit; *BAG* 25.07.1996 EzA § 611 BGB Mehrarbeit Nr. 6 = AP Nr. 6 zu § 35 BAT; ferner *Preis*/ErfK § 4 TzBfG Rn. 30 ff., 44 m. w. N.). Für ein teilzeitbeschäftigtes Betriebsratsmitglied, das außerhalb seiner individuellen, aber noch im Rahmen der betriebs- oder tariflichen Arbeitszeit Betriebsratstätigkeit ausübt, wäre deshalb der Anspruch auf den Zuschlag nur dann gegeben, wenn nach § 37 Abs. 3 S. 3 die Betriebsratstätigkeit zu vergüten ist, »als ob« Mehrarbeit vorgelegen hätte und es nicht auf die tatbestandlichen Voraussetzungen des Zuschlags ankommt. Berücksichtigt man, dass nach § 78 Satz 2 eine Begünstigung von Betriebsratsmitgliedern wegen ihrer Tätigkeit verboten ist, hat das Betriebsratsmitglied **nur Anspruch auf einen Zuschlag, sofern dessen Voraussetzungen tatsächlich vorliegen** (*BAG* 07.02.1985 EzA § 37 BetrVG 1972 Nr. 81 S. 394 = AP Nr. 48 zu § 37 BetrVG 1972 Bl. 1 f.; *LAG Düsseldorf* 19.05.1993 LAGE § 37 BetrVG 1972 Nr. 41 S. 14; *Bengelsdorf* NZA 1989, 905 [913 ff.]; *Däubler* SR 2017, 85 [95]; *Fitting* § 37 Rn. 111; *Glock/HWGNRH* § 37 Rn. 96; *Joost*/MünchArbR § 220 Rn. 39; *Koch*/ErfK § 37 BetrVG Rn. 8; *Lipke* NZA 1990, 758 [761]; *Richardi/Thüsing* § 37 Rn. 65; **a. M.** *Wedde/DKKW* § 37 Rn. 73, 85).

127 Der Anspruch auf Abgeltung **verjährt** unter den gleichen Voraussetzungen wie der Anspruch auf Arbeitsbefreiung (vgl. Rdn. 119).

VI. Wirtschaftliche und berufliche Sicherung der Betriebsratsmitglieder

1. Zweck

§ 37 Abs. 4 und 5 sollen sicherstellen, dass die Mitglieder des Betriebsrats weder in wirtschaftlicher noch in beruflicher Hinsicht gegenüber vergleichbaren Arbeitnehmern mit betriebsüblicher beruflicher Entwicklung Nachteile erleiden (Bericht 10. Ausschuss, zu BT-Drucks. VI/2729, S. 15, 23). Die Vorschriften **konkretisieren** damit in Ergänzung des § 37 Abs. 2 und 3 (vgl. Rdn. 10, 12, 24, 64, 82) das **Benachteiligungsverbot des § 78 Satz 2** (*BAG* 17.05.1977 EzA § 37 BetrVG 1972 Nr. 54 S. 224 = AP Nr. 28 zu § 37 BetrVG 1972 Bl. 1 R; 15.01.1992 EzA § 37 BetrVG 1972 Nr. 110 S. 5, 6 = AP Nr. 84 zu § 37 BetrVG 1972; *Fitting* § 37 Rn. 114; 18.01.2017 – 7 AZR 205/15 – juris Rn. 15 f.; *Glock/HWGNRH* § 37 Rn. 99, 103; *Richardi/Thüsing* § 37 Rn. 68; *Wedde/DKKW* § 37 Rn. 86) und sichern die äußere Unabhängigkeit der Betriebsratsmitglieder (*Richardi/Thüsing* § 37 Rn. 68). Das gilt entsprechend der Regelung des Kündigungsschutzes (vgl. § 15 Abs. 1 KSchG) sowohl für die Amtszeit selbst als auch für den Zeitraum eines Jahres nach deren Beendigung. Für freigestellte Betriebsratsmitglieder wird nach § 38 Abs. 3 diese Frist unter bestimmten Voraussetzungen auf zwei Jahre verlängert (vgl. Rdn. 146, 151; § 38 Rdn. 103 ff.). Die Vorschrift des § 37 Abs. 4 enthält keine abschließende Sonderregelung, so dass § 78 Satz 2 daneben anwendbar bleibt (*BAG* 15.01.1992 EzA § 37 BetrVG 1972 Nr. 110 S. 8 = AP Nr. 84 zu § 37 BetrVG 1972; 17.08.2005 EzA § 37 BetrVG 2001 Nr. 5 S. 5 = AP Nr. 142 zu § 37 BetrVG 1972; *Fitting* § 37 Rn. 114; differenzierend. *Happe* Die persönliche Rechtsstellung von Betriebsräten [Diss. Bielefeld], S. 22 ff.).

128

2. Arbeitsentgeltschutz, § 37 Abs. 4

Während nach § 37 Abs. 2 die Minderung des Arbeitsentgelts eines Betriebsratsmitglieds trotz Arbeitsbefreiung wegen erforderlicher Betriebsratstätigkeit unzulässig ist, verbietet § 37 Abs. 4, sein Arbeitsentgelt geringer als das vergleichbarer Arbeitnehmer mit betriebsüblicher beruflicher Entwicklung zu bemessen. Das **Betriebsratsmitglied** soll daher **so gestellt** werden, **als ob** es **im Betrieb weitergearbeitet** und keine Amtstätigkeit wahrgenommen hätte (*BAG* 11.05.1988 EzA § 4 TVG Tariflohnerhöhung Nr. 16 S. 5; *LAG Rheinland-Pfalz* 28.10.2013 – 5 Sa 218/13 – juris Rn. 35; *Glock/HWGNRH* § 37 Rn. 102; *Richardi/Thüsing* § 37 Rn. 69). Die Vorschrift ist vor allem für die nach § 38 **freigestellten** Betriebsratsmitglieder von Bedeutung, aber **auch für die anderen Betriebsratsmitglieder**, weil die Inanspruchnahme durch das Amt sie in aller Regel daran hindert, sich ihrer beruflichen Tätigkeit mit der gleichen Intensität wie die übrigen Arbeitnehmer zu widmen (*BAG* 13.11.1987 EzA § 37 BetrVG 1972 Nr. 88 = AP Nr. 61 zu § 37 BetrVG 1972 = SAE 1988, 317 [*Streckel*]; 14.07.2010 EzA § 78 BetrVG 2001 Nr. 1 Rn. 19; *Fitting* § 37 Rn. 117; *Glock/HWGNRH* § 37 Rn. 102). Daraus soll ihnen kein Nachteil erwachsen (vgl. dazu auch *Sturm* Betriebsratsmitglieder, S. 88 f.).

129

Für den Anspruch des Betriebsratsmitglieds **maßgebend** ist das **Arbeitsentgelt vergleichbarer Arbeitnehmer mit betriebsüblicher beruflicher Entwicklung**. Durch diesen Vergleichsmaßstab hat der Gesetzgeber versucht, die erforderliche **hypothetische Betrachtung** (*LAG Rheinland-Pfalz* 03.06.1980 EzA § 37 BetrVG 1972 Nr. 69 S. 322; 04.02.1998 NZA-RR 1998, 503 [504]) zu **objektivieren**. Damit sollen die Schwierigkeiten verringert werden, die sich daraus ergeben, dass sich die berufliche Entwicklung eines Betriebsratsmitglieds ohne seine Amtstätigkeit im Allgemeinen schwer abschätzen lässt (vgl. auch *Fitting* § 37 Rn. 116; *Hennecke* RdA 1986, 241 f.; *P. Esser* Die Begünstigung von Mitgliedern des Betriebsrats, S. 39 ff.). Es muss **nicht** ermittelt werden, welche **individuelle berufliche Entwicklung** das betreffende Betriebsratsmitglied ohne das Amt mutmaßlich genommen hätte. Deshalb ist eine möglicherweise ungünstigere noch eine günstigere berufliche Entwicklung des Betriebsratsmitglieds gegenüber vergleichbaren Arbeitnehmern in Betracht zu ziehen. § 37 Abs. 4 verbietet ausdrücklich nur die finanzielle Schlechterstellung gegenüber vergleichbaren Arbeitnehmer. Da aber jedes einzelne Betriebsratsmitglied nach Beruf und Qualifizierung mit unterschiedlichen Arbeitnehmern vergleichbar ist und dementsprechend auch die hypothetische berufliche Entwicklung verschiedener Betriebsratsmitglieder unterschiedlich ausfällt, wäre eine **pauschale Anpassung des Entgelts** von Betriebsratsmitgliedern als Verstoß gegen das Begünstigungsverbot **unzu-**

130

§ 37   II. 3. Geschäftsführung des Betriebsrats

lässig (*Aszmons* DB 2014, 895 [896]; *Jacobs/Frieling* ZfA 2015, 241 [256]; *Rieble* NZA 2008, 276 [277]).

131 **Vergleichbar** sind **Arbeitnehmer desselben Betriebs** (für eine Erweiterung auf das Unternehmen *Däubler* SR 2017, 85 [100]), die im **Zeitpunkt** der **Übernahme** des **Amtes** (vgl. Rdn. 139) eine **im Wesentlichen objektiv vergleichbare Tätigkeit** wie das Betriebsratsmitglied ausgeübt haben und auch hinsichtlich der **Persönlichkeit, Qualifikation** und **Leistung vergleichbar** sind (vgl. auch *BAG* 21.04.1983 EzA § 37 BetrVG 1972 Nr. 79 S. 386 = AP Nr. 43 zu § 37 BetrVG 1972 Bl. 1 R f.; 13.11.1987 EzA § 37 BetrVG 1972 Nr. 88 S. 3 f. = AP Nr. 61 zu § 37 BetrVG 1972 Bl. 3 f.; 11.05.1988 EzA § 4 TVG Tariflohnerhöhung Nr. 16 S. 6; 15.01.1992 EzA § 37 BetrVG 1972 Nr. 110 S. 4, 6 = AP Nr. 84 zu § 37 BetrVG 1972; 19.01.2005 – 7 AZR 208/04 – juris, Rn. 20; 14.07.2010 EzA § 78 BetrVG 2001 Nr. 1 Rn. 30; 18.01.2017 – 7 AZR 205/15 – juris Rn. 16; *Glock/HWGNRH* § 37 Rn. 105 ff.; *Schneider* NZA 1984, 21 [22]; *Richardi/Thüsing* § 37 Rn. 71; *Wedde/DKKW* § 37 Rn. 88 ff.). Diese Eigenschaften sind daher zwar nicht von Bedeutung, um die individuelle berufliche Entwicklung dieses Betriebsratsmitglieds hypothetisch zu ermitteln (vgl. Rdn. 130). Sie gehen aber in den Vergleichsmaßstab ein, weil nicht auf den durchschnittlichen, sondern auf einen dem Betriebsratsmitglied vergleichbaren Arbeitnehmer abzustellen ist. Nicht zu berücksichtigen ist die Dauer der Betriebszugehörigkeit (*BAG* 11.05.1988 EzA § 4 TVG Tariflohnerhöhung Nr. 16 S. 6).

132 Möglich, aber nicht erforderlich ist der Vergleich mit einer **Gruppe** von Arbeitnehmern; denkbar ist auch der Vergleich mit einem **einzigen Arbeitnehmer** (*BAG* 21.03.1983 EzA § 37 BetrVG 1972 Nr. 79 S. 386 = AP Nr. 43 zu § 37 BetrVG 1972 Bl. 1 Rf.; *LAG Rheinland-Pfalz* 03.06.1980 EzA § 37 BetrVG 1972 Nr. 69 S. 325; *Glock/HWGNRH* § 37 Rn. 105; vgl. dazu auch *Bayreuther* NZA 2014, 235 [236 f.]). Ist eine »im Wesentlichen objektiv vergleichbare Tätigkeit« eines anderen Arbeitnehmers **nicht zu ermitteln**, stellt man überwiegend auf den »am ehesten vergleichbaren Arbeitnehmer« ab (*P. Esser* Die Begünstigung von Mitgliedern des Betriebsrats, S. 38; *Fitting* § 37 Rn. 118; *Koch/ErfK* § 37 Rn. 9; *Reichold/HWK* § 37 BetrVG Rn. 25; *Sturm* Betriebsratsmitglieder, S. 94; *Wedde/DKKW* § 37 Rn. 88; letztlich ähnlich *Jacobs/Frieling* ZfA 2015, 241 [249 f.], die auf die durchschnittliche berufliche Entwicklung aller Arbeitnehmer mit vergleichbarer Tätigkeit unabhängig von ihrer persönlichen Qualifikation abstellen wollen). Das erscheint letztlich ein gangbarer Weg. Nach dem Zweck der gesetzlichen Regelung, die Mitglieder des Betriebsrats nicht gegenüber vergleichbaren Arbeitnehmern mit betriebsüblicher beruflicher Entwicklung zu benachteiligen, könnte man zwar auch abstrakt-hypothetisch darauf abzustellen, wie die berufliche Entwicklung von Arbeitnehmern bei gleicher Qualifikation ohne Betriebsratstätigkeit verlaufen wäre (Vorauf.; ähnlich *Glock/HWGNRH* § 37 Rn. 106; *Happe* Die persönliche Rechtsstellung von Betriebsräten [Diss. Bielefeld], S. 48; vgl. auch *Däubler* SR 2017, 85 [100], der auf eine vergleichbare Problematik bei § 3 Abs. 1 Satz 1 AGG hinweist). Dies dürfte aber angesichts der hierbei zu berücksichtigenden vielfachen Variablen die ohnehin schwierige Subsumtion unter § 37 Abs. 4 noch unsicherer machen.

133 Bei **besonderer Qualifikation** des **Betriebsratsmitglieds**, die auch auf größeren Erfahrungen beruhen kann, ist die (betriebsübliche, dazu Rdn. 136) berufliche Entwicklung eines gleich qualifizierten Arbeitnehmers maßgebend (vgl. auch *Fitting* § 37 Rn. 120). Dabei muss im Zeitpunkt der Übernahme des Amtes die **Tätigkeit** gleich sein; denn trotz gleicher Qualifikation ist eine andere Tätigkeit mit entsprechend höherem Arbeitsentgelt in diesem Zeitpunkt nicht vergleichbar (vgl. auch *Glock/HWGNRH* § 37 Rn. 108; *Richardi/Thüsing* § 37 Rn. 72; **a. M.** wohl *Galperin/Löwisch* § 37 Rn. 57). **Nicht** berücksichtigt werden können nach der Konzeption des Gesetzes auch **besondere Leistungen des Betriebsratsmitglieds bei seiner Amtsführung** oder die Übernahme spezieller Aufgaben innerhalb des Betriebsrats wie der Betriebsratsvorsitz oder die Mitgliedschaft in Ausschüssen oder generell besondere Anforderungen aufgrund von Art und Umfang der Betriebsratsarbeit (*Fischer* NZA 2014, 71 [72]; *Jacobs/Frieling* ZfA 2015, 241 [247]; *Rieble* NZA 2008, 276 [277]; *Rüthers* RdA 1976, 61 [63]; *Schweibert/Buse*, NZA 2007, 1080 [1081 f.]; *Keilich* BB 2014, 2229 [2232]; **vgl. aber auch** *Bayreuther* NZA 2014, 235 [236]: *Happe* Die persönliche Rechtsstellung von Betriebsräten [Diss. Bielefeld], S. 42 f.: indizielle Wirkung für die Leistungsbereitschaft; ähnlich bei Fähigkeiten im Zusammenhang mit der bisherigen Tätigkeit *Byers* NZA 2014, 65 [66]; *Fitting* § 37 Rn. 120; *Kehrmann* FS *Wlotzke*, S. 357 [364]; *Richardi/Thüsing* § 37 Rn. 75).

134 Konnte ein Betriebsratsmitglied aus einem in seiner Person liegenden Grund – z. B. wegen **krankheitsbedingter** Behinderung, die nicht auf dem Amt beruht – **nicht am beruflichen Aufstieg teilnehmen**, so ist das zu berücksichtigen. Andernfalls läge eine Begünstigung wegen des Amtes vor, die nach § 37 Abs. 1 unzulässig ist, wenn auch ein vergleichbarer Arbeitnehmer in diesem Falle in seiner beruflichen Entwicklung behindert worden wäre (**a. M.** *Däubler* SR 2017, 85 [102]; *P. Esser* Die Begünstigung von Mitgliedern des Betriebsrats, S. 42; *Fitting* § 37 Rn. 122; *Glock/HWGNRH* § 37 Rn. 113; *Happe* Die persönliche Rechtsstellung von Betriebsräten [Diss. Bielefeld], S. 52 ff.; *Kreft/WPK* § 37 Rn. 38; *Wedde/DKKW* § 37 Rn. 90). Das **Betriebsratsmitglied** soll nur **so gestellt** werden, **als ob** es **im Betrieb weitergearbeitet** und keine Amtstätigkeit wahrgenommen hätte (vgl. Rdn. 129), es soll aber **nicht besser gestellt** werden. Dass grundsätzlich bei der Ermittlung der hypothetischen Entwicklung des Betriebsratsmitglieds lediglich auf die betriebsübliche Entwicklung vergleichbarer Arbeitnehmer geschaut wird und persönliche Umstände in der Entwicklung des Betriebsratsmitglieds selbst unberücksichtigt bleiben, liegt darin begründet, dass auf diese Weise eine Objektivierung erreicht und Unsicherheiten hinsichtlich der beruflichen Entwicklung eines Betriebsratsmitglieds ohne seine Amtstätigkeit unvermeidlich sind (vgl. Rdn. 130). Diese Vorgehensweise muss aber mit Blick auf das Begünstigungsverbot dort eine Grenze finden, wo **feststeht**, dass weder das Betriebsratsmitglied selbst noch ein Arbeitnehmer in vergleichbarer Situation eine bestimmte Entwicklung genommen hätte. Zu den Fällen erfolgloser Teilnahme an Weiterbildungsmaßnahmen vgl. aber Rdn. 138

135 Ist der **Arbeitsplatz** eines **freigestellten Betriebsratsmitglieds fortgefallen** und nicht durch einen gleichartigen oder gleichwertigen Arbeitsplatz ersetzt worden, bemisst sich das (Ausgangs-)Arbeitsentgelt nach der Tätigkeit, die ihm nach dem Arbeitsvertrag übertragen werden müsste, wenn es nicht freigestellt wäre (*BAG* 17.05.1977 EzA § 37 BetrVG 1972 Nr. 54 S. 225 = AP Nr. 28 zu § 37 BetrVG 1972 Bl. 1 Rf.). Die berufliche Entwicklung der mit dieser Tätigkeit beschäftigten vergleichbaren Arbeitnehmer ist der Maßstab für die Zukunft (vgl. auch *LAG Rheinland-Pfalz* 21.09.2006 – 11 Sa 230/06 – juris; *Däubler* SR 2017, 85 [102]).

136 Maßgebend für die Bemessung des Arbeitsentgelts ist die **betriebsübliche berufliche Entwicklung vergleichbarer Arbeitnehmer**. Gleichgültig ist, ob das Betriebsratsmitglied, wenn es das Amt nicht übernommen und den Betrieb gewechselt hätte, beruflich besser vorangekommen wäre. Betriebsüblich ist die berufliche Entwicklung, die bei objektiv vergleichbarer Tätigkeit ein vergleichbarer Arbeitnehmer (vgl. Rdn. 129 ff.) im Regelfall, d. h. bei **gleichförmigem Verhalten** des **Arbeitgebers** aufgrund der betrieblichen und personellen Entwicklung in beruflicher Hinsicht genommen hat (*BAG* 13.11.1987 EzA § 37 BetrVG 1972 Nr. 88 S. 5 = AP Nr. 61 zu § 37 BetrVG 1972 Bl. 3 R = SAE 1988, 317 [*Streckel*]; 15.01.1992 EzA § 37 BetrVG 1972 Nr. 110 S. 6 = AP Nr. 84 zu § 37 BetrVG 1972; 19.01.2005 – 7 AZR 208/04 – juris Rn. 21; 17.08.2005 EzA § 37 BetrVG 2001 Nr. 5 S. 3 f. = AP Nr. 142 zu § 37 BetrVG 1972; 14.07.2010 EzA § 78 BetrVG 2001 Nr. 1 Rn. 30; 18.01.2017 – 7 AZR 205/15 – juris Rn. 16; *LAG Rheinland-Pfalz* 03.06.1980 EzA § 37 BetrVG 1972 Nr. 69 S. 322; *Hess. LAG* 19.11.2013 – 13 Sa 640/13 – juris Rn. 44; *Bayreuther* NZA 2014, 235; *Bonanni/Blattner* ArbRB 2015, 115 [117 f.]; *Byers* NZA 2014, 65 [66]; *Däubler* SR 2017, 85 [100 f.]; *Fitting* § 37 Rn. 121; *Glock/HWGNRH* § 37 Rn. 109; *Keilich* BB 2014, 2229 [2231]; *Richardi/Thüsing* § 37 Rn. 73).

137 Betriebsüblich sind **Beförderungen** daher nur, wenn entweder das Betriebsratsmitglied nach den betrieblichen Gepflogenheiten befördert worden wäre oder wenigstens die überwiegende Mehrheit der vergleichbaren Arbeitnehmer des Betriebs entsprechend aufgestiegen wäre (*BAG* 15.01.1992 EzA § 37 BetrVG 1972 Nr. 110 S. 6 = AP Nr. 84 zu § 37 BetrVG 1972; 17.08.2005 EzA § 37 BetrVG 2001 Nr. 5 S. 3 f. = AP Nr. 142 zu § 37 BetrVG 1972; 18.01.2017 – 7 AZR 205/15 – juris Rn. 16; *LAG Köln* 13.03.2002 AR-Blattei ES 530.8, Nr. 44; *Hess. LAG* 19.11.2013 – 13 Sa 640/13 – juris Rn. 44; *Richardi/Thüsing* § 37 Rn. 74). Das ist zu berücksichtigen, wenn einzelne vergleichbare Arbeitnehmer aus individuellen Gründen eine zusätzliche Qualifikation erwerben und deshalb eine höher vergütete Tätigkeit zugewiesen erhalten (ähnlich *BAG* 13.11.1987 EzA § 37 BetrVG 1972 Nr. 88 S. 5 = AP Nr. 61 zu § 37 BetrVG 1972 Bl. 3 R = SAE 1988, 317 [*Streckel*]; *Glock/HWGNRH* § 37 Rn. 109; *Richardi/Thüsing* § 37 Rn. 74). Ein Betriebsratsmitglied muss es deshalb hinnehmen, dass ihn einzelne Arbeitnehmer individuell und unabhängig von einem gleichförmigen Verfahren des Arbeitgebers in

§ 37 II. 3. *Geschäftsführung des Betriebsrats*

ihrer beruflichen Entwicklung überholen (*LAG Baden-Württemberg* 30.11.2006 – 3 Sa 38/06 – juris). **Bewerben** sich neben einem nicht freigestellten Betriebsratsmitglied andere **Arbeitnehmer** des Betriebs um denselben **höher dotierten Arbeitsplatz**, hat das nicht berücksichtigte Betriebsratsmitglied nur dann Anspruch auf das höhere Arbeitsentgelt, wenn nach den betriebsüblichen Auswahlkriterien gerade dieses Betriebsratsmitglied hätte befördert werden müssen (*BAG* 13.11.1987 EzA § 37 BetrVG 1972 Nr. 88 S. 8 = AP Nr. 61 zu § 37 BetrVG 1972 Bl. 4 R; 15.01.1992 EzA § 37 BetrVG 1972 Nr. 110 S. 6 = AP Nr. 84 zu § 37 BetrVG 1972; 14.07.2010 EzA § 78 BetrVG 2001 Nr. 1 Rn. 30; *Glock/HWGNRH* § 37 Rn. 109; *Keilich* BB 2014, 2229 [2231 f.]). Bei Besetzung des höher dotierten Arbeitsplatzes durch Neueinstellung kann eine Zustimmungsverweigerung nach § 99 in Betracht kommen (*BAG* 13.11.1987 EzA § 37 BetrVG 1972 Nr. 88 S. 8 = AP Nr. 61 zu § 37 BetrVG 1972 Bl. 4 R; 15.01.1992 EzA § 37 BetrVG 1972 Nr. 110 S. 6 = AP Nr. 84 zu § 37 BetrVG 1972). Vergütungserhöhungen, die auf einer **Höhergruppierung** beruhen, kann das Betriebsratsmitglied für sich nur dann beanspruchen, wenn sie in der Vergleichsgruppe gewährt wurden und das Betriebsratsmitglied von ihnen ebenfalls profitiert hätte. Hatte das Betriebsratsmitglied bei Amtsübernahme bereits die höchste tarifliche Vergütungsgruppe erreicht, dann kann es eine weitere Vergütungserhöhung nur dann beanspruchen, wenn innerhalb der Gruppe der bei Amtsübernahme vergleichbaren Arbeitnehmer eine Entwicklung in den Kreis der außertariflichen Mitarbeiter betriebsüblich ist (*BAG* 18.01.2017 – 7 AZR 205/15 – juris Rn. 25); zur Teilhabe an **Höhergruppierungen** vgl. auch *Natzel* NZA 2000, 77 (78 f.). Zum **Laufbahnaufstieg** eines in einer Nachfolgegesellschaft der Deutschen Bundespost beschäftigten Beamten vgl. *OVG Nordrhein-Westfalen* 25.08.2003 PersR 2004, 38.

138 **Betriebliche** oder **außerbetriebliche Maßnahmen** der **beruflichen Fortbildung**, an denen generell vergleichbare Arbeitnehmer teilgenommen haben und deswegen nunmehr mit höher vergüteter Arbeit beschäftigt werden, sind zu berücksichtigen, wenn dem Betriebsratsmitglied seiner Amtstätigkeit wegen die Teilnahme nicht möglich war (*Fitting* § 37 Rn. 121; *Glock/HWGNRH* § 37 Rn. 110; *Richardi/Thüsing* § 37 Rn. 75; *Wedde/DKKW* § 37 Rn. 92). Entsprechendes gilt, wenn das Betriebsratsmitglied an der Fortbildungsmaßnahme mit Erfolg teilgenommen hat, jedoch seines Amtes wegen die entsprechende Tätigkeit nicht ausübt (vgl. jedoch § 37 Abs. 5). Selbst dann, wenn die Teilnahme erfolglos blieb, ist das Betriebsratsmitglied denjenigen Arbeitnehmern gleichzustellen, die nunmehr einen Anspruch auf eine höhere Vergütung haben, da sich in aller Regel **nicht feststellen** lassen wird, ob der Misserfolg durch die Amtstätigkeit bedingt ist oder nicht (*Däubler* SR 2017, 85 [102]; *Fitting* § 37 Rn. 122; *Happe* Die persönliche Rechtsstellung von Betriebsräten [Diss. Bielefeld], S. 54 ff.; *Hennecke* BB 1986, 936 [938]; *ders.* RdA 1986, 241 [244]; *Glock/HWGNRH* § 37 Rn. 113; *Wedde/DKKW* § 37 Rn. 92; **anders** noch Voraufl.; zu den Fällen längerer Erkrankung des Betriebsratsmitglieds, die in der Literatur regelmäßig in gleicher Weise gelöst werden, vgl. aber Rdn. 134). Nicht zu berücksichtigen ist, wenn andere Arbeitnehmer sich individuell privat fortgebildet haben (*Fitting* § 37 Rn. 121; *Glock/HWGNRH* § 37 Rn. 111; *Wedde/DKKW* § 37 Rn. 92).

139 In **zeitlicher Hinsicht** ist für den Vergleich von dem Zeitpunkt auszugehen, in dem das Betriebsratsmitglied vor **Übernahme** des **Amtes** noch voll seiner beruflichen Tätigkeit nachgegangen ist (*BAG* 21.03.1983 EzA § 37 BetrVG 1972 Nr. 79 S. 386 = AP Nr. 43 zu § 37 BetrVG 1972 Bl. 1 R; 18.01.2017 – 7 AZR 205/15 – juris Rn. 23; *Fitting* § 37 Rn. 119; *Happe* Die persönliche Rechtsstellung von Betriebsräten [Diss. Bielefeld], S. 35 ff.; *Hennecke* RdA 1986, 241 [242]; *Glock/HWGNRH* § 37 Rn. 107; *Sturm* Betriebsratsmitglieder, S. 92 f.; *Richardi/Thüsing* § 37 Rn. 71; *Wedde/DKKW* § 37 Rn. 88; ungenau *BAG* 17.05.1977 EzA § 37 BetrVG 1972 Nr. 54 S. 225 = AP Nr. 28 zu § 37 BetrVG 1972 Bl. 1 R; 13.11.1987 EzA § 37 BetrVG 1972 Nr. 88 S. 4 = AP Nr. 61 zu § 37 BetrVG 1972 Bl. 3; *LAG Frankfurt a. M.* 26.11.1981 ARSt. 1982, 173 [Nr. 1221], die auf den Zeitpunkt der Wahl abstellen). Für Ersatzmitglieder ist der Zeitpunkt des Nachrückens in den Betriebsrat maßgebend (*BAG* 15.01.1992 EzA § 37 BetrVG 1972 Nr. 110 S. 4 = AP Nr. 84 zu § 37 BetrVG 1972). Die zeitlich nachfolgende betriebsübliche berufliche Entwicklung vergleichbarer Arbeitnehmer ergibt die Differenz, die zugunsten des Betriebsratsmitglieds auszugleichen ist. Wenn ein Betriebsratsmitglied **mehrere Amtszeiten** tätig ist, bleibt es bei vollständiger Freistellung beim Zeitpunkt der ersten Amtsübernahme, während bei Teilfreistellungen die zwischenzeitliche berufliche Entwicklung zu berücksichtigen ist (*Jacobs/Frieling* ZfA 2015, 241 [248 f.]).

Um die Vorschrift des § 37 Abs. 4 **praktikabel** zu machen, erscheint es zweckmäßig, zu Beginn der **140** Amtszeit **schriftlich festzulegen**, welcher Gruppe oder welchen einzelnen Arbeitnehmern das Betriebsratsmitglied vergleichbar ist und diese Statusbeschreibung fortlaufend zu ergänzen (ebenso *Wedde/DKKW* § 37 Rn. 88). Das kann auch in einer die Vorschrift konkretisierenden Regelungsabrede geschehen (vgl. *BAG* 18.01.2017 – 7 AZR 205/15 – juris Rn. 22). Im Streitfall bleibt jedoch die **zwingende gesetzliche Regelung** (vgl. Rdn. 8) verbindlich (*BAG* 18.01.2017 – 7 AZR 205/15 – juris Rn. 22; vgl. auch *LAG München* 22.12.2005 – 4 Sa 736/05 – juris; *Glock/HWGNRH* § 37 Rn. 104; *Jacobs/Frieling* ZfA 2015, 241 [250]; *Richardi/Thüsing* § 37 Rn. 76; *Wedde/DKKW* § 37 Rn. 88).

Der **Arbeitgeber** hat das **Arbeitsentgelt** des Betriebsratsmitglieds **von sich** aus **laufend** an das ver- **141** gleichbarer Arbeitnehmer mit betriebsüblicher beruflicher Entwicklung **anzupassen** (*BAG* 21.03.1983 EzA § 37 BetrVG 1972 Nr. 79 S. 387 = AP Nr. 43 zu § 37 BetrVG 1972 Bl. 2; *Fitting* § 37 Rn. 124; *Glock/HWGNRH* § 37 Rn. 114; *Richardi/Thüsing* § 37 Rn. 78; *Wedde/DKKW* § 37 Rn. 94).

Dem Betriebsratsmitglied steht gegen den Arbeitgeber aus §§ 611a Abs. 1, 242 BGB ein Anspruch auf **142** **Auskunft** über das Arbeitsentgelt vergleichbarer Arbeitnehmer zu (*BAG* 19.01.2005 – 7 AZR 208/04 – juris, Rn. 14; 04.11.2015 EzA § 37 BetrVG 2001 Nr. 22 Rn. 17 ff. = AP Nr. 161 zu § 37 BetrVG 1972; *Fitting* § 37 Rn. 128; *Jacobs/Frieling* ZfA 2015, 241 [252]; *Richardi/Thüsing* § 37 Rn. 78). Das BAG beruft sich darauf, dass generell ein Auskunftsanspruch nach Treu und Glauben (§ 242 BGB) bestehen könne, wenn die Rechtsbeziehungen zwischen den Parteien es mit sich brächten, dass der Berechtigte in entschuldbarer Weise über Bestehen und Umfang seines Rechts im Ungewissen sei, während der Verpflichtete die zur Beseitigung der Ungewissheit erforderliche Auskunft unschwer geben könne. Zwar dürfe die Darlegungs- und Beweislast nicht durch die Gewährung eines Auskunftsanspruchs unzulässig verändert werden, in solcher Weise könne aber bezogen auf das Arbeitsverhältnis unter Berücksichtigung des § 241 Abs. 2 BGB bestehen, wenn ein billigenswertes Interesse bestehe und für den Vertragspartner keine übermäßige Belastung entstehe (*BAG* 04.11.2015 EzA § 37 BetrVG 2001 Nr. 22 Rn. 19 = AP Nr. 161 zu § 37 BetrVG 1972). Für den Fall des § 37 Abs. 4 verweist das Gericht auf die Schwierigkeiten des Betriebsratsmitglieds, die Anspruchsvoraussetzungen schlüssig darzulegen, während der Arbeitgeber unschwer Auskunft über die Gehaltshöhe seiner Arbeitnehmer geben könne (*BAG* 04.11.2015 EzA § 37 BetrVG 2001 Nr. 22 Rn. 23 = AP Nr. 161 zu § 37 BetrVG 1972). Konkret müsse das Betriebsratsmitglied unter Berücksichtigung der ihm zugänglichen Tatsachen vortragen, **mit welchen Arbeitnehmern es aus seiner Sicht vergleichbar** sei und **aus welchen Umständen** auf die hinreichende Wahrscheinlichkeit zu schließen sei, dass die Mehrzahl der mit ihm vergleichbaren Arbeitnehmer die **behauptete Gehaltsentwicklung** genommen hätten. Je nach Umständen des Einzelfalls könne es auch genügen, **Referenzfälle** zu belegen, aus denen sich auf eine entsprechende Praxis schließen lasse. Abstrakte Behauptungen »ins Blaue« hinein reichten jedoch nicht (*BAG* 04.11.2015 EzA § 37 BetrVG 2001 Nr. 22 Rn. 24 = AP Nr. 161 zu § 37 BetrVG 1972).

Bei der Anpassung sind zunächst die **Nachteile auszugleichen**, die sich daraus ergeben, dass das Be- **143** triebsratsmitglied wegen seiner Amtstätigkeit eine geringer entlohnte Tätigkeit hat übernehmen müssen, z. B. Zeit- statt Akkordarbeit oder Tages- statt Wechselschicht (*LAG Niedersachsen* 01.08.1979 EzA § 37 BetrVG 1972 Nr. 68 S. 313 f.; *LAG Rheinland-Pfalz* 04.02.1998 NZA-RR 1998, 503 [504]; *Fitting* § 37 Rn. 124; *Glock/HWGNRH* § 37 Rn. 116; *Richardi/Thüsing* § 37 Rn. 77 f.; *Wedde/DKKW* § 37 Rn. 94; vgl. auch Rdn. 17). Entsprechendes gilt, wenn das Betriebsratsmitglied wegen seiner Amtstätigkeit eine geringer entlohnte Tätigkeit beibehalten muss (*LAG München* 28.07.1976 ARSt. 1978, 101). Darüber hinaus sind später die **Steigerungen** des **Arbeitsentgelts vergleichbarer Arbeitnehmer** aufgrund ihrer betriebsüblichen beruflichen Entwicklung **zu berücksichtigen**. Da § 37 Abs. 4 der Kompensation seiner unterbliebenen beruflichen Entwicklung dient, hat das Betriebsratsmitglied jedoch nur Anspruch auf das **regelmäßige**, nicht das effektive Arbeitsentgelt vergleichbarer Arbeitnehmer (zust. *LAG Hamburg* 24.01.1977 DB 1977, 1097 [1098]; *Glock/HWGNRH* § 37 Rn. 115). Das Arbeitsentgelt vergleichbarer Arbeitnehmer ist die maßgebende Bemessungsgrundlage (*Richardi/Thüsing* § 37 Rn. 69, 78). Wird deren Stundenlohn oder Leistungs-(Akkord-, Prämien-)Lohn erhöht oder steigen sie in eine andere Tarifgruppe auf, so ist das Arbeitsentgelt des Betriebsratsmitglieds entsprechend anzupassen (*Glock/HWGNRH* § 37 Rn. 115). Bei Anhebung der Vergütungen innerhalb der Vergleichsgruppe um einen bestimmten Prozentsatz hat das Betriebsratsmitglied Anspruch auf eine entsprechende prozentuale Erhöhung seines Gehalts. Bei unterschiedlich ausfallenden Gehaltserhöhungen ist auf die Mehrzahl der Arbeitnehmer der maßgeblichen Vergleichsgruppe abzustellen. Bei einer sehr kleinen Vergleichsgruppe, bei der sich nicht für eine Mehrzahl der vergleichbaren Arbeitnehmer eine bestimmte Erhöhung feststellen lässt, kann auf die durchschnittliche Erhöhung innerhalb der Vergleichsgruppe abgestellt werden (*BAG* 19.01.2005 – 7 AZR 208/04 – juris, Rn. 16; 18.01.2017 – 7 AZR 205/15 – juris Rn. 17; *LAG Düsseldorf* 21.04.2016 – 11 Sa 1249/15 – juris Rn. 59 [n.rkr.]).

144 **Entgeltzuschläge**, die vergleichbaren Arbeitnehmern zur **Abgeltung zusätzlicher persönlicher Leistungen** – z. B. für Feiertags-, Mehr- oder Nachtarbeit – gewährt werden, bleiben außer Betracht (*BAG* 17.05.1977 EzA § 37 BetrVG 1972 Nr. 54 S. 225 = AP Nr. 28 zu § 37 BetrVG 1972 Bl. 2; *Glock/HWGNRH* § 37 Rn. 115; *Richardi/Thüsing* § 37 Rn. 79; *Wedde/DKKW* § 37 Rn. 95). Diese Auslegung wird bestätigt durch § 37 Abs. 4 Satz 2, der in das zu gewährende Arbeitsentgelt lediglich allgemeine Zuwendungen des Arbeitgebers einbezieht (zust. *LAG Hamburg* 24.01.1977 DB 1977, 1097 [1098]). Jedoch hat ein Betriebsratsmitglied nach § 37 Abs. 2 Anspruch auf die Mehrarbeitsvergütung und andere Entgeltzuschläge und Zulagen (vgl. Rdn. 73), die es ohne Arbeitsbefreiung oder Freistellung verdient hätte (*BAG* 07.02.1985 AP Nr. 3 zu § 46 BPersVG Bl. 2; *LAG Hamburg* 24.01.1977 DB 1977, 1097 [1098]; *LAG Niedersachsen* 01.08.1979 EzA § 37 BetrVG 1972 Nr. 68 S. 313 ff.; *Glock/HWGNRH* § 37 Rn. 116; *Richardi/Thüsing* § 37 Rn. 79; *Wedde/DKKW* § 37 Rn. 94; im Ergebnis auch *LAG Köln* 13.09.1984 AuR 1985, 292). Umgekehrt bleibt das Entgelt durch **Kurzarbeit** vergleichbarer Arbeitnehmer unberührt, wenn das Betriebsratsmitglied während der vollen Arbeitszeit weiterhin seiner Tätigkeit nachgeht (*Fitting* § 37 Rn. 125).

145 Nach § **37 Abs. 4 Satz 2** hat der Arbeitnehmer auch Anspruch auf allgemeine **Zuwendungen des Arbeitgebers an vergleichbare Arbeitnehmer** mit betriebsüblicher beruflicher Entwicklung. Das sind Zuwendungen, die neben dem eigentlichen Arbeitsentgelt generell allen, einer Gruppe vergleichbarer Arbeitnehmer oder auch einzelnen vergleichbaren Arbeitnehmern gewährt werden (*BAG* 21.04.1983 EzA § 37 BetrVG 1972 Nr. 79 S. 386 = AP Nr. 43 zu § 37 BetrVG 1972 Bl. 2 R; 13.11.1987 EzA § 37 BetrVG 1972 Nr. 88 S. 3 ff. = AP Nr. 61 zu § 37 BetrVG 1972 Bl. 3; *LAG Hamm* 17.02.2012 – 10 Sa 1479/11 – juris, Rn. 59; ähnlich *Fitting* § 37 Rn. 127; *Glock/HWGNRH* § 37 Rn. 117; *Richardi/Thüsing* § 37 Rn. 80; *Wedde/DKKW* § 37 Rn. 96). Erfasst sind nicht nur während des Arbeitsverhältnisses gezahltes Entgelt, sondern auch Zusagen des Arbeitgebers über Leistungen der betrieblichen Altersversorgung (*BAG* 10.11.2015 EzA § 1 BetrAVG Gleichbehandlung Nr. 38 Rn. 41 = AP Nr. 74 zu § 1 BetrAVG Gleichbehandlung). Nicht erforderlich ist, dass es sich um arbeitsvertraglich vereinbarte Zuwendungen handelt; § 37 Abs. 4 Satz 2 erfasst **auch freiwillige widerrufliche** Zuwendungen (*BAG* 21.04.1983 EzA § 37 BetrVG 1972 Nr. 79 S. 386 = AP Nr. 43 zu § 37 BetrVG 1972 Bl. 2 R; *Glock/HWGNRH* § 37 Rn. 117). Allgemein werden Zuwendungen dann gewährt, wenn sie an bestimmte generelle Voraussetzungen gebunden sind und nicht auf Besonderheiten in den persönlichen Verhältnissen des betreffenden Arbeitnehmers beruhen (*LAG Rheinland-Pfalz* 03.06.1980 EzA § 37 BetrVG 1972 Nr. 69 S. 325 f.). In Betracht kommen z. B. Gratifikationen, zusätzliches Urlaubsgeld, Gewinnbeteiligungen, Abschlussvergütungen, vermögenswirksame Leistungen, Sozialzulagen, allgemeine Leistungszulagen, Zusagen für Leistungen der betrieblichen Altersversorgung. Zu berücksichtigen ist aber auch die Kürzung allgemeiner Zulagen vergleichbarer Arbeitnehmer wie die Verrechnung außertariflicher Zulagen mit einer Tariflohnerhöhung (*BAG* 11.05.1988 EzA § 4 TVG Tariflohnerhöhung Nr. 16 S. 5). Voraussetzung für einen Anspruch aus § 37 Abs. 4 Satz 2 ist stets, dass es sich um **Zuwendungen des Arbeitgebers** handelt. Nehmen mit dem Betriebsratsmitglied vergleichbare Arbeitnehmer aufgrund einer vertraglichen Vereinbarung mit einem anderen Konzernunternehmen an dessen Aktienoptionsprogramm teil, so stellt dies nur dann Arbeitsentgelt i. S. d. § 37 Abs. 4 dar, wenn dies auch auf eine Abrede der Arbeitsvertragsparteien zurückzuführen ist (*BAG* 16.01.2008 EzA § 37 BetrVG 2001 Nr. 6, S. 5 f. = AP Nr. 144 zu § 37 BetrVG 1972; vgl. dazu auch *Richardi/Thüsing* § 37 Rn. 80).

146 Der **Entgeltschutz** nach § 37 Abs. 4 steht dem Betriebsratsmitglied für die **Dauer** seiner Mitgliedschaft im Betriebsrat und einen Zeitraum von einem Jahr (vgl. § 188 Abs. 2 BGB) nach Beendigung der Amtszeit zu. Schließt sich an die erste eine zweite Amtszeit an, so beginnt die Jahresfrist mit Ablauf der zweiten Amtszeit. Für Betriebsratsmitglieder, die drei volle aufeinander folgende Amtszeiten freigestellt sind, erhöht sich nach § 38 Abs. 3 der Zeitraum auf zwei Jahre nach Ablauf der Amtszeit (vgl. § 38 Rdn. 103 ff.). Im Gegensatz zu dieser Bestimmung setzt § 37 Abs. 4 nicht voraus, dass ein Betriebsratsmitglied die volle Amtszeit dem Betriebsrat angehört hat. War es z. B. später als Ersatzmitglied nachgerückt (vgl. § 25 Abs. 1 Satz 1), so kann es dennoch den Anspruch nach § 37 Abs. 4 für einen Zeitraum von einem Jahr nach Beendigung der Amtszeit geltend machen.

Unter **Beendigung** der **Amtszeit** ist mit Rücksicht auf den bezweckten individuellen Schutz des einzelnen Betriebsratsmitglieds das **Ende** der **Mitgliedschaft im Betriebsrat** und nicht lediglich die Beendigung der Amtszeit des Betriebsrats als Kollektivorgan zu verstehen (*Fitting* § 37 Rn. 129; *Glock/HWGNRH* § 37 Rn. 119; *Richardi/Thüsing* § 37 Rn. 81). Legt daher z. B. ein Betriebsratsmitglied sein Amt wegen Krankheit nieder, ist es nach § 37 Abs. 4 noch für ein weiteres Jahr geschützt (vgl. zum nachwirkenden Kündigungsschutz nach § 15 Abs. 1 Satz 2 KSchG bei Amtsniederlegung *BAG* 23.04.1974 EzA § 15 KSchG Nr. 22 = AP Nr. 6 zu § 15 KSchG 1969 [*zust. Richardi*]). **147**

Analog § 15 Abs. 1 Satz 2 KSchG entfällt der nachwirkende Entgeltschutz jedoch, wenn die Beendigung der Mitgliedschaft auf einer **gerichtlichen Entscheidung** nach § 23 Abs. 1 beruht (*Glock/HWGNRH* § 37 Rn. 119; *Maschmann/AR* § 37 BetrVG Rn. 13; *Reichold/HWK* § 37 BetrVG Rn. 28; *Richardi/Thüsing* § 37 Rn. 81; **a. M.** *Däubler* SR 2017, 85 [104]; *Fitting* § 37 Rn. 129; *Koch/ErfK* § 37 BetrVG Rn. 10; *Kreft/WPK* § 37 Rn. 42; *Wedde/DKKW* § 37 Rn. 98; *Wolmerath/HaKo* § 37 Rn. 27). Das gilt nicht bei erfolgreicher **Wahlanfechtung** nach § 19 (insofern übereinstimmend auch *Fitting* § 37 Rn. 129; *Koch/ErfK* § 37 BetrVG Rn. 10; *Wedde/DKKW* § 37 Rn. 98) und nicht im Falle des § 24 Abs. 1 Nr. 6 (ebenso hier *Fitting* § 37 Rn. 129; zur Problematik des nachwirkenden Kündigungsschutzes *Oetker* § 24 Rdn. 74 f.). **148**

Bezieht sich der Anspruch aus § 37 Abs. 4 Satz 1 auf einen tariflichen Anspruch, unterfällt er seinerseits einer für »tarifliche Ansprüche« geltenden **Ausschlussfrist** (*BAG* 08.09.2010 EzA § 4 TVG Ausschlussfristen Nr. 198 Rn. 18 = AP Nr. 148 zu § 37 BetrVG 1972; *Fitting* § 37 Rn. 128); **a.M.** *Sommer* ZBVR online 2011, Nr. 1, 15). **149**

3. Tätigkeitsschutz, § 37 Abs. 5

Der Entgeltschutz nach § 37 Abs. 4 wird ergänzt durch den Tätigkeitsschutz nach § 37 Abs. 5. Die hiernach grundsätzlich vorgeschriebene Beschäftigung von Betriebsratsmitgliedern mit Tätigkeiten, die denjenigen vergleichbarer Arbeitnehmer mit betriebsüblicher beruflicher Entwicklung (vgl. Rdn. 129 ff.) gleichwertig sind, dient dem **Schutz der ideellen**, langfristig auch der **materiellen Interessen** der Betriebsratsmitglieder. Da der Entgeltschutz nach § 37 Abs. 4 nur einschließlich eines Zeitraums von einem Jahr nach Beendigung der Amtszeit besteht, würde eine wegen der Betriebsratstätigkeit geringerwertige Beschäftigung als die vergleichbarer Arbeitnehmer später den Anschluss an deren berufliche Entwicklung erschweren und sich auch finanziell auswirken können. Vor allem geht es aber um das ideelle Interesse des Betriebsratsmitglieds, bei gleichem Arbeitsentgelt wie dem vergleichbarer Arbeitnehmer (vgl. § 37 Abs. 4) nicht mit geringerwertiger Tätigkeit als diese beschäftigt zu werden. Damit dient § 37 Abs. 5 insoweit dem **Persönlichkeitsschutz** des Arbeitnehmers (*LAG Frankfurt a. M.* 14.08.1986 LAGE § 37 BetrVG 1972 Nr. 21; *Fitting* § 37 Rn. 130; *Glock/HWGNRH* § 37 Rn. 121; *Wedde/DKKW* § 37 Rn. 99). Ein Verstoß gegen die Vorschrift stellt – abgesehen vom Fall einer bewusst diskriminierenden Behandlung – jedoch keine Verletzung eines Persönlichkeitsrechts des Betriebsratsmitglieds dar, weil § 37 Abs. 5 nur einen Anspruch gegen den Arbeitgeber, dagegen kein absolutes Recht begründet. Der Anspruch ist vielmehr mit der aus der Schutznebenpflicht des Arbeitgebers abzuleitenden Beschäftigungspflicht vergleichbar (zum Verhältnis des allgemeinen Persönlichkeitsrechts des Arbeitnehmers zur Treuepflicht des Arbeitgebers und einer ausnahmsweisen Persönlichkeitsrechtsverletzung bei einem Verstoß gegen die Beschäftigungspflicht vgl. *Wiese* ZfA 1971, 273 [278]). **150**

Die Vorschrift findet auf **Betriebsratsmitglieder**, die von ihrer beruflichen Tätigkeit nach § 38 ständig **freigestellt** sind, während der Freistellung **keine Anwendung** (*Fitting* § 37 Rn. 130; *Glock/HWGNRH* § 37 Rn. 122; *Richardi/Thüsing* § 37 Rn. 89). Sie sind hinsichtlich ihrer beruflichen Ent- **151**

§ 37 II. 3. Geschäftsführung des Betriebsrats

wicklung durch die Regelung des § **38 Abs. 4** (vgl. § 38 Rdn. 109 ff.) geschützt. Der Tätigkeitsschutz nach § 37 Abs. 5 beginnt für sie erst mit Beendigung ihrer Freistellung. Waren sie drei volle aufeinander folgende Amtszeiten freigestellt, erhöht sich gemäß § 38 Abs. 3 der Zeitraum für den Tätigkeitsschutz nach § 37 Abs. 5 auf zwei Jahre nach Ablauf der Amtszeit (vgl. § 38 Rdn. 103 ff.). Sind allerdings Betriebsratsmitglieder aufgrund einer Regelung nach § 38 Abs. 1 Satz 3 oder durch Tarifvertrag oder Betriebsvereinbarung nach § 38 Abs. 1 Satz 5 nur **teilweise freigestellt** (vgl. § 38 Rdn. 38 ff.), findet § 37 Abs. 5 Anwendung. Die Vorschrift ist jedoch vor allem für diejenigen Betriebsratsmitglieder von Bedeutung, die jeweils nach Maßgabe des § 37 Abs. 2 von ihrer beruflichen Tätigkeit befreit und dadurch in ihrer beruflichen Entwicklung gegenüber vergleichbaren Arbeitnehmern benachteiligt sind.

152 Der Tätigkeitsschutz nach § 37 Abs. 5 bezieht sich auf die **tatsächliche Beschäftigung** des Betriebsratsmitglieds (*Fitting* § 37 Rn. 132; *Richardi/Thüsing* § 37 Rn. 85; *Wedde/DKKW* § 37 Rn. 100). Sie muss nicht gleich, sondern **gleichwertig** sein. Entsprechend dem Zweck der Vorschrift, sowohl die materiellen als auch die ideellen Interessen des Betriebsratsmitglieds in beruflicher Hinsicht zu schützen (vgl. Rdn. 150), ist die Tätigkeit als gleichwertig anzusehen, wenn sie unter Berücksichtigung aller Umstände nicht nur wie die vergleichbarer Arbeitnehmer vergütet, sondern auch ihrer Funktion nach im Betrieb entsprechend bewertet wird (*Richardi/Thüsing* § 37 Rn. 85; ferner *LAG Frankfurt a. M.* 14.08.1986 LAGE § 37 BetrVG 1972 Nr. 21). Da das Gesetz auf einen betrieblichen Vergleichsmaßstab abstellt und der Tätigkeitsschutz wegen der Amtsausübung auch nur im betrieblichen Rahmen gerechtfertigt ist, kommt es nicht auf die Auffassung der in der betreffenden Berufssparte Tätigen an, weil damit ein außerbetrieblicher Maßstab angelegt würde (*Glock/HWGNRH* § 37 Rn. 125 f.; vgl. auch *Reichold/HWK* § 37 BetrVG Rn. 29; **a. M.** *LAG Frankfurt a. M.* 14.08.1986 LAGE § 37 BetrVG 1972 Nr. 21; *Däubler* SR 2017, 85 [104]; *Fitting* § 37 Rn. 132; *Koch/ErfK* § 37 BetrVG Rn. 11; *Löwisch/LK* § 37 Rn. 72; *Wedde/DKKW* § 37 Rn. 100; auch *Richardi/Thüsing* § 37 Rn. 85, der aber auf den Betrieb abstellt, wenn dort ein strengerer Maßstab angelegt wird).

153 Das Gebot **gleichwertiger Beschäftigung** gibt dem nicht freigestellten Betriebsratsmitglied einen Anspruch darauf, nicht mit geringerwertigen Tätigkeiten als vor Amtsantritt beschäftigt zu werden und enthält insoweit eine partielle **Versetzungssperre**. Geringerwertige Tätigkeiten dürfen ihm nur zugewiesen werden, wenn dies einzelvertraglich zulässig und durch zwingende betriebliche Notwendigkeiten (vgl. Rdn. 154 f.) geboten ist (*LAG Frankfurt a. M.* 14.08.1986 LAGE § 37 BetrVG 1972 Nr. 21). Außerdem hat das **Betriebsratsmitglied** einen **Anspruch** darauf, entsprechend der betriebsüblichen beruflichen Entwicklung vergleichbarer Arbeitnehmer diesen hinsichtlich ihrer Tätigkeit fortlaufend angeglichen zu werden. Werden ihnen höherwertige Tätigkeiten zugewiesen, kann dies auch das Betriebsratsmitglied verlangen (*LAG Rheinland-Pfalz* 03.06.1980 EzA § 37 BetrVG 1972 Nr. 69 S. 326 f.; *Fitting* § 37 Rn. 133; *Glock/HWGNRH* § 37 Rn. 126; *Richardi/Thüsing* § 37 Rn. 86; *Wedde/DKKW* § 37 Rn. 103). Gegebenenfalls kann auch der **Betriebsrat als solcher** nach § 99 Abs. 3 Nr. 3 die Zustimmung zu einer Beförderung von Arbeitnehmern verweigern, wenn dabei ein Betriebsratsmitglied übergangen wurde. Das kommt aber nur ausnahmsweise in Betracht und setzt voraus, dass das Betriebsratsmitglied tatsächlich einen Beförderungsanspruch gehabt hätte (vgl. dazu *LAG Köln* 22.02.2008 – 4 TaBV 60/07 – juris). Ein Beförderungsanspruch setzt in jedem Fall eine entsprechende Qualifikation des Betriebsratsmitglieds voraus, die fehlen kann, wenn das Betriebsratsmitglied wegen seiner Amtstätigkeit nicht an Maßnahmen der Berufsbildung hat teilnehmen können (*Fitting* § 37 Rn. 133; *Glock/HWGNRH* § 37 Rn. 127; *Richardi/Thüsing* § 37 Rn. 86; *Wedde/DKKW* § 37 Rn. 103). Es bleibt ihm dann nur der Entgeltschutz nach § 37 Abs. 4. Das Betriebsratsmitglied hat jedoch einen **Anspruch auf Teilnahme an Maßnahmen der Berufsbildung** (*Fitting* § 37 Rn. 133; *Glock/HWGNRH* § 37 Rn. 127; *Wedde/DKKW* § 37 Rn. 103). Das ist zwar nur für freigestellte Betriebsratsmitglieder ausdrücklich in § 38 Abs. 4 Satz 1 geregelt, dient aber dort nur der Klarstellung (vgl. § 38 Rdn. 110) und folgt für die anderen Betriebsratsmitglieder aus ihrer Arbeitnehmereigenschaft und dem Benachteiligungsverbot nach § 78 Satz 2. Hat allerdings ein Betriebsratsmitglied erfolglos an Maßnahmen der Berufsbildung teilgenommen und beruht der Misserfolg nicht auf der Amtstätigkeit, so ist ein Anspruch auf eine gleichwertige Tätigkeit schon deshalb nicht gegeben, weil das Betriebsratsmitglied nicht mit den erfolgreichen Teilnehmern der Berufsbildungsmaßnahmen vergleichbar ist (vgl. auch Rdn. 138).

Der **Anspruch** nach § 37 Abs. 5 ist **ausgeschlossen**, wenn der Beschäftigung des Betriebsratsmitglieds mit gleichwertigen Tätigkeiten **zwingende betriebliche Notwendigkeiten entgegenstehen**. Ohne diese Einschränkung liefe die Vorschrift auf eine ungerechtfertigte Begünstigung des Betriebsratsmitglieds hinaus, die im Widerspruch zu § 78 Satz 2 stünde (*Richardi/Thüsing* § 37 Rn. 87). Jedoch ist die Einschränkung zwecks Verwirklichung des Tätigkeitsschutzes **eng auszulegen** (*Fitting* § 37 Rn. 134; *Glock/HWGNRH* § 37 Rn. 127; *Richardi/Thüsing* § 37 Rn. 87; *Wedde/DKKW* § 37 Rn. 101). Betriebliche Notwendigkeiten sind daher nicht mit betrieblichen Interessen oder Bedürfnissen gleichzusetzen, vielmehr müssen die betrieblichen Gegebenheiten den **zwingenden Vorrang** gegenüber dem Interesse des Betriebsratsmitglieds an gleichwertiger Beschäftigung haben (vgl. auch *Raab* § 30 Rdn. 7, sowie Rdn. 296, § 38 Rdn. 72; ähnlich *Fitting* § 37 Rn. 134; *Richardi/Thüsing* § 37 Rn. 87). Verbietet sich zwingender betrieblicher Notwendigkeiten wegen die gleichwertige Tätigkeit, bleibt nur der Entgeltschutz nach § 37 Abs. 4. Zur Versetzung eines Betriebsratsmitglieds wegen persönlichen Fehlverhaltens vgl. *LAG Frankfurt a. M.* 14.08.1986 LAGE § 37 BetrVG 1972 Nr. 21. War zwingender betrieblicher Notwendigkeiten wegen die Versetzung auf einen nicht gleichwertigen Arbeitsplatz zulässig, hat das Betriebsratsmitglied jedoch Anspruch auf Weiterversetzung auf einen später freiwerdenden gleichwertigen Arbeitsplatz (*LAG Frankfurt a. M.* 14.08.1986 LAGE § 37 BetrVG 1972 Nr. 21).

154

Zwingende betriebliche Notwendigkeiten stehen einer gleichwertigen Beschäftigung entgegen, wenn im Betrieb ein **Arbeitsplatz mit gleichwertiger Beschäftigungsmöglichkeit fehlt** (*Glock/HWGNRH* § 37 Rn. 127) und für ihn auch kein Bedürfnis besteht; er braucht dann nicht zusätzlich geschaffen zu werden (*Fitting* § 37 Rn. 134; *Richardi/Thüsing* § 37 Rn. 87). Das gilt sowohl hinsichtlich der Art der Tätigkeit als auch der Stellung des Arbeitnehmers im Betrieb; Leitungsfunktionen sind nicht beliebig vermehrbar. Der Anspruch aus § 37 Abs. 5 ist weiterhin ausgeschlossen, wenn die **Tätigkeit keine Unterbrechungen verträgt**, wie sie das Amt des Betriebsratsmitglieds zwangsläufig mit sich bringt. Auch die **fehlende Qualifikation** des Betriebsratsmitglieds kann der Beschäftigung mit einer gleichwertigen Tätigkeit entgegenstehen, weil ihm entweder die erforderliche ständige Übung fehlt oder es an notwendigen beruflichen Fortbildungsmaßnahmen nicht hat teilnehmen können (*Fitting* § 37 Rn. 134; *Glock/HWGNRH* § 37 Rn. 127; *Koch/ErfK* § 37 BetrVG Rn. 11; *Wedde/DKKW* § 37 Rn. 102). Der Anspruch auf Fortbildung bleibt unberührt (vgl. Rdn. 153). Je höherwertig die berufliche Tätigkeit des Betriebsratsmitglieds nach Art und Funktion im Betriebsablauf ist, umso schwieriger wird die Zuweisung einer Beschäftigung mit gleichwertiger Tätigkeit sein.

155

Der Tätigkeitsschutz nach § 37 Abs. 5 besteht ebenso wie der Entgeltschutz nicht nur während der Amtszeit des Betriebsratsmitglieds, sondern auch für einen **Zeitraum von einem Jahr nach Erlöschen der Mitgliedschaft im Betriebsrat** (vgl. Rdn. 146 ff.).

156

VII. Teilnahme an Schulungs- und Bildungsveranstaltungen

1. Einführung

§ 37 Absatz 6 und 7 enthalten mit Rücksicht auf die ständig steigenden Anforderungen an die Betriebsratsmitglieder und die damit notwendige Förderung ihrer Qualifikation (vgl. amtliche Begründung, BT-Drucks. VI/1786, S. 40 f.; Bericht 10. Ausschuss, zu BT-Drucks. VI/2729, S. 14) eine eingehende Regelung der Ansprüche von Betriebsratsmitgliedern, die an **Schulungsveranstaltungen** teilnehmen. Betriebsratsmitglieder, die an Schulungen i. S. d. § 37 Abs. 6 teilnehmen, haben kraft der Verweisung auf Abs. 2 unter den in Abs. 6 näher umschriebenen Voraussetzungen Anspruch auf **Arbeitsbefreiung unter Fortzahlung des Arbeitsentgelts**, kraft der im Jahre 2001 neu ins Gesetz aufgenommenen Verweisung auf Abs. 3 Anspruch auf **Freizeitausgleich**. Einen eigenen Anspruch auf bezahlte Freistellung gewährt § 37 Abs. 7 für die in diesem Absatz in Bezug genommenen Schulungen. Der Arbeitgeber hat Betriebsratsmitglieder, die an einer Schulung i. S. d. § 37 Abs. 6 teilnehmen, nicht nur unter Fortzahlung des Arbeitsentgelts von der Arbeit freizustellen bzw. Freizeitausgleich zu gewähren, sondern er muss nach **§ 40 Abs. 1** auch die im Zusammenhang mit der Schulung entstehenden **Aufwendungen** übernehmen (vgl. näher § 40 Rdn. 62 ff.). Bei Schulungen i. S. d. § 37 Abs. 7 besteht eine solche Kostentragungspflicht allerdings nicht (näher § 40 Rdn. 89 ff.).

157

§ 37   II. 3. Geschäftsführung des Betriebsrats

158 Die Regelung enthält zunächst im Vergleich zu § **37 Abs. 2 BetrVG 1952**, der die Schulungsveranstaltungen noch nicht ausdrücklich erwähnt hatte, die Klarstellung, dass die **Teilnahme von Betriebsratsmitgliedern an Schulungs- und Bildungsveranstaltungen** zur Erlangung der für die Betriebsratstätigkeit erforderlichen Kenntnisse zu den **Aufgaben** und damit zur Tätigkeit des **Betriebsrats** gehört (zur inzwischen überholten Diskussion dieser Frage vgl. *Wiese* BlStSozArbR 1974, 353 [354] m. w. N.). Sie knüpft an die Rechtsprechung des *BAG* zum BetrVG 1952 an, ist aber eigenständig und aus sich heraus auszulegen (*BAG* 08.02.1977 EzA § 37 BetrVG 1972 Nr. 52 S. 215 = Nr. 26 zu § 37 BetrVG 1972 Bl. 1 R). Durch das **BetrVerf-Reformgesetz** ist im Jahre 2001 § 37 Abs. 6 mit Blick auf die Flexibilisierung der Arbeitszeit und namentlich die Situation teilzeitbeschäftigter Betriebsratsmitglieder erheblich umgestaltet worden. Die Vorschrift verweist in § **37 Abs. 6 Satz 1** nicht mehr nur auf § 37 Abs. 2, sondern auch auf § 37 Abs. 3 (näher Rdn. 166 f., 170, 233 ff.). Diesbezüglich enthält weiterhin § **37 Abs. 6 Satz 2 Halbs. 1** eine »klarstellende« (Begründung des RegE, BT-Drucks. 14/5741, S. 41) Regelung, dass auch Besonderheiten der betrieblichen Arbeitszeitgestaltung als betriebsbedingte Gründe anzusehen sind (vgl. Rdn. 167, 235, 241). § **37 Abs. 6 Satz 2 Halbs. 2** begrenzt den Ausgleichsanspruch der Höhe nach auf entsprechende Ansprüche vollzeitbeschäftigter Betriebsratsmitglieder (vgl. Rdn. 236). § **37 Abs. 7 Satz 3** ist redaktionell angeglichen (vgl. Rdn. 278; zu verfassungsrechtlichen Aspekten der Neuregelung *Wiese* Einl. Rdn. 56 ff.).

159 Zu **unterscheiden** ist zwischen zwei Grundtypen, dem jedem Betriebsratsmitglied nach § **37 Abs. 7** zustehenden **individuellen Anspruch** auf bezahlte Freistellung zur Teilnahme an geeigneten Veranstaltungen für insgesamt drei bzw. vier Wochen während seiner regelmäßigen Amtszeit (vgl. Rdn. 245 ff.) und dem **kollektiven Anspruch** des **Betriebsrats** auf Befreiung einzelner Betriebsratsmitglieder von der beruflichen Tätigkeit nach § **37 Abs. 6**, der voraussetzt, dass die Teilnahme zur ordnungsgemäßen Durchführung der Aufgaben des Betriebsrats erforderlich ist (vgl. Rdn. 165 ff.). Beide **Ansprüche** stehen **selbständig nebeneinander** (*BAG* 06.11.1973 EzA § 37 BetrVG 1972 Nr. 16 S. 51 *[Richardi]* = AP Nr. 5 zu § 37 BetrVG 1972 Bl. 2 R *[Kittner]*; 05.04.1984 EzA § 37 BetrVG 1972 Nr. 80 S. 390 = AP Nr. 46 zu § 37 BetrVG 1972 Bl. 1 R *[Löwisch / Rieble]*; *Fitting* § 37 Rn. 136, 229). Während durch § **37 Abs. 7** die gleichmäßige individuelle Schulung und Bildung aller Betriebsratsmitglieder ohne Rücksicht auf deren Wissensstand gewährleistet werden soll, sofern die Schulung allgemein als **geeignet** anerkannt ist, dient § **37 Abs. 6** der gezielten Schulung von Betriebsratsmitgliedern, um für die Arbeit des konkreten Betriebsrats **erforderliche Kenntnisse** zu vermitteln. Durch beide Bestimmungen wird anerkannt, dass die Tätigkeit der Betriebsratsmitglieder einer Schulung bedarf, für die sie mit Rücksicht auf die ehrenamtliche Tätigkeit (vgl. § 37 Abs. 1) grundsätzlich nicht ihre Freizeit opfern sollen. Das Verhältnis dieser Regelungen zueinander ist mit demjenigen zwischen § 37 Abs. 2 und § 38 vergleichbar. Das nach § 37 Abs. 6 und § 37 Abs. 7 bei der Befreiung bzw. Freistellung der Betriebsratsmitglieder von ihrer beruflichen Tätigkeit zu beobachtende **Verfahren** ist in beiden Fällen gleich (vgl. § 37 Abs. 6 Satz 2 bis 6, Abs. 7 Satz 3 und Rdn. 281 ff.).

160 Der **Zweck** einer **Schulung** nach § 37 Abs. 6 und 7 ergibt sich daraus, dass dem Betriebsrat und seinen Mitgliedern nach dem Betriebsverfassungsgesetz bestimmte Aufgaben zugewiesen worden sind, die wahrzunehmen Gegenstand ihrer Amtspflicht ist. Das ist jedoch nur möglich und zumutbar, wenn sie dafür das notwendige geistige Rüstzeug durch Schulung erhalten. Allein diesem Zweck dienen § 37 Abs. 6 und 7. Jede darüber hinausgehende Schulung wäre nach § 78 Satz 2 unzulässig. Deshalb muss in beiden Fällen ein **Bezug zur Betriebsratstätigkeit** bestehen. Maßstab der hiernach erforderlichen bzw. geeigneten Schulungen ist die **ordnungsgemäße Erfüllung der Aufgaben des Betriebsrats** (zur Verpflichtung der Betriebsratsmitglieder, sich die erforderlichen Kenntnisse durch Schulungsteilnahme anzueignen, vgl. Rdn. 171).

161 Zweck der Schulung nach § 37 Abs. 6 und 7 ist hingegen **nicht** die Herstellung »**intellektueller Waffengleichheit**« zwischen Arbeitgeber und Betriebsrat (so aber *Däubler* Schulung, Rn. 85 ff.; *Fitting* § 37 Rn. 142; *Gamillscheg* II, S. 587; *Kittner* Anm. AP Nr. 5 zu § 37 BetrVG 1972 Bl. 5 ff.; *Kopp* AuR 1976, 333; *Rasche* Arbeitnehmerweiterbildung, S. 136 ff.; *Schoden* Anm. AuR 1974, 286 [287]; *Wedde / DKKW* § 37 Rn. 105 ff.; vgl. auch *Hoff* Die Konkurrenzbeziehungen der Drittkonsultationsrechte betrieblicher Arbeitnehmervertretungsgremien [Diss. Frankfurt], 2012, S. 89 ff.; **wie hier** *BAG* 11.09.1993 EzA § 37 BetrVG 1972 Nr. 117 S. 5 = AP Nr. 92 zu § 37 BetrVG 1972 Bl. 4 *[Schiefer]*; *Eich* BB 1973, 1032 ff.; *Glock / HWGNRH* § 37 Rn. 130; *Klinkhammer* BB 1973, 1399 [1400];

Loritz NZA 1993, 2 [6]; *Mühlhausen* Kostentragungspflicht, S. 252 ff.; *Oetker* Anm. LAGE § 37 BetrVG 1972 Nr. 35 S. 4 ff.; *Reichold/HWK* § 37 BetrVG Rn. 31; *Richardi/Thüsing* § 37 Rn. 92; *Richardi* Anm. AP Nr. 2 zu § 40 BetrVG 1972 Bl. 6 f.; vgl. auch *Wank/Maties* NZA 2005, 1033 [1034]). Dieser dem Arbeitskampfrecht entlehnte Begriff passt schon deshalb nicht, weil die Betriebsverfassung nicht wie das Arbeitskampfrecht auf Konfrontation, sondern auf Kooperation angelegt ist (§ 2 Abs. 1). Der Betriebsrat muss diejenigen Kenntnisse haben, die zur **ordnungsgemäßen Wahrnehmung seiner Aufgabe erforderlich** sind. Die Aufgabenerfüllung des Betriebsrats, nicht der Wissensstand des Arbeitgebers bildet den Maßstab. Richtig ist nur, dass in besonderen Fällen eine Anpassung an den Wissensstand des Arbeitgebers erforderlich sein kann, etwa wenn Betriebsratsmitglieder für bestimmte Aufgaben mit hochkarätigen Spezialisten auf Arbeitgeberseite zu verhandeln haben und die ordnungsgemäße Erfüllung der Aufgaben des Betriebsrats ein entsprechendes Niveau verlangt. Allein insoweit steckt in dem verunglückten Schlagwort der »intellektuellen Waffengleichheit« ein richtiger Kern (vgl. auch *Eich* BB 1973, 1032 [1034]).

Eine Schulung nach § 37 Abs. 6 und 7 kommt zunächst für **Betriebsratsmitglieder** in Betracht, wenn sie Betriebsratsaufgaben erfüllen. Ein ordentlich gekündigtes Betriebsratsmitglied, das bis zum Ende des Arbeitsverhältnisses unwiderruflich unter Fortzahlung des Arbeitsentgelts von der Arbeitsleistung freigestellt wird und in dieser Zeit an einer Schulung teilnimmt, behält allerdings seinen Anspruch auf sein Arbeitsentgelt schon aufgrund der vertraglichen Vereinbarung und ohne dass die Voraussetzungen des § 37 Abs. 6 i. V. m. § 37 Abs. 2 erfüllt sein müssten (*LAG Hamm* 12.04.2013 – 13 Sa 5/13 – juris Rn. 26). Zur Schulung von **Ersatzmitgliedern** vgl. Rdn. 177 f. und Rdn. 275.

162

Zur entsprechenden Anwendung des § 37 Abs. 6 und 7 auf **Mitglieder anderer betriebsverfassungsrechtlicher Vertretungen** vgl. Rdn. 2 f. und *Däubler* Schulung, Rn. 395 ff. Zur Schulung von **Mitgliedern** des **Wahlvorstands** *Kreutz* § 20 Rdn. 70 f., zur Schulung von **Jugend- und Auszubildendenvertretern** *Oetker* § 65 Rdn. 42 ff., 57, von **Mitgliedern** des **Wirtschaftsausschusses** *Oetker* § 107 Rdn. 39 ff. **Beisitzer einer Einigungsstelle** haben kraft der Verweisung des § 76a Abs. 2 Satz 1 auf § 37 Abs. 2 und 3 Anspruch auf bezahlte Freistellung bzw. Freizeitausgleich, sofern sie betriebsangehörig sind. Nicht in Bezug genommen ist § 37 Abs. 6, so dass ein aus der **Funktion als Beisitzer** abgeleiteter Schulungsanspruch eines in eine Einigungsstelle entsandten Betriebsratsmitglieds ausscheidet (*BAG 20.08.2014 EzA § 37 BetrVG 2001 Nr. 18 Rn. 22 f.* = AP Nr. 157 zu § 37 BetrVG 1972). Eine andere Frage ist es aber, ob ein solches Betriebsratsmitglied einen – aus der **Funktion als Betriebsratsmitglied** abgeleiteten – Schulungsanspruch für die in der Einigungsstelle behandelte Problematik haben kann. Das hält das *BAG* grundsätzlich für möglich, da zwar die Tätigkeit als Beisitzer in einer Einigungsstelle keine Betriebsratsaufgabe sei, wohl aber die Begleitung von Verhandlungen in der Einigungsstelle und die Auseinandersetzung mit dort entwickelten Vorschlägen (*BAG 20.08.2014 EzA § 37 BetrVG 2001 Nr. 18 Rn. 25* = AP Nr. 157 zu § 37 BetrVG 1972; **zust.** *Wedde/DKKW* § 37 Rn. 108; zur Frage, ob die Schulung gerade durch einen externen Beisitzer der Einigungsstelle erfolgen kann, siehe Rdn. 205). **Ob diese Unterscheidung überzeugt, erscheint fraglich (vgl.** Rdn. 34). Jedenfalls hängt der Schulungsanspruch unabhängig davon, ob man unmittelbar auf die Tätigkeit als Beisitzer in der Einigungsstelle abstellt oder mittelbar auf die Verhandlungsbegleitung als Betriebsratsmitglied, letztlich von den zur Erforderlichkeit entwickelten allgemeinen Kriterien ab (Rdn. 172 ff.).

163

Zur Schulung von **Arbeitnehmervertretern im Aufsichtsrat** *Däubler* Schulung, Rn. 375 ff.; *Faude* DB 1983, 2249. **Vertrauensleute** der **Gewerkschaften** im Betrieb haben keinen Anspruch nach § 37 Abs. 6 und 7 (*Fitting* § 37 Rn. 181). Die **Vertrauenspersonen der schwerbehinderten Menschen** und deren Stellvertreter haben nach Maßgabe des § 179 Abs. 4 SGB IX (bis 31.12.2017: § 96 Abs. 4 Satz 3 und 4 SGB IX Anspruch auf Arbeitsbefreiung zwecks Teilnahme an Schulungs- und Bildungsveranstaltungen, soweit diese Kenntnisse vermitteln, die für die Arbeit der Schwerbehindertenvertretung erforderlich sind.

164

2. Schulungs- und Bildungsveranstaltungen nach § 37 Abs. 6

a) Grundlagen

aa) Rechtsfolgen- und Tatbestandsverweisung

aaa) Arbeitsbefreiung und Entgeltfortzahlung

165 Nach § 37 Abs. 6 Satz 1 i. V. m. Abs. 2 besteht Anspruch auf Arbeitsbefreiung von Betriebsratsmitgliedern ohne Minderung des Arbeitsentgelts für die Teilnahme an Schulungs- und Bildungsveranstaltungen. Die Vorschrift verweist nicht nur auf die **Rechtsfolge** des Abs. 2, sondern auch auf dessen **Tatbestand**. Deshalb setzt der Anspruch voraus, dass sowohl die Voraussetzungen des Abs. 2 als auch die speziell auf die Schulungsteilnahme bezogenen Voraussetzungen des Abs. 6 Satz 1 erfüllt sind. Es muss sich deshalb um eine Schulung handeln, die **Kenntnisse** vermittelt, welche nach **Art** und **Umfang** des **Betriebs** zur **ordnungsgemäßen Durchführung** der **Aufgaben** des **Betriebsrats** und seiner Mitglieder **erforderlich** sind (vgl. Rdn. 172 ff.) und es muss die **Arbeitsbefreiung** zum Erwerb dieser Kenntnisse durch Schulung generell sowie ihrem zeitlichen und personellen Umfang nach **erforderlich** sein (vgl. Rdn. 202 ff.).

bbb) Freizeitausgleich

166 § 37 Abs. 6 Satz 1 i. V. m. Abs. 3 enthält nach der Neufassung der Vorschrift im Zuge des **BetrVerf-Reformgesetzes** im Jahre 2001 auch einen Anspruch auf Freizeitausgleich unter Fortzahlung des Arbeitsentgelts in Fällen der Schulungsteilnahme außerhalb der persönlichen Arbeitszeit. Das hat namentlich für **teilzeitbeschäftigte Betriebsratsmitglieder** Bedeutung, denen früher überwiegend ein Freizeitausgleich verweigert worden war, weil § 37 Abs. 6 a. F. nur auf Abs. 2 und gerade nicht auf Abs. 3 verwies, und die Zeit einer Schulungsveranstaltung vom Schulungsträger festgelegt wird, so dass Schulungen außerhalb der Arbeitszeit in aller Regel nicht auf betriebsbedingten Gründen beruhen. Auch unter dem Gesichtspunkt einer mittelbaren Diskriminierung weiblicher teilzeitbeschäftigter Betriebsratsmitglieder ergab sich nach seinerzeit herrschender Ansicht nichts anderes (vgl. Rdn. 233).

167 Der Gesetzgeber hat nunmehr die **Rechtsfolgenverweisung des § 37 Abs. 6 ausdrücklich auch auf Abs. 3** erstreckt und damit prinzipiell den Zugang zum Freizeitausgleich eröffnet. Wie beim Anspruch auf Arbeitsbefreiung handelt es sich aber auch um eine **Tatbestandsverweisung**. Für die Anwendung der Vorschrift bedeutet dies, dass zunächst **die für die Arbeitsbefreiung nach § 37 Abs. 6 i. V. m. Abs. 2 geltenden Voraussetzungen** (dazu Rdn. 172 ff.) vorliegen müssen. Ebenso wie der Anspruch auf Freizeitausgleich nach § 37 Abs. 3 generell nur gegeben ist, wenn es sich um erforderliche Betriebsratstätigkeit i. S. d. Abs. 2 handelt (vgl. Rdn. 86), ist auch der auf die Schulungsteilnahme bezogene Freizeitausgleich zunächst an die Voraussetzungen der Arbeitsbefreiung gekoppelt. Zusätzlich müssen, da es sich auch insoweit um eine Tatbestandsverweisung handelt, die **Voraussetzungen des Abs. 3** erfüllt sein, die Betriebsratstätigkeit in Form der Schulungsteilnahme außerhalb der persönlichen Arbeitszeit muss auf betriebsbedingten Gründen beruhen (vgl. auch *Richardi / Thüsing* § 37 Rn. 155). Dabei ist für das Merkmal der Betriebsbedingtheit die **Ergänzung der Tatbestandsverweisung in § 37 Abs. 6 Satz 2** zu beachten, die für die Frage der Betriebsbedingtheit i. S. d. Abs. 3 klarstellen soll, dass darunter auch Besonderheiten der betrieblichen Arbeitszeitgestaltung fallen (dazu Rdn. 235, 241). Zur Höhe des Ausgleichsanspruchs (§ 37 Abs. 6 Satz 2 Halbs. 2) vgl. Rdn. 236. Zur Bedeutung der Neuregelung für das Ehrenamtsprinzip vgl. Rdn. 237.

bb) Inhaber des Anspruchs

aaa) Arbeitsbefreiung und Entgeltfortzahlung

168 Schulungs- und Bildungsveranstaltungen nach § 37 Abs. 6 dienen dem Zweck, die für die Arbeit des Betriebsrats erforderlichen Kenntnisse zu vermitteln (vgl. Rdn. 159 f.). Der Betriebsrat muss prüfen, welche Kenntnisse für seine Arbeit als Gremium erforderlich und von welchen Betriebsratsmitgliedern sie zu erwerben sind, damit seine Aufgaben ordnungsgemäß wahrgenommen werden können. Da es um seine Bedürfnisse geht, handelt es sich um einen **kollektiven Anspruch** des **Betriebsrats** (st. Rspr., vgl. u. a. *BAG* 06.11.1973 EzA § 37 BetrVG 1972 Nr. 16 S. 51 [*Richardi*] = AP Nr. 5 zu § 37

BetrVG 1972 Bl. 2 R *[Kittner]*; 05.04.1984 EzA § 37 BetrVG 1972 Nr. 80 S. 390 = AP Nr. 46 zu § 37 BetrVG 1972 Bl. 1 R *[Löwisch/Rieble]*; **BAG 20.08.2014 EzA § 37 BetrVG 2001 Nr. 18 Rn. 15** = AP Nr. 157 zu § 37 BetrVG 1972; *Fitting* § 37 Rn. 161; *Glock*/HWGNRH § 37 Rn. 129; *Joost*/MünchArbR § 220 Rn. 93; *Wedde*/DKKW § 37 Rn. 105, 137).

Das **einzelne Betriebsratsmitglied** hat **zunächst keinen Anspruch** auf Schulung nach § 37 Abs. 6 (zu § 37 Abs. 7 vgl. Rdn. 245). Dieser **entsteht** erst mit der **Auswahl** eines Betriebsratsmitglieds für eine bestimmte Schulungsveranstaltung **durch Beschluss** des **Betriebsrats** (dazu und zum Fehlen des Beschlusses vgl. Rdn. 282 ff., zu dessen Unwirksamkeit bei Beschlussmängeln *Raab* § 33 Rdn. 51 ff.). Es handelt sich um einen **abgeleiteten individuellen Anspruch** des Betriebsratsmitglieds (*BAG* 06.11.1973 EzA § 37 BetrVG 1972 Nr. 16 S. 50 *[Richardi]* = AP Nr. 5 zu § 37 BetrVG 1972 Bl. 5 Bl. 2 *[Kittner]*; 27.09.1974 EzA § 37 BetrVG 1972 Nr. 33 S. 126 = AP Nr. 18 zu § 37 BetrVG 1972 Bl. 2 R *[Halberstadt]*; *Fitting* § 37 Rn. 161; *Koch*/ErfK § 37 BetrVG Rn. 12; *Wedde*/DKKW § 37 Rn. 137; **a. M.** *Richardi/Thüsing* § 37 Rn. 122 f.; dem folgend *Rasche* Arbeitnehmerweiterbildung, S. 142 ff. [das einzelne Betriebsratsmitglied sei von vornherein neben dem Betriebsrat anspruchsberechtigt, der Anspruch des Betriebsrats und der Anspruch des Betriebsratsmitglieds entstünden erst mit einem Beschluss über die Notwendigkeit einer Schulung, die zeitliche Lage und die personelle Auswahl der freizustellenden Mitglieder]). Der **Anspruch des Betriebsrats** entsteht **kraft Gesetzes**, sobald eine Schulungsnotwendigkeit besteht; eines Beschlusses über diese Anspruchsvoraussetzung bedarf es nicht. Der Anspruch erfordert aber in personeller und zeitlicher Hinsicht eine Konkretisierung. Dazu ist nicht nur ein Betriebsratsbeschluss erforderlich, sondern auch eine Einigung mit dem Arbeitgeber über den Zeitpunkt der Teilnahme oder ein Einigungssurrogat (Spruch der Einigungsstelle, Schweigen des Arbeitgebers; vgl. Rdn. 306). Diese Voraussetzungen müssen zwar auch für den Anspruch des **Betriebsratsmitglieds** vorliegen. Jedoch entsteht sein **Anspruch nicht kraft Gesetzes**, sondern setzt konstitutiv einen Beschluss des Betriebsrats über seine Teilnahme voraus (vgl. Rdn. 282). Davon ist die Frage zu unterscheiden, ob jedes Betriebsratsmitglied einen Anspruch auf Berücksichtigung bei Schulungen gegen den Betriebsrat nach § 37 Abs. 6 hat (vgl. hierzu Rdn. 290).

bbb) Freizeitausgleich
Die dargelegten Grundsätze gelten **auch beim Freizeitausgleich** nach § 37 Abs. 6 Satz 1 i. V. m. Abs. 3. Der Anspruch unterscheidet sich von dem des Abs. 2 nur insoweit, als Bezugspunkt eine Schulung außerhalb der persönlichen Arbeitszeit des Betriebsratsmitglieds ist. Wie im Falle des Abs. 2 auch kann das einzelne Betriebsratsmitglied einen Anspruch gegen den Arbeitgeber nur geltend machen, wenn der Betriebsrat die Erforderlichkeit der Schulung geprüft und eine Auswahlentscheidung vorgenommen hat. Soweit die Begründung des Regierungsentwurfs von einem Anspruch (teilzeitbeschäftigter) »Betriebsratsmitglieder« spricht (BT-Drucks. 14/5741 S. 41), kann damit deshalb nur der **abgeleitete individuelle Anspruch** (s. Rdn. 169) gemeint sein.

cc) Verpflichtung der Betriebsratsmitglieder
Da die Teilnahme von Betriebsratsmitgliedern an Schulungs- und Bildungsveranstaltungen nach **§ 37 Abs. 6** zur Erlangung der für die Betriebsratstätigkeit erforderlichen Kenntnisse zu den Aufgaben des Betriebsrats gehört (vgl. Rdn. 158) und die Betriebsratsmitglieder ohne die erforderlichen Kenntnisse nicht in der Lage sind, ihre Aufgaben sachgerecht zu erfüllen, sind die **Betriebsratsmitglieder** als **verpflichtet** anzusehen, **sich die erforderlichen Kenntnisse** für die ordnungsgemäße Durchführung ihrer Aufgaben **anzueignen** (*BAG* 21.04.1983 EzA § 40 BetrVG 1972 Nr. 53 S. 261 *[Kreutz]* = AP Nr. 20 zu § 40 BetrVG 1972 Bl. 3 *[Naendrup]*; *Wedde*/DKKW § 37 Rn. 108) und sich **fortzubilden**. Dem kann nicht entgegengehalten werden, die Regelung des § 37 Abs. 6 enthielte Ansprüche, es seien also Rechte und nicht Pflichten des Betriebsrats bzw. des Betriebsratsmitglieds festgelegt worden (so aber *Kraft* DB 1973, 2519 [2520, 2524]; vgl. auch *Ohlgardt* DB 1974, 1722 f.). Diese Ansicht übersieht, dass die Befugnisse nach dem Betriebsverfassungsgesetz dem Betriebsrat und seinen Mitgliedern nicht um ihrer selbst, sondern um der ihnen vom Gesetzgeber zugewiesenen Funktion willen zustehen und grundsätzlich pflichtgebundene Rechte sind (*Oetker* § 23 Rdn. 24; *Richardi/Thüsing* § 23 Rn. 4). Das gilt jedenfalls für die erforderlichen Kenntnisse i. S. d. § 37 Abs. 6, während man im Falle des § 37 Abs. 7, der nur von geeigneten Schulungsveranstaltungen spricht (vgl. dazu

Rdn. 246 ff.), nicht von einer Verpflichtung des Betriebsratsmitglieds zur Schulungsteilnahme ausgehen kann. Verschaffen Betriebsratsmitglieder sich nicht die erforderlichen Informationen – sei es durch zumutbares Eigenstudium oder Teilnahme an einer Schulung aufgrund eines Betriebsratsbeschlusses –, so handeln sie pflichtwidrig, was gegebenenfalls die Sanktion nach § 23 Abs. 1 auslösen kann (zust. *Wedde/DKKW* § 37 Rn. 108).

b) Arbeitsbefreiung und Entgeltfortzahlung, § 37 Abs. 6 Satz 1 i. V. m. Abs. 2

aa) Voraussetzungen

aaa) Erforderlichkeit der Schulung

(1) Schulungs- und Bildungsveranstaltung

172 Erforderlich ist eine Arbeitsbefreiung nach § 37 Abs. 6 Satz 1 nur, wenn es um die Teilnahme an einer **Schulungs- und Bildungsveranstaltung** geht. Es muss sich um eine Veranstaltung handeln, die didaktisch auf einen bestimmten, eng abgegrenzten Personenkreis abstellt, bei dem noch eine individuelle Beziehung zwischen dem Lehrpersonal und den Teilnehmern besteht, und deren Ziel darin besteht, bei den Teilnehmern einen bestimmten Wissensstand herbeizuführen (*LAG Berlin* 11.12.1989 DB 1990, 696; *Glock/HWGNRH* § 37 Rn. 134). Keine Schulungs- und Bildungsveranstaltungen sind deshalb Kongresse oder Konferenzen (*Glock/HWGNRH* § 37 Rn. 135). Zur (unschädlichen) Teilnahme von Nicht-Betriebsräten an einer Schulung vgl. Rdn. 176.

173 Für die Annahme einer Schulungs- und Bildungsveranstaltung nach § 37 Abs. 6 **unerheblich** ist deren **Träger**. Maßgebend ist der Inhalt der Veranstaltung; es müssen Kenntnisse vermittelt werden, die für die Arbeit des Betriebsrats erforderlich sind. Als Veranstalter kommen vor allem die Gewerkschaften in Betracht, aber auch Arbeitgeberverbände, Arbeitnehmerkammern in Bremen und Arbeitskammern im Saarland, Berufsgenossenschaften, private Veranstalter, Parteien, Universitäten, Verwaltungs- und Wirtschaftsakademien, Volkshochschulen und kirchliche Einrichtungen (*Däubler* Schulung, Rn. 330 ff.; *Fitting* § 37 Rn. 169; *Glock/HWGNRH* § 37 Rn. 136; *Richardi/Thüsing* § 37 Rn. 118; *Wedde/DKKW* § 37 Rn. 142). Zur Schulung durch **externe Beisitzer einer Einigungsstelle** siehe Rdn. 205.

174 **Unzulässig** wäre es, die **Gewerkschaften als Träger** von Schulungs- und Bildungsveranstaltungen **auszuschließen**, weil ihre Tätigkeit auf diesem Gebiet von Art. 9 Abs. 3 GG erfasst wird (*Däubler* Schulung, Rn. 333; *Dütz/Säcker* DB 1972, Beil. Nr. 17, S. 8; *Richardi/Thüsing* § 37 Rn. 119, § 40 Rn. 35 ff.; *Streckel* DB 1974, 335 [337]). Jedoch ist eine Konkurrenz der Träger von Schulungs- und Bildungsveranstaltungen untereinander möglich. Unzulässig (vgl. § 78 Satz 2) und strafbar (vgl. § 119 Abs. 1 Nr. 3) wäre auch die Gewährung finanzieller Vorteile an Betriebsratsmitglieder bei Teilnahme an Schulungs- und Bildungsveranstaltungen bestimmter Veranstalter (*Klinkhammer* BB 1973, 1399 [1403]; *Streckel* DB 1974, 335 [337]; anders *Eich* BB 1973, 1032 [1035]). Außerdem hat der beeinträchtigte Veranstalter nach Maßgabe des § 826 BGB Ansprüche auf Schadenersatz bzw. Unterlassung (vgl. auch *Däubler* Schulung, Rn. 333, Rn. 334; *Streckel* DB 1974, 335 [337 f.]; **a. M.** *Klinkhammer* BB 1973, 1399 [1403]). Zur Pflicht des Arbeitgebers, auch bei gewerkschaftlicher Trägerschaft die **Schulungskosten nach** § **40** zu übernehmen, vgl. § 40 Rdn. 65 ff., zum Nachweis und zur Abrechnung solcher Kosten vgl. § 40 Rdn. 84 ff.

175 Zur **Auswahl** einer **Schulungs- und Bildungsveranstaltung** durch das Betriebsratsmitglied bei konkurrierenden Schulungsangeboten verschiedener Schulungsträger vgl. Rdn. 292.

176 Der Charakter einer Schulungs- und Bildungsveranstaltung nach § 37 Abs. 6 wird nicht dadurch beeinträchtigt, dass **neben Betriebsratsmitgliedern andere Personen** (z. B. Gewerkschaftsfunktionäre oder Arbeitnehmer ohne Amt in der Betriebsverfassung) daran teilnehmen (*Däubler* Schulung, Rn. 340; *Fitting* § 37 Rn. 170; *Glock/HWGNRH* § 37 Rn. 136; *Richardi/Thüsing* § 37 Rn. 121; *Wedde/DKKW* § 37 Rn. 131, 143). Selbstverständlich können Schulungs- und Bildungsveranstaltungen auch speziell nur für Betriebsratsmitglieder eines bestimmten Betriebs durchgeführt werden (*LAG Berlin* 28.09.1992 BB 1993, 291).

(2) Schulungsberechtigte und schulungsbedürftige Personen

Nach § 37 Abs. 6 kommt nur eine Schulung von **Betriebsratsmitgliedern** in Betracht (vgl. aber Rdn. 163 f.). Das gilt auch bei **Teilzeitbeschäftigung** und **Bedarfsarbeit** (*Lipke* NZA 1990, 758 [761]; *Wedde/DKKW* § 37 Rn. 144, 166). Für noch nicht nachgerückte **Ersatzmitglieder** besteht grundsätzlich kein Anspruch auf Schulung (*BAG* 10.05.1974 EzA § 65 BetrVG 1972 Nr. 4 S. 10 = AP Nr. 2 zu § 65 BetrVG 1972 Bl. 2 f.; *Fitting* § 37 Rn. 178; *Glock/HWGNRH* § 37 Rn. 167; *Richardi/Thüsing* § 25 Rn. 33, § 37 Rn. 125). Dagegen steht ein gemäß § **25 Abs. 1 Satz 1** in den Betriebsrat nachgerücktes Ersatzmitglied den anderen Betriebsratsmitgliedern gleich. Es hat daher in jedem Falle einen individuellen Anspruch auf Schulung nach § 37 Abs. 7 entsprechend der Dauer der noch vor ihm liegenden Amtszeit (vgl. Rdn. 275). Ob außerdem der Erwerb von Kenntnissen nach § 37 Abs. 6 für die Tätigkeit des Betriebsrats erforderlich ist, richtet sich nach dessen Geschäftsbedürfnissen (vgl. auch *Fitting* § 37 Rn. 178; *Richardi/Thüsing* § 25 Rn. 33, § 37 Rn. 125). In größeren Betriebsräten wird das häufig zu verneinen sein, es sei denn, dass das ausgeschiedene Betriebsratsmitglied bestimmte Spezialkenntnisse besaß, die mit dessen Ausscheiden von dem nachgerückten Ersatzmitglied oder einem anderen Betriebsratsmitglied erworben werden müssen. Zum Anspruch auf Schulungsteilnahme eines Ersatzmitglieds eines einköpfigen Betriebsrats vgl. *ArbG Bremen-Bremerhaven* 14.09.2006 NZA-RR 2007, 22. 177

Bei **Ersatzmitgliedern**, die nach § **25 Abs. 1 Satz 2** nur ein zeitweilig verhindertes Betriebsratsmitglied vertreten, ist eine Schulung nach § 37 Abs. 6 grundsätzlich nicht erforderlich (zu § 37 Abs. 7 vgl. Rdn. 275). Das gilt auch für das Ersatzmitglied des aus einer Person bestehenden Betriebsrats (*BAG* 10.05.1974 EzA § 65 BetrVG 1972 Nr. 4 S. 11 = AP Nr. 2 zu § 65 BetrVG 1972 Bl. 2 R; **a. M.** *Däubler* Schulung, Rn. 358; *Galperin/Löwisch* § 37 Rn. 99). Ausnahmsweise kann auch ein Ersatzmitglied während oder außerhalb der Vertretungszeit nach § 37 Abs. 6 geschult werden, wenn es etwa häufig für längere Zeit ein Betriebsratsmitglied vertreten muss (*BAG* 15.05.1986 EzA § 37 BetrVG 1972 Nr. 84 S. 405 f. = AP Nr. 53 zu § 37 BetrVG 1972 Bl. 2 = SAE 1987, 103 *[von Hoyningen-Huene]*; 19.09.2001 EzA § 37 BetrVG 1972 Nr. 142 S. 3 ff. = AP Nr. 9 zu § 25 BetrVG 1972 Bl. 1 R ff. *[Bengelsdorf]*; *Däubler* Schulung, Rn. 355 ff.; *Fitting* § 37 Rn. 178; *Glock/HWGNRH* § 37 Rn. 167; *Löwisch/LK* § 37 Rn. 93; *Richardi/Thüsing* § 37 Rn. 125; *Wedde/DKKW* § 37 Rn. 145; weitergehend *Wenning-Morgenthaler* BB 1985, 1336 [1338 f., 1340]; enger *Galperin/Löwisch* § 37 Rn. 98). Jedoch muss der Erwerb der zu vermittelnden Kenntnisse durch das Ersatzmitglied für die Gewährleistung der Arbeitsfähigkeit des Betriebsrats erforderlich sein (*BAG* 19.09.2001 EzA § 37 BetrVG 1972 Nr. 142 S. 3 ff. = AP Nr. 9 zu § 25 BetrVG 1972 Bl. 1 R ff. *[Bengelsdorf]*). Der Betriebsrat hat insofern in der Regel durch innerorganisatorische Maßnahmen Vorsorge zu treffen, dass seine Arbeitsfähigkeit gewährleistet ist (*BAG* 19.09.2001 EzA § 37 BetrVG 1972 Nr. 142, S. 4 f. = AP Nr. 9 zu § 25 BetrVG 1972). Nur in Ausnahmefällen, in denen wegen Unvorhersehbarkeit des Vertretungsfalls oder aus sonstigen Gründen solche Vorkehrungen nicht möglich sind, kann der Betriebsrat ein Ersatzmitglied an einer Schulung teilnehmen lassen. Ein solcher Fall kann für eine Schulung über Grundkenntnisse des Betriebsverfassungsrechts gegeben sein, wenn ein Ersatzmitglied über einen längeren Zeitraum hinweg bei ca. 50 % der Betriebsratssitzungen herangezogen wird und damit auch zukünftig zu rechnen ist (*LAG Köln* 10.02.2000 NZA-RR 2001, 142, das allerdings meint, damit im Widerspruch zur Rechtsprechung des *BAG* zu stehen; vgl. dazu auch *ArbG Mannheim* 19.01.2000 AiB 2000, 506). 178

Die Schulungsbedürftigkeit des einzelnen Betriebsratsmitglieds hängt von seinen **Erfahrungen** und **Vorkenntnissen** ab. Verfügt ein Betriebsratsmitglied bereits über die Kenntnisse, die in einer Veranstaltung vermittelt werden, so ist seine Schulung nicht erforderlich (*BAG* 09.10.1973 EzA § 37 BetrVG 1972 Nr. 14 S. 44 f. *[Richardi]* = AP Nr. 4 zu § 37 BetrVG 1972 Bl. 2 f. *[Natzel]*; 20.12.1995 EzA § 37 BetrVG 1972 Nr. 130 S. 5 = AP Nr. 113 zu § 37 BetrVG 1972 Bl. 3; 19.03.2008 – 7 ABR 2/07 – juris, Rn. 14; vgl. auch *LAG Hamm* 16.01.2015 – 13 Sa 1046/14 – juris Rn. 33 ff.; *Däubler* Schulung, Rn. 154; *Wiese* BlStSozArbR 1974, 353 [355]; **a. M.** *LAG Baden-Württemberg* 15.05.1973 ARSt. 1973, 149). Praktische Erfahrung allein schließt aber nicht aus, dass noch eine Schulung auf dem Gebiet des theoretischen und fachlichen Wissens erforderlich ist (*BAG* 27.08.1974 AuR 1974, 312 [313], vgl. aber auch 19.03.2008 – 7 ABR 2/07 – juris, Rn. 14, 18 ff. zur Schulung eines Betriebsratsmitglieds, das sich zwar erst im vierten Jahr seiner Amtszeit befand, aber seit über zehn Jahren als Vertrauensperson der schwerbehinderten Menschen Erfahrungswissen sammeln konnte). Einer Schulung 179

§ 37   II. 3. *Geschäftsführung des Betriebsrats*

bedarf es nicht, wenn das Betriebsratsmitglied erforderliche Kenntnisse zumutbar auf andere Weise erlangen kann (vgl. Rdn. 203 ff.).

180 **Kurz vor** dem **Ausscheiden** eines **Betriebsratsmitglieds aus** dem **Betriebsrat** ist eine Schulung nur noch dann erforderlich, wenn der Betriebsrat in Ausübung des ihm zustehenden Beurteilungsspielraums zu der Einschätzung kommen kann, dass die zu erwerbenden Kenntnisse vom Betriebsrat noch genutzt werden können (zum Schulungsanspruch nach § 37 Abs. 7 vgl. Rdn. 274). Regelmäßig wird deshalb eine Schulung in Grundkenntnissen der Betriebsverfassung zu diesem Zeitpunkt nicht mehr erforderlich sein, und zwar auch dann, wenn das Betriebsratsmitglied auch für den neuen Betriebsrat kandidieren will und seine Wiederwahl wahrscheinlich ist (*BAG* 07.06.1989 EzA § 37 BetrVG 1972 Nr. 98 S. 7 = AP Nr. 67 zu § 37 BetrVG 1972 Bl. 3 R). Sollte der Betriebsrat die Schulung ausnahmsweise dennoch für erforderlich halten, bedarf es dafür der **näheren Darlegung** (*BAG* 07.06.1989 EzA § 37 BetrVG 1972 Nr. 98 S. 7 = AP Nr. 67 zu § 37 BetrVG 1972 Bl. 3 R; *Fitting* § 37 Rn. 163; vgl. auch *LAG Schleswig-Holstein* 08.10.1986 LAGE § 40 BetrVG 1972 Nr. 22; *Schiefer* DB 2008, 2649 ff.). **Anders** sieht das jetzt die **neuere Rechtsprechung**, wonach die Erforderlichkeit der Vermittlung von Grundkenntnissen kurz vor dem Ende der Amtszeit **nicht gesondert dargelegt** werden müsse. Der Beurteilungsspielraum des Betriebsrats sei erst überschritten, wenn absehbar sei, dass das zu schulende Betriebsratsmitglied in seiner verbleibenden Amtszeit das vermittelte Wissen **nicht** mehr braucht (*BAG* 19.03.2008 – 7 ABR 2/07 – juris, Rn. 20; 07.05.2008 EzA § 37 BetrVG 2001 Nr. 7 Rn. 16 = AP Nr. 145 zu § 37 BetrVG 1972; 17.11.2010 EzA § 37 BetrVG 2001 Nr. 10 Rn. 28 = AP Nr. 149 zu § 37 BetrVG 1972; vgl. auch *LAG Rheinland-Pfalz* 23.11.1994 BB 1995, 1593; zust. *Richardi/Thüsing* § 37 Rn. 135; *Wedde/DKKW* § 37 Rn. 135). In den zunächst entschiedenen Fällen dauerte allerdings die Amtszeit des Betriebsrats bis zu nächsten Wahl immerhin noch mehr als sechs Monate (*BAG* 07.05.2008 EzA § 37 BetrVG 2001 Nr. 7) bzw. acht bis zehn Monate (*BAG* 19.03.2008 – 7 ABR 2/07 – juris). Später hat das BAG auf eine Darlegung der Erforderlichkeit aber sogar in einem Fall verzichtet, in dem das Betriebsratsmitglied bereits sechs Wochen nach dem Abschluss der Schulung aufgrund einer Befristung des Arbeitsverhältnisse ausscheiden sollte (*BAG* 17.11.2010 EzA § 37 BetrVG 2001 Nr. 10 = AP Nr. 149 zu § 37 BetrVG 1972).

181 Hat der Betriebsrat bereits die Teilnahme eines bestimmten Betriebsratsmitglieds beschlossen und **scheidet dieses** vor Beginn der Schulung **aus dem Betriebsrat aus**, so entfällt die Zulässigkeit seiner Schulung, und der Betriebsrat kann bei Bedarf ein anderes Betriebsratsmitglied für die Schulung bestimmen. Ebenso entfällt die Erforderlichkeit der Schulung, falls nach Beschlussfassung durch den Betriebsrat und vor Beginn der Schulung feststeht, dass das Betriebsratsmitglied unmittelbar nach der Schulung aus dem Betriebsrat ausscheiden wird. Auch in diesem Falle könnte der Betriebsrat bei Bedarf ein anderes Betriebsratsmitglied für die Schulung bestimmen. Einer besonderen Darlegung der Erforderlichkeit einer Schulung bedarf es auch nach dem **Rücktritt** des **Betriebsrats** (weiter wohl *Wedde/DKKW* § 37 Rn. 148, wo eine entsprechende besondere Darlegungspflicht nicht erwähnt wird).

182 **Freigestellte Betriebsratsmitglieder** dürfen an Schulungs- und Bildungsveranstaltungen nur unter den gleichen Voraussetzungen wie nicht freigestellte Betriebsratsmitglieder teilnehmen; andernfalls entfällt sowohl der Anspruch auf Kostenerstattung als auch der Anspruch auf Fortzahlung des Arbeitsentgelts (*BAG* 21.07.1978 EzA § 37 BetrVG 1972 Nr. 60 S. 272 = AP Nr. 4 zu § 38 BetrVG 1972 Bl. 2; *Fitting* § 38 Rn. 80; *Glock/HWGNRH* § 37 Rn. 167, § 38 Rn. 55; *Richardi/Thüsing* § 38 Rn. 58; *Wedde/DKKW* § 38 Rn. 71).

(3) Erforderlichkeit von Kenntnissen

183 Die Schulungs- und Bildungsveranstaltungen müssen ihrem Gegenstand nach Kenntnisse vermitteln, die nach Art und Umfang des Betriebs zur ordnungsgemäßen Durchführung der Aufgaben des Betriebsrats und seiner Mitglieder **erforderlich** sind. Nach der billigenswerten und für die Praxis maßgebenden ständigen Rechtsprechung des *BAG* (vgl. u. a. *BAG* 06.11.1973 EzA § 37 BetrVG 1972 Nr. 16 S. 51 ff. *[Richardi]* = AP Nr. 5 zu § 37 BetrVG 1972 Bl. 3 *[Kittner]*; 27.09.1974 EzA § 37 BetrVG 1972 Nr. 33 S. 127 *[Weiss]* = AP Nr. 18 zu § 37 BetrVG 1972 Bl. 3 *[Halberstadt]*; 18.01.2012 EzA § 37 BetrVG 2001 Nr. 14 Rn. 25 = AP Nr. 135 zu § 37 BetrVG 1972) sind diejenigen Kenntnisse erforderlich, die der Betriebsrat unter **Berücksichtigung der konkreten Situation des einzelnen**

Betriebs und Wissensstandes des Betriebsrats sofort oder doch aufgrund einer typischen Fallgestaltung **demnächst** benötigt, um seine derzeitigen oder demnächst anfallenden Aufgaben sachgerecht wahrnehmen zu können (zust. *Fitting* § 37 Rn. 141 f., 146; *Glock / HWGNRH* § 37 Rn. 138; *Richardi / Thüsing* § 37 Rn. 97; *Wiese* BlStSozArbR 1974, 353 [355]; **a. M.** *Däubler* Schulung, Rn. 178 ff.; krit. *Kittner* Anm. AP Nr. 5 zu § 37 BetrVG 1972 Bl. 4 R ff.). Maßgebend ist der Zeitpunkt der Beschlussfassung des Betriebsrats (*BAG* 27.09.1974 EzA § 37 BetrVG 1972 Nr. 33 S. 130 *[Weiss]* = AP Nr. 18 zu § 37 BetrVG 1972 Bl. 4 R *[Halberstadt]*; 19.07.1995 EzA § 37 BetrVG 1972 Nr. 126 S. 6 = AP Nr. 110 zu § 37 BetrVG 1972 Bl. 3); zu dem ihm zustehenden Beurteilungsspielraum vgl. Rdn. 224 f. Im Einzelnen gilt Folgendes:

Die vermittelten **Kenntnisse** müssen sich **auf** die **Aufgaben** des konkreten **Betriebsrats** und deren **184** Durchführung im Betrieb **beziehen** (*LAG Berlin* 11.12.1989 DB 1990, 696; *Fitting* § 37 Rn. 139; *Glock / HWGNRH* § 37 Rn. 138, 142; *Richardi / Thüsing* § 37 Rn. 96). Das *BAG* (06.11.1973 EzA § 37 BetrVG 1972 Nr. 16 S. 51 *[Richardi]* = AP Nr. 5 zu § 37 BetrVG 1972 Bl. 3 *[Kittner]*; 28.01.1975 EzA § 37 BetrVG 1972 Nr. 37 S. 153 = AP Nr. 20 zu § 37 BetrVG 1972 Bl. 2 R; 26.08.1975 EzA § 37 BetrVG 1972 Nr. 44 S. 167 = AP Nr. 21 zu § 37 BetrVG 1972 Bl. 2; 16.03.1976 EzA § 37 BetrVG 1972 Nr. 46 S. 173 = AP Nr. 22 zu § 37 BetrVG 1972 Bl. 1 R; 25.04.1978 EzA § 37 BetrVG 1972 Nr. 59 S. 252 *[Kittner]* = AP Nr. 33 zu § 37 BetrVG 1972 Bl. 3) formuliert, die vermittelten Kenntnisse müssten sich unmittelbar auf die Betriebsratstätigkeit auswirken. Zu den Aufgaben des Betriebsrats vgl. Rdn. 29 ff. Die Zuordnung ist hier wie dort objektiv zu bestimmen (vgl. Rdn. 29; *Wiese* BlStSozArbR 1974, 353 [355 f.]). Was thematisch keinen Bezug zu den konkreten Aufgaben des Betriebsrats hat, kann nicht Gegenstand einer erforderlichen Schulung sein.

Der **Bezug** ist von Gerichten **verneint worden** bei Schulungen von Betriebsratsmitgliedern über: **185**
— **allgemeinbildende, künstlerische, unterhaltende, wirtschafts-, rechts-, gesellschafts-, allgemeinpolitische** oder **kirchliche Themen** (*BAG* 26.08.1975 EzA § 37 BetrVG 1972 Nr. 44 S. 168 = AP Nr. 21 zu § 37 BetrVG 1972 Bl. 2 R; *LAG Berlin* 11.12.1989 DB 1990, 696; *LAG Hamm* 25.06.2004 – 10 Sa 2025/03 – juris; *Glock / HWGNRH* § 37 Rn. 142; *Loritz* NZA 1993, 2 [5 f.]; *Richardi / Thüsing* § 37 Rn. 96; *Wedde / DKKW* § 37 Rn. 132); daran ist auch in Zukunft festzuhalten, obwohl durch das **BetrVerf-Reformgesetz** aus dem Jahre 2001 dem Betriebsrat auch Kompetenzen im Bereich der **Bekämpfung von Rassismus und Fremdenfeindlichkeit im Betrieb** zugesprochen wurden, die durchaus allgemeinpolitische Fragestellungen betreffen (§ 80 Abs. 1 Nr. 7, § 88 Nr. 4, § 99 Abs. 2 Nr. 6). Schulungen zu diesem Themenbereich haben allerdings dann Bezug zu den Aufgaben des Betriebsrats, wenn sie die konkreten Möglichkeiten zur Bekämpfung von Rassismus und Fremdenfeindlichkeit auf betrieblicher Ebene zum Gegenstand haben.
— **Allgemeinwissen** hinsichtlich **EDV-Anlagen** (*LAG Nürnberg* 21.11.1984 LAGE § 37 BetrVG 1972 Nr. 20 S. 25 f.);
— **Beteiligung** nach §§ **90, 91**, wenn im Betrieb Änderungen nicht geplant sind (*LAG Düsseldorf* 04.01.1974 – 13 Ta BV 20/73);
— **Bilanzanalyse** für Betriebsräte, die nicht Mitglied des Wirtschaftsausschusses sind (*LAG Köln* 18.01.2002 NZA-RR 2003, 141);
— **Geschäftsführung** des **Betriebsrats** nur deswegen, weil das Betriebsratsmitglied dem Betriebsausschuss angehört und ihm die Führung der laufenden Geschäfte des Betriebsrats übertragen worden ist; selbst eine **häufige Vertretung** des Betriebsratsvorsitzenden und seines Stellvertreters ist für sich noch kein Grund zur Schulung (*BAG* 02.04.1974 – 1 ABR 61/73);
— Fragen des **Gesamt-** und **Konzernbetriebsrats**, wenn es im konkreten Fall keinen Gesamt- oder Konzernbetriebsrat gibt (*BAG* 27.09.1974 EzA § 37 BetrVG 1972 Nr. 33 S. 128 *[Weiss]* = AP Nr. 18 zu § 37 BetrVG 1972 Bl. 3 R *[Halberstadt]* oder wenn es darum geht, den Streit über die Rechtmäßigkeit der Bildung des Konzernbetriebsrats beizulegen (*BAG* 24.07.1991 DB 1992, 482); anders aber nach einem Beschluss der Betriebsräte zur Konstituierung eines Konzernbetriebsrats (*LAG Bremen* 03.11.2000 NZA-RR 2001, 310).
— Fragen im Zusammenhang mit Mitbestimmungsverfahren in der Zuständigkeit des Gesamtbetriebsrats und **nicht in der Zuständigkeit des die Schulung begehrenden örtlichen Betriebsrats**; hier: noch laufende Verhandlungen zwischen Gesamtbetriebsrat und Arbeitgeber über eine Gesamtbetriebsvereinbarung zur Einführung und näheren Ausgestaltung einer webbasier-

ten Software zur Personaleinsatzplanung, Personalbedarfsermittlung und zum Zeitmanagement – »Workforce Management« (*LAG Berlin-Brandenburg* 20.04.2016 – 15 TaBV 52/16 – juris Rn. 24; *LAG Mainz* 17.11.2016 – 7 TaBV 24/16 – juris, Rn. 67); vgl. auch Rdn. 188;
- Funktionärstätigkeit oder Schulungen, die vorwiegend der Verfolgung **gewerkschaftspolitischer Zielsetzungen** dienen (*BAG* 29.01.1974 EzA § 40 BetrVG 1972 Nr. 12 S. 35 f. *[Richardi]* = AP Nr. 5 zu § 40 BetrVG 1972 Bl. 4 *[Kraft]*; 28.01.1975 EzA § 37 BetrVG 1972 Nr. 37 S. 153 = AP Nr. 20 zu § 37 BetrVG 1972 Bl. 1, 2 R; *Fitting* § 37 Rn. 139, 155; *Glock/HWGNRH* § 37 Rn. 142, 160; *Richardi/Thüsing* § 37 Rn. 96; *Wedde/DKKW* § 37 Rn. 132). Deshalb dürfen nach Ansicht des *BAG* (29.01.1974 EzA § 40 BetrVG 1972 Nr. 12 S. 35 f. = AP Nr. 5 zu § 40 BetrVG 1972 Bl. 4) interessenpolitische Gesichtspunkte allenfalls geringfügig am Rande berührt werden (krit. dazu *Ohlgardt* BB 1974, 1029 [1030]; vgl. auch *LAG Nürnberg* 23.08.1993 AiB 1994, 118);
- **gewerkschaftliche Strategieveranstaltungen** zur Erörterung von Vorschlägen und Möglichkeiten der Einflussnahme des Betriebsrats auf unternehmerische Entscheidungen (*LAG Berlin* 11.12.1989 DB 1990, 696);
- **Gewerkschaftspolitik** der **Lohnfindung** (*LAG Düsseldorf* 31.10.1974 DB 1975, 795 [796]);
- **Gruppenarbeit** in der Automobilindustrie, falls es in dem Betrieb keine Gruppenarbeit gibt (*BAG* 10.11.1993 EzA § 611 BGB Abmahnung Nr. 29 S. 5 = AP Nr. 4 zu § 78 BetrVG 1972 Bl. 3);
- **ISDN-Technik**, wenn die betriebliche Telefonanlage zwar ISDN-fähig ist, aber zu deren Einsatz notwendige weitere technische Gegebenheiten fehlen und der Arbeitgeber versichert hat, den ISDN-Einsatz der Telefonanlage nicht durchzuführen (*LAG Schleswig-Holstein* 25.11.1993 LAGE § 37 BetrVG 1972 Nr. 42);
- **Konkursausfallgeld** (*ArbG Arnsberg* 21.04.1976 ARSt. 1976, 135);
- Seminar über zukünftige und hypothetische gesellschaftsrechtliche Veränderungen in einem **Konzern** (*LAG München* 01.04.2010 – 4 TaBV 74/09 – juris, Rn. 27);
- **Leistungsentlohnung**, wenn im Betrieb nicht im Leistungslohn gearbeitet wird (*LAG Hamm* 06.09.1974 AuR 1974, 377);
- **Lohngestaltung und Mitbestimmung im Betrieb** für den Betriebsratsvorsitzenden eines Betriebs, der nicht tarifgebunden ist und in dem – verteilt auf lediglich zwei Gruppen von Arbeitnehmern – ausschließlich Zeitlohn gezahlt wird, wenn die Schulung für Betriebsratsmitglieder in Lohn- und Gehaltsauschüssen ausgerichtet ist und nicht mindestens zur Hälfte auf die Vermittlung von Grundkenntnissen gerichtet ist (*LAG Düsseldorf* 06.05.1997 LAGE § 37 BetrVG 1972 Nr. 50);
- **Lohnsteuerfragen**, weil es weder zu den Aufgaben des Betriebsrats gehört, über die Beachtung von Vorschriften des Lohnsteuerrechts durch den Arbeitgeber bei der Berechnung des Lohns zu wachen, noch einzelne Arbeitnehmer in steuerrechtlichen Fragen zu beraten oder ihnen beizustehen (*BAG* 11.12.1973 EzA § 37 BetrVG 1972 Nr. 19 S. 69 ff. *[Richardi]* = AP Nr. 5 zu § 80 BetrVG 1972 Bl. 2 Rf. *[Thiele]*; *Bleistein* DB 1975, Beil. Nr. 1, S. 5; *Fitting* § 37 Rn. 155; *Glock/HWGNRH* § 37 Rn. 160; *Richardi/Thüsing* § 37 Rn. 108);
- **Managementtechniken** für Betriebs- und Personalräte bei fehlender Darlegung eines betrieblichen Bezugs (*BAG* 14.09.1994 EzA § 37 BetrVG 1972 Nr. 120 S. 2 f. = AP Nr. 99 zu § 37 BetrVG 1972 Bl. 2 R = AiB 1995, 530 *[Wedde]* = BetrR 1995 *[Rosendahl]*; a. M. *Fitting* § 37 Rn. 152);
- »**Mediation im Betrieb**« *ArbG Bochum* 09.09.2005 – 4 BV 49/05 – juris;
- »Grundsätze der **Personalführung**; Moderne Führungsmittel und -formen« (*BAG* 21.07.1978 EzA § 37 BetrVG 1972 Nr. 60 S. 271 = AP Nr. 4 zu § 38 BetrVG 1972 Bl. 1 f.);
- **Privatisierung** eines Unternehmens (*LAG Köln* 12.04.1996 LAGE § 37 BetrVG 1972 Nr. 48 S. 5);
- Allgemeine Grundsätze des **Sozialrechts** (*BAG* 04.06.2003 EzA § 40 BetrVG 2001 Nr. 4 = AP Nr. 136 zu § 37 BetrVG 1972 *[Wedde]*; *ArbG Kiel* 08.07.1997 NZA-RR 1998, 169; *Fitting* § 37 Rn. 155; a. M. *ArbG Essen* 23.12.1997 AuR 1999, 75; *Wedde/DKKW* § 37 Rn. 132);
- **Sozialversicherungsthemen** aus den gleichen Gründen wie bei Lohnsteuerfragen (*BAG* 04.06.2003 EzA § 40 BetrVG 2001 Nr. 4 = AP Nr. 136 zu § 37 BetrVG 1972 *[Wedde]*; *LAG Köln* 30.06.2000 NZA-RR 2001, 255; *Bohn* BB 1975, 1392 [1393]; **a. M.** bei Themen, die unmittelbar auf das Arbeitsverhältnis einwirken, *Bleistein* DB 1975, Beil. Nr. 1, S. 5; *Fitting* § 37 Rn. 149, 155; *Wedde/DKKW* § 37 Rn. 131, 132, der auch einen »konkreten betriebsbezogenen Anlass« genügen lässt – zu diesem s. Rdn. 187);

- **Sprechstunden** des **Betriebsrats**, psychologische Schulung für Durchführung (*LAG Hamm* 25.01.1995 BB 1995, 878);
- **Sprech- und Argumentationstechnik** (*BAG* 20.10.1993 EzA § 37 BetrVG 1972 Nr. 116 S. 3 f. = AP Nr. 91 zu § 37 BetrVG 1972 Bl. 2 ff. = BetrR 1994, 9 *[Rosendahl]*, mangels ausreichender Darlegung der Erforderlichkeit; *LAG Schleswig-Holstein* 08.02.1977 LAGE § 37 BetrVG 1972 Nr. 52 S. 3 ff.; vgl. aber Rdn. 197 Stichwort Rhetorikschulung);
- Änderungen des **Staatsangehörigkeitsrechts** für ausländische Arbeitnehmer (*ArbG Marburg* 08.09.1999 NZA-RR 2000, 248);
- Begründung eines **Tarifabschlusses** aus **gewerkschaftlicher Sicht** (*LAG Frankfurt a. M.* 21.08.1973 – 5 Ta BV 38/73).

Der Betriebsrat muss ferner die durch Schulung zu vermittelnden Kenntnisse unter Berücksichtigung **186** der konkreten Situation des Betriebs und Betriebsrats sofort oder doch aufgrund einer typischen Fallgestaltung demnächst benötigen (vgl. Rdn. 183). Die **Schulung** muss also **gegenwärtig erforderlich** sein. Es genügt nicht, dass die theoretische Möglichkeit besteht, die Kenntnisse könnten später erforderlich sein (*BAG* 09.10.1973 EzA § 37 BetrVG 1972 Nr. 14 S. 44 *[Richardi]* = AP Nr. 4 zu § 37 BetrVG 1972 Bl. 2 *[Natzel]*; 16.03.1976 EzA § 37 BetrVG 1972 Nr. 46 S. 173 = AP Nr. 22 zu § 37 BetrVG 1972 Bl. 1 R; 16.03.1988 EzA § 37 BetrVG 1972 Nr. 90 S. 4 = AP Nr. 63 zu § 37 BetrVG 1972 Bl. 2; 14.01.2015 EzA § 37 BetrVG 2001 Nr. 19 Rn. 20 = AP Nr. 158 zu § 37 BetrVG 1972; ebenso *Fitting* § 37 Rn. 146; *Joost*/MünchArbR § 220 Rn. 84; *Richardi/Thüsing* § 37 Rn. 97; *Wedde/DKKW* § 37 Rn. 119).

Damit knüpft das *BAG* an seine **Rechtsprechung zum BetrVG 1952** (10.11.1954 AP Nr. 1 zu § 37 **187** BetrVG Bl. 3 *[Galperin]*, 22.01.1965 AP Nr. 10 zu § 37 BetrVG Bl. 1 R) an, die einen **konkreten betriebsbezogenen Anlass** als Voraussetzung einer Schulung verlangte (*Galperin/Löwisch* § 37 Rn. 70; *Glock/HWGNRH* § 37 Rn. 140 f.). Wo das *BAG* vor allem auf die konkrete Situation des Betriebs und Betriebsrats abstellt, versteht es offenbar den konkreten betriebsbezogenen Anlass als einen engeren Anwendungsfall (*BAG* 29.01.1974 EzA § 37 BetrVG 1972 Nr. 36 S. 145 f. = AP Nr. 9 zu § 37 BetrVG 1972 Bl. 3: konkreter Anlass i. S. einer Änderung der Rechtslage als besonders markanter, aber nicht einziger Fall einer erforderlichen Kenntnisvermittlung für die Betriebsratsarbeit). Wenn man den »Anlass« nicht i. S. eines akuten Ereignisses, sondern treffender i. S. eines **gegenwärtigen Bedürfnisses** versteht (zust. *BAG* 14.01.2015 EzA § 37 BetrVG 2001 Nr. 19 Rn. 20 = AP Nr. 158 zu § 37 BetrVG 1972), handelt es sich nur um eine Frage der Terminologie (vgl. z. B. *BAG* 16.03.1976 EzA § 37 BetrVG 1972 Nr. 46 S. 173 = AP Nr. 22 zu § 37 BetrVG 1972 Bl. 1 R, wo das BAG sich gegen die Ansicht der Vorinstanz verwahrt, ein aktueller, betriebsbezogener Anlass für eine Schulung sei nicht erforderlich; ferner *BAG* 21.11.1978 EzA § 37 BetrVG 1972 Nr. 62 S. 283 = AP Nr. 35 zu § 37 BetrVG 1972 Bl. 2, wo ein konkreter betriebsbezogener Anlass bei der Vermittlung von **Grundkenntnissen des Betriebsverfassungsgesetzes** bejaht wird). In anderen Entscheidungen verlangt das *BAG* wiederum ausdrücklich einen »**aktuellen, betriebsbezogenen Anlass**« (16.03.1988 EzA § 37 BetrVG 1972 Nr. 90 S. 4 = AP Nr. 63 zu § 37 BetrVG 1972 Bl. 2; 07.06.1989 EzA § 37 BetrVG 1972 Nr. 98 S. 5 = AP Nr. 67 zu § 37 BetrVG 1972 Bl. 2 R; 19.07.1995 EzA § 37 BetrVG 1972 Nr. 126 S. 3 = AP Nr. 110 zu § 37 BetrVG 1972 Bl. 2; 20.12.1995 EzA § 37 BetrVG 1972 Nr. 130 S. 3 = AP Nr. 113 Bl. 2 zu § 37 BetrVG 1972 Bl. 2; 15.01.1997 EzA § 37 BetrVG 1972 Nr. 133 S. 3 = AP Nr. 118 zu § 37 BetrVG 1972).

Ein gegenwärtiges Bedürfnis für eine Schulung kann aus **außerbetrieblichen Ereignissen** entstehen **188** wie z. B. dem Erlass neuer Gesetze, aus **Maßnahmen des Arbeitgebers** wie z. B. einer Planung i. S. d. § 90, aber auch aus beabsichtigten **Initiativen des Betriebsrats** im Rahmen des § 80 Abs. 1 Nr. 2 oder eines Initiativrechts nach § 87 (*BAG* 14.01.2015 EzA § 37 BetrVG 2001 Nr. 19 Rn. 20 = AP Nr. 158 zu § 37 BetrVG 1972; *LAG Hamm* 31.05.2006 – 10 TaBV 202/05 – juris; *Däubler* Schulung, Rn. 179; *Fitting* § 37 Rn. 147; *Kittner* Anm. AP Nr. 5 zu § 37 BetrVG 1972 Bl. 5 R). **Gesetzentwürfe** rechtfertigen eine Schulung nur, wenn mit dem baldigen Erlass eines seinem Inhalt nach im Wesentlichen feststehenden Gesetzes zu rechnen und die Schulung bereits gegenwärtig erforderlich ist (ähnlich *BAG* 16.03.1988 EzA § 37 BetrVG 1972 Nr. 90 S. 4 = AP Nr. 63 zu § 37 BetrVG 1972 Bl. 2). Eine Schulung zu Rechten und Pflichten des Betriebsrats im **Arbeitskampf** ist nicht erforderlich, solange ein Arbeitskampf noch nicht konkret vorhersehbar ist (*LAG Düsseldorf* 12.06.2003 LAGE § 37

BetrVG 2001 Nr. 2; *LAG Hamm* 11.08.2003 NZA-RR 2004, 82; *Fitting* § 37 Rn. 149). Verhandelt ein Gesamtbetriebsrat mit dem Arbeitgeber über eine Gesamtbetriebsvereinbarung über eine webbasierte Software zur Personaleinsatzplanung, Personalbedarfsermittlung und das Zeitmanagement (»Worforce Management«), dann ist eine Schulung von Mitgliedern des örtlichen Betriebsrats zu diesem Zeitpunkt noch nicht erforderlich, da sich mögliche Überwachungsaufgaben erst aus dem Inhalt der noch abzuschließenden Betriebsvereinbarung ergeben (*LAG Mainz* 17.11.2016 – 7 TaBV 24/16 – juris, Rn. 72; vgl. auch Rdn. 185).

189 Da es allein darauf ankommt, dass die durch Schulung zu erwerbenden Kenntnisse erforderlich sind, können in Schulungsveranstaltungen nach § 37 Abs. 6 sowohl **Grundkenntnisse** als auch **Spezialkenntnisse** vermittelt werden. Durch die Vermittlung von Grundwissen wird das Betriebsratsmitglied generell erst in die Lage versetzt, seine Aufgaben ordnungsgemäß wahrzunehmen. Für andere Schulungsveranstaltungen muss ein konkreter, betriebsbezogener Anlass für die Annahme bestehen, dass die in der Schulungsveranstaltung zu erwerbenden konkreten Kenntnisse derzeit oder in naher Zukunft benötigt werden, damit der Betriebsrat seine Beteiligungsrechte sach- und fachgerecht ausüben kann (st. Rspr., vgl. etwa *BAG* 18.01.2012 EzA § 37 BetrVG 2001 Nr. 14 Rn. 25 = AP Nr. 153 zu § 37 BetrVG 1972; 14.01.2015 EzA § 37 BetrVG 2001 Nr. 19 Rn. 10 = AP Nr. 158 zu § 37 BetrVG 1972). Die Vermittlung allgemeiner Grundkenntnisse des Betriebsverfassungsrechts ist damit nicht den Schulungen nach § 37 Abs. 7 vorbehalten (st. Rspr., vgl. u. a. *BAG* 06.11.1973 EzA § 37 BetrVG 1972 Nr. 16 S. 50 ff. *[Richardi]* = AP Nr. 5 zu § 37 BetrVG 1972 Bl. 2 Rf. *[Kittner]*; 27.09.1974 EzA § 37 BetrVG 1972 Nr. 33 S. 127 *[Weiss]* = AP Nr. 18 zu § 37 BetrVG 1972 Bl. 3 *[Halberstadt]*; 21.11.1978 EzA § 37 BetrVG 1972 Nr. 62 S. 283 = AP Nr. 35 Bl. 2 zu § 37 BetrVG 1972; *Fitting* § 37 Rn. 143; *Richardi/Thüsing* § 37 Rn. 100; *Wedde/DKKW* § 37 Rn. 109; *Wiese* BlStSozArbR 1974, 353 [357]; **a. M.** früher *LAG Düsseldorf* 28.09.1973 DB 1973, 2530 f.; *LAG Hamm* 23.11.1972 DB 1972, 2489 [2490 f.]).

190 **Rechtstatsächlich** wird in den Schulungen nach **§ 37 Abs. 7** allerdings vor allem **Grundwissen** vermittelt werden (*Streckel* Anm. SAE 1976, 50 [51]), weil im Anerkennungsverfahren die Eignung der Veranstaltung für die Betriebsratstätigkeit nur abstrakt ohne Rücksicht auf die konkreten Verhältnisse der einzelnen Betriebe geprüft wird, so dass sich die Frage der Erforderlichkeit von Kenntnissen für den konkreten Betriebsrat in diesem Zeitpunkt nicht stellt. Erst später kann sich erweisen, dass eine als geeignet anerkannte Veranstaltung für die Arbeit eines Betriebsrats erforderlich ist. Da die Schulungen nach § 37 Abs. 7 allen Betriebsratsmitgliedern angeboten werden, ist es verständlich, dass sie eher auf eine breite Grundausbildung als auf die Vermittlung von Spezialkenntnissen angelegt sind. Das kommt auch im Bericht des 10. Ausschusses (zu BT-Drucks. VI/2729, S. 14) zum Ausdruck, wo die Vermittlung eines ausreichenden Maßes sozialpolitischer, wirtschaftlicher, rechtlicher und technischer Kenntnisse zur sach- und fachgerechten Ausübung des Amts den Veranstaltungen nach § 37 Abs. 7 zugewiesen wird. Deshalb dienen die Schulungen nach § 37 Abs. 6 vor allem der Vermittlung von Spezialkenntnissen, was aber weder ausschließt, dass eine Arbeitsbefreiung für eine Schulung über Grundwissen nach § 37 Abs. 6 erforderlich sein kann, noch dass Spezialkenntnisse Gegenstand einer Schulung nach § 37 Abs. 7 sind. Im Übrigen ist für § 37 Abs. 6 zwischen der Frage, welche Grund- bzw. Spezialkenntnisse für den Betriebsrat und der weiteren Frage zu unterscheiden, ob diese Kenntnisse für alle oder nur für bestimmte Betriebsratsmitglieder erforderlich sind (vgl. Rdn. 214 ff.).

191 Erforderlich ist in der Regel (und ohne Darlegung eines aktuellen Anlasses, vgl. Rdn. 189) die Vermittlung von **Grundkenntnissen** des **Betriebsverfassungsrechts** als gesetzlicher Grundlage der Tätigkeit des Betriebsrats, ohne dass dies von den Betriebsratsmitgliedern näher dargelegt zu werden braucht (st. Rspr., vgl. u. a. *BAG* 06.11.1973 EzA § 37 BetrVG 1972 Nr. 16 S. 50 ff. *[Richardi]* = AP Nr. 5 zu § 37 BetrVG 1972 Bl. 2 Rf. *[Kittner]*; 14.01.2015 EzA § 37 BetrVG 2001 Nr. 19 Rn. 10 = AP Nr. 158 zu § 37 BetrVG 1972; *Fitting* § 37 Rn. 143; *Glock/HWGNRH* § 37 Rn. 159, 147 ff.; *Richardi/Thüsing* § 37 Rn. 100 f.; *Wedde/DKKW* § 37 Rn. 112; **a. M.** *LAG Hamm* 16.03.1979 DB 1979, 1364). Entsprechendes galt für Schulungen zu den Neuregelungen des **BetrVerf-Reformgesetzes aus dem Jahre 2001** (*LAG Hamm* 17.10.2003 – 10 TaBV 83/03 – juris). Regelmäßig unter Berücksichtigung der betrieblichen Gegebenheiten auch Schulungen für **Teilgebiete** des **Betriebsverfassungsrechts** – z. B. der betrieblichen Lohngestaltung – erforderlich sein (*LAG Düsseldorf/Köln* 15.04.1980 DB 1981, 119 [120]; *LAG Hamm* 14.05.1976 EzA § 37 BetrVG 1972 Nr. 47

S. 180; 29.06.1979 EzA § 37 BetrVG 1972 Nr. 67 S. 309). In Betrieben, die § 38 BetrVG unterfallen, gehört dazu auch die Vermittlung von Kenntnissen über die rechtlichen Rahmenbedingungen von Freistellungen nach dieser Vorschrift (*LAG Köln* 06.08.2008 NZA-RR 2009, 423; *Fitting*, § 37 Rn. 143). Der dargelegte Grundsatz gilt aber dann nicht mehr, wenn aufgrund der praktischen Erfahrungen eines Betriebsratsmitglieds mit dem Betriebsverfassungsgesetz eine theoretische Unterweisung über Grundlagenwissen entbehrlich ist (*BAG* 16.10.1986 EzA § 37 BetrVG 1972 Nr. 87 S. 428 = AP Nr. 58 zu § 37 BetrVG 1972 Bl. 3 f. = SAE 1988, 22 *[Winterfeld]*; *Richardi/Thüsing* § 37 Rn. 104; vgl. aber *ArbG Ulm* 20.12.2006 – 9 BV 5/06 – juris). In diesem Falle bedarf es einer konkreten Darlegung der Tatumstände, die eine Schulung noch erforderlich machen (*BAG* 16.10.1986 EzA § 37 BetrVG 1972 Nr. 87 S. 428 = AP Nr. 58 zu § 37 BetrVG 1972 Bl. 3 R). Entsprechendes gilt für sonstige Gesetze (vgl. auch *Wiese* BlStSozArbR 1974, 353 [357] m. w. N.). Stets ist zu **unterscheiden zwischen** der **generellen Notwendigkeit** einer **Schulung** für die ordnungsgemäße Wahrnehmung von Aufgaben des Betriebsrat und der **Erforderlichkeit** einer **Schulung** des zu **entsendenden Betriebsratsmitglieds** (*BAG* 16.10.1986 EzA § 37 BetrVG 1972 Nr. 87 S. 427 = AP Nr. 58 zu § 37 BetrVG 1972 Bl. 2 R f.; 07.06.1989 EzA § 37 BetrVG 1972 Nr. 98 S. 5 = AP Nr. 67 zu § 37 BetrVG 1972 Bl. 2 R; 15.02.1995 EzA § 37 BetrVG 1972 Nr. 125 S. 2 = AP Nr. 106 zu § 37 BetrVG 1972 Bl. 2; 24.05.1995 EzA § 37 BetrVG 1972 Nr. 127 S. 5 = AP Nr. 109 zu § 37 BetrVG 1972 Bl. 3 R). Vgl. ferner zum baldigen Ausscheiden eines Betriebsratsmitglieds Rdn. 180 und zur Anzahl der schulungsbedürftigen Betriebsratsmitglieder Rdn. 214 ff.

Bei **erstmals gewählten Betriebsratsmitgliedern** ohne Erfahrungen im Betriebsverfassungsrecht **192** ist die Erforderlichkeit der Vermittlung von **Grundkenntnissen des Betriebsverfassungsrechts in der Regel zu bejahen**, ohne dass dies näher dargelegt zu werden braucht (*BAG* 21.11.1978 EzA § 37 BetrVG 1972 Nr. 62 S. 283 = AP Nr. 35 zu § 37 BetrVG 1972 Bl. 2; 20.12.1995 EzA § 37 BetrVG 1972 Nr. 130 S. 4 = AP Nr. 113 zu § 37 BetrVG 1972 Bl. 2; 14.01.2015 EzA § 37 BetrVG 2001 Nr. 19 Rn. 10 = AP Nr. 158 zu § 37 BetrVG 1972; *Fitting* § 37 Rn. 143; *Glock/HWGNRH* § 37 Rn. 159, 147; *Richardi/Thüsing* § 37 Rn. 101; a. M. *LAG Berlin* 27.01.1976 BB 1976, 695 [696], das eine Ausnahme nur anerkennt, wenn alle Mitglieder neu in den Betriebsrat gewählt worden sind; *LAG Hamm* 16.03.1979 DB 1979, 1364 f.). Ist ein Betriebsratsmitglied bereits ein **zweites Mal** in den Betriebsrat gewählt worden, so bedarf es eines Tatsachenvortrags dafür, dass nach der **konkreten Situation** im Betrieb und Betriebsrat die Schulung erforderlich ist (*BAG* 24.07.1979 DB 1980, 551). Unabhängig von der Erforderlichkeit der Schulung muss auch die in Aussicht genommene Schulungsveranstaltung die erforderlichen Kenntnisse vermitteln. Deshalb hat der Betriebsrat den Seminarplan und die zeitliche Gewichtung der dort zu behandelnden Sachthemen darzulegen (*LAG Frankfurt a. M.* 10.11.1993 LAGE § 37 BetrVG 1972 Nr. 29 S. 2; *Hess. LAG* 27.01.1994 NZA 1994, 1134). Zur Frage, ob diese Kenntnisse gegebenenfalls auch in Veranstaltungen nach § 37 Abs. 7 erworben werden müssen, vgl. Rdn. 208 ff., zur Frage, ob alle Betriebsratsmitglieder diese Kenntnisse erwerben müssen, Rdn. 214 ff.

Entsprechendes wie für das Betriebsverfassungsrecht gilt für **Grundkenntnisse** auf dem Gebiet des **193** **allgemeinen Arbeitsrechts**. Diese sind für jedes Betriebsratsmitglied erforderlich (vgl. Rdn. 216). Insoweit bedarf es keiner näheren Darlegung der Erforderlichkeit (*BAG* 16.10.1986 EzA § 37 BetrVG 1972 Nr. 87 S. 426 ff. = AP Nr. 58 zu § 37 BetrVG 1972 Bl. 2 R; 19.07.1995 EzA § 37 BetrVG 1972 Nr. 126 S. 4 = AP Nr. 110 Bl. 2 zu § 37 BetrVG 1972; 14.01.2015 EzA § 37 BetrVG 2001 Nr. 19 Rn. 10 = AP Nr. 158 zu § 37 BetrVG 1972). Jedoch folgt daraus nicht in jedem Falle die Erforderlichkeit einer entsprechenden Schulung. Sie ist bei Vorkenntnissen des Betriebsratsmitglieds zu verneinen, von denen bei dessen längerer Zugehörigkeit zum Betriebsrat auszugehen ist; in diesem Falle bedarf es einer näheren Darlegung der Erforderlichkeit (*BAG* 16.10.1986 EzA § 37 BetrVG 1972 Nr. 87 S. 427 f. = AP Nr. 58 zu § 37 BetrVG 1972 Bl. 2 R ff.; *LAG Hamm* 09.03.2007 – 10 TaBV 34/06 – juris, Rn. 114; *LAG Schleswig-Holstein* 15.05.2007 MDR 2007, 1143; *Richardi/Thüsing* § 37 Rn. 104).

Außer in den aufgezeigten Fällen einer Schulung im Betriebsverfassungsrecht und allgemeinen Ar- **194** beitsrecht ist eine nähere Darlegung der die Erforderlichkeit einer Schulung begründenden Umstände für die Materie der **Arbeitssicherheit** überflüssig, weil diese stets aktuell ist oder ohne Weiteres aktuell werden kann (*BAG* 15.05.1986 EzA § 37 BetrVG 1972 Nr. 85 S. 412 ff. = AP Nr. 54 zu § 37 BetrVG 1972 Bl. 2 R; 19.07.1995 EzA § 37 BetrVG 1972 Nr. 126 S. 4 = AP Nr. 110 zu § 37 BetrVG

§ 37   II. 3. *Geschäftsführung des Betriebsrats*

1972 Bl. 2; *Fitting* § 37 Rn. 144; *Koch/ErfK* § 37 BetrVG Rn. 14; *Kreft/WPK* § 37 Rn. 51; *Wedde/ DKKW* § 37 Rn. 114). Insbesondere muss auch kein betriebsbezogener Anlass i. S. eines Unfalls vorliegen (*BAG* 23.04.1974 AuR 1974, 186).

195 Die Kenntnis der **aktuellen Rechtsprechung des BAG in den genannten Gebieten** gehört **nicht zum unverzichtbaren Grundwissen** der einzelnen Betriebsratsmitglieder, dessen Erforderlichkeit der Betriebsrat nicht näher darlegen muss (*BAG* 18.01.2012 EzA § 37 BetrVG 2001 Nr. 14 Rn. 28 = AP Nr. 153 zu § 37 BetrVG 1972; *Fitting* § 37 Rn. 143). Da sich der Betriebsrat aber über die Entwicklung der Rechtsprechung in den für seine Arbeit relevanten Bereichen auf dem Laufenden halten muss, kann es aber **im Einzelfall erforderlich** sein, dass sich einzelne Betriebsratsmitglieder in entsprechenden Schulungsveranstaltungen über diese informieren. Dabei kommt es u. a. auf die konkreten Seminarinhalte, eine mögliche Aufgabenverteilung innerhalb des Betriebsrats, dessen Größe sowie die letzte Aktualisierung des bereits vorhandenen Wissens und betriebliche Entwicklungen an (*BAG* 18.01.2012 EzA § 37 BetrVG 2001 Nr. 14 Rn. 31 = AP Nr. 153 zu § 37 BetrVG 1972).

196 Je nach der konkreten Situation des einzelnen Betriebs und dem Wissensstand des Betriebsrats kommen über das generell erforderliche Grundwissen hinaus **alle Kenntnisse** in Betracht, derer der **Betriebsrat zur ordnungsgemäßen Durchführung seiner Aufgaben bedarf**. Eine abschließende Auflistung ist daher nicht möglich. Auch kommt es auf die konkrete Situation des einzelnen Betriebs und Betriebsrats an, ob auf einem bestimmten Sachgebiet nur Grundkenntnisse oder vertiefte Kenntnisse erforderlich sind. So können z. B. auf dem Gebiet der Ergonomie als Teil der Arbeitswissenschaften Kenntnisse erforderlich sein, ohne dass diese ins Detail gehen müssten oder gar eine wissenschaftliche Vertiefung verlangten. Maßgebend ist allein, dass der Betriebsrat seine Beteiligung nach §§ 90, 91 ordnungsgemäß wahrnehmen kann, wenn er zu diesem Zweck die Kenntnisse benötigt. Zur Frage, welche Betriebsratsmitglieder insoweit geschult werden müssen, vgl. Rdn. 218 ff.

197 **Erforderlich** können **Kenntnisse** u. a. auf **folgenden Gebieten** sein (vgl. auch *Bleistein* DB 1975, Beil. Nr. 1, S. 4 ff.; *Däubler* Schulung, Rn. 48 f., 173 ff., 197 ff.; *Etzel* Rn. 324; *Fitting* § 37 Rn. 149; *Glock/HWGNRH* § 37 Rn. 159; *Hohn* DB 1977, 400 [401]; *Richardi/Thüsing* § 37 Rn. 107; *Wedde/ DKKW* § 37 Rn. 131):
  – **Aids** (*LAG Frankfurt a. M.* 07.03.1991 LAGE § 37 BetrVG 1972 Nr. 37);
  – **Akkord-** und **Prämienlohn** (vgl. § 87 Abs. 1 Nr. 10 und 11; *BAG* 23.04.1974 DB 1974, 1725; 12.11.1974 AuR 1975, 52; *LAG Düsseldorf* 31.10.1974 DB 1975, 795 f.; *LAG Hamm* 14.05.1976 EzA § 37 BetrVG 1972 Nr. 47 S. 179 ff.; 29.06.1979 EzA § 37 BetrVG 1972 Nr. 67 S. 308 ff.; vgl. auch *ArbG Darmstadt* 19.09.1972 BB 1972, 1228; *ArbG Bamberg/Coburg* 01.02.1977 ARSt. 1977, 158 [Nr. 1168], verneint, wenn im Betrieb seit langem im Akkord gearbeitet wird und das Betriebsratsmitglied schon fünf Jahre im Amt ist); vgl. auch Stichworte Arbeitswissenschaften, Leistungslohn;
  – **Allgemeines Gleichbehandlungsgesetz**: Handlungsmöglichkeiten des Betriebsrats (*Hess. LAG* 25.10.2007 – 9 TaBV 84/07 – juris; *Besgen* BB 2007, 213; einschränkend *Hanau* ZIP 2006, 2189 [2199]);
  – **Alkohol/Sucht am Arbeitsplatz** (*OVG Bremen* 01.02.1991 PersR 1991, 176);
  – **Arbeitsbewertung** (vgl. § 87 Abs. 1 Nr. 10 und 11); vgl. auch Arbeitswissenschaften;
  – **Arbeitsschutz** und **Arbeitssicherheit** (*BAG* 23.04.1974 AuR 1974, 186, für stellvertretenden Vorsitzenden des Ausschusses für Arbeitssicherheit, ohne dass ein betriebsbezogener Anlass im Hinblick auf Unfälle vorgelegen haben muss; 15.05.1986 EzA § 37 BetrVG 1972 Nr. 85 S. 412 ff. = AP Nr. 54 zu § 37 BetrVG 1972 Bl. 2 R ff. für erstmals in den Ausschuss für Arbeitssicherheit gewähltes Betriebsratsmitglied; vgl. auch *BAG* 14.06.1977 AP Nr. 30 zu § 37 BetrVG 1972 Bl. 2 R; 29.04.1992 EzA § 37 BetrVG 1972 Nr. 111 S. 1; *LAG Hamm* 25.07.1980 DB 1980, 2248, für Grundkenntnisse aller Mitglieder eines Betriebsausschusses für Arbeitssicherheit, beim Fehlen eines solchen Ausschusses für alle Betriebsratsmitglieder; *LAG Schleswig-Holstein* 29.08.1984 NZA 1985, 68, verneint bei Verhinderung des Betriebsratsvorsitzenden für Schulung des stellvertretenden Betriebsratsvorsitzenden, der nicht zugleich den Betriebsratsvorsitzenden in einem Ausschuss vertritt, wenn die Schulung Themen der Ausschussarbeit – hier: Arbeitssicherheit – zum Gegenstand hat; *ArbG Kiel* 22.05.1973 BB 1973, 848, für vertiefende Schulungsveranstaltung nur, wenn besondere

Schwierigkeiten arbeitsschutzrechtlicher Art im Betrieb vorlagen); siehe auch Stichwort: Gefährdungsbeurteilung;
- **Arbeitswissenschaften** (vgl. § 87 Abs. 1 Nr. 10 und 11, §§ 90, 91; *BAG* 29.01.1974 EzA § 37 BetrVG 1972 Nr. 36 S. 146 f. = AP Nr. 9 zu § 37 BetrVG 1972 Bl. 3 R für einzelne Betriebsratsmitglieder in Akkordausschüssen; *LAG Bremen* 19.07.1974 AuR 1974, 377 f., auch ohne unmittelbaren Anlass; *LAG Düsseldorf* 31.10.1974 DB 1975, 795 f.; 12.10.1981 EzA § 37 BetrVG 1972 Nr. 72 S. 348; *LAG Frankfurt a. M.* 19.10.1976 AuR 1977, 186; *LAG Hamm* 14.05.1976 EzA § 37 BetrVG 1972 Nr. 47 S. 179 ff.);
- **Arbeitszeitfragen** (*ArbG Passau* 08.10.1992 BB 1992, 2431, für Mitglieder und Ersatzmitglieder eines nach § 28 gebildeten Ausschusses für diesen Bereich; *Hess. LAG* 16.06.2011 – 9 TaBV 126/10 – juris);
- **Berufsbildung** (§§ 96 bis 98; vgl. *ArbG Kassel* 21.03.1974 DB 1974, 924);
- Maßnahmen der **Beschäftigungssicherung** i. S. d. §§ 80 Abs. 1 Nr. 8, 92a (*LAG Hamm* 31.05.2006 – 10 TaBV 202/05 – juris; *Däubler/DKKW* § 92a Rn. 11);
- **Beteiligungsrechte**, auch wenn diese erst durch Tarifvertrag oder freiwillige Betriebsvereinbarung begründet worden sind (*Fitting* § 37 Rn. 148; **a. M.** *Loritz* NZA 1993, 2 [9]);
- **Betriebliche Altersversorgung** (*LAG Düsseldorf* 06.09.1991 LAGE § 37 BetrVG 1972 Nr. 28 S. 2);
- **Betriebliches Vorschlagswesen** und **Recht** der **Arbeitnehmererfindungen** (vgl. § 87 Abs. 1 Nr. 12);
- **Betriebsversammlung** (§§ 42 bis 46; *LAG Hamm* 01.03.1973 BB 1973, 610);
- **Betriebswirtschaft** (*BAG* 06.11.1973 EzA § 37 BetrVG 1972 Nr. 16 S. 54 [*Richardi*] = AP Nr. 5 zu § 37 BetrVG 1972 Bl. 4 f. [*Kittner*]; *LAG Berlin-Brandenburg* 09.10.2009 – 22 TaBV 1795/09 – juris, Rn. 35, für Betriebsratsmitglieder, die Mitglieder des Wirtschaftsausschusses sind; vgl. aber auch *BAG* 06.11.1973 EzA § 37 BetrVG 1972 Nr. 17 S. 58 = AP Nr. 6 zu § 37 BetrVG 1972 Bl. 2 [*Wiese*]; *LAG Düsseldorf* 31.10.1974 DB 1975, 795; *LAG Niedersachsen* 27.09.2000 LAGE § 37 BetrVG 1972 Nr. 55, grds. verneint für Unternehmen ohne Wirtschaftsausschuss, bejaht aber, wenn Arbeitgeber ankündigt [S. 2], mit dem Betriebsrat nach gemeinsamer Bilanzlesung die wirtschaftliche Situation zu beraten [S. 3 f.]);
- **Bilanzanalyse** für Mitglieder des Wirtschaftsausschusses (*ArbG Weiden* 09.04.1992 BetrR 1992, 142; für sonstige Betriebsratsmitglieder vgl. Rdn. 185);
- **Bildschirmarbeit** (vgl. u. a. § 87 Abs. 1 Nr. 6 und 7; *ArbG Stuttgart* 16.03.1983 DB 1983, 1718 [1719 f.]);
- »**burn out im Unternehmen**« (*ArbG Essen* 30.06.2011 – 3 Bv 29/11 – juris; dazu *Horcher* ArbRAktuell 2012, 86);
- **Datenschutz im Betrieb** (*LAG Niedersachsen* 28.09.1979 EzA § 37 BetrVG 1972 Nr. 64 S. 293 ff.; *LAG Hamburg* 04.12.2012 – 4 TaBV 14/11 – juris; *ArbG Stuttgart* 16.03.1983 DB 1983, 1718 [1719 f.]; *Wohlgemuth* BlStSozArbR 1980, 209);
- **Deutsche Bahn AG**, Abgrenzung der Zuständigkeit des Betriebsrats hinsichtlich der durch ihn vertretenen Beamten einerseits und der Zuständigkeit der Personalvertretung der Beamten nach § 17 DBGrG andererseits (allgemein *Franzen* § 1 Rdn. 23 f.);
- **Diskriminierung** am Arbeitsplatz (s. Stichwort Mobbing);
- **Diskussionsführung** und **Verhandlungstechnik** bei herausgehobener Stellung des Betriebsratsmitglieds (*BAG* 24.05.1995 EzA § 37 BetrVG 1972 Nr. 127 S. 5 = AP Nr. 109 zu § 37 BetrVG 1972 Bl. 3 R f.; **a. M.** *LAG Schleswig-Holstein* 10.12.1998 LAGE § 37 BetrVG 1972 Nr. 52 S. 5; vgl. ferner Rdn. 185 Stichwort Sprech- und Argumentationstechnik);
- **EDV-Systeme** (*LAG Berlin* 10.03.1987 CR 1987, 699; *ArbG Köln* Standpunkt 1987, 9, beide zu einem Warenwirtschaftssystem; *LAG Düsseldorf* 31.08.1994 LAGE § 37 BetrVG 1972 Nr. 33 S. 2 ff., zu einem betrieblichen Informationssystem; *ArbG Wetzlar* 05.03.1986 RDV 1986, 214 [215], zu einem Zeiterfassungssystem; *ArbG Hameln* 23.12.1992 BetrR 1993, 19, zum EDV-Einsatz bei Ermittlung und Berechnung von Bezugsdaten über leistungsbezogene Entgeltbestandteile; nicht bei bloßer Planung der Einführung, *BAG* 10.11.1993 AuR 1994, 107); vgl. auch Stichwort Personalinformationssysteme;
- **Europäische Betriebsräte-Gesetz**, wenn die Bildung eines solchen Gremiums geplant oder bereits erfolgt ist, jedenfalls soweit es um Betriebsräte geht, die in das Besondere Verhandlungsgre-

mium entsandt werden oder für die Zusammenarbeit mit dem Europäischen Betriebsrat zuständig sind (vgl. auch *Fitting* § 37 Rn. 150; *Wedde/DKKW* § 37 Rn. 128; **a. M.** *Glock/HWGNRH* § 37 Rn. 156);
- **Frauenförderung und Gleichstellung**, jedenfalls soweit es um deren konkrete Umsetzung im Betrieb geht; dazu seit dem **BetrVerf-Reformgesetz** § 43 Abs. 2 Satz 3, § 45, § 80 Abs. 1 Nr. 2a, § 92 Abs. 3;
- Verfahren für **Gefährdungsbeurteilung** nach § 5 ArbSchG (*LAG Hamburg* 18.07.2012 – 5 TaBV 2/12 – juris);
- **Gesetze** und **Verordnungen**, die für die Arbeit des Betriebsrats von Bedeutung sind (*BAG* 10.11.1954 AP Nr. 1 zu § 37 BetrVG Bl. 3 *[Galperin]*; 22.01.1965 AP Nr. 10 zu § 37 BetrVG Bl. 2 *[Neumann-Duesberg]*; 31.10.1972 EzA § 40 BetrVG 1972 Nr. 3 S. 10 = AP Nr. 2 zu § 40 BetrVG 1972 Bl. 2 *[Richardi]*), einschließlich der einschlägigen Regelungen des **europäischen Arbeitsrechts;** vor allem auch bei Gesetzesänderungen; zum BetrVerf-Reformgesetz 2001 vgl. Rdn. 191;
- **Gestaltung** von **Arbeitsplatz, Arbeitsablauf** und **Arbeitsumgebung** (vgl. §§ 90, 91; *BAG* 14.06.1977 AP Nr. 30 zu § 37 BetrVG 1972 Bl. 2 R bei anstehenden Änderungen und Planungen; *LAG Düsseldorf* 31.10.1974 DB 1975, 795 f.; *ArbG Celle* 02.07.1974 ARSt. 1975, 62 [Nr. 1076]);
- **Gruppenarbeit**, vgl. § 87 Abs. 1 Nr. 13;
- **Jugend- und Auszubildendenvertretung** (§§ 60 bis 73; *LAG Berlin* 19.04.1973 BB 1974, 647, für Betriebsratsmitglied, das innerhalb des Betriebsrats für die Bearbeitung von Jugend- und Auszubildendenfragen zuständig ist; *LAG Düsseldorf* 12.01.1973 EzA § 37 BetrVG 1972 Nr. 4 S. 14, für alle Betriebsratsmitglieder);
- »**Kompetent Führen** – Training für Betriebsräte mit Leitungsaufgaben« (*LAG Schleswig-Holstein* 22.07.2009 – 3 TaBV 13/09 – juris); zu einer Schulung zur **Zusammenarbeit zwischen Betriebsratsvorsitzendem und Stellvertreter** vgl. *LAG Hamm* 26.04.2013 – 13 TaBV 15/13 – juris: bei aktuellem, betriebsbezogenen Anlass.
- **Kontrollfunktion** des **Betriebsrats** (vgl. § 80 Abs. 1 Nr. 1; *BAG* 26.08.1975 AP Nr. 21 zu § 37 BetrVG 1972 Bl. 2 R);
- **Kooperation** zwischen **Betriebsrat, Gesamtbetriebsrat und Konzernbetriebsrat** (*LAG Bremen* 03.11.2000 NZA-RR 2001, 310);
- **Leistungslohn** (vgl. § 87 Abs. 1 Nr. 10 und 11; *BAG* 09.10.1973 EzA § 37 BetrVG 1972 Nr. 14 S. 44 *[Richardi]* = AP Nr. 4 zu § 37 BetrVG 1972 Bl. 2 *[Natzel]*; *LAG Düsseldorf* 31.10.1974 DB 1975, 795; 15.04.1980 DB 1981, 119 f.); vgl. auch Stichwort Akkord- und Prämienlohn;
- **Lohngestaltung** (*LAG Düsseldorf* 12.10.1981 EzA § 37 BetrVG 1972 Nr. 72 S. 347 ff.; *LAG Düsseldorf/Köln* 15.04.1980 DB 1981, 119 f.); vgl. auch Stichworte Akkord- und Prämienlohn, Leistungslohn;
- **Mobbing**, wenn im Betrieb Konfliktlagen bestehen, aus denen sich Mobbing entwickeln kann (*BAG* 14.01.2015 EzA § 37 BetrVG 2001 Nr. 19 Rn. 16 ff. = AP Nr. 158 zu § 37 BetrVG 1972; vgl. schon 15.01.1997 EzA § 37 BetrVG 1972 Nr. 133 = AP Nr. 118 zu § 37 BetrVG 1972; *LAG Hamm* 15.11.2012 – 13 TaBV 56/12 – juris, Rn. 31; s. auch weiterhin *LAG Rheinland-Pfalz* 17.01.1996 LAGE § 37 BetrVG 1972 Nr. 47; 13.10.2004 NZA-RR 2005, 376; *LAG Hamm* 07.07.2006 LAGE § 37 BetrVG 2001 Nr. 4; *ArbG Frankfurt a. M.* 31.01.1996 AiB 1996, 557; *ArbG Detmold* 30.04.1998 AiB 1998, 405; *ArbG Kiel* 27.02.1997 DB 1997, 883);
- **Muttersprache** (zur Schulung ausländischer Betriebsratsmitglieder in ihrer Muttersprache vgl. *LAG Hamm* 10.10.1974 BB 1974, 1439 f.);
- **Personalcomputer** für die Erledigung von Betriebsratsaufgaben, wenn aktuelle oder absehbare betriebliche oder betriebsratsbezogene Anlässe die Schulung erfordern (*BAG* 19.07.1995 EzA § 37 BetrVG 1972 Nr. 126 = AP Nr. 110 zu § 37 BetrVG 1972); *ArbG Würzburg* 04.02.1999 AiB 1999, 524;
- **Personalinformationssysteme**, betriebliche (*ArbG Stuttgart* 16.03.1983 DB 1983, 1718 [1719 f.]); vgl. auch Stichwort EDV-Systeme;
- **Personelle Angelegenheiten** (vgl. §§ 92 bis 104; *LAG Hamm* 01.03.1973 BB 1973, 610);
- Betriebe der **privatisierten Postunternehmen**, Probleme, die sich aus der Sonderstellung der nach § 26 PostPersRG in den Betriebsrat gewählten Vertreter der Beamten bei Wahrnehmung der in § 28 PostPersRG genannten Angelegenheiten einschließlich der einschlägigen Regelungen

des Personalvertretungs- und Beamtenrechts ergeben (*Fitting* § 37 Rn. 154; vgl. allgemein auch *Franzen* § 1 Rdn. 23 f.);
- **Protokoll- und Schriftführung** des Betriebsrats für ein zum Schriftführer bestelltes Betriebsratsmitglied (*LAG Hamm* 22.06.2007 – 10 TaBV 25/07 – juris; *ArbG Weiden* 04.09.2007 – 4 BV 14/07 – juris);
- **Qualitätssicherungssystem** DIN EN ISO 9000 – 9004 (*LAG Rheinland-Pfalz* 19.11.1996 LAGE § 37 BetrVG 1972 Nr. 49 = AuR 1997, 257 [*Ott*]; *ArbG Wetzlar* 22.11.1995 AiB 1996, 188 [*Zabel*]; **a. M.** *Lachmann* RdA 1998, 105 [109]; *Schmidt/Dobberahn* NZA 1995, 1017 [1021]);
- Handlungspflichten und Mitbestimmungsrechte des Betriebsrats bei organisatorischen und technischen **Rationalisierungsmaßnahmen** (*LAG Düsseldorf* 31.08.1994 LAGE § 37 BetrVG 1972 Nr. 33);
- für die Betriebsratsarbeit wichtige **aktuelle Rechtsprechung**, jedoch nur bei einzelfallbezogener Darlegung eines betrieblichen Bezugs und nicht als unverzichtbares Grundwissen, dessen Erforderlichkeit nicht im Einzelnen dargelegt werden muss (*BAG* 18.01.2012 EzA § 37 BetrVG 2001 Nr. 14 = AP Nr. 153 zu § 37 BetrVG 1972; *Hess. LAG* 27.01.1994 NZA 1994, 1134; *LAG Hamm* 27.01.2006 – 10 TaBV 121/05 – juris, Rn. 124; vgl. auch *BAG* 20.12.1995 EzA § 37 BetrVG 1972 Nr. 130 = AP Nr. 113 zu § 37 BetrVG). Vgl. dazu auch Rdn. 195.
- »**Reden-Visualisieren-Präsentieren**«, wenn die Schulung zur Erfüllung der dem Betriebsrat obliegenden Aufgaben erforderlich ist (*LAG Düsseldorf* 10.01.1996 LAGE § 37 BetrVG 1972 Nr. 46 – im entschiedenen Fall verneint);
- **Rhetorikschulung** nur bei ausreichender Darlegung der Erforderlichkeit im konkreten Einzelfall (*BAG* 24.05.1995 EzA § 37 BetrVG 1972 Nr. 127 S. 5 = AP Nr. 109 zu § 37 BetrVG 1972 Bl. 2 R [im Gegensatz zu *BAG* 14.09.1994 EzA § 37 BetrVG 1972 Nr. 120 S. 2 f. = AP Nr. 99 zu § 37 BetrVG 1972 Bl. 2 R und unter Abschwächung der Entscheidung vom 20.10.1993 EzA § 37 BetrVG 1972 Nr. 116 S. 3 f. = AP Nr. 91 zu § 37 BetrVG 1972 Bl. 2 ff.]; 12.01.2011 EzA § 37 BetrVG 2001 Nr. 11 = AP Nr. 150 zu § 37 BetrVG 1972; *LAG Sachsen* 22.11.2002 LAGE § 37 BetrVG 2001 Nr. 1; *LAG Hamm* 13.01.2006 NZA-RR 2006, 249; 14.08.2009 – 10 TaBV 193/08 – juris; *LAG Köln* 20.12.2007 – 10 TaBV 53/07 – juris, unter Betonung des Ausnahmecharakters; **abl.** zur neueren Rechtsprechung des BAG *LAG Schleswig-Holstein* 21.01.1999 NZA-RR 1999, 643 f.; Überblick bei *Laber* ArbRB 2013, 312); vgl. auch Stichwort »Reden-Visualisieren-Präsentieren«;
- **schriftliche Kommunikation im Betrieb** bei Erforderlichkeit aus aktuellem Anlass (*BAG* 15.02.1995 EzA § 37 BetrVG 1972 Nr. 125 S. 1 ff. = AP Nr. 106 zu § 37 BetrVG 1972 Bl. 2 ff.; *ArbG Hamburg* 15.06.1993 AiB 1994, 116 – erste Instanz; **a. M.** *LAG Schleswig-Holstein* 10.12.1998 LAGE § 37 BetrVG 1972 Nr. 52 S. 5);
- **Schwerbehindertenrecht** (*LAG Hamm* 13.01.1978 ARSt. 1979, 191 [Nr. 1192], verneint für weiteres Betriebsratsmitglied, selbst wenn das gegenwärtig dem Betriebsrat angehörende Mitglied mit besonderen Kenntnissen des Schwerbehindertenrechts in der nächsten Amtszeit dem Betriebsrat nicht mehr angehört);
- **sexuelle Belästigung** am Arbeitsplatz (*ArbG Wesel* 31.03.1993 DB 1993, 1096);
- **soziale Angelegenheiten** (§§ 87 bis 89; *LAG Düsseldorf* 31.10.1974 DB 1975, 795);
- **strafrechtliche Risiken der Betriebsratstätigkeit** (§§ 119, 120 BetrVG; *LAG Köln* 21.01.2008 – 14 TaBV 44/07 – juris, für Großunternehmen);
- **Suchtkrankheiten** (*LAG Düsseldorf* 09.08.1995 LAGE § 37 BetrVG 1972 Nr. 45);
- **Tarifverträge**, die für die Arbeit des Betriebsrats von Bedeutung sind (*BAG* 09.10.1973 EzA § 37 BetrVG 1972 Nr. 14 S. 44 [*Richardi*] = AP Nr. 4 zu § 37 BetrVG 1972 Bl. 2 [*Natzel*]; *LAG Hamm* 11.03.1981 DB 1981, 1678; 17.08.2007 – 13 TaBV 30/07 – juris; *ArbG Aachen* 19.06.1974 ARSt. 1975, 163; *ArbG Bielefeld* 23.05.1973 AuR 1973, 382);
- **Teilzeitarbeit** (*Wedde/DKKW* § 37 Rn. 131);
- **Telearbeit**, wenn im Betrieb eingeführt oder geplant (vgl. auch *Fitting* § 37 Rn. 149; *Wedde/DKKW* § 37 Rn. 131);
- **Umweltschutz** im Betrieb (*ArbG Hannover* 06.12.1991 AiB 1992, 154; *Froschauer* Arbeitsrecht und Umweltschutz [Diss. Mannheim], 1994, S. 193 ff. m. w. N.; **a. M.** *Loritz* NZA 1993, 2 [8 f.]; *Merten* DB 1996, 90 [93]; *Schiefer* Schulung, Rn. 58a; *ders.* NZA 1993, 822 [824]). Das gilt erst recht, seit dem Betriebsrat durch das **BetrVerf-Reformgesetz** im Jahre 2001 im Bereich des betrieblichen

§ 37　　　　　　　　　　　　　　　　　　　　　II. 3. Geschäftsführung des Betriebsrats

Umweltschutzes Kompetenzen zugesprochen worden sind, § 80 Abs. 1 Nr. 9, § 89 Abs. 1 Satz 1, Abs. 2 Satz 2.
- **Unfallverhütung** (vgl. Stichworte Arbeitsschutz und Arbeitssicherheit);
- **Vermögensbildung** (vgl. § 88 Nr. 3);
- **wirtschaftliche Rahmenbedingungen und Unternehmensstrategien** (*LAG Baden Württemberg* 08.11.1996 BB 1997, 1207);
- **wirtschaftliche Mitbestimmung** (*BAG* 26.08.1975 EzA § 37 BetrVG 1972 Nr. 44 S. 168 = AP Nr. 21 zu § 37 BetrVG 1972 Bl. 2 R; *LAG Niedersachsen* 10.09.2004 – 16 Sa 142/04 – juris);
- **Wirtschaftsausschuss** (Funktionen und Rechte), sofern das betreffende Betriebsratsmitglied dem Ausschuss angehört und fachlich und persönlich geeignet ist (*LAG Berlin-Brandenburg* 09.10.2009 – 22 TaBV 1795/09 – juris Rn. 27; *LAG Hamm* 16.07.1997 BB 1997, 2007; 16.07.2010 – 10 Sa 291/10 – juris, Rn. 61 ff.; 22.06.2007 – 10 TaBV 25/07 – juris; vgl. auch *ArbG Würzburg* 04.02.1999 AiB 1999, 524; **a. M.** *Richardi/Thüsing* § 37 Rn. 128).

(4) Schulung mit nur teilweise erforderlicher Thematik

198　Nach der gesetzlichen Regelung des § 37 Abs. 6 Satz 1 ist ein Anspruch auf Arbeitsbefreiung nur gegeben, **soweit** in einer Schulungs- und Bildungsveranstaltung für die Arbeit des Betriebsrats erforderliche Kenntnisse vermittelt werden. Das gilt an sich für sämtliche behandelten Themen, soweit es sich nicht um geringfügige Abweichungen handelt (*BAG* 29.01.1974 EzA § 40 BetrVG 1972 Nr. 12 S. 36 = AP Nr. 5 zu § 40 BetrVG 1972 *[Kraft]*; *Fitting* § 37 Rn. 158; *Glock/HWGNRH* § 37 Rn. 162; *Koch*/ErfK § 37 BetrVG Rn. 14; *Wank/Maties* NZA 2005, 1033 [1035]; *Wedde/DKKW* § 37 Rn. 133). Aus unterschiedlichen Gründen werden jedoch auch Veranstaltungen angeboten, die **nur zum Teil erforderliche Kenntnisse** vermitteln. Hier ist zu unterscheiden: Ist die **Veranstaltung** in der Weise **teilbar**, dass die Themen klar voneinander abgegrenzt sind und zeitlich so behandelt werden, dass ein zeitweiser Besuch möglich und sinnvoll ist, so besteht der Anspruch nach § 37 Abs. 6 nur für diesen Teil der Veranstaltung (*BAG* 10.05.1974 EzA § 37 BetrVG 1972 Nr. 23 S. 97 = AP Nr. 4 zu § 65 BetrVG 1972 Bl. 4; 28.05.1976 EzA § 37 BetrVG 1972 Nr. 49 S. 195 *[Otto nach Nr. 50]* = AP Nr. 24 zu § 37 BetrVG 1972 Bl. 2 R; ebenso *Däubler* Schulung, Rn. 271; *Fitting* § 37 Rn. 159; *Glock/HWGNRH* § 37 Rn. 162; *Wedde/DKKW* § 37 Rn. 133). Das gilt auch dann, wenn eine Schulung vom Veranstalter nur als Einheit angeboten wird und nur als Ganze buchbar ist (*Wedde/DKKW* § 37 Rn. 133; **a. M.** *BAG* 28.09.2016 – 7 AZR 699/14 – EzA § 37 BetrVG 2001 Nr. 26 Rn. 33 = AP Nr. 164 zu § 37 BetrVG 1972 [insoweit zust. *Bernstein* Anm. SAE 2017, 44]; *Fitting* § 37 Rn. 159), denn das hat allenfalls Folgen für die Kostentragungspflicht des Arbeitgebers, zwingt das Betriebsratsmitglied aber nicht, an der gesamten Veranstaltung teilzunehmen (zust. *LAG Hamm* 09.09.2014 LAGE § 37 BetrVG 2001 Nr. 9 Rn. 91 ff. [Vorinstanz]; *Däubler* Schulung, Rn. 274; auch insoweit **a. M.** *BAG* 28.09.2016 – 7 AZR 699/14 – EzA § 37 BetrVG 2001 Nr. 26 Rn. 33 = AP Nr. 164 zu § 37 BetrVG 1972: Entgeltzahlungspflicht und Kostentragungspflicht könnten nur einheitlich bewertet werden [insoweit zust. *Bernstein* Anm. SAE 2017, 44]). Entgegen der Ansicht des *BAG* hängt die vom Betriebsrat zu prüfende Frage der Erforderlichkeit einer Schulungsteilnahme nicht von organisatorischen Vorgaben des Veranstalters oder davon ab, ob eine Schulung nur einheitlich buchbar ist oder nicht, sondern vom Schulungsinhalt. Sofern dieser tatsächlich thematisch und zeitlich in unterschiedliche Teile getrennt werden kann, kann die Erforderlichkeit im Einklang mit der gesetzlichen Regelung des § 37 Abs. 6 (»soweit«) auch für die jeweiligen Teile unterschiedlich bewertet werden (zutr. *LAG Hamm* 09.09.2014 LAGE § 37 BetrVG 2001 Nr. 9 Rn. 93).

199　Ist die **Veranstaltung nicht** in der dargelegten Weise **teilbar**, ein zeitweiser Besuch also ausgeschlossen, so ist nach der Rechtsprechung des *BAG* die **gesamte Veranstaltung** als **erforderlich** anzusehen, wenn die **erforderlichen Themen** mit **mehr als 50 v. H.** überwiegen (*BAG* 28.05.1976 EzA § 37 BetrVG 1972 Nr. 49 S. 196 *[Otto nach Nr. 50]* = AP Nr. 24 zu § 37 BetrVG 1972 Bl. 2 R = SAE 1977, 105 *[Schlüter]*; 21.07.1978 EzA § 37 BetrVG 1972 Nr. 60 S. 271 = AP Nr. 4 zu § 38 BetrVG 1972 Bl. 1 R; 28.09.2016 – 7 AZR 699/14 – EzA § 37 BetrVG 2001 Nr. 26 Rn. 32 = AP Nr. 164 zu § 37 BetrVG 1972; *Däubler* Schulung, Rn. 272; *Fitting* § 37 Rn. 160; *Koch*/ErfK § 37 BetrVG Rn. 14; *Wedde/DKKW* § 37 Rn. 133; vgl. auch *Hanau* FS *G. Müller*, S. 169 [183 ff.]; **a. M.** *Bernstein* Anm. SAE 2017, 44 [49 f.: erforderliche Themen müssen mindestens 80% ausmachen] *Glock/HWGNRH* § 37 Rn. 163). Maßgebend kann allerdings nicht die Zahl der Themen, sondern nur der Zeitaufwand sein (*Däubler* Schulung, Rn. 272; *Fitting* § 37 Rn. 160; *Glock/HWGNRH* § 37 Rn. 163; *Otto* Anm. EzA § 37 BetrVG 1972 Nr. 49 S. 202c; *Richardi/Thüsing* § 37 Rn. 112; *Wedde/DKKW* § 37 Rn. 133). Aufgegeben hat das *BAG* die zunächst vertretene **Geprägetheorie** (vgl. hierzu *BAG* 10.05.1974 EzA § 37 BetrVG 1972 Nr. 23 S. 96 = AP Nr. 4 zu § 65 BetrVG 1972), weil sie keine klare Abgrenzung ermögliche (krit. *Glock/HWGNRH* § 37 Rn. 163; *Otto* Anm. EzA § 37 BetrVG 1972 Nr. 49 S. 202c; *Richardi/Thüsing* § 37 Rn. 112; *Schlüter* SAE 1977, 105).

Das *BAG* (28.05.1976 EzA § 37 BetrVG 1972 Nr. 49 S. 196 [*Otto*] = AP Nr. 24 zu § 37 BetrVG 1972 Bl. 2 R) fingiert somit die nicht erforderlichen Themen »aus Praktikabilitätsgründen als erforderlich«. Demgegenüber ist darauf hinzuweisen, dass die Arbeitsbefreiung nach § 37 Abs. 6 i. V. m. Abs. 2 nur zulässig ist, wenn sie zum Erwerb notwendiger Kenntnisse **erforderlich** ist (*Glock/HWGNRH* § 37 Rn. 163; *Loritz* NZA 1993, 2 [5 ff.]; *Otto* Anm. EzA § 37 BetrVG 1972 Nr. 49 S. 202c; *Schlüter* Anm. SAE 1977, 107 [108]; a. M. *BAG* 28.05.1976 EzA § 37 BetrVG 1972 Nr. 49 S. 196 [*Otto*] = AP Nr. 24 zu § 37 BetrVG 1972 Bl. 3, das auf die Verhältnismäßigkeit abstellt). Das ist zu bejahen, wenn **nur der Besuch der thematisch gemischten Veranstaltung den Erwerb auch der erforderlichen Kenntnisse ermöglicht**, aber zu verneinen, wenn die Kenntnisse auf andere Weise – z. B. in einer anderen Veranstaltung – erworben werden könnten (*Wiese* BlStSozArbR 1974, 353 [355]; ebenso *Streckel* Anm. SAE 1976, 50 [52]). Aber auch bei Bejahung der Erforderlichkeit ist der Grundsatz der **Verhältnismäßigkeit** zu beachten (*BAG* 28.05.1976 EzA § 37 BetrVG 1972 Nr. 49 S. 196 f. [*Otto*] = AP Nr. 24 zu § 37 BetrVG 1972 Bl. 2 R f., das diesen Grundsatz indessen nur auf die sonstigen Kosten und nicht auf die Entgeltzahlung anwendet; dagegen *Otto* Anm. EzA § 37 BetrVG 1972 Nr. 49, S. 202d; *Schlüter* Anm. SAE 1977, 107, S. 108 f.; *Streckel* Anm. SAE 1976, 50, S. 52). **Überwiegen** die **nicht erforderlichen Themen**, besteht grundsätzlich überhaupt **kein Anspruch** auf bezahlte Freistellung von der Arbeit.

Die Erforderlichkeit ist aber gegeben, wenn der Veranstalter bzw. die Lehrkräfte während der Veranstaltung vom **Programm abweichen** und es den Betriebsratsmitgliedern nicht zuzumuten ist, die Teilnahme abzubrechen, so vor allem bei kurzfristiger Abweichung. Würden jedoch Betriebsratsmitglieder selbst eine erforderliche Themenbehandlung umfunktionieren oder eine nicht nur vorübergehend umfunktionierte Veranstaltung widerspruchslos hinnehmen, so wäre ihnen der Entgeltanspruch nach Treu und Glauben (§ 2 Abs. 1 BetrVG; § 242 BGB) wegen widersprüchlichen Verhaltens zu versagen. **Zum vorzeitigen Abbruch** der Teilnahme an einer Schulungsveranstaltung *BAG* 21.05.1974 EzA § 37 BetrVG 1972 Nr. 26 S. 109 = AP Nr. 13 zu § 37 BetrVG 1972 Bl. 3 R.

bbb) Erforderlichkeit der Kenntniserlangung durch Schulungsteilnahme
Die Veranstaltung muss nicht nur erforderliche Kenntnisse vermitteln, sondern es muss wegen der Verweisung des § 37 Abs. 6 Satz 1 auf Abs. 2 **auch die Arbeitsbefreiung** des Betriebsratsmitglieds für den Erwerb dieser Kenntnisse in einer Schulungsveranstaltung erforderlich sein (*Glock/HWGNRH* § 37 Rn. 132; *Richardi/Thüsing* § 37 Rn. 114, 116; *Richardi* Anm. AP Nr. 2 zu § 40 BetrVG 1972 Bl. 7 R).

Keiner Arbeitsbefreiung für eine Schulung bedarf es daher, **wenn** es dem Betriebsratsmitglied **möglich** und **zumutbar** ist, die erforderlichen Kenntnisse durch **Eigenstudium** selbst und damit kostengünstiger zu erwerben (vgl. auch *BAG* 20.12.1995 EzA § 37 BetrVG 1972 Nr. 130 S. 4 f. = AP Nr. 113 zu § 37 BetrVG 1972 Bl. 2 R f.; 18.01.2012 EzA § 37 BetrVG 2001 Nr. 14 Rn. 30 = AP Nr. 153 zu § 37 BetrVG 1972 [die Zumutbarkeit des Eigenstudiums wurde in den konkreten Fällen aber verneint]; *LAG Niedersachsen* 28.09.1979 EzA § 37 BetrVG 1972 Nr. 64 S. 293; *Joost*/MünchArbR § 220 Rn. 97; *Richardi/Thüsing* § 37 Rn. 95; a. M. *Fitting* § 37 Rn. 141; *Wedde/DKKW* § 37 Rn. 110, die eine Verpflichtung zum Selbststudium offenbar generell verneinen). Dabei ist jedoch zu bedenken, dass ein **Eigenstudium** der Betriebsratsmitglieder im Hinblick auf die Schwierigkeit der Materie und die fehlende Vorbildung **nur begrenzt möglich** ist (*BAG* 20.12.1995 EzA § 37 BetrVG 1972 Nr. 130 S. 5 = AP Nr. 113 zu § 37 BetrVG 1972 Bl. 2 R; *LAG Niedersachsen* 28.09.1979 EzA § 37 BetrVG 1972 Nr. 64 S. 293). Der **Betriebsrat muss sich nicht generell auf das Eigenstudium verweisen lassen**, Information im Rahmen einer Schulungsveranstaltung und durch arbeitsrechtliche Veröffentlichungen ergänzen sich (*BAG* 18.01.2012 EzA § 37 BetrVG 2001 Nr. 14 Rn. 30 = AP Nr. 135 zu § 37 BetrVG 1972). Zu verneinen ist der Vorrang des Eigenstudiums **in** der Regel hinsichtlich des Erwerbs von Grundkenntnissen des Betriebsverfassungsgesetzes, der Arbeitssicherheit oder des allgemeinen Arbeitsrechts (*BAG* 27.11.1973 EzA § 37 BetrVG 1972 Nr. 18 S. 64 f. [*Richardi* bei EzA § 40 BetrVG 1972 Nr. 12] = AP Nr. 9 zu § 89 ArbGG 1953 Bl. 3 R *[Richardi]*; 20.12.1995 EzA § 37 BetrVG 1972 Nr. 130 S. 5 = AP Nr. 113 zu § 37 BetrVG 1972 Bl. 2 R; 19.03.2008 – 7 ABR 2/07 – juris, Rn. 14); für neue Tarifverträge *LAG Hamm* 11.03.1981 DB 1981, 1678; für Lohnfragen *LAG Düsseldorf* 12.10.1981 EzA § 37 BetrVG 1972 Nr. 72 S. 350).

204 Zwar kann es auch an der Erforderlichkeit der Arbeitsbefreiung fehlen, wenn Betriebsratsmitglieder **erforderliche Kenntnisse von anderen Betriebsratsmitgliedern** erlangen können (**a. M.** *Fitting* § 37 Rn. 141; *Glock/HWGNRH* § 37 Rn. 145; *Wedde/DKKW* § 37 Rn. 110). Dafür genügt es **in der Regel** aber nicht, dass andere Betriebsratsmitglieder geschult worden sind, jedenfalls nicht für die Vermittlung von Grundkenntnissen des Betriebsverfassungsrechts, der Arbeitssicherheit oder des allgemeinen Arbeitsrechts (*BAG* 21.11.1978 EzA § 37 BetrVG 1972 Nr. 62 S. 284 = AP Nr. 35 zu § 37 BetrVG 1972 Bl. 2 f.; 15.05.1986 EzA § 37 BetrVG 1972 Nr. 85 S. 414 =AP Nr. 54 zu § 37 BetrVG 1972 Bl. 3 R; 16.10.1986 EzA § 37 BetrVG 1972 Nr. 87 S. 427 f. = AP Nr. 58 zu § 37 BetrVG 1972 Bl. 3; vgl. aber auch *BAG* 13.03.1973 AP Nr. 1 zu § 20 BetrVG 1972 Bl. 2 Rf.; *LAG Niedersachsen* 28.09.1979 EzA § 37 BetrVG 1972 Nr. 64 S. 293). Bei der Vermittlung von Spezialkenntnissen ist es dagegen **ausnahmsweise** denkbar, dass es genügt, wenn Betriebsratsmitglieder andere informieren (*LAG Frankfurt a. M.* 10.07.1973 DB 1973, 2247 [2248]; *LAG Köln* 12.04.1996 LAGE § 37 BetrVG 1972 Nr. 48 S. 6; **a. M.** *Däubler* Schulung, Rn. 155; wohl auch *LAG Düsseldorf* 12.10.1981 EzA § 37 BetrVG 1972 Nr. 72 S. 350). Vgl. dazu noch Rdn. 218.

205 Hat der Betriebsrat als externe Beisitzer **Experten in eine Einigungsstelle** entsandt, muss er sich nicht auf deren Sachverstand verweisen lassen, sondern kann eines seiner Mitglieder zu entsprechenden Schulungen entsenden, wenn dabei für die Betriebsratstätigkeit erforderliche Kenntnisse vermittelt werden (*Wedde/DKKW* § 37 Rn. 110, 118; dazu, dass ein Schulungsanspruch sich in einem solchen Fall nicht aus der Funktion des Betriebsratsmitglieds als Beisitzer der Einigungsstelle, sondern als Betriebsratsmitglied an sich ergibt, siehe Rdn. 163). Ungeeignet und damit nicht erforderlich ist aber eine Schulung durch eben die in die Einigungsstelle entsandten externen Beisitzer (*BAG* 20.08.2014 EzA § 37 BetrVG 2001 Nr. 18 Rn. 25 f. = AP Nr. 157 zu § 37 BetrVG 1972).

206 Der **Arbeitgeber kann nicht verlangen**, dass sich der Betriebsrat sein im Einzelfall erforderliches **Wissen** von einem **Gewerkschaftsbeauftragten vermitteln** lässt (*LAG Frankfurt a. M.* 10.07.1973 DB 1973, 2247 [2248]). Eine solche Information kann in der Regel keine Schulung ersetzen. Sind ausnahmsweise im Einzelfall erforderliche Informationen in zumutbarer Weise von einem Gewerkschaftsbeauftragten zu erlangen, ist eine Arbeitsbefreiung für eine Schulung nicht erforderlich. Auch eine **Schulung durch betriebliche Veranstaltungen** kann im Rahmen des für den Betriebsrat Zumutbaren genügen (vgl. auch *Klinkhammer* BB 1973, 1399 [1402, 1403]; *Streckel* DB 1974, 335 [338]). Eine Arbeitsbefreiung ist ferner nicht erforderlich, wenn es genügt, dass **freigestellte Betriebsratsmitglieder** geschult werden (*BAG* 10.11.1954 AP Nr. 1 zu § 37 BetrVG Bl. 3 R; *Bohn* BB 1975, 1392 [1395]). Jedoch müssen diese auch für die Wahrnehmung der Aufgaben zuständig sein, für die die Kenntnisse erforderlich sind.

ccc) Verhältnis der Schulungsveranstaltungen nach § 37 Abs. 6 und 7 zueinander

207 Die Schulungsveranstaltungen nach § 37 Abs. 6 und 7 unterscheiden sich ihrem Gegenstand nach dadurch, dass Schulungen nach § 37 Abs. 6 für die Betriebsratsarbeit erforderliche Kenntnisse vermitteln müssen, während es für die Veranstaltungen i. S. d. § 37 Abs. 7 genügt, dass sie ihrem Zweck und Inhalt nach auf die ordnungsgemäße Durchführung der Aufgaben des Betriebsrats bezogen und sie zu fördern geeignet sind (vgl. Rdn. 248). Die **Vermittlung nur geeigneter (verwertbarer, nützlicher) Kenntnisse** vermag Ansprüche nach § 37 Abs. 6 **nicht** auszulösen (st. Rspr., vgl. u. a. *BAG* 06.11.1973 EzA § 37 BetrVG 1972 Nr. 17 S. 57 f. [*Richardi* bei EzA § 40 *BetrVG* 1972 Nr. 12] = AP Nr. 6 zu § 37 BetrVG 1972 Bl. 2 *[Wiese]*; 08.02.1977 EzA § 37 BetrVG 1972 Nr. 52 S. 215 = AP Nr. 26 zu § 37 BetrVG 1972 Bl. 1 Rf.; 19.07.1995 EzA § 37 BetrVG 1972 Nr. 126 S. 6 = AP Nr. 110 zu § 37 BetrVG 1972 Bl. 3). Jedoch können **auch in einer Schulung nach § 37 Abs. 7** für die Betriebsratsarbeit **erforderliche (und nicht bloß nur geeignete) Kenntnisse** vermittelt werden (*BAG* 06.11.1973 EzA § 37 BetrVG 1972 Nr. 16 S. 51 [*Richardi bei EzA § 40 BetrVG 1972*

Nr. 12] = AP Nr. 5 zu § 37 BetrVG 1972 Bl. 2 R *[Kittner]*; 21.11.1978 EzA § 37 BetrVG 1972 Nr. 62 S. 285 = AP Nr. 35 zu § 37 BetrVG 1972 Bl. 2 R; ebenso *Fitting* § 37 Rn. 229; *Glock/HWGNRH* § 37 Rn. 143, 227; *Kraft* DB 1973, 2519 [2522]; *Richardi/Thüsing* § 37 Rn. 191; *Wedde/DKKW* § 37 Rn. 134). Beide Ansprüche stehen selbständig nebeneinander.

Hat ein Betriebsratsmitglied in einer Schulung nach **§ 37 Abs. 7 bereits die notwendigen Kenntnisse erworben**, ist eine Arbeitsbefreiung über den gleichen Gegenstand nach **§ 37 Abs. 6 nicht mehr erforderlich** (*BAG* 06.11.1973 EzA § 37 BetrVG 1972 Nr. 16 S. 51 *[Richardi]* = AP Nr. 5 zu § 37 BetrVG 1972 Bl. 2 R *[Kittner]*; ebenso *Fitting* § 37 Rn. 229; *Glock/HWGNRH* § 37 Rn. 227; *Richardi/Thüsing* § 37 Rn. 191). 208

Besteht die **Möglichkeit**, nach § 37 Abs. 6 erforderliche **Kenntnisse gleichzeitig** in einer **Schulungsveranstaltung nach § 37 Abs. 7 zu erwerben**, so muss der Betriebsrat allerdings nicht vorrangig den Anspruch auf Bildungsurlaub nach § 37 Abs. 7 ausschöpfen, sondern kann für diese Veranstaltung **Freistellung nach § 37 Abs. 6** verlangen (*BAG* 21.11.1978 EzA § 37 BetrVG 1972 Nr. 62 S. 285 = AP Nr. 35 zu § 37 BetrVG 1972 Bl. 2 R; 05.04.1984 EzA § 37 BetrVG 1972 Nr. 80 S. 390 f. = AP Nr. 46 zu § 37 BetrVG 1972 Bl. 2 *[Löwisch/Rieble]*; *Däubler* Schulung, Rn. 150; *Fitting* § 37 Rn. 230; *Glock/HWGNRH* § 37 Rn. 227; *Reichold/HWK* § 37 BetrVG Rn. 37; *Richardi/Thüsing* § 37 Rn. 191; **a. M.** *ArbG Herne* 26.06.1973 – BV 25/72; *Wiese* 6. Aufl., § 37 Rn. 166 f.). Die beiden Ansprüche bestehen unabhängig voneinander, wie sich auch aus dem Wortlaut des Abs. 7 ergibt, wonach der darauf gestützte Freistellungsanspruch »unbeschadet der Vorschrift des Absatzes 6« geltend gemacht werden kann. Da es **kein Rangverhältnis** der beiden Regelungen gibt, kann auch nicht geltend gemacht werden, die Arbeitsbefreiung zum Erwerb der zu vermittelnden erforderlichen Kenntnisse sei angesichts der gleichzeitig bestehenden Möglichkeit zur Kenntniserlangung auf der Basis des § 37 Abs. 7 nicht erforderlich (so aber *Wiese* 6. Aufl., § 37 Rn. 166 f.). 209

ddd) Erforderlichkeit und Verhältnismäßigkeit der Schulung nach Art und Umfang

(1) Erforderlichkeit

Sind Kenntnisse für die ordnungsgemäße Wahrnehmung von Aufgaben des Betriebsrats erforderlich und nur durch Teilnahme an einer Schulungs- und Bildungsveranstaltung zu erwerben, so fragt es sich, in welchem Umfang es einer Schulung bedarf. Das gilt sowohl hinsichtlich der **Anzahl der Betriebsratsmitglieder** als auch der **Dauer einer Schulung**. Ferner kann es zweifelhaft sein, ob über denselben Gegenstand eine wiederholte Schulung zulässig ist. Im Einzelfall kann auch eine Schulung in der **Muttersprache** von Betriebsratsmitgliedern in Betracht kommen (*ArbG Berlin* 03.03.2011 – 24 BV 15046/10 – juris). Alle diese Fragen sind aus § 37 Abs. 6 Satz 1 unmittelbar nicht zu beantworten. Das in dieser Vorschrift enthaltene Merkmal der Erforderlichkeit bezieht sich allein auf Gegenstand und Umfang der zu vermittelnden Kenntnisse und wirkt damit themenbegrenzend (*BAG* 28.05.1976 EzA § 37 BetrVG 1972 Nr. 49 S. 197 *[Otto]* = AP Nr. 24 zu § 37 BetrVG 1972 Bl. 3; ebenso *Richardi/Thüsing* § 37 Rn. 114, 116; vgl. auch *Mühlhausen* Kostentragungspflicht, S. 230 ff.). Jedoch verweist § 37 Abs. 6 Satz 1 zugleich auf § 37 Abs. 2, so dass auch **Art und Umfang der Arbeitsbefreiung zum Erwerb der Kenntnisse erforderlich** sein müssen (vgl. auch *Fitting* § 37 Rn. 171; *Glock/HWGNRH* § 37 Rn. 161; *Koch/ErfK* § 37 BetrVG Rn. 15 f.; *Richardi/Thüsing* § 37 Rn. 114, 116). 210

(2) Verhältnismäßigkeit

Neben der Erforderlichkeit ist nach h. M. bei einer Schulung auch der **Grundsatz der Verhältnismäßigkeit** zu beachten. Das *BAG* (vgl. u. a. 29.01.1974 EzA § 40 BetrVG 1972 Nr. 14 S. 42 *[Dütz]* = AP Nr. 8 zu § 37 BetrVG 1972 Bl. 2 R; 27.09.1974 EzA § 37 BetrVG 1972 Nr. 33 S. 129 *[Weiss]* = AP Nr. 18 zu § 37 BetrVG 1972 Bl. 3 Rf. *[Halberstadt]*; 15.05.1986 EzA § 37 BetrVG 1972 Nr. 85 S. 417 = AP Nr. 54 zu § 37 BetrVG 1972 Bl. 4 R; 28.06.1995 EzA § 40 BetrVG 1972 Nr. 74 S. 3 *[Bakker]* = AP Nr. 48 zu § 40 BetrVG 1972 Bl. 2 R = SAE 1996 S. 280 *[Thüsing]*; 19.03.2008 – 7 ABR 2/07 – juris, Rn. 15) zieht diesen Grundsatz zwar nur für die Begrenzung der Kosten nach § 40 Abs. 1 heran, jedoch gilt er nach verbreiteter Ansicht ebenso für die Begrenzung des Anspruchs nach § 37 Abs. 6 (*LAG Düsseldorf* 22.03.1989 LAGE § 37 BetrVG 1972 Nr. 28 S. 2, 3; 07.03.1990 LAGE § 37 BetrVG 1972 Nr. 33 S. 1; 09.08.1995 LAGE § 37 BetrVG 1972 Nr. 45 S. 2; *Hess. LAG* 211

§ 37   *II. 3. Geschäftsführung des Betriebsrats*

29.06.1995 LAGE § 40 BetrVG 1972 Nr. 48 S. 1; *LAG Köln* 12.04.1996 LAGE § 37 BetrVG 1972 Nr. 48 S. 3; *Blomeyer* 25 Jahre Bundesarbeitsgericht, 1979, S. 17 [33]; *Gamillscheg* II, S. 588; *Joost*/MünchArbR § 220 Rn. 85; *Maschmann/AR* § 37 BetrVG Rn. 18; *Otto* Anm. EzA § 37 BetrVG 1972 Nr. 49 S. 202c; *Reichold/HWK* § 37 BetrVG Rn. 33; *Richardi/Thüsing* § 37 Rn. 114, 116; *Schlüter* Anm. SAE 1977, 107 [108 f.]; *Streckel* Anm. SAE 1976, 50 [52]; **a. M.** *Wedde/DKKW* § 37 Rn. 141; vgl. auch *Glock/HWGNRH* § 37 Rn. 161 [Anwendbarkeit des Verhältnismäßigkeitsgrundsatzes lediglich im Hinblick auf die Auswahl zwischen mehreren in Frage kommenden Schulungs- und Bildungsveranstaltungen]; ähnlich *Wolmerath*/HaKo § 37 Rn. 32).

212 Dem **BAG** dient der Maßstab der Verhältnismäßigkeit zunächst dazu, die zulässige **Dauer einer Schulung** sowie die zulässige **Zahl der zu entsendenden Betriebsratsmitglieder** zu bestimmen (vgl. z. B. *BAG* 28.05.1976 EzA § 37 BetrVG 1972 Nr. 49 S. 197 *[Otto]* = AP Nr. 24 zu § 37 BetrVG 1972 Bl. 3; 15.06.1976 EzA § 37 BetrVG 1972 Nr. 50 S. 201 = AP Nr. 12 zu § 37 BetrVG 1972 Bl. 2; 08.02.1977 EzA § 37 BetrVG 1972 Nr. 52 S. 217 = AP Nr. 26 zu § 37 BetrVG 1972 Bl. 2 R; 31.10.1972 EzA § 40 BetrVG 1972 Nr. 3 S. 13 f. *[Richardi]* = AP Nr. 2 zu § 40 BetrVG 1972 Bl. 4 *[Richardi]*; 17.09.1974 EzA § 40 BetrVG 1972 Nr. 18 S. 71 = AP Nr. 6 zu § 40 BetrVG 1972 Bl. 2 R.), weil es die Erforderlichkeit i. S. d. § 37 Abs. 6 Satz 1 allein auf die vermittelten Kenntnisse bezieht. Das ist zwar zutreffend, jedoch ergibt sich aus der Verweisung des § 37 Abs. 6 Satz 1 auf § 37 Abs. 2, dass auch die Dauer der Arbeitsbefreiung zum Erwerb dieser Kenntnisse ebenso wie die Anzahl der von der Arbeit zu befreienden Betriebsratsmitglieder **erforderlich** sein muss (vgl. Rdn. 210 und Rdn. 214 ff., 221 ff.). Deshalb kann der Maßstab der **Verhältnismäßigkeit** sich nur auf die Begrenzung einer dem **Grunde nach erforderlichen Schulung** beziehen (*Wiese* BlStSozArbR 1974, 353 [365]; zust. *Dütz* Anm. AP Nr. 1 zu § 20 BetrVG 1972 Bl. 5 R; **a. M.** *Blomeyer* 25 Jahre Bundesarbeitsgericht, S. 17 [19], der den Begriff der Erforderlichkeit in einem engeren Sinne verwendet). Auf die hier vertretene Auffassung deutet auch die Formulierung des *BAG* (27.09.1974 EzA § 37 BetrVG 1972 Nr. 33 S. 129 *[Weiss]* = AP Nr. 18 zu § 37 BetrVG 1972 Bl. 4 *[Halberstadt]*; 28.06.1995 EzA § 40 BetrVG 1972 Nr. 74 S. 3 *[Bakker]* = AP Nr. 48 zu § 40 BetrVG 1972 Bl. 2 R = SAE 1996, 280 *[Thüsing]*) hin, der Betriebsrat sei verpflichtet, den Arbeitgeber nur mit den **Kosten** zu belasten, die er der Sache nach für verhältnismäßig und deshalb auch dem Arbeitgeber gegenüber für **zumutbar** halten durfte (*LAG Schleswig-Holstein* 23.09.1987 LAGE § 37 BetrVG 1972 Nr. 23 S. 4). Er müsse daher bei erforderlichen Schulungsveranstaltungen die Kosten auf das notwendige Maß beschränken und nach pflichtgemäßem Ermessen prüfen, ob sie noch mit der Größe und Leistungsfähigkeit des Betriebs zu vereinbaren seien. Bei einer unverhältnismäßig großen Belastung, die den Rahmen des nach den Verhältnissen Zumutbaren übersteigt, könnten die Kosten nur anteilig verlangt werden.

213 Gegen die Heranziehung des Grundsatzes der Verhältnismäßigkeit kann nicht eingewandt werden, damit werde ein im Gesetz nicht enthaltenes zusätzliches Begrenzungskriterium eingeführt (so *Fitting* § 37 Rn. 171). Die **Verhältnismäßigkeit** ist ein **allgemeiner Rechtsgrundsatz** (*BAG* 27.09.1974 EzA § 37 BetrVG 1972 Nr. 33 S. 129 *[Weiss]* = AP Nr. 18 zu § 37 BetrVG 1972 Bl. 4 *[Halberstadt]*; zum Grundsätzlichen vgl. *Blomeyer* 25 Jahre Bundesarbeitsgericht, S. 17 [19], passim; *Hanau* FS *Zeuner*, S. 53 [59 f.]; *Hirschberg* Der Grundsatz der Verhältnismäßigkeit, 1981; *Mühlhausen* Kostentragungspflicht, S. 242 ff.; *Pahlen* Der Grundsatz der Verhältnismäßigkeit und die Erstattung von Schulungskosten nach dem BetrVG 72; *Rasche* Arbeitnehmerweiterbildung, S. 158 ff.), der unabhängig davon gilt, ob er ausdrücklich im Gesetz genannt ist. Ungeachtet dessen handelt es sich aber um einen unbestimmten, in seinen inhaltlichen Voraussetzungen keineswegs hinreichend geklärten Maßstab (vgl. auch *Fitting* § 37 Rn. 171). Wird er im Regelfall herangezogen, besteht die Gefahr, dass der gesetzliche Anspruch auf erforderliche Schulungen insgesamt relativiert wird (vgl. auch *Koch*/ErfK § 37 BetrVG Rn. 17; *Weiss* Anm. EzA § 37 BetrVG 1972 Nr. 33 S. 132a ff.). Jedoch kann es nur darum gehen, den **an sich gegebenen Anspruch** aufgrund besonderer Umstände **in Grenzfällen** zu **beschränken**. Das ist ein allgemeines zivilrechtliches Problem, das unter Heranziehung der Grundsätze des **Rechtsmissbrauchs** und der **Zumutbarkeit** (§ 242 BGB) auch für die Ansprüche nach §§ 37, 40 lösbar erscheint. Rechtsgrundlage ist § 2 Abs. 1 als Konkretisierung des § 242 BGB. Wenn im Folgenden der Grundsatz der Verhältnismäßigkeit genannt wird, ist das im dargelegten engeren Sinne gemeint. Besser wäre es, ihn zumindest für den Anwendungsbereich der §§ 37, 40 durch das herkömmliche zivilrechtliche Instrumentarium zu ersetzen (dazu auch *Mühlhausen* Kostentragungspflicht, S. 290 ff.; vgl. ferner § 40 Rdn. 14).

(3) Teilnehmerzahl

Da die **Anzahl der Betriebsratsmitglieder**, die an einer Schulung teilnehmen dürfen, sich nach 214 dem **Erforderlichen unter Berücksichtigung des Grundsatzes der Verhältnismäßigkeit** richtet (vgl. Rdn. 210 ff.), kommt es auch insoweit auf die konkrete Situation des einzelnen Betriebs und Betriebsrats an. Dabei ist zu berücksichtigen, dass Kenntnisse i. S. d. § 37 Abs. 6 erforderlich sind, die der Betriebsrat als **Kollektivorgan** benötigt, um seine Aufgaben ordnungsgemäß wahrnehmen zu können. Daraus folgt, dass vor allem bei größeren Betriebsräten im Hinblick auf die dort unumgängliche Geschäftsverteilung nicht alle Betriebsratsmitglieder gleichmäßig geschult zu werden brauchen. Zu unterscheiden ist aber zwischen bestimmten Grundkenntnissen und Spezialkenntnissen.

Grundkenntnisse sind für **sämtliche Betriebsratsmitglieder** im **Betriebsverfassungsrecht** er- 215 forderlich (*BAG* 27.11.1973 EzA § 37 BetrVG 1972 Nr. 18 S. 65 [*Richardi* bei *EzA* § 40 *BetrVG* 1972 Nr. 12] = AP Nr. 9 zu § 89 ArbGG 1953 Bl. 3 R f. [*Richardi*]; EzA § 37 BetrVG 1972 Nr. 85 S. 411 f. = AP Nr. 54 zu § 37 BetrVG 1972 Bl. 2 R; *Fitting* § 37 Rn. 163; *Glock/HWGNRH* § 37 Rn. 147 ff., 159, 170; *Wedde/DKKW* § 37 Rn. 138; **a. M.** *LAG Hamm* 16.03.1979 DB 1979, 1364 f.).

Unerlässlich sind für **alle Betriebsratsmitglieder** auch Grundkenntnisse des **allgemeinen Arbeits-** 216 **rechts** (*BAG* 16.10.1986 EzA § 37 BetrVG 1972 Nr. 87 S. 426 ff. = AP Nr. 58 zu § 37 BetrVG 1972 Bl. 2 f. = SAE 1988, 22 [krit. *Winterfeld*] unter Aufgabe der früheren Rechtsprechung 25.04.1978 EzA § 37 BetrVG 1972 Nr. 59 [krit. *Kittner*] = AP Nr. 33 zu § 37 BetrVG 1972; *Fitting* § 37 Rn. 164; *Kittner* BlStSozArbR 1979, 257 ff.; *Richardi/Thüsing* § 37 Rn. 103; *Wedde/DKKW* § 37 Rn. 113, 138; **a. M.** *Glock/HWGNRH* § 37 Rn. 159, 150 f.; vgl. auch *LAG Baden-Württemberg* 13.08.1981 DB 1982, 705). Das gilt nicht nur im Hinblick auf die allgemeine Überwachungspflicht des Betriebsrats nach § 80 Abs. 1 Nr. 1 und die potentielle Beteiligung jedes Betriebsratsmitglieds bei der Unterstützung einzelner Arbeitnehmer nach § 81 Abs. 4 Satz 3, § 82 Abs. 2 Satz 2, § 83 Abs. 1 Satz 2, § 84 Abs. 1 Satz 2, sondern vor allem auch deswegen, weil die Ausübung der Beteiligungsrechte, insbesondere im Bereich der sozialen Angelegenheiten, in erheblichem Umfang Kenntnisse des allgemeinen Arbeitsrechts voraussetzt. Das gilt nicht nur für einzelne, sondern für alle Betriebsratsmitglieder, weil andernfalls eine sinnvolle Mitwirkung an der Beschlussfassung des Betriebsrats ausgeschlossen ist. Das Verständnis für die Zusammenhänge zwischen Betriebsverfassungsrecht und allgemeinem Arbeitsrecht erfordert jedoch nicht, dass die Grundkenntnisse auf allen Gebieten des Arbeitsrechts in gleicher Weise vorhanden sind.

Mit dieser Maßgabe ist auch der Auffassung zuzustimmen, dass jedes Betriebsratsmitglied einen gewis- 217 sen Standard an **allgemeinen rechtlichen, wirtschaftlichen und technischen Kenntnissen** haben müsse (*Fitting* § 37 Rn. 165; *Wedde/DKKW* § 37 Rn. 116, 138; **a. M.** *Glock/HWGNRH* § 37 Rn. 155).

Spezialkenntnisse sind dagegen **nicht für alle Betriebsratsmitglieder** in gleichem Maße erforder- 218 lich. Deshalb bedarf es der besonders sorgfältigen Prüfung, bevor der Betriebsrat mehrere Betriebsratsmitglieder für dieselbe Spezialveranstaltung anmeldet (*Hess. LAG* 29.06.1995 LAGE § 40 BetrVG 1972 Nr. 48 S. 2). Dabei kann es sich um vertiefte Kenntnisse zu Einzelfragen des Betriebsverfassungsrechts und allgemeinen Arbeitsrechts oder um Kenntnisse auf speziellen Sachgebieten handeln; bei letzteren können es Grundkenntnisse oder vertiefte Kenntnisse sein. Da dem Betriebsrat als Kollektivorgan die erforderlichen Kenntnisse zur Verfügung stehen müssen, kommt es auf seine **Größe und personelle Zusammensetzung sowie seine Geschäftsverteilung** an (zust. *BAG* 14.01.2015 EzA § 37 BetrVG 2001 Nr. 19 Rn. 12 = AP Nr. 158 zu § 37 BetrVG 1972). Vor allem größere Betriebsräte müssen eine **Aufgabenverteilung** vornehmen und Aufgaben zur selbständigen Erledigung auf den Betriebsausschuss (*Raab* § 27 Rdn. 70 ff.) oder einen weiteren Ausschuss (*Raab* § 28 Rdn. 14 f.) übertragen. Es genügt dann in der Regel, dass nur diejenigen Betriebsratsmitglieder geschult werden, denen die Wahrnehmung dieser Aufgaben obliegt (*BAG* 09.10.1973 EzA § 37 BetrVG 1972 Nr. 14 S. 44 [*Richardi*] = AP Nr. 4 zu § 37 BetrVG 1972 Bl. 2 f. [*Natzel*]; 20.12.1995 EzA § 37 BetrVG 1972 Nr. 130 S. 5 = AP Nr. 113 zu § 37 BetrVG 1972; *LAG Hamm* 16.07.2010 – 10 Sa 291/10 – juris, Rn. 71; *Fitting* § 37 Rn. 166; *Glock/HWGNRH* § 37 Rn. 155, 170 ff.; *Richardi/Thüsing* § 37 Rn. 115, 109; *Schell* BB 1973, 44 [47]; *Wedde/DKKW* § 37 Rn. 139; *Wiese* BlStSozArbR 1974, 353 [358]; weitergehend *Kittner* Anm. AP Nr. 5 zu § 37 BetrVG 1972 Bl. 5 R f.]). Bei seiner Geschäftsverteilung ist der Betriebsrat zwar frei. Wenn er jedoch ohne sachlichen Grund Betriebsratsmitglieder, die erforderliche Kenntnisse für bestimmte Aufgaben besitzen, nicht mit deren Wahrnehmung betraut, ist die Schulung der zuständigen Betriebsratsmitglieder nicht erforderlich (*Richardi/Thüsing* § 37 Rn. 109; **a. M.** *Fitting* § 37 Rn. 166). Gehören mehrere Betriebsratsmitglieder einem Ausschuss an, so können sämtliche Ausschussmitglieder an einer Schulung teilnehmen, die entsprechende Spezialkenntnisse vermittelt (*LAG Hamm* 08.07.2005 – 10 Sa 2053/04 – juris).

219 In Betrieben der **privatisierten Postunternehmen** wird primär die Schulung eines nach § 26 PostPersRG in den Betriebsrat gewählten Vertreters der Beamten bei Wahrnehmung der in § 28 PostPersRG genannten Angelegenheiten in Betracht kommen; das gilt auch für die Betriebsratsmitglieder, denen die Behandlung der Personalangelegenheiten der Beamten vom Betriebsrat zugewiesen worden ist. Ist das nicht der Fall, ist die Schulung anderer Betriebsratsmitglieder erforderlich. Entsprechendes gilt für die Schulung von Betriebsratsmitgliedern hinsichtlich der Angelegenheiten der Beamten der **Deutsche Bahn AG** (vgl. auch Rdn. 197; *Fitting* § 37 Rn. 168; *Franzen* § 1 Rdn. 23 f.).

220 Einzelfälle zur Anzahl der an Schulungen über Spezialkenntnisse teilnahmeberechtigten Betriebsratsmitglieder:
– **Akkordfragen**: alle Mitglieder einer Akkordkommission (*LAG Baden-Württemberg/Mannheim* 15.05.1973 ARSt. 1973, 149; *LAG Hamm* 29.06.1979 EzA § 37 BetrVG 1972 Nr. 67 S. 311);
– **Arbeitswissenschaft** und **Arbeitsbewertung**: theoretisches Grundwissen für einzelne Betriebsratsmitglieder in Akkordausschüssen (*BAG* 29.01.1974 EzA § 37 BetrVG 1972 Nr. 36 S. 146 = AP Nr. 9 zu § 37 BetrVG 1972 Bl. 3 R);
– **Arbeitszeitfragen**: alle Mitglieder oder Ersatzmitglieder eines Ausschusses für Arbeitszeitfragen (*ArbG Passau* 08.10.1992 BB 1992, 2431);
– **Betriebsversammlung**: sukzessive Unterrichtung von acht Mitgliedern eines neunköpfigen Betriebsrats (*LAG Hamm* 01.03.1973 DB 1973, 1357 [1358]);
– Probleme des **Gesamtbetriebsrats** und **Konzernbetriebsrats**: nur für die Betriebsratsmitglieder, die zugleich Mitglieder des Gesamt- oder Konzernbetriebsrats sind; das gilt auch für Kenntnisse über die »Verzahnung zwischen Personalwirtschaft und beruflicher Aus- und Fortbildung« (*ArbG Kassel* 21.03.1974 DB 1974, 924). Eine Schulung von Mitgliedern örtlicher Betriebsräte ist bei Bestehen eines Gesamtbetriebsrats nicht erforderlich, wenn es sowohl dem örtlichen Betriebsrat als auch dem einzelnen Arbeitnehmer zuzumuten ist, ein Mitglied des Gesamtbetriebsrats zur Klärung anstehender Fragen – hier der Altersversorgung im Unternehmen – einzuschalten (*LAG Düsseldorf* 06.09.1991 LAGE § 37 BetrVG 1972 Nr. 28 S. 2 ff., das aber auf den Grundsatz der Verhältnismäßigkeit abstellt);
– **neuer Manteltarifvertrag**: sämtliche Betriebsratsmitglieder (*LAG Hamm* 11.03.1981 DB 1981, 1678; krit. dazu *Stege/Weinspach/Schiefer* § 37 Rn. 41);
– **Lohngestaltung**: drei Betriebsratsmitglieder für ein Seminar (*LAG Berlin* 03.11.1972 – 3 Ta 10/72); alle Mitglieder eines **Lohnausschusses** (*LAG Düsseldorf* 12.10.1981 EzA § 37 BetrVG 1972 Nr. 72 S. 348 f.);
– **Suchtkrankheiten**: ein mit dieser Aufgabe betrautes Betriebsratsmitglied (*LAG Düsseldorf* 09.08.1995 LAGE § 37 BetrVG 1972 Nr. 45 S. 2);
– **Tendenzbetrieb**: alle Betriebsratsmitglieder bei eintägiger Schulung über ihre vorhandenen und fehlenden Befugnisse (*ArbG Bremen* 15.08.1973 AuR 1974, 28);
– **neue Vergütungsstruktur** für private Krankenhäuser in Hessen: zwei Mitglieder (*Hess. LAG* 12.04.1996 LAGE § 40 BetrVG 1972 Nr. 48).

(4) Dauer der Schulung

221 Da auch für die Dauer einer Schulung die Erforderlichkeit unter Berücksichtigung des Grundsatzes der Verhältnismäßigkeit maßgebend ist (vgl. Rdn. 211 ff.), kommt es wiederum auf die **konkrete Situation** des einzelnen **Betriebs** und **Betriebsrats** an. Es ist also auf den Wissensstand der zu schulenden Betriebsratsmitglieder und den Umfang der zu erwerbenden Kenntnisse sowie die Schwierigkeit des Stoffes abzustellen. Generelle Zeitangaben sind daher nicht möglich (ebenso *Fitting* § 37 Rn. 172). Jedoch ist zu berücksichtigen, dass der Gesetzgeber den Schulungsanspruch nach § 37 Abs. 7 für die gesamte regelmäßige Amtszeit eines Betriebsratsmitglieds auf drei bzw. vier Wochen beschränkt hat und damit von einem **begrenzten Ausbildungsaufwand** für die **Betriebsrattätigkeit** ausgegangen ist (*BAG* 27.09.1974 EzA § 37 BetrVG 1972 Nr. 33 S. 129 [*Weiss*] = AP Nr. 18 zu § 37 BetrVG

Ehrenamtliche Tätigkeit, Arbeitsversäumnis § 37

1972 Bl. 4 *[Halberstadt]*; 08.10.1974 EzA § 40 BetrVG 1972 Nr. 17 S. 63 = AP Nr. 7 zu § 40 BetrVG 1972 Bl. 4 R; 08.02.1977 EzA § 37 BetrVG 1972 Nr. 52 S. 217 f. = AP Nr. 26 zu § 37 BetrVG 1972 Bl. 2 R; ebenso *Richardi/Thüsing* § 37 Rn. 117). Die hierin liegende Bewertung der Angemessenheit einer Schulung von Betriebsratsmitgliedern ist bisher von der Rechtsprechung beachtet worden. Sie hat andererseits mit Recht nach § 37 Abs. 6 nicht nur kurzfristige Veranstaltungen von wenigen Tagen anerkannt (gegen eine derartige Beschränkung auch *Fitting* § 37 Rn. 172; *Koch*/ErfK § 37 BetrVG Rn. 16; *Richardi/Thüsing* § 37 Rn. 116; **a. M.** *ArbG Rendsburg* 16.11.1972 DB 1973, 143 [144]).

Aus der **Rechtsprechung** vgl. (weitere Nachweise über unveröffentlichte Entscheidungen bei *Däubler* Schulung, Rn. 290 ff.; *Wiese* BlStSozArbR 1974, 353 [358 Fn. 95]): **222**
– **ein Tag**: *ArbG Bremen* 15.08.1973 AuR 1974, 28, bei Schulung für alle Betriebsratsmitglieder eines Tendenzbetriebs über vorhandene und fehlende Befugnisse;
– **zwei bis drei Tage**: *ArbG Rendsburg* 16.11.1972 DB 1973, 143 (144); vgl. auch *BAG* 05.11.1981 DB 1982, 704 (705): zwei Tage unbedenklich bei Schulung über das Betriebsverfassungsgesetz; *ArbG Passau* 26.07.1973 ARSt. 1973, 183;
– **drei Tage**: *BAG* 21.11.1978 EzA § 37 BetrVG 1972 Nr. 62 S. 285 = AP Nr. 35 zu § 37 BetrVG 1972 Bl. 2 R, bei Schulung über das Betriebsverfassungsgesetz für erstmals in den Betriebsrat gewählte Betriebsratsmitglieder;
– **fünf Tage**: *BAG* 06.11.1973 EzA § 37 BetrVG 1972 Nr. 16 S. 53 *[Richardi]* = AP Nr. 5 zu § 37 BetrVG 1972 Bl. 3 R *[Kittner]*, für Schulung über das neue Betriebsverfassungsgesetz; 15.06.1976 EzA § 37 BetrVG 1972 Nr. 50 S. 201 = AP Nr. 12 zu § 40 BetrVG 1972 Bl. 2; *LAG Düsseldorf* 31.08.1994 LAGE § 37 BetrVG 1972 Nr. 33, für Schulung zum Thema »Handlungspflichten und Mitbestimmungsrechte des Betriebsrates bei organisatorischen und technischen Rationalisierungsmaßnahmen«; *LAG Düsseldorf* 09.08.1995 LAGE § 37 BetrVG 1972 Nr. 45 S. 2, für Schulung über Suchtkrankheiten;
– **fünfeinhalb Tage**: *ArbG Kassel* 15.03.1973 DB 1973, 831, für die Vermittlung von Grundkenntnissen im Betriebsverfassungsrecht;
– **sechs Tage**: *BAG* 27.11.1973 EzA § 37 BetrVG 1972 Nr. 18 S. 65 *[Richardi bei EzA § 40 BetrVG 1972 Nr. 12]* = AP Nr. 9 zu § 89 ArbGG 1953 Bl. 3 R *[Richardi]*, insgesamt bei einer sich über fünf Monate erstreckenden Schulungsreihe über das neue Betriebsverfassungsgesetz; *LAG Düsseldorf* 12.01.1973 EzA § 37 BetrVG 1972 Nr. 4 S. 14, für Schulung über das neue Betriebsverfassungsgesetz; *LAG Berlin* 19.04.1973 BB 1974, 647, für Schulung über Jugendfragen;
– **eine Woche**: *ArbG Kassel* 16.02.1973 DB 1973, 625; *ArbG Bremen-Bremerhaven* 31.05.2007 – 10 BV 59/07 – für Einführung in das Betriebsverfassungsgesetz; *Klinkhammer* BB 1973, 1399 (1403); *LAG Köln* 12.04.1996 LAGE § 37 BetrVG 1972 Nr. 48 S. 3 f., für Grundschulung im Betriebsverfassungsgesetz: eine bis höchstens zwei Wochen, verneint wegen Verstoßes gegen den Grundsatz der Verhältnismäßigkeit für eine längere Schulungsdauer;
– **acht Tage**: *ArbG Solingen* 04.05.1973 DB 1973, 1358, bei Schulung eines Betriebsratsvorsitzenden über das neue Betriebsverfassungsgesetz;
– **dreizehn Tage**: *LAG Bremen* 30.11.1973 BB 1974, 184, bei Schulung eines freigestellten Betriebsratsmitglieds;
– **vierzehn Tage**: *BAG* 08.02.1977 EzA § 37 BetrVG 1972 Nr. 52 S. 218 = AP Nr. 26 zu § 37 BetrVG 1972 Bl. 2 f., bei Schulung des Betriebsratsvorsitzenden über das neue Betriebsverfassungsgesetz; *LAG Baden-Württemberg/Mannheim* 16.12.1974 AuR 1975, 154, für Betriebsräte eines Großbetriebs; *LAG Bremen* Gewerkschafter 1974, Heft 2, S. 47, für Grundkurs im Betriebsverfassungsgesetz; AuR 1974, 377 f., für Schulung über gesicherte arbeitswissenschaftliche Erkenntnisse; *LAG Düsseldorf* 12.10.1981 EzA § 37 BetrVG 1972 Nr. 72 S. 348 f., für alle Mitglieder eines »Lohnausschusses« des Betriebsrats; *LAG Hamm* 05.12.1974 DB 1975, 109 (110), bei Seminar für freigestellte Betriebsratsmitglieder in einem Betrieb, in dem erst seit zwei Jahren ein Betriebsrat besteht; 14.04.1976 AuR 1976, 250, bei Schulung im Betriebsverfassungsrecht für ungeschulte Betriebsratsmitglieder; 22.01.1976 DB 1976, 730, verneint bei einem Seminar für freigestellte Betriebsratsmitglieder bei einem Betriebsratsvorsitzenden mit jahrelangen Erfahrungen; *ArbG Kassel* 21.03.1974 BB 1974, 647, für ein ständig von der Arbeit freigestelltes Betriebsratsmitglied bei einer Schulungsveranstaltung, in der umfassende Kenntnisse über das Betriebsverfassungsgesetz vermittelt werden; *ArbG Kiel* 22.05.1973 BB 1973, 848, Vertiefungsveranstaltung nach Teilnahme an

einem einwöchigen Seminar über Arbeitssicherheit, wenn besondere Schwierigkeiten im Bereich des Arbeitsschutzes im Betrieb vorliegen, was allerdings im entschiedenen Fall verneint wurde; *ArbG Ludwigshafen* 02.08.1973 AuR 1974, 56, zwei einwöchige Schulungen über das neue Betriebsverfassungsgesetz; *ArbG Oberhausen* 02.08.1973 AuR 1974, 28, verneint bei Schulungsveranstaltung ohne aktuelle und betriebsbezogene Themen; *ArbG Ulm* 30.05.1973 BB 1973, 1027, bei Schulung über das neue Betriebsverfassungsgesetz; vgl. auch *ArbG Würzburg* 23.07.1974 DB 1974, 1774;

– **drei Wochen**: *LAG Düsseldorf* 28.09.1973 AuR 1974, 154, verneint bei Seminarbesuch zur Vermittlung von Grundkenntnissen; *ArbG Kassel* 20.08.1974 DB 1974, 1965, wegen Verstoßes gegen den Grundsatz der Verhältnismäßigkeit verneint bei dreiwöchigem Lehrgang, selbst wenn dieser für die Arbeit des Betriebsrats erforderliche Kenntnisse vermittelt.

– Zum **sukzessiven Besuch mehrerer Tagesveranstaltungen** durch verschiedene Betriebsratsmitglieder vgl. *LAG Hamm* 01.03.1973 DB 1973, 1357; zum Zeitaufwand bei der Schulung **ausländischer Arbeitnehmer** *LAG Hamm* 10.10.1974 BB 1974, 1439 (1440). Zur Schulungsveranstaltung gehört auch eine anschließende freie Diskussion mit Kollegen und eine gewisse Zeit zum Ausruhen (*ArbG Bamberg* 22.10.1979 ARSt. 1980, 126 [Nr. 1145]; vgl. auch *ArbG Bremen-Bremerhaven* 31.05.2007 – 10 BV 59/07 – juris). Die **Entfernung** des **Schulungsorts** vom Betriebsort ist nach Ansicht des *BAG* (09.10.1973 EzA § 37 BetrVG 1972 Nr. 14 S. 15 *[Richardi]* = AP Nr. 4 zu § 37 BetrVG 1972 Bl. 3 *[Natzel]*) nicht für die Freistellung, sondern nur für die Kostentragung erheblich. Das ist nicht überzeugend, weil die Veranstaltung nicht nur erforderliche Kenntnisse vermitteln, sondern auch die Arbeitsbefreiung für den Erwerb dieser Kenntnisse erforderlich sein muss (vgl. Rdn. 202). Das ist zu verneinen, wenn die gleichen Kenntnisse in einem näher gelegenen Schulungsort erworben werden können und damit das Zeitversäumnis geringer ist (vgl. auch *LAG Bremen* 30.11.1973 BB 1974, 184).

(5) Wiederholungs- und Vertiefungsveranstaltungen

223 **In der Regel** ist davon auszugehen, dass für **denselben Gegenstand** eine **einmalige Schulung** genügt (*LAG Nürnberg* 01.09.2009 – 6 TaBv 18/09 – juris). Das Betriebsratsmitglied ist verpflichtet, den durch Schulung erworbenen Wissensstand im Rahmen des Zumutbaren durch Selbststudium zu erhalten und zu vertiefen (vgl. auch Rdn. 203). Dazu gehört, dass sich die Betriebsratsmitglieder über die neuere Rechtsprechung zumindest des Bundesarbeitsgerichts informieren. Vor allem bei komplizierten Spezialmaterien kann es aber für die dafür zuständigen Betriebsratsmitglieder zur ordnungsgemäßen Durchführung ihrer Aufgaben erforderlich sein, an Wiederholungs- und Vertiefungsveranstaltungen teilzunehmen, insbesondere bei einer **Änderung der betrieblichen Verhältnisse, der Änderung der Rechtslage durch die Gesetzgebung oder Rechtsprechung oder der Fortentwicklung von Erkenntnissen** (*LAG Düsseldorf* 12.10.1981 EzA § 37 BetrVG 1972 Nr. 72 S. 350; *LAG Frankfurt a. M.* 19.10.1976 AuR 1977, 186; *LAG Hamm* 16.05.2012 – 10 TaBV 11/12 – juris Rn. 66; *Däubler* Schulung, Rn. 184 f.; *Fitting* § 37 Rn. 156; *Richardi/Thüsing* § 37 Rn. 110; weitergehend *Wedde/DKKW* § 37 Abs. 125 f.; **a. M. für fortschreitende Entwicklung der Rechtsprechung** *Glock/HWGNRH* § 37 Rn. 144;). Eine vertiefte Schulung kann auch für den Betriebsratsvorsitzenden und den stellvertretenden Vorsitzenden des Betriebsrats erforderlich sein (*Fitting* § 37 Rn. 167).

eee) Beurteilungsspielraum des Betriebsrats

224 Inhalt und Umfang der erforderlichen Kenntnisse und Schulung sind nicht absolut quantifizierbar. Deshalb ist dem *BAG* zuzustimmen, wenn es dem Betriebsrat in Hinblick auf das Merkmal der **Erforderlichkeit** einen gewissen **Beurteilungsspielraum** lässt (st. Rspr., vgl. u. a. *BAG* 09.10.1973 EzA § 37 BetrVG 1972 Nr. 14 S. 43 *[Richardi]* = AP Nr. 4 zu § 37 BetrVG 1972 Bl. 2 *[Natzel]*; 14.01.2015 EzA § 37 BetrVG 2001 Nr. 19 Rn. 11 = AP Nr. 158 zu § 37 BetrVG 1972; eingehend dazu *Bengelsdorf* AP Nr. 9 zu § 25 BetrVG 1972 Bl. 8 R ff.; vgl. ferner *Däubler* Schulung, Rn. 177, 186, 563; *Fitting* § 37 Rn. 174; *Joost/MünchArbR* § 220 Rn. 83; *Richardi/Thüsing* § 37 Rn. 131; *Wedde/DKKW* § 37 Rn. 154; in der Sache zust. bei Kritik gegen den Begriff »Beurteilungsspielraum« *Esser* RdA 1976, 229 ff.; *Wiese* BlStSozArbR 1974, 353 [356]; grunds. zust. auch *P. Nipperdey* DB 1977, 1093 ff.; *ders.* DB 1980, 1645 f.; **a. M.** *LAG Frankfurt a. M.* 10.07.1973 DB 1973, 2247 [2248], das Inhalt und Umfang der Schulung streng objektiv nach den betrieblichen Erfordernissen bestimmt; *Glock/*

HWGNRH § 37 Rn. 164 f., 175; krit. auch *Kittner* Anm. AP Nr. 5 zu § 37 BetrVG 1972 Bl. 6 f.; *Kraft* SAE 1974, 179 [180]; *Schlüter* Anm. SAE 1975, 158 [160 f.]; *Streckel* Anm. SAE 1976, 50 [51]; *Zitscher* DB 1984, 1395 [1400]). Zum Beurteilungsspielraum der Tatsacheninstanzen vgl. Rdn. 347.

Das *BAG* (15.02.1995 EzA § 37 BetrVG 1972 Nr. 125 S. 2 = AP Nr. 106 zu § 37 BetrVG 1972 Bl. 2) **225** hält **weder** das **subjektive Ermessen** des Betriebsrats **noch ex post** einen streng **objektiven Maßstab** für maßgebend, sondern stellt auch hier (zu § 37 Abs. 2 vgl. Rdn. 43 f.) mit Recht auf den **Standpunkt** eines **vernünftigen Dritten** ab, der im **Zeitpunkt der Beschlussfassung** (dazu *BAG* 08.03.2000 EzA § 40 BetrVG 1972 Nr. 90 S. 3 = AP Nr. 68 zu § 40 BetrVG 1972; 27.05.2015 EzA § 40 BetrVG 2001 Nr. 27 Rn. 22 f. = AP Nr. 160 zu § 37 BetrVG 1972) des Betriebsrats die Interessen des Betriebs einerseits, des Betriebsrat und der Arbeitnehmerschaft andererseits gegeneinander abwägt (*LAG Düsseldorf* 31.10.1974 DB 1975, 795; *LAG Niedersachsen* 28.09.1979 EzA § 37 BetrVG 1972 Nr. 64 S. 292; vgl. aber auch *BAG* 08.02.1977 EzA § 37 BetrVG 1972 Nr. 52 S. 216 = AP Nr. 26 zu § 37 BetrVG 1972 Bl. 2, 2 R, wo von der »objektivierten« Sicht des Betriebsrats die Rede ist, sowie *BAG* 19.09.2001 EzA § 37 BetrVG 1972 Nr. 142 S. 6 = AP Nr. 9 zu § 25 BetrVG 1972 Bl. 3 f. *[Bengelsdorf]*, wo die Einschränkung gemacht wird, dass ein »vernünftiger Dritter« nicht dieselbe Entscheidung hätte treffen müssen). Im Rahmen des Beurteilungsspielraums können Betriebsrat und Arbeitgeber **konkretisierende Regelungen** über die Schulung von Betriebsratsmitgliedern vereinbaren (vgl. auch *Fitting* § 37 Rn. 176). Eine Einschränkung des gesetzlichen Anspruchs ist nicht möglich, während eine Erweiterung gegen § 78 Satz 2 verstoßen würde.

bb) Rechtsfolgen

aaa) Allgemeines

Nach § 37 Abs. 6 Satz 1 gilt bei Teilnahme an einer Schulungs- und Bildungsveranstaltung, die für die **226** Arbeit des Betriebsrats erforderliche Kenntnisse vermittelt, auch hinsichtlich der **Arbeitsbefreiung unter Entgeltfortzahlung** § 37 Abs. 2 entsprechend. Einem Betriebsratsmitglied ist daher Arbeitsbefreiung zu gewähren und das Arbeitsentgelt zu zahlen, das es verdient hätte, wenn es statt der Teilnahme an einer Schulungs- und Bildungsveranstaltung im Betrieb weitergearbeitet hätte. Es gilt das Lohnausfallprinzip (vgl. Rdn. 64 ff.). **Kosten** der Teilnahme an einer Schulungs- und Bildungsveranstaltung nach § 37 Abs. 6 trägt der Arbeitgeber nach § 40 Abs. 1 (vgl. dort Rdn. 62 ff.). Erleidet das Betriebsratsmitglied bei der Teilnahme an einer Schulungs- und Bildungsveranstaltung nach § 37 Abs. 6 oder auf dem Wege zu und von einer Schulung einen **Unfall**, so erhält es Leistungen aus der gesetzlichen Unfallversicherung (*Fitting* § 37 Rn. 186; *Richardi / Thüsing* § 37 Rn. 157; *Wedde / DKKW* § 37 Rn. 170).

bbb) Arbeitsbefreiung und Entgeltfortzahlung bei teilzeitbeschäftigten Betriebsratsmitgliedern

Teilzeitbeschäftigte Betriebsratsmitglieder können in gleicher Weise wie vollzeitbeschäftigte für Zeiten **227** der **Schulungsteilnahme während der Arbeitszeit** nach § 37 Abs. 6 i. V. m. Abs. 2 Arbeitsbefreiung unter Fortzahlung des Entgelts verlangen. Regelmäßig liegen Zeiten der Schulung allerdings zumindest teilweise **außerhalb der individuellen Arbeitszeit** Teilzeitbeschäftigter. Nach dem **Lohnausfallprinzip** besteht für solche Zeiten kein Anspruch auf Entgeltfortzahlung, weil das Betriebsratsmitglied ohne die Schulungsteilnahme nicht gearbeitet und demzufolge auch keinen Vergütungsanspruch gehabt hätte. Auch ein Anspruch auf Freizeitausgleich nach § 37 Abs. 3 bestand bis zur Reform des Betriebsverfassungsgesetzes im Jahre 2001 nicht, da in § 37 Abs. 6 nur auf Abs. 2 und nicht auf Abs. 3 verwiesen wurde. Die Folge, dass teilzeitbeschäftigte Betriebsratsmitglieder im Gegensatz zu vollzeitbeschäftigten regelmäßig ein unentgeltliches Freizeitopfer zu erbringen hatten, veranlasste Teile der Rechtsprechung und der Literatur angesichts der Tatsache, dass teilzeitbeschäftigte Betriebsratsmitglieder häufig Frauen sind, zu der Annahme einer **mittelbaren Diskriminierung** im Widerstreit zum Gebot der Lohngleichheit von Männern und Frauen (heute: Art. 157 AEUV; früher Art. 141 EG bzw. Art. 119 E[W]GV). Die Lösung sah man entweder in einem auf das Lohngleichheitsgebot gegründeten Anspruch auf Vergütung für Schulungszeiten außerhalb der persönlichen Arbeitszeit in Anlehnung an § 37 Abs. 2 oder in einem Anspruch auf Freizeitausgleich in analoger Anwendung des § 37 Abs. 3 (*LAG Berlin* 30.01.1990 LAGE § 37 BetrVG 1972 Nr. 32 S. 4 ff.; *LAG Ham-*

burg 27.05.1993 AiB 1994, 562; *LAG Hamm* 27.07.1973 BB 1973, 1354; *Bobke-von Camen / Veit* RdA 1993, 333 [334 ff.]; *Deinert* NZA 1997, 183 [189]; *Dieball* AuR 1992, 383 f.; *dies*. Anm. AuR 1998, 174 ff.; *Kuster* AiB 1992, 528 ff.; *Mauer* NZA 1993, 56 ff.; *Mayer* AiB 1994, 248 [249]; *Reich / Dieball* AuR 1991, 225 ff.; Nachweise zur zutreffenden Gegenmeinung Rdn. 230). Zur vergleichbaren Problematik im Rahmen der **kirchlichen Mitarbeitervertretungen** vgl. *Kirchlicher Arbeitsgerichtshof* 25.04.2008 ZMV 2008, 198 *[Thiel]*; *LAG Hamm* 08.06.2007 – 13 Sa 62/07 – juris; *BAG* 11.11.2008 EzA § 4 TzBfG Nr. 19 = AP Nr. 51 zu § 611 Kirchendienst.

228   Wesentlichen Einfluss hatte hierbei die Rechtsprechung des *EuGH*. Nachdem das Gericht zunächst eine mittelbare Diskriminierung bejaht hatte, weil weibliche Betriebsratsmitglieder im Gegensatz zu ihren männlichen Kollegen nicht für die volle Zeit der Schulungsteilnahme eine Vergütung erhielten (*EuGH* 04.06.1992 EzA § 37 BetrVG 1972 Nr. 108 = AP Nr. 39 zu Art. 119 EWG-Vertrag), modifizierte es seine Haltung auf Vorlage durch das *BAG* (20.10.1993 EzA § 37 BetrVG 1972 Nr. 115 = AP Nr. 90 zu § 37 BetrVG 1972 Bl. 3 ff. [*zust. Schiefer*] = SAE 1994, 306 [*zust. Otto*]): Zwar hielt es nach wie vor an der Annahme einer Ungleichbehandlung fest, gestand aber die Möglichkeit einer **Rechtfertigung durch das Ehrenamtsprinzip** zu (*EuGH* 06.02.1996 EzA § 37 BetrVG 1972 Nr. 129 = AP Nr. 72 zu Art. 119 EWG-Vertrag; vgl. auch *EuGH* 07.03.1996 NZA 1996, 430). Das *BAG*, das die Ansicht des EuGH zur mittelbaren Diskriminierung nicht geteilt hatte, entschied unter Berücksichtigung dieser Vorgaben und **verwehrte teilzeitbeschäftigten Betriebsratsmitgliedern weiterhin den Anspruch auf Entgeltfortzahlung**. Mit dem Ehrenamtsprinzip werde eine legitime sozialpolitische Zielsetzung verfolgt, die in keinem Zusammenhang mit einer Geschlechtsdiskriminierung stehe. Die aus dem Ehrenamtsprinzip folgende Benachteiligung teilzeitbeschäftigter Frauen sei zur Sicherung der inneren und äußeren Unabhängigkeit der Betriebsräte hinzunehmen. Die Bestimmungen des Betriebsverfassungsgesetzes zum Grundsatz der Ehrenamtlichkeit der Betriebsratstätigkeit genügten den Anforderungen des gemeinschaftsrechtlichen Verhältnismäßigkeitsgrundsatzes (*BAG* 05.03.1997 EzA § 37 BetrVG 1972 Nr. 136 S. 4 ff. = AP Nr. 123 zu § 37 BetrVG 1972 = SAE 1999, 59 *[Henssler / Dedek]* = AR-Blattei ES 530.8, Nr. 33 *[Boemke]* = AuR 1998, 171 *[Dieball]*).

229   Der Gesetzgeber hat das Problem im Jahre 2001 im Zuge des **BetrVerf-Reformgesetzes** aufgegriffen. Dabei blieben allerdings § 37 Abs. 1 und 2 unverändert. Stattdessen eröffnet die Verweisung in § 37 Abs. 6 Satz 1 nunmehr eine **Lösung über den Freizeitausgleich** i. S. d. § 37 Abs. 3 (s. Rdn. 166 f. sowie Rdn. 233 ff.). Für einen **aus § 37 Abs. 2 abgeleiteten Anspruch auf Entgeltfortzahlung** bedeutet das zunächst, dass diesem weiterhin sowohl das Ehrenamts- als auch das Lohnausfallprinzip entgegenstehen. Eine **Diskriminierung** weiblicher Betriebsratsmitglieder, die auch in Zukunft für Schulungszeiten außerhalb ihrer persönlichen Arbeitszeit keinen unmittelbaren Vergütungsanspruch geltend machen können, liegt darin **nicht**. Dabei ist zu berücksichtigen, dass teilzeitbeschäftigte Betriebsratsmitglieder jetzt wegen § 37 Abs. 6 i. V. m. Abs. 3 ohnehin kein unentgeltliches Freizeitopfer mehr erbringen müssen, sondern für Schulungszeiten außerhalb der persönlichen Arbeitszeit Freizeitausgleich verlangen können (zur Voraussetzung der Betriebsbedingtheit Rdn. 239 ff.). Zwar bleibt es dabei, dass voll- und teilzeitbeschäftigte Betriebsratsmitglieder für Schulungszeiten, die außerhalb der Arbeitszeit der Teilzeitbeschäftigten, aber innerhalb derjenigen der Vollzeitbeschäftigten liegen, insofern anders behandelt werden, als die einen Freizeitausgleich nach § 37 Abs. 6, Abs. 3, die anderen Entgeltfortzahlung nach § 37 Abs. 6, Abs. 2 beanspruchen können. Dies beruht aber darauf, dass die Betriebsratstätigkeit selbst auch weiterhin nicht vergütet wird und insofern mindestens eine Rechtfertigung durch das Ehrenamtsprinzip i. S. d. geschilderten Rechtsprechung des *BAG* und des *EuGH* (Rdn. 228) gegeben ist.

230   In Bezug auf die Regelung des **§ 37 Abs. 2 selbst** war schließlich die **Annahme einer mittelbaren Diskriminierung** weiblicher Betriebsratsmitglieder **schon nach bisheriger Rechtslage unabhängig von deren Rechtfertigung durch das Ehrenamtsprinzip nicht begründet** (*BAG* 20.10.1993 EzA § 37 BetrVG 1972 Nr. 115 = AP Nr. 90 zu § 37 BetrVG 1972 Bl. 3 ff. [*zust. Schiefer*] = SAE 1994, 306 [*zust. Otto*]; *LAG Baden-Württemberg* LAGE § 26 SchwbG 1986 Nr. 1 S. 10 ff.; *Boemke* AR-Blattei ES 530.8, Nr. 33; *Blomeyer* NZA 1994, 633 [634]; *Buchner* ZfA 1993, 279 [326 f.]; *Heinze* ZfA 1992, 331 [353]; *Henssler / Dedek* Anm. SAE 1999, 63 ff.; *Joost*/MünchArbR § 220 Rn. 118; *Junker* JZ 1994, 277 [282]; *Köck* ZAS 1993, 21 ff.; *Kort* RdA 1997, 277 [281 ff.]; *Schiefer*

DB 1993, 38 [41 f.]; *ders.* DB 1993, 1822 ff.; *ders.* NJW 1995, 160 [164 ff.]; *Schiefer/Erasmy* DB 1992, 1482 ff.; *Sowka* DB 1992, 2030 [2032]; *ders.* DB 1994, 1873 [1876 f.]; *Sowka/Köster* Teilzeitarbeit und geringfügige Beschäftigung, 1993, S. 82 f.; *Traupe* Mittelbare Diskriminierung teilzeitbeschäftigter Betriebsratsmitglieder, passim; **a. M.** *LAG Hamburg* 27.05.1993 AiB 1994, 562; *LAG Niedersachsen* 13.12.2012 PersV 2013, 223 [226]; *Bobke-von Camen/Veit* RdA 1993, 333 [334 ff.]; *Dieball* AuR 1992, 383 f.; *Kuster* AiB 1992, 528 ff.; *Mauer* NZA 1993, 56 ff.; *Mayer* AiB 1994, 248 [249]; *Reich/Dieball* AuR 1991, 225 ff.; zum Ganzen *Saunders* Gleiches Entgelt für Teilzeitarbeit [Diss. Regensburg], 1997, S. 105 ff.). Neben anderem spricht entscheidend dagegen, dass **in Bezug auf das Arbeitsentgelt** teilzeitbeschäftigte Betriebsratsmitglieder **nicht anders gestellt werden** als vollzeitbeschäftigte. Beide erhalten im Einklang mit dem Benachteiligungsverbot des § 78 Satz 2 für die Zeiten der schulungsbedingten Betriebsratstätigkeit während der laufenden Arbeitszeit volle, für die darüber hinausreichende Zeiten im Einklang mit dem Lohnausfallprinzip keine Entgeltfortzahlung. Erhielten teilzeitbeschäftigte Betriebsratsmitglieder entgegen diesem Grundsatz Entgelt für außerhalb ihrer persönlichen Arbeitszeit liegende Schulungszeiten, so wäre dies ein Entgelt für die Betriebsratstätigkeit als solche. Ein solches Entgelt stünde in Widerspruch zur Grundsatzentscheidung des Gesetzgebers, dass Betriebsratsmitglieder ihr Amt unentgeltlich als Ehrenamt führen (§ 37 Abs. 1) und dass sie wegen ihrer Tätigkeit nicht begünstigt werden dürfen (§ 78 Satz 2). Eine Begünstigung läge im Übrigen auch gegenüber den vollzeitbeschäftigten Betriebsratsmitgliedern vor, die einen Entgeltanspruch für Betriebsratstätigkeit selbst nicht geltend machen könnten. Da es der Sache nach um die Forderung nach einem **Entgelt für Betriebsratstätigkeit** geht und nicht um Fortzahlung des Arbeitsentgelts für ausgefallene Arbeitszeit, kommt eine Anwendung des § 37 Abs. 2, der allein diese zweite Frage regelt, auch unter dem Gesichtspunkt der mittelbaren Diskriminierung nicht in Betracht.

Der *EuGH*, der nur die Möglichkeit der Rechtfertigung durch das Ehrenamtsprinzip zugesteht, verkennt genau dies: Zwar mag man eine Vergütung von Betriebsratstätigkeit auf der Basis des vom *EuGH* vertretenen weiten Entgeltbegriffs dem Lohngleichheitsgebot unterwerfen, weil auch eine solche Leistung des Arbeitgebers in Zusammenhang mit dem Arbeitsverhältnis geleistet wird (*EuGH* 04.06.1992 EzA § 37 BetrVG 1972 Nr. 108 S. 3 f. = AP Nr. 39 zu Art. 119 EWG-Vertrag). Eine mittelbare Diskriminierung wäre aber überhaupt nur dann gegeben, wenn eben in Bezug auf eine solche Leistung eine Ungleichbehandlung vorläge. Das ist aber nicht der Fall, weil **kein Betriebsratsmitglied** nach deutschem Recht **Vergütung für die Betriebsratstätigkeit als solche** erhält und umgekehrt alle Betriebsratsmitglieder die volle Fortzahlung des Entgelts für Zeiten des Arbeitsausfalls infolge der Teilnahme an einer Betriebsratsschulung erhalten. **231**

Die Entscheidung des Gesetzgebers, im Rahmen des **BetrVerf-Reformgesetzes 2001** § 37 Abs. 2 unangetastet zu lassen und eine Lösung über den **Freizeitausgleich** nach § 37 Abs. 3 zu wählen, ist deshalb unter rechtsdogmatischen und -systematischen Gesichtspunkten sachgerecht. Sie berücksichtigt, dass ein Lösungsansatz über eine Modifikation des § 37 Abs. 2 zu einem Paradigmenwechsel geführt hätte, bei dem die Betriebsratstätigkeit als solche vergütet und das Ehrenamtsprinzip durchbrochen worden wäre (zur Bedeutung des Ehrenamtsprinzips für die Neufassung des § 37 Abs. 6 Satz 1 und den Freizeitausgleich vgl. Rdn. 237). **232**

c) Freizeitausgleich, § 37 Abs. 6 Satz 1 und 2 i. V. m. § 37 Abs. 3

aa) Regelungsgehalt

Nach § **37 Abs. 6 Satz 1 i. V. m. Abs. 3** besteht nach der Neufassung der Vorschrift im Zuge des **BetrVerf-Reformgesetzes** im Jahre 2001 auch ein **Anspruch auf Freizeitausgleich unter Fortzahlung des Arbeitsentgelts** für Betriebsratsmitglieder, die außerhalb ihrer persönlichen Arbeitszeit an Schulungen teilnehmen. Das früher einer **unmittelbaren** Anwendung des § 37 Abs. 3 entgegenstehende Hindernis der fehlenden Verweisung aus § 37 Abs. 6 Satz 1 ist damit beseitigt (zur damaligen Diskussion um eine **analoge** Anwendung der Vorschrift vgl. 9. Aufl.). Insofern hat der Gesetzgeber jedenfalls hinsichtlich der Forderung nach **Gleichbehandlung teilzeitbeschäftigter Betriebsratsmitglieder** durch die Neuregelung Stellung bezogen (vgl. auch die Begründung des RegE, BT-Drucks. 14/5741, S. 41). **233**

234 Allerdings reicht die Wirkung der Neuregelung über die Teilzeitbeschäftigung hinaus und erfasst auch **sonstige Fälle flexibler Arbeitszeitgestaltung.** Denn auch bei vollzeitbeschäftigten Betriebsratsmitgliedern führte das bisherige Recht zu Anwendungsproblemen, etwa wenn der an sich in die Arbeitszeit fallende Schulungstag nur **aufgrund einer Betriebsvereinbarung** unter gleichzeitiger Anordnung der entsprechenden Vor- oder Nacharbeit **arbeitsfrei** war (*BAG* 27.06.1990 EzA § 37 BetrVG 1972 Nr. 104 S. 3 ff.), oder für Schulungs- und Bildungsveranstaltungen an **arbeitsfreien Tagen eines Rolliersystems** (*LAG Köln* 20.09.1989 LAGE § 37 BetrVG 1972 Nr. 30 S. 2; *Fitting* § 37 Rn. 189). Auch in solchen Fällen, auf die die Gesetzesbegründung ausdrücklich Bezug nimmt (BT-Drucks. 14/5741, S. 41), sollen in Zukunft Ansprüche auf bezahlten Freizeitausgleich bestehen.

235 Darüber hinaus soll der neue **§ 37 Abs. 6 Satz 2 Halbs. 1** die mit der Verweisung auf § 37 Abs. 3 einhergehenden Anwendungsprobleme in Hinblick auf das dort vorausgesetzte Merkmal der Betriebsbedingtheit der Betriebsratstätigkeit bzw. hier Schulungsteilnahme außerhalb der persönlichen Arbeitszeit lösen. Der Gesetzgeber hält am Erfordernis der Betriebsbedingtheit ausdrücklich fest (BT-Drucks. 14/5741, S. 41), ordnet aber »**Besonderheiten der betrieblichen Arbeitszeitgestaltung**« den betriebsbedingten Gründen zu (vgl. auch *Richardi/Thüsing* § 37 Rn. 155). Ausdrücklich in der Gesetzesbegründung erwähnt werden insoweit die bei Rdn. 234 genannten Fälle sowie die Teilzeitarbeit (BT-Drucks. 14/5741, S. 41).

236 Die umfangmäßige Begrenzung des Ausgleichsanspruchs in **§ 37 Abs. 6 Satz 2 Halbs. 2** schließlich dient ausweislich der Gesetzesbegründung (BT-Drucks. 14/5741, S. 41) dem Zweck zu verhindern, dass an einer Schulungsveranstaltung teilnehmende teilzeitbeschäftigte Betriebsratsmitglieder besser gestellt werden als ihre vollzeitbeschäftigten Kollegen (vgl. auch *Engels/Trebinger/Löhr-Steinhaus* DB 2001, 532 [537]).

237 Die Einbeziehung des Freizeitausgleichs in die Verweisung des § 37 Abs. 6 bedeutet entgegen teilweise geäußerter Ansicht (*Löwisch* BB 2001, 1734 [1742]; *Löwisch/LK* § 37 Rn. 104; *Schiefer/Korte* NZA 2001, 71 [79]; wie hier *Greßlin* Teilzeitbeschäftigte Betriebsratsmitglieder, S. 88) **keine Durchbrechung des Prinzips der Ehrenamtlichkeit.** Das Gesetz macht den Freizeitausgleich ausdrücklich vom Vorliegen der Voraussetzungen des § 37 Abs. 3 und namentlich der Betriebsbedingtheit abhängig. Insofern gilt nichts anderes als bei unmittelbarer Anwendung des § 37 Abs. 3, der ebenfalls mit § 37 Abs. 1 in Einklang steht (vgl. Rdn. 82 f.). Dass dabei die Arbeitszeitgestaltung der Sphäre des Arbeitgebers zugewiesen wird, lässt sich damit rechtfertigen, dass die **Steuerung und die Planung eines innerbetrieblichen Arbeitszeitkonzepts** insgesamt in der Hand des Arbeitgebers liegen und es bei der zeitlichen Lage einer Schulung ebenso wie bei sonstiger Betriebsratstätigkeit in vielen Fällen nicht möglich sein wird, eine Beschränkung auf die persönliche Arbeitszeit sämtlicher Schulungsteilnehmer zu realisieren (vgl. bereits Rdn. 95).

bb) Voraussetzungen

aaa) Allgemeine Voraussetzungen

238 Die Verweisung auf den Freizeitausgleich nach § 37 Abs. 3 enthält ebenso wie diejenige auf Abs. 2 sowohl eine **Rechtsfolgen-** als auch eine **Tatbestandsverweisung** (vgl. bereits Rdn. 167). Das bedeutet, dass zunächst wie für die Arbeitsbefreiung unter Entgeltfortzahlung die **Schulung** an sich sowie **Kenntniserlangung durch Schulung** erforderlich sein müssen, ferner, dass die Schulungsteilnahme nach **Teilnehmerzahl** und zeitlichem **Umfang** erforderlich und verhältnismäßig erscheint (vgl. Rdn. 172 ff.).

bbb) Besondere Voraussetzungen

239 Für die Schulungsteilnahme außerhalb der persönlichen Arbeitszeit müssen, wie sich aus § 37 Abs. 3 ergibt, darüber hinaus **betriebsbedingte Gründe** vorliegen (*Richardi/Thüsing* § 37 Rn. 155). Nicht jede Schulungsteilnahme eines Betriebsratsmitglieds außerhalb seiner persönlichen Arbeitszeit reicht also aus (vgl. auch die Begründung des RegE, BT-Drucks. 14/5741, S. 41; *Wedde/DKKW* § 37 Rn. 168).

240 Dabei gilt zunächst wie sonst auch bei 37 Abs. 3, dass der betriebliche Grund seine **Ursache in der Sphäre des Arbeitgebers** haben muss (vgl. dazu Rdn. 91 f.). Kein betrieblicher Grund besteht deshalb, wenn die Schulung eines vollzeitbeschäftigten Betriebsratsmitglieds an einem Schulungstag einmal länger dauert als die betriebliche Arbeitszeit, wenn ein Betriebsratsmitglied eines von Montag bis Freitag arbeitenden Betriebs an einem arbeitsfreien Samstag an einer Schulung teilnimmt (vgl. Begründung des RegE, BT-Drucks. 14/5741, S. 41), oder wenn der Normalarbeitstag in einem Betrieb von 8 bis 16 Uhr geht und die Schulung ohne Veranlassung durch den Arbeitgeber nachmittags ab 17 Uhr durchgeführt wird (vgl. auch *Fitting* § 37 Rn. 192; *Löwisch/LK* § 37 Rn. 108). Anders ist zu entscheiden, wenn die zeitliche Lage der Schulungsteilnahme durch den Arbeitgeber beeinflusst wird. Ein betriebsbedingter Grund liegt deshalb vor, wenn eine Schulung innerhalb der Arbeitszeit möglich wäre, das Betriebsratsmitglied aber auf Verlangen des Arbeitgebers eine entsprechende Schulungsveranstaltung außerhalb seiner Arbeitszeit besucht, etwa weil es für ihn bestimmtes Projekt unabkömmlich ist (*Fitting* § 37 Rn. 188; *Löwisch* BB 2001, 1734 [1742]). Gleiches gilt, wenn die Schulung aufgrund einer Entscheidung der Einigungsstelle nach § 37 Abs. 6 Satz 6 auf einen Zeitpunkt außerhalb der persönlichen Arbeitszeit des betreffenden Betriebsratsmitglieds gelegt wird (*Löwisch* BB 2001, 1734 [1742]).

Nach § 37 Abs. 6 Satz 2 Halbs. 1 liegen betriebsbedingte Gründe auch vor, wenn »wegen **Besonderheiten der betrieblichen Arbeitszeitgestaltung** die Schulung des Betriebsratsmitglieds außerhalb seiner Arbeitszeit erfolgt«. Besonderheiten der betrieblichen Arbeitszeit können sich dabei sowohl hinsichtlich der Lage der Arbeitszeit als auch hinsichtlich des Umfangs der Arbeitszeit ergeben (*BAG* 10.11.2004 EzA § 37 BetrVG 2001 Nr. 3 S. 6 = AP Nr. 140 zu § 37 BetrVG 1972; 16.02.2005 EzA § 37 BetrVG 2001 Nr. 4 S. 5 = AP Nr. 141 zu § 37 BetrVG 1972; *LAG Niedersachsen* 12.09.2008 – 12 Sa 903/08 – juris, Rn. 24). Hinsichtlich der **Lage der Arbeitszeit** geht es um Arbeitszeitmodelle wie Schichtbetrieb, rollierendes Arbeitszeitsystem oder Anordnung freier Tage durch Betriebsvereinbarungen, die dazu führen, dass auch für vollzeitbeschäftigte Betriebsratsmitglieder die Schulungsteilnahme zumindest teilweise außerhalb ihrer persönlichen Arbeitszeit liegen muss (vgl. auch *Fitting* § 37 Rn. 189 f.; *Löwisch* BB 2001, 1734 [1742]). Zu Besonderheiten der betrieblichen Arbeitszeitgestaltung rechnen nach dem ausdrücklichen Willen des Gesetzgebers (Begründung des RegE, BT-Drucks. 14/5741, S. 41) auch die Fälle eines besonderen **Umfangs der Arbeitszeit**, also Teilzeitarbeit einschließlich der Arbeit auf Abruf und des Job-Sharings gem. §§ 12, 13 TzBfG. Dabei ist es unerheblich, ob in einem Betrieb **nahezu oder sogar nur ausschließlich Teilzeitkräfte** tätig sind (*BAG* 16.02.2005 EzA § 37 BetrVG 2001 Nr. 4 S. 9 = AP Nr. 141 zu § 37 BetrVG 1972; *LAG Niedersachsen* 12.09.2008 – 12 Sa 903/08 – juris, Rn. 25 f.; vgl. auch *LAG Köln* 18.01.2013 – 10 Sa 723/12 – juris Rn. 33 ff.). Wenn andererseits die betriebsübliche Arbeitszeit für unterschiedliche **Arbeitsbereiche oder Arbeitnehmergruppen** unterschiedlich festgelegt ist, kommt es für das Vorliegen einer Besonderheit der Arbeitszeitgestaltung darauf an, ob die Arbeitszeit des betreffenden Betriebsratsmitglied von der für die genannten Teileinheiten maßgeblichen üblichen Arbeitszeiten abweicht (*BAG* 10.11.2004 EzA § 37 BetrVG 2001 Nr. 3 S. 6 = AP Nr. 140 zu § 37 BetrVG 1972; 16.02.2005 EzA § 37 BetrVG 2001 Nr. 4 S. 6 = AP Nr. 141 zu § 37 BetrVG 1972). Weiterhin ist wie bei der unmittelbaren Anwendung des § 37 Abs. 3 (vgl. Rdn. 95) im Falle von Betriebsratstätigkeit außerhalb der persönlichen Arbeitszeit **nicht maßgeblich, auf wessen Initiative das Betriebsratsmitglied eine Teilzeitbeschäftigung ausübt** (*Fitting* § 37 Rn. 189; *Greßlin* Teilzeitbeschäftigte Betriebsratsmitglieder, S. 148; *Wolmerath*/HaKo § 37 Rn. 47; *Kreft*/WPK § 37 Rn. 74; **a. M.** *Löwisch* BB 2001, 1734 [1742]; *Löwisch*/LK § 37 Rn. 111; vgl. auch *Manske* AuR 2001, 94 [95]). Die betriebliche Arbeitszeitgestaltung ist Teil der betrieblichen Organisation (Begründung des RegE, BT-Drucks. 14/5741, S. 40). Es ist kein Grund ersichtlich, dass der Gesetzgeber die Fälle des Freizeitausgleichs bei Betriebsratstätigkeit und bei Schulungsteilnahme insofern unterschiedlich behandeln wollte. Auch der unterschiedliche Wortlaut von § 37 Abs. 3 Satz 2 und § 37 Abs. 6 Satz 2, die beide das Merkmal der Betriebsbedingtheit bezogen auf die Arbeitszeit konkretisieren, gibt dafür nichts her. Dass Abs. 3 nicht von »Besonderheiten der betrieblichen Arbeitszeitgestaltung« spricht, liegt nur daran, dass diese hier – anders als bei Schulungsteilnahme nach Abs. 6 – allein nicht ausreichen, sondern der Gesetzgeber darüber hinaus »unterschiedliche Arbeitszeiten« der einzelnen Betriebsratsmitglieder verlangt, die für die zeitliche Lage der Betriebsratsarbeit verantwortlich sein müssen (vgl. auch *Greßlin* Teilzeitbeschäftigte Betriebsratsmitglieder, S. 148).

cc) Rechtsfolgen

242 Aus der Verweisung des § 37 Abs. 6 auf Abs. 3 ergibt sich, dass ein **Freizeitausgleich** nach Maßgabe der in Rdn. 105 f. dargelegten Grundsätze zu gewähren ist (*Fitting* § 37 Rn. 194a). Insbesondere besteht deshalb **kein unmittelbarer Entgeltanspruch**, wie er im Zuge der Diskussion um die mittelbare Diskriminierung teilzeitbeschäftigter Betriebsratsmitglieder gefordert worden war (vgl. Rdn. 227 ff.). Der Vorrang des Freizeitausgleichs gilt auch hier. Eine Abgeltung kommt nur in Betracht, wenn die Arbeitsbefreiung aus betriebsbedingten Gründen nicht innerhalb eines Monats nach Beendigung der Schulung gewährt werden kann (§ 37 Abs. 3 Satz 4 Halbs. 2).

243 Der **Umfang des Ausgleichsanspruchs** orientiert sich zunächst am zeitlichen **Umfang der Schulungsveranstaltung**. Dabei ist die aufgrund des Veranstaltungsprogramms fest verplante Zeit des Betriebsratsmitglieds einschließlich der üblichen etwa einstündigen **Mittagspausen** voll ausgleichspflichtig (*BAG* 16.02.2005 EzA § 37 BetrVG 2001 Nr. 4 S. 7 = AP Nr. 141 zu § 37 BetrVG 1972). Auch für **Reisezeiten**, die ein teilzeitbeschäftigtes Betriebsratsmitglied außerhalb seiner Arbeitszeit aufwendet, kann ein Ausgleichsanspruch entstehen. Dies gilt auch dann, wenn im Betrieb des Arbeitgebers keine Dienstreisenregelung besteht (*BAG* 10.11.2004 EzA § 37 BetrVG 2001 Nr. 3 S. 4 = AP Nr. 140 zu § 37 BetrVG 1972; *Wulff* AiB 2007, 402 [405 f.]). Existieren aber derartige betriebliche oder tarifvertragliche Regelungen, gelten diese wegen des Begünstigungsverbots auch für Reisezeiten im Zusammenhang mit Betriebsratsschulungen (*BAG* 10.11.2004 EzA § 37 BetrVG 2001 Nr. 3 S. 4 = AP Nr. 140 zu § 37 BetrVG 1972; vgl. dazu auch Rdn. 103).

244 Im Übrigen ist der Umfang des Ausgleichsanspruchs nach Maßgabe des **§ 37 Abs. 6 Satz 2 Halbs. 2** begrenzt, um eine Besserstellung der Teilzeit- gegenüber den Vollzeitbeschäftigten zu vermeiden (*Fitting* § 37 Rn. 193; *Richardi/Thüsing* § 37 Rn. 156). Auch ein vollzeitbeschäftigter Arbeitnehmer kann weder eine Entgeltfortzahlung über die Normalvergütung hinaus noch einen Freizeitausgleich beanspruchen, wenn eine Schulungsveranstaltung an einem oder mehreren Tagen die gewöhnliche Arbeitszeit überschreitet. Nichts anderes kann für den Teilzeitbeschäftigten gelten (vgl. auch *Löwisch/LK* § 37 Rn. 112). Der Ausgleichsanspruch kann pro Schulungstag maximal der **Arbeitszeit eines Vollzeitbeschäftigten** im Betrieb entsprechen (*BAG* 10.11.2004 EzA § 37 BetrVG 2001 Nr. 3 S. 5 = AP Nr. 140 zu § 37 BetrVG 1972). Ist die Arbeitszeit vollzeitbeschäftigter Arbeitnehmer unterschiedlich festgelegt, kommt es auf die Arbeitszeit vollzeitbeschäftigter Arbeitnehmer in der **Abteilung oder Arbeitnehmergruppe** des betreffenden Betriebsratsmitglieds an (*BAG* 10.11.2004 10.11.2004 EzA § 37 BetrVG 2001 Nr. 3 S. 6 = AP Nr. 140 zu § 37 BetrVG 1972; 16.02.2005 EzA § 37 BetrVG 2001 Nr. 4 S. 9 = AP Nr. 141 zu § 37 BetrVG 1972; *LAG Niedersachsen* 12.09.2008 – 12 Sa 903/08 – juris, Rn. 28). Lässt sich auch hier keine Arbeitszeit eines vollzeitbeschäftigten Arbeitnehmers ermitteln, so ist auf einen vollzeitbeschäftigten Arbeitnehmer mit gleicher oder ähnlicher Tätigkeit im **Betrieb** abzustellen, hilfsweise ist die Vollarbeitszeit nach dem fachlich einschlägigen **Tarifvertrag**, bei Fehlen eine solchen nach der **Branchenüblichkeit** zu bestimmen (*BAG* 16.02.2005 EzA § 37 BetrVG 2001 Nr. 4 S. 9 f. = AP Nr. 141 zu § 37 BetrVG 1972; *LAG Niedersachsen* 12.09.2008 – 12 Sa 903/08 – juris, Rn. 28; *Fitting* § 37 Rn. 193b; *LAG Köln* 18.01.2013 – 10 Sa 723/12 – juris Rn. 33 ff.). Nimmt ein Betriebsratsmitglied wegen der Besonderheiten der betrieblichen Arbeitszeitgestaltung außerhalb seiner Arbeitszeit an einer Schulung teil, ist nach diesen Maßstäben auch der Umfang eines Freizeitausgleichs für **Reisezeiten** begrenzt auf die Arbeitszeit eines vollzeitbeschäftigten Arbeitnehmers. Dabei kommt es auf die konkrete zeitliche Lage der Arbeitszeit eines vergleichbaren vollzeitbeschäftigten Arbeitnehmers an dem betreffenden Schulungstag an. Ein Anspruch auf Freizeitausgleich besteht demnach nicht, wenn auch vollzeitbeschäftigte Arbeitnehmer zu der Zeit, zu der die Reise stattfand, nicht gearbeitet hätten, etwa weil an dem betreffenden Tag in der Abteilung des Betriebsratsmitglieds generell nur bis 12:00 Uhr gearbeitet wurde und die Reise nachmittags stattfand (*BAG* 10.11.2004 EzA § 37 BetrVG 2001 Nr. 3 S. 4 ff. = AP Nr. 140 zu § 37 BetrVG 1972; *Fitting* § 37 Rn. 193a). Stets sind auch diejenigen Schulungszeiten abzuziehen, für die nach Abs. 2 ohnehin Arbeitsbefreiung unter Entgeltfortzahlung zu gewähren ist, weil sie innerhalb der persönlichen Arbeitszeit des Betriebsratsmitglieds liegen.

3. Schulungs- und Bildungsveranstaltungen nach § 37 Abs. 7

a) Rechtlicher Charakter des Anspruchs; Verhältnis zu § 37 Abs. 6

Nach § 37 Abs. 7 Satz 1 hat jedes Betriebsratsmitglied unter den dort bezeichneten Voraussetzungen einen Anspruch auf bezahlte Freistellung für insgesamt drei bzw. vier Wochen zur Teilnahme an Schulungs- und Bildungsveranstaltungen. Im Gegensatz zum kollektiven Anspruch des Betriebsrats nach § 37 Abs. 6 (vgl. Rdn. 159) handelt es sich um einen **individuellen Anspruch** des **einzelnen Betriebsratsmitglieds** (*BAG* 28.08.1996 EzA § 37 BetrVG 1972 Nr. 16 S. 51 *[Richardi]* = AP Nr. 5 zu § 37 BetrVG 1972 Bl. 3 *[Kittner]*; 28.08.1996 EzA § 37 BetrVG 1972 Nr. 132 S. 2 = AP Nr. 117 zu § 37 BetrVG 1972 Bl. 1 R; *Fitting* § 37 Rn. 195; *Glock/HWGNRH* § 37 Rn. 206; *Joost/*MünchArbR § 220 Rn. 118; *Koch/*ErfK § 37 BetrVG Rn. 20; *Richardi/Thüsing* § 37 Rn. 160; *Wedde/DKKW* § 37 Rn. 171; krit. *Schwegler* BlStSozArbR 1972, 305 [312]). Er beruht nicht auf den individualrechtlichen Beziehungen zum Arbeitgeber, d. h. dem Arbeitsverhältnis, sondern ist ein mit dem Betriebsratsamt verbundener gesetzlicher Anspruch. Er richtet sich gegen den Arbeitgeber als Gläubiger des Anspruchs auf die Arbeitsleistung (*BAG* 28.08.1996 EzA § 37 BetrVG 1972 Nr. 132 S. 2 = AP Nr. 117 zu § 37 BetrVG 1972 Bl. 1 R; *Fitting* § 37 Rn. 195; *Richardi/Thüsing* § 37 Rn. 160), setzt aber die zeitliche Festlegung durch den Betriebsrat voraus. Das **Freistellungsverfahren** ist also mit demjenigen bei Schulungs- und Bildungsveranstaltungen nach § 37 Abs. 6 identisch (vgl. § 37 Abs. 7 Satz 3; Rdn. 281 ff.). Neben den Betriebsratsmitgliedern steht der Anspruch nach § 37 Abs. 7 den Jugend- und Auszubildendenvertretern (vgl. § 65 Abs. 1) zu (zu Mitgliedern anderer betriebsverfassungsrechtlicher Vertretungen vgl. Rdn. 2, 163). Freigestellte Betriebsratsmitglieder dürfen an Schulungs- und Bildungsveranstaltungen nur unter den gleichen Voraussetzungen wie nicht freigestellte Betriebsratsmitglieder teilnehmen (vgl. Rdn. 182).

Der **Anspruch** nach § 37 Abs. 7 ist gegenüber dem nach § 37 Abs. 6 **selbständig** (vgl. Rdn. 159). Die Teilnahme an einer Schulungsveranstaltung nach § 37 Abs. 6 ist daher nicht auf den Anspruch nach § 37 Abs. 7 anzurechnen (vgl. Rdn. 209). Maßgebend für die Unterscheidung der Veranstaltungen nach § 37 Abs. 6 und Abs. 7 ist allein die formale Anerkennung einer Veranstaltung als »geeignet«, dagegen nicht der Beschluss des Betriebsrats über die Entsendung des Betriebsratsmitglieds (*ArbG Ludwigshafen/Landau* 18.05.1976 ARSt. 1976, 148 [149]; **a. M.** *Kraft* DB 1973, 2519 [2522]). Die Teilnahme an einer als geeignet anerkannten Veranstaltung ist grundsätzlich auf den Anspruch nach § 37 Abs. 7 anzurechnen (*Kraft* DB 1973, 2519 [2522]).

b) Geeignete Schulungs- und Bildungsveranstaltungen

Der Anspruch besteht nur hinsichtlich solcher Schulungs- und Bildungsveranstaltungen, die von der zuständigen obersten Arbeitsbehörde des Landes nach Beratung mit den Spitzenorganisationen der Gewerkschaften und der Arbeitgeberverbände als **geeignet** anerkannt sind (vgl. hierzu für Baden-Württemberg die Verwaltungsvorschrift des Sozialministeriums zur Regelung des Verfahrens über die Anerkennung von Schulungs- und Bildungsveranstaltungen für die Mitglieder des Betriebsrats und der Jugend- und Auszubildendenvertretung nach § 37 Abs. 7, § 65 Abs. 1 des Betriebsverfassungsgesetzes [VwV-Betriebsrätebildung] vom 05.12.1991 [GABl. 1992, 50]). Soweit in den **privatisierten Postunternehmen** eine Schulung im Personalvertretungsrecht in Betracht kommt (vgl. Rdn. 219), sind auch solche Schulungsthemen als geeignet anzusehen, die nach § 46 Abs. 7 Satz 1 BPersVG von der Bundeszentrale für politische Bildung als geeignet anerkannt worden sind (*Fitting* § 37 Rn. 208). Zum **Anerkennungsverfahren** vgl. Rdn. 257 ff. Zur **Bindungswirkung einer bestandskräftigen Entscheidung** der obersten Landesbehörde im Lohnzahlungsprozess vgl. Rdn. 265, 321.

Im Gegensatz zur Regelung des § 37 Abs. 6 brauchen keine Kenntnisse vermittelt zu werden, die für die Arbeit des Betriebsrats erforderlich sind, so dass die Eignung jedenfalls in einem weiteren Sinne als die Erforderlichkeit zu verstehen ist (*Fitting* § 37 Rn. 197). Das Gesetz lässt allerdings offen, wofür die Eignung bestehen muss. Da Betriebsratsmitglieder nach § 78 Satz 2 wegen ihrer Tätigkeit nicht begünstigt werden dürfen, können nur Veranstaltungen in Betracht kommen, die **nach Zweck** und **Inhalt** auf die **ordnungsgemäße Durchführung** der **Aufgaben** des **Betriebsrats bezogen** und **sie zu fördern geeignet sind**, ohne dass die vermittelten Kenntnisse für die konkrete Arbeit im konkreten Betrieb benötigt werden (st. Rspr., vgl. u. a. *BAG* 06.11.1973 EzA § 37 BetrVG 1972 Nr. 16 S. 52 *[Richardi]* = AP Nr. 5 zu § 37 BetrVG 1972 Bl. 3 *[Kittner]*; 11.10.1995 EzA § 37 BetrVG 1972 Nr. 131 S. 4 = AP Nr. 115 zu § 37 BetrVG 1972 Bl. 3 f. = SAE 1997 S. 88 *[Gutzeit]*; *Däubler* Schulung, Rn. 277 ff.; *Fitting* § 37 Rn. 197; *Glock/HWGNRH* § 37 Rn. 209; *Joost/*MünchArbR § 220 Rn. 116; *Koch/*ErfK § 37 BetrVG Rn. 22; *Richardi/Thüsing* § 37 Rn. 163 ff.; *Schiefer* DB 1991, 1453 [1456]; *Wedde/DKKW* § 37 Rn. 173). Nur so ist auch die Regelung des § 37 Abs. 7 Satz 2 verständlich, die den Anspruch für Betriebsratsmitglieder, die erstmals die Funktion eines Arbeitnehmervertreters übernehmen, wegen ihrer besonderen Schulungsbedürftigkeit (Bericht 10. Ausschuss, zu BT-Drucks. VI/2729, S. 14, 23) auf vier Wochen erhöht. Mit dem *BAG* (11.08.1993 EzA § 37 BetrVG 1972 Nr. 117 S. 8 = AP Nr. 92 zu § 37 BetrVG 1972 Bl. 5 *[Schiefer]*) ist festzuhalten, dass die Schulung nach § 37 Abs. 7 die Qualifikation der Betriebsratsmitglieder erhöhen und die Erfüllung der betriebsverfassungsrechtlichen Aufgaben verbessern soll. Die vermittelten Kenntnisse müssen nach Zielsetzung und Inhalt für eine sach- und fachgerechte Ausübung der Betriebsratstätigkeit sorgen.

249 Die **Veranstaltungen dürfen** daher **nicht** i. S. eines Bildungsurlaubs der **Allgemeinbildung** der Betriebsratsmitglieder **dienen** (*BAG* 06.11.1973 EzA § 37 BetrVG 1972 Nr. 16 S. 5 *[Richardi]* = AP Nr. 5 zu § 37 BetrVG 1972 Bl. 3 *[Kittner]*; 11.08.1993 EzA § 37 BetrVG 1972 Nr. 117 S. 8 = AP Nr. 92 zu § 37 BetrVG 1972 Bl. 4 f. *[Schiefer]*; 11.10.1995 EzA § 37 BetrVG 1972 Nr. 131 S. 4 = AP Nr. 115 zu § 37 BetrVG 1972 Bl. 3 R; *Däubler* Schulung, Rn. 277 ff.; *Fitting* § 37 Rn. 197; *Glock/HWGNRH* § 37 Rn. 211; *Koch/*ErfK § 37 BetrVG Rn. 22; *Loritz* NZA 1993, 2 [5 f.]; *Maschmann/AR* § 37 BetrVG Rn. 25; *Richardi/Thüsing* § 37 Rn. 165; *Schiefer* DB 1991, 1453 [1456]; **a. M.** *Jacobi/Rausch* DB 1972, 972; *Wedde/DKKW* § 37 Rn. 173 f.), selbst wenn dies auch der Arbeit des Betriebsrats zugutekommt. Auf die irreführende Kennzeichnung der Freistellung nach § 37 Abs. 7 als »Bildungsurlaub« sollte besser verzichtet werden (*Kraft* DB 1973, 2519; anders noch *BAG* 06.11.1973 EzA § 37 BetrVG 1972 Nr. 16 S. 51 *[Richardi]* = AP Nr. 5 zu § 37 BetrVG 1972 Bl. 2 R *[Kittner]*; 08.02.1977 EzA § 37 BetrVG 1972 Nr. 52 S. 215 = AP Nr. 26 zu § 37 BetrVG 1972 Bl. 2 R; *Richardi/Thüsing* § 37 Rn. 159). Mit Recht hat das *BAG* (06.04.1976 EzA § 37 BetrVG 1972 Nr. 48 S. 190 = AP Nr. 23 zu § 37 BetrVG 1972 Bl. 3) auch darauf hingewiesen, dass die nach den **Bildungsurlaubsgesetzen einzelner Länder** möglichen Themen noch nicht ohne Weiteres geeignete Themen i. S. d. § 37 Abs. 7 sind.

250 Behält man das Begünstigungsverbot im Blick (vgl. Rdn. 16 ff.), ist es unbedenklich, mit dem *BAG* (06.11.1973 EzA § 37 BetrVG 1972 Nr. 16 S. 52 *[Richardi]* = AP Nr. 5 zu § 37 BetrVG 1972 Bl. 3 *[Kittner]*) die **Eignung** auch bei einem »**weiten Zusammenhang**« mit der Betriebsratstätigkeit **zu bejahen**. Eine zu enge Auffassung ist daher abzulehnen (*Fitting* § 37 Rn. 198; *Schiefer* DB 1991, 1453 [1457]). Andererseits darf im Hinblick auf § 78 Satz 2 der Bezug zur Betriebsratstätigkeit nicht aufgegeben werden.

251 Die Eignung ist stets zu bejahen, soweit die Voraussetzungen des § 37 Abs. 6 Satz 1 vorliegen (*BAG* 06.11.1973 EzA § 37 BetrVG 1972 Nr. 16 S. 51 *[Richardi]* = AP Nr. 5 zu § 37 BetrVG 1972 Bl. 2 R *[Kittner]*; *Wedde/DKKW* § 37 Rn. 174). Entsprechendes gilt für Veranstaltungen über Themen aus folgenden Sachbereichen (vgl. auch *Fitting* § 37 Rn. 199 f.; *Glock/HWGNRH* § 37 Rn. 210; *Kopp* AuR 1976, 333 f.; *Richardi/Thüsing* § 37 Rn. 166; *Wedde/DKKW* § 37 Rn. 175):
– **Arbeitsrecht**, hierzu gehören das Individualarbeitsrecht, das kollektive Arbeitsrecht (Betriebsverfassungs- und Mitbestimmungsrecht; Recht der Koalitionen), das Arbeitsschutzrecht und das Arbeitsgerichtsverfahren einschließlich der verfassungsrechtlichen Grundlagen (Grundrechte, Sozialstaatsprinzip), vgl. auch den Themenkatalog in *BAG* 25.04.1978 EzA § 37 BetrVG 1972 Nr. 59 *[Kittner]* = AP Nr. 33 zu § 37 BetrVG 1972;
– **Arbeitswissenschaften**, auch Arbeitsbewertung (vgl. u. a. § 87 Abs. 1 Nr. 10 und 11, §§ 90, 91 sowie den Themenkatalog in *BAG* 14.06.1977 AP Nr. 30 zu § 37 BetrVG 1972);
– **EG-Recht**, soweit für den Betriebsrat relevant;
– **gesellschaftsrechtliche Bezüge** der **Mitbestimmung**;
– **Personalwesen**, insbesondere Personalplanung (vgl. u. a. §§ 92 ff.);
– **allgemeines Sozialrecht**, insbesondere das Recht der Kranken-, Unfall- und Rentenversicherung;

- **betrieblicher Umweltschutz** (*BAG* 11.10.1995 EzA § 37 BetrVG 1972 Nr. 131 S. 5 ff. = AP Nr. 115 zu § 37 BetrVG 1972 Bl. 2, 3 R ff. = SAE 1997, 88 [*zust. Gutzeit*]);
- **Versammlungspraxis** und **Versammlungsleitung** (vgl. auch *BAG* 06.11.1973 EzA § 37 BetrVG 1972 Nr. 17 S. 57 [*Richardi bei EzA § 40 BetrVG 1972 Nr. 12*] = AP Nr. 6 zu § 37 BetrVG 1972 Bl. 1 Rf. [*Wiese*]; nicht »Rhetorik und Persönlichkeitsbildung«, vgl. den nicht veröffentlichten Beschluss des *BAG* vom 15.08.1978 – 6 ABR 65/76);
- **wirtschaftliche** und **betriebswirtschaftliche** Fragen (vgl. u. a. §§ 106 ff.).

Geeignet sind ferner Themen tarifpolitischer, sozialpolitischer und wirtschaftlicher Art, die einen Bezug zur Betriebsratstätigkeit haben (vgl. auch § 45 Satz 1; *Däubler* Schulung Rn. 282; **a. M.** *Glock/HWGNRH* § 37 Rn. 211). Dazu gehören auch Fragen der Vermögensbildung in Arbeitnehmerhand. Zu als geeignet anerkannten Veranstaltungen vgl. ferner *LAG Rheinland-Pfalz* (24.07.1990 BetrR 1991, 215) zum Thema »Geschichte der Arbeiterbewegung – Widerstand und Verfolgung im Nationalsozialismus« sowie mit krit. Stellungnahme die Angaben bei *Schiefer* DB 1991, 1453 (1455).

Die **Eignung** ist zu **verneinen** bei **Veranstaltungen**, die der Schulung von Betriebsratsmitgliedern 252 in ihrer Eigenschaft **als Gewerkschaftsfunktionäre** (vgl. auch § 74 Abs. 3) oder einer **parteipolitischen, allgemeinpolitischen, gewerkschaftspolitischen, gesellschaftspolitischen** oder **kirchlichen Schulung** dienen (*BAG* 18.12.1973 EzA § 37 BetrVG 1972 Nr. 20 S. 81 [*Richardi bei EzA § 40 BetrVG 1972 Nr. 12*] = AP Nr. 7 zu § 37 BetrVG 1972 Bl. 8 [*Richardi*] = SAE 1974, 136 [*Streckel*]; 06.04.1976 EzA § 37 BetrVG 1972 Nr. 48 S. 191 = AP Nr. 23 zu § 37 BetrVG 1972 Bl. 3 R; 11.08.1993 EzA § 37 BetrVG 1972 Nr. 117 S. 7 = AP Nr. 92 zu § 37 BetrVG 1972 Bl. 5 [*Schiefer*]; 11.10.1995 EzA § 37 BetrVG 1972 Nr. 131 S. 4 = AP Nr. 115 zu § 37 BetrVG 1972 Bl. 3 R; *Glock/HWGNRH* § 37 Rn. 211; *Reichold/HWK* § 37 Rn. 35; *Richardi/Thüsing* § 37 Rn. 168; *Richardi* Anm. § 40 BetrVG 1972 Nr. 12 S. 36 ff.; *Stege/Weinspach/Schiefer* § 37 Rn. 63; vgl. auch § 74 Abs. 2 Satz 2; **a. M.** *Fitting* § 37 Rn. 198; *Wedde/DKKW* § 37 Rn. 173 f.). Als nicht geeignet hat das *BAG* (15.08.1978 – 6 ABR 65/76 – n. v.) ferner ein Seminar »Rhetorik und Persönlichkeitsbildung« sowie ein Seminar »Brüder, zur Sonne, zur Freiheit« angesehen (*BAG* 11.08.1993 EzA § 37 BetrVG 1972 Nr. 117 S. 5 ff. = AP Nr. 92 zu § 37 BetrVG 1972 Bl. 3 ff. [*Schiefer*] = SAE 1994, 240 [*Glaubitz*]). Zu abgelehnten Themen vgl. auch die Beispiele bei *Liebers* DB 1980, 638 (641 f.).

Inhaltlich muss **jedes einzelne Thema geeignet** sein, andernfalls darf die Eignung der Schulungs- 253 und Bildungsveranstaltung insgesamt nicht anerkannt werden (*BAG* 11.08.1993 EzA § 37 BetrVG 1972 Nr. 117 S. 4 f. = AP Nr. 92 zu § 37 BetrVG 1972 Bl. 3 [*Schiefer*]; *Fitting* § 37 Rn. 203; *Hanau* FS G. *Müller*, S. 169 [179 ff.]; *Glock/HWGNRH* § 37 Rn. 214; *Heckes* Behördenentscheidungen nach § 37 Abs. 7 BetrVG, S. 26; *Kreft/WPK* § 37 Rn. 79; *Loritz* NZA 1993, 2 [5 ff.]; *Richardi/Thüsing* § 37 Rn. 169; *Schiefer* DB 1991, 1453 [1458]; *Sowka* Anm. AP Nr. 42 zu § 40 BetrVG 1972 Bl. 6 f.; *Wiese* BlStSozArbR 1974, 353 [359]; **a. M.** *LAG Baden-Württemberg* 14.05.1973 EzA § 37 BetrVG 1972 Nr. 6 S. 28; *Kopp* AuR 1976, 333 [334]; *Wedde/DKKW* § 37 Rn. 176). Unerheblich ist daher, welche Themen überwiegen und der Veranstaltung das Gepräge geben. Diese Auffassung ist von *Hanau* (FS G. *Müller*, S. 169 [179 ff.]) überzeugend begründet worden. Mit Recht weist er darauf hin, das vorgeschaltete behördliche Anerkennungsverfahren habe gerade zum Ziel, die Eignung einer geplanten Veranstaltung festzustellen (FS G. *Müller*, S. 169 [183, 185]). Die Anerkennung einer nur teilweise geeigneten Veranstaltung verletze den Grundsatz der Gesetzmäßigkeit der Verwaltung (*BAG* 11.08.1993 EzA § 37 BetrVG 1972 Nr. 117 S. 5 = AP Nr. 92 zu § 37 BetrVG 1972 Bl. 4 [*Schiefer*]). Es bestehe keine Veranlassung, den Arbeitgeber zur Förderung und Finanzierung ungeeigneter Veranstaltungsteile zu verpflichten. Im Anerkennungsverfahren könnten ungeeignete Teile ohne Weiteres ausgeschieden werden. Zu diesem Zweck ist der Antragsteller daher aufzufordern, das Programm zu ändern. Weigert er sich, ist die Anerkennung zu versagen. Vgl. auch *BAG* 11.08.1993 EzA § 37 BetrVG 1972 Nr. 117 S. 5 = AP Nr. 92 zu § 37 BetrVG 1972 Bl. 4 (*Schiefer*), das darauf hinweist, die oberste Arbeitsbehörde müsse entweder die Anerkennung versagen oder durch entsprechende Nebenbestimmungen sicherstellen, dass die Schulung in vollem Umfang geeignet sei. So ist es denkbar, dass ungeeignete Programmpunkte gestrichen werden können, ohne dass das Programm im Übrigen geändert zu werden braucht, indem die geeigneten Teile ausführlicher behandelt werden.

Unerheblich für die Eignung einer Veranstaltung ist deren **Dauer** (*Wedde/DKKW* § 37 Rn. 178). 254 Jedoch ist zu bedenken, dass die thematisch breiter angelegten Veranstaltungen nach § 37 Abs. 7 in der Regel nicht zu kurz bemessen sein sollten, weil andernfalls eine mehr am Grundsätzlichen als an dem betrieblich konkret Erforderlichen ausgerichtete Schulung kaum möglich ist. Von den Gewerkschaften werden ein- bis zweiwöchige Seminare als zweckmäßig angesehen (*Kopp* AuR 1976, 333 [335 mit Fn. 39]). Eine bestimmte **Form** der Veranstaltung ist im Gesetz nicht vorgesehen und für die Eignung nicht maßgebend.

255 Gleichgültig ist auch hier (zu § 37 Abs. 6 vgl. Rdn. 176), ob an der Veranstaltung Arbeitnehmer teilnehmen, die **keine Betriebsratsmitglieder** oder Jugend- und Auszubildendenvertreter sind, sofern nur der Charakter der Veranstaltung dadurch nicht verändert wird (*Glock/HWGNRH* § 37 Rn. 215; *Richardi/Thüsing* § 37 Rn. 183). Es können daher z. B. Gewerkschaftsfunktionäre in einer Veranstaltung für Betriebsräte über Fragen des Arbeitsschutzrechts mitgeschult werden, nur dürfen keine Fragen behandelt werden, die ausschließlich der Schulung der Funktionäre dienen.

256 Nach § 37 Abs. 7 Satz 1 muss die **Schulungs- und Bildungsveranstaltung geeignet sein**. Es reicht also einerseits nicht die Eignung des Trägers der Veranstaltung (*BAG* 18.12.1973 EzA § 37 BetrVG 1972 Nr. 20 S. 80 [*Richardi* bei *EzA* § 40 *BetrVG* 1972 Nr. 12] = AP Nr. 7 zu § 37 BetrVG 1972 Bl. 7 R [*Richardi*]; 06.04.1976 EzA § 37 BetrVG 1972 Nr. 48 S. 190 = AP Nr. 23 zu § 37 BetrVG 1972 Bl. 3; 11.08.1993 EzA § 37 BetrVG 1972 Nr. 117 S. 5 = Nr. 92 Bl. 4 zu § 37 BetrVG 1972 [*Schiefer*]; *Fitting* § 37 Rn. 205; *Richardi/Thüsing* § 37 Rn. 162). Andererseits ist eine Veranstaltung aber nur dann geeignet, wenn **auch der Träger** der Veranstaltung nach Zweckbestimmung und Organisation die Gewähr dafür bietet, dass eine nach ihrem Inhalt geeignete Veranstaltung auch ordnungsgemäß durchgeführt wird (*Fitting* § 37 Rn. 205; *Richardi/Thüsing* § 37 Rn. 182). Dazu gehört auch die Eignung der Lehrkräfte (*Fitting* § 37 Rn. 206; *Wedde/DKKW* § 37 Rn. 177). Zu den Grenzen der Prüfung vgl. Rdn. 264.

c) Anerkennungsverfahren

257 Die Schulungs- und Bildungsveranstaltung muss von der **zuständigen obersten Arbeitsbehörde des Landes** als geeignet anerkannt werden (vgl. zum Anerkennungsverfahren ausführlich *Heckes* Behördenentscheidungen nach § 37 Abs. 7 BetrVG, S. 22 ff.). Das gilt sowohl für den Inhalt als auch für die Durchführung der Veranstaltung einschließlich der Eignung der Lehrkräfte und des Trägers der Veranstaltung (vgl. Rdn. 256). Zur Rechtswidrigkeit des Anerkennungsbescheides einer unzuständigen Behörde vgl. Rdn. 338.

258 Die Anerkennung erfolgt auf **Antrag** des **Trägers** der **Veranstaltung**. In Betracht kommen die gleichen Veranstalter wie bei einer Schulung nach § 37 Abs. 6 (vgl. Rdn. 173 f.; *Glock/HWGNRH* § 37 Rn. 216; *Richardi/Thüsing* § 37 Rn. 182).

259 Der **Antrag** ist an **keine bestimmte Form** gebunden (*BAG* 11.10.1995 EzA § 37 BetrVG 1972 Nr. 131 S. 2 = AP Nr. 115 zu § 37 BetrVG 1972 Bl. 2), jedoch sollte er schriftlich unter Beifügung der für die Anerkennung erforderlichen Unterlagen gestellt werden (*Fitting* § 37 Rn. 211). Er muss alle Angaben enthalten, die erforderlich sind, damit die oberste Arbeitsbehörde sachgerecht entscheiden kann. Dazu gehören Angaben über den Träger der Veranstaltung (Bezeichnung, Sitz), den Inhalt der Veranstaltung (Programm), deren Durchführung (Zeitpunkt des Beginns, Dauer, Ort, Ablauf), den Teilnehmerkreis und die Lehrkräfte (*Fitting* § 37 Rn. 210; *Glock/HWGNRH* § 37 Rn. 218; *Richardi/Thüsing* § 37 Rn. 173; *Wedde/DKKW* § 37 Rn. 179).

260 Auch eine **Frist** ist für den Antrag im Gesetz nicht vorgeschrieben (*BAG* 11.10.1995 EzA § 37 BetrVG 1972 Nr. 131 S. 2 = AP Nr. 115 zu § 37 BetrVG 1972 Bl. 2). Um eine sachgerechte Bearbeitung durch die oberste Arbeitsbehörde zu gewährleisten, ist jedenfalls bei dem erstmaligen Antrag eines Veranstalters eine mehrwöchige Frist einzuhalten (ebenso *BAG* 11.10.1995 EzA § 37 BetrVG 1972 Nr. 131 S. 2 = AP Nr. 115 zu § 37 BetrVG 1972 Bl. 2: angemessener Zeitraum [im konkreten Fall acht Wochen]; vgl. auch *Fitting* § 37 Rn. 211; *Glock/HWGNRH* § 37 Rn. 218; *Richardi/Thüsing* § 37 Rn. 174; *Wedde/DKKW* § 37 Rn. 179). Bei Wiederholung einer Veranstaltung kann eine kürzere Frist genügen. Über einen **rechtzeitig gestellten Antrag** kann nach Ansicht des *BAG* auch **noch nach** Durchführung der **Veranstaltung entschieden** werden (*BAG* 11.10.1995 EzA § 37 BetrVG 1972 Nr. 131 S. 2 f. = AP Nr. 115 zu § 37 BetrVG 1972 Bl. 2 f. = SAE 1997, 88 [abl. *Gutzeit*]; zust. *Kreft/WPK* § 37 Rn. 81). Dem kann hinsichtlich des Freistellungsanspruchs nicht zugestimmt

werden (vgl. auch *Heckes* Behördenentscheidungen nach § 37 Abs. 7 BetrVG, S. 53 ff.). Das Anerkennungsverfahren dient bei der Unbestimmtheit des Begriffs »geeigneter« Veranstaltungen (vgl. Rdn. 247 ff.) dazu, dass vor der Teilnahme an einer Veranstaltung im Interesse der Rechtssicherheit zumindest vorläufig Klarheit geschaffen und der Arbeitgeber nicht mit unangemessenen Freistellungen belastet wird. Das gilt umso mehr, als die Eignung einer Schulungs- und Bildungsveranstaltung für jedes dort behandelte Thema als Voraussetzung der Anerkennung vorliegen muss (vgl. Rdn. 253). Bei nachträglich versagter Anerkennung könnte die unberechtigte Teilnahme nicht rückgängig gemacht werden. Allerdings könnte der Arbeitgeber auch ohne vorherigen Anerkennungsbescheid der Teilnahme eines Betriebsratsmitglieds unter Vorbehalt der späteren Anerkennung zustimmen. Würde die Anerkennung dann nachträglich versagt werden, hätte der Arbeitnehmer hinsichtlich des Anspruchs auf Entgeltzahlung auf eigenes Risiko gehandelt.

Zuständig ist wegen der größeren Sachnähe und im Hinblick auf die Schwierigkeiten, die mit dem **261** Ortsprinzip (Ort der Veranstaltung) verbunden sind, die **oberste Arbeitsbehörde** des **Landes, in dem** der **Veranstalter seinen Sitz hat**; es gilt das **Trägerprinzip** (*BAG* 18.12.1973 EzA § 37 BetrVG 1972 Nr. 20 S. 77 [*Richardi* bei EzA § 40 BetrVG 1972 Nr. 12] = AP Nr. 7 zu § 37 BetrVG 1972 Bl. 6 [*Richardi*]; 30.08.1989 EzA § 37 BetrVG 1972 Nr. 103 S. 9 [*Berger-Delhey*] = AP Nr. 73 zu § 37 BetrVG 1972 Bl. 5; *Däubler* Schulung, Rn. 530; *Fitting* § 37 Rn. 212; *Glock/HWGNRH* § 37 Rn. 217; *Heckes* Behördenentscheidungen nach § 37 Abs. 7 BetrVG, S. 22; *Koch/ErfK* § 37 BetrVG Rn. 22; *Wedde/DKKW* § 37 Rn. 180; **a. M.** *Richardi/Thüsing* § 37 Rn. 171 f.; *Richardi* Anm. AP Nr. 7 zu § 37 BetrVG 1972 Bl. 12 R ff.; *Streckel* Anm. SAE 1974, 142 [143]).

Die Anerkennung durch die oberste Arbeitsbehörde des Landes setzt die vorherige **Beratung mit** den **262 Spitzenorganisationen** der **Gewerkschaften** und der **Arbeitgeberverbände** voraus. Im Gegensatz zu § 2 Abs. 2, § 12 TVG enthält das Betriebsverfassungsgesetz keine Legaldefinition der zur Beratung berufenen Spitzenorganisation. Da die Anerkennung von der obersten Arbeitsbehörde des Landes, in dem der Veranstalter seinen Sitz hat, auszusprechen ist, sind die jeweiligen Organisationen auf Landesebene (nicht Spitzenorganisationen anderer Länder) als zuständig anzusehen (*BAG* 18.12.1973 EzA § 37 BetrVG 1972 Nr. 20 S. 79 = AP Nr. 7 zu § 37 BetrVG 1972 Bl. 6 R; 05.11.1974 EzA § 37 BetrVG 1972 Nr. 35 S. 137 = AP Nr. 19 zu § 37 BetrVG 1972 Bl. 2 Rf.; *Fitting* § 37 Rn. 213; *Glock/HWGNRH* § 37 Rn. 219; *Richardi/Thüsing* § 37 Rn. 175). Auf Arbeitgeberseite sind dies die überfachlichen Landesvereinigungen der Arbeitgeberverbände. Soweit bei den Gewerkschaften auf Landesebene keine selbständigen Spitzenorganisationen bestehen (vgl. etwa § 11 Satzung des DGB), treten an deren Stelle die entsprechenden Spitzenorganisationen auf Bundesebene, die sich jedoch durch die Landesorganisationen entweder allgemein (z. B. aufgrund der Satzung) oder im Einzelfall vertreten lassen können (*BAG* 18.12.1973 EzA § 37 BetrVG 1972 Nr. 20 S. 79 = AP Nr. 7 zu § 37 BetrVG 1972 Bl. 6 R; *Fitting* § 37 Rn. 213; *Richardi/Thüsing* § 37 Rn. 175).

Die Beratung bedarf grundsätzlich einer gemeinsamen **mündlichen Erörterung** des **Antrags** (*BAG* **263** 11.10.1995 EzA § 37 BetrVG 1972 Nr. 131 S. 2 = Nr. 115 zu § 37 BetrVG 1972 Bl. 2 R = SAE 97, 88 [*Gutzeit*]) unter Beiladung des Trägers der Veranstaltung, jedoch kann im Einvernehmen aller Beteiligten davon abgesehen werden (*Däubler* Schulung, Rn. 533; *Fitting* § 37 Rn. 214; *Glock/HWGNRH* § 37 Rn. 219; *Richardi/Thüsing* § 37 Rn. 176; *Wedde/DKKW* § 37 Rn. 180). Bei unterschiedlichen Stellungnahmen zum Antrag ist aber in der Regel eine mündliche Erörterung geboten (*Richardi/Thüsing* § 37 Rn. 176).

Der Begriff der Geeignetheit ist ein **unbestimmter Rechtsbegriff** (vgl. auch *BAG* 18.12.1973 EzA **264** § 37 BetrVG 1972 Nr. 20 S. 79 = AP Nr. 7 zu § 37 BetrVG 1972 Bl. 7). Soweit in diesem Zusammenhang auch von einem »Beurteilungsspielraum« gesprochen wird (*BAG* 18.12.1973 EzA § 37 BetrVG 1972 Nr. 20 S. 79 = AP Nr. 7 zu § 37 BetrVG 1972 Bl. 7; *Richardi/Thüsing* § 37 Rn. 180; *Wiese/Weber* 7. Aufl., § 37 Rn. 235), entspricht diese Begrifflichkeit jedenfalls nicht derjenigen im Verwaltungsrecht (vgl. dazu *Heckes* Behördenentscheidungen nach § 37 Abs. 7 BetrVG, S. 64 ff.). Die Eignung braucht, falls nicht Anhaltspunkte für einen Missbrauch der Veranstaltung – z. B. zur parteipolitischen Beeinflussung – vorliegen (vgl. auch § 74 Abs. 2 Satz 3), nur **allgemein geprüft** zu werden. Es sind daher weder die vorgesehenen Referate vorzulegen, noch darf die oberste Arbeitsbehörde auf ihren Inhalt oder die Auswahl der Referenten (*Richardi/Thüsing* § 37 Rn. 182) Einfluss nehmen. Auch braucht das Programm nicht in allen Einzelheiten festzulegen, da eine gewisse Flexibilität bei der Durchführung der Veranstaltung sachgerecht ist (*Fitting* § 37 Rn. 206; *Wedde/DKKW* § 37 Rn. 177). Anerkannt werden können **Einzelveranstaltungen** oder **Veranstaltungsreihen**, d. h. mehrere innerhalb eines Jahres durchzuführende Veranstaltungen desselben Trägers, die hinsichtlich ihres Inhalts, ihres zeitlichen Ablaufs und der Lehrkräfte im Wesentlichen übereinstimmen, wobei Zeit, Ort und Häufigkeit der einzelnen Veranstaltungen zum Zeitpunkt der Antragstellung noch ungewiss sein können (*Däubler* Schulung, Rn. 535; *Fitting* § 37 Rn. 206; *Glock/HWGNRH* § 37 Rn. 220). Ist die Veranstaltung als geeignet anerkannt worden, gilt das grundsätzlich auch für deren spätere **Wiederholungen**, so dass eine erneute Anerkennung nicht erforderlich ist (*Däubler* Schulung, Rn. 535; *Fitting* § 37 Rn. 207; vgl. auch *BAG* 18.12.1973 EzA § 37 BetrVG 1972 Nr. 20 S. 80 = AP Nr. 7 zu § 37 BetrVG 1972 Bl. 7 R).

265 Die Entscheidung der obersten Arbeitsbehörde erfolgt in Form eines **Verwaltungsaktes** (vgl. dazu Rdn. 334). Solange ein Anerkennungsbescheid nicht nichtig, aufgehoben oder außer Vollzug gesetzt worden ist, ist er **verbindlich**, so dass der Arbeitgeber sich nicht auf die Rechtswidrigkeit des Bescheides berufen kann (*Finkelnburg* DB 1973, 968; *Heckes* Behördenentscheidungen nach § 37 Abs. 7 BetrVG, S. 36 ff.). Deswegen ist dem *BAG* (11.10.1995 EzA § 37 BetrVG 1972 Nr. 131 S. 3 = AP Nr. 115 zu § 37 BetrVG 1972 Bl. 3 = SAE 1997, 88 [*insoweit zust. Gutzeit*]) zuzustimmen, dass der anspruchsbegründende Anerkennungsbescheid zur Herbeiführung der Rechtsfolgen des § 37 Abs. 7 nicht bestandskräftig sein muss (vgl. auch *Heckes* Behördenentscheidungen nach § 37 Abs. 7 BetrVG, S. 48 ff.). Er muss aber entgegen der Ansicht des *BAG* (11.10.1995 EzA § 37 BetrVG 1972 Nr. 131 S. 3 = AP Nr. 115 zu § 37 BetrVG 1972 Bl. 3) im Zeitpunkt der Veranstaltung zumindest erlassen sein (vgl. Rdn. 260). Zur Anfechtbarkeit des Anerkennungsbescheides vgl. Rdn. 334 ff. Zur **bindenden** Wirkung des nicht angefochtenen Anerkennungsbescheides im **Lohnfortzahlungsprozess** vgl. Rdn. 321.

266 Der **Veranstalter** ist dafür **verantwortlich**, dass die **Schulung entsprechend** der **Anerkennung durchgeführt** wird. Funktioniert er selbst eine Veranstaltung z. B. in eine politische Schulung um, so kann er gegenüber dem Arbeitgeber jedenfalls nach § 826 BGB schadenersatzpflichtig sein. Für das unkorrekte Verhalten einzelner Referenten haftet er nur nach Maßgabe des § 831 BGB. Die teilnehmenden Betriebsratsmitglieder verlieren ihren Anspruch auf Entgeltfortzahlung (vgl. Rdn. 276) nicht schon deswegen, weil einzelne Referenten in Abweichung von dem Programm nicht geeignete Themen vortragen oder die Schulung zur gewerkschaftlichen oder parteipolitischen Beeinflussung missbrauchen. Würden jedoch Betriebsratsmitglieder selbst eine geeignete Veranstaltung umfunktionieren oder eine nicht nur vorübergehend umfunktionierte Veranstaltung widerspruchslos hinnehmen, so wäre ihnen nach Treu und Glauben (§ 2 Abs. 1 BetrVG, § 242 BGB; vgl. auch Rdn. 201) wegen widersprüchlichen Verhaltens der Entgeltanspruch zu versagen.

d) Zeitlicher Umfang des Schulungsanspruchs

267 Jedem Betriebsratsmitglied steht der Anspruch während seiner regelmäßigen Amtszeit (vgl. Rdn. 269) für insgesamt drei Wochen, d. h. für fünfzehn Arbeitstage bei der Fünf-Tage-Woche oder achtzehn Arbeitstage bei der Sechs-Tage-Woche zu (*Fitting* § 37 Rn. 219 f.; *Glock/HWGNRH* § 37 Rn. 223; *Koch/ErfK* § 37 BetrVG Rn. 21; *Kopp* AuR 1976, 333 [335]; *Wedde/DKKW* § 37 Rn. 183). Der Anspruch erhöht sich für Arbeitnehmer, die **erstmals** das **Amt** eines **Betriebsratsmitglieds** übernehmen und vorher auch nicht Jugend- und Auszubildendenvertreter waren, auf vier Wochen (§ 37 Abs. 7 Satz 2), d. h. auf zwanzig bzw. vierundzwanzig Arbeitstage (*Fitting* § 37 Rn. 219 f.). Da für die Regelung die besondere Schulungsbedürftigkeit ausschlaggebend ist und deshalb im Bericht des 10. Ausschusses (zu BT-Drucks. VI/2729, S. 23) treffender von Betriebsratsmitgliedern gesprochen wird, die erstmals die Funktion eines Arbeitnehmervertreters übernehmen, steht Betriebsratsmitgliedern, die zuvor Personalratsmitglieder waren, der Anspruch gleichfalls nur für drei Wochen zu (*Däubler* Schulung, Rn. 303; *Fitting* § 37 Rn. 219; *Glock/HWGNRH* § 37 Rn. 223; *Kopp* AuR 1976, 333 [335]; *Richardi/Thüsing* § 37 Rn. 185). Bei Betriebsratsmitgliedern, die zuvor einer ausländischen Betriebsvertretung angehört haben, besteht jedoch wegen der regelmäßig unterschiedlichen Verhältnisse ein Anspruch auf vier Wochen (*Däubler* Schulung, Rn. 303; *Fitting* § 37 Rn. 219; *Kopp* AuR 1976, 333 [335]; *Wedde/DKKW* § 37 Rn. 183).

Maßgebend ist die **Arbeitszeit** des **konkreten Betriebsratsmitglieds**. Entfällt an bestimmten Ta- 268
gen seine Arbeitspflicht, sind diese auf den Freistellungsanspruch nicht anzurechnen (*Fitting* § 37
Rn. 220; *Glock/HWGNRH* § 37 Rn. 226; *Wedde/DKKW* § 37 Rn. 184). Entsprechendes gilt,
wenn das Betriebsratsmitglied während einer Schulung erkrankt (*Däubler* Schulung, Rn. 298; *Fitting*
§ 37 Rn. 220; *Glock/HWGNRH* § 37 Rn. 226; *Wedde/DKKW* § 37 Rn. 184).

Der Anspruch des Betriebsratsmitglieds auf Freistellung für drei bzw. vier Wochen ist bezogen auf 269
seine **regelmäßige Amtszeit**, d. h. seit der Novelle vom 20.12.1988 auf den Zeitraum von vier Jahren (§ 21 Satz 1). Obwohl die regelmäßige Amtszeit durch diese Novelle um ein Jahr verlängert worden war, ist die Dauer des Anspruchs auf Schulung nach § 37 Abs. 7 dabei unverändert geblieben. Das
ist jedoch unschädlich, weil einerseits nach längerer Amtsausübung das Erfahrungswissen größer ist
und zusätzlich erforderliche Kenntnisse in einer Schulung nach § 37 Abs. 6 erworben werden können.
Wird das Betriebsratsmitglied **wiedergewählt**, so entsteht ein neuer Anspruch für insgesamt drei Wochen.

Verlängert sich die **Amtszeit**, weil der Betriebsrat außerhalb der regelmäßigen Amtszeit neu zu wäh- 270
len ist (vgl. § 13 Abs. 2, Abs. 3 Satz 2), so erhöht sich der Anspruch eines neuen Betriebsratsmitglieds
entsprechend der Verlängerung seiner Amtszeit (*BAG* 19.04.1989 EzA § 37 BetrVG 1972 Nr. 99 S. 2
= AP Nr. 68 zu § 37 BetrVG 1972 Bl. 2; *Däubler* Schulung, Rn. 305; *Fitting* § 37 Rn. 221; *Glock/
HWGNRH* § 37 Rn. 224; *Kopp* AuR 1976, 333 [335]; *Richardi/Thüsing* § 37 Rn. 186; **a. M.** *Lichtenstein* BetrR 1975, 199 [231]; *Kreft/WPK* § 37 Rn. 86; *Wedde/DKKW* § 37 Rn. 185). Dem Gesetz ist
kein Anhalt dafür zu entnehmen, dass dabei jeweils auf das angefangene Jahr abzustellen ist (so aber
Galperin/Löwisch § 37 Rn. 110; *Richardi/Thüsing* § 37 Rn. 186).

Bei **verkürzter Amtszeit** (vgl. § 13 Abs. 2, Abs. 3 Satz 1) ist zu unterscheiden: Für **Mitglieder** des 271
abgelösten Betriebsrats erlöschen sämtliche Ansprüche auf Freistellung auch dann, wenn sie noch
nicht entsprechend ihrer bisherigen Amtszeit freigestellt waren, weil der Anspruch nach § 37 Abs. 7
nur wegen der Amtstätigkeit besteht und mit deren Beendigung der Schulungszweck entfällt (*Däubler*
Schulung, Rn. 300). Entsprechendes gilt, wenn ein **Betriebsratsmitglied** aus anderen Gründen **vorzeitig aus** dem **Amt ausscheidet** (vgl. § 24; ebenso *LAG Düsseldorf* 08.10.1991 DB 1992, 636;
Fitting § 37 Rn. 218; *Kopp* AuR 1976, 333 [335]; *Richardi/Thüsing* § 37 Rn. 189). Sollten andererseits
die Betriebsratsmitglieder trotz verkürzter Amtszeit bereits länger für Schulungszwecke freigestellt gewesen sein, als ihnen entsprechend ihrer bisherigen Amtszeit zustand, so führt dies nicht zu Ausgleichsansprüchen des Arbeitgebers (*Fitting* § 37 Rn. 221; ferner *Kopp* AuR 1976, 333 [335]).

Für **Mitglieder** des **neuen Betriebsrats** bemisst sich der zeitliche Umfang des Freistellungsanspruchs 272
entsprechend der Dauer der noch vor ihnen liegenden Amtszeit, da der dreiwöchige Anspruch auf die
regelmäßige Amtszeit bezogen ist (*BAG* 19.04.1989 EzA § 37 BetrVG 1972 Nr. 99 S. 1 f. = AP Nr. 68
zu § 37 BetrVG 1972 Bl. 2; *Fitting* § 37 Rn. 221; *Gamillscheg* II, S. 608; *Glock/HWGNRH* § 37
Rn. 224; *Kopp* AuR 1976, 333 [335]; *Richardi/Thüsing* § 37 Rn. 188; **a. M.** *Kreft/WPK* § 37 Rn. 86;
Lichtenstein BetrR 1975, 199 [231]; *Wedde/DKKW* § 37 Rn. 185: voller Anspruch). Unerheblich ist
dagegen, inwieweit die ausgeschiedenen Betriebsratsmitglieder ihren Anspruch verbraucht haben
(*Fitting* § 37 Rn. 217; *Wedde/DKKW* § 37 Rn. 185; **a. M.** *Kopp* AuR 1976, 333 [335]); denn § 37
Abs. 7 begründet einen **individuellen Anspruch des einzelnen Betriebsratsmitglieds** (vgl.
Rdn. 245), der ihm seiner Schulungsbedürftigkeit wegen gewährt wird und deshalb nicht von der
Schulung seines Amtsvorgängers abhängig sein kann. Auch bei verkürzter Amtszeit ist aber dem Gesetz kein Anhalt dafür zu entnehmen, dass für die Berechnung auf das angefangene Jahr abzustellen ist,
was praktisch auf eine Viertelung hinausliefe (so aber *Fitting* § 37 Rn. 221; *Richardi/Thüsing* § 37
Rn. 186). Für Erstmitglieder geht das Gesetz von einer besonderen Schulungsbedürftigkeit aus, so
dass es gerechtfertigt ist, ihnen ohne Rücksicht auf die Dauer der verkürzten Amtszeit den Anspruch
auf eine zusätzliche Woche zu geben (*BAG* 19.04.1989 AP Nr. 68 zu § 37 BetrVG 1972 Bl. 1 Rf.;
Fitting § 37 Rn. 221; *Glock/HWGNRH* § 37 Rn. 224; weitergehend *Galperin/Löwisch* § 37 Rn. 111;
Richardi/Thüsing § 37 Rn. 188).

Die **Freistellung** für Schulungszwecke nach § 37 Abs. 7 kann im Rahmen der Gesamtdauer des An- 273
spruchs **zusammenhängend** oder **geteilt** für mehrere Veranstaltungen verlangt werden (*Däubler*
Schulung, Rn. 299; *Fitting* § 37 Rn. 222; *Glock/HWGNRH* § 37 Rn. 228; *Kopp* AuR 1976, 333

[335]; *Richardi/Thüsing* § 37 Rn. 190; *Wedde/DKKW* § 37 Rn. 187). Zum Einfluss des Betriebsrats auf die Freistellung vgl. Rdn. 282, 294 ff.

274 War der **Anspruch** des Betriebsratsmitglieds **am Ende** seiner **regelmäßigen Amtszeit** noch **nicht ausgeschöpft**, so **erlischt** er (*LAG Düsseldorf* 08.10.1991 DB 1992, 636; *Fitting* § 37 Rn. 221, 223; *Glock/HWGNRH* § 37 Rn. 229; *Kopp* AuR 1976, 333 [335]; *Richardi/Thüsing* § 37 Rn. 189), weil er nur wegen der Amtstätigkeit besteht und mit deren Beendigung der Schulungszweck entfällt. Das gilt in der Regel auch, wenn er zwar noch während der Amtszeit, aber unmittelbar vor deren Ende geltend gemacht wird (*BAG* 09.09.1992 EzA § 37 BetrVG 1972 Nr. 113 S. 3 = AP Nr. 86 zu § 37 BetrVG 1972 Bl. 2 = AiB 1993, 430 *[Peiseler]*; 28.08.1996 EzA § 37 BetrVG 1972 Nr. 132 S. 3 f. = AP Nr. 117 zu § 37 BetrVG 1972 Bl. 1 Rf.; *Glock/HWGNRH* § 37 Rn. 229; **a. M.** *Wedde/DKKW* § 37 Rn. 188 [Übertragbarkeit auf die neue Amtszeit bei dringenden betrieblichen oder persönlichen Gründen]).

275 **Ersatzmitglieder**, die nach § 25 Abs. 1 Satz 1 an Stelle eines ausgeschiedenen Mitglieds in den Betriebsrat nachrücken, haben entsprechend der Dauer der noch vor ihnen liegenden Amtszeit einen Anspruch auf Freistellung (*Richardi/Thüsing* § 25 Rn. 33, § 37 Rn. 188; *Glock/HWGNRH* § 37 Rn. 225; *Huke/HWGNRH* § 25 Rn. 20). Erstmals in den Betriebsrat gewählte Ersatzmitglieder haben zusätzlich nach § 37 Abs. 7 Satz 2 Anspruch auf eine weitere Woche (*Fitting* § 37 Rn. 218; *Glock/HWGNRH* § 37 Rn. 225; *Wedde/DKKW* § 37 Rn. 189). Ersatzmitglieder, die nur zeitweilig verhinderte Betriebsratsmitglieder vertreten (§ 25 Abs. 1 Satz 2), haben dagegen überhaupt keinen Anspruch nach § 37 Abs. 7 (*BAG* 14.12.1994 EzA § 37 BetrVG 1972 Nr. 122 S. 3 = AP Nr. 100 zu § 37 BetrVG 1972 Bl. 1 Rf.; *Fitting* § 37 Rn. 216; *Glock/HWGNRH* § 37 Rn. 207; *Richardi/Thüsing* § 37 Rn. 184; **a. M.** *Däubler* Schulung, S. 88; *Wedde/DKKW* § 37 Rn. 189, die einen proportional verkürzten Anspruch bei mindestens dreimonatiger Vertretung bejahen; dafür besteht jedoch kein Bedürfnis, weil die erforderliche Schulung dann nach § 37 Abs. 6 erfolgen kann; weitergehend *Wenning-Morgenthaler* BB 1985, 1336 [1339, 1340]).

e) Entgeltfortzahlung, sonstige Kosten, Unfallschutz, Erholungsurlaub

276 Nach § 37 Abs. 7 haben die Betriebsratsmitglieder Anspruch auf **bezahlte Freistellung**. Den Betriebsratsmitgliedern ist das Arbeitsentgelt weiterzuzahlen, das sie verdient hätten, wenn sie statt der Freistellung im Betrieb weitergearbeitet hätten. Es gelten daher die gleichen Grundsätze wie bei einer Arbeitsbefreiung nach § 37 Abs. 2 und 6 (vgl. Rdn. 64 ff.). **Kosten** der Teilnahme an einer Schulungsveranstaltung nach § 37 Abs. 7 hat der Arbeitgeber nur zu tragen, soweit zugleich erforderliche Kenntnisse i. S. d. § 37 Abs. 6 vermittelt werden (vgl. § 40 Rdn. 74 ff.).

277 Ein Anspruch auf **Freizeitausgleich** entsprechend § 37 Abs. 3 besteht **hingegen** auch dann **nicht**, wenn Zeiten der Schulungsteilnahme außerhalb der persönlichen Arbeitszeit eines Betriebsratsmitglieds liegen. Das Gesetz spricht – auch nach der Neufassung des § 37 durch das **BetrVerf-Reformgesetz** im Jahre 2001 – in § 37 Abs. 7 Satz 1 nur von einem »Anspruch auf bezahlte Freistellung«, eine Einbeziehung des § 37 Abs. 3, wie sie für die Schulungen nach § 37 Abs. 6 in dessen Satz 1 geschehen ist, fehlt. Die Anwendung des § 37 Abs. 3 ergibt sich auch nicht etwa aus der Einleitungspassage zu § 37 Abs. 7 Satz 1, wonach der Anspruch aus Abs. 7 »unbeschadet der Vorschrift des Abs. 6« besteht. Das besagt nur, dass beide Ansprüche nebeneinander existieren und enthält gerade keine inhaltliche Verweisung auf die Regelungen zu den Schulungen nach § 37 Abs. 6.

278 Weiterhin lässt sich auch aus **§ 37 Abs. 7 Satz 3** in der Neufassung durch das **BetrVerf-Reformgesetz** nichts für einen Anspruch auf Freizeitausgleich herleiten: Die Vorschrift ist in Hinblick auf die Änderungen des Abs. 6 angepasst worden, indem die für das Freistellungsverfahren maßgebliche Verweisung sich nunmehr bis zu Satz 6 des Abs. 6 erstreckt. Das war wegen der Einfügung des zusätzlichen Satz 2 in Abs. 6 notwendig. Allerdings hat der Gesetzgeber in § 37 Abs. 7 Satz 3 die Verweisung nicht allein auf die Bestimmungen des § 37 Abs. 6 Satz 3 bis 6 n. F. bezogen, also die bisher in Bezug genommenen Regelungen zum Freistellungsverfahren. Vielmehr ist auch § 37 Abs. 3 Satz 2 n. F. genannt, der eine Ergänzung der Tatbestandsverweisung auf § 37 Abs. 3 sowie die höhenmäßige Begrenzung des Anspruchs auf Freizeitausgleich vorsieht. Das muss aber als **Redaktionsversehen** gewertet werden. Es ist nicht anzunehmen, dass der Gesetzgeber den bisher so gut wie nicht diskutierten Frei-

zeitausgleich im Rahmen des § 37 Abs. 3 auf diese Weise mittelbar hätte mitregeln wollen oder auch nur stillschweigend von dessen Bestehen ausgegangen wäre. Die Gesetzesmaterialien sprechen nur von »redaktionellen Folgeänderungen« (vgl. die Begründung des RegE, BT-Drucks. 14/5741, S. 41). Um solche handelte es sich bei der Einführung eines Freizeitausgleichs bei Schulungen nach § 37 Abs. 7 keinesfalls (i. E. ebenso *Glock/HWGNRH* § 37 Rn. 236; *Greßlin* Teilzeitbeschäftigte Betriebsratsmitglieder, S. 156 ff.; *Löwisch* BB 2001, 1734 [1742 f.]; *Löwisch/LK* § 37 Rn. 129; *Reichold/HWK* § 37 BetrVG Rn. 45; **a. M.** *Däubler* Schulung, Rn. 442; *Fitting* § 37 Rn. 226; *Wedde/DKKW* § 37 Rn. 191).

Hinzu kommt, dass der Anspruch aus **§ 37 Abs. 7 strukturell anders gelagert ist als derjenige aus Abs. 6**: § 37 Abs. 6 regelt die Teilnahme an erforderlichen Schulungen, die der Betriebsrat als kollektiven Anspruch geltend machen kann, die zu den Pflichtaufgaben des Betriebsratsmitglieds gehören und für die der Arbeitgeber neben den Verpflichtungen aus § 37 auch die Kosten nach § 40 zu tragen hat. Bei § 37 Abs. 7 hingegen geht es nur um einen individuellen Anspruch des einzelnen Betriebsratsmitglieds auf Teilnahme an geeigneten, nicht notwendig erforderlichen Veranstaltungen, dessen Geltendmachung allein vom freien Entschluss des Berechtigten abhängt und für die der Arbeitgeber auch die Kosten nicht übernehmen muss. Funktional erscheint ein **Freizeitausgleich nur im Bereich erforderlicher Betriebsratsarbeit** gerechtfertigt (zust. *Reichold/HWK* § 37 BetrVG Rn. 45; **a. M.** schon früher ArbG Bremen 21.11.1985 AuR 1986, 379 [LS]; ferner *Däubler* Schulung, Rn. 442; *Fitting* § 37 Rn. 226). 279

Erleidet ein Betriebsratsmitglied bei der Teilnahme an einer Schulungsveranstaltung nach § 37 Abs. 7 oder auf dem Wege zu und von der Schulung einen **Unfall**, so erhält es Leistungen aus der gesetzlichen Unfallversicherung (*Glock/HWGNRH* § 37 Rn. 235; *Richardi/Thüsing* § 37 Rn. 199). Nimmt ein Betriebsratsmitglied während des Betriebsurlaubs an einer Schulungsveranstaltung nach § 37 Abs. 7 teil, hat es Anspruch auf Nachgewährung des während dieser Zeit nicht erfüllbaren **Erholungsurlaubs** (*LAG Frankfurt a. M.* 12.07.1989 LAGE § 37 BetrVG 1972 Nr. 31; *LAG Niedersachsen* 14.08.1987 AuR 1989, 60). 280

4. Verfahren bei der Freistellung von Betriebsratsmitgliedern für die Teilnahme an Schulungs- und Bildungsveranstaltungen

a) Problemübersicht

Das Gesetz enthält in **§ 37 Abs. 6 Satz 3 bis 6**, auf die § 37 Abs. 7 Satz 3 verweist, unvollkommene Vorschriften über das bei der Freistellung von Betriebsratsmitgliedern für die Teilnahme an Schulungs- und Bildungsveranstaltungen zu beachtende Verfahren. Nach dem Wortlaut des Gesetzes ist der Betriebsrat zuständig für die Festlegung der zeitlichen Lage der Teilnahme an Schulungs- und Bildungsveranstaltungen. Das Gesetz sagt nichts ausdrücklich dazu, ob diese Kompetenz nur den Zeitpunkt der Teilnahme oder auch die Auswahl der Teilnehmer und der konkreten Schulungs- und Bildungsveranstaltung betrifft. Auch hinsichtlich des weiteren Verfahrens sind nur einzelne Rücksichts- und Mitteilungspflichten des Betriebsrats gegenüber dem Arbeitgeber und die Anrufungsmöglichkeit der Einigungsstelle geregelt. Offen bleibt schließlich, wer die Freistellung zu gewähren hat. 281

b) Beschluss des Betriebsrats

aa) Teilnahmeberechtigung und Beschlusserfordernis

Ohne zustimmenden **Beschluss** des **Betriebsrats** ist das **Betriebsratsmitglied nicht berechtigt, an** einer **Schulungs-** und Bildungsveranstaltung **teilzunehmen** (*LAG Düsseldorf* 19.06.1975 BB 1975, 1388; *Fitting* § 37 Rn. 231; *Koch/ErfK* § 37 BetrVG Rn. 23; für Jugend- und Auszubildendenvertreter *BAG* 20.11.1973 EzA § 65 BetrVG 1972 Nr. 1 S. 4 = AP Nr. 1 zu § 65 BetrVG 1972 Bl. 2 R *[Kraft]*; 10.05.1974 EzA § 65 BetrVG 1972 Nr. 2 S. 7 = AP Nr. 3 zu § 37 BetrVG 1972 Bl. 1 R f.). Nimmt das Betriebsratsmitglied ohne einen solchen Beschluss teil, so **entfällt** der **Entgeltanspruch** (*BAG* 20.11.1973 EzA § 65 BetrVG 1972 Nr. 1 S. 4 = AP Nr. 1 zu § 65 BetrVG 1972 Bl. 2 R *[Kraft]*) ebenso wie der Anspruch auf Ersatz von Kosten (*BAG* 10.05.1974 EzA § 65 BetrVG 1972 Nr. 2 S. 7 = AP Nr. 3 zu § 65 BetrVG 1972 Bl. 2; 10.06.1975 EzA § 37 BetrVG 1972 Nr. 42 S. 162 = AP Nr. 1 zu 282

§ 73 BetrVG 1972 Bl. 2 R). Da der Betriebsrat seine Entscheidung in Hinblick auf die Teilnahme eines konkreten Betriebsratsmitglieds an einer konkreten Schulung und vor allem zu einem konkreten Zeitpunkt treffen muss (*BAG* 27.05.2015 EzA § 40 BetrVG 2001 Nr. 27 Rn. 22 = AP Nr. 160 zu § 37 BetrVG 1972, dazu Rdn. 292), genügen weder ein **vorangegangener Beschluss** über die Teilnahme an einem anderen Seminar noch die **nachträgliche Genehmigung** des Betriebsrats nach Beginn der Veranstaltung (*BAG* 08.03.2000 EzA § 40 BetrVG 1972 Nr. 90 S. 3 f. = AP Nr. 68 zu § 40 BetrVG 1972; *Reitze* NZA 2002, 492 f.). Eine Beschlusskompetenz des Betriebsrats besteht stets hinsichtlich der Festlegung der zeitlichen Lage der Teilnahme (vgl. Rdn. 294). Hinsichtlich der Auswahl der Teilnehmer und der Schulungs- und Bildungsveranstaltung ist danach zu differenzieren, ob es sich um einen Fall des § 37 Abs. 6 oder Abs. 7 handelt (vgl. Rdn. 285 ff., 292 ff.). Zur Unwirksamkeit des Beschlusses bei Verfahrensmängeln *Raab* § 33 Rdn. 53 ff.).

283 Das **Betriebsratsmitglied** darf sich an der Beschlussfassung beteiligen, weil nicht über dessen »eigene Angelegenheiten« zu entscheiden ist (vgl. *Raab* § 33 Rdn. 24); vielmehr handelt es sich um einen organisatorischen Akt des Betriebsrats (vgl. *Raab* § 33 Rdn. 27; im Ergebnis ebenso *Fitting* § 37 Rn. 234; *Glock / HWGNRH* § 37 Rn. 231; *Richardi / Thüsing* § 37 Rn. 139). Die **Gewerkschaften** haben kein Mitwirkungsrecht bei der Beschlussfassung des Betriebsrats, ob und gegebenenfalls welche seiner Mitglieder er zu einer Schulungsveranstaltung entsendet (*BAG* 28.01.1975 EzA § 37 BetrVG 1972 Nr. 37 S. 152 = AP Nr. 20 zu § 37 BetrVG 1972 Bl. 2 R).

284 Der Betriebsrat braucht in seinem Beschluss nicht ausdrücklich festzulegen, dass eine Schulung nach § 37 Abs. 6 oder Abs. 7 besucht werden soll, jedoch ist dies dem Arbeitgeber mit dem Beschluss mitzuteilen (*LAG Hamm* 14.05.1976 EzA § 37 BetrVG 1972 Nr. 47 S. 181 ff.).

bb) Auswahl der Teilnehmer

aaa) Bildungsveranstaltungen nach § 37 Abs. 6

285 Bei Schulungs- und Bildungsveranstaltungen nach **§ 37 Abs. 6** besteht zunächst nur ein **kollektiver Anspruch des Betriebsrats** (vgl. Rdn. 168). Als Träger des Anspruchs hat er ein Recht zur **Auswahl** unter den Betriebsratsmitgliedern und bestimmt damit durch Beschluss den oder die Teilnehmer (*BAG* 16.10.1986 EzA § 37 BetrVG 1972 Nr. 87 S. 425 = AP Nr. 58 zu § 37 BetrVG 1972 Bl. 2; 07.06.1989 EzA § 37 BetrVG 1972 Nr. 98 S. 4 = AP Nr. 67 zu § 37 BetrVG 1972 Bl. 2 f.; *Fitting* § 37 Rn. 234; *Glock / HWGNRH* § 37 Rn. 173 ff.; *Wedde / DKKW* § 37 Rn. 150; im Ergebnis auch *Richardi / Thüsing* § 37 Rn. 137). Durch seinen Beschluss wird konstitutiv ein abgeleiteter individueller Anspruch des jeweiligen Betriebsratsmitglieds auf Arbeitsbefreiung zwecks Teilnahme an einer Schulungs- und Bildungsveranstaltung begründet (vgl. Rdn. 169).

286 Der Betriebsrat hat die ihm nach § 37 Abs. 6 zustehende **Auswahlentscheidung** nach **pflichtgemäßem Ermessen** zu treffen (*Fitting* § 37 Rn. 235; *Wedde / DKKW* § 37 Rn. 150). Maßgebend sind seine **Geschäftsbedürfnisse**, jedoch muss er auch die **betrieblichen Notwendigkeiten** berücksichtigen (vgl. § 37 Abs. 6 Satz 3). Da die Schulungs- und Bildungsveranstaltungen nach § 37 Abs. 6 dazu dienen, dass die für die Betriebsratsarbeit erforderlichen Kenntnisse vermittelt werden, hat der Betriebsrat die Auswahl danach zu treffen, welche Aufgaben ein Betriebsratsmitglied im Betriebsrat wahrzunehmen hat (*Fitting* § 37 Rn. 235; *Glock / HWGNRH* § 37 Rn. 175; *Richardi / Thüsing* § 37 Rn. 137). Nur in diesem Sinne ist dem *BAG* zuzustimmen, wenn es in einer älteren Entscheidung (*BAG* 05.11.1981 DB 1982, 704) darauf abstellt, ob die Vermittlung der Kenntnisse für das betreffende Mitglied des Betriebsrats erforderlich ist. Dagegen ist dem *BAG* zu widersprechen, wenn es zugleich meint, für die Erforderlichkeit der Schulung komme es nicht darauf an, dass die Kenntnisse für das Organ insgesamt notwendig sind. Wenn es auch stets auf die **Schulungsbedürftigkeit des einzelnen Betriebsratsmitglieds** ankommt, so doch nur im Hinblick auf seine **Funktion innerhalb des Betriebsrats** (in diesem Sinne auch *BAG* 07.06.1989 EzA § 37 BetrVG 1972 Nr. 98 S. 5 = AP Nr. 67 zu § 37 BetrVG 1972 Bl. 2 R; 15.02.1995 EzA § 37 BetrVG 1972 Nr. 125 S. 1 f. = AP Nr. 106 zu § 37 BetrVG 1972 Bl. 2; zutr. auch *LAG Hamm* 29.06.1979 EzA § 37 BetrVG 1972 Nr. 67 S. 310; *Richardi / Thüsing* § 37 Rn. 97).

287 **Bedürfen mehrere Betriebsratsmitglieder** der **Schulung** und ist eine gleichzeitige Teilnahme mit Rücksicht auf die Geschäftsbedürfnisse des Betriebsrats, betriebliche Notwendigkeiten oder das An-

gebot von Schulungs- und Bildungsveranstaltungen nicht möglich, so entscheidet der Betriebsrat über die **Reihenfolge** der Teilnahme. Ebenso entscheidet er darüber, ob die **Teilnahme von Ersatzmitgliedern** (vgl. Rdn. 177 f.) erforderlich ist, damit er künftig seine Beteiligungsrechte sach- und fachgerecht ausüben kann (*BAG* 15.05.1986 EzA § 37 BetrVG 1972 Nr. 84 S. 405 f. = AP Nr. 53 zu § 37 BetrVG 1972 Bl. 1 R f.).

Bei der von ihm zu treffenden Auswahl hat der Betriebsrat die **Grundsätze** des **§ 75 Abs. 1** zu beachten, d. h. er hat jede unterschiedliche Behandlung (Benachteiligung oder Bevorzugung) der Betriebsratsmitglieder vor allem wegen ihrer Nationalität, politischen oder gewerkschaftlichen Betätigung oder Einstellung oder wegen ihres Geschlechts zu unterlassen (*Däubler* Schulung, Rn. 326; *Fitting* § 37 Rn. 235; *Glock/HWGNRH* § 37 Rn. 175; *Richardi/Thüsing* § 37 Rn. 138). Ein entsprechender Beschluss des Betriebsrats wäre wegen Verstoßes gegen ein gesetzliches Verbot nichtig. Da § 75 Abs. 1 nicht nur die dort aufgeführten Diskriminierungen verbietet, sondern ein allgemeines betriebsverfassungsrechtliches Gleichbehandlungsgebot enthält, wäre auch ein sachlich nicht gerechtfertigter Ausschluss von Mitgliedern einer **Minderheitsliste** im Betriebsrat ein Verstoß gegen diese Vorschrift (vgl. aber *Voss* Die Rechtsstellung von Minderheitslisten im Betriebsrat [Diss. Berlin], 2014, S. 241 ff., die hier ein Schutzdefizit sieht und dieses dadurch schließen möchte, dass Minderheitslisten als Koalitionen i. S. d. Art. 9 Abs. 3 GG betrachtet werden [S. 100 ff.] und daraus jedenfalls für die Vermittlung von Grundkenntnissen den Mitgliedern der Minderheitsliste ein individueller Schulungsanspruch gegen den Betriebsrat zugestanden wird). **Soziale Belange** i. S. d. § 7 Abs. 1 BUrlG (vgl. dazu *Däubler* Schulung, Rn. 327) können im Rahmen der Ermessensentscheidung des Betriebsrats allenfalls dann berücksichtigt werden, wenn jedes Betriebsratsmitglied gleichermaßen schulungsbedürftig ist und sich auch nicht nach sonstigen Geschäftsbedürfnissen des Betriebsrats sowie betrieblichen Belangen des Arbeitgebers eine Rangfolge ermitteln lässt. **288**

Ein besonders großer Nachholbedarf eines Betriebsratsmitglieds in bildungsmäßiger Hinsicht spielt nur dann eine Rolle, wenn der **Bildungsrückstand** für die ordnungsgemäße Arbeit des Betriebsrats eine besondere Schulung erforderlich macht. Auf die individuellen Belange des Betriebsratsmitglieds kommt es nicht an. Schulungsveranstaltungen nach § 37 Abs. 6 und 7 haben keine Allgemeinbildung der Betriebsratsmitglieder, sondern die für die Betriebsratsarbeit erforderlichen bzw. mit ihr im Zusammenhang stehenden Kenntnisse zu vermitteln (vgl. auch *Fitting* § 37 Rn. 236; *Glock/HWGNRH* § 37 Rn. 175; *Richardi/Thüsing* § 37 Rn. 138; für einen Vorrang von Grundlagen- gegenüber Vertiefungsschulungen *Däubler* Schulung, Rn. 328). **289**

Soweit **Grundkenntnisse** für die Arbeit des Betriebsrats erforderlich sind, hat jedes Betriebsratsmitglied einen Anspruch gegen den Betriebsrat auf Einteilung zu einer Schulung nach § 37 Abs. 6 (*Däubler* Schulung, Rn. 322; *Fitting* § 37 Rn. 237). Geht es um **Spezialkenntnisse**, kommt es darauf an, ob dem betreffenden Betriebsratsmitglied vom Betriebsrat entsprechende Aufgaben zugewiesen sind, die ohne Schulung nicht ordnungsgemäß erledigt werden können – z. B. die Funktion als Mitglied eines Betriebsausschusses für Leistungslöhne (vgl. auch *Bleistein* DB 1975, Beil. Nr. 1, S. 3). **290**

bbb) Bildungsveranstaltungen nach § 37 Abs. 7
In Falle des **§ 37 Abs. 7** besteht kraft Gesetzes ein **individueller Anspruch jedes Betriebsratsmitglieds** auf Teilnahme (vgl. Rdn. 245). Dieser ist dem **Betriebsrat** vorgegeben. Er hat daher insoweit **kein Recht zur Auswahl**, sondern ist darauf beschränkt, die zeitliche Lage der Teilnahme des Betriebsratsmitglieds an einer Schulungs- und Bildungsveranstaltung festzulegen (*Fitting* § 37 Rn. 233; *Glock/HWGNRH* § 37 Rn. 230; *Koch/*ErfK § 37 BetrVG Rn. 23; *Richardi/Thüsing* § 37 Rn. 192; *Wedde/DKKW* § 37 Rn. 191). **291**

cc) Auswahl der Schulungs- und Bildungsveranstaltung

aaa) Bildungsveranstaltungen nach § 37 Abs. 6
Von der Auswahl der Teilnehmer ist die **Auswahl der konkreten Schulungs- und Bildungsveranstaltung** zu unterscheiden. Der für die Teilnahme eines konkreten Betriebsratsmitglieds erforderliche Betriebsratsbeschluss muss auf eine **konkrete Schulung, einen konkreten Zeitpunkt und einen konkreten Ort** bezogen sein (*BAG* 12.01.2011 EzA § 37 BetrVG Nr. 11 Rn. 21 f. = AP **292**

§ 37

Nr. 150 zu § 37 BetrVG 192; 27.05.2015 EzA § 40 BetrVG 2001 Nr. 27 Rn. 22 = AP Nr. 160 zu § 37 BetrVG 1972). Bei einer Veranstaltung nach § **37 Abs. 6** ist zu berücksichtigen, dass **der Betriebsrat** über die Teilnahme eines bestimmten Betriebsratsmitglieds entscheidet, damit dieses für die Betriebsratsarbeit erforderliche Kenntnisse erwirbt. Das betroffene Betriebsratsmitglied kann im Vorfeld Wünsche äußern, ist dann aber an den Beschluss des Betriebsrats gebunden (im Ergebnis ebenso *Däubler* Schulung, Rn. 337). Ein Betriebsratsmitglied hat keinen Anspruch auf Schulung durch seine Gewerkschaft (*LAG Berlin* 24.09.1973 BB 1974, 786). Auch ist es einem gewerkschaftlich organisierten Betriebsratsmitglied zumutbar, an Schulungen der Arbeitgeberverbände und deren Einrichtungen teilzunehmen (*LAG Schleswig-Holstein* 06.03.1987 LAGE § 37 BetrVG 1972 Nr. 24 S. 8 f.). Sollten jedoch **gleichartige** und **gleichwertige Veranstaltungen angeboten** werden, kann der Betriebsrat nicht die Teilnahme an einer bestimmten Veranstaltung vorschreiben, sondern das Betriebsratsmitglied hat die Wahl (*Dütz / Säcker* DB 1972, Beil. Nr. 17, S. 10; *Richardi / Thüsing* § 37 Rn. 120; **a. M.** *Galperin / Löwisch* § 37 Rn. 86). Dabei ist jedoch zu beachten, dass der Arbeitgeber nur die erforderlichen Kosten trägt (vgl. § 40 Rdn. 74 ff.), so dass bei gleichen Veranstaltungen die nächstgelegene zu besuchen ist (*BAG* 15.05.1986 EzA § 37 BetrVG 1972 Nr. 85 S. 417 = AP Nr. 54 zu § 37 BetrVG 1972 Bl. 4 R). Praktisch dürfte daher allenfalls eine beschränkte Wahlmöglichkeit des Betriebsratsmitglieds bestehen. Zur Frage der Wahl des **Verkehrsmittels** und der Erforderlichkeit einer **Übernachtung** vgl. § 40 Rdn. 79 f.

bbb) Bildungsveranstaltungen nach § 37 Abs. 7

293 Bei einer Schulungs- und Bildungsveranstaltung nach § **37 Abs. 7** geht es darum, den **individuellen Anspruch des einzelnen Betriebsratsmitglieds** auf den Erwerb der für seine Betriebsratstätigkeit geeigneten Kenntnisse zu verwirklichen. Die Auswahl einer als geeignet anerkannten Veranstaltung trifft daher grundsätzlich das **Betriebsratsmitglied** (*BAG* 28.08.1996 EzA § 37 BetrVG 1972 Nr. 132 S. 2 = AP Nr. 117 zu § 37 BetrVG 1972 Bl. 1 R; *Däubler* Schulung, Rn. 336; *Kopp* AuR 1976, 333 [336]; *Richardi / Thüsing* § 37 Rn. 192; vgl. auch *Fitting* § 37 Rn. 233; *Glock / HWGNRH* § 37 Rn. 230). Jedoch kann der Betriebsrat mittelbar auf die Auswahl dadurch Einfluss nehmen, dass er bei der Festlegung des Zeitpunktes der Teilnahme die betrieblichen Notwendigkeiten berücksichtigen muss und seine eigenen Geschäftsbedürfnisse berücksichtigen darf (vgl. auch *Glock / HWGNRH* § 37 Rn. 230). Er braucht es z. B. nicht zu gestatten, dass mehrere Betriebsratsmitglieder gleichzeitig an einer bestimmten Schulungs- und Bildungsveranstaltung nach § 37 Abs. 7 teilnehmen, wenn dadurch die Interessenvertretung der Belegschaft zeitweilig nicht ordnungsgemäß gewährleistet wäre. Hier ist eine Interessenabwägung erforderlich, die dazu führen kann, dass die Interessen des Betriebsrats gegenüber dem an sich gegebenen Recht des Betriebsratsmitglieds zur Auswahl der Veranstaltung den Vorrang haben. Dann ist das Betriebsratsmitglied gezwungen, auf eine andere Veranstaltung auszuweichen. Ist bei größeren Betriebsräten die Einteilung der Betriebsratsmitglieder für die Teilnahme über einen längeren Zeitraum hin erforderlich, kann sich auch dadurch ein mittelbarer Einfluss des Betriebsrats auf die Auswahl der Veranstaltung ergeben.

dd) Festlegung der zeitlichen Lage der Teilnahme

294 Der **Betriebsrat** (nicht der Gesamtbetriebsrat oder Wirtschaftsausschuss; *BAG* 06.11.1973 EzA § 37 BetrVG 1972 Nr. 16 S. 54 *[Richardi]* = AP Nr. 5 zu § 37 BetrVG 1972 Bl. 4 *[Kittner]*) **entscheidet** bei Schulungs- und Bildungsveranstaltungen nach § **37 Abs. 6 und 7** nach pflichtgemäßem Ermessen **allein** über die zeitliche Lage der Teilnahme (*BAG* 09.09.1992 EzA § 37 BetrVG 1972 Nr. 113 S. 3 = AP Nr. 86 zu § 37 BetrVG 1972 Bl. 1 R; 28.08.1996 EzA § 37 BetrVG 1972 Nr. 132 S. 2 = AP Nr. 117 zu § 37 BetrVG 1972 Bl. 1 R; *Däubler* Schulung, Rn. 307 ff.; *Fitting* § 37 Rn. 232 f.; *Kopp* AuR 1976, 333 [336]). Erst mit der zeitlichen Festlegung des ordnungsgemäß zustande gekommenen und wirksamen Beschlusses wird der Freistellungsanspruch fällig (*BAG* 28.08.1996 EzA § 37 BetrVG 1972 Nr. 132 S. 2 = AP Nr. 117 zu § 37 BetrVG 1972 Bl. 1 R).

295 Die Kompetenz des Betriebsrats erstreckt sich sowohl auf den **Zeitpunkt des Beginns der Teilnahme** als auch grundsätzlich auf deren **Dauer**. Diese bestimmt sich bei Veranstaltungen nach § 37 Abs. 6 nach der Erforderlichkeit der Schulung, während bei Veranstaltungen nach § 37 Abs. 7 der Umfang des Anspruchs durch das Gesetz festgelegt ist. Da das Betriebsratsmitglied hier die Auswahl einer als geeignet anerkannten Veranstaltung trifft (vgl. Rdn. 293), entscheidet es im Rahmen seines An-

spruchs auch über die Dauer seiner Teilnahme. Der Betriebsrat kann auch hier nur betrieblicher Notwendigkeiten oder seiner eigenen Geschäftsbedürfnisse wegen anders entscheiden. Es gilt Entsprechendes wie bei der Auswahl einer Veranstaltung (vgl. Rdn. 293).

Der **Betriebsrat** ist **verpflichtet**, bei der Festlegung der zeitlichen Lage der Teilnahme an Schulungs- und Bildungsveranstaltungen nach § 37 Abs. 6 und 7 die **betrieblichen Notwendigkeiten** zu **berücksichtigen** (§ 37 Abs. 6 Satz 3, Abs. 7 Satz 3). Diese können auch ein Hinderungsgrund dafür sein, dass alle oder mehrere Betriebsratsmitglieder gleichzeitig an Schulungs- und Bildungsveranstaltungen teilnehmen (*Richardi/Thüsing* § 37 Rn. 133). Die Berücksichtigung betrieblicher Notwendigkeiten ist allerdings nur hinsichtlich derjenigen Betriebsratsmitglieder von Bedeutung, die nicht ohnehin nach § 38 freigestellt sind. Damit wird an die gleiche Regelung wie bei der Ansetzung von Betriebsratssitzungen nach § 30 Satz 2 angeknüpft, so dass auf die zu dieser Vorschrift entwickelten Grundsätze verwiesen werden kann (*Raab* § 30 Rdn. 6 ff.). Maßgebend sind daher nicht die betrieblichen Interessen oder Bedürfnisse (*Däubler* Schulung, Rn. 310; *Fitting* § 37 Rn. 238; **vgl. aber** amtliche Begründung, BT-Drucks. VI/1786, S. 41, wo betriebliche Notwendigkeiten und Bedürfnisse gleichrangig genannt werden; *Richardi/Thüsing* § 37 Rn. 132, nach dem unter Berücksichtigung des Grundsatzes der Verhältnismäßigkeit der Betriebsablauf nicht beeinträchtigt werden darf; ähnlich *Glock/HWGNRH* § 37 Rn. 176). Vielmehr sind die betrieblichen Gegebenheiten nur insoweit zu berücksichtigen, als sie **zwingenden Vorrang** gegenüber dem Interesse des Betriebsrats an der Arbeitsbefreiung eines Betriebsratsmitglieds für Schulungszwecke haben (*Fitting* § 37 Rn. 238; *Koch*/ErfK § 37 BetrVG Rn. 23; ähnlich *Joost*/MünchArbR § 220 Rn. 100; dagegen *Glock/HWGNRH* § 37 Rn. 176). Das kann der Fall sein, wenn wegen dringender Termine Betriebsratsmitglieder an ihrem Arbeitsplatz nicht oder nur mit unverhältnismäßigem Aufwand zu ersetzen sind (vgl. auch *Fitting* § 37 Rn. 238; *Glock/HWGNRH* § 37 Rn. 176; *Wedde*/DKKW § 37 Rn. 153). Sowohl beim Anspruch nach § 37 Abs. 6 als auch dem nach § 37 Abs. 7 ist jedoch zu berücksichtigen, dass dieser jeweils dem Grunde nach besteht und daher nur noch dessen Fälligkeit festzulegen ist. Der Arbeitgeber muss daher Vorkehrungen dafür treffen, dass die Teilnahme ermöglicht wird. Andernfalls kann er sich nicht auf betriebliche Notwendigkeiten berufen (im Ergebnis ebenso *Däubler* Schulung, Rn. 310; *Fitting* § 37 Rn. 239). **296**

Das Betriebsratsmitglied hat im Falle des § **37 Abs. 7** einen **Anspruch gegen den Betriebsrat** auf Festlegung des Zeitpunktes der Teilnahme, den es im Beschlussverfahren gegen den Betriebsrat geltend machen kann (vgl. Rdn. 333), zu § **37 Abs. 6** vgl. Rdn. 290. **297**

c) Unterrichtung des Arbeitgebers

Der **Betriebsrat** hat dem **Arbeitgeber** die **Teilnahme**, d. h. die Namen der von ihm bestimmten Teilnehmer an den Schulungs- und Bildungsveranstaltungen, und deren zeitliche Lage **rechtzeitig bekannt zu geben** (§ 37 Abs. 6 Satz 4, Abs. 7 Satz 3). Das gilt auch bei der Teilnahme freigestellter Betriebsratsmitglieder (*BAG* 21.07.1978 EzA § 37 BetrVG 1972 Nr. 60 S. 273 = AP Nr. 4 zu § 38 BetrVG 1972 Bl. 2 f.). Der Betriebsrat kann sich der betroffenen Betriebsratsmitglieder als Boten bedienen. Deshalb genügt es, wenn ein Betriebsratsmitglied bei der Geltendmachung des Freistellungsanspruchs dem Arbeitgeber mitteilt, der Betriebsrat habe gegen die zeitliche Lage der Teilnahme keine Bedenken (*Richardi/Thüsing* § 37 Rn. 194). Die Unterrichtung ist aber in jedem Falle nur rechtzeitig, wenn der Arbeitgeber die wegen der Teilnahme des Betriebsratsmitglieds notwendigen Dispositionen (Regelung der Vertretung usw.) angemessene Zeit vorher treffen und gegebenenfalls das Verfahren vor der Einigungsstelle einleiten kann (*BAG* 18.03.1977 EzA § 37 BetrVG 1972 Nr. 53 S. 221 = AP Nr. 27 zu § 37 BetrVG 1972 Bl. 1 R f.; *LAG* Niedersachen 14.08.1987 AiB 1988, 284: mindestens zweieinhalb Wochen vorher; *Däubler* Schulung, Rn. 571; *Fitting* § 37 Rn. 240; *Glock/HWGNRH* § 37 Rn. 181, 232; *Kopp* AuR 1976, 333 [336]; *Richardi/Thüsing* § 37 Rn. 140, 194; *Wedde*/DKKW § 37 Rn. 156). **298**

Da der Arbeitgeber nur unter den Voraussetzungen des § 37 Abs. 6 und 7 die Arbeitsbefreiung bzw. Freistellung gewähren muss, ist der **Betriebsrat** grundsätzlich verpflichtet, ihm das Vorliegen dieser **Voraussetzungen nachzuweisen**. Er muss daher die Veranstaltung nach Gegenstand (Themen), Zeitpunkt des Beginns, Dauer und Ort bezeichnen und den Veranstalter benennen (*Fitting* § 37 Rn. 241; *Glock/HWGNRH* § 37 Rn. 182, 232; *Richardi/Thüsing* § 37 Rn. 141; *Wedde*/DKKW **299**

§ 37 Rn. 156; einschränkend *Däubler* Schulung, Rn. 569). Außerdem muss er nachweisen, dass eine Schulung nach § 37 Abs. 6 erforderlich bzw. eine Schulungsveranstaltung i. S. d. § 37 Abs. 7 geeignet ist (*Glock/HWGNRH* § 37 Rn. 182; *Richardi/Thüsing* § 37 Rn. 141, der insoweit aber nur eine Obliegenheit annimmt; **a. M.** *Fitting* § 37 Rn. 241; *Kreft/WPK* § 37 Rn. 65; *Wedde/DKKW* § 37 Rn. 156; *Wichert* DB 1997, 2325, die das nur für zweckmäßig halten). Bei Veranstaltungen nach § 37 Abs. 7 genügt die Angabe des Aktenzeichens; eine beglaubigte Abschrift des Anerkennungsbescheides ist nicht erforderlich (*ArbG Hamm* 16.05.1974 AuR 1974, 251; *Wedde/DKKW* § 37 Rn. 192; **vgl. aber** *Glock/HWGNRH* § 37 Rn. 234 [Vorlage einer Kopie erforderlich]).

300 Die **unterlassene** oder **nicht rechtzeitige Unterrichtung** des Arbeitgebers ist eine **Pflichtwidrigkeit** des **Betriebsrats**, so dass er gegebenenfalls (z. B. im Wiederholungsfalle) nach § 23 Abs. 1 aufgelöst werden kann (*Däubler* Schulung, Rn. 573; *Fitting* § 37 Rn. 242; *Glock/HWGNRH* § 37 Rn. 183; *Richardi/Thüsing* § 37 Rn. 142; *Wedde/DKKW* § 37 Rn. 157). Der Arbeitgeber ist auch **nicht verpflichtet, ein Betriebsratsmitglied von der Arbeit freizustellen**, solange der Betriebsrat seiner Mitteilungspflicht nicht nachgekommen ist (*Glock/HWGNRH* § 37 Rn. 183; *Richardi/Thüsing* § 37 Rn. 143). Sind jedoch alle sonstigen Anspruchsvoraussetzungen gegeben, **beeinträchtigt** die nicht rechtzeitige Unterrichtung **nicht den Anspruch auf Zahlung des Arbeitsentgelts und auf Kostenerstattung nach § 40 Abs. 1**, da es sich dabei lediglich um die Verletzung einer Ordnungsvorschrift und keine Anspruchsvoraussetzung handelt (*LAG Baden-Württemberg* 17.12.1984 AuR 1988, 258; *Däubler* Schulung, Rn. 573; *Etzel* Rn. 336; *Fitting* § 37 Rn. 242; *Koch/*ErfK § 37 BetrVG Rn. 23; *Kreft/WPK* § 37 Rn. 66; *Reichold/HWK* § 37 BetrVG Rn. 40; *Wedde/DKKW* § 37 Rn. 157; **a. M.** *ArbG Hamm* 26.09.1973 DB 1973, 2249; *Joost/*MünchArbR § 220 Rn. 103; *Richardi/Thüsing* § 37 Rn. 143; *Wichert* DB 1997, 2325).

d) Anrufung der Einigungsstelle

301 Der **Arbeitgeber** (nicht der Betriebsrat, vgl. *Richardi/Thüsing* § 37 Rn. 147) kann »im Interesse einer schnellen und betriebsnahen Entscheidung« (Bericht 10. Ausschuss, zu BT-Drucks. VI/2729, S. 15) die Einigungsstelle anrufen, **wenn** er die **betrieblichen Notwendigkeiten** bei Festlegung der zeitlichen Lage der Teilnahme durch den Betriebsrat für **nicht ausreichend berücksichtigt** hält (§ 37 Abs. 6 Satz 5, Abs. 7 Satz 3). Für die Entscheidung anderer Fragen ist die Einigungsstelle nicht zuständig (*Fitting* § 37 Rn. 243; *Glock/HWGNRH* § 37 Rn. 187 f., 233; *Richardi/Thüsing* § 37 Rn. 144 f.). Ist streitig, ob die Voraussetzungen eines Anspruchs auf Teilnahme an einer Schulungs- und Bildungsveranstaltung nach § 37 Abs. 6 Satz 1 oder Abs. 7 Satz 1 und 2 vorliegen, z. B. eine Schulung erforderlich ist, so entscheiden über diese Rechtsfrage die Arbeitsgerichte im Beschlussverfahren (vgl. Rdn. 329 f., 332 f.). Die Einigungsstelle muss diese aber als Vorfrage prüfen (*Richardi/Thüsing* § 37 Rn. 145). Hierüber kann auch ein freiwilliges Einigungsverfahren nach § 76 Abs. 6 durchgeführt werden (*Däubler* Schulung, Rn. 578; *Dütz/Säcker* DB 1972, Beil. Nr. 17, S. 10 f.; *Fitting* § 37 Rn. 243; *Glock/HWGNRH* § 37 Rn. 188; *Richardi/Thüsing* § 37 Rn. 145; *Wedde/DKKW* § 37 Rn. 158). Bei der Frage, ob die betrieblichen Notwendigkeiten ausreichend berücksichtigt worden sind, handelt es sich gleichfalls um eine Rechtsfrage, für deren Entscheidung die Arbeitsgerichte trotz der Zuständigkeit der Einigungsstelle angerufen werden können.

302 Im Gegensatz zu § 38 Abs. 2 Satz 7 ist in § 37 Abs. 6 Satz 5 **keine Frist** für die Anrufung der Einigungsstelle vorgesehen. Eine analoge Anwendung jener Bestimmung (so *ArbG Hamm* 26.09.1973 DB 1973, 2249; *Bohn* BB 1975, 1392 [1396]; *Fitting* § 37 Rn. 244; *Kopp* AuR 1976, 333 [336]; *Wedde/DKKW* § 37 Rn. 159; vgl. auch *Reichold/HWK* § 37 BetrVG Rn. 41; offen gelassen von *BAG* 18.03.1977 EzA § 37 BetrVG 1972 Nr. 53 S. 221 = AP Nr. 27 zu § 37 BetrVG 1972 Bl. 1 R) wäre die eindeutigste Lösung. Sie verbietet sich jedoch, weil die Interessenlage nicht vergleichbar ist (*Galperin/Löwisch* § 37 Rn. 92, *Richardi/Thüsing* § 37 Rn. 146, die eine unverzügliche Anrufung der Einigungsstelle nach Zugang der Mitteilung des Betriebsrats fordern). Während bei der Freistellung gemäß § 38 nach Beratung mit dem Arbeitgeber möglichst kurzfristig eine endgültige Regelung notwendig ist, braucht das bei der Teilnahme an Schulungs- und Bildungsveranstaltungen nach § 37 Abs. 6 und Abs. 7 nicht der Fall zu sein, wenn die Teilnahme dem Arbeitgeber schon längere Zeit vor der Veranstaltung bekannt gegeben wird. Der Arbeitgeber ist jedoch nach dem Grundsatz der vertrauensvollen Zusammenarbeit (§ 2 Abs. 1) verpflichtet, seine Bedenken gegen die Teilnahme **in ange-**

messener Zeit zu äußern (vgl. *Däubler* Schulung, Rn. 574; *Glock/HWGNRH* § 37 Rn. 190), so dass der Betriebsrat noch umdisponieren oder das Einigungsstellenverfahren durchgeführt werden kann (zu spät daher die Anrufung der Einigungsstelle erst kurz vor der Veranstaltung).

Unterlässt der **Arbeitgeber** die **rechtzeitige Anrufung** der **Einigungsstelle**, verwirkt er das Recht hierzu (§ 2 Abs. 1 BetrVG, § 242 BGB; ebenso *Bohn* BB 1975, 1392 [1396]). Er ist dann so zu behandeln, als habe er gegen die Teilnahme jedenfalls hinsichtlich der Frage der Berücksichtigung der betrieblichen Notwendigkeiten keine Bedenken gehabt (im Ergebnis ebenso BAG 18.03.1977 EzA § 37 BetrVG 1972 Nr. 53 S. 221 = AP Nr. 27 zu § 37 BetrVG 1972 Bl. 1 R; LAG Niedersachsen 14.08.1987 AiB 1988, 284; *Däubler* Schulung, Rn. 582; *Fitting* § 37 Rn. 244 f.; *Glock/HWGNRH* § 37 Rn. 190; *Löwisch/LK* § 37 Rn. 101; *Richardi/Thüsing* § 37 Rn. 147; *Wedde/DKKW* § 37 Rn. 159). Dem entspricht es, dass nur der Arbeitgeber, dagegen nicht der Betriebsrat zur Anrufung der Einigungsstelle berechtigt ist. Dagegen ist die Nichtanrufung der Einigungsstelle ohne Bedeutung für die Frage, ob die Teilnahme an der Schulung erforderlich war (LAG München 10.01.1975 ARSt. 1975, 104 [105]; *Fitting* § 37 Rn. 245; zur vorbehaltlosen Zustimmung Rdn. 309). **303**

Wie sich aus § 37 Abs. 6 Satz 6 ergibt, ist **über** die **Berücksichtigung betrieblicher Notwendigkeiten** als Voraussetzung der Teilnahme an einer Schulungs- und Bildungsveranstaltung eine **Einigung** zwischen Arbeitgeber und Betriebsrat **erforderlich**. Fehlt es hieran, weil der **Arbeitgeber** die **Einigungsstelle** – rechtzeitig – **angerufen** hat, so ist die **Teilnahme** an der Schulungs- und Bildungsveranstaltung bis zur Entscheidung der Einigungsstelle **zurückzustellen** (BAG 18.03.1977 EzA § 37 BetrVG 1972 Nr. 53 S. 222 = AP Nr. 27 zu § 37 BetrVG 1972 Bl. 2 = SAE 1978, 50 [*Bohn*]; LAG Düsseldorf 19.06.1975 BB 1975, 1388; ebenso *Däubler* Schulung, Rn. 579; *Dütz* DB 1976, 1428 [1433]; *Fitting* § 37 Rn. 248; *Glock/HWGNRH* § 37 Rn. 191 f.; *Koch/ErfK* § 37 BetrVG Rn. 24; *Kopp* AuR 1976, 333 [336]; *Löwisch/LK* § 37 Rn. 98; *Richardi/Thüsing* § 37 Rn. 149, 195). Die Einigung ist hier ebenso notwendig wie in den Mitbestimmungsangelegenheiten des § 87; es handelt sich um einen Regelungstatbestand. Daher ist die Teilnahme auch zurückzustellen, wenn der Arbeitgeber die betrieblichen Notwendigkeiten nicht für ausreichend berücksichtigt hält, deshalb der Teilnahme widerspricht, aber die Einigungsstelle nicht rechtzeitig vor der Veranstaltung anrufen kann, weil ihm die Teilnahme verspätet mitgeteilt worden ist (BAG 18.03.1977 EzA § 37 BetrVG 1972 Nr. 53 S. 222 = AP Nr. 27 zu § 37 BetrVG 1972 Bl. 2; ebenso *Richardi/Thüsing* § 37 Rn. 149). Nimmt das Betriebsratsmitglied trotzdem ohne Zustimmung des Arbeitgebers an der Veranstaltung teil, so besteht kein Anspruch auf Entgeltfortzahlung und Kostenerstattung (BAG 18.03.1977 EzA § 37 BetrVG 1972 Nr. 53 S. 222 = AP Nr. 27 zu § 37 BetrVG 1972 Bl. 2 = SAE 1978, 50 [*Bohn*]; *Glock/HWGNRH* § 37 Rn. 192). Zur Möglichkeit einer **einstweiligen Verfügung** Rdn. 307. Zur Frage, ob der Arbeitnehmer an einer Schulung gegen den Willen des Arbeitgebers teilnehmen kann, wenn dieser bestreitet, dass die Voraussetzungen einer Schulungsteilnahme nach Abs. 6 oder 7 gegeben sind, vgl. Rdn. 309. **304**

Bestätigt die **Einigungsstelle** den **Beschluss** des Betriebsrats, so ersetzt ihr Spruch zugleich die fehlende Einigung zwischen Arbeitgeber und Betriebsrat (§ 37 Abs. 6 Satz 6). Damit ist der Anspruch in zeitlicher Hinsicht konkretisiert. Da es sich bei dem Begriff der betrieblichen Notwendigkeiten um einen unbestimmten Rechtsbegriff handelt, trifft die Einigungsstelle in der Sache auch eine **Rechtsentscheidung** (*Fitting* § 37 Rn. 246; *Henssler* RdA 1991, 268 [273], bei Anerkennung eines weiten Beurteilungsspielraums; *Richardi/Thüsing* § 37 Rn. 148). Ihr Spruch kann daher gemäß **§ 76 Abs. 7** vor dem Arbeitsgericht im Beschlussverfahren angegriffen werden (vgl. Rdn. 332; vgl. aber *Gamillscheg* II, S. 599). Eine Frist ist im Gesetz nicht vorgesehen, da die Zwei-Wochen-Frist des § 76 Abs. 5 Satz 4 sich nur auf den Fall der Überschreitung des Ermessens der Einigungsstelle bezieht. Im Interesse der Rechtssicherheit erscheint es aber sachgerecht, die Zwei-Wochen-Frist analog anzuwenden, wenn der Spruch der Einigungsstelle nur wegen Nichtberücksichtigung der betrieblichen Notwendigkeiten angegriffen wird (*Richardi/Thüsing* § 37 Rn. 216; **a. M.** *Glock/HWGNRH* § 37 Rn. 251). Bei anderen Mängeln des Beschlusses kann dieser jedoch unbefristet gerichtlich angegriffen werden (s. *Jacobs* § 76 Rdn. 154 f.). **305**

Hält die **Einigungsstelle** die **betrieblichen Notwendigkeiten** vom Betriebsrat **für nicht ausreichend berücksichtigt**, so trifft sie selbst eine Regelung über die zeitliche Lage der Teilnahme (*Fitting* § 37 Rn. 246; *Glock/HWGNRH* § 37 Rn. 193; *Henssler* RdA 1991, 268 [273]; *Richardi/Thüsing* § 37 **306**

Rn. 148; *Wedde/DKKW* § 37 Rn. 160). Ihr Spruch ersetzt damit auch hier die fehlende Einigung zwischen Arbeitgeber und Betriebsrat (§ 37 Abs. 6 Satz 6) und konkretisiert den Anspruch in zeitlicher Hinsicht. Die Einigungsstelle muss nicht nur unter angemessener Berücksichtigung der Belange des Betriebs und der betroffenen Arbeitnehmer nach billigem Ermessen entscheiden (§ 76 Abs. 5 Satz 3), sondern ist auch an den unbestimmten Rechtsbegriff der Berücksichtigung betrieblicher Notwendigkeiten gebunden (*Fitting* § 37 Rn. 246; *Richardi/Thüsing* § 37 Rn. 148). Die Überschreitung der Grenzen des Ermessens kann nur binnen einer Frist von zwei Wochen durch den Arbeitgeber oder den Betriebsrat beim Arbeitsgericht geltend gemacht werden (vgl. § 76 Abs. 5 Satz 4; ebenso *Richardi/Thüsing* § 37 Rn. 216; zur Begründungsfrist vgl. *BAG* 14.05.1985 EzA § 76 BetrVG 1972 Nr. 35 S. 197 = AP Nr. 16 zu § 76 BetrVG 1972). Entsprechendes gilt, wenn die Nichtberücksichtigung betrieblicher Notwendigkeiten gerügt wird (vgl. Rdn. 304).

307 Denkbar ist, dass die fehlende Einigung nicht rechtzeitig vor der Schulungs- und Bildungsveranstaltung ersetzt werden kann. Dadurch könnte die Teilnahme an einer bestimmten Veranstaltung ausgeschlossen sein, wenn diese nicht wiederholt wird. Hier kann deshalb der Erlass einer **einstweiligen Verfügung** durch das Arbeitsgericht erwirkt werden, durch die dem Betriebsratsmitglied die Teilnahme an der Schulungs- und Bildungsveranstaltung gestattet wird (*Däubler* Schulung, Rn. 581; *Fitting* § 37 Rn. 249; *Richardi/Thüsing* § 37 Rn. 149, 215; *Wedde/DKKW* § 37 Rn. 160; enger *Galperin/Löwisch* § 37 Rn. 93: nur, falls der auf betriebliche Notwendigkeiten gestützte Widerspruch offensichtlich unbegründet erscheint oder wenn die Einigungsstelle vom Arbeitgeber schuldhaft zu spät angerufen wurde und eine Regelung dringend geboten ist; **a. M.** *Glock/HWGNRH* § 37 Rn. 192; *Heinze* RdA 1986, 273 [287]). Zur einstweiligen Verfügung bei einem Streit über die sonstigen Voraussetzungen eines Anspruchs auf Schulung vgl. Rdn. 311.

e) Freistellung des Betriebsratsmitglieds

308 Umstritten ist, ob die **Freistellung** für die Teilnahme an einer Schulungs- und Bildungsveranstaltung nach § 37 Abs. 6 und 7 **vom Arbeitgeber** gewährt werden muss **oder** ob die **Abmeldung des Betriebsratsmitglieds** genügt, nachdem der Betriebsrat dessen Teilnahme beschlossen hat. Aus der Verweisung des § 37 Abs. 6 Satz 1 auf § 37 Abs. 2 ist die Frage nicht in letzterem Sinne zu beantworten, weil die Funktionsfähigkeit des Betriebsrats es nicht gebietet, die zu § 37 Abs. 2 entwickelten Grundsätze zu übernehmen (*Leuze* DB 1993, 2590 [2594]; **a. M.** *LAG Düsseldorf* 06.09.1995 LAGE § 37 BetrVG 1972 Nr. 44 S. 2 f.; *Däubler* Schulung, Rn. 588; *Fitting* § 37 Rn. 250; *Koch/ErfK* § 37 BetrVG Rn. 24; *Kreft/WPK* § 37 Rn. 67; *Kruse* Die Rechte des Arbeitgebers gegenüber dem Betriebsrat aus der Betriebsverfassung [Diss. Kiel], 2010, S. 134; *Reichold/HWK* § 37 BetrVG Rn. 41; *Richardi/Thüsing* § 37 Rn. 150, 197; *Wedde/DKKW* § 37 Rn. 162; zum Verfahren im Rahmen des § 37 Abs. 2 vgl. Rdn. 56 ff.). Der Gesetzgeber geht selbst in § 37 Abs. 6 Satz 5 davon aus, dass vor der Teilnahme an einer Schulungs- und Bildungsveranstaltung zumindest in der Regel hinreichend **Zeit für die Durchführung eines Einigungsstellenverfahrens** ist. In dringenden Fällen kommt eine **einstweilige Verfügung** in Betracht (vgl. Rdn. 307, 311). Es ist daher daran festzuhalten, dass die **Freistellung** grundsätzlich **vom Arbeitgeber** als dem Schuldner des Anspruchs **zu gewähren** ist (*LAG Frankfurt a. M.* 27.02.1973 BB 1974, 884; *Bohn* BB 1975, 1392 [1395 f.]; *Dütz* DB 1976, 1428 [1432]; *Gamillscheg* II, S. 598; *Glock/HWGNRH* § 37 Rn. 184; *Joost/*MünchArbR § 220 Rn. 115; *Leuze* DB 1993, 2590 [2594]; *Streckel* DB 1974, 335 [338 f.]; *ders.* Anm. SAE 1976, 51; missverständlich *BAG* 30.01.1973 EzA § 40 BetrVG 1972 Nr. 4 S. 19 = AP Nr. 3 zu § 40 BetrVG 1972 Bl. 2 R *[Buchner]*, das einerseits keine Erlaubnis oder Zustimmung des Arbeitgebers zur Teilnahme an einer Schulungs- und Bildungsveranstaltung, sondern nur die Rücksichtnahme auf die betrieblichen Notwendigkeiten für erforderlich hält, andererseits das Vorliegen einer ordnungsgemäßen Freistellung prüft und bejaht; **a. M.** *LAG Baden-Württemberg* 17.12.1987 AiB 1988, 282 [283]; *LAG Düsseldorf* 06.09.1995 LAGE § 37 BetrVG 1972 Nr. 44 S. 2 f.; *LAG Hamm* 23.11.1973 DB 1974, 2486 [2487]; 10.05.2004 – 10 TaBV 31/04 – n. v.; *ArbG Berlin* 12.11.1976 DB 1976, 2483 [2484]; *ArbG Kassel* 31.08.1973 AuR 1974, 28; *Bleistein* DB 1975, Beil. Nr. 1, S. 4; *Fitting* § 37 Rn. 250; *Kittner* Anm. AP Nr. 5 zu § 37 BetrVG 1972 Bl. 6 R; *Korinth* ArbRB 2008, 30; *Kruse* Die Rechte des Arbeitgebers gegenüber dem Betriebsrat aus der Betriebsverfassung [Diss. Kiel], 2010, S. 134; *Leinemann* Anm. AuR 1974, 31 [32]; *Reichold/HWK* § 37 BetrVG Rn. 41; *Richardi/Thüsing* § 37 Rn. 150; *Wedde/DKKW* § 37

Rn. 162; vgl. auch *Däubler* Schulung, Rn. 588 ff., der zusätzlich eine Abwägungsentscheidung des fraglichen Betriebsratsmitglieds verlangt).

Im Einzelnen ist zu unterscheiden: Sind die **rechtlichen Voraussetzungen** eines Anspruchs nach § 37 Abs. 6 Satz 1 oder § 37 Abs. 7 Satz 1 und 2 **unbestritten** und stimmt der **Arbeitgeber** der vom Betriebsrat beschlossenen **zeitlichen Lage** der **Teilnahme** eines Betriebsratsmitglieds an einer Schulungs- und Bildungsveranstaltung **zu**, so ist damit der **Anspruch** auch in zeitlicher Hinsicht **konkretisiert**. Mit dem festgesetzten Zeitpunkt ist er fällig. Einer besonderen Freistellung des Betriebsratsmitglieds bedarf es nicht; sie ergibt sich aus der Zustimmung des Arbeitgebers (*Wiese* BlStSozArbR 1974, 353 [362]). Dieser kann sich bei **vorbehaltlos** erklärter Zustimmung auch nicht nachträglich auf die fehlende Erforderlichkeit der Schulung berufen (*ArbG Regensburg* 06.05.1987 BB 1987, 1460 [1461]). Entsprechendes gilt – immer unter der Voraussetzung, dass nicht auch die Voraussetzungen des § 37 Abs. 6 oder 7 im Streit sind –, wenn der Arbeitgeber die rechtzeitige **Anrufung der Einigungsstelle unterlassen** hat und so zu behandeln ist, als habe er gegen die Teilnahme keine Bedenken gehabt (vgl. Rdn. 303; a. M. *Richardi/Thüsing* § 37 Rn. 147, der in diesem Falle bei Verweigerung der Freistellung durch den Arbeitgeber eine einstweilige Verfügung für erforderlich hält). Der Zustimmung des Arbeitgebers steht es gleich, wenn nach § 37 Abs. 6 Satz 5 und 6 durch den **Spruch der Einigungsstelle** die Einigung zwischen Arbeitgeber und Betriebsrat ersetzt worden ist (vgl. Rdn. 305). Schließlich ist eine besondere Freistellung nicht erforderlich, wenn bei fehlender Einigung über die Berücksichtigung betrieblicher Notwendigkeiten dem Betriebsratsmitglied durch **einstweilige Verfügung** die Teilnahme gestattet wird (vgl. Rdn. 307). Solange die fehlende Einigung über die Berücksichtigung betrieblicher Notwendigkeiten jedoch noch nicht ersetzt worden ist, darf das Betriebsratsmitglied seinen Arbeitsplatz nicht verlassen, um an einer Schulungs- und Bildungsveranstaltung teilzunehmen (vgl. Rdn. 304). Eine durch generelle **Betriebsferienregelung** erfolgte Festlegung des Urlaubs eines Betriebsratsmitglieds wird gegenstandslos, wenn der Betriebsrat dieses Betriebsratsmitglied auf eine in den Zeitraum der Betriebsferien fallende Schulung nach § 37 Abs. 7 entsendet. Dann wird durch die Freistellung von der Arbeit unter Fortzahlung des Arbeitsentgelts nicht der Erholungsanspruch des Betriebsratsmitglieds, sondern sein Freistellungsanspruch nach § 37 Abs. 7 erfüllt (*LAG Niedersachsen* 14.08.1987 AiB 1988, 284).

Sind die **rechtlichen Voraussetzungen** eines **Anspruchs** nach § 37 Abs. 6 Satz 1 oder § 37 Abs. 7 Satz 1 und 2 **umstritten**, weil z. B. der Arbeitgeber meint, die Schulung des Betriebsratsmitglieds sei nicht erforderlich oder in der Veranstaltung würden keine erforderlichen bzw. geeigneten Kenntnisse vermittelt, so kann der **Betriebsrat** oder das **Betriebsratsmitglied** das **Arbeitsgericht anrufen**, das im Beschlussverfahren entscheidet (vgl. Rdn. 330, 333). In diesem Falle ist bis zur rechtskräftigen Entscheidung offen, ob der Anspruch besteht. Eine Freistellung durch den Arbeitgeber liegt gleichfalls nicht vor. Deshalb bleibt das **Betriebsratsmitglied zur Arbeit verpflichtet** und darf nicht nach bloßer Abmeldung an der Schulung teilnehmen (vgl. die Angaben Rdn. 308), es sei denn, dass es eine **einstweilige Verfügung** gegen den Arbeitgeber erwirkt hat (vgl. Rdn. 311). Nimmt es ohne Zustimmung des Arbeitgebers oder ohne gerichtliche Entscheidung an einer Schulungs- und Bildungsveranstaltung teil, so verstößt es gegen seine Amtspflicht und gegen seine vertragliche Arbeitspflicht. Außerdem entfällt der Anspruch auf Entgeltfortzahlung (*LAG Frankfurt a. M.* 27.02.1973 BB 1974, 884; **a. M.** *LAG Baden-Württemberg* 17.12.1987 AiB 1988, 282 [283]; *Richardi/Thüsing* § 37 Rn. 150, 197). Jedoch kann es **rechtsmissbräuchlich** sein (§ 242 BGB), wenn der Arbeitgeber sich hierauf beruft, obwohl er willkürlich die Freistellung verweigert hat. Der Arbeitgeber kann auch durch einstweilige Verfügung dem Betriebsratsmitglied die Teilnahme an einer Schulungs- und Bildungsveranstaltung untersagen lassen (*LAG Hamm* 23.11.1973 DB 1974, 2486 [2488]; *Dütz* DB 1976, 1428 [1433]). Zu dem nach Ansicht des *BAG* zu verneinenden Antragsrecht des Arbeitgebers für die Einleitung eines Beschlussverfahrens zur Überprüfung des Anerkennungsbescheids vgl. Rdn. 337.

Wenn der Betriebsrat zur Klärung der Erforderlichkeit der Schulung ein Beschlussverfahren eingeleitet und vor Beginn der Schulung **in der ersten Instanz eine obsiegende Entscheidung** erwirkt hat, genügt dies entgegen der Ansicht des *BAG* (06.05.1975 EzA § 65 BetrVG 1972 Nr. 5 S. 17 = AP Nr. 5 zu § 65 BetrVG 1972 Bl. 2 R) noch nicht für eine Teilnahme des Betriebsratsmitglieds (*Dütz* DB 1976, 1428 [1433]; dem *BAG* zust. *Fitting* § 37 Rn. 251; *Koch/*ErfK § 37 BetrVG Rn. 24; *Richardi/Thüsing* § 37 Rn. 150; *Wedde/*DKKW § 37 Rn. 161, weitergehend *LAG Hamm* 23.11.1973 DB 1974, 2486, das bereits die Einleitung eines arbeitsgerichtlichen Verfahrens nicht als Hinderungsgrund für die Teilnahme ansieht). Ein nicht rechtskräftiger erstinstanzlicher Beschluss entfaltet noch keine Wirkungen und ersetzt auch nicht die Freistellung durch den Arbeitgeber. Ist es **nicht zumutbar**, auf eine **rechtskräftige Entscheidung** in der Hauptsache **zu warten**, weil dadurch z. B. die **Teilnahme** an einer **erforderlichen Schulung vereitelt** wird und auch **nicht** mehr **nachholbar** ist (**besondere Dringlichkeit**), so kann auf Antrag des Betriebsrats oder des betroffenen Betriebsratsmitglieds eine **einstweilige Verfügung** erwirkt werden (*Hess. LAG* 29.07.2013 – 16 TaBV 312/12 – juris Rn. 18; 05.08.2013 – 16 TaBVGa 120/13 – juris Rn. 20; *Dütz* DB 1976, 1428 [1431 ff.]; **a. M.**, da das Betriebsratsmitglied keiner Erlaubnis für die Teilnahme bedürfe, *LAG Düsseldorf* 06.09.1995 LAGE § 37 BetrVG 1972 Nr. 44 S. 3 f. m. w. N.; *LAG Hamm* 21.05.2008 – 10 TaBVGa 7/08 – juris; *LAG Köln* 20.11.2003 ZBVR 2004, 101 *[Ilbertz]*; *ArbG Berlin* 12.11.1976 DB 1976, 2483 [2484]; *Kreft/WPK* § 37 Rn. 70; *Richardi/Thüsing* § 37 Rn. 150; *Schneider/Sittard* ArbRB 2007, 241). Diese dürfte stets ausreichen, um den berechtigten Interessen des Betriebsrats und des Betriebsratsmitglieds an einer Schulung zu entsprechen.

312 Wegen der Möglichkeit einer einstweiligen Verfügung besteht auch bei ganz **kurzfristig angesetzten**, erforderlichen Schulungen kein Bedürfnis für eine bloße Abmeldung entsprechend den zu § 37 Abs. 2 entwickelten Grundsätzen (**a. M.** *Bohn* BB 1975, 1392 [1396]; *Richardi/Thüsing* § 37 Rn. 150, der zugleich eine einstweilige Verfügung für zulässig hält, während *Dütz* DB 1976, 1428 [1433 f.], eine einstweilige Verfügung für unzulässig hält, weil das Betriebsratsmitglied den begehrten Erfolg aus eigener Macht herbeiführen könne). Dass durch die einstweilige Verfügung endgültige Tatsachen geschaffen werden, ist unbedenklich, sofern die Regelung dringend geboten ist (*LAG Hamm* 02.01.1968 DB 1968, 359 [360]; *Fitting* § 37 Rn. 252). Stehen **mehrere Schulungs-** und **Bildungsveranstaltungen** in einem **längeren Zeitraum zur Wahl**, besteht kein Bedürfnis für eine Freistellung durch einstweilige Verfügung, falls nicht die Teilnahme gerade an der vorgesehenen Veranstaltung dringend erforderlich ist (*ArbG Darmstadt* 19.09.1972 DB 1972, 2022; **a. M.** *LAG Hamm* 23.11.1972 DB 1972, 2489 f.; *Fitting* § 37 Rn. 252; *Wedde/DKKW* § 37 Rn. 161).

VIII. Streitigkeiten

1. Zuständigkeit der Arbeitsgerichte

313 Für die Entscheidung sämtlicher **Rechtsstreitigkeiten** aus der Anwendung des § 37 sind die Arbeitsgerichte zuständig. Das gilt auch, soweit nach § 37 Abs. 6 Satz 5, Abs. 7 Satz 3 die Einigungsstelle über die ausreichende Berücksichtigung betrieblicher Notwendigkeiten entscheidet, weil es sich auch hierbei um eine Rechtsstreitigkeit handelt (vgl. Rdn. 305; ebenso *Fitting* § 37 Rn. 261; *Glock/HWGNRH* § 37 Rn. 251; *Richardi/Thüsing* § 37 Rn. 148, 216). Das **Arbeitsgericht kann** jedoch **erst nach Durchführung** des **Einigungsstellenverfahrens angerufen** werden (*Fitting* § 37 Rn. 261; *Glock/HWGNRH* § 37 Rn. 251; *Leipold* FS *Schnorr von Carolsfeld*, S. 273 [285 f.]). Die vorherige Anrufung des Arbeitsgerichts ist wenig sinnvoll, da der Beschluss des Betriebsrats wegen der Möglichkeit des Arbeitgebers, die Einigungsstelle anzurufen, noch keine verbindliche Regelung enthält. Würde das Arbeitsgericht den Betriebsratsbeschluss aufheben, weil dieser gegen den unbestimmten Rechtsbegriff der Berücksichtigung betrieblicher Notwendigkeiten verstößt, läge noch keine nach § 37 Abs. 6 Satz 5 und 6, Abs. 7 Satz 3 zu treffende Einigung über die zeitliche Lage der Teilnahme an einer Schulungs- und Bildungsveranstaltung vor. Über diese Frage müsste die Einigungsstelle bei Nichteinigung deshalb dennoch entscheiden. Es ist daher sachgerecht, dass die Einigungsstelle vor der Anrufung des Arbeitsgerichts zunächst eine Regelung trifft, durch die möglicherweise zugleich die Bedenken des Arbeitgebers ausgeräumt werden. Vorher besteht kein Rechtsschutzbedürfnis für die Anrufung des Arbeitsgerichts. Im Gegensatz zu § 37 Abs. 6 Satz 5, Abs. 7 Satz 3, die nur dem Arbeitgeber die Anrufung der Einigungsstelle gestatten, kann auch der Betriebsrat das Arbeitsgericht anrufen, wenn er meint, die Einigungsstelle habe den Rechtsbegriff der betrieblichen Notwendigkeiten verkannt.

2. Urteilsverfahren

a) Angelegenheiten

Sämtliche **individualrechtlichen Ansprüche** der Betriebsratsmitglieder gegen den Arbeitgeber nach § 37 sind im Urteilsverfahren (§ 2 Abs. 1 Nr. 3 Buchst. a, Abs. 5, §§ 46 ff. ArbGG) geltend zu machen: 314

Ansprüche auf **Fortzahlung des Arbeitsentgelts** einschließlich der Streitigkeiten über dessen Höhe (§ 611a Abs. 2 BGB) bei Arbeitsbefreiung zwecks Wahrnehmung von Betriebsratsaufgaben nach § 37 Abs. 2 oder bei Teilnahme an einer Schulungs- und Bildungsveranstaltung nach § 37 Abs. 6 i. V. m. Abs. 2 bzw. § 37 Abs. 7 (st. Rspr., vgl. *BAG* 30.01.1973 EzA § 37 BetrVG 1972 Nr. 5 S. 18 = AP Nr. 1 zu § 37 BetrVG 1972 Bl. 2 f. [*zust. Richardi/Thüsing*] = AuR 1973, 382 [*abl. Söllner*] = SAE 1973, 236 [*zust. Bohn*]; 31.07.1986 EzA § 37 BetrVG 1972 Nr. 86 S. 420 = AP Nr. 55 zu § 37 BetrVG 1972 Bl. 1; *Fitting* § 37 Rn. 253; *Glock/HWGNRH* § 37 Rn. 237; *Richardi/Thüsing* § 37 Rn. 203 f.; *Wedde/DKKW* § 37 Rn. 193; **a. M.** früher *LAG Hamm* 30.11.1972 DB 1973, 434; AuR 1973, 285; BB 1973, 1355; *Söllner* Anm. AuR 1973, 383 [384]). Im Beschlussverfahren kann hingegen nur die Erforderlichkeit der Arbeitsbefreiung an sich geltend gemacht werden (vgl. Rdn. 327). Die neuere Rechtsprechung des *BAG* zur Zulässigkeit des Beschlussverfahrens bei Geltendmachung des Anspruchs auf Entfernung einer Abmahnung eines Betriebsratsmitglieds wegen Behinderung der Betriebsratstätigkeit nach § 78 Satz 1 (*BAG* 04.12.2013 EzA § 78 BetrVG 2001 Nr. 3 = AP Nr. 13 zu § 78 BetrVG 1972; 09.09.2015 EzA § 78 BetrVG 2001 Nr. 5 = AP Nr. 15 zu § 78 BetrVG 1972) steht dem nicht entgegen. Abgesehen davon, dass diese Rechtsprechung Zweifeln ausgesetzt ist (*Salamon* NZA 2015, 85), lässt sie sich nicht auf die vorliegende Fragestellung übertragen (so aber *Kappelhoff/Kühnel* ArbRB 2015, 2015). Das *BAG* verweist auf §§ 48 Abs. 1 ArbGG, 17 Abs. 2 Satz 1 GVG, wonach das Gericht des zulässigen Rechtswegs den Rechtsstreit unter allen in Betracht kommenden rechtlichen Gesichtspunkten entscheidet. Daraus folge eine **verfahrensüberschreitende Sachscheidungskompetenz** der Gerichte für Arbeitssachen, sodass im Beschlussverfahren ein auf § 78 gestützter Anspruch eines Betriebsratsmitglieds auf Entfernung einer Abmahnung aus seiner Personalakte auch unter dem rechtlichen Gesichtspunkt der §§ 242, 1004 Abs. 1 Satz 1 BGB zu prüfen sei (*BAG* 04.12.2013 EzA § 78 BetrVG 2001 Nr. 3 Rn. 57 = AP Nr. 13 zu § 78 BetrVG 1972). Voraussetzung für die verfahrensüberschreitende Sachentscheidungskompetenz ist aber auch nach dieser Entscheidung, dass Gegenstand des Verfahrens **ein einheitlicher Streitgegenstand** i. S. eines einheitlichen prozessualen Anspruchs ist (*BAG* 04.12.2013 EzA § 78 BetrVG 2001 Nr. 3 Rn. 47 = AP Nr. 13 zu § 78 BetrVG 1972). Der Streitgegenstand des Anspruchs auf Fortzahlung des Arbeitsentgelts aus § 611a Abs. 2 BGB i. V. m. § 37 Abs. 2 ist aber nicht identisch mit demjenigen eines Streits über die **Arbeitsbefreiung eines Betriebsratsmitglieds** nach § 37 Abs. 2, sondern ist weiter gefasst. Er betrifft nicht nur die betriebsverfassungsrechtliche Frage der Erforderlichkeit der Arbeitsbefreiung, sondern darüber hinaus auch die individualrechtliche Frage des konkreten Umfangs des Anspruchs auf Fortzahlung des Arbeitsentgelts. Dies gilt auch dann, wenn im Einzelfall nur die Erforderlichkeit der Betriebsratstätigkeit streitig ist (**a. M.** *Kappelhoff/Kühnel* ArbRB 2015, 2015). Die Erforderlichkeit der Arbeitsbefreiung ist **betriebsverfassungsrechtliche Voraussetzung für** den individualrechtlichen Anspruch und kann im Beschlussverfahren als **Vorfrage** mitentschieden werden (vgl. Rdn. 322). 315

Ansprüche auf **Arbeitsbefreiung unter Fortzahlung des Arbeitsentgelts** gemäß § 37 Abs. 3 Satz 1 und 3 Halbs. 1 (*BAG* 21.05.1974 EzA § 37 BetrVG 1972 Nr. 24 S. 99 f. = AP Nr. 12 zu § 37 BetrVG 1972 Bl. 1 Rf.; *Fitting* § 37 Rn. 253; *Glock/HWGNRH* § 37 Rn. 239; *Richardi/Thüsing* § 37 Rn. 205; **a. M.** *LAG Bremen* 02.04.1985 LAGE § 37 BetrVG 1972 Nr. 17; *LAG Hamm* 27.02.1973 BB 1973, 1355; *Bohn* SAE 1973, 238 [239]; *Bulla* RdA 1978, 209 [213 f.]; *Halbach* SAE 1975, 50). Das gleiche gilt nach der Einbeziehung des § 37 Abs. 3 durch das **BetrVerf-Reformgesetz 2001** in die Verweisung des § 37 Abs. 6 Satz 1 für die Teilnahme an einer Schulungs- und Bildungsveranstaltung nach § 37 Abs. 6. 316

Ansprüche auf **Mehrarbeitsvergütung** gemäß § 37 Abs. 3 Satz 3 Halbs. 2 (*BAG* 18.09.1973 EzA § 37 BetrVG 1972 Nr. 12 S. 34 = AP Nr. 3 zu § 37 BetrVG 1972 Bl. 1 R [*Weiss*]; *Fitting* § 37 Rn. 253; *Glock/HWGNRH* § 37 Rn. 239; *Richardi/Thüsing* § 37 Rn. 205; **a. M.** *LAG Bremen* 02.04.1985 LAGE § 37 BetrVG 1972 Nr. 17; *Bohn* SAE 1973, 238 [239]; *ders.* SAE 1974, 135 [136]; *Bulla* RdA 317

1978, 209 [214]; *Halbach* SAE 1975, 50 [51]), auch im Falle der Teilnahme an einer Schulungs- und Bildungsveranstaltung (§ 37 Abs. 6 Satz 1 i. V. m. § 37 Abs. 3).

318 Ansprüche auf **Entgeltzahlung nach Maßgabe des § 37 Abs. 4** (*BAG* 13.11.1987 EzA § 37 BetrVG 1972 Nr. 88 S. 1 = AP Nr. 61 zu § 37 BetrVG 1972 Bl. 3; *Bulla* RdA 1978, 209 [212]; *Fitting* § 37 Rn. 253; *Glock/HWGNRH* § 37 Rn. 240; *Richardi/Thüsing* § 37 Rn. 206).

319 Ansprüche auf **Beschäftigung gemäß § 37 Abs. 5** (*Bulla* RdA 1978, 209 [212 f.]; *Dütz/Säcker* DB 1972, Beil. Nr. 17, S. 11; *Fitting* § 37 Rn. 253; *Glock/HWGNRH* § 37 Rn. 240; *Richardi/Thüsing* § 37 Rn. 206).

b) Sonstige Verfahrensfragen

320 Das **Betriebsratsmitglied muss** seine individualrechtlichen **Ansprüche** selbst **einklagen**. Es hat deren Voraussetzungen wie z. B. die Erforderlichkeit eines Arbeitsversäumnisses nach allgemeinen Grundsätzen **darzulegen** und zu **beweisen** (*BAG* 05.03.1974 EzA § 20 BetrVG 1972 Nr. 6 S. 26 = AP Nr. 5 zu § 20 BetrVG 1972 Bl. 3 f.; 19.06.1979 EzA § 37 BetrVG 1972 Nr. 65 S. 300 f. = AP Nr. 36 zu § 37 BetrVG 1972 Bl. 1 f.; *Fitting* § 37 Rn. 254 f.; *Wiese* BlStSozArbR 1974, 353 [362] m. w. N.). In Fällen des § 37 Abs. 2 gilt eine **abgestufte Beweislast**. Das betroffene Betriebsratsmitglied hat stichwortartig zur Art und zur Dauer der von ihm durchgeführten Amtstätigkeit vorzutragen (*BAG* 15.03.1995 EzA § 37 BetrVG 1972 Nr. 124 S. 9 [*Kittner*] = AP Nr. 105 zu § 37 BetrVG 1972; *LAG Hamm* 10.02.2012 NZA-RR 2012, 305 Rn. 37). Dem Arbeitgeber obliegt es, gegebenenfalls begründete Zweifel an der Erforderlichkeit vorzutragen. Erst dann ist es Aufgabe des Betriebsrats, substantiiert darzulegen, aufgrund welcher Umstände es die Betriebsratstätigkeit für erforderlich halten durfte (vgl. dazu auch *LAG Hamm* 10.02.2012 NZA-RR 2012, 305 Rn. 38 ff. mit Ausführungen zu einer Fallkonstellation, in der ausnahmsweise in Anlehnung an die Grundsätze der Beweisvereitelung die Darlegungslast des Arbeitgebers erweitert wurde).

321 Bei der Geltendmachung eines Anspruchs auf Entgeltfortzahlung wegen Teilnahme an einer Schulungs- und Bildungsveranstaltung nach § 37 Abs. 7 braucht das Betriebsratsmitglied für deren Eignung nur die Anerkennung durch die oberste Arbeitsbehörde nachzuweisen; der **nicht angefochtene Anerkennungsbescheid** ist **im Lohnzahlungsprozess bindend** (*BAG* 17.12.1981 EzA § 37 BetrVG 1972 Nr. 75 = AP Nr. 41 zu § 37 BetrVG 1972 [*Grunsky*]; 03.08.1989 AP Nr. 4 zu § 7 BildungsurlaubsG NRW Bl. 2 R; 03.08.1989 AP Nr. 4 zu § 9 BildungsurlaubsG NRW Bl. 3 R). Der Arbeitgeber hat das Vorliegen zwingender betrieblicher Notwendigkeiten i. S. d. § 37 Abs. 5 bzw. deren Nichtberücksichtigung im Falle des § 37 Abs. 6 Satz 3, Abs. 7 Satz 3 zu beweisen (*Galperin/Löwisch* § 37 Rn. 118). Eine **Gewerkschaft** kann individualrechtliche Ansprüche eines Betriebsratsmitglieds nicht geltend machen (*BAG* 27.11.1973 EzA § 20 BetrVG 1972 Nr. 1 = AP Nr. 4 zu § 40 BetrVG 1972 Bl. 1 R f.). Dazu bedürfte es einer Abtretung (*Fitting* § 37 Rn. 254; zur Abtretbarkeit des Kostenerstattungsanspruchs bei Schulungs- und Bildungsveranstaltungen vgl. § 40 Rdn. 88).

322 Bei den individualrechtlichen Ansprüchen ist über deren **betriebsverfassungsrechtliche Voraussetzungen** als **Vorfrage** mitzuentscheiden (*BAG* 19.07.1977 AP Nr. 31 zu § 37 BetrVG 1972 Bl. 1 R; ebenso *Fitting* § 37 Rn. 253; *Glock/HWGNRH* § 37 Rn. 238; *Richardi/Thüsing* § 37 Rn. 204). Die vorherige Durchführung eines Beschlussverfahrens zur Klärung dieser Fragen ist daher nicht erforderlich. Eine im Beschlussverfahren ergangene rechtskräftige Entscheidung hat jedoch **präjudizielle Wirkung für das Urteilsverfahren**; wird dort z. B. die Berechtigung der Arbeitsbefreiung bejaht, steht für die Nachfolgeverfahren zwischen denselben Beteiligten bzw. Parteien bindend fest, dass der in diesem Verfahren geltend gemachte Anspruch auf das Arbeitsentgelt jedenfalls dem Grunde nach berechtigt ist (*BAG* 06.05.1975 EzA § 65 BetrVG 1972 Nr. 5 S. 16 = AP Nr. 5 zu § 65 BetrVG 1972 Bl. 2 R; *Dütz* FS *Gnade*, S. 487 [494 f.]: Bindungswirkung auch für die im Beschlussverfahren nicht beteiligte Betriebsratsmitglied; *Fitting* § 37 Rn. 253; *Glock/HWGNRH* § 37 Rn. 238; *Krause* Rechtskrafterstreckung im kollektiven Arbeitsrecht [Diss. Göttingen], 1996, S. 387 ff.; *Richardi/Thüsing* § 37 Rn. 204, 211; *Richardi* Anm. AP Nr. 2 zu § 20 BetrVG 1972 Bl. 4 R; vgl. auch *Konzen* FS *Zeuner*, S. 401 ff.; **a. M.** *Bulla* RdA 1978, 209 [219]; *Söllner* Anm. AuR 1973, 383 [384]).

323 Sind **Urteils-** und **Beschlussverfahren gleichzeitig eingeleitet** worden, um z. B. wegen der Teilnahme an einer Schulungs- und Bildungsveranstaltung den Anspruch auf das Arbeitsentgelt und die

Erstattung von Auslagen geltend zu machen, so kann zur Vermeidung widersprüchlicher Entscheidungen das **Urteilsverfahren** bis zum rechtskräftigen Abschluss des Beschlussverfahrens (und umgekehrt) **ausgesetzt** werden (*BAG* 18.06.1974 EzA § 37 BetrVG 1972 Nr. 30 S. 115 = AP Nr. 16 zu § 37 BetrVG 1972 Bl. 4; 17.09.1974 EzA § 37 BetrVG 1972 Nr. 32 S. 119 = Nr. 17 zu § 37 BetrVG 1972 Bl. 1 Rf.; *Fitting* § 37 Rn. 253; *Glock/HWGNRH* § 37 Rn. 242; **a. M.** *Bulla* RdA 1978, 209 [219]). Eine **Verbindung beider Verfahren** ist **nicht zulässig** (*Bulla* RdA 1978, 209 [216 f.]; *Fitting* § 37 Rn. 253; *Glock/HWGNRH* § 37 Rn. 242; *Leinemann* AuR 1974, 31 [32]; *Lepke* RdA 1974, 226 [229]; *Richardi/Thüsing* § 37 Rn. 210; **a. M.** *ArbG Kassel* 15.03.1973 DB 1973, 831; *Etzel* RdA 1974, 215 [221 ff.]; *Söllner* Anm. AuR 1973, 383 [384]; das *BAG* hat die Frage bisher offen gelassen: vgl. *BAG* 30.01.1973 EzA § 37 BetrVG 1972 Nr. 5 S. 20 = AP Nr. 1 zu § 37 BetrVG 1972 Bl. 3 *[Richardi]*; 17.09.1974 EzA § 37 BetrVG 1972 Nr. 32 S. 119 = AP Nr. 17 zu § 37 BetrVG 1972 Bl. 2 *[Dütz]*).

Wird ein Anspruch in der **falschen Verfahrensart** geltend gemacht, so ist auf Antrag noch in der Revisions- oder Beschwerdeinstanz die Sache an das im ersten Rechtszug zuständige Arbeitsgericht zur Verhandlung und Entscheidung in der richtigen Verfahrensart abzugeben, wenn die Verfahrensart gerügt worden war und das Arbeitsgericht nicht nach § 17a Abs. 3 Satz 2 GVG entschieden hatte. Wurde die Zulässigkeit der Verfahrensart nicht gerügt, ist die gewählte Verfahrensart für das *LAG* und das *BAG* bindend, vgl. §§ 65, 73 ArbGG, § 48 ArbGG i. V. m. § 17a Abs. 5 GVG (*Fitting* § 37 Rn. 260; *Kreft/WPK* § 37 Rn. 94; vgl. dazu auch *BAG* 30.01.1973 EzA § 37 BetrVG 1972 Nr. 5 S. 19 = AP Nr. 1 zu § 37 BetrVG 1972 Bl. 2 R f. *[Richardi]*). 324

3. Beschlussverfahren

a) Angelegenheiten

aa) Streitigkeiten zwischen Arbeitgeber, Betriebsrat und einzelnen Betriebsratsmitgliedern

Im Beschlussverfahren (§ 2a Abs. 1 Nr. 1, Abs. 2, §§ 80 ff. ArbGG) ist in folgenden **ausschließlich betriebsverfassungsrechtlichen Streitigkeiten** zu entscheiden (zu § 37 Abs. 2 und 3 BetrVG 1952 vgl. *BAG* 01.03.1963 AP Nr. 8 zu § 37 BetrVG Bl. 1 R): 325

Streitigkeiten nach § 37 Abs. 1 über **Verstöße gegen** den **Grundsatz** der **Unentgeltlichkeit**. 326

Streitigkeiten allein über die **Arbeitsbefreiung eines Betriebsratsmitglieds** nach § 37 Abs. 2 sowie deren Voraussetzungen und Umfang (*BAG* 21.05.1974 EzA § 37 BetrVG 1972 Nr. 24 S. 100 = AP Nr. 12 zu § 37 BetrVG 1972 Bl. 1 R; 27.06.1990 EzA § 37 BetrVG 1972 Nr. 105 S. 4 f. = AP Nr. 78 zu § 37 BetrVG 1972; *Fitting* § 37 Rn. 257; *Glock/HWGNRH* § 37 Rn. 244; *Richardi/Thüsing* § 37 Rn. 145, 207; vgl. aber noch Rdn. 345). Der Anspruch des einzelnen Betriebsratsmitglieds auf Fortzahlung des Entgelts ist hingegen im Urteilsverfahren zu verfolgen (vgl. Rdn. 315). Im Beschlussverfahren ist auch zu entscheiden, wenn ein Betriebsratsmitglied die Befreiung von einer bestimmten Art der Tätigkeit verlangt, um seine Betriebsratsaufgaben ordnungsgemäß durchführen zu können (*BAG* 29.01.1974 EzA § 37 BetrVG 1972 Nr. 36 S. 144 = AP Nr. 9 zu § 37 BetrVG 1972; *Richardi/Thüsing* § 37 Rn. 207). Eine im Betrieb vertretene Gewerkschaft hat kein Antragsrecht zur Klärung der Frage, aus welchen Mitteln ein freigestelltes Betriebsratsmitglied sein Arbeitsentgelt erhält (*BAG* 27.11.1973 AP Nr. 4 zu § 40 BetrVG 1972 Bl. 1 R ff.). 327

Streitigkeiten allein darüber, ob aus betriebsbedingten Gründen **Betriebsratstätigkeit außerhalb** der **Arbeitszeit durchzuführen** ist (§ 37 Abs. 3 Satz 1 und 2; vgl. *BAG* 21.05.1974 EzA § 37 BetrVG 1972 Nr. 24 S. 99 = AP Nr. 12 zu § 37 BetrVG 1972 Bl. 1 R; *Fitting* § 37 Rn. 257; *Glock/HWGNRH* § 37 Rn. 244). 328

Streitigkeiten allein darüber, ob **betriebsbedingte Gründe** einer **Arbeitsbefreiung** zum **Ausgleich** für **Betriebsratstätigkeit außerhalb** der **Arbeitszeit entgegenstehen** (§ 37 Abs. 3 Satz 3). 329

Streitigkeiten über die **Arbeitsbefreiung** eines **Betriebsratsmitglieds** für die **Teilnahme** an einer **Schulungs- und Bildungsveranstaltung** nach § 37 Abs. 6 Satz 1 i. V. m. Abs. 2 oder deren Voraussetzungen und Umfang (*BAG* 09.10.1973 EzA § 37 BetrVG 1972 Nr. 14 S. 42 [*Richardi* bei EzA § 40 BetrVG 1972 Nr. 12] = AP Nr. 4 zu § 37 BetrVG 1972 Bl. 1 R *[Natzel]*; 06.11.1973 EzA § 37 BetrVG 330

1972 Nr. 16 S. 49 [*Richardi* bei EzA § 40 BetrVG 1972 Nr. 12] = AP Nr. 5 Bl. 2 zu § 37 BetrVG 1972 [*Kittner*]; *Fitting* § 37 Rn. 243, 251, 257; *Glock/HWGNRH* § 37 Rn. 185, 244; *Richardi/Thüsing* § 37 Rn. 145). Im Beschlußverfahren zu entscheiden sind auch Streitigkeiten zwischen dem einzelnen Betriebsratsmitglied und dem Betriebsrat über die Teilnahme an Schulungs- und Bildungsveranstaltungen (ebenso *Fitting* § 37 Rn. 257; *Glock/HWGNRH* § 37 Rn. 245; *Richardi/Thüsing* § 37 Rn. 209).

331 Das **Rechtsschutzinteresse** des Betriebsrats an der Feststellung, ein von ihm benanntes Betriebsratsmitglied sei für die Teilnahme an einer bestimmten Schulungsveranstaltung von seiner beruflichen Tätigkeit ohne Minderung des Arbeitsentgelts freizustellen, **entfällt** des Betriebsfriedens wegen und um die künftige Zusammenarbeit zwischen Arbeitgeber und Betriebsrat nicht mit unbereinigten Streitigkeiten aus der Vergangenheit zu belasten, **nicht** schon deshalb, weil die **Schulungsveranstaltung inzwischen stattgefunden** hat (vgl. vor allem *BAG* 16.03.1976 EzA § 37 BetrVG 1972 Nr. 46 S. 172 f. = AP Nr. 22 zu § 37 BetrVG 1972 Bl. 1 f.; ebenso *Fitting* § 37 Rn. 259; *Glock/HWGNRH* § 37 Rn. 248; *Richardi/Thüsing* § 37 Rn. 213). Dagegen fehlt das Rechtsschutzinteresse für den Feststellungsantrag des Arbeitgebers, der Betriebsrat sei nicht zur Entsendung von Betriebsratsmitgliedern zur Teilnahme an Schulungs- und Bildungsveranstaltungen berechtigt, falls die Frage der Erforderlichkeit der Schulung Gegenstand eines bereits eingeleiteten gerichtlichen Verfahrens ist, sofern die Ansprüche bereits vergleichsweise erledigt waren (*BAG* 10.05.1977 AuR 1977, 214).

332 Streitigkeiten darüber, ob die **Einigungsstelle** bei der **Festlegung** der **zeitlichen Lage** der **Teilnahme** an **Schulungs- und Bildungsveranstaltungen** die **betrieblichen Notwendigkeiten berücksichtigt** hat (§ 37 Abs. 6 Satz 3, 5, 6; ebenso *Fitting* § 37 Rn. 261; *Glock/HWGNRH* § 37 Rn. 251; *Richardi/Thüsing* § 37 Rn. 145, 216). Für das Vorliegen betrieblicher Notwendigkeiten ist der Arbeitgeber beweispflichtig.

333 Streitigkeiten über die **Freistellung** eines **Betriebsratsmitglieds nach § 37 Abs. 7** und deren Voraussetzungen (ebenso *Fitting* § 37 Rn. 257; *Richardi/Thüsing* § 37 Rn. 207). Auch der Anspruch des einzelnen Betriebsratsmitglieds gegen den Betriebsrat auf Berücksichtigung des Rechts auf Teilnahme an einer Schulungsveranstaltung nach Maßgabe des § 37 Abs. 7 ist im Beschlußverfahren geltend zu machen (*Fitting* § 37 Rn. 257; *Glock/HWGNRH* § 37 Rn. 245; *Richardi/Thüsing* § 37 Rn. 209).

bb) Anerkennungsverfahren

334 Der **Bescheid über** die **Anerkennung** einer Schulungs- und Bildungsveranstaltung nach § 37 Abs. 7 Satz 1 als geeignet bzw. die Ablehnung eines entsprechenden Antrags ist gegenüber dem Träger der Veranstaltung als Antragsteller ein **Verwaltungsakt**, d. h. eine hoheitliche Maßnahme, die eine Behörde zur Regelung eines Einzelfalles auf dem Gebiet des öffentlichen Rechts trifft und die auf unmittelbare Rechtswirkung nach außen gerichtet ist (vgl. § 35 Satz 1 VwVfG; st. Rspr., vgl. *BAG* 18.12.1973 EzA § 37 BetrVG 1972 Nr. 20 S. 73 f. [*Richardi* bei EzA § 40 BetrVG 1972 Nr. 12] = AP Nr. 7 zu § 37 BetrVG 1972 Bl. 4 [*Richardi*]; ebenso *Fitting* § 37 Rn. 263; *Glock/HWGNRH* § 37 Rn. 221; *Heckes* Behördenentscheidungen nach § 37 Abs. 7 BetrVG, S. 36 ff.; *Richardi/Thüsing* § 37 Rn. 177 ff., 217). Für die Entscheidung öffentlich-rechtlicher Streitigkeiten nichtverfassungsrechtlicher Art sind nach § 40 Abs. 1 Satz 1 VwGO die Verwaltungsgerichte zuständig, falls nicht ausdrücklich durch Bundesgesetz eine andere Zuweisung erfolgt ist. Das ist hier geschehen, weil die Entscheidung nach § 37 Abs. 7 Satz 1 eine Angelegenheit aus dem Betriebsverfassungsgesetz i. S. d. § 2a Abs. 1 Nr. 1 ArbGG ist, so dass für die Aufhebung eines Anerkennungsbescheides oder dessen Erlaß bei Ablehnung **nicht** die **Verwaltungsgerichte**, sondern die **Arbeitsgerichte** im **Beschlußverfahren zuständig** sind (st. Rspr., vgl. u. a. *BAG* 18.12.1973 EzA § 37 BetrVG 1972 Nr. 20 S. 74 [*Richardi* bei EzA § 40 BetrVG 1972 Nr. 12] = AP Nr. 7 zu § 37 BetrVG 1972 Bl. 4 ff. [*Richardi*]; *BVerwG* 03.12.1976 BB 1977, 899; *Däubler* Schulung, Rn. 538 f.; *Fitting* § 37 Rn. 263; *Glock/HWGNRH* § 37 Rn. 246; *Heckes* Behördenentscheidungen nach § 37 Abs. 7 BetrVG, S. 61 ff.; *Kreft/WPK* § 37 Rn. 82; *Wedde/DKKW* § 37 Rn. 196; *Wiese* BlStSozArbR 1974, 353 [363] m. w. N. zu unveröffentlichten Entscheidungen; **a. M.** *Berger-Delhey* Anm. BB 1990, 1558 [1559 f.]; *Finkelnburg* DB 1973, 968 [969]; *Richardi/Thüsing* § 37 Rn. 217; *Richardi* Anm. AP Nr. 1 zu § 37 BetrVG 1972 Bl. 3 R; *ders.* Anm. AP Nr. 7 zu § 37 BetrVG 1972 Bl. 9 ff.; *Schiefer* DB 1991, 1453 [1461 f.]).

Diese Auslegung ist schon deshalb gerechtfertigt, weil **§ 2a Abs. 1 Nr. 1 ArbGG** eine Ausnahme nur 335
für Maßnahmen nach §§ 119 bis 121 BetrVG vorsieht. Sie entspricht aber auch dem **Zweck der Zuständigkeitsregelung**, die gewährleisten soll, dass die Gerichte für Arbeitssachen ihrer besonderen Sachkunde wegen für alle Streitigkeiten aus dem Betriebsverfassungsgesetz zuständig sind. Die Eignung einer Schulungs- und Bildungsveranstaltung nach § 37 Abs. 7 kann ebenso wie deren Erforderlichkeit nach § 37 Abs. 6 und die Abgrenzung beider Vorschriften voneinander nur unter Berücksichtigung der betriebsverfassungsrechtlichen Bedeutung dieser Vorschriften entschieden werden. Mit Recht hat das *BAG* (EzA 18.12.1973 § 37 BetrVG 1972 Nr. 20 S. 76 [*Richardi* bei EzA § 40 BetrVG 1972 Nr. 12] = AP Nr. 7 zu § 37 BetrVG 1972 Bl. 5 f. [*Richardi*]) es daher als sinnwidrig bezeichnet, über Streitigkeiten nach § 37 Abs. 6 die Arbeitsgerichte und über die Eignung einer Schulungsveranstaltung nach § 37 Abs. 7 die Verwaltungsgerichte entscheiden zu lassen.

Antragsberechtigt für die Einleitung eines Beschlussverfahrens zur Überprüfung der Entscheidung 336
einer obersten Arbeitsbehörde über die Anerkennung der Eignung einer Schulungs- und Bildungsveranstaltung sind der **Träger** der **Veranstaltung**, der den Antrag auf Anerkennung gestellt hat (*BAG* 05.11.1974 EzA § 37 BetrVG 1972 Nr. 35 S. 136 = AP Nr. 19 zu § 37 BetrVG 1972 Bl. 2 R; 06.04.1978 EzA § 37 BetrVG 1972 Nr. 48 S. 187 = AP Nr. 23 zu § 37 BetrVG 1972 Bl. 2; *Fitting* § 37 Rn. 264; *Schiefer* DB 1991, 1453 [1462]), ferner die im Anerkennungsverfahren beteiligten **Spitzenorganisationen** der Gewerkschaften und der Arbeitgeberverbände, wenn nicht in deren Sinne entschieden worden ist (*BAG* 05.11.1974 EzA § 37 BetrVG 1972 Nr. 35 S. 137 = AP Nr. 19 zu § 37 BetrVG 1972 Bl. 2 R; 30.08.1989 EzA § 37 BetrVG 1972 Nr. 103 S. 2 ff. [*Berger-Dehley*] = AP Nr. 73 zu § 37 BetrVG 1972 Bl. 2 ff. = BB 1990, 1556 [*Berger-Delhey*] = BB 1991, 475 [*abl. Mauer*]; *Fitting* § 37 Rn. 264; *Glock/HWGNRH* § 37 Rn. 247; *Richardi/Thüsing* § 37 Rn. 219; *Schiefer* DB 1991, 1453 [1462]; *Wedde/DKKW* § 37 Rn. 182; **a. M.** *LAG Frankfurt a. M.* 06.03.1987 LAGE § 37 BetrVG 1972 Nr. 24 S. 10 f.; *Heckes* Behördenentscheidungen nach § 37 Abs. 7 BetrVG, S. 71 ff.), dagegen **nicht** der **Arbeitgeberverband**, der nach dem Trägerprinzip im Verfahren nach § 37 Abs. 7 von der obersten Arbeitsbehörde des Landes **nicht** zu **beteiligen** war und auch **nicht beteiligt** worden ist (*BAG* 05.11.1974 EzA § 37 BetrVG 1972 Nr. 35 S. 2 ff. = AP Nr. 19 zu § 37 BetrVG 1972 Bl. 3 ff.; ebenso *Fitting* § 37 Rn. 264; *Glock/HWGNRH* § 37 Rn. 247; *Richardi/Thüsing* § 37 Rn. 219).

Der **Arbeitgeber** ist nach der bedenklichen Auffassung des *BAG* auch dann nicht antragsberechtigt, 337
wenn er aufgrund der Anerkennung einer Schulungs- und Bildungsveranstaltung als geeignet auf Entgeltzahlung in Anspruch genommen wird (*BAG* 25.06.1981 EzA § 37 BetrVG 1972 Nr. 71 S. 342 ff. = AP Nr. 38 zu § 37 BetrVG 1972 Bl. 1 ff. [*krit. Grunsky*] = SAE 1984, 5 [*krit. Richardi*] = AR-Blattei, Betriebsverfassung VIII A, Entsch. 53a [*krit. Dütz*]; zust. *Binkert* ArbN 1982, 62; vgl. auch – zurückhaltend – *BAG* 30.08.1989 EzA § 37 BetrVG 1972 Nr. 103 S. 6 ff. [*Berger-Delhey*] = AP Nr. 73 zu § 37 BetrVG 1972 Bl. 3 ff.; *VG Hannover* 02.10.1984 NZA 1985, 295; **a. M.** früher *BAG* 06.04.1976 EzA § 37 BetrVG 1972 Nr. 48 S. 187 f. = AP Nr. 23 zu § 37 BetrVG 1972 Bl. 2; vgl. ferner *Fitting* § 37 Rn. 265; *Glock/HWGNRH* § 37 Rn. 247; *Heckes* Behördenentscheidungen nach § 37 Abs. 7 BetrVG, S. 96 ff.; *Joost*/MünchArbR § 220 Rn. 124; *Koch*/ErfK § 37 BetrVG Rn. 25; *Kreft/WPK* § 37 Rn. 83; *Liebers* DB 1980, 638; *Loritz* BB 1982, 1368 [1371 f.]; *Richardi/Thüsing* § 37 Rn. 179, 220; *St. Müller* DB 1985, 704 f.; *Schiefer* DB 1991, 1453 [1463 f.]; *Stege/Schiefer* NZA 1992, 1061 [1065]; weitergehend *Finkelnburg* DB 1973, 968 ff.; differenzierend danach, ob zuvor ein kollektives Beschlussverfahren stattgefunden hat oder nicht *Krause* Rechtskrafterstreckung im kollektiven Arbeitsrecht [Diss. Göttingen], 1996, S. 389 ff.). Der Arbeitgeber kann danach auch gegenüber dem Anspruch auf Entgeltzahlung nicht einwenden, die Veranstaltung sei nicht i. S. d. § 37 Abs. 7 geeignet gewesen (*BAG* 17.12.1981 EzA § 37 BetrVG 1972 Nr. 75 S. 368 = AP Nr. 41 zu § 37 BetrVG 1972 Bl. 1 R [*zust. Grunsky*] = SAE 1984, 6 [*Richardi*]; *Dütz* FS Gnade, S. 487 [495]; *Heckes* Behördenentscheidungen nach § 37 Abs. 7 BetrVG, S. 34 ff.; *Gamillscheg* II, S. 611; **a. M.** *ArbG Wuppertal* 09.11.1976 DB 1977, 1418; zur Zulässigkeit der Rechtskrafterstreckung für und gegen den einzelnen Arbeitgeber und Arbeitnehmer *Dütz* JArbR Bd. 20 [1982], 1983, S. 33 [57 f.]).

Der **Antrag** ist im Falle der Anerkennung einer Schulungs- und Bildungsveranstaltung als geeignet in 338
analoger Anwendung des § 42 Abs. 1 VwGO auf **Aufhebung** des **Bescheids** und nicht auf Feststellung seiner Rechtswidrigkeit zu richten (*BAG* 06.04.1976 EzA § 37 BetrVG 1972 Nr. 48 S. 188 f. = AP Nr. 23 zu § 37 BetrVG 1972 Bl. 2 R; ebenso *Fitting* § 37 Rn. 263; *Heckes* Behördenentscheidun-

§ 37 II. 3. Geschäftsführung des Betriebsrats

gen nach § 37 Abs. 7 BetrVG, S. 63). Das Rechtsschutzinteresse ist auch hier noch nach Durchführung der konkreten Veranstaltung zu bejahen (*BAG* 18.12.1973 EzA § 37 BetrVG Nr. 20 S. 77 [*Richardi* bei EzA § 40 *BetrVG* 1972 Nr. 12] = AP Nr. 7 zu § 37 BetrVG 1972 Bl. 6; 11.10.1995 EzA § 37 BetrVG 1972 Nr. 131 S. 1 = AP Nr. 115 zu § 37 BetrVG 1972 Bl. 2 = SAE 1997, 88 *[Gutzeit]*; vgl. dazu näher *Heckes* Behördenentscheidungen nach § 37 Abs. 7 BetrVG, S. 132 ff.). Ein Antrag auf Feststellung der Nichtigkeit des Bescheids kommt nur ausnahmsweise in Betracht (vgl. § 43 VwGO, § 44 VwVfG). Ist ein Anerkennungsbescheid von einer unzuständigen Behörde erstellt worden, ist er rechtswidrig und insgesamt aufzuheben (*BAG* 30.08.1989 EzA § 37 BetrVG 1972 Nr. 103 S. 8 *[Berger-Dehley]* = AP Nr. 73 zu § 37 BetrVG 1972 Bl. 5). Zum **einstweiligen Rechtsschutz** vgl. *Heckes* Behördenentscheidungen nach § 37 Abs. 7 BetrVG, S. 148 ff.

339 Die Anfechtung des Anerkennungsbescheids durch Einleitung eines Beschlussverfahrens hat **aufschiebende Wirkung** (§ 80 Abs. 1 VwGO analog; ebenso *Glock/HWGNRH* § 37 Rn. 250; *Richardi/Thüsing* § 37 Rn. 224; **a. M.** *Däubler* Schulung, Rn. 547). Die Freistellung des Betriebsratsmitglieds kann verweigert werden, solange über den Anerkennungsbescheid nicht rechtskräftig entschieden worden ist. Allerdings kann die oberste Arbeitsbehörde seine **sofortige Vollziehung** anordnen (§ 80 Abs. 2 Nr. 4 VwGO analog; ebenso *Glock/HWGNRH* § 37 Rn. 250; *Richardi/Thüsing* § 37 Rn. 224).

340 Verweigert die oberste Arbeitsbehörde die Anerkennung einer Schulungs- und Bildungsveranstaltung oder bleibt sie untätig, so ist das Beschlussverfahren mit einem **Verpflichtungsantrag** einzuleiten (§ 42 Abs. 1 VwGO analog; ebenso *BAG* 11.10.1995 EzA § 37 BetrVG 1972 Nr. 131 S. 2 = AP Nr. 115 zu § 37 BetrVG 1972 Bl. 2 R = SAE 1997, 88 *[Gutzeit]*; *Glock/HWGNRH* § 37 Rn. 248; *Heckes* Behördenentscheidungen nach § 37 Abs. 7 BetrVG, S. 64 ff.). Das **Rechtsschutzinteresse** ist auch dann zu bejahen, wenn die Schulungs- und Bildungsveranstaltung bereits durchgeführt worden ist (*BAG* 18.12.1973 EzA § 37 BetrVG Nr. 20 S. 77 [*Richardi* bei EzA § 40 *BetrVG* 1972 Nr. 12] = AP Nr. 7 zu § 37 BetrVG 1972 Bl. 6 *[Richardi]*; 11.08.1993 EzA § 37 BetrVG 1972 Nr. 117 S. 2 = AP Nr. 92 zu § 37 BetrVG 1972 Bl. 2 R; vgl. dazu näher *Heckes* Behördenentscheidungen nach § 37 Abs. 7 BetrVG, S. 135 ff.). Ist der Verpflichtungsantrag begründet, so spricht das Arbeitsgericht analog § 113 Abs. 4 VwGO die Verpflichtung der obersten Arbeitsbehörde aus, den Anerkennungsbescheid zu erteilen bzw. bei bisheriger Untätigkeit das Anerkennungsverfahren unter Beachtung der Rechtsauffassung des Arbeitsgerichts durchzuführen (*Glock/HWGNRH* § 37 Rn. 248). Zum **einstweiligen Rechtsschutz** vgl. *Heckes* Behördenentscheidungen nach § 37 Abs. 7 BetrVG, S. 154 ff.

341 Findet die Veranstaltung nicht mehr statt, so kann allenfalls der **Antrag** gestellt werden, die Rechtswidrigkeit der Anerkennungsverweigerung **festzustellen** (§ 43 Abs. 1 VwGO analog). Das erforderliche **Feststellungsinteresse** ist jedoch nur dann zu bejahen, wenn diese Frage auch in Zukunft noch von Bedeutung ist, beispielsweise weil Veranstaltungen mit ähnlichen Themen oder mit dem im Wesentlichen gleichen Lehrpersonal beabsichtigt sind.

342 Ungeachtet der Frage, ob die §§ 68 ff. VwGO im Falle eines Anfechtungsantrags (s. Rdn. 339) oder eines Verpflichtungsantrags (s. Rdn. 340) analog anwendbar sind, **bedarf** es gem. § 68 Abs. 1 Nr. 1, Abs. 2 VwGO **nicht** der **Durchführung** eines **behördlichen Vorverfahrens** als Prozessvoraussetzung, weil der Anerkennungsbescheid von einer obersten Landesbehörde erlassen wird (*BAG* 18.12.1973 EzA § 37 BetrVG 1972 Nr. 20 S. 76 = AP Nr. 7 zu § 37 BetrVG 1972 Bl. 5 R; *Heckes* Behördenentscheidungen nach § 37 Abs. 7 BetrVG, S. 138 f.).

343 Da das ArbGG **keine Frist für** die **Einleitung** eines **Beschlussverfahrens** vorsieht, hat der Antragsteller insoweit nur die Grundsätze der Verwirkung von Rechtsbehelfen zu beachten (vgl. allgemein zur Verwirkung MK-BGB/*Schubert* Bd. 2 § 242 Rn. 356 ff.).

344 Am **Beschlussverfahren** sind **zu beteiligen**: der Antragsteller, der Veranstaltungsträger und die am Anerkennungsverfahren beteiligten Spitzenorganisationen der Gewerkschaften und Arbeitgeberverbände sowie als Antragsgegner (vgl. dazu *Heckes* Behördenentscheidungen nach § 37 Abs. 7 BetrVG, S. 139 ff.) das Bundesland, dessen Arbeitsbehörde den Anerkennungsbescheid erlassen hat oder erlassen soll. § 61 Nr. 3 VwGO, wonach Behörden nach Maßgabe des Landesrechts beteiligungsfähig sind, ist im arbeitsgerichtlichen Beschlussverfahren nicht anwendbar (*Heckes* Behördenentscheidungen nach § 37 Abs. 7 BetrVG, S. 140 ff.; anders noch *Wiese/Weber* 7. Aufl., § 37 Rn. 313).

b) Sonstige Verfahrensfragen

Die Einleitung des Beschlussverfahrens setzt bei **allen betriebsverfassungsrechtlichen Streitigkei-** 345
ten nach § 37 einen **Antrag** voraus (§ 81 Abs. 1 ArbGG). **Antragsberechtigt** sind bei Streitigkeiten zwischen Arbeitgeber und Betriebsrat der Arbeitgeber, der Betriebsrat und gegebenenfalls auch ein einzelnes Betriebsratsmitglied (*BAG* 09.10.1973 EzA § 37 BetrVG Nr. 14 S. 42 f. [*Richardi* bei EzA § 40 *BetrVG* 1972 Nr. 12] = AP Nr. 4 zu § 37 BetrVG 1972 Bl. 1 R *[Natzel]*; 06.11.1973 EzA § 37 BetrVG 1972 Nr. 16 S. 49 f. [*Richardi* bei EzA § 40 BetrVG 1972 Nr. 12] = AP Nr. 5 zu § 37 BetrVG 1972 Bl. 2 *[Kittner]*; ebenso *Fitting* § 37 Rn. 258; *Glock/HWGNRH* § 37 Rn. 243; vgl. auch *Etzel* RdA 1974, 215 [224 f.]). Der Betriebsrat hat aber keine Antragsbefugnis für die Geltendmachung eines Anspruchs eines seiner Mitglieder auf bezahlte Arbeitsbefreiung, wenn diesem die Einhaltung seiner Arbeitszeit wegen der Teilnahme an einer außerhalb seiner persönlichen Arbeitszeit stattfindenden Betriebsratssitzung aus Gründen des Arbeitszeitschutzes unmöglich oder unzumutbar ist (*BAG* 21.03.2017 – 7 ABR 17/15 – juris, Rn. 22; dazu Rdn. 14). Bei einem Streit über die Erforderlichkeit der in einer Schulungs- und Bildungsveranstaltung vermittelten Kenntnisse sind die Gewerkschaften weder antragsberechtigt noch im Beschlussverfahren zu beteiligen, selbst wenn sie Träger der Veranstaltung sind (*BAG* 28.01.1975 EzA § 37 BetrVG 1972 Nr. 37 S. 152 f. = AP Nr. 20 zu § 37 BetrVG 1972 Bl. 2 R; ebenso *Fitting* § 37 Rn. 258; *Glock/HWGNRH* § 37 Rn. 243). Entsprechendes gilt für andere Träger von Schulungs- und Bildungsveranstaltungen.

Trotz der im Beschlussverfahren geltenden Offizialmaxime ist der Antragsteller verpflichtet, die **Tat-** 346
sachen vorzutragen, aus denen sich die **Begründetheit** seines Antrags ergibt (st. Rspr., vgl. bereits *BAG* 24.05.1965 AP Nr. 14 zu § 18 BetrVG Bl. 2 R; ferner u. a. *BAG* 18.12.1973 EzA § 37 BetrVG 1972 Nr. 20 S. 79 [*Richardi bei EzA* § 40 *BetrVG* 1972 Nr. 12] = AP Nr. 7 zu § 37 BetrVG 1972 Bl. 7).

Ebenso wie dem Betriebsrat (vgl. Rdn. 224) räumt das *BAG* in ständiger Rechtsprechung (vgl. u. a. 347
BAG 06.11.1973 EzA § 37 BetrVG 1972 Nr. 16 S. 52 f. [*Richardi* bei EzA § 40 *BetrVG* 1972 Nr. 12] = AP Nr. 5 zu § 37 BetrVG 1972 Bl. 3 R *[Kittner]*; 20.12.1995 EzA § 37 BetrVG 1972 Nr. 130 S. 3 = AP Nr. 113 zu § 37 BetrVG 1972 Bl. 1 Rf.; weitere Nachweise über unveröffentlichte *BAG*-Entscheidungen bei *Wiese* BlStSozArbR 1974, 353 [356 Fn. 65]) auch den Gerichten der Tatsacheninstanzen einen **Beurteilungsspielraum** ein (*ArbG Stade* 13.11.1980 ARSt. 1981, 72 [73]; *Fitting* § 37 Rn. 262; **a. M.** *Glock/HWGNRH* § 37 Rn. 164; *Schiefer* DB 1991, 1453 [1458]; *Richardi/Thüsing* § 37 Rn. 214). Danach kann das Rechtsbeschwerdegericht in materiellrechtlicher Hinsicht nur prüfen, ob das Tatsachengericht den Rechtsbegriff der **Erforderlichkeit** i. S. d. § 37 Abs. 6 Satz 1 verkannt oder bei der Unterordnung des Sachverhalts unter die Rechtsnorm Denkgesetze oder allgemeine Erfahrungssätze verletzt oder wesentliche Umstände außer Acht gelassen hat. Entsprechendes gilt für den Rechtsbegriff der **Geeignetheit** i. S. d. § 37 Abs. 7 Satz 1 (*BAG* 18.12.1973 EzA § 37 BetrVG 1972 Nr. 20 S. 80 [*Richardi* bei EzA § 40 *BetrVG* 1972 Nr. 12] = AP Nr. 7 zu § 37 BetrVG 1972 Bl. 7 f. *[Richardi]*; 11.10.1995 EzA § 37 BetrVG 1972 Nr. 131 S. 4 = AP Nr. 115 zu § 37 BetrVG 1972 Bl. 3 = SAE 1997, 88 *[Gutzeit]*). Das entspricht allgemeinen Grundsätzen des Revisionsrechts. Die gerichtliche Kontrolle hat sich danach darauf zu beschränken, ob ein vernünftiger Dritter unter den im Zeitpunkt der Beschlussfassung gegebenen Umständen ebenfalls die gleiche Entscheidung getroffen hätte (*BAG* 16.03.1988 EzA § 37 BetrVG 1972 Nr. 90 S. 4 = AP Nr. 63 zu § 37 BetrVG 1972 Bl. 2; 19.07.1995 EzA § 37 BetrVG 1972 Nr. 126 S. 6 = AP Nr. 110 zu § 37 BetrVG 1972 Bl. 3). Bei Verkennung des Rechtsbegriffs der Erforderlichkeit durch das Tatsachengericht bedarf es keiner Zurückverweisung der Sache, wenn ersichtlich alle wesentlichen Umstände festgestellt sind und eine weitere Sachaufklärung nicht zu erwarten ist, sondern das Rechtsbeschwerdegericht kann im Interesse der Beschleunigung der Sache selbst abschließend entscheiden (*BAG* 06.11.1973 EzA § 37 BetrVG 1972 Nr. 16 S. 53 [*Richardi* bei EzA § 40 *BetrVG* 1972 Nr. 12] = AP Nr. 5 zu § 37 BetrVG 1972 Bl. 3 R *[Kittner]*).

4. Zuständigkeit der Einigungsstelle

Vgl. hierzu Rdn. 301 ff. 348

§ 38
Freistellungen

(1) Von ihrer beruflichen Tätigkeit sind mindestens freizustellen in Betrieben mit in der Regel

200	bis	500	Arbeitnehmern ein Betriebsratsmitglied,
501	bis	900	Arbeitnehmern 2 Betriebsratsmitglieder,
901	bis	1.500	Arbeitnehmern 3 Betriebsratsmitglieder,
1.501	bis	2.000	Arbeitnehmern 4 Betriebsratsmitglieder,
2.001	bis	3.000	Arbeitnehmern 5 Betriebsratsmitglieder,
3.001	bis	4.000	Arbeitnehmern 6 Betriebsratsmitglieder,
4.001	bis	5.000	Arbeitnehmern 7 Betriebsratsmitglieder,
5.001	bis	6.000	Arbeitnehmern 8 Betriebsratsmitglieder,
6.001	bis	7.000	Arbeitnehmern 9 Betriebsratsmitglieder,
7.001	bis	8.000	Arbeitnehmern 10 Betriebsratsmitglieder,
8.001	bis	9.000	Arbeitnehmern 11 Betriebsratsmitglieder,
9.001	bis	10.000	Arbeitnehmern 12 Betriebsratsmitglieder.

In Betrieben mit über 10.000 Arbeitnehmern ist für je angefangene weitere 2.000 Arbeitnehmer ein weiteres Betriebsratsmitglied freizustellen. Freistellungen können auch in Form von Teilfreistellungen erfolgen. Diese dürfen zusammengenommen nicht den Umfang der Freistellungen nach den Sätzen 1 und 2 überschreiten. Durch Tarifvertrag oder Betriebsvereinbarung können anderweitige Regelungen über die Freistellung vereinbart werden.

(2) Die freizustellenden Betriebsratsmitglieder werden nach Beratung mit dem Arbeitgeber vom Betriebsrat aus seiner Mitte in geheimer Wahl und nach den Grundsätzen der Verhältniswahl gewählt. Wird nur ein Wahlvorschlag gemacht, so erfolgt die Wahl nach den Grundsätzen der Mehrheitswahl; ist nur ein Betriebsratsmitglied freizustellen, so wird dieses mit einfacher Stimmenmehrheit gewählt. Der Betriebsrat hat die Namen der Freizustellenden dem Arbeitgeber bekannt zu geben. Hält der Arbeitgeber eine Freistellung für sachlich nicht vertretbar, so kann er innerhalb einer Frist von zwei Wochen nach der Bekanntgabe die Einigungsstelle anrufen. Der Spruch der Einigungsstelle ersetzt die Einigung zwischen Arbeitgeber und Betriebsrat. Bestätigt die Einigungsstelle die Bedenken des Arbeitgebers, so hat sie bei der Bestimmung eines anderen freizustellenden Betriebsratsmitglieds auch den Minderheitenschutz im Sinne des Satzes 1 zu beachten. Ruft der Arbeitgeber die Einigungsstelle nicht an, so gilt sein Einverständnis mit den Freistellungen nach Ablauf der zweiwöchigen Frist als erteilt. Für die Abberufung gilt § 27 Abs. 1 Satz 5 entsprechend.

(3) Der Zeitraum für die Weiterzahlung des nach § 37 Abs. 4 zu bemessenden Arbeitsentgelts und für die Beschäftigung nach § 37 Abs. 5 erhöht sich für Mitglieder des Betriebsrats, die drei volle aufeinander folgende Amtszeiten freigestellt waren, auf zwei Jahre nach Ablauf der Amtszeit.

(4) Freigestellte Betriebsratsmitglieder dürfen von inner- und außerbetrieblichen Maßnahmen der Berufsbildung nicht ausgeschlossen werden. Innerhalb eines Jahres nach Beendigung der Freistellung eines Betriebsratsmitglieds ist diesem im Rahmen der Möglichkeiten des Betriebs Gelegenheit zu geben, eine wegen der Freistellung unterbliebene betriebsübliche berufliche Entwicklung nachzuholen. Für Mitglieder des Betriebsrats, die drei volle aufeinander folgende Amtszeiten freigestellt waren, erhöht sich der Zeitraum nach Satz 2 auf zwei Jahre.

Literatur
Aden Lohnzuschläge für hypothetische Arbeit des freigestellten Betriebsratsmitglieds, RdA 1980, 256; *Becker-Schaffner* Die Rechtsprechung zur Freistellung von Betriebsratsmitgliedern gemäß § 38 BetrVG, BB 1982, 498; *Böhm* Individualrechtliche Folgen übergangener Informations- und Beratungsrechte nach dem Betriebsverfassungsgesetz

1972 (dargestellt an den §§ 37 Abs. 6 Satz 3, 38 Abs. 2 und 99 Abs. 1), DB 1974, 723; *Busch* Anzahl und Auswahl der gem. § 38 BetrVG freizustellenden Betriebsratmitglieder, DB 1996, 326; *Franzen* Professionalisierung der Betriebsratsarbeit – Abschied vom Ehrenamt, in: *Rieble/Junker* (Hrsg.), Unternehmensführung und betriebliche Mitbestimmung, 2008, S. 47 ff.; *Fuhlrott* Die vollständige Freistellung von Betriebsratsmitgliedern gemäß § 38 BetrVG, ArbRAktuell 2011, 423; *Gillen/Vahle* Umfang und Grenzen pauschaler Freistellungsansprüche des Betriebsrates, BB 2006, 2749; *Greßlin* Teilzeitbeschäftigte Betriebsratsmitglieder (Diss. Freiburg), 2004; *Hennecke* Bemessung von Arbeitsentgelt und allgemeinen Zuwendungen für freigestellte Betriebsräte, BB 1986, 936; *ders.* Die Bemessung von Arbeitsentgelt und allgemeinen Zuwendungen freigestellter Betriebsräte, RdA 1986, 241; *Hornung* Das Recht der Teilfreistellungen nach dem BetrVG 2001, DB 2002, 94; *Jülicher* Der Anspruch des Betriebsrats auf Freistellung weiterer Betriebsratsmitglieder beim Fehlen einer Gesamtvereinbarung, AuR 1973, 161; *Knipper* Das Arbeitsverhältnis des freigestellten Betriebsratsmitglieds (Diss. Bonn), 1992; *Klein* Das Verfahren bei Ersatzfreistellungen im Rahmen von § 38 Abs. 2 BetrVG: die Nachwahl freizustellender Betriebsratsmitglieder, ZBVR 2000, 234; *Kleinebrink* Strategien zur Bestimmung der Zahl vollständig freigestellter Betriebsratsmitglieder, FA 2013, 226; *Löwisch* Monopolisierung durch Mehrheitswahl? – Zu den Wahlgrundsätzen bei Ausschussbesetzung und Freistellung in der Betriebsverfassung, BB 2001, 726; *Natzel* Rechtsstellung des freigestellten Betriebsratsmitglieds, NZA 2000, 77; *Ottow* Freistellungen von Betriebsratsmitgliedern, DB 1975, 646; *Peter* Der Freistellungsanspruch nach § 38 Abs. 1 BetrVG, AiB 2002, 282; *Schneider, D.* Entgeltfortzahlung und Konkurrenzen (Diss. Hamburg), 2014; *Schneider, W.* Arbeitsentgelt- und Berufsschutz freigestellter Betriebsratsmitglieder, NZA 1984, 21; *Schönhoft/Oelze* Zeitkonten und Vergütung freigestellter Betriebsratsmitglieder in flexiblen Arbeitszeitmodellen, NZA 2017, 284; *Schumann* Freistellung eines Betriebsratsmitglieds für den Fall der Verhinderung eines ständig freigestellten Betriebsratsmitglieds, DB 1974, 190; *Sturm* Die Vergütung freigestellter und dauerhaft von der Arbeit befreiter Betriebsratsmitglieder unter besonderer Berücksichtigung der Gestaltungsmöglichkeiten (Diss Leipzig), 2016 (zit.: Betriebsratsmitglieder); *Voss* Die Rechtsstellung von Minderheitslisten im Betriebsrat (Diss. Berlin), 2015 (zit.: Minderheitslisten). Vgl. ferner vor § 26 und zu § 37.

Inhaltsübersicht

	Rdn.
I. Vorbemerkung	1–7
II. Freistellung von Betriebsratsmitgliedern	8–115
1. Begriff	8, 9
2. Inhaber des Anspruchs	10
3. Anzahl	11–37
a) Freistellungen nach Maßgabe des § 38 Abs. 1 Satz 1 und 2	11–26
aa) Bemessungsgrundlage	12–23
bb) Freistellungsvolumen	24–26
b) Zusätzliche Freistellungen	27–33
c) Freistellung in Betrieben mit weniger als 200 Arbeitnehmern	34–37
4. Teilfreistellungen, § 38 Abs. 1 Satz 3 und 4	38–41
5. Anderweitige Regelungen durch Tarifvertrag oder Betriebsvereinbarung, § 38 Abs. 1 Satz 5	42–47
6. Verhinderung freigestellter Betriebsratsmitglieder	48–50
7. Verfahren bei der Freistellung, § 38 Abs. 2	51–78
a) Wahl der freizustellenden Betriebsratsmitglieder, § 38 Abs. 2 Satz 1	51–54
b) Beratung mit dem Arbeitgeber, § 38 Abs. 2 Satz 1	55–57
c) Wahlverfahren, § 38 Abs. 2 Satz 1 und 2	58–63
d) Unterrichtung des Arbeitgebers und Freistellung, § 38 Abs. 2 Satz 3	64–68
e) Einigungsstellenverfahren, § 38 Abs. 2 Satz 4 bis 7	69–78
aa) Anrufung der Einigungsstelle	69, 70
bb) Gegenstand des Einigungsstellenverfahrens	71–74
cc) Maßstäbe für den Spruch der Einigungsstelle	75–77
dd) Rechtskontrolle durch das Arbeitsgericht	78
8. Beendigung der Freistellung	79–82
9. Verfahren bei Ersatzfreistellungen und Nachwahlen	83–87
a) Ersatzfreistellung	84–86
b) Nachwahl bei Erhöhung der Freistellungsquote	87
10. Rechtsstellung der freigestellten Betriebsratsmitglieder	88–115
a) Betriebsratstätigkeit und arbeitsvertragliche Pflichten	88–96
b) Fortzahlung des Arbeitsentgelts	97–99

c) Freizeitausgleich	100–102
d) Arbeitsentgelt- und Tätigkeitsschutz	103–108
e) Maßnahmen der Berufsbildung	109–115
III. Streitigkeiten	116–119

I. Vorbemerkung

1 Die Vorschrift, die 1972 neu in das Gesetz aufgenommen wurde, regelt im Gegensatz zu der Arbeitsbefreiung der Betriebsratsmitglieder für die Betriebsratstätigkeit aus einem konkreten Anlass gem. § 37 Abs. 2 die **ständige Freistellung von Betriebsratsmitgliedern**. Wie bei § 37 Abs. 2 geht es darum, die sachgerechte Wahrnehmung der dem Betriebsrat obliegenden Aufgaben sicherzustellen (*BAG* 28.09.2016 – 7 AZR 248/14 – EzA § 37 BetrVG 2001 Nr. 27 Rn. 29 = AP Nr. 165 zu § 37 BetrVG 1972). Die in § 38 Abs. 1 Satz 1 und 2 enthaltene, an die Betriebsgröße anknüpfende Staffel mindestens freizustellender Betriebsratsmitglieder dient der Vermeidung unnötiger Streitigkeiten zwischen Betriebsrat und Arbeitgeber (vgl. amtliche Begründung, BR-Drucks. 715/70, S. 41; *BAG* 19.05.1983 EzA § 37 BetrVG 1972 Nr. 77 S. 375 = AP Nr. 44 zu § 37 BetrVG 1972 Bl. 1 R). Sie trägt dem Umstand Rechnung, dass in Betrieben von einer bestimmten Größe die Aufgaben des Betriebsrats so umfassend und zeitraubend sind, dass sie ohne Freistellung einzelner Betriebsratsmitglieder nicht ordnungsgemäß erfüllt werden können.

2 Durch das **BetrVerf-Reformgesetz** aus dem Jahre 2001 wurden die **Schwellenwerte** des § 38 Abs. 1 abgesenkt, so dass seither die Freistellungspflicht bereits in Betrieben mit in der Regel 200 (bisher 300) Arbeitnehmern beginnt und sich stufenweise bei jeweils niedrigeren Beschäftigungszahlen erhöht (zur tatsächlichen Nutzung der Betriebsgrößenstaffel durch die Betriebsräte vgl. *Behrens* WSI-Mitt. 2003, 167 [171]; zu verfassungsrechtlichen Aspekten *Wiese* Einl. Rdn. 56 ff.). Darüber hinaus wurde im Zuge des Bestrebens nach einer Förderung der Betriebsratstätigkeit von Teilzeitbeschäftigten (vgl. § 37 Abs. 3 Satz 2, Abs. 6 Satz 1 und 2) die früher umstrittene Frage der **Teilfreistellung** ausdrücklich in das Gesetz aufgenommen, § 38 Abs. 1 Satz 2 und 3 (vgl. dazu Rdn. 38 ff.). Schließlich wurden die Regelungen über das **Wahlverfahren** nach § 38 Abs. 2 im Einklang mit der generellen Abschaffung der Gruppenwahl neu gefasst. Die durch die Novelle vom 20.12.1988 in das Gesetz eingefügten Bestimmungen (vgl. dazu im Einzelnen *Wiese* 6. Aufl., § 38 Rn. 34 ff.) sind damit teilweise wieder aufgehoben worden. Das Verhältniswahlrecht hingegen, das nach dem Regierungsentwurf ebenfalls zur Disposition stand (Art. 1 Nr. 30 RegE, BT-Drucks. 14/5741, S. 11), wurde letztendlich beibehalten (vgl. zur Verteidigung des Verhältniswahlrechts *Dütz* DB 2001, 1306; *Löwisch* BB 2001, 726).

3 Die Vorschrift gilt **nicht** für die Mitglieder des **Gesamtbetriebsrats** und des **Konzernbetriebsrats** (vgl. § 51 Abs. 1 Satz 1, § 59 Abs. 1). Da es sich bei ihnen stets um Betriebsratsmitglieder handelt (vgl. § 47 Abs. 2 Satz 1, § 55 Abs. 1 Satz 1), können sie jedoch als solche nach § 38 freigestellt werden. Im Übrigen sind sie für die Erfüllung ihrer Aufgaben im Gesamtbetriebsrat und Konzernbetriebsrat nach Maßgabe des § 37 Abs. 2 freizustellen, der insoweit entsprechend anzuwenden ist (§ 51 Abs. 1 Satz 1, § 59 Abs. 1). Auch pauschale Freistellungen über die Mindeststaffel des § 38 hinaus sind auf der Basis des § 37 Abs. 2 möglich (vgl. Rdn. 27 ff.). Auch in diesem Fall geht es aber um ein Freistellung von Mitgliedern örtlicher Betriebsräte, ein eigener Anspruch des Konzernbetriebsrats besteht auch insoweit nicht (*LAG* Berlin-Brandenburg 02.12.2016 – 9 TaBV 577/16 – juris Rn. 50 ff.). Auch für die **Jugend- und Auszubildendenvertretung**, die **Gesamt-Jugend- und Auszubildendenvertretung** sowie die **Konzern-Jugend- und Auszubildendenvertretung** findet § 38 keine entsprechende Anwendung (§ 65 Abs. 1, § 73 Abs. 2, § 73b Abs. 2). Jedoch ist eine vorübergehende völlige Freistellung von Jugend- und Auszubildendenvertretern nicht ausgeschlossen (*Fitting* § 38 Rn. 3; *Oetker* § 65 Rdn. 35 f.). Ebenso wenig gilt § 38 für die **Bordvertretung** (§ 115 Abs. 4 Satz 1). Dagegen findet die Vorschrift auf die Mitglieder des **Seebetriebsrats** entsprechende Anwendung (§ 116 Abs. 3). § 38 ist nicht auf Mitglieder einer **Arbeitsgruppe** gem. § 28a anwendbar (*Fitting* § 28a Rn. 39; *St. Müller* Die Übertragung von Betriebsaufgaben auf Arbeitsgruppen [Diss. Jena], 2004, S. 157 f.).

Freistellungen § 38

Im Falle der Wahrnehmung eines **Übergangsmandats** gem. § 21a bleiben die Freistellungen im bis- 4
herigen Umfang bestehen. Das gilt nicht nur für unternehmensinterne Spaltungen, sondern auch bei
Betriebszusammenfassungen nach § 21a Abs. 2 (*Kreutz* § 21a Rdn. 35, 102; *Reichold/HWK* § 21a
BetrVG Rn. 18; *Rieble* NZA 2002, 230 [236]; i. E. auch *Jung* Das Übergangsmandat des Betriebsrats
[Diss. Konstanz], 1999, S. 74; **a. M.** *Buschmann/DKKW* § 21a Rn. 60; *Gragert* NZA 2004, 289
[290 f.]). Die Zahlenstaffel des § 38 BetrVG orientiert sich an Regelzuständen und nicht an der vorübergehenden Sondersituation des Übergangsmandats. In Betracht kommt aber in Hinblick auf einen
möglichen zusätzlichen Arbeitsaufwand zur Bewältigung der Betriebsratsaufgaben im Zusammenhang mit der innerbetrieblichen Umstrukturierung eine Anwendung des § 37 Abs. 2 (vgl. auch *Rieble*
NZA 2002, 230 [236]; zu zusätzlichen Freistellungen nach § 37 Abs. 2 vgl. noch Rdn. 27 ff.). Bei
unternehmensübergreifenden Umwandlungen bleiben die bisherigen Freistellungen zwar ebenfalls bestehen (*Kreutz* § 21a Rdn. 102). Die Kosten trägt allerdings nicht allein der Vertragsarbeitgeber (so
aber *Kreutz* § 21a Rdn. 102), sondern sie sind von beiden Betriebsinhabern gesamtschuldnerisch zu
übernehmen. Für den Betriebsinhaber, der nicht zugleich Vertragsarbeitgeber ist, ergibt sich dabei
die Kostentragungspflicht aus § 40. Die Freistellung dient der Wahrnehmung des Übergangsmandats
für beide Betriebe, ohne dass insoweit eine eindeutige Zuordnung zum einen oder anderen Betrieb
möglich wäre (zur vergleichbaren Problematik bei der Kostentragungspflicht nach § 40 vgl. dort
Rdn. 9). Im Innenausgleich erfolgt, sofern nicht entsprechende Abmachungen vorliegen, eine Quotelung nach der Anzahl der in den jeweiligen Betrieben beschäftigten Arbeitnehmer (vgl. insoweit
auch *Bischoff* Das Übergangsmandat des Betriebsrats [Diss. Jena], 2003, S. 102).

Die Vorschrift gilt entsprechend für eine **anderweitige Vertretung der Arbeitnehmer** nach § 3 5
Abs. 1 Nr. 1–3, da diese an die Stelle des Betriebsrats tritt (*Fitting* § 38 Rn. 4; *Glock/HWGNRH*
§ 38 Rn. 5; *Wedde/DKKW* § 38 Rn. 3). Das gilt in gleicher Weise für tarifvertragliche Regelungen
nach § 3 Abs. 1 wie für solche durch Betriebsvereinbarung (§ 3 Abs. 2) und die Wahl eines unternehmenseinheitlichen Betriebsrats nach § 3 Abs. 3. Bei **zusätzlichen betriebsverfassungsrechtlichen
Gremien** nach § 3 Abs. 1 Nr. 4 und **zusätzlichen Vertretungen der Arbeitnehmer** nach § 3
Abs. 1 Nr. 5 können die Tarif- oder Betriebspartner entsprechende Regelungen treffen; mangels einer
solchen Regelung ist jedenfalls § 38 entsprechend anwendbar (**a. M.** *Wedde/DKKW* § 38 Rn. 3).

Die Vorschrift ist grundsätzlich **zwingend** (*BAG* 11.03.1992 EzA § 38 BetrVG 1972 Nr. 12 S. 6 f. = 6
AP Nr. 11 zu § 38 BetrVG 1972; *LAG Nürnberg* 17.12.1990 LAGE § 38 BetrVG 1972 Nr. 5 S. 2 zu
§ 38 Abs. 2; *Fitting* § 38 Rn. 5; *Glock/HWGNRH* § 38 Rn. 6). Jedoch kann von § 38 Abs. 1 Satz 1
und 2 durch Tarifvertrag oder Betriebsvereinbarung abgewichen werden (vgl. Rdn. 42 ff.). Zu **Änderungsvorschlägen de lege ferenda** vgl. § 37 Rdn. 15.

Zum **Personalvertretungsrecht** vgl. § 46 Abs. 4 BPersVG. Zur **Schwerbehindertenvertretung** 7
vgl. § 179 Abs. 4 Satz 2 SGB IX (bis 31.12.2017: § 96 Abs. 4 Satz 2 SGB IX). Für **Sprecherausschüsse** ist nach § 14 Abs. 1 SprAuG nur eine Arbeitsbefreiung ihrer Mitglieder für konkrete Tätigkeiten, dagegen keine generelle Freistellung vorgesehen.

II. Freistellung von Betriebsratsmitgliedern

1. Begriff

Nach **§ 37 Abs. 2** sind Mitglieder des Betriebsrats von ihrer beruflichen Tätigkeit »zu befreien«, nach 8
§ 38 Abs. 1 von dieser »freizustellen«. Befreiung und Freistellung von der beruflichen Tätigkeit sind
jedoch keine Gegensätze; sie bedeuten beide die Entbindung von der durch den Arbeitsvertrag festgelegten Arbeitspflicht (*BAG* 28.09.2016 – 7 AZR 248/14 – EzA § 37 BetrVG 2001 Nr. 27 Rn. 28 ff.
= AP Nr. 165 zu § 37 BetrVG 1972; vgl. auch § 37 Rdn. 24; zum Erfordernis einer tatsächlichen Beschäftigungsmöglichkeit des Betriebsratsmitglieds vgl. *G. Müller* ZfA 1990, 607 [617 ff.]). Sie **unterscheiden** sich zunächst in ihren **Voraussetzungen** dadurch, dass nach § 37 Abs. 2 nur eine Arbeitsbefreiung zulässig ist, wenn und soweit es nach Umfang und Art des Betriebs zur ordnungsgemäßen
Durchführung von Betriebsratsaufgaben erforderlich ist, während nach § 38 Abs. 1 die Erforderlichkeit der Freistellung von der beruflichen Tätigkeit für die Wahrnehmung von Betriebsratsaufgaben
vom Gesetzgeber nach Maßgabe dieser Vorschrift generell bejaht worden ist. Die **Erforderlichkeit**

§ 38   II. 3. Geschäftsführung des Betriebsrats

wird daher **unwiderleglich vermutet** und ist nicht mehr zu prüfen (vgl. u. a. *BAG* 22.05.1973 EzA § 38 BetrVG 1972 Nr. 4 S. 18 f. = AP Nr. 1 zu § 38 BetrVG 1972 Bl. 3 R; 26.06.1996 EzA § 38 BetrVG 1972 Nr. 15 S. 6 = AP Nr. 17 zu § 38 BetrVG 1972 = AR-Blattei Es 530.8, Nr. 27 *[Neumann]*; ferner *Fitting* § 38 Rn. 7; *Glock/HWGNRH* § 38 Rn. 7, 16; *Koch/*ErfK § 38 BetrVG Rn. 1; *Wedde/DKKW* § 38 Rn. 4). Befreiung und Freistellung von der beruflichen Tätigkeit unterscheiden sich ferner hinsichtlich der **Rechtsfolgen** in der Weise, dass die Befreiung von der beruflichen Tätigkeit nach § 37 Abs. 2 in der Regel auf die Wahrnehmung einer konkreten Aufgabe beschränkt und damit vorübergehend ist, die Freistellung dagegen **auf Dauer** erfolgt. Sie ist die ständige Entbindung von der beruflichen Tätigkeit, die außer bei anderweitigen Regelungen i. S. d. § 38 Abs. 1 Satz 3 die Arbeitspflicht gänzlich beseitigt.

9 Die **Befreiung von der beruflichen Tätigkeit** (kurz: Arbeitsbefreiung) ist der **Oberbegriff**, die Freistellung nur deren besondere Erscheinungsform. Dementsprechend ist **§ 38 Abs. 1 Satz 1 und 2** systematisch als **Konkretisierung** der **Grundnorm** des **§ 37 Abs. 2** zu verstehen, bei der die Erforderlichkeit einer Arbeitsbefreiung vom Gesetzgeber generell vorweg bejaht und zugleich die Befreiung von der beruflichen Tätigkeit uneingeschränkt angeordnet worden ist (im Ergebnis ebenso *LAG Düsseldorf* 02.02.1973 DB 1973, 626 f.; *Fitting* § 38 Rn. 7; *Richardi/Thüsing* § 37 Rn. 1, § 38 Rn. 5; *Wedde/DKKW* § 38 Rn. 4; das *BAG* spricht von einer auf dem Grundtatbestand des § 37 Abs. 2 aufbauenden Sonderregelung, vgl. u. a. *BAG* 09.10.1973 EzA § 38 BetrVG 1972 Nr. 6 S. 38 = AP Nr. 3 zu § 38 BetrVG 1972 Bl. 2 R *[Buchner]*; 26.06.1996 EzA § 38 BetrVG 1972 Nr. 15 S. 4 f. = AP Nr. 17 zu § 38 BetrVG 1972 = AR-Blattei Es 530.8, Nr. 27 *[Neumann]*).

2. Inhaber des Anspruchs

10 Der Anspruch auf Freistellung von Betriebsratsmitgliedern ist **zunächst** ein **kollektiver Anspruch** des **Betriebsrats** (*LAG Berlin* 25.11.1985 LAGE § 37 BetrVG 1972 Nr. 19 S. 23 f.; *Fitting* § 38 Rn. 7; *Glock/HWGNRH* § 38 Rn. 8; *Wedde/DKKW* § 38 Rn. 5). Erst mit der Wahl gem. § 38 Abs. 2 erlangt das **benannte Betriebsratsmitglied** einen **individuellen Anspruch** gegen den Arbeitgeber auf Freistellung (*LAG Baden-Württemberg* 26.10.2007 – 5 TaBV 1/07 – juris, Rn. 32; *Fitting* § 38 Rn. 7; *Glock/HWGNRH* § 38 Rn. 8; *Koch/*ErfK § 38 BetrVG Rn. 1).

3. Anzahl

a) Freistellungen nach Maßgabe des § 38 Abs. 1 Satz 1 und 2

11 Nach § 38 Abs. 1 Satz 1 ist vorbehaltlich einer abweichenden Regelung durch Tarifvertrag oder Betriebsvereinbarung die Anzahl der mindestens freizustellenden Betriebsratsmitglieder verbindlich festgelegt. Das gilt unabhängig davon, in welchem Umfang Betriebsratsmitglieder von der Arbeitsbefreiung nach § 37 Abs. 2 Gebrauch machen oder Gebrauch machen können. Die Anzahl der freizustellenden Betriebsratsmitglieder richtet sich nach der Belegschaftsstärke. Durch das **BetrVerf-Reformgesetz** aus dem Jahre 2001 sind die in § 38 Abs. 1 Satz 1 geregelten Schwellenwerte trotz beträchtlichen Widerstandes aus der Wirtschaft nach unten gesetzt worden. Der Gesetzgeber hat dies mit dem Aufgabenzuwachs für die Betriebsräte begründet (vgl. die Begründung des RegE, BT-Drucks. 14/5741, S. 41). Zugleich wurden in § 9 die Regelungen über die Zahl der Betriebsratsmitglieder modifiziert, ohne dass freilich die Schwellenwerte beider Vorschriften aufeinander abgestimmt wären (krit. deshalb *Konzen* RdA 2001, 76 [84]).

aa) Bemessungsgrundlage

12 Maßgebend ist die Zahl der **in der Regel im Betrieb beschäftigten Arbeitnehmer**. Zur Frage, wann die Arbeitnehmer »in der Regel« im Betrieb beschäftigt sind, vgl. *Franzen* § 1 Rdn. 103 f., zum Begriff des Arbeitnehmers § 5. Mitzuzählen sind daher auch die zu ihrer **Berufsausbildung** Beschäftigten, die **Teilzeitbeschäftigten** – diese pro Kopf und nicht im Umfang ihrer Arbeitszeit – (*Fitting* § 38 Rn. 9) und die in **Heimarbeit** Beschäftigten, die in der Hauptsache für den Betrieb arbeiten, nicht dagegen die in § 5 Abs. 2 genannten Personen und die leitenden Angestellten i. S. d. § 5 Abs. 3, 4 (*Fitting* § 38 Rn. 9; *Glock/HWGNRH* § 38 Rn. 11; *Richardi/Thüsing* § 38 Rn. 8, 10)

sowie Arbeitnehmer in der Freistellungsphase eines Blockaltersteilzeitmodells (*Fitting* § 38 Rn. 9; vgl. auch *BAG* 16.04.2003 EzA § 9 BetrVG 2001 Nr. 1 S. 7 f. = AP Nr. 1 zu § 9 BetrVG 1972; **a. M.** *Wedde/DKKW* § 38 Rn. 9). **Ein-Euro-Jobber** i. S. d. § 16d Abs. 7 Satz 1 SGB II besitzen, auch wenn sie in den Betrieb des Arbeitgebers eingegliedert und dessen Weisungsrecht unterworfen sind, keinen Arbeitnehmerstatus (vgl. *BAG* 02.10.2007 EzA § 99 BetrVG 2001 Einstellung Nr. 7 [Rn. 15 f.]; ausf. *Raab* § 5 Rdn. 108). Sie sind deshalb nicht mitzuzählen (*Fitting* § 38 Rn. 9; *Kreft/ WPK* § 38 Rn. 7; vgl. auch *Hess. LAG* 23.05.2006 – 9 TaBVGa 81/06 – juris, Rn. 24; **a. M.** *Schulze* NZA 2005, 1332 [1334 f.]).

Arbeitnehmer **nicht betriebsratsfähiger Betriebsteile und von Kleinstbetrieben** sind nach allgemeinen Grundsätzen mitzuzählen. Im Gegensatz zu § 1, § 9 Abs. 1 Satz 1 kommt es nicht darauf an, dass die Arbeitnehmer wahlberechtigt sind, so dass auch Arbeitnehmer, die noch nicht das 18. Lebensjahr vollendet haben, zu berücksichtigen sind. **13**

Die Streitfrage, wie **Leiharbeitnehmer** im Rahmen des § 38 zu behandeln sind, hat der Gesetzgeber im Zuge der Reform des Arbeitnehmerüberlassungsrechts im Jahre 2016 entschieden: Nach **§ 14 Abs. 2 Satz 4 AÜG** i. d. F. vom 21.02.2017 (BGBl. I, S. 258) sind Leiharbeitnehmer, soweit Bestimmungen des BetrVG eine bestimmte Anzahl von Arbeitnehmern voraussetzen, auch im Entleiherbetrieb zu berücksichtigen. Sie sind daher auch im Rahmen des § 38 bei der Bestimmung der für die Anzahl der Freistellungen maßgeblichen Belegschaftsgröße **mitzuzählen**. Dass sie keine Arbeitnehmer des Entleihers, sondern solche des Verleihers sind, spielt deshalb keine Rolle mehr (ausf. zur Bedeutung der Reform *Raab* § 7 Rdn. 107 ff.; zum Streitstand nach altem Recht Voraufl. Rn. 14). Mit der Neuregelung greift der Gesetzgeber die jüngere Rechtsprechung des *BAG* zur Einbeziehung von Leiharbeitnehmern bei den Schwellenwerten der §§ 9 und 111 auf (*BAG* 18.10.2011 EzA § 111 BetrVG 2011 Nr. 108 = AP Nr. 70 zu § 111 BetrVG 1972 *[Hamann]*; 13.03.2013 EzA § 9 BetrVG 2001 Nr. 6 = AP Nr. 15 zu § 9 BetrVG 1972) und erstreckt sie auf weitere Regelungen des BetrVG (vgl. Begründung des RegE, BT-Drucks. 18/9232, S. 29). Das steht im Einklang mit Art. 7 Abs. 2 RL 2008/104/EG. **§ 14 Abs. 2 Satz 4 AÜG erfasst auch die Schwellenwerte des § 38** (ebenso *Raab* § 7 Rdn. 113; für eine Einbeziehung von Leiharbeitnehmern bei § 38 auf der Basis der alten Rechtslage zuletzt schon *BAG* 18.01.2017 – 7 ABR 60/15 – juris, Rn. 21 ff.; *LAG Baden-Württemberg* 27.02.2015 NZA-RR 2015, 353; *LAG Rheinland-Pfalz* 14.07.2015 – 8 TaBV 34/14 – juris). Die Gesetzesbegründung macht zwar die Einschränkung, dass die Einbeziehung von Leiharbeitnehmern dann nicht greife, wenn dies der Zielsetzung der jeweiligen Norm widerspreche (Begründung des RegE, BT-Drucks. 18/9232, S. 15). Der Gesetzgeber geht aber von einem Regel-Ausnahmeverhältnis aus (vgl. auch Begründung des RegE, BT-Drucks. 18/9232, S. 29: »Die Vorschriften des Betriebsverfassungsgesetzes und der Wahlordnungen, die eine bestimmte Anzahl von Arbeitnehmern voraussetzen, umfassen ihrem Zweck nach grundsätzlich auch die Leiharbeitnehmer.«). Dafür, dass gerade bei § 38 ein Ausnahmefall gegeben sein soll, gibt die Gesetzesbegründung nichts her. Im Gegenteil begründet der Gesetzgeber die Regelung des § 14 Abs. 2 Satz 4 AÜG generell damit, dass der **Betriebsrat des Entleiherbetriebs auch Aufgaben für die dort eingesetzten Leiharbeitnehmer** erfülle (Begründung des RegE, BT-Drucks. 18/9232, S. 29). Mit dieser Argumentation war bereits vor der Reform eine Einbeziehung der Leiharbeitnehmer im Rahmen des § 38 gefordert worden (vgl. etwa *BAG* 18.01.2017 – 7 ABR 60/15 – juris, Rn. 31; *Brors* NZA 2003, 1380 ff.; *Däubler* AuR 2004, 81 f.; *Hamann* NZA 2003, 526 [530]). Die an dieser Stelle (Voraufl. Rn. 15; vgl. auch *Schirmer* FS 50 Jahre Bundesarbeitsgericht, 2004, S. 1063 [1079]) auf der Basis der alten Rechtslage vorgeschlagene Differenzierung, einen möglichen Mehraufwand des Betriebsrats für Leiharbeitnehmer nicht pauschal im Wege des § 38, sondern einzelfallbezogen über Freistellungen nach § 37 Abs. 2 und gegebenenfalls über Kollektivvereinbarungen nach § 38 Abs. 1 Satz 5 zu berücksichtigen, hat der Gesetzgeber ersichtlich nicht aufgegriffen. **14**

Leiharbeitnehmer sind im Rahmen der Freistellungsstaffel des § 38 nur dann zu berücksichtigen, wenn sie zu den »**in der Regel**« im Entleiherbetrieb Beschäftigten zählen (vgl. auch Begründung des RegE, BT-Drucks. 18/9232, S. 29). Dafür gelten wiederum die allgemeinen Kriterien (vgl. *Franzen* § 1 Rdn. 103 f.). Für die Einbeziehung von Leiharbeitnehmern kommt es deshalb darauf an, dass zur Belegschaft, **für den Betrieb im Allgemeinen kennzeichnend** ist (vgl. *BAG* 22.02.1983 EzA § 4 TVG Ausschlussfristen Nr. 54 [II. 1. der Gründe] = AP Nr. 7 zu § 113 BetrVG 1972), zu **15** einem bestimmten Teil auch Leiharbeitnehmer gehören. Dazu bedarf es eines **Rückblicks auf die bisherige personelle Stärke** des Betriebes und einer **Einschätzung der künftigen Entwicklung** (*BAG* 22.02.1983 EzA § 4 TVG Ausschlussfristen Nr. 54 [II. 1. der Gründe] = AP Nr. 7 zu § 113 BetrVG 1972; 18.10.2011 EzA § 111 BetrVG 2011 Nr. 108 Rn. 21 = AP Nr. 70 zu § 111 BetrVG 1972 *[Hamann]*). Das *BAG* hatte im Vorfeld der Reform bei seiner Entscheidung zu § 111 BetrVG für die Frage, ob Leiharbeitnehmer zu den »in der Regel Beschäftigten« gehören, darauf abgestellt, ob »sie normalerweise während des größten Teils eines Jahres, d. h. länger als sechs Monate beschäftigt werden« (*BAG* 18.10.2011 EzA § 111 BetrVG 2011 Nr. 108 Rn. 21 = AP Nr. 70 zu § 111 BetrVG 1972 *[Hamann]*). Versteht man dies nicht bezogen auf die Beschäftigungszeit eines einzelnen Arbeitnehmers, sondern arbeitsplatzbezogen, kann auf diese Rechtsprechung auch nach Einführung des § 14 Abs. 2 Satz 4 AÜG zurückgegriffen werden: Soweit der Arbeitgeber einen **bestimmten Teil der Arbeitsplätze normalerweise länger als 6 Monate** mit Leiharbeitnehmern besetzt, ist dieser Anteil bei der Bestimmung der Betriebsgröße einzubeziehen (vgl. auch *Löwisch/Wegmann* BB 2017, 373 [375]; *Raab* § 7 Rdn. 117; *Talkenberg* NZA 2017, 473 [477]).

16 **Nicht erforderlich** ist im Rahmen der Schwellenwerte des § 38 BetrVG, dass bestimmte mitzuzählende Leiharbeitnehmer **wahlberechtigt** oder für eine bestimmte **Mindesteinsatzdauer** im Betrieb beschäftigt sind. Die Wahlberechtigung ist – anders etwa als bei den Schwellenwerten der §§ 9, 99 und 111 – generell kein Erfordernis in § 38. Eine Mindesteinsatzdauer bestimmter Leiharbeitnehmer wird von Art. 14 Abs. 3 Satz 4 AÜG n. F. nicht verlangt – anders als bei den für die Anwendbarkeit der Gesetze zur Unternehmensmitbestimmung maßgeblichen Schwellenwerten (§ 14 Abs. 3 Satz 6 AÜG n. F.). Das vom *BAG* in der Entscheidung zur Einbeziehung der Leiharbeitnehmer beim Schwellenwert des § 111 formulierte Erfordernis einer länger als sechsmonatigen Einsatzdauer (*BAG* 18.10.2011 EzA § 111 BetrVG 2011 Nr. 108 Rn. 21 = AP Nr. 70 zu § 111 BetrVG 1972 *[Hamann]*), bezog sich auf die Frage, ob es sich um »in der Regel Beschäftigte« handelt und ist arbeitsplatzbezogen und nicht einsatzbezogen zu verstehen (vgl. schon Rdn. 15; dazu, dass demgegenüber § 14 Abs. 3 Satz 6 AÜG »einsatzbezogen« zu interpretieren ist, vgl. *Oetker* NZA 2017, 29 [33]).

17 Da sich durch die Gesetzesreform mit Wirkung zum 01.04.2017 die maßgebliche Belegschaftsstärke ändern kann, wenn in einem Betrieb regelmäßig Leiharbeitnehmer in einer bestimmten Anzahl eingesetzt werden, kann der Betriebsrat spätestens dann **zusätzliche Freistellungen** verlangen, sofern sich dies aus der Zahlenstaffel des § 38 ergibt (vgl. Rdn. 21).

18 Im Falle der **nichtwirtschaftlichen Arbeitnehmerüberlassung** kommt eine analoge Anwendung des § 14 Abs. 2 Satz 4 AÜG in Betracht (vgl. zu § 14 Abs. 2 Satz 5 und 6 AÜG ebenso *Oetker* NZA 2017, 29 [30 f.]). Auch im Übrigen wird § 14 AÜG bislang von der Rechtsprechung insgesamt analog angewendet (vgl. *BAG* 18.01.1989 EzA § 14 AÜG Nr. 1 = AP Nr. 2 zu § 14 AÜG; 17.02.2010 EzA § 8 BetrVG 2001 Nr. 2 = AP Nr. 14 zu § 8 BetrVG 1972; näher *Raab* § 7 Rdn. 123 ff. m. w. N.). Allerdings gilt das Erfordernis, dass es sich um »in der Regel« beschäftigte Leiharbeitnehmer handeln muss, auch bei der nichtwirtschaftlichen Arbeitnehmerüberlassung und dürfte insofern die praktische Bedeutung einer Analogie reduzieren. Eine Einbeziehung von Leiharbeitnehmern bei betriebsverfassungsrechtlichen Schwellenwerten erscheint weiterhin auch in Fällen der **nach § 1 Abs. 3 AÜG privilegierten Arbeitnehmerüberlassung** geboten. Die Interessenlage ist vergleichbar und die Privilegierung zielt nicht auf die Bewältigung der durch die aufgespaltene Arbeitgeberstellung entstehenden Probleme (vgl. auch *Oetker* NZA 2017, 29 [31]).

19 Die in **§ 5 Abs. 1 Satz 3** genannten Beschäftigten **gelten als Arbeitnehmer des Betriebs**. Sie zählen deshalb bei den an die Belegschaftsstärke anknüpfenden organisatorischen Vorschriften des BetrVG mit und sind deshalb auch beim Umfang von Freistellungen nach § 38 zu berücksichtigen (*BAG* 15.12.2011 EzA § 5 BetrVG 2001 Nr. 7 Rn. 20 ff. = AP Nr. 77 zu § 5 BetrVG 1972; 05.12.2012 EzA § 5 BetrVG 2001 Nr. 9 Rn. 17 ff. = AP Nr. 80 zu § 5 BetrVG 1972; *Fitting* § 38 Rn. 9; *Wedde/DKKW* § 38 Rn. 9; hierzu *Rieble*, NZA 2012, 485; *Raab* § 5 Rdn. 74 ff.). Im Gegensatz zur Arbeitnehmerüberlassung im rein privatrechtlichen Bereich hatte der Gesetzgeber hier schon vor der Reform von 2016 eine ausdrückliche Entscheidung getroffen (vgl. dazu auch *Düwell* AuR 2011, 288 [289]; *Hamann* jurisPR-ArbR 21/2011 Anm. 4; *Rieble* NZA 2012, 485 [486]). Die Anwendung des § 5 Abs. 1 Satz 3 verlangt **keinen dauerhaften oder auch nur langfristigen Einsatz** der im

Freistellungen § 38

Rahmen einer Personalgestellung in Privatbetrieben tätigen Beschäftigten (*BAG* 05.12.2012 EzA § 5 BetrVG 2001 Nr. 9 Rn. 27 ff. = AP Nr. 80 zu § 5 BetrVG 1972).

Die Ermittlung der regelmäßigen Belegschaftsstärke hat im **Zeitpunkt** der **Freistellungswahl** nach 20 § 38 Abs. 2 Satz 1 zu geschehen, weil es auf die Zahl der gegenwärtig zu betreuenden Arbeitnehmer ankommt (*BAG* 26.07.1989 EzA § 38 BetrVG 1972 Nr. 11 S. 4 = AP Nr. 10 zu § 38 BetrVG 1972 Bl. 2 R; 05.12.2012 EzA § 5 BetrVG 2001 Nr. 9 Rn. 31 = AP Nr. 80 zu § 5 BetrVG 1972; *Fitting* § 38 Rn. 8; *Glock/HWGNRH* § 38 Rn. 12; *Koch*/ErfK § 38 BetrVG Rn. 1; *Richardi/Thüsing* § 38 Rn. 11; *Wedde/DKKW* § 38 Rn. 10).

Erhöht sich während der Amtszeit des Betriebsrats die **Zahl** der **regelmäßig beschäftigten Arbeit-** 21 **nehmer** nicht nur vorübergehend, so sind nach Maßgabe der gesetzlichen Mindeststaffel weitere Betriebsratsmitglieder freizustellen (*Fitting* § 38 Rn. 15; *Glock/HWGNRH* § 38 Rn. 12; *Koch*/ErfK § 38 BetrVG Rn. 1; *Richardi/Thüsing* § 38 Rn. 11; *Wedde/DKKW* § 38 Rn. 10). Ein vergleichbares Problem ergab sich infolge der **Erhöhung der Zahlenstaffeln des § 38 Abs. 1 Satz 1 durch das BetrVerf-Reformgesetz** im Jahre 2001 (vgl. dazu 8. Aufl. Rn. 12; zum Wahlverfahren s. Rdn. 87; zur Einbeziehung von Leiharbeitnehmern durch die Reform des Arbeitnehmerüberlassungsrechts von 2016 vgl. Rdn. 15).

Wenn während der Amtszeit des Betriebsrats die **Zahl** der **regelmäßig beschäftigten Arbeitneh-** 22 **mer** nicht nur vorübergehend **sinkt**, verringert sich der Anspruch des Betriebsrats auf Freistellungen entsprechend (*LAG Rheinland-Pfalz* 14.05.2013 – 6 SaGa 2/13 – juris, Rn. 45; *ArbG Hagen* 18.12.1974 DB 1975, 699 f.; *Gillen/Vahle* BB 2006, 2749 [2750]; *Glock/HWGNRH* § 38 Rn. 12; *Joost*/MünchArbR § 220 Rn. 48; *Sturm* Betriebsratsmitglieder, S. 22; *Richardi/Thüsing* § 38 Rn. 11). Soweit einschränkend geltend gemacht wird, dass sich zusätzlich die Aufgaben des Betriebsrats verringert haben müssten (*Fitting* § 38 Rn. 15; *Koch*/ErfK § 38 BetrVG Rn. 1; *Reichold/HWK* § 38 BetrVG Rn. 5; *Wedde/DKKW* § 38 Rn. 10; vgl. auch *BVerwG* 02.09.1996 AP Nr. 1 zu § 43 LPVG Berlin), wird übersehen, dass es sich bei § 38 allein um eine aus einer bestimmten Größe der Belegschaft folgende unwiderlegliche Vermutung handelt (vgl. Rdn. 8). Besteht trotz einer geringeren Belegschaftszahl ein unveränderter Aufgabenumfang des Betriebsrats, kommt eine zusätzliche Freistellung nach § 37 Abs. 2 in Betracht (vgl. dazu Rdn. 27 ff.).

Verringert sich der Anspruch des Betriebsrats auf Freistellungen, kann dieser auch nicht eine Art »Be- 23 standsschutz« geltend machen, sondern hat seine Arbeit neu zu organisieren (*BAG* 26.07.1989 EzA § 38 BetrVG 1972 Nr. 11 S. 9 = AP Nr. 10 zu § 38 BetrVG 1972 Bl. 4). Eine über § 38 Abs. 1 hinausgehende und nicht erforderliche Freistellung wäre eine unzulässige Begünstigung von Betriebsratsmitgliedern i. S. d. § 78 Satz 2. Der Betriebsrat hat daher **durch Beschluss die überzähligen Freistellungen rückgängig zu machen** (*LAG Rheinland-Pfalz* 14.05.2013 – 6 SaGa 2/13 – juris, Rn. 53; a. M. *Glock/HWGNRH* § 38 Rn. 12 [Widerruf durch Arbeitgeber und Neuwahl]). Da es sich hierbei um eine **Abberufung** der betroffenen Betriebsratsmitglieder handelt, bedarf der Beschluss nach § 38 Abs. 2 Satz 8 i. V. m. § 27 Abs. 1 Satz 5 der Mehrheit von drei Vierteln der Stimmen der Mitglieder des Betriebsrats. Damit ist der vom Gesetzgeber gewollte Minderheitenschutz (*Raab* § 27 Rdn. 44) verwirklicht, so dass es **keiner Neuwahl** freizustellender Betriebsratsmitglieder entsprechend der nunmehr maßgebenden Zahl bedarf (**a. M.** *Glock/HWGNRH* § 38 Rn. 12; *Sturm* Betriebsratsmitglieder, S. 23; *Richardi/Thüsing* § 38 Rn. 12; *Wedde/DKKW* § 38 Rn. 64; wie hier *Fitting* § 38 Rn. 17, wo aber auch die Aufhebung der Freistellung des an letzter Stelle berücksichtigten Bewerbers für zulässig gehalten wird). Die nicht abgewählten freigestellten Betriebsratsmitglieder verbleiben daher im Amt. Zur Verhinderung und zum Ausscheiden freigestellter Betriebsratsmitglieder vgl. Rdn. 48 ff., 79 ff. Unterlässt der Betriebsrat den Beschluss zum Widerruf der Freistellung, kann der Arbeitgeber eine Entscheidung im Beschlussverfahren herbeiführen (*LAG Rheinland-Pfalz* 14.05.2013 – 6 SaGa 2/13 – juris, Rn. 534). Ohne einen solchen Beschluss lebt das durch die Freistellung bislang verdrängte **Direktionsrecht** des Arbeitgebers nicht wieder auf (offen gelassen von *LAG Rheinland-Pfalz* 14.05.2013 – 6 SaGa 2/13 – juris, Rn. 53, das aber das Betriebsratsmitglied für verpflichtet ansieht, vorläufig bis zur Klärung im Verfahren arbeitsbezogenen Weisungen des Arbeitgebers Folge zu leisten und für Betriebsratstätigkeiten einzelfallbezogene Freistellungen nach § 37 Abs. 2 geltend zu machen [Rn. 54 ff.]).

§ 38 II. 3. *Geschäftsführung des Betriebsrats*

bb) Freistellungsvolumen

24 Die **Anzahl** der mindestens **freizustellenden Betriebsratsmitglieder** ist in Betrieben mit in der Regel bis einschließlich 10.000 Arbeitnehmern in § 38 Abs. 1 Satz 1 genau bezeichnet und reicht dort je nach Belegschaftsstärke von einem bis zu 12 Betriebsratsmitgliedern. In größeren Betrieben ist nach § 38 Abs. 1 Satz 2 für je angefangene weitere 2.000 Arbeitnehmer mindestens ein weiteres Betriebsratsmitglied freizustellen, in Betrieben mit 10.001 bis 12.000 Arbeitnehmern also 13 Betriebsratsmitglieder, in Betrieben mit 12.001 bis 14.000 Arbeitnehmern 14 Betriebsratsmitglieder usw., ohne dass eine Begrenzung nach oben vorgesehen ist. Zur Verfassungsmäßigkeit der Zahlenstaffel des § 38 vgl. *Endres* Schwellenwertregelungen im Arbeitsrecht (Diss. Hagen), 2002, S. 119 ff.

25 **Hilfspersonen**, die der Arbeitgeber dem Betriebsrat im Rahmen seiner Verpflichtung nach § 40 Abs. 2 zur Verfügung stellt, sind keine Betriebsratsmitglieder und deshalb auf die vorgegebene Anzahl der Betriebsratsmitglieder und der Freistellungen **nicht anzurechnen** (*BAG* 12.02.1997 EzA § 38 BetrVG 1972 Nr. 16 S. 4 = AP Nr. 19 zu § 38 BetrVG 1972; 20.04.2015 EzA § 3 BetrVG 2001 Nr. 9 Rn. 46 = AP Nr. 14 zu § 3 BetrVG 1972; *Fitting* § 38 Rn. 11).

26 Abs. 1 Satz 1 und 2 sehen vor, dass bezogen auf die dort enthaltene Zahlenstaffel eines oder mehrere Betriebsratsmitglieder freizustellen sind. Dem Wortlaut der Vorschrift nach bemisst sich der Umfang der Freistellungen also nach **Kopfzahlen**. Dabei hatte der Gesetzgeber allerdings die vollständige Freistellung vollzeitbeschäftigter Betriebsratsmitglieder vor Augen. Je nach Größe des Betriebs wurde die Bereitstellung eines oder mehrerer **Vollzeitarbeitsvolumina** zur Wahrnehmung der Betriebsratsaufgaben für erforderlich erklärt (*BAG* 26.06.1996 EzA § 38 BetrVG 1972 Nr. 15 S. 6 = AP Nr. 17 zu § 38 BetrVG 1972 = AR-Blattei ES 530.8, Nr. 27 [*Neumann*]; *Richardi / Thüsing* § 38 Rn. 14). Tatsächlich vollziehen sich Freistellungen aber nicht immer nach diesem Muster. In Betracht kommen sowohl die nur **teilweise Freistellung eines vollzeitbeschäftigten Betriebsratsmitglieds** als auch die vollständige oder teilweise **Freistellung eines Teilzeitbeschäftigten**. In allen diesen Fällen wird das vom Gesetzgeber an sich für erforderlich gehaltene Arbeitszeitvolumen zunächst nicht ausgeschöpft, so dass sich die Frage stellt, ob die Freistellung weiterer Betriebsratsmitglieder zur Auffüllung des jeweiligen Vollzeitarbeitsvolumens möglich ist, ob also die Kopfzahl der freigestellten Betriebsratsmitglieder erhöht werden kann, solange nur das der Betriebsratsarbeit zur Verfügung stehende Arbeitszeitvolumen gleich bleibt. Vor der Reform des BetrVG im Jahre 2001 ließ sich eine sachgerechte Lösung solcher Fälle über § 37 Abs. 2 erreichen, der nach richtiger Ansicht (vgl. näher Rdn. 27 ff.) die Möglichkeit zusätzlicher Freistellungen über die Mindeststaffel des § 38 hinaus eröffnet (vgl. *Wiese* 6. Aufl., Rn. 18). Dabei galt nach Ansicht des *BAG* bis zum Umfang der Arbeitszeit Vollzeitbeschäftigter die Vermutung, dass regelmäßig im Verlauf der gesamten Amtsperiode ein entsprechendes Maß an erforderlicher Betriebsratstätigkeit anfällt, so dass der Betriebsrat die Erforderlichkeit einer Überschreitung des personellen Umfangs der Freistellungen bis zur Grenze des Vollzeitfreistellungsvolumens nicht mehr darzulegen hatte (*BAG* 26.06.1996 EzA § 38 BetrVG 1972 Nr. 15 S. 6 = AP Nr. 17 zu § 38 BetrVG 1972 = AR-Blattei ES 530.8, Nr. 27 [*Neumann*]). Durch das BetrVerf-Reformgesetz wurde die Möglichkeit der **Teilfreistellung** ausdrücklich in Abs. 1 Satz 3 und 4 geregelt. Damit sind nicht nur die Fälle in den Anwendungsbereich des § 38 einzubeziehen, in denen voll- oder teilzeitbeschäftigte Betriebsratsmitglieder nicht im vollen Umfang ihrer individuellen Arbeitszeit freigestellt werden, sondern nach dem Willen des Gesetzgebers auch die Fälle der vollständigen Freistellung eines Teilzeitbeschäftigten. Wird also ein teilzeitbeschäftigtes Betriebsratsmitglied im vollen Umfang seiner individuellen Arbeitszeit freigestellt, so handelt es sich nicht um eine voll anrechenbare Freistellung nach Satz 1 und 2. Die dort genannten Freistellungszahlen gelten lediglich im Falle **vollständiger Freistellung vollzeitbeschäftigter Betriebsratsmitglieder**. Kommt es zu Teilfreistellungen, erhöhen sich die Kopfzahlen, bis das aus Satz 1 und 2 errechnete Arbeitszeitvolumen erreicht ist (näher m. w. N. Rdn. 38 ff.).

b) Zusätzliche Freistellungen

27 Nach dem eindeutigen Gesetzeswortlaut handelt es sich bei der Regelung des § 38 Abs. 1 Satz 1 und 2 um die Anzahl der **mindestens freizustellenden Betriebsratsmitglieder** (vgl. auch *BAG* 26.06.1996 EzA § 38 BetrVG 1972 Nr. 15 S. 4, 6 = AP Nr. 17 zu § 38 BetrVG 1972 = AR-Blattei ES 530.8, Nr. 27 [*Neumann*]). Das ist sinnvoll, weil der Gesetzgeber damit auf die besonderen Bedürf-

Freistellungen § 38

nisse der einzelnen Betriebe keine Rücksicht zu nehmen brauchte. Eine Freistellung **weiterer Mitglieder** kann jedoch nach Art, Umfang und Organisation (*LAG Düsseldorf* 29.06.1988 AiB 1989, 80; *ArbG Frankfurt a. M.* 04.01.1990 AiB 1990, 256) des Betriebs zur ordnungsgemäßen Durchführung der Aufgaben des Betriebsrats **erforderlich** sein. Sie kann, wie § 38 Abs. 1 Satz 5 vorsieht, durch **Tarifvertrag oder Betriebsvereinbarung** geregelt werden (vgl. Rdn. 42 ff.).

Die nach § **38 Abs. 1 Satz 5** eröffnete Möglichkeit, durch Tarifvertrag oder Betriebsvereinbarung freiwillig weitere Freistellungen zuzulassen, ist **nicht** als **abschließend** anzusehen (*BAG* 26.06.1996 EzA § 38 BetrVG 1972 Nr. 15 S. 4 = AP Nr. 17 zu § 38 BetrVG 1972 = AR-Blattei ES 530.8, Nr. 27 *[Neumann]*), zumal dies gegenüber § 37 Abs. 3 BetrVG 1952 eine Verschlechterung der Rechtsposition des Betriebsrats bedeutet hätte (*BAG* 22.05.1973 EzA § 38 BetrVG 1972 Nr. 5 S. 26 *[Hanau]* = AP Nr. 2 zu § 38 BetrVG 1972 Bl. 3 R *[Richardi]*; **a. M.** *Glock/HWGNRH* § 38 Rn. 16). Allerdings kann der **Betriebsrat auch nicht einseitig** durch Beschluss (Wahl) nach § **38 Abs. 2 Satz 1** die zusätzliche Freistellung von Betriebsratsmitgliedern bewirken. Die Vorschrift betrifft nur das Verfahren der personellen Auswahl der freizustellenden Betriebsratsmitglieder im Rahmen der durch § 38 Abs. 1 vorgegebenen Zahl von Freistellungen (*BAG* 22.05.1973 EzA § 38 BetrVG 1972 Nr. 5 *[zust. Hanau]* = AP Nr. 2 zu § 38 BetrVG 1972 Bl. 2 ff. *[zust. Richardi]* = SAE 1975, 73 *[zust. Martens]*; 26.06.1996 EzA § 38 BetrVG 1972 Nr. 15 S. 3 = AP Nr. 17 zu § 38 BetrVG 1972 = AR-Blattei ES 530.8, Nr. 27 *[Neumann]*; *Fitting* § 38 Rn. 20; *Kleinebrink* FA 2013, 226; *Richardi/Thüsing* § 38 Rn. 18; **a. M.** früher *LAG Schleswig-Holstein* 14.11.1972 EzA § 38 BetrVG 1972 Nr. 2 S. 7; *Auffarth* AuR 1972, 33 [35]). 28

Für die zusätzliche Freistellung greift vielmehr § **37 Abs. 2**. Diese Vorschrift ist für **zusätzliche Freistellungen direkt anzuwenden**, weil sie die Grundnorm für jede Befreiung von der beruflichen Tätigkeit ist und § 38 Abs. 1 als deren Konkretisierung nur einen Ausschnitt möglicher Befreiungen von der beruflichen Tätigkeit regelt, nämlich die mindestens erforderlichen Freistellungen (*BAG* [Siebter Senat] 26.07.1989 EzA § 38 BetrVG 1972 Nr. 11 S. 5 ff. = AP Nr. 10 zu § 38 BetrVG 1972 Bl. 2 R, 3; 13.11.1991 EzA § 37 BetrVG 1972 Nr. 106 S. 4 = AP Nr. 80 zu § 37 BetrVG 1972 Bl. 2 R f. *[abl. Boemke]*; 26.06.1996 EzA § 38 BetrVG 1972 Nr. 15 S. 4 f. = AP Nr. 17 zu § 38 BetrVG 1972 = AR-Blattei ES 530.8, Nr. 27 *[Neumann]*; *Fitting* § 38 Rn. 19, 21 ff.; *Gillen/Vahle* BB 2006, 2749 [2752]; *Koch*/ErfK § 38 BetrVG Rn. 2; *Löwisch*/LK § 38 BetrVG Rn. 8; *Reichold*/HWK § 38 BetrVG Rn. 9; *Richardi* Anm. AP Nr. 2 zu § 38 BetrVG 1972 Bl. 6 ff.; in der Herleitung **a. M.** [für Freistellung aufgrund des § 37 Abs. 2 und § 38 Abs. 1 beherrschenden Grundgedankens] *BAG* [Erster Senat] 22.05.1973 EzA § 38 BetrVG 1972 Nr. 5 S. 26 f. *[Hanau]* = AP Nr. 2 zu § 38 BetrVG 1972 Bl. 3 R f. *[Richardi]*; 09.10.1973 EzA § 38 BetrVG 1972 Nr. 6 S. 38 = AP Nr. 3 zu § 38 BetrVG 1972 Bl. 2 R *[Buchner]*; *Jülicher* AuR 1973, 161 [163]; *Martens* Anm. SAE 1975, 75 [77 f.]; direkte oder analoge Anwendung offen gelassen bei *Richardi/Thüsing* § 38 Rn. 17; für direkte Anwendung wiederum bei zusätzlichen Freistellungen in Betrieben mit weniger als 300 [jetzt: 200] Arbeitnehmern das *BAG* [Erster Senat] 02.04.1974 EzA § 37 BetrVG 1972 Nr. 21 S. 85 = AP Nr. 10 zu § 37 BetrVG 1972 Bl. 2 R). 29

Gegen eine Anwendung des § 37 Abs. 2 spricht nicht, dass der Anspruch auf Freistellung dem Betriebsrat (vgl. Rdn. 10), der Anspruch auf Arbeitsbefreiung nach § 37 Abs. 2 bei Wahrnehmung konkreter Betriebsratsaufgaben auch dem einzelnen Betriebsratsmitglied (vgl. § 37 Rdn. 56, 314 ff.) zusteht (*BAG* 26.06.1996 EzA § 38 BetrVG 1972 Nr. 15 S. 5 = AP Nr. 17 zu § 38 BetrVG 1972 = AR-Blattei ES 530.8, Nr. 27 *[Neumann]*; **a. M.** *Martens* Anm. SAE 1975, 75 [77]). Diese Vorschrift bezeichnet nicht den Anspruchsberechtigten, sondern nur die Voraussetzungen einer Arbeitsbefreiung, so dass der Anspruch je nachdem, ob es um die konkrete Arbeitsbefreiung oder die generelle Freistellung geht, **entweder dem einzelnen Betriebsratsmitglied oder dem Betriebsrat** zustehen kann. 30

Sowohl bei direkter als auch bei analoger Anwendung des § 37 Abs. 2 hat der Betriebsrat **im Rahmen des Erforderlichen** einen **Anspruch auf zusätzliche Freistellungen**. Ein konkreter Anlass für die Befreiung von der beruflichen Tätigkeit ist auch bei der direkten Anwendung des § 37 Abs. 2 nicht erforderlich (aber denkbar: *LAG Köln* 02.08.1988 AiB 1989, 165). Die zusätzliche Freistellung setzt daher nur voraus, dass über § 38 Abs. 1 hinaus eine generelle Befreiung weiterer Betriebsratsmitglieder von der beruflichen Tätigkeit **erforderlich** ist (zu den Anforderungen an die Erforderlichkeit vgl. *LAG Rheinland-Pfalz* 19.12.2003 – 8 TaBV 558/03 – juris; *Hess. LAG* 28.11.2006 NZA-RR 2007, 31

296; *Gillen / Vahle* BB 2006, 2749 [2752 f.]). Je nach den Verhältnissen des konkreten Betriebs und Betriebsrats können zusätzliche Freistellungen für Stunden, Tage oder wie im Falle des § 38 Abs. 1 für die gesamte Arbeitszeit erforderlich sein. Allerdings darf der Betriebsrat, obwohl er in der Organisation seiner Arbeit frei ist, nicht durch organisatorische Maßnahmen die Erforderlichkeit einer zusätzlichen Freistellung herbeiführen (*BAG* 26.07.1989 EzA § 38 BetrVG 1972 Nr. 11 S. 8 = AP Nr. 10 zu § 38 BetrVG 1972 Bl. 4). Kommt es zu einer über die Zahlenstaffeln des § 38 Abs. 1 hinausgehenden, **nicht erforderlichen** Freistellung eines Betriebsratsmitglieds, kann hierin eine **unzulässige Begünstigung** i. S. d. § 78 Satz 2 liegen (*Fitting* § 78 Rn. 22; *Kania*/ErfK § 78 BetrVG Rn. 9; **a. M.** wohl *Düwell*/*Lorenz* § 78 Rn. 23, der aber das Kriterium der Erforderlichkeit nicht ausdrücklich anspricht; vgl. dazu auch *Esser* Die Begünstigung von Mitgliedern des Betriebsrats [Diss. Köln], 2014, S. 106 ff.).

32 Über **zusätzlich erforderliche Freistellungen** hat der Betriebsrat zunächst eine **Einigung** mit dem Arbeitgeber anzustreben. Eine solche Einigung kann eine Betriebsvereinbarung oder auch eine einfache Betriebsabsprache sein. Wird sie nicht erzielt, entscheidet über diese **Rechtsstreitigkeit** nicht die Einigungsstelle, sondern das **Arbeitsgericht** im Beschlussverfahren (*BAG* 22.05.1973 EzA § 38 BetrVG 1972 Nr. 4 S. 20 = AP Nr. 1 zu § 38 BetrVG 1972 Bl. 4 f.; 16.01.1979 EzA § 38 BetrVG 1972 Nr. 9 S. 44 = AP Nr. 5 zu § 38 BetrVG 1972 Bl. 2; *Fitting* § 38 Rn. 20; *Gillen / Vahle* BB 2006, 2749 [2753]; *Richardi / Thüsing* § 38 Rn. 18, 37, 69; **a. M.** *Auffarth* AuR 1972, 33 [35]; *Wedde/DKKW* § 38 Rn. 12, 47). Der Betriebsrat hat darzulegen, aus welchen Gründen eine zusätzliche Freistellung zur ordnungsgemäßen Durchführung der Aufgaben des Betriebsrats für die gesamte restliche Wahlperiode erforderlich ist und eine Arbeitsbefreiung aus konkretem Anlass nicht ausreicht (*BAG* 26.07.1989 EzA § 38 BetrVG 1972 Nr. 11 S. 6 ff. = AP Nr. 10 zu § 38 BetrVG 1972 Bl. 3 R; 22.12.1994 AP Nr. 20 zu § 46 BPersVG 1972 Bl. 1 Rf.; *Fitting* § 38 Rn. 22; *Wedde/DKKW* § 38 Rn. 14; vgl. auch Rdn. 50). Eine **einstweilige Verfügung** ist zulässig (*LAG Hamm* 23.11.1972 EzA § 38 BetrVG 1972 Nr. 1 S. 5), falls nicht eine vorübergehende Arbeitsbefreiung nach § 37 Abs. 2 ausreicht.

33 Das **Verfahren bei der Auswahl** der zusätzlich freizustellenden Betriebsratsmitglieder ist in analoger Anwendung des **§ 38 Abs. 2** durchzuführen; die Analogie ist geboten, weil § 38 Abs. 2 sich nur auf § 38 Abs. 1 bezieht und § 37 Abs. 2 keine Regelung für das Verfahren bei Freistellungen vorsieht (im Ergebnis ebenso *LAG Hamm* 23.11.1972 EzA § 38 BetrVG 1972 Nr. 1 S. 5).

c) Freistellung in Betrieben mit weniger als 200 Arbeitnehmern

34 Die Vorschrift des § 37 Abs. 2 eröffnet auch die Möglichkeit zur Freistellung von Betriebsratsmitgliedern in **Betrieben mit in der Regel weniger als 200 Arbeitnehmern**. Davon ging der Gesetzgeber bereits bei der früheren Regelung des § 38 bezogen auf die Zahlengrenze von 300 Arbeitnehmern aus (vgl. Bericht des 10. Ausschusses [zu BT-Drucks. VI/2729, S. 24] im Gegensatz zu § 38 Abs. 1 Satz 2 RegE BetrVG 1972 [BR-Drucks. 715/70, S. 9]). Durch die Absenkung der Zahlengrenze auf 200 Arbeitnehmer ist zwar eine Reihe von Fällen, die bislang nach dem Maßstab des § 37 Abs. 2 zu entscheiden war, in den Anwendungsbereich des § 38 überführt worden. Unterhalb der Schwelle von 200 Arbeitnehmern kann jedoch gleichwohl ein Bedürfnis für Freistellungen bestehen. Der Umfang des Anspruchs auf gänzliche oder teilweise Freistellung eines einzelnen oder mehrerer Betriebsratsmitglieder richtet sich dann nach dem im einzelnen Betrieb Erforderlichen (vgl. *BAG* 16.01.1979 EzA § 38 BetrVG 1972 Nr. 9 S. 44 = AP Nr. 5 zu § 38 BetrVG 1972 Bl. 2; 13.11.1991 EzA § 37 BetrVG 1972 Nr. 106 S. 4 f. = AP Nr. 80 zu § 37 BetrVG 1972 Bl. 2 R ff. *[abl. Boemke]*; *LAG Rheinland-Pfalz* 16.07.2015 – 5 TaBV 5/15 – juris, Rn. 42; *Fitting* § 38 Rn. 25; *Koch*/ErfK § 38 BetrVG Rn. 2; *Richardi / Thüsing* § 38 Rn. 16; *Wedde/DKKW* § 38 Rn. 15; **a. M.** *Fuhlrott* ArbRAktuell 2011, 423 [426]; *Glock/HWGNRH* § 37 Rn. 24, § 38 Rn. 17 ff.; de lege ferenda für einen von den Restriktionen des § 37 Abs. 2 unabhängigen Freistellungsanspruch etwa *Däubler* AuA 2001, 1 [5]; Novellierungsvorschläge des DGB zum Betriebsverfassungsgesetz 1972, Hrsg. Deutscher Gewerkschaftsbund, Bundesvorstand, 1998, § 38 Abs. 1 Satz 5).

35 Der erforderliche Umfang ist **vom Betriebsrat darzulegen** und kann nicht nach Richtwerten in Anlehnung an die Freistellungsstaffel des § 38 Abs. 1 bestimmt werden (*BAG* 21.11.1978 EzA § 37 BetrVG 1972 Nr. 63 S. 288 = AP Nr. 34 § 37 BetrVG 1972 Bl. 2; 16.01.1979 EzA § 38 BetrVG

1972 Nr. 9 S. 45 = AP Nr. 5 zu § 38 BetrVG 1972 Bl. 2 f.; *LAG Rheinland-Pfalz* 16.07.2015 – 5 TaBV 5/15 – juris, Rn. 42; ebenso *Gillen/Vahle* BB 2006, 2749 [2753]; *Richardi/Thüsing* § 38 Rn. 16; **a. M.** *Ottow* DB 1975, 646 f.; *ders.* SAE 1979, 299). Aus diesem Vorbringen muss sich ergeben, dass die Möglichkeit einer Arbeitsbefreiung einzelner Betriebsratsmitglieder aus konkretem Anlass nach § 37 Abs. 2 nicht ausreicht, um die anfallenden Aufgaben zu bewältigen (*LAG Rheinland-Pfalz* 16.07.2015 – 5 TaBV 5/15 – juris, Rn. 44; vgl. auch *BAG* 12.02.1997 EzA § 38 BetrVG 1972 Nr. 16 S. 2 = AP Nr. 19 zu § 38 BetrVG 1972 Bl. 1R). Der Betriebsrat kann die Notwendigkeit einer Freistellung auch nicht pauschal damit begründen, dass der Betrieb zwar die erforderliche Mindeststaffel gem. § 38 Abs. 1 erreiche, der Betriebsratsvorsitzende aber Mitglied im Gesamtbetriebsrat und im Europäischen Betriebsrat sei. Für beide Gremien gilt die Vorschrift des § 38 BetrVG nicht (*LAG Rheinland-Pfalz* 16.07.2015 – 5 TaBV 5/15 – juris, Rn. 45 ff.).

Da der Betriebsrat nicht einseitig über **Freistellungen** beschließen kann, die über § 38 hinausgehen, **36** können diese auch **nicht durch** die **Geschäftsordnung** des **Betriebsrats** geregelt werden (*BAG* 16.01.1979 EzA § 38 BetrVG 1972 Nr. 9 S. 45 = AP Nr. 5 zu § 38 BetrVG 1972 Bl. 2; ebenso *Fitting* § 38 Rn. 20; *Glock/HWGNRH* § 36 Rn. 7; § 38 Rn. 24; *Richardi/Thüsing* § 38 Rn. 27).

Zum Anspruch angestellter **Lehrer** auf **Reduzierung** ihrer **Unterrichtsverpflichtung** (Pflichtstun- **37** denzahl) wegen Betriebsratstätigkeit vgl. *LAG Berlin* 25.11.1985 LAGE § 37 BetrVG 1972 Nr. 19 (zum Freizeitausgleich für Lehrer vgl. § 37 Rdn. 89).

4. Teilfreistellungen, § 38 Abs. 1 Satz 3 und 4

Nach früherem Recht bestand Unsicherheit darüber, ob und unter welchen Voraussetzungen der Be- **38** triebsrat eine Freistellung in der Weise beschließen kann, dass statt eines Betriebsratsmitglieds **mehrere Betriebsratsmitglieder teilweise freigestellt** werden (vgl. mit Nachweisen zum Meinungsstand *Wiese* 6. Aufl., § 38 Rn. 30; ferner *BAG* 26.06.1996 EzA § 38 BetrVG 1972 Nr. 15 = AP Nr. 17 zu § 38 BetrVG 1972 = AR-Blattei ES 530.8, Nr. 27 *[Neumann]*).

Der Gesetzgeber hat diese Frage im Zuge des **BetrVerf-Reformgesetzes 2001** zugunsten einer Teil- **39** freistellung entschieden, **§ 38 Abs. 1 Satz 3,** dabei allerdings klargestellt, dass dadurch arbeitszeitmäßig keine zusätzliche Belastung für den Arbeitgeber eintreten darf, **§ 38 Abs. 1 Satz 4.** Der Betriebsrat hat nunmehr einen **Rechtsanspruch** auf teilweise Freistellung mehrerer Betriebsratsmitglieder im Umfang des durch Abs. 1 und 2 vorgegebenen Arbeitszeitvolumens (vgl. dazu auch Rdn. 26). Zur Begründung der Regelung zur Teilfreistellung führt der Regierungsentwurf an, dass auf diese Weise gerade auch Teilzeitkräften die Chance gegeben werde, sich in der Betriebsratsarbeit stärker zu engagieren »und sich dafür entweder vollständig oder auch nur teilweise von ihrer Arbeit freistellen zu lassen« (BT-Drucks. 14/5741, S. 41). Außerdem solle Betriebsratsmitgliedern die Inanspruchnahme der Freistellung ermöglicht werden, die trotz der Absicherung durch § 38 Abs. 4 nicht oder jedenfalls nicht für die gesamte Amtszeit des Betriebsrats bereit sind, ihre berufliche Tätigkeit gänzlich aufzugeben. Auch Gründe der Organisation der Betriebsratsarbeit können diesen veranlassen, die Option der Teilfreistellung einzusetzen, etwa wenn es darum geht, bei der Festlegung der Freistellungen auch Betriebsratsmitglieder aus räumlich weit auseinander liegenden Betriebsteilen zu berücksichtigen und damit die Basisnähe zu den einzelnen Betriebsteilen besser zu wahren (BT-Drucks. 14/5741, S. 41). Die Gesetzesmaterialien und namentlich die ausdrückliche Erwähnung vollständig freigestellter Teilzeitkräfte zeigen, dass der Gesetzgeber unter Teilfreistellung nicht etwa nur den Fall versteht, dass das **Betriebsratsmitglied nicht im vollen Umfang seiner individuellen Arbeitszeit** freigestellt wird (so aber *Glock/HWGNRH* § 38 Rn. 20 f.; *Hornung* DB 2002, 94; *Löwisch* DB 2001, 1734 [1743]; *Reichold/HWK* § 38 BetrVG Rn. 7; *Wolf* JArbR Bd. 40 [2002], 2003, S. 99 [116]), sondern auch denjenigen, dass ein **teilzeitbeschäftigtes Betriebsratsmitglied insgesamt** freigestellt wird (*Gillen/Vahle* BB 2006, 2749 [2751]; *Fitting* § 38 Rn. 12b; *Wedde/DKKW* § 38 Rn. 16; *Windeln* Die Reform des Betriebsverfassungsgesetzes im organisatorischen Bereich [Diss. Köln], 2003, S. 189 f.; wohl auch *Richardi/Thüsing* § 38 Rn. 14). Bezugspunkt der Teilfreistellung ist damit nicht die Arbeitszeit des einzelnen Betriebsratsmitglieds, sondern das aus § 38 Abs. 1 Satz 1 und 2 zu ermittelnde Arbeitszeitvolumen. Dieses muss nach dem Willen des Gesetzgebers im Ergebnis

§ 38   *II. 3. Geschäftsführung des Betriebsrats*

der Betriebsratsarbeit uneingeschränkt zur Verfügung stehen, unabhängig davon, ob es über Vollfreistellungen Vollzeitbeschäftigter oder über Teilfreistellungen verwirklicht wird.

40 Für die **Umsetzung der Teilfreistellung** (vgl. dazu *Greßlin* Teilzeitbeschäftigte Betriebsratsmitglieder, S. 207 ff.) sind ähnliche Modelle wie bei der Teilzeitarbeit denkbar, also etwa die Aufteilung der täglichen Arbeitszeit in normale Beschäftigung im Rahmen des Arbeitsverhältnisses und solche im Rahmen der Betriebsratsarbeit als auch die tageweise vollständige Freistellung des Betriebsratsmitglieds (*Fitting* § 38 Rn. 14; dazu auch *Hornung* DB 2002, 94 [95]). Der Betriebsrat braucht weder hinsichtlich des grundsätzlichen Anspruchs auf Teilfreistellung noch hinsichtlich deren konkreter Umsetzung darzulegen, dass die Aufteilung der Freistellungszeit eines vollzeitbeschäftigten Arbeitnehmers auf mehrere Betriebsratsmitglieder in der vom Betriebsrat gewählten Form zur ordnungsgemäßen Erledigung seiner Aufgaben erforderlich ist (*Gillen/Vahle* BB 2006, 2749 [2751]; *Fitting* § 38 Rn. 14; *Reichold/HWK* § 38 BetrVG Rn. 8; *Wedde/DKKW* § 38 Rn. 19; einschränkend *Glock/HWGNRH* § 38 Rn. 23; *Hornung* DB 2002, 94). Die Teilfreistellung ist nach der gesetzlichen Konzeption des § 38 Abs. 1 Satz 2 nur eine **Unterform der vollständigen Freistellung**, für die ebenfalls ein Nachweis der Erforderlichkeit wie im Falle des § 37 Abs. 2 nicht verlangt wird. Auch ein Regel-Ausnahmeverhältnis zwischen Voll- und Teilfreistellung, wie es nach früherem Recht anzunehmen gewesen sein mag (*Wiese* 6. Aufl., § 38 Rn. 30), besteht nicht mehr. Es obliegt also grundsätzlich der freien **Organisationsentscheidung des Betriebsrats**, ob, in welchem Umfang und in welcher Weise er von der Möglichkeit der Teilfreistellung Gebrauch macht, solange die Aufteilung nur nicht die ordnungsgemäße Erfüllung der Betriebsratsaufgaben gefährdet (*Fitting* § 38 Rn. 13; *Greßlin* Teilzeitbeschäftigte Betriebsratsmitglieder, S. 193 ff.). Die Entscheidung ist vor der Durchführung der Wahl durch Beschluss zu treffen (*LAG Brandenburg* 04.03.2003 – 2 TaBV 22/02 – juris, Rn. 48; *Fitting* § 38 Rn. 13). Allerdings hat der Arbeitgeber wie im Falle der völligen Freistellung die Möglichkeit, die **Einigungsstelle** anzurufen, wenn er die Teilfreistellung eines bestimmten Betriebsratsmitglieds generell oder in der vom Betriebsrat vorgesehenen Form für sachlich nicht vertretbar hält, § 38 Abs. 2 Satz 4 bis 7 (*Fitting* § 38 Rn. 14; *Greßlin* Teilzeitbeschäftigte Betriebsratsmitglieder, S. 195 f.; *Löwisch* DB 2001, 1734 [1743]; zum Einigungsstellenverfahren allgemein Rdn. 69 ff.).

41 Hinsichtlich des **Gesamtumfangs der Teilfreistellungen** legt § 38 Abs. 1 Satz 4 fest, dass diese zusammengenommen nicht den Umfang der Freistellungen nach den Sätzen 1 und 2 überschreiten dürfen. Nach Satz 3 kann also lediglich das aus Satz 1 und 2 zu ermittelnde gesamte **Freistellungsvolumen** aufgeteilt werden. Nach dem Willen des Gesetzgebers bemisst sich das Freistellungsvolumen nicht nach der individuellen Arbeitszeit der Betriebsratsmitglieder, die freigestellt werden, sondern nach dem aus § 38 Abs. 1 Satz 1 und 2 auf der Basis von Vollarbeitsplätzen zu ermittelnden abstrakten Arbeitszeitvolumen (*Fitting* § 38 Rn. 12b, c; *Gillen/Vahle* BB 2006, 2749 [2751]; *Greßlin* Teilzeitbeschäftigte Betriebsratsmitglieder, S. 170 ff.; *Richardi/Thüsing* § 38 Rn. 14; *Wedde/DKKW* § 38 Rn. 19, 21; **a. M.** *Hornung* DB 2002, 94 [95]; *Löwisch* DB 2001, 1734 [1743]; *Löwisch/LK* § 38 Rn. 12). Werden beispielsweise in einem Betrieb, in dem nach § 38 Abs. 1 Satz 1 zwei Betriebsratsmitglieder freizustellen sind, ein teilzeit- und ein vollzeitbeschäftigtes Betriebsratsmitglied jeweils im vollen Umfang ihrer Arbeitszeit freigestellt, so hat der Betriebsrat einen Anspruch auf zusätzliche Teilfreistellung eines weiteren Betriebsratsmitglieds, weil das Freistellungsvolumen durch die Vollfreistellungen noch nicht ausgeschöpft ist (auf der Basis Gegenansicht wäre das Freistellungsvolumen über zusätzliche Freistellungen nach § 37 Abs. 2 abzudecken). Der konkrete Umfang der noch zu gewährenden Freistellung ergibt sich aus der Differenz der individuellen Arbeitszeit des teilzeitbeschäftigten Betriebsratsmitglieds gegenüber einem Vollzeitbeschäftigten. Wird im gleichen Betrieb neben dem vollzeitbeschäftigten Betriebsratsmitglied ein mit der Hälfte der betriebsüblichen Arbeitszeit beschäftigtes Betriebsratsmitglied wiederum nur zur Hälfte freigestellt, so kann der Betriebsrat die Freistellung eines oder mehrerer Betriebsratsmitglieder im Umfang von drei Vierteln der Vollarbeitszeit verlangen (**a. M.** *Löwisch* DB 2001, 1734 [1743], der nur eine Freistellung im Umfang eines Viertels der Vollarbeitszeit gewährt).

5. Anderweitige Regelungen durch Tarifvertrag oder Betriebsvereinbarung, § 38 Abs. 1 Satz 5

Nach § 38 Abs. 1 Satz 5 kann durch Tarifvertrag oder Betriebsvereinbarung von der starren gesetzlichen Staffel (Abs. 1 Satz 1 und 2) abgewichen und eine anderweitige Regelung über den Umfang – nicht das Verfahren – der Freistellung von Betriebsratsmitgliedern vereinbart werden (vgl. z. B. *Föhr* RdA 1977, 285 [286 f.]; zur tarifvertraglichen Regelung der Freistellung nach § 37 BetrVG 1952 vgl. *BAG* 21.06.1957 AP Nr. 5 zu § 37 BetrVG Bl. 2 *[Kittner]*). Denkbar ist, da § 38 Abs. 1 Satz 5 insoweit nicht abschließend ist, auch eine Regelungsabrede (*LAG Hamm* 19.08.2009 – 10 Sa 295/09 – juris, Rn. 70; *LAG Köln* 07.10.2011 NZA-RR 2012, 135 Rn. 35). Auch dabei handelt es sich um **generelle Regelungen**, die eine Anpassung an die jeweiligen betrieblichen Bedürfnisse ermöglichen sollen (vgl. amtliche Begründung, BR-Drucks. 715/70, S. 41). Die hiernach zulässige **Betriebsvereinbarung** kann nur **freiwillig** abgeschlossen und nicht über die Einigungsstelle erzwungen werden; § 38 Abs. 2 Satz 4 und 5 gelten nur, wenn der Betriebsrat gemäß § 38 Abs. 2 Satz 1 über die Freistellung beschließt und der Arbeitgeber den Beschluss für sachlich nicht begründet hält (*Fitting* § 38 Rn. 31; *Glock/HWGNRH* § 38 Rn. 25; *Kleinebrink* FA 2013, 226 [227]; *Koch/*ErfK § 38 BetrVG Rn. 5; *Richardi/Thüsing* § 38 Rn. 22; *Wedde/DKKW* § 38 Rn. 27). Auch ein Tarifvertrag kann **nicht durch Arbeitskampf** erzwungen werden; es handelt sich um eine freiwillige Regelung in der Form eines Tarifvertrags (*Gillen/Vahle* BB 2006, 2749 [2754]; *Reichold/HWK* § 38 BetrVG Rn. 13; *Richardi/Thüsing* § 38 Rn. 22; **a. M.** *Fitting* § 38 Rn. 31; *Glock/HWGNRH* § 38 Rn. 25; *Koch/*ErfK § 38 BetrVG Rn. 5; *Kreft/WPK* § 38 Rn. 13; *Peter* AiB 2002, 282 [284]; *Wedde/DKKW* § 38 Rn. 27).

Da die Öffnungsklausel keine Einschränkung enthält, kann die Vereinbarung sowohl eine **Erhöhung** als auch eine **Herabsetzung** der **gesetzlichen Anzahl** der **freizustellenden Betriebsratsmitglieder** vorsehen (*BAG* 11.06.1997 EzA § 38 BetrVG 1972 Nr. 17 S. 2 = AP Nr. 22 zu § 38 BetrVG 1972 = SAE 1998, 50 *[Bors]*; *Busch* DB 1996, 326 f.; *Etzel* Rn. 269; *Fitting* § 38 Rn. 30; *Glock/HWGNRH* § 38 Rn. 24; *Kleinebrink* FA 2013, 226 [227]; *Koch/*ErfK § 38 BetrVG Rn. 5; *Reichold/HWK* § 38 BetrVG Rn. 12; *Richardi/Thüsing* § 38 Rn. 23; **a. M.** *Wedde/DKKW* § 38 Rn. 28 [keine Herabsetzung]). Eine **Verringerung** der Zahl freizustellender Betriebsratsmitglieder kann auch dann vereinbart werden, wenn dadurch kein Mitglied einer Minderheitsliste aufgestellt wird. Der Listenschutz darf nicht als allgemeines und unabdingbares Prinzip des Betriebsverfassungsgesetzes angesehen werden (*BAG* 11.06.1997 EzA § 38 BetrVG 1972 Nr. 17 S. 2 = AP Nr. 22 zu § 38 BetrVG 1972 = SAE 1998, 50 *[Bors]*; vgl. zum Minderheitenschutz bei Nachwahlen und Ersatzfreistellungen aber Rdn. 83 ff.). Eine **Erhöhung** kommt u. a. in Betracht, wenn teilzeitbeschäftigte Betriebsratsmitglieder freigestellt sind. Ferner kann für **Betriebe mit in der Regel weniger als 200 Arbeitnehmern** eine gänzliche oder teilweise Freistellung von Betriebsratsmitgliedern vereinbart werden (vgl. Bericht 10. Ausschuss, zu BT-Drucks. VI/2729, S. 24; *Fitting* § 38 Rn. 28; *Glock/HWGNRH* § 38 Rn. 24; *Richardi/Thüsing* § 38 Rn. 23; *Wedde/DKKW* § 38 Rn. 28). Möglich ist auch eine Regelung, die für die Freistellung nicht an die Zahl der Arbeitnehmer, sondern der Betriebsratsmitglieder anknüpft. Entsprechendes gilt für andere Kriterien als Anknüpfungspunkt (*Wedde/DKKW* § 38 Rn. 27). Durch Tarifvertrag geregelt werden kann auch die Vorgehensweise bei **Teilfreistellungen**, etwa durch Festlegung einer Höchstzahl, eines bestimmten zeitlichen Mindestumfangs oder einer Bestimmung, wonach in Abweichung zu den allgemeinen Regeln (vgl. Rdn. 38 ff.) die Teilfreistellung eines Vollzeitbeschäftigten unzulässig ist (*LAG Brandenburg* 04.03.2003 – 2 TaBV 22/02 – juris; *Fitting* § 38 Rn. 28).

Da § 38 Abs. 1 Satz 5 nur anderweitige Regelungen gestattet, wäre es **unzulässig**, wenn durch Tarifvertrag oder Betriebsvereinbarung eine **generelle Freistellung ausgeschlossen** würde (*Fitting* § 38 Rn. 30; *Glock/HWGNRH* § 38 Rn. 24; *Kleinebrink* FA 2013, 226 [227]; *Richardi/Thüsing* § 38 Rn. 23; *Wedde/DKKW* § 38 Rn. 29). Es kann auch eine grobe Pflichtwidrigkeit (§ 23 Abs. 1) vorliegen, wenn sich der Betriebsrat in einer Betriebsvereinbarung mit einer geringeren als der gesetzlich vorgesehenen Zahl von Freistellungen einverstanden erklärt, obwohl diese Zahl zur ordnungsgemäßen Durchführung der Aufgaben des Betriebsrats erforderlich ist (vgl. *Fitting* § 38 Rn. 30; *Wedde/DKKW* § 38 Rn. 29).

Für das **Verhältnis** von **Tarifvertrag** und **Betriebsvereinbarung** ist § 77 Abs. 3 nicht anwendbar, weil es sich bei der Freistellung nicht um die Regelung sonstiger Arbeitsbedingungen handelt (*Fitting*

§ 38 Rn. 32; *Glock/HWGNRH* § 38 Rn. 26; *Richardi/Thüsing* § 38 Rn. 25; *Wedde/DKKW* § 38 Rn. 30; **a. M.** *Galperin/Löwisch* § 38 Rn. 32). Deshalb bleiben, wenn ein Tarifvertrag die Freistellungen gemäß § 38 Abs. 1 Satz 5 geregelt hat, weitergehende Freistellungen durch Betriebsvereinbarung möglich. Eine Einschränkung der tariflichen Regelung durch Betriebsvereinbarung ist dagegen nur zulässig, soweit sie durch den Tarifvertrag gestattet ist (§ 4 Abs. 4 TVG; vgl. *Fitting* § 38 Rn. 32; *Glock/ HWGNRH* § 38 Rn. 26; *Wedde/DKKW* § 38 Rn. 30; **a. M.** *Gillen/Vahle* BB 2006, 2749 [2754], *Kleinebrink* FA 2013, 226 [227], die generell von einem Vorrang des Tarifvertrags ausgehen, dies allerdings nicht mit § 77 Abs. 3 begründen wollen, sondern mit dem »Wesen des Tarifvertrags als höherrangiger Norm«).

46 Die nach § 38 Abs. 1 Satz 5 durch Tarifvertrag oder Betriebsvereinbarung getroffene **Regelung tritt an die Stelle der gesetzlichen nach § 38 Abs. 1 Satz 1 und 2**. Sie bindet auch den Betriebsrat, so dass er keine weiteren Freistellungen nach § 37 Abs. 2 verlangen kann (*Fitting* § 38 Rn. 33; *Richardi/ Thüsing* § 38 Rn. 26; *Wedde/DKKW* § 38 Rn. 31; **a. M.** für Flächentarifverträge *Gillen/Vahle* BB 2006, 2749 [2754]). Unberührt bleibt die Möglichkeit der Arbeitsbefreiung aus konkretem Anlass nach § 37 Abs. 2 (vgl. § 37 Rdn. 24 ff.).

47 **Anderweitige Regelungen** über die Freistellung können – bis auf die in § 38 Abs. 2 Satz 3 und 4 – **nicht einseitig vom Betriebsrat beschlossen** werden. Da der Gesetzgeber klare Verhältnisse schaffen wollte und die von ihm festgelegte zwingende Mindeststaffel als Voraussetzung für eine ordnungsgemäße Erfüllung der Aufgaben des Betriebsrats ansah, kann dieser auch nicht einseitig eine geringere Freistellung beschließen (*Schmidt* Der Verzicht auf betriebsverfassungsrechtliche Befugnisse [Diss. Mannheim], 1995, S. 98; ebenso *Kleinebrink* FA 2013, 226; vgl. auch *BVerwG* 22.12.1994 AP Nr. 20 Bl. 1 R ff., 11.07.1996 Nr. 21 Bl. 1 R f. zu § 46 BPersVG; **a. M.** *Arbeitsring Chemie* § 38 Rn. 2; *Gaul* Das Arbeitsrecht im Betrieb II, S. 440).

6. Verhinderung freigestellter Betriebsratsmitglieder

48 Bei **zeitweiliger Verhinderung** eines **freigestellten Betriebsratsmitglieds** wird es nach § 25 Abs. 1 Satz 2 von dem Ersatzmitglied in seiner Funktion als Betriebsratsmitglied vertreten, das damit jedoch noch nicht selbst freigestellt ist. Durch die Verhinderung verliert das Betriebsratsmitglied nicht seine Rechtsstellung als freigestelltes Betriebsratsmitglied, so dass auch nicht für die Zeit der Verhinderung die Zahl der nach § 38 Abs. 1 Satz 1 und 2 freizustellenden Betriebsratsmitglieder unterschritten wird und an Stelle des verhinderten Betriebsratsmitglieds ohne Vorliegen besonderer Gründe ein anderes freigestellt werden kann (*BAG* 22.05.1973 EzA § 38 BetrVG 1972 Nr. 4 S. 17 f. = AP Nr. 1 zu § 38 BetrVG 1972 Bl. 2 R f.; 12.02.1997 EzA § 38 BetrVG 1972 Nr. 16 S. 2 = AP Nr. 19 zu § 38 BetrVG 1972 Bl. 1 R; *Fitting* § 38 Rn. 27; *Koch/ErfK* § 38 BetrVG Rn. 3; **a. M.** *ArbG Frankfurt a. M.* 17.09.1990 BetrR 1991, 310; *Richardi/Thüsing* § 38 Rn. 20 f.; *Richardi* Anm. AP Nr. 2 zu § 38 BetrVG 1972 Bl. 7 R ff.). Jedoch hat das Ersatzmitglied aus **konkretem Anlass nach § 37 Abs. 2** einen Anspruch auf Arbeitsbefreiung, wenn sie zur ordnungsgemäßen Durchführung seiner Aufgaben erforderlich ist (*BAG* 09.07.1997 EzA § 37 BetrVG 1972 Nr. 137 S. 1 = AP Nr. 23 zu § 38 BetrVG 1972; *Gillen/Vahle* BB 2006, 2749 [2753]). Das ist zu verneinen, wenn es sich um aufschiebbare Angelegenheiten handelt, die das verhinderte freigestellte Betriebsratsmitglied nach Wiederaufnahme seiner Tätigkeit selbst erledigen kann. Außerdem ist zu berücksichtigen, dass der Gesetzgeber bei der Freistellungsstaffel des § 38 Abs. 1 Satz 1 und 2 kurzfristige Verhinderungen eines freigestellten Betriebsratsmitglieds mitberücksichtigt hat, so dass die Aufgaben des verhinderten Betriebsratsmitglieds in der Regel von den anderen freigestellten Betriebsratsmitgliedern mit übernommen werden können (*BAG* 22.05.1973 EzA § 38 BetrVG 1972 Nr. 3 S. 13 = AP Nr. 2 zu § 37 BetrVG 1972 Bl. 2 f. *[Meisel]*; 09.07.1997 EzA § 37 BetrVG 1972 Nr. 137 S. 2 = AP Nr. 23 zu § 38 BetrVG 1972; *Gillen/Vahle* BB 2006, 2749 [2753 f.]; **a. M.** *Schneider* AiB 1999, 308; *Schumann* DB 1974, 190; *Wedde/DKKW* § 38 Rn. 24). Zur Verhinderung des freigestellten Betriebsratsvorsitzenden vgl. *Raab* § 26 Rdn. 64.

49 Bei **Verhinderung** eines **freigestellten Betriebsratsmitglieds** für **längere Zeit** – z. B. wegen Krankheit oder Urlaubs – kann es sein, dass die Arbeitsbefreiung aus konkretem Anlass nach § 37 Abs. 2 nicht ausreicht, um die ordnungsgemäße Durchführung der Aufgaben des Betriebsrats zu gewährleisten. Ist daher zu diesem Zweck eine zeitweilige zusätzliche Freistellung erforderlich, so

kann sie der Betriebsrat zwar nicht einseitig nach § 38 beschließen (so aber *LAG Schleswig-Holstein* 14.11.1972 EzA § 38 BetrVG 1972 Nr. 2 S. 6 ff.; *ArbG Frankfurt a. M.* 17.09.1990 AiB 1991, 25; *ArbG Hagen* 09.03.1973 DB 1973, 878), hat aber mit Rücksicht darauf, dass § 38 Abs. 1 nur eine Mindeststaffel für Freistellungen enthält, hierauf nach **§ 37 Abs. 2** einen Anspruch (*BAG* 22.05.1973 EzA § 38 BetrVG 1972 Nr. 3 S. 13 f. = AP Nr. 2 zu § 37 BetrVG 1972 Bl. 2 *[zust. Meisel]* = SAE 1975, 223 *[im Ergebnis zust. Gitter]*; 22.05.1973 EzA § 38 BetrVG 1972 Nr. 4 S. 20 = AP Nr. 1 zu § 38 BetrVG 1972 Bl. 4 = SAE 1975, 221 *[im Ergebnis zust. Gitter]*; *Fitting* § 38 Rn. 26 f.; *Wedde/DKKW* § 38 Rn. 23; **a. M.** *Glock/HWGNRH* § 38 Rn. 16). Gleiches gilt bei **teilweiser ständiger Verhinderung** des freigestellten Betriebsratsmitglieds durch anderweitige zusätzliche Arbeitsbelastung, z. B. als Vorsitzender des Gesamtbetriebsrats (*BAG* 12.02.1997 EzA § 38 BetrVG 1972 Nr. 16 S. 2 = AP Nr. 19 zu § 38 BetrVG 1972 Bl. 1R). **Freigestellt werden kann** dann **auch** das **Ersatzmitglied**. Nicht überzeugend ist die Auffassung, eine Ersatzfreistellung sei außer bei bloß kurzfristiger Abwesenheit des Betriebsratsmitglieds keine zusätzliche Freistellung und daher zulässig, da mit der Verhinderung die Zahl der freigestellten Betriebsratsmitglieder sinke (*Richardi* Anm. AP Nr. 2 zu § 38 BetrVG 1972 Bl. 7 R ff.; *Richardi/Thüsing* § 38 Rn. 20 f.). Die Vorschrift des § 38 Abs. 1 beruht auf einem Kompromiss zwischen den Interessen des Betriebs und des Betriebsrats. Für den Betrieb ändert sich aber bei Verhinderung des Betriebsratsmitglieds an dessen Freistellung nichts.

Für die **Notwendigkeit einer zusätzlichen Freistellung** sind insbesondere die Dauer der Verhinderung, die Anzahl der freigestellten Betriebsratsmitglieder, Art und Umfang des Betriebs sowie die sich für den Betriebsrat aus der Art der Betriebsorganisation bei der Wahrnehmung seiner Aufgaben ergebenden besonderen Schwierigkeiten maßgebend (*BAG* 22.05.1973 EzA § 38 BetrVG 1972 Nr. 3 S. 13 f. = AP Nr. 2 zu § 37 BetrVG 1972 Bl. 2 R *[Meisel]*). Der Betriebsrat hat nachzuweisen, dass die zusätzliche Freistellung nach Art und Umfang des Betriebs zur ordnungsgemäßen Durchführung der dem Betriebsrat obliegenden Aufgaben erforderlich ist, jedoch sind die Anforderungen geringer, als wenn auf Dauer zusätzliche Freistellungen verlangt werden (*BAG* 22.05.1973 EzA § 38 BetrVG 1972 Nr. 3 S. 14 = AP Nr. 2 zu § 37 BetrVG 1972; *Wedde/DKKW* § 38 Rn. 25; vgl. aber *Gillen/Vahle* BB 2006, 2749 [2754]).

7. Verfahren bei der Freistellung, § 38 Abs. 2

a) Wahl der freizustellenden Betriebsratsmitglieder, § 38 Abs. 2 Satz 1

Die **freizustellenden Betriebsratsmitglieder** werden vom Betriebsrat **gewählt**. Ihre Auswahl liegt daher allein beim Betriebsrat, unbeschadet der Verpflichtung, vorher mit dem Arbeitgeber zu beraten (vgl. Rdn. 55 ff.; *Glock/HWGNRH* § 38 Rn. 29; *Richardi/Thüsing* § 38 Rn. 28; *Wedde/DKKW* § 38 Rn. 36, 40). Hat der Arbeitgeber gegen die Freistellung eines bestimmten Betriebsratsmitglieds Bedenken, kann er die Einigungsstelle anrufen, die verbindlich entscheidet (vgl. Rdn. 69 ff.). Zur Frage, ob der Arbeitgeber bei Betriebsratsmitgliedern, die zugleich **Tendenzträger** i. S. d. § 118 Abs. 1 sind, eine Freistellung ausschließen kann, vgl. *Poeck* Tendenzträger als Betriebsräte und Sprecherausschussmitglieder (Diss. Freiburg), 2011, S. 96 ff. sowie § 118 Rdn. 180.

Das Verfahren nach § 38 Abs. 2 gilt **unabhängig** davon, ob die nach § 38 Abs. 1 Freizustellenden der gesetzlichen Zahl entsprechen oder ob durch Tarifvertrag oder Betriebsvereinbarung anderweitige Regelungen getroffen worden sind. Von dem durch § 38 Abs. 2 vorgesehenen Wahlverfahren kann auch durch Tarifvertrag nicht abgewichen werden (*LAG Niedersachsen* 10.10.2011 – 9 TaBV 32/11 – juris, Rn. 50; *Fitting* § 38 Rn. 29; *Wedde/DKKW* § 38 Rn. 34; ferner *Engels/Natter* BB 1989, Beil. Nr. 8, S. 1 [23]).

Freigestellt werden können nach Wortlaut und Zweck des § 38 **nur Betriebsratsmitglieder**, nicht sonstige Arbeitnehmer (zu Ersatzmitgliedern vgl. Rdn. 48 ff., Rdn. 83 ff.).

Die Freistellung setzt das **Einverständnis** des betroffenen Betriebsratsmitglieds voraus (*BAG* 28.08.1991 EzA § 40 BetrVG 1972 Nr. 66 S. 7 = AP Nr. 39 zu § 40 BetrVG 1972; 11.03.1992 EzA § 38 BetrVG 1972 Nr. 12 S. 8 = AP Nr. 11 zu § 38 BetrVG 1972; *Richardi/Thüsing* § 38 Rn. 33; *Wedde/DKKW* § 38 Rn. 4, 55); dieses kann vor oder nach der Wahl erklärt werden. Weitergehend wird zum Teil bereits das Einverständnis zur Kandidatur verlangt (*Fitting* § 38 Rn. 38; vgl. auch

BAG 28.08.1991 EzA § 40 BetrVG 1972 Nr. 66 S. 7 = AP Nr. 39 zu § 40 BetrVG 1972; 11.03.1992 EzA § 38 BetrVG 1972 Nr. 12 S. 8 = AP Nr. 11 zu § 38 BetrVG 1972), was aber vom Gesetz nicht gefordert wird und zudem unpraktisch ist, wenn ein zeitweilig verhindertes Betriebsratsmitglied in Abwesenheit gewählt wird und diese Wahl unwirksam wäre. Dem Interesse des Gewählten, nicht gegen seinen Willen freigestellt zu werden, wird hinreichend dadurch entsprochen, dass er der Freistellung als solcher zustimmen muss. Eine Verpflichtung, sich freistellen zu lassen, besteht grundsätzlich nicht (vgl. aber auch *Raab* § 27 Rdn. 23, 29). Das Betriebsratsmitglied kann sein Einverständnis daher auch später **widerrufen** (vgl. Rdn. 80).

b) Beratung mit dem Arbeitgeber, § 38 Abs. 2 Satz 1

55 Der Betriebsrat ist wie bisher verpflichtet, vor der Wahl der freizustellenden Betriebsratsmitglieder mit dem Arbeitgeber über die Freistellung zu **beraten** (§ 38 Abs. 2 Satz 1). Dem Arbeitgeber soll dadurch Gelegenheit gegeben werden, vor der Wahl auf die Berücksichtigung der betrieblichen Belange hinzuwirken, die z. B. dagegen sprechen, ein bestimmtes Betriebsratsmitglied gänzlich freizustellen. Die Beratung hat im Rahmen einer **förmlichen Sitzung** (*LAG Berlin* 19.06.1995 LAGE § 19 BetrVG 1972 Nr. 14 S. 1; *Fitting* § 38 Rn. 45; *Koch*/ ErfK § 38 BetrVG Rn. 6; *Glock*/*HWGNRH* § 38 Rn. 30; *Reichold*/*HWK* § 38 BetrVG Rn. 16; *Richardi*/*Thüsing* § 38 Rn. 29; *Wedde*/*DKKW* § 38 Rn. 38; anders noch Vorauf.) mit dem **gesamten Betriebsrat**, also nicht nur mit dem Vorsitzenden oder anderen einzelnen Betriebsratsmitgliedern, zu erfolgen (*BAG* 29.04.1992 EzA § 38 BetrVG 1972 Nr. 13 S. 6 = AP Nr. 15 zu § 38 BetrVG 1972; *Fitting* § 38 Rn. 45).

56 Der Betriebsrat hat gemäß § 2 Abs. 1 seine Gründe für die in Aussicht genommene Entscheidung darzulegen, sich mit den Argumenten des Arbeitgebers auseinanderzusetzen und ernsthaft um eine für beide Seiten angemessene Lösung zu bemühen. Das hindert ihn nicht, andere Betriebsratsmitglieder zu wählen, als der Arbeitgeber es wünscht (ebenso *LAG Berlin* 19.06.1995 LAGE § 19 BetrVG 1972 Nr. 14 S. 1; vgl. ferner die Nachweise Rdn. 51). Dann ist jedoch mit der Anrufung der Einigungsstelle durch den Arbeitgeber zu rechnen (§ 38 Abs. 2 Satz 4 bis 7, vgl. Rdn. 69 ff.).

57 **Unterlässt** der **Betriebsrat** die **Beratung** mit dem Arbeitgeber, so handelt er pflichtwidrig und kann gegebenenfalls nach § 23 Abs. 1 Satz 1 aufgelöst werden (*Fitting* § 38 Rn. 46). Auf die Wirksamkeit der Wahl ist die Unterlassung jedoch ohne Einfluss, da der Betriebsrat letztlich die Entscheidung auch gegen die Einwände des Arbeitgebers treffen kann und die getroffene Entscheidung über die Einigungsstelle gem. § 38 Abs. 2 Satz 6 überprüfbar ist (*LAG Nürnberg* 19.11.1997 BB 1998, 427; *Fitting* § 38 Rn. 46; *Gamillscheg* II, S. 562; *Koch*/ErfK § 38 BetrVG Rn. 6; *Kreft*/*WPK* § 38 Rn. 16; *Peter* AiB 2002, 282 [284]; *Reichold*/*HWK* § 38 BetrVG Rn. 16; *Wedde*/*DKKW* § 38 Rn. 40; vgl. auch *LAG Rheinland-Pfalz* 27.10.2015 – 6 TaBV 6/15 – juris, Rn. 39 [n. rkr.] sowie *Wolmerath*/NK-GA § 38 BetrVG Rn. 12 [keine Unwirksamkeit bei Beratung mit dem Arbeitgeber, die nicht mit dem gesamten Gremium erfolgt]; **a. M.** *LAG Berlin* 19.06.1995 LAGE § 19 BetrVG 1972 Nr. 14 S. 2; *Busch* DB 1996, 326 [327 f.]; *Glock*/*HWGNRH* § 38 Rn. 31; *Kruse* Die Rechte des Arbeitgebers gegenüber dem Betriebsrat aus der Betriebsverfassung [Diss. Kiel], 2010, S. 135 f.; *Richardi*/*Thüsing* § 38 Rn. 31; offen gelassen von *BAG* 29.04.1992 EzA § 38 BetrVG 1972 Nr. 13 S. 6 = AP Nr. 15 zu § 38 BetrVG 1972).

c) Wahlverfahren, § 38 Abs. 2 Satz 1 und 2

58 Nach § 38 Abs. 2 Satz 3 a. F. waren die Gruppen entsprechend dem Verhältnis ihrer Vertretung im Betriebsrat zu berücksichtigen (dazu *Wiese* 6. Aufl., § 38 Rn. 40 f., 45 f.). Im Zuge der generellen Aufhebung des Gruppenprinzips durch das **BetrVerf-Reformgesetz** im Jahre 2001 ist auch § 38 Abs. 2 angepasst und der Gruppenschutz bei der Freistellung beseitigt worden. Die freizustellenden Betriebsratsmitglieder werden vom Betriebsrat aus seiner Mitte in geheimer Wahl nach den Grundsätzen der **Verhältniswahl** gewählt. Bei nur **einem Wahlvorschlag** erfolgt die Wahl nach den Grundsätzen der **Mehrheitswahl**, bei nur **einem freizustellenden Betriebsratsmitglied** wird dieses mit **einfacher Stimmenmehrheit** gewählt. Die Wahl kann in getrennten Wahlgängen oder auch in einem gemeinsamen Wahlgang erfolgen (*Fitting* § 38 Rn. 44; **a. M.** *Greßlin* Teilzeitbeschäftigte Betriebsratsmitglieder, S. 216).

Die in § 15 vorgesehene pluralistische Zusammensetzung des Betriebsrats muss sich in der Freistellungsentscheidung nicht widerspiegeln. Das gilt auch für die nach § 15 Abs. 2 nunmehr zwingend vorgesehene Repräsentation des in der Belegschaft in der Minderheit befindlichen Geschlechts (*Fitting* § 38 Rn. 36). Ohne eine ausdrückliche gesetzliche Anordnung, wie sie die frühere Regelung zum Gruppenschutz vorgesehen hatte, ist der Betriebsrat darin **frei, welche Betriebsratsmitglieder er freistellt**. Auch sonstige **Minderheitsgruppen** werden deshalb **nicht geschützt**, so dass etwa ausländische Betriebsratsmitglieder keinen Anspruch auf Berücksichtigung bei Freistellungen haben (*Brill* BB 1978, 1574 [1575]). Allerdings hat der Betriebsrat die Grundsätze des **§ 75 Abs. 1** zu beachten. Die Vorschrift kann Bedeutung erlangen, wenn der Betriebsrat z. B. beschließen würde, keine Betriebsratsmitglieder wegen ihres Geschlechts, ihrer Gewerkschaftszugehörigkeit oder ihrer Nationalität freizustellen. **59**

Im Falle einer Verhältniswahl werden die einzelnen Freistellungen nach dem **d'Hondtschen Höchstzahlsystem** auf die konkurrierenden Listen verteilt (*BAG* 11.03.1992 EzA § 38 BetrVG 1972 Nr. 12 S. 4 ff. = AP Nr. 12 zu § 38 BetrVG 1972; vgl. dazu generell *Jacobs* § 14 Rdn. 36 ff.; ferner *Voss* Minderheitslisten, S. 61). **Im Übrigen** ist der **Betriebsrat** bei der **Gestaltung** des **Wahlverfahrens frei**, kann aber dafür in seiner Geschäftsordnung (§ 36) generelle Regeln aufstellen (*Fitting* § 38 Rn. 42; vgl. auch *Raab* § 36 Rdn. 15). Dies empfiehlt sich insbesondere dann, wenn gleichzeitig **Voll- und Teilfreistellungen** vorgenommen werden sollen (*Fitting* § 38 Rn. 42). Hat der Betriebsrat für einen solchen Fall keine Regelung getroffen, so ist für Voll- und Teilfreistellungen ein einheitlicher Wahlgang durchzuführen (*Fitting* § 38 Rn. 41). Die auf die Listen zu verteilenden Höchstzahlen richten sich in einem solchen Fall nach dem Gesamtumfang des Freistellungsvolumens und nicht nach der Anzahl der freizustellenden Personen. Danach sind etwa bei einem auf zwei Vollfreistellungen und zwei Teilfreistellungen aufgeteilten Freistellungsvolumen von drei Vollzeitstellen auch nur drei Höchstzahlen (und nicht etwa vier) zu verteilen. Die Teilfreistellungen sollen dann derjenigen Liste zustehen, der auch die Vollfreistellung zugestanden hätte (*LAG* Brandenburg 04.03.2003 – 2 TaBV 22/02 – juris, Rn. 40 ff.; *LAG* Nürnberg 20.03.1997 ZBVR 1998, 8; *LAG* Baden-Württemberg 25.04.2013 – 21 TaBV 7/12 – juris; *Wolmerath*/HaKo § 38 Rn. 8; *Greßlin* Teilzeitbeschäftigte Betriebsratsmitglieder, 216 f.; a. M. *Fitting* § 38 Rn. 43; *Kreft*/WPK § 38 Rn. 18; *Voss* Minderheitslisten, S. 62). **60**

Ein **Zeitpunkt** für die **Wahl** der Freizustellenden ist nicht vorgeschrieben, jedoch sollte diese zum frühestmöglichen Zeitpunkt, d. h. in der konstituierenden oder in der folgenden ordnungsgemäß einberufenen Sitzung durchgeführt werden, um sicherzustellen, dass die Betriebsratsarbeit umgehend effektiv aufgenommen werden kann (ablehnend zur Freistellungswahl in der konstituierenden Sitzung vor Beginn der Amtszeit des neu gewählten Betriebsrats aber *LAG* Hamburg 23.07.2007 – 3 TaBV 13/06 – juris, Rn. 121 ff.). Einen **Wahlvorschlag** kann jedes einzelne Betriebsratsmitglied unterbreiten, ohne dass es hierfür eines Mindestquorums bedürfte (*Fitting* § 38 Rn. 37). Die **Leitung** der Wahl obliegt dem Betriebsratsvorsitzenden. Analog § 33 Abs. 2 ist die Wahl nur wirksam, wenn **mindestens** die **Hälfte** der **Betriebsratsmitglieder** an der Wahl teilnimmt (*Fitting* § 38 Rn. 41; *Raab* § 33 Rdn. 16). An der Wahl als organisatorischem Akt des Betriebsrats können sich auch die für eine Freistellung Nominierten beteiligen (*Raab* § 33 Rdn. 27). Zeitweilig verhinderte Betriebsratsmitglieder werden durch Ersatzmitglieder vertreten (§ 25 Abs. 1 Satz 2; vgl. im Übrigen Rdn. 48 ff., Rdn. 83 ff.). **61**

Die Vorschriften über die Wahl der freizustellenden Betriebsratsmitglieder sind im Wesentlichen denen über die Wahl der Mitglieder des Betriebsausschusses nachgebildet, vgl. § 27 Abs. 1 Satz 2 und 3. Zu Einzelheiten deshalb *Raab* § 27 Rdn. 15 ff. Ist allerdings nur ein Betriebsratsmitglied freizustellen, genügt bei Mehrheitswahl nicht die relative Mehrheit, sondern es bedarf der absoluten Stimmenmehrheit (§ 38 Abs. 2 Satz 2 Halbs. 2). Zur Durchführung der nach § 38 Abs. 2 Satz 1 vorgeschriebenen **geheimen Wahl** vgl. *Raab* § 27 Rdn. 22. Auch hier gilt, dass § 38 Abs. 2 Satz 2 ebenso wie § 27 Abs. 1 Satz 4 nur eine Ausnahme vom Grundsatz der Verhältniswahl, nicht aber von dem der geheimen Wahl macht (*Fitting* § 38 Rn. 39). Das Gebot geheimer Wahl ist zwingend und kann auch nicht durch einstimmigen Betriebsratsbeschluss abbedungen werden (*Richardi*/*Thüsing* § 38 Rn. 32). Zur **Annahme** der **Wahl** vgl. *Raab* § 27 Rdn. 23. **62**

Für **Mängel der Wahl** von Freizustellenden gelten die für die Wahl von Mitgliedern des Betriebsausschusses dargelegten Grundsätze entsprechend (*Raab* § 27 Rdn. 24 ff.). Nur ganz grobe, offensicht- **63** liche Rechtsverstöße führen daher zur Nichtigkeit der Wahl (*Fitting* § 38 Rn. 105). Bei sonstigen Mängeln der Wahl kann diese **analog § 19** in gleicher Weise wie die Wahl weiterer Mitglieder des Betriebsausschusses binnen zwei Wochen angefochten werden (*BAG* 15.01.1992 EzA § 19 BetrVG 1972 Nr. 37 S. 8 = AP Nr. 10 zu § 26 BetrVG 1972; 28.10.1992 EzA § 38 BetrVG 1972 Nr. 14 S. 3 *[Wiese]* = AP Nr. 16 zu § 38 BetrVG 1972; vgl. auch *Raab* § 27 Rdn. 26). Mit Ablauf der Zwei-Wochen-Frist ist, sofern der Arbeitgeber der Freistellung zugestimmt hatte oder diese Frist hatte verstreichen lassen, die Wahl der Freizustellenden abgeschlossen. Die Frist zur Anfechtung der Wahl beginnt in analoger Anwendung von § 19 Abs. 2 Satz 2 mit der Feststellung des Wahlergebnisses durch den Betriebsrat (*BAG* 20.04.2005 EzA § 38 BetrVG 2001 Nr. 4 S. 5 = AP Nr. 30 zu § 38 BetrVG 1972). Anfechtungsberechtigt ist auch ein einzelnes Betriebsratsmitglied (*BAG* 20.04.2005 EzA § 38 BetrVG 2001 Nr. 4 S. 5 = AP Nr. 30 zu § 38 BetrVG 1972; *Fitting* § 38 Rn. 106).

d) Unterrichtung des Arbeitgebers und Freistellung, § 38 Abs. 2 Satz 3

64 Obwohl nach § 38 Abs. 2 Satz 1 der Betriebsrat die freizustellenden Betriebsratsmitglieder wählt, so bedeutet das zunächst nur, dass der Betriebsrat bestimmt, welche Betriebsratsmitglieder freigestellt werden sollen. Die **Freistellung** selbst ist **vom Arbeitgeber** als dem Gläubiger des Anspruchs auf die Arbeitsleistung durch Gestaltungsakt **zu gewähren** (*Fitting* § 38 Rn. 57; *Glock/HWGNRH* § 38 Rn. 28; *Richardi/Thüsing* § 38 Rn. 34; *Wedde/DKKW* § 38 Rn. 46). Zu diesem Zweck hat der Betriebsrat nach § 38 Abs. 2 Satz 3 die **Namen** der **Freizustellenden** dem **Arbeitgeber – formlos – bekannt zu geben**. Die Mitteilung erfolgt nach allgemeinen Grundsätzen durch den Vorsitzenden des Betriebsrats (§ 26 Abs. 2 Satz 1). Dass die Wahl nicht selbst unmittelbar die Freistellung bewirkt, ergibt sich auch daraus, dass nach § 38 Abs. 2 Satz 7 erst nach Ablauf der Zwei-Wochen-Frist für die Anrufung der Einigungsstelle das Einverständnis des Arbeitgebers mit den Freistellungen als erteilt gilt. Die Untätigkeit des Arbeitgebers hat also die Wirkung, dass eine Einigung über die Personen der Freizustellenden fingiert wird (*BAG* 26.06.1996 EzA § 38 BetrVG 1972 Nr. 15 S. 3 = AP Nr. 17 zu § 38 BetrVG 1972 = AR-Blattei ES 530.8, Nr. 27 *[Neumann]*). Damit wird das betriebsverfassungsrechtliche Rechtsverhältnis der Betriebspartner dahingehend gestaltet, dass das betroffene Betriebsratsmitglied von seiner beruflichen Arbeit freizustellen ist (*BAG* 26.06.1996 EzA § 38 BetrVG 1972 Nr. 15 S. 3 = AP Nr. 17 zu § 38 BetrVG 1972 = AR-Blattei ES 530.8, Nr. 27 *[Neumann]*).

65 Solange die **Freistellung nicht wirksam** geworden ist, bleibt das **Betriebsratsmitglied zur Arbeitsleistung verpflichtet** (*Fitting* § 38 Rn. 57; *Glock/HWGNRH* § 38 Rn. 28, 39; *Wedde/DKKW* § 38 Rn. 46). Kommt es dieser Verpflichtung nicht nach, handelt es nur dann nicht vertragswidrig, wenn die Voraussetzungen des § 37 Abs. 2 vorliegen. Andererseits ist der Arbeitgeber, soweit die Freizustellenden verbindlich feststehen, zur Freistellung verpflichtet (*Fitting* § 38 Rn. 58; *Glock/HWGNRH* § 38 Rn. 28). Bei vorsätzlichem Verstoß gegen diese Verpflichtung kommt die Sanktion des § 23 Abs. 3 in Betracht, unter Umständen auch eine Bestrafung nach § 119 Abs. 1 Nr. 2 (*Fitting* § 38 Rn. 58; *Glock/HWGNRH* 38 Rn. 28; *Wedde/DKKW* § 38 Rn. 46). Auch kann die Freistellung durch einstweilige Verfügung durchgesetzt werden (*Fitting* § 38 Rn. 58; *Glock/HWGNRH* 38 Rn. 28; *Wedde/DKKW* § 38 Rn. 46). Zur Rechtsstellung der freigestellten Betriebsratsmitglieder vgl. Rdn. 88 ff.

66 Die Freistellung kann **ausdrücklich oder konkludent** erfolgen. Eine konkludente Freistellung liegt vor, wenn Arbeitgeber und Betriebsrat sich sofort über die **Personen der Freizustellenden einigen** und der Arbeitgeber nicht hinsichtlich der weiteren Umstände (etwa des Zeitpunkts der Freistellung) einen Vorbehalt erklärt (ähnlich *Fitting* § 38 Rn. 59; *Joost/* MünchArbR § 220 Rn. 59; *Wedde/DKKW* § 38 Rn. 46).

67 Nach **§ 38 Abs. 2 Satz 7 gilt** ferner das Einverständnis des Arbeitgebers mit den Freistellungen **als erteilt**, wenn er nicht innerhalb der Zwei-Wochen-Frist des § 38 Abs. 2 Satz 4 die Einigungsstelle anruft. Es wird also die **Freistellung fingiert**. Der Arbeitnehmer kann der Arbeit fernbleiben und sich der Betriebsratsarbeit widmen (*Fitting* § 38 Rn. 59; *Richardi/Thüsing* § 38 Rn. 42; *Wedde/DKKW* § 38 Rn. 45; **a. M.** *Dütz* DB 1976, 1428 [1434]; *Wiese* 6. Aufl., § 38 Rn. 49; die stets eine Freistellungserklärung verlangen). Die **Fiktionswirkung greift, soweit die nicht angerufene Einigungsstelle zuständig** gewesen wäre, also in Bezug auf die sachliche Vertretbarkeit der Auswahlentscheidung (dazu Rdn. 71 ff.). Hinsichtlich der Anzahl der freizustellenden Betriebsratsmitglieder besteht

zwar keine Zuständigkeit der Einigungsstelle (*BAG* 09.10.1973 EzA § 38 BetrVG 1972 Nr. 6 S. 35 f. = AP Nr. 6 zu § 38 BetrVG 1972; 26.06.1996 EzA § 38 BetrVG 1972 Nr. 15 S. 4 = AP Nr. 17 zu § 38 BetrVG 1972 = AR-Blattei ES 530.8, Nr. 27 *[Neumann]*), so dass an sich ein Unterlassen des Einigungsstellenverfahrens auch keine Fiktionswirkung herbeiführen kann (zutr. *Wiese* 6. Aufl., § 38 Rn. 49). Insoweit bedeutet aber das Schweigen des Arbeitgebers dessen **konkludentes Einverständnis**. Nach der ratio des § 38 Abs. 2 Satz 7 soll ersichtlich mit Ablauf von zwei Wochen Klarheit darüber bestehen, ob sich der Arbeitgeber gegen die Entscheidung des Betriebsrats stellt. Der Gesetzgeber wertet in diesem Fall das Schweigen des Arbeitgebers als Zustimmung. **Verweigert** der Arbeitgeber allerdings innerhalb der Frist die Freistellung aus Gründen, die im Einigungsstellenverfahren ohnehin nicht entschieden werden können, dann braucht er dieses auch nicht einzuleiten, um der Fiktionswirkung des § 38 Abs. 2 Satz 7 zu entgehen. Der Betriebsrat hat vielmehr ein **Beschlussverfahren** einzuleiten, in dem der Umfang der Freistellungsverpflichtung geklärt wird (vgl. dazu Rdn. 116). Notfalls ist die Freistellung im Wege einer **einstweiligen Verfügung** vorläufig zu erzwingen (zur ähnlichen Fallkonstellation beim Streit um die Freistellung eines Betriebsratsmitglieds zur Teilnahme an Schulungen nach § 37 Abs. 6 oder 7 vgl. § 37 Rdn. 308 ff.).

68 Aus den dargelegten Gründen ist auch hinsichtlich der Wirkung eines **Spruchs der Einigungsstelle** für die Freistellungserklärung zu differenzieren. Sofern der Arbeitgeber die Freistellung nicht rechtzeitig aus Gründen verweigert hatte, die außerhalb der Zuständigkeit der Einigungsstelle liegen, ist das Betriebsratsmitglied im Falle einer positiven Entscheidung der Einigungsstelle berechtigt, von der Arbeit fernzubleiben (generell für eine Fiktionswirkung *Richardi/Thüsing* § 38 Rn. 43; generell ablehnend *Glock/HWGNRH* § 38 Rn. 28; *Wiese* 6. Aufl., § 38 Rn. 49). Das gilt auch dann, wenn der Spruch der Einigungsstelle durch den Arbeitgeber gerichtlich angegriffen wird (*Richardi/Thüsing* § 38 Rn. 43). Der Einigungsstellenspruch vermag aber keine Freistellung zu bewirken, soweit die vom Arbeitgeber geltend gemachten Einwände außerhalb der Zuständigkeit der Einigungsstelle liegen.

e) Einigungsstellenverfahren, § 38 Abs. 2 Satz 4 bis 7

aa) Anrufung der Einigungsstelle

69 Hält der **Arbeitgeber** eine **Freistellung** der Gewählten für **sachlich nicht vertretbar**, so kann er binnen einer Ausschlussfrist von zwei Wochen die Einigungsstelle anrufen (§ 38 Abs. 2 Satz 4). Damit soll eine schnelle und betriebsnahe Entscheidung ermöglicht werden (vgl. amtliche Begründung, BR-Drucks. 715/70, S. 41; Bericht 10. Ausschuss, zu BT-Drucks. VI/2729, S. 14). Die Frist beginnt mit dem Zugang der Mitteilung des Betriebsrats, in der dem Arbeitgeber die Namen der Freizustellenden bekannt gegeben wurden (vgl. § 130 BGB). Der erste Tag der Frist ist somit der auf den Zugang folgende Tag (§ 187 Abs. 1 BGB). Die Frist endet mit Ablauf von zwei Wochen an dem Tag, der demjenigen entspricht, an welchem dem Arbeitgeber die Mitteilung zugegangen ist (§ 188 Abs. 2 BGB); bei Fristbeginn an einem Montag endet die Frist mit Ablauf des Montags der übernächsten Woche. Fällt allerdings der letzte Tag der Frist auf einen Sonntag, einen staatlich anerkannten allgemeinen Feiertag oder einen Sonnabend, so tritt an die Stelle dieses Tages der nächste Werktag (§ 193 BGB). Unterlässt der Arbeitgeber die Anrufung, so gilt sein Einverständnis mit den Freistellungen nach Ablauf der zweiwöchigen Frist als erteilt (§ 38 Abs. 2 Satz 7; vgl. Rdn. 67). Zur Frage, ob dann noch das Arbeitsgericht angerufen werden kann, vgl. Rdn. 118 a. E. Zur Frage, ob bei Betriebsratsmitgliedern, die zugleich **Tendenzträger** i. S. d. § 118 Abs. 1 sind, der Arbeitgeber ausnahmsweise auch ohne Einigungsstellenverfahren eine Freistellung verweigern darf, vgl. *Poeck* Tendenzträger als Betriebsräte und Sprecherausschussmitglieder (Diss. Freiburg), 2011, S. 96 ff. sowie § 118 Rdn. 180.

70 Die Wahrung der Frist wird in der Regel nur möglich sein, wenn eine **ständige Einigungsstelle** errichtet worden ist (§ 76 Abs. 1 Satz 2). Der Antrag des Arbeitgebers muss dann vor Fristablauf beim Vorsitzenden der Einigungsstelle eingegangen sein. Ist dagegen die **Einigungsstelle** nach § 76 Abs. 1 Satz 1 **erst zu bilden**, so ist die Frist als gewahrt anzusehen, wenn der Antrag auf Bildung und Entscheidung der Einigungsstelle vor Fristablauf dem Vorsitzenden des Betriebsrats (vgl. § 26 Abs. 2 Satz 2) zugegangen ist (*Fitting* § 38 Rn. 63; *Glock/HWGNRH* § 38 Rn. 41; *Richardi/Thüsing* § 38 Rn. 35; **a. M.** *Gnade* AuR 1973, 43 [44], der verlangt, es müsse vom Arbeitgeber zumindest auch der Vorsitzende der Einigungsstelle vorgeschlagen werden; ebenso *Wedde/DKKW* § 38 Rn. 50). Zur Rechtsfolge bei Versäumung der Ausschlussfrist vgl. Rdn. 67.

bb) Gegenstand des Einigungsstellenverfahrens

71 Das Gesetz definiert nicht, wann eine Freistellung **sachlich nicht mehr vertretbar** ist. Da der Umfang der Freistellungen sich bereits aus dem Gesetz ergibt oder durch Tarifvertrag bzw. Betriebsvereinbarung vorgegeben sein kann, bezieht sich die Wahl der freizustellenden Betriebsratsmitglieder durch den Betriebsrat ebenfalls zunächst nur auf deren Auswahl. Dementsprechend betrifft auch die Frage der sachlichen Vertretbarkeit nur die **personelle Auswahlentscheidung**, so dass auch nur insoweit eine Zuständigkeit der Einigungsstelle besteht (*BAG* 09.10.1973 EzA § 38 BetrVG 1972 Nr. 6 S. 35 f. = AP Nr. 6 zu § 38 BetrVG 1972; 26.06.1996 EzA § 38 BetrVG 1972 Nr. 15 S. 4 = AP Nr. 17 zu § 38 BetrVG 1972 = AR-Blattei ES 530.8, Nr. 27 *[Neumann]*; *Fitting* § 38 Rn. 60; *Richardi/Thüsing* § 38 Rn. 38). Darüber hinaus hat der Betriebsrat einen gewissen Entscheidungsspielraum hinsichtlich der Frage, ob **Voll- oder auch Teilfreistellungen** vorgenommen werden (vgl. Rdn. 40). Auch hier hat deshalb der Arbeitgeber die Möglichkeit, die Einigungsstelle anzurufen, wenn er die Teilfreistellung eines bestimmten Betriebsratsmitglieds generell oder in der vom Betriebsrat vorgesehenen Form für sachlich nicht vertretbar hält (*Fitting* § 38 Rn. 14, 60; *Löwisch* DB 2001, 1734 [1743]; **a. M.** *Gillen/Vahle* BB 2006, 2749). Bei der sachlichen Vertretbarkeit geht es dann jeweils darum, ob in Bezug auf die personelle Auswahlentscheidung oder die Art der Freistellung die **betrieblichen Notwendigkeiten** vom Betriebsrat nicht hinreichend beachtet worden sind. Zu deren Beachtung ist der Betriebsrat verpflichtet (*Fitting* § 38 Rn. 61). Das folgt aus dem Grundsatz der vertrauensvollen Zusammenarbeit nach **§ 2 Abs. 1**, der hinsichtlich der Berücksichtigung betrieblicher Notwendigkeiten im Rahmen der Geschäftsführung des Betriebsrats seine gesetzliche Konkretisierung und Anerkennung in § 30 Satz 2 und § 37 Abs. 6 Satz 3 gefunden hat (*Raab* § 30 Rdn. 5 ff., sowie § 37 Rdn. 286).

72 Betriebliche **Notwendigkeiten** sind nicht mit betrieblichen Interessen oder Bedürfnissen gleichzusetzen; der Betriebsrat muss sich nicht daran orientieren, was für den Betrieb zweckmäßig ist, vielmehr sind ihm nur beim Vorliegen **dringender betrieblicher Gründe**, die den **zwingenden Vorrang vor** seinem Interesse an der **Freistellung** gerade **dieses Betriebsratsmitglieds** haben, Grenzen gesetzt (vgl. *Raab* § 30 Rdn. 7; ähnlich *Fitting* § 38 Rn. 61; *Glock/HWGNRH* § 38 Rn. 43; **a. M.** *Richardi/Thüsing* § 38 Rn. 39). Deshalb kommt nicht jede Erschwerung des Betriebsablaufs oder Unannehmlichkeit für den Arbeitgeber in Betracht, die stets ohnehin mit Freistellung verbunden sein kann. Bei einer Teilfreistellung reicht die bloße Geltendmachung betrieblicher Gründe i. S. d. § 8 Abs. 4 TzBfG noch nicht aus, um dem Maßstab des § 38 Abs. 2 Satz 4 Genüge zu tun (*Fitting* § 38 Rn. 61; *Greßlin* Teilzeitbeschäftigte Betriebsratsmitglieder, S. 200 f.). Dringende betriebliche Gründe liegen aber vor, wenn Betriebsratsmitglieder freigestellt werden sollen, die nicht oder nur mit unverhältnismäßigem Aufwand an ihrem Arbeitsplatz zu ersetzen sind (z. B. ein Gebietsverkaufsleiter mit 20 v. H. des Unternehmensumsatzes; vgl. *LAG Baden-Württemberg* vom 09.01.1976 – 5 Ta BV 12/75 – n. v.), oder wenn durch die Freistellung mehrerer Betriebsratsmitglieder einer Arbeitsgruppe oder Abteilung entsprechende Schwierigkeiten entstehen (*Fitting* § 38 Rn. 61; *Wedde/DKKW* § 38 Rn. 48).

73 Ob bei Abwägung der Interessen des Betriebs und des Betriebsrats die **betrieblichen Notwendigkeiten berücksichtigt** worden sind, ist eine **Rechtsfrage** (*Glock/HWGNRH* § 38 Rn. 44; *Henssler* RdA 1991, 268 [272 f.]; **a. M.** *Kreft/WPK* § 38 Rn. 31). Da § 38 Abs. 2 Satz 4 nicht zu entnehmen ist, der Gesetzgeber habe die Anrufung der Einigungsstelle nur bei Beeinträchtigung betrieblicher Notwendigkeiten zulassen wollen, kann der Arbeitgeber den Freistellungsbeschluss als sachlich nicht vertretbar auch dann angreifen, wenn er die betrieblichen Interessen in anderer Weise besser gewahrt sieht und deshalb den Beschluss für **unzweckmäßig** hält. In diesem Falle läge eine **Regelungsstreitigkeit** vor. Die Einigungsstelle ist daher sowohl für die Entscheidung von Rechts- als auch von Regelungsstreitigkeiten zuständig (*Dütz/Schulin* ZfA 1975, 103 [120]). Die Entscheidungskompetenz der Einigungsstelle ist jedoch im Wesentlichen deckungsgleich mit der Beschlusskompetenz des Betriebsrats, so dass sie den durch § 38 Abs. 1 gezogenen Rahmen einhalten muss (*LAG Hamm* 23.11.1972 EzA § 38 BetrVG 1972 Nr. 1 S. 3). Hinsichtlich des Verhältnisses zum arbeitsgerichtlichen Beschlussverfahren vgl. Rdn. 118.

Freistellungen § 38

Der **Arbeitgeber braucht den Beschluss nur insoweit anzugreifen**, wie er ihn **sachlich für nicht** 74
vertretbar hält. Er kann sich deshalb darauf beschränken, die Einigungsstelle wegen der Freistellung eines bestimmten Betriebsratsmitglieds anzurufen (*Fitting* § 38 Rn. 64; *Glock/HWGNRH* § 38 Rn. 42; *Richardi/Thüsing* § 38 Rn. 39; *Wedde/DKKW* § 38 Rn. 49).

cc) Maßstäbe für den Spruch der Einigungsstelle

Die **Einigungsstelle entscheidet** gemäß § 76 Abs. 5 Satz 3 unter angemessener Berücksichtigung 75
der betrieblichen Belange und des Interesses des Betriebsrats an der Freistellung der von ihm bezeichneten Betriebsratsmitglieder **nach billigem Ermessen** (*Jacobs* § 76 Rdn. 132 f.). Soweit es um die **Rechtsfrage** geht, ob der Betriebsrat die betrieblichen Notwendigkeiten berücksichtigt hat (vgl. Rdn. 71, 73), ist kein Ermessens-, sondern nur ein Beurteilungsspielraum gegeben. Die Einigungsstelle kann den Beschluss des Betriebsrats bestätigen oder hat, wenn sie ihn für sachlich nicht vertretbar hält, selbst eine abweichende Regelung zu treffen (im Ergebnis ebenso *Fitting* § 38 Rn. 66; *Glock/HWGNRH* § 38 Rn. 45; *Richardi/Thüsing* § 38 Rn. 40; *Wedde/DKKW* § 38 Rn. 51 f.). Ihr **Spruch ersetzt** in beiden Fällen die **fehlende Einigung** zwischen Arbeitgeber und Betriebsrat (§ 38 Abs. 2 Satz 5). Auch wenn sie den Beschluss des Betriebsrats bestätigt, trifft sie daher eine Regelung (*ArbG Heilbronn* 16.05.1975 BB 1976, 552) und keine reine Rechtsentscheidung. Mit der Entscheidung der Einigungsstelle stehen, vorbehaltlich der Anrufung des Arbeitsgerichts (vgl. Rdn. 78), die Personen der Freizustellenden fest. Zur Freistellung selbst vgl. Rdn. 64 ff.

Nach § 38 Abs. 2 Satz 6 hat die **Einigungsstelle**, falls sie die Bedenken des Arbeitgebers bestätigt, bei 76
der Bestimmung eines anderen freizustellenden Betriebsratsmitglieds **auch** den **Minderheitenschutz** i. S. d. Satz 1 zu beachten (vgl. dazu auch *Voss* Minderheitslisten, S. 64 f.). Da der Spruch der Einigungsstelle die fehlende Einigung zwischen Arbeitgeber und Betriebsrat ersetzt (vgl. Rdn. 75), diese also die endgültige Entscheidung über die Person der oder des Freizustellenden trifft, soll der vom Gesetzgeber gewollte Minderheitenschutz nicht durch diese Entscheidung unterlaufen werden. Das wäre ohne die Regelung des § 38 Abs. 2 Satz 6 denkbar, wenn die nach § 76 Abs. 2 Satz 1 vom Betriebsrat mit einfacher Mehrheit bestimmten Beisitzer der Einigungsstelle allein die Betriebsratsmehrheit repräsentieren. Die frühere Fassung verwies auch auf den in den Sätzen 2 und 3 a. F. geregelten Gruppenschutz. Nachdem dieser mit der Abschaffung der Gruppenwahl im Jahre 2001 durch das **BetrVerf-Reformgesetz** weggefallen ist, bezieht sich der Minderheitenschutz auf Fälle der Verhältniswahl: Wenn ein Repräsentant einer im Betriebsrat vertretenen Minderheitsliste infolge sachlicher Unvertretbarkeit seiner Freistellung zu ersetzen ist, dann ist vorrangig zu prüfen, ob nicht ein anderes Mitglied dieser Liste freigestellt werden kann (vgl. auch *Fitting* § 38 Rn. 68).

Die Vorschrift des § 38 Abs. 2 Satz 6 ist jedoch **nicht** in dem Sinne zwingend, dass der nach Satz 1 zu 77
beachtende Minderheitenschutz der **alleinige Maßstab** für die Entscheidung der Einigungsstelle wäre (so aber wohl *Buchner* NZA 1989, Beil. Nr. 1, S. 2 [4]; wie hier *Fitting* § 38 Rn. 67; *Richardi/Thüsing* § 38 Rn. 40; *Voss* Minderheitslisten, S. 64 f.; *Wedde/DKKW* § 38 Rn. 52). Andernfalls käme es nicht zu einer Entscheidung über die Person des Freizustellenden, sondern nur zu einem »Zwischenspruch« über die Berechtigung der Bedenken des Arbeitgebers, wenn keine oder keine geeigneten Betriebsratsmitglieder der Minderheit zur Verfügung stünden (so aber *Glock/HWGNRH* § 38 Rn. 45; *Joost/MünchArbR* § 220 Rn. 62; *Richardi* AuR 1986, 33 [38]; wie hier *Fitting* § 38 Rn. 67; *Wedde/DKKW* § 38 Rn. 53; *Kreft/WPK* § 38 Rn. 30 im Gegensatz zu DB 1989, 111 [115]). Das würde dem primären Zweck des § 38 widersprechen, durch Freistellungen eine effektive Betriebsratsarbeit zu gewährleisten. Nach dem eindeutigen Gesetzestext hat der Betriebsrat den Minderheitenschutz deshalb nicht ausschließlich, sondern »auch« zu berücksichtigen. Vorrangig hat deshalb die Einigungsstelle bei ihrer Entscheidung unter angemessener Berücksichtigung der Belange des Betriebs und des Betriebsrats (vgl. Rdn. 75) darauf zu achten, dass die **Bestimmung eines anderen freizustellenden Betriebsratsmitglieds sachlich vertretbar** ist (vgl. auch *Fitting* § 38 Rn. 68). Unerheblich ist, ob es bei der Wahl durch den Betriebsrat zu den Nominierten gehörte. Entsprechendes gilt für die Berücksichtigung des Minderheitenschutzes, sofern das vom Arbeitgeber abgelehnte freizustellende Betriebsratsmitglied nach den Grundsätzen der Verhältniswahl gewählt wurde. Auch hier kann die Einigungsstelle unter den dargelegten Voraussetzungen daher ein Betriebsratsmitglied einer anderen Liste bestimmen. Dabei sind analog § 25 Abs. 2 Satz 2 die Listen in der Reihenfolge zu berücksichtigen,

§ 38

wie nach den Grundsätzen der Verhältniswahl Sitze auf sie entfallen (vgl. auch *Engels/Natter* BB 1989, Beil. Nr. 8, S. 1 [23]; *Fitting* § 38 Rn. 68; *Kreft/WPK* § 38 Rn. 30; *Wedde/DKKW* § 38 Rn. 53; a. M. *Glock/HWGNRH* § 38 Rn. 45).

dd) Rechtskontrolle durch das Arbeitsgericht

78 Der Spruch der Einigungsstelle unterliegt einer umfassenden **Rechtskontrolle durch das Arbeitsgericht** (*LAG Baden-Württemberg* 26.10.2007 – 5 TaBV 1/07 – juris, Rn. 37; vgl. zum Ganzen *Jacobs* § 76 Rdn. 145 ff.). Der Arbeitgeber (oder Betriebsrat) kann sich darauf beschränken, die Überschreitung der Grenzen des Ermessens durch die Einigungsstelle geltend zu machen; dies muss binnen einer Frist von zwei Wochen geschehen (§ 76 Abs. 5 Satz 4; zur Begründungsfrist vgl. *BAG* 22.05.1979 EzA § 76 BetrVG 1972 Nr. 35 S. 197 = AP Nr. 16 zu § 76 BetrVG 1972 Bl. 3). Macht er dagegen geltend, die betrieblichen Notwendigkeiten seien von der Einigungsstelle nicht berücksichtigt worden, so handelt es sich nicht um eine Regelungs-, sondern um eine Rechtsfrage (vgl. Rdn. 73), über die die Arbeitsgerichte im Beschlussverfahren entscheiden (vgl. auch *Fitting* § 38 Rn. 107; *Glock/HWGNRH* § 38 Rn. 74). Dennoch ist auch in diesem Falle ebenso wie bei der gerichtlichen Überprüfung einer Rechtsentscheidung der Einigungsstelle nach § 37 Abs. 6 und 7 (vgl. § 37 Rdn. 305) analog § 76 Abs. 5 Satz 4 die Einhaltung der Zwei-Wochen-Frist zu verlangen (ebenso *Richardi/Thüsing* § 38 Rn. 41; a. M. *Glock/HWGNRH* § 38 Rn. 74); andernfalls bleibt die Regelung des Beschlusses über die Person(en) des (der) Freizustellenden verbindlich. Bei anderen Mängeln des Beschlusses kann dieser jedoch unbefristet gerichtlich angegriffen werden (vgl. § 37 Rdn. 305). Zur Frage, ob die Wahl der Freizustellenden vor Anrufung der Einigungsstelle vor dem Arbeitsgericht angegriffen werden kann, vgl. Rdn. 118.

8. Beendigung der Freistellung

79 Die Freistellung bestimmter Betriebsratsmitglieder gilt in der Regel für die **Dauer** der **Amtszeit** des **Betriebsrats**. Sie endet daher in jedem Falle mit der Amtszeit des Betriebsrats (§ 21) und dessen Auflösung (§ 23 Abs. 1 Satz 1). Sie endet ferner mit dem **Erlöschen der Mitgliedschaft im Betriebsrat** (§ 24), weil nur Betriebsratsmitglieder freigestellt werden können (vgl. Rdn. 53). Die Amtsenthebung eines Betriebsratsmitglieds kann nicht analog § 23 Abs. 1 nur auf die Aufhebung der Freistellung beschränkt werden. Dafür besteht auch insofern kein Bedürfnis, als der Betriebsrat das für die Freistellung gewählte Betriebsratsmitglied jederzeit wieder abberufen kann (vgl. Rdn. 81). Mit dem Ausscheiden eines freigestellten Betriebsratsmitglieds aus dem Betriebsrat rückt das Ersatzmitglied nach § 25 Abs. 1 Satz 1 nur in dessen Rechtsstellung als Betriebsratsmitglied nach, ist jedoch nicht selbst ipso iure freigestellt (*Richardi/Thüsing* § 25 Rn. 28). Zur Frage, wie in einem solchen Fall der frei gewordene Freistellungsplatz zu bestimmen ist, vgl. Rdn. 83 ff.

80 Die Auswahl durch den Betriebsrat kann aber auch von vornherein **zeitlich begrenzt** werden. Ebenso kann später eine zunächst unbefristete Freistellung z. B. wegen länger dauernder Verhinderung eines Freigestellten oder auf Wunsch des Arbeitgebers durch Abberufung seitens des Betriebsrats beendet werden (*BAG* 29.07.1982 EzA § 81 ArbGG 1979 Nr. 2 = AP Nr. 5 zu § 83 ArbGG 1979 m. w. N. sowie zur Durchführung der Abberufung Rdn. 81). Da ein Betriebsratsmitglied grundsätzlich nicht verpflichtet ist, sich freistellen zu lassen (vgl. Rdn. 54), kann es auch später sein **Einverständnis** formlos **widerrufen**, um seine berufliche Tätigkeit wieder aufzunehmen (*Fitting* § 38 Rn. 70; *Richardi/Thüsing* § 38 Rn. 46; *Wedde/DKKW* § 38 Rn. 55). Allerdings kann es rechtsmissbräuchlich und eine Amtspflichtverletzung i. S. d. § 23 Abs. 1 sein, wenn ein freigestelltes Betriebsratsmitglied ohne Rücksicht auf die Belange des Betriebsrats nicht für eine reibungslose Übertragung der von ihm wahrgenommenen Aufgaben auf seinen Nachfolger sorgt und bis dahin gegebenenfalls die Beendigung der Freistellung aufschiebt (vgl. auch *Fitting* § 38 Rn. 70). In allen Fällen der Beendigung einer Freistellung ist in dem nach § 38 Abs. 2 vorgesehenen Verfahren ein anderes Betriebsratsmitglied freizustellen. Die Beendigung der Freistellung lässt die Rechtsstellung des Betriebsratsmitglieds im Übrigen unberührt.

81 Im Falle der **jederzeit möglichen Abberufung** gilt nach § 38 Abs. 2 Satz 8 die Vorschrift des § 27 Abs. 1 Satz 5 entsprechend. Die Abberufung erfolgt durch den Betriebsrat. Sie beendet lediglich die

Freistellung, nicht die Mitgliedschaft im Betriebsrat. Die Abberufung erfolgt in einer Sitzung des Betriebsrats (*Raab* § 27 Rdn. 30). Im Übrigen kommt es darauf an, ob die Freigestellten nach den Grundsätzen der Verhältniswahl (§ 38 Abs. 2 Satz 1) oder der Mehrheitswahl (§ 38 Abs. 2 Satz 2) gewählt worden sind (vgl. Rdn. 58, 62). Bei Auswahl der Freigestellten nach den Grundsätzen der **Verhältniswahl** bedarf die Abberufung einer Mehrheit von drei Vierteln der Stimmen des Betriebsrats in geheimer Abstimmung (*Fitting* § 38 Rn. 73; vgl. im Einzelnen *Raab* § 27 Rdn. 31 f.). Wäre die Abberufung eines in Verhältniswahl bestimmten Betriebsratsmitglieds mit einfacher Mehrheit möglich, wäre der Minderheitenschutz nicht gewährleistet. Werden die freizustellenden Betriebsratsmitglieder insgesamt neu gewählt, so sollen allerdings nach einer Entscheidung des *BAG* vom 29.04.1992 (EzA § 38 BetrVG 1972 Nr. 13 S. 7 f. = AP Nr. 15 zu § 38 BetrVG 1972; vgl. auch *LAG Düsseldorf* 05.08.2004 LAGE § 38 BetrVG 2001 Nr. 1; *LAG Hamburg* 07.08.2012 – 2 TaBV 2/12 – juris, Rn. 30; *LAG Niedersachsen* 12.12.2005 – 5 TaBV 16/05 – juris, Rn. 69 ff.; zust. *Wolmerath*/NK-GA § 38 BetrVG Rn. 14; *Kreft*/*WPK* § 38 Rn. 23; *Reichold*/*HWK* § 38 BetrVG Rn. 24; *Sturm* Betriebsratsmitglieder, S. 37; *Richardi*/*Thüsing* § 38 Rn. 48) im Gegensatz zu einer Entscheidung desselben Senats vom 13.11.1991 (EzA § 27 BetrVG 1972 Nr. 7 S. 11 f. = AP Nr. 3 zu § 27 BetrVG 1972) zur gleichgelagerten Problematik des § 27 Abs. 1 Satz 5 die neu gewählten an die Stelle der früher gewählten Betriebsratsmitglieder treten, ohne dass diese erst mit qualifizierter Mehrheit des Betriebsrats abberufen werden müssten (offen gelassen von *BAG* 20.04.2005 – 7 ABR 47/04 – EzA § 38 BetrVG 2001 Nr. 3 S. 4 = AP Nr. 29 zu § 38 BetrVG 1972; zur Nachwahl vgl. noch Rdn. 86). Indessen waren die nach Maßgabe des § 38 Abs. 2 erfolgten Freistellungen wirksam und können daher nach den zwingenden Vorschriften des § 38 Abs. 2 Satz 8 i. V. m. § 27 Abs. 1 Satz 5 nur in dem vom Gesetz vorgesehenen Verfahren durch Abberufung wieder beendet werden (*Fitting* § 38 Rn. 75). Nur wenn die Neuwahl aller freizustellenden Betriebsratsmitglieder in geheimer Abstimmung und auch **mit der erforderlichen Mehrheit** erfolgt ist, kann in dieser Wahl zugleich eine Abberufung der bisher Gewählten gesehen werden, so dass in diesem Fall die neu Gewählten ausnahmsweise unmittelbar an deren Stelle treten (*BAG* 13.11.1991 EzA § 27 BetrVG 1972 Nr. 7 S. 11 f. = AP Nr. 3 zu § 27 BetrVG 1972; 20.04.2005 – 7 ABR 44/04 – EzA § 38 BetrVG 2001 Nr. 4 S. 8 = AP Nr. 30 zu § 38 BetrVG 1972; *Fitting* § 38 Rn. 75). Sind die Freigestellten in **Mehrheitswahl** gewählt worden, genügt für die Abberufung ein Beschluss des Betriebsrats mit einfacher Stimmenmehrheit, der keine geheime Abstimmung erfordert, sofern diese nicht vorher beschlossen wird (*Raab* § 27 Rdn. 33 f.).

Nach Maßgabe des § 2 Abs. 1 kann der **Arbeitgeber verlangen**, dass die **Freistellung** eines bestimmten Betriebsratsmitglieds **aufgehoben** und stattdessen ein anderes Betriebsratsmitglied freigestellt wird (*Witt* Die betriebsverfassungsrechtliche Kooperationsmaxime und der Grundsatz von Treu und Glauben [Diss. Mannheim], S. 120 f.; a. M. *LAG Düsseldorf* 26.09.1989 LAGE § 38 BetrVG 1972 Nr. 4 S. 3 im Falle eines teilzeitbeschäftigten freigestellten Betriebsratsmitglieds; *Fitting* § 38 Rn. 74). Mit der Einigung über die Person der Freizustellenden oder mit einem Einigungssurrogat (Spruch der Einigungsstelle oder Fristablauf nach § 38 Abs. 2 Satz 5 bis 7) ist die Auswahl der Freizustellenden für die Dauer der Amtszeit des Betriebsrats an sich beendet. Es ist jedoch nicht auszuschließen, dass ein bisher freigestelltes Betriebsratsmitglied später für eine Schlüsselposition im Betrieb dringend benötigt wird. Hier muss der Arbeitgeber nach § 2 Abs. 1 jedenfalls dann die Aufhebung der Freistellung verlangen dürfen, wenn die Aufgaben des bisher freigestellten Betriebsratsmitglieds ebenso gut von einem anderen Betriebsratsmitglied wahrgenommen werden können. Der Betriebsrat würde rechtsmissbräuchlich handeln, wenn er auf der Freistellung des Betriebsratsmitglieds beharren würde (§ 2 Abs. 1 BetrVG; § 242 BGB). Da es sich um einen Rechtsanspruch des Arbeitgebers auf Aufhebung der Freistellung handelt, hat darüber das Arbeitsgericht im Beschlussverfahren zu entscheiden (a. M. *Galperin*/*Löwisch* § 38 Rn. 34; *Kreft*/*WPK* § 38 Rn. 33: Einigungsstelle). Für die Auswahl eines anderen freizustellenden Betriebsratsmitglieds gilt das gleiche Verfahren wie bei einer Erstbestellung. Im Streitfall ist die Einigungsstelle zuständig.

9. Verfahren bei Ersatzfreistellungen und Nachwahlen

Bei Beendigung der Freistellung eines Betriebsratsmitglieds (vgl. Rdn. 79 ff.) ist ein **anderes Betriebsratsmitglied** freizustellen. Außerdem kann der Betriebsrat bei Verhinderung eines freigestellten Betriebsratsmitglieds für längere Zeit (vgl. Rdn. 49 f.) oder bei Erhöhung der Beschäftigtenzahl einen Anspruch auf zusätzliche Freistellung eines **weiteren Betriebsratsmitglieds** haben. Gleiches galt in bestimmten Fallkonstellationen auch infolge der Erhöhung der Zahlenstaffeln des § 38 Abs. 1 Satz 1 durch das **BetrVerf-Reformgesetz** aus dem Jahre 2001 (vgl. Rdn. 21). In allen diesen Fällen stellt sich die Frage, auf welchem Wege die Ersatzfreistellung oder die Nachwahl zu erfolgen hat. In Betracht kommen eine vorsorgliche Wahl von ersatzweise oder zusätzlich freizustellenden Betriebsratsmitgliedern, ein automatisches Nachrücken des oder der listennächsten Betriebsratsmitglieder in analoger Anwendung des § 25 Abs. 2, eine isolierte Nachwahl des freizustellenden Mitglieds im Wege der Mehrheitswahl sowie schließlich eine Neuwahl sämtlicher freizustellender Betriebsratsmitglieder im Wege der Verhältniswahl. Für die Lösung ist zwischen den Fällen der **Ersatzfreistellung** und denen der Nachwahl bei **Erhöhung der Freistellungsquote** zu unterscheiden.

a) Ersatzfreistellung

84 Wie bei der Wahl von Ersatzmitgliedern des Betriebsausschusses (*Raab* § 27 Rdn. 40 ff.) ist zunächst eine **vorsorgliche Wahl** von ersatzweise freizustellenden Betriebsratsmitgliedern nach § 38 denkbar (*Fitting* § 38 Rn. 47; *Kreft/WPK* § 38 Rn. 21; *Peter* AiB 2002, 282 [285]; *Wedde/DKKW* § 38 Rn. 60; **a. M.** *Richardi/Thüsing* § 38 Rn. 50). Zwar ist nicht abzusehen, ob und wann eine Ersatzfreistellung vorzunehmen ist. Weder der Betriebsrat noch der Arbeitgeber noch die Einigungsstelle können auch beurteilen, ob die Freistellung dieses Betriebsratsmitglieds über den ganzen Zeitraum einer vierjährigen Amtszeit sachlich vertretbar sein wird. Einer vorsorglichen Wahl ersatzweise freizustellender Betriebsratsmitglieder ist aber nur betriebsratsinterne Bedeutung beizumessen, so dass der Arbeitgeber vor der **Einigungsstelle** betriebsbedingte Gründe, die der Freistellung entgegenstehen, geltend machen kann, sobald er Mitteilung über die Beendigung einer Freistellung und die Benennung des ersatzweise oder zusätzlich freizustellenden Betriebsratsmitglieds erhält. Zu einer derartigen Mitteilung ist der Betriebsrat nach § 2 Abs. 1 als verpflichtet anzusehen. Die Ausschlussfrist des § 38 Abs. 2 Satz 4 beginnt in einem solchen Fall erst mit dem Zeitpunkt des Zugangs der Mitteilung an den Arbeitgeber.

85 Fehlt eine solche Vorkehrung durch vorsorgliche Wahl und waren die freigestellten Betriebsratsmitglieder nach den Grundsätzen der **Mehrheitswahl** gewählt worden, so rückt in analoger Anwendung des § 25 Abs. 2 Satz 3 das Mitglied nach, auf das bei der früheren Wahl die nächst höhere Anzahl der Stimmen entfallen war (*Fitting* § 38 Rn. 49; *Koch*/ErfK § 38 BetrVG Rn. 6; *Löwisch/LK* § 38 Rn. 28; zur analogen Anwendung von § 38 Abs. 2 Satz 3 bis 7 vgl. Rdn. 86). § 15 Abs. 2 muss allerdings nicht berücksichtigt werden (*Fitting* § 38 Rn. 49). Es kann auch eine isolierte Nachwahl nach den Grundsätzen des Mehrheitswahlrechts erfolgen (*Fitting* § 38 Rn. 49).

86 Waren hingegen die Freigestellten nach den Grundsätzen der **Verhältniswahl** gewählt, so würde eine isolierte Nachwahl nach den Grundsätzen der Mehrheitswahl (so *LAG* Berlin 09.06.1995 LAGE § 38 BetrVG 1972 Nr. 7; *LAG* Nürnberg 19.11.1997 BB 1998, 427; *LAG* Bremen 22.02.2000 LAGE § 38 BetrVG 1972 Nr. 9; *Däubler* DB 2001, 1669) den Geboten des Minderheitenschutzes zuwiderlaufen (*BAG* 20.04.2005 EzA § 38 BetrVG 2001 Nr. 3 S. 6 = AP Nr. 29 zu § 38 BetrVG 1972). Die Minderheit hätte keine Chance, wiederum einen eigenen Vorschlag durchzubringen, wenn nunmehr das Ersatzmitglied mit einfacher Stimmenmehrheit zu wählen wäre. Vielmehr ist in einem solchen Fall **§ 25 Abs. 2 Satz 1** analog anzuwenden, so dass auf der Liste des ausgeschiedenen Betriebsratsmitglieds die nächsten Bewerber nachrücken (*BAG* 25.04.2001 EzA § 38 BetrVG 1972 Nr. 18 S. 5 ff. = AP Nr. 8 zu § 25 BetrVG 1972 [*Wiese*] = SAE 2002, 102 [*Wolff*]; 14.11.2001 EzA § 38 BetrVG 1972 Nr. 19 S. 3 = AP Nr. 24 zu § 38 BetrVG 1972 Bl. 2; 20.04.2005 EzA § 38 BetrVG 2001 Nr. 3 S. 5 = AP Nr. 29 zu § 38 BetrVG 1972; *LAG* Hamburg 07.08.2012 – 2 TaBV 2/12 – juris, Rn. 38; *Fitting* § 38 Rn. 50 ff.; *Greßlin* Teilzeitbeschäftigte Betriebsratsmitglieder, S. 229 ff.; *Koch*/ErfK § 38 BetrVG Rn. 6; *Löwisch/LK* § 38 Rn. 27; *Kreft/WPK* § 38 Rn. 23; *Wedde/DKKW* § 38 Rn. 61; *Voss* Minderheitslisten, S. 63 f.; für eine Nachwahl aller freizustellenden Betriebsratsmitglieder nach den Grundsätzen der Verhältniswahl *Richardi/Thüsing* § 38 Rn. 50). Allerdings kann der Arbeitgeber wie im Falle vorsorglicher Wahl das **Einigungsstellenverfahren** einleiten, wenn er die Freistellung des nachrückenden Betriebsratsmitglieds für sachlich nicht vertretbar hält. **§ 38 Abs. 2 Satz 3 bis 7 ist analog** anzuwenden. Ist allerdings die jeweilige **Vorschlagsliste** des ausgeschiedenen Betriebsratsmitglieds **erschöpft**, so kann eine **isolierte Nachwahl** nur der Ersatzfreistellung nach den Grundsätzen der **Mehrheitswahl** erfolgen, da der Minderheitenschutz nicht weiter reicht als der Wahlvorschlag

Freistellungen § 38

(*BAG* 28.10.1992 EzA § 38 BetrVG 1972 Nr. 14 S. 3 ff. = AP Nr. 16 zu § 38 BetrVG 1972; 25.04.2001 EzA § 38 BetrVG 1972 Nr. 18 S. 5 ff. = AP Nr. 8 zu § 25 BetrVG 1972 *[Wiese]* = SAE 2002, 102 *[Wolff]*; 14.11.2001 EzA § 38 BetrVG 1972 Nr. 19 S. 3 = AP Nr. 24 zu § 38 BetrVG 1972 Bl. 2; 20.04.2005 EzA § 38 BetrVG 2001 Nr. 3 S. 5 = AP Nr. 29 zu § 38 BetrVG 1972; *Koch/ErfK* § 38 BetrVG Rn. 6; *Löwisch/LK* § 38 Rn. 27; *Wedde/DKKW* § 38 Rn. 60; **a. M.** *Fitting* § 38 Rn. 53 f. [Mehrheitswahl erst bei Erschöpfung aller Vorschlagslisten]; *Voss* Minderheitenlisten, S. 63 f.; *Wiese* Anm. AP Nr. 8 zu § 25 BetrVG Bl. 7 ff.; *Wolff* Anm. SAE 2002, 102 [104]; *ders.* Anm. EWiR § 25 BetrVG 1/02, 649). Eine gesonderte Nachwahl eines ersatzweise freizustellenden Betriebsratsmitglieds ist schließlich auch dann zulässig, wenn **sämtliche Betriebsratsmitglieder dem zustimmen** (*Fitting* § 38 Rn. 55; *Raab* § 27 Rdn. 50).

b) Nachwahl bei Erhöhung der Freistellungsquote

Im Falle einer Nachwahl aus Anlass einer Erhöhung der Freistellungsquote (Rdn. 21) ist eine **Neuwahl aller freizustellenden Betriebsratsmitglieder** durchzuführen, wenn ursprünglich nach den Grundsätzen der Verhältniswahl gewählt worden war. Eine analoge Anwendung der Vorschrift des § 25 scheidet hier aus, da es nicht um das Nachrücken von Ersatzmitgliedern in die Freistellung geht, sondern um die zusätzliche Freistellung von Betriebsratsmitgliedern, die bisher noch nicht gewählt worden waren und auf deren Wahl sich die ursprünglichen Wahlvorschläge nicht bezogen hatten (*BAG* 20.04.2005 EzA § 38 BetrVG 2001 Nr. 3 S. 6 = AP Nr. 29 zu § 38 BetrVG 1972; *Fitting* § 38 Rn. 16). Auch eine vorsorgliche Regelung ist aus dem gleichen Grund nicht möglich (*BAG* 20.04.2005 EzA § 38 BetrVG 2001 Nr. 3 S. 6 = AP Nr. 29 zu § 38 BetrVG 1972). War ursprünglich nach dem Mehrheitswahlsystem gewählt worden, können die neuen Mitglieder isoliert nach dem Mehrheitswahlsystem nachgewählt werden (*Fitting* § 38 Rn. 16; **a. M.** *Richardi/Thüsing* § 38 Rn. 12: Freistellung der zuvor bei der Mehrheitswahl nicht berücksichtigten Kandidaten in der Reihenfolge ihrer Stimmen). 87

10. Rechtsstellung der freigestellten Betriebsratsmitglieder

a) Betriebsratstätigkeit und arbeitsvertragliche Pflichten

Mit der Freistellung ist das Betriebsratsmitglied für deren Dauer allein von der durch den **Arbeitsvertrag festgelegten Funktion (Arbeitspflicht) entbunden** (vgl. Rdn. 8 f.); die übrigen Pflichten aus dem Arbeitsverhältnis – z. B. hinsichtlich der Ordnung des Betriebs – bleiben bestehen (*BAG* 22.08.1974 EzA § 103 BetrVG 1972 Nr. 6 S. 30 *[Schlüter]* = AP Nr. 1 zu § 103 BetrVG 1972 Bl. 6 R *[Hueck]*; 17.10.1990 EzA § 40 BetrVG 1972 Nr. 65 S. 5 = AP Nr. 8 zu § 108 BetrVG 1972 Bl. 2 R; 10.07.2013 EzA § 38 BetrVG 2001 Nr. 5 Rn. 20 = AP Nr. 32 zu § 38 BetrVG 1972; *LAG Berlin* 16.10.1995 LAGE § 15 KSchG Nr. 13 S. 5; *Fitting* § 38 Rn. 77; *Glock/HWGNRH* § 38 Rn. 47, 51; *Natzel* NZA 2000, 77 f.; *Richardi/Thüsing* § 38 Rn. 51; *Wedde/DKKW* § 38 Rn. 66). Auch sonst bleibt die arbeitsvertragliche Rechtsstellung des Freigestellten unberührt, soweit nicht Sondervorschriften eingreifen (z. B. Kündigungsschutz nach § 15 KSchG, § 103 BetrVG). Die Freistellung eines Betriebsratsmitglieds von der beruflichen Tätigkeit nach § 38 macht deshalb auch eine Urlaubsgewährung nicht entbehrlich. Für die Dauer des Urlaubs ist das Betriebsratsmitglied von der Verpflichtung zur Erfüllung von Betriebsratsaufgaben befreit. Die Dauer des Urlaubsanspruchs entspricht derjenigen ohne Freistellung (*BAG* 20.08.2002 EzA § 38 BetrVG 2001 Nr. 1 S. 7 = AP Nr. 27 zu § 38 BetrVG 1972 Bl. 2; *Fitting* § 38 Rn. 89; vgl. auch *BAG* 07.11.2007 AP Nr. 2 zu § 107 BPersVG zum Anspruch eines Personalratsmitglieds auf Zusatzurlaub für Wechselschichtarbeit). 88

Das **Direktionsrecht** des Arbeitgebers ist hinsichtlich der Arbeitspflicht **suspendiert**. Für die Zeit der Freistellung fehlt deshalb einem Betriebsratsmitglied auch das Rechtsschutzbedürfnis für eine Klage gegen den Arbeitgeber, sein Direktionsrecht in einer bestimmten Art und Weise auszuüben, etwa für eine Leistungsklage auf behindertengerechte Beschäftigung (*BAG* 23.09.2014 EzA § 38 BetrVG 2001 Nr. 6 Rn. 11 = AP Nr. 33 zu § 38 BetrVG 1972). Das Betriebsratsmitglied kann und muss sich ausschließlich seinen **Betriebsratsaufgaben** widmen bzw. sich für anfallende Betriebsratstätigkeiten bereitzuhalten (*BAG* 17.10.1990 EzA § 40 BetrVG 1972 Nr. 65 S. 5 = AP Nr. 8 zu § 108 BetrVG 1972 Bl. 2 R; 28.08.1991 EzA § 40 BetrVG 1972 Nr. 66 S. 6 = AP Nr. 39 zu § 40 89

§ 38 II. 3. *Geschäftsführung des Betriebsrats*

BetrVG 1972); hierbei ist es Weisungen des Arbeitgebers nicht unterworfen (*Fitting* § 38 Rn. 77, *Richardi/Thüsing* § 38 Rn. 52; *Wedde/DKKW* § 38 Rn. 66). Es handelt im Rahmen seiner durch das Betriebsverfassungsgesetz und die Beschlüsse des Betriebsrats festgelegten Rechtsstellung. Auch der Vorsitzende des Betriebsrats hat keine Weisungsbefugnisse gegenüber dem Betriebsratsmitglied (*Fitting* § 38 Rn. 83; *Wedde/DKKW* § 38 Rn. 72). Zur Erwähnung einer Freistellung im Zeugnis vgl. *Brill* BB 1981, 616 (618 f.); *Witt* Die Erwähnung des Betriebsratsamts und der Freistellung im Arbeitszeugnis, in Liber Discipulorum, 1996, 189 ff. = BB 1996, 2194 ff. m. w. N.; vgl. zum Ganzen auch *Knipper* Das Arbeitsverhältnis des freigestellten Betriebsratsmitglieds, 1992.

90 Das freigestellte **Betriebsratsmitglied** ist **an** die **betriebliche Arbeitszeit gebunden** (*BAG* 31.05.1989 EzA § 37 BetrVG 1972 Nr. 100 S. 2 = AP Nr. 9 zu § 38 BetrVG 1972 Bl. 1 R; 28.08.1991 EzA § 40 BetrVG 1972 Nr. 66 S. 6 = AP Nr. 39 zu § 40 BetrVG 1972 Bl. 2 R.f.; *Fitting* § 38 Rn. 77; *Glock/HWGNRH* § 38 Rn. 48; *Natzel* NZA 2000, 77 f.; *Richardi/Thüsing* § 38 Rn. 52; *Wedde/DKKW* § 38 Rn. 66). Während dieser Arbeitszeit hat es zur Erfüllung seiner Betriebsratsaufgaben, soweit diese nicht außerhalb des Betriebs zu erfüllen sind, **am Sitz des Betriebsrats anwesend** zu sein (*BAG* 28.09.2016 – 7 AZR 248/14 – EzA § 37 BetrVG 2001 Nr. 27 Rn. 30 = AP Nr. 165 zu § 37 BetrVG 1972), so dass sich für bisher ausschließlich oder auch im Außendienst tätige Betriebsratsmitglieder insoweit der Leistungsort (§ 269 BGB) ändert (*BAG* 28.08.1991 EzA § 40 BetrVG 1972 Nr. 66 S. 6 = AP Nr. 39 zu § 40 BetrVG 1972; 13.06.2007 EzA § 40 BetrVG 2001 Nr. 13 [Rn. 14] = AP Nr. 31 zu § 38 BetrVG 1972; **a. M.** *ArbG Nienburg* 20.10.1999 AiB 2000, 289). Maßnahmen zur Anwesenheitskontrolle sind für freigestellte Betriebsratsmitglieder in gleicher Weise wie für andere Arbeitnehmer verbindlich, so dass z. B. Einrichtungen der Zeiterfassung auch von ihnen benutzt werden müssen (*LAG München* 02.02.2012 – 3 TaBV 56/11 – juris, Rn. 55; *Fitting* § 38 Rn. 77; *Glock/HWGNRH* § 38 Rn. 51; *Richardi/Thüsing* § 38 Rn. 52; *Wedde/DKKW* § 38 Rn. 66). Umgekehrt dürfen freigestellte Betriebsratsmitglieder auch nicht von Zeiterfassungssystemen ausgenommen werden, da sie ein Interesse daran haben, ihre Anwesenheit im Betrieb zu dokumentieren (*BAG* 10.07.2013 EzA § 38 BetrVG 2001 Nr. 5 Rn. 20 f. = AP Nr. 32 zu § 38 BetrVG 1972; 28.09.2016 – 7 AZR 248/14 – EzA § 37 BetrVG 2001 Nr. 27 Rn. 30 = AP Nr. 165 zu § 37 BetrVG 1972; *Fitting* § 38 Rn. 77). Besteht im Betrieb eine Betriebsvereinbarung über **Gleitzeit**, von der u. a. freigestellte Betriebsratsmitglieder ausgenommen sind, so haben diese zwar die betriebsübliche wöchentliche Arbeitszeit dem Umfang nach einzuhalten und ihre Anwesenheitszeiten im Betrieb vernünftig einzuteilen, sind aber nicht an feste Arbeitszeiten gebunden (*LAG Düsseldorf* 26.05.1993 LAGE § 38 BetrVG 1972 Nr. 6 S. 4 ff.). Werden **im Betrieb Überstunden** geleistet, braucht ein freigestelltes Betriebsratsmitglied während dieser Zeit nicht im Betrieb anwesend zu sein (*Glock/HWGNRH* § 38 Rn. 48; *Richardi/Thüsing* § 38 Rn. 53, 57).

91 **Im Rahmen der betrieblichen Arbeitszeit** kann das freigestellte Betriebsratsmitglied seine **Zeiteinteilung nach pflichtgemäßem Ermessen** unter Berücksichtigung seiner Aufgaben und Funktion selbst bestimmen. Dabei sind die mit dem Amt verbundenen Aufgaben, die Belange der Belegschaft und des Betriebes zu berücksichtigen, so dass es pflichtgemäßem Ermessen entspricht, wenn ein Großteil der Tätigkeit des Betriebsratsmitglieds zu einer Zeit verrichtet wird, in der der wesentliche Teil der Arbeitnehmer sowie der Arbeitgeber im Betrieb anwesend sind (*LAG Rheinland-Pfalz* 08.11.2007 – 9 TaBV 37/07 – juris, Rn. 21 ff.). Ebenso wie die Freistellung zur sachgemäßen Erfüllung der Betriebsratsaufgaben gegebenenfalls eine Änderung des ursprünglich festgelegten Leistungsorts bewirkt (vgl. Rdn. 90), richtet sich auch die **Lage** der **Arbeitszeit** eines freigestellten Betriebsratsmitglieds nicht mehr nach der ursprünglichen vertraglichen Vereinbarung, sondern nach dem Maßstab der Betriebsratsarbeit. Einer entsprechenden Vereinbarung mit dem Arbeitgeber bedarf es deshalb nicht (vgl. auch *LAG Hamm* 20.03.2009 – 10 Sa 1407/08 – juris, Rn. 79 f.; *Fitting* § 38 Rn. 78; *Kreft/WPK* § 38 Rn. 38; *Wedde/DKKW* § 38 Rn. 66 f.; **a. M.** *Glock/HWGNRH* § 38 Rn. 48; *Greßlin* Teilzeitbeschäftigte Betriebsratsmitglieder, S. 181 ff.; *Joost/MünchArbR* § 220 Rn. 69).

92 Wird die **Anwesenheitspflicht missachtet**, verletzt das Betriebsratsmitglied nicht nur seine Amtspflicht, sondern zugleich seinen Arbeitsvertrag (*BAG* 22.08.1974 EzA § 103 BetrVG 1972 Nr. 6 S. 31 [*Schlüter*] = AP Nr. 1 zu § 103 BetrVG 1972 Bl. 7 [*Hueck*]; *LAG Berlin* 16.10.1995 LAGE § 15 KSchG Nr. 13 S. 5; **a. M.** *Glock/HWGNRH* § 38 Rn. 53 f.). Außerdem verliert es für die Zeit der unterblie-

benen Betriebsratstätigkeit seinen Anspruch auf das Arbeitsentgelt (*BAG* 22.08.1974 EzA § 103 BetrVG 1972 Nr. 6 S. 31 *[Schlüter]* = AP Nr. 1 zu § 103 BetrVG 1972 Bl. 7 *[Hueck]*; 28.09.2016 – 7 AZR 248/14 – EzA § 37 BetrVG 2001 Nr. 27 Rn. 30 = AP Nr. 165 zu § 37 BetrVG 1972; *Fitting* § 38 Rn. 79; *Joost*/MünchArbR § 220 Rn. 66; *Richardi*/*Thüsing* § 38 Rn. 59; **a. M.** *Glock*/ *HWGNRH* § 38 Rn. 54). Entsprechendes gilt, wenn das Betriebsratsmitglied keine erforderliche Betriebsratstätigkeit ausübt (*BAG* 21.07.1978 EzA § 37 BetrVG 1972 Nr. 60 S. 272 = AP Nr. 4 zu § 38 BetrVG 1972 Bl. 2; 19.05.1983 EzA § 37 BetrVG 1972 Nr. 77 S. 375 f. *[Weiss]* = AP Nr. 44 zu § 37 BetrVG 1972 Bl. 1 R; 31.05.1989 EzA § 37 BetrVG 1972 Nr. 100 S. 2 = AP Nr. 9 zu § 38 BetrVG 1972 Bl. 1 f. für Betriebsratstätigkeiten außerhalb des Betriebs; 10.07.2013 EzA § 38 BetrVG 2001 Nr. 5 Rn. 20 = AP Nr. 32 zu § 38 BetrVG 1972).

93 Da ein gänzlich freigestelltes Betriebsratsmitglied uneingeschränkt von seiner Arbeitspflicht entbunden ist, scheidet mangels tatsächlicher Voraussetzungen eine **Abmeldung am Arbeitsplatz** aus. Aber auch teilweise – z. B. für Stunden – freigestellte Betriebsratsmitglieder brauchen sich nicht abzumelden, wenn sie nur die zeitlich festliegende Befreiung von der beruflichen Tätigkeit in Anspruch nehmen. War diese Zeit jedoch nicht festgelegt – z. B. bei einer mehrstündigen Freistellung pro Woche ohne Zeitangabe – oder muss das Betriebsratsmitglied während seiner Arbeitszeit zusätzlich nach Maßgabe des § 37 Abs. 2 Arbeitsbefreiung in Anspruch nehmen, so ist die Abmeldung erforderlich.

94 Da ein freigestelltes Betriebsratsmitglied an die betriebliche Ordnung gebunden ist, muss es sich **beim Verlassen des Betriebs** während der Arbeitszeit **abmelden** (*BAG* 24.02.2016 EzA § 38 BetrVG 2001 Nr. 7 Rn. 14 f. = AP Nr. 34 zu § 38 BetrVG 1972; *Glock*/*HWGNRH* § 38 Rn. 51; *Joost*/ MünchArbR § 220 Rn. 68; *Richardi*/*Thüsing* § 38 Rn. 53; *Witt* Die betriebsverfassungsrechtliche Kooperationsmaxime und der Grundsatz von Treu und Glauben [Diss. Mannheim], S. 123; *Wedde*/DKKW § 38 Rn. 70; **a. M.** *Bitzer* BUV 1972, 125 [163]: nur bei längerer Abwesenheit; *Fitting* § 38 Rn. 82 verlangt eine Mitteilung an den Arbeitgeber nur bei Vorliegen besonderer Umstände). Auch muss das Betriebsratsmitglied auf Verlangen des Arbeitgebers den Nachweis führen, dass es außerhalb des Betriebs Betriebsratsaufgaben wahrnimmt (*Fitting* § 38 Rn. 82; *Joost*/MünchArbR § 220 Rn. 68; *Richardi*/*Thüsing* § 38 Rn. 53; **a. M.** *Wedde*/DKKW § 38 Rn. 70; vgl. auch *LAG Hamm* 19.12.1974 DB 1975, 698 [699], das eine nachträgliche Nachweispflicht bejaht).

95 Die **Freistellung dient nur** der **ordnungsgemäßen Wahrnehmung** von **Aufgaben des Betriebsrats** (*BAG* 21.07.1978 EzA § 37 BetrVG 1972 Nr. 60 S. 272 = AP Nr. 4 zu § 38 BetrVG 1972 Bl. 1 Rf.; 19.05.1983 EzA § 37 BetrVG 1972 Nr. 77 S. 365 f. = AP Nr. 44 zu § 37 BetrVG 1972 Bl. 1 R [krit. *Weiss*]; 17.10.1990 EzA § 40 BetrVG 1972 Nr. 65 S. 5 = AP Nr. 8 zu § 108 BetrVG 1972 Bl. 2 R). Allerdings besteht eine gesetzliche **Vermutung** dafür, dass ein freigestelltes Betriebsratsmitglied ausschließlich Betriebsratstätigkeit ausübt oder sich hierzu bereithält (*BAG* 19.05.1983 EzA § 37 BetrVG 1972 Nr. 77 S. 376 = AP Nr. 44 zu § 37 BetrVG 1972 Bl. 1 R; vgl. auch *BAG* 31.05.1989 EzA § 37 BetrVG 1972 Nr. 100 S. 2 = AP Nr. 9 zu § 38 BetrVG 1972 Bl. 1 R; *LAG Düsseldorf* 26.05.1993 LAGE § 38 BetrVG 1972 Nr. 6 S. 6). Das Betriebsratsmitglied darf jedoch während der Freistellung keiner anderen Tätigkeit nachgehen (zust. *LAG Hamm* 19.12.1974 DB 1975, 698 [699]); anderenfalls läge eine nach § 78 Satz 2 unzulässige Begünstigung vor. Zur **Teilnahme an Schulungs- und Bildungsveranstaltungen** vgl. § 37 Rdn. 182, 245. Sollten vorübergehend keine aktuellen Betriebsratsaufgaben anfallen, ist die Zeit für die Weiterbildung im Betriebsverfassungsrecht durch Eigenstudium zu nutzen (vgl. dazu auch *Gamillscheg* II, S. 565). Übt ein Betriebsratsmitglied während der Freistellung **andere als Betriebsratstätigkeiten** aus, so handelt es **pflichtwidrig** und kann nach Maßgabe des § 23 Abs. 1 aus dem Betriebsrat ausgeschlossen werden (*Fitting* § 38 Rn. 84; *Richardi*/ *Thüsing* § 38 Rn. 59). Außerdem liegt eine **Verletzung des Arbeitsvertrages** vor (*Fitting* § 38 Rn. 84; *Richardi*/*Thüsing* § 38 Rn. 59; **a. M.** *Glock*/*HWGNRH* § 38 Rn. 53 f.). Die Freistellung erfolgt nur zur Wahrnehmung von Betriebsratsaufgaben, darf nur zu diesem Zweck erfolgen (§ 78 Satz 2), beschränkt die arbeitsvertraglichen Verpflichtungen der Arbeitnehmer nur insoweit und rechtfertigt die Entgeltzahlung nur unter der Voraussetzung, dass Betriebsratsaufgaben wahrgenommen werden (im Ergebnis ebenso *Fitting* § 38 Rn. 79). Zum Fortfall des Anspruchs auf das Arbeitsentgelt Rdn. 92.

96 Da der Arbeitgeber nur zur Freistellung des Betriebsratsmitglieds zum Zwecke der Wahrnehmung von Betriebsratsaufgaben verpflichtet ist, **kann** auch **er die Unterlassung einer anderen Tätigkeit wäh-**

rend der **Freistellung verlangen**. Dennoch ist das Betriebsratsmitglied nicht verpflichtet, laufend Rechenschaft über seine Tätigkeit abzulegen (*LAG Hamm* 19.12.1974 DB 1975, 698 [699]; *Fitting* § 38 Rn. 82; *Wedde/DKKW* § 38 Rn. 70). Nach § 2 Abs. 1 ist vielmehr davon auszugehen, dass ein freigestelltes Betriebsratsmitglied die ihm zur Verfügung stehende Zeit für die Erledigung seiner Amtsaufgaben nutzt (*LAG Düsseldorf* 26.05.1993 LAGE § 38 BetrVG 1972 Nr. 6 S. 6 f.; *Fitting* § 38 Rn. 82; vgl. auch Rdn. 90). Andererseits ist ein freigestelltes Betriebsratsmitglied nach § 2 Abs. 1 verpflichtet, dem Arbeitgeber Auskunft zu geben, falls der begründete Verdacht besteht, dass es während der Freistellung andere Tätigkeiten ausübt (*Richardi/Thüsing* § 38 Rn. 52; **a. M.** *Glock/HWGNRH* § 38 Rn. 53; weitergehend hält das *LAG Hamm* 19.12.1974 DB 1975, 698 [699] ein freigestelltes Betriebsratsmitglied stets für verpflichtet, auf Verlangen des Arbeitgebers den Nachweis zu führen, dass es sich der Erfüllung betriebsverfassungsrechtlicher Pflichten gewidmet hat).

b) Fortzahlung des Arbeitsentgelts

97 Das freigestellte Betriebsratsmitglied hat Anspruch auf das **Arbeitsentgelt**, das es ohne die Freistellung verdient hätte; es gilt also das **Lohnausfallprinzip** (vgl. § 37 Rdn. 64; *BAG* 18.09.1991 EzA § 37 BetrVG 1972 Nr. 109 S. 3 = AP Nr. 82 zu § 37 BetrVG 1972; 16.11.2011 EzA § 46 BPersVG Nr. 4 Rn. 15 = AP Nr. 28 zu § 46 BPersVG; *LAG Hamburg* 24.01.1977 DB 1977, 1097; *Fitting* § 38 Rn. 85; *Richardi/Thüsing* § 38 Rn. 56; *Wedde/DKKW* § 38 Rn. 73). Das folgt aus § 37 Abs. 2 als der Grundnorm jeder Befreiung von der beruflichen Tätigkeit (vgl. Rdn. 8 f.; **a. M.** *Aden* RdA 1980, 256 [258]; *Glock/HWGNRH* § 38 Rn. 56), ergibt sich aber mittelbar auch aus § 38 Abs. 3. Es kann daher auf die zu § 37 Abs. 2 (vgl. dort Rdn. 64 ff.) entwickelten Grundsätze verwiesen werden. Anspruchsgrundlage ist § 611a Abs. 2 BGB (vgl. § 37 Rdn. 66; *Natzel* NZA 2000, 77 [78]). Jedoch braucht nicht geprüft zu werden, ob Betriebsratstätigkeit erforderlich war (*BAG* 31.05.1989 EzA § 37 BetrVG 1972 Nr. 100 S. 2 = AP Nr. 9 zu § 38 BetrVG 1972 Bl. 1 R). Für den Entgeltanspruch genügt es, dass sich das freigestellte Betriebsratsmitglied im Betrieb aufgehalten, für anfallende Betriebsratstätigkeit bereitgehalten und diese ausgeübt hat (*LAG Hamm* 04.04.1990 LAGE § 37 BetrVG 1972 Nr. 36). Besondere Schwierigkeiten bereitet allerdings die Feststellung des individuellen Arbeitsentgelts bei langjährig freigestellten Betriebsratsmitgliedern. Deshalb ist bei ihnen vor allem nach § 37 Abs. 4 auf das Arbeitsentgelt vergleichbarer Arbeitnehmer mit betriebsüblicher beruflicher Entwicklung abzustellen (vgl. § 37 Rdn. 129 ff.; ebenso *Fitting* § 38 Rn. 85 f.; *Richardi/Thüsing* § 38 Rn. 56; **a. M.** *Glock/HWGNRH* § 38 Rn. 56). Zur **Schwerbehindertenvertretung** vgl. § 179 Abs. 4 Satz 1 SGB IX (bis 31.12.2017: § 96 Abs. 4 Satz 1 SGB IX) und dazu *BAG* 30.04.1987 EzA § 23 SchwbG Nr. 5 S. 4 = AP Nr. 110 zu § 99 BetrVG 1972 *(Zängel)*.

98 Bei der Berechnung des Arbeitsentgelts bleiben zwar **Entgeltzuschläge**, die vergleichbaren Arbeitnehmern zur Abgeltung **persönlicher Leistungen** gewährt werden, nach § 37 Abs. 4 außer Betracht, jedoch hat ein freigestelltes Betriebsratsmitglied nach § 37 Abs. 2 Anspruch auf Zuschläge und Zulagen, die es ohne die Arbeitsbefreiung verdient hätte (vgl. § 37 Rdn. 73 ff., 144; dort auch zur Kurzarbeit). Es kommt daher darauf an, dass es ohne die Freistellung z. B. Überstunden geleistet hätte, während es unerheblich ist, ob es im Rahmen der Betriebsratstätigkeit Überstunden geleistet hat (*BAG* 12.12.2000 EzA § 4 TVG Textilindustrie Nr. 11 S. 7 = AP Nr. 27 zu § 1 TVG Tarifverträge: Textilindustrie Bl. 4; *LAG Hamm* 11.02.1998 DB 1998, 1569; *LAG Hamburg* 24.01.1977 DB 1977, 1097; *Fitting* § 38 Rn. 88; *Koch/*ErfK § 38 BetrVG Rn. 10; *Löwisch/LK* § 38 Rn. 33; *Richardi/Thüsing* § 38 Rn. 57; *Wedde/DKKW* § 38 Rn. 74; vgl. auch *BAG* 29.06.1988 EzA § 37 BetrVG 1972 Nr. 97 S. 4 = AP Nr. 1 zu § 24 BPersVG Bl. 1 R f.). Leistet es jedoch außerhalb seiner Arbeitszeit zusätzliche Betriebsratsarbeit, so muss es sich auf den etwaigen Anspruch auf Freizeitausgleich nach § 37 Abs. 3 Satz 1 (vgl. Rdn. 100 ff.) die Zeit anrechnen lassen, für die es einen Überstundenzuschlag erhält (*Richardi/Thüsing* § 38 Rn. 57). Erst recht kommt insoweit kein zusätzlicher Mehrarbeitszuschlag nach § 37 Abs. 3 Satz 3 in Betracht, nicht nur, weil dies zu einer nach § 78 Satz 2 unzulässigen Begünstigung des Betriebsratsmitglieds führen würde (*LAG Hamburg* 24.01.1977 DB 1977, 1097 [1098]; *Fitting* § 38 Rn. 88; *Wedde/DKKW* § 38 Rn. 76; im Ergebnis auch *Richardi/Thüsing* § 38 Rn. 54), sondern auch, weil die Voraussetzungen dieser Vorschrift praktisch nie gegeben sein dürften (vgl. Rdn. 101). Zum Anspruch eines freigestellten Betriebsratsmitglieds auf Erstattung der Fahrtkosten zwischen Wohnort und Sitz des Stammbetriebs und Betriebsrats vgl. § 40 Rdn. 50.

Freistellungen § 38

Freigestellte Betriebsratsmitglieder ändern sozialversicherungsrechtlich ihre **Rechtsstel-** 99
lung nicht (*BSG* 25.11.1965 *E* 24, 123; *Fitting* § 38 Rn. 90; *Glock/HWGNRH* § 38 Rn. 64; *Wedde/ DKKW* § 38 Rn. 77).

c) Freizeitausgleich

Muss ein **freigestelltes Betriebsratsmitglied außerhalb seiner Dienstzeit Betriebsratsaufga-** 100
ben wahrnehmen, bestehen keinerlei Ausgleichsansprüche, falls dies betriebsratsbedingt ist (*BAG* 21.05.1974 EzA § 37 BetrVG 1972 Nr. 25 S. 102 f. = AP Nr. 14 zu § 37 BetrVG 1972 Bl. 2 f. [*Hueck*]; ferner § 37 Rdn. 101; **a. M.** *Wedde/DKKW* § 38 Rn. 69). Liegt es jedoch an **betriebsbedingten Gründen** (vgl. hierzu § 37 Rdn. 90 ff.), z. B. weil in einem Mehrschichtenbetrieb eine Betriebsratssitzung außerhalb der Dienstzeit des freigestellten Betriebsratsmitglieds abgehalten werden muss, so hat es analog § 37 Abs. 3 Satz 1 **Anspruch auf Freizeitausgleich** unter Fortzahlung des Arbeitsentgelts (im Ergebnis ebenso *BAG* 21.05.1974 EzA § 37 BetrVG 1972 Nr. 25 S. 102 f. = AP Nr. 14 zu § 37 BetrVG 1972 Bl. 2 f.; vgl. auch *BAG* 12.12.2000 EzA § 4 TVG Textilindustrie Nr. 11 S. 7; 28.09.2016 – 7 AZR 248/14 – EzA § 37 BetrVG 2001 Nr. 27 Rn. 33 ff. = AP Nr. 165 zu § 37 BetrVG 1972; *Fitting* § 38 Rn. 81; *Glock/HWGNRH* § 38 Rn. 57; *Greßlin* Teilzeitbeschäftigte Betriebsratsmitglieder, S. 237; *Reichold/HWK* § 38 BetrVG Rn. 30; *Wedde/DKKW* § 38 Rn. 69). Die abweichende Ansicht, welche § 37 Abs. 3 für unanwendbar hält und dem freigestellten Betriebsratsmitglied bei jeder Überschreitung der Dienstzeit, auch wenn sie nicht auf betriebsbedingten Gründen beruht, das Recht gibt, einen Freizeitausgleich vorzunehmen (*Richardi/Thüsing* § 38 Rn. 54), ist abzulehnen, weil sie zu einer nicht gerechtfertigten Begünstigung der freigestellten gegenüber anderen Betriebsratsmitgliedern führen würde (*BAG* 28.09.2016 – 7 AZR 248/14 – EzA § 37 BetrVG 2001 Nr. 27 Rn. 33 ff. – = AP Nr. 165 zu § 37 BetrVG 1972).

Da das Betriebsratsmitglied bereits von der Arbeit freigestellt ist, kommt eine Arbeitsbefreiung durch 101
den Arbeitgeber nicht in Betracht; das **Betriebsratsmitglied kann deshalb selbst bestimmen,**
wann es den Freizeitausgleich vornimmt (*Fitting* § 38 Rn. 81; *Richardi/Thüsing* § 38 Rn. 55; *Wedde/DKKW* § 38 Rn. 69). Da es sich in diesem Falle nicht an die betriebliche Arbeitszeit hält (vgl. hierzu Rdn. 90), ist es nach § 2 Abs. 1 als verpflichtet anzusehen, darauf hinzuweisen, dass es dies zum Zwecke des Freizeitausgleichs tut. Ein Nachweis der Betriebsratstätigkeit dürfte dagegen überflüssig sein, weil bei einer aus betriebsbedingten Gründen anfallenden zusätzlichen Betriebsratsarbeit diese offenkundig sein dürfte. Die Bedeutung des § 37 Abs. 3 beschränkt sich in diesem Falle darauf, dass das Betriebsratsmitglied rechtmäßig handelt, wenn es seine Dienstzeit verkürzt, und dass der Arbeitgeber das Arbeitsentgelt fortzuzahlen hat.

Analog § 37 Abs. 3 Satz 3 hat das Betriebsratsmitglied den **Freizeitausgleich innerhalb eines Mo-** 102
nats vorzunehmen. Betriebsbedingte Gründe werden dem in aller Regel nicht entgegenstehen, so dass eine Mehrarbeitsvergütung nicht praktisch werden dürfte (zust. *Jacobs/Frieling* ZfA 2015, 241 [245 f.]; vgl. auch *BAG* 12.12.2000 EzA § 4 TVG Textilindustrie Nr. 11 S. 6 f.). Prinzipiell ist sie aber denkbar (*Fitting* § 38 Rn. 81; *Reichold/HWK* § 38 BetrVG Rn. 30; *Richardi/Thüsing* § 38 Rn. 55).

d) Arbeitsentgelt- und Tätigkeitsschutz

Die freigestellten genießen wie alle Betriebsratsmitglieder den Entgelt- und Tätigkeitsschutz nach 103
§ 37 Abs. 4 und 5 (vgl. § 37 Rdn. 128 ff.). Da sie jedoch in noch stärkerem Maße als die übrigen Betriebsratsmitglieder durch ihre Amtstätigkeit in ihrer beruflichen Entwicklung behindert werden und ein besonderes Schutzbedürfnis gegen eine wirtschaftliche und berufliche Benachteiligung gegenüber vergleichbaren Arbeitnehmern des Betriebs besteht (vgl. amtliche Begründung, BR-Drucks. 715/70, S. 41; Bericht 10. Ausschuss, zu BT-Drucks. VI/2729, S. 24), wird nach § 38 Abs. 3 der in § 37 Abs. 4 und 5 vorgesehene Zeitraum von einem Jahr auf **zwei Jahre** nach Ablauf der Amtszeit erhöht, **falls** die Betriebsratsmitglieder **drei volle aufeinander folgende Amtszeiten freigestellt** waren.

Unter **Freistellung** ist im Gegensatz zur Arbeitsbefreiung nach § 37 Abs. 2 die ständige Entbindung 104
von der durch den Arbeitsvertrag festgelegten Funktion (Arbeitspflicht) zu verstehen (vgl. Rdn. 8). Wenn nach § 38 Abs. 1 Satz 3 statt der in § 38 Abs. 1 Satz 1 und 2 vorgesehenen völligen nur eine teil-

weise Freistellung vorgesehen ist, wäre das nicht ausreichend, weil der Arbeitnehmer dann in der Regel weder seinen Arbeitsplatz aufzugeben braucht noch eine Berufsentfremdung eintritt (*Greßlin* Teilzeitbeschäftigte Betriebsratsmitglieder, S. 242 f.; *Richardi/Thüsing* § 38 Rn. 61; bei Teilfreistellungen auf den Einzelfall abstellend aber: *Fitting* § 38 Rn. 93; für Analogie zu Abs. 3 und 4: *Wedde/DKKW* § 38 Rn. 79 f.; für direkte Anwendung: *Wolmerath*/HaKo § 38 Rn. 16). Außerdem wäre es durchaus denkbar, dass eine nur teilweise Freistellung zeitlich der Arbeitsbefreiung nach § 37 Abs. 2 entspricht, so dass eine unterschiedliche Behandlung der freigestellten und nicht freigestellten Betriebsratsmitglieder einträte, die nicht zu rechtfertigen wäre.

105 Die **Freistellung** muss **drei volle aufeinander folgende Amtszeiten** betragen haben. Eine **volle** Amtszeit ist die regelmäßige Amtszeit des Betriebsrats von **vier Jahren** (§ 21 Satz 1). Sie ist nicht gegeben, wenn der Betriebsrat nach § 13 Abs. 2 außerhalb der regelmäßigen Betriebsratswahlen zu wählen ist. In allen dort unter Nr. 1 bis 5 aufgeführten Fällen hat der bisherige Betriebsrat keine volle, weil keine vierjährige Amtszeit gehabt. Entsprechendes gilt für den an seiner Stelle neu gewählten Betriebsrat (§ 13 Abs. 3 Satz 1, § 21 Satz 3; ebenso *Fitting* § 38 Rn. 94; *Glock/HWGNRH* § 38 Rn. 60; *Wedde/DKKW* § 38 Rn. 81; **a. M.** *Kreft/WPK* § 38 Rn. 44; *Richardi/Thüsing* § 38 Rn. 62). Hat hingegen die Amtszeit des Betriebsrats zu Beginn des für die regelmäßigen Betriebsratswahlen festgelegten Zeitraums noch nicht ein Jahr betragen und ist der nächste regulär zu wählende Betriebsrat erst in dem übernächsten Zeitraum der regelmäßigen Betriebsratswahlen neu zu wählen (§ 13 Abs. 3 Satz 2), dann handelt es sich bei der ersten Amtszeit um eine volle – sogar verlängerte – Amtszeit (ebenso *Fitting* § 38 Rn. 94; *Glock/HWGNRH* § 38 Rn. 60; *Richardi/Thüsing* § 38 Rn. 62; *Wedde/DKKW* § 38 Rn. 81).

106 Hatte ein Betriebsrat aufgrund vorzeitiger Neuwahl eine verkürzte Amtszeit und ebenso der neu gewählte Betriebsrat eine entsprechend verkürzte bis zum Ende des Zeitraums der regelmäßigen Betriebsratswahlen (§ 13 Abs. 3 Satz 1) und gehörte das freigestellte Betriebsratsmitglied **beiden Betriebsräten** an, so war es insoweit **eine volle Amtszeit** freigestellt (*Richardi/Thüsing* § 38 Rn. 62). Hatte der neu gewählte Betriebsrat eine verlängerte Amtszeit (§ 13 Abs. 3 Satz 2) und gehörte das freigestellte Betriebsratsmitglied auch dem bisherigen Betriebsrat an, so war es zwei volle Amtszeiten freigestellt (*Fitting* § 38 Rn. 94; *Richardi/Thüsing* § 38 Rn. 62; **a. M.** *Galperin/Löwisch* § 38 Rn. 43). Während der folgenden dritten Amtszeit muss das Betriebsratsmitglied wieder voll freigestellt gewesen sein, es sei denn, dass zwei verkürzte Amtszeiten zusammen eine volle ergeben; eine verkürzte Amtszeit für sich allein reicht nicht aus (**a. M.** *Richardi/Thüsing* § 38 Rn. 62).

107 Da das Betriebsratsmitglied **drei volle aufeinander folgende Amtszeiten** freigestellt gewesen sein muss, sind das in der Regel zwölf Jahre; es können aber unter den Voraussetzungen des § 13 Abs. 3 Satz 2, § 21 Satz 4 auch mehr sein (*Reichold/HWK* § 38 BetrVG Rn. 32). Es würde allerdings dem Sinn der Vorschrift widersprechen, wenn sich in diesem Falle die Verlängerung der ersten der drei Amtszeiten zu Lasten des Freigestellten auswirkte. War das Betriebsratsmitglied z. B. einige Wochen nach der Wahl des Betriebsrats als Ersatzmitglied (§ 25 Abs. 1 Satz 1) nachgerückt und freigestellt worden, so dass es auch dann noch insgesamt eine verlängerte erste Amtszeit hatte, und war es ferner zwei weitere volle Amtszeiten freigestellt, so sind die Voraussetzungen des § 38 Abs. 3 gegeben. Nur müssen es stets drei **aufeinander folgende Amtszeiten** gewesen sein, so dass es nicht genügt, wenn das Betriebsratsmitglied in verschiedenen Amtszeiten insgesamt drei volle Amtszeiten freigestellt war. Das Erlöschen der Mitgliedschaft im Betriebsrat nach § 24 Abs. 1 Nr. 2 bis 6 und damit die Beendigung der Freistellung unterbrechen die in § 38 Abs. 3 vorgesehene Frist. Nur ganz kurzfristige Zeiträume zwischen den Amtszeiten, die eine Wiedereingliederung in die berufliche Tätigkeit nicht ermöglichen, sind nach dem Sinn der Vorschrift unerheblich (*Fitting* § 38 Rn. 95; *Glock/HWGNRH* § 38 Rn. 61; *Richardi/Thüsing* § 38 Rn. 66; *Schneider* NZA 1984, 21 [23]; *Wedde/DKKW* § 38 Rn. 82).

108 **Der Anspruch entsteht nach Ablauf der Amtszeit**, mit der das **Mitglied** aus dem Betriebsrat **ausscheidet** (ebenso *Richardi/Thüsing* § 38 Rn. 64). **Unerheblich ist, ob das Betriebsratsmitglied zuletzt noch freigestellt war**, wenn es nur vorher drei volle aufeinander folgende Amtszeiten freigestellt war (*Wedde/DKKW* § 38 Rn. 83; *Wolmerath*/HaKo § 38 Rn. 16; **a. M.** *Fitting* § 38 Rn. 96; *Glock/HWGNRH* § 38 Rn. 62; *Kreft/WPK* § 38 Rn. 46; *Maschmann*/AR § 38 BetrVG Rn. 10; *Sturm* Betriebsratsmitglieder, S. 104; *Richardi/Thüsing* § 38 Rn. 64). Die abgelehnte Auffassung wäre unangemessen, wenn z. B. ein Betriebsratsmitglied drei volle Amtszeiten freigestellt gewesen wä-

Freistellungen § 38

re, in der folgenden vierten dagegen nicht, der Betriebsrat dann aber vor Ablauf von zwei Jahren nach § 13 Abs. 2 neu zu wählen wäre und das Betriebsratsmitglied nicht wiedergewählt würde (vgl. insoweit auch *Fitting* § 38 Rn. 96). Gleiches gilt, wenn in der vierten Amtszeit das Betriebsratsmitglied zwar nicht aus dem Betriebsrat ausschiede, aber seine Freistellung vorzeitig aufgehoben würde. Die abgelehnte Auffassung hätte auch zur Folge, dass ein freigestelltes Betriebsratsmitglied, um seine Ansprüche nach § 38 Abs. 3 nicht zu verlieren, nach Ablauf von drei vollen Amtszeiten entweder sich erneut freistellen lassen oder auf eine neue Kandidatur für den Betriebsrat verzichten müsste. Demgegenüber ist es unerheblich, dass ein nicht mehr freigestelltes Betriebsratsmitglied sich wieder in den Arbeitsablauf des Betriebs eingliedern kann. Die langjährige Freistellung über drei volle Amtszeiten wird die Eingliederung in besonderem Maße erschweren. Deshalb ist die Verlängerung der Schutzfrist des § 37 Abs. 4 und 5 durch § 38 Abs. 3 auch dann angemessen, wenn das Betriebsratsmitglied zuletzt nicht mehr freigestellt war.

e) Maßnahmen der Berufsbildung

Nach § 38 Abs. 4 Satz 1 dürfen **freigestellte Betriebsratsmitglieder** von inner- und außerbetrieblichen **Maßnahmen der Berufsbildung während ihrer Freistellung nicht ausgeschlossen** werden. Damit soll ihnen die spätere Wiederaufnahme der beruflichen Tätigkeit erleichtert und nach Möglichkeit gewährleistet werden, dass sie ihren früheren Arbeitskollegen in der beruflichen Entwicklung nicht nachstehen (*Fitting* § 38 Rn. 97; *Glock/HWGNRH* § 38 Rn. 65 f.). Für die **Vertretung der Schwerbehinderten** vgl. § 179 Abs. 5 SGB IX (bis 31.12.2017: § 96 Abs. 5 SGB IX). 109

Die Vorschrift enthält nur ein **Benachteiligungsverbot** zugunsten freigestellter Betriebsratsmitglieder, soweit Maßnahmen der Berufsbildung für die Arbeitnehmer des Betriebs inner- oder außerbetrieblich durchgeführt werden. Die freigestellten Betriebsratsmitglieder haben daher auch **keinen Anspruch** darauf, **bei der Auswahl der Teilnehmer bevorzugt** berücksichtigt zu werden. Sie sind so zu behandeln, als ob sie nicht freigestellt wären. Die Vorschrift des § 38 Abs. 4 Satz 1 konkretisiert damit lediglich § 78 Satz 2 und dient insoweit der Klarstellung (*LAG Berlin* 19.03.1985 ARSt. 1986, 21 [22]; *Fitting* § 38 Rn. 97 f.; *Glock/HWGNRH* § 38 Rn. 66; *Richardi/Thüsing* § 38 Rn. 65). 110

Haben allerdings **Betriebsratsmitglieder** wegen der Freistellung **nicht an der betriebsüblichen beruflichen Entwicklung teilnehmen können**, so ist ihnen innerhalb eines Jahres nach Beendigung der Freistellung im Rahmen der betrieblichen Möglichkeiten Gelegenheit zu geben, das nachzuholen (§ 38 Abs. 4 Satz 2). Insoweit handelt es sich im Gegensatz zu § 38 Abs. 4 Satz 1 um eine gezielte **Förderungsmaßnahme** zugunsten dieser Betriebsratsmitglieder, die allerdings nur dem Ausgleich der vorherigen Beeinträchtigung der beruflichen Entwicklung dient und damit wiederum ein Anwendungsfall des § 78 Satz 2 ist. Das kommt z. B. für Umschulungs- oder Fortbildungsmaßnahmen in Betracht. Voraussetzung ist daher, dass die unterbliebene berufliche Entwicklung durch die Amtstätigkeit des Betriebsratsmitglieds verursacht und nicht von diesem selbst – z. B. aus Nachlässigkeit – verschuldet wurde (*Fitting* § 38 Rn. 99; *Glock/HWGNRH* § 38 Rn. 68; *Richardi/Thüsing* § 38 Rn. 66; *Wedde/DKKW* § 38 Rn. 85). Auch eine nur kurzfristige Freistellung braucht keine Benachteiligung in der beruflichen Entwicklung zur Folge gehabt zu haben und begründet dann keinen Anspruch nach § 38 Abs. 4 Satz 2 (*Fitting* § 38 Rn. 100; *Glock/HWGNRH* § 38 Rn. 69). 111

Wegen des Ausgleichscharakters der Vorschrift ist **Bezugspunkt die betriebsübliche berufliche Entwicklung vergleichbarer Arbeitnehmer** (vgl. § 37 Rdn. 129 ff.). Das freigestellte Betriebsratsmitglied hat keinen Anspruch auf eine Besserstellung gegenüber vergleichbaren Arbeitnehmern (*Fitting* § 38 Rn. 99; *Glock/HWGNRH* § 38 Rn. 66; *Richardi/Thüsing* § 38 Rn. 66). 112

Der Anspruch ist nur **im Rahmen der Möglichkeiten des Betriebs** gegeben. Das gilt sowohl für betriebliche wie für außerbetriebliche Berufsbildungsmaßnahmen (*Fitting* § 38 Rn. 102; *Wedde/DKKW* § 38 Rn. 86). Sie müssen für den Betrieb hinsichtlich Art, Dauer und finanziellem Aufwand vertretbar sein (*Richardi/Thüsing* § 38 Rn. 66; *Wedde/DKKW* § 38 Rn. 86), so dass der Anspruch nicht besteht, wenn die unterbliebene berufliche Entwicklung nur mit unverhältnismäßigem Aufwand nachgeholt werden könnte. 113

Der Anspruch besteht nach § 38 Abs. 4 Satz 2 grundsätzlich **für die Dauer eines Jahres nach Beendigung** der **Freistellung**, nicht erst nach Beendigung der Amtszeit des Betriebsratsmitglieds (*Fitting* 114

§ 38 Rn. 100; *Richardi/Thüsing* § 38 Rn. 64; *Wedde/DKKW* § 38 Rn. 85). Der Anspruch ist unabhängig von der Dauer der Freistellung (*Fitting* § 38 Rn. 100; *Glock/HWGNRH* § 38 Rn. 69; *Richardi/Thüsing* § 38 Rn. 67; *Wedde/DKKW* § 38 Rn. 85). Er erhöht sich nach § 38 Abs. 4 Satz 3 auf einen Zeitraum von **zwei Jahren**, wenn das Betriebsratsmitglied **drei volle aufeinander folgende Amtszeiten freigestellt** war (§ 38 Abs. 4 Satz 3). Zur Berechnung dieses Zeitraums vgl. Rdn. 105 ff. Maßgebend ist ebenso wie nach § 38 Abs. 4 Satz 2 die Beendigung der Freistellung und nicht wie nach § 38 Abs. 3 die Beendigung der Amtszeit des Betriebsratsmitglieds (*Fitting* § 38 Rn. 101; *Richardi/Thüsing* § 38 Rn. 67; *Wedde/DKKW* § 38 Rn. 87).

115 Hat das Betriebsratsmitglied an Maßnahmen der Berufsbildung teilgenommen, hat es im Rahmen der betrieblichen Möglichkeiten nach § 37 Abs. 5, § 38 Abs. 3 Anspruch auf eine **entsprechende Beschäftigung** (*Fitting* § 38 Rn. 103; *Glock/HWGNRH* § 38 Rn. 71; *Richardi/Thüsing* § 38 Rn. 68; *Wedde/DKKW* § 38 Rn. 86).

III. Streitigkeiten

116 Über Rechtsstreitigkeiten aus der Anwendung des § 38 Abs. 1 und 2 – z. B. über die Zahl der Freistellungen, die Erforderlichkeit zusätzlicher Freistellungen und Ersatzfreistellungen, das Freistellungsverfahren oder den Spruch einer Einigungsstelle nach § 38 Abs. 2 Satz 4 bis 6 – entscheiden die Arbeitsgerichte im **Beschlussverfahren** (§ 2a Abs. 1 Nr. 1, Abs. 2, §§ 80 ff. ArbGG; vgl. u. a. *BAG* 22.05.1973 EzA § 38 BetrVG 1972 Nr. 4 S. 16 = AP Nr. 1 zu § 38 BetrVG 1972 Bl. 2 f.; 22.05.1973 EzA § 38 BetrVG 1972 Nr. 5 S. 22 *[Hanau]* = AP Nr. 2 zu § 38 BetrVG 1972 Bl. 1 R *[Richardi]*; *Fitting* § 38 Rn. 104; *Glock/HWGNRH* § 38 Rn. 74; *Richardi/Thüsing* § 38 Rn. 18, 37, 69). Zu Mängeln der Wahl vgl. Rdn. 63, *Raab* § 27 Rdn. 24 ff., zur Auslegung von Anträgen auf Feststellung der Unwirksamkeit der Wahl bzw. deren Anfechtung *Raab* § 26 Rdn. 76. Bei der Entscheidung über den unbestimmten Rechtsbegriff der Erforderlichkeit weiterer Freistellungen haben die Arbeitsgerichte einen gewissen **Beurteilungsspielraum** (*BAG* 09.10.1973 EzA § 38 BetrVG 1972 Nr. 6 S. 38 = AP Nr. 3 zu § 38 BetrVG 1972 Bl. 3 *[Buchner]*).

117 Die Überprüfung der Beschlüsse des Betriebsrats nach § 38 Abs. 2 – z. B. über die Aufhebung einer Freistellung – kann von einem **einzelnen** betroffenen **Betriebsratsmitglied** beantragt werden (*LAG Düsseldorf* 10.04.1975 DB 1975, 1897 [1898]; *Fitting* § 38 Rn. 106; *Glock/HWGNRH* § 38 Rn. 76; *Richardi/Thüsing* § 38 Rn. 70; *Wedde/DKKW* § 38 Rn. 90). Das Rechtsschutzinteresse entfällt aber, wenn das Betriebsratsgremium nicht mehr im Amt ist, dessen Wahl bezüglich der freizustellenden Betriebsratsmitglieder im Streit ist (*BAG* 21.06.2006 – 7 ABR 45/05 – juris). Eine im Betrieb vertretene **Gewerkschaft** ist nicht antragsbefugt (*BAG* 16.02.1973 EzA § 19 BetrVG 1972 Nr. 1 S. 5 = AP Nr. 1 zu § 19 BetrVG 1972 Bl. 1 R ff. *[Natzel]*; *LAG Düsseldorf* 10.04.1975 DB 1975, 1897 f.; vgl. auch *Raab* § 27 Rdn. 27; **a. M.** *Kreft/WPK* § 38 Rn. 19, 49: Verletzung des Minderheitenschutzes). Im Beschlussverfahren über eine Entscheidung der Einigungsstelle, nach der die Wahl eines freizustellenden Betriebsratsmitgliedes sachlich nicht vertretbar ist, ist (neben dem Betriebsrat als solchem) nur dasjenige einzelne Betriebsratsmitglied antragsbefugt, das in seiner Rechtsposition »Freistellung« durch den Spruch der Einigungsstelle betroffen ist. Andere Betriebsratsmitglieder, die an der Wahl teilgenommen hatten, sind nicht in ihren Rechten betroffen, da der Freistellungsanspruch dem Betriebsrat als kollektiver Anspruch zusteht und ein einzelnes Betriebsratsmitglied erst mit seiner Wahl einen individuellen Anspruch erlangt (*LAG Baden-Württemberg* 26.10.2007 – 5 TaBV 1/07 – juris, Rn. 32; vgl. auch Rdn. 10). Der **Arbeitgeber** ist antragsberechtigt, wenn der Betriebsrat eine über die Staffel des § 38 Abs. 1 Satz 1 hinausgehende Freistellung beschließt. Zum fehlenden Rechtsschutzbedürfnis bei einem Antrag auf Feststellung der Unwirksamkeit eines Beschlusses über die Freistellung von Betriebsratsmitgliedern nach deren Ausscheiden aus dem Betriebsrat vgl. *BAG* 29.07.1982 EzA § 81 ArbGG 1979 Nr. 2 = AP Nr. 5 zu § 83 ArbGG 1979.

118 Bei einem Streit darüber, ob die Wahl der Freizustellenden sachlich nicht vertretbar ist, entscheidet **zunächst** die **Einigungsstelle**, wenn der Arbeitgeber sie anruft (vgl. § 38 Abs. 2 Satz 4; vgl. Rdn. 69 ff.). Dabei handelt es sich um eine Rechtsstreitigkeit, soweit der Arbeitgeber meint, die betrieblichen Notwendigkeiten seien vom Betriebsrat nicht berücksichtigt worden (vgl. Rdn. 71 ff.).

Für Rechtsstreitigkeiten kann die Zuständigkeit der Arbeitsgerichte nicht ausgeschlossen werden (vgl. auch § 76 Abs. 7). Trotzdem ist der h. M. zuzustimmen, dass der Beschluss des Betriebsrats nicht sofort vor dem Arbeitsgericht angegriffen werden kann, sondern dass die Einigungsstelle zunächst angerufen werden muss, um über die Auswahl der Freizustellenden zu entscheiden (*Fitting* § 38 Rn. 107; *Glock/HWGNRH* § 38 Rn. 75). Erst der Spruch der Einigungsstelle schafft eine verbindliche Regelung, die einer arbeitsgerichtlichen Kontrolle zugänglich ist, während die Wahl der Freizustellenden lediglich eine Vorstufe dazu bildet (zust. *LAG Baden-Württemberg* 26.10.2007 – 5 TaBV 1/07 – juris, Rn. 33). Für eine eigenständige gerichtliche Überprüfung dieser einseitigen Vorentscheidung fehlt das Rechtsschutzbedürfnis (vgl. auch § 37 Rdn. 313). Hat der Arbeitgeber die Frist zur Anrufung der Einigungsstelle verstreichen lassen, kann er nicht mehr so das Arbeitsgericht mit der Begründung anrufen, die betrieblichen Notwendigkeiten seien nicht berücksichtigt worden (*Fitting* § 38 Rn. 65), weil es ihm freisteht, auf die Berücksichtigung betrieblicher Notwendigkeiten zu verzichten und mit dem Fristversäumnis die Einigung über die Personen der Freizustellenden fingiert wird (vgl. Rdn. 67). Zur Rechtskontrolle des Spruchs der Einigungsstelle durch das Arbeitsgericht vgl. Rdn. 78.

Bei Streitigkeiten zwischen Arbeitgeber und Betriebsratsmitglied über Fortzahlung des Arbeitsentgelts nach § 37 Abs. 2, über arbeitsvertragliche Pflichten während der Freistellung und über Ansprüche nach § 38 Abs. 3 und 4 entscheiden die Arbeitsgerichte im **Urteilsverfahren**, weil es sich um individualrechtliche Streitigkeiten handelt (vgl. § 2 Abs. 1 Nr. 3 Buchst. a, Abs. 5, §§ 46 ff. ArbGG; *Fitting* § 38 Rn. 110; *Glock/HWGNRH* § 38 Rn. 73; *Richardi/Thüsing* § 38 Rn. 71; vgl. auch § 37 Rdn. 314 ff.). Zur Unbestimmtheit eines Urteils, durch das ein Arbeitgeber lediglich zur »Weiterbeschäftigung« eines freigestellten Betriebsratsmitglieds verurteilt wird, vgl. *LAG Berlin* 08.01.1993 LAGE § 888 ZPO Nr. 27. **119**

§ 39
Sprechstunden

(1) Der Betriebsrat kann während der Arbeitszeit Sprechstunden einrichten. Zeit und Ort sind mit dem Arbeitgeber zu vereinbaren. Kommt eine Einigung nicht zustande, so entscheidet die Einigungsstelle. Der Spruch der Einigungsstelle ersetzt die Einigung zwischen Arbeitgeber und Betriebsrat.

(2) Führt die Jugend- und Auszubildendenvertretung keine eigenen Sprechstunden durch, so kann an den Sprechstunden des Betriebsrats ein Mitglied der Jugend- und Auszubildendenvertretung zur Beratung der in § 60 Abs. 1 genannten Arbeitnehmer teilnehmen.

(3) Versäumnis von Arbeitszeit, die zum Besuch der Sprechstunden oder durch sonstige Inanspruchnahme des Betriebsrats erforderlich ist, berechtigt den Arbeitgeber nicht zur Minderung des Arbeitsentgelts des Arbeitnehmers.

Literatur
Brill Für und wider Sprechstunden des Betriebsrats, BB 1979, 1247; *Knolle* Integration ausländischer Beschäftigter, AiB 2011, 228; *Ohm* Die Sprechstunde des Betriebrats, AiB 1996, 407. Vgl. ferner vor § 26.

Inhaltsübersicht

	Rdn.
I. Vorbemerkung	1–7
II. Sprechstunden	8–27
1. Gegenstand	8–10
2. Einrichtung	11–13
3. Zeit und Ort	14–16
4. Durchführung	17–21
5. Teilnahme eines Jugend- und Auszubildendenvertreters	22–26
6. Sachaufwand	27

III. Versäumnis von Arbeitszeit und Entgeltfortzahlung	28–36
1. Betriebsratsmitglieder	28
2. Sonstige Arbeitnehmer	29–36
a) Recht zum Besuch der Sprechstunde	29–33
b) Verbot der Entgeltminderung	34–36
aa) Besuch der Sprechstunde	34
bb) Sonstige Inanspruchnahme des Betriebsrats	35, 36
IV. Aufsuchen von Arbeitnehmern an ihren Arbeitsplätzen	37, 38
V. Rechtsfolgen falscher Auskünfte	39
VI. Streitigkeiten	40

I. Vorbemerkung

1 Die durch § 39 geregelte Einrichtung von Sprechstunden des Betriebsrats gewährleistet einen institutionellen Kontakt zwischen dem Betriebsrat und den einzelnen Arbeitnehmern und dient gleichermaßen den **Interessen des Betriebsrats, der Belegschaft und des Arbeitgebers**. Sie soll einerseits dem Betriebsrat seine Geschäftsführung erleichtern, indem nicht ständig Betriebsratsmitglieder für Auskünfte oder die Beratung von Arbeitnehmern bereitstehen müssen und die Büroarbeit des Betriebsrats nicht unnötig gestört wird. Andererseits liegt es im Interesse der Arbeitnehmer, dass sie die Gewissheit haben, den Betriebsrat zu bestimmten Zeiten und auch während der Arbeitszeit erreichen zu können. Eine Sprechstundenregelung liegt schließlich auch im Interesse des Arbeitgebers, da durch das geordnete Aufsuchen des Betriebsrats zu festgelegten Zeiten auf die betrieblichen Notwendigkeiten Rücksicht genommen werden kann und der Arbeitgeber die erforderlichen Dispositionen treffen kann (*BAG* 23.06.1983 EzA § 37 BetrVG 1972 Nr. 78 S. 379 ff. = AP Nr. 45 zu § 37 BetrVG 1972 Bl. 2 f. *[Löwisch/Reimann]*; ferner *Brill* BB 1979, 1247 ff.). Allerdings enthält § 39 nur eine **Kann-Vorschrift**. Der Betriebsrat entscheidet nach pflichtgemäßem Ermessen darüber, ob er Sprechstunden einrichtet (vgl. Rdn. 11). Zu **anderen Kommunikationsmöglichkeiten** des Betriebsrats mit der Belegschaft s. § 40 Rdn. 167 ff.

2 Die Vorschrift gilt, anders als noch die allein auf Großbetriebe bezogene Vorgängerregelung des § 38 BetrVG 1952, **in jedem Betrieb** (Abs. 1 Satz 1). Nur Zeit und Ort dieser Sprechstunden sind mit dem Arbeitgeber zu vereinbaren (Abs. 1 Satz 2). Notfalls entscheidet bei fehlender Einigung zwischen Arbeitgeber und Betriebsrat die Einigungsstelle verbindlich (Abs. 1 Satz 3 und 4).

3 **Keine Anwendung** findet § 39 auf die Geschäftsführung des **Gesamtbetriebsrats** (vgl. § 51 Abs. 1), des **Konzernbetriebsrats** (vgl. § 59 Abs. 1), der **Jugend- und Auszubildendenvertretung** (vgl. § 65 Abs. 1), für die nach § 69 eine Sonderregelung gilt, weiterhin auch nicht auf die Geschäftsführung der **Gesamt-Jugend- und Auszubildendenvertretung** (vgl. § 73 Abs. 2) sowie der **Konzern-Jugend- und Auszubildendenvertretung** (§ 73b Abs. 2).

4 **§ 39 gilt** mit Ausnahme des Abs. 2 entsprechend für die **Bordvertretung** (§ 115 Abs. 4) und – mit Maßgabe gewisser Besonderheiten (§ 116 Abs. 3 Nr. 6 bis 8) – für den **Seebetriebsrat** (§ 116 Abs. 3). Anders als für den früheren Vertrauensmann der Zivildienstleistenden (vgl. § 14 Abs. 2 Satz 3 ZDVG) existiert gegenwärtig keine Regelung für **Freiwillige nach dem BFDG**. § 10 BFDG sieht zwar die Wahl von Sprecherinnen und Sprechern vor, regelt aber weder deren Aufgaben und Rechte noch organisatorische Fragen. Freiwillige sind keine Arbeitnehmer. Man wird den Freiwilligen aber das Aufsuchen von Sprechstunden des Betriebsrats zubilligen können, da dieser allgemeine Aufgaben i. S. d. § 80 nicht nur gegenüber den Arbeitnehmern wahrzunehmen hat, sondern gegenüber allen Personen, die in den Betrieb eingegliedert sind (*Leube* ZTR 2012, 207 [209]; *Wedde/DKKW* § 39 Rn. 2; vgl. auch § 80 Rdn. 4).

5 Der im Zuge des BetrVerf-Reformgesetzes im Jahre 2001 gegenüber der Vorgängervorschrift wesentlich erweiterte § 3 sieht die Möglichkeit der Einrichtung einer **anderweitigen oder zusätzlichen Vertretung der Arbeitnehmer** durch Tarifvertrag (§ 3 Abs. 1), durch Betriebsvereinbarung (§ 3 Abs. 2) oder durch Wahl der Belegschaft (§ 3 Abs. 3) vor. § 3 Abs. 5 Satz 2 erklärt für die gemäß **§ 3 Abs. 1 Nr. 1–3** aufgrund Tarifvertrags oder Betriebsvereinbarung errichteten **anderweitigen** Arbeitnehmervertretungen die »Vorschriften über die Rechte und Pflichten des Betriebsrats und die

Rechtsstellung seiner Mitglieder« für anwendbar. Bezieht man in diese Verweisung die Regelung des § 39 ein, so gilt die Vorschrift insofern unmittelbar aufgrund gesetzlicher Anordnung (*Glock/ HWGNRH* § 39 Rn. 2). Im Falle des **§ 3 Abs. 1 Nr. 4** kommt eine Anwendung des § 39 nicht in Betracht, da es um Gremien geht, die zur Verbesserung der Zusammenarbeit von Arbeitnehmervertretungen geschaffen werden und nicht dem unmittelbaren Kontakt mit den Arbeitnehmern dienen. Die Möglichkeit zur Schaffung **zusätzlicher** betriebsverfassungsrechtlicher Vertretungen gem. **§ 3 Abs. 1 Nr. 5** knüpft an der Regelung des § 3 Abs. 1 Nr. 1 a. F. an. Hier findet § 39 keine Anwendung, vielmehr bedarf die Frage der Sprechstunden einer Regelung im Tarifvertrag (*Fitting* § 39 Rn. 2) bzw. unter Berücksichtigung des § 3 Abs. 2 in der Betriebsvereinbarung. Auf den von der Belegschaft gem. **§ 3 Abs. 3 i. V. m. § 3 Abs. 1 Nr. 1a)** gewählten unternehmenseinheitlichen Betriebsrat ist § 39 ebenfalls entsprechend anwendbar. Das Fehlen einer ausdrücklichen Verweisung in § 3 Abs. 5 Satz 2 steht dem nicht entgegen, weil der Gesetzgeber der Vorschrift ohnehin nur klarstellende Bedeutung beimisst (Begründung des RegE BT-Drucks. 14/5741, S. 35).

Die durch die Vorschrift dem Betriebsrat eingeräumte Möglichkeit zur Einrichtung von Sprechstunden ist als solche **zwingender Natur** und kann weder durch Tarifvertrag noch durch Betriebsvereinbarung abbedungen werden (*Fitting* § 39 Rn. 3; *Glock/HWGNRH* § 39 Rn. 3). Neben der Regelung von Zeit und Ort der Sprechstunden, die ausdrücklich einer Vereinbarung zwischen Arbeitgeber und Betriebsrat vorbehalten ist, können freiwillig auch weitergehende **Einzelheiten** über die **Durchführung** der **Sprechstunden** vereinbart werden (*Fitting* § 39 Rn. 3; *Glock/HWGNRH* § 39 Rn. 3). Jedoch dürfen die in § 39 geregelten Rechte des Betriebsrats, des Jugend- und Auszubildendenvertreters und der Arbeitnehmer nicht angetastet werden. Ob der Betriebsrat tatsächlich Sprechstunden einrichtet, bleibt ihm allerdings überlassen (vgl. Rdn. 11).

6

Zum **Personalvertretungsrecht** vgl. § 43 BPersVG; das **Sprecherausschussgesetz** und das **Gesetz über Europäische Betriebsräte** enthalten keine entsprechende Bestimmung.

7

II. Sprechstunden

1. Gegenstand

In der Sprechstunde dürfen die Arbeitnehmer in **allen Angelegenheiten** gehört (vgl. auch § 80 Abs. 1 Nr. 3) und beraten werden, die mit ihrem **individuellen Arbeitsverhältnis** und ihrer **Stellung im Betrieb** zusammenhängen und in den **Aufgabenbereich des Betriebsrats** fallen (*Fitting* § 39 Rn. 22; *Glock/HWGNRH* § 39 Rn. 4; *Maschmann/AR* § 39 BetrVG Rn. 4; *Richardi/Thüsing* § 39 Rn. 2; *Wedde/DKKW* § 39 Rn. 17; a. M. *Kreft/WPK* § 39 Rn. 9). Dazu gehört auch die Behandlung von **Beschwerden**. Da eine bestimmte Reihenfolge der Beschwerdeverfahren nach § 84 und § 85 nicht vorgeschrieben ist, kann der Arbeitnehmer die Sprechstunden des Betriebsrats zwecks Einlegung einer Beschwerde auch dann aufsuchen, wenn er sich nicht vorher beim Arbeitgeber beschwert hat (*Fitting* § 39 Rn. 22; *Glock/HWGNRH* § 39 Rn. 4; *Wedde/DKKW* § 39 Rn. 17). Eine **Rechtsberatung** ist zulässig (*Fitting* § 39 Rn. 23; *Glock/HWGNRH* § 39 Rn. 4; *Richardi/Thüsing* § 39 Rn. 2; *Wedde/DKKW* § 39 Rn. 18), wenn sie mit den Aufgaben des Betriebsrats zusammenhängt. Das Rechtsdienstleistungsgesetz steht nicht entgegen (vgl. § 2 Abs. 3 Nr. 3 RDG; *Fitting* § 39 Rn. 23). Das ist z. B. der Fall, wenn Gegenstand der Beschwerde ein Rechtsanspruch ist (vgl. auch § 85 Abs. 2 Satz 3; zu den Rechtsfolgen falscher Auskünfte Rdn. 39). Auch das im Zuge des BetrVerf-Reformgesetzes im Jahre 2001 neu eingeführte **Vorschlagsrecht** der Arbeitnehmer gem. § 86a kann Gegenstand einer Sprechstunde sein (*Fitting* § 39 Rn. 22).

8

Nicht zu den Aufgaben des Betriebsrats gehört die Behandlung **gewerkschaftlicher Angelegenheiten** (z. B. die Werbung für Gewerkschaften), so dass sie nicht Gegenstand der Sprechstunden sein dürfen und nicht zu deren Besuch berechtigen (*Glock/HWGNRH* § 39 Rn. 4; *Richardi/Thüsing* § 39 Rn. 2). Die Vorschrift des § 74 Abs. 3 bleibt unberührt. Gegenstand von Sprechstunden kann auch nicht die Behandlung **tarifpolitischer Fragen** sein, z. B. die Unterrichtung über laufende Tarifverhandlungen (*LAG Niedersachsen* 01.07.1986 NZA 1987, 33; *ArbG Mannheim* 20.12.1978 BB 1979, 833; *ArbG Osnabrück* 17.01.1995 NZA 1995, 1013 ff.).

9

10 Gegenstand von Sprechstunden kann die Beratung von **Leiharbeitnehmern** sein. Im **Betrieb des Leiharbeitsunternehmens** sind diese als dessen Arbeitnehmer (vgl. § 14 Abs. 1 AÜG) ohnehin unmittelbar zur Wahrnehmung der Sprechstunden nach § 39 berechtigt. Aber auch im **Entleiherbetrieb** sind Leiharbeitnehmer gem. § 14 Abs. 2 Satz 2 AÜG berechtigt, die Sprechstunden des Betriebsrats im Rahmen von dessen jeweiliger Zuständigkeit aufzusuchen (vgl. im Einzelnen m. w. N. *Erdlenbruch* Die betriebsverfassungsrechtliche Stellung gewerbsmäßig überlassener Arbeitnehmer, [Diss. Mannheim] 1992, S. 92 ff.). Vgl. ferner Rdn. 29, 31, 34.

2. Einrichtung

11 Der **Betriebsrat entscheidet allein** nach pflichtgemäßem Ermessen darüber, **ob** er **Sprechstunden einrichtet**. Einer Zustimmung des Arbeitgebers bedarf es nicht (*Fitting* § 39 Rn. 5; *Glock/HWGNRH* § 39 Rn. 5; *Richardi/Thüsing* § 39 Rn. 4; *Wedde/DKKW* § 39 Rn. 3). Das gilt gleichermaßen für Sprechstunden außerhalb wie während der Arbeitszeit. Der Betriebsrat hat sich dabei sowohl an seinen eigenen Geschäftsbedürfnissen als auch an den Interessen der Arbeitnehmer zu orientieren. Wenn er – etwa in Kleinbetrieben – von der Einrichtung von Sprechstunden absieht, weil für sie kein Bedürfnis besteht, handelt er nicht pflichtwidrig (*Fitting* § 39 Rn. 6; *Glock/HWGNRH* § 39 Rn. 5; *Richardi/Thüsing* § 39 Rn. 3; *Wedde/DKKW* § 39 Rn. 4). Es entspricht vielmehr den Grundsätzen vertrauensvoller Zusammenarbeit (§ 2 Abs. 1), dass der Betriebsrat bei seiner Entscheidung auf die betrieblichen Verhältnisse Rücksicht nimmt. Aus diesem Grunde kann aber auch – vor allem in Großbetrieben – die Einführung von Sprechstunden geboten sein. Der Betriebsrat würde daher pflichtwidrig handeln, wenn er trotz eines **offensichtlichen Bedürfnisses** von der Einführung von Sprechstunden absähe und die Arbeitnehmer aufforderte, je nach Bedarf den Betriebsratsvorsitzenden oder einzelne Betriebsratsmitglieder aufzusuchen. Das kann gegebenenfalls die Rechtsfolge nach § 23 Abs. 1 auslösen (vgl. aber *Fitting* § 37 Rn. 6; *Richardi/Thüsing* § 39 Rn. 3; *Wedde/DKKW* § 39 Rn. 4; ähnlich wie hier *Maschmann*/AR § 39 BetrVG Rn. 2; *Reichold*/HWK § 39 BetrVG Rn. 2).

12 Über die Einführung von Sprechstunden entscheidet der Betriebsrat mit einfacher Mehrheit durch **Beschluss** (§ 33).

13 Die Einrichtung von Sprechstunden schließt nicht aus, dass die Arbeitnehmer **auch außerhalb von Sprechstunden** den Betriebsrat während der Arbeitszeit aufsuchen dürfen (*BAG* 23.06.1983 EzA § 37 BetrVG 1972 Nr. 78 S. 379 ff. = AP Nr. 45 zu § 37 BetrVG 1972 Bl. 2 R *[Löwisch/Reimann]*; *Fitting* § 39 Rn. 30; *Wedde/DKKW* § 39 Rn. 5, 28). Jedoch muss dafür ein Bedürfnis bestehen, d. h. es muss für den betreffenden Arbeitnehmer unzumutbar sein, bis zur nächsten Sprechstunde des Betriebsrats zu warten. Das wird in dringenden Angelegenheiten der Fall sein (weiter *Reichold*/HWK § 39 BetrVG Rn. 2, der es ausreichen lässt, wenn ein Abwarten »untunlich« ist).

3. Zeit und Ort

14 Soweit Sprechstunden **außerhalb** der **Arbeitszeit** und **außerhalb** des **Betriebs** abgehalten werden (vgl. aber *Glock/HWGNRH* § 39 Rn. 6, der dies für unzulässig hält), kann der Betriebsrat Zeit und Ort selbst festsetzen (ebenso *Fitting* § 39 Rn. 11). Bei Sprechstunden **außerhalb** der **Arbeitszeit**, aber **innerhalb** des **Betriebs** bedarf es keiner Vereinbarung mit dem Arbeitgeber, wenn der Betriebsrat die betrieblichen Öffnungszeiten beachtet und die Sprechstunden innerhalb der ihm ohnehin zur Verfügung stehenden Räume durchführt (*Wedde/DKKW* § 39 Rn. 12).

15 Für Sprechstunden **während** der **Arbeitszeit** sind Zeit und Ort mit dem Arbeitgeber zu vereinbaren (§ 39 Abs. 1 Satz 2). Die **Zeit** bezieht sich auf die zeitliche Lage der Sprechstunden, d. h. deren Zeitpunkt (Tag, Uhrzeit), ferner ihre Häufigkeit (täglich, an bestimmten Wochentagen usw.) sowie die Dauer der Sprechstunden (*Fitting* § 39 Rn. 12; *Glock/HWGNRH* § 39 Rn. 8; *Koch*/ErfK § 39 BetrVG Rn. 1; *Maschmann*/AR § 39 BetrVG Rn. 2; **a. M.** hinsichtlich der Dauer *Thüsing*/HLS § 39 Rn. 4; *Richardi/Thüsing* § 39 Rn. 5; *Wedde/DKKW* § 39 Rn. 11). Der **Ort** ist der Raum, in dem die Sprechstunden abgehalten werden sollen. In beiden Punkten sind wegen des Gebots einer vertrauensvollen Zusammenarbeit (§ 2 Abs. 1) die betrieblichen Belange und Verhältnisse einschließ-

lich der Zahl der Arbeitnehmer zu berücksichtigen (*Fitting* § 39 Rn. 5; vgl. auch *Glock/HWGNRH* § 39 Rn. 8). Die Einigung wird grundsätzlich in einer Betriebsvereinbarung getroffen werden, wenn auch eine Regelungsabrede nicht ausgeschlossen ist (*Fitting* § 39 Rn. 11; *Glock/HWGNRH* § 39 Rn. 7; *Richardi/Thüsing* § 39 Rn. 7; *Wedde/DKKW* § 39 Rn. 10). Zur Schriftform der Betriebsvereinbarung vgl. § 77 Abs. 2, zur Kündigung § 77 Abs. 5. **Spontane Zusammenkünfte** von Arbeitnehmern zwecks Diskussion bestimmter Maßnahmen des Arbeitgebers mit dem Betriebsrat erfüllen nicht die Voraussetzungen des § 39 Abs. 1 (*LAG Hamm* 08.05.1984 – 13 Sa 2523/83 – n. v.).

Kommt es zwischen Betriebsrat und Arbeitgeber nicht zu einer Einigung, so entscheidet im Interesse **16** einer schnellen und betriebsnahen Regelung die **Einigungsstelle** unter angemessener Berücksichtigung der Belange des Betriebs und der betroffenen Arbeitnehmer nach billigem Ermessen. Ihr Spruch ersetzt die fehlende Einigung (§ 39 Abs. 1 Satz 3 und 4, § 76 Abs. 5 Satz 3). Dabei ist hinsichtlich der Belange der Arbeitnehmer zu berücksichtigen, dass ein ordnungsgemäßer Besuch der Sprechstunden des Betriebsrats gewährleistet wird (*Fitting* § 39 Rn. 14; *Glock/HWGNRH* § 39 Rn. 10; *Wedde/DKKW* § 39 Rn. 13). Die Entscheidung bezieht sich nur auf Zeit und Ort der Sprechstunden, nicht dagegen auf deren Einrichtung an sich, weil hierüber allein der Betriebsrat zu befinden hat (vgl. Rdn. 11). Zur Bildung der Einigungsstelle und deren Verfahren vgl. § 76, zur gerichtlichen Nachprüfung der Entscheidung Rdn. 40.

4. Durchführung

Der **Betriebsrat entscheidet allein** darüber, in **welcher Weise** die **Sprechstunden durchgeführt** **17** und **welche Betriebsratsmitglieder** hiermit betraut werden (*Fitting* § 39 Rn. 5, 8; *Glock/HWGNRH* § 39 Rn. 16; *Richardi/Thüsing* § 39 Rn. 11; *Wedde/DKKW* § 39 Rn. 6).

Es ist – auch im Hinblick auf die Voraussetzungen des § 37 Abs. 2 – **nicht** erforderlich, dass **sämtliche** **18** **Betriebsratsmitglieder** während der Sprechstunden anwesend sind. Soweit ein **Betriebsausschuss** besteht, gehört die Durchführung der Sprechstunden zu den von ihm wahrzunehmenden laufenden Geschäften (*Fitting* § 39 Rn. 8; *Glock/HWGNRH* § 39 Rn. 16; *Raab* 27 Rdn. 67, 69; *Richardi/Thüsing* § 39 Rn. 11; *Wedde/DKKW* § 39 Rn. 6). Der Betriebsrat bzw. Betriebsausschuss hat dafür zu sorgen, dass die notwendigen Auskünfte gegeben und die Arbeitnehmer ordnungsgemäß beraten werden. Je nach der zu erwartenden Anzahl von Besuchern sind daher **genügend Betriebsratsmitglieder** zur Wahrnehmung der Sprechstunde zu bestimmen. Soweit der Betriebsrat keine Regelung getroffen hat, ist der Vorsitzende des Betriebsrats, bei Verhinderung sein Stellvertreter, berechtigt, die Sprechstunden abzuhalten (*Fitting* § 39 Rn. 8; *Joost*/MünchArbR § 219 Rn. 88; *Wedde/DKKW* § 39 Rn. 6).

Bei der Durchführung von Sprechstunden ist die notwendige Diskretion sicherzustellen, wenn Arbeit- **19** nehmer mit höchstpersönlichen Anliegen kommen – z. B. bei Schwangerschaft (**zust.** *Wedde/DKKW* § 39 Rn. 7). Zur Durchführung der Sprechstunden für ausländische Arbeitnehmer vgl. *Brill* BB 1978, 1574 (1575).

Soweit es zur ordnungsgemäßen Beratung der Arbeitnehmer erforderlich ist, kann der Betriebsrat **20** nach näherer Vereinbarung mit dem Arbeitgeber gemäß § 80 Abs. 3 **Sachverständige** zu seinen Sprechstunden hinzuziehen (*Fitting* § 39 Rn. 9; *Glock/HWGNRH* § 39 Rn. 18; *Richardi/Thüsing* § 39 Rn. 12). Sachverständiger kann auch ein Gewerkschaftsbeauftragter sein (*Fitting* § 39 Rn. 9; **a. M.** *Glock/HWGNRH* § 39 Rn. 18), der dann nur mit Zustimmung des Arbeitgebers hinzugezogen werden darf (*Fitting* § 39 Rn. 9; *Richardi/Thüsing* § 39 Rn. 12). Der Betriebsrat kann aber auch im Rahmen der allgemeinen Unterstützungsfunktion der im Betrieb vertretenen Gewerkschaften nach § 2 Abs. 1 Gewerkschaftsbeauftragte zu Sprechstunden hinzuziehen. In diesem Falle bedarf es keiner Vereinbarung mit dem Arbeitgeber; vielmehr ist dieser nur nach § 2 Abs. 2 zu unterrichten (*LAG Baden-Württemberg/Mannheim* 27.06.1974 BB 1974, 1206; *Fitting* § 39 Rn. 9; *Glock/HWGNRH* § 39 Rn. 18; *Koch*/ErfK § 39 BetrVG Rn. 2; *Richardi/Thüsing* § 39 Rn. 12; *Wedde/DKKW* § 39 Rn. 8; **a. M.** *Galperin/Löwisch* § 39 Rn. 8). Im Hinblick auf das Gebot gewerkschaftsneutraler Amtsführung kann der Betriebsrat nicht generell festlegen, dass an seinen Sprechstunden Gewerkschaftsbeauftragte teilnehmen (*Richardi/Thüsing* § 39 Rn. 12).

21 Die durch das BetrVerf-Reformgesetz im Jahre 2001 neu eingeführte Pflicht des Arbeitgebers, dem Betriebsrat zur ordnungsgemäßen Erfüllung seiner Aufgaben **sachkundige Arbeitnehmer als Auskunftspersonen** zur Verfügung zu stellen (§ 80 Abs. 2 Satz 3), kann grundsätzlich auch bei der Durchführung von Sprechstunden Bedeutung gewinnen (vgl. auch *Fitting* § 39 Rn. 9). Ob allerdings eine persönliche Teilnahme des sachkundigen Arbeitnehmers gefordert werden kann oder etwa eine Vorab-Instruktion des Betriebsrats in der betreffenden Sachfrage ausreicht, hängt nach dem Maßstab des § 80 Abs. 2 Satz 3 davon ab, inwieweit die Unterstützung der Auskunftsperson **erforderlich** ist.

5. Teilnahme eines Jugend- und Auszubildendenvertreters

22 Nach **§ 39 Abs. 2** kann an den Sprechstunden des Betriebsrats ein **Mitglied der Jugend- und Auszubildendenvertretung** zur Beratung der in § 60 Abs. 1 genannten Arbeitnehmer teilnehmen, **wenn** die Jugend- und Auszubildendenvertretung **keine eigenen Sprechstunden** durchführt. Hierzu ist die Jugend- und Auszubildendenvertretung in Betrieben mit in der Regel mehr als fünfzig der in § 60 Abs. 1 genannten Arbeitnehmer berechtigt, aber nicht verpflichtet (*Oetker* § 69 Rdn. 7). Das Teilnahmerecht nach § 39 Abs. 2 ist daher gegeben, wenn entweder in einem Betrieb regelmäßig fünfzig oder weniger der in § 60 Abs. 1 genannten Arbeitnehmer beschäftigt sind oder die Jugend- und Auszubildendenvertretung von ihrem Recht nach § 69 keinen Gebrauch macht (*Fitting* § 39 Rn. 18; *Richardi/Thüsing* § 39 Rn. 15).

23 Die Teilnahme eines Jugend- und Auszubildendenvertreters an der Sprechstunde des Betriebsrats soll den in § 60 Abs. 1 genannten Arbeitnehmern die Möglichkeit geben, sich an diesen zu wenden, wenn sie meinen, ihre Anliegen dadurch verständlicher machen zu können oder besser beraten zu werden. Sie sind dazu aber **nicht verpflichtet**, können sich also **auch von einem Betriebsratsmitglied** beraten lassen (*Fitting* § 39 Rn. 21; *Glock/HWGNRH* § 39 Rn. 15; *Wedde/DKKW* § 39 Rn. 20). Außerdem dient die Teilnahme eines Jugend- und Auszubildendenvertreters an Sprechstunden des Betriebsrats der besseren Information der Jugend- und Auszubildendenvertretung über Anliegen der in § 60 Abs. 1 genannten Arbeitnehmer (vgl. auch *Fitting* § 39 Rn. 17).

24 Die Jugend- und Auszubildendenvertretung hat das Recht, eines ihrer **Mitglieder** zur Teilnahme an Betriebsratssprechstunden selbst zu **bestimmen** (*Fitting* § 39 Rn. 19; *Glock/HWGNRH* § 39 Rn. 14; *Richardi/Thüsing* § 39 Rn. 17). **Fehlt ein entsprechender Beschluss**, so ist der **Vorsitzende** der Jugend- und Auszubildendenvertretung, bei Verhinderung dessen Stellvertreter, zur Teilnahme berechtigt, wie an Sprechstunden der Jugend- und Auszubildendenvertretung der Betriebsratsvorsitzende teilnehmen kann, falls kein Betriebsratsmitglied hiermit beauftragt wurde (*Fitting* § 39 Rn. 19; *Richardi/Thüsing* § 39 Rn. 17; **a. M.** *Glock/HWGNRH* § 39 Rn. 14 [kein Mitglied der Vertretung teilnahmeberechtigt]).

25 Nach § 39 Abs. 2 **kann** ein Mitglied der Jugend- und Auszubildendenvertretung an den Sprechstunden des Betriebsrats teilnehmen. Es handelt sich dabei allerdings um ein Recht, das die Jugend- und Auszubildendenvertretung zur Erfüllung ihrer Aufgaben (vgl. § 60 Abs. 2, § 70) nach **pflichtgemäßem Ermessen** wahrzunehmen hat. Besteht ein **offensichtliches Bedürfnis** für die Entsendung eines Jugend- und Auszubildendenvertreters, macht die Jugend- und Auszubildendenvertretung davon aber ohne sachlichen Grund keinen Gebrauch oder nimmt der von ihr bestimmte Vertreter nicht an der Sprechstunde des Betriebsrats teil, so kann eine **grobe Verletzung der gesetzlichen Pflichten** vorliegen und die Sanktionen nach **§ 23 Abs. 1** auslösen (§ 65 Abs. 1; **a. M.** *Fitting* § 39 Rn. 19; *Glock/HWGNRH* § 39 Rn. 14; *Maschmann/AR* § 39 BetrVG Rn. 5; *Thüsing/HLS* § 39 Rn. 9; *Richardi/Thüsing* § 39 Rn. 16; *Wedde/DKKW* § 39 Rn. 21). Insofern gelten die gleichen Maßstäbe wie bei der Frage, ob der Betriebsrat nach pflichtgemäßem Ermessen zur Einrichtung von Sprechstunden verpflichtet ist (vgl. Rdn. 11).

26 Das Teilnahmerecht des Jugend- und Auszubildendenvertreters an der Sprechstunde ist nach § 39 Abs. 2 auf die Beratung der **in § 60 Abs. 1 genannten Arbeitnehmer** beschränkt. Daraus wird überwiegend geschlossen, ein Teilnahmerecht bestehe nicht, soweit die Sprechstunden von sonstigen Arbeitnehmern aufgesucht würden (*Fitting* § 39 Rn. 20; *Glock/HWGNRH* § 39 Rn. 12; *Joost/*MünchArbR § 219 Rn. 90; *Koch/*ErfK § 39 BetrVG Rn. 2; *Richardi/Thüsing* § 39 Rn. 18). Das ist nicht überzeugend, wenn eine **gemeinsame Sprechstunde** für sonstige und die in § 60 Abs. 1

genannten Arbeitnehmer durchgeführt wird (vgl. auch *Wedde/DKKW* § 39 Rn. 22). Hier ist nicht die Teilnahme an der Sprechstunde, sondern **nur die Funktion** des Jugend- und Auszubildendenvertreters in der Sprechstunde des Betriebsrats beschränkt (*Kreft/WPK* § 39 Rn. 8; *Reichold/HWK* § 39 BetrVG Rn. 6). Er braucht daher den Raum, in dem die Sprechstunde durchgeführt wird, nur zu verlassen, wenn es der nicht von § 60 Abs. 1 erfasste Arbeitnehmer aus persönlichkeitsrechtlichen Gründen verlangt (*Maschmann*/AR § 39 BetrVG Rn. 5); auf dieses Recht ist er hinzuweisen. Da jedoch die Durchführung der Sprechstunde allein dem Betriebsrat obliegt, ist es zulässig, dass innerhalb der mit dem Arbeitgeber vereinbarten Sprechstundenzeit ein Teil für die Beratung der in § 60 Abs. 1 genannten Arbeitnehmer reserviert wird (vgl. auch *Fitting* § 39 Rn. 20; *Glock/HWGNRH* § 39 Rn. 13; *Richardi/Thüsing* § 39 Rn. 18). Folgerichtig entfällt dann auch die Teilnahme eines Mitglieds der Jugend- und Auszubildendenvertretung an der Sprechstunde für die anderen Arbeitnehmer. Zulässig ist es auch, dass diese Sprechstundenzeit des Betriebsrats für die in § 60 Abs. 1 genannten Arbeitnehmer mit dem Arbeitgeber in der nach § 39 Abs. 1 Satz 2 zu treffenden Vereinbarung festgelegt wird (nach *Richardi/Thüsing* § 39 Rn. 18 ist dies stets erforderlich). Das kann zweckmäßig sein, um bei einer relativ geringen Anzahl von jugendlichen und zu ihrer Ausbildung beschäftigten Arbeitnehmern einen unterschiedlichen Turnus der Sprechstunden für sie und die übrigen Arbeitnehmer vorzusehen.

6. Sachaufwand

Soweit zur Durchführung der Sprechstunden Räume, sachliche Mittel (z. B. Schreibmaschinen, Büromaterial) und Büropersonal erforderlich sind, hat der **Arbeitgeber** sie nach **§ 40 Abs. 2** zur Verfügung zu stellen. Das gilt ohne Rücksicht darauf, ob die Sprechstunden während oder außerhalb der Arbeitszeit abgehalten werden (*Fitting* § 39 Rn. 16; *Richardi/Thüsing* § 39 Rn. 13). Soweit erforderlich, hat der Arbeitgeber auch die Kosten eines Dolmetschers zu tragen (*Wedde/DKKW* § 39 Rn. 16). Zum Freizeitausgleich bei Sprechstunden außerhalb der Arbeitszeit Rdn. 28. Vgl. im Übrigen § 40 Rdn. 134 ff. 27

III. Versäumnis von Arbeitszeit und Entgeltfortzahlung

1. Betriebsratsmitglieder

Soweit **Betriebsratsmitglieder**, die nicht freigestellt sind (vgl. § 38), Sprechstunden des Betriebsrats wahrzunehmen haben, sind sie nach Maßgabe des **§ 37 Abs. 2** von ihrer beruflichen Tätigkeit ohne Minderung des Arbeitsentgelts zu befreien (s. § 37 Rdn. 24 ff.). Entsprechendes gilt für den **Jugend- und Auszubildendenvertreter**, der gemäß § 39 Abs. 2 an den Sprechstunden des Betriebsrats teilnimmt (vgl. § 65 Abs. 1, § 37 Abs. 2). In der Regel genügt es allerdings, dass freigestellte Betriebsratsmitglieder die Sprechstunden wahrnehmen, es sei denn, dass diese anderweitig ausgelastet sind oder Spezialkenntnisse eines nicht freigestellten Betriebsratsmitglieds für eine ordnungsgemäße Beratung der Arbeitnehmer erforderlich sind. Die Einrichtung und Abhaltung von Sprechstunden als solche berechtigt mit Blick auf § 38 Abs. 1 in Betrieben mit weniger als 200 Arbeitnehmern nicht zur pauschalen Freistellung eines Betriebsratsmitglieds (*BAG* 13.11.1991 EzA § 37 BetrVG 1972 Nr. 106 S. 5 f. = AP Nr. 80 zu § 37 BetrVG 1972 Bl. 3 f. *[Boemke]* – die dort genannte Zahlengrenze von 300 Arbeitnehmern bezieht sich auf § 38 Abs. 1 a. F.; durch das BetrVerf-Reformgesetz wurde die Zahlenstaffel im Jahre 2001 modifiziert). Muss eine Sprechstunde aus betriebsbedingten Gründen außerhalb der Arbeitszeit durchgeführt werden, so hat das die Sprechstunde abhaltende Betriebsratsmitglied nach **§ 37 Abs. 3** Anspruch auf entsprechende Arbeitsbefreiung unter Fortzahlung des Arbeitsentgelts, hilfsweise auf Mehrarbeitsvergütung. 28

2. Sonstige Arbeitnehmer

a) Recht zum Besuch der Sprechstunde

Das **Recht** der **Arbeitnehmer**, die **Sprechstunden** des Betriebsrats **aufzusuchen**, folgt aus § 39 in Verbindung mit der zwischen Arbeitgeber und Betriebsrat getroffenen Vereinbarung über Zeit und Ort der Sprechstunde. Für **Leiharbeitnehmer** vgl. Rdn. 10. Eine hierüber abgeschlossene Betriebs- 29 vereinbarung hat normative Wirkung für das Arbeitsverhältnis. Das Recht zum Aufsuchen der Sprechstunde ist nur gegeben, soweit das Anliegen des Arbeitnehmers möglicher Gegenstand einer Sprechstunde sein kann (vgl. Rdn. 8 ff.). Ferner muss, wie sich mittelbar aus § 39 Abs. 3 ergibt, der Besuch der Sprechstunde **erforderlich** sein (*LAG Berlin* 03.11.1980 EzA § 39 BetrVG 1972 Nr. 1 S. 3; *LAG Niedersachsen* 01.07.1986 NZA 1987, 33 [34]; *Brill* BB 1979, 1247 [1248]; *Fitting* § 39 Rn. 29; *Wedde/DKKW* § 39 Rn. 23). Der Arbeitnehmer muss dabei, falls nicht ein eigenes dringendes Interesse den Vorrang hat, auf die betrieblichen Notwendigkeiten Rücksicht nehmen. Er hat den Besuch der Sprechstunde auf das erforderliche Maß zu beschränken und umgehend seinen Arbeitsplatz wieder aufzusuchen und sich **zurückzumelden** (*LAG Düsseldorf* 09.08.1985 DB 1985, 2463 f.; *Fitting* § 39 Rn. 28; *Richardi/Thüsing* § 39 Rn. 23).

30 Nicht erforderlich ist der Besuch der Sprechstunde bei **Fragen** und Informationen von **kollektiver Bedeutung** (z. B. hinsichtlich der Umsetzung der tariflich vereinbarten 38,5-Stunden-Woche); diese sind vielmehr mit den dafür zur Verfügung stehenden Hilfsmitteln (Schwarzes Brett, Homepage des Betriebsrats im betriebseigenen Intranet, schriftliche bzw. elektronische Information oder Bekanntgabe in einer Betriebsversammlung) der Belegschaft zu vermitteln (*LAG Niedersachsen* 01.07.1986 NZA 1987, 33 f.). Das gilt umso mehr, wenn der Betriebsrat zuvor bekannt gegeben hat, er verfüge derzeit über keine weiteren Informationen, werde neue aber sofort bekannt geben (*ArbG Kassel* 12.11.1986 NZA 1987, 534). Selbst wenn mehrere Arbeitnehmer unmittelbar kollektiv von Arbeitsbedingungen betroffen sind und Beschwerde einlegen wollen, ist es zumindest in der Regel nicht erforderlich, dass sie sämtlich die Arbeit niederlegen, um den Betriebsrat aufzusuchen (a. M. *Fitting* § 39 Rn. 26; *Wedde/DKKW* § 39 Rn. 24). Das gilt jedenfalls dann, wenn nicht aus Gründen des Arbeitsschutzes ein Zurückbehaltungsrecht besteht, der Betriebsrat bereits mit der Angelegenheit befasst ist und diese nach § 85 Abs. 2 vor die Einigungsstelle bringen könnte.

31 Der **Arbeitnehmer** muss sich vor dem Besuch der Sprechstunde bei seinem zuständigen Vorgesetzten ordnungsgemäß **abmelden** (*BAG* 23.06.1983 EzA § 37 BetrVG 1972 Nr. 78 S. 382 f. = AP Nr. 45 zu § 37 BetrVG 1972 Bl. 2 R [*Löwisch/Reimann*]; *Fitting* § 39 Rn. 28; *Wedde/DKKW* § 39 Rn. 23). Er bedarf außerdem der **Zustimmung** des **Arbeitgebers**, bevor er seinen Arbeitsplatz verlässt (*Glock/HWGNRH* § 39 Rn. 20; *Richardi/Thüsing* § 39 Rn. 23; a. M. *Fitting* § 39 Rn. 28; *Joost/MünchArbR* § 219 Rn. 92; *Koch/ErfK* § 39 BetrVG Rn. 3; *Wedde/DKKW* § 39 Rn. 23; vgl. auch *Reichold/HWK* § 39 BetrVG Rn. 9, der dem Arbeitgeber allerdings ein ungeschriebenes »Veto«-Recht aus dringenden betrieblichen Gründen zugesteht). Da das Gesetz – anders als z. B. nach § 2 Abs. 2 – nicht ausdrücklich die Unterrichtung des Arbeitgebers genügen lässt, ist nach allgemeinen Grundsätzen nur ein Anspruch des Arbeitnehmers auf Arbeitsbefreiung zum Besuch der Sprechstunde gegeben. Die gegenteilige Auffassung könnte zu unzumutbaren Schwierigkeiten für den Betriebsablauf führen, wenn z. B. wichtige Arbeitsplätze einer Abteilung gleichzeitig unbesetzt wären. Dem Verlangen des Arbeitnehmers muss jedoch, wenn nicht zwingende betriebliche Gründe dagegen sprechen, stattgegeben werden. **Leiharbeitnehmern** ist die Arbeitsbefreiung vom Beschäftigungsbetrieb zu gewähren (*Becker* AuR 1982, 369 [373]). Dieser muss gegebenenfalls auch Arbeitsfreistellung für einen Besuch der Sprechstunde des Betriebsrats beim Leiharbeitsunternehmen gewähren (*Wank/ErfK* § 14 AÜG Rn. 9).

32 Den **Anlass** für das Aufsuchen des Betriebsrats braucht der **Arbeitnehmer grundsätzlich nicht anzugeben** (*Fitting* § 39 Rn. 26; *Glock/HWGNRH* § 39 Rn. 21; *Koch/ErfK* § 39 BetrVG Rn. 3; *Richardi/Thüsing* § 39 Rn. 23; *Wedde/DKKW* § 39 Rn. 23), es sei denn, dass aus Sicht des Arbeitgebers die begründete Annahme besteht, der Arbeitnehmer werde sein Recht missbrauchen. Ferner kann die Angabe von Gründen erforderlich sein, wenn der Arbeitnehmer meint, ein dringendes persönliches Interesse am Besuch der Sprechstunde sei gegenüber dadurch bedingten betrieblichen Schwierigkeiten vorrangig.

33 Nur wenn dem **Arbeitnehmer ohne triftigen Grund** der **Besuch** der **Sprechstunde verweigert** wird, kann er zu diesem Zweck auch gegen den Willen des Arbeitgebers seinen Arbeitsplatz verlassen (*Fitting* § 39 Rn. 28; *Joost/MünchArbR* § 219 Rn. 92; *Koch/ErfK* § 39 BetrVG Rn. 3; *Richardi/Thüsing* § 39 Rn. 23; *Wedde/DKKW* § 39 Rn. 23; **a. M.** *Dütz* DB 1976, 1428, 1480 [1481], der auch in diesem Falle eine Entscheidung des Arbeitsgerichts – notfalls eine einstweilige Verfügung – verlangt). Für Einzelheiten der Ab- und Rückmeldung empfiehlt sich der Abschluss einer Betriebsvereinbarung nach § 87 Abs. 1 Nr. 1.

b) Verbot der Entgeltminderung

aa) Besuch der Sprechstunde

Das **Verbot** der **Entgeltminderung** nach § 39 Abs. 3 bedeutet die notwendige Ergänzung des Anspruchs auf Arbeitsbefreiung. Die Vorschrift dient der Klarstellung (amtliche Begründung, BR-Drucks. 715/70, S. 41), da auch schon nach dem BetrVG 1952 der Anspruch auf Entgeltfortzahlung bei Arbeitsversäumnis wegen Besuchs der Sprechstunde anerkannt war. Die Ansprüche auf Arbeitsbefreiung und Entgeltzahlung sind in ihren Voraussetzungen identisch, d. h. das Versäumnis von Arbeitszeit muss erforderlich sein (vgl. Rdn. 29 ff.). Der Arbeitnehmer hat Anspruch auf das Arbeitsentgelt, das er ohne das Arbeitsversäumnis verdient hätte; es gilt das Lohnausfallprinzip (s. § 37 Rdn. 64 ff.; *Fitting* § 39 Rn. 27; *Koch*/ErfK § 39 BetrVG Rn. 3; *Richardi*/*Thüsing* § 39 Rn. 27; *Wedde*/DKKW § 39 Rn. 25). Der Vergütungsanspruch des **Leiharbeitnehmers** richtet sich gegen das Verleihunternehmen; das Beschäftigungsunternehmen ist mangels anderweitiger Regelungen im Überlassungsvertrag bei Besuch der Sprechstunden in seinem Betrieb nicht berechtigt, die Überlassungsvergütung um den auf den Besuch der Sprechstunden entfallenden Anteil zu kürzen, wohl aber bei Besuch von Sprechstunden im Betrieb des Verleihers (*Erdlenbruch* Die betriebsverfassungsrechtliche Stellung gewerbsmäßig überlassener Arbeitnehmer, [Diss. Mannheim] 1992, S. 93 f.; *Wank*/ErfK § 14 AÜG Rn. 9).

34

bb) Sonstige Inanspruchnahme des Betriebsrats

Das Verbot der Entgeltminderung nach § 39 Abs. 3 gilt ferner bei Arbeitsversäumnis infolge **sonstiger Inanspruchnahme** des **Betriebsrats** – z. B. bei Einlegung von Beschwerden nach § 85 Abs. 1. Damit wird zugleich der Anspruch des Arbeitnehmers auf Arbeitsbefreiung für die sonstige Inanspruchnahme des Betriebsrats während der Arbeitszeit mittelbar anerkannt (BAG 23.06.1983 EzA § 37 BetrVG 1972 Nr. 78 S. 382 f. = AP Nr. 45 zu § 37 BetrVG 1972 Bl. 2 R [*Löwisch*/*Reimann*]). Für ihn gelten die oben (Rdn. 29 ff.) dargelegten Grundsätze (vgl. auch LAG Berlin 03.11.1980 EzA § 39 BetrVG 1972 Nr. 1 S. 2; LAG Hamburg 28.07.1982 AuR 1983, 91: Besuch des Betriebsrats, dessen Büro ganztägig geöffnet ist). Sind Sprechstunden eingerichtet worden, obliegt es dem Arbeitnehmer jedoch in der Regel, den Betriebsrat während der Sprechstunde aufzusuchen, soweit ihm das möglich und zumutbar ist; eine sonstige Inanspruchnahme des Betriebsrats wäre dann nicht erforderlich (*Joost*/MünchArbR § 219 Rn. 94; *Richardi*/*Thüsing* § 39 Rn. 25). Der Betriebsrat und einzelne Betriebsratsmitglieder sind jedoch nicht verpflichtet, Arbeitnehmer generell auf die Sprechstunden des Betriebsrats zu verweisen (BAG 23.06.1983 EzA § 37 BetrVG 1972 Nr. 78 S. 382 f. = AP Nr. 45 zu § 37 BetrVG 1972 Bl. 2 R [*Löwisch*/*Reimann*] = SAE 1984, 196 [*Meisel*]; *Fitting* § 39 Rn. 30; *Richardi*/*Thüsing* § 39 Rn. 25; *Wedde*/DKKW § 39 Rn. 28).

35

Eine sonstige Inanspruchnahme setzt nicht voraus, dass der Arbeitnehmer von sich aus den Betriebsrat aufsucht, sondern liegt **auch** vor, wenn die **Initiative vom Betriebsrat** in Wahrnehmung der Interessen des Arbeitnehmers ausgeht, z. B. weil der Betriebsratsvorsitzende diesen an seinem Arbeitsplatz über den Stand und das Ergebnis von Verhandlungen mit dem Arbeitgeber unterrichten will (vgl. § 80 Abs. 1 Nr. 3; LAG Berlin 03.11.1980 EzA § 39 BetrVG 1972 Nr. 1 S. 2 f.; ArbG Berlin 22.05.1980 AuR 1981, 92 f.). Allerdings hängt in diesem Fall die Fortzahlung der Vergütung davon ab, ob das Aufsuchen des Arbeitnehmers an seinem Arbeitsplatz vor dem Hintergrund der Alternative des Sprechstundenbesuchs nach Maßgabe des § 39 Abs. 3 **erforderlich** ist (vgl. dazu Rdn. 38).

36

IV. Aufsuchen von Arbeitnehmern an ihren Arbeitsplätzen

Für das **Zugangsrecht** von **Betriebsratsmitgliedern** zu den **Arbeitsplätzen bestimmter Arbeitnehmer** ist zu unterscheiden: Zur Ausübung der **Überwachungsbefugnis** des Betriebsrats nach § 80 Abs. 1 und seines Informationsrechts nach § 80 Abs. 2 sind Betriebsratsmitglieder auch ohne besonderen Anlass und ohne Zustimmung des Arbeitgebers zum Aufsuchen von Arbeitsplätzen berechtigt (BAG 21.01.1982 EzA § 70 BetrVG 1972 Nr. 2 S. 14 f. = AP Nr. 1 zu § 70 BetrVG 1972 Bl. 1 R ff. [krit. *Natzel*]; 13.06.1989 EzA § 80 BetrVG 1972 Nr. 36 S. 6 f. = AP Nr. 36 zu § 80 BetrVG 1972 Bl. 3 R ff.; vgl. dazu auch § 80 Rdn. 86; *Kraft* ZfA 1983, 171 [181]). Enger gesteckt sind die Grenzen des

37

Zugangsrechts zwecks **Wahrnehmung individueller Interessen einzelner Arbeitnehmer**: Hier müssen die Wertungen des § 39 beachtet werden. Der Betriebsrat kann seine Sprechstunden nicht dadurch ersetzen, dass er die Arbeitnehmer an den Arbeitsplätzen aufsucht. Sprechstunden hat er unter Berücksichtigung des § 2 Abs. 1 nach pflichtgemäßem Ermessen durchzuführen (vgl. Rdn. 11). Das gilt nicht nur für die Einführung von Sprechstunden, sondern auch für die Nutzung festgelegter Sprechstunden für die Kommunikation mit den einzelnen Arbeitnehmern. Andernfalls würde der Ordnungszweck von Sprechstunden (vgl. Rdn. 1) missachtet.

38 Soweit das Aufsuchen eines Arbeitnehmers an dessen Arbeitsplatz dazu führt, dass dieser die Arbeit unterbrechen muss (zur Arbeitsbefreiung des Betriebsratsmitglieds s. § 37 Rdn. 24 ff.), ist dies nur zulässig, wenn es entsprechend **§ 39 Abs. 3** zur Erfüllung von Betriebsratsaufgaben gegenüber diesem Arbeitnehmer **erforderlich** ist (*LAG Berlin* 03.11.1980 EzA § 39 BetrVG 1972 Nr. 1 S. 2 f.). Erforderlich ist ein Aufsuchen am Arbeitsplatz nur, wenn im konkreten Fall die Erledigung einer Angelegenheit in einer Sprechstunde nicht durchführbar ist. Das kann der Fall sein, wenn es überhaupt keine festen Sprechstunden gibt oder wenn trotz der Einrichtung solcher Sprechstundenzeiten eine rechtzeitige Unterrichtung eines Arbeitnehmers nicht möglich ist. Davon muss das Betriebsratsmitglied den Arbeitgeber vorher unterrichten (*LAG Baden-Württemberg* 11.05.1978 BB 1978, 1413; *LAG Bayern* 20.07.1973 ARSt. 1975, 52 [53]; *Richardi/Thüsing* § 39 Rn. 30; *Schlochauer* FS *G. Müller*, S. 474 ff.). Der betroffene Arbeitnehmer bedarf für die Arbeitsunterbrechung ebenso der **Zustimmung** des Arbeitgebers wie beim Verlassen des Arbeitsplatzes (vgl. auch Rdn. 31; zum Personalvertretungsrecht *VGH Kassel* 24.10.1984 NJW 1985, 2779 f.; *OVG Saarlouis* 30.07.1975 NJW 1975, 2222 = PersV 1977; **wie hier** *Schlochauer* FS *G. Müller*, S. 459 ff.; *Richardi/Thüsing* § 39 Rn. 30; **vgl. aber** *BAG* 17.01.1989 EzA § 2 BetrVG 1972 Nr. 12 S. 4 = AP Nr. 1 zu § 2 LPVG NW Bl. 3 R; 13.06.1989 EzA § 80 BetrVG 1972 Nr. 36 S. 6 f. = AP Nr. 36 zu § 80 BetrVG 1972 Bl. 3 R [keine Zustimmung des Arbeitgebers beim Zugangsrecht des Betriebsrats im Rahmen des § 80]).

V. Rechtsfolgen falscher Auskünfte

39 Die **Betriebsratsmitglieder** (nicht der Betriebsrat als Kollektivorgan; vgl. aber *BGH* 25.10.2012 EzA § 40 BetrVG 2001 Nr. 24 *[St. Müller]* = AP Nr. 110 zu § 40 BetrVG 1972 [Anm. I: *Belling*, Anm. II: *Uffmann*]; ausf. dazu § 40 Rdn. 24 ff.) haften den einzelnen Arbeitnehmern wegen der ihnen in oder außerhalb von Sprechstunden gegebenen Auskünfte und Empfehlungen mangels vertraglicher Beziehungen nur bei Vorliegen einer unerlaubten Handlung (vgl. § 676 BGB; *Fitting* § 39 Rn. 34; *Glock/HWGNRH* § 39 Rn. 28; *Joost/*MünchArbR § 219 Rn. 96; *Richardi/Thüsing* § 39 Rn. 29; *Wedde/DKKW* § 39 Rn. 18; **a. M.** *Neumann-Duesberg* S. 341 f., der eine Haftung aus einem zwischen Betriebsratsmitglied und einzelnen Arbeitnehmer bestehenden Sozialrechtsverhältnis annimmt, das jedoch abzulehnen ist;). Da bei Auskünften oder Empfehlungen allein ein allgemeiner Vermögensschaden in Frage steht, ist der Schadenersatzanspruch nur bei sittenwidriger vorsätzlicher Schädigung nach § 826 BGB gegeben (*Fitting* § 39 Rn. 34; *Franzen* § 1 Rdn. 84; *Glock/HWGNRH* § 39 Rn. 28; näher *Belling* Haftung des Betriebsrats, S. 132 ff.). Eine Haftung des **Arbeitgebers** für Auskünfte oder Empfehlungen von Betriebsratsmitgliedern bei ihrer Amtstätigkeit scheidet aus, weil sie insoweit in eigener Verantwortung und nicht als Erfüllungsgehilfen des Arbeitgebers im Rahmen des Arbeitsverhältnisses tätig werden (*Fitting* § 39 Rn. 34; *Glock/HWGNRH* § 39 Rn. 28; *Richardi/Thüsing* § 39 Rn. 29).

VI. Streitigkeiten

40 Streitigkeiten über die Einrichtung und Durchführung von Sprechstunden, das Teilnahmerecht des Jugend- und Auszubildendenvertreters sowie die Arbeitsbefreiung von Betriebsratsmitgliedern zur Abhaltung von Sprechstunden entscheiden die Arbeitsgerichte im **Beschlussverfahren** (§ 2a Abs. 1 Nr. 1, Abs. 2, §§ 80 ff. ArbGG). Nur bei einem Streit über Zeit und Ort der Sprechstunden entscheidet die Einigungsstelle (vgl. Rdn. 16). Ist der Arbeitgeber oder der Betriebsrat der Auffassung, die Einigungsstelle habe die Grenzen ihres Ermessens überschritten, so kann das Arbeitsgericht angerufen werden (§ 76 Abs. 5 Satz 4), das auch hier im Beschlussverfahren entscheidet. Nimmt ein Gewerkschaftsvertreter aufgrund eines Betriebsratsbeschlusses an der Sprechstunde des Betriebsrats teil, so ist der gerichtliche Antrag des Arbeitgebers auf Unterlassung gegen den Gewerkschaftsbeauftragten gegen den falschen Antragsgegner gerichtet und als unbegründet zurückzuweisen (*BAG* 06.04.1976 EzA § 83 ArbGG 1953 Nr. 21 S. 28 f. = AP Nr. 7 zu § 83 ArbGG 1953 Bl. 1 R).

§ 40
Kosten und Sachaufwand des Betriebsrats

(1) Die durch die Tätigkeit des Betriebsrats entstehenden Kosten trägt der Arbeitgeber.

(2) Für die Sitzungen, die Sprechstunden und die laufende Geschäftsführung hat der Arbeitgeber in erforderlichem Umfang Räume, sachliche Mittel, Informations- und Kommunikationstechnik sowie Büropersonal zur Verfügung zu stellen.

Literatur
Literaturnachweise zum BetrVG 1952 siehe 8. Auflage.
Althoff Die Vergütung des Betriebsratsanwalts in der arbeitsrechtlichen Praxis, NZA 2014, 74; *Bayreuther* Sach- und Personalausstattung des Betriebsrats, NZA 2013, 758; *Beckschulze* Betriebsratskosten für moderne Kommunikationsmittel, DB 1998, 1815; *ders.* Internet-, Intranet- und E-Mail-Einsatz am Arbeitsplatz, DB 2007, 1526; *Beckschulze/Henkel* Der Einfluss des Internets auf das Arbeitsrecht, DB 2001, 1491; *ders.* Kosten und Sachaufwand des Betriebsrats. Rechtsprechung zu § 40 BetrVG, BB 1994, 928; *Behrendt/Lilienthal* Unzulässige Begünstigung von Betriebsratsmitgliedern im unternehmerischen Alltag, KSzW 2014, 277; *Bengelsdorf* Der Dialog über die Betriebsratskosten – Der Betriebsrat unter Rechtfertigungsdruck, FS *Hanau*, 1999, S. 359; *Bergmann* Finanzielle Haftung von Betriebsratsmitgliedern, NZA 2013, 57; *Bergwitz* Die Rechtsstellung des Betriebsrats (Diss. Passau), 2003; *Besgen* BlackBerry und Homepage für den Betriebsrat?, NZA 2006, 959; *ders.* Sachmittelanspruch des Betriebsrats nach § 40 BetrVG bezogen auf moderne Kommunikationseinrichtungen, FS *Leinemann*, 2006, S. 471; *Blomeyer* Die Finanzierung der Mitbestimmung durch den Arbeitgeber, in Steinmann/Gäfgen/Blomeyer Die Kosten der Mitbestimmung, Schriftenreihe Gesellschaft, Recht, Wirtschaft, Bd. 5, 1981, S. 69 (zit.: Finanzierung der Mitbestimmung); *Bram* Freistellungsanspruch des Betriebsrats nach § 40 Abs. 1 BetrVG und Anwaltsvergütung, FS *Etzel*, 2011, S. 77; *Caspers* Betriebsverfassungsrechtliche Fragen im Insolvenzverfahren, in: *Heinrich* (Hrsg.), Mit Schwung aus der Krise, 2011, S. 49; *Däubler* Internet und Arbeitsrecht, 5. Aufl. 2015; *ders.* Schulung und Fortbildung, § 37 Abs. 6 und 7 BetrVG und andere vergleichbare Vorschriften, 5. Aufl. 2004 (zit.: Schulung); *Dommermuth-Alhäuser/Heup* Haftung des Betriebsrats und seiner Mitglieder, BB 2013, 1461; *Dzida* Die persönliche Haftung von Betriebsratsmitgliedern nach § 179 BGB, NJW 2013, 433; *Ehrich/Hoß* Die Kosten des Betriebsrats – Umfang und Grenzen der Kostentragungspflicht des Arbeitgebers, NZA 1996, 1075; *Esser* Die Begünstigung von Mitgliedern des Betriebsrats (Diss. Köln), 2014; *Fischer* Sachausstattung des Betriebsrats und Behinderungsverbot, BB 1999, 1920; *Franzen* Betriebskosten und Umlageverbot, FS *Adomeit*, 2008, S. 173; *ders.* Die vertragliche Haftung des Betriebsrats und seiner Mitglieder bei der Beauftragung Dritter – Überlegungen zum Urteil des Bundesgerichtshofs vom 25.10.2012 – III ZR 266/11, FS *v. Hoyningen-Huene*, 2014, S. 87; *Fuhlrott/Reiß* Reichweite und Grenzen erforderlicher Betriebsratsausstattung, ArbRAktuell 2013, 353; *dies.* Freistellungs- und Kostenübernahmepflicht für Betriebsratsschulungen, ArbRAktuell 2013, 410; *Gamillscheg* Zur Haftung des Betriebsrats, FS *Otto*, 2008, S. 93; *Gehrke/Pfeifer* Der Betriebsrat im Intranet, AiB 2003, 522; *Gola* Betriebliche IuK-Technik für Betriebsräten- und Gewerkschaftsinformationen, MMR 2015; *Happe* Betriebsratsarbeit 2.0, in: *Baker McKenzie PmbB* (Hrsg), Arbeitswelt 4.0. 2017, 35; *Hilber/Frik* Rechtliche Aspekte der Nutzung von Netzwerken durch Arbeitnehmer und Betriebsrat, RdA 2002, 89; *Hinrichs/Plitt* Der Anspruch des Betriebsrats auf die Freistellung von Beratungskosten, NZA 2011, 1006; *v. Hoyningen-Huene* Die Abwicklung der Betriebsratskosten nach § 40 I BetrVG, GS *Blomeyer*, 2003, S. 141; *Hunold* Die Kosten der Betriebsratsarbeit, NZA-RR 1999, 113; *ders.* Der Internetzugang für den Betriebsrat, NZA 2004, 370; *ders.* Die Bürokraft für den Betriebsrat, NZA 2005, 1149; *ders.* Der Internetzugang für den Betriebsrat – Auf ein Neues, NZA 2007, 314; *ders.* Aktuelle Rechtsprechung zu den Sach- und Personalkosten der Betriebsratstätigkeit (§ 40 BetrVG), NZA-RR 2011, 57; *Jabornegg* Zur Finanzierung der Betriebsratstätigkeit am Beispiel der Reisekosten, FS *Floretta*, 1983, S. 527; *Jaeger/Steinbrück* Persönliche Haf-

tung von Betriebsratsmitgliedern für Beraterhonorare?, NZA 2013, 401; *Jahnke* Kompetenzen des Betriebsrats mit vermögensrechtlichem Inhalt, RdA 1975, 343; *Jansen* Anspruch des Betriebsrats auf Intranetnutzung, BB 2003, 1726; *ders*. Die elektronische Kommunikation in der Betriebsverfassung (Diss. Freiburg) 2006; *Jawad* Die rechtliche Stellung und die Rechtsfähigkeit des Betriebsrats (Diss. Würzburg), 2004 (zit.: Rechtsfähigkeit des Betriebsrats); *Junker / Band / Feldmann* Neue Kommunikationsmittel und Rechte des Betriebsrats, BB 2000, Beil. Nr. 10, S. 14; *Kehrmann* Pauschalierung von Vergütungs- und Kostenerstattungsansprüchen der Betriebsratsmitglieder, FS *Wlotzke*, 1996, S. 357; *Kempter* Zur Rechts- und Vermögensfähigkeit des Betriebsrats im Verhältnis zu Dritten, FS *Buchner*, 2009, S. 423; *Klasen* Unternehmensinterne Datennetze im Lichte der Betriebsverfassung (Diss. Berlin), 2004; *Kleinebrink* Die Haftung des Betriebsrats und seiner Mitglieder, FA 2012, 98; *Kort* Erforderliche Sachmittel gem. § 40 II BetrVG, NZA 1990, 598; *Kraft* »Allgemeiner Bildungsurlaub« auf Kosten des Arbeitgebers – eine unzulässige Bevorzugung von Betriebsratsmitgliedern?, DB 1973, 2519; *Künzl* Freistellung von Betriebsratsmitgliedern für Schulungsveranstaltungen, ZfA 1993, 341; *Löwisch* Die Herausgabe schriftlicher Informationen für die Belegschaft durch den Betriebsrat, FS *Hilger / Stumpf*, 1983, S. 429; *Lüders / Weller* Die Kosten des Betriebsratsanwalts – Wann und in welcher Höhe muss der Arbeitgeber die Anwaltskosten des Betriebsrats tragen?, DB 2015, 2149; *Maiß* Rechtsanwaltskosten als Kosten der Betriebsratstätigkeit, FA 2010, 164; *Manske* Bessere Arbeitsbedingungen für Betriebsräte? Ein Diskussionsbeitrag zur Reform der Betriebsverfassung, AuR 2001, 94; *Molkenbur / Weber* Der Betriebsrat als Vertragspartner und die Haftung seiner Mitglieder am Beispiel des § 111 Satz 2 BetrVG, DB 2014, 242; *Moll / Roebers* Pauschale Zahlungen an Betriebsräte?, NZA 2012, 57; *Mühlhausen* Homepage als erforderliche Sachmittel nach § 40 II BetrVG, NZA 1999, 136; *Müller / Jahner* Die Haftung des Betriebsrats und der Betriebsratsmitglieder, BB 2013, 440; *Müller-Bonuttau* Die Kostentragungspflicht des Arbeitgebers für Rechtsanwaltskosten des Betriebsrats im Rahmen von § 40 Abs. 1 BetrVG (Diss. Würzburg), 2000 (zit.: Rechtsanwaltskosten); *Neu* Der Einsatz moderner Kommunikationsmittel am Arbeitsplatz im Spannungsverhältnis zum Arbeitnehmerdatenschutz (Diss. Greifswald), 2012 (zit.: Einsatz moderner Kommunikationsmittel); *Niedenhoff* Die Kosten der Anwendung des Betriebsverfassungsgesetzes, 1994; *ders*. Die Praxis der betrieblichen Mitbestimmung, 1999; *ders*. Mitbestimmung in der Bundesrepublik Deutschland, 2000; *Platz* Der Grundsatz der prozessualen Waffengleichheit als Grenze der Kostentragungspflicht des Arbeitgebers bei Rechtsstreitigkeiten, Diss. Kiel 1991 (zit.: Waffengleichheit); *ders*. Der Grundsatz der prozessualen Waffengleichheit als Grenze der Kostentragungspflicht des Arbeitgebers bei Einigungsstellen- und Beschlussverfahren, ZfA 1993, 373; *Radtke* Beauftragung eines Rechtsanwalts durch den Betriebsrat: Welche Tätigkeit ist erforderlich?, ArbR 2015, 97; *Reitze* Die Erstattungsfähigkeit von Beraterkosten gemäß § 40 Abs. 1 BetrVG (Teil 1), ZBVR online 2011 Nr. 11, 23; *ders*. Der Anspruch des Betriebsrats auf Bereitstellung von Sachaufwand und Büropersonal gem. § 40 Abs. 2 BetrVG (Teil 2), ZBVR online 2012 Nr. 2, 33; *Richter* Nach der Betriebsratswahl: In welchem Umfang muss der Arbeitgeber die Schulung von Betriebsratsmitgliedern finanzieren?, BB 2014, 2233; *Rieble* Stundenhonorar für den Betriebsratsanwalt, FA 2013, 130; *Runkel* Der Rechtsanwalt als Sachverständiger für den Betriebsrat, FA 2015, 135; *Schiefer / Borchard* Kosten des Betriebsrats gem. § 40 BetrVG, DB 2016, 770; *dies*. Kostenerstattungspflicht des Arbeitgebers bei Betriebsratsschulungen, DB 2016, 1875; *Schneider / Wedde* Informations- und Kommunikationstechnik bei der Betriebsratswahl, AuR 2007, 26; *Schulze* Hinzuziehen von Sachverstand, AiB 2013, 7; *Schuster* Die rechtliche Stellung der mehrköpfigen Betriebsrats (Diss. Marburg), 1999; *Sieg* Kostenmanagement in der Betriebsverfassung, RWS-Forum Arbeitsrecht 2001/2002, S. 135; *Tamm* Der Anspruch der Arbeitnehmervertretung auf moderne Informations- und Kommunikationstechnik und deren Nutzung im Spiegel aktueller Rechtsprechung, PersV 2015, 324; *Triebel* Die Haftung des Betriebsrats und der Durchgriff auf seine Mitglieder (Diss. Mainz), 2003 (zit.: Haftung des Betriebsrats); *Vogelgesang* Erforderlichkeit des Ersatzes der Kosten der Personalvertretung durch die Dienststelle, PersV 2008, 444; *ders*. Haftung des Personalrats und der Personalratsmitglieder für durch Personalratsarbeit verursachte Kosten?, ZfPR 2013, 113; *Waas* Betriebsrat und Arbeitszeit – Pauschale Abgeltung und Freistellung über das Gesetz hinaus, 2012 (zit.: Betriebsrat und Arbeitszeit); *Walker* Die Haftung des Betriebsrats und seines Vorsitzenden gegenüber externen Beratern, FS *v. Hoyningen-Huene*, 2014, S. 535; *Weber* Erforderlichkeit von Computer und Internet für die Betriebsratsarbeit? NZA 2008, 280; *Wedde* Gibt es eine allgemeine Pflicht zur Kostenaufschlüsselung im Rahmen von § 40 BetrVG?, AuR 1994, 51; *ders*. Aufschlüsselungspflichten bei Schulungen nach § 37 Abs. 6 BetrVG – ein Dauerthema, AuR 1997, 228; *ders*. Nutzung des Intranets durch den Betriebsrat, AuR 2005, 111; *Weißgerber* Arbeitsrechtliche Fragen bei der Einführung und Nutzung vernetzter Computerarbeitsplätze (Diss. Berlin), 2002 (zit.: Computerarbeitsplätze); *Weiss* Zu den Kosten der Betriebsverfassung, insbesondere der Einigungsstelle, JArbR Bd. 22 [1984], 1985, S. 37; *Werwach* Umfang und Grenzen der Pflicht des Arbeitgebers zur Kostentragung nach § 40 BetrVG, ZBVR 2002, 160; *Wiebauer* Kosten der privaten Lebensführung als Kosten der Betriebsratstätigkeit, BB 2011, 2104; *Wiese* Schulung der Mitglieder von Betriebsvertretungen, BlStSozArbR 1974, 353; *Witt* Die betriebsverfassungsrechtliche Kooperationsmaxime und der Grundsatz von Treu und Glauben (Diss. Mannheim), 1987 (zit.: Kooperationsmaxime); *Wolke* Die Bekanntgabe der Betriebsratskosten durch den Arbeitgeber und dessen Recht auf freie Meinungsäußerung im Betrieb (Diss. Kiel), 2000 (zit.: Bekanntgabe von Betriebsratskosten); *Zimmermann* Zur rechtlichen Problematik von Betriebsratsschulungen mit Verwöhncharakter – ein Tabuthema, NZA 2017, 162; *Zumkeller/Lüber* Der Betriebsrat als »Arbeitgeber«, BB 2008, 2067. Vgl. auch vor § 26 und zu § 37; vgl. zu älterer Literatur auch Vorauflagen.

Inhaltsübersicht   Rdn.

I. Vorbemerkung	1–5
II. Kosten der Betriebsratstätigkeit (§ 40 Abs. 1)	6–133
1. Grundlagen	6–37
a) Kostentragungspflicht des Arbeitgebers	6
b) Kosten	7–10
c) Erforderlichkeit und Verhältnismäßigkeit	11–17
d) Betriebsverfassungsrechtliche Teilrechtsfähigkeit des Betriebsrats	18–31
aa) Grundlagen	18, 19
bb) Gesetzliches Schuldverhältnis zwischen Arbeitgeber und Betriebsrat	20–23
cc) Außenverhältnis im Rechtsverkehr mit Dritten	24–31
e) Nachweis der Kosten und Kostenpauschale	32–34
f) Kostenvorschuss	35, 36
g) Bekanntgabe der Kosten durch den Arbeitgeber	37
2. Kosten aus der Tätigkeit des Betriebsrats	38–48
a) Kosten aus laufender Geschäftsführung	39–43
b) Kosten eines Sachverständigen	44–48
3. Kosten aus der Tätigkeit der Betriebsratsmitglieder	49–101
a) Grundsatz	49
b) Reisekosten	50–61
aa) Reisekosten und Betriebsratsaufgaben	50–54
bb) Höhe der Reisekostenerstattung	55–61
c) Kosten von Schulungs- und Bildungsveranstaltungen	62–92
aa) Schulungs- und Bildungsveranstaltungen nach § 37 Abs. 6	62–88
aaa) Grundlagen	62–69
bbb) Gegenstand und Umfang der Schulungskosten	62–69
(1) Gegenstand	70–73
(2) Umfang	74–82
(3) Verhältnismäßigkeit	83
ccc) Nachweis und Abrechnung der Schulungskosten	84–87
ddd) Pfändung und Abtretung des Kostenerstattungsanspruchs	88
bb) Schulungs- und Bildungsveranstaltungen nach § 37 Abs. 7	89–92
d) Sonstige Kosten	93–100
e) Verwirkung und Verjährung des Kostenerstattungsanspruchs	101
4. Kosten von Rechts- und Regelungsstreitigkeiten	102–133
a) Rechtsstreitigkeiten	102–113
aa) Betriebsrat	102–108
bb) Betriebsratsmitglieder	109–113
b) Kosten eines Rechtsanwalts	114–132
aa) Betriebsrat	114–131
bb) Betriebsratsmitglieder	132
c) Regelungsstreitigkeiten	133
III. Sachaufwand und Büropersonal	134–206
1. Grundlagen	134–145
a) Verpflichtung des Arbeitgebers zur Naturalleistung	134–136
b) Grundsatz der Erforderlichkeit	137–145
aa) Ordnungsgemäße Erfüllung von Betriebsratsaufgaben	137, 138
bb) Beurteilungsspielraum des Betriebsrats?	139–141
cc) Einzelfallbezogene Betrachtungsweise	142–145
2. Räume	146–149
3. Sachliche Mittel	150–175
a) Überblick	150

b) Büroeinrichtung, Büromaterial und technische Ausstattung	151–153
c) Literatur	154–166
aa) Grundlagen	154–159
bb) Einzelfragen	160–166
d) Bekanntmachungen des Betriebsrats	167–175
4. Informations- und Kommunikationstechnik	176–200
a) Grundlagen	176–178
b) Informationstechnik	179–182
c) Kommunikationstechnik	183–200
aa) Telefon	183–190
bb) Telefax	191
cc) »Neue Kommunikations- und Informationsmittel«	192–200
5. Büropersonal	201–206
IV. Eigentums- und Besitzverhältnisse	207–219
V. Streitigkeiten	220–234

I. Vorbemerkung

1 Für **Kosten, Sachaufwand und Büropersonalbedarf des Betriebsrats** muss nach § 40 der **Arbeitgeber** aufkommen. Dabei ist die Vorschrift nach ihrer Funktion aber nicht nur eine Kostentragungsregelung. Es geht darum, die effektive Betriebsratsarbeit möglich zu machen und sicherzustellen, dass die Belegschaft durch den Betriebsrat gut informiert wird und mit ihm sachgerecht kommunizieren kann (vgl. dazu auch *Weber* Anm. AP Nr. 97 zu § 40 BetrVG 1972). Die Zuweisung der Betriebsratskosten an den Arbeitgeber steht in systematischem Einklang mit dem Umlageverbot nach § 41, dem Benachteiligungsverbot des § 78 Satz 2 (zu den daraus folgenden Grenzen für Sachleistungen an den Betriebsrat vgl. *Bayreuther* NZA 2013, 758) und der Ausgestaltung des Betriebsratsamts als Ehrenamt gem. § 37 Abs. 1. Die Frage der Fortzahlung der Vergütung von Betriebsratsmitgliedern für Arbeitsversäumnis infolge von Betriebsratstätigkeit wird ebenso wie diejenige nach einem Freizeitausgleich für Betriebsratstätigkeit außerhalb der Arbeitszeit in § 37 gesondert geregelt. § 40 betrifft demnach alle **sonstigen sachlichen und persönlichen** Kosten, die aus Tätigkeit des Betriebsrats und seiner Mitglieder entstehen. **§ 40 Abs. 1** formuliert den Grundsatz der Kostentragungspflicht des Arbeitgebers. **§ 40 Abs. 2** enthält eine Naturalleistungspflicht für Sachaufwand und Büropersonal. Durch das **BetrVerf-Reformgesetz** wurde – zur »Klarstellung« (vgl. die amtliche Begründung des RegE BT-Drucks 14/5471, S. 41) – in Abs. 2 die Verpflichtung des Arbeitgebers zur Bereitstellung von Informations- und Kommunikationsmitteln ausdrücklich aufgenommen (vgl. näher Rdn. 176 ff.). Überblick zu den historischen Grundlagen der Kostentragungspflicht des Arbeitgebers bei *Müller-Boruttau* Rechtsanwaltskosten, S. 82 ff.

2 Die Vorschrift gilt kraft gesetzlicher Verweisung auch für den **Gesamtbetriebsrat** (§ 51 Abs. 1 Satz 1), den **Konzernbetriebsrat** (§ 59 Abs. 1), die **Jugend- und Auszubildendenvertretung** (§ 65 Abs. 1), die **Gesamt-Jugend- und Auszubildendenvertretung** (§ 73 Abs. 2), die **Konzern-Jugend- und Auszubildendenvertretung** (§ 73b Abs. 2), die **Bordvertretung** (§ 115 Abs. 4 Satz 1, zu Satz 2 s. *Franzen* § 115 Rdn. 38) und den **Seebetriebsrat** (§ 116 Abs. 3). Sie ist analog auf den **Wirtschaftsausschuss** anzuwenden (BAG 17.10.1990 EzA § 40 BetrVG 1972 Nr. 65 S. 4 = AP Nr. 8 zu § 108 BetrVG 1972; *Fitting* § 107 Rn. 27; *Koch*/ErfK § 40 BetrVG Rn. 1; *Oetker* § 107 Rdn. 45). Die Kosten der **Ausschüsse** des **Betriebsrats** (§§ 27, 28) sind Kosten des Betriebsrats. Zu den Kosten von **Arbeitsgruppen nach § 28a** vgl. *Fitting* § 28a Rn. 38; *St. Müller* Die Übertragung von Betriebsaufgaben auf Arbeitsgruppen (Diss. Jena), 2004, S. 144 f.; *Richardi*/*Thüsing* § 28a Rn. 34; *Wedde*/DKKW § 28a Rn. 82 einerseits; *Glock*/HWGNR § 28a Rn. 31; *Raab* § 28a Rdn. 8; *Reichold*/HWK § 28a BetrVG Rn. 5 andererseits. Zu den Kosten der **Schwerbehindertenvertretung** vgl. § 179 Abs. 8 und 9 SGB IX (bis 31.12.2017: § 96 Abs. 8 und 9 SGB IX) sowie die Angaben § 37 Rdn. 162 ff. Zu den Kosten der **Betriebsratswahl** vgl. § 20 Abs. 3 sowie *Locher* Virtueller Belegschaftswahlkampf, 2013 (Diss Mannheim), 2012, S. 52 ff.: keine, auch keine analoge Anwendung von § 40 Abs. 2. Zum **Übergangs-** und **Restmandat** vgl. Rdn. 8 f.

Kosten und Sachaufwand des Betriebsrats § 40

Die Vorschrift gilt entsprechend für eine **anderweitige Vertretung der Arbeitnehmer** nach § 3 **3** Abs. 1 Nr. 1–3, da diese an die Stelle des Betriebsrats tritt (*Glock/HWGNRH* § 40 Rn. 2; *Wedde/ DKKW* § 40 Rn. 2). Das gilt in gleicher Weise für tarifvertragliche Regelungen gem. § 3 Abs. 1 wie solche durch Betriebsvereinbarung (§ 3 Abs. 2) und die Wahl eines unternehmenseinheitlichen Betriebsrats nach § 3 Abs. 3. Bei **zusätzlichen betriebsverfassungsrechtlichen Gremien** nach § 3 Abs. 1 Nr. 4 und **zusätzlichen Vertretungen der Arbeitnehmer** nach § 3 Abs. 1 Nr. 5 können die Tarif- oder Betriebspartner entsprechende Regelungen treffen; mangels einer solchen Regelung ist § 40 entsprechend anwendbar (*Fitting* § 40 Rn. 2; *Kreft/WPK* § 40 Rn. 2; *Wedde/DKKW* § 40 Rn. 2; **a. M.** *Glock/HWGNRH* § 40 Rn. 9).

Die Vorschrift ist **zwingend** und kann weder durch Tarifvertrag noch durch Betriebsvereinbarung ab- **4** bedungen oder eingeschränkt werden (*BAG* 09.06.1999 EzA § 40 BetrVG 1972 Nr. 88 S. 9 = AP Nr. 66 zu § 40 BetrVG 1972 *[Kort]*; *Fitting* § 40 Rn. 3; *Glock/HWGNRH* § 40 Rn. 1; *Koch/*ErfK § 40 BetrVG Rn. 1). Es ist jedoch zulässig, das Verfahren für den Nachweis und die Abrechnung der Kosten festzulegen (*Fitting* § 40 Rn. 3; *Glock/HWGNRH* § 40 Rn. 1). Auch kann in bestimmten Grenzen eine Pauschalierung der Kosten vereinbart (vgl. Rdn. 33) und festgelegt werden, in welchem Umfang Sachmittel sowie Bürokräfte in der Regel zur Verfügung zu stellen sind. Für eine dispositive Ausgestaltung der §§ 40, 41 de lege ferenda *Franzen* FS *Adomeit*, S. 173, 182 ff.

Zum **Personalvertretungsrecht** vgl. § 44 BPersVG, für **Sprecherausschüsse** § 14 Abs. 2 SprAuG, **5** zum **besonderen Verhandlungsgremium** und **Europäischen Betriebsrat** §§ 16, 30 EBRG.

II. Kosten der Betriebsratstätigkeit (§ 40 Abs. 1)

1. Grundlagen

a) Kostentragungspflicht des Arbeitgebers
Die Kosten der Tätigkeit des Betriebsrats trägt nach § **40 Abs. 1** der **Arbeitgeber**. Bei einem **Be- 6 triebsübergang** nach § 613a BGB geht diese Verpflichtung auf den Erwerber als den neuen Betriebsinhaber über. Dieser tritt in die betriebsverfassungsrechtliche Stellung des bisherigen Betriebsinhabers ein und haftet deshalb grundsätzlich für noch nicht erfüllte Freistellungsansprüche des Betriebsrats (*BAG* 09.12.2009 EzA § 40 BetrVG 2001 Nr. 16 Rn. 16 ff. = AP Nr. 96 zu § 40 BetrVG 1972 *[Schreiber]*; 20.08.2014 EzA § 40 BetrVG 2001 Nr. 25 Rn. 23 ff. = AP Nr. 111 zu § 40 BetrVG 1972; *Fitting* § 40 Rn. 95; zu Besonderheiten in der Insolvenz vgl. Rdn. 230 ff.). Bisheriger und neuer Betriebsinhaber haften nicht gesamtschuldnerisch. § 613a BGB und damit auch dessen Abs. 2 sind nicht anwendbar, da die Vorschrift insofern lediglich individualrechtliche Bedeutung hat. Die Verpflichtung des neuen Betriebsinhabers ergibt sich aus betriebsverfassungsrechtlichen Grundsätzen (*BAG* 20.08.2014 EzA § 40 BetrVG 2001 Nr. 25 Rn. 29 = AP Nr. 111 zu § 40 BetrVG 1972). Die Arbeitgeber eines **gemeinsamen Betriebs** haften als Gesamtschuldner nach § 421 BGB (*BAG* 19.04.1989 EzA § 40 BetrVG 1972 Nr. 62 S. 4 = AP Nr. 29 zu § 40 BetrVG 1972 Bl. 2 R *[von Hoyningen-Huene]*; *Wedde/DKKW* § 40 Rn. 3).

b) Kosten
Kosten können aus der Tätigkeit des **Betriebsrats** und seiner **Ausschüsse** (§§ 27, 28) oder der Tätig- **7** keit **einzelner Betriebsratsmitglieder** entstehen. Hinsichtlich der Kosten, die dem Arbeitgeber wegen seiner Verpflichtung zur Entgeltfortzahlung bei Arbeitsversäumnis von Betriebsratsmitgliedern entstehen, gelten ausschließlich die Sonderregelungen des § 37 Abs. 2, Abs. 3 Satz 1, Abs. 6 Satz 1, Abs. 7 Satz 1. Entsprechendes gilt für den Ausgleichsanspruch nach § 37 Abs. 3 Satz 3. Die darüber hinausgehenden Kosten, die durch die Tätigkeit des Betriebsrats entstehen, trägt der Arbeitgeber nach § 40. Sie müssen **tatsächlich entstanden** sein. **Unerheblich** ist, ob die **Wahl** des **Betriebsrats angefochten** worden ist (*Fitting* § 40 Rn. 8; *Glock/HWGNRH* § 40 Rn. 4; *Richardi/Thüsing* § 40 Rn. 4; *Wedde/DKKW* § 40 Rn. 4). War die **Nichtigkeit** der Wahl geltend gemacht worden, besteht die Kostentragungspflicht des Arbeitgebers, wenn die Nichtigkeit für die handelnden Schein-Betriebsratsmitglieder nicht offenkundig war, etwa im Falle einer Verkennung der Reichweite des Tendenz-

§ 40   II. 3. *Geschäftsführung des Betriebsrats*

schutzes nach § 118 Abs. 2 (*BAG* 29.04.1998 EzA § 40 BetrVG 1972 Nr. 82 = AP Nr. 58 zu § 40 BetrVG 1972), der Voraussetzungen für die Bildung eines Gesamtbetriebsrats (*LAG Köln* 10.11.2005 – 5 TaBV 42/05 – juris) oder des betriebsverfassungsrechtlichen Konzernbegriffs (*BAG* 23.08.2006 EzA § 54 BetrVG 2001 Nr. 2 Rn. 53 = AP Nr. 12 zu § 54 BetrVG 1972; **zust**. *Fitting* § 40 Rn. 8; *Koch*/ErfK § 40 BetrVG Rn. 1; weiter *Wedde*/*DKKW* § 40 Rn. 4: Kostentragungspflicht, solange den Betriebsratsmitgliedern die Nichtigkeit nicht bekannt war; enger *Richardi*/*Thüsing* § 40 Rn. 4; *Wiese* 6. Aufl., § 40 Rn. 8: Kostentragungspflicht nur, wenn die Betriebsratsmitglieder nach Treu und Glauben von der Rechtmäßigkeit ihres Tuns überzeugt sein konnten).

8   Der Arbeitgeber trägt auch die Kosten eines Betriebsrats, der nach Stilllegung des Betriebs ein **Restmandat** gem. § 21b wahrnimmt (*Hess. LAG* 13.07.2015 – 16 TaBVGa 165/14 – juris, Rn. 23; ebenso schon vor der Neuregelung des § 21b durch das BetrVerf-Reformgesetz *LAG Hamm* 05.01.1979 EzA § 40 BetrVG 1972 Nr. 42 S. 196 ff.; vgl. u. a. *LAG Bremen* 09.12.2004 AuR 2005, 420 *[Buschmann]*; *Besgen* FS Leinemann, S. 471 [472]; *Fitting* § 40 Rn. 7; s. a. *Kreutz* § 21b Rdn. 23).

9   Schließlich gilt § 40 auch bei Wahrnehmung eines **Übergangsmandats** gem. § 21a (*Bischoff* Das Übergangsmandat des Betriebsrats [Diss. Jena], 2003, S. 99 ff.; *Buschmann*/*DKKW* § 21a Rn. 60; *Fitting* § 21a Rn. 27, § 40 Rn. 7; *Gragert* NZA 2004, 289 [291 f.]; *Jung* Das Übergangsmandat des Betriebsrats [Diss. Konstanz], 1999, S. 75 ff.; *Koch*/ErfK § 21a BetrVG Rn. 8; *Kreutz* § 21a Rdn. 35; *Richardi*/*Thüsing* § 21a Rn. 30; *Rieble* NZA 2002, 233 [236]; *Worzalla*/*HWGNRH* § 21a Rn. 38 f.). Sofern es infolge der Betriebsspaltung mehrere Betriebsinhaber gibt, ist für die Frage, welchem Arbeitgeber die Kostentragungspflicht obliegt, zu differenzieren: Soweit eine Zuordnung der vom Betriebsrat wahrgenommenen Aufgabe zu einem der betroffenen Betriebe möglich ist, hat die Kosten der jeweilige **Betriebsinhaber** zu tragen (*Fitting* § 40 Rn. 7; *Kreutz* § 21a Rdn. 104; vgl. auch *LAG Hamm* 16.05.2012 – 10 TaBV 15/12 – juris, Rn. 61, 79 f.). Das ergibt sich unmittelbar aus § 40, der die Kosten dem Arbeitgeber als dem Inhaber des Betriebs auferlegt, in dem und für den der Betriebsrat seine Aufgaben wahrnimmt. Soweit eine eindeutige Zuordnung aber nicht möglich ist, namentlich bei Kosten der laufenden Geschäftsführung und Sachmittelkosten, besteht eine **gesamtschuldnerische Haftung** beider Arbeitgeber gem. § 421 BGB (i. E. insoweit auch *ArbG Leipzig* 05.05.2006 NZA-RR 2007, 24; *Bischoff* Das Übergangsmandat des Betriebsrats [Diss. Jena], 2003, S. 101; *Fitting* § 21a Rn. 27, § 40 Rn. 7; *Gragert* NZA 2004, 289 [291 f.]; *Jung* Das Übergangsmandat des Betriebsrats [Diss. Konstanz], 1999, S. 77; *Kreutz* § 21a Rdn. 104; *Worzalla*/*HWGNRH* § 21a Rn. 38; **a. M.** *Koch*/ErfK § 21a BetrVG Rn. 8; *Richardi*/*Thüsing* § 21a Rn. 30). Das gesetzliche Schuldverhältnis, das sich aus § 40 zwischen Betriebsrat und Arbeitgeber ergibt (vgl. dazu Rdn. 20, 209), und aus dem ein Freistellungs- bzw. Erstattungsanspruch folgt (vgl. dazu Rdn. 21), besteht in diesem Fall gegenüber beiden Arbeitgebern. Einer Analogie bedarf es insofern nicht (vgl. aber *Bischoff* Das Übergangsmandat des Betriebsrats [Diss. Jena], 2003, S. 101; *Jung* Das Übergangsmandat des Betriebsrats [Diss. Konstanz], 1999, S. 77). § 40 verpflichtet den Arbeitgeber als Betriebsinhaber zur Kostentragung für die Tätigkeit des Betriebsrats. Diese besteht in der gesetzlich angeordneten Wahrnehmung des Übergangsmandats, das, soweit es um laufende Geschäftsführung und den generellen Einsatz von Hilfsmitteln geht, für alle betroffenen Betriebe wahrgenommen wird. Für den Innenausgleich zwischen den beteiligten Arbeitgebern ist, sofern nicht entsprechende Abmachungen vorliegen, eine Quotelung nach der Anzahl der in den jeweiligen Betrieben beschäftigten Arbeitnehmer vorzunehmen (vgl. auch *Bischoff* Das Übergangsmandat des Betriebsrats [Diss. Jena], 2003, S. 102; *Fitting* § 21a Rn. 27, § 40 Rn. 7; *Gragert* NZA 2004, 289 [292]; *Jung* Das Übergangsmandat des Betriebsrats [Diss. Konstanz], 1999, S. 77 f.; *Kreutz* § 21a Rdn. 104). Die gesamtschuldnerische Haftung bezieht sich aber nur auf die Fälle, in denen keine konkrete Zuordnung einer Tätigkeit zu einem der beteiligten Betriebe möglich ist (*Fitting* § 40 Rn. 7; *Kreutz* § 21a Rdn. 104; **a. M.** insoweit *Bischoff* Das Übergangsmandat des Betriebsrats [Diss. Jena], 2003, S. 101; *Gragert* NZA 2004, 289 [292]; *Jung* Das Übergangsmandat des Betriebsrats [Diss. Konstanz], 1999, S. 77). Ist eine Zuordnung möglich, dann wird auch das Übergangsmandat nur für den jeweiligen Betrieb wahrgenommen, so dass auch nur hier das gesetzliche Schuldverhältnis aus § 40 entsteht.

10 Zu **volks-** und **betriebswirtschaftlichen Aspekten** der **Kosten** der Mitbestimmung vgl. *Gäfgen* Zur volkswirtschaftlichen Beurteilung der Entscheidungsteilnahme in Unternehmungen: Die deutsche Mitbestimmungsregelung als Beispiel, und *Steinmann* Kosten-Nutzen-Analyse der Mitbestim-

mung?, beide in: Die Kosten der Mitbestimmung, Schriftenreihe Gesellschaft, Recht, Wirtschaft, Bd. 5, 1981, S. 9 ff., 39 ff.; vgl. ferner *Bengelsdorf* AuA 1998, 78 ff.; zu den effektiven Kosten vgl. *Niedenhoff* Die Kosten der Anwendung des Betriebsverfassungsgesetzes, 1994; *ders.* Die Praxis der betrieblichen Mitbestimmung, 1999, S. 124, 134; *ders.* Mitbestimmung in der Bundesrepublik Deutschland, 2000, S. 291 ff.; *ders.* Die direkten Kosten der Anwendung des Betriebsverfassungsgesetzes, 2004; *Platz* ZfA 1993, 373 (377 f.); *Sieg* Kostenmanagement in der Betriebsverfassung, in: Arbeitsrecht 2001 (RWS-Forum 2001), S. 135. Zu den Kosten des deutschen Betriebsverfassungsgesetzes im internationalen Vergleich *Junker* ZfA 2001, 225 (239 f.). Zu **Reformvorschlägen** vgl. *Franzen* FS *Adomeit* S. 173.

c) Erforderlichkeit und Verhältnismäßigkeit

Nach § 40 sind vom Arbeitgeber nur die Kosten einer Tätigkeit zu tragen, die **objektiv** der Durchführung von **Aufgaben** des **Betriebsrats** dient; es gelten daher die gleichen Grundsätze wie zu § 37 Abs. 2 (vgl. hierzu § 37 Rdn. 29 ff.; *Glock/HWGNRH* § 40 Rn. 10; *Richardi/Thüsing* § 40 Rn. 4, 10). **11**

Die Kosten müssen ferner **erforderlich** sein. Das ist im Gegensatz zu § 37 Abs. 2, Abs. 6 Satz 1 und § 40 Abs. 2 zwar nicht ausdrücklich gesagt, aber allgemein anerkannt (st. Rspr. seit *BAG* 27.09.1974 AP Nr. 8 zu § 40 BetrVG 1972 Bl. 1 R f. *[Weimar]*; aus neuerer Zeit etwa 20.10.1999 EzA § 40 BetrVG 1972 Nr. 89 S. 3 = AP Nr. 67 zu § 40 BetrVG 1972; vgl. ferner *Blomeyer* Finanzierung der Mitbestimmung, S. 90 f.; *Fitting* § 40 Rn. 9; *Glock/HWGNRH* § 40 Rn. 10; *Richardi/Thüsing* § 40 Rn. 6; *Wedde/DKKW* § 40 Rn. 5). **12**

Für die **Feststellung** der **Erforderlichkeit** der **Kosten** ist **weder** allein das **subjektive Ermessen** des **Betriebsrats** maßgebend **noch ex post** ein **objektiver Maßstab** anzulegen (st. Rspr., *BAG* 04.12.1979 EzA § 40 BetrVG 1972 Nr. 47 S. 224 = AP Nr. 18 zu § 40 BetrVG 1972 Bl. 2 *[Hanau]*; 19.04.1989 EzA § 40 BetrVG 1972 Nr. 62 S. 4 f. = AP Nr. 29 zu § 40 BetrVG 1972 Bl. 3 R *[von Hoyningen-Huene]*). Der Arbeitgeber ist vielmehr verpflichtet, alle Kosten zu tragen, die im **Zeitpunkt** der **Verursachung** bzw. – soweit erforderlich – der Beschlussfassung durch den Betriebsrat bei **gewissenhafter Abwägung aller Umstände** unter **Berücksichtigung** des Grundsatzes der **vertrauensvollen Zusammenarbeit** (§ 2 Abs. 1) und damit **auch der betrieblichen Belange für erforderlich gehalten werden durften**, da der Betriebsrat andernfalls in der Ausübung seiner Aufgaben unnötig behindert würde (vgl. u. a. *BAG* 08.04.1992 EzA § 20 BetrVG 1972 Nr. 15 S. 7 = AP Nr. 15 zu § 20 BetrVG 1972 Bl. 3; *BAG* 27.05.2015 EzA § 40 BetrVG 2001 Nr. 27 = AP Nr. 160 zu § 37 BetrVG 1972; *Fitting* § 40 Rn. 9; *Richardi/Thüsing* § 40 Rn. 8; *Wedde/DKKW* § 40 Rn. 5). Dabei ist auf das **Urteil eines vernünftigen Dritten** abzustellen (vgl. u. a. *BAG* 16.10.1986 AP Nr. 31 zu § 40 BetrVG 1972 Bl. 2; 08.04.1992 EzA § 20 BetrVG 1972 Nr. 15 S. 7 = AP Nr. 15 zu § 20 BetrVG 1972 Bl. 3; vgl. auch § 37 Rdn. 44; **a. M.** *Weiss* Zu den Kosten der Betriebsverfassung, insbesondere der Einigungsstelle, JArbR Bd. 22 [1984], 1985, S. 37 [41]). Sind die dargelegten Grundsätze beachtet worden, besteht der Anspruch auf Kostenerstattung auch dann, wenn sich nachträglich herausstellt, dass die Kosten objektiv nicht erforderlich waren (vgl. auch § 37 Rdn. 45). Dem Betriebsrat steht allerdings, da er in seiner Amtsführung unabhängig und entscheidungsfähig sein muss, bei der Subsumtion der die Kosten auslösenden Umstände ein **Beurteilungsspielraum** zu (*BAG* 03.10.1978 EzA § 40 BetrVG 1972 Nr. 37 S. 172 = AP Nr. 14 zu § 40 BetrVG 1972 Bl. 4 R *[Grunsky]*; 03.12.1987 EzA § 20 BetrVG 1972 Nr. 14 S. 2 = AP Nr. 13 zu § 20 BetrVG 1972 Bl. 2 R). Als unbestimmter Rechtsbegriff ist die Erforderlichkeit vom Rechtsbeschwerdegericht nur begrenzt nachprüfbar (*BAG* 29.11.1989 EzA § 40 BetrVG 1972 Nr. 63 S. 3 = AP Nr. 32 zu § 40 BetrVG 1972 Bl. 1 R; 27.05.2015 EzA § 40 BetrVG 2001 Nr. 27 Rn. 17 = AP Nr. 160 zu § 37 BetrVG 1972). Zum Beurteilungsspielraum im Rahmen des § 40 Abs. 2 vgl. aber Rdn. 139 ff. **13**

Die Kosten müssen nach h. M. ferner dem Grundsatz der **Verhältnismäßigkeit** entsprechen (vgl. zur grds. Kritik § 37 Rdn. 211 ff. sowie neben den dort genannten Nachweisen *Blomeyer* 25 Jahre Bundesarbeitsgericht, S. 17 [34]; *ders.* Finanzierung der Mitbestimmung, S. 91 ff., 102 f.; *Glock/HWGNRH* § 40 Rn. 11; *Reichold/HWK* § 40 BetrVG Rn. 6; *Richardi/Thüsing* § 40 Rn. 7, 39; **a. M.** *Joost/* MünchArbR § 221 Rn. 4; *Wedde/DKKW* § 40 Rn. 5; *Weiss* Zu den Kosten der Betriebsverfassung, insbesondere der Einigungsstelle, JArbR Bd. 22 [1984], 1985, S. 37 [39 f.]). Daran ist richtig, **14** dass auch bei grundsätzlich für die Betriebsratsarbeit erforderlichen Kosten im Einzelfall eine Belastung des Arbeitgebers nicht gerechtfertigt sein mag. Allerdings ist zur Bewältigung solcher Fälle ein Rückgriff auf das Verhältnismäßigkeitsprinzip als Regelvoraussetzung entbehrlich und sogar mit der Gefahr einer verengenden Interpretation der grundsätzlichen Kostentragungspflicht des Arbeitgebers verbunden. Eine auf Ausnahmefälle beschränkte Befreiung des Arbeitgebers von der an sich bestehenden Pflicht, erforderliche Betriebsratskosten zu tragen, folgt aus § **2 Abs. 1 als Konkretisierung des § 242 BGB**: Der Arbeitgeber ist nur mit den Kosten zu belasten, die zur ordnungsgemäßen Durchführung der Aufgaben des Betriebsrats unvermeidbar sind. Die Auferlegung von Kosten kann in Grenzfällen für den Arbeitgeber **unzumutbar sein**, weil sie außer Verhältnis zur Größe und Leistungsfähigkeit des Betriebs stehen. Der Betriebsrat handelt rechtsmissbräuchlich, wenn er gleichwohl solche Kosten verursacht (ähnlich wie *Witt* Kooperationsmaxime, S. 164 f.; im Ergebnis ähnlich auch *Fitting* § 40 Rn. 10; *Koch/ErfK* § 40 BetrVG Rn. 1; vgl. allgemein auch *BAG* 19.04.1989 EzA § 40 BetrVG 1972 Nr. 62 S. 10 f. = AP Nr. 29 zu § 40 BetrVG 1972 Bl. 5 f. *[von Hoyningen-Huene]*).

15 Der **Anspruch** auf **Kostenerstattung** setzt **nicht** voraus, dass der **Arbeitgeber** der **Verursachung** von **Kosten zugestimmt** hat (*BAG* 16.10.1986 DB 1987, 1439 [1440]; *Fitting* § 40 Rn. 11; *Glock/ HWGNRH* § 40 Rn. 12; *Richardi/Thüsing* § 40 Rn. 9; *Wedde/DKKW* § 40 Rn. 6). Maßgebend ist allein, dass die Kosten aus der ex-ante Sicht eines vernünftigen Dritten erforderlich und (unter Berücksichtigung des Rdn. 14 Gesagten) verhältnismäßig sind. Ob diese Voraussetzungen vorliegen, kann zuweilen zweifelhaft sein. Zur Vermeidung von Streitigkeiten hilft zwar kein Beschluss des Betriebsrats über die Notwendigkeit der Kosten (vgl. aber *Richardi/Thüsing* § 40 Rn. 9), jedoch empfiehlt sich in Zweifelsfällen eine vorherige Absprache mit dem Arbeitgeber. Dieser ist nicht generell, sondern nur unter besonderen Umständen nach § 2 Abs. 1 verpflichtet, auf Bedenken hinsichtlich der Erforderlichkeit kostenverursachender Beschlüsse des Betriebsrats hinzuweisen (weitergehend *BAG* 11.05.1976 EzA § 76 BetrVG 1972 Nr. 8 S. 48 f. = AP Nr. 3 zu § 76 BetrVG 1972 Bl. 3 R f. *[krit. Dütz]*; gegen das *BAG* auch *Witt* Kooperationsmaxime, S. 101 f.).

16 In Fällen, in denen Entscheidungen des Betriebsrats einer **ordnungsgemäßen Beschlussfassung** bedürfen, also etwa bei Beauftragung eines Sachverständigen (vgl. Rdn. 45), eines Rechtsanwalts (vgl. Rdn. 115) oder Entsendung von Betriebsratsmitgliedern zu Schulungsveranstaltungen (§ 37 Rdn. 169), besteht eine Kostenerstattungspflicht nur dann, wenn auch ein entsprechender Beschluss vorliegt (*BAG* 08.03.2000 EzA § 40 BetrVG 1972 Nr. 90 S. 2 = AP Nr. 68 zu § 40 BetrVG 1972; *Wedde/DKKW* § 40 Rn. 6).

17 Bei **außergewöhnlichen Kosten** ist nach dem Grundsatz der vertrauensvollen Zusammenarbeit (§ 2 Abs. 1) eine vorherige Information des Arbeitgebers und Beratung mit ihm geboten (*BAG* 18.04.1967 AP Nr. 7 zu § 39 BetrVG Bl. 3 ff.; *Fitting* § 40 Rn. 11; *Glock/HWGNRH* § 40 Rn. 12; *Richardi/Thüsing* § 40 Rn. 9; *Wedde/DKKW* § 40 Rn. 6). Ihre Unterlassung wäre eine Pflichtverletzung des Betriebsrats. Sie berührt aber nicht den Anspruch auf Kostenerstattung, wenn dessen Voraussetzungen gegeben sind (*LAG Baden-Württemberg* 17.12.1987 AuR 1988, 258; *Fitting* § 40 Rn. 11). Jedoch kann es sein, dass der Betriebsrat bei unterlassener Beratung die Kosten nicht für erforderlich halten durfte (*BAG* 18.04.1967 AP Nr. 7 zu § 39 BetrVG Bl. 3 ff.).

d) Betriebsverfassungsrechtliche Teilrechtsfähigkeit des Betriebsrats

aa) Grundlagen

18 Noch nicht abschließend geklärt ist die Frage nach der **Rechts- und Vermögensfähigkeit des Betriebsrats** (vgl. hierzu *BGH* 25.10.2012 EzA § 40 BetrVG 2001 Nr. 24 *[St. Müller]* = AP Nr. 110 zu § 40 BetrVG 1972 [Anm. I: *Belling*, Anm. II: *Uffmann*]; *BAG* 29.09.2004 EzA § 40 BetrVG 2001 Nr. 7 = AP Nr. 81 zu § 40 BetrVG 1972 *[Reichold]*; *Bergwitz* Die Rechtsstellung des Betriebsrats, S. 447 ff.; *Fitting* § 1 Rn. 194 ff.; *Franzen* § 1 Rdn. 72 ff.; *Galperin/Löwisch* vor § 1 Rn. 36; *Happe* Die persönliche Rechtsstellung von Betriebsräten (Diss. Bielefeld), S. 71 ff.; *Hueck/Nipperdey* II/2, S. 1091, 1103, 1106; *Jahnke* Zwangsvollstreckung in der Betriebsverfassung, 1977, S. 43 ff. m. w. N.; *Jawad* Rechtsfähigkeit des Betriebsrats, S. 159 ff.; *Haas* Anwaltliches Mandatsverhältnis zum Betriebsrat [Diss. München], 2009; *Joost/*MünchArbR § 221 Rn. 46; *Nikisch* III, S. 172; *Richardi* Einl.

Rn. 108 ff.; *Rosset* Rechtssubjektivität des Betriebsrats und Haftung seiner Mitglieder, 1985; *Thiele* 4. Aufl., Einl. Rn. 72 ff.; *Triebel* Haftung des Betriebsrats, S. 81 ff., 100 ff.).

Der gesetzlichen Regelung ist jedenfalls **keine umfassende Rechts- und Vermögensfähigkeit des** 19 **Betriebsrats** zu entnehmen (*BAG* 29.09.2004 EzA § 40 BetrVG 2001 Nr. 7 S. 3 = AP Nr. 81 zu § 40 BetrVG 1972 *[Reichold]*). Durch das Betriebsverfassungsgesetz sind allerdings dem Betriebsrat als solchem und nicht nur den einzelnen Betriebsratsmitgliedern Befugnisse und Pflichten zugewiesen worden, die der Durchführung seiner Aufgaben dienen sollen. Das gilt vor allem für die Vorschriften über die Geschäftsführung des Betriebsrats (§§ 26 ff.). So hat der Betriebsrat z. B. nach § 37 Abs. 6 einen kollektiven Anspruch auf Schulung seiner Mitglieder (§ 37 Rdn. 168). Aber auch in den Vorschriften über die Mitwirkung und Mitbestimmung (§§ 74 ff.) ordnet das **Betriebsverfassungsgesetz** dem Betriebsrat zahlreiche Rechte und Pflichten zu. Indem das Betriebsverfassungsgesetz den **Betriebsrat als solchen zum Träger bestimmter Rechte und Pflichten** macht, behandelt es ihn **insoweit als rechtsfähig** (*Fitting* § 1 Rn. 195, § 40 Rn. 92; *Franzen* FS *Adomeit* S. 173, 185; *Jawad* Rechtsfähigkeit des Betriebsrats, S. 174 ff.; *Konzen* FS *E. Wolf*, S. 279 [296]; *Richardi/Thüsing* § 40 Rn. 46; vgl. ferner mit Nachweisen *Jahnke* Zwangsvollstreckung in der Betriebsverfassung, 1977, S. 30 ff., 50 f.). Da die einzelnen Rechte und Pflichten des Betriebsrats nur in dem der jeweiligen Norm durch Auslegung zu entnehmenden Umfang bestehen und ausschließlich der Durchsetzung der betriebsverfassungsrechtlichen Ordnung dienen, bezieht sich die Teilrechtsfähigkeit des Betriebsrats auf das betriebsverfassungsrechtliche Innenverhältnis zum Arbeitgeber, es handelt sich um eine **betriebsverfassungsrechtliche Teilrechtsfähigkeit** (s. *Franzen* § 1 Rdn. 73).

bb) Gesetzliches Schuldverhältnis zwischen Arbeitgeber und Betriebsrat
Durch § 40 wird **im Innenverhältnis zwischen Arbeitgeber und Betriebsrat** ein **gesetzliches** 20 **Schuldverhältnis** begründet (*BAG* 24.10.2001 EzA § 22 BetrVG 1972 Nr. 2 S. 4 = AP Nr. 71 zu § 40 BetrVG 1972 Bl. 2 f. *[Wiese]*; *Fitting* § 40 Rn. 90; *Franzen* § 1 Rdn. 73; *Gamillscheg* II, S. 60, 614; *Glock/HWGNRH* § 40 Rn. 90; *v. Hoyningen-Huene* GS *Blomeyer*, S. 141 [147 f.: Teil eines betrieblichen Kooperationsverhältnisses]; *Jawad* Rechtsfähigkeit des Betriebsrats, S. 174; *Joost/*MünchArbR § 221 Rn. 28; *Klebe/Wedde* DB 1993, 1418 [1419]; *Konzen* ZfA 1985, 469 [473]; *Künzl* ZfA 1993, 341 [363]; *Ottmann* Die Rechtsbeziehung der Betriebspartner. Rechtsnatur und inhaltliche Ausgestaltung [Das betriebsverfassungsrechtliche Rechtsverhältnis zwischen Arbeitgeber und Betriebsrat, Diss. Tübingen], 1995, passim, insbesondere S. 20 ff., 23 ff.; *Richardi/Thüsing* § 40 Rn. 43; *Wiese* Anm. AP Nr. 71 zu § 40 BetrVG 1972 Bl. 5 R; s. a. Rdn. 209; **a. A.** *Bergwitz* Die Rechtsstellung des Betriebsrats, S. 449 f.). Daraus können sich **unmittelbar Ansprüche** des Betriebsrats oder der Betriebsratsmitglieder auf Leistungen des Arbeitgebers ergeben, z. B. auf einen Kostenvorschuss (vgl. Rdn. 35) oder auf Naturalleistungen nach § 40 Abs. 2 (vgl. Rdn. 134 ff.).

Soweit Verpflichtungen eingegangen worden sind – z. B. auf Zahlung von Schulungskosten –, die 21 noch nicht erfüllt sind (s. Rdn. 24 ff.), besteht im Innenverhältnis ein **Freistellungsanspruch** gegen den Arbeitgeber (st. Rspr., vgl. u. a. *BAG* 21.11.1978 EzA § 37 BetrVG 1972 Nr. 62 = AP Nr. 35 zu § 37 BetrVG 1972 Bl. 3; 28.06.1995 EzA § 40 BetrVG 1972 Nr. 75 S. 3 = AP Nr. 47 zu § 40 BetrVG 1972 Bl. 1 R; *Fitting* § 40 Rn. 92 f.; *Richardi/Thüsing* § 40 Rn. 45; **a. M.** *Glock/HWGNRH* § 40 Rn. 93 hinsichtlich des Betriebsrats). Dieser steht dem **Betriebsrat**, aus abgeleitetem Recht aber auch dem **Betriebsratsmitglied** zu, wenn es – etwa im Rahmen der Teilnahme an einer Schulung – die Verbindlichkeit eingegangen ist (*BAG* 21.11.1978 EzA § 37 BetrVG 1972 Nr. 62 S. 285 = AP Nr. 35 zu § 37 BetrVG 1972 Bl. 3). Der Anspruch auf Freistellung eines Betriebsratsmitglieds, das eine Zahlungsverpflichtung eingegangen ist, kann auch vom Betriebsrat selbst geltend gemacht werden (*BAG* 27.05.2015 EzA § 40 BetrVG 2001 Nr. 27 Rn. 10 = AP Nr. 160 zu § 37 BetrVG 1972; *Fitting* § 40 Rn. 93, 141). Tritt nach dem Ende der Amtszeit eines Betriebsrats vorübergehend oder dauerhaft ein betriebsratsloser Zustand ein, bleibt der bisherige Betriebsrat bis zu einer Neuwahl in entsprechender Anwendung von § 22 BetrVG, § 49 Abs. 2 BGB befugt, den Freistellungsanspruch zu verfolgen (*BAG* 24.10.2001 EzA § 22 BetrVG 1972 Nr. 2 S. 7 ff. = AP Nr. 71 zu § 40 BetrVG 1972 Bl. 3 R ff. *[zust. Wiese]*; 09.12.2009 EzA § 40 BetrVG 2001 Nr. 16 Rn. 11 = AP Nr. 96 zu § 40 BetrVG 1972 *[Schreiber]*; 17.11.2010 EzA § 37 BetrVG 2001 Nr. 10 Rn. 13 = AP Nr. 149 zu § 37 BetrVG 1972; *Fitting* § 40 Rn. 146; vgl. zur Beteiligung im Beschlussverfahren auch Rdn. 221).

§ 40   II. 3. *Geschäftsführung des Betriebsrats*

22 Ist die Forderung des Dritten erfüllt worden, verwandelt sich der Anspruch auf Freistellung in einen **Erstattungs-(Zahlungs-)Anspruch** gegen den Arbeitgeber (*BAG* 27.03.1979 EzA § 89 ArbGG Nr. 9 S. 21 = AP Nr. 7 zu § 80 ArbGG 1953 Bl. 1 R; 18.01.1989 EzA § 40 BetrVG 1972 Nr. 60 S. 7 = AP Nr. 28 zu § 40 BetrVG 1972 Bl. 3 f.). Anspruchsgrundlage ist auch dann § 40 Abs. 1 (**a. M.** *Richardi/Thüsing* § 40 Rn. 49: Geschäftsführung ohne Auftrag). Der Freistellungsanspruch des Betriebsrats wandelt sich auch dann in einen Zahlungsanspruch um, wenn der Betriebsrat (bzw. die entsprechenden Betriebsratsmitglieder, s. Rdn. 25.) ihn an den Dritten abgetreten hat (*BAG* 13.05.1998 EzA § 80 BetrVG 1972 Nr. 42 S. 2 f. = AP Nr. 55 zu § 80 BetrVG 1972; *LAG Niedersachsen* 24.01.2000 LAGE § 40 BetrVG 1972 Nr. 65). Dazu bedarf es eines entsprechenden Beschlusses (*BAG* 13.05.1998 EzA § 80 BetrVG 1972 Nr. 42 S. 2 f. = AP Nr. 55 zu § 80 BetrVG 1972).

23 Steht dem Betriebsrat ein **Dispositionsfonds** zur Verfügung (vgl. Rdn. 36), ist ein Freistellungs- bzw. Zahlungsanspruch gegen den Arbeitgeber allerdings nicht gegeben, solange dem Betriebsrat noch Mittel zur Verfügung stehen (*Richardi/Thüsing* § 40 Rn. 96); das einzelne Betriebsratsmitglied, das Verbindlichkeiten eingegangen ist, muss dann seine Ansprüche notfalls im Beschlussverfahren gegen den Betriebsrat geltend machen (*Dütz* AuR 1973, 353 [371]; *Fitting* § 40 Rn. 139; *Glock/HWGNR* § 40 Rn. 92; *Richardi/Thüsing* § 40 Rn. 96). Gegenüber dem Freistellungsanspruch des Betriebsrats kann der Arbeitgeber nicht mit der Behauptung **aufrechnen** er habe gegen den Betriebsrat einen Schadensersatzanspruch. Abgesehen davon, dass ein Schadensersatzanspruch gegen den Betriebsrat als Organ mit dessen fehlender Vermögensfähigkeit nicht vereinbar wäre (vgl. dazu auch Rdn. 209 ff.), ist der Freistellungsanspruch nach § 850a Nr. 3 ZPO unpfändbar (st. Rspr., vgl. etwa *BAG* 05.04.2000 EzA § 40 BetrVG 1972 Nr. 91 = AP Nr. 33 zu § 78a BetrVG 1972), so dass gegen ihn auch nicht aufgerechnet werden kann, § 394 BGB (*LAG Hamm* 15.06.2005 – 10 TaBV 32/05 – juris, Rn. 54).

cc) Außenverhältnis im Rechtsverkehr mit Dritten

24 Schließen der Betriebsrat als Organ oder einzelne Betriebsratsmitglieder **Rechtsgeschäfte mit Dritten**, etwa im Zusammenhang mit einer Schulungsveranstaltung oder der Beauftragung eines Beraters (vgl. auch § 80 Abs. 3, § 111 Satz 2), so besteht außer bei Vorliegen der Voraussetzungen wirksamer Stellvertretung **keine unmittelbare Verpflichtung des Arbeitgebers** durch den Betriebsrat oder ein Betriebsratsmitglied (*BGH* 25.10.2012 EzA § 40 BetrVG 2001 Nr. 24 Rn. 18 [*St. Müller*] = AP Nr. 110 zu § 40 BetrVG 1972 [Anm. I: *Belling*, Anm. II: *Uffmann*]; *LAG Köln* 15.11.2000 NZA-RR 2001, 253 [254]; *Dommermuth-Alhäuser/Heup* BB 2013, 1461; *Franzen* § 1 Rdn. 74; *v. Hoyningen-Huene* GS *Blomeyer*, S. 141 [149 ff.]; *Jawad* Rechtsfähigkeit des Betriebsrats, S. 176 f.; *Löwisch/LK* § 40 Rn. 14; *Richardi/Thüsing* § 40 Rn. 45; *Triebel* Haftung des Betriebsrats, S. 83 f.; *Weber* Anm. *BAG* 24.04.1986 EzA § 1 BetrVG 1972 Nr. 4 S. 46 f.; *Wedde/DKKW* Einl. Rn. 145; zum Personalrat auch *BVerwG* 09.10.1991 BVerwGE 89, 93 [97 f.]; *Jacobs/RDW* § 44 Rn. 57; **a. M.** *BAG* 15.12.1978 EzA § 76 BetrVG 1972 Nr. 23 S. 116 [*Wohlgemuth*] = AP Nr. 6 zu § 76 BetrVG 1972 Bl. 2 f. [*Gaul*]; *Gamillscheg* II, S. 576 f.; ders., FS *Otto*, S. 93 [96]; *Glock/HWGNR* § 40 Rn. 93; *Jahnke* RdA 1975, 343 [345 ff.].). Die **Kostentragungspflicht** des Arbeitgebers nach § 40 besteht im Verhältnis zum Betriebsrat bzw. den Betriebsratsmitgliedern, also **im betriebsverfassungsrechtlichen Innenverhältnis**.

25 Auch eine Verpflichtung des **Betriebsrats** als solchem ist abzulehnen (*Belling* Anm. AP Nr. 110 zu § 40 BetrVG 1972; *Franzen* § 1 Rdn. 74; ders. FS *v. Hoyningen-Huene*, S. 87 [92 ff.]; *v. Hoyningen-Huene*/MünchArbR § 212 Rn. 15; *Jawad* Rechtsfähigkeit des Betriebsrats, S. 177 ff.; *Preis/WPK* § 1 Rn. 45; **a. M.** *BGH* 25.10.2012 EzA § 40 BetrVG 2001 Nr. 24 Rn. 16 ff. [*St. Müller*] = AP Nr. 110 zu § 40 BetrVG 1972 [Anm. I: *Belling*, Anm. II: *Uffmann*]; *Bergmann* NZA 2013, 57; *Bram* FS *Etzel*, S. 77 f.; *Dommermuth-Alhäuser/Heup* BB 2013, 1461 [1462 f.]; *Fitting* § 1 Rn. 207, § 40 Rn. 92; *Gutzeit* ZIP 2009, 354 [356]; *Haas* Anwaltliches Mandatsverhältnis zum Betriebsrat [Diss. München], 2009, S. 17 ff., 39; *St. Müller* Anm. EzA § 40 BetrVG 2001 Nr. 24; *St. Müller/Jahner* BB 2013, 440; *Oetker* NZA 2002, 465 [471 f.]; *Preis/Ulber* JZ 2013, 579; *Richardi* Einl. Rn. 113; *Rosset* Rechtssubjektivität des Betriebsrats und Haftung seiner Mitglieder, 1985, S. 73; *Triebel* Haftung des Betriebsrats, S. 88 f.; *Uffmann* Anm. AP Nr. 110 zu § 40 BetrVG 1972; *Walker* FS *v. Hoyningen-Huene*, S. 535 [537 f.]; *Wedde/DKKW* Einl. Rn. 141 f.; differenzierend *Happe* Die persönliche Rechtsstellung von Betriebsräten (Diss. Bielefeld), S. 80 ff. [Verpflichtung des Betriebsrats

nur bei § 111 Satz 2]; zum Personalrat *BVerwG* 09.03.1992 BVerwGE 90, 76 [79 ff.]; 29.04.2011 NZA-RR 2011. 446 Rn. 10; *Richardi/RDW* Einl. Rn. 87; wie hier aber *BVerwG* 09.10.1991 BVerwGE 89, 93 [97 f.]). Der Betriebsrat ist nur im betriebsverfassungsrechtlichen Innenverhältnis teilrechts- und vermögensfähig. Er ist deshalb **nicht in der Lage, als Gremium selbst Verträge mit Dritten abzuschließen**. Dies gilt nicht nur, wenn der Betriebsrat von vornherein außerhalb seines Aufgabenkreises handelt, z. B. bei der Führung einer Betriebskantine (vgl. dazu *BAG* 24.04.1986 EzA § 1 BetrVG 1972 Nr. 4 *[Weber]* = AP Nr. 7 zu § 87 BetrVG Sozialeinrichtung; *Fitting* § 1 Rn. 199), oder diesen überschreitet, etwa bei der Vereinbarung von Beraterhonoraren außerhalb der Erforderlichkeitsgrenze des § 40 Abs. 1 (so *BGH* 25.10.2012 EzA § 40 BetrVG 2001 Nr. 24 Rn. 25 *[St. Müller]* = AP Nr. 110 zu § 40 BetrVG 1972 [Anm. I: *Belling*, Anm. II: *Uffmann*]), sondern auch dann, wenn der Betriebsrat sich innerhalb seines gesetzlichen Wirkungskreises bewegt. Die gegenteilige Ansicht, welcher sich zuletzt auch der *BGH* angeschlossen hat (*BGH* 25.10.2012 EzA § 40 BetrVG 2001 Nr. 24 Rn. 16 ff. *[St. Müller]* = AP Nr. 110 zu § 40 BetrVG 1972 [Anm. I: *Belling*, Anm. II: *Uffmann*]), überzeugt nicht. Der *BGH* begründet die unmittelbare Haftung des Betriebsrats vor allem damit, dass auf diese Weise die einzelnen Betriebsratsmitglieder vor Risiken und finanzieller Belastung geschützt würden, deren Auferlegung die Handlungs- und Funktionsfähigkeit des Betriebsrats zu sehr einschränkte und in Anbetracht des Ehrenamtscharakters den Betriebsratsmitgliedern nicht zumutbar sei (*BGH* 25.10.2012 EzA § 40 BetrVG 2001 Nr. 24 Rn. 17 *[St. Müller]* = AP Nr. 110 zu § 40 BetrVG 1972 [Anm. I: *Belling*, Anm. II: *Uffmann*]). Daran ändert sich aber nichts, wenn dem Betriebsrat eine Rechtsfähigkeit zuerkannt wird, denn auch der *BGH* begrenzt sie auf Fälle, in denen der Betriebsrat die Grenzen seiner betriebsverfassungsrechtlichen Befugnisse nicht überschreitet (keine Rechtssubjektivität »*ultra vires*«; *BGH* 25.10.2012 EzA § 40 BetrVG 2001 Nr. 24 Rn. 23 ff. *[St. Müller]* = AP Nr. 110 zu § 40 BetrVG 1972 [Anm. I: *Belling*, Anm. II: *Uffmann*]). Gerade in solchen Fällen kommt auch der *BGH* zu einer Haftung, indem das Betriebsratsmitglied über eine analoge Anwendung des § 179 BGB doch in die Pflicht nimmt (*BGH* 25.10.2012 EzA § 40 BetrVG 2001 Nr. 24 Rn. 32 ff. *[St. Müller]* = AP Nr. 110 zu § 40 BetrVG 1972 [Anm. I: *Belling*, Anm. II: *Uffmann*]; krit. insoweit *Preis/Ulber* JZ 2013, 579 [581]; vgl. auch *Haas* Anwaltliches Mandatsverhältnis zum Betriebsrat [Diss. München], 2009, S. 88 ff.). Auch das Argument des *BGH*, ein unmittelbarer Vertragsschluss des Dritten mit dem Arbeitgeber sei in Konfliktsituationen und wegen möglicher Interessenkollisionen häufig nicht sinnvoll (*BGH* 25.10.2012 EzA § 40 BetrVG 2001 Nr. 24 Rn. 20 *[St. Müller]* = AP Nr. 110 zu § 40 BetrVG 1972 [Anm. I: *Belling*, Anm. II: *Uffmann*]), verfängt nicht. Tatsächlich handeln nämlich im Außenverhältnis stets nur einzelne oder mehrere **Betriebsratsmitglieder**, entweder für sich, oder, wenn sie für »den Betriebsrat« auftreten, als Vertreter zumindest derjenigen Betriebsratsmitglieder, die dem entsprechenden Beschluss zugestimmt haben. Der **Arbeitgeber** selbst ist, sofern er nicht Vertretungsmacht erteilt hat, **nur Kostenträger** im **betriebsverfassungsrechtlichen Innenverhältnis**.

Schließen demnach Betriebsratsmitglieder im Außenverhältnis Verträge mit Dritten, dann gelten für diese die **allgemeinen zivilrechtlichen Regeln** über das Zustandekommen von Rechtsgeschäften und namentlich über die Stellvertretung (*Franzen* § 1 Rdn. 74; *ders.* FS v. Hoyningen-Huene, S. 87 [92 ff.]; *Jawad* Rechtsfähigkeit des Betriebsrats, S. 193 ff.; *Löwisch/LK* § 40 Rn. 14; *Preis/WPK* § 1 Rn. 45; *Weber* Anm. *BAG* 24.04.1986 EzA § 1 BetrVG 1972 Nr. 4 S. 47 ff.; vgl. auch differenzierend *Happe* Die persönliche Rechtsstellung von Betriebsräten (Diss. Bielefeld), S. 99 ff.). Handelt das Betriebsratsmitglied **in eigenem Namen**, so ist von vornherein klar, dass ein Vertrag nur mit ihm zustandekommen kann. Handelt es im Namen »des Betriebsrats«, so bedeutet dies, dass es **im Namen der Betriebsratsmitglieder** handelt. Der Begriff »Betriebsrat« bezeichnet insofern die Gesamtheit der Betriebsratsmitglieder. Diese haften gesamtschuldnerisch, soweit ein entsprechender Beschluss dem einzelnen Betriebsratsmitglied Vertretungsmacht verschafft (*Franzen* § 1 Rdn. 74 f.; *Jawad* Rechtsfähigkeit des Betriebsrats, S. 194; *Weber* Anm. *BAG* 24.04.1986 EzA § 1 BetrVG 1972 Nr. 4 S. 48 f.; vgl. auch *Löwisch/LK* § 40 Rn. 9; **a. M.** *Dommermuth-Alhäuser/Heup* BB 2013, 1461 [1462]). Tritt das einzelne Betriebsratsmitglied **im Namen des Arbeitgebers** auf oder vermittelt der Betriebsrat als solcher den Eindruck, für den Arbeitgeber zu handeln, so kommt es auf das Vorliegen von Vertretungsmacht an, die immerhin auch in der Form von Duldungs- oder Anscheinsvollmachten relevant werden kann. **Ohne Vertretungsmacht** haftet das handelnde Betriebsratsmitglied nach **§ 179 BGB** (*Jawad* Rechtsfähigkeit des Betriebsrats, S. 193 f.; *Löwisch/LK* § 40 Rn. 14; *Weber* Anm. *BAG*

§ 40

24.04.1986 EzA § 1 BetrVG 1972 Nr. 4 S. 48; **a. M.** *Belling* Anm. AP Nr. 110 zu § 40 BetrVG 1972: Haftung nur bei Inanspruchnahme besonderen Vertrauens für die Leistungsfähigkeit des Betriebsrats und zu vertretendem Pflichtverstoß, §§ 280 Abs. 1, 311 Abs. 2, 3 BGB).

27 Grundsätzlich spielt damit die Frage der **Erforderlichkeit** im Rahmen eines Vertragsschlusses im Außenverhältnis keine Rolle. Sie stellt sich erst, wenn das der Betriebsrat oder das einzelne Betriebsratsmitglied **im Innenverhältnis** den betriebsverfassungsrechtlichen Freistellungs- oder Kostenerstattungsanspruch nach § 40 geltend machen. Damit ist zwar ein **Haftungsrisiko** für Betriebsratsmitglieder verbunden. In Fällen des § 179 BGB führen hier § 179 Abs. 2 und 3 bereits zu einer gewissen Entlastung (vgl. auch *BGH* 25.10.2012 EzA § 40 BetrVG 2001 Nr. 24 Rn. 40 ff. *[St. Müller]* = AP Nr. 110 zu § 40 BetrVG 1972 [Anm. I: *Belling*, Anm. II: *Uffmann*]; *Bergmann* NZA 2013, 57 [60]; *Jaeger/Steinbrück* NZA 2013, 401 [404]; **a. M.** *Dommermuth-Alhäuser/Heup* BB 2013, 1461 [1466 f.]; *Hayen* AuR 2013, 95 [96]). Vor allem aber trägt das Betriebsverfassungsrecht der Problematik bereits Rechnung, indem es dem Betriebsrat und seinen Mitgliedern einen **Beurteilungsspielraum** hinsichtlich der Feststellung der Erforderlichkeit von Kosten im Rahmen des § 40 Abs. 1 zubilligt (insofern zutr. *BGH* 25.10.2012 EzA § 40 BetrVG 2001 Nr. 24 Rn. 45 *[St. Müller]* = AP Nr. 110 zu § 40 BetrVG 1972 [Anm. I: *Belling*, Anm. II: *Uffmann*]; vgl. auch *Jaeger/Steinbrück* NZA 2013, 401 ff.).

28 Wenn im Rahmen einer ex-ante Betrachtung und aus der Sicht eines vernünftigen Dritten bei gewissenhafter Abwägung aller Umstände unter Berücksichtigung des Grundsatzes der vertrauensvollen Zusammenarbeit die entsprechenden Kosten für erforderlich gehalten werden durften (s. Rdn. 13), ist der Arbeitgeber zur Kostentragung verpflichtet. Das gilt insbesondere auch dann, wenn zwar die vorstehenden Grundsätze beachtet wurden, sich aber erst nachträglich herausstellt, dass es objektiv an der Erforderlichkeit fehlt (s. Rdn. 13). Dass ein Betriebsratsmitglied bei der Erfüllung seiner betriebsverfassungsrechtlichen Aufgaben nicht völlig von allen Risiken freigestellt ist, zeigt auch die **Regelung des § 37**. Ein Betriebsratsmitglied kann sich zwar ohne Zustimmung des Arbeitgebers von seinem Arbeitsplatz entfernen oder an einer Schulung teilnehmen, wenn es dies für erforderlich hält (§ 37 Rn. 46). Stellt sich aber vor Gericht heraus, dass das Betriebsratsmitglied von vornherein seinen Beurteilungsspielraum (§ 37 Rdn. 44) überschritten hat, so trägt es das **Vergütungsrisiko**. Nichts anderes kann für sonstige in diesem Zusammenhang anfallende Kosten gelten.

29 Eine richtige Handhabung der Grundsätze zum Beurteilungsspielraum des Betriebsrats ermöglicht auch eine gerechte Verteilung der Haftungsrisiken in **Eilfällen**. Im Übrigen kann etwa bei einer dringend anstehenden Entscheidung über die Teilnahme an einer Schulungsveranstaltung eine **einstweilige Verfügung** erwirkt werden (s. § 37 Rdn. 311). Außerhalb von Eilsituationen kann die Frage der Erforderlichkeit im arbeitsgerichtlichen **Beschlussverfahren** geklärt werden.

30 Relevant wird die Frage des Haftungsrisikos bei richtiger Betrachtungsweise ohnehin nur im Bereich des **Kostenerstattungsanspruchs nach § 40 Abs. 1**. Hier kann der Betriebsrat ebenso eigenständig handeln wie auch das einzelne Betriebsratsmitglied im Rahmen der Arbeitsbefreiung nach § 37 Abs. 2. Im Bereich der Verpflichtung des Arbeitgebers zur Ausstattung des Betriebsrats mit **Sachaufwand und Büropersonal nach § 40 Abs. 2** ist der Betriebsrat nach richtiger Sichtweise ohnehin nicht berechtigt, eigenständig tätig zu werden, wenn er nicht vom Arbeitgeber mit entsprechender Vertretungsmacht ausgestattet wurde. Er hat nur einen Anspruch gegen den Arbeitgeber, die entsprechenden Verträge abzuschließen (vgl. zum Streitstand Rdn. 134 ff.).

31 Solange nur ein Freistellungsanspruch besteht, handelt es sich im Verhältnis zu Dritten um keine Geld-, sondern eine Handlungsschuld, so dass weder **Verzugs-** noch **Prozesszinsen** (§§ 288, 291 BGB) in Betracht kommen (*BAG* 21.11.1978 EzA § 37 BetrVG 1972 Nr. 62 S. 285 = AP Nr. 35 zu § 37 BetrVG 1972 Bl. 2 R f.; 24.07.1979 EzA § 40 BetrVG 1972 Nr. 46 S. 220 = AP Nr. 1 zu § 51 BetrVG 1972 Bl. 3; *Fitting* § 40 Rn. 94; *Glock/HWGNRH* § 40 Rn. 95; *Richardi/Thüsing* § 40 Rn. 60). Ist der Anspruch des Dritten jedoch vom Betriebsratsmitglied erfüllt und damit in einen Erstattungs-(Zahlungs-)Anspruch umgewandelt worden (vgl. Rdn. 22), so ist der Arbeitgeber bei Vorliegen der sonstigen Voraussetzungen verpflichtet, Verzugs- bzw. Prozesszinsen zu leisten (*BAG* 18.01.1989 EzA § 40 BetrVG 1972 Nr. 60 S. 7 f. = AP Nr. 28 zu § 40 BetrVG 1972 Bl. 2 R ff.; *Fitting* § 40 Rn. 94; *Glock/HWGNRH* § 40 Rn. 95; *Richardi/Thüsing* § 40 Rn. 60; **a. M.** *Galperin/Löwisch* § 40 Rn. 56). Ist der Betriebsrat bzw. das Betriebsratsmitglied einem Dritten gegenüber in Verzug geraten, so schließt der

gegen den im Verzug befindlichen Arbeitgeber gerichtete Freistellungs- bzw. Zahlungsanspruch auch die dadurch entstandenen Verzugszinsen ein (*Fitting* § 40 Rn. 94; *Richardi/Thüsing* § 40 Rn. 60; vgl. auch *BAG* 03.10.1978 EzA § 40 BetrVG 1972 Nr. 37 S. 174 = AP Nr. 14 zu § 40 BetrVG 1972 Bl. 5). Entsprechendes gilt, falls ein Betriebsratsmitglied von einem Dritten verklagt worden ist und Prozesszinsen zu zahlen hat (*Fitting* § 40 Rn. 94; *Richardi/Thüsing* § 40 Rn. 60).

e) Nachweis der Kosten und Kostenpauschale

Die entstandenen Kosten sind grundsätzlich vom Betriebsrat bzw. einem Betriebsratsmitglied entsprechend dem Rechtsgedanken des § 666 BGB **im Einzelnen nachzuweisen** und **abzurechnen** (*BAG* 28.06.1995 EzA § 40 BetrVG 1972 Nr. 75 S. 3 *[Bakker]* = AP Nr. 47 zu § 40 BetrVG 1972 Bl. 1 R f.; *Fitting* § 40 Rn. 97; *Glock/HWGNRH* § 40 Rn. 96; *Richardi/Thüsing* § 40 Rn. 51; *Wedde/DKKW* § 40 Rn. 12; vgl. auch Rdn. 60, 84). Unterbleibt der ausreichende Nachweis, kann der Arbeitgeber die Leistung verweigern (*BAG* 28.06.1995 EzA § 40 BetrVG 1972 Nr. 75 S. 3 *[Bakker]* = AP Nr. 47 zu § 40 BetrVG 1972 Bl. 1 R f.; *LAG Berlin* 02.12.1994 LAGE § 40 BetrVG 1972 Nr. 44 S. 2). Zum Nachweis der Kosten bei gewerkschaftlichen oder gewerkschaftsnahen Schulungs- und Bildungsveranstaltungen vgl. Rdn. 85 f. **32**

Das schließt eine **Kostenpauschale** nicht aus, wenn sie nicht zu einer unzulässigen, versteckten Vergütung der Betriebsratsmitglieder (§ 37 Rdn. 16 ff.) führt (*BAG* 09.11.1955 AP Nr. 1 zu Art. IX KRG Nr. 22 Bl. 2 R f. *[Meissinger]*; *ArbG Stuttgart* 13.12.2012 NZA-RR 2013, 140; *Bayreuther* NZA 2013, 758 [760]; *Behrendt/Lilientahl* KSzW 2014, 277 [278]; *Däubler* SR 2017, 85 [106 f.]; *Dzida/Mehrens* NZA 2013, 753 [756]; *Fitting* § 40 Rn. 41; *Glock/HWGNRH* § 37 Rn. 18, § 40 Rn. 101; *Kehrmann* FS *Wlotzke*, S. 357 [374 ff.]; *Klenter* jurisPR-ArbR 8/2013 Anm. 1; *Moll/Roebers* NZA 2012, 57; *Rüthers* RdA 1976, 61 [63]; *Schweibert/Buse* NZA 2007, 1080 [1082 f.]; *Waas* Betriebsrat und Arbeitszeit, S. 21 ff.; *Wedde/DKKW* § 40 Rn. 12; **krit.** *Esser* Die Begünstigung von Mitgliedern des Betriebsrats, S. 68 ff.; *Jacobs/Frieling* ZfA 2015, 241 [254]; *Kreft/WPK* § 40 Rn. 23; *Richardi/Thüsing* § 40 Rn. 48; *Wolmerath/HaKo* § 40 Rn. 2). Sie ist jedoch auf **typische Fälle** zu beschränken, in denen nach **allgemeinen Erfahrungssätzen bestimmte Beträge** den **tatsächlichen Aufwendungen entsprechen** und daher angemessen sind, so dass eine Einzelabrechnung unzweckmäßig wäre. Es kann sich deshalb nur um eindeutig festgelegte Tatbestände handeln, nicht dagegen um eine nach Zeitabschnitten bemessene pauschale Abgeltung aller möglicherweise anfallenden Aufwendungen. Das gilt insbesondere dann, wenn die Kostenpauschale an alle Betriebsratsmitglieder gleichmäßig gewährt wird, weil diesen stets unterschiedliche Kosten aus ihrer Tätigkeit erwachsen werden (*ArbG Stuttgart* 13.12.2012 NZA-RR 2013, 140; *Dzida/Mehrens* NZA 2013, 753 [756]; *Richardi/Thüsing* § 40 Rn. 46; *Schiefer/Borchard* DB 2016, 770 [771]). **33**

Zulässig ist es aber, Betriebsratsmitgliedern bei **erforderlichen Reisen** (vgl. Rdn. 50 ff.) **Tage-** und **Übernachtungsgelder** zu zahlen, wie sie auch anderen Arbeitnehmern aufgrund betrieblicher Reisekostenregelungen bei Geschäftsreisen gewährt werden. Der Nachweis und die Überprüfung jeder kleinen Ausgabe einschließlich ihrer Erforderlichkeit – z. B. hinsichtlich des Preises einer Mahlzeit – wären sowohl für das Betriebsratsmitglied als auch den Arbeitgeber eine überflüssige und unzumutbare Belastung. Fallen wider Erwarten höhere Kosten an, so können sie besonders geltend gemacht werden, wenn sie erforderlich waren (*LAG Köln* 18.03.2015 LAGE § 40 BetrVG 2011 Nr. 21 Rn. 18; *Fitting* § 40 Rn. 41; *Richardi/Thüsing* § 40 Rn. 46; *Wedde/DKKW* § 40 Rn. 12). Unzulässig ist eine pauschale Abgeltung von **Reisekosten** bei der Benutzung öffentlicher Verkehrsmittel, da dieser Betrag eindeutig feststeht. Dagegen kann bei zulässiger Benutzung des eigenen Kraftwagens dem Betriebsratsmitglied die übliche Kilometergeldpauschale gewährt werden. **34**

f) Kostenvorschuss

Da den Betriebsratsmitgliedern aus ihrer Amtstätigkeit keine zusätzlichen persönlichen Belastungen erwachsen dürfen (§ 78 Satz 2), kann der Betriebsrat bzw. das einzelne Betriebsratsmitglied für voraussichtliche Aufwendungen – z. B. erforderliche Reisekosten (vgl. Rdn. 50 ff.) – einen **angemessenen Vorschuss** verlangen (*ArbG Bremerhaven* 11.12.1985 AiB 1986, 167; *Fitting* § 40 Rn. 33, 91; *Glock/HWGNRH* § 40 Rn. 91; *Reichold/HWK* § 40 BetrVG Rn. 9; *Richardi/Thüsing* § 40 Rn. 44; *Wedde/DKKW* § 40 Rn. 14; einschränkend *Löwisch/LK* § 40 Rn. 3; **a. M.** für Rechtsanwaltskosten *LAG* **35**

Schleswig-Holstein 19.04.1983 BB 1984, 533). Das folgt aus § 2 Abs. 1, jedoch nicht aus einer analogen Anwendung des § 669 BGB, da die Tätigkeit des Betriebsrats nicht für den Arbeitgeber in dessen Interesse erfolgt (*Wiese* Anm. SAE 1969, 121 [122]; ferner *Haas* Anwaltliches Mandatsverhältnis zum Betriebsrat [Diss. München], 2009, S. 40; *v. Hoyningen-Huene* GS *Blomeyer*, S. 141 [155]; *Witt* Kooperationsmaxime, S. 104, 163; **a. M.** *ArbG Bremerhaven* 11.12.1985 AiB 1986, 167; *Bulla* DB 1974, 1622 [1623]; *Dütz/Säcker* DB 1972, Beil. Nr. 17, S. 7; *Franzen* FS *Adomeit* S. 173, 177; *Künzl* ZfA 1993, 341 [363]; *Richardi/Thüsing* § 40 Rn. 44; im Ergebnis wie hier *Galperin/Löwisch* § 40 Rn. 17; *Glock/HWGNRH* § 40 Rn. 91, jedoch unter Ablehnung eines Rückgriffs auf § 2 Abs. 1).

36 Der Vorschuss kann auch in der Weise gewährt werden, dass dem Betriebsrat insgesamt ein **Dispositionsfonds** zur Verfügung gestellt wird (*Dütz/Säcker* DB 1972, Beil. Nr. 17, S. 7; *Fitting* § 40 Rn. 91; *Gamillscheg* II, S. 632; *ders.* FS *Otto*, S. 93 [98 f.]; *v. Hoyningen-Huene* GS *Blomeyer*, S. 141 [155 f.]; *Glock/HWGNRH* § 40 Rn. 92; *Wedde/DKKW* § 40 Rn. 13). Dieser darf jedoch nur der Geschäftsvereinfachung dienen und keine versteckten Zuwendungen an die Betriebsratsmitglieder als Vergütung für ihre Tätigkeit enthalten (vgl. § 37 Abs. 1). Daher muss in angemessenen Zeitabständen über die verwendeten Mittel abgerechnet werden (*BAG* 29.09.2004 EzA § 40 BetrVG 2001 Nr. 7 S. 5 = AP Nr. 81 zu § 40 BetrVG 1972 *[Reichold]*. Da der Dispositionsfonds nur als Vorschuss zu qualifizieren ist, können andererseits gegebenenfalls auch Nachforderungen des Betriebsrats geltend gemacht werden (vgl. auch *Franzen* FS *Adomeit* S. 173, 178; zum Vergleich mit dem österreichischen Recht siehe *Karacz* ZESAR 2009, 273).

g) Bekanntgabe der Kosten durch den Arbeitgeber

37 Der **Arbeitgeber ist zwar nicht generell gehindert**, die durch die Amtstätigkeit des Betriebsrats verursachten **Kosten** betriebsintern **bekannt zu geben** (*Franzen* FS *Adomeit* S. 173, 174). Er muss aber das **Gebot vertrauensvoller Zusammenarbeit** (§ 2 Abs. 1) beachten und darf auch **nicht durch die Art der Informationsgestaltung und -vermittlung den Betriebsrat in seiner Amtsführung beeinträchtigen** (*BAG* 19.07.1995 EzA § 43 BetrVG 1972 Nr. 3 S. 5 *[Bengelsdorf]* = AP Nr. 25 zu § 23 BetrVG 1972 Bl. 3; 12.11.1997 EzA § 23 BetrVG 1972 Nr. 38 S. 2 f. = AP Nr. 27 zu § 23 BetrVG 1972 *[Bengelsdorf]*; vgl. dazu ausführlich *Kreutz* § 78 Rdn. 45 m. w. N.). Das *BAG* hält eine Beeinträchtigung der Betriebsratsarbeit für gegeben, wenn der Arbeitgeber bei der Bekanntgabe der Kosten nicht deutlich macht, dass er ohnehin nur für erforderliche und im Verhältnis zu Größe und Leistungsfähigkeit des Betriebs nicht unverhältnismäßige Kosten einzustehen habe. Es dürfe nicht der Eindruck vermittelt werden, dass der Betriebsrat nach eigenem Gutdünken über die durch seine Amtsführung verursachten Kosten befinden könne (*BAG* 19.07.1995 EzA § 23 BetrVG 1972 Nr. 38 S. 2 f. = AP Nr. 27 zu § 23 BetrVG 1972 *[abl. Bengelsdorf]*; **zust.** *Fitting* § 40 Rn. 6; *Kania*/ErfK § 78 BetrVG Rn. 4; *Kreft/WPK* § 40 Rn. 7; **a. M.** *Bengelsdorf* AuA 1998, 149 ff.; *ders.* FS *Hanau*, S. 359 ff.; *Hunold* BB 1999, 1492 ff.; *Kreutz* § 78 Rdn. 45; *Wolke* Bekanntgabe der Betriebsratskosten, S. 22 ff.). In einem solchen Fall billigt das *BAG* dem Betriebsrat einen Unterlassungsanspruch zu (zust. *Fitting* § 40 Rn. 6).

2. Kosten aus der Tätigkeit des Betriebsrats

38 Die Vorschrift des § 40 Abs. 1 betrifft alle aus der Tätigkeit des Betriebsrats einschließlich seiner Ausschüsse (§§ 27, 28) entstehenden Kosten. Für den **Sachaufwand** und das **Büropersonal** sieht das Gesetz in § 40 Abs. 2 eine unmittelbare Naturalleistungspflicht des Arbeitgebers vor (vgl. Rdn. 134 ff.). Zu den Kosten im Sinne des § 40 Abs. 1 gehören Kosten, die über den vom Arbeitgeber nach § 40 Abs. 2 zur Verfügung gestellten Bedarf an Sach- und Personalmitteln hinaus aus der ordnungsgemäßen **laufenden Geschäftsführung** des Betriebsrats entstehen (Rdn. 39 ff.), ferner Kosten eines **Sachverständigen** (Rdn. 44 ff.) sowie die Kosten von **Rechts-** und **Regelungsstreitigkeiten** (vgl. Rdn. 102 ff.). Zu den Kosten eines **Informationsblatts** des Betriebsrats vgl. Rdn. 172. Zu den Kosten von **Schulungs-** und **Bildungsveranstaltungen** vgl. Rdn. 62 ff.

a) Kosten aus laufender Geschäftsführung

Zu den Kosten, die aus der ordnungsgemäßen **laufenden Geschäftsführung** des Betriebsrats entstehen, gehören z. B. die Kosten für die nach § 34 vorgeschriebene Anfertigung der Sitzungsniederschrift und die dem Arbeitgeber oder Beauftragten einer Gewerkschaft auszuhändigenden Abschriften von Sitzungsniederschriften (*Wedde/DKKW* § 40 Rn. 15). 39

Erforderlich können in **Betrieben** mit **ausländischen Arbeitnehmern** z. B. auch die **Kosten** eines **Übersetzers** oder **Dolmetschers** sein, etwa wenn ein erheblicher Teil der Belegschaft oder auch des Betriebsrats aus Ausländern der gleichen Sprachgruppe besteht (vgl. dazu *LAG Düsseldorf/Köln* 30.01.1981 DB 1981, 1093; *ArbG Frankfurt a. M.* 05.03.1997 AiB 1998, 524; *ArbG München* 14.03.1974 DB 1974, 1118; *Aigner* BB 1992, 2357 ff.; *Fitting* § 40 Rn. 19; *Glock/HWGNRH* § 40 Rn. 15; *Herbert/Oberrath* NZA 2012, 1260 [1264]; *Hunold* NZA-RR 1999, 113 [116]; *Wedde/DKKW* § 40 Rn. 16; enger *Vogt/Oltmanns* NZA 2014, 181 [183]). Ebenso können Übersetzungskosten für die nach § 80 Abs. 2 Satz 2 zur Verfügung zu stellenden Unterlagen eines ausländischen Unternehmens für den Betriebsrat ihres in Deutschland gelegenen Betriebes erforderlich sein (vgl. den Sachverhalt der Entscheidung des *Hess. LAG* 19.08.1993 NZA 1995, 285; *Fitting* § 40 Rn. 19). Dolmetscherkosten können auch erforderlich sein, wenn der Betriebsrat den Mitarbeiter einer ausländischen Schwestergesellschaft als Referent zur Darstellung gemeinsamer Probleme der beiden Schwesterbetriebe einlädt (*LAG Baden-Württemberg* 16.01.1998 NZA-RR 1998, 306). 40

Die Hinzuziehung einer **Moderatorin** zu einer Klausurtagung des Betriebsrats kann in Ausnahmefällen erforderlich sein, wenn die Situation in dem Gremium so festgefahren ist, dass es nicht ausreicht, auf die grundsätzlich bestehende Aufgabe des Betriebsratsvorsitzenden zu verweisen, eine Sitzung ohne fremde Hilfe von außen zu leiten (*Hess. LAG* 11.06.2012 – 16 TaBV 237/11 – juris, Rn. 19; *Fitting* § 40 Rn. 20; *Wedde/DKKW* § 40 Rn. 15a). Zur **Mediation** *Schwinkowski/Neumaier* AiB 2012, 36. 41

Die Anmietung von **Stehtischen** zur Abhaltung einer **Betriebsversammlung** kann im Rahmen eines entsprechenden Gestaltungskonzepts des Betriebsrats erforderlich sein (*LAG Rheinland-Pfalz* 23.03.2010 LAGE § 40 BetrVG 2001 Nr. 14 Rn. 19). Die **Bewirtung** der Teilnehmer einer Betriebsversammlung gehört hingegen nicht zu den Aufgaben des Betriebsrats, so dass eine entsprechende Kostentragungspflicht des Arbeitgebers nicht besteht (*LAG Nürnberg* 25.04.2012 LAGE § 44 BetrVG 2001 Nr. 2 Rn. 33 ff. = NZA-RR 2012, 524; vgl. auch § 44 Rdn. 32). 42

Aus dem Beitritt des Betriebsrats zum Deutschen **Mieterbund** entstandene Kosten hat der Arbeitgeber nicht zu tragen (*BAG* 27.09.1974 EzA § 40 BetrVG 1972 Nr. 15 S. 53 f. *[Herschel]* = AP Nr. 8 zu § 40 BetrVG 1972 Bl. 2 f. *[Weimar]*). 43

b) Kosten eines Sachverständigen

Zu den vom Arbeitgeber nach § 40 Abs. 1 zu tragenden Kosten gehören auch die eines **Sachverständigen i. S. d. § 80 Abs. 3** (*BAG* 25.04.1978 EzA § 80 BetrVG 1972 Nr. 15 S. 74 *[Blomeyer]* = AP Nr. 11 zu § 80 BetrVG 1972 = SAE 1990, 8 *[Rieble]*; *Fitting* § 40 Rn. 13; *Glock/HWGNRH* § 40 Rn. 16; *Richardi/Thüsing* § 80 Rn. 105; *Wedde/DKKW* § 40 Rn. 44). Dabei kommt es nicht darauf an, ob dem Betriebsrat fehlende Rechts- oder sonstige Fachkenntnisse vermittelt werden, so dass **Rechtsanwälte** grundsätzlich wie sonstige Sachverständige zu behandeln sind (*BAG* 25.04.1978 EzA § 80 BetrVG 1972 Nr. 15 S. 75 = AP Nr. 11 zu § 80 BetrVG 1972; 14.02.1996 EzA § 40 BetrVG 1972 Nr. 76 S. 5 = AP Nr. 5 zu § 76a BetrVG 1972; *Glock/HWGNRH* § 40 Rn. 17; *Wedde/DKKW* § 40 Rn. 45; vgl. zum Anspruch des Betriebsrats auf Freistellung von Beraterkosten auch *Hinrichs/Plitt* NZA 2011, 1006). Kein Sachverständiger im erwähnten Sinn ist zwar der **Berater**, den der Betriebsrat nach **§ 111 Satz 2** in Unternehmen mit mehr als 300 Arbeitnehmern bei Verhandlungen über eine Betriebsänderung ohne das zeitaufwendige Verfahren des § 80 Abs. 3 hinzuziehen kann (vgl. dazu näher *Oetker* § 111 Rdn. 207 ff.). Auch hier ist allerdings der Arbeitgeber zur Kostentragung verpflichtet, sofern die Hinzuziehung des Beraters erforderlich ist und ein ordnungsgemäßer Beschluss des Betriebsrats vorliegt (*Hess. LAG* 19.02.2004 LAGE § 40 BetrVG 2001 Nr. 5 Rn. 23; *LAG Rheinland-Pfalz* 07.11.2011 – 7 TaBV 29/11 – juris, Rn. 44; *Kania/ErfK* § 111 BetrVG Rn. 25; *Oetker* § 111 Rdn. 226, 237; **a. M.** [Erforderlichkeit durch § 111 Satz 1 unterstellt] *Däubler/DKKW* § 111 44

Rn. 172; *Fitting* § 40 Rn. 16; *Wedde/DKKW* § 40 Rn. 51; offen gelassen von *Hess. LAG* 18.11.2009 LAGE § 98 ArbGG 1979 Nr. 54 Rn. 23).

45 Die Hinzuziehung eines Sachverständigen setzt wie bei derjenigen eines Rechtsanwalts (vgl. Rdn. 115 f.) eine ordnungsgemäße **Beschlussfassung** des jeweiligen Gremiums voraus (*LAG Berlin-Brandenburg* 20.01.2015 – 7 TaBV 2158/14 – juris, Rn. 22; vgl. auch § 80 Rdn. 153). Außerdem bedarf es nach § **80 Abs. 3 Satz 1**, der die Voraussetzungen des § 40 konkretisiert und insoweit die speziellere Norm ist, einer näheren **Vereinbarung mit dem Arbeitgeber** oder deren **Ersetzung durch Entscheidung des Arbeitsgerichts** (*BAG* 27.09.1974 AP Nr. 8 zu § 40 BetrVG 1972 Bl. 2 f.; 26.02.1992 EzA § 80 BetrVG 1972 Nr. 40 S. 6 f. *[Kittner]* = AP Nr. 48 zu § 80 BetrVG 1972; **a. M.** *LAG Frankfurt a. M.* 11.11.1987 DB 1987, 1440; 31.05.1990 DB 1990, 2125 f.; vgl. dazu auch § 80 Rdn. 154 ff.). Das gilt z. B. dann, wenn der Betriebsrat einen Rechtsanwalt zur Beratung über eine vom Arbeitgeber vorgeschlagene Betriebsvereinbarung heranzieht (*BAG* 25.04.1978 EzA § 80 BetrVG 1972 Nr. 15 S. 75 f. = AP Nr. 11 zu § 80 BetrVG 1972). Entsprechendes gilt für die Tätigkeit eines Rechtsanwalts im Zusammenhang mit der Errichtung einer Einigungsstelle sowie damit verbundenen vorbereitenden Handlungen wie der Erarbeitung von Entwürfen eines Sozialplans (*BAG* 05.11.1981 EzA § 40 BetrVG 1972 Nr. 50 S. 242 ff. = AP Nr. 9 zu § 76 BetrVG 1972 Bl. 3 f.). § 111 Satz 2, der im Vorfeld von Betriebsänderungen die Hinzuziehung eines Beraters erlaubt, ohne dass die Voraussetzungen des § 80 Abs. 3 gegeben sein müssen (vgl. Rdn. 44), greift hier nicht: Die Vorschrift bezieht sich nicht auf die Verhandlungen über den Sozialplan, sondern nur auf die Beratung der Betriebsänderung nach § 111 Satz 1 (*Oetker* § 111 Rdn. 233 ff.; *Richardi/Annuß* § 111 Rn. 52). Zu Gewährleistungsrechten des Arbeitgebers bei Hinzuziehung von Sachverständigen durch den Betriebsrat vgl. *Bohr* ZfA 1995, 433 ff.

46 Die **Höhe der Beratergebühr** für einen Sachverständigen richtet sich nach dem marktüblichen Honorar, § 612 Abs. 2 BGB, und gegebenenfalls nach einschlägigen Gebührenordnungen. Ist ein marktübliches Honorar nicht feststellbar, kann der Berater nach billigem Ermessen eine Vergütung bestimmen, §§ 316, 315 Abs. 1 BGB (vgl. dazu *Fitting* § 40 Rn. 17; *Wedde/DKKW* § 40 Rn. 53).

47 **Keine Sachverständigentätigkeit i. S. d. § 80 Abs. 3** liegt vor, wenn ein Rechtsanwalt **im Rahmen eines konkreten Rechtsstreits**, etwa über das Bestehen oder den Umfang von Mitbestimmungsrechten, für den Betriebsrat tätig wird (*BAG* 29.07.2009 EzA § 40 BetrVG Nr. 15 Rn. 16 ff. = AP Nr. 93 zu § 40 BetrVG 1972; 25.06.2014 EzA § 80 BetrVG 2001 Nr. 19 Rn. 26 ff. = AP Nr. 78 zu § 80 BetrVG 1972; *Fitting* § 40 Rn. 14; vgl. dazu auch *Radtke* ArbRAktuell 2015, 97; *Runkel* FA 2015, 135; ferner § 80 Rdn. 158). Das gilt nicht nur, wenn es um die Vertretung des Betriebsrats in einem Verfahren **vor der Einigungsstelle** oder **vor Gericht** geht, sondern auch dann, wenn die Tätigkeit des Rechtsanwalts darauf gerichtet ist, in einem konkreten Verfahren ein vom Betriebsrat reklamiertes Mitbestimmungsrecht gegenüber dem Arbeitgeber **außergerichtlich** geltend zu machen (*BAG* 15.11.2000 EzA § 40 BetrVG 1972 Nr. 92 S. 7 [B II 1 b der Gründe]; 14.12.2016 AP Nr. 114 zu § 40 BetrVG 1972 Rn. 11) oder den Betriebsrat darüber zu beraten, ob ein Beschlussverfahren eingeleitet oder ein Rechtsmittel eingelegt werden soll (*BAG* 25.04.1978 EzA § 80 BetrVG 1972 Nr. 15 S. 76 *[zust. Blomeyer]* = AP Nr. 11 zu § 80 BetrVG 1972 Bl. 2 R; 21.06.1989 EzA § 40 BetrVG 1972 Nr. 61 S. 8 *[Vogg]* = Nr. 34 zu § 76 BetrVG 1972 Bl. 5 R f.; 25.06.2014 EzA § 80 BetrVG 2001 Nr. 19 Rn. 27 = AP Nr. 78 zu § 80 BetrVG 1972; *Kreft/WPK* § 40 Rn. 11; **a. M.** *Glock/HWGNRH* § 40 Rn. 17; *Richardi/Thüsing* § 40 Rn. 26). Für die **Unanwendbarkeit** des § **80 Abs. 3** in solchen Fällen ist es unerheblich, ob die Beratung durch den Rechtsanwalt mündlich oder in Form eines schriftlichen Rechtsgutachtens erfolgt (für generelle Begrenzung auf die Kosten einer mündlichen Beratung *Wiese* 6. Aufl., § 40 Rn. 68). Zur Einschaltung eines Rechtsanwalts vor der Einigungsstelle vgl. auch Rdn. 133.

48 In diesen Fällen richtet sich die Kostentragungspflicht **allein nach § 40 Abs. 1**, so dass es auf die **Erforderlichkeit** nach Maßgabe der für die Kosten von Rechtsstreitigkeiten generell geltenden Grundsätze ankommt (vgl. dazu Rdn. 102 ff., speziell zum Rechtsanwalt Rdn. 114 ff.). Es steht die Durchsetzung der Rechte des Betriebsrats und seiner Mitglieder im Vordergrund, deshalb bedarf es **keiner vorherigen Vereinbarung** mit dem Arbeitgeber. In der rechtlichen Auseinandersetzung mit dem Arbeitgeber soll der Betriebsrat unabhängig von einer Vereinbarung mit dem Arbeitgeber agieren können. Eine auf § 40 Abs. 1 gestützte Mandatierung eines Rechtsanwalts stellt regelmäßig

einen **schnelleren und kostengünstigeren Weg** zur Durchsetzung von Mitbestimmungsrechten gegenüber dem Arbeitgeber dar als ein gerichtliches Verfahren, das darauf gerichtet ist, den Arbeitgeber zu verpflichten, die von ihm verweigerte Zustimmung zur Hinzuziehung eines Sachverständigen zu erteilen (*BAG* 25.06.2014 EzA § 80 BetrVG 2001 Nr. 19 Rn. 28 ff. = AP Nr. 78 zu § 80 BetrVG 1972). Der Betriebsrat kann, wenn ein Fall des § 40 Abs. 1 vorliegt, deshalb auch nicht vom Arbeitgeber eine Vereinbarung nach § 80 Abs. 3 verlangen (*BAG* 25.06.2014 EzA § 80 BetrVG 2001 Nr. 19 Rn. 28 ff. = AP Nr. 78 zu § 80 BetrVG 1972; krit. *Weller* BB 2014, 3134 [3137]).

3. Kosten aus der Tätigkeit der Betriebsratsmitglieder

a) Grundsatz

Der Arbeitgeber trägt auch die dem einzelnen Betriebsratsmitglied aus seiner amtlichen Tätigkeit erwachsenden Kosten, soweit sie zur ordnungsgemäßen Durchführung der Aufgaben des Betriebsrats **erforderlich** sind (st. Rspr., *BAG* 31.10.1972 AP Nr. 2 zu § 40 BetrVG 1972 Bl. 3 *[Richardi]*; 28.08.1991 EzA § 40 BetrVG 1972 Nr. 66 S. 4 = AP Nr. 39 zu § 40 BetrVG 1972 Bl. 2; *Fitting* § 40 Rn. 40; *Glock/HWGNRH* § 40 Rn. 50; *Richardi/Thüsing* § 40 Rn. 10 f.; *Wedde/DKKW* § 40 Rn. 57). Auch hier gilt, dass die Tätigkeit objektiv der Durchführung von Aufgaben des Betriebsrats dienen muss (vgl. Rdn. 11) und dass die Kosten für erforderlich und verhältnismäßig gehalten werden durften (vgl. Rdn. 12 ff.). Neben Reise- (Rdn. 50 ff.) und Schulungskosten (Rdn. 62 ff.) sind auch sonstige Aufwendungen des Betriebsratsmitglieds erstattungsfähig, die im Zusammenhang mit seiner Tätigkeit als Betriebsratsmitglied anfallen (Rdn. 93 ff.). Zur Pauschalierung von Kostenerstattungsansprüchen vgl. Rdn. 32 ff.

49

b) Reisekosten

aa) Reisekosten und Betriebsratsaufgaben

Zu den Kosten aus der Tätigkeit einzelner Betriebsratsmitglieder gehören vor allem **Reisekosten** (Fahrt, Verpflegung, Unterkunft), wenn das Betriebsratsmitglied **im Rahmen seiner Aufgaben** auswärtige Betriebe, Betriebsteile, Nebenbetriebe oder Baustellen, z. B. zur Wahrnehmung von Sprechstunden (§ 39), aufsuchen oder an Sitzungen des Gesamtbetriebsrats, Konzernbetriebsrats, des Wirtschaftsausschusses, an einer Betriebsräteversammlung, an Gerichtsterminen oder Gesprächen mit Behörden (z. B. einem Arbeitsmarktgespräch; *BAG* 23.09.1982 EzA § 37 BetrVG 1972 Nr. 76 S. 373 = AP Nr. 42 zu § 37 BetrVG 1972 Bl. 1 R) teilnehmen muss (*BAG* 08.01.1977 BB 1977, 796; 10.08.1994 NZA 1995, 796 = BB 1995, 1034 *[Behrens]*; *Fitting* § 40 Rn. 46; *Richardi/Thüsing* § 40 Rn. 10; *Wedde/DKKW* § 40 Rn. 62 f.). Entsprechendes gilt für die Teilnahme an Sitzungen des Betriebsrats außerhalb der eigenen Arbeitszeit des Betriebsratsmitglieds (*BAG* 18.01.1989 EzA § 40 BetrVG 1972 Nr. 60 S. 4 f. = AP Nr. 28 zu § 40 BetrVG 1972 Bl. 2 f.; 16.01.2008 EzA § 40 BetrVG 2001 Nr. 14 Rn. 13 ff. = AP Nr. 92 zu § 40 BetrVG 1972). Dabei kann das Betriebsratsmitglied nicht darauf verwiesen werden, dass es sich durch ein im Betrieb anwesendes Ersatzmitglied vertreten lassen könnte. Das Betriebsratsmitglied ist nicht nach § 25 Abs. 1 Satz 2 an der Teilnahme der Sitzung verhindert, wenn es wegen der Sitzung von seiner Wohnung zum Betrieb fahren muss (*BAG* 16.01.2008 EzA § 40 BetrVG 2001 Nr. 14 Rn. 14 = AP Nr. 92 zu § 40 BetrVG 1972). Der Anspruch auf Erstattung der Reisekosten hängt auch nicht davon ab, ob die Sitzung aus betrieblichen Gründen nach § 37 Abs. 3 außerhalb der persönlichen Arbeitszeit des Betriebsratsmitglieds liegt. § 37 Abs. 3 regelt nicht die Kostentragungspflicht des Arbeitgebers, sondern ausschließlich den Anspruch auf Freizeitausgleich (*BAG* 16.01.2008 EzA § 40 BetrVG 2001 Nr. 14 Rn. 15 = AP Nr. 92 zu § 40 BetrVG 1972). Nicht zur Tätigkeit des Betriebsrats gehört dagegen die Teilnahme des Betriebsratsmitglieds an Sitzungen des Aufsichtsrats, dem es angehört (*Glock/HWGNRH* § 40 Rn. 51; *Richardi/Thüsing* § 40 Rn. 11). Zur Teilnahme an einer Schulung nach § 37 Abs. 6 vgl. Rdn. 70. Zur Unterbrechung des Urlaubs s. § 37 Rn. 84.

50

Mit zunehmender internationaler Verflechtung von Unternehmen können auch **Auslandsreisen** erforderlich sein (*Fitting* § 40 Rn. 49 f.; *Hunold* NZA-RR 1999, 113 [117]; *Klebe* FS *Gnade*, S. 661 [669 ff.]; *Koch/* ErfK § 40 BetrVG Rn. 8; *Wedde/DKKW* § 40 Rn. 24 f.). Im Hinblick auf die im Vergleich zu Inlandsreisen in der Regel höheren Kosten sind Erforderlichkeit und Verhältnismäßigkeit

51

§ 40   II. 3. Geschäftsführung des Betriebsrats

sorgfältig zu prüfen. Das gilt in besonderem Maße angesichts der Möglichkeiten moderner Kommunikationstechnik (vgl. auch *Reichold/HWK* § 40 BetrVG Rn. 19; Einzelfälle: *LAG Niedersachsen* 10.06.1993 DB 1993, 1043; *ArbG Hildesheim* 06.12.1991 AiB 1992, 156; *ArbG München* 29.08.1991 DB 1991, 2295 = AiB 1991, 429 *[Däubler]*; *ArbG Hamburg* 17.04.1997 AiB 1998, 165).

52 Für die Wahrnehmung von Aufgaben nach Maßgabe des Gesetzes über **Europäische Betriebsräte** enthalten §§ **16, 39 EBRG** eigenständige Anspruchsgrundlagen für die von der zentralen Leitung zu erstattenden Kosten der Mitglieder des besonderen Verhandlungsgremiums und der durch die Bildung und Tätigkeit des Europäischen Betriebsrats und des Ausschusses i. S. d. § 26 EBRG entstehenden Kosten. § 40 BetrVG ist insoweit nicht anzuwenden. Anderes kann gelten, wenn im Vorfeld einer Sitzung des Europäischen Betriebsrats Beratungen von Betriebsräten auf nationaler Ebene stattfinden (*Fitting* § 40 Rn. 50).

53 Für **nicht erforderlich** hat das *BAG* (24.06.1969 AP Nr. 8 zu § 39 BetrVG *[Neumann-Duesberg]*) die Reisekosten eines Betriebsratsmitglieds angesehen, das von dem Ort, an dem es einen **unbezahlten Sonderurlaub** verbrachte, zum Ort reiste, an dem sich der Betrieb befindet, um an der dort stattfindenden konstituierenden Sitzung des Betriebsrats teilzunehmen, weil es sich durch ein Ersatzmitglied vertreten lassen konnte. Reisekosten eines Betriebsratsmitglieds für den **Besuch** eines **erkrankten Arbeitnehmers** im **Krankenhaus** sind nur dann zu erstatten, wenn hierfür ein konkreter, im Aufgabenbereich des Betriebsrats liegender Anlass bestand, da eine allgemeine Pflicht des Betriebsrats, erkrankte Arbeitnehmer zu besuchen, nicht besteht (*BVerwG* 24.10.1969 BVerwGE 34, 143 [146]; *Fitting* § 40 Rn. 46; *Glock/HWGNRH* § 40 Rn. 57; *Richardi/Thüsing* § 40 Rn. 5). Eine Kostenerstattung kommt aber in Betracht, wenn in dem Betrieb der Besuch von Langzeiterkrankten durch Betriebsratsmitglieder in Vertretung des Arbeitgebers üblich ist (vgl. *Wedde/DKKW* § 40 Rn. 67).

54 Zur Frage, inwieweit das Betriebsratsmitglied vor Antritt einer Reise den Arbeitgeber über deren Zweck **informieren** und ob es dessen **Zustimmung** einholen muss vgl. § 37 Rdn. 56 ff.

bb) Höhe der Reisekostenerstattung

55 Die Höhe der Reisekostenerstattung kann auf der Basis einer **einzelfallbezogenen Abrechnung** (Rdn. 60 f.) oder einer **betrieblichen Reisekostenordnung** erfolgen. Zur Pauschalierung von Kosten vgl. auch Rdn. 32 ff.

56 Gilt im Betrieb eine **Reisekostenordnung**, so ist sie im Hinblick auf § 78 Satz 2 auch für Reisen der Betriebsratsmitglieder maßgebend, selbst wenn sie ihnen nicht bekannt war (*BAG* 17.09.1974 AP Nr. 6 zu § 40 BetrVG 1972 Bl. 2 R f.; 28.03.2007 – 7 ABR 33/06 – juris, Rn. 10; *LAG Baden-Württemberg* 20.09.2007 – 11 TaBV 5/07 – juris; *LAG Köln* 18.03.2015 LAGE § 40 BetrVG 2011 Nr. 21 Rn. 18; vgl. auch *BAG* 10.11.2004 EzA § 37 BetrVG 2001 Nr. 3 S. 4 = AP Nr. 140 zu § 37 BetrVG 1972; 27.07.2011 EzA § 96 SGB IX Nr. 2 Rn. 25 = AP Nr. 2 zu § 96 SGB IX; *Esser* Die Begünstigung von Mitgliedern des Betriebsrats, S. 115; *Fitting* § 40 Rn. 54; *Glock/HWGNRH* § 40 Rn. 58; *Richardi/Thüsing* § 40 Rn. 51; *Wedde/DKKW* § 40 Rn. 69; **a. M.** *Däubler* Schulung, Rn. 478 ff.). Dagegen muss eine Gewerkschaft, der die Ansprüche des Betriebsratsmitglieds abgetreten worden sind, die Höhe der Kosten für Verpflegung und Unterkunft spezifizieren und darf sie nicht in Höhe der Pauschsätze nach den Lohnsteuerrichtlinien geltend machen (vgl. Rdn. 85).

57 Anders als nach § 44 Abs. 1 Satz 2 BPersVG müssen **Betriebsratsmitglieder** nach dem Betriebsverfassungsgesetz **nicht ohne Rücksicht auf ihre sonstige Dienststellung einheitlich behandelt** werden (*BAG* 23.06.1975 EzA § 40 BetrVG 1972 Nr. 21 = AP Nr. 10 zu § 40 BetrVG 1972 Bl. 3). Deshalb sind sie grundsätzlich nach § 78 Satz 2 bei Reisen im Rahmen ihrer Betriebsratstätigkeit so zu stellen, wie wenn sie **als Arbeitnehmer** Dienstreisen durchführen (*BAG* 17.09.1974 AP Nr. 6 zu § 40 BetrVG 1972 Bl. 2 R f.; 29.04.1975 EzA § 40 BetrVG 1972 Nr. 22 S. 87 *[Pfarr]* = AP Nr. 9 zu § 40 BetrVG 1972 Bl. 3 f.; 23.06.1975 EzA § 40 BetrVG 1972 Nr. 21 = AP Nr. 10 zu § 40 BetrVG 1972 Bl. 2 R f.; *Glock/HWGNRH* § 40 Rn. 59 ff.; *Richardi/Thüsing* § 40 Rn. 51). Das gilt z. B. auch für die Frage, ob Betriebsratsmitglieder die **1. Wagenklasse** benutzen dürfen (*BAG* 05.02.1974 SAE 1975, 194 [196 – *Bohn*]; 29.04.1975 EzA § 40 BetrVG 1972 Nr. 22 S. 87 *[Pfarr]* = AP Nr. 9 zu § 40 BetrVG 1972 Bl. 3 f.; *Däubler* Schulung Rn. 478; *Glock/HWGNRH* § 40 Rn. 61; *Richardi/Thüsing* § 40 Rn. 51; *Wedde/DKKW* § 40 Rn. 72; für Benutzung der 1. Wagenklasse *LAG Bremen* 30.11.1973

BB 1974, 184). Entsprechendes gilt für die Zulässigkeit der Benutzung eines **Flugzeugs** (vgl. aber *ArbG Oldesloe* 04.03.1975 ARSt. 1976, 78 [Nr. 1099]).

Allerdings sollten Betriebsratsmitglieder bei **gleicher Tätigkeit nicht unterschiedliche** 58 **Pauschsätze** erhalten. Das gilt besonders bei gemeinsamen Reisen. Deshalb empfiehlt sich eine **Regelung** für **Dienstreisen** von **Betriebsratsmitgliedern**, die sie der gleichen Reisekostenstufe zuordnet (*Fitting* § 40 Rn. 55; *Wedde/DKKW* § 40 Rn. 73; **a. M.** *Esser* Die Begünstigung von Mitgliedern des Betriebsrats, S. 116 ff.; *Glock/HWGNRH* § 40 Rn. 62; *Schaub/Koch* Arbeitsrechts-Handbuch, § 222 Rn. 10; *Schweibert/Buse* NZA 2007, 1080 [1083]). Wenn dabei ein angemessener Mittelwert zugrunde gelegt wird, mag das formal für einzelne Betriebsratsmitglieder gegenüber ihrer sonstigen Stellung eine Begünstigung, für andere eine Benachteiligung bedeuten. Jedoch ist darin kein Verstoß gegen § 78 Satz 2 zu sehen, weil diese Vorschrift sonst zu einer sachfremden Ungleichbehandlung von Betriebsratsmitgliedern führen würde. Der Anwendungsbereich dieser Norm bedarf in diesen Fällen unter Berücksichtigung des § 2 Abs. 1 BetrVG und des § 242 BGB der teleologischen Reduktion. **Fehlt es aber an einer ausdrücklichen Regelung,** lässt sich die gleichmäßige Gewährung eines mittleren Pauschsatzes für alle Betriebsratsmitglieder kaum begründen, auch nicht, indem auf die gemeinsame »Funktionstätigkeit als Betriebsratsmitglied« abgestellt wird (**in diesem Sinn aber** *Fitting* § 40 Rn. 55; ebenso im Ergebnis *Richardi/Thüsing* § 40 Rn. 52; für einen Pauschsatz auf der jeweils höchsten Stufe sogar *Wedde/DKKW* § 40 Rn. 73; *Däubler* Schulung, Rn. 479). Andernfalls müsste jedes Betriebsratsmitglied für Arbeitsversäumnis infolge von Betriebsratstätigkeit auch das gleiche Arbeitsentgelt erhalten, obwohl dort unbestritten das Lohnausfallprinzip herrscht (vgl. auch *BAG* 17.09.1974 AP Nr. 6 zu § 40 BetrVG 1972 Bl. 3).

Da die Abrechnung nach einer betrieblichen Reisekostenordnung die Vorschrift des § 40 Abs. 1 nicht 59 beseitigen kann, nach der die erforderlichen Kosten zu ersetzen sind, hat das Betriebsratsmitglied Anspruch auf **Ersatz höherer Kosten, falls** es diese als **erforderlich** nachweist (*Esser* Die Begünstigung von Mitgliedern des Betriebsrats, S. 115 f.; *Fitting* § 40 Rn. 56; *Wedde/DKKW* § 40 Rn. 69; vgl. auch *LAG Düsseldorf* 04.05.1976 AuR 1976, 283; *LAG Köln* 18.03.2015 LAGE § 40 BetrVG 2011 Nr. 21 Rn. 18). Das gilt auch dann, wenn das Betriebsratsmitglied auf die Höhe z. B. der Kosten für Unterkunft und Verpflegung anlässlich einer Schulungsveranstaltung **keinen Einfluss** hat und diese höher als die betrieblichen Pauschbeträge sind (*BAG* 29.01.1974 EzA § 37 BetrVG 1972 Nr. 36 S. 148 = AP Nr. 9 zu § 37 BetrVG 1972 Bl. 3 R f.; 28.03.2007 – 7 ABR 33/06 – juris, Rn. 10; ebenso *Fitting* § 40 Rn. 54; vgl. aber auch *LAG Düsseldorf* 17.11.1981 ARSt. 1982, 157 [Nr. 1193]; **a. M.** *Stege/Weinspach/Schiefer* § 37 Rn. 56). Eine Einzelabrechnung kommt auch für **teilzeitbeschäftigte Betriebsratsmitglieder** in Betracht, wenn sie im Verhältnis zu vollzeitbeschäftigten Betriebsratsmitgliedern wegen ihres niedrigeren Jahreseinkommens bei gleicher oder vergleichbarer Tätigkeit sonst benachteiligt wären (*LAG Frankfurt a. M.* 06.10.1988 LAGE § 40 BetrVG 1972 Nr. 26 S. 3; **a. M.** *Fitting* § 40 Rn. 57 [pauschale Abrechnung nach dem angewandten Reisekostensystem unter Zugrundelegung des Jahresverdienstes, den der Teilzeitbeschäftigte bei Vollzeitarbeit erzielt hätte]). Jedoch kann **neben** der **Verpflegungspauschale nicht** der **Ersatz zusätzlicher Aufwendungen** für **Getränke** und **Tabakwaren** verlangt werden, da es sich dabei um **Kosten** der **persönlichen Lebensführung** handelt, auch wenn sie anlässlich einer Schulungsveranstaltung für Betriebsratsmitglieder entstanden sind (*BAG* 29.01.1974 EzA § 40 BetrVG 1972 Nr. 12 S. 36 *[Richardi]* = AP Nr. 5 zu § 40 BetrVG 1972 Bl. 4 R *[Kraft]*; 30.03.1994 EzA § 40 BetrVG 1972 Nr. 71 S. 8 = AP Nr. 42 zu § 40 BetrVG 1972 Bl. 3 R *[Sowka]* = SAE 1997, 147 *[Loritz]*; *Fitting* § 40 Rn. 53; *Glock/HWGNRH* § 40 Rn. 60; *Richardi/Thüsing* § 40 Rn. 53; *Wedde/DKKW* § 40 Rn. 70). Ein Spesenersatz für den An- und Abreisetag (**»Zehrgeld«**) ist gleichfalls nach einer betrieblichen Reisekostenregelung pauschal oder einzeln abzurechnen (*BAG* 29.04.1975 EzA § 40 BetrVG 1972 Nr. 22 S. 89 *[Pfarr]* = AP Nr. 9 zu § 40 BetrVG 1972 Bl. 4 f.; vgl. auch *BAG* 29.01.1974 EzA § 37 BetrVG 1972 Nr. 36 S. 148 = AP Nr. 9 zu § 37 BetrVG 1972 Bl. 4). Zum Anspruch des Betriebsratsmitglieds auf Gewährung eines Vorschusses vgl. Rdn. 35.

Werden **Reisekosten nicht nach Pauschsätzen abgerechnet**, muss das Betriebsratsmitglied die 60 **Kosten** im Einzelnen **nachweisen** (vgl. Rdn. 32). Zugrunde zu legen sind dann die angemessenen Kosten entsprechend der sonstigen Lebensweise des Betriebsratsmitglieds. **Ersparte Aufwendungen** sind entsprechend auf den Erstattungsanspruch anzurechnen, z. B. die Haushaltsersparnis bei Verpfle-

§ 40   II. 3. Geschäftsführung des Betriebsrats

gungskosten (*BAG* 29.01.1974 AP Nr. 8 zu § 37 BetrVG 1972 Bl. 2; 28.03.2007 – 7 ABR 33/06 – juris, Rn. 10; *LAG Köln* 18.03.2015 LAGE § 40 BetrVG 2011 Nr. 21 Rn. 18; *Fitting* § 40 Rn. 59; *Glock/HWGNRH* § 40 Rn. 60; *Joost/*MünchArbR § 221 Rn. 8; *Koch/*ErfK § 40 BetrVG Rn. 8; *Richardi/Thüsing* § 40 Rn. 53; a. M. *LAG Bremen* 30.11.1973 BB 1974, 184; einschränkend *Däubler* Schulung, Rn. 487; *Wedde/DKKW* § 40 Rn. 74). Dabei ist für die Berechnung des wirtschaftlichen Werts ersparter Aufwendungen heute nicht mehr auf die Lohnsteuerrichtlinien zurückzugreifen, sondern auf die Sozialversicherungsentgeltverordnung (*LAG Nürnberg* 26.07.2004 – 9 [7] TaBV 51/02 – juris; *LAG Hamm* 13.01.2006 NZA-RR 2006, 249 [251]; *LAG Baden-Württemberg* 20.09.2007 – 11 TaBV 5/07 – juris, Rn. 22, alle zur inzwischen durch die Sozialversicherungsentgeltverordnung aufgehobenen Sachbezugsverordnung; vgl. *Fitting* § 40 Rn. 59; *Wedde/DKKW* § 40 Rn. 91). Der Abzug ist dagegen nicht berechtigt, wenn nach Pauschsätzen abgerechnet wird, weil dabei die ersparten Aufwendungen bereits berücksichtigt sind (*BAG* 29.04.1975 EzA § 40 BetrVG 1972 Nr. 22 S. 89 *[Pfarr]* = AP Nr. 9 zu § 40 BetrVG 1972 Bl. 4; 30.03.1994 EzA § 40 BetrVG 1972 Nr. 71 S. 8 = AP Nr. 42 zu § 40 BetrVG 1972 Bl. 3 R *[Sowka]*; *Fitting* § 40 Rn. 59; *Glock/HWGNRH* § 40 Rn. 60; *Koch/*ErfK § 40 BetrVG Rn. 8; *Richardi/Thüsing* § 40 Rn. 53; *Wedde/DKKW* § 40 Rn. 74). Auch die ersparten Aufwendungen für Fahrten zwischen Wohnung und Arbeitsstätte können angerechnet werden (*ArbG Kassel* 15.03.1973 DB 1973, 831).

61 Bei einer von **mehreren Betriebsratsmitgliedern** durchzuführenden **Reise**, für die ein Betriebsratsmitglied seinen Pkw benutzt, ist es für die anderen Betriebsratsmitglieder zumutbar mitzufahren, sofern nicht die begründete Besorgnis besteht, dass sie sich dadurch in eine Gefahr begeben; benutzen sie trotzdem den eigenen Pkw, sind die dadurch entstandenen Kosten nicht erforderlich (*BAG* 28.10.1992 AuR 1993, 120 f.; *Glock/HWGNRH* § 40 Rn. 57; a. M. *Fitting* § 40 Rn. 58; *Wedde/ DKKW* § 40 Rn. 68). Nicht erforderlich sind die Kosten auch dann, wenn der Arbeitgeber ein **Dienstfahrzeug** zur Verfügung stellt (*BVerwG* 27.08.1990 AP Nr. 5 zu § 44 BPersVG Bl. 1 R ff.; *LAG Schleswig-Holstein* 22.01.2014 – 6 TaBV 4/13 – juris, Rn. 63; *Fitting* § 40 Rn. 58; einschränkend *Wedde/DKKW* § 40 Rn. 68 [Vorrang der Dienstwagennutzung nur bei Vorliegen einer entsprechenden zwingenden betrieblichen Reisekostenregelung]; a. M. *Däubler* AiB 2004, 621 [623]). Betriebsratsmitglieder sind aber jedenfalls bei größerer Entfernung nicht verpflichtet, Reisen mit eigenem oder Firmenwagen als Selbstfahrer durchzuführen (*ArbG Nürnberg* 16.06.1995 AiB 1996, 248). Bei Mietfahrzeugen kommt es darauf an, ob diese oder andere Verkehrsmittel günstiger sind, was bei einer Fahrgemeinschaft im Vergleich zu Bahnfahrkosten der Fall sein kann (*LAG Hamm* 23.11.2012 – 10 TaBV 63/12 –juris, Rn. 47; *Wedde/DKKW* § 40 Rn. 68).

c) Kosten von Schulungs- und Bildungsveranstaltungen

aa) Schulungs- und Bildungsveranstaltungen nach § 37 Abs. 6

aaa) **Grundlagen**

62 **Kosten der Betriebsratstätigkeit sind auch Kosten von Schulungs- und Bildungsveranstaltungen nach § 37 Abs. 6** (Rechtsprechungsüberblick: *Fuhlrott/Reiß*, ArbRAktuell 2013, 410 ff.; *Richter* BB 2014, 2233 [2236 ff.]; *Schiefer/Borchard* DB 2016, 1875 ff.). Der Arbeitgeber hat Betriebsratsmitglieder, die an einer Schulung im Sinne dieser Vorschrift teilnehmen, nicht nur unter Fortzahlung des Arbeitsentgelts von der Arbeit freizustellen bzw. ihnen im Falle des § 37 Abs. 3 Freizeitausgleich zu gewähren (§ 37 Abs. 6 Satz 1 i. V. m. Abs. 2 und 3), sondern er muss auch die im Zusammenhang mit der Schulung entstehenden Aufwendungen übernehmen. Das ist, nachdem die Frage nach Inkrafttreten des BetrVG 1972 zunächst außerordentlich umstritten war, inzwischen anerkannt und **ständige Rechtsprechung** (grundlegend *BAG* 31.10.1972 EzA § 40 BetrVG 1972 Nr. 3 = AP Nr. 2 zu § 40 BetrVG 1972 *[zust. Richardi]* = AR-Blattei, Betriebsverfassung VIII A, Entsch. 1 *[zust. Wiese]*; 29.01.1974 EzA § 40 BetrVG 1972 Nr. 12 S. 32 f. *[zust. Richardi]* = AP Nr. 5 zu § 40 BetrVG 1972 Bl. 2 *[abl. Kraft]*; zuletzt etwa *BAG* 27.05.2015 EzA § 40 BetrVG 2001 Nr. 27 Rn. 15 = AP Nr. 160 zu § 37 BetrVG 1972; vgl. ferner *Fitting* § 40 Rn. 66 ff.; *Glock/HWGNRH* § 40 Rn. 70 ff.; *Joost/*MünchArbR § 221 Rn. 9; *Koch/*ErfK § 40 BetrVG Rn. 9; *Richardi/Thüsing* § 40 Rn. 30 ff.; *Wedde/DKKW* § 40 Rn. 81 ff.; umfassende Nachweise zur Rechtsprechung und zur früheren Gegenmeinung bei *Wiese* 6. Aufl., § 40 Rn. 69; zu Entscheidungen der Landesarbeitsgerichte

und Arbeitsgerichte *ders.* BlStSozArbR 1974, 353 [363 f. Fn. 205]; zum BetrVG 1952 *Dietz* § 39 Rn. 4).

Hinsichtlich der Kosten einer Schulung von Mitgliedern der **Schwerbehindertenvertretung** gelten die gleichen Grundsätze (*LAG Berlin* 19.05.1988 DB 1988, 1708). Für den Bereich des **Personalvertretungsrechts** hat das *BVerwG* (27.04.1979 BVerwGE 58, 54 [56 ff.]) die Verpflichtung des Dienstherrn bejaht, die Kosten der Schulung von Mitgliedern des Personalrats zu tragen, soweit für eine ordnungsgemäße Amtsführung erforderliche Kenntnisse vermittelt werden (vgl. dazu *Jacobs / RDW* § 44 Rn. 30 ff.). 63

Die Einbeziehung von Schulungskosten im Sinne des § 37 Abs. 6 in die Kostentragungspflicht nach § 40 Abs. 1 ergibt sich aus dem **Normzweck des § 40 Abs. 1 und der Systematik des Gesetzes** (ausführliche Begründung bei *Wiese* 6. Aufl., § 40 Rn. 71 ff.). Durch die Vorschrift des § 37 Abs. 6 ist zunächst klargestellt, dass die Teilnahme von Betriebsratsmitgliedern an Schulungs- und Bildungsveranstaltungen zur Erlangung der für das Betriebsratsamt erforderlichen Kenntnisse (dazu im Einzelnen § 37 Rdn. 183 ff.) zu den Aufgaben des Betriebsrats gehört und damit Bestandteil seiner Tätigkeit i. S. d. § 40 Abs. 1 ist. § 37 Abs. 6 ordnet zwar die Kostentragungspflicht des Arbeitgebers nicht ausdrücklich an. Das rechtfertigt aber keinen Umkehrschluss (so aber die frühere Gegenmeinung, vgl. u. a. *LAG Düsseldorf* 12.09.1972 DB 1972, 1924; *Buchner* DB 1972, 1236 [1239]). Durch § 37 Abs. 6 i. V. m. Abs. 2 werden nämlich lediglich die mit der Teilnahme an einer Schulungs- und Bildungsveranstaltung zusammenhängenden arbeitsvertraglichen Fragen geregelt. Es entspricht der Systematik des Gesetzes, dass die Verpflichtung des Arbeitgebers, über die Entgeltfortzahlung hinausgehende Kosten der Teilnahme an einer Schulungsveranstaltung zu tragen, allein § 40 Abs. 1 zu entnehmen ist (vgl. Rdn. 1). Es bestand daher für den Gesetzgeber keine Veranlassung, zu den mit der Schulung zusammenhängenden weiteren Kosten besonders Stellung zu nehmen (in diesem Sinne bereits *BAG* 31.10.1972 EzA § 40 BetrVG 1972 Nr. 3 S. 11 = AP Nr. 2 zu § 40 BetrVG 1972). 64

Durch die Kostenerstattungspflicht des Arbeitgebers wird bei **Schulungskursen** der **Gewerkschaften** auch nicht gegen den koalitionsrechtlichen Grundsatz der Unabhängigkeit vom sozialen Gegenspieler verstoßen. Auch dies ist inzwischen ständige und zutreffende Rechtsprechung (seit *BAG* 31.10.1972 EzA § 40 BetrVG 1972 Nr. 3 S. 12 ff. = AP Nr. 2 zu § 40 BetrVG 1972 Bl. 3 f.; zuletzt *BAG* 17.06.1998 EzA § 40 BetrVG 1972 Nr. 83, 84, 85 *[Peterek]* = AP Nr. 61, 63, 62 zu § 40 BetrVG 1972 = AuR 1999, 199 ff. *[Wedde]*; *Fitting* § 40 Rn. 77; *Gamillscheg* II, S. 602 f.; *Joost* / MünchArbR § 221 Rn. 14; *Koch*/ ErfK § 40 BetrVG Rn. 12; *Reichold* / HWK § 40 BetrVG Rn. 23; *Richardi* / *Thüsing* § 40 Rn. 35; *Wedde* / DKKW § 40 Rn. 87, 93; umfassende Nachweise zur älteren Rechtsprechung und Literatur bei *Wiese* 6. Aufl., § 40 Rn. 76). Das *BVerfG* sieht ebenfalls **keine Verletzung des Grundrechts der Koalitionsfreiheit** (*BVerfG* 14.02.1978 BVerGE 47, 191 [197] = EzA Art. 9 GG Nr. 24 = AP Nr. 13 zu § 40 BetrVG 1972 = AuR 1978, 381 *[Kempen]*). 65

Durch die Erstattung der den Gewerkschaften entstandenen Kosten, die im wirtschaftlichen Ergebnis der Arbeitgeber trägt, erlangen die Gewerkschaften zwar einen wirtschaftlichen Vorteil, der jedoch eine Abhängigkeit von der Arbeitgeberseite nicht begründet. Der gesetzliche Anspruch der Betriebsratsmitglieder ist nur unter den strengen Voraussetzungen des § 40 Abs. 1 gegeben, so dass der Gestaltungsspielraum der Gewerkschaften als Veranstalter hier im Gegensatz zu sonstigen gewerkschaftlichen Schulungsveranstaltungen eingeschränkt ist. Die **Gewerkschaften** werden bei Schulungsveranstaltungen nach § 37 Abs. 6 auch nicht oder zumindest nicht allein als Wahrer kollektiver Arbeitnehmerinteressen, sondern aufgrund ihrer **betriebsverfassungsrechtlichen Unterstützungsfunktion** tätig (*BAG* 31.10.1972 EzA § 40 BetrVG 1972 Nr. 3 S. 12 f. = AP Nr. 2 zu § 40 BetrVG 1972 Bl. 3 f.; 29.01.1974 EzA § 40 BetrVG 1972 Nr. 12 S. 34 = AP Nr. 5 zu § 40 BetrVG 1972 Bl. 3 R; **a. M.** *Eich* DB 1974, 91 [94]; *Ohlgardt* BB 1974, 1029 [1030]). Zudem kommt ihnen der Anspruch der Betriebsratsmitglieder nur in gleicher Weise wie anderen Veranstaltern zugute. Es liefe daher auf eine einseitige Benachteiligung der Gewerkschaften hinaus, wenn bei ihren Schulungsveranstaltungen eine Kostentragungspflicht des Arbeitgebers ausschiede und sie die in ihrem Bereich anfallenden Schulungskosten nach Lage der Dinge selbst tragen müssten. 66

Der Arbeitgeber hat aber **nur die dem Veranstalter tatsächlich entstandenen Kosten** zu tragen (vgl. im Einzelnen Rdn. 70 ff.). Die Gewerkschaften können deshalb nur kostendeckende Teilnahme- 67

§ 40 *II. 3. Geschäftsführung des Betriebsrats*

gebühren erheben und dürfen aus der Veranstaltung keinen **finanziellen Gewinn** erzielen (*BAG* 31.10.1972 EzA § 40 BetrVG 1972 Nr. 3 S. 13 = AP Nr. 2 zu § 40 BetrVG 1972 Bl. 3 R; 29.01.1974 EzA § 40 BetrVG 1972 Nr. 12 S. 34 = AP Nr. 5 zu § 40 BetrVG 1972 Bl. 2 R; 15.01.1992 EzA § 40 BetrVG 1972 Nr. 68 S. 9 = AP Nr. 41 zu § 40 BetrVG 1972 Bl. 5; 28.06.1995 EzA § 40 BetrVG 1972 Nr. 74 S. 4 *[Bakker]* = AP Nr. 48 zu § 40 BetrVG 1972 Bl. 3 f.; zuletzt *BAG* 17.06.1998 EzA § 40 BetrVG 1972 Nr. 83 S. 3, Nr. 84 S. 3, Nr. 85 S. 3 = AP Nr. 61, 63, 62 zu § 40 BetrVG 1972; *Fitting* § 40 Rn. 78; *Glock/HWGNRH* § 40 Rn. 72, 86 f.; *Joost/*MünchArbR § 221 Rn. 14; *Koch/*ErfK § 40 BetrVG Rn. 12; *Kreft/WPK* § 40 Rn. 32; *Reichold/HWK* § 40 BetrVG Rn. 23; *Richardi/Thüsing* § 40 Rn. 36; **krit.** *Däubler* Schulung, Rn. 494 ff.; *ders.* SR 2017, 85 [86]; *Wedde/DKKW* § 40 Rn. 94 ff.; *Wölmerath/*HaKo § 40 Rn. 9 Fn. 56; zu den Vorhaltekosten der Gewerkschaften näher Rdn. 71). Andernfalls würde gegen den koalitionsrechtlichen Grundsatz verstoßen, wonach der Arbeitgeber nicht zur Finanzierung des sozialen Gegenspielers verpflichtet ist. Dementsprechend hat der Arbeitgeber **Anspruch auf eine Aufschlüsselung** der geltend gemachten Aufwendungen, aus der ersichtlich wird, dass es sich um nach den dargestellten Grundsätzen kostentragungspflichtige Aufwendungen handelt (vgl. dazu näher Rdn. 85 f.).

68 Die geschilderte Einschränkung der Kostentragungspflicht gilt nicht nur für eigene Schulungsveranstaltungen der Gewerkschaften, sondern unter bestimmten Voraussetzungen auch für **gewerkschaftsnahe Veranstalter**. Die Gewerkschaften können nicht durch das Dazwischenschalten einer juristischen Person die gesetzliche Kostentragungspflicht der Arbeitgeber erweitern. Das Verbot der Gegnerfinanzierung ist deshalb auch zu beachten, wenn die Gewerkschaft einer **GmbH**, deren Anteile sie zu 100 % hält, die Durchführung der Schulungsveranstaltung überträgt und sich einen bestimmenden Einfluss auf die Ausgestaltung der Schulung vorbehält (*BAG* 30.03.1994 EzA § 40 BetrVG 1972 Nr. 71 S. 10 = AP Nr. 42 zu § 40 BetrVG 1972 Bl. 4 f. *[zust. Sowka]* = SAE 1997, 147 *[zust. Loritz]* = BB 1994, 2295 *[zust. Sowka]* = AuR 1995, 280 *[abl. U.-A. Birk]* = AiB 1995, 132 *[abl. Däubler]*; 28.06.1995 EzA § 40 BetrVG 1972 Nr. 74 S. 4 f. *[abl. Bakker]* = AP Nr. 48 zu § 40 BetrVG 1972 Bl. 3 R = SAE 1996, 283 *[zust. Thüsing]* = AiB 1995, 731 *[Däubler]*; 28.06.1995 EzA § 40 BetrVG 1972 Nr. 75 S. 4 *[abl. Bakker]* = AP Nr. 47 zu § 40 BetrVG 1972 Bl. 2 f. = SAE 1996, 280 *[zust. Thüsing]*; 17.06.1998 EzA § 40 BetrVG 1972 Nr. 84 *[Peterek]* = AP Nr. 63 zu § 40 BetrVG 1972 = AuR 1999, 199 *[Wedde]*; *Fitting* § 40 Rn. 82; *Koch/*ErfK § 40 BetrVG Rn. 12; **a. M.** *Wedde* AuR 1997, 228 ff.; *ders./*DKKW § 40 Rn. 100 ff.). Unerheblich ist daher, dass als Veranstalter eine juristische Person auftritt, der selbst keine Gewerkschaftseigenschaft zukommt (*BAG* 30.03.1994 EzA § 40 BetrVG 1972 Nr. 71 S. 10 = AP Nr. 42 zu § 40 BetrVG 1972 Bl. 4 f. *[zust. Sowka]*; **a. M.** *Wedde/DKKW* § 40 Rn. 100; *Wedde* DB 1994, 730 ff.). Zum Umfang der Pflicht zur Aufschlüsselung des für die Schulung verlangten Rechnungsbetrags Rdn. 85.

69 Entsprechendes gilt, wenn ein **gemeinnütziger Verein** Schulungsveranstaltungen durchführt, bei denen die **Gewerkschaften** kraft satzungsmäßiger Rechte **maßgeblichen Einfluss** auf den Inhalt, die Organisation und die Finanzierung der Bildungsarbeit nehmen (*BAG* 28.06.1995 EzA § 40 BetrVG 1972 Nr. 74, 75 *[abl. Bakker]* = AP Nr. 47 Bl. 2 R, Nr. 48 Bl. 3 R f. zu § 40 BetrVG 1972; 17.06.1998 EzA § 40 BetrVG 1972 Nr. 83 S. 4 f. = AP Nr. 61 zu § 40 BetrVG 1972 = AuR 1999, 199 *[zust. Wedde]*; *Fitting* § 40 Rn. 82 f.; *Richardi/Thüsing* § 40 Rn. 38; **a. M.** *Wedde/DKKW* § 40 Rn. 100 ff.). Auch ohne einen beherrschenden gewerkschaftlichen Einfluss kraft Vereinssatzung genügt es, dass die Gewerkschaft den Vereinsvorstand stellt und deshalb kraft personeller Verflechtungen Inhalt, Durchführung und Finanzierung der Schulungen maßgebend beeinflussen kann (*BAG* 28.06.1995 EzA § 40 BetrVG 1972 Nr. 75 *[abl. Bakker]* = AP Nr. 47 zu § 40 BetrVG 1972 Bl. 2 R ff.; 17.06.1998 EzA § 40 BetrVG 1972 Nr. 83 S. 5 = AP Nr. 61 zu § 40 BetrVG 1972). Die bloße Beteiligung von Gewerkschaften in einem Verein reicht aber für sich gesehen nicht, auch nicht die paritätische Besetzung von Vereinsorganen mit Gewerkschaftsvertretern neben nicht gewerkschaftsnahen Repräsentanten anderer Vereinsträger (*BAG* 17.06.1998 EzA § 40 BetrVG 1972 Nr. 83 S. 5 f. = AP Nr. 61 zu § 40 BetrVG 1972). Zum Umfang der Pflicht zur Aufschlüsselung des für die Schulung verlangten Rechnungsbetrags Rdn. 86.

bbb) Gegenstand und Umfang der Schulungskosten

(1) Gegenstand

Sind die Voraussetzungen einer Schulung nach § 37 Abs. 6 gegeben (§ 37 Rdn. 172 ff.), hat der Arbeitgeber die erforderlichen Kosten für **Fahrt, Unterkunft** und **Verpflegung** zu tragen (vgl. zuletzt *BAG* 27.05.2015 EzA § 40 BetrVG 2001 Nr. 27 Rn. 15 = AP Nr. 160 zu § 37 BetrVG 1972; zu Reisekosten generell vgl. Rdn. 50 ff.; speziell zu solchen einer Schulungsteilnahme vgl. Rdn. 79 ff.; ebenso *Fitting* § 40 Rn. 76; *Glock/HWGNRH* § 40 Rn. 75; *Wedde/DKKW* § 40 Rn. 90). Der Arbeitgeber trägt ferner die von den Vorhaltekosten klar abgrenzbaren **Teilnehmergebühren** des Veranstalters, die diesem durch die konkrete Veranstaltung entstanden sind, auch wenn der Veranstalter eine Gewerkschaft ist (zum Grundsätzlichen vgl. Rdn. 65 ff.; ebenso *BAG* 28.05.1976 EzA § 40 BetrVG 1972 Nr. 27 S. 112 = AP Nr. 11 zu § 40 BetrVG 1972 Bl. 2 R; 03.04.1979 EzA § 40 BetrVG 1972 Nr. 44 S. 208 = AP Nr. 17 zu § 40 BetrVG 1972 Bl. 1 R; *BVerwG* 27.04.1979 BVerwGE 58, 54 [56]; *Fitting* § 40 Rn. 76 f.; *Wedde/DKKW* § 40 Rn. 92; **a. M.** *Glock/HWGNRH* § 40 Rn. 79, 86 f.; *Ohlgardt* BB 1974, 1029). **Stornokosten** sind vom Arbeitgeber zu tragen, wenn für die Schulungsveranstaltung an sich eine Kostentragungspflicht des Arbeitgebers bestünde (dazu *LAG Köln* 18.01.2002 NZA-RR 2003, 141, das im konkreten Fall die Frage aber offen lässt; *Fitting* § 40 Rn. 93; *Richardi/Thüsing* § 40 Rn. 54) und die Stornierung entweder durch den Arbeitgeber veranlasst (Absage auf Verlangen des Arbeitgebers, unberechtigte Verweigerung der Kostenübernahme durch den Arbeitgeber im Vorfeld der Veranstaltung; dazu *ArbG Frankfurt a. M.* 10.02.2004 AiB 2004, 377) oder vom Betriebsratsmitglied aus triftigen Gründen erklärt worden war (Krankheit, Wahrnehmung höherrangiger Pflichten). Verweigert der Arbeitgeber im Vorfeld einer Schulung die Kostenübernahme unter Hinweis auf einen günstiger gelegenen Seminarort und versäumt der Betriebsrat die rechtzeitige Stornierung, ist der Arbeitgeber zur Kostenübernahme nicht verpflichtet (*LAG Hamm* 18.09.2009 – 13 TaBV 174/08 – juris). Ist der Grund der Verhinderung an der Teilnahme für das Betriebsratsmitglied im Zeitpunkt der Anmeldung vorhersehbar, hat es die Stornokosten selbst zu tragen (*Richardi/Thüsing* § 40 Rn. 54). Bei kurzfristiger **Verlegung der Schulungsstätte** durch den Veranstalter ohne Wissen des Betriebsrats und des Arbeitgebers an einen anderen Ort (Komforthotel) trägt der Arbeitgeber nicht die dadurch entstandenen Mehrkosten (*LAG Hamm* 10.06.1992 DB 1993, 1044). Der Arbeitgeber hat die Kosten einer Schulung nicht schon deshalb zu tragen, weil er auf eine Mitteilung des Betriebsrats, ein bestimmtes Betriebsratsmitglied zu einer Schulungsveranstaltung entsenden zu wollen, geschwiegen hat (*BAG* 24.05.1995 EzA § 37 BetrVG 1972 Nr. 127 S. 2 ff. = AP Nr. 109 zu § 37 BetrVG 1972 Bl. 2 R ff.; **a. M.** *LAG Hamm* 07.09.1994 BB 1994, 2493 – Vorinstanz).

Nach den in Rn. 50 dargelegten Grundsätzen sind dagegen die **Vorhaltekosten (Generalunkosten)** einer gewerkschaftseigenen **Schulungseinrichtung nicht zu erstatten**. Dazu gehören etwa die Kosten für Fremd- und/oder Eigenkapitalverzinsung, Grundstücksabgaben, Mieten und Mietnebenkosten, grundsätzlich auch Heizung, Strom, Reinigung, Wasser u. s. w. Diese dienen in erster Linie den eigenen Interessen der Koalitionen, so dass es andernfalls zu einer Finanzierung des sozialen Gegenspielers kommen könnte (*BAG* 28.05.1976 EzA § 40 BetrVG 1972 Nr. 27 S. 111 = AP Nr. 11 zu § 40 BetrVG 1972 Bl. 1 R f.; 03.04.1979 EzA § 40 BetrVG 1972 Nr. 44 S. 209 = Nr. 17 zu § 40 BetrVG 1972 Bl. 1 R f.; *Fitting* § 40 Rn. 78, 80; *Glock/HWGNRH* § 40 Rn. 86 f.; **a. M.** *Däubler* Schulung, Rn. 494; zu den Mietkosten u. a. für Räume, die eine Gewerkschaft an einen nicht gewerkschaftlichen Träger zu zahlen hat, *LAG Hamm* 02.03.1983 DB 1983, 1556).

Allerdings neigt das *BAG* dazu, **zusätzliche schulungsbedingte Kosten** in gewerkschaftlichen Einrichtungen, wie Strom, Wasser, Reinigung sowie zusätzliche Aufwendungen (**Grenzkosten**) von den Vorhaltekosten abzugrenzen und als **erstattungsfähig** anzusehen (*BAG* 28.06.1995 EzA § 40 BetrVG 1972 Nr. 74 S. 7 ff. *[Bakker]* = AP Nr. 48 zu § 40 BetrVG 1972 Bl. 4 R ff. = SAE 1996, 283 *[Thüsing]* = AuR 1995, 419 *[Müller-Knapp]* = AiB 1995, 731 *[Däubler]*). Diese könne der Träger der Einrichtung durch Einzelkostennachweis belegen oder nach betriebswirtschaftlichen Kriterien derart pauschalieren, dass ein Gewinn von vornherein ausgeschlossen sei (zur Pauschalierung Rdn. 85). Dem ist zuzustimmen, da solche Grenzkosten durch die Schulung selbst verursacht werden (*Treber* ZfA 1996, 659 [807]; *Wedde/DKKW* § 40 Rn. 95; krit. *Richardi/Thüsing* § 40 Rn. 37).

Honoraraufwendungen der **Koalitionen** für **eigene Referenten** können nach den dargelegten Grundsätzen in der Regel nur auf die Teilnehmer umgelegt werden, wenn die Lehrtätigkeit weder zu den Haupt- noch zu den Nebenpflichten des Referenten aus dessen Arbeitsverhältnis gehört (*BAG* 03.04.1979 EzA § 40 BetrVG 1972 Nr. 44 S. 209 ff. = AP Nr. 17 zu § 40 BetrVG 1972 Bl. 2 ff. *[krit. Hunold]* in Weiterentwicklung von *BAG* 28.05.1976 EzA § 40 BetrVG 1972 Nr. 27 S. 112 = AP Nr. 11 zu § 40 BetrVG 1972). Auch die Honorarkosten einer hauptamtlichen Lehrkraft sind aber nach der neueren Rechtsprechung des BAG erstattungsfähig, wenn die Lehrkraft ausschließlich für den betriebsverfassungsrechtlichen Schulungsbereich eingesetzt wird (*BAG* 28.06.1995 EzA § 40 BetrVG 1972 Nr. 74 S. 9 *[Bakker]* = AP Nr. 48 zu § 40 BetrVG 1972; *Fitting* § 40 Rn. 81; *Wedde / DKKW* § 40 Rn. 96). Die Aufwendungen der Referenten (Fahrtkosten, Spesen) können stets umgelegt werden, da sie nicht zu den Vorhaltekosten gehören (*Fitting* § 40 Rn. 79).

(2) Umfang

74 Eine Kostentragungspflicht des Arbeitgebers besteht nur bei Erforderlichkeit der Schulung (dazu im Einzelnen § 37 Rdn. 172 ff.). Werden in einer Schulungs- und Bildungsveranstaltung nur **teilweise erforderliche Kenntnisse** vermittelt, so sind bei Teilbarkeit der Veranstaltung (§ 37 Rdn. 198) allein die Kosten zu ersetzen, die sich auf den erforderlichen Teil der Veranstaltung beziehen (*LAG Baden-Württemberg* 04.08.1974 DB 1975, 60 [61]; *LAG Düsseldorf* 26.07.1974 DB 1974, 2486; *Glock / HWGNRH* § 40 Rn. 80; *Richardi / Thüsing* § 40 Rn. 42). Allerdings müssen auch die Kosten teilbar sein, was zwar für die Kosten für Verpflegung und Unterkunft, aber nicht für die Fahrtkosten und eventuell nicht für die Schulungskosten gilt (vgl. auch § 37 Rdn. 198). Ist die Veranstaltung nicht teilbar und deren Besuch erforderlich (vgl. § 37 Rdn. 199 ff.), so sind grundsätzlich vom Arbeitgeber sämtliche Kosten zu tragen (*Fitting* § 40 Rn. 69; *Richardi / Thüsing* § 40 Rn. 42; **a. M.** *Glock / HWGNRH* § 40 Rn. 80). Eine Einschränkung kann sich jedoch aus dem Grundsatz der Verhältnismäßigkeit ergeben (*BAG* 23.09.1987 EzA § 37 BetrVG 1972 Nr. 49 S. 196 f. *[Otto]* = AP Nr. 24 zu § 37 BetrVG 1972 Bl. 3; *Glock / HWGNRH* § 40 Rn. 84 f.; *Richardi / Thüsing* § 40 Rn. 42; Rdn. 83). Überwiegt die nicht erforderliche Themenbehandlung, entfällt ein Anspruch auf Kostenerstattung gänzlich (*BAG* 10.05.1974 AP Nr. 4 zu § 65 BetrVG 1972 Bl. 4 f.; *Richardi / Thüsing* § 40 Rn. 42).

75 Bestehen mehrere **gleichartige** und **gleichwertige Schulungsmöglichkeiten,** kann der Betriebsrat grundsätzlich **nur die Kosten der kostengünstigeren Veranstaltung erstattet** verlangen (*BAG* 14.01.2015 EzA § 37 BetrVG 2001 Nr. 19 Rn. 13 = AP Nr. 158 zu § 37 BetrVG 1972; *LAG Schleswig-Holstein* 23.09.1987 LAGE § 37 BetrVG 1972 Nr. 23 S. 4 ff.; *Däubler* Schulung, Rn. 465; *Fitting* § 40 Rn. 74; *Glock / HWGNRH* § 40 Rn. 81 f.; *Joost /* MünchArbR § 221 Rn. 12; *Richardi / Thüsing* § 40 Rn. 40). Der Betriebsrat muss bei der Prüfung der Erforderlichkeit die betriebliche Situation und die mit dem Besuch der Veranstaltung verbundenen Kosten für den Arbeitgeber berücksichtigen. Schulungszweck und dafür eingesetzte Mittel müssen in einem angemessenen Verhältnis stehen (*BAG* 14.01.2015 EzA § 37 BetrVG 2001 Nr. 19 Rn. 13 = AP Nr. 158 zu § 37 BetrVG 1972). Allerdings müssen die Betriebsräte **nicht an Hand einer umfassenden Marktanalyse** den günstigsten Anbieter ermitteln und ohne Rücksicht auf andere Erwägungen auswählen (*BAG* 28.06.1995 EzA § 40 BetrVG 1972 Nr. 74 S. 3 f. *[Bakker]* = AP Nr. 48 zu § 40 BetrVG 1972 Bl. 2 R f.; 17.11.2010 EzA § 37 BetrVG 2001 Nr. 10 Rn. 31 = AP Nr. 149 zu § 37 BetrVG 1972; 14.01.2015 EzA § 37 BetrVG 2001 Nr. 19 Rn. 13 = AP Nr. 158 zu § 37 BetrVG 1972; *Hess. LAG* 14.05.2012 LAGE § 37 BetrVG 2001 Nr. 5 Rn. 16). Werden sie jedoch **vom Arbeitgeber** auf eine gleichwertige andere Schulungsmöglichkeit **hingewiesen**, muss der Arbeitgeber nur die dafür anzusetzenden günstigeren Kosten erstatten, falls der Betriebsrat ohne sachlich vorrangige Gründe stattdessen doch die teurere Veranstaltung wählt.

76 Bei der Frage, ob verschiedene Schulungsangebote als **qualitativ gleichwertig** anzusehen sind, hat der Betriebsrat einen **Beurteilungsspielraum** (*BAG* 28.06.1995 EzA § 40 BetrVG 1972 Nr. 74 S. 3 f. *[Bakker]* = AP Nr. 48 zu § 40 BetrVG 1972 Bl. 2 R f. = AuR 1995, 419 *[Müller-Knapp]* = AiB 1995, 731 *[Däubler]*), der sich auch auf den **Inhalt der Schulung** bezieht (*BAG* 14.01.2015 EzA § 37 BetrVG 2001 Nr. 19 Rn. 11 ff. = AP Nr. 158 zu § 37 BetrVG 1972; allgemein zum Beurteilungsspielraum bei der Frage der Erforderlichkeit von Betriebsratskosten Rdn. 11 ff.). Im Rahmen dieses Beurteilungsspielraums liegt es auch bei der Auswahlentscheidung zu berücksichtigen, dass gewerkschaftliche oder gewerkschaftsnahe Anbieter eine an den praktischen Bedürfnissen der Betriebsratsarbeit ausgerichtete Wissensvermittlung erwarten lassen und eine gemeinsame Gewerkschaftszugehörigkeit ein Klima gegenseitigen Vertrauens schaffen kann, das den Schulungserfolg fördert

(*BAG* 28.06.1995 EzA § 40 BetrVG 1972 Nr. 74 S. 3 f. *[Bakker]* = AP Nr. 48 zu § 40 BetrVG 1972 Bl. 2 R f.; *Hess. LAG* 14.05.2012 LAGE § 37 BetrVG 2001 Nr. 5 Rn. 17; *Fitting* § 30 Rn. 74; *Wedde/DKKW* § 40 Rn. 87; **a. M.** noch Voraufl.). Vom Beurteilungsspielraum ist auch der umgekehrte Fall gedeckt, in dem der Betriebsrat einen privaten Schulungsträger für besser geeignet hält als das kostengünstigere Angebot einer Gewerkschaftsschulung (*LAG Köln* 11.04.2002 AiB 2003, 487). Vgl. zu Grenzen des Beurteilungsspielraums auch *Zimmermann* NZA 2017, 162.

Die **Kosten einer teureren Veranstaltung** hat der Arbeitgeber dann zu tragen, wenn die teurere Schulung unter Berücksichtigung des Beurteilungsspielraums des Betriebsrats **qualitativ besser** ist und die dadurch bedingten höheren Kosten **verhältnismäßig** sind (vgl. auch *BAG* 15.05.1986 EzA § 37 BetrVG 1972 Nr. 85 S. 417 = AP Nr. 54 zu § 37 BetrVG 1972 Bl. 4 R f.; *Däubler* Schulung, Rn. 464; *Fitting* § 40 Rn. 74; *Wedde/DKKW* § 40 Rn. 86). Die Angemessenheit von Kosten einer Schulung, die nahezu 50 % höher liegen als die Kosten einer vom Arbeitgeber genannten gleichwertigen Schulung kann jedenfalls nicht allein damit begründet werden, dass dem Betriebsrat der Referent der von ihm vorgeschlagenen Schulung im Gegensatz zu demjenigen der vom Arbeitgeber vorgeschlagenen Schulung bereits bekannt sei (*BAG* 19.03.2008 – 7 ABR 2/07 – juris, Rn. 24; vgl. auch *Hess. LAG* 04.11.2013 – 16 TABVGa 178/18 – juris, Rn. 25 ff.). **77**

Das vom Betriebsrat bestimmte Betriebsratsmitglied braucht an einer teureren Veranstaltung nur teilzunehmen, wenn es die Mehrkosten nicht zu tragen hat, weil sie z. B. vom Veranstalter übernommen werden. Der **Betriebsrat kann nicht beschließen, dass die höheren Kosten dem Betriebsratsmitglied auferlegt werden**. Unzulässig wäre auch der Beschluss, die Mehrkosten auf die Betriebsratsmitglieder umzulegen; § 41 verbietet schlechthin die Erhebung von Beiträgen der Arbeitnehmer, also auch von Betriebsratsmitgliedern, für Zwecke des Betriebsrats. **78**

Reisekosten (vgl. Rdn. 50 ff.) sind möglichst niedrig zu halten. Der Betriebsrat hat sich daher um eine Schulung an einem nahe gelegenen Ort zu bemühen (*BAG* 29.01.1974 EzA § 37 BetrVG 1972 Nr. 36 S. 147 = AP Nr. 9 zu § 37 BetrVG 1972 Bl. 3 R f.; *LAG Berlin* 29.11.1977 ARSt. 1978, 100 [Nr. 92]; *LAG Bremen* 30.11.1973 BB 1974, 184; *LAG Düsseldorf* 21.10.1975 DB 1976, 1115; *LAG Schleswig-Holstein* 23.09.1987 LAGE § 37 BetrVG 1972 Nr. 23 S. 7; *Wedde/DKKW* § 40 Rn. 88). Reisekosten sind nicht erforderlich, wenn eine Schulung am selben oder einem näheren Ort möglich ist (vgl. auch § 37 Rdn. 292); sie sind unverhältnismäßig, wenn der Schulungsort so weit vom Betrieb entfernt ist, dass Fahrtaufwand und möglicher Nutzen der Veranstaltung in keiner angemessenen Relation zueinander stehen. Die Entsendung eines Betriebsratsmitglieds an einen entfernteren Schulungsort kann aber gerechtfertigt sein, wenn eine nähere Schulungsstätte ausgebucht und eine längere Wartezeit aus zwingenden Gründen der Betriebsratsarbeit nicht zumutbar ist (*LAG Düsseldorf* 21.10.1975 DB 1976, 1115; *LAG Hamm* 17.10.2003 – 10 TaBV 83/03 – juris; *Fitting* § 40 Rn. 75). Zu **Flugreisekosten** sowie zur Benutzung der **1. Wagenklasse** vgl. Rdn. 57. Mehrkosten, die einem Betriebsratsmitglied dadurch entstehen, dass es statt von der Betriebsstätte von seiner Wohnung aus zum Schulungsort fährt, hat der Arbeitgeber nicht zu erstatten, wenn das Betriebsratsmitglied die Fahrtkosten zwischen seiner Wohnung und der Betriebsstätte selbst zu tragen hat (*LAG Hamm* 24.06.1987 DB 1987, 2052). **79**

Entsprechende Grundsätze gelten für **Übernachtungskosten** (vgl. auch *BAG* 29.01.1974 EzA § 37 BetrVG 1972 Nr. 36 S. 147 = AP Nr. 9 zu § 37 BetrVG 1972 Bl. 3 R; 27.05.2015 EzA § 40 BetrVG 2001 Nr. 27 Rn. 18 ff. = AP Nr. 160 zu § 37 BetrVG 1972; zur Zumutbarkeit von Anfahrtszeiten von etwa 1 Stunde vgl. *LAG Köln* 11.04.2002 LAGReport 2002, 382 einerseits, *ArbG Düsseldorf* 03.09.2004 AiB 2004, 757 andererseits). Sie sind bei pauschaler und deshalb in der Höhe vom Betriebsratsmitglied nicht zu beeinflussender Abrechnung durch den Veranstalter selbst dann erstattungsfähig, wenn das geschulte Betriebsratsmitglied nur 5 km von der Schulungsstätte entfernt wohnt (*BAG* 07.06.1984 EzA § 40 BetrVG 1972 Nr. 57 S. 276 f. = AP Nr. 24 zu § 40 BetrVG 1972 Bl. 1 R; **a. M.** *LAG Hamm* 16.09.1981 DB 1982, 907 – Vorinstanz; *Stege/Weinspach/Schiefer* § 37 Rn. 59). Auch die Witterungs- und Straßenverhältnisse zum Zeitpunkt der Schulung können die Erforderlichkeit einer Übernachtung begründen (*BAG* 27.05.2015 EzA § 40 BetrVG 2001 Nr. 27 Rn. 20 ff. = AP Nr. 160 zu § 37 BetrVG 1972). Ändern sich nach der Beschlussfassung des Betriebsrats über die Schulungsteilnahme in nicht vorhersehbarer Weise die für die Entscheidung maßgeblichen Umstände (z. B. die Wettervorhersage), kommt es anders als sonst (vgl. Rdn. 13 sowie § 37 Rdn. 225) nicht auf den Zeitpunkt **80**

§ 40 　　　　　　　　　　　　　　　　　　　II. 3. Geschäftsführung des Betriebsrats

der Beschlussfassung an, sondern darauf, ob das Betriebsratsmitglied die Kosten unter Berücksichtigung der Gegebenheiten im Zeitpunkt der Wahrnehmung der betriebsverfassungsrechtlichen Aufgabe für erforderlich halten durfte (*BAG* 27.05.2015 EzA § 40 BetrVG 2001 Nr. 27 Rn. 22 ff. = AP Nr. 160 zu § 37 BetrVG 1972; *Fitting* § 40 Rn. 54; *Wedde/DKKW* § 40 Rn. 63). Nicht erforderlich ist die Übernachtung im Tagungshotel, wenn eine andere fußläufige bzw. mit öffentlichen Verkehrsmitteln erreichbare Unterkunft zur Verfügung steht (*BAG* 28.07.2007 – 7 ABR 33/06 – juris, Rn. 18; 17.11.2010 EzA § 37 BetrVG 2001 Nr. 10 Rn. 41 = AP Nr. 149 zu § 37 BetrVG 1972; *Fitting* § 40 Rn. 54).

81　Die Schulungen müssen **nicht stets am Betriebsort** stattfinden. Wenn sie durch qualifizierte Referenten durchgeführt werden sollen, ist eine gewisse Konzentration der Schulungen an bestimmten Orten mit entsprechend höheren Kosten unvermeidbar (*BAG* 29.01.1974 EzA § 37 BetrVG 1972 Nr. 36 S. 147 = AP Nr. 9 zu § 37 BetrVG 1972 Bl. 3 R f.; *Fitting* § 40 Rn. 75; *Glock/HWGNRH* § 40 Rn. 81; a. M. *LAG Schleswig-Holstein* 10.05.1977 BB 1977, 1048). Wegen der den Betriebsrat treffenden Pflicht zur sparsamen Wirtschaftsführung hat der Arbeitgeber bei einer um 11 Uhr beginnenden Schulungsveranstaltung und rechtzeitig möglichen vierstündigen Anfahrt mit der Bahn die durch die Anreise am Vortag entstandenen Übernachtungskosten nicht zu tragen (*LAG Schleswig-Holstein* 14.03.1996 LAGE § 40 BetrVG 1972 Nr. 49 S. 2 ff.).

82　Hat der Arbeitgeber im Beschlussverfahren in einem **Teilvergleich** die aus Anlass der Teilnahme eines Betriebsratsmitglieds an einer Schulungsveranstaltung entstandenen Verzehrkosten dem Grundsatz nach als Kosten der Betriebsratstätigkeit anerkannt, ist es ihm nach dem das Prozessrecht beherrschenden Grundsatz des prozessredlichen Verhaltens verwehrt, in der Rechtsbeschwerdeinstanz, in der es nur noch um die Höhe der Kosten geht, erneut die Frage zur Entscheidung zu stellen, ob diese Kosten zu den vom Arbeitgeber zu tragenden Kosten gehören (*BAG* 29.01.1974 EzA § 40 BetrVG 1972 Nr. 14 S. 41 [*Dütz*] = AP Nr. 8 zu § 37 BetrVG 1972 Bl. 1 R f.). Ist ein Betriebsratsmitglied aufgrund eines Beschlusses des Betriebsrats und auf dessen Ersuchen **vom Arbeitgeber** für die Teilnahme an einer bestimmten Schulungsveranstaltung **freigestellt** worden, kann der Arbeitgeber im Verfahren über die zutreffende Höhe der erstattungsfähigen Auslagen grundsätzlich nicht mit dem Einwand gehört werden, die Schulung habe die Voraussetzungen des § 37 Abs. 2 nicht erfüllt (*LAG Hamm* 09.08.1973 DB 1973, 2531).

(3) Verhältnismäßigkeit

83　Die Kosten einer Schulung müssen schließlich dem **Grundsatz der Verhältnismäßigkeit** entsprechen (vgl. Rdn. 14, § 37 Rdn. 211 ff. sowie *BAG* 17.06.1998 EzA § 40 BetrVG 1972 Nr. 85 S. 2 [*Peterek*] = AP Nr. 62 zu § 40 BetrVG 1972 = AuR 1999, 200 [*Wedde*]; *LAG Bremen* 30.11.1973 BB 1974, 184; *LAG Düsseldorf* 12.10.1981 EzA § 37 BetrVG 1972 Nr. 72 S. 351; *LAG Frankfurt a. M.* 10.07.1973 DB 1973, 2247; *LAG Schleswig-Holstein* 19.11.1996 LAGE § 37 BetrVG 1972 Nr. 49 S. 3; *Fitting* § 40 Rn. 72 f.; *Glock/HWGNRH* § 40 Rn. 84 f.; *Koch/*ErfK § 40 BetrVG Rn. 10; *Richardi/Thüsing* § 40 Rn. 39; *Streckel* DB 1974, 335 [338]; krit. *Däubler* Schulung, Rn. 463; *Wedde/DKKW* § 40 Rn. 85). Nach der hier vertretenen Auffassung bedeutet das eine Einschränkung des dem Grunde nach gegebenen Anspruchs unter Berücksichtigung der Grundsätze des **Rechtsmissbrauchs** und der **Zumutbarkeit** (§ 242 BGB). Für die Dauer einer Schulung sowie die zulässige Zahl der zu entsendenden Betriebsratsmitglieder ergibt sich die Begrenzung des Kostenerstattungsanspruchs zunächst aus dem Begriff der Erforderlichkeit i. S. d. § 37 Abs. 6 i. V. m. § 37 Abs. 2 (vgl. § 37 Rdn. 210), jedoch kann in Grenzfällen der hiernach gegebene Anspruch auch unverhältnismäßig sein. In solchen Fällen sind nur die Kosten zu ersetzen, die noch verhältnismäßig sind (*BAG* 27.09.1974 EzA § 37 BetrVG 1972 Nr. 33 S. 131 [*Weiss*]= AP Nr. 18 zu § 37 BetrVG 1972 Bl. 4 [*Halberstadt*]; 28.05.1976 EzA § 37 BetrVG 1972 Nr. 49 S. 197 [*Otto*]= Nr. 24 zu § 37 BetrVG 1972 Bl. 3; *Fitting* § 40 Rn. 72).

ccc) Nachweis und Abrechnung der Schulungskosten

84　Die Kosten sind entsprechend dem Rechtsgedanken des § 666 BGB **von den Schulungsteilnehmern oder dem Betriebsrat im Einzelnen nachzuweisen** und **abzurechnen** (vgl. u. a. *BAG* 28.06.1995 EzA § 40 BetrVG 1972 Nr. 74 S. 6 [*Bakker*]= AP Nr. 48 zu § 40 BetrVG 1972 = SAE 1996, 280 [*Thüsing*]; vgl. Rdn. 32, 59 f.), es sei denn, dass **Pauschsätze** angewandt werden (vgl. Rdn. 33, 56 ff.). Unterbleibt der ausreichende Nachweis, kann der Arbeitgeber die Leistung verweigern (vgl. Rdn. 32). Entsprechend besteht eine **Nachweispflicht des Schulungsträgers** gegenüber den Schulungsteilnehmern als vertragliche Nebenpflicht aus dem Schulungsvertrag (*BAG* 30.03.1994 EzA § 40 BetrVG 1972 Nr. 71 S. 9 = AP Nr. 42 zu § 40 BetrVG 1972 *[zust. Sowka]* = SAE 1997, 147 *[Loritz]* = AuR 1995, 280 *[abl. U. A. Birk]* = AiB 1995, 132 *[abl. Däubler]*). Nicht ausreichend ist es, wenn lediglich Datum, Namen und Anschrift des Schulungsveranstalters, der zu zahlende Betrag und die darauf entfallende Mehrwertsteuer auf der Rechnung angegeben werden; aus den Belegen muss sich vielmehr ergeben, welche Leistungen der Schulungsveranstalter erbracht hat und welche Preise die Schulungsteilnehmer für die einzelnen Leistungen zu zahlen haben (*BAG* 30.03.1994 EzA § 40 BetrVG 1972 Nr. 71 S. 7 ff. = AP Nr. 42 zu § 40 BetrVG 1972 *[zust. Sowka]*; **a. M.** *ArbG Bochum* 02.12.1993 AiB 1994, 119; *Wedde* AuR 1994, 51 ff.). Das gilt insbesondere für die Verpflegungskosten, damit der Arbeitgeber erkennen kann, ob das Betriebsratsmitglied sich mit einer die Haushaltsersparnis bereits berücksichtigenden Kostenpauschale (vgl. dazu Rdn. 59) begnügt hat.

Wird die Schulung von der **Gewerkschaft** oder von einem **gewerkschaftsnahen Träger** durch- 85 geführt (vgl. Rdn. 68 f.), so gebietet der koalitionsrechtliche Grundsatz des Verbots der Gegnerfinanzierung, dass der Veranstalter die geltend gemachten **Aufwendungen nach Grund und Höhe aufschlüsselt**, damit ersichtlich wird, dass es sich bei den geltend gemachten Aufwendungen tatsächlich um kostentragungspflichtige Schulungskosten handelt und nicht um Gewinnanteile oder Vorhaltekosten (*BAG* 15.01.1992 EzA § 40 BetrVG 1972 Nr. 68 S. 7 ff. = AP Nr. 41 zu § 40 BetrVG 1972 Bl. 4 R ff. = DB 1992, 2504 *[Schiefer]*; **a. M.** *LAG Berlin* 02.12.1994 LAGE § 40 BetrVG 1972 Nr. 44 S. 3 f. [hinsichtlich eines Bildungsvereins, dessen Vorstand zwar aus Gewerkschaftssekretären besteht, der jedoch allein die Förderung der Bildungsarbeit zum Ziel hat, keine wirtschaftlichen Zwecke verfolgt und deshalb seinen Mitgliedern auch keine Zuwendungen zahlt]; *Wedde/DKKW* § 40 Rn. 98). Die Aufschlüsselungspflicht dient insoweit der **Kostentransparenz** (*BAG* 17.06.1998 EzA § 40 BetrVG 1972 Nr. 84 S. 4 = AP Nr. 63 zu § 40 BetrVG 1972 = AuR 1999, 201 *[Wedde]*). Allerdings hat das *BAG* inzwischen die Aufschlüsselungspflicht etwas gelockert, indem einem gewerkschaftlichen Veranstalter die Möglichkeit gegeben wird, seine Selbstkosten nach betriebswirtschaftlichen Kriterien und namentlich im Wege der **Mischkalkulation** zu ermitteln, nach der auf der Basis der Vorjahreswerte alle künftig zu erwartenden Kosten für die Durchführung betriebsverfassungsrechtlicher Schulungen gemeinsam ermittelt und in Durchschnittswerten unabhängig von der konkreten Teilnehmerzahl einer Schulung teilnehmerbezogen zugeordnet werden (*BAG* 17.06.1998 EzA § 40 BetrVG 1972 Nr. 84 S. 5 f. = AP Nr. 63 zu § 40 BetrVG 1972 *[zust. Wedde* AuR 1999, 199, 203 f.]; zuvor bereits 28.06.1995 EzA § 40 BetrVG 1972 Nr. 74 S. 8 ff. = Nr. 48 Bl. 5 R zu § 40 BetrVG 1972; vgl. weiterhin *Fitting* § 40 Rn. 86; *Koch/ErfK* § 40 BetrVG Rn. 12; *Wedde/DKKW* § 40 Rn. 104 ff.). Dem ist zuzustimmen, da das Verbot der Gegnerfinanzierung von einem gewerkschaftlichen Veranstalter keine andere Kostenkalkulation als von einem kommerziellen Anbieter verlangt. Dieser kann ebenfalls eine Kostenunterdeckung einzelner Schulungsveranstaltungen durch Überschüsse aus anderen Seminaren ausgleichen. Er unterscheidet sich vom gewerkschaftsnahen Anbieter lediglich dadurch, dass er zusätzlich eine Gewinnmarge und allgemeine Vorhaltekosten einkalkulieren darf (*BAG* 17.06.1998 EzA § 40 BetrVG 1972 Nr. 84 S. 6 = AP Nr. 63 zu § 40 BetrVG 1972).

Problematisch erscheint allerdings die Ansicht des *BAG*, wonach ein in der Rechtsform eines **gemein-** 86 **nützigen Vereins** geführter gewerkschaftlicher Schulungsveranstalter grundsätzlich **nicht zur Aufschlüsselung** pauschaler Schulungsgebühren **verpflichtet** sein soll, wenn er sich auf die Durchführung **betriebsverfassungsrechtlicher Schulungen beschränkt**. Eine Aufschlüsselung sei nur bei Vorliegen konkreter Anhaltspunkte für eine Gegnerfinanzierung geboten. Solche Anhaltspunkte müsse der Arbeitgeber vortragen (*BAG* 17.06.1998 EzA § 40 BetrVG 1972 Nr. 85 S. 5 f. *[abl. Peterek]* = AP Nr. 62 zu § 40 BetrVG 1972 = AuR 1999, 200 *[zust. Wedde]*). Zwar mag es sein, dass durch steuerrechtliche Vorgaben zur Gemeinnützigkeit in der Regel sichergestellt ist, dass mögliche Überschüsse aus einzelnen Veranstaltungen nicht an eine Arbeitnehmerkoalition verschoben werden. Der Arbeitgeber wird aber kaum in der Lage sein, entsprechende Umstände darzulegen (*Peterek* Anm. EzA § 40 BetrVG 1972 Nr. 85, S. 12 f.; **a. M.** *Fitting* § 40 Rn. 87; *Koch/ErfK* § 40 BetrVG Rn. 13). Die zur Sicherstellung des Verbots der Gegnerfinanzierung erforderliche Kostentransparenz ist nicht gewährleistet.

§ 40   II. 3. Geschäftsführung des Betriebsrats

87 Teilt eine **Gewerkschaft** dem Betriebsrat in einem Einladungsschreiben mit, sie werde einen Teil der Schulungskosten für eine Veranstaltung nach § 37 Abs. 6 **übernehmen**, so braucht der mit der Schulung einverstandene Arbeitgeber diesen Teil der Schulungskosten nicht zu zahlen, wenn ihm vom Betriebsrat mit dem Freistellungsbeschluss das Einladungsschreiben übergeben wird (*LAG Hamm* 30.01.1980 DB 1980, 1452).

ddd) Pfändung und Abtretung des Kostenerstattungsanspruchs
88 Der **Kostenerstattungsanspruch** des Betriebsratsmitglieds ist **nicht pfändbar**, vgl. § 850a Nr. 3 ZPO (*Fitting* § 40 Rn. 96; *Richardi/Thüsing* § 40 Rn. 59). Gleichwohl ist er **abtretbar**, da dies ohne Veränderung seines Inhalts möglich ist (§ 399 BGB) und § 400 BGB i. V. m. § 850a Nr. 3 ZPO nicht entgegensteht, wenn der Zessionar (Schulungsträger) dem Arbeitnehmer für die abgetretene Forderung einen Barbetrag (vorschussweise Kostenerstattung) in Höhe der abgetretenen Forderung gewährt oder auf die Geltendmachung seiner Forderung gegen Abtretung des Kostenerstattungsanspruchs verzichtet (*BAG* 30.01.1973 EzA § 40 BetrVG 1972 Nr. 4 S. 18 = AP Nr. 3 zu § 40 BetrVG 1972 Bl. 2 [*Buchner*]; 29.01.1974 EzA § 40 BetrVG 1972 Nr. 12 S. 31 = AP Nr. 5 zu § 40 BetrVG 1972 Bl. 1 R [*Kraft*]; 15.01.1992 EzA § 40 BetrVG 1972 Nr. 68 S. 8 = AP Nr. 41 zu § 40 BetrVG 1972 Bl. 4 R m. w. N.; *Fitting* § 40 Rn. 96; *Glock/HWGNRH* § 40 Rn. 94; *Richardi/Thüsing* § 40 Rn. 59). Eine **Aufrechnung** gegen den Kostenerstattungs- bzw. Freistellungsanspruch scheitert unabhängig von der Frage der fehlenden Vermögensfähigkeit des Betriebsrats (vgl. Rdn. 208 ff.) an § 394 BGB (*LAG Hamm* 15.06.2005 – 10 TaBV 32/05 – juris, Rn. 54; *Richardi/Thüsing* § 40 Rn. 59). Zur Geltendmachung des Anspruchs im Beschlussverfahren vgl. Rdn. 223.

bb) Schulungs- und Bildungsveranstaltungen nach § 37 Abs. 7
89 Der **Arbeitgeber trägt nicht** die über die Entgeltzahlung hinausgehenden **Kosten für Schulungs- und Bildungsveranstaltungen nach § 37 Abs. 7** (*BAG* 06.11.1973 EzA § 37 BetrVG 1972 Nr. 17 S. 58 = AP Nr. 6 zu § 37 BetrVG 1972 [*Wiese*]; 21.07.1978 EzA § 37 BetrVG 1972 Nr. 60 S. 273 = AP Nr. 4 zu § 38 BetrVG 1972 Bl. 2 R; *Fitting* § 40 Rn. 70; *Glock/HWGNRH* § 37 Rn. 235, § 40 Rn. 73; *Joost/MünchArbR* § 221 Rn. 10; *Künzl* ZfA 1993, 341 [370]; *Reichold/HWK* § 40 BetrVG Rn. 21; *Wiese* BlStSozArbR 1974, 353 [366] m. w. N.; **a. M.** *LAG Düsseldorf* 14.05.1973 DB 1973, 2048; *Däubler* Schulung, Rn. 501 f.; *Richardi/Thüsing* § 40 Rn. 32 f.; *Richardi* Anm. AP Nr. 2 zu § 40 BetrVG 1972 Bl. 6 R f.).

90 Die Anwendung des **§ 40 Abs. 1** ist allerdings **nicht** deshalb **ausgeschlossen**, weil **§ 37 Abs. 7** als **lex specialis** anzusehen wäre, die alle Ansprüche aus der Teilnahme an einer als geeignet anerkannten Schulungsveranstaltung abschließend regelt. Die entgegenstehende Auffassung (*ArbG Hagen* 26.05.1972 DB 1972, 1296; *Jacobi/Rausch* DB 1972, 972) ist aus den gleichen Erwägungen abzulehnen, wie sie bereits im Hinblick auf die Kostentragungspflicht des Arbeitgebers bei Teilnahme von Betriebsratsmitgliedern an Schulungsveranstaltungen nach § 37 Abs. 6 erörtert wurden (vgl. Rdn. 64).

91 Die durch Schulungen nach **§ 37 Abs. 7** entstehenden **Kosten** sind aber **nicht erforderlich** i. S. d. § 40 Abs. 1, da die Veranstaltungen nach § 37 Abs. 7 zwar ihrem Zweck und Inhalt nach auf die ordnungsgemäße Durchführung der Aufgaben des Betriebsrats bezogen, aber doch nur sie zu fördern geeignet sein müssen (vgl. § 37 Rdn. 248). Nur in einem weiteren Sinne lässt sich davon sprechen, die in Schulungen nach § 37 Abs. 7 vermittelten Kenntnisse seien erforderlich (vgl. auch *LAG Düsseldorf* 03.05.1973 DB 1973, 2049 [2098 f.]; *LAG Hamm* 06.09.1973 DB 1973, 2531 [2532]). Das kommt in dem Schriftlichen Bericht des 10. Ausschusses (zu BT-Drucks. VI/2729, S. 14) zum Ausdruck, in dem es heißt, nur solche Betriebsratsmitglieder, die über ein ausreichendes Maß an sozialpolitischen, wirtschaftlichen, rechtlichen und technischen Kenntnissen verfügen, könnten ihr Amt sach- und fachgerecht ausüben. Das rechtfertigt jedoch nicht die Gleichstellung nur geeigneter Kenntnisse i. S. d. § 37 Abs. 7 mit den erforderlichen Kenntnissen i. S. d. § 37 Abs. 6, da andernfalls die vom Gesetzgeber selbst getroffene Unterscheidung ignoriert würde (vgl. im Einzelnen *Wiese* Anm. AP Nr. 6 zu § 37 BetrVG 1972). Werden daher nach § 37 Abs. 7 nur geeignete Kenntnisse vermittelt, die zwar nützlich, aber nicht erforderlich sind, gilt Gleiches für die durch die Schulung entstandenen Kosten. Der bloße Zusammenhang mit der Betriebsratstätigkeit ist nicht ausreichend (**a. M.** *Richardi/Thüsing* § 40 Rn. 33; *Wedde/DKKW* § 40 Rn. 84). Richtig ist nur, dass deswegen die etwaige Kostentragungs-

pflicht des Arbeitgebers nicht gegen das Begünstigungsverbot des § 78 Satz 2 verstoßen würde (so aber *BAG* 06.11.1973 AP Nr. 6 zu § 37 BetrVG 1972 Bl. 2 R [insoweit abl. *Wiese* Bl. 6]). Daraus kann aber noch nicht auf die Kostentragungspflicht des Arbeitgebers geschlossen werden.

Eine **Ausnahme** ist gerechtfertigt, wenn in einer Schulungsveranstaltung nach § 37 Abs. 7 **zugleich** 92 für die Betriebsratsarbeit **erforderliche Kenntnisse** i. S. d. § 37 Abs. 6 vermittelt werden (*BAG* 08.10.1974 EzA § 40 BetrVG 1972 Nr. 17 S. 58 = AP Nr. 6 zu § 37 BetrVG 1972 *[Wiese]*; vgl. auch *BAG* 27.09.1974 EzA § 40 BetrVG 1972 Nr. 16 S. 51 = AP Nr. 5 zu § 37 BetrVG 1972 *[Kittner]*; 26.08.1975 EzA § 37 BetrVG 1972 Nr. 44 S. 167 = AP Nr. 21 zu § 37 BetrVG 1972 Bl. 2; 14.12.1988 EzA § 40 BetrVG 1972 Nr. 59 S. 250 = AP Nr. 33 zu § 37 BetrVG 1972 Bl. 2; *Fitting* § 40 Rn. 70; *Glock/HWGNRH* § 40 Rn. 74; *Joost/*MünchArbR § 221 Rn. 10; *Wedde/DKKW* § 40 Rn. 83; *Wiese* BlStSozArbR 1974, 353 [366]; **a. M.** *LAG Düsseldorf* 03.05.1973 DB 1973, 2098 [2099]; *Kraft* DB 1973, 2519 [2524 f.]). Da die Kostenerstattungspflicht nach § 40 Abs. 1 nur voraussetzt, dass die Betriebsratstätigkeit bzw. eine ihr gleichzustellende Schulung erforderlich ist, kann es keinen Unterschied machen, ob diese in einer Schulungsveranstaltung nach § 37 Abs. 6 oder 7 erfolgt (vgl. im Einzelnen *Wiese* BlStSozArbR 1974, 353 [366 f.]). Werden die Kosten für eine Schulungsveranstaltung nach § 37 Abs. 7 geltend gemacht, bedarf es eines besonders sorgfältigen Vortrags der Tatsachen, die eine Erforderlichkeit der Schulung begründen sollen (*BAG* 26.08.1975 EzA § 37 BetrVG 1972 Nr. 44 S. 168 f. = AP Nr. 21 zu § 37 BetrVG 1972 Bl. 2 R; relativierend *Wedde/DKKW* § 40 Rn. 83 [keine zu hohen Anforderungen an die Begründungslast]). Im Übrigen sind die Kosten im Verhältnis der erforderlichen zu der nur geeigneten Schulung aufzuteilen, es sei denn, sie entstünden in jedem Falle (z. B. Fahrtkosten).

d) Sonstige Kosten

Sofern der Bedarf nicht durch Naturalleistung nach § 40 Abs. 2 befriedigt wird, gehören zu Kosten 93 eines Betriebsratsmitglieds nach § 40 Abs. 1 sämtliche **Aufwendungen, die notwendig sind, um das Betriebsratsamt ordnungsgemäß wahrzunehmen**. Das können unmittelbare Aufwendungen sein, die bei der Tätigkeit als Betriebsrat anfallen (zu Reise- und Übernachtungskosten s. Rdn. 50 ff., zu weiteren **unmittelbaren** Kosten Rdn. 95 f.). Durch die Betriebsratstätigkeit verursacht sind aber auch **mittelbare** Kosten, etwa Aufwendungen für die Wiederherstellung der Gesundheit oder Sachen (dazu Rdn. 97 ff.) sowie solche, die einem Betriebsratsmitglied dadurch entstehen, dass die Wahrnehmung seiner Betriebsratstätigkeit mit der Erfüllung einer anderen ihm obliegenden Pflicht kollidiert und er zur Lösung der Pflichtenkollision finanzielle Mittel aufwenden muss (*BAG* 23.06.2010 EzA § 40 BetrVG 2001 Nr. 20 Rn. 14 = AP Nr. 106 zu § 40 BetrVG 1972; dazu Rdn. 100).

Aufwendungsersatz ist aber nur möglich, wenn ein Bezug zu den **Aufgaben des Betriebsrats** gege- 94 ben ist. Nicht erstattungsfähig sind Kranzkosten anlässlich einer Beerdigung (*Hess. VGH* 26.11.1969 PersV 1971, 35). Auch die Bewirtung der Teilnehmer einer Betriebsversammlung gehört nicht zu den Aufgaben des Betriebsrats, so dass der Arbeitgeber einem Betriebsratsmitglied entsprechende Aufwendungen nicht erstatten muss (*LAG Nürnberg* 25.04.2012 LAGE § 44 BetrVG 2001 Nr. 2 Rn. 33 ff. = NZA-RR 2012, 524; vgl. auch § 44 Rdn. 32).

Zu den unmittelbar durch Betriebsratstätigkeit verursachten Kosten gehören beispielsweise Aufwen- 95 dungen für **Telefongespräche, Briefporto** und dgl. (*Fitting* § 40 Rn. 43; *Richardi/Thüsing* § 40 Rn. 10; *Wedde/DKKW* § 40 Rn. 58). Zur Erstattungsfähigkeit der einzelnen Betriebsratsmitgliedern entstandenen Kosten aus Rechtsstreitigkeiten vgl. Rdn. 109 ff., zu Rechtsanwaltskosten vgl. Rdn. 132.

Aus der Tätigkeit des Betriebsrats erwachsen sind auch **Fahrtkosten**, die dem Betriebsratsmitglied da- 96 durch entstehen, dass es sich außerhalb der Arbeitszeit zu Betriebsratssitzungen begibt (*BAG* 18.01.1989 EzA § 40 BetrVG 1972 Nr. 60 S. 4 f. = AP Nr. 28 zu § 40 BetrVG 1972; 16.01.2008 EzA § 40 BetrVG 2001 Nr. 14 Rn. 13 ff. = AP Nr. 92 zu § 40 BetrVG 1972; näher s. Rdn. 50), oder dadurch, dass es wegen seiner Betriebsratstätigkeit die kostenlose Beförderung mit werkseigenen Bussen in Anspruch nehmen kann, sondern einen eigenen Pkw oder ein öffentliches Verkehrsmittel benutzen muss (im Ergebnis ebenso *LAG Düsseldorf/Köln* 28.10.1968 BB 1969, 1086;

§ 40 II. 3. Geschäftsführung des Betriebsrats

Fitting § 40 Rn. 47; *Wedde/DKKW* § 40 Rn. 64; ferner *Glock/HWGNRH* § 40 Rn. 54, *Richardi/ Thüsing* § 40 Rn. 12, die aber auf das Benachteiligungsverbot abstellen; **a. M.** *Galperin/Löwisch* § 40 Rn. 19). Ein **freigestelltes** Betriebsratsmitglied kann die Erstattung von Kosten für die regelmäßigen Fahrten zwischen Wohnung und Betrieb **nicht** auf der Basis des § 40 Abs. 1 verlangen, da diese Aufwendungen ebenso wie die üblichen Fahrtkosten sonstiger Arbeitnehmer zu den persönlichen Lebensführungskosten rechnen (*BAG* 28.08.1991 EzA § 40 BetrVG 1972 Nr. 66 S. 4 ff. = AP Nr. 39 zu § 40 BetrVG 1972; 13.06.2007 EzA § 40 BetrVG 2001 Nr. 13 Rn. 14 f. = AP Nr. 31 zu § 38 BetrVG 1972; *Fitting* § 40 Rn. 48; *Hunold* NZA-RR 1999, 113 [116]; *Schiefer/Borchard* DB 2016, 770 [771]). Das gilt auch dann, wenn das Betriebsratsmitglied ohne seine Freistellung auf auswärtigen Baustellen zu arbeiten gehabt hätte und ihm hierfür der Fahrtkostenaufwand erstattet worden wäre (*BAG* 28.08.1991 EzA § 40 BetrVG 1972 Nr. 66 S. 5 = AP Nr. 39 zu § 40 BetrVG 1972). Der Arbeitgeber hat aber die Fahrtkosten eines Betriebsratsmitglieds zu Betriebsratssitzungen während der **Elternzeit** zu tragen. Die Elternzeit führt weder zum Erlöschen der Mitgliedschaft im Betriebsrat nach § 24 noch zwangsläufig zu einer zeitweiligen Verhinderung nach § 25 Abs. 1 Satz 2 (*BAG* 25.05.2005 EzA § 40 BetrVG 2001 Nr. 9 S. 3 = AP Nr. 13 zu § 24 BetrVG 1972; *Wedde/DKKW* § 40 Rn. 64; **a. M.** *Schneider* AiB 2008, 53). Zur Unzulässigkeit eines Antrags auf Feststellung der generellen Erforderlichkeit von Kosten für die Benutzung eines eigenen Pkw vgl. Rdn. 227.

97 Kosten i. S. d. § 40 Abs. 1 sind auch **Aufwendungen** eines Betriebsratsmitglieds, die zur **Wiederherstellung** seiner **Gesundheit** oder **Sachen** (z. B. zur Reparatur oder Reinigung von Bekleidungsstücken) erforderlich sind, soweit die Schäden in Ausübung der Betriebsratstätigkeit entstanden sind (*Fitting* § 40 Rn. 44; *Glock/HWGNRH* § 40 Rn. 53; *Richardi/Thüsing* § 40 Rn. 55 ff.; *Wedde/ DKKW* § 40 Rn. 58). Zugrunde zu legen ist der Begriff der Aufwendungen, wie er zu § 670 BGB entwickelt worden ist (vgl. hierzu *BGH* 27.11.1962 Z 38, 270 [277]; 12.10.1972 BGHZ 59, 328 [329 f.]; *BAG* 10.11.1961 AP zu § 611 BGB Gefährdungshaftung des Arbeitgebers Nr. 2 Bl. 5 f.; 08.05.1980 EzA § 670 BGB Nr. 14 S. 45 *[Käppler]* = AP Nr. 6 zu § 611 BGB Gefährdungshaftung des Arbeitgebers Bl. 3 R *[Brox]*).

98 Der Ersatz von **Unfallschäden** am **eigenen Pkw** eines Betriebsratsmitglieds kommt in Betracht, wenn der Arbeitgeber die Benutzung ausdrücklich gewünscht hat oder diese erforderlich war, damit das Betriebsratsmitglied seine gesetzlichen Aufgaben wahrnehmen konnte (*BAG* 03.03.1983 EzA § 20 BetrVG 1972 Nr. 12 = AP Nr. 8 zu § 20 BetrVG 1972 Bl. 1 R f. *[Löwisch]* = AR-Blattei, Haftung des Arbeitgebers, Entsch. 56 *[Mayer-Maly]* für ein Wahlvorstandsmitglied; *Glock/HWGNRH* § 40 Rn. 54; *Wedde/DKKW* § 40 Rn. 58 f.; anders *LAG Niedersachsen* 21.04.1980 EzA § 40 BetrVG 1972 Nr. 48 S. 229, das einen Anspruch gegen den Arbeitgeber bejaht, wenn entweder dieser die Benutzung des privaten Pkw verlangt hat oder wenn der Unfall bei einer gefährlichen Arbeit eingetreten und der Unfallschaden außergewöhnlich hoch ist; vgl. ferner *Fitting* § 40 Rn. 44 [Erstattungsanspruch unter den gleichen Voraussetzungen wie bei dem Unfall eines Arbeitnehmers mit eigenem Pkw auf einer Dienstfahrt]; vgl. auch *Gamillscheg* II, S. 618). Zum Ersatz des Prämienaufwands bei Herabstufung in der Kfz-Haftpflichtversicherung wegen eines Unfallschadens vgl. *LAG Köln* 03.07.1991 LAGE § 670 BGB Nr. 10. Zum Ersatz des Nutzungsausfallschadens vgl. *BAG* 07.09.1995 NJW 1996, 476. Das *LAG Hamm* hat im Fall grober Fahrlässigkeit des Betriebsratsmitglieds bei der Unfallverursachung eine Ersatzpflicht verneint (*LAG Hamm* 06.04.1997 BB 1997, 2007).

99 Erleidet jedoch ein Betriebsratsmitglied einen **Personenschaden** infolge eines Unfalls, der in Ausübung seiner Amtstätigkeit erfolgt, so handelt es sich um einen Arbeitsunfall i. S. d. § 8 SGB VII, so dass Ansprüche auf Leistungen aus der gesetzlichen Unfallversicherung bestehen und der Haftungsausschluss nach §§ 104 ff. SGB VII zur Anwendung kommt (*Fitting* § 40 Rn. 45; *Glock/HWGNRH* § 40 Rn. 53; *Hanau* RdA 1979, 324 [326]; *Richardi/Thüsing* § 40 Rn. 56; *Wedde/DKKW* § 40 Rn. 58).

100 Kinderbetreuungskosten eines Betriebsratsmitglieds können erforderliche Kosten sein, wenn die Betriebsratstätigkeit dessen Anwesenheit **außerhalb der persönlichen Arbeitszeit** erfordert und die Kinderbetreuung nicht anderweitig sichergestellt werden kann (*BAG* 23.06.2010 EzA § 40 BetrVG 2001 Nr. 20 Rn. 14 ff. = AP Nr. 106 zu § 40 BetrVG 1972; *Hess. LAG* 22.07.1997 LAGE § 40 BetrVG 1972 Nr. 56 = NZA-RR 1998, 121; *Fitting* § 40 Rn. 43; *Löwisch/LK* § 40 Rn. 54; *Richardi/Thüsing* § 40 Rn. 10; *Wedde/DKKW* § 40 Rn. 61; *Wietfeld* SAE 2012, 45; vgl. aber auch *Schiefer/Borchard* DB 2016, 770 [773]; **krit.** *Esser* Die Begünstigung von Mitgliedern des Betriebsrats,

S. 66 f.; *Hunold* NZA-RR 2011, 57 [63]; *Wiebauer* BB 2011, 2204). Es handelt sich insofern wegen des alleinigen Bezugs zur Betriebsratsarbeit nicht um Kosten der privaten Lebensführung, welche generell nicht unter § 40 fallen (*BAG* 23.06.2010 EzA § 40 BetrVG 2001 Nr. 20 Rn. 15 = AP Nr. 106 zu § 40 BetrVG 1972; vgl. dazu auch Rdn. 59).

e) Verwirkung und Verjährung des Kostenerstattungsanspruchs

Der Kostenerstattungsanspruch eines Betriebsratsmitglieds nach § 40 Abs. 1 unterliegt **nicht** wie die beiderseitigen Ansprüche der Arbeitsvertragsparteien einer **tariflichen Ausschlussfrist**, da der Anspruch auf Ersatz von Aufwendungen nicht auf dem Arbeitsvertrag, sondern allein auf dem Betriebsratsamt beruht (*BAG* 30.01.1973 AP Nr. 3 zu § 40 BetrVG 1972 Bl. 3 *[Buchner]* = SAE 1974, 244 *[Dütz]*; *Fitting* § 40 Rn. 98; *Glock / HWGNRH* § 40 Rn. 102; *Richardi / Thüsing* § 40 Rn. 58; *Wedde / DKKW* § 40 Rn. 113; vgl. auch *LAG Schleswig-Holstein* 21.10.2003 – 2 TaBV 19/03 – juris: Vereinbarung »zur Erledigung aller Streitigkeiten aus dem Arbeitsverhältnis« betrifft nicht Ansprüche aus § 40 Abs. 1). Seit Inkrafttreten der Schuldrechtsreform am 01.01.2002 gilt die regelmäßige **Verjährungsfrist** von drei (statt früher dreißig) Jahren, § 195 BGB (*Wedde / DKKW* § 40 Rn. 113). Darüber hinaus kommt eine **Verwirkung** von Ansprüchen nach § 2 Abs. 1 BetrVG, § 242 BGB in Betracht (*BAG* 14.11.1978 EzA § 40 BetrVG 1972 Nr. 38 S. 177 f. = AP Nr. 39 zu § 242 BGB Verwirkung Bl. 1 f.; *LAG Schleswig-Holstein* 31.05.1976 BB 1976, 1418; *Fitting* § 40 Rn. 98; *Glock / HWGNRH* § 40 Rn. 103; *Richardi / Thüsing* § 40 Rn. 58; *Wedde / DKKW* § 40 Rn. 113; *Witt* Kooperationsmaxime, S. 154 f.).

101

4. Kosten von Rechts- und Regelungsstreitigkeiten

a) Rechtsstreitigkeiten

aa) Betriebsrat

Nach § 40 Abs. 1 sind dem Betriebsrat auch die Kosten von Rechtsstreitigkeiten zu ersetzen, die er in **amtlicher Eigenschaft in betriebsverfassungsrechtlichen Angelegenheiten** führt (*BAG* 03.10.1978 EzA § 40 BetrVG 1972 Nr. 37 S. 167 = AP Nr. 14 zu § 40 BetrVG 1972 Bl. 2 R f. *[Grunsky]*; 14.10.1982 EzA § 40 BetrVG 1972 Nr. 52 S. 249 = AP Nr. 19 zu § 40 BetrVG 1972 Bl. 1 R; *Fitting* § 40 Rn. 21 ff.; *Glock / HWGNRH* § 40 Rn. 19; *Richardi / Thüsing* § 40 Rn. 16 ff.; *Wedde / DKKW* § 40 Rn. 26 ff.). Es gehört zu den Aufgaben des Betriebsrats, seine Rechte und die seiner Mitglieder in jeder Hinsicht wahrzunehmen, sie notfalls also gerichtlich durchzusetzen oder Angriffe gegen sie abzuwehren. Darüber hinaus steht ihm ganz allgemein die Befugnis zur Klärung betriebsverfassungsrechtlicher Streitfragen zu, die ihn betreffen (*BAG* 03.10.1978 EzA § 40 BetrVG 1972 Nr. 37 S. 168 = AP Nr. 14 zu § 40 BetrVG 1972 *[Grunsky]*). Das gilt aber auch für die Wahrnehmung von Rechten, die dem Betriebsrat in anderen Gesetzen zugewiesen worden sind (so zum Antragsrecht nach § 98 Abs. 2 Nr. 4 AktG *LAG Schleswig-Holstein* 08.01.1997 LAGE § 40 BetrVG 1972 Nr. 53 S. 8; zu § 17 Abs. 2 AGG i. V. m. § 23 Abs. 3 BetrVG *Besgen* BB 2007, 213 [215]; *Fitting* § 40 Rn. 21; *Schwering* Das Allgemeine Gleichbehandlungsgesetz als Aufgabe und Instrument des Betriebsrates [Diss. Bonn], 2010, S. 148 ff.). Dagegen kann er mangels Rechtsfähigkeit nicht selbst als Kollegialorgan auf Zahlung der Kosten z. B. eines von ihm beauftragten Rechtsanwalts in Anspruch genommen werden (*LAG Hamm* 19.10.1989 LAGE § 19 BRAGO Nr. 2 S. 2; vgl. dazu ausführlich Rdn. 24 ff.). **Nicht** zu den nach § 40 Abs. 1 zu ersetzenden Kosten gehören solche, die einem Dritten (z. B. Schulungsveranstalter, Rechtsanwalt) bei der gerichtlichen Geltendmachung von Ansprüchen entstehen, die diesem durch den Betriebsrat **abgetreten** wurden. Der Dritte versieht in dieser Situation keine Tätigkeit mehr für den Betriebsrat oder seine Mitglieder, sondern verfolgt eigene Rechte (*LAG Hamm* 01.08.2008 – 13 TaBV 72/08 – juris; vgl. auch *BAG* 14.10.1982 EzA § 40 BetrVG 1972 Nr. 52 S. 252 f. = AP Nr. 19 zu § 40 BetrVG 1972 *[Otto]* = SAE 1983, 209 *[Peterek]*). Zur Frage, ob der Betriebsrat einen Anspruch auf Bewilligung von **Prozesskostenhilfe** für ein Beschlussverfahren gegen den Insolvenzverwalter geltend machen kann, vgl. *LAG Sachsen-Anhalt* 09.01.2002 ZInsO 2002, 1051. Zum Grundsatz der prozessualen Waffengleichheit als Grenze der Kostentragungspflicht des Arbeitgebers bei Einigungsstellen- und Beschlussverfahren vgl. *Platz* Waffengleichheit, passim; *ders.* ZfA 1993, 373 ff.

102

§ 40

103 Die Kostenlast des Arbeitgebers ist dadurch gemindert, dass im **Beschlussverfahren** vom Gericht **keine Gebühren** und **Auslagen** erhoben werden (vgl. § 12 Abs. 5 ArbGG), so dass bei betriebsverfassungsrechtlichen Rechtsstreitigkeiten nur **außergerichtliche Kosten** in Betracht kommen. Deren Erstattung bestimmt sich allein nach § 40 Abs. 1. Zu denken ist z. B. an Fahrtkosten von Betriebsratsmitgliedern bei auswärtigen Terminen und an Kosten eines Rechtsanwalts (vgl. Rdn. 114 ff.). Zu den Kosten eines Prozesses des Betriebsrats auf Gegendarstellung wegen Falschberichterstattung über eine Betriebsversammlung vgl. *LAG Hamburg* 13.03.1984 LAGE § 40 BetrVG 1972 Nr. 17.

104 Für die Kostenerstattungspflicht des Arbeitgebers ist es **unerheblich**, wer **Partei** bzw. **Beteiligter** des **Rechtsstreits mit** dem **Betriebsrat** ist. In Betracht kommen Rechtsstreitigkeiten zwischen dem Arbeitgeber und dem Betriebsrat, zwischen diesem und einem anderen Organ der Betriebsverfassung (z. B. dem Gesamtbetriebsrat über dessen Zuständigkeit nach § 50), zwischen dem Betriebsrat und einem seiner Mitglieder (z. B. zur Überprüfung von Beschlüssen des Betriebsrats, durch die in die Rechtsstellung dieses Betriebsratsmitglieds eingegriffen wird; *BAG* 03.04.1979 EzA § 40 BetrVG 1972 Nr. 45 S. 214 = AP Nr. 1 zu § 13 BetrVG 1972 Bl. 2 R; dazu auch *Gamillscheg* II, S. 620) oder zwischen dem Betriebsrat und einer Gewerkschaft (z. B. über deren Antrag auf Auflösung des Betriebsrats nach § 23 Abs. 1 Satz 1). Ebenso wenig kommt es darauf an, ob der Betriebsrat Antragsteller oder Antragsgegner oder sonstiger Beteiligter i. S. d. § 83 ArbGG ist (z. B. im Verfahren auf Kostenerstattung eines Betriebsratsmitglieds wegen Teilnahme an einer Schulungsveranstaltung).

105 Unerheblich ist der **Ausgang** des **Verfahrens**, ob also der Betriebsrat obsiegt oder unterliegt (*Fitting* § 40 Rn. 21; *Glock/HWGNRH* § 40 Rn. 19; *Richardi/Thüsing* § 40 Rn. 16; *Wedde/DKKW* § 40 Rn. 26; a. M. *Platz* ZfA 1993, 373 [380 ff.]). Es wäre unzumutbar und ein Verstoß gegen das Benachteiligungsverbot des § 78 Satz 2, wenn die Betriebsratsmitglieder das Kostenrisiko eines vom Betriebsrat in Wahrnehmung seiner Aufgaben geführten Rechtsstreits zu tragen hätten. Kosten, die aufgrund der Beauftragung eines Anwalts durch den gem. § 94 Abs. 3 BVerfGG äußerungsberechtigten Betriebsrat in einem vom Arbeitgeber erfolgreich geführten Verfassungsbeschwerdeverfahren entstanden sind, sind nach einer Entscheidung des *BVerfG* nicht gem. § 34a Abs. 2 BVerfGG erstattungsfähig, da sie nicht der eigenen zweckentsprechenden Rechtsverfolgung des Arbeitgebers im Sinne dieser Vorschrift dienen (*BVerfG* 22.07.1998 BVerfGE 99, 46 ff.).

106 Die **Kosten** des Rechtsstreits müssen **erforderlich** und **verhältnismäßig** sein (vgl. Rdn. 11 ff.; ebenso *Glock/HWGNRH* § 40 Rn. 22; *Richardi/Thüsing* § 40 Rn. 22, 39). Deshalb hat der Arbeitgeber die Kosten eines Rechtsstreits **nicht** zu tragen, wenn die **Rechtsverfolgung** oder auch nur die Einlegung von Rechtsmitteln bei verständiger Würdigung überflüssig und damit **rechtsmissbräuchlich** ist. Das ist der Fall, wenn der Arbeitgeber keinen Anlass für einen Prozess gegeben hat oder dieser trotz offensichtlicher Aussichtslosigkeit mutwillig geführt wird, weil dann auch eine auf eigene Kosten streitende Partei vernünftigerweise von der Rechtsverfolgung abgesehen hätte (*BAG* 03.10.1978 EzA § 40 BetrVG 1972 Nr. 37 S. 168 = AP Nr. 14 zu § 40 BetrVG 1972 Bl. 3 *[Grunsky]*; 03.04.1979 EzA § 40 BetrVG 1972 Nr. 45 S. 215 = AP Nr. 1 zu § 13 BetrVG 1972 Bl. 2 R; 29.07.2009 EzA § 40 BetrVG 2001 Nr. 15 Rn. 17 = AP Nr. 93 zu § 40 BetrVG 1972; 18.03.2015 EzA § 40 BetrVG 2001 Nr. 26 Rn. 11 = AP Nr. 112 zu § 40 BetrVG 1972; *LAG Hamm* 04.02.1977 EzA § 40 BetrVG 1972 Nr. 33 S. 142 f.; 04.12.1985 NZA 1986, 337; 02.10.2009 – 10 TaBV 189/08 – juris, Rn. 99; *LAG Schleswig-Holstein* 04.07.2000 NZA-RR 2000, 590; *LAG Schleswig-Holstein* 15.09.1988 LAGE § 40 BetrVG 1972 Nr. 24 S. 2 f.; *Blomeyer* Finanzierung der Mitbestimmung, S. 95 ff.; *Fitting* § 40 Rn. 22; *Glock/HWGNRH* § 40 Rn. 22; *Maiß* FA 2010, 164 ff.; *Richardi/Thüsing* § 40 Rn. 22; zur unzulässigen Rechtsausübung ausführlich *Müller-Boruttau* Rechtsanwaltskosten, S. 174 ff.; zu Verteidigungsmöglichkeiten gegen rechtsmissbräuchliche Kostenverursachung *ders.* S. 203 ff.). Nicht erforderlich sind z. B. die Kosten eines Rechtsstreits, wenn das *BAG* eine **Rechtsfrage bereits entschieden** hat und in einem weiteren Rechtsstreit keine neuen Argumente vorgetragen werden (*LAG Hamm* 04.12.1985 BB 1986, 323; **a. M.** *Wedde/DKKW* § 40 Rn. 32). Nicht erforderlich sind auch Kosten eines Rechtsstreits, wenn dieser infolge materieller Rechtskraft oder auch präjudizieller Bindungswirkung der Entscheidung eines Vorverfahrens unzulässig ist (*Müller-Boruttau* Rechtsanwaltskosten, S. 165 ff.; zum fehlenden Rechtsschutzinteresse *ders.* S. 167 ff.). Ferner fehlt die Erforderlichkeit bei so später Einleitung eines Beschlussverfahrens, dass vom Arbeitsgericht ein das

Rechtsschutzziel des Betriebsrats sachgerecht bescheidender Beschluss schon aus Zeitgründen nicht mehr ergehen kann (*LAG Frankfurt a. M.* 15.10.1992 LAGE § 40 BetrVG 1972 Nr. 39 S. 2).

Nicht erforderlich ist ein Rechtsstreit weiterhin, wenn ein Verfahren auf Einleitung einer **einstweiligen Verfügung nicht** so **rechtzeitig** und so vollständig beim Gericht eingereicht wird, dass die beantragte Entscheidung und deren Vollziehung gegenüber dem Arbeitgeber noch rechtzeitig vor dessen Maßnahmen hätte ergehen bzw. vollzogen werden können (*BAG* 28.08.1991 EzA § 113 BetrVG 1972 Nr. 21 *[Schilken]* = AP Nr. 2 zu § 85 ArbGG 1979 Bl. 3 ff.) oder es am **Verfügungsanspruch** fehlt (*BAG* 28.08.1991 EzA § 113 BetrVG 1972 Nr. 21 *[Schilken]* = AP Nr. 2 zu § 85 ArbGG 1979 Bl. 4 f.; **a. M.** *Wedde/DKKW* § 40 Rn. 32). Zum Fehlen des **Verfügungsgrundes** für ein einstweiliges Verfügungsverfahren auf Sicherung eines Mitbestimmungsrechts bei der Errichtung und Besetzung der betrieblichen Beschwerdestelle nach § 13 AGG vgl. *LAG Köln* 22.07.2008 – 9 TaBV 8/08 – juris. Zur Erforderlichkeit der Beiziehung eines Rechtsanwalts im einstweiligen Rechtsschutz bei unzureichender Informationslage des Betriebsrats vgl. *LAG Berlin-Brandenburg* 16.04.2010 – 10 TaBV 2577/09 – juris. 107

Ist in einem Unternehmen bereits ein **Parallelverfahren** über einen gleichgelagerten Sachverhalt anhängig, ergibt sich aus dieser Tatsache allein noch nicht die fehlende Erforderlichkeit weiterer Verfahren (**so aber** *Koch*/ErfK § 40 BetrVG Rn. 3; *Richardi/Thüsing* § 40 Rn. 22). Maßgebend ist auch nicht, dass keine Rechtspflicht eines Mitglieds des Betriebsrats besteht, sich das Tatsachenvorbringen oder die Rechtsausführungen in einem von einem anderen Betriebsratsmitglied betriebenen Beschlussverfahren zu eigen zu machen (so *BAG* 03.10.1978 EzA § 40 BetrVG 1972 Nr. 37 S. 170 = AP Nr. 14 zu § 40 BetrVG 1972 Bl. 4). Jedoch kann die Erforderlichkeit eines weiteren Verfahrens zu verneinen sein, weil der Arbeitgeber erklärt, die Entscheidung in einem anhängigen Verfahren (»Musterprozess«) auch für Parallelfälle als maßgebend anzuerkennen (*Glock/HWGNRH* § 40 Rn. 24; *Kreft/WPK* § 40 Rn. 13; *Wedde/DKKW* § 40 Rn. 28; vgl. auch *BAG* 29.07.2009 EzA § 40 BetrVG 2001 Nr. 15 Rn. 17 = AP Nr. 93 zu § 40 BetrVG 1972; *Fitting* § 40 Rn. 29). Haben z. B. mehrere Betriebsratsmitglieder an einer Schulungsveranstaltung teilgenommen und geht es um die prinzipielle Frage der Erstattungsfähigkeit bestimmter Kosten, so sind weitere Verfahren bei entsprechender Erklärung des Arbeitgebers nicht erforderlich). Entsprechendes gilt, wenn bereits von dem Betriebsrat eines **anderen Betriebs und Unternehmens** ein Musterprozess geführt wird, eine letztinstanzliche Entscheidung des Bundesarbeitsgerichts zu erwarten ist und der Arbeitgeber dem Betriebsrat seines Betriebs zusagt, sich nach dieser Entscheidung zu richten (*Glock/HWGNRH* § 40 Rn. 24; *Schiefer/Borchard* DB 2016, 770 [772]; *Wedde/DKKW* § 40 Rn. 28). 108

bb) Betriebsratsmitglieder
Die vorstehend für den Betriebsrat dargelegten Grundsätze gelten gleichfalls für **Kosten von Rechtsstreitigkeiten, die einzelnen Betriebsratsmitgliedern aus ihrer amtlichen Tätigkeit** erwachsen (*BAG* 03.04.1979 EzA § 40 BetrVG 1972 Nr. 43 S. 203 f. = AP Nr. 16 zu § 40 BetrVG 1972 Bl. 1 R; *Fitting* § 40 Rn. 60 ff.; *Glock/HWGNRH* § 40 Rn. 63 ff.; *Richardi/Thüsing* § 40 Rn. 13, 21; *Wedde/DKKW* § 40 Rn. 76 ff.). Das gilt nicht nur für Rechtsstreitigkeiten zwischen einem Betriebsratsmitglied und dem Arbeitgeber, sondern auch für Rechtsstreitigkeiten zwischen einem Betriebsratsmitglied und dem Betriebsrat. Da das Betriebsratsmitglied sein Amt in eigener Verantwortung führt, kann es z. B. ein Beschlussverfahren zur Überprüfung von Beschlüssen des Betriebsrats einleiten, die in die Rechtsstellung dieses Betriebsratsmitglieds eingreifen, falls ernsthafte Zweifel an der Rechtmäßigkeit des Beschlusses bestehen (*BAG* 03.04.1979 EzA § 40 BetrVG 1972 Nr. 43 S. 214 = AP Nr. 16 zu § 40 BetrVG 1972; *Fitting* § 40 Rn. 60, 64; *Glock/HWGNRH* § 40 Rn. 65; *Richardi/Thüsing* § 40 Rn. 13; *Wedde/DKKW* § 40 Rn. 76 f.; **a. M.** *LAG Hamm* 30.07.1976 EzA § 40 BetrVG 1972 Nr. 25 S. 101 f.; *Blomeyer* Finanzierung der Mitbestimmung, S. 85 f.). Die Überprüfung erstreckt sich nicht auf die Zweckmäßigkeit von Beschlüssen des Betriebsrats, so dass ein deswegen eingeleitetes Beschlussverfahren nicht erforderlich ist (*Fitting* § 40 Rn. 64; *Glock/HWGNRH* § 40 Rn. 66; vgl. auch *Raab* § 33 Rdn. 70). Ferner kann z. B. das einzelne Betriebsratsmitglied gegen den Betriebsrat seinen Anspruch auf Berücksichtigung des Rechts auf Teilnahme an einer Schulungsveranstaltung im Beschlussverfahren geltend machen (§ 37 Rdn. 333). 109

§ 40   II. 3. Geschäftsführung des Betriebsrats

110   Kosten aus **Rechtsstreitigkeiten über** die **Rechtsstellung** eines **Betriebsratsmitglieds** (z. B. Anfechtung seiner Wahl, Feststellung des Fortfalls seiner Wählbarkeit, Ausschluss aus dem Betriebsrat) sind an sich keine Kosten aus der Tätigkeit des Betriebsrats, stehen aber hiermit in einem engen inneren Zusammenhang, so dass sie grundsätzlich bei Vorliegen der sonstigen Voraussetzungen des § 40 Abs. 1 vom Arbeitgeber zu ersetzen sind (*BAG* 19.04.1989 EzA § 40 BetrVG 1972 Nr. 62 S. 4 = AP Nr. 29 zu § 40 BetrVG 1972 Bl. 3; 31.01.1990 EzA § 40 BetrVG 1972 Nr. 64 S. 2 = AP Nr. 28 zu § 103 BetrVG 1972; *Fitting* § 40 Rn. 60; *Glock/HWGNRH* § 40 Rn. 67; *Richardi/Thüsing* § 40 Rn. 21; *Wedde/DKKW* § 40 Rn. 77; **a. M.** *Galperin/Löwisch* § 40 Rn. 36; zur **Streitwertfestsetzung** vgl. *LAG Hamm* 07.03.1980 DB 1980, 1176).

111   Wurde einem **Antrag** auf **Ausschluss** des **Betriebsratsmitglieds** aus dem Betriebsrat **stattgegeben**, ist eine Verpflichtung des Arbeitgebers zum Kostenersatz nicht schlechthin zu verneinen. Maßgebend ist allerdings nicht, dass die aus einer groben Verletzung gesetzlicher Pflichten entstandenen Kosten nicht durch die Amtstätigkeit des Betriebsrats i. S. d. § 40 Abs. 1 entstanden sind, weil zwischen den Kosten der Amtstätigkeit und denen des Verfahrens nach § 23 Abs. 1 zu unterscheiden ist. Letzterem kann sich das Betriebsratsmitglied als notwendig Beteiligter nicht entziehen. Für die Verpflichtung des Arbeitgebers zur Kostentragung kommt es daher wie sonst darauf an, ob die Kosten des Rechtsstreits erforderlich und verhältnismäßig sind (vgl. Rdn. 106). Das gilt vor allem für die Beauftragung eines Rechtsanwalts (vgl. Rdn. 117). Dabei ist auf das Urteil eines vernünftigen Dritten im Zeitpunkt der Inanspruchnahme des Rechtsanwalts abzustellen (vgl. Rdn. 118). Mit dieser Maßgabe ist dem *BAG* (19.04.1989 EzA § 40 BetrVG 1972 Nr. 62 S. 4 ff. = AP Nr. 29 zu § 40 BetrVG 1972 Bl. 3 ff. *[zust. von Hoyningen-Huene]* = SAE 1990, 296 *[krit. Krichel]*) zuzustimmen (vgl. *Fitting* § 40 Rn. 61; *Glock/HWGNRH* § 40 Rn. 68; *Richardi/Thüsing* § 40 Rn. 22; vgl. auch *LAG Hamm* 04.02.1977 EzA § 40 BetrVG 1972 Nr. 33 S. 142 *[Otto]*; **a. M.** *BVerwG* 26.10.1962 BVerwGE 15, 96 = AP Nr. 4 zu § 44 PersVG Bl. 1 R; *Blomeyer* Finanzierung der Mitbestimmung, S. 86 f.). Jedoch ist zu bedenken, dass eine grobe Pflichtverletzung i. S. d. § 23 Abs. 1 zwar kein Verschulden des Betriebsratsmitglieds voraussetzt (*Oetker* § 23 Rdn. 51 ff.), aber in der Regel eine dem Betriebsratsmitglied zurechenbare grobe Pflichtverletzung nur vorliegen wird, wenn es vorsätzlich oder grob fahrlässig seine Amtspflichten verletzt hat (*Oetker* § 23 Rdn. 55). Dann ist aber nach dem Urteil eines vernünftigen Dritten in aller Regel auch die Beauftragung eines Rechtsanwalts nicht im dargelegten Sinne erforderlich. Deshalb dürfte eine Verpflichtung des Arbeitgebers zur Kostentragung nur bei schuldlosem Handeln des Betriebsratsmitglieds (vgl. die Beispiele *Oetker* § 23 Rdn. 55) oder dann in Betracht kommen, wenn nach der Sach- und Rechtslage die Beurteilung eines groben Verstoßes gegen die gesetzlichen Pflichten des Betriebsratsmitglieds zweifelhaft ist (für die zweite Alternative *BAG* 19.04.1989 EzA § 40 BetrVG 1972 Nr. 62 S. 5 f. = AP Nr. 29 zu § 40 BetrVG 1972 Bl. 3 R). Die dargelegten Überlegungen gelten bei einem Amtsenthebungsverfahren gegen den Betriebsrat entsprechend.

112   **Nicht erstattungspflichtig** nach § 40 Abs. 1 sind dagegen Kosten, die einem Betriebsratsmitglied im **Verfahren nach § 103 Abs. 2** entstehen; denn seine Beteiligung an diesem Verfahren ist keine Tätigkeit, die es in seiner Eigenschaft als Organ der Betriebsverfassung führt und damit keine Betriebsratstätigkeit (*BAG* 03.04.1979 EzA § 40 BetrVG 1972 Nr. 43 S. 204 f. = AP Nr. 16 zu § 40 BetrVG 1972 Bl. 2= AR-Blattei, Betriebsverfassung IX, Entsch. 43 *[zust. Hanau]*; 31.01.1990 EzA § 40 BetrVG 1972 Nr. 64 S. 2 f. = AP Nr. 28 zu § 103 BetrVG 1972; *LAG Hamm* 15.02.2013 – 13 TaBV 9/13 – juris; *Blomeyer* Finanzierung der Mitbestimmung, S. 88 f.; *Fitting* § 40 Rn. 62; *Glock/HWGNRH* § 40 Rn. 64; *Joost/MünchArbR* § 221 Rn. 21; *Koch/ErfK* § 40 BetrVG Rn. 6; *Richardi/Thüsing* § 40 Rn. 20; **a. M.** *Wedde/DKKW* § 40 Rn. 78 f.). Wird jedoch der Zustimmungsersetzungsantrag des Arbeitgebers vom Beschwerdegericht auf die Beschwerde des Betriebsratsmitglieds hin rechtskräftig abgewiesen, so hat der Arbeitgeber die dem Betriebsratsmitglied entstandenen Rechtsanwaltskosten in demselben Umfang zu erstatten, wie wenn es in einem entsprechenden Kündigungsschutzprozess obsiegt hätte (*BAG* 31.01.1990 EzA § 40 BetrVG 1972 Nr. 64 S. 3 ff. = AP Nr. 28 zu § 103 BetrVG 1972; *Fitting* § 40 Rn. 62; *Joost/MünchArbR* § 221 Rn. 21).

113   **Nicht zu ersetzen** sind auch Kosten eines Verfahrens, in dem ein Betriebsratsmitglied oder ein anderes Mitglied eines betriebsverfassungsrechtlichen Gremiums **individualrechtliche Ansprüche** geltend macht (*BAG* 14.10.1982 EzA § 40 BetrVG 1972 Nr. 52 S. 249 = AP Nr. 19 zu § 40 BetrVG

1972 Bl. 1 R *[Otto]* = SAE 1983, 209 *[Peterek]*; 05.04.2000 EzA § 40 BetrVG 1972 Nr. 91 S. 4 = AP Nr. 33 zu § 78a BetrVG 1972). Deshalb hat der Arbeitgeber nicht die Kosten einer anwaltlichen Tätigkeit zu tragen, die einem Mitglied der Jugend- und Auszubildendenvertretung in einem Verfahren um die Begründung eines Arbeitsverhältnisses des Auszubildenden nach § 78a Abs. 4 BetrVG entstehen (*BAG* 05.04.2000 EzA § 40 BetrVG 1972 Nr. 91 S. 4 = AP Nr. 33 zu § 78a BetrVG 1972; *Fitting* § 40 Rn. 63). Keine Kostenerstattungspflicht besteht, wenn im Urteilsverfahren ein Anspruch auf Lohnfortzahlung wegen betriebsratsbedingten Arbeitsversäumnisses geltend gemacht wird, da insoweit keine Betriebsratstätigkeit vorliegt (*BAG* 05.04.2000 EzA § 40 BetrVG 1972 Nr. 91 S. 4 = AP Nr. 33 zu § 78a BetrVG 1972; im Ergebnis ebenso *LAG Hamm* 04.02.1977 EzA § 40 BetrVG 1972 Nr. 33 S. 144 f. *[krit. Otto]*; *Richardi/Thüsing* § 40 Rn. 14; **a. M.** *Blomeyer* Finanzierung der Mitbestimmung, S. 87 f.; *Fitting* § 40 Rn. 65; *Wedde/DKKW* § 40 Rn. 78). Folgt man dieser Auffassung, so kommt es nicht darauf an, dass die Rechtsverfolgung im Urteilsverfahren jedenfalls dann nicht erforderlich ist, wenn die streitige Rechtsfrage – z. B. die Erforderlichkeit einer Schulung – im gerichtskostenfreien Beschlussverfahren hätte geklärt werden können (so *LAG Hamm* 04.02.1977 EzA § 40 BetrVG 1972 Nr. 33 S. 146 *[zust. Otto]*; *ArbG Bochum* 21.11.1975 BB 1976, 1366; *Blomeyer* Finanzierung der Mitbestimmung, S. 103 f.; *Fitting* § 40 Rn. 65; *Richardi/Thüsing* § 40 Rn. 14). Zu Anwaltskosten vgl. Rdn. 132.

b) Kosten eines Rechtsanwalts

aa) Betriebsrat

Auch die Kosten eines **Rechtsanwalts**, den der Betriebsrat in einem Rechtsstreit mit seiner **Vertretung** beauftragt, können unter § 40 Abs. 1 fallen (zuletzt *BAG* 14.12.2016 AP Nr. 114 zu § 40 BetrVG 1972 Rn. 11; vgl. dazu *Lüders/Weller* DB 2015, 2149 ff.). Voraussetzungen sind ein ordnungsgemäßer **Beschluss des Betriebsrats** (Rdn. 115 f.), die **Erforderlichkeit der Führung des Rechtsstreits** an sich (vgl. Rdn. 106 sowie Rdn. 119) sowie die **Erforderlichkeit der Heranziehung eines Anwalts** im Rahmen dieses Rechtsstreits (Rdn. 117 ff.). Zur Abgrenzung zu den Fällen des § 80 Abs. 3 vgl. Rdn. 47 f. **114**

Die Kostentragungspflicht besteht nur, wenn die Beauftragung des Rechtsanwalts auf der Basis eines **ordnungsgemäßen Beschlusses** (st. Rspr., *BAG* 26.11.1974 EzA § 20 BetrVG 1972 Nr. 7 S. 35 = AP Nr. 6 zu § 20 BetrVG 1972 Bl. 2 R; zuletzt 18.03.2015 EzA § 40 BetrVG 2001 Nr. 26 Rn. 12 = AP Nr. 112 zu § 40 BetrVG 1972; *Fitting* § 40 Rn. 32; *Joost/MünchArbR* § 221 Rn. 19; *Koch/ErfK* § 40 BetrVG Rn. 4; *Wedde/DKKW* § 40 Rn. 37; ausf. *Linsenmaier* FS *Wißmann*, S. 378 ff.) erfolgt. Der Beschluss des Betriebsrats muss den Gegenstand der Beauftragung, nicht aber den Namen des zu beauftragenden Rechtsanwalts enthalten. Dessen Auswahl kann dem Betriebsratsvorsitzenden übertragen werden (*LAG Schleswig-Holstein* 20.09.2001 AiB 2002, 632; *Fitting* § 40 Rn. 32; *Wedde/DKKW* § 40 Rn. 37). Die Beauftragung eines Rechtsanwalts allein durch den **Betriebsratsvorsitzenden** ist allerdings nur schwebend unwirksam und deshalb durch nachträglichen Beschluss des Betriebsrats als Kollegialorgan **genehmigungsfähig** (*BAG* 18.02.2003 EzA § 77 BetrVG 2001 Nr. 4 S. 7 f. = AP Nr. 11 zu § 77 BetrVG 1972 Betriebsvereinbarung; *Raab* § 26 Rdn. 38 f.; ferner *Fitting* § 40 Rn. 32; *Wedde/DKKW* § 40 Rn. 38; vgl. auch *BAG* 23.08.2006 EzA § 54 BetrVG 2001 Nr. 2 Rn. 60 = AP Nr. 12 zu § 54 BetrVG 1972 zur Anmietung von Tagungsräumen). Die Heilung muss zeitlich **vor der Prozessentscheidung** erfolgen (*BAG* 18.02.2003 EzA § 77 BetrVG 2001 Nr. 4 S. 9 = AP Nr. 11 zu § 77 BetrVG 1972 Betriebsvereinbarung; 06.12.2006 AP Nr. 5 zu § 21b BetrVG 1972 Rn. 20). Eine Genehmigung in der Rechtsmittelinstanz und selbst nach Rechtskraft ist allerdings ausnahmsweise möglich, wenn der Verfahrensfehler vorher unentdeckt geblieben war (*BAG* 06.11.2013 EzA § 25 BetrVG 2001 Nr. 5 Rn. 53 = AP Nr. 2 zu § 33 BetrVG 1972; *Fitting* § 40 Rn. 32; *Linsenmaier* FS *Wißmann*, S. 378 [391]). **115**

Der Beschluss des Betriebsrats über die Beauftragung eines Rechtsanwalts ist grundsätzlich gesondert **für jede** einzelne **Instanz** erforderlich (*BAG* 18.03.2015 EzA § 40 BetrVG 2001 Nr. 26 Rn. 12 = AP Nr. 112 zu § 40 BetrVG 1972; *LAG Berlin* 26.01.1987 LAGE § 40 BetrVG 1972 Nr. 21 S. 20 ff.; *LAG Köln* 14.07.1995 LAGE § 40 BetrVG 1972 Nr. 47 S. 3; *Schiefer/Borchard* DB 2016, 770 [772]). **Weder die stillschweigende Hinnahme** einer anwaltlichen Tätigkeit (*BAG* 05.04.2000 EzA § 40 BetrVG 1972 Nr. 91 S. 3 = AP Nr. 33 zu § 78a BetrVG 1972; 19.01.2005 – 7 ABR 24/04 – juris, Rn. 16) **116** noch eine nachträgliche Beschlussfassung nach Abschluss der jeweiligen Instanz (*BAG* 05.04.2000 EzA § 40 BetrVG 1972 Nr. 91 S. 5 = AP Nr. 33 zu § 78a BetrVG 1972; 15.11.2000 EzA § 40 BetrVG 1972 Nr. 92 S. 5; vgl. auch *BVerwG* 19.12.1996 AP Nr. 15 zu § 44 BPersVG; *Wedde/DKKW* § 40 Rn. 38; **a. M.** *LAG Hamm* 02.07.1997 LAGE § 29 BetrVG 1972 Nr. 3) vermögen eine Kostenerstattungspflicht des Arbeitgebers auszulösen. Das *BAG* zieht allerdings eine **Ausnahme** von diesen Grundsätzen in Betracht, wenn der Betriebsrat bei besonderer Bedeutung eines Rechtsstreits es für geboten und erfolgversprechend halten darf, einen Rechtsstreit durch mehrere Instanzen mit anwaltlicher Unterstützung zu führen (*BAG* 18.03.2015 EzA § 40 BetrVG 2001 Nr. 26 Rn. 12 = AP Nr. 112 zu § 40 BetrVG 1972; *Fitting* § 40 Rn. 32). Eine **Verfahrensvollmacht** ermächtigt im **Außenverhältnis** nach § 81 ZPO zu allen den Rechtsstreit betreffenden Prozesshandlungen, insbesondere auch zur Einlegung und Begründung von Rechtsmitteln, selbst wenn der Verfahrensbevollmächtigte noch nicht auf der Basis eines entsprechenden Beschlusses beauftragt worden war (zuletzt etwa *BAG* 23.08.2006 EzA § 54 BetrVG 2001 Nr. 2 Rn. 25 = AP Nr. 12 zu § 54 BetrVG 1972; 06.11.2013 EzA § 25 BetrVG 2001 Nr. 5 Rn. 21 = AP Nr. 2 zu § 33 BetrVG 1972). Der Betriebsrat kann deshalb auch noch nach Ablauf der Rechtsmittelfrist den im **Innenverhältnis** notwendigen Beschluss treffen, das Verfahren weiter zu betreiben (*BAG* 11.03.1992 EzA § 38 BetrVG 1972 Nr. 12 = AP Nr. 11 zu § 38 BetrVG 1972 Bl. 2; 06.11.2013 EzA § 25 BetrVG 2001 Nr. 5 Rn. 21 = AP Nr. 2 zu § 33 BetrVG 1972; *Fitting* § 40 Rn. 32).

117 Erforderlich ist die Heranziehung eines Rechtsanwalts im Rahmen eines grundsätzlich erforderlichen Rechtsstreits immer dann, wenn sie vom **Gesetz zwingend vorgeschrieben** ist. So müssen im Beschlussverfahren die Rechtsbeschwerdeschrift und die Rechtsbeschwerdebegründung von einem Rechtsanwalt unterzeichnet sein (§ 94 Abs. 1 ArbGG; vgl. auch § 89 Abs. 1 ArbGG). Darüber hinaus kann der Betriebsrat einen Rechtsanwalt mit der Wahrnehmung seiner Interessen in einem Rechtsstreit betrauen, wenn er dies nach **pflichtgemäßer, verständiger Würdigung** aller Umstände für **erforderlich** halten durfte (st. Rspr., *BAG* 26.11.1974 EzA § 20 BetrVG 1972 Nr. 7 S. 35 [*Heckelmann*] = AP Nr. 6 zu § 20 BetrVG 1972 Bl. 2 R f.; 03.10.1978 EzA § 40 BetrVG 1972 Nr. 37 S. 167 = AP Nr. 14 zu § 40 BetrVG 1972 Bl. 2 R f., 4 R; 21.06.1989 EzA § 40 BetrVG 1972 Nr. 61 S. 8 f. [*Vogg*] = AP Nr. 34 zu § 76 BetrVG 1972 Bl. 4 f. [*Berger-Delhey*]; 08.04.1992 EzA § 20 BetrVG 1972 Nr. 15 S. 6 f. = AP Nr. 15 zu § 20 BetrVG 1972 Bl. 3; 19.03.2003 EzA § 40 BetrVG 2001 Nr. 3 S. 3 = AP Nr. 77 zu § 40 BetrVG 1972; 17.08.2005 EzA § 40 BetrVG 2001 Nr. 10 S. 3 = AP Nr. 10 zu § 55 InsO; 29.07.2009 EzA § 40 BetrVG 2001 Nr. 15 Rn. 17 = AP Nr. 93 zu § 40 BetrVG 1972; 18.01.2012 EzA § 40 BetrVG 2001 Nr. 22 Rn. 12 = AP Nr. 108 zu § 40 BetrVG 1972; *LAG Hamm* 29.08.2008 – 13 TaBV 56/08 – juris; *Blomeyer* Finanzierung der Mitbestimmung, S. 99 ff.; *Fitting* § 40 Rn. 24; *Glock/HWGNRH* § 40 Rn. 22; vgl. auch *Lüders/Weller* DB 2015, 2149 ff.; *Richardi/Thüsing* § 40 Rn. 23; *Söllner* AcP 161, 408 [423 ff.]).

118 Für die **Abwägung**, bei der sowohl dem Betriebsrat als auch den Tatsacheninstanzen ein gewisser **Beurteilungsspielraum** zusteht (*BAG* 26.11.1974 EzA § 20 BetrVG 1972 Nr. 7 S. 35 [*Heckelmann*] = AP Nr. 6 zu § 20 BetrVG 1972 Bl. 3), ist wie sonst im Rahmen des § 40 Abs. 1 auf das **Urteil eines vernünftigen Dritten** im Zeitpunkt der Inanspruchnahme des Rechtsanwalts abzustellen (vgl. Rdn. 13). Jedoch ist unabdingbare Voraussetzung, dass die Kosten aus der Betriebsratstätigkeit entstanden sind, was z. B. zu verneinen ist, wenn Anwaltskosten eines Beschlussverfahrens geltend gemacht werden, in dem es um Gerichtskosten eines Urteilsverfahrens über den Lohnanspruch eines Betriebsratsmitglieds ging (*BAG* 14.10.1982 EzA § 40 BetrVG 1972 Nr. 52 S. 249 = AP Nr. 19 zu § 40 BetrVG 1972 [*Otto*] = SAE 1983, 209 [*Peterek*]). Nach Ansicht des *BAG* besteht ein Freistellungsanspruch gegenüber dem Arbeitgeber auch dann, wenn ein Rechtsanwalt in einem Verfahren nach § 103 gleichzeitig den Betriebsrat und das betroffene Betriebsratsmitglied vertritt, da die beiden **Anwaltsverträge** nur im Falle eines **konkreten Interessenkonflikts nichtig** seien (*BAG* 25.08.2004 AP Nr. 1 zu § 43a BRAO [*Knöfel*] = RdA 2006, 120 [*Kilian*]; *LAG Niedersachsen* 01.07.2003 NZA-RR 2004, 22; *Wedde/DKKW* § 40 Rn. 41; **a. M.** *LAG Köln* 15.11.2000 NZA-RR 2001, 253; *LAG Hamm* 10.10.2003 NZA-RR 2004, 262).

119 Die Hinzuziehung eines Rechtsanwalts ist nicht erforderlich, wenn die **Rechtsverfolgung aussichtslos** ist (*BAG* 20.10.1999 EzA § 40 BetrVG 1972 Nr. 89 S. 3 = AP Nr. 67 zu § 40 BetrVG 1972; 17.08.2005 EzA § 40 BetrVG 2001 Nr. 10 S. 3 = AP Nr. 10 zu § 55 InsO; 18.03.2015 EzA § 40

BetrVG 2001 Nr. 26 Rn. 11 = AP Nr. 112 zu § 40 BetrVG 1972; *Hess. LAG* 27.06.2011 LAGE § 40 BetrVG 2001 Nr. 17 Rn. 22; 29.07.2013 – 16 TaBV 312/12 – juris, Rn. 17; vgl. Rdn. 106; *Blomeyer* Finanzierung der Mitbestimmung, S. 99 ff.) oder **mutwillig** (*LAG Schleswig Holstein* 04.07.2000 NZA-RR 2000, 590) erscheint. Das ist nicht der Fall, wenn über eine ungeklärte Rechtsfrage zu entscheiden ist und die Rechtsauffassung des Betriebsrats vertretbar erscheint (*BAG* 19.03.2003 EzA § 40 BetrVG 2001 Nr. 3 S. 3 = AP Nr. 77 zu § 40 BetrVG 1972). Ob die Rechtsverfolgung aussichtslos ist, vermag allerdings der Betriebsrat u. U. schwer zu beurteilen. Deshalb kann, falls nicht die Beratung durch eine Gewerkschaft möglich ist, zu diesem Zweck die Konsultation eines Rechtsanwalts erforderlich sein (ebenso *Blomeyer* Finanzierung der Mitbestimmung, S. 100 f.). Dieser ist dann nicht als Sachverständiger i. S. d. § 80 Abs. 3 anzusehen (*Blomeyer* Finanzierung der Mitbestimmung, S. 100 f.; **a. M.** *LAG Hamm* 15.06.1977 EzA § 40 BetrVG 1972 Nr. 34 S. 158 f.).

Die Hinzuziehung eines **Rechtsanwalts** ist **nicht erforderlich**, wenn die **Rechtsstreitigkeit** nach Sach- und Rechtslage und unter Berücksichtigung der ex-ante Perspektive eines vernünftigen Dritten **keine Schwierigkeiten** aufweist (*BAG* 26.11.1974 EzA § 20 BetrVG 1972 Nr. 7 S. 35 f. *[abl. Heckelmann]* = AP Nr. 6 zu § 20 BetrVG 1972; *Blomeyer* Finanzierung der Mitbestimmung, S. 106 ff.; *Fitting* § 40 Rn. 25; *Gamillscheg* II, S. 620; *Glock/HWGNRH* § 40 Rn. 29; *Klinkhammer* AuR 1977, 144 [147, 148]; *Müller-Boruttau* Rechtsanwaltskosten, S. 123 ff.; *Richardi/Thüsing* § 40 Rn. 25; **abl.** auch bei Schwierigkeiten außer bei Vorliegen besonderer Umstände *LAG Hamm* 15.06.1977 EzA § 40 BetrVG 1972 Nr. 34 S. 157 ff.). Keine Schwierigkeiten bestehen etwa, wenn die zu klärende Rechtsfrage sich unmittelbar aus dem Gesetzestext lösen lässt oder in einem einschlägigen Kommentar nachgelesen werden kann (*LAG Düsseldorf* 27.03.1992 LAGE § 40 BetrVG 1972 Nr. 36 S. 4 f.). Andererseits ist es ein Indiz für die Erforderlichkeit einer anwaltlichen Vertretung, wenn der Arbeitgeber sich vor der Einigungsstelle anwaltlich vertreten lässt (*BAG* 14.02.1996 EzA § 40 BetrVG 1972 Nr. 76 S. 4 f. = AP Nr. 5 zu § 76a BetrVG 1972; *Koch*/ErfK § 40 BetrVG Rn. 5).

Die **weitergehende Ansicht des Sechsten Senats des** *BAG* (03.10.1978 EzA § 40 BetrVG 1972 Nr. 37 S. 168, 170, 172 = AP Nr. 14 zu § 40 BetrVG 1972 *[zust. Grunsky]* = SAE 1979, 215 *[krit. Hanau]*; 04.12.1979 EzA § 40 BetrVG 1972 Nr. 47 S. 22([0–9]) f. = AP Nr. 18 zu § 40 BetrVG 1972 Bl. 1 R ff.), nach der **grundsätzlich** eine Vertretungsmöglichkeit durch einen Rechtsanwalt gegeben sein soll, **vermag nicht zu überzeugen**. Aus der prozessualen Zulässigkeit der Vertretung des Betriebsrats durch einen Rechtsanwalt kann nicht geschlossen werden, der Arbeitgeber habe in der Regel bei dessen Hinzuziehung die dadurch entstehenden Kosten zu tragen (so aber *BAG* 04.12.1979 EzA § 40 BetrVG 1972 Nr. 47 S. 223 = AP Nr. 18 zu § 40 BetrVG 1972 Bl. 1 R ff., wenn es gegenüber der Kritik von *Hanau* Anm. SAE 1979, 215. aus der Wahlmöglichkeit nach § 11 Abs. 1, § 80 Abs. 2 ArbGG schließt, es hätte einer besonderen gesetzlichen Regelung bedurft, durch die diese allgemein jedem zustehende Befugnis für Betriebsräte eingeschränkt oder gar ausgeschlossen würde; gegen das *BAG* auch *Blomeyer* Finanzierung der Mitbestimmung, S. 98 f., 107). Das *BAG* räumt zwar ein, dass nach § 40 Abs. 1 das Merkmal der Erforderlichkeit zu beachten (*BAG* 04.12.1979 EzA § 40 BetrVG 1972 Nr. 47 S. 223 = AP Nr. 18 zu § 40 BetrVG 1972 Bl. 2 und nach § 2 Abs. 1 die angemessene Berücksichtigung der finanziellen Belange des Arbeitgebers geboten sei (*BAG* 03.10.1978 EzA § 40 BetrVG 1972 Nr. 37 S. 171 = AP Nr. 14 zu § 40 BetrVG 1972 Bl. 4 f.), hält aber nur eine mutwillige oder missbräuchliche Durchsetzung oder Feststellung seiner Rechte für unzulässig (*BAG* 03.10.1978 EzA § 40 BetrVG 1972 Nr. 37 S. 172 = AP Nr. 14 zu § 40 BetrVG 1972). Damit wird die Erforderlichkeit i. S. d. Übermaßverbots (*Blomeyer* Finanzierung der Mitbestimmung, S. 107) nicht hinreichend gewürdigt (zust. *Müller-Boruttau* Rechtsanwaltskosten, S. 123 ff.).

Für **Parallel-** und insbesondere **Massenstreitigkeiten** gelten zunächst die in Rdn. 108 dargelegten Grundsätze. Ist die Prozessführung nicht erforderlich, gilt Entsprechendes für die anwaltliche Vertretung (*LAG Berlin* 07.03.1983 AP Nr. 21 zu § 40 BetrVG 1972 Bl. 2; *LAG Düsseldorf* 09.01.1989 LAGE § 40 BetrVG 1972 Nr. 25 S. 3 ff.; *Dütz* BB 1978, 213 [216]; vgl. auch *Blomeyer* Finanzierung der Mitbestimmung, S. 121 ff.; *Glock/HWGNRH* § 40 Rn. 35; *Wedde/DKKW* § 40 Rn. 28). Da in diesen Fällen häufig Grundsatzfragen zu entscheiden sind, kann die Hinzuziehung eines Rechtsanwalts für den Musterprozess erforderlich sein, sofern nicht die sogleich zu besprechenden Einschränkungen vorliegen (ebenso *Blomeyer* Finanzierung der Mitbestimmung, S. 120). Die Erforderlichkeit ist jedoch nicht schon deshalb zu verneinen, weil eine Gewerkschaft die Einleitung des Beschlussverfahrens angeregt hat, selbst wenn dies im Verbandsinteresse geschehen ist (*Richardi/Thüsing* § 40 Rn. 22; vgl. auch *BAG* 26.11.1974 EzA § 20 BetrVG 1972 Nr. 7 S. 35 *[Heckelmann]* = AP Nr. 6 zu § 20 BetrVG 1972 Bl. 3; **a. M.** *Stege* DB 1974, 2204 [2205]). Zum Streitwert bei mehreren Eingruppierungen in einem Beschlussverfahren vgl. *LAG Schleswig-Holstein* 01.08.1986 NZA 1986, 723.

123 Die **Jugend- und Auszubildendenvertretung** ist kein selbständiges Mitwirkungsorgan der Betriebsverfassung (vgl. dazu *Oetker* vor § 60 Rdn. 27 ff. m. w. N.). In einem Verfahren nach § 78a Abs. 4 Satz 1 darf der Betriebsrat deshalb neben der Mandatierung des ihn vertretenden Rechtsanwalts **nicht** die weitere Beauftragung eines **Rechtsanwalts zur gesonderten Vertretung der Jugend- und Auszubildendenvertretung** für erforderlich halten. Der Betriebsrat muss vielmehr sicherstellen, dass sein Anwalt auch deren Interessen einbezieht (*BAG* 18.01.2012 EzA § 40 BetrVG 2001 Nr. 22 Rn. 13 ff. = AP Nr. 108 zu § 40 BetrVG 1972; *Fitting* § 40 Rn. 24).

124 Die Hinzuziehung eines Rechtsanwalts kann auch bei Inanspruchnahme des **Strafantragsrechts** des Betriebsrats nach § 119 Abs. 2 wegen Behinderung der Betriebsratstätigkeit (*LAG Düsseldorf* 12.08.1993 LAGE § 40 BetrVG 1972 Nr. 42) oder zur Erstattung einer **Ordnungswidrigkeitenanzeige** nach § 121 erforderlich sein (*LAG Schleswig-Holstein* 14.11.2000 AnwBl. 2001, 185). Die gleichzeitige Stellung eines Unterlassungsantrags gegen den Arbeitgeber nach § 23 Abs. 3 durch den Betriebsrat steht dem nicht entgegen (*LAG Düsseldorf* 12.08.1993 LAGE § 40 BetrVG 1972 Nr. 42).

125 Verlangen Betriebsrat und Wahlvorstand vom Arbeitgeber Unterlagen, zur deren Vorlage dieser verpflichtet ist, so berechtigt der **Ablauf einer dem Arbeitgeber von vornherein gesetzten Frist** erst dann zur Beauftragung eines Rechtsanwalts, wenn zuvor beim Arbeitgeber nachgefragt wurde, ob und wann die Unterlagen übergeben werden (*LAG Köln* 08.03.2000 NZA-RR 2000, 640).

126 Ist nach den dargelegten Maßstäben die Heranziehung eines Rechtsanwalts erforderlich, erscheint die Vertretung **in allen Instanzen** gerechtfertigt, soweit nicht ein Gewerkschaftsvertreter hinzugezogen werden kann (vgl. Rdn. 129 f.; zu Einzelheiten der Abgrenzung vgl. *Blomeyer* Finanzierung der Mitbestimmung, S. 109 ff.). Dagegen ist die Hinzuziehung eines Rechtsanwalts in der ersten Instanz nicht schon deshalb erforderlich, weil der Betriebsrat beabsichtigt, diesen auch mit seiner Vertretung vor dem *BAG* zu beauftragen (ebenso *Glock/HWGNRH* § 40 Rn. 29).

127 Der Betriebsrat hat bei der Entscheidung über die Heranziehung eines Rechtsanwalts in die Abwägung zwischen den Interessen der Belegschaft an einer sachgerechten Ausübung des Betriebsratsamts einerseits und den berechtigten Interessen des Arbeitgebers andererseits die **Kostenbelange des Arbeitgebers** einzubeziehen (*BAG* 14.02.1996 EzA § 40 BetrVG 1972 Nr. 76 S. 5 = AP Nr. 5 zu § 76a BetrVG; 20.10.1999 EzA § 40 BetrVG 1972 Nr. 89 S. 3 = AP Nr. 67 zu § 40 BetrVG 1972). Keine Kostentragungspflicht des Arbeitgebers besteht deshalb, wenn die Hinzuziehung **rechtsmissbräuchlich** erfolgt (§ 2 Abs. 1 BetrVG; § 242 BGB; vgl. auch Rdn. 119), um z. B. für den Arbeitgeber Kosten zu verursachen und dadurch Druck auf ihn auszuüben (*Blomeyer* Finanzierung der Mitbestimmung, S. 105 f.). Weiterhin kann die Hinzuziehung eines Rechtsanwalts nicht erforderlich sein, wenn die **Kosten** im Verhältnis zum Gegenstandswert des Verfahrens **unverhältnismäßig hoch** sind, es sei denn, dass es sich um einen Musterprozess handelt oder der Arbeitgeber bei Bagatellaufwendungen häufiger die Kostenerstattung verweigert, so dass eine gerichtliche Klärung unter Hinzuziehung eines Rechtsanwalts berechtigt erscheint (*Blomeyer* Finanzierung der Mitbestimmung, S. 102 f.). Die Kosteninteressen des Arbeitgebers hat der Betriebsrat auch bei der Auswahl des Anwalts zu beachten (*BAG* 20.10.1999 EzA § 40 BetrVG 1972 Nr. 89 S. 3 f. = AP Nr. 67 zu § 40 BetrVG 1972): Die mit der **Beauftragung eines auswärtigen Anwaltsbüros** entstehenden Mehrkosten sind nur dann gerechtfertigt, wenn der beauftragte Anwalt eine besondere, über das normale Maß hinausgehende Sachkompetenz in den für den Rechtsstreit maßgebenden Rechtsfragen besitzt (*BAG* 16.10.1986 AP Nr. 31 zu § 40 BetrVG 1972 Bl. 1 R ff.) **und** ebenso qualifizierte ortsansässige Anwälte nicht zur Verfügung stehen (*BAG* 15.11.2000 EzA § 40 BetrVG 1972 Nr. 92 S. 6; *Hess. LAG* 30.06.2005 – 9 TaBV 2/05 – juris, Rn. 23). Die Fachkompetenz des auswärtigen Anwalts allein rechtfertigt die Kostentragungspflicht des Arbeitgebers noch nicht (*BAG* 15.11.2000 EzA § 40 BetrVG 1972 Nr. 92 S. 6).

Der Betriebsrat muss die Kosteninteressen des Arbeitgebers auch beim **Abschluss einer Honorar-** **128** **vereinbarung** mit dem Rechtsanwalt berücksichtigen (*BAG* 14.12.2016 AP Nr. 114 zu § 40 BetrVG 1972 Rn. 18 ff.; vgl. schon *BAG* 20.10.1999 EzA § 40 BetrVG 1972 Nr. 89 S. 4 = AP Nr. 67 zu § 40 BetrVG 1972 [zur früheren BRAGO]). Sofern nicht ausnahmsweise ganz besondere Umstände vorliegen, darf der Betriebsrat keine Honorarzusage für erforderlich halten, die zu einer höheren Vergütung als der gesetzlichen führt, etwa die Vereinbarung eines **Zeithonorars** (*BAG* 20.10.1999 EzA § 40 BetrVG 1972 Nr. 89 S. 5 = AP Nr. 67 zu § 40 BetrVG 1972; 14.12.2016 AP Nr. 114 zu § 40 BetrVG 1972 Rn. 30; *Hess. LAG* 07.11.2011 – 16 TaBVGa 177/11 – juris, Rn. 19; *LAG Berlin-Brandenburg* 14.03.2014 – 6 TaBV 405/14, juris Rn. 50; *Fitting* § 40 Rn. 28; *Maiß* FA 2010, 164 [166 f.]; *Joost*/MünchArbR § 221 Rn. 19; *Koch*/ErfK § 40 BetrVG Rn. 4; *Richardi/Thüsing* § 40 Rn. 28; *Rieble* FA 2013, 130 f.; wohl a. M. *Wedde*/DKKW § 40 Rn. 34; ferner *Althoff* NZA 2014, 74 [75 f.]; *Jaeger/Steinbrück* NZA 2013, 401 [403]). Das gilt nicht nur im Fall der Beauftragung eines Rechtsanwalts in einem Beschlussverfahren, sondern auch für dessen Beauftragung mit der Führung von Verhandlungen in einer Einigungsstelle oder in deren Vorfeld. Dass in solchen Fällen eine Wertfestsetzung nach § 33 RVG nicht zur Verfügung steht, steht dem nicht entgegen (*BAG* 14.12.2016 AP Nr. 114 zu § 40 BetrVG 1972 Rn. 30). **Zulässig** ist eine Honorarvereinbarung **ausnahmsweise**, wenn der Arbeitgeber mit ihr einverstanden ist oder eine solche in vergleichbaren Fällen in der Vergangenheit akzeptiert hat. Eine weitere Ausnahme hält das BAG für möglich, wenn der Verhandlungsgegenstand eine besondere Rechtsmaterie betrifft und nur ein darauf spezialisierter Anwalt zur Verfügung steht, der nur bei einer Vereinbarung eines Zeithonorars das Mandat zu übernehmen bereit ist (*BAG* 14.12.2016 AP Nr. 114 zu § 40 BetrVG 1972 Rn. 30). In jedem Fall hat der Arbeitgeber Anspruch auf rechtzeitige Unterrichtung, bevor der Betriebsrat eine Honorarzusage an einen Anwalt macht, mit deren Höhe der Arbeitgeber nach Lage der Dinge nicht rechnen musste (*LAG Frankfurt a. M.* 22.12.1987 DB 1988, 816).

Die Pflicht des Betriebsrats, die Kostenbelange des Arbeitgebers zu berücksichtigen, hat auch Kon- **129** sequenzen für das **Wahlrecht des Betriebsrats zwischen anwaltlichem und gewerkschaftlichem Rechtsschutz**. Nach **Ansicht des *BAG*** kann der Betriebsrat stets **frei wählen**, ob er anwaltliche Hilfe einholt oder gewerkschaftlichen Rechtsschutz in Anspruch nimmt (*BAG* 03.10.1978 EzA § 40 BetrVG 1972 Nr. 37 S. 168, 170 f. = AP Nr. 14 zu § 40 BetrVG 1972 Bl. 4, 5 R *[zust. Grunsky]* = SAE 1979, 215 [insoweit zust. *Hanau*] = AuR 1979, 156 [zust. *Däubler*]; zuletzt 20.10.1999 EzA § 40 BetrVG 1972 Nr. 89 S. 3 = AP Nr. 67 zu § 40 BetrVG 1972; *Kreft*/WPK § 40 Rn. 14; *Richardi/Thüsing* § 40 Rn. 24; *Wedde*/DKKW § 40 Rn. 26, 36). **Demgegenüber** ergibt sich aus dem **Grundsatz der Erforderlichkeit und dem Gebot zur Berücksichtigung der Kostenbelange des Arbeitgebers**, dass die Hinzuziehung eines Rechtsanwalts nicht erforderlich ist, wenn die Vertretung durch einen Gewerkschaftsvertreter möglich, zur zweckentsprechenden Rechtsverfolgung in gleicher Weise wie durch einen Rechtsanwalt geeignet, für den Betriebsrat zumutbar und mit geringeren Kosten verbunden ist (ebenso noch *BAG* 26.11.1974 EzA § 20 BetrVG 1972 Nr. 7 S. 34 ff. *[insoweit zust. Heckelmann]* = AP Nr. 6 zu § 20 BetrVG 1972 Bl. 2 R f.; im Ergebnis auch *LAG Düsseldorf* 03.05.1976 EzA § 40 BetrVG 1972 Nr. 28 S. 115 ff. *[abl. Kittner]*; *LAG Hamm* 06.12.1973 EzA § 20 BetrVG 1972 Nr. 5 S. 18 ff. *[krit. Reuter]*; vgl. ferner *Blomeyer* Finanzierung der Mitbestimmung, S. 113 ff.; *Fitting* § 40 Rn. 27; *Gerauer* NZA 1988, Beil. Nr. 4, S. 19 [20 f.]; *Glock*/HWGNRH § 40 Rn. 31; *Joost*/MünchArbR § 221 Rn. 19; *Koch*/ErfK § 40 BetrVG Rn. 4; *Müller-Boruttau* Rechtsanwaltskosten, S. 131 f.).

Jedoch ist **weder eine Gewerkschaft zur Vertretung** des **Betriebsrats verpflichtet, noch darf** die **130** **Ablehnung** dem **Betriebsrat zugerechnet werden** (*BAG* 03.10.1978 EzA § 40 BetrVG 1972 Nr. 37 S. 171 = AP Nr. 14 zu § 40 BetrVG 1972 Bl. 4; 04.12.1979 EzA § 40 BetrVG 1972 Nr. 47 S. 225 = AP Nr. 18 zu § 40 BetrVG 1972 Bl. 2 R; *Blomeyer* Finanzierung der Mitbestimmung, S. 116 ff.; *Fitting* § 40 Rn. 26; *Glock*/HWGNRH § 40 Rn. 32; *Klinkhammer* AuR 1977, 144 [147 f.]; *Maiß* FA 2010, 164 [165 f.]; *Wedde*/DKKW § 40 Rn. 26; **a. M.** *LAG Düsseldorf* 03.05.1976 EzA § 40 BetrVG 1972 Nr. 28 S. 119 ff.; *LAG Schleswig-Holstein* 24.10.1975 BB 1975, 1636).

Ist die Hinzuziehung eines Rechtsanwalts erforderlich, ist der Betriebsrat bei der Auswahl grundsätz- **131** lich frei (zur Beauftragung eines auswärtigen Anwalts Rdn. 127) und kann den Anwalt seines Vertrauens beauftragen (*BAG* 16.10.1986 AP Nr. 31 zu § 40 BetrVG 1972 Bl. 2). Er kann auch im Rahmen

§ 40

des Erforderlichen vom Arbeitgeber nach § 40 Abs. 1 einen **Vorschuss** (§ 9 RVG) verlangen (vgl. allgemein Rdn. 35; *Fitting* § 40 Rn. 33; *Richardi/Thüsing* § 40 Rn. 44; *Stege/Weinspach/Schiefer* § 40 Rn. 16; *Wedde/DKKW* § 40 Rn. 14; **a. M.** *LAG Schleswig-Holstein* 19.04.1983 BB 1984, 533). Zu diesem Zweck kann gegebenenfalls eine einstweilige Verfügung (Leistungsverfügung) erwirkt werden, da der Betriebsrat mangels eigenen Vermögens auf die sofortige Erfüllung dieses Anspruchs dringend angewiesen ist (*Hanau* Anm. SAE 1979, 219 [220]).

bb) Betriebsratsmitglieder

132 Für **Rechtsanwaltskosten einzelner Betriebsratsmitglieder** gelten die vorstehend dargelegten **Grundsätze entsprechend** (vgl. auch *BAG* 03.04.1979 EzA § 40 BetrVG 1972 Nr. 43 S. 203 f. = AP Nr. 16 zu § 40 BetrVG 1972 Bl. 1 R; 03.04.1979 EzA § 40 BetrVG 1972 Nr. 45 S. 213 f. = AP Nr. 1 zu § 13 BetrVG 1972 Bl. 2 f.; *Fitting* § 40 Rn. 60; *Glock/HWGNRH* § 40 Rn. 69; zur Freistellung eines Betriebsratsvorsitzenden von Rechtsanwaltskosten bei Rechtsstreit mit Betriebsratssekretärin vgl. *LAG Düsseldorf* 21.02.1997 LAGE § 40 BetrVG 1972 Nr. 54 = NZA-RR 1997, 383). Eine zwischen einem Betriebsratsmitglied und dem Arbeitgeber vereinbarte Vergleichsregelung zur Kostentragung in einem arbeitsgerichtlichen Urteilsverfahren stellt keine unzulässige Benachteiligung oder Bevorzugung des Betriebsratsmitglieds dar (*BAG* 20.01.2010 EzA § 40 BetrVG 2001 Nr. 18 Rn. 12 = AP Nr. 98 zu § 40 BetrVG 1972). Dagegen trägt der Arbeitgeber nach § 40 Abs. 1 nicht die Kosten, die einer Gewerkschaft oder anderen Personen aus der Beteiligung an einem Beschlussverfahren entstehen. Die Vorschrift des § 12a Abs. 1 Satz 1 ArbGG schließt den Anspruch auf Erstattung erstinstanzlicher Rechtsanwaltskosten auch dann aus, wenn sie einem Betriebsratsmitglied bei Verfolgung seines Entgeltanspruchs wegen erforderlicher Betriebsratstätigkeit (§ 37 Abs. 2) im Urteilsverfahren entstanden sind; § 12a Abs. 1 Satz 1 ArbGG hat nicht nur prozessrechtliche Bedeutung, sondern schließt jeden materiellrechtlichen Kostenerstattungsanspruch unabhängig von seiner Rechtsgrundlage aus (*BAG* 30.06.1993 EzA § 12a ArbGG 1979 Nr. 10 = AP Nr. 8 zu § 12a ArbGG Bl. 2 ff.; **a. M.** *LAG Hamm* 03.10.1978 EzA § 40 BetrVG 1972 Nr. 37 – Vorinstanz).

c) Regelungsstreitigkeiten

133 Durch die Tätigkeit des Betriebsrats entstehende Kosten sind an sich auch die **Kosten** der **Einigungsstelle** (*Wiese* 4. Aufl., § 40 Rn. 42 m. w. N.). Für diese gilt seit der Novelle vom 20.12.1988 jedoch die **Sonderregelung des § 76a** (vgl. dazu *Jacobs* § 76a Rdn. 1 ff.). Keine Kosten der Einigungsstelle selbst sind zwar die Kosten eines vom Betriebsrat zu seiner **Vertretung vor der Einigungsstelle** hinzugezogenen **Rechtsanwalts** (*Jacobs* § 76a Rdn. 16 f. m. w. N.; vgl. auch *Lüders/Weller* DB 2015, 2149). Für die anwaltliche Vertretung des Betriebsrats vor der Einigungsstelle gelten die gleichen Grundsätze wie für die Vertretung bei **Rechtsstreitigkeiten** (vgl. Rdn. 114 ff.). Der vom Betriebsrat hinzugezogene Anwalt wird dabei nicht als Sachverständiger nach § 80 Abs. 3 oder Berater nach § 111 Satz 2 tätig, sondern vertritt den Betriebsrat bei der Durchsetzung oder Ausübung seiner Mitbestimmungsrechte (*BAG* 14.12.2016 AP Nr. 114 zu § 40 BetrVG 1972 Rn. 14; vgl. zur Abgrenzung auch Rdn. 47 f.). Maßgeblich ist demnach, ob der Betriebsrat die anwaltliche Vertretung vor der Einigungsstelle für erforderlich halten durfte, was jedenfalls zu bejahen ist, wenn der Regelungsgegenstand des Einigungsstellenverfahrens **schwierige Rechtsfragen** aufwirft (*BAG* 05.11.1981 EzA § 40 BetrVG 1972 Nr. 50 S. 239 f. = AP Nr. 9 zu § 76 BetrVG 1972 Bl. 2 R = SAE 1983, 329 *[Hanau]*; 21.06.1989 EzA § 40 BetrVG 1972 Nr. 61 S. 8 ff. *[Vogg]* = AP Nr. 34 zu § 76 BetrVG 1972 Bl. 4 f., 6 *[Berger-Delhey]* = SAE 1990, 105 *[Eich]*; 14.02.1996 EzA § 40 BetrVG 1972 Nr. 76 S. 4 = AP Nr. 5 zu § 76a BetrVG 1972; 14.12.2016 AP Nr. 114 zu § 40 BetrVG 1972 Rn. 26; vgl. dazu und zur Höhe der Vergütung *Jacobs* § 76a Rdn. 17 ff., zu Honorarvereinbarungen vgl. auch Rdn. 128). Wenn der Arbeitgeber sich im Einigungsstellenverfahren anwaltlich vertreten lässt, kommt dieser Tatsache nur indizielle Bedeutung dafür zu, dass die Regelungsmaterie mit rechtlichen Schwierigkeiten verbunden ist, die eine anwaltliche Vertretung erforderlich machen (*BAG* 14.02.1996 EzA § 40 BetrVG 1972 Nr. 76 S. 4 f. = AP Nr. 5 zu § 76a BetrVG 1972; 14.12.2016 AP Nr. 114 zu § 40 BetrVG 1972 Rn. 26; *Lüders/Weller* DB 2015, 2149).

III. Sachaufwand und Büropersonal

1. Grundlagen

a) Verpflichtung des Arbeitgebers zur Naturalleistung

Kosten i. S. d. § 40 Abs. 1 entstehen auch dadurch, dass der Betriebsrat für Sitzungen, Sprechstunden 134
und die laufende Geschäftsführung Räume, sachliche Mittel und Büropersonal benötigt. Nach § 40
Abs. 2 hat der **Arbeitgeber** diese in **erforderlichem Umfang** zur **Verfügung zu stellen**. Er ist –
auch ohne besondere Anforderung durch den Betriebsrat (*Kreutz* Anm. EzA 40 BetrVG 1972 Nr. 53
S. 268b) – zur Naturalleistung verpflichtet.

Die Vorschrift des § 40 Abs. 2 enthält eine **Sonderregelung gegenüber** dessen **Abs. 1** (*BAG* 135
21.04.1983 EzA § 40 BetrVG 1972 Nr. 53 S. 257 *[Kreutz]* = AP Nr. 20 zu § 40 BetrVG 1972 Bl. 6
[Naendrup]; *Reichold/HWK* § 40 BetrVG Rn. 26). Das ändert zwar nichts am Charakter des § 40
Abs. 2 als einer Vorschrift über die Kostentragung. Aber die Rollenverteilung ist in den Absätzen 1
und 2 unterschiedlich: Während der Betriebsrat im Rahmen des Abs. 1 eigenständig handelt und anschließend Erstattung der durch sein Handeln verursachten Kosten verlangen kann, liegt **im Rahmen
des Abs. 2 die Initiative beim Arbeitgeber**. Der Betriebsrat hat nur einen **Anspruch** (zutr. *Richardi/Annuß* Anm. EzA § 40 BetrVG 1972 Nr. 81 S. 8). Der Gesetzgeber will auf diese Weise unangemessene Eigenanschaffungen des Betriebsrats ausschließen (ebenso *Junker/Band/Feldmann* BB 2000, Beil.
Nr. 10, S. 14; *Kort* Anm. AP Nr. 75 zu § 40 BetrVG 1972 Bl. 7 R). Nicht dieser, sondern der Arbeitgeber hat deshalb unter Berücksichtigung der betrieblichen Belange grundsätzlich die freie Wahl hinsichtlich der zur Verfügung zu stellenden geeigneten Räume, sachlichen Mittel und des Büropersonals
(*BAG* 17.10.1990 EzA § 40 BetrVG 1972 Nr. 65 S. 4 = AP Nr. 8 zu § 108 BetrVG 1972; 17.02.1993
EzA § 40 BetrVG 1972 Nr. 69 S. 5 = AP Nr. 37 zu § 40 BetrVG 1972; 27.11.2002 EzA § 40 BetrVG
2001 Nr. 2 S. 5 = AP Nr. 75 zu § 40 BetrVG 1972 Bl. 3 R *[Kort]*; *LAG Nürnberg* 10.12.2002
NZA-RR 2003, 418, 419 f.; *Hess. LAG* 10.10.2013 – 5 TaBV 323/12 – juris, Rn. 15 ff.; vgl. aber
Rdn. 139 f.).

Da der Betriebsrat nur einen, gegebenenfalls im Beschlussverfahren durchzusetzenden Anspruch hat, 136
ist er grundsätzlich **nicht berechtigt**, von sich aus **Räume anzumieten, Büropersonal anzustellen** oder **sachliche Mittel anzuschaffen** (*Besgen* FS Leinemann, S. 471 [472]; *Fitting* § 40 Rn. 105;
Jahnke RdA 1975, 343 [350]; *Kreutz* Anm. EzA § 40 BetrVG 1972 Nr. 53 S. 268; *Wedde/DKKW*
§ 40 Rn. 118). Nur in **dringenden Fällen** dürfen Betriebsratsmitglieder die **sachlichen Mittel**
selbst beschaffen und dann bei Vorliegen der Voraussetzungen des § 40 Abs. 2 vom Arbeitgeber Ersatz
der Aufwendungen verlangen (*Fitting* § 40 Rn. 105; *Kreutz* Anm. EzA § 40 BetrVG 1972 Nr. 53
S. 268; vgl. auch *Richardi/Thüsing* § 40 Rn. 47, 62; *Wedde/DKKW* § 40 Rn. 118 [Anspruch aus Geschäftsführung ohne Auftrag]; **a. M.** *Wiese* 6. Aufl., § 40 Rn. 97, der den Betriebsrat stets auf den
einstweiligen Rechtsschutz verweist). Zur Anmietung von Räumlichkeiten für die Abhaltung einer
außerordentlichen Betriebsversammlung vgl. § 42 Rdn. 31. Der **Arbeitgeber** ist allerdings nicht gehindert, dem **Betriebsrat** auf dessen Wunsch die **selbständige Anschaffung** von **Sachmitteln** zu
gestatten. Er muss dann entweder die erforderlichen Mittel vorschießen oder die Aufwendungen ersetzen (zur Zulässigkeit eines Dispositionsfonds vgl. Rdn. 36).

b) Grundsatz der Erforderlichkeit

aa) Ordnungsgemäße Erfüllung von Betriebsratsaufgaben

Der Arbeitgeber hat Räume, Sach- und Personalmittel **in erforderlichem Umfang** bereitzustellen. 137
Die Erforderlichkeit orientiert sich wie im Rahmen des § 40 Abs. 1 an der **Aufgabenstellung des
Betriebsrats insgesamt** und nicht an der Geschäftsführung im engeren Sinne, wie sie im Rahmen
des zuständigkeitsabgrenzenden § 27 Abs. 3 in Bezug genommen ist (*BAG* 11.03.1998 EzA § 40
BetrVG 1972 Nr. 81 S. 2 = AP Nr. 57 zu § 40 BetrVG 1972; *Fitting* § 40 Rn. 104; *Klebe/Kunz*
NZA 1990, 257 [258]; *Kort* Anm. AP Nr. 66 zu § 40 BetrVG 1972 Bl. 8 R f.; *Richardi/Annuß*
Anm. EzA § 40 BetrVG 1972 Nr. 81 S. 9; **a. M.** *LAG Niedersachsen* 13.12.1988 LAGE § 40 BetrVG
Nr. 27; *Kraft* Anm. SAE 1999, 70 f.). § 40 erlegt dem Arbeitgeber die Kosten der Betriebsratstätigkeit
insgesamt auf und verpflichtet den Arbeitgeber, den Betriebsrat mit den dazu erforderlichen Räumen,

Sach- und Personalmitteln auszustatten. Der in Rdn. 134 f. dargelegte enge Zusammenhang zwischen § 40 Abs. 1 und 2 gebietet es, insoweit gleiche Maßstäbe anzulegen. Indem der Gesetzgeber in § 40 Abs. 2 die Naturalleistungspflicht des Arbeitgebers auf die Sitzungen, Sprechstunden und die laufende Geschäftsführung bezieht, benennt er lediglich die Erscheinungsformen der Betriebsratstätigkeit, bei deren Durchführung typischerweise die genannten Hilfsmittel erforderlich werden. Funktional geht es aber um die Betriebsratstätigkeit insgesamt (zutr. *Richardi/Annuß* Anm. EzA § 40 BetrVG 1972 Nr. 81 S. 9 f.).

138 § 40 Abs. 2 regelt im **Verhältnis zwischen Betriebsrat und Arbeitgeber**, dass der Betriebsrat lediglich die Überlassung erforderlicher Hilfsmittel verlangen kann. Das hat das BAG zu der Folgerung veranlasst, dass die Vorschrift bei **Streitigkeiten innerhalb des Betriebsrats keine Anwendung** findet. Die fehlende Erforderlichkeit eines Hilfsmittels, etwa einer im Einvernehmen mit dem Arbeitgeber bestellten Hilfsperson könne deshalb eine Minderheitenfraktion im Betriebsrat nicht geltend machen (*BAG* 29.04.2015 EzA § 3 BetrVG 2001 Nr. 9 Rn. 38 = AP Nr. 14 zu § 3 BetrVG 1972 = SAE 2016, 71 [*Vielmeier*]; i. E. zust. *Reichold/Rein* RdA 2016, 269; vgl. auch *Voss* Die Rechtsstellung von Minderheitslisten im Betriebsrat [2015], S. 224 ff. mit Überlegungen zum Schutz von der Minderheit bei der internen Verteilung von Sachmitteln innerhalb des Betriebsrats).

bb) Beurteilungsspielraum des Betriebsrats?

139 Nach gefestigter Rechtsprechung des *BAG* unterliegt der unbestimmte **Begriff der Erforderlichkeit »zunächst der Beurteilung des Betriebsrats«**. Dieser habe bei der Frage, ob ein Sachmittel für ihn erforderlich und deshalb vom Arbeitgeber zur Verfügung zu stellen sei, ein Auswahlrecht, bei dessen Ausübung ihm ein **Beurteilungsspielraum** zustehe. Der gerichtlichen Überprüfung unterliege nur die Frage, ob der Betriebsrat seine Entscheidung nach pflichtgemäßem Ermessen getroffen und hierbei auch die berechtigten Interessen des Arbeitgebers und der Belegschaft angemessen berücksichtigt habe (st. Rspr., *BAG* 12.05.1999 EzA § 40 BetrVG 1972 Nr. 87 S. 5 f. = AP Nr. 65 zu § 40 BetrVG 1972 [*Kort*]; zuletzt 20.04.2016 EzA § 40 BetrVG 2001 Nr. 28 Rn. 16 = AP Nr. 113 zu § 40 BetrVG 1972 [*Weber*]; **zust**. *Fitting* § 40 Rn. 106; *Junker/Band/Feldmann* BB 2000, Beil. Nr. 10, S. 14 [16]; *Joost/*MünchArbR § 221 Rn. 33; *Klebe/Wedde* DB 1999, 1954 [1955]; *Koch/*ErfK § 40 BetrVG Rn. 16; *Neu* Einsatz moderner Kommunikationsmittel, S. 75 f.; *Wedde/DKKW* § 40 Rn. 117; *ders*. Anm. BAG AuR 2005, 110 [112]). Folgerichtig ist das *BAG* auch der Meinung, dass die Verpflichtung des Arbeitgebers gem. § 40 Abs. 2 nach den Verhältnissen zum **Zeitpunkt der Beschlussfassung** des Betriebsrats zu beurteilen sei (*BAG* 11.03.1998 EzA § 40 BetrVG 1972 Nr. 81 S. 5 = AP Nr. 57 zu § 40 BetrVG 1972).

140 Mit der Systematik des § 40 und der unterschiedlichen Ausgestaltung der allgemeinen Kostentragungspflicht des Arbeitgebers in § 40 Abs. 1 bzw. dem Naturalleistungsanspruch des Betriebsrats auf Zurverfügungstellung von Sachmitteln und Büropersonal in § 40 Abs. 2 **steht diese Rechtsprechung nicht in Einklang** (*Kort* Anm. AP Nr. 66 zu § 40 BetrVG 1972 Bl. 7; *ders*. Anm. AP Nr. 75 zu § 40 BetrVG 1972 Bl. 6; *Richardi/Annuß* Anm. EzA § 40 BetrVG 1972 Nr. 81 S. 8 f.; *Weber* NZA 2008, 280 [282 f.]; *ders*. Anm. AP Nr. 97 zu § 40 BetrVG 1972). Zwar ist dem Betriebsrat im Rahmen des § 40 Abs. 1 ein Beurteilungsspielraum hinsichtlich der Erforderlichkeit der aus der Ausübung des Betriebsratsamts resultierenden Kosten zuzubilligen (vgl. Rdn. 13). Das ist darin begründet, dass die Amtsführung des Betriebsrats eine gewisse Unabhängigkeit und Eigenverantwortlichkeit voraussetzt, die gefährdet wäre, wenn jede kostenträchtige Entscheidung aus der ex-post Perspektive auf ihre Erforderlichkeit hin überprüft würde. Der Beurteilungsspielraum im Rahmen des § 40 Abs. 1 resultiert also unmittelbar aus der Unabhängigkeit des Betriebsrats bei der Ausübung seiner Amtstätigkeit. Beim Sachaufwand des § **40 Abs. 2** hingegen **verlangt die Unabhängigkeit der Amtsführung des Betriebsrats keinen** derartigen **Entscheidungsspielraum**. Es geht nicht um die Art und Weise der Amtsführung selbst, sondern allein um die Frage, welche sachlichen und personellen Hilfsmittel zur Erfüllung der Aufgaben des Betriebsrats erforderlich sind, also der Sache nach allein um die Kostenseite der Betriebsratstätigkeit. Hier ist nach der gesetzgeberischen Konzeption der Betriebsrat kein Entscheidungsträger (zutr. *Richardi/Annuß* Anm. EzA § 40 BetrVG 1972 Nr. 81 S. 8 f.). Vielmehr hat der Arbeitgeber die erforderlichen Sach- und Personalmittel zur Verfügung zu stellen. Der Betriebsrat kann zwar darüber entscheiden, ob er den aus § 40 Abs. 2 resultie-

renden Naturalleistungsanspruch gegen den Arbeitgeber geltend macht. Für das Bestehen dieses Anspruchs kommt es aber **allein auf die objektive Erforderlichkeit** der beanspruchten Sach- bzw. Personalmittel an (im Ergebnis ebenso *Kort* Anm. AP Nr. 66 zu § 40 BetrVG 1972 Bl. 7; *ders.* Anm. AP Nr. 75 zu § 40 BetrVG 1972 Bl. 6; *Kraft* Anm. SAE 1999, 70f.; *Richardi/Annuß* Anm. EzA § 40 BetrVG 1972 Nr. 81 S. 8 f.). Ein **Entscheidungsspielraum** ist dem Betriebsrat **nur** insoweit zuzubilligen, als **unterhalb der Grenze der Erforderlichkeit** Wahlmöglichkeiten hinsichtlich der Festlegung des konkret einzusetzenden Sachmittels oder Büropersonals bestehen (ähnlich *Kort* Anm. AP Nr. 66 zu § 40 BetrVG 1972 Bl. 7; *Richardi/Annuß* Anm. EzA § 40 BetrVG 1972 Nr. 81 S. 9; *Zumkeller/Lüber* BB 2008, 2067; vgl. auch *Jansen* Die elektronische Kommunikation in der Betriebsverfassung, S. 138 ff.).

Dementsprechend müsste anders als nach der Rechtsprechung des BAG für die Frage nach der Erforderlichkeit der vom Betriebsrat verlangten Kostenerstattung auch nicht der **Zeitpunkt** der Beschlussfassung des Betriebsrats maßgeblich sein, sondern derjenige der **letzten mündlichen Verhandlung** (*Kort* Anm. AP Nr. 66 zu § 40 BetrVG 1972 Bl. 7 R; *ders.* Anm. AP Nr. 75 zu § 40 BetrVG 1972 Bl. 4 R; *Kraft* Anm. SAE 1999, 70 [71]; *Richardi/Annuß* Anm. EzA § 40 BetrVG 1972 Nr. 81 S. 12 f.; **a. M.** *Wedde/DKKW* § 40 Rn. 7). 141

cc) Einzelfallbezogene Betrachtungsweise
Die Erforderlichkeit eines Sachmittels ist unter Berücksichtigung aller **Umstände des Einzelfalles** anhand der **konkreten Verhältnisse des Betriebs und der Betriebsratsaufgaben** zu beurteilen. Der Betriebsrat muss nach den jeweiligen betrieblichen Verhältnissen unter Berücksichtigung des Grundsatzes der vertrauensvollen Zusammenarbeit (§ 2 Abs. 1) zur ordnungsgemäßen Durchführung seiner Aufgaben imstande sein (vgl. u. a. *BAG* 17.02.1993 EzA § 40 BetrVG 1972 Nr. 69 S. 5 = AP Nr. 37 zu § 40 BetrVG 1972 = SAE 1994, 78 [*Peterek*]; 11.03.1998 EzA § 40 BetrVG 1972 Nr. 81 S. 2 [*Richardi/Annuß*] = AP Nr. 57 zu § 40 BetrVG 1972 = SAE 1999, 70 [*Kraft*]; *BAG* 12.05.1999 EzA § 40 BetrVG 1972 Nr. 87 S. 3 = AP Nr. 65 zu § 40 BetrVG 1972 [*Kort*]; *Besgen* NZA 2006, 959; *ders.* FS Leinemann, S. 471 [472]; *Fitting* § 40 Rn. 104; *Glock/HWGNRH* § 40 Rn. 16; *Joost/MünchArbR* § 221 Rn. 33; *Junker/Band/Feldmann* BB 2000, Beil. 10, S. 14 [15]; *Wedde/DKKW* § 40 Rn. 117). Maßstab ist die Erforderlichkeit unter Beachtung des Grundsatzes der Verhältnismäßigkeit (vgl. dazu *BAG* 21.11.1978 EzA § 40 BetrVG 1972 Nr. 41 S. 191 f. [*Herschel*] = AP Nr. 15 zu § 40 BetrVG 1972 Bl. 1 R f. [*Meisel*]). 142

Namentlich im Zusammenhang mit der Diskussion um die Verpflichtung des Arbeitgebers zur Ausstattung des Betriebsrats mit moderner Informations- und Kommunikationstechnik hat es zuletzt unterschiedliche Ansätze gegeben, von diesem einzelfallbezogenen Maßstab der Erforderlichkeitsprüfung abzurücken. Ein Verzicht auf die konkrete Darlegung der Erforderlichkeit lässt sich allerdings nicht damit rechtfertigen, dass bestimmte technische Arbeitsmittel mittlerweile zur **Normal- oder Grundausstattung** eines Büros gehörten und der Betriebsrat von dieser Entwicklung nicht ausgeschlossen werden dürfe. § 40 Abs. 2 gewährt keinen Anspruch auf eine nicht näher definierte Normalausstattung (*BAG* 11.03.1998 EzA § 40 BetrVG 1972 Nr. 81 S. 3 = AP Nr. 57 zu § 40 BetrVG 1972; 16.05.2007 EzA § 40 BetrVG 2001 Nr. 12 Rn. 25 = AP Nr. 90 zu § 40 BetrVG 1972; *Beckschulze* DB 1998, 1815; *Beckschulze/Henkel* DB 2001, 1491 [1499]; *Joost/MünchArbR* § 221 Rn. 33; *Junker/Band/Feldmann* BB 2000, Beil. Nr. 10, S. 14 [16]; *Koch/ErfK* § 40 BetrVG Rn. 16; *Kort* Anm. AP Nr. 66 zu § 40 BetrVG 1972 Bl. 9 f.; *Kraft* Anm. SAE 1999, 70 [71]; *Reichold/HWK* § 40 BetrVG Rn. 27; *Richardi/Annuß* Anm. EzA § 40 BetrVG 1972 Nr. 81 S. 11; *Weber* NZA 2008, 280 [283]; **a. M.** *LAG Hamm* 12.02.1997 LAGE § 40 BetrVG 1972 Nr. 55; 14.05.1997 LAGE § 40 BetrVG 1972 Nr. 59; *LAG Baden-Württemberg* 19.09.1995 NZA-RR 1996, 252; *LAG Düsseldorf* 06.01.1995 LAGE § 40 BetrVG 1972 Nr. 45; *Klebe/Wedde* DB 1999, 1954 [1955]; vgl. für den Internetanschluss des Betriebsrats auch *BAG* 20.01.2010 EzA 40 BetrVG 2001 Nr. 19 Rn. 19 = AP Nr. 99 zu § 40 BetrVG 1972 [*Kossens*]). Ebenso wenig vermag das **Ausstattungsniveau des Arbeitgebers** allein den Anspruch des Betriebsrats auf Bereitstellung entsprechender Hilfsmittel zu begründen. § 40 Abs. 2 ist nicht von einem abstrakten Gebot der »Waffengleichheit« zwischen Arbeitgeber und Betriebsrat geprägt – auch nicht unter Berücksichtigung des § 2 Abs. 1 sowie des § 78 –, sondern vom Gebot der Erforderlichkeit (*BAG* 17.02.1993 EzA § 40 BetrVG 1972 Nr. 69 S. 5 f. = AP Nr. 37 zu 143

§ 40 BetrVG 1972; 03.09.2003 – 7 ABR 8/03 – EzA § 40 BetrVG 2001 Nr. 6 S. 13 = AP Nr. 79 zu § 40 BetrVG 1972 Bl. 2 R f. = AuR 2005, 110 *[Wedde]*; 23.08.2006 AP Nr. 88 zu § 40 BetrVG 1972 Rn. 14; *Beckschulze* DB 1998, 1815; *Hunold* NZA 2004, 370 [371]; *Joost*/MünchArbR § 221 Rn. 33; *Junker/Band/Feldmann* BB 2000, Beil. Nr. 10, S. 14 [17]; *Kort* Anm. AP Nr. 66 zu § 40 BetrVG 1972 Bl. 8 f.; *ders.* Anm. AP Nr. 75 zu § 40 BetrVG 1972 Bl. 5 R f.; *Kraft* Anm. SAE 1999, 70 [71]; *Neu* Einsatz moderner Kommunikationsmittel, S. 74 f.; *Reichold/HWK* § 40 BetrVG Rn. 27; *Richardi/Annuß* Anm. EzA § 40 BetrVG 1972 Nr. 81 S. 11; *Tamm* PersV 2015, 324 [325 f.]; *Weber* NZA 2008, 280 [284]; *Weißgerber* Computerarbeitsplätze, S. 88 ff.; **a. M.** *Klebe/Wedde* DB 1999, 1954 [1956]). Schließlich vermag auch eine bloße **Erleichterung der Betriebsratstätigkeit** noch nicht die Erforderlichkeit der Bereitstellung bestimmter Sachmittel zu rechtfertigen (*BAG* 17.02.1993 EzA § 40 BetrVG 1972 Nr. 69 S. 6 = AP Nr. 37 zu § 40 BetrVG 1972 Bl. 3; 11.03.1998 EzA § 40 BetrVG 1972 Nr. 81 S. 4 = AP Nr. 57 zu § 40 BetrVG 1972; 03.09.2003 – 7 ABR 8/02 – EzA § 40 BetrVG 2001 Nr. 6 S. 14 = AP Nr. 79 zu § 40 BetrVG 1972 Bl. 3; 16.05.2007 EzA § 40 BetrVG 2001 Nr. 12 Rn. 26 = AP Nr. 90 zu § 40 BetrVG 1972; *Hunold* AR-Blattei SD 530.10, Rn. 283; *Kraft* Anm. SAE 1999, 70 [71]; *Kort* Anm. AP Nr. 66 zu § 40 BetrVG 1972 Bl. 10 f.; *ders.* Anm. AP Nr. 75 zu § 40 BetrVG 1972 Bl. 6 R; *Richardi/Annuß* Anm. EzA § 40 BetrVG 1972 Nr. 81 S. 12; *Weber* NZA 2008, 280 [283]; **a. M.** *Klebe/Wedde* DB 1999, 1954 [1955 f.]; vgl. für den Internetanschluss des Betriebsrats auch *BAG* 20.01.2010 EzA § 40 BetrVG 2001 Nr. 19 Rn. 19 f. = AP Nr. 99 zu § 40 BetrVG 1972 *[Kossens]*). Erforderlichkeit i. S. d. § 40 Abs. 2 verlangt mehr als bloße Nützlichkeit (*LAG Köln* 17.10.1997 LAGE § 40 BetrVG 1972 Nr. 58; *Junker/Band/Feldmann* BB 2000, Beil. Nr. 10, S. 14 [18]). Ebenso wenig wie der Arbeitgeber gesetzlich verpflichtet ist, seine eigenen betrieblichen Abläufe nach Maßgabe des neuesten technischen Standards zu optimieren, verpflichtet ihn § 40 Abs. 2 zu einer Optimierung der Betriebsratsarbeit (*Weber* NZA 2008, 280 [284]).

144 Sämtliche Aspekte können freilich bei der **Gesamtabwägung im Rahmen der Erforderlichkeitsprüfung** von Bedeutung sein, etwa weil das bürotechnische Ausstattungsniveau des Arbeitgebers die konkreten betrieblichen Verhältnisse mitbestimmt (*Junker/Band/Feldmann* BB 2000, Beil. Nr. 10, S. 14 [17]; *Klebe/Wedde* DB 1999, 1954 [1956]; *Weißgerber* Computerarbeitsplätze, S. 88 ff.; *Weber* NZA 2008, 280 [284]), weil die effektive Zusammenarbeit mit dem Arbeitgeber eine Ausstattung mit den diesem zur Verfügung stehenden technischen Kommunikationsmitteln erfordert (*BAG* 11.03.1998 EzA § 40 BetrVG 1972 Nr. 81 S. 4, 7 = AP Nr. 57 zu § 40 BetrVG 1972; 12.05.1999 EzA § 40 BetrVG 1972 Nr. 87 S. 6 = AP Nr. 65 zu § 40 BetrVG 1972; *Richardi/Annuß* Anm. EzA § 40 BetrVG 1972 Nr. 81 S. 12), weil in einem Unternehmen bestimmte Kommunikationsformen gängig sind, von denen nicht allein der Betriebsrat ausgeschlossen werden darf (*BAG* 03.09.2003 – 7 ABR 12/03 – EzA § 40 BetrVG 2001 Nr. 5 S. 6 f. = AP Nr. 78 zu § 40 BetrVG 1972 Bl. 3 = AuR 2005, 110 *[Wedde]*; *LAG Baden-Württemberg* 26.09.1997 DB 1998, 887 [888]; *ArbG Paderborn* 29.01.1998 DB 1998, 678 f.; *Beckschulze/Henkel* DB 2001, 1491 [1499]; *Fischer* BB 1999, 1920 [1921]; *Junker/Band/Feldmann* BB 2000, Beil. Nr. 10, S. 14 [17 f.]; *Löwisch/LK* § 40 Rn. 33; *Weber* NZA 2008, 280 [284]) oder weil die Betriebsratsaufgaben quantitativ oder qualitativ so angewachsen sind, dass sie mit den bisherigen Sachmitteln nur unter Vernachlässigung anderer Rechte und Pflichten bewältigt werden können (*BAG* 11.03.1998 EzA § 40 BetrVG 1972 Nr. 81 S. 12 = AP Nr. 57 zu § 40 BetrVG 1972; *Beckschulze* DB 1998, 1815; *Beckschulze/Henkel* DB 2001, 1491 [1499]).

145 Zur Bedeutung der ausdrücklichen Einbeziehung von **Informations- und Kommunikationstechnik** in § 40 Abs. 2 durch das BetrVerf-Reformgesetz und zur Rechtsprechungsentwicklung in diesem Bereich vgl. Rdn. 176 ff.

2. Räume

146 Die **Räume** müssen **so beschaffen** sein, dass der **Betriebsrat** in ihnen seine **Aufgaben ordnungsgemäß wahrnehmen** kann. Sie bedürfen einer ausreichenden Größe, angemessener Einrichtung, Beleuchtung, Belüftung, Heizung und Lage (*LAG München* 08.07.2005 – 3 TaBV 79/03 – juris; *LAG Schleswig-Holstein* 19.09.2007 NZA-RR 2008, 187; *Witt* Kooperationsmaxime, S. 79). Sie müssen optisch und akustisch abgeschirmt sein (*LAG Schleswig-Holstein* 19.09.2007 NZA-RR 2008, 187). Die Räume müssen so zugänglich sein, dass ohne Weiteres eine Zusammenkunft mit externen Personen ungestört und frei von Kontrollen möglich ist (*LAG Köln* 30.09.2011 – 10 TaBV 23/11 – juris,

Rn. 33). Je nach dem von der Art und Größe des Betriebs abhängigen Umfang der Aufgaben des Betriebsrats muss der Arbeitgeber einen oder mehrere verschließbare (*LAG Köln* 19.01.2001 NZA-RR 2001, 482; *LAG Schleswig-Holstein* 19.09.2007 NZA-RR 2008, 187; *Löwisch/LK* § 40 Rn. 19; *Wedde/DKKW* § 40 Rn. 122; **a. M.** *Glock/HWGNRH* § 40 Rn. 107; *Kort* NZA 1990, 598) Räume ständig (*ArbG Frankfurt* 17.02.1999 NZA-RR 1999, 420) oder zeitweise – z. B. einen größeren Raum nur für die Betriebsratssitzungen – zur Verfügung stellen (*LAG Köln* 23.01.2013 – 5 TaBV 7/12 – juris, Rn. 35; *LAG Schleswig-Holstein* 19.09.2007 NZA-RR 2008, 187; *Fitting* § 40 Rn. 108; *Glock/HSWGNR* § 40 Rn. 107; *Richardi/Thüsing* § 40 Rn. 66; *Wedde/DKKW* § 40 Rn. 120). Genügt es in kleineren Betrieben, dass dem Betriebsrat ein Raum stundenweise zur Verfügung gestellt wird, muss er seine Unterlagen jedenfalls in einem verschließbaren Schrank unterbringen können (*Glock/HWGNRH* § 40 Rn. 107). Der Arbeitgeber ist auch verpflichtet, die dem Betriebsrat überlassenen Räume in einem gebrauchsfähigen Zustand zu erhalten (*Witt Kooperationsmaxime*, S. 102 f.).

In der Regel wird es sich um **betriebliche Räume** handeln, jedoch kann der Arbeitgeber ausnahmsweise auch außerbetriebliche Räume zur Verfügung stellen, wenn z. B. das Sitzungszimmer umgebaut wird und kein anderer betrieblicher Raum frei ist (*Fitting* § 40 Rn. 110; *Glock/HWGNRH* § 40 Rn. 110; *Richardi/Thüsing* § 40 Rn. 66). Die gleiche Notwendigkeit kann sich bei der Abhaltung von Betriebsversammlungen ergeben, für die der Arbeitgeber gleichfalls die erforderlichen Räume auf seine Kosten zur Verfügung zu stellen hat (vgl. § 42 Rdn. 23 f.). Umgekehrt hat der Betriebsrat keinen Anspruch auf die Anmietung außerbetrieblicher Räume, wenn die ihm zur Verfügung stehenden betrieblichen Räume ausreichen (*Glock/HWGNRH* § 40 Rn. 110). 147

Da der Arbeitgeber nur verpflichtet ist, im erforderlichen Umfang Räume zur Verfügung zu stellen, hat der **Betriebsrat weder einen Anspruch** auf bestimmte Räume (*Hess. LAG* 10.10.2013 – 5 TaBV 323/12 – juris, Rn. 15 ff.; vgl. auch Rdn. 135) noch darauf, die ihm einmal zugewiesenen **Räume zu behalten**. Der Arbeitgeber kann ihm an deren Stelle auch andere zuweisen, soweit sie den dargelegten Anforderungen genügen (*LAG Schleswig-Holstein* 19.09.2007 NZA-RR 2008, 187; *LAG Hamm* 28.05.2010 – 13 TaBV 102/09 – juris, Rn. 34; *Fitting* § 40 Rn. 111; *Glock/HWGNRH* § 40 Rn. 108; *Richardi/Thüsing* § 40 Rn. 69). Der Arbeitgeber darf jedoch nicht rechtsmissbräuchlich handeln (§ 2 Abs. 1 BetrVG; § 242 BGB) und dem Betriebsrat die bisherigen Räume willkürlich entziehen (vgl. auch *ArbG Göttingen* 11.04.1988 AiB 1988, 284: nur bei Vorliegen eines sachlichen Grundes). 148

In der Zeit, während der die Räume dem Betriebsrat zur Verfügung stehen, übt er in ihnen das **Hausrecht** aus (*BAG* 18.09.1991 EzA § 40 BetrVG 1972 Nr. 67 S. 6 f. *[Berger-Delhey]* = AP Nr. 40 zu § 40 BetrVG 1972 Bl. 2 R ff.; *LAG Nürnberg* 01.04.1999 ARSt 1999, 145; *Fitting* § 40 Rn. 112; *Glock/HWGNRH* § 40 Rn. 111; *Joost/MünchArbR* § 221 Rn. 34; *Koch/ErfK* § 40 BetrVG Rn. 15; *Löwisch/LK* § 40 Rn. 20; *Richardi/Thüsing* § 40 Rn. 69; *Wedde/DKKW* § 40 Rn. 123). Damit entscheidet der Wille des Betriebsrats darüber, ob der Aufenthalt in seinen Räumen rechtmäßig oder gegebenenfalls Hausfriedensbruch ist. Das Hausrecht steht dem Betriebsrat aber nur insoweit zu, wie dies zur **Erfüllung seiner gesetzlichen Aufgaben** erforderlich ist. Der Arbeitgeber braucht deshalb auch nur in diesem Umfang den Zugang vom Betriebsrat eingeladener **Medienvertreter** zum Betriebsratsbüro zu dulden (*BAG* 18.09.1991 EzA § 40 BetrVG 1972 Nr. 67 S. 6 f. *[Berger-Delhey]* = AP Nr. 40 zu § 40 BetrVG 1972 Bl. 2 R ff.; vgl. auch *Schwipper* Öffentliche Meinungsäußerungen des Betriebsrats und seiner Mitglieder – Zulässigkeit und Grenzen [Diss. Osnabrück], 2012, S. 171 f.). Den Zugang eines **Rechtsanwalts** kann der Betriebsrat verlangen, wenn ein begründetes Interesse an einem Gespräch mit dem gesamten Betriebsratsgremium oder an einer Einsichtnahme in Unterlagen im Betriebsratsbüro besteht und der Betriebsrat zuvor im Einzelfall unter Berücksichtigung der jeweiligen Umstände die Erforderlichkeit des Zugangs zur Erfüllung seiner gesetzlichen Aufgaben geprüft und bejaht hat (*BAG* 20.10.1999 – 7 ABR 37/98 – juris, Rn. 23 ff.; *Fitting* § 40 Rn. 112). Zum Besitz an den dem Betriebsrat überlassenen Räumen vgl. Rdn. 218 f. 149

§ 40

3. Sachliche Mittel

a) Überblick

150 In Betracht kommen nach Maßgabe der in Rdn. 137 ff. dargelegten Grundsätze **sämtliche sachlichen Mittel**, die der Betriebsrat **zur ordnungsgemäßen Erfüllung seiner Aufgaben** benötigt. Dazu gehören die für eine büromäßige Erledigung der Geschäftsführung notwendigen Möbel, das Büromaterial und die Ausstattung des Büros mit den erforderlichen technischen Geräten (Rdn. 151 ff.). Soweit es dabei um Informations- und Kommunikationstechnik geht, hat der Gesetzgeber im Zuge des BetrVerf-Reformgesetzes eine eigene Regelung geschaffen, die diesen Unterfall der Sachmittel tatbestandlich heraushebt und neben die übrigen Sachmittel stellt (vgl. näher Rdn. 176 ff.). Zu den Sachmitteln gehören weiterhin die für die Arbeit des Betriebsrats erforderliche Literatur (Rdn. 154 ff.) sowie diejenigen Sachmittel, die für eine ordnungsgemäße und angemessene Unterrichtung der Arbeitnehmer durch den Betriebsrat erforderlich ist (Rdn. 167 ff.).

b) Büroeinrichtung, Büromaterial und technische Ausstattung

151 Erforderliche Sachmittel sind in der Regel **Einrichtungsgegenstände zur Ausstattung eines Betriebsratsbüros**. Dazu gehören neben Schreibtisch(en) und Stühlen auch verschließbare Vorrichtungen zur Aufbewahrung von Akten. Der Betriebsrat kann weiterhin die Bereitstellung von **Schreib- und sonstigem Büromaterial** sowie von Briefmarken zur Abwicklung des Schriftverkehrs verlangen, ferner sonstige für die Büroarbeit wichtige **Gegenstände** wie Diktiergeräte, Taschenrechner und dergleichen (vgl. auch *ArbG Bremerhaven* 11.12.1985 AiB 1986, 167; *ArbG Münster* 26.01.1989 CR 1989, 825; *Fitting* § 40 Rn. 114; *Glock/HWGNRH* § 40 Rn. 112, 121; *Wedde/DKKW* § 40 Rn. 126).

152 Der Arbeitgeber kann dem Betriebsrat die Verwendung von **Firmenbriefpapier** mit dem Markenzeichen des Unternehmens und dem Zusatz »Der Betriebsrat« nur verbieten, wenn ein Missbrauch vorliegt oder die konkrete Gefahr eines Missbrauchs besteht (*LAG Frankfurt a. M.* 28.08.1973 DB 1973, 2451). Da der Arbeitgeber die freie Wahl hinsichtlich des von ihm zur Verfügung zu stellenden Briefpapiers hat (vgl. Rdn. 135) und der Betriebsrat kein bestimmtes Briefpapier verlangen kann, hat der Arbeitgeber es in der Hand, den Aufdruck zu bestimmen, soweit er zweckdienlich und angemessen ist.

153 In größeren Betrieben kann der Betriebsrat regelmäßig die Zurverfügungstellung eines **Kopiergeräts** verlangen, in kleineren bei Bedarf die Benutzung eines vorhandenen (*BAG* 15.11.2000 – 7 ABR 9/99 – juris, Rn. 24 ff.; *LAG Niedersachsen* 13.12.1988 NZA 1989, 442; *Fitting* § 40 Rn. 114; *Glock/HWGNRH* § 40 Rn. 112; *Wedde/DKKW* § 40 Rn. 129). Der Arbeitgeber braucht aber das Kopieren einer eindeutig gewerkschaftspolitischen Zielsetzungen dienenden gewerkschaftlichen Druckschrift auf einem dem Betriebsrat zur Verfügung gestellten Kopiergerät nicht zu dulden (*LAG Frankfurt a. M.* 20.08.1987 LAGE § 40 BetrVG 1972 Nr. 23; *Wedde/DKKW* § 40 Rn. 129).

c) Literatur

aa) Grundlagen

154 Der Betriebsrat kann sein Amt sachgerecht nur wahrnehmen, wenn er sich laufend über den aktuellen Stand der mit seinen Aufgaben zusammenhängenden arbeits- und sozialrechtlichen Entwicklungen in Rechtsprechung, Gesetzgebung und Literatur informiert (st. Rspr., *BAG* 21.04.1983 EzA § 40 BetrVG 1972 Nr. 53 S. 260 ff. *[Kreutz]* = AP Nr. 20 zu § 40 BetrVG 1972 Bl. 2 R ff. *[Naendrup]*). Deshalb gehört zu den Sachmitteln auch die **erforderliche Fachliteratur**, d. h. arbeits- und sozialrechtliche **Gesetzessammlungen**, zumindest die wichtigsten einschlägigen Gesetzestexte (vgl. auch § 80 Abs. 1 Nr. 1) nebst **Kommentaren**, ferner Unfallverhütungsvorschriften, einschlägige Tarifverträge, **Fachzeitschriften** und **Entscheidungssammlungen** (*BAG* 21.04.1983 EzA § 40 BetrVG 1972 Nr. 53 S. 260 *[Kreutz]* = AP Nr. 20 zu § 40 BetrVG 1972 Bl. 2 R ff. *[Naendrup]*; 29.11.1989 EzA § 40 BetrVG 1972 Nr. 63 S. 2 = AP Nr. 32 zu § 40 BetrVG 1972 Bl. 1 R; 26.10.1994 EzA § 40 BetrVG 1972 Nr. 72 S. 2 = AP Nr. 43 zu § 40 BetrVG 1972 Bl. 1 R; 25.01.1995 EzA § 40 BetrVG 1972 Nr. 73 S. 2 = AP Nr. 46 zu § 40 BetrVG 1972 Bl. 1 R; *Fitting* § 40 Rn. 119 ff.; *Glock/*

HWGNRH § 40 Rn. 122 ff.; *Joost/*MünchArbR § 221 Rn. 38; *Richardi/Thüsing* § 40 Rn. 77 f.; *Wedde/DKKW* § 40 Rn. 183 ff.). Der **Betriebsrat kann nicht darauf verwiesen** werden, sich die zur Erfüllung seiner Aufgaben erforderlichen Informationen statt aus der Fachliteratur vorrangig auf **Schulungsveranstaltungen** oder durch Sachverständige vermitteln zu lassen (*BAG* 21.04.1983 EzA § 40 BetrVG 1972 Nr. 53 S. 261 *[Kreutz]* = AP Nr. 20 zu § 40 BetrVG 1972 *[Naendrup]*; 25.01.1995 EzA § 40 BetrVG 1972 Nr. 73 S. 5 = AP Nr. 46 zu § 40 BetrVG 1972 Bl. 3; *Koch/*ErfK § 40 BetrVG Rn. 17). Auch dass der Betriebsrat einen **Zugang zum Internet** hat, steht dem Anspruch auf Bereitstellung von Literatur, etwa einer Fachzeitschrift, nicht entgegen (*BAG* 19.03.2014 – 7 ABN 91/13 – juris, Rn. 10 f.; *Wedde/DKKW* § 40 Rn. 181, 193; vgl. auch Rdn. 161).

Art und **Umfang** der erforderlichen Fachliteratur und die Verfahrensweise, wie sie zur Verfügung zu **155** stellen ist, richten sich nach den **Geschäftsbedürfnissen des konkreten Betriebsrats**, hängen also von dessen jeweiligen Aufgaben unter Berücksichtigung der betrieblichen Gegebenheiten ab (*BAG* 21.04.1983 EzA § 40 BetrVG 1972 Nr. 53 S. 262 *[Kreutz]* = AP Nr. 20 zu § 40 BetrVG 1972 Bl. 3 R *[Naendrup]*; 26.10.1994 EzA § 40 BetrVG 1972 Nr. 72 S. 2 = AP Nr. 43 zu § 40 BetrVG 1972 Bl. 1 R f.; *LAG Berlin* 05.10.1992 LAGE § 40 BetrVG 1972 Nr. 38 S. 1, 3), wobei der Grundsatz der Verhältnismäßigkeit zu wahren ist (ebenso *LAG Berlin* 05.10.1992 LAGE § 40 BetrVG 1972 Nr. 38, S. 2 f.). Maßgebend ist nicht das subjektive Ermessen des Betriebsrats, vielmehr ist wie auch sonst im Rahmen des § 40 auf den Standpunkt eines vernünftigen Dritten unter Abwägung der Interessen des Betriebes, des Betriebsrats und der Belegschaft abzustellen (*BAG* 25.01.1995 EzA § 40 BetrVG 1972 Nr. 73 S. 3 = AP Nr. 46 zu § 40 BetrVG 1972 Bl. 1 R, 3 und Rdn. 13).

Die ihm **im Rahmen der Erforderlichkeit** zur alleinigen Benutzung zu überlassende **Literatur** **156** **kann** der **Betriebsrat** grundsätzlich **selbst auswählen** und hat dabei einen gerichtlich nachprüfbaren **Ermessenspielraum** (*BAG* 21.04.1983 EzA § 40 BetrVG 1972 Nr. 53 S. 262 *[Kreutz]* = AP Nr. 20 zu § 40 BetrVG 1972 Bl. 3 R *[Naendrup]*; 26.10.1994 EzA § 40 BetrVG 1972 Nr. 72 S. 2 = AP Nr. 43 zu § 40 BetrVG 1972 Bl. 1 R; 25.01.1995 EzA § 40 BetrVG 1972 Nr. 73 S. 2 = AP Nr. 46 zu § 40 BetrVG 1972 Bl. 1 R; 24.01.1996 EzA § 40 BetrVG 1972 Nr. 77 S. 2 = AP Nr. 52 zu § 40 BetrVG 1972 Bl. 1 R; *Fitting* § 40 Rn. 120, 123; *Joost/*MünchArbR § 221 Rn. 38; *Wedde/DKKW* § 40 Rn. 183, 194; **a. M.** *Glock/*HWGNRH § 40 Rn. 127). Dazu bedarf es jedoch nicht der Subsumtion der Literaturbeschaffung unter § 40 Abs. 1 (so *Bulla* DB 1974, 1622 [1623]), da das richtige Ergebnis bereits aus dem Zweck des § 40 Abs. 2 unter Berücksichtigung des § 2 Abs. 1 und des § 78 Satz 1 folgt. Es bleibt deshalb dabei, dass der **Arbeitgeber** die **Literatur** für den Betriebsrat zu **beschaffen** hat, nur ist er an die berechtigten Wünsche des Betriebsrats gebunden (ebenso *BAG* 21.04.1983 EzA § 40 BetrVG 1972 Nr. 53 S. 256 f. *[Kreutz]* = AP Nr. 20 zu § 40 BetrVG 1972 Bl. 3 R *[Naendrup]*).

In der Regel ist die Fachliteratur dem Betriebsrat zur ausschließlichen Benutzung zu überlassen, je- **157** doch kann in kleineren Betrieben die **Mitbenutzung** der im Betrieb vorhandenen Literatur ausreichen (ebenso *Glock/HWGNRH* § 40 Rn. 125; **a. M.** *Wedde/DKKW* § 40 Rn. 183 [Mitbenutzung nur bei selten benötigter Literatur ausreichend]; nur muss sie dem Betriebsrat bei Bedarf angemessen zugänglich sein. Entsprechendes gilt in größeren Betrieben für seltener benötigte Literatur (z. B. »Palandt«; *LAG Hamm* 07.09.1979 ARSt. 1980, 174 [Nr. 1198]) oder Entscheidungssammlungen, vor allem, wenn dem Betriebsrat die wichtigsten Entscheidungen bereits durch eine ihm zur Verfügung stehende Fachzeitschrift zugänglich sind (weitergehend *Wedde/DKKW* § 40 Rn. 191).

Nicht jedem Betriebsratsmitglied muss die gesamte vom Betriebsrat benötigte Fachliteratur zur **158** Verfügung gestellt werden (vgl. auch *BAG* 28.08.1991 – 7 ABR 29/90 – juris; *Hess. VGH* 28.01.2014 PersV 2014, 219; weitergehend *Wedde/DKKW* § 40 Rn. 185). Eine **Ausnahme** erscheint hinsichtlich einer aktuellen **Textsammlung** der wichtigsten arbeitsrechtlichen Gesetze gerechtfertigt (*BAG* 24.01.1996 EzA § 40 BetrVG 1972 Nr. 77 S. 2 f. = AP Nr. 52 zu § 40 BetrVG 1972 [dort allerdings auch für den Bezug einer teureren und nicht nur der kostengünstigsten Ausgabe]; *LAG Bremen* 03.05.1996 LAGE § 40 BetrVG 1972 Nr. 50 S. 3 f.; *LAG Düsseldorf* 12.04.1988 DB 1988, 1072; *Fitting* § 40 Rn. 119 [mit zutr. Differenzierung nach Taschenbuchausgabe und der Gesetzessammlung »Nipperdey I, Arbeitsrecht«]; *Wedde/DKKW* § 40 Rn. 185; **a. M.** *LAG Berlin* 05.10.1992 LAGE § 40 BetrVG 1972 Nr. 38 S. 3 ff., falls die einschlägigen Texte den Betriebsratsmitgliedern jederzeit zugänglich sind; *LAG Hamm* 15.01.1992 LAGE § 40 BetrVG 1972 Nr. 35 S. 2 f.: zwei Gesetzestexte für fünfköpfigen Betriebsrat). Zu weit geht aber das Verlangen nach einem Basiskommentar des Betriebsver-

§ 40   II. 3. Geschäftsführung des Betriebsrats

fassungsgesetzes für jedes Betriebsratsmitglied (*ArbG Düsseldorf* 18.11.2003 NZA-RR 2004, 311; *Richardi/Thüsing* § 40 Rn. 78; **a. M.** *Wedde/DKKW* § 40 Rn. 185).

159 Ein Anspruch des Betriebsrats auf **Mitnahme** der **Literatur** des Betriebs **zum häuslichen Studium** besteht grundsätzlich nicht (*LAG Düsseldorf* 14.04.1965 BB 1966, 123); bei der dem Betriebsrat überlassenen Literatur trägt er die Verantwortung für eine ordnungsgemäße Benutzung.

bb) Einzelfragen

160 Ist zu einem bestimmten Gesetz bereits ein **Kommentar** vorhanden, so kann der Betriebsrat einen weiteren verlangen, wenn jener veraltet oder ein neuerer gründlicher und für die Arbeit des Betriebsrats eine wesentlich bessere Hilfe ist. Zum Betriebsverfassungsgesetz ist ein Kommentar auf dem **neuesten Stand** unerlässlich (*BAG* 26.10.1994 EzA § 40 BetrVG 1972 Nr. 72 S. 2 = AP Nr. 43 zu § 40 BetrVG 1972 Bl. 1 R = BB 1995, 878 *[Molls]*; *Joost/* MünchArbR § 221 Rn. 38). Bei in Kürze bevorstehender Neuauflage eines erforderlichen Werkes muss der Betriebsrat bis zu deren Erscheinen abwarten (*LAG Bremen* 03.05.1996 LAGE § 40 BetrVG 1972 Nr. 50 S. 5). Es erscheint auch angemessen, dass der Betriebsrat einen weiteren Kommentar zusätzlich verlangen kann, wenn der vom Arbeitgeber zur Verfügung gestellte nach Ansicht des Betriebsrats in wichtigen Fragen eine für ihn ungünstige Auffassung vertritt (vgl. auch *Fitting* § 40 Rn. 120). Auf keinen Fall kann der Betriebsrat alle Kommentare zum Betriebsverfassungsgesetz verlangen, »auf die sich der Arbeitgeber bezieht« (so aber *Wedde/ DKKW* § 40 Rn. 188). Maßgebend ist stets die notfalls im Beschlussverfahren festzustellende Erforderlichkeit (ebenso *BAG* 26.10.1994 EzA § 40 BetrVG 1972 Nr. 72 S. 2 = AP Nr. 43 zu § 40 BetrVG 1972 Bl. 1 R = BB 1995, 878 *[Molls]*, im konkreten Fall verneint für das Begehren des Betriebsrats, neben der z. Z. der Entscheidung neuesten Aufl. des Kommentars von *Fitting/Engels/Schmidt/Trebinger/Linsenmaier* außerdem den von *Däubler/Kittner/Klebe* zu erhalten).

161 Der Betriebsrat kann nicht darauf verwiesen werden, sich ausschließlich durch Kommentare zu unterrichten, da diese neuere Entwicklungen der Rechtsprechung und der Rechtslehre jeweils nur in der folgenden Auflage und damit nicht in der für den Betriebsrat notwendigen Aktualität verarbeiten können. Deshalb kann der Betriebsrat grundsätzlich auch den Bezug einer **Fachzeitschrift** fordern (*BAG* 21.04.1983 EzA § 40 BetrVG 1972 Nr. 53 S. 261 *[Kreutz]* = AP Nr. 20 zu § 40 BetrVG 1972 Bl. 4 ff. *[Naendrup]* = SAE 1984, 266 *[Schwerdtner]*), und zwar auch dann, wenn ihm über einen Internetzugang umfassende Informationen zugänglich sind. Das über das Internet auffindbare Wissen ermöglicht nicht in gleicher Weise wie eine Fachzeitschrift den strukturierten Zugang zu arbeitsrechtlichen Problemen (*BAG* 19.03.2014 – 7 ABN 91/13 – juris, Rn. 10 f.; *Wedde/DKKW* § 40 Rn. 181, 193). Der Betriebsrat bestimmt selbst, welche Zeitschrift er benutzen will. Der Arbeitgeber hat ihm deshalb gegebenenfalls auch die vom gewerkschaftseigenen Bund-Verlag herausgegebene Zeitschrift »**Arbeitsrecht im Betrieb**« zur Verfügung zu stellen (*BAG* 21.04.1983 EzA § 40 BetrVG 1972 Nr. 53 S. 262 ff. *[zust. Kreutz]* = AP Nr. 20 zu § 40 BetrVG 1972 Bl. 4 ff. *[zust. Naendrup]* = SAE 1984, 266 *[abl. Schwerdtner]*; 19.03.2014 – 7 ABN 91/13 – juris, Rn. 10 f.; umfangreiche Nachweise zu älteren Entscheidungen der Instanzgerichte bei *Wiese* 6. Aufl., § 40 Rn. 113; vgl. ferner *Fitting* § 40 Rn. 123; *Joost/* MünchArbR § 221 Rn. 38; *Wedde/DKKW* § 40 Rn. 193; **a. M.** *LAG Baden-Württemberg* 01.09.1981 AuR 1982, 356 *[abl. Naendrup]*; *LAG Hamm* 09.11.1981 BB 1981, 2005: nicht neben »Betriebs-Berater«; *LAG Hamm* 06.01.1982 DB 1982, 961; *Glock/HWGNRH* § 40 Rn. 130). Die gegen die Entscheidung des *BAG* eingelegte Verfassungsbeschwerde wurde vom *BVerfG* (21.04.1983 EzA § 40 BetrVG 1972 Nr. 53 *[Kreutz]* = AP Nr. 20a zu § 40 BetrVG 1972) mangels Erfolgsaussicht nicht zur Entscheidung angenommen. Zur Zeitschrift »**Computer-Fachwissen für Betriebs- und Personalräte**« vgl. *LAG Düsseldorf* 30.09.1997 LAGE § 40 BetrVG 1972 Nr. 60; *ArbG Wuppertal* 19.06.1997 AiB 1997, 603; zur Zeitschrift »**Arbeit und Recht**« vgl. *ArbG Halberstadt* 17.06.1998 AuR 1998, 428.

162 Für den Bezug **mehrerer Fachzeitschriften** nebeneinander kommt es darauf an, ob diese nach ihrem Informationsprofil unterschiedliche Aspekte der Aufgabenerfüllung des Betriebsrats abdecken. Mit Recht hat das *BAG* (25.01.1995 EzA § 40 BetrVG 1972 Nr. 73 S. 3 = AP Nr. 46 zu § 40 BetrVG 1972 Bl. 2 ff. = AiB 1995, 673 *[krit. Wedde]*) die Erforderlichkeit für die Zeitschrift »Arbeit & Ökologie – Briefe« neben »Arbeitsrecht im Betrieb« und weiterer Fachliteratur auf dem Gebiet der Arbeitssicherheit und des Gesundheitsschutzes verneint (*ArbG Marburg* 08.06.1990 NZA 1991, 437 f.; *Glock/*

HWGNRH § 40 Rn. 128; **a. M.** *LAG Frankfurt a. M.* 21.03.1991 DB 1991, 1835; *Wedde/DKKW* § 40 Rn. 193). Gleiches gilt für das Begehren des Betriebsrats, neben »Arbeitsrecht im Betrieb« die Zeitschrift »Der Gegenpol« zu beziehen (*LAG Berlin* 05.10.1992 LAGE § 40 BetrVG 1972 Nr. 38 S. 1 f.).

Wieweit arbeitsrechtliche **Spezialliteratur** erforderlich ist, richtet sich zum einen nach den **konkre-** 163 **ten betrieblichen Verhältnissen**, zum anderen danach, ob die notwendigen Informationen nicht bereits der dem Betriebsrat zur Verfügung stehenden allgemeinen Literatur (z. B. Kommentaren zum BetrVG) entnommen werden können (zur Monographie von *Growe* Das Ordnungswidrigkeitenverfahren nach dem Betriebsverfassungsgesetz bejahend *ArbG Darmstadt* 05.03.1996 AiB 1996, 482; ablehnend *Hunold* AR-Blattei SD 530.10, Rn. 264; zum Arbeitsrechts-Handbuch von *Schaub* vgl. *LAG Bremen* 03.05.1996 LAGE § 40 BetrVG 1972 Nr. 50 S. 5 ff.)

Zur erforderlichen Literatur gehört **nicht** der regelmäßige Bezug der **Tagespresse** (*BAG* 29.11.1989 164 EzA § 40 BetrVG 1972 Nr. 63 S. 2 f. = AP Nr. 32 zu § 40 BetrVG 1972 Bl. 1 f.: »Handelsblatt«; *Bulla* DB 1974, 1622 [1625]; *Glock/HWGNRH* § 40 Rn. 132; *Joost/* MünchArbR § 221 Rn. 38; *Richardi/ Thüsing* § 40 Rn. 78; **a. M.** *ArbG Darmstadt* 15.10.1986 DB 1987, 746; *Wedde/DKKW* § 40 Rn. 195; *Fitting* § 40 Rn. 125: unter besonderen Umständen). Nicht erforderlich ist die Überlassung einer **Lohnabzugstabelle** oder eines Kommentars zum Lohnsteuerrecht, da der Betriebsrat für das Gebiet des Steuerrechts weder zur Beratung der Arbeitnehmer noch zur Kontrolle des Arbeitgebers zuständig ist (*LAG Düsseldorf* 22.08.1968 BB 1970, 79; *Fitting* § 40 Rn. 126; *Glock/HWGNRH* § 40 Rn. 132; *Richardi/Thüsing* § 40 Rn. 78; vgl. auch *BAG* 11.12.1973 EzA § 37 BetrVG 1972 Nr. 19 = AP Nr. 5 zu § 80 BetrVG 1972 [*Thiele*]). In Betrieben mit zahlreichen ausländischen Arbeitnehmern können fremdsprachige **Wörterbücher** erforderlich sein (*Brill* BB 1978, 1574 [1575]).

Zur Bereitstellung juristischer Fachliteratur auf **CD-Rom-Basis** vgl. 10. Auflage. 165

Zum Anschluss an das **Internet** und zu Zugriffsmöglichkeiten auf Online-Datenbanken oder Online- 166 Fachmodule vgl. Rdn. 197, 200.

d) Bekanntmachungen des Betriebsrats

Für Bekanntmachungen des Betriebsrats muss der Arbeitgeber diesem ein **Schwarzes Brett** zur Ver- 167 fügung stellen (*BAG* 21.11.1978 EzA § 40 BetrVG Nr. 41 S. 191 [*Herschel*] = AP Nr. 15 zu § 40 BetrVG 1972 Bl. 1 R; 17.02.1993 EzA § 40 BetrVG 1972 Nr. 69 S. 5 = AP Nr. 37 zu § 40 BetrVG 1972 Bl. 2 R; *Fitting* § 40 Rn. 115; *Glock/HWGNRH* § 40 Rn. 133; *Kort* NZA 1990, 598 [600]; *Richardi/Thüsing* § 40 Rn. 85; *Wedde/DKKW* § 40 Rn. 146). Die Größe des Schwarzen Brettes und die Anzahl der gegebenenfalls an verschiedenen Stellen im Betrieb anzubringenden Schwarzen Bretter richtet sich nach dem Erforderlichen, d. h. dem Umfang der Aufgaben des Betriebsrats, der wiederum von der Größe des Betriebs abhängig ist. Das Schwarze Brett muss an geeigneter Stelle angebracht werden, so dass alle Arbeitnehmer von den Bekanntmachungen Kenntnis nehmen können (vgl. dazu auch *LAG Rheinland-Pfalz* 23.09.2009 – 7 TaBV 20/09 – juris, Rn. 64 ff.).

Der **Betriebsrat entscheidet** allein **über** den **Inhalt** der **Bekanntmachungen**, bedarf also nicht der 168 Zustimmung des Arbeitgebers, jedoch muss er sich im Rahmen seiner Aufgaben halten (*LAG Baden-Württemberg* 10.11.1977 DB 1978, 799; *LAG Berlin* 23.06.1980 DB 1980, 1704; *LAG Hamburg* 06.06.1977 DB 1978, 118; *Fitting* § 40 Rn. 116; *Glock/HWGNRH* § 40 Rn. 137; *Richardi/Thüsing* § 40 Rn. 86; *Wedde/DKKW* § 40 Rn. 146; vgl. auch *BAG* 03.09.2003 – 7 ABR 12/03 – EzA § 40 BetrVG 2001 Nr. 5 S. 8 = AP Nr. 78 zu § 40 BetrVG 1972 Bl. 3 R f. = AuR 2005, 110 [*Wedde*] zur Homepage im betriebsinternen Intranet). **Unzulässig** ist daher eine **parteipolitische Propaganda** (vgl. § 74 Abs. 2 Satz 3; **a. M.** *LAG Baden-Württemberg* 24.09.1984 DB 1985, 46, für Flugblätter betr. Stationierung von Pershing II [anders dagegen die Vorinstanz *ArbG Stuttgart* 09.02.1984 DB 1984, 835]; *ArbG Essen* 04.10.1983 AuR 1984, 219, bei Aufruf des DGB zu »5 Minuten für den Frieden«), die **Werbung** für eine **Gewerkschaft** oder die **Verbreitung eines Streikaufrufs** (vgl. auch *BAG* 15.10.2013 EzA Art. 9 GG Arbeitskampf Nr. 151 Rn. 29 = AP Nr. 181 zu Art. 9 GG Arbeitskampf [*Bauer*] zur Nutzung eines E-Mail Accounts). Andererseits gehört die sachliche Information und Unterrichtung der Belegschaft über den Stand von Tarifverhandlungen zu den zulässigen tarifpolitischen Angelegenheiten im Sinne des § 74 Abs. 2 Satz 3 Halbs. 2 BetrVG (*LAG Hamm* 12.03.2004 LAG-

Rep. 2004, 320 [LS]; vgl. auch § 45 Rdn. 13). Auch § 74 Abs. 3 und das Recht der Gewerkschaften zur Werbung im Betrieb bleiben unberührt. Steht nur ein Schwarzes Brett zur Verfügung und ist die Anbringung von Werbematerial der Gewerkschaften gestattet (vgl. dazu *Franzen* § 2 Rdn. 84 ff.), so muss erkennbar sein, dass es sich nicht um Bekanntmachungen des Betriebsrats handelt. Der Betriebsrat darf auch keine **strafbaren Handlungen** (z. B. Beleidigungen) begehen. Zur Unzulässigkeit des Aushangs der Vergütungsgruppen oder Entgelthöhe der von einer personellen Maßnahme betroffenen Arbeitnehmer am Schwarzen Brett vgl. *LAG Berlin* 26.06.1986 AuR 1989, 258.

169 Außerdem ist der Betriebsrat an das **Gebot vertrauensvoller Zusammenarbeit** gebunden (§ 2 Abs. 1) und hat Anschläge zu unterlassen, durch die der Arbeitsablauf oder der Frieden des Betriebs beeinträchtigt werden (§ 74 Abs. 2 Satz 2; *LAG Berlin* 23.06.1980 DB 1980, 1704; *LAG Düsseldorf* 25.05.1976 DB 1977, 453 f., das deshalb die Veröffentlichung eines Schriftwechsels zwischen Arbeitgeber und Betriebsrat am Schwarzen Brett, der den Arbeitgeber missliebig zu machen geeignet ist, für unzulässig hält; vgl. auch *LAG Baden-Württemberg* 10.11.1977 DB 1978, 799). Das hindert ihn nicht, eine von der des Arbeitgebers abweichende Ansicht bekannt zu geben und angemessene Kritik an dessen Maßnahmen zu üben (*LAG Berlin* 23.06.1980 DB 1980, 1704; *Fitting* § 40 Rn. 116; *Glock/HWGNRH* § 40 Rn. 137; *Richardi/Thüsing* § 40 Rn. 86; *Wedde/DKKW* § 40 Rn. 147). Zu eng ist es, wenn das *LAG Baden-Württemberg* (10.11.1977 DB 1978, 799 [800]) es dem Betriebsrat verwehren will, die Belegschaft über den Rechtsstandpunkt einer Gewerkschaft zu bestimmten betriebsverfassungsrechtlichen Streitfragen aufzuklären. Dadurch soll nicht einer Gewerkschaft die Möglichkeit zu innerbetrieblicher Meinungsäußerung eröffnet werden, sondern der Betriebsrat beruft sich lediglich auf diese Stellungnahme, um seine eigene Auffassung abzusichern. Das muss unter Berücksichtigung der Unterstützungsfunktion der Gewerkschaften nach § 2 Abs. 1 zulässig sein (*Fitting* § 40 Rn. 116; *Glock/HWGNRH* § 40 Rn. 137; *Wedde/DKKW* § 40 Rn. 146).

170 Bei **unzulässigen Anschlägen** kann der Arbeitgeber vom Betriebsrat die **Entfernung** verlangen. Wird durch einen Anschlag der Tatbestand einer unerlaubten Handlung erfüllt (vor allem bei Straftaten und Persönlichkeitsrechtsverletzungen), so kann der Arbeitgeber im Wege der Notwehr bzw. Nothilfe den Anschlag verhindern bzw. nach erfolglosem Abhilfeverlangen die Beseitigung veranlassen (*LAG Berlin* 23.06.1980 DB 1980, 1704; *Fitting* § 40 Rn. 117; *Richardi/Thüsing* § 40 Rn. 87; mit Einschränkungen auch *Böhm* RdA 1974, 88 [93 f.]; *Glock/HWGNRH* § 40 Rn. 138; a. M. *Wedde/DKKW* § 40 Rn. 148 f.). Auch kommt bei Beeinträchtigung des Betriebsfriedens (vgl. § 74 Abs. 2 Satz 2) eine Beseitigung im Wege der Selbsthilfe (§ 229 BGB) in Betracht (im Ergebnis ebenso *Glock/HWGNRH* § 40 Rn. 138; a. M. *Richardi/Thüsing* § 40 Rn. 87). Liegt dagegen nur ein Zuständigkeitsverstoß des Betriebsrats vor, so kann der Arbeitgeber nicht von sich aus den Anschlag entfernen (*BAG* 03.09.2003 – 7 ABR 12/03 – EzA § 40 BetrVG 2001 Nr. 5 S. 8 = AP Nr. 78 zu § 40 BetrVG 1972 Bl. 3 R f. = AuR 2005, 110 [*Wedde*]; *LAG Hamm* 12.04.2004 LAG-Rep. 2004, 320 [LS], jeweils zur Löschung von Informationen des Betriebsrats auf dessen Homepage im betriebsinternen Intranet; *Fitting* § 40 Rn. 117; *Glock/HWGNRH* § 40 Rn. 138; *Wedde/DKKW* § 40 Rn. 148). In dringenden Fällen kann er eine einstweilige Verfügung (§ 85 Abs. 2 ArbGG) erwirken (vgl. Rdn. 233; ebenso *Richardi/Thüsing* § 40 Rn. 87).

171 Das Schwarze Brett ist **nur eines von mehreren Mitteln der Kommunikation** des Betriebsrats mit der Belegschaft. Der Informationsaustausch ist auch nicht auf die Sprechstunden des Betriebsrats sowie die Betriebs-, Abteilungs- und Jugend- und Auszubildendenversammlungen beschränkt (*BAG* 08.02.1977 EzA § 70 BetrVG 1972 Nr. 1 S. 8 = AP Nr. 10 zu § 80 BetrVG 1972 Bl. 3 R; 09.06.1999 EzA § 40 BetrVG 1972 Nr. 88 S. 6 f. = AP Nr. 66 zu § 40 BetrVG 1972 [*Kort*]; a. M. *Eich* DB 1978, 395 [398 f.]). Der Betriebsrat entscheidet vielmehr nach pflichtgemäßem Ermessen darüber, wie er seinem Recht und seiner Pflicht nachkommt, die Arbeitnehmer des Betriebs im Rahmen seines Aufgabenbereichs umfassend und pünktlich zu informieren (*BAG* 21.11.1978 EzA § 40 BetrVG 1972 Nr. 41 [*Herschel*] = AP Nr. 15 zu § 40 BetrVG 1972 Bl. 1 R [*Meisel*]; 29.04.2015 EzA § 3 BetrVG 2001 Nr. 9 Rn. 34 f. = AP Nr. 14 zu § 3 BetrVG 1972 = SAE 2016, 71 [*Vielmeier*]).

172 Er kann deshalb auch **schriftliche Mitteilungen** machen, insbesondere ein Informationsblatt in Form eines **Rundschreibens** aus konkretem Anlass herausgeben (*BAG* 21.11.1978 EzA § 40 BetrVG Nr. 41 S. 191 [*Herschel*] = AP Nr. 15 zu § 40 BetrVG 1972 Bl. 1 R [*Meisel*] = SAE 1979, 164 [*Roemheld*]; 17.02.1993 EzA § 40 BetrVG 1972 Nr. 69 S. 5 = AP Nr. 37 Bl. 2 R zu § 40 BetrVG 1972; *Fitting*

§ 40 Rn. 118; *Koch/* ErfK § 40 BetrVG Rn. 16; *Löwisch* FS *Hilger/ Stumpf*, S. 429 ff. m. w. N.; *Richardi/ Thüsing* § 40 Rn. 88; *Wedde/DKKW* § 40 Rn. 20; **a. M.** *Glock/HWGNRH* § 40 Rn. 139; zum Mitteilungsblatt des Seebetriebsrats *Franzen* § 116 Rdn. 51). Insofern ergibt sich die Kostentragungspflicht des Arbeitgebers aus **§ 40 Abs. 1**. Der Arbeitgeber trägt die Kosten jedoch nur, wenn sie **erforderlich und verhältnismäßig** sind. Nach den konkreten Verhältnissen des Betriebs muss deshalb im Einzelfall entweder eine Information dringlich und anders – z. B. durch Mitteilung am Schwarzen Brett – vor der nächsten Betriebsversammlung nicht ausreichend oder aber – z. B. wegen Schwierigkeit der Materie zur Vorbereitung einer Betriebsversammlung – überhaupt nur auf diese Weise möglich sein, und es müssen die Kosten angemessen sein (*BAG* 21.11.1978 EzA § 40 BetrVG Nr. 41 S. 191 *[Herschel]* = AP Nr. 15 zu § 40 BetrVG 1972 Bl. 1 R *[Meisel]*; *Fitting* § 40 Rn. 118; *Löwisch* FS *Hilger/ Stumpf*, S. 431 ff.; *Richardi/ Thüsing* § 40 Rn. 88). Die Herausgabe eines Rundschreibens ist auch unbedenklich, wenn dadurch der höheren Kosten einer außerordentlichen Betriebsversammlung (§ 43 Abs. 3) erspart werden (*BAG* 21.11.1978 EzA § 40 BetrVG Nr. 41 S. 191 *[Herschel]* = AP Nr. 15 zu § 40 BetrVG 1972 Bl. 1 R *[Meisel]*). Dagegen ist ein Recht des Betriebsrats zur Herausgabe eines **regelmäßig erscheinenden Informationsblattes** auf Kosten des Arbeitgebers **nicht** anzuerkennen (*BAG* 21.11.1978 EzA § 40 BetrVG Nr. 41 S. 191 *[Herschel]* = AP Nr. 15 zu § 40 BetrVG 1972 Bl. 1 R *[Meisel]* sowie die Angaben zuvor; **a. M.** *Hoffmann* AuR 1974, 266 ff., für Betriebe mit in der Regel mehr als zwanzig Arbeitnehmern). Die Kosten eines eigenen Informationsblattes des Betriebsrats sind insbesondere nicht erforderlich, wenn diesem die Möglichkeit eingeräumt wird, im Rahmen seiner Zuständigkeit in einer Werkzeitung ohne Vorzensur die Belegschaft angemessen zu unterrichten.

Für den **Inhalt** eines **zulässigen Informationsblattes** gelten die gleichen Grundsätze wie bei einem 173 Schwarzen Brett (vgl. Rdn. 168 f.; *LAG Baden-Württemberg* 10.11.1977 DB 1978, 799; *Löwisch* FS *Hilger/ Stumpf*, S. 435 f.; *Meisel* Anm. AP Nr. 15 zu § 40 BetrVG 1972 Bl. 3 R). Erforderliche Übersetzungskosten hat der Arbeitgeber zu tragen, es sei denn, dass der Inhalt des Informationsblattes gegen § 2 Abs. 1 verstößt (*Stege/Weinspach/Schiefer* § 40 Rn. 9).

Nicht erforderlich sind **Zeitungsanzeigen** des Betriebsrats (*Stege/Weinspach/Schiefer* § 40 Rn. 23; 174 **a. M.** *Wedde/DKKW* § 40 Rn. 21 [Zulässigkeit in Ausnahmefällen]). Zu **Presseerklärungen** des Betriebsrats *Müller-Borattau* NZA 1996, 1071 ff., zur **Pressefreiheit** beim Abdruck von Stellungnahmen von Mitarbeitern zur Betriebsratsarbeit in Werkzeitungen *BVerfG* 08.10.1996 EzA Art. 5 GG Nr. 23 S. 5 ff. = AP Nr. 3 zu Art. 5 Abs. 1 GG Pressefreiheit Bl. 2 R ff. = AR-Blattei ES 530.10, Nr. 85 *(Löwisch)* = AuR 1997, 293 *(Kittner)*. Der **Gesamtbetriebsrat** ist in keinem Falle berechtigt, auf Kosten des Arbeitgebers ein Informationsblatt herauszugeben; es reicht aus, wenn der Betriebsrat die Belegschaft über die Tätigkeit des Gesamtbetriebsrats unterrichtet (*BAG* 21.11.1978 EzA § 40 BetrVG Nr. 40 = AP Nr. 4 zu § 50 BetrVG 1972 Bl. 1 R f.; *Richardi/ Thüsing* § 40 Rn. 89; **a. M.** *Fitting* § 40 Rn. 118; *Wedde/DKKW* § 40 Rn. 20).

Der Betriebsrat kann – nicht erst seit der Neufassung des § 40 Abs. 2 durch das BetrVerf-Reformgesetz 175 – auch Anspruch auf Zurverfügungstellung **moderner Kommunikationstechnik** haben, um mit den Arbeitnehmern in Kontakt treten zu können. In Betracht kommen etwa eine (betriebsinterne) Homepage als moderner Fortführung des Schwarzen Bretts (*BAG* 03.09.2003 – 7 ABR 12/03 – EzA § 40 BetrVG 2001 Nr. 5 = AP Nr. 78 zu § 40 BetrVG 1972 = AuR 2005, 110 *[Wedde]*; dazu Rdn. 194), die Teilhabe am betriebsinternen elektronischen Briefverkehr sowie die Nutzung einer betriebsinternen Telefonanlage (vgl. dazu Rdn. 184, 192 ff.). Voraussetzung ist stets, dass die Inanspruchnahme der Kommunikationstechnik nach den in Rdn. 137 ff. dargestellten allgemeinen Grundsätzen unter Berücksichtigung der konkreten Verhältnisse im Betrieb sowie der konkreten Betriebsratsaufgaben erforderlich erscheint.

4. Informations- und Kommunikationstechnik

a) Grundlagen

Die Verpflichtung des Arbeitgebers, dem Betriebsrat in erforderlichem Umfang Informations- und 176 Kommunikationstechnik zur Verfügung zu stellen, ist durch das **BetrVerf-Reformgesetz** aus dem Jahre 2001 neu in den Gesetzestext aufgenommen worden. Obwohl der Gesetzgeber ausweislich der Regierungsbegründung eine »Klarstellung« beabsichtigte (vgl. die amtliche Begründung des

RegE BT-Drucks 14/5471, S. 41), hat die Auslegung Fragen aufgeworfen (*Beckschulze/Henkel* DB 2001, 1491 [1499]; *Manske* AuR 2001, 94 f.; anders *Däubler* AuR 2001, 5; *ders.* AuR 2001, 285; *Engels/Trebinger/Löhr-Steinhaus* DB 2001, 532 [538]). Schon vor der Reform bestand jedenfalls in der neueren Rechtsprechung und Literatur kein Zweifel mehr darüber, dass auch die Mittel moderner Informations- und Kommunikationstechnik im Grundsatz zu den Sachmitteln i. S. d. § 40 Abs. 2 zu rechnen sind (vgl. die Nachweise Rdn. 179). Insofern hätte es keiner Klarstellung bedurft. Der Gesetzeswortlaut ist insoweit im Übrigen nicht sonderlich gelungen, da er Sachmittel und Informations- und Kommunikationstechnik tatbestandlich nebeneinander stellt. Tatsächlich handelt es sich aber nicht nur bei den technischen Geräten selbst und namentlich der Hardware, sondern auch bei der zu deren Betrieb erforderlichen Software ihrem Wesen nach um Sachmittel und nicht um ein sonstiges Hilfsmittel des Betriebsrats, wie es die Neufassung des § 40 Abs. 2 suggeriert. In einem weiteren, wichtigeren Punkt bleibt die Funktion der Neufassung unklar: Die Auseinandersetzung drehte sich nämlich vor der Reform vor allem um die Frage, ob die **Erforderlichkeit der Zurverfügungstellung von Informations- und Kommunikationstechnik** konkret für den jeweiligen Betrieb und die Arbeit des jeweiligen Betriebsrats dargelegt werden muss – so bis zuletzt das *BAG* (12.05.1999 EzA § 40 BetrVG 1972 Nr. 87 S. 3 = AP Nr. 65 zu § 40 BetrVG 1972; weitere Nachweise Rdn. 142) – oder ob der Einsatz solcher Hilfsmittel als generell erforderliche und deshalb nicht mehr im Einzelfall zu begründende Grund- bzw. Normalausstattung angesehen werden kann (so beispielsweise *LAG Hamm* 12.02.1997 LAGE § 40 BetrVG 1972 Nr. 55; 14.05.1997 LAGE § 40 BetrVG 1972 Nr. 59). Nachdem die Neufassung den Arbeitgeber verpflichtet, Informations- und Kommunikationstechnik »in erforderlichem Umfang« zur Verfügung zu stellen, bleibt die Konkretisierung dieses unbestimmten Rechtsbegriffs wie bisher der Rechtsanwendung überlassen (ebenso *Beckschulze/Henkel* DB 2001, 1491 [1499]; *Kort* Anm. AP Nr. 75 zu § 40 BetrVG 1972 Bl. 5; *Manske* AuR 2001, 94 f.).

177 Wortlaut, Systematik und Normzweck des § 40 Abs. 2 gebieten eine **Gleichstellung der Informations- und Kommunikationstechnik mit anderen Sachmitteln.** Dem Wortlaut nach handelt es sich um eine gleichstufige Aufzählung verschiedener Hilfsmittel. Unter systematischen Gesichtspunkten ist nicht einzusehen, dass ausgerechnet im kostenträchtigen Bereich moderner Bürotechnik geringere Anforderungen an das Merkmal der Erforderlichkeit zu stellen sein sollen als bei herkömmlichen Sachmitteln (ebenso *BAG* 03.09.2003 EzA § 40 BetrVG 2001 Nr. 5 S. 5 = AP Nr. 78 zu § 40 BetrVG 1972 Bl. 2 R; 03.09.2003 EzA § 40 BetrVG 2001 Nr. 6 S. 13 = AP Nr. 79 zu § 40 BetrVG 1972 Bl. 2 R = AuR 2005, 110 *[Wedde]*; 16.05.2007 EzA § 40 BetrVG 2001 Nr. 12 Rn. 21 = AP Nr. 90 zu § 40 BetrVG 1972; insofern im Grundsatz auch *BAG* 20.01.2010 EzA § 40 BetrVG 2001 Nr. 19 Rn. 11 = AP Nr. 99 zu § 40 BetrVG 1972 *[Kossens]*). Der Normzweck des § 40 Abs. 2 schließlich gebietet wie bei anderen Hilfsmitteln des Betriebsrats auch eine durch den Maßstab konkreter Erforderlichkeit umrissene Belastung des Arbeitgebers mit den Kosten der Betriebsratstätigkeit. Durch die Neufassung hat sich deshalb an den in Rdn. 142 ff. dargestellten strukturellen Leitlinien für die Interpretation des Merkmals der Erforderlichkeit auch in Bezug auf die moderne Informations- und Kommunikationstechnik im Grundsatz nichts geändert: Es kommt weiterhin auf die **konkreten Verhältnisse des einzelnen Betriebs und die Arbeit des einzelnen Betriebsrats** an (ebenso *Hunold* NZA 2004, 370 f.; *ders.* AR-Blattei SD 530.10, Rn. 265 ff.; *Kort* Anm. AP Nr. 75 zu § 40 BetrVG 1972 Bl. 5; *Neu* Einsatz moderner Kommunikationsmittel, S. 72 f.; *Reichold/HWK* § 40 BetrVG Rn. 33). Weder kann der Betriebsrat sich zur Begründung der Erforderlichkeit auf eine von den Verhältnissen des konkreten Betriebs losgelöste Grund- oder Normalausstattung berufen, noch kann er die Erforderlichkeit allein mit einer Erleichterung seiner Tätigkeit begründen, noch kann er sich schließlich pauschal auf das Ausstattungsniveau des Arbeitgebers berufen (vgl. aber *Fitting* § 40 Rn. 127; *Wedde/DKKW* § 40 Rn. 164). Sämtliche Kriterien sind wie bisher lediglich in die Gesamtabwägung im Rahmen der Erforderlichkeitsprüfung einzubeziehen (vgl. Rdn. 143 f.).

178 Die ausdrückliche Integration der Informations- und Kommunikationstechnik in die Vorschrift des § 40 Abs. 2 **bestätigt** deshalb zunächst lediglich **den Stand der Diskussion**, wonach der Arbeitgeber auch zur Bereitstellung von Mitteln moderner Bürotechnik verpflichtet sein kann. Darüber hinaus ermöglicht die weite Fassung des Gesetzestextes aber **auch die Einbeziehung künftiger technischer Fortentwicklungen** in diesem Bereich. Für die zukünftige Interpretation des Merkmals der Erforderlichkeit ist zu berücksichtigen, dass der Gesetzgeber in dem Bestreben um eine Verbesserung der Arbeitsbedingungen von Betriebsräten ein Signal zugunsten der Teilhabe des Betriebsrats an den Errungenschaften des technischen Fortschritts im Bereich der Informations- und Kommunikationstechnik gesetzt hat (vgl. auch *Hanau* RdA 2001, 65 [71]). § 40 Abs. 2 erhält auf diese Weise gleichsam einen dynamischen Charakter (vgl. insoweit auch *Tamm* PersV 2015, 324 [325]; *Wedde/DKKW* § 40 Rn. 162).

b) Informationstechnik

Nach den in Rdn. 137 ff., 176 ff. dargelegten Maßstäben kann die Überlassung eines **Personalcomputers** (nebst Druckers) erforderlich sein, wenn der Betriebsrat diesen unter **Berücksichtigung der betrieblichen Verhältnisse für seine konkrete Tätigkeit benötigt**, um diese bewältigen zu können. Die Rechtsprechung lag lange Zeit auch auf dieser Linie (vgl. u. a. *BAG* 11.03.1998 EzA § 40 BetrVG 1972 Nr. 81 S. 2 ff. *[Richardi/Annuß]* = AP Nr. 57 zu § 40 BetrVG 1972 = SAE 1999, 70 *[Kraft]*; 12.05.1999 EzA § 40 BetrVG 1972 Nr. 87 S. 3 = AP Nr. 65 zu § 40 BetrVG 1972 *[Kort]*; 16.05.2007 EzA § 40 BetrVG 2001 Nr. 12 Rn. 24 ff. = AP Nr. 90 zu § 40 BetrVG 1972; vgl. ferner *Besgen* NZA 2006, 959 [961]; *Glock/HWGNRH* § 40 Rn. 116; *Gola/Wronka* NZA 1991, 790; *Koch/ErfK* § 40 BetrVG Rn. 16; *Kort* NZA 1990, 598; *Reichold/HWK* § 40 BetrVG Rn. 35; *Schiefer/Worzalla* NZA 2011, 1396 [1400]; *Weber* NZA 2008, 280). Nachdem das *BAG* aber inzwischen davon ausgeht, dass die Nutzung des **Internets** in der Regel der gesetzlichen Aufgabenerfüllung des Betriebsrats dient und eine konkrete Darlegung der Erforderlichkeit im Rahmen des Beurteilungsspielraums des Betriebsrats nicht mehr geboten ist (*BAG* 20.01.2010 EzA § 40 BetrVG 2001 Nr. 19 Rn. 11 = AP Nr. 99 zu § 40 BetrVG 1972 *[Kossens]*), besteht **regelmäßig** ein Anspruch auf Zurverfügungstellung der dazu notwendigen Hardware und deshalb auch **eines Personalcomputers** (zust. *LAG Köln* 23.01.2013 – 5 TaBV 7/12 – juris Rn. 52; *Fitting* § 40 Rn. 131; *Wedde/DKKW* § 40 Rn. 169 ff.; *Weyand* jurisPR-ArbR 41/2007 zum Personalvertretungsrecht vgl. *Vogelgesang* PersV 2008, 444 [448]). Das muss dann auch für Kleinbetriebe gelten, bei denen allenfalls Kostengesichtspunkte noch eine Rolle spielen könnten (vgl. etwa *LAG Nürnberg* 04.11.2009 – 4 TaBV 44/09 – juris, Rn. 46; *Tamm* PersV 2015, 324 [326 f.]; anders früher *BAG* 11.03.1998 EzA § 40 BetrVG 1972 Nr. 81 S. 5 = AP Nr. 57 zu § 40 BetrVG 1972). Zu den vom Betriebsrat im Rahmen seines Beurteilungsspielraums zu berücksichtigenden betrieblichen Interessen vgl. Rdn. 198.

Zu Einzelfällen der **Erforderlichkeit** auf der Basis der **früheren Rechtsprechung** vgl. 10. Auflage.

Der Betriebsrat kann nicht den **jeweils schnellsten Rechner** beanspruchen; erforderlich wird eine Neuanschaffung regelmäßig vor allem dann sein, wenn die erforderliche Software eine bestimmte Rechnerstärke benötigt (*Beckschulze* DB 1998, 1815 [1816]; *Tamm* PersV 2015, 324 [327]). Die Anschaffung eines tragbaren Computers **(Notebook, Laptop)** ist jedenfalls dann nicht erforderlich, wenn der Betriebsrat seine Aufgaben auch mit den regelmäßig kostengünstigeren stationären Einheiten erledigen kann (*LAG Köln* 17.10.1997 LAGE § 40 BetrVG 1972 Nr. 58; *Hess. LAG* 25.07.2016 – 16 TaBV 219/15 – juris, Rn. 27; *Beckschulze* DB 1998, 1815 [1816]; *Junker/Band/Feldmann* BB 2000, Beil. Nr. 10, S. 14 [18]). Namentlich bei Betriebsratsmitgliedern, die im Außendienst tätig sind oder die zahlreiche auswärtige Filialen zu betreuen haben, wird eine Nutzung der technischen Infrastruktur eines Betriebsratsbüros häufig nicht ausreichen, so dass ein Anspruch auf ein Laptop zu bejahen ist (*LAG Köln* 13.12.2011 – 11 TaBV 59/11 – juris, Rn. 14; *Besgen* NZA 2006, 959 [961]; *Fitting* § 40 Rn. 132; *Fuhlrott/Reiß*, ArbRAktuell 2013, 353 [355]; *Reichold/HWK* § 40 BetrVG Rn. 35; *Wedde/DKKW* § 40 Rn. 177).

Steht dem Betriebsrat ein Personalcomputer zur Verfügung, hat er (als Teil der verantwortlichen Stelle i. S. d. BDSG) die Vorgaben des **Datenschutzrechts** zu beachten (*BAG* 03.06.2003 EzA § 89 BetrVG 2001 Nr. 1 S. 12 = AP Nr. 1 zu § 89 BetrVG 1972; 12.08.2009 EzA § 34 BetrVG 2001 Nr. 1 Rn. 27 = AP Nr. 2 zu § 34 BetrVG 1972; 18.07.2012 EzA § 40 BetrVG 2001 Nr. 23 Rn. 31 = AP Nr. 109 zu § 40 BetrVG 1972; *Kort* NZA 2010, 1267 [1269]; *Kramer/WHW* C I Rn. 47 ff.; *Krichel* NZA 1989, 668 [670]; *Leuze* ZTR 2002, 558 [562 f.]; a. M. *Richardi/Thüsing* § 40 Rn. 76; vgl. dazu auch *Fuhlrott/Reiß* ArbRAktuell 2013, 353 [355]; *Kohn* juris PR-ITR 2/2013 Anm. 6). Selbstverständlich darf er mittels eines ihm zur Verfügung stehenden Personalcomputers weder betriebliche Daten abrufen, auf deren Kenntnisnahme er auch sonst keinen Anspruch hat, noch Zugriff auf elektronisch gespeicherte Daten der Personalakten von Arbeitnehmern nehmen, da dem Betriebsrat unter keinem denkbaren Aspekt insoweit ein eigenes Einsichtsrecht zusteht (*Franzen* § 83 Rdn. 30). Auch ein Online-Zugriff auf **Datenverarbeitungsverfahren** des Arbeitgebers kann nicht auf § 40 Abs. 2 gestützt werden, da es dort nicht um den Zugang zu Informationen geht, sondern um technische Mittel zur datengestützten Kommunikation und Informationsbeschaffung (*Kort* NZA 2010, 138). Zum Auskunftsanspruch aus § 80 Abs. 2 Satz 2 vgl. § 80 Rdn. 103, 122.

c) Kommunikationstechnik
aa) Telefon

183 Zur nunmehr ausdrücklich in § 40 Abs. 2 genannten Kommunikationstechnik gehört zunächst das schon bisher als Sachmittel grundsätzlich zur Verfügung zu stellende Telefon. Der Betriebsrat kann jedenfalls in größeren Betrieben einen **Telefonanschluss** verlangen (a. M. *Richardi/Thüsing* § 40 Rn. 72). In kleineren Betrieben kann die Mitbenutzung des betrieblichen Fernsprechers ausreichend sein, sofern sichergestellt ist, dass der Betriebsrat diesen unter Berücksichtigung betrieblicher Belange ungestört benutzen kann (*LAG Rheinland-Pfalz* 09.12.1991 NZA 1993, 426; *Fitting* § 40 Rn. 128; *Glock/HWGNRH* § 40 Rn. 112; *Junker/Band/Feldmann* BB 2000, Beil. Nr. 10, S. 14 [18]; *Koch/ErfK* § 40 BetrVG Rn. 16; *Kort* Anm. AP Nr. 66 zu § 40 BetrVG 1972 Bl. 11; *Reichold/HWK* § 40 BetrVG Rn. 34; *Richardi/Thüsing* § 40 Rn. 72; *Wedde/DKKW* § 40 Rn. 133). Soweit ein Anspruch des Betriebsrats auf einen Telefonanschluss besteht, bedeutet dies nicht, dass dieser von der Telefonanlage des Arbeitgebers unabhängig sein muss. Es reicht aus, wenn der Betriebsrat über einen Nebenstellenanschluss die erforderlichen Gespräche führen kann. Das gilt auch dann, wenn über die Telefonanlage technisch eine Speicherung und Auswertung der Zielnummern möglich wäre, solange für eine derartige Vorgehensweise des Arbeitgebers keine konkreten Anhaltspunkte bestehen (*BAG* 20.04.2016 EzA § 40 BetrVG 2001 Nr. 28 Rn. 27 f. = AP Nr. 113 zu § 40 BetrVG 1972 [*Weber*]; *Beckschulze* DB 1998, 1815 [1817]; vgl. aber zur Kommunikation innerhalb eines Unternehmens mit verstreuten Betriebsteilen noch Rdn. 184). Ist der Arbeitgeber verpflichtet, einen Telefonanschluss zur Verfügung zu stellen, trägt er neben den über § 40 Abs. 2 im Rahmen der Bereitstellung anfallenden Kosten gemäß § 40 Abs. 1 diejenigen Kosten, die für erforderliche Telefongespräche anfallen (*BAG* 27.05.1986 EzA § 87 BetrVG 1972 Kontrolleinrichtung Nr. 16 S. 167 = AP Nr. 15 zu § 87 BetrVG 1972 Überwachung Bl. 9 R f.).

184 In Betrieben mit weit verstreuten Filialen kann der Betriebsrat verlangen, die **Telefonanlage** technisch so schalten zu lassen, dass eine unmittelbare Kommunikation zwischen den Arbeitnehmern und jedem einzelnen Betriebsratsmitglied möglich ist (*BAG* 09.06.1999 EzA § 40 BetrVG 1972 Nr. 88 S. 5 ff. = AP Nr. 66 zu § 40 BetrVG 1972 [*Kort*]; 09.12.2009 EzA § 40 BetrVG 2001 Nr. 17 = AP Nr. 97 zu § 40 BetrVG 1972 [Anm. I: *Weber*; Anm. II: *Wedde*]; *Fitting* § 40 Rn. 128; *Junker/Band/Feldmann* BB 2000, Beil. Nr. 10, S. 14 [18]; *Klebe/Wedde* DB 1999, 1954 [1957 f.]; *Koch/ErfK* § 40 BetrVG Rn. 16; *Reichold/HWK* § 40 BetrVG Rn. 34; *Wedde/DKKW* § 40 Rn. 132). Gegebenenfalls müssen den Betriebsratsmitgliedern an ihren Arbeitsstätten Telefone mit Amtsleitungen zur Verfügung gestellt werden. Der **Betriebsrat** muss also von sich aus die Arbeitnehmer in den Filialen direkt anwählen können (*BAG* 09.06.1999 EzA § 40 BetrVG 1972 Nr. 88 S. 5 ff. = AP Nr. 66 zu § 40 BetrVG 1972 [*Kort*]), umgekehrt muss auch **jedes einzelne Betriebsratsmitglied** an seinem Arbeitsplatz telefonisch erreichbar sein (*BAG* 27.11.2002 EzA § 40 BetrVG 2001 Nr. 1 = AP Nr. 76 zu § 40 BetrVG 1972; 27.11.2002 EzA § 40 BetrVG 2001 Nr. 2 = AP Nr. 75 zu § 40 BetrVG 1972 [*Kort*]). Die Freischaltung muss auch in Verkaufsstellen erfolgen, in denen kein Betriebsratsmitglied beschäftigt ist, so dass **Arbeitnehmer die interne Telefonanlage nutzen können**, um mit dem Betriebsrat zu kommunizieren. Sie dürfen nicht darauf verwiesen werden, ihren Privatanschluss, ein Mobilfunktelefon oder einen öffentlichen Fernsprecher zu benutzen (*BAG* 09.12.2009 EzA § 40 BetrVG 2001 Nr. 17 Rn. 20 = AP Nr. 97 zu § 40 BetrVG 1972 [Anm. I: *Weber*; Anm. II: *Wedde*]; *Wedde/DKKW* § 40 Rn. 132; anders noch *BAG* 27.11.2002 EzA § 40 BetrVG 2001 Nr. 1 S. 8 f. = AP Nr. 76 zu § 40 BetrVG 1972; 27.11.2002 – 7 ABR 45/01 – juris, Rn. 26 ff.; dazu *Bieder* SAE 2010, 257 [260 f.]). Die Kommunikation zwischen Betriebsrat und Arbeitnehmern ist darüber hinaus aber nicht auf die interne Telefonanlage beschränkt, sondern jedes Betriebsratsmitglied hat auch das Recht, dass die ihm zur Verfügung stehende Anlage auch mit einer **Amtsleitung** versehen wird (*BAG* 19.01.2005 – 7 ABR 24/04 – juris, Rn. 20 ff.).

Im Rahmen der Erfüllung seiner Aufgaben kann auch ein **Gesamtbetriebsrat** auf der Basis seiner 185
originären Zuständigkeit für betriebsratslose Betriebe nach § 50 Abs. 1 Satz 1 Halbsatz 2 einen Anspruch auf Freischaltung von Telefonapparaten in verstreuten Verkaufsstellen ohne örtlichen Betriebsrat haben (*BAG* 09.12.2009 EzA § 40 BetrVG 2001 Nr. 17 Rn. 21 ff. = AP Nr. 97 zu § 40 BetrVG 1972 [Anm. I: *Weber*; Anm. II: *Wedde*]; *Wedde/DKKW* § 40 Rn. 133; i. E. auch *Bieder* SAE 2010, 257 ff.).

Die Bereitstellung von **Mobiltelefonen** konnte früher nur bei Vorliegen besonderer Umstände als er- 186
forderlich betrachtet werden (vgl. dazu *LAG Hamm* 14.05.2010 NZA-RR 2010, 533 Rn. 89; 20.05.2011 LAGE § 40 BetrVG 2011 Nr. 16 Rn. 56; *LAG Sachsen-Anhalt* 23.06.2010 – 4 TaBV 4/10 – juris, Rn. 58; *Besgen* NZA 2006, 959 [960]; *Beckschulze* DB 1998, 1815 [1817]; *Fitting* § 40 Rn. 128a; *Fuhlrott/Reiß*, ArbRAktuell 2013, 353 [355]; *Junker/Band/Feldmann* BB 2000, Beil. Nr. 10, S. 14 [19]; *Neu* Einsatz moderner Kommunikationsmittel, S. 80 f.; *Reichold/HWK* § 40 BetrVG Rn. 34; *Schiefer/Borchard* DB 2016, 770 [774]; *Tamm* PersV 2015, 324 [330]; weitergehend *Hess. LAG* 28.22.2011 NZA-RR 2012, 307 Rn. 16, das allein auf die Nützlichkeit von Mobiltelefonen und Kostengesichtspunkte abstellt). Ein solcher Fall lag etwa vor, wenn ein Betriebsratsmitglied häufig nur unterwegs erreichbar, weil es regelmäßig im Außendienst tätig ist oder weit auseinander liegende Betriebsratsbüros ohne eigene Betriebsratsbüros zu betreuen hat (*ArbG Frankfurt* 12.08.1997 AiB 1998, 223; *ArbG Karlsruhe* 11.06.2008 – 4 BV 15/07 – juris; *Besgen* NZA 2006, 959 [960]; *Fitting* § 40 Rn. 128; *Hunold* NZA-RR 1999, 113 [115]; *Klebe/Wedde* DB 1999, 1954 [1958]; *Wedde/ DKKW* § 40 Rn. 137; enger *Beckschulze* DB 1998, 1815 [1817]; *Reichold/HWK* § 40 BetrVG Rn. 34). Angesichts der heutigen Verbreitung mobiler Endgeräte und der damit einhergehenden Änderung der Kommunikationsformen wird man inzwischen den Betriebsrat in der Regel nicht mehr auf stationäre Endgeräte verweisen können; vgl. auch *Richardi/Thüsing* § 40 Rn. 75; *Wedde/DKKW* § 40 Rn. 137; enger noch 10. Aufl.). Auch ein **Anrufbeantworter** wird heute in der Regel erforderlich sein, um die telefonische Erreichbarkeit des Betriebsrats zu gewährleisten (*Wedde/DKKW* § 40 Rn. 134; vgl. dazu früher *BAG* 15.11.2000 – 7 ABR 9/99 – juris, Rn. 21 f. für einen Betrieb mit räumlich voneinander entfernten Verkaufsstellen, in dem ein Großteil der Arbeitnehmer teilzeitbeschäftigt in Verkaufsstellen mit unterschiedlichen Öffnungszeiten tätig war).

Ob der Betriebsrat einen Anspruch auf Zurverfügungstellung jeweils aktueller **Weiterentwicklun-** 187
gen der Kommunikationstechnik hat, richtet sich nach dem Maßstab der Erforderlichkeit und den konkreten Umständen im Betrieb (vgl. dazu etwa *Besgen* NZA 2006, 959 [960] zu Blackberry oder Handheld; zu Smartphones *Hess. LAG* 13.03.2017 – 16 TaBV 212/16 – juris Rn. 28 f; *Wedde/ DKKW* § 40 Rn. 138, 177; zu Funkmodem-Karten *Wedde/DKKW* § 40 Rn. 139). Jedenfalls hat der Betriebsrat keinen generellen Anspruch auf bestmögliche und modernste Technik. Wie sonst auch ist Nützlichkeit nicht mit Erforderlichkeit gleichzusetzen (vgl. auch Rn. 117).

Ein **Abhören** der **Telefongespräche** von Betriebsratsmitgliedern ist schon aus persönlichkeitsrecht- 188
lichen Erwägungen unzulässig (*Wiese* ZfA 1971, 273 [287 ff.]), ist aber auch ein Verstoß gegen § 78 Satz 1 (ebenso *Fitting* § 40 Rn. 129). Zur Strafbarkeit der Verhinderung und aktiven Unterbrechung von Telefongesprächen des Betriebsrats vgl. *AmtsG Passau* AiB 1992, 42. Zum Zugriff des Arbeitgebers auf Daten des Betriebsrats und zur Frage des Anspruchs des Betriebs auf spezielle **Verschlüsselungssoftware** beim Einsatz von Personalcomputern im betriebseigenen Firmennetz vgl. Rdn. 199.

Der Anschluss des Telefons an eine Computeranlage, welche die Anzahl der **Gebühreneinheiten** der 189
vom Betriebsrat geführten Telefongespräche registriert, ist zulässig (im Ergebnis ebenso *BAG* 27.05.1986 EzA § 87 BetrVG 1972 Kontrolleinrichtung Nr. 16 = AP Nr. 15 zu § 87 BetrVG 1972 Überwachung Bl. 9 R f.; *Besgen* NZA 2006, 959 [960]; *Färber/Kappes* BB 1986, 520 [523]; *Fitting* § 40 Rn. 129; *Glock/HWGNRH* § 40 Rn. 112; *Koch*/ErfK § 40 BetrVG Rn. 16; *Neu* Einsatz moderner Kommunikationsmittel, S. 267; *Richardi/Thüsing* § 40 Rn. 72; **a. M.** *ArbG Hamburg* 09.07.1984 DB 1985, 599 [601]; *Hexel/Oberhofer* BetrR 1985, 289 [342]; *Schumann* AiB 1985, 89 [90]; *Wedde/ DKKW* § 40 Rn. 136; *Wohlgemuth/Mostert* AuR 1986, 138 [146]; zum Personalvertretungsrecht *Botterweck* PersR 1984, 12 f.; *Wahlers* PersV 1983, 225 [229 f.]). Vom Betriebsrat kann verlangt werden, dass er die Erforderlichkeit von Telefongesprächen glaubhaft macht (ebenso *Glock/HWGNRH* § 40 Rn. 112; *Tamm* PersV 2015, 324 [329]; vgl. auch *BAG* 27.05.1986 EzA § 87 BetrVG 1972 Kontrolleinrichtung Nr. 16 S. 167 = AP Nr. 15 zu § 87 BetrVG 1972 Überwachung Bl. 9 R f.), ohne dass er

diese im Einzelnen darzulegen braucht (*ArbG Heide* 01.06.1972 ARSt. 1973, 99). Die Erfassung der **Zielnummer** ist nicht zulässig (*Fitting* § 40 Rn. 129; *Neu* Einsatz moderner Kommunikationsmittel, S. 268 f.; **anders** noch 10. Aufl. und die frühere, auf heute nicht mehr relevante Kostengesichtspunkte abstellende Rechtsprechung des *BAG* 01.08.1990 AP Nr. 20 zu Art. 56 ZA-NATO-Truppenstatut Bl. 2 R ff.; 18.01.1989 – 7 ABR 38/87 – juris).

190 Soweit es sich um **sonstige Dienstgespräche** von **Betriebsratsmitgliedern außerhalb** ihrer **Betriebsratstätigkeit** sowie um **Privatgespräche** aus **dienstlichem Anlass** oder um **reine Privatgespräche** handelt, gelten für die Speicherung von Telefondaten die gleichen Voraussetzungen wie bei anderen Arbeitnehmern (*BAG* 27.05.1986 EzA § 87 BetrVG 1972 Kontrolleinrichtung Nr. 16 S. 151 ff. = AP Nr. 15 zu § 87 BetrVG 1972 Überwachung Bl. 3 ff.; zur Mitbestimmung des Betriebsrats s. *Wiese/Gutzeit* § 87 Rdn. 506 ff.).

bb) Telefax

191 Ein Anspruch auf Bereitstellung eines **Telefax-Geräts** besteht, wenn dies nach den betrieblichen Verhältnissen für die Arbeit des Betriebsrats erforderlich ist (*BAG* 15.11.2000 – 7 ABR 9/99 – juris, Rn. 29 ff.; *Fitting* § 40 BetrVG Rn. 130; weitere Einzelfälle: *LAG Hamm* 14.05.1997 BB 1997, 2052; *LAG Niedersachsen* 27.05.2002 LAGE § 40 BetrVG 2001 Nr. 2; *LAG Rheinland-Pfalz* 19.09.1995 LAGE § 40 BetrVG 1972 Nr. 52; 08.10.1997 LAGE § 40 BetrVG 1972 Nr. 61). In kleineren Betrieben kann die Mitbenutzung des betrieblichen Geräts ausreichend sein, wenn die Vertraulichkeit gewährleistet ist (*Wedde/DKKW* § 40 Rn. 130; vgl. auch *Besgen* NZA 2006, 959 [960] sowie zur Mitbenutzung eines Druckers *LAG Hamm* 18.06.2010 NZA-RR 2010, 521).

cc) »Neue Kommunikations- und Informationsmittel«

192 Wenn in einem Betrieb die **innerbetriebliche Kommunikation** im Wesentlichen auf der Basis eines vom Arbeitgeber eingerichteten **E-Mail-Systems** erfolgt, kann der Betriebsrat dessen Mitbenutzung verlangen. In diesem Fall bestimmt das Ausstattungsniveau des Arbeitgebers die betrieblichen Verhältnisse, unter denen die Betriebsratsarbeit erfolgen muss (vgl. Rdn. 143 f.). Der Betriebsrat kann für den Kontakt mit den Arbeitnehmern nicht auf das klassische Schwarze Brett oder auch herkömmliche Rundschreiben verwiesen werden (*LAG Baden-Württemberg* 26.09.1997 DB 1998, 887; vgl. auch *LAG Schleswig-Holstein* 08.10.2015 – 5 TaBV 23/15 – juris, Rn. 38 ff. [Einrichtung eines eigenen externen Funktionspostfachs]; *Beckschulze/Henkel* DB 2001, 1491 [1499]; *Däubler* Gläserne Belegschaften 4. Aufl. 2002, Rn. 642; *ders.* Internet und Arbeitsrecht, Rn. 476 ff.; *Fischer* BB 1999, 1920 [1920]; *Fitting* § 40 Rn. 133a; *Hilber/Frik* RdA 2002, 89 [95 f.]; *Junker/Band/Feldmann* BB 2000, Beil. Nr. 10, S. 14 [19]; *Klebe/Wedde* DB 1999, 1954 [1959 f.]; *Löwisch/LK* § 40 Rn. 29; *Reichold/HWK* § 40 BetrVG Rn. 36; *Wedde/DKKW* § 40 Rn. 141 ff.; dazu ausf. *Jansen* Die elektronische Kommunikation in der Betriebsverfassung, S. 150 ff.; **a. M.** im Jahre 1993 noch *BAG* 17.02.1993 EzA § 40 BetrVG 1972 Nr. 69 S. 5 ff. = AP Nr. 37 zu § 40 BetrVG 1972 Bl. 1 R ff. = SAE 1994, 78 *[Peterek]*). Zum **Online-Anschluss** s. Rdn. 197 ff.

193 Stellt der Arbeitgeber dem Betriebsrat einen E-Mail Account zur Verfügung, darf dieser nur für Betriebsratsarbeit genutzt werden. Die **Versendung von Streikaufrufen einer Gewerkschaft** muss der Arbeitgeber nicht dulden, § 74 Abs. 2 Satz 1 Halbs. 1 BetrVG (*BAG* 15.10.2013 EzA Art. 9 GG Arbeitskampf Nr. 151 Rn. 29 = AP Nr. 181 zu Art. 9 GG Arbeitskampf *[Bauer]*; *Fitting* § 40 Rn. 133).

194 Der Arbeitgeber kann dazu verpflichtet sein, dem Betriebsrat zur Information der Belegschaft eine eigene **Homepage im betriebseigenen Intranet** zur Verfügung zu stellen, die dann die Funktion eines »Schwarzen Bretts« übernimmt (*BAG* 03.09.2003 – 7 ABR 12/03 – EzA § 40 BetrVG 2001 Nr. 5 = AP Nr. 78 zu § 40 BetrVG 1972 = CR 2004, 451 *[Klasen]* = AuR 2005, 110 *[Wedde]*; *Beckschulze/Henkel* DB 2001, 1491 [1499]; *Besgen* NZA 2006, 959 [961 f.]; *Däubler* AuR 2001, 285; *Däubler* Internet und Arbeitsrecht, Rn. 487; *Fitting* § 40 Rn. 133; *Glock/HWGNRH* § 40 Rn. 135; *Hilber/Frik* RdA 2002, 89 [96]; *Hunold* NZA-RR 1999, 113 [114]; *Jansen* Die elektronische Kommunikation in der Betriebsverfassung, S. 144 ff.; *Junker/Band/Feldmann* BB 2000, Beil. Nr. 10, S. 14 [19]; *Reichold/HWK* § 40 BetrVG Rn. 36; *Tamm* PersV 2015, 324 [331]; *Wedde/DKKW* § 40 Rn. 150; *ders.*

AuR 2003, 313 f.; zum Personalvertretungsrecht vgl. *Vogelgesang* PersV 2008, 444 [449 f.]). Das gilt jedenfalls dann, wenn die betriebsinterne Kommunikation per Intranet in dem betreffenden Betrieb gängig ist oder ein großer Teil der Arbeitnehmer auf Telearbeitsplätzen beschäftigt ist und deshalb keinen kontinuierlichen Zugang zum herkömmlichen »Schwarzen Brett« mehr hat (*BAG* 03.09.2003 – 7 ABR 12/03 – EzA § 40 BetrVG 2001 Nr. 5 S. 6 f. = AP Nr. 78 zu § 40 BetrVG 1972; **krit.** *Jansen* BB 2003, 1726 [1727]; *Mühlhausen* NZA 1999, 136 [138 f.]; *Richardi/Thüsing* § 40 Rn. 90). Im Falle eines **betriebsübergreifendes Intranets** ist allerdings (etwa mittels Passworts) sicherzustellen, dass der Zugang zu der Homepage eines örtlichen Betriebsrats nur für Betriebsangehörige eröffnet ist. Andernfalls wäre dem Grundsatz der Erforderlichkeit nicht Genüge getan, der den Arbeitgeber nur zur Bereitstellung aufgabenbezogener Hilfsmittel verpflichtet: Die Homepage als Informationsplattform eines örtlichen Betriebsrats dient lediglich der Kommunikation mit den von diesem vertretenen Mitarbeitern (im Ergebnis ebenso *BAG* 01.12.2004 EzA § 40 BetrVG 2001 Nr. 8; *Hess. LAG* 20.11.2003 LAG-Rep. 2004, 146; *Besgen* FS *Leinemann*, S. 471 [478]; *Neu* Einsatz moderner Kommunikationsmittel, S. 97 f.; **a. M.** *LAG Rheinland-Pfalz* 14.03.2003 NZA-RR 2004, 310 f.).

Der Betriebsrat kann, solange nicht besondere betriebliche Strukturen dies rechtfertigen, grundsätzlich nicht die Einrichtung einer **Homepage oder auch einer Facebook-Seite im öffentlich zugänglichen Internet** verlangen. Weder besteht im Aufgabenbezug noch muss es der Arbeitgeber hinnehmen, dass betriebsinterne Informationen nach außen gelangen (*ArbG Paderborn* 29.01.1998 DB 1998, 678 = AuR 1998, 342 *[Dübbers]*; *Beckschulze* DB 1998, 1815 [1816]; *Glock/HWGNRH* § 40 Rn. 136; *Jansen* Die elektronische Kommunikation in der Betriebsverfassung, S. 178; *Reichold/HWK* § 40 BetrVG Rn. 36; *Richardi/Thüsing* § 40 Rn. 77, 91; *Tamm* PersV 2015, 324 [331]; **a. M.** *Schwipper* Öffentliche Meinungsäußerunge des Betriebsrats und seiner Mitglieder – Zulässigkeit und Grenzen [Diss. Osnabrück], 2012, S. 172 ff.; für eine Absicherung mittels Passworts *Besgen* NZA 2006, 959 [962], der andererseits aber auf den Verhältnismäßigkeitsgrundsatz verweist; *Wedde/DKKW* § 40 Rn. 150, 152). **195**

Soweit dem Betriebsrat eine Homepage im Intranet zur Verfügung gestellt ist, gelten für deren **Inhalt die gleichen Maßstäbe wie beim herkömmlichen Schwarzen Brett** (vgl. Rdn. 168 f.). Der Betriebsrat hat zwar keinen Anspruch auf einen selbstverwalteten Zugang zum Intranet. Der Arbeitgeber ist aber zur Vorzensur nicht berechtigt, solange nicht die Voraussetzungen der Notwehr oder Nothilfe vorliegen, auch nicht dazu, einseitig von ihm für unzulässig gehaltene Seiten zu löschen, sondern er muss seinen Anspruch auf Entfernung gerichtlich, notfalls im Wege des einstweiligen Rechtsschutzes geltend machen (*BAG* 03.09.2003 – 7 ABR 12/03 – EzA § 40 BetrVG 2001 Nr. 5 S. 8 = AP Nr. 78 zu § 40 BetrVG 1972 Bl. 3 R f. = AuR 2005, 110 *[Wedde]*; *LAG Hamm* 12.04.2004 LAG-Rep. 2004, 320 [LS]; *Hess. LAG* 05.11.2009 – 9 TaBV 241/08 – juris, Rn. 30 f.; vgl. auch *Jansen* Die elektronische Kommunikation in der Betriebsverfassung, S. 148 f.). **196**

Ein Anspruch des Betriebsrats gegen den Arbeitgeber, die ihm zur Verfügung gestellten Personalcomputer an das **Internet** anzuschließen, bestand nach dem Beschluss des *BAG* vom 23.08.2006 (AP Nr. 88 zu § 40 BetrVG 1972) nicht schon allein deshalb, weil das Internet eine geeignete Quelle zur Beschaffung von Informationen darstellt. Maßgeblich seien die **konkreten betrieblichen Verhältnisse** (*BAG* 23.08.2006 AP Nr. 88 zu § 40 BetrVG 1972 Rn. 12 ff.; ebenso *Beckschulze* BB 2003, 2777 [2784]; *Besgen* NZA 2006, 959 [962]; *ders.* SAE 2011, 102; *Hilber/Frik* RdA 2002, 89 [96]; *Hunold* NZA 2004, 370 ff.; *ders.* BB 2004, 559 f.; *Weber* NZA 2008, 280 ff.; vgl. zu den allgemeinen Maßstäben der Erforderlichkeitsprüfung auch Rdn. 137 ff., 176 ff.). **197**

Inzwischen bejaht das *BAG* den Anspruch aber **generell** und **ohne einzelfallbezogene Darlegung**. Das Internet biete im Vergleich zu herkömmlichen Erkenntnisquellen die einzige Möglichkeit tagesaktuelle Informationen über den Stand der arbeits- und betriebsverfassungsrechtlichen Gesetzgebung und Rechtsprechung zu gewinnen (*BAG* 20.01.2010 EzA § 40 BetrVG 2001 Nr. 19 Rn. 18 f. = AP Nr. 99 zu § 40 BetrVG 1972 *[Kossens]*; vgl. auch schon *BAG* 03.09.2003 – 7 ABR 8/02 – EzA § 40 BetrVG 2001 Nr. 6 S. 14 = AP Nr. 79 zu § 40 BetrVG 1972; ebenso *Däubler* Internet und Arbeitsrecht, Rn. 463 ff.; *Fitting* § 40 Rn. 134; *Jansen* Die elektronische Kommunikation in der Betriebsverfassung, S. 177; *Schiefer/Borchard* DB 2016, 770 [776]; *Wedde/DKKW* § 40 Rn. 153, 179; *ders.* AuR 2003, 313 f.; *ders.* AuR 2005, 110 [111 ff.]). In ausdrücklicher Abgrenzung von seiner früheren Rechtsprechungslinie stellt das *BAG* jetzt klar, dass die vom Betriebsrat zu beurteilende Dienlichkeit eines Sach- **198** mittels zu seiner Aufgabenerfüllung nicht erst dann gegeben sei, wenn er ohne den Einsatz des Sachmittels seine gesetzlichen Pflichten vernachlässigen müsse (*BAG* 20.01.2010 EzA § 40 BetrVG 2001 Nr. 19 Rn. 20 = AP Nr. 99 zu § 40 BetrVG 1972 *[Kossens]* gegen *BAG* 16.05.2007 EzA § 40 BetrVG 2001 Nr. 12 Rn. 26 = AP Nr. 90 zu § 40 BetrVG 1972; vgl. ferner *BAG* 20.04.2016 EzA § 40 BetrVG 2001 Nr. 28 Rn. 21 = AP Nr. 113 zu § 40 BetrVG 1972 *[Weber]*). Im Rahmen seines Beurteilungsspielraums müsse der Betriebsrat allerdings **betriebliche Interessen** des Arbeitgebers berücksichtigen. Neben Kostengesichtspunkten sei auf Geheimhaltungsinteressen des Arbeitgebers zu achten. Dabei spreche jedoch nur die konkrete Möglichkeit der Gefährdung solcher Interessen gegen einen Internetanschluss. Einzubeziehen sei auch, ob der Arbeitgeber greifbare Anhaltspunkte für die Gefahr des Missbrauchs vorbringen könne sowie schließlich das betriebsübliche und auf Arbeitgeberseite vorhandene Ausstattungsniveau (*BAG* 20.01.2010 EzA § 40 BetrVG 2001 Nr. 19 Rn. 20 = AP Nr. 99 zu § 40 BetrVG 1972 *[Kossens]*).

199 Nach den gleichen Maßstäben billigt das *BAG* dem Betriebsrat neben dem Internetzugang einen Anspruch auf Bereitstellung von **Internetanschlüssen** und einer **E-Mail-Adresse** für die **einzelnen Betriebsratsmitglieder an deren Arbeitsplätzen** gegen den Arbeitgeber zu. Auch dieser Anspruch setze grundsätzlich keine einzelfallbezogene Darlegung voraus, sofern nicht in der konkreten betrieblichen Situation berechtigte Belange des Arbeitgebers entgegenstehen (*BAG* 14.07.2010 EzA § 40 BetrVG 2001 Nr. 21 Rn. 22 ff. = AP Nr. 107 zu § 40 BetrVG 1972; zust. *Fitting* § 40 Rn. 134a f.). Ein Anspruch auf einen zusätzlichen **externen** Internetanschluss besteht aber jedenfalls nur dann nicht, wenn es keine Anhaltspunkte für eine betriebsverfassungswidrige Kontrolle des Betriebsrats durch den Arbeitgeber gibt (*BAG* 20.04.2016 EzA § 40 BetrVG 2001 Nr. 28 Rn. 22 ff. = AP Nr. 113 zu § 40 BetrVG 1972 *[Weber]*; *LAG Baden-Württemberg* 23.01.2013 LAGE § 40 Nr. 18; krit. *Tamm* PersV 2015, 324 [333 f.]; ausf. zur Durchführung von Kontrollmaßnahmen gegenüber Betriebsratsmitgliedern *Neu* Einsatz moderner Kommunikationsmittel, S. 265 ff.). Das *BAG* begründet dies zutreffend mit dem Grundsatz der vertrauensvollen Zusammenarbeit. Allerdings gesteht das *BAG* dem Betriebsrat einen Anspruch auf einen **nicht personalisierten Zugang** über einen im Betriebsratsbüro vorhandenen Rechner zu, so dass der Arbeitgeber die Internetrecherchen einzelner Betriebsratsmitglieder nicht nachvollziehen kann. Eine Ausnahme bestehe nur bei konkreten Anhaltspunkten für einen Missbrauch (*BAG* 18.07.2012 EzA § 40 BetrVG 2001 Nr. 23 Rn. 24 ff. = AP Nr. 109 zu § 40 BetrVG 1972; 20.04.2016 EzA § 40 BetrVG 2001 Nr. 28 Rn. 25 = AP Nr. 113 zu § 40 BetrVG 1972 *[Weber]*; zust. *Fitting* § 40 Rn. 134a; *Wedde/DKKW* § 40 Rn. 179). Der Arbeitgeber ist nicht berechtigt, in die sich im Betriebsratslaufwerk des EDV-Systems des Arbeitgebers befindlichen Dateien Einblick zu nehmen (*LAG Düsseldorf* 07.03.2012 – 4 TaBV 87/11 – juris, Rn. 37 f.). Einen Anspruch auf besondere **Verschlüsselungssoftware** über dem sonstigen betrieblichen Niveau hat der Betriebsrat aber nicht (*LAG Köln* 09.07.2010 NZA-RR 2011, 24; vgl. dazu *Tamm* PersV 2015, 324 [327]).

200 Auch unter Zugrundelegung der neuen Rechtsprechung des *BAG* erscheint jedenfalls bis auf weiteres auch ein Zugang des Betriebsrats zu **kostenpflichtigen juristischen Datenbanken** (z. B. juris) oder Fachmodulen mit online verfügbaren Gesetzestexten, Entscheidungssammlungen, Kommentaren, Handbüchern und Zeitschriften angesichts der Möglichkeiten herkömmlicher Informationsbeschaffung und kostenfreier Angebote im Internet nicht ohne einzelfallbezogene Darlegung erforderlich (*Fuhlrott/Reiß* ArbRAktuell 2013, 353 [355 f.]; *Schiefer/Borchard* DB 2016, 770 [774]; weitergehend *Wedde* AuR 2005, 110 [113 f.]). Allerdings hat der Arbeitgeber dem Betriebsrat die **Mitbenutzung** eines im Betrieb vorhandenen Zugangs jedenfalls insoweit zu gestatten, als damit nicht zusätzliche unverhältnismäßige Kosten verbunden sind (*Däubler* Internet und Arbeitsrecht, Rn. 503 ff.; *Fitting* § 40 Rn. 134; *Kort* NZA 1990, 598 [599]; *Wedde/DKKW* § 40 Rn. 192).

5. Büropersonal

201 Der Arbeitgeber ist verpflichtet, dem Betriebsrat in erforderlichem Umfang Büropersonal zur Verfügung zu stellen. Die Regelung beruht auf der **Neufassung des § 40 Abs. 2 durch das BetrVG 1972**. Jedoch war auch schon nach § 39 BetrVG 1952 anerkannt, dass der Arbeitgeber dem Betriebsrat Schreibkräfte zur Verfügung stellen müsse (*Dietz* § 39 Rn. 10; *Erdmann* § 39 Rn. 8; *Nikisch* III, S. 198).

Unter Büropersonal sind die Hilfskräfte zu verstehen, deren der Betriebsrat zur ordnungsgemäßen Erledigung seiner Büroarbeiten bedarf, vor allem also **Schreibkräfte**, aber auch sonstige **Hilfskräfte** z. B. für Vervielfältigungsarbeiten und Botengänge (*BAG* 19.06.2012 EzA § 50 BetrVG 2001 Nr. 11 Rn. 27 = AP Nr. 35 zu § 50 BetrVG 1972; 29.04.2015 EZA § 3 BetrVG 2001 Nr. 9 Rn. 34 = AP Nr. 14 zu § 3 BetrVG 1972 = SAE 2016, 71 *[Vielmeier]; LAG Baden-Württemberg* 25.11.1987 AuR 1989, 93; *LAG Düsseldorf* 08.01.2004 NZA-RR 2004, 358; *Bayreuther* NZA 2013, 758 [761]). Da der Betriebsrat nach pflichtgemäßem Ermessen entscheiden kann, welche Informations- und Kommunikationswege er für zweckmäßig hält (vgl. auch Rdn. 171 f.), kann er auch einen **Kommunikationsbeauftragten** als Hilfskraft für erforderlich halten (*BAG* 29.04.2015 EZA § 3 BetrVG 2001 Nr. 9 Rn. 34 f. = AP Nr. 14 zu § 3 BetrVG 1972 = SAE 2016, 71 *[Vielmeier]*; zust. *Reichold/Rein* RdA 2016, 269; zu der in dieser Entscheidung ebenfalls angesprochenen Frage, dass eine Minderheitsfraktion im Betriebsrat nicht die Unzulässigkeit einer im Einvernehmen mit dem Arbeitgeber erfolgten Bestellung derartiger Hilfspersonen geltend machen kann, vgl. Rdn. 138; zur Frage, ob der Betriebsrat auch »wissenschaftliche Mitarbeiter« für erforderlich halten darf, vgl. *Bayreuther* NZA 2013, 758 [761]). Je nach den Gegebenheiten im Betrieb kann u. U. auch **technisches Personal** zur Herstellung von IT-Sicherheit erforderlich sein (*Wedde/DKKW* § 40 Rn. 197). Ein Anspruch auf Schreibkräfte ist auch dann gegeben, wenn der Arbeitgeber das Betriebsratsbüro mit Personalcomputern ausgestattet hat (*BAG* 20.04.2005 AP Nr. 84 zu § 40 BetrVG 1972; *Fitting* § 40 Rn. 135; *Wedde/DKKW* § 40 Rn. 196) oder wenn einzelne Betriebsratsmitglieder selbst schreibtechnische Fähigkeiten besitzen und die anfallenden Schreibarbeiten erledigen könnten (*LAG Düsseldorf* 08.01.2004 NZA-RR 2004, 358; *ArbG Solingen* 08.03.1974 DB 1974, 782; *Wedde/DKKW* § 40 Rn. 196). Vom Arbeitsanfall des Betriebsrats hängt es ab, ob eine oder mehrere Hilfskräfte ständig oder nur tage- bzw. stundenweise zur Verfügung stehen müssen (*BAG* 20.04.2005 AP Nr. 84 zu § 40 BetrVG 1972; *Fitting* § 40 Rn. 135; *Glock/HWGNRH* § 40 Rn. 142; *Richardi/Thüsing* § 40 Rn. 79; *Wedde/DKKW* § 40 Rn. 198). In kleineren Betrieben kann es genügen, dass der Betriebsrat auf die Schreibkräfte des Betriebs verwiesen wird, nur muss sichergestellt werden, dass seine Schreibarbeiten zweckentsprechend in angemessener Zeit erledigt werden und dass die etwaige Vertraulichkeit bestimmter Schreiben auch gegenüber dem Arbeitgeber gewährleistet ist. Der Anspruch steht dem Betriebsrat als solchem zu; das einzelne Betriebsratsmitglied kann keine eigene Sekretärin verlangen. Zum Anspruch des Gesamtbetriebsrats auf eine Schreibkraft zur Protokollführung während seiner Sitzungen *ArbG Frankfurt* 09.01.1997 DB 1997, 1723.

Der Arbeitgeber hat das Büropersonal zur Verfügung zu stellen. Er schließt daher den **Arbeitsvertrag** auch dann ab, wenn eine Schreibkraft ausschließlich mit Büroarbeiten des Betriebsrats beschäftigt werden soll. Der Arbeitgeber muss dem Betriebsrat geeignete Kräfte zur Verfügung stellen und nach den Grundsätzen vertrauensvoller Zusammenarbeit (§ 2 Abs. 1) auf die berechtigten Interessen des Betriebsrats Rücksicht nehmen. Der Betriebsrat hat deshalb kein eigenes Auswahlrecht (*BAG* 17.10.1990 EzA § 40 BetrVG 1972 Nr. 65 S. 4 = AP Nr. 8 zu § 108 BetrVG 1972 Bl. 2; *Zumkeller/Lüber* BB 2008, 2067 [2068]). Er kann aber die (Weiter-)Beschäftigung einer Bürokraft ablehnen, wenn kein Vertrauensverhältnis (mehr) besteht (*BAG* 05.03.1997 EzA § 40 BetrVG 1972 Nr. 79 S. 2 = AP Nr. 56 zu § 40 BetrVG 1972 [Weiterbeschäftigung]; *Joost/MünchArbR* § 221 Rn. 44; *Richardi/Thüsing* § 40 Rn. 80; für ein Mitspracherecht bei der Auswahl *Fitting* § 40 Rn. 136; *Koch/ErfK* § 40 BetrVG Rn. 18; *Löwisch/LK* § 40 Rn. 40; *Wedde/DKKW* § 40 Rn. 199; insoweit offen gelassen *BAG* 17.10.1990 EzA § 40 BetrVG 1972 Nr. 65 S. 2 = AP Nr. 8 zu § 108 BetrVG 1972 Bl. 2 f.). Im Übrigen ist die Mitbestimmung nach § 99 BetrVG zu beachten.

Für Büroarbeiten des Betriebsrats tätige Personen sind **Arbeitnehmer** des **Betriebs** und haben grundsätzlich die gleichen Rechte und Pflichten wie andere Arbeitnehmer. Für sie gilt z. B. die allgemeine betriebliche Ordnung. Vertragspartner bleibt der Arbeitgeber, gegen den daher u. a. der Anspruch auf das Arbeitsentgelt zu richten ist. Jedoch übt der Betriebsrat das Direktionsrecht hinsichtlich der für ihn zu erbringenden Arbeitsleistung aus, das insoweit als auf ihn übertragen anzusehen ist (vgl. auch *Fitting* § 40 Rn. 137; *Glock/HWGNRH* § 40 Rn. 144; *Richardi/Thüsing* § 40 Rn. 81; *Wedde/DKKW* § 40 Rn. 200; *Zumkeller/Lüber* BB 2008, 2067 [2069]). Der Betriebsrat darf die ihm zur Verfügung stehenden Bürokräfte nur für die Erledigung seiner Aufgaben, dagegen nicht für persönliche Schreibarbeiten seiner Mitglieder oder die Erledigung von rein gewerkschaftlicher Korrespondenz einsetzen (*Richardi/Thüsing* § 40 Rn. 81; *Glock/HWGNRH* § 40 Rn. 144).

205 Das Büropersonal trifft nicht die Geheimhaltungspflicht nach § 79. Jedoch ist es aufgrund seiner arbeitsvertraglichen Rücksichtnahmepflichten zur **Verschwiegenheit** über Betriebs- und Geschäftsgeheimnisse verpflichtet (*BAG* 17.10.1990 EzA § 40 BetrVG 1972 Nr. 65 S. 6 = AP Nr. 8 zu § 108 BetrVG 1972 Bl. 3; *Glock/HWGNRH* § 40 Rn. 144; *Joost/*MünchArbR § 221 Rn. 45; *Richardi/Thüsing* § 40 Rn. 81; *Wedde/DKKW* § 40 Rn. 200). Dagegen kommt eine Anwendung des § 120 nicht in Betracht (ebenso *Oetker* § 120 Rdn. 37).

206 Sind **Bürokräfte** zugleich **Betriebsratsmitglieder**, so können sie nicht auf die nach § 38 Abs. 1 vorgeschriebene Anzahl der freizustellenden Betriebsratsmitglieder angerechnet werden. Insoweit erfüllt der Arbeitgeber einen Anspruch des Betriebsrats aus § 40 Abs. 2, der in keinem Zusammenhang mit einer Arbeitsbefreiung einzelner Betriebsratsmitglieder zur Durchführung von Betriebsratsarbeiten steht (*BAG* 27.09.1974 EzA § 38 BetrVG 1972 Nr. 16 S. 4 = AP Nr. 19 zu § 38 BetrVG 1972; *Brill* DB 1977, 2139 [2144]; *Fitting* § 40 Rn. 135; *Glock/HWGNRH* § 40 Rn. 145; *Koch/*ErfK § 40 BetrVG Rn. 18; *Richardi/Thüsing* § 40 Rn. 79; *Wedde/DKKW* § 40 Rn. 201; a. M. *Galperin/Löwisch* § 40 Rn. 49).

IV. Eigentums- und Besitzverhältnisse

207 Der Betriebsrat darf Räume, Sachmittel und Personal nur zur ordnungsgemäßen Erfüllung seiner Aufgaben verwenden. Andernfalls handelt er pflichtwidrig; bei grobem Missbrauch kommt § 23 Abs. 1 zur Anwendung. **Erhaltungspflichten** hinsichtlich der überlassenen Gegenstände ergeben sich aus dem Arbeitsvertrag, nicht aber aus § 2 Abs. 1 (*Witt* Kooperationsmaxime, S. 114 f.).

208 Der Betriebsrat ist **im betriebsverfassungsrechtlichen Innenverhältnis zum Arbeitgeber teilrechtsfähig** (*BAG* 29.09.2004 EzA § 40 BetrVG 2001 Nr. 7 S. 3 = AP Nr. 81 zu § 40 BetrVG 1972 [*Reichold*]; *Franzen* § 1 Rdn. 72 f.; ausf. m. w. N. Rdn. 20 ff.).

209 In diesem Rahmen sind dem Betriebsverfassungsgesetz auch einzelne **vermögensrechtliche Befugnisse** des **Betriebsrats** zu entnehmen. Das gilt jedenfalls für die Ansprüche nach § 40, die grundsätzlich dem Betriebsrat als solchem zustehen (*Dütz/Säcker* DB 1972, Beil. Nr. 17, S. 7, 16; a. M. *Jahnke* Zwangsvollstreckung in der Betriebsverfassung, 1977, S. 32 f., 51, für § 40 Abs. 1). Es ist daher zutreffend, für den Anwendungsbereich des § 40 ein **gesetzliches Schuldverhältnis im Innenverhältnis zwischen Arbeitgeber und Betriebsrat** anzunehmen (*BAG* 24.10.2001 EzA § 22 BetrVG 1972 Nr. 2 S. 4 = AP Nr. 71 zu § 40 BetrVG 1972 Bl. 2 f. [*Wiese*]; s. a. Rdn. 20), das inhaltlich durch § 2 Abs. 1 als Konkretisierung des § 242 BGB bestimmt wird. **In diesem Rahmen** ist der Betriebsrat als Träger vermögensrechtlicher Ansprüche – partiell – **vermögensfähig** (*BAG* 29.09.2004 EzA § 40 BetrVG 2001 Nr. 7 S. 3 = AP Nr. 81 zu § 40 BetrVG 1972 [*Reichold*]; *Franzen* § 1 Rdn. 72 f.; *Jawad* Rechtsfähigkeit des Betriebsrats, S. 197 ff.; *Reichold/HWK* § 40 BetrVG Rn. 3; *Richardi* Einl. Rn. 109 ff.; *Wiese* Anm. AP Nr. 71 zu § 40 BetrVG 1972 Bl. 5 R f.; vgl. dazu auch *Müller-Boruttau* Rechtsanwaltskosten, S. 64 ff.; a. M. *Bergwitz* Die Rechtsstellung des Betriebsrats, S. 449 f.; **weitergehend** *Triebel* Haftung des Betriebsrats, S. 85 ff. [auch Außenverhältnis]).

210 Darüber hinaus ist dem Gesetz **kein Anhalt** dafür zu entnehmen, dass eine **Änderung der vermögensrechtlichen Zuordnung von Rechten** hat erfolgen sollen; das Umlageverbot des § 41 deutet vielmehr darauf hin, dass ein eigenes Betriebsratsvermögen unzulässig sein soll. Auch durch Vereinbarung zwischen Arbeitgeber und Betriebsrat kann keine generelle Vermögensfähigkeit des Betriebsrats geschaffen werden (*BAG* 29.09.2004 EzA § 40 BetrVG 2001 Nr. 7 S. 4 [Vertragsstrafe zugunsten des Betriebsrats] = AP Nr. 81 zu § 40 BetrVG 1972 [*Reichold*]). Für die Funktionsfähigkeit des Betriebsrats ist es auch ausreichend, dass er im Innenverhältnis betriebsverfassungsrechtlich begründete vermögensrechtliche Ansprüche gegen den Arbeitgeber hat, dieser dem Betriebsrat die Nutzung und erforderlichen Verfügungsbefugnisse einräumt und gegebenenfalls gegenüber dem Betriebsrat verpflichtet ist, die ihm weiterhin zustehenden vermögensrechtlichen Ansprüche geltend zu machen. Die Vermögensfähigkeit des Betriebsrats ist daher – ebenso wie seine partielle Rechtsfähigkeit (s. Rdn. 20 ff.) – beschränkt auf die **betriebsinterne Beziehung zum Arbeitgeber** und hat nur eine Hilfsfunktion bei der Durchsetzung der betriebsverfassungsrechtlichen Ordnung (vgl. auch *v. Hoyningen-Huene* GS *Blomeyer*, S. 141 [146 ff.]). Daraus folgt im Einzelnen:

Soweit dem Betriebsrat ein **Dispositionsfonds** eingeräumt wird (vgl. Rdn. 36), bleibt die vermögensrechtliche Zuordnung unverändert (*Jahnke* RdA 1975, 343 [344 f.]; *ders.* Zwangsvollstreckung in der Betriebsverfassung, 1977, S. 31, 59 f.; *Jawad* Rechtsfähigkeit des Betriebsrats, S. 200 f.; **a. M.** *Dütz/Säcker* DB 1972, Beil. Nr. 17, S. 7). Die Zahlung einer Vertragsstrafe in einen dem Betriebsrat zur Verfügung stehenden Dispositionsfonds kann nicht wirksam vereinbart werden (*BAG* 29.09.2004 EzA § 40 BetrVG 2001 Nr. 7 S. 4 = AP Nr. 81 zu § 40 BetrVG 1972 [*Reichold*]). Der Betriebsrat ist jedoch ermächtigt (§ 185 BGB), im Rahmen der Zweckbestimmung über die Mittel zu verfügen. Auch an die Einräumung einer Vertretungsmacht (§§ 164 ff. BGB) z. B. an den Betriebsratsvorsitzenden für die mit Mitteln des Fonds abzuschließenden Rechtsgeschäfte ist zu denken. In der Regel wird allerdings der Betriebsrat nur gegenüber der für Zahlungen im Betrieb zuständigen Stelle anweisungsberechtigt sein. 211

Die dem Betriebsrat **vom Arbeitgeber überlassenen Sachen verbleiben in dessen Eigentum** (*Böhm* RdA 1974, 88 [89 ff.]; *Glock/HWGNRH* § 40 Rn. 140 f.; *Jahnke* Zwangsvollstreckung in der Betriebsverfassung, 1977, S. 55; *Jawad* Rechtsfähigkeit des Betriebsrats, S. 206 ff.; *Nikisch* III, S. 198; *Reichold/HWK* § 40 BetrVG Rn. 27; *Richardi/Thüsing* § 40 Rn. 82 f.). Das gilt sowohl für nicht zum Verbrauch bestimmte Sachen wie Büromöbel und Literatur als auch für verbrauchbare Sachen wie Briefpapier und sonstiges Schreibmaterial (**a. M.** für verbrauchbare Sachen *Fitting* § 40 Rn. 107; zur Rechtslage bei Verarbeitung von Sachen vgl. Rdn. 214 f.). Jedoch ist der Betriebsrat ermächtigt (§ 185 BGB), über letztere im Rahmen einer ordnungsgemäßen Geschäftsführung zu verfügen. Nicht zum Verbrauch bestimmte Sachen darf er benutzen; seine Rechtsstellung ist insoweit der eines Nießbrauchers (§§ 1030 ff. BGB) vergleichbar. Die Eigentümerbefugnisse des Arbeitgebers sind deshalb durch die Zweckbindung der überlassenen Sachen beschränkt (*Böhm* RdA 1974, 88 [90]; *Glock/HWGNRH* § 40 Rn. 140 f.; *Richardi/Thüsing* § 40 Rn. 82). Er kann jedoch die Herausgabe einer dem Betriebsrat überlassenen Sache verlangen, wenn er ein gleichwertiges Ersatzstück zur Verfügung stellt (weitergehend wohl *Richardi/Thüsing* § 40 Rn. 82, der meint, der Arbeitgeber könne Sachen »auswechseln«). 212

Wird dem **Betriebsrat** durch Betriebsfremde oder andere Arbeitnehmer des Betriebs eine **Sache entzogen**, so ist der Arbeitgeber dem Betriebsrat gegenüber verpflichtet, diesem entweder ein gleichwertiges Ersatzstück zur Verfügung zu stellen oder seinen Anspruch aus Eigentum auf Herausgabe der Sache (§ 985 BGB) an den Betriebsrat geltend zu machen. Für die Zwischenzeit muss er, falls erforderlich, gleichfalls ein Ersatzstück zur Verfügung stellen. Entsprechendes gilt bei Zerstörung oder Beschädigung einer Sache. Besteht innerhalb des Betriebsrats Streit über die Nutzung einer Sache – z. B. die Zulässigkeit der Mitnahme von Literatur nach Hause –, so handelt es sich um eine interne betriebsverfassungsrechtliche Streitigkeit des Betriebsrats, in die der Arbeitgeber nicht eingreifen darf. Wird allerdings von einem Betriebsratsmitglied eine Sache entwendet, die dem Betriebsrat überlassen ist, so kann und muss der Arbeitgeber wie bei der gleichen Handlung eines Dritten vorgehen. Zum Besitzschutz vgl. Rdn. 218 f. 213

Der **Arbeitgeber** ist auch **Eigentümer neuer Sachen**, die **durch Verarbeitung** (§ 950 BGB) der von ihm dem Betriebsrat überlassenen Sachen entstehen; das gilt vor allem für die **Akten des Betriebsrats** (*LAG Hamm* 21.03.1955 AR-Blattei, Betriebsverfassung X, Entsch. 6a; *ArbG Paderborn* 29.12.1954 SAE 1955, 108 [109]; *Böhm* RdA 1974, 88 [89 ff.]; *Galperin/Löwisch* § 40 Rn. 48; *Glock/HWGNRH* § 40 Rn. 140 f.; *Jahnke* Zwangsvollstreckung in der Betriebsverfassung, 1977, S. 55 f.; *Joost/*MünchArbR § 221 Rn. 49; *Richardi/Thüsing* § 40 Rn. 83; **a. M.** *Fitting* § 40 Rn. 107; *Wedde/DKKW* § 34 Rn. 12; § 40 Rn. 119; *Schaub/Koch* Arbeitsrechts-Handbuch, § 222 Rn. 23; vgl. auch *Däubler* AcP Bd. 175 [1975], 181 [182 f.]). Dazu gehören auch die Sitzungsniederschriften des Betriebsrats und etwaige Protokollbücher (*Richardi/Thüsing* § 34 Rn. 25; **a. M.** *Fitting* § 34 Rn. 5). 214

Alle diese Unterlagen sind **nicht Akten der einzelnen Betriebsratsmitglieder, sondern des Betriebsrats**, dienen aber nicht nur dem Betriebsrat, in dessen Amtszeit sie entstanden sind, sondern dem jeweils amtierenden Betriebsrat und damit dem Funktionieren der Betriebsverfassung. Es ist daher sachgerecht, sie **eigentumsmäßig dem Betriebsinhaber** zuzuordnen, der durch die Zweckbindung der Akten in seinen Befugnissen beschränkt und außerdem aufgrund des zwischen ihm und dem Betriebsrat bestehenden gesetzlichen Schuldverhältnisses verpflichtet ist, die Zweckbindung zu erhalten. Durch diese Konstruktion werden die Schwierigkeiten vermieden, die sich sonst z. B. bei der 215

Ablösung des bisherigen durch den neuen Betriebsrat (vgl. §§ 13, 21), bei Einbeziehung bisher selbständiger Betriebsteile in den Hauptbetrieb, bei der Auflösung eines Betriebs oder dem Wegfall des Betriebsrats ergeben würden.

216 Der Arbeitgeber kann aufgrund seines Eigentums **vom Betriebsrat auch nach Ablauf von dessen Amtszeit weder die Akten herausverlangen** (*Fitting* § 40 Rn. 107) **noch in sie Einsicht nehmen** (*Glock/HWGNRH* § 40 Rn. 141; *Richardi/Thüsing* § 34 Rn. 27, § 40 Rn. 82; zur Aushändigung von Abschriften der Sitzungsniederschrift s. *Raab* § 34 Rdn. 24 ff.). Er **muss sie jedoch für den Betriebsrat herausverlangen**, wenn sie diesem von einem Dritten entzogen werden. Wird nach Beendigung der Amtszeit des alten kein neuer Betriebsrat gewählt, sind die Akten nach § 2 Abs. 1 vom Arbeitgeber vorläufig unter Verschluss zu nehmen und einem später gewählten Betriebsrat zur Verfügung zu stellen (zust. *Glock/HWGNRH* § 40 Rn. 141; *Witt* Kooperationsmaxime, S. 103). Der Betriebsrat ist seinerseits in der Verfügung über die Akten nach den Grundsätzen einer ordnungsgemäßen Geschäftsführung beschränkt. Er kann sie daher nicht nach Belieben am Ende seiner Amtszeit vernichten (**a. M.** *Fitting* § 40 Rn. 107), sondern muss sie grundsätzlich dem neuen Betriebsrat übergeben, soweit sie nicht schlechthin erledigt und für die Arbeit des neuen Betriebsrats ohne jegliches Interesse sind (ähnlich *Bitzer* BUV 1972, 125 [151]).

217 Denkbar ist, dass **einzelnen Betriebsratsmitgliedern persönlich** von Dritten **Sachen zugewendet** werden, z. B. den gewerkschaftlich organisierten Betriebsratsmitgliedern von ihrer Gewerkschaft betriebsverfassungsrechtliche Literatur. Dann werden diese Betriebsratsmitglieder selbst Eigentümer der Sachen. Wird sämtlichen Betriebsratsmitgliedern gemeinsam eine Sache zugewendet, so werden sie Eigentümer nach Bruchteilen (§§ 741 ff. BGB). Wird eine Sache jedoch »dem Betriebsrat« zugewendet, so ist bei Fehlen einer abweichenden Bestimmung davon auszugehen, dass sie zweckgebunden dem jeweiligen Betriebsrat zur Verfügung stehen soll; Eigentümer wird dann der Arbeitgeber (*Böhm* RdA 1974, 88 [91]; *Jahnke* Zwangsvollstreckung in der Betriebsverfassung, 1977, S. 56; **a. M.** *Fitting* § 40 Rn. 107). Das gilt auch für die eingehende Korrespondenz des Betriebsrats (ebenso *Jahnke* Zwangsvollstreckung in der Betriebsverfassung, 1977, S. 56; **a. M.** *Fitting* § 40 Rn. 107).

218 Problematisch ist der **Besitz** an den dem Betriebsrat nach § 40 Abs. 2 überlassenen Sachen. Der Betriebsrat ist mangels Vermögensfähigkeit (vgl. Rdn. 210) **nicht selbst unmittelbarer Besitzer** (*Jahnke* Zwangsvollstreckung in der Betriebsverfassung, 1977, S. 79 f.; *Jawad* Rechtsfähigkeit des Betriebsrats, S. 208; **a. M.** *Richardi/Thüsing* § 40 Rn. 84). Er ist aber auch **nicht Besitzdiener** i. S. d. § 855 BGB, da er die tatsächliche Gewalt über diese Sachen nicht für den Arbeitgeber ausübt und nicht dessen Weisungen unterworfen ist. Unzutreffend ist ferner die Annahme eines Organbesitzes (so aber *Joost*/MünchArbR § 221 Rn. 48). Diese Hilfskonstruktion ist berechtigt bei einer juristischen Person, der zwar der Besitz unmittelbar zugerechnet wird (BGH 31.03.1971 BGHZ 56, 73 [77]), für die aber mangels der erforderlichen Handlungsfähigkeit und eigenen Besitzwillens deren Organe den Besitz ausüben müssen. Damit ist die Rechtsstellung des Betriebsrats gegenüber dem Arbeitgeber jedoch nicht vergleichbar. Diese beruht allein auf dem durch § 40 Abs. 2 begründeten gesetzlichen Schuldverhältnis (vgl. Rdn. 20, 209). Dieses verpflichtet den Arbeitgeber zur Überlassung der erforderlichen Räume und Sachmittel an den Betriebsrat und beschränkt im Innenverhältnis seine Rechtsstellung hinsichtlich seines Besitzes gegenüber dem Betriebsrat, aber auch nur gegenüber diesem. Umgekehrt muss dann aber auch der Betriebsrat insoweit in **analoger Anwendung der** §§ 859 ff. **BGB** die Rechte aus Besitz **gegenüber dem Arbeitgeber** ausüben können (*Jahnke* Zwangsvollstreckung in der Betriebsverfassung, 1977, S. 81; *Jawad* Rechtsfähigkeit des Betriebsrats, S. 208; *Reichold/HWK* § 40 BetrVG Rn. 27; im Ergebnis auch *ArbG Berlin* 06.05.1992 AiB 1993, 184, das den Betriebsrat jedoch als Besitzer ansieht; wohl auch *ArbG Duisburg* 24.10.1993 AuR 1994, 381; insoweit richtig *ArbG Heilbronn* 17.02.1984 BB 1984, 982). Gegenüber Dritten ist der Arbeitgeber Besitzer (*Glock/HWGNRH* § 40 Rn. 140 f., die aber nicht wie hier differenzieren; *Jahnke* Zwangsvollstreckung in der Betriebsverfassung, 1977, S. 79 ff.; **a. M.** *LAG Hamm* 21.03.1955 AR-Blattei, Betriebsverfassung X, Entsch. 6a; *ArbG Paderborn* 29.12.1954 SAE 1955, 108 [109]; *Gaul* Das Arbeitsrecht im Betrieb II, S. 454; *Rewolle* BB 1974, 888 [889]). Das gilt nicht nur für bewegliche Sachen, sondern auch für Räume des Betriebsrats (vgl. auch *Böhm* RdA 1974, 88 [92 f.]).

219 Der **Arbeitgeber** hat daher wie beim Eigentum (vgl. Rdn. 213) die **Ansprüche aus Besitz für den Betriebsrat** geltend zu machen, wenn er nicht einen Ersatzgegenstand zur Verfügung stellt. Jedoch

kann sich der **Betriebsrat gegenüber Dritten** verbotener Eigenmacht **analog § 860 BGB** erwehren, selbst wenn er im Verhältnis zum Arbeitgeber nicht als Besitzdiener anzusehen ist. Praktikabler wäre es sicher, dem Betriebsrat auch nach außen hin das Recht zum Besitz zu geben, jedoch würde die Zuordnung der materiellrechtlichen Ansprüche aus dem Besitz dem Betriebsrat wenig nützen, da es sich hierbei um nichtbetriebsverfassungsrechtliche Ansprüche handelt, für deren Geltendmachung gegen Dritte im Zivilprozess bzw. gegen betriebsangehörige Arbeitnehmer im arbeitsgerichtlichen Urteilsverfahren dem Betriebsrat die Parteifähigkeit fehlt (anders bei einem Streit unter Betriebsratsmitgliedern; vgl. hierzu *BAG* 03.04.1957 AP Nr. 46 zu § 2 ArbGG 1953; *Böhm* RdA 1974, 88 [91 f.]). Es ist daher sachgerecht, dem Arbeitgeber auch die materiellrechtlichen Ansprüche zuzuordnen.

V. Streitigkeiten

Sämtliche Streitigkeiten aus der Anwendung des § 40, z. B. über die Erforderlichkeit von Kosten des Betriebsrats und seiner Mitglieder oder deren Erstattung, den Anspruch auf Kostenvorschuss sowie die Bereitstellung der erforderlichen Räume, sachlichen Mittel und Bürokräfte entscheiden die Arbeitsgerichte im **Beschlussverfahren** (§ 2a Abs. 1 Nr. 1, Abs. 2, §§ 80 ff. ArbGG; st. Rspr., vgl. u. a. *BAG* 31.10.1972 EzA § 40 BetrVG 1972 Nr. 3 S. 9 = AP Nr. 2 zu § 40 BetrVG 1972 Bl. 1 R *[Richardi]*; 15.01.1992 EzA § 40 BetrVG 1972 Nr. 68 S. 4 f. = AP Nr. 41 zu § 40 BetrVG 1972 Bl. 2; *Fitting* § 40 Rn. 138 ff.; *Glock / HWGNRH* § 40 Rn. 148; *Richardi / Thüsing* § 40 Rn. 94; *Wedde / DKKW* § 40 Rn. 202; zum Streitstand nach früherem Recht vgl. mit Nachweisen *Dietz* § 39 Rn. 8 f., 15; *Nikisch* III, S. 199 f.; *BAG* 10.10.1969 AP Nr. 1 Bl. 2 R, 09.11.1971 AP Nr. 2 Bl. 2 zu § 8 ArbGG 1953). 220

Das Beschlussverfahren ist nicht nur die richtige Verfahrensart, wenn der **Betriebsrat** als solcher Kosten geltend macht, sondern auch, wenn das einzelne **Betriebsratsmitglied** Freistellung wegen einer von ihm eingegangenen Verbindlichkeit oder Erstattung der ihm entstandenen Kosten verlangt, da der Anspruch aus der Amtstätigkeit und nicht dem Arbeitsverhältnis erwächst; das Betriebsratsmitglied ist dann selbst anspruchsberechtigter Beteiligter und Antragsteller (st. Rspr., vgl. u. a. *BAG* 31.10.1972 EzA § 40 BetrVG 1972 Nr. 3 S. 9 = AP Nr. 2 zu § 40 BetrVG 1972 Bl. 1 R *[Richardi]*; 15.01.1992 EzA § 40 BetrVG 1972 Nr. 68 S. 4 f. = AP Nr. 41 zu § 40 BetrVG 1972 Bl. 3 R; *Fitting* § 40 Rn. 139 f.; *Glock / HWGNRH* § 40 Rn. 149; *Richardi / Thüsing* § 40 Rn. 95). In diesem Verfahren ist der **Betriebsrat notwendiger Beteiligter** (*BAG* 13.07.1977 EzA § 83 ArbGG Nr. 24 S. 32 f. = AP Nr. 8 zu § 83 ArbGG 1953 Bl. 1 R; 19.07.1995 EzA § 37 BetrVG 1972 Nr. 126 S. 2 = AP Nr. 110 zu § 37 BetrVG 1972 Bl. 1 R). Das gilt nach einer Neuwahl auch für den gegenwärtigen Betriebsrat als Funktionsnachfolger eines früheren Betriebsrats, in dessen Amtszeit der Anspruch entstanden ist (*BAG* 25.04.1978 EzA § 80 BetrVG 1972 Nr. 15 S. 73 *[Blomeyer]* = AP Nr. 11 zu § 80 BetrVG 1972 Bl. 1 R f.; *Fitting* § 40 Rn. 144). Tritt allerdings nach dem Ende der Amtszeit eines Betriebsrats vorübergehend oder dauerhaft ein betriebsratsloser Zustand ein, bleibt der bisherige Betriebsrat bis zu einer Neuwahl in analoger Anwendung von § 22 BetrVG, § 49 Abs. 2 BGB befugt, den Freistellungsanspruch zu verfolgen und ist deshalb zu beteiligen (*BAG* 24.10.2001 EzA § 22 BetrVG 1972 Nr. 2 S. 7 ff. = AP Nr. 71 zu § 40 BetrVG 1972 Bl. 3 R ff. *[zust. Wiese]*; 09.12.2009 EzA § 40 BetrVG 2001 Nr. 16 Rn. 11 = AP Nr. 96 zu § 40 BetrVG 1972 *[Schreiber]*; 17.11.2010 EzA § 37 BetrVG 2001 Nr. 10 Rn. 13 = AP Nr. 149 zu § 37 BetrVG 1972; *Fitting* § 40 Rn. 146). Nicht zu beteiligen ist die Jugend- und Auszubildendenvertretung in einem Verfahren, in dem zwischen Betriebsrat und Arbeitgeber über die Höhe der vom Arbeitgeber zu tragenden Schulungskosten von Mitgliedern der Jugend- und Auszubildendenvertretung gestritten wird; zu beteiligen sind aber letztere bei Rückabtretung des Kostenerstattungsanspruchs durch den Schulungsträger an sie (*BAG* 30.03.1994 EzA § 40 BetrVG 1972 Nr. 71 S. 5 f. = AP Nr. 42 zu § 40 BetrVG 1972 Bl. 2 R f. *[Sowka]*). Ansprüche auf Erstattung von Kosten aus der Betriebsratstätigkeit sind auch dann im Beschlussverfahren geltend zu machen, wenn der **Arbeitnehmer** inzwischen **aus** dem **Betriebsrat ausgeschieden** ist (*BAG* 10.10.1969 AP Nr. 1 zu § 8 ArbGG 1953 Bl. 2 R f. *[Rüthers]*; *Fitting* § 40 Rn. 139; *Glock / HWGNRH* § 40 Rn. 150). 221

Der **Betriebsrat** ist **befugt, Freistellungs-** und **Auslagenerstattungsansprüche seiner Mitglieder gegenüber** dem **Arbeitgeber** im Beschlussverfahren **im eigenen Namen** geltend zu machen, 222

§ 40   II. 3. *Geschäftsführung des Betriebsrats*

kann aber nur die Erstattung an seine Mitglieder verlangen (*BAG* 05.01.1979 EzA § 40 BetrVG 1972 Nr. 42 S. 160 f. = AP Nr. 1 zu § 73 BetrVG 1972 Bl. 2; 28.06.1995 EzA § 40 BetrVG 1972 Nr. 75 S. 2 f. *[Bakker]* = AP Nr. 47 zu § 40 BetrVG 1972; 27.05.2015 EzA § 40 BetrVG 2001 Nr. 27 Rn. 10 = AP Nr. 160 zu § 37 BetrVG 1972; *Fitting* § 40 Rn. 93; 141; *Glock / HWGNRH* § 40 Rn. 150; *Richardi / Thüsing* § 40 Rn. 95; **a. M.** *Laux* Die Antrags- und Beteiligungsbefugnis im arbeitsgerichtlichen Beschlussverfahren, 1985, S. 114 f.). Die betroffenen Betriebsratsmitglieder sind in einem solchen Verfahren Beteiligte (*BAG* 27.05.2015 EzA § 40 BetrVG 2001 Nr. 27 Rn. 10 = AP Nr. 160 zu § 37 BetrVG 1972; *Fitting* § 40 Rn. 141). Nach Abtretung des Anspruchs an den Veranstalter einer Schulung kann der Betriebsrat jedoch nicht im eigenen Namen Zahlung an den neuen Gläubiger verlangen (*BAG* 15.01.1992 EzA § 40 BetrVG 1972 Nr. 68 S. 6 = AP Nr. 41 zu § 40 BetrVG 1972 Bl. 3 R f.).

223 Ist der **Anspruch auf Kostenerstattung** zulässigerweise an eine **Gewerkschaft abgetreten** worden (vgl. Rdn. 88), ist er gleichfalls im Beschlussverfahren geltend zu machen (*BAG* 30.01.1973 EzA § 40 BetrVG 1972 Nr. 4 S. 18 = AP Nr. 3 zu § 40 BetrVG 1972 Bl. 2 *[Buchner]*; 30.03.1994 EzA § 40 BetrVG 1972 Nr. 71 S. 4 = AP Nr. 42 zu § 40 BetrVG 1972 Bl. 2 *[Sowka]* – auch nach Rückabtretung an die Schulungsteilnehmer; *Fitting* § 40 Rn. 146; *Richardi / Thüsing* § 40 Rn. 98). Der Freistellungsanspruch des Betriebsrats bzw. Betriebsratsmitglieds verwandelt sich mit der Abtretung an die Gewerkschaft, die Gläubigerin der Verbindlichkeit ist, auf die sich der Freistellungsanspruch richtet, in einen Zahlungsanspruch (*LAG Berlin* 10.10.1988 DB 1989, 683 [684]; *Fitting* § 40 Rn. 147; vgl. auch *BGH* 22.01.1954 BGHZ 12, 136 [141]). Streitet die Gewerkschaft mit dem Arbeitgeber nur noch über die Frage, ob die Kosten einer Schulungsveranstaltung der Höhe nach berechtigt sind, so ist der Betriebsrat am Verfahren nicht zu beteiligen (*BAG* 15.01.1992 EzA § 40 BetrVG 1972 Nr. 68 S. 4 ff. = AP Nr. 41 zu § 40 BetrVG 1972 Bl. 3 ff.). Zum direkten Anspruch eines Rechtsanwalts gegen den Arbeitgeber vgl. *LAG Hamm* 12.08.1986 DB 1987, 184.

224 Eine **Gewerkschaft** kann bei materiellrechtlichem Eigeninteresse – z. B. weil sie die Kosten vorgeschossen hat – den Anspruch auch in **gewillkürter Prozessstandschaft** geltend machen (*BAG* 27.11.1973 EzA § 23 BetrVG 1972 Nr. 1 S. 3 = AP Nr. 4 zu § 40 BetrVG 1972 Bl. 1 R; vgl. auch *BAG* 05.02.1974 SAE 1975, 194 [195]). Dagegen ist eine im Betrieb vertretene Gewerkschaft **aus eigenem Recht** für die Geltendmachung von Kostenerstattungsansprüchen aus der Betriebsratstätigkeit **weder beteiligungsfähig noch antragsbefugt** (*BAG* 05.02.1974 SAE 1975, 194 [195]; *LAG Düsseldorf* 21.10.1975 DB 1976, 1115; *Fitting* § 40 Rn. 146). Es besteht kein Durchgriffsanspruch gegen den Arbeitgeber (*LAG Düsseldorf* 21.10.1975 DB 1976, 1115; *Richardi / Thüsing* § 40 Rn. 98).

225 Der betriebsverfassungsrechtliche Charakter einer Streitigkeit wird nicht dadurch aufgehoben, dass der einzelne **Anspruch** der **an der Gestaltung der Betriebsverfassung Beteiligten** auf **Eigentum, Besitz** oder **Delikt** gestützt wird (*BAG* 03.04.1957 AP Nr. 46 zu § 2 ArbGG 1953 Bl. 1 R ff. *[Franke]*; *Dütz / Säcker* DB 1972, Beil. Nr. 17, S. 12). Das gilt z. B. für den Streit über das Besitzrecht an Betriebsratsakten zwischen dem Betriebsrat und seinen (früheren) Mitgliedern (*BAG* 03.04.1957 AP Nr. 46 zu § 2 ArbGG 1953 Bl. 1 R ff. *[Franke]*; *Fitting* § 40 Rn. 138; *Glock / HWGNRH* § 40 Rn. 148) oder die Zulässigkeit von Anschlägen am Schwarzen Brett (**a. M.** früher *Dietz* § 39 Rn. 14). Dagegen sind Ansprüche aus Besitz, Eigentum oder Delikt bei Eingriffen in die dem Betriebsrat überlassenen Sachen **gegen Betriebsfremde vor den Zivilgerichten** und gegen **Arbeitnehmer des Betriebs, die nicht Betriebsratsmitglieder sind, vor den Arbeitsgerichten im Urteilsverfahren** geltend zu machen, denn hierbei geht es nicht um betriebsverfassungsrechtliche Kompetenzen (vgl. auch Rdn. 219).

226 Über die materiellrechtliche Frage der **Verpflichtung zur Kostentragung** eines vom Betriebsrat oder einem Betriebsratsmitglied geführten **Rechtsstreits** (vgl. Rdn. 102 ff.) ist in einem **besonderen Beschlussverfahren** zu entscheiden, weil eine Entscheidung über die Kostentragungspflicht in dem Beschlussverfahren, in dem über die Sache entschieden wird, nicht getroffen werden kann (*BAG* 31.10.1972 EzA § 40 BetrVG 1972 Nr. 3 S. 15 = AP Nr. 2 zu § 40 BetrVG 1972 Bl. 4 R; *Glock / HWGNRH* § 40 Rn. 151). Zum Anspruch des Betriebsrats auf **Prozesskostenhilfe** vgl. *LAG Rheinland-Pfalz* 04.05.1990 NZA 1991, 32; zur Beteiligung des Arbeitgebers im Kostenfestsetzungsverfahren nach § 19 BRAGO vgl. *LAG Frankfurt a. M.* 04.04.1986 AuR 1987, 35.

Unzulässig ist ein Antrag auf Feststellung der zukünftigen generellen Erforderlichkeit bestimmter Kosten (*BAG* 16.10.1986 DB 1987, 1439, zu den Kosten der Benutzung eines Pkw; *LAG Hamm* 13.07.1989 LAGE § 40 BetrVG 1972 Nr. 29, zu den vom Betriebsrat selbst festzulegenden Kosten für Dienstreisen). Für einen auf § 40 gestützten **Feststellungsantrag**, dass der Arbeitgeber die Kosten des laufenden Verfahrens zu tragen habe, fehlt regelmäßig das erforderliche Feststellungsinteresse (*LAG Hamm* 12.12.1986 LAGE § 80 ArbGG 1979 Nr. 1 S. 4 f.; *LAG Schleswig-Holstein* 12.01.2010 – 5 Ta BV 32/09 – juris, Rn. 58). Gleiches gilt für einen kumulativ gestellten Hauptantrag des Betriebsrats auf Freistellung von Rechtsanwaltskosten für laufende Beschlussverfahren (*LAG Hamm* 05.11.1986 LAGE § 40 BetrVG 1972 Nr. 20 S. 18). **227**

Wird vom Betriebsrat oder einem Betriebsratsmitglied ein **Rechtsanwalt** in einem Beschlussverfahren als Verfahrensbevollmächtigter hinzugezogen, ist er **nicht Beteiligter** in dem **Beschlussverfahren**, das vom Betriebsrat **wegen der Freistellung von Honoraransprüchen** des Rechtsanwalts bzw. deren Erstattung eingeleitet wird (*BAG* 03.10.1978 EzA § 40 BetrVG 1972 Nr. 37 S. 165 = AP Nr. 14 zu § 40 BetrVG 1972 Bl. 2 *[Grunsky]*). Entsprechendes gilt hinsichtlich eines vom Betriebsrat nach § 80 Abs. 3 hinzugezogenen **Sachverständigen** (*BAG* 25.04.1978 EzA § 80 BetrVG 1972 Nr. 15 S. 73 *[Blomeyer]* = AP Nr. 11 zu § 80 BetrVG 1972 Bl. 1 R f.). **228**

Die Geltendmachung von **Ansprüchen auf Arbeitsentgelt** und **Kostenerstattung wegen derselben Schulungsveranstaltung** kann nur in zwei getrennten Verfahren erfolgen. Das mag misslich sein, doch schließen die tiefgreifenden Unterschiede zwischen Urteils- und Beschlussverfahren eine Verbindung beider Verfahren aus (vgl. § 37 Rdn. 323; zum Verhältnis beider Verfahren vgl. auch § 37 Rdn. 322, 324). **229**

Über die **insolvenzrechtliche** Einordnung eines nach Grund und Höhe unstreitigen Kostenerstattungsanspruchs ist im **Beschlussverfahren** zu entscheiden (ebenso zur Rechtslage vor der Insolvenzrechtsreform bereits *BAG* 14.11.1978 EzA § 40 BetrVG 1972 Nr. 39 S. 180 = AP Nr. 6 zu § 59 KO Bl. 1 f. *[zust. Uhlenbruck]*). Bei der Geltendmachung von Kostenerstattungsansprüchen nach § 40 Abs. 1 ist der Betriebsrat in der Insolvenz des Arbeitgebers an das **Verfahrensrecht der Insolvenzordnung** gebunden, er muss also seinen Anspruch gem. §§ 28, 174 f. InsO zur Tabelle anmelden (*BAG* 14.11.1978 EzA § 40 BetrVG 1972 Nr. 39, S. 183 f. = AP Nr. 6 zu § 59 KO Bl. 1 f. *[zust. Uhlenbruck]*). **230**

Vor Eröffnung des **Insolvenzverfahrens** über das Vermögen des Arbeitgebers entstandene **Kostenerstattungsansprüche** sind keine Masseverbindlichkeiten i. S. d. § 55 InsO, sondern einfache Insolvenzverbindlichkeiten gem. § 38 InsO (*Richardi/Thüsing* § 40 Rn. 61; *BAG* 17.08.2005 EzA § 40 BetrVG 2001 Nr. 10 S. 5 = AP Nr. 10 zu § 55 InsO; 09.12.2009 EzA § 40 BetrVG 2001 Nr. 16 Rn. 32 = AP Nr. 96 zu § 40 BetrVG 1972 *[Schreiber]*; zu § 59 KO *BAG* 14.11.1978 EzA § 40 BetrVG 1972 Nr. 39 S. 182 f. = AP Nr. 6 zu § 59 KO Bl. 2 f.; *LAG Rheinland/Pfalz* 21.03.2013 – 2 TaBV 43/12 – juris, Rn. 32; ferner *Fitting* § 40 Rn. 101; *Wedde/DKKW* § 40 Rn. 114). Für diese haftet ein Arbeitgeber, der den Betrieb nach Insolvenzeröffnung durch Rechtsgeschäft gemäß § 613a BGB übernommen hat, nicht (*BAG* 13.07.1994 EzA § 40 BetrVG 1972 Nr. 70 S. 2 ff. = AP Nr. 28 zu § 61 KO; 09.12.2009 EzA § 40 BetrVG 2001 Nr. 16 Rn. 16 ff. = AP Nr. 96 zu § 40 BetrVG 1972 *[Schreiber]*; 20.08.2014 EzA § 40 BetrVG 2001 Nr. 25 Rn. 23 = AP Nr. 111 zu § 40 BetrVG 1972; *Fitting* § 40 Rn. 101; vgl. dazu auch Rdn. 6). **Nimmt** allerdings der Insolvenzverwalter nach Eröffnung des Insolvenzverfahrens über das Vermögen des Arbeitgebers ein in erster Instanz anhängiges, nach § 240 ZPO unterbrochenes **Beschlussverfahren auf** und führt dieses fort, sind die Rechtsanwaltskosten, von denen der Betriebsrat freizustellen ist, Masseverbindlichkeiten nach § 55 Abs. 1 Nr. 1 Inso. Dabei kommt es dann auch nicht darauf an, ob die konkreten Gebühren vor oder nach der Eröffnung entstanden sind (*BAG* 17.08.2005 EzA § 40 BetrVG 2001 Nr. 10 S. 4 ff. = AP Nr. 10 zu § 55 InsO). **231**

Nach Insolvenzeröffnung entstandene Ansprüche auf Erstattung von Kosten, die durch Handlungen des Insolvenzverwalters veranlasst worden sind – z. B. durch Anhörung des Betriebsrats im Verfahren nach § 20 Abs. 1 KSchG –, sind nach § 55 Abs. 1 Nr. 1 InsO Masseverbindlichkeiten (*Richardi/Thüsing* § 40 Rn. 62; zu § 59 Abs. 1 S. 1 KO *LAG Hamm* 05.01.1979 EzA § 40 BetrVG 1972 Nr. 42 S. 198 f.; ferner *Fitting* § 40 Rn. 102; *Wedde/DKKW* § 40 Rn. 115; zur insolvenz(konkurs)recht- **232**

§ 41   *II. 3. Geschäftsführung des Betriebsrats*

lichen Behandlung des Honoraranspruchs des Vorsitzenden einer Einigungsstelle, die über die Aufstellung eines Sozialplans zu entscheiden hatte, *BAG* 29.04.1975 EzA § 76 BetrVG 1972 Nr. 22 = AP Nr. 7 zu § 76 BetrVG 1972 *[Gaul]*; 25.08.1983 EzA § 59 KO Nr. 11 = AP Nr. 14 zu § 59 KO *[Gerhardt]*). Andere nach Insolvenzeröffnung durch die Betriebsratstätigkeit entstandene Kostenerstattungsansprüche sind in analoger Anwendung des § 55 Abs. 1 Nr. 2 InsO als Masseverbindlichkeiten anzusehen (*Richardi / Thüsing* § 40 Rn. 62). Vgl. zum Ganzen auch *Berkowsky* NZI 2010, 515; *Caspers* in: Mit Schwung aus der Krise, 2011, S. 49 ff.

233 Aus rechtskräftigen Beschlüssen der Arbeitsgerichte kann nach Maßgabe des § 85 Abs. 1 ArbGG gegen den Arbeitgeber, den Betriebsrat oder Betriebsratsmitglieder **vollstreckt** werden. Führen Streitigkeiten über die Verpflichtung zur Kostentragung zu einer wesentlichen Erschwerung der Tätigkeit des Betriebsrats, kann dieser im Beschlussverfahren nach § 85 Abs. 2 ArbGG i. V. m. § 940 ZPO eine **einstweilige Verfügung** beantragen (*Fitting* § 40 Rn. 148; *Glock / HWGNRH* § 40 Rn. 153; *Richardi / Thüsing* § 40 Rn. 100; *Wedde / DKKW* § 40 Rn. 210). Auch kann ein Verfahren nach **§ 23 Abs. 3** in Betracht kommen (*Fitting* § 40 Rn. 149; *Glock / HWGNRH* § 40 Rn. 153; *Wedde / DKKW* § 40 Rn. 210; einschränkend *Heinze* DB 1983, Beil. Nr. 9, S. 14).

234 Bei Behinderung oder Störung der Tätigkeit des Betriebsrats ist eine **Bestrafung** nach § 119 Abs. 1 Nr. 2 möglich (*Fitting* § 40 Rn. 149; *Glock / HWGNRH* § 40 Rn. 153; *Richardi / Thüsing* § 40 Rn. 101; *Wedde / DKKW* § 40 Rn. 210). Die Strafverfolgung setzt einen Antrag des Betriebsrats voraus (§ 119 Abs. 2), der zurückgenommen werden kann (§ 77d StGB).

§ 41
Umlageverbot

Die Erhebung und Leistung von Beiträgen der Arbeitnehmer für Zwecke des Betriebsrats ist unzulässig.

Literatur

Franzen Betriebsratskosten und Umlageverbot, FS *Adomeit*, 2008, S. 173; *Leuze* Bemerkungen zum Umlageverbot (§ 41 BetrVG) und zum Beitragsverbot (§ 45 BetrVG), ZTR 2006, 474.

Vgl. außerdem die Literaturnachweise vor § 26.

Inhaltsübersicht

	Rdn.
I. Vorbemerkung	1–3
II. Verbot der Erhebung oder Leistung von Beiträgen	4–8
1. Beiträge von Arbeitnehmern	4–7
2. Leistungen des Arbeitgebers oder Dritter	8
III. Verstöße	9
IV. Streitigkeiten	10

I. Vorbemerkung

1 Da die Mitglieder des Betriebsrats ihr Amt ohne Minderung des Arbeitsentgelts (§ 37 Abs. 2) unentgeltlich als **Ehrenamt** führen (§ 37 Abs. 1) und der **Arbeitgeber** die **Kosten** aus der Tätigkeit des Betriebsrats trägt (§ 40), untersagt der Gesetzgeber ebenso wie schon in § 37 BRG 1920 und § 40 BetrVG 1952 die Erhebung und die Leistung von Beiträgen für Zwecke des Betriebsrats. Zum historischen Schutzzweck und zur Dispositivität des Umlageverbots *de lege ferenda* vgl. *Franzen* FS *Adomeit* S. 173, 179 f., 182 ff.

2 Die Vorschrift gilt entsprechend für den **Gesamtbetriebsrat** (§ 51 Abs. 1), den **Konzernbetriebsrat** (§ 59 Abs. 1), die **Jugend- und Auszubildendenvertretung** (§ 65 Abs. 1), die **Gesamt-Jugend- und Auszubildendenvertretung** (§ 73 Abs. 2), die **Konzern-Jugend- und Auszubildendenver-**

tretung (§ 73b Abs. 2), die **Bordvertretung** (§ 115 Abs. 4) und den **Seebetriebsrat** (§ 116 Abs. 3). Sie ist **zwingend** (*Fitting* § 41 Rn. 1; *Glock/HWGNRH* § 41 Rn. 1).

Zum **Personalvertretungsrecht** vgl. § 45 BPersVG. Das **Sprecherausschussgesetz** und das **Gesetz über Europäische Betriebsräte** enthalten keine entsprechende Bestimmung, jedoch folgt das Umlageverbot mittelbar aus der Kostentragungspflicht des Arbeitgebers nach § 14 Abs. 2 SprAuG (*Hromadka/Sieg* SprAuG, § 14 Rn. 27) bzw. der zentralen Leitung nach § 39 EBRG. **3**

II. Verbot der Erhebung oder Leistung von Beiträgen

1. Beiträge von Arbeitnehmern

Nach § 41 ist sowohl die **Erhebung**, d. h. die Anforderung von Beiträgen durch den Arbeitgeber, den Betriebsrat oder einen Beschluss der Betriebsversammlung, als auch die **Leistung** von Beiträgen der Arbeitnehmer an den Betriebsrat verboten, selbst wenn diese freiwillig erfolgen. Beiträge der Arbeitnehmer liegen vor, wenn sie aus deren Vermögen fließen, indem sie entweder unmittelbar abgeführt oder bestehende **Ansprüche gekürzt** werden (*BAG* 24.07.1991 EzA § 41 BetrVG 1972 Nr. 1 S. 1 = AP Nr. 1 zu § 41 BetrVG Nr. 1 Bl. 1; 14.08.2002 EzA § 41 BetrVG 2001 Nr. 1 S. 5 f. = AP Nr. 2 zu § 41 BetrVG 1972 Bl. 3 = AuR 2003, 271 *[Wedde]*). Das gilt nicht nur für regelmäßige, sondern auch für einmalige Leistungen (vgl. z. B. zur Finanzierung einer Informationsschrift *BVerwG* 10.10.1990 AP Nr. 1 zu § 41 LPVG NW; dazu *Leuze* ZTR 2006, 464 [476]). Verwendet der Arbeitgeber Teile eines **Troncaufkommens**, das aus Trinkgeldern der Besucher für die Beschäftigten einer Spielbank gebildet wird, zur Deckung von Kosten im Zusammenhang mit der Betriebsratstätigkeit, nimmt das *BAG* einen Verstoß gegen das Umlageverbot nur dann an, wenn die Verwendung nicht durch die einschlägigen landesrechtlichen Spielbankgesetze gedeckt ist und deshalb Ansprüche der Arbeitnehmer auf Auskehrung des Troncs verkürzt werden. Eine zulässige Troncverwendung liegt danach vor, wenn aus dem Tronc Aufwendungen für das Personal bestritten werden. Dazu gehören zwar die Lohnkosten der Betriebsratsmitglieder (*BAG* 24.07.1991 EzA § 41 BetrVG 1972 Nr. 1 S. 1 ff. = AP Nr. 1 zu § 41 BetrVG Nr. 1 Bl. 1), nicht aber Sachmittelkosten des Betriebsrats (*BAG* 14.08.2002 EzA § 41 BetrVG 2001 Nr. 1 S. 6 f. = AP Nr. 2 zu § 41 BetrVG 1972 Bl. 3 R f. = AuR 2003, 271 *[Wedde]*; *Fitting* § 41 Rn. 4). **4**

§ 41 verbietet Leistungen der Arbeitnehmer für Zwecke, die mit den Aufgaben des Betriebsrats zusammenhängen. **Geldsammlungen für andere Zwecke** – z. B. aus betrieblichen Anlässen wie Geburtstagen, Jubiläen, Betriebsausflügen, Feiern, Trauer- oder Unglücksfällen oder auch aus außerbetrieblichem Anlass, z. B. für Opfer einer Flutkatastrophe – liegen von vornherein nicht **innerhalb der Zuständigkeit des Betriebsrats**. Allein deshalb – und ohne dass Normzweck und Tatbestand des § 41 berührt wären – darf der Betriebsrat in diesen Fällen **nicht als solcher** in Erscheinung treten (vgl. aber *Wolmerath/HaKo* § 41 Rn. 7). **Einzelne Betriebsratsmitglieder** können diese Angelegenheiten nur in ihrer Eigenschaft **als Arbeitnehmer** persönlich in die Hand nehmen (*Fitting* § 41 Rn. 8; *Joost/*MünchArbR § 221 Rn. 52; *Kreft/WPK* § 41 Rn. 2; *Reichold/HWK* § 41 BetrVG Rn. 6; *Richardi/Thüsing* § 41 Rn. 7 f.; *Wedde/DKKW* § 41 Rn. 5; vgl. auch *Leuze* ZTR 2006, 464 [476]). Allerdings braucht es keine Pflichtwidrigkeit des Betriebsrats zu sein, wenn er als solcher etwa zu einer Kranzspende aufruft und die Organisation übernimmt. Das ist dann in dem Sinne zu verstehen, dass die Betriebsratsmitglieder in ihrer Gesamtheit zur Spende aufrufen (**im Ergebnis** auch *Fitting* § 41 Rn. 8; *Richardi/Thüsing* § 41 Rn. 8, die allerdings den Akzent auf den gesellschaftlich gewollten Zweck der Sammlung legen; kritisch *Leuze* ZTR 2006, 464 [476]). Mehrheitsbeschlüsse des Betriebsrats sind jedoch unzulässig, weil sie zeigen, dass der Betriebsrat als solcher auftritt. Auch wäre es ein Amtsmissbrauch, wenn bei Meinungsverschiedenheiten unter dem Namen des Betriebsrats Einfluss auf die Belegschaftsmitglieder genommen oder gar Druck ausgeübt würde. Da Sammlungen für Zwecke außerhalb der Betriebsratsfunktionen keine Amtstätigkeit zum Gegenstand haben, besteht hierfür weder ein Anspruch auf Arbeitsbefreiung nach § 37 Abs. 2 (vgl. § 37 Rdn. 29), noch darf diese von einem freigestellten Betriebsratsmitglied ohne Zustimmung des Arbeitgebers während der Arbeitszeit durchgeführt werden (vgl. § 38 Rdn. 95). **5**

§ 41

6 Auch die **Führung** von **Kassen**, in die z. B. Teile von Aufsichtsratsvergütungen von Belegschaftsmitgliedern, Gewinnanteile der Belegschaft aus der Mitgliedschaft in einem Konsumverein oder Überschüsse aus dem Betrieb eines Zigarettenautomaten fließen, um damit u. a. Jubiläumsgeschenke an Betriebsangehörige finanzieren zu können, gehört **nicht zu den Aufgaben des Betriebsrats** (*BAG* 22.04.1960 AP Nr. 1 zu § 2 ArbGG 1953 Betriebsverfassungsstreit Bl. 3 *[Bötticher]* = SAE 1961, 2, 4 *[Nikisch]*; *Fitting* § 41 Rn. 9; *Glock/HWGNRH* § 41 Rn. 7; *Wedde/DKKW* § 41 Rn. 4). Die Führung einer solchen Kasse ist jedoch Betriebsratsmitgliedern **als Arbeitnehmern des Betriebs** durch § 41 nicht verboten (ebenso *Glock/HWGNRH* § 41 Rn. 7). Nur der Betriebsrat als solcher kann es mangels Zuständigkeit nicht. Sollte die Kasse dazu dienen, Vergütungen an Betriebsratsmitglieder zu zahlen, wäre dies bereits nach § 37 Abs. 1 unzulässig. Zur Zulässigkeit eines Dispositionsfonds des Betriebsrats vgl. § 40 Rdn. 36.

7 Die **Einziehung** von **Gewerkschaftsbeiträgen** durch den Betriebsrat liegt ebenfalls außerhalb seines Aufgabenbereichs und ist deshalb unzulässig (*Fitting* § 41 Rn. 10; *Glock/HWGNRH* § 41 Rn. 6; *Richardi/Thüsing* § 41 Rn. 7). Jedoch können einzelne Betriebsratsmitglieder in ihrer **Eigenschaft als Gewerkschaftsmitglieder**, d. h. bei klarer Trennung von ihrer amtlichen Tätigkeit, die Einziehung übernehmen (§ 74 Abs. 3; *Fitting* § 41 Rn. 10; *Glock/HWGNRH* § 41 Rn. 6; *Richardi/Thüsing* § 41 Rn. 7; skeptisch *Leuze* ZTR 2006, 464 [476]).

2. Leistungen des Arbeitgebers oder Dritter

8 Das Gesetz spricht nur von Beiträgen der Arbeitnehmer. In analoger Anwendung des § 41 sind aber auch **Leistungen anderer** – z. B. von Gewerkschaften oder politischen Parteien – für Zwecke des Betriebsrats unzulässig, weil damit seine ehrenamtliche Tätigkeit in Frage gestellt und seine Unabhängigkeit gefährdet würden (*Fitting* § 41 Rn. 5; *Richardi/Thüsing* § 41 Rn. 5; *Wedde/DKKW* § 41 Rn. 2; im Ergebnis auch *Glock/HWGNRH* § 41 Rn. 3; vgl. auch *BVerwG* 10.10.1990 AP Nr. 1 zu § 41 LPVG NW Bl. 1 R ff.). Entsprechendes gilt für zusätzliche, d. h. über § 40 hinausgehende Leistungen des **Arbeitgebers**.

III. Verstöße

9 Ein Beschluss des Betriebsrats oder der Betriebsversammlung sowie Vereinbarungen über die Leistung von Beiträgen sind nichtig (§ 134 BGB; *Fitting* § 41 Rn. 7; *Joost*/MünchArbR § 221 Rn. 50; *Richardi/Thüsing* § 41 Rn. 3; vgl. auch § 37 Rdn. 22); die Aufforderung zur Zahlung ist rechtswidrig. Bei grober Verletzung des § 41 kann nach § 23 Abs. 1 gegen den Betriebsrat oder einzelne Betriebsratsmitglieder vorgegangen werden. Die Rückforderung verbotswidrig geleisteter Beiträge ist nicht ausgeschlossen, da der Zweck des § 41, die Verhinderung einer Vermögensverschiebung zu Gunsten des Betriebsrats und zu Lasten der Arbeitnehmer, einer Anwendung des § 817 Satz 2 BGB entgegensteht (*Glock/HWGNRH* § 41 Rn. 4; *Joost*/MünchArbR § 221 Rn. 50; *Koch*/ErfK § 41 BetrVG Rn. 1; *Kreft/WPK* § 41 Rn. 5; *Leuze* ZTR 2006, 464 [476]; *Richardi/Thüsing* § 41 Rn. 3; wie hier nun auch *Wolmerath/HaKo* § 41 Rn. 6; a. M. *Fitting* § 41 Rn. 6; *Wedde/DKKW* § 41 Rn. 2). Wenn der Betriebsrat die Umlage behalten dürfte, würde die gesetzwidrige Vermögensverschiebung zu Lasten der Arbeitnehmer aufrechterhalten, obwohl § 41 auch deren Schutz dienen soll (zu dem vergleichbaren Problem bei § 37 Abs. 1 s. § 37 Rdn. 22 m. w. N.).

IV. Streitigkeiten

10 Streitigkeiten aus der Anwendung des § 41 entscheiden die Arbeitsgerichte im Beschlussverfahren (§ 2a Abs. 1 Nr. 1, Abs. 2, §§ 80 ff. ArbGG; *BAG* 24.07.1991 EzA § 41 BetrVG 1972 Nr. 1 = AP Nr. 1 zu § 41 BetrVG Nr. 1; 14.08.2002 EzA § 41 BetrVG 2001 Nr. 1 S. 3 f. = AP Nr. 2 zu § 41 BetrVG 1972 Bl. 2 f. = AuR 2003, 271 *[Wedde]*).

Vierter Abschnitt
Betriebsversammlung

§ 42
Zusammensetzung, Teilversammlung, Abteilungsversammlung

(1) Die Betriebsversammlung besteht aus den Arbeitnehmern des Betriebs; sie wird von dem Vorsitzenden des Betriebsrats geleitet. Sie ist nicht öffentlich. Kann wegen der Eigenart des Betriebs eine Versammlung aller Arbeitnehmer zum gleichen Zeitpunkt nicht stattfinden, so sind Teilversammlungen durchzuführen.

(2) Arbeitnehmer organisatorisch oder räumlich abgegrenzter Betriebsteile sind vom Betriebsrat zu Abteilungsversammlungen zusammenzufassen, wenn dies für die Erörterung der besonderen Belange der Arbeitnehmer erforderlich ist. Die Abteilungsversammlung wird von einem Mitglied des Betriebsrats geleitet, das möglichst einem beteiligten Betriebsteil als Arbeitnehmer angehört. Abs. 1 Satz 2 und 3 gilt entsprechend.

Literatur
Literaturnachweise zum BetrVG 1952 siehe 8. Auflage.

Bartz Zeit der Teilnahme an Betriebsversammlung – »Ruhezeit« im Sinne des Arbeitszeitgesetzes, NZA-RR 2013, 281; *Bauer* Teilnahme von Anwälten an Betriebsversammlungen, NJW 1988, 1130; *Bischof* Die Arten der Betriebsversammlungen und ihre zeitliche Lage, BB 1993, 1937; *Brill* Der Arbeitgeber in der Betriebsversammlung, BB 1983, 1860; *Brötzmann* Probleme der Betriebsversammlung, BB 1990, 1055; *Carl / Herrfahrdt* Zur Protokollierung von Betriebsversammlungen durch den Arbeitgeber, BlStSozArbR 1978, 241; *Cox* Betriebsversammlung, AiB 2001, 706; *Dudenbostel* Hausrecht, Leitungsmacht und Teilnahmebefugnis in der Betriebsversammlung (Diss. Münster), 1978 (zit.: Hausrecht); *Fuchs* Die Betriebsversammlung, AiB 2002, 242; *Fündling / Sorber* Arbeitswelt 4.0 – Digitalisierte Arbeitsweise des Betriebsrats?, NZA 2017, 552; *Gaul* Schriftliche und akustische Aufzeichnungen in Betriebsversammlungen, DB 1975, 978; *Herschel* Schadensersatz bei Behinderung und Störung von Betriebsversammlungen, DB 1975, 690; *Hohn* Betriebsversammlung als Voll- und Teilversammlung, DB 1985, 2195; *Hunold* Betriebsverfassung XI, Betriebsversammlung, AR-Blattei SD 530.11; *Kohte* Die Mitwirkung betriebsfremder Personen an der Betriebs- und Personalversammlung, BlStSozArbR 1980, 337; *Kunze* Die Nichtöffentlichkeit der Personalversammlung, PersV 2000, 434; *ders.* Sachverständige und Auskunftspersonen im Personalvertretungsrecht, PersV 2004, 248; *Leinemann* Rechte und Pflichten für den Unternehmer bei Betriebsversammlungen, ZIP 1989, 552; *Leuze* Betriebsversammlung und Personalversammlung; Gemeinsamkeiten und Unterschiede, ZTR 2000, 206 und 247; *Lopau* Rechtsprobleme der Betriebsversammlung, BlStSozArbR 1979, 230; *Loritz* Elektronische Aufzeichnungen von Betriebsversammlungen und Einsichtsrecht des Arbeitgebers in Betriebsversammlungsprotokolle, FS *Wiese*, 1998, S. 279; *Lunk* Die Betriebsversammlung – das Mitgliederorgan der Belegschaftsverbandes (Diss. Kiel), 1991 (zit.: Betriebsversammlung); *Mießner* Die Betriebsversammlung und das Hausrecht des Arbeitgebers (Diss. Köln), 1970; *Mußler* Betriebsversammlung und parlamentarischer Brauch, NZA 1985, 445; *Pirpamer* Das Teilnahmerecht an der Betriebsversammlung, FA 2013, 263; *Renker* Verbot einer Betriebsversammlung, AiB 2001, 701; *Rieble* Zur Teilbarkeit von Betriebsversammlungen, AuR 1995, 245; *Rüthers* Rechtsprobleme der Organisation und Thematik von Betriebsversammlungen, ZfA 1974, 207; *Säcker* Informationsrechte der Betriebs- und Aufsichtsratsmitglieder und Geheimsphäre des Unternehmens, 1979; *Schlüter / Dudenbostel* Das Haus- und Ordnungsrecht bei Betriebsversammlungen, DB 1974, 2350; *Simitis / Kreuder* Betriebsrat und Öffentlichkeit, NZA 1992, 1009; *Süllwold* Anberaumung von Teilbetriebsversammlungen, ZBVR 2004, 72; *Viets* Zur Teilnahme von Außendienstmitarbeitern an Betriebsversammlungen, RdA 1979, 272; *Vogt* Die Betriebs- und Abteilungsversammlung, 3. Aufl. 1977 (zit.: Betriebsversammlung); *Wolmerath* Die Betriebsversammlung – Rechtsfragen und praktische Tipps, ArbR Aktuell 2016, 136 (Teil 1) und 160 (Teil 2).

Inhaltsübersicht Rdn.

I. Vorbemerkungen	1–13
1. Entstehungsgeschichte	1–5
2. Erscheinungsformen und Aufgaben der Betriebsversammlung	6, 7
3. Rechtsnatur	8, 9
4. Zwingender Charakter der §§ 42 bis 46	10

5. Versammlungen außerhalb des Rahmens der §§ 42 bis 46	11–13
II. Betriebsversammlung	14–57
1. Zusammensetzung	14–20
2. Vorbereitung	21–32
a) Einberufungsbeschluss	21–28
aa) Zuständigkeit des Betriebsrats	21, 22
bb) Inhalt	23–28
(1) Versammlungsort	23–25
(2) Versammlungszeit	26
(3) Tagesordnung	27, 28
b) Ladung und Benachrichtigung der Teilnahmeberechtigten	29, 30
c) Sonstige Vorbereitungsmaßnahmen	31, 32
3. Durchführung der Betriebsversammlung	33–57
a) Versammlungsleitung	33–41
aa) Zuständigkeit	33
bb) Versammlungsleitung i. e. S.	34
cc) Ordnungs- und Hausrecht	35–41
(1) Grundlagen	35, 36
(2) Ordnungsrecht	37
(3) Hausrecht i. e. S. und Zugangsrecht	38–40
(4) Ordnungs- und Hausrecht bei gesetzeswidrigem Ablauf der Betriebsversammlung	41
b) Gestaltung und Ablauf	42–47
c) Nichtöffentlichkeit	48–56
aa) Grundsatz	48
bb) Teilnahme Außenstehender	49–53
cc) Aufzeichnungen	54–56
d) Verschwiegenheitspflichten	57
III. Teilversammlungen, § 42 Abs. 1 Satz 3	58–69
1. Zweck	58
2. Voraussetzungen	59–65
3. Zusammensetzung	66–68
4. Durchführung	69
IV. Abteilungsversammlungen, § 42 Abs. 2	70–79
1. Zweck	70
2. Voraussetzungen	71–77
a) Organisatorisch oder räumlich abgegrenzte Betriebsteile	71–73
b) Erforderlichkeit der Erörterung besonderer Belange der Arbeitnehmer	74–76
c) Beschlussfassung des Betriebsrats	77
3. Abteilungs-Teilversammlungen	78
4. Durchführung	79
V. Streitigkeiten	80–83

I. Vorbemerkungen

1. Entstehungsgeschichte

1 Die Betriebsversammlung wurde zur Unterstützung und Absicherung des Betriebsrats eingeführt durch §§ 32, 33 des Regierungsentwurfs zum **Betriebsrätegesetz** vom 16.08.1919 (Verhandlungen des Deutschen Reichstages Bd. 338, Aktenstück Nr. 928, S. 9, 26; zum Vorentwurf vgl. Nr. 179 des Reichsanzeigers vom 09.08.1919). Der Betriebsversammlung, deren Einberufung im Wesentlichen in das Belieben des Betriebsratsvorsitzenden gestellt war, waren dort noch eine Reihe wichtiger Entscheidungen eingeräumt (§§ 6, 7, 12, 26), insbesondere über das Erlöschen der Mitgliedschaft im Betriebsrat (§ 26 Abs. 1) oder über die Verpflichtung des ganzen Betriebsrats, zurückzutreten (§ 30). Der Entwurf wurde in der Ausschussberatung grundlegend überarbeitet (vgl. Bericht des Ausschusses für soziale Angelegenheiten, Verhandlungen des Deutschen Reichstages Bd. 340, Aktenstück Nr. 1838,

S. 1910), wobei insbesondere die meisten der Entscheidungsbefugnisse gestrichen wurden. Die Nationalversammlung übernahm den Entwurf im Wesentlichen unverändert.

Die Grundzüge des Betriebsräterechts lagen auch dem **BetrVG 1952** zugrunde. Neben der Streichung der gesonderten Arbeiter- und Angestelltenversammlungen wurden zum einen die gesetzlich vorgeschriebenen (Pflicht)Versammlungen eingeführt, zum anderen wurde der im Arbeitsordnungsgesetz geschaffene Grundsatz übernommen, dass diese Versammlungen während der Arbeitszeit stattfinden. 2

Die Neugestaltung des Betriebsverfassungsgesetzes durch das **BetrVG 1972** war gekennzeichnet durch das Bestreben, im Wege des weiteren Ausbaus der bisherigen Bestimmungen die Durchführung und den Besuch der Betriebsversammlungen sowie die innerbetriebliche Aussprache zu beleben. Dazu gehörten im Besonderen die Einführung von Abteilungsversammlungen, des Jahresberichtes des Arbeitgebers, des gewerkschaftlichen Antragsrechts, die Verbesserung des Anspruchs auf Entgeltzahlung sowie die Konkretisierung des Themenbereichs. Insofern enthielt das BetrVG 1972 keine wesentlichen Änderungen, sondern lediglich Ergänzungen. Das BetrVG 1972 hat ferner erstmals die Möglichkeit geschaffen, eigene Betriebsjugendversammlungen durchzuführen (§ 71), die 1987 durch das »Gesetz zur Bildung von Jugend- und Auszubildendenvertretung« zu **Jugend- und Auszubildendenversammlungen** erweitert wurden. Zur **Betriebsräteversammlung** vgl. § 53, zur **Bordversammlung** §§ 115 Abs. 5, 116 Abs. 3 Nr. 6. 3

Durch das **BetrVerf-Reformgesetz aus dem Jahre 2001** blieben die Vorschriften über die Betriebsversammlung im Wesentlichen unangetastet. In § 43 Abs. 2 Satz 3 wurde die **Berichtspflicht des Arbeitgebers** zum Stand der Gleichstellung von Frauen und Männern und die Integration der im Betrieb beschäftigten ausländischen Arbeitnehmer hervorgehoben sowie auf den betrieblichen Umweltschutz erweitert. Entsprechend wurden in § 45 Satz 1 diese Gegenstände als mögliche **Themen einer Betriebsversammlung** aufgenommen. Diese Neuerungen gehen einher mit entsprechenden Modifikationen beim Aufgabenkatalog des Betriebsrats oder akzentuieren diesen in einzelnen Punkten durch die ausdrückliche Einbeziehung bestimmter Fragen in den Themenbereich der Betriebsversammlung (vgl. § 80 Abs. 1 Nr. 2a, 2b, 7, 9, § 88 Nr. 1a, Nr. 4, § 89, § 92 Abs. 2). Die Begründung des Regierungsentwurfs (BT-Drucks. 14/5741, S. 30 f., 41 f.) lässt erkennen, dass die Erweiterung des Gegenstandskatalogs für die Berichtspflicht des Arbeitgebers und die Themen einer Betriebsversammlung in der Intention geschieht, die Auseinandersetzung mit diesen durchaus auch allgemeinpolitischen und gesellschaftlichen Fragestellungen auf betrieblicher Ebene zu institutionalisieren. Das ist unter rechtssystematischen Gesichtspunkten nicht zu beanstanden, da die Auseinandersetzung – wie auch der Wortlaut des § 43 Abs. 2 und des § 45 zeigt – jeweils auf die **betriebliche Ebene** bezogen ist und diese in der Tat derjenige Bereich ist, in dem vor allem die Gleichstellung von Männern und Frauen im Berufsleben schrittweise realisiert werden muss, in dem die Integration ausländischer Arbeitnehmer stattzufinden hat (krit. aber *Hanau* RdA 2001, 65 [74], der es für integrationshemmend hält, die ausländischen Arbeitnehmer auf einer Betriebsversammlung als abgesonderte Gruppe zu behandeln), und in dem der Umweltschutz einen wesentlichen Anwendungsbereich findet (vgl. auch *Gutzeit* § 89 Rdn. 23; krit. wegen des allgemeinpolitischen Bezugs aber *Annuß* NZA 2001, 367 [370]; *Konzen* RdA 2001, 76 [89]; *Rieble* ZIP 2001, 20 [35]; *Schiefer/Korte* NZA 2001, 63 [81]; *dies.* NZA 2001, 351 [354 f.]). In § 44 Abs. 1 Satz 1 wird weiterhin als Folgeregelung zum erleichterten **Wahlverfahren in Kleinbetrieben** neben §§ 17 und 43 Abs. 1 nunmehr auch auf § 14a verwiesen. 4

Gemäß § 15 des Gesetzes über Sprecherausschüsse der leitenden Angestellten (**Sprecherausschussgesetz** [SprAuG] vom 20. Dezember 1988 [BGBl. I, S. 2312, 2316 – BGBl. III 801 – 11]) ist neben der Betriebsversammlung nach dem BetrVG eine »Versammlung der leitenden Angestellten« vorgesehen. Zur Versammlung der **Schwerbehinderten** vgl. § 178 Abs. 6 SGB IX (bis 31.12.2017: § 95 Abs. 6 SGB IX). 5

2. Erscheinungsformen und Aufgaben der Betriebsversammlung

Die Grundform der Betriebsversammlung ist die Zusammenkunft aller Arbeitnehmer, § 42 Abs. 1 Satz 1 (**Vollversammlung**). Eine **Teilversammlung** ist abzuhalten, wenn wegen der Eigenart des Betriebs eine gleichzeitige Zusammenkunft aller Arbeitnehmer nicht stattfinden kann, § 42 Abs. 1 6

Satz 3 (vgl. dazu Rdn. 58 ff.). Die **Abteilungsversammlung** nach § 42 Abs. 2 wird für Arbeitnehmer organisatorisch oder räumlich abgegrenzter Betriebsteile durchgeführt (vgl. dazu Rdn. 70 ff.). Dabei kommt wiederum die Form der Voll- oder Teilversammlung in Betracht (vgl. Rdn. 78). Die Betriebsversammlung findet zwingend **regelmäßig** in vom Gesetz vorgegebenen Zeitabständen statt, § 43 Abs. 1 Satz 1 und 2 (vgl. dazu § 43 Rdn. 2 ff.). Eine **zusätzliche** Betriebsversammlung pro Kalenderhalbjahr kann der Betriebsrat aus besonderen Gründen anberaumen, § 43 Abs. 1 Satz 4 (vgl. dazu § 43 Rdn. 33 ff.). Darüber hinaus ist der Betriebsrat berechtigt und auf Verlangen von mindestens einem Viertel der wahlberechtigten Arbeitnehmer oder des Arbeitgebers verpflichtet, **außerordentliche** Betriebsversammlungen einzuberufen, § 43 Abs. 3 Satz 1 (vgl. dazu § 43 Rdn. 41 ff.). Schließlich kann eine im Betrieb vertretene Gewerkschaft die Einberaumung einer Betriebsversammlung **wegen Untätigkeit** verlangen, wenn im vorhergegangenen Kalenderhalbjahr keine Betriebs- oder Abteilungsversammlungen durchgeführt worden sind, § 43 Abs. 4 (vgl. dazu § 43 Rdn. 24 ff.). Eine Sonderform der Betriebsversammlung ist die **Wahlversammlung** in Kleinbetrieben nach §§ 14a, 17a sowie in betriebsratslosen Betrieben nach §§ 17 Abs. 2 und 3.

7 Die Betriebsversammlung ist mit Ausnahme der Wahlversammlungen nach §§ 14a, 17, 17a **nicht berechtigt, verbindliche Entscheidungen zu treffen** (*BAG* 27.06.1989 EzA § 42 BetrVG 1972 Nr. 4 S. 5 = AP Nr. 5 zu § 42 BetrVG 1972 = SAE 1990, 162 *[Belling/Liedmeier]*). Sie hat kein Weisungsrecht gegenüber dem Betriebsrat und kann ihm auch nicht das Vertrauen entziehen oder ihn absetzen (*Berg/DKKW* § 42 Rn. 4; *Fitting* § 42 Rn. 10; *Richardi/Annuß* vor § 42 Rn. 3). Auch Beschlüsse oder Erklärungen haben keine Außenwirkung (*BAG* 27.06.1989 EzA § 42 BetrVG 1972 Nr. 4 S. 5 = AP Nr. 5 zu § 42 BetrVG 1972; *Richardi/Annuß* vor § 42 Rn. 3). Damit beschränkt sich die Aufgabenstellung der Betriebsversammlung zunächst darauf, den **Tätigkeitsbericht des Betriebsrats** (§ 43 Abs. 1) und den **Geschäftsbericht des Arbeitgebers** (§ 43 Abs. 2) entgegenzunehmen. Von Bedeutung ist aber auch die in § 45 geregelte Befugnis und Aufgabe der Betriebsversammlung, die **innerbetriebliche Aussprache** über alle Angelegenheiten des Betriebs oder der Arbeitnehmer zu eröffnen. Diese Aussprache kann auch außerbetriebliche Angelegenheiten erfassen, wenn sie den Betrieb oder seine Arbeitnehmer unmittelbar betreffen (§ 45). Mit Blick hierauf sowie auf den Tätigkeitsbericht des Betriebsrats ist die Betriebsversammlung gleichzeitig ein wichtiges Instrument der innerbetrieblichen **Kommunikation zwischen Betriebsrat und Belegschaft** (vgl. auch *BAG* 24.08.2011 EzA § 42 BetrVG 2001 Nr. 1 Rn. 34 = AP Nr. 13 zu § 5 BetrVG 1972 Ausbildung). Zu rechtstatsächlichen Erfahrungswerten vgl. *Fabricius* 6. Aufl., vor § 42 Rn. 23. Zur Betriebsversammlung in anderen Ländern: *Gamillscheg* II, S. 653 ff. Zu **anderen Formen der Kommunikation** zwischen Betriebsrat und Belegschaft (Schwarzes Brett, Informationsblatt, Homepage und moderne Kommunikationstechnik) vgl. § 40 Rdn. 167 ff.; zu Sprechstunden vgl. § 39; zu Arbeitnehmerbefragungen § 80 Rdn. 86.

3. Rechtsnatur

8 Die Betriebsversammlung wird überwiegend als **Organ** der »Betriebsverfassung« bezeichnet (*BAG* 27.05.1982 EzA § 42 BetrVG 1972 Nr. 3 S. 11 f. = AP Nr. 3 zu § 42 BetrVG 1972 *[Beitzke]*; *Berg/DKKW* § 42 Rn. 1; *Fabricius* 6. Aufl., vor § 42 Rn. 9, 16; *Rieble* AuR 1995, 245 f.; *Stege/Weinspach/Schiefer* §§ 42–46 Rn. 1), vereinzelt als Mitgliederorgan des Belegschaftsverbandes (*Lunk* Betriebsversammlung, S. 76 ff., 120 f.). Nach anderer Auffassung hat die Betriebsversammlung **keine Organstellung**, sondern »ist die Belegschaft selbst in einer bestimmten, gesetzlich geordneten Erscheinungsform« (*Küchenhoff* § 42 Rn. 1; *Nikisch* III, S. 211; *Vogt* Betriebsversammlung, S. 22; ähnlich *Joost*/MünchArbR § 223 Rn. 4; *Richardi/Annuß* vor § 42 Rn. 2), »nur die interne Organisation der Belegschaft« (*Kistler* Die Betriebsgemeinschaft, S. 75), ein »Instrument sui generis« (*Engels* Die Betriebsversammlung, 1969, S. 100), ein »Beratungsforum« (*Carl/Herrfahrdt* BlStSozArbR 1978, 241; *Wiesmüller* Die Zuständigkeit der Betriebsversammlung, 1963), eine »Wirkeinheit« (*Thiele* 4. Aufl., Einl. Rn. 66), schließlich ein »Gremium ohne rechtlich zu fassende Bedeutung« (*van Venrooy* SAE 1988, 17 [20]).

9 Das Betriebsverfassungsgesetz fasst die Arbeitnehmer der einzelnen Betriebe, aber auch des Unternehmens, unter persönlichen (§ 5) und räumlichen Gesichtspunkten (§§ 1, 4) rechtlich zu einer Einheit zusammen. Insoweit kann man von einem rechtlichen Verband sprechen. Diesem personell und räum-

lich durch das Gesetz abgegrenzten Verband räumt das Gesetz bestimmte Rechte und Pflichten ein, die aber nicht von dem Verband als solchem, sondern von den Betriebsräten, ihren Vorsitzenden bzw. den Ausschüssen und im Rahmen der begrenzten Zuständigkeiten der §§ 14a i. V. m. 17a Nr. 3, 17 Abs. 2, 45 auch von der Betriebsversammlung wahrgenommen werden. Soweit man den Begriff »Organ« nur als systematische Kurzformel für solche dem Gesetz zu entnehmende **Zuständigkeiten** eines organisatorisch gegliederten Verbandes verwendet, aus der **Rechtsfolgen nicht hergeleitet** werden können (*Fabricius* 6. Aufl., vor § 42 Rn. 7; *Fitting* § 42 Rn. 9; *Koch*/ErfK §§ 42 ff. BetrVG Rn. 1; *Lopau* BlStSozArbR 1979, 230; vgl. auch *BAG* 27.06.1989 EzA § 42 BetrVG 1972 Nr. 4 S. 5 = AP Nr. 5 zu § 42 BetrVG 1972 = SAE 1990, 162 *[Belling/Liedmeier]*: »wenig Aussagekraft«), lässt sich die Betriebsversammlung als Organ der Betriebsverfassung bezeichnen (ausführlich zur Rechtsnatur der Betriebsversammlung *Fabricius* 6. Aufl., vor § 42 Rn. 6–17).

4. Zwingender Charakter der §§ 42 bis 46

Die Vorschriften der § 42 ff. sind **zwingenden Rechts**, die weder durch Tarifvertrag noch durch Betriebsvereinbarung abbedungen werden können (*Berg*/DKKW § 42 Rn. 7; *Fitting* § 42 Rn. 5; *Richardi*/*Annuß* vor § 42 Rn. 13; *Worzalla*/HWGNRH § 42 Rn. 1). Zum Verzicht auf die Nichtöffentlichkeit vgl. Rdn. 49 ff. 10

5. Versammlungen außerhalb des Rahmens der §§ 42 bis 46

Eine Betriebsversammlung i. S. d. §§ 42 ff. setzt voraus, dass ein **Betriebsrat** gewählt worden ist; nur er kann sie einberufen (vgl. Rdn. 21). Ist das nicht der Fall, kann – abgesehen von den Fällen der §§ 14a, 17, 17a – eine Betriebsversammlung nicht durchgeführt werden (*BAG* 16.11.2011 EzA § 17 BetrVG 2011 Nr. 2 Rn. 20 = AP Nr. 9 zu § 17 BetrVG 1972). In einem betriebsratslosen Betrieb kann ein Gesamtbetriebsrat auch nicht eine Informationsveranstaltung der Belegschaft zur Vorbereitung der Bestellung des Wahlvorstands durchführen (*BAG* 16.11.2011 EzA § 17 BetrVG 2011 Nr. 2 Rn. 18 ff. = AP Nr. 9 zu § 17 BetrVG 1972; *Fitting* § 42 Rn. 2; vgl. dazu auch *Kreutz* § 17 Rdn. 15). Das schließt nicht aus, dass die **Arbeitnehmer** eines Betriebes sich aufgrund **eigener Initiative** außerhalb der Arbeitszeit oder mit Einwilligung des Arbeitgebers während der Arbeitszeit versammeln. Dabei handelt es sich jedoch nicht um Betriebsversammlungen i. S. d. §§ 42 ff. (*Fitting* § 42 Rn. 11–13; *Richardi*/*Annuß* vor § 42 Rn. 11; *Rieble* AuR 1995, 245 [249]; *Worzalla*/HWGNRH § 42 Rn. 6). 11

Der **Arbeitgeber** kann keine Betriebsversammlungen i. S. d. Gesetzes einberufen (vgl. auch *LAG Baden-Württemberg* 13.03.2014 – 6 TaBV 5/13 – juris, Rn. 17 f.: eine Weihnachtsfeier auf gemeinsame Einladung der Geschäftsleitung und des Gesamtbetriebsrats, auf der vor dem »geselligen Teil« die Geschäftsführung und der Gesamtbetriebsratsvorsitzende Geschäftsberichte abgeben, ist keine Betriebsversammlung). Zulässig ist jedoch die ›formlose‹ Einberufung der Arbeitnehmer zu einer »**Mitarbeiterversammlung**« durch den Arbeitgeber aufgrund seines Direktionsrechts (*Brötzmann* BB 1990, 1055 [1056]; *Diller*/HWK § 42 BetrVG Rn. 11; *Joost*/MünchArbR § 223 Rn. 18; *Pröpper* ZBVR online 2014, 31; *Rieble* AuR 1995, 245 [249]; *Worzalla*/HWGNRH § 42 Rn. 7). Führt der Arbeitgeber eine Mitarbeiterversammlung außerhalb der betriebsüblichen Arbeitszeit durch, ist die Maßnahme nach § 87 Abs. 1 Nr. 3 **mitbestimmungspflichtig**, wenn der Arbeitgeber kraft seines Direktionsrechts die Teilnahme anordnen kann oder wenn eine anderweitige Verpflichtung der Arbeitnehmer gegenüber dem Arbeitgeber zur Teilnahme besteht (*BAG* 13.03.2001 EzA § 87 BetrVG 1972 Arbeitszeit Nr. 62 S. 2 f. = AP Nr. 87 zu § 87 BetrVG 1972 Arbeitszeit; *Fitting* § 42 Rn. 11a). Der Versammlungsablauf liegt im Ermessen des Arbeitgebers (*BAG* 27.06.1989 EzA § 42 BetrVG 1972 Nr. 4 S. 3 ff. = AP Nr. 5 zu § 42 BetrVG 1972 = SAE 1990, 162 *[Belling/Liedmeier]*). Es können, da die Befugnisse der Betriebsversammlung nicht tangiert werden und der Arbeitgeber die Möglichkeit haben muss, auf eigene Initiative die Belegschaft über betriebliche Angelegenheiten zu informieren, **auch Angelegenheiten** erörtert werden, **die in eine Betriebsversammlung gehören** (*BAG* 27.06.1989 EzA § 42 BetrVG 1972 Nr. 4 S. 6 f. = AP Nr. 5 zu § 42 BetrVG 1972; 13.03.2001 EzA § 87 BetrVG 1972 Arbeitszeit Nr. 62 S. 3 = AP Nr. 87 zu § 87 BetrVG 1972 Arbeitszeit; *Pröpper* ZBVR online 2014, 31 [34]). Die Gegenmeinung, wonach der Arbeitgeber gem. § 43 Abs. 3 eine Einberufung der Betriebsversammlung verlangen muss, wenn er entsprechende Themen erörtert wissen will (*Berg*/ 12

DKKW § 42 Rn. 50; *Richardi/Annuß* § 42 Rn. 73), verkennt, dass die Betriebsversammlung vornehmlich der Willensbildung der Belegschaft dient und die §§ 42 bis 46 keine abschließende Regelung für die Information der Belegschaft durch den Arbeitgeber enthalten (*BAG* 27.06.1989 EzA § 42 BetrVG 1972 Nr. 4 S. 6 = AP Nr. 5 zu § 42 BetrVG 1972). Mitarbeiterversammlungen dürfen wegen § 2 Abs. 1 jedoch **nicht zu »Gegenveranstaltungen«** gegenüber Betriebsversammlungen missbraucht werden (*BAG* 27.06.1989 EzA § 42 BetrVG 1972 Nr. 4 S. 8 = AP Nr. 5 zu § 42 BetrVG 1972; *Berg/DKKW* § 42 Rn. 51; *Fitting* § 42 Rn. 11a; *Joost/*MünchArbR § 223 Rn. 18; *Löwisch/LK* § 42 Rn. 2; *Pröpper* ZBVR online 2014, 31 [34]; *Richardi/Annuß* § 42 Rn. 73; *Rieble* AuR 1995, 245 [250]). Das wäre der Fall, wenn der Arbeitgeber sich weigerte, auf Betriebsversammlungen im Sinne des BetrVG seiner nach § 43 Abs. 2 Satz 3 bestehenden Berichtspflicht nachzukommen oder seine Teilnahme an derartigen Versammlungen von der Abwesenheit von Gewerkschaftsvertretern (vgl. § 46 Abs. 1 Satz 1) abhängig machte (*BAG* 27.06.1989 EzA § 42 BetrVG 1972 Nr. 4 S. 8 = AP Nr. 5 zu § 42 BetrVG 1972). Ein Missbrauch kommt auch in Betracht, wenn eine Mitarbeiterversammlung in Kenntnis der vom Betriebsrat anberaumten Betriebsversammlung in deren unmittelbare zeitliche Nähe gelegt wird, weil auf diese Weise die Arbeitnehmer vom Besuch der regulären Betriebsversammlung abgehalten werden könnten (*ArbG Darmstadt* 06.05.1996 AiB 1996, 609; *ArbG Offenbach* 16.06.2000 AiB 2000, 689 *[Fischer]*; *ArbG Osnabrück* 25.06.1997 AiB 1998, 109 *[Elbers]*). Zur Frage, ob eine vom Arbeitgeber außerhalb der Arbeitszeit einberufene Mitarbeiterversammlung mit dem Ziel, die Arbeitnehmer von einer geplanten Betriebsratswahl abzuhalten, als Wahlbehinderung i. S. d. § 20 Abs. 2 angesehen werden kann, vgl. *ArbG Regensburg* 06.06.2002 AiB 2003, 554.

13 Sofern die Arbeitnehmer an einer **vom Arbeitgeber einberufenen Versammlung** teilnehmen oder – bei Nichtteilnahme – aus betrieblichen Gründen (Stillstand der Produktion usw.) nicht arbeiten können, ist das **Arbeitsentgelt** fortzuzahlen (*Fitting* § 42 Rn. 11b). Mit dem vom Arbeitgeber per Direktionsrecht angeordneten Besuch der Versammlung leisten die Arbeitnehmer vertragsgemäße Arbeit (vgl. auch *Richardi/Annuß* § 42 Rn. 75; *Rieble* AuR 1995, 245 [249f.]). In der Regel wird der Wille des Arbeitgebers, der auf eigene Initiative eine Versammlung seiner Belegschaft anordnet, ohnehin dahin gehen, das Entgelt fortzuzahlen. Es bedarf aber für die Begründung der Pflicht zur Entgeltfortzahlung weder der Konstruktion, dass die Einladung des Arbeitgebers nach ihrem typischen Erklärungsinhalt eine entsprechende Zusicherung der Fortzahlung umfasse noch einer ergänzenden Vertragsauslegung. Findet allerdings eine Belegschaftsversammlung außerhalb der gesetzlichen Bestimmungen der §§ 42 ff. auf **Initiative der Arbeitnehmer** während der Arbeitszeit statt, so ist § 44 Abs. 2 Satz 2 nicht etwa analog anzuwenden. Ein Anspruch auf Entgeltfortzahlung besteht deshalb nicht, auch dann nicht, wenn der Arbeitgeber sein Einverständnis mit der Veranstaltung erklärt hat (zutr. *Richardi/Annuß* § 42 Rn. 75).

II. Betriebsversammlung

1. Zusammensetzung

14 **Teilnahmeberechtigt** sind alle **Arbeitnehmer des Betriebs** (Abs. 1). Für den Betriebsbegriff gelten die allgemeinen Regeln, so dass im **Gemeinschaftsbetrieb** eine einheitliche Betriebsversammlung durchzuführen ist und unter den Voraussetzungen des § 4 Abs. 1 eine eigene Betriebsversammlung in **Betriebsteilen**, die als selbstständige Betriebe gelten. Soweit durch Tarifvertrag oder Betriebsvereinbarung **Organisationseinheiten im Rahmen des § 3** geschaffen werden, die als Betriebe gelten (§ 3 Abs. 5 Satz 1), sind Betriebsversammlungen auch dort durchzuführen. Im Fall eines Belegschaftsvotums für einen unternehmenseinheitlichen Betriebsrat nach § 3 Abs. 3 greift zwar nicht allein aufgrund dieses Votums bereits die Fiktion des § 3 Abs. 5 Satz 1. Aber mit Vollzug der Wahl hat das Unternehmen einen einheitlichen Betriebsrat und gilt insofern als Betrieb (*Franzen* § 3 Rdn. 48), so dass die Betriebsversammlung dann auch unternehmensweit abzuhalten ist (*Berg/DKKW* § 42 Rn. 12; a. M. *Tautphäus/*HaKo § 42 Rn. 3).

15 Eine **Teilnahmepflicht** besteht **nicht** (*Berg/DKKW* § 42 Rn. 11; *Fitting* § 42 Rn. 24; *Richardi/Annuß* § 42 Rn. 4). Die Nichtteilnahme an der Betriebsversammlung wirkt sich allein bei der Fortzahlung der Vergütung aus (vgl. § 44 Rdn. 67 ff.). Weiterhin sind die nicht teilnehmenden Arbeitnehmer

zur Weiterarbeit verpflichtet (*Worzalla/HWGNRH* § 42 Rn. 17). Es verstieße gegen § 2 Abs. 1, wenn der Arbeitgeber es den Arbeitnehmern freistellte, entweder an der Betriebsversammlung teilzunehmen oder nach Hause zu gehen.

Die **Arbeitnehmereigenschaft** bestimmt sich nach § 5 Abs. 1 (vgl. *BAG* 05.12.2012 EzA § 5 BetrVG 2001 Nr. 10 Rn. 16 ff. = AP Nr. 81 zu § 5 BetrVG 1972 *[Richardi]*) Teilnahmeberechtigt sind auch Teilzeitbeschäftigte und befristet Beschäftigte. Unerheblich ist die aktive oder passive Wählbarkeit; auch jugendliche Arbeitnehmer sind teilnahme- und stimmberechtigt. Ausgeschlossen sind die in § 5 Abs. 2 und 3 genannten Gruppen, soweit sie nicht als Vertreter des Arbeitgebers teilnahmeberechtigt sind (vgl. § 43 Rdn. 52 f.; ferner *Berg/DKKW* § 42 Rn. 8 ff.; § 43 Rn. 23; *Richardi/Annuß* § 42 Rn. 4 ff.). In diesem Fall steht ihnen ebenso wie dem Arbeitgeber kein Stimmrecht zu. Teilnahmeberechtigt sind auch **gekündigte** Arbeitnehmer, deren Ausscheiden aber noch nicht feststeht, etwa wenn ein Kündigungsschutzverfahren wegen dieser Kündigung bei Gericht anhängig ist (*LAG Mecklenburg-Vorpommern* 30.01.2017 – 3 TaBVGa 1/17 – juris Rn. 32 [*abl.* Boemke jurisPR-ArbR 20/2017 Anm. 4]; *Berg/DKKW* § 42 Rn. 15; *Tautphäus/HaKo* § 42 Rn. 9; **enger** *Richardi/Annuß* § 42 Rn. 4 [Teilnahmerecht nur bei tatsächlicher Weiterbeschäftigung, z. B. nach § 102 Abs. 5 BetrVG]). Auch wenn sog. **Ein-Euro-Jobber** i. S. d. § 16d SGB II keinen Arbeitnehmerstatus besitzen (§ 16d Abs. 7 Satz 2 Halbs. 1 SGB II; ausf. *Raab* § 5 Rdn. 108), sind sie doch in den Betrieb des Arbeitgebers eingegliedert und dessen Weisungsrecht unterworfen (*BAG* 02.10.2007 EzA § 99 BetrVG 2001 Einstellung Nr. 7 Rn. 16 = AP Nr. 54 zu § 99 BetrVG 1972 Einstellung). Sie sind deshalb Teil der Belegschaft, so dass sie an einer Betriebsversammlung teilnehmen können (*Engels* NZA 2007, 8 [9]; *Fitting* § 42 Rn. 14a; *Worzalla/HWGNRH* § 42 Rn. 15). § 42 ist insoweit analog anwendbar (vgl. auch *Raab* § 5 Rdn. 108). Entsprechendes gilt für **Freiwillige** im Bundes- und Jugendfreiwilligendienst (vgl. dazu *Leube* ZTR 2012, 207 [209]; **a. M.** *Becker* NZA 2016, 923 [926]; zur [fehlenden] Arbeitnehmereigenschaft vgl. *Raab* § 5 Rdn. 110).

Die Teilnahmeberechtigung knüpft an die Eigenschaft als **Arbeitnehmer »des Betriebs«** an. Nicht teilnahmeberechtigt sind daher grundsätzlich auch die dem Betrieb nicht angehörigen Mitglieder des Gesamt- und Konzernbetriebsrats (*Berg/DKKW* § 42 Rn. 9 ff.; *Richardi/Annuß* § 42 Rn. 9; vgl. auch *Worzalla/HWGNRH* § 42 Rn. 23). Zu den Teilnahmeberechtigten gehören hingegen **Außendienstmitarbeiter**, **Telearbeitnehmer** (vgl. § 5 Abs. 1 Satz 1) sowie **Heimarbeiter**, die in der Hauptsache für den Betrieb arbeiten (§ 5 Abs. 1 Satz 2). Teilnahmeberechtigt sind **auch im Ausland** tätige Arbeitnehmer, sofern sie noch zum Betrieb gehören (*Fitting* § 42 Rn. 14a; zur Geltung des Betriebsverfassungsgesetzes für solche Arbeitnehmer vgl. *Franzen* § 1 Rdn. 15 ff.; zur Durchführung einer Betriebsversammlung im Ausland vgl. Rdn. 25). **»Leiharbeitnehmer«** i. S. v. § 1 AÜG haben nach § 14 Abs. 2 Satz 2 AÜG das Recht, an den im Entleiherbetrieb stattfindenden Betriebsversammlungen teilzunehmen. Entsprechendes gilt in Fällen, in denen Arbeitnehmer nicht im Rahmen der wirtschaftlichen Tätigkeit ihres Arbeitgebers überlassen werden, richtigerweise im Wege analoger Anwendung dieser Vorschrift (*Gotthardt/Roloff/HWK* § 14 AÜG Rn. 5; *Weber/RDW* § 48 Rn. 14; zu § 14 Abs. 1 AÜG: *BAG* 20.04.2005 EzA § 14 AÜG Nr. 5 [B II 2d]; 10.03.2004 EzA § 9 BetrVG 2001 Nr. 2 [B I 1a aa] = AP Nr. 8 zu § 7 BetrVG 1972; vgl. auch *Raab* § 5 Rdn. 123 ff.; generell zum drittbezogenen Personaleinsatz *BAG* 05.12.2012 EzA § 5 BetrVG 2001 Nr. 10 Rn. 16 ff. = AP Nr. 81 zu § 5 BetrVG 1972 *[Richardi]*), anderer Ansicht nach auf der Basis einer doppelten betriebsverfassungsrechtlichen Betriebszugehörigkeit der Leiharbeitnehmer (vgl. u. a. *Boemke* AR-Blattei SD, Betriebszugehörigkeit Rn. 47; *Schüren/Hamann* AÜG § 14 Rn. 22 ff.) Zu den Kosten vgl. § 44 Rdn. 37. Eine analoge Anwendung des § 14 Abs. 2 Satz 2 AÜG ist auch geboten, wenn **Auszubildende eines reinen Ausbildungsbetriebs** während der Phase ihrer praktischen Ausbildung in dem Betrieb eines anderen Konzernunternehmens an Betriebsversammlungen in diesem Einsatzbetrieb teilnehmen wollen (*BAG* 24.08.2011 EzA § 42 BetrVG 2001 Nr. 1 Rn. 29 ff. = AP Nr. 13 zu § 5 BetrVG 1972 Ausbildung; *Berg/DKKW* § 42 Rn. 15a; *Fitting* § 42 Rn. 14a). Für **Beamte**, die dem **PostPersRG** unterfallen, greift bei befristeter oder vorläufiger Zuweisung zu einem anderen Unternehmen hinsichtlich der Betriebszugehörigkeit die Sonderregel des § 24 Abs. 3 Satz 1 PostPersRG: Danach gelten diese Beamten für die Zeit ihrer Zuweisung als Beschäftigte des Unternehmens, dem sie vorläufig oder befristet zugewiesen sind. Sie sind deshalb während dieses Zeitraums nur dort und nicht im Ursprungsbetrieb zur Teilnahme an Betriebsversammlungen berechtigt (*BAG* 05.12.2012 EzA § 5 BetrVG 2001 Nr. 10

Rn. 26 ff. = AP Nr. 81 zu § 5 BetrVG 1972 *[Richardi]*; *Fitting* § 42 Rn. 14a; dazu *Boemke* jurisPR-ArbR 22/2013 Anm. 3).

18 Die Teilnahmeberechtigung besteht auch für im **Urlaub** befindliche Arbeitnehmer (*BAG* 05.05.1987 EzA § 44 BetrVG 1972 Nr. 5 S. 22 f. = AP Nr. 5 zu § 44 BetrVG 1972 *[Kraft/Raab]*), für Arbeitnehmer in **Elternzeit** (*BAG* 31.05.1989 EzA § 44 BetrVG 1972 Nr. 9 = AP Nr. 9 zu § 44 BetrVG 1972), in **Kurzarbeit** und während eines **Arbeitskampfes** (*BAG* 05.05.1987 EzA § 44 BetrVG 1972 Nr. 7 S. 40 = AP Nr. 4 zu § 44 BetrVG 1972 *[Kraft/Raab]*). Auch das Ruhen des Arbeitsverhältnisses schließt das Teilnahmerecht nicht aus (*Joost*/MünchArbR § 224 Rn. 29). In der Freistellungsphase nach dem Blockmodell besteht allerdings kein Teilnahmerecht mehr, da der Arbeitnehmer nicht mehr auf den alten Arbeitsplatz zurückkehren wird (vgl. auch *BAG* 16.04.2003 EzA § 9 BetrVG 2001 Nr. 1 = AP Nr. 1 zu § 9 BetrVG 1972).

19 Die Teilnahmeberechtigung des **Arbeitgebers** folgt für Betriebsversammlungen nach § 43 Abs. 1 aus § 43 Abs. 2, für außerordentliche Betriebsversammlungen, die auf seinen Wunsch stattfinden, aus § 43 Abs. 3 Satz 2. Kein gesetzliches Teilnahmerecht besteht hingegen für sonstige außerordentliche Betriebsversammlungen (*BAG* 27.06.1989 EzA § 42 BetrVG 1972 Nr. 4 S. 6 = AP Nr. 5 zu § 42 BetrVG 1972; *Berg*/DKKW § 43 Rn. 20; *Fitting* § 43 Rn. 50; *Richardi/Annuß* § 43 Rn. 47). Nach Maßgabe des § 43 Abs. 2 Satz 3 ist auch der **Vertreter des Arbeitgebers** teilnahmeberechtigt. Die Teilnahmeberechtigung von Beauftragten der Verbände folgt aus § 46 Abs. 1. Darüber hinaus kann **weiteren Personen** die Teilnahme gestattet werden (vgl. dazu näher Rdn. 49 ff.).

20 Über die Teilnahmeberechtigung **entscheidet** vorläufig der **Versammlungsleiter** in Ausübung seines Leitungsrechts. Die endgültige Entscheidung trifft im Streitfall das Arbeitsgericht im Beschlussverfahren (§§ 2a Abs. 1 Nr. 1, Abs. 2, 80 ff. ArbGG).

2. Vorbereitung

a) Einberufungsbeschluss

aa) Zuständigkeit des Betriebsrats

21 Das Gesetz setzt die **Einberufung durch den Betriebsrat** zwingend voraus (§ 43 Abs. 1). Eine Betriebsversammlung i. S. d. Gesetzes kann deshalb nur in solchen Betrieben durchgeführt werden, in denen ein Betriebsrat gewählt worden ist. Ausnahmen gelten für die Wahlversammlung in Kleinbetrieben nach §§ 14a, 17a sowie in betriebsratslosen Betrieben nach §§ 17 Abs. 2 und 3. In Betrieben mit Betriebsrat besteht kein Selbstversammlungsrecht (*Richardi/Annuß* § 42 Rn. 11). Zu Betriebsversammlungen, die trotz Bestehens eines Betriebsrats nicht von diesem, sondern etwa von einem ad hoc gebildeten »Arbeitnehmerausschuss« oder sonstigen Stellen, z. B. der Gewerkschaft (vgl. § 43 Abs. 4), einberufen werden, Rdn. 11 ff.

22 Den Einberufungsbeschluss selbst fasst der **Betriebsrat als Gremium** (*Berg*/DKKW § 42 Rn. 18; *Fitting* § 42 Rn. 28; a. M. *Richardi/Annuß* § 42 Rn. 10: Betriebsausschuss) mit der Mehrheit der Stimmen der anwesenden Mitglieder (§ 33). Zur Durchführung durch den Betriebsratsvorsitzenden vgl. Rdn. 29 ff.

bb) Inhalt

(1) Versammlungsort

23 Grundsätzlich findet eine Betriebsversammlung **in den Betriebsräumen** statt. Der **Arbeitgeber** ist in analoger Anwendung des § 40 Abs. 2 **verpflichtet, Räume** (einschließlich der sonstigen erforderlichen Mittel wie Sitzplätze, Lautsprecheranlage, Heizung, Beleuchtung) **bereitzustellen** und die entsprechenden **Kosten** zu tragen (*Fitting* § 42 Rn. 31; *Richardi/Annuß* § 42 Rn. 16; vgl. dazu auch *Hess. LAG* 10.10.2013 – 5 TaBV 323/12 – juris, Rn. 14; *LAG Rheinland-Pfalz* 23.03.2010 LAGE § 40 BetrVG 2001 Nr. 14). § 40 Abs. 2 betrifft unmittelbar nur die Tätigkeit des Betriebsrats, ist aber Ausfluss der generellen Verpflichtung des Arbeitgebers, im gesetzlich vorgegebenen Rahmen der betrieblichen Mitbestimmung erforderliche Mittel zur Verfügung zu stellen (für unmittelbare Anwendung des § 40 Abs. 2 *Worzalla*/HWGNRH § 42 Rn. 32 [Betriebsversammlung als Tätigkeit des

Betriebsrats]). Aus der Anwendung des § 40 Abs. 2 ergibt sich, dass der **Arbeitgeber** darüber entscheidet, welchen von mehreren zur Verfügung stehenden Räumen er bereitstellt (*Hess. LAG* 10.10.2013 – 5 TaBV 323/12 – juris, Rn. 15 ff.), er muss dabei allerdings das Gebot der vertrauensvollen Zusammenarbeit beachten (vgl. auch *Joost*/MünchArbR § 224 Rn. 25; *Richardi/Annuß* § 42 Rn. 16; ähnlich *Worzalla/HWGNRH* § 42 Rn. 32; allgemein zur Rollenverteilung bei § 40 Abs. 2 vgl. § 40 Rdn. 135 f.; **a. M.** *Berg/DKKW* § 42 Rn. 20; *Fabricius* 6. Aufl., § 42 Rn. 6 [Betriebsrat als Veranstalter]; *Fitting* § 42 Rn. 31 [Betriebsrat im Einvernehmen mit dem Arbeitgeber]). Der Betriebsrat kann deshalb über den Versammlungsort im Einberufungsbeschluss nur im Rahmen der vom Arbeitgeber angebotenen Räumlichkeiten beschließen.

Steht ein **geeigneter Raum** für die Versammlung aller Arbeitnehmer im Betrieb **nicht zur Verfügung** und kommt nicht ausnahmsweise eine Versammlung unter freiem Himmel in Betracht, so hat der Arbeitgeber einen geeigneten Raum außerhalb des Betriebs **anzumieten**. Er kann den Betriebsrat nur dann auf Teilversammlungen gem. § 42 Abs. 1 Satz 3 verweisen, wenn eine Anmietung nicht möglich oder aus Kostengründen nicht zumutbar ist. Wegen des Vorrangs der Vollversammlung sind räumliche Gegebenheiten nicht stets, sondern nur unter diesen engeren Voraussetzungen solche, die als »Eigenart des Betriebs« einer Versammlung aller Arbeitnehmer zum gleichen Zeitpunkt entgegenstehen (im Ergebnis auch *Fitting* § 42 Rn. 54; *Richardi/Annuß* § 42 Rn. 48; *Worzalla/HWGNRH* § 42 Rn. 49). Der Betriebsrat ist grundsätzlich nicht selbst zur Anmietung von Räumen befugt (vgl. Rdn. 31). 24

Befindet sich eine größere Anzahl von Arbeitnehmern eines inländischen Betriebs vorübergehend im **Ausland**, so kann für diese dort eine **Teilbetriebsversammlung** durchgeführt werden (*LAG Hamm* 12.03.1980 DB 1980, 1030 f.; *ArbG Herne* 23.11.1979 DB 1980, 791 f.; *Agel-Pahlke* Der internationale Geltungsbereich des Betriebsverfassungsgesetzes [Diss. Frankfurt a. M.], 1988, S. 204 f.; *Beitzke* Anm. AP Nr. 3 zu § 42 BetrVG 1972; *Berg/DKKW* § 42 Rn. 16; *Birk* RabelsZ 46 [1982], 384 [408]; *ders.* RdA 1984, 129 [138]; *Boemke* NZA 1992, 112 [116]; *Galperin/Löwisch* § 42 Rn. 13 [im europäischen Ausland]; *Junker* Internationales Arbeitsrecht im Konzern, 1992, S. 387 ff.; *Lunk* Betriebsversammlung, S. 211; *Richardi/Annuß* vor § 42 Rn. 9; *Steinmeyer* DB 1980, 1541 [1542]; **a. M.** *BAG* 27.05.1982 EzA § 42 BetrVG 1972 Nr. 3 S. 11 = AP Nr. 3 zu § 42 BetrVG 1972 *[Beitzke]*; *Auffarth* FS *Hilger/Stumpf*, S. 31 [38]; *Etzel* Rn. 1214; *Joost*/MünchArbR § 224 Rn. 7; *Koch*/ErfK §§ 42 ff. BetrVG Rn. 2; *Worzalla/HWGNRH* § 42 Rn. 3, 52; offen gelassen von *LAG München* 07.07.2010 – 5 TaBV 18/09 – juris, Rn. 39 ff.; einschränkend *Fitting* § 42 Rn. 55: teleologische Reduktion mit dem Ergebnis eines Vorrangs der Prüfung sonstiger Kommunikationsmöglichkeiten zwischen Betriebsrat und ausländischer Belegschaft). Nach dem Territorialitätsprinzip gilt das BetrVG zwar grundsätzlich nur für das Gebiet Deutschlands. Es geht aber bei der Betriebs(teil)versammlung nicht um den Geltungsbereich des Gesetzes, sondern um die internationalprivatrechtliche Frage der Subsumtion eines Auslandssachverhaltes unter deutsche Sachnormen. Da insofern an den deutschen Betriebssitz und die Betriebszugehörigkeit der Arbeitnehmer anzuknüpfen ist (*Oetker*/MünchArbR § 11 Rn. 128), kommt es – sofern kein zwingendes Recht des ausländischen Staates entgegensteht – für eine Teilbetriebsversammlung im Ausland nur darauf an, ob die materiellen Voraussetzungen des § 42 Abs. 1 Satz 3 gegeben ist, ob also die im Ausland beschäftigten Arbeitnehmer noch dem Inlandsbetrieb zugehören (vgl. dazu *LAG München* 07.07.2010 – 5 TaBV 18/09 – juris, Rn. 43 ff.), und ob wegen der »Eigenart des Betriebs« eine Versammlung aller Arbeitnehmer im Inland nicht stattfinden kann. 25

(2) Versammlungszeit
Der Einberufungsbeschluss legt auch den **Zeitpunkt der Betriebsversammlung** fest. Insofern enthält das Gesetz Vorgaben in §§ 43 und 44. Innerhalb dieses Rahmens bestimmt der **Betriebsrat** über den Zeitpunkt der Betriebsversammlung, ohne auf die Zustimmung des Arbeitgebers angewiesen zu sein. Der Grundsatz der vertrauensvollen Zusammenarbeit (§ 2 Abs. 1) gebietet aber eine Verständigung mit dem Arbeitgeber über den möglichen Zeitpunkt (Tag und Stunde) einer vorgesehenen Betriebsversammlung (vgl. näher § 44 Rdn. 10 ff.). Unterlässt der Betriebsrat dies, kann darin eine grobe Verletzung betriebsverfassungsrechtlicher Pflichten nach § 23 Abs. 1 liegen (*Worzalla/HWGNRH* § 44 Rn. 10). Wenn dem vom Betriebsrat bestimmten Termin zwingende betriebliche Gründe entgegenstehen, kann der Arbeitgeber die Aufhebung des Termins durch einstweilige Verfügung verlan- 26

gen (*LAG Düsseldorf* 24.10.1972 DB 1972, 2212; *Fitting* § 44 Rn. 13; *Worzalla/HWGNRH* § 44 Rn. 10).

(3) Tagesordnung

27 Im Einberufungsbeschluss wird weiterhin die Tagesordnung bestimmt. Zu den **notwendigen Tagesordnungspunkten** regelmäßiger Betriebsversammlungen (Tätigkeitsbericht des Betriebsrats, Geschäftsbericht des Arbeitgebers, Beratungsgegenstände der Betriebsversammlungen kraft besonderer Gründe) vgl. § 43 Rdn. 5 ff. **Weitere Tagesordnungspunkte** kann der Betriebsrat im Rahmen des Katalogs des § 45 auf Wunsch einzelner oder mehrerer Arbeitnehmer beschließen. Er ist – jedenfalls solange die übrigen Tagesordnungspunkte weiterhin ordnungsgemäß abgewickelt werden können – dazu verpflichtet, wenn der **Arbeitgeber** oder ein Viertel der wahlberechtigten **Arbeitnehmer** dies für eine Betriebsversammlung beantragen. Das ergibt sich daraus, dass diese auch die Abhaltung einer außerordentlichen Betriebsversammlung zu einem bestimmten Tagesordnungspunkt verlangen könnten, § 43 Abs. 3 Satz 1 (*Fitting* § 42 Rn. 30).

28 Ein offenkundig zu **unzulässigen** Erörterungen führender Tagesordnungspunkt berechtigt den Arbeitgeber, durch eine einstweilige Verfügung die Abhaltung der geplanten Versammlung bzw. die Erörterung des unzulässigen Tagesordnungspunkts untersagen zu lassen, § 85 Abs. 2 ArbGG, § 940 ZPO (*Worzalla/HWGNRH* § 42 Rn. 30). Jedoch können Themen nicht allein deshalb ausgeschlossen werden, weil anlässlich ihrer Behandlung die Überschreitung des zulässigen Rahmens oder der auch für die Aussprache geltenden betrieblichen Friedenspflicht (§§ 45, 74 Abs. 2) zu befürchten ist; dies auszuschließen, ist Aufgabe der Versammlungsleitung. Zu weiteren Folgen der Überschreitung der thematischen Grenzen einer Betriebsversammlung vgl. § 45 Rdn. 11 ff.

b) Ladung und Benachrichtigung der Teilnahmeberechtigten

29 Die Durchführung des Einberufungsbeschlusses **obliegt dem Betriebsratsvorsitzenden**. Dazu gehört vor allem die Ladung bzw. Benachrichtigung der Teilnahmeberechtigten. Die **Arbeitnehmer** sind in geeigneter Form (Aushang, Lautsprecherdurchsage, Rundschreiben, EDV-gestützte Kommunikationssysteme) zu **laden**. Die **Kosten** trägt der Arbeitgeber, da es sich bei der Vorbereitung der Betriebsversammlung um Tätigkeit des Betriebsrats handelt, § 40 Abs. 1. Der Einladung ist die Tagesordnung (dazu Rdn. 27 f.) beizufügen. Weiterhin ist der **Arbeitgeber** zu allen Betriebsversammlungen nach § 43 Abs. 1 gemäß § 43 Abs. 2 Satz 1 einzuladen. Das gleiche gilt gem. § 43 Abs. 3 Satz 2 für außerordentliche Versammlungen auf Wunsch des Arbeitgebers, nicht aber für solche auf Veranlassung des Betriebsrats oder auf Wunsch eines Viertels der Belegschaft, da dort auch kein Teilnahmerecht des Arbeitgebers besteht. Wird der Arbeitgeber allerdings zu solchen Versammlungen eingeladen, ist ihm die Tagesordnung mitzuteilen. Schließlich sind nach § 46 Abs. 2 den im Betriebsrat vertretenen **Gewerkschaften** Zeitpunkt und Tagesordnung **schriftlich** mitzuteilen. Ist die vorgeschriebene **Benachrichtigung unterblieben**, kann die geplante Versammlung durch Beschluss des Arbeitsgerichts (§§ 2a Abs. 1 Nr. 1, Abs. 2, 80 ff. ArbGG) für unzulässig erklärt werden. Weiterhin setzt sich der Betriebsrat dem Verfahren gemäß § 23 Abs. 1 aus.

30 Eine bestimmte **Frist** ist für die Ladung gesetzlich **nicht vorgeschrieben**. Sowohl die Arbeitnehmer als auch der Arbeitgeber sind aber in Hinblick auf ihr Teilnahmerecht ebenso **rechtzeitig** zu verständigen wie die im Betrieb vertretenen Gewerkschaften, für welche § 46 Abs. 2 dies ausdrücklich regelt. Entscheidend sind die Umstände des Einzelfalles (*LAG Düsseldorf* 11.04.1989 DB 1989, 2284 [Benachrichtigung der Arbeitnehmer 3 Tage vorher]; *ArbG Berlin* 11.12.1972 DB 1973, 140 [Benachrichtigung des Arbeitgebers mindestens zwei Wochen vorher]; *Berg/DKKW* § 42 Rn. 18; *Richardi/Annuß* § 42 Rn. 12).

c) Sonstige Vorbereitungsmaßnahmen

31 Zur **Anmietung** von Räumen ist der Betriebsrat selbst nicht befugt. Er hat, da es um einen Fall der analogen Anwendung des § 40 Abs. 2 geht (vgl. Rdn. 23), lediglich einen **Anspruch gegen den Arbeitgeber** auf Bereitstellung der erforderlichen Räume innerhalb oder außerhalb des Betriebs (*Richardi/Annuß* § 42 Rn. 18; *Koch/* ErfK § 42 ff. BetrVG Rn. 2; **a. M.** *Berg/DKKW* § 42 Rn. 20; *Fitting* § 42 Rn. 31a; vgl. auch *LAG Rheinland-Pfalz* 23.03.2010 LAGE § 40 BetrVG 2001 Nr. 14 zur Anmie-

tung von Stehtischen). Weigert sich der Arbeitgeber, so muss der Betriebsrat im Beschlussverfahren eine einstweilige Verfügung nach § 85 Abs. 2 ArbGG erwirken (*Richardi/Annuß* § 42 Rn. 18). Das gilt auch bei einer auf Betreiben des Betriebsrats kurzfristig anberaumten außerordentlichen Betriebsversammlung nach § 43 Abs. 3 Satz 1. Nur in extremen Ausnahmefällen, wenn nicht einmal der Zeitraum bis zum Erwirken einer einstweiligen Verfügung ausreichen sollte, wird man dem Betriebsrat das Recht zubilligen können, die Anmietung selbst vorzunehmen.

Bei einer größeren Anzahl von **ausländischen Arbeitnehmern** sind Dolmetscher für die wichtigsten Sprachen zu stellen (*LAG Düsseldorf* 30.01.1981 EzA § 40 BetrVG 1972 Nr. 49; *Berg/DKKW* § 42 Rn. 9; *Brötzmann* BB 1990, 1055 [1058]; *Fitting* § 42 Rn. 22; *Oberrath* NZA 2012, 1260 [1264]; *Richardi/Annuß* § 42 Rn. 37; *Worzalla/HWGNRH* § 42 Rn. 22). Werden auf Veranlassung des Betriebsratsvorsitzenden vorbereitete Beiträge, insbesondere der Tätigkeitsbericht des Betriebsrats und der Bericht des Arbeitgebers (§ 43), vorab übersetzt, hat der Arbeitgeber grundsätzlich die anfallenden Kosten gemäß § 40 Abs. 1 zu tragen (*ArbG München* 14.03.1974 BB 1974, 1022; *Richardi/Annuß* § 42 Rn. 30, 37). Die schriftliche Übersetzung eines Tätigkeitsberichts kann aber etwa in einem Kleinbetrieb unverhältnismäßig teuer sein, so dass eine mündliche Übersetzung während der Betriebsversammlung ausreicht (*LAG Düsseldorf* 30.01.1981 EzA § 40 BetrVG 1972 Nr. 49 = DB 1981, 1093 [1094]; *Gutmann* AuR 2008, 81 [84]). 32

3. Durchführung der Betriebsversammlung

a) Versammlungsleitung

aa) Zuständigkeit

Die Leitung der Betriebsversammlung obliegt dem **Betriebsratsvorsitzenden**, § 42 Abs. 1 Satz 1 Halbs. 2. Bei dessen Verhinderung ist der stellvertretende Vorsitzende leitungsbefugt, § 26 Abs. 2 Satz 1. Dabei handelt es sich um ein aus der grundsätzlichen Zuständigkeit des Betriebsrats abgeleitetes Leitungsrecht. Im Falle einer Verhinderung des Vorsitzenden wie des Stellvertreters hat deshalb der Betriebsrat als Gremium zu beschließen, welchem Betriebsratsmitglied die Versammlungsleitung übertragen wird (*BAG* 19.05.1978 EzA § 46 BetrVG 1972 Nr. 2 S. 8 = AP Nr. 3 zu § 43 BetrVG 1972; *Berg/DKKW* § 42 Rn. 21; *Fitting* § 42 Rn. 34; *Richardi/Annuß* § 42 Rn. 19). 33

bb) Versammlungsleitung i. e. S.

Die Leitungsbefugnis des Betriebsratsvorsitzenden umfasst insbesondere die Verpflichtung, die **Einhaltung der Tagesordnung** zu überwachen, Wortmeldungen entgegenzunehmen, die Rednerliste zu führen, Sprecherlaubnis zu erteilen, Anträge entgegenzunehmen, Abstimmungen darüber anzuordnen und durchzuführen, deren Ergebnisse bekannt zu geben und zu vermerken. Gleichzeitig ist die Einhaltung der in § 45 aufgezeichneten thematischen Grenzen zu überwachen. Eine rechtliche Verpflichtung, eine **Niederschrift** über den Ablauf der Betriebsversammlung anzufertigen, besteht nicht. Sie kann jedoch zweckmäßig sein (*Fitting* § 42 Rn. 37; *Richardi/Annuß* § 42 Rn. 21; *Worzalla/HWGNRH* § 42 Rn. 35). 34

cc) Ordnungs- und Hausrecht

(1) Grundlagen

Mit der Versammlungsleitung durch den Betriebsratsvorsitzenden geht nach allgemeiner Auffassung die Ausübung des »**Hausrechts**« einher (*BAG* 18.03.1964 AP Nr. 1 zu § 45 BetrVG; 13.09.1977 EzA § 45 BetrVG 1972 Nr. 1 S. 7 [*Hanau*] = AP Nr. 1 zu § 42 BetrVG 1972; *Berg/DKKW* § 42 Rn. 22; *Fitting* § 42 Rn. 36; *Richardi/Annuß* § 42 Rn. 23; krit. zur Verwendung des Begriffs »Hausrecht« *Dudenbostel* Hausrecht, S. 51 ff., 64 ff., 80 ff.; *Joost/*MünchArbR § 224 Rn. 46; *Richardi/Annuß* § 42 Rn. 23; *Worzalla/HWGNRH* § 42 Rn. 37). Gemeint ist damit im vorliegenden Zusammenhang sowohl die Wahrnehmung von Ordnungsfunktionen bei der Durchführung der Betriebsversammlung als auch die Befugnis, über den unmittelbaren Zugang zu und die Anwesenheit in dem Raum zu wachen, in dem die Betriebsversammlung stattfindet. In diesem Sinne lässt sich durchaus von einem »**Ordnungsrecht**« und einem »**Hausrecht im engeren Sinne**« sprechen (vgl. zu dieser Unterschei- 35 dung vor allem *Fabricius* 6. Aufl., § 42 Rn. 44 ff.). Die **rechtliche Grundlage** ist allerdings in beiden Fällen **betriebsverfassungsrechtlicher Natur** (*BAG* 22.05.2012 EzA Art. 9 GG Nr. 106 Rn. 24 = AP Nr. 149 zu Art. 9 GG [*Worzalla*]; *Worzalla/HWGNRH* § 42 Rn. 37; **a. M.** *Fabricius* 6. Aufl., § 42 Rn. 46 ff.; *Richardi/Annuß* § 42 Rn. 24). Sie ist in der gesetzlich angeordneten **Versammlungsleitung** durch den Betriebsratsvorsitzenden zu finden (§ 42 Abs. 1 Satz 1 Halbs. 2). Diese ist ihrerseits Ausdruck des §§ 42 ff. beherrschenden Grundgedankens, wonach die Durchführung der Betriebsversammlung – im Einklang mit der Unabhängigkeit des Betriebsratsamtes – allein dem Betriebsrat bzw. dem für ihn handelnden Vorsitzenden zugewiesen ist (*Richardi/Annuß* § 42 Rn. 24).

36 Die **Eigentums- und Besitzschutzrechte des Arbeitgebers** hinsichtlich des im Betrieb befindlichen Versammlungsraums und des Inventars werden durch die Zuweisung des Ordnungs- und Hausrechts an den Betriebsratsvorsitzenden **eingeschränkt**. Dessen Unabhängigkeit bei der Leitung der Betriebsversammlung schließt – ungeachtet des grundsätzlich fortbestehenden Besitzes des Arbeitgebers (*Richardi/Annuß* § 42 Rn. 24; *Worzalla/HWGNRH* § 42 Rn. 37; **a. M.** *Fabricius* 6. Aufl., § 42 Rn. 52, 55; *Dudenbostel* Hausrecht S. 80 ff.; *Schlüter/Dudenbostel* DB 1974, 2350 [2353] [Übertragung auf den Betriebsrat]) – die **Ausübung** derjenigen Rechte durch den Arbeitgeber aus, die **unmittelbar mit der Wahrnehmung der betriebsverfassungsrechtlichen Funktionen** bei der Durchführung der Betriebsversammlung **zusammenhängen** (*BAG* 18.09.1991 EzA § 40 BetrVG 1972 Nr. 67 S. 6 f. = AP Nr. 41 zu § 40 BetrVG 1972 [bezüglich des Betriebsratsbüros]; *Vogt* Betriebsversammlung, S. 78; *Worzalla/HWGNRH* § 42 Rn. 37; im Ergebnis auch *Fitting* § 42 Rn. 36; *Richardi/Annuß* § 42 Rn. 25 f. [Ruhen des Hausrechts des Arbeitgebers]; **a. M.** *Joost/MünchArbR* § 224 Rn. 46). Dementsprechend ist es Sache des **Versammlungsleiters** und nicht des Arbeitgebers, darüber zu wachen, dass nur Teilnahmeberechtigte **Zugang** zu den Räumen haben, in denen die Betriebsversammlung stattfindet sowie **Störungen** der Betriebsversammlung zu beggnen. Andererseits ist der Arbeitgeber nicht auf ein Einschreiten des Versammlungsleiters angewiesen, wenn es um den Schutz seiner Räumlichkeiten sowie des Inventars vor **Beschädigungen** geht. Namentlich das Selbsthilferecht des § 859 BGB kann der Arbeitgeber insofern ausüben (ähnlich *Worzalla/HWGNRH* § 42 Rn. 37; **a. M.** *Fabricius* 6. Aufl., § 42 Rn. 52, 55; zu Sanktionen des Arbeitgebers gegenüber Störern der Betriebsversammlung *ders.* 6. Aufl., § 42 Rn. 62 ff.).

(2) Ordnungsrecht

37 In Ausübung seines **Ordnungsrechts** bei der Durchführung der Betriebsversammlung hat der Leiter **Störungen** durch Teilnehmer und Gruppen (Abweichen von der Themenstellung, Überschreitung einer festgelegten Redezeit, provozierende und beleidigende Reden, Tätlichkeiten gegenüber anderen Personen und den Räumen, in denen die Betriebsversammlung stattfindet, sowie dem Inventar) zu unterbinden. Die vom Leiter der Versammlung zu treffenden **Maßnahmen** können nach Form und Inhalt auf eine Änderung des Verhaltens der betroffenen Person oder aber auch auf eine Verweisung aus dem Versammlungsraum bis hin zur sofortigen Beendigung (Schließung) der Versammlung abzielen. Zur Konkretisierung kann sinngemäß auf die Regelungen zum Versammlungsrecht sowie zur parlamentarischen Geschäftsordnung zurückgegriffen werden (vgl. dazu *Fabricius* 6. Aufl., § 42 Rn. 48 f.). Zur Wahrnehmung des Ordnungsrechtes ist der Versammlungsleiter verpflichtet. Verletzt er diese Pflicht, kann das seine Abberufung nach § 23 Abs. 1 zur Folge haben (*BAG* 04.05.1955 AP Nr. 1 zu § 44 BetrVG; *Fitting* § 45 Rn. 28; *Richardi/Annuß* § 45 Rn. 32).

(3) Hausrecht i. e. S. und Zugangsrecht

38 Die Pflicht zur Versammlungsleitung schließt es ein, darüber zu wachen, dass nur Teilnahmeberechtigte Zugang zu den Räumen haben, in denen die Betriebsversammlung stattfindet. Soweit es um den **unmittelbaren Zugang** zu diesen Räumen und um den Aufenthalt darin geht, steht das **Hausrecht i. e. S.** alleine dem Versammlungsleiter zu (vgl. Rdn. 36; im Ergebnis wie hier *Berg/DKKW* § 42 Rn. 22). Das Hausrecht des Arbeitgebers ist insoweit in seiner Ausübung auf den Versammlungsleiter übergegangen (vgl. auch *Bodem/NK-GA* § 42 BetrVG Rn. 9). Dieser entscheidet auch dann, wenn der Arbeitgeber der Auffassung ist, dass eine bestimmte Person kein Zugangsrecht habe (*Galperin/Löwisch* § 42 Rn. 22).

39 Der Betriebsrat hat in Hinblick auf das Gebot der vertrauensvollen Zusammenarbeit (§ 2 Abs. 1) dem Arbeitgeber die **Namen zur Teilnahme berechtigter Personen rechtzeitig mitzuteilen**, soweit

es sich nicht um Arbeitnehmer des Betriebes handelt (vgl. zum Teilnahmerecht dieses Personenkreises Rdn. 49 ff.). Bedenken des Arbeitgebers hinsichtlich der Teilnahmeberechtigung können vorab durch Verhandeln bzw. gerichtlich durch einstweilige Verfügung (§ 940 ZPO) geklärt werden.

Das Hausrecht des Betriebsrats erstreckt sich **nicht** auf die **Zugangswege**, also namentlich auf den **40** Zugang zum Betrieb (*Koch*/ErfK §§ 42 ff. BetrVG Rn. 4; *Richardi/Annuß* § 42 Rn. 29; *Worzalla/ HWGNRH* § 42 Rn. 38; **a. M.** *BAG* 22.05.2012 EzA Art. 9 GG Nr. 106 Rn. 24 = AP Nr. 149 zu Art. 9 GG [*Worzalla*]; *Berg/DKKW* § 42 Rn. 22; *Fitting* § 42 Rn. 36a; *Löwisch/LK* § 42 Rn. 21). Denn das Hausrecht des Arbeitgebers ist nur insoweit eingeschränkt, als dem Versammlungsleiter die unmittelbare Durchführung der Betriebsversammlung zugewiesen ist. Allerdings ist der Arbeitgeber verpflichtet, den Teilnahmeberechtigten den Zugang zu gewähren (*BAG* 18.03.1964 – 1 ABR 12/63 – AP Nr. 1 zu § 45 BetrVG [Abdruck der Urteilsgründe bei juris, dort Rn. 24]; *LAG Düsseldorf* 11.01.2011 – 17 TaBV 160/09 – juris, Rn. 46 f.; zur Verpflichtung des Arbeitgebers, den Zugang eines Rechtsanwalts zum **Betriebsratsbüro** zu gewähren, vgl. *BAG* 20.10.1999 – 7 ABR 37/98 – juris, Rn. 23 ff.; *LAG Schleswig-Holstein* 23.06.1998 DB 1999, 392 [Vorinstanz]). Verlangt eine Arbeitnehmerkoalition zu Zwecken der **Mitgliederwerbung** Zutritt zu den **Vorräumen einer Betriebsversammlung**, ist ein solcher Anspruch gegen den Arbeitgeber und nicht gegen den Betriebsrat zu richten. Das gilt unabhängig davon, ob die Betriebsversammlung im Betrieb oder außerhalb stattfindet. Insofern geht es um den Schutz der Koalitionsbetätigung aus Art. 9 Abs. 3 GG und nicht um das aus der Versammlungsleitung abgeleitete Hausrecht des Betriebsrats (*BAG* 22.05.2012 EzA Art. 9 GG Nr. 106 Rn. 23 ff. = AP Nr. 149 zu Art. 9 GG [*Worzalla*]).

(4) Ordnungs- und Hausrecht bei gesetzeswidrigem Ablauf der Betriebsversammlung
Das Hausrecht des Arbeitgebers **lebt** bei einem gesetzeswidrigen Ablauf der Betriebsversammlung **41 nicht ohne Weiteres wieder auf** (*Dudenbostel* Hausrecht, S. 51 ff.; *Richardi/Annuß* § 42 Rn. 26; *Worzalla/HWGNRH* § 42 Rn. 37). Auch eine Betriebsversammlung, bei der etwa der Kreis der zulässigen Themen i. S. d. § 45 überschritten wird oder bei der nichtteilnahmeberechtigte Personen zugegen sind, bleibt eine Betriebsversammlung (**a. M.** *Berg/DKKW* § 42 Rn. 22; *Fitting* § 42 Rn. 36). Es obliegt allein dem Versammlungsleiter, die Einhaltung der gesetzlichen Grenzen zu überwachen und (notfalls durch Auflösung der Versammlung) durchzusetzen. Andernfalls würde die in § 42 Abs. 1 Satz 1 Halbs. 1 vorgeschriebene Unabhängigkeit des Versammlungsleiters beeinträchtigt. Das gilt nicht nur bei geringen, sondern gerade auch bei schwerwiegenden Gesetzesverstößen (**a. M.** *Berg/ DKKW* § 42 Rn. 22). Auch insoweit ist der Versammlungsleiter zuständig. Anderes gilt nur dann, wenn der Versammlungsleiter offensichtlich nicht willens oder in der Lage ist, seiner Ordnungsaufgabe gerecht zu werden (*Fitting* § 42 Rn. 36; *Richardi/Annuß* § 42 Rn. 27; *Worzalla/HWGNRH* § 42 Rn. 37).

b) Gestaltung und Ablauf
Der inhaltliche Ablauf der Betriebsversammlung richtet sich nach der **Tagesordnung**, über deren **42** Einhaltung der Betriebsratsvorsitzende zu wachen hat. Die Versammlung kann mit einfacher Mehrheit weitere Tagesordnungspunkte beschließen, die sich jedoch ebenfalls im Rahmen des § 45 halten müssen (*Fitting* § 42 Rn. 30; *Worzalla/HWGNRH* § 42 Rn. 29 f.).

Die Betriebsversammlung ist wie jede gesellschafts- und vereinsrechtliche Versammlung befugt, eine **43 Geschäftsordnung** zu beschließen (*Fitting* § 42 Rn. 37; *Richardi/Annuß* § 42 Rn. 21; **a. M.** *Worzalla/HWGNRH* § 42 Rn. 36). Eine Betriebsvereinbarung (§ 77) scheidet aus, da der Ablauf der Versammlung vom Arbeitgeber nicht mitgestaltet werden kann (i. E. auch *Fitting* § 42 Rn. 42).

Zur Frage, wie die Geschäftsordnung bzw. mangels einer Geschäftsordnung im Einzelfall die Betriebs- **44** versammlung zu gestalten ist, ist ebenso wie zum Leitungsrecht auf die **Grundsätze parlamentarischer Übung** zurückzugreifen (*LAG Berlin* 28.02.1961 AuR 1961, 279 = BB 1961, 716; *Joost*/MünchArbR § 224 Rn. 42; *Mussler* NZA 1985, 445 ff.). Die **Reihenfolge der Redner** bestimmt sich deshalb nach der zweckmäßigen Gestaltung der Aussprache (*LAG Berlin* 28.02.1961 AuR 1961, 279 = BB 1961, 716), insbesondere soll nach allen Ausführungen des Arbeitgebers oder des Betriebsrats Gelegenheit zur Stellungnahme gegeben werden. Die **zeitliche Begrenzung** der Betriebsversammlung ist zwar grundsätzlich unzulässig (*LAG Saarbrücken* 21.12.1960 AP Nr. 2 zu § 43

§ 42   II. 4. Betriebsversammlung

BetrVG); es entspricht jedoch dem auch auf Betriebsversammlungen anwendbaren Verbot missbräuchlicher Ausnutzung betriebsverfassungsrechtlicher Befugnisse, wenn angemessene, d. h. nicht kleinlich bemessene **Redezeiten** festgesetzt werden, um Wiederholungen oder Dauerreden zu verhindern.

45 Jeder stimmberechtigte Arbeitnehmer kann **Anträge** stellen, **zur Sache sprechen** und **Fragen stellen** (*Fitting* § 42 Rn. 40; *Richardi/Annuß* § 45 Rn. 25). Über die Anträge ist zu beschließen. Jedoch muss schon der Antrag den Rahmen des § 45 einhalten, worüber der Versammlungsleiter zu entscheiden hat. Die Entscheidung über den Antrag erfolgt in der technischen Form eines Beschlusses (*Fitting* § 42 Rn. 41; *Richardi/Annuß* § 45 Rn. 27).

46 Die **Abstimmung** erfolgt durch einfaches Handheben. Anderweitige Abstimmungsmethoden, z. B. namentliche oder schriftliche Abstimmung, sind nicht erforderlich. Sofern die Betriebsversammlung ordnungsgemäß einberufen wurde, ist sie in Ermangelung einer Regelung durch Geschäftsordnung auch dann **beschlussfähig**, wenn nur wenige der im Betrieb tätigen Arbeitnehmer anwesend sind (*Fitting* § 42 Rn. 39; *Richardi/Annuß* § 45 Rn. 30; *Worzalla/HWGNRH* § 45 Rn. 30). Ein Antrag ist angenommen, wenn sich die Mehrheit der stimmberechtigten Versammlungsteilnehmer dafür ausgesprochen hat. Um Mehrheitsprüfungen zu erleichtern, sollten Gegenstimmen und Enthaltungen gesondert festgestellt werden. Ist die Mehrheit nicht offensichtlich, kann sie durch einfaches Abzählen festgestellt werden.

47 Der Versammlungsleiter **schließt** die Versammlung nach Behandlung aller Tagesordnungspunkte. Da die Teilnahme an der Versammlung Bedeutung für die Fortzahlung der Vergütung hat (vgl. § 44 Rdn. 67 ff.), ist, sofern dies gewünscht wird, den Teilnehmern nach Schluss der Versammlung eine entsprechende Bescheinigung auszustellen.

c) Nichtöffentlichkeit

aa) Grundsatz

48 Das Betriebsverfassungsgesetz ordnet in § 42 Abs. 1 Satz 2 den **Ausschluss** der **Öffentlichkeit** an. Der Grundsatz der Nichtöffentlichkeit war bereits in das BetrVG 1952 aufgenommen worden, um betriebsfremde, insbesondere politische Einflüsse, fernzuhalten (vgl. Begründung zum RegE des BetrVG 1952, BT-Drucks. I/1546, S. 47 f.). Auch **Medienvertreter** sind von dem Verbot der Teilnahme Betriebsfremder an Betriebsversammlungen nicht ausgenommen (*Bodem/NK-GA* § 42 BetrVG Rn. 7; *Fitting* § 42 Rn. 44; *Joost/*MünchArbR § 224 Rn. 38; *Richardi/Annuß* § 42 Rn. 38; ähnlich einschränkend BAG 18.09.1991 EzA § 40 BetrVG 1972 Nr. 67 S. 7 [*Berger-Delhey*] = AP Nr. 40 zu § 40 BetrVG 1972 für den Zugang von Pressevertretern zum Büro des Betriebsrats; **a. M.** *Berg/DKKW* § 42 Rn. 27; *Plander* AuR 1993, 161 [168]; *Simitis/Kreuder* NZA 1992, 1009 ff.).

bb) Teilnahme Außenstehender

49 Für die Frage, ob ausnahmsweise Außenstehende zu einer Betriebsversammlung zugelassen werden können, ist der Schutzzweck des § 42 Abs. 1 Satz 2 maßgebend: Die Betriebsversammlung ist eine betriebsinterne Angelegenheit, die frei von betriebsfremden Einflüssen durchzuführen ist und eine unbefangene Aussprache unter den Beteiligten ermöglichen soll. Dem stünde es entgegen, wenn betriebsfremde Teilnehmer zugelassen würden, ohne dass sachdienliche Gründe bestehen. Die Zulassung von **Gästen** etwa nur zu Informationszwecken ist deshalb nicht mit dem Grundsatz der Nichtöffentlichkeit vereinbar, auch nicht mit Zustimmung der Beteiligten (*Weber/RDW* § 48 Rn. 32 ff.; *Worzalla/HWGNRH* § 42 Rn. 18 f., 24, 23; **a. M.** *Fitting* § 42 Rn. 21; *Kohte* BlStSozArbR 1980, 337 [342]; *Konzen* ZfA 1981, 501 [502]). Erst recht gilt dies für die Hinzuziehung von **Presse, Rundfunk und Fernsehen** (ebenso *Fitting* § 42 Rn. 44; *Richardi/Annuß* § 42 Rn. 38; *Roloff/WPK* § 42 Rn. 8; *Weber/RDW* § 48 Rn. 35; *Worzalla/HWGNRH* § 42 Rn. 25; **a. M.** *Tautphäus/HaKo* § 42 Rn. 31; **weitergehend** *Berg/DKKW* § 42 Rn. 27 [Zulassung allein durch Betriebsrat]; ähnlich *Simitis/Kreuder* NZA 1992, 1009 [1012]). Möglich und ausreichend ist eine nachträgliche Information der Medien, soweit nicht Geheimhaltungsinteressen entgegenstehen (vgl. Rdn. 57).

Sachdienliche Gründe können eine Zulassung betriebsfremder Dritter aber rechtfertigen. Das gilt 50 etwa für die Teilnahme nicht zum Betrieb **gehörender Mitglieder des Gesamtbetriebsrats, Konzernbetriebsrats, des Wirtschaftsausschusses, des Aufsichtsrats** des Unternehmens bzw. der Konzernobergesellschaft oder des **Europäischen Betriebsrats.** Hier genügt eine **Einladung des Betriebsrats,** soweit ein sachliches, aus der Gestaltung der Betriebsversammlung im Rahmen des § 45 gerechtfertigtes **Interesse** an der Teilnahme besteht. Ein solches Interesse kann sich etwa daraus ergeben, dass ein Mitglied des Gesamt- oder Konzernbetriebsrats über unternehmens- oder konzernweite Umstrukturierungsmaßnahmen berichtet. Das mit dem Gebot der Nichtöffentlichkeit verfolgte Ziel, Außeneinflüsse aus der Betriebsversammlung fernzuhalten, ist nicht im engeren Sinne auf die betriebliche Ebene zu beziehen, sondern muss im Lichte der zunehmenden wirtschaftlichen Verflechtungen gesehen werden. Einer Zustimmung des Arbeitgebers bedarf es nicht (*BAG* 28.11.1978 EzA § 42 BetrVG 1972 Nr. 2 S. 4 ff. = AP Nr. 2 zu § 42 BetrVG 1972; *Berg/DKKW* § 42 Rn. 10; *Fitting* § 42 Rn. 17 f.; *Joost*/MünchArbR § 224 Rn. 39; vgl. auch *Richardi/Annuß* § 42 Rn. 35; **a. M.** *Worzalla/HWGNRH* § 42 Rn. 23).

Auch einen **Sachverständigen** kann der Betriebsrat hinzuziehen, allerdings nur aufgrund einer **Ver-** 51 **einbarung mit dem Arbeitgeber,** § 80 Abs. 3 (*BAG* 13.09.1977 EzA § 45 BetrVG 1972 Nr. 1 S. 10 *[Hanau]* = AP Nr. 1 zu § 42 BetrVG 1972; 04.04.1989 EzA § 80 BetrVG 1972 Nr. 35 S. 4 f. = AP Nr. 35 zu § 80 BetrVG 1972 = SAE 1990, 8 *[Rieble]*; *Brötzmann* BB 1990, 1055 [1057]; *Fitting* § 42 Rn. 19; *Richardi/Annuß* § 42 Rn. 36). Darüber hinaus bedarf es einer Zustimmung der übrigen gesetzlichen Teilnehmer nicht, soweit die Inanspruchnahme entsprechend den Voraussetzungen des § 80 Abs. 3 sachlich begründet ist. Will der Betriebsrat zur Gestaltung der Betriebsversammlung im Rahmen des § 45 **sonstige sachkundige Personen,** z. B. einen Referenten für einen Vortrag, hinzuziehen, so bedarf es, wenn sachliche Gründe vorliegen und der Rahmen des § 45 nicht überschritten wird, einer Vereinbarung mit dem Arbeitgeber nicht (*BAG* 13.09.1977 EzA § 45 BetrVG 1972 Nr. 1 S. 8 ff. *[Hanau]* = AP Nr. 1 zu § 42 BetrVG 1972; 19.04.1989 EzA § 80 BetrVG 1972 Nr. 35 S. 6 = AP Nr. 35 zu § 80 BetrVG 1972; *LAG Baden-Württemberg* 16.01.1998 NZA-RR 1998, 306; *Bodem/NK-GA* § 42 BetrVG Rn. 3 f.; vgl. auch *Richardi/Annuß* § 42 Rn. 36; zum Personalvertretungsrecht *BVerwG* 06.08.1984 BVerwGE 70, 68 [74, 76 f.]; *Weber/RDW* § 48 Rn. 36, 39). Das gilt auch dann, wenn dem Arbeitgeber Kosten gem. § 40 Abs. 1 entstehen (*LAG Baden-Württemberg* 16.01.1998 NZA-RR 1998, 306). Maßstab der Kostentragungspflicht des Arbeitgebers ist allein die Erforderlichkeit. Der Anspruch auf Kostenersatz setzt nicht voraus, dass der Arbeitgeber der Verursachung der Kosten zugestimmt hat (§ 40 Rdn. 15). Auch ein **Anwalt** kann auf Einladung des Betriebsrats an der Betriebsversammlung teilnehmen (*Fitting* § 42 Rn. 20; *Henssler* RdA 1999, 38 [47]). Ohne Zustimmung des Betriebsrats hat der Anwalt des Arbeitgebers oder eines einzelnen Arbeitnehmers grundsätzlich kein Anwesenheitsrecht (vgl. dazu § 46 Rdn. 18). Bei einer größeren Anzahl von ausländischen Arbeitnehmern ist die Hinzuziehung von **Dolmetschern** für die wichtigsten Sprachen zulässig (vgl. Rdn. 32).

Die Teilnahme der in Rdn. 50, 51 genannten Personen ändert nichts am Charakter der Betriebsver- 52 sammlung als nicht-öffentlicher Veranstaltung. Außenstehende können deshalb nur im Rahmen der ihnen vom Betriebsrat (gegebenenfalls zusammen mit dem Arbeitgeber) zugewiesenen Rolle in der Betriebsversammlung auftreten (*Fitting* § 42 Rn. 43). Insbesondere haben sie kein originäres Rede- und in keinem Fall ein Stimmrecht.

Zu den **Auswirkungen der unbefugten Teilnahme Dritter** an der Betriebsversammlung vgl. 53 Rdn. 35 ff. sowie § 44 Rdn. 63.

cc) Aufzeichnungen
Ton- und **Bildaufnahmen** dürfen nur mit Erlaubnis des Versammlungsleiters angefertigt werden 54 (*Berg/DKKW* § 42 Rn. 26; *Fitting* § 42 Rn. 45; *Richardi/Annuß* § 42 Rn. 40; **enger** *Fabricius* 6. Aufl., § 42 Rn. 42 [Zustimmung der Mehrheit der Versammlungsteilnehmer]; *Gaul* DB 1975, 978 [980 f.]; *Vogt* Betriebsversammlung, S. 59; *Worzalla/HWGNRH* § 42 Rn. 44 [Einstimmigkeit]; gänzlich ablehnend *Roloff/WPK* § 42 Rn. 8). Zusätzlich kann jeder Redner verlangen, dass für die Dauer seines Beitrages das Aufnahmegerät abgeschaltet wird. Vom Versammlungsleiter ist darauf hinzuweisen, dass Aufnahmen zugelassen sind und jeder Redner das Recht hat, deren Unterbrechung für die Zeit seines

Beitrags zu verlangen (*LAG München* 15.01.1977 DB 1978, 895; *Fündling/Sorber* NZA 2017, 552 [557]; *Joost/*MünchArbR § 224 Rn. 45; *Loritz* FS *Wiese*, S. 279 [280 f.]; *Richardi/Annuß* § 42 Rn. 40; *Weber/RDW* § 48 Rn. 40). Unbefugte Aufnahmen sind strafbar, § 201 StGB (*LAG Düsseldorf* 28.03.1980 DB 1980, 2396; *Fitting* § 42 Rn. 45; *Richardi/Annuß* § 42 Rn. 40). Auch das nachträgliche Anfertigen von **Wortprotokollen über rechtmäßig angefertigte Tonbandaufnahmen** durch den Betriebsrat begegnet keinen Einwänden (*Loritz* FS *Wiese*, S. 279 [281 f.]). Derartige Protokolle hat der Betriebsrat nach dem Gebot der vertrauensvollen Zusammenarbeit und unter Berücksichtigung des Rechtsgedankens des § 34 Abs. 2 an den Arbeitgeber auf dessen Verlangen herauszugeben (*Loritz* FS *Wiese*, S. 279 [282 ff.]; *Löwisch/LK* § 42 Rn. 24; **a. M.** *Fitting* § 42 Rn. 47). Das gilt aber wiederum nur, wenn zuvor die Arbeitnehmer vom Versammlungsleiter entsprechend belehrt wurden. Zur Frage der Zulässigkeit »virtueller Betriebsversammlungen« vgl. *Fündling/Sorber* NZA 2017, 552 [557]).

55 Der Versammlungsleiter ist zwar nicht verpflichtet, wohl aber berechtigt, eine **schriftliche Aufzeichnung** über den Verlauf der Betriebsversammlung anzufertigen (vgl. Rdn. 34). Gegen eine wortgetreue **Protokollierung während der Betriebsversammlung** bestehen ebenso wie im Falle von Ton- und Bildaufnahmen auch unter Berücksichtigung des Persönlichkeitsrechts des Einzelnen keine durchgreifenden Bedenken, sofern dieser sein Einverständnis erklärt hat (**a. M.** *LAG Hamm* 09.07.1986 NZA 1986, 842: nur mit Einwilligung des Betriebsrats; *Fitting* § 42 Rn. 47; *Richardi/Annuß* § 42 Rn. 42). Das Einverständnis kann auch stillschweigend dadurch erteilt werden, dass der betreffende Arbeitnehmer in Kenntnis der Umstände keinen Widerspruch gegen das Mitstenographieren erhebt. Außerdem ist ihm die Niederschrift nach der Versammlung zur Genehmigung vorzulegen. Auf eine Zustimmung der Mehrheit der Betriebsversammlung kommt es nicht an, da die Frage der wortgetreuen Protokollierung ausschließlich eine solche des Persönlichkeitsrechts des jeweiligen Redners ist (*LAG Baden-Württemberg* 27.10.1978 DB 1979, 316; *Gaul* DB 1975, 978 [980]; ähnlich *Etzel* Rn. 1229; weitergehend *Worzalla/HWGNRH* § 42 Rn. 46 [Einverständnis nicht erforderlich]).

56 Gegen die Praxis, die Diskussionsbeiträge über **Lautsprecher** in andere Räume des Betriebs zu übertragen, die nicht der Versammlung dienen, bestehen keine Bedenken, solange sich dort nur teilnahmeberechtigte Personen aufhalten (*Fitting* § 42 Rn. 46; *Richardi/Annuß* § 42 Rn. 43; *Worzalla/HWGNRH* § 42 Rn. 47). Die freimütige Aussprache, deren Schutz das Nichtöffentlichkeitsgebot hauptsächlich bezweckt, wird dadurch nicht gefährdet.

d) Verschwiegenheitspflichten

57 Von dem Ausschluss der Öffentlichkeit kann **nicht** auf eine **generelle Pflicht** der Arbeitnehmer des Betriebs **zur Geheimhaltung** des in der Betriebsversammlung Verhandelten geschlossen werden (*Richardi/Annuß* § 42 Rn. 45). Auch aus Schutznebenpflichten des Arbeitnehmers lässt sich eine solche Verpflichtung nicht generell herleiten (*Berg/DKKW* § 42 Rn. 29; **a. M.** *Galperin/Löwisch* § 42 Rn. 32). Wenn die Arbeitnehmer in der Betriebsversammlung etwa durch den nach § 110 regelmäßig zu erstattenden Lagebericht oder durch den Bericht des Arbeitgebers gemäß § 43 Abs. 2 Satz 3 Geschäfts- und Betriebsgeheimnisse erfahren, ist eine solche Verpflichtung nur dann anzunehmen, **wenn der Arbeitgeber sie ausdrücklich als geheimhaltungsbedürftig bezeichnet hat** (*Fitting* § 42 Rn. 51; *Richardi/Annuß* § 42 Rn. 45; vgl. zum Ganzen auch *Hitzfeld* Geheimnisschutz im Betriebsverfassungsrecht, 1990, S. 97 ff.). Es ist daher auch nachträglich eine uneingeschränkte **Unterrichtung der Presse** durch den Betriebsrat zulässig (*LAG Düsseldorf* 28.03.1980 DB 1980, 2396 [2398]; *Berg/DKKW* § 42 Rn. 27; *Richardi/Annuß* § 42 Rn. 38). Eine Zustimmung des Arbeitgebers ist jedenfalls dann nicht notwendig, wenn er nicht vorher auf die Geheimhaltungsbedürftigkeit bestimmter Informationen hingewiesen hatte.

III. Teilversammlungen, § 42 Abs. 1 Satz 3

1. Zweck

58 Das BetrVG erkennt neben der Betriebsvollversammlung **Teilversammlungen** gemäß § 42 Abs. 1 Satz 3 an, wenn eine Versammlung aller Arbeitnehmer zum gleichen Zeitpunkt wegen der Eigenart

des Betriebes nicht stattfinden kann. Von der Abteilungsversammlung nach § 42 Abs. 2 unterscheidet sich die Teilversammlung in Funktion und Ausgestaltung: Die Teilversammlung ist Ausnahme vom Prinzip der **Vollversammlung**, setzt voraus, dass eine solche wegen der Eigenart des Betriebs **nicht möglich** ist, dient aber ebenfalls der Erörterung der Gesamtbelange des Betriebs und richtet sich in ihrer Zusammensetzung nach den Gesichtspunkten, die einer Vollversammlung entgegenstehen. Die **Abteilungsversammlung** dient der Erörterung der besonderen Belange der Arbeitnehmer in einem organisatorisch abgegrenzten Betriebsteil, ist aus dessen Mitgliedern zusammengesetzt und findet ihrerseits regelmäßig als Vollversammlung und nur unter den Voraussetzungen des Abs. 1 Satz 3 als Teil-Abteilungsversammlung statt (vgl. auch *Richardi/Annuß* § 42 Rn. 46, 60).

2. Voraussetzungen

Die Vorschrift verlangt, dass die Eigenart des Betriebs der Durchführung einer Vollversammlung entgegensteht. Ausnahmen von dem zwingenden Gebot, Betriebsversammlungen als Vollversammlungen durchzuführen, sind nicht nur in den Fällen einer theoretisch-naturwissenschaftlichen Unmöglichkeit zuzulassen (*Rüthers* ZfA 1974, 207 [210]). Zulässig sind sie vielmehr auch dann, wenn die Durchführung von Teilversammlungen zwingend geboten ist, weil die Durchführung einer Betriebsvollversammlung zu **unverhältnismäßig hohen Nachteilen für den Betrieb** im Vergleich zum Zweck der Betriebsvollversammlung führen würde oder aber weil der Zweck einer Betriebsvollversammlung aufgrund der tatsächlichen Gegebenheiten praktisch nicht erreicht werden könnte (vgl. auch *Rüthers* ZfA 1974, 207 [210]; ferner *BAG* 09.03.1976 BB 1976, 977; *LAG Baden-Württemberg* 10.05.2002 AiB 2003, 627; *Worzalla/HWGNRH* § 42 Rn. 50). Da der Zweck eines Betriebes auf den technischen Vollzug des Gegenstandes und des Zwecks eines Unternehmens gerichtet ist, ist **in erster Linie** auf die **organisatorisch-technische Besonderheit** des konkreten Einzelbetriebes abzustellen (*BAG* 09.03.1976 EzA § 44 BetrVG 1972 Nr. 4 S. 14 f. = AP Nr. 3 zu § 44 BetrVG 1972 [*Meisel*]; *Fitting* § 42 Rn. 54a). Im Gemeinschaftsbetrieb mehrerer Unternehmen ist deshalb auch eine einheitliche Betriebsversammlung durchzuführen (*LAG Hamburg* 15.12.1988 AiB 1989, 167; vgl. dazu noch § 43 Rdn. 8). Auch auf wirtschaftliche Erwägungen kommt es grundsätzlich nicht an (*BAG* 09.03.1976 EzA § 44 BetrVG 1972 Nr. 4 S. 14 f. = AP Nr. 3 zu § 44 BetrVG 1972; *LAG Schleswig-Holstein* 28.10.1996 AiB 1996, 348; *ArbG Essen* 14.04.2011 LAGE § 44 BetrVG 2001 Nr. 1 Rn. 33; *Berg/DKKW* § 42 Rn. 32; *Fitting* § 42 Rn. 54a; **a. M.** *Joost* ZfA 1988, 489 [547]; *Richardi/Annuß* § 42 Rn. 50). Eine Ausnahme ist für den Fall einer »absoluten wirtschaftlichen Unzumutbarkeit« gerechtfertigt (*BAG* 09.03.1976 EzA § 44 BetrVG 1972 Nr. 4 S. 14 f. = AP Nr. 3 zu § 44 BetrVG 1972; vgl. dazu § 44 Rdn. 19).

Unter diesen Gesichtspunkten ist eine Teilversammlung dann zwingend geboten, wenn der **technische Funktionsablauf** im Betrieb die Anwesenheit eines Teils der Arbeitnehmer entweder ganztägig über 24 Stunden oder aber auch nur während des Tages erfordert, sei es auch nur in begrenzten Bereichen. Beispiele sind Pflege-, Versorgungs- und Verkehrsbetriebe oder aber z. B. Stahlwerke, in denen die Hochöfen aus produktionstechnischen Gründen durchgehend in Betrieb gehalten werden müssen (*Berg/DKKW* § 42 Rn. 35; *Fitting* § 42 Rn. 54a; *Richardi/Annuß* § 42 Rn. 50; *LAG Berlin-Brandenburg* 08.04.2011 – 9 TaBV 2765/10 – juris, Rn. 29 ff.; zur Frage der Teilversammlung in einem Mehrschichtbetrieb vgl. auch *LAG Schleswig-Holstein* 30.05.1991 LAGE § 44 BetrVG 1972 Nr. 8; *LAG Baden-Württemberg* 10.05.2002 AiB 2003, 627). Dagegen besteht kein zwingender Grund für Teilversammlungen in Verkaufsgeschäften, die das Geschäft z. B. nachmittags schließen können (*BAG* 09.03.1976 EzA § 44 BetrVG 1972 Nr. 4 S. 14 f. = AP Nr. 3 zu § 44 BetrVG 1972; *Fitting* § 42 Rn. 54d; *Joost*/MünchArbR § 224 Rn. 3; *Richardi/Annuß* § 44 Rn. 12; *Tautphäus*/HaKo § 42 Rn. 36; **a. M.** *LAG Berlin* 26.10.1962 DB 1963, 1327; *Galperin/Löwisch* § 44 Rn. 18; vgl. auch *Worzalla/HWGNRH* § 42 Rn. 51, § 44 Rn. 17, der zwar wie hier eine Teilversammlung ablehnt, aber meint, die Betriebsversammlung müsse wegen der Eigenart des Betriebs außerhalb der Arbeitszeit durchgeführt werden). Auch **weiter auseinander liegende Betriebsstätten** können einen Grund für die Notwendigkeit einer Teilversammlung darstellen (*LAG Mecklenburg-Vorpommern* 15.10.2008 – 2 TaBV 2/08 – juris, Rn. 17 f.; **a. M.** *Berg/DKKW* § 42 Rn. 33). Allerdings gilt das nicht, wenn ausreichende Verkehrsmöglichkeiten bestehen, die eine Zusammenkunft aller Arbeitnehmer möglich und zumutbar erscheinen lassen (*Fitting* § 42 Rn. 54c; *Richardi/Annuß* § 42 Rn. 49).

61 Eine Teilversammlung wegen der »Eigenart des Betriebs« kommt auch in Betracht, wenn die **Anzahl der** vom Betriebsverfassungsgesetz erfassten **Arbeitnehmer ungewöhnlich hoch** ist, so dass der Zweck der Betriebsversammlung, eine innerbetriebliche Aussprache herbeizuführen, praktisch nicht verwirklicht werden kann (*BAG* 09.03.1976 BB 1976, 977 [978]; *Berg/DKKW* § 42 Rn. 34; *Fitting* § 42 Rn. 54a; *Joost*/MünchArbR § 224 Rn. 3; *Rieble* AuR 1995, 245 [248 f.]; *Worzalla/HWGNRH* § 42 Rn. 50; vgl. dazu *ArbG Wuppertal* 09.07.1996 AiB 1997, 347 [keine Teilversammlung bei 2500 Arbeitnehmern]). Gleiches gilt bei einem besonders hohen Anteil **außerhalb des Betriebsgeländes** tätiger Arbeitnehmer (*Fitting* § 42 Rn. 55) oder dann, wenn ein beträchtlicher Teil zum Betrieb gehörender Arbeitnehmer zeitweise im **Ausland** tätig ist (vgl. Rdn. 25).

62 Die mangelnde **Größe oder Eignung der im Betrieb zur Verfügung stehenden Räume** ist nur dann ein hinreichender Grund, wenn die Anmietung eines betriebsfremden Raumes unzumutbar ist (vgl. Rdn. 24; *Fitting* § 42 Rn. 54b; *Richardi/Annuß* § 42 Rn. 48).

63 Die Teilversammlung ist **nur zulässig, wenn** die **Voraussetzungen des** § **42 Abs. 1 Satz 3** gegeben sind. Die Entscheidung darüber, ob dies der Fall ist, trifft der Betriebsrat durch Beschluss gemäß § 33 (*Worzalla/HWGNRH* § 42 Rn. 58). Den Arbeitnehmern des Betriebes steht kein Recht zu, die Durchführung von Teilversammlungen, etwa analog § 43 Abs. 3 zu verlangen. Bei der Prüfung der Frage, inwieweit die Durchführung von Teilversammlungen zwingend geboten ist, hat der Betriebsrat einen **Bewertungsspielraum** (*LAG Baden-Württemberg* 10.05.2002 AiB 2003, 627; *Richardi/Annuß* § 42 Rn. 47).

64 Kann wegen der Eigenart des Betriebs eine Vollversammlung nur außerhalb der Arbeitszeit durchgeführt werden, steht es im **Ermessen** des Betriebsrats, stattdessen **Teilversammlungen während der Arbeitszeit** durchzuführen (*Fitting* § 42 Rn. 56; *Richardi/Annuß* § 42 Rn. 51; **a. M.** *Hohn* DB 1985, 2195). Vgl. näher § 44 Rdn. 22 m. w. N.

65 Hat der Betriebsrat **zu Unrecht** die Voraussetzungen für die Durchführung von Teilversammlungen **bejaht**, so knüpfen sich daran keine besonderen materiellrechtlichen Folgerungen. Der Arbeitgeber kann jedoch vor der Teilversammlung die Unzulässigkeit der Aufteilung im Beschlussverfahren (§§ 2a Abs. 1 Nr. 1, Abs. 2, 80 ff. ArbGG) einschließlich etwaiger einstweiliger Verfügung (§ 85 Abs. 2 ArbGG) feststellen lassen. Im Übrigen kommen nur die Folgen des § 23 Abs. 1 in Betracht. Ein **Unterlassungsanspruch** gegen den Betriebsrat, der eine unzulässige Vollversammlung statt einer nach § 42 Abs. 1 Satz 3 gebotenen Teilversammlung durchführen möchte, ist allerdings nach der Konzeption des § 23 **nicht vorgesehen** (*LAG Berlin-Brandenburg* 08.04.2011 – 9 TaBV 2765/10 – juris, Rn. 20 ff. mit Verweis auf *BAG* 17.03.2010 EzA § 74 BetrVG 2001 Nr. 1 = AP Nr. 12 zu § 74 BetrVG 1972).

3. Zusammensetzung

66 Im Interesse eines ordnungsgemäßen Ablaufs und zur Vermeidung von Doppelteilnahmen ist eine **Aufteilung** der Belegschaft erforderlich. Das Gesetz lässt offen, welche Kriterien anzuwenden sind. Der Betriebsrat hat die Frage nach pflichtgemäßem Ermessen zu entscheiden. Dabei sind der Zweck der Betriebsversammlung, die für die Durchführung einer Teilversammlung bestimmenden Gründe, das Wohl der Arbeitnehmer und das Wohl des Betriebs zu berücksichtigen. Dem Zweck der Betriebsversammlung entsprechend sollte auch die Teilversammlung einen – annähernden – »**repräsentativen Querschnitt**« der Arbeitnehmerschaft darstellen. Damit scheidet jedes persönliche Merkmal für die Auswahl, z. B. nach Ausbildung, Tätigkeit, Geschlecht usw., aus (*LAG Baden-Württemberg* 29.09.1983 DB 1984, 409; *Fitting* § 42 Rn. 58; *Richardi/Annuß* § 42 Rn. 52). Unzulässig sind daher auch gesonderte Versammlungen für ausländische Arbeitnehmer. Zum Einsatz von Dolmetschern vgl. Rdn. 32. Ebenso widerspricht eine »Atomisierung« der Arbeitnehmerschaft dem Grundgedanken der Aufteilung in Teilversammlungen (*BVerwG* 16.12.1960 AP Nr. 1 zu § 46 PersVG).

67 Ist eine Teilversammlung durch den **technischen Geschehensablauf** im Betrieb zwingend geboten (Mehrschichtenbetrieb usw.), so geben die von der Funktion her bestimmten Einteilungen den Maßstab für die Aufteilung durch den Betriebsrat. Sind in einem solchen Betrieb daneben nicht im Schichtenrhythmus arbeitende Arbeitnehmer beschäftigt, so sind sie berechtigt, an einer in ihre Arbeitszeit fallenden (§ 44 Abs. 1) Teilversammlung teilzunehmen.

Beruht die Bildung von Teilversammlungen auf der **Größe des Betriebs**, so ist es zweckmäßig, eine der Anzahl der Teilversammlungen entsprechende Zahl von Arbeitnehmern aus den einzelnen Arbeitsbereichen zu bestimmen. Die Auswahl kann unter personellen (Auswahl aus verschiedenen Arbeitsgruppen und -kolonnen), örtlichen (Auswahl nach bestimmten Gebäudekomplexen) oder sonstigen funktionellen Gegebenheiten (Mitarbeit an bestimmten Produkten) erfolgen, wobei der Betriebsrat die Aufteilung den einzelnen Arbeitseinheiten überlassen kann. 68

4. Durchführung

Für Teilversammlungen gelten die Grundsätze über die Betriebsvollversammlung entsprechend. Das gilt auch für die **Leitung** jeder Teilversammlung durch den Betriebsratsvorsitzenden (anders in der Abteilungsversammlung gemäß Abs. 2 Satz 2). Grundsätzlich führt also der Betriebsratsvorsitzende die Teilversammlung. Werden allerdings mehrere Teilversammlungen gleichzeitig gehalten, so kann der Betriebsrat statt des Vorsitzenden und seines Vertreters auch andere Betriebsratsmitglieder beauftragen (*Fitting* § 42 Rn. 61; *Richardi/Annuß* § 42 Rn. 54; **a. M.** *LAG Hamm* 12.03.1980 DB 1980, 1031). Alle Betriebsratsmitglieder sind in den Teilversammlungen teilnahmeberechtigt (*Fitting* § 42 Rn. 62; **a. M.** *Worzalla/HWGNRH* § 42 Rn. 54). Teilnahme- und stimmberechtigt sind jeweils die nach der vom Betriebsrat beschlossenen Aufteilung (vgl. Rdn. 66) betroffenen Arbeitnehmer. Verfälschungen des Abstimmungsergebnisses durch Doppelabstimmung werden auf diese Weise verhindert. 69

IV. Abteilungsversammlungen, § 42 Abs. 2

1. Zweck

Die Bestimmung des Abs. 2 soll die Erörterung von Angelegenheiten in den einzelnen Abteilungen ermöglichen, die in der großen Betriebsversammlung häufig nicht angesprochen werden können (Begründung zum RegE, BT-Drucks. VI/1786, S. 41). Die Abteilungsversammlung dient also im Gegensatz zur Teilversammlung der **Erörterung der besonderen Belange der Arbeitnehmer eines räumlich oder organisatorisch abgegrenzten Betriebsteils** (vgl. zur Abgrenzung auch Rdn. 58). Zur Anzahl der zulässigen Abteilungsversammlungen vgl. § 43 Abs. 1 Satz 2. 70

2. Voraussetzungen

a) **Organisatorisch oder räumlich abgegrenzte Betriebsteile**

Die **organisatorische Abgrenzung** kann sich entsprechend der jeweiligen betrieblichen Struktur **vom Gegenstand her** ergeben (z. B. alle Arbeitnehmer des Betriebs, die bei der Herstellung von Schiffsmotoren beschäftigt sind; hierher gehören auch verschiedene Produktionsstufen, z. B. Hochofen, Stahlstraße, Press- und Stanzwerk, sowie ausgegliederte Aufgaben, wie Lehrlingswerkstatt, Versuchslabor, zentrale Prüfanlagen; Aufteilung in Verwaltung und Produktion) oder auch aus der **Zuständigkeitsverteilung** für eine bestimmte Zweckverfolgung (z. B. der unter der Leitung des Herrn X stehende Tätigkeitsbereich). Organisatorische Kriterien gehen häufig einher mit den im Gesetz besonders erwähnten **räumlichen Abgrenzungen.** Es müssen aber nur entweder organisatorische oder räumliche Abgrenzungen vorhanden sein. Eine Abgrenzung aus lediglich **personell-fachlicher Sicht** (z. B. alle Chemielaboranten des Betriebes) reicht nicht, da die organisatorische Abgrenzung ein gewisses Maß an eigenständiger Organisations- und Leitungsstruktur voraussetzt (*Fitting* § 42 Rn. 66; *Richardi/Annuß* § 42 Rn. 62; *Rieble* AuR 1995, 245 [247]). 71

Die **räumliche Abgrenzung** ergibt sich aus der örtlichen Lage oder der jeweiligen baulichen Situation. Räumlich abgegrenzte Betriebsteile können Zweigstellen, Betriebsstätten, einzelne Gebäude auf einem größeren Betriebsgelände oder sogar Teile einzelner Gebäude (Etagen) sein (*Fitting* § 42 Rn. 67; *Richardi/Annuß* § 42 Rn. 63; *Rieble* AuR 1995, 245 [247]). 72

73 Der organisatorisch oder räumlich abgegrenzte Betriebsteil nach § 42 ist nicht identisch mit dem **Betriebsteil nach § 4 Abs. 1**, der **weitergehend** entweder eine weite räumliche Entfernung vom Hauptbetrieb oder aber eine funktionelle oder organisatorische Eigenständigkeit erfordert, die es rechtfertigen, den Betriebsteil als selbständigen Betrieb mit der Folge der Wahl eines eigenen Betriebsrats zu bewerten (*Fitting* § 42 Rn. 65). In Betriebsteilen nach § 4 Abs. 1 müssen dementsprechend auch eigene Betriebsversammlungen abgehalten werden. Wird allerdings ein selbständiger Betriebsrat nicht gebildet, so liegen auf jeden Fall die Voraussetzungen des Abs. 2 vor. Die Durchführung einer Abteilungsversammlung ist nach dem Grundsatz »a maiore ad minus« erst recht möglich.

b) Erforderlichkeit der Erörterung besonderer Belange der Arbeitnehmer

74 Als weitere Voraussetzung sieht das Gesetz neben dem organisatorisch oder räumlich abgegrenzten Betriebsteil vor, dass eine Abteilungsversammlung »**für die Erörterung der besonderen Belange der Arbeitnehmer erforderlich ist**«. Mit diesen »**besonderen Belangen**« wird auf **spezifisch gleich gelagerte Interessen** der in dem organisatorisch oder räumlich abgegrenzten Betriebsteil beschäftigten Arbeitnehmer abgestellt, die sich von den gemeinsamen Interessen der Arbeitnehmer des ganzen Betriebs im Übrigen abheben (*Richardi/Annuß* § 42 Rn. 64). Eine ausschließlich organisatorische oder räumliche Zusammenfassung zu einem Betriebsteil rechtfertigt noch keine Abteilungsversammlung.

75 **Erforderlich** ist die Bildung von Abteilungsversammlungen, wenn die **gesamten Umstände** unter Berücksichtigung der Interessen der Gesamtbelegschaft und der spezifischen Interessen der Arbeitnehmer des oder der Betriebsteile, die zu einer Abteilungsversammlung zusammengefasst werden sollen, **überwiegend** für diese Lösung sprechen. Bei dieser Begriffsbestimmung ist berücksichtigt, dass das Gesetz nicht, wie in § 44 Abs. 1 Satz 1, von »zwingend erforderlich«, aber auch nicht nur von »zweckmäßig«, wie in § 43 Abs. 1 Satz 4, spricht. Die Erforderlichkeit kann sich aus der Einsicht ergeben, dass ein für die Abteilung besonders bedeutungsvoller Tagesordnungspunkt in der Betriebs- oder Teilversammlung wegen der Menge der Teilnehmer nicht hinreichend behandelt werden kann. Zur Unterstützung einer offenen Aussprache ist die Abhaltung von Abteilungsversammlungen weiterhin dann erforderlich, wenn – auch ohne konkreten Tagesordnungspunkt – mit der Erörterung der besonderen Belange von Abteilungen zu rechnen ist. Dass die Durchführung von Abteilungsversammlungen nicht erschwert werden soll, ergibt sich aus der strikten Anordnung in § 43 Abs. 1 Satz 2.

76 Der Grund der Einberufung von Abteilungsversammlungen muss **nicht ein dauernder** sein (*Fitting* § 42 Rn. 69; *Richardi/Annuß* § 42 Rn. 65; *Rüthers* ZfA 1974, 207 [213 f.]; *Worzalla/HWGNRH* § 42 Rn. 66; **a. M.** *Vogt* Betriebsversammlung, S. 29). Gerade einmalige Angelegenheiten können eine Erörterung in der Abteilungsversammlung erforderlich machen. In einem solchen Fall kommt eine zusätzliche bzw. außerordentliche Abteilungsversammlung nach § 43 Abs. 1 Satz 4 oder § 43 Abs. 3 in Betracht. Sollen Abteilungsversammlungen gem. § 43 Abs. 1 Satz 2 an die Stelle der regelmäßigen Betriebsversammlungen treten, so muss für die **überwiegende Zahl der Betriebsabteilungen** die Erforderlichkeit einer gesonderten Erörterung ihrer spezifischen Belange vorliegen. Nur wegen der besonderen Belange einer Gruppe von Arbeitnehmern ist nicht die gesamte Arbeitnehmerschaft in Abteilungsversammlungen aufzuteilen (*Diller/HWK* § 42 BetrVG Rn. 35). Für die betreffende Abteilung kommt aber wiederum eine zusätzliche oder außerordentliche Abteilungsversammlung nach § 43 Abs. 1 Satz 4 oder § 43 Abs. 3 in Betracht (vgl. dazu § 43 Rdn. 22).

c) Beschlussfassung des Betriebsrats

77 Die Entscheidung darüber, ob und ggf. aus welchen Betriebsteilen Abteilungsversammlungen zu bilden sind, erfolgt durch einen **Beschluss des Betriebsrats** (§ 33), den der Arbeitgeber im Beschlussverfahren überprüfen lassen kann (§§ 2a Abs. 1 Nr. 1, Abs. 2, 80 ff. ArbGG). Der Betriebsrat hat allerdings bei der Frage, ob die Voraussetzungen der Bildung einer Abteilungsversammlung vorliegen, einen **Beurteilungsspielraum** (*Fitting* § 42 Rn. 71; *Joost*/MünchArbR § 224 Rn. 13; *Richardi/Annuß* § 42 Rn. 66; *Rieble* AuR 1995, 245 [246]). Er ist auch nicht darauf beschränkt, für jeden einzelnen Betriebsteil eine Abteilungsversammlung vorzusehen, sondern kann bei entsprechender Interessenlage auch mehrere organisatorisch oder räumlich abgegrenzte Betriebsteile zusammenlegen (*Fitting* § 42 Rn. 68; *Rüthers* ZfA 1974, 207 [215]). Die Zusammensetzung von Abteilungsversamm-

lungen richtet sich allerdings nach den bestehenden Organisationsformen, so dass der Betriebsrat nicht *einzelne* Arbeitnehmer verschiedener Betriebsteile zu einer Abteilungsversammlung zusammenrufen kann.

3. Abteilungs-Teilversammlungen

Die Abteilungsversammlung kann auch in **Abteilungs-Teilversammlungen** aufgegliedert werden (Abs. 2 Satz 3). In Frage kommen vor allem Betriebe mit notwendig ganztägigem Dienstbetrieb (vgl. Rdn. 59 f.), in denen der Ausfall einer ganzen Abteilung verhindert werden soll. Die Abteilungs-Teilversammlungen sind hier in der Weise zu bilden, dass innerhalb jeder Abteilung eine Einigung über die Teilnahme an den Teilversammlungen erzielt wird. **78**

4. Durchführung

Der Ablauf der Abteilungsversammlung folgt den Regeln über die **Betriebsversammlung** (vgl. Rdn. 33 ff.). Die **Nichtöffentlichkeit** ist durch den Verweis auf Abs. 1 Satz 2 ausdrücklich angeordnet (Abs. 2 Satz 3). Sie steht der Teilnahme von Arbeitnehmern aus anderen Abteilungen aber nicht entgegen, denen jedoch kein Stimmrecht zukommt (a. M. *Bodem*/NK-GA § 42 BetrVG Rn. 50). Die Abteilungsversammlung ist von einem Betriebsratsmitglied zu leiten, das einem beteiligten Betriebsteil angehören soll (Abs. 2 Satz 2). Ihm stehen die Leitungs- und Durchführungsrechte einschließlich des Ordnungs- und Hausrechts (vgl. Rdn. 35 ff.) zu. Die Übertragung auf Nichtbetriebsratsmitglieder ist unzulässig (*Fitting* § 42 Rn. 72; *Richardi/Annuß* § 42 Rn. 69; *Worzalla/HWGNRH* § 42 Rn. 69). **79**

V. Streitigkeiten

Streitigkeiten über die Abhaltung von Betriebs-, Teil- und Abteilungsversammlungen, ferner Streitigkeiten über die Teilnahmeberechtigung, insbesondere auch die Zulassung von betriebsfremden Personen, sowie über die Kostentragungspflicht des Arbeitgebers sind vom Arbeitsgericht im **Beschlussverfahren** zu entscheiden (§§ 2a Abs. 1 Nr. 1, Abs. 2, 80 ff. ArbGG). **80**

Individualansprüche von Versammlungsteilnehmern auf Entgeltzahlung und Erstattung von Aufwendungen sind dagegen im **Urteilsverfahren** vor den Arbeitsgerichten geltend zu machen (*Fitting* § 42 Rn. 76a; *Richardi/Annuß* § 42 Rn. 78; *Worzalla/HWGNRH* § 42 Rn. 70). **81**

Gegen eine vom Betriebsratsvorsitzenden und Vorsitzenden einer Betriebsversammlung als unrichtig eingeschätzte Tatsachenbehauptung in der Presse kann der Betriebsrat nach Auffassung des *OLG Hamburg* (10.02.1982 AfP 1982, 232) keine **Gegendarstellung** im Wege einer einstweiligen Verfügung durchsetzen, da er nicht parteifähig sei. **82**

Ein **Unterlassungsanspruch** gegen den Betriebsrat, der eine unzulässige Vollversammlung statt einer nach § 42 Abs. 1 Satz 3 gebotenen Teilversammlung durchführen möchte, ist nach der Konzeption des § 23 **nicht vorgesehen**. In Betracht kommen nur die Regelungen des § 23 Abs. 1 (*LAG Berlin-Brandenburg* 08.04.2011 – 9 TaBV 2765/10 – juris, Rn. 20 ff. mit Verweis auf *BAG* 17.03.2010 EzA § 74 BetrVG 2001 Nr. 1 = AP Nr. 12 zu § 74 BetrVG 1972; *Berg/DKKW* § 42 Rn. 57). Eine grobe Verletzung gesetzlicher Pflichten kann darin liegen, dass ein Betriebsrat durch absichtlich irreführende Einladung die Teilnahme einer im Betrieb vertretenen Gewerkschaft verhindert und eine Betriebsversammlung in der vom Gesetz vorgeschriebenen Form nicht durchführt (vgl. dazu *LAG Baden-Württemberg* 13.03.2014 – 6 TaBV 5/13 – juris). **83**

§ 43
Regelmäßige Betriebs- und Abteilungsversammlungen

(1) Der Betriebsrat hat einmal in jedem Kalendervierteljahr eine Betriebsversammlung einzuberufen und in ihr einen Tätigkeitsbericht zu erstatten. Liegen die Voraussetzungen des § 42 Abs. 2 Satz 1 vor, so hat der Betriebsrat in jedem Kalenderjahr zwei der in Satz 1 genannten Betriebsversammlungen als Abteilungsversammlungen durchzuführen. Die Abteilungsversammlungen sollen möglichst gleichzeitig stattfinden. Der Betriebsrat kann in jedem Kalenderhalbjahr eine weitere Betriebsversammlung durchführen oder, wenn die Voraussetzungen des § 42 Abs. 2 Satz 1 vorliegen, einmal weitere Abteilungsversammlungen durchführen, wenn dies aus besonderen Gründen zweckmäßig erscheint.

(2) Der Arbeitgeber ist zu den Betriebs- und Abteilungsversammlungen unter Mitteilung der Tagesordnung einzuladen. Er ist berechtigt, in den Versammlungen zu sprechen. Der Arbeitgeber oder sein Vertreter hat mindestens einmal in jedem Kalenderjahr in einer Betriebsversammlung über das Personal- und Sozialwesen einschließlich des Stands der Gleichstellung von Frauen und Männern im Betrieb sowie der Integration der im Betrieb beschäftigten ausländischen Arbeitnehmer, über die wirtschaftliche Lage und Entwicklung des Betriebs sowie über den betrieblichen Umweltschutz zu berichten, soweit dadurch nicht Betriebs- oder Geschäftsgeheimnisse gefährdet werden.

(3) Der Betriebsrat ist berechtigt und auf Wunsch des Arbeitgebers oder von mindestens einem Viertel der wahlberechtigten Arbeitnehmer verpflichtet, eine Betriebsversammlung einzuberufen und den beantragten Beratungsgegenstand auf die Tagesordnung zu setzen. Vom Zeitpunkt der Versammlungen, die auf Wunsch des Arbeitgebers stattfinden, ist dieser rechtzeitig zu verständigen.

(4) Auf Antrag einer im Betrieb vertretenen Gewerkschaft muss der Betriebsrat vor Ablauf von zwei Wochen nach Eingang des Antrags eine Betriebsversammlung nach Absatz 1 Satz 1 einberufen, wenn im vorhergegangenen Kalenderhalbjahr keine Betriebsversammlung und keine Abteilungsversammlungen durchgeführt worden sind.

Literatur
Vgl. § 42.

Inhaltsübersicht

	Rdn.
I. Vorbemerkung	1
II. Regelmäßige Betriebs- oder Abteilungsversammlungen	2–32
1. Anzahl und Zeitpunkt	2
2. Einberufungsbeschluss und Vorbereitung der Versammlung	3, 4
3. Notwendige Gegenstände der Betriebsversammlung	5–19
a) Tätigkeitsbericht des Betriebsrats, § 43 Abs. 1 Satz 1	5–7
b) Jahresbericht des Arbeitgebers, § 43 Abs. 2 Satz 3	8–19
4. Ersetzung der Betriebsversammlung durch Abteilungsversammlungen, § 43 Abs. 1 Satz 2	20–23
5. Folgen der Nichteinberufung	24–32
a) Antragsrecht der Gewerkschaften, § 43 Abs. 4	24–30
b) Grobe Pflichtverletzung des Betriebsrats, § 23 Abs. 1	31, 32
III. Zusätzliche Betriebs- und Abteilungsversammlungen, § 43 Abs. 1 Satz 4	33–40
IV. Außerordentliche Betriebsversammlungen, § 43 Abs. 3	41–47
V. Rechtsstellung des Arbeitgebers	48–54
1. Teilnahmerecht	48–50
2. Befugnisse bei Teilnahme an der Betriebsversammlung	51
3. Vertretung	52, 53
4. Hinzuziehung weiterer Personen	54
VI. Streitigkeiten	55

I. Vorbemerkung

Die Vorschrift, die durch das BetrVG 1972 erheblich umgestaltet worden war (s. § 42 Rdn. 3), beinhaltet **Regelungen unterschiedlicher Funktion**. Sie enthält zum einen Bestimmungen zu den verschiedenen **Formen der Betriebsversammlung**. Geregelt werden die Anzahl regelmäßiger (ordentlicher) Betriebs- und Abteilungsversammlungen (Abs. 1 Satz 1 und 2), die zeitliche Lage von Abteilungsversammlungen (Abs. 1 Satz 3), weiterhin trotz der irreführenden Überschrift (»Regelmäßige Betriebs- und Abteilungsversammlungen«) die Frage zusätzlicher Betriebs- und Abteilungsversammlungen (Abs. 1 Satz 4) sowie außerordentlicher Betriebsversammlungen auf Initiative des Betriebsrats, eines Viertels der wahlberechtigten Belegschaft oder des Arbeitgebers (Abs. 3). Zur Gewährleistung des tatsächlichen Vollzugs regelmäßiger Betriebsversammlungen gibt Abs. 4 den im Betrieb vertretenen Gewerkschaften unter bestimmten Voraussetzungen ein Antragsrecht. Hinzu kommen Vorschriften zu **notwendigen Gegenständen** ordentlicher Betriebsversammlungen in Abs. 1 Satz 1 (Tätigkeitsbericht des Betriebsrats) und Abs. 2 Satz 3 (Jahresbericht des Arbeitgebers) sowie zur rechtlichen **Stellung des Arbeitgebers** (Abs. 2 Satz 1 und 2, Abs. 3 Satz 2). **Weitere mögliche Gegenstände** ergeben sich aus § 45. Durch das **BetrVerf-Reformgesetz** aus dem Jahre 2001 wurde die Berichtspflicht des Arbeitgebers konkretisiert und erweitert (Abs. 2 Satz 3). Der Stand der Gleichstellung von Frauen und Männern im Betrieb sowie der Integration der im Betrieb beschäftigten ausländischen Arbeitnehmer wurden als Teil des Berichts über das Personal- und Sozialwesen deklariert, der betriebliche Umweltschutz (vgl. § 89 Abs. 3) als zusätzlicher Berichtsgegenstand aufgenommen (vgl. dazu auch § 42 Rdn. 4).

1

II. Regelmäßige Betriebs- oder Abteilungsversammlungen

1. Anzahl und Zeitpunkt

Das Gesetz ordnet zwingend die Einberufung **jeweils einer ordentlichen Betriebsversammlung** in jedem **Kalendervierteljahr** an. Eine von der **zwingenden** Vorschrift des § 43 Abs. 1 abweichende Regelung kann durch Tarifvertrag oder Betriebsvereinbarung nicht getroffen werden (vgl. § 42 Rdn. 10). Über die zeitliche Lage innerhalb des Kalendervierteljahres entscheidet der **Betriebsrat** nach pflichtgemäßem Ermessen, d. h. unter Berücksichtigung der betrieblichen Belange (s. § 42 Rdn. 26). Eine jeweils gleiche zeitliche Lage innerhalb des Quartals wird nicht gefordert. Die Einhaltung eines etwa dreimonatigen Zwischenraums ist aber empfehlenswert (*Fitting* § 43 Rn. 8). Verschiebungen können sich namentlich durch Urlaubszeit, Betriebsratswahlen etc. ergeben. Zur Ersetzung von zwei Betriebsversammlungen durch zwei Abteilungsversammlungen vgl. Rdn. 20 bis 23, zur zeitlichen Lage innerhalb der Versammlungstage (Arbeitszeit) vgl. § 44 Rdn. 7 ff.

2

2. Einberufungsbeschluss und Vorbereitung der Versammlung

Zusätzlich zu den allgemeinen Grundsätzen (s. § 42 Rdn. 21 ff.) sind folgende Besonderheiten zu berücksichtigen: Anlässlich der Beschlussfassung über die Einberufung ist über den **Inhalt des Tätigkeitsberichts** (dazu Rdn. 5) ebenfalls unter Berücksichtigung des § 33 zu beschließen (*Berg/DKKW* § 43 Rn. 8; *Fitting* § 43 Rn. 13; *Richardi/Annuß* § 43 Rn. 8; *Worzalla/HWGNRH* § 43 Rn. 12, 32; für die Abteilungsversammlung vgl. Rdn. 23). Um langwierige Einzelabstimmungen zu vermeiden, empfiehlt sich eine vorbereitete Formulierung durch den Betriebsratsvorsitzenden bzw. die Vorsitzenden der Betriebsausschüsse. Gleichzeitig ist zu bestimmen, wer den Tätigkeitsbericht in der Versammlung vorträgt; in der Regel wird es der Versammlungsleiter sein. Wesentliche Ergänzungen müssen, da der Tätigkeitsbericht eine Stellungnahme des Betriebsrats darstellt, von diesem durch Beschluss genehmigt werden.

3

Nach der Beschlussfassung des Betriebsrats ist der **Arbeitgeber** unter Mitteilung der Tagesordnung einzuladen (Abs. 2 Satz 1). Das Gesetz schreibt für Einladung und Mitteilung keine Form vor (zust. *Raab* FS *Konzen*, S. 719 [733]). Mit der Einladung **kann** die Anfrage verbunden werden, ob der Arbeitgeber den Jahresbericht (Abs. 2 Satz 3, vgl. Rdn. 8 ff.) in der betreffenden Betriebsversammlung geben will, um die Tagesordnung entsprechend zu ergänzen. Zweckmäßigerweise wird diese Frage

4

vorher mit dem Arbeitgeber abgesprochen und in die Tagesordnung aufgenommen. Bezüglich der Mitteilung hinsichtlich des Zugangsrechts von nicht betriebsangehörigen Personen s. § 42 Rdn. 39.

3. Notwendige Gegenstände der Betriebsversammlung

a) Tätigkeitsbericht des Betriebsrats, § 43 Abs. 1 Satz 1

5 Der Bericht ist **mündlich** zu geben; die Verwendung eines vorbereiteten Textes steht dem nicht entgegen. Die Teilnehmer der Versammlung müssen Gelegenheit zur **Stellungnahme** erhalten (vgl. auch § 45 Satz 2; *Richardi/Annuß* § 43 Rn. 13). Ein Beschluss über die Billigung der Tätigkeit des Betriebsrats ist möglich, aber gesetzlich nicht vorgeschrieben (*Richardi/Annuß* § 43 Rn. 13; *Worzalla/HWGNRH* § 43 Rn. 19). Sofern **Teilversammlungen** einberufen werden, ist in jeder Teilversammlung der vollständige Bericht zu erstatten.

6 Der Tätigkeitsbericht soll einen **Überblick** über die Tätigkeit des Betriebsrats in der Zeit seit der letzten Berichterstattung darstellen. Es gelten die **Grenzen des § 45**. Ansonsten ist der gegenständliche Rahmen des Berichts weit zu ziehen. Es ist nicht nur über **einzelne Aktivitäten** zu berichten, sondern auch zu der **allgemeinen Lage des Betriebs** in personeller und sachlicher Hinsicht aus der Sicht des Betriebsrats Stellung zu nehmen. Auch **Überlegungen und Pläne**, selbst wenn sie noch keine konkrete Ausgestaltung gefunden haben, sowie **Wünsche und Bitten** an die Belegschaft, z. B. um Abstellung von Störungen, sind einzubeziehen. Im Übrigen ist über **alle Maßnahmen** zu berichten, die der Betriebsrat getroffen hat, z. B.: Wahl des Gesamt- und Konzernbetriebsrats (§§ 47 ff., 54 ff.), Durchführung und Erfolg allgemeiner Anregungen an den Arbeitgeber (§ 80), Entgegennahme und Durchführung von Beschwerden (§ 85), Verhandlung, Abschluss und Kündigung von Betriebsvereinbarungen (§ 77), Ausübung des Mitbestimmungsrechts in sozialen (§§ 87 ff.) und personellen (§§ 92 ff.) Angelegenheiten, Maßnahmen bei Betriebsänderungen (§§ 111 ff.) usw. Der Tätigkeitsbericht erfasst auch alle **Vorgänge und Planungen im Bereich des Gesamt- und Konzernbetriebsrats**, soweit sie von Bedeutung für den Betrieb sind. Zur Tätigkeit des Betriebsrats gehört auch diejenige etwaiger **Ausschüsse** (§§ 27, 28), nicht hingegen die Tätigkeit des – funktionell selbständigen – **Wirtschaftsausschusses** (§§ 106 ff.), selbst wenn ausnahmsweise ein Ausschuss des Betriebsrats die Aufgaben wahrnimmt, § 107 Abs. 3 Satz 1 (*Löwisch/LK* § 43 Rn. 6; *Richardi/Annuß* § 43 Rn. 9 f.; *Vogt* Betriebsversammlung, S. 72; *Worzalla/HWGNRH* § 43 Rn. 15; **a. M.** hinsichtlich des Wirtschaftsausschusses *Berg/DKKW* § 43 Rn. 8; *Fitting* § 43 Rn. 13; *Joost/*MünchArbR § 224 Rn. 51; *Roloff/WPK* § 43 Rn. 4; *Tautphäus/*HaKo § 43 Rn. 18). Auch über die Tätigkeit der Arbeitnehmervertreter im **Aufsichtsrat** kann nicht berichtet werden, da es sich nicht um Tätigkeit des Betriebsrats handelt (BAG 01.03.1966 EzA § 69 BetrVG Nr. 1 S. 2 f. = AP Nr. 1 zu § 69 BetrVG [*Neumann-Duesberg*]; *Richardi/Annuß* § 43 Rn. 10; *Worzalla/HWGNRH* § 43 Rn. 16; **a. M.** *Berg/DKKW* § 43 Rn. 9). Das schließt die Behandlung **wirtschaftlicher Fragen** im Rahmen der Betriebsversammlung jedoch nicht aus (vgl. § 45 Rdn. 11 f., 17).

7 Für die anlässlich der Mitbestimmung bei personellen Maßnahmen und der Behandlung von Beschwerden bekannt gewordenen **vertraulichen Tatsachen** aus dem Bereich der persönlichen Verhältnisse einzelner Arbeitnehmer besteht bereits die Schweigepflicht der §§ 82 Abs. 2 Satz 3, 83 Abs. 1 Satz 3, 99 Abs. 1 Satz 3, 102 Abs. 2 Satz 5 (*Richardi/Annuß* § 43 Rn. 11; *Worzalla/HWGNRH* § 43 Rn. 17). Darüber hinaus sollte grundsätzlich, soweit die Belange individueller Arbeitnehmer durch den Betriebsrat gestaltet wurden, z. B. auch bei der Verwaltung von Sozialeinrichtungen (§ 87 Abs. 1 Nr. 8, 9), eine Namensnennung oder gleichwirkende Andeutung vermieden werden. Zur Wahrung von **Betriebs- und Geschäftsgeheimnissen** vgl. § 79 Abs. 1.

b) Jahresbericht des Arbeitgebers, § 43 Abs. 2 Satz 3

8 In einer der vorgeschriebenen **Betriebsversammlungen** (jedoch nicht einer Abteilungsversammlung) hat der Arbeitgeber einmal in jedem Kalenderjahr über das Personal- und Sozialwesen, die wirtschaftliche Lage und Entwicklung des Betriebs sowie über den betrieblichen Umweltschutz zu berichten, Abs. 2 Satz 3 (*Fitting* § 43 Rn. 19; *Richardi/Annuß* § 43 Rn. 14). Die Wahl der Versammlung sowie die Erstattung weiterer Berichte stehen ihm frei. Der Bericht hat ebenso wie der Tätigkeitsbericht des Betriebsrats (vgl. Rdn. 5) in **mündlicher** Form zu erfolgen (*Fitting* § 43 Rn. 20; *Richardi/*

Regelmäßige Betriebs- und Abteilungsversammlungen § 43

Annuß § 43 Rn. 17; **a. M.** *Joost/* MünchArbR § 224 Rn. 62). Den Versammlungsteilnehmern ist die Gelegenheit zur Aussprache zu geben (*Fitting* § 43 Rn. 27). Der Bericht des Arbeitgebers ist in allen etwaigen **Teilversammlungen** ungekürzt zu erstatten. Die wiederholte Verweigerung der Berichterstattung kann als grober Verstoß gegen die gesetzlichen Pflichten zu Maßnahmen gem. § 23 Abs. 3 (s. *Oetker* § 23 Rdn. 245) berechtigen. Zur Berichtspflicht in **Tendenzbetrieben** vgl. § 118 Rdn. 148. In einem **Gemeinschaftsbetrieb mehrerer Unternehmen** (§ 1 Abs. 1 Satz 2, Abs. 2) ist zwar eine einheitliche Betriebsversammlung durchzuführen, es muss aber jeder Arbeitgeber Bericht erstatten (*LAG Hamburg* 15.12.1988 AiB 1989, 167; *Fitting* § 43 Rn. 19; *Richardi/Annuß* § 43 Rn. 18).

Unter dem Begriff des **Personalwesens** fasst man Personalplanung und -beschaffung, Personalorganisation, Personalführung, Ausbildungswesen zusammen. Zur **Personal(bedarfs)planung** (vgl. dazu auch *Raab* § 92 Rdn. 7 ff.) als Teil der betrieblichen Planung gehören die Beschaffungs- und Einsatzplanung sowie ggf. Planung der Ausbildung und Fortbildung des Faktors »menschliche Arbeitskraft«. Ausgehend vom Fertigungs- und Absatzplan wird die Zahl der erforderlichen Arbeitskräfte ermittelt und der Zeitpunkt für den Einsatz der Arbeitskräfte und der Einsatzort festgelegt. Die Bereitstellung der Arbeitskräfte umfasst die Zeitpunkte der Einstellung bzw. ggf. der Entlassung, Umschulung usw. Zur **Personalbeschaffung** sind u. a. zu zählen: Personalwerbung bzw. Personalmarketing, interne Stellenausschreibung, Auswahlrichtlinien, Tests und andere Auswahlverfahren. In den Bereich der **Personalorganisation** fallen Stellenbeschreibung, Fixierung der Rangordnung, Errichtung einer Personaldatenbank, Einbeziehung der Gehalts- und Lohnabrechnung in die Wirtschaftlichkeitsrechnung und -kontrolle, gleitende Arbeitszeit, Personalstatistiken, Organisations- und Führungsmittel, Verfahren der Mitarbeiterbeurteilung. Zur **Personalführung** gehören: Formulierung von Führungsgrundsätzen und Entwicklung eines Führungsstils, insbesondere unter Berücksichtigung der Teamarbeit. Zum Ausbildungswesen zählen: Lehrlingswesen, Fort- und Weiterbildung der Arbeitnehmer, Errichtung von Aus- und Fortbildungsstätten usw.

9

Dem Begriff des Personal**wesens** ist zu entnehmen, dass grundsätzlich nur **kollektive Belange**, d. h. die allgemeine Situation, der Berichterstattung unterliegen. Ferner liegt die rechtliche Zuständigkeit für das Personalwesen primär im Bereich des Unternehmens, vorbehaltlich einer Delegation seitens des Unternehmers auf untere Ebenen, da diesem die Organisationsgewalt innerhalb des Unternehmens zusteht und der Betrieb lediglich eine organisatorische Untereinheit der Einheit Unternehmen ist. In seiner Eigenschaft als Arbeitgeber hat der Unternehmer im Jahresbericht jedoch lediglich über das Personalwesen des **Betriebs** zu berichten. Dementsprechend hat der Bericht diejenigen **Gegenstände** aus dem Personalwesen zu erfassen, **die sich auf den einzelnen Betrieb auswirken**.

10

Zum **Sozialwesen** gehören Maßnahmen des Arbeitgebers zum Persönlichkeitsschutz einzelner Arbeitnehmer sowie freiwillige Maßnahmen zugunsten der Belegschaft oder deren Angehörigen, etwa Zuschüsse an Pensionskassen, Gratifikationen, Einrichtung von Werkswohnungen, Erholungsheimen, Unterstützungseinrichtungen, Ausgaben für kulturelle oder sportliche Förderung der Belegschaftsmitglieder, Kantinen, Werkbüchereien u. Ä. Das Sozialwesen betrifft nicht nur die Sozialeinrichtungen i. S. d. § 87 Abs. 1 Nr. 8. Es ist kein Grund ersichtlich, warum z. B. lediglich über eine verselbständigte Pensionskasse, nicht aber über Pensionsverträge, die auf einen erheblichen Teil der Arbeitnehmer gleichlautend angewendet werden, zu berichten sein soll. Der Bericht soll einen Überblick über die vorhandenen und zu erwartenden sozialen Leistungen für die Arbeitnehmer des Betriebes geben. Auch in diesem Zusammenhang ist zu beachten, dass im Rahmen der freiwilligen Sozialeinrichtungen die Planungs- und Entscheidungsbefugnis auf der Ebene des Unternehmens liegt. Da der Jahresbericht auf das **Sozialwesen des Betriebs** beschränkt ist, gilt das zum Personalwesen (vgl. Rdn. 10) insoweit Ausgeführte entsprechend.

11

Ausdrücklich hervorgehoben ist seit dem BetrVerf-Reformgesetz aus dem Jahre 2001 die Verpflichtung des Arbeitgebers, im Rahmen des Jahresberichts über den Stand der **Gleichstellung von Frauen und Männern im Betrieb** zu informieren (vgl. dazu auch § 42 Rdn. 4). Der Gesetzgeber verfolgt mit dieser Regelung das Ziel, den Arbeitgeber zu einer Bestandsaufnahme zu veranlassen, die Gleichstellungsproblematik zu thematisieren und zugleich die Basis für eine Auseinandersetzung mit den Arbeitnehmerinnen und Arbeitnehmern zu schaffen (Begründung des RegE, BT-Drucks. 14/1571, S. 41 f.). Indem der Gesetzgeber den Arbeitgeber einem Rechtfertigungszwang vor der Belegschaft aussetzt, akzentuiert er dessen Mitverantwortung bei der Förderung der Gleichstellung der

12

Geschlechter im Arbeitsleben. Die ausdrückliche Hervorhebung der Berichtspflicht hinsichtlich der Gleichstellung von Männern und Frauen steht im Kontext mit einer entsprechenden Erweiterung des Themenkatalogs des § 53 Abs. 2 Nr. 2 sowie mit der Erweiterung bzw. Konkretisierung des Aufgabenbereichs der Jugend- und Auszubildendenvertretung (§ 70 Abs. 1 Nr. 1a) und des Betriebsrats (§ 80 Abs. 1 Nr. 2a und b, § 92 Abs. 3) sowie redaktionellen Änderungen im Bereich des § 45. In den Jahresbericht einzubeziehen sind etwa Informationen über den Anteil der jeweiligen Geschlechter im Betrieb insgesamt, aber auch in einzelnen Berufs- und Vergütungsgruppen (*Worzalla/HWGNRH* § 43 Rn. 23 f.), über möglicherweise angebotene oder geplante spezielle Fortbildungsangebote (vgl. auch § 96 Abs. 2 Satz 2), ferner über gegebenenfalls vom Arbeitgeber durchgeführte oder geplante Maßnahmen zur Förderung der Vereinbarkeit von Familie und Beruf, etwa die Einrichtung von Betriebskindergärten oder die Einführung familienfreundlicher Teilzeitarbeitsmodelle (vgl. auch *Richardi/ Annuß* § 43 Rn. 16; *Berg/DKKW* § 43 Rn. 28a sowie hier § 80 Rdn. 37 ff.).

13 Hinsichtlich der Vergütung sieht § 17 des Gesetzes zur Förderung der Transparenz von Entgeltstrukturen (**EntgTranspG** vom 30.06.2017, BGBl., S. 2152) in Betrieben mit in der Regel mehr als 500 Beschäftigten **betriebliche Prüfverfahren** vor, mit deren Hilfe Entgeltregelungen und deren Anwendung auf die Einhaltung des Gebots der **Entgeltgleichheit von Männern und Frauen** untersucht werden sollen. Nach § 20 Abs. 2 Satz 2 EntgTranspG ist der Arbeitgeber verpflichtet, über die Ergebnisse derartiger betriebliche Prüfverfahren im Rahmen seines Jahresberichts nach § 43 Abs. 2 Satz 3 zu informieren (zum EntgTranspG vgl. auch § 80 Rdn. 13, 38, 125 ff.).

14 Ebenfalls durch das BetrVerf-Reformgesetz aus dem Jahre 2001 ist der Arbeitgeber zum Bericht über den Stand der **Integration der im Betrieb beschäftigten ausländischen Arbeitnehmer** verpflichtet worden. Funktional geht es wie bei der Problematik der Gleichstellung von Männern und Frauen darum, einen bestimmten Themenbereich zum Gegenstand innerbetrieblicher Bestandsaufnahme und Auseinandersetzung zu machen (vgl. Begründung des RegE, BT-Drucks. 14/5741, S. 25, 31, 42). Flankierende Regelungen finden sich wiederum in § 45, § 53 Abs. 2 Nr. 2, § 70 Abs. 1 Nr. 4, § 80 Abs. 1 Nr. 7, § 88 Nr. 4 und 99 Abs. 2 Nr. 6. Der Gesetzgeber ist zu Recht der Ansicht, dass sowohl die Bekämpfung von Ausländerdiskriminierung als auch die Förderung der Integration ausländischer Arbeitnehmer zu einem wesentlichen Teil auch auf der Ebene des betrieblichen Alltags stattfinden muss und zu den gemeinsamen Aufgaben von Arbeitgeber und Betriebsrat gehört. Denkbare Gegenstände des Berichts sind neben rein statistischen Informationen etwa über den Anteil ausländischer Arbeitnehmer oder deren Verteilung auf Berufsgruppen vor allem Mitteilungen und Einschätzungen des Arbeitgebers zu negativen oder positiven Erfahrungen im innerbetrieblichen Umgang mit ausländischen Arbeitnehmern (*Worzalla/HWGNRH* § 43 Rn. 25), weiterhin Auskünfte zu möglichen gemeinsamen Initiativen mit dem Betriebsrat oder zu speziellen Angeboten des Arbeitgebers zur Integrationsförderung, etwa Fortbildungs- oder Sprachprogrammen für ausländische Arbeitnehmerinnen und Arbeitnehmer.

15 Seit dem Jahr 2006 fordert der Gesetzgeber die Betriebspartner in § 17 Abs. 1 AGG dazu auf, generell an der Verwirklichung der Verhinderung und Beseitigung von Diskriminierungen mitzuwirken, also in Bezug auf alle in § 1 AGG genannten Diskriminierungsmerkmale. Auch wenn § 43 Abs. 2 Satz 3 für den Tätigkeitsbericht des Arbeitgebers ausdrücklich nur die Gleichstellung der Geschlechter und die Integration ausländischer Mitarbeiter hervorhebt und das Gesetz im Jahr 2006 nicht angepasst worden ist, sind in den Tätigkeitsbericht auch entsprechende Informationen über den Stand der Integration hinsichtlich der **übrigen in § 1 AGG genannten Benachteiligungsmerkmale** einzubeziehen. § 43 Abs. 2 Satz 2 enthält nicht etwa eine abschließende Bezugnahme auf die Gleichstellung der Geschlechter und die Integration ausländischer Arbeitnehmer, sondern betrachtet sie, wie bereits der Wortlaut zeigt (»einschließlich«), lediglich als besonders hervorzuhebende Teilbereiche des Personal- und Sozialwesens. Zu diesem gehören aber auch beispielsweise Fragen der Integration behinderter Arbeitnehmer oder der Bereich der Altersdiskriminierung.

16 Der **Bericht über die wirtschaftliche Lage und Entwicklung** des Betriebs erfasst sowohl statische als auch dynamische Elemente, also Zustand und Entwicklung. Dazu gehören beispielsweise die finanzielle Situation, die Produktions-, Absatz- und Marktlage, Investitionsvorhaben, Planung von Betriebsänderungen (§ 111), die Grundlinien der betrieblichen Entwicklung einschließlich der Einschätzung zukünftiger Tendenzen sowie alle sonstigen Vorgänge und Daten, die für die Interessen der

Belegschaft von Bedeutung sind, beispielsweise die Aussichten auf Erwirtschaftung weiterer sozialer Leistungen. Die Angaben sollen einen Überblick ermöglichen, ohne Einzelfragen ausführen zu müssen. Der Bericht ist nach dem Gesetzeswortlaut bezogen auf den **Betrieb** zu erstatten. Die wirtschaftliche Planungs- und Entscheidungsbefugnis liegt aber auf der Unternehmensebene, so dass eine klare Trennung der wirtschaftlichen Lage des Betriebs von der des **Unternehmens** nicht möglich ist (vgl. auch *Berg/DKKW* § 43 Rn. 31; grds. krit. insofern mit Blick auf den Betriebsbegriff *Joost*/MünchArbR § 224 Rn. 57). Das trifft besonders dann zu, wenn der Betrieb nur Zubringer für andere Betriebe des Unternehmens ist. Der Arbeitgeber hat den Bericht aber so zu erstatten, dass die wirtschaftliche Lage und Entwicklung des Betriebs den Ausgangspunkt bildet, wobei die Verflochtenheit mit dem Unternehmen nicht ausgeschlossen werden kann.

Aufgrund des BetrVerf-Reformgesetzes aus dem Jahre 2001 gehört der **betriebliche Umweltschutz** 17 zum verpflichtenden Gegenstand des Jahresberichts. Das steht in Zusammenhang mit der gesteigerten Bedeutung des Umweltschutzes in der Betriebsverfassung insgesamt (vgl. §§ 45 Satz 1, 53 Abs. 2 Nr. 2, 80 Abs. 1 Nr. 9, 88 Nr. 1a, 89, 106 Abs. 3 Nr. 5a). Wie bei der Geschlechtergleichstellung und der Ausländerintegration geht es dem Gesetzgeber darum, die Auseinandersetzung mit einem bestimmten Themenbereich zu institutionalisieren (vgl. Begründung des RegE, BT-Drucks. 14/1571, S. 30, 42). Der Arbeitgeber hat in seinem Bericht sowohl eine Bestandsaufnahme vorzunehmen als auch über geplante Umweltschutzmaßnahmen zu informieren. Der **Begriff** des betrieblichen Umweltschutzes (nicht derjenige des Umweltschutzes selbst) ist in **§ 89 Abs. 3** in allgemeiner Form definiert und bestimmt zugleich den Gegenstand möglicher Darlegungen des Arbeitgebers im Rahmen seiner Berichtspflicht (dazu näher *Gutzeit* § 89 Rdn. 23 ff.). Er erfasst nicht nur den Arbeitsschutz, also etwa Maßnahmen des Arbeitgebers, die der Umsetzung öffentlich-rechtlicher Arbeitsschutz- und Unfallverhütungsvorschriften dienen, sondern weitergehend sämtliche **Maßnahmen zum Schutz der natürlichen Lebensgrundlagen für den Menschen** (*Gutzeit* § 89 Rdn. 28). Der Umweltschutz wird vom Gesetzgeber auch an anderer Stelle ausdrücklich **neben den Arbeitsschutz** gestellt (vgl. die Überschrift zu § 89 sowie § 89 Abs. 1; weiterhin die Begründung des RegE, BT-Drucks. 14/5741, S. 25, 30, 48). Der Arbeitgeber hat deshalb nicht nur über den arbeitsschutzrelevanten Bereich der Lärm- und Schadstoffemissionen usw. zu berichten, sondern auch über innerbetriebliche Maßnahmen etwa zur Einführung bzw. Verbesserung umweltschonender Produktionsmethoden oder zur Abfallvermeidung (*Worzalla/HWGNRH* § 43 Rn. 27). Dass der Umweltschutz zugleich ein allgemeinpolitisches Thema ist, spricht entgegen teilweise geäußerter Kritik (*Annuß* NZA 2001, 367 [370]; *Konzen* RdA 2001, 76 [89]; *Rieble* ZIP 2001, 133 [135]; *Schiefer/Korte* NZA 2001, 63 [81]; *dies.* NZA 2001, 351 [354 f.]) nicht gegen dessen verstärkte Einbeziehung in die Betriebsverfassung. Es geht um »**betrieblichen**« Umweltschutz, der einerseits zum Teil ohnehin unmittelbar dem Schutz der Belegschaft dient, also Arbeitsschutz ist, und der andererseits auch die räumlich-gegenständliche Grenze der Berichtspflicht des Arbeitgebers markiert (vgl. die Begründung des RegE, BT-Drucks. 14/5741, S. 30, 48; vgl. auch *Gutzeit* § 88 Rdn. 23, 25, § 89 Rdn. 26 f.). Dass der betriebliche Umweltschutz etwa im Bereich von Lärmbelästigungen und Schadstoffemissionen zwangsläufig Außenwirkungen entfaltet, ändert nichts daran, dass das Maßnahmenpaket des BetrVerf-Reformgesetzes zum Umweltschutz auf die betriebliche Ebene bezogen bleibt. Weder der Betriebsrat noch die Betriebsversammlung als Adressat des Lageberichts des Arbeitgebers erhalten ein generelles umweltpolitisches Mandat (vgl. Begründung des RegE, BT-Drucks. 14/5741, S. 48). Außenwirkungen erfolgter oder unterlassener betrieblicher Umweltschutzmaßnahmen fließen deshalb nur mittelbar in den Bericht ein (zur mittelbaren Wirkung des betrieblichen Umweltschutzes vgl. schon BAG 11.10.1995 EzA § 37 BetrVG 1972 Nr. 131 S. 5 = AP Nr. 115 zu § 44 BetrVG 1972 [betr. Schulungs- und Bildungsveranstaltung zum betrieblichen Umweltschutz als geeignete Veranstaltung i. S. d. § 37 Abs. 7]).

Betriebs- und Geschäftsgeheimnisse (dazu § 79 und *Oetker* § 79 Rdn. 11 ff.) sind schon insoweit 18 geschützt, als ihre bloße **Gefährdung** zur Nichterwähnung von Tatsachen berechtigt (*Fitting* § 43 Rn. 20; *Joost*/MünchArbR § 224 Rn. 60; *Worzalla/HWGNRH* § 43 Rn. 28). Die Gefährdung bestimmt sich allerdings nicht nach der Einschätzung des Arbeitgebers, sondern muss **objektiv** gegeben sein (*Berg/DKKW* § 43 Rn. 29; *Fitting* § 43 Rn. 20; **a. M.** *Galperin/Löwisch* § 43 Rn. 18 [Gefährdung nach Auffassung des Arbeitgebers]; *Worzalla/HWGNRH* § 43 Rn. 28 [Einschätzungsspielraum des Arbeitgebers]). Z. B. brauchen Investitionsvorhaben nicht erwähnt zu werden, wenn aus ihnen auf die Entwicklung eines neuen Produkts geschlossen werden kann.

19 Der Jahresbericht des Arbeitgebers oder seines Stellvertreters gem. Abs. 2 Satz 3 (vgl. § 53 Abs. 2 Nr. 2 für die Betriebsräteversammlung) ist von dem gem. § 110 in größeren und Großbetrieben zu erstattenden **Vierteljahresbericht des Unternehmers** zu unterscheiden. Der Bericht des Arbeitgebers nach Abs. 2 Satz 3 ist ein betriebsbezogener Jahresbericht, der mündlich zu erstatten ist. Bei der Berichterstattung sind das Personal- und Sozialwesen des Betriebs sowie die wirtschaftliche Lage und Entwicklung des Betriebs gleichermaßen zu berücksichtigen. Demgegenüber ist der Bericht gem. § 110 ein unternehmensbezogener Vierteljahresbericht. Er erstreckt sich ausschließlich auf die wirtschaftliche Lage und Entwicklung des Unternehmens und ist in größeren Unternehmen schriftlich zu erstatten. Beide Berichte sind also nach Berichtszeitraum, Inhalt und Form voneinander zu unterscheiden. Soweit gem. § 110 Abs. 2 mündlich berichtet werden kann, ist es möglich, Jahresbericht und Vierteljahresbericht miteinander zu verbinden und in einer Betriebsversammlung abzugeben (*Richardi/Annuß* § 43 Rn. 14, § 110 Rn. 8; *Worzalla/HWGNRH* § 43 Rn. 20).

4. Ersetzung der Betriebsversammlung durch Abteilungsversammlungen, § 43 Abs. 1 Satz 2

20 § 43 Abs. 1 Satz 2 verpflichtet den Betriebsrat, **zwei der vierteljährlichen Betriebsversammlungen in Form von Abteilungsversammlungen** durchzuführen, wenn die Voraussetzungen zu deren Bildung erfüllt sind. Die Auswahl der zu ersetzenden Betriebsversammlungen steht dem Betriebsrat frei; sachdienlich ist eine abwechselnde Einberufung von Betriebs- und Abteilungsversammlungen. Liegen die gesetzlichen Voraussetzungen vor, sind zwei, jedoch nicht mehr Abteilungsversammlungen einzuberufen.

21 Im Interesse einer Schonung des Betriebsablaufs (Begründung zum RegE, BT-Drucks. VI/1786, S. 42) sollen **Abteilungsversammlungen** möglichst **gleichzeitig** stattfinden (Abs. 1 Satz 3). Daher kann davon abgewichen werden, wenn der Betriebsablauf dies nicht erfordert und für die Kontinuität eher die zeitliche Streckung sachdienlich ist (*Fitting* § 43 Rn. 7; *Worzalla/HWGNRH* § 43 Rn. 31). Dabei ist wie sonst auch bei der Festlegung des Zeitpunkts von Betriebsversammlungen (vgl. § 42 Rdn. 26) das Gebot der vertrauensvollen Zusammenarbeit zu beachten und eine Absprache mit dem Arbeitgeber anzustreben. Verhindert darüber hinaus die Eigenart des Betriebs, insbesondere die Notwendigkeit durchgehenden Dienstbetriebs (vgl. § 42 Rdn. 59 f.) die gleichzeitige Entziehung ganzer Abteilungen, sind **Abteilungs-Teilversammlungen** (vgl. § 42 Rdn. 78) einzuberufen. Das Gesetz verweist in Abs. 1 Satz 2 zwar nur auf § 42 Abs. 2 Satz 1, will damit jedoch lediglich auf die allgemeinen Voraussetzungen der Abteilungsversammlung Bezug nehmen, nicht aber Abteilungs-Teilversammlungen insoweit für unzulässig erklären.

22 Zu den allgemeinen Voraussetzungen und der Zusammensetzung von Abteilungsversammlungen s. § 42 Rdn. 70 ff. Die Frage, ob die Erforderlichkeit, die besonderen Belange einer oder mehrerer Abteilungen zu berücksichtigen, die **Aufgliederung des gesamten Betriebs in Abteilungsversammlungen** rechtfertigt, kann nur unter Abwägung des Interesses der einzelnen Abteilung an gesonderter Behandlung mit dem des Betriebs an einer gemeinschaftlichen Erörterung aller Angelegenheiten entschieden werden. Demnach rechtfertigen die besonderen Belange in einer Abteilung grundsätzlich nicht die Aufteilung der vorgeschriebenen Betriebsversammlung in Abteilungsversammlungen; allerdings kann die Einberufung **einer zusätzlichen Abteilungsversammlung** (vgl. Rdn. 33 ff.) geboten sein. Erst wenn in der Mehrzahl der Betriebsteile besondere Belange der Erörterung bedürfen, was in größeren oder stark untergliederten Betrieben der Fall sein kann, sind regelmäßig Abteilungsversammlungen zu bilden (*Berg/DKKW* § 42 Rn. 45; *Bischof* BB 1993, 1937 [1939]; *Diller/HWK* § 42 BetrVG Rn. 35; *Fitting* § 42 Rn. 70; *Joost/MünchArbR* § 224 Rn. 12; *Richardi/Annuß* § 42 Rn. 65). Die Entscheidung trifft der Betriebsrat im Rahmen seines **Beurteilungsspielraums**. Er hat auch die erforderlichen Bestimmungen zu treffen, um eine Aufteilung des Gesamtbetriebs in Abteilungen zu gewährleisten sowie etwaige Fragen zur Abteilungszugehörigkeit zu entscheiden.

23 Für den **Ablauf** der vorgeschriebenen Abteilungsversammlung gelten grundsätzlich die Ausführungen zur vorgeschriebenen Betriebsversammlung (vgl. Rdn. 2 bis 19); namentlich ist auch in der Abteilungsversammlung ein Tätigkeitsbericht zu erstatten (vgl. die Verweisung in Satz 2 auf Satz 1), der

neben den Angelegenheiten, die den gesamten Betrieb betreffen, auch solche der betroffenen Abteilung behandeln soll. Auch dieser Teil des Tätigkeitsberichts ist vom Betriebsrat zu beschließen. Er braucht nicht von dem Versammlungsleiter erstattet zu werden, da auch andere Betriebsratsmitglieder bestimmt werden können (vgl. Rdn. 3). Dagegen ist der **Jahresbericht des Arbeitgebers** nur in einer Betriebsversammlung zu halten, wie der unterschiedlichen Stellung des Abs. 2 Satz 3 und der fehlenden Verweisung gegenüber Abs. 1 Satz 2 zu entnehmen ist (i. E. auch *Fitting* § 43 Rn. 19). An zusätzlichen Berichten, z. B. über die besonderen Verhältnisse innerhalb der Abteilung, ist der Arbeitgeber jedoch nicht gehindert.

5. Folgen der Nichteinberufung

a) Antragsrecht der Gewerkschaften, § 43 Abs. 4

Aus der Erkenntnis, dass in der bisherigen Praxis ein Großteil der zwingend vorgeschriebenen Betriebsversammlungen nicht einberufen wurde, ist in Abs. 4 ein **Antragsrecht der im Betrieb vertretenen** (§ 2 Abs. 2) **Gewerkschaften** an den Betriebsrat geschaffen worden, um zumindest einmal pro Kalenderhalbjahr die Durchführung einer Betriebs- oder Betriebsteilversammlung sicherzustellen. Das BAG sieht **trotz des unterschiedlichen Regelungszusammenhangs** in der in § 43 Abs. 4 enthaltenen Regelung auch ein Modell für die zeitliche Konkretisierung eines zukunftsgerichteten Anspruchs, mit dem eine im Betrieb vertretene Gewerkschaft einmal im Kalenderhalbjahr den Zutritt zum Betrieb zur Durchführung von **Werbemaßnahmen** in Pausenzeiten begehrt (*BAG* 22.06.2010 EzA Art. 9 GG Nr. 101 = AP Nr. 142 zu Art. 9 GG *[Höfling/Burkiczak]*; kritisch insoweit aus unterschiedlichen Blickwinkeln *Däubler* AuR 2011, 362, 364; *Schönhöft/Klafki* NZA-RR 2012, 393, 396 f.; *Uffmann* SAE 2011, 109, 116; *Ulrici* jurisPR-ArbR 51/2010 Anm. 4 [C II]).

24

Der Antrag ist **begründet**, wenn im letzten Kalenderhalbjahr, also in der Zeit vom 1. 1. bis 30. 6. bzw. 1. 7. bis 31. 12. weder eine Betriebsversammlung noch Teilversammlungen (§ 42 Abs. 1) noch Abteilungsversammlungen stattgefunden haben. Nach dem Wortlaut des Abs. 4 sind Teilversammlungen nicht besonders erwähnt. Diese sind jedoch von der Erwähnung der Betriebsversammlung mit erfasst, da Teilversammlungen gem. § 42 Abs. 1 nur dann durchgeführt werden dürfen, wenn eine Betriebsvollversammlung wegen der besonderen Eigenart des Betriebes nicht durchgeführt werden **kann**. Dem Wortlaut und Zweck entsprechend müssen sämtliche Mitglieder der Betriebsvollversammlung von den durchgeführten Teil- oder Abteilungsversammlungen erfasst gewesen sein. Der Auffassung, dass nur für die ganz überwiegende Zahl der Arbeitnehmer des Betriebs Abteilungsversammlungen stattgefunden haben müssen (*Berg/DKKW* § 43 Rn. 41; *Fitting* § 43 Rn. 54; *Roloff/WPK* § 43 Rn. 18), kann nicht gefolgt werden, da das Gesetz Mehrheitserfordernisse nicht aufstellt und kein Grund dafür ersichtlich ist, dass einzelne Abteilungen oder nach den Grundsätzen für Teilversammlungen abgegrenzte Belegschaftsgruppen keine Gelegenheit haben sollen, an einer Betriebsversammlung teilzunehmen (vgl. auch *Richardi/Annuß* § 43 Rn. 56).

25

Nach dem Wortlaut und der systematischen Stellung des Abs. 4 scheint es auch zu genügen, wenn zwar keine regelmäßigen **Betriebs- oder Abteilungsversammlungen**, wohl aber zusätzliche **Versammlungen kraft besonderer Gründe** (Abs. 1 Satz 4) oder sogar **außerordentliche Versammlungen** (Abs. 3) stattgefunden haben (so *Bischof* BB 1993, 1937 [1939]; *Galperin/Löwisch* § 43 Rn. 37; *Worzalla/HWGNRH* § 43 Rn. 43). Schon die Beschränkung der Versammlungen gem. Abs. 1 Satz 4 auf besondere Gründe (vgl. Rdn. 34 f.) widerspricht dieser Auffassung. Diese würde dem Betriebsrat oder Arbeitgeber darüber hinaus erlauben, mit halbjährlichen Betriebsversammlungen dieser Art das Gebot vorgeschriebener Betriebsversammlungen aufzuheben. Da weiterhin auch lediglich in den vorgeschriebenen Betriebsversammlungen der Tätigkeitsbericht des Betriebsrats (vgl. Abs. 1 Satz 1) zu erstatten ist, ist Abs. 4 dahin zu ergänzen, dass **allein durch zwingend vorgeschriebene** Betriebs- oder Abteilungsversammlungen die Antragstellung der Gewerkschaften verhindert werden kann. Anders zu entscheiden ist allerdings, wenn ausnahmsweise auf einer zusätzlichen oder außerordentlichen Betriebsversammlung der Tätigkeitsbericht abgegeben wurde (*Fitting* § 43 Rn. 54; *Richardi/Annuß* § 43 Rn. 56).

26

Verfahrensverstöße innerhalb von Betriebsversammlungen rechtfertigen den Antrag grundsätzlich **nicht**. Der Nichteinberufung einer Versammlung ist es jedoch gleichzustellen, wenn in der einzigen

27

Betriebsversammlung weder die Berichte des Arbeitgebers und des Betriebsrats erstattet wurden noch Gelegenheit zur innerbetrieblichen Aussprache gewährt wurde.

28 Weitere Voraussetzungen bestehen nicht. Unerheblich ist, aus welchen Gründen die Einberufung unterblieben ist. Einer Schriftform des Antrags bedarf es nicht.

29 Als **Folge des Antrags** ist der Betriebsrat verpflichtet, **innerhalb von zwei Wochen** seit Eingang (§ 130 BGB) beim Betriebsratsvorsitzenden (§ 26 Abs. 2 Satz 2) eine Betriebs(Teil)versammlung **einzuberufen**, deren Zeitpunkt an diese Frist jedoch nicht gebunden ist (*Berg/DKKW* § 43 Rn. 43; *Fitting* § 43 Rn. 56; *Richardi/Annuß* § 43 Rn. 58; *Worzalla/HWGNRH* § 43 Rn. 44; **a. M.** *Galperin/Löwisch* § 43 Rn. 39), in ihr einen **Tätigkeitsbericht** zu erstatten sowie den Arbeitgeber einzuladen und ihm Gelegenheit zur Erstattung des **Jahresberichts** zu geben. Abteilungsversammlungen genügen dieser Pflicht nicht, wie sich schon aus dem Wortlaut des Abs. 4 ergibt. Betriebliche Belange, mangelndes Interesse usw. geben keine Berechtigung, die Betriebsversammlung nicht innerhalb der Frist einzuberufen.

30 Besteht **Streit zwischen Betriebsrat und Gewerkschaft** um die Berechtigung des Antrags, ist darüber im Beschlussverfahren (§§ 2a Abs. 1 Nr. 1, Abs. 2, 80 ff. ArbGG) zu entscheiden. Zwar kann die Berechtigung des Antrags auch als Vorfrage in dem Verfahren gem. § 23 Abs. 1 (vgl. Rdn. 31 f.) geklärt werden. Zumindest dem Antrag des Betriebsrats fehlt es dabei nicht an einem Rechtsschutzbedürfnis, da ihm nicht zugemutet werden kann, sich den Maßnahmen des § 23 Abs. 1 ohne vorherige Entscheidung über seine Verpflichtung auszusetzen. Die Entscheidung ist innerhalb der Zweiwochenfrist zu beantragen.

b) Grobe Pflichtverletzung des Betriebsrats, § 23 Abs. 1

31 Auch ohne Antrag der Gewerkschaft stellt die Nichteinberufung der vorgeschriebenen Betriebs- oder Abteilungsversammlung eine **Pflichtverletzung** des Betriebsrats dar (*LAG Baden-Württemberg* 13.03.2014 – 6 TaBV 5/13 – juris; *Berg/DKKW* § 43 Rn. 4; *Fitting* § 43 Rn. 10). Wann eine »grobe« Verletzung i. S. d. § 23 Abs. 1 vorliegt, ist anhand der Umstände des Einzelfalles zu entscheiden (vgl. auch *LAG Schleswig-Holstein* 03.12.2012 – 1 TaBV 11/33 – juris, Rn. 87 ff.; *Fitting* § 43 Rn. 10; *Richardi/Annuß* § 43 Rn. 62; *Worzalla/HWGNRH* § 43 Rn. 47). Dem Zeitablauf sind etwaige »Entschuldigungsgründe« wie betriebliche Schwierigkeiten, Versuch der Ersetzung durch anderweitige Kontakte oder auch das Fehlen gewerkschaftlicher Mahnungen (*LAG Mainz* 05.04.1969 BB 1960, 982) entgegenzusetzen. In der Regel wird die Unterlassung der Nichteinberufung über ein Jahr als grobe Pflichtverletzung zu werten sein.

32 Eine **grobe Pflichtverletzung** liegt, von Ausnahmesituationen abgesehen, grundsätzlich vor, **wenn** der **Betriebsrat** dem **Antrag** nach Abs. 4 **keine Folge leistet**.

III. Zusätzliche Betriebs- und Abteilungsversammlungen, § 43 Abs. 1 Satz 4

33 Neben den zwingend vorgeschriebenen regelmäßigen Betriebsversammlungen nach Abs. 1 Satz 1 und 2 kann der Betriebsrat in jedem Kalenderhalbjahr unter den Voraussetzungen des Abs. 1 Satz 4 die dort aufgezeigten **»weiteren« (zusätzlichen) Betriebs- oder Abteilungsversammlungen** einberufen. Die Durchführung einer »weiteren Betriebsversammlung« setzt entgegen dem missverständlichen Wortlaut nicht voraus, dass die Möglichkeiten regelmäßiger Betriebsversammlungen gem. § 43 Abs. 1 Satz 1 bis 3 ausgeschöpft sein müssen, bevor eine »weitere« Betriebsversammlung stattfinden kann. Diese kann eilbedürftig sein, so dass Erfordernisse der Betriebsversammlung gem. Satz 1 bis 3, wie Tätigkeitsbericht des Betriebsrats oder der Berichterstattung des Arbeitgebers gem. Abs. 2, nicht genügend vorbereitet werden können. Der wichtigste praktische Unterschied zu den außerordentlichen Versammlungen des Abs. 3 (vgl. Rdn. 41 ff.) besteht darin, dass die hier behandelten Versammlungen ebenso wie die zwingend vorgeschriebenen Betriebs- oder Abteilungsversammlungen grundsätzlich **während der Arbeitszeit** stattfinden und ausnahmslos wie Arbeitszeit zu **vergüten** sind (§ 44 Abs. 1; vgl. § 44 Rdn. 33 ff.).

Die Versammlungen können einberufen werden, wenn dies **zweckmäßig** erscheint. Zweck der Betriebsversammlung ist die Information der Arbeitnehmer des Betriebs sowie die Aussprache unter ihnen mit dem Betriebsrat. Diesem Zweck entsprechen aber bereits die zwingend vorgeschriebenen Betriebsversammlungen. Daher kann die Entscheidung, eine Betriebsversammlung gem. Abs. 1 Satz 4 einzuberufen, nur darauf gestützt werden, dass **besondere** (allerdings nicht zwingende) **Gründe** vorliegen. Als solche kommen namentlich **nicht gewöhnliche betriebliche Vorfälle** in Betracht, die außerhalb der vorgeschriebenen Versammlung eine sofortige Aussprache erforderlich machen. Die Angelegenheit muss – auch unter Berücksichtigung anderer Informationsmöglichkeiten – so bedeutend und dringend sein, dass sie einen Aufschub bis zur nächsten ordentlichen Betriebsversammlung ausschließt. Dabei ist auch zu berücksichtigen, welche Informationen der Belegschaft schon gegeben werden können, wie sinnvoll ein Meinungsaustausch im Zeitpunkt der vorgesehenen Betriebsversammlung ist und welche Folgen die Nichteinberufung der vorgesehenen Betriebsversammlung haben kann (*BAG* 23.10.1991 EzA § 43 BetrVG 1972 Nr. 2 S. 4 ff. = AP Nr. 5 zu § 43 BetrVG 1972 [in einem Fall, bei dem die nächste ordentliche Betriebsversammlung in vier Wochen stattfinden sollte]; *Bischof* BB 1993, 1937 [1940]; *Koch*/ErfK §§ 42 ff. BetrVG Rn. 2; *Richardi*/*Annuß* § 43 Rn. 26; *Roloff*/*WPK* § 43 Rn. 13; *Worzalla*/*HWGNRH* § 43 Rn. 33; **weitergehend** *Berg*/*DKKW* § 43 Rn. 13 ff.; *Fitting* § 43 Rn. 34; vgl. auch *Tautphäus*/HaKo § 43 Rn. 10 f.). In Betracht kommen beispielsweise Massenentlassungen, Betriebseinschränkungen, besondere Unfälle, eilige Verhandlungen über bedeutungsvolle eigene oder vom Arbeitgeber angeregte Betriebsvereinbarungen (vgl. auch *LAG Berlin* 15.01.1979 DB 1979, 1851 [besondere Versammlung zur Vorstellung der Kandidaten für die Betriebsratswahl]; vgl. § 45 Rdn. 12). Gibt es bisher nur planerische Zielvorstellungen seitens des Arbeitgebers, reicht dies zur Anberaumung einer zusätzlichen Betriebsversammlung nicht aus (*BAG* 23.10.1991 EzA § 43 BetrVG 1972 Nr. 2 S. 4 f. = AP Nr. 5 zu § 43 BetrVG 1972; einschränkend *Tautphäus*/HaKo § 43 Rn. 10). Hinzu kommt ggf. in Großbetrieben das Erfordernis, in Einzelfällen nicht beendete Stellungnahmen und Aussprachen in weitreichenden Angelegenheiten fortzuführen. Dem erhöhten Aussprachebedürfnis ist durch eine entsprechende zeitliche Planung der vorgesehenen Betriebs- oder Abteilungsversammlungen Rechnung zu tragen. 34

Unter Beachtung der geschilderten Grenzen ist dem Betriebsrat für seine Entscheidung ein **weit reichendes Ermessen** eingeräumt (*BAG* 23.10.1991 EzA § 43 BetrVG 1972 Nr. 2 S. 4 = AP Nr. 5 zu § 43 BetrVG 1972; *Berg*/*DKKW* § 43 Rn. 15). Das folgt daraus, dass die »besonderen Gründe« dem Betriebsrat lediglich als solche »erscheinen« müssen. Darin ist ein subjektiver Aspekt enthalten. Allerdings ist der Betriebsrat verpflichtet (§§ 2, 75), dieses Ermessen pflichtgemäß unter Berücksichtigung aller Umstände auszuüben. 35

Der Arbeitgeber ist einzuladen, ferner ist ihm eine Tagesordnung zuzuschicken (Abs. 2; vgl. Rdn. 4). 36

Die besonderen Gründe zeichnen auch den **Umfang** der einzuberufenden **Versammlung** vor. Soweit die Gründe sich auf einzelne Abteilungen beziehen, sind entsprechende Abteilungsversammlungen einzuberufen (*Fitting* § 43 Rn. 36). 37

Die Aufteilung der zusätzlichen Versammlung in Jahreshälften sowie die herausragende Bedeutung der besonderen Gründe deuten darauf hin, dass solche **Gründe in jedem Kalenderhalbjahr** erneut vorliegen müssen, in dem zusätzliche Versammlungen einberufen werden. Das Gesetz verlangt im Übrigen **keine gleichartigen Versammlungen** in den beiden Jahreshälften. Es sind daher, soweit in beiden Kalenderhalbjahren zusätzliche Versammlungen einberufen werden, folgende Kombinationen innerhalb eines Jahres denkbar: Zwei Betriebs- oder Teilversammlungen, zwei Abteilungsversammlungen oder eine Betriebs- oder Teilversammlung und eine Abteilungsversammlung. 38

Streitigkeiten über den Einberufungsgrund sind im **Beschlussverfahren** zu klären (§§ 2a Abs. 1 Nr. 1, Abs. 2, 80 ff. ArbGG). Gegebenenfalls kann der Arbeitgeber eine einstweilige Verfügung erwirken (§ 85 Abs. 2 ArbGG). 39

Zum **Ablauf** der zusätzlichen Versammlungen gelten die Ausführungen zu den vorgeschriebenen Betriebs- und Abteilungsversammlungen (vgl. Rdn. 3 ff.) mit folgenden Besonderheiten: Der Tätigkeitsbericht des Betriebsrats ist allein in den vorgeschriebenen Versammlungen zu erstatten und würde auch nicht als »besonderer Grund« ausreichen. Dagegen kann der Jahresbericht des Arbeitgebers 40 auch in dieser Versammlung gegeben werden, wie sich aus der Stellung des Abs. 2 sowie dem freien Wahlrecht des Arbeitgebers (vgl. Rdn. 8) ergibt.

IV. Außerordentliche Betriebsversammlungen, § 43 Abs. 3

41 Gem. Abs. 3 ist der **Betriebsrat berechtigt**, eine außerordentliche Betriebsversammlung einzuberufen. Ferner ist er **verpflichtet**, eine Betriebsversammlung auf **Wunsch des Arbeitgebers** oder auf **Antrag von einem Viertel der wahlberechtigten Arbeitnehmer** durchzuführen. Sie findet außerhalb der Arbeitszeit und ohne Entgeltfortzahlung statt, soweit nicht der Arbeitgeber veranlasst hat, sie einzuberufen oder der Durchführung während der Arbeitszeit zugestimmt hat (§ 44 Abs. 1 Satz 1 und Abs. 2).

42 Der **Wunsch** des Arbeitgebers oder der **Antrag** des Viertels der wahlberechtigten Arbeitnehmer können **mündlich** erklärt bzw. gestellt werden. Sie bedürfen keiner Begründung (vgl. Rdn. 45), sondern nur der Angabe des Beratungsgegenstands (*Fitting* § 43 Rn. 42; *Richardi/Annuß* § 43 Rn. 31). Dabei muss erkennbar sein, dass die thematischen Grenzen des § 45 eingehalten werden (*Stege/Weinspach/ Schiefer* §§ 42–46 Rn. 32). Der Antrag der Arbeitnehmer muss zudem erkennen lassen, dass er von einem Viertel der insoweit maßgebenden Personen (vgl. dazu auch Rdn. 44) gestellt wurde. Zum Zwecke der Vorbereitung dieses Antrages dürfen während der Arbeitszeit **Unterschriften** gesammelt werden. Die Belange des Arbeitgebers werden durch die hiermit verbundene minimale Unterbrechung der Arbeit nicht nennenswert beeinträchtigt. Sonst würde das diesbezügliche Initiativrecht praktisch vereitelt, da die Arbeitnehmer außerhalb der Arbeitszeit nur schwerlich angesprochen werden können (im Ergebnis ebenso *ArbG Stuttgart* 13.05.1973 BB 1977, 1304; *Fitting* § 43 Rn. 40; **a. M.** *Worzalla/HWGNRH* § 43 Rn. 36). Kommt der Betriebsrat der Antragstellung nicht innerhalb angemessener Frist nach, begeht er eine grobe Pflichtverletzung gem. § 23 Abs. 1, ohne dass es weiterer Voraussetzungen bedarf (einschränkend *Fitting* § 43 Rn. 43; *Vogt* Betriebsversammlung, S. 61). **Arbeitgeber und Arbeitnehmer** können Betriebsversammlungen **nicht selbst einberufen. Anderweitige Versammlungen** sind möglich, unterliegen jedoch anderen Regeln (vgl. § 42 Rdn. 11 ff.).

43 Da Teilversammlungen lediglich eine aus zwingenden betrieblichen Gründen aufgeteilte Betriebsversammlung darstellen, ist auch die Einberufung von außerordentlichen **Teilversammlungen** zulässig. Auch außerordentliche **Abteilungsversammlungen** können durchgeführt werden (*Fitting* § 43 Rn. 45; *Richardi/Annuß* § 43 Rn. 32). Ihre Nichterwähnung in Abs. 3 beruht auf einem Redaktionsversehen. Das ergibt sich aus § 44 Abs. 2, wo »Betriebs- oder Abteilungsversammlungen« i. S. des Abs. 3 erwähnt werden. Ein sachlicher Grund für eine Unterscheidung wäre auch nicht ersichtlich; eine unangemessene Ausnutzung des Antragsrechts belastet den Arbeitgeber nicht (vgl. § 44 Abs. 2).

44 Für die Durchführung von **Teil- und Abteilungsversammlungen** berechnet sich das notwendige **Stimmenaufkommen** von mindestens einem Viertel nicht nach der Zahl der wahlberechtigten Arbeitnehmer des Betriebs, sondern nach der innerhalb des **Betriebsteils** oder der **Betriebsabteilung** (*Berg/DKKW* § 43 Rn. 39; *Fitting* § 43 Rn. 45; *Richardi/Annuß* § 43 Rn. 33; *Worzalla/HWGNRH* § 43 Rn. 35; **a. M.** *Diller/HWK* § 43 BetrVG Rn. 29; *Roloff/WPK* § 43 Rn. 16).

45 Das Gesetz stellt im Gegensatz zu Abs. 1 Satz 4 **keine weiteren Erfordernisse** auf, wie etwa das Vorliegen »besonderer Gründe«. Jedoch hat der Betriebsrat, soweit er nach § 43 Abs. 3 Satz 1 Alt. 1 zur Einberufung von sonstigen Versammlungen **berechtigt** ist, sein **Ermessen** pflichtgemäß zu betätigen und unter Berücksichtigung aller Umstände auf sachliche Gesichtspunkte abzustellen (*Joost*/MünchArbR § 224 Rn. 11; *Roloff/WPK* § 43 Rn. 14; *Worzalla/HWGNRH* § 43 Rn. 35; **weitergehend** *Bodem*/NK-GA § 43 BetrVG Rn. 4; *Fitting* § 43 Rn. 38; *Richardi/Annuß* § 43 Rn. 28 [besondere Gründe]). Bei Versammlungen, zu deren Einberufung der Betriebsrat nach § 43 Abs. 3 Satz 1 Alt. 2 und 3 **verpflichtet** ist, bedarf es einer besonderen Notwendigkeit und deren Überprüfung durch den Betriebsrat nicht. Der Betriebsrat hat nur zu prüfen, ob der Beratungsgegenstand in die Zuständigkeit der Betriebsversammlung fällt (*Fitting* § 43 Rn. 42; *Richardi/Annuß* § 43 Rn. 29). Außerordentliche Betriebsversammlungen finden im Gegensatz zu denen nach Abs. 1 Satz 4 außerhalb der Arbeitszeit und ohne Entgeltfortzahlung statt (§ 44 Abs. 2), so dass der Arbeitgeber nicht fühlbar belastet wird.

Regelmäßige Betriebs- und Abteilungsversammlungen § 43

Eine **Verständigung des Arbeitgebers** über den **Zeitpunkt** einer sonstigen Betriebsversammlung 46
wird lediglich für den Fall angeordnet, dass der Arbeitgeber die Einberufung einer Betriebsversammlung wünscht, § 43 Abs. 3 Satz 2. In den sonstigen Fallgestaltungen ist eine Verständigung nicht vorgeschrieben und auch mit Rücksicht auf den Zweck der Versammlung nicht erforderlich. Auch der Grundsatz der vertrauensvollen Zusammenarbeit gebietet nichts anderes. Jedoch begibt sich der Betriebsrat in diesem Fall der Möglichkeit eines Einvernehmens i. S. des § 44 Abs. 2 sowie einer Inanspruchnahme von Räumen des Unternehmens (vgl. auch *Fitting* § 43 Rn. 51; *Worzalla/HWGNRH* § 43 Rn. 49).

Zum **Ablauf** gelten allein die allgemeinen Grundsätze (vgl. § 42 Rdn. 33 ff.), nicht die Ausführungen 47
über die zwingend vorgeschriebenen Betriebs- oder Abteilungsversammlungen (vgl. Rdn. 3 ff.). Insbesondere kann der Betriebsrat keine weiteren Tagesordnungspunkte zulassen, sofern der Arbeitgeber die Einberufung der Betriebsversammlung beantragt oder ihrer Durchführung während der Arbeitszeit zugestimmt hat. Im Unterschied zu der zusätzlichen Versammlung kraft besonderer Gründe nach Abs. 1 Satz 4 ist nicht nur der Tätigkeitsbericht des Betriebsrats, sondern auch der Jahresbericht des Arbeitgebers ausgeschlossen, wie sich aus der systematischen Stellung des Abs. 3 gegenüber Abs. 2 ergibt. Dafür sind die zwingend vorgeschriebenen, während der Arbeitszeit stattfindenden Betriebsversammlungen eingerichtet worden.

V. Rechtsstellung des Arbeitgebers

1. Teilnahmerecht

Die Berechtigung des Arbeitgebers, an den Betriebsvollversammlungen bzw. -teilversammlungen 48
oder Abteilungsversammlungen teilzunehmen, ist unterschiedlich geregelt. Ein **Teilnahmerecht des Arbeitgebers** besteht bei den zwingend vorgeschriebenen **regelmäßigen** und den **zusätzlichen** Betriebsversammlungen aus besonderen Gründen gem. Abs. 1. Das ergibt sich aus der Regelung des Abs. 2. Zur Teilnahme verpflichtet ist er außer zur Abgabe des Jahresberichts gem. Abs. 2 Satz 3 nicht (*Fitting* § 43 Rn. 29, 49; *Richardi/Annuß* § 43 Rn. 53).

Weiterhin ist er auch berechtigt, an den **auf seinen Wunsch** durchzuführenden Betriebsversammlungen (Teil- bzw. Abteilungsversammlungen) gem. Abs. 3 teilzunehmen. Zu einer Teilnahme verpflichtet ist er auch hier nicht (*Fitting* § 43 Rn. 49; *Richardi/Annuß* § 43 Rn. 45 ff., 53; **a. M.** *Worzalla/HWGNRH* § 43 Rn. 52).

Dagegen steht dem Arbeitgeber ein Teilnahmerecht in einer außerordentlichen Betriebsversammlung, 50
die auf **Antrag eines Viertels der wahlberechtigten Arbeitnehmer** durchzuführen ist oder **vom Betriebsrat** angeordnet wird, **nicht** zu (*BAG* 27.06.1989 EzA § 42 BetrVG 1972 Nr. 4 S. 5 f. = AP Nr. 5 zu § 42 BetrVG 1972 = SAE 1990, 162 *[Belling/Liedmeier]*; *Berg/DKKW* § 43 Rn. 20; *Fitting* § 43 Rn. 50; *Richardi/Annuß* § 43 Rn. 47; *Tautphäus/HaKo* § 43 Rn. 22; *Worzalla/HWGNRH* § 43 Rn. 50; **a. M.** *Diller/HWK* § 43 BetrVG Rn. 13; *Roloff/WPK* § 43 Rn. 17). Das ergibt sich aus der systematischen Stellung dieser Regelung in Abs. 3 gegenüber der Regelung der Teilnahmeberechtigung in Abs. 2, aber auch aus dem berechtigten Anliegen der Arbeitnehmer, u. U. eine Betriebsversammlung unter Ausschluss des Arbeitgebers durchzuführen, damit eigene Belange in gesetzlich vorgezeichneter Form diskutiert werden können. Diese Versammlungen sind dementsprechend außerhalb der Arbeitszeit durchzuführen und geben keinen Anspruch auf Entgeltfortzahlung. Der Arbeitgeber kann zu der Versammlung jedoch vom Betriebsrat eingeladen werden (*Fitting* § 43 Rn. 50; *Richardi/Annuß* § 43 Rn. 49; *Worzalla/HWGNRH* § 43 Rn. 51).

2. Befugnisse bei Teilnahme an der Betriebsversammlung

Der Arbeitgeber ist befugt, auf allen Betriebsversammlungen zu **sprechen**, bei denen er teilnahmeberechtigt ist. Er kann zu einzelnen Tagesordnungspunkten sowie zum Tätigkeitsbericht des Betriebsrates Stellung nehmen. Macht er von diesem Recht Gebrauch, ist er auch **verpflichtet**, an ihn in diesem Zusammenhang gerichtete Fragen zu beantworten (*Fitting* § 43 Rn. 31; **a. M.** *Joost/*MünchArbR § 224 Rn. 77; *Richardi/Annuß* § 43 Rn. 54; *Worzalla/HWGNRH* § 43 Rn. 53 [nur Befugnis zur

Beantwortung der Fragen]). Das ergibt sich aus dem Grundsatz vertrauensvoller Zusammenarbeit zwischen Arbeitgeber und Betriebsrat (§ 2). Er ist berechtigt, **Anträge** zu stellen (*Richardi/Annuß* § 43 Rn. 55; **a. M.** *Berg/DKKW* § 43 Rn. 24; *Diller/HWK* § 43 BetrVG Rn. 16; *Fitting* § 43 Rn. 32; *Roloff/WPK* § 43 Rn. 11; *Tautphäus/*HaKo § 43 Rn. 24; *Worzalla/HWGNRH* § 43 Rn. 53). Ein **Stimmrecht** hat er **nicht** (*Fitting* § 43 Rn. 32; *Richardi/Annuß* § 43 Rn. 55; *Worzalla/HWGNRH* § 43 Rn. 53). Zur **Bekanntgabe von Kosten der Betriebsratsarbeit** vgl. § 40 Rdn. 37.

3. Vertretung

52 Eine Befugnis des Arbeitgebers, an der Betriebsversammlung nicht persönlich bzw. durch seinen gesetzlichen Vertreter teilzunehmen, sondern sich kraft Delegation des Teilnahmerechts vertreten zu lassen, ist **im Gesetz nicht allgemein geregelt**. Gem. Abs. 2 Satz 3 kann der Arbeitgeber jedoch seinen **Jahresbericht** durch einen Vertreter abgeben. Ferner kann er, wenn er an einer Betriebsversammlung teilnimmt, einen Beauftragten der Vereinigung der Arbeitgeber hinzuziehen (§ 46). Ein **Umkehrschluss** derart, dass aus der Zulassung einer Vertretung in **Abs. 2 Satz 3** auf eine Nichtzulassung von Vertretern im Übrigen geschlossen wird, ist formal-logisch möglich, sachlich jedoch nicht gerechtfertigt (*BAG* 11.12.1991 EzA § 90 BetrVG 1972 Nr. 2 S. 5 f. = AP Nr. 2 zu § 90 BetrVG 1972). Für den Arbeitgeber besteht eine Teilnahmepflicht an den Betriebsversammlungen nur dann, wenn er den Jahresbericht zu erstatten hat (Abs. 2 Satz 3). Wenn er sich selbst in den Versammlungen vertreten lassen kann, zu deren Teilnahme er verpflichtet ist, dann ist kein Grund ersichtlich, dass das gleiche nicht auch dann gelten soll, wenn die Teilnahme in sein Ermessen gestellt ist. Man wird daher auch in diesen Fällen eine Vertretung des Arbeitgebers zulassen müssen, vorausgesetzt allerdings, dass der Vertreter eine entsprechende Qualifikation besitzt (dazu Rdn. 53).

53 Der Vertreter des Arbeitgebers muss nicht zu den leitenden Angestellten i. S. d. § 5 Abs. 3 gehören, aber im Hinblick auf die von der Tagesordnung vorgegebenen Fragenbereiche über die notwendige **Fachkompetenz** verfügen. Das Gebot der vertrauensvollen Zusammenarbeit verpflichtet den Arbeitgeber, der von seinem Teilnahmerecht über einen Vertreter Gebrauch macht, dem Betriebsrat und der Belegschaft einen Gesprächspartner zur Verfügung zu stellen, der in der Lage ist, den in der Betriebsversammlung angestrebten Dialog sachkundig zu führen (*Fitting* § 43 Rn. 28; *Richardi/Annuß* § 43 Rn. 53). Entscheidungsbefugnisse sind nicht erforderlich (*Worzalla/HWGNRH* § 43 Rn. 55; **einschränkend** *Fabricius* 6. Aufl., § 43 Rdn. 53 ff. [Unterscheidung zwischen Pflicht- und freiwilliger Teilnahme]; *Joost/*MünchArbR § 224 Rn. 34 [Kompetenz in betriebsverfassungsrechtlichen Fragen]). Unter diesen sowie den allgemeinen Voraussetzungen über die Zulassung sonst nicht teilnahmeberechtigter Personen (vgl. § 42 Rdn. 51 [Zustimmung des Betriebsrats]) kann der Arbeitgeber auch einen betriebsfremden Vertreter, etwa einen Anwalt bestellen (**a. M.** *Tautphäus/*HaKo § 43 Rn. 23; vgl. dazu auch § 46 Rdn. 18).

4. Hinzuziehung weiterer Personen

54 Das Gesetz erlaubt nicht ausdrücklich, dass sich der anwesende Arbeitgeber durch – grundsätzlich nicht teilnahmeberechtigte – leitende Angestellte (§ 5 Abs. 3) in der Betriebsversammlung **unterstützen** lässt. Jedoch ist eine solche Unterstützung als zulässig anzusehen, zumal auf diesem Wege möglicherweise die Versammlung besser informiert werden kann (*Fitting* § 43 Rn. 30; *Worzalla/HWGNRH* § 42 Rn. 13, § 43 Rn. 56). Ein Stimmrecht steht ihnen nicht zu.

VI. Streitigkeiten

55 Bei Streitigkeiten über die Zulässigkeit von Betriebs-, Teil- und Abteilungsversammlungen entscheidet ebenso wie über Fragen der Zuständigkeit der Versammlung das Arbeitsgericht im Beschlussverfahren (§§ 24a Abs. 1 Nr. 1, Abs. 2, 80 ff. ArbGG).

§ 44
Zeitpunkt und Verdienstausfall

(1) Die in den §§ 14a, 17 und 43 Abs. 1 bezeichneten und die auf Wunsch des Arbeitgebers einberufenen Versammlungen finden während der Arbeitszeit statt, soweit nicht die Eigenart des Betriebs eine andere Regelung zwingend erfordert. Die Zeit der Teilnahme an diesen Versammlungen einschließlich der zusätzlichen Wegezeiten ist den Arbeitnehmern wie Arbeitszeit zu vergüten. Dies gilt auch dann, wenn die Versammlungen wegen der Eigenart des Betriebs außerhalb der Arbeitszeit stattfinden; Fahrkosten, die den Arbeitnehmern durch die Teilnahme an diesen Versammlungen entstehen, sind vom Arbeitgeber zu erstatten.

(2) Sonstige Betriebs- oder Abteilungsversammlungen finden außerhalb der Arbeitszeit statt. Hiervon kann im Einvernehmen mit dem Arbeitgeber abgewichen werden; im Einvernehmen mit dem Arbeitgeber während der Arbeitszeit durchgeführte Versammlungen berechtigen den Arbeitgeber nicht, das Arbeitsentgelt der Arbeitnehmer zu mindern.

Literatur
Literaturnachweise zum BetrVG 1952 siehe 8. Auflage.

Bartz/Stratmann Zeit der Teilnahme an einer Betriebsversammlung – »Ruhezeit« im Sinne des Arbeitszeitgesetzes, NZA-RR 2013, 281; *Boewer* Umfasst die Vergütungsgarantie nach § 44 Abs. 1 S. 2 BetrVG bei Teilnahme an Betriebsversammlungen Überstunden- und Mehrarbeitszuschläge?, DB 1972, 1580; *Kappes/Rath* Betriebsversammlungen während der Arbeitszeit, DB 1986, 2645; *Lipke* Betriebsverfassungsrechtliche Probleme der Teilzeitarbeit, NZA 1990, 758; *Schlüter/Dudenbostel* Sanktionen des Arbeitgebers bei Störungen der Betriebsversammlung, DB 1973, 2473; *Schneider, D.* Entgeltfortzahlung und Konkurrenzen (Diss. Hamburg), 2014; *Strümper* Zur zeitlichen Lage der Betriebsversammlungen in Handelsunternehmen, NZA 1984, 315. Vgl. weiterhin § 42.

Inhaltsübersicht

	Rdn.
I. Vorbemerkungen	1–4
1. Entstehungsgeschichte	1
2. Regelungsgehalt und Normzweck	2, 3
3. Zwingender Charakter	4
II. Zeitliche Lage und Dauer der Betriebsversammlungen	5–27
1. Überblick	5, 6
2. Regelmäßige und zusätzliche Betriebsversammlungen nach § 43 Abs. 1	7–22
a) Grundsatz	7–16
aa) Betriebliche Arbeitszeit	7–9
bb) Zeitliche Lage innerhalb der betrieblichen Arbeitszeit	10–15
cc) Dauer	16
b) Abweichung wegen der Eigenart des Betriebs	17–22
3. Außerordentliche Betriebsversammlungen nach § 43 Abs. 3	23–27
a) Versammlungen auf Wunsch des Arbeitgebers	23
b) Vom Betriebsrat oder von einem Viertel der Arbeitnehmer veranlasste Versammlungen	24–27
III. Vergütungsanspruch, Fahrtkostenerstattung und Verbot der Minderung des Arbeitsentgelts	28–69
1. Überblick	28–32
2. Betriebsversammlungen nach § 44 Abs. 1 Satz 2 und 3	33–51
a) Inhalt und Umfang des Vergütungsanspruchs	33–48
aa) Inhalt	33–42
(1) Grundsatz	33–36
(2) Einzelfragen	37–42
bb) Umfang	43–47
cc) Zusätzliche Wegezeiten	48
b) Fahrtkostenerstattung	49–51
3. Sonstige Betriebsversammlungen, § 44 Abs. 2	52–57
a) Betriebsversammlungen außerhalb der Arbeitszeit, § 44 Abs. 2 Satz 1	52

b) Betriebsversammlungen innerhalb der Arbeitszeit, § 44 Abs. 2 Satz 2	53–57
aa) Einvernehmen des Arbeitgebers und Verbot der Minderung des Arbeitsentgelts	53–55
bb) Verbot der Minderung des Arbeitsentgelts und Lohnausfallprinzip	56, 57
4. Rechtsfolgen unzulässiger oder gesetzeswidrig verlaufender Betriebsversammlungen	58–66
5. Ansprüche bei Nichtteilnahme an der Betriebsversammlung	67–69
IV. Streitigkeiten	70

I. Vorbemerkungen

1. Entstehungsgeschichte

1 Die Vorschrift entsprach in der Fassung des **BetrVG 1972** in ihrem Abs. 1 Satz 1 weitgehend dem § 43 Abs. 1 Satz 1 BetrVG 1952. Zusätzlich enthielt sie die Klarstellung, dass auch die Betriebsversammlung zur Bestellung des Wahlvorstands grundsätzlich während der Arbeitszeit stattfindet. Durch die Sätze 2 und 3 wurde umfassender als in § 43 Abs. 1 Satz 3 BetrVG 1952 sichergestellt, dass die Arbeitnehmer durch die Teilnahme an den in Satz 1 genannten Betriebs- oder Abteilungsversammlungen keine finanziellen Einbußen erleiden. Abs. 2 Satz 1 und Satz 2 Halbs. 1 entsprechen auch in der geltenden Fassung inhaltlich § 43 Abs. 2 BetrVG 1952. Durch Anfügung des 2. Halbs. soll erreicht werden, dass die Teilnahme an sonstigen im Einvernehmen mit dem Arbeitgeber während der Arbeitszeit durchgeführten Betriebs- oder Abteilungsversammlungen keine Minderung des Arbeitsentgelts zur Folge haben darf (vgl. Begründung zum RegE, BT-Drucks. VI/1786, S. 42). Die Einbeziehung des § 14a in § 44 Abs. 1 durch das **BetrVerf-Reformgesetz** aus dem Jahre 2001 stellt klar, dass auch Wahlversammlungen im Zusammenhang mit dem vereinfachten Wahlverfahren in Kleinbetrieben grundsätzlich während der Arbeitszeit stattzufinden haben und entsprechend zu vergüten sind.

2. Regelungsgehalt und Normzweck

2 Die Vorschrift regelt den Zeitpunkt von Betriebsversammlungen und deren Auswirkungen auf den Vergütungsanspruch der Arbeitnehmer. Dabei geht der Gesetzgeber davon aus, dass regelmäßige und zusätzliche Betriebsversammlungen nach § 43 Abs. 1 sowie Wahlversammlungen nach § 14a und § 17 grundsätzlich **während der Arbeitszeit** stattfinden haben, § 44 Abs. 1 Satz 1. Auf diese Weise soll erreicht werden, dass möglichst alle Arbeitnehmer ohne Weiteres an derartigen Betriebsversammlungen teilnehmen können. Gleichzeitig wird sichergestellt, dass die Teilnahme für die Arbeitnehmer **ohne finanzielle Einbußen** vonstattengeht (BAG 27.11.1987 EzA § 44 BetrVG 1972 Nr. 8 S. 6 = AP Nr. 7 zu § 44 BetrVG 1972; Fitting § 44 Rn. 8). Deshalb ist die Zeit der Teilnahme einschließlich zusätzlicher Wegezeiten wie Arbeitszeit zu vergüten, § 44 Abs. 1 Satz 2. Das gilt in gleicher Weise auch für die **auf Wunsch des Arbeitgebers** einberufenen **außerordentlichen Betriebsversammlungen** nach § 43 Abs. 3 Satz 1 (§ 44 Abs. 1 Satz 1). Darüber hinaus erweitert der Gesetzgeber den Schutz der Arbeitnehmer vor finanziellen Einbußen für solche Fälle, in denen ausnahmsweise eine der genannten Betriebsversammlungen **wegen der Eigenart des Betriebs außerhalb der Arbeitszeit** stattfinden muss, § 44 Abs. 1 Satz 3. In diesem Fall sind auch Fahrtkosten, die den Arbeitnehmern durch die Teilnahme entstehen, vom Arbeitgeber zu erstatten, § 44 Abs. 1 Satz 3 Halbs. 2.

3 Anders ist die Lage bei den **außerordentlichen Betriebsversammlungen**, die auf Initiative des **Betriebsrats** oder eines Viertels der **Belegschaft** einberufen werden (§ 43 Abs. 3 Satz 1). Solche Versammlungen finden grundsätzlich außerhalb der Arbeitszeit statt und werden dementsprechend auch nicht wie Arbeitszeit vergütet. Wenn sie allerdings ausnahmsweise im **Einvernehmen** mit dem Arbeitgeber in die Arbeitszeit verlegt werden, sollen die Arbeitnehmer eine Minderung ihres Arbeitsentgelts nicht hinnehmen müssen, § 44 Abs. 2 Satz 2.

3. Zwingender Charakter

4 Die Vorschrift des § 44 ist zwingend. Eine abweichende Regelung der zeitlichen Lage von Betriebsversammlungen und der Vergütungsansprüche der Arbeitnehmer ist weder durch Betriebsverein-

Zeitpunkt und Verdienstausfall § 44

barung noch durch Tarifvertrag möglich (*Berg/DKKW* § 44 Rn. 4; *Fitting* § 44 Rn. 3, 14; *Richardi/ Annuß* § 44 Rn. 16; *Worzalla/HWGNRH* § 44 Rn. 2).

II. Zeitliche Lage und Dauer der Betriebsversammlungen

1. Überblick

Grundsätzlich finden statt: 5

während der Arbeitszeit (§ 44 Abs. 1 Satz 1)
— regelmäßige vierteljährliche Betriebs- und Abteilungsversammlungen nach § 43 Abs. 1 Satz 1 und 2,
— zusätzliche Betriebs- und Abteilungsversammlungen nach § 43 Abs. 1 Satz 4,
— Wahlversammlungen nach § 14a und § 17,
— auf Wunsch des Arbeitgebers einberufene außerordentliche Betriebsversammlungen nach § 43 Abs. 3 Satz 1,

außerhalb der Arbeitszeit (§ 44 Abs. 2 Satz 1)
— auf Initiative des Betriebsrats einberufene außerordentliche Betriebsversammlungen (§ 43 Abs. 3 Satz 1),
— auf Initiative eines Viertels der Belegschaft einberufene außerordentliche Betriebsversammlungen (§ 43 Abs. 3 Satz 1).

Ausnahmsweise finden statt: 6

während der Arbeitszeit (§ 44 Abs. 2 Satz 2 Halbs. 1)
— auf Initiative des Betriebsrats oder eines Viertels der Belegschaft einberufene außerordentliche Betriebsversammlungen im Falle des Einvernehmens mit dem Arbeitgeber,

außerhalb der Arbeitszeit (§ 44 Abs. 1 Satz 1 Halbs. 2)
— regelmäßige und zusätzliche Betriebsversammlungen nach § 43 Abs. 1 sowie Wahlversammlungen nach §§ 14a, 17, wenn dies die Eigenart des Betriebs zwingend erfordert.

2. Regelmäßige und zusätzliche Betriebsversammlungen nach § 43 Abs. 1

a) Grundsatz

aa) Betriebliche Arbeitszeit

Regelmäßige Betriebs- und Abteilungsversammlungen nach § 43 Abs. 1 Satz 1 und Satz 2, zusätzliche 7 Betriebs- und Abteilungsversammlungen aus besonderen Gründen nach § 43 Abs. 1 Satz 4 sowie Wahlversammlungen nach § 14a und § 17 finden grundsätzlich **während der Arbeitszeit** statt (zu diesen Erscheinungsformen der Betriebsversammlung vgl. *Kreutz* § 17 Rdn. 35; § 43 Rdn. 2 ff., 33 ff.).

Maßgeblich ist die **betriebliche Arbeitszeit**, also die Zeit, während der ein erheblicher Teil der Be- 8 legschaft arbeitet (*BAG* 09.03.1976 EzA § 44 BetrVG 1972 Nr. 4 S. 16 = AP Nr. 3 zu § 44 BetrVG 1972 [zust. *Meisel*]; 05.05.1987 EzA § 44 BetrVG 1972 Nr. 6 S. 26 = AP Nr. 6 zu § 44 BetrVG 1972 [zust. *Kraft/Raab*]; 05.05.1987 EzA § 44 BetrVG 1972 Nr. 7 S. 34 = AP Nr. 4 zu § 44 BetrVG 1972 [zust. *Kraft/Raab* nach Nr. 6]; *Berg/DKKW* § 44 Rn. 7; *Brötzmann* BB 1990, 1055 [1059]; *Fitting* § 44 Rn. 8; *Dütz/Schulin* ZfA 1975, 103 [109 f.]; *Joost/*MünchArbR § 224 Rn. 18; *Richardi/Annuß* § 44 Rn. 4; *D. Schneider* Entgeltfortzahlung und Konkurrenzen, S. 259 f.; **a. M.** *Fabricius* 6. Aufl., § 44 Rn. 3 ff.; *Worzalla/HWGNRH* § 44 Rn. 4 [persönliche Arbeitszeit des einzelnen Arbeitnehmers]). Die Betriebsversammlung soll nach Möglichkeit zu einer Zeit stattfinden, zu der auch tatsächlich eine Aussprache der Gesamtbelegschaft stattfinden kann. Deshalb muss auf die Anwesenheit der Arbeitnehmer **insgesamt** abgestellt werden. Wenn es unterschiedliche Arbeitszeiten gibt, etwa im Schichtbetrieb oder infolge von Teilzeitarbeitsplätzen, fallen die betriebliche Arbeitszeit und die persönliche Arbeitszeit einzelner Arbeitnehmer regelmäßig auseinander. Arbeitet der Betrieb in gleiten-

§ 44 II. 4. Betriebsversammlung

der Arbeitszeit, so ist betriebliche Arbeitszeit nicht nur die Kernarbeitszeit, sondern es gehören auch die Gleitzeiten dazu. Der für eine Betriebsversammlung zur Verfügung stehende **Zeitrahmen der betrieblichen Arbeitszeit** ist in allen diesen Fällen **weiter gespannt als die individuelle Arbeitszeit einzelner Arbeitnehmer** und ergibt sich aus den Zeiten, in denen ein erheblicher Teil der Belegschaft arbeitet. Das kann in kontinuierlich laufenden Betrieben mit durchgängig nennenswert besetzten Schichten durchaus dazu führen, dass die zur Verfügung stehende Zeit immer zugleich Arbeitszeit ist und nur noch Betriebsversammlungen während der Arbeitszeit denkbar sind (*Worzalla/HWGNRH* § 44 Rn. 4, der dies aber unter Verkennung des Ausnahmecharakters dieser Fälle als Argument gegen die h. M. anführt). Die Gegenmeinung kann hingegen als »Arbeitszeit« nur den kleinsten gemeinsamen Nenner der unterschiedlichen Arbeitszeiten definieren (zutr. *Kraft/Raab* Anm. AP Nr. 4, 5 und 6 BetrVG 1972 Bl. 4) und muss folgerichtig in Fällen unterschiedlicher Arbeitszeiten regelmäßig auf das Institut der Teilversammlungen ausweichen (so in der Tat *Fabricius* 6. Aufl., § 44 Rn. 10). Ein solcher Vorrang der Teilversammlung widerspricht aber der Konzeption des Gesetzes, wonach die Betriebsversammlung grundsätzlich **Vollversammlung** sein soll (*Kraft/Raab* Anm. AP Nr. 4, 5 und 6 BetrVG 1972 Bl. 5). Eine andere Frage ist, wie innerhalb der zur Verfügung stehenden betrieblichen Arbeitszeit die konkrete Lage der Betriebsversammlung zu bestimmen ist (vgl. dazu Rdn. 10 ff.).

9 Die Frage, ob im Rahmen des § 44 die betriebliche oder die individuelle Arbeitszeit einzelner Arbeitnehmer maßgeblich ist, hat Bedeutung für den **Zeitrahmen**, innerhalb dessen eine Betriebsversammlung nach § 44 Abs. 1 als **Vollversammlung** stattfinden kann (vgl. Rdn. 8). Für den **Vergütungsanspruch nach § 44 Abs. 1** ist es hingegen **unerheblich**, ob eine Betriebsversammlung innerhalb oder außerhalb der Arbeitszeit stattfindet, da Satz 2 und 3 insofern dieselbe Rechtsfolge anordnen. Dementsprechend spielt es diesbezüglich auch keine Rolle, wie der Begriff der Arbeitszeit konkretisiert wird (*Kraft/Raab* Anm. AP Nr. 4, 5 und 6 BetrVG 1972 Bl. 5; *van Venrooy* Anm. SAE 1988, 15 [17 f.]). Auf den ersten Blick scheint dies für den Anspruch auf **Fahrtkostenersatz** nach § 44 Abs. 1 Satz 3 Halbs. 2 anders zu sein: Die Vorschrift gewährt den Anspruch auf Fahrtkostenersatz nach ihrem Wortlaut nur für Betriebsversammlungen außerhalb der Arbeitszeit, hingegen nicht, wenn eine Betriebsversammlung innerhalb der (betrieblichen) Arbeitszeit, aber außerhalb der individuellen Arbeitszeit etwa eines nur teilzeitbeschäftigten Arbeitnehmers liegt. Indes wird man in diesem Fall § 44 Abs. 1 Satz 3 Halbs. 2 analog anzuwenden haben: Die Verpflichtung des Arbeitgebers zum Ersatz der Fahrtkosten besteht deshalb, weil der Arbeitnehmer sich zu einer Betriebsversammlung eigens in den Betrieb begeben muss. Der Gesetzgeber hatte hier ersichtlich nur den Fall im Auge, dass betriebliche und persönliche Arbeitszeit identisch sind. Die Interessenlage ist aber die gleiche, wenn dem Arbeitnehmer nur wegen der Lage seiner individuellen Arbeitszeit Fahrtkosten aus der Teilnahme an einer im Rahmen der betrieblichen Arbeitszeit anberaumten Betriebsversammlung entstehen (*BAG* 05.05.1987 EzA § 44 BetrVG 1972 Nr. 7 S. 41 = AP Nr. 4 zu § 44 BetrVG 1972; *Joost/MünchArbR* § 224 Rn. 99; *Kraft/Raab* Anm. AP Nr. 4, 5 und 6 BetrVG 1972 Bl. 6; *Richardi/Annuß* § 44 Rn. 41; *Worzalla/HWGNRH* § 44 Rn. 46; für direkte Anwendung, da Arbeitszeit im Sinne des § 44 Abs. 1 Satz 3 Halbs. 2 ausnahmsweise die persönliche Arbeitszeit sei: *Berg/DKKW* § 44 Rn. 24; *Fitting* § 44 Rn. 39). Auch hier kommt es deshalb im Ergebnis nicht darauf an, ob der Begriff der Arbeitszeit weiter oder enger gefasst wird.

bb) Zeitliche Lage innerhalb der betrieblichen Arbeitszeit

10 Grundsätzlich bestimmt der Betriebsrat zwar darüber, zu welchem Zeitpunkt während der Arbeitszeit die Betriebsversammlung stattfinden soll. Er ist auf eine Zustimmung des Arbeitgebers nicht angewiesen. Gleichwohl ist es gem. **§ 2 Abs. 1** geboten, dass er seine Vorstellungen mit dem Arbeitgeber erörtert (vgl. § 42 Rdn. 26). Der Arbeitgeber soll auf diese Weise in die Lage versetzt werden, die notwendigen **organisatorischen betrieblichen Dispositionen** zu treffen (*LAG Düsseldorf* 24.10.1972 DB 1972, 2212; *Fitting* § 44 Rn. 10, 13; *Richardi/Annuß* § 44 Rn. 18; *Rüthers* ZfA 1974, 207 [221]; *Worzalla/HWGNRH* § 44 Rn. 5). Der Betriebsrat hat weiterhin zu berücksichtigen, dass die zeitliche Lage der Betriebsversammlung den **Betriebsablauf** möglichst **wenig stört**. Darüber hinaus ist der Betriebsrat gehalten, die Betriebsversammlung so zu legen, dass er innerhalb der betrieblichen Arbeitszeit eine **größtmögliche Anzahl an Arbeitnehmern** erreicht (vgl. auch *LAG Baden-Württemberg* 10.05.2002 AiB 2003, 627). Das gebietet der Zweck der Betriebsversammlung als Forum für den Aus-

tausch der gesamten Belegschaft, dient aber auch dem Schutz der **Freizeitinteressen der Arbeitnehmer** und der Minderung der **finanziellen Belastung** des Arbeitgebers. Dieser sieht sich umso mehr Ansprüchen auf Ausgleich von Wegezeiten und Fahrtkostenerstattung ausgesetzt, als Arbeitnehmer außerhalb ihrer persönlichen Arbeitszeit an einer Betriebsversammlung teilnehmen.

Aus diesen Grundsätzen ergibt sich etwa, dass in der Regel die Betriebsversammlung auf den **letzten Teil der Arbeitszeit** mit angemessenem Zeitabstand zum Arbeitsende zu legen ist, um den Betriebsablauf möglichst wenig zu stören (*LAG Niedersachsen* 30.08.1982 DB 1983, 1312 [1313]; *Fitting* § 44 Rn. 12; *Richardi/Annuß* § 44 Rn. 18; *Rüthers* ZfA 1974, 207 [223]; *Worzalla/HWGNRH* § 44 Rn. 6; vgl. auch *BAG* 09.03.1976 EzA § 44 BetrVG 1972 Nr. 4 S. 15 = AP Nr. 3 zu § 44 BetrVG 1972). 11

Betriebsversammlungen in **Schichtbetrieben** sind nach Möglichkeit in der Schicht anzuberaumen, in der die Mehrheit der Belegschaft tätig ist. Im Übrigen ist der Betriebsrat gehalten, die Betriebsversammlung wechselweise in verschiedenen Schichten anzusetzen, damit sie jeweils für unterschiedliche Arbeitnehmergruppen außerhalb ihrer Arbeitszeit liegt (*Berg/DKKW* § 44 Rn. 16; *Fitting* § 44 Rn. 11; *Richardi/Annuß* § 44 Rn. 19; **a. M.** *Fabricius* 6. Aufl., § 44 Rn. 17; *Worzalla/HWGNRH* § 44 Rn. 18 f.). Denkbar ist auch eine zeitliche Lage, die zu gleichen Teilen beide Schichten betrifft (eine Pflicht zur Einberufung zu diesem Zeitpunkt nehmen zu Unrecht an *LAG Niedersachsen* 30.08.1982 DB 1983, 1312 [1313]; *LAG Schleswig-Holstein* 30.05.1991 DB 1991, 2247; *Hunold* AR-Blattei SD 530.11, Rn. 67; *Worzalla/HWGNRH* § 44 Rn. 18). In Schichtbetrieben kommt schließlich auch die Durchführung einer Teilversammlung nach § 42 Abs. 1 Satz 3 in Betracht (*LAG Baden-Württemberg* 10.05.2002 AiB 2003, 627; *Fitting* § 44 Rn. 11a; vgl. § 42 Rdn. 59). 12

Bei **gleitender Arbeitszeit** ist die Versammlung während der **Kernarbeitszeit** durchzuführen (*Berg/DKKW* § 44 Rn. 4; *Worzalla/HWGNRH* § 44 Rn. 7; vgl. auch *Fitting* § 44 Rn. 8; *Richardi/Annuß* § 44 Rn. 6). 13

Gehören zur Belegschaft **Teilzeitarbeitnehmer**, so muss die Versammlung so gelegt werden, dass möglichst viele dieser Arbeitnehmer während ihrer persönlichen Arbeitszeit teilnehmen können (*BAG* 27.11.1987 § 44 BetrVG 1972 Nr. 8 S. 6 = AP Nr. 7 zu § 44 BetrVG 1972; *Lipke* NZA 1990, 758 [762]; *Richardi/Annuß* § 44 Rn. 7). 14

Betriebsversammlungen können auch während eines **Arbeitskampfes** stattfinden. Das gilt auch, wenn Arbeitnehmer des Betriebs am Streik teilnehmen oder aufgrund des Arbeitskampfes im Betrieb in Kurzarbeit gearbeitet wird. Anderes gilt nur dann, wenn alle Arbeitnehmer sich am Arbeitskampf beteiligen oder infolge eines Teilstreiks nicht beschäftigt werden können (*BAG* 05.05.1987 EzA § 44 BetrVG 1972 Nr. 7 S. 35 = AP Nr. 4 zu § 44 BetrVG 1972 [*Kraft/Raab nach Nr. 6*]; 05.05.1987 EzA § 44 BetrVG 1972 Nr. 6 S. 25 = AP Nr. 6 zu § 44 BetrVG 1972 [*Kraft/Raab*]; *Richardi/Annuß* § 44 Rn. 23; vgl. auch *Fitting* § 44 Rn. 23a; zur Vergütungspflicht in diesem Fall vgl. Rdn. 40). 15

cc) Dauer

Für die Dauer der Betriebsversammlung gibt es keine gesetzlichen Vorgaben. Sie richtet sich nach der für die Abwicklung der Tagesordnungspunkte **erforderlichen** Zeit. Eine **Betriebsvereinbarung** über die Dauer von Betriebsversammlungen ist aufgrund des zwingenden Charakters des § 44 **nicht zulässig** (*Fitting* § 44 Rn. 14; **a. M.** *Fabricius* 6. Aufl., § 44 Rn. 21; *Rüthers* ZfA 1974, 207 [224]). Auch sonst ist die vorherige zwingende Festlegung einer **Höchstdauer**, etwa einer Stunde, grundsätzlich **unzulässig** (*LAG Saarbrücken* 21.12.1960 AP Nr. 2 zu § 43 BetrVG [*Küchenhoff*]; *Fitting* § 44 Rn. 12; *Koch/ErfK* §§ 42 ff. BetrVG Rn. 2; *Richardi/Annuß* § 44 Rn. 21; *Rüthers* ZfA 1974, 207 [222]; *Worzalla/HWGNRH* § 44 Rn. 11). Anderes gilt aber, wenn es um eine im Einvernehmen des Arbeitgebers ausnahmsweise in die Arbeitszeit verlegte Betriebsversammlung nach § 44 Abs. 2 geht, da in diesem Fall der Arbeitgeber deren Abhaltung während der Arbeitszeit ohnehin nicht hinnehmen müsste. Die Vereinbarung über die Höchstdauer ist dann Teil des Einvernehmens (*Fitting* § 44 Rn. 21; *Richardi/Annuß* § 44 Rn. 22; *Worzalla/HWGNRH* § 44 Rn. 11, 21). Da sich die zulässige Dauer der Betriebsversammlung nach dem Maßstab des Erforderlichen richtet, kann sie auch an einem **zweiten Arbeitstag** fortgesetzt werden, wenn anders eine Erledigung der Tagesordnung nicht möglich und die Behandlung der Themen auf einer weiteren Versammlung nicht sachdienlich wäre (*Berg/DKKW* § 44 Rn. 5; *Fitting* § 44 Rn. 10; im Ergebnis auch *Däubler* AiB 1982, 51 f.; **a. M.** *Lunk* Be- 16 triebsversammlung, S. 171 f.). Zum Vergütungsanspruch in diesem Fall vgl. Rdn. 41 f. Andererseits ist zu beachten, dass eine Betriebsversammlung, die nach der Tagesordnung keinen höheren Zeitbedarf als acht Zeitstunden hat, grundsätzlich auch an einem Kalendertag abzuhalten ist. Wenn in einem solchen Fall die Arbeitnehmer aus weiter entfernten Betriebsstätten wegen der Reisezeiten erhebliche Belastungen auf sich nehmen müssten und dies der Betriebsrat nicht für zumutbar hält, besteht die Möglichkeit, eine Teilversammlung nach § 42 Abs. 1 Satz 2 BetrVG durchzuführen (*LAG Mecklenburg-Vorpommern* 15.10.2008 – 2 TaBV 2/08 – juris, Rn. 18; **a. M.** *Berg/DKKW* § 44 Rn. 5).

b) Abweichung wegen der Eigenart des Betriebs

17 Betriebsversammlungen sind während der Arbeitszeit durchzuführen, »soweit nicht die **Eigenart des Betriebs** eine andere Regelung **zwingend** erfordert«. Für Betriebsversammlungen nach §§ 14a, 17, 43 Abs. 1 sowie auf Wunsch des Arbeitgebers einberufene Versammlungen nach § 43 Abs. 3 geht das Gesetz davon aus, dass diese regelmäßig während der Arbeitszeit stattzufinden haben. Nur **ausnahmsweise** kommt eine Verlegung auf einen Zeitpunkt außerhalb der Arbeitszeit in Betracht. Anders ist es bei Versammlungen nach § 43 Abs. 3, die auf Initiative des Betriebsrats oder eines Viertels der Belegschaft einberufen werden, vgl. § 44 Abs. 2 Satz 1.

18 Die Eigenart des Betriebs steht einer Betriebsversammlung während der Arbeitszeit dann entgegen, wenn sich dies aus den **organisatorisch-technischen Besonderheiten** des konkreten Einzelbetriebs ergibt, wenn es also zu einer untragbaren Störung eines eingespielten Betriebsablaufs käme. Das ist namentlich dann der Fall, wenn die während der Arbeitszeit abgehaltene Betriebsversammlung aufgrund organisatorischer Verflechtungen zur Stilllegung der Produktion für einen ganzen Tag führte (*BAG* 26.10.1956 AP Nr. 1 zu § 43 BetrVG; *LAG Saarbrücken* 21.12.1960 AP Nr. 2 zu § 43 BetrVG; *LAG Hamm* 16.12.1959 BB 1960, 288; ähnlich *Richardi/Annuß* § 44 Rn. 9 ff.; vgl. zu besonderen Erscheinungsformen, z. B. Just-in-Time-Produktion, *Diller/HWK* § 44 BetrVG Rn. 15). Auch die in einer bestimmten Organisationsstruktur manifestierte **Aufgabenstellung** solcher Betriebe, die durch einen durchgehenden Dienstbetrieb gekennzeichnet sind, beispielsweise Wach- und Schließgesellschaften, Großküchen für Betriebe, öffentliche Einrichtungen, Verkehrsbetriebe usw. (nicht Filialen der Deutschen Post AG: *LAG Schleswig-Holstein* 28.10.1996 LAGE § 44 BetrVG 1972 Nr. 9; *ArbG Wuppertal* 09.11.1996 AiB 1997, 347; *Berg/DKKW* § 44 Rn. 10; *Richardi/Annuß* § 44 Rn. 11) kann es erforderlich machen, dass die Betriebsversammlung außerhalb der Arbeitszeit gelegt wird (*Richardi/Annuß* § 44 Rn. 9). Hingegen spielt es keine Rolle, ob ein Arbeitsausfall unvermeidlich auch wirtschaftliche Einbußen nach sich zieht (*Berg/DKKW* § 44 Rn. 11; vgl. aber *Richardi/Annuß* § 44 Rn. 9 f.; *D. Schneider* Entgeltfortzahlung und Konkurrenzen, S. 261) oder für eine gewisse Zeit der Betriebszweck nicht erfüllt werden kann (vgl. aber *Worzalla/HWGNRH* § 44 Rn. 15). Das widerspräche der gesetzgeberischen Konzeption, wonach Betriebsversammlungen im Interesse einer möglichst hohen Beteiligung grundsätzlich während der Arbeitszeit stattzufinden haben.

19 Allerdings zeigen die genannten Beispiele, dass sich der arbeitstechnisch-organisatorische und der wirtschaftliche Bereich nicht streng voneinander trennen lassen. **Wirtschaftliche Erwägungen** spielen zwangsläufig eine Rolle, wenn die Verhinderung der Produktion über den Zeitraum der Betriebsversammlung hinaus oder die der Aufgabenstellung des Betriebs widersprechende zeitweise Schließung als Gründe angesehen werden, die eine Versammlung außerhalb der Arbeitszeit erforderlich machen. Gleichwohl ergibt sich aus der gesetzgeberischen Grundentscheidung, dass rein wirtschaftliche Erwägungen nicht ausreichen, sondern dass eine spezifische Organisationsstruktur des Betriebs, eben dessen Eigenart, eine Betriebsversammlung außerhalb der Arbeitszeit zwingend erfordern müssen. Anders ist nur dann zu entscheiden, wenn es sich – in der Diktion des BAG – um »absolute« **wirtschaftliche Unzumutbarkeit** handelt. Das ist sprachlich unglücklich, weil es keine verschiedenen Stufen der Unzumutbarkeit gibt (zutr. *Worzalla/HWGNRH* § 44 Rn. 14). Richtig ist aber, dass der Rekurs auf wirtschaftliche Zumutbarkeitserwägungen nur im **Ausnahmefall** berechtigt ist (*BAG* 09.03.1976 EzA § 44 BetrVG 1972 Nr. 4 S. 14 = AP Nr. 3 zu § 44 BetrVG 1972 [abl. *Meisel*]; *ArbG Darmstadt* 07.05.2009 – 7 BVGa 13/09 – juris; *Berg/DKKW* § 44 Rn. 10; *Fitting* § 44 Rn. 17; *Tautphäus/HaKo* § 44 Rn. 11; weitergehend *Joost*/MünchArbR § 224 Rn. 22; *Richardi/Annuß* § 44 Rn. 9 ff.; *D. Schneider* Entgeltfortzahlung und Konkurrenzen, S. 261; *Stege/Weinspach/Schiefer* §§ 42–46 Rn. 28; offen gelassen von *BAG* 27.11.1987 EzA § 44 BetrVG 1972 Nr. 8 S. 4 = AP Nr. 7 zu § 44

BetrVG 1972). In Betracht kommen ungewöhnliche Produktionsausfälle, das Scheitern eines eiligen Großauftrages oder außergewöhnliche Umsatzeinbußen, die nicht auf einer Disposition des Arbeitgebers beruhen.

In Unternehmen des **Einzelhandels** ist es nach diesen Grundsätzen regelmäßig gerechtfertigt, dass **20** Betriebsversammlungen während der **Ladenöffnungszeiten** durchgeführt werden. Diese stellen die betriebliche Arbeitszeit dar. Die Eigenart des Betriebes (Abs. 1 Satz 1) erfordert es nicht ohne Weiteres, Betriebsversammlungen nach § 43 Abs. 1 Satz 1 und 4 auf die Zeit nach Geschäftsschluss zu legen (*BAG* 09.03.1976 EzA § 44 BetrVG 1972 Nr. 4 S. 14 f. = AP Nr. 3 zu § 44 BetrVG 1972; *LAG Köln* 23.10.1985 DB 1986, 386 f.; *Berg/DKKW* § 44 Rn. 11 *Etzel* Rn. 1242; *Fitting* § 44 Rn. 18; *Joost*/MünchArbR § 224 Rn. 22; *Kappes/Rath* DB 1987, 2645; *Koch*/ErfK §§ 42 ff. BetrVG Rn. 2; *Richardi/Annuß* § 44 Rn. 12; *Strümper* NZA 1984, 315; **a. M.** *Löwisch/LK* § 44 Rn. 12; *Stege/Weinspach/Schiefer* §§ 42–46 Rn. 29a; *Worzalla/HWGNRH* § 44 Rn. 16 f.). Gleiches gilt für Filialen der Deutschen Post AG (vgl. Rdn. 18). Der Arbeitgeber darf die Belegschaft nicht indirekt dadurch von der Teilnahme abhalten, dass er das Ladengeschäft nicht schließt oder mit der Schließung wartet, bis feststeht, welche Arbeitnehmer an der Betriebsversammlung teilnehmen (*Berg/DKKW* § 44 Rn. 13; *Fitting* § 44 Rn. 18; **a. M.** *LAG Köln* LAGE § 44 BetrVG 1972 Nr. 6; *Diller/HWK* § 44 BetrVG Rn. 16; *Etzel* Rn. 1241; vgl. auch *BAG* vom 11.12.1990 – 7 ABR 30/89 – juris). Die Betriebsversammlung ist aber außerhalb der Ladenöffnungszeit anzuberaumen, wenn die Unterbrechung des Geschäftsbetriebs zu einer besonderen Härte führen würde, was in Hauptgeschäftszeiten (insofern **a. M.** *BAG* 09.03.1976 EzA § 44 BetrVG 1972 Nr. 4 S. 15 = AP Nr. 3 zu § 44 BetrVG 1972 [abl. *Meisel*]; *Berg/DKKW* § 44 Rn. 11) und in Zeiten des Oster- oder Weihnachtsgeschäfts der Fall sein kann (*LAG Berlin* 26.10.1962 DB 1963, 1327; *LAG Baden-Württemberg* 28.02.1980 BB 1980, 1267 [Ostergeschäft]; *LAG Düsseldorf* 10.12.1984 NZA 1985, 368 [Weihnachtsgeschäft]; *ArbG Wuppertal* 23.01.1975 DB 1975, 1084 [Winterschlussverkauf]; *Fitting* § 44 Rn. 18; *Joost*/MünchArbR § 224 Rn. 22; *Richardi/Annuß* § 44 Rn. 12).

Wenn zuweilen darauf hingewiesen wird, dass in einem **Betrieb mit unterschiedlichen Arbeitszei-** **21** **ten**, etwa einem Zweischichtbetrieb, eine Betriebsversammlung notwendigerweise außerhalb der Arbeitszeit eines Teils der Arbeitnehmer liege und insofern die Eigenart des Betriebs der Betriebsversammlung während der Arbeitszeit entgegenstehe (*Etzel* Rn. 1242; *Richardi/Annuß* § 44 Rn. 9), dann widerspricht das der Prämisse, wonach Arbeitszeit i. S. d. § 44 die betriebliche Arbeitszeit ist und nicht die persönliche Arbeitszeit einzelner Arbeitnehmer (vgl. Rdn. 7 ff.). Solange die Betriebsversammlung in einem Zeitraum liegt, zu dem ein erheblicher Teil der Belegschaft tätig ist, handelt es sich um eine Betriebsversammlung innerhalb der (betrieblichen) Arbeitszeit und nicht um einen Fall des § 44 Abs. 1 Satz 1 Halbs. 2. Aus dem gleichen Grund stellen auch durch Teilzeitarbeit bedingte unterschiedliche Arbeitszeiten keine Eigenart des Betriebs dar, die eine andere Regelung i. S. d. § 44 Abs. 1 Satz 1 Halbs. 2 erfordern (*BAG* 27.11.1987 EzA § 44 BetrVG 1972 Nr. 8 S. 5 f. = AP Nr. 7 zu § 44 BetrVG 1972; *Koch*/ErfK §§ 42 ff. BetrVG Rn. 2).

Im Verhältnis zwischen einer **Betriebsvollversammlung außerhalb der Arbeitszeit** und einer **22** **Betriebsteilversammlung während der Arbeitszeit** hat der Betriebsrat einen **Ermessensspielraum**, der ihm die Möglichkeit eröffnet, unter Berücksichtigung der Umstände des Einzelfalles wahlweise auf die eine oder andere Möglichkeit zurückzugreifen (*Berg/DKKW* § 44 Rn. 14 f.; *Diller/HWK* § 44 BetrVG Rn. 17; *Fitting* § 44 Rn. 19; *Joost*/MünchArbR § 224 Rn. 20; *Richardi/Annuß* § 44 Rn. 13; *Tautphäus*/HaKo § 44 Rn. 13). Weder ist die Teilversammlung innerhalb der Arbeitszeit gegenüber der Vollversammlung außerhalb der Arbeitszeit vorrangig (so aber *LAG Hamm* 16.12.1959 BB 1960, 288; *Rüthers* ZfA 1974, 207 [210 f.]; *Roloff/WPK* § 44 Rn. 11), noch ist umgekehrt die Vollversammlung außerhalb der Arbeitszeit vorrangig vor der Teilversammlung innerhalb der Arbeitszeit (so aber *Herschel* DB 1962, 237 [240]). Das Gesetz geht nur von einem Vorrang der Vollversammlung vor der Teilversammlung und von einem Vorrang der Betriebsversammlung innerhalb der vor derjenigen außerhalb der Arbeitszeit aus, vgl. § 42 Abs. 1 Satz 3, § 44 Abs. 1 Satz 1. Im Verhältnis zueinander sind aber die Wertungsgesichtspunkte, dass die Betriebsversammlung möglichst als Vollversammlung und möglichst während der Arbeitszeit stattfinden soll, **gleichwertig** (*Berg/DKKW* § 44 Rn. 14; *Fitting* § 44 Rn. 19; *Joost*/MünchArbR § 224 Rn. 20; *Richardi/Annuß* § 44 Rn. 13).

3. Außerordentliche Betriebsversammlungen nach § 43 Abs. 3

a) Versammlungen auf Wunsch des Arbeitgebers

23 Finden außerordentliche Betriebsversammlungen nach § 43 Abs. 3 auf **Wunsch des Arbeitgebers** statt, werden sie den zwingend vorgeschriebenen Versammlungen »aus besonderen Gründen« gleichgestellt (**§ 44 Abs. 1 Satz 1**). Beantragt der Arbeitgeber die Einberufung außerhalb der Arbeitszeit, darf der Betriebsrat dem gesetzwidrigen Antrag nicht entsprechen. Der Arbeitgeber hat eine derartige Versammlung selbst (als Mitarbeiterversammlung, vgl. dazu § 42 Rdn. 11 ff.) durchzuführen. Allerdings kann in dieser Erklärung ein Antrag auf Einberufung innerhalb der Arbeitszeit gesehen werden, was durch Anfrage bei dem Arbeitgeber zu ermitteln ist. Der Arbeitgeber kann seinen Wunsch, eine Betriebsversammlung einzuberufen, mit einer Höchstdauer verbinden (vgl. Rdn. 16).

b) Vom Betriebsrat oder von einem Viertel der Arbeitnehmer veranlasste Versammlungen

24 Die übrigen, d. h. die **von einem Viertel der Arbeitnehmer** beantragten oder **von dem Betriebsrat** aus eigenem Entschluss einberufenen Versammlungen können nur im **Einvernehmen** mit dem Arbeitgeber, also mit dessen Einwilligung (vorheriger Zustimmung), während der Arbeitszeit stattfinden, § 44 Abs. 2. Liegt eine Einwilligung nicht vor, darf die Versammlung nur außerhalb der Arbeitszeit durchgeführt werden. Die Einwilligung steht im **Ermessen des Arbeitgebers**. Das fehlende Einvernehmen des Arbeitgebers kann deshalb **nicht erzwungen** und weder durch einen Spruch der Einigungsstelle noch im Beschlussverfahren durch eine Entscheidung des Arbeitsgerichts ersetzt werden (*Worzalla/HWGNRH* § 44 Rn. 21).

25 Die Einwilligung ist **formlos** wirksam. Sie kann aber auch im Rahmen einer Betriebsvereinbarung erteilt werden (*Richardi/Annuß* § 44 Rn. 17). Den Abschluss einer Betriebsvereinbarung zu fordern (so *Schauber* RdA 1963, 375 [380]), ist nicht gerechtfertigt (*Richardi/Annuß* § 44 Rn. 17). Zu den Folgen einer **stillschweigenden Duldung** einer vom Betriebsrat ohne ausdrückliches Einvernehmen mit dem Arbeitgeber während der Arbeitszeit anberaumten Betriebsversammlung vgl. Rdn. 61.

26 Die Einwilligung muss erkennen lassen, dass sie sich auf die Einberufung einer »sonstigen« (also nicht einer vorgeschriebenen; § 44 Abs. 2) Betriebsversammlung bezieht. Im Übrigen beschränkt sich die Erklärung der Einwilligung zur Durchführung »sonstiger« Betriebsversammlungen während der Arbeitszeit auf die vom Betriebsrat dem Arbeitgeber genannten bezeichneten **Tagesordnungspunkte**. Sie ist – wie jede Willenserklärung – grundsätzlich nicht widerruflich (*Säcker* DB 1965, 1856 [1857]), sondern nur wegen Irrtums, Drohung oder Täuschung anfechtbar (§§ 119 ff. BGB). Auch die Bestimmungen über die Kündbarkeit der Betriebsvereinbarung (§ 77 Abs. 5) können nicht analog herangezogen werden. Bei schweren Verstößen gegen die Grundsätze des § 45 kommt, sofern nicht bereits der Rahmen der Einwilligung bzw. des Antrags überschritten wurde, der Widerruf wegen Wegfalls der Geschäftsgrundlage in Betracht (*Säcker* DB 1965, 1856 [1857]). Ein Widerrufsvorbehalt ist grundsätzlich zulässig, darf jedoch nicht missbräuchlich ausgeübt werden, etwa kurzfristig vor dem anberaumten Termin oder entgegen bisherigem Verhalten (§§ 226, 242 BGB). Zur zeitlichen Begrenzung des Einvernehmens vgl. Rdn. 54.

27 Fehlt es an einer wirksamen Erklärung oder wird ihr Bereich überschritten, steht dem Arbeitgeber gegen eine gleichwohl während der Arbeitszeit anberaumte Betriebsversammlung das arbeitsgerichtliche **Beschlussverfahren** (§§ 2a Abs. 1 Nr. 1, Abs. 2, 80 ff. ArbGG) offen, bei dem auch eine einstweilige Verfügung in Betracht kommt (*ArbG Eberswalde* 14.11.1995 AuA 1996, 68; *Joost/*MünchArbR § 224 Rn. 24). Darüber hinaus liegt eine Pflichtverletzung des Betriebsrats vor, die in schweren Fällen zur Sanktion des § 23 Abs. 1 führen kann (*Fitting* § 44 Rn. 20; *Joost/*MünchArbR § 224 Rn. 24; *Richardi/Annuß* § 44 Rn. 24).

III. Vergütungsanspruch, Fahrtkostenerstattung und Verbot der Minderung des Arbeitsentgelts

1. Überblick

Die Teilnahme an Betriebsversammlungen, die regelmäßig **während der Arbeitszeit** stattzufinden 28
haben, also Wahlversammlungen nach §§ 14a, 17 sowie regelmäßige und zusätzliche Versammlungen
des § 43 Abs. 1, soll dem Arbeitnehmer möglich sein, **ohne dass er Lohneinbußen zu befürchten**
hat. Deshalb ist die Zeit der Teilnahme einschließlich zusätzlicher Wegezeiten wie Arbeitszeit zu vergüten, § 44 Abs. 1 Satz 2. Allerdings ergibt sich aus § 44 Abs. 1 Satz 2 **nicht**, dass der Arbeitgeber **generell Aufwendungsersatz** für sämtliche im Zusammenhang mit dem Besuch einer Betriebsversammlung anfallenden Kosten leisten müsste. Ein solcher Aufwendungsersatz ist nur für Fahrtkosten
in § 44 Abs. 1 Satz 3 Halbs. 2 vorgesehen. Kinderbetreuungskosten sind deshalb beispielsweise nicht
zu erstatten (*Fitting* § 44 Rn. 24).

Gleichgestellt werden die auf Wunsch des Arbeitgebers einberufenen außerordentlichen Betriebsver- 29
sammlungen nach § 43 Abs. 3 Satz 1 (§ 44 Abs. 1 Satz 1). Aber auch, wenn ausnahmsweise eine der
genannten Betriebsversammlungen **wegen der Eigenart des Betriebs außerhalb der Arbeitszeit
stattfinden** muss, trifft den Arbeitgeber eine Vergütungspflicht, § 44 Abs. 1 Satz 3. In diesem Fall sind
auch Fahrtkosten, die den Arbeitnehmern durch die Teilnahme entstehen, vom Arbeitgeber zu erstatten, § 44 Abs. 1 Satz 3 Halbs. 2.

Bei sonstigen Betriebsversammlungen, die **außerhalb der betrieblichen** Arbeitszeit stattfinden (au- 30
ßerordentliche Betriebsversammlungen auf Initiative des Betriebsrats oder eines Viertels der Belegschaft, § 43 Abs. 3 Satz 1), besteht **keine Vergütungspflicht**. Wenn sie allerdings ausnahmsweise
im **Einvernehmen** mit dem Arbeitgeber in die Arbeitszeit verlegt werden, darf der Arbeitgeber
das **Arbeitsentgelt nicht mindern**, § 44 Abs. 2 Satz 2 Halbs. 2.

Nach Auffassung des *OVG Münster* ist die Teilnahme an Betriebsversammlungen als **Arbeitszeit** 31
i. S. d. § 2 Abs. 1 ArbZG zu werten (*OVG Münster* 10.05.2011 – 4 A 1403/08 – juris; ebenso *Berg/
DKKW* § 44 Rn. 2; *Halder* GewArch 2009, 189 [190]). Daran ist richtig, dass der Begriff der Arbeitszeit vergütungs- und arbeitszeitrechtlich nicht im gleichen Sinne ausgelegt werden muss, sondern es
auf die jeweiligen Normzwecke ankommt (zum vergütungsrechtlichen Arbeitszeitbegriff bei der Betriebsversammlung vgl. Rdn. 45). Richtig ist auch, dass der *EuGH* die Arbeitszeitrichtlinie mit Blick
auf notwendige Erholungszeiten des Arbeitnehmers weit auslegt und dies bei der Interpretation von
§ 2 Abs. 1 ArbZG zu berücksichtigen ist. Aber auch die Rechtsprechung des *EuGH* zum Bereitschaftsdienst geht davon aus, dass der Arbeitnehmer sich während dieser Phasen am Arbeitsplatz
nur aufhält, um bei Bedarf »seine Tätigkeit auszuüben oder seine Aufgaben wahrzunehmen« (*EuGH*
09.09.2003 [Jaeger], EzA § 7 ArbZG Nr. 5 Rn. 48, 63 = AP Nr. 7 zu EWG-Richtlinie Nr. 93/104).
Es bleibt also der Bezug zur »**Erbringung beruflicher Leistungen**« erhalten (vgl. *EuGH* 09.09.2003
[Jaeger], EzA § 7 ArbZG Nr. 5 Rn. 49 = AP Nr. 7 zu EWG-Richtlinie Nr. 93/104). Deshalb ist zweifelhaft, ob man die – für den Arbeitnehmer freiwillige – Teilnahme an einer Betriebsversammlung als
durch den Arbeitgeber veranlasst i. S. d. Rechtsprechung des *EuGH* ansehen kann (i. E. wie hier
Bartz/Stratmann NZA-RR 2013, 281 [283 f.]; *Diller/HWK* § 44 BetrVG Rn. 26; *Kock*/BeckOK
§ 2 ArbZG Rn. 15; *Wichert*/NK-GA § 2 ArbZG Rn. 27; *Wiebauer* NZA 2013, 540 [542]; vgl.
auch *BAG* 05.05.1987 EzA § 44 BetrVG 1972 Nr. 7 S. 38 = AP Nr. 4 zu § 44 BetrVG 1972 *[Kraft/
Raab nach Nr. 6]*). Zur arbeitszeitrechtlichen Einordnung von **Betriebsratstätigkeit** vgl. § 37
Rn. 8.1 f.

§ 44 verpflichtet den Arbeitgeber nur zur Vergütung und zum Fahrtkostenersatz. Eine darüber hinaus- 32
gehende Verpflichtung **Kosten der Bewirtung** von Teilnehmern einer Betriebsversammlung zu tragen, kann hieraus nicht abgeleitet werden (*LAG Nürnberg* 25.04.2012 LAGE § 44 BetrVG 2001 Nr. 2
Rn. 50 ff. = NZA-RR 2012, 524). Vgl. auch § 40 Rdn. 42.

2. Betriebsversammlungen nach § 44 Abs. 1 Satz 2 und 3

a) Inhalt und Umfang des Vergütungsanspruchs

aa) Inhalt

(1) Grundsatz

33 § 44 Abs. 1 Satz 2 und 3 BetrVG enthält eine **eigenständige, in sich abgeschlossene Regelung der Vergütung** für die Zeiten, an denen Arbeitnehmer an Betriebsversammlungen teilnehmen. Es handelt sich um einen **gesetzlichen Vergütungsanspruch** und nicht um einen Anspruch auf Fortzahlung des Arbeitsentgelts (*BAG* 05.05.1987 EzA § 44 BetrVG 1972 Nr. 7 S. 37 ff. = AP Nr. 4 zu § 44 BetrVG 1972 *[Kraft/Raab* nach Nr. 6]; *Berg/DKKW* § 44 Rn. 18; *Diller/HWK* § 44 BetrVG Rn. 23; *Fitting* § 44 Rn. 26; *Joost/*MünchArbR § 224 Rn. 84; *Koch/*ErfK §§ 42 ff. BetrVG Rn. 5; *Richardi/Annuß* § 44 Rn. 27; *D. Schneider* Entgeltfortzahlung und Konkurrenzen, S. 254 ff.; *Tautphäus/*HaKo § 44 Rn. 15). Insofern ist die Lage anders als im Personalvertretungsrecht, wo etwa § 50 Abs. 1 Satz 2 BPersVG eine Lohnausfallgarantie enthält (vgl. dazu *Weber/RDW* § 50 Rn. 15 ff.). Soweit das *BAG* § 44 Abs. 1 Satz 2 und 3 als eigenständige Vergütungsregelung mit »**kollektivrechtlichem Charakter**« bezeichnet (*BAG* 05.05.1987 – 1 AZR 292/85 – EzA § 44 BetrVG 1972 Nr. 7 S. 37 ff. = AP Nr. 4 zu § 44 BetrVG 1972 unter III 3e der Gründe [Druckfehler in EzA § 44 BetrVG 1972 Nr. 7 S. 39 – »kein« kollektivrechtlicher Charakter –; richtig in BAGE 54, 314 [322] und AP Nr. 4 zu § 44 BetrVG 1972 Bl. 3 R]), wird damit jedenfalls zutreffend umschrieben, dass die Regelung ihre Wurzel im Betriebsverfassungsrecht hat und es auch nicht um einen vertraglichen Anspruch geht (*Joost/*MünchArbR § 224 Rn. 85; krit. *Kraft/Raab* Anm. *BAG* AP Nr. 4–6 zu § 44 BetrVG 1972 Bl. 7). Gleichwohl steht der Anspruch dem einzelnen Teilnehmer der Versammlung zu, ist lohnsteuerrechtlich und sozialversicherungsrechtlich wie Arbeitsentgelt zu behandeln (*Joost/*MünchArbR § 224 Rn. 84) und muss gegebenenfalls im Urteilsverfahren geltend gemacht werden (vgl. Rdn. 70).

34 Da es sich um einen eigenständigen Vergütungsanspruch handelt, gilt – anders als etwa bei Ansprüchen von Betriebsratsmitgliedern nach § 37 Abs. 2 – auch **nicht das Lohnausfallprinzip** (vgl. zu diesem § 37 Rdn. 64 ff.). Die Ansprüche sind nur davon abhängig, dass die Arbeitnehmer an den in § 44 Abs. 1 Satz 1 genannten Betriebsversammlungen teilnehmen. Es ist nicht zu prüfen, ob ein Arbeitnehmer, hätte er weiterhin an der Betriebsversammlung teilgenommen, einen Lohnanspruch erworben hätte. Es kommt weiterhin auch nicht darauf an, ob und inwieweit der Arbeitnehmer ohne die Vergütung nach § 44 Abs. 1 Satz 2 oder 3 BetrVG einen Lohnverlust erleiden würde (*BAG* 05.05.1987 EzA § 44 BetrVG 1972 Nr. 7 S. 39; *Etzel* Rn. 1245; *Fitting* § 44 Rn. 26; *Joost/*MünchArbR § 224 Rn. 86; *Löwisch/LK* § 44 Rn. 6; *Lunk* Betriebsversammlung, S. 123 ff.; *Richardi/Annuß* § 44 Rn. 27, 32; **a. M.** *Buchner* Anm. SAE 1988, 10 ff.; *Kraft/Raab* Anm. *BAG* AP Nr. 4–6 zu § 44 BetrVG 1972 Bl. 7 ff.; *D. Schneider* Entgeltfortzahlung und Konkurrenzen, S. 264 ff., 354 ff. [kein Rückschluss aus der Rechtsnatur auf die Berechnungsmethode]; *Stege/Weinspach/Schiefer* §§ 42–46 Rn. 49a; *Worzalla/HWGNRH* § 44 Rn. 27). Das ergibt sich vor allem aus Wortlaut, systematischer Einordnung und Zweck der Vorschrift (zur Entstehungsgeschichte *BAG* 05.05.1987 EzA § 44 BetrVG 1972 Nr. 7 S. 38 sowie ausführlich *Fabricius* 6. Aufl., § 44 Rn. 31 ff.).

35 Der **Wortlaut** des § 44 Abs. 1 Satz 2 und 3 lässt neben der Teilnahme an einer Betriebsversammlung im Sinne dieser Vorschrift keinerlei zusätzliche Voraussetzungen erkennen (*BAG* 05.05.1987 EzA § 44 BetrVG 1972 Nr. 7 S. 37). Im **systematischen Zusammenhang** ist § 44 Abs. 1 der Regelung des § 44 Abs. 2 gegenüberzustellen, die im Ausnahmefall einer im Einvernehmen mit dem Arbeitgeber innerhalb der Arbeitszeit stattfindenden außerordentlichen Betriebsversammlung auf Initiative des Betriebsrats oder eines Viertels der Arbeitnehmer nur davon spricht, dass das Arbeitsentgelt nicht gemindert werden darf. Das legt einen Umkehrschluss nahe (*BAG* 05.05.1987 EzA § 44 BetrVG 1972 Nr. 7 S. 38). Ferner bestimmen § 39 Abs. 3, dass der Arbeitgeber beim Besuch einer Sprechstunde nicht zu einer »Minderung des Arbeitsentgelts« berechtigt ist und § 37 Abs. 2, dass Mitglieder des Betriebsrats für ihre Tätigkeit von ihrer Arbeitspflicht »ohne Minderung des Arbeitsentgelts« zu befreien sind. In allen diesen Fällen geht es lediglich um eine Fortzahlung des Arbeitsentgelts, während in § 44 Abs. 1 ein zusätzlicher Vergütungsanspruch gewährt wird. Schließlich und vor allem spricht der **Zweck** der Regelung, Arbeitnehmern gerade auch **außerhalb ihrer persönlichen Arbeitszeit**

Zeitpunkt und Verdienstausfall § 44

einen Anreiz zur Teilnahme an der Betriebsversammlung zu geben, entscheidend für einen vom Lohnausfallprinzip gelösten eigenständigen Vergütungsanspruch (*BAG* 05.05.1987 EzA § 44 BetrVG 1972 Nr. 7 S. 39; zust. insoweit *D. Schneider* Entgeltfortzahlung und Konkurrenzen, S. 256 f., 407, 561 ff.).

Die Regelung des § **44 Abs. 1 Satz 2** gilt nicht nur für die Fälle, in denen betriebliche und persönliche Arbeitszeit übereinstimmen, sondern nach Wortlaut und vor allem Zweck (vgl. Rdn. 35) gerade **auch dann, wenn ein Arbeitnehmer innerhalb der betrieblichen, aber außerhalb der persönlichen Arbeitszeit** an einer Betriebsversammlung teilnimmt (*Berg/DKKW* § 44 Rn. 17; *Fitting* § 44 Rn. 26; *Joost*/MünchArbR § 224 Rn. 93; vgl. auch *Worzalla/HWGNRH* § 44 Rn. 34). Eine Regelungslücke für das Auseinanderfallen von betrieblicher und persönlicher Arbeitszeit ist insoweit nicht zu erkennen (*Fitting* § 44 Rn. 26; **a. M.** *Kraft/Raab* Anm. AP Nr. 4–6 zu § 44 BetrVG 1972 Bl. 5 R f., die die [künstlich geschaffene] Regelungslücke durch Analogie schließen). Der Anspruch unterscheidet sich in beiden Fällen lediglich hinsichtlich der Höhe der einzuschließenden Wegezeiten (vgl. Rdn. 48). Auch der Vergütungsanspruch für die Teilnahme an Betriebsversammlungen außerhalb der betrieblichen Arbeitszeit besteht nach § **44 Abs. 1 Satz 3** gleichermaßen für Arbeitnehmer, deren individuelle Arbeitszeit mit der betrieblichen übereinstimmt als **auch für solche mit abweichender individueller Arbeitszeit**. Eine Regelungslücke liegt allerdings insofern vor, als Arbeitnehmern, die sich eigens zu einer innerhalb der betrieblichen Arbeitszeit anberaumten, aber außerhalb ihrer persönlichen Arbeitszeit liegenden Betriebsversammlung begeben, ein Anspruch auf **Fahrtkostenersatz** nach dem Wortlaut des § **44 Abs. 1 Satz 3 Halbs. 2** nicht zusteht. Hier ist in der Tat eine **Analogie** geboten (vgl. Rdn. 9). 36

(2) Einzelfragen
Der Vergütungsanspruch steht **allen Teilnahmeberechtigten und damit allen Arbeitnehmern des Betriebs** zu, einschließlich der Teilzeitbeschäftigten und der Arbeitnehmer auf ausgelagerten Arbeitsplätzen, sofern sie dem Betrieb zugehören. Da **Leiharbeitnehmer** nicht nur bei Betriebsversammlungen im Betrieb ihres Vertragsarbeitgebers, sondern nach § 14 Abs. 2 Satz 2 AÜG auch bei solchen im Beschäftigungsunternehmen teilnahmeberechtigt sind (vgl. dazu auch § 42 Rdn. 17), steht ihnen in beiden Fällen der Anspruch aus § 44 Abs. 1 Satz 2 und 3 zu. Dabei richtet sich der Anspruch auch dann gegen den Vertragsarbeitgeber, wenn es um eine Betriebsversammlung beim Beschäftigungsunternehmen geht (*Berg/DKKW* § 44 Rn. 17; *Sandmann/Marschall* § 14 AÜG Rn. 5; *Schüren/Hamann* § 14 AÜG Rn. 86). Zwar handelt es sich bei § 44 Abs. 1 Satz 2 und 3 um einen betriebsverfassungsrechtlich begründeten Anspruch. Zugleich ist er aber doch an das Arbeitsverhältnis angelehnt und hat gegenüber den Fällen der Entgeltfortzahlung nach dem Lohnausfallprinzip vor allem die Besonderheit, dass er auch bei Teilnahme an einer Betriebsversammlung außerhalb der persönlichen Arbeitszeit zu gewähren ist (vgl. Rdn. 34 f.). Letzteres führt freilich dazu, dass das Zeitarbeitsunternehmen zusätzlich zur normalen Vergütung auch für die Teilnahme eines Leiharbeitnehmers an einer Betriebsversammlung zu zahlen hat, deren Lage durch die Besonderheiten des Beschäftigungsbetriebs bedingt ist. Nach der Konzeption des Gesetzes wird man die Parteien hier auf den Arbeitnehmerüberlassungsvertrag verweisen müssen. Auch **Tele- und Heimarbeiter** können Vergütung verlangen. Zusätzlich anfallende Wegezeiten und Fahrtkosten sind Folge einer entsprechenden Betriebsorganisation (*Fitting* § 44 Rn. 28; *Lipke* NZA 1990, 758 [763]). Keinen Vergütungsanspruch haben **Ein-Euro-Jobber**, da sie kein Arbeitsentgelt beziehen, sondern nur eine Mehraufwandsentschädigung erhalten (*Engels* NZA 2007, 8 [9]; *Worzalla/HWGNRH* § 44 Rn. 29). 37

Da es nur darauf ankommt, ob der Arbeitnehmer an der Betriebsversammlung tatsächlich teilgenommen hat, besteht der Vergütungsanspruch auch dann, wenn der Arbeitnehmer während seines **Erholungsurlaubs** an der Betriebsversammlung teilnimmt (*BAG* 05.05.1987 EzA § 44 BetrVG 1972 Nr. 5 S. 22 ff. = AP Nr. 5 zu § 44 BetrVG 1972 [*zust. Kraft/Raab* nach Nr. 6 Bl. 11 ff.]; *Berg/DKKW* § 44 Rn. 18; *Fitting* § 44 Rn. 29; *Joost*/MünchArbR § 224 Rn. 86; *Lunk* Betriebsversammlung, S. 139 ff.; *D. Schneider* Entgeltfortzahlung und Konkurrenzen, S. 568; **a. M.** *Stege/Weinspach/Schiefer* §§ 42–46 Rn. 49b; *van Venrooy* Anm. SAE 1988, 17 [19 ff.]; *Worzalla/HWGNRH* § 44 Rn. 27). Gleiches gilt im Falle der **Elternzeit** (vgl. zum Erziehungsurlaub *BAG* 31.05.1989 EzA § 44 BetrVG 1972 Nr. 9 S. 3 f. = AP Nr. 9 zu § 44 BetrVG 1972; *Berg/DKKW* § 44 Rn. 18; *Fitting* § 44 Rn. 29; *Joost*/MünchArbR § 224 Rn. 86; *Lunk* Betriebsversammlung, S. 148 ff.; **a. M.** *Stege/Weinspach/Schiefer* §§ 42–46 Rn. 49b; *Worzalla/HWGNRH* § 44 Rn. 27). Die vorgenannten Grundsätze gelten wei- 38 terhin auch, wenn der Arbeitnehmer infolge einer **Krankheit** zwar arbeitsunfähig ist, aber an einer Betriebsversammlung teilnehmen kann und dies auch tut (ebenso *Richardi/Annuß* § 44 Rn. 33; *D. Schneider* Entgeltfortzahlung und Konkurrenzen, S. 440 f.; vgl. zur Wegezeit *BAG* 05.05.1987 EzA § 44 BetrVG 1972 Nr. 7 S. 41 = AP Nr. 4 zu § 44 BetrVG 1972 sowie hier Rdn. 57). Nimmt der Arbeitnehmer während seines Erholungsurlaubs an einer Betriebsversammlung teil, ist ihm diese Teilnahme **zusätzlich zu seinem während des Urlaubs fortzuzahlenden Entgelt** zu vergüten. Er ist insofern einem Arbeitnehmer vergleichbar, der außerhalb seiner persönlichen Arbeitszeit ein zusätzliches Freizeitopfer erbringt und wird deshalb nicht besser gestellt als andere Arbeitnehmer (*Joost*/MünchArbR § 224 Rn. 86; *Kraft/Raab* Anm. *BAG* AP Nr. 4–6 zu § 44 BetrVG 1972 Bl. 12; **a. M.** *D. Schneider* Entgeltfortzahlung und Konkurrenzen, S. 260, der aber das zusätzliche Freizeitopfer durchaus anerkennt).

39 Ebenso besteht der Vergütungsanspruch, wenn der Arbeitnehmer wegen **Kurzarbeit** nicht arbeiten kann (*BAG* 05.05.1987 EzA § 44 BetrVG 1972 Nr. 6 S. 31 = AP Nr. 6 zu § 44 BetrVG 1972 *[abl. Kraft/Raab]*; *Berg/DKKW* § 44 Rn. 18; *Etzel* Rn. 1245; *Fitting* § 44 Rn. 30; *Joost*/MünchArbR § 224 Rn. 87; *D. Schneider* Entgeltfortzahlung und Konkurrenzen, S. 569; **a. M.** *Worzalla/HWGNRH* § 44 Rn. 27). In diesem Fall besteht aber für die Zeit der Teilnahme an der Betriebsversammlung nur der Vergütungsanspruch aus § 44 Abs. 2 Satz 2 und 3, nicht derjenige auf Kurzarbeitergeld nach §§ 104 ff. SGB III, da der Arbeitnehmer im betreffenden Zeitraum Arbeitsentgelt im Sinne der sozialversicherungsrechtlichen Vorschriften erhalten hat, vgl. § 157 Abs. 1 SGB III (*Löwisch/LK* § 44 Rn. 6; *Richardi/Annuß* § 44 Rn. 34; insoweit zutr. auch *Worzalla/HWGNRH* § 44 Rn. 27).

40 Wenn eine Betriebsversammlung während eines **Arbeitskampfs** stattfindet, haben die an einer Betriebsversammlung teilnehmenden Arbeitnehmer auch dann einen Vergütungsanspruch, wenn sie sich ansonsten am Streik beteiligen (*BAG* 05.05.1987 EzA § 44 BetrVG 1972 Nr. 7 S. 40 = AP Nr. 4 zu § 44 BetrVG 1972 *[Kraft/Raab nach Nr. 6]*; *Berg/DKKW* § 44 Rn. 18; *Diller/HWK* § 44 BetrVG Rn. 23; *Etzel* Rn. 1245; *Fitting* § 44 Rn. 30; *Joost*/MünchArbR § 224 Rn. 87; *Hunold* AR-Blattei SD 530.11, Rn. 76 [vgl. aber auch Rn. 153]; *Tautphäus*/HaKo § 44 Rn. 15; **a. M.** *Kraft/Raab* Anm. *BAG* AP Nr. 4–6 zu § 44 BetrVG 1972 Bl. 8; *Löwisch/LK* § 44 Rn. 19; *Lunk* Betriebsversammlungen, S. 150, 152 ff.; *Richardi/Annuß* § 44 Rn. 34; *D. Schneider* Entgeltfortzahlung und Konkurrenzen, S. 567 f.; *Stege/Weinspach/Schiefer* §§ 42–46 Rn. 49c; *Worzalla/HWGNRH* § 44 Rn. 27). Auch dies ergibt sich daraus, dass es für den Anspruch aus § 44 Abs. 1 Satz 2 und 3 nicht darauf ankommt, ob ohne die Teilnahme an einer Betriebsversammlung ein Entgeltanspruch bestanden hätte. Dass während des Arbeitskampfs die Pflichten aus dem Arbeitsverhältnis suspendiert sind, steht dem nicht entgegen, da der Anspruch seine Grundlage nicht im Arbeitsverhältnis findet, sondern durch das Betriebsverfassungsrecht angeordnet ist. Die Zeit der Teilnahme an der Betriebsversammlung ist »wie Arbeitszeit« zu vergüten. Das Gleiche gilt, wenn in einem Betrieb infolge von Fernwirkungen eines Arbeitskampfs nicht gearbeitet werden kann (*BAG* 05.05.1987 EzA § 44 BetrVG 1972 Nr. 6 S. 31 = AP Nr. 6 zu § 44 BetrVG 1972 *[abl. Kraft/Raab]*; *Joost*/MünchArbR § 224 Rn. 87; **a. M.** *Hunold* AR-Blattei SD 530.11, Rn. 153; *Worzalla/HWGNRH* § 44 Rn. 27).

41 Der Vergütungsanspruch setzt allerdings stets voraus, dass entweder eine Betriebsversammlung **während der (betrieblichen) Arbeitszeit** vorliegt oder dass bei Betriebsversammlungen **außerhalb der Arbeitszeit die besonderen Voraussetzungen des § 44 Abs. 1 Satz 1 Halbs. 2** gegeben sind (*Joost*/MünchArbR § 224 Rn. 88; *Richardi/Annuß* § 44 Rn. 30). Denn mit zusätzlichen Vergütungsansprüchen für Betriebsversammlungen außerhalb der Arbeitszeit soll der Arbeitgeber nur ausnahmsweise belastet werden. Es muss also die Eigenart des Betriebs einer Betriebsversammlung während der Arbeitszeit entgegenstehen (vgl. dazu Rdn. 17 ff.). Das gilt nicht nur, wenn eine Betriebsversammlung von vornherein außerhalb der Arbeitszeit anberaumt wurde, sondern auch dann, wenn diese zunächst innerhalb der betrieblichen Arbeitszeit lag, dann aber darüber hinaus verlängert wurde. Der Betriebsrat kann zwar durchaus eine Betriebsversammlung verlängern, wenn dies nach dem Diskussionsstand erforderlich ist. Einen Vergütungsanspruch haben die Arbeitnehmer aber nur, wenn die gesetzlichen Voraussetzungen des § 44 Abs. 1 Satz 1 Halbs. 2 erfüllt sind. Gegebenenfalls muss der Betriebsrat auf den nächsten Tag ausweichen (*Joost*/MünchArbR § 224 Rn. 89; anders *Fitting* § 44 Rn. 27a; *Richardi/Annuß* § 44 Rn. 31, die entgegen der strengeren Voraussetzung des § 44 Abs. 1 Satz 1 Halbs. 2 nur einen »sachlichen Grund« bzw. einen »begründeten Anlass« verlangen und dafür die ordnungsgemäße

Abwicklung der Tagesordnung genügen lassen; noch weiter *Worzalla/HWGNRH* § 44 Rn. 34, der nicht einmal einen sachlichen Grund verlangt).

Zur **Hinweispflicht** des Arbeitgebers, wenn eine Betriebsversammlung von vornherein außerhalb der betrieblichen Arbeitszeit anberaumt oder eine Betriebsversammlung in Anwesenheit des Arbeitgebers in diesen Zeitraum hinein verlängert wird, vgl. Rdn. 60. 42

bb) Umfang

Die **Höhe der Vergütung** für die Zeit der Teilnahme an der Betriebsversammlung ergibt sich aus dem Vergütungsanspruch, der dem Arbeitnehmer sonst für seine Arbeitsleistung zusteht. Findet die Betriebsversammlung während der individuellen Arbeitszeit des Teilnehmers statt, hat dieser statt des arbeitsvertraglichen einen gesetzlichen Vergütungsanspruch in gleicher Höhe. Findet die Betriebsversammlung außerhalb der individuellen Arbeitszeit des Teilnehmers statt, erlangt dieser einen zusätzlichen eigenständigen Vergütungsanspruch für die Zeit der Teilnahme, dessen Höhe sich wiederum nach seinem arbeitsvertraglichen Vergütungsanspruch richtet (*Joost*/MünchArbR § 224 Rn. 93). 43

Da der Anspruch auf die Vergütung gem. § 44 Abs. 1 einen eigenständigen, im Betriebsverfassungsrecht wurzelnden, und nicht den arbeitsvertraglichen Anspruch darstellt, ist es missverständlich, trotz dieses Ausgangspunktes davon zu sprechen, dass der Arbeitnehmer seinen »individuellen Lohn weiter« erhalte (so *Berg/DKKW* § 44 Rn. 19; *Fitting* § 44 Rn. 31). Da weiterhin die Voraussetzung »**wie Arbeitszeit**« lediglich als Grundlage für die **Berechnung** der Vergütung auszulegen ist, kann man auch nicht davon sprechen, dass der Arbeitnehmer so zu stellen sei, »als ob er gearbeitet hätte« (*Etzel* Rn. 1244), oder der Arbeitnehmer Anspruch auf das Arbeitsentgelt habe, »das er erlangt hätte, wenn er während dieser Zeit [der Zeit der Teilnahme an der Betriebsversammlung] gearbeitet hätte« (*Richardi/Annuß* § 44 Rn. 37). Es kommt gerade **nicht** darauf an, ob und welchen Vergütungsanspruch der Arbeitnehmer **im Zeitpunkt der Teilnahme an der Betriebsversammlung** gehabt hätte (so aber *D. Schneider* Entgeltfortzahlung und Konkurrenzen, S. 265). Die Teilnahme an der Betriebsversammlung ist nur »wie Arbeitszeit« zu vergüten, nicht aber wie »Arbeitsleistung während der Zeit der Betriebsversammlung« (vgl. auch *BAG* 14.11.2006 EzA § 87 BetrVG 2001 Arbeitszeit Nr. 10 Rn. 43 = AP Nr. 121 zu § 87 BetrVG 1972 Arbeitszeit). 44

Dementsprechend ist die Zeit der **Teilnahme an der Betriebsversammlung** auch **vergütungsrechtlich keine Arbeitszeit** (*Fitting* § 44 Rn. 32), so dass solche Vergütungsbestandteile, die an die Leistung der Arbeit zu einem bestimmten Zeitpunkt geknüpft sind, nicht zu zahlen sind (zur Frage der **arbeitszeitrechtlichen** Einordnung der Teilnahme an einer Betriebsversammlung vgl. Rdn. 31). Die Vergütung umfasst deshalb **nicht Sonn- und Feiertagszuschläge** (*BAG* 01.10.1974 EzA § 44 BetrVG 1972 Nr. 3 S. 10 = AP Nr. 2 zu § 44 BetrVG 1972; *Joost*/MünchArbR § 224 Rn. 95; *Tautphäus*/HaKo § 44 Rn. 16; *Worzalla*/HWGNRH § 44 Rn. 37; **a. M.** *Berg/DKKW* § 44 Rn. 19; *Fitting* § 44 Rn. 31; *Richardi/Annuß* § 44 Rn. 37). Solche zeitabhängigen Zuschläge fallen bei gewöhnlicher Arbeitszeit nicht an. Aus dem gleichen Grund bleiben auch **Mehrarbeitszuschläge außer Betracht**, und zwar unabhängig davon, ob die Betriebsversammlung von vornherein außerhalb der individuellen Arbeitszeit eines Teilnehmers liegt oder nur zeitlich über dessen normale Arbeitszeit hinausgeht (*BAG* 18.09.1973 EzA § 44 BetrVG 1972 Nr. 2 S. 7 = AP Nr. 1 zu § 44 BetrVG 1972; *Bodem*/NK-GA § 44 BetrVG Rn. 7; *Fitting* § 44 Rn. 33; *Joost*/MünchArbR § 224 Rn. 95; *Löwisch*/LK § 44 Rn. 7; *Richardi/Annuß* § 44 Rn. 38; *Stege/Weinspach/Schiefer* §§ 42–46 Rn. 50; *Worzalla*/HWGNRH § 44 Rn. 37; **a. M.** *Berg/DKKW* § 44 Rn. 20). Das Opfer an Freizeit infolge der Teilnahme an der Betriebsversammlung soll so abgegolten werden, als ob die Betriebsversammlung während der Arbeitszeit stattgefunden hätte. Entgegen der Ansicht der Rechtsprechung (*BAG* 18.09.1973 EzA § 44 BetrVG 1972 Nr. 2 S. 6 = AP Nr. 1 zu § 44 BetrVG 1972; zust. *Berg/DKKW* § 44 Rn. 5; *Diller*/HWK § 44 BetrVG Rn. 24; *Fitting* § 44 Rn. 33; *Koch*/ErfK § 42 ff. BetrVG Rn. 5; *Stege/Weinspach/Schiefer* §§ 42–46 Rn. 50; *Tautphäus*/HaKo § 44 Rn. 16; *Worzalla*/ HWGNRH § 44 Rn. 37 [Letztgenannter allerdings konsequent auf der Basis des von ihm vertretenen Lohnausfallprinzips]) ist auch dann nicht anders zu entscheiden, wenn bei Fortgang der Arbeit im Betrieb Mehrarbeit vorgelegen hätte und demzufolge eine Mehrarbeitsvergütung angefallen wäre. Es kommt gerade nicht darauf an, ob und welche Vergütung statt der Teilnahme an der Betriebsversamm- 45 lung angefallen wäre. Die Höhe der Vergütung bemisst sich alleine nach derjenigen für »normale« Arbeitszeit (im Ergebnis ebenso *Joost*/MünchArbR § 224 Rn. 95; *Richardi/Annuß* § 44 Rn. 38).

46 Die Vergütung umfasst den **Zeit- oder Leistungslohn**. Der Akkordlohn ist nach dem Durchschnitt der zuletzt erzielten Vergütung zu ermitteln (*BAG* 23.09.1960 AP Nr. 11 zu § 1 Feiertagslohnzahlungs G; *LAG Düsseldorf* 11.12.1972 BB 1973, 1395; *Berg*/DKKW § 44 Rn. 19; *Fitting* § 44 Rn. 31; *Worzalla*/HWGNRH § 44 Rn. 36). Eingeschlossen sind die üblicherweise zu zahlenden (nicht zeitabhängigen, vgl. Rdn. 45) **Zulagen**, wie vermögenswirksame Leistungen (*Worzalla*/HWGNRH § 44 Rn. 35), Schmutz- und Erschwerniszulagen usw. (*Berg*/DKKW § 44 Rn. 19; *Diller*/HWK § 44 BetrVG Rn. 24; *Fitting* § 44 Rn. 31; *Joost*/MünchArbR § 224 Rn. 95; *Löwisch*/LK § 44 Rn. 7; *Worzalla*/HWGNRH § 44 Rn. 35; **a. M.** *Hunold* AR-Blattei SD 530.11, Rn. 143).

47 Nehmen **Betriebsratsmitglieder** an einer Betriebsversammlung teil, so ist zu unterscheiden. Handelt es sich um eine Teilnahme als **Externer** (zu den Voraussetzungen vgl. § 42 Rdn. 49 ff.), so richten sich die Ansprüche des Betriebsratsmitglieds alleine nach den Regelungen des § 37. Nimmt er während seiner persönlichen Arbeitszeit an einer Betriebsversammlung teil, so gilt § 37 Abs. 2, geschieht dies aus in seinem Stammbetrieb liegenden betriebsbedingten Gründen außerhalb seiner persönlichen Arbeitszeit, so greift § 37 Abs. 3. Erfolgt die Teilnahme aber an einer Betriebsversammlung **im eigenen Betrieb**, so treten die Ansprüche aus § 37 Abs. 2 und 3 sowie § 44 Abs. 1 und 2 zueinander in Konkurrenz, da die Teilnahme an der Betriebsversammlung gleichzeitig Betriebsratstätigkeit und Wahrnehmung allgemeiner Arbeitnehmerrechte darstellt. Würde man bei Teilnahme an einer Betriebsversammlung etwa während eines Streiks nur § 37 Abs. 2 anwenden, dann hätte das Betriebsratsmitglied anders als alle sonstigen Belegschaftsmitglieder keinen Vergütungsanspruch, da im Rahmen des § 37 Abs. 2 anders als bei § 44 Abs. 1 das Lohnausfallprinzip greift. Ein solches Ergebnis **widerspräche** § 78 Satz 2. Deshalb gilt hier **allein** die Regelung des **§ 44 Abs. 1 Satz 2 oder 3**. Umgekehrt stellt sich die Anwendung des § 37 Abs. 3 Satz 3 Halbs. 2 für das Betriebsratsmitglied günstiger dar als diejenige des § 44 Abs. 1 Satz 3, wenn eine Betriebsversammlung wegen der Eigenart des Betriebs außerhalb der betrieblichen (vgl. Rdn. 7 ff.) und zugleich außerhalb der (für § 37 Abs. 3 maßgeblichen) persönlichen Arbeitszeit des Betriebsratsmitglieds liegt. Nur das Betriebsratsmitglied hat nämlich unter den Voraussetzungen des § 37 Abs. 3 Satz 3 Halbs. 2 Anspruch auf **Mehrarbeitsvergütung** (vgl. dazu Rdn. 45 einerseits, § 37 Rdn. 120 ff. andererseits). Auf den ersten Blick liegt hierin eine Begünstigung des Betriebsratsmitglieds, die wiederum gegen § 78 Satz 2 verstoßen würde (in diesem Sinne in der Tat *Richardi/Annuß* § 37 Rn. 67, § 44 Rn. 39, der deshalb auch hier allein § 44 anwenden will). Soweit indes das Betriebsratsmitglied an der Betriebsversammlung in **amtlicher Funktion** teilnimmt und dazu im Gegensatz zu anderen Arbeitnehmern **verpflichtet** ist – etwa als Vorsitzender und Versammlungsleiter –, ist **§ 37 Abs. 3 Satz 2 Halbs. 3** anzuwenden (im Ergebnis auch *LAG Düsseldorf* 08.12.1972 EzA § 44 BetrVG 1972 Nr. 1 S. 4; *Fitting* § 37 Rn. 78; *Wedde*/DKKW § 37 Rn. 64; *Worzalla*/HWGNRH § 44 Rn. 43).

cc) Zusätzliche Wegezeiten

48 Die geforderte individuelle Abrechnung muss weiterhin die **zusätzlichen Wegezeiten** berücksichtigen (§ 44 Abs. 1 Satz 2). Zusätzlich sind die Zeiten, die der Arbeitnehmer über die Wegezeit hinaus aufwenden muss, die er zur Erfüllung seiner Arbeitspflicht ohnehin benötigt (*BAG* 05.05.1987 EzA § 44 BetrVG 1972 Nr. 7 S. 41 = AP Nr. 4 zu § 44 BetrVG 1972). Findet die Betriebs- oder Abteilungsversammlung **während der betrieblichen Arbeitszeit** statt, dann fallen zusätzliche Wegezeiten für diejenigen Arbeitnehmer an, für die die Versammlung **außerhalb ihrer persönlichen** Arbeitszeit liegt und die sich deshalb eigens in den Betrieb begeben müssen. In diesem Fall beinhaltet § 44 Abs. 1 Satz 2 einen Ausgleich für Freizeitverlust. Das gilt auch, soweit Arbeitnehmer etwa wegen Urlaubs oder Krankheit nicht zur Arbeitsleistung verpflichtet sind, aber gleichwohl an einer Betriebsversammlung teilnehmen wollen – und im Falle der Krankheit trotz Arbeitsunfähigkeit auch dazu in der Lage sind (*BAG* 05.05.1987 EzA § 44 BetrVG 1972 Nr. 7 S. 41 = AP Nr. 4 zu § 44 BetrVG 1972; *Joost*/MünchArbR § 224 Rn. 96). Zusätzliche Wegezeiten sind aber auch in Bezug auf die im Betrieb anwesenden Arbeitnehmer, also **während ihrer persönlichen Arbeitszeit** denkbar. Das ist etwa der Fall, wenn Betriebsversammlungen außerhalb des Betriebsgeländes stattfinden, Arbeitnehmer aus unselbständigen Betriebsteilen zum Hauptbetrieb gelangen müssen oder sonst längere Wege zum Ort der

Betriebsversammlung zurückzulegen sind (*Kraft/Raab* Anm. *BAG* AP Nr. 4–6 zu § 44 BetrVG 1972 Bl. 5 R; *Tautphäus*/HaKo § 44 Rn. 17; **a. M.** *BAG* 01.10.1974 EzA § 44 BetrVG 1972 Nr. 3 S. 11 = AP Nr. 2 zu § 44 BetrVG 1972). Die Zeitspanne, die der Arbeitnehmer benötigt, um von seinem Arbeitsplatz zum Versammlungsort zu gelangen, ist weder Zeit der Arbeitsleistung noch gehört sie schon zur Zeit der Teilnahme an der Betriebsversammlung. Das rechtfertigt ihre eigenständige Berücksichtigung im Gesetz auch für diese Fälle (zutr. *Kraft/Raab* Anm. *BAG* AP Nr. 4–6 zu § 44 BetrVG 1972 Bl. 5 R). Im Ergebnis steht freilich der aus Wegezeit und Zeit der Teilnahme an der Betriebsversammlung zusammengesetzte Vergütungsanspruch dem arbeitsvertraglichen Vergütungsanspruch gleich. Erfasst werden weiterhin auch Wegezeiten bei Teilnahme an Versammlungen **außerhalb der betrieblichen Arbeitszeit**, wenn die Eigenart des Betriebes eine Versammlung außerhalb der Arbeitszeit zwingend erfordert. § 44 Abs. 1 Satz 3 verweist auch insofern auf Satz 2. Auch in diesen Fällen müssen sich Arbeitnehmer von ihrem Wohnort eigens zur Betriebsversammlung begeben, werden aber für den Freizeitverlust entschädigt, indem die Wegezeit wie Arbeitszeit berechnet wird. Zusätzliche Wegezeiten kommen schließlich in Betracht, wenn eine Betriebsversammlung über die persönliche Arbeitszeit des Arbeitnehmers hinaus dauert und infolge schlechterer Verkehrsverbindungen ein längerer Heimweg notwendig wird (*Worzalla/HWGNRH* § 44 Rn. 39).

b) Fahrtkostenerstattung

§ 44 Abs. 1 Satz 3 Halbs. 2 ergänzt die Vergütungspflicht für die Teilnahme an Betriebsversammlungen **außerhalb der (betrieblichen) Arbeitszeit** um einen Aufwendungsersatzanspruch wegen zusätzlich angefallener Fahrtkosten. Zusätzliche Anfahrten können aber auch für Arbeitnehmer anfallen, die zu einer Betriebsversammlung während der betrieblichen, aber **außerhalb ihrer persönlichen Arbeitszeit** eigens anreisen. In diesem Fall ist die Vorschrift **analog** anzuwenden (vgl. dazu Rdn. 9). Darüber hinaus kommt zusätzlicher Fahrtkostenaufwand auch in Betracht, wenn eine Betriebsversammlung während der betrieblichen und sogar der persönlichen Arbeitszeit der Arbeitnehmer stattfindet, diese aber **außerhalb des Betriebsgeländes** arbeiten. Denkbar ist ferner, dass die Betriebsversammlung in einem Raum außerhalb des Betriebsgeländes stattfindet, der nur mit öffentlichen Verkehrsmitteln zu erreichen ist. Auch auf diese Fälle ist § 44 Abs. 1 Satz 3 Halbs. 2 analog anzuwenden (*Berg/DKKW* § 44 Rn. 25; *Fitting* § 44 Rn. 40; *Richardi/Annuß* § 44 Rn. 42; *Rüthers* ZfA 1974, 207 [219]; *Viets* RdA 1979, 272 [273]; *Worzalla/HWGNRH* § 44 Rn. 49). Nicht erstattungsfähig sind aber, jedenfalls bei größeren Entfernungen, die Kosten der Anreise von Außendienst- oder Montagearbeitern, da die Kostenbelastung des Arbeitgebers verhältnismäßig bleiben muss (*Boemke* NZA 1992, 112 [116]; *Lunk* Betriebsversammlung, S. 212; *Richardi/Annuß* § 44 Rn. 42; *Stege/Weinspach/Schiefer* §§ 42–46 Rn. 51; *Viets* RdA 1979, 272 [273]; *Worzalla/HWGNRH* § 44 Rn. 50; **a. M.** *D. Schneider* Entgeltfortzahlung und Konkurrenzen, S. 267). Grundsätzlich sind zwar auch die Kosten der Anreise aus dem Urlaub zu erstatten (*BAG* 05.05.1987 EzA § 44 BetrVG 1972 Nr. 7 S. 41 = AP Nr. 4 zu § 44 BetrVG 1972; vgl. auch Rdn. 38; **a. M.** *Worzalla/HWGNRH* § 44 Rn. 45), aber auch hier muss das Verhältnismäßigkeitsprinzip berücksichtigt werden. Erstattungsfähig sind deshalb nur Kosten in Höhe der Wegstrecke vom üblichen Wohnort zum Ort der Betriebsversammlung.

Erstattet werden nur die **tatsächlich** durch die Teilnahme **entstandenen (zusätzlichen) Fahrtkosten**. Wird lediglich die Grenze der individuellen Arbeitszeit überschritten, fallen derartige Fahrtkosten nur an, wenn etwa sonst benutzte öffentliche Verkehrsmittel nicht mehr zu erreichen sind. Bei Benutzung eines eigenen PKW kann Fahrtkostenerstattung unter Zugrundelegung der steuerlichen Sätze bei Werbungskosten verlangt werden (*Fitting* § 44 Rn. 41; *Richardi/Annuß* § 44 Rn. 43; *Worzalla/HWGNRH* § 44 Rn. 47). Der Arbeitnehmer hat im Übrigen, ähnlich den Regeln über den Wegeunfall nach § 8 Abs. 2 SGB VII, den kürzesten zumutbaren Weg ohne wesentlichen Umweg, insbesondere zu privaten Zwecken, zu wählen. Stellt der Arbeitgeber einen Bus für die Fahrt zu einer auswärtigen Betriebsversammlung zur Verfügung, kann der Arbeitnehmer keinen Fahrtkostenersatz verlangen, wenn er dieses Angebot nicht in Anspruch nimmt (*Richardi/Annuß* § 44 Rn. 43; *Worzalla/HWGNRH* § 44 Rn. 50). Ein Anspruch auf Vorschusszahlung ist nicht vorgesehen. Im Interesse der Vereinfachung ist eine Pauschalierung, etwa durch Betriebsvereinbarung (§ 77) angebracht. Den gesetzlichen Anspruch aus § 44 kann eine solche Betriebsvereinbarung jedoch nicht ausschließen und sollte deshalb individuelle Überschreitungen gegen Nachweis berücksichtigen (vgl. auch *Worzalla/HWGNRH* § 44 Rn. 47 f.).

51 Die Fahrtkostenerstattung ist **steuerfrei**, sofern in ihr kein verstecktes Arbeitsentgelt liegt (*Richardi/ Annuß* § 44 Rn. 44; *Worzalla/HWGNRH* § 44 Rn. 47; vgl. den im Einvernehmen mit dem Bundesminister der Finanzen und den obersten Finanzbehörden der anderen Bundesländer herausgegebenen Runderlass des Finanzministeriums Niedersachsen vom 21.10.1992, DB 1992, 2368).

3. Sonstige Betriebsversammlungen, § 44 Abs. 2

a) Betriebsversammlungen außerhalb der Arbeitszeit, § 44 Abs. 2 Satz 1

52 »Sonstige« Betriebsversammlungen, also die von Abs. 1 erfassten außerordentlichen Betriebsversammlungen auf Initiative des Betriebsrats oder eines Viertels der wahlberechtigten Arbeitnehmer, § 43 Abs. 3, finden grundsätzlich außerhalb der Arbeitszeit statt, § 44 Abs. 2 Satz 1. Für derartige Versammlungen sieht das Gesetz **keinen Vergütungs- und auch keinen Entgeltfortzahlungsanspruch** vor. Das gilt selbst dann, wenn die Teilnahme im Einzelfall in die persönliche Arbeitszeit eines Arbeitnehmers fallen sollte. In diesem Fall ist der Arbeitgeber zwar zur Arbeitsbefreiung verpflichtet, der Arbeitnehmer verliert aber seinen Vergütungsanspruch ersatzlos, sofern der Arbeitgeber nicht eigens zustimmt (*Richardi/Annuß* § 44 Rn. 45; *Worzalla/HWGNRH* § 44 Rn. 22).

b) Betriebsversammlungen innerhalb der Arbeitszeit, § 44 Abs. 2 Satz 2

aa) Einvernehmen des Arbeitgebers und Verbot der Minderung des Arbeitsentgelts

53 Ausnahmsweise können auch Betriebsversammlungen i. S. des § 44 Abs. 2 Satz 1 während der Arbeitszeit durchgeführt werden, wenn der Arbeitgeber hierzu sein **Einvernehmen** gegeben hat. In diesem Fall ist der Arbeitgeber nicht berechtigt, »das Arbeitsentgelt der Arbeitnehmer zu mindern« (Abs. 2 Satz 2 Halbs. 2). Vgl. zum Einvernehmen allgemein Rdn. 24 ff.

54 Das Einvernehmen kann sich in Hinblick auf die Verpflichtung des Arbeitgebers zur Fortzahlung des Entgelts an die teilnehmenden Arbeitnehmer auf eine vorher festgelegt **Höchstdauer** beschränken. Bei der Überschreitung entfällt dann der Anspruch der Arbeitnehmer auf Entgeltfortzahlung (*Richardi/Annuß* § 44 Rn. 47). Darüber hinaus bezieht sich das Einvernehmen des Arbeitgebers sachlich nur auf die mit ihm vereinbarte Tagesordnung, so dass er bei deren Missachtung zur Entgeltfortzahlung nicht verpflichtet ist (*Richardi/Annuß* § 44 Rn. 50). Andererseits kann der Arbeitgeber sein Einverständnis **nicht** generell auf die Abhaltung einer Betriebsversammlung während der Arbeitszeit unter **Ausschluss seiner Verpflichtung** zur Entgeltfortzahlung beschränken (*Berg/DKKW* § 44 Rn. 31; *Fitting* § 44 Rn. 43; *Richardi/Annuß* § 44 Rn. 47). Das Einvernehmen zieht das Verbot der Minderung des Arbeitsentgelts zwingend mit sich. Auch eine entsprechende Vereinbarung wäre angesichts des **zwingenden Charakters** der Vorschrift unwirksam (*Richardi/Annuß* § 44 Rn. 47).

55 Das Einvernehmen kann sich auch aus **Rechtsscheinsgrundsätzen** ergeben, wenn ein Arbeitgeber auf die Einladung eines Betriebsrats zu einer Betriebsversammlung während der Arbeitszeit nicht darauf hinweist, dass eine solche Versammlung ohne sein Einvernehmen unzulässig ist (vgl. dazu Rdn. 61). Auch im Falle der **Anfechtung** oder des **Widerrufs** der Einwilligung (vgl. dazu Rdn. 26) berechtigt die fehlende Einwilligung nur zur Verweigerung der Lohnfortzahlung, wenn die Versammlungsteilnehmer auf das Fehlen der Einwilligung klar erkennbar hingewiesen wurden.

bb) Verbot der Minderung des Arbeitsentgelts und Lohnausfallprinzip

56 Den an der Betriebsversammlung teilnehmenden Arbeitnehmern ist das **Entgelt fortzuzahlen**, wie wenn während ihrer Teilnahme gearbeitet worden wäre. Von der Vergütungspflicht nach § 44 Abs. 1 Satz 1 und 2 unterscheidet sich das bloße Verbot der Minderung des Arbeitsentgelts entscheidend. Während jene einen eigenständigen gesetzlichen Vergütungsanspruch enthält, bleibt Anspruchsgrundlage im Falle des § 44 Abs. 2 Satz 2 Halbs. 2 der Arbeitsvertrag. Dementsprechend steht dem Arbeitnehmer nur diejenige Vergütung zu, die er erhalten hätte, wenn er statt an der Betriebsversammlung teilzunehmen, seiner Arbeit nachgegangen wäre. Es gilt wie in den Fällen des § 37 Abs. 2 und 39 Abs. 3 das **Lohnausfallprinzip** (*Joost*/MünchArbR § 224 Rn. 104; *Koch*/ErfK §§ 42 ff. BetrVG Rn. 5). Darüber hinaus besteht kein eigenständiger Anspruch auf Vergütung zusätzlicher **Wegezeiten**. Diese werden nur berücksichtigt, soweit sie in die persönliche Arbeitszeit fallen, damit insoweit

Zeitpunkt und Verdienstausfall § 44

keine Minderung des Arbeitsentgelts eintritt. Zusätzliche **Fahrtkosten** werden nicht erstattet (*Berg / DKKW* § 44 Rn. 33; *Fitting* § 44 Rn. 44; *Joost*/MünchArbR § 224 Rn. 104).

Aus der Geltung des Lohnausfallprinzips ergibt sich, dass die Verpflichtung zur Entgeltfortzahlung nur 57 besteht, soweit die Teilnahme an der Betriebsversammlung mit der **persönlichen Arbeitszeit** des Arbeitnehmers übereinstimmt. Dauert eine Betriebsversammlung länger oder beginnt sie früher, so wird das damit verbundene Freizeitopfer des Arbeitnehmers anders als im Falle des § 44 Abs. 1 nicht abgegolten (*Berg/DKKW* § 44 Rn. 32; *Fitting* § 44 Rn. 46). Nur wenn der Arbeitnehmer im Arbeitsablauf ohnehin Überstunden gemacht hätte, ist diese Zeit entsprechend zu vergüten, und zwar dann auch als Mehrarbeit einschließlich der dafür anfallenden Zuschläge. Für Betriebsratsmitglieder greift allerdings § 37 Abs. 3 (vgl. dazu Rdn. 47). Da es darauf ankommt, ob die Arbeitnehmer bei hypothetischer Betrachtung ohne die Teilnahme an der Betriebsversammlung aufgrund ihrer Arbeitsleistung Anspruch auf Arbeitsentgelt gehabt hätten, sind in **Urlaub** befindliche oder wegen **Krankheit** arbeitsabwesende Arbeitnehmer von dieser Entgeltfortzahlungsregelung nicht erfasst, wenn sie an der Betriebsversammlung teilnehmen. Ihnen steht also anders als im Falle des § 44 Abs. 1 kein eigenständiger (zusätzlicher) Vergütungsanspruch zu. Anders wäre es nur dann, wenn der Arbeitgeber in eine Vergütung dieser Arbeitnehmer ausdrücklich einwilligte.

4. Rechtsfolgen unzulässiger oder gesetzeswidrig verlaufender Betriebsversammlungen

Sowohl der **Vergütungsanspruch** nach § 44 Abs. 1 Satz 2 und 3 als auch derjenige auf **Fortzahlung** 58 **des Arbeitsentgelts** aus § 611a Abs. 2 BGB i. V. m. § 44 Abs. 2 Satz 2 Halbs. 2 setzen voraus, dass es sich um eine **rechtlich zulässige Betriebsversammlung** handelt. Fehlt es an dieser Voraussetzung, entfallen die Ansprüche der Arbeitnehmer. Allerdings kommt ein Anspruch der Arbeitnehmer in Betracht, wenn der Arbeitgeber auf das Fehlen der gesetzlichen Voraussetzungen der betreffenden Betriebsversammlung nicht hingewiesen und durch sein Verhalten einen **Vertrauenstatbestand** geschaffen hat, aufgrund dessen die Arbeitnehmer von einer Rechtmäßigkeit der Veranstaltung und einer Bereitschaft des Arbeitgebers zur Zahlung von Vergütung für die Zeit der Teilnahme an der Betriebsversammlung ausgehen konnten.

Ein derartiger Vertrauenstatbestand kann bei einer **zusätzlichen Betriebsversammlung** im Sinne 59 des § 43 Abs. 1 Satz 4 vorliegen, wenn der Arbeitgeber nicht darauf hinweist, dass die Betriebsversammlung rechtswidrig sei und er die Zeit der Teilnahme nicht bezahlen werde (*BAG* 23.10.1991 EzA § 43 BetrVG 1972 Nr. 2 S. 9 = AP Nr. 5 zu § 43 BetrVG 1972; *D. Schneider* Entgeltfortzahlung und Konkurrenzen, S. 268; *Fitting* § 44 Rn. 27b; **a. M.** *Worzalla/HWGNRH* § 44 Rn. 31). Macht der Arbeitgeber durch Aushang am Schwarzen Brett auf seine Bedenken hinsichtlich der Rechtmäßigkeit einer zusätzlichen Betriebsversammlung und auf den Fortfall seiner Vergütungspflicht für die Zeit der Teilnahme an der Betriebsversammlung aufmerksam, so liegt darin keine Behinderung der Betriebsratsarbeit (vgl. dazu *ArbG Hamburg* 05.11.1997 NZA-RR 1998, 214).

Auch wenn eine **regelmäßige Betriebsversammlung** von vornherein **außerhalb der betrieb-** 60 **lichen Arbeitszeit** anberaumt (§ 44 Abs. 1 Satz 1 Halbs. 2) oder eine Betriebsversammlung in Anwesenheit des Arbeitgebers in diesen Zeitraum hinein verlängert wird, so trifft den Arbeitgeber in Hinblick auf das Vergütungsrisiko der Arbeitnehmer eine Hinweispflicht. Erweckt der Arbeitgeber den Eindruck, dass er bereit sei, die Teilnahme an einer derartigen Betriebsversammlung zu vergüten, so haftet er den Arbeitnehmern unter dem Gesichtspunkt der Vertrauenshaftung (*BAG* 27.11.1987 EzA § 44 BetrVG 1972 Nr. 8 S. 8 = AP Nr. 7 zu § 44 BetrVG 1972; *Fitting* § 44 Rn. 27a; *Joost*/MünchArbR § 224 Rn. 89; *Koch*/ErfK §§ 42 ff. BetrVG Rn. 5; *D. Schneider* Entgeltfortzahlung und Konkurrenzen, S. 268; **a. M.** *Worzalla/HWGNRH* § 44 Rn. 31).

Lädt schließlich der Betriebsrat **ohne** das **Einvernehmen** des Arbeitgebers zu einer Betriebsversamm- 61 lung **während der Arbeitszeit** ein (§ 43 Abs. 3, § 44 Abs. 2 Satz 2), weist der Arbeitgeber aber nicht darauf hin, dass eine solche Versammlung unzulässig ist, so setzt er einen zurechenbaren Rechtsschein hinsichtlich seines Einvernehmens. Soweit die Arbeitnehmer auf das Einvernehmen vertrauen konnten, ist der Arbeitgeber mindestens zur Entgeltfortzahlung nach § 44 Abs. 2 Satz 2 Halbs. 2 verpflichtet (*Berg/DKKW* § 44 Rn. 31; *Fitting* § 44 Rn. 48; *Joost*/MünchArbR § 224 Rn. 105; *Koch*/ErfK §§ 42 ff. BetrVG Rn. 5; *Worzalla/HWGNRH* § 44 Rn. 30). Häufig werden Rechtsschein und korres-

§ 44   II. 4. Betriebsversammlung

pondierendes Vertrauen der Arbeitnehmer bei einer während der betrieblichen Arbeitszeit durchgeführten Betriebsversammlung noch weiter gehen und sich auf eine Betriebsversammlung nach § 44 Abs. 1 beziehen. Aus Sicht der Arbeitnehmer ist regelmäßig nicht erkennbar, um welchen konkreten Fall einer Betriebsversammlung es sich handelt. Deshalb bestimmen sich in einem solchen Fall die Ansprüche der Arbeitnehmer nach § 44 Abs. 1 Satz 2 und 3, so dass nicht nur das Arbeitsentgelt fortzuzahlen ist, sondern der dort geregelte eigenständige Vergütungsanspruch besteht und sowohl Wegezeiten abzugelten als auch Fahrtkosten zu erstatten sind.

62 Ist eine Betriebsversammlung zulässig, so verlieren die Arbeitnehmer ihre Vergütungsansprüche bei einem **gesetzeswidrigen Verlauf** nicht ohne Weiteres. Namentlich die teilweise **Behandlung von Themen außerhalb des Katalogs des** § 45 vermag den Vergütungsanspruch allein noch nicht zu beeinträchtigen (*Joost*/MünchArbR § 224 Rn. 91). Die Teilnehmer der Betriebsversammlung werden in der Regel nicht in der Lage sein, die Zulässigkeit einzelner Themenbereiche beurteilen zu können (*Joost*/MünchArbR § 224 Rn. 91). Der Vergütungsanspruch entfällt aber, wenn der Arbeitgeber in der Versammlung auf die Überschreitung der Themenkompetenz der Betriebsversammlung **hinweist** und erklärt, er werde für die entsprechende Zeit keine Vergütung zahlen. Auch dann wird für die Arbeitnehmer zwar die Rechtslage nicht eindeutig sein, namentlich, wenn der Versammlungsleiter dem Einwand des Arbeitgebers widerspricht. Der Hinweis des Arbeitgebers reicht aber aus, den Arbeitnehmern das Vergütungsrisiko für den Fall zuzuweisen, dass auf der Betriebsversammlung tatsächlich unzulässige Themen besprochen wurden (im Ergebnis ähnlich *LAG Baden-Württemberg* 17.02.1987 DB 1987, 1441; *LAG Bremen* 05.03.1982 DB 1982, 1573 [1574]; *Fitting* § 44 Rn. 34; *Joost*/MünchArbR § 224 Rn. 92; *Koch*/ErfK §§ 42 ff. BetrVG Rn. 5; **a. M.** *Roloff*/WPK § 45 Rn. 14; *Worzalla*/HWGNRH § 44 Rn. 32 [Fortfall des Vergütungsanspruchs nur, wenn sich die Betriebsversammlung faktisch aufgelöst hat]). In jedem Fall entfällt der Vergütungsanspruch nur für den Zeitraum, in dem ein Gesetzesverstoß vorlag (vgl. auch *Joost*/MünchArbR § 224 Rn. 90). Eine zeitlich geringfügige Einbeziehung unzulässiger Themen berechtigt zu keinerlei Kürzung der Vergütungsansprüche (*LAG Düsseldorf* 22.01.1963 AP Nr. 7 zu § 43 BetrVG; *Berg*/DKKW § 44 Rn. 27; *Fitting* § 44 Rn. 34 [Viertelstunde im Verhältnis zu dreistündiger Gesamtdauer der Betriebsversammlung]; *Joost*/MünchArbR § 224 Rn. 92).

63 Die **Anwesenheit nicht teilnahmeberechtigter Personen** (vgl. § 42 Rdn. 14 ff., 49 ff.) beeinträchtigt die Vergütungsansprüche der Arbeitnehmer nicht, zumal die Frage der Teilnahmeberechtigung aus Arbeitnehmersicht häufig nur schwer zu beurteilen sein wird (*Fitting* § 44 Rn. 34a; vgl. auch *Richardi*/Annuß § 44 Rn. 51 f.). Anders ist aber zu entscheiden, wenn die fehlende Teilnahmeberechtigung offensichtlich ist oder die Betriebsversammlung öffentlich abgehalten wird. Im letzteren Fall verliert die Versammlung ohnehin ihren Charakter als Betriebsversammlung (i. E. ähnlich *Fitting* § 44 Rn. 34a).

64 **Nimmt ein Arbeitnehmer an einer unzulässigen Betriebsversammlung teil**, etwa an einer auf Initiative des Betriebsrats ohne Einvernehmen des Arbeitgebers während der Arbeitszeit anberaumten Betriebsversammlung i. S. d. § 43 Abs. 3, so **verletzt er seine Pflichten aus dem Arbeitsvertrag**. Sanktionen, namentlich eine **außerordentliche Kündigung**, kommen aber solange nicht in Betracht, als der Arbeitnehmer darauf vertrauen konnte, die Versammlung sei nicht gesetzwidrig (*BAG* 14.10.1960 EzA § 123 GewO Nr. 2 S. 7 = AP Nr. 24 zu § 123 GewO; *Worzalla*/HWGNRH § 44 Rn. 23). Ob das Verbot des Arbeitgebers zur Teilnahme an einer von ihm für gesetzwidrig erklärten Versammlung im Fall eines Zuwiderhandelns des Arbeitnehmers zu einer außerordentlichen Kündigung führen kann, hängt von den Umständen des Einzelfalls ab. Jedenfalls solange der Gesetzesverstoß nicht evident ist und es sich nicht etwa um bereits geklärte Wiederholungsfälle handelt, wird man die Teilnahme an der Betriebsversammlung nicht mit dem Risiko des Arbeitsplatzverlustes belasten können (ähnlich *Fitting* § 44 Rn. 22).

65 Zum **Haus- und Ordnungsrecht** in Fällen eines gesetzeswidrigen Verlaufs vgl. § 42 Rdn. 41. Zu **Schadensersatzansprüchen** gegen Störer der Betriebsversammlung *Herschel* DB 1975, 690; *Schlüter*/Dudenbostel DB 1973, 2473.

66 Findet eine nach Form und Inhalt dem Betriebsverfassungsgesetz **nicht entsprechende Versammlung** ohne die Einwilligung des Arbeitgebers während der Arbeitszeit statt (vgl. § 42 Rdn. 11 ff.), und

fehlt es auch an einem Vertrauenstatbestand, so besteht kein Anspruch auf Zahlung des Arbeitsentgelts. **Stimmt der Arbeitgeber** der »wilden« Versammlung **nachträglich zu**, so lässt sich daraus weder aufgrund eines angenommenen typischen Erklärungsinhalts noch aufgrund analoger Anwendung des § 44 Abs. 2 Satz 2 noch aufgrund ausdehnender Auslegung der Erklärung schließen, dass damit auch eine Minderung des Arbeitsentgeltes ausgeschlossen sei. Die nachträgliche Zustimmung kann nur dahin verstanden werden, dass die Rechtswidrigkeit der Leistungsstörung ausgeschlossen werden soll (so zutr. *Hueck/Nipperdey* II/2, S. 1216 Fn. 7 m. w. N.; **a. M.** *Neumann-Duesberg* RdA 1968, 444: es handele sich um einen schuldrechtlichen Erlassvertrag zugunsten Dritter gem. §§ 328, 397 BGB). Eine analoge Anwendung des § 44 Abs. 2 Satz 2 verbietet sich deshalb, weil eine dem Grundgedanken und Normzweck dieser Vorschrift entsprechende gleich zu bewertende Sachlage nicht gegeben ist. Schließlich kann auch nicht angenommen werden, dass ein vernünftiger Arbeitgeber aufgrund der Sachlage, wenn er sie vorausgesehen hätte, in solchen Fällen eine Entgeltzahlung zugesagt hätte, so dass auch eine ergänzende Auslegung seiner Erklärung nicht in Frage kommen kann. Für ein anderes Ergebnis müssen zusätzliche Umstände und Tatsachen hinzukommen.

5. Ansprüche bei Nichtteilnahme an der Betriebsversammlung

Die Arbeitnehmer sind nicht verpflichtet, an einer Betriebsversammlung teilzunehmen. **Nicht** an der Betriebsversammlung **teilnehmende** Arbeitnehmer haben **keinen Vergütungsanspruch** nach § 44 Abs. 1 Satz 2 und 3. 67

Nimmt ein Arbeitnehmer an einer während der Arbeitszeit stattfindenden Betriebsversammlung aus eigenem Willensentschluss nicht teil, so besteht seine **Arbeitspflicht** fort. Der Lohn ist fortzuzahlen, soweit vertragsmäßig gearbeitet wird. Stellt ein an der Betriebsversammlung nicht teilnehmender Arbeitnehmer dem Arbeitgeber seine Arbeitskraft bei Beginn der Betriebsversammlung zur Verfügung und macht der Arbeitgeber von ihr keinen Gebrauch, obwohl er den Arbeitnehmer trotz der Betriebsversammlung beschäftigen könnte, so gerät der Arbeitgeber in **Annahmeverzug** und hat dem Arbeitnehmer den Lohn gem. § 615 BGB weiterzuzahlen. Anders ist es, wenn der Arbeitgeber den nicht teilnehmenden Arbeitnehmer wegen der Betriebsversammlung aus betriebstechnischen und betriebsorganisatorischen Gründen nicht weiterbeschäftigen kann. Eine Anwendung der Regeln zur Verteilung des Vergütungsrisikos nach § 615 Satz 3 BGB scheidet angesichts der gesetzgeberischen Wertung des § 44 aus. Danach muss der Arbeitgeber zwar die Teilnahme an einer Betriebsversammlung ermöglichen und den Arbeitnehmer insofern von finanziellen Einbußen freistellen. Nimmt der Arbeitnehmer diese Möglichkeit aber aus eigenem Entschluss nicht wahr, so kann er vom Arbeitgeber, der ihn aufgrund seiner gesetzlichen Verpflichtung zur Duldung der Betriebsversammlung nicht beschäftigen kann, kein Arbeitsentgelt verlangen (vgl. auch *Weber/RDW* § 50 Rn. 22 sowie *Berg/DKKW* § 44 Rn. 26; *Hunold* AR-Blattei SD 530.11, Rn. 139; *Löwisch/LK* § 44 Rn. 9; *Roloff/WPK* § 44 Rn. 16; *Worzalla/HWGNRH* § 44 Rn. 26; **a. M.** *Bodem/NK-GA* § 44 BetrVG Rn. 7; *Fitting* § 44 Rn. 35; *Joost/MünchArbR* § 224 Rn. 101 f.; *Richardi/Annuß* § 44 Rn. 53). 68

Entsprechendes gilt für den Fall, dass ein Arbeitnehmer die Betriebsversammlung **vorzeitig verlässt**, für den Rest der Versammlungsdauer (*Fitting* § 44 Rn. 35). 69

IV. Streitigkeiten

Streitigkeiten über die Durchführung von Betriebsversammlungen und deren Kosten werden im arbeitsgerichtlichen **Beschlussverfahren** entschieden (§§ 2a Abs. 1 Nr. 1, Abs. 2, 80 ff. ArbGG). Streitigkeiten über Ansprüche der Arbeitnehmer auf Zahlung des Arbeitsentgelts für die Zeit der Betriebsversammlung einschließlich der Wegezeiten sowie auf Erstattung der Fahrtkosten werden von Arbeitsgerichten im **Urteilsverfahren** (§ 2 Abs. 1 Nr. 3a ArbGG) entschieden (*BAG* 18.09.1973 EzA § 44 BetrVG 1972 Nr. 2 = AP Nr. 1 zu § 44 BetrVG 1972; 01.10.1974 EzA § 44 BetrVG 1972 Nr. 23 = AP Nr. 2 zu § 44 BetrVG 1972). 70

§ 45
Themen der Betriebs- und Abteilungsversammlungen

Die Betriebs- und Abteilungsversammlungen können Angelegenheiten einschließlich solcher tarifpolitischer, sozialpolitischer, umweltpolitischer und wirtschaftlicher Art sowie Fragen der Förderung der Gleichstellung von Frauen und Männern und der Vereinbarkeit von Familie und Erwerbstätigkeit sowie der Integration der im Betrieb beschäftigten ausländischen Arbeitnehmer behandeln, die den Betrieb oder seine Arbeitnehmer unmittelbar betreffen; die Grundsätze des § 74 Abs. 2 finden Anwendung. Die Betriebs- und Abteilungsversammlungen können dem Betriebsrat Anträge unterbreiten und zu seinen Beschlüssen Stellung nehmen.

Literatur
Literaturnachweise zum BetrVG 1952 siehe 8. Auflage.

Berg/Bobke/Wolter Frieden und Abrüstung im Betrieb, BlStSozArbR 1983, 353; *Blomeyer* Die rechtliche Bewertung des Betriebsfriedens im Individualarbeits- und Betriebsverfassungsrecht, ZfA 1972, 85; *Buchner* Meinungsfreiheit im Arbeitsrecht, ZfA 1982, 49; *Glaubitz* Parteipolitische Betätigung im Betrieb, BB 1972, 1277; *Gnade* Zur politischen und gewerkschaftlichen Betätigung – insbesondere von Betriebsratsmitgliedern – im Betrieb, JArbR Bd. 14 (1976), 1977, S. 59; *Halberstadt* Betriebsfrieden und Politik, BUV 1972, 82; *Herschel* Schadensersatz bei Behinderung und Störung von Betriebsversammlungen, DB 1975, 690; *Hohn* Parteipolitik und Betriebsversammlungen, BB 1975, 376; *Husemann* Das Verbot der parteipolitischen Betätigung – Zur Auslegung des § 74 Abs. 2 S. 3 BetrVG (Diss. Bochum), 2013 (zit.: Verbot der parteipolitischen Betätigung); *Köstler* Mitbestimmung im Aufsichtsrat – kein Thema im Betrieb?, MitbestGespr. 1976, 217; *Löwisch* Betriebsauftritte von Politikern, DB 1976, 676; *Meisel* Politik im Betrieb, RdA 1976, 38; *Mummenhoff* Plaketten im Betrieb DB 1981, 2539; *Radke* Über die Grenzen der Diskussionsfreiheit in der Betriebsversammlung, AuR 1957, 129; *ders.* Über die Grenzen der Diskussionsfreiheit in der Betriebsversammlung, MitbestGespr. 1962, 72; *Schaub* Die Freiheit der Meinungsäußerung im Individualarbeits- und Betriebsverfassungsrecht, RdA 1979, 137; *Schlüter/Dudenbostel* Sanktionen des Arbeitgebers bei Störungen der Betriebsversammlung, DB 1974, 2473; *Sowka/Krichel* Politische und gewerkschaftliche Betätigung im Betrieb, DB 1989, Beil. Nr. 11; *Vollmer* Grenzen der politischen Betätigung im Betrieb, 1977; *Wiese* Stellung und Aufgaben des Betriebsrats im Arbeitskampf, NZA 1984, 378. Vgl. ferner § 42.

Inhaltsübersicht

	Rdn.
I. Vorbemerkungen	1–10
1. Entstehungsgeschichte	1–3
2. Grundkonzeption	4–8
3. Betriebsversammlung und Meinungsfreiheit	9, 10
II. Themen der Betriebs- und Abteilungsversammlungen, § 45 Satz 1 Halbs. 1	11–23
1. Unmittelbares Betroffensein des Betriebsrats oder seiner Arbeitnehmer	11
2. Themenbereiche	12–23
a) Originär betriebliche Angelegenheiten	12
b) Übergeordnete Angelegenheiten mit unmittelbarem Bezug zum Betrieb oder seinen Arbeitnehmern	13–19
aa) Angelegenheiten tarifpolitischer Art	13
bb) Angelegenheiten sozialpolitischer Art	14, 15
cc) Angelegenheiten umweltpolitischer Art	16
dd) Angelegenheiten wirtschaftlicher Art	17
ee) Fragen der Förderung der Gleichstellung von Frauen und Männern sowie der Vereinbarkeit von Familie und Erwerbstätigkeit	18
ff) Fragen der Integration der im Betrieb beschäftigten ausländischen Arbeitnehmer	19
c) Sonstige Angelegenheiten	20–23
III. Anwendung der Grundsätze des § 74 Abs. 2 (§ 45 Satz 1 Halbs. 2)	24–31
1. Grundsätze	24, 25
2. Einzelausprägungen der »betriebsverfassungsrechtlichen Friedensordnung«	26–31
a) Verbot von Arbeitskampfmaßnahmen, § 74 Abs. 2 Satz 1	26

	b) Verbot der Beeinträchtigung des Arbeitsablaufs oder des Friedens des Betriebs, § 74 Abs. 2 Satz 2	27
	c) Verbot parteipolitischer Betätigung, § 74 Abs. 2 Satz 3	28–31
IV.	Verhältnis von Betriebsversammlung und Betriebsrat, § 45 Satz 2	32–36
	1. Anträge und Stellungnahmen	32–34
	2. Verantwortlichkeit des Betriebsrats gegenüber der Betriebsversammlung	35, 36
V.	Streitigkeiten	37

I. Vorbemerkungen

1. Entstehungsgeschichte

Abweichend von § 48 BRG 1920 (»... Angelegenheiten ..., die zu ihrem Geschäftskreis gehören«) und § 44 BetrVG 1952 (»... Angelegenheiten ..., die den Betrieb oder seine Arbeitnehmer berühren«), enthält § 45 seit der **Neufassung von 1972** Beschränkungen in der Themenwahl einer Betriebsversammlung. Mit der Formulierung »... Angelegenheiten, die ... unmittelbar betreffen« wurde eine Textfassung gewählt, die bereits im Gesetzgebungsverfahren zum BetrVG 1952 mit dem Ziel diskutiert wurde, »jede Politisierung der Betriebsversammlung auszuschließen und den Rahmen ihrer sachlichen Zuständigkeit zu klären« (vgl. Ausschussbericht, 20. Ausschuss, BT-Drucks. I/3585, S. 8). Zusätzlich wurde der Verweis auf § 74 Abs. 2 aufgenommen (Satz 1 Halbs. 2). 1

Im Rahmen des **Zweiten Gleichberechtigungsgesetzes vom 24.06.1994** (BGBl. I, S. 1406) wurden in den Themenkatalog der Betriebsversammlung Fragen der Frauenförderung und der Vereinbarkeit von Familie und Beruf aufgenommen. 2

Das **BetrVerf-Reformgesetz** aus dem Jahre 2001 erweiterte den Katalog nochmals: Aufgenommen wurden **Angelegenheiten umweltpolitischer Art** sowie **Fragen der Integration der im Betrieb beschäftigten ausländischen Arbeitnehmer**. Ersteres ging einher mit einer Akzentuierung des betrieblichen Umweltschutzes in der Betriebsverfassung insgesamt (vgl. §§ 43 Abs. 2 Satz 3, 53 Abs. 2 Nr. 2, 80 Abs. 1 Nr. 9, 88 Nr. 1a, 89, 106 Abs. 3 Nr. 5a) und sollte der wachsenden Bedeutung dieses Themenbereichs auch auf betrieblicher Ebene Rechnung tragen (vgl. Begründung des RegE, BT-Drucks. 14/1571, S. 25). Wie bei den schon bisher in die Themenzuständigkeit der Betriebsversammlung fallenden übergeordneten Angelegenheiten tarif- und sozialpolitischer sowie wirtschaftlicher Art ergibt sich aus § 45 aber gerade kein allgemeinpolitisches Mandat. Auch umweltpolitische Fragen müssen unmittelbar den Betrieb oder die Arbeitnehmer betreffen, wenn sie Gegenstand einer Betriebsversammlung sein sollen. Ebenso verhält es sich mit der Integration der im Betrieb beschäftigten ausländischen Arbeitnehmer, die im Übrigen schon bisher dem Bereich der Sozialpolitik zugeordnet werden konnte, jetzt aber durch den Gesetzgeber zu Recht ausdrücklich zum Gegenstand der Auseinandersetzung im Betrieb gemacht (vgl. Begründung des RegE, BT-Drucks. 14/1571, S. 25, 31, 42) und mit weiteren Regelungen ergänzt worden ist (vgl. § 43 Abs. 2 Satz 3, § 53 Abs. 2 Nr. 2, § 70 Abs. 1 Nr. 4, § 80 Abs. 1 Nr. 7, § 88 Nr. 4, § 99 Abs. 2 Nr. 6). Lediglich sprachlich umformuliert wurden die Begriffe »Frauenförderung« in »**Förderung der Gleichstellung von Frauen und Männern**« sowie das Begriffspaar »Vereinbarkeit von Familie und Beruf« in »**Vereinbarkeit von Familie und Erwerbstätigkeit**«. Das geschah ohne sachlichen Änderungsgehalt in Hinblick auf den neueren Sprachgebrauch in diesem Themenbereich (vgl. Begründung des RegE, BT-Drucks. 14/5741, S. 42). Vgl. zum Personalvertretungsrecht, bei dem der Themenkatalog nicht im Zuge der BetrVG-Reform angepasst wurde, *Weber/RDW* § 51 Rn. 19 f. 3

2. Grundkonzeption

Der **thematische Zuständigkeitsbereich** der Betriebsversammlung als Forum des innerbetrieblichen Austauschs zwischen Belegschaft, Betriebsrat und Arbeitgeber ist **weit gespannt**. Er deckt sich nur teilweise mit dem Aufgabengebiet des Betriebsrats (*Fitting* § 45 Rn. 6; *Galperin/Löwisch* § 45 Rn. 2; vgl. auch BAG 04.05.1955 AP Nr. 1 zu § 44 BetrVG [*Dietz*]: Aufgabenkreise decken sich »im Allgemeinen«; **enger** wohl *Worzalla/HWGNRH* § 45 Rn. 5, ähnlich wie hier aber Rn. 1:»weitgehende Deckungsgleichheit«). Denn der auf einer Betriebsversammlung zulässige The- 4 menkreis reicht durch die Einbeziehung tarif-, sozial- und umweltpolitischer sowie wirtschaftlicher Fragestellungen im **Ausgangspunkt** über die Ebene der individuellen Arbeitsbeziehungen zwischen Arbeitnehmer und Arbeitgeber und auch über die betriebliche Ebene als funktional-organisatorischem Zuständigkeitsobjekt der Betriebsverfassung hinaus. Der Gesetzgeber trägt damit der Tatsache Rechnung, dass diejenigen Angelegenheiten, denen der Informations- und Meinungsaustausch im Rahmen der Betriebsversammlung gewidmet sein soll, weithin in **übergeordnete Zusammenhänge** eingebettet sind und dementsprechend nur dann sinnvoll behandelt werden können, wenn diese Aspekte auch Berücksichtigung finden können. Darüber hinaus weisen viele Vorschriften des Gesetzes schon auf ein enges **Verflochtensein unmittelbar betriebsverfassungsrechtlicher mit tarifpolitischen** (vgl. u. a. §§ 2, 3, 77 Abs. 3, 80 Abs. 1 Nr. 1; 87 Einleitungssatz), **sozialpolitischen** (vgl. u. a. §§ 32, § 80 Abs. 1 Nr. 2 bis 9, 87 Nr. 7 bis 8, 89) und auch **wirtschaftlichen** (§§ 106 ff.) Angelegenheiten hin. Auch deshalb liegt es nahe, dass § 45 es zulässt, die Behandlung solcher Angelegenheiten in den Themenkatalog einzubeziehen. Daraus ergibt sich zugleich, dass der Themenkatalog nicht restriktiv interpretiert werden darf (vgl. auch *Fitting* § 45 Rn. 6; *Richardi/Annuß* § 45 Rn. 5) und darüber hinaus auch **keinen abschließenden Charakter** hat (*Berg/DKKW* § 45 Rn. 2; *Fitting* § 45 Rn. 6).

5 Auf der anderen Seite dienen weder die Betriebsverfassung insgesamt noch die Betriebsversammlung als Forum der innerbetrieblichen Aussprache dazu, allgemeinpolitische und sonstige übergeordnete Fragestellungen in den Betrieb hineinzutragen. Deshalb ist die Betriebsversammlung **nicht öffentlich** (vgl. § 42 Rdn. 48 ff.) und unterliegt in ihrer Themenzuständigkeit wie in ihrem konkreten Vollzug einer doppelten Beschränkung: Übergeordnete Angelegenheiten dürfen nur insoweit Eingang in die Betriebsversammlung finden, als sie »**den Betrieb oder seine Arbeitnehmer unmittelbar betreffen**« (vgl. auch *Rieble/Wiebauer* ZfA 2010, 63 [129 ff.]). Die Auseinandersetzung mit übergeordneten Fragestellungen muss also einen konkreten zeitlichen und sachlichen Anlass im innerbetrieblichen Bereich haben. Zugleich bindet der Verweis auf § 74 Abs. 2 die Betriebsversammlung an die dort geregelten **Maximen der »betriebsverfassungsrechtlichen Friedensordnung«** (vgl. *Kreutz/Jacobs* § 74 Rdn. 30), also das Verbot von Arbeitskampfmaßnahmen, das Verbot der Beeinträchtigung des Arbeitsablaufs und des Betriebsfriedens sowie das Verbot parteipolitischer Betätigung. Der Gesetzgeber sucht auf diese Weise das Spannungsverhältnis zwischen dem Bedürfnis nach einer innerbetrieblichen Auseinandersetzung mit Fragen individueller und kollektiver Arbeitsbeziehungen und dem Erfordernis eines ungestörten Ablaufs des Arbeitsprozesses zu regeln (vgl. zum Ganzen auch *Fabricius* 6. Aufl., § 45 Rn. 2 ff.).

6 § 45 Satz 2 regelt schließlich das Verhältnis von Betriebsversammlung und Betriebsrat. Dabei fügt sich der aus dem BRG 1920 übernommene **Ausschluss verbindlicher Entscheidungsbefugnisse** der Betriebsversammlung in die Grundkonzeption des Betriebsverfassungsrechts ein, die den Betriebsrat zum zentralen Repräsentanten der Interessen der Belegschaft macht. Die Belegschaft selbst wird vom Gesetz nur in eng umschriebenen Bereichen rechtlich anerkannt und als Ganze oder in Teilen mit eigenständigen Funktionen ausgestattet (vgl. §§ 14 Abs. 3 und 4, 14a, 17 Abs. 2, § 23 Abs. 1, § 43 Abs. 3). Die Betriebsversammlung als die Belegschaft verkörperndes »Organ der Betriebsverfassung« (vgl. dazu § 42 Rdn. 8 f.) hat deshalb im Verhältnis zum Betriebsrat nur das Recht, Anträge zu unterbreiten und zu seinen Beschlüssen Stellung zu nehmen, nimmt also insoweit eine **untergeordnete Position** ein.

7 § 45 gilt gleichermaßen für die Betriebs- wie die **Abteilungsversammlungen** des § 42 Abs. 2 (vgl. zu diesen § 42 Rdn. 70 ff.). Da die Anberaumung einer Abteilungsversammlung davon abhängt, dass die Erörterung der **besonderen Belange der Arbeitnehmer** in einem organisatorisch oder räumlich abgegrenzten Betriebsteil erforderlich ist (vgl. § 42 Rdn. 74 ff.), ist die Schranke der unmittelbaren Betroffenheit des § 45 im Grundsatz »abteilungsbezogen« zu interpretieren. Das gilt jedenfalls, soweit eine solche Beschränkung praktisch durchführbar ist (vgl. auch *Richardi/Annuß* § 45 Rn. 10; *Rüthers* ZfA 1974, 207 [226]; *Stege/Weinspach/Schiefer* §§ 42–46 Rn. 47).

8 Zu den Folgen einer **Überschreitung der Themenkompetenz der Betriebsversammlung** sowie von **Verletzungen der Verbote** des § 74 Abs. 2 vgl. § 42 Rdn. 35 ff. (insb. § 42 Rdn. 41), § 44 Rdn. 58 ff.

3. Betriebsversammlung und Meinungsfreiheit

Wegen der themenbegrenzenden Funktion des § 45 lässt sich von einer **grundrechtsbeschränken-** 9
den Wirkung der Vorschrift sprechen. § 45 ist aber nach allgemeiner Auffassung **allgemeines Gesetz i. S. des Art. 5 Abs. 2 GG**. Die grundrechtsbeschränkende Wirkung des § 45 ist deshalb – auch im Hinblick auf die Bezugnahme auf § 74 Abs. 2 – verfassungsmäßig unbedenklich (*BAG* 13.09.1977 EzA § 45 BetrVG 1972 Nr. 1 S. 12 = AP Nr. 1 zu § 42 BetrVG 1972; *Richardi/Annuß* § 45 Rn. 23; *Schmittner* AuR 1968, 353 [360f]; zu § 74 Abs. 2 vgl. *BVerfG* 28.04.1976 EzA § 74 BetrVG 1972 Nr. 1 S. 5 = AP Nr. 2 zu § 74 BetrVG 1972; *Kreutz/Jacobs* § 74 Rdn. 97).

Im Rahmen der vorgegebenen thematischen Grenzen haben die **Teilnehmer einer Betriebsver-** 10
sammlung (Arbeitnehmer, Betriebsratsmitglieder, Arbeitgeber) das Recht, ihre Meinung frei zu äußern. Hierin besteht gerade eine zentrale Funktion der Betriebsversammlung. Sie machen insofern von ihrem **Grundrecht auf Meinungsfreiheit** Gebrauch. Dabei gelten im Wesentlichen die allgemeinen Regeln über die Meinungsäußerung im Arbeitsverhältnis (dazu etwa *Schmidt/*ErfK Art. 5 GG Rn. 28 ff.). Die Arbeitnehmer sind namentlich berechtigt, Kritik an der Arbeit des Betriebsrats und am Arbeitgeber oder anderen Mitarbeitern zu äußern, sie können auf Missstände hinweisen und Anregungen zu deren Behebung geben. Grenzen ergeben sich insoweit, als unsachliche, ehrverletzende und betriebsstörende Äußerungen nicht von der Meinungsfreiheit gedeckt sind (vgl. etwa *BAG* 28.08.1958 AP Nr. 4 zu § 1 KSchG Verhaltensbedingte Kündigung *[Herschel]*; 13.10.1977 EzA § 74 BetrVG 1972 Nr. 3 S. 17 f. *[Löwisch]* = AP Nr. 1 zu § 1 KSchG 1969 Verhaltensbedingte Kündigung; *Berg/*DKKW § 45 Rn. 18; *Fitting* § 45 Rn. 22; *Joost/* MünchArbR § 224 Rn. 67; *Richardi/Annuß* § 45 Rn. 25). Die gleichen Grenzen gelten für Äußerungen des Arbeitgebers (zur Bedeutung des Art. 5 Abs. 1 GG für die Grenzen der Bekanntgabe der Kosten der Betriebsratstätigkeit in der Betriebsversammlung *BAG* 12.11.1997 EzA § 23 BetrVG 1972 Nr. 38 S. 4 = AP Nr. 27 zu § 23 BetrVG 1972 *[Bengelsdorf]*; vgl. zu diesem Problemkreis auch § 40 Rdn. 37 sowie *Kreutz* § 78 Rdn. 45).

II. Themen der Betriebs- und Abteilungsversammlungen, § 45 Satz 1 Halbs. 1

1. Unmittelbares Betroffensein des Betriebsrats oder seiner Arbeitnehmer

Die Betriebsversammlung hat kein allgemeinpolitisches Mandat. Sie kann nur solche Themen behan- 11
deln, bei denen der Betrieb oder seine Arbeitnehmer **unmittelbar** betroffen sind. Beides stellt kein Problem dar, wenn es um Angelegenheiten geht, die aus der Natur der Sache auf die betriebliche Ebene bezogen sind, also namentlich um Fragen aus dem Tätigkeitsbereich des jeweiligen Betriebsrats oder aus den arbeitsrechtlichen Beziehungen zwischen den Arbeitnehmern des Betriebs und dem Arbeitgeber. Man kann insofern von »**originär betrieblichen Angelegenheiten**« sprechen (dazu Rdn. 12). Bei den übergeordneten Angelegenheiten hingegen, also tarif-, sozial- und umweltpolitischen sowie den wirtschaftlichen Themen, muss erst mit Hilfe des Unmittelbarkeitskriteriums der Bezug zur betrieblichen Ebene und damit zur Funktion der Betriebsverfassung und ihrer Organe hergestellt werden. Unmittelbar betroffen sind der Betrieb oder seine Arbeitnehmer, wenn die zu behandelnde übergeordnete Frage sich aufgrund eines **konkreten sachlichen und zeitlichen Zusammenhangs gerade in diesem Betrieb und gerade für die darin beschäftigten Arbeitnehmer** auswirkt. Dabei reicht es nicht aus, dass die Arbeitnehmer wie andere Staatsbürger auch betroffen sind, sondern sie müssen gerade in ihrer Eigenschaft **als Arbeitnehmer** des konkreten Betriebs angesprochen sein (*Fitting* § 45 Rn. 7; *Richardi/Annuß* § 45 Rn. 7; *Rieble/Wiebauer* ZfA 2010, 63 [129]; *Worzalla/*HWGNRH § 45 Rn. 6). Ebenso wenig genügt es, wenn die Arbeitnehmer lediglich in ihrer Rolle als Gewerkschaftsmitglieder tangiert sind (*Richardi/Annuß* § 45 Rn. 7; *Rieble/Wiebauer* ZfA 2010, 63 [130]; *Worzalla/*HWGNRH § 45 Rn. 6). Andererseits heißt unmittelbare Betroffenheit i. S. des § 45 nicht, dass von einer übergeordneten Fragestellung nur die Arbeitnehmer des betreffenden Betriebs tangiert sein dürfen. Es kann durchaus um alle Arbeitnehmer einer bestimmten Branche, Berufs- oder Altersgruppe gehen, solange nur auch die Arbeitnehmer des Betriebs betroffen sind, in dem die Betriebsversammlung stattfinden soll (*Berg/*DKKW § 45 Rn. 4, 9; *Fitting* § 45 Rn. 7; *Koch/*ErfK

§§ 42 ff. BetrVG Rn. 4; vgl. auch *BAG* 13.09.1977 EzA § 45 BetrVG 1972 Nr. 1 *[Hanau]* = AP Nr. 1 zu § 42 BetrVG 1972).

2. Themenbereiche

a) Originär betriebliche Angelegenheiten

12   Zu den Angelegenheiten, die auf einer Betriebsversammlung behandelt werden können, gehören zunächst die ausdrücklich im Gesetz vorgesehenen Gegenstände, also der **Tätigkeitsbericht des Betriebsrats** (§ 43 Abs. 1 Satz 1; vgl. § 43 Rdn. 5 bis 7) und der **Bericht des Arbeitgebers** (§ 43 Abs. 2 Satz 2, vgl. § 43 Rdn. 8 ff.). Gegenstand der Betriebsversammlung kann gegebenenfalls auch der Bericht des Unternehmers gemäß § 110 sein (vgl. § 43 Rdn. 19). Für die Wahlversammlungen gelten § 14a Abs. 1 (Wahl des Wahlvorstands sowie des Betriebsrats) und § 17 Abs. 2 (Wahl des Wahlvorstands). Hinzu kommen beliebige weitere Themen aus dem **Zuständigkeitskatalog des Betriebsrats** (*Fitting* § 45 Rn. 5; *Joost*/MünchArbR § 224 Rn. 64), nicht nur im Bereich der Wahrnehmung von Mitbestimmungsrechten in personellen, sozialen und wirtschaftlichen Angelegenheiten, sondern auch in dem weiten Umfang der durch § 80 umschriebenen Aufgaben (*Richardi/Annuß* § 45 Rn. 9). Originär betriebliche Angelegenheit ist auch eine allgemeine **Information der Arbeitnehmer** über ihre betriebsverfassungsrechtlichen Rechte und Pflichten. Die Betriebsversammlung kann ferner, auch wenn sie nicht selbst befugt ist, mit dem Arbeitgeber Arbeitsbedingungen zu vereinbaren, **Anregungen zum Abschluss von Betriebsvereinbarungen oder Betriebsabsprachen** geben (*Fitting* § 45 Rn. 21). Weiterhin kann das **Betriebsklima** Gegenstand einer Betriebsversammlung sein (*LAG Düsseldorf* 22.01.1963 AP Nr. 7 zu § 43 BetrVG). Da das Gesetz eine Begrenzung auf den Aufgabenbereich des Betriebsrats nicht vorsieht, sondern nur die unmittelbare Betroffenheit der Arbeitnehmer verlangt (*Berg*/DKKW § 45 Rn. 5, 9; *Fitting* § 45 Rn. 6), zählt auch zu den betrieblichen Angelegenheiten die **Vorstellung von Kandidaten für die Betriebsratswahl** in einer Betriebsversammlung (*LAG Berlin* 12.12.1978 DB 1979, 1850 [1851]; *Etzel* Rn. 1220; *Lunk* Betriebsversammlung, S. 183; a. M. *Worzalla*/HWGNRH § 45 Rn. 8). Aus dem gleichen Grund können weiterhin alle Fragen aus dem Bereich der **arbeitsrechtlichen Beziehungen zwischen den Arbeitnehmern und dem Arbeitgeber** Gegenstand einer Betriebsversammlung sein (*Fitting* § 45 Rn. 5; *Joost*/MünchArbR § 224 Rn. 64; *Richardi/Annuß* § 45 Rn. 9). Schließlich handelt es sich auch dann um eine originär betriebliche Angelegenheit, wenn der konkrete Betrieb von einer **hoheitlichen behördlichen Maßnahme** betroffen ist, etwa wenn umweltschutzrechtliche Auflagen angeordnet werden oder die Baugenehmigung zur Erweiterung betrieblicher Anlagen verweigert wird.

b) Übergeordnete Angelegenheiten mit unmittelbarem Bezug zum Betrieb oder seinen Arbeitnehmern

aa) Angelegenheiten tarifpolitischer Art

13   Zur **Tarifpolitik** zählen alle Bestrebungen der Sozialpartner, die auf den Abschluss oder die Änderung von Tarifverträgen gerichtet sind. Angelegenheiten tarifpolitischer Art sind – auf der für die Zuständigkeit der Betriebsversammlung maßgeblichen **betrieblichen Ebene** – solche Fragen, die die **Anwendung** der für den Betrieb maßgebenden Tarifverträge einschließlich einschlägiger Gerichtsentscheidungen betreffen, ferner die Unterrichtung über den Stand laufender **Tarifverhandlungen** sowie über die **künftige Ausgestaltung** von Tarifverträgen, die im Betrieb Anwendung finden oder finden werden (*ArbG Oldenburg* 29.05.1989 NZA 1989, 652 f.; *ArbG Wilhemshaven* 27.10.1988 NZA 1989, 571; *Berg*/DKKW § 45 Rn. 6; *Bodem*/NK-GA § 45 BetrVG Rn. 4; *Fitting* § 45 Rn. 9; *Richardi/Annuß* § 45 Rn. 12; *Rüthers* ZfA 1974, 207 [227]). Insoweit sind auch **tarifpolitische Stellungnahmen** der Betriebsversammlung zulässig, auch wenn die Tarifpolitik selbst weder in den Aufgabenbereich des Betriebsrats noch der Betriebsversammlung gehört (*Fitting* § 45 Rn. 9; *Kreutz*/Jacobs § 74 Rdn. 120; *Tautphäus*/HaKo § 45 Rn. 3; a. M. *Brötzmann* BB 1990, 1055 [1059]; *Richardi/Annuß* § 45 Rn. 12; *Worzalla*/HWGNRH § 45 Rn. 9). Mit der Stellungnahme betreibt die Betriebsversammlung nicht selbst Tarifpolitik, sondern äußert sich lediglich zur Tarifpolitik. Das gesteht ihr das Gesetz auch in § 74 Abs. 2 Satz 3 Halbs. 2 zu. Die Betriebsversammlung dient nicht nur der Information der Arbeitnehmer, sondern soll auch deren Austausch über sie betreffende Fragen ermöglichen.

Dann kann ein solcher Austausch auch in einer Stellungnahme zu der jeweils von der Versammlung diskutierten Sachfrage münden. Zum Verbot von Arbeitskampfmaßnahmen vgl. Rdn. 26. Zum Verhältnis zu den Gewerkschaften vgl. Rdn. 22.

bb) Angelegenheiten sozialpolitischer Art
Der Begriff der **Sozialpolitik** ist weit zu verstehen. Er umfasst alle gesetzlichen und sonstigen Maßnahmen, die mit dem Schutz oder der Veränderung der Rechtsstellung des Arbeitnehmers und der sozialen Sicherung seiner Angehörigen in Zusammenhang stehen. Darunter fallen beispielsweise alle arbeitsrechtlichen, arbeitsschutzrechtlichen, arbeitsmarktpolitischen, sozialversicherungs- (*ArbG Paderborn* 24.10.1996 NZA-RR 1998, 23; **a. M.** *Hunold* AR-Blattei SD 530.11, Rn. 99) und sozialrechtlichen, bei entsprechender Tendenz auch alle steuerrechtlichen Gesetze und Einzelmaßnahmen, ferner Fragen der Berufsbildung, der Vermögensbildung und der Arbeitsmedizin (vgl. etwa *Fitting* § 45 Rn. 10; *Worzalla/HWGNRH* § 45 Rn. 10). Auch wirtschaftsrechtliche Regelungen mit unmittelbarer Auswirkung auf die Arbeitnehmerschaft gehören hierher, etwa die gesetzliche Regelung der Ladenschlusszeiten in Hinblick auf die Arbeitszeit der Beschäftigten (*Fitting* § 45 Rn. 11). Stets geht es aber nicht um die abstrakte Erörterung gesetzlicher Regelungen, sondern um deren **konkrete Auswirkungen auf den Betrieb**. Der bestimmte Betrieb oder die bestimmte Belegschaft müssen deshalb von den Regelungen eines Gesetzes konkret erfasst werden. Ein allgemeines Referat über das Gesetz zur Verbesserung der betrieblichen Altersversorgung (*BAG* 13.09.1977 EzA § 45 BetrVG 1972 Nr. 1 [*Hanau*] = AP Nr. 1 zu § 42 BetrVG 1972) gehört daher nur dann zu den Aufgaben einer Betriebsversammlung, wenn im betreffenden Betrieb überhaupt eine Betriebsrente gezahlt wird. Geplante Gesetzesänderungen haben erst dann den erforderlichen zeitlich-konkreten Bezug, wenn das Gesetzgebungsverfahren sich in einem Stadium befindet, in dem mit wesentlichen Änderungen nicht mehr zu rechnen ist (enger *Stege/Weinspach/Schiefer* §§ 42–46 Rn. 42a [Verabschiedung]; weiter *Berg/DKKW* § 45 Rn. 8 [Stadium der Gesetzgebung insgesamt]; wie hier zum Personalvertretungsrecht *Hess. VGH* 14.03.1984 NVwZ 1985, 209 [210]; vgl. auch *Weber/RDW* § 51 Rn. 19). Stets haben bei der Erörterung sozialpolitischer Angelegenheiten aber **parteipolitische Betätigungen** zu unterbleiben, § 45 Satz 1 Halbs. 2 i. V. m. § 74 Abs. 2 (*Fitting* § 45 Rn. 13; vgl. Rdn. 28 ff.).

Zu den Angelegenheiten sozialpolitischer Art wurden schon bisher auch Fragen der **Eingliederung ausländischer Arbeitnehmer** und der **Gleichstellung von Frauen und Männern** sowie der **Vereinbarkeit von Familie und Erwerbstätigkeit** gerechnet. Der Gesetzgeber hat diese Bereiche durch das Gleichberechtigungsgesetz von 1994 sowie das BetrVerf-Reformgesetz von 2001 ausdrücklich hervorgehoben (vgl. Rdn. 18 f.).

cc) Angelegenheiten umweltpolitischer Art
Neu in den Themenkatalog des § 45 aufgenommen hat der Gesetzgeber im Zuge des **BetrVerf-Reformgesetzes** im Jahre 2001 die **Umweltpolitik**. Schon früher war anerkannt, dass Umweltschutzfragen jedenfalls insoweit auf der Betriebsversammlung behandelt werden konnten, als es um Arbeitsschutz (als Teil der Sozialpolitik) ging. Die darüber hinausgehende Erörterung umweltpolitischer Fragen war hingegen auch insofern umstritten, als solche Fragen unmittelbaren Bezug zum Betrieb oder seinen Arbeitnehmern hatten. Die Neuregelung eröffnet auch hier eine Themenkompetenz. Der Umweltschutz als Teil der Umweltpolitik geht **über den Arbeitsschutz hinaus** (vgl. § 43 Rdn. 17). Mögliche Themen der Betriebsversammlung sind deshalb nicht nur Fragen der Lärm- und Schadstoffemissionen, sondern auch solche umweltschonender Produktionsmethoden und der Abfallvermeidung. Auf diese Weise soll die Kompetenz verstärkt nutzbar gemacht werden, die in Umweltschutzfragen innerhalb der Belegschaft aufgrund konkreter Erfahrungen am Arbeitsplatz vorhanden ist (vgl. die Begründung des RegE, BT-Drucks. 14/5741, S. 26, 30). Die Themenkompetenz der Betriebsversammlung reicht weiterhin **über den betrieblichen Umweltschutz hinaus**. Das Gesetz spricht von Umwelt**politik** und bezieht damit wie bei den tarif- und sozialpolitischen Angelegenheiten sowie den wirtschaftlichen Fragestellungen übergeordnete Zusammenhänge insoweit mit ein, als sich diese auf der betrieblichen Ebene unmittelbar auswirken (vgl. auch *Richardi/Annuß* § 45 Rn. 14; *Worzalla/HWGNRH* § 45 Rn. 11). Gesetzgeberische oder sonstige staatliche Maßnahmen, die – wie etwa neue Umweltauflagen – im Betrieb umgesetzt werden müssen, können damit Gegenstand einer

§ 45 II. 4. Betriebsversammlung

Betriebsversammlung sein. Ebenso wie bei den anderen Neuerungen zum Umweltschutz geht es **nicht** um ein allgemeines umweltpolitisches Mandat, sondern die von der Betriebsversammlung behandelten Fragen müssen die **betriebliche Ebene** unmittelbar betreffen (*Fitting* § 45 Rn. 14; *Worzalla/HWGNRH* § 45 Rn. 11; dazu auch § 42 Rdn. 4; § 43 Rdn. 17 [zum Jahresbericht]; ferner *Gutzeit* § 88 Rdn. 25, § 89 Rdn. 26 f.). Deshalb können auf einer Betriebsversammlung Fragen der Energiepolitik, etwa zur Kernkraft oder zu alternativen Energien, nur insoweit erörtert werden, als sie aufgrund der Ausrichtung des betreffenden Unternehmens und vor dem Hintergrund konkreter gesetzlicher Maßnahmen oder Vorhaben dort einen unmittelbaren Bezugspunkt haben.

dd) Angelegenheiten wirtschaftlicher Art

17 Zu den Angelegenheiten wirtschaftlicher Art zählen zunächst **betriebliche Angelegenheiten wirtschaftlicher Natur**. Darüber hinaus sind auch Vorgänge auf Unternehmensebene, die sich im betreffenden Betrieb auswirken, wirtschaftliche Angelegenheiten i. S. d. § 45, beispielsweise Unternehmenszusammenschlüsse, Übernahmen oder umwandlungsrechtliche Umstrukturierungen. Auch Maßnahmen in anderen Betrieben eines Unternehmens, die sich auf den in Frage stehenden Betrieb auswirken können, gehören hierher. Eine Betriebsversammlung kann sich deshalb mit der Stilllegung eines Zulieferer- oder Abnehmerbetriebs beschäftigen. Die **Wirtschaftspolitik** selbst, also die Gestaltung des Wirtschaftsablaufs, der Wirtschaftsstruktur und der wirtschaftlichen Rahmenbedingungen durch staatliche Beschlussorgane und supranationale Institutionen gehört lediglich in ihren **unmittelbaren Auswirkungen auf den Betrieb oder seine Arbeitnehmer** zu den wirtschaftlichen Angelegenheiten (*Richardi/Annuß* § 45 Rn. 15). Je nach Ausrichtung des Betriebs können das beispielsweise Angelegenheiten der Währungs-, Steuer-, Struktur- und Verkehrs- sowie der Rohstoff- und Energiepolitik sein (*BAG* 14.02.1967 EzA § 45 BetrVG Nr. 1 S. 3 = AP Nr. 2 zu § 45 BetrVG [*Mayer-Maly*]; *Berg/DKKW* § 44 Rn. 12; *Fitting* § 45 Rn. 15; *Worzalla/HWGNRH* § 45 Rn. 13). Fragen der allgemeinen wirtschaftlichen Situation, z. B. der marktwirtschaftlichen Orientierungsdaten, können auf einer Betriebsversammlung nicht erörtert werden.

ee) Fragen der Förderung der Gleichstellung von Frauen und Männern sowie der Vereinbarkeit von Familie und Erwerbstätigkeit

18 Seit dem Gleichberechtigungsgesetz vom 24.06.1994 (BGBl. I, S. 1406) gehören auch Fragen der **Gleichstellung von Frauen und Männern** sowie der **Vereinbarkeit von Familie und Erwerbstätigkeit** ausdrücklich zum Zuständigkeitskatalog des § 45. Das Gesetz sprach ursprünglich noch von »Frauenförderung« bzw. von »Vereinbarkeit von Familie und Beruf« und erhielt die jetzige Fassung ohne sachlichen Änderungsgehalt (vgl. Begründung des RegE, BT-Drucks. 14/5741, S. 42) im Jahre 2001 durch das **BetrVerf-Reformgesetz**. Während § 45 lediglich redaktionell angepasst wurde, stellt die Einbeziehung der Gleichstellungsproblematik in den verpflichtenden Gegenstandskatalog des Jahresberichts nach § 43 Abs. 2 Satz 3 eine Neuerung dar. Inhaltlich geht es jeweils um die gleichen Fragen (vgl. dazu sowie zum **EntgTranspG** § 43 Rdn. 13).

ff) Fragen der Integration der im Betrieb beschäftigten ausländischen Arbeitnehmer

19 Erstmals durch das **BetrVerf-Reformgesetz** wurde im Jahre 2001 die **Integration der im Betrieb beschäftigten ausländischen Arbeitnehmer** in den Themenkatalog der Betriebsversammlung aufgenommen. Es handelt sich insoweit nur um eine (allerdings begrüßenswerte) Klarstellung, da man diesen Problembereich schon bisher unter die Angelegenheiten der Sozialpolitik subsumiert hatte. Immerhin stellt die gesetzliche Änderung eine deutliche Akzentuierung dar, die die gemeinsame Verantwortung von Belegschaft, Betriebsrat und Arbeitgeber für die Ausländerintegration hervorhebt. Die Zielsetzung entspricht derjenigen, die der Gesetzgeber auch bei der Aufnahme dieses Themenbereichs in den Jahresbericht des Arbeitgebers nach § 43 Abs. 2 Satz 3 sowie bei weiteren Neuerungen im Bereich der Aufgaben von Betriebsräteversammlung, Jugend- und Auszubildendenvertretung und Betriebsrat verfolgt (vgl. §§ 53 Abs. 2 Nr. 2, 70 Abs. 1 Nr. 4, 80 Abs. 1 Nr. 7, 88 Nr. 4, 99 Abs. 2 Nr. 6 sowie § 42 Rdn. 4, § 43 Rdn. 14 [dort auch zu denkbaren Gegenständen der Aussprache im Rahmen der Betriebsversammlung]). In Ermangelung eines unmittelbaren betrieblichen Bezugs kommen aber

allgemeine Erörterungen zur Ausländerpolitik, etwa zur Flüchtlingsproblematik oder zur Frage eines Einwanderungsgesetzes, nicht in Betracht.

c) Sonstige Angelegenheiten

Die Aufzählung der in § 45 genannten Angelegenheiten ist, wie der Wortlaut (»einschließlich«) ergibt, **keine abschließende Regelung** (vgl. Rdn. 4 sowie *Berg/DKKW* § 45 Rn. 2; *Fitting* § 45 Rn. 6). 20

Zwar hat die Betriebsversammlung kein allgemeinpolitisches Mandat. **Theoretisch** könnten infolge des nicht abschließenden Charakters des Themenkatalogs des § 45 aber auch **allgemein-politische Themen** Gegenstand der Betriebsversammlung sein, sofern sie nur **unmittelbare** Auswirkungen auf den Betrieb oder seine Arbeitnehmer haben und das **Verbot parteipolitischer Betätigung** nach § 74 Abs. 2 Satz 3 beachtet wird (*Fabricius* 6. Aufl., § 45 Rn. 26 f.; *Joost*/MünchArbR § 224 Rn. 65). **Praktisch** haben aber solche Themen nur dann unmittelbare Auswirkungen auf den Betrieb, wenn sie zugleich tarif-, sozial-, umwelt- oder wirtschaftspolitischer Natur sind (vgl. auch *Richardi/Annuß* § 45 Rn. 18). Namentlich friedens- und abrüstungspolitische Fragen können allenfalls dann mittelbar im Rahmen einer Betriebsversammlung zur Sprache kommen, wenn sie Hintergrund entsprechender wirtschafts- und sozialpolitischer Vorgänge sind, etwa wenn ein Rüstungsbetrieb infolge von Budgetkürzungen staatliche Aufträge verliert. Gegenstand der Betriebsversammlung ist dann aber die jeweilige wirtschaftliche Maßnahme, nicht deren allgemein-politischer Hintergrund (ähnlich *Fitting* § 45 Rn. 7; weitergehend *Berg/DKKW* § 45 Rn. 5; vgl. auch *Berg/Bobke/Wolter* BlStSozArbR 1983, 353 [356]). Zur Ausländerpolitik vgl. Rdn. 19, zur Energiepolitik Rdn. 16. 21

Auch **gewerkschaftliche Angelegenheiten** scheiden nicht allein deshalb aus dem Themenkatalog der Betriebsversammlung aus, weil sie nicht in den Zuständigkeitsbereich des Betriebsrats fallen (*Fitting* § 45 Rn. 19; a. M. *Worzalla*/HWGNRH § 45 Rn. 7). Unmittelbar betroffen ist der Betrieb in diesem Bereich, wenn es um Fragen der Zusammenarbeit zwischen Betriebsrat und den im Betrieb vertretenen Gewerkschaften geht, z. B. um die Ankündigung bestimmter gewerkschaftlicher Ausbildungskurse (*Fitting* § 45 Rn. 19) oder um Informationen der Gewerkschaften über die Arbeit der Vertrauensleute (LAG Düsseldorf 10.03.1981 DB 1981, 1729; LAG Hamm 03.12.1986 BB 1987, 685; *Berg/DKKW* § 45 Rn. 10; *Brötzmann* BB 1990, 1055 [1059]; *Richardi/Annuß* § 45 Rn. 19; **a. M.** *Worzalla*/HWGNRH § 45 Rn. 7). Allgemein gewerkschaftliche, insbesondere interne oder gewerkschaftspolitische Angelegenheiten sowie generelle koalitionspolitische Fragen sind hingegen nicht erörterungsfähig (*Fitting* § 45 Rn. 20). Das gilt in Ermangelung eines spezifisch betrieblichen Bezugs auch für gewerkschaftliche Werbung (*Worzalla*/HWGNRH § 45 Rn. 7; ferner *Galperin/Löwisch* § 45 Rn. 8; *Richardi/Annuß* § 45 Rn. 19, die aber Informationen über die Vorteile der Gewerkschaftszugehörigkeit zulassen wollen). 22

Sonstige überbetriebliche Angelegenheiten können auch **Verkehrsprobleme** sein, von denen der Betrieb unmittelbar betroffen ist (*Berg/DKKW* § 45 Rn. 5; *Vogt* Betriebsversammlung, S. 112). 23

III. Anwendung der Grundsätze des § 74 Abs. 2 (§ 45 Satz 1 Halbs. 2)

1. Grundsätze

Neben dem Erfordernis unmittelbarer Betroffenheit stellt die Verweisung auf die Grundsätze der »**betriebsverfassungsrechtlichen Friedensordnung**« die zweite Schranke für die Tätigkeit der Betriebsversammlung dar. Die Einzelausprägungen des § 74 Abs. 2, also das Verbot von Arbeitskampfmaßnahmen, das Verbot der Beeinträchtigung des Arbeitsablaufs und des Betriebsfriedens sowie das Verbot parteipolitischer Betätigungen gelten auch für die Betriebsversammlung. Dabei greifen in § 74 Abs. 2 inhaltliche Aspekte und Grenzziehungen hinsichtlich der Art und Weise der Durchführung der Versammlung ineinander. So kann sowohl die Themenwahl an sich den Betriebsfrieden beeinträchtigen als auch die konkrete Auseinandersetzung mit einem an sich zulässigen Thema. Ein Verstoß gegen das Verbot parteipolitischer Betätigung kann sich sowohl aus der Wahl eines bestimmten Themas ergeben (Vorstellung eines Parteiprogramms) als auch aus der Art und Weise seiner Behandlung (Auftritt eines Politikers in Wahlkampfzeiten; vgl. dazu Rdn. 30). 24

25 Für die Interpretation des § 74 Abs. 2 gelten im Ausgangspunkt die generell für diese Vorschrift maßgeblichen Grundsätze (dazu *Kreutz/Jacobs* § 74 Rdn. 36 ff.). Aus der Orientierung auf die Situation der Betriebsversammlung ergibt sich allerdings eine Änderung des Adressatenkreises: Durch die Verweisung werden nämlich nicht nur der Arbeitgeber und der Betriebsrat als die in § 74 Abs. 2 unmittelbar als Adressaten Genannten den Pflichten dieser Vorschrift unterworfen, sondern **sämtliche Teilnehmer der Betriebsversammlung** (*Illes* Das betriebsverfassungsrechtliche Verbot parteipolitischer Betätigung im Betrieb [Diss. Leipzig], 2016, S. 150 ff.; *Richardi/Annuß* § 45 Rn. 20; *Worzalla/HWGNRH* § 45 Rn. 17; **a. M.** *Fitting* § 45 Rn. 23; *Rieble/Wiebauer* ZfA 2010, 63 [131]; zu den Verbotsadressaten im Rahmen des § 74 vgl. *Kreutz/Jacobs* § 74 Rdn. 37 ff., 101 ff., 135). Die Gegenmeinung kommt im Ergebnis mittelbar zu einer Bindung, indem sie alle Teilnehmer dem vom Versammlungsleiter ausgeübten **Haus- und Ordnungsrecht** unterwirft (vgl. dazu generell § 42 Rdn. 35 ff.). Es erscheint aber inkonsequent, dem Versammlungsleiter ordnungsrechtliche Maßnahmen zuzubilligen, ohne zugleich diejenigen den Regeln zu unterwerfen, nach denen sich der Versammlungsleiter bei der Ausübung seines Ordnungsrechts zu richten hat. Abgesehen davon hätte es sonst einer Verweisung auf die Vorschrift des § 74 Abs. 2 überhaupt nicht bedurft (*Worzalla/HWGNRH* § 45 Rn. 17). Allerdings ist bei der Auslegung der Verbote des § 45 die grundrechtsbeschränkende Wirkung der Vorschrift zu beachten und diese ihrerseits im Lichte der Bedeutung des **Grundrechts der freien Meinungsäußerung** zu interpretieren (*BVerfG* 28.04.1976 EzA § 74 BetrVG 1972 Nr. 1 S. 5 = AP Nr. 2 zu § 74 BetrVG 1972; *Richardi/Annuß* § 45 Rn. 23; vgl. auch Rdn. 9 f.).

2. Einzelausprägungen der »betriebsverfassungsrechtlichen Friedensordnung«

a) Verbot von Arbeitskampfmaßnahmen, § 74 Abs. 2 Satz 1

26 Gemäß § 74 Abs. 2 Satz 1 sind Maßnahmen des Arbeitskampfes zwischen Arbeitgeber und Betriebsrat unzulässig (vgl. dazu allgemein *Kreutz/Jacobs* § 74 Rdn. 36 ff.). Dementsprechend hat sich auch die Betriebsversammlung solcher Maßnahmen zu enthalten. Dabei ist der **Verbotsrahmen** zur Vermeidung jeglicher Belastung der offenen Aussprache **weit zu ziehen**. Nicht nur betriebliche Arbeitskampfmaßnahmen, wie die Verabredung einer kollektiven Änderungskündigung, »passiven Widerstands«, Schlechtarbeit usw., sondern auch Unterstützungen gewerkschaftlicher Arbeitskämpfe, wie Streikaufrufe, Geldsammlungen, Abstimmungen usw., sind uneingeschränkt unzulässig (*Fitting* § 45 Rn. 23a; *Richardi/Annuß* § 45 Rn. 8; *Wiese* NZA 1984, 378 [379 f.]; *Worzalla/HWGNRH* § 45 Rn. 19). Dagegen darf über einen Arbeitskampf, der für den Betrieb wirtschaftliche Auswirkungen haben wird, oder über dessen Vorbereitung sachlich berichtet werden (*LAG Baden-Württemberg* 17.02.1987 DB 1987, 1441 f.; *Berg/DKKW* § 45 Rn. 6; *Worzalla/HWGNRH* § 45 Rn. 19; **a. M.** *Galperin/Löwisch* § 45 Rn. 12).

b) Verbot der Beeinträchtigung des Arbeitsablaufs oder des Friedens des Betriebs, § 74 Abs. 2 Satz 2

27 Aufgrund des Verweises auf § 74 Abs. 2 Satz 2 haben die Teilnehmer einer Betriebsversammlung Betätigungen zu unterlassen, durch die der **Arbeitsablauf** oder der **Frieden des Betriebs beeinträchtigt wird**. Der Frieden des Betriebs äußert sich in einer spannungsfreien, vertrauensvollen Zusammenarbeit zwischen Betriebsrat und Arbeitgeber (§§ 2, 74 Abs. 2 Satz 2, 75). Beeinträchtigungen können sowohl von Handlungen als auch Äußerungen im Rahmen der Betriebsversammlung herrühren. Eine Beeinträchtigung des Arbeitsablaufs oder des Betriebsfriedens setzt eine **konkrete Störung** voraus. Eine bloße Gefährdung genügt nicht (vgl. auch *Fitting* § 45 Rn. 24 [hohe Wahrscheinlichkeit erforderlich]; *Joost/MünchArbR* § 224 Rn. 70 [konkrete Gefährdung erforderlich]; *Worzalla/HWGNRH* § 45 Rn. 24 [bloße Möglichkeit der Beeinträchtigung reicht nicht]). Die frühere weitere Fassung (§ 49 Abs. 2 BetrVG 1952: »... zu gefährden«) ist insoweit eingeengt worden. Dadurch wird eine Abwägung der freien Meinungsäußerung (Art. 5 Abs. 1 Satz 1 GG) mit dem Schutz des Betriebsfriedens erleichtert. Soweit es um den Arbeitsablauf geht, muss die Beeinträchtigung über die mit der Versammlung zwangsläufig einhergehenden zeitweisen Störungen hinausreichen. Das ist beispielsweise der Fall, wenn der Betriebsrat nach Beendigung der Tagesordnung die Arbeitnehmer auffordert, nicht an ihren Arbeitsplatz zurückzukehren, sondern die Versammlung fortzusetzen und über Kampf-

maßnahmen zu beraten. Hinsichtlich der Störung des Betriebsfriedens, bei der es vor allem um die Abwägung mit der Meinungsfreiheit der Teilnehmer der Betriebsversammlung geht, gelten die unter Rdn. 10 dargelegten Grundsätze, wonach Kritik erlaubt ist, solange sie das erforderliche Maß an Rücksichtnahme einhält und insbesondere nicht verletzend oder persönlich wird.

c) Verbot parteipolitischer Betätigung, § 74 Abs. 2 Satz 3

Gemäß § 45 Satz 1 i. V. m. § 74 Abs. 2 Satz 3 ist eine parteipolitische Betätigung in der Betriebsversammlung zu unterlassen. Die Betriebsversammlung ist **kein Forum allgemeinpolitischer Auseinandersetzung**. Das Verbot parteipolitischer Betätigung gilt **absolut**. Es bezweckt nicht nur, den Betriebsfrieden zu wahren; darüber hinaus sollen die Arbeitnehmer des Betriebs in ihrer Wahlfreiheit als Staatsbürger nicht beeinflusst werden (*BAG* 13.09.1977 EzA § 45 BetrVG 1972 Nr. 1 S. 12 [*Hanau*] = AP Nr. 1 zu § 42 BetrVG 1972; *Fitting* § 45 Rn. 25; *Löwisch* DB 1976, 676; vgl. aber *Husemann* Das Verbot der parteipolitischen Betätigung, S. 199 ff.; *Kreutz/Jacobs* § 74 Rdn. 100). 28

Parteipolitische Betätigung ist nicht nur die Betätigung für eine politische Partei i. S. d. Art. 21 GG, sondern auch das Eintreten für sonstige politische Gruppierungen oder für eine bestimmte politische Richtung (*BAG* 12.06.1986 EzA § 74 BetrVG 1972 Nr. 7 S. 62 = AP Nr. 5 zu § 74 BetrVG 1972; *Kreutz/Jacobs* § 74 Rdn. 108 ff.; *Lunk* Betriebsversammlung, S. 176; *Worzalla/HWGNRH* § 45 Rn. 21). Das *BAG* hat sich allerdings in einer neueren Entscheidung zu § 74 Abs. 2 Satz 3 BetrVG für eine weniger strenge Auslegung des Verbots parteipolitischer Betätigung ausgesprochen und will Äußerungen allgemeinpolitscher Art ohne Bezug zu einer Partei nicht mehr davon erfasst sehen. Eine Grenze soll sich erst dann ergeben, wenn der Arbeitsablauf oder der Betriebsfrieden gestört sind (*BAG* 17.03.2010 EzA § 74 BetrVG 2001 Nr. 1 Rn. 35 ff. = AP Nr. 12 zu § 74 BetrVG 1972 [*Husemann*]; **zust.** *Illes* Das betriebsverfassungsrechtliche Verbot parteipolitischer Betätigung im Betrieb [Diss. Leipzig], 2016, S. 109 ff.; *Kreutz/Jacobs* § 74 Rdn. 112; **abl.** *Worzalla/HWGNRH* § 45 Rn. 20; vgl. dazu auch *Bauer/Willemsen* NZA 2010, 1089; *Dohna-Jaeger* AuR 2011, 428; *Husemann* Das Verbot der parteipolitischen Betätigung, S. 282 ff.; *Ilbertz* ZfPR 2011, 7; *Reichold* RdA 2011, 59; *Rieble/Wiebauer* ZfA 2010, 63 [129 ff.]; *Schöne* SAE 2011, 184; *Schuld* AiB 2011, 166; *Wiebauer* BB 2010, 3091). Für den vorliegenden Zusammenhang kann das offen bleiben. Zwar verweist § 45 auf die Vorschrift des § 74 Abs. 2 Satz 3. Aber zugleich enthält § 45 Konkretisierungen in zweierlei Hinsicht: Einerseits zeigt die Erwähnung tarif-, sozial- und umweltpolitischer Fragen im Gesetz zweifelsfrei, dass die **Behandlung politischer Fragen** im Rahmen einer Betriebsversammlung **nicht allgemein ausgeschlossen** sein kann, auch dann nicht, wenn sie – wie regelmäßig – zugleich Gegenstand parteipolitischer Auseinandersetzungen sind. Entscheidend ist aber andererseits stets die **konkrete Betroffenheit des Betriebs oder seiner Arbeitnehmer**. In diesem Fall können auch Stellungnahmen nicht ausgeschlossen werden, die sich mit parteipolitischen Auffassungen decken (*Fitting* § 45 Rn. 25 f.; *Illes* Das betriebsverfassungsrechtliche Verbot parteipolitischer Betätigung im Betrieb [Diss. Leipzig], 2016, S. 152 f.; *Richardi/Annuß* § 45 Rn. 18; *Rüthers* ZfA 1974, 207 [230]; *Worzalla/HWGNRH* § 45 Rn. 21). Darüber hinausgehende allgemeinpolitische Äußerungen überschreiten in jedem Fall die von § 45 gezogenen Grenzen. 29

Ein Verstoß gegen das Verbot parteipolitischer Betätigung kann sich aus der **Form der Veranstaltung** ergeben, etwa wenn ein sonst als Referent für Sachfragen nicht auftretender Politiker als Teil seiner Wahlkampfstrategie im Rahmen einer Betriebsversammlung über ein sachlich an sich zulässiges Thema spricht (*BAG* 13.09.1977 EzA § 45 BetrVG 1972 Nr. 1 S. 12 ff. = AP Nr. 1 zu § 42 BetrVG 1972; *Fitting* § 45 Rn. 26; *Illes* Das betriebsverfassungsrechtliche Verbot parteipolitischer Betätigung im Betrieb [Diss. Leipzig], 2016, S. 156 ff.; *Kreutz/Jacobs* § 74 Rdn. 114; *Worzalla/HWGNRH* § 45 Rn. 22). Das gilt nicht nur dann, wenn der Politiker ausdrücklich als Vertreter seiner Partei auftritt, sondern auch dann, wenn sich aus den Umständen seines Auftretens ein parteipolitischer Bezug ergibt (*BAG* 13.09.1977 EzA § 45 BetrVG 1972 Nr. 1 S. 12 f. = AP Nr. 1 zu § 42 BetrVG 1972). 30

Da § 45 die Betriebsversammlung generell vor den mit parteipolitischer Auseinandersetzung verbundenen Spannungen schützen und den Betriebsfrieden wahren will, können sich Arbeitgeber und Betriebsrat **nicht einvernehmlich über das Verbot parteipolitischer Betätigung hinwegsetzen** (*Richardi/Annuß* § 45 Rn. 18; *Worzalla/HWGNRH* § 45 Rn. 23). Das gilt angesichts der zwingenden Natur des § 45 und des ex ante nicht überschaubaren Verlaufs einer Betriebsversammlung selbst dann, 31 wenn sämtliche Teilnehmer der Betriebsversammlung der Behandlung einer parteipolitischen Frage zustimmen. Anders ist nur zu entscheiden, wenn ein Politiker in seiner Funktion als Repräsentant der Regierung im Einvernehmen von Arbeitgeber und Betriebsrat als Sachverständiger über eine den konkreten Betrieb betreffende politische Maßnahme referiert (*Worzalla/HWGNRH* § 45 Rn. 23; **a. M.** *Galperin/Löwisch* § 45 Rn. 13).

IV. Verhältnis von Betriebsversammlung und Betriebsrat, § 45 Satz 2

1. Anträge und Stellungnahmen

32 Unter **Anträgen** sind Aufforderungen an den Betriebsrat zu verstehen, bestimmte Themenbereiche in bestimmter Weise zu behandeln. Sie beziehen sich auf noch zu regelnde Gegenstände, z. B. eine abzuschließende Betriebsvereinbarung oder die Stellungnahme in einer personellen Angelegenheit. Sie können sich auch der Sache nach an den Arbeitgeber wenden, z. B. bei der Bitte um bestimmte Sozialleistungen, müssen jedoch an den Betriebsrat mit der Maßgabe gerichtet werden, in dieser Weise beim Arbeitgeber vorstellig zu werden. Sie werden in **Form des Beschlusses** gefasst (*Fitting* § 45 Rn. 32; *Joost/*MünchArbR § 224 Rn. 74; *Richardi/Annuß* § 45 Rn. 26; *Worzalla/HWGNRH* § 45 Rn. 28). Dagegen betreffen die **Stellungnahmen** die bereits vom Betriebsrat durch Beschluss entschiedenen Angelegenheiten oder auch sonstige Tatsachen. Auch die Stellungnahme kann, insbesondere in Angelegenheiten, die bisher lediglich intern behandelt wurden, in der Form eines Beschlusses abgegeben werden, indem z. B. der Entscheidung des Betriebsrats zugestimmt oder sie abgelehnt wird (*Fitting* § 45 Rn. 32; *Joost/*MünchArbR § 224 Rn. 74; *Richardi/Annuß* § 45 Rn. 26; *Worzalla/HWGNRH* § 45 Rn. 28).

33 Beide Entschließungen sind für den Betriebsrat **unverbindlich** (*Joost/*MünchArbR § 224 Rn. 72; *Richardi/Annuß* § 45 Rn. 31; *Worzalla/HWGNRH* § 45 Rn. 27). Der Betriebsversammlung steht daher nur das Recht zu, Anregungen zu geben und wertend zur Tätigkeit des Betriebsrats Stellung zu nehmen. Allerdings kann der Betriebsrat die Wirksamkeit von **freiwilligen** Betriebsvereinbarungen von der Zustimmung der Betriebsversammlung abhängig machen. Ein Zustimmungsvorbehalt in mitbestimmungspflichtigen Angelegenheiten (insbesondere §§ 87, 99, 102) lässt sich dagegen weder mit der Eilbedürftigkeit (z. B. § 87 Abs. 1, 3, 5, 8, 9) noch dem Begründungszwang (vgl. § 99 Abs. 3) noch der eigenverantwortlichen Wahrnehmung des Mitbestimmungsrechts durch den Betriebsrat vereinbaren.

34 Die **Betriebsversammlung** kann mangels Vertretungsmacht gegenüber den einzelnen Arbeitnehmern nicht selbst **Vereinbarungen** mit dem Arbeitgeber abschließen. Insbesondere ist sie nicht ermächtigt, auf Ansprüche der Arbeitnehmer zu verzichten (*Fitting* § 45 Rn. 21), auch nicht durch einstimmigen Beschluss aller im Betrieb tätigen Arbeitnehmer, da es sich insoweit um Beschlüsse der Versammlung und nicht um Erklärungen der Einzelnen handelt. Entsprechendes muss auch für die »wilden Betriebsversammlungen« (vgl. § 42 Rdn. 11 ff.) gelten.

2. Verantwortlichkeit des Betriebsrats gegenüber der Betriebsversammlung

35 Die Betriebsversammlung kann den Betriebsrat nicht **abwählen**. Auch **Misstrauensanträge** sind unverbindlich (*Worzalla/HWGNRH* § 45 Rn. 26). Zum Anspruch des Viertels der Arbeitnehmer auf Einberufung einer Versammlung vgl. § 43 Rdn. 41 ff.

36 Trotz fehlender unmittelbarer Einwirkungsmöglichkeit kann jedoch der Betriebsrat die **Beschlüsse** der Betriebsversammlung **nicht völlig übergehen**. Er ist nach § 2 Abs. 1 zur Wahrung der Belange der Arbeitnehmer sowie der des Betriebs (vgl. *Franzen* § 2 Rdn. 43 ff.) verpflichtet. Daraus folgt die Möglichkeit einer groben **Pflichtverletzung** gemäß § 23 Abs. 1, falls der Betriebsrat die Anträge und Stellungnahmen der Betriebsversammlung, in denen die Belegschaft ihren Belangen Ausdruck gibt, unbeachtet lässt (vgl. *Worzalla/HWGNRH* § 45 Rn. 27 [Pflicht zur sorgfältigen Prüfung]).

Beauftragte der Verbände § 46

V. Streitigkeiten

Streitigkeiten über die Zulässigkeit der Behandlung von Themen sowie über Aufgaben, Zuständigkeiten und Befugnisse der Betriebsversammlung werden von den Gerichten für Arbeitssachen im **Beschlussverfahren** entschieden (§§ 2a Abs. 1 Nr. 1, Abs. 2, 80 ff. ArbGG). 37

§ 46
Beauftragte der Verbände

(1) An den Betriebs- oder Abteilungsversammlungen können Beauftragte der im Betrieb vertretenen Gewerkschaften beratend teilnehmen. Nimmt der Arbeitgeber an Betriebs- oder Abteilungsversammlungen teil, so kann er einen Beauftragten der Vereinigung der Arbeitgeber, der er angehört, hinzuziehen.

(2) Der Zeitpunkt und die Tagesordnung der Betriebs- oder Abteilungsversammlungen sind den im Betriebsrat vertretenen Gewerkschaften rechtzeitig schriftlich mitzuteilen.

Literatur

Literaturnachweise zum BetrVG 1952 siehe 8. Auflage.

Grunsky Der Nachweis des Vertretenseins einer im Betrieb vertretenen Gewerkschaft, AuR 1990, 105; *Hohn* Zutritt von Gewerkschaftsbeauftragten zur Betriebsversammlung, DB 1978, 1886; *Klostekemper* Das Zugangsrecht der Gewerkschaft zum Betrieb, 1980; *Prütting/Weth* Die Vertretung einer Gewerkschaft im Betrieb, DB 1989, 2273. Vgl. ferner § 42 und § 45.

Inhaltsübersicht

	Rdn.
I. Vorbemerkungen	1–3
1. Entstehungsgeschichte	1
2. Grundgedanke und Normzweck	2, 3
II. Rechtsstellung der Gewerkschaftsbeauftragten	4–16
1. Allgemeine Voraussetzungen des Zutritts- und Teilnahmerechts	4–7
2. Umfang und Grenzen des Zutrittsrechts	8, 9
3. Umfang und Grenzen des Teilnahmerechts	10–14
4. Mitteilungspflicht des Betriebsrats	15, 16
III. Teilnahmerecht des Beauftragten der Arbeitgebervereinigung	17–19
IV. Streitigkeiten	20

I. Vorbemerkungen

1. Entstehungsgeschichte

In Abs. 1 wird im Wesentlichen die Regelung des § 45 BetrVG 1952 übernommen. Gegenüber § 47 BRG 1920, wonach »je ein Beauftragter der im Betriebe vertretenen wirtschaftlichen Vereinigungen der Arbeitnehmer mit beratender Stimme teilnehmen« konnte, enthielt bereits diese Vorschrift eine Ausweitung dadurch, dass auch der an einer Betriebsversammlung teilnehmende Arbeitgeber »einen Beauftragten der Arbeitgebervereinigung, der er angehört, hinzuziehen« konnte. Das BetrVG 1972 ergänzt die bisherige Regelung um die Benachrichtigungspflicht (Abs. 2). 1

2. Grundgedanke und Normzweck

Mit dem Beratungsrecht soll zum einen der traditionellen Verflechtung der Gewerkschaften mit der Arbeitnehmerschaft Rechnung getragen, zum anderen der häufig unzureichende Überblick der Betriebsvertretung über wirtschaftliche, gesellschafts- und tarifpolitische Zusammenhänge durch unentgeltliche Beratung ergänzt werden. Das Beratungsrecht ist den Gewerkschaften demnach nicht in 2

§ 46 II. 4. Betriebsversammlung

ihrem eigenen Interesse, sondern lediglich als **Hilfsfunktion** zur Erreichung der betriebsverfassungsrechtlichen Zwecke eingeräumt (*BAG* 14.02.1967 EzA § 45 BetrVG Nr. 1 S. 3 = AP Nr. 2 zu § 45 BetrVG *[Mayer-Maly]*; **a. M.** *Berg/DKKW* § 46 Rn. 1). Zu den daraus folgenden sachlichen Grenzen vgl. Rdn. 8 ff.

3 Das **Anwesenheitsrecht des Beauftragten der Arbeitgebervereinigung** lässt sich nicht pauschal mit dem ohnehin fragwürdigen Gedanken der »Waffengleichheit« zwischen Arbeitgeber und Betriebsrat begründen, zumal jedenfalls größere und viele mittlere Unternehmen ohnehin über besonders geschulte Personalleiter, Rechtsabteilungen oder sonstige Juristen verfügen. Die Betriebsverfassung erfasst aber auch den Arbeitgeber eines Kleinbetriebs, bei dem diese Voraussetzungen nicht vorliegen und der eher auf fachlichen Rat angewiesen sein wird. Darüber hinaus kann gerade bei Fragestellungen tarif- oder sozialpolitischer Natur die Hinzuziehung eines Verbandsvertreters auch bei größeren und mittleren Unternehmen sinnvoll sein, um dessen Sachkompetenz in übergeordneten Angelegenheiten nutzbar zu machen. Da den Arbeitgebervereinigungen aber nicht schon vom Gesetz eine Hilfsfunktion innerhalb der Betriebsverfassung zugewiesen ist, können deren Vertreter – anders als diejenigen der Gewerkschaften – an Betriebsversammlungen nur teilnehmen, wenn sie eigens hinzugezogen wurden.

II. Rechtsstellung der Gewerkschaftsbeauftragten

1. Allgemeine Voraussetzungen des Zutritts- und Teilnahmerechts

4 Dem Gewerkschaftsbeauftragten kommt ein durch die gesetzliche Organisationsordnung begründetes **ursprüngliches Zugangs- und Teilnahmerecht** zu (*BAG* 18.03.1964 AP Nr. 1 zu § 45 BetrVG *[Dietz]*; 14.02.1967 EzA § 45 BetrVG Nr. 1 S. 3 = AP Nr. 2 zu § 45 BetrVG *[Mayer-Maly]*). Es ist weder von einer Einladung des Betriebsrats noch von einer Zustimmung des Arbeitgebers abhängig und besteht selbst dann, wenn Arbeitgeber, Betriebsrat und Betriebsversammlung mit der Teilnahme nicht einverstanden sind (*Fitting* § 46 Rn. 5, 8, 10; *Richardi/Annuß* § 46 Rn. 6, 13; *Worzalla/HWGNRH* § 46 Rn. 3). Das Teilnahmerecht erstreckt sich auf **alle** Betriebs-, Teil- und Abteilungsversammlungen sowie auf Wahlversammlungen nach §§ 14a und 17. Die entsendende Gewerkschaft muss **im Betrieb** (nicht nur im Unternehmen) »**vertreten**« sein (vgl. dazu *Franzen* § 2 Rdn. 39 ff.). Bei Abteilungs- oder Teilversammlungen ist allerdings nicht erforderlich, dass die Gewerkschaft auch in der betreffenden Abteilung oder in der durch die Teilversammlung zusammengefassten Gruppe vertreten ist (*Berg/DKKW* § 46 Rn. 4; *Fitting* § 46 Rn. 6; *Richardi/Annuß* § 46 Rn. 4; *Worzalla/HWGNRH* § 46 Rn. 9). Nach Auffassung des *BAG* (19.09.2006 EzA Art. 9 GG Nr. 89 = AP Nr. 5 zu § 2 BetrVG 1972 [abl. *B. Schmidt*] = RdA 2008, 35 [abl. *Rieble*] = AR-Blattei SD 1150.2.1 Nr. 13 *[abl. Hergenröder]*; 22.05.2012 EzA Art 9 GG Nr. 106 Rn. 26 = AP Nr. 149 zu Art. 9 GG *[Worzalla]*; dem *BAG* zust. *Fitting* § 46 Rn. 6; *Schönhöft/Klafki* NZA-RR 2012, 393 [396 f.]) sind **Gewerkschaften i. S. d. Betriebsverfassungsgesetzes** nur tariffähige Arbeitnehmerkoalitionen. Demgegenüber wird unter Hinweis auf das Gebot teleologischer Begriffsbildung zu Recht die Ansicht vertreten, dass ein einheitlicher Gewerkschaftsbegriff abzulehnen sei (vgl. ausf. *Franzen* § 2 Rdn. 26, 34 ff. m. w. N.). Für die Wahrnehmung der Beratungsfunktion nach § 46 kommt es allein darauf an, dass die Koalition im jeweiligen Betrieb über eine gewisse Mitgliederzahl, Organisationsstruktur, finanzielle Ausstattung und Sachkenntnis verfügt (*Franzen* § 2 Rdn. 34; vgl. auch *BVerwG* 25.07.2006 NZA 1006, 1371 Rn. 22).

5 Über die **Person des zu Entsendenden** entscheidet die Gewerkschaft. Erforderlich ist nicht, dass der Beauftragte Mitglied der Gewerkschaft oder eines von ihr mitgebildeten Spitzenverbandes ist und eine Amtsstellung, die auch ehrenamtlich sein kann, innehat (*Richardi/Annuß* § 46 Rn. 9; *Raab* § 31 Rdn. 16; **a. M.** *Worzalla/HWGNRH* § 46 Rn. 11). Nicht erforderlich ist auch eine privatrechtliche Vertretungsmacht, da der Beauftragte nicht Vertreter i. S. d. § 164 BGB ist, sondern es sich um eine Geschäftsbesorgung gem. § 662 oder § 675 BGB handelt (**a. M.** *Vogt* Betriebsversammlung, S. 49).

6 Die **Anzahl der Entsandten** ist nicht auf einen Beauftragten je Gewerkschaft beschränkt. Dennoch sind die Gewerkschaften bei der Bestimmung der Anzahl der Beauftragten nicht völlig frei. Der Beratungs- und Unterstützungszweck des Teilnahmerechts, der die allgemeine Hilfsfunktion der Gewerkschaften konkretisiert, gebietet eine darauf bezogene zahlenmäßige Beschränkung (*Fitting* § 46

Rn. 7; *Richardi/Annuß* § 46 Rn. 10; *Worzalla/HWGNRH* § 46 Rn. 10; **a. M.** *Berg/DKKW* § 46 Rn. 6). Danach haben die Gewerkschaften die Anzahl ihrer Beauftragten auf das erforderliche Mindestmaß zu beschränken. Mehrere Beauftragte sind nur dann zu entsenden, wenn die Tagesordnung weitreichende und Spezialwissen erfordernde Gegenstände erfasst (z. B. eine Betriebsvereinbarung über Akkordsätze oder Ruhegeld).

Der Betriebsrat kann beschließen, dass mehrere Gewerkschaftsbeauftragte hinzugezogen werden sollen, und die zuständigen Gewerkschaften anregen, dementsprechend Beauftragte abzuordnen. Liegt ein solcher Beschluss vor oder ergibt sich die Anwesenheit mehrerer Beauftragter aus den Besonderheiten eines zu behandelnden Gegenstandes, muss **jeder Gewerkschaft die gleiche Berechtigung** eingeräumt werden. Eine Pflicht zur Entsendung je einer gleichen Anzahl besteht nicht. **7**

2. Umfang und Grenzen des Zutrittsrechts

Das **Hausrecht des Arbeitgebers** über die Zugangswege ist, wenn die Versammlung auf dem Unternehmensgelände stattfindet, **eingeschränkt**. Der Gewerkschaftsbeauftragte hat ein **gesetzliches Teilnahmerecht** und bedarf daher weder der Zulassung durch den Arbeitgeber noch derjenigen durch den Versammlungsleiter (*Bodem*/NK-GA § 46 BetrVG Rn. 2; *Fitting* § 46 Rn. 5, 8, 10; **a. M.** *Dudenbostel* Hausrecht, S. 107 ff.; *Schlüter/Dudenbostel* DB 1974, 2350 [2354]; zur anders gelagerten Situation bei der Teilnahme bei nicht gesetzlich Teilnahmeberechtigter vgl. § 42 Rdn. 38 ff.). Die Gewerkschaft hat dem Arbeitgeber aber den Namen ihres Beauftragten rechtzeitig mitzuteilen (**a. M.** *Berg/DKKW* § 46 Rn. 5; *Fitting* § 46 Rn. 8; *Koch*/ErfK §§ 42 ff. BetrVG Rn. 3). Das ergibt sich zwar nicht aus § 2 Abs. 2, der von § 46 als speziellerer Regelung verdrängt wird, wohl aber daraus, dass der Arbeitgeber wissen muss, wem er in Einschränkung seines Hausrechts Zutritt zu gewähren hat (*Richardi/Annuß* § 46 Rn. 14). Die Mitteilung hat so rechtzeitig zu erfolgen, dass der Arbeitgeber in der Lage ist, Pförtner und sonstige Aufsichtspersonen im Betrieb von der Teilnahme zu verständigen, um dem Beauftragten einen ungehinderten Zugang zu ermöglichen. Unter besonderen Umständen kann eine kurzfristige Anmeldung genügen. **8**

Eine Zurückweisung des Beauftragten aus den Gründen des § 2 Abs. 2 ist unzulässig (*Fitting* § 46 Rn. 8; **a. M.** *Worzalla/HWGNRH* § 46 Rn. 12). Eine Schranke ergibt sich nur aus dem Verbot des Rechtsmissbrauchs. Die **Rechtsprechung** sah diese Schranken zunächst in dem Verbot rechtsmissbräuchlicher Ausnutzung des Zutrittsrechts, die aus früherer betrieblicher (nicht außerbetrieblicher, z. B. streikbezogener) Tätigkeit entgegen dem Gebot vertrauensvoller Zusammenarbeit folge (*BAG* 18.03.1964 AP Nr. 1 zu § 45 BetrVG *[Dietz]*). Später hat das *BAG* hingegen zutreffend nicht mehr allein auf das Vorverhalten des Gewerkschaftsbeauftragten abgestellt, sondern auf die objektive **Erwartung**, dass durch die Teilnahme gerade dieses Beauftragten Störungen im Bereich des Betriebsgeschehens ernstlich **zu befürchten** sind (*BAG* 14.02.1967 EzA § 45 BetrVG Nr. 1 S. 2 = AP Nr. 2 zu § 45 BetrVG *[Mayer-Maly]*; zust. *Fitting* § 46 Rn. 9; *Worzalla/HWGNRH* § 46 Rn. 11; weitergehend *Neumann-Duesberg* BB 1965, 1399 [1401 f.]; *Galperin/Löwisch* § 46 Rn. 12 f., nach denen schon die »Unzumutbarkeit« als Versagungsgrund ausreicht; vgl. auch *LAG Hamm* 03.06.2005 – 13 TaBV 58/05 – juris; *Richardi/Annuß* § 46 Rn. 15). Für diese Prognose spielt aber das Vorverhalten des Gewerkschaftsbeauftragten eine wichtige Rolle (vgl. auch *Worzalla/HWGNRH* § 46 Rn. 11). Die Gewerkschaft kann bei Ablehnung eines Beauftragten einen anderen entsenden (*Fitting* § 46 Rn. 9). **9**

3. Umfang und Grenzen des Teilnahmerechts

Neben dem Zugangsrecht steht dem »Gewerkschaftsbeauftragten« die Befugnis zu, an der Versammlung **beratend** teilzunehmen. Die Beratungsfunktion schließt jegliches Stimmrecht aus. Dem Gewerkschaftsbeauftragten ist jedoch auf jede Wortmeldung das Wort zu erteilen (*Fitting* § 46 Rn. 11; *Worzalla/HWGNRH* § 46 Rn. 14). Dabei kann nach dem Ermessen des Versammlungsleiters auch von der Reihenfolge auf der Rednerliste abgewichen werden (*LAG Berlin* 28.02.1961 BB 1961, 761). Das Beratungsrecht umfasst nicht die Befugnis, Anträge zu stellen (*Fitting* § 46 Rn. 11; *Rieble/Wiebauer* ZfA 2010, 63 [131]). Der Beauftragte kann aber Anträge anregen (vgl. auch *Worzalla/HWGNRH* § 46 Rn. 14). Das Beratungsrecht schließt die Berechtigung ein, auf Anfragen durch den Versammlungsleiter Stellung zu nehmen, Formulierungshilfen zu leisten etc. Die allgemeinen **10**

Grenzen der Geschäftsordnung, wie etwaige Redezeitbeschränkungen usw., gelten uneingeschränkt. Der Gewerkschaftsbeauftragte kann daher nicht ohne Zustimmung des Versammlungsleiters das Wort ergreifen; ihm kann andererseits nur unter den für alle geltenden Voraussetzungen (§ 42 Rdn. 37) das Wort entzogen werden. Nach Beendigung der Betriebsversammlung kann sich der Gewerkschaftsbeauftragte nicht mehr für seine Anwesenheit auf § 46 berufen (*LAG Bremen* 14.01.1983 DB 1983, 778).

11 Der Gewerkschaftsbeauftragte darf sich nur im Rahmen der von § 45 vorgegebenen **Themenzuständigkeit der Betriebsversammlung** äußern (*Galperin/Löwisch* § 46 Rn. 14). Er ist darüber hinaus infolge seiner spezifischen Beratungsfunktion (vgl. Rdn. 2) gehalten, bei der Beratung der Betriebsversammlung die zwischen Arbeitgeber und Betriebsrat bestehende Verpflichtung zu **vertrauensvoller Zusammenarbeit** sowie die Grenzen des § 74 Abs. 2 zu beachten (*Galperin/Löwisch* § 46 Rn. 16). Dazu gehören z. B. die Verbote, bewusst oder ungeprüft Unwahrheiten über den Arbeitgeber zu behaupten, Misstrauen gegenüber dem Arbeitgeber zu wecken, Arbeitnehmer abzuwerben oder betriebliche Regelungen zugunsten gewerkschaftstaktischer Erwägungen zu vereiteln.

12 Die funktionale Einbindung des Teilnahmerechts von Gewerkschaftsbeauftragten in den betriebsverfassungsrechtlichen Zusammenhang der Betriebsversammlung bedeutet auch, dass die Beauftragten ihr Teilnahmerecht **nicht** zur **Gewerkschaftswerbung** nutzen dürfen (*Fitting* § 46 Rn. 5; vgl. auch *Weber/RDW* § 52 Rn. 10). Das aus Art. 9 Abs. 3 GG abgeleitete Zutrittsrecht der Gewerkschaften zu Zwecken der Mitgliederwerbung (vgl. dazu etwa *BAG* 22.06.2010 EzA Art. 9 GG Nr. 101 = AP Nr. 142 zu Art. 9 GG *[Höfling/Burkiczak]*) darf mit ihrem betriebsverfassungsrechtlichen Beteiligungsrecht nach § 43 Abs. 4 und 46 nicht vermengt werden (vgl. auch *BAG* 22.05.2012 EzA Art 9 GG Nr. 106 Rn. 23 ff. = AP Nr. 149 zu Art. 9 GG *[Worzalla]*: Das auf Art. 9 Abs. 3 GG gestützte Recht auf Mitgliederwerbung sei gegenüber dem Arbeitgeber und nicht gegenüber dem Betriebsrat geltend zu machen, auch wenn im konkreten Fall verlangt werde, in Vorräumen des Versammlungsraums einer Betriebsversammlung einen Informationsstand aufzubauen; vgl. dazu auch § 42 Rdn. 40).

13 Verstößt der Gewerkschaftsbeauftragte während der Versammlung gegen die Grundsätze des § 45 oder die ihm zugunsten der Betriebsverfassung auferlegten spezifischen Verhaltenspflichten (vgl. Rdn. 10 ff.), hat der Versammlungsleiter von seinem **Leitungs- und Ordnungsrecht** Gebrauch zu machen. Dieser übt innerhalb des Versammlungsraums auch das Hausrecht aus (vgl. § 42 Rdn. 38). Bei fortdauernder Störung ist der Beauftragte entweder dem Versammlungsraum zu verweisen oder die Versammlung zu schließen (*Worzalla/HWGNRH* § 46 Rn. 16). In beiden Fällen endet sein Teilnahme- und Zutrittsrecht. Wird der Versammlungsleiter nicht tätig, kann gegen ihn gem. § 23 Abs. 1 vorgegangen werden.

14 Darüber hinaus kann der **Arbeitgeber**, wenn er persönlich, sei es in seiner unternehmerischen Betätigung oder auch in seiner privaten Lebensführung, angegriffen wird, im Beschlussverfahren die Beseitigung der Beeinträchtigung oder, wenn weitere Beeinträchtigungen zu besorgen sind, **Unterlassung** begehren (§§ 12, 861, 1004 BGB). Auch Notwehr- und Selbsthilferechte sind denkbar (vgl. auch § 42 Rdn. 36). Da die entsendende **Gewerkschaft** nach den Grundgedanken der §§ 278, 831 BGB für das Verhalten ihres Beauftragten einschließlich der von ihm ausgehenden Gefährdung haftet, besteht auch ein **Unterlassungsanspruch gegen sie**, sofern der Gewerkschaftsbeauftragte auf ihre Anweisung die Grenzen des Teilnahmerechts zu überschreiten droht oder die Störungen sich wiederholen. Der Anspruch richtet sich auf das Verbot, den betreffenden Beauftragten erneut zu entsenden. Beide Ansprüche sind im arbeitsgerichtlichen **Beschlussverfahren** (§§ 2a Abs. 1 Nr. 1, Abs. 2, 80 ff. ArbGG; vgl. *BAG* 18.03.1964 AP Nr. 1 zu § 45 BetrVG *[Dietz]*), notfalls im Wege der einstweiligen Verfügung (§ 85 Abs. 2 ArbGG; vgl. *LAG Hamm* 12.06.1975 EzA § 46 BetrVG 1972 Nr. 1), geltend zu machen.

4. Mitteilungspflicht des Betriebsrats

15 Die Mitteilungspflicht nach Abs. 2 betrifft alle einberufenen Betriebs-, Abteilungs- und Teilversammlungen. Sie gilt zugunsten der **im Betriebsrat, nicht der nur im Betrieb vertretenen Gewerkschaften**, d. h. es sind alle Gewerkschaften betroffen, in denen zumindest ein Mitglied des Betriebsrats

Beauftragte der Verbände § 46

organisiert ist (*Fitting* § 46 Rn. 13). Die Einschränkung ist zur Erleichterung des Einberufungsverfahrens geschaffen worden. Der Betriebsrat ist jedoch berechtigt, auch nicht im Betriebsrat vertretenen Gewerkschaften schriftlich Mitteilung zu machen (*Worzalla/HWGNRH* § 46 Rn. 5).

Die Mitteilung obliegt dem Betriebsrat (*Fitting* § 46 Rn. 12) und ist vom **Betriebsratsvorsitzenden** 16 im Rahmen der Durchführung des Einberufungsbeschlusses (vgl. § 42 Rdn. 29) zu veranlassen. Sie muss schriftlich erfolgen, wobei aber, da es nur um die Herstellung von Inhaltsklarheit geht, die Wahrung der **Textform** nach § 126b BGB ausreicht (*Wiesner* Die Schriftform im Betriebsverfassungsrecht [Diss. Kiel], 2008, S. 197 ff.; vgl. auch *Raab* FS Konzen, S. 719 [733]). Die Mitteilung muss die Tagesordnung, den genauen Zeitpunkt (Tag und Stunde) sowie – wenn auch im Gesetz nicht erwähnt – bei möglichen Zweifeln auch den Versammlungsort enthalten (*Worzalla/HWGNRH* § 46 Rn. 6; vgl. auch *Fitting* § 46 Rn. 14 f.). Werden Teil- und Abteilungsversammlungen durchgeführt, müssen sich die entsprechenden Angaben auf jede Einzelversammlung beziehen. Die Mitteilungspflicht erstreckt sich auch auf Änderungen und Ergänzungen. Die Mitteilung muss **rechtzeitig** erfolgen, d. h. dem Verband zu einem Zeitpunkt zugehen, der es ihm ermöglicht, sich unter regelmäßigen Umständen (vgl. § 147 Abs. 2 BGB) auf die Sitzung vorzubereiten. Die Vorbereitungszeit ist so zu bemessen, dass die Gewerkschaft z. B. noch mit einzelnen ihrer Mitglieder innerhalb des Betriebs Fühlung nehmen kann. Änderungen sind unverzüglich in gleicher Form mitzuteilen. Unterlässt der Betriebsratsvorsitzende die Mitteilungen in erheblichem Umfang, kann darin eine schwere Amtspflichtverletzung gem. § 23 Abs. 1 gesehen werden (vgl. dazu *LAG Baden-Württemberg* 13.03.2014 – 6 TaBV 5/13 – juris).

III. Teilnahmerecht des Beauftragten der Arbeitgebervereinigung

Der Arbeitgeber kann einen **Beauftragten der Arbeitgebervereinigung**, der er angehört, zu seiner 17 Unterstützung hinzuziehen (vgl. dazu *Franzen* § 2 Rdn. 23). Da die Unterstützungsfunktion bei der Betriebsversammlung nicht nur in tarifpolitischen Angelegenheiten besteht, kann es sich auch um den Beauftragten eines OT-Verbandes handeln (*Worzalla/HWGNRH* § 46 Rn. 19; *Roloff/WPK* § 46 Rn. 3; **a. M.** *Fitting* § 46 Rn. 17; *Richardi/Annuß* § 46 Rn. 17; *Tautphäus/HaKo* § 46 Rn. 12; zum Gewerkschaftsbegriff siehe Rdn. 4). Die Einladung durch den Arbeitgeber kann formlos erfolgen (*Galperin/Löwisch* § 46 Rn. 22). Voraussetzung ist seine **eigene Teilnahme** aufgrund eines selbständigen Teilnahmerechts (§ 43 Rdn. 48) oder aufgrund einer gesonderten Einladung (§ 43 Rdn. 50) bzw. die **Teilnahme eines bevollmächtigten Vertreters** (§ 43 Rdn. 52 f.). Der Beauftragte ist nicht berechtigt, den Arbeitgeber zu vertreten. Das Gesetz kennzeichnet dies mit dem Begriff des »Hinzuziehens«. Im Gegensatz zum Teilnahmerecht des Gewerkschaftsbeauftragten (vgl. Rdn. 6) kann zu jeder Versammlung nur **ein Beauftragter** durch den Arbeitgeber hinzugezogen werden, selbst wenn mehrere Gewerkschaftsbeauftragte zugegen sind.

Da dem Beauftragten der Arbeitgebervereinigung **kein eigenes ursprüngliches Teilnahmerecht** 18 zusteht, ist er nicht vom Betriebsrat über die einberufenen Versammlungen zu unterrichten. Die Mitteilung obliegt dem Arbeitgeber, sofern er einen Beauftragten hinzuziehen will. Nach dem Grundsatz vertrauensvoller Zusammenarbeit (§§ 2, 74 Abs. 1) hat der Arbeitgeber dem Betriebsrat vor dem Versammlungstermin die Hinzuziehung eines Beauftragten mitzuteilen (vgl. aber *Fitting* § 46 Rn. 17, wo eine solche Mitteilung nur für »zweckmäßig« gehalten wird). Einen **Rechtsanwalt** kann der nicht organisierte Arbeitgeber anstelle eines Verbandsbeauftragten nicht ohne Zustimmung des Betriebsrats hinzuziehen. Er muss auf die Unterstützung der Tarifpartei verzichten, wenn er nicht angehört (*Berg/DKKW* § 46 Rn. 12; *Fitting* § 46 Rn. 17; *Henssler* RdA 1999, 38 [47]; *Lunk* Betriebsversammlung, S. 204; *Richardi/Annuß* § 45 Rn. 17; **a. M.** *Bauer* NJW 1988, 1130 f.; *Brötzmann* BB 1990, 1055 ff. [1058]; vgl. auch § 42 Rdn. 51).

Das dem Gewerkschaftsbeauftragten eingeräumte **Beratungsrecht** steht dem Beauftragten der Ar- 19 beitgebervereinigung **nicht** zu. Er hat kein eigenes Teilnahmerecht. Damit wird dem Charakter der Betriebsversammlung als Arbeitnehmerversammlung Rechnung getragen. Der Beauftragte der Arbeitgebervereinigung ist demnach weder stimm- noch antragsberechtigt; er kann auch nicht von sich aus verlangen, das Wort zu ergreifen. Auf Antrag des Arbeitgebers hat ihm aber der Versammlungs-

§ 46   II. 4. Betriebsversammlung

leiter das Wort zu erteilen (*BAG* 19.05.1978 EzA § 46 BetrVG 1972 Nr. 2 S. 12 = AP Nr. 3 zu § 43 BetrVG 1972; *Berg/DKKW* § 46 Rn. 13; *Fitting* § 46 Rn. 19a; **a. M.** *Galperin/Löwisch* § 46 Rn. 22; *Vogt* Betriebsversammlung, S. 46 [eigenständiges Recht des Beauftragten]; vgl. auch *Richardi/Annuß* § 46 Rn. 22).

IV. Streitigkeiten

20 Über Streitigkeiten aus der Anwendung von § 46 entscheiden die Arbeitsgerichte im **Beschlussverfahren** (§§ 2a Abs. 1 Nr. 1, Abs. 2, 80 ff. ArbGG). **Beteiligte** können der Betriebsrat, der Arbeitgeber und eine im Betrieb vertretene Gewerkschaft sein (*Berg/DKKW* § 46 Rn. 14; *Fitting* § 46 Rn. 20 f.; *Worzalla/HWGNRH* § 46 Rn. 21). Vielfach dürfte der Erlass einer **einstweiligen Verfügung** (§ 85 Abs. 2 ArbGG) wegen der typischen Eilbedürftigkeit zweckmäßig sein. Die Gewerkschaften sind als **Beteiligte** (vgl. § 10 ArbGG) auch dann antragsberechtigt (vgl. § 81 ArbGG), wenn es um die Entsendung eines bestimmten Gewerkschaftsbeauftragten geht (*BAG* 18.03.1964 AP Nr. 1 zu § 45 BetrVG *[Dütz]*). In einem Beschlussverfahren, in dem um das Zutrittsrecht einer Arbeitnehmerkoalition zu Betriebsversammlungen und die Frage ihrer Gewerkschaftseigenschaft i. S. d. Betriebsverfassungsrechts gestritten wird, ist diese Koalition wegen der Doppelrelevanz des reklamierten Rechts nach § 10 Abs. 1 ArbGG beteiligtenfähig (*BAG* 19.09.2006 EzA Art. 9 GG Nr. 89 Rn. 12 ff. = AP Nr. 5 zu § 2 BetrVG 1972). Das Verfahren ist nicht gemäß § 97 Abs. 5 ArbGG auszusetzen, bis die Gewerkschaftseigenschaft in einem gesonderten Beschlussverfahren geklärt ist (*BAG* 19.09.2006 EzA Art. 9 GG Nr. 89 Rn. 12 ff. = AP Nr. 5 zu § 2 BetrVG 1972 Rn. 24; so aber *LAG Düsseldorf* 02.03.2006 – 6 Ta 89/06 – juris; *Berg/DKKW* § 46 Rn. 15).

Fünfter Abschnitt
Gesamtbetriebsrat

Einführung

Literatur
Literaturnachweise zum BetrVG 1952 siehe 8. Auflage.

Hielmann Der Gesamtbetriebsrat, AuA 1985, 48; *Hunold* Gesamtbetriebsrat, AR-Blattei SD 530.12. 2 (2004); *Lichtenstein* Der Gesamtbetriebsrat, BetrR 1972, 207; *Rancke* Betriebsverfassung und Unternehmenswirklichkeit, 1982; *Schneider* Der Gesamtbetriebsrat im Betriebsverfassungsrecht, Signal 1989, 13; *Schwab* Der Gesamtbetriebsrat – Rechtsstatut und Kompetenz, NZA-RR 2007, 505; *ders.* Der Gesamtbetriebsrat, AiB 2008, 275; *Störmann* Der Gesamtbetriebsrat nach dem BetrVG, Diss. Köln 1961.

§ 47 Abs. 1 sieht **zwingend** die Errichtung eines Gesamtbetriebsrats vor, wenn in einem Unternehmen mehrere Betriebsräte bestehen. Die **Institution des Gesamtbetriebsrats** war bereits im BRG 1920 (§§ 50 ff.) und im BetrVG 1952 (§ 46) vorgesehen; die Bildung eines Gesamtbetriebsrats war dort den Einzelbetriebsräten jedoch freigestellt. Mit der zwingenden Verpflichtung zur Errichtung des Gesamtbetriebsrats soll nach dem Willen des Gesetzgebers der Tatsache Rechnung getragen werden, dass »in Unternehmen mit mehreren Betrieben wichtige, die Arbeitnehmer betreffende Entscheidungen nicht auf der betrieblichen, sondern auf der Ebene der Unternehmensleitung getroffen werden« (vgl. Ausschuss für Arbeit und Sozialordnung, zu BT-Drucks. VI/2729, S. 13 unter Nr. 8 und S. 25) und deshalb »der Unternehmensleitung ein für das gesamte Unternehmen zuständiges Vertretungsorgan der Arbeitnehmer gegenüberstehen« muss (vgl. Begründung zum RegE, BR-Drucks. 715/70, S. 42). Der Gesamtbetriebsrat ist dementsprechend Repräsentant der Arbeitnehmer auf Unternehmensebene. 1

Das Nebeneinander von Einzelbetriebsräten und Gesamtbetriebsrat beruht auf der **Unterscheidung von Betrieb und Unternehmen**, die das BRG 1920 erstmals bewusst in ein Gesetz aufgenommen hat (vgl. *Joost* Betrieb und Unternehmen, S. 29 ff.). Damit hatte eine Entwicklung weg von dem für das 19. Jahrhundert typischen »Gewerbebetrieb« oder »Erwerbsgeschäft« einer natürlichen Person zu Großunternehmen der Industrie, des Handels und sonstiger Dienstleistungen auf meist gesellschaftsrechtlicher Grundlage gesetzliche Beachtung gefunden, während z. B. die GewO, RVO, HGB und BGB Betrieb und Unternehmen noch synonym gebrauchten (vgl. näher zur Entwicklung *Fabricius* Gesellschaftsrechtliche Unternehmensverbindungen und Arbeitgeberbegriff in der betrieblichen Krankenversicherung, 1971, S. 68 ff.). Vgl. zur Unterscheidung von Betrieb und Unternehmen auch § 1 Rdn. 27 ff. 2

Bestehen in einem Unternehmen (als Voraussetzung mehrerer Betriebsräte) mehrere Betriebe, so haben die in diesen beschäftigten Arbeitnehmer denselben Arbeitgeber. Mit dessen Person sind aber nicht nur die arbeitsrechtlichen Beziehungen zu den Arbeitnehmern, sondern auch die übrigen Beziehungen allgemein bürgerlich-rechtlicher, handels- und wirtschaftsrechtlicher Art verknüpft, insoweit bezeichnet man den Arbeitgeber als Unternehmer. **Arbeitgeber und Unternehmer** sind also lediglich zwei funktionell aufgegliederte Seiten **derselben Rechtsperson**. Dementsprechend sind Betriebsinhaber und Unternehmer identisch. Einzelbetriebsräte und Gesamtbetriebsrat stehen mithin demselben Arbeitgeber gegenüber. Daraus resultiert die Notwendigkeit einer Zuständigkeitsabgrenzung zwischen Einzelbetriebsräten und Gesamtbetriebsrat, die § 50 vornimmt. 3

Die rechtspolitische Vorstellung, dass betriebsverfassungsrechtlich relevante Entscheidungen auf der Ebene der Unternehmensleitung eine Arbeitnehmerrepräsentation auf Unternehmensebene erfordert (vgl. Rdn. 1), darf **teleologisch** nicht verabsolutiert gesehen werden. Sie erfährt durch die gesetzliche Zuständigkeitsabgrenzung zwischen Einzelbetriebsräten und Gesamtbetriebsrat eine maßgebliche Einschränkung. Nach § 50 Abs. 1 ist der Gesamtbetriebsrat zuständig für die Behandlung von Angelegenheiten, »die das Gesamtunternehmen oder mehrere Betriebe betreffen und nicht durch die einzelnen Betriebsräte innerhalb ihrer Betriebe geregelt werden können« (vgl. ausführlich dazu § 50 Rdn. 22 ff.). Daran wird deutlich, dass die Zuständigkeit des Gesamtbetriebsrats nicht mit der 4

Entscheidungsebene korreliert, sondern ein **Regelungsdefizit auf Betriebsebene ausgleichen** soll, wenn Angelegenheiten das Gesamtunternehmen oder mehrere Betriebe betreffen.

5 Für Unternehmen mit mehreren Betrieben können gem. § 3 Abs. 1 Nr. 1 vorrangig durch Tarifvertrag, gem. § 3 Abs. 2 nachrangig durch Betriebsvereinbarung zwei Formen **vom Gesetz abweichender** betrieblicher Arbeitnehmervertretungsstrukturen festgelegt werden: Zum einen kann die Bildung eines **unternehmenseinheitlichen Betriebsrats** bestimmt werden, der dann an die Stelle mehrerer Betriebsräte (für jeweils einen betriebsratsfähigen Betrieb bzw. als selbständige Betriebe geltende Betriebsteile gem. § 4 Abs. 1 Satz 1) und einen von diesen zu errichtenden Gesamtbetriebsrat tritt (§ 3 Abs. 1 Nr. 1a; vgl. dazu § 3 Rdn. 9). Zum anderen können **mehrere Betriebe** so **zusammengefasst** werden, dass deren Arbeitnehmer gemeinschaftlich einen Betriebsrat wählen und die Wahl je einzelner Betriebsräte in den betroffenen Betrieben ausgeschlossen ist (§ 3 Abs. 1 Nr. 1b; vgl. dazu § 3 Rdn. 9). Nach näherer Maßgabe von § 3 Abs. 3 können schließlich auch die Arbeitnehmer eines Unternehmens mit mehreren Betrieben die Wahl eines unternehmenseinheitlichen Betriebsrats beschließen (vgl. dazu § 3 Rdn. 46). Diese und weitere Gestaltungsmöglichkeiten gem. § 3 Abs. 1 Nr. 2 und 3 beruhen auf der Neufassung des § 3 durch das BetrVerf-Reformgesetz, das damit vom Betrieb als ausschließlicher Organisationsbasis des Betriebsrats abgerückt ist, um vielfältigen besonderen Unternehmensstrukturen angemessener Rechnung tragen zu können (vgl. BT-Drucks. 14/5714, S. 32 zu Nummer 3).

6 Auf Unternehmensebene kennt das Gesetz neben dem Gesamtbetriebsrat die **Betriebsräteversammlung** (§ 53) als zweite betriebsverfassungsrechtliche Institution. Wenn ein Gesamtbetriebsrat errichtet ist, müssen die Schwerbehindertenvertretungen der einzelnen Betriebe nach § 180 Abs. 1 Satz 1 SGB IX eine **Gesamtschwerbehindertenvertretung** wählen (vgl. dazu § 52 Rdn. 8 ff.).

7 Soweit betriebsverfassungsrechtlich relevante Entscheidungen nicht auf Unternehmensebene, sondern wegen der Zugehörigkeit des Unternehmens zu einem Unterordnungskonzern (i. S. d. § 18 Abs. 1 AktG) auf Konzernebene getroffen werden, sieht das Gesetz fakultativ einen **Konzernbetriebsrat** (§ 54) als Arbeitnehmerrepräsentation auf Konzernebene vor.

8 Zur Errichtung einer **Gesamt-Jugend- und Auszubildendenvertretung** auf Unternehmensebene vgl. § 72 f. Fakultativ kann gem. § 73a auch eine **Konzern-Jugend- und Auszubildendenvertretung** errichtet werden. Die §§ 47 ff. über den Gesamtbetriebsrat finden auf die **Bordvertretung** keine Anwendung (vgl. § 115 Abs. 6). In Seebetrieben übernimmt der **Seebetriebsrat** die in den §§ 47 bis 52 dem Gesamtbetriebsrat übertragenen Aufgaben, Befugnisse und Pflichten (vgl. § 116 Abs. 5).

9 Zum **Personalvertretungsrecht** vgl. die ansatzweise vergleichbare Regelung in § 55 BPersVG für den Gesamtpersonalrat. Für diesen gelten die Bestimmungen über die Stufenvertretungen (§ 53 BPersVG) weitgehend entsprechend; die Stufenvertretungen sind jedoch mit dem Gesamtbetriebsrat nicht vergleichbar. Auch der Gesamtpersonalrat unterscheidet sich in der Bildung und Zuständigkeit wesentlich vom Gesamtbetriebsrat. Dem Vergleich mit entsprechenden Vorschriften des Bundespersonalvertretungsgesetzes kann daher nur eingeschränkter Erkenntniswert zukommen.

10 § 16 Abs. 1 SprAuG sieht zwingend die Errichtung eines **Gesamtsprecherausschusses** vor, wenn in einem Unternehmen mehrere Sprecherausschüsse bestehen; dieser entspricht dem Gesamtbetriebsrat. Alternativ zur Bildung von Betriebssprecherausschüssen eröffnet § 20 SprAuG die Möglichkeit, unter den dort angegebenen Voraussetzungen einen **Unternehmenssprecherausschuss** zu bilden, der in der Funktion dem Unternehmensbetriebsrat (vgl. Rdn. 5) entspricht.

11 Durch das **BetrVerf-Reformgesetz** im Jahr 2001 ist die **Unterscheidung zwischen Arbeitern** und **Angestellten** im Betriebsverfassungsgesetz **aufgegeben** worden. Die Aufgabe dieses Gruppenprinzips hat zu weit reichenden Änderungen in § 47 und § 51 geführt. Weitere Änderungen des BetrVerf-Reformgesetzes betreffen im Recht des Gesamtbetriebsrats der Zuständigkeit des Gesamtbetriebsrats auf betriebsratslose Betriebe (§ 50 Abs. 1 Satz 1 Halbs. 2). In der Betriebsräteversammlung ist die Berichtspflicht des Unternehmers ausgeweitet worden (§ 53 Abs. 2 Nr. 2).

12 Für die im Bereich der Europäischen Union und des Europäischen Wirtschaftsraums (EWR) gemeinschaftsweit tätigen größeren Unternehmen und Unternehmensgruppen mit Sitz (bzw. zentraler Lei-

tung) in der Bundesrepublik Deutschland gilt das »Gesetz über Europäische Betriebsräte (Europäische Betriebsräte-Gesetz – EBRG)« vom 28.10.1996, neugefasst 07.12.2011 (BGBl. I, S. 2650), mit dem die Richtlinie 2009/38/EG des Rates der Europäischen Union vom 06.05.2009 »über die Einsetzung eines Europäischen Betriebsrats oder die Schaffung eines Verfahrens zur Unterrichtung und Anhörung der Arbeitnehmer in gemeinschaftsweit operierenden Unternehmen und Unternehmensgruppen« (ABl. EU Nr. L 122 vom 16.05.2009, S. 28) in nationales deutsches Recht umgesetzt wird. Das **EBRG** ist in Bd. I Anh. 2 kommentiert (*Oetker*).

§ 47
[1]Voraussetzungen der Errichtung, Mitgliederzahl, Stimmengewicht

(1) Bestehen in einem Unternehmen mehrere Betriebsräte, so ist ein Gesamtbetriebsrat zu errichten.

(2) In den Gesamtbetriebsrat entsendet jeder Betriebsrat mit bis zu drei Mitgliedern eines seiner Mitglieder; jeder Betriebsrat mit mehr als drei Mitgliedern entsendet zwei seiner Mitglieder. Die Geschlechter sollen angemessen berücksichtigt werden.

(3) Der Betriebsrat hat für jedes Mitglied des Gesamtbetriebsrats mindestens ein Ersatzmitglied zu bestellen und die Reihenfolge des Nachrückens festzulegen.

(4) Durch Tarifvertrag oder Betriebsvereinbarung kann die Mitgliederzahl des Gesamtbetriebsrats abweichend von Absatz 2 Satz 1 geregelt werden.

(5) Gehören nach Absatz 2 Satz 1 dem Gesamtbetriebsrat mehr als 40 Mitglieder an und besteht keine tarifliche Regelung nach Absatz 4, so ist zwischen Gesamtbetriebsrat und Arbeitgeber eine Betriebsvereinbarung über die Mitgliederzahl des Gesamtbetriebsrats abzuschließen, in der bestimmt wird, dass Betriebsräte mehrerer Betriebe eines Unternehmens, die regional oder durch gleichartige Interessen miteinander verbunden sind, gemeinsam Mitglieder in den Gesamtbetriebsrat entsenden.

(6) Kommt im Fall des Absatzes 5 eine Einigung nicht zustande, so entscheidet eine für das Gesamtunternehmen zu bildende Einigungsstelle. Der Spruch der Einigungsstelle ersetzt die Einigung zwischen Arbeitgeber und Gesamtbetriebsrat.

(7) Jedes Mitglied des Gesamtbetriebsrats hat so viele Stimmen, wie in dem Betrieb, in dem es gewählt wurde, wahlberechtigte Arbeitnehmer in der Wählerliste eingetragen sind. Entsendet der Betriebsrat mehrere Mitglieder, so stehen ihnen die Stimmen nach Satz 1 anteilig zu.

(8) Ist ein Mitglied des Gesamtbetriebsrats für mehrere Betriebe entsandt worden, so hat es so viele Stimmen, wie in den Betrieben, für die es entsandt ist, wahlberechtigte Arbeitnehmer in den Wählerlisten eingetragen sind; sind mehrere Mitglieder entsandt worden, gilt Absatz 7 Satz 2 entsprechend.

(9) Für Mitglieder des Gesamtbetriebsrats, die aus einem gemeinsamen Betrieb mehrerer Unternehmen entsandt worden sind, können durch Tarifvertrag oder Betriebsvereinbarung von den Absätzen 7 und 8 abweichende Regelungen getroffen werden.

Literatur
Literaturnachweise zum BetrVG 1952 siehe 8. Auflage.

---

1 Amtl. Anm.: Gemäß Artikel 14 Satz 2 des Gesetzes zur Reform des Betriebsverfassungsgesetzes (BetrVerf-Reformgesetz) vom 23. Juli 2001 (BGBl. I, S. 1852) gilt § 47 Abs. 2 (Artikel 1 Nr. 35 Buchstabe a des BetrVerf-Reformgesetzes) für im Zeitpunkt des Inkrafttretens bestehende Betriebsräte erst bei deren Neuwahl. (*Durch Zeitablauf ist diese Bestimmung erledigt.*)

Annuß Praktische Probleme des gemeinsamen Betriebs mehrerer Unternehmen, FA 2005, 293; *Buschbeck-Bülow* Betriebsverfassungsrechtliche Vertretung in Franchise-Systemen, BB 1989, 352; *dies.* Franchise-Systeme und Betriebsverfassung, BB 1990, 1061; *Christ* Freiwillige Tarifverträge – Zur Erstreikbarkeit von Tarifverträgen über unternehmerische Entscheidungen und betriebsverfassungsrechtliche Fragen (Diss. München), 2007; *Döring* Das Verfahren bei der Errichtung des Gesamtbetriebsrats nach § 47 Abs. 5, DB 1976, 821; *Fabricius* Rechtsprobleme gespaltener Arbeitsverhältnisse im Konzern, 1982; *Gamillscheg* Betrieb und Unternehmen – Zwei Grundbegriffe des Arbeitsrechts, AuR 1989, 33; *Gaul* Gesamtbetriebsrat und Wirtschaftsausschuss bei Unternehmen mit Sitz im Ausland?, AWD 1974, 471; *ders.* Die Bildung des verkleinerten Gesamtbetriebsrats nach § 47 Abs. 5 BetrVG, DB 1981, 214; *Gittermann* Arbeitnehmerstatus und Betriebsverfassung in Franchise-Systemen (Diss. Kiel), 1995; *Haase* Betrieb, Unternehmen und Konzern im Arbeitsrecht, NZA 1988, Beilage Nr. 3, S. 11; *Hanau* Aktuelles zu Betrieb, Unternehmen und Konzern im Arbeitsrecht, ZfA 1990, 115; *ders.* Zur Entsendung der Mitglieder von Gesamtbetriebsräten und zur Wahl im einstufigen vereinfachten Verfahren nach dem Betriebsverfassungsreformgesetz, ZIP 2001, 2163; *Hohenstatt/Müller-Bonanni* Auswirkungen eines Betriebsinhaberwechsels auf Gesamtbetriebsrat und Gesamtbetriebsvereinbarungen, NZA 2003, 766; *G. Hueck* Zwei Probleme der Konzernmitbestimmung, FS *H. Westermann*, 1974, S. 241; *Huke/Lepping* Die Folgen eines Betriebsübergangs auf betriebliche Interessenvertretungen, FA 2004, 136; *Joost* Betrieb und Unternehmen als Grundbegriffe im Arbeitsrecht, 1988; *Klasen* Betriebsvereinbarungen über die Mitgliederzahl des Gesamtbetriebsrats, DB 1993, 2180; *J. Klein* Die Stellung der Minderheitsgewerkschaften in der Betriebsverfassung (Diss. Freiburg), 2007; *Konzen* Unternehmensaufspaltung und Betriebseinheit, AuR 1985, 341; *ders.* Unternehmensaufspaltungen und Organisationsänderungen im Betriebsverfassungsrecht, 1986 (zit.: Unternehmensaufspaltungen); *Krebber* Unternehmensübergreifende Arbeitsabläufe im Arbeitsrecht, 2005; *Kreutz* Bestand und Beendigung von Gesamt- und Konzernbetriebsrat, FS *Birk*, 2008, S. 495; *Löwisch* Entsendung in den Gesamtbetriebsrat und Prinzip der Verhältniswahl, BB 2002, 1366; *Mengel* Betriebsratswahlen 2002 – Verkleinerung des Gesamtbetriebsrats erzwingen?, NZA 2002, 409; *Peix* Errichtung und Fortbestand des Gesamtbetriebsrats unter besonderer Berücksichtigung von gewillkürten Arbeitnehmervertretungen und Unternehmensumstrukturierungen (Diss. Bielefeld), 2008 (zit. Errichtung und Fortbestand des Gesamtbetriebsrats); *Peter* Probleme des Betriebs- und Unternehmensbegriffs nach dem BetrVG – dargestellt am Beispiel einer Betriebs- und Unternehmensaufspaltung, DB 1990, 424; *Preis* Zur Betriebsratsfähigkeit politischer Parteien, FS *Däubler*, 1999, S. 261; *Reinhard* Gesamtbetriebsrat und Gesamtbetriebsvereinbarungen nach Umstrukturierung (Diss. Heidelberg), 2011; *Reitze* Die gerichtliche Anfechtung betriebsratsinterner Wahlen und anderer strukturbildender Beschlüsse des Betriebsrats, ZBVR 2005, 39; *Robrecht* Die Gesamtbetriebsvereinbarung (Diss. Freiburg), 2008; *Röder/Powietzka* Gesamt- und Konzernbetriebsräte in internationalen Konzernunternehmen, DB 2004, 542; *Rüthers* Mitbestimmungsprobleme in Betriebsführungsaktiengesellschaften, BB 1977, 605; *Salamon* Das Schicksal der Gesamtbetriebsvereinbarungen bei Betriebs- und Betriebsteilveräußerungen (Diss. Hamburg), 2006 (zit. Gesamtbetriebsvereinbarungen); *ders.* Die Anbindung des Gesamtbetriebsrats an das Unternehmen, RdA 2008, 24; *Schmelcher* Auswirkungen einer unterbliebenen Errichtung des Gesamtbetriebsrats, FS *D. Gaul*, 1992, S. 497; *I. Schmidt* Gemeinschaftsbetriebe und Gesamtbetriebsrat, FS *Küttner*, 2006, S. 499; *Schönhöft/Wertz* Die Bildung eines Gesamtbetriebsrats bei Unternehmen, die ausschließlich Träger von Gemeinschaftsbetrieben sind, RdA 2010, 100; *Selzner* Betriebsverfassungsrechtliche Mitbestimmung in Franchise-Systemen (Diss. Bonn), 1994; *Sick* Der gemeinsame Betrieb mehrerer Unternehmen, BB 1992, 1129; *Skaupy* Franchise-Systeme und Betriebsräte, BB 1990, 134, 1061 (Replik); *Thüsing* Folgen der Umstrukturierung für Betriebsrat und Betriebsvereinbarung, DB 2004, 2474; *ders.* Der Gesamt- und der Konzernbetriebsrat als Dauerorgan, FA 2012, 322; *Wendeling-Schröder* Betriebsratsstrukturen bei Betriebs- und Unternehmensaufspaltungen, AiB 1983, 103; *dies.* Divisionalisierung, Mitbestimmung und Tarifvertrag, 1984; *Willemsen/Hohenstatt/Schweibert/Seibt* Umstrukturierung und Übertragung von Unternehmen, 3. Aufl. 2008; *Zöllner* Betriebs- und unternehmensverfassungsrechtliche Fragen bei konzernrechtlichen Betriebsführungsverträgen, ZfA 1983, 93.

Inhaltsübersicht

	Rdn.
I. Vorbemerkung	1
II. Voraussetzungen der Errichtung eines Gesamtbetriebsrats (Abs. 1)	2–30
1. Bestehen mehrerer Betriebsräte	3–9
2. Unternehmenseinheit	10–28
a) Unternehmensbegriff	11–19
b) Abgrenzungsfragen	20–28
3. Rechtsfolge	29, 30
III. Errichtung des Gesamtbetriebsrats (Abs. 2)	31–56
1. Mitgliederzahl	33–36

	2. Entsendung (Begründung der Mitgliedschaft im Gesamtbetriebsrat)	37–45
	3. Vollzug der Errichtung, Bestand und Beendigung des Gesamtbetriebsrats	46–56
	a) Vollzug der Errichtung	46–48
	b) Bestand und Beendigung des Gesamtbetriebsrats	49–56
IV.	Bestellung von Ersatzmitgliedern (Abs. 3)	57–60
V.	Stimmgewichtung (Abs. 7)	61–65
VI.	Abweichende Regelung der Mitgliederzahl (Abs. 4)	66–92
	1. Umfang der Regelungsbefugnis	71–80
	a) Abweichung von Abs. 2 Satz 1	71, 72
	b) Abweichende Regelungen der Mitgliederzahl	73–80
	2. Regelungszuständigkeit	81–90
	a) Abweichende Regelung durch Tarifvertrag	82–86
	b) Abweichende Regelung durch Betriebsvereinbarung	87–90
	3. Folgen abweichender Regelung	91, 92
VII.	Notwendige Verkleinerung des Gesamtbetriebsrats (Abs. 5 und 6)	93–108
	1. Normvoraussetzungen	94–96
	2. Zwingendes Abschlussgebot	97, 98
	3. Regelungsumfang	99–106
	a) Notwendiger Inhalt	99–102
	b) Fakultativer Inhalt	103–106
	4. Entscheidung der Einigungsstelle (Abs. 6)	107, 108
VIII.	Stimmgewicht bei gemeinsamer Entsendung (Abs. 8)	109–113
IX.	Abweichende Regelung der Stimmgewichtung (Abs. 9)	114–124
	1. Umfang der Regelungsbefugnis	116–120
	2. Regelungszuständigkeit	121–124
X.	Streitigkeiten	125–135
	1. Streit über die Wirksamkeit der Entsendung oder Abberufung Einzelner	126–129
	2. Streit über die Wirksamkeit der Errichtung eines Gesamtbetriebsrats, Fehlerfolgen unwirksamer Errichtung	130–135

I. Vorbemerkung

Die Vorschrift regelt die Voraussetzungen der **Errichtung** des Gesamtbetriebsrats, dessen **Mitglieder-** 1
zahl und **Zusammensetzung** und das **Stimmgewicht** der Mitglieder und entspricht insoweit dem
Regelungsgegenstand nach §§ 46, 47 BetrVG 1952. **Abs. 1** ordnet die **Errichtung** des Gesamtbetriebsrats zwingend an, wenn in einem Unternehmen mehrere Betriebsräte bestehen. Die **Zusammensetzung** des Gesamtbetriebsrats und die **Bestimmung** seiner **Mitglieder** durch die Einzelbetriebsräte richten sich nach **Abs. 2**. Dabei gilt das **Gruppenschutzprinzip**, das die Novelle
vom 20.12.1988 noch ausgebaut hatte, **nicht mehr**, weil das BetrVerf-Reformgesetz vom 23. Juli
2001 (BGBl. I, S. 1852) die Unterscheidung zwischen Arbeitern und Angestellten in der Betriebsverfassung aufgehoben hat; dadurch wird das Bestellungsverfahren erheblich vereinfacht (vgl. zur Übergangsregelung Amtl. Anm. zu § 47). Nunmehr sollen aber die Geschlechter angemessen berücksichtigt werden (Abs. 2 Satz 2). In **Abs. 3** ist die Bestellung mindestens eines **Ersatzmitgliedes** für jedes
Gesamtbetriebsratsmitglied vorgesehen. Während § 47 im Übrigen **zwingend** ist, sieht **Abs. 4** vor,
dass (nur!) die **Mitgliederzahl durch Kollektivvereinbarung (Tarifvertrag oder Betriebsvereinbarung) abweichend** von der gesetzlichen Regelung in Abs. 2 Satz 1 **festgelegt werden kann**.
Diese Bestimmung wurde (wie Abs. 5 und 6) erst durch den Ausschuss für Arbeit und Sozialordnung
in das BetrVG 1972 aufgenommen. »Durch diese flexible Regelung soll eine den jetzigen Bedürfnissen
im einzelnen Unternehmen entsprechende Gestaltung der zahlenmäßigen Zusammensetzung des Gesamtbetriebsrats ermöglicht werden« (vgl. zu BT-Drucks. VI/2729, S. 25). Hat der Gesamtbetriebsrat
nach der gesetzlichen Regelung mehr als 40 Mitglieder und besteht keine abweichende tarifliche Regelung, so sind Gesamtbetriebsrat und Arbeitgeber nach näherer Maßgabe des **Abs. 5** verpflichtet,
durch Betriebsvereinbarung die **Mitgliederzahl** des Gesamtbetriebsrats zu **verringern**; kommt
eine Einigung nicht zustande, so entscheidet nach **Abs. 6** eine für das Gesamtunternehmen zu bildende **Einigungsstelle** verbindlich. Im Gesamtbetriebsrat wird nicht nach Köpfen abgestimmt, sondern nach **Stimmgewicht** der Mitglieder; dieses bestimmt sich nach **Abs. 7**. Ist die Mitgliederzahl

abweichend vom Gesetz durch Kollektivvereinbarung nach Abs. 4 bis 6 geregelt, so bestimmt sich das Stimmgewicht nach **Abs. 8**. **Abs. 9** ist durch das BetrVerf-Reformgesetz 2001 eingefügt worden. Danach kann das Stimmgewicht von Mitgliedern des Gesamtbetriebsrats, die aus einem gemeinsamen Betrieb mehrerer Unternehmen entsandt worden sind, abweichend von Abs. 7 und 8 durch Kollektivvereinbarung bestimmt werden.

II. Voraussetzungen der Errichtung eines Gesamtbetriebsrats (Abs. 1)

2   Nach Abs. 1 ist ein Gesamtbetriebsrat **zwingend** zu errichten, wenn in einem Unternehmen mehrere Betriebsräte bestehen. Voraussetzungen sind also, dass **zwei oder mehr** Betriebsräte bestehen, und zwar in **einem** Unternehmen.

1. Bestehen mehrerer Betriebsräte

3   Das Bestehen mehrerer Betriebsräte ist Ansatzpunkt für die Errichtung eines Gesamtbetriebsrats in einem Unternehmen, seiner Gesamtbetriebsratsfähigkeit. Das Bestehen mehrerer Betriebsräte ist **als Faktum** maßgeblich. Das gilt unabhängig davon, ob die Betriebsräte in Betrieben des Unternehmens als gesetzlicher Organisationsbasis (§ 1 Abs. 1, § 4 Abs. 1 Satz 1) gewählt worden sind oder in betriebsverfassungsrechtlichen Organisationseinheiten, die aufgrund eines Tarifvertrages oder einer Betriebsvereinbarung nach § 3 Abs. 1 Nr. 1b, 2 oder 3, Abs. 2 im Unternehmen gebildet worden sind und nach § 3 Abs. 5 als Betriebe i. S. d. BetrVG gelten. Ein Unternehmen, in dem ein unternehmenseinheitlicher Betriebsrat nach § 3 Abs. 1 Nr. 1a, Abs. 2 oder Abs. 3 besteht, ist nicht gesamtbetriebsratsfähig (s. aber auch Rdn. 5).

4   Dementsprechend spielt die Frage der Betriebsabgrenzung für die Errichtung eines Gesamtbetriebsrats unmittelbar keine Rolle, obwohl das Bestehen von zwei oder mehr Betriebsräten bei dem Gesetz entsprechender Arbeitnehmervertretung zur Voraussetzung hat, dass das Unternehmen zwei oder mehr betriebsratsfähige Betriebe i. S. v. § 1 Abs. 1, § 4 Abs. 1 hat. Bis zur Grenze einer nichtigen Betriebsratswahl (vgl. dazu *Kreutz* § 19 Rdn. 143 ff.) ist **allein das Bestehen mehrerer Betriebsräte Tatbestandsmerkmal**; diese Betriebsräte (nicht die Betriebe) haben den Gesamtbetriebsrat zu bilden. Deshalb genügt es für die Errichtung eines Gesamtbetriebsrats nicht, wenn ein Unternehmen mehrere selbstständige Betriebe umfasst; andererseits schadet es nicht, wenn auf der Basis fehlerhafter Betriebsabgrenzung mehrere Betriebsräte gewählt worden sind (zust. *Richardi/Annuß* § 47 Rn. 16). Nicht erforderlich ist schließlich, dass in allen Betrieben eines Unternehmens Betriebsräte bestehen, wenn nur **mindestens zwei** Betriebsräte vorhanden sind (im Ergebnis unstr.; vgl. *Fitting* § 47 Rn. 20; *Glock/HWGNRH* § 47 Rn. 18; *Löwisch/LK* § 47 Rn. 5; *Richardi/Annuß* § 47 Rn. 16). Besteht in einem mehrbetrieblichen Unternehmen nur in einem Betrieb ein Betriebsrat, so kann dieser einen Gesamtbetriebsrat nicht errichten und auch die Funktionen des Gesamtbetriebsrats nicht übernehmen (unzutr. *Trittin/DKKW* § 47 Rn. 35, der die Bildung eines Gesamtbetriebsrats durch den einzigen Betriebsrat zur Einsetzung von Wahlvorständen in den anderen Betrieben des Unternehmens [im Anschluss an *Helm/Müller* AiB 2001, 499] für möglich hält; abl. dazu auch *Däubler* FS *Kreutz*, S. 69 [77]). Vgl. zur Zuständigkeit des Gesamtbetriebsrats für betriebsratslose Betriebe eines Unternehmens, die mangels Betriebsrats an dessen Errichtung nicht beteiligt sind, § 50 Rdn. 55 ff.

5   Das Bestehen mehrerer Betriebsräte ist **auch dann maßgebliches** Tatbestandsmerkmal, wenn aufgrund eines Tarifvertrages oder einer Betriebsvereinbarung betriebsverfassungsrechtliche Organisationseinheiten nach **§ 3 Abs. 1 Nr. 1b, 2 oder 3, Abs. 2** im Unternehmen gebildet worden sind. Auch insoweit müssen mindestens zwei Betriebsräte im Unternehmen bestehen, auch wenn drei oder mehr Organisationseinheiten gebildet worden sind. Besteht ein **unternehmenseinheitlicher Betriebsrat** (nach § 3 Abs. 1 Nr. 1a, Abs. 2 oder 3), kann mangels mehrerer Betriebsräte (die Amtszeit zuvor ggf. bestehender Betriebsräte ist dann gemäß § 3 Abs. 4 Satz 1 oder 2 abgelaufen; s. *Kreutz* § 21 Rdn. 35) kein Gesamtbetriebsrat errichtet werden; sollten trotz Bestehens eines unternehmenseinheitlichen Betriebsrats (auf wirksamer tarifvertraglicher oder betriebsvereinbarungsrechtlicher Grundlage) in den Betrieben des Unternehmens Betriebsräte gewählt werden, sind diese Wahlen nichtig (vgl. *Kreutz* § 19 Rdn. 150). Kommt zu einem Unternehmen mit unternehmenseinheitlichem Be-

triebsrat ein (oder mehrere) Betrieb mit Betriebsrat hinzu (durch rechtsgeschäftlichen Erwerb oder Gesamtrechtsnachfolge), auf den sich mangels entsprechender Vereinbarung (nach § 3 Abs. 1 Nr. 1a oder Abs. 2) oder Beschlussfassung (nach § 3 Abs. 3) dessen Zuständigkeit nicht erstreckt, haben die Betriebsräte einen Gesamtbetriebsrat zu errichten. Solange durch Tarifvertrag oder Betriebsvereinbarung die Bildung eines unternehmenseinheitlichen Betriebsrats zwar bestimmt, aber noch nicht durch abgeschlossene Wahl umgesetzt ist, bleiben bisher bestehende Betriebsräte im Amt (vgl. zu § 3 Abs. 4 § 3 Rdn. 50), ebenso ein wirksam errichteter Gesamtbetriebsrat; soweit nicht geschehen, ist ein solcher auch noch zu errichten (**a. M.** *Fitting* § 47 Rn. 21; *Glock/HWGNRH* § 47 Rn. 19); in Fällen des § 3 Abs. 4 Satz 1 ist das von praktischer Bedeutung.

Im Unternehmen müssen mindestens zwei Betriebsräte **gleichzeitig bestehen**. Betriebsräte sind nach Maßgabe der §§ 7 ff. zu wählen. Sie bestehen jedoch erst mit **Beginn der Amtszeit**, der sich nach § 21 bestimmt. Der Beginn der tatsächlichen Amtsführung (ab Konstituierung des Betriebsrats nach § 29) ist für die Feststellung, ob mehrere Betriebsräte bestehen, nicht notwendig, für die Erfüllung der Entsendungspflicht des betroffenen Betriebsrats nach § 47 Abs. 2 aber unentbehrlich. Die (bloße) **Anfechtbarkeit** der Wahl nach § 19 Abs. 1 ist für das Bestehen des Betriebsrats ohne Einfluss. Wird die Wahl erfolgreich angefochten, so besteht der Betriebsrat doch bis zur Rechtskraft der Entscheidung im Wahlanfechtungsverfahren (vgl. *Kreutz* § 19 Rdn. 127). Dagegen besteht kein Betriebsrat, wenn die Wahl nichtig ist (vgl. *Kreutz* § 19 Rdn. 153) sowie in Fällen einer »Nicht-Wahl« (vgl. *Kreutz* § 19 Rdn. 161). Auch für die **Beendigung der Amtszeit** ist § 21 maßgeblich. Ein Betriebsrat, der nach § 21a ein Übergangsmandat wahrnimmt, zählt; vgl. *Kreutz* § 21a Rdn. 38; ebenso *Glock/ HWGNRH* § 47 Rn. 18. Nach einem Betriebsübergang bleibt der Betriebsrat im Amt (vgl. *Kreutz* § 21 Rdn. 39) und zählt nunmehr im Unternehmen des neuen Betriebsinhabers (vgl. Rdn. 26). Der Betriebsrat eines gemeinsamen Betriebs mehrerer Unternehmen ist in allen Trägerunternehmen zu berücksichtigen (vgl. Rdn. 21 ff.). Im Falle des Rücktritts eines Betriebsrats gem. § 13 Abs. 2 Nr. 3 besteht der Betriebsrat weiter, weil er nach § 22 die Geschäfte weiterführt. Ein Betriebsrat, der nach § 21b ein Restmandat wahrnimmt, zählt hingegen nicht (vgl. *Kreutz* § 21b Rdn. 11).

Auf die Zahl der Betriebsratsmitglieder in den einzelnen Betriebsräten kommt es nicht an; deshalb ist auch der einköpfige Betriebsrat Betriebsrat i. S. d. Abs. 1 (unstr.). Ein Gesamtbetriebsrat ist schon zu errichten, wenn in einem Unternehmen nur zwei einköpfige Betriebsräte bestehen.

Hat ein **Unternehmen mit Sitz in der Bundesrepublik Deutschland** einen oder mehrere **im Ausland gelegene Betriebe**, so können nach dem Territorialitätsprinzip (vgl. dazu auch *Raab* § 7 Rdn. 48 ff.) in diesen keine Betriebsräte nach deutschem Betriebsverfassungsgesetz gebildet werden. Werden dort nach fremdem Recht (oder freiwilligem Firmenstatut) Arbeitnehmervertretungen gebildet, so sind diese für die Frage, ob nach Abs. 1 ein Gesamtbetriebsrat zu errichten ist, nicht zu berücksichtigen, weil sie keine Betriebsräte i. S. d. BetrVG darstellen (insoweit unstr.); dementsprechend sind sie auch bei der Bildung des Gesamtbetriebsrats nicht beteiligt (h. M.; vgl. *Fitting* § 47 Rn. 22; *Gaul* AWD 1974, 471 [473]; *Glock/HWGNRH* § 47 Rn. 20; *Hohenstatt/Dzida/HWK* § 47 BetrVG Rn. 5; *Joost*/MünchArbR § 225 Rn. 14; *Koch*/ErfK § 47 BetrVG Rn. 5; *Löwisch/LK* § 47 Rn. 6; *Richardi/ Annuß* § 47 Rn. 19; **a. M.**, falls die ausländische betriebliche Arbeitnehmervertretung dem deutschen Betriebsrat in etwa äquivalent ist, *Birk* FS *Schnorr von Carolsfeld*, S. 61 [82 f.]; *ders.* RabelsZ Bd. 46 [1982], S. 384 [408]; *ders.* RdA 1984, 129 [137]; ähnlich auch *Däubler* RabelsZ Bd. 39 [1975], S. 444 [462 ff.]; *Trittin/DKKW* § 47 Rn. 42). Für im Ausland gelegene Betriebe kommt jedoch ggf. eine Beteiligung nach dem EBRG in Betracht (vgl. dazu *Oetker* EBRG, Anh. 2 zu Bd. 1), wie auch bei einer Societas Europaea (SE) nach dem SEBG und einer Europäischen Genossenschaft (SCE) nach dem SCEBG (vgl. dazu *Oetker* vor § 106 Rdn. 54 ff., 60).

Hat ein **Unternehmen mit ausländischer Rechtsform oder mit tatsächlichem Sitz im Ausland** in der Bundesrepublik Deutschland, also im Geltungsbereich des Betriebsverfassungsgesetzes, mehrere Betriebe und bestehen zumindest in zwei Betrieben Betriebsräte, so sind die gesetzlichen Voraussetzungen zur Errichtung eines Gesamtbetriebsrats erfüllt, auch wenn die Unternehmensführung vom Ausland aus erfolgt (ebenso *Auffarth* FS *Hilger/Stumpf*, S. 31 [34]; *Birk* FS *Schnorr von Carolsfeld*, S. 61 [83]; *ders.* RdA 1984, 129 [137]; *Buchner* FS *Birk*, S. 11 [13, 14]; *Fitting* § 47 Rn. 23; *Glock/ HWGNRH* § 47 Rn. 21; *Joost*/MünchArbR § 225 Rn. 13; *Koch*/ErfK § 47 BetrVG Rn. 5; *Löwisch/LK* § 47 Rn. 6; *Richardi* 7. Aufl., § 47 Rn. 20; *Simitis* FS *Kegel*, 1977, S. 153 [179]; *Trittin/*

§ 47   II. 5. Gesamtbetriebsrat

DKKW § 47 Rn. 33; **einschränkend** *Gaul* AWD 1974, 471 [473 ff.]; *Hohenstatt / WHSS* D Rn. 148, zust. *Richardi / Annuß* § 47 Rn. 21; *Röder / Powietzka* DB 2004, 542 [544], die eine Pflicht zur Bildung eines Gesamtbetriebsrats davon abhängig machen, dass innerhalb Deutschlands eine Organisationsebene besteht, die für die inländischen Betriebe zuständig ist; entsprechend wie hier für die Bildung eines Wirtschaftsausschusses unter Betonung seiner sozialen Schutzfunktion, die inländischen Arbeitnehmern eines ausländischen Unternehmens nicht vorenthalten werden dürfe, auch *BAG* 01.10.1974 und 31.10.1975 AP Nr. 1 und 2 zu § 106 BetrVG 1972 [jeweils zust. *Hinz*]; interessanterweise war in beiden Entscheidungen der bereits gebildete Gesamtbetriebsrat Antragsteller; zust. auch *Buchner* Anm. EzA Nr. 1 zu § 106 BetrVG 1972; *Schlüter* Anm. SAE 1976, 141; vgl. auch *LAG Frankfurt a. M.* BB 1974, 785). Wegen der Tatbestandserfüllung besteht in der Rechtsfolge die Pflicht zur Errichtung eines Gesamtbetriebsrats (vgl. Rdn. 29), auch wenn die inländischen Betriebe nicht unter einheitlicher inländischer Leitung zusammengefasst sind. An dieser Rechtslage hat sich auch nichts dadurch geändert, dass nach zutr. (§ 54 Rdn. 45) neuerer Rspr. des *BAG* (14.02.2007 EzA § 54 BetrVG 2001 Nr. 3 [mit weithin zust. Anm. *Schubert*]) ein Konzernbetriebsrat nur errichtet werden kann, wenn das herrschende Unternehmen seinen Sitz im Inland hat oder über eine im Inland ansässige Teilkonzernspitze verfügt (zweifelnd in den Folgeüberlegungen *Claudia Schubert* Anm. EzA § 54 BetrVG 2001 Nr. 3, S. 49 ff.; *Bachmann* RdA 2008, 108 [111]).

2. Unternehmenseinheit

10 Die Errichtung des Gesamtbetriebsrats setzt voraus, dass mehrere Betriebsräte in **einem** Unternehmen bestehen. Ein unternehmensübergreifender Gesamtbetriebsrat ist in den zwingenden organisatorischen Vorschriften des Gesetzes (ungeachtet abweichender Regelung nach § 3) nicht vorgesehen (vgl. insoweit *BAG* 13.02.2007 EzA § 47 BetrVG 2001 Nr. 4 Rn. 16, 22; 17.03.2010 EzA § 47 BetrVG 2001 Nr. 5 Rn. 14) und kann deshalb nicht wirksam errichtet werden (näher dazu Rdn. 130; zu einer Ausnahme bei mehreren Gemeinschaftsbetrieben vgl. Rdn. 22). Da Betriebsräte jeweils nur in selbstständigen betriebsratsfähigen Betrieben i. S. v. § 1 Abs. 1, § 4 Abs. 1 (bzw. nach § 3 Abs. 1 Nr. 1 bis 3, Abs. 2 gebildeten Organisationseinheiten) gewählt werden, folgt daraus, dass das Unternehmen die übergreifende Einheit derjenigen Betriebseinheiten (Organisationseinheiten) sein muss, in denen die Betriebsräte gewählt worden sind. Auf die Unterscheidung von Betrieb und Unternehmen kommt es hier aber nicht entscheidend an, weil die Bildung des Gesamtbetriebsrats (anders als nach § 46 BetrVG 1952) nicht an das Bestehen mehrerer Betriebe geknüpft ist. Vielmehr ist die Errichtung des Gesamtbetriebsrats vom tatsächlichen Vorhandensein mehrerer Betriebsräte abhängig (vgl. Rdn. 3); zu klären ist daher nur, ob sie zu **demselben** Unternehmen gehören. Das setzt nur die Klärung der Frage voraus, was unter einem Unternehmen i. S. d. § 47 zu verstehen ist.

a) Unternehmensbegriff

11 Das BetrVG verwendet den **Begriff des Unternehmens** mehrfach (vgl. z. B. §§ 8 Abs. 1, 47 ff., 54 ff., 72, 87 Abs. 1 Nr. 8, 88 Nr. 2, 92a Abs. 1, 102 Abs. 3 Nr. 3, 106, 111, 114, 117, 118), ohne eine Definition zu geben. Aber auch in anderen Rechtsgebieten, in denen der Begriff ebenfalls Verwendung findet (z. B. GewO, GWB, HGB), ist **keine** für die gesamte Rechtsordnung verbindliche gesetzliche **Inhaltsbestimmung** erfolgt. Selbstverständlich sind auch die in den Wirtschaftswissenschaften verwendeten Begriffsdefinitionen nicht verbindlich. Deshalb besteht im Grunde Einigkeit darüber, dass der Begriff im jeweiligen Regelungszusammenhang nach Sinn und Zweck der Norm und des konkreten Gesetzes auszulegen ist (vgl. *BAG* 05.12.1975 AP Nr. 1 zu § 47 BetrVG 1972 [zust. *Wiedemann / Strohn*] = SAE 1977, 137 [insoweit zust. *Leipold*]; 11.12.1987 EzA § 47 BetrVG 1972 Nr. 5; 29.11.1989 EzA § 47 BetrVG 1972 Nr. 6; *Konzen* Unternehmensaufspaltungen, S. 90 ff.; *Trittin / DKKW* § 47 Rn. 19; dieser Konsens wird für das Betriebsverfassungsgesetz allerdings in Frage gestellt durch die Behauptung, das Betriebsverfassungsgesetz »kenne keinen eigenständigen Unternehmensbegriff«; so im Anschluss an *BAG* 05.12.1975 AP Nr. 1 zu § 47 BetrVG 1972 etwa *Dietz / Richardi* § 1 Rn. 54; *Fitting* § 47 Rn. 9; wiederum *BAG* 17.03.2010 EzA § 47 BetrVG 2001 Nr. 5 Rn. 14; dabei bleibt jedoch unklar, ob vom Begriff oder vom Begriffsinhalt die Rede ist; vgl. aber *BAG* 11.12.1987 EzA § 47 BetrVG 1972 Nr. 5 S. 4, wo klargestellt wird, dass das Betriebsverfassungsgesetz keine eigene Definition des Unternehmensbegriffs enthält; so jetzt auch *Richardi* § 1 Rn. 51).

Der betriebsverfassungsrechtliche Unternehmensbegriff wird im Anschluss an *Jacobi* noch immer weithin dahin definiert, dass das Unternehmen die **organisatorische Einheit** ist, innerhalb deren ein Unternehmer einen über den arbeitstechnischen Zweck des Betriebes **übergreifenden** (in aller Regel) **wirtschaftlichen oder ideellen Zweck** verfolgt (vgl. vor § 47 Rdn. 2 sowie § 1 Rdn. 30). Aus dem Betriebsverfassungsgesetz ist diese Lehrbuch-Definition allerdings nicht entwickelt worden (zutr. *Joost* Betrieb und Unternehmen, S. 79). Diese Definition wird von der h. M. aber auch nicht ernst genommen, wenn es darum geht, zu bestimmen, wann eine Unternehmenseinheit vorliegt. Dann wird nämlich nicht konsequent auf das Kriterium »organisatorische« Einheit abgestellt. 12

Stattdessen wird zunächst ein in der Definition nicht enthaltenes Merkmal in den Vordergrund gerückt. Bei variierenden (teils ungenauen oder verwirrend pleonastischen) Formulierungen wird für maßgeblich erachtet, dass der Rechtsträger des Unternehmens eine **rechtliche Einheit** bildet (vgl. *BAG* 05.12.1975 AP Nr. 1 zu § 47 BetrVG 1972; 09.08.2000 EzA § 47 BetrVG 1972 Nr. 7 S. 4; *Galperin/Löwisch* § 47 Rn. 6; *Richardi/Annuß* § 47 Rn. 6; beachte auch *Fabricius* Erstbearbeitung, § 47 Rn. 11 ff.) bzw. es wird die »Gemeinsamkeit des Unternehmers, d. h. die Identität des Inhabers der mehreren Betriebe« für notwendig gehalten (*BAG* 05.12.1975 AP Nr. 1 zu § 47 BetrVG 1972; *Koch/ErfK* § 47 BetrVG Rn. 2; *Richardi/Annuß* § 47 Rn. 5) oder die rechtliche Identität des betreibenden Unternehmers (*Fitting* § 47 Rn. 10; vgl. auch *Koch/ErfK* § 47 BetrVG Rn. 2, der aber insoweit ungenau von einer einheitlichen Rechtspersönlichkeit des betreibenden Unternehme»ns« spricht). Besteht die rechtliche Identität des Unternehmers, so soll dies nach noch immer verbreiteter Ansicht allerdings nicht genügen; hinzu kommen muss, und insoweit ist man dann wieder beim Ausgangspunkt der Definitionsbemühungen angelangt, dass die mehreren Betriebe dem gleichen Unternehmen angehören (vgl. *Koch/ErfK* § 47 BetrVG Rn. 3; *Hohenstatt/Dzida/HWK* § 47 BetrVG Rn. 2), d. h. eine einheitliche und selbständige Organisation aufweisen (vgl. *Koch/ErfK* § 47 BetrVG Rn. 4; *Galperin/Löwisch* § 47 Rn. 7). Die h. M. geht dabei jedoch davon aus, dass **alle Gesellschaften** (juristische Personen [wie AG, KGaA, GmbH, Genossenschaft, VVaG, e. V., SE] und Gesamthandsgemeinschaften [wie OHG, KG, Partnerschaft, BGB-Gesellschaft, nichtrechtsfähiger Verein]) als Unternehmensträger **stets nur ein** Unternehmen **betreiben können** (vgl. zur gesellschaftsrechtlichen Begründung dieser Auffassung *Dietz/Richardi* § 47 Rn. 10; *Fabricius* Erstbearbeitung, § 47 Rn. 13 ff.; *Wiedemann/Strohn* Anm. zu *BAG* AP Nr. 1 zu § 47 BetrVG 1972); insoweit spielt das Merkmal »organisatorische Einheit« keine weitere Abgrenzungsrolle. Vielmehr steht danach allgemein und ohne dass dies im Einzelfall noch besonders geprüft und dargetan werden müsste fest, dass, wenn im Tätigkeitsbereich einer Gesellschaft mehrere Betriebsräte bestehen, diese stets dem einzigen von der Gesellschaft betriebenen Unternehmen angehören, so dass bei der Gesellschaft als Unternehmensträger ein Gesamtbetriebsrat zu errichten ist. 13

Auch eine **natürliche Person** kann nach überwiegender Ansicht nur ein Unternehmen i. S. d. Betriebsverfassungsrechts betreiben (*Fitting* § 47 Rn. 13; *Richardi/Annuß* § 47 Rn. 9; *Roloff/WPK* § 47 Rn. 3). Früher verbreitet, heute vereinzelt wird demgegenüber angenommen, eine natürliche Person könne mehrere Unternehmen betreiben. Maßgeblich soll dann sein, ob die einzelnen Betriebe unter einheitlicher oder verschiedener Leitung organisatorisch zusammengefasst sind (vgl. *Fitting/Kaiser/Heither/Engels* 21. Aufl., § 47 Rn. 11; *Löwisch/LK* § 47 Rn. 3; *Richardi* 7. Aufl., § 47 Rn. 8; *Trittin/DKKW* § 47 Rn. 26). Im Ergebnis ist der h. M. zu folgen. Zu Recht wird in der praktischen Handhabung der Unternehmensabgrenzung nicht entscheidend auf den Organisationsbegriff abgestellt, weil man sonst mit *Jacobi* FS Ehrenberg, 1926, S. 18 zu dem Ergebnis kommen müsste, dass jeder Unternehmensträger bei entsprechender Organisation mehrere Unternehmen haben kann (z. B. eine AG, die nach dem Spartenorganisationsprinzip [Divisionsprinzip] für verschiedene Produktbereiche strukturiert ist); insoweit erweist sich damit allerdings die verbreitete, auf *Jacobi* zurückgehende Definition des Unternehmensbegriffs als für die Subsumtion unbrauchbar. Geht man davon aus, den Inhalt des betriebsverfassungsrechtlichen Unternehmensbegriffs allein nach dem BetrVG zu bestimmen, so ist es nicht überzeugend, das Ergebnis, wonach Gesellschaften jeweils nur ein einziges Unternehmen betreiben können, auf »zwingende organisatorische Vorschriften« des Gesellschaftsrechts zu stützen (so aber *BAG* 05.12.1975 AP Nr. 1 zu § 47 BetrVG 1972; vgl. auch *BAG* 09.08.2000 EzA § 47 BetrVG 1972 Nr. 7 S. 3; *Richardi/Annuß* § 47 Rn. 8; *Wiedemann/Strohn* Anm. zu *BAG* AP Nr. 1 zu § 47 BetrVG 1972), weil der Gesetzgeber bei der Gestaltung des Betriebsverfassungsrechts keineswegs an gesellschaftsrechtliche Strukturen gebunden ist (ebenso *Leipold* SAE 1977, 140; *Joost* Betrieb und Un- 14 ternehmen, S. 218; im Ansatz auch *Wiedemann/Strohn* Anm. AP Nr. 1 zu § 47 BetrVG 1972). Allerdings ergibt sich im Ergebnis, dass sich das BetrVG nicht über die Rechts- und Organisationsformen des Gesellschaftsrechts hinwegsetzt (*Joost* ZfA 1988, 489 [554]).

15 Der **Unternehmensbereich** (und damit das Tatbestandsmerkmal »Unternehmen«) ist im Ergebnis mit dem Geschäfts- und Tätigkeitsbereich des jeweiligen Unternehmensträgers gleichzusetzen (vgl. *BAG* 09.08.2000 EzA § 47 BetrVG 1972 Nr. 7 S. 4; 18.09.2002 EzA § 613a BGB 2002 Nr. 5 unter B III 2b cc (3); 13.02.2007 EzA § 47 BetrVG 2001 Nr. 4 Rn. 18; 17.03.2010 EzA § 47 BetrVG 2001 Nr. 5 Rn. 14 = AP Nr. 18 zu § 47 BetrVG 1972), in dem dieser Arbeitnehmer beschäftigt. Die **Identität des Arbeitgebers** ist mithin für die Abgrenzung der Unternehmenseinheit i. S. d. § 47 **entscheidend** (so auch schon *Joost* Betrieb und Unternehmen, S. 208 ff., 220; *ders./*MünchArbR § 225 Rn. 6, 11; *Konzen* Unternehmensaufspaltungen, S. 90 ff., 140; zust. *Hanau* ZfA 1990, 115 [126]; *Gamillscheg* AuR 1989, 33 [35]; *Peix* Errichtung und Fortbestand des Gesamtbetriebsrats, S. 31; *Salamon* Das Schicksal von Gesamtbetriebsvereinbarungen, S. 43 ff.; *ders.* RdA 2008, 24 [25]; *Trittin/DKKW* § 47 Rn. 21; *Umnuß* Organisation der Betriebsverfassung und Unternehmerautonomie, 1993, S. 146 f.).

16 Ausgangspunkt für die **Ableitung dieser These** ist die Tatsache, dass auch das BetrVG zwischen Unternehmen und Unternehmer unterscheidet (vgl. Rdn. 11 sowie zur Verwendung des Unternehmerbegriffs z. B. §§ 53 Abs. 2, 106 ff., 111 ff.). Dementsprechend ist das Unternehmen Rechtsgegenstand, nicht Rechtssubjekt. Rechtssubjekt ist der jeweilige Unternehmensträger. Als Unternehmensträger kommen ausschließlich natürliche und juristische Personen (AG, KGaA, GmbH, Genossenschaft, VVaG, e. V., Stiftung, SE) sowie die Gesamthandsgesellschaften OHG, KG, Partnerschaft, BGB-Gesellschaft und nichtrechtsfähiger Verein in Betracht (wobei in diesem Zusammenhang der gesellschaftsrechtliche Streit um die Einordnung der Gesamthand als rechtsfähige Einheit keine Rolle spielt). Nach der Zuständigkeitsregelung in § 50 Abs. 1 ist der Gesamtbetriebsrat in Angelegenheiten (originär) zuständig, die das Gesamtunternehmen oder mehrere Betriebe betreffen. Davon abzugrenzen und zu unterscheiden ist die Zuständigkeit der Betriebsräte innerhalb ihrer Betriebe. Da das BetrVG zwischen Betrieb und Unternehmen keinen dritten Repräsentationsbereich kennt, folgt daraus, dass der Unternehmensbereich mit dem gesamten Geschäfts- und Tätigkeitsbereich des Unternehmensträgers identisch sein muss. Gestützt wird dieses Ergebnis durch die Überlegung, dass angesichts der Möglichkeit zur Errichtung eines Konzernbetriebsrats nach § 54 aus systematischen Gründen der Unternehmensbereich nicht über den Bereich der selbständigen Einheit des Unternehmensträgers hinausgehen kann; mit dem Merkmal Unternehmen kann danach kein Konzern gemeint sein (ebenso *Wiedemann/Strohn* Anm. zu *BAG* AP Nr. 1 zu § 47 BetrVG 1972; auf die Unterscheidung von Konzern und Unternehmen im BetrVG stellt auch das *BAG* maßgeblich ab [zuletzt *BAG* 17.03.2010 EzA § 47 BetrVG 2001 Nr. 5 Rn. 14]). Im Rahmen seiner Zuständigkeit repräsentiert somit der Gesamtbetriebsrat alle Arbeitnehmer eines Unternehmens (vgl. § 50 Rdn. 55 ff.).

17 Demgemäß lässt sich die Frage, ob **Betriebsräte in einem Unternehmen** bestehen, danach beantworten, ob die Betriebsratsmitglieder selbst und die von ihnen repräsentierten Arbeitnehmer alle denselben Arbeitgeber haben (zu Besonderheiten bei Betriebsräten für gemeinsame Betriebe mehrerer Unternehmen vgl. Rdn. 21). Es besteht insoweit eine **Identität von Arbeitgeber und Unternehmer.** Der Gesetzgeber sieht das an anderer Stelle ebenso. So heißt es in § 180 Abs. 1 Satz 1 SGB IX: »Ist **für mehrere Betriebe eines Arbeitgebers** ein Gesamtbetriebsrat... errichtet, so wählen die Schwerbehindertenvertretungen ... eine Gesamtschwerbehindertenvertretung«. Außerdem ist es der **Arbeitgeber,** der nach § 48 den Ausschluss eines Mitglieds aus dem Gesamtbetriebsrat beim Arbeitsgericht beantragen kann. Dieser Ansicht hat sich auch das *BAG* angeschlossen, was seine Begründungen deutlich machen, die die hier gebrachten Argumente aufgreifen, die Begriffsdefinition der h. M. (vgl. Rdn. 12) aber nicht mehr erwähnt (vgl. *BAG* 11.12.1987 EzA § 47 BetrVG 1972 Nr. 5 = AP Nr. 7 zu § 47 BetrVG 1972 [zust. *Wiedemann*]; 29.11.1989 EzA § 47 BetrVG 1972 Nr. 6 = AP Nr. 3 zu § 10 ArbGG 1979 [insoweit zust. *Reuter*]; 09.08.2000 EzA § 47 BetrVG 1972 Nr. 7 S. 4, wo auf die Identität von Unternehmer und Betriebsinhaber abgestellt wird; 13.02.2007 EzA § 47 BetrVG 2001 Nr. 4 Rn. 19: Für Betriebe verschiedener Rechtsträger kann kein gemeinsamer Gesamtbetriebsrat gebildet werden; ebenso wieder *BAG* 17.03.2010 EzA § 47 BetrVG 2001 Nr. 1

Rn. 14 und Orientierungssatz 1; zust. *Glock/HWGNRH* § 47 Rn. 10; *Trittin/DKKW* § 47 Rn. 21; i. E. auch *Fitting* § 47 Rn. 10; *Koch/*ErfK § 47 BetrVG Rn. 3; *Richardi/Annuß* § 47 Rn. 5).

Soweit **Gesellschaften** (juristische Personen und Gesamthandsgesellschaften) Unternehmensträger **18** sind, deckt sich die hier vertretene Unternehmensabgrenzung im Ergebnis völlig mit der h. M., die davon ausgeht, dass Gesellschaften stets nur ein Unternehmen haben können (vgl. Rdn. 13); das ist jetzt unstreitig. Soweit innerhalb des Geschäfts- und Tätigkeitsbereichs einer Gesellschaft mehrere Betriebsräte gewählt worden sind, gehören diese zu einem Unternehmen, und es ist ein Gesamtbetriebsrat zu errichten. Diese nach (bisher) h. M. gesellschaftsrechtlich begründete Auffassung erweist sich im Ergebnis als richtig, weil das BetrVG mit der Unterscheidung von Betrieb und Unternehmen als Repräsentationsebenen eine Entscheidung getroffen hat, die sich auf Unternehmensebene mit den gesellschaftsrechtlichen Strukturen in der Sache deckt. In der Konsequenz dieser Ansicht hat das *BAG* (09.08.2000 EzA § 47 BetrVG 1972 Nr. 7) folgerichtig entschieden, dass beim Bundesvorstand der SPD kein Gesamtbetriebsrat i. S. d. BetrVG errichtet werden kann, weil das Gericht die Bezirke und die Landesverbände der SPD als rechtlich selbständige nicht eingetragene Zweigvereine eingestuft hat, die damit ihrerseits Unternehmen sind (vgl. zur Betriebsratsfähigkeit [Gesamtbetriebsratsfähigkeit] politischer Parteien *Preis* FS *Däubler,* S. 261).

Dagegen kann der früher verbreiteten Ansicht (vgl. Rdn. 14) nicht gefolgt werden, soweit sie aus han- **19** delsrechtlichen Regelungen, insbesondere der Möglichkeit der Führung mehrerer Firmen durch einen Einzelkaufmann (natürliche Person) ableitet, dass dieser nicht gehindert sei, auch betriebsverfassungsrechtlich mehrere Unternehmen nebeneinander zu führen. Für eine unterschiedliche betriebsverfassungsrechtliche Behandlung von Gesellschaften und Einzelunternehmer als Unternehmensträger bei der Abgrenzung des Unternehmensbegriffs fehlt ein einsichtiger Grund (ebenso *Leipold* SAE 1977, 140). Deshalb bildet auch der gesamte Geschäftsbereich eines **Einzelunternehmers**, in dem er als Arbeitgeber Arbeitnehmer beschäftigt, ein Unternehmen i. S. d. § 47, so dass beim Bestehen mehrerer Betriebsräte ein Gesamtbetriebsrat zu errichten ist (ebenso *Joost* Betrieb und Unternehmen, S. 219 f.; *ders.* ZfA 1988, 489 [554]; *ders./*MünchArbR § 225 Rn. 11; *Konzen* Unternehmensaufspaltungen, S. 93; zust. jetzt auch *Fitting* § 47 Rn. 13; *Glock/HWGNRH* § 47 Rn. 12; *Koch/*ErfK § 47 BetrVG Rn. 2; *Richardi/Annuß* § 47 Rn. 9; *Tautphäus/*HaKo § 47 Rn. 5; *Trittin/*DKKW § 47 Rn. 24, aber dazu widersprüchlich einschränkend Rn. 26).

b) Abgrenzungsfragen

Für die Unternehmensabgrenzung ist grundsätzlich allein die **Feststellung des jeweiligen Unter- 20 nehmensträgers**, der zugleich Arbeitgeber ist, als Rechtssubjekt (natürliche oder juristische Person) bzw. als rechtliche Einheit (Personengesellschaft) **maßgeblich**. Bei natürlichen und juristischen Personen macht das keine Schwierigkeiten. Unproblematisch ist auch die Behandlung von Personengesellschaften, die nach § 124 Abs. 1 HGB wie juristische Personen behandelt werden. Das gilt für OHG, KG, Partnerschaft und mittlerweile allgemein anerkannt analog für die Außen-BGB-Gesellschaft (im Anschluss an *BGH* 29.01.2001 NJW 2001, 1056). Personengesellschaften sind danach rechtlich verselbstständigte Einheiten und können insoweit als Unternehmensträger und Arbeitgeber angesehen werden. Wegen der durchgängigen Trennung von Gesellschaft und Gesellschafter besteht auch sonst in keinem Fall eine Identität zwischen der jeweiligen Gesellschaft als Unternehmungsträger und ihren einzelnen Gesellschaftern, die eine Unternehmenseinheit schaffen würde. Ist z. B. eine AG Gesellschafterin einer GmbH, so sind die Unternehmensbereiche von AG und GmbH strikt auseinander zu halten; das gilt z. B. auch, wenn ein Einzelkaufmann zugleich Einmann-Gesellschafter einer GmbH ist. Auch Personenidentität von Mitgliedern verschiedener Gesellschaften führt nicht zu einer Unternehmenseinheit, selbst wenn alle Geschäftsanteile denselben Personen zustehen (vgl. auch *BAG* 05.12.1975 AP Nr. 1 zu § 47 BetrVG 1972; *RAG* ARS 13, 15; *ArbG Stuttgart* AP 1953 Nr. 208). Keine Besonderheiten gelten auch für die **GmbH & Co. KG**; unabhängig davon, ob sich die Aufgabe der GmbH in der Geschäftsführung für die KG erschöpft oder nicht, haben die GmbH und die KG verschiedene Unternehmensbereiche (vgl. dazu auch schon *Wiedemann/Strohn* Anm. zu *BAG* AP Nr. 1 zu § 47 BetrVG 1972 sowie zust. *Glock/HWGNRH* § 47 Rn. 17; *Richardi/Annuß* § 47 Rn. 13; *Trittin/DKKW* § 47 Rn. 25).

21 Eine **Sonderstellung** nimmt bei der Unternehmensabgrenzung der **gemeinsame Betrieb mehrerer Unternehmen** ein, den das Gesetz jetzt in § 1 Abs. 1 Satz 2 ausdrücklich anerkennt (vgl. zu dessen Voraussetzungen § 1 Rdn. 46 ff.). Früher war str., ob der gemeinsame Betrieb (Gemeinschaftsbetrieb mehrerer rechtlich selbständiger Unternehmer) mit den einzelnen Trägerunternehmen jeweils eine Unternehmenseinheit bildet und dementsprechend der Betriebsrat eines solchen gemeinsamen Betriebes für die Errichtung von Gesamtbetriebsräten in den einzelnen Trägerunternehmen zählt bzw. Mitglieder in dort schon errichtete Gesamtbetriebsräte entsenden kann (verneinend m. w. N., auch zur Gegenmeinung, 6. Aufl., § 47 Rn. 16; vgl. auch m. w. N. *Richardi/Annuß* § 47 Rn. 76). Diese Streitfrage hat der Gesetzgeber jetzt in bejahendem Sinn durch § 47 Abs. 9 mitentschieden (zust. *BAG* 13.02.2007 EzA § 47 BetrVG 2001 Nr. 4 Rn. 19; 17.03.2010 EzA § 47 BetrVG 2001 Nr. 5 Rn. 18; *Fitting* § 47 Rn. 80; *Salamon*, RdA 2008, 24 [29]; *I. Schmidt* FS *Küttner*, S. 499 [502]); die Bestimmung ist durch das BetrVerf-Reformgesetz neu eingefügt worden (vgl. dazu näher Rdn. 114 ff.). Wenn danach Fragen des Stimmgewichts »für Mitglieder des Gesamtbetriebsrats, die aus einem gemeinsamen Betrieb mehrerer Unternehmen entsandt worden sind«, durch Tarifvertrag oder Betriebsvereinbarung abweichend von § 47 Abs. 7 und 8 geregelt werden können, so ist dabei vorausgesetzt, dass Mitglieder des Betriebsrats des gemeinsamen Betriebes in den Gesamtbetriebsrat zu entsenden sind. Dementsprechend hat sich der Betriebsrat des gemeinsamen Betriebes an der Errichtung des Gesamtbetriebsrats in allen einzelnen Trägerunternehmen zu beteiligen (wenn dort jeweils zumindest noch ein Betriebsrat besteht) bzw. Mitglieder in dort schon bestehende Gesamtbetriebsräte zu entsenden (für die Entsendung kommen dabei nicht nur Arbeitnehmer des jeweiligen Gesamtbetriebsrats-Unternehmens in Betracht, Rdn. 40). Insoweit hat der Gesetzgeber verbindlich entschieden, dass der gemeinsame Betrieb jeweils mit den Trägerunternehmen eine Unternehmenseinheit bildet und insofern für die Unternehmensabgrenzung über die Identität von Arbeitgeber und Unternehmensträger (vgl. Rdn. 16, 17) hinauszugehen ist, weil definitionsgemäß nicht alle Arbeitnehmer, die dem gemeinsamen Betrieb angehören, denselben (Vertrags-)Arbeitgeber haben. Konsequenz dieser Zuordnung ist aber, dass für den gemeinsamen Betrieb mehrere Gesamtbetriebsräte zuständig sein können; dafür sieht das Gesetz keine Abgrenzungsregeln vor (vgl. § 50 Rdn. 88).

22 Die Zuordnung zu den Trägerunternehmen erfolgt auch bei **mehreren gemeinsamen Betrieben**. In der Konsequenz dieser Zuordnung ist aber auch dann eine Unternehmenseinheit anzunehmen, wenn dieselben Trägerunternehmer **nur** (mehrere) gemeinsame Betriebe haben. Bestehen in dieser Konstellation mehrere Betriebsräte, so haben diese einen Gesamtbetriebsrat zu errichten (ebenso schon bisher *Konzen* Unternehmensaufspaltungen, S. 119; *ders.* AuR 1985, 341 [353 f.]; *Windbichler* Arbeitsrecht im Konzern, S. 294; zust. *Däubler* FS für *Zeuner*, S. 19 [28]; zur Parallelproblematik der Bildung eines Wirtschaftsausschusses ebenso *BAG* 01.08.1990 EzA § 106 BetrVG 1972 Nr. 16). *I. Schmidt* (FS *Küttner*, 2006, S. 499 [503]) ist dem nicht gefolgt; sie hält die Errichtung eines Gesamtbetriebsrats bei jedem Trägerunternehmen für erforderlich mit der Konsequenz, dass ein von den Betriebsräten der Gemeinschaftsbetriebe errichteter (gemeinsamer) Gesamtbetriebsrat gegen § 47 verstößt. Unter dem Vorsitz von *I. Schmidt* ist der *Erste Senat* des *BAG* dieser Ansicht gefolgt, zunächst noch zögerlich hinsichtlich der Rechtsfolgen bei einem Verstoß (*BAG* 13.02.2007 EzA § 47 BetrVG 2001 Nr. 4 Rn. 19 ff.; zust. *Fitting* § 47 Rn. 10). Dem hat sich der *Siebte Senat* des *BAG* (17.03.2010 EzA § 47 BetrVG 2001 Nr. 5 Rn. 18 = AP Nr. 18 zu § 47 BetrVG 1972) dezidiert und in den Rechtsfolgen weiterführend unter Berufung darauf angeschlossen, dass auch bei ausschließlicher Führung von Gemeinschaftsbetrieben das Prinzip gilt, dass für Betriebe verschiedener Rechtsträger kein gemeinsamer Gesamtbetriebsrat unternehmensübergreifend wirksam errichtet werden kann (zu den Rechtsfolgen unwirksamer Errichtung s. Rdn. 131 ff.). Dieses Beharren auf dogmatischer Folgerichtigkeit (vgl. Rdn. 15) beachtet jedoch nicht, dass schon mit der gesetzlichen Anerkennung der Gesamtbetriebsratsfähigkeit der Betriebsräte gemeinsamer Betriebe die Unternehmensgrenze (ausnahmsweise) überschritten wird (s. Rdn. 21) und deshalb nicht erst die Errichtung eines gemeinsamen Gesamtbetriebsrats vom Prinzip abweicht, sondern dieses insoweit folgerichtig modifiziert. Deshalb ist diese Ansicht als nicht überzeugend abzulehnen, zumal in dieser Konstellation das Nebeneinander verschiedener Gesamtbetriebsräte kostenaufwendig und praktisch schwieriger als nötig ist, wenn die Gemeinschaftsbetriebe von den Arbeitgebern einheitlich geführt werden (vgl. auch *Schönhöft/Wertz* RdA 2010, 100). Die Praxis wird sich gleichwohl an dieser Rspr. zu orientieren haben.

Abgrenzungsschwierigkeiten können sich daraus ergeben, dass im konkreten Einzelfall zweifelhaft ist, **23** ob und ggf. inwieweit sich **Rechtsträger von Unternehmen** (Gesellschaften, natürliche Personen) **zu einer weiteren Gesellschaft** vereinigt haben, die dann ihrerseits u. U. neuer Unternehmensträger geworden ist. Keine Schwierigkeiten wirft dabei z. B. der Fall auf, dass zwei AG eine GmbH als Gemeinschaftsunternehmen gründen (z. B. zur Zusammenlegung ihrer Forschungs- oder Vertriebstätigkeit), die in das Handelsregister eingetragen wird. Bei der GmbH ist nur dann ein Gesamtbetriebsrat zu errichten, wenn in ihrem Geschäftsbereich mindestens zwei Betriebsräte bestehen. Bei einem tatsächlichen Zusammenwirken mehrerer Gesellschaften (z. B. zweier AG und einer KG) mag es dagegen zweifelhaft sein, ob diese als Gesellschafter eine Personenhandelsgesellschaft oder eine BGB-Gesellschaft gegründet haben (vgl. den Sachverhalt von *BAG* 01.10.1974 AP Nr. 1 zu § 106 BetrVG 1972). Für die betriebsverfassungsrechtliche Abgrenzung einer Unternehmenseinheit ist dann grundsätzlich maßgeblich auf die Arbeitgeberstellung abzustellen; nur soweit ein neuer Unternehmensträger in seinem Geschäftsbereich als Arbeitgeber Arbeitnehmer beschäftigt, kommt beim Bestehen mindestens zweier Betriebsräte die Errichtung eines Gesamtbetriebsrats in Betracht (zu Besonderheiten bei Gemeinschaftsbetrieben vgl. Rdn. 21, 22).

Entsprechend ist es zu beurteilen, wenn zwei oder mehrere Gesellschaften zur gemeinsamen Führung **24** vorhandener Betriebe eine sog. **Betriebsführungsgesellschaft** (Unternehmensführungsgesellschaft) bilden; soweit die sog. Eigentümer-Gesellschafter Arbeitgeber ihrer Arbeitnehmer bleiben, kommt auch dann keine Errichtung eines Gesamtbetriebsrats in Betracht, wenn die Betriebsführungsgesellschaft eigene Arbeitnehmer hat und diese einen Betriebsrat gewählt haben (vgl. auch *Rüthers* BB 1977, 605 [612]; ferner *Fitting* § 47 Rn. 14; *Glock/HWGNRH* § 47 Rn. 15; *Richardi/Annuß* § 47 Rn. 10; *Trittin/DKKW* § 47 Rn. 28). Dagegen wird die Betriebsführungsgesellschaft einheitlicher Unternehmensträger, wenn sämtliche vorhandenen Arbeitsverhältnisse kraft Vereinbarung (oder nach § 613a BGB) auf diese übergehen (ebenso *BAG* 29.11.1989 EzA § 47 BetrVG 1972 Nr. 6 S. 13 = AP Nr. 3 zu § 10 ArbGG 1979 [*Reuter*, der zutr. auf den Unterschied in den Anforderungen zur Führung eines gemeinsamen Betriebs durch mehrere Unternehmen hinweist]; deutlich auch *BAG* 17.03.2010 EzA § 47 BetrVG 2001 Nr. 5 Orientierungssatz 2). Entsprechend ist es zu beurteilen, wenn ein Unternehmer mehrere Betriebsführungsgesellschaften zur Führung mehrerer seiner Betriebe einsetzt. Vgl. zu dieser Problematik bei der Ruhrkohle AG *Fabricius* Rechtsprobleme gespaltener Arbeitsverhältnisse im Konzern, 1982, S. 7 ff.; *Zöllner* Besprechung der Schrift von *Fabricius* ZfA 1983, 93 (99), der (wie im Ergebnis auch *Fabricius*, S. 57) die Bildung mehrerer Gesamtbetriebsräte in einer AG befürwortet; **a. M.** *BAG* 29.11.1978 AP Nr. 18 zu § 611 BGB Bergbau (mit weiterführender Anm. *Boldt*; vgl. auch *Joost* Betrieb und Unternehmen, S. 222 f.).

In **Franchise-Systemen** kommt die Bildung von Gesamtbetriebsräten nicht in Betracht, weil dabei **25** definitionsgemäß rechtlich selbstständige Unternehmer auf der Basis eines (nicht gesellschaftsrechtlichen) vertraglichen Dauerschuldverhältnisses beteiligt sind (zust. *Fitting* § 47 Rn. 11; *Richardi/Annuß* § 47 Rn. 12; vgl. auch *Skaupy* BB 1990, 134; *Gittermann* Arbeitnehmerstatus und Betriebsverfassung in Franchise-Systemen, S. 173 f.; *Selzner* Betriebsverfassungsrechtliche Mitbestimmung in Franchise-Systemen, S. 98; **a. M.** für das sog. Koalitions- und Konföderations-Franchising [nicht aber für das sog. Subordinations-Franchising] *Buschbeck-Bülow* BB 1989, 352 [353], die aber verkennt, dass selbst dann, wenn man in diesen Fällen eine BGB-Gesellschaft zwischen Franchisegeber und Franchisenehmer annimmt, diese keine Arbeitnehmer als Arbeitgeber beschäftigt).

Besteht in einem Betrieb, der gem. § 613a BGB durch Rechtsgeschäft (z. B. Kauf, Pacht) oder Ge- **26** samtrechtsnachfolge (Umwandlung nach UmwG) auf einen anderen Unternehmensträger übergeht, ein Betriebsrat, so bleibt dieser im Amt (vgl. ausführlich *Kreutz* § 21 Rdn. 39 ff.) und zählt für die Errichtung eines Gesamtbetriebsrats beim Erwerber (Rechtsnachfolger) oder Pächter mit (vgl. auch schon *Braker* Betriebsübergang und Betriebsverfassung, 1979, S. 93 ff.; *Posth* Arbeitsrechtliche Probleme beim Betriebsinhaberwechsel, 1978, S. 199 ff.); in einen dort schon bestehenden Gesamtbetriebsrat hat er nach Abs. 2 Mitglieder zu entsenden (vgl. *BAG* 16.03.2005 EzA § 51 BetrVG 2001 Nr. 2).

Ein einheitlicher Unternehmensträger fehlt, wenn rechtlich selbstständige Unternehmensträger unter **27** **einheitlicher Leitung** zusammengefasst sind. In diesen Fällen liegt ein **Konzern** vor (§ 18 AktG), für den unter den Voraussetzungen des § 54 ein Konzernbetriebsrat errichtet werden kann. Unabhängig von seiner konkreten Ausgestaltung kann der Konzern, da er von Konzernunternehmen gebildet wird, nicht selbst Unternehmen i. S. d. § 47 sein. Wegen der Möglichkeit zur Bildung eines Konzernbetriebsrats besteht auch kein Bedürfnis, die Zuständigkeit eines Gesamtbetriebsrats über den Bereich eines selbstständigen Unternehmensträgers hinaus auszudehnen. Unter systematischen Gesichtspunkten verbietet sich das geradezu, weil sonst die gesetzliche Systematik der Arbeitnehmerrepräsentation durch Gesamtbetriebsrat und Konzernbetriebsrat aus den Angeln gehoben würde (so schon *Fabricius* Erstbearbeitung, § 47 Rn. 17; vgl. auch BAG 11.12.1987 EzA § 47 BetrVG 1972 Nr. 5; 29.11.1989 EzA § 47 BetrVG 1972 Nr. 6; 09.08.2000 EzA § 47 BetrVG 1972 Nr. 7; *Fitting* § 47 Rn. 11; *Glock/HWGNRH* § 47 Rn. 10; *Richardi/Annuß* § 47 Rn. 6; *Wiedemann/Strohn* Anm. zu BAG AP Nr. 1 zu § 47 BetrVG 1972). Dementsprechend verlieren Unternehmensträger nicht deshalb diese Eigenschaft, weil bei ihnen als abhängigen Unternehmen keine eigene Willensbildung stattfindet; umgekehrt können Betriebsräte von Betrieben verschiedener Rechtsträger auch dann, wenn diese unter einheitlicher wirtschaftlicher Leitung stehen, keinen Gesamtbetriebsrat bilden (vgl. zusammenfassend BAG 11.12.1987 EzA § 47 BetrVG 1972 Nr. 5).

28 Für eine Unternehmenseinheit ist es völlig **unmaßgeblich**, ob in den vorhandenen Betrieben gleichartige oder unterschiedliche **Betriebszwecke** verfolgt werden und ob die Betriebe in **räumlicher Nähe** liegen. Es spielt auch keine Rolle, ob der Unternehmer wirtschaftliche oder ideelle Zwecke verfolgt und in welcher Art und Weise die jeweilige Zielsetzung verwirklicht wird (vgl. auch BAG 23.09.1980 AP Nr. 4 zu § 47 BetrVG 1972 zur Bejahung der Unternehmereigenschaft eines **Spitzenverbandes der freien Wohlfahrtspflege**; als maßgeblich sieht das Gericht dabei zu Recht an, dass der Verband in den von ihm betriebenen Einrichtungen Arbeitnehmer beschäftigt und seine Aufgaben nicht nur durch Verbandsmitglieder erfüllen lässt).

3. Rechtsfolge

29 Die **Errichtung** eines Gesamtbetriebsrats ist **zwingend** vorgeschrieben, wenn in einem Unternehmen mindestens zwei Betriebsräte bestehen. Weitere Voraussetzungen bestehen nicht. Insbesondere ist keine positive Beschlussfassung der Betriebsräte erforderlich; auch kommt es nicht auf ein Bedürfnis für die Errichtung eines Gesamtbetriebsrats im Unternehmen an (ebenso BAG 23.09.1980 AP Nr. 4 zu § 47 BetrVG 1972). Die Errichtung des Gesamtbetriebsrats ist, wie sich im Kontext mit Abs. 2 ergibt, zwingende **Verpflichtung der** im Unternehmen bestehenden **einzelnen Betriebsräte**; der Gesamtbetriebsrat ist insoweit obligatorisches betriebsverfassungsrechtliches Organ. Die Verpflichtung ist inhaltlich auf die Errichtung eines einzigen (»ein«) Gesamtbetriebsrats gerichtet; die Errichtung mehrerer Gesamtbetriebsräte im Unternehmen ist nach dem Gesetz unzulässig. Deshalb ist die Errichtung eines Gesamtbetriebsrats ungültig, wenn im Unternehmen schon/noch ein Gesamtbetriebsrat besteht; es gilt das Prioritätsprinzip. Vgl. zu den Möglichkeiten, durch Tarifvertrag (gem. § 3 Abs. 1 Nr. 2 und 3), ggf. auch durch Betriebsvereinbarung (gem. § 3 Abs. 2) vom Gesetz abweichende Arbeitnehmervertretungsstrukturen für Unternehmen zu schaffen (Stichwort hier: Spartengesamtbetriebsräte) § 3 Rdn. 18 f.

30 Der Betriebsrat der Hauptverwaltung bzw., soweit ein solcher nicht besteht, der Betriebsrat des nach der Zahl der wahlberechtigten Arbeitnehmer größten Betriebs, hat zur konstituierenden Sitzung des Gesamtbetriebsrats einzuladen (§ 51 Abs. 2). Die Verletzung der den einzelnen Betriebsräten auferlegten Verpflichtung, an der Errichtung des Gesamtbetriebsrats mitzuwirken, stellt in aller Regel eine grobe Verletzung der gesetzlichen Pflichten dar und kann als Sanktion nach § 23 Abs. 1 die Auflösung eines untätigen Betriebsrats rechtfertigen (ebenso *Fitting* § 47 Rn. 8; *Glock/HWGNRH* § 47 Rn. 23; *Koch/*ErfK § 47 BetrVG Rn. 2; *Richardi/Annuß* § 47 Rn. 40; *Trittin/DKKW* § 47 Rn. 8; einschränkend *Hohenstatt/Dzida/HWK* § 47 BetrVG Rn. 16: nur bei bewusster und beharrlicher Weigerung). Gesetzwidrige **Gesamtbetriebsratslosigkeit** hat im originären Zuständigkeitsbereich des Gesamtbetriebsrats nach § 50 Abs. 1 zur Folge, dass die Beteiligungsrechte entfallen (vgl. § 50 Rdn. 18). Vgl. zur Frage, wann der Gesamtbetriebsrat »errichtet« ist, Rdn. 46 ff.

III. Errichtung des Gesamtbetriebsrats (Abs. 2)

Der Gesamtbetriebsrat ist kein gewähltes, sondern ein **aus entsandten Betriebsratsmitgliedern** 31 **bestehendes Organ** (vgl. *LAG Frankfurt a. M.* DB 1977, 2056). Mit der Bildung des Gesamtbetriebsrats durch Entsendung von Mitgliedern der im Unternehmen bestehenden einzelnen Betriebsräte hat der Gesetzgeber den einfachsten Weg zur Errichtung des Gesamtbetriebsrats gewählt; kostenaufwendige Wahlgänge durch die Arbeitnehmer des Unternehmens sind damit vermieden (vgl. zur Entstehungsgeschichte näher *Fabricius* Erstbearbeitung, § 47 Rn. 39).

Abs. 2 Satz 1 regelt die Entsendung von Betriebsratsmitgliedern in den Gesamtbetriebsrat im Nor- 32 malfall; teilweise abweichende Regelungen sind nach Abs. 4 und 5 möglich. Infolge der Aufgabe des Gruppenprinzips (d. h. der Unterscheidung von Arbeitern und Angestellten) in der Betriebsverfassung durch das BetrVerf-Reformgesetz 2001 ist Abs. 2 neu gefasst worden. Alle gruppenspezifischen Regelungen sind aufgehoben worden; dadurch wird das Bestellungsverfahren in den Betriebsräten über die zu entsendenden Mitglieder erheblich vereinfacht. Nach Abs. 2 Satz 2 sollen bei der Entsendung die Geschlechter angemessen berücksichtigt werden; dabei handelt es sich im Gegensatz zu § 15 Abs. 2 aber um eine reine Sollvorschrift. Für Betriebsräte, die bei Inkrafttreten des BetrVerf-Reformgesetzes bestanden, war der neu gefasste Abs. 2 erst **nach** einer **Neuwahl** anzuwenden (Art. 14 Satz 2 BetrVerf-Reformgesetz; vgl. Amtl. Anm. zu § 47).

1. Mitgliederzahl

Nach Abs. 2 Satz 1 **entsendet** jeder Betriebsrat entsprechend seiner Mitgliederzahl ein oder zwei Mit- 33 glieder in den Gesamtbetriebsrat. Betriebsräte mit bis zu drei Mitgliedern entsenden **ein** Mitglied; besteht der Betriebsrat aus mehr als drei Mitgliedern, entsendet er **zwei** seiner Mitglieder. Damit wird allein auf die **Betriebsratsgröße** abgestellt. Unterschiede in der Zahl der wahlberechtigten Arbeitnehmer in den einzelnen Betrieben werden durch unterschiedliches Stimmgewicht der Mitglieder des Gesamtbetriebsrats ausgeglichen (vgl. Abs. 7 und dazu Rdn. 61 ff.). Für die Zusammensetzung des Gesamtbetriebsrats bei den privatisierten **Postunternehmen** (vgl. Anhang zu § 10) enthält § 32 Abs. 1 Nr. 1 PostPersRG die nach wie vor beachtliche Sonderregelung, dass, wenn zwei Mitglieder entsandt werden, zu den zu entsendenden Betriebsratsmitgliedern ein Vertreter der Beamten gehören muss, der nicht gegen die Mehrheit der Vertreter der Beamten bestimmt werden kann (vgl. *Fitting* § 47 Rn. 31; *Richardi/Annuß* § 47 Rn. 33; *Trittin/DKKW* § 47 Rn. 85).

Das Gesetz regelt die **Zahl der Mitglieder** des Gesamtbetriebsrats nicht unmittelbar. Erst aus der Er- 34 mittlung der im Unternehmen bestehenden Betriebsräte und dem Umstand, ob ein Betriebsrat bis zu drei oder mehr Mitglieder hat, ergibt sich die Mitgliederzahl, die ein konkreter Gesamtbetriebsrat haben kann. Demgemäß muss, anders als bei der Mitgliederzahl des Betriebsrats nach § 9, der Gesamtbetriebsrat nicht stets eine ungerade Mitgliederzahl haben. Durch Tarifvertrag oder Betriebsvereinbarung kann die Mitgliederzahl eines konkreten Gesamtbetriebsrats abweichend von Abs. 2 Satz 1 geregelt werden (Abs. 4; vgl. dazu Rdn. 66 ff.); gehören dem Gesamtbetriebsrat mehr als 40 Mitglieder an, so muss die Mitgliederzahl nach Maßgabe der Abs. 5 und 6 verringert werden (vgl. dazu Rdn. 93 ff.).

Nur **ein Betriebsratsmitglied** ist zu entsenden, wenn der Betriebsrat bis zu drei Mitglieder hat 35 (Abs. 2 Satz 1 1. Halbs.). Im Regelfall (§ 9 Satz 1, zweite Stufe) betrifft dies Betriebsräte, die in Betrieben mit in der Regel bis zu 50 wahlberechtigten Arbeitnehmern gewählt worden sind. Maßgeblich ist jedoch die **tatsächliche Zahl** der Betriebsratsmitglieder, nicht die nach §§ 9 und 11 vorgeschriebene Zahl. Deshalb ist auch dann nur (noch) ein Mitglied zu entsenden, wenn die ursprüngliche Gesamtzahl nach Eintritt sämtlicher Ersatzmitglieder auf drei (oder weniger) Mitglieder gesunken ist. Besteht ein Betriebsrat nur aus einer Person, so tritt diese ohne Weiteres in den Gesamtbetriebsrat ein.

Zwei Mitglieder sind zu entsenden, wenn der Betriebsrat mehr als drei Mitglieder hat (Abs. 2 Satz 1 36 2. Halbs.). Im Regelfall sind das Betriebsräte, die in Betrieben ab der 3. Stufe von § 9 Satz 1 gewählt worden sind und aus fünf oder mehr Mitgliedern bestehen. Maßgeblich ist aber auch insoweit die **tatsächliche Mitgliederzahl**. Zwei Mitglieder sind deshalb auch dann zu entsenden, wenn mit fünf Mitgliedern irrtümlich eine zu hohe Zahl gewählt und die Wahl nicht angefochten worden ist, aber auch noch dann, wenn die ursprüngliche Gesamtzahl auf vier Mitglieder gesunken ist, weil kein Ersatzmitglied vorhanden ist, das nachrücken könnte.

2. Entsendung (Begründung der Mitgliedschaft im Gesamtbetriebsrat)

37 Nach Abs. 2 Satz 1 ist es Recht und Pflicht des Betriebsrats als Gremium, (ein oder zwei) Mitglieder in den Gesamtbetriebsrat **zu entsenden**. Verfahrensrechtlich geht es dabei um die **Bestimmung** der Mitglieder im Gesamtbetriebsrat. Das Mitglied des nur aus einer Person bestehenden Betriebsrats ist kraft seiner Einzelstellung (»geborenes«) Mitglied im Gesamtbetriebsrat; einer förmlichen Entscheidung bedarf es nicht (unstr.).

38 Die zu entsendenden Mitglieder sind (abgesehen vom einköpfigen Betriebsrat) durch den **Betriebsrat als Gremium** zu bestimmen; ein besonderer Gruppenschutz in Form eines Selbstbestimmungsrechts der Gruppen (§ 47 Abs. 2 Satz 3 a. F.; vgl. dazu 6. Aufl., § 47 Rn. 35 ff.) ist mit der Aufgabe des Gruppenprinzips entfallen. Der Betriebsrat entscheidet durch (Geschäftsführungs-) Beschluss in einer Sitzung; § 33 gilt (einschränkend nur *Löwisch* BB 2002, 1366: Verhältniswahl aus Gründen der Systemgerechtigkeit, wenn zwei Mitglieder zu entsenden sind; diesem zust. *J. Klein* Minderheitsgewerkschaften in der Betriebsverfassung, S. 429). Sind zwei Mitglieder zu entsenden, ist gesonderte Beschlussfassung erforderlich. Beschlussfähigkeit vorausgesetzt (§ 33 Abs. 2), ist **einfache Mehrheit** der anwesenden Mitglieder zur Beschlussfassung ausreichend (ebenso *Fitting* § 47 Rn. 33; *Glock/HWGNRH* § 47 Rn. 55; *Hanau* ZIP 2001, 2163 [2166]; *Hohenstatt/Dzida/HWK* § 47 BetrVG Rn. 14; *Koch*/ErfK § 47 BetrVG Rn. 6; *Löwisch/LK* § 47 Rn. 17; *Stege/Weinspach/Schiefer* §§ 47–52 Rn. 3; *Tautphäus*/HaKo § 47 Rn. 20; *Trittin/DKKW* § 47 Rn. 87; dieser Ansicht hat sich mit ausführlicher und abwägender Begründung der *Siebte Senat* des *BAG* angeschlossen: *BAG* 21.07.2004 EzA § 47 BetrVG 2001 Nr. 1; 16.03.2005 EzA § 47 BetrVG 2001 Nr. 2 unter Hervorhebung, dass die Grundsätze der Verhältniswahl [zum Minderheitenschutz] nicht gelten, weil die Entscheidung über die Entsendung durch Geschäftsführungsbeschluss erfolgt, nicht durch Wahl; 25.05.2005 EzA § 47 BetrVG 2001 Nr. 3 unter B II 3), aber auch **erforderlich** (§ 33 Abs. 1). Das Stimmrecht des Mitglieds, über dessen Entsendung beschlossen wird, ist nicht etwa wegen Betroffenheit in eigenen Angelegenheiten ausgeschlossen; eine zeitweilige Verhinderung i. S. d. § 25 Abs. 1 Satz 2 liegt nicht vor. Der Betriebsrat kann beschließen, die zu entsendende(n) Person(en) durch förmlichen Wahlgang (insbesondere durch Stichwahl) zu bestimmen; dabei kann wegen § 33 Abs. 1 aber nicht festgelegt werden, dass die relative Stimmenmehrheit ausreicht (ebenso *Glock/HWGNRH* § 47 Rn. 55; **a. M.** *Löwisch/LK* § 47 Rn. 17; ohne Begründung auch *Richardi/Annuß* § 47 Rn. 29; *Trittin/DKKW* § 47 Rn. 89; dagegen haben *Fitting* § 47 Rn. 33 und *Koch*/ErfK § 47 BetrVG Rn. 6 diese Ansicht aufgegeben).

39 Der Betriebsrat muss **als Gremium** entscheiden. Die Entscheidung kann weder dem Vorsitzenden allein noch diesem und seinem Stellvertreter gemeinsam übertragen werden. Auch der Betriebsausschuss kann den Beschluss des Betriebsrats nicht ersetzen, da es sich nicht um eine Angelegenheit der laufenden Geschäftsführung handelt (§ 27 Abs. 2 Satz 1). Möglich ist hier aber die (gesetzlich nicht ausgeschlossene) Übertragung dieser Aufgabe auf den Betriebsausschuss oder einen weiteren Ausschuss zur selbstständigen Erledigung nach § 27 Abs. 2 Satz 2, § 28 Abs. 1 (**a. M.** *Fitting* § 47 Rn. 28; *Maschmann*/DFL § 47 BetrVG Rn. 5; *Richardi/Annuß* § 47 Rn. 29).

40 Zum Mitglied im Gesamtbetriebsrat kann **nur** bestimmt werden, wer **Betriebsratsmitglied** ist; Ersatzmitglieder kommen, solange sie nicht nachgerückt sind (§ 25 Abs. 1 Satz 1), nicht in Betracht (ebenso *Fitting* § 47 Rn. 30; *Trittin/DKKW* § 47 Rn. 86). Wie sich aus § 53 Abs. 1 ergibt, ist kein Betriebsratsmitglied ausgeschlossen oder bevorzugt (etwa der Vorsitzende), Mitglied im Gesamtbetriebsrat zu werden. In der Praxis ist die Entsendung des/der Betriebsratsvorsitzenden die Regel (*Joost*/MünchArbR § 225 Rn. 27). Auch aus einem **Gemeinschaftsbetrieb** mit mehreren Gesamtbetriebsräten (vgl. Rdn. 21 f.) kann jeder Betriebsrat in jeden Gesamtbetriebsrat entsandt werden, unabhängig davon, mit wem der Entsandte seinen Arbeitsvertrag hat (wie hier *Fitting* § 47 Rn. 81; *Roloff/WPK* § 47 Rn. 11; *Schönhöft/Wertz* RdA 2010, 100 [102]; **a. M.** *Richardi/Annuß* § 47 Rn. 77; *Hoffmann/Alles* NZA 2014, 757 [758]; *Hohenstatt/WHSS* D Rn. 117; *Hohenstatt/Dzida/HWK* § 47 BetrVG Rn. 28). Geht man mit der Gegenansicht, könnte eine Entsendung völlig ausscheiden, wenn im Betriebsrat des Gemeinschaftsbetriebs kein Arbeitnehmer des betreffenden Trägerunternehmens

vertreten ist. Der Mangel an Legitimation eines unternehmensfremden Gesamtbetriebsratsmitglieds, das aber in einem der zugehörigen Betriebe angestellt ist, ist nicht größer, als wenn ein unternehmensangehöriges Gesamtbetriebsratsmitglied über Betriebe mitbestimmt, in denen es nicht angestellt ist. Das Gesetz kennt im Übrigen kein strenges Repräsentationsprinzip, vgl. etwa § 50 Abs. 1 2. Halbs., die Möglichkeiten des § 3 Abs. 1 oder auch speziell in dieser Frage die Regelung der Stimmrechtsbeschränkung für Mitglieder aus Gemeinschaftsbetrieben nach § 47 Abs. 9, ohne irgendwelche Anforderungen an deren Unternehmenszugehörigkeit zu stellen. Der Betriebsrat des Gemeinschaftsbetriebs entscheidet frei darüber, welche Mitglieder er in die Gesamtbetriebsräte der Trägerunternehmen entsendet.

Bei der Entsendung in den Gesamtbetriebsrat sollen die **Geschlechter** angemessen berücksichtigt werden (Abs. 2 Satz 2). Diese Bestimmung wurde durch Art. 1 Nr. 35 BetrVerf-Reformgesetz 2001 neu in das Gesetz eingefügt. Sie ist im Gegensatz zur gleichfalls neuen, aber zwingenden Regelung in § 15 Abs. 2 reine **Sollvorschrift**. Sie ist als »Empfehlung« an mehrköpfige Betriebsräte zu verstehen, bei der Entscheidung im Betriebsrat über die zu entsendende(n) Person(en) darauf zu achten, dass sich das Verhältnis, in dem weibliche und männliche Mitglieder im Betriebsrat vorhanden sind, in der Auswahlentscheidung widerspiegelt. Die Nichtbeachtung der Vorschrift hat aber keinerlei Einfluss auf die Gültigkeit der Entsendung (ebenso *Fitting* § 47 Rn. 34; *Glock/HWGNRH* § 47 Rn. 26; *Hohenstatt/Dzida/HWK* § 47 BetrVG Rn. 15; *Richardi/Annuß* § 47 Rn. 31; *Tautphäus*/HaKo § 47 Rn. 19; **a. M.** *Löwisch* BB 2001, 1734 [1744], der zudem die Angemessenheit nach der Zusammensetzung der Belegschaft des Betriebes beurteilt; einschränkend demgegenüber *Löwisch/LK* § 47 Rn. 16: Abweichung aus triftigen Gründen möglich; ähnlich *Roloff/WPK* § 47 Rn. 10: Abweichung nur in begründeten Fällen). Im Gesamtbetriebsrat müssen somit die Geschlechter nicht entsprechend ihrem zahlenmäßigen Anteil in den Betriebsräten vertreten sein, erst recht nicht entsprechend ihrem Anteil an der Arbeitnehmerschaft des Unternehmens. 41

Die Beschlussfassung wirkt noch nicht nach außen. Die Bestimmung wird erst wirksam, wenn der zum Mitglied im Gesamtbetriebsrat Bestimmte seine **Zustimmung** (auch formlos) erteilt (ebenso *Richardi/Annuß* § 47 Rn. 34; *Trittin/DKKW* § 47 Rn. 92). Kein Betriebsratsmitglied kann gegen seinen Willen in den Gesamtbetriebsrat entsandt und mit entsprechenden Pflichten belastet werden; § 49 trägt dem mit der Möglichkeit jederzeitiger Amtsniederlegung Rechnung. Finden sich in erforderlicher Zahl Betriebsratsmitglieder nicht zur Übernahme der Mitgliedschaft im Gesamtbetriebsrat bereit, kann nach § 23 Abs. 1 die Auflösung des Betriebsrats betrieben werden, nicht aber allein der Ausschluss derjenigen, die das Amt nicht annehmen; insofern ist nur für das Mitglied im einköpfigen Betriebsrat eine Ausnahme zu machen, weil dieses dem Gesamtbetriebsrat automatisch angehört (ebenso *Richardi/Annuß* § 47 Rn. 38). 42

Die Beschlussfassung im Betriebsrat und die Zustimmung des Betroffenen **begründen dessen Mitgliedschaft** im Gesamtbetriebsrat; weitere konstitutive Akte sind nicht vorgesehen. Die Bekanntgabe an die Arbeitnehmer des Betriebes (durch den Betriebsratsvorsitzenden nach § 26 Abs. 2 Satz 1) empfiehlt sich aber ebenso wie die Mitteilung an den zur konstituierenden Sitzung des Gesamtbetriebsrats einladenden Betriebsrat nach § 51 Abs. 2 oder an den Vorsitzenden des Gesamtbetriebsrats, wenn dieser besteht. Damit ist eine Legitimationswirkung verbunden, die insbesondere bei Neuentsendung nach Abberufung eines Gesamtbetriebsratsmitglieds praktisch bedeutungsvoll sein kann. 43

Die Wirksamkeit der Bestimmung eines Betriebsratsmitglieds zum Mitglied des Gesamtbetriebsrats kann im arbeitsgerichtlichen Beschlussverfahren (§ 2a Abs. 1 Nr. 1, Abs. 2, §§ 80 ff. ArbGG) auf Antrag nachgeprüft werden. Vgl. dazu näher Rdn. 126 ff. 44

Zur **Abberufung** aus dem Gesamtbetriebsrat durch den entsendenden Betriebsrat vgl. § 49 Rdn. 16 ff. 45

3. Vollzug der Errichtung, Bestand und Beendigung des Gesamtbetriebsrats

a) Vollzug der Errichtung

Das Gesetz sagt nicht, wann und unter welchen Voraussetzungen der organisationsrechtliche Akt der Errichtung des Gesamtbetriebsrats vollzogen ist. Anders als bei der Wahl des Betriebsrats (vgl. § 21), 46

§ 47

legt das Gesetz den maßgeblichen Zeitpunkt für den Beginn der Amtszeit des Gesamtbetriebsrats ebenso wenig fest wie eine regelmäßige Amtszeit; auch wird kein fester Zeitraum für die Errichtung vorgegeben. Aus § 51 Abs. 2 Satz 1 ist jedoch zu entnehmen, dass die Errichtung noch nicht vollzogen ist, wenn der zuständige Betriebsrat zur Wahl des Vorsitzenden und des stellvertretenden Vorsitzenden des Gesamtbetriebsrats (»konstituierende Sitzung«) einlädt; denn die Einladung hat zu erfolgen, wenn ein Gesamtbetriebsrat zu errichten ist. Den spärlichen Durchführungsvorschriften über die Errichtung des Gesamtbetriebsrats liegt danach offensichtlich die Konzeption zugrunde, dass die Errichtung mit der Konstituierung des Gesamtbetriebsrats zusammenfällt. Nach richtiger Ansicht ist danach der Gesamtbetriebsrat **erst mit seiner Konstituierung**, d. h. mit der Wahl des Vorsitzenden und seines Stellvertreters, **errichtet** (zust. *Fitting* § 47 Rn. 39; *Stege/Weinspach/Schiefer* §§ 47–52 Rn. 6; *Trittin/DKKW* § 47 Rn. 43); erst danach ist er als Betriebsverfassungsorgan handlungsfähig und kann seine Rechte und Pflichten (Zuständigkeiten) wahrnehmen (vgl. § 51 Abs. 2 Satz 3 i. V. m. § 29 Abs. 2 bis 4). Das Fehlen einer festen Amtszeit für den Gesamtbetriebsrat unterstreicht, dass es dem Gesetzgeber allein auf dessen **volle Handlungsfähigkeit** ankommt.

47 Demgegenüber unterscheiden *Richardi/Annuß* (§ 47 Rn. 25, 41; folgend *Glock/HWGNRH* § 47 Rn. 24) und *Fabricius* (Erstbearbeitung, § 47 Rn. 42 f., 46) zwischen Errichtung und Konstituierung des Gesamtbetriebsrats, wobei allerdings bei *Richardi/Annuß* nicht klar wird, zu welchem Zeitpunkt die Errichtung vollzogen sein soll. *Fabricius* zieht eine Parallele zur Unterscheidung zwischen Errichtung und Entstehung der Aktiengesellschaft und sieht in der Bestimmung der Mitglieder des Gesamtbetriebsrats durch sämtliche im Unternehmen vorhandenen Einzelbetriebsräte die Errichtung, in der Konstituierung das Entstehen des Gesamtbetriebsrats. Dieser Unterscheidung bedarf es jedoch nicht, weil an eine so verstandene »Errichtung« keinerlei Rechtsfolgen geknüpft sind. Selbst wenn der nach § 51 Abs. 2 zuständige Betriebsrat seiner Einladungspflicht zur konstituierenden Sitzung des Gesamtbetriebsrats nicht nachkommt und deshalb die Mitglieder des Gesamtbetriebsrats aus eigener Initiative zur konstituierenden Sitzung zusammentreten, bedarf es nicht der Denkfigur eines bereits »errichteten« Gesamtbetriebsrats. Im Übrigen ist der Gesamtbetriebsrat vor seiner Konstituierung weder handlungsfähig noch amtsausübungsbefugt (in diesem Sinne zur Konstituierung des Betriebsrats *BAG* 23.08.1984 EzA § 102 BetrVG 1972 Nr. 59 [krit. *Wiese*]; 15.11.1984 EzA § 102 BetrVG 1972 Nr. 58).

48 Der rechtmäßigen **Konstituierung** des Gesamtbetriebsrats **steht es nicht entgegen**, wenn im Unternehmen ein Betriebsrat (oder auch mehrere) besteht, der seiner Verpflichtung zur Bestimmung der Mitglieder des Gesamtbetriebsrats nach Abs. 2 Satz 1 nicht nachkommt. Es genügt, wenn mindestens zwei Betriebsräte ihre diesbezügliche Verpflichtung ordnungsgemäß erfüllt haben (ebenso *Fitting* § 47 Rn. 38; *Glock/HWGNRH* § 47 Rn. 24; *Richardi/Annuß* § 47 Rn. 25; **a. M.** *Fabricius* Erstbearbeitung, § 47 Rn. 23, 44). Das kann deshalb nicht anders sein, weil ja ein Gesamtbetriebsrat auch schon dann zu errichten ist, wenn im Unternehmen nur zwei Betriebsräte bestehen, selbst wenn das Unternehmen z. B. zehn betriebsratsfähige Betriebe hat. Eine ganz andere Frage ist es, ob der Gesamtbetriebsrat auch für Betriebe zuständig ist, die betriebsratslos sind oder deren Betriebsrat sich nicht an der Errichtung des Gesamtbetriebsrats beteiligt hat; vgl. dazu näher § 50 Rdn. 55 ff. Das Entsendungsrecht eines im Unternehmen bestehenden Betriebsrats erlischt allerdings nicht, wenn dieser sich zunächst an der Errichtung des Gesamtbetriebsrats nicht beteiligt hat. Vgl. zur Unwirksamkeit der Errichtung eines Gesamtbetriebsrats Rdn. 130 ff.

b) Bestand und Beendigung des Gesamtbetriebsrats

49 Dem Gesetz ist die Konzeption zu entnehmen, dass der (wirksam errichtete) Gesamtbetriebsrat eine **Dauereinrichtung** mit **wechselnder Mitgliedschaft** ist, dessen Bestand von den Wahlperioden der einzelnen Betriebsräte unabhängig ist (h. M. vgl. *BAG* 16.03.2005 EzA § 51 BetrVG 2001 Nr. 2 unter B II 3a aa (1); 05.06.2002 EzA § 47 BetrVG 1972 Nr. 9 unter B I 1 = SAE 2003, 216 [zust. *Giesen*]; *ArbG Stuttgart* DB 1976, 1160; *Fitting* § 47 Rn. 26; *Galperin/Löwisch* § 47 Rn. 15; *Glock/HWGNRH* § 47 Rn. 80; *Hohenstatt/WHSS* D Rn. 98; *Joost/*MünchArbR § 225 Rn. 83; *Koch/*ErfK § 47 BetrVG Rn. 11; *Kreutz* FS Birk, S. 495; *Maschmann/DFL* § 47 BetrVG Rn. 8; *Richardi/Annuß* § 47 Rn. 26; *Roloff/WPK* § 47 Rn. 2; *Stege/Weinspach/Schiefer* §§ 47–52 Rn. 6; *Tautphäus/*HaKo § 47 Rn. 23; *Trittin/DKKW* § 47 Rn. 11 f.; zum BetrVG 1952 auch *BAG* 15.12.1961 AP Nr. 1 zu § 47 BetrVG). Das ist daraus herzuleiten, dass das Gesetz keine Bestimmung darüber enthält, wann das Amt des Ge-

samtbetriebsrats als Kollegialorgan endet, und insbesondere auch keine feste Amtszeit festlegt. Geregelt ist nur die Beendigung (das Erlöschen) der individuellen Mitgliedschaft im Gesamtbetriebsrat (§ 49); damit zieht das Gesetz die Folgerung aus der strukturellen Eigenart, dass die Mitglieder durch Entsendung bestimmt werden (Abs. 2), der Gesamtbetriebsrat aber nicht aus Wahlen der Unternehmensbelegschaft hervorgeht. Für die Konzeption einer Dauereinrichtung spricht weiter, dass die Auflösung des Gesamtbetriebsrats wegen grober Verletzung seiner gesetzlichen Pflichten durch arbeitsgerichtliche Entscheidung nicht in Betracht kommt; denn § 48 sieht insoweit, anders als § 23 Abs. 1 für den Betriebsrat, nur die Möglichkeit des Ausschlusses von Mitgliedern aus dem Gesamtbetriebsrat vor, nicht aber dessen Auflösung.

50 Die Einordnung als Dauereinrichtung hat jedoch eher geringe praktische Relevanz. Grundsätzlich endet das Amt des Gesamtbetriebsrats schon dann, wenn im Unternehmen nicht gleichzeitig zumindest zwei Betriebsräte bestehen (vgl. zur Amtsbeendigung Rdn. 51 ff.). Die h. M. verlangt allerdings, dass der **Wegfall des Erfordernisses mehrerer Betriebsräte von einer gewissen Dauer** sein muss (*BAG* 15.10.2014 EzA § 16 BetrVG 2001 Nr. 1; *Fitting* § 47 Rn. 27; *Glock / HWGNRH* § 47 Rn. 82; *Trittin / DKKW* § 47 Rn. 62; **a. M.** *Kreutz* FS *Birk*, S. 495 [504]; *Richardi / Annuß* § 47 Rn. 27; *ArbG Bielefeld* 02.04.2008 – 6 BV 16/08 – juris); ein »kurzfristiger« Wegfall soll unschädlich sein. Das ist nur schwer rechtssicher handhabbar. Es kann vereinzelt praktisch werden, wenn z. B. in einem Unternehmen mit zwei Betrieben und Betriebsräten in einem der Betriebe zeitweilige Betriebsratslosigkeit wegen Verzögerungen bei der Durchführung der Betriebsratswahl oder wegen erfolgreicher Wahlanfechtung eintritt. Kann der Gesamtbetriebsrat in einer solchen Situation nach pflichtgemäßer Prüfung davon ausgehen, dass in absehbarer Zeit wieder mindestens zwei Betriebsräte bestehen werden, kann er wirksam Beschlüsse fassen (etwa zur Aufstellung eines Wahlvorstands, so im Fall *BAG* 15.10.2014 EzA § 16 BetrVG 2001 Nr. 1, Rn. 32–34 – beachte für die wirksame Beschlussfassung die Besonderheit des Falls, dass sowohl der Vorsitzende als auch seine Stellvertreterin aus dem fortbestehenden Betriebsrat stammten, Rn. 4, 68). Meistens kommt man jedoch nicht an der Tatsache vorbei, dass der Gesamtbetriebsrat handlungsunfähig ist, weil er kein Mitglied mehr hat. Nach der Einführung fester regelmäßiger Wahlzeiträume für die Betriebsratswahl (vgl. § 13 Abs. 1) wird das regelmäßig der Fall sein, weil die Mitgliedschaft sämtlicher Mitglieder des Gesamtbetriebsrats etwa gleichzeitig mit dem Erlöschen ihrer Mitgliedschaft im jeweiligen Betriebsrat endet (vgl. § 49), nämlich immer mit Ablauf von dessen Amtszeit nach § 24 Nr. 1 (das verkennt *Thüsing* FA 2012, 322 [323]). Aber auch wenn das ausnahmsweise nicht der Fall ist (z. B. in Fällen des § 13 Abs. 3 Satz 2), bedarf es doch jedenfalls dann einer Neu-Konstituierung des Gesamtbetriebsrats, wenn die Mitgliedschaft des Vorsitzenden und seines Stellvertreters geendet hat, ungeachtet der Möglichkeit ihrer Wiederwahl in den Betriebsrat und ihrer Wiederentsendung in den Gesamtbetriebsrat (vgl. auch *ArbG Stuttgart* DB 1976, 1160). In der Zwischenzeit ist der Gesamtbetriebsrat, auch wenn man ihn zutr. als Dauereinrichtung sieht, **handlungsunfähig** (zust. *Glock / HWGNRH* § 47 Rn. 80). Ebenso ist es, wenn alle Betriebsräte ihre Mitglieder und Ersatzmitglieder abberufen haben, sowie bei Erlöschen aller Mitgliedschaften bei Eintritt der übrigen in § 49 aufgeführten individuell ausgerichteten Erlöschensgründe. Insofern ist der Konzeption der Dauereinrichtung vorübergehende Handlungsunfähigkeit immanent, auch wenn beim Erlöschen sämtlicher Einzelmitgliedschaften eine gleichsam mittelbare Beendigung des Gesamtbetriebsrats ausscheidet. Für den Fortbestand der Dauereinrichtung spricht auch, dass die Wiederherstellung der Handlungsfähigkeit rechtlich gesichert ist, da die Betriebsräte im Unternehmen zur (Neu-) Entsendung verpflichtet sind. Mit der Konzeption einer Dauereinrichtung ist es jedoch unvereinbar, dass der Gesamtbetriebsrat organisationsrechtlich über seinen Bestand entscheidet; deshalb kommt, anders als beim Betriebsrat (§ 13 Abs. 2 Nr. 3), ein Rücktritt durch Mehrheitsbeschluss ebenso wenig in Betracht (vgl. § 49 Rdn. 5) wie sonstige Rechte zur Selbstauflösung.

51 Das **Amt** des Gesamtbetriebsrats **endet** deshalb **nur**, wenn **die Voraussetzungen seiner Errichtung wegfallen** (ebenso grundsätzlich *BAG* 16.03.2005 EzA § 51 BetrVG 2001 Nr. 2 unter B II 3a aa (1); 05.06.2002 EzA § 47 BetrVG 1972 Nr. 9 unter B I 1; *LAG Düsseldorf* NZA-RR 2001, 594; *LAG Düsseldorf* 09.01.2012 – 14 TaBV 69/11 – juris, Rn. 65; *Fitting* § 47 Rn. 26; *Glock / HWGNRH* § 47 Rn. 82; *Hohenstatt / WHSS* D Rn. 98; *Koch/* ErfK § 47 BetrVG Rn. 11; *Kreutz* FS *Birk*, S. 495 [500 ff.]; *Löwisch / LK* § 47 Rn. 8; *Maschmann / DFL* § 47 BetrVG Rn. 8; *Richardi / Annuß* § 47 Rn. 27; *Röder / Haußmann* DB 1999, 1754; *Roloff / WPK* § 47 Rn. 6; *Tautphäus / HaKo* § 47

§ 47   II. 5. Gesamtbetriebsrat

Rn. 24; *Thüsing* DB 2004, 2474 [2479]; *Trittin/DKKW* § 47 Rn. 49); diese Voraussetzungen (s. dazu Rdn. 2) sind zugleich diejenigen für seinen (Fort-)Bestand.

52 Danach endet das Amt dann, wenn in dem Unternehmen, in dem der Gesamtbetriebsrat errichtet worden ist, nicht mehr mehrere, also mindestens zwei Betriebsräte bestehen. Letzteres ist unstr. der Fall, wenn im Unternehmen deshalb mehrere Betriebsräte nicht mehr bestehen, weil **alle** Betriebe (mit Betriebsrat) **bis auf einen weggefallen** sind (vgl. auch *BAG* 18.09.2002 EzA § 613a BGB Nr. 5 unter B III 2b cc (2)), sei es durch Zusammenfassung bisher selbstständiger Betriebe bei unternehmensinterner Betriebsumstrukturierung (Fall des § 21a Abs. 2), durch Betriebsstilllegung (auch ein ggf. nach § 21b bestehen bleibendes Restmandat des Betriebsrats berechtigt diesen nicht mehr zur Entsendung in den Gesamtbetriebsrat; vgl. *Kreutz* § 21b Rdn. 14) oder durch Betriebsübergang (im Wege der Einzelrechtsnachfolge oder Gesamtrechtsnachfolge in Umwandlungsfällen nach dem UmwG; vgl. *Kreutz* § 21 Rdn. 39). Auch wenn nur deshalb nicht mehr mindestens zwei Betriebsräte bestehen, weil Betriebe betriebsratslos geworden sind, endet der Gesamtbetriebsrat; entgegen verbreiteter Ansicht (vgl. Rdn. 50) kommt es dabei nicht auf eine bestimmte Dauer der Betriebsratslosigkeit an.

53 Der **Bestand** des Gesamtbetriebsrats bleibt jedoch **unberührt**, wenn **einzelne** Betriebe des Unternehmensträgers auf andere Inhaber **übergehen** (dann endet mit der Zuständigkeit des Gesamtbetriebsrats nur das Amt der aus solchen Betrieben in den Gesamtbetriebsrat entsandten Mitglieder) **oder** neue Betriebe mit Betriebsrat von diesem **erworben** werden (dann entsteht mit Wirksamwerden der Aufnahme für den Betriebsrat die Entsendepflicht nach Abs. 2; vgl. *BAG* 16.03.2005 EzA § 51 BetrVG 2001 Nr. 2 unter B II 3a aa (1)), solange permanent mindestens zwei Betriebsräte im Unternehmen bestehen. Insoweit ist es auch ohne Einfluss, ob solche Unternehmensumstrukturierungen die sog. Unternehmensidentität beeinflussen; deren Verlust ist kein eigenständiger Amtsbeendigungsgrund (a. M. zunächst *Hohenstatt/WHSS* 2. Aufl. 2003, D Rn. 105 f., 111; *Hohenstatt/Bonanni* NZA 2003, 766 [767]; *Hohenstatt/Dzida/HWK* 2004, § 47 BetrVG Rn. 7, 10; diese Ansicht ist aufgegeben; vgl. *Hohenstatt/WHSS* D Rn. 99; *Hohenstatt/Dzida/HWK* § 47 Rn. 7). Abgesehen davon, dass Erhalt oder Verlust der Unternehmensidentität nicht rechtssicher abgegrenzt werden könnten, kommt es für die Errichtung und den Bestand des Gesamtbetriebsrats nicht auf die Identität des Unternehmens an; maßgeblich ist die Identität des Arbeitgebers und Unternehmers (vgl. Rdn. 15, 17). Vor allem ist die Gegenauffassung mit Abs. 1 unvereinbar; wenn danach die Voraussetzungen für die Pflicht zur Errichtung vorliegen, kann ein dementsprechend errichteter Gesamtbetriebsrat nicht wegfallen.

54 Außer beim Wegfall des Erfordernisses mehrerer Betriebsräte endet der Gesamtbetriebsrat, wenn das **Unternehmen wegfällt**, für das er errichtet ist. Das ist bei **Geschäftsaufgabe** einer natürlichen Person als Unternehmensträger der Fall, darüber hinaus vor allem, wenn das **Unternehmen mit seinem Rechtsträger** rechtlich **untergeht** (ebenso i. E. *Fitting* § 47 Rn. 18, anders Rn. 17; *Glock/HWGNRH* § 47 Rn. 83; *Kreutz* FS *Birk*, S. 495 [502 f.]; *Röder/Haußmann/JRH* Kap. 29 Rn. 12; *Roloff/WPK* § 47 Rn. 6a; *I. Schmidt* FS *Küttner*, S. 499 [504]; *Trappehl/Nussbaum* BB 2011, 2869 [2870]; vgl. auch *Trittin/DKKW* § 47 Rn. 53 ff., aber mit abw. Konsequenzen Rn. 64 ff., 74 f.; a. M. *Hohenstatt/WHSS* D Rn. 101; *Peix* Errichtung und Fortbestand des Gesamtbetriebsrats, S. 276 ff., 288 ff., 308; *Salamon* RdA 2008, 24 ff.). Das ist neben der **Liquidation** von Gesellschaften insbesondere bei gesellschaftsrechtlicher **Gesamtrechtsnachfolge** nach dem UmwG der Fall. So erlöschen bei Verschmelzung (sei es durch Aufnahme oder Neugründung) jeweils alle übertragenden Rechtsträger (§§ 20, 36 Abs. 1 UmwG), bei der Aufspaltung (§ 123 Abs. 1 UmwG) erlischt der übertragende Rechtsträger (§ 131 Abs. 1 Nr. 2 UmwG; vgl. *LAG Niedersachsen* 22.06.2004 LAGReport 2005, 255) ebenso wie bei der Vermögensvollübertragung (§§ 174 Abs. 1, 176 UmwG). In diesen Fällen endet der bei den übertragenden Rechtsträgern bestehende Gesamtbetriebsrat mit Eintragung der jeweiligen Umwandlung in das maßgebliche Register. Ein Übergangsmandat der Gesamtbetriebsräte kommt nicht in Betracht (vgl. *Kreutz* § 21a Rdn. 11; **a. M.** *Trittin/DKKW* § 47 Rn. 49, 68). In anderen Umwandlungsfällen (Abspaltung, Ausgliederung, Vermögensteilübertragung gem. § 123 Abs. 2 und 2, § 172 Abs. 2 und 3 UmwG) bleibt der übertragende Rechtsträger bestehen und damit der bei ihm bestehende Gesamtbetriebsrat im Amt, soweit im Unternehmen noch mindestens zwei Betriebsräte verbleiben; das gilt unabhängig davon, ob sich die Zahl der Gesamtbetriebsratsmitglieder verringert, weil Mitglieder ausscheiden, die von Betriebsräten entsandt waren, deren Betriebe übergegangen sind. Unberührt bleibt das Unternehmen bei bloßem Formwechsel des Rechtsträgers (vgl. § 202 Abs. 1 Nr. 1 UmwG).

Das Unternehmen geht schließlich auch dann unter, wenn sein Rechtsträger zwar fortbesteht (etwa als Holding), aber **sämtliche Betriebe durch Rechtsgeschäft** (i. S. v. § 613a BGB) auf einen oder mehrere Erwerber **übergehen** (vgl. Sachverhalt von *BAG* 05.06.2002 EzA § 47 BetrVG 1972 Nr. 9). Der Untergang des Unternehmens ergibt sich dabei daraus, dass der Rechtsträger dann keine Arbeitnehmer mehr hat, ein Unternehmen i. S. v. § 47 aber nur den Geschäfts- und Tätigkeitsbereich eines Unternehmensträgers umfasst, in dem dieser Arbeitnehmer beschäftigt (vgl. Rdn. 15 ff.). Daraus folgt zwingend, dass der Gesamtbetriebsrat beim abgebenden Rechtsträger unabhängig davon endet, ob sämtliche Betriebe auf einen oder mehrere Erwerber übergehen oder ob beim Erwerber bereits Betriebe vorhanden sind oder nicht. Solche Differenzierungen, wie sie im Anschluss an die Entscheidung des *BAG* 05.06.2002 EzA § 47 BetrVG 1972 Nr. 9 diskutiert werden, sind verfehlt. Im Ergebnis deckt sich dies mit dieser Rechtsprechung gleichwohl weitgehend, nach der ein Fortbestand des Gesamtbetriebsrats jedenfalls ausscheidet, wenn die sämtlichen Betriebe auf zwei oder mehr Erwerber übertragen werden oder bei Übertragung auf einen einzigen Erwerber dieser bereits einen oder mehrere Betriebe hat. Allerdings hat der *Siebte Senat* (*BAG* 05.06.2002 EzA § 47 BetrVG 1972 Nr. 9 Orientierungssatz 1) ausdrücklich offen gelassen und der *Erste Senat* (*BAG* 18.09.2002 EzA § 613a BGB 2002 Nr. 5 unter B III 2b cc (1)) nicht ausschließen wollen, ob der Gesamtbetriebsrat nicht doch ausnahmsweise fortbesteht, wenn sämtliche Betriebe (im Weg der Einzel- oder Gesamtrechtsnachfolge) auf einen (einzigen) Erwerber übertragen werden, der bisher nicht über eigene Betriebe verfügt. Wegen des Untergangs des Unternehmens, in dem der Gesamtbetriebsrat bestanden hat, ist diese Ausnahme dogmatisch nicht gerechtfertigt (ebenso *Kreutz* FS *Birk*, 2008, S. 495 [503]; *Thüsing* DB 2004, 2474 [2479]; **a. M.**, d. h. für Fortbestand i. E. *Braun* Die Fortgeltung von Betriebsvereinbarungen, S. 105 ff.; *Fuhlrott/Oltmanns* BB 2015, 1013 [1017]; *Gaul* Betriebs- und Unternehmensspaltung, § 27 Rn. 133; *Giesen* SAE 2003, 217 ff.; *Hauck* FS ARGE Arbeitsrecht im DAV, 2005, S. 621 [625]; *Hohenstatt/ WHSS* D Rn. 100 ff.; *Hohenstatt/Bonanni* NZA 2003, 766; *Huke/Lepping* FA 2004, 136 [137]; *Peix* Errichtung und Fortbestand des Gesamtbetriebsrats, S. 294 ff.; *Roloff/WPK* § 47 Rn. 7; *Salamon* RdA 2008, 24 [28]; *Trittin/DKKW* § 47 Rn. 77; zögernd *Fitting* § 47 Rn. 17). Die Gegenansicht kann auch nicht auf eine Parallelbetrachtung zum Fortbestand des Betriebsrats beim Betriebsübergang gestützt werden. Denn auch wenn sämtliche Betriebe übertragen werden, finden betriebsverfassungsrechtlich nur Betriebsinhaberwechsel statt. Mehr Substrat, das übergehen könnte, wie etwa ein »Betriebsverbund«, ist nicht vorhanden; »dem Gesamtbetriebsrat entspricht kein Gesamtbetrieb« (so zutr. *BAG* 18.09.2002 EzA § 613a BGB 2002 Nr. 5 unter B III 2b bb). Dementsprechend kann auch der Gesichtspunkt des Erhalts der Unternehmensidentität kein taugliches Abgrenzungskriterium sein. Unzutr. ist die Ansicht (*Peix, Salamon*), der Gesamtbetriebsrat sei nicht an das Unternehmen (d. h. den Geschäfts- und Tätigkeitsbereich des Arbeitgebers) gebunden, in dem er nach Abs. 1 zu errichten war; sie steht im Widerspruch zum Ausgangspunkt, dass sein Fortbestand allein vom ununterbrochenen Vorliegen der beiden Errichtungsvoraussetzungen nach Abs. 1 abhängt. Schließlich besteht objektiv auch kein Schutzbedürfnis, weil die Betriebsräte beim Erwerber der Betriebe im Amt bleiben (vgl. § 21 Rdn. 39 ff.) und dort kurzfristig einen Gesamtbetriebsrat errichten können und müssen. Das kann nicht als reine Förmelei abgetan werden, weil sonst erhebliche Weiterungen eintreten müssten (vgl. *Peix* Errichtung und Fortbestand des Gesamtbetriebsrats, S. 294 ff.), die der *Siebte Senat* (*BAG* 05.06.2002 EzA § 47 BetrVG 1972 Nr. 9) zu Recht ausgeschlossen hat.

Vgl. zur Problematik kollektiver **Fortgeltung von Gesamtbetriebsvereinbarungen** bei Betriebs- und Betriebsteilübergängen § 50 Rdn. 92 ff.

IV. Bestellung von Ersatzmitgliedern (Abs. 3)

Entgegen früherem Recht bestimmt Abs. 3, dass für jedes Gesamtbetriebsratsmitglied mindestens ein **Ersatzmitglied bestellt werden muss**. Dadurch sollen die kontinuierliche Vertretung des Betriebsrats im Gesamtbetriebsrat und dessen Handlungsfähigkeit sichergestellt werden. Das Ersatzmitglied **rückt** in den Gesamtbetriebsrat **nach**, wenn das entsandte Mitglied gem. § 49 aus dem Gesamtbetriebsrat ausscheidet (§ 51 Abs. 1 i. V. m. § 25 Abs. 1 Satz 1); es **vertritt** das Gesamtbetriebsratsmitglied, wenn dieses zeitweilig verhindert ist (vgl. dazu *Oetker* § 25 Rdn. 16 ff.); § 51 Abs. 1 i. V. m. § 25 Abs. 1 Satz 2. In beiden Fällen tritt das Ersatzmitglied **kraft Gesetzes** an die Stelle des Mitglieds. Es übernimmt dabei jedoch nicht die Funktionen des Mitglieds im Gesamtbetriebsrat, die diesem eigens übertragen worden sind (z. B. Vorsitz, Mitglied eines Ausschusses oder des Konzernbetriebsrats).

58 Die **Bestellung** der Ersatzmitglieder erfolgt wie die Bestimmung der zu entsendenden Mitglieder durch den Betriebsrat als Gremium (vgl. Rdn. 38 ff.). Auch zum Ersatzmitglied kann nur bestellt werden, wer bei der Bestellung schon Betriebsratsmitglied ist (unstr.; vgl. *Fitting* § 47 Rn. 43; *Glock/HWGNRH* § 47 Rn. 68 f.; *Richardi/Annuß* § 47 Rn. 38; *Trittin/DKKW* § 47 Rn. 96). Es können namentlich nicht Ersatzmitglieder von Betriebsratsmitgliedern zu Ersatzmitgliedern von Gesamtbetriebsratsmitgliedern bestellt werden; dementsprechend ist § 25 Abs. 2 in § 51 Abs. 1 nicht für entsprechend anwendbar erklärt worden. Die Bestellung der Ersatzmitglieder muss jeweils individuell für ein Gesamtbetriebsratsmitglied erfolgen; das schließt aber nicht aus, ein Ersatzmitglied ggf. zugleich für beide Gesamtbetriebsratsmitglieder zu bestimmen.

59 Für jedes Gesamtbetriebsratsmitglied können durch den Betriebsrat auch **mehrere Ersatzmitglieder** bestellt werden. Geschieht dies, so muss zugleich die Reihenfolge des Nachrückens festgelegt werden. Diese Festlegung ist nicht nur für das Nachrücken beim Ausscheiden eines Mitglieds von Bedeutung, sondern insbesondere auch für die Vertretung bei zeitweiliger Verhinderung.

60 Besteht der Betriebsrat nur aus einer Person, so erübrigt sich die förmliche Bestellung eines Ersatzmitgliedes ebenso, wie das Mitglied des einköpfigen Betriebsrats selbst nicht förmlich zum Mitglied im Gesamtbetriebsrat bestellt werden muss (vgl. Rdn. 37). In diesem Falle rückt das Ersatzmitglied, das nach § 25 Abs. 2 Satz 3 zu bestimmen ist, für das aus dem Betriebsrat ausgeschiedene oder zeitweilig verhinderte einzige Mitglied nach § 25 Abs. 1 in den Betriebsrat und dann auch automatisch in den Gesamtbetriebsrat nach (zutr. *Fitting* § 47 Rn. 44).

V. Stimmgewichtung (Abs. 7)

61 Nach der Errichtungsweise erscheint der Gesamtbetriebsrat als **Arbeitsgemeinschaft von Betriebsratsmitgliedern** (vgl. *Joost* Betrieb und Unternehmen, S. 209). Das steht in erheblichem Widerspruch zum gesetzlichen Aufgaben- und Zuständigkeitsbereich des Gesamtbetriebsrats nach § 50. Mit der in Abs. 7 enthaltenen Regelung über eine **Differenzierung des Stimmgewichts** der Mitglieder des Gesamtbetriebsrats soll deshalb die Tatsache, dass jeder Betriebsrat (nach Abs. 2 Satz 1 allein danach differenzierend, ob er bis zu drei oder mehr als drei Mitglieder hat) ein oder zwei Mitglieder in den Gesamtbetriebsrat entsendet, mit der tatsächlichen Belegschaftsstärke der einzelnen Betriebe zu einem gerechten Ausgleich gebracht werden. Dabei bestimmt Abs. 7 (anders als noch § 47 Abs. 1 Satz 3 BetrVG 1952) das Stimmgewicht der Gesamtbetriebsratsmitglieder nicht (mehr) nach der absoluten Zahl der Mitglieder des entsendenden Betriebsrats; danach konnten wegen der Degression des Verhältnisses der Zahl der Betriebsratsmitglieder zu Belegschaftsstärke Stimmgewichtsverzerrungen zugunsten kleiner gegenüber größeren Betrieben eintreten. Vielmehr soll mit der Anknüpfung an die in die Wählerlisten der einzelnen Betriebe eingetragenen Wahlberechtigten »eine den tatsächlichen Stärkeverhältnissen der einzelnen Betriebe ... gerechtere Stimmgewichtung erzielt werden« (RegE BetrVG 1972, BR-Drucks. 715/70, S. 42; vgl. zur Entstehungsgeschichte von § 47 Abs. 7 *Fabricius* Erstbearbeitung, § 47 Rn. 75). Eine Sonderregelung der Stimmgewichtung enthält Abs. 8 (vgl. dazu Rdn. 109 ff.). Eine Übergangsregelung hat das BetrVerf-Reformgesetz für Abs. 7 (und 8), anders als für Abs. 2 (vgl. Rdn. 32), nicht getroffen.

62 Abs. 7 Satz 1 regelt das Stimmgewicht der Mitglieder des Gesamtbetriebsrats, die nach Abs. 2 Satz 1 als **Einzelvertreter** entsandt worden sind, weil der Betriebsrat nur bis zu drei Mitglieder hat; die Bestimmung gilt aber auch, wenn aufgrund abweichender Regelung der Mitgliederzahl nach Abs. 4 bis 6 ein (Einzel-)Betriebsrat mit mehr als drei Mitgliedern nur ein Mitglied in den Gesamtbetriebsrat zu entsenden hat (vgl. Rdn. 113). Jeder dieser Einzelvertreter hat so viele Stimmen, wie in dem Betrieb, in dem er (als Betriebsratsmitglied) gewählt wurde, wahlberechtigte Arbeitnehmer in der Wählerliste eingetragen sind. Er repräsentiert mit seinem Stimmgewicht die gesamte potentielle Wählerschaft seines Betriebes. Das gilt, wie sich aus Abs. 9 ergibt, auch für den Einzelvertreter, der vom Betriebsrat

eines gemeinsamen Betriebes mehrerer Unternehmen entsandt worden ist; für sein Stimmgewicht zählen auch die in die Wählerliste eingetragenen Arbeitnehmer, die in keinem Arbeitsverhältnis zu diesem Unternehmen stehen. Arbeitnehmer, die mehreren Betrieben des Unternehmens angehören und dementsprechend in mehrere Wählerlisten eingetragen sind, zählen mehrfach (ebenso *Trittin/ DKKW* § 47 Rn. 149).

Hat ein Betriebsrat (mit mehr als drei Mitgliedern) nach Abs. 2 Satz 1 Halbs. 2 **zwei Mitglieder** in den Gesamtbetriebsrat zu entsenden, stehen diesen nach Abs. 7 Satz 2 die Stimmen anteilig, d. h. **hälftig** zu, die sich aus der Zahl der in die Wählerliste ihres Betriebes eingetragenen wahlberechtigten Arbeitnehmer ergeben. Bei anteiliger Aufteilung ungerader Stimmenzahl zählen auch die Bruchteile (vgl. auch *Trittin/DKKW* § 47 Rn. 152). Auch insoweit gelten für Mitglieder, die vom Betriebsrat eines Gemeinschaftsbetriebes entsandt worden sind, keine gesetzlichen Einschränkungen (vgl. Rdn. 115; ungerechtfertigt einschränkend, wenn keine Kollektivvereinbarung nach Abs. 9 besteht, *Hohenstatt/Dzida/HWK* § 47 BetrVG Rn. 29). Das Stimmgewicht bestimmt sich jedoch nicht nur anteilig, wenn tatsächlich zwei Mitglieder entsandt worden sind. Abs. 7 Satz 2 (nicht etwa Satz 1) gilt auch, wenn ein Betriebsrat (aus welchem Grund auch immer) entgegen dem zwingenden Abs. 2 Satz 1 Halbs. 2 nur ein Mitglied entsandt hat; auch diesem steht nur die Hälfte der Stimmen zu. Das hat zur Folge, dass der betreffende Betrieb im Gesamtbetriebsrat stimmgewichtig unterrepräsentiert ist; insoweit gilt aber nichts anderes als in den Fällen, in denen ein Mitglied des Gesamtbetriebsrates an dessen Sitzungen und Beschlussfassungen nicht teilnimmt (so jetzt auch *Trittin/DKKW* § 47 Rn. 152: auch bei entschuldigtem Fehlen). Die Stimmgewichtung richtet sich auch dann nach Abs. 7 Satz 2, wenn aufgrund abweichender Regelung der Mitgliederzahl nach Abs. 4 bis 6 ein (Einzel-)Betriebsrat zwei oder mehr Mitglieder zu entsenden hat (vgl. Rdn. 113).

Maßgeblich richtet sich die Stimmenzahl nach der **Eintragung Wahlberechtigter in die Wählerliste** bei der letzten Betriebsratswahl (vgl. *Fitting* § 47 Rn. 75, ungenau Rn. 74); insoweit ist die Stimmenzahl festgeschrieben und ändert sich nicht durch spätere Veränderungen der jeweiligen Belegschaftsstärke oder der wahlberechtigten Leiharbeitnehmer (§ 7 Satz 2). Entscheidend ist dabei aber nicht der Stand der Wählerliste bei Einleitung der Wahl durch Erlass des Wahlausschreibens, obwohl zu diesem Zeitpunkt die Wählerliste bereits vorliegen muss (vgl. § 3 Abs. 2 Nr. 2 WO). Berichtigungen der Wählerliste durch den Wahlvorstand bis zum Tag vor Beginn der Stimmabgabe (vgl. § 4 Abs. 3 WO) sind ebenso zu berücksichtigen wie Berichtigungen durch das Arbeitsgericht, auch wenn die Entscheidung erst nach der Wahl rechtskräftig wird (vgl. auch *Fitting* § 47 Rn. 75; *Glock/HWGNRH* § 47 Rn. 74; *Trittin/DKKW* § 47 Rn. 142). Da Abs. 7 ausdrücklich die Eintragung Wahlberechtigter in die Wählerliste erwähnt, kann das Nichtvorliegen der Wahlberechtigung trotz Eintragung noch geltend gemacht werden. Weitere Erfordernisse für die Ermittlung der Stimmenzahl bestehen nicht. Insbesondere ist diese Zahl nicht von der tatsächlichen Wahlbeteiligung abhängig (ebenso *Glock/ HWGNRH* § 47 Rn. 74; *Richardi/Annuß* § 47 Rn. 71). Stimmgewichtsmäßig werden nur die wahlberechtigten Arbeitnehmer erfasst, die bei der letzten Wahl derjenigen Betriebsräte, die Mitglieder in den Gesamtbetriebsrat entsandt haben, in die Wählerlisten eingetragen waren. Arbeitnehmer betriebsratsloser Betriebe und der Betriebe, die keine Vertreter entsandt haben, bleiben unberücksichtigt, obwohl sich die originäre Zuständigkeit des Gesamtbetriebsrats auch auf diese Betriebe erstreckt (vgl. § 50 Rdn. 55 ff.).

Bei der Stimmabgabe handeln die Mitglieder des Gesamtbetriebsrats **weisungs- und auftragsfrei** (vgl. auch § 51 Rdn. 74). Jedes Mitglied kann seine Stimmen **nur einheitlich** abgeben (ebenso *Fitting* § 47 Rn. 74; *Galperin/Löwisch* § 47 Rn. 26; *Glock/HWGNRH* § 47 Rn. 78; *Hohenstatt/Dzida/ HWK* § 47 BetrVG Rn. 25; *Richardi/Annuß* § 47 Rn. 74; *Trittin/DKKW* § 47 Rn. 151). Das folgt daraus, dass der Gesamtbetriebsrat ein selbständiges Meinungsbildungsorgan ist, in dem die Mitglieder Stimmträger sind. Der RegE (BR-Drucks. 715/70, S. 42) und der Ausschussbericht (zu BT-Drucks. VI/2729, S. 14) zum BetrVG 1972 verstehen Abs. 7 dementsprechend als Regelung der »Stimmengewichtung« bzw. des »Stimmgewichts« der Gesamtbetriebsratsmitglieder. Sind zwei Mitglieder eines Betriebs entsandt, können sie auch unterschiedlich abstimmen (ebenso *Maschmann/DFL* § 47 BetrVG Rn. 9).

VI. Abweichende Regelung der Mitgliederzahl (Abs. 4)

66 Die starre Regelung des Abs. 2 Satz 1 kann in großen Unternehmen mit vielen Betrieben den Gesamtbetriebsrat zu einem **schwerfälligen Mammutorgan** anwachsen lassen, weil die Zahl seiner Mitglieder von der Zahl der im Unternehmen bestehenden Betriebsräte abhängt (z. B. bei Banken, Versicherungen, Warenhausunternehmen; vgl. Sachverhalt vom *BAG* 05.06.2002 EzA § 47 BetrVG 1972 Nr. 9: 220 Warenhäuser, nahezu alle mit Betriebsrat). Auch sind merkwürdige **Missverhältnisse** zwischen der stimmenmäßig repräsentierten Arbeitnehmerschaft und der Größe des Gesamtbetriebsrats nicht zu vermeiden, wenn entweder das Unternehmen sich aus wenigen Großbetrieben oder aus vielen Kleinbetrieben zusammensetzt. Weiterhin kann bei zahlenmäßigem Übergewicht der Belegschaft eines Großbetriebes neben Klein- und Mittelbetrieben der als Integrationsorgan der verschiedenen Betriebe zur einheitlichen Willensbildung konzipierte Gesamtbetriebsrat durch zwei Gesamtbetriebsratsmitglieder dominiert werden, so dass ein Meinungsbildungsprozess praktisch entfällt.

67 **Beispiel:** Ein Großunternehmen mit 42.000 wahlberechtigten und in die Wählerliste eingetragenen Arbeitnehmern besteht aus einem Produktionsbetrieb mit 30.000 Arbeitnehmern. Die organisatorisch verselbständigte Planungsabteilung beschäftigt 7.000 Arbeitnehmer, während der wiederum verselbständigte Vertrieb nebst Verwaltung 5.000 Arbeitnehmer umfasst. Der Gesamtbetriebsrat erhält nach Abs. 2 Satz 1 nur 6 Mitglieder. Dann können nach § 51 Abs. 3 (vorausgesetzt, dass noch ein weiteres Mitglied anwesend ist) die beiden Vertreter des Produktionsbetriebes im Gesamtbetriebsrat allein bestimmen, da sie mit einem Stimmgewicht von je 15000 Stimmen mehr als die Hälfte des Stimmgewichts aller Mitglieder (21.000) repräsentieren. Hinzu kommt, dass 42.000 Arbeitnehmer auf Unternehmensebene von lediglich 6 Personen vertreten werden, während bei gleicher Betriebsgröße das Gesetz 57 Betriebsratsmitglieder für angemessen hält (§ 9).

Gegenbeispiel: Eine Kaufhauskette besteht aus 20 selbständigen Filialen mit jeweils 80–100 Arbeitnehmern, so dass jeder Betriebsrat aus 5 Mitgliedern besteht. Gem. Abs. 2 Satz 1 umfasst der Gesamtbetriebsrat 40 Mitglieder, obwohl bei entsprechender Größenordnung eines Einzelbetriebs nur 17 Betriebsratsmitglieder vorgesehen sind (§ 9).

68 Um solch wertungsmäßig nicht einsichtige Ergebnisse zu vermeiden und den jeweiligen Bedürfnissen im Unternehmen besser Rechnung tragen zu können, gestattet Abs. 4, die Mitgliederzahl des Gesamtbetriebsrats durch Tarifvertrag oder Betriebsvereinbarung abweichend zu regeln. Insofern ist die Größe des Gesamtbetriebsrats flexibel gestaltet (vgl. zu BT-Drucks. VI/2729, S. 13); dadurch besteht die Möglichkeit, die Größe und Bedeutung der einzelnen Betriebe über den Ausgleich durch die Stimmgewichtung gem. Abs. 7 hinaus auch in der zahlenmäßigen Zusammensetzung des Gesamtbetriebsrats angemessen zu berücksichtigen. Vgl. zur Entstehungsgeschichte der Norm ausführlich *Fabricius* Erstbearbeitung, § 47 Rn. 85. Eine Verkleinerung des Gesamtbetriebsrats bei zu hoher Mitgliederzahl lässt sich aber auch zur Kostenersparnis nutzen.

69 Abs. 4 bezieht sich **nur** auf die von Abs. 2 Satz 1 abweichende Regelung der **Mitgliederzahl** des Gesamtbetriebsrats, nicht auf andere zwingende Bestimmungen über die Errichtung (vgl. *BAG* 25.05.2005 EzA § 47 BetrVG 2001 Nr. 3 S. 7). Darüber hinaus bleiben die nach § 3 Abs. 1 Nr. 1–3, Abs. 2 geschaffenen Möglichkeiten, durch Tarifvertrag oder Betriebsvereinbarung vom Gesetz abweichende Arbeitnehmervertretungsstrukturen zu bestimmen, unberührt. Solche Regelungen können aber mit der Bestimmung abweichender Mitgliederzahl des Gesamtbetriebsrats kombiniert werden.

70 Für den Fall, dass dem Gesamtbetriebsrat nach Abs. 2 Satz 1 mehr als 40 Mitglieder angehören, besteht nach Maßgabe von Abs. 5 und 6 die **Pflicht** zu seiner Verkleinerung (vgl. dazu Rdn. 93 ff.).

1. Umfang der Regelungsbefugnis

a) Abweichung von Abs. 2 Satz 1

71 Nach dem Wortlaut von Abs. 4 kann die **Mitgliederzahl** des Gesamtbetriebsrats abweichend von Abs. 2 Satz 1 geregelt werden. Diese Formulierung ist ungenau, weil Abs. 2 Satz 1 die Mitgliederzahl nicht unmittelbar regelt, sondern nur deren maßgebende Berechnungsfaktoren festlegt. Bestimmt wird dort, **dass** jeder Einzelbetriebsrat Mitglieder zu entsenden hat **und wie viele**, nämlich eines

oder zwei je nach Betriebsratsgröße. Erst aus der weiteren Ermittlung der Anzahl der im Unternehmen bestehenden Betriebsräte ergibt sich dann mittelbar die Mitgliederzahl des Gesamtbetriebsrats. Demgemäß kann dessen Mitgliederzahl abweichend von Abs. 2 Satz 1 durch **Abänderung der dort festgelegten Berechnungsfaktoren** geregelt werden: Bestimmt werden kann, dass nicht jeder Betriebsrat mindestens ein Mitglied zu entsenden hat. Außerdem kann die Zahl der zu entsendenden Mitglieder abweichend von Abs. 2 Satz 1 bestimmt werden, also unabhängig von der Betriebsratsgröße und auch über zwei Mitglieder hinausgehend. Durch solch abweichende Regelung kann die Mitgliederzahl **erhöht** oder **verringert** werden. Eine abweichende Regelung der Mitgliederzahl liegt aber auch dann vor, wenn nur nach Abs. 2 Satz 1 maßgebende Berechnungsfaktoren geändert werden, im Ergebnis aber die absolute Mitgliederzahl gleich bleibt.

Abs. 4 beschränkt die Befugnis zu abweichender Regelung auf die **Mitgliederzahl** des Gesamtbetriebsrats. Es ist jedoch zu beachten, dass deren abweichende Regelung zugleich auch die Zusammensetzung des Gremiums und das Stimmgewicht der Mitglieder berührt. Das ist indes jetzt unproblematisch, weil das BetrVerf-Reformgesetz 2001 das Gruppenprinzip aufgegeben hat, so dass diesem auch bei einer Regelung nach Abs. 4 nicht mehr Rechnung zu tragen ist (vgl. zur früheren Rechtslage 6. Aufl., § 47 Rn. 63); diese Vereinfachung wertet die Bedeutung von Abs. 4 für die Praxis auf. 72

b) Abweichende Regelungen der Mitgliederzahl
Zur Verringerung der Mitgliederzahl kann abweichend von Abs. 2 Satz 1 bestimmt werden, dass nicht jeder Betriebsrat (zumindest) ein Mitglied entsendet, sondern **zwei** oder **mehrere Betriebsräte nur gemeinsam** ein oder mehrere Mitglieder. Diese Gestaltungsart ist zwar ausdrücklich nur in Abs. 5 vorgesehen, gehört aber notwendigerweise mit zu dem vom Gesetzgeber in Abs. 4 angestrebten »flexiblen Regelung«, weil sie sicherstellt, dass jeder Betriebsrat bei der Bestimmung der Mitglieder des Gesamtbetriebsrats mitwirken kann (zust. *BAG* 25.05.2005 EzA § 47 BetrVG 2001 Nr. 3 S. 7; *Fitting* § 47 Rn. 59), indem sämtliche Mitglieder der zusammengefassten Betriebsräte eine Entsendungseinheit (»Entsendungskörper«) bilden, die die für sie festgelegte Zahl der Gesamtbetriebsratsmitglieder gemeinsam bestimmt (vgl. Rdn. 106). Das ergibt sich auch aus der allgemein formulierten Regelung in Abs. 8 über das Stimmgewicht, wenn ein oder mehrere Mitglieder des Gesamtbetriebsrats für mehrere Betriebe entsandt worden sind. Wird auf diese Weise die Mitgliederzahl des Gesamtbetriebsrats verringert, so ist aber die in Abs. 5 zum Ausdruck gekommene Wertentscheidung des Gesetzgebers zu beachten, dass die Betriebe der zur gemeinsamen Entsendung zusammengefassten Betriebsräte regional oder durch gleichartige Interessen miteinander verbunden sind (ebenso *Klasen* DB 1993, 2180 [2182]; *Richardi/Annuß* § 47 Rn. 56; **a. M.** *Glock/HWGNRH* § 47 Rn. 31; *Joost/*MünchArbR § 225 Rn. 23; jetzt auch *Fitting* § 47 Rn. 61: sinnvoll, aber nicht zwingend; ebenso *BAG* EzA § 47 BetrVG 2001 Nr. 3 S. 7; unstimmig *Trittin/DKKW* § 47 Rn. 104). Bei dieser Art der Verringerung muss nicht jeder der zusammengefassten Betriebsräte im Gesamtbetriebsrat vertreten sein (*BAG* EzA § 47 BetrVG 2001 Nr. 3 S. 8). Andererseits müssen nicht alle Betriebe zusammengefasst werden; neben Entsendungseinheiten können Einzelbetriebe bestehen bleiben (vgl. *Hess. LAG* 05.06.2008 – 9 TaBV 44/07 – juris). 73

Die Zusammenfassung mehrerer Betriebsräte zu gemeinsamer Entsendung ist jedoch nicht (wie früher) die einzige Möglichkeit zur Verringerung der Mitgliederzahl bei zu großem Gesamtbetriebsrat. Eine Verringerung kann auch durch die Regelung erfolgen, dass abweichend von Abs. 2 Satz 1 Betriebsräte mit mehr als drei Mitgliedern **nur ein** Mitglied entsenden (zust. *Fitting* § 47 Rn. 58; *Richardi/Annuß* § 47 Rn. 56; undeutlich *BAG* 25.05.2005 EzA § 47 BetrVG 2001 Nr. 3 S. 7). Dabei kann zwischen Betrieben unterschiedlicher Größenstufen differenziert werden. Eine Differenzierung darf aber nicht willkürlich erfolgen. Beide Möglichkeiten der Verringerung der Mitgliederzahl können kombiniert werden. Weil die Entsendung nach Abs. 2 Satz 1 Recht und Pflicht jeden Betriebsrats ist, ist es unzulässig, einen Betriebsrat von der Mitwirkung bei der Bestimmung der Mitglieder des Gesamtbetriebsrats gänzlich auszuschließen. 74

Eine **Erhöhung** der Mitgliederzahl kann durch die Bestimmung herbeigeführt werden, dass jeder Einzelbetriebsrat oder bei sachlicher Differenzierung auch nur ein oder mehrere bestimmte Einzelbetriebsräte **mehr Mitglieder** zu entsenden haben als sie nach Abs. 2 Satz 1 zu entsenden hätten. Insbesondere kann für größere Betriebsräte die Entsendung von mehr als zwei Mitgliedern bestimmt wer- 75 den. Dadurch kann vor allem eine Angleichung des Stimmgewichts der Gesamtbetriebsratsmitglieder erfolgen, weil den mehreren Mitgliedern nach Abs. 7 Satz 2 die Stimmen ihres Betriebes anteilig zustehen. Außerdem lässt sich bei Großunternehmen mit wenigen Großbetrieben (vgl. das Beispiel Rdn. 67) die Last der Gesamtbetriebsratstätigkeit auf mehr Personen verteilen. Möglich ist auch, die Betriebsräte mehrerer Betriebe zur gemeinsamen Entsendung von Mitgliedern zusammenzufassen (vgl. insoweit Rdn. 73), ihnen aber eine größere Zahl zu entsendender Mitglieder zuzubilligen als die Summe der von den Einzelbetriebsräten nach Abs. 2 Satz 1 zu entsendenden Mitglieder (ebenso *Fitting* § 47 Rn. 60).

76 Für die Erhöhung der Mitgliederzahl sieht Abs. 4 **keine Höchstgrenze** vor. Deshalb kann auch eine über 40 Mitglieder hinausgehende Mitgliederzahl durch Tarifvertrag und Betriebsvereinbarung festgelegt werden (ebenso *Fitting* § 47 Rn. 55; *Koch/*ErfK § 47 BetrVG Rn. 9; *Maschmann/DFL* § 47 BetrVG Rn. 6; *Trittin/DKKW* § 47 Rn. 105; einschränkend *Richardi/Annuß* § 47 Rn. 55); dem steht Abs. 5 nicht entgegen (vgl. Rdn. 100).

77 Nach Abs. 4 kommt eine Vergrößerung des Gesamtbetriebsrats durch eine Veränderung der Zahl der Betriebsräte im Unternehmen nicht in Betracht. Deren Zahl ist durch die Anzahl der betriebsratsfähigen Betriebe vorgegeben (§§ 1, 4). Ein Zurückgehen auf kleinere Einheiten lässt Abs. 4 nicht zu. Diesen Weg eröffnet nunmehr aber § 3 Abs. 1 Nr. 2, Abs. 2. Danach kann u. a. für einen Betrieb eines Unternehmens bei dessen Spartenorganisation die Bildung von Betriebsräten in den Sparten durch Tarifvertrag, bei Nichtgeltung eines Tarifvertrages auch durch Betriebsvereinbarung bestimmt werden (vgl. dazu § 3 Rdn. 13 ff.). Die Spartenbetriebsräte haben dann gem. Abs. 2 Satz 1 (wie die anderen Betriebsräte im Unternehmen) Mitglieder in den Gesamtbetriebsrat zu entsenden, wenn keine abweichende Regelung nach Abs. 4 getroffen ist.

78 Im aufgezeigten Umfang darf durch Tarifvertrag oder Betriebsvereinbarung eine vom Gesetz abweichende Mitgliederzahl geregelt werden. Dabei muss die **Veränderung** bezüglich der betroffenen Betriebsräte und der Zahl der zu bestimmenden Gesamtbetriebsratsmitglieder **genau und konkret** festgelegt werden. Insbesondere muss auch angegeben werden, welche Betriebsräte gemeinsam wie viele Mitglieder des Gesamtbetriebsrats bestimmen; dabei können in engen Grenzen auch **Verfahrensbestimmungen** gegeben werden (vgl. näher Rdn. 105 f.; vgl. auch *Fitting* § 47 Rn. 63 f.; *Richardi/Annuß* § 47 Rn. 58 f.).

79 **Im Übrigen** gelten jedoch die gesetzlichen Bestimmungen über die Errichtung des Gesamtbetriebsrats **zwingend**. So kann etwa keine Ausnahme von dem Grundsatz zugelassen werden, dass nur Betriebsratsmitglieder Gesamtbetriebsratsmitglieder werden können (vgl. Rdn. 40). Auch kann keine andere Art der Bestimmung der Gesamtbetriebsratsmitglieder als die durch Entsendung durch die Betriebsräte festgelegt werden (ebenso *Fitting* § 47 Rn. 47; *Richardi/Annuß* § 47 Rn. 45); werden mehrere Betriebsräte zusammengefasst, so bestimmen deren sämtliche Mitglieder, wie wenn sie ein gemeinsamer Betriebsrat wären (vgl. auch *BAG* 15.08.1978 AP Nr. 3 zu § 47 BetrVG 1972; 25.05.2005 EzA § 47 BetrVG 2001 Nr. 3 S. 7; *Fitting* § 47 Rn. 63). Ebenso wenig kann von Abs. 3 (Bestellung von Ersatzmitgliedern) abgewichen werden. Erst recht kann die Zuständigkeit des Gesamtbetriebsrats nach § 50 nicht verändert werden.

80 Da Abs. 4 nur eine Abweichung von Abs. 2 Satz 1 gestattet, bleibt die Sollvorschrift nach Abs. 2 **Satz 2 unberührt**. Eine verbindliche Regelung über die Berücksichtigung der Geschlechter bei der Entsendung von Mitgliedern in den Gesamtbetriebsrat kann ebenso wenig getroffen werden, wie eine Regelung über die Zusammensetzung des Gesamtbetriebsrats nach Geschlechtern.

2. Regelungszuständigkeit

81 Eine abweichende Regelung kann durch Tarifvertrag oder (Gesamt-) Betriebsvereinbarung erfolgen. Durch andere Gestaltungsfaktoren kann die Mitgliederzahl eines Gesamtbetriebsrats nicht wirksam verändert werden, insbesondere nicht durch Vereinbarung zwischen den Betriebsräten, die im Unternehmen bestehen, oder durch Beschluss des Gesamtbetriebsrats.

a) Abweichende Regelung durch Tarifvertrag

Die **tarifliche Regelung** erfordert einen **konkret unternehmensbezogenen Tarifvertrags-** **82** **schluss**. Als Tarifvertragspartner der (zuständigen) Gewerkschaften (von denen jede den Tarifvertrag abschließen kann; vgl. *BAG* 25.05.2005 EzA § 47 BetrVG 2001 Nr. 3 S. 9) kommt primär der einzelne Arbeitgeber, der mit dem Unternehmensträger identisch ist (vgl. Rdn. 17) in Betracht (»Firmentarifvertrag«); möglich ist aber auch ein Verbandstarifvertrag, dessen Geltungsbereich sich auf ein bestimmtes Unternehmen beschränkt (»firmenbezogener Verbandstarifvertrag«). Dabei genügt für die Geltung der tariflichen Regelung nach § 3 Abs. 2 TVG die Tarifgebundenheit des Arbeitgebers, weil die von Abs. 2 Satz 1 abweichende Regelung eine betriebsverfassungsrechtliche Frage betrifft (unstr.). Ein allgemeiner Verbandstarifvertrag kommt nicht nur deshalb nicht in Betracht, weil er den Besonderheiten der konkreten Unternehmensstruktur nicht angemessen Rechnung tragen kann. Das Gesetz fordert vielmehr einen konkret unternehmensbezogenen Tarifabschluss (i. E. ebenso *Fitting* § 47 Rn. 48; *Trittin / DKKW* § 47 Rn. 116, 120).

Die konkrete Unternehmensbezogenheit folgt schon aus dem Wortlaut des Abs. 4. Wenn es dort heißt, **83** dass die Mitgliederzahl »des« Gesamtbetriebsrats abweichend von Abs. 2 Satz 1 durch Tarifvertrag geregelt werden kann, so deutet die Benutzung des bestimmten Artikels darauf hin, dass bereits ein Gesamtbetriebsrat bestehen muss und die tarifliche Regelung sich auf seine konkrete Mitgliederzahl bezieht. Auch die Gesetzesmaterialien stützen diese Auffassung. Im Ausschussbericht (vgl. zu BT-Drucks. VI/2729, S. 25) heißt es: »Durch diese flexible Regelung soll eine den jetzigen Bedürfnissen im einzelnen Unternehmen entsprechende Gestaltung der zahlenmäßigen Zusammensetzung des Gesamtbetriebsrats ermöglicht werden.« Auch aus der Notwendigkeit, bei einer Verkleinerung des Gesamtbetriebsrats die Grundsätze des Abs. 5 zu beachten (vgl. Rdn. 73) folgt, dass insoweit immer auf die konkreten Verhältnisse abzustellen ist, denen ein allgemeiner Verbandstarif nicht gerecht werden kann. Schließlich kann aber auch die zahlenmäßig abweichende Zusammensetzung des Gesamtbetriebsrats sinnvoll erst dann geregelt werden, wenn seine gesetzliche Mitgliederzahl feststeht. Das ist letztlich aber erst nach Konstituierung des Gesamtbetriebsrats der Fall. Jedenfalls müssen aber die Voraussetzungen für die Errichtung eines Gesamtbetriebsrats nach § 47 Abs. 1 bereits vorliegen; das lässt sich jedoch nur anhand der im Unternehmen tatsächlich gebildeten Betriebsräte, nicht abstrakt nach der Unternehmensstruktur beurteilen. *Fabricius* (Erstbearbeitung, § 47 Rn. 97) hat das hier vertretene Ergebnis darüber hinaus mit dem Gebot gestützt, dem gesetzlichen Gesamtbetriebsrat rechtliches Gehör zu gewähren, bevor in seine Rechtsstellung eingegriffen wird. Demgegenüber wird nach anderer Ansicht auch der Abschluss eines Verbandstarifvertrages für möglich gehalten, wenn auch mit der Einschränkung, dass alle Betriebe des Unternehmens vom Tarifvertrag sachlich und räumlich erfasst werden müssen, die einen Betriebsrat haben (vgl. *Galperin / Löwisch* § 47 Rn. 21; *Glock / HWGNRH* § 47 Rn. 41; *Richardi / Annuß* § 47 Rn. 48 f.; modifizierend *Trittin / DKKW* § 47 Rn. 120).

Sollte es zu **Tarifkonkurrenzen** kommen, sind diese nach allgemeinen Grundsätzen zu behandeln. **84** Die früher vorherrschende Lösung über das Prinzip der Sachnähe wird bei Tarifverträgen über betriebliche und betriebsverfassungsrechtliche Fragen zunehmend durch das Mehrheitsprinzip ersetzt (§ 2 Rdn. 18). Im Anwendungsbereich des § 4a TVG ist das mittlerweile Gesetz, muss aber auch sonst für Tarifverträge nach § 47 Abs. 4 gelten, zumal diese ihrem Regelungsgegenstand nach gerade einen spezifischen Bezug auf betriebliche Mehrheiten haben.

Die den Tarifvertragsparteien nach Abs. 4 eingeräumte Regelungskompetenz ist eine besondere, **85** durch das BetrVG eingeräumte Normsetzungsermächtigung (vgl. *Richardi* Kollektivgewalt und Individualwille, S. 251; *Richardi / Annuß* § 47 Rn. 50; zust. *Fabricius* Erstbearbeitung, § 47 Rn. 99). Der Gesetzgeber gibt den Tarifparteien die Regelungsbefugnis hier lediglich zur sachgerechten Ordnung der Materie, nicht zur tarifautonomen Optimierung der Mitgliederinteressen. Deswegen ist die tarifliche Regelung dieser betriebsverfassungsrechtlichen Frage **nicht erstreikbar** (vgl. dazu § 3 Rdn. 33; wie hier *Richardi* 7. Aufl., § 47 Rn. 54; zust. *Hohenstatt / Dzida / HWK* § 47 BetrVG Rn. 20; grundsätzlich gegen eine Erstreikbarkeit betriebsverfassungsrechtlicher Tarifnormen *Christ* Freiwillige Tarifverträge, S. 153 ff.; **a. M.** *Fitting* § 47 Rn. 52; *Glock / HWGNRH* § 47 Rn. 42; *Kreutz* 10. Aufl., § 47 Rn. 84; *Richardi / Annuß* § 47 Rn. 50; *Trittin / DKKW* § 47 Rn. 117). Die Streitfrage dürfte jedoch rein theoretisch sein.

86 Der tariflichen Regelung kommt nach ihrem Ablauf **keine Nachwirkung** nach § 4 Abs. 5 TVG zu; dann ist vielmehr wieder die gesetzliche Mitgliederzahl verbindlich. Das ergibt sich daraus, dass der mit der Nachwirkung verfolgte gesetzgeberische Zweck, Regelungslosigkeit zu vermeiden, hier nicht erreichbar ist, weil Abs. 2 Satz 1 eine an sich zwingende gesetzliche Regelung enthält, die stärker ist als eine bloß dispositive nachwirkende Tarifregelung (zust. *Hohenstatt/Dzida/HWK* § 47 BetrVG Rn. 20; jetzt auch *Trittin/DKKW* § 47 Rn. 118; **a. M.** *Fitting* § 47 Rn. 54; *Glock/HWGNRH* § 47 Rn. 43). Die gesetzliche Zusammensetzung ist dann auch maßgeblich, wenn zwischen Gesamtbetriebsrat und Arbeitgeber eine abweichende Regelung mittels Betriebsvereinbarung getroffen werden soll.

b) Abweichende Regelung durch Betriebsvereinbarung

87 **Vertragspartner** einer abweichenden Regelung durch Betriebsvereinbarung sind der **Arbeitgeber** und der **Gesamtbetriebsrat** in seiner gesetzlichen zahlenmäßigen Zusammensetzung nach § 47 Abs. 2 (heute unstr.; vgl. *Fitting* § 47 Rn. 53; *Galperin/Löwisch* § 47 Rn. 22; *Glock/HWGNRH* § 47 Rn. 44; *Joost*/MünchArbR § 225 Rn. 22; *Maschmann/DFL* § 47 BetrVG Rn. 6; *Richardi/Annuß* § 47 Rn. 51; *Tautphäus*/HaKo § 47 Rn. 33; *Trittin/DKKW* § 47 Rn. 113). Eine Regelung in Form konformer Betriebsvereinbarungen zwischen dem Arbeitgeber und allen Einzelbetriebsräten hat der Gesetzgeber nicht in Betracht gezogen. Vielmehr wird in Abs. 5 ausdrücklich der Gesamtbetriebsrat als Partner bezeichnet; es deutet nichts darauf hin, dass für Abs. 4 etwas anderes gelten könnte. Der Gesetzgeber trägt damit der Tatsache Rechnung, dass über die Mitgliederzahl eines Gesamtbetriebsrats erst dann eine abweichende Regelung getroffen werden kann, wenn dessen gesetzliche Zusammensetzung konkret feststeht; das stützt zugleich die in Rdn. 83 vertretene Auffassung.

88 Bevor eine **Betriebsvereinbarung** geschlossen werden kann, muss sich der **Gesamtbetriebsrat konstituiert** haben (vgl. dazu Rdn. 46); seine Mitgliederzahl richtet sich dabei nach § 47 Abs. 2 (so ausdrücklich für Abs. 5 auch *BAG* 15.08.1978 AP Nr. 3 zu § 47 BetrVG 1972; *Fitting* § 47 Rn. 53; *Glock/HWGNRH* § 47 Rn. 44; *Richardi/Annuß* § 47 Rn. 51; *Trittin/DKKW* § 47 Rn. 113). Ist das geschehen, so schließt er die Betriebsvereinbarung im Rahmen seiner Zuständigkeit nach § 50 Abs. 1 (vgl. dazu näher § 50 Rdn. 22 ff.). Es handelt sich, solange die Voraussetzungen des Abs. 5 nicht vorliegen, um eine freiwillige (Gesamt-)Betriebsvereinbarung (vgl. im Unterschied dazu Abs. 6 und dazu Rdn. 107 f.).

89 Eine Betriebsvereinbarung nach Abs. 4 **endet** bei Eintritt eines anerkannten Beendigungsgrundes (vgl. dazu *Kreutz* § 77 Rdn. 398 ff. und hier Rdn. 108). Zur Kündigung ist nach seiner Konstituierung der Gesamtbetriebsrat in der von Abs. 2 abweichenden Zusammensetzung berechtigt; er kann auch einen Aufhebungsvertrag oder eine ablösende Gesamtbetriebsvereinbarung schließen. Solange die Betriebsvereinbarung nach Abs. 4 gilt, bleibt sie auch dann maßgebend, wenn sich die Mitgliederzahl des auf ihrer Basis errichteten Gesamtbetriebsrats nachträglich dadurch vergrößert (oder verringert), dass Betriebe auf den Unternehmensträger übergehen (oder umgekehrt Betriebe auf andere Erwerber übergehen) und in Folge davon Mitgliedschaften im Gesamtbetriebsrat neu entstehen oder erlöschen (so bei Vergrößerung zutr. *BAG* 16.03.2005 EzA § 51 BetrVG 2001 Nr. 2 S. 7). Erst wenn sie bei solchen Unternehmensumstrukturierungen gegenstandslos wird (z. B. weil gebildete Entsendeeinheiten wegfallen), endet sie wegen Zweckerreichung (so i. E. auch *BAG* 16.03.2005 EzA § 51 BetrVG 2001 Nr. 2 S. 7; *Fitting* § 47 Rn. 54; *Trittin/DKKW* § 47 Rn. 122). Als freiwillige Betriebsvereinbarung wirkt sie niemals nach (vgl. § 77 Abs. 6); nach ihrem Ablauf (mit Ausnahme der Beendigung durch Ablösung) ist wieder die gesetzliche Mitgliederzahl maßgebend. Das gilt insbesondere auch für die Zusammensetzung des Gesamtbetriebsrats, wenn dann eine neue Betriebsvereinbarung nach Abs. 4 geschlossen werden soll.

90 Eine abweichende Betriebsvereinbarung kann nicht geschlossen werden, wenn bereits eine **tarifliche Regelung** besteht, sofern diese eine abweichende oder ergänzende Betriebsvereinbarung nicht ausdrücklich zulässt. Der **Tarifvorrang** ergibt sich nicht schon aus § 77 Abs. 3, da diese Bestimmung nur Arbeitsentgelte und sonstige Arbeitsbedingungen betrifft, die Betriebsvereinbarung nach Abs. 4 aber betriebsverfassungsrechtliche Regelungen zum Gegenstand hat. Eine vom Tarifvertrag abweichende Regelung ist jedoch nicht möglich, weil § 4 Abs. 3 TVG abgesehen vom Fall der Öffnungsklausel nicht anwendbar ist. Zwar gilt das Günstigkeitsprinzip grundsätzlich auch im Verhältnis des Ta-

Voraussetzungen der Errichtung, Mitgliederzahl, Stimmengewicht § 47

rifvertrags zur Betriebsvereinbarung, soweit § 77 Abs. 3 nicht gilt (vgl. *Wiedemann/Wank* TVG, § 4 Rn. 621). Da jedoch bei der Regelung nach Abs. 4 ein Günstigkeitsvergleich nicht angestellt werden kann, weil es keine Anhaltspunkte für Wertungsprioritäten zwischen Flexibilitätsformen und einer Repräsentation aller Betriebsräte nach gesetzlichem Muster in Abs. 2 Satz 1 gibt, muss es bei der unmittelbaren und zwingenden Geltung der Tarifnormen bleiben (i. E. unstr.; vgl. *BAG* 30.10.1986 EzA § 47 BetrVG 1972 Nr. 4 S. 31; *Fitting* § 47 Rn. 48; *Galperin/Löwisch* § 47 Rn. 22; *Maschmann/DFL* § 47 BetrVG Rn. 6; *Richardi/Annuß* § 47 Rn. 52; *Trittin/DKKW* § 47 Rn. 115); Abs. 5 bestätigt diesen Tarifvorrang (vgl. Rdn. 96). Aus den gleichen Gründen kann eine Betriebsvereinbarung nach Abs. 4 von einem **nachfolgenden** Firmentarifvertrag oder firmenbezogenen Verbandstarifvertrag abgelöst werden.

3. Folgen abweichender Regelung

Tritt ein Tarifvertrag oder eine Betriebsvereinbarung nach Abs. 4 in Kraft, so ist damit der Gesamtbetriebsrat, der bereits konstituiert ist (vgl. Rdn. 83, 88), personell-zahlenmäßig nicht mehr richtig besetzt, weil sich nunmehr die Mitgliederzahl nicht mehr nach Abs. 2 Satz 1 bestimmt, sondern nach der jeweiligen kollektivvertraglichen Regelung. Entsprechendes gilt, wenn ein Gesamtbetriebsrat auf der Grundlage einer Betriebsvereinbarung nach Abs. 4 errichtet worden ist, diese aber durch einen nachfolgenden Tarifvertrag abgelöst wird (vgl. Rdn. 90). Gleichwohl **endet** damit das **Amt** des Gesamtbetriebsrats **nicht**, weil die Voraussetzungen seiner Errichtung nach Abs. 1 nicht entfallen. Wenn der Gesetzgeber ein anderes Ergebnis gewollt hätte, hätte er dies anordnen müssen. Das Gesetz vernachlässigt jedoch Verfahrensvorschriften und legt statt dessen Wert auf einen voll handlungsfähigen Gesamtbetriebsrat (vgl. Rdn. 46). Deshalb ist nunmehr (unter Beachtung des Grundsatzes der Entsendung) entsprechend § 51 Abs. 2 zur konstituierenden Sitzung in der jetzt verbindlichen zahlenmäßigen Zusammensetzung des Gesamtbetriebsrats zu laden. Erst mit der tatsächlichen Konstituierung tritt der »neue« Gesamtbetriebsrat an die Stelle des nach gesetzlicher Mitgliederzahl gebildeten Gesamtbetriebsrats (vgl. auch Rdn. 98). 91

Zum **Stimmgewicht** der Mitglieder des Gesamtbetriebsrats bei abweichender Regelung der Mitgliederzahl vgl. Rdn. 109 ff. 92

VII. Notwendige Verkleinerung des Gesamtbetriebsrats (Abs. 5 und 6)

Abs. 5 macht deutlich, dass der Gesetzgeber einen Gesamtbetriebsrat, der nach Abs. 2 Satz 1 mehr als 40 Mitglieder hat, für zu groß hält (vgl. auch Rdn. 66 ff.). Die Vorschrift ordnet deshalb **zwingend** an, dass in diesem Falle im Interesse seiner Arbeitsfähigkeit zwischen Gesamtbetriebsrat und Arbeitgeber eine Verkleinerung durch Betriebsvereinbarung herbeizuführen ist, wenn keine tarifliche Regelung nach Abs. 4 besteht. Die Verkleinerung ist nach dem Gesetzeswortlaut nur dadurch herbeizuführen, dass mehrere Betriebsräte, die regional oder durch gleichartige Interessen verbunden sind, gemeinsam Mitglieder in den Gesamtbetriebsrat entsenden (vgl. aber zur Möglichkeit andersartiger Verkleinerung Rdn. 99). Kommt eine Einigung nicht zustande, so entscheidet eine Einigungsstelle verbindlich (Abs. 6). 93

1. Normvoraussetzungen

Es muss ein Gesamtbetriebsrat bestehen, dem **tatsächlich** mehr als 40, also mindestens 41 Mitglieder angehören. Der Gesamtbetriebsrat **besteht** erst dann, wenn er sich **konstituiert** hat (vgl. Rdn. 46). Konstituierung ist erforderlich, weil der Gesamtbetriebsrat notwendiger Partner der Betriebsvereinbarung ist (unstr.; vgl. *BAG* 15.08.1978 AP Nr. 3 zu § 47 BetrVG 1972 [zust. *Löwisch/Hetzel*] = SAE 1979, 159 [zust. *Streckel*]; ArbG München AiB 2003, 177; *Gaul* DB 1981, 214). 94

Die Mitglieder müssen dem Gesamtbetriebsrat auf der Grundlage der Berechnung der Mitgliederzahl nach Abs. 2 Satz 1 angehören. Das setzt voraus, dass im Unternehmen mindestens 21 Betriebsräte bestehen, von denen mindestens zwanzig jeweils zwei Mitglieder zu entsenden haben, und alle Betriebsräte ihrer Verpflichtung zur Bestimmung von Mitgliedern des Gesamtbetriebsrats nach Abs. 2 Satz 1 95 nachgekommen sind (vgl. zur Begründung der Mitgliedschaft im Gesamtbetriebsrat Rdn. 43). Die abstrakt-rechnerische Möglichkeit, dass nach Abs. 2 Satz 1 mehr als 41 Mitglieder zu entsenden wären, reicht somit nicht aus (zust. *Fitting* § 47 Rn. 66; *Trittin/DKKW* § 47 Rn. 124). Abs. 5 findet aber nicht nur dann Anwendung, wenn der Gesamtbetriebsrat bei seiner Konstituierung mehr als 40 Mitglieder hat, sondern auch, wenn danach die Mitgliederzahl über 40 steigt, z. B. weil ein Betriebsrat erst später seiner Entsendungspflicht nach Abs. 2 Satz 1 nachkommt oder weil in bisher betriebsratslosen Betrieben erst später Betriebsräte gewählt werden oder bei Vermehrung betriebsratsfähiger Betriebe (ebenso *Fitting* § 47 Rn. 66; *Trittin/DKKW* § 47 Rn. 124; *Glock/HWGNRH* § 47 Rn. 46).

96 Es darf **keine tarifliche Regelung** nach Abs. 4 bestehen. Abs. 5 bestätigt insoweit den **Tarifvorrang** (vgl. Rdn. 90). Eine tarifliche Regelung besteht immer dann, wenn ein unternehmensbezogener Tarifvertrag (vgl. Rdn. 82 f.) die Mitgliederzahl des Gesamtbetriebsrats abweichend von Abs. 2 Satz 1 regelt, gleichgültig, ob die Mitgliederzahl erhöht oder verringert ist (ebenso *Fitting* § 47 Rn. 67; *Galperin/Löwisch* § 47 Rn. 23; *Lichtenstein* BetrR 1972, 213; nun auch *Richardi/Annuß* § 47 Rn. 61; *Trittin/DKKW* § 47 Rn. 126). Insbesondere ist nicht erforderlich, dass der Gesamtbetriebsrat nach der tariflichen Regelung nicht mehr als 40 Mitglieder hat (einschränkend *Weiss/Weyand* § 47 Rn. 14, die für notwendig halten, dass der Tarifvertrag zum Fall einer höheren Mitgliederzahl als 40 eine Bestimmung trifft); eine solche Einschränkung wäre mit Abs. 5 nicht vereinbar, der den Tarifvorrang gerade bestätigt, aber keine Anhaltspunkte für eine Durchbrechung dieses Prinzips erkennen lässt.

2. Zwingendes Abschlussgebot

97 Liegen die Normvoraussetzungen (vgl. Rdn. 94 ff.) vor, so besteht für Gesamtbetriebsrat und Arbeitgeber eine **gesetzliche Verpflichtung** zum Abschluss einer **Betriebsvereinbarung**. Diese muss auf eine **Verringerung** der Mitgliederzahl abzielen. Diese Tendenzrichtung folgt daraus, dass die Regelungsverpflichtung nur besteht, wenn dem Gesamtbetriebsrat mehr als 40 Mitglieder angehören und im Regelungsgehalt zu bestimmen ist, dass Betriebsräte mehrerer Betriebe gemeinsam Mitglieder in den Gesamtbetriebsrat entsenden (insoweit unstr.; vgl. Ausschussbericht, zu BT-Drucks. VI/2729, S. 25; BAG 15.08.1978 AP Nr. 3 zu § 47 BetrVG 1972; *Fitting* § 47 Rn. 68; *Richardi/Annuß* § 47 Rn. 66; missverständlich *Klasen* DB 1993, 2180 [2181], der auch »die Übereinkunft« zulassen will, die Arbeitsfähigkeit durch andere Maßnahmen als Verkleinerung [z.B. Übertragung von Aufgaben auf Ausschüsse] sicherzustellen). Die Regelungsinitiative kann von beiden Vertragspartnern ausgehen; beide können insbesondere auch konkrete Vorschläge für die Verringerung der Mitgliederzahl vorlegen. Das Gesetz sieht bei Untätigkeit keine Sanktion vor (vgl. *Mengel* NZA 2002, 409 [410]).

98 Die Regelungsverpflichtung nach Abs. 5 bedeutet **nicht**, dass im Übrigen die Rechte- und Pflichtenstellung des in gesetzlicher Mitgliederzahl bestehenden Gesamtbetriebsrats **suspendiert** ist. Er nimmt vielmehr sämtliche Aufgaben und Zuständigkeiten so lange uneingeschränkt wahr, bis sich der nach Maßgabe der abzuschließenden Betriebsvereinbarung verkleinerte Gesamtbetriebsrat konstituiert hat (ebenso *Fitting* § 47 Rn. 71; *Glock/HWGNRH* § 47 Rn. 50, 52; *Klasen* DB 1993, 2180 [2186]; *Mengel* NZA 2002, 409 [410]; *Richardi/Annuß* § 47 Rn. 62; *Trittin/DKKW* § 47 Rn. 121). Die Auffassung, der Gesamtbetriebsrat bleibe nur so lange im Amt, bis die Betriebsvereinbarung in Kraft getreten ist (so *Dietz/Richardi* § 47 Rn. 56; *Kammann/Hess/Schlochauer* § 47 Rn. 30) oder bis zum Spruch der Einigungsstelle nach Abs. 6 (so *Löwisch/LK* § 47 Rn. 24), ist dogmatisch nicht zwingend und mit dem Interesse des Gesetzes an einem handlungsfähigen Gesamtbetriebsrat unvereinbar (vgl. Rdn. 91).

3. Regelungsumfang

a) Notwendiger Inhalt

99 Die Mitgliederzahl des Gesamtbetriebsrats ist nach dem Gesetzeswortlaut nur dadurch zu beschränken, dass mehrere Betriebsräte, die regional oder durch gleichartige Interessen verbunden sind, **gemeinsam** Mitglieder in den Gesamtbetriebsrat **entsenden** (vgl. dazu Ausschussbericht, zu BT- Drucks. VI/2729, S. 25). Insoweit wurde Abs. 5 bisher unstr. als zwingend angesehen (vgl. auch BAG 15.08.1978 AP Nr. 3 zu § 47 BetrVG 1972). Diese Ansicht ist jetzt überholt, obwohl der Gesetzeswortlaut unverändert geblieben ist. Nach Aufgabe des Gruppenprinzips durch das BetrVerf-Reform-

gesetz 2001 ist die gemeinsame Entsendung von Mitgliedern durch mehrere Betriebsräte nicht mehr die einzige Möglichkeit zur Verringerung der Mitgliederzahl bei zu großem Gesamtbetriebsrat. Eine Verringerung kann nunmehr auch dadurch erfolgen, dass Betriebsräte mit mehr als drei Mitgliedern abweichend von Abs. 2 Satz 1 **nur ein** Mitglied entsenden (vgl. Rdn. 74). Diese Möglichkeit entspricht dem Normzweck von Abs. 5 und kann daher auch bei notwendiger Verkleinerung neben und in Kombination mit gemeinsamer Entsendung genutzt werden; der Entstehungsgeschichte des BetrVerf-Reformgesetzes kann nichts Gegenteiliges entnommen werden (im Ergebnis jetzt auch *Mengel* NZA 2002, 409 [411]; *Hess. LAG* 05.06.2008 – 9 TaBV 44/07 – juris; **a. M.** *Richardi/Annuß* § 47 Rn. 68).

Abs. 5 bestimmt nicht, dass die durch Betriebsvereinbarung festzulegende Mitgliederzahl 40 Mitglieder nicht überschreiten darf (ebenso *Brecht* § 47 Rn. 12; *Fitting* § 47 Rn. 68; *Joost/*MünchArbR § 225 Rn. 25; *Klasen* DB 1993, 2180 [2181]; *Koch/*ErfK § 47 BetrVG Rn. 9; *Lichtenstein* BetrR 1972, 213; *Löwisch/Hetzel* Anm. zu BAG AP Nr. 3 zu § 47 BetrVG 1972 Bl. 5; *Löwisch/LK* § 47 Rn. 23; *Maschmann/DFL* § 47 BetrVG Rn. 7; *Streckel* SAE 1979, 163; *Tautphäus/*HaKo § 47 Rn. 40; *Trittin/DKKW* § 47 Rn. 134; BAG 15.08.1978 AP Nr. 3 zu § 47 BetrVG 1972 hat diese Frage ausdrücklich offen gelassen; **a. M.** *Richardi/Annuß* § 47 Rn. 66, aber nur, wenn die Einigungsstelle nach Abs. 6 entscheidet [dem zust. *Hohenstatt/Dzida/HWK* § 47 BetrVG Rn. 24; *Mengel* NZA 2002, 409, 411]; ohne diese Einschränkung *Glock/HWGNRH* § 47 Rn. 47; ausführlich *G. Hueck* FS *H. Westermann*, S. 241, 257 ff.; *Weiss/Weyand* § 47 Rn. 14). Weder der Wortlaut, noch die Entstehungsgeschichte (vgl. Ausschussbericht, zu BT-Drucks. VI/2729, S. 14, 25, wo nur davon die Rede ist, dass der Gesamtbetriebsrat nicht mehr als 40 Mitglieder haben soll), noch die Zielsetzung der Norm sprechen für eine Höchstgrenze. Die Regelung soll flexibel den Verhältnissen im Unternehmen Rechnung tragen (vgl. Rdn. 68), und ein Gremium von mehr als 40 Mitgliedern ist nicht von vornherein arbeitsunfähig (vgl. § 9 für die Mitgliederzahl des Betriebsrats). Hinzu kommt, dass die gesetzliche Begrenzung der Zusammenfassung von Betriebsräten in Betrieben, die regional oder durch gleichartige Interessen miteinander verbunden sind, nicht in allen Fällen eine Reduzierung auf 40 Mitglieder ermöglicht (zutr. *Löwisch/Hetzel* Anm. zu BAG AP Nr. 3 zu § 47 BetrVG 1972 Bl. 5). Schließlich kann auch eine tarifliche Regelung nach Abs. 4 eine höhere Mitgliederzahl enthalten (vgl. auch *Richardi/Annuß* § 47 Rn. 61). Entscheidend ist daher allein, **dass** eine **Reduzierung** der gesetzlichen Mitgliederzahl herbeigeführt wird (ebenso *Trittin/DKKW* § 47 Rn. 134). Möglich ist daher z. B. die Verringerung der Mitgliederzahl von 120 auf 60 Mitglieder. **100**

Neben der Regelung, dass Betriebsräte mit mehr als drei Mitgliedern abweichend von Abs. 2 Satz 1 nur ein Mitglied zu entsenden haben (vgl. Rdn. 99), kommt eine Verringerung der Mitgliederzahl **nur dadurch** in Betracht, dass festgelegt wird, welche Betriebsräte gemeinsam Mitglieder in den Gesamtbetriebsrat entsenden und wie viele Mitglieder von ihnen gemeinsam zu bestimmen sind. Es müssen, auch wenn dies möglich wäre, keineswegs alle Betriebsräte zusammengefasst werden; es sollte eine vernünftige Angleichung des Stimmgewichts aller Gesamtbetriebsratsmitglieder angestrebt werden. Es müssen aber konkret bestehende Betriebsräte zusammengefasst werden, nicht Betriebe. Nicht ausreichend wäre, allein die Mitgliederzahl zu reduzieren und dem Gesamtbetriebsrat alles weitere selbst zu überlassen. **101**

Eine gemeinsame Entsendung kann nur für Betriebsräte solcher Betriebe festgelegt werden, die **regional** oder (und) durch **gleichartige Interessen** miteinander verbunden sind; diese Regelung ist zwingend (ebenso BAG 15.08.1978 AP Nr. 3 zu § 47 BetrVG 1972; unstr. in der Lehre). Die Konkretisierung dieser unbestimmten Rechtsbegriffe, die nur alternativ erfüllt sein müssen, belässt den Regelungspartnern aber einen **Beurteilungsspielraum** (ebenso *Hess. LAG* 05.06.2008 – 9 TaBV 44/07 – juris; *Fitting* § 47 Rn. 69; *Richardi/Annuß* § 47 Rn. 67; *Trittin/DKKW* § 47 Rn. 133; zust. *Koch/*ErfK § 47 BetrVG Rn. 9; ausführlich zu den Begriffsinhalten *Mengel* NZA 2002, 409 [411 f.]). **Regionale Verbundenheit** setzt voraus, dass die Betriebe in einem bestimmten räumlichen Bereich liegen, z. B. innerhalb einer Gemeinde oder nahe beieinander liegender Gemeinden oder innerhalb einer Region, die sich von anderen abhebt (z. B. Bundesländer; vgl. Sachverhalt bei *BAG* 25.05.2005 EzA § 47 BetrVG 2001 Nr. 3); sie erfordert aber nicht räumliche Nähe (*Hess. LAG* 05.06.2008 – 9 TaBV 44/07 – juris). Verbundenheit durch **gleichartige Interessen** ist insbesondere bei Gleichartigkeit des Betriebszweckes anzunehmen, z. B. bei Filialen im Einzelhandel und im Bank- oder Versiche- **102** rungsgewerbe, erfordert aber keine Interessenidentität. Sie kann sich auch aus der gleichen Stellung innerhalb der Unternehmensorganisation, der Belegschaftsstruktur (z. B. auch im Hinblick auf den Geltungsbereich von Tarifverträgen) oder aus regionalen Besonderheiten ergeben (z. B. Belegenheit in strukturschwachen Gebieten).

b) Fakultativer Inhalt

103 Die Regelungsbefugnis ist ebenso auf die Mitgliederzahl des Gesamtbetriebsrats begrenzt wie nach Abs. 4 (vgl. dazu Rdn. 78 ff.). Hat abweichend von Abs. 2 Satz 1 ein Betriebsrat mit mehr als drei Mitgliedern nur ein Mitglied zu entsenden, so ist dieses durch den Betriebsrat als Gremium zu bestimmen (vgl. Rdn. 38). Haben mehrere Betriebsräte gemeinsam Mitglieder in den Gesamtbetriebsrat zu entsenden, so ist Abs. 2 Satz 1 mit der Besonderheit anzuwenden, dass kraft der sie zusammenfassenden Regelung in der Betriebsvereinbarung die Betriebsräte ein Gremium bilden, das aus ihren sämtlichen Betriebsratsmitgliedern besteht und das die festgelegte Zahl der Gesamtbetriebsratsmitglieder zu bestimmen hat; das *BAG* (15.08.1978 AP Nr. 3 zu § 47 BetrVG 1972; 25.05.2005 EzA § 47 BetrVG 2001 Nr. 3 S. 7) spricht dabei von einem »Entsendungskörper« und auch einer »Entsendeeinheit«.

104 Die Betriebsvereinbarung kann wirksam keine andere Art der Bestimmung der Gesamtbetriebsratsmitglieder als die durch die Einzelbetriebsräte und die zusammengefassten Betriebsräte festlegen. Deshalb ist es unzulässig, wenn dem nach Abs. 2 Satz 1 in gesetzlicher Mitgliederzahl konstituierten Gesamtbetriebsrat die Bestimmung der Mitglieder des verkleinerten Gesamtbetriebsrats überlassen wird (ebenso *BAG* 15.08.1978 AP Nr. 3 zu § 47 BetrVG 1972 [zust. *Löwisch/Hetzel*]; *Döring* DB 1976, 821 [822]; *Gaul* DB 1981, 214; *Glock/HWGNRH* § 47 Rn. 58; *Richardi/Annuß* § 47 Rn. 58). Entsprechend kann die Bestimmung nicht einer Betriebsräteversammlung oder einem Wahlgremium überlassen werden, das aus Delegierten der Einzelbetriebsräte besteht (vgl. *BAG* 15.08.1978 AP Nr. 3 zu § 47 BetrVG 1972; 25.05.2005 EzA § 47 BetrVG 2001 Nr. 3 S. 8; *LAG* Frankfurt a. M. DB 1977, 2056). Auch können die Einzelbetriebsräte nicht nach § 50 Abs. 2 den gesetzlichen Gesamtbetriebsrat beauftragen, die Mitglieder des verkleinerten Gesamtbetriebsrats zu bestimmen (vgl. *Döring* DB 1976, 822).

105 Streitig ist jedoch, inwieweit in der Betriebsvereinbarung **Verfahrensregelungen** über die Bestimmung der Gesamtbetriebsratsmitglieder (und der Ersatzmitglieder) durch zusammengefasste Betriebsräte getroffen werden können, insbesondere, ob geregelt werden kann, dass die Bestimmung durch **Wahlmänner** erfolgt, die die einzelnen zusammengefassten Betriebsräte in ein Wahlmännergremium entsenden (abl. *Glock/HWGNRH* § 47 Rn. 58; *Trittin/DKKW* § 47 Rn. 138; wohl auch *Streckel* SAE 1979, 163 und *BAG* 15.08.1978 AP Nr. 3 zu § 47 BetrVG 1972; bejahend *Richardi/Annuß* § 47 Rn. 58 f.; *Döring* DB 1976, 821 [823], der auch zulassen will, dass die Wahlmänner mit den Mitgliedern des gesetzlichen Gesamtbetriebsrats personenidentisch sein können). Da das Gesetz das Verfahren gemeinsamer Entsendung offen lässt, bestehen gegen ein **Wahlmännerverfahren** keine rechtlichen Bedenken, wenn die Stimmgewichtung entsprechend Abs. 7 in der Verfahrensregelung gewährleistet wird (jetzt zust. *Fitting* § 47 Rn. 64). Dementsprechend muss festgelegt werden, dass jeder einzelne zusammengefasste Betriebsrat mindestens ein Mitglied als Wahlmann bestimmt. Je nachdem, ob ein oder mehrere Wahlmänner bestimmt werden, richtet sich deren Stimmgewicht entsprechend nach Abs. 7 Satz 1 oder 2. Dadurch ist sichergestellt, dass jeder Betriebsrat bei der Bestimmung der Mitglieder des verkleinerten Gesamtbetriebsrats mitwirken kann; das Verfahren hält sich im Rahmen der gesetzlichen Regelung der Entsendung (vgl. zu dieser Anforderung *BAG* 25.05.2005 EzA § 47 BetrVG 2001 Nr. 3 S. 7, 8). Das Wahlmännerverfahren ist jedoch nicht der einzige Weg, die Bestimmung der Gesamtbetriebsratsmitglieder durch zusammengefasste Betriebsräte kostensparend zu vereinfachen. Zulässig ist auch eine Regelung, die vorsieht, dass die beteiligten einzelnen Betriebsräte in **getrennten Sitzungen** abstimmen (vgl. näher *Gaul* DB 1981, 214; ausführlich auch *Klasen* DB 1993, 2180 [2182 ff.], der die getrennte Beschlussfassung der beteiligten Betriebsräte unter Ablehnung des »Entsendungskörper-Modells« als verfahrensmäßigen Regelfall für die gemeinsame Entsendung ansieht; zust. *Glock/HWGNRH* § 47 Rn. 63 ff.; *Mengel* NZA 2002, 409 [413]; zweifelnd *Fitting* § 47 Rn. 64; **abl.** *Trittin/DKKW* § 47 Rn. 138). Möglich erscheint schließlich auch eine Verfahrensregelung, die eine Abstimmung in einem **schriftlichen Verfahren** vorsieht (abl. *Trittin/DKKW* § 47 Rn. 138).

106 Trifft die Betriebsvereinbarung keine Verfahrensregelung im vorbezeichneten Sinne, so erfordert die gemeinsame Entsendung eine **Versammlung** (Sitzung) aller zusammengefassten Betriebsräte, zu der

Voraussetzungen der Errichtung, Mitgliederzahl, Stimmengewicht § 47

die Betriebsratsvorsitzenden gemeinsam (aber auch parallel) einzuladen haben (zust. *Fitting* § 47 Rn. 63; *Mengel* NZA 2002, 409 [413]). Bei der Bestimmung der Gesamtbetriebsratsmitglieder hat jedes beteiligte Betriebsratsmitglied eine Stimme (ebenso *Fitting* § 47 Rn. 63; *Richardi/Annuß* § 47 Rn. 57; *Trittin/DKKW* § 47 Rn. 136; zust. *BAG* 25.05.2005 EzA § 47 BetrVG 2001 Nr. 3 S. 8). Im Gesamtgremium erfolgt die Beschlussfassung mit einfacher Stimmenmehrheit. Ebenso wenig wie bei der Entsendung nach Abs. 2 (vgl. Rdn. 38) ist bei gemeinsamer Entsendung gesetzlich Verhältniswahl vorgeschrieben und auch keineswegs verfassungsrechtlich geboten (so zutr. *BAG* 25.05.2005 EzA § 47 BetrVG 2001 Nr. 3 S. 10 ff.). Sind mehrere Mitglieder zu entsenden, sollen die Geschlechter angemessen berücksichtigt werden (Abs. 2 Satz 2). Zur Vermeidung von Stimmgewichtsverzerrungen durch die Degression im Verhältnis von Betriebsratsmitgliedern zur Zahl der Arbeitnehmer im jeweiligen Betrieb kann die Betriebsvereinbarung jedoch entsprechend Abs. 7 eine Stimmgewichtung vorsehen, so dass die Betriebsratsmitglieder der einzelnen Betriebsräte anteilig so viele Stimmen haben, wie im jeweiligen Betrieb wahlberechtigte Arbeitnehmer in die Wählerlisten eingetragen sind (ebenso *Fitting* § 47 Rn. 63; *Trittin/DKKW* § 47 Rn. 136). Das kann insbesondere auch zur Lösung von Pattsituationen vorgesehen werden (vgl. *LAG München* DB 1983, 2788).

4. Entscheidung der Einigungsstelle (Abs. 6)

Kommt eine Einigung zwischen Arbeitgeber und Gesamtbetriebsrat über die nach Abs. 5 abzuschließende Betriebsvereinbarung nicht zustande, so wird sie durch den Spruch einer für das Gesamtunternehmen zu bildenden **Einigungsstelle** ersetzt (Abs. 6). Die Entscheidung der Einigungsstelle bringt die Betriebsvereinbarung zustande (vgl. § 77 Abs. 2 Satz 2). Nach der Systematik des Gesetzes gilt die allgemeine Regelung über die Einigungsstelle nach § 76 über Bildung, Zusammensetzung und Verfahren auch hier. Die Einigungsstelle wird **nicht von Amts wegen** gebildet oder tätig, sondern tritt nur auf Antrag von Arbeitgeber oder Gesamtbetriebsrat zusammen (§ 76 Abs. 5); der Gesamtbetriebsrat bestellt die Beisitzer der Arbeitnehmerseite (§ 76 Abs. 2). Vgl. wegen weiterer Einzelheiten die Erl. zu § 76.

107

Die Betriebsvereinbarung nach Abs. 5 bleibt, auch wenn sie auf einem Spruch der Einigungsstelle beruht, so lange maßgebend, **bis sie** durch Kündigung, Zeitablauf bei Befristung, Wegfall ihrer Voraussetzungen (vgl. dazu auch *Klasen* DB 1993, 2180 [2186]) **endet** oder durch eine tarifliche Regelung abgelöst wird (vgl. Rdn. 90); Neuwahlen der Betriebsräte haben keine Beendigungswirkung, wenn nichts anderes (durch Betriebsvereinbarung) bestimmt ist. Sie kann jederzeit durch eine neue Betriebsvereinbarung ersetzt werden; für deren Abschluss ist der verkleinerte Gesamtbetriebsrat zuständig, wenn er konstituiert ist (zust. *Klasen* DB 1993, 2186; *Mengel* NZA 2002, 409 [415]; **a. M.** jetzt, aber dogmatisch unhaltbar und zudem im Zeitablauf völlig unpraktikabel *Trittin/DKKW* § 47 Rn. 130: zuständig sei der »Ur-GBR«, der vom verkleinerten Gesamtbetriebsrat neu einzuberufen sei). Die Betriebsvereinbarung **wirkt** gem. § 77 Abs. 6 **nach**, sofern die Zahl und Größe der Unternehmensbetriebe bei Anwendung des Abs. 2 immer noch zu mehr als vierzig Gesamtbetriebsratsmitgliedern führen würde. Die Betriebsvereinbarungspflicht nach § 47 Abs. 5, 6 zeigt, dass die Voraussetzungen für die Nachwirkung nach § 76 Abs. 6 vorliegen. Ohne Nachwirkung würde in diesen Fällen sofort die Verhandlungspflicht nach § 47 Abs. 5 wieder aufleben. Daher erscheint die Reduzierung der Mitgliederzahl durch (nachwirkende) Betriebsvereinbarung sachgerechter als die dispositive Regelung in Abs. 2. Es bestehen daher keine Bedenken gegen, sondern ein Bedürfnis für die Anwendung des § 77 Abs. 6 (wie hier i. E. *Glock/HWGNRH* § 47 Rn. 53; *Klasen* DB 1993, 2186; jetzt auch *Fitting* § 47 Rn. 73; eingeschränkt auch *Richardi/Annuß* § 47 Rn. 69; **a. M.** *Kreutz* 10. Aufl., § 47 Rn. 107; *Trittin/DKKW* § 47 Rn. 122; *Stege/Weinspach/Schiefer* §§ 47–52 Rn. 5a; wegen des Literaturstreits empfiehlt *Mengel* NZA 2002, 416, eine ausdrückliche Nachwirkungsvereinbarung zu treffen, damit bei Kündigung nicht vorübergehend ein Gesamtbetriebsrat nach Abs. 2 gebildet werden muss). Davon unberührt bleibt die Pflicht der Betriebsparteien, während der Nachwirkung eine neue Betriebsvereinbarung nach Abs. 5 abzuschließen oder nach Abs. 6 von der Einigungsstelle aufstellen zu lassen.

108

VIII. Stimmgewicht bei gemeinsamer Entsendung (Abs. 8)

109 Abs. 8 ist infolge der Aufgabe des Gruppenprinzips durch das BetrVerf-Reformgesetz 2001 neu gefasst und dem (ebenfalls neu gefassten) Abs. 7 angepasst worden. Die Bestimmung ist nunmehr nur noch eine **Sonderregelung** der Stimmengewichtung für die Gesamtbetriebsratsmitglieder, die durch mehrere Betriebsräte **gemeinsam** entsandt worden sind; sonst gilt Abs. 7. Ursprünglich bestimmte sich das Stimmgewicht in allen Fällen abweichender Mitgliederzahl (Verkleinerung und Vergrößerung des Gesamtbetriebsrats) nach dem in das BetrVG 1972 neu eingefügten Abs. 8. Dementsprechend sah die Ausschussbegründung (zu BT-Drucks. VI/2729, S. 25) in Abs. 8 »eine Folgeänderung der durch die neu eingefügten Abs. 4 bis 6 eröffneten Möglichkeit, die Mitgliederzahl abweichend vom Gesetz zu regeln«. Eine so weitgehende Sonderregelung ist mit der Aufgabe des Gruppenprinzips entbehrlich geworden.

110 Für die Beurteilung des Stimmgewichts nach Abs. 8 ist es unerheblich, ob die Entsendung gemeinsamer Mitglieder durch mehrere Betriebsräte in einem Tarifvertrag oder einer Betriebsvereinbarung nach **Abs. 4** (vgl. Rdn. 66 ff.) **oder** in einer Betriebsvereinbarung nach **Abs. 5 und 6** (vgl. Rdn. 93 ff.) geregelt worden ist.

111 Abs. 8 Halbs. 1 bezieht sich auf die Verkleinerung des Gesamtbetriebsrats durch die Vereinbarung, dass mehrere Betriebsräte **gemeinsam nur ein Mitglied** in den Gesamtbetriebsrat entsenden. Dieses Mitglied hat so viele Stimmen, wie in den Betrieben, von deren Betriebsräten es entsandt ist, wahlberechtigte Arbeitnehmer in den Wählerlisten eingetragen sind. Seine Stimmenzahl ergibt sich mithin aus einfacher Addition der in den einschlägigen Wählerlisten eingetragenen Wahlberechtigten (vgl. zur Maßgeblichkeit dieser Eintragung Rdn. 64). Ist an der gemeinsamen Entsendung ein Betriebsrat eines gemeinsamen Betriebes mehrerer Unternehmen beteiligt, so zählen **alle** in die Wählerliste dieses Gemeinschaftsbetriebs eingetragenen Wahlberechtigten, und zwar unabhängig davon, zu welchem Unternehmer sie in einem Arbeitsverhältnis stehen (zust. *Fitting* § 47 Rn. 78); das ergibt sich aus Abs. 9, der insofern aber abweichende Regelungen durch Tarifvertrag oder Betriebsvereinbarung zulässt (vgl. Rdn. 114 ff.).

112 Ist geregelt, dass mehrere Betriebsräte **gemeinsam mehrere Mitglieder** in den Gesamtbetriebsrat entsenden, bestimmen sich deren Stimmgewichte nach Abs. 8 Halbs. 2. Danach gilt Abs. 7 Satz 2 entsprechend. Das bedeutet, dass diesen Mitgliedern die Stimmen **anteilig** zustehen; zur Verteilung kommen so viele Stimmen, wie in den Betrieben (auch einbezogener Gemeinschaftsbetriebe; vgl. Rdn. 111), deren Betriebsräte zur gemeinsamen Entsendung zusammengefasst sind, Wahlberechtigte in den Wählerlisten der letzten Betriebsratswahl eingetragen sind. Die Summe dieser Stimmen wird zu gleichen Teilen (bis hin zu Bruchteilen) auf die mehreren Vertreter verteilt (zust. *Fitting* § 47 Rn. 79; unklar *Trittin/DKKW* § 47 Rn. 156). Auch in diesem Fall (vgl. Rdn. 65) kann jedes Mitglied seine Stimmen nur einheitlich abgeben; die Vertreter können aber frei von Weisungen unterschiedlich abstimmen.

113 Soweit es trotz abweichender Regelung der Mitgliederzahl dabei bleibt (vgl. Rdn. 37 ff.), dass jeweils die **Einzelbetriebsräte** (nicht mehrere Betriebsräte gemeinsam) ein oder mehrere Mitglieder entsenden, bestimmt sich deren Stimmgewicht nach Abs. 7. Sind abweichend von Abs. 2 Satz 1 mehr als zwei Mitglieder zu entsenden, so stehen auch diesen die Stimmen ihres Betriebes nach Abs. 7 Satz 2 anteilig zu, weil diese Bestimmung allgemein maßgeblich ist, wenn ein Betriebsrat »mehrere Mitglieder« entsendet (s. dazu auch Rdn. 63).

IX. Abweichende Regelung der Stimmgewichtung (Abs. 9)

114 Das Stimmgewicht der Mitglieder des Gesamtbetriebsrats wird durch Abs. 7 und 8 grundsätzlich zwingend geregelt. **Abweichende Regelungen** durch Tarifvertrag oder Betriebsvereinbarung lässt jetzt Abs. 9 **ausschließlich für Mitglieder** zu, die **aus einem gemeinsamen Betrieb mehrerer Unternehmen** (sog. Gemeinschaftsbetrieb) entsandt worden sind. Diese Bestimmung ist durch Art. 1 Nr. 36 BetrVerf-Reformgesetz 2001 dem § 47 neu angefügt worden. Sie zielt darauf (vgl. Begründung zum RegE, BT-Drucks. 14/5741, S. 42), Beschränkungen des »vollen Stimmgewichts« dieser Mitglie-

der zuzulassen. Dabei geht der Gesetzgeber davon aus, dass für ihr Stimmgewicht alle in die Wählerliste des Gemeinschaftsbetriebes eingetragenen Wahlberechtigten unabhängig davon zählen, zu welchen der Trägerunternehmen sie in einem Arbeitsverhältnis stehen.

Über seinen unmittelbaren Regelungsgehalt hinaus kommt Abs. 9 Grundsatzbedeutung zu, weil der Gesetzgeber dabei **inzident** anerkennt (und damit die bisherige Streitfrage [vgl. zum früheren Streitstand *Hohenstatt/WHSS* D Rn. 116; *Richardi/Annuß* § 47 Rn. 76] dahin entschieden hat), dass der Betriebsrat des Gemeinschaftsbetriebes in **allen** Trägerunternehmen **gesamtbetriebsratsfähig** ist (vgl. dazu näher Rdn. 21) und die von ihm in Gesamtbetriebsräte der einzelnen Trägerunternehmen entsandten Mitglieder dort **jeweils »volles« Stimmgewicht** (vgl. Rdn. 114) gem. Abs. 7 oder 8 haben (ebenso *Koch/*ErfK § 47 BetrVG Rn. 12: Abs. 9 wäre sonst überflüssig; *Fitting* § 47 Rn. 82; *Maschmann/DFL* § 47 BetrVG Rn. 9; *Richardi/Annuß* § 47 Rn. 78; *I. Schmidt* FS *Küttner*, S. 499 [504]; **a. M.**, d. h. es zählen für das Stimmgewicht im jeweiligen Gesamtbetriebsrat nur die in die Wählerliste eingetragenen Arbeitnehmer dieses Trägerunternehmens, *Hohenstatt/WHSS* D Rn. 118 ff.; *Hohenstatt/Dzida/HWK* § 47 BetrVG Rn. 29: dadurch soll vermieden werden, dass die aus einem großen Gemeinschaftsbetrieb entsandten Mitglieder den Gesamtbetriebsrat eines kleinen Trägerunternehmens dominieren; damit wird aber die Entscheidung des Gesetzgebers, solchen Konstellationen durch Vereinbarungen nach Abs. 9 gerecht zu werden, in freier Rechtsschöpfung der Gehorsam verweigert). Diese Entscheidung ist zu respektieren (vgl. *Fitting* § 47 Rn. 80; *Richardi/Annuß* § 47 Rn. 77 f.; jetzt auch *Hohenstatt/Dzida/HWK* § 47 BetrVG Rn. 27; widersprüchlich *Glock/HWGNRH* § 47 Rn. 76; wie hier dagegen *Hohenstatt/WHSS* D Rn. 117: »andernfalls (hätte) der Gesetzgeber regeln müssen, wie das maßgebliche Trägerunternehmen zu bestimmen sein soll«); sie ist trotz offener Fragen (vgl. § 50 Rdn. 88) nicht willkürlich und steht in Übereinstimmung mit der auch in § 1 Abs. 1 Satz 2 zum Ausdruck gekommenen Absicht, die Einbeziehung von Gemeinschaftsbetrieben in die Betriebsverfassung klarzustellen. Im Gesamtbetriebsrat kann es aber zu Stimmgewichtsverzerrungen zugunsten des Gemeinschaftsbetriebes kommen, wenn die aus ihm entsandten Mitglieder ihr volles Stimmgewicht einbringen können. Zu einer gesetzlichen Beschränkung ihrer Stimmrechtsmacht war der Gesetzgeber nicht bereit; Abs. 9 eröffnet aber die Möglichkeit, dies durch Tarifvertrag oder Betriebsvereinbarung herbeizuführen.

1. Umfang der Regelungsbefugnis

Nach dem Wortlaut von Abs. 9 können abweichende Regelungen »für Mitglieder des Gesamtbetriebsrats, die aus einem gemeinsamen Betrieb mehrerer Unternehmen entsandt worden sind«, getroffen werden. Dies bedeutet, dass **ausschließlich** für **diese** Gesamtbetriebsratsmitglieder abweichende Regelungen in Betracht kommen. Da sie bereits »entsandt worden sind«, bezieht sich die Regelungsbefugnis immer auf **konkrete** Mitglieder. Den Gesetzesmaterialien ist nicht zu entnehmen, warum der Gesetzgeber diesen konkreten Regelungsbezug fordert. Anders als bei abweichender Regelung der Mitgliederzahl des Gesamtbetriebsrats (vgl. Rdn. 83, 87) erscheint dieser hier nicht geboten, weil auch Abs. 7 und 8 das Stimmgewicht generell festschreiben. Sinnvoll mag er gleichwohl sein, weil damit die abweichenden Regelungen nach Abs. 9 und diejenigen nach Abs. 4 und 5 gleichzeitig und mit Bezug aufeinander erfolgen können.

Zu weit geht die Formulierung, dass »von den Absätzen 7 und 8 abweichende Regelungen« getroffen werden können. Da sich nach Abs. 7 und 8 das Stimmgewicht generell nach den in die betrieblichen Wählerlisten eingetragenen wahlberechtigten Arbeitnehmern richtet, würde eine abweichende Regelung auch dann vorliegen, wenn nunmehr das Stimmgewicht losgelöst von den Eintragungen in die Wählerliste des Gemeinschaftsbetriebes auf andere Weise bestimmt würde (z. B. durch pauschale Stimmgewichtszuordnung). Das kann indes nicht gewollt sein, weil sonst der Maßstab für eine den tatsächlichen Stärkeverhältnissen der Betriebe gerechte Stimmgewichtung (vgl. Rdn. 61) partiell aufgegeben würde. In **teleologischer Reduktion** kommen daher Differenzierungen bei der Stimmgewichtung nur im Hinblick darauf in Betracht, dass beim Gemeinschaftsbetrieb definitionsgemäß nicht alle in die Wählerliste eingetragenen Arbeitnehmer denselben Arbeitgeber haben und es demgemäß im jeweiligen Gesamtbetriebsrat gerade dadurch zu Stimmgewichtsverzerrungen kommen kann, dass den Vertretern des Gemeinschaftsbetriebes auch Stimmen für die Arbeitnehmer zustehen, die in keinem Arbeitsverhältnis zum jeweiligen Unternehmensträger stehen und deshalb von den Entscheidungen dieses Gesamtbetriebsrats nicht betroffen werden (vgl. dazu § 50 Rdn. 88). Es besteht aber keine Regelungsbefugnis, das Entsenderecht des Betriebsrats des Gemeinschaftsbetriebes auf solche Mitglieder zu beschränken, die zu dem Arbeitgeber in einem Arbeitsverhältnis stehen, für dessen Unternehmen der Gesamtbetriebsrat zu errichten ist oder besteht. Erst recht besteht keine gesetzliche Beschränkung dieser Art (Rdn. 40).

118 Abweichend von Abs. 7 kann das Stimmgewicht der Mitglieder des (jeweiligen) Gesamtbetriebsrats, die vom Betriebsrat des Gemeinschaftsbetriebes entsandt worden sind, in **genereller Weise beschränkt** werden. Insofern kann insbesondere bestimmt werden, dass dem Mitglied (Abs. 7 Satz 1) oder den Mitgliedern anteilig (Abs. 7 Satz 2) nur so viele Stimmen zustehen, wie wahlberechtigte Arbeitnehmer in die Wählerliste des Gemeinschaftsbetriebes eingetragen sind, die zum jeweiligen Unternehmensträger in einem Arbeitsverhältnis stehen; dies ist jedoch keine verbindliche Untergrenze (**a. M.** *Richardi/Annuß* § 47 Rn. 80, die aber zutr. eine Stimmgewichtsreduzierung auf Null als unzulässig ansehen; vgl. zu verfassungsrechtlichen Bedenken wegen Unbestimmtheit des Gestaltungsrahmens *Giesen* Tarifvertragliche Rechtsgestaltung für den Betrieb, S. 315 ff.). Daneben kommt aber auch eine entsprechende Reduzierung ihres Stimmgewichts lediglich bei Entscheidungen des Gesamtbetriebsrats in **bestimmten Angelegenheiten** in Betracht. In der Begründung zum RegE (BT-Drucks. 14/5741, S. 42) werden beispielsweise Abstimmungen in Angelegenheiten der betrieblichen Altersversorgung genannt.

119 Abs. 9 lässt auch zu, von der Stimmgewichtung in Abs. 8 abweichende Regelungen zu treffen. Ungenau wird insofern jedoch auf Mitglieder des Gesamtbetriebsrats abgestellt, die »aus« einem gemeinsamen Betrieb entsandt worden sind. Diese Formulierung ist unzureichend mit derjenigen in Abs. 8 (»für mehrere Betriebe«) abgestimmt und zu eng, weil sie bei gemeinsamer Entsendung nur den Fall erfassen würde, dass gerade das entsandte Mitglied aus dem Gemeinschaftsbetrieb kommt. Diese Begrenzung macht jedoch keinen Sinn, weil sich bei gemeinsamer Entsendung das Stimmgewicht aus der Addition der in den Wählerlisten der beteiligten Betriebe eingetragenen Wahlberechtigten ergibt (vgl. Rdn. 111 f.).

120 Abweichende Regelungen von Abs. 8 kommen in Betracht, wenn ein oder mehrere Mitglieder des Gesamtbetriebsrats von den Betriebsräten mehrerer Betriebe, darunter zumindest einem Gemeinschaftsbetrieb, entsandt worden sind. Wie bei Abweichungen von Abs. 7 (vgl. Rdn. 118) kann dann in **genereller Form** oder beschränkt auf **konkrete Angelegenheiten** bestimmt werden, dass bei dem durch Addition zu ermittelnden Stimmgewicht die in die Wählerliste des Gemeinschaftsbetriebes eingetragenen Wahlberechtigten nur insoweit zählen, als sie zum Unternehmensträger in einem Arbeitsverhältnis stehen. Die Summe der einem (Abs. 8 Halbs. 1) oder mehreren Mitgliedern anteilig (Abs. 8 Halbs. 2) zustehenden Stimmen wird somit um die nicht diesem Unternehmensträger zuzuordnenden Arbeitnehmer gekürzt.

2. Regelungszuständigkeit

121 Eine abweichende Regelung der Stimmgewichtung nach Abs. 9 kann **nur** durch Tarifvertrag oder Betriebsvereinbarung getroffen werden. Mit deren Inkrafttreten gilt das abweichende Stimmgewicht, wenn kein späterer Zeitpunkt bestimmt ist.

122 Die **tarifliche Regelung** erfordert einen konkret unternehmensbezogenen Tarifvertragsschluss für das Unternehmen, um dessen Gesamtbetriebsrat es geht (vgl. insoweit entsprechend Rdn. 82 ff.). Soll für alle am Gemeinschaftsbetrieb beteiligten Trägerunternehmen eine Regelung nach Abs. 9 getroffen werden, kommt auch insoweit ein firmenbezogener Verbandstarifvertrag in Betracht.

123 Vertragspartner einer abweichenden Regelung durch **Betriebsvereinbarung** sind jeweils der Arbeitgeber, für dessen Unternehmen der Gesamtbetriebsrat errichtet ist, und der Gesamtbetriebsrat, der sich bereits konstituiert haben muss (vgl. entsprechend Rdn. 87 f.).

124 Vgl. zum **Tarifvorrang** Rdn. 90.

X. Streitigkeiten

Streitigkeiten, die sich aus der Errichtung des Gesamtbetriebsrats ergeben, einschließlich solcher über 125
die Wirksamkeit der Bestellung von Mitgliedern und Ersatzmitgliedern, über die Mitgliederzahl und
das Stimmengewicht der Gesamtbetriebsratsmitglieder, die Wirksamkeit einer durch Tarifvertrag oder
Betriebsvereinbarung nach Abs. 4, 5 und 9 getroffenen Regelung sowie über die Zuständigkeit der
Einigungsstelle und die Wirksamkeit ihres Spruchs (vgl. insoweit auch die Erl. zu § 76) entscheidet
das **Arbeitsgericht auf Antrag im Beschlussverfahren** (§ 2a Abs. 1 Nr. 1, Abs. 2, §§ 80 ff.
ArbGG). Örtlich zuständig ist das Arbeitsgericht, in dessen Bezirk das Unternehmen seinen Sitz hat
(§ 82 Abs. 1 Satz 2 ArbGG). Hat das Unternehmen seinen Sitz im Ausland (vgl. Rdn. 9), so ist das Arbeitsgericht zuständig, in dessen Bezirk der Betrieb liegt, dem für den deutschen Bereich die zentrale
Bedeutung zukommt (vgl. *BAG* 31.10.1975 AP Nr. 2 zu § 106 BetrVG 1972 [zust. *Hinz*]).

1. Streit über die Wirksamkeit der Entsendung oder Abberufung Einzelner

Soweit nur über die **Wirksamkeit der Entsendung** eines konkreten Betriebsratsmitglieds in den Gesamtbetriebsrat gestritten wird, die durch Beschluss des Betriebsrats oder einer Entsendeeinheit zusammengefasster Betriebsräte erfolgt ist, gelten nicht die allgemeinen Grundsätze über die Unwirksamkeit
von Geschäftsführungsbeschlüssen (vgl. dazu näher *Raab* § 33 Rdn. 47 ff.), sondern die Grundsätze
entsprechend, die das *BAG* für **betriebsratsinterne Wahlen** entwickelt hat. Nach dieser billigenswerten Rspr. des *Siebten Senats* erfordert die Rechtssicherheit in Bezug auf die Funktionsfähigkeit
des Betriebsrats, dass Gesetzesverstöße bei der Wahl des Betriebsratsvorsitzenden und seines Stellvertreters, der Mitglieder der Betriebsratsausschüsse und der von ihrer beruflichen Tätigkeit freizustellenden Betriebsratsmitglieder grundsätzlich in einem Wahlanfechtungsverfahren **analog § 19 BetrVG**
binnen einer Frist von zwei Wochen seit Bekanntgabe der Wahl (§ 19 Abs. 2 Satz 2) gerichtlich geltend
gemacht werden müssen; nur bei besonders krassen Gesetzesverstößen, die aber noch nicht aufgezeigt
worden sind, kommt (ebenso wie bei der Betriebsratswahl, vgl. *Kreutz* § 19 Rdn. 154) Ex-tunc-Nichtigkeit in Betracht, die von jedermann jederzeit geltend gemacht werden kann (vgl. *BAG* 13.11.1991
EzA § 26 BetrVG 1972 Nr. 5; 08.04.1992 EzA § 26 BetrVG 1972 Nr. 6; 13.11.1991 EzA § 27 BetrVG
1972 Nr. 7; 15.01.1992 EzA § 19 BetrVG 1972 Nr. 37 [dort zusammenfassend Leitsatz 1]); vgl.
m. w. N. *Kreutz* § 19 Rdn. 6. Aus Gründen der Rechtssicherheit und Praktikabilität in Bezug auf
die Handlungsfähigkeit des Gesamtbetriebsrats als Organ kann für **Gesetzesverstöße bei der Entsendung** seiner Mitglieder durch die Betriebsräte (vgl. Rdn. 37 ff.) nichts anderes gelten, obwohl
die Entsendung jetzt durch Mehrheitsbeschluss und nicht (mehr) durch »Wahl« (vgl. Rdn. 38) erfolgt
(so jetzt auch *BAG* 21.07.2004 EzA § 47 BetrVG 2001 Nr. 1; 25.05.2005 EzA § 47 BetrVG 2001
Nr. 3 S. 5; zu § 47 Abs. 2 a. F. [vor Inkrafttreten des BetrVerf-Reformgesetzes] auch schon *BAG*
15.08.2001 EzA § 47 BetrVG 1972 Nr. 8 S. 3; *Fitting* § 47 Rn. 83; *Koch*/ErfK § 47 BetrVG Rn. 13;
Richardi/Annuß § 47 Rn. 84; *Trittin/DKKW* § 47 Rn. 165; die entgegenstehenden Entscheidungen
BAG 15.08.1978 AP Nr. 3 zu § 47 BetrVG 1972 Bl. 3 und 30.10.1986 EzA § 47 BetrVG 1972 Nr. 4
S. 30 sind damit insoweit überholt). Fehlerhaft Entsandte (z. B. auch auf der Grundlage einer unwirksamen Kollektivvereinbarung nach Abs. 4, 5, 6 oder 9; vgl. *Fitting* § 47 Rn. 65) bleiben mithin bis zur
Rechtskraft der gerichtlichen Entscheidung, die die Entsendung (rechtsgestaltend mit Wirkung für
die Zukunft) für unwirksam erklärt, im Amt (vgl. entsprechend *Kreutz* § 19 Rdn. 125 ff.); zust. *Fitting*
§ 47 Rn. 83; *Trittin/DKKW* § 47 Rn. 167 f.

126

Die zweiwöchige **Anfechtungsfrist** (§ 119 Abs. 2 Satz 2 analog) beginnt mit der Begründung der 127
Mitgliedschaft im Gesamtbetriebsrat, d. h. mit der Feststellung positiver Beschlussfassung durch den
Betriebsrat (oder einer Entsendeeinheit zusammengefasster Betriebsräte) und Zustimmung Betroffener zu ihrer Entsendung (s. Rdn. 42 f.), also regelmäßig bei deren Sitzungsteilnahme am Sitzungstag.
Dieser Fristbeginn gilt auch für ein anfechtungsberechtigtes Betriebsratsmitglied, das an der Betriebsratssitzung wegen Verhinderung nicht teilgenommen hat (**a. M.** *Fitting* § 47 Rn. 83 unter Berufung
auf *BAG* 20.04.2005 AP Nr. 30 zu § 38 BetrVG 1972 = EzA § 38 BetrVG 2001 Nr. 4; dort hat
das *BAG* in einem aus Rechtssicherheitsgründen verfehlten, frei rechtsschöpferischen obiter dictum
für den Fristbeginn auf dessen spätere tatsächliche Kenntnisnahme abstellen wollen). Zur Fristberechnung gelten die Auslegungsvorschriften der §§ 187 ff. BGB. Da das Wirksamwerden der Entsendung

ein in den Lauf eines Tages fallendes Ereignis ist, beginnt die Frist mit dem folgenden Tag (§ 187 Abs. 1 BGB) und endet nach § 188 Abs. 2 BGB mit Ablauf des Tages der zweiten Woche, der durch seine Bezeichnung dem Tage der Begründung der Mitgliedschaft entspricht. Die Anfechtungsfrist ist materiell-rechtliche Ausschlussfrist; bei ihrer Versäumung, auch wenn sie unverschuldet ist, kann die Entsendung nicht mehr wirksam angefochten werden, weil das Anfechtungsrecht der bis Fristablauf Anfechtungsberechtigten erlischt (s. *Kreutz* § 19 Rdn. 84 ff.).

128 **Anfechtungsberechtigt** ist abweichend von § 19 Abs. 2 Satz 1 schon aus Gründen des Minderheitenschutzes jedes einzelne Mitglied des entsendenden Betriebsrats (vgl. auch *BAG* 21.07.2004 EzA § 47 BetrVG 2001 Nr. 1; 15.08.2001 EzA § 47 BetrVG 1972 Nr. 8; 13.11.1991 EzA § 27 BetrVG 1972 Nr. 7 S. 10) oder einer durch Kollektivvertrag festgelegten Entsendeeinheit (vgl. *BAG* 25.05.2005 EzA § 47 BetrVG 2001 Nr. 3 S. 5); außerdem der Arbeitgeber (ausdrücklich offen gelassen von *BAG* 13.11.1991 EzA § 26 BetrVG 1972 Nr. 5 S. 6), nicht aber (im Unternehmen vertretene) Gewerkschaften, weil sie an der Herstellung der inneren Ordnung des Betriebsrats nicht beteiligt sind und deshalb eine Analogie zur Durchführung der Betriebsratswahl nicht gerechtfertigt ist (vgl. *Fitting* § 47 Rn. 85; *Richardi/Annuß* § 47 Rn. 86; zust. *Glock/HWGNRH* § 47 Rn. 88; **a. M.** nur insoweit *Trittin/DKKW* § 47 Rn. 166, der im Übrigen [Rn. 165 ff.] aber die hier vertretene Auffassung übernommen hat).

129 Bei Streit über die Wirksamkeit einer **Abberufung** gilt Entsprechendes.

2. Streit über die Wirksamkeit der Errichtung eines Gesamtbetriebsrats, Fehlerfolgen unwirksamer Errichtung

130 Ist die **Wirksamkeit der Errichtung** eines Gesamtbetriebsrats **insgesamt** streitig, so kann beim Arbeitsgericht die **Feststellung der Rechtsungültigkeit der Errichtung** beantragt werden (vgl. *BAG* 05.12.1975 AP Nr. 1 zu § 47 BetrVG 1972; 15.08.1978 AP Nr. 3 zu § 47 BetrVG 1972), wie umgekehrt auch deren Rechtmäßigkeit. Anders als für die Anfechtung der Betriebsratswahl nach § 19 enthält das Gesetz dafür aber keine besondere Verfahrensvorschrift. Auch kann § 19 für den Gesamtbetriebsrat insofern nicht analog angewandt werden; insbesondere muss die Frist des § 19 Abs. 2 Satz 2 nicht eingehalten werden (ebenso *Fitting* § 47 Rn. 41, 84; *Richardi/Annuß* § 47 Rn. 83; zust. *Glock/HWGNRH* § 47 Rn. 87; **a. M.** aus Gründen der Rechtssicherheit *Trittin/DKKW* § 47 Rn. 169). Das folgt daraus, dass die Bestimmung der Mitglieder des Gesamtbetriebsrats auf einzelnen Organisationsakten der Einzelbetriebsräte oder der zusammengefassten Einzelbetriebsräte beruht, aber nicht auf dem Gesamtvorgang einer »Wahl« (vgl. *BAG* 15.08.1978 AP Nr. 3 zu § 47 BetrVG 1972 [zust. *Löwisch/Hetzel*]; bestätigt für die Errichtung eines Konzernbetriebsrats unter Verkennung der Voraussetzungen des § 54 Abs. 1 durch *BAG* 23.08.2006 EzA § 54 BetrVG 2001 Nr. 2 Rn. 53; *Richardi/Annuß* § 47 Rn. 83). Das darf aber nicht vordergründig verstanden werden. Tragend ist dabei vielmehr die Überlegung, dass bei der Errichtung des Gesamtbetriebsrats grundsätzlich die Unwirksamkeit der Teilakte geltend gemacht werden kann (vgl. Rdn. 126), während bei der Wahlanfechtung das Gesamtergebnis der Wahl in vollem Umfang (oder auch nur partiell) angegriffen werden muss (vgl. *Kreutz* § 19 Rdn. 13). Andererseits lässt sich nicht übersehen, dass auch die Errichtung eines Gesamtbetriebsrats insgesamt unwirksam sein kann, z. B. weil Betriebsräte einen Gesamtbetriebsrat errichtet haben, die nicht demselben Unternehmen angehören (Sachverhalt in *BAG* 05.12.1975 AP Nr. 1 zu § 47 BetrVG 1972), oder weil ein gesetzlicher Gesamtbetriebsrat die Mitglieder eines verkleinerten Gesamtbetriebsrats nach Abs. 5 »gewählt« hat (Sachverhalt in *BAG* 15.08.1978 AP Nr. 3 zu § 47 BetrVG 1972), oder trotz Bestehens eines Gesamtbetriebsrats ein weiterer errichtet worden ist (vgl. Rdn. 29) oder ein Unternehmen mangels mehrerer Betriebsräte nicht gesamtbetriebsratsfähig ist (vgl. Rdn. 3). Das *BAG* hat in beiden zitierten Entscheidungen gebilligt, dass die Instanzgerichte nach Antrag die Rechtsunwirksamkeit der Errichtung des Gesamtbetriebsrats festgestellt haben.

131 In der Konsequenz dieser Rechtsprechung liegt, dass bei unwirksamer Errichtung der Gesamtbetriebsrat **von Anfang an nicht bestanden** hat (vgl. auch *Richardi/Annuß* § 47 Rn. 83: Errichtung nichtig) und alle von dem »Gesamtbetriebsrat« getroffenen Maßnahmen (etwa auch abgeschlossene Gesamtbetriebsvereinbarungen, Sozialpläne) **rechtsunwirksam** sind. Das müssen in der Tat im Regelfall die Rechtsfolgen sein, weil das Gesetz die Rechtsbeständigkeit des fehlerhaft gebildeten Ge-

samtbetriebsrats nicht anordnet. Im Urteil *BAG* 17.03.2010 EzA § 47 BetrVG 2001 Nr. 5 Rn. 21 ff. hat der *Siebte Senat* diese weitreichenden Rechtsfolgen unwirksamer Errichtung eines Gesamtbetriebsrats so zusammengefasst: »Ein unter Verstoß gegen die zwingenden Organisationsvorgaben des BetrVG errichteter Gesamtbetriebsrat ist rechtlich nicht existent. Sein Handeln ist unbeachtlich, mit ihm geschlossene Betriebsvereinbarungen und Sozialpläne sind unwirksam.« (zust. *BAG Dritter Senat* 17.04.2012 BB 2013, 57 Rn. 41; i. E. ebenso bei unwirksamer Errichtung eines Konzernbetriebsrats schon *BAG Siebter Senat* 23.08.2006 EzA § 54 BetrVG 2001 Nr. 2 Rn. 58; demgegenüber hat *BAG Erster Senat* 13.02.2007 EzA § 47 BetrVG 2001 Nr. 4 für den Fall eines mit den zwingenden Voraussetzungen des § 47 Abs. 1 unvereinbaren unternehmensübergreifenden Gesamtbetriebsrats noch offen gelassen, »ob das die Nichtigkeit dieses Organs sowie der von ihm gefassten Beschlüsse und abgeschlossenen Betriebsvereinbarungen zur Folge hat«; vage auch *BAG* 23.01.2008 EzA § 77 BetrVG 2001 Nr. 24 Rn. 17: Ein von den Betriebsräten der Betriebe unterschiedlicher Rechtsträger gebildeter Gesamtbetriebsrat »wäre kein betriebsverfassungsrechtlich zulässiges Gremium«).

Die dargestellten rigiden Rechtsfolgen sind dann nicht angemessen, wenn ein fehlerhaft errichteter **132** Gesamtbetriebsrat über einen längeren Zeitraum sein Amt unbeanstandet ausgeübt hat und die Unwirksamkeit seiner Errichtung nicht evident ist. In diesen Fällen muss zum Vertrauensschutz und mit Blick auf die betriebsverfassungsrechtliche Bedeutung des Gesamtbetriebsrats rechtsfortbildend angenommen werden, dass die gerichtliche Feststellung der Unwirksamkeit der Errichtung **nur für die Zukunft** wirkt (zust. *Fitting* § 47 Rn. 84; wohl auch *Trittin/DKKW* § 47 Rn. 173, aber widersprüchlich). Im Ergebnis sollte das der Differenzierung in den Rechtsfolgen zwischen Nichtigkeit und Anfechtung einer Betriebsratswahl entsprechen (vgl. *Kreutz* § 19 Rdn. 127, 153 f.; ähnlich i. E. auch *Dietz/Richardi* § 47 Rn. 73; *Streckel* SAE 1979, 162 f.; *Säcker* FS *K. Quack*, S. 421 (435 ff.); wohl auch *Joost/MünchArbR* § 225 Rn. 19). Die vom *BAG* 17.03.2010 EzA § 47 BetrVG 2001 Nr. 5 angenommene »rechtliche Nichtexistenz« eines unter Verstoß gegen »zwingende Organisationsvorgaben« errichteten Gesamtbetriebsrats lässt doch Raum für die einschränkende Rechtsfortbildung; das Gericht hat dazu nicht eingehend Stellung genommen. Zur Abmilderung der harten Unwirksamkeitsfolge kommt daneben bei bestimmten Betriebsvereinbarungen die **Umdeutung in eine Gesamtzusage** nach § 140 BGB in Betracht. Der *Dritte Senat* hat das für eine unwirksame Betriebsvereinbarung über Leistungen der betrieblichen Altersversorgung angenommen (*BAG* 23.02.2016 EzA § 77 BetrVG 2001 Nr. 41). Dagegen könne nicht die erschwerte Abänderungsmöglichkeit einer Gesamtzusage gegenüber einer Betriebsvereinbarung eingewandt werden, zumal auch die Kündigung von Betriebsvereinbarungen der betrieblichen Altersversorgung (nach der Rechtsprechung) nur unter Beachtung der Verhältnismäßigkeit und des Vertrauensschutzes zulässig sei.

Die Unwirksamkeit der Errichtung des Gesamtbetriebsrats kann von den **Einzelbetriebsräten** (vgl. **133** *BAG* 11.12.1987 EzA § 47 BetrVG 1972 Nr. 5), einzelnen **Betriebsratsmitgliedern** (vgl. *BAG* 15.08.1978 AP Nr. 3 zu § 47 BetrVG 1972) oder vom **Arbeitgeber** (vgl. *BAG* 29.11.1989 EzA § 47 BetrVG 1972 Nr. 6) durch (Feststellungs-)Antrag beim Arbeitsgericht geltend gemacht werden (vgl. dazu, dass es dabei nicht um ein Problem der Antragsberechtigung, sondern der Aktivlegitimation geht, *Kreutz* § 19 Rdn. 62). Die im Unternehmen vertretenen **Gewerkschaften** sind nicht aktivlegitimiert, weil sie am betriebsverfassungsrechtlichen Rechtsverhältnis des Gesamtbetriebsrats nicht beteiligt sind, sie deshalb von einer Unwirksamkeit in ihrer Rechtsstellung auch nicht betroffen werden und es dabei auch nicht um die Wahrnehmung der vom Gesetz eingeräumten Befugnis nach § 48 geht (ebenso *BAG* 30.10.1986 EzA § 47 BetrVG 1972 Nr. 4 [für Mängel bei der Konstituierung des Gesamtbetriebsrats und beim Abschluss von Betriebsvereinbarungen nach Abs. 5] = AP Nr. 6 zu § 47 BetrVG 1972 [zust. *Dütz*] = SAE 1988, 1 [zust. *Leipold*]; zust. *Koch*/ErfK § 47 BetrVG Rn. 13; *Glock/HWGNRH* § 47 Rn. 88; *Löwisch/LK* § 47 Rn. 33; *Richardi/Annuß* § 47 Rn. 86; jetzt auch *Fitting* § 47 Rn. 85; **a. M.** *Trittin/DKKW* § 47 Rn. 171). Im Urteilsverfahren ist über die Unwirksamkeit der Errichtung ggf. inzident zu entscheiden (vgl. *BAG* 13.02.2007 EzA § 47 BetrVG 2001 Nr. 4 Rn. 16 ff.; 17.03.2010 EzA § 47 BetrVG 2001 Nr. 5 Rn. 14).

Die im Unternehmen vertretenen Gewerkschaften sind auch **nicht beteiligungsberechtigt** i. S. v. **134** § 83 Abs. 3 ArbGG (ebenso *BAG* 29.08.1985 AP Nr. 13 zu § 83 ArbGG 1979 = DB 1986, 1024 unter Aufgabe der noch in *BAG* 15.08.1978 AP Nr. 3 zu § 47 BetrVG 1972 vertretenen gegenteiligen Auffassung; das übersieht *Koch*/ErfK § 47 BetrVG Rn. 13).

135 Beteiligungsberechtigt ist der **Gesamtbetriebsrat**, wenn es um die Rechtmäßigkeit seiner Errichtung geht (so *BAG* 05.12.1975 AP Nr. 1 zu § 47 BetrVG 1972; 15.08.1978 AP Nr. 3 zu § 47 BetrVG 1972). Die **Mitglieder** des Gesamtbetriebsrats sind beteiligungsberechtigt, soweit es um ihre Mitgliedschaft und damit um ihre Rechtsstellung im Gesamtbetriebsrat geht (so *BAG* 15.08.1978 AP Nr. 3 zu § 47 BetrVG 1972).

§ 48
Ausschluss von Gesamtbetriebsratsmitgliedern

Mindestens ein Viertel der wahlberechtigten Arbeitnehmer des Unternehmens, der Arbeitgeber, der Gesamtbetriebsrat oder eine im Unternehmen vertretene Gewerkschaft können beim Arbeitsgericht den Ausschluss eines Mitglieds aus dem Gesamtbetriebsrat wegen grober Verletzung seiner gesetzlichen Pflichten beantragen.

Inhaltsübersicht

	Rdn.
I. Vorbemerkung	1–4
II. Ausschluss aus dem Gesamtbetriebsrat	5–24
1. Notwendigkeit gerichtlicher Entscheidung	5–8
2. Antragsberechtigung	9–17
a) Arbeitnehmer	10–13
b) Arbeitgeber	14
c) Gesamtbetriebsrat	15, 16
d) Gewerkschaften	17
3. Grobe Verletzung gesetzlicher Pflichten	18–21
4. Rechtsfolgen der Ausschlussentscheidung	22–24

I. Vorbemerkung

1 Die Vorschrift eröffnet ausdrücklich die Möglichkeit, ein **Mitglied des Gesamtbetriebsrats** wegen grober Verletzung seiner gesetzlichen Pflichten durch gerichtliche Entscheidung aus dem Gesamtbetriebsrat **auszuschließen**. Sie hat ihr legislatorisches Vorbild in § 56 Abs. 2 i. V. m. §§ 39 und 41 BRG 1920, wo zudem in § 56 Abs. 3 vorgesehen war, dass das Ausscheiden eines Mitglieds aus dem Gesamtbetriebsrat das Ausscheiden aus dem Einzelbetriebsrat zur Folge hatte. Im BetrVG 1952 war keine entsprechende Vorschrift enthalten; eine Analogie zu § 23 Abs. 1 BetrVG 1952 (entspricht § 23 Abs. 1 BetrVG 1972) wurde überwiegend abgelehnt (vgl. *BAG* 05.12.1975 AP Nr. 1 zu § 47 BetrVG 1972; zum Streitstand *Hueck/Nipperdey* II/2, S. 1210 Fn. 7a). In der Begründung zum RegE des BetrVG 1972 (BR-Drucks. 715/70, S. 42) ist die Einfügung des § 48 so erläutert: »In Anlehnung an die entsprechende Vorschrift für den Betriebsrat ermöglicht § 48 den bisher nicht geregelten Ausschluss von Mitgliedern des Gesamtbetriebsrats wegen grober Pflichtverletzung, ohne dass damit notwendigerweise der Ausschluss aus dem entsendenden Betriebsrat verbunden sein muss.« Die in Bezug genommene Vorschrift für den Betriebsrat ist § 23 Abs. 1 (vgl. deshalb auch immer die Erl. dort). Umfassend ist das Erlöschen der Mitgliedschaft im Gesamtbetriebsrat in § 49 geregelt.

2 Anders als § 23 Abs. 1 sieht § 48 eine **Auflösung des Gesamtbetriebsrats** durch Beschluss des Arbeitsgerichts **nicht** vor. Das erklärt sich nach h. M. aus dem Charakter des Gesamtbetriebsrats als Dauereinrichtung (vgl. *Fitting* § 48 Rn. 5; *Galperin/Löwisch* § 48 Rn. 6; *Glock/HWGNRH* § 48 Rn. 1; *Richardi/Annuß* § 48 Rn. 1; *Trittin/DKKW* § 48 Rn. 2), ist aber gerade umgekehrt ein Argument für eine Dauereinrichtung (vgl. § 47 Rdn. 49). Wichtiger ist, dass der Gesamtbetriebsrat im Gegensatz zum Betriebsrat nicht durch Wahl der Arbeitnehmer des Unternehmens gebildet wird, sondern durch Entsendung von Mitgliedern durch die einzelnen Betriebsräte, die auch jederzeit die Möglichkeit der Abberufung und Neuentsendung haben (§ 49). Insoweit wäre durch Auflösung des Gesamtbetriebsrats während der Wahlperiode nicht notwendig ein pflichttreueres Organ zu schaffen.

Die Vorschrift ist **zwingend**; von ihr kann weder durch Tarifvertrag noch durch Betriebsvereinbarung 3 abgewichen werden. Sie gilt für die **Gesamt-Jugend- und Auszubildendenvertretung** entsprechend (§ 73 Abs. 2). Für den **Konzernbetriebsrat** gilt § 56; diese Bestimmung gilt entsprechend für die **Konzern-Jugend- und Auszubildendenvertretung** (§ 73b Abs. 2).

Zum **Personalvertretungsrecht** vgl. §§ 54, 56 i. V. m. 28 BPersVG; zum **Gesamtsprecherausschuss** vgl. § 17 Abs. 1 SprAuG. 4

II. Ausschluss aus dem Gesamtbetriebsrat

1. Notwendigkeit gerichtlicher Entscheidung

Für den Ausschluss eines Mitglieds aus dem Gesamtbetriebsrat ist eine **gerichtliche Entscheidung** 5 durch das Arbeitsgericht **notwendig**. Eine »Abwahl« durch ein Misstrauensvotum der Mehrheit der Arbeitnehmer des Unternehmens kommt nicht in Betracht. Vom Ausschluss ist die Abberufung durch den entsendenden Betriebsrat zu unterscheiden, der jederzeit möglich ist (vgl. § 49 Rdn. 16 ff.). Über sonstige Gründe des Erlöschens der Mitgliedschaft im Gesamtbetriebsrat vgl. § 49.

Der gerichtliche Ausschluss setzt einen **Antrag** eines nach § 48 Antragsberechtigten **beim Arbeits-** 6 **gericht** und die grobe Verletzung seiner gesetzlichen Pflichten durch das betroffene Gesamtbetriebsratsmitglied voraus. Der Ausschlussantrag braucht sich nicht auf ein Gesamtbetriebsratsmitglied zu beschränken; er kann auch gegen mehrere oder alle Mitglieder gerichtet sein (ebenso *Fitting* § 48 Rn. 6; *Glock/HWGNRH* § 48 Rn. 5; *Richardi/Annuß* § 48 Rn. 1; *Trittin/DKKW* § 48 Rn. 2). Auch ein Ersatzmitglied kann ausgeschlossen werden, wenn es in seiner Eigenschaft als Nachrücker in den Gesamtbetriebsrat (§ 51 Abs. 1, § 25 Abs. 1 Satz 2) seine Pflichten grob verletzt hat (vgl. auch *Oetker* § 23 Rdn. 73 ff.). Dabei ist nicht maßgeblich, ob das Ersatzmitglied bei Stellung des Ausschlussantrags noch im Gesamtbetriebsrat tätig ist, da es bei nächster Gelegenheit wieder nachrücken kann.

Das Arbeitsgericht entscheidet **auf Antrag im Beschlussverfahren** (§ 2a Abs. 1 Nr. 1, Abs. 2, 7 §§ 80 ff. ArbGG). Örtlich zuständig ist das Arbeitsgericht, in dessen Bezirk das Unternehmen seinen Sitz hat (§ 82 Abs. 1 Satz 2 ArbGG; vgl. auch § 47 Rdn. 125 für Auslandssitz). Der Antrag muss auf Ausschluss eines bestimmten Mitglieds aus dem Gesamtbetriebsrat gerichtet sein; er ist schriftlich einzureichen oder bei der Geschäftsstelle des Arbeitsgerichts mündlich zu Protokoll anzubringen (§ 81 Abs. 1 ArbGG). Der Antrag ist zu begründen. Die jederzeitige Zurücknahme des Antrags ist in erster Instanz möglich (§ 81 Abs. 2 ArbGG), in den Rechtsmittelinstanzen allerdings nur mit Zustimmung der anderen Beteiligten (§ 87 Abs. 2 Satz 3, § 92 Abs. 2 Satz 3 ArbGG).

Auf Antrag kann das Arbeitsgericht durch **einstweilige Verfügung** (§ 85 Abs. 2 ArbGG) die weitere 8 Amtsausübung bis zur rechtkräftigen Entscheidung im Ausschlussverfahren untersagen (vgl. entsprechend *Oetker* § 23 Rdn. 106).

2. Antragsberechtigung

Die Antragsberechtigung ist entgegen h. M. keine zusätzliche Sachurteilsvoraussetzung (Prozess- 9 voraussetzung), sondern Frage der **Sach- oder Aktivlegitimation** (vgl. *Kreutz* § 19 Rdn. 62). Die Antragsberechtigung ist eine **subjektive Rechtsposition**, die nach § 48 ausschließlich Arbeitnehmern des Unternehmens, dem Arbeitgeber, dem Gesamtbetriebsrat und den im Unternehmen vertretenen Gewerkschaften zukommt.

a) Arbeitnehmer

Antragsberechtigt ist mindestens **ein Viertel der wahlberechtigten Arbeitnehmer des Unterneh-** 10 **mens** (vgl. zur Arbeitnehmereigenschaft *Raab* § 5 Rdn. 15 ff.; zur Wahlberechtigung *Raab* § 7 Rdn. 11 ff.; zur Unternehmensabgrenzung § 47 Rdn. 10 ff.). Notwendig ist, dass das erforderliche **Quorum im Unternehmen** erreicht wird; es genügt deshalb nicht, wenn nur ein Viertel der wahlberechtigten Arbeitnehmer eines Betriebes des Unternehmens den Antrag stellen. Das Antragstellerquorum braucht sich jedoch nicht aus Arbeitnehmern mehrerer Betriebe zusammenzusetzen; es genügt, wenn das Viertel der wahlberechtigten Arbeitnehmer des Unternehmens aus einem Betrieb kommt, z. B. aus dem Betrieb, dessen Betriebsrat das auszuschließende Gesamtbetriebsratsmitglied entsandt hat. Der Gefahr, dass auf diese Weise Arbeitnehmer belegschaftsstarker Betriebe auch Gesamtbetriebsratsmitglieder kleinerer Betriebe »abberufen«, ist durch die gerichtliche Entscheidung vorgebeugt. Im Übrigen ist es jedoch gleichgültig, welches Quorum sich aus den einzelnen Betrieben beteiligt; insbesondere ist eine Mehrheit aus dem Betrieb, aus dem das betroffene Gesamtbetriebsratsmitglied kommt, nicht erforderlich.

11 Zur **Berechnung des Quorums** ist auf die Zahl **aller** wahlberechtigten Arbeitnehmer des Unternehmens zum **Zeitpunkt der Antragstellung** abzustellen, nicht auf den Stand der Wählerlisten bei den letzten Betriebsratswahlen, obwohl dieser für das Stimmgewicht der Gesamtbetriebsratsmitglieder maßgeblich ist (ebenso i. E. *Fitting* § 48 Rn. 11; *Glock*/HWGNRH § 48 Rn. 6; *Hohenstatt*/*Dzida*/ HWK § 48 BetrVG Rn. 2; *Koch*/ErfK § 48 BetrVG Rn. 2; *Richardi*/*Annuß* § 48 Rn. 7; *Trittin*/ DKKW § 48 Rn. 7). Wahlberechtigte Arbeitnehmer aus Betrieben, die betriebsratslos sind, zählen mit (jetzt unstr.; vgl. die zuvor Genannten *Fitting*, *Glock*, *Koch*, *Richardi*/*Annuß*, *Trittin* sowie *Maschmann*/DFL § 48 BetrVG Rn. 3; *Tautphäus*/HaKo § 48 Rn. 5). Da der Gesetzgeber durch Art. 1 Nr. 36 BetrVerf-Reformgesetz die Zuständigkeit des Gesamtbetriebsrats nach § 50 Abs. 1 auf Betriebe ohne Betriebsrat erstreckt hat, ist eine teleologische Restriktion des Gesetzeswortlauts nicht mehr gerechtfertigt (vgl. zum früheren Streitstand 6. Aufl. § 48 Rn. 11). Auch die wahlberechtigten Arbeitnehmer nicht betriebsratsfähiger Betriebe sind zu berücksichtigen, weil diese Betriebe nach § 4 Abs. 2 dem Hauptbetrieb zugeordnet sind und deshalb nicht außerhalb der Betriebsverfassung stehen. Die nach § 7 Satz 2 wahlberechtigten Leiharbeitnehmer zählen mit (vgl. *Oetker* § 23 Rdn. 79). Maßgeblich ist der **Regelstand** der Unternehmensbelegschaftsstärke, nicht ein vorübergehend besonders hoher oder niedriger Stand (ebenso *Trittin* § 48 Rn. 7; **a. M.** *Richardi*/*Annuß* § 48 Rn. 7). Entsprechende Schwankungen während des gerichtlichen Verfahrens müssen dementsprechend auch unberücksichtigt bleiben. Sonst wäre kein kalkulierbares und rechtssicheres Verfahren durchzuführen. Betriebsratsmitglieder und Gesamtbetriebsratsmitglieder des Unternehmens sind als wahlberechtigte Arbeitnehmer antragsberechtigt.

12 Die Antragsberechtigung steht als **subjektive Rechtsposition** jedem einzelnen wahlberechtigten Arbeitnehmer zu, nicht einer »Gruppe« von mindestens einem Viertel (vgl. näher entsprechend *Kreutz* § 19 Rdn. 74). Obwohl dementsprechend der Antrag nicht gemeinschaftlicher Antrag ist, wird es schon aus Gründen der erforderlichen Zahl im Regelfall so sein, dass die Initiatoren eines Ausschlussantrags Unterschriftenlisten fertigen lassen, durch die sie sich zugleich bevollmächtigen lassen, auch im Namen derer, die unterschrieben haben, den Ausschlussantrag zu stellen. Da jedoch jeder Antragsteller aus eigenem Recht handelt, kann er nach § 81 Abs. 2 ArbGG seinen Antrag in erster Instanz jederzeit zurücknehmen (vgl. auch Rdn. 7).

13 Die erforderliche zwingende Mindestzahl muss nach h. M. während des ganzen Verfahrens gewahrt sein (vgl. *Fitting* § 48 Rn. 13; *Glock*/HWGNRH § 48 Rn. 6; *Koch*/ErfK § 48 BetrVG Rn. 2; *Maschmann*/DFL § 48 BetrVG Rn. 3; *Richardi*/*Annuß* § 48 Rn. 7; *Trittin*/DKKW § 48 Rn. 8); nicht ausreichend ist danach, dass die Anträge einmal in erforderlicher Zahl gestellt worden sind. Das ergibt sich daraus, dass nach h. M. die Antragsberechtigung Prozessvoraussetzung ist, die in jedem Stadium des Verfahrens zu prüfen ist. Da die Antragsberechtigung jedoch nach hier vertretener Auffassung die Aktivlegitimation begründet und daher Voraussetzung der Begründetheit des Ausschlussantrags ist, genügt es, wenn die erforderliche **Mindestzahl** von Antragstellern den Ausschlussantrag **bis zum Ende der letzten mündlichen Tatsachenverhandlung** trägt (vgl. entsprechend, aber auch zur geänderten Rspr. zu § 19 Abs. 2 Satz 1 *Kreutz* § 19 Rdn. 76). Scheiden Antragsteller aus rechtlichen oder tatsächlichen Gründen aus dem Ausschlussverfahren aus (z. B. durch Tod, Verlust der Wahlberechtigung, insbesondere durch Beendigung des Arbeitsverhältnisses, oder durch Antragsrücknahme) und sinkt dadurch die Zahl der Antragsteller unter die erforderliche Mindestzahl, so können andere Wahlberechtigte durch nachträgliche Antragstellung an deren Stelle treten (h. M.; vgl. *Fitting* § 48 Rn. 13; *Glock*/ HWGNRH § 48 Rn. 6; *Koch*/ErfK § 48 BetrVG Rn. 2; *Trittin* § 48 Rn. 8; zust. *Hohenstatt*/*Dzida*/ HWK § 47 BetrVG Rn. 2; *Tautphäus*/HaKo § 48 Rn. 6). Da die Antragstellung nach § 48 nicht fristgebunden ist und jederzeit wiederholt werden kann, bestehen (anders als bei der Wahlanfechtung gem. § 19; vgl. dazu *Kreutz* § 19 Rdn. 78) gegen ein solches »Auswechseln« in den Tatsacheninstanzen keine Bedenken (vgl. auch entsprechend *Kreutz* § 16 Rdn. 71; **a. M.** zu § 23 *Oetker* § 23 Rdn. 83 m. w. N.). Auch eine im Unternehmen vertretene Gewerkschaft kann deshalb einem Verfahren beitreten (zust. *Trittin/DKKW* § 48 Rn. 8).

b) Arbeitgeber

Antragsberechtigt ist auch der **Arbeitgeber**, der hier mit dem Unternehmer identisch ist, in dessen Unternehmen der Gesamtbetriebsrat besteht (vgl. § 47 Rdn. 15, 17); unpräzise ist es, wenn »das Unternehmen« als Arbeitgeber bezeichnet wird (so etwa *Fitting* § 48 Rn. 14; *Trittin/DKKW* § 48 Rn. 12). Seine Antragsberechtigung ist nicht auf bestimmte Pflichtverletzungen der Gesamtbetriebsratsmitglieder beschränkt. Der Arbeitgeber hat jedoch zu berücksichtigen, dass er nach § 2 Abs. 1 zu vertrauensvoller Zusammenarbeit mit dem Gesamtbetriebsrat verpflichtet ist. **14**

c) Gesamtbetriebsrat

Die Antragsberechtigung des **Gesamtbetriebsrats** gibt diesem die Möglichkeit, sich von einem ungeeigneten Kollegen/Kollegin aus eigener Initiative zu befreien. Der Gesamtbetriebsrat stellt den Antrag beim Arbeitsgericht durch seinen Vorsitzenden oder im Falle seiner Verhinderung durch dessen Stellvertreter (§ 51 Abs. 1, § 26 Abs. 2). Antragsvoraussetzung ist jedoch ein förmlicher **Beschluss des Gesamtbetriebsrats** nach § 51 Abs. 3. Das wegen grober Pflichtverletzung auszuschließende Mitglied darf dabei wegen unmittelbarer Selbstbetroffenheit weder an der Beratung noch an der Abstimmung teilnehmen (ebenso i. E. *Fitting* § 48 Rn. 15; *Glock/HWGNRH* § 48 Rn. 7; *Koch/*ErfK § 48 BetrVG Rn. 2; *Tautphäus/*HaKo § 48 Rn. 8; *Trittin/DKKW* § 48 Rn. 9; für die Abstimmung, nicht für die Beratung, auch *Richardi/Annuß* § 48 Rn. 9; vgl. zum Ausschluss aus dem Betriebsrat auch *Oetker* § 23 Rdn. 90 m. w. N.); ihm ist aber rechtliches Gehör zu gewähren (unstr.; vgl. *Fitting* § 48 Rn. 15 m. w. N.). Streitig und wichtig ist die Frage, ob das von der Beschlussfassung ausgeschlossene Mitglied als »zeitweilig« verhindert i. S. v. § 51 Abs. 1, § 25 Abs. 1 Satz 2 anzusehen ist und daher das Ersatzmitglied insoweit nachrückt. Überwiegend wird das bejaht (vgl. *Brecht* § 48 Rn. 6; *Fitting* § 48 Rn. 15, *Glock/HWGNRH* § 48 Rn. 7; *Tautphäus* § 48 Rn. 8; *Trittin/DKKW* § 48 Rn. 9; *Weiss/ Weyand* § 48 Rn. 4). *Dietz/Richardi* (§ 48 Rn. 8) und *Fabricius* (Erstbearbeitung, § 48 Rn. 13b) verneinen die Frage unter Berufung auf die Besonderheit der Stimmgewichtung der Gesamtbetriebsratsmitglieder nach § 47 Abs. 7 und 8. Die Problematik ist vielschichtig. Eine Interessenkollision des nachrückenden Ersatzmitglieds lässt sich nie ausschließen, einmal, weil es (vorbehaltlich anderweitiger Beschlussfassung im entsendenden Betriebsrat) im Falle des Ausschlusses selbst in den Gesamtbetriebsrat nachrücken würde, zum anderen, weil der entsendende Betriebsrat sein Mitglied nicht abberufen hat, so dass auch das Ersatzmitglied dem Ausschlussantrag kaum zustimmen wird (*Fabricius* Erstbearbeitung, § 48 Rn. 13b). Würde jedoch das Ersatzmitglied nicht nachrücken, so wären die Interessen des nur ein Mitglied entsendenden Betriebsrats bei der Beschlussfassung überhaupt nicht vertreten (*Trittin/DKKW* § 48 Rn. 9). Zudem ist bei entsprechendem Stimmgewicht des Auszuschließenden u. U. eine Beschlussfassung im Gesamtbetriebsrat mangels Beschlussfähigkeit ausgeschlossen; dem wollen *Dietz/Richardi* (§ 48 Rn. 8) dadurch vorbeugen, dass bezüglich der Beschlussfähigkeit der Auszuschließende mitzuzählen sein soll. Das ist jedoch wiederum mit § 51 Abs. 3 Satz 3 unvereinbar. Insgesamt sprechen daher die besseren Argumente für ein Nachrücken des Ersatzmitglieds, wenn man mit der h. M. im Fehlen einer ausdrücklichen gesetzlichen Regelung eine Lücke sieht, die in Analogie zu privatrechtsimmanenten Wertentscheidungen dahin zu schließen ist, dass das vom Ausschluss persönlich betroffene Mitglied nicht an der Beschlussfassung mitwirken darf (vgl. zur Methode dieser Rechtsfortbildung *Oetker* ZfA 1984, 409 [421 ff.]). **15**

Die **Einzelbetriebsräte** haben **kein Antragsrecht**. Sie können die von ihnen entsandten Gesamtbetriebsratsmitglieder jederzeit abberufen (vgl. § 49 Rdn. 16 ff.). Wegen des Entsendungsprinzips fehlt ihnen aber die sachliche Legitimation, unmittelbar auf den Ausschluss von Gesamtbetriebsratsmitgliedern Einfluss zu nehmen, die von anderen Betriebsräten entsandt worden sind. Sie können deren Ausschluss nur mittelbar über den Gesamtbetriebsrat oder die Unternehmensbelegschaft oder im Betrieb vertretene Gewerkschaften betreiben. **16**

d) Gewerkschaften

17 Das Antragsrecht steht schließlich **jeder Gewerkschaft**, die **im Unternehmen vertreten** ist, zu. Das ist der Fall, wenn wenigstens ein Arbeitnehmer des Unternehmens bei ihr organisiert ist (vgl. auch § 2 Rdn. 39 ff.). Auf die Wahlberechtigung dieses Mitglieds kommt es nicht an, ebenso wenig darauf, ob das auszuschließende Mitglied bei der antragstellenden Gewerkschaft organisiert ist oder darauf, ob die Gewerkschaft gerade in dem Betrieb vertreten ist, dessen Betriebsrat dieses Mitglied entsandt hat (unstr.). Die Gewerkschaften sind insoweit als Hüter pflichtgetreuen Verhaltens der Gesamtbetriebsratsmitglieder eingesetzt. **Spitzenverbänden** der Gewerkschaften steht das Antragsrecht nicht zu; das ergibt sich aus einem Umkehrschluss zu den Gesetzen, in denen deren Zuständigkeit ausdrücklich erwähnt wird (vgl. § 2 Abs. 2 und 3 TVG, § 11 ArbGG; vgl. entsprechend *Oetker* § 23 Rdn. 86). Bei den privatisierten Unternehmen steht das Antragsrecht auch jedem im Unternehmen vertretenen Berufsverband der Beamten (ggf. der Soldaten) zu (vgl. *Kreutz* § 16 Rdn. 49).

3. Grobe Verletzung gesetzlicher Pflichten

18 Der Ausschlussantrag eines Antragsberechtigten ist nur begründet, wenn das Gesamtbetriebsratsmitglied **seine gesetzlichen Pflichten grob verletzt** hat. Inhaltlich stimmt der **Begriff der Pflichtverletzung** mit demjenigen in § 23 Abs. 1 überein. Hier wie dort umfasst die Verletzung gesetzlicher (Amts-)Pflichten die Vernachlässigung gesetzlicher Befugnisse (vgl. ausführlich *Oetker* § 23 Rdn. 19 ff.). Doch muss es sich hier um die Verletzung von Pflichten handeln, die dem Auszuschließenden **wegen seiner Mitgliedschaft im Gesamtbetriebsrat** auferlegt sind. In seiner Eigenschaft als Gesamtbetriebsratsmitglied muss er Pflichtträger sein, und im Rahmen seiner Tätigkeit im Gesamtbetriebsrat muss er die Pflicht verletzt haben (unstr.; vgl. auch die Begründung zum RegE BetrVG 1972, BR-Drucks. 715/70, S. 42, wo festgestellt wird, dass die **Bereiche** der §§ 23 und 48 **nicht kongruent** sind).

19 Es kommen somit alle Pflichten des Gesamtbetriebsrats in Betracht. Diese ergeben sich primär aus seiner gesetzlichen Zuständigkeit gem. § 50 Abs. 1; sie können aber auch durch Auftrag seitens der Einzelbetriebsräte gem. § 50 Abs. 2 begründet sein. Pflichten, die nur den Einzelbetriebsräten obliegen und nicht von diesen auf den Gesamtbetriebsrat delegiert worden sind, scheiden daher aus (z. B. § 16 Abs. 1, § 43 Abs. 1). Dagegen zählen zu den gesetzlichen Amtspflichten des Gesamtbetriebsrats sowohl solche, die die kollektive Amtsführung regeln (z. B. § 2 Abs. 1, § 17 Abs. 1, §§ 17a, 74, 75, 77, 79, 87, 91, 92 usw.), als auch solche, die vom einzelnen Mitglied als Gesamtbetriebsratsvorsitzender oder Stellvertreter (§ 51 Abs. 1, § 26 Abs. 2) oder Ausschussmitglied des Gesamtbetriebsrats (§ 51 Abs. 1, § 27 Abs. 2 und 3) die Beachtung gewisser Verhaltensregeln verlangen. Zur Abgrenzung von Amts- und Vertragspflichten vgl. *Oetker* § 23 Rdn. 26 ff.; zu Einzelfällen von Amtspflichtverletzungen, bei denen allerdings die Relevanz im Pflichtenkreis des Gesamtbetriebsratsmitglieds noch zu prüfen ist, vgl. *Oetker* § 23 Rdn. 63 ff.

20 Der Ausschluss aus dem Gesamtbetriebsrat erfordert die Feststellung **grober** Verletzung gesetzlicher Pflichten (vgl. dazu näher *Oetker* § 23 Rdn. 42 ff.). Ob die grobe Pflichtverletzung zudem über den Gesetzeswortlaut hinaus **schuldhaft** sein muss, ist streitig (vgl. näher *Oetker* § 23 Rdn. 51 ff.).

21 Aus der **Trennung des Pflichtenkreises** als Mitglied des Gesamtbetriebsrats und als Mitglied des Einzelbetriebsrats folgt, dass eine grobe Verletzung einer Amtspflicht als Betriebsratsmitglied nicht zum Ausschluss aus dem Gesamtbetriebsrat ausreicht, wie umgekehrt eine grobe Pflichtverletzung als Mitglied des Gesamtbetriebsrats nicht per se einen Ausschluss aus dem Betriebsrat nach § 23 Abs. 1 rechtfertigt (ebenso *Fitting* § 48 Rn. 9; *Glock/HWGNRH* § 48 Rn. 4; *Löwisch/LK* § 48 Rn. 2; *Richardi/Annuß* § 48 Rn. 3; *Trittin/DKKW* § 48 Rn. 4). Es ist jedoch zu beachten, dass ein Ausschluss aus dem Betriebsrat nach § 23 Abs. 1 zugleich die Mitgliedschaft im Gesamtbetriebsrat beendet (vgl. § 49). Umgekehrt gibt es einen entsprechenden Automatismus nicht. Der Arbeitgeber oder eine im Betrieb vertretene Gewerkschaft können jedoch den Ausschlussantrag nach § 48 mit einem solchen nach § 23 Abs. 1 verbinden, wenn dasselbe Arbeitsgericht örtlich zuständig ist (vgl. § 82 Abs. 1 ArbGG); zust. *Fitting* § 48 Rn. 20; *Roloff/WPK* § 48 Rn. 9.

4. Rechtsfolgen der Ausschlussentscheidung

Liegen die Voraussetzungen des § 48 vor, so muss das Arbeitsgericht den Ausschluss aus dem Gesamtbetriebsrat aussprechen. Die Ausschlusswirkung tritt mit Rechtskraft des Beschlusses ein; dieser hat **rechtsgestaltende Wirkung für die Zukunft**. Mit Rechtskraft erlischt die Mitgliedschaft, und es enden alle Ämter und Funktionen (Vorsitz, Mitglied eines Ausschusses) im Gesamtbetriebsrat. Bis zur Rechtskraft der Entscheidung bleibt die Mitgliedschaft im Gesamtbetriebsrat bestehen und kann ausgeübt werden, soweit das nicht durch einstweilige Verfügung untersagt worden ist (vgl. Rdn. 8). Vgl. zum Verfahren, wenn die Mitgliedschaft des auszuschließenden Mitglieds zwischenzeitlich durch andere Erlöschensgründe nach § 49 endet, entsprechend *Oetker* § 23 Rdn. 101 ff. 22

Mit dem Erlöschen der Mitgliedschaft im Gesamtbetriebsrat **endet zugleich** die Mitgliedschaft im **Konzernbetriebsrat** (vgl. § 57), nicht aber im Betriebsrat (vgl. Rdn. 21). An die Stelle des ausgeschlossenen Gesamtbetriebsratsmitglieds rückt das nach § 47 Abs. 3 bestellte Ersatzmitglied automatisch nach (§ 51 Abs. 1, § 25 Abs. 1 Satz 1). Ist ein solches nicht (mehr) vorhanden, dann ist unverzüglich vom betroffenen Betriebsrat ein Mitglied nach § 47 Abs. 2 Satz 1 zu entsenden. 23

Das ausgeschlossene Mitglied kann während der Amtszeit des entsendenden Betriebsrates **nicht erneut** in den Gesamtbetriebsrat entsandt werden; das ergibt sich nicht aus dem Verlust der Fähigkeit, Mitglied im Gesamtbetriebsrat zu sein, sondern folgt daraus, dass andernfalls die rechtskräftige Gerichtsentscheidung umgangen würde (ebenso *Fitting* § 48 Rn. 23; *Galperin/Löwisch* § 48 Rn. 2; *Hohenstatt/Dzida/HWK* § 48 BetrVG Rn. 3; *Trittin/DKKW* § 48 Rn. 18; i. E. zust.: *Glock/HWGNRH* § 48 Rn. 12; *Koch/ErfK* § 48 BetrVG Rn. 1; *Maschmann/DFL* § 48 BetrVG Rn. 4; *Richardi/Annuß* § 48 Rn. 15). Einer Neuentsendung steht jedoch nichts im Wege, wenn der betreffende Betriebsrat neu gewählt worden ist und das früher ausgeschlossene Gesamtbetriebsratsmitglied ihm wieder angehört. Die Neuwahl in den Betriebsrat stellt dann in jedem Falle (also auch bei vorzeitiger Neuwahl) eine erneute »demokratische« Legitimation dafür dar, wieder als Mitglied in den Gesamtbetriebsrat entsandt werden zu können (einschränkend auf die Fälle ordentlicher Neuwahl nur *Fabricius* Erstbearbeitung, § 48 Rn. 21; vgl. zur entsprechenden Problematik beim Ausschluss aus dem Betriebsrat *Oetker* § 23 Rdn. 116 ff.). Auf die »Amtszeit« des Gesamtbetriebsrats (vgl. dazu § 47 Rdn. 49 ff.), aus dem das Mitglied ausgeschlossen worden ist, kommt es nicht an (**a. M.** *Roloff/WPK* § 48 Rn. 7, der eine Neuentsendung ausschließt, weil der Gesamtbetriebsrat Dauereinrichtung ist). 24

§ 49
Erlöschen der Mitgliedschaft

Die Mitgliedschaft im Gesamtbetriebsrat endet mit dem Erlöschen der Mitgliedschaft im Betriebsrat, durch Amtsniederlegung, durch Ausschluss aus dem Gesamtbetriebsrat auf Grund einer gerichtlichen Entscheidung oder Abberufung durch den Betriebsrat.

Inhaltsübersicht

		Rdn.
I.	Vorbemerkung	1–4
II.	Beendigung der Mitgliedschaft im Gesamtbetriebsrat	5–21
	1. Erlöschen der Mitgliedschaft im Betriebsrat	6, 7
	2. Amtsniederlegung	8–14
	3. Ausschluss aus dem Gesamtbetriebsrat	15
	4. Abberufung durch den Betriebsrat	16–21
III.	Rechtsfolgen des Erlöschens der Mitgliedschaft	22–24
IV.	Streitigkeiten	25

I. Vorbemerkung

1 Das BetrVG 1952 enthielt keine dem § 49 vergleichbare Vorschrift. Dagegen erklärte § 56 Abs. 2 BRG 1920 die für das Erlöschen der Mitgliedschaft im Betriebsrat vorgesehene Regelung auf die Gesamtbetriebsratsmitglieder für entsprechend anwendbar; diese Verweisung war dadurch gerechtfertigt, dass der Gesamtbetriebsrat von sämtlichen Betriebsräten des Unternehmens gewählt, seine Mitglieder aber nicht wie im geltenden Recht (§ 47 Abs. 2) mit der Möglichkeit jederzeitiger Abberufung entsandt wurden. § 49 regelt das **Erlöschen der Mitgliedschaft im Gesamtbetriebsrat** in Anlehnung an die entsprechende Regelung für den Betriebsrat in § 24 Abs. 1, aber unter Berücksichtigung der Besonderheiten bei der Bildung des Gesamtbetriebsrats (vgl. Begründung RegE zum BetrVG 1972, BR-Drucks. 715/70, S. 42). Dabei unterstreichen die Erlöschensgründe der freiwilligen Amtsniederlegung, des Ausschlusses nach § 48 und die Abberufung durch den Betriebsrat die Trennung des Funktionsbereichs im Gesamtbetriebsrat von dem im Betriebsrat, da in diesen Fällen das Erlöschen der Mitgliedschaft im Gesamtbetriebsrat nicht automatisch mit einem Erlöschen der Mitgliedschaft im Betriebsrat verbunden ist. Dagegen war auch schon zur Zeit des BetrVG 1952 die Mitgliedschaft im Gesamtbetriebsrat stets an die Mitgliedschaft im Betriebsrat geknüpft, was § 49 jetzt ausdrücklich hervorhebt (vgl. *Hueck/Nipperdey* II/2, S. 1210).

2 Die Vorschrift ist **zwingend**, weil sie Organisationsnorm ist; von ihr kann weder durch kollektivvertragliche Regelung (Tarifvertrag, Betriebsvereinbarung) noch durch arbeitsvertragliche Regelung abgewichen werden.

3 Für die **Gesamt-Jugend- und Auszubildendenvertretung** gilt § 49 entsprechend (vgl. § 73 Abs. 2). Das Erlöschen der Mitgliedschaft im **Konzernbetriebsrat** bestimmt sich nach § 57; diese Bestimmung gilt für die **Konzern-Jugend- und Auszubildendenvertretung** entsprechend (§ 73b Abs. 2).

4 Zum **Personalvertretungsrecht** vgl. §§ 54, 56 i. V. m. § 29 BPersVG; zum **Gesamtsprecherausschuss** vgl. § 17 Abs. 2 SprAuG.

II. Beendigung der Mitgliedschaft im Gesamtbetriebsrat

5 Nach § 49 endet die Mitgliedschaft im Gesamtbetriebsrat, wenn einer der dort aufgezählten, individuell ausgerichteten **Erlöschensgründe** eintritt. Die Bestimmung regelt nur, unter welchen Voraussetzungen die Einzelmitgliedschaft im Gesamtbetriebsrat endet; sie legt aber weder eine Amtszeit des Gesamtbetriebsrats noch dessen Beendigung als Kollektivorgan fest. Mit Rücksicht auf die besondere Art und Weise der Errichtung des Gesamtbetriebsrats, der nicht aus Wahlen auf Unternehmensebene hervorgeht, sondern dadurch gebildet wird, dass jeder Einzelbetrieb ein oder zwei seiner Mitglieder mit der Möglichkeit jederzeitiger Abberufung entsendet, hat der Gesetzgeber die Folgerung gezogen, dass **nur** die Mitgliedschaft der einzelnen Gesamtbetriebsratsmitglieder erlöschen kann. Insoweit ist der Gesamtbetriebsrat als **Dauereinrichtung** konzipiert. Die Beendigung des Bestehens des Gesamtbetriebsrats als Kollektivorgan kann sich demnach nicht als mittelbare Folge des Erlöschens sämtlicher Einzelmitgliedschaften ergeben (*Kreutz* FS *Birk*, S. 495 [501]), sondern rechtlich nur dadurch, dass die gesetzlichen Voraussetzungen seiner Bildung nach § 47 Abs. 1 entfallen (vgl. näher § 47 Rdn. 51 ff.). Dementsprechend besteht Einigkeit darüber, dass ebenso wenig wie durch Ablauf einer Amtszeit des Gesamtbetriebsrats sonstige kollektive Beendigungsgründe (Rücktritt durch Mehrheitsbeschluss; gerichtliche Auflösung wegen grober Verletzung gesetzlicher Pflichten) in Betracht kommen (vgl. etwa *Fitting* § 49 Rn. 5 ff.; *Richardi/Annuß* § 49 Rn. 3); vgl. auch Rdn. 24. Entgegen der Intention des Gesetzgebers ist die Zusammenfassung der Erlöschensgründe in § 49 **nicht abschließend**; die Mitgliedschaft endet auch dann, wenn der Herkunftsbetrieb des Mitglieds durch Betriebsübergang (im Wege der Einzelrechtsnachfolge oder der Gesamtrechtsnachfolge in Umwandlungsfällen nach dem UmwG) auf einen anderen Inhaber übergeht, ohne dass dies den Bestand des Gesamtbetriebsrats berührt (vgl. § 47 Rdn. 53).

1. Erlöschen der Mitgliedschaft im Betriebsrat

Da es nach § 47 Abs. 2 Satz 1 zwingendes Erfordernis ist, dass als Mitglied des Gesamtbetriebsrats nur Mitglieder der Einzelbetriebsräte entsandt werden (vgl. § 47 Rdn. 40), endet deren Gesamtbetriebsratsamt und damit ihre Funktion als Entsandte der Einzelbetriebsräte **stets mit dem Erlöschen ihrer Mitgliedschaft im entsendenden Betriebsrat**. Die einzelnen Gründe, die zum Erlöschen der Mitgliedschaft im Betriebsrat führen, sind in § 24 Nr. 1 bis 6 erschöpfend aufgezählt; vgl. dazu ausführlich *Oetker* § 24 Rdn. 7 ff. Das Gesamtbetriebsratsamt endet auch, wenn einem Betriebsrat bei Untergang des Betriebs durch Stilllegung, Spaltung oder Zusammenlegung nach § 21b noch ein Restmandat verbleibt; denn dieses berechtigt nicht mehr zur Entsendung (vgl. *Kreutz* § 21b Rdn. 14).

Die Mitgliedschaft im Gesamtbetriebsrat endet auch dann mit Erlöschen der Mitgliedschaft in (seinem) Betriebsrat, wenn das Mitglied aufgrund abweichender Regelung der Mitgliederzahl des Gesamtbetriebsrats nach § 47 Abs. 4 bis 6 gemeinsam durch Betriebsräte mehrerer Betriebe des Unternehmens entsandt worden ist (vgl. § 47 Rdn. 73, 99); denn auch bei gemeinsamer Entsendung kommen nur Betriebsratsmitglieder in Betracht (vgl. § 47 Rdn. 79).

2. Amtsniederlegung

Die freiwillige **Niederlegung des Amtes als Mitglied des Gesamtbetriebsrats** kann **jederzeit** ohne Angabe von Gründen erfolgen. Ohne dass dies an anderer Stelle ausdrücklich geregelt ist, geht das Gesetz in § 49 davon als selbstverständlich aus, indem es bestimmt, dass die Amtsniederlegung die Mitgliedschaft im Gesamtbetriebsrat beendet. Das Gesetz erkennt damit an, dass grundsätzlich niemand gegen seinen Willen ein betriebsverfassungsrechtliches Amt ausüben muss, das ihn zur Wahrnehmung von Fremdinteressen zwingt.

Als eigenständiger Erlöschensgrund erfasst die in § 49 normierte Niederlegung nur das **Amt als Gesamtbetriebsratsmitglied**. Wird das Amt als Betriebsratsmitglied niedergelegt (vgl. § 24 Nr. 2), so führt dies bereits über das Erlöschen der Mitgliedschaft im Betriebsrat zum Erlöschen der Mitgliedschaft im Gesamtbetriebsrat (Rdn. 6). Das Gesamtbetriebsratsmitglied muss daher deutlich machen, dass es nur das Amt im Gesamtbetriebsrat niederlegt; denn diese Niederlegung lässt die Mitgliedschaft im Betriebsrat unberührt. Das Mitglied kann aber zugleich auch beide Ämter niederlegen. Die Niederlegung des Vorsitzes im Gesamtbetriebsrat oder der Mitgliedschaft im Gesamtbetriebsausschuss berühren die Mitgliedschaft im Gesamtbetriebsrat nicht.

Lehnt ein durch Beschluss des Betriebsrats entsandtes Mitglied bereits die **Übernahme** des Gesamtbetriebsratsamtes **ab**, dann handelt es sich nicht um eine Amtsniederlegung i. S. d. § 49, da die wirksame Entsendung der Zustimmung des Bestimmten bedarf (vgl. § 47 Rdn. 42). Ein Ersatzmitglied rückt in diesem Falle nicht automatisch gem. § 51 Abs. 1, § 25 Abs. 1 nach; vielmehr ist ein anderes Betriebsratsmitglied durch Entsendungsbeschluss für den Gesamtbetriebsrat zu bestimmen.

Ihrer **Rechtsnatur** nach ist die Amtsniederlegung eine Willenserklärung. Die mit ihr verbundene Rechtsfolge der Befreiung vom Amt tritt ein, weil sie gewollt ist. Die Vorschriften des BGB über Willenserklärungen sind jedoch nur begrenzt und nur nach Prüfung der jeweiligen Fallkonstellation anwendbar. Insbesondere ist zu beachten, dass die Vorschriften über Nichtigkeit und Anfechtbarkeit von Willenserklärungen (§§ 116 ff. BGB) Abstraktionen aus Rechtsverhältnissen enthalten, die auf Individualverpflichtungen vermögensrechtlicher Art abzielen. Da es bei der Amtsniederlegung um die Befreiung von wahrzunehmenden Fremdinteressen im Rahmen eines Organisationsverhältnisses geht, muss die Anwendbarkeit der §§ 116 ff. BGB grundsätzlich ausgeschlossen sein, **wenn** andernfalls Unklarheiten über die Funktionsfähigkeit des Gesamtbetriebsrats einträten, indem ungewiss ist, ob ein Ersatzmitglied nachgerückt ist oder ob gefasste Beschlüsse rechtlichen Bestand haben. Maßgeblich muss aber sein, ob aus der Amtsniederlegung bereits praktische Konsequenzen gezogen, diese gleichsam »in Vollzug gesetzt« worden ist, z. B. indem der Gesamtbetriebsrat unter Hinzuziehung des Ersatzmitgliedes tätig geworden oder zumindest geladen worden ist. Bis dahin kommt auch eine **Anfechtung** der Amtsniederlegung wegen Irrtums, Drohung oder Täuschung in Betracht (**a. M.** *Fitting* § 49 Rn. 11; *Glock/HWGNRH* § 49 Rn. 7; *Koch/*ErfK § 49 BetrVG Rn. 1; *Maschmann/DFL* § 49 BetrVG Rn. 4; *Richardi/Annuß* § 49 Rn. 6; *Tautphäus/*HaKo § 49 Rn. 7; *Trittin/DKKW* § 49 Rn. 7, die ohne nähere Begründung eine Anfechtung grundsätzlich für ausgeschlossen halten; ebenso *Oetker* § 24 Rdn. 16). Die nicht ernst gemeinte Amtsniederlegung, die in der erkennbaren Erwartung abgegeben wird, der Mangel der Ernstlichkeit werde nicht verkannt, ist nach § 118 BGB nichtig (im Gegensatz zum geheimen Vorbehalt nach § 116 Satz 1 BGB). Die Erklärung der Amtsniederlegung kann dagegen nicht zurückgenommen oder widerrufen werden (vgl. § 130 Abs. 1 Satz 2 BGB; ebenso die zuvor Genannten).

12 Die Erklärung der Amtsniederlegung ist an **keine Form** gebunden (unstr.). Sie kann also auch mündlich erfolgen. Sie muss jedoch bestimmt und unzweideutig sein, weil über die Zusammensetzung des Gesamtbetriebsrats keine Unklarheit entstehen darf. Es empfiehlt sich daher, in der Geschäftsordnung des Gesamtbetriebsrats die Schriftform festzulegen.

13 Wirksam wird die Amtsniederlegung erst, d. h. das Amt erlischt und das Ersatzmitglied rückt nach, wenn die Erklärung dem **Vorsitzenden des Gesamtbetriebsrats** oder seinem Stellvertreter **zugegangen** ist (§ 130 Abs. 1 Satz 1 BGB; § 51 Abs. 1, § 26 Abs. 2); sie muss diesem zugehen, nicht etwa dem Vorsitzenden des entsendenden Betriebsrats, weil die Mitgliedschaft im Gesamtbetriebsrat als Rechtsverhältnis berührt ist (i. E. jetzt unstr.). Möglich ist auch, dass die Amtsniederlegung mit Wirkung zu einem späteren Termin erklärt wird (*Oetker* § 24 Rdn. 18; ebenso *Fitting* § 49 Rn. 11; *Richardi/Annuß* § 49 Rn. 6). In jenem Falle folgt aus der fortbestehenden Mitgliedschaft im Betriebsrat, dass das sein Amt niederlegende Mitglied verpflichtet ist, sein Ausscheiden aus dem Gesamtbetriebsrat dem Vorsitzenden des entsendenden Betriebsrats mitzuteilen, ohne dass diese Mitteilung Wirksamkeitsvoraussetzung der Amtsniederlegung ist. Die wirksame Amtsniederlegung steht einer neuerlichen Entsendung, auch schon nach kurzer Zeit, nicht entgegen (ebenso *Fitting* § 49 Rn. 12; *Glock/HWGNRH* § 49 Rn. 8; *Richardi/Annuß* § 49 Rn. 6; *Trittin/DKKW* § 49 Rn. 7; unstr.).

14 Auch das **Mitglied des einköpfigen Betriebsrats** kann, obwohl es »geborenes« Gesamtbetriebsratsmitglied ist (vgl. § 47 Rdn. 35) sein Amt im Gesamtbetriebsrat niederlegen. Das wird jedoch in der Regel eine grobe Amtspflichtverletzung i. S. d. § 23 Abs. 1 darstellen (vgl. § 47 Rdn. 42).

3. Ausschluss aus dem Gesamtbetriebsrat

15 Der Ausschluss aus dem Gesamtbetriebsrat kann nur durch arbeitsgerichtliche Entscheidung unter den Voraussetzungen des § 48 erfolgen. Vgl. die Erl. dort. Wird ein Gesamtbetriebsratsmitglied nach § 23 Abs. 1 aus dem entsendenden Betriebsrat ausgeschlossen, so erlischt mit seiner Mitgliedschaft in diesem Betriebsrat (§ 24 Nr. 5) zugleich seine Mitgliedschaft im Gesamtbetriebsrat (vgl. Rdn. 6).

4. Abberufung durch den Betriebsrat

16 Die Mitgliedschaft im Gesamtbetriebsrat gilt normalerweise für die gesamte Amtsperiode des entsendenden Betriebsrats; sie erlischt jedoch, wenn das Mitglied durch den entsendenden Betriebsrat abberufen worden ist. Dass die **Abberufung** (jederzeit) **möglich** ist, ergibt sich jetzt (nur noch) aus § 49. Indem dort bestimmt ist, dass die Mitgliedschaft im Gesamtbetriebsrat aufgrund Abberufung durch den Betriebsrat endet, hält das Gesetz die Abberufbarkeit für selbstverständlich, auch wenn dies an anderer Stelle des Gesetzes jetzt nicht mehr ausdrücklich geregelt ist. Bisher hatte § 47 Abs. 2 Satz 4 BetrVG 1972 die Abberufung ausdrücklich zugelassen; der zum BetrVG 1952 bestehende Streit um diese Möglichkeit war damit gegenstandslos geworden. Mit der Neufassung von § 47 Abs. 2 infolge der Aufgabe des Gruppenprinzips durch Art. 1 Nr. 35 BetrVerf-Reformgesetz ist auch die Sonderregelung für die Abberufung entfallen. Wie der unveränderte § 49 deutlich macht, ist damit aber keine sachliche Änderung verbunden (zust. *Fitting* § 49 Rn. 16).

17 Die Abberufung erfordert (entsprechend der Entsendung) einen **Abberufungsbeschluss** des entsendenden Betriebsrats als Gremium; erforderlich und genügend ist ein einfacher Mehrheitsbeschluss des beschlussfähigen Betriebsrats (§ 33 Abs. 1 und 2; ebenso *BAG* 16.03.2005 EzA § 47 BetrVG 2001 Nr. 2 Orientierungssatz 2; vgl. auch § 47 Rdn. 38). Das betroffene Gesamtbetriebsratsmitglied ist nicht gehindert, an der Abstimmung im Betriebsrat teilzunehmen (zust. *Fitting* § 49 Rn. 17).

Erlöschen der Mitgliedschaft § 49

Der Abberufungsbeschluss wird mit **Zugang** an das betroffene Mitglied wirksam, nicht schon mit Beschlussfassung (**a. M.** *Roloff/WPK* § 49 Rn. 4, der aber übersieht, dass auch bei Entsendung die Beschlussfassung noch nicht nach außen wirkt; vgl. § 47 Rdn. 42). Der Betriebsratsvorsitzende hat dies zu bewirken (§ 26 Abs. 2), wenn das Betriebsratsmitglied an der Sitzung nicht teilgenommen hat. Bereits die Abberufung führt, wie sich aus § 49 ergibt, zur Beendigung der Mitgliedschaft im Gesamtbetriebsrat. Die Benachrichtigung des Gesamtbetriebsratsvorsitzenden ist keine weitere Wirksamkeitsvoraussetzung (zust. *Fitting* § 49 Rn. 18; *Hohenstatt/Dzida/HWK* § 49 BetrVG Rn. 2; *Richardi/Annuß* § 49 Rn. 9; **a. M.** *Glock/HWGNRH* § 49 Rn. 13; *Trittin/DKKW* § 49 Rn. 10). Diese empfiehlt sich jedoch zur Legitimation des kraft Gesetzes nachrückenden Ersatzmitgliedes (vgl. § 47 Rdn. 57). Das Ersatzmitglied rückt dann nicht nach, wenn mit dem Abberufungsbeschluss der Beschluss über die Bestimmung eines anderen Gesamtbetriebsratsmitglieds verbunden ist (ebenso *Fitting* § 49 Rn. 19; *Richardi/Annuß* § 49 Rn. 11; warum das nicht möglich sein soll, bleibt bei *Glock/HWGNRH* § 49 Rn. 15 unbegründet). **18**

Die Abberufung kann **jederzeit** erfolgen. Besondere **Gründe** müssen **nicht** vorliegen; insbesondere ist eine Pflichtverletzung des Betreffenden nicht erforderlich (ebenso *Fitting* § 49 Rn. 16; *Glock/HWGNRH* § 47 Rn. 71; *Joost/MünchArbR* § 225 Rn. 87; *Roloff/WPK* § 49 Rn. 4; *Trittin/DKKW* § 47 Rn. 93; einschränkend *Fabricius* Erstbearbeitung, § 47 Rn. 53–63; *Gamillscheg* II, S. 662). Jegliche Unzufriedenheit genügt. Die Abberufung muss auch nicht begründet werden, zumal der Betreffende an der entscheidenden Sitzung teilnehmen kann. **19**

Obwohl § 49 nur die Abberufung durch den Betriebsrat regelt, kommt (bei abweichender Regelung der Mitgliederzahl des Gesamtbetriebsrats nach § 47 Abs. 4 bis 6) entsprechend auch die Abberufung eines von **mehreren Betriebsräten gemeinsam** entsandten Gesamtbetriebsratsmitglieds in Betracht. Die Abberufung erfordert (entsprechend der Entsendung; vgl. § 47 Rdn. 79, 103, 106) einen Mehrheitsbeschluss der zusammengefassten Betriebsräte als Gremium, sofern keine besonderen Verfahrensregelungen wirksam getroffen sind (vgl. § 47 Rdn. 105). **20**

Ist der **Abberufungsbeschluss** mit **Mängeln** behaftet, die ihn nach allgemeiner Rechtsgeschäftslehre unwirksam machen (z. B. § 134 BGB, § 75 Abs. 1 BetrVG), oder ist der Beschluss nicht wirksam zustande gekommen, so kann der Abberufene im arbeitsgerichtlichen Beschlussverfahren (§ 2a Abs. 1 Nr. 1, Abs. 2, §§ 80 ff. ArbGG) Rechtsschutz suchen (vgl. dazu § 47 Rdn. 126); das kann jedoch dann keinen Erfolg haben, wenn das abberufene Mitglied nur geltend machen will, keinen Grund für die Abberufung gegeben zu haben (vgl. Rdn. 19). **21**

III. Rechtsfolgen des Erlöschens der Mitgliedschaft

Mit Eintritt eines in § 49 aufgeführten Erlöschensgrundes endet für den Betroffenen das Gesamtbetriebsratsamt **mit Wirkung für die Zukunft**. Zugleich enden auch alle seine Ämter und Funktionen im Gesamtbetriebsrat (Vorsitz, Mitgliedschaft im Gesamtbetriebsausschuss oder in weiteren Ausschüssen). Mit dem Erlöschen der Mitgliedschaft im Gesamtbetriebsrat endet zugleich eine Mitgliedschaft im Konzernbetriebsrat (§ 57). **22**

Kraft Gesetzes rückt an die Stelle des Gesamtbetriebsratsmitglieds, dessen Mitgliedschaft erloschen ist, mit Eintritt der Rechtswirkung des § 49 das gem. § 47 Abs. 3 bestellte Ersatzmitglied (§ 51 Abs. 1, § 25 Abs. 1 Satz 1); vgl. dazu auch § 47 Rdn. 57 ff. Im Falle einer Abberufung steht es dem Betriebsrat jedoch frei, in der Beschlussfassung über die Abberufung gleichzeitig aus seiner Mitte ein nicht zum Ersatzmitglied bestimmtes Mitglied zu entsenden, so dass dieses unmittelbar in den Gesamtbetriebsrat eintritt, ohne dass das Ersatzmitglied nachrückt (vgl. Rdn. 18). **23**

Das Gesetz sieht die **Beendigung der Rechtsstellung des Gesamtbetriebsrats als Organ** durch kollektive Beendigungstatbestände nicht vor (vgl. Rdn. 5). Anders als der Betriebsrat nach § 23 Abs. 1 kann der Gesamtbetriebsrat insbesondere nicht durch arbeitsgerichtliche Entscheidung wegen grober Verletzung seiner gesetzlichen Pflichten aufgelöst werden (vgl. § 48 Rdn. 2). Er kann, anders als der Betriebsrat nach § 13 Abs. 2 Nr. 3, auch nicht mit der Mehrheit seiner Mitglieder seinen Rücktritt beschließen; mit der gesetzlichen Konzeption einer Dauereinrichtung ist es unvereinbar, dass der Ge- **24** samtbetriebsrat durch Rücktritt oder sonstige Rechte zur Selbstauflösung organisationsrechtlich über seinen Bestand entscheidet (*Kreutz* FS *Birk*, S. 495 [500]) Möglich ist jedoch, dass **sämtliche Mitglieder** des Gesamtbetriebsrats **gleichzeitig**, wenn auch jeweils einzeln, ihr Amt niederlegen, aufgrund arbeitsgerichtlicher Entscheidung aus dem Gesamtbetriebsrat ausgeschlossen oder durch die entsendenden Betriebsräte abberufen werden, oder dadurch aus dem Gesamtbetriebsrat ausscheiden, dass die Amtszeiten der entsendenden Betriebsräte im regelmäßigen Wahlzeitraum (§ 13 Abs. 1) etwa gleichzeitig enden und damit mit der Mitgliedschaft im Betriebsrat (§ 24 Nr. 1) nach § 49 auch die Mitgliedschaft im Gesamtbetriebsrat erlischt. Nach der Konzeption des Gesetzes führt die Summe dieser individuellen Beendigungstatbestände nicht zur Beendigung des Gesamtbetriebsrats als Kollektivorgan. In all diesen Fällen ist der Gesamtbetriebsrat jedoch in einer **Übergangszeit handlungsunfähig**. Das gilt auch dann, wenn, wie etwa bei gleichzeitiger Amtsniederlegung aller Gesamtbetriebsratsmitglieder, Ersatzmitglieder vorhanden sind, die nachrücken, oder wenn funktionsfähige Betriebsräte vorhanden sind, die alsbald Neuentsendungen vornehmen. Bis zur Konstituierung des Gesamtbetriebsrats in neuer Zusammensetzung durch Wahl eines Vorsitzenden und seines Stellvertreters kann der Gesamtbetriebsrat seine Aufgaben und Zuständigkeiten nicht wahrnehmen; er ist eine mehr oder weniger leere, funktionsunfähige Hülse. Es ist angesichts dieses Befundes eher eine Geschmacksfrage, ob man mit der h. M. den Charakter des Gesamtbetriebsrats als Dauereinrichtung betont oder mit *Fabricius* (Erstbearbeitung, § 49 Rn. 15 f.) davon ausgeht, dass der Gesamtbetriebsrat zu bestehen aufhört, wenn er kein Mitglied mehr hat (vgl. auch § 47 Rdn. 50). Praktische Bedeutung kommt dieser Streitfrage nicht zu. Wie beim Betriebsrat, dessen Amt als Organ der Betriebsverfassung mit dem Ende seiner Amtszeit endet, gilt auch beim Gesamtbetriebsrat das **Prinzip der Funktionsnachfolge** (vgl. etwa BAG 27.01.1981 AP Nr. 2 zu § 80 ArbGG 1979 zu II 2b der Gründe; BAG 25.04.1978 AP Nr. 11 zu § 80 BetrVG 1972 zu II 3 der Gründe; allgemein *Schiebe* Die betriebsverfassungsrechtliche Funktionsnachfolge, 2010).

IV. Streitigkeiten

25 Streitigkeiten über das Erlöschen oder Fortbestehen der Mitgliedschaft im Gesamtbetriebsrat werden gem. § 2a Abs. 1 Nr. 1, Abs. 2, §§ 80 ff. ArbGG auf Antrag durch das Arbeitsgericht im Beschlussverfahren entschieden. Örtlich zuständig ist das Gericht, in dessen Bezirk das Unternehmen seinen Sitz hat (§ 82 Abs. 1 Satz 2 ArbGG). Das gilt auch dann, wenn die Mitgliedschaft deshalb streitig ist, weil zweifelhaft ist, ob die Mitgliedschaft im entsendenden Betriebsrat erloschen ist (a. M. *Glock/ HWGNRH* § 49 Rn. 16; *Trittin/DKKW* § 49 Rn. 15) oder eine Abberufung wirksam ist (zust. jetzt *Fitting* § 49 Rn. 20; *Roloff/WPK* § 49 Rn. 5; **a. M.** *Trittin/DKKW* § 49 Rn. 15); denn die Abgrenzung nach § 82 Abs. 1 Satz 2 ArbGG erfolgt nach materiellen Kriterien und nicht danach, wer am Verfahren beteiligt ist (vgl. *Dörner/GK-ArbGG* § 82 Rn. 11; *Grunsky* ArbGG § 82 Rn. 3). Bei Auslandssitz vgl. § 47 Rdn. 125. Bei Streit über die Wirksamkeit einer Abberufung sind Gesetzesverstöße fristgebunden (analog § 19 Abs. 2 Satz 2) geltend zu machen (vgl. § 47 Rdn. 127).

§ 50
Zuständigkeit

(1) Der Gesamtbetriebsrat ist zuständig für die Behandlung von Angelegenheiten, die das Gesamtunternehmen oder mehrere Betriebe betreffen und nicht durch die einzelnen Betriebsräte innerhalb ihrer Betriebe geregelt werden können; seine Zuständigkeit erstreckt sich insoweit auch auf Betriebe ohne Betriebsrat. Er ist den einzelnen Betriebsräten nicht übergeordnet.

(2) Der Betriebsrat kann mit der Mehrheit der Stimmen seiner Mitglieder den Gesamtbetriebsrat beauftragen, eine Angelegenheit für ihn zu behandeln. Der Betriebsrat kann sich dabei die Entscheidungsbefugnis vorbehalten. § 27 Abs. 2 Satz 3 und 4 gilt entsprechend.

Zuständigkeit § 50

Literatur
Literaturnachweise zum BetrVG 1952 siehe 8. Auflage.

Annuß Praktische Fragen zu §§ 111 ff. BetrVG, FS *Kreutz*, S. 13; *Bachner* Fortgeltung von Gesamt- und Einzelbetriebsvereinbarungen nach Betriebsübergang, NJW 2003, 2861; *Behne* Die Kompetenz des Gesamtbetriebsrats, AiB 1990, 321; *Behrens/Kädtler* Gesamtbetriebsräte: Neue Zuständigkeiten und die Folgen für betriebliche Arbeitsbeziehungen, WSI-Mitt. 2008, 297; *Behrens/Kramer* Der beauftragte Gesamtbetriebsrat, DB 1994, 94; *Betz* Das Schicksal der Gesamtbetriebsvereinbarung beim Betriebsübergang (Diss. Bayreuth), 2006; *Braun, S.* Die Fortgeltung von Betriebsvereinbarungen beim Betriebsübergang (Diss. Würzburg), 2007 (zit.: Fortgeltung von Betriebsvereinbarungen); *Brill* Das Verhältnis zwischen Gesamtbetriebsrat und einzelnen Betriebsräten, AuR 1983, 169; *Däubler* Mögliche Arbeitsteilung zwischen Gesamtbetriebsrat und Einzelbetriebsräten?, DB 2017, 667; *Döring* Die Zuständigkeitsbegrenzung zwischen Gesamtbetriebsrat und Betriebsrat, DB 1980, 689; *Ehrich* Die Zuständigkeit des Gesamtbetriebsrats kraft Beauftragung nach § 50 Abs. 2 BetrVG, AuR 1993, 68; *ders.* Die Zuständigkeit des Gesamtbetriebsrats nach § 50 Abs. 1 Satz 1 BetrVG und ihre Bedeutung bei den betrieblichen Beteiligungsrechten, ZfA 1993, 427; *Fischer, U.* Unternehmensbezogener Interessenausgleich und Namensliste nach § 1 Abs. 5 KSchG, BB 2004, 1001; *Gaul, B.* Das Arbeitsrecht der Betriebs- und Unternehmensspaltung, 2002; *Greve* Die Gesamt- und Konzernbetriebsvereinbarung im Betriebsübergang und bei Umwandlung nach dem Umwandlungsgesetz (Diss. Bielefeld), 2012 (zit.: Gesamt- und Konzernbetriebsvereinbarung); *Grotkamp* Die Bedeutung des Gesamtbetriebsrats und die Abgrenzung seiner Zuständigkeit zu den Einzelbetriebsräten im Rahmen des Strukturwandels in der deutschen Wirtschaft (Diss. Kiel), 1999 (zit.: Gesamtbetriebsrat); *Halberstadt* Die Zuständigkeit des Gesamtbetriebsrates nach § 50 Abs. 1 BetrVG, BB 1975, 843; *Hassan* Mitbestimmungsrechtliche Relevanz von »außerbetrieblichen Versetzungen« innerhalb eines Unternehmens nach dem BetrVG, NZA 1989, 373; *Heider/Schimmelpfennig* Sozialplanverhandlungen bei unternehmensübergreifenden Umstrukturierungen, KSzW 2014, 244; *Hohenstatt/Bonanni* Auswirkungen eines Betriebsinhaberwechsels auf Gesamt- und Konzernbetriebsvereinbarungen, NZA 2003, 766; *Hümmerich* Die Zuständigkeitsabgrenzung zwischen Gesamtbetriebsrat und Einzelbetriebsräten (Diss. Köln), 2010 (zit.: Zuständigkeitsabgrenzung); *Jacobs* Gesamtbetriebsvereinbarung und Betriebsübergang, FS *Konzen*, 2006, S. 345; *Joost* Betrieb und Unternehmen als Grundbegriffe im Arbeitsrecht, 1988 (zit.: Betrieb und Unternehmen); *Keim* Die Rahmenkompetenz des Gesamtbetriebsrats, BB 1987, 962; *Kittner* Die Zuständigkeit des Gesamtbetriebsrates, BlStSozArbR 1976, 232; *Kreft* Normative Fortgeltung von Betriebsvereinbarungen nach einem Betriebsübergang, FS *Wißmann*, 2005, S. 348; *Kreßel* Betriebsverfassungsrechtliche Auswirkungen des Zusammenschlusses zweier Betriebe, DB 1989, 1623; *Kreutz* Normative Fortgeltung von Betriebsvereinbarungen nach einem Betriebsteilübergang, FS 50 Jahre *Bundesarbeitsgericht*, 2004, S. 993; *ders.* Zuständigkeit des Gesamtbetriebsrats in Vergütungsangelegenheiten, FS *Buchner*, 2009, S. 511; *Lerch* Auswirkungen von Betriebsübergängen und unternehmensinternen Umstrukturierungen auf Betriebsvereinbarungen (Diss. Mainz), 2006 (zit.: Auswirkungen von Umstrukturierungen auf Betriebsvereinbarungen); *Letzas* Die Fortgeltung von Einzel- und Gesamtbetriebsvereinbarungen beim Betriebsübergang, 2008 (zit.: Fortgeltung); *Lunk* Die originäre Zuständigkeit des Gesamtbetriebsrats gem. § 50 I 1 BetrVG – eine kritische Bestandsaufnahme der Fallgruppen, NZA 2013, 233; *Lunk/Leder* Mitbestimmung der Betriebsräte bei freiwilligen Leistungen, NZA 2011, 249; *Mäurer* Abgrenzung der Zuständigkeit zwischen Gesamtbetriebsrat und Einzelbetriebsrat, BetrR 1977, 381; *Markowski* Zuständigkeit des Gesamtbetriebsrats für Sozialplan, AiB 2012, 265; *Meyer, C.* Ablösung von Betriebs-, Gesamt- und Konzernbetriebsvereinbarungen beim Betriebsübergang, DB 2000, 1174; *ders.* Gestaltungsfragen kollektiver Weitergeltung von Gesamtbetriebsvereinbarungen beim Betriebsübergang – wider ein betriebsverfassungsrechtliches Interregnum!, ZIP 2004, 545; *Mothes* Die Zuständigkeit des Gesamtbetriebsrats bei Betriebsänderungen, AuR 1974, 325; *Müller, G.* Die Stellung des Gesamtbetriebsrates und des Konzernbetriebsrates nach dem neuen Betriebsverfassungsgesetz, FS *G. Küchenhoff*, 1972, 1. Halbband, S. 283; *Mues* Bestandsschutz und Änderbarkeit von Betriebsvereinbarungen nach Betriebsübergang und Betriebsteilübergang, DB 2003, 1273; *Neyses* Abgrenzung der Zuständigkeit zwischen Gesamtbetriebsrat und Einzelbetriebsrat bei Versetzungen, BlStSozArbR 1976, 371; *Niklas/Mückl* Auswirkungen eines Betriebsübergangs auf betriebsverfassungsrechtliche Ansprüche, DB 2008, 2250; *Ohlendorf/Salomon* Interessenausgleich mit Namensliste im Zuständigkeitsbereich des Gesamtbetriebsrats, NZA 2006, 131; *Peix* Errichtung und Fortbestand des Gesamtbetriebsrats unter besonderer Berücksichtigung von gewillkürten Arbeitnehmervertretungen und Unternehmensumstrukturierungen (Diss. Bielefeld), 2008; *Preis/Richter* Grenzen der normativen Fortgeltung von Betriebsvereinbarungen beim Betriebsübergang, ZIP 2004, 925; *Reinhard* Gesamtbetriebsrat und Gesamtbetriebsvereinbarungen nach Umstrukturierung (Diss. Heidelberg), 2011 (zit: Gesamtbetriebsrat und Gesamtbetriebsvereinbarungen); *Richardi* Die Zuständigkeit des Gesamtbetriebsrats zur Mitbestimmungsausübung, FS *Gitter*, 1995, S. 789; *Rieble* Betriebsverfassungsrechtliche Folgen der Betriebs- und Unternehmensumstrukturierung, NZA 2003 Sonderbeil. zu Heft 16, S. 62; *ders.* Delegation an den Gesamt- oder Konzernbetriebsrat, RdA 2005, 26; *Rieble/Gutzeit* Betriebsvereinbarungen nach Unternehmensumstrukturierung, NZA 2003, 233; *Robrecht* Die Gesamtbetriebsvereinbarung (Diss. Freiburg), 2008; *Röder/ Gragert* Mitbestimmungsrechte bei Untätigkeit eines zuständigen Gesamt- bzw. Konzernbetriebsrats am Beispiel von Betriebsänderungen, DB 1996, 1674; *Röder/Haußmann* Die Geltung von Gesamtbetriebsvereinbarungen nach einer Umwandlung, DB 1999, 1754; *Rumpff* Die mitbestimmungsrechtliche Lage bei Verlegungen von Arbeitnehmern von einem Betrieb zu einem anderen Betrieb desselben Unternehmens, BB 1973, 707; *Salomon* Das Schicksal von Gesamtbetriebsvereinbarungen bei Betriebs- und Betriebsteilveräußerungen (Diss. Hamburg), 2006 (zit.: Das Schicksal von Gesamtbetriebsvereinbarungen); *ders.* Die Fortgeltung von Gesamtbetriebsvereinbarungen beim Betriebsübergang, RdA 2007, 103; *ders.* Die Ablösung und Kündigung von Betriebsvereinbarungen beim Wegfall der beteiligten Arbeitnehmervertretung, NZA 2007, 367; *ders.* Auslegung, Wegfall der Geschäftsgrundlage und Auflösung von Konkurrenzen bei Gesamtbetriebsvereinbarungen, RdA 2009, 175; *ders.* Strategien im Zusammenhang mit der Zuständigkeitsverteilung zwischen Betriebs-, Gesamtbetriebs- sowie Konzernbetriebsrat, NZA 2013, 708; *Schiebe* Die betriebsverfassungsrechtliche Funktionsnachfolge – Unter besonderer Berücksichtigung der Weitergeltung von Betriebs- Gesamtbetriebs- und Konzernbetriebsvereinbarungen bei der Umstrukturierung von Betrieben und Unternehmen (Diss. Kiel), 2010 (zit.: Betriebsverfassungsrechtliche Funktionsnachfolge); *Schmelcher* Auswirkungen einer unterbliebenen Errichtung des Gesamtbetriebsrats bei davon berührten personellen Einzelmaßnahmen, FS *D. Gaul*, 1992, S. 497; *Schmidt, I.* Gemeinschaftsbetrieb und Gesamtbetriebsrat, FS *Küttner*, 2006, S. 499; *Schmitt-Rolfes* Interessenausgleich und Sozialplan in Unternehmen und Konzern, FS 50 Jahre *Bundesarbeitsgericht*, 2004, S. 1081; *Schönhöft/Kessenich* Rechtsscheintatbestände nach Beauftragung des Gesamtbetriebsrats zum Abschluss einer Betriebsvereinbarung, NZA-RR 2017, 1; *Schul* Verlagerung der Betriebsratszuständigkeit (Diss. München), 2009; *Siebert* Die Zuständigkeit des Gesamtbetriebsrats, 1999; *Sowka/Weiss* Gesamtbetriebsvereinbarung und Tarifvertrag bei Aufnahme eines neuen Betriebs in das Unternehmen, DB 1991, 1518; *Strasser* Der Zuständigkeitsbereich des Gesamt-(Zentral-)betriebsrates nach deutschem und österreichischem Recht, FS *Schnorr von Carolsfeld*, 1973, S. 483; *Thüsing* Folgen einer Umstrukturierung für Betriebsrat und Betriebsvereinbarung, DB 2004, 2474; *ders.* Zur Zuständigkeit des Gesamtbetriebsrats, ZfA 2010, 195; *Trappehl/Nussbaum* Auswirkungen einer Verschmelzung auf den Bestand von Gesamtbetriebsvereinbarungen, BB 2011, 2869; *Wahlig/Witteler* Was wird aus Gesamtbetriebsvereinbarungen? AuA 2/2004, 14; *Willemsen/Hohenstatt/Schweibert/Seibt* Umstrukturierung und Übertragung von Unternehmen, 5. Aufl. 2016; *Wißmann* Das schwierige Miteinander von Interessenausgleich und Sozialplan, FS zum 25-jährigen Bestehen der *Arbeitsgemeinschaft Arbeitsrecht im Deutschen Anwaltsverein*, 2006, S. 1037; *Zimmer/Rupp* Namensliste durch Gesamtbetriebsrat, FA 2005, 259.

Inhaltsübersicht

	Rdn.
I. Vorbemerkung	1–8
II. Rechtsstellung des Gesamtbetriebsrats	9–15
1. Eigener Zuständigkeitsbereich	9
2. Juristische Teilperson	10–12
3. Gleichordnung von Gesamtbetriebsrat und Einzelbetriebsräten	13–15
III. Zuständigkeitsverhältnis zwischen Gesamtbetriebsrat und Einzelbetriebsräten	16–21
1. Zuständigkeitstrennung	17–19
2. Gegenstand der Zuständigkeitstrennung	20, 21
IV. Zuständigkeit des Gesamtbetriebsrats kraft Gesetzes (Abs. 1)	22–54
1. Überbetriebliche Angelegenheit	23–25
2. Nichtregelnkönnen durch die Einzelbetriebsräte	26–48
a) Unmöglichkeit betrieblicher Regelung	29–37
aa) Objektive Unmöglichkeit	29, 30
bb) Subjektive Unmöglichkeit	31–37
b) Erforderlichkeit unternehmenseinheitlicher Regelung	38–44
c) Umfang der Zuständigkeit des Gesamtbetriebsrats	45–48
3. Einzelfälle aus der Rechtsprechung	49–54
a) Allgemeine Aufgaben	50
b) Soziale Angelegenheiten	51
c) Gestaltung von Arbeitsplatz, Arbeitsablauf und Arbeitsumgebung	52
d) Personelle Angelegenheiten	53
e) Wirtschaftliche Angelegenheiten	54
V. Regelungszuständigkeit auch für betriebsratslose Betriebe	55–62
VI. Zuständigkeit des Gesamtbetriebsrats kraft Auftrags (Abs. 2)	63–76
1. Beauftragung des Gesamtbetriebsrats	65–71

2. Gegenstand der Beauftragung	72–76
VII. Ausübung der Zuständigkeit durch den Gesamtbetriebsrat	77–99
1. Ausübungsformen	77–79
2. Verhandlungspartner des Gesamtbetriebsrats	80, 81
3. Zuständigkeitsüberschreitungen, Zuständigkeitswechsel	82–88
4. Beendigung von Gesamtbetriebsvereinbarungen	89–91
5. Kollektivrechtliche Fortgeltung von Gesamtbetriebsvereinbarungen bei Betriebs- und Betriebsteilübergängen	92–99
VIII. Streitigkeiten	100–104

I. Vorbemerkung

Die Bestimmung legt die **Zuständigkeit des Gesamtbetriebsrats** fest und **grenzt** damit zugleich die **Zuständigkeitsbereiche** von Gesamtbetriebsrat einerseits und Einzelbetriebsräten andererseits **voneinander ab**. 1

§ 50 Abs. 1 ist durch Art. 1 Nr. 36 BetrVerf-Reformgesetz vom 23.07.2001 (BGBl. I, S. 1852) um die Regelung in Abs. 1 Satz 1 Halbs. 2 erweitert worden. Ansonsten entspricht Abs. 1, der schon in § 91 BRG 1920 eine Vorgängerbestimmung hatte, wörtlich § 48 Abs. 1 BetrVG 1952 mit dem einzigen Unterschied, dass in den Eingangsworten »der Gesamtbetriebsrat ist nur zuständig . . .« das Wort »nur« weggefallen ist. Obwohl die Zuständigkeitsverteilung in § 48 Abs. 1 BetrVG 1952 zu erheblichen Auslegungszweifeln Anlass gegeben hatte und z. B. von *Hueck/Nipperdey* (II/2, S. 1209) schlicht als »verunglückt« bezeichnet wurde, hat der Gesetzgeber die Regelung in Abs. 1 als »inhaltlich dem geltenden Recht entsprechend« übernommen (vgl. Begründung zum RegE BetrVG 1972, BR-Drucks. 715/70, S. 43). Offenbar war keine andere Abgrenzungsformel politisch kompromissfähig. Ein die Zuständigkeit des Gesamtbetriebsrats erweiternder Änderungsantrag der Fraktion der CDU/CSU (vgl. BT-Drucks. VI/1806, § 80 Abs. 1), der die Zuständigkeit des Gesamtbetriebsrats unter anderem daran anknüpfen wollte, dass eine »einheitliche Regelung im Interesse der Arbeitnehmer des Unternehmens oder des Unternehmens selbst erforderlich ist«, fand keine Mehrheit. Die Mehrheit im Ausschuss für Arbeit und Sozialordnung sah in dieser Formulierung eine »zu starke Zuständigkeitsverlagerung zu Lasten der einzelnen Betriebsräte; außerdem hielt sie eine an den Interessen des Unternehmens und nicht an die seiner Arbeitnehmer anknüpfende Zuständigkeit des Gesamtbetriebsrats für nicht sachgerecht« (vgl. zu BT-Drucks. VI/2729, S. 26). 2

Die Neuregelung in Abs. 1 Satz 1 Halbs. 2 erstreckt die (originäre) Zuständigkeit des Gesamtbetriebsrats auf **Betriebe ohne Betriebsrat**. Das BetrVerf-Reformgesetz hat damit die frühere Streitfrage gegen die bis dahin h. M., die vom *BAG* geteilt wurde, entschieden (vgl. zum Streitstand 6. Aufl., § 50 Rn. 41). Diese hatte ihre Auffassung damit begründet, dass betriebsratslose Betriebe außerhalb der Betriebsverfassung stünden und der Gesamtbetriebsrat nicht legitimiert sei, für die Belegschaften betriebsratsloser Betriebe tätig zu werden. Zur Legitimationsfrage äußert sich die Begründung zum RegE des BetrVerf-Reformgesetzes nicht; sie hebt hervor (vgl. BT-Drucks. 14/5741, S. 42 f.), dass mit der Neuregelung erreicht werden soll, dass in überbetrieblichen Angelegenheiten Arbeitnehmer in betriebsratslosen Betrieben mit Arbeitnehmern aus Betrieben mit einem Betriebsrat gleichbehandelt werden. 3

Die in Abs. 2 den Einzelbetriebsräten durch das BetrVG 1972 neu eröffnete Möglichkeit, den Gesamtbetriebsrat mit der Behandlung einzelner Angelegenheiten für sie zu beauftragen, erschien dem Gesetzgeber »zweckmäßig, da dem Gesamtbetriebsrat wegen seines unmittelbaren Kontakts zur Unternehmensleitung vielfach bessere Verhandlungsmöglichkeiten zur Verfügung stehen« (vgl. BR-Drucks. 715/70, S. 43). 4

Da § 50 die materielle Rechtszuständigkeit des Gesamtbetriebsrats festlegt, hätte es der Systematik des Gesetzes (vgl. §§ 1 ff., 74 ff.) besser entsprochen, die Bestimmung nach den Organisationsregelungen über die Geschäftsführung des Gesamtbetriebsrats in § 51 Abs. 1 bis 4 und auch nach §§ 52, 53 in das Gesetz einzustellen. Dann wäre auch der wichtige **Zusammenhang zu § 51 Abs. 5** deutlicher geworden. Erst im Kontext der §§ 50, 51 Abs. 5 erschließt sich die Rechtsstellung des Gesamtbetriebsrats (vgl. Rdn. 11). 5

6 § 50 regelt die **Zuständigkeitsabgrenzung** zwischen Gesamtbetriebsrat und Einzelbetriebsräten **zwingend** (ebenso *BAG*, st. Rspr. seit 28.04.1992 EzA § 50 BetrVG 1972 Nr. 10 S. 10; 11.11.1998 EzA § 50 BetrVG 1972 Nr. 16 S. 12 = AP Nr. 18 zu § 50 BetrVG 1972 [zust. *Jacobs*]; 09.12.2003 EzA § 50 BetrVG 2001 Nr. Nr. 3 S. 9; 14.11.2006 EzA § 50 BetrVG 2001 Nr. 6 Rn. 34; *Fitting* § 50 Rn. 3, 10; *Glock/HWGNRH* § 50 Rn. 3; *Hohenstatt/Dzida/HWK* § 50 BetrVG Rn. 1; *Kittner* Anm. zu EzA § 50 BetrVG 1972 Nr. 1; *Koch/*ErfK § 50 BetrVG Rn. 1; *Löwisch/LK* § 50 Rn. 10; *Richardi* FS *Gitter*, S. 789 f.; *Richardi/Annuß* § 50 Rn. 52; *Robrecht* Die Gesamtbetriebsvereinbarung, S. 102 ff.; *Roloff/ WPK* § 50 Rn. 1; *Stege/Weinspach/Schiefer* §§ 47–52 Rn. 7; *Tautphäus/*HaKo § 50 Rn. 1; *Trittin/ DKKW* § 50 Rn. 21). Sie kann als gesetzliche Organisationsregelung, die eine Abweichung nicht zulässt, weder durch Tarifvertrag noch Betriebsvereinbarung noch durch eine Vereinbarung zwischen Gesamtbetriebsrat und Einzelbetriebsräten abgeändert werden; abweichende Regelungen sind unwirksam. Ebenso wenig können Arbeitgeber und Gesamtbetriebsrat gemeinsam die Zuständigkeit der einzelnen Betriebsräte wirksam abbedingen (*BAG* 30.08.1995 EzA § 87 BetrVG 1972 Kontrolleinrichtung Nr. 21 S. 6; 09.12.2003 EzA § 50 BetrVG 2001 Nr. 3 S. 9; 14.11.2006 EzA § 50 BetrVG 2001 Nr. 6 Rn. 22). Davon zu unterscheiden ist die Möglichkeit, dem Gesamtbetriebsrat durch Tarifvertrag Zuständigkeiten in Bereichen zu übertragen, die durch das BetrVG nicht abschließend geregelt sind (ebenso *Fitting* § 50 Rn. 3; *Kittner* Anm. zu EzA § 50 BetrVG 1972 Nr. 1; abl. *Jacobs* Anm. AP Nr. 18 zu § 50 BetrVG 1972 Bl. 10). Unberührt bleiben auch die Möglichkeiten abweichender Regelungen nach § 3 Abs. 1 und 2 (z. B. entfällt die Zuständigkeitsabgrenzung bei Bestimmung eines unternehmenseinheitlichen Betriebsrats nach § 3 Abs. 1 Nr. 1a, Abs. 2). Zu Sonderregelungen für die privatisierten **Postunternehmen** vgl. Rdn. 53 a. E.

7 Für die **Gesamt-Jugend- und Auszubildendenvertretung** gilt § 50 entsprechend (vgl. § 73 Abs. 2). Die Zuständigkeit des **Konzernbetriebsrats** richtet sich nach § 58; diese Bestimmung gilt für die **Konzern-Jugend- und Auszubildendenvertretung** entsprechend (§ 73b Abs. 2).

8 Zum **Personalvertretungsrecht** vgl. § 82 BPersVG; für **Sprecherausschüsse** vgl. § 18 Abs. 1 und 2 SprAuG.

II. Rechtsstellung des Gesamtbetriebsrats

1. Eigener Zuständigkeitsbereich

9 Das Gesetz räumt in § 50 Abs. 1 dem Gesamtbetriebsrat einen **eigenen Zuständigkeitsbereich** ein. Genau genommen sind es zwei Zuständigkeitsbereiche, nämlich für Angelegenheiten des **Gesamtunternehmens** und für Angelegenheiten **mehrerer Betriebe**. Zu diesen **originären Zuständigkeiten** kommt eine **Auftragszuständigkeit** (»Zuständigkeit kraft Delegation«) nach Abs. 2 hinzu. Außerdem bestehen Zuständigkeiten **nach Sondernormen** (vgl. § 51 Rdn. 83 ff.). Prägend für die Eigenständigkeit des Gesamtbetriebsrats ist seine originäre gesetzliche Zuständigkeit nach Abs. 1.

2. Juristische Teilperson

10 Mit der Feststellung von Zuständigkeiten ist die **Rechtsstellung** des Gesamtbetriebsrats **in der Privatrechtsordnung** noch unzulänglich erfasst. Dafür müssen vielmehr diejenigen juristischen Kategorien in die Betrachtung einbezogen werden, nach denen im Rechtsgefüge Rechtsverhältnisse gestaltet und geordnet werden. Das sind im Privatrechtssystem das subjektive Recht und die Rechtspflicht sowie die Handlungsfähigkeit eines Rechtssubjekts (vgl. *Kreutz* Betriebsautonomie, S. 19 f.). Erst die Zuordnung von Rechten und Pflichten an ein Rechtssubjekt, verbunden mit der Möglichkeit, Berechtigungen auszuüben und Verpflichtungen zu erfüllen, begründet dessen Zuständigkeit. Umgekehrt folgt dementsprechend aus der gesetzlichen Festlegung eines Zuständigkeitsbereichs für den Gesamtbetriebsrat dessen Innehabung von Befugnissen und Verpflichtungen.

11 Eine maßgebliche Ergänzung erfährt § 50 insoweit durch § 51 Abs. 5. Danach gelten die Vorschriften über Rechte und Pflichten des Betriebsrats entsprechend für den Gesamtbetriebsrat, soweit dieses Gesetz keine besonderen Vorschriften enthält. Lässt man die wenigen gesetzlichen Sondervorschriften (vgl. dazu § 51 Rdn. 83 ff.) außer Betracht, so hat im Übrigen der Gesamtbetriebsrat **die gleichen**

Rechte und Pflichten, die das Betriebsverfassungsgesetz – abstrakt betrachtet – dem Betriebsrat zuordnet. Den Kernbereich bilden dabei die Vorschriften über die je nach Intensität abgestuften Mitwirkungs- und Mitbestimmungsrechte im Vierten Teil des Gesetzes (§§ 74 bis 113) in sozialen Angelegenheiten, bei der Gestaltung von Arbeitsplatz, Arbeitsablauf und Arbeitsumgebung, in personellen und wirtschaftlichen Angelegenheiten, die durch die Zuständigkeit des Gesamtbetriebsrats **keine Ausweitung oder Einschränkung** erfahren. Daneben sind vor allem die allgemeinen Pflichten gem. § 2 Abs. 1, §§ 74, 75 und 80 Abs. 1 herauszugreifen (vgl. zur neuerdings abweichenden, aber verfehlten Ansicht des *BAG* zur Bedeutung des § 51 Abs. 5: § 51 Rdn. 79). Die **Handlungsfähigkeit** des Gesamtbetriebsrats ergibt sich aus § 50 Abs. 1, wenn es da heißt, dass der Gesamtbetriebsrat »für die Behandlung« zuständig ist. Auch dem Gesamtbetriebsrat stehen die Ausübungsformen wie dem Einzelbetriebsrat zu; insbesondere kann auch der Gesamtbetriebsrat Betriebsvereinbarungen abschließen (§ 51 Abs. 5, § 77).

Als eigenständiger, handlungsfähiger Träger betriebsverfassungsrechtlicher Rechte und Pflichten ist **12** der Gesamtbetriebsrat danach **juristische Teilperson** (vgl. entsprechend zum Betriebsrat *Kreutz* Betriebsautonomie, S. 39 m. w. N.; zust. *Grotkamp* Gesamtbetriebsrat, S. 27), sofern man anerkennt, dass es in unserer Rechtsordnung eine partielle Rechtsfähigkeit gibt (vgl. insbesondere *Fabricius* Relativität der Rechtsfähigkeit, 1963). Nach außen handelt der Gesamtbetriebsrat durch seine Organe (vgl. § 51 Abs. 1, § 26 Abs. 2). Seine Rechts- und Pflichtenträgerschaft bezieht sich auf den ihm vom Gesetz eingeräumten **Zuständigkeitsbereich** (vgl. Rdn. 9).

3. Gleichordnung von Gesamtbetriebsrat und Einzelbetriebsräten

Die Rechtsstellung des Gesamtbetriebsrats wird schließlich maßgebend durch seine **Gleichordnung** **13** mit den im Unternehmen bestehenden Betriebsräten geprägt. § 50 Abs. 1 Satz 2 bestimmt ausdrücklich, dass der Gesamtbetriebsrat den einzelnen Betriebsräten **nicht übergeordnet** ist. Das bedeutet insbesondere, dass der Gesamtbetriebsrat Angelegenheiten nicht an sich ziehen kann, für die die einzelnen Betriebsräte zuständig sind. Der Gesamtbetriebsrat kann diesen aber auch **keine verbindlichen Weisungen** geben (ebenso *Brill* AuR 1983, 170; *Fitting* § 50 Rn. 5; *Galperin/Löwisch* § 50 Rn. 2; *Glock/HWGNRH* § 50 Rn. 5; *Koch/ErfK* § 50 BetrVG Rn. 1; *Richardi/Annuß* § 50 Rn. 44; *Tautphäus/HaKo* § 50 Rn. 31; *Trittin/DKKW* § 50 Rn. 7; *Weiss/Weyand* § 50 Rn. 1); diese sind also nicht weisungsgebunden. Der Gesamtbetriebsrat hat auch **keine Richtlinienkompetenz**; insofern kann er weder verbindliche Richtlinien für den Abschluss von Betriebsvereinbarungen vorgeben noch in sonstiger Weise die Behandlung von Angelegenheiten festlegen (ebenso *Brill* AuR 1983, 170; *Fitting* § 50 Rn. 5; *Richardi/Annuß* § 50 Rn. 44). Er ist aber nicht gehindert, sich um die **Koordinierung** der Tätigkeiten der Einzelbetriebsräte in den einzelnen Angelegenheiten zu bemühen (ebenso *Fitting* § 50 Rn. 5; *Galperin/Löwisch* § 50 Rn. 2; *Glock/HWGNRH* § 50 Rn. 5; *Grotkamp* Gesamtbetriebsrat, S. 33 f.; *Richardi/Annuß* § 50 Rn. 44; *Trittin/DKKW* § 50 Rn. 9). Insoweit ist zu berücksichtigen, dass der Gesamtbetriebsrat durch die Art seiner Errichtung geradezu als Arbeitsgemeinschaft der Betriebsräte erscheint (vgl. auch *Blomeyer* DB 1967, 2221, der von einem »Delegierten«-Ausschuss spricht). Rechtlich hat der Gesamtbetriebsrat jedoch keine Handhabe, dabei verbindlichen Einfluss auszuüben. Das ändert sich erst, wenn der Gesamtbetriebsrat (ausnahmsweise) zum Ausgleich **kollidierender** Betriebsratsinteressen an die Stelle der sonst zuständigen Einzelbetriebsräte tritt (vgl. dazu Rdn. 42).

Andererseits ist auch der **Gesamtbetriebsrat** den Einzelbetriebsräten **nicht untergeordnet** (ebenso **14** *Brill* AuR 1983, 170; *Fitting* § 50 Rn. 6; *Glock/HWGNRH* § 50 Rn. 5; *Richardi/Annuß* § 50 Rn. 45; *Trittin/DKKW* § 50 Rn. 7). Deshalb können weder einzelne Betriebsräte noch alle Einzelbetriebsräte zusammen dem Gesamtbetriebsrat in seinem Zuständigkeitsbereich verbindliche Weisungen erteilen und ihn dadurch in seinem Verhalten festlegen. Dabei stößt die rechtliche und institutionelle Unabhängigkeit und Eigenständigkeit des Gesamtbetriebsrats jedoch an die Grenzen seiner verfahrensmäßigen Errichtung. Durch die Möglichkeit jederzeitiger Abberufung besteht **doch** eine weitgehende **faktische Abhängigkeit** der Gesamtbetriebsratsmitglieder von den einzelnen Betriebsräten (richtig *Weiss/Weyand* § 50 Rn. 1; zust. *Fitting* § 50 Rn. 6), auch wenn sie rechtlich nicht weisungsgebunden sind (vgl. auch *BAG* 05.12.1975 AP Nr. 1 zu § 47 BetrVG 1972 und m. w. N. § 51 Rdn. 74).

§ 50

15 Die Eigenständigkeit des Gesamtbetriebsrats als Organ der Betriebsverfassung wird schließlich dadurch unterstrichen, dass er einem etwa bestehenden **Konzernbetriebsrat nicht untergeordnet** ist (§ 58 Abs. 1 Satz 2). Im Übrigen wird in § 58 Abs. 1 Satz 1 das Zuständigkeitsverhältnis von Konzernbetriebsrat und Gesamtbetriebsräten in den Konzernunternehmen nach den gleichen Kriterien abgegrenzt, nach denen in § 50 Abs. 1 Satz 1 die Zuständigkeitsabgrenzung zwischen Gesamtbetriebsrat und Einzelbetriebsräten erfolgt.

III. Zuständigkeitsverhältnis zwischen Gesamtbetriebsrat und Einzelbetriebsräten

16 Da nach der Konzeption des Gesetzes, wie sie sich aus § 50 Abs. 1 i. V. m. § 51 Abs. 5 ergibt, Gesamtbetriebsrat und Einzelbetriebsräte eigenständig und unabhängig nebeneinander stehen (vgl. Rdn. 13 f.) und grundsätzlich Träger der gleichen betriebsverfassungsrechtlichen Rechte und Pflichten sind (vgl. Rdn. 11), kommt der Abgrenzung der jeweiligen Zuständigkeitsbereiche maßgebliche Bedeutung zu. Das Gesetz nimmt auch diese Zuständigkeitsabgrenzung in § 50 Abs. 1 vor, indem es dem Gesamtbetriebsrat für Angelegenheiten des Gesamtunternehmens oder mehrerer Betriebe nur dann die Zuständigkeit einräumt, wenn Angelegenheiten »nicht durch die einzelnen Betriebsräte innerhalb ihrer Betriebe geregelt werden können«. Die Norm hat daher nicht nur zuständigkeitseinräumende, sondern zugleich auch zuständigkeitsabgrenzende Funktion; sie ist **auch Kollisionsnorm**.

1. Zuständigkeitstrennung

17 Dem Gesetzgeber hätten theoretisch mehrere Regelungsalternativen zur Verfügung gestanden, um Kompetenzüberschneidungen zwischen Gesamtbetriebsrat und Einzelbetriebsräten zu vermeiden. Eine Möglichkeit hätte darin bestanden, bestimmte Mitwirkungs- und Mitbestimmungsrechte **nur** dem Gesamtbetriebsrat oder **nur** den einzelnen Betriebsräten zuzuordnen. Wie § 51 Abs. 5 zeigt, hat der Gesetzgeber diese Möglichkeit im Grundsatz nicht gewählt, ungeachtet der Tatsache, dass in wenigen Sonderbestimmungen des Gesetzes (insbesondere §§ 54 ff., 107 Abs. 2 Satz 2) ausschließliche Zuständigkeiten des Gesamtbetriebsrats begründet worden sind. Auch hat der Gesetzgeber den Gesamtbetriebsrat **nicht** auf eine **bloße Rahmenkompetenz** festgelegt, die auf Ausfüllung durch die Einzelbetriebsräte angelegt ist (ebenso jetzt *BAG* 14.11.2006 EzA § 50 BetrVG 2001 Nr. 6 Rn. 33, 35 [bei mitbestimmungspflichtigen Angelegenheiten] m. w. N. auch zur Gegenmeinung; zust. *Fitting* § 50 Rn. 28; *Koch*/ErfK § 50 BetrVG Rn. 2; *Löwisch*/LK § 50 Rn. 9; *Richardi*/*Annuß* § 50 Rn. 47; vgl. auch Rdn. 46). Wenn man den Vergleich zwischen der ausschließlichen Gesetzgebungskompetenz des Bundes (Art. 71 GG) zur konkurrierenden Gesetzgebungszuständigkeit von Bund und Ländern (Art. 72 GG) heranziehen möchte (vgl. etwa noch *Trittin*/DKKW 13. Aufl., § 50 Rn. 61), so findet man in § 50 Abs. 1 keine Anhaltspunkte für eine konkurrierende Zuständigkeit zwischen Gesamtbetriebsrat und Einzelbetriebsräten derart, dass die Zuständigkeit der Betriebsräte erst dann ausgeschlossen ist, wenn der Gesamtbetriebsrat von seiner Regelungszuständigkeit Gebrauch gemacht hat. Die Zuständigkeit des Gesamtbetriebsrats ist **originär** (vgl. auch *BAG* 18.10.1988 EzA § 83 ArbGG 1979 Nr. 8 S. 3; ebenso *BAG* 19.07.2007 EzA § 58 BetrVG 2001 Nr. 1 Rn. 18; *Joost*/MünchArbR § 225 Rn. 30) und nicht lediglich eine Vorrangkompetenz.

18 Die Zuständigkeitsabgrenzung in § 50 Abs. 1 ist **genereller** und **ausschließlicher Art**. Es gilt der Grundsatz der **Zuständigkeitstrennung** (so jetzt ausdrücklich auch *BAG* 14.11.2006 EzA § 50 BetrVG 2001 Nr. 6 Rn. 34 = AP Nr. 43 zu § 87 BetrVG 1972 Überwachung [zust. *Richardi*]; vgl. aber auch Rdn. 20 f.). Im Einzelfall können entweder nur die Einzelbetriebsräte oder nur der Gesamtbetriebsrat für die Behandlung einer bestimmten Angelegenheit zuständig sein. Dieses Verhältnis eines **Entweder/Oder** ergibt sich zwingend daraus, dass der Gesamtbetriebsrat nur zuständig ist, wenn eine Angelegenheit **nicht** durch die einzelnen Betriebsräte innerhalb ihrer Betriebe geregelt werden **kann**. Logisch-teleologisch können danach nicht beide konkurrierend zuständig sein, ungeachtet aller Auslegungsschwierigkeiten beim Begriff des »Nichtregelnkönnens« (vgl. dazu näher Rdn. 26 ff.). Liegen die Voraussetzungen vor, an die das Gesetz die Zuständigkeit des Gesamtbetriebsrats knüpft, so ist eine eigene Zuständigkeit der Einzelbetriebsräte ausgeschlossen. Der Gesamtbetriebsrat tritt an die Stelle der sonst zuständigen Einzelbetriebsräte. Zu Recht hat dementsprechend das *BAG* leitsatzhaft

formuliert: »Originäre Mitbestimmungsrechte des Gesamtbetriebsrats und entsprechende Mitbestimmungsrechte der Einzelbetriebsräte schließen sich gegenseitig aus« (*BAG* 06.04.1976 AP Nr. 2 zu § 50 BetrVG 1972; bestätigt durch *BAG* 03.05.1984 AP Nr. 5 zu § 95 BetrVG 1972; ebenso *Behne* AiB 1990, 321; *Brill* AuR 1983, 170; *Ehrich* ZfA 1993, 427 [430 f.]; *Ch. Fischer* SAE 2003, 50; *Galperin/Löwisch* § 50 Rn. 2; *Glock/HWGNRH* § 50 Rn. 5; *Grotkamp* Gesamtbetriebsrat, S. 47 ff.; *v. Hoyningen-Huene* Betriebsverfassungsrecht, § 6 Rn. 15; *Hunold* AR-Blattei SD 530.12. 2, Rn. 37; *Keim* BB 1987, 962 [964]; *Koch/ErfK* § 50 BetrVG Rn. 2; *Röder/Gragert* DB 1996, 1674 [1675 f.]; *Schmitt-Rolfes* FS 50 Jahre Bundesarbeitsgericht, S. 1081 [1084]; jetzt auch *Braun* Die Fortgeltung von Betriebsvereinbarungen, S. 163; *Engels* FS *Kreutz*, S. 93 [98, 100]; *Fitting* § 50 Rn. 9 ff.; *Greve* Gesamt- und Konzernbetriebsvereinbarung, S. 35 ff.; *Hümmerich* Zuständigkeitsabgrenzung, S. 13 ff.; *Reinhard* Gesamtbetriebsvereinbarung, S. 29; *Richardi/Annuß* § 50 Rn. 46; *Robrecht* Die Gesamtbetriebsvereinbarung, S. 115 ff.; *Salamon* Das Schicksal von Gesamtbetriebsvereinbarungen, S. 50 ff.; *Schul* Verlagerung der Betriebsratszuständigkeit, S. 69 ff., 110; *Tautphäus/HaKo* § 50 Rn. 2; **a. M.** nur *Trittin/DKKW* § 50 Rn. 68). Das bedeutet namentlich auch, dass die Zuständigkeit der Betriebsräte auch dann ausgeschlossen ist (**keine Auffangzuständigkeit**), wenn der Gesamtbetriebsrat seine (bestehende) Zuständigkeit noch nicht (oder noch nicht abschließend; *BAG* 14.11.2006 EzA § 50 BetrVG 2001 Nr. 6 Rn. 35) wahrgenommen hat, aus welchem Grunde auch immer (ebenso *BAG* 16.11.2006 EzA § 50 BetrVG 2001 Nr. 6 Rn. 35; *Fitting* § 50 Rn. 9; *Glock/HWGNRH* § 50 Rn. 5; *Hümmerich* Zuständigkeitsabgrenzung, S. 21 ff.; *Koch/ErfK* § 50 BetrVG Rn. 2; *Löwisch/LK* § 50 Rn. 1 f.; *Richardi/Annuß* § 50 Rn. 46; *Röder/Gragert* DB 1996, 1674 [1675 f.]; zust. *LAG Düsseldorf* 06.02.1991 LAGE § 50 BetrVG 1972 Nr. 4 S. 4; NZA 1992, 613 [614]; *Etzel* HzA Gruppe 19/1, Rn. 1358; *Maschmann/DFL* § 50 BetrVG Rn. 1; *Robrecht* Die Gesamtbetriebsvereinbarung, S. 115 ff.; *Salamon* Das Schicksal von Gesamtbetriebsvereinbarungen, S. 50 ff.; *Schmelcher* FS *D. Gaul*, S. 497 [507]; *Tautphäus/HaKo* § 50 Rn. 33; **a. M.** insoweit *LAG Hamburg* 27.10.1997 LAGE § 98 ArbGG 1979 Nr. 30 S. 7; *LAG Nürnberg* NZA 1990, 503; *LAG Berlin* DB 1979, 2091; *Hielmann* AuA 1995, 48; *G. Müller* FS *Küchenhoff*, S. 293; neuerdings nur noch *Trittin/DKKW* § 50 Rn. 59 ff.). Vgl. zu **Konsequenzen** der Zuständigkeitstrennung näher Rdn. 82 ff.

Im Zuständigkeitsverhältnis zwischen Gesamtbetriebsrat und Einzelbetriebsräten wird vielfach eine **19 Primärzuständigkeit** der Einzelbetriebsräte hervorgehoben (vgl. etwa *BAG* 21.03.1996 EzA § 102 BetrVG 1972 Nr. 91 S. 3; 18.10.1994 EzA § 87 BetrVG 1972 Betriebliche Lohngestaltung Nr. 47 S. 7; 06.04.1976 AP Nr. 2 zu § 50 BetrVG 1972 Bl. 2 R; *LAG Düsseldorf* 05.07.1991 LAGE § 50 BetrVG 1972 Nr. 6 S. 2/3; *LAG Köln* DB 1987, 2107; *Etzel* HzA Gruppe 19/1, Rn. 1357; *Kittner* BlStSozArbR 1976, S. 234, spricht insoweit gar von einem »obersten Prinzip des § 50 BetrVG«; *Koch/ErfK* § 50 BetrVG Rn. 2; *Maschmann/DFL* § 50 BetrVG Rn. 4; *Meyer* SAE 2003, 310 ff. [314]; *Richardi/Annuß* § 50 Rn. 3; *Trittin/DKKW* § 50 Rn. 59; *Weiss/Weyand* § 50 Rn. 2), teilweise wird von einer **Vermutung** zugunsten der Zuständigkeit der Einzelbetriebsräte gesprochen (vgl. *Dietz* § 48 Rn. 3a; *Fabricius* Erstbearbeitung, § 50 Rn. 5; *Neumann-Duesberg* DB 1962, 1012; *LAG Niedersachsen* 26.08.2008 – 1 TaBV 62/08 – juris, Rn. 25), oder es wird in der Formulierung des Gesetzes (»und nicht ... geregelt werden können«) sogar eine **Beweislastregelung** gesehen (so *Gaul* Anm. zu *BAG* AP Nr. 1 zu § 56 BetrVG Urlaubsplan). **Dem ist so nicht zu folgen** (vgl. auch *Grotkamp* Gesamtbetriebsrat, S. 37 ff.; *Hümmerich* Zuständigkeitsabgrenzung, S. 19 f.; *Robrecht* Die Gesamtbetriebsvereinbarung, S. 119 f.; jetzt ebenso *Fitting* § 50 Rn. 9, 12). Für eine besondere Beweislastregelung fehlen ebenso Anhaltspunkte im Gesetz wie für eine Vermutungsbasis, von der aus auf die Zuständigkeit der Einzelbetriebsräte geschlossen werden könnte. Vielmehr ist immer im konkreten Fall **durch Subsumtion zu ermitteln**, ob die Voraussetzungen für eine Zuständigkeit des Gesamtbetriebsrats nach § 50 Abs. 1 Satz 1 Halbs. 1 vorliegen. Ist das der Fall, so ist der Gesamtbetriebsrat zuständig, und die Einzelbetriebsräte sind unzuständig. Der Hinweis auf eine Primärzuständigkeit der Einzelbetriebsräte geht insoweit fehl. Insbesondere ist dieser Hinweis dementsprechend auch nicht geeignet, eine Zuständigkeit der Einzelbetriebsräte zu reklamieren, solange der Gesamtbetriebsrat seine Zuständigkeit nicht ausgeübt hat (vgl. auch Rdn. 17, 18). Von einer Primärzuständigkeit der Einzelbetriebsräte kann daher **nur insoweit** gesprochen werden, als **an deren Stelle** der Gesamtbetriebsrat (nur) tritt, wenn er zuständig ist (ebenso *BAG* 16.08.1983 EzA § 50 BetrVG 1972 Nr. 9 S. 44; *Galperin/Löwisch* § 50 Rn. 2; *Glock/HWGNRH* § 50 Rn. 5; *Joost/MünchArbR* § 225 Rn. 33; *Koch/ErfK* § 50 BetrVG Rn. 2; *Maschmann/DFL* § 50 BetrVG Rn. 4) bzw. umgekehrt die Einzelbetriebsräte zuständig sind, wenn die (beiden) Voraussetzungen der Zuständigkeit des Gesamtbetriebsrats nicht vorliegen (so etwa auch *BAG* 03.05.2006 EzA § 112 BetrVG 2001 Nr. 17 Rn. 25; *Fitting* § 50 Rn. 17, 20). Entsprechendes gilt für den Hinweis, der eigene Zuständigkeitsbereich des Gesamtbetriebsrats sei nach dem Subsidiaritätsprinzip abgegrenzt (so etwa *Richardi/Annuß* § 50 Rn. 3, 46; *Küchenhoff* § 50 Rn. 2; vgl. auch *BAG* 20.12.1988 EzA § 80 BetrVG 1972 Nr. 33 S. 10); ein Subsidiaritätsverhältnis wäre mit § 50 Abs. 1 Satz 2 unvereinbar (zutr. *Blomeyer* DB 1967, 2222 f.). Der Grundsatz der Zuständigkeitstrennung (vgl. Rdn. 18) hat vielmehr zur Konsequenz, dass **Beteiligungsrechte entfallen**, wenn der Gesamtbetriebsrat originär zuständig ist, aber gesetzwidrig kein Gesamtbetriebsrat errichtet worden ist (jetzt zust. *Fitting* § 50 Rn. 10; *Koch/ErfK* § 50 BetrVG Rn. 2; *Maschmann/DFL* § 50 BetrVG Rn. 1; *Richardi/Annuß* § 50 Rn. 46; *Schmitt-Rolfes* FS 50 Jahre Bundesarbeitsgericht, S. 1081 [1086]; ebenso für Fälle, in denen der Gesamtbetriebsrat bei personellen Einzelmaßnahmen ausnahmsweise zuständig ist, *Schmelcher* FS D. Gaul, S. 497 [506 ff.]).

2. Gegenstand der Zuständigkeitstrennung

20 Dem Gegenstand nach bezieht sich die Zuständigkeitstrennung in Abs. 1 zunächst grundsätzlich ganz allgemein auf die **betriebsverfassungsrechtlichen Beteiligungsrechte und ihre Ausübung**. Dazu zählen insbesondere die der Intensität nach gestaffelten Mitwirkungs- und Mitbestimmungsrechte in sozialen, personellen und wirtschaftlichen Angelegenheiten, aber auch die Beteiligung nach §§ 80, 90, 91. Insofern erfasst die Zuständigkeits**verteilung** nach § 50 Abs. 1 aber nicht den vollständigen Rechte- und Pflichtenkreis des Gesamtbetriebsrats, der nach § 51 Abs. 5 grundsätzlich dem des Betriebsrats entspricht (vgl. Rdn. 11; vgl. auch *BAG* 21.11.1978 AP Nr. 4 zu § 50 BetrVG 1972). Im Wortlaut des § 50 Abs. 1 kommt das dadurch zum Ausdruck, dass die Zuständigkeitsregelung auf »die Behandlung von Angelegenheiten« bezogen ist. Insoweit knüpft das Gesetz erkennbar an die traditionelle Gliederung im materiellen Betriebsverfassungsrecht an, wo insbesondere soziale, personelle und wirtschaftliche (Beteiligungs-)Angelegenheiten unterschieden werden (vgl. die Überschriften des 3., 5. und 6. Abschnitts im 4. Teil des Gesetzes). Mit dem umfassenden Begriff der »Behandlung« gewährleistet das Gesetz dem Gesamtbetriebsrat Handlungsfähigkeit und erfasst alle Tätigkeitsformen bei der Ausübung von Beteiligungsrechten in den jeweiligen Angelegenheiten. Dass insoweit eine über die Beteiligungsrechte und ihre Ausübung hinausgehende Zuständigkeitsabgrenzung der Sache nach nicht in Betracht kommt, zeigt etwa § 2 Abs. 1: Die Pflicht, mit dem Arbeitgeber vertrauensvoll zusammenzuarbeiten, folgt für den Betriebsrat aus § 2 Abs. 1, für den Gesamtbetriebsrat aus § 51 Abs. 5 i. V. m. § 2 Abs. 1. Diese Pflicht trifft (als allgemeine Verhaltensanordnung) beide Betriebsverfassungsorgane gleichzeitig; eine Zuordnung nach dem Prinzip des Entweder/Oder scheidet somit aus.

21 Die Zuständigkeitstrennung ist aber schon nach dem offenen Wortlaut von Abs. 1 Satz 1 (...»von Angelegenheiten«) nicht auf Angelegenheiten beschränkt, für die betriebsverfassungsrechtliche Beteiligungsrechte bestehen. Sie gilt auch für die Behandlung und Regelung aller **mitbestimmungsfreien** und **teilmitbestimmten Angelegenheiten**. Demgegenüber hat der *Erste Senat* des *BAG* (14.11.2006 EzA § 50 BetrVG 2001 Nr. 6 Rn. 34 und Orientierungssatz 3) den erstmals ausdrücklich anerkannten Grundsatz der Zuständigkeitstrennung einschränkend nur auf den »Bereich der zwingenden Mitbestimmung« bezogen. Die damit (offenbar im Anschluss an *Fitting* 23. Aufl. 2006, § 50 Rn. 10, 11) angezeigte Unterscheidung gegenüber Angelegenheiten der »freiwilligen Mitbestimmung« ist jedoch, wie die Ergebnisse (bei subjektiver Unmöglichkeit; vgl. Rdn. 31 ff.) zeigen, nicht gerechtfertigt, weil sich die Zuständigkeitsverteilung (abgesehen von Sonderbestimmungen wie §§ 54, 107 Abs. 2) immer nach den gesetzlichen Tatbestandsmerkmalen in Abs. 1 Satz 1 Halbs. 1 richtet (so jetzt i. E. auch *Fitting* § 50 Rn. 9, 11, allerdings noch mit der unstimmigen Einschränkung, dass dabei die Zuständigkeitstrennung »unabhängig von der gesetzlichen Zuständigkeitsverteilung« erfolgt). Erst recht ist danach die neuerdings vom *Ersten Senat* (*BAG* 16.08.2011 EzA § 50 BetrVG 2001 Nr. 9 Rn. 30 und 1. Orientierungssatz = AP Nr. 75 zu § 80 BetrVG 1972) vertretene weitere Einschränkung ungerechtfertigt, nach der die Zuständigkeitsverteilung nach § 50 Abs. 1 Satz 1 sogar »nur die im BetrVG geregelten Mitwirkungs- und Mitbestimmungsrechte, bei denen Arbeitgeber und Betriebsrat eine Regelungsbefugnis eröffnet ist«, betreffen soll; im Streitfall etwa nicht das Überwachungsrecht nach § 80 Abs. 1 Nr. 1, für dessen Wahrnehmung »allein der Betriebsrat zuständig«

sein soll (vgl. auch schon *BAG* 01.02.2011 EzA § 93 BetrVG 2001 Nr. 1 Rn. 26, wo der *Erste Senat* allerdings offen lässt, ob und ggf. unter welchen Voraussetzungen der Gesamtbetriebsrat »neben« dem Betriebsrat nach § 93 die Ausschreibung von Arbeitsplätzen verlangen kann). Mit der vom Gesetzeswortlaut umfassend festgelegten »Behandlung von Angelegenheiten« durch den Gesamtbetriebsrat ist das unvereinbar. Es wird verkannt, dass die »Ausgestaltung durch Regelung« nur einen (besonders wichtigen) Unterfall einer »Behandlung« als Oberbegriff betrifft (das übersieht auch *Lunk* NZA 2013, 233 [234]) und § 51 Abs. 5 die Zuständigkeitsregelung in § 50 ergänzt (s. § 51 Rdn. 79). Die Ansicht des *Ersten Senats* kann auch nicht richtig sein, wenn man bedenkt, dass in ihrer Konsequenz schwächere Beteiligungsrechte, wie insbesondere Unterrichtungs- und Informationsrechte, aber auch Anhörungs- und Beratungsrechte, bei denen nichts zu regeln ist, für den Gesamtbetriebsrat nicht in Betracht kämen, selbst wenn sie »Regelungsangelegenheiten« vorausgehen (wie etwa diejenigen in § 111 Satz 1 vor Interessenausgleich und Sozialplan nach § 112). Auch müssten etwa Unterlassungsansprüche des Gesamtbetriebsrats ausscheiden (etwa bei Verletzung von Mitbestimmungsrechten nach § 87 Abs. 1, für deren Ausübung der Gesamtbetriebsrat zuständig ist). Dass die Rechtsprechung des *Ersten Senats* insofern nicht ganz folgerichtig ist, belegt der Beschluss *BAG* 05.03.2013 EzA § 81 ArbGG 1979 Nr. 20, in dem einem Einzelbetriebsrat zutreffend das Recht verwehrt wurde, die Unwirksamkeit einer Gesamtbetriebsvereinbarung gerichtlich feststellen zu lassen; mit der vorstehend skizzierten Rechtsprechung dürfte dies nicht ganz vereinbar sein.

IV. Zuständigkeit des Gesamtbetriebsrats kraft Gesetzes (Abs. 1)

Die originäre gesetzliche Zuständigkeit des Gesamtbetriebsrats für die Behandlung betriebsverfassungsrechtlicher (Beteiligungs-)Angelegenheiten setzt nach Abs. 1 Satz 1 voraus, dass
— die Angelegenheit das Gesamtunternehmen oder mehrere Betriebe betrifft (dazu Rdn. 23 ff.) **und** (kumulativ, unstr.)
— nicht durch die einzelnen Betriebsräte innerhalb ihrer Betriebe geregelt werden kann (dazu Rdn. 26 ff.). 22

1. Überbetriebliche Angelegenheit

Die erste Voraussetzung steckt zunächst den äußeren Zuständigkeits**bereich** für den Gesamtbetriebsrat ab. Der Gesamtbetriebsrat ist überhaupt nur zuständig, wenn eine (Beteiligungs-)Angelegenheit das Gesamtunternehmen oder zumindest mehrere Betriebe betrifft (vgl. auch *BAG* 06.12.1988 EzA § 87 BetrVG 1972 Betriebliche Lohngestaltung Nr. 23 S. 7). Im Gegensatz dazu stehen Angelegenheiten, die nur den Bereich eines einzelnen Betriebes betreffen; in diesem ist der Einzelbetriebsrat uneingeschränkt originär zuständig. Dementsprechend kann für diesen Bereich der Gesamtbetriebsrat nur durch Beauftragung nach Maßgabe von Abs. 2 Zuständigkeit erlangen. Erforderlich ist also stets, dass es sich um eine **überbetriebliche Angelegenheit** handelt (ebenso *Blomeyer* DB 1967, 2221; *Fitting* § 50 Rn. 18; *Galperin/Löwisch* § 50 Rn. 5; *Glock/HWGNRH* § 50 Rn. 10; *Joost/*MünchArbR § 225 Rn. 31; *Richardi/Annuß* § 50 Rn. 6; *Trittin/DKKW* § 50 Rn. 27; zum Nichtvorliegen betriebsübergreifender Umbaumaßnahmen trotz entsprechendem Konzept vgl. *LAG* Sachsen-Anhalt 09.03.2010 – 6 TaBV 15/09 – juris). Indes bedarf diese Formel noch der Präzisierung. 23

Da es für die Zuständigkeitsbegründung ausreicht, dass eine Angelegenheit **mehrere**, d. h. mindestens zwei Betriebe betrifft (vgl. *BAG* 18.10.1988 EzA § 83 ArbGG 1979 Nr. 8 S. 3), ergibt sich zwanglos, dass der Gesamtbetriebsrat auch zuständig ist, wenn die Angelegenheit **sämtliche** Betriebe des Unternehmens betrifft. In diesem Sinne wird denn auch weithin der Ausdruck »Gesamtunternehmen« verstanden (vgl. etwa *BAG* 05.12.1975 AP Nr. 1 zu § 47 BetrVG 1972; deutlich auch *BAG* 18.09.2002 EzA § 613a BGB 2002 Nr. 5 unter B III 2b bb; *Brill* AuR 1983, 171; *Fitting* § 50 Rn. 18; *Galperin/Löwisch* § 50 Rn. 5; *Hohenstatt/Dzida/HWK* § 50 BetrVG Rn. 3). Das ist im Ergebnis richtig. Gleichwohl ist zu beachten, dass das Gesetz mit der Einräumung eines Zuständigkeitsbereichs für das »Gesamtunternehmen« am Unternehmen als organisatorischem Bezugspunkt anknüpft, in dem nach § 47 Abs. 1 der Gesamtbetriebsrat zu errichten ist. Insoweit wird der Gesamtbetriebsrat gelegentlich auch als »Unternehmensorgan« (vgl. Mitbestimmungskommission, BT-Drucks. VI/334, S. 98; *Joost* 24

Betrieb und Unternehmen, S. 214) oder als »Unternehmensrat« (vgl. *Joost* Betrieb und Unternehmen, S. 212; *Joost*/MünchArbR § 225 Rn. 1) bezeichnet, während er überwiegend als Organ der Betriebsverfassung eingeordnet wird (vgl. z. B. *Brill* AuR 1983, 169; *Fitting* § 50 Rn. 5; *Zöllner/Loritz/Hergenröder* Arbeitsrecht, § 46 II 2). Maßgeblich ist aber allein, dass mit der Einräumung der Zuständigkeit des Gesamtbetriebsrats auf Unternehmensebene keine Veränderung in der Qualität der Beteiligungsangelegenheiten verbunden ist. Das stellt § 51 Abs. 5 ausdrücklich klar. Deshalb geht mit der Zuständigkeit des Gesamtbetriebsrats (im überbetrieblichen Bereich) **keine Ausweitung** der betriebsverfassungsrechtlichen Mitwirkungs- und Mitbestimmungsrechte auf »Unternehmerfunktionen« einher (unstr.).

25 Ob eine Angelegenheit das Gesamtunternehmen oder mehrere Betriebe »**betrifft**«, lässt sich nur in Ausnahmefällen am spezifischen »Unternehmensbezug« des Gegenstands der Angelegenheit erkennen (vgl. Rdn. 30). Allgemein ist der räumliche in Verbindung mit dem persönlichen oder sachlichen **Geltungsbereich** einer geplanten Maßnahme entscheidend. Dieser bestimmt sich nach dem **Willen des Initiators einer Maßnahme** (ebenso *Blomeyer* DB 1967, 2221; *Meyer* AuR 1964, 363; *Schul* Verlagerung der Betriebsratszuständigkeit, S. 93 f.; ganz selbstverständlich etwa auch BAG 06.12.1988 EzA § 87 BetrVG 1972 Betriebliche Lohngestaltung Nr. 23 S. 7; 28.04.1992 EzA § 50 BetrVG 1972 Nr. 10 S. 10). So hängt es z. B. vom Willen des Arbeitgebers ab, ob Kurzarbeit nur für den Bereich eines Betriebes oder für sämtliche Betriebe seines Unternehmens, d. h. für den gesamten Tätigkeitsbereich des Unternehmers, in dem dieser Arbeitnehmer beschäftigt (vgl. zur Unternehmensabgrenzung § 47 Rdn. 15 ff.) eingeführt werden soll. Je nachdem ist es eine betriebliche oder eine überbetriebliche Angelegenheit. Im Rahmen bestehender Antrags- und Initiativrechte kommt auch der Gesamtbetriebsrat als Initiator überbetrieblicher Maßnahmen in Betracht. Gerade vom »Betreff« her wird deshalb deutlich, dass allein auf dieser Grundlage keine Zuständigkeitsabgrenzung zwischen Gesamtbetriebsrat und Einzelbetriebsräten auf der Basis ihrer Gleichordnung möglich wäre, weil sonst die Zuständigkeit der Einzelbetriebsräte vom Willen des Arbeitgebers oder des Gesamtbetriebsrats abhinge. Die erste Voraussetzung des § 50 Abs. 1 steckt deshalb nur den **potentiellen** Wirkungs- und Tätigkeitsbereich des Gesamtbetriebsrats ab; die maßgebliche Zuständigkeitsverteilung zwischen Gesamtbetriebsrat und Einzelbetriebsräten erfolgt durch die zweite Voraussetzung.

2. Nichtregelnkönnen durch die Einzelbetriebsräte

26 Der Gesamtbetriebsrat ist nur zuständig, wenn eine den Bereich des Unternehmens oder mehrere Betriebe betreffende (Beteiligungs-) Angelegenheit **nicht durch die Einzelbetriebsräte** innerhalb ihrer Betriebe **geregelt werden kann**. Die Erfassung des Bedeutungsgehalts dieses unbestimmten Rechtsbegriffs (»Nichtregelnkönnen«) macht nach wie vor erhebliche Schwierigkeiten und führt, wie die Fülle einschlägiger Gerichtsentscheidungen belegt, in der Praxis zu weit reichenden Rechtsunsicherheiten. Der Gesetzgeber hat die Auslegungsschwierigkeiten in § 48 Abs. 1 BetrVG 1952 (vgl. zum Streitstand zuletzt *Blomeyer* DB 1967, 2221; *Mayer-Maly* RdA 1969, 223) nicht beseitigt, sondern bewusst in das Betriebsverfassungsgesetz übernommen (vgl. Rdn. 2); zur Nachbesserung war der Gesetzgeber auch im BetrVerf-Reformgesetz offensichtlich nicht in der Lage oder gewillt (vgl. zum Streitstand bis in die Details auch *Grotkamp* Gesamtbetriebsrat, S. 67 ff.).

27 Die Rechtsprechung und ganz überwiegend das Schrifttum suchen zunächst durch Fallgruppenbildung den Begriff »Nichtregelnkönnen« zu konkretisieren. Nach der bis vor kurzem ständigen Rechtsprechung des BAG sind **drei Fallgruppen** zu unterscheiden: Nichtregelnkönnen liegt danach immer dann vor, wenn es den Einzelbetriebsräten **objektiv** oder **subjektiv unmöglich** ist, die Angelegenheit innerhalb ihrer Betriebe zu regeln oder wenn ein **zwingendes Erfordernis** für eine unternehmenseinheitliche oder zumindest betriebsübergreifende Regelung besteht. Diese Fallgruppenbildung geht zurück auf die Entscheidung des *Ersten Senats* vom 06.12.1988 (EzA § 87 BetrVG 1972 Betriebliche Lohngestaltung Nr. 23 unter B III 2) und wurde danach in einer langen Entscheidungsreihe (bei nicht immer einheitlicher Diktion und unterschiedlichen Schwerpunktsetzungen) vielfach bestätigt (vgl. insbesondere BAG 12.11.1991 EzA § 98 BetrVG 1972 Nr. 8 S. 7; 11.02.1992 EzA § 76 BetrVG 1972 Nr. 60 S. 6; 24.04.1992 § 50 BetrVG 1972 Nr. 10 S. 10; 18.10.1994 EzA § 87 BetrVG 1972 Betriebliche Lohngestaltung Nr. 47 S. 5, 6 f.; 13.03.2001 EzA § 87 BetrVG Betriebliche Lohngestaltung Nr. 72 S. 5 f.; 21.01.2003 EzA § 50 BetrVG 2001 Nr. 2 S. 5 f.; 09.12.2003 EzA § 50 BetrVG 2001 Nr. 3 S. 6 f.; 26.04.2005 § 87 BetrVG 2001 Betriebliche Lohngestaltung Nr. 6 S. 5;

03.05.2006 EzA § 112 BetrVG 2001 Nr. 17 Rn. 25, 31; 10.10.2006 EzA § 77 BetrVG 2001 Nr. 18 Rn. 18; unter Betonung, dass die originäre Zuständigkeit des Konzernbetriebsrats nach denselben Kriterien zu bestimmen ist wie die Zuständigkeit des Gesamtbetriebsrats, vgl. *BAG* 24.01.2006 EzA § 1 BetrAVG Ablösung Nr. 46 unter B II 2; 19.06.2007 EzA § 58 BetrVG 2001 Nr. 1 Rn. 18). In zwei jüngeren Entscheidungen hat der *Erste Senat* des *BAG* an dieser bewährten Fallgruppenstruktur leider nicht uneingeschränkt festgehalten, indem er die Fallgruppe »subjektive Unmöglichkeit« bei »freiwilliger Mitbestimmung« (vgl. Rdn. 33) als Unterfall der Fallgruppe »zwingendes Erfordernis« eingeordnet hat (*BAG* 23.03.2010 EzA § 50 BetrVG 2001 Nr. 7 Rn. 15; 18.05.2010 EzA § 50 BetrVG 2001 Nr. 8 Rn. 15). Diese aus selbstgefertigten Begrifflichkeiten (vgl. Rdn. 40) abgeleitete begriffsjuristische »Erkenntnis« überzeugt indes nicht. Sie ist schon im Ansatz methodisch verfehlt, weil der Wortlaut des § 50 Abs. 1 Satz 1 indem er auf ein Nichtregelnkönnen der einzelnen Betriebsräte abstellt, gerade deren subjektive Unmöglichkeit erfasst, nicht aber objektiv zwingende Erfordernisse für eine zumindest betriebsübergreifende Regelung, für die ausschließlich teleologische Gesichtspunkte angeführt werden können (ähnlich *Thüsing* ZfA 2010, 195 [204 ff.]; *Lunk* NZA 2013, 233 [235]). Zudem wird in beiden Entscheidungen in der Sache die Fallgruppe »subjektive Unmöglichkeit« bestätigt. Aus methodischen und sachlichen Gründen ist deshalb an der überkommenen Fallgruppenbildung festzuhalten. Alle Anstrengungen müssen darauf gerichtet sein, die Voraussetzungen dieser Fallgruppen möglichst allgemeingültig und rechtssicher zu präzisieren (vgl. auch Rdn. 39).

Da das Gesetz von »regeln« spricht und als eine »Regelung« nach dem Sprachgebrauch im Betriebsverfassungsrecht allgemein nur die Betriebsvereinbarung und die Regelungsabrede in Betracht kommen, sind hier nur diese beiden Formen der Ausübung von Beteiligungsrechten gemeint. Dies bedeutet aber keineswegs, dass die Gesamtbetriebsratszuständigkeit auf »Regelungen« in regelungsbedürftigen (erzwingbaren) Mitbestimmungsangelegenheiten zu beschränken ist (unzutr. in der Begründung deshalb *BAG* 20.12.1988 EzA § 80 BetrVG 1972 Nr. 33 S. 10) oder »auf die im Betriebsverfassungsgesetz geregelten Mitwirkungs- und Mitbestimmungsrechte, bei denen Arbeitgeber und Betriebsrat eine Regelungsbefugnis eröffnet ist« (so unzutr. *BAG* 16.08.2011 EzA § 50 BetrVG 2001 Nr. 9 Rn. 30); auch in nur teilweise mitbestimmungspflichtigen und lediglich regelungsfähigen, aber mitbestimmungsfreien Angelegenheiten kann den Einzelbetriebsräten eine (freiwillige) Regelung unmöglich sein (vgl. auch Rdn. 21). Darüber hinaus ist die Zuständigkeit des Gesamtbetriebsrats nicht auf Regelungsangelegenheiten beschränkt; das folgt aus § 51 Abs. 5 (s. § 51 Rdn. 79). **28**

a) Unmöglichkeit betrieblicher Regelung
aa) Objektive Unmöglichkeit
Der *Erste Senat* des *BAG* (05.02.1965 AP Nr. 1 zu § 56 BetrVG Urlaubsplan) hat die Auslegungsdiskussion zunächst in die Irre geführt, indem er 1965 angenommen hat, der Gesamtbetriebsrat sei nur zuständig, wenn Angelegenheiten »ihrer Natur nach nicht Gegenstand einer einzelbetrieblichen Regelung sein können«. *Pleyer* (SAE 1965, 195) hat dem unter weitgehender Zustimmung der Literatur entgegengehalten, dass dann die Zuständigkeitsabgrenzung leer laufen würde, weil es denkgesetzlich stets möglich wäre, alle das Gesamtunternehmen betreffenden Angelegenheiten durch Parallelvereinbarungen der Einzelbetriebsräte zu regeln. Im Anschluss daran ist es heute in Rechtsprechung und Literatur ganz h. M., dass »Nichtregelnkönnen« **nicht nur** (aber auch) objektive (denkgesetzliche) Unmöglichkeit bedeutet (vgl. *BAG* 23.09.1975 AP Nr. 1 zu § 50 BetrVG 1972 [insoweit zust. *Löwisch / Mikosch*] = SAE 1976, 97 [insoweit zust. *Galperin*]; weiter etwa *BAG* 18.10.1994 EzA § 87 BetrVG 1972 Betriebliche Lohngestaltung Nr. 47 S. 5; 30.08.1995 EzA § 87 BetrVG 1972 Kontrolleinrichtung Nr. 21 S. 6; 13.03.2001 EzA § 87 BetrVG 1972 Betriebliche Lohngestaltung Nr. 72 S. 5; 03.05.2006 EzA § 112 BetrVG 2001 Nr. 17 Rn. 25; *Brill* AuR 1983, 171; *Fitting* § 50 Rn. 21; *Glock / HWGNRH* § 50 Rn. 11; *Joost*/MünchArbR § 225 Rn. 32; *Koch*/ErfK § 50 BetrVG Rn. 3; *Körnig* SAE 1977, 44; *G. Müller* FS *Küchenhoff*, S. 290; *Richardi / Annuß* § 50 Rn. 9; *Stege/Weinspach/Schiefer* §§ 47–52 Rn. 8; im Ergebnis **a. M.** *Kittner* BlStSozArbR 1976, 232 [235]; zust. *Döring* DB 1980, 691, für die entscheidend ist, ob die zu regelnde Angelegenheit als Ganze notwendigerweise auf das ganze Unternehmen bzw. mehrere Betriebe bezogen ist). **29**

Dabei darf aber nicht aus dem Auge verloren werden, dass es Angelegenheiten gibt, deren Regelung **30** den Einzelbetriebsräten **objektiv unmöglich** ist, so dass bereits deshalb die Zuständigkeit des Gesamtbetriebsrats gegeben ist (vgl. im Ansatz die Rspr.-Nachweise in Rdn. 29). Das ist dann der Fall, wenn eine Maßnahme ihrem Gegenstand nach ausschließlich unternehmensbezogen ist und auch gedanklich nicht in Teilakte zerlegt werden kann. Das ist namentlich bei der Errichtung und Verwaltung unternehmensbezogener Sozialeinrichtungen der Fall (ebenso *Kittner* BlStSozArbR 1976, 232 [234, 235]; *Löwisch/Mikosch* Anm. zu BAG AP Nr. 1 und 2 zu § 50 BetrVG 1972; zust. auch *Glock/ HWGNRH* § 50 Rn. 11; *Richardi/Annuß* § 50 Rn. 14, vgl. aber Rn. 8; vgl. auch BAG 10.02.2009 EzA § 87 BetrVG 2001 Sozialeinrichtung Nr. 1 für eine überbetriebliche Kindertagesstätte, die allerdings zurecht nicht als Sozialeinrichtung i. S. v. § 87 Abs. 1 Nr. 8 anerkannt wurde).

bb) Subjektive Unmöglichkeit

31 Noch wichtiger ist, dass § 50 Abs. 1 **schon dem Wortlaut nach** auch die **subjektive Unmöglichkeit erfasst**, indem gerade auf das Nichtregelnkönnen der einzelnen Betriebsräte abgestellt wird, also auf deren Unvermögen zur Regelung. Dieser (1987 hier von *Kreutz* 4. Aufl., § 50 Rn. 28 entwickelten) Ansicht hat sich die Rspr. angeschlossen (vgl. BAG 06.12.1988 EzA § 87 BetrVG 1972 Betriebliche Lohngestaltung Nr. 23 S. 7 [zust. *Gaul*]; 15.01.2002 EzA § 50 BetrVG 1972 Nr. 19 S. 9 f.; 21.01.2003 EzA § 50 BetrVG 2001 Nr. 2 S. 6; 09.12.2003 EzA § 50 BetrVG 2001 Nr. 3 S. 8; 26.04.2005 EzA § 87 BetrVG 2001 Betriebliche Lohngestaltung Nr. 6 S. 5 f.; 10.10.2006 EzA § 77 BetrVG 2001 Nr. 18 Rn. 18; unter Berufung auf die Parallele zur Bestimmung der originären Zuständigkeit von Gesamt- und Konzernbetriebsrat BAG 24.01.2006 EzA § 1 BetrAVG Ablösung Nr. 46 Rn. 42; 19.06.2007 EzA § 58 BetrVG 2001 Nr. 1 Rn. 18, 23; zust. *Fitting* § 50 Rn. 24; *Glock/ HWGNRH* § 50 Rn. 12; *Hohenstatt/Dzida/HWK* § 50 BetrVG Rn. 4; *Koch/*ErfK § 50 BetrVG Rn. 3; *Löwisch/LK* § 50 Rn. 6; *Robrecht* Die Gesamtbetriebsvereinbarung, S. 75 ff.; *Röder/Gragert* DB 1996, 1674; *Stege/Weinspach/Schiefer* §§ 47–52 Rn. 8; *Tautphäus/*HaKo § 50 Rn. 5; *Thüsing* ZfA 2010, 195 [198]; *Trittin/DKKW* § 50 Rn. 31; krit. zur Begrifflichkeit und damit erreichbarer Kategorisierung, aber in den Ergebnissen folgend *Richardi/Annuß* § 50 Rn. 9 ff.; ähnlich *Schul* Verlagerung der Betriebsratszuständigkeit, S. 96 ff., 111; vgl. dazu, dass nach jüngeren Entscheidungen des BAG die Fallgruppe »subjektive Unmöglichkeit« ein Unterfall der Fallgruppe »zwingendes Erfordernis« sein soll, Rdn. 27 und Rdn. 39).

32 In der Rechtsfolge dieser Fallgruppe herrscht jetzt Klarheit: **Subjektive Unmöglichkeit liegt vor**, wenn der Arbeitgeber in einer (überbetrieblichen) Regelungsangelegenheit die unternehmenseinheitliche oder betriebsübergreifende **Regelungsebene** (mitbestimmungsfrei) **vorgeben kann** und auch **tatsächlich vorgibt**. Dann ist die Zuständigkeit des Gesamtbetriebsrats gegeben, weil die Einzelbetriebsräte eine solche Regelung mangels Zuständigkeitsbereichs nicht herbeiführen können, die Angelegenheit mangels Mitbestimmungsrechts auch nicht auf ihre Regelungsebene »herunterziehen« können. Ihre subjektive Unmöglichkeit korrespondiert mit der (mitbestimmungsfreien) Vorgabe der überbetrieblichen Regelungsebene durch den Arbeitgeber. Dem liegt die richtige Vorstellung zugrunde, dass es, durchaus in Übereinstimmung mit der zwingenden Zuständigkeitsabgrenzung in Abs. 1 Satz 1, Fallgestaltungen gibt, bei denen der Arbeitgeber die überbetriebliche Regelungsebene vorgeben kann, indem er eine zumindest betriebsübergreifende oder unternehmenseinheitliche Regelung verlangt oder, anders ausgedrückt, nur zu einer solchen »bereit« ist (so insbesondere auch die in Rdn. 31 zit. Entscheidungen des BAG vom 11.02.1992, 28.04.1992, 18.10.1994, 21.01.2003, 09.12.2003, 26.04.2005, 10.10.2006, 21.04.2006, 19.06.2007; vgl. auch BAG 30.08.1995 EzA § 87 BetrVG 1972 Kontrolleinrichtung Nr. 21 S. 6; 13.03.2001 EzA § 87 BetrVG 1972 Betriebliche Lohngestaltung Nr. 72 S. 5 f.). Erforderlich ist aber stets, dass der Arbeitgeber **eindeutig** zum Ausdruck bringt, dass er eine unternehmenseinheitliche oder betriebsübergreifende Regelung tatsächlich anstrebt und **vorgibt** (so ausdrücklich BAG 18.10.1994 EzA § 87 BetrVG 1972 Betriebliche Lohngestaltung Nr. 47 S. 6 f.). Bei welchen Angelegenheiten (Fallgruppen) dem Arbeitgeber eine solche **(Rechts-)Macht** zur Bestimmung der überbetrieblichen Regelungsebene (und damit des Gesamtbetriebsrats als Regelungspartner) zukommt, ist noch nicht abschließend geklärt. In Übereinstimmung mit der BAG-Rspr. ist das der Fall, wenn es um die Regelung (ausschließlich) **mitbestimmungsfreier** und lediglich **teilmitbestimmter** Angelegenheiten geht (vgl. Rdn. 33), nicht dagegen bei Angelegenheiten, die »in vollem Umfang« (vgl. dazu, aber auch zur Abgrenzung, die dazu führt, dass es auch insoweit eine Fallgruppe subjektiver Unmöglichkeit gibt, Rdn. 34) der erzwingbaren Mitbestimmung unterliegen (ausführlich *Robrecht* Die Gesamtbetriebsvereinbarung, S. 75 ff.; vgl. i. E.

auch *Fitting* § 50 Rn. 11, 24; ähnlich *Tautphäus*/HaKo § 50 Rn. 4 ff.; vgl. ferner *Ch. Fischer* RdA 2003, 114 [115 f.]; *Joost*/MünchArbR § 225 Rn. 38; *Kittner* BlStSozArbR 1976, 234 f.; *Körnig* SAE 1977, 43; *Löwisch/Mikosch* Anm. zu *BAG* AP Nr. 1 und 2 zu § 50 BetrVG 1972; *Lunk* NZA 2013, 233; *Lunk/Leder* NZA 2011, 249; *Reuter* SAE 1983, 204; *Richardi* FS *Gitter*, S. 789 [792]; *Richardi/Annuß* § 50 Rn. 16 ff.; zu den Fallgruppen subjektiver Unmöglichkeit in Vergütungsangelegenheiten vgl. *Kreutz* FS *Buchner*, S. 511 [512 ff.]).

Wenn der Arbeitgeber in mitbestimmungsfreien Angelegenheiten frei entscheiden kann, ob er zu einer **33** solchen Regelung überhaupt bereit ist, kann er sie auch vom Zustandekommen einer unternehmenseinheitlichen oder betriebsübergreifenden Regelung abhängig machen. Die Rechtsmacht zur Vorgabe der überbetrieblichen Regelungsebene besteht somit zum einen im **gesamten Bereich sog. freiwilliger Betriebsvereinbarungen** (vgl. *BAG* 06.12.1988 EzA § 87 BetrVG 1972 Betriebliche Lohngestaltung Nr. 23 S. 7; 09.12.2003 EzA § 50 BetrVG 2001 Nr. 3 S. 8; 10.10.2006 EzA § 77 BetrVG 2001 Nr. 18 Rn. 18). Sie besteht zum anderen aber auch bei allen nur sog. **teilmitbestimmten Betriebsvereinbarungen**, insbesondere für Regelungen über zusätzliche Sozialleistungen (insbesondere betriebliche Ruhegelder, Gratifikationen, Jubiläumszuwendungen) und (über- und außertarifliche) Lohnzuschläge und Prämien. So hat der *Erste Senat* des *BAG* (19.06.2007 EzA § 50 BetrVG 2001 Nr. 1 Rn. 22, 23) formuliert, dass die »Theorie der subjektiven Unmöglichkeit« »im Wesentlichen für freiwillige Leistungen des Arbeitgebers entwickelt wurde«. In der umfangreichen *BAG*-Rspr. (vgl. etwa *BAG* 11.02.1992 EzA § 76 BetrVG 1972 Nr. 60 S. 6; 18.10.1994 EzA § 87 BetrVG 1972 Betriebliche Lohngestaltung Nr. 47 S. 5; 30.08.1995 EzA § 87 BetrVG 1972 Kontrolleinrichtung Nr. 21 S. 6; 13.03.2001 EzA § 87 BetrVG 1972 Betriebliche Lohngestaltung Nr. 72 S. 5; 09.12.2003 EzA § 50 BetrVG 2001 Nr. 3 S. 8; 26.04.2005 EzA § 87 BetrVG 2001 Betriebliche Lohngestaltung Nr. 6 S. 6; 19.06.2007 EzA § 58 BetrVG 2001 Nr. 1 Rn. 23) ist jedoch nicht immer hinreichend deutlich geworden, dass es sich insoweit (trotz freiwilliger Leistungen) um »teilmitbestimmte« Regelungen handelt, nicht um freiwillige Betriebsvereinbarungen (zutr. aber *BAG* 18.10.1994 EzA § 87 BetrVG 1972 Betriebliche Lohngestaltung Nr. 47 S. 5; 19.06.2007 EzA § 58 BetrVG 2001 Nr. 1 Rn. 23). Bei diesen »freiwilligen Leistungen« handelt es sich um Entgeltleistungen i. S. d. § 87 Abs. 1 Nr. 10, die nach der *BAG*-Rspr. (nur) hinsichtlich der Aufstellung (und Änderung) des Leistungsplans (Leistungsvoraussetzungen, Verteilungsgrundsätze) erzwingbarer Mitbestimmung unterliegen, nicht aber hinsichtlich der Höhe. Deshalb kann der Arbeitgeber grundsätzlich allein darüber entscheiden, ob, in welchem Umfang, in welcher Art und für welchen Personenkreis er sie erbringt (vgl. m. w. N. *Wiese/Gutzeit* § 87 Rdn. 866 ff., 892 ff.). Wenn der Arbeitgeber insoweit über die Höhe (Volumen) dieser Leistungen, die er seinen Arbeitnehmern zusätzlich freiwillig erbringen will, frei entscheiden kann, dann kann er deren Gewährung, so die zwingende Folgerung, vom Zustandekommen einer überbetrieblichen Regelung abhängig machen (so ausdrücklich etwa *BAG* 18.10.1994 EzA § 87 BetrVG 1972 Betriebliche Lohngestaltung Nr. 47 S. 6; 09.12.2003 EzA § 50 BetrVG 2001 Nr. 3 S. 8; 26.04.2005 EzA § 87 BetrVG 2001 Betriebliche Lohngestaltung Nr. 6 S. 6; 10.10.2006 EzA § 77 BetrVG 2001 Nr. 18 Rn. 18; 18.05.2010 EzA § 50 BetrVG 2001 Nr. 8 Rn. 15, 19). Mittels dieser Vorgabe führt der Arbeitgeber die Zuständigkeit des Gesamtbetriebsrats herbei und legt damit zugleich die Ebene fest, auf der das Mitbestimmungsrecht nach § 87 Abs. 1 Nr. 10 auszuüben ist. Nach dem vorliegenden Rechtsprechungsmaterial gilt diese Begründungsableitung vor allem bei der Gewährung freiwilliger **Zulagen** (vgl. *BAG* 11.02.1992 EzA § 76 BetrVG 1972 Nr. 60 [zusätzliche Jahressonderzahlung]; 18.10.1994 EzA § 87 BetrVG 1972 Betriebliche Lohngestaltung Nr. 47 [Zahlung übertariflicher Lohnbestandteile in Form halber Tarifgruppen]; 30.08.1995 EzA § 87 BetrVG 1972 Kontrolleinrichtung Nr. 21; 09.12.2003 EzA § 50 BetrVG 2001 Nr. 3 [Zulagen, obiter dictum]; 26.04.2005 EzA § 87 BetrVG 2001 Betriebliche Lohngestaltung Nr. 6 [Leistungsprämie]) und **Sozialleistungen** (vgl. *BAG* 21.01.2003 EzA § 50 BetrVG 2001 Nr. 2 [Betriebliche Altersversorgung]; 24.01.2006 EzA § 1 BetrAVG Ablösung Nr. 46 [Betriebliche Altersversorgung]). Im Ergebnis zu Recht wurde deshalb bereits in der höchstrichterlichen Rechtsprechung zu § 48 Abs. 1 BetrVG 1952 die Zuständigkeit des Gesamtbetriebsrats bejaht für die Vereinbarung unternehmenseinheitlicher **Gratifikationsordnungen** (*BAG Fünfter Senat* AP Nr. 63, 64, 66 zu § 611 BGB Ruhegehalt), **Ruhegeldrichtlinien** (*BAG Dritter Senat* AP Nr. 142 zu § 242 BGB Ruhegehalt) und eine einheitliche Altersgrenzenregelung, die auf eine unternehmenseinheitliche Versorgungsregelung bezogen war (*BAG Zweiter Senat* 25.03.1971 AP Nr. 5 zu § 57 BetrVG). Auch die ältere Rspr. des *BAG* (vgl. die Nachweise Rdn. 51), die in den Fällen unternehmenseinheitlicher **Altersversorgung** grundsätzlich die Zuständigkeit des Gesamtbetriebsrats bejaht, liegt daher im Ergebnis richtig.

34 Demgegenüber kann der Arbeitgeber nach der Rspr. des *BAG* in Angelegenheiten, die in vollem Umfang der Mitbestimmung unterliegen **(erzwingbare Betriebsvereinbarungen)**, die überbetriebliche Regelungsebene nicht vorgeben und subjektive Unmöglichkeit zu einzelbetrieblicher Regelung auf diesem Weg nicht herbeiführen; insoweit sei die gesetzliche Zuständigkeitsverteilung zwingend (vgl. *BAG* 14.11.2006 EzA § 50 BetrVG 2001 Nr. 6 Rn. 22 = AP Nr. 43 zu § 87 BetrVG 1972 Überwachung [beachtenswert *Richardi*]; 09.12.2003 EzA § 50 BetrVG 2001 Nr. 3 S. 9; 15.01.2002 EzA § 50 BetrVG 1972 Nr. 19 S. 10; 30.08.1995 EzA § 87 BetrVG 1972 Kontrolleinrichtung Nr. 21 S. 6). Letzteres ist unstimmig, weil auch in allen Fällen subjektiver Unmöglichkeit die tatbestandsmäßige Zuständigkeitsverteilung zwingend eingreift. Im Übrigen ist der Rspr. im Ansatz zuzustimmen. Gleichwohl ist es eine **Abgrenzungsfrage**, ob eine Mitbestimmungsangelegenheit »in vollem Umfang« der Mitbestimmung unterliegt oder ob Raum ist für mitbestimmungsfreie Vorgaben des Arbeitgebers, durch die er die überbetriebliche Regelungsebene für die Ausübung des Mitbestimmungsrechts bestimmen kann. Dass es eine solche Vorgabeberechtigung gibt, bestätigt exemplarisch das Mitbestimmungsrecht des § 87 Abs. 1 Nr. 10, das nach st. Rspr. und h. M. nicht die Höhe des Arbeitsentgelts erfasst (vgl. etwa *BAG* 29.01.2008 EzA § 87 BetrVG 2001 Betriebliche Lohngestaltung Nr. 14 Rn. 27; m. w. N. *Wiese / Gutzeit* § 87 Rdn. 837). Deshalb kann der Arbeitgeber nicht nur bei der Gewährung »freiwilliger vermögenswerter Leistungen« (vgl. Rdn. 33) die überbetriebliche Regelungsebene und damit den Gesamtbetriebsrat als Regelungspartner bestimmen. Das gilt vielmehr gleichermaßen, wenn der Arbeitgeber beim **Fehlen einer Tarifbindung** (keine Tarifbindung in mehreren Betrieben; AT-Angestellte, für die definitionsgemäß kein Tarifvertrag gilt) »das gesamte Volumen der von ihm für die Vergütung der Arbeitnehmer bereitgestellten Mittel mitbestimmungsfrei festlegen und für die Zukunft ändern kann« (*BAG* 28.02.2006 EzA § 87 BetrVG 2001 Betriebliche Lohngestaltung Nr. 9 Rn. 22). Mit dem **Vergütungsvolumen** kann er dann auch mitbestimmungsfrei festlegen, dass die Vergütung der Arbeitnehmer oder von Arbeitnehmergruppen im Unternehmen einheitlich oder betriebsübergreifend erfolgt. Geschieht das, so steht mit der vorgegebenen Vergütungsebene die Zuständigkeit des Gesamtbetriebsrats für die Regelung des nach § 87 Abs. 1 Nr. 10 insgesamt mitbestimmungspflichtigen Vergütungssystems (den »Grundsätzen der Lohnfindung«) fest, weil die überbetriebliche Regelung nur im Zusammenwirken mit dem Gesamtbetriebsrat herbeigeführt werden kann (vgl. dazu vertiefend *Kreutz* FS *Buchner* S. 511 [518 ff.]). Das Beispiel macht deutlich, dass in Mitbestimmungsangelegenheiten nach dem **jeweiligen Mitbestimmungstatbestand** und dessen Auslegung zu beurteilen ist, ob der Arbeitgeber die überbetriebliche Regelungsebene vorgeben kann oder nicht (so grundsätzlich auch *BAG* 15.01.2002 EzA § 50 BetrVG 1972 Nr. 19 unter B III 3a bb [2] und [3]; *LAG Düsseldorf* 04.02.2013 – 9 TaBV 129/12 – juris, Rn. 77; vgl. auch *BAG* 19.06.2012 EzA § 50 BetrVG 2001 Nr. 11 Rn. 21, wo auf »Inhalt und Zweck des Mitbestimmungstatbestands« abgestellt wird, allerdings noch zur Beurteilung des Vorliegens eines »zwingenden Erfordernisses« für eine betriebsübergreifende Regelung). Es gibt also auch in Mitbestimmungsangelegenheiten eine **Fallgruppe »subjektiver Unmöglichkeit«**, wenn der Arbeitgeber zur Vorgabe der überbetrieblichen Regelungsebene berechtigt ist und diese auch vorgibt. Da sich ein solches Vorgaberecht nach dem Umfang des konkreten Mitbestimmungsrechts richten muss, das von einer zu regelnden Angelegenheit berührt wird, genügen »allein der Wunsch des Arbeitgebers nach einer überbetrieblichen Regelung, sein Kosten- und Koordinierungsinteresse sowie reine Zweckmäßigkeitsgesichtspunkte nicht«, um insoweit die Zuständigkeit des Gesamtbetriebsrats zu begründen; das betont das *BAG* zurecht stereotyp (vgl. zuletzt etwa *BAG* 19.06.2012 EzA § 50 BetrVG 2001 Nr. 11 Rn. 21). Nur wenn der Arbeitgeber in Mitbestimmungsangelegenheiten die überbetriebliche Regelungsebene nicht mitbestimmungsfrei vorgeben kann, ist mit der h. M. davon auszugehen, dass die Einzelbetriebsräte eine überbetriebliche Angelegenheit auch dann nicht regeln können, wenn ein »zwingendes Erfordernis« für eine betriebsübergreifende oder unternehmenseinheitliche Regelung besteht (s. dazu Rdn. 39).

35 Im Ergebnis übereinstimmend, allerdings ohne insoweit auf subjektive Unmöglichkeit abzustellen (sondern auf die Fallgruppe »zwingendes Erfordernis«), hat die Rspr. zunächst die durch Vorgabe des Arbeitgebers begründete Zuständigkeit des Gesamtbetriebsrats zur Mitbestimmungsausübung **nach § 87 Abs. 1 Nr. 10** mehrfach bejaht: Für die vom Arbeitgeber vorgegebene unternehmensein-

heitliche Provisionsregelung für Außendienstangestellte eines Versicherungsunternehmens (*BAG* 29.03.1977 AP Nr. 1 zu § 87 BetrVG 1972 Provision); für ein unternehmenseinheitliches gemischtes Entgeltsystem (Grundgehalt, Provision Prämien) für angestellte Betriebsbeauftragte (Verkäufergruppe) eines Großunternehmens der Computer-Industrie (*BAG* 06.12.1988 EzA § 87 BetrVG 1972 Betriebliche Lohngestaltung Nr. 27 [zust. *Gaul*] = AP Nr. 37 zu § 87 BetrVG 1972 [zust. *Reuter*] = SAE 1990, 1 [zust. *Wiese*]); für ein unternehmenseinheitliches erfolgsabhängiges Vergütungssystem (*LAG Hamburg* 10.04.1991 DB 1991, 2195) sowie für ein unternehmenseinheitliches Vergütungssystem der AT-Angestellten (*LAG Düsseldorf* 04.03.1992 NZA 1992, 613 [614]). Von dieser Rspr., namentlich der insoweit grundlegenden Entscheidung vom 06.12.1988 (vgl. *Kreutz* FS *Buchner*, S. 511 [522 ff.]), hat sich der *Erste Senat* des *BAG* in zwei jüngeren Beschlüssen distanziert und entschieden, dass der Gesamtbetriebsrat für die Regelung der Vergütungsgrundsätze (Vergütungsstruktur) für **AT-Angestellte** nicht originär zuständig war (*BAG* 23.03.2010 EzA § 50 BetrVG 2001 Nr. 7 Rn. 20 = AP Nr. 135 zu § 87 BetrVG 1972 Lohngestaltung; 18.05.2010 EzA § 50 BetrVG 2001 Nr. 8 Rn. 19 = AP Nr. 34 zu § 50 BetrVG 1972). Soweit das hier interessiert, sind beide Entscheidungen in der Begründung misslungen: Das gilt für den Beschluss vom 23.03.2010 schon deshalb, weil der *Senat* verkannt hat, dass die Arbeitgeberin für die Vergütungsregelung der AT-Angestellten keineswegs die überbetriebliche Regelungsebene (und damit die Zuständigkeit des Gesamtbetriebsrats) vorgegeben hat, sondern im Gegenteil (im Gegensatz zu dem durch Anrufung der Einigungsstelle seine Zuständigkeit zu Unrecht beanspruchenden Gesamtbetriebsrat) die örtlichen Betriebsräte zur Mitbestimmungsausübung als zuständig angesehen hat. Nach dem Sachverhalt des Beschlusses vom 18.05.2010 hat hingegen die Arbeitgeberin die unternehmenseinheitliche Regelung der Vergütungsgrundsätze der AT-Angestellten vorgegeben. Das hat der *Erste Senat* nicht gebilligt mit der Begründung, dass die Vergütung der AT-Angestellten keine »freiwillige Leistung« sei, für deren Regelung der Arbeitgeber die Zuständigkeit des Gesamtbetriebsrats herbeiführen kann. Insoweit argumentiert der *Senat* zur falschen Fallgruppe (vgl. Rn. 33), weil natürlich auch bei fehlender Tarifbindung der Arbeitgeber zur Vergütung verpflichtet ist (§ 611 Abs. 1 BGB); der Senat verkennt andererseits, dass gerade auch im Bereich erzwingbarer Mitbestimmung nach § 87 Abs. 1 Nr. 10 ein Vorgaberecht des Arbeitgebers besteht, weil die Vergütungshöhe nicht der Mitbestimmung unterliegt (vgl. Rdn. 34). Die neue Rspr. zur Unzuständigkeit des Gesamtbetriebsrats für die Vergütungsregelung der AT-Angestellten ist deshalb als verfehlt abzulehnen (ebenso *Richardi/Annuß* § 50 Rn. 15; krit. auch *Lunk/Leder* NZA 2011, 249 [252]); sie steht zudem im Widerspruch zu einer Reihe zutr. Entscheidungen, in denen das Gericht auf der Basis der Entscheidung vom 15.01.2002 (*BAG* EzA § 50 BetrVG 1972 Nr. 19) auch im Bereich zwingender Mitbestimmungsangelegenheiten ein Vorgaberecht des Arbeitgebers anerkannt hat, durch das dieser die Zuständigkeit des Gesamtbetriebsrats begründen konnte:

So wurde für das Mitbestimmungsrecht nach **§ 98 Abs. 1** die Planungsvorgabe des Arbeitgebers gebilligt, eine Berufsbildungsmaßnahme unternehmenseinheitlich durchzuführen (*BAG Erster Senat*, 12.11.1991 EzA § 98 BetrVG 1972 unter B II 4). Weiterhin kommt auch für das erzwingbare **Sozialplanmitbestimmungsrecht** nach § 112 Abs. 1, 4, 5; § 112a die Vorgabe der überbetrieblichen Regelungsebene durch den Arbeitgeber in Betracht, wenn er Betriebsänderungen betriebsübergreifend plant. Erforderlich ist, dass die für alle oder mehrere Betriebe geplanten Betriebsänderungen nach einem einheitlichen Konzept erfolgen sollen, nicht nur parallel ohne inneren Zusammenhang. Gibt der Arbeitgeber ein solches vor, ist damit zunächst die Zuständigkeit des Gesamtbetriebsrats für Verhandlung und Vereinbarung eines Interessenausgleichs gegeben (vgl. *BAG* 07.07.2011 EzA § 26 BetrVG 2001 Nr. 3 Rn. 24 m. w. N.). Nach billigenswerter *BAG*-Rspr. folgt daraus allerdings noch nicht zwingend dessen Zuständigkeit für die Ausübung des Sozialplanmitbestimmungsrechts, weil es sich um verschiedene Angelegenheiten i. S. v. § 50 Abs. 1 handelt (*BAG* 11.12.2001 EzA § 50 BetrVG 1972 Nr. 18; 23.10.2002 EzA § 50 BetrVG 2001 Nr. 1; 03.05.2006 EzA § 112 BetrVG 2001 Nr. 17; ebenso *Wißmann* FS ARGE Arbeitsrecht im DAV, 2006, S. 1037 [1043 f.]; *I. Schmidt* FS *Kreutz*, S. 451 [454]; **a. M.** *Schmitt-Rolfes* FS 50 Jahre Bundesarbeitsgericht, S. 1081 [1088 f.]; *Annuß* FS *Kreutz*, S. 13 [18 f.]; *Richardi/Annuß* § 50 Rn. 37a). Auch insoweit kann der Arbeitgeber aber die überbetriebliche Regelungsebene mitbestimmungsfrei vorgeben; denn das Sozialplanmitbestimmungsrecht bezieht sich nicht auf die geplanten Betriebsänderungen und der Interessenausgleich ist nicht mitbestimmungspflichtig. Erforderlich ist nur, dass der Arbeitgeber auch im Hinblick auf den Ausgleich oder die Milderung wirtschaftlicher Nachteile für die betroffenen Arbeitnehmer ein überbetriebliches Konzept tatsächlich vorgibt (so bei einem Sanierungskonzept zur Abwendung des Insolvenzverfahrens *BAG* 11.12.2001 EzA § 50 BetrVG 1972 Nr. 18; vgl. auch *BAG* 03.05.2006 EzA § 112 BetrVG 2001 Nr. 17 Orientierungssatz 4). Erst recht gilt das, wenn ein solches Konzept im Interessensausgleich festgeschrieben wird (vgl. *BAG* 03.05.2006 EzA § 112 BetrVG 2001 Nr. 17 Rn. 28). Die Vorgabe eines einheitlichen Sozialplanvolumens im Sinne eines »Gesamtbudgets« reicht allerdings alleine nicht aus, ein zwingend unternehmensübergreifendes Konzept zu begründen (*Heider/Schimmelpfennig* KSzW 2014, 244 [248]). Wichtig ist die Erkenntnis, dass es dabei um die Fallgruppe subjektiver Unmöglichkeit geht, nicht um das zwingende Erfordernis unternehmenseinheitlicher Regelung (Rdn. 38 ff.), wie die Rspr. bisher meint.

37 Ein weiteres Beispiel für die mitbestimmungsfreie Vorgabe der überbetrieblichen Regelungsebene ist die **Errichtung einer überbetrieblichen Beschwerdestelle** (i. S. v. § 13 AGG) durch den Arbeitgeber; dann steht das Mitbestimmungsrecht nach **§ 87 Abs. 1 Nr. 1** (das sich nur auf die Einführung und Ausgestaltung des Beschwerdeverfahrens bezieht) dem Gesamtbetriebsrat zu (so zutr. *BAG Erster Senat*, 21.07.2009 EzA § 87 BetrVG 2001 Betriebliche Ordnung Nr. 5). In ausdrücklicher Abgrenzung dazu erkannte der *Erste Senat* für die Einführung einer Regelung zur Vorlage einer ärztlichen Bescheinigung über die Arbeitsunfähigkeit schon vor dem vierten Tag (§ 5 Abs. 1 Satz 2, 3 EFZG) auf die Zuständigkeit der Einzelbetriebsräte. Bei einer kollektiven Regelung i. S. § 5 Abs. 1 Satz 3 EFZG unterfalle bereits das »Ob« der Maßnahme der Mitbestimmung nach § 87 Abs. 1 Nr. 1, folglich könne der Arbeitgeber nicht mitbestimmungsfrei vorgeben, nur zu einer unternehmenseinheitlichen Regelung bereit zu sein (*BAG* 23.08.2016 – 1 ABR 43/14 – juris, Rn. 19 ff., 23). Anders wieder entschied der *Erste Senat* richtigerweise, dass ein Arbeitgeber, der deutschlandweit ein Luftfahrtunternehmen betreibt, im Rahmen seiner Arbeitsorganisation mitbestimmungsfrei eine unternehmenseinheitliche Dienstkleidung für sein Bodenpersonal auf allen angeflogenen Flughäfen vorgeben kann, so dass der Gesamtbetriebsrat zur Ausübung der Mitbestimmung berufen ist (*BAG* 17.01.2012 EzA § 87 BetrVG 2001 Betriebliche Ordnung Nr. 7 Rn. 19 ff.). Das Mitbestimmungsrecht nach § 87 Abs. 1 Nr. 1 bezieht sich hier nur auf die Ausgestaltung der einheitlichen Dienstkleidungspflicht und nicht auf das »Ob« des Tragens. Auch der Mitbestimmungstatbestand des **§ 87 Abs. 1 Nr. 2** ist Vorgaben des Arbeitgebers zugänglich, durch die die überbetriebliche Regelungsebene festgelegt wird. Das ist etwa der Fall, wenn der Arbeitgeber die in mehreren Betrieben seines Unternehmens zu erbringenden einheitlichen Dienstleistungen durch seine mitbestimmungsfreie Organisationsentscheidung technisch-organisatorisch so verknüpft, dass sich die Arbeitsabläufe (Erledigung telefonischer und schriftlicher Kundenanfragen) nicht mehr auf einen Betrieb beschränken und deshalb eine betriebliche Arbeitszeit nicht mehr zu verteilen ist; dann kann der Arbeitgeber den Gesamtbetriebsrat als Regelungspartner für einen Schichtrahmenplan in Anspruch nehmen (so im Ergebnis *BAG* 19.06.2012 EzA § 50 BetrVG 2001 Nr. 11 Rn. 20 ff., allerdings wieder unter dem Gesichtspunkt eines zwingenden Erfordernisses für eine jedenfalls betriebsübergreifende Regelung, nicht unter dem einer subjektiven Unmöglichkeit).

b) Erforderlichkeit unternehmenseinheitlicher Regelung

38 Nach heute h. M. können die Einzelbetriebsräte eine überbetriebliche Angelegenheit auch dann nicht innerhalb ihrer Betriebe regeln, wenn ein objektiv **zwingendes Erfordernis** für eine unternehmenseinheitliche oder jedenfalls betriebsübergreifende Regelung besteht, wobei auf die Verhältnisse des einzelnen konkreten Unternehmens und der konkreten Betriebsräte abzustellen ist (vgl. *BAG* 19.06.2012 EzA § 50 BetrVG 2001 Nr. 11 Rn. 21; 14.11.2006 EzA § 50 BetrVG 2001 Nr. 6 Rn. 22; 10.10.2006 EzA § 77 BetrVG 2001 Nr. 18 Rn. 18; 26.04.2005 EzA § 87 BetrVG 2001 Betriebliche Lohngestaltung Nr. 6 S. 5; 09.12.2003 EzA § 50 BetrVG 2001 Nr. 3 S. 7; 21.01.2003 EzA § 50 BetrVG 2001 Nr. 2 S. 5; 23.10.2002 EzA § 50 BetrVG 2001 Nr. 1 S. 6; 11.12.2001 EzA § 50 BetrVG 1972 Nr. 18 S. 6 [= SAE 2003, 41 mit Anm. *Ch. Fischer*]; aus älterer Rspr. vgl. nur *BAG* 23.09.1975 AP Nr. 1 zu § 50 BetrVG 1972 [zust. *Löwisch/Mikosch*]; aus der Lit. vgl. *Brill* AuR 1983, 171; *Fitting* § 50 Rn. 21; *Glock/HWGNRH* § 50 Rn. 13; *Hohenstatt/Dzida/HWK* § 50 BetrVG Rn. 4 f.; *Hümmerich* Zuständigkeitsabgrenzung, S. 37 ff.; *Hueck/Nipperdey* II/2, S. 1209; *Joost/MünchArbR* § 225 Rn. 34; *Koch/*ErfK § 50 BetrVG Rn. 3; *Körnig* SAE 1977, 44; *Löwisch/LK* § 50 Rn. 3 ff.; *Mayer-Maly* RdA 1969, 226; *G. Müller* FS *Küchenhoff*, S. 290 ff.; *Richardi* FS *Gitter*, S. 789 [793]; *Richardi/Annuß* § 50 Rn. 13; *Röder/Gragert* DB 1996, 1674; *Roloff/WPK* § 50 Rn. 7; im Ansatz auch *Galperin/*

Löwisch § 50 Rn. 6, 7; **enger**: *Strasser* FS *Schnorr von Carolsfeld*, S. 495, der in § 50 Abs. 1 eine bewusst vorgenommene Schwächung der Position des Gesamtbetriebsrats sehen will, so dass dieser nur dann zuständig sein soll, wenn eine einzelbetriebliche Regelung zu »völlig unangemessenen Ergebnissen« führen würde; die h. M. **abl**. *Kittner* Anm. zu *BAG* EzA § 50 BetrVG 1972 Nr. 1; *Döring* DB 1980, 689; jetzt auch *Trittin/DKKW* § 50 Rn. 40 ff., der eine »Schutzzweckorientierte Lösung« propagiert, nach der eine Kompetenzverlagerung auf den Gesamtbetriebsrat auf das »unbedingt Erforderliche« beschränkt bleiben muss; abl. auch *Ehrich* ZfA 1993, 427 [443 ff.], der eine definitorische Konkretisierung des Begriffs »Nichtregelnkönnen« für unmöglich hält und deshalb eine Konkretisierung durch Fallgruppenbildung erreichen will, indem er nach Maßgabe der hier [Rdn. 42] aufgezeigten Kriterien eine typologische Systematisierung der gesetzlichen Mitbestimmungs- und Mitwirkungsrechte vornimmt). Zu beachten ist, dass in zwei jüngeren *BAG*-Entscheidungen das Kriterium eines »zwingenden Erfordernisses« gleichsam als **Oberfallgruppe** für das »Nichtregelnkönnen« verwendet wird, dem auch die Fallgruppen »subjektiver Unmöglichkeit« untergeordnet werden (zu Nachweisen und zur Kritik vgl. Rdn. 27).

Soweit den Einzelbetriebsräten die betriebliche Regelung einer Angelegenheit nicht bereits objektiv (vgl. Rdn. 29 f.) oder (unter den Rdn. 31 ff. spezifizierten Gesichtspunkten) subjektiv unmöglich ist, ist mit der h. M. davon auszugehen, dass eine einzelbetriebliche Regelung **auch dann nicht erfolgen kann**, wenn eine unternehmenseinheitliche oder jedenfalls betriebsübergreifende Regelung objektiv »zwingend erforderlich« ist. Die Zielrichtung, die Zuständigkeit des Gesamtbetriebsrats nicht eng, sondern weit auszulegen, wird seiner gewachsenen Bedeutung als obligatorisches betriebsverfassungsrechtliches Organ mit einem auf den Unternehmensbereich bezogenen Wirkungsbereich gerecht; insoweit ist insbesondere dessen Bedeutungswandel gegenüber dem bloß fakultativen Gesamtbetriebsrat nach dem BetrVG 1952 in die Auslegung mit einzubeziehen, aber auch seine Zuständigkeitserweiterung auf betriebsratslose Betriebe, die das BetrVerf-Reformgesetz herbeigeführt hat (§ 50 Abs. 1 Satz 1 Halbs. 2). Methodisch geht es darum, das Nichtregelnkönnen durch die Einzelbetriebsräte unter **wertender** Betrachtung auf die Fälle zu erstrecken, in denen eine betriebsübergreifende Regelung »zwingend erforderlich« ist (zust. *Grotkamp* Gesamtbetriebsrat, S. 77 ff., 118 f.), der Arbeitgeber diese Regelungsebene aber nicht mitbestimmungsfrei vorgeben kann. Gleichwohl geht es um Subsumtion und nicht darum, entgegen dem Wortlaut des § 50 Abs. 1 die Zuständigkeitsabgrenzung zugunsten des Gesamtbetriebsrats und zu Lasten der Einzelbetriebsräte zu verschieben. Allerdings liegt auch bei Bejahung eines »zwingenden Erfordernisses« zugleich subjektive Unmöglichkeit zur Regelung durch die Einzelbetriebsräte vor (ebenso *Reuter* Anm. zu *BAG* AP Nr. 37 zu § 87 BetrVG 1972 Lohngestaltung, Bl. 6; *Schmitt-Rolfes* FS 50 Jahre Bundesarbeitsgericht, S. 1081 [1082]; *Hohenstatt/Dzida/HWK* § 50 BetrVG Rn. 4). Im Interesse einer griffigen Fallgruppenbildung zur Konkretisierung des Rechtsbegriffs »Nichtregelnkönnen« erscheint es sachgerecht, das »zwingende Erfordernis« nicht (mehr) als Unterfall der Fallgruppe »subjektive Unmöglichkeit« einzuordnen, sondern als **3. Fallgruppe** herauszustellen. Das dient der Klarheit, nachdem nunmehr die Fallgruppe »subjektive Unmöglichkeit« dadurch konturenscharf geworden ist, dass sie alle Fälle erfasst, in denen der Arbeitgeber die überbetriebliche Regelungsebene mitbestimmungsfrei vorgeben kann und auch tatsächlich vorgibt (Rdn. 31 ff.). Wie die Rspr.-Nachweise in Rdn. 29 f. und 31 ff. belegen, ist das auch der Standpunkt der Senate des *BAG*; daran hat sich in der Sache auch nichts geändert, obwohl das *BAG* in zwei jüngeren Entscheidungen die Fallgruppe »subjektive Unmöglichkeit« bei freiwilliger Mitbestimmung als Unterfall der Fallgruppe »zwingendes Erfordernis« begriffsjuristisch zugeordnet hat (zu Nachweisen und zur Kritik vgl. Rdn. 27). Ansonsten stellt das *BAG* **nur** in den Fällen, bei denen es um die Zuständigkeitsbeurteilung in Angelegenheiten der **notwendigen** (erzwingbaren) **Mitbestimmung** geht, die »in vollem Umfange« der Mitbestimmung unterliegen, darauf ab, ob eine betriebsübergreifende oder unternehmenseinheitliche Regelung zwingend erforderlich ist (vgl. Rdn. 34). In jüngeren Entscheidungen wird das deutlicher ausgesprochen als früher (vgl. z. B. *BAG* 14.11.2006 EzA § 50 BetrVG 2001 Nr. 6 Rn. 22; 09.12.2003 EzA § 50 BetrVG 2001 Nr. 3 S. 9; 15.01.2002 EzA § 50 BetrVG 1972 Nr. 19 unter B III 3a bb [2] und [3]; ferner grundsätzlich auch die Entscheidungen zur Sozialplanmitbestimmung; *BAG* 11.12.2001 EzA § 50 BetrVG 1972 Nr. 18 S. 7, wo [zwar zu pauschal; vgl. näher *Ch. Fischer* SAE 2003, 46 ff.] auf eine »mitbestimmungspflichtige Betriebsänderung« abgestellt wird; 23.10.2002 EzA § 50 BetrVG 2001 Nr. 1 S. 5 f.; 03.05.2006 EzA § 112 BetrVG 2001 Nr. 17).

40 Allerdings ist nicht zu verkennen, dass mit der Formel der h. M. für die 3. Fallgruppe noch kein endgültiges Abgrenzungsergebnis erreicht ist. Die Problematik spitzt sich auf die Frage zu, wann die zwingende Erforderlichkeit (Notwendigkeit) unternehmenseinheitlicher (jedenfalls überbetrieblicher) Regelung im Einzelfall zu bejahen ist. Da insoweit auch immer die konkreten Verhältnisse im Unternehmen mit zu berücksichtigen sind, lassen sich, anders als bei den Fallgestaltungen oben Rdn. 30 ff., **kaum abstrakte Aussagen** treffen. Das geht zu Lasten der Rechtssicherheit und wird im Streitfall dadurch augenfällig, dass den Tatsacheninstanzen ein Beurteilungsspielraum zusteht (vgl. *BAG* 23.09.1975 AP Nr. 1 zu § 50 BetrVG 1972; 20.04.1982 DB 1982, 1674). Ein allseits akzeptiertes Konkretisierungskriterium gibt es nicht. Die jüngere *BAG*-Rspr. behilft sich mit der jetzt stereotyp verwendeten Formel, dass sich ein »zwingendes Erfordernis« »aus technischen oder rechtlichen Gründen« ergeben kann (vgl. *BAG* 10.10.2006 EzA § 77 BetrVG 2001 Nr. 18 Rn. 18; 26.04.2005 EzA § 87 BetrVG 2001 Betriebliche Lohngestaltung Nr. 6 S. 5; 09.12.2003 EzA § 50 BetrVG 2001 Nr. 3 S. 6; zur konzerneinheitlichen Regelung ebenso *BAG* 19.06.2007 EzA § 58 BetrVG 2001 Nr. 1 Rn. 20), technische Gründe vor allem bei technischen Einrichtungen i. S. v. § 87 Abs. 1 Nr. 6 (vgl. *BAG* 14.11.2006 EzA § 50 BetrVG 2001 Nr. 6 Rn. 30 m. w. N. der Rspr.; dazu auch Rdn. 51). Von rechtlichen Gründen will der *Erste Senat* jetzt »ausgehen«, wenn der Arbeitgeber im Bereich freiwilliger Mitbestimmung die Zuständigkeit des Gesamtbetriebsrats herbeiführt, indem er nur für eine betriebsübergreifende Regelung bereit ist (*BAG* 23.03.2010 EzA § 50 BetrVG 2001 Nr. 7 Rn. 14; 18.05.2010 EzA § 50 BetrVG 2001 Nr. 8 Rn. 15). Die Unterordnung dieser Fallgruppe »subjektiver Unmöglichkeit« unter die Fallgruppe »zwingendes Erfordernis« ist verfehlt (s. Rdn. 27); sie dient offenbar nur dazu, die in der Abgrenzungsformel verwendete Begrifflichkeit zu rechtfertigen. Im Folgenden kann es daher nur darum gehen, in die Diskussion gebrachte Kriterien auf ihre Tauglichkeit hin durchzumustern.

41 **Kein** zusätzlicher **Konkretisierungsgewinn** ergibt sich, wenn auf die **Natur der Sache** abgestellt wird, um zu ermessen, ob eine unternehmenseinheitliche Regelung erforderlich ist (zust. *BAG* 06.12.1988 EzA § 87 BetrVG 1972 Betriebliche Lohngestaltung Nr. 23 S. 8 = SAE 1990, 1 [zust. *Wiese*]); insoweit wird ein unbestimmter Rechtsbegriff lediglich durch einen anderen, noch unbestimmteren ersetzt (vgl. auch *BAG Erster Senat* 23.09.1975 AP Nr. 1 zu § 50 BetrVG 1972; *Fabricius* Erstbearbeitung, § 50 Rn. 16 f.; *Galperin* SAE 1976, 101; *Glock / HWGNRH* § 50 Rn. 15; *Richardi / Annuß* § 50 Rn. 12; **a. M.** aber noch *BAG Dritter Senat* 08.12.1981 AP Nr. 1 zu § 1 BetrAVG Ablösung Bl. 3; *LAG Berlin* 22.06.1998 LAGE § 98 ArbGG 1979 Nr. 32 S. 5; *LAG Köln* 19.01.1983 DB 1983, 1101 und 03.07.1987 DB 1987, 2107; *Brecht* § 50 Rn. 3; *Küchenhoff* § 50 Rn. 2; *Mayer-Maly* RdA 1969, 226; *Stege / Weinspach / Schiefer* §§ 47–52 Rn. 8; *U. Weber* Anm. zu *BAG* 15.01.2002 AP Nr. 23 zu § 50 BetrVG 1972 Bl. 7R; aktuell noch *Trittin / DKKW* § 50 Rn. 49 ff.). Ähnlich vage und deshalb unzureichend ist die Ansicht (*Richardi / Annuß* § 50 Rn. 13), ein Bedürfnis für eine betriebsübergreifende Regelung sei unter Beachtung der »**unternehmerisch-wirtschaftlichen Belange** des Arbeitgebers« zu ermitteln (zutr. *BAG* 15.01.2002 EzA § 50 BetrVG 1972 Nr. 19 Orientierungssatz 2: Die Vorgabe von Umsatz-, Kosten- und Gewinnzielen kann nicht zuständigkeitsbegründend sein). Nach ganz überwiegender Meinung reicht zu Recht die **bloße Zweckmäßigkeit** einheitlicher Regelung nicht aus (st. Rspr.; vgl. zuletzt etwa *BAG* 23.10.2002 EzA § 50 BetrVG 2001 Nr. 1 S. 6; 21.01.2003 EzA § 50 BetrVG 2001 Nr. 2 S. 5; 09.12.2003 EzA § 50 BetrVG 2001 Nr. 3 S. 7; 03.05.2006 EzA § 112 BetrVG 2001 Nr. 17 Rn. 33; 14.11.2006 EzA § 50 BetrVG 2001 Nr. 6 Rn. 22; 19.06.2012 EzA § 50 BetrVG 2001 Nr. 11 Rn. 21; aus früherer Zeit etwa *BAG* 15.01.2002 EzA § 50 BetrVG 1972 Nr. 19 S. 8; 11.12.2001 EzA § 50 BetrVG 1972 Nr. 18 S. 7; 14.12.1999 EzA § 87 BetrVG 1972 Betriebliche Lohngestaltung Nr. 68 S. 6; 11.11.1998 EzA § 50 BetrVG 1972 Nr. 17 S. 4; 30.08.1995 EzA § 87 BetrVG 1972 Kontrolleinrichtung Nr. 21 S. 6; 26.01.1993 EzA § 99 BetrVG 1972 Nr. 109; 28.04.1992 EzA § 50 BetrVG 1972 Nr. 10 S. 10; 06.12.1988 EzA § 87 BetrVG 1972 Betriebliche Lohngestaltung Nr. 23 S. 8; 23.09.1975 AP Nr. 1 zu § 50 BetrVG 1972; *Fitting* § 50 Rn. 23; *Glock / HWGNRH* § 50 Rn. 15; *Löwisch* Anm. zu *BAG* AP Nr. 2 zu § 95 BetrVG 1972; *Richardi / Annuß* § 50 Rn. 13; *Trittin / DKKW* § 50 Rn. 55; tendenziell **a. M.** früher *Dietz / Richardi* § 50 Rn. 11 »objektiv vernünftig«; *Kammann / Hess / Schlochauer* § 50 Rn. 8 »sinnvoll, nützlich, erstrebenswert oder notwendig«; ähnlich *Stege / Weinspach / Schiefer* §§ 47–52 Rn. 8). Ebenso wenig reicht das **bloße Koordinationsinteresse** des Arbeitgebers (oder sein **Wunsch** oder sein **Kosteninteresse**) an einer einheitlichen oder betriebsübergreifenden Regelung (st. Rspr.; vgl. etwa *BAG*

19.06.2012 EzA § 50 BetrVG 2001 Nr. 11 Rn. 21; 14.11.2006 EzA § 50 BetrVG 2001 Nr. 6 Rn. 22; 09.12.2003 EzA § 50 BetrVG 2001 Nr. 3 S. 7; 16.06.1998 EzA § 87 BetrVG 1972 Arbeitssicherheit Nr. 3 S. 9; 06.12.1988 EzA § 87 BetrVG 1972 Betriebliche Lohngestaltung Nr. 23 S. 8; DB 1982, 1674; auch in der Lehre unstr.; vgl. *Fitting* § 50 Rn. 23; *Glock/HWGNRH* § 50 Rn. 15; *Richardi/Annuß* § 50 Rn. 13; *Trittin/DKKW* § 50 Rn. 55). Letzteres wird auch durch die Entstehungsgeschichte des § 50 Abs. 1 gestützt (vgl. Rdn. 2). Zugleich ergibt sich daraus, dass auch das **Interesse der Arbeitnehmer** des Unternehmens nicht ausreichend sein kann, weil der Gesetzgeber auch insoweit den Abänderungsantrag der CDU/CSU-Fraktion zurückgewiesen hat. Letztlich kann deshalb auch die von *Körnig* (SAE 1977, 44 f.) vorgeschlagene **Interessenabwägung**, bei der zwischen den Interessen der Arbeitnehmer an einer Regelung durch den Einzelbetriebsrat und den Interessen des Unternehmens an einer überbetrieblichen Regelung abgewogen werden soll, nicht maßgeblich sein, zumal keineswegs feststeht, dass die dabei vorausgesetzte Interessengegensätzlichkeit in der konkreten Ausgangssituation überhaupt gegeben ist. Evident ist, dass auch die **Motive** der Beteiligten keine maßgebliche Rolle spielen können (ebenso *Galperin* SAE 1976, 101). Zu Recht ist auch die Überlegung des *BAG* (23.09.1975 AP Nr. 1 zu § 50 BetrVG 1972; ähnlich bereits *G. Müller* FS *Küchenhoff*, S. 295 f.) zurückgewiesen worden, die Erforderlichkeit einheitlicher Regelung daraus herzuleiten, dass Einzelbetriebsräte »die Entscheidungen auf Unternehmensebene **nicht mehr durchschauen** und deshalb auch **nicht** mehr **beurteilen können**« und deshalb nicht mehr hinreichend in der Lage sind, die Interessen der von ihnen repräsentierten Arbeitnehmer ordnungsgemäß zu vertreten (vgl. *Kittner* BlStSozArbR 1976, 233; *Löwisch/Mikosch* Anm. zu *BAG* AP Nr. 1 und 2 zu § 50 BetrVG 1972; *LAG Düsseldorf* 05.07.1991 LAGE § 50 BetrVG 1972 Nr. 6 S. 3; dagegen zust.: *Galperin* SAE 1976, 101 f.). Insoweit ergibt sich eine tragfähige Lösung aus § 50 Abs. 2. Demzufolge kann es sich nicht entscheidend um, ob ein **Unternehmen** mehr **zentralistisch geführt** wird oder ob die Einzelbetriebe im Verhältnis zur Unternehmensleitung eher selbständig sind (ebenso *BAG* 18.10.1994 EzA § 87 BetrVG 1972 Betriebliche Lohngestaltung Nr. 47 S. 6 im Hinblick auf die Konzentration der Entscheidungskompetenz bei der Unternehmensleitung; *LAG Düsseldorf* 05.07.1991 LAGE § 50 BetrVG 1972 Nr. 6 S. 3; *Fitting* § 50 Rn. 27; *Richardi/Annuß* § 50 Rn. 13; **a. M.** *Brill* AuR 1983, 171; *Etzel* HzA Gruppe 19/1, Rn. 1357; *Stege/Weinspach/Schiefer* §§ 47–52 Rn. 8). Auch aus einer betriebsübergreifenden Organisation in einer »**Matrix**« (Mehrdimensionen-Organisation mit verschiedenen Berichtslinien zu verschiedenen sachlichen Funktionen, ggf. unter Auftrennung von disziplinarischem und fachlichem Weisungsrecht, instruktiv dazu *Witschen* RdA 2016, 38) folgt für sich genommen noch keine Zuständigkeit des Gesamtbetriebsrats in Angelegenheiten, die mehrere Betriebe betreffen. Es muss genauso wie sonst nach den Umständen des Einzelfalls geprüft werden (*LAG Baden-Württemberg* 12.09.2012 BeckRS 2013, 66355; *LAG Düsseldorf* 04.02.2013 – 9 TaBV 129/12 – juris, Rn. 73; *Witschen* RdA 2016, 38 [48]).

Maßgebliche Bedeutung muss demgegenüber Kriterien zukommen, die deutlich machen, warum **42** in einer überbetrieblichen Angelegenheit (vgl. Rdn. 23 ff.) trotz möglicher Parallelvereinbarungen durch die Einzelbetriebsräte in Ausübung des zugrunde liegenden Mitbestimmungsrechts eine überbetriebliche bzw. unternehmenseinheitliche Regelung zwingend erforderlich, also geradezu zwangsläufig geboten ist. Die Formel des *BAG* (vgl. Rdn. 40), nach der es dafür technische und rechtliche Gründe geben kann, strukturiert zunächst lediglich den Gedankengang. Insbesondere unter zwei Gesichtspunkten, die diese Frage von unterschiedlichen Seiten angehen, aber doch nahe beieinander liegen, ist dies der Fall. **Zum einen**, wenn eine betriebliche Regelung einer Angelegenheit **notwendig** die Entscheidung dieser Angelegenheit in anderen Betrieben **präjudizieren** müsste, weil dann der Verhandlungsspielraum und damit der Gehalt des Mitbestimmungsrechts des nachfolgenden Betriebsrats gesetzwidrig eingeschränkt bzw. ausgehöhlt würde; in solchen Fällen kann die Regelung auf Betriebsebene nicht sachgerecht erfolgen (vgl. schon *Fabricius* Erstbearbeitung, § 50 Rn. 20 i. V. m. § 47 Rn. 101; *Löwisch/Mikosch* Anm. zu *BAG* AP Nr. 1 und 2 zu § 50 BetrVG 1972; *Löwisch* Anm. zu *BAG* EzA Nr. 2 zu § 87 BetrVG 1972 Leistungslohn; *Galperin/Löwisch* § 50 Rn. 7; ähnlich *Ehrich* ZfA 1993, 427 [443] im Anschluss an *Zöllner/Loritz* Arbeitsrecht, 5. Aufl., § 45 V, die auf »inhaltliche Beeinflussung« abstellten; zust. *Grotkamp* Gesamtbetriebsrat, S. 112; *Robrecht* Die Gesamtbetriebsvereinbarung, S. 63, 81; *Richardi/Annuß* § 50 Rn. 13; kritisch *Trittin/DKKW* § 50 Rn. 77). Das kann im Hinblick auf die Regelung der Arbeitszeit (Verteilung auf die einzelnen Wochentage, Flexibilisierung) der Fall sein, wenn die Arbeitsabläufe (wegen überbetrieblicher Arbeitsteilung) zeitlich wechselseitig so abhängig sind, dass ohne überbetriebliche Koordinierung untragbare (produktionstechnische) Störungen eintreten (so gegenüber *BAG* 23.09.1975 [AP Nr. 1 zu § 50 BetrVG 1972] präzisierend *BAG* 09.12.2003 EzA § 50 BetrVG 2001 Nr. 3 Orientierungssatz 2; in beiden Entscheidungen wurde das zwingende Erfordernis einheitlicher Regelung indes verneint; vertiefend dazu *Thüsing* ZfA 2010, 195 [201 ff., 204 ff.]). **Zum anderen** gilt dies aber auch dann, wenn Einzelbetriebsräte nach den konkreten Umständen in überbetrieblichen Angelegenheiten divergierende Interessen verfolgen, so dass dem Arbeitgeber etwa durch mehrere Einigungsstellen unterschiedliche Regelungen aufgezwungen werden könnten, die mit der vorgegebenen, nicht der Mitbestimmung unterliegenden Struktur des Unternehmens in Widerspruch stünden; dann erfordert der **Ausgleich divergierender Betriebsratsinteressen** (bzw. Belegschaftsinteressen) die Zuständigkeit des Gesamtbetriebsrats zwingend (vgl. *BAG* 29.03.1977 AP Nr. 1 zu § 87 BetrVG 1972 Provision = EzA § 87 BetrVG 1972 Leistungslohn Nr. 2 [zust. *Löwisch*]; *BAG* 16.08.1983 AP Nr. 5 zu § 50 BetrVG 1972 Bl. 3; *LAG Düsseldorf* 06.02.1991 LAGE § 50 BetrVG 1972 Nr. 4 S. 4; *Blomeyer* DB 1967, 2224; zust. *Ehrich* ZfA 1993, 443; *Grotkamp* Gesamtbetriebsrat, S. 114; vgl. auch *Körnig* SAE 1977, 45; kritisch *Trittin/DKKW* § 50 Rn. 77). Augenfällig trifft sich diese Begründung mit der Erkenntnis, dass **subjektive Unmöglichkeit** zu einzelbetrieblicher Regelung auch schon dann vorliegt, wenn der Arbeitgeber als Unternehmer eine unternehmenseinheitliche Regelung aufgrund einer mitbestimmungsfreien Organisationsentscheidung vorgibt (vgl. Rdn. 34 und die Nachweise Rdn. 35 f. zu verschiedenen Mitbestimmungsrechten). Diese Parallele muss zur Folge haben, dass in diesen Fallkonstellationen auch objektiv ein »zwingendes Erfordernis« nur besteht, wenn der Arbeitgeber die überbetriebliche Regelungsebene auch tatsächlich vorgibt. In diesem Zusammenhang ist die Zuständigkeit des Gesamtbetriebsrats aber auch in den Fällen geboten, in denen **unternehmenseinheitliche Regelungen mitbestimmungspflichtig abgeändert** werden sollen; auch in diesen Fällen schließt der Abstimmungsbedarf zwischen den Interessen der Einzelbelegschaften eine sachgerechte Wahrnehmung des Mitbestimmungsrechts auf einzelbetrieblicher Ebene aus (vgl. *BAG* 03.11.1987 EzA § 77 BetrVG 1972 Nr. 20 S. 4, wo im Ergebnis zutr. die Zuständigkeit des Gesamtbetriebsrats zur Änderung einer unternehmenseinheitlichen vertraglichen Einheitsregelung bejaht wird; ebenso *LAG Berlin* NZA 1989, 732). Umgekehrt gilt dies aber auch, wenn unterschiedliche betriebliche (z. B. Versorgungs-)Regelungen durch eine unternehmenseinheitliche Neuordnung abgelöst werden sollen (*LAG Düsseldorf* 06.02.1991 LAGE § 50 BetrVG 1972 Nr. 4; für Ruhegeldrichtlinien unter Hinweis auf die finanziellen und steuerlichen Auswirkungen der betrieblichen Altersversorgung *BAG* 21.01.2003 EzA § 50 BetrVG 2001 Nr. 2).

43 Aus dem **Gleichbehandlungsgrundsatz** kann die rechtliche Notwendigkeit zu überbetrieblicher Regelung **nicht** hergeleitet werden. Auch wenn dieser nach jetzt h. M. in der Lit. (vgl. *Preis*/ErfK § 611 BGB Rn. 584 ff. m. w. N.) und (wohl auch) der Rspr. (vgl. *BAG* 19.11.1998 EzA § 242 BGB Gleichbehandlung Nr. 79; 03.12.2008 EzA § 242 BGB Gleichbehandlung Nr. 19) innerhalb des Unternehmens betriebsübergreifend Geltung beansprucht, ist seine Beachtung nur Folge einer betriebsübergreifenden Regelung, kann aber deren Notwendigkeit nicht begründen (so schon *Kreutz* FS *Buchner*, S. 511 [527 f.]; jetzt auch *BAG* 23.03.2010 EzA § 50 BetrVG 2001 Nr. 7 Rn. 17; 18.05.2010 EzA § 50 BetrVG 2001 Nr. 8 Rn. 17, das insoweit zutr. entschieden hat, dass der Gleichbehandlungsgrundsatz auch bei unternehmensweiter Anwendung nicht die Zuständigkeit des Gesamtbetriebsrats für die unternehmensweite Regelung der Vergütungsgrundsätze der AT-Angestellten zu begründen vermag, weil er gleichsam erst »kompetenzakzessorisch« die Rechtsmacht begrenzt [zur Zuständigkeit des Gesamtbetriebsrats zu Vergütungsregelung für AT-Angestellte vgl. aber Rdn. 35]; zust. *Hess. LAG* 26.11.2012 – 16 TaBV 201/12 – juris; früher schon, allerdings noch aus Sicht der Betriebsbezogenheit des Gleichbehandlungsgrundsatzes, ausführlich *Körnig* SAE 1977, 46 f.; ebenso i. E. auch *LAG Düsseldorf* 05.07.1991 LAGE § 50 BetrVG 1972 Nr. 6 S. 5; 14.12.1979 EzA § 50 BetrVG 1972 Nr. 5; *Glock/HWGNRH* § 50 Rn. 16; *Reuter* Anm. zu *BAG* AP Nr. 37 zu § 87 BetrVG 1972 Lohngestaltung, Bl. 6 R; *Richardi* 7. Aufl., § 50 Rn. 11; *Trittin/DKKW* § 50 Rn. 78; *Windbichler* Arbeitsrecht im Konzern, S. 341 f., die die Zirkelhaftigkeit der Gegenmeinung betont; a. M. aber früher etwa *BAG* 23.09.1975 AP Nr. 1 zu § 50 BetrVG 1972 [insoweit krit. *Löwisch/Mikosch*]; *BAG* 03.11.1987 EzA § 77 BetrVG 1972 Nr. 20 S. 5; *LAG Köln* DB 1987, 2107; *ArbG Hamburg* 20.06.2008 – 27 BV 5/08 – juris; *Hess. LAG* 19.06.2008 – 5 TaBV 225/07 – juris [Vorinstanz zu *BAG* 23.03.2010]; auch noch *Hess. LAG* 24.06.2010 – 9 TaBV 231/09 – juris, Rn. 23; obiter dictum hat noch *BAG* 09.06.2007 EzA § 58

BetrVG 2001 Nr. 1 Rn. 21 dahinstehen lassen, »ob, und ggf. unter welchen Bedingungen und nach welchen Maßstäben der Gleichbehandlungsgrundsatz eine betriebsübergreifende, unternehmenseinheitliche Regelung verlangt«). Andernfalls müsste man, wenn man nicht noch einschränkende Bedingungen stellt (für die keine Anhaltspunkte bestehen), die Zuständigkeit des Gesamtbetriebsrats immer bejahen, wenn der Gleichbehandlungsgrundsatz zu beachten ist; das ist jedoch mit der Zuständigkeitsabgrenzung in § 50 Abs. 1 unvereinbar (ebenso *Hess. LAG* 09.01.2007 – 4 Sa 1329/06 – juris). Im Übrigen wäre auch nicht einsichtig, wieso der Gleichbehandlungsgrundsatz »nur durch Vereinbarung mit dem Gesamtbetriebsrat verwirklicht werden könnte« (so schon *BAG* 03.05.2006 EzA § 112 BetrVG 2001 Nr. 17 Rn. 34 für den Fall, das »der betriebsverfassungsrechtliche Gleichbehandlungsgrundsatz des § 75« bei »betriebsübergreifenden Betriebsänderungen« »zu beachten sein sollte«).

Im Übrigen können (nur) **spezifische Besonderheiten im Einzelfall** eine einheitliche Regelung **44** gebieten. So hat das *BAG* (28.04.1992 EzA § 50 BetrVG 1972 Nr. 10) zu Recht mit Rücksicht auf die Sondersituation, dass die ÖTV (jetzt: ver.di) zugleich Arbeitgeber und Gewerkschaft ist und für ihre Arbeitnehmer keine Tarifverträge abschließen kann, die Zuständigkeit des Gesamtbetriebsrats für den Abschluss einer Gesamtbetriebsvereinbarung (und deren Abänderung; vgl. *BAG* 15.11.2000 EzA § 77 BetrVG 1972 Ablösung Nr. 2 = DB 2001, 1835) bejaht, durch die unternehmenseinheitlich alle die mitbestimmungsfreien und mitbestimmungspflichtigen Arbeitsbedingungen geregelt wurden, die für andere Arbeitgeber in Manteltarifen geregelt werden können (bestätigt für die IG Medien durch *BAG* 20.02.2001 EzA § 77 BetrVG 1972 Nr. 66 S. 7). Das gilt für die tarifersetzende Regelung eines Vergütungsgruppensystems auch dann, wenn es um Vergütungsgruppen oder funktionsbezogene Zulagen geht, die ausschließlich für Arbeitnehmer eines Betriebes der Gewerkschaft (Hauptverwaltung) in Betracht kommen (*BAG* 14.12.1999 EzA § 87 BetrVG 1972 Betriebliche Lohngestaltung Nr. 68).

c) Umfang der Zuständigkeit des Gesamtbetriebsrats

Soweit es den Einzelbetriebsräten **subjektiv unmöglich** (vgl. Rdn. 31 ff.) ist, eine Angelegenheit innerhalb ihrer Betriebe durch freiwillige und teilmitbestimmte Betriebsvereinbarung zu regeln, ist die Zuständigkeit des Gesamtbetriebsrats stets uneingeschränkt zu bejahen. Voraussetzung ist, dass der Arbeitgeber tatsächlich (Tatfrage) nur zu einer überbetrieblichen Regelung bereit ist. Im Bereich teilmitbestimmter Regelungen (z. B. bei freiwilligen Leistungen des Arbeitgebers) gilt dies auch für die Wahrnehmung der jeweiligen Mitbestimmungsrechte (z. B. nach § 87 Abs. 1 Nr. 10 hinsichtlich des Verteilungsplans). Auf die zusätzlichen Überlegungen, dass Interessen der Einzelbelegschaften abzustimmen sind (so *BAG* 11.02.1992 EzA § 76 BetrVG 1972 Nr. 60 S. 6 im Anschluss an *Reuter* Anm. zu *BAG* AP Nr. 37 zu § 87 BetrVG 1972 Lohngestaltung) oder dass eine Präjudizierung des Verhandlungsspielraums der einzelnen Betriebsräte eintritt (so *LAG Düsseldorf* 05.07.1991 LAGE § 50 BetrVG 1972 Nr. 6 S. 3 ff.) und dadurch eine sachgerechte Ausübung des Mitbestimmungsrechts auf einzelbetrieblicher Ebene unmöglich ist, kommt es nicht an; das sind Gesichtspunkte zur Beurteilung eines »zwingenden Erfordernisses« (Rdn. 42). Nach dem Grundsatz der Zuständigkeitstrennung (vgl. Rdn. 18) bestimmt sich die Wirksamkeit von Regelungen (vgl. Rdn. 85). **45**

Zur Beurteilung der Zuständigkeit des Gesamtbetriebsrats ist entscheidend auf den **konkret einschlägigen Mitbestimmungstatbestand** abzustellen, der einer zu regelnden Angelegenheit zugrunde liegt. Das ist in der jüngeren *BAG*-Rspr. (vgl. insbesondere *BAG* 11.12.2001 EzA § 50 BetrVG 1972 Nr. 18; 15.01.2002 EzA § 50 BetrVG 1972 Nr. 19 [mit treffenden Anm. von *Ch. Fischer* SAE 2003, 46 ff., RdA 2003, 115 f.]; 19.06.2012 EzA § 50 BetrVG 2001 Nr. 11 Rn. 21) klarer (als früher) geworden. Auch die strikte Beachtung des jeweils einschlägigen Beteiligungstatbestandes enthebt aber nicht von der Schwierigkeit, die Grenzen des Vorgaberechts des Arbeitgebers (Unternehmers) nach dem jeweiligen Mitbestimmungstatbestand zu bestimmen (s. Rdn. 34 ff.) bzw. nach den oben (Rdn. 42) aufgezeigten Kriterien zu beurteilen, ob ein zwingendes Erfordernis gerade für eine überbetriebliche Regelung besteht. Da es bei Letzterem um »wertende« Beurteilung geht (vgl. Rdn. 39), erscheint im methodischen Ansatz auch die Bejahung einer bloßen Rahmenkompetenz eines Gesamtbetriebsrats unter Berücksichtigung der konkreten Verhältnisse im Unternehmen möglich (so noch 8. Aufl., § 50 Rn. 38 m. w. N. auch zur jetzt überholten Rspr.), so wie ja auch (unstr.) zu prüfen ist, ob eine Regelung für alle Betriebe des Unternehmens oder betriebsübergreifend nur für mehrere Be- **46**

§ 50 II. 5. *Gesamtbetriebsrat*

triebe zwingend erforderlich ist (vgl. *BAG* 09.12.2003 EzA § 50 BetrVG 2001 Nr. 3 unter B I 1). Eine bloße **Rahmenkompetenz** ist aber **mit dem Grundsatz der Zuständigkeitstrennung** (vgl. Rdn. 18) **unvereinbar**. Das hat der *Erste Senat* des *BAG* (14.11.2006 EzA § 50 BetrVG 2001 Nr. 6 Rn. 35 = AP Nr. 43 zu § 87 BetrVG 1972 Überwachung [zust. *Richardi*]; ebenso schon *Ohlendorf/ Salamon* NZA 2006, 131 [135]; zust. *LAG Berlin-Brandenburg* 16.07.2010 LAGE § 1 KSchG Interessenausgleich Nr. 17 Rn. 29; *Fitting* § 50 Rn. 28; *Koch*/ErfK § 50 BetrVG Rn. 2; *Löwisch/LK* § 50 Rn. 9; *Maschmann/DFL* § 50 BetrVG Rn. 4; *Richardi/Annuß* § 50 Rn. 47; *Salamon* NZA 2013, 708 [711]; *Tautphäus*/HaKo § 50 Rn. 9; **abl**. *Trittin/DKKW* § 50 Rn. 66 ff.; *Däubler* DB 2017, 667) zutreffend entschieden und dabei überzeugend darauf abgestellt, dass die (Regelungs-)»Angelegenheit« i. S. v. § 50 Abs. 1 Satz 1 im Bereich erzwingbarer Mitbestimmung der jeweilige konkret einschlägige Mitbestimmungtatbestand ist. Für diesen ist der Gesamtbetriebsrat zuständig, oder er ist es nicht; eine Aufspaltung der Zuständigkeit zwischen Gesamtbetriebsrat und Einzelbetriebsräten kommt nicht in Betracht (für § 87 Abs. 1 Nr. 6 bedeutet das z. B., dass der Gesamtbetriebsrat, wenn er zuständig ist, sowohl die Einführung als auch die nähere Ausgestaltung der technischen Einrichtung zu regeln hat, Letzteres nicht etwa die Einzelbetriebsräte; *BAG* 14.11.2006 EzA § 50 BetrVG 2001 Nr. 6 Rn. 32). Wegen der Unauftrennbarkeit einzelner Angelegenheiten können die Einzelbetriebsräte bei originär eigener Zuständigkeit nicht eine bloße Rahmenkompetenz nach § 50 Abs. 2 **delegieren** – sie können sich lediglich die Entscheidungsbefugnis über das ausgehandelte Ergebnis vorbehalten, § 50 Abs. 2 Satz 2, nicht aber eine eigene ergänzende Detailregelung (*Salamon* NZA 2013, 708 [712]). Umgekehrt können auch Arbeitgeber und Gesamtbetriebsrat nicht durch eine Beschränkung auf Rahmenregelungen Zuständigkeiten auf die Einzelbetriebsräte delegieren (*BAG* 14.11.2006 EzA § 50 BetrVG 2001 Nr. 6 Rn. 35; 21.03.2003 EzA § 50 BetrVG 2001 Nr. 2 S. 6); das ergibt sich im Umkehrschluss aus § 50 Abs. 2. Sie können aber in Form einer **Öffnungsklausel** freiwillige Ausführungsregelungen in dem Umfang auf Einzelbetriebsratsebene zulassen, in dem auch eine Entscheidungsübertragung auf den Arbeitgeber zulässig ist (dies offen lassend *BAG* 14.11.2006 EzA § 50 BetrVG 2001 Nr. 6 Rn. 35; zu weiteren Möglichkeiten der Arbeitsteilung *Däubler* DB 2017, 667); in der Substanz darf der Gesamtbetriebsrat dabei jedoch nicht auf sein Mitbestimmungsrecht verzichten (*BAG* 14.11.2006 EzA § 50 BetrVG 2001 Nr. 6 Rn. 38; 26.04.2005 EzA § 87 BetrVG 2001 Betriebliche Lohngestaltung Nr. 6 S. 6 m. w.N).

47 Kein Konflikt mit dem Grundsatz der Zuständigkeitstrennung entsteht bei **vorsorglichen freiwilligen Betriebsvereinbarungen**. Will der Arbeitgeber einen Sozialplan, der für mögliche künftige Betriebsänderungen Ausgleichsregelungen enthält, betriebsübergreifend mit dem Gesamtbetriebsrat abschließen, ist dieser dafür zuständig; der vereinbarte Sozialplan kann jedoch durch eine speziellere Regelung mit dem örtlichen Betriebsrat für eine konkrete Betriebsänderung ersetzt werden (*BAG* 17.04.2012 EzA § 112 BetrVG 2001 Nr. 46 Rn. 21 ff.; 09.12.2014 EzA § 112 BetrVG 2001 Nr. 54 Rn. 27). Die initiale Zuständigkeit des Gesamtbetriebsrats ist keine Kompetenz »kraft Duldung« (so aber *Kleinebrink* AP BetrVG 1972 § 94 Nr. 11), sondern Ausfluss der Freiheit des Arbeitgebers, freiwillige oder teilmitbestimmte Betriebsvereinbarungen (zunächst) nur auf überbetrieblicher Ebene abzuschließen, also ein Fall der subjektiven Regelungsunmöglichkeit für die Betriebsräte (vgl. Rdn. 32 f.). Die materielle Offenheit der vorsorglichen Gesamtbetriebsvereinbarung für anlassbezogene speziellere Regelungen durch die örtlichen Betriebsräte folgt dann aus ihrem Charakter als Auffangregelung – für erzwingbare Sozialpläne (§ 112 Abs. 4) ließe sich die gesetzliche Zuständigkeit ohnehin nicht abbedingen, da der Arbeitgeber keine subjektive Regelungsunmöglichkeit voluntativ herstellen könnte.

48 Sind für eine Regelungsmaterie **mehrere Mitbestimmungtatbestände einschlägig**, ist jeweils einzeln zu prüfen, ob der Gesamtbetriebsrat oder der Betriebsrat zuständig ist (*BAG* 14.11.2006 EzA § 50 BetrVG 2001 Nr. 6 Rn. 35). In der Folge kann es zu Überschneidungen von Regelungen kommen, ohne dass der Grundsatz der Zuständigkeitstrennung verletzt wäre. So wie im Fall *LAG Baden-Württemberg* 21.10.2015 NZA-RR 2016, 141 (anhängig: 1 ABR 59/15): Der Gesamtbetriebsrat war zuständig für eine unternehmenseinheitliche Bekleidungsordnung zur Schaffung einer einheitlichen Außendarstellung nach § 87 Abs. 1 Nr. 1, während der Betriebsrat für den Gesundheitsschutz nach § 87 Abs. 1 Nr. 7 zuständig blieb. Der Betriebsrat konnte zu diesem Zweck unter anderem Lockerungen von Bekleidungsregeln vereinbaren. Der Grundsatz der Zuständigkeitstrennung dient gerade dazu, umfassende Betriebsvereinbarungen mit verzahnten Regelungen treffen zu können, was

behindert würde, wenn der Betriebsrat für die Lockerungen der Bekleidungsregeln auf die Mitwirkung des Gesamtbetriebsrats angewiesen wäre. Die Überlagerung der Bekleidungsordnung war daher hinzunehmen, solange nicht in ihren Kernbereich eingriffen wurde (Rn. 113 f. des Urteils).

3. Einzelfälle aus der Rechtsprechung

Die originäre Zuständigkeit des Gesamtbetriebsrats ist immer durch Subsumtion unter die Voraussetzungen des § 50 Abs. 1 Satz 1 zu ermitteln. Seine Zuständigkeit kann für bestimmte überbetriebliche Beteiligungsangelegenheiten nicht grundsätzlich ausgeschlossen werden; andererseits kann die Zuständigkeit nur in dem oben bei objektiver und subjektiver Unmöglichkeit (vgl. Rdn. 29 ff., 45) aufgezeigten Rahmen, in dem die einschlägige Rspr. aufgeführt und ausgewertet ist, stets bejaht werden, noch mit Vorsicht in noch nicht entschiedenen Fällen subjektiver Unmöglichkeit in Mitbestimmungsangelegenheiten (s. Rdn. 34 ff.). Soweit es darüber hinausgehend auf das »Erfordernis« betriebsübergreifender oder unternehmenseinheitlicher Regelung ankommt, wird der Entscheidung vielfach erst aufgrund der Berücksichtigung der konkreten Verhältnisse im Einzelfall möglich sein. Deshalb bieten auch die nachfolgend aufgeführten Rechtsprechungsbeispiele eher nur eine Orientierungshilfe. Vgl. zum Überblick auch *Grotkamp* Gesamtbetriebsrat, 1999, S. 124 ff.; *Hümmerich* Zuständigkeitsabgrenzung, 2010, S. 86 ff.; *Fitting* § 50 Rn. 35 ff.; *Glock*/HWGNRH § 50 Rn. 19 ff.; *Richardi*/*Annuß* § 50 Rn. 19 ff.; *Trittin*/DKKW § 50 Rn. 94 ff.; aktuelle Bestandsaufnahme bei *Lunk* NZA 2013, 233. 49

a) Allgemeine Aufgaben
- **Auskunftsanspruch** des Gesamtbetriebsrats nach § 80 Abs. 2 Satz 1 in Fragen unternehmenseinheitlicher Altersversorgung durch zusätzliche Versorgungsleistungen an außertarifliche Angestellte; *BAG* 19.03.1981 AP Nr. 14 zu § 80 BetrVG 1972. 50
- Die **Überwachungsaufgabe** nach § 80 Abs. 1 Nr. 1 hat stets der einzelne Betriebsrat; sie geht auch mit dem Abschluss einer Gesamtbetriebsvereinbarung über mitbestimmungspflichtige Angelegenheiten nicht auf den Gesamtbetriebsrat über (*BAG* 20.12.1988 EzA § 80 BetrVG 1972 Nr. 33; 16.08.2011 EzA § 50 BetrVG 2001 Nr. 9 Rn. 31); vgl. dazu krit. Rdn. 21, 27.
- Vom Überwachen der Einhaltung zu unterscheiden ist die **Auslegung einer Gesamtbetriebsvereinbarung**. Sie kann für alle Betriebe nur einheitlich geklärt werden, so dass für eine diesbezügliche Feststellungsklage der Gesamtbetriebsrat originär zuständig und antragsbefugt ist (*LAG Berlin-Brandenburg* 25.10.2012 – 5 TaBV 1168/12 – juris, Rn. 87).
- Der Abschluss einer Betriebsvereinbarung über einen **einheitlichen Betriebsrat im Unternehmen nach § 3 Abs. 1 Satz 1 lit. a, Abs. 2** ist ein idealtypisches Beispiel für eine Angelegenheit, die das Gesamtunternehmen betrifft und die nicht durch die einzelnen Betriebsräte geregelt werden kann, für die folglich der Gesamtbetriebsrat zuständig ist (*BAG* 24.04.2013 EzA § 3 BetrVG 2001 Nr. 7, Rn. 37).

b) Soziale Angelegenheiten
- **Kontrollmaßnahmen** zur Verhinderung von Eigentumsdelikten (§ 87 Abs. 1 Nr. 1); *LAG Düsseldorf* 14.11.1979 EzA § 50 BetrVG 1972 Nr. 5: Gesamtbetriebsrat unzuständig, da kein zwingendes Erfordernis für eine unternehmenseinheitliche Regelung. 51
- Regelung **einheitlicher Dienstkleidung** für das Bodenpersonal eines deutschlandweit tätigen Luftfahrtunternehmens (§ 87 Abs. 1 Nr. 1); *BAG* 17.01.2012 EzA § 87 BetrVG 2001 Betriebliche Ordnung Nr. 7: Gesamtbetriebsrat zuständig (vgl. zur Begründung Rdn. 37); *LAG Baden-Württemberg* 21.10.2015 NZA-RR 2016, 141 (anhängig: 1 ABR 59/15); anders noch *LAG Düsseldorf* 01.04.2009 – 4 TaBV 83/08 – juris, Rn. 66: Keine Zuständigkeit für die Einführung einer Kleiderordnung in den Warenhäusern eines Einzelhandelsunternehmens (kritisch dazu *Fischer* NZA-RR 2015, 169 [176]).
- Einführung und Ausgestaltung eines **Beschwerdeverfahrens** bei ausschließlich überbetrieblich errichteter Beschwerdestelle (§ 87 Abs. 1 Nr. 1); *BAG* 21.07.2009 EzA § 87 BetrVG2001 Betriebliche Ordnung Nr. 5: Gesamtbetriebsrat zuständig (vgl. zur Begründung Rdn. 37).

- Regelung von **Nachweispflichten bei krankheitsbedingter Arbeitsunfähigkeit** abweichend von § 5 Abs. 1 Satz 2 EFZG (§ 87 Abs. 1 Nr. 1); *BAG* 23.08.2016 NZA 2016, 1483: Gesamtbetriebsrat unzuständig, da sich das Mitbestimmungsrecht bereits auf das »Ob« der Regelung bezieht (s. a. Rdn. 37).
- Einführung von **Ethikrichtlinien** einer US-amerikanischen Muttergesellschaft durch deutsche Tochtergesellschaft für sämtliche Betriebe (§ 87 Abs. 1 Nr. 1); *LAG Düsseldorf* 14.11.2005 NZA 2006, 63 (Leitsatz 1–8): Gesamtbetriebsrat zuständig soweit dabei mitbestimmungspflichtige Regelungen getroffen werden, da die Richtlinien nach dem vorgegebenen Selbstverständnis nur einheitlich eingeführt werden können (vgl. zur Zuständigkeit des Konzernbetriebsrats, wenn solche Richtlinien konzernweit eingeführt werden sollen, *BAG* 22.07.2008 EzA § 87 BetrVG 2001 Betriebliche Ordnung Nr. 3).
- Regelung der **Arbeitszeit** gem. § 87 Abs. 1 Nr. 2; *BAG* 23.09.1975 AP Nr. 1 zu § 50 BetrVG 1972: kein zwingendes Erfordernis für einheitliche Regelung auf Unternehmensebene; ebenso *BAG* 09.12.2003 EzA § 50 BetrVG 2001 Nr. 3, wo aber präzisierend (Orientierungssatz 2) angezeigt wird, dass der Gesamtbetriebsrat zuständig sein kann, wenn die Arbeitsabläufe in den Betrieben aufgrund betriebsübergreifender Arbeitsteilung in zeitlicher Hinsicht wechselseitig derart voneinander abhängig sind, dass ohne eine überbetriebliche Koordinierung untragbare Störungen eintreten (zust. *LAG Nürnberg* NZA-RR 2007, 248).
- Regelung eines **Schichtrahmenplans** für mehrere Betriebe (§ 87 Abs. 1 Nr. 2); *BAG* 19.06.2012 EzA § 50 BetrVG 2001 Nr. 11: Gesamtbetriebsrat zuständig, wenn die Betriebe eine einheitliche Dienstleistung erbringen und die Arbeitsabläufe technisch-organisatorisch verknüpft sind (vgl. zur Begründung Rdn. 37).
- **Einführung bargeldloser Lohn- und Gehaltszahlung** bei zentraler Entgeltabrechnung (§ 87 Abs. 1 Nr. 4); *LAG Berlin* DB 1979, 2091: Gesamtbetriebsrat zuständig.
- Regelung über die **Erstattung von Kontoführungsgebühren** und über die Gewährung bezahlter Freizeit zum Aufsuchen der Kreditinstitute bei bargeldloser Lohnzahlung (§ 87 Abs. 1 Nr. 4); *BAG* DB 1982, 1674: Kein Erfordernis unternehmenseinheitlicher Regelung; ebenso bei **Abschaffung** der Zahlung von Kontoführungspauschalen, auch nicht bei wirtschaftlichem Zwang zur Sanierung eines Unternehmens wegen drohender Insolvenz: *BAG* 15.01.2002 EzA § 50 BetrVG 1972 Nr. 19 = RdA 2003, 111 (zust. *Ch. Fischer*) = SAE 2003, 1 (zust. *Löwisch / Robrecht*) = AP Nr. 23 zu § 50 BetrVG 1972 (zust. *U. Weber*).
- Aufstellung des **Urlaubsplans** (§ 87 Abs. 1 Nr. 5); *BAG* 05.02.1965 AP Nr. 1 zu § 56 BetrVG Urlaubsplan: Gesamtbetriebsrat nicht zuständig (die Begründung der Entscheidung ist überholt; vgl. *BAG* 23.09.1975 AP Nr. 1 zu § 50 BetrVG 1972 und näher Rdn. 29).
- Vereinbarung über das **Mithören** von **telefonischen Verkaufsgesprächen** einschließlich Kundenberatung in Unternehmen mit zahlreichen Verkaufsbüros zur Durchsetzung einheitlicher Marketing-Strategie (§ 87 Abs. 1 Nr. 6); *LAG Köln* DB 1983, 1101: Gesamtbetriebsrat zuständig, da unternehmenseinheitliche Regelung zwingend erforderlich.
- Vereinbarung über **Bildschirmarbeitsplätze** mit zentraler Speichereinrichtung am Sitz des Unternehmens, aber unterschiedlicher Gestaltung der Bildschirmarbeitsplätze an den Terminals in den Niederlassungen (§ 87 Abs. 1 Nr. 6); *LAG Düsseldorf* 28.11.1980 EzA § 87 BetrVG 1972 Kontrolleinrichtung Nr. 9: Kein zwingendes Erfordernis für einheitliche Regelung.
- **Einführung eines EDV-Systems** (§ 87 Abs. 1 Nr. 6) nach unternehmenseinheitlichen Standards bei Hard- und Software in einer Bank; *LAG Düsseldorf* NZA 1988, 211: Gesamtbetriebsrat zuständig, da zwingendes Erfordernis für einheitliche Regelung.
- **Einführung eines Personaldatenverarbeitungssystems** (§ 87 Abs. 1 Nr. 6) im Unternehmen; *LAG Köln* DB 1987, 2107: Gesamtbetriebsrat zuständig für die rechnerinternen Bereiche Eingabe, Verarbeitung, Ausgabe.
- **Einführung** einer **automatisierten Telefonzentrale in den Reservierungszentralen** eines Luftfahrtunternehmens, die Überwachungsmöglichkeiten eröffnet (§ 87 Abs. 1 Nr. 6); *BAG* 30.08.1995 EzA § 87 BetrVG 1972 Kontrolleinrichtung Nr. 21 = SAE 1996, 342 (eher krit. *Schüren / von Royen*): Gesamtbetriebsrat zuständig, da Notwendigkeit betriebsübergreifender Regelung wegen zentraler Servicefunktion der Reservierungsdienste.
- **Einführung** und konkrete **Nutzung** einer unternehmenseinheitlichen **Telefonvermittlungsanlage** (§ 87 Abs. 1 Nr. 6); *BAG* 11.11.1998 EzA § 50 BetrVG 1972 Nr. 17: Gesamtbetriebsrat

steht Mitbestimmungsrecht zu, weil ein zwingendes Erfordernis für eine unternehmenseinheitliche Regelung besteht.
— **Einführung** eines **elektronischen Datenverarbeitungssystems**, das zur Verhaltens- und Leistungskontrolle bestimmt ist (§ 87 Abs. 1 Nr. 6); *BAG* 14.11.2006 EzA § 50 BetrVG 2001 Nr. 6: Gesamtbetriebsrat zuständig wegen technischer Notwendigkeit einer betriebsübergreifenden Regelung, wenn ein System betriebsübergreifend eingeführt werden soll, das dieselbe Software erfordert. Bei konzernweiten Einsatz eines SAP-Systems ist entsprechend der Konzernbetriebsrat zuständig; *BAG* 25.09.2012 NZA 2013, 275.
— Zuständigkeit des Gesamtbetriebsrats bei Erlass von Arbeits- und Sicherheitsanweisungen zur **Konkretisierung von Unfallverhütungsvorschriften** (§ 87 Abs. 1 Nr. 7), die unternehmensweit einheitliche Montagearbeiten im Außendienst betreffen; *BAG* 16.06.1998 EzA § 87 BetrVG 1972 Arbeitssicherheit Nr. 3 = AP Nr. 7 zu § 87 BetrVG 1972 Gesundheitsschutz (zust. *Merten*) = SAE 2000, 333 (zust. *Carl*).
— Keine Zuständigkeit des Gesamtbetriebsrats zur **Gefährdungsbeurteilung** nach § 5 ArbSchG (Mitbestimmungsrecht nach § 87 Abs. 1 Nr. 7; vgl. *BAG* 08.06.2004 EzA § 87 BetrVG 2001 Gesundheitsschutz Nr. 2); *LAG Berlin-Brandenburg* 29.04.2008 – 12 TaBV 134/08 – juris; *LAG Köln* 28.06.2012 – 4 TaBV 17/12 – juris. Die Gefährdungsbeurteilung ist Vorfrage für Regelungen zur Gefährdungsunterweisung nach § 12 ArbSchG mit den Einzelbetriebsräten (vgl. *BAG* 08.11.2011 ArbRB 2012, 143 [zust. *Lunk*]).
— Zuständigkeit des Gesamtbetriebsrats für eine **Sozialeinrichtung** (§ 87 Abs. 1 Nr. 8), die sich auf das Unternehmen erstreckt; *LAG Frankfurt a. M.* AuR 1977, 157; klarstellend *BAG* 10.02.2009 EzA § 87 BetrVG Sozialeinrichtung Nr. 1 = AP Nr. 21 zu § 87 BetrVG 1972 Sozialeinrichtung [zust. *Moll/Ittmann*]: aber kein Mitbestimmungsrecht, wenn der Wirkungsbereich der Sozialeinrichtung (Kindertagesstätten) nicht auf das Unternehmen beschränkt ist, sondern einem unbestimmten Personenkreis zugänglich ist.
— Zuständigkeit des Gesamtbetriebsrats bei **unternehmenseinheitlicher Altersversorgung** nach § 87 Abs. 1 Nr. 8/10 ist grundsätzlich gegeben wegen der Entscheidungsfreiheit des Arbeitgebers und wegen finanziell und steuerlich bedingter einheitlicher Ausgestaltung; *BAG* 05.05.1977 AP Nr. 3 zu § 50 BetrVG 1972; 19.03.1981 AP Nr. 14 zu § 80 BetrVG 1972; 08.12.1981 AP Nr. 1 zu § 1 BetrAVG Ablösung; *LAG Hamm* BB 1980, 1746. Die Zuständigkeit des Gesamtbetriebsrats ist auch für die **Neuordnung** gegeben, durch welche die in den Betrieben bisher geltenden unterschiedlichen Altersversorgungssysteme (verschlechternd) abgelöst werden sollen (*LAG Düsseldorf* 06.02.1991 LAGE § 50 BetrVG 1972 Nr. 4), sowie für die **Änderung** unternehmenseinheitlicher Ruhegeldrichtlinien (*BAG* 21.01.2003 EzA § 50 BetrVG 2001 Nr. 2).
— Werden Darlehen nach unternehmenseinheitlichen Richtlinien grundsätzlich an die Arbeitnehmer aller Betriebe zum Eigenheimerwerb gewährt, so steht das Mitbestimmungsrecht nach § 87 Abs. 1 Nr. 10 bei der **Vergabe der Darlehen** dem Gesamtbetriebsrat zu; *BAG* 06.04.1976 AP Nr. 2 zu § 50 BetrVG 1972.
— Zuständig ist der Gesamtbetriebsrat für die Regelung eines unternehmenseinheitlichen gemischten **Entgeltsystems für alle Vertriebsbeauftragten** nach § 87 Abs. 1 Nr. 10, 11 (*BAG* 06.12.1988 EzA § 87 BetrVG 1972 Betriebliche Lohngestaltung Nr. 23 [zust. *Gaul*] = AP Nr. 37 zu § 87 BetrVG 1972 Lohngestaltung [zust. *Reuter*] = SAE 1990, 1 [zust. *Wiese*] [vgl. zur Begründung, aber auch zur Distanzierung durch neuere *BAG*-Rspr., Rdn. 35]; ebenso im Ergebnis *LAG Hamm* DB 1976, 1973); ferner für die Regelung der **ergebnisabhängigen Bezahlung der Abteilungsleiter im Verkauf** (*BAG* 31.01.1989 EzA § 81 ArbGG 1979 Nr. 14), für ein **ergebnisabhängiges Vergütungssystem** für alle Arbeitnehmer (*LAG Hamburg* DB 1991, 2195) sowie eine **Spesenregelung**, die auf mehrere Betriebe eines Unternehmens angewendet werden soll (*Hess. LAG* AuR 1998, 170).
— Unternehmenseinheitliche Regelung der **Vergütungsgrundsätze** (Vergütungsstruktur) für **AT-Angestellte** (§ 87 Abs. 1 Nr. 10); *BAG* 23.03.2010 EzA § 50 BetrVG 2001 Nr. 7; 18.05.2010 EzA § 50 BetrVG 2001 Nr. 8 (ebenso die Vorinstanz *LAG München* 04.07.2008 – 10 TaBV 118/07 – juris, Rn. 98 ff.): Keine Zuständigkeit des Gesamtbetriebsrats (vgl. zur Kritik Rdn. 35; anders auch noch *LAG Düsseldorf* NZA 1992, 613).

§ 50

- Schaffung einer **Eingruppierungsordnung** (§ 87 Abs. 1 Nr. 10); *BAG* 13.03.2001 EzA § 87 BetrVG 1972 Betriebliche Lohngestaltung Nr. 72: kein zwingendes Erfordernis für eine betriebsübergreifende Regelung.
- **Provisionsregelung** für alle Versicherungsvertreter (Außendienstangestellte) eines Versicherungsunternehmens (§ 87 Abs. 1 Nr. 10, 11); *BAG* 29.03.1977 AP Nr. 1 zu § 87 BetrVG 1972 Provision: Gesamtbetriebsrat zuständig, weil sonst Gefahr besteht, dass unterschiedliche Ordnungen für die einzelnen Betriebe Platz greifen könnten. Ebenso im Ergebnis für Provisionsordnung aller Verkaufsrepräsentanten eines Unternehmens *BAG* 18.10.1988 EzA § 83 ArbGG 1979 Nr. 8, aber ohne tragfähige Begründung.
- Für **freiwillige (Sozial-)Leistungen**, die der Arbeitgeber nur unternehmenseinheitlich gewähren will, ist der Gesamtbetriebsrat auch für die Wahrnehmung der Mitbestimmung nach § 87 Abs. 1 Nr. 10 hinsichtlich der Verteilungskriterien zuständig (»teilmitbestimmte Angelegenheiten«; vgl. zur Begründung und Rspr.-Nachweisen Rdn. 31 ff., 45): So für eine **Jahressondervergütung** *BAG* 11.02.1992 EzA § 76 BetrVG 1972 Nr. 60; für die Regelung einer **Jahresabschlussvergütung** *BAG* 20.02.2001 EzA § 77 BetrVG 1972 Nr. 65; für freiwillige **Provisionszahlungen** *LAG Düsseldorf* 05.09.1991 LAGE § 50 BetrVG 1972 Nr. 6; für **übertarifliche Vergütung** (halbe Differenz zwischen der maßgebenden und nächsthöheren Tarifgruppe) *BAG* 18.10.1994 EzA § 87 BetrVG 1972 Betriebliche Lohngestaltung Nr. 47 S. 6 f., wo die Zuständigkeit des Gesamtbetriebsrats im Ergebnis aber zu Recht verneint wird, weil der Arbeitgeber nicht eindeutig zum Ausdruck gebracht hat, die Zulage nur im Rahmen einer unternehmenseinheitlichen Regelung erbringen zu wollen; für **Bonuszahlungen** *LAG Düsseldorf* 20.03.2007 LAGE § 98 ArbGG 1979 Nr. 48a.
- Zuständig ist der Gesamtbetriebsrat zur **Änderung** einer unternehmenseinheitlichen vertraglichen **Einheitsregelung** über Jubiläumszuwendungen durch (verschlechternde) (Gesamt-)Betriebsvereinbarung (*BAG* 03.11.1987 EzA § 77 BetrVG 1972 Nr. 20 S. 4) und zur **Änderung** des bestehenden **unternehmenseinheitlichen Entlohnungsgrundsatzes** (*LAG Berlin* NZA 1989, 732) nach § 87 Abs. 1 Nr. 10 (vgl. Rdn. 42 a. E.).
- **Festsetzung von Vorgabezeiten** anlässlich der Einführung des REFA-Systems in mehreren Betrieben des Unternehmens; *LAG Düsseldorf* 16.09.1991 LAGE § 50 BetrVG 1972 Nr. 5: Zuständigkeit des Gesamtbetriebsrats scheidet aus, weil eine Berücksichtigung der konkreten betrieblichen Gegebenheiten in diesem Bereich geboten ist.

c) Gestaltung von Arbeitsplatz, Arbeitsablauf und Arbeitsumgebung

52
- Zuständigkeit des Gesamtbetriebsrats nach §§ 90, 91, wenn für mehrere Filialen eines Einzelhandelsunternehmens, die gleichartige Struktur aufweisen, die **Kassenarbeitsplätze nach einheitlichen Richtlinien** neu gestaltet werden sollen; *LAG Düsseldorf* ARSt. 1982, 46.
- Keine Zuständigkeit des Gesamtbetriebsrats (mangels zwingenden Erfordernisses einer überbetrieblichen Regelung) für Regelungen zu **Arbeitsschutztatbeständen** (§ 90); *LAG Köln* 28.01.2008 – 14 TaBV 70/07 – juris.

d) Personelle Angelegenheiten

53
- Gesamtbetriebsrat zuständig für die unternehmenseinheitliche **Einführung von Anforderungsprofilen**, in denen für bestimmte Arbeitsplätze die fachlichen, persönlichen und sonstigen Anforderungen abstrakt festgelegt werden, die aber keine Auswahlrichtlinien i. S. v. § 95 sind; *BAG* 31.05.1983, 31.01.1984 AP Nr. 2 und 3 zu § 95 BetrVG 1972 (*Löwisch*).
- Ob und ggf. unter welchen Voraussetzungen der Gesamtbetriebsrat eine **Ausschreibung von Arbeitsplätzen** verlangen kann, hat *BAG* 01.02.2011 EzA § 93 BetrVG 2001 Nr. 1 Rn. 26 offen gelassen; *ArbG Ulm* 12.08.2009 – 4 BV 5/09 – juris, Rn. 50: Gesamtbetriebsrat kann zuständig sein, wenn wegen unternehmenseinheitlicher Personalplanung die Ausschreibung auf Unternehmensebene im Interesse der Arbeitnehmer liegt.
- Keine Zuständigkeit des Gesamtbetriebsrats (mangels objektiv zwingenden Erfordernisses einer überbetrieblichen Regelung) für die Regelung jährlicher **Mitarbeitergespräche** (§ 94 Abs. 2); *LAG Rheinland-Pfalz* 06.06.2008 – 6 TaBV 4/08 – juris.

Zuständigkeit § 50

— Zustimmungszuständigkeit des Gesamtbetriebsrats für **persönliche Angaben in** betriebsübergreifend zu verwendenden **Formulararbeitsverträgen** (§ 94 Abs. 2 Alt. 1); *LAG Nürnberg* 21.12.2010 LAGE § 94 BetrVG 2001 Nr. 2.
— Zuständigkeit des Gesamtbetriebsrats bei **Aufstellung allgemeiner Beurteilungsgrundsätze** nach § 94 Abs. 2 Alt. 2, die unternehmenseinheitlich gelten sollen (*LAG Düsseldorf* 06.03.2009 – 9 TaBV 347/08 – juris), wenn sie »Baustein« einer unternehmenseinheitlich konzipierten Personalentwicklung sind (*BAG* 17.03.2015 EzA § 94 BetrVG 2001 Nr. 2 Rn. 33).
— Zuständigkeit des Gesamtbetriebsrats zur Vereinbarung von **Auswahlrichtlinien** nach § 95 bei einheitlicher Personalplanung für ein Unternehmen; *BAG* 03.05.1984 EzA § 81 ArbGG 1979 Nr. 6 = AP Nr. 5 zu § 95 BetrVG 1972 (*Fabricius*); vgl. auch *LAG Hamm* 21.05.2008 – 10 TaBVGa 5/08 – juris.
— Zuständigkeit des Gesamtbetriebsrats, die **Ermittlung des Berufsbildungsbedarfs** zu verlangen (§ 96 Abs. 2 Satz 2), wenn der Arbeitgeber Berufsbildungsmaßnahmen zentral regelt; *LAG Hamburg* 18.01.2012 – 5 TaBV 10/11 – juris, Rn. 37.
— Gesamtbetriebsrat zuständig für die Mitbestimmung nach § 98 Abs. 1 über **Berufsbildungsmaßnahmen** für alle Arbeitnehmer im hauswirtschaftlichen Bereich im gesamten Landesverband (Berlin) der Arbeiterwohlfahrt; *BAG* 12.11.1991 EzA § 98 BetrVG 1972 Nr. 8.
— Bei **personellen Einzelmaßnahmen** ist eine originäre Zuständigkeit des Gesamtbetriebsrats grundsätzlich abzulehnen (vgl. auch *Fitting* § 50 Rn. 55; *Richardi/Annuß* § 50 Rn. 35); sie kommt lediglich dann in Betracht, wenn ein Arbeitsverhältnis mehreren Betrieben des Unternehmens gleichzeitig zuzuordnen ist (*BAG* 21.03.1996 EzA § 102 BetrVG 1972 Nr. 91 S. 4); das ist aber noch nicht der Fall, wenn der Arbeitgeber nur vertraglich berechtigt ist, den Arbeitnehmer in mehreren Betrieben des Unternehmens einzusetzen (*BAG* 16.12.2010 EzA § 2 KSchG Nr. 81). Der Gesamtbetriebsrat ist auch dann nicht nach § 102 anzuhören, wenn ein Arbeitnehmer dem Übergang seines Arbeitsverhältnisses nach § 613a BGB widerspricht und daraufhin der Arbeitgeber kündigt, ohne zuvor den Arbeitnehmer einem anderen Betrieb seines Unternehmens zuzuordnen (*BAG* 21.03.1996 EzA § 102 BetrVG 1972 Nr. 91 S. 4).
— Bei **einverständlicher Versetzung** eines Arbeitnehmers von einem Betrieb eines Unternehmens in einen anderen besteht kein Beteiligungsrecht des Gesamtbetriebsrats nach § 99; *BAG* 30.04.1981 EzA § 95 BetrVG 1972 Nr. 4 = AP Nr. 12 zu § 99 BetrVG 1972 (*Löwisch*); 20.09.1990 EzA § 99 BetrVG 1972 Nr. 95 S. 12. Ist der Arbeitnehmer mit seiner dauerhaften Versetzung **nicht einverstanden**, so bedarf es neben der Zustimmung des Betriebsrats des aufnehmenden Betriebs (Einstellung) auch der Zustimmung des Betriebsrats des abgebenden Betriebs (Versetzung); der Gesamtbetriebsrat ist nicht zuständig (*BAG* 26.01.1993 EzA § 99 BetrVG 1972 Nr. 109), selbst wenn der Arbeitgeber dann u. U. mehrere Zustimmungsersetzungsverfahren führen muss.
— Bei der Besetzung eines **Arbeitsplatzes bei der Unternehmensleitung**, dessen Inhaber für sämtliche Einzelbereiche zuständig sein soll, hat nicht der Gesamtbetriebsrat nach § 99 mitzubestimmen, sondern der Einzelbetriebsrat; *ArbG Berlin* BB 1983, 1920.
— In den privatisierten **Postunternehmen** gelten gem. § 32 Abs. 2 PostPersRG für die (vom Gesetz offenbar für möglich gehaltene) Beteiligung des Gesamtbetriebsrats in den personellen Angelegenheiten der Beamten §§ 28 bis 31 PostPersRG entsprechend (vgl. *Fitting* § 50 Rn. 57).

e) Wirtschaftliche Angelegenheiten
— Zuständigkeit des Gesamtbetriebsrats für **Interessenausgleich und Sozialplan** nach §§ 111, 112 **54** bei **Stilllegung sämtlicher Betriebe** eines Unternehmens infolge Konkurses; *BAG* 17.02.1981 EzA § 112 BetrVG 1972 Nr. 21 = AP Nr. 11 zu § 112 BetrVG 1972 (*Kraft*) = SAE 1982, 43 (*Schulin*).
— Zuständigkeit des Gesamtbetriebsrats für den **Abschluss eines Interessenausgleichs** (mit Namensliste i. S. v. § 1 Abs. 5 KSchG), wenn ein geplanter Personalabbau auf der Grundlage eines unternehmenseinheitlichen Konzepts durchgeführt wird und von der Betriebsänderung mehrere Betriebe betroffen sind (*BAG* 07.07.2011 EzA § 26 BetrVG 2001 Nr. 3 Rn. 24 m. w. N.; dabei hat der *Sechste Senat* [wie das *Sächs. LAG* als Vorinstanz] weiter entschieden, dass für die Massenentlassungsanzeige nach § 17 Abs. 3 Satz 2 KSchG die Beifügung des Interessenausgleichs genügt, wenn dieser mit dem Insolvenzverwalter geschlossen ist [§ 125 Abs. 2 InsO]; aber auch außerhalb einer Insol-

venz kann im Ergebnis nichts anderes gelten [so auch *Dzida/Hohenstatt* NJW 2012, 27 [28]; *Lunk* NZA 2013, 233, 237]). Vgl. zur Zuständigkeit des Gesamtbetriebsrats zum Abschluss eines Interessenausgleichs (neben den Nachweisen unter den nachfolgenden Beistrichen) *BAG Zweiter Senat* 19.07.2012 NZA 2013, 333 = DB 2013, 523, der die Entscheidung des *Sechsten Senats* vom 07.07.2011 bestätigt und hervorhebt (Rn. 24), dass aus der Zuständigkeit zum Abschluss des Interessenausgleichs diejenige für die Vereinbarung einer Namensliste folgt (so auch schon *LAG Berlin-Brandenburg* 16.07.2010 LAGE § 1 KSchG Interessenausgleich Nr. 17); *BAG* 12.05.2010 EzA § 1 KSchG Interessenausgleich Nr. 21; *LAG Rheinland-Pfalz* 23.02.2010 – 1 Sa 687/09 – juris, Rn. 35: bei unternehmensweitem Sanierungskonzept.
- Konsequent ist der Gesamtbetriebsrat auch für das **Konsultationsverfahren bei Massenentlassungen** nach § 17 Abs. 2 KSchG originär zuständig, wenn der geplante Personalabbau aufgrund eines unternehmenseinheitlichen Konzepts durchgeführt werden soll und mehrere Betriebe betrifft (*BAG* 13.12.2012 – 6 AZR 772/11 – juris, Rn. 42). Ein Gleichlauf mit der Zuständigkeit für den Interessenausgleich vermeidet Wertungswidersprüche (ausführlich *Salamon* BB 2015, 1653).
- **Aus** der **Zuständigkeit** des Gesamtbetriebsrats **für** die (Verhandlung und) Vereinbarung eines **Interessenausgleichs** (bei Betriebsänderungen, die alle oder mehrere Betriebe eines Unternehmens betreffen) **folgt nicht zwingend** (automatisch) **diejenige für den Abschluss eines Sozialplans**; diese ist vielmehr nach § 50 Abs. 1 Satz 1 gesondert zu prüfen, da es sich um verschiedene Regelungsangelegenheiten handelt, und bestimmt sich auch nach dem Inhalt des abgeschlossenen Interessenausgleichs; *BAG* 11.12.2001 EzA § 50 BetrVG 1972 Nr. 18 = SAE 2003, 41 (zust. *Ch. Fischer*); bestätigt durch *BAG* 23.10.2002 EzA § 50 BetrVG 2001 Nr. 1). Letzteres hat das *BAG* (03.05.2006 EzA § 112 BetrVG 2001 Nr. 17 Rn. 28 = AP Nr. 29 zu § 50 BetrVG 1972 [zust. *Trittin/Russner*] = RdA 2007, 114 [zust. *Joussen*]) dahin konkretisiert, dass ein im Interessenausgleich für das gesamte Unternehmen vereinbartes **Sanierungskonzept** die Zuständigkeit des Gesamtbetriebsrats für den Sozialplanabschluss nur begründen kann, wenn dieses nur auf der Grundlage eines (im Interessenausgleich) bestimmten, auf das Unternehmen bezogenen Sozialplanvolumens realisiert werden kann (*ArbG Nürnberg* 19.11.2010 – 10 BV 46/10 – juris bejaht ein solches Abhängigkeitsverhältnis auch ohne Festlegung im Interessenausgleich im Hinblick darauf, dass nach § 123 InsO das Volumen für den in der Insolvenz aufzustellenden Sozialplan unternehmensbezogen beschränkt ist; *ArbG Essen* 17.02.2010 – 4 Ca 3728/09 – juris sieht für die unternehmensweit zu erbringenden Sozialplanleistungen einen durch § 123 InsO definierten »Topf«, der nur betriebsübergreifend verteilt werden kann). Auch *Hess. LAG* (14.05.2012 – 16 TaBV 197/11 – juris) und *LAG Düsseldorf* (19.10.2011 – 7 TaBV 52/11 – juris) bejahen die Zuständigkeit des Gesamtbetriebsrats für eine Sozialplanvereinbarung nach inhaltlichen Vorgaben im Interessenausgleich. Vgl. dazu, dass auch ein allein vom Arbeitgeber vorgegebenes unternehmenseinheitliches oder betriebsübergreifendes Sanierungskonzept genügt, Rdn. 36.
- Zuständigkeit des Gesamtbetriebsrats für Verhandlung über Interessenausgleich nach § 111, wenn der geplante **Personalabbau nach unternehmenseinheitlichem Konzept** zunächst die Entlassung aller älteren Arbeitnehmer ohne Rücksicht auf betriebliche oder sonstige Besonderheiten in den einzelnen Betrieben betrifft; *BAG* 20.04.1994 EzA § 113 BetrVG 1972 Nr. 22.
- Zuständigkeit des Gesamtbetriebsrats für Abschluss eines **Sozialplanes** bei Stilllegung mehrerer Außendienstbetriebe, die jeweils nicht mehr als 20 Arbeitnehmer hatten; *Hess. LAG* 21.04.1998 LAGE § 98 ArbGG 1979 Nr. 34.
- Zuständigkeit des Gesamtbetriebsrats für Verhandlung über Interessenausgleich, wenn der Arbeitgeber die **Verlegung** eines Betriebs **und** dessen **Zusammenlegung** mit einem anderen seiner Betriebe plant; *BAG* 24.01.1996 EzA § 113 BetrVG 1972 Nr. 24: Notwendigkeit einer einheitlichen Regelung, wenn sich eine Betriebsänderung nach unternehmenseinheitlichem Konzept auf alle oder mehrere Betriebe auswirkt; ebenso für Abschluss eines **Sozialplanes** *LAG Berlin* 22.06.1998 LAGE § 98 ArbGG 1979 Nr. 32.
- Vgl. zur Zuständigkeit des Gesamtbetriebsrats bei **Stilllegung wesentlicher Betriebsteile** in mehreren Betrieben aufgrund einer unternehmenseinheitlichen Neuorganisation des gesamten Auslieferungswesens *BAG* 16.08.1983 EzA § 50 BetrVG 1972 Nr. 9 = AP Nr. 5 zu § 50 BetrVG 1972.
- Zuständigkeit des Gesamtbetriebsrats nach §§ 111, 112, wenn in einem Unternehmen verschiedene Betriebe mit jeweils eigenständiger Verwaltung derart umgestaltet werden, dass die **Verwaltungen zusammengefasst** werden; *LAG Hamm* ARSt. 1976, 46.

– Keine Zuständigkeit des Gesamtbetriebsrats für **Sozialplanregelungen**, wenn mehrere, an verschiedenen Orten gelegene Betriebe eines Unternehmens nach einem dritten Ort verlegt und dort in ein Dritt-Unternehmen eingegliedert werden; *ArbG Mannheim* NZA 1987, 682.
– Zuständigkeit des Gesamtbetriebsrats nach §§ 111, 112, wenn der Arbeitgeber unternehmenseinheitlich plant, **alle** bisher in mehreren eigenständigen Kleinbetrieben organisierten (etwa 80) **Außendienstmitarbeiter zu entlassen** und ihre Aufgaben (Vermittlung von Versicherungsverträgen und Bankprodukten) auf selbständige Handelsvertreter zu übertragen; *BAG* 08.06.1999 EzA § 111 BetrVG 1972 Nr. 37 (*Jacobs*) = AP Nr. 47 zu § 111 BetrVG 1972 (*Hess*) = SAE 2000, 169 (*Löwisch*).
– Zuständigkeit des Gesamtbetriebsrats für den Sozialplan bei grundlegender **Neustrukturierung des Vertriebs im Konzern**, wenn aufgrund unterschiedlicher Vertriebs- und Vergütungsstrukturen in den einzelnen Unternehmen die Gesamtbetriebsräte eher als der Konzernbetriebsrat in der Lage sind, sachgerechte und passgenaue Lösungen zu finden; *LAG Düsseldorf* 12.02.2014 – 12 TaBV 36/13 – juris.

V. Regelungszuständigkeit auch für betriebsratslose Betriebe

Die (Regelungs-)Zuständigkeit des Gesamtbetriebsrats nach § 50 Abs. 1 Satz 1 Halbs. 1 betrifft zunächst die Betriebe, deren Betriebsräte durch Entsendung von Mitgliedern den Gesamtbetriebsrat errichtet haben. Dieser ist aber auch regelungszuständig für Betriebe, deren **Betriebsräte ihrer Verpflichtung** zur Entsendung von Mitgliedern nach § 47 Abs. 2 (noch) **nicht nachgekommen** sind (ebenso *Trittin/DKKW* § 50 Rn. 162). Insoweit besteht kein Legitimationsdefizit (vgl. Rdn. 57). Außerdem würde anderenfalls einem gesetzwidrigen Verhalten Vorschub geleistet; Bedenken gegen die Wirksamkeit der Errichtung des Gesamtbetriebsrates ohne Beteiligung sämtlicher im Unternehmen bestehender Betriebsräte bestehen nicht (vgl. § 47 Rdn. 48). Schließlich würde anderenfalls ein Wertungswiderspruch dazu entstehen, dass sich die Zuständigkeit des Gesamtbetriebsrats jetzt sogar auf Betriebe ohne Betriebsrat erstreckt. 55

§ 50 Abs. 1 Satz 1 **Halbs. 2 erstreckt die originäre Zuständigkeit** des Gesamtbetriebsrats nach Satz 1 Halbs. 1 **auf Betriebe ohne Betriebsrat**. Diese Bestimmung wurde durch Art. 1 Nr. 36 BetrVerf-Reformgesetz im Jahr 2001 in das BetrVG eingefügt (vgl. Rdn. 3). Der Gesetzgeber hat damit die bisherige Streitfrage gegen die Rspr. (*BAG* 16.08.1983 EzA § 50 BetrVG 1972 Nr. 9; 21.03.1996 EzA § 102 BetrVG 1972 Nr. 91 S. 4) und die bis dahin h. L. (vgl. 6. Aufl., § 50 Rn. 41 m. w. N.) entschieden. Zweck dieser Zuständigkeitserstreckung ist ausweislich der Begründung zum RegE (BT-Drucks. 14/5741, S. 42 f.) die Gleichbehandlung von Arbeitnehmern in betriebsratslosen Betrieben mit Arbeitnehmern aus Betrieben mit Betriebsrat in überbetrieblichen Angelegenheiten. Danach können etwa (Gesamt-)Betriebsvereinbarungen, die der Gesamtbetriebsrat im Rahmen seiner originären Zuständigkeit mit dem Arbeitgeber schließt, unmittelbar und zwingend (§ 77 Abs. 4 Satz 1) auch für Arbeitsverhältnisse von Arbeitnehmern gelten, die einem Betrieb ohne Betriebsrat angehören. 56

Maßgeblicher Gesichtspunkt für die Ablehnung einer (Regelungs-)Zuständigkeit für betriebsratslose Betriebe war nach vorher h. M., dass der Gesamtbetriebsrat nicht legitimiert ist, für die Belegschaft betriebsratsloser Betriebe des Unternehmens tätig zu werden. Dieser Einwand richtet sich nunmehr gegen die Neuregelung. Das entscheidende **Legitimationsdefizit** liegt in diesen Fällen in der fehlenden Wahl eines Betriebsrates, weil es Grundprinzip des Betriebsverfassungsrechts ist, dass dieser als betriebliches Repräsentationsorgan aus Wahlen der Betriebsbelegschaft hervorgegangen sein muss und ohne Betriebsrat keine Teilnahme an der Betriebsverfassung möglich ist. Die gesetzliche Regelung der verbindlichen Errichtung des Gesamtbetriebsrates durch Entsendung von (gewählten) Betriebsratsmitgliedern (§ 47 Abs. 1 und 2) stützt sich auf diese Legitimationsbasis; nur deshalb ist dabei eine zusätzliche Legitimation durch die Belegschaften entbehrlich. Hinzu kommt, auch wenn dies für die Legitimationsfrage nicht mehr entscheidend ist, dass betriebsratslose Betriebe nicht im Gesamtbetriebsrat vertreten sein können. Über dieses Legitimationsdefizit hat sich der Gesetzgeber hinweggesetzt, ohne dass in der Begründung zum RegE des BetrVerf-Reformgesetzes dazu auch nur ein Wort gesagt wird. Das steht in merkwürdigem Gegensatz dazu, dass etwa die Einführung des § 75 Abs. 2 Satz 2 damit begründet wird, »einen Beitrag zu mehr Demokratie im Betrieb zu leisten« (BT-Drucks. 57

14/5741, S. 45). Dies belegt einen eher beliebigen Umgang des Gesetzgebers mit dem Demokratieprinzip in der Betriebsverfassung und macht deutlich, dass die Erweiterung der Zuständigkeit des Gesamtbetriebsrats schlicht darauf zielt, »mitbestimmungsfreie Bereiche zu vermeiden« (vgl. Begründung zu § 50 Abs. 3 des DGB-Vorschlags 1998 zur Novellierung des Betriebsverfassungsgesetzes, S. 51, dem der Gesetzgeber mit § 50 Abs. 1 Satz 1 Halbs. 2 gefolgt ist).

58 Die (originäre) Regelungszuständigkeit des Gesamtbetriebsrats für betriebsratslose Betriebe des Unternehmens stellt wegen fehlender Legitimation durch die betroffenen Belegschaften eine systemwidrige Weiterentwicklung des Betriebsverfassungsrechtes dar; sie ist aber **nicht verfassungswidrig** (zust. *Fitting* § 50 Rn. 29; *Trittin/DKKW* § 50 Rn. 162; **a. M.** *Rieble* Zur Verfassungsmäßigkeit des Entwurfes eines Gesetzes zur Reform des Betriebsverfassungsgesetzes, Gutachten für die BDA, S. 22 ff.; wohl auch *Giesen* Tarifvertragliche Rechtsgestaltung für den Betrieb, S. 316). Eine (mittelbare) »demokratische Legitimation« der (Regelungs-) Zuständigkeit ist verfassungsrechtlich nicht geboten (**a. M.** *Löwisch* BB 2001, 1734 [1745] unter zweifelhafter Berufung auf *BVerfG* vom 14.06.1983 BB 1983, 2180). Zwar knüpft das BetrVG mit der Wahl des Betriebsrats durch die Arbeitnehmer des Betriebes an demokratische Grundsätze an. Daraus darf aber nicht geschlossen werden, dass das Demokratieprinzip der Betriebsverfassung durchgängig zugrunde liegen muss. Privatrecht, zu dem das Betriebsverfassungsrecht gehört, unterliegt keinem »Demokratiegebot« (*Rieble* Gutachten für die BDA, S. 23). Auch das Prinzip der Privatautonomie erfordert die »demokratische Legitimation« nicht. Das kann schon deshalb nicht anders sein, weil die Wahl des Betriebsrats nicht zu privatautonomer Gestaltung legitimiert. Denn sie kann nicht als kollektive Unterwerfung der Belegschaft unter die Gestaltungsmacht des Betriebsrates gedeutet werden (vgl. näher *Kreutz* Betriebsautonomie S. 69 ff.); trotz demokratischer Wahl des Betriebsrates ist die Betriebsvereinbarung Fremdbestimmungs- und Zwangsordnung (vgl. § 77 Rdn. 241 f.). Aber selbst wenn man annehmen wollte, dass die Wahrung des Verhältnismäßigkeitsprinzips bei Einschränkung der Privatautonomie durch die Betriebsverfassung eine ausreichende demokratische Legitimation für eine kollektivrechtliche (Zwangs-)Gestaltungsmacht erfordert, reicht es aus, dass die Arbeitnehmer betriebsratsloser Betriebe die Möglichkeit haben, ihrerseits einen Betriebsrat zu wählen und dadurch im Gesamtbetriebsrat vertreten sein zu können (im Ergebnis so auch *Löwisch* BB 2001, 1745). Nachdem der Gesetzgeber die Zuständigkeit des Gesamtbetriebsrats auf betriebsratslose Betriebe ausgeweitet hat, genügt diese Legitimationsmöglichkeit, weil Belegschaften, die in Kenntnis dieser Rechtslage keinen Betriebsrat wählen, hinnehmen, dass sie vom Gesamtbetriebsrat repräsentiert werden, ohne dass sie in ihm vertreten sein können. Ob dies zur Bildung von Betriebsräten anreizt oder gerade im Gegenteil und im Gegensatz zur Konzeption des BetrVerf-Reformgesetzes, betriebsratslose Betriebe zu vermeiden, die Bildung von Betriebsräten schwächt, weil die Belegschaften auch ohne ihr Zutun in den »Genuss« von Regelungen mit dem Gesamtbetriebsrat kommen, ist eine andere Frage (vgl. dazu *Hanau* RdA 2001, 65 [66]). In diesem Zusammenhang ist jedoch zu berücksichtigen, dass der Gesetzgeber dem Gesamtbetriebsrat durch das BetrVerf-Reformgesetz zugleich die Pflicht auferlegt hat (*Kreutz* § 17 Rdn. 13), in betriebsratslosen Betrieben des Unternehmens einen Wahlvorstand zu bestellen (§ 17 Abs. 1, § 17a Eingangssatz) und dadurch das Verfahren zur Wahl eines Betriebsrats in Gang zu setzen. Zwar missachtet auch dieses sog. »Mentorenprinzip« den Belegschaftswillen (vgl. *Kreutz* § 17 Rdn. 6), verpflichtet den Gesamtbetriebsrat damit aber zugleich, zum Abbau seines eigenen Legitimationsdefizits beizutragen.

59 Die Zuständigkeit des Gesamtbetriebsrats nach Abs. 1 Satz 1 Halbs. 2 erstreckt sich auf **alle** Betriebe des Unternehmens ohne Betriebsrat, auch auf Gemeinschaftsbetriebe. Sie gilt auch für neu errichtete Betriebe und bei Aufnahme neuer Betriebe in das Unternehmen, solange diese ohne Betriebsrat sind (bzw. kein Betriebsrat ein Übergangsmandat ausübt). Es spielt keine Rolle, warum in einem Betrieb kein Betriebsrat besteht. Erfasst werden immer **betriebsratsfähige Betriebe oder Betriebsteile**, die nach § 4 Abs. 1 Satz 1 als selbstständige Betriebe gelten; nicht betriebsratsfähige »Kleinstbetriebe« werden als solche nicht erfasst (zust. *Fitting* § 50 Rn. 29; *Koch*/ErfK § 50 BetrVG Rn. 2; **a. M.** offenbar *Däubler* DB 2001, 1669 [1670]; *Trittin/DKKW* § 50 Rn. 162; unklar *Glock*/HWGNRH § 50 Rn. 8). Denn sie sind, da sie die Voraussetzungen der Betriebsratsfähigkeit nach § 1 Abs. 1 Satz 1 nicht erfüllen, nach § 4 Abs. 2 dem jeweiligen Hauptbetrieb zuzuordnen und deshalb auch nur dann betriebsratslos, wenn auch dieser ohne Betriebsrat ist; es gibt insofern keine »Kleinstbetriebe«, die nicht zugeordnet werden könnten (zust. *Robrecht* Die Gesamtbetriebsvereinbarung, S. 170 ff.; *Koch*/ErfK § 50 BetrVG Rn. 2). Die Gegenansicht (vgl. *Löwisch* BB 2001, 1734 [1735]; *Löwisch*/LK § 50 Rn. 39),

Zuständigkeit § 50

die die Zuordnung zu einem Hauptbetrieb dahin versteht, dass nur Kleinstbetriebe zugeordnet werden können, in denen der gleiche arbeitstechnische Zweck verfolgt wird wie im Hauptbetrieb (nicht aber Kleinstbetriebe mit eigenständiger arbeitstechnischer Zweckverfolgung), vermag nicht zu überzeugen. Sie beachtet nicht, dass § 4 Abs. 2 in genereller Weise sicherstellen soll, »dass die in Kleinstbetrieben eines Unternehmens tätigen Arbeitnehmer nicht von einer Interessenvertretung ausgeschlossen sind« (vgl. Begründung zum RegE BetrVerf-Reformgesetz, BT-Drucks. 14/5741, S. 35). Der Fall, dass keiner von mehreren Betrieben des Unternehmens betriebsratsfähig ist und deshalb eine Zuordnung nicht möglich ist, kann im Falle eines bereits errichteten Gesamtbetriebsrates nicht gegeben sein.

Nur **soweit** der Gesamtbetriebsrat **originär zuständig** ist, erstreckt sich seine Zuständigkeit auf Betriebe ohne Betriebsrat. Im Umkehrschluss zu Abs. 1 Satz 1 Halbs. 1 heißt das, dass Angelegenheiten, die durch die einzelnen Betriebsräte innerhalb ihrer Betriebe geregelt werden können, vom Gesamtbetriebsrat für betriebsratslose Betriebe nicht geregelt werden können. Damit ist ausgeschlossen, dass der Gesamtbetriebsrat auf Betriebsebene als Ersatzbetriebsrat tätig werden kann oder dort subsidiär die Beteiligungsrechte wahrnehmen kann, die einem Einzelbetriebsrat zustünden, wenn es einen solchen gäbe (vgl. Begründung zum RegE BetrVerf-Reformgesetz, BT-Drucks. 14/5741, S. 43; i. E. ebenso *Konzen* RdA 2001, 76 [85]; *Richardi/Annuß* DB 2001, 41 [46]; vgl. auch *BAG* 09.12.2009 EzA § 40 BetrVG 2001 Nr. 17 Rn. 23 = AP Nr. 97 zu § 40 BetrVG 1972 [auch insoweit zust. *Ch. Weber* Bl. 9; zust. auch *Bieder* SAE 2010, 257]; *Fitting* § 50 Rn. 32; *Koch*/ErfK § 50 BetrVG Rn. 2; *Maschmann/ DFL* § 50 BetrVG Rn. 1; *Richardi/Annuß* § 50 Rn. 51; *Trittin/DKKW* § 50 Rn. 163). Eine entsprechende Anwendung des § 180 Abs. 6 Satz 1 Halbs. 2 SGB IX kommt mangels Regelungslücke nicht in Betracht. Ausnahmen gelten nur aufgrund von Sonderregelungen (vgl. § 16 Abs. 3, § 17 Abs. 1, § 17a). 60

Mit der Erweiterung des potentiellen Wirkungs- und Tätigkeitsbereichs des Gesamtbetriebsrats auf betriebsratslose Betriebe gehen **Besonderheiten in der Beurteilung** seiner originären Zuständigkeit einher. Eine »überbetriebliche Angelegenheit« als erste Voraussetzung seiner Zuständigkeit (vgl. Rdn. 23 ff.) liegt auch schon dann vor, wenn sie allein zwei oder mehr betriebsratslose Betriebe betrifft; nicht erforderlich ist, dass zumindest auch ein Betrieb mit Betriebsrat betroffen ist. Selbstverständlich ausreichend ist, wenn die Angelegenheit einen Betrieb mit und einen Betrieb ohne Betriebsrat oder sämtliche Betriebe des Unternehmens mit und ohne Betriebsrat betrifft. Die zweite Zuständigkeitsvoraussetzung, nämlich das »Nichtregelnkönnen durch die Einzelbetriebsräte« (vgl. Rdn. 26 ff.) liegt bei Betroffenheit lediglich betriebsratsloser Betriebe nicht schon deshalb vor, weil diese Betriebe keinen Betriebsrat haben, der die Angelegenheit regeln könnte (zust. *Robrecht* Die Gesamtbetriebsvereinbarung, S. 170). Vielmehr ist dann Voraussetzung, dass die Angelegenheit nicht durch die Einzelbetriebsräte innerhalb ihrer Betriebe geregelt werden könnte, wenn es Betriebsräte gäbe. Insoweit bestehen dann keine Besonderheiten der Beurteilung des Nichtregelnkönnens. 61

Da eine **Übergangsregelung** vom Gesetz **nicht getroffen** worden ist (vgl. Art. 14 BetrVerf-Reformgesetz), erstreckt sich die (Regelungs-)Zuständigkeit des Gesamtbetriebsrats seit Inkrafttreten des BetrVerf-Reformgesetzes (28.07.2001) auf alle betriebsratslosen Betriebe. Das bedeutet aber nicht, dass Gesamtbetriebsvereinbarungen, die bereits vorher abgeschlossen worden sind, ab diesem Zeitpunkt automatisch auch für die Arbeitnehmer betriebsratsloser Betriebe des Unternehmens gelten, soweit es um die Behandlung von Angelegenheiten geht, die auch diese Betriebe betreffen (**a. M.** *Däubler* AuR 2001, 285 [288]; *ders.* DB 2001, 1669 [1670]). Andererseits ist Abs. 1 Satz 1 Halbs. 2 nicht zu entnehmen, dass er die Zuständigkeit des Gesamtbetriebsrats für Betriebe ohne Betriebsrat nur für zukünftige Regelungen erweitert (**a. M.** *Glock/HWGNRH* § 50 Rn. 58; *Löwisch* DB 2001, 1734 [1745]). Vielmehr ist **nach dem Geltungsbereich** dieser Gesamtbetriebsvereinbarungen zu **differenzieren** (zust. *Fitting* § 50 Rn. 31; jetzt auch *Trittin/DKKW* § 50 Rn. 165). Soweit die geregelte Angelegenheit sämtliche Betriebe des Unternehmens, also das Gesamtunternehmen betrifft, gilt die Gesamtbetriebsvereinbarung fortan ohne weiteres auch für die Arbeitnehmer betriebsratsloser Betriebe, weil es dazu keine Regelungsalternative gibt (zust. *Fitting* § 50 Rn. 31). Insofern bedarf es keiner Vereinbarung zwischen Arbeitgeber und Gesamtbetriebsrat, die eine entsprechende Erstreckung vorsieht und herbeiführt. Soweit die Arbeitnehmer betriebsratsloser Betriebe bereits bisher gleichbehandelt wurden, wird diese Gleichbehandlung auf eine neue Rechtsgrundlage gestellt. Sofern das 62 nicht der Fall war und deshalb die Erstreckung für den Arbeitgeber zu unerwarteten Kostenbelastungen führt (insbesondere bei freiwilligen Sozialleistungen), kommen nur die Beendigung der Gesamtbetriebsvereinbarung nach allgemeinen Regeln (vgl. § 77 Rdn. 396 ff.) oder ggf. eine Anpassung an die veränderten Verhältnisse wegen Wegfalls der Geschäftsgrundlage (vgl. § 77 Rdn. 431) in Betracht (zust. *Fitting* § 50 Rn. 31; *Hohenstatt/Dzida/HWK* § 50 BetrVG Rn. 16). Wenn dagegen die Gesamtbetriebsvereinbarung nach dem vereinbarten Geltungsbereich nur für einzelne Betriebe des Unternehmens abgeschlossen wurde, kann eine automatische Geltungserstreckung auf betriebsratslose Betriebe nicht in Betracht kommen (zust. *Fitting* § 50 Rn. 31; jetzt auch *Trittin/DKKW* § 50 Rn. 165), weil es der den Parteien vorbehaltenen Prüfung bedarf, ob die geregelte Angelegenheit auch betriebsratslose Betriebe betrifft. Notwendig ist in diesen Fällen eine Vereinbarung zwischen Arbeitgeber und Gesamtbetriebsrat, durch die der Geltungsbereich der Gesamtbetriebsvereinbarung auf betriebsratslose Betriebe erstreckt wird.

VI. Zuständigkeit des Gesamtbetriebsrats kraft Auftrags (Abs. 2)

63 Abs. 2 eröffnet den Einzelbetriebsräten die Möglichkeit, in einzelnen Angelegenheiten den Gesamtbetriebsrat einzuschalten. Diese Möglichkeit erschien dem Gesetzgeber zweckmäßig, weil dem Gesamtbetriebsrat wegen seines unmittelbaren Kontakts zur Unternehmensleitung vielfach **bessere Verhandlungsmöglichkeiten** zur Verfügung stehen (vgl. Rdn. 4). Die Beauftragung beschränkt sich jedoch nicht auf die Wahrnehmung von Verhandlungen. Wie sich aus Abs. 2 Satz 2 ergibt, geht das Gesetz davon aus, dass auch die **Entscheidungsbefugnis** auf den Gesamtbetriebsrat übergeht, wenn der Einzelbetriebsrat sie sich nicht vorbehält (vgl. *Fitting* § 50 Rn. 69; *Hohenstatt/Dzida/HWK* § 50 BetrVG Rn. 18; *Koch/ErfK* § 50 BetrVG Rn. 9); in der Lit. wird das verbreitet nicht klargestellt (vgl. *Glock/HWGNRH* § 50 Rn. 51; *Richardi/Annuß* § 50 Rn. 56: Betriebsrat kann beauftragen, die Angelegenheit für ihn **verbindlich** zu regeln; *Trittin/DKKW* § 50 Rn. 194).

64 Da **zugleich** auch **mehrere oder alle Betriebsräte** (auch diejenigen aus Gemeinschaftsbetrieben) den Gesamtbetriebsrat beauftragen können, wird durch Abs. 2 der Weg zu unternehmenseinheitlichen Regelungen auch in Angelegenheiten eröffnet, für die der Gesamtbetriebsrat nach Abs. 1 **nicht** originär **zuständig** ist oder diese Zuständigkeit **zweifelhaft** ist, für die die Arbeitnehmervertretungen namentlich im Interesse der Unternehmensbelegschaft aber eine einheitliche Regelung für zweckmäßig halten. Dieser Weg führt jedoch nur zum Erfolg, wenn alle Betriebe des Unternehmens einen Betriebsrat haben. Die Beauftragung des Gesamtbetriebsrats durch **betriebsratslose** Betriebe ist **nicht möglich**, weil nach Abs. 2 nur der Betriebsrat den Gesamtbetriebsrat beauftragen kann. Für diese Betriebe besteht nur die originäre Zuständigkeit nach Abs. 1, die insoweit definitiv geklärt werden muss (*Däubler* DB 2001, 1669 [1670]). Ein Betriebsrat, der seiner Entsendepflicht nach § 47 Abs. 2 (noch) nicht nachgekommen ist, kann den Gesamtbetriebsrat beauftragen. Im Umkehrschluss ergibt sich aus Abs. 2, dass der Gesamtbetriebsrat seine originäre Zuständigkeit nach Abs. 1 Satz 1 nicht auf die Einzelbetriebsräte übertragen kann (so auch *BAG* 14.11.2006 EzA § 50 BetrVG 2001 Nr. 6 Rn. 35; 21.01.2003 EzA § 50 BetrVG 2001 Nr. 2 S. 6; *Schmitt-Rolfes* FS 50 Jahre Bundesarbeitsgericht, S. 1081 [1087]), auch nicht durch Vereinbarung mit dem Arbeitgeber (vgl. Rdn. 46 a. E.).

1. Beauftragung des Gesamtbetriebsrats

65 Das bürgerliche Recht versteht unter einem Auftrag im rechtstechnischen Sinne die ausschließliche Regelung des Innenverhältnisses zwischen Auftraggeber und Auftragnehmer (vgl. §§ 662 ff. BGB). Vom Innenverhältnis zu trennen ist jedoch die Einräumung von Vertretungsmacht im Außenverhältnis (vgl. §§ 164 ff. BGB). Die Beauftragung des Gesamtbetriebsrats durch den Einzelbetriebsrat erschöpft sich nicht in der Regelung des Innenverhältnisses. Soll der Gesamtbetriebsrat für den Einzelbetriebsrat in Angelegenheiten tätig werden, die auf den Abschluss einer Vereinbarung mit dem Arbeitgeber abzielen, so darf der Gesamtbetriebsrat in diesem Bereich nicht im eigenen, sondern **nur im Namen des beauftragenden Betriebsrates** handeln. Das folgt daraus, dass für den Fall des Abschlusses einer Betriebsvereinbarung diese ihre normativen Wirkungen (§ 77 Abs. 4) nur auf die Arbeitsverhältnisse des Betriebes entfalten darf, dessen Betriebsrat den Auftrag erteilt hat. Das Gesetz bringt dies dadurch

zum Ausdruck, dass der Gesamtbetriebsrat beauftragt werden kann, eine Angelegenheit »für ihn«, d. h. den auftraggebenden Betriebsrat, zu behandeln. Der Begriff »**Beauftragung**« umfasst also sowohl eine Regelung des **Innenverhältnisses** als auch die Erteilung einer entsprechenden **Vollmacht** für den Gesamtbetriebsrat zur Auftragserledigung, sofern sich der Betriebsrat die Entscheidungsbefugnis nicht vorbehalten hat (zust. *Trittin/DKKW* § 50 Rn. 195; *Ehrich* AuR 1993, 68 [69]; i. E. ebenso *Richardi/Annuß* § 50 Rn. 56). Das bedeutet, dass für das Innenverhältnis eine entsprechende Anwendung der Vorschriften über den Auftrag (§§ 662 ff. BGB), insbesondere die Auskunfts- und Rechenschaftspflicht (§ 666 BGB), und die Vollmacht (§§ 164 ff. BGB) in Betracht zu ziehen sind. Letztere betreffen auch das Verhältnis zum Arbeitgeber, so insbesondere die Vorschriften zu Rechtsscheinvollmachten nach §§ 170 ff. BGB. Sie müssen aber im Lichte des Schriftformerfordernisses nach § 50 Abs. 2 Satz 3 i. V. m. § 27 Abs. 2 Satz 3 gesehen werden, Rdn. 70. § 177 BGB kann keine entsprechende Anwendung finden, wenn der (originär) unzuständige Gesamtbetriebsrat ohne (oder ohne wirksamen) Auftrag im originären Zuständigkeitsbereich der Einzelbetriebsräte betriebliche oder auch überbetriebliche Angelegenheiten durch Betriebsvereinbarung regelt. Solche Regelungen sind nach dem Grundsatz der Zuständigkeitstrennung (vgl. Rdn. 18) unheilbar unwirksam, nicht nur wegen fehlender Vertretungsmacht schwebend unwirksam (**a. M.** *Fitting* § 50 Rn. 19; *Robrecht* Die Gesamtbetriebsvereinbarung, S. 158 f.; bei Überschreitung des Auftragsrahmens *Trittin/DKKW* § 50 Rn. 194). Vgl. auch Rdn. 82.

Neben der Bevollmächtigung ist es möglich, dass der Einzelbetriebsrat den Gesamtbetriebsrat **ermächtigt, in eigenem Namen** ein Beteiligungsrecht des Betriebsrats auszuüben. Insoweit kommt insbesondere auch in Betracht, dass Einzelbetriebsräte den Gesamtbetriebsrat beauftragen, für sie kraft **Prozessstandschaft** ein Beschlussverfahren zur Feststellung ihrer Rechte, d. h. der Rechte der Einzelbetriebsräte, zu führen (ebenso *BAG* 06.04.1976 AP Nr. 2 zu § 50 BetrVG 1972; *Brill* AuR 1983, 173; *Behrens/Kramer* DB 1994, 94 [96]; *Fitting* § 50 Rn. 71; *Richardi/Annuß* § 50 Rn. 55; *Trittin/DKKW* § 50 Rn. 195). 66

Da die Einzelbetriebsräte nach Abs. 2 zur Beauftragung des Gesamtbetriebsrats berechtigt sind, ist dieser grundsätzlich zur Übernahme und Ausführung eines solchen Auftrags verpflichtet (ebenso *Brill* AuR 1983, 173; *Behrens/Kramer* DB 1994, 94; *Ehrich* AuR 1993, 68 [70]; *Fitting* § 50 Rn. 70; *Glock/HWGNRH* § 50 Rn. 54; *Grotkamp* Gesamtbetriebsrat, S. 153; *Joost/*MünchArbR § 225 Rn. 52; *Richardi/Annuß* § 50 Rn. 63; *Trittin/DKKW* § 50 Rn. 189; *Weiss/Weyand* § 50 Rn. 10; **a. M.** im Ansatz *Galperin/Löwisch* § 50 Rn. 15; *Rieble* RdA 2005, 26: keine Pflicht zum Tätigwerden, bloßer Akt der Kompetenzübertragung, Recht zur Rückdelegation); das schließt nicht aus, dass er aus sachlichen Gründen eine Beauftragung ablehnt (vgl. *Koch/*ErfK § 50 BetrVG Rn. 9; *Trittin/DKKW* § 50 Rn. 189), z. B. weil diese in Wirklichkeit in seine eigenen Kompetenzen eingreift. 67

Die Beauftragung erfordert nach Abs. 2 Satz 1 einen **Beschluss** des Betriebsrats, für den, anders als nach § 33, nicht die Mehrheit der anwesenden Mitglieder genügt, sondern die **Mehrheit der Mitglieder des Betriebsrats** erforderlich ist. Diese absolute Mehrheitsentscheidung hat in § 27 Abs. 2 Satz 2 eine Parallele. Als Auftrags- und Vollmachtserteilung (bzw. Ermächtigung) ist der Beschluss **zugangsbedürftig**. Dementsprechend hat der Betriebsratsvorsitzende nach § 26 Abs. 2 Satz 1 den Beschluss dem Gesamtbetriebsratsvorsitzenden (vgl. § 51 Abs. 1, § 26 Abs. 2 Satz 2) mitzuteilen. 68

Dabei ist zu beachten, dass die Beauftragung (im Interesse der Rechtssicherheit) der **Schriftform** bedarf (§ 50 Abs. 2 Satz 3 i. V. m. § 27 Abs. 2 Satz 3). Die Nichtbeachtung der Form führt analog § 125 Satz 1 BGB zur Nichtigkeit der Beauftragung; die Einhaltung der Form ist somit Wirksamkeitsvoraussetzung (zust. *Behne* AiB 1990, 321 [323]; *Ehrich* AuR 1993, 68; *Trittin/DKKW* § 50 Rn. 182). Deshalb ist der Beschluss in einer Urkunde schriftlich niederzulegen, vom Betriebsratsvorsitzenden eigenhändig durch Namensunterschrift zu unterzeichnen (nach § 126 Abs. 3 BGB kann die Schriftform ggf. durch die elektronische Form ersetzt werden; ebenso *Richardi/Annuß* § 50 Rn. 60), und er muss in dieser Form dem Gesamtbetriebsratsvorsitzenden zugehen (ebenso *LAG Rheinland-Pfalz* 19.07.2006 – 10 Sa 50/06 – juris). Anders als bei interner Zuständigkeitsverteilung zwischen Betriebsrat und Betriebsausschuss (§ 27 Abs. 2 Satz 3) genügt insoweit also die Aufnahme in die Sitzungsniederschrift nicht, weil der Gesamtbetriebsrat ein eigenständiges Organ ist, dem die schriftliche Erklärung selbst zugehen muss (unstr.). 69

70 Sind Bestandteile der Beauftragung, insbesondere etwa der Vorbehalt der Entscheidungsbefugnis durch den Betriebsrat, nicht schriftlich fixiert worden, so ist im Zweifel entsprechend §§ 125, 139 BGB die Nichtigkeit der ganzen Beauftragung anzunehmen. Zugunsten des gutgläubigen Arbeitgebers, der den Mangel in der Vertretungsmacht des Gesamtbetriebsrats weder kennt noch kennen muss (§ 173 BGB), gilt der Inhalt des schriftlichen Beschlusses jedoch als richtig. **Rechtsscheinvollmacht** besteht auch, wenn der Beschluss an internen Mängeln leidet (z. B. die absolute Stimmenmehrheit fehlte). Ein Vertrauensschutz greift jedoch nicht ein, wenn der Arbeitgeber die Unwirksamkeit der Beauftragung anhand des schriftlichen Beschlusses hätte erkennen können (z. B. in Fällen einer Generalermächtigung; vgl. Rdn. 75). Genauso kann kein Rechtsschein einer Delegierung entstehen, wenn der Betriebsrat tatsächlich gar keinen Beschluss gefasst hat – insoweit obliegt dem Arbeitgeber, sich den Übertragungsbeschluss vorlegen zu lassen (*LAG Schleswig-Holstein* 09.06.2015 – 1 TaBV 4 b/15 – juris, Rn. 65 ff.). Auch im Übrigen werden die Rechtsscheinvollmachten der §§ 170 ff. BGB oder gar eine Anscheins- oder Duldungsvollmacht meistens am fehlenden Rechtsschein scheitern. Denn dieser kann bei der Delegierung nur einem schriftlichen Beschluss des Betriebsrats anhaften, anderenfalls würde das gesetzliche Schriftformerfordernis untergraben (das vernachlässigen *Schönhöft/Kessenich* NZA-RR 2017, 1 [4], die für eine großzügige Anwendung der Rechtsscheintatbestände plädieren). Rechtsschein kommt schließlich noch in Betracht beim Widerruf der Delegierung: Bis der Arbeitgeber vom Widerruf erfährt, bleibt die Vollmacht ihm gegenüber wirksam, sofern ihm eine Vollmachtsurkunde vorgelegt wurde, §§ 172, 173 BGB. Weil nach dem Gesagten nur ein schriftlicher Beschluss zur Delegierung dem Arbeitgeber Rechtssicherheit bringt, kann er den Gesamtbetriebsrat als Verhandlungspartner ablehnen, solange kein schriftlicher Beschluss vorgelegt wird. Im Übrigen verpflichtet der Grundsatz vertrauensvoller Zusammenarbeit (§ 2 Abs. 1) den Betriebsrat, den Arbeitgeber von der Beauftragung des Gesamtbetriebsrats unverzüglich schriftlich zu unterrichten (ebenso *Fitting* § 50 Rn. 64; *Galperin/Löwisch* § 50 Rn. 19; *Glock/HWGNR* § 50 Rn. 56; *Richardi/Annuß* § 47 Rn. 64; *Trittin/DKKW* § 50 Rn. 188).

71 Die Beauftragung des Gesamtbetriebsrats kann vom Betriebsrat **jederzeit** (ganz oder teilweise) **widerrufen** werden, ohne dass es dafür eines besonderen Grundes bedarf (Abs. 2 Satz 3 i. V. m. § 27 Abs. 2 Satz 4), solange die Angelegenheit durch den Gesamtbetriebsrat noch nicht verbindlich geregelt worden ist (**a. M.** nur *Behrens/Kramer* DB 1994, 94 [95]: nur bei sachlichem Grund, etwa außerordentlicher Neuwahl des Betriebsrats, um in der Praxis auftretende Verzögerungstaktiken zu unterbinden; vgl. auch *Hohenstatt/Dzida/HWK* § 50 BetrVG Rn. 17, die aus Arbeitgebersicht empfehlen, auf eine unwiderrufliche Beauftragung des Gesamtbetriebsrats zu drängen); der Widerruf kann aber unter besonderen Umständen rechtsmissbräuchlich und unwirksam sein (weitergehend *Trittin/DKKW* § 50 Rn. 187, der sachliche Gründe für den Widerruf verlangt). Der Widerrufsbeschluss bedarf, wie der Beauftragungsbeschluss, der absoluten Mehrheit der Stimmen der Betriebsratsmitglieder und wird erst mit Zugang der schriftlichen Beschlussausfertigung an den Vorsitzenden des Gesamtbetriebsrats oder dessen Stellvertreter nach § 51 Abs. 1, § 26 Abs. 2 Satz 2 wirksam.

2. Gegenstand der Beauftragung

72 Der Betriebsrat kann den Gesamtbetriebsrat beauftragen, jedwede betriebsverfassungsrechtlich erhebliche Aufgabe (»Angelegenheit«) für ihn zu behandeln (zust. *Fitting* § 50 Rn. 66; **a. M.** gegen den Gesetzeswortlaut *Rieble* RdA 2005, 26 [28]: nur mitbestimmungspflichtige Angelegenheiten). Voraussetzung ist jedoch stets, dass es sich um eine Angelegenheit handelt, die in die Zuständigkeit des Einzelbetriebsrats fällt, also von ihm selbst mit dem Arbeitgeber verhandelt und innerhalb des Betriebes geregelt werden könnte. Da die Einzelbetriebsräte kraft Gesetzes zur Beauftragung des Gesamtbetriebsrats berechtigt sind, kommt es nicht darauf an, ob eine Beauftragung im Einzelfall sachlich gerechtfertigt, zweckmäßig oder sinnvoll ist (ebenso *Trittin/DKKW* § 50 Rn. 193); das schließt nicht aus, dass unter besonderen Umständen eine Beauftragung rechtsmissbräuchlich und unwirksam ist (vgl. *ArbG Frankfurt a. M.* AuR 1991, 153, wo der Sachverhalt aber offen bleibt).

73 Dass der Auftrag den **Abschluss von Betriebsvereinbarungen** mit umfasst, wenn der Einzelbetriebsrat sich den Abschluss nicht vorbehält, folgt aus Abs. 2 Satz 2 und wird dadurch bestätigt, dass der in Abs. 2 Satz 3 in Bezug genommene § 27 Abs. 2 nur hinsichtlich seiner Sätze 3 und 4 gelten soll. § 27 Abs. 2 Satz 2, wonach dem Betriebsausschuss der Abschluss von Betriebsvereinbarungen nicht übertragen werden kann, ist nicht entsprechend anwendbar. Hat sich der Betriebsrat die Entscheidungsbefugnis zum Abschluss einer Betriebsvereinbarung vorbehalten, so ergibt die Auslegung im Sachzusammenhang, dass in Angelegenheiten, in denen der Spruch der **Einigungsstelle** die Einigung zwischen Arbeitgeber und Betriebsrat ersetzt, dem Gesamtbetriebsrat schon die Berechtigung zur Anrufung der Einigungsstelle fehlt (*Salamon* NZA 2013, 708 [712 f.]; **a. M.** und ohne Rücksicht auf die Kosten *LAG Düsseldorf* 03.07.2002 NZA-RR 2003, 83; auch *Trittin/DKKW* § 50 Rn. 194, aber undeutlich); die Anrufung bedarf dann der Einwilligung des Betriebsrats.

Zu den Auftragsangelegenheiten können außer den spezifisch betriebsbezogenen auch solche **auf das Unternehmen ausgerichtete** und deshalb mehrere Betriebe erfassende gehören, die nur deshalb nicht in die Primärzuständigkeit des Gesamtbetriebsrats nach § 50 Abs. 1 fallen, weil differenzierte Regelungen möglich, wenn auch u. U. nicht zweckmäßig sind (vgl. Rdn. 41). Durch Auftragserteilung seitens aller oder mehrerer Betriebsräte kann auf diese Weise eine einheitliche Regelung für alle bzw. einen Teil der Betriebe des Unternehmens herbeigeführt werden. Das gilt jedoch nur für Betriebe mit Betriebsrat (vgl. Rdn. 64). Der Gesetzgeber hat damit als Ausgleich für die verhältnismäßig enge Zuständigkeitsregelung in Abs. 1 **eine jeder Zweckmäßigkeitserwägung** und wirtschaftlichen Überlegungen zugängliche **Einheitslösung** auf Unternehmensebene angeboten, ohne dass allerdings die Einzelbetriebsräte ohne ihr Einverständnis übergangen werden können. Der Arbeitgeber ist jedoch rechtlich nicht gezwungen, das Koordinierungsinteresse der Belegschaft anzuerkennen; er kann in den Verhandlungen mit dem Gesamtbetriebsrat auch unterschiedliche Regelungen für die einzelnen Betriebe anstreben und treffen (ebenso *Richardi/Annuß* § 50 Rn. 66). 74

Nach dem Wortlaut kann sich die Beauftragung nur darauf erstrecken, »eine« Angelegenheit für den Einzelbetriebsrat zu behandeln. Nicht zulässig ist deshalb die **generelle Übertragung** ganzer Zuständigkeitsbereiche (ebenso *Brill* AuR 1983, 173; *Fitting* § 50 Rn. 65; *Glock/HWGNRH* § 50 Rn. 50; *Koch/ErfK* § 50 BetrVG Rn. 9; *Richardi/Annuß* § 50 Rn. 54; *Trittin/DKKW* § 50 Rn. 192; *BAG* 26.01.1993 EzA § 99 BetrVG 1972 Nr. 109 S. 11; *LAG Köln* DB 1984, 937 [938], für die Übertragung aller personellen Angelegenheiten für einen bestimmten Personenkreis). Das steht in Übereinstimmung damit, dass Abs. 2 Satz 3 nicht auf § 27 Abs. 2 Satz 2 verweist, wonach dem Betriebsausschuss »Aufgaben« zur selbständigen Erledigung übertragen werden können. Einzelbetriebsräte können somit nicht zugunsten des Gesamtbetriebsrats »abdanken«. Die gem. § 50 Abs. 2 begründete Zuständigkeit des Gesamtbetriebsrats muss aufgrund eines bestimmten Anlasses für eine konkrete Maßnahme oder für ad hoc regelungsbedürftige Maßnahmen übertragen werden. Nicht erforderlich ist ein unmittelbarer zeitlicher Zusammenhang zwischen der Beauftragung und der Aufgabenerfüllung. Notwendig ist jedoch, dass die betreffende Angelegenheit bereits existent ist, d. h. sich nach Art und Umfang konkretisiert hat, auch wenn ihre Erledigung zeitlich hinausgeschoben werden kann. In Betracht kommt auch eine komplexe Angelegenheit (vgl. *Fitting* § 50 Rn. 65; *Trittin/DKKW* § 50 Rn. 192). 75

Ein Betriebsrat kann den Gesamtbetriebsrat beauftragen, für ihn eine Angelegenheit **verbindlich zu regeln** (vgl. Rdn. 63). In diesem Falle erhält der Gesamtbetriebsrat die Verhandlungs- und Entscheidungsbefugnis, die er in eigener Verantwortung wahrzunehmen hat; sie enthält die Befugnis zur Anrufung der Einigungsstelle und auch noch die zur gerichtlichen Anfechtung des Spruchs einer vom Gesamtbetriebsrat angerufenen Einigungsstelle (insoweit zweifelnd *Hess. LAG* 31.05.2011 – 4 TaBV 153/10 – juris, Rn. 57, das dies vom Inhalt des Delegationsbeschlusses abhängig macht). Der Betriebsrat kann sich bei der Beauftragung des Gesamtbetriebsrats aber auch die **Entscheidungsbefugnis vorbehalten** (Abs. 2 Satz 2). Der Gesamtbetriebsrat erhält insoweit nur die Funktion eines **Verhandlungsführers** für den Betriebsrat; er kann keine verbindlichen Vereinbarungen oder Entscheidungen treffen. Aus dem als Ausnahmetatbestand konzipierten Abs. 2 Satz 2 ergibt sich, dass der Gesamtbetriebsrat verhandlungs- und entscheidungsbefugt ist, wenn sich der Betriebsrat die Entscheidungsbefugnis nicht ausdrücklich schriftlich vorbehalten hat (vgl. aber auch Rdn. 70); nach *LAG München* 12.10.2010 – 9 TaBV 39/10 – juris, Rn. 65 genügt dazu eine Beauftragung »zu Verhandlungen über den Abschluss einer Betriebsvereinbarung«. Die Möglichkeit des schriftlichen Vorbehalts der Entscheidungsbefugnis **lässt** auch **Differenzierungen zu**; das steht in Übereinstimmung mit der Weisungsbefugnis des Auftraggebers nach § 665 BGB. Der Betriebsrat ist insoweit nicht auf ein Entweder-Oder festgelegt und braucht sich, wenn er bestimmte Vorstellungen verwirklichen will, nicht auf unverbindliche Empfehlungen an den Gesamtbetriebsrat zu beschränken. Er kann vielmehr die 76

Entscheidungsbefugnis des Gesamtbetriebsrats durch verbindliche Richtlinien oder unverzichtbare Verhandlungspositionen einengen, ohne sich die Entscheidungsbefugnis in vollem Umfange vorbehalten zu müssen (zust. *Grotkamp* Gesamtbetriebsrat, S. 165; **a. M.** *Behne* AiB 1990, 321 [323]; *Behrens / Kramer* DB 1994, 94; *Ehrich* AuR 1993, 68 [70]; *Fitting* § 50 Rn. 68; *Galperin / Löwisch* § 50 Rn. 14; *Glock / HWGNRH* § 50 Rn. 52; *Hümmerich* Zuständigkeitsabgrenzung, S. 176 f.; *Richardi / Annuß* § 50 Rn. 58; jetzt auch *Trittin / DKKW* § 50 Rn. 199, anders aber wohl Rn. 200; alle mit dem insoweit nichtssagenden und hier nicht tragfähigen Hinweis, dass der Gesamtbetriebsrat ein selbstständiges Organ ist, dem höchstens Empfehlungen gegeben werden können). Die Selbstständigkeit des Gesamtbetriebsrats als betriebsverfassungsrechtliches Organ wird dadurch nicht beeinträchtigt, da dieser im Rahmen des Abs. 2 nur kraft abgeleiteten Rechts tätig wird. Statt sich nur die Letztentscheidungsbefugnis vorzubehalten, steht es dem Betriebsrat auch die Anrufung der Einigungsstelle vorbehalten (**a. M.** *LAG Düsseldorf* NZA-RR 2003, 83; zust. *Richardi / Annuß* § 50 Rn. 58) oder die gerichtliche Anfechtung des Spruchs einer Einigungsstelle.

VII. Ausübung der Zuständigkeit durch den Gesamtbetriebsrat

1. Ausübungsformen

77 Für den Gesamtbetriebsrat gelten nach § 51 Abs. 5 die Vorschriften über die Rechte und Pflichten des Betriebsrats entsprechend, soweit dieses Gesetz keine besonderen Vorschriften enthält. Soweit der Gesamtbetriebsrat für die Ausübung von Beteiligungsrechten (Mitbestimmungs- und Mitwirkungsrechte) zuständig ist, **richtet sich** die **Ausübungsform** dementsprechend wie beim Betriebsrat zunächst **nach dem jeweiligen Beteiligungsrecht**. Nicht in allen Fällen kommen Vereinbarungen mit dem Arbeitgeber in Betracht (z. B. bei einem Auskunftsanspruch nach § 80 Abs. 2 oder wenn der Gesamtbetriebsrat zur Beratung der Personalplanung auf Unternehmensebene nach § 92 zuständig ist). Im Ergebnis verkennt das der *Erste Senat* (BAG 18.08.2011 EzA § 50 BetrVG 2001 Nr. 9 = AP Nr. 75 zu § 80 BetrVG 1972); vgl. zur Kritik Rdn. 21. Mitbestimmungsrechte (insb. in den Fällen der §§ 87, 91, 95, 97 Abs. 2, § 112) können durch Betriebsvereinbarung, aber auch durch formlose Betriebsabsprache ausgeübt werden. Im Zuständigkeitsbereich des Gesamtbetriebsrats können auch freiwillige und teilmitbestimmte Betriebsvereinbarungen geschlossen werden (vgl. Rdn. 33).

78 Für **Betriebsvereinbarungen**, die der Gesamtbetriebsrat schließt, gilt **§ 77 Abs. 2 bis 6** entsprechend (§ 51 Abs. 5); vgl. zu **allen** Fragen die Erl. zu § 77. Soweit der Gesamtbetriebsrat **im Rahmen seiner originären Zuständigkeit** nach Abs. 1 handelt, werden Betriebsvereinbarungen vielfach, ja üblich auch als **Gesamtbetriebsvereinbarungen** bezeichnet (vgl. *Fitting* § 50 Rn. 73; *Glock / HWGNRH* § 50 Rn. 57; *Löwisch / LK* § 50 Rn. 50; *Richardi / Annuß* § 50 Rn. 69; *Tautphäus /* HaKo § 50 Rn. 49; *Trittin / DKKW* § 50 Rn. 204; zur geschichtlichen Entwicklung und weiterführend *Robrecht* Die Gesamtbetriebsvereinbarung, S. 26 ff.). Es ist jedoch nicht notwendig, dass sich eine solche Gesamtbetriebsvereinbarung auf sämtliche Betriebe des Unternehmens erstreckt (z. B. wenn eine überbetriebliche Angelegenheit nur mehrere, aber nicht alle Betriebe betrifft); immer aber gilt sie in (mehreren oder allen) Betrieben des Unternehmens, nicht im Unternehmen als einer Art Gesamtbetrieb (BAG 18.09.2002 EzA § 613a BGB 2002 Nr. 5 unter B III 2b aa; vgl. auch Rdn. 95; *Trittin / DKKW* § 50 Rn. 204; ausführlich zum räumlichen Geltungsbereich *Salamon* Das Schicksal von Gesamtbetriebsvereinbarungen, S. 42 ff., 77; demgegenüber nicht überzeugend *Jacobs* FS *Konzen*, S. 345 [350 ff.]). Die Gesamtbetriebsvereinbarung ist mithin Betriebsvereinbarung mit der Besonderheit, dass sie vom originär zuständigen Gesamtbetriebsrat und nicht von den Betriebsräten in den Betrieben, für die sie gilt, abgeschlossen und (etwa durch Kündigung) beendet wird; dementsprechend haben z. B. nicht etwa die örtlichen Betriebsräte sondern allein der Gesamtbetriebsrat nach § 77 Abs. 1 Satz 1 Anspruch auf Durchführung einer Gesamtbetriebsvereinbarung (so zutr. BAG 18.05.2010 EzA § 77 BetrVG 2001 Nr. 30 = AP Nr. 51 zu § 77 BetrVG 1972 Betriebsvereinbarung [zust. *Bergwitz* Bl. 5]). Das Gesetz kennt den Begriff der Gesamtbetriebsvereinbarung nicht. Soweit der Gesamtbetriebsrat im Rahmen seiner **Auftragszuständigkeit** nach Abs. 2 Betriebsvereinbarungen abschließt, handelt er rechtlich als Vertreter des oder der beauftragenden Einzelbetriebsräte (vgl. Rdn. 65); insoweit schließt er (Einzel-)Betriebsvereinbarungen, die auch wie solche zu behandeln sind. Konsequenz daraus ist etwa, dass der jeweilige Einzelbetriebsrat zur Kündigung einer solchen

Zuständigkeit § 50

(Einzel-)Betriebsvereinbarung nach § 77 Abs. 5 berechtigt ist oder zur Ablösung durch eine neue Betriebsvereinbarung, soweit nicht der Gesamtbetriebsrat auch insoweit beauftragt ist (ebenso *Fitting* § 50 Rn. 73a, *Richardi/Annuß* § 50 Rn. 69). Entsprechend ist auch der einzelne Betriebsrat richtiger Adressat einer Arbeitgeberkündigung; das gilt auch, wenn der durch alle oder mehrere Betriebsräte beauftragte Gesamtbetriebsrat parallele einheitliche Betriebsvereinbarungen geschlossen hat, sofern in diesen nichts anderes bestimmt ist (**a. M.** *LAG Düsseldorf* 09.08.2012 – 15 TaBV 26/12 – juris: Kündigung gegenüber dem Gesamtbetriebsrat wirksam, weil diese Betriebsvereinbarungen qualitativ etwas anderes sind als die Summe von Einzelbetriebsvereinbarungen). Deshalb ist es verfehlt und verwirrend, wenn auch diese (Einzel-)Betriebsvereinbarungen (verbreitet) als »Gesamtbetriebsvereinbarungen« bezeichnet werden.

Der Abschluss einer (Gesamt-)Betriebsvereinbarung setzt eine entsprechende Beschlussfassung des Gesamtbetriebsrats voraus (vgl. zur Beschlussfähigkeit § 51 Rdn. 64 ff.; zur Beschlussfassung § 51 Rdn. 68 ff.). Kommt in Mitbestimmungsangelegenheiten, für die der Gesamtbetriebsrat nach § 50 Abs. 1 oder 2 zuständig ist, eine Einigung zwischen Arbeitgeber und Gesamtbetriebsrat nicht zustande, so entscheidet nach § 76 Abs. 5 eine nach § 76 Abs. 1 zu bildende Einigungsstelle, deren Beisitzer der Arbeitnehmerseite der Gesamtbetriebsrat bestellt (zu Besonderheiten bei Auftragszuständigkeit vgl. Rdn. 73, 76). 79

2. Verhandlungspartner des Gesamtbetriebsrats

Handelt der Gesamtbetriebsrat **kraft originärer Zuständigkeit** nach Abs. 1 oder als Beauftragter **mehrerer Betriebsräte** nach Abs. 2, so ist sein Verhandlungspartner zunächst die **Unternehmensleitung** (Einzelunternehmer, Geschäftsführungs- und Vertretungsorgan juristischer Personen oder von Personengesellschaften). Eine rechtsgeschäftliche Delegation seitens des Arbeitgebers/Unternehmers im Rahmen des allgemeinen Vertretungsrechts ist möglich (vgl. allgemein *Joost* FS *Zeuner*, S. 67). Erforderlich ist jedoch stets, dass auf Arbeitgeberseite Personen tätig werden, die hinsichtlich des mehrere Betriebe betreffenden Verhandlungsgegenstandes über eigene Verhandlungs- und Entscheidungsbefugnisse verfügen. Die Unternehmensleitung kann durch eine Dezentralisierung von Entscheidungszuständigkeiten dem Gesamtbetriebsrat den adäquaten Verhandlungspartner nicht entziehen, namentlich nicht dadurch, dass einzelne Beteiligungsangelegenheiten durch die Kompetenzverteilung im Unternehmen allein den einzelnen Betriebsleitungen zur Entscheidung zugewiesen werden (so auch *Fitting* § 50 Rn. 14; *Galperin/Löwisch* § 50 Rn. 21; *Glock/HWGNRH* § 50 Rn. 7; *Koch/*ErfK § 50 BetrVG Rn. 1; *Trittin/DKKW* § 50 Rn. 201). Insoweit folgt bereits aus dem Grundsatz vertrauensvoller Zusammenarbeit nach § 51 Abs. 5, § 2 Abs. 1, dass der Gesamtbetriebsrat einen »Gegenpol« haben muss; im Zweifel ist dies die Unternehmensleitung oder der Arbeitgeber. 80

Verhandelt der Gesamtbetriebsrat lediglich im Auftrag **eines Betriebsrats** nach Abs. 2, so ist sein Gegenüber **nicht notwendig** die Unternehmensleitung (ebenso *Galperin/Löwisch* § 50 Rn. 16; *Glock/HWGNRH* § 50 Rn. 7; jetzt auch *Fitting* § 50 Rn. 14; diesen zust. *Koch/*ErfK § 50 BetrVG Rn. 1; **a. M.** *Richardi/Annuß* § 50 Rn. 65; *Trittin/DKKW* § 50 Rn. 201). Hier reicht es aus, dass der Arbeitgeber sich durch eine für die Betriebsleitung verantwortliche Person vertreten lässt, die mit entsprechender Vollmacht ausgestattet ist. Insoweit kann der Gesamtbetriebsrat bei seinem Handeln in fremdem Namen keinen anderen Verhandlungspartner beanspruchen, als ihn der beauftragende Einzelbetriebsrat verlangen könnte. 81

3. Zuständigkeitsüberschreitungen, Zuständigkeitswechsel

Aus dem **Grundsatz der Zuständigkeitstrennung** im Bereich der originären Zuständigkeit von Gesamtbetriebsrat und Einzelbetriebsräten (vgl. Rdn. 18) ergibt sich, dass die Ausübung eines **Beteiligungsrechts** nur wirksam erfolgt, wenn das jeweils zuständige Organ handelt. Zuständigkeitsüberschreitungen durch die Einzelbetriebsräte bei Zuständigkeit des Gesamtbetriebsrats (etwa wegen des zwingenden Erfordernisses überbetrieblicher Regelung in reinen Mitbestimmungsangelegenheiten) oder durch den unzuständigen Gesamtbetriebsrat lassen das jeweilige Beteiligungsrecht des zuständigen Organs unberührt. Sind im Rahmen von Zuständigkeitsüberschreitungen durch Kompetenzanmaßung **(Gesamt-)Betriebsvereinbarungen** abgeschlossen worden, so sind diese unheilbar 82

§ 50   II. 5. Gesamtbetriebsrat

unwirksam (ebenso jetzt *BAG* 24.05.2006 EzA § 29 BetrVG 2001 Nr. 1 Rn. 11 und LS 1 [Unwirksamkeit einer vom Betriebsrat des Hauptbetriebes abgeschlossenen Betriebsvereinbarung über die Änderung der betrieblichen Altersversorgung bei Zuständigkeit des Gesamtbetriebsrats]; *Fitting* § 50 Rn. 74; *Robrecht* Die Gesamtbetriebsvereinbarung, S. 159 f.; *Tautphäus*/HaKo § 50 Rn. 32; vgl. auch *Ch. Fischer* SAE 2003, 50; *ders.* RdA 2003, 115 f.; *Löwisch / Robrecht* SAE 2003, 6; i. E. auch schon *BAG* 15.01.2002 EzA § 50 BetrVG 1972 Nr. 19, wo der *Siebte Senat* aus der Unzuständigkeit des Gesamtbetriebsrats zur Abschaffung einer Kontoführungspauschale nach § 87 Abs. 1 Nr. 4 aber nicht mit gebotener Klarheit die Unwirksamkeit der Gesamtbetriebsvereinbarung herausfindet [vgl. dazu unter B III 3b und zur Kritik zutr. *Ch. Fischer* RdA 2003, 115 f.]; ähnlich wieder *BAG* 21.01.2003 EzA § 50 BetrVG 2001 Nr. 2 unter B II 1b, wo davon die Rede ist, dass die mit dem Gesetzes wegen zuständigen Gesamtbetriebsrat getroffene Regelung »die freiwillige Vereinbarung [auf Betriebsebene] ablösen« kann). Bei Unzuständigkeit des Gesamtbetriebsrats ist dementsprechend auch ein **Spruch einer Einigungsstelle unwirksam**, der die Einigung zwischen Arbeitgeber und Gesamtbetriebsrat über den Abschluss einer Gesamtbetriebsvereinbarung ersetzt (so in der Ergebnisbeurteilung zutr. *BAG* 23.03.2010 EzA § 50 BetrVG 2001 Nr. 7 Rn. 9 ff.; 18.05.2010 EzA § 50 BetrVG 2001 Nr. 8 Rn. 11 ff., wo auch deutlich wird, dass es nicht darauf ankommt, welche Partei die Einigungsstelle angerufen hat; vgl. zur Kritik an diesen Beschlüssen Rdn. 35). Bei Zuständigkeit des Gesamtbetriebsrats gilt Entsprechendes für den Spruch der Einigungsstelle, der die Einigung zwischen Arbeitgeber und Betriebsrat ersetzt.

83   Bei Unwirksamkeit wegen Zuständigkeitsüberschreitung kommt nur der Neuabschluss in Betracht, wenn und soweit sich das zuständige Organ den Inhalt der unwirksamen Vereinbarung zu eigen macht. Eine bloße Genehmigung der Vereinbarung scheidet aus; sie scheitert an der Unwirksamkeit wegen Verstoßes gegen den Grundsatz der Zuständigkeitstrennung (§ 134 BGB) und zudem schon an der Formvorschrift des § 77 Abs. 2 (vgl. näher *Fabricius* Erstbearbeitung, § 50 Rn. 38 ff.). Eine Genehmigung kommt auch nicht in Betracht, wenn der Gesamtbetriebsrat in fremdem Namen, aber ohne (wirksamen) Auftrag nach Abs. 2 Einzelbetriebsvereinbarungen abschließt (vgl. Rdn. 65). Insoweit stellt sich das in der Literatur (vgl. etwa noch *Richardi*, 7. Aufl. § 50 Rn. 55 oder *Fitting / Kaiser / Heither / Engels* § 50 Rn. 54, 55) vielfach diskutierte Konkurrenzverhältnis zwischen einer Gesamtbetriebsvereinbarung und einer Betriebsvereinbarung, die einzelne Betriebsräte über denselben Regelungsgegenstand mit dem Arbeitgeber abgeschlossen haben, in Wirklichkeit nicht, weil wegen des Grundsatzes der Zuständigkeitstrennung (vgl. Rdn. 18) beide nicht wirksam nebeneinander bestehen können. Deshalb ist weder für eine Anwendung des Günstigkeitsprinzips (so aber früher *Dietz* § 48 Rn. 11) noch für eine entsprechende Anwendung der für die Tarifkonkurrenz entwickelten Grundsätze Platz, wonach die speziellere der allgemeineren Regelung vorgeht (so aber *Hueck / Nipperdey* II/2, S. 1300; *G. Müller* FS *Küchenhoff*, S. 299). Vielmehr bestimmt sich allein nach der **gesetzlichen Zuständigkeitsabgrenzung**, welche Regelung wirksam und welche unwirksam ist (i. E. weitgehend unstr.; vgl. *BAG* 06.04.1976 AP Nr. 2 zu § 50 BetrVG 1972; 03.05.1984 EzA § 81 ArbGG 1979 Nr. 6 S. 47; 31.01.1989 EzA § 81 ArbGG 1979 Nr. 14 S. 12 f.; *Fitting* § 50 Rn. 74; *Galperin / Löwisch* § 50 Rn. 21; *Hümmerich* Zuständigkeitsabgrenzung, S. 188; *Richardi / Annuß* § 50 Rn. 71; *Tautphäus*/HaKo § 50 Rn. 32; *Roloff / WPK* § 50 Rn. 26 [einschränkend Rn. 25]; **abw.** *Trittin / DKKW* § 50 Rn. 243 ff., der verfehlt nach wie vor grundsätzlich nach allgemeinen Kollisionsregeln entscheiden will; einschränkend, wenn die Konkurrenzsituation durch einen Betriebsübergang mit Fortgeltung einer Betriebsvereinbarung entsteht, *Braun* Die Fortgeltung von Betriebsvereinbarungen, S. 163 ff.: Die Betriebsvereinbarung gilt zunächst normativ weiter; ebenso *Lerch* Auswirkungen von Betriebsübergängen, S. 138 ff., 140 ff.). Auch solange der Gesamtbetriebsrat von seiner Zuständigkeit keinen Gebrauch gemacht hat, haben die Einzelbetriebsräte keine Regelungskompetenz (vgl. Rdn. 18 m. w. N.), so dass insoweit auch nicht von einer »Ablösung« einer Einzelbetriebsvereinbarung gesprochen werden kann, wenn der Gesamtbetriebsrat im Rahmen seiner Zuständigkeit eine Gesamtbetriebsvereinbarung über denselben Regelungsgegenstand abschließt; die Einzelbetriebsvereinbarung ist unwirksam. Bei Streit über die Zuständigkeit des Gesamtbetriebsrats kann ein Betriebsrat im Beschlussverfahren auch die Feststellung »relativer« Unwirksamkeit einer Gesamtbetriebsvereinbarung beantragen, d. h. deren Unanwendbarkeit in seinem Betrieb (vgl. Rdn. 101).

84   Nur in Sonderfällen kann auch eine bloße »**Ablösung**« einer (älteren) Betriebsvereinbarung durch eine (jüngere) Gesamtbetriebsvereinbarung in Betracht kommen. Das sind Fälle **erzwingbarer Be-**

triebsvereinbarungen nach einem **Zuständigkeitswechsel**. Ist der Gesamtbetriebsrat für die Regelung einer Mitbestimmungsangelegenheit zuständig geworden und kann nach dem Gesetz eine (Gesamt-)Betriebsvereinbarung erzwungen werden, dann muss sich die gesetzliche Zuständigkeitsabgrenzung auch gegenüber einer Betriebsvereinbarung mit gleichem Regelungsgegenstand durchsetzen, die zuvor vom Betriebsrat zuständigkeitshalber ohne Kompetenzanmaßung abgeschlossen worden ist. Das kann etwa passieren, wenn nach Abschluss einer Betriebsvereinbarung erstmalig die Voraussetzungen für die Errichtung eines Gesamtbetriebsrats erfüllt werden (z. B. Wahl eines zweiten Betriebsrats im Unternehmen), oder wenn der Regelungsgegenstand einer freiwilligen Betriebsvereinbarung nachträglich zu einer Mitbestimmungsangelegenheit wird (vgl. Sachverhalt von *BAG* 11.12.2001 EzA § 50 BetrVG 1972 Nr. 18: vorsorgliche Regelung eines Sozialplans in Form einer freiwilligen Betriebsvereinbarung; anschließende Sozialplanzuständigkeit des Gesamtbetriebsrats bei einer konkreten Betriebsänderung). Die Gesamtbetriebsvereinbarung löst dann die Betriebsvereinbarung wirksam ab, ohne dass diese zuvor beendet werden muss (*BAG* 11.12.2001 EzA § 50 BetrVG 1972 Nr. 18 Rn. 47 für die Ablösung einer freiwilligen Betriebsvereinbarung; vgl. *Ch. Fischer* SAE 2003, 49 ff.; zust. auch *Robrecht* Die Gesamtbetriebsvereinbarung, S. 124; ausführlich *Schul* Verlagerung der Betriebsratszuständigkeit, S. 162 ff.). Die Behandlung der Kollision mittels Ablösungskompetenz vermeidet zugleich, dass eine zunächst wirksame Betriebsvereinbarung schon mit dem Zuständigkeitswechsel unwirksam wird. Das dient auch der Rechtssicherheit.

Da der Gesamtbetriebsrat im gesamten Bereich **freiwilliger und teilmitbestimmter Betriebsver- 85 einbarungen** originär zuständig sein kann (vgl. Rdn. 31 ff.), gilt insoweit der Grundsatz der Zuständigkeitstrennung (vgl. Rdn. 18); folglich bestimmt sich auch hier die Wirksamkeit von Regelungen nach der gesetzlichen Zuständigkeitsabgrenzung (vgl. jetzt auch *Fitting* § 50 Rn. 11). Zuständig für den Abschluss freiwilliger und teilmitbestimmter Betriebsvereinbarungen sind grundsätzlich die Betriebsräte; der Gesamtbetriebsrat ist aber zuständig, wenn der Arbeitgeber nur zu einer überbetrieblichen Regelung bereit ist. Danach ist eine freiwillige oder teilmitbestimmte Einzelbetriebsvereinbarung unwirksam, wenn sie abgeschlossen wird, obwohl in der Regelungsangelegenheit eine Gesamtbetriebsvereinbarung besteht. Der Arbeitgeber kann freilich seine Unternehmenspolitik dahin ändern, dass er zukünftig nur noch zu Regelungen mit den Einzelbetriebsräten bereit ist, und dadurch (mitbestimmungsfrei) eine Zuständigkeitsverlagerung herbeiführen. Allein die Verkündung eines solchen Zuständigkeitswechsels lässt jedoch die geltende Gesamtbetriebsvereinbarung unberührt. Eine Betriebsvereinbarung im jeweiligen Geltungsbereich kann ihr wirksam **nachfolgen**, sie aber **nicht ablösen**; zuvor muss die Gesamtbetriebsvereinbarung enden oder beendet werden (so auch *Löwisch/LK* § 50 Rn. 55; *Robrecht* Die Gesamtbetriebsvereinbarung, S. 188; a. M. *Kreutz* 10. Aufl., § 50 Rn. 82). Bis zum regulären Ende der Gesamtbetriebsvereinbarung hat sich der Arbeitgeber gegenüber dem Gesamtbetriebsrat vertraglich gebunden und kann sich davon nicht durch gewillkürte Zuständigkeitsverlagerung lösen. Anders als im Fall erzwingbarer Betriebsvereinbarungen (vgl. Rdn. 84) verfügen die zukünftig zuständigen Betriebsparteien hier nicht über eine betriebsverfassungsrechtlich zwingende Befugnis zum Abschluss einer (neuen) Betriebsvereinbarung. Diese Wertung gilt genauso im umgekehrten Fall, wenn eine freiwillige Betriebsvereinbarung durch eine Gesamtbetriebsvereinbarung über denselben Regelungsgegenstand abgelöst werden soll, weil der Arbeitgeber nunmehr nur noch auf überbetrieblicher Ebene zu einer Regelung bereit ist (so der *Siebte Senat* als obiter dictum in *BAG* 11.12.2001 EzA § 50 BetrVG 1972 Nr. 18 Rn. 46). Die Ablösung ohne vorherige Beendigung der Einzelbetriebsvereinbarung(en) würde unzulässig einseitig den Vertragspartner auswechseln (ebenso i. E. *Fitting* § 50 Rn. 75; *Robrecht* Die Gesamtbetriebsvereinbarung, S. 123; a. M. *Kreutz* 10. Aufl., § 50 Rn. 82). Zu vorsorglichen freiwilligen Gesamtbetriebsvereinbarungen und deren Offenheit für anderweitige Regelung durch Betriebsvereinbarung Rdn. 47.

Bei erzwingbaren **Mitbestimmungsangelegenheiten** ist die Zuständigkeit des Gesamtbetriebsrats 86 nicht auf Rahmenregelungen begrenzt, weil eine solche Einschränkung mit dem Grundsatz der Zuständigkeitstrennung unvereinbar ist (vgl. *BAG* 14.11.2001 EzA § 50 BetrVG 2001 Nr. 6 Rn. 35; näher dazu Rdn. 17 f., 46). Deshalb kann sich ein Konkurrenzverhältnis nicht dadurch ergeben, dass Betriebsvereinbarungen auf einzelbetrieblicher Ebene die Gesamtbetriebsvereinbarung unter Berücksichtigung der Besonderheiten des Einzelbetriebes näher ausfüllen; diese sind nach der gesetzlichen Zuständigkeitsabgrenzung unwirksam. Mit dieser ist aber in Grenzen vereinbar, dass eine Gesamt-

§ 50

betriebsvereinbarung eine Öffnungsklausel enthält, die den Einzelbetriebsräten im Zuständigkeitsbereich des Gesamtbetriebsrats Ausführungsregelungen gestattet (vgl. Rdn. 46).

87 Wegen der Regelungszuständigkeit des Gesamtbetriebsrats für **betriebsratslose** Betriebe (vgl. Rdn. 56 ff.) gelten Gesamtbetriebsvereinbarungen unmittelbar und zwingend für die Arbeitsverhältnisse in diesen Betrieben, wenn sie nach Inkrafttreten des BetrVerf-Reformgesetzes für das Gesamtunternehmen geschlossen worden sind oder mehrere, auch betriebsratslose Betriebe betreffen; bei sog. Alt-Gesamtbetriebsvereinbarungen ist zu differenzieren (vgl. Rdn. 62). Erst recht gelten sie in den Betrieben, deren Betriebsräte ihrer Verpflichtung zur Entsendung von Mitgliedern in den Gesamtbetriebsrat (noch) nicht nachgekommen sind (vgl. Rdn. 55). Dementsprechend gilt eine für das Gesamtunternehmen geschlossene Gesamtbetriebsvereinbarung auch für Arbeitsverhältnisse in **später errichteten** oder in das Unternehmen (»identitätswahrend«) **übernommenen** Betrieben, unabhängig davon, ob in diesen ein Betriebsrat gewählt worden ist bzw. noch besteht (ebenso *Berg/ DKKW* § 77 Rn. 29; *Fitting* § 50 Rn. 76; *Löwitz/LK* § 50 Rn. 52; *Robrecht* Die Gesamtbetriebsvereinbarung, S. 179 f.; *Trittin/DKKW* § 50 Rn. 211; *Koch*/ErfK § 50 BetrVG Rn. 8; **a. M.** wegen Legitimationsdefiziten der Gesamtbetriebsvereinbarungen bei Kollisionen nach Betriebsübergängen *Braun* Fortgeltung von Betriebsvereinbarungen, S. 163 ff.; *Jacobs* FS *Konzen*, S. 345 [361 f.]; *Salamon* RdA 2007, 103 [109]; i. E. auch noch *Glock/HWGNR* § 50 Rn. 59; *Stege/Weinspach/Schiefer* §§ 47–52 Rn. 10). Deren Geltungsbereich sind die Betriebe im Unternehmen. Eine Beschränkung des Geltungsbereichs auf Betriebe, die bei ihrem Abschluss zum Unternehmen gehörten, ist nicht gerechtfertigt, sofern dies nicht ausdrücklich so festgelegt worden ist (was beim Abschluss bedacht werden sollte). Im Übrigen gilt die Gesamtbetriebsvereinbarung (wie eine Betriebsvereinbarung, vgl. § 77 Rdn. 194) unabhängig davon, ob Arbeitsverhältnisse vor oder nach ihrem Abschluss begründet worden sind. Wenn im aufgenommenen Betrieb (noch) eine Betriebsvereinbarung mit gleichem Regelungsgegenstand besteht, kann die Lösung des Kollisionsproblems nur darin bestehen, dass die Gesamtbetriebsvereinbarung diese Betriebsvereinbarung mit ex-nunc-Wirkung ablöst (vgl. § 77 Rdn. 439 m. w. N.; **a. M.** *Braun* Fortgeltung von Betriebsvereinbarungen, S. 163 ff.; *Salamon* RdA 2007, 109; *Lerch* Auswirkungen von Betriebsübergängen, S. 138 ff., die das Bestandsschutzinteresse der übergehenden Belegschaft hervorheben); das entspricht der gesetzlichen Wertung in § 613a Abs. 1 Satz 3 BGB und der Zuständigkeitsregelung in § 50 Abs. 1.

88 Da der **gemeinsame Betrieb mehrerer Unternehmen** (Gemeinschaftsbetrieb) mit den Trägerunternehmen jeweils eine Unternehmenseinheit bildet (vgl. § 47 Rdn. 21), können für diesen mehrere Gesamtbetriebsräte regelungszuständig sein und dementsprechend auch mehrere Gesamtbetriebsvereinbarungen zum gleichen Regelungsgegenstand gelten. Das ist die Folge davon, dass der Gesetzgeber des BetrVerf-Reformgesetzes mit der Einfügung des § 47 Abs. 9 die Gesamtbetriebsratsfähigkeit des Betriebsrats des Gemeinschaftsbetriebs (mit-)entschieden hat (vgl. § 47 Rdn. 115). Dementsprechend erstreckt sich die Regelungszuständigkeit der Gesamtbetriebsräte nach § 50 Abs. 1 Satz 1 Halbs. 2 auch auf einen betriebsratslosen Gemeinschaftsbetrieb (vgl. Rdn. 59). Um unterschiedliche Gesamtbetriebsvereinbarungen für den Gemeinschaftsbetrieb zu vermeiden, hat *Däubler* (FS *Zeuner*, S. 18 [29]) gemeinsame Verhandlungen der Gesamtbetriebsräte mit den Trägerunternehmen vorgeschlagen; das ist unpraktikabel. Bei unterschiedlichen Regelungen in den Trägerunternehmen soll nach Konkurrenzregeln entschieden werden, welche Gesamtbetriebsvereinbarung insgesamt gilt (Günstigkeitsprinzip; hilfsweise soll die größere Zahl von Vertragsarbeitnehmern eines Trägerunternehmens ausschlaggebend sein). Dem ist nicht zu folgen. Maßgeblich ist vielmehr darauf abzustellen, dass auch die Gesamtbetriebsvereinbarung nur die Arbeitsverhältnisse (und sonstige sog. Drittrechtsverhältnisse) zwischen dem Arbeitgeber (Unternehmer), der selbst Partei der Gesamtbetriebsvereinbarung ist, und seinen (unternehmensangehörigen) Arbeitnehmern normativ gestalten kann (vgl. § 77 Rdn. 193 ff.); daran ändert die gesetzliche Anerkennung des Gemeinschaftsbetriebs (krit. insoweit *Hanau* ZfA 1990, 115 [127]) und der Gesamtbetriebsratsfähigkeit seines Betriebsrats nichts. Deshalb gelten unterschiedliche Gesamtbetriebsvereinbarungen im Gemeinschaftsbetrieb nebeneinander (zust. *Robrecht* Die Gesamtbetriebsvereinbarung, S. 166; *I. Schmidt* FS *Küttner*, S. 499 [506]; einschränkend *Richardi/Annuß* § 50 Rn. 72: nur bei Regelungen, die innerhalb eines Betriebes konfliktfrei nebeneinander bestehen können), aber mit unterschiedlichem Normadressatenkreis; erfasst werden jeweils nur die Arbeitnehmer, die in einem Arbeitsverhältnis zum jeweiligen Unternehmensträger stehen (mit Blick auf eine nur in einem Trägerunternehmen bestehende betriebliche Al-

tersversorgung ist offensichtlich auch der Gesetzgeber des BetrVerf-Reformgesetzes von dieser Rechtslage ausgegangen; vgl. BT-Drucks. 14/5741, S. 42 zu Nr. 35 lit. e). Soweit allerdings der Gesamtbetriebsrat im Rahmen einer Auftragszuständigkeit (Abs. 2) durch den Betriebsrat des Gemeinschaftsunternehmens eine Betriebsvereinbarung abschließt, gilt diese für alle Arbeitnehmer des Gemeinschaftsbetriebs, sofern nichts anderes bestimmt ist (zust. *Richardi/Annuß* § 50 Rn. 72).

4. Beendigung von Gesamtbetriebsvereinbarungen

Für die Beendigung von Gesamtbetriebsvereinbarungen (vgl. zum Begriff Rdn. 78) gelten gemäß § 51 Abs. 5 i. V. m. § 77 Abs. 5 grundsätzlich die allgemeinen Regeln wie bei der Betriebsvereinbarung (vgl. dazu § 77 Rdn. 396 ff.). **Beendigungsgründe** sind dementsprechend Zeitablauf, Aufhebungsvertrag, Ablösung durch neue (jüngere) Gesamtbetriebsvereinbarung (vgl. etwa *BAG* 20.02.2001 EzA § 77 BetrVG 1972 Nr. 66 S. 7; 29.10.2002 EzA § 77 BetrVG 1972 Nr. 72 S. 7 [unter I 1]) sowie (ordentliche oder fristlose) Kündigung, die, sofern sie seitens des Arbeitgebers erfolgt, dem bestehenden Gesamtbetriebsrat gegenüber erklärt werden muss (vgl. Sachverhalt von *BAG* 18.09.2002 EzA § 613a BGB 2002 Nr. 5, wo das durch Kündigung gegenüber einem Betriebsrat verfehlt wurde; ebenso *LAG Düsseldorf* 28.04.2004 LAGE § 26 BetrVG 2001 Nr. 1). Als Besonderheit ist die ausnahmsweise Ablösung durch Betriebsvereinbarung auf Betriebsebene nach Zuständigkeitswechsel zu beachten (Rdn. 84). Entsprechend § 77 Abs. 6 kommt auch eine **Weitergeltung** (»Nachwirkung«) nach Ablauf der Gesamtbetriebsvereinbarung in Betracht (vgl. näher § 77 Rdn. 443 ff.). 89

Die Gesamtbetriebsvereinbarung endet **nicht**, wenn das Amt des **Gesamtbetriebsrats endet**, weil die Voraussetzungen seiner Errichtung entfallen (vgl. dazu § 47 Rdn. 51 ff.), insbesondere auch dann nicht, wenn alle Betriebe des Unternehmens bis auf einen (etwa durch Betriebsstilllegungen, Zusammenschlüsse oder Betriebsübergänge) wegfallen. Wie der Eintritt von Betriebsratslosigkeit kein Beendigungsgrund für Betriebsvereinbarungen ist (vgl. *Kreutz* § 77 Rdn. 430), ist der Eintritt der Gesamtbetriebsratslosigkeit keiner für Gesamtbetriebsvereinbarungen; diese gelten als Betriebsvereinbarungen normativ fort (ebenso *BAG* 18.09.2002 EzA § 613a BGB 2002 Nr. 5 unter B III 1b cc (2); *LAG Düsseldorf* 28.04.2004 LAGE § 26 BetrVG 2001 Nr. 1 unter II 2; *Bachner* in *Kittner/Zwanziger/Deinert* Arbeitsrecht, § 97 Rn. 10; *Kania/*ErfK § 77 BetrVG Rn. 126; *Kreft* FS Wißmann, S. 347 [360]; *Robrecht* Die Gesamtbetriebsvereinbarung, S. 204 ff., aber eingeschränkt auf Betriebe mit Betriebsrat; *Trittin/*DKKW § 50 Rn. 214 f.; vgl. auch *Röder/Haußmann* DB 1999, 1754 [1755 f.]), mit der Folge, dass Betriebsrat und Arbeitgeber sie durch neue Betriebsvereinbarung ablösen, aber etwa auch durch Kündigung einseitig beenden können. In einem (verbliebenen) betriebsratslosen Betrieb, in dem die bisherige Gesamtbetriebsvereinbarung wegen § 50 Abs. 1 Satz 1 Halbs. 2 gilt, kommt eine Kündigung des Arbeitgebers gegenüber allen Arbeitnehmern des Betriebs in Betracht (vgl. *Kreutz* § 77 Rdn. 430). Für den Fall, dass später im Unternehmen wieder ein Gesamtbetriebsrat errichtet wird, findet eine »Rückumwandlung« in die ursprüngliche Gesamtbetriebsvereinbarung nicht statt; eine Ausnahme ist auch dann nicht gerechtfertigt, wenn die Errichtung des Gesamtbetriebsrats darauf beruht, dass zwischenzeitlich in einem bisher betriebsratslosen Betrieb des Unternehmens ein Betriebsrat gewählt worden ist. Es ist aber zu beachten, dass allein eine (vorübergehende) **Handlungsunfähigkeit** des Gesamtbetriebsrats (vgl. dazu § 47 Rdn. 50) weder ein Beendigungsgrund für Gesamtbetriebsvereinbarungen ist, noch zu deren »Umwandlung« in eine Betriebsvereinbarung führt. Gleiches gilt für einen (wie auch immer zu beurteilenden) bloßen Verlust der »Unternehmensidentität« (etwa durch Übergänge eines Teils der Betriebe auf neue Inhaber). Wenn allerdings eine Gesamtbetriebsvereinbarung etwa nur für zwei (nicht für alle) Betriebe eines Unternehmens abgeschlossen worden ist und dann einer von diesen auf einen neuen Inhaber übergeht, gilt die ursprüngliche Gesamtbetriebsvereinbarung in beiden Betrieben als Betriebsvereinbarung fort (vgl. Rdn. 93), auch dann, wenn der Gesamtbetriebsrat im Ursprungsunternehmen fortbesteht. 90

Unternehmensinterne Betriebsumstrukturierungen (Betriebsspaltung, Betriebszusammenlegung) bleiben auf die Geltung von Gesamtbetriebsvereinbarungen, die für alle Betriebe des Unternehmens gelten, ohne Einfluss, solange der Gesamtbetriebsrat fortbesteht (vgl. auch *Gaul* Das Arbeitsrecht der Betriebs- und Unternehmensspaltung, § 25 Rn. 209; *LAG Düsseldorf* 28.04.2004 LAGE § 26 BetrVG 2001 Nr. 1). Werden aber etwa zwei (oder mehrere) Betriebe, für die eine Gesamtbetriebsvereinbarung abgeschlossen worden ist, zusammengelegt, gilt diese als Betriebsvereinbarung fort. 91

5. Kollektivrechtliche Fortgeltung von Gesamtbetriebsvereinbarungen bei Betriebs- und Betriebsteilübergängen

92 Die kollektivrechtliche (normative) Fortgeltung von Gesamtbetriebsvereinbarungen nach Betriebs- und Betriebsteilübergängen war früher noch **kein großes Thema**. Zwar sind schon 1983 *Hanau / Vossen* (FS *Hilger / Stumpf*, S. 271 [275 f.]) für eine kollektivrechtliche Fortgeltung von Gesamtbetriebsvereinbarungen als Einzelbetriebsvereinbarungen beim Betriebsinhaberwechsel eingetreten. Dieser Ansatz hat jedoch lange Zeit keine Resonanz gefunden (vgl. aber m. w. N. *Gaul* Das Arbeitsrecht der Betriebs- und Unternehmensspaltung, 2002, § 25 Rn. 213 ff.), zumal der *Dritte Senat* des *BAG* im Urteil vom 29.10.1985 (EzA § 613a BGB Nr. 52) die Ansicht vertreten hatte, dass mit dem Ausscheiden eines Betriebs aus dem bisherigen Unternehmen Gesamtbetriebsvereinbarungen für diesen Betrieb ihre Geltung verlieren. Nach Inkrafttreten von § 613a Abs. 1 Satz 2 bis 4 BGB (für die Entscheidung des *Dritten Senats* noch nicht einschlägig), wurde dementsprechend ganz überwiegend angenommen, dass Gesamtbetriebsvereinbarungen nach einem Betriebsinhaberwechsel ihre normative Wirkung verlieren und gem. **§ 613a Abs. 1 Satz 2 BGB auf die individualrechtliche Geltungsebene transformiert** werden (vgl. etwa *Pfeiffer*/KR 5. Aufl. 1998, § 613a BGB Rn. 96; *Ascheid*/BGB-RGRK 12. Aufl. 1997, § 613a Rn. 211; *Soergel / Raab* BGB, 12. Aufl. 1997, § 613a Rn. 119 f.; weitere Nachweise bei *Gaul* Das Arbeitsrecht der Betriebs- und Unternehmensspaltung, S. 993 Fn. 3). An dieser Beurteilung änderte sich zunächst auch nichts, nachdem die Entscheidung des *Siebten Senats* des *BAG* vom 27.07.1994 (EzA § 613a BGB Nr. 123) der Ansicht zum Durchbruch verholfen hatte, dass Betriebsvereinbarungen beim Betriebsübergang kollektivrechtlich fortgelten, weil es sich bei § 613a Abs. 1 Satz 2 BGB lediglich um einen »Auffangtatbestand« handelt, mit dem der nach der EG-Richtlinie (jetzt: 2001/23/EG ABlEG Nr. L 82 S. 16) vorgegebene Bestandsschutz subsidiär zu sichern ist, wenn und insoweit die kollektivrechtliche Fortgeltung betriebsverfassungsrechtlich nicht in Betracht kommt (vgl. m. w. N. § 77 Rdn. 437). Eher nur vereinzelt und vornehmlich für den Sonderfall, dass sämtliche Betriebe eines Unternehmens auf denselben Erwerber übergehen, wurde erst in jüngerer Zeit mit unterschiedlichen Begründungen (vor allem unter [verfehltem] Hinweis auf den Fortbestand der Unternehmensidentität; vgl. die Nachweise bei *Preis / Richter* ZIP 2004, 925 [930 Fn. 37]) eine normative Fortgeltung von Gesamtbetriebsvereinbarungen befürwortet (vgl. zum Diskussionsstand die im Wesentlichen repräsentativen Nachweise im Beschluss des *BAG* 18.09.2002 EzA § 613a BGB 2002 Nr. 5 unter B III 1a).

93 Einen für die Praxis richtungweisenden Wendepunkt in der Frage der **kollektivrechtlich-normativen Fortgeltung von Gesamtbetriebsvereinbarungen** markiert der Beschluss des *Ersten Senats* des *BAG* **vom 18.09.2002** (EzA § 613a BGB 2002 Nr. 5 = AP Nr. 7 zu § 77 BetrVG 1972 Betriebsvereinbarung [krit. *Hergenröder*] = SAE 2003, 304 [tendenziell zust. *C. Meyer*] = RdA 2004, 167 [weithin zust. *Richardi / Kortstock*] = BB 2003, 1387 [krit. *Grobys*]; bestätigt in *BAG* 10.06.2006 EzA § 77 BetrVG 2001 Nr. 18 Rn. 16; 18.05.2010 EzA § 77 BetrVG 2001 Nr. 30 Rn. 20; 05.05.2015 EzA § 613a BGB 2002 Nr. 164 Rn. 46); der Entscheidung ist im Ergebnis, weithin auch in der Begründung **zuzustimmen** (ebenso zust. *LAG Hamburg* 10.08.2006 LAGE § 77 BetrVG 2001 Nr. 6; *Hess. LAG* 15.06.2007 – 10 SA 566/06; *LAG Köln* 13.07.2010 – 9 Sa 591/10 – juris in mehreren Parallelentscheidungen vom gleichen Tag; *Bachner* NJW 2003, 2861; *Hanau* ZfA 2003, 735 [824]; *Thüsing* DB 2004, 2474 [2480]: zust. in der Grundlinie; *Wahlig / Witteler* AuA 2/2004, 14; teilweise zust. *Lindemann / Simon* BB 2003, 2510; weithin zust. in ihren Diss. *Greve* Gesamt- und Konzernbetriebsvereinbarung, S. 82 ff.; *Lerch* Auswirkungen von Betriebsübergängen, S. 217 ff.; *Reinhard* Gesamtbetriebsrat und Gesamtbetriebsvereinbarungen, S. 157 ff.; *Robrecht* Die Gesamtbetriebsvereinbarung, S. 215 ff.; *Salamon* Das Schicksal von Gesamtbetriebsvereinbarungen, S. 1 ff.; *ders.* RdA 2007, 109; *Schiebe* Betriebsverfassungsrechtliche Funktionsnachfolge, S. 130 ff.; i. E. zust. *Fitting* § 50 Rn. 77, § 77 Rn. 169; *Kania*/ErfK § 77 BetrVG Rn. 117 ff.; *Richardi* § 77 Rn. 218; *Schiefer / Pogge* NJW 2003, 3734 [3740]; *Trittin*/DKKW § 50 Rn. 216 f.), sie ist aber in der Lit. verbreitet auch auf weithin ablehnende Kritik gestoßen (vgl. *Hohenstatt / Müller-Bonanni* NZA 2003, 766; *Hohenstatt / WHSS*, 2. Aufl. 2003, E Rn. 48 f. [vgl. jetzt 5. Aufl. 2016, E Rn. 58 ff.]; *Hohenstatt / Dzida*/ArbK § 47 BetrVG Rn. 13; *Preis / Richter* ZIP 2004, 925; *Rieble* NZA 2003 Sonderbeilage zu Heft 16, S. 52 [69 f.]; *Rieble / Gutzeit* NZA 2003, 233; gegen diese Kritik treffend *Kreft* FS *Wißmann*, S. 347; weiter abl. *Roloff / WPK* § 50 Rn. 27; sehr krit. *Jacobs* FS *Konzen*, S. 345; *Braun* Fortgeltung von Betriebsvereinbarungen, S. 87 ff.; *Letzas* Fortgeltung, S. 224 ff., 253 ff.). Der *Erste Senat* bejaht nunmehr in st. Rspr. die norma-

tive Fortgeltung von Gesamtbetriebsvereinbarungen beim Betriebsübergang. Die im Beschluss vom 18.09.2002 entwickelte **Grundkonzeption** lautet: Werden **alle** oder **mehrere** Betriebe eines Unternehmens übernommen, gelten in diesen Betrieben die **Gesamtbetriebsvereinbarungen als solche** weiter; wird nur **ein** Betrieb übernommen, bleiben Gesamtbetriebsvereinbarungen **als Einzelbetriebsvereinbarungen** bestehen. Dem Betriebsübergang wird der **Betriebsteilübergang gleichgestellt**, jedenfalls dann, wenn der übernommene Betriebsteil vom Erwerber als selbstständiger Betrieb fortgeführt wird. Dies alles wird tragfähig begründet. Billigenswert zielt diese Aufrechterhaltung der kollektiven Normenordnung auf die Erhaltung der Möglichkeit späterer kollektivrechtlicher Anpassung an veränderte Gegebenheiten (vgl. unter B III 1b cc (2) der Gründe); Arbeitnehmer sollen insoweit durch den Betriebsübergang nicht besser gestellt werden als ohne diesen.

Der *Erste Senat* geht dabei auch hier davon aus, dass § 613a Abs. 1 Satz 2 BGB lediglich eine Auffangregelung darstellt, deren (subsidiärer) Anwendung es aber nicht bedarf, weil betriebsverfassungsrechtliche Grundsätze einer kollektivrechtlichen Fortgeltung von Gesamtbetriebsvereinbarungen bei Betriebs- und Betriebsteilübergängen nicht entgegenstehen. Das wird in **Parallele** zur heute in Rspr. und Lit. fast unstreitigen normativen **Fortgeltung von (Einzel-)Betriebsvereinbarungen beim Betriebsübergang** (vgl. § 77 Rdn. 432, 437 ff.) entwickelt. Im Hinblick darauf, dass nach dem Sachverhalt die Besonderheit von Betriebsteilübergängen zu beurteilen war, wird die Vergleichsplattform jedoch erweitert: Der *Erste Senat* schließt sich der Ansicht an, dass Betriebsvereinbarungen auch bei einem **Betriebsteilübergang** normativ fortgelten (vgl. dazu grundsätzlich und ausführlich *Kreutz* FS 50 Jahre Bundesarbeitsgericht, S. 993; vgl. auch § 77 Rdn. 433, 441, jeweils m. w. N.), jedenfalls dann, wenn der übernommene Betriebsteil vom Erwerber als selbstständiger Betrieb weitergeführt wird. Das wird zu Recht unter Hinweis auf das Übergangsmandat des Betriebsrats nach § 21a Abs. 3, Abs. 1 bei einer Betriebsspaltung begründet, durch das die Amtskontinuität (rechtsträgerübergreifend) gewahrt wird; danach wäre es nicht folgerichtig, die Fortgeltung von Betriebsvereinbarungen zu verneinen, die dieser Betriebsrat (oder ein Funktionsvorgänger) »gerade auch für den veräußerten Betriebsteil geschlossen« hat. Zugleich gelingt dem *Ersten Senat* in diesem Zusammenhang eher beiläufig (unter B III 1b dd) eine bemerkenswerte Klarstellung zur sog. Identitätslehre, nach der die normative Fortgeltung von Betriebsvereinbarungen beim Betriebsübergang vom Erhalt der Identität des Betriebs abhängen soll. Dem liegt jedoch verbreitet eine eher mystizistische Vorstellung zugrunde, weil in Wirklichkeit jede Teilung eines Betriebs, in welcher Relation auch immer, logisch zum Verlust seiner Identität führt (vgl. *Kreutz* FS *Wiese*, S. 235 [239 ff.]; jetzt auch *Kreft* FS *Wißmann*, S. 347 [352 ff.]; *Lerch* Auswirkungen von Betriebsübergängen, S. 163 ff., 179 ff.; *Salamon* Das Schicksal von Gesamtbetriebsvereinbarungen, S. 99 ff.; *ders.* RdA 2007, 153; s. a. § 21a Rdn. 24). Die Identitätslehre wurde jüngst weiter ausgehöhlt durch das Verständnis des *EuGH*, dass es für einen Betriebsübergang weniger um fortwährende organisatorische Selbstständigkeit als vielmehr um die Beibehaltung der funktionellen Verknüpfung der übertragenen Produktionsfaktoren geht (*EuGH* 12.02.2009 EzA Richtlinie 2001/23 EG-Vertrag 1999 Nr. 2 (Klarenberg); dem folgend unter Anpassung der Identitätslehre *BAG* 22.01.2009 EzA § 613a BGB 2002 Nr. 107 Rn. 19). Wenn nicht der ganze Betrieb übertragen wird, kann es mithin nicht darauf ankommen, welche aus der Betriebsspaltung hervorgegangene Teileinheit mit dem Ursprungsbetrieb identisch ist; vielmehr genügt für die normative Fortgeltung von Betriebsvereinbarungen beim Betriebsteilübergang, dass dieser eine organisatorische Teileinheit des Ursprungsbetriebes ist, für den (als räumlichen Geltungsbereich) die Betriebsvereinbarung abgeschlossen worden ist (so auch schon *Kreßel* BB 1995, 925 [929]). Noch weiter geht aktuell das *LAG Baden-Württemberg* 08.02.2017 – 4 Sa 34/17, ZIP 2017, 1176: (Gesamt-)Betriebsvereinbarungen sollen bei Unternehmensspaltungen auch dann kollektivrechtlich beim Erwerber weiter gelten, wenn die Spaltung nicht mit einem Teilbetriebsübergang einhergeht, wenn die abgespaltenen Vermögensteile beim neuen Rechtsträger in eine erstmals geschaffene neue betriebliche Verbundenheit ohne wesentliche organisatorische Änderungen eingegliedert werden (anhängig: *BAG* 3 AZR 154/17).

Zentrales Argument für die Berechtigung der angezeigten **Parallelbetrachtung** zur kollektivrechtlichen Fortgeltung von (Einzel-)Betriebsvereinbarungen ist für den *Senat*, dass Gesamt- und Einzelbetriebsvereinbarungen übereinstimmend die einzelnen Betriebe des Unternehmens als »Bezugsobjekt und Regelungssubstrat« haben, quantitativ nur dadurch unterschieden, dass Gesamtbetriebsvereinbarungen nach § 50 Abs. 1 für alle oder doch mehrere Betriebe des Unternehmens abgeschlossen werden, Betriebsvereinbarungen nur für (höchstens) einen Betrieb. Das ist richtig, wie

§ 50

sich aus der Verweisung auch auf § 77 in § 51 Abs. 5 ergibt und bedeutet schlichtweg nur, dass Gesamtbetriebsvereinbarungen und Betriebsvereinbarungen als Gestaltungsfaktoren von Arbeitsbedingungen sich nicht in der Wirkungsweise unterscheiden (in der sie Arbeitsrechtsverhältnisse gestalten), sondern lediglich im Hinblick auf den immer auf Betriebe bezogenen räumlichen Geltungsbereich (vgl. § 77 Rdn. 212 f.); wie Betriebsvereinbarungen gehören Gesamtbetriebsvereinbarungen zum kollektiven Normenbestand der Betriebe (bestätigt durch *BAG* 18.05.2010 EzA § 77 BetrVG 2001 Nr. 30 Rn. 20). Deshalb kommt es für die normative Fortgeltung von Gesamtbetriebsvereinbarungen nicht auf den Erhalt eines (wie auch immer zu bestimmenden) »Betriebsverbundes« als überbetrieblichen Regelungsbereich an (sog. »Unternehmensidentität«; nicht überzeugend deshalb die scharfe Kritik von *Jacobs* FS *Konzen*, S. 345 [350 ff.]; *Letzas* Fortgeltung, S. 131 ff.) und ebenso wenig auf den Fortbestand ihrer Entstehungsvoraussetzungen nach § 50 Abs. 1. Letzteres stützt das Gericht treffend mit der Parallele, dass auch dann, wenn alle Betriebe eines Unternehmens (durch Stilllegung, Zusammenlegung oder Übertragung) bis auf einen einzigen wegfallen, Gesamtbetriebsvereinbarungen trotz des damit verbundenen Amtsendes des Gesamtbetriebsrats nicht enden, sondern als (Einzel-)Betriebsvereinbarungen fortgelten (vgl. dazu Rdn. 90). Insoweit erweist sich dann auch die normative **Fortgeltung** von Gesamtbetriebsvereinbarungen **als Betriebsvereinbarungen** als durchaus systemkonform, wenn auf einen neuen Inhaber **nur ein** Betrieb (von mehreren) übergeht; der Wegfall der Zuständigkeit des Gesamtbetriebsrats für den übertragenen Betrieb wird ggf. durch dessen Betriebsrat als Funktionsnachfolger (beim Betriebsteilübergang durch den das Übergangsmandat wahrnehmenden Betriebsrat) kompensiert. Sie steht damit auch einer inhaltlichen Änderung durch den Betriebserwerber und den Betriebsrat offen (zust. *LAG Köln* 13.07.2010 – 9 Sa 591/10 – juris, Rn. 31), wie etwa auch einer Beendigung durch Kündigung. Gehen dagegen **alle** oder **mehrere** Betriebe auf einen anderen Rechtsträger über, so gelten **Gesamtbetriebsvereinbarungen** in den übertragenen und fortgeführten Betrieben und Betriebsteilen **als solche** weiter (zust. etwa *Greve* Gesamt- und Konzernbetriebsvereinbarung, S. 149 f., 189 f.; *Niklas/Mückl* DB 2008, 2250 [2253]; *Reinhard* Gesamtbetriebsrat und Gesamtbetriebsvereinbarungen, S. 211 ff., 268 ff.: immer als Gesamtbetriebsvereinbarung, sofern die Identität des jeweiligen Betriebs erhalten bleibt; wie hier im Ansatz *Trittin/DKKW* § 50 Rn. 216 ff., aber mit abw. Differenzierungen; **a. M.**, d. h. normative Fortgeltung immer als Betriebsvereinbarung, etwa: *Robrecht* Die Gesamtbetriebsvereinbarung, S. 219 ff.: *Schiebe* Betriebsverfassungsrechtliche Funktionsnachfolge, S. 139 ff., 149, der dies durchgängig auf das Prinzip der Funktionsnachfolge stützt), sofern sie nicht (ausnahmsweise) mit dem Betriebs(teil)übergang gegenstandslos werden (das problematisieren *Salamon* RdA 2009, 175 [179 f.] und *Reinhard* Gesamtbetriebsrat und Gesamtbetriebsvereinbarungen, S. 290 ff.). Auch insoweit sieht der *Erste Senat* den Fortbestand (den der *Senat* beim Übergang aller Betriebe im Anschluss an die Entscheidung des *Siebten Senats* vom 05.06.2002 EzA § 47 BetrVG 1972 Nr. 9 nicht ausschließen will; vgl. dazu aber § 47 Rdn. 55) oder die fortbestehende Zuständigkeit des Gesamtbetriebsrats (die verloren geht, wenn mehrere Betriebe übergehen, weil seine Zuständigkeit auf das abgebende Unternehmen begrenzt ist) zu Recht nicht als notwendige Voraussetzung für die normative Fortgeltung von Gesamtbetriebsvereinbarungen (ausführlich zust. *Braun* Fortgeltung von Betriebsvereinbarungen, S. 109 ff.; *Reinhard* Gesamtbetriebsrat und Gesamtbetriebsvereinbarungen, S. 245 ff.; *Salamon* RdA 2007, 103 [107]). Insoweit betont der *Senat* bei Gesamtbetriebsratslosigkeit im Erwerberunternehmen eine Parallelität dazu, dass nach h. M. auch der vorübergehende oder endgültige Wegfall des Betriebsrats bestehende Betriebsvereinbarungen in ihrer normativen Weitergeltung unberührt lässt (vgl. § 77 Rdn. 430). Für die Fortgeltung als Gesamtbetriebsvereinbarung (und nicht als Betriebsvereinbarung) genügt, dass beim Erwerber nach Maßgabe des § 47 Abs. 1 ein Gesamtbetriebsrat zu bilden ist; das kann kurzfristig geschehen (wie der Streitfall zeigt, in weniger als zwei Monaten). In der Zwischenzeit kommt zwar keine Abänderbarkeit in Betracht, wohl aber eine Kündigung seitens des Arbeitgebers gegenüber allen Einzelbetriebsräten.

96 Die vom *BAG* ursprünglich am Sonderfall der Übertragung auf eine betriebslose »Vorratsgesellschaft« entwickelte Konzeption zur normativen Fortgeltung von Gesamtbetriebsvereinbarungen (vgl. Rdn. 93) ist ohne Weiteres auch auf die Konstellation zu übertragen, dass der **Erwerber** im Zeitpunkt der Betriebsübergänge **bereits** einen oder mehrere **eigene Betriebe** führt (*BAG* 05.05.2015 EzA 613a BGB 2002 Nr. 164 Rn. 46; vgl. auch *Bachner* NJW 2003, 2861 [2864]; *Fitting* § 77 Rn. 169; *Greve* Gesamt- und Konzernbetriebsvereinbarung, S. 153 ff., 189 f.; *Hergenröder* Anm. AP Nr. 7 zu

§ 77 BetrVG Betriebsvereinbarung Bl. 12 R), aber in seinem Unternehmen mangels zweier Betriebsräte kein Gesamtbetriebsrat zu bilden war oder doch mehrere Betriebsräte pflichtwidrig (noch) **keinen Gesamtbetriebsrat** errichtet haben. Die Pflicht zur Errichtung eines Gesamtbetriebsrats trifft dann die Betriebsräte übergegangener Betriebe ebenso wie die in Betrieben des Erwerbers bereits bestehenden. Der Geltungsbereich weitergeltender Gesamtbetriebsvereinbarungen, je nach Fallkonstellation als Gesamt- oder Einzelbetriebsvereinbarung, ist jedoch auf den oder die übergegangenen Betriebe und Betriebsteile beschränkt (ebenso *Kreft* FS *Wißmann*, S. 347 [362]; *Richardi / Kortstock* RdA 2004, 173 [175]); dass sich der Geltungsbereich einer Gesamtbetriebsvereinbarung nicht auf sämtliche Betriebe des Unternehmens erstrecken muss, folgt schon aus dem Wortlaut von § 50 Abs. 1 (unberechtigt krit. deshalb *Rieble* NZA 2003 Sonderbeilage zu Heft 16, S. 62 [70]). Mangels Entscheidungserheblichkeit musste das *BAG* im Beschluss vom 18.09.2002 (EzA § 613a BGB 2002 Nr. 5) über diese Fallkonstellationen ebenso wenig entscheiden wie über die, dass im Erwerberunternehmen schon ein Gesamtbetriebsrat amtiert (s. dazu Rdn. 97) oder sogar eine Gesamtbetriebsvereinbarung mit gleichem Regelungsgegenstand gilt (s. dazu Rdn. 98).

Besteht im Erwerberunternehmen bereits ein **Gesamtbetriebsrat**, müssen Gesamtbetriebsvereinbarungen nach der vom *BAG* entwickelten Konzeption (vgl. Rdn. 93) in übergegangenen Betrieben und Betriebsteilen **erst recht** als solche normativ weitergelten (so ohne besondere Begründung auch *BAG* 05.05.2015 EzA 613a BGB 2002 Nr. 164 Rn. 46). Dafür spricht im Begründungszusammenhang zusätzlich, dass dieser Gesamtbetriebsrat in Bezug auf Angelegenheiten, die mehrere übernommene Betriebe betreffen, gleichsam als Funktionsnachfolger des Gesamtbetriebsrats aus dem Ursprungsunternehmen anzusehen ist (zust. *Schiebe* Betriebsverfassungsrechtliche Funktionsnachfolge, S. 151; **a. M.** i. E. *Trappehl / Nussbaum* BB 2011, 2869 [2872 ff.] für Verschmelzungsfälle: Transformation nach § 613a Abs. 1 Satz 2 i. V. m. § 324 UmwG, sofern beim übernehmenden Rechtsträger keine Ablösung durch Gesamtbetriebsvereinbarung mit identischem Regelungsgegenstand stattfindet), in den deren Betriebsräte nach Betriebsübergang auch sofort nach § 47 Abs. 2 ein oder zwei Mitglieder zu entsenden haben (vgl. § 47 Rdn. 53, 26; *BAG* 16.03.2005 EzA § 51 BetrVG 2001 Nr. 2 Orientierungssatz 2). Für Gesamtbetriebsvereinbarungen, die als solche weitergelten, wird dieser Gesamtbetriebsrat sofort als Vertragspartner zuständig (ebenso *Bachner* NJW 2003, 2861 [2864]), gerade so, als seien diese beschränkt auf die übernommenen Betriebe abgeschlossen worden (vgl. *Kreft* FS *Wißmann*, S. 347 [362]). Dies bedeutet etwa, dass dieser auch richtiger Adressat einer Arbeitgeberkündigung ist. Bei Übergang eines einzigen Betriebs(teils) muss es jedoch auch in dieser Fallkonstellation bei einer Fortgeltung lediglich als Betriebsvereinbarung bleiben; denn nach § 50 Abs. 1 kann der Gesamtbetriebsrat nur für Angelegenheiten zuständig sein, die mehrere Betriebe betreffen. Zweifel oder Unklarheiten an der normativen Fortgeltung von Gesamtbetriebsvereinbarungen können dadurch ausgeräumt werden, dass Arbeitgeber und Gesamtbetriebsrat in einer »Anerkennungsgesamtbetriebsvereinbarung« deren Fortgeltung unter genauer Bezeichnung vereinbaren, vorausgesetzt, dass der Gesamtbetriebsrat im Erwerberunternehmen ebenso regelungszuständig ist, wie es derjenige im Ursprungsunternehmen war (*BAG* 10.10.2006 EzA § 77 BetrVG 2001 Nr. 18 Rn. 16 ff.). **97**

Falls jedoch im Erwerberunternehmen für alle (nicht nur mehrere) Betriebe eine **Gesamtbetriebsvereinbarung mit gleichem Regelungsgegenstand** gilt, löst diese die in den übernommenen Betrieben geltenden Gesamtbetriebsvereinbarungen im Zeitpunkt des Übergangs ab; das entspricht der gesetzlichen Wertung in § 613a Abs. 1 Satz 3 (so wohl auch *BAG* 05.05.2015 EzA 613a BGB 2002 Nr. 164 Rn. 46; ebenso *Bachner* NJW 2003, 2861 [2864]; *Kreft* FS *Wissmann*, S. 347 [362]; *C. Meyer* SAE 2003, 310 [313]; *Richardi / Hartstock* RdA 2004, 173 [175]; *Rieble / Gutzeit* NZA 2003, 233 [237]; i. E. auch *Fitting* § 77 Rn. 169; *Lindemann / Simon* BB 2003, 2510 [2514]), und gilt wegen der Zuständigkeitsregelung in § 50 Abs. 1 auch unabhängig davon, ob die abgelösten Gesamtbetriebsvereinbarungen als solche oder als Betriebsvereinbarungen weitergegolten hätten (vgl. Rdn. 87). Die Ablösung kann aber auch noch dadurch herbeigeführt werden, dass erst später eine Gesamtbetriebsvereinbarung mit gleichem Regelungsgegenstand für sämtliche Betriebe des Erwerberunternehmens geschlossen wird. Ob derselbe Regelungsgegenstand gegeben ist, ist immer durch Auslegung zu ermitteln; soweit sich die geregelten Gegenstände nicht decken, bleibt es bei der normativen Fortgeltung. In Betracht kommt auch eine Ablösung durch eine Konzernbetriebsvereinbarung mit gleichem Regelungsgegenstand, die im Erwerberunternehmen gilt. **98**

›Außerdem kann eine Gesamtbetriebsvereinbarung ausnahmsweise dann nicht normativ fortgelten, wenn ihr **Inhalt die Zugehörigkeit zu dem bisherigen Unternehmen zwingend** voraussetzt. So im Fall *BAG* 24.01.2017 – 1 ABR 24/15 – juris, in dem die Gesamtbetriebsvereinbarung Unterrichtungs- und Beratungsansprüche für einen beim bisher herrschenden Konzernunternehmen gebildeten Wirtschaftsausschuss regelte. Da beim Erwerber solche Unternehmens- und Betriebsverfassungsstrukturen nicht bestanden, wurde die Gesamtbetriebsvereinbarung gegenstandslos.

99   Zweifelhaft bleibt danach nur, ob Gesamtbetriebsvereinbarungen entsprechend der vom *BAG* entwickelten Konzeption (vgl. Rdn. 93) auch dann normativ fortgelten, wenn übertragene Betriebe und Betriebsteile beim Erwerber nicht als selbstständige Betriebe fortgeführt werden, sondern **mit Betrieben des Erwerbers zusammengefasst** oder in dessen Betriebe **eingegliedert** werden und im Erwerberunternehmen keine ablösende Gesamtbetriebsvereinbarung (vgl. Rdn. 98) gilt. Das wäre zu verneinen, wenn diese normative Fortgeltung vom Erfordernis des Erhalts der Betriebsidentität abhängig wäre. Das ist jedoch nicht der Fall, wie die Fortgeltung beim Betriebsteilübergang belegt (vgl. Rdn. 94). Konsequenterweise muss man sich vielmehr auch insoweit von einer Parallelbetrachtung zur normativen Fortgeltung von (Einzel-)Betriebsvereinbarungen im bisherigen Geltungsbereich leiten lassen; dementsprechend kommt auch eine **normative Fortgeltung** von Gesamtbetriebsvereinbarungen in Betracht, wenn es im Zusammenhang mit einer Umwandlung oder Betriebsveräußerungen zum Erwerber zur Zusammenfassung bzw. Eingliederung eines **bisher selbstständigen Betriebs** kommt (vgl. auch *Bachner* NJW 2003, 2861 [2865]; *Kreft* FS *Wißmann*, S. 347 [351]; *C. Meyer* SAE 2003, 310 [313]). Da es sich insofern um unternehmensinterne Betriebsumstrukturierungen handelt (vgl. § 77 Rdn. 435, 440), richtet sich die normative Fortgeltung von Gesamtbetriebsvereinbarungen nach den in § 77 Rdn. 424 f. entwickelten Grundsätzen; eine Ausweitung ihres bisherigen Geltungsbereichs auf die gesamte neue Betriebseinheit ist damit nicht verbunden. Soweit jedoch nur ein **Betriebsteil** übergeht und beim Erwerber in einen Betrieb eingegliedert wird, in dem ein **Betriebsrat besteht**, scheidet eine normative Fortgeltung aus wegen der gesetzgeberischen Wertentscheidung gegen ein Übergangsmandat gemäß § 21a Abs. 3 i. V. m. Abs. 1 Satz 1 a. E. (wie bei Betriebsvereinbarungen, vgl. § 77 Rdn. 433, 441; ebenso *Richardi / Kortstock* RdA 2004, 173 [175], aber ohne Begründung; dagegen halten *Bachner* NJW 2003, 2865 und *Kreft* FS *Wißmann*, S. 347, 356 auch in dieser Konstellation eine kollektivrechtliche Fortgeltung für möglich); in diesem Fall greift die Auffangregelung gemäß § 613a Abs. 1 Satz 2 BGB. Wird ein Betriebsteil hingegen in einen **betriebsratslosen Betrieb** eingegliedert oder mit anderen Betriebsteilen zusammengefasst, kommt es zur normativen Fortgeltung wie oben beschrieben. Die (Gesamt-)Betriebsvereinbarungen gelten dann nur für den Betriebsteil, für den sie ursprünglich vereinbart wurden. Eine Erstreckung auf den ganzen Betrieb kann es mangels Regelungskompetenz der damals zuständigen Betriebsparteien nicht geben (vgl. Rdn. 96). Ist eine Regelung ausnahmsweise nur betriebseinheitlich anwendbar, wird sie durch die Betriebsspaltung gegenstandslos (vgl. zum wertungsgleichen Fall einer inhaltlich zwingenden Zugehörigkeit zum bisherigen Unternehmen *BAG* 24.01.2017 – 1 ABR 24/15; Rdn. 98). Mehrere (Gesamt-)Betriebsvereinbarungen mehrerer übertragener Betriebsteile, die beim Erwerber zu einem neuen Betrieb zusammengefasst wurden, können daher nebeneinander fortgelten, ohne dass ein Konkurrenzproblem entsteht. Es gelten dann alle (Gesamt-)Betriebsvereinbarungen parallel und nicht etwa nur diejenigen des größten Betriebsteils (keine analoge Anwendung des § 21a Abs. 2 S. 1 mangels ausfüllungsbedürftiger Regelungslücke – lediglich direkte Anwendung für die Übergangszuständigkeit).

VIII. Streitigkeiten

100 Streitigkeiten über die Zuständigkeit des Gesamtbetriebsrats entscheidet das **Arbeitsgericht auf Antrag im Beschlussverfahren** (§ 2a Abs. 1 Nr. 1, Abs. 2, §§ 80 ff. ArbGG). Betrifft der Streit die originäre Zuständigkeit des Gesamtbetriebsrats nach Abs. 1, so ist das Arbeitsgericht **örtlich** zuständig, in dessen Bezirk das Unternehmen seinen Sitz hat (§ 82 Abs. 1 Satz 2 ArbGG). Unerheblich ist dabei, wer Antragsteller bzw. Antragsgegner im Verfahren ist bzw. welchen Wortlaut der Antrag hat (*BAG* 19.06.1986 EzA § 82 ArbGG 1979 Nr. 1; *LAG Hamm* ARSt. 1986, 127; vgl. auch *BAG* 31.01.1989 EzA § 81 ArbGG 1979 Nr. 14, wo zutr. an das örtlich zuständige ArbG verwiesen wurde). Geht der

Streit um die Beauftragung des Gesamtbetriebsrats durch Einzelbetriebsräte nach Abs. 2 oder um die Ausführung eines solchen Auftrags, so ist das Arbeitsgericht örtlich zuständig, in dessen Bezirk der Betrieb liegt (§ 82 Abs. 1 Satz 1 ArbGG); ebenso *Fitting* § 50 Rn. 79; *Glock/HWGNRH* § 50 Rn. 63; *Richardi/Annuß* § 50 Rn. 74; vgl. auch § 49 Rdn. 25.

Besteht zwischen Betriebsrat, Gesamtbetriebsrat und Arbeitgeber Streit darüber, ob der Gesamtbetriebsrat zum Abschluss einer Gesamtbetriebsvereinbarung zuständig war, kann im Beschlussverfahren die Feststellung der Unwirksamkeit der Gesamtbetriebsvereinbarung insgesamt beantragt werden (vgl. zur Antragsbefugnis des Betriebsrats *BAG* 05.03.2013 DB 2013, 1423 Rn. 16 ff.). Ein Betriebsrat kann im Beschlussverfahren aber auch deren Unanwendbarkeit nur in seinem Betrieb (relative Unwirksamkeit) feststellen lassen (*BAG* 09.12.2003 EzA § 50 BetrVG 2001 Nr. 3; 14.11.2006 EzA § 50 BetrVG 2001 Nr. 6). **101**

In einem **Urteilsverfahren** kann die Zuständigkeit des Gesamtbetriebsrats Vorfrage sein, etwa für die Wirksamkeit einer Gesamtbetriebsvereinbarung. Beruft sich dabei ein Arbeitnehmer auf eine solche, obliegt ihm nach Ansicht des *BAG* (20.02.2001 EzA § 77 BetrVG 1972 Nr. 65) nicht – mangels substantiierter Einwendungen des Arbeitgebers – die Darlegung der Umstände, aus denen sich die Zuständigkeit des Gesamtbetriebsrats ergibt. **102**

Der Gesamtbetriebsrat ist dann **nicht Beteiligter** i. S. v. § 83 Abs. 3 ArbGG, wenn in einem Verfahren zwischen Arbeitgeber und Einzelbetriebsrat um ein Mitbestimmungsrecht gestritten wird, das der Gesamtbetriebsrat verteidigt, ohne seine eigene Regelungszuständigkeit in Anspruch zu nehmen (vgl. *BAG* 13.03.1984 EzA § 83 ArbGG 1979 Nr. 2). Davon ist der Fall zu unterscheiden, dass der Gesamtbetriebsrat kraft Prozessstandschaft um Mitbestimmungsrechte der Einzelbetriebsräte streitet (vgl. Rdn. 66). Geht die Zuständigkeit zur Wahrnehmung eines im Beschlussverfahren umstrittenen Mitbestimmungsrechts während des Verfahrens auf den Gesamtbetriebsrat über, so wird dieser Beteiligter; das ist auch noch in der Rechtsbeschwerdeinstanz zu beachten (*BAG* 18.10.1988 EzA § 83 ArbGG 1979 Nr. 8). **103**

Wird zwischen Arbeitgeber und Gesamtbetriebsrat wegen Unzuständigkeit des Gesamtbetriebsrats über die Wirksamkeit eines Spruchs der Einigungsstelle gestritten, ist die Feststellung der Unwirksamkeit des Spruchs zu beantragen (nicht etwa den Spruch für unwirksam zu erklären, weil die Entscheidung feststellende, aber keine gestaltende Wirkung hat; zuletzt etwa *BAG* 19.06.2012 EzA § 50 BetrVG 2001 Nr. 11 Rn. 14; 18.05.2010 EzA § 50 BetrVG 2001 Nr. 8 Rn. 10). Am Verfahren sind die Einzelbetriebsräte nach § 83 Abs. 3 ArbGG zu beteiligen (vgl. *BAG* 19.06.2012 EzA § 50 BetrVG 2001 Nr. 11 Rn. 12). **104**

§ 51
Geschäftsführung

(1) Für den Gesamtbetriebsrat gelten § 25 Abs. 1, die §§ 26, 27 Abs. 2 und 3, § 28 Abs. 1 Satz 1 und 3, Abs. 2, die §§ 30, 31, 34, 35, 36, 37 Abs. 1 bis 3 sowie die §§ 40 und 41 entsprechend. § 27 Abs. 1 gilt entsprechend mit der Maßgabe, dass der Gesamtbetriebsausschuss aus dem Vorsitzenden des Gesamtbetriebsrats, dessen Stellvertreter und bei Gesamtbetriebsräten mit
  9 bis 16 Mitgliedern aus 3 weiteren Ausschussmitgliedern,
  17 bis 24 Mitgliedern aus 5 weiteren Ausschussmitgliedern,
  25 bis 36 Mitgliedern aus 7 weiteren Ausschussmitgliedern,
  mehr als 36 Mitgliedern aus 9 weiteren Ausschussmitgliedern
besteht.

(2) Ist ein Gesamtbetriebsrat zu errichten, so hat der Betriebsrat der Hauptverwaltung des Unternehmens oder, soweit ein solcher Betriebsrat nicht besteht, der Betriebsrat des nach der Zahl der wahlberechtigten Arbeitnehmer größten Betriebs zu der Wahl des Vorsitzenden und des stellvertretenden Vorsitzenden des Gesamtbetriebsrats einzuladen. Der Vorsit-

zende des einladenden Betriebsrats hat die Sitzung zu leiten, bis der Gesamtbetriebsrat aus seiner Mitte einen Wahlleiter bestellt hat. § 29 Abs. 2 bis 4 gilt entsprechend.

(3) Die Beschlüsse des Gesamtbetriebsrats werden, soweit nichts anderes bestimmt ist, mit Mehrheit der Stimmen der anwesenden Mitglieder gefasst. Bei Stimmengleichheit ist ein Antrag abgelehnt. Der Gesamtbetriebsrat ist nur beschlussfähig, wenn mindestens die Hälfte seiner Mitglieder an der Beschlussfassung teilnimmt und die Teilnehmenden mindestens die Hälfte aller Stimmen vertreten; Stellvertretung durch Ersatzmitglieder ist zulässig. § 33 Abs. 3 gilt entsprechend.

(4) Auf die Beschlussfassung des Gesamtbetriebsausschusses und weiterer Ausschüsse des Gesamtbetriebsrats ist § 33 Abs. 1 und 2 anzuwenden.

(5) Die Vorschriften über die Rechte und Pflichten des Betriebsrats gelten entsprechend für den Gesamtbetriebsrat, soweit dieses Gesetz keine besonderen Vorschriften enthält.

Inhaltsübersicht

		Rdn.
I.	Vorbemerkung	1–5
II.	Konstituierung des Gesamtbetriebsrats	6–16
	1. Zuständigkeit für die Einberufung zur konstituierenden Sitzung	7–10
	2. Einberufung und Durchführung der konstituierenden Sitzung	11–14
	3. Untätigkeit des zur Einladung verpflichteten Betriebsrats	15
	4. Wiederholte Konstituierung	16
III.	Wahl und Rechtsstellung des Vorsitzenden und des stellvertretenden Vorsitzenden	17–26
	1. Wahl	17–25
	2. Rechtsstellung	26
IV.	Gesamtbetriebsausschuss	27–38
	1. Zusammensetzung	27, 28
	2. Wahl der weiteren Ausschussmitglieder	29–35
	3. Ausscheiden von Ausschussmitgliedern	36–38
V.	Geschäftsführung des Gesamtbetriebsrats, seines Vorsitzenden, des Gesamtbetriebsausschusses oder sonstiger Ausschüsse	39–61
VI.	Beschlüsse des Gesamtbetriebsrats und seiner Ausschüsse	62–78
	1. Beschlüsse des Gesamtbetriebsrats	64–74
	a) Beschlussfähigkeit	64–67
	b) Beschlussfassung	68–73
	c) Keine Weisungsgebundenheit	74
	2. Teilnahme- und Stimmrecht der Gesamt-Jugend- und Auszubildendenvertretung	75, 76
	3. Beschlüsse der Ausschüsse	77, 78
VII.	Rechte und Pflichten des Gesamtbetriebsrats	79–86
VIII.	Streitigkeiten	87–89

I. Vorbemerkung

1 Die Vorschrift regelt detaillierter als § 48 Abs. 2 BetrVG 1952 die **Geschäftsführung** und **innere Organisation** des Gesamtbetriebsrats. Dabei ist unter **Geschäftsführung** diejenige Tätigkeit (Tat- und Rechtshandlungen, Rechtsgeschäfte) zu verstehen, durch die der Gesamtbetriebsrat als Kollektiv die Berechtigungen ausübt und die Verpflichtungen erfüllt, für die er nach dem Gesetz zuständig ist. Als **geschäftsführende Organe des Gesamtbetriebsrats** werden der Vorsitzende und sein Stellvertreter, der Gesamtbetriebsausschuss und fakultativ weitere Ausschüsse ausgewiesen. Die Vorschrift nimmt dabei die Bestimmungen über Geschäftsführung und innere Organisation des Betriebsrats (§§ 26 bis 41) weitgehend in Bezug (Abs. 1), enthält aber in den Abs. 2 bis 4 Abweichungen, die insbesondere im Hinblick auf die Besonderheiten bei der Errichtung des Gesamtbetriebsrats als »Entsandtenversammlung« und das Stimmgewicht seiner Mitglieder notwendig sind. Abs. 5, der systematisch zu § 50 Abs. 1 gehört, stellt klar, dass die Vorschriften über die Rechte und Pflichten des Betriebsrats

Geschäftsführung § 51

entsprechend für den Gesamtbetriebsrat gelten, soweit dieses Gesetz keine besonderen Vorschriften enthält.

Nachdem die Novelle vom 20.12.1988 (BGBl. I, S. 2312) noch zu Änderungen bei § 51 Abs. 1 und 2 wegen des Ausbaus des Gruppenschutzes geführt hat (vgl. 6. Aufl., § 51 Rn. 1), hat die **Aufgabe des Gruppenprinzips** durch das BetrVerf-Reformgesetz im Jahr 2001 dazu geführt, dass der bisherige Abs. 2 aufgehoben und dementsprechend die bisherigen Abs. 3 bis 6 zu Abs. 2 bis 5 geworden sind. Abs. 1 Satz 1 ist durch das BetrVerf-Reformgesetz neu gefaßt worden, um die Verweisungen den geänderten und wegen der Aufgabe des Gruppenprinzips erheblich vereinfachten Vorschriften zur Wahl des Vorsitzenden und der Ausschussmitglieder anzupassen. 2

Die Vorschrift ist **zwingend** und kann weder durch Tarifvertrag noch durch Betriebsvereinbarung abgeändert werden (unstr.). Daraus folgt auch, dass die Regelung der Geschäftsführung in einer Geschäftsordnung, die sich der Gesamtbetriebsrat gemäß § 51 Abs. 1 Satz 1, § 36 geben kann, weder von § 51 noch von den in Bezug genommenen Vorschriften abweichen darf. 3

Auf die **Gesamt-Jugend- und Auszubildendenvertretung** findet § 51 Abs. 2 bis 5 entsprechende Anwendung (vgl. § 73 Abs. 2). Für den **Konzernbetriebsrat** gilt § 51 Abs. 1 Satz 2 und Abs. 3 bis 5 entsprechend (vgl. § 59 Abs. 1). § 51 Abs. 3 bis 5 gilt auch für die **Konzern-Jugend- und Auszubildendenvertretung** entsprechend (§ 73b Abs. 2). 4

Zum **Personalvertretungsrecht** vgl. §§ 54, 56 BPersVG, für **Sprecherausschüsse** vgl. § 19 SprAuG. 5

II. Konstituierung des Gesamtbetriebsrats

Den Durchführungsvorschriften über die Errichtung des Gesamtbetriebsrats liegt die Konzeption zugrunde, dass die Errichtung mit der Konstituierung des Gesamtbetriebsrats zusammenfällt, durch die dieser handlungsfähig wird (vgl. § 47 Rdn. 46 f.). Die **Konstituierung** des Gesamtbetriebsrats richtet sich **nach § 51 Abs. 2**. Diese Vorschrift geht davon aus, dass ein Gesamtbetriebsrat zu errichten ist (§ 47 Abs. 1), setzt aber nicht zwingend voraus, dass die im Unternehmen bestehenden Betriebsräte ihre Mitglieder für den Gesamtbetriebsrat schon bestimmt haben, wenn die Einladung zur Wahl des Vorsitzenden des Gesamtbetriebsrats und seines Stellvertreters erfolgt. 6

1. Zuständigkeit für die Einberufung zur konstituierenden Sitzung

Zuständig für die Einberufung der konstituierenden Sitzung und damit zur Wahrnehmung derjenigen Funktion, die beim Einzelbetriebsrat dem Wahlvorstand gemäß § 29 Abs. 1 obliegt, ist der **Betriebsrat der Hauptverwaltung** des Unternehmens. Hauptverwaltung ist diejenige organisatorische Einheit, über die der Unternehmer seine Planungen und Entscheidungen über die verfolgten wirtschaftlichen (sozialen oder kulturellen) Zwecke des Unternehmens unmittelbar technisch vollzieht. 7

Das Gesetz geht bei der Bestimmung des für die Einladung zuständigen Betriebsrats zunächst davon aus, dass die Hauptverwaltung des Unternehmens betriebsratsfähig (§§ 1, 4) ist und auch einen Betriebsrat tatsächlich gewählt hat. Ist das nicht der Fall, dann hat nach Abs. 2 Satz 1 Halbs. 2 **der Betriebsrat** des nach der Zahl der wahlberechtigten Arbeitnehmer **größten Betriebes** die Initiative zu ergreifen. Bei der Ermittlung der Zahl ist wie bei der Stimmgewichtung in § 47 Abs. 7 und 8 auf die in die Wählerliste bei der letzten Betriebsratswahl eingetragenen wahlberechtigten Arbeitnehmer abzustellen (ebenso *Fitting* § 51 Rn. 9; *Koch*/ErfK § 51 BetrVG Rn. 1; *Richardi*/*Annuß* § 51 Rn. 24; *Trittin*/DKKW § 51 Rn. 7), um bei personell stark fluktuierenden Betrieben eine sichere Berechnungsgrundlage zu haben. Dabei zählen auch die eingetragenen wahlberechtigten Leiharbeitnehmer mit (§ 7 Satz 2). 8

Die Initiative gemäß § 51 Abs. 2 steht auch dem Betriebsrat zu, dessen organisatorischer Betriebseinheit die **Hauptverwaltung als unselbstständiger Betriebsteil** ein- oder angegliedert ist (vgl. § 4 Abs. 1 Satz 1). Den Betriebsrat des aus Hauptverwaltung und Produktionsbetrieb zusammengesetzten einheitlichen Betriebes stellt die h. M. (*Fitting* § 51 Rn. 8; *Glock*/HWGNRH § 51 Rn. 16; 9

Löwisch/LK § 51 Rn. 1; *Richardi/Annuß* § 51 Rn. 25; *Trittin/DKKW* § 51 Rn. 6; *Weiss/Weyand* § 51 Rn. 5) richtigerweise dem Betriebsrat der Hauptverwaltung i. S. d. § 51 Abs. 2 gleich. Sinn und Zweck der Zuständigkeitspriorität des Betriebsrats der Unternehmenshauptverwaltung kann nur sein, die Sitzungen von Anfang an am Sitz der Hauptverwaltung durchzuführen, weil Gesprächspartner des Gesamtbetriebsrats in den Fällen seiner originären Zuständigkeit nach § 50 Abs. 1 die Unternehmensleitung ist. Dann aber ist es unerheblich, ob die Hauptverwaltung allein einen selbstständigen betriebsratsfähigen Betrieb bildet. Zudem ist § 51 Abs. 2 Satz 1 Var. 2 auf andere Sachverhalte zugeschnitten, nämlich darauf, dass für die Hauptverwaltung kein Betriebsrat besteht. Hier greift das Gesetz auf den Betrieb mit der größten Anzahl wahlberechtigter Arbeitnehmer zurück, weil eine gewisse Vermutung dafür spricht, dass diesem Betrieb nicht nur betriebsverfassungsrechtlich in sozialer und personeller, sondern auch in wirtschaftlicher Hinsicht eine besondere Rolle zukommt und dieser auch der Unternehmensleitung besonders nahesteht. Dass nicht der Verwaltungsschwerpunkt, sondern die Anzahl der Arbeitnehmer entscheidend sein soll, wenn die Hauptverwaltung ein unselbstständiger Betriebsteil eines Produktionsbetriebes ist, leuchtet zudem deshalb nicht ein, weil ein Betriebsrat der Hauptverwaltung mit einem ganz geringen Personalbestand auch zuständig wäre.

10 Ebenso ist, unabhängig von der Zahl der wahlberechtigten Arbeitnehmer, die Zuständigkeit des Betriebsrats des **Hauptbetriebes** zu bejahen, an dessen Wahl die Arbeitnehmer der Hauptverwaltung gemäß § 4 Abs. 1 Satz 2 teilgenommen haben, obwohl die Hauptverwaltung als dessen Betriebsteil als selbstständiger Betrieb gilt. Schließlich kann auch nichts anderes gelten, wenn die Hauptverwaltung dem Hauptbetrieb nach § 4 Abs. 2 zuzuordnen ist, weil sie als selbstständiger Betrieb die Voraussetzungen des § 1 Abs. 1 Satz 1 nicht erfüllt.

2. Einberufung und Durchführung der konstituierenden Sitzung

11 Einziger Zweck der Einberufung des Gesamtbetriebsrats zu seiner konstituierenden Sitzung durch den zuständigen Betriebsrat ist die **Wahl des Vorsitzenden** und des **stellvertretenden Vorsitzenden** des Gesamtbetriebsrats. Der zuständige Betriebsrat tritt dabei an die Stelle des Wahlvorstands gemäß § 29 Abs. 1, da mangels Wahl der Gesamtbetriebsratsmitglieder durch die Belegschaft kein Wahlvorstand besteht.

12 Die Einladung zur konstituierenden Sitzung ergeht an die bereits **bestimmten Mitglieder** des Gesamtbetriebsrats, soweit dem Vorsitzenden des einladenden Betriebsrats diese Mitglieder bereits bekannt sind (vgl. § 47 Rdn. 43). Es genügt im Übrigen aber auch, wenn die Einladung an **alle Betriebsräte** des Unternehmens ergeht; sie enthält dann zugleich die Aufforderung zur Bestimmung der Mitglieder des Gesamtbetriebsrats, soweit das noch nicht geschehen ist (ebenso *Fitting* § 51 Rn. 10; *Glock/HWGNRH* § 50 Rn. 20; *Trittin/DKKW* § 51 Rn. 8). Nicht zu laden sind der Arbeitgeber, die Gewerkschaften, die Gesamt-Jugend- und Auszubildendenvertretung und die Gesamtschwerbehindertenvertretung; deren Teilnahme kommt erst bei den weiteren Sitzungen des Gesamtbetriebsrats in Betracht (Abs. 2 Satz 3).

13 Eine **Einladungsfrist** und eine **Form** der Einladung sind im Gesetz nicht vorgesehen. Es ist eine angemessene Ladungsfrist einzuhalten. Der Mindestinhalt der Einladung ist zwingend geregelt. Sie hat die Wahl des Vorsitzenden des Gesamtbetriebsrats und seines Stellvertreters als Tagesordnungspunkt auszuweisen und im Übrigen Ort und Zeit der Sitzung genau anzugeben. Möglich ist, auch die Wahl der Mitglieder des Gesamtbetriebsausschusses bereits auf die Tagesordnung zu setzen (vgl. Sachverhalt von *BAG* 21.07.2004 EzA § 51 BetrVG 2001 Nr. 1); ggf. auch die Beschlussfassung über die notwendige Betriebsvereinbarung zur Verkleinerung des Gesamtbetriebsrats nach § 47 Abs. 5 (ebenso *Richardi/Annuß* § 51 Rn. 26; zust. *Glock/HWGNRH* § 51 Rn. 26). In diesen Fällen sind zu diesem Teil der Sitzung aber auch die teilnahmeberechtigten Gesamtschwerbehindertenvertretung (§ 52) und Gesamt-Jugend- und Auszubildendenvertretung (vgl. Rdn. 76) bereits einzuladen.

14 Die **Sitzungsleitung** liegt zunächst so lange in der Hand des Vorsitzenden des einladenden Betriebsrats, bis der Gesamtbetriebsrat aus seiner Mitte einen **Wahlleiter** bestellt hat (Abs. 2 Satz 2). Der Vorsitzende des einladenden Betriebsrats kann selbst zum Wahlleiter bestimmt werden, wenn er Mitglied des Gesamtbetriebsrats ist; dies gilt auch dann, wenn er selbst für das Amt des Vorsitzenden oder seines Stellvertreters kandidieren will. Andernfalls endet seine Teilnahme an der Sitzung mangels weiterer

Geschäftsführung § 51

Funktionen mit der Bestellung des Wahlleiters (ebenso *Fitting* § 51 Rn. 12; *Richardi/Annuß* § 51 Rn. 26; *Trittin/DKKW* § 51 Rn. 10), weil die Sitzungen des Gesamtbetriebsrats nicht öffentlich sind (§ 51 Abs. 1 Satz 1 i. V. m. § 30 Satz 4). Der einladende Betriebsratsvorsitzende hat vor der Bestellung des Wahlleiters die **Beschlussfähigkeit** des Gesamtbetriebsrats nach § 51 Abs. 3 Satz 3 zu prüfen. Ist wegen des Ausbleibens entsandter Mitglieder der Gesamtbetriebsrat nicht beschlussfähig, dann hat der Vorsitzende des einladenden Betriebsrats zu einer weiteren konstituierenden Sitzung einzuladen. Wird ein Wahlleiter bestellt, so obliegt diesem die Leitung der weiteren Sitzung; er hat die Wahl des Vorsitzenden des Gesamtbetriebsrats und seines Stellvertreters durchzuführen. Sind danach weitere Tagesordnungspunkte (vgl. dazu Rdn. 13) zu behandeln, so leitet der neu gewählte Vorsitzende die Sitzung.

3. Untätigkeit des zur Einladung verpflichteten Betriebsrats

Wird der zur Einladung verpflichtete Betriebsrat **nicht tätig**, so können alle Betroffenen (Einzelbetriebsräte, bereits bestimmte Gesamtbetriebsratsmitglieder, der Arbeitgeber) diesen **auffordern**, seiner gesetzlichen Verpflichtung nach Abs. 2 Satz 1 nachzukommen. Insoweit findet § 29 Abs. 3 i. V. m. § 51 Abs. 2 Satz 3 (noch) keine Anwendung (a. M. *Fabricius* Erstbearbeitung, § 51 Rn. 17). Nach Maßgabe des § 29 Abs. 3 kann aber eine Sitzung des zur Einladung verpflichteten Betriebsrats verlangt werden mit dem Tagesordnungspunkt »Einladung zur konstituierenden Sitzung des Gesamtbetriebsrats«. Die Unterlassung der Einladung stellt in der Regel eine **grobe Pflichtverletzung** i. S. d. § 23 Abs. 1 dar (ebenso *Fitting* § 51 Rn. 10; *Glock/HWGNRH* § 51 Rn. 21; *Richardi/Annuß* § 51 Rn. 28; *Trittin/DKKW* § 51 Rn. 9). Unterbleibt die Einladung zur konstituierenden Sitzung pflichtwidrig, so können die bereits bestimmten Gesamtbetriebsratsmitglieder oder einige von ihnen **selbst die Initiative ergreifen** und zur konstituierenden Sitzung des Gesamtbetriebsrats einladen (ebenso *Fitting* § 51 Rn. 11; *Galperin/Löwisch* § 51 Rn. 6; *Richardi/Annuß* § 51 Rn. 28; *Trittin/DKKW* § 51 Rn. 9; **a. M.** *Glock/HWGNRH* § 51 Rn. 21; *Hess/Schlochauer/Glaubitz* § 51 Rn. 17, die entsprechend § 18 Abs. 1 Satz 2 nur die gerichtliche Ersetzung des gesetzlich verpflichteten Betriebsrats durch einen anderen Betriebsrat des Unternehmens zulassen wollen). Dabei kommt die Wahl des Vorsitzenden und seines Stellvertreters jedoch nur dann wirksam zustande, wenn die Einladung zur konstituierenden Sitzung an sämtliche Betriebsräte im Unternehmen ergeht (vgl. Rdn. 12); es genügt nicht, nur die bereits bestimmten Gesamtbetriebsratsmitglieder einzuladen.

4. Wiederholte Konstituierung

Nach der Konzeption des Gesetzes ist der Gesamtbetriebsrat eine Dauereinrichtung mit wechselndem Mitgliederbestand (vgl. § 47 Rdn. 49). Daraus wird jedoch weithin zu Unrecht abgeleitet, dass die Konstituierung des Gesamtbetriebsrats im Unternehmen »streng genommen« nur einmal in Betracht komme (so *Fitting* § 51 Rn. 7; *Löwisch/LK* § 51 Rn. 3; *Richardi/Annuß* § 51 Rn. 27; *Trittin/DKKW* § 51 Rn. 3). Demgegenüber ist festzuhalten, dass eine Neu-Konstituierung immer dann erforderlich ist, wenn der Gesamtbetriebsrat handlungsunfähig geworden ist (vgl. § 47 Rdn. 50). Allerdings bedarf es einer Einladung zur konstituierenden Sitzung des Gesamtbetriebsrats nach Abs. 2 Satz 1 nur in den Fällen, in denen der Gesamtbetriebsrat (vorübergehend) **kein** Mitglied mehr hat, insbesondere dann, wenn die Mitgliedschaft sämtlicher Gesamtbetriebsratsmitglieder mit dem Erlöschen ihrer Mitgliedschaft im entsendenden Betriebsrat (vgl. § 49) im regelmäßigen Wahlzeitraum (§ 13 Abs. 1) endet. Richtigerweise findet in diesen Fällen § 51 Abs. 2 unmittelbar und nicht nur analog Anwendung (so aber *ArbG Stuttgart* DB 1976, 1160; *Richardi/Annuß* § 51 Rn. 27, *Fitting* § 51 Rn. 7, *Galperin/Löwisch* § 51 Rn. 5; *Maschmann/DFL* § 51 BetrVG Rn. 2; *Trittin/DKKW* § 51 Rn. 5; wie hier *Glock/HWGNRH* § 51 Rn. 17; wohl auch *Koch/ErfK* § 51 BetrVG Rn. 1). In anderen Fällen, z. B. wenn der Vorsitzende des Gesamtbetriebsrats und sein Stellvertreter ihre Ämter niederlegen oder nur diese aus dem Gesamtbetriebsrat ausscheiden, genügt es, wenn für deren Neuwahl ein Wahlleiter aus der Mitte des Gesamtbetriebsrats bestellt wird.

III. Wahl und Rechtsstellung des Vorsitzenden und des stellvertretenden Vorsitzenden

1. Wahl

17 Die in der konstituierenden Sitzung des Gesamtbetriebsrats (§ 51 Abs. 2) vorzunehmende Wahl des Vorsitzenden des Gesamtbetriebsrats und seines Stellvertreters erfolgt aufgrund der Verweisung in § 51 Abs. 1 Satz 1 gemäß § 26 Abs. 1. Es gelten **keine besonderen Wahlvorschriften**.

18 Die Wahl kann **geheim oder offen**, durch **mündliche oder schriftliche Stimmabgabe** stattfinden. Der Wahlleiter muss jedoch die Beschlussfähigkeit nach Abs. 3 Satz 3 feststellen, d. h. mindestens die Hälfte der Gesamtbetriebsratsmitglieder muss an der Beschlussfassung teilnehmen und mindestens die Hälfte aller nach § 47 Abs. 7 und 8 errechneten Stimmen vertreten.

19 **Wahlberechtigt** ist jedes Mitglied des Gesamtbetriebsrats, auch wenn es selbst kandidiert. Gem. § 51 Abs. 1 Satz 1 i. V. m. § 25 Abs. 1 Satz 2 für Gesamtbetriebsratsmitglieder nachgerückte Ersatzmitglieder (§ 47 Abs. 3) sind für die Dauer der Verhinderung des ordentlichen Mitglieds vollwertige Stimmträger im Gesamtbetriebsrat (vgl. Abs. 3 Satz 3 Halbs. 2).

20 **Wählbar** sind nur Mitglieder des Gesamtbetriebsrats; denn dieser hat gemäß § 26 Abs. 1 den Vorsitzenden und dessen Stellvertreter aus seiner Mitte zu wählen. Ersatzmitglieder sind nur wählbar, wenn sie endgültig nachgerückt sind (ebenso *Richardi/Annuß* § 51 Rn. 5).

21 Für die Wahl des Vorsitzenden und seines Stellvertreters sind **getrennte Beschlussfassungen** notwendig (vgl. *Raab* § 26 Rn. 11). Nicht zulässig ist es, in einer Beschlussfassung den Vorsitzenden zu bestimmen und den Kandidaten mit der nächstgrößten Stimmenzahl zum Stellvertreter zu ernennen.

22 Die **Wahl** erfolgt **durch den Gesamtbetriebsrat**, ohne dass es der Aufstellung mehrerer Kandidaten oder einer besonderen Beschlussfassung über diese bedarf. Stimmberechtigt sind auch die vorgeschlagenen Kandidaten. Gewählt ist, wer jeweils die meisten Stimmen erhält (relative Mehrheit), wobei sich das Stimmgewicht nach § 47 Abs. 7 und 8 bestimmt. Abs. 3 Satz 1, der einen einfachen Mehrheitsbeschluss fordert, ist nicht anwendbar, da § 26 Abs. 1 ausdrücklich von einer Wahl spricht (vgl. dazu näher *Raab* § 26 Rn. 9 ff.).

23 Eine **Pflicht zur Annahme** des Amtes besteht **nicht**. Die Annahme selbst erfolgt formlos. Der Vorsitzende und sein Stellvertreter können ihr Amt jederzeit niederlegen. Sie können von dem Gesamtbetriebsrat durch Mehrheitsbeschluss (§ 51 Abs. 3) abberufen werden.

24 Im Übrigen **verlieren** der Vorsitzende und sein Stellvertreter ihr Amt nur durch das **Erlöschen ihrer Mitgliedschaft im Gesamtbetriebsrat** (vgl. § 49), namentlich durch Erlöschen ihrer Mitgliedschaft im entsendenden Betriebsrat mit Ablauf von dessen Amtszeit. Erfolgt eine Neuwahl in den Betriebsrat und eine Wiederentsendung in den Gesamtbetriebsrat, so sind der Vorsitzende und sein Stellvertreter **neu** zu wählen; die früheren Ämter leben nicht wieder auf (vgl. ArbG Stuttgart DB 1976, 1160; *Fitting* § 51 Rn. 17; *Glock/HWGNRH* § 51 Rn. 38; *Richardi/Annuß* § 51 Rn. 8; *Trittin/DKKW* § 51 Rn. 4).

25 Über die Wahl ist gemäß § 51 Abs. 1 i. V. m. § 34 eine **Sitzungsniederschrift** aufzunehmen. Vgl. im Übrigen zu weiteren Einzelheiten der Wahl des Vorsitzenden und seines Stellvertreters, insbesondere auch zur Frage von **Wahlverstößen**, *Raab* § 26 Rdn. 5 ff., 15 ff.

2. Rechtsstellung

26 Gem. § 51 Abs. 1 Satz 1, § 26 Abs. 2 **vertritt der Vorsitzende** oder im Falle seiner Verhinderung sein Stellvertreter den Gesamtbetriebsrat im Rahmen der von diesem gefassten Beschlüsse (Vertretung in der Erklärung, nicht im Willen; vgl. auch BAG 17.02.1981 AP Nr. 11 zu § 112 BetrVG 1972 *[Kraft]*) und nimmt gemäß § 26 Abs. 2 Satz 2 auch die gegenüber dem Gesamtbetriebsrat abzugebenden Erklärungen entgegen (so ist der Vorsitzende analog § 170 Abs. 2 ZPO auch berechtigt, Zustellungen an den Gesamtbetriebsrat entgegenzunehmen; vgl. BAG 20.01.1976 AP Nr. 2 zu § 47 BetrVG 1972, zu § 171 Abs. 2 ZPO a. F.). Vgl. zu Einzelheiten ausführlich *Raab* § 26 Rdn. 29 ff. Hat der Gesamtbetriebsrat weniger als neun Mitglieder und kann deshalb ein Gesamtbetriebsausschuss nicht gebildet

werden, so können die **laufenden Geschäfte** auf den Vorsitzenden oder auf andere Gesamtbetriebsratsmitglieder übertragen werden (§§ 51 Abs. 1 Satz 1, § 27 Abs. 3).

IV. Gesamtbetriebsausschuss

1. Zusammensetzung

Gemäß § 51 Abs. 1 Satz 2 i. V. m. § 27 Abs. 1 Satz 1 hat der Gesamtbetriebsrat, wenn er aus **neun oder mehr** Mitgliedern besteht, einen **Gesamtbetriebsausschuss zu bilden**, der die laufenden Geschäfte zu führen hat (§§ 51 Abs. 1 Satz 1, § 27 Abs. 2 Satz 1) und dem nach § 51 Abs. 1 Satz 1, § 27 Abs. 2 Satz 2 und 3 Aufgaben zur selbständigen Erledigung übertragen werden können (vgl. dazu Rdn. 45). Die Bildung des Gesamtbetriebsausschusses ist zwingende **gesetzliche Pflicht** des Gesamtbetriebsrats. Vgl. zur Bildung **sonstiger Ausschüsse** des Gesamtbetriebsrats Rdn. 46 f. 27

Kraft Gesetzes gehören dem Gesamtbetriebsausschuss der **Vorsitzende** des Gesamtbetriebsrats und dessen **Stellvertreter** an. »Weitere« Ausschussmitglieder sind hinzu zu wählen; deren Zahl ergibt sich aus der Staffelung des Abs. 1 Satz 2 und richtet sich nach der (Mitglieder-)Größe des Gesamtbetriebsrats. Eine spätere Veränderung der Mitgliederzahl des Gesamtbetriebsrats als Bestimmungsgröße kann die Pflicht dieses Gesamtbetriebsrats zur Folge haben, sämtliche weiteren Ausschussmitglieder neu zu wählen (*BAG* 16.03.2005 EzA § 51 BetrVG 2001 Nr. 2 = AP Nr. 5 zu § 51 BetrVG 1972; näher dazu Rdn. 38). Die gesetzliche Staffelung ist eigens für den Gesamtbetriebsrat entwickelt worden und weicht im Anknüpfungspunkt, nicht in der Anzahl der Ausschussmitglieder, von § 27 Abs. 1 Satz 2 ab (vgl. zur Begründung zu BT-Drucks. VI/2729, S. 26). Sie berücksichtigt, dass die Zahl der Mitglieder des Gesamtbetriebsrats von der Zahl der Betriebe im Unternehmen abhängt, in denen Betriebsräte bestehen, und dass wegen der Entsendung von einem oder zwei Vertretern nach § 47 Abs. 2 Satz 1 vielfach eine **gerade** Mitgliederzahl zu erwarten ist. 28

2. Wahl der weiteren Ausschussmitglieder

Für die Wahl der weiteren Ausschussmitglieder gelten die **Verfahrensregelungen nach § 27 Abs. 1 Satz 3 und 4** wie beim Betriebsausschuss. Das wird durch die uneingeschränkte Verweisung in § 51 Abs. 1 Satz 2 auf »§ 27 Abs. 1« klargestellt; insoweit hat das BetrVerf-Reformgesetz die nur eingeschränkte Verweisung auf »§ 27 Abs. 1 Satz 1 und 2« aufgegeben, die sich daraus ergeben hatte, dass der Gesetzgeber der Novelle 1988 die in § 27 Abs. 1 Satz 3 bis 5 neu eingefügten Regelungen nicht auf die Ermittlung der Mitglieder des Gesamtbetriebsausschusses übertragen wollte (vgl. *Kreutz* 6. Aufl., § 51 Rn. 29). Dabei handelt es sich nicht um ein Redaktionsversehen des Gesetzgebers (vgl. ausführlich *BAG* 21.07.2004 EzA § 51 BetrVG 2001 Nr. 1 = AP Nr. 4 zu § 51 BetrVG 1972; jetzt auch *Trittin/DKKW* § 51 Rn. 26). 29

Die weiteren Ausschussmitglieder werden vom Gesamtbetriebsrat aus seiner Mitte gewählt (§ 51 Abs. 1 Satz 2, § 27 Abs. 1 Satz 3); **wählbar** sind deshalb nur Gesamtbetriebsratsmitglieder. Die Wahl erfolgt stets in einer Sitzung des Gesamtbetriebsrats, bei entsprechender Einladung (vgl. Rdn. 13) im Anschluss an die Wahl des Vorsitzenden des Gesamtbetriebsrats und seines Stellvertreters in der konstituierenden Sitzung; Beschlussfähigkeit nach § 51 Abs. 3 Satz 3 muss gegeben sein. 30

Das Gesetz (§ 51 Abs. 1 Satz 2, § 27 Abs. 1 Satz 3) geht eindeutig davon aus, dass die weiteren Ausschussmitglieder im Regelfall nach den **Grundsätzen der Verhältniswahl** zu wählen sind (so auch *BAG* 21.07.2004 EzA § 51 BetrVG 2001 Nr. 1; 16.03.2005 EzA § 51 BetrVG 2001 Nr. 2 S. 9; *Fitting* § 51 Rn. 20; *Richardi/Annuß* § 51 Rn. 13; *Tautphäus/HaKo* § 51 Rn. 10; *Trittin/DKKW* § 51 Rn. 25). Verhältniswahl ist (Minderheiten schützende) Listenwahl (vgl. näher zu deren Durchführung *Raab* § 27 Rdn. 21); sie hat aber nur stattzufinden, wenn von (einzelnen oder gemeinsam von mehreren) Gesamtbetriebsratsmitgliedern **zwei oder mehr Wahlvorschläge** (Vorschlagslisten) gemacht werden; dabei kann sich ein Mitglied auch selbst vorschlagen. Wird nur **ein** Wahlvorschlag gemacht, so erfolgt die Wahl nach den **Grundsätzen der Mehrheitswahl** (§ 51 Abs. 1 Satz 2, § 27 Abs. 1 Satz 4); anders als bei Verhältniswahl, bei der aus Gründen des Minderheitenschutzes nur ein Wahlgang durchzuführen ist, bleibt es bei Mehrheitswahl dem Gesamtbetriebsrat überlassen, zu entscheiden, ob 31 die weiteren Ausschussmitglieder in jeweils getrennten Wahlgängen oder in einem einzigen Wahlgang gewählt werden (vgl. näher zur Durchführung der Mehrheitswahl *Raab* § 27 Rdn. 20).

32 Nach § 51 Abs. 1 Satz 2 gilt § 27 Abs. 1 Satz 3 auch insoweit entsprechend, als dort zwingend die **geheime Wahl** der weiteren Ausschussmitglieder vorgeschrieben ist, und zwar gleichermaßen für die Verhältniswahl und Mehrheitswahl. Der Grundsatz geheimer Wahl würde eine Gestaltung der Stimmabgabe erfordern, bei der für andere Personen (insbesondere die anderen Gesamtbetriebsratsmitglieder) nicht erkennbar ist, welche Wahlentscheidung das jeweilige Gesamtbetriebsratsmitglied getroffen hat (vgl. *Jacobs* § 14 Rdn. 12). Dies ist jedoch bei der Wahl der weiteren Mitglieder des Gesamtbetriebsausschusses wegen der Differenzierung des Stimmgewichts der Mitglieder des Gesamtbetriebsrats nach § 47 Abs. 7 und 8 **nicht zu gewährleisten**. Wegen ihres unterschiedlichen Stimmgewichts lässt sich nicht vermeiden, dass die Stimmabgabe individuellen Personen zugeordnet werden kann, die als Träger ihrer Stimmgewichte bekannt sind; das hat der Gesetzgeber offenbar nicht bedacht. Eine Verfremdung der Stimmabgabe etwa in der Art, dass für jede Stimme ein oder für eine Mehrzahl von Stimmen unterschiedliche Stimmzettel ausgegeben werden, lässt sich nicht realisieren, weil dann der Grundsatz nicht gewahrt werden könnte, dass jedes Mitglied des Gesamtbetriebsrats seine Stimmen nur einheitlich abgeben kann (vgl. § 47 Rdn. 65); sie wäre wohl auch nicht allseits praktikabel durchführbar. Da die Stimmgewichtung als tragendes Prinzip im Gesamtbetriebsrat unangetastet bleiben muss, müssen Abstriche am Grundsatz geheimer Wahl hingenommen werden (zust. *Fitting* § 51 Rn. 20; *Trittin/DKKW* § 51 Rn. 27); das ist sachlich deshalb nicht schwerwiegend, weil auch der Vorsitzende des Gesamtbetriebsrats und sein Stellvertreter nicht geheim zu wählen sind (vgl. Rdn. 18). Methodisch lässt sich die Einschränkung darauf stützen, dass § 27 Abs. 1 Satz 3 nur »entsprechend« gilt. Zur Wahrung des Grundsatzes geheimer Wahl genügt es danach, dass im Gesamtbetriebsrat nicht offen abgestimmt wird; erforderlich, aber auch genügend, ist eine schriftliche Stimmabgabe unter Verwendung von Stimmzetteln; auf dem Stimmzettel muss das Gesamtbetriebsratsmitglied seine Wahlentscheidung nicht neutral, sondern unter Angabe seines Stimmgewichts kenntlich machen, z. B. indem er den Namen des zu Wählenden ankreuzt und die Zahl seiner Stimmen anfügt (zust. *Fitting* § 51 Rn. 20). Die Wahl kann insoweit nicht wegen Verstoßes gegen die Grundsätze geheimer Wahl angefochten werden.

33 Die Wahl von **Ersatzmitgliedern** im Gesamtbetriebsausschuss ist nicht vorgesehen, aber zulässig (ebenso *Richardi/Annuß* § 51 Rn. 15; *Trittin/DKKW* § 51 Rn. 23; ganz selbstverständlich BAG 21.07.2004 EzA § 51 BetrVG 2001 Nr. 1 unter B III; **a. M.** *Glock/HWGNRH* § 51 Rn. 43). Sind bei einer Verhältniswahl nach Listen keine Ersatzmitglieder gewählt, rückt bei Ausscheiden eines weiteren Mitglieds in **analoger Anwendung des § 25 Abs. 2 Satz 1** das erste bislang nicht berücksichtigte Mitglied derselben Liste nach (ausführlich LAG Düsseldorf 08.05.2012 – 16 TaBV 96/11 – juris, Rn. 59 ff.; *Fitting* § 51 Rn. 21). Systematische Bedenken gegen die analoge Anwendung angesichts der Enumeration in § 51 Abs. 1 greifen letztlich nicht durch, weil auch für den Betriebsausschuss insoweit eine Regelungslücke besteht (vgl. § 27), somit nur konsequent auch die Verweisung für den Gesamtbetriebsausschuss fehlt. Die analoge Anwendung ist zum Minderheitenschutz bei Vermeidung einer Neuwahl aller Ausschussmitglieder geboten und gerechtfertigt. Vgl. zur vorsorglichen Wahl von Ersatzmitgliedern bei Mehrheits- und Verhältniswahl im Übrigen *Raab* § 27 Rdn. 42 ff.

34 Es besteht **keine Pflicht** gewählter Mitglieder **zur Annahme** der Mitgliedschaft im Gesamtbetriebsausschuss. Die Annahme oder Ablehnung der Wahl erfolgt formlos gegenüber dem Vorsitzenden des Gesamtbetriebsrats. Die Wahl und ihr Ergebnis (einschließlich der Stimmenmehrheiten) sind in eine Sitzungsniederschrift aufzunehmen (§ 51 Abs. 1 Satz 1, § 34).

35 Wegen **Mängeln der Wahl** und ihrer gerichtlichen Geltendmachung vgl. *Raab* § 27 Rdn. 24 ff.; BAG 21.07.2004 EzA § 51 BetrVG 2001 Nr. 1: Nichtigkeit nur bei schwerwiegenden offensichtlichen Gesetzesverstößen, ansonsten Wahlanfechtung analog § 19 innerhalb der Zwei-Wochen-Frist des § 19 Abs. 2 Satz 2, wobei auch ein einzelnes Gesamtbetriebsratsmitglied anfechtungsbefugt ist.

3. Ausscheiden von Ausschussmitgliedern

36 Der **Vorsitzende** des Gesamtbetriebsrats und sein **Stellvertreter** können ihr Amt im Gesamtbetriebsausschuss nicht isoliert niederlegen, weil sie diesem kraft Amtes angehören (vgl. Rdn. 28). Sie können ihr Amt als Gesamtbetriebsratsvorsitzender und Stellvertreter aber jederzeit niederlegen (vgl.

Rdn. 23); dann erlischt zugleich auch ihre Mitgliedschaft im Gesamtbetriebsausschuss (nicht jedoch ihre Mitgliedschaft im Gesamtbetriebsrat). Gleiches gilt bei Abberufung des Vorsitzenden oder seines Vertreters durch Mehrheitsbeschluss des Gesamtbetriebsrats (vgl. Rdn. 23). Dann rücken der (zu wählende) neue Vorsitzende bzw. der neue Stellvertreter kraft Gesetzes in den Gesamtbetriebsausschuss ein. Zugleich erlischt ggf. deren Mitgliedschaft als gewählte Ausschussmitglieder; dann rücken ggf. vorsorglich gewählte Ersatzmitglieder oder Listenanwärter nach (vgl. Rdn. 33), oder es muss eine Nachwahl erfolgen (vgl. dazu *Raab* § 27 Rdn. 47 ff.).

Jedes gewählte Mitglied kann sein Amt im Gesamtbetriebsausschuss jederzeit **niederlegen**, weil keine Verpflichtung zu seiner Übernahme besteht (ebenso *Richardi/Annuß* § 51 Rn. 17). Eine **Abberufung** der gewählten Mitglieder durch den Gesamtbetriebsrat ist **jederzeit möglich**. Sie kann ein einzelnes, mehrere, aber auch alle gewählten Mitglieder betreffen. Stets muss sie in einer Sitzung des Gesamtbetriebsrats erfolgen; stimmberechtigt sind auch die betroffenen Mitglieder. Nach § 51 Abs. 1 Satz 2 gilt für den Abberufungsbeschluss § 27 Abs. 1 Satz 5 entsprechend. Danach ist zu unterscheiden, ob das abzuberufende Mitglied nach den Grundsätzen der Verhältniswahl oder der Mehrheitswahl gewählt worden ist. Bei **Verhältniswahl** (§ 51 Abs. 1 Satz 2, § 27 Abs. 1 Satz 3) bedarf der Beschluss einer Mehrheit von **drei Vierteln** der Stimmen der Mitglieder des Gesamtbetriebsrats, wobei sich das Stimmgewicht nach § 47 Abs. 7 und 8 bestimmt; § 51 Abs. 3 Satz 1 ist nicht anwendbar. Für diese qualifizierte Mehrheit, die den Minderheitenschutz bei Verhältniswahl absichert, sind die **Stimmen aller Mitglieder** des Gesamtbetriebsrats maßgebend, nicht lediglich die Stimmen der anwesenden oder an der Beschlussfassung teilnehmenden Mitglieder. Entsprechend § 27 Abs. 1 Satz 5 ist der Beschluss in **geheimer** Abstimmung zu fassen; wie bei geheimer Wahl sind insoweit jedoch Abstriche am Grundsatz geheimer Abstimmung geboten (vgl. Rdn. 32). Sind dagegen die weiteren Ausschussmitglieder nach den Grundsätzen der **Mehrheitswahl** gewählt worden (§ 51 Abs. 1 Satz 2, § 27 Abs. 1 Satz 4) ist § 27 Abs. 1 Satz 5 nicht einschlägig. Insoweit genügt für die Abberufung, Beschlussfähigkeit des Gesamtbetriebsrats nach § 51 Abs. 3 Satz 2 vorausgesetzt, ein einfacher Mehrheitsbeschluss der anwesenden Gesamtbetriebsratsmitglieder nach § 51 Abs. 3 Satz 1; die Abstimmung kann offen erfolgen. Im Übrigen endet die Mitgliedschaft im Gesamtbetriebsausschuss erst mit der Beendigung der Mitgliedschaft im Gesamtbetriebsrat. Ein Ausschluss durch den Gesamtbetriebsausschuss oder durch Entscheidung des Arbeitsgerichts kommt nicht in Betracht. Wegen grober Verletzung seiner Pflichten als Gesamtbetriebsausschussmitglied kann dieses jedoch nach § 48 aus dem Gesamtbetriebsrat ausgeschlossen werden (ebenso *Richardi/Annuß* § 51 Rn. 20).

Das **Amt des Gesamtbetriebsausschusses**, und damit auch das sämtlicher Mitglieder, **endet** kraft Gesetzes, wenn die Pflicht zu seiner Bildung entfällt, weil die Zahl der Gesamtbetriebsratsmitglieder als Bestimmungsgröße für die Bildung eines Gesamtbetriebsausschusses nach Abs. 1, § 27 Abs. 1 Satz 1 (nicht nur vorübergehend) **unter neun** sinkt (*BAG* 16.03.2005 EzA § 51 BetrVG 2001 Nr. 2 S. 8 = AP Nr. 5 zu § 51 BetrVG 1972). Dann ist der kleinere Gesamtbetriebsrat nicht berechtigt, einen Gesamtbetriebsausschuss zu haben; er kann nach pflichtgemäßem Ermessen die laufenden Geschäfte seinem Vorsitzenden oder anderen Gesamtbetriebsratsmitgliedern übertragen (Abs. 1 Satz 1, § 27 Abs. 3). Das Amt des Gesamtbetriebsausschusses **endet** jedoch **nicht**, wenn sich bei Fortbestand des Gesamtbetriebsrats die Zahl seiner Mitglieder derart erhöht oder verringert, dass dies nach der Staffelung des Abs. 1 Satz 2 auch die Zahl der weiteren Ausschussmitglieder erhöht oder verringert. Das kommt insbesondere bei Unternehmensumstrukturierungen in Betracht, wenn einzelne Betriebe des Unternehmensträgers auf andere Inhaber übergehen oder neue Betriebe hinzu erworben werden und infolge dessen Mitglieder neu in den Gesamtbetriebsrat entsandt werden oder umgekehrt ihre Mitgliedschaft im Gesamtbetriebsrat verlieren (vgl. näher § 47 Rdn. 53). Dann ist es Pflicht des Gesamtbetriebsrats in seiner veränderten Zusammensetzung, **sämtliche** »weiteren« Mitglieder des Gesamtbetriebsausschusses **neu zu wählen**. Das erfordert der Minderheitenschutz, der sich daraus ergibt, dass im Regelfall alle »weiteren« Mitglieder nach den Grundsätzen der Verhältniswahl zu wählen sind (vgl. Rdn. 31). Bei dementsprechend vergrößerter Zahl »weiterer« Gesamtbetriebsausschussmitglieder ist deshalb ein Nachrücken von Ersatzmitgliedern ebenso unzulässig wie isolierte Nachwahl von Mitgliedern (so zutr. *BAG* 16.03.2005 EzA § 51 BetrVG 2001 Nr. 2 S. 8; zust. *Fitting* § 51 Rn. 19; *Trittin/DKKW* § 51 Rn. 28 ff.). Unmaßgeblich ist, ob auch die frühere Wahl als Verhältniswahl erfolgte, weil sich das Wahlprinzip immer erst nach der Zahl der Wahlvorschläge ergibt (vgl. Rdn. 31).

V. Geschäftsführung des Gesamtbetriebsrats, seines Vorsitzenden, des Gesamtbetriebsausschusses oder sonstiger Ausschüsse

39 Auf die Geschäftsführung des Gesamtbetriebsrats, seines Vorsitzenden, des Gesamtbetriebsausschusses oder sonstiger Ausschüsse finden gemäß der Inbezugnahme in § 51 Abs. 1, Abs. 2 Satz 3, Abs. 3 Satz 4, Abs. 4 die Bestimmungen über die Geschäftsführung des Betriebsrats, seines Vorsitzenden, des Betriebsausschusses und weiterer Ausschüsse entsprechende Anwendung, soweit nicht in § 51 mit Rücksicht auf die Zusammensetzung des Gesamtbetriebsrats als Versammlung der Entsandten der einzelnen Betriebsräte mit besonderem Stimmgewicht Abweichendes bestimmt ist. **Für Detailfragen zu den in § 51 in Bezug genommenen Geschäftsführungsbestimmungen wird deshalb ausdrücklich auf die einschlägige Kommentierung der betreffenden Vorschriften verwiesen.** Die Verweisungen in § 51 sind abschließend; sonst wären sie überflüssig. Eine weitere Ausdehnung der für den Betriebsrat geltenden Bestimmungen auf die Geschäftsführung des Gesamtbetriebsrats durch die Generalklausel in § 51 Abs. 5 erfolgt nicht (ebenso *Brecht* § 51 Rn. 4; *Fitting* § 51 Rn. 27; *Richardi/Annuß* § 51 Rn. 40; ebenso im Ausgangspunkt *BAG* 11.11.2009 EzA § 80 BetrVG 2001 Nr. 11 Rn. 25, das aber das Recht zur Hinzuziehung von Sachverständigen nach § 80 Abs. 3 verfehlt als spezielle Geschäftsführungsvorschrift einstuft, nicht als Recht bei der Aufgabenerfüllung, für das § 51 Abs. 5 gilt [s. Rdn. 80]; unstimmig jetzt *Trittin/DKKW* § 51 Rn. 81). **Im Einzelnen bedeuten die Verweisungen:**

40 Entsprechend anzuwenden ist die **Ergänzung** des Gesamtbetriebsrats durch Nachrücken der **Ersatzmitglieder** im Falle der Verhinderung oder des Ausscheidens eines seiner Mitglieder gemäß § 51 Abs. 1 Satz 1 i. V. m. § 25 Abs. 1 (vgl. dazu § 47 Rdn. 57 ff. und *Oetker* § 25 Rdn. 9 ff.).

41 Zur Pflicht des Gesamtbetriebsrats, einen Vorsitzenden und dessen Stellvertreter gemäß § 51 Abs. 1 Satz 1 i. V. m. § 26 Abs. 1 zu wählen, sowie zur gebotenen Bestellung weiterer Mitglieder des Gesamtbetriebsausschusses gemäß § 51 Abs. 1 Satz 2 i. V. m. § 27 Abs. 1 vgl. Rdn. 17 ff., 27 ff.

42 Die **Funktion des Gesamtbetriebsratsvorsitzenden** entspricht der des Betriebsratsvorsitzenden. Gem. § 51 Abs. 1 Satz 1 i. V. m. § 26 Abs. 2 vertritt er oder im Falle seiner Verhinderung sein Stellvertreter den Gesamtbetriebsrat im Rahmen der von ihm gefassten Beschlüsse. Er ist zur Entgegennahme von Erklärungen, die dem Gesamtbetriebsrat gegenüber abzugeben sind, berechtigt (vgl. dazu Rdn. 26 sowie ausführlich *Raab* § 26 Rdn. 29 ff., 62 ff.).

43 Besteht der Gesamtbetriebsrat aus **weniger als neun Mitgliedern**, dann können die laufenden Geschäfte (vgl. zum Begriff *Raab* § 27 Rdn. 63 ff.) auf den Vorsitzenden oder ein anderes Mitglied des Gesamtbetriebsrats übertragen werden (§ 51 Abs. 1 Satz 1 i. V. m. § 27 Abs. 3).

44 Über § 51 Abs. 2 Satz 3 gilt § 29 Abs. 2. Der **Vorsitzende** hat danach die der konstituierenden Sitzung **folgenden Sitzungen** des Gesamtbetriebsrats (vgl. auch Rdn. 13) **einzuberufen**, die **Tagesordnung** festzusetzen und die **Verhandlung zu leiten**. Nach § 51 Abs. 1 Satz 1 i. V. m. § 34 Abs. 1 ist die **Niederschrift** über die Sitzung vom Vorsitzenden und einem weiteren Gesamtbetriebsratsmitglied zu unterzeichnen.

45 Dem **Gesamtbetriebsausschuss** (vgl. Rdn. 27 ff.) ist kraft Gesetzes die Führung der laufenden Geschäfte (vgl. zum Begriff *Raab* § 27 Rdn. 63 ff.) übertragen (§ 51 Abs. 1 Satz 1 i. V. m. § 27 Abs. 2 Satz 1). Durch Mehrheitsbeschluss seiner Mitglieder (absolute Mehrheit) kann der Gesamtbetriebsrat dem Gesamtbetriebsausschuss **Aufgaben zur selbständigen Erledigung** mit Ausnahme des Abschlusses von Betriebsvereinbarungen übertragen (§ 51 Abs. 1 Satz 1 i. V. m. § 27 Abs. 2 Satz 2; vgl. dazu *Raab* § 27 Rdn. 70 ff.). Für die Übertragung ist **Schriftform** vorgeschrieben (§ 27 Abs. 2 Satz 3). Der **Widerruf** der Übertragung von Aufgaben erfolgt durch entsprechend qualifizierten schriftlichen Beschluss (§ 27 Abs. 2 Satz 4).

46 **Neben** dem Gesamtbetriebsausschuss können durch den Gesamtbetriebsrat **weitere Ausschüsse** gebildet werden, denen bestimmte Aufgaben, auch zur **selbständigen** Erledigung, übertragen werden können; dies folgt aus § 51 Abs. 1 Satz 1 i. V. m. § 28 Abs. 1 Satz 1 und 3. Da nicht auf § 28 Abs. 1 Satz 2 verwiesen wird, ergibt sich, dass für die Wahl und Abberufung der Mitglieder dieser Ausschüsse (im Gegensatz zu den weiteren Mitgliedern des Gesamtbetriebsausschusses; vgl. Rdn. 29 ff.) § 27

Abs. 1 Satz 3 bis 5 nicht entsprechend gilt. Deshalb entscheidet der Gesamtbetriebsrat über die Bildung und Zusammensetzung dieser Ausschüsse durch Mehrheitsbeschluss nach § 51 Abs. 3 (zust. *Fitting* § 51 Rn. 24; *Roloff/WPK* § 51 Rn. 21; *Trittin/DKKW* § 51 Rn. 39). Den Gesetzesmaterialien lässt sich keine Begründung für diese sachlich zweifelhafte Differenzierung entnehmen. Sie ist hinzunehmen; mangels planwidriger Regelungslücke kommt keine Analogie zu § 27 Abs. 1 Satz 3 bis 5 in Betracht (anders wohl *Löwisch* BB 2001, 1734 [1745]; *Löwisch/LK* § 51 Rn. 8).

Auch wenn kein Gesamtbetriebsausschuss besteht, weil der Gesamtbetriebsrat nicht mindestens neun Mitglieder hat (vgl. § 51 Abs. 1 Satz 2), können nunmehr nach § 51 Abs. 1 Satz 1 i. V. m. § 28 Abs. 1 Satz 1 vom Gesamtbetriebsrat **Ausschüsse** gebildet werden, denen bestimmte Aufgaben übertragen werden können (vgl. zur Entstehungsgeschichte dieser Neuregelung *Raab* § 28 Rdn. 4). Allerdings kann diese Aufgabenübertragung nicht zur selbständigen Erledigung erfolgen, weil dies entsprechend § 28 Abs. 1 Satz 3 nur zugelassen ist, wenn ein Gesamtbetriebsausschuss gebildet ist. Diesen Ausschüssen können daher nur vorbereitende Aufgaben für die Entscheidung im Plenum übertragen werden. Zudem ist diese Ausschussbildung nach § 28 Abs. 1 Satz 1 auf eine Mindestgröße des Betriebes begrenzt; eine entsprechende Anwendung auf den Gesamtbetriebsrat hätte auf ein Unternehmen mit mehr als 100 Arbeitnehmern abzustellen (so *Fitting* § 51 Rn. 22; *Trittin/DKKW* § 51 Rn. 37). Damit würde jedoch keine aussagekräftige Mindestgröße für eine sinnvolle institutionalisierbare Arbeitsteilung markiert. Deshalb ist darauf abzustellen, dass der Betriebsrat bei der aufgegriffenen Arbeitnehmerzahl mindestens sieben Mitglieder hat (vgl. § 9) und entsprechend nur ein Gesamtbetriebsrat dieser Größe Ausschüsse i. S. d. § 28 Abs. 1 Satz 1 bilden kann (ebenso i. E. *Richardi/Annuß* § 51 Rn. 22). Auch kleineren Gesamtbetriebsräten ist es jedoch nicht verwehrt, einzelnen oder mehreren Mitgliedern vorbereitende Aufgaben zu übertragen (vgl. entsprechend *Raab* § 28 Rdn. 19). **47**

Hinsichtlich der nach § 51 Abs. 1 Satz 1, § 28 Abs. 2 möglichen Übertragung von Aufgaben zur selbständigen Entscheidung auf Mitglieder des Gesamtbetriebsrats in Ausschüssen, deren Mitglieder vom Gesamtbetriebsrat und vom Arbeitgeber benannt werden (gemeinsame Ausschüsse), vgl. *Raab* § 28 Rdn. 37 ff. **48**

Für die **Einberufung der Sitzungen** des Gesamtbetriebsrats gilt § 29 Abs. 2 bis 4 entsprechend (§ 51 Abs. 2 Satz 3); zu laden sind auch die Gesamtschwerbehindertenvertretung (§ 52) und die Gesamt-Jugend- und Auszubildendenvertretung, soweit sie teilnahmeberechtigt ist (§§ 73 Abs. 2, 67; vgl. Rdn. 75 f.). Vgl. zu Einzelheiten *Raab* § 29 Rdn. 23 ff.; dazu, dass die rechtzeitige Ladung unter Mitteilung der Tagesordnungspunkte (§ 29 Abs. 2 Satz 3) auch für den Gesamtbetriebsrat nach der Rspr. des *BAG* grundsätzlich unverzichtbare Voraussetzung für die Wirksamkeit der in der Sitzung gefassten Beschlüsse ist, und zu den Anforderungen an die Heilung der fehlenden Aufnahme eines Tagesordnungspunktes in die Einladung *BAG* 04.11.2015 EzA § 29 BetrVG 2001 Nr. 5 Rn. 32. Die Mitglieder des Gesamtbetriebsrats können entsprechend § 29 Abs. 3 die Einberufung einer Sitzung **erzwingen**. Dabei ist das in § 29 Abs. 3 für den Betriebsrat statuierte Mehrheitserfordernis mit Rücksicht auf das Stimmgewicht der Gesamtbetriebsratsmitglieder gemäß § 51 Abs. 3 Satz 3 für den Gesamtbetriebsrat mit der Maßgabe anzupassen, dass der Antrag einer Unterstützung durch ein Viertel der Mitglieder des Gesamtbetriebsrats bedarf, die gleichzeitig mindestens ein Viertel des Stimmgewichts aller Gesamtbetriebsratsmitglieder repräsentieren; nur so besteht Aussicht, eine nach Abs. 3 Satz 3 beschlussfähige Versammlung einzuberufen (ebenso *Fitting* § 51 Rn. 34; *Galperin/Löwisch* § 51 Rn. 21; *Glock/HWGNRH* § 51 Rn. 29; *Richardi/Annuß* § 51 Rn. 29; *Roloff/WPK* § 51 Rn. 8). **49**

Wie die Betriebsratssitzungen finden auch die **Sitzungen** des Gesamtbetriebsrats **während der Arbeitszeit** nach Verständigung des Arbeitgebers und mit Rücksicht auf die betrieblichen Notwendigkeiten statt. Sie sind nicht öffentlich (§ 51 Abs. 1 Satz 1 i. V. m. § 30). Daraus, dass in erster Linie die Unternehmensleitung Gesprächspartner des Gesamtbetriebsrats ist (vgl. § 50 Rdn. 80), folgt nicht zwingend, dass die Sitzungen des Gesamtbetriebsrats nur am Sitz der Hauptverwaltung des Unternehmens stattfinden können (so auch *BAG* 29.04.1998 EzA § 40 BetrVG 1972 Nr. 82 unter B II 4). Auch die Rücksichtnahme auf betriebliche Notwendigkeiten erfordert dies nicht. Deshalb können Sitzungen auch **an einem Ort** durchgeführt werden, der **unternehmensbezogen** ist, also insbesondere in Einzelbetrieben des Unternehmens, in denen Betriebsräte gebildet sind (so *BAG* 24.07.1979 EzA § 40 BetrVG 1972 Nr. 46, wo zugleich auch die Verhältnismäßigkeit hinsichtlich der Reisekostentragungspflicht bejaht wird = SAE 1981, 272 [zust. *Buchner*]; zust. *ArbG Darmstadt* AiB 1988, 285; *Fitting* § 51 **50**

Rn. 35; *Stege/Weinspach/Schiefer* §§ 47–52 Rn. 13; *Trittin/DKKW* § 51 Rn. 54; einschränkend *Galperin/Löwisch* § 51 Rn. 22; *Glock/HWGNRH* § 51 Rn. 14: grundsätzlich am Sitz der Hauptverwaltung, keinesfalls an Orten, an denen sich kein Betrieb des Unternehmens befindet; zust. *Hohenstatt/Dzida/HWK* § 51 BetrVG Rn. 8). Zweckmäßigkeits- und Sachgesichtspunkte können im Einzelfall vor allem im Hinblick auf die Kostentragungspflicht ausschlaggebend sein. Deshalb kann auch nicht ausgeschlossen werden, dass Sitzungen auch an (z. B. zentral gelegenen) Orten durchgeführt werden, an denen sich kein Betrieb des Unternehmens (offen gelassen von *BAG* 24.07.1979 EzA § 40 BetrVG Nr. 46) oder ein betriebsratsloser Betrieb befindet. Die Sitzung kann dann, oder wenn im örtlichen Betrieb kein geeigneter Sitzungsraum vorhanden ist, auch in einem Hotel stattfinden (ebenso *ArbG Darmstadt* AiB 1988, 285).

51 Für die über jede Verhandlung des Gesamtbetriebsrats aufzunehmende **Niederschrift** und das Recht der Mitglieder des Gesamtbetriebsrats, dessen Unterlagen und die seiner Ausschüsse einzusehen, gilt gemäß § 51 Abs. 1 Satz 1 die Regelung des § 34 (vgl. dort zu Einzelheiten).

52 Für die nach § 51 Abs. 1 i. V. m. § 36 zu beschließende **Geschäftsordnung** des Gesamtbetriebsrats ist zu beachten, dass ihr Erlass im Gegensatz zur allgemeinen Beschlussfassung nach § 51 Abs. 3 Satz 1 der absoluten Mehrheit bedarf. Die Beschlussfähigkeit des Gesamtbetriebsrats gemäß § 51 Abs. 3 Satz 3 muss zudem gegeben sein.

53 Die Mitglieder des Gesamtbetriebsrats führen ihr Amt **unentgeltlich** und als **Ehrenamt** (§ 51 Abs. 1 Satz 1 i. V. m. § 37 Abs. 1). Gemäß den entsprechend anwendbaren Abs. 2 und 3 des § 37 haben sie zum Zwecke der Amtsführung Anspruch auf Befreiung von ihrer beruflichen Tätigkeit **ohne Minderung des Arbeitsentgelts** bzw. bei Tätigkeit außerhalb der Arbeitszeit unter weiteren Voraussetzungen **Anspruch auf Arbeitsbefreiung** unter Fortzahlung des Arbeitsentgelts oder Vergütung wie Mehrarbeit (vgl. näher *Weber* § 37 Rdn. 24 ff., 81 ff.).

54 Von der unmittelbaren Anwendbarkeit des § 37 Abs. 4 bis 7 sind die Mitglieder des Gesamtbetriebsrats ausgenommen, da diese Bestimmungen in § 51 nicht für entsprechend anwendbar erklärt sind. Das den Betriebsratsmitgliedern gemäß § 37 Abs. 4 und 5 zu gewährende **Arbeitsentgelt einschließlich der Beschäftigungsgarantie** mit gleichwertiger Arbeit kommt den Gesamtbetriebsratsmitgliedern aber mittelbar dadurch zugute, dass sie gleichzeitig stets Mitglieder eines Einzelbetriebsrats sind und als solche den Schutz dieser Bestimmungen genießen. Entsprechend sind die Gesamtbetriebsratsmitglieder als Mitglieder der Einzelbetriebsräte für **Schulungs- und Bildungsveranstaltungen** unter Fortzahlung des Arbeitsentgelts von ihrer beruflichen Tätigkeit zu befreien, soweit Kenntnisse erworben werden sollen, die für die Arbeit des Betriebsrats erforderlich sind (§ 37 Abs. 6). Bei der Erforderlichkeitsprüfung ist für die Mitglieder des Gesamtbetriebsrats zu beachten, dass ihnen das Amt von Gesetzes wegen kraft ihrer Zugehörigkeit im Einzelbetriebsrat zugefallen ist. Daraus folgt, dass für ihre Freistellung auch die im Gesamtbetriebsrat anfallende Arbeit mit zu berücksichtigen ist, da es sich insofern gleichfalls um Kenntnisse »für die Arbeit des Betriebsrats« handelt (ebenso i. E. *Fitting* § 51 Rn. 43; *Galperin/Löwisch* § 51 Rn. 36; *Glock/HWGNRH* § 51 Rn. 60; *Koch/*ErfK § 51 BetrVG Rn. 4; *Trittin/DKKW* § 51 Rn. 61; vgl. auch *BAG* 10.06.1975 AP Nr. 1 zu § 73 BetrVG 1972). Die Entsendung zu Schulungsveranstaltungen erfolgt durch den Einzelbetriebsrat, nicht den Gesamtbetriebsrat (*BAG* AP Nr. 1 zu § 73 BetrVG 1972). Die **Mindestfreistellung** zur Teilnahme an Schulungs- und Bildungsveranstaltungen gemäß § 37 Abs. 7 steht den Gesamtbetriebsratsmitgliedern in ihrer Eigenschaft als Betriebsratsmitglieder zu. Die Tätigkeit im Gesamtbetriebsrat gibt also keinen Anspruch auf verlängerte Mindestfreistellungen für Schulungen (ebenso *Glock/HWGNRH* § 51 Rn. 62; i. E. auch *Fitting* § 51 Rn. 43).

55 Für Gesamtbetriebsratsmitglieder gilt § 38, der die **Mindestfreistellung** von Betriebsratsmitgliedern von ihrer beruflichen Tätigkeit betrifft, mangels Verweisung in § 51 Abs. 1 Satz 1 **nicht** entsprechend. Die Bestimmung greift zugunsten der Gesamtbetriebsratsmitglieder ebenfalls nur mittelbar ein, indem diese über die einzelnen Betriebe als Betriebsratsmitglieder für ihre Tätigkeit (auch im Gesamtbetriebsrat) von ihrer Berufsausübung befreit werden können (für die Parallelregelung beim Konzernbetriebsrat genauso *LAG Berlin-Brandenburg* 02.12.2016 – 9 TaBV 577/16 – juris, Rn. 33–36, anhängig: *BAG* 7 ABR 14/17). Da jedoch § 37 Abs. 2 auch für die Gesamtbetriebsratsmitglieder gilt (vgl. Rdn. 53), kann es über diese Vorschrift zu Freistellungen von Gesamtbetriebsratsmitgliedern kommen (vgl. *Weber* § 38 Rdn. 29; *LAG München* NZA 1991, 905 [906]), wenn und soweit dies zur ordnungsgemäßen Durchführung ihrer Aufgaben erforderlich ist. Da die Entscheidung über die Aufgabenzuweisung beim Gesamtbetriebsrat liegt, beschließt dieser, obwohl § 38 Abs. 2 nicht entsprechend anwendbar ist, praktisch auch über die Person des (der) Freizustellenden (ebenso i. E. *Fitting* § 51 Rn. 44; *Glock/HWGNRH* § 51 Rn. 63; *Richardi/Annuß* § 51 Rn. 51; *Trittin/DKKW* § 51 Rn. 64; wohl auch *Galperin/Löwisch* § 51 Rn. 35), allerdings ohne dass das Verfahren nach § 38 Abs. 2 insoweit eingehalten werden muss (ebenso *Glock/HWGNRH* § 51 Rn. 63; *Joost/*MünchArbR § 225 Rn. 78; **a. M.** *Fitting* § 51 Rn. 44; *Richardi/Annuß* § 51 Rn. 51; *Trittin/DKKW* § 51 Rn. 64; offengelassen von *LAG München* NZA 1991, 906). Zudem können freiwillige anderweitige Regelungen über die Freistellung durch Tarifvertrag oder Betriebsvereinbarung den Arbeitsanfall im Gesamtbetriebsrat berücksichtigen. Bei den vom Betriebsrat zu wählenden freizustellenden Mitgliedern können ebenfalls sachliche Gründe für die angemessene Berücksichtigung der Gesamtbetriebsratstätigkeit sprechen, die letztlich auch Betriebsratstätigkeit ist (unzutr. *Trittin/DKKW* § 51 Rn. 63, der meint, die Freistellung nach § 38 Abs. 1 dürfe nicht zur Wahrnehmung von Aufgaben für den Gesamtbetriebsrat verbraucht werden). Stets möglich ist die Freistellung von Gesamtbetriebsratsmitgliedern durch freiwillige Vereinbarung zwischen Arbeitgeber und Gesamtbetriebsrat (zust. *Fitting* § 51 Rn. 44).

Während der Arbeitszeit abzuhaltende **Sprechstunden** des Gesamtbetriebsrats sind nicht vorgesehen. **56** § 39 ist in § 51 Abs. 1 Satz 1 nicht in Bezug genommen. Jedoch kann eine solche Regelung zwischen Arbeitgeber und Gesamtbetriebsrat freiwillig getroffen werden (ebenso *Brecht* § 51 Rn. 3; *Fitting* § 51 Rn. 45; *Richardi/Annuß* § 51 Rn. 38; *Glock/HWGNRH* § 51 Rn. 64, der zutr. geltend macht, dass dafür im Allgemeinen wegen der Sprechstunden der Einzelbetriebsräte kein Bedürfnis besteht).

§§ 40 und 41 finden entsprechende Anwendung (§ 51 Abs. 1 Satz 1). Danach hat der Arbeitgeber die **57** durch die Tätigkeit des Gesamtbetriebsrats entstehenden **Kosten** zu tragen und den erforderlichen **Sachbedarf** zur Verfügung zu stellen; es gilt das **Umlageverbot**. Vgl. zu den Einzelheiten die Rdn. zu §§ 40, 41. Aus der Rspr.:
- *LAG Berlin* ARSt. 1974, 51 = BB 1974, 1439: Reisekosten des Gesamtbetriebsratsvorsitzenden zu einem auswärtigen Betrieb, in dem er in einer **Betriebsversammlung** zur beabsichtigten Veräußerung dieses Betriebes spricht, sind erforderlich (zust., aber darüber hinaus zu weitgehend *Trittin/DKKW* § 51 Rn. 66, 67: Der Gesamtbetriebsrat ist stets berechtigt, an Betriebsversammlungen in allen Betrieben des Unternehmens teilzunehmen; abl. *Glock/HWGNRH* § 51 Rn. 65: Fehlende Zuständigkeit des Gesamtbetriebsrats).
- *BAG* 24.07.1979 EzA § 40 BetrVG 1972 Nr. 46: Reisekosten zur Teilnahme an einer **Sitzung des Gesamtbetriebsrats**, die nicht am Ort der Hauptverwaltung stattfindet, sondern in einem anderen Betrieb des Unternehmens, sind erforderlich (vgl. dazu auch Rdn. 50).
- *BAG* 05.11.1981 EzA § 40 BetrVG 1972 Nr. 50: Zu den durch die Tätigkeit des Gesamtbetriebsrats entstandenen Kosten zählen auch die für die Tätigkeit eines vom Gesamtbetriebsrat zur Vertretung seiner Interessen **vor der Einigungsstelle** zugezogenen **Rechtsanwalts**, sofern sie zur Rechtswahrung erforderlich sind.
- *BAG* 21.11.1978 AP Nr. 4 zu § 50 BetrVG 1972 (zust. *Meisel*): Der Gesamtbetriebsrat ist nicht berechtigt, auf Kosten des Arbeitgebers ein **Informationsblatt** herauszugeben, da andere Möglichkeiten der Unterrichtung der Arbeitnehmer der Einzelbetriebe bestehen (Unterrichtung durch die Einzelbetriebsräte, Teilnahme von Gesamtbetriebsratsmitgliedern an Betriebsversammlungen); zust. *Richardi/Annuß* § 51 Rn. 39; **a. M.** *Fitting* § 51 Rn. 47, *Koch/*ErfK § 51 BetrVG Rn. 4; *Trittin/DKKW* § 51 Rn. 74.
- *ArbG Darmstadt* AiB 1988, 285: Kosten der Sitzung des Gesamtbetriebsrats, die wegen Fehlens eines geeigneten Sitzungsraums im Betrieb vor Ort im **Hotel** stattfindet, hat der Arbeitgeber ebenso zu tragen wie Übernachtungskosten und Tagespauschalen.
- *ArbG München* DB 1991, 2295: Reisekosten des Gesamtbetriebsrats zu Treffen mit der Arbeitnehmervertretung einer ausländischen Tochtergesellschaft erforderlich, wenn der Arbeitgeber grenzüberschreitend ein EDV-System einführen will.
- *LAG Hessen* NZA-RR 1998, 121: **Kinderbetreuungskosten**, die einem Mitglied wegen Teilnahme an Gesamtbetriebsratssitzungen entstehen, hat der Arbeitgeber zu tragen.

– *LAG Hamm* 23.11.2012 – 10 TaBV 63/12 – juris: Die Kosten eines Mietwagens für die Reise des Gesamtbetriebsratsvorsitzenden und eines entsandten weiteren Betriebsratsmitgliedes zu einer Betriebsräteversammlung sind erforderlich.
– *BAG* 09.12.2009 EzA § 40 BetrVG 2001 Nr. 17 Rn. 13 = AP Nr. 97 zu § 40 BetrVG 1972 [*Weber*; *Wedde*] = SAE 2010, 257 [*Bieder*]: Der Gesamtbetriebsrat kann nach § 51 Abs. 1 i. V. m. § 40 Abs. 2 vom Arbeitgeber die Freischaltung der in seinem Büro und der in betriebsratslosen Verkaufsstellen vorhandenen Telefone zum Zwecke der wechselseitigen Erreichbarkeit verlangen.

58 Für die **Beteiligung von Nichtmitgliedern** an den Sitzungen des Gesamtbetriebsrats gilt folgendes: Dem **Arbeitgeber** steht gemäß § 51 Abs. 2 Satz 3 i. V. m. § 29 Abs. 3 das Recht zu, vom Vorsitzenden zu verlangen, dass dieser eine Gesamtbetriebsratssitzung mit einem bestimmten Tagesordnungspunkt einberuft. An diesen Sitzungen und an solchen, zu denen er eingeladen ist, kann der Arbeitgeber teilnehmen, ggf. unter Zuziehung eines Vertreters seines Arbeitgeberverbandes (§ 51 Abs. 2 Satz 3 i. V. m. § 29 Abs. 4). Von den genannten Sitzungen ist dem Arbeitgeber der entsprechende Teil der Sitzungsniederschrift abschriftlich auszuhändigen, wenn er sein Teilnahmerecht ausgeübt hat (§ 51 Abs. 1 Satz 1 i. V. m. § 34 Abs. 2).

59 Bei entsprechender Übertragung des Wortlauts des § 31 (gemäß § 51 Abs. 1 Satz 1) auf den Gesamtbetriebsrat kann auf **Antrag von einem Viertel** der Mitglieder ein Beauftragter einer im Gesamtbetriebsrat vertretenen **Gewerkschaft** an den Sitzungen teilnehmen. *Fitting* (§ 51 Rn. 36; zust. *Koch/ErfK* § 51 BetrVG Rn. 3) will für die Ermittlung der Antragsberechtigung wie beim Antrag auf Einberufung einer Gesamtbetriebsratssitzung gemäß § 51 Abs. 2 Satz 3, § 29 Abs. 3 (vgl. Rdn. 49) darauf abstellen, dass die Antragsteller sowohl mindestens ein Viertel der Gesamtbetriebsratsmitglieder als auch ein Viertel der Stimmengewichte repräsentieren. Dieses doppelte Quorum erscheint jedoch nicht erforderlich, weil es hier, anders als bei der entsprechenden Anwendung des § 29 Abs. 3, nicht darum geht, eine möglichst beschlussfähige Mitgliederzahl zu erreichen. Für § 31 genügt es, **allein auf das Stimmgewicht** der Gesamtbetriebsratsmitglieder nach § 47 Abs. 7 und 8 abzustellen (ebenso *Glock/HWGNRH* § 51 Rn. 33; *Richardi/Annuß* § 51 Rn. 31; zust. *Däubler* Gewerkschaftsrechte im Betrieb, Rn. 149). Der Gesamtbetriebsrat kann darüber hinaus durch einfachen Mehrheitsbeschluss einen Gewerkschaftsbeauftragten zur Teilnahme zulassen. Teilnahmeberechtigt sind aber stets nur Vertreter von Gewerkschaften, die **im Gesamtbetriebsrat vertreten** sind (ebenso *Galperin/Löwisch* § 51 Rn. 23; *Glock/HWGNRH* § 51 Rn. 33; *Hohenstatt/Dzida/HWK* § 51 BetrVG Rn. 8; *Koch/ErfK* § 51 BetrVG Rn. 3; zust. *Däubler* Gewerkschaftsrechte im Betrieb, Rn. 149; **a. M.** [es reicht, wenn die Gewerkschaft in einem Betriebsrat des Unternehmens vertreten ist] *Richardi/Annuß* § 51 Rn. 31 im Hinblick darauf, dass sonst ein entsendender Einzelbetriebsrat durch seine Mehrheitsentscheidung mittelbar festlegen könnte, welche Gewerkschaft teilnahmeberechtigt ist; wie dort i. E. *Fitting* § 51 Rn. 37; *Trittin/DKKW* § 51 Rn. 57 unter unzutr. Berufung auf *Däubler*); das ergibt sich aus der entsprechenden Anwendung des § 31 und dem Prinzip der Zuständigkeitstrennung (vgl. § 50 Rdn. 18).

60 Die **Gesamtschwerbehindertenvertretung** kann nach § 52 an allen Sitzungen des Gesamtbetriebsrats beratend teilnehmen.

61 Zur Beteiligung der **Gesamt-Jugend- und Auszubildendenvertretung** vgl. Rdn. 75 f.

VI. Beschlüsse des Gesamtbetriebsrats und seiner Ausschüsse

62 In § 51 Abs. 3 werden unter Berücksichtigung der Besonderheit der Stimmengewichtung im Gesamtbetriebsrat die **Mehrheitserfordernisse** für Beschlüsse des Gesamtbetriebsrats und dessen **Beschlussfähigkeit** in Anlehnung an die für den Betriebsrat geltende Regelung in § 33 bestimmt (vgl. Begründung zum RegE, BR-Drucks. 715/70, S. 43). Soweit also eine Berücksichtigung der dem Gesamtbetriebsrat eigenen Stimmengewichtung nicht zu erfolgen hat, kann bezüglich der Einzelfragen zur Beschlussfähigkeit und Beschlussfassung auf die Kommentierung zu § 33 verwiesen werden. § 51 Abs. 4 sieht für die Beschlussfassung im **Gesamtbetriebsausschuss** und **weiterer Ausschüsse** des Gesamtbetriebsrats abweichend von der Stimmengewichtung vor, dass jedes Ausschussmitglied nur eine Stimme hat; § 33 Abs. 1 und 2 sind anzuwenden. Die Beibehaltung der für den Gesamtbetriebsrat

Der Beschluss ist das Mittel, mit dem der Gesamtbetriebsrat, der Gesamtbetriebsausschuss oder auch 63
weitere Ausschüsse eine **rechtsverbindliche Willensbildung** herbeiführen und eine rechtsverbindliche Grundlage für weitere Handlungen, sei es nach außen oder auch im Innenverhältnis, schaffen. Seiner **Rechtsnatur** nach ist er ein **Rechtsgeschäft**, das grundsätzlich den Vorschriften über Willenserklärungen (§§ 104 ff. BGB) unterliegt, die aber mit Rücksicht auf die verbandsrechtliche Natur und der häufig mit ihr verbundenen Außenwirkungen, die unanfechtbaren Bestand erfordern, weitgehend nur modifiziert angewendet werden können (vgl. dazu näher *Raab* § 33 Rdn. 7 ff.; allgemein *Baltzer* Der Beschluss als rechtstechnisches Mittel organschaftlicher Funktion im Privatrecht, 1965).

1. Beschlüsse des Gesamtbetriebsrats

a) Beschlussfähigkeit

Die Beschlussfähigkeit ist Voraussetzung für das Zustandekommen wirksamer Beschlüsse. Die Be- 64
schlussfähigkeit des Gesamtbetriebsrats (§ 51 Abs. 3 Satz 3) folgt anderen Regeln als die Annahme oder die Ablehnung eines Beschlusses (§ 51 Abs. 3 Satz 1 und 2). Während die Beschlussfassung lediglich von der gemäß § 47 Abs. 7 und 8 berechneten Zahl der abgegebenen Stimmen abhängig ist (vgl. Rdn. 68 ff.), ist es für die im Augenblick der Stimmabgabe erforderliche **Beschlussfähigkeit** notwendig, dass mindestens die Hälfte der Gesamtbetriebsratsmitglieder an der Beschlussfassung teilnimmt **und** die Teilnehmenden mindestens die Hälfte aller Stimmen vertreten (Abs. 3 Satz 3).

Teilnahme an der Beschlussfassung setzt persönliche Anwesenheit der Mitglieder oder der an ihrer 65
Stelle gemäß § 51 Abs. 1 Satz 1 i. V. m. § 25 Abs. 1 nachrückenden Ersatzmitglieder voraus. Die Zulässigkeit der Stellvertretung durch Ersatzmitglieder ist in § 51 Abs. 3 Satz 3 Halbs. 2 ausdrücklich vorgesehen; dadurch wird aber kein neuer selbstständiger Grund zum Nachrücken eines Ersatzmitgliedes eröffnet. Gesamtbetriebsratsmitglieder können sich daher nicht nach Belieben in der Sitzung vertreten lassen, sondern nur unter den Voraussetzungen des § 25 Abs. 1 (ebenso *Richardi/Annuß* § 51 Rn. 41). Außer der **körperlichen Anwesenheit** erfordert Teilnahme an der Beschlussfassung ein **aktives Mitwirken** am Zustandekommen des Beschlusses. Hierzu genügt Mitwirken durch Stimmenthaltung. Nicht mitgezählt werden jedoch Mitglieder, die sich an der Beschlussfassung wegen persönlicher Selbstbetroffenheit (vgl. dazu *Oetker* ZfA 1984, 409) nicht beteiligen dürfen (**a. M.** *Nikisch* III, S. 184). An die Stelle eines solchermaßen zeitweilig verhinderten Mitgliedes rückt vielmehr das Ersatzmitglied (vgl. *Raab* § 33 Rdn. 24 ff.).

Da die Beschlussfähigkeit des Gesamtbetriebsrats von der Teilnahme der Hälfte **seiner** Mitglieder ab- 66
hängig ist, ist **Mitgliedschaft** der Betreffenden im Gesamtbetriebsrat erforderlich. Eine Anrechnung der zwar gemäß § 51 Abs. 3 Satz 4 i. V. m. § 33 Abs. 3 bei der Abstimmung mitzuzählenden Stimmen (vgl. Rdn. 76) der Gesamt-Jugend- und Auszubildendenvertreter auf die für die Beschlussfähigkeit erforderliche Mindestzahl scheidet daher aus (ebenso *Fitting* § 51 Rn. 56; *Galperin/Löwisch* § 51 Rn. 30; *Glock/HWGNRH* § 51 Rn. 13; *Koch/*ErfK § 51 BetrVG Rn. 2; *Richardi/Annuß* § 51 Rn. 44; *Trittin/*DKKW § 51 Rn. 44).

Schließlich ist die Beschlussfähigkeit davon abhängig gemacht, dass die Teilnehmenden **mindestens** 67
die Hälfte aller gemäß § 47 Abs. 7 und 8 errechneten **Stimmen** vertreten. Es kommt nur auf die im Gesamtbetriebsrat repräsentierten Stimmen an. Die wahlberechtigten Arbeitnehmer betriebsratsloser Betriebe des Unternehmens bleiben unberücksichtigt, auch wenn sich die Zuständigkeit des Gesamtbetriebsrats nach § 50 Abs. 1 Satz 1 jetzt auch auf diese Betriebe erstreckt (vgl. § 50 Rdn. 55 ff.). Die Bestimmung über die Beschlussfähigkeit ist unabdingbar. **Beispiel:** Ein Gesamtbetriebsrat besteht aus 30 Mitgliedern. Sie sind von den Betriebsräten 15 verschiedener Betriebe des Unternehmens bestellt worden. Die Gesamtzahl der von ihnen repräsentierten Wahlberechtigten beträgt 12000. Der Gesamtbetriebsrat ist beschlussfähig, wenn 15 der 30 Mitglieder anwesend sind und an der Beschlussfassung teilnehmen. Sie müssen zusammen aber mindestens die Hälfte aller Stimmen vertreten, also 6000.

b) Beschlussfassung

68 Die Beschlussfassung des Gesamtbetriebsrats regelt § 51 Abs. 3 Sätze 1 und 2; diese Bestimmung deckt sich im Wortlaut mit § 33 Abs. 1, der die entsprechende Regelung für den Betriebsrat enthält, auf die jedoch nicht verwiesen wird. Das hat seinen Grund darin, dass im Gesamtbetriebsrat gemäß § 47 Abs. 7 und 8 (ggf. Abs. 9) **nicht nach Köpfen** abgestimmt wird, wobei jedes Mitglied dann nur eine Stimme hätte, sondern **nach Stimmgewicht**. Mit Rücksicht auf die Art der Bestellung des Gesamtbetriebsrats durch Entsendung von jeweils höchstens zwei Mitgliedern durch jeden Betriebsrat (§ 47 Abs. 2 Satz 1) hat bei Einzelentsendung **jedes Mitglied** des Gesamtbetriebsrats **so viele Stimmen**, wie in dem Betrieb, in dem es gewählt wurde, wahlberechtigte Arbeitnehmer in der Wählerliste eingetragen sind; sind mehrere Mitglieder entsandt, stehen ihnen diese Stimmen anteilig zu (vgl. dazu näher § 47 Rdn. 62 ff., 109 ff.). Auf die Funktion des Gesamtbetriebsrats, trotz seiner beschränkten Mitgliederzahl unter Entsendung durch die Betriebsräte die wahlberechtigten Arbeitnehmer in den einzelnen Betrieben zu repräsentieren, musste der Gesetzgeber bei der Regelung der Mehrheitserfordernisse im Gesamtbetriebsrat Rücksicht nehmen.

69 Gemäß Abs. 3 Satz 1 werden die Beschlüsse, »soweit nichts anderes bestimmt ist«, mit **einfacher Mehrheit** gefasst. Das bedeutet, dass die für einen Antrag stimmenden Mitglieder mit ihrem Stimmgewicht eine Stimme mehr als die Hälfte des nach § 47 Abs. 7 und 8 (ggf. Abs. 9) berechneten Stimmvolumens der anwesenden Gesamtbetriebsratsmitglieder erreichen müssen, wenn nicht durch das Gesetz eine andere Stimmenmehrheit vorgesehen ist.

70 **Absolute Mehrheit**, d. h. die Mehrheit der Stimmen aller Mitglieder des Gesamtbetriebsrats (also mehr als die Hälfte derjenigen Stimmen, die bei Beschlussfassung im Gesamtbetriebsrat überhaupt abgegeben werden können; im Beispiel oben Rdn. 67 wäre das demgemäß ein Stimmgewicht von 6.001), ist **erforderlich für** die Übertragung von Aufgaben zur selbständigen Erledigung auf den Gesamtbetriebsausschuss (§ 51 Abs. 1 Satz 1 i. V. m. § 27 Abs. 2 Satz 2) sowie auf andere Ausschüsse neben dem Gesamtbetriebsausschuss oder einzelne Mitglieder (§ 51 Abs. 1 Satz 1 i. V. m. § 28 Abs. 1 Satz 3, Abs. 2, § 27 Abs. 2 Satz 2) oder den Konzernbetriebsrat (§ 58 Abs. 2), bei der Festsetzung der Geschäftsordnung (§ 51 Abs. 1 Satz 1 i. V. m. § 36) und für die den Wirtschaftsausschuss betreffenden Beschlüsse gemäß § 107 Abs. 3.

71 Sowohl bei den mit einfacher als auch bei den mit absoluter Stimmenmehrheit zu fassenden Beschlüssen kommt es auf eine entsprechende personelle (Kopf-)Mehrheit der abstimmenden Mitglieder nicht an; maßgeblich ist **ausschließlich** das **Stimmengewicht** (Beschlussfähigkeit vorausgesetzt; vgl. Rdn. 64 ff.). Da Beschlüsse Stimmenmehrheit erfordern (Abs. 3 Satz 1), ist bei **Stimmengleichheit** ein Antrag abgelehnt (Abs. 3 Satz 2); Stimmenthaltungen werden also der Ablehnung gleichgestellt. Eine abweichende Regelung durch die Geschäftsordnung ist nicht möglich; diese kann nur die nicht näher vorgeschriebene Art und Weise der Abstimmung regeln.

72 Gemäß der Verweisung in § 51 Abs. 1 Satz 1 auf § 34 sind der Wortlaut der Beschlüsse und die Stimmenmehrheit, mit der sie gefasst worden sind, in der vom Vorsitzenden und einem weiteren Mitglied des Gesamtbetriebsrats zu unterzeichnenden **Sitzungsniederschrift** festzuhalten. Aus der der Niederschrift beizufügenden Anwesenheitsliste, in die sich jeder Teilnehmer einzutragen hat, ergibt sich mittelbar eine Kontrolle der Beschlussfähigkeit des Gesamtbetriebsrats.

73 Der Bezug in § 51 Abs. 1 Satz 1 auf § 35 gestattet der Mehrheit der Gesamt-Jugend- und Auszubildendenvertretung (§ 73 Abs. 2 i. V. m. § 66) sowie der Gesamtschwerbehindertenvertretung (§ 52) unter den dort näher genannten Voraussetzungen, die **Aussetzung des Beschlusses** für die Dauer einer Woche vom Zeitpunkt der Beschlussfassung an zu beantragen. Zu den Einzelheiten, insbesondere zur rechtlichen Wirkung eines solchen Antrags, vgl. die Erl. zu §§ 35 und 66. Es genügt, dass die Aussetzung von der Mehrheit des Stimmgewichts der Gesamt-Jugend- und Auszubildendenvertretung verlangt wird (vgl. entsprechend Rdn. 59 zum Antrag nach § 31).

c) Keine Weisungsgebundenheit

74 An Weisungen ihrer entsendenden Betriebsräte sind die Gesamtbetriebsratsmitglieder bei den Beschlussfassungen im Gesamtbetriebsrat nicht gebunden. Das ergibt sich aus Folgendem: Der Gesamtbetriebsrat hat im Rahmen des § 50 Abs. 1 eine **originäre Rechtszuständigkeit**. Diese Kompetenz steht ihm kraft Gesetzes und nicht kraft »Mandates« oder »Auftrages« oder kraft »Delegation« zu, wie sich im Gegenschluss aus § 50 Abs. 2 ergibt. Mit einer Weisungsgebundenheit wäre es auch schwerlich vereinbar, dass der Gesamtbetriebsrat als betriebsverfassungsrechtliches Organ autonom handelt und als eigenständiger Verhandlungspartner dem Arbeitgeber gegenübertritt. Schließlich würde Weisungsgebundenheit ein gesetzliches oder auch rechtsgeschäftlich begründetes Überordnungs- und Unterordnungsverhältnis voraussetzen. § 50 Abs. 1 Satz 2 betont indessen ausdrücklich, dass der Gesamtbetriebsrat den Betriebsräten nicht übergeordnet ist. Er ist ihnen aber auch **nicht untergeordnet**, sondern gleichgeordnet (vgl. § 50 Rdn. 13 f.). Hinzu kommt, dass für die vorgesehene Entsendung von je zwei Betriebsratsmitgliedern deren einheitliche Stimmabgabe nicht vorgesehen ist. Bei Weisungsgebundenheit müsste jedoch ein geschlossenes Votum erfolgen. Ein **Weisungsrecht** (»imperatives Mandat«) ist daher **nicht anzuerkennen** (ebenso i. E. *BAG* 05.12.1975 AP Nr. 1 zu § 47 BetrVG 1972 Bl. 2 R; *Fitting* § 47 Rn. 76; *Galperin/Löwisch* § 50 Rn. 2; *Glock/HWGNRH* § 47 Rn. 79; *Richardi/Annuß* § 47 Rn. 73; *Trittin/DKKW* § 47 Rn. 3; vgl. auch § 50 Rdn. 14). Das schließt nicht aus, dass Gesamtbetriebsratsmitglieder die Vorstellungen ihrer Betriebsräte aus Loyalitätspflicht in den Gesamtbetriebsrat einzubringen und bei ihren Interessenabwägungen mit zu berücksichtigen haben. Dabei ist auch zu berücksichtigen, dass Gesamtbetriebsratsmitglieder jederzeit abberufen werden können (§ 49).

2. Teilnahme- und Stimmrecht der Gesamt-Jugend- und Auszubildendenvertretung

Bei der Einberufung der Sitzungen des Gesamtbetriebsrats hat der Vorsitzende gemäß § 51 Abs. 2 Satz 3 i. V. m. § 29 Abs. 2 Satz 4 die **gesamte** Gesamt-Jugend- und Auszubildendenvertretung einzuladen, **soweit** diese nach § 73 Abs. 2 i. V. m. § 67 Abs. 1 Satz 2 ein **Teilnahmerecht** hat, weil Angelegenheiten behandelt werden, »die besonders die in § 60 Abs. 1 genannten Arbeitnehmer betreffen« (vgl. dazu *Oetker* § 67 Rdn. 23 ff.). Im Übrigen hat nur ein einziger Vertreter der Gesamt-Jugend- und Auszubildendenvertretung ein Recht, an den Sitzungen des Gesamtbetriebsrats **beratend** teilzunehmen (§ 73 Abs. 2, § 67 Abs. 1 Satz 1).

75

Aus § 51 Abs. 3 Satz 4 i. V. m. § 33 Abs. 3 ergibt sich, dass dann, wenn die Mitglieder der Jugend- und Auszubildendenvertretung an einer **Beschlussfassung teilnehmen**, ihre Stimmen bei der Feststellung der **Stimmenmehrheit mitzuzählen** sind. Da § 33 Abs. 3 nur entsprechend anzuwenden ist, betrifft die Teilnahme an der Beschlussfassung im Gesamtbetriebsrat die auf Unternehmensebene zuständige **Gesamt-Jugend- und Auszubildendenvertretung** (§§ 72 f.). Deren Mitglieder haben gemäß § 73 Abs. 2 i. V. m. § 67 Abs. 2 (über ihr Teilnahmerecht an der Sitzung des Gesamtbetriebsrats hinaus) **Stimmrecht**, soweit die zu fassenden Beschlüsse des Gesamtbetriebsrats »überwiegend in § 60 Abs. 1 genannten Arbeitnehmer betreffen« (vgl. dazu *Oetker* § 67 Rdn. 36 ff.). Jedes ihrer Mitglieder hat dabei gemäß § 72 Abs. 7 so viele Stimmen, wie in § 60 Abs. 1 genannte Arbeitnehmer in dem Betrieb, in dem es gewählt wurde, in die Wählerliste eingetragen worden sind (bzw. bei Entsendung für mehrere Betriebe entsprechend der in diesen in die Wählerlisten Eingetragenen). Mit ihrem dementsprechend unterschiedlichen Stimmgewicht nehmen die Mitglieder der Gesamt-Jugend- und Auszubildendenvertretung an der Beschlussfassung im Gesamtbetriebsrat teil. Die von ihnen abgegebenen Stimmen werden nach ausdrücklicher gesetzlicher Regelung jedoch **nur** bei der Feststellung der Stimmenmehrheit mitgezählt, nicht bei der Feststellung der Beschlussfähigkeit (vgl. Rdn. 66), bei der es nach § 51 Abs. 3 Satz 3 nur auf die Mitglieder des Gesamtbetriebsrats ankommt. Auch soweit die Mitglieder der Gesamt-Jugend- und Auszubildendenvertretung an einer Beschlussfassung teilnehmen, bei der die **absolute Mehrheit** der Stimmen der Mitglieder des Gesamtbetriebsrats erforderlich ist (vgl. Rdn. 70; z. B. wenn der Gesamtbetriebsrat einen weiteren Ausschuss neben dem Gesamtbetriebsausschuss bilden will [§ 51 Abs. 1 Satz 1, § 28 Abs. 1 Satz 3], dem Jugend- und Auszubildendenfragen zur selbstständigen Erledigung übertragen werden sollen), werden ihre Stimmen nur bei der Feststellung der Stimmenmehrheit im Ganzen mitgezählt, nicht bei der Feststellung der absoluten Mehrheit der Stimmen der Gesamtbetriebsratsmitglieder (ebenso *Fitting* § 51 Rn. 56; vgl. auch *Raab* § 33 Rdn. 33).

76

3. Beschlüsse der Ausschüsse

77 Für die Beschlussfassung des **Gesamtbetriebsausschusses** sowie **weiterer Ausschüsse** des Gesamtbetriebsrats verweist Abs. 4 auf § 33 Abs. 1 und 2 und greift damit auf den Normaltatbestand zurück, nach dem auf jedes Mitglied lediglich eine Stimme entfällt; das unterschiedliche Stimmengewicht der Gesamtbetriebsratsmitglieder bleibt also unberücksichtigt, auch soweit den Ausschüssen Aufgaben zur selbständigen Erledigung übertragen worden sind. Der Unterschied in dem Gedankengang gegenüber der Regelung der Beschlussfassung des Gesamtbetriebsrats besteht dabei darin, dass Letzterer trotz der Entsendung einer nur begrenzten Anzahl von Betriebsratsmitgliedern durch die einzelnen Betriebsräte des Unternehmens gleichwohl die Arbeitnehmer des Betriebes repräsentieren soll, während der Gesamtbetriebsausschuss sowie auch die weiteren Ausschüsse nur die besonderen Aufgaben des Gesamtbetriebsrats wahrnehmen (vgl. auch *Fitting* § 51 Rn. 59; *Galperin/Löwisch* § 51 Rn. 17; *Richardi/Annuß* § 51 Rn. 47). Im Gesamtbetriebsausschuss sowie in den weiteren Ausschüssen wird daher **nur nach der Mitgliederzahl** (»nach Köpfen«) abgestimmt; bei Stimmengleichheit ist ein Antrag abgelehnt (§ 33 Abs. 1 Satz 2). Nur nach der Mitgliederzahl richtet sich auch die Beschlussfähigkeit (§ 33 Abs. 2).

78 Wegen der Teilnahme von Gesamt-Jugend- und Auszubildendenvertretern, Gewerkschaftsbeauftragten und anderen Personen an den Sitzungen des Gesamtbetriebsausschusses und der weiteren Ausschüsse vgl. *Raab* § 27 Rdn. 56 ff.; die dortigen Ausführungen gelten mangels gesetzlicher Regelung entsprechend. Zur Teilnahme der Gesamtschwerbehindertenvertretung vgl. § 52 Rdn. 18.

VII. Rechte und Pflichten des Gesamtbetriebsrats

79 § 51 Abs. 5 erklärt in Form einer **Generalklausel** die Vorschriften über die Rechte und Pflichten des Betriebsrats auf den Gesamtbetriebsrat für entsprechend anwendbar, soweit dieses Gesetz keine besonderen Vorschriften enthält. Die Bestimmung gehört systematisch nicht in die Regelung der Geschäftsführung des Gesamtbetriebsrats, sondern zur Zuständigkeitsregelung in § 50 Abs. 1 (vgl. dazu § 50 Rdn. 16 ff.). Insbesondere hat der Gesetzgeber in Abs. 5 nicht die **Organisations- und Geschäftsführungsbestimmungen** über die in §§ 47 bis 53 enthaltenen Regeln hinaus erweitern wollen (vgl. auch BAG 11.11.2009 EzA § 80 BetrVG 2001 Nr. 11 Rn. 25; *Fitting* § 51 Rn. 64; *Galperin/Löwisch* § 51 Rn. 33; *Glock/HWGNRH* § 51 Rn. 69; *Koch/ErfK* § 51 BetrVG Rn. 4; *Maschmann/DFL* § 51 BetrVG Rn. 6; *Richardi/Annuß* § 51 Rn. 53; widersprüchlich *Trittin/DKKW* § 51 Rn. 81). Diese sind vielmehr abschließend, weil das Gesetz in seinem Zweiten Teil insoweit für den Gesamtbetriebsrat besondere Vorschriften enthält. Demgemäß hat der Gesetzgeber Abs. 5 auch lediglich Klarstellungsfunktion beigemessen (vgl. zu BT-Drucks. VI/2729, S. 26). Verfehlt ist demgegenüber die neuerdings vom *Ersten Senat* des *BAG* (16.08.2011 EzA § 50 BetrVG 2001 Nr. 9 Rn. 32 = AP Nr. 75 zu § 80 BetrVG 1972) vertretene Ansicht, Abs. 5 regele nicht die Zuständigkeit des Gesamtbetriebsrats, sondern »nach der Regelungssystematik der für ihn geltenden Vorschriften« nur seine Geschäftsführung. Für ein solches systematisches Verständnis bestehen keine plausiblen Anhaltspunkte. Die Ansicht des *Senats* ist unstimmig, weil die für den Gesamtbetriebsrat geltenden Geschäftsführungsvorschriften schon speziell und erschöpfend in § 51 Abs. 1, 3 und 4 geregelt sind und deshalb Abs. 5 nach dessen »soweit-Halbsatz« nicht gilt. Als Generalklausel wäre Abs. 5 zudem überflüssig, wenn er sich auf Geschäftsführungsvorschriften bezöge. Das zeigt sich, wenn der *Senat* zum Beleg seiner Ansicht (für die Bedeutung der Generalklausel) auf den Grundsatz vertrauensvoller Zusammenarbeit (§ 2 Abs. 1) und die Beachtung des Gleichbehandlungsgrundsatzes nach § 75 Abs. 1 verweist; damit werden allgemeine Vorschriften über Pflichten angesprochen (vgl. Rdn. 80), aber keine Geschäftsführungsvorschriften. Zudem setzt sich der *Erste Senat* damit in Widerspruch zur Rspr. des *Siebten Senats*, der z. B. einen Unterrichtungsanspruch des Gesamtbetriebsrats nach § 80 Abs. 2 Satz 1 Halbs. 1 auf § 51 Abs. 5 stützt und (im Gegensatz zum *Ersten Senat* im Streitfall) auch nicht in Zweifel zieht, dass der Gesamtbetriebsrat die Durchführung der von ihm abgeschlossenen Gesamtbetriebsvereinbarungen zu überwachen hat (vgl. BAG Siebter Senat 09.12.2009 EzA § 40 BetrVG 2001 Nr. 17 Rn. 22, 29 = AP Nr. 97 zu § 40 BetrVG 1972 Rn. 22, 29).

Der Gesamtbetriebsrat hat grundsätzlich (abstrakt betrachtet) die **gleichen Rechte und Pflichten** 80
wie der Betriebsrat. Hierzu zählen die Pflicht zur vertrauensvollen Zusammenarbeit mit dem Arbeitgeber (§ 2 Abs. 1) sowie sämtliche Rechtspositionen im Vierten Teil des Gesetzes (§§ 74 ff.), namentlich die Beteiligungsrechte, die in ihrer Intensität gestaffelten Mitwirkungs- und Mitbestimmungsrechte, aber z. B. auch das Recht, unter den Voraussetzungen des § 80 Abs. 3 Sachverständige hinzuzuziehen (bisher unstr.; vgl. auch *LAG Frankfurt a. M.* ARSt. 1986, 35; **a. M.** neuerdings *BAG* 11.11.2009 EzA § 80 BetrVG 2009 Nr. 11 Rn. 25, wo § 80 Abs. 3 als spezielle Vorschrift über die Kostentragung und damit als eine Geschäftsführungsvorschrift eingestuft wird; s. dazu auch die Kontroverse in Rdn. 79 und § 50 Rdn. 20). Es ist aber festzuhalten, dass der Gesamtbetriebsrat diese Rechte und Pflichten **nur hat, wenn er zuständig ist** (vgl. § 50 Rdn. 9 ff.).

Da die Rechte und Pflichten inhaltlich mit denen des Betriebsrats übereinstimmen, hat die Zuständig- 81
keit des Gesamtbetriebsrats grundsätzlich **keine Ausweitung der Mitbestimmungs- und Mitwirkungsrechte** zur Folge. Das ist vor allem von Bedeutung, wenn Beteiligungsrechte von einer bestimmten Belegschaftsstärke im Betrieb abhängig sind (vgl. etwa § 95 Abs. 2). Dann bleibt die Belegschaftsstärke im Betrieb maßgeblich, und es ist nicht auf die Unternehmensbelegschaftsstärke abzustellen (ebenso *Fitting* § 50 Rn. 8; *Galperin/Löwisch* § 50 Rn. 2; *Glock/HWGNRH* § 50 Rn. 4; *Trittin/DKKW* § 50 Rn. 13). Eine gewisse Erweiterung ergibt sich nur insoweit, als der Gesamtbetriebsrat auch dann nach § 50 Abs. 1 zuständig sein kann, wenn nicht in sämtlichen Betrieben, aber doch in mehreren, die erforderliche Zahl von Arbeitnehmern beschäftigt ist (vgl. *Fitting* § 50 Rn. 8; ebenso *LAG Bremen* BB 1987, 195; **a. M.** *Glock/HWGNRH* § 50 Rn. 4). Zu beachten ist, dass das BetrVerf-Reformgesetz 2001 in § 111 Satz 1 (ebenso wie in § 99 Abs. 1 Satz 1) eine **unternehmensbezogene** Berechnung des Schwellenwertes von 20 wahlberechtigten Arbeitnehmern festgelegt hat, damit eine Betriebsänderung die Beteiligungsrechte nach §§ 111, 112 auslöst; Streitfragen über die Berechnung der Arbeitnehmerstärke bei originärer Zuständigkeit des Gesamtbetriebsrats haben sich insoweit erledigt (vgl. m. w. N. *Oetker* § 111 Rdn. 10).

Daraus, dass trotz generalklauselartiger Regelung in Abs. 5 das Gesetz den Gesamtbetriebsrat gleich- 82
wohl in einer Reihe von Bestimmungen ausdrücklich **anspricht** (vgl. § 76 Abs. 1 Satz 1; § 78 Satz 1; § 79 Abs. 1 Satz 4 und Abs. 2; § 107 Abs. 3 Satz 6; § 108 Abs. 6; § 109 Satz 4), können keine formalen Schlussfolgerungen gezogen werden; die Bestimmungen haben nur klarstellende Funktion (ebenso *Fitting* § 51 Rn. 65; *Glock/HWGNRH* § 51 Rn. 69).

Besondere Vorschriften zur Rechtsstellung des Gesamtbetriebsrats enthält das **BetrVG** (wenn 83
man von den organisationsrechtlichen Bestimmungen der §§ 47 bis 53 und den dabei in Bezug genommenen weiteren Vorschriften des Gesetzes absieht) in:
– § 16 Abs. 3, § 17 Abs. 1, § 17a (Bestellung des Wahlvorstands bei nicht rechtzeitiger Bestellung durch den Betriebsrat und in Betrieben ohne Betriebsrat);
– §§ 54 ff. (bezüglich der Beteiligung im Zusammenhang mit der Errichtung eines Konzernbetriebsrats);
– § 107 Abs. 2 Satz 2 (Bestimmung der Mitglieder des Wirtschaftsausschusses); dieser ist dann ein Ausschuss des Gesamtbetriebsrats (vgl. *BAG* 04.06.1987 EzA § 108 BetrVG 1972 Nr. 6).

Darüber hinaus ist der Gesamtbetriebsrat in einer Reihe von Fällen im Bereich der **Unternehmens-** 84
mitbestimmung beteiligt:
– Bestellung der Mitglieder des Unternehmenswahlvorstands (hilfsweise auch des Hauptwahlvorstands) für die Wahl der Arbeitnehmervertreter in den Aufsichtsrat nach dem DrittelbG (§ 26 Abs. 2, 3 WODrittelbG vom 23.06.2004 BGBl. I, S. 1393), dem MitbestG (§ 4 Abs. 4 2. WOMitbestG vom 27.05.2002 BGBl. I, S. 1708; hilfsweise § 4 Abs. 4 3. WOMitbestG vom 27.05.2002 BGBl. I, S. 1741) und dem MitbestErgG (§ 4 Wahlordnung MitbestErgG);
– Entgegennahme von Anträgen zur Abstimmung über den Widerruf der Bestellung eines Vertreters der Arbeitnehmer im Aufsichtsrat nach dem DrittelbG (§ 39 WODrittelbG), dem MitbestG (§ 88 Abs. 1 2. WOMitbestG; hilfsweise § 88 3. WOMitbestG) und dem MitbestErgG (§ 101 Wahlordnung MitbestErgG);
– Wahlanfechtungsberechtigung (§ 22 Abs. 2 MitbestG);

– Antragsberechtigung zur Anrufung des Landgerichts, wenn streitig oder ungewiss ist, nach welchen gesetzlichen Vorschriften der Aufsichtsrat zusammenzusetzen ist (§ 98 Abs. 2 Nr. 4, 6 AktG etwa i. V. m. § 6 Abs. 2 Satz 1 MitbestG).

85 Auch nach dem **Europäische Betriebsräte-Gesetz** (EBRG), das als Anh. 2 zu Bd. 1 abgedruckt und kommentiert (*Oetker*) ist, hat der Gesamtbetriebsrat Befugnisse:
– Auskunftsanspruch nach § 5 Abs. 2 EBRG;
– Bestellung der inländischen Arbeitnehmervertreter des besonderen Verhandlungsgremiums bei gemeinschaftsweit tätigen Unternehmen (§ 11 Abs. 1 EBRG);
– Bestellung und Abberufung der auf das Inland entfallenden Arbeitnehmervertreter für den Europäischen Betriebsrat kraft Vereinbarung bei gemeinschaftsweit tätigen Unternehmen (§ 18 Abs. 2 i. V. m. § 23 Abs. 1 und 4 EBRG) sowie für den Europäischen Betriebsrat kraft Gesetzes (§ 23 Abs. 1 und 4 EBRG);
– Anspruch auf Unterrichtung durch den Europäischen Betriebsrat kraft Gesetzes (oder den Ausschuss nach § 30 Abs. 2 EBRG) über dessen Unterrichtung und Anhörung durch die zentrale Leitung (§ 36 Abs. 1 EBRG).
– Teilweise ähnliche Befugnisse hat der Gesamtbetriebsrat nun auch nach dem Gesetz über die Beteiligung der Arbeitnehmer in einer Europäischen Aktiengesellschaft (**SE-Beteiligungsgesetz** – SEBG) vom 22.12.2004 BGBl. I, S. 3686 und dem Gesetz über die Beteiligung der Arbeitnehmer und Arbeitnehmerinnen in einer Europäischen Genossenschaft (**SCE-Beteiligungsgesetz** – SCEBG) vom 14.08.2006 BGBl. I, S. 1911; das EBRG findet insoweit grundsätzlich keine Anwendung (§ 47 Abs. 1 Nr. 2 SEBG, § 49 Abs. 1 Nr. 2 SCEBG).

86 Schließlich wird der Gesamtbetriebsrat vielfach ausschließlich (vgl. *Müller* DB 1997, 713 [715]) zuständig sein für die in Umwandlungsfällen nach dem **UmwG** (§ 5 Abs. 3; § 126 Abs. 3; § 135 Abs. 1; §§ 176, 177; § 194 Abs. 2) vorgeschriebene Unterrichtung des »zuständigen Betriebsrats«; die Voraussetzungen für die Zuständigkeit des Gesamtbetriebsrats nach § 50 Abs. 1 Satz 1 müssen aber erfüllt sein (zutr. *Joost* ZIP 1995, 976 [984 f.]). Letzteres gilt auch für die Zuständigkeit des Gesamtbetriebsrats für vom Gesetz abweichende Regelungen der Repräsentationseinheit durch Betriebsvereinbarung nach § 3 **Abs. 2** (vgl. *Franzen* § 3 Rdn. 42; zust. BAG 24.04.2013 DB 2013, 1913 Rn. 37).

VIII. Streitigkeiten

87 Ergeben sich Streitigkeiten aus der Anwendung des § 51 über die Geschäftsführung des Gesamtbetriebsrats (insbesondere auch über die Wirksamkeit von Beschlüssen) oder über die innere Organisation des Gesamtbetriebsrats, dann entscheidet das **Arbeitsgericht** auf Antrag **im Beschlussverfahren** (§ 2a Abs. 1 Nr. 1, Abs. 2, §§ 80 ff. ArbGG). Örtlich zuständig ist das Gericht, in dessen Bezirk das Unternehmen seinen Sitz hat (§ 82 Abs. 1 Satz 2 ArbGG).

88 Streitigkeiten zwischen Gesamtbetriebsratsmitgliedern und dem Arbeitgeber, die wegen Lohnminderungen, Lohnvorenthaltung oder versagter Gewährung von Freizeitausgleich entstehen (§ 51 Abs. 1 Satz 1 i. V. m. § 37 Abs. 2 und 3), sind individualrechtliche Streitigkeiten, die im **Urteilsverfahren** zu entscheiden sind (vgl. dazu ausführlich *Weber* § 37 Rdn. 314 ff.). Örtlich zuständig ist das Arbeitsgericht, in dessen Bezirk der Beschäftigungsbetrieb des jeweiligen Gesamtbetriebsratsmitglieds liegt (§ 46 Abs. 2 ArbGG, § 29 ZPO).

89 Bei Streit über die **Wirksamkeit der Wahl** des Vorsitzenden des Gesamtbetriebsrats oder seines Stellvertreters oder der Wahl der weiteren Mitglieder des Gesamtbetriebsausschusses (so jetzt *BAG* 21.07.2004 EzA § 51 BetrVG 2001 Nr. 1) sind die vom *BAG* für betriebsratsinterne Wahlen entwickelten Grundsätze entsprechend auf die Gesamtbetriebsratsebene zu übertragen (zust. *Richardi/Annuß* § 51 Rn. 54; *Trittin/DKKW* § 51 Rn. 85). Danach müssen aus Gründen der Rechtssicherheit Gesetzesverstöße bei diesen Wahlen grundsätzlich in einem Wahlanfechtungsverfahren analog § 19 Abs. 2 Satz 2 binnen einer Frist von zwei Wochen seit Bekanntgabe der Wahl gerichtlich geltend gemacht werden; nur bei besonders krassen Gesetzesverstößen kommt ausnahmsweise Nichtigkeit in Betracht (vgl. *BAG* 21.07.2004 EzA § 51 BetrVG 2001 Nr. 1; 13.11.1991 EzA § 26 BetrVG 1972 Nr. 5; 08.04.1992 EzA § 26 BetrVG 1972 Nr. 6; 15.01.1992 EzA § 19 BetrVG 1972 Nr. 37 [Wahl des Vor-

sitzenden oder seines Stellvertreters]; *BAG* 13.11.1991 EzA § 27 BetrVG 1972 Nr. 7 [Wahl der weiteren Mitglieder des Betriebsausschusses]; vgl. auch *Kreutz* § 19 Rdn. 6 m. w. N.). Demnach bleiben die fehlerhaft Gewählten bis zur Rechtskraft der gerichtlichen Entscheidung, die die Wahl für unwirksam erklärt, im Amt (vgl. entsprechend *Kreutz* § 19 Rdn. 125 ff.). Abweichend von § 19 Abs. 2 Satz 1 ist jedes Gesamtbetriebsratsmitglied (solange es amtiert) anfechtungsberechtigt (vgl. *BAG* Beschluss vom 21.07.2004 sowie Beschlüsse vom 13.11.1991), außerdem der Arbeitgeber (ausdrücklich offen gelassen von *BAG* 13.11.1991 EzA § 26 BetrVG 1972 Nr. 5 S. 6), nicht aber im Unternehmen vertretene Gewerkschaften, weil sie an der Herstellung der inneren Ordnung des Gesamtbetriebsrats nicht beteiligt sind und deshalb eine Analogie zur Durchführung der Betriebsratswahl gemäß § 19 Abs. 2 Satz 1 nicht gerechtfertigt ist (zust. *Sibben* NZA 1995, 819; **a. M.** insoweit *Trittin/DKKW* § 51 Rn. 86). Für die Zusammensetzung weiterer Ausschüsse des Gesamtbetriebsrats sind die vorstehenden Grundsätze nicht zu übernehmen, weil insoweit keine Wahlen stattfinden, vielmehr der Gesamtbetriebsrat durch Mehrheitsbeschluss entscheidet (vgl. Rdn. 46 f.).

§ 52
Teilnahme der Gesamtschwerbehindertenvertretung

Die Gesamtschwerbehindertenvertretung (§ 180 Absatz 1 [bis 31.12.2017: § 97 Abs. 1] des Neunten Buches Sozialgesetzbuch) kann an allen Sitzungen des Gesamtbetriebsrats beratend teilnehmen.

Literatur
Vgl. die Angaben zu § 32.

Inhaltsübersicht Rdn.

I.	Vorbemerkung	1–6
II.	Die Gesamtschwerbehindertenvertretung	7–16
	1. Wahl	8–12
	2. Aufgaben- und Rechtsstellung	13–16
III.	Betriebsverfassungsrechtliche Rechtsstellung der Gesamtschwerbehindertenvertretung	17–22
IV.	Streitigkeiten	23

I. Vorbemerkung

Die Bestimmung ist **§ 32 nachgebildet** und gibt der Gesamtschwerbehindertenvertretung das Recht, **an allen Sitzungen des Gesamtbetriebsrats beratend teilzunehmen**. Das gleiche Recht der Gesamtschwerbehindertenvertretung ist auch in § 180 Abs. 7 i. V. m. § 178 Abs. 4 Satz 1 SGB IX festgeschrieben; dort ist zudem ausdrücklich klargestellt, dass sie auch das Recht hat, an allen Sitzungen der Ausschüsse des Gesamtbetriebsrats teilzunehmen (vgl. Rdn. 20). 1

Die Vorschrift ist 1972 in das BetrVG aufgenommen worden. Überschrift und Text sind später geändert worden durch Art. 3 des Ersten Gesetzes zur Änderung des Schwerbehindertengesetzes vom 24.07.1986 (BGBl. I, S. 1110). Aufgrund Art. 7 dieser Novelle wurde die »Neufassung des Schwerbehindertengesetzes« (Gesetz zur Sicherung der Eingliederung Schwerbehinderter in Arbeit, Beruf und Gesellschaft [Schwerbehindertengesetz – SchwbG]) am 26.08.1986 in BGBl. I, S. 1421 bekanntgemacht. Die Novelle hat die persönliche und betriebsverfassungsrechtliche Rechtsstellung der Schwerbehindertenvertreter und ihrer Stellvertreter verstärkt und deren Amtsbezeichnung geändert. An die Stelle der Amtsbezeichnung »Gesamtvertrauensmann der Schwerbehinderten« in der Überschrift zu § 52 und im Text ist die Bezeichnung »Gesamtschwerbehindertenvertretung« getreten. Die materielle Regelung der Gesamtschwerbehindertenvertretung war in § 27 SchwbG enthalten. 2

Deshalb verwies der Klammerzusatz in § 52 früher auf § 27 Abs. 1 des Schwerbehindertengesetzes. Mit Aufhebung des SchwbG durch Art. 63 Sozialgesetzbuch – Neuntes Buch (SGB IX) vom 3

19.06.2001 (BGBl. I, S. 1045) wurden seine Regelungen weitgehend in das SGB IX überführt. Von 2001 bis 2017 enthielten dann die §§ 93 bis 100 SGB IX a. F. die Bestimmungen über die Schwerbehindertenvertretungen, die zuvor im Wesentlichen übereinstimmend in §§ 23 bis 29 SchwbG enthalten waren. Entsprechend wurde während dieser Zeit im Klammerzusatz von § 52 auf § 97 SGB IX a. F. hingewiesen (Art. 1 Nr. 37a BetrVerf-Reformgesetz vom 23.07.2001, BGBl. I, S. 1852). Durch das »Gesetz zur Förderung der Ausbildung und Beschäftigung schwerbehinderter Menschen« vom 23.04.2004 (BGBl. I, S. 606) war § 97 Abs. 6 Satz 1 Halbs. 2 a. F. eingefügt worden (vgl. dazu Rdn. 13). Das **Bundesteilhabegesetz** vom 23.12.2016 (BGBl. I, S. 3234) brachte hinsichtlich der Gesamtschwerbehindertenvertretung kaum inhaltliche Änderungen (lediglich Ersetzung des Begriffs »Integrationsvereinbarungen« durch »Inklusionsvereinbarungen« in § 180 Abs. 6 SGB IX n. F. sowie geringfügige Änderung der Verweisungen in § 180 Abs. 7 SGB IX n. F.), verschob aber die einschlägigen Paragraphen um einiges nach hinten, so dass nun im Klammerzusatz des § 52 auf § 180 Abs. 1 SGB IX verwiesen wird.

4 § 52 ist **zwingend** und kann weder durch Tarifvertrag noch durch Betriebsvereinbarung abgeändert werden.

5 Ein Teilnahmerecht der Gesamtschwerbehindertenvertretung an Sitzungen der Gesamt-Jugend- und Auszubildendenvertretung sieht das Gesetz nicht vor. An den Sitzungen des Konzernbetriebsrats und seiner Ausschüsse hat die **Konzernschwerbehindertenvertretung** das Teilnahmerecht (§ 59a BetrVG; § 180 Abs. 2 und 7, § 178 Abs. 4 SGB IX).

6 Zum **Personalvertretungsrecht** vgl. §§ 54, 56 i. V. m. § 40 Abs. 1 BPersVG; für **Sprecherausschüsse** gibt es keine entsprechende Vorschrift.

II. Die Gesamtschwerbehindertenvertretung

7 Wahl, Aufgaben und Rechtsstellung der Gesamtschwerbehindertenvertretung sind in § 180 SGB IX geregelt.

1. Wahl

8 Im Gegensatz zur Schwerbehindertenvertretung in den Betrieben, die auch dann zu wählen ist, wenn kein Betriebsrat besteht, setzt die **Wahl der Gesamtschwerbehindertenvertretung** voraus, dass »für mehrere Betriebe eines Arbeitgebers ein Gesamtbetriebsrat errichtet« ist (§ 180 Abs. 1 SGB IX). Die Bestimmung bestätigt, dass für die Errichtung des Gesamtbetriebsrats nach § 47 Abs. 1 der Unternehmerbegriff mit dem Arbeitgeberbegriff identisch ist (vgl. § 47 Rdn. 15 ff.) und knüpft im Übrigen an den Vollzug der Errichtung des Gesamtbetriebsrats (vgl. dazu näher § 47 Rdn. 46 ff.) als Faktum zum Zeitpunkt der Wahl der Gesamtschwerbehindertenvertretung an. Fällt der Gesamtbetriebsrat während der Amtszeit der Gesamtschwerbehindertenvertretung weg, bleibt sie im Amt (§ 180 Abs. 7 i. V. m. § 177 Abs. 7 SGB IX).

9 Die Gesamtschwerbehindertenvertretung, die immer aus einer Person besteht, wird **durch die Schwerbehindertenvertretungen** (»Vertrauensperson«) der einzelnen Betriebe des Arbeitgebers **gewählt** (§ 180 Abs. 1 Satz 1 SGB IX); nur diese sind wahlberechtigt, nicht die schwerbehinderten Arbeitnehmer der Betriebe. Die Wahl der Gesamtschwerbehindertenvertretung ist **Pflicht** der Schwerbehindertenvertretungen (ebenso *Schimanski/*GK-SGB IX § 97 Rn. 10), ebenso wie es nach § 47 Abs. 1 Pflicht der Betriebsräte in einem Unternehmen ist, einen Gesamtbetriebsrat zu errichten. Ist eine Schwerbehindertenvertretung, aus welchen Gründen auch immer, nur in einem Betrieb gewählt worden, so nimmt **diese kraft Gesetzes** die Rechte und Pflichten der Gesamtschwerbehindertenvertretung wahr (§ 180 Abs. 1 Satz 2 SGB IX).

10 **Wählbar** sind nicht nur Vertrauenspersonen aus den einzelnen Betrieben, auch nicht etwa nur Schwerbehinderte, sondern grundsätzlich **alle**, die in einem Betrieb des Unternehmens nicht nur vorübergehend beschäftigt sind, das 18. Lebensjahr vollendet haben und dem Betrieb seit sechs Monaten

angehören; nicht wählbar ist, wer (wie z. B. leitende Angestellte) kraft Gesetzes dem Betriebsrat nicht angehören kann (vgl. näher § 180 Abs. 7 i. V. m. § 177 Abs. 3 SGB IX).

Gewählt wird auch **mindestens ein Stellvertreter** (§ 180 Abs. 5 SGB IX), der das Mitglied der Gesamtschwerbehindertenvertretung »im Falle der Verhinderung« vertritt (vgl. § 177 Abs. 1 SGB IX) und für den Rest der Amtszeit an dessen Stelle nachrückt, wenn dieses vorzeitig aus dem Amt ausscheidet (§ 180 Abs. 7 i. V. m. § 177 Abs. 7 Satz 4 SGB IX). **11**

Gesamtschwerbehindertenvertretung und Stellvertreter werden in geheimer und unmittelbarer **Wahl** in einem Wahlgang nach den Grundsätzen der Mehrheitswahl gewählt. Dabei sind die Vorschriften über die Wahlanfechtung, Wahlschutz und Wahlkosten bei der Wahl des Betriebsrats sinngemäß anzuwenden (§ 180 Abs. 7 i. V. m. § 177 Abs. 6 SGB IX); Näheres regelt die Wahlordnung Schwerbehindertenvertretungen (SchwbVWO) vom 23.04.1990 (BGBl. I, S. 811), zuletzt geändert durch das Bundesteilhabegesetz vom 23.12.2016 (BGBl. I, S. 3234), beachte auch die Verordnungsermächtigung in § 183 SGB IX. Die **Amtszeit** beträgt vier Jahre (vgl. näher § 180 Abs. 7 i. V. m. § 177 Abs. 7 Satz 1 SGB IX). Die regelmäßigen Wahlen finden alle vier Jahre in der Zeit vom 1. Dezember bis 31. Januar statt (§ 180 Abs. 7 SGB IX). Die erstmaligen regelmäßigen Wahlen haben im Dezember 1986/Januar 1987 stattgefunden. **12**

2. Aufgaben- und Rechtsstellung

Die **Aufgabenstellung** der Gesamtschwerbehindertenvertretung wird in § 180 Abs. 6 Satz 1 SGB IX dahin festgelegt, dass sie die Interessen der schwerbehinderten Menschen in Angelegenheiten vertritt, die das Gesamtunternehmen oder mehrere Betriebe des Arbeitgebers betreffen und von den Schwerbehindertenvertretungen der einzelnen Betriebe nicht geregelt werden können. Die Zuständigkeitsabgrenzung erfolgt also nach den gleichen Kriterien wie im Verhältnis zwischen Gesamtbetriebsrat und Einzelbetriebsrat nach § 50 Abs. 1 (vgl. § 50 Rdn. 16 ff.). Dementsprechend (vgl. auch § 51 Abs. 5) hat die Gesamtschwerbehindertenvertretung, wenn sie zuständig ist, **grundsätzlich** auch **die gleichen sachlichen Rechte und Pflichten** wie die Schwerbehindertenvertretung, wenn diese zuständig ist (§ 180 Abs. 7 i. V. m. § 178 SGB IX); § 180 Abs. 6 Satz 1 Halbs. 2 berechtigt die Gesamtschwerbehindertenvertretung auch ausdrücklich zu Verhandlungen und Abschluss verbindlicher Inklusionsvereinbarungen (§ 166 SGB IX) im Rahmen ihrer Zuständigkeit. Zwischen beiden besteht auch **kein Unterordnungs- oder Überordnungsverhältnis** (zust. *Fitting* § 52 Rn. 10); insbesondere hat auch die Gesamtschwerbehindertenvertretung gegenüber der Schwerbehindertenvertretung kein Weisungsrecht (ebenso *Malcher* Schwerbehindertengesetz, S. 104; *Schimanski*/GK-SGB IX § 97 Rn. 43). Sie hat aber das Recht (nicht die Pflicht), mindestens einmal im Kalenderjahr eine **Versammlung der Vertrauenspersonen** des Unternehmens (nicht der Schwerbehinderten insgesamt) durchzuführen (§ 180 Abs. 8 SGB IX); der Funktion nach ist diese Versammlung, auch wenn sie nicht obligatorisch ist, der Betriebsräteversammlung (§ 53) vergleichbar. **13**

Wie der Gesamtbetriebsrat (vgl. § 50 Rdn. 55 ff.) vertritt die Gesamtschwerbehindertenvertretung auch die Interessen der schwerbehinderten Menschen, die in einem Betrieb tätig sind, für die eine Schwerbehindertenvertretung nicht gewählt worden ist (§ 180 Abs. 6 Satz 1 SGB IX); insoweit nimmt sie für diese in solchen Betrieben (anders als der Gesamtbetriebsrat; vgl. § 50 Rdn. 60) auch die Rechte und Pflichten der Schwerbehindertenvertretung wahr (z. B. hat sie danach nach § 178 Abs. 6 SGB IX das Recht, mindestens einmal im Kalenderjahr eine Versammlung der schwerbehinderten Menschen im Betrieb durchzuführen; nach § 166 SGB IX kann sie auch Integrationsvereinbarungen treffen). **14**

Besteht in einem **Konzern** nur eine einzige Gesamtschwerbehindertenvertretung, erstreckt sich ihre Zuständigkeit nicht auf die Wahrnehmung der Aufgaben der Konzernschwerbehindertenvertretung. § 180 Abs. 1 Satz 2 SGB IX, der eine Erweiterung der Rechte und Pflichten einer im Unternehmen alleine bestehenden Schwerbehindertenvertretung auf die Rechte und Pflichten einer Gesamtschwerbehindertenvertretung vorsieht, ist nicht analog anzuwenden. Angesichts der ansonsten genau geregelten Ausnahmen vom Repräsentationsprinzip – auch in Bezug auf die Konzernschwerbehindertenvertretung, vgl. § 180 Abs. 2 Satz 2 SGB IX – kann schon keine planwidrige Regelungslücke unterstellt werden. Eine andere Auslegung ist auch nicht im Hinblick auf den Gesetzeszweck oder die UN- **15**

Behindertenrechtskonvention geboten (ausführlich *BAG* 04.11.2015 EzA § 97 SGB IX Nr. 3 noch zu § 97 SGB IX a. F.).

16 Die Gesamtschwerbehindertenvertreter haben die **gleichen persönlichen Rechte und Pflichten** wie die Schwerbehindertenvertreter (§ 180 Abs. 7 i. V. m. Verweisung auf § 179 SGB IX). Die **Rechtsstellung** ist im Einzelnen **der von Betriebsratsmitgliedern nachgebildet**. Insbesondere sind die Gesamtschwerbehindertenvertreter von ihrer beruflichen Tätigkeit ohne Minderung des Arbeitsentgelts zu befreien, wenn und soweit es zur Durchführung ihrer Aufgaben erforderlich ist; der Arbeitgeber hat die durch ihre Tätigkeit entstehenden Kosten zu tragen (vgl. zu weiteren Einzelheiten der persönlichen Rechtsstellung, insb. auch hinsichtlich Kündigungs- und Versetzungsschutz, § 179 SGB IX).

III. Betriebsverfassungsrechtliche Rechtsstellung der Gesamtschwerbehindertenvertretung

17 Durch die Gesamtschwerbehindertenvertretung findet eine zusätzliche repräsentative Vertretung der Interessen einer bestimmten Arbeitnehmergruppe (schwerbehinderte Menschen) auf Unternehmensebene statt; die Gesamtschwerbehindertenvertretung ist deshalb **gesetzliches Organ der Betriebsverfassung** (ebenso *BAG* 21.09.1989 EzA § 14 SchwbG 1986 Nr. 6 S. 5). Sie ist aber weder Organ (ebenso *Richardi/Annuß* § 52 Rn. 4) noch Mitglied des Gesamtbetriebsrats (zust. *Fitting* § 52 Rn. 9). Mit dem BetrVG und dem SGB IX ist es jedoch vereinbar, dass ein Gesamtbetriebsratsmitglied zur Gesamtschwerbehindertenvertretung gewählt wird oder umgekehrt diese Gesamtbetriebsratsmitglied wird (ebenso *Galperin/Löwisch* § 52 Rn. 6; *Trittin/DKKW* § 52 Rn. 3; vgl. auch *BAG* 04.06.1987 *BAGE* 55, 332 [334]). Die Vereinigung der Ämter in einer Person lässt die gleichzeitige Wahrnehmung beider Ämter unberührt. Deshalb rückt weder das Ersatzmitglied für das Gesamtbetriebsratsmitglied nach, noch vertritt der Stellvertreter die Gesamtschwerbehindertenvertretung. Auch werden durch das Doppelamt Funktionsunterschiede nicht beseitigt (vgl. auch *Raab* § 32 Rdn. 10).

18 Die Gesamtschwerbehindertenvertretung hat das **Recht**, nicht die Pflicht, an **allen Sitzungen** des Gesamtbetriebsrats **beratend** (d. h. ohne Stimmrecht) **teilzunehmen** (§ 52; § 180 Abs. 7, § 178 Abs. 4 SGB IX). Dies ist die eigentliche Regelungsmaterie des § 52. Das Teilnahmerecht ist unbeschränkt (»alle«) und nicht nur auf Sitzungen bezogen, die sich mit Tagesordnungspunkten befassen, welche die Interessen der schwerbehinderten Menschen berühren. Der Vorsitzende des Gesamtbetriebsrats hat deshalb die Gesamtschwerbehindertenvertretung zu **allen** Sitzungen rechtzeitig und unter Mitteilung der Tagesordnung **zu laden** (§ 51 Abs. 2 Satz 3 i. V. m. § 29 Abs. 2 Satz 4). Versäumt er dies, kann der Gesamtbetriebsrat gleichwohl wirksame Beschlüsse fassen (vgl. *Fitting* § 52 Rn. 15; *Trittin/DKKW* § 52 Rn. 17). Die Gesamtschwerbehindertenvertretung hat weiterhin das Recht, zu **beantragen**, Angelegenheiten, die einzelne oder die schwerbehinderten Menschen als Gruppe besonders betreffen, auf die **Tagesordnung** der nächsten Sitzung zu setzen (§ 180 Abs. 7 i. V. m. § 178 Abs. 4 SGB IX); das Recht, die Einberufung einer Sitzung des Gesamtbetriebsrats zu beantragen, hat sie aber nicht. Ist die Schwerbehindertenvertretung **verhindert**, ist ihr **Stellvertreter** zur Teilnahme und Beratung berechtigt und entsprechend zu laden (vgl. § 180 Abs. 5 SGB IX). Da im Übrigen bezüglich **Teilnahme- und Beratungsrecht** (einschließlich ihrer Verletzung) gleiches gilt wie für die Teilnahme der Schwerbehindertenvertretung an einer Betriebsratssitzung nach § 32, gelten die Erläuterungen bei *Raab* § 32 Rdn. 11 ff. hier entsprechend.

19 Die Gesamtschwerbehindertenvertretung hat das Recht, die **Aussetzung eines Beschlusses** des Gesamtbetriebsrats zu verlangen, wenn sie diesen als eine erhebliche Beeinträchtigung wichtiger Interessen schwerbehinderter Menschen erachtet (§ 51 Abs. 1 Satz 1 i. V. m. § 35 Abs. 1; § 180 Abs. 7 i. V. m. § 178 Abs. 4 Satz 2 SGB IX); vgl. auch *Raab* § 35 Rdn. 14. Nach § 180 Abs. 7 i. V. m. § 178 Abs. 4 Satz 2 SGB IX kann sie die Aussetzung auch dann verlangen, wenn sie geltend macht, entgegen § 178 Abs. 2 Satz 1 SGB IX vom Arbeitgeber nicht (ordnungsgemäß) beteiligt worden zu sein (ebenso *Fitting* § 52 Rn. 11; *Trittin/DKKW* § 52 Rn. 16). Für das Verfahren bei Aussetzung von Beschlüssen gilt § 51 Abs. 1 Satz 1 i. V. m. § 35 Abs. 1 und 2 entsprechend.

Betriebsräteversammlung § 53

Die Gesamtschwerbehindertenvertretung, im Verhinderungsfalle ihr Stellvertreter, haben (ohne dass 20
dies in § 52 ausdrücklich erwähnt wird) weiter das Recht, an **allen Sitzungen der Ausschüsse** des
Gesamtbetriebsrats, also des Gesamtbetriebsausschusses und weiterer Ausschüsse, **beratend teilzunehmen** (vgl. Rdn. 1); auch insoweit kann sie beantragen, Angelegenheiten, die einzelne oder
die schwerbehinderten Menschen als Gruppe besonders betreffen, auf die **Tagesordnung** der nächsten Sitzung zu setzen (§ 180 Abs. 7 i. V. m. § 178 Abs. 4 Satz 1 SGB IX; vgl. auch *Raab* § 32 Rdn. 3,
der aber das Teilnahmerecht auf Ausschüsse beschränkt, denen Aufgaben zur selbstständigen Erledigung übertragen worden sind). Sie ist auch berechtigt, an den Sitzungen des **Wirtschaftsausschusses**
beratend teilzunehmen, da dieser nach der gesetzgeberischen Konzeption ein Ausschuss des (vorhandenen) Gesamtbetriebsrats ist (*BAG* 04.06.1987 EzA § 108 BetrVG 1972 Nr. 6 = BAGE 55, 332).
Zum Teilnahmerecht an der **Betriebsräteversammlung** vgl. § 53 Rdn. 41.

Zu **allen** (monatlichen) **Besprechungen** des Arbeitgebers mit dem Gesamtbetriebsrat nach §§ 51 21
Abs. 5, **74 Abs. 1** ist die Gesamtschwerbehindertenvertretung **hinzuzuziehen** (§ 180 Abs. 7 i. V. m.
§ 178 Abs. 5 SGB IX). Auch dieses Teilnahmerecht, das durch die Novelle 1986 zum Schwerbehindertengesetz (vgl. Rdn. 2) eingeführt wurde, ist nicht davon abhängig, dass Angelegenheiten beraten
werden, die Schwerbehinderte besonders betreffen (vgl. BT-Drucks. 10/5701, S. 11). Dementsprechend haben Arbeitgeber und/oder Gesamtbetriebsrat der Gesamtschwerbehindertenvertretung in
allen Fällen rechtzeitig über Ort und Zeitpunkt und über ggf. bereits festgelegte Beratungsgegenstände
Mitteilung zu machen.

Weitere, **nicht betriebsverfassungsrechtlich** ausgerichtete Rechte der Gesamtschwerbehinderten- 22
vertretung ergeben sich aus § 180 Abs. 7 i. V. m. § 178 Abs. 2 SGB IX.

IV. Streitigkeiten

Streitigkeiten über das Teilnahmerecht der Gesamtschwerbehindertenvertretung an den Sitzungen des 23
Gesamtbetriebsrats und seiner Ausschüsse sowie über sonstige betriebsverfassungsrechtliche Befugnisse
der Gesamtschwerbehindertenvertretung, auch soweit sie nur im SGB IX geregelt sind, entscheidet das
Arbeitsgericht auf Antrag im **Beschlussverfahren** nach § 2a Abs. 1 Nr. 1, Abs. 2, §§ 80 ff. ArbGG
(so grundlegend für Rechtsstreitigkeiten über Rechte und Pflichten der Schwerbehindertenvertretung
gegenüber dem Arbeitgeber oder Betriebsrat *BAG* 21.09.1989 EzA § 14 SchwbG 1986 Nr. 2). Örtlich
zuständig ist das Gericht, in dessen Bezirk das Unternehmen seinen Sitz hat (§ 82 Abs. 1 Satz 2 ArbGG).

§ 53
Betriebsräteversammlung

**(1) Mindestens einmal in jedem Kalenderjahr hat der Gesamtbetriebsrat die Vorsitzenden
und die stellvertretenden Vorsitzenden der Betriebsräte sowie die weiteren Mitglieder der
Betriebsausschüsse zu einer Versammlung einzuberufen. Zu dieser Versammlung kann
der Betriebsrat abweichend von Satz 1 aus seiner Mitte andere Mitglieder entsenden, soweit
dadurch die Gesamtzahl der sich für ihn nach Satz 1 ergebenden Teilnehmer nicht überschritten wird.**

(2) In der Betriebsräteversammlung hat
1. **der Gesamtbetriebsrat einen Tätigkeitsbericht,**
2. **der Unternehmer einen Bericht über das Personal- und Sozialwesen einschließlich des
Stands der Gleichstellung von Frauen und Männern im Unternehmen, der Integration
der im Unternehmen beschäftigten ausländischen Arbeitnehmer, über die wirtschaftliche Lage und Entwicklung des Unternehmens sowie über Fragen des Umweltschutzes
im Unternehmen, soweit dadurch nicht Betriebs- und Geschäftsgeheimnisse gefährdet
werden,**

zu erstatten.

(3) Der Gesamtbetriebsrat kann die Betriebsräteversammlung in Form von Teilversammlungen durchführen. Im Übrigen gelten § 42 Abs. 1 Satz 1 zweiter Halbsatz und Satz 2, § 43 Abs. 2 Satz 1 und 2 sowie die §§ 45 und 46 entsprechend.

Literatur
Brill Die Betriebsräteversammlung, AuR 1979, 138.

Inhaltsübersicht

	Rdn.
I. Vorbemerkung	1–6
II. Zusammensetzung der Betriebsräteversammlung	7–15
1. Gesetzlich vorgesehene Mitglieder der Betriebsräte	8–10
2. Abweichende Entsendung von Betriebsratsmitgliedern	11–15
III. Gegenstände der Betriebsräteversammlung	16–26
1. Notwendige Gegenstände	18–24
a) Tätigkeitsbericht des Gesamtbetriebsrats	18, 19
b) Lagebericht des Unternehmers	20–24
2. Sonstige Gegenstände	25, 26
IV. Einberufung und Vorbereitung der Versammlung	27–37
1. Anzahl der Versammlungen, Teilversammlungen	27, 28
2. Zeitpunkt der Versammlung	29
3. Ausschließliche Einberufung durch den Gesamtbetriebsrat	30–36
4. Folgen der Nichteinberufung	37
V. Leitung und Durchführung der Betriebsräteversammlung	38–59
1. Leitung	38
2. Durchführung	39, 40
3. Nichtöffentlichkeit	41–46
4. Teilnahmepflicht und Vertretung	47–52
a) Arbeitnehmer	47
b) Unternehmer	48–52
5. Teilnahmerecht der Verbände	53, 54
a) Gewerkschaftsvertreter	53
b) Arbeitgeberverbandsvertreter	54
6. Befugnisse der Betriebsräteversammlung	55–59
VI. Kosten der Betriebsräteversammlung	60, 61
VII. Streitigkeiten	62

I. Vorbemerkung

1 Die Einrichtung einer Betriebsräteversammlung ist durch das BetrVG 1972 neu geschaffen worden. Sie geht zurück auf Vorschläge des DGB zur Änderung des BetrVG 1952 aus dem Jahre 1970, die bereits vorsahen, dass der Gesamtbetriebsrat die Möglichkeit erhält, einmal im Kalenderjahr in einer Versammlung **allen** Betriebsratsmitgliedern des Unternehmens über seine Tätigkeit zu berichten. Der Regierungsentwurf nahm diesen Vorschlag auf, enthielt darüber hinaus aber noch eine Berichtspflicht des Unternehmers über die Lage und Entwicklung des Unternehmens. Zweck der Versammlung sollte es sein, **alle** Betriebsratsmitglieder aus erster Hand über die Tätigkeit des Gesamtbetriebsrats sowie über die Lage und Entwicklung des Unternehmens zu informieren. Außerdem sollte die Möglichkeit des persönlichen Gedankenaustauschs eröffnet werden (vgl. BR-Drucks. 715/70, S. 43). Ohne den Zweck der Betriebsräteversammlung neu zu definieren, wurde jedoch durch den Ausschuss für Arbeit und Sozialordnung die Teilnahme an der Betriebsversammlung auf »die jeweiligen Mitglieder der Betriebsausschüsse« **beschränkt**, um eine übermäßig große Teilnehmerzahl zu vermeiden. Zugleich wurde die Unterrichtungspflicht ausdrücklich auf das Personal- und Sozialwesen erweitert, weil diese Bereiche von besonderem Interesse für die Arbeit der Betriebsräte sind (vgl. zu BT-Drucks. VI/2729, S. 26). Durch Art. 12 Nr. 68 Postneuordnungsgesetz vom 14.09.1994 (BGBl. I, S. 2325, 2392) ist § 53 Abs. 3 Satz 1 neu in das Gesetz eingefügt worden; die Bestimmung eröffnet dem Gesamtbetriebsrat die Möglichkeit, die Betriebsräteversammlung in Form von **Teilversammlungen** durchzuführen.

2 Durch Art. 1 Nr. 38 BetrVerf-Reformgesetz vom 23. Juli 2001 (BGBl. I, S. 1852) ist § 53 Abs. 2 Nr. 2 neu gefasst worden. Die **Gegenstände**, über die der Unternehmer in seinem Lagebericht zu berichten hat, sind entsprechend den allgemeinen Zielsetzungen des BetrVerf-Reformgesetzes (vgl. Begründung zum RegE BT-Drucks. 14/5741 A III Nr. 7, 8 und 10, S. 30 f.) **ausgeweitet** worden. So hat sich der Bericht über das Personal- und Sozialwesen jetzt auch auf den Stand der Gleichstellung von Frauen und Männern im Unternehmen und der Integration der im Unternehmen beschäftigten ausländischen Arbeitnehmer zu erstrecken; außerdem hat der Unternehmer über Fragen des Umweltschutzes im Unternehmen zu berichten.

3 Die Betriebsräteversammlung ist auf Unternehmensebene Ersatz dafür, dass eine Unternehmensbelegschaftsversammlung praktisch schwerlich durchführbar wäre (vgl. *Brill* AuR 1979, 139). Sie steht funktional dem Gesamtbetriebsrat gegenüber wie die Betriebsversammlung dem Betriebsrat (vgl. auch die Verweisungen in Abs. 3) und ist wie diese **Bindeglied zwischen Betriebsverfassungsorgan und Basis**. Der Betriebsräteversammlung ist es versagt, verbindliche Entscheidungen mit Außenwirkung zu treffen oder durch Weisungen unmittelbar Einfluss auf die Tätigkeit des Gesamtbetriebsrats zu nehmen. Die ihr gestellte Aufgabe beschränkt sich gemäß Abs. 2 primär darauf, den Tätigkeitsbericht des Gesamtbetriebsrats und den Lagebericht des Unternehmers entgegenzunehmen und zu diskutieren. Von nicht unerheblicher Bedeutung ist darüber hinaus die bezweckte Möglichkeit zum Erfahrungs- und Gedankenaustausch, dem ein vom Gesetz gewollter unternehmensinterner Schulungseffekt innewohnt.

4 Die Vorschrift ist **zwingend**, kann insbesondere weder durch Tarifvertrag noch Betriebsvereinbarung abbedungen werden. In einer ergänzenden freiwilligen (Gesamt-) Betriebsvereinbarung zwischen Gesamtbetriebsrat und Arbeitgeber können jedoch Einzelheiten der Durchführung der Betriebsräteversammlung (Zeit, Ort, Einberufung auf Verlangen des Unternehmers) festgelegt werden (ebenso *Brill* AuR 1979, 139; *Fitting* § 53 Rn. 4; *Galperin/Löwisch* § 53 Rn. 2; *Glock/HWGNRH* § 53 Rn. 2; *Trittin/DKKW* § 53 Rn. 3). Der Teilnehmerkreis kann nicht erweitert werden, namentlich nicht durch Tarifvertrag (**a. M.** *Trittin/DKKW* § 53 Rn. 3), weil der Gesetzgeber diesen ausdrücklich beschränkt hat.

5 Im **Konzernbereich** gilt § 53 nicht entsprechend, weil § 59 nicht darauf verweist. Ebenso wenig kennt das Gesetz eine **Jugend- und Auszubildendenvertreterversammlung** auf Unternehmensebene, da in § 73 Abs. 2 nicht auf § 53 verwiesen ist.

6 **BPersVG** und **SprAuG** enthalten keine entsprechende Vorschrift.

II. Zusammensetzung der Betriebsräteversammlung

7 Teilnahmeberechtigte Mitglieder der Betriebsräteversammlung sind stets die Mitglieder des einladenden Gesamtbetriebsrats, die ihrerseits Mitglieder der Einzelbetriebsräte sind (§ 47 Abs. 2), sowie nach Maßgabe des § 53 Abs. 1 Mitglieder der Betriebsräte des Unternehmens (zu Teilversammlungen vgl. Rdn. 28). Nicht zu den Mitgliedern der Betriebsversammlung gehören der Arbeitgeber, auch soweit für ihn eine Anwesenheitspflicht besteht, und die Verbandsvertreter.

1. Gesetzlich vorgesehene Mitglieder der Betriebsräte

8 Zur Betriebsräteversammlung sind die **Vorsitzenden** und **stellvertretenden Vorsitzenden** der einzelnen Betriebsräte des Unternehmens sowie sämtliche weiteren **Mitglieder der Betriebsausschüsse** einzuberufen, sofern Betriebsräte nicht von dem ihnen gemäß § 53 Abs. 1 Satz 2 eingeräumten Recht Gebrauch machen, andere Mitglieder aus ihrer Mitte zu entsenden.

9 Aus dem Gesetzeswortlaut, der die teilnahmeberechtigten Mitglieder der Betriebsausschüsse als deren »weitere« Mitglieder neben dem Vorsitzenden und dessen Stellvertreter nennt, ergibt sich, dass nur der gemäß § 27 pflichtgemäß zu bildende **Betriebsausschuss** mit seiner gesetzlich festgelegten Mitgliederzahl gemeint ist. Das Gesetz kennt nur einen Betriebsausschuss und benennt andere Ausschüsse dementsprechend als »Ausschüsse« (vgl. die Überschriften von §§ 27, 28). Nur im Betriebsausschuss sind gemäß § 27 Abs. 1 der Vorsitzende des Betriebsrats und dessen Stellvertreter kraft Gesetzes Mitglieder. Mitglieder der fakultativ nach § 28 zu errichtenden Ausschüsse des Betriebsrats gehören daher der Betriebsversammlung nicht an (ebenso *Brill* AuR 1979, 139). Aus der Benutzung des Plurals »Betriebsausschüsse« im Gesetzeswortlaut folgt nichts Gegenteiliges. Sie entspricht den ebenfalls in Mehrzahl genannten Vorsitzenden und stellvertretenden Vorsitzenden der Betriebsräte. Für die Beschränkung des Personenkreises spricht zudem die Entstehungsgeschichte, aus der sich ergibt, dass die Teilnahme an der Betriebsräteversammlung auf die »jeweiligen Mitglieder der Betriebsausschüsse beschränkt« sein soll (vgl. Rdn. 1). Würden die Mitglieder der weiteren Ausschüsse zugelassen, so könnte dies, weil der Errichtung weiterer Ausschüsse keine Grenzen gesetzt sind, letztlich doch wieder zur Mitgliedschaft sämtlicher Betriebsratsmitglieder in der Betriebsräteversammlung führen; das soll jedoch gerade verhindert werden. Hinzu kommt, dass ansonsten bei Abstimmungen in der Betriebsräteversammlung die durch die gesetzliche Mitgliederzahl der Betriebsausschüsse nach § 27 Abs. 1 i. V. m. § 9 garantierte Berücksichtigung der Arbeitnehmerzahl der einzelnen Betriebe gestört würde.

10 Hat der Betriebsrat keinen Betriebsausschuss, weil er weniger als neun Mitglieder hat (§ 27 Abs. 1), so folgt aus der ausdrücklichen Benennung in Abs. 1, dass der Betriebsratsvorsitzende und sein Stellvertreter teilnahmeberechtigt sind; dabei ist es unmaßgeblich, ob ihnen die Führung der laufenden Geschäfte übertragen worden ist (§ 27 Abs. 3). Hat der Betrieb nur einen aus einer Person bestehenden Betriebsrat, so ist (nur) dieser teilnahmeberechtigt (ebenso *Brill* AuR 1979, 139; *Löwisch/LK* § 53 Rn. 2; *Richardi/Annuß* § 53 Rn. 4, 6; *Trittin/DKKW* § 53 Rn. 10), im Falle seiner Verhinderung das Ersatzmitglied.

2. Abweichende Entsendung von Betriebsratsmitgliedern

11 Nach § 53 Abs. 1 Satz 2 können, abweichend von den gesetzlich vorgesehenen Betriebsratsmitgliedern (vgl. Rdn. 8 ff.), **andere Betriebsratsmitglieder** entsandt werden. Deren Gesamtzahl darf aber nicht die gesetzlich vorgesehene Mitgliederzahl übersteigen. Die Regelung ermöglicht den Betriebsräten einerseits, Informationsträger auszutauschen, was sich insbesondere empfiehlt, wenn Nichtmitglieder des Betriebsausschusses zu Tagesordnungspunkten über besondere Sachkunde verfügen oder auch allgemein zu Schulungszwecken und zur besseren Verbreitung der Informationen. Andererseits gestattet die Vorschrift, die Zahl der teilnahmeberechtigten Betriebsratsmitglieder um höchstens zwei zu erhöhen, wenn unter den gesetzlich vorgesehenen Mitgliedern solche sind, die wegen ihrer Mitgliedschaft im Gesamtbetriebsrat ohnehin an der Betriebsräteversammlung teilnehmen. Die **abweichende Entsendung** setzt im Einzelnen voraus:

12 Die Entsendung muss **aus der Mitte** des Betriebsrats erfolgen. Es können daher **nur Mitglieder** des Betriebsrats entsandt werden. Alle Betriebsratsmitglieder kommen in Betracht. Ersatzmitglieder werden erst Betriebsratsmitglieder, wenn das ursprüngliche Mitglied aus dem Betriebsrat ausgeschieden oder zeitweilig verhindert ist (ebenso *Brill* AuR 1979, 140; *Fitting* § 53 Rn. 9; *Glock/HWGNRH* § 53 Rn. 6; *Hohenstatt/Dzida/HWK* § 53 BetrVG Rn. 2; *Richardi/Annuß* § 53 Rn. 7; nun auch *Tautphäus/HaKo* § 53 Rn. 6; *Trittin/DKKW* § 53 Rn. 8; **a. M.** *Galperin/Löwisch* § 53 Rn. 7, die verlangen, dass das Ersatzmitglied endgültig nachgerückt ist).

13 Die **Gesamtzahl** der sich aus Abs. 1 Satz 1 ergebenden Teilnehmer darf nicht überschritten werden. Die Höchstzahl der kraft Gesetzes Einzuladenden ergibt sich aus § 27 Abs. 1. Betriebsräte mit weniger als neun Mitgliedern dürfen nicht mehr als zwei ihrer Mitglieder entsenden, den Betriebsratsvorsitzenden und seinen Stellvertreter. Betriebsräte mit
 9 bis 15 Mitgliedern entsenden höchstens 5 Mitglieder,
 17 bis 23 Mitgliedern entsenden höchstens 7 Mitglieder
 25 bis 35 Mitgliedern entsenden höchstens 9 Mitglieder,
 37 oder mehr Mitgliedern entsenden höchstens 11 Mitglieder.
Hat z. B. ein 15köpfiger Betriebsrat seinen Vorsitzenden und ein Betriebsausschussmitglied in den Gesamtbetriebsrat entsandt, so sind nach § 53 Abs. 1 Satz 1 i. V. m. § 27 Abs. 1 zwar fünf Betriebsausschussmitglieder einzuladen, wovon zwei aber ohnehin als Gesamtbetriebsratsmitglieder an der Betriebsräteversammlung teilnehmen. Will der Betriebsrat die Informationsmöglichkeit seiner Mit-

glieder voll ausschöpfen, dann wird er für die Gesamtbetriebsratsmitglieder, die gleichzeitig Betriebsausschussmitglieder sind, gemäß Abs. 1 Satz 2 andere Mitglieder entsenden.

Denn **Gesamtbetriebsratsmitglieder** sind auf die Gesamtzahl der nach Abs. 1 Satz 1 teilnahmeberechtigten Mitglieder **nicht anzurechnen**, weil sie als Mitglieder des die Betriebsräteversammlung einberufenden Gesamtbetriebsrats gleichsam als Mitveranstalter an dieser teilnehmen. Bei entsprechendem Verfahren kommen im Beispielfall (Rdn. 13) zu den insgesamt zu entsendenden fünf Mitgliedern noch die zwei Gesamtbetriebsratsmitglieder hinzu, so dass insgesamt sieben Mitglieder des Betriebsrats an der Betriebsräteversammlung teilnehmen können (ebenso *Brill* AuR 1979, 140; *Fitting* § 53 Rn. 8; *Galperin/Löwisch* § 53 Rn. 5; *Glock/HWGNRH* § 53 Rn. 5; *Joost/*MünchArbR § 226 Rn. 8; *Maschmann/DFL* § 53 BetrVG Rn. 3; *Trittin/DKKW* § 53 Rn. 7; *Weiss/Weyand* § 53 Rn. 5). Für den einköpfigen Betriebsrat kommt auch dann keine abweichende Entsendung in Betracht, wenn er Gesamtbetriebsratsmitglied ist.

Nach Abs. 1 Satz 2 ist die Entsendung **vom Betriebsrat** vorzunehmen. Hierzu bedarf es eines mit einfacher Mehrheit gemäß § 33 zu fassenden Beschlusses, der dem Betreffenden zugehen muss. Dem einladenden Gesamtbetriebsrat bzw. seinem Vorsitzenden ist Mitteilung zu machen.

14

15

III. Gegenstände der Betriebsräteversammlung

Notwendige Gegenstände der Betriebsräteversammlung sind nach Abs. 2 der **Tätigkeitsbericht des Gesamtbetriebsrats** (Nr. 1) und der **Lagebericht des Unternehmers** (Nr. 2). Da Abs. 2 die Betriebsräteversammlung mit bestimmtem Artikel (»der«) und in der Einzahl nennt, bezieht er sich insoweit auf die nach Abs. 1 mindestens einmal im Jahr einzuberufende Betriebsräteversammlung. Finden weitere Versammlungen im selben Jahr statt (vgl. dazu Rdn. 27), so bedarf es nicht zwingend einer nochmaligen Berichterstattung nach Abs. 2 (**a. M.** *Glock/HWGNRH* § 53 Rn. 13; *Trittin/DKKW* § 53 Rn. 16).

16

Gemäß der Verweisung in Abs. 3 auf den entsprechend anzuwendenden § 45 kann die Betriebsräteversammlung darüber hinaus **alle Angelegenheiten**, einschließlich solcher tarifpolitischer, sozialpolitischer, umweltpolitischer und wirtschaftlicher Art, behandeln, die das Unternehmen oder seine Arbeitnehmer unmittelbar betreffen. Die notwendigen und sonstigen Gegenstände der Betriebsräteversammlung sind durch den Gebrauch entsprechender Formulierungen (vgl. § 53 Abs. 2 Nr. 1 zu § 43 Abs. 1; § 53 Abs. 2 Nr. 2 zu § 43 Abs. 2 Satz 3) bzw. durch Verweisung (§ 53 Abs. 3 auf § 45) den Gegenständen der Betriebsversammlung nachgebildet. Der Unterschied besteht darin, dass die Themen der Betriebsversammlung vom Betrieb her bestimmt werden, während die Betriebsräteversammlung Fragen des alle Betriebe umfassenden **Unternehmens** zum Gegenstand hat.

17

1. Notwendige Gegenstände

a) Tätigkeitsbericht des Gesamtbetriebsrats

Der Bericht hat sich auf die allgemeine Lage des Unternehmens im personellen und sachlichen Bereich aus der Sicht des Gesamtbetriebsrats zu erstrecken. Bedeutsame Einzelmaßnahmen, wie z. B. der Abschluss von Betriebsvereinbarungen, Entsendung von Mitgliedern in den Konzernbetriebsrat (§ 55) oder das Tätigwerden für Einzelbetriebe gemäß § 50 Abs. 2 sind mit einzubeziehen. Da der Gesamtbetriebsrat nicht nur für den Bereich des Gesamtunternehmens, sondern auch für Angelegenheiten zuständig ist, die zwei oder mehr Betriebe betreffen (§ 50 Abs. 1), können auch die Probleme dieser Betriebe zur Sprache kommen. Desgleichen wird man zum Tätigkeitsbericht Ausführungen rechnen müssen, die sich mit der Eingliederung des Unternehmens in einen Konzern beschäftigen, insbesondere dann, wenn ein Konzernbetriebsrat besteht und dieser das Unternehmen betreffende Aufgaben wahrnimmt oder wahrnehmen soll. In den Bericht gehört auch die Mitwirkung von Gesamtbetriebsratsmitgliedern im Wirtschaftsausschuss, insbesondere wenn die Aufgaben des Wirtschaftsausschusses einem Ausschuss des Gesamtbetriebsrats übertragen worden sind (vgl. § 107 Abs. 2 Satz 6). Ferner sind in den Bericht bedeutsame Aktivitäten aus den Bereichen besonders zugewiesener Beteiligungsbefugnisse (vgl. § 51 Rdn. 83 ff.) aufzunehmen. Zur Behandlung vertraulicher Tatsachen

18

vgl. *Weber* § 43 Rdn. 7. Die für den Tätigkeitsbericht des Betriebsrats nach § 45 geltenden Grenzen sind gemäß § 53 Abs. 3 auch vom Gesamtbetriebsrat einzuhalten. Ihre Beachtung ergibt sich schon aus der Beschränkung des Berichts auf die »Tätigkeit des Gesamtbetriebsrats«.

19 Der Gesamtbetriebsrat ist **als Kollegium** zur Berichterstattung verpflichtet. Deshalb ist erforderlich, dass zuvor der wesentliche Inhalt des Berichts durch Beschluss des Gesamtbetriebsrats (§ 51 Abs. 3) festgelegt wird (ebenso *Brill* AuR 1979, 144; *Fitting* § 53 Rn. 18; *Glock/HWGNRH* § 53 Rn. 14; *Joost/*MünchArbR § 226 Rn. 17; *Richardi/Annuß* § 53 Rn. 13; *Trittin/DKKW* § 53 Rn. 17). Wird über einen vorformulierten Bericht im Gesamtbetriebsrat beraten und abgestimmt, so müssen wesentliche Änderungen und Ergänzungen wiederum durch Beschluss genehmigt sein. Den **mündlich** zu erstattenden Tätigkeitsbericht übernimmt in der Regel der Vorsitzende des Gesamtbetriebsrats (§ 51 Abs. 1 Satz 1, § 26 Abs. 2), der gemäß § 53 Abs. 3 i. V. m. § 42 Abs. 1 Satz 1 Halbs. 2 gleichzeitig Versammlungsleiter ist. Die Bestimmung eines anderen Vortragenden, z. B. eines besonders fachkundigen Mitglieds des Gesamtbetriebsausschusses, bedarf eines Beschlusses.

b) Lagebericht des Unternehmers

20 Der Unternehmer (Arbeitgeber) hat über die in Abs. 2 Nr. 2 genannten Bereiche **mündlich** Bericht zu erstatten. Der Bericht über das **Personalwesen** (zum Begriff vgl. *Weber* § 43 Rdn. 9 f.) beschränkt sich auf die allgemeine Situation **im Unternehmen**. Singulär-individuelle Maßnahmen sind in der Betriebsräteversammlung nicht vorzutragen. Dagegen beruhen personelle Grundsatzentscheidungen in den Einzelbetrieben auf der **Organisationsgewalt des Unternehmers** und sind somit Berichtsgegenstand. Speziell unternehmensbezogen sind die Belange von leitenden Angestellten, Geschäftsführern und Vorstandsmitgliedern, die demgemäß vorzutragen sind.

21 Zum Begriff des **Sozialwesens** vgl. *Weber* § 43 Rdn. 11. Zum Punkt Sozialwesen im Unternehmensbericht gehören auch die auf der Planungs- und Entscheidungsbefugnis des Unternehmers beruhenden Sozialeinrichtungen der Einzelbetriebe und der mit einer größeren Anzahl von Arbeitnehmern abgeschlossenen zusätzlichen Versorgungsverträge.

22 Im Jahr 2001 eingeführt (vgl. Rdn. 2) wurde die Verpflichtung des Arbeitgebers, in seinem Bericht über das Personal- und Sozialwesen auch auf den **Stand** der **Gleichstellung** von Männern und Frauen im Unternehmen sowie der **Integration** der im Unternehmen beschäftigten **ausländischen Arbeitnehmer** einzugehen (vgl. zu diesen Gegenständen der Berichtspflicht *Weber* § 43 Rdn. 14 f.). Diese Ausweitung wird in der Begründung zum RegE des BetrVerf-Reformgesetzes (BT-Drucks. 14/5741, S. 43) darauf gestützt, dass die Gleichstellung der Geschlechter und die Bekämpfung von Rassismus und Fremdenfeindlichkeit nicht nur Aufgabe der einzelnen Betriebe ist, sondern des ganzen Unternehmens.

23 Im Bericht über die **wirtschaftliche Lage und Entwicklung des Unternehmens** müssen die zu § 43 Rdn. 16 von *Weber* genannten Punkte erörtert werden. Die für den Bericht in der Betriebsversammlung schwierige Abgrenzung zwischen der in ihr lediglich abzuhandelnden wirtschaftlichen Lage des Betriebes und der des Unternehmens entfällt hier. Der Unternehmer hat nur über solche Punkte und nur insoweit zu berichten, als dadurch nicht **Betriebs- und Geschäftsgeheimnisse** (vgl. zum Begriff *Oetker* § 79 Rdn. 11 ff.) objektiv gefährdet werden. Die Berichtspflicht entfällt schon dann, wenn eine solche Gefahr heraufbeschworen würde. Während bei der Betriebsversammlung im Hinblick auf den großen Teilnehmerkreis eine Gefährdung durch unbefugte Offenbarung eher zu befürchten ist, ist für die Betriebsräteversammlung bei der Feststellung einer objektiven Gefährdung von Betriebs- und Geschäftsgeheimnissen zu beachten, dass an der Versammlung nur Personen teilnehmen, die nach § 79 zur Geheimhaltung verpflichtet sind (ebenso *Brill* AuR 1979, 144; *Fitting* § 53 Rn. 25; *Frauenkron* § 53 Rn. 8; *Weiss/Weyand* § 53 Rn. 9; dagegen halten *Richardi/Annuß* § 53 Rn. 16 diesen Gedanken für unbeachtlich).

24 Im Jahr 2001 eingeführt (vgl. Rdn. 2) wurde die Verpflichtung des Arbeitgebers, auch über Fragen des **Umweltschutzes** im Unternehmen Bericht zu erstatten. Anknüpfungspunkt für diese Ausweitung der Berichtspflicht ist die stärkere Einbeziehung des Betriebsrats in den betrieblichen Umweltschutz (vgl. Begründung zum RegE BetrVerf-Reformgesetz, BT-Drucks. 14/5741, S. 43). Da jedoch die Zuständigkeit des Betriebsrats gerade auf den »betrieblichen« Umweltschutz beschränkt ist (vgl.

§ 80 Abs. 1 Nr. 9, § 88 Nr. 1a, § 89 mit der Begriffsbestimmung in Abs. 3), ist diese Ausweitung von zweifelhafter Folgerichtigkeit. Die Berichtspflicht beschränkt sich auf die allgemeine Situation von Auflagen und Maßnahmen des Umweltschutzes im Unternehmen und deren Auswirkungen als Kostenfaktor für die wirtschaftliche Situation des Unternehmens; auch sie besteht nur, soweit Betriebs- und Geschäftsgeheimnisse nicht gefährdet werden (vgl. Rdn. 23).

2. Sonstige Gegenstände

Durch § 53 Abs. 3 i. V. m. § 45 wird der **Themenkatalog** der Betriebsräteversammlung über denjenigen nach Abs. 2 hinaus **erheblich erweitert**. Danach können in der Betriebsräteversammlung Angelegenheiten einschließlich solcher tarifpolitischer, sozialpolitischer, umweltpolitischer und wirtschaftlicher Art sowie ausdrücklich auch Fragen der **Förderung** in Bezug auf die Gleichstellung von Frauen und Männern, die Vereinbarkeit von Familie und Erwerbstätigkeit und die Integration der im Unternehmen beschäftigten ausländischen Arbeitnehmer behandelt werden, die das Unternehmen oder seine Arbeitnehmer unmittelbar betreffen. Da jeder einzelne Betrieb bestimmt ist, dem Unternehmenszweck zu dienen, ist das Unternehmen auch von Angelegenheiten betroffen, die spezifisch nur einen Betrieb betreffen, so dass die Betriebsräteversammlung auch die Angelegenheiten eines Einzelbetriebes erörtern kann (ebenso *Fitting* § 53 Rn. 27; *Trittin/DKKW* § 53 Rn. 16; **a. M.** *Glock/HWGNRH* § 53 Rn. 20; *Stege/Weinspach/Schiefer* § 53 Rn. 3). Zur Abgrenzung der Berichts- und Erörterungsbefugnis nach § 45 vgl. im Einzelnen *Weber* § 45 Rdn. 11 ff. 25

Für die Betriebsräteversammlung gilt das **Verbot allgemeinpolitischer und parteipolitischer Betätigung** und das **Gebot**, die betriebsverfassungsrechtliche **Friedenspflicht** zu wahren. Auch ohne die Verweisung über § 53 Abs. 3, §§ 45, 74 Abs. 2 würde dies für die Mitglieder der Betriebsversammlung als Betriebsrats- und Gesamtbetriebsratsmitglieder nach § 74 Abs. 2 bzw. § 51 Abs. 5, § 74 Abs. 2 gelten. Ebenso gilt das Gebot vertrauensvoller Zusammenarbeit nach § 2 Abs. 1. 26

IV. Einberufung und Vorbereitung der Versammlung

1. Anzahl der Versammlungen, Teilversammlungen

Aus der Formulierung in Abs. 1 Satz 1, dass »**mindestens einmal** in jedem Kalenderjahr« eine Betriebsräteversammlung einzuberufen ist, folgt, dass über dieses Mindesterfordernis hinaus auch weitere Betriebsräteversammlungen innerhalb eines Kalenderjahres zulässig sind. Die Mindestanforderung setzt jedoch nicht als Regelfall zwei oder vielleicht auch mehrere Betriebsräteversammlungen voraus. Deshalb muss jede weitere Versammlung **sachlich geboten** sein (ebenso *Brill* AuR 1979, 140 f.; *Fitting* § 53 Rn. 30; *Richardi/Annuß* § 53 Rn. 18; *Trittin/DKKW* § 53 Rn. 11 f.; weiter einschränkend *Galperin/Löwisch* § 53 Rn. 11 und *Stege/Weinspach/Schiefer* § 53 Rn. 2: dringendes Erfordernis; *Glock/HWGNRH* § 53 Rn. 23: schwerwiegende Gründe bei erheblicher Kostenlast für den Arbeitgeber; zust. *Hohenstatt/Dzida/HWK* § 53 BetrVG Rn. 6), und zwar im Hinblick auf die in der Betriebsräteversammlung zu behandelnde Thematik, ggf. auch im Hinblick auf die organisatorischen Verhältnisse im Unternehmen (z. B. wenn in größerer Zahl Betriebsräte gemeinsam Mitglieder in den Gesamtbetriebsrat entsandt haben, denen dann der direkte Kontakt zum Gesamtbetriebsrat fehlt). **Stets zulässig** ist die Durchführung weiterer Betriebsräteversammlungen, wenn das Einverständnis des Arbeitgebers gegeben ist. 27

Nach Abs. 3 Satz 1 kann der Gesamtbetriebsrat die Betriebsräteversammlung **in Form von Teilversammlungen** durchführen (vgl. Rdn. 1). Die Durchführung von Teilversammlungen ist nach der jetzt eigenständigen Regelung nicht an bestimmte Voraussetzungen gebunden. Der Gesamtbetriebsrat entscheidet nach pflichtmäßigem Ermessen durch Beschluss, ob eine Betriebsräteversammlung als Vollversammlung oder in Form von Teilversammlungen durchgeführt werden soll. Im Falle von Teilversammlungen ist deren Zahl und die Aufteilung auf die Betriebsräte des Unternehmens festzulegen. Die Zustimmung des Arbeitgebers ist nicht erforderlich. Der Gesamtbetriebsrat kann sich von Zweckmäßigkeitserwägungen leiten lassen. Dass Abs. 3 Satz 1 im Rahmen der Privatisierung der Postunternehmen in das Gesetz eingefügt wurde (vgl. Rdn. 1), zeigt, dass durch die Neuregelung die Durch- 28 führung der Betriebsräteversammlung in Unternehmen von der Struktur der Postunternehmen (große Zahl von Betrieben mit Betriebsräten) erleichtert werden soll. Die Vollversammlung sollte im Hinblick auf die Zielsetzung (vgl. Rdn. 2) der Normalfall bleiben (ebenso *Fitting* § 53 Rn. 31). Alle Gesamtbetriebsratsmitglieder sind an allen Teilversammlungen teilnahmeberechtigt; daneben nach Maßgabe des § 53 Abs. 1 (vgl. Rdn. 8 ff.) die Mitglieder der von der Teilversammlung erfassten Betriebsräte. Im Übrigen gelten die Ausführungen zur Vollversammlung für die Teilversammlungen entsprechend.

2. Zeitpunkt der Versammlung

29 Die Festlegung des im Gesetz nicht näher bezeichneten **Zeitpunktes** der Betriebsräteversammlung bedarf eines Beschlusses des Gesamtbetriebsrats gemäß § 51 Abs. 3, da dieser die Betriebsräteversammlung einzuberufen hat. Abs. 1 Satz 1 bestimmt nur, dass sie einmal in jedem Kalenderjahr einzuberufen ist, nicht aber im Abstand eines Jahres. Die Festsetzung ist damit in das pflichtgemäße **Ermessen** des Gesamtbetriebsrats gestellt (ebenso *Fitting* § 53 Rn. 32; *Richardi/Annuß* § 53 Rn. 19; zust. *Brill* AuR 1979, 141); einer Zustimmung des Arbeitgebers bedarf es nicht (*Fitting* § 53 Rn. 32; *Glock/HWGNRH* § 53 Rn. 24; *Trittin/DKKW* § 53 Rn. 13). Ermessensgrenzen ergeben sich einmal aus der sachgerechten Behandlung der zu erörternden Themen (z. B. wäre eine Berichterstattung im Dezember und eine neue Betriebsräteversammlung zur Erfüllung der Verpflichtung aus § 53 Abs. 2 im Januar des folgenden Jahres sicher ermessensfehlerhaft). Auch ist zu berücksichtigen, wann der vom Unternehmer zu erstattende Lagebericht am informativsten erfolgen kann (etwa nach Erstellung des Geschäftsberichts und des Jahresabschlusses). Darüber hinaus gebietet der Grundsatz vertrauensvoller Zusammenarbeit (§ 51 Abs. 5, § 2 Abs. 1) dem Gesamtbetriebsrat eine weitestmögliche Abstimmung mit dem Unternehmer über Tag und Stunde der Betriebsräteversammlung, auf der dieser seinen Lagebericht zu erstatten hat (vgl. auch *Weber* § 42 Rdn. 26). Dabei ist auf dringende Termine des Unternehmers ebenso Rücksicht zu nehmen wie darauf, dass die Teilnahme an der Betriebsräteversammlung zur Tätigkeit der Gesamtbetriebsrats- und der Betriebsratsmitglieder gehört, die grundsätzlich **während der Arbeitszeit** durchzuführen ist (ebenso *Fitting* § 53 Rn. 39; *Glock/HWGNRH* § 53 Rn. 36; *Joost/MünchArbR* § 226 Rn. 14; *Löwisch/LK* § 53 Rn. 1; *Maschmann/DFL* § 53 BetrVG Rn. 4; *Tautphäus/HaKo* § 53 Rn. 18; *Trittin/DKKW* § 53 Rn. 28; **a. M.** *Brecht* § 53 Rn. 5, der mit dem Hinweis, dass § 44 in § 53 Abs. 3 nicht in Bezug genommen ist, aber übersieht, dass § 44 im Hinblick auf § 37 Abs. 2 und 3 nur für nicht dem Betriebsrat angehörende Arbeitnehmer eine notwendige Vorschrift ist).

3. Ausschließliche Einberufung durch den Gesamtbetriebsrat

30 Eine Betriebsräteversammlung i. S. d. § 53 kann nur in einem Unternehmen durchgeführt werden, in dem gemäß § 47 Abs. 1 ein Gesamtbetriebsrat errichtet worden ist. Das ergibt sich daraus, dass § 53 Abs. 1 die **Einberufung durch den Gesamtbetriebsrat** zwingend voraussetzt. Ein Einberufungsrecht des Unternehmers, einzelner Betriebsräte oder der Gewerkschaften besteht nicht (ebenso *Fitting* § 53 Rn. 33).

31 Die Einberufung durch den Gesamtbetriebsrat setzt eine interne Willensbildung voraus, die durch einfachen Mehrheitsbeschluss gemäß § 51 Abs. 3 erfolgt und **Zeitpunkt** (vgl. Rdn. 29), **Ort** (vgl. zur Raumbeschaffung *Weber* § 42 Rdn. 23 f.) und **Tagesordnung** der Betriebsräteversammlung festlegt. Zugleich, aber auch später, ist zudem der wesentliche Inhalt des zu erstattenden Tätigkeitsberichts des Gesamtbetriebsrats festzulegen und ggf. zu bestimmen, wer diesen mündlich vortragen soll (vgl. Rdn. 19).

32 Eine bestimmte **Ladungsfrist** ist nicht vorgeschrieben. Jedoch muss die Frist so bemessen sein, dass allen gesetzlichen Mitgliedern nach § 53 Abs. 1 Satz 1 die Teilnahme möglich ist und darüber hinaus den Einzelbetriebsräten Zeit verbleibt, ggf. andere Mitglieder aus ihrer Mitte nach § 53 Abs. 1 Satz 2 zu entsenden. Den einzelnen Betriebsratsmitgliedern muss eine ordnungsgemäße Vorbereitung ihrer Teilnahme ermöglicht werden. Auch der Unternehmer (Arbeitgeber) hat im Hinblick auf seine Berichtspflicht nach § 53 Abs. 2 Nr. 2 Anspruch auf eine **angemessene Ladungsfrist**.

Notwendige **Tagesordnungspunkte** sind der Tätigkeitsbericht des Gesamtbetriebsrats und der Lagebericht des Unternehmers (vgl. Rdn. 18 ff.). Weitere Tagesordnungspunkte über nach § 45 zulässige Themen kann der Gesamtbetriebsrat beschließen. Dies kann ggf. auch im Nachgang zum Einberufungsbeschluss aufgrund von Anregungen der Einzelbetriebsräte erfolgen. Ein durchsetzbares Recht des Arbeitgebers oder der einzelnen Betriebsräte auf Aufnahme eines bestimmten Beratungsgegenstandes in die Tagesordnung besteht nicht; § 43 Abs. 3 ist in § 53 Abs. 3 nicht in Bezug genommen. Eine Erweiterung der zu erörternden Themen kann aber die Betriebsräteversammlung mit Mehrheit beschließen. Die nachträgliche Aufnahme von Tagesordnungspunkten ist unschädlich, weil der Betriebsräteversammlung keine Entscheidungs- oder Weisungskompetenz zukommt, so dass der nachträglichen Einbeziehung von Themenkomplexen kein Überraschungs- oder Überrumpelungseffekt innewohnt. 33

Nach erfolgter Beschlussfassung über die Einberufung der Betriebsräteversammlung ist der **Unternehmer** unter Mitteilung der Tagesordnung formlos einzuladen (§ 53 Abs. 3, § 43 Abs. 2 Satz 1). Mit der Einladung ist, wenn es sich um die einzige jährliche Versammlung handelt, die Aufforderung zu verbinden, den Bericht nach § 53 Abs. 2 Nr. 2 zu erstatten. Zweckmäßigerweise werden diese Punkte aber bereits vorher mit dem Unternehmer abgestimmt (vgl. Rdn. 29). Handelt es sich um eine weitere Betriebsräteversammlung, so entfällt die Berichtspflicht des Unternehmers (vgl. Rdn. 16). Sein Erscheinen ist dann nicht notwendig, u. U. sogar unerwünscht, wenn die Betriebsräteversammlung intern beraten will (vgl. dazu auch Rdn. 51). Die Benachrichtigung des Unternehmers von der Tagesordnung ist jedoch auch hier unentbehrlich, da er die Kosten der Versammlung zu tragen hat. 34

Zur Durchführung des Einberufungsbeschlusses gehört weiter die **Ladung** der Vorsitzenden und der stellvertretenden Vorsitzenden der Betriebsräte sowie der weiteren Mitglieder der Betriebsausschüsse. Die Tagesordnung ist Bestandteil der Einladung (zust. *Brill* AuR 1979, 141). Die Ladung ergeht namens des Gesamtbetriebsrats durch dessen Vorsitzenden (§ 51 Abs. 1 Satz 1, § 26 Abs. 2) an die Einzelbetriebsräte zu Händen von deren Vorsitzenden (§ 26 Abs. 2). Eine individuelle Einladung ist nicht erforderlich und im Hinblick auf die Entsendungsmöglichkeit nach Abs. 1 Satz 2 auch nicht in allen Fällen möglich (ebenso *Fitting* § 53 Rn. 35; *Richardi/Annuß* § 53 Rn. 25). 35

Gemäß § 53 Abs. 3 i. V. m. § 46 Abs. 2 sind der Zeitpunkt und die Tagesordnung der Betriebsräteversammlung den in den einzelnen Betriebsräten vertretenen **Gewerkschaften** rechtzeitig schriftlich mitzuteilen (ebenso *Richardi/Annuß* § 53 Rn. 29; *Kammann/Hess/Schlochauer* § 53 Rn. 9; **a. M.** *Fitting* § 53 Rn. 13; *Galperin/Löwisch* § 53 Rn. 16; *Glock/HWGNRH* § 53 Rn. 30; *Joost/*MünchArbR § 226 Rn. 5; *Trittin/DKKW* § 53 Rn. 25: nur den im Gesamtbetriebsrat vertretenen Gewerkschaften, weil es sich um eine Veranstaltung des Gesamtbetriebsrats handelt). Das gilt nicht für den nach § 53 Abs. 3 i. V. m. § 46 Abs. 1 bei Teilnahme des Unternehmers teilnahmeberechtigten Beauftragten der Arbeitgebervereinigung; dessen Unterrichtung ist Sache des Unternehmers, wenn er eine solche Teilnahme wünscht. 36

4. Folgen der Nichteinberufung

Anders als bei der Betriebsversammlung (vgl. dazu *Weber* § 43 Rdn. 24 ff. und 41 ff.) steht weder dem Unternehmer noch den im Unternehmen vertretenen Gewerkschaften ein **durchsetzbares Antragsrecht** auf Einberufung einer Betriebsräteversammlung zu (ebenso *Brill* AuR 1979, 142; *Fitting* § 53 Rn. 33; *Galperin/Löwisch* § 53 Rn. 15; *Glock/HWGNRH* § 53 Rn. 32; *Richardi/Annuß* § 53 Rn. 22, 38); auf die für die Betriebsversammlung maßgebenden Bestimmungen des § 43 Abs. 3 und 4 ist in § 53 Abs. 3 nicht verwiesen. Es gehört jedoch zu den **gesetzlichen Amtspflichten** des Gesamtbetriebsrats, mindestens einmal im Kalenderjahr eine Betriebsräteversammlung einzuberufen (zust. *Brill* AuR 1979, 142). Die beharrliche Nichteinberufung stellt daher in der Regel für die einzelnen Mitglieder des Gesamtbetriebsrats eine grobe Verletzung ihrer gesetzlichen Pflichten dar, die gemäß § 48 auf Antrag durch Ausschluss aus dem Gesamtbetriebsrat sanktioniert werden kann (ebenso *Brill* AuR 1979, 142; *Fitting* § 53 Rn. 34; *Glock/HWGNRH* § 53 Rn. 33; *Richardi/Annuß* § 53 Rn. 20; *Trittin/DKKW* § 53 Rn. 14). Darüber hinaus besitzen die Einzelbetriebsräte über die Abberufung ihrer Entsandten (vgl. § 49) ein wirksames Druckmittel. 37

V. Leitung und Durchführung der Betriebsräteversammlung

1. Leitung

38 Die Leitung der Betriebsräteversammlung ist Recht und Pflicht des Vorsitzenden des Gesamtbetriebsrats (§ 53 Abs. 3 i. V. m. § 42 Abs. 1 Satz 1 Halbs. 2). Diese Verweisung enthält eine klarstellende Wiederholung des allgemeinen Prinzips, dass der Gesamtbetriebsratsvorsitzende gemäß § 51 Abs. 1 Satz 1, § 26 Abs. 2 den Gesamtbetriebsrat im Rahmen der von ihm gefassten Beschlüsse (hier: Einberufungsbeschluss) vertritt; deshalb fällt im Falle der Verhinderung des Vorsitzenden die Versammlungsleitung seinem Stellvertreter zu (ebenso *Fitting* § 53 Rn. 43; *Richardi/Annuß* § 53 Rn. 31). Sind sowohl der Gesamtbetriebsratsvorsitzende als auch sein Stellvertreter verhindert (z. B. durch Krankheit), so bestimmt der Gesamtbetriebsrat durch Beschluss ein anderes Gesamtbetriebsratsmitglied als Versammlungsleiter (*Richardi/Annuß* § 53 Rn. 31; *Glock/HWGNRH* § 53 Rn. 34; **a. M.** *Kreutz* 10. Aufl., § 53 Rn. 38; wie hier zum Parallelproblem der Leitung der Betriebsversammlung *Weber* § 42 Rdn. 33). Im Übrigen kann weder durch den Gesamtbetriebsrat noch durch die Betriebsräteversammlung die Leitung einem anderen Teilnehmer übertragen werden.

2. Durchführung

39 Die Betriebsräteversammlung ist nach der beschlossenen Tagesordnung durchzuführen. Mangels gesetzlicher Vorschriften über den **sachlichen Ablauf der Versammlung** gelten die bei *Weber* § 42 Rdn. 42 ff. gemachten Ausführungen entsprechend. Die einzelnen Befugnisse der Versammlungsleitung entsprechen weitgehend derjenigen bei der Betriebsversammlung. Die Ausführungen zur **Ordnungsbefugnis** und zum Hausrecht bei *Weber* § 42 Rdn. 35 ff. gelten sinngemäß. Das faktische Gewicht der Befugnisse und Rechte dürfte wegen des gegenüber der Betriebsversammlung geringeren und auf Betriebsratsmitglieder beschränkten Teilnehmerkreises nicht so bedeutsam sein.

40 Die Betriebsräteversammlung kann sich durch Beschluss eine **Geschäftsordnung** geben. Gegen die zwingenden Bestimmungen des § 53 darf jedoch nicht verstoßen werden. Zum Beispiel müssen, wie sich aus dem Gesetzeswortlaut ergibt, die nach Abs. 2 »zu erstattenden Berichte« mündlich vorgetragen werden und können nicht durch Verteilung schriftlicher Berichte ersetzt werden. Dagegen kann die Geschäftsordnung ergänzend festlegen, dass der Tätigkeitsbericht des Gesamtbetriebsrats den Mitgliedern der Betriebsräteversammlung zusätzlich schriftlich auszuhändigen ist. Ein Rechtsanspruch auf Aushändigung des schriftlichen Lageberichts des Unternehmers kann dagegen nicht begründet werden.

3. Nichtöffentlichkeit

41 Die Betriebsräteversammlung ist nicht öffentlich; dies wird durch die Verweisung in Abs. 3 auf § 42 Abs. 1 Satz 2 ausdrücklich festgelegt. Das bedeutet zunächst nach dem Gesetzeswortlaut eine starre Beschränkung des Teilnehmerkreises auf die gesetzlich zugelassenen Mitglieder und damit ein Teilnahmeverbot Dritter. **Teilnahmeberechtigt kraft Gesetzes** sind die Mitglieder des Gesamtbetriebsrats und die der Betriebsräteversammlung nach § 53 Abs. 1 angehörenden Betriebsratsmitglieder, der Unternehmer (§ 53 Abs. 2 Nr. 2), bei seiner Teilnahme ein Beauftragter der Vereinigung der Arbeitgeber, der er angehört (Abs. 3 i. V. m. § 46 Abs. 1 Satz 2), und Beauftragte der im Unternehmen vertretenen Gewerkschaften (Abs. 3 i. V. m. § 46 Abs. 1 Satz 1). Auch die Gesamtschwerbehindertenvertretung ist (beratend) teilnahmeberechtigt (ebenso *Fitting* § 53 Rn. 14; *Trittin/DKKW* § 53 Rn. 24; **a. M.** *Glock/HWGNRH* § 53 Rn. 10; *Richardi/Annuß* § 53 Rn. 11; *Roloff/WPK* § 53 Rn. 11); dies ergibt sich aus § 52, weil auch der Gesamtbetriebsrat als Kollegium beteiligt ist und den Tätigkeitsbericht zu erstatten hat.

42 Anderen Personen steht **kein gesetzliches Teilnahmerecht** zu. Das gilt für die Mitglieder der Gesamt-Jugend- und Auszubildendenvertretung, des Konzernbetriebsrats, der Konzern-Jugend- und Auszubildendenvertretung, des Wirtschaftsausschusses und der Arbeitnehmervertreter im Aufsichtsrat (ebenso *Brill* AuR 1979, 143; *Fitting* § 53 Rn. 15; *Glock/HWGNRH* § 53 Rn. 10; *Richardi/Annuß* § 53 Rn. 11).

Der Sinn und Zweck der Nichtöffentlichkeit ist jedoch für die Betriebsräteversammlung kein anderer 43
als für die Betriebsversammlung. Schwebte dem Gesetzgeber für Letztere vor, **betriebsfremde**, insbesondere politische **Einflüsse** fernzuhalten (vgl. *Weber* § 42 Rdn. 48), so ist auch hier die Teilnahme Dritter im Einzelfall zulässig, wenn alle Betroffenen, nämlich Gesamtbetriebsrat, Betriebsratsmitglieder und Unternehmer, zustimmen, und sachliche Gründe für die Teilnahme Dritter sprechen (vgl. *Weber* § 42 Rdn. 49 ff.). Praktisch setzt das allerdings voraus, dass die betreffenden Personen vorsorglich bereits vom Gesamtbetriebsratsvorsitzenden zur Versammlung geladen werden. Das gilt für **Sachverständige** und solche Gäste, deren Teilnahme aus Gründen der behandelten Thematik besonders zweckmäßig ist. Zu denken ist dabei vor allem an den in Rdn. 42 genannten, nicht von Gesetzes wegen teilnahmeberechtigten Personenkreis sowie weitere Mitglieder der Einzelbetriebsräte, zumal diese der Geheimhaltungspflicht nach § 79 unterliegen. Zur Teilnahme von Presse, Rundfunk und Fernsehen vgl. *Weber* § 42 Rdn. 49 ff.

Die **Sprecherlaubnis** weiterer Teilnehmer muss gesondert und ebenfalls einverständlich erteilt werden. 44
Sie darf nur den Themenkreis nach § 53 Abs. 3, § 45 umfassen. In keinem Fall besteht ein Stimmrecht.

Die Betriebsräteversammlung kann durch ihren Leiter die **Presse** vom Versammlungsverlauf unterrichten. 45
Die Nichtöffentlichkeit der Sitzung steht dem nicht entgegen (vgl. *Weber* § 42 Rdn. 57; zust. *Trittin/DKKW* § 53 Rn. 24). Die Geheimhaltungspflicht nach § 79 ist zu beachten.

Der Versammlungsleiter hat darüber zu wachen, dass keine **Unbefugten** an der Versammlung teilnehmen. 46
Zugelassene Teilnehmer, die nicht ohnehin nach § 79 verpflichtet sind, hat er auf die Geheimhaltungsbedürftigkeit von Betriebs- und Geschäftsgeheimnissen hinzuweisen. In beiden Fällen handelt es sich um Amtspflichten (vgl. auch *Richardi/Annuß* § 53 Rn. 33), deren Verletzung nach § 48 geahndet werden kann. Zur Auswirkung gesetzwidriger Teilnahme Dritter vgl. *Weber* § 42 Rdn. 38, 41, 53

4. Teilnahmepflicht und Vertretung

a) Arbeitnehmer

Zur Teilnahme **verpflichtet** sind die **Mitglieder des Gesamtbetriebsrats**. Der Gesamtbetriebsrat 47
hat den Tätigkeitsbericht zu erstatten (vgl. Rdn. 19). Das bedeutet gleichzeitig, dass die einzelnen Mitglieder anwesend sein müssen, um ggf. in der Aussprache über den Bericht Rede und Antwort zu stehen. Eine Vertretung durch Ersatzmitglieder ist unter den Voraussetzungen des § 51 Abs. 1 Satz 1 i. V. m. § 25 Abs. 1 zulässig. Die Teilnahme an der Betriebsräteversammlung gehört auch zu den Amtspflichten der gemäß § 53 Abs. 1 Satz 1 oder 2 bestimmten **Mitglieder der Einzelbetriebsräte**. Ergibt sich die Teilnahmepflicht gemäß § 53 Abs. 1 Satz 1 aus der Mitgliedschaft im Betriebsausschuss, so rückt im Falle der Verhinderung das Ersatzmitglied des betreffenden Betriebsratsmitglieds nicht automatisch gemäß § 25 nach (vgl. auch *Richardi/Annuß* § 53 Rn. 7). Die Ersatzmitgliedschaft beschränkt sich auf das Betriebsratsamt und gestattet keine Nachfolge in Sonderfunktionen (vgl. *Oetker* § 25 Rdn. 70). Das Gleiche gilt für die gemäß § 53 Abs. 1 Satz 2 Entsandten. Für verhinderte Mitglieder sind vom Betriebsrat andere durch Beschluss zu bestimmen.

b) Unternehmer

Der Unternehmer ist **berechtigt** und **verpflichtet**, an der mindestens einmal kalenderjährlich durchzuführenden 48
Betriebsräteversammlung insoweit teilzunehmen, als er nach § 53 Abs. 2 Nr. 2 den Lagebericht (mündlich) zu erstatten hat. Die Versammlung soll »aus erster Hand ... informiert werden« (vgl. RegE, BR-Drucks. 715/70, S. 43 und Rdn. 1). Dazu ist es notwendig, dass der Unternehmer aufgrund seiner umfassenden Kenntnisse auch in der Aussprache über den Lagebericht zu allen zulässigen Fragen als Letztverantwortlicher Stellung nimmt. Im Übrigen richtet sich seine Teilnahmepflicht nach § 2 Abs. 1 (ebenso *Glock/HWGNRH* § 53 Rn. 44; *Richardi/Annuß* § 53 Rn. 36). In der »Jahres«-Versammlung besteht ein umfassendes Teilnahmerecht des Unternehmers; er kann zu allen Punkten der Tagesordnung sprechen (§ 53 Abs. 3 i. V. m. § 43 Abs. 2 Satz 2).

49 Der **Unternehmer** ist mit dem **Arbeitgeber identisch** (vgl. § 47 Rdn. 17). Ist der Arbeitgeber eine juristische Person oder eine Personengesellschaft, so haben alle geschäftsführungs- und vertretungsberechtigten Personen ein Teilnahmerecht. Teilnahmeverpflichtet sind jedoch nur die nach Satzung oder Gesellschaftsvertrag für das Ressort zuständigen Personen; es ginge zu weit, wenn z. B. grundsätzlich sämtliche Vorstandsmitglieder einer AG zur Teilnahme verpflichtet wären (so aber *Fabricius* Erstbearbeitung, § 53 Rn. 55). Auch insoweit ist jedoch der Grundsatz vertrauensvoller Zusammenarbeit (§ 2 Abs. 1) zu beachten.

50 Zweifelhaft ist darüber hinaus, ob sich der Arbeitgeber in der Betriebsräteversammlung und bei der Erstattung des Lageberichts durch **andere Personen vertreten** lassen kann. Z. T. wird eine solche Vertretung ohne nähere Begründung für zulässig gehalten (vgl. *Galperin/Löwisch* § 53 Rn. 15; ausführlich *Joost* FS *Zeuner*, S. 67 [75]; *Joost*/MünchArbR § 226 Rn. 19; undeutlich *Richardi/Annuß* § 53 Rn. 35, nach dem sich der Arbeitgeber durch »jemanden vertreten lassen kann, der an der Unternehmensleitung verantwortlich beteiligt ist«; ebenso *Brill* AuR 1979, 143). Eine solche ist jedoch im Gesetz nicht vorgesehen. Namentlich wird in § 53 Abs. 3 nicht auf § 43 Abs. 2 Satz 3 Bezug genommen, wonach auch ein Vertreter des Arbeitgebers den Lagebericht vor der Betriebsversammlung erstatten kann. Das ist als bewusste gesetzgeberische Entscheidung zu respektieren. Der Arbeitgeber kann deshalb seiner Pflichtteilnahme nicht dadurch gerecht werden, dass er einen mit Vertretungsmacht ausgestatteten (leitenden) Arbeitnehmer in der Betriebsräteversammlung den Lagebericht erstatten lässt (so auch LAG Frankfurt a. M. DB 1989, 1473; *Fitting* § 53 Rn. 20; *Glock/HWGNRH* § 53 Rn. 46; *Trittin*/DKKW § 53 Rn. 20).

51 Teilnahmeberechtigung und Teilnahmeverpflichtung des Arbeitgebers (Unternehmers) in weiteren Betriebsräteversammlungen im Kalenderjahr (vgl. Rdn. 16, 27) richten sich allein nach dem Grundsatz vertrauensvoller Zusammenarbeit (§ 2 Abs. 1). Für die Mitglieder der Betriebsräteversammlung kann ein berechtigtes Bedürfnis bestehen, bestimmte Angelegenheiten unter Ausschluss des Unternehmers zu erörtern und ihre Erfahrungen im Kollegenkreis auszutauschen (vgl. zum entsprechenden Problem bei der Betriebsversammlung *Weber* § 43 Rdn. 50). Die Tagesordnung der Versammlung ist dem Unternehmer in diesen Fällen jedoch mitzuteilen (vgl. Rdn. 34). Auch kann der Unternehmer ohne Teilnahmepflicht vom Gesamtbetriebsrat eingeladen werden.

52 Außer der Hinzuziehung eines **Beauftragten seines Arbeitgeberverbandes** ist der Unternehmer wegen der Nichtöffentlichkeit der Betriebsräteversammlung von sich aus nicht berechtigt, sich durch weitere sachkundige Personen (z. B. leitende Angestellte) begleiten und unterstützen zu lassen (**a. M.** *Glock/HWGNRH* § 53 Rn. 46). Mit Zustimmung der Betriebsräteversammlung kann der Teilnehmerkreis jedoch erweitert werden (vgl. Rdn. 43).

5. Teilnahmerecht der Verbände

a) Gewerkschaftsvertreter

53 Gemäß Abs. 3 Satz 2 i. V. m. § 46 Abs. 1 Satz 1 können an der Betriebsräteversammlung Beauftragte sämtlicher in Betrieben des Unternehmens vertretener **Gewerkschaften beratend teilnehmen** (ebenso *Brill* AuR 1979, 143; *Fitting* § 53 Rn. 13; *Galperin/Löwisch* § 53 Rn. 16; *Glock/HWGNRH* § 53 Rn. 9; *Richardi/Annuß* § 53 Rn. 10; *Trittin*/DKKW § 53 Rn. 25); sie haben zu den Tagesordnungspunkten Rederecht. Der Gesamtbetriebsrat hat jedoch nur den in den Einzelbetriebsräten vertretenen Gewerkschaften Zeitpunkt, Ort und Tagesordnung der Betriebsräteversammlung schriftlich mitzuteilen (vgl. Rdn. 36). Zum Grundgedanken und Zweck des selbständigen Teilnahmerechts und zur Rechtsstellung der Gewerkschaftsbeauftragten vgl. im Einzelnen die Erl. zu § 46.

b) Arbeitgeberverbandsvertreter

54 Den Vertretern des Arbeitgeberverbandes, dem der Unternehmer angehört, steht ein eigenes ursprüngliches **Teilnahmerecht** an der Betriebsräteversammlung **nicht** zu. Eine Ladung seitens des Gesamtbetriebsrats entfällt daher (vgl. Rdn. 36). Ein Verbandsvertreter kann jedoch zur Sitzung der Betriebsräteversammlung vom Unternehmer hinzugezogen werden, wenn dieser selbst teilnimmt (§ 53 Abs. 3, § 46 Abs. 1 Satz 2). Über seine Befugnisse vgl. *Weber* § 46 Rdn. 17 ff.

6. Befugnisse der Betriebsräteversammlung

Die Betriebsräteversammlung ist nicht darauf beschränkt, die Berichte des Gesamtbetriebsrats und des Unternehmers nach Abs. 2 entgegenzunehmen und darüber eine Aussprache zwischen Betriebsratsmitgliedern, Gesamtbetriebsratsmitgliedern, Arbeitgeber, Gesamtschwerbehindertenvertretung und Verbandsvertretern zu führen. § 53 eröffnet auch die Möglichkeit, auf Unternehmensebene mit breiter Diskussionsplattform alle Angelegenheiten, die das Unternehmen und seine Arbeitnehmer unmittelbar betreffen, zu erörtern (Abs. 3 i. V. m. § 45 Satz 1). Darüber hinaus kann die Betriebsräteversammlung dem Gesamtbetriebsrat **Anträge** unterbreiten und zu seinen **Beschlüssen Stellung nehmen** (Abs. 3 i. V. m. § 45 Satz 2); die (stimmberechtigten) Teilnehmer der Betriebsräteversammlung können insoweit einen einheitlichen Willen bilden und artikulieren. Eine Entscheidungskompetenz oder eine verbindliche Weisungskompetenz gegenüber dem Gesamtbetriebsrat oder den Einzelbetriebsräten ist damit nicht verbunden. Ihre Beschlussfassungen enthalten insoweit nur **Anregungen und Empfehlungen**. Allerdings ist zu berücksichtigen, dass sich das Anregungsrecht der Betriebsräteversammlung hinsichtlich der Tätigkeit des Gesamtbetriebsrats **inhaltlich** einer **Weisungsbefugnis nähern** kann; denn anders als die Betriebsversammlung, die ihren Anregungen gegenüber dem Betriebsrat nur durch die Androhung Nachdruck verleihen kann, die Betriebsratsmitglieder nach Ablauf ihrer vierjährigen Amtsperiode nicht wiederzuwählen, kann die Betriebsräteversammlung über die Einzelbetriebsräte unmittelbar Einfluss auf die Zusammensetzung des Gesamtbetriebsrats nehmen, wenn die Betriebsräte von ihrem jederzeitigen Recht nach § 49 Gebrauch machen und die von ihnen entsandten Gesamtbetriebsratsmitglieder abberufen (vgl. § 49 Rdn. 19).

Anträge und Stellungnahmen erfolgen in der Form des **Beschlusses** durch Abstimmung. **Stimmberechtigt** sind nur die gesetzlichen Mitglieder der Betriebsräteversammlung (vgl. zur Mitgliederzahl Rdn. 7 ff., 13). Der Unternehmer, die Gesamtschwerbehindertenvertretung und die Verbandsvertreter haben als Nichtmitglieder kein Stimmrecht. Das gleiche gilt für diejenigen Personen, die im Einvernehmen aller Beteiligten zur Versammlung zugelassen worden sind (vgl. Rdn. 43).

Die Abstimmung in der Betriebsräteversammlung erfolgt **nach Köpfen**, nicht nach Stimmgewicht. Für eine analoge Anwendung von § 47 Abs. 7 und 8 ist kein Platz (zust. *Fitting* § 53 Rn. 44; *Richardi/Annuß* § 53 Rn. 39). Die Größe der Betriebe hat bereits bei der Zahl der zu entsendenden Betriebsratsmitglieder dadurch mittelbar Berücksichtigung gefunden, dass nur Betriebsausschussmitglieder (zuzüglich der höchstens zwei Gesamtbetriebsratsmitglieder; s. Rdn. 11 ff.) zu entsenden sind. Deren Zahl knüpft nämlich an die Zahl der Betriebsratsmitglieder an (§ 27), die wiederum von der Zahl der wahlberechtigten Arbeitnehmer abhängt (§ 9).

Die Beschlussfassung erfolgt mit **einfacher Stimmenmehrheit** (ebenso *Glock/HWGNRH* § 53 Rn. 35; *Richardi/Annuß* § 53 Rn. 39; *Trittin/DKKW* § 53 Rn. 27) der anwesenden Mitglieder (entsprechend § 33 Abs. 1, § 51 Abs. 3 Satz 1). Bei Stimmengleichheit ist ein Antrag abgelehnt. Die **Beschlussfähigkeit** ist entsprechend § 33 Abs. 2 zu bestimmen (§ 51 Abs. 3 Satz 3 passt nicht) und erfordert, dass mindestens die Hälfte der Mitglieder an der Beschlussfassung teilnimmt (zust. *Fitting* § 53 Rn. 44). Eine **Form** ist nicht vorgesehen. **Protokollierung** entsprechend § 34 Abs. 1 empfiehlt sich.

Zum Abschluss von Betriebsvereinbarungen mit dem Unternehmer ist die Betriebsräteversammlung nicht fähig. Antragsrechte nach dem Betriebsverfassungsgesetz, etwa auf Auflösung eines Betriebsrates oder Amtsenthebung seiner (§ 23) bzw. der Mitglieder des Gesamtbetriebsrats (§ 48), stehen ihr nicht zu.

VI. Kosten der Betriebsräteversammlung

Die Teilnahme an der Betriebsräteversammlung gehört zum Pflichtenkreis der Gesamtbetriebsratsmitglieder (vgl. *BAG* 29.04.1998 EzA § 40 BetrVG 1972 Nr. 82 S. 5) und der nach § 53 Abs. 1 berufenen Mitglieder der Betriebsräte. Die Betriebsräteversammlung ist deshalb grundsätzlich während der Arbeitszeit durchzuführen (vgl. Rdn. 29). Die Betriebsratsmitglieder (§ 37 Abs. 2 und 3) und die Gesamtbetriebsratsmitglieder (§ 51 Abs. 1 Satz 1, § 37 Abs. 2 und 3) sind dementsprechend zur Teilnahme ohne Entgeltminderung von ihrer beruflichen Tätigkeit zu befreien bzw. haben unter den

Voraussetzungen des § 37 Abs. 3 Anspruch auf Freizeitausgleich oder Mehrarbeitsvergütung (unstr.; vgl. *Brill* AuR 1979, 142 f.; *Fitting* § 53 Rn. 39, 40; *Glock/HWGNRH* § 53 Rn. 36; *Richardi/Annuß* § 53 Rn. 40; *Stege/Weinspach/Schiefer* § 53 Rn. 4; *Trittin/DKKW* § 53 Rn. 29; vgl. aber auch die i. E. verunglückte Entscheidung *BAG* DB 1978, 2177, die einen Freizeitausgleichsanspruch verneint, weil die An- und Abreise außerhalb der betrieblichen Arbeitszeit stattgefunden haben).

61 Die den Betriebsrats- und Gesamtbetriebsratsmitgliedern durch die Teilnahme an der Betriebsräteversammlung entstehenden Kosten (z. B. für Reise, Übernachtung, Verpflegung) hat der Arbeitgeber nach § 40 Abs. 1 bzw. § 51 Abs. 1 Satz 1, § 40 Abs. 1 zu tragen, da die Teilnahme Amtstätigkeit ist (ebenso i. E. *Brill* AuR 1979, 143; *Fitting* § 53 Rn. 41; *Glock/HWGNRH* § 53 Rn. 37; *Joost/*MünchArbR § 226 Rn. 21; *Löwisch/LK* § 53 Rn. 5; *Trittin/DKKW* § 53 Rn. 30). Die für die Durchführung der Betriebsräteversammlung erforderlichen **Sachmittel** (z. B. Räume) hat der Arbeitgeber zur Verfügung zu stellen (§ 40 Abs. 2 bzw. § 51 Abs. 1 Satz 1, § 40 Abs. 2).

VII. Streitigkeiten

62 Streitigkeiten über die Durchführung der Betriebsräteversammlung und deren Zuständigkeit und Befugnisse, über die Teilnahmeberechtigung, insbesondere von Verbandsvertretern und auch die Zulassung von im Gesetz nicht genannten Personen, und über die Kostentragungspflicht des Arbeitgebers entscheiden die **Arbeitsgerichte** auf Antrag im **Beschlussverfahren** (§ 2a Abs. 1 Nr. 1, Abs. 2, §§ 80 ff. ArbGG). Individualansprüche der Betriebsratsmitglieder nach § 37 Abs. 2 und 3 sind im Urteilsverfahren durch Klage geltend zu machen (vgl. dazu näher *Weber* § 37 Rdn. 314 ff.). Für Streitigkeiten zwischen Betriebsratsmitgliedern, Betriebsrat und Arbeitgeber ist örtlich das Arbeitsgericht zuständig, in dessen Bezirk der Betrieb liegt (§ 82 Abs. 1 Satz 1 ArbGG); ansonsten das Arbeitsgericht, in dessen Bezirk das Unternehmen seinen Sitz hat (§ 82 Abs. 1 Satz 2 ArbGG).

Sechster Abschnitt
Konzernbetriebsrat

Literatur
Bundesministerium der Justiz (Hrsg.), Bericht über die Verhandlungen der Unternehmensrechtskommission, S. 809 ff.; *R. Fuchs* Der Konzernbetriebsrat – Funktion und Kompetenz (Diss. Köln), 1974 (zit.: Konzernbetriebsrat); *Lichtenstein* Der Konzernbetriebsrat, BetrR 1972, 233; *K.-P. Martens* Der Konzernbetriebsrat – Zuständigkeit und Funktionsweise, ZfA 1973, 297; *Monjau* Der Konzernbetriebsrat, BB 1972, 839; *G. Müller* Die Stellung des Gesamtbetriebsrates und des Konzernbetriebsrates nach dem neuen Betriebsverfassungsgesetz, FS *G. Küchenhoff*, 1972, 1. Halbband, S. 283; *Rügenhagen* Die betriebliche Mitbestimmung im Konzern (Diss. Freiburg), 2013 (zit.: Betriebliche Mitbestimmung); *Schwab* Konzernbetriebsrat, AR-Blattei SD 530.12.1 (1999); *ders.* Der Konzernbetriebsrat – Seine Rechtsstellung und Zuständigkeit, NZA-RR 2007, 337; *Schwab* Der Konzernbetriebsrat, AiB 2008, 87; *Schwald* Die Legitimation der Konzernbetriebsverfassung (Diss. Mannheim), 2005; *Wetzling* Der Konzernbetriebsrat, Geschichtliche Entwicklung und Kompetenz (Diss. FU Berlin), 1978 (zit.: Der Konzernbetriebsrat).

§ 54
Errichtung des Konzernbetriebsrats

(1) Für einen Konzern (§ 18 Abs. 1 des Aktiengesetzes) kann durch Beschlüsse der einzelnen Gesamtbetriebsräte ein Konzernbetriebsrat errichtet werden. Die Errichtung erfordert die Zustimmung der Gesamtbetriebsräte der Konzernunternehmen, in denen insgesamt mehr als 50 vom Hundert der Arbeitnehmer der Konzernunternehmen beschäftigt sind.

(2) Besteht in einem Konzernunternehmen nur ein Betriebsrat, so nimmt dieser die Aufgaben eines Gesamtbetriebsrats nach den Vorschriften dieses Abschnitts wahr.

Literatur
Bachmann Kein Konzernbetriebsrat bei ausländischer Konzernleitung, RdA 2008, 107; *Behrens/Schaude* Das Quorum für die Errichtung von Konzernbetriebsräten in § 54 Abs. 1 Satz 2 BetrVG, DB 1991, 278; *Biedenkopf* Konzernbetriebsrat und Konzernbegriff, Liber amicorum *P. Sanders* 1972, S. 1; *Birk* Die multinationalen Korporationen im internationalen Arbeitsrecht, in: Internationalrechtliche Probleme multinationaler Korporationen, 1978, S. 263; *Buchner* Gemeinschaftsunternehmen und Konzernbetriebsrat, RdA 1975, 9; *ders.* Die Zuständigkeit des Konzernbetriebsrats, FS *Zöllner*, 1998, S. 697; *ders*. Konzernbetriebsratsbildung trotz Auslandssitz der Obergesellschaft, FS *Birk*, 2008, S. 11; *Buschbeck-Bülow* Betriebsverfassungsrechtliche Vertretung in Franchise-Systemen, BB 1989, 352; *Dänzer-Vanotti* Bildung eines Teilkonzern-Betriebsrats bei Auslandssitz des herrschenden Unternehmens / Zusammenarbeit der Betriebsräte in Arbeitsgemeinschaften, MitbestGespr. 1983, 454; *Dörner* Die Bildung eines Konzernbetriebsrats in paritätisch beherrschten Unternehmen, FS *Leinemann*, 2006, S. 487; *Dzida / Hohenstatt* Errichtung und Zusammensetzung eines Konzernbetriebsrats bei ausländischer Konzernspitze, NZA 2007, 945; *Frisinger/Lehmann* Konzern im Konzern, DB 1972, 2337; *Gansweid* Gemeinsame Tochtergesellschaften im deutschen Konzern- und Wettbewerbsrecht, 1976; *Gaumann/Liebermann* Errichtung eines Konzernbetriebsrats bei fehlender inländischer Konzernspitze, DB 2007, 1157; *Gessler* Mitbestimmung im mehrstufigen Konzern, BB 1977, 1313; *Gittermann* Arbeitnehmerstatus und Betriebsverfassung in Franchise-Systemen (Diss. Kiel), 1995; *Güllich* Die unmittelbare Geltung von Betriebsvereinbarungen im Konzern zu Lasten von beherrschten Gesellschaften, Diss. Erlangen 1978; *Haase* Betrieb, Unternehmen und Konzern im Arbeitsrecht, NZA 1988, Beilage Nr. 3, S. 11; *Hanau* Fragen der Mitbestimmung und Betriebsverfassung im Konzern, ZGR 1984, 468; *ders.* Aktuelles zu Betrieb, Unternehmen und Konzern im Arbeitsrecht, ZfA 1990, 115; *Henssler* Das Gemeinschaftsunternehmen im Konzernarbeitsrecht, ZIAS 1995, 551; *ders.* Mitbestimmungsrechtliche Folgen grenzüberschreitender Beherrschungsverträge – Konzernbetriebsrat und Unternehmensmitbestimmung im grenzüberschreitenden Vertragskonzern, ZfA 2005, 289; *von Hoyningen-Huene* Der Konzern im Konzern, ZGR 1978, 515; *G. Hueck* Zwei Probleme der Konzernmitbestimmung, FS *H. Westermann*, 1974, S. 241; *Junker* Internationales Arbeitsrecht im Konzern, 1992; *ders.* Arbeitsrecht im grenzüberschreitenden Konzern – die kollisionsrechtliche Problematik, ZIAS 1995, 564; *ders.* Keine Errichtung eines Konzernbetriebsrats, wenn die Konzernspitze ihren Sitz im Ausland hat: Grundsatz und Ausnahme, SAE 2008, 41; *Klinkhammer* Mitbestimmung im Gemeinschaftsunternehmen (Diss.

FU Berlin), 1977 (zit.: Mitbestimmung); *ders.* Der »Konzern im Konzern« als mitbestimmungsrechtliches Problem, DB 1977, 553; *Köstler* Zur Zulässigkeit der Bildung eines Konzernbetriebsrats bei einer Tochtergesellschaft des Konzerns, MitbestGespr. 1981, 277; *Konzen* Arbeitnehmerschutz im Konzern, RdA 1984, 65; *ders.* Konzern im Konzern, ZIP 1984, 269; *ders.* Unternehmensaufspaltung und Betriebseinheit, RdA 1985, 341; *ders.* Unternehmensaufspaltungen und Organisationsänderungen im Betriebsverfassungsrecht, 1986 (zit.: Unternehmensaufspaltungen); *ders.* Errichtung und Kompetenzen des Konzernbetriebsrats, FS *Wiese*, 1998, S. 199; *Kort* Bildung und Stellung des Konzernbetriebsrats bei nationalen und internationalen Unternehmensverbindungen NZA 2009, 464; *Kreutz* Die Errichtung eines Konzernbetriebsrats durch den einzigen Gesamtbetriebsrat (oder Betriebsrat) im Konzern, NZA 2008, 259; *ders.* Bestand und Beendigung von Gesamt- und Konzernbetriebsrat, FS *Birk*, 2008, S. 494; *Laudi* Der betriebsverfassungsrechtliche Arbeitgeber im Konzern (Diss. Kiel), 2003; *Lutter/Schneider* Mitbestimmung im mehrstufigen Konzern, BB 1977, 553; *Mayer* Auswirkung grenzüberschreitender Beherrschungsverträge auf Mitbestimmungstatbestände, AuR 2006, 303; *Meik* Der Konzern im Arbeitsrecht und die Wahl des Konzernbetriebsrats im Schnittbereich zur Wahl des Aufsichtsrats, BB 1991, 2441; *Müller-Bonanni/Schell* Konzernbetriebsrat im internationalen Konzern, ArbRB 2007, 331; *Neumann/Bock* Zur rechtlichen Zuordnung von Gemeinschaftsunternehmen, BB 1977, 852; *Nick* Konzernbetriebsrat und Sozialplan im Konzern (Diss. Hohenheim), 1992 (zit.: Konzernbetriebsrat); *Oetker* Konzernbetriebsrat und Unternehmensbegriff, ZfA 1986, 177; *Reichold* Grenzen der Konzernbetriebsverfassung bei Mehrmütterschaft, SAE 2006, 286; *Richardi* Konzern, Gemeinschaftsunternehmen und Konzernbetriebsrat, DB 1973, 1452; *ders.* Konzernzugehörigkeit eines Gemeinschaftsunternehmens nach dem Mitbestimmungsgesetz, 1977 (zit.: Konzernzugehörigkeit); *ders.* Die Repräsentation der Arbeitnehmer im Konzern durch den Konzernbetriebsrat nach deutschem Recht, ZIAS 1995, 607; *Röder/Powietzka* Gesamt- und Konzernbetriebsräte in internationalen Konzernunternehmen, DB 2004, 542; *Röder/Siegrist* Konzernweites Bündnis für Arbeit: Zuständigkeit für Betriebsvereinbarungen zur Umsetzung tariflicher Öffnungsklauseln, DB 2008, 1098; *Romeikat* Konzernmitbestimmung auf nachgeordneten Konzernstufen, Diss. München 1989; *Säcker* »Mehrmütterklausel« und Gemeinschaftsunternehmen, NJW 1980, 801; *Salamon* Die Konzernbetriebsvereinbarung beim Betriebsübergang NZA 2009, 471; *Schmidbauer* Der Konzernbegriff im Aktien- und Betriebsverfassungsrecht, Diss. Regensburg 1976 (zit.: Konzernbegriff); *Selzner* Betriebsverfassungsrechtliche Mitbestimmung in Franchise-Systemen (Diss. Bonn), 1994; *Semler* »Konzern im Konzern« Organisationsmodell oder Rechtstatbestand?, DB 1977, 805; *Skaupy* Franchise-Systeme und Betriebsräte, BB 1990, 134; *Thüsing/Forst* Konzernweite Strukturierung von Organen der Betriebsverfassung, Der Konzern 2010, 1; *Trittin/Gilles* Mitbestimmung im internationalen Konzern, AuR 2008, 136; *dies.* Errichtung des Konzernbetriebsrats durch einen Gesamtbetriebsrat bzw. Betriebsrat, AuR 2009, 253; *Ullrich* Zulässigkeit der Bildung eines Konzernbetriebsrats bei im Ausland gelegener Konzernobergesellschaft?, DB 2007, 2710; *Wank/Maties* Voraussetzungen für die Einrichtung eines Konzernbetriebsrats, SAE 2008, 161; *Weiss/Weyand* Normenkollisionen insbesondere bei Konzernbetriebsvereinbarungen in doppelt konzernzugehörigen Gemeinschaftsunternehmen, Die AG 1993, 97; *Wendeling-Schröder* Betriebsstrukturen bei Betriebs- und Unternehmensaufspaltungen, AiB 1983, 103; *dies.* Divisionalisierung, Mitbestimmung und Tarifvertrag, 1984; *Windbichler* Arbeitsrecht im Konzern, 1989; *Wollwert* Die Errichtung des Konzernbetriebsrats in nationalen und internationalen Konzernen (Diss. Köln), 2011 (zit.: Errichtung des Konzernbetriebsrats); *ders.* Zulässigkeit der Errichtung eines Konzernbetriebsrats durch den konzernweit einzigen Gesamtbetriebsrat, NZA 2011, 437.

Inhaltsübersicht

	Rdn.
I. Vorbemerkung	1–7
II. Errichtung und Konstituierung eines Konzernbetriebsrats – Überblick und Folgen von Errichtungsfehlern	8–12
III. Unterordnungskonzern (§ 18 Abs. 1 AktG)	13–48
1. Herrschendes und abhängiges Unternehmen	17–27
a) Abhängigkeitsverhältnis	17–22
b) Unternehmensbegriff	23–27
2. Zusammenfassung unter einheitlicher Leitung	28–33
3. Sonderfälle	34–43
a) Konzern im Konzern	34–39
b) Gemeinschaftsunternehmen	40–43
4. Auslandsbezug	44–48
IV. Errichtung des Konzernbetriebsrats	49–59
1. Beschlüsse der Gesamtbetriebsräte	50–52
2. Erforderliche Mehrheit	53–56

Errichtung des Konzernbetriebsrats § 54

	3. Wirkung der Errichtung	57–59
V.	Bestand und Beendigung des Konzernbetriebsrats	60–65
	1. Bestand	60, 61
	2. Beendigung	62–65
VI.	Konzernunternehmen mit nur einem Betriebsrat (Abs. 2)	66–69
VII.	Streitigkeiten	70

I. Vorbemerkung

§ 54 eröffnet die Möglichkeit, einen Konzernbetriebsrat zu errichten. Es besteht jedoch **keine Ver-** **1** **pflichtung** dazu; die Errichtung hängt vielmehr auch dann, wenn die übrigen in § 54 festgelegten Voraussetzungen zu seiner Bildung vorliegen, vom Willen der einzelnen Gesamtbetriebsräte (Abs. 1) bzw. den diesen nach Abs. 2 ausnahmsweise gleichgestellten Betriebsräten ab. Die Errichtung ist **fakultativ**, weil der Gesetzgeber des BetrVG 1972 zu Recht angenommen hat, dass wegen der Vielgestaltigkeit von Konzernstrukturen nicht in allen Konzernen ein Bedürfnis für einen Konzernbetriebsrat bestehen wird (vgl. BR-Drucks. 715/70, S. 43; vgl. allgemein zur geschichtlichen Entwicklung der durch das BetrVG 1972 neu geschaffenen Institution »Konzernbetriebsrat« *Wetzling* Der Konzernbetriebsrat, S. 8 ff.). Die praktische Bedeutung von Konzernbetriebsräten nimmt ständig zu. Das BetrVerf-Reformgesetz aus dem Jahr 2001 hat gleichwohl an ihrer fakultativen Errichtung festgehalten.

Unter Berufung auf »die wachsende Bedeutung von Konzernen« hat der *DGB* 1998 vorgeschlagen, **2** die Errichtung von Konzernbetriebsräten ebenso verbindlich vorzuschreiben wie diejenige von Gesamtbetriebsräten (Novellierungsvorschläge des *DGB* zum Betriebsverfassungsgesetz 1972, S. 54). Der Referentenentwurf eines BetrVerf-Reformgesetzes aus dem BMA vom Dezember 2000 hat diesen Vorschlag aufgegriffen. Nach Art. 1 Nr. 39 sollte § 54 Abs. 1 Satz 1 wie folgt geändert werden: »(1) Bestehen in einem Konzern (§ 18 Abs. 1 des Aktiengesetzes) mehrere Gesamtbetriebsräte, so ist ein Konzernbetriebsrat zu errichten.« In der Begründung (S. 48 f.) wurde dies mit der (empirisch nicht belegten) Erkenntnis gestützt, dass in den letzten Jahren immer häufiger auf der Konzernebene grundlegende Entscheidungen auch mit Auswirkungen auf die Arbeitnehmer in den Konzernunternehmen getroffen werden, insbesondere bei Umstrukturierungen; deshalb bedürften Arbeitnehmer auf Konzernebene einer Interessenvertretung, deren Bestand unabhängig von der Änderung und Auflösung von Unternehmen ist. Der RegE des BetrVerf-Reformgesetzes hat diesen Änderungsvorschlag nicht übernommen, insoweit ohne Begründung. Art. 1 Nr. 39 BetrVerf-Reformgesetz vom 23. Juli 2001 (BGBl. I, S. 1852) hat aber das **Quorum** in § 54 Abs. 1 Satz 2 von bisher 75 vom Hundert auf »**mehr als 50**« **vom Hundert gesenkt**, um dadurch die Errichtung von Konzernbetriebsräten zu erleichtern (vgl. Begründung zum RegE BT-Drucks. 14/5741, S. 43).

Die Errichtung eines Konzernbetriebsrats eröffnet eine **dritte Repräsentationsebene** neben Be- **3** triebs- und Unternehmensebene für die Wahrung betriebsverfassungsrechtlicher Beteiligungsrechte. Der Konzernbetriebsrat ist kein Organ der Unternehmensmitbestimmung. Er tritt neben Gesamt- und Einzelbetriebsrat und hat (abstrakt betrachtet), wenn er zuständig ist, die gleichen Rechte und Pflichten wie diese, wenn sie zuständig sind (§ 59 Abs. 1, § 51 Abs. 5). Die Zuständigkeitsabgrenzung ist in § 58 nach dem Konzept der Abgrenzung der Kompetenzen von Gesamtbetriebsrat und Einzelbetriebsräten (vgl. § 50) erfolgt und sieht, wie beim Gesamtbetriebsrat, eine originäre Zuständigkeit (§ 58 Abs. 1) und eine Auftragszuständigkeit (§ 58 Abs. 2) vor.

Mit der Errichtung des Konzernbetriebsrats ist **keine Erweiterung** der materiellen betriebsverfas- **4** sungsrechtlichen **Beteiligungsrechte** (nach der Intensität der Beteiligung gestaffelte Mitwirkungs- und Mitbestimmungsrechte) verbunden (vgl. *Fitting* § 54 Rn. 3; *Trittin/DKKW* § 54 Rn. 11). Es gibt namentlich keine konzernspezifischen Mitwirkungs- und Mitbestimmungsrechte. Die Anerkennung einer konzerndimensionalen Arbeitnehmervertretung ist vielmehr allein als betriebsverfassungsrechtliche **Reaktion auf die konzernrechtliche Leitungsmacht** zu verstehen. Durch die unternehmensrechtliche, insbesondere gesellschaftsrechtliche und aktienrechtliche Anerkennung von Konzernleitungsmacht gegenüber rechtlich selbständigen Unternehmen können durch die Verlagerung der faktischen Entscheidungsbefugnisse auf ein vom betriebsverfassungsrechtlichen Arbeitgeber verschiedenes Subjekt, das herrschende Unternehmen, die betriebsverfassungsrechtlichen Beteiligungsrechte »leerlaufen«, wenn die Konzernspitze die Entscheidungsbefugnis der abhängigen Unternehmen faktisch oder aufgrund eines Weisungsrechtes auf Null reduziert. Dementsprechend ist, auch wenn der Entstehungsgeschichte keinerlei ausdrückliche Anhaltspunkte entnommen werden können, der **Regelungszweck** der Institution »Konzernbetriebsrat« beim Unterordnungskonzern in der Etablierung einer Arbeitnehmervertretung auf der Ebene des Entscheidungsträgers im Konzern zu sehen, durch die einer Aushöhlung betriebsverfassungsrechtlicher Beteiligungsrechte auf Unternehmensebene begegnet werden soll (ebenso i. E. *Biedenkopf* Liber amicorum *P. Sanders* S. 1; *Fitting* § 54 Rn. 3; *Fuchs* Konzernbetriebsrat, S. 3 f.; *Galperin / Löwisch* § 54 Rn. 1; *Güllich* Geltung von Betriebsvereinbarungen im Konzern, S. 70 ff.; *Glock / HWGNRH* § 54 Rn. 3; *Klinkhammer* Mitbestimmung, S. 129 f.; *Koch* / ErfK § 54 BetrVG Rn. 1; *Konzen* RdA 1984, 65 [76]; *Martens* ZfA 1973, 313 ff.; *Nick* Konzernbetriebsrat, S. 96; *Richardi / Annuß* vor § 54 Rn. 1; *Salamon* NZA 2009, 471 [472 und 473]; *Wetzling* Der Konzernbetriebsrat, S. 37 ff., 61; *Windbichler* Arbeitsrecht im Konzern, S. 300; einschränkend *Oetker* ZfA 1986, 177 [190 ff.], der allerdings zu Recht darauf hinweist, dass sich die »Kompensation eines Beteiligungsdefizits« nur im Zuständigkeitsbereich des Konzernbetriebsrats verwirklichen lässt; vgl. auch *Joost* / MünchArbR § 227 Rn. 2 f.; vgl. auch *Kort* NZA 2009, 464 [465] der in der Wendung des Entgegenwirkens einer Aushöhlung betriebsverfassungsrechtlicher Beteiligungsrechte einen »falschen Zungenschlag« zu erblicken meint).

5 Die Bildung einer **Konzern-Jugend- und Auszubildendenvertretung** ermöglicht § 73a, der zusammen mit § 73b durch Art. 1 Nr. 49 BetrVerf-Reformgesetz 2001 als neuer Dritter Abschnitt in den Dritten Teil des Gesetzes eingefügt worden ist.

6 Die Vorschrift ist **zwingend**. Sie kann weder durch Tarifvertrag noch durch Betriebsvereinbarung abbedungen oder abgeändert werden (ebenso *Fitting* § 54 Rn. 6; *Galperin / Löwisch* § 54 Rn. 3; *Glock / HWGNRH* § 54 Rn. 6). Insbesondere kann die Errichtung eines Konzernbetriebsrats nicht durch Tarifvertrag erfolgen, sondern bedarf einer qualifizierten Beschlussfassung der Gesamtbetriebsräte nach § 54 Abs. 1 Satz 2. Ein ohne Erfüllung der Voraussetzungen des § 54 geschaffenes Gremium ist kein Konzernbetriebsrat und hat dementsprechend nicht dessen Zuständigkeiten, Rechte und Pflichten. Durch Tarifvertrag (§ 3 Abs. 1 Nr. 2 und 3), hilfsweise durch (Konzern-)Betriebsvereinbarung (§ 3 Abs. 2) können aber für Konzerne Spartenbetriebsratsstrukturen oder andere Arbeitnehmervertretungsstrukturen bestimmt werden (s. § 3 Rdn. 13 ff., 20 ff.).

7 Das **Bundespersonalvertretungsgesetz** enthält keine entsprechende Vorschrift; die Vorschriften über die Stufenvertretungen (§§ 53 ff. BPersVG) sind nicht vergleichbar (ebenso *Fitting* § 54 Rn. 7). Zum **Konzernsprecherausschuss** vgl. §§ 21–24 SprAuG.

II. Errichtung und Konstituierung eines Konzernbetriebsrats – Überblick und Folgen von Errichtungsfehlern

8 Ein Konzernbetriebsrat kann **nur** für einen sog. **Unterordnungskonzern** i. S. d. § 18 Abs. 1 AktG gebildet werden. Durch die Klammerverweisung in Abs. 1 Satz 1 auf § 18 Abs. 1 AktG ist eindeutig entschieden, dass für einen sog. Gleichordnungskonzern i. S. v. § 18 Abs. 2 AktG kein Konzernbetriebsrat errichtet werden kann (allg. Meinung; vgl. *BAG* 22.11.1995 EzA § 54 BetrVG 1972 Nr. 5 S. 4; 23.08.2006 EzA § 54 BetrVG 2001 Nr. 2 Rn. 43; *Fitting* § 54 Rn. 9a; *Glock / HWGNRH* § 54 Rn. 9; *Hohenstatt / Dzida* / HWK § 54 BetrVG Rn. 3; *Koch* / ErfK § 54 BetrVG Rn. 2; *Richardi / Annuß* § 54 Rn. 3; *Schwab* AR-Blattei SD 530.12.1, Rn. 5; *Stege / Weinspach / Schiefer* §§ 54–59a Rn. 2; *Trittin / DKKW* § 54 Rn. 15; vgl. zur rechtspolitischen Bewertung *Fabricius* Erstbearbeitung GK-BetrVG vor § 54 Rn. 59; Bericht der *Unternehmensrechtskommission*, Rn. 1629 ff.). Es genügt also nicht, wenn zwei rechtlich selbständige Unternehmen unter einheitlicher Leitung zusammengefasst sind, ohne dass das eine von dem anderen abhängig ist. Den Vorschlag des DGB (Novellierungsvorschläge des *DGB* zum Betriebsverfassungsgesetz 1972, 1998, S. 54), auch für den Gleichordnungskonzern (gemäß § 18 Abs. 2 AktG) die Errichtung eines Konzernbetriebsrats vorzuschreiben, hat der Gesetzgeber des BetrVerf-Reformgesetzes 2001 nicht aufgegriffen.

Besteht ein **Unterordnungskonzern** (vgl. zu den Voraussetzungen Rdn. 13 ff.), so **kann** für diesen ein 9
Konzernbetriebsrat errichtet werden (Abs. 1 Satz 1). Die Errichtung ist freiwillig und erfolgt durch
Beschlüsse der einzelnen Gesamtbetriebsräte der Konzernunternehmen (vgl. dazu Rdn. 50 ff.).
Besteht in einem Konzernunternehmen nur ein Betriebsrat, so beschließt dieser mit (§ 54 Abs. 2) und
nimmt auch im Übrigen im Rahmen der Vorschriften über den Konzernbetriebsrat die Aufgaben
eines Gesamtbetriebsrats wahr (vgl. dazu Rdn. 66 ff.). Die Errichtung bedarf einer **besonderen
Mehrheit** (Abs. 1 Satz 2; vgl. dazu Rdn. 53 ff.).

Sobald mit ausreichender Mehrheit Beschlüsse gefasst sind, **ist** der Konzernbetriebsrat **errichtet**. Die 10
Terminologie ist jedoch nicht einheitlich (vgl. § 59 Abs. 2). Mit der Errichtung sind alle Gesamtbetriebsräte
im Konzern **verpflichtet**, nach Maßgabe des § 55 die Mitglieder des Konzernbetriebsrats
zu bestimmen (vgl. dazu Rdn. 58). Erst mit der **Konstituierung** wird der Konzernbetriebsrat **handlungsfähig**.
Die Konstituierung erfolgt dadurch, dass die von den Gesamtbetriebsräten bestimmten
Mitglieder nach Maßgabe des § 59 Abs. 2 zu einer Sitzung zusammenkommen und aus ihrer Mitte
den Vorsitzenden und den stellvertretenden Vorsitzenden wählen (vgl. § 59 Rdn. 5, 14).

Bei **fehlerhafter Errichtung** gilt der Konzernbetriebsrat als von Anfang an nicht existent und er- 11
wirbt keine betriebsverfassungsrechtlichen Befugnisse (*BAG* 23.08.2006 EzA § 54 BetrVG 2001 Nr. 2
Rn. 53). Von ihm getroffene Maßnahmen (insb. Betriebsvereinbarungen, Sozialpläne) sind **im Regelfall
ex tunc rechtsunwirksam**, weil das Gesetz keine Rechtsbeständigkeit anordnet. Nur in Ausnahmefällen,
wenn der fehlerhaft errichtete Konzernbetriebsrat über einen längeren Zeitraum sein Amt
unbeanstandet ausgeübt hat und die unwirksame Errichtung nicht evident ist, kann zum Vertrauensschutz
rechtsfortbildend angenommen werden, dass die gerichtliche Feststellung der **Unwirksamkeit
nur für die Zukunft** wirkt (weitergehend *Kort* NZA 2009, 464 [469] mit Blick auf die mitunter
schwierige Feststellung der Konzerneigenschaft; vgl. zum Parallelproblem beim Gesamtbetriebsrat
§ 47 Rdn. 131 f.).

§ 19 ist auf die Errichtung des Konzernbetriebsrats ebenso wenig anwendbar wie auf die Errichtung 12
des Gesamtbetriebsrats (*BAG* 23.08.2006 EzA § 54 BetrVG 2001 Nr. 2 Rn. 53 = AP Nr. 12 zu § 54
BetrVG 1972). Auf die Unwirksamkeit der Errichtung kann sich grundsätzlich jedermann zu jeder
Zeit berufen, der daran ein rechtliches Interesse hat.

III. Unterordnungskonzern (§ 18 Abs. 1 AktG)

Die Errichtung eines Konzernbetriebsrats setzt zunächst das Vorhandensein eines Konzerns i. S. d. 13
§ 18 Abs. 1 AktG voraus. § 54 Abs. 1 Satz 1 enthält keine eigene Begriffsdefinition des Konzerns, sondern
»verweist« durch den Klammerzusatz auf § 18 Abs. 1 AktG. Es handelt sich dabei um eine »**definitorische
Verweisung**« (Definitionsverweisung); zust. und näher dazu *Oetker* ZfA 1986, 181; zust.
Fitting § 54 Rn. 8. Auch für den Konzernbegriff des § 54 sind deshalb die **Merkmale bindend**, mit
denen der Gesetzgeber in § 18 Abs. 1 AktG den Konzern umschreibt.

Auslegungsspielraum, innerhalb dessen dem Normzweck des § 54 Rechnung getragen werden 14
kann, besteht insoweit nur bei der Auslegung derjenigen Rechtsbegriffe, mit denen der Konzern
im Aktiengesetz definiert ist. Dabei ist zu berücksichtigen, dass der Konzernbegriff im Gesellschaftsrecht
und im Betriebsverfassungsrecht verschiedenen Zwecken dient. Im Gesellschaftsrecht sind die
Einbeziehung in den Konzernabschluss nach §§ 290 ff. HGB sowie der Gläubiger- und Minderheitenschutz
im abhängigen Unternehmen maßgeblich; dagegen bezweckt die Bildung des Konzernbetriebsrats,
dem eigentlichen Entscheidungsträger im Konzern eine Arbeitnehmervertretung gegenüberzustellen,
die die Konzernbelegschaft betriebsverfassungsrechtlich repräsentiert (vgl. Rdn. 4).
Dadurch kann die Auslegung der Konzernmerkmale in Einzelheiten durchaus zu gewissen Abweichungen
kommen (ebenso *BAG* 21.10.1980 AP Nr. 1 zu § 54 BetrVG 1972 [zust. *Fabricius*]; *Dütz*
SAE 1981, 212; *Hanau* ZGR 1984, 476; *Kort* NZA 2009, 464 [467]; *Oetker* ZfA 1986, 188 f.; *Richardi*
Konzernzugehörigkeit, S. 55 ff.; *Schmidbauer* Konzernbegriff, S. 206 ff.; *Trittin/DKKW* Vor § 54
Rn. 6; eher ablehnend *Richardi/Annuß* § 54 Rn. 11, 16; zum MitbestG: *Ulmer/Habersack/Henssler/
UHH* § 5 MitbestG Rn. 11; *Windbichler* Arbeitsrecht im Konzern, S. 304). Unterschiede können
sich insbesondere im Hinblick auf den Unternehmensbegriff sowie den Begriff der »einheitlichen Lei-

tung« ergeben. Einen eigenständigen betriebsverfassungsrechtlichen Konzernbegriff gibt es nicht (*BAG* 14.02.2007 EzA § 54 BetrVG 2001 Nr. 3 Rn. 42; 16.05.2007 AP Nr. 3 zu § 96a ArbGG Rn. 23; *Däubler* CR 1988, 834 [837]; *Dörner* FS *Leinemann*, S. 487 [493]).

15 Der **Konzern i. S. d. § 18 Abs. 1 AktG setzt voraus**, dass ein herrschendes und ein oder mehrere abhängige Unternehmen unter der einheitlichen Leitung des herrschenden Unternehmens zusammengefasst sind. Im Regelungszusammenhang des Rechts der verbundenen Unternehmen in §§ 15 ff. AktG wird über die Definitionsmerkmale des Konzerns in § 18 Abs. 1 AktG implizit auf §§ 17, 16 und 15 AktG verwiesen. Die uneingeschränkte Verweisung in § 54 Abs. 1 Satz 1 auf § 18 Abs. 1 AktG umfasst auch die Konzernvermutungen nach § 18 Abs. 1 Satz 2 und 3 AktG.

16 Diese Bestimmungen des AktG haben folgenden Wortlaut:

§ 18 Konzern und Konzernunternehmen

(1) Sind ein herrschendes und ein oder mehrere abhängige Unternehmen unter der einheitlichen Leitung des herrschenden Unternehmens zusammengefaßt, so bilden sie einen Konzern; die einzelnen Unternehmen sind Konzernunternehmen. Unternehmen, zwischen denen ein Beherrschungsvertrag (§ 291) besteht oder von denen das eine in das andere eingegliedert ist (§ 319), sind als unter einheitlicher Leitung zusammengefaßt anzusehen. Von einem abhängigen Unternehmen wird vermutet, daß es mit dem herrschenden Unternehmen einen Konzern bildet.

(2) Sind rechtlich selbständige Unternehmen, ohne daß das eine Unternehmen von dem anderen abhängig ist, unter einheitlicher Leitung zusammengefaßt, so bilden sie auch einen Konzern; die einzelnen Unternehmen sind Konzernunternehmen.

§ 17 Abhängige und herrschende Unternehmen

(1) Abhängige Unternehmen sind rechtlich selbständige Unternehmen, auf die ein anderes Unternehmen (herrschendes Unternehmen) unmittelbar oder mittelbar einen beherrschenden Einfluß ausüben kann.

(2) Von einem in Mehrheitsbesitz stehenden Unternehmen wird vermutet, daß es von dem an ihm mit Mehrheit beteiligten Unternehmen abhängig ist.

§ 16 In Mehrheitsbesitz stehende Unternehmen und mit Mehrheit beteiligte Unternehmen

(1) Gehört die Mehrheit der Anteile eines rechtlich selbständigen Unternehmens einem anderen Unternehmen oder steht einem anderen Unternehmen die Mehrheit der Stimmrechte zu (Mehrheitsbeteiligung), so ist das Unternehmen ein in Mehrheitsbesitz stehendes Unternehmen, das andere Unternehmen ein an ihm mit Mehrheit beteiligtes Unternehmen.

(2) Welcher Teil der Anteile einem Unternehmen gehört, bestimmt sich bei Kapitalgesellschaften nach dem Verhältnis des Gesamtnennbetrags der ihm gehörenden Anteile zum Nennkapital, bei Gesellschaften mit Stückaktien nach der Zahl der Aktien. Eigene Anteile sind bei Kapitalgesellschaften vom Nennkapital, bei Gesellschaften mit Stückaktien von der Zahl der Aktien abzusetzen. Eigenen Anteilen des Unternehmens stehen Anteile gleich, die einem anderen für Rechnung des Unternehmens gehören.

(3) Welcher Teil der Stimmrechte einem Unternehmen zusteht, bestimmt sich nach dem Verhältnis der Zahl der Stimmrechte, die es aus den ihm gehörenden Anteilen ausüben kann, zur Gesamtzahl aller Stimmrechte. Von der Gesamtzahl aller Stimmrechte sind die Stimmrechte aus eigenen Anteilen sowie aus Anteilen, die nach Absatz 2 Satz 3 eigenen Anteilen gleichstehen, abzusetzen.

(4) Als Anteile, die einem Unternehmen gehören, gelten auch die Anteile, die einem von ihm abhängigen Unternehmen oder einem anderen für Rechnung des Unternehmens oder eines von diesem abhängigen Unternehmens gehören und, wenn der Inhaber des Unternehmens ein Einzelkaufmann ist, auch die Anteile, die sonstiges Vermögen des Inhabers sind.

§ 15 Verbundene Unternehmen

Verbundene Unternehmen sind rechtlich selbständige Unternehmen, die im Verhältnis zueinander in Mehrheitsbesitz stehende Unternehmen und mit Mehrheit beteiligte Unternehmen (§ 16), abhängige und herrschende Un-

1. Herrschendes und abhängiges Unternehmen

a) Abhängigkeitsverhältnis

Im Konzern müssen **rechtlich selbständige** Unternehmen zusammengefasst sein. Das ergibt sich aus der impliziten Verweisung in § 18 Abs. 1 Satz 1 AktG bezüglich des abhängigen Unternehmens auf § 17 Abs. 1 AktG. **Abhängige Unternehmen** sind danach rechtlich selbständige Unternehmen, auf die ein anderes Unternehmen (herrschendes Unternehmen) beherrschenden Einfluss ausüben kann. Kein Konzern liegt daher im Verhältnis vom Stammhaus (Einheitsunternehmen) zu rechtlich unselbständigen Filialen (Zweigniederlassungen) vor, selbst wenn diese in das Handelsregister eingetragen sind. 17

Für Abhängigkeit genügt die **Möglichkeit beherrschenden Einflusses**, ohne dass es auf deren tatsächliche Ausübung ankommt. Für den Konzerntatbestand muss zum Abhängigkeitsverhältnis die Erfüllung der Merkmale »unter einheitlicher Leitung des herrschenden Unternehmens zusammengefasst« hinzukommen (vgl. Rdn. 28 ff.). Dabei ist zu beachten, dass § 18 Abs. 1 Satz 3 AktG an das Bestehen eines Abhängigkeitsverhältnisses die **Konzernvermutung** knüpft. Diese ist zwar widerlegbar; bis dahin reicht jedoch der Nachweis des Bestehens eines Abhängigkeitsverhältnisses für die Errichtung eines Konzernbetriebsrats aus. Für den Nachweis des Abhängigkeitsverhältnisses genügt ggf. die Vermutung nach § 17 Abs. 2 AktG. Danach wird von einem in Mehrheitsbesitz stehenden Unternehmen vermutet, dass es von dem an ihm mit Mehrheit beteiligten Unternehmen abhängig ist. Wann diese Voraussetzungen gegeben sind, bestimmt § 16 AktG näher; die Vorschrift definiert die Mehrheitsbeteiligung nach der Mehrheit der Anteile oder der Mehrheit der Stimmrechte und bestimmt deren Berechnung. Die Vermutung kann widerlegt werden durch einen sog. Entherrschungsvertrag, in dem der Einfluss der Mehrheitsgesellschafterin durch Stimmrechtsbeschränkungen oder erhöhte Mehrheitserfordernisse begrenzt wird, vorausgesetzt, der Vertrag ist nicht jederzeit kündbar und für eine gewisse Dauer geschlossen (im Fall fünf Jahre, *LAG Bremen* 09.08.2012 – 3 TaBV 19/11 – juris). Hingegen begründen ein Beherrschungsvertrag (§ 291 AktG) und eine Eingliederung (§ 319 AktG) nach § 18 Abs. 1 Satz 2 eine **unwiderlegbare Konzernvermutung**; damit wird zumindest die weitere Prüfung eines Abhängigkeitsverhältnisses überflüssig (vgl. *Bayer*/MK-AktG § 17 Rn. 64; *Hüffer*/*Koch* AktG, § 18 Rn. 17; s. dazu auch die Nachweise bei *Henssler*, ZfA 2005, 289 [293]). 18

Im Übrigen bestimmt das AktG die **Mittel der Beherrschung** nicht ausdrücklich (vgl. zu Einzelheiten *Windbichler* Großkomm. AktG, § 17 Rn. 22 ff.; ferner auch *Dierdorf* Herrschaft und Abhängigkeit einer AG auf schuldvertraglicher und tatsächlicher Grundlage, 1978; *H. Werner* Der aktienrechtliche Abhängigkeitstatbestand, 1979). Als **Beherrschungsmittel** kommen insbesondere **Stimmrechte** in Betracht, durch die in den Willensbildungsorganen von Unternehmen Einfluss genommen werden kann (Mehrheitsbeteiligung i. S. v. § 16 AktG, Minderheitsbeteiligung bei im Übrigen zersplittertem Anteilsbesitz, abgeleitete Stimmrechtsmacht, insbesondere bei Stimmbindungsverträgen und Treuhandverhältnissen, durch die mittelbarer Einfluss ausgeübt werden kann; grundsätzlich nicht ausreichend sind hingegen Sperrminoritäten), ferner **Entsendungsrechte** (in Verwaltungs-, Leitungs- und Aufsichtsorgane) sowie insbesondere ein **Beherrschungsvertrag**, durch den ein Unternehmen die Leitung seines Unternehmens einem anderen Unternehmen unterstellt (vgl. § 291 AktG), und die **Eingliederung** (§ 319 AktG). **Andere Unternehmensverträge** (i. S. d. §§ 291, 292 AktG, wie Gewinnabführungsvertrag, Gewinngemeinschaft, Teilgewinnabführungsvertrag, Betriebspacht bzw. -überlassung) werden meist auf der Grundlage schon vorhandener Abhängigkeit abgeschlossen, haben diese aber in der Regel nicht zur Folge (vgl. näher *Bayer*/MK-AktG § 17 Rn. 65 ff.); das gilt entsprechend für eine **Identität von Organmitgliedern**, zumal sich Abhängigkeit lediglich auf der Grundlage personeller Verflechtungen kaum feststellen ließe (*Bayer*/MK-AktG § 17 Rn. 33). 19

Ferner muss der **beherrschende Einfluss zumindest gesellschaftsrechtlich vermittelt** sein; Abhängigkeit als Folge von Rechtsbeziehungen zu Lieferanten, Abnehmern oder Kreditgebern genügt daher schon nach Gesellschaftsrecht nicht (*BGH* 26.03.1984 DB 1984, 1188; 17.03.1997 BGHZ 135, 107 [114]; *Kort* NZA 2009, 464 [467]; *Hüffer*/*Koch* § 17 Rn. 8 m. w. N.; *Windbichler* Großkomm. 20

AktG, § 17 Rn. 40; unentschieden *Fitting* § 54 Rn. 14, 26; **a. M.** *Glock/HWGNRH* § 54 Rn. 14; *Trittin/DKKW* Vor § 54 Rn. 26, 31 m. w. N., 99 ff., namentlich für »Logistische Ketten«). Im Betriebsverfassungsgesetz kann nichts anderes gelten, da es hier darum geht, die Wahrnehmung betriebsverfassungsrechtlicher Beteiligungsrechte konzernrechtlichen Leitungsstrukturen anzupassen, nicht aber um Einflussnahme auf die Unternehmenspolitik von Geschäftspartnern (ebenso zum MitbestG *Ulmer/Habersack/Henssler/UHH* § 5 MitbestG Rn. 14). Das *BAG* hat diese Frage bislang offen gelassen, dabei aber betont, eine nicht gesellschaftsrechtlich vermittelte Einflussmöglichkeit müsse einer solchen zumindest gleichwertig sein, d. h. das herrschende Unternehmen müsse über die rechtlich verstetigte Möglichkeit verfügen, grundsätzlich alle unternehmensrelevanten Entscheidungen zu steuern; ein Einfluss auf Teilbereiche oder vorübergehende wirtschaftliche Druckmittel genügten nicht (*BAG* 09.02.2011 EzA § 54 BetrVG 2001 Nr. 5 Rn. 31).

21 Ein **Franchise-System**, an dem Franchisegeber und -nehmer auf der Basis eines vertraglichen Dauerschuldverhältnisses beteiligt sind, ist daher kein Unterordnungskonzern (ebenso im Ergebnis *Selzner* Betriebsverfassungsrechtliche Mitbestimmung in Franchise-Systemen, S. 108; *Skaupy* BB 1990, 134 [136], 1061; *Windbichler* Großkomm. AktG, § 17 Rn. 41; **a. M.** für das sog. Subordinations-Franchising *Buschbeck-Bülow* BB 1989, 352 [354], BB 1990, 1061; *Gittermann* Arbeitnehmerstatus und Betriebsverfassung in Franchise-Systemen, S. 189 ff., der dabei aber einen spezifisch betriebsverfassungsrechtlichen Konzernbegriff zugrunde legt; vgl. auch *Trittin/DKKW* Vor § 54 Rn. 103 ff.).

22 Da es nach § 17 Abs. 1 AktG genügt, dass herrschender Einfluss mittelbar ausgeübt werden kann (vgl. auch *BAG* 18.06.1970 AP Nr. 20 zu § 76 BetrVG), wird insbesondere auch **mehrstufige Abhängigkeit** erfasst; z. B. sind die »Enkel«-Unternehmen C und D mittelbar von »Mutter«-Unternehmen A abhängig, wenn »Tochter«-Unternehmen B von A abhängig ist, C und D aber von B abhängig sind (vgl. *Bayer*/MK-AktG § 17 Rn. 75; *Hüffer/Koch* § 17 Rn. 6; *Windbichler* Großkomm. AktG, § 17 Rn. 57). Daraus resultiert die Problematik des »Konzerns im Konzern« (s. Rdn. 34 ff.).

b) Unternehmensbegriff

23 Der **Unternehmensbegriff** wird in §§ 15 ff. AktG **rechtsformneutral** verwendet (vgl. *Bayer*/MK-AktG § 15 Rn. 13, 16; *Hüffer/Koch* § 15 Rn. 6; *Windbichler* Großkomm. AktG, § 15 Rn. 15 ff.). Dies gilt auch im Kontext von § 54 (vgl. *BAG* 05.05.1988 EzA § 1 AÜG Nr. 1; 13.10.2004 EzA § 54 BetrVG 2001 Nr. 1 unter B IV 1b; 23.08.2006 EzA § 54 BetrVG 2001 Nr. 2 Rn. 44; 16.05.2007 AP Nr. 3 zu § 96a ArbGG Rn. 23; *Fitting* § 54 Rn. 11; *Fuchs* Konzernbetriebsrat, S. 35 ff.; *Gamillscheg* II, S. 674; *Glock/HWGNRH* § 54 Rn. 10; *Joost*/MünchArbR § 227 Rn. 7; *Koch*/ErfK § 54 BetrVG Rn. 2; *Richardi/Annuß* § 54 Rn. 5; *Schwab*, NZA-RR 2007, 337 [338]; *Stege/Weinspach/Schiefer* §§ 54–59a Rn. 3; *Trittin/DKKW* Vor § 54 Rn. 8 ff.; *Weiss/Weyand* § 54 Rn. 2). Insofern muss beachtet werden, dass § 54 nur auf die Definitionsnorm des § 18 Abs. 1 AktG verweist, nicht aber auf materiell-aktienrechtliche Konzernregelungen. Deshalb müssen weder das herrschende noch das abhängige Unternehmen in der Rechtsform der AG oder KGaA (Gesellschaftsform des AktG) organisiert sein.

24 **Taugliche Rechtsträger** eines Konzernunternehmens sind juristische Personen (insbesondere AG, KGaA, GmbH, eG, VVaG, wirtschaftlicher und nicht wirtschaftlicher Verein, Societas Europaea), Personengesellschaften (OHG, KG, Partnerschaft, BGB-Gesellschaft, Partenreederei), nichtrechtsfähige Vereine, Stiftungen und natürliche Personen (vgl. dazu näher Rdn. 27). **Bund, Länder, Gemeinden**, sonstige Körperschaften, Anstalten und Stiftungen des öffentlichen Rechts kommen grundsätzlich nicht in Betracht, weil nach § 130 für deren Betriebe das BetrVG keine Anwendung findet (ebenso *Fitting* § 54 Rn. 12). Juristische Personen des öffentlichen Rechts (insbesondere die Gebietskörperschaften) können jedoch herrschendes Unternehmen im konzernrechtlichen Sinn sein, wenn und soweit sie sich als Inhaber gesellschaftsrechtlicher Beteiligung in einem Umfang privatwirtschaftlich betätigen, dass dadurch ihre konzernrechtliche Unternehmenseigenschaft begründet wird (*BAG* 27.10.2010 EzA § 54 BetrVG 2001 Nr. 4; vgl. *BGH* 13.10.1977 BGHZ 69, 334 *[VEBA/Gelsenberg]*; 17.03.1997 BGHZ 135, 107 *[Land Niedersachsen/VW]*; *Bayer*/MK-AktG § 15 Rn. 38; *Hüffer/Koch* § 15 Rn. 16 ff.). In diesem Fall kann ein Konzernbetriebsrat für die beherrschten privatrechtlichen Unternehmen gebildet werden, um die vom Gesetz intendierte betriebliche Mitbestimmung auf höchster Leitungsebene zu verwirklichen. § 130 BetrVG steht nicht entgegen, da der Konzern-

betriebsrat nicht bei dem herrschenden öffentlichen Unternehmen, sondern für die beherrschten privatrechtlichen Unternehmen errichtet wird; Ansprechpartner des Konzernbetriebsrats ist aber gleichwohl die Konzernspitze (*BAG* 27.10.2010 EzA § 54 BetrVG 2001 Nr. 4; s. a. Rdn. 27).

Vgl. näher zum Unternehmensbegriff § 47 Rdn. 11 ff. Soweit dort zur Abgrenzung des Unternehmensbereichs auf die **Identität von Unternehmer und Arbeitgeber** abgestellt wird, gilt dies uneingeschränkt auch, soweit Konzernunternehmen Arbeitnehmer beschäftigen. Namentlich ergibt der Zweck der Konzernbetriebsratsbildung (vgl. Rdn. 4), dass als abhängige Unternehmen nur solche in Betracht kommen, in denen Arbeitnehmer beschäftigt sind. Sofern ein Unternehmer ohne Arbeitnehmer ein abhängiges Konzernunternehmen führt, ist dies für die Errichtung eines Konzernbetriebsrats irrelevant. Vgl. zur Frage der Einbeziehung abhängiger Konzernunternehmen, in denen Arbeitnehmer beschäftigt sind, aber kein Betriebsrat gewählt worden ist, Rdn. 56 sowie § 58 Rdn. 36 ff. 25

Umgekehrt ergibt sich aus der mit der Konzernbetriebsratsbildung verfolgten Zielsetzung, dass es **unerheblich** sein muss, **ob das herrschende Unternehmen selbst Arbeitnehmer beschäftigt** (ebenso *Martens* ZfA 1973, 305; *Richardi/Annuß* § 54 Rn. 33), solange dem Konzern mindestens zwei abhängige Unternehmen angehören, bei denen ein Einzel- oder Gesamtbetriebsrat gebildet ist. Zu Recht wird es insofern auch als unerheblich angesehen, ob im herrschenden Unternehmen ein Gesamtbetriebsrat bzw. Betriebsrat besteht (vgl. *Martens* ZfA 1973, 305; *Richardi/Annuß* § 54 Rn. 33). 26

Werden jedoch von einem möglicherweise herrschenden Unternehmen überhaupt **keine Arbeitnehmer** beschäftigt, so muss die Unternehmenseigenschaft ausnahmsweise (vgl. Rdn. 25) nach anderen Kriterien bestimmt werden. Ausreichend ist dabei, wenn eine natürliche oder juristische Person einen eigenen **Geschäftsbetrieb** führt, z. B. eine natürliche Person sich als Einzelkaufmann oder als Freiberufler (z. B. Architekt) betätigt (*Bayer*/MK-AktG § 15 Rn. 15; *Windbichler* Großkomm. AktG, § 15 Rn. 22; *BAG* 23.08.2006 EzA § 54 BetrVG 2001 Nr. 2 Rn. 44). Ist das nicht der Fall, so ist zweifelhaft, ob und unter welchen weiteren Voraussetzungen der **Allein-** oder **Mehrheitsbesitz** an Aktien bzw. Geschäftsanteilen ausreicht, damit eine natürliche oder juristische Person (wegen § 130 gerade auch eine solche des öffentlichen Rechts) als herrschendes »Unternehmen« angesehen werden kann (vgl. zum Streitstand im Gesellschaftsrecht *Bayer*/MK-AktG § 15 Rn. 14; *Windbichler* Großkomm. AktG, § 15 Rn. 31 ff.; *BGH* 13.10.1997 BGHZ 69, 334 [*VEBA/Gelsenberg*]). Entscheidend ist, ob der Anteilsbesitzer widerstreitenden Interessenbindungen ausgesetzt ist, die nach Art und Intensität die ernsthafte Sorge begründen, er könne wegen dieser Bindung seinen aus der Mitgliedschaft folgenden Einfluss auf die Gesellschaft zu deren Nachteil ausüben (*BGH* 13.10.1977 BGHZ 69, 334 [337]; 13.12.1993 ZIP 1994, 207 [208]). Bei der Mehrheitsbeteiligung an **einer** Gesellschaft besteht diese Gefahr grundsätzlich nicht. Eine Ausnahme bilden Körperschaften des öffentlichen Rechts, da hier davon auszugehen ist, dass sie sich bei der Ausübung ihres Einflusses auf die beherrschte Gesellschaft nicht nur von typischen Anteilseignerinteressen, sondern auch von anderen Interessen leiten lassen, nämlich solchen, die aus ihrer öffentlich-rechtlichen Aufgabenstellung herrühren (*BGH* 17.03.1997 BGHZ 135, 107). **Mehrfache Mehrheitsbeteiligung** (z. B. eine natürliche Person ist Alleingesellschafter mehrerer GmbH; ihre Beteiligung von 26 % an einer AG trifft mit der Alleingesellschafterstellung in einer GmbH zusammen) macht deren Inhaber im Hinblick auf den Zweck der Errichtung des Konzernbetriebsrats zum Unternehmen, da bereits damit die abstrakte Gefahr von Entscheidungsstrukturen gegeben ist, die zur Entleerung betriebsverfassungsrechtlicher Beteiligungsrechte führen kann (ausführlich dazu, i. E. übereinstimmend, *Oetker* ZfA 1986, 177 [195 f.]). Zugleich wird in diesen Fällen gemäß § 17 Abs. 2 AktG vermutet, dass das Unternehmen beherrschend ist und gemäß § 18 Abs. 1 Satz 3, dass ein Konzernverhältnis vorliegt. Dieser spezifisch betriebsverfassungsrechtlichen Begründung für die Bildung eines Konzernbetriebsrats bei einer **natürlichen Person als Konzernspitze** ist das *BAG* gefolgt, wenn diese ihre unternehmerischen Interessen bei mehreren selbständigen Unternehmen als Allein- oder Mehrheitsgesellschafter verfolgen kann (*BAG* 22.11.1995 EzA § 54 BetrVG 1972 Nr. 5 = AP Nr. 7 zu § 54 BetrVG 1972 [zust. *Junker*]; zuletzt wieder *BAG* 13.10.2004 EzA § 54 BetrVG 2001 Nr. 1 unter B IV 1b). Der *Siebte Senat* hat insoweit den konzernrechtlichen Unternehmensbegriff, den der *BGH* für natürliche Personen in einer Reihe von Leitentscheidungen entwickelt hat (vgl. *BGH* 16.09.1985 BGHZ 95, 330 [Autokran], 115, 187 [Video], 122, 123 [TBB]; NJW 1994, 446 [Quickborner EDV]) und dem sich der *Neunte Senat* des *BAG* insoweit schon ange- 27 schlossen hatte (vgl. Urteile vom 08.03.1994 EzA § 303 AktG Nr. 5; 01.08.1995 EzA § 303 AktG Nr. 6), für das Recht des Konzernbetriebsrats übernommen.

2. Zusammenfassung unter einheitlicher Leitung

28 Der Unterordnungskonzern geht dadurch entscheidend über ein Herrschafts- und Abhängigkeitsverhältnis zwischen (selbständigen) Unternehmen i. S. d. § 17 Abs. 1 AktG hinaus, als für diesen die **Möglichkeit** beherrschender Einflussnahme **nicht genügt**: Hinzu kommen muss, dass abhängiges und herrschendes Unternehmen **tatsächlich unter einheitlicher Leitung** (des herrschenden Unternehmens) **zusammengefasst** sind. Dabei kann das lediglich aus historischen Gründen ins Gesetz aufgenommene Merkmal »Zusammenfassung« vernachlässigt werden, wenn »einheitliche Leitung« vorliegt, weil diese nur »einheitlich« ist, wenn sie sich auf das herrschende und die abhängigen Unternehmen zusammenfassend bezieht (vgl. auch *Bayer*/MK-AktG § 18 Rn. 27).

29 Der Gesetzgeber des Aktiengesetzes hat auf eine nähere gesetzliche Regelung zum Begriff der »einheitlichen Leitung« angesichts der Vielfalt der Konzernwirklichkeit verzichtet (vgl. Begründung zu § 18 RegE des AktG 1965 bei *Kropff* AktG, Textausgabe, S. 33). Die Basis einheitlicher Leitung beruht auf den Beherrschungsmitteln (vgl. Rdn. 19), die die Abhängigkeit eines Unternehmens begründen. Je nachdem spricht man von **Vertragskonzern** (Basis: insbesondere Beherrschungsvertrag) und **faktischem Konzern** (Basis: insbesondere Stimmrechte, Entsendungsrechte). Bei beiden kommt unstr. die Errichtung von Konzernbetriebsräten in Betracht (vgl. etwa auch *Fitting* § 54 Rn. 21 ff.; *Fuchs* Konzernbetriebsrat, S. 43; *Galperin/Löwisch* § 54 Rn. 6; *Glock*/HWGNRH § 54 Rn. 13 f.; *Hohenstatt/Dzida*/HWK § 54 BetrVG Rn. 4 f.; *Joost*/MünchArbR § 227 Rn. 20 ff.; *Kort* NZA 2009, 464 [467]; *Richardi/Annuß* § 54 Rn. 8; *Schwab* AR-Blattei SD 530.12.1, Rn. 10, 11; *Schwab* NZA-RR 2007, 337 [338]; *Trittin*/DKKW § 54 Rn. 15).

30 Im Falle des durch **Beherrschungsvertrag** oder **Eingliederung** begründeten Vertragskonzerns wird nach § 18 Abs. 1 Satz 2 AktG die **einheitliche Leitung unwiderleglich vermutet**. Während Eingliederung nur zwischen AG möglich ist, gilt die Vermutung im Hinblick auf einen Beherrschungsvertrag nicht nur, wenn dabei als abhängiges Unternehmen eine AG oder KGaA beteiligt ist (vgl. § 291), sondern zumindest entsprechend auch dann, wenn etwa eine GmbH oder eine Personenhandelsgesellschaft die Leitung ihres Unternehmens durch Vertrag einem anderen Unternehmen unterstellen. Das in § 308 Abs. 1 AktG verankerte Weisungsrecht als Leitungsmittel ergibt sich in diesen Fällen unmittelbar aus dem Beherrschungsvertrag, der vielfach noch weiterreichende Einflussmöglichkeiten eröffnen wird (zum MitbestG ebenso *Ulmer/Habersack/Henssler/UHH* § 5 MitbestG Rn. 26).

31 Aus § 18 Abs. 1 Satz 3 AktG ergibt sich die **Zulässigkeit einer Konzernbildung auf faktischer Grundlage**; die Bestimmung wäre sonst überflüssig (vgl. ausführlich *Hommelhoff* Die Konzernleitungspflicht, 1982, S. 109 ff.). Dementsprechend kann auch im faktischen Konzern ein Konzernbetriebsrat errichtet werden. Dabei gilt die **widerlegbare Konzernvermutung** des § 18 Abs. 1 Satz 3 AktG, **wenn Abhängigkeit** vorliegt, da § 54 Abs. 1 Satz 1 in vollem Umfang auf § 18 Abs. 1 AktG verweist. Solange von der Konzernleitung nicht Umstände dargelegt und notfalls bewiesen werden, aus denen sich ergibt, dass herrschendes und abhängiges Unternehmen **tatsächlich nicht** einheitlich geleitet werden, kann somit ein Konzernbetriebsrat errichtet werden (vgl. BAG 22.11.1995 EzA § 54 BetrVG 1972 Nr. 5 S. 7; *Fitting* § 54 Rn. 27; *Richardi/Annuß* § 54 Rn. 8; zust. nach krit. Überprüfung *Konzen* FS *Wiese*, S. 199 [208 ff.]). Gelingt die Widerlegung, so kann kein Konzernbetriebsrat errichtet werden (vgl. zu den Anforderungen an die Widerlegung der Konzernvermutung *Bayer*/MK-AktG § 18 Rn. 48; *Windbichler* Großkomm. AktG, § 18 Rn. 36 ff.; *Kort* NZA 2009, 464 [467], der unter Verweis auf BAG 23.08.2006 NJOZ 2007, 2862 von hohen Anforderungen an die Widerlegung ausgeht). Erfolgreich widerlegt wurde die Vermutung beispielsweise in ArbG Düsseldorf 29.09.2010 BB 2011, 1280 *(Bissels)* für den Fall einer Matrixorganisation, in der nicht die inländische Holding die tatsächliche Leitung ausübte, sondern von ihr unabhängige grenzüberschreitend tätige »Business Units«. Verträge, die die einheitliche Leitung ausschließen, sind weder erforderlich noch ausreichend, wenn die Praxis anders aussieht (echte sog. Entherrschungsverträge können aber bereits den Abhängigkeitstatbestand ausschließen, vgl. Rdn. 18). Kein Widerlegungsgrund per se ist es, wenn

etwa der Aufsichtsrat des abhängigen Unternehmens nach dem MitbestG paritätisch besetzt ist (ebenso *Ulmer/Habersack/Henssler/UHH* § 5 MitbestG Rn. 27 mit Nachweisen auch zur Gegenmeinung).

In der Regel genügt es daher, wenn im Rahmen des § 54 ein Herrschafts- und Abhängigkeitsverhältnis dargetan wird, ggf. mit Hilfe der Abhängigkeitsvermutung nach § 17 Abs. 2 AktG. Insoweit kommt es auf den **Nachweis** tatsächlicher einheitlicher Leitung und damit tatsächlicher Ausübung möglichen beherrschenden Einflusses **im Normalfall praktisch nicht** an. Hinzu kommt, dass für Unterordnungskonzerne die §§ 290 ff. HGB über den Konzernjahresabschluss gelten. Die Einbeziehung abhängiger Unternehmen in diesen ist deshalb ein wichtiges »Indiz« für das Vorliegen der Konzernvoraussetzungen auch im Rahmen des § 54. »Beweismittel« kann es nicht sein, weil nach § 290 Abs. 2 HGB auch andere Kriterien für die Einbeziehung bedeutungsvoll sind. Wegen der in § 296 HGB zugelassenen Ausnahmen kann umgekehrt im Falle der Nichteinbeziehung nicht auf das Fehlen einheitlicher Leitung geschlossen werden. Maßgeblich ist die Klärung des Begriffs einheitlicher Leitung für das Betriebsverfassungsgesetz praktisch nur im Hinblick auf die Problematik des Konzerns im Konzern (vgl. dazu Rdn. 34 ff.).

Fällt ein **Konzernunternehmen in Insolvenz**, wird die Leitungsbefugnis des herrschenden Unternehmens suspendiert, indem die Verwaltungs- und Verfügungsbefugnis über das Schuldnervermögen auf den Insolvenzverwalter übergeht (§ 80 Abs. 1 InsO; sowie schon bei Bestellung eines vorläufigen »starken« Insolvenzverwalters nach § 22 Abs. 1 Satz 1 InsO). Das gilt auch, wenn Eigenverwaltung nach §§ 270 ff. InsO angeordnet wird. § 276a Satz 1 InsO stellt ausdrücklich klar, dass insbesondere die Gesellschafter während des Insolvenzverfahrens keinen Einfluss auf die Geschäftsführung des Unternehmens haben. Ein Konzernverhältnis besteht dann also nicht, ein für den Konzern gebildeter Konzernbetriebsrat wird für das insolvente Unternehmen unzuständig (zum Ganzen *LAG Stuttgart* 23.06.2015 ZIP 2016, 232 [anhängig: 1 AZR 548/15]).

3. Sonderfälle

a) Konzern im Konzern

Die Möglichkeit, dass ein Konzernbetriebsrat auch **bei einem Tochterunternehmen eines mehrstufigen, vertikal gegliederten Unterordnungskonzerns** gebildet werden kann (»Konzern im Konzern«), wird heute im Anschluss an *Fabricius* (Erstbearbeitung, § 54 Rn. 16 ff.) in der Rechtsprechung (*BAG* 21.10.1980 AP Nr. 1 zu § 54 BetrVG 1972 [zust. *Fabricius*] = SAE 1982, 208 [zust. *Dütz*] = MitbestGespr. 1981, 277 [zust. *Köster*] = EzA § 54 BetrVG 1972 Nr. 1; 16.05.2007 AP Nr. 3 zu § 96a ArbGG Rn. 31) und wohl überwiegend auch im betriebsverfassungsrechtlichen Schrifttum **zu Recht bejaht** (vgl. *Fitting* § 54 Rn. 32 f.; *Gamillscheg* II, S. 674; *Glock/HWGNRH* § 54 Rn. 19; *Klinkhammer* Mitbestimmung, S. 130 ff.; *Koch/ErfK* § 54 BetrVG Rn. 5 f.; *Konzen* Unternehmensaufspaltungen, S. 36 f.; *ders.* FS *Wiese*, S. 199 [209]; *Kort* NZA 2009, 464 [468]; *Löwisch/LK* § 54 Rn. 9; *Pflüger* NZA 2009, 130 [130 f.]; *Schaub/Koch* Arbeitsrechts-Handbuch, § 226 Rn. 5; *Schmidbauer* Konzernbegriff, S. 255 ff., 259; *Schwab* AR-Blattei SD 530.12.1, Rn. 13; *Schwab* NZA-RR 2007, 337 [338]; *Schwab* AiB 2008, 87 [88 f.]; *Tautphäus/HaKo* § 54 Rn. 13; *Trittin/DKKW* § 54 Rn. 18; *Weiss/Weyand* § 54 Rn. 4; *Wendeling-Schröder* Divisionalisierung, Mitbestimmung und Tarifvertrag, S. 140). Danach setzt die Anerkennung eines betriebsverfassungsrechtlichen »Konzerns im Konzern« im Einzelfall voraus, dass der Tochtergesellschaft ein betriebsverfassungsrechtlich relevanter Spielraum für die bei ihm zu treffenden Entscheidungen für die von ihm abhängigen Unternehmen (»Enkel«-Gesellschaften) verbleibt und sie von dieser Kompetenz auch tatsächlich Gebrauch macht. Die h. M. befürchtet zudem, dass andernfalls wegen der Entscheidungskompetenz der Tochtergesellschaft eine Zuständigkeit des bei der Muttergesellschaft errichteten Konzernbetriebsrats ins Leere laufen würde (vgl. *BAG* 21.10.1980 AP Nr. 1 zu § 54 BetrVG 1972 Bl. 3 R: Ein bei der Muttergesellschaft gebildeter Konzernbetriebsrat sei von den bei einem Unterkonzern getroffenen Entscheidungen, soweit sie auf einer dort bestehenden Entscheidungsbefugnis beruhen, rechtlich und auch faktisch ausgeschlossen; zust. *Dütz* SAE 1982, 212; ähnlich *Fabricius* Erstbearbeitung, § 54 Rn. 22; *Fitting* § 54 Rn. 32; *Klinkhammer* Mitbestimmung, S. 133 f.). Diese Befürchtung ist jedoch nicht berechtigt, weil § 58 Abs. 1 die Zuständigkeit des Konzernbetriebsrats auch für die Behandlung von Angelegenheiten festlegt, die nicht den ganzen Konzern, sondern mehrere Konzernunternehmen betreffen (vgl. die be-

§ 54

rechtigte Kritik insbesondere von *Hanau* ZGR 1984, 478; ferner *Fuchs* Konzernbetriebsrat, S. 172 ff.; *Richardi/Annuß* § 54 Rn. 16; *Windbichler* Arbeitsrecht im Konzern, S. 320).

35 Die **Gegenansicht** (vgl. *Bachmann* RdA 2008, 107 [109]; *Fuchs* Konzernbetriebsrat, S. 175; *Hohenstatt/Dzida/HWK* § 54 BetrVG Rn. 8; *Joost* Betrieb und Unternehmen, S. 229 ff.; *Joost/*MünchArbR § 227 Rn. 13 f.; *Meik* BB 1991, 2441 [2443]; *Nick* Konzernbetriebsrat, S. 130 ff.; *Richardi/Annuß* § 54 Rn. 11 ff.; *Romeikat* Konzernmitbestimmung, S. 137; *Windbichler* Arbeitsrecht im Konzern, S. 318 ff.; *dies.* Großkomm. AktG § 18 Rn. 83) beruft sich demgegenüber darauf, dass nach dem Wortlaut des § 54 Abs. 1 Satz 1 für einen Konzern nur ein Konzernbetriebsrat gebildet werden könne und die Annahme eines Konzerns im Konzern mit der Zusammenfassung unter einheitlicher Leitung als Voraussetzung eines Konzerns unvereinbar sei.

36 Im Bereich des **MitbestG**, wo die Problematik des »Konzerns im Konzern« im Hinblick auf das nach § 5 MitbestG begründete Wahlrecht auch der Arbeitnehmer abhängiger Konzernunternehmen bei der Aufsichtsratswahl der mitbestimmten Konzernspitze aktuell bedeutungsvoll ist, wird der Konzern im Konzern überwiegend anerkannt (vgl. *OLG Düsseldorf* DB 1979, 699; *OLG Zweibrücken* ZIP 1984, 316 [zust. *Konzen* ZIP 1984, 269]; *LG Nürnberg-Fürth* DB 1983, 2675; *Koberski/WWKK* § 5 MitbestG Rn. 30 ff.; *Ulmer/Habersack/Henssler/UHH* § 5 MitbestG Rn. 35 ff.; *Pflüger* NZA 2009, 130 [131 f.]; *Raiser/Veil/Jacobs* MitbestG, § 5 Rn. 22–24); im **Gesellschaftsrecht** wird er dagegen überwiegend abgelehnt (vgl. *Hüffer/Koch* AktG, § 18 Rn. 14; *Bayer/*MK-AktG § 18 Rn. 40 ff. m. w. N. auch zur Gegenmeinung; *Emmerich/Habersack* Aktien- und GmbH-Konzernrecht, 8. Aufl., § 18 AktG Rn. 17 ff.).

37 **Ein Konzern im Konzern ist im Betriebsverfassungsrecht möglich**; die Argumente der Gegenauffassung überzeugen nicht. Dass sich das Problem nicht unter Berufung auf den Wortlaut des § 54 lösen lässt (so schon *Fabricius* Erstbearbeitung, § 54 Rn. 19; zust. *BAG* 21.10.1980 AP Nr. 1 zu § 54 BetrVG 1972), wird auch von der Gegenauffassung eingeräumt (*Galperin/Löwisch* § 54 Rn. 12a). Maßgeblich ist, ob die von einem Tochterunternehmen abhängigen (Enkel-)Unternehmen unter dessen einheitlicher Leitung zusammengefasst sein können, obwohl das Tochterunternehmen seinerseits zugleich unter der einheitlichen Leitung des Mutterunternehmens steht. Die Antwort hängt entscheidend von der Streitfrage ab, ob sich die konzernbegründende Zusammenfassung unter einheitlicher Leitung auf **unterschiedliche unternehmerische Entscheidungsbereiche** erstrecken kann. Die Vermutungen des § 18 Abs. 1 Satz 2 und 3 AktG helfen dabei regelmäßig nicht, weil sie keine Aussage über das Verhältnis mehrstufiger Abhängigkeiten zueinander treffen (ähnlich *Thüsing/Forst* Der Konzern 2010, 1 [5]). Wenn »einheitliche Leitung« notwendig mindestens in der verbundweiten Koordination des **finanziellen Bereichs** bestehen müsste (so im Gesellschaftsrecht m. w. N. insbesondere *Koppensteiner* Kölner Komm. AktG, § 18 Rn. 25 ff.; vgl. auch *Hüffer* AktG, § 18 Rn. 9 f.; kritisch *Bayer/*MK-AktG § 18 Rn. 33), wäre ein Konzern im Konzern konsequenterweise nicht möglich, selbst wenn Teilkonzernspitzen in anderen Entscheidungsbereichen die Koordination für die von ihnen abhängigen Unternehmen überlassen bliebe. Diese Ansicht wird jedoch vielfach schon im Gesellschaftsrecht als zu eng abgelehnt. Statt dessen wird es als ausreichend angesehen, wenn die Konzernspitze auf **einzelne Entscheidungsbereiche** (Beschaffung, Produktion, Absatz, Finanzierung, Personal, Sparten) leitenden Einfluss nimmt, wobei in der Form die Vorgabe von Richtlinien und Empfehlungen und deren Kontrolle genügen (vgl. *Bayer/* MK-AktG § 18 Rn. 34; *Emmerich/Habersack* Aktien- und GmbH-Konzernrecht, 8. Aufl., § 18 AktG Rn. 11 m. w. N.; *Pflüger* NZA 2009, 130 [130]; wohl auch *Windbichler* in Großkomm. AktG, § 18 Rn. 26). Jedenfalls für den Bereich des BetrVG ist dieser Sicht im Hinblick auf den Regelungszweck der Errichtung von Konzernbetriebsräten zu folgen. Diese Errichtung knüpft nicht an den Konzern als wirtschaftliche Einheit an, bei der die finanzpolitischen Grundentscheidungen fallen, sondern will eine Arbeitnehmerrepräsentanz auf die Entscheidungsebene »hinaufziehen«, auf der diejenigen Leitentscheidungen getroffen werden, die auf der Ebene der abhängigen Konzernunternehmen zu einer Aushöhlung betriebsverfassungsrechtlicher Beteiligungsrechte in sozialen, personellen und wirtschaftlichen Angelegenheiten führen können (vgl. *Fabricius* Erstbearbeitung, § 54 Rn. 19; zust. *BAG* 21.10.1980 AP Nr. 1 zu § 54 BetrVG 1972). Die konzernbegründende »einheitliche Leitung« kann sich daher aus der Sicht des Betriebsverfassungsgesetzes auf unterschiedliche Gegenstandsbereiche erstrecken, wenn und soweit bei der Konzernspitze nicht die für das Betriebsverfassungsgesetz maßgeblichen Leitentscheidungen getroffen

werden, z. B. weil zwischen Mutter- und Tochterunternehmen nur die Finanzpolitik koordiniert ist, insbesondere aber die Koordination der Personal- und Sozialpolitik dem Tochterunternehmen überlassen ist. Bei solcher Dezentralisation ist ein Unterkonzern im Konzern möglich. Wird dagegen im **zentralisierten Konzern** durch die Konzernspitze hinsichtlich der unternehmenspolitischen Grundsätze in umfassender Weise Einfluss ausgeübt, scheidet ein Konzern auf der nachgeordneten Konzernstufe aus.

Einheitliche Leitung setzt voraus, dass von der Möglichkeit beherrschender Einflussnahme durch das Tochterunternehmen **tatsächlich** Gebrauch gemacht wird; darin liegt der entscheidende Unterschied zwischen Konzerntatbestand und bloßem Herrschafts- und Abhängigkeitsverhältnis (vgl. Rdn. 18). Erforderlich ist eine selbständige und eigenverantwortliche Ausübung von Leitungsmacht; die Durchsetzung von Leitungsmaßnahmen der Konzernspitze kraft Weisung durch die Tochtergesellschaft bei den Enkelunternehmen genügt nicht (*BAG* 21.10.1980 AP Nr. 1 zu § 54 BetrVG 1972 Bl. 3 R; *Schmidbauer* Konzernbegriff, S. 256). In Betracht kommt in erster Linie die Ausübung originärer Leitungsmacht der Tochtergesellschaft gegenüber den von ihm abhängigen Unternehmen; dabei spielt es keine Rolle, ob insoweit ein Vertrags- oder ein faktischer Unterkonzern vorliegt. Möglich ist aber auch, dass das Tochterunternehmen Einflusskompetenzen (rechtlicher oder tatsächlicher Art) wahrnimmt, die ihm zur selbständigen Ausübung von der Konzernspitze übertragen worden sind (vgl. dazu näher *Fabricius* Anm. zu *BAG* 21.10.1980 AP Nr. 1 zu § 54 BetrVG 1972 Bl. 8 ff.). Da es auf die tatsächliche Ausübung von Leitung ankommt, ist es auch unerheblich, dass die Konzernspitze die maßgebliche Leitungsmacht jederzeit an sich zu ziehen vermöchte. In welchem Mindestumfang der Tochtergesellschaft ein eigenverantwortlicher Leitungsbereich zustehen muss, damit ein Unterkonzern vorliegt, lässt sich nicht abstrakt beurteilen. Das *BAG* hat von einem »relevanten Entscheidungsspielraum« gesprochen und damit zutreffend angedeutet, dass es auf die Berücksichtigung der rechtlichen und tatsächlichen Organisationsverhältnisse im Einzelfall ankommen muss (*BAG* 21.10.1980 AP Nr. 1 zu § 54 BetrVG 1972 Bl. 8 ff.). Es besteht keine Vermutung einer betriebsverfassungsrechtlich hinreichenden Leitungsmacht bei der Tochtergesellschaft (ähnlich *Kort* NZA 2009, 464 [469]). Indizien für einen solchen Konzern im Konzern können die Konzentration der Personalführungskräfte auf der Zwischenkonzernebene und einheitlich geregelte Arbeitsbedingungen in Teilen des Konzerns sein (ggf. auch durch auf diese Teile beschränkte Konzernbetriebsvereinbarungen); keine Indizwirkung haben hingegen das bloße Bestehen von Beherrschungsverträgen, ein einheitliches Berichtswesen oder Controlling, Personalunion in den Führungsämtern oder die Aufstellung eines Teilkonzernabschlusses (näher *Thüsing/Forst* Der Konzern 2010, 1 [6 ff.]). Lässt sich im arbeitsgerichtlichen Beschlussverfahren der Sachverhalt nicht aufklären, gelten die allgemeinen Beweislastgrundsätze. 38

Durch die Anerkennung des Konzerns im Konzern können im mehrstufigen, dezentral organisierten Unterordnungskonzern **mehrere Konzernbetriebsräte** gebildet werden. Da jeder Konzernbetriebsrat »für einen Konzern« errichtet wird, gelten für die Errichtungen keine Besonderheiten. Die Bildung eines Konzernbetriebsrats für den Unterkonzern schließt die Bildung eines Konzernbetriebsrats bei der Konzernspitze nicht aus. Die Zuständigkeit sämtlicher Konzernbetriebsräte im Verhältnis zu den Gesamtbetriebsräten (bzw. Betriebsräten) der Konzernunternehmen ergibt sich aus § 58. Das Verhältnis der Zuständigkeiten des Konzernbetriebsrats bei der Konzernspitze zu demjenigen des Unterkonzerns folgt ausschließlich der Ausübung der Leitungsmacht. Eine Zusammenfassung von Einzelkonzernbetriebsräten zu einem Gesamtkonzernbetriebsrat kommt nicht in Betracht. **Zu unterscheiden** von der möglichen vertikalen Aufteilung ist die **horizontale Untergliederung in Sparten**. Für die einzelnen Produktions-, Funktions- oder Projektsparten kann kein eigener Konzernbetriebsrat gebildet werden. Der Konzernbegriff in § 54 Abs. 1 Satz 1 BetrVG i. V. m. § 18 AktG kennt keine Aufschlüsselung nach Sachbereichen und ist für die Betriebsparteien nicht disponibel (*BAG* 09.02.2011 EzA § 54 BetrVG 2001 Nr. 5 Rn. 36). Spartenbetriebsräte können aber nur nach Maßgabe von § 3 Abs. 1 Nr. 2 BetrVG errichtet werden (§ 3 Rdn. 13 ff.). 39

b) Gemeinschaftsunternehmen
Gemeinschaftsunternehmen als verbreitete Erscheinungsform der Unternehmenskonzentration (vgl. eingrenzend *BGH* 01.10.1985 BGHZ 96, 69 = WM 1986, 276 »Mischwerke«; vgl. zur Kartell- 40

§ 54 II. 6. Konzernbetriebsrat

problematik *Zimmer* in *Immenga/Mestmäcker* GWB, 5. Aufl. 2014, § 1 Rn. 285 ff.; *Lohse* Kartellfreie Gemeinschaftsunternehmen im europäischen Wettbewerbsrecht, 1992) sind dadurch gekennzeichnet, dass zwei oder mehr Unternehmen (»Mütter«) gemeinsam an einem anderen Unternehmen (»Tochter«) dergestalt beteiligt sind, dass sie aufgrund gemeinsamer Willensbildung Einfluss auf das Gemeinschaftsunternehmen nehmen (allgemein dazu *Emmerich/Habersack* Aktien- und GmbH-Konzernrecht, 8. Aufl., § 17 AktG Rn. 28 ff.; *Gansweid* Tochtergesellschaften, S. 21 ff.; *Klinkhammer* Mitbestimmung, S. 17 ff.; *Bayer*/MK-AktG § 17 Rn. 76 ff.; *Windbichler* Großkomm. AktG, § 17 Rn. 59 ff.). Für die Einbeziehung dieser Gemeinschaftsunternehmen in die Bildung von Konzernbetriebsräten sind **drei Problemlagen** zu unterscheiden:

41 **Zunächst** stellt sich die Frage, ob es eine **mehrfache Abhängigkeit** eines Gemeinschaftsunternehmens von zwei oder mehr Müttern nach § 17 Abs. 1 AktG geben kann. Dies ist mit der überwiegenden Meinung in Rechtsprechung und Literatur für die Fälle zu bejahen, in denen eine ausreichend **sichere Grundlage für die Ausübung gemeinsamer Herrschaft** (Sicherstellung eines Gesamtwillens unter Ausschluss jederzeitiger Mehrheitsentscheidungen durch vertragliche Vereinbarungen, Verfahrensregelungen etc.; vgl. ausführlich dazu *Säcker* NJW 1980, 801 [803 ff.]) vorliegt (ebenso *BGH* 04.03.1974 BGHZ 62, 193 [196 f.]; 08.05.1979 BGHZ 74, 359 [360]; *BAG* 18.06.1970 AP Nr. 20 zu § 76 BetrVG; 30.10.1986 EzA § 54 BetrVG 1972 Nr. 3 = SAE 1988, 178 [zust. *von Hoyningen-Huene*]; 13.10.2004 EzA § 54 BetrVG 2001 Nr. 1 unter B IV 1c; 11.02.2015 EzA § 54 BetrVG 2001 Nr. 6 Rn. 27; vgl. m. w. N. *Bayer*/MK-AktG § 17 Rn. 78 ff.; *Ulmer/Habersack/Henssler/UHH* § 5 MitbestG Rn. 45). Auch § 36 Abs. 2 Satz 2 GWB geht insoweit von der Möglichkeit mehrfacher Abhängigkeit aus. Zur dauerhaften Sicherung einheitlicher Leitung wird regelmäßig ein Konsortial- oder Stimmbindungsvertrag erforderlich sein, mit dem praktisch zugleich die Sicherstellung des Gesamtwillens für die gemeinsame Herrschaft verbunden ist (vgl. auch *Klinkhammer* Mitbestimmung, S. 72 f. sowie die Vertragsbeispiele im Anh. nach S. 148). Die herrschenden Unternehmen können sich allerdings auch ohne organisatorische oder vertragliche Bindung zu einer gemeinsamen Willensausübung zusammenfinden. Eine solche ist typischerweise anzunehmen, wenn gleichgerichtete Interessen eine gemeinsame Unternehmenspolitik gewährleisten (*BGH* 08.05.1979 BGHZ 74, 359 [368]), beispielsweise für den Fall der langjährigen Leitung eines Familienunternehmens durch paritätisch beteiligte Familienmitglieder *LAG München* 27.02.2009 – 9 TaBV 86/08 – juris; zustimmend *Müller/Schulz* BB 2010, 1923 (1925 f.).

42 Die **zweite** Frage betrifft die Möglichkeit **mehrfacher Konzernzugehörigkeit** eines Gemeinschaftsunternehmens zu den »Müttern«. Auch diese ist zu bejahen, wenn die »Mütter« die **einheitliche Leitung** über das Gemeinschaftsunternehmen **tatsächlich gemeinsam ausüben** (ebenso *BAG* 13.10.2004 EzA § 54 BetrVG 2001 Nr. 1 unter B IV 1d; 30.10.1986 EzA § 54 BetrVG 1972 Nr. 3 mit umfangreichen Nachweisen = SAE 1988, 178 [zust. *von Hoyningen-Huene*]; 18.06.1970 AP Nr. 20 zu § 76 BetrVG [zust. *A. Hueck*]; *LAG Hamm* DB 1985, 871; für das Gesellschaftsrecht: *Bayer*/MK-AktG § 17 Rn. 77; zum MitbestG: *Koberski/WWKK* § 5 MitbestG Rn. 37 f.; *Ulmer/Habersack/Henssler/UHH* § 5 MitbestG Rn. 47 ff. m. w. N.; zum BetrVG: *Fitting* § 54 Rn. 29; *Joost*/MünchArbR § 227 Rn. 25; *Klinkhammer* Mitbestimmung, S. 86 ff., 109; *Schmidbauer* Konzernbegriff, S. 259 f.; *Trittin/DKKW* § 54 Rn. 30; i. E. auch *Glock/HWGNRH* § 54 Rn. 16; *Koch*/ErfK § 54 BetrVG Rn. 5; *Löwisch/LK* § 54 Rn. 8; *Schwab* AR-Blattei SD 530.12.1, Rn. 12; *Stege/Weinspach/Schiefer* §§ 54–59a Rn. 2a; **a. M.** *Richardi/Annuß* § 54 Rn. 19 f.; *Galperin/Löwisch* § 54 Rn. 8 f.; *Windbichler* Arbeitsrecht im Konzern, S. 315 ff.). Auch insoweit gelten die (Konzern-) Vermutungen des § 18 Abs. 1 Satz 2 und 3 AktG (ebenso *BAG* 30.10.1986 EzA § 54 BetrVG 1972 Nr. 3; vgl. *Klinkhammer* Mitbestimmung, S. 87); dabei ist freilich der an die Abhängigkeit anknüpfende Vermutungstatbestand des Satzes 3 erst erfüllt, wenn eine ausreichende Sicherung gemeinsamer Herrschaft vorliegt (so auch *Ulmer/Habersack/Henssler/UHH* § 5 MitbestG Rn. 52). Wird allerdings trotz mehrfacher Abhängigkeit die einheitliche Leitung tatsächlich nur von einer »Mutter« ausgeübt, so steht das Gemeinschaftsunternehmen nur zu dieser in einem Konzernverhältnis (so auch *Galperin/Löwisch* § 54 Rn. 9; *Richardi* Konzernzugehörigkeit, S. 35; *Richardi/Annuß* § 54 Rn. 21; *Nick* Konzernbetriebsrat, S. 116 f.; zum MitbestG: *Ulmer/Habersack/Henssler/UHH* § 5 MitbestG Rn. 50). Fehlt es hingegen in Fällen einer Mehrmütterschaft an dem Merkmal der »einheitlichen Leitung« durch ein einziges Unternehmen, kommt die Bildung eines Konzernbetriebsrats nicht in Betracht (s. dazu *Reichold*, SAE 2006, 286 ff.; *Dörner* FS *Leinemann*, S. 487 [494 ff.]).

Liegt die mehrfache Konzernzugehörigkeit eines Gemeinschaftsunternehmens vor, so stellt sich **drit-** 43
tens die Frage nach den **adäquaten Rechtsfolgen**. Nach dem Wortlaut des § 54 kann **bei jedem** der
herrschenden Unternehmen (»Mütter«) **unter Beteiligung des Gesamtbetriebsrats** (bzw. des Betriebsrats) **des Gemeinschaftsunternehmens** ein Konzernbetriebsrat gebildet werden (so i. E. auch
BAG 30.10.1986 EzA § 54 BetrVG 1972 Nr. 3 = SAE 1988, 178 [zust. *von Hoyningen-Huene*];
13.10.2004 EzA § 54 BetrVG 2001 Nr. 1 unter B IV 1d); *Fitting* § 54 Rn. 29; *Gansweid* Tochtergesellschaften, S. 201 ff.; *Glock / HWGNRH* § 54 Rn. 16 f.; *Henssler* ZIAS 1995, 551 [559]; *Joost* / MünchArbR § 227 Rn. 25; *Koch* / ErfK § 54 BetrVG Rn. 6; *Löwisch* / LK § 54 Rn. 8; *Stege* / *Weinspach* / *Schiefer*
§§ 54–59a Rn. 2a; *Trittin* / DKKW § 54 Rn. 41; *Weiss* / *Weyand* § 54 Rn. 5; *dies.* Die AG 1993, 97
[98]). Der Zweck, einen Konzernbetriebsrat zu bilden, um der einheitlichen Konzernleitung eine
konzerndimensionale Arbeitnehmervertretung gegenüberzustellen, wird damit nicht verfehlt. Zwar
steht keiner »Mutter« alleinige Herrschaftsbefugnis gegenüber dem Gemeinschaftsunternehmen zu.
Das rechtfertigt jedoch nicht den Einwand, dass die bei den Beteiligungsgesellschaften errichteten
Konzernbetriebsräte keine Konzernbetriebsvereinbarung mit Rechtswirkung für das Gemeinschaftsunternehmen abschließen können (so aber *Klinkhammer* Mitbestimmung, S. 110 ff.; *Richardi* Konzernzugehörigkeit, S. 69). Es hängt vielmehr allein von der internen Abstimmung der »Mütter« ab, wie die
gemeinsame einheitliche Leitung über das Gemeinschaftsunternehmen ausgeübt wird. **Nach** einer
entsprechenden Abstimmung steht jedoch nichts einer Konzernbetriebsvereinbarung durch eine
der Mütter im Wege (so überzeugend *LAG Hamm* DB 1985, 871 [872]; *Weiss* / *Weyand* [Die AG 1993,
97, 98 f.] halten demgegenüber das Abstimmungsverfahren für untauglich und sehen deshalb Kollisionsprobleme widersprechender Konzernbetriebsvereinbarungen, die sie nach dem Prioritätsprinzip
lösen wollen). Deshalb besteht keine Veranlassung, wegen Unzuständigkeit eines Konzernbetriebsrats
für das Gemeinschaftsunternehmen dieses bei der Errichtung von Konzernbetriebsräten bei den Muttergesellschaften auszunehmen (vgl. *BAG* 13.10.2004 EzA § 54 BetrVG 2001 Nr. 1 unter B IV 1e) dd);
a. M. *Buchner* RdA 1975, 12 f.; *Galperin* / *Löwisch* § 54 Rn. 10 f.; *Hohenstatt* / *Dzida* / HWK § 55
BetrVG Rn. 6; *Neuman* / *Bock* BB 1977, 852; *Richardi* Konzernzugehörigkeit, S. 68 ff.; *ders.* DB 1973,
1452; *Richardi* / *Annuß* § 54 Rn. 20; *Semler* DB 1977, 805; vgl. auch *LAG Düsseldorf* BB 1977, 795),
obwohl der Gesetzgeber des BetrVG 1972 die konzernrechtlichen Besonderheiten des Gemeinschaftsunternehmens nicht erkannt hat. Die Überlegung (vgl. *Fuchs* Konzernbetriebsrat, S. 163 ff.; *Klinkhammer* Mitbestimmung, S. 129 ff.), einen Konzernbetriebsrat unter Einbeziehung des Gesamtbetriebsrats
bzw. Betriebsrats des Gemeinschaftsunternehmens bei der diese leitenden Stelle zu bilden, scheitert
daran, dass dieses Leitungsgremium, auch wenn es die Rechtsform einer BGB-Gesellschaft hat, als Instrument einheitlicher Leitung nicht selbst herrschendes Unternehmen ist (zust. *BAG* 13.10.2004 EzA
§ 54 BetrVG 2001 Nr. 1 unter B IV 1e) bb)).

4. Auslandsbezug

Liegen abhängige Konzernunternehmen im Ausland, so können nach dem Anknüpfungs- 44
grundsatz »Lageort des Betriebs« (§ 1 Rdn. 4) in diesen weder Betriebsräte noch ein Gesamtbetriebsrat
nach deutschem Betriebsverfassungsgesetz gebildet werden. Werden dort nach dem am Lageort des
Betriebs geltenden Recht oder freiwilligem Firmenstatut Arbeitnehmervertretungen gebildet, so können sich diese, weil sie außerhalb des Betriebsverfassungsrechts stehen, nicht an der Errichtung eines
Konzernbetriebsrats i. S. d. Betriebsverfassungsgesetzes beteiligen, selbst wenn im Inland im Übrigen
die Voraussetzungen für dessen Errichtung vorliegen (h. M. *Fitting* § 54 Rn. 37; *Galperin* / *Löwisch* §
Rn. 13; *Glock* / HWGNRH § 54 Rn. 22; *Joost* / MünchArbR § 227 Rn. 31; *Junker* Internationales
Arbeitsrecht im Konzern, S. 393, 396; *Koch* / ErfK § 54 BetrVG Rn. 7; *Löwisch* / LK § 54 Rn. 13;
Richardi / *Annuß* § 54 Rn. 34; wohl auch *Schwab* AR-Blattei SD 530.12.1, Rn. 15, der aber nur auf
den Fall abstellt, dass alle abhängigen Unternehmen im Ausland liegen; **a. M.** *Fuchs* Konzernbetriebsrat, S. 183; *Däubler* RabelsZ 39 [1975], S. 462 ff.; *Grasmann* ZGR 1973, 324 f.; unklar *Trittin* / DKKW
§ 54 Rn. 104; vgl. auch § 47 Rdn. 8).

Hat das **herrschende Unternehmen** eines Unterordnungskonzerns seinen **Sitz im Ausland**, so 45
kann im Geltungsbereich des Betriebsverfassungsgesetzes für diesen Konzern grundsätzlich (zu Ausnahmen Rdn. 46) kein Konzernbetriebsrat errichtet werden, selbst wenn zum Konzern mindestens
zwei inländische Unternehmen gehören, bei denen Gesamtbetriebsräte gebildet sind (ebenso *Galpe-*

rin/Löwisch § 54 Rn. 13; *Gamillscheg* II, S. 673; *Gaumann/Liebermann* DB 2006, 1157; *Glock/ HWGNRH* § 54 Rn. 21; *Henssler* ZfA 2005, 289 [309]; *Hohenstatt/WHSS* D Rn. 146; *Hohenstatt/ Dzida/HWK* § 54 BetrVG Rn. 9; *Koch/* ErfK § 54 BetrVG Rn. 7; *Löwisch/LK* § 54 Rn. 13 ff.; *Schwab* NZA-RR 2007, 337 [338]; *Richardi/Annuß* § 54 Rn. 35; ausführlich *Wollwert* Errichtung des Konzernbetriebsrats, S. 114 ff.; **a. M.** *ArbG Hamburg* 19.07.2006 – 18 BV 11/06 – juris; *Buchner* FS Birk, S. 11, 19 ff.; *Däubler* Betriebsverfassung in globalisierter Wirtschaft, S. 58; *Joost/*MünchArbR, 2. Aufl. § 315 Rn. 35 ff.: Rechtsfortbildung zu § 54 Abs. 1;grundsätzlich auch *Birk* FS *Schnorr von Carolsfeld*, 1972, S. 85; *ders.* RdA 1984, 137; *Simitis* FS *Kegel*, 1977, S. 179; *Trittin/DKKW* § 54 Rn. 50; *Windbichler* Arbeitsrecht im Konzern, S. 323 f.; *Fitting* § 54 Rn. 34; Zweifel äußernd auch *LAG Hamburg* 21.01.2009 – 4 TaBV 8/08). Dies resultiert aus dem kollisionsrechtlichen Anknüpfungspunkt der Betriebsverfassung, dem Lageort des Betriebs, der für die Konzernbetriebsverfassung ebenso beachtet werden muss. Im Inland gelegene Betriebe müssen also in einem Konzernzusammenhang im Sinne des § 18 Abs. 1 AktG stehen. Daran fehlt es, wenn das herrschende Unternehmen seinen Sitz nicht im Inland hat (ebenso *Junker* SAE 2008, 41, 43; **a. M.** *Bachmann* RdA 2008, 107 [110], der weder in § 54 BetrVG noch in § 18 Abs. 1 AWG eine Bezugnahme auf in- oder ausländische Sachverhalte zu erkennen vermag). Demgegenüber erscheint das weitere, ebenfalls häufig genannte Argument, der etwa errichtete Konzernbetriebsrat habe in solchen Konstellationen keinen »Ansprechpartner«, dem gegenüber mit Aussicht auf Erfolg betriebsverfassungsrechtliche Beteiligungsrechte durchgesetzt werden könnten, weniger tragfähig (so aber etwa *BAG* 14.02.2007 EzA § 54 BetrVG 2001 Nr. 3 Rn. 63). Zum einen kann dies auch auf andere Konstellationen zutreffen, in denen eine Arbeitnehmervertretung nach deutschem Betriebsverfassungsrecht unstreitig eingerichtet werden muss, wie etwa die Bildung eines Gesamtbetriebsrats, wenn im Inland mehrere Betriebe eines ausländischen Unternehmens gelegen sind (dazu § 47 Rdn. 9). Zum anderen ist das Argument unzutreffend: Das ausländische Unternehmen muss, wenn es in Deutschland auf Pflichten aus dem Betriebsverfassungsgesetz stößt, diese beachten; wie es dies umsetzt, ist dem ausländischen Unternehmen überlassen; Durchsetzung und Vollstreckung betreffen das internationale Prozess- und nicht das materielle Betriebsverfassungsrecht (ebenso bei anderem Ergebnis *Buchner* FS *Birk*, 2008, S. 11, 21). Das *BAG* hat sich die erstgenannte Auffassung zwischenzeitlich zu eigen gemacht (*BAG* 14.02.2007 EzA § 54 BetrVG 2001 Nr. 3 Rn. 53 ff.; 16.05.2007 AP Nr. 3 zu § 96a ArbGG Rn. 29; 29.01.2008 NZA-RR 2008, 469; 22.07.2008 NZA 2008, 1248 Rn. 39; eine künftige Überprüfung andeutend nun *BAG* 27.10.2010 EzA § 54 BetrVG 2001 Nr. 4 Rn. 39).

46 Möglich ist jedoch, dass nach der Lehre vom Konzern im Konzern ein Konzernbetriebsrat gebildet wird, wenn die **inländische Konzerngruppe unter selbstständiger einheitlicher Leitung** einer Unterkonzernspitze mit Sitz im Geltungsbereich des Betriebsverfassungsgesetzes zusammengefasst ist (ebenso *BAG* 14.02.2007 EzA § 54 BetrVG 2001 Nr. 3 Rn. 48 ff.; 16.05.2007 AP Nr. 3 § 96a ArbGG Rn. 29; 29.01.2008 NZA-RR 2008, 469 Rn. 30; 22.07.2008 NZA 2008, 1248 Rn. 39; *ArbG Stuttgart* 01.08.2003 NZA-RR 2004, 138; *Fitting* § 54 Rn. 36; *Glock/HWGNRH* § 54 Rn. 21; *Junker* Internationales Arbeitsrecht im Konzern, S. 400 f.; *Koch/*ErfK § 54 BetrVG Rn. 7; *Richardi/Annuß* § 54 Rn. 35; *Röder/Powietzka* DB 2004, 542, 545; *Kort* FS *Herbert Buchner*, 2009, S. 484 f.; *ders.* NZA 2009, 464 [469]; *ders.* NJW 2009, 129 [131]; *Tautphäus/*HaKo § 54 Rn. 15; für entsprechende Anwendung des § 54 in diesem Falle *Galperin/Löwisch* § 54 Rn. 19, obwohl diese ansonsten die Lehre vom Konzern im Konzern ablehnen; *Trittin/DKKW* § 54 Rn. 102; i. E. übereinstimmend trotz Ablehnung der Lehre vom Konzern im Konzern *Joost/*MünchArbR § 227 Rn. 29; *Nick* Konzernbetriebsrat, S. 134 ff.; jetzt auch *Hohenstatt/Dzida/HWK* § 54 BetrVG Rn. 9; vgl. auch *Fuchs* Konzernbetriebsrat, S. 184 ff. für den Fall, dass die Konzernspitze nur deshalb ins Ausland verlegt worden ist, um der Betriebsverfassung zu entgehen). Erforderlich ist, dass die inländische Teilkonzernspitze noch wesentliche Leitungsaufgaben in personellen, sozialen und wirtschaftlichen Angelegenheiten selbstständig gegenüber nachgeordneten Unternehmen wahrnimmt (*BAG* 14.02.2007 EzA § 54 BetrVG 2001 Nr. 3 Rn. 49).

47 Gibt es keine inländische Konzernspitze mit selbstständiger Entscheidungsbefugnis und kann deswegen ein Konzernbetriebsrat nicht gebildet werden, würde eine formalistische Anwendung des Grundsatzes der Zuständigkeitstrennung (§ 58 Rdn. 8) dazu führen, dass für die inländischen Betriebe solche Beteiligungsrechte entfallen, die sonst einem Konzernbetriebsrat zustünden. Die ausländische Konzernspitze könnte insoweit »durchregieren«. Das *BAG* verwahrt sich gegen dieses Ergebnis und weist diese Beteiligungsrechte stattdessen der nächsten Repräsentationsebene zu, also den Gesamtbetriebsräten oder sogar den Betriebsräten (*BAG* 14.02.2007 EzA § 54 BetrVG 2001 Nr. 3 Rn. 62; im Anschluss daran ausdrücklich für Mitbestimmungsrechte *LAG München* 04.09.2014 – 2 TaBV 50/13 – juris, Rn. 76 ff.). Dem ist zuzustimmen, der Grundsatz der Zuständigkeitstrennung steht nicht entgegen. Er dient nämlich nur der Kompetenzabgrenzung zwischen vorhandenen oder zumindest möglichen Repräsentationsebenen, um die betriebliche Mitbestimmung beim jeweils sachnächsten Gremium anzusiedeln. Dieser Gedanke greift jedoch nicht, wo ein entsprechendes Gremium überhaupt nicht gebildet werden kann. In diesem Fall darf die Zuständigkeitstrennung nicht zum Verfall der gesetzlich zwingenden betrieblichen Mitbestimmung führen, sondern wird dadurch erreicht, dass die nächste (vorhandene oder mögliche!) Repräsentationsebene die Aufgabe übernimmt. Die für den Arbeitgeber widrige Konsequenz, dass dadurch unter Umständen verschiedene (Gesamt-)Betriebsräte Unterschiedliches aushandeln, kann er vermeiden, indem er eine selbstständig entscheidungsbefugte übergeordnete Stelle im Inland schafft, sprich einen »Konzern im Konzern« errichtet (Rdn. 46).

Völlig unabhängig von der Frage, ob ein Konzernbetriebsrat gebildet werden kann, ist es zu beurteilen, ob bei entsprechendem Auslandsbezug ein **Europäischer Betriebsrat** in Betracht kommt. Hat das herrschende Unternehmen einer gemeinschaftsweit tätigen Unternehmensgruppe seinen Sitz in einem anderen Mitgliedstaat der EU oder des Europäischen Wirtschaftsraumes (EWR), so bestimmt sich nach dem jeweiligen nationalen Umsetzungsgesetz zur Richtlinie 2009/38/EG über die Einsetzung eines Europäischen Betriebsrats oder die Schaffung eines Verfahrens zur Unterrichtung und Anhörung der Arbeitnehmer in gemeinschaftsweit operierenden Unternehmen und Unternehmensgruppen (ABl. EU Nr. L 122 vom 16.05.2009, S. 28), die auch in das EWR-Abkommen aufgenommen wurde (vgl. den Beschluss des gemeinsamen EWR-Ausschusses vom 30.04.2010, ABl. EU Nr. L 181 vom 15.07.2010, S. 22), wie diese Arbeitnehmermitwirkung durchzuführen ist. Diese findet aber auch dann statt, wenn das herrschende Unternehmen seinen Sitz in einem Drittstaat hat; nach Art. 4 Abs. 2 der Richtlinie ist dann ein zu benennender Vertreter in einem Mitgliedstaat oder die Leitung des abhängigen Unternehmens mit der höchsten Anzahl von Beschäftigten in einem Mitgliedstaat verantwortlich. **48**

IV. Errichtung des Konzernbetriebsrats

Es besteht **keine Pflicht**, für einen Unterordnungskonzern einen Konzernbetriebsrat zu errichten (Rdn. 9). Die Errichtung ist ein freiwilliger Rechtsakt der Gesamtbetriebsräte der Konzernunternehmen (bzw. unter den Voraussetzungen des Abs. 2 auch des einzigen Betriebsrats eines Konzernunternehmens), der qualifizierter Zustimmung nach § 54 Abs. 1 Satz 2 bedarf. Der Konzernbetriebsrat **ist errichtet**, wenn Gesamtbetriebsräte (bzw. Betriebsräte) der Konzernunternehmen, in denen insgesamt mehr als 50 % aller Arbeitnehmer der Konzernunternehmen beschäftigt sind, die Errichtung beschlossen haben (h. M. *Fitting* § 54 Rn. 41; *Glock*/HWGNRH § 54 Rn. 28; *Koch*/ErfK § 54 BetrVG Rn. 8; *Löwisch*/LK § 54 Rn. 20; *Richardi*/*Annuß* § 54 Rn. 37, 43; *Trittin*/DKKW § 54 Rn. 121). **49**

1. Beschlüsse der Gesamtbetriebsräte

In der Literatur wird teilweise noch postuliert, dass ein Konzernbetriebsrat nur gebildet werden kann, wenn dies mindestens zwei Gesamtbetriebsräte beschließen, welche die vorausgesetzte Anzahl der Arbeitnehmer des Konzerns repräsentieren (dazu s. Rdn. 53 ff.). Voraussetzung soll also sein, dass in einem Konzern mehrere, **mindestens zwei Gesamtbetriebsräte** (bzw. im Fall des § 54 Abs. 2 Betriebsräte, s. Rdn. 66 ff.) bestehen (vgl. *Galperin*/*Löwisch* § 54 Rn. 14; *Glock*/HWGNRH § 54 Rn. 23; *Richardi*/*Annuß* § 54 Rn. 32; *Roloff*/WPK § 54 Rn. 12; *Wollwert* NZA 2011, 437 [440 ff.]). Zur Begründung wird hauptsächlich darauf verwiesen, § 54 Abs. 1 spreche von Beschlüssen der Gesamtbetriebsräte, verwende also die Mehrzahl. Diese Auffassung hält näherer Betrachtung nicht stand (vgl. *Kreutz* NZA 2008, 259 [261 ff.]; ebenso bereits *Schwald* Die Legitimation der Konzernbetriebsverfassung, S. 26 ff., 157; ebenso *Trittin*/*Gilles* AuR 2009, 253 [254]). Der Wortlaut von § 54 Abs. 1 Satz verlangt nicht ausdrücklich, dass mehrere Gesamtbetriebsräte bzw. Betriebsräte im Fall des § 54 **50**

Abs. 2 einen Konzernbetriebsrat errichten müssen; insoweit unterscheidet sich die Formulierung in § 54 Abs. 1 S. 1 deutlich von derjenigen in § 47 Abs. 1 über die Bildung eines Gesamtbetriebsrats (ebenso *Roloff/WPK* § 54 Rn. 12, aber mit anderem Ergebnis). Die Verwendung des Plurals in § 54 Abs. 1 S. 1 ist kein Argument, weil dies grundsätzlich auch den Singular einschließen kann. Im Übrigen erklärt sich die Verwendung des Plurals daraus, dass nach dem Regelungsprogramm des § 54 Abs. 1 Satz 1 die einzelnen Gesamtbetriebsräte (bzw. Betriebsräte) in den Konzernunternehmen in jeweils selbstständigen, getrennten Beschlüssen über die Errichtung eines Konzernbetriebsrats entscheiden müssen (*Kreutz* NZA 2008, 259 [261]). Der Gesetzgeber hätte sein Regelungsanliegen somit sprachlich sinnvoll kaum anders formulieren können, zumal die Existenz mehrerer Gesamtbetriebsräte (bzw. Betriebsräte im Fall des § 54 Abs. 2) den Normalfall in einem Konzern darstellen wird. Unter teleologischen Aspekten ist das Erfordernis der Errichtung eines Konzernbetriebsrats durch (mindestens) zwei Gesamtbetriebsräte bzw. Betriebsräte ebenfalls nicht geboten. Die Konzernbetriebsverfassung legitimiert sich nicht über die Anzahl der Betriebsräte, sondern über die Mehrzahl der durch Arbeitnehmervertretungen repräsentierten Arbeitnehmer der Konzernunternehmen. Der Gesetzgeber hat mit Einfügung des § 58 Abs. 1 Satz 1 Halbs. 2 BetrVG sichergestellt, dass der Konzernbetriebsrat auch in Konzernen mit nur einem Gesamtbetriebsrat oder Betriebsrat für alle Konzernbetriebe zuständig ist und eine Aufgabe hat. Auch in solchen Konzernen besteht ein anerkennenswertes Bedürfnis nach betrieblicher Mitbestimmung auf der höchsten Leitungsebene. Wegen des Grundsatzes der Zuständigkeitstrennung (s. dazu § 58 Rdn. 8) entfiele ansonsten die Beteiligung der Arbeitnehmerschaft in konzerndimensionalen Fragen gänzlich. Daher kann auch **nur ein Gesamtbetriebsrat** einen **Konzernbetriebsrat durch Beschluss wirksam errichten**, sofern dieser Gesamtbetriebsrat oder Betriebsrat mehr als 50 % der Arbeitnehmer der Konzernunternehmen repräsentiert und weitere Gesamtbetriebsräte in den Konzernunternehmen nicht existieren (ebenso *Kreutz* NZA 2008, 259 [261 ff.] und die nunmehr überwiegende Auffassung in der Lit.: *Däubler* FS *Kreutz* S. 69 [80]; *Fitting* § 54 Rn. 39; *Koch/*ErfK § 54 BetrVG Rn. 6; *Rügenhagen* Betriebliche Mitbestimmung, S. 93 ff.; *Trittin/DKKW* § 54 Rn. 112; **a. M.** BAG 13.10.2004 AP Nr. 9 zu § 54 BetrVG 1972 unter IV 1e) cc) (2), allerdings ohne Diskussion und nicht unmittelbar entscheidungserheblich; *Glock/HWGNRH* § 54 Rn. 23; *Richardi/Annuß* § 54 Rn. 32, 41; *Wollwert* NZA 2011, 437 [440 ff.]). **Nicht erforderlich** ist, dass im herrschenden Konzernunternehmen ein Gesamtbetriebsrat (bzw. Betriebsrat) besteht (Rdn. 26). Nicht erforderlich ist weiterhin das Bestehen von Gesamtbetriebsräten in sämtlichen gesamtbetriebsratspflichtigen Konzernunternehmen; durch pflichtwidrige (vgl. § 47 Abs. 1) Nicht-Errichtung eines Gesamtbetriebsrats kann die Errichtung eines Konzernbetriebsrats nicht verhindert werden. Die Errichtung eines Konzernbetriebsrats bei einem Unterkonzern (Konzern im Konzern; vgl. Rdn. 34 ff.) kann nur von Gesamtbetriebsräten beschlossen werden, die diesem Konzernbereich angehören.

51 Die **Initiative zur Errichtung** eines Konzernbetriebsrats kann von jedem Gesamtbetriebsrat (bzw. Betriebsrat nach Abs. 2) im Konzern ausgehen, sowohl von dem der abhängigen Unternehmen als auch dem des herrschenden Unternehmens. Damit ein Gesamtbetriebsrat ggf. von diesem Initiativrecht Gebrauch machen kann, ist der Arbeitgeber verpflichtet, ihn (bzw. den Betriebsrat nach Abs. 2) gemäß § 51 Abs. 5 i. V. m. § 80 Abs. 2 Satz 1 darüber zu unterrichten, ob und inwiefern das Unternehmen Konzernunternehmen nach § 18 Abs. 1 AktG ist und welche anderen Konzernunternehmen beteiligt sind (vgl. auch *Koch/*ErfK § 54 BetrVG Rn. 6; *Trittin/DKKW* § 54 Rn. 13, 118, die aber von einem Auskunftsanspruch ausgehen, der von *Trittin* auf § 5 EBRG analog gestützt wird). Sinnvollerweise wird der Gesamtbetriebsrat, der initiativ werden will, zunächst seinerseits Beschluss fassen und dann durch seinen Vorsitzenden die übrigen Gesamtbetriebsräte (bzw. Betriebsräte) auffordern, ebenfalls Beschlüsse zur Errichtung eines Konzernbetriebsrats herbeizuführen (ebenso *Fitting* § 54 Rn. 40; *Galperin/Löwisch* § 54 Rn. 18; *Glock/HWGNRH* § 54 Rn. 26; *Trittin/DKKW* § 54 Rn. 116). Andere Stellen, insbesondere die Konzernleitung oder die Arbeitgeber haben kein Initiativrecht (vgl. dazu den darauf hinzielenden § 81 des CDU/CSU-Entwurfs, BT-Drucks. VI/1806, der aber abgelehnt wurde). Die Initiative kann jederzeit ergriffen werden, insbesondere als Anpassungsmaßnahme an geänderte Konzernstrukturen.

52 Der Konzernbetriebsrat wird durch **selbständige, getrennte Beschlüsse** der einzelnen Gesamtbetriebsräte (bzw. Betriebsräte) der Konzernunternehmen errichtet. Das Gesetz stellt an die Beschlussfassung keine besonderen Anforderungen. Es gilt daher für Gesamtbetriebsräte § 51 Abs. 3 (vgl. zur

Errichtung des Konzernbetriebsrats § 54

Beschlussfassung näher § 51 Rdn. 64 ff.). Der Antrag auf Errichtung des Konzernbetriebsrats ist angenommen, wenn sich (Beschlussfähigkeit vorausgesetzt) die **einfache**, nach Stimmgewicht berechnete **Mehrheit** der anwesenden Mitglieder dafür ausspricht. Soweit nach Abs. 2 ein Betriebsrat mitbeschließt, gilt für dessen Beschlussfassung § 33.

2. Erforderliche Mehrheit

Die Errichtung eines Konzernbetriebsrats erfordert nach § 54 Abs. 1 Satz 2 eine **besondere Mehrheit**. Maßgeblich ist nicht die Zustimmung der Mehrheit der in den Konzernunternehmen bestehenden Gesamtbetriebsräte (bzw. Betriebsräte); erforderlich ist vielmehr die Zustimmung von Gesamtbetriebsräten, die zusammen **mehr als 50 %** der Arbeitnehmer des Konzerns repräsentieren. Dieses Quorum hat das BetrVerf-Reformgesetz 2001 festgelegt, um die Errichtung von Konzernbetriebsräten zu erleichtern (vgl. Rdn. 2); zuvor bestand ein solches von 75 %, das dazu diente, dem Konzernbetriebsrat eine besonders breite Repräsentationsbasis zu verschaffen. Nach der Absenkung gilt für das Quorum das Mehrheitsprinzip (ungenau *Koch*/ErfK § 54 BetrVG Rn. 8 und *Richardi* Betriebsverfassung, § 11 Rn. 3: mindestens 50 Prozent; wie hier *Trittin*/DKKW § 54 Rn. 106). Ein Gesamtbetriebsrat, der 50 % der Konzernbelegschaft repräsentiert, kann aber die Errichtung eines Konzernbetriebsrats verhindern. 53

Unmaßgeblich ist, wie viele Gesamtbetriebsräte (bzw. Betriebsräte) über die Errichtung eines Konzernbetriebsrats Beschluss fassen, wie viele der Errichtung zustimmen oder sie ablehnen. Es **genügt**, wenn **ein Gesamtbetriebsrat** (bzw. Betriebsrat), der mehr als 50 % der Arbeitnehmer sämtlicher Konzernunternehmen repräsentiert, der Errichtung zustimmt. Obwohl der Wortlaut, der in der Mehrzahl von »Gesamtbetriebsräte der Konzernunternehmen« spricht, die Zustimmung von mindestens zwei Gesamtbetriebsräten (bzw. Betriebsräten) zu fordern scheint, genügt die Zustimmung eines Vertretungsorgans, das eine entsprechend große Belegschaft repräsentiert, weil das Gesetz entscheidend auf die Gesamtzahl der in den Konzernunternehmen beschäftigten Arbeitnehmer abstellt und nicht etwa an die Zahl der Konzernunternehmen anknüpft (unstr. vgl. *Fitting* § 54 Rn. 43; *Galperin/Löwisch* § 54 Rn. 19; *Glock*/HWGNRH § 54 Rn. 27; *Hohenstatt/Dzida*/HWK § 54 BetrVG Rn. 12; *Koch*/ErfK § 54 BetrVG Rn. 8; *Richardi/Annuß* § 54 Rn. 41; *Trittin*/DKKW § 54 Rn. 106). 54

Zur Feststellung, ob die der Errichtung zustimmenden Gesamtbetriebsräte (bzw. Betriebsräte) mehr als 50 % der Konzernbelegschaft repräsentieren, müssen die maßgeblichen Arbeitnehmerzahlen zunächst getrennt nach den Konzernunternehmen ermittelt werden. Dabei ist auf die **tatsächliche Arbeitnehmerzahl zum Zeitpunkt der Beschlussfassung** abzustellen (zum Arbeitnehmerbegriff *Raab* § 5 Rdn. 15 ff.). Eine Beschränkung auf die Zahl der wahlberechtigten, in die Wählerlisten eingetragenen Arbeitnehmer, wie sie für das Stimmgewicht der Gesamtbetriebsratsmitglieder für eine Wahlperiode nach § 47 Abs. 7 und 8 und damit mittelbar für die Konzernbetriebsratsmitglieder nach § 55 Abs. 3 gilt, ist vom Gesetz nicht vorgesehen. Das Gesetz stellt auch, anders als z. B. in §§ 1 und 9, nicht auf den regelmäßigen Stand der Arbeitnehmerzahl ab. Nicht ständig Beschäftigte zählen daher ebenso mit wie Nicht-Wahlberechtigte. Der Personenkreis des § 5 Abs. 2 und die in § 54 nicht ausdrücklich erwähnten leitenden Angestellten nach § 5 Abs. 3 sind hingegen nicht zu berücksichtigen; ebenso wenig die Leiharbeitnehmer, die nach § 7 Satz 2 zwar wahlberechtigt, damit aber noch nicht betriebszugehörig sind (ebenso *Löwisch* BB 2001, 1734 [1745]). Für Konzernunternehmen, deren Gesamtbetriebsrat (bzw. Betriebsrat) sich nicht an der Beschlussfassung beteiligt, ist die Arbeitnehmerzahl zum Zeitpunkt der letzten zustimmenden Beschlussfassung durch einen anderen Gesamtbetriebsrat, die zur Erreichung des Quorums erforderlich ist, zugrunde zu legen (zust. *Trittin*/DKKW § 54 Rn. 107). 55

Mitgezählt werden nur die Arbeitnehmer derjenigen Konzernunternehmen, die im Geltungsbereich des Betriebsverfassungsgesetzes liegen. Insoweit sind aber **alle** Arbeitnehmer **aller** Konzernunternehmen zu berücksichtigen, weil sie im Falle der Errichtung des Konzernbetriebsrats auch alle von diesem repräsentiert werden können. Diese umfassende originäre Zuständigkeit des Konzernbetriebsrats ergibt sich aus der ausdrücklichen Regelung in § 58 Abs. 1 Satz 1 Halbs. 2, die das BetrVerf-Reformgesetz 2001 in das BetrVG eingefügt hat (vgl. dazu näher § 58 Rdn. 36 ff.). Die frühere Streitfrage (vgl. 6. Aufl., § 54 Rn. 46), ob auch die Arbeitnehmer derjenigen Betriebe der Konzernunternehmen, in 56 denen kein Betriebsrat besteht, mitzuzählen sind (so schon bisher *BAG* 11.08.1993 EzA § 54 BetrVG 1972 Nr. 4; 22.11.1995 EzA § 54 BetrVG 1972 Nr. 5), ist jedenfalls nach 2001 zu bejahen (vgl. *Fitting* § 54 Rn. 46 [widersprüchlich aber Rn. 47]; *Glock/HWGNRH* § 54 Rn. 25; *Hohenstatt/Dzida/ HWK* § 54 BetrVG Rn. 12; *Koch/*ErfK § 54 BetrVG Rn. 8; *Löwisch/LK* § 54 Rn. 21; *Richardi/ Annuß* § 54 Rn. 40; *Trittin/DKKW* § 54 Rn. 108); das Argument, dass diese Betriebe außerhalb der Betriebsverfassung stehen, ist entfallen. Gleichermaßen sind die Arbeitnehmer solcher mehrbetrieblichen Konzernunternehmen mitzuzählen, bei denen zwei oder mehr bestehende Betriebsräte ihrer Verpflichtung zur Bildung eines Gesamtbetriebsrats nach § 47 Abs. 1 nicht nachgekommen sind; da der Gesetzgeber die Zuständigkeit des Konzernbetriebsrats auch auf diese Unternehmen erstreckt hat, muss ihr Gewicht auch bei dessen Errichtung zählen.

3. Wirkung der Errichtung

57 Der Konzernbetriebsrat ist kraft des vom Gesetz anerkannten Organisationsaktes errichtet, sobald Errichtungsbeschlüsse mit dem nach § 54 Abs. 1 Satz 2 erforderlichen Quorum gefasst worden sind (vgl. Rdn. 53 ff.). Vom Begriff der Errichtung als solchem sind jedoch keinerlei Rechtsfolgen abzuleiten; insbesondere ist mit der Errichtung der Konzernbetriebsrat noch keineswegs handlungsfähig.

58 Die Errichtung begründet jedoch, wie sich aus § 55 Abs. 1 ergibt, für alle Gesamtbetriebsräte im Konzern die **Pflicht, Mitglieder** aus ihrer Mitte in den Konzernbetriebsrat **zu entsenden**. Diese Verpflichtung trifft auch diejenigen Gesamtbetriebsräte (bzw. Betriebsräte nach Abs. 2), die sich gegen eine Errichtung ausgesprochen oder eine Abstimmung darüber überhaupt nicht vorgenommen haben (ebenso *Fitting* § 54 Rn. 48; *Glock/HWGNRH* § 54 Rn. 29; *Joost/*MünchArbR § 227 Rn. 38 f.; *Richardi/Annuß* § 54 Rn. 43; *Schwab* AR-Blattei SD 530.12.1, Rn. 19). Dementsprechend erstreckt sich die Zuständigkeit des Konzernbetriebsrats auch auf diejenigen Konzernunternehmen, in denen ein Gesamtbetriebsrat (bzw. Betriebsrat nach Abs. 2) besteht, der es pflichtwidrig unterlässt, Mitglieder in den Konzernbetriebsrat zu entsenden (vgl. § 58 Rdn. 36).

59 Zur konstituierenden Sitzung des Konzernbetriebsrats hat nach § 59 Abs. 2 der Gesamtbetriebsrat des herrschenden Konzernunternehmens oder, sofern ein solcher nicht besteht, der Gesamtbetriebsrat des nach der Zahl der wahlberechtigten Arbeitnehmer größten Konzernunternehmens einzuladen. Erst mit der Konstituierung, d. h. mit der Wahl des Vorsitzenden und seines Stellvertreters wird der Konzernbetriebsrat handlungsfähig und kann seine Rechte und Pflichten wahrnehmen.

V. Bestand und Beendigung des Konzernbetriebsrats

1. Bestand

60 Wie der Gesamtbetriebsrat hat auch der Konzernbetriebsrat **keine feste Amtszeit** (vgl. § 47 Rdn. 49). Im Ansatz wird daher zu Recht von einer Dauereinrichtung gesprochen (vgl. *Fitting* § 54 Rn. 50; *Glock/HWGNRH* § 54 Rn. 32; *Koch/*ErfK § 54 BetrVG Rn. 9; *Löwisch/LK* § 54 Rn. 23; *Richardi/Annuß* § 54 Rn. 45; *Schwab* NZA-RR 2007, 337 [339]; *Trittin/DKKW* § 54 Rn. 124). Praktisch kommt es jedoch in erster Linie maßgeblich darauf an, ob der Konzernbetriebsrat handlungsfähig ist. Dies ist nicht der Fall, wenn er keine Mitglieder (mehr) hat (vgl. *Kreutz/Franzen* § 47 Rdn. 50). Nach der Einführung regelmäßiger Wahlzeiträume (vgl. § 13 Abs. 1) wird das regelmäßig nach den Neuwahlzeiträumen der Fall sein. Denn mit dem Ende der Amtszeit der Betriebsräte endet die Mitgliedschaft entsandter Betriebsratsmitglieder im Gesamtbetriebsrat (§ 49) und damit auch die im Konzernbetriebsrat (§ 57). Dann bedarf es entsprechender Neuentsendungen und auch einer Neukonstituierung des Konzernbetriebsrats.

61 Praktisch relevant ist jedoch, dass die einmal erfolgte positive **Beschlussfassung** über die Errichtung eines Konzernbetriebsrats über einzelne Wahlperioden hinaus **Bestand hat**. Dies folgt aus dem Prinzip der Funktionsnachfolge. Dieses Ergebnis wird konkludent von der h. M. unterstellt, indem sie den Konzernbetriebsrat als Dauereinrichtung sieht (vgl. *Trittin/DKKW* § 54 Rn. 124).

2. Beendigung

Das Gesetz enthält keine Bestimmungen über die Beendigung des Konzernbetriebsrats. Ein **Rücktritt** des Konzernbetriebsrats **durch Mehrheitsbeschluss** ist nicht vorgesehen (s. § 57 Rdn. 6) und könnte selbst bei Einstimmigkeit in seiner Bedeutung nicht weitergehen als eine Amtsniederlegung sämtlicher Konzernbetriebsratsmitglieder; denn dem Konzernbetriebsrat fehlt die Organisationszuständigkeit über seinen Bestand. Der Bestand des Konzernbetriebsrats wird durch einen kollektiven Rücktritt also nicht berührt, vielmehr rücken in diesem Fall Ersatzmitglieder nach (*Schwab* NZA-RR 2007, 337 [340]). Zu Recht sieht deshalb § 56 auch nur den Ausschluss von Mitgliedern aus dem Konzernbetriebsrat, nicht aber dessen gerichtliche Auflösung vor.

Allerdings kann der **Konzernbetriebsrat** durch **Beschlüsse der Gesamtbetriebsräte** (bzw. Betriebsräte) **aufgelöst werden**. Da die Bildung des Konzernbetriebsrats nicht obligatorisch ist, muss seine Errichtung durch actus contrarius rückgängig gemacht werden können. Das Bedürfnis für einen Konzernbetriebsrat kann insbesondere dann entfallen, wenn die Leitungsmacht im Konzern dezentralisiert wird. Unbestritten ist, dass die Errichtungsbeschlüsse nicht schon dadurch hinfällig werden, dass ein Gesamtbetriebsrat, der zuvor die Errichtung mitbeschlossen hat, nunmehr alleine die Auflösung beschließt und damit die Befürworter der Errichtung nicht mehr zu mehr als 50 % der Konzernbelegschaft vertreten. Denn ebenso wie bei der Errichtung entscheiden auch bei der Auflösung des Konzernbetriebsrats die Gesamtbetriebsräte (bzw. Betriebsräte) zwar in getrennten Beschlüssen, aber doch in ihrer Gesamtheit auf Konzernebene. Die bisherige Streitfrage (vgl. 6. Aufl. § 54 Rn. 53), ob auch die Auflösungsbeschlüsse die gleiche qualifizierte Mehrheit erfordern wie die Errichtungsbeschlüsse nach § 54 Abs. 1 Satz 2, hat sich durch die Absenkung des Quorums für die Errichtungsbeschlüsse von 75 % auf »mehr als 50 %« erledigt. Demgemäß genügt zur Auflösung, dass Gesamtbetriebsräte (bzw. Betriebsräte), welche mehr als 50 % der Arbeitnehmer der Konzernunternehmen repräsentieren, die Auflösung beschließen (ebenso i. E. *Fitting* § 54 Rn. 52; *Glock/HWGNRH* § 54 Rn. 37; *Hohenstatt/Dzida/HWK* § 54 BetrVG Rn. 13; *Koch/*ErfK § 54 BetrVG Rn. 9; *Löwisch/LK* § 54 Rn. 25; *Trittin/DKKW* § 54 Rn. 127; **a. M.** *Richardi/Annuß* § 54 Rn. 48: mindestens 50 %). Wie bei der Errichtung genügt insoweit ggf. der Beschluss eines Gesamtbetriebsrats, wenn dieser mehr als 50 % der Konzernbelegschaft repräsentiert.

Darüber hinaus **endet das Amt des Konzernbetriebsrats**, wenn die **Voraussetzungen seiner Errichtung dauerhaft entfallen** (*BAG* 23.08.2006 EzA § 54 BetrVG 2001 Nr. 2 = AP Nr. 12 zu § 54 BetrVG 1972). Dies ist insbesondere dann der Fall, wenn das **Konzernverhältnis endet** – etwa, wenn das herrschende Unternehmen seinen beherrschenden Einfluss verliert (*BAG* 23.08.2006 EzA § 54 BetrVG 2001 Nr. 2 = NZA 2007, 768 [LS] = DB 2007, 1091 f.; zu weiteren Differenzierungen s. *Kreutz* FS *Birk*, S. 495 [508 ff.]). **Sonstige Veränderungen im Konzern**, die sich daraus ergeben, dass abhängige Unternehmen aus dem Konzernverbund ausscheiden oder hinzukommen oder durch Umwandlungen (insbesondere durch Verschmelzung oder Spaltung von Rechtsträgern) umstrukturiert werden, berühren den Bestand des Konzernbetriebsrats per se nicht. Das gilt unabhängig davon, wie sich die Konzernumstrukturierung auf die Zahl der Arbeitnehmer des Konzerns auswirkt, weil die einmal erfolgte positive Beschlussfassung Bestand hat (vgl. Rdn. 61), bis der Konzernbetriebsrat durch Beschlüsse der Gesamtbetriebsräte aufgelöst wird (vgl. Rdn. 63; i. E. ebenso *Richardi/Annuß* § 54 Rn. 53; zust. *Fitting* § 54 Rn. 51). Sie haben nur Konsequenzen in dessen Zusammensetzung, indem die Mitgliedschaft derjenigen Mitglieder endet, deren Unternehmen aus dem Konzern ausscheidet, und der Gesamtbetriebsrat (bzw. Betriebsrat) eines neuen Konzernunternehmens nach § 55 Mitglieder in den Konzernbetriebsrat zu entsenden hat (vgl. auch *Fitting* § 57 Rn. 7; *Galperin/Löwisch* § 57 Rn. 3; *Glock/HWGNRH* § 54 Rn. 35; *Richardi/Annuß* § 54 Rn. 51; *Trittin/DKKW* § 54 Rn. 129); darüber hinaus können sich die Mehrheitsverhältnisse im Hinblick auf die Möglichkeit zur Auflösung des Konzernbetriebsrats durch Beschluss (vgl. Rdn. 63) ändern. Anders ist die Rechtslage allerdings dann, wenn die **Legitimationsbasis der Konzernbetriebsverfassung völlig entfällt** und weniger als 50 % der Arbeitnehmer der Konzernunternehmen überhaupt noch durch Gesamtbetriebsräte oder funktionell vergleichbare Betriebsräte (§ 54 Abs. 2) repräsentiert werden. In diesem Fall könnte die Konzernbetriebsverfassung nach dem bisher Gesagten niemals durch autonome Entscheidung der beteiligten (Gesamt)-Betriebsräte beendet werden, weil für deren Auflösungsbeschlüsse das erforderliche Quorum nicht erreicht werden kann (Rdn. 63). Die Arbeitnehmer haben in dieser Konstellation durch partielle Nichtwahl von Betriebsräten zum Ausdruck gebracht, dass sie eine entsprechende Interessenvertretung nicht möchten; dies muss auf der Ebene der Konzernbetriebsverfassung respektiert werden. Daher endet der Konzernbetriebsrats dann, wenn – etwa nach Umstrukturierungen im Konzern – die im Konzern beschäftigten Arbeitnehmer nicht mehr zu mehr als 50 % durch Gesamtbetriebsräte (bzw. Betriebsräte) repräsentiert werden (*Hohenstatt/WHSS* D Rn. 134; *Hohenstatt/Dzida/HWK* § 54 BetrVG Rn. 17; *Richardi/Annuß* § 54 Rn. 53).

65 Der Bestand des Konzernbetriebsrats wird dann nicht berührt, wenn das herrschende Unternehmen aufgrund eines Abhängigkeitsverhältnisses unter die einheitliche Leitung einer **neuen Konzernobergesellschaft** gestellt wird, aber weiterhin wesentliche (betriebsverfassungsrechtlich relevante) Leitungsmacht selbstständig gegenüber den von ihm abhängigen Unternehmen ausübt (i. E. ebenso *Glock/HWGNRH* § 54 Rn. 35; *Trittin/DKKW* § 54 Rn. 129). Dann entsteht ein Konzern im Konzern (abl. *Richardi/Annuß* § 54 Rn. 52; *Hohenstatt/Dzida/HWK* § 54 BetrVG Rn. 16) mit der Folge, dass auch bei der neuen Konzernspitze ein Konzernbetriebsrat errichtet werden kann. Nur wenn nach dem Zusammenschluss ein zentralisierter Konzern entsteht, endet der Konzernbetriebsrat.

VI. Konzernunternehmen mit nur einem Betriebsrat (Abs. 2)

66 Abs. 2 enthält eine **Sonderregelung** für Konzernunternehmen mit nur einem Betriebsrat. Diese wurde notwendig, weil § 54 Abs. 1, §§ 55, 57 bis 59 den Regelfall zugrunde legen, dass der Konzernbetriebsrat durch Gesamtbetriebsräte gebildet wird, was nach § 47 Abs. 1 aber voraussetzt, dass im Konzernunternehmen mindestens zwei Betriebsräte bestehen. Abs. 2 trägt der Möglichkeit Rechnung, dass in einem Konzernunternehmen nur ein Betriebsrat besteht. Um eine Benachteiligung dieser einzigen Arbeitnehmerrepräsentanz auf Konzernebene zu vermeiden, wird der Einzelbetriebsrat dem Gesamtbetriebsrat im Rahmen der Regelungen über den Konzernbetriebsrat **funktionell in genereller Weise** gleichgestellt. Bei der Bildung und Zusammensetzung des Konzernbetriebsrats hat dieser die gleichen Aufgaben, d. h. Rechte, Pflichten und Zuständigkeiten wie ein Gesamtbetriebsrat. Die Tatbestandsvoraussetzung, dass in einem Konzernunternehmen nur ein Betriebsrat besteht, ist nur in **zwei Fallgestaltungen** gegeben.

67 Einmal handelt es sich darum, dass in einem Konzernunternehmen **nur ein betriebsratsfähiger** Betrieb besteht. Dann **kann** nur ein Betriebsrat bestehen; Abs. 2 ist unstr. anwendbar (vgl. *Fitting* § 54 Rn. 56; *Koch*/ErfK § 54 BetrVG Rn. 10; *Richardi/Annuß* § 54 Rn. 55). Das gilt auch dann, wenn gemäß § 3 Abs. 1 Nr. 1a, Abs. 2 aufgrund eines Tarifvertrages oder einer Betriebsvereinbarung oder aufgrund eines Beschlusses nach § 3 Abs. 3 ein **unternehmenseinheitlicher Betriebsrat** zu bilden ist.

68 Abs. 2 greift aber auch dann ein, wenn ein Konzernunternehmen mehrere betriebsratsfähige Betriebe hat, **aber nur in einem Betrieb ein Betriebsrat besteht**. In diesem Falle könnten zwar mehrere Betriebsräte bestehen, ein Gesamtbetriebsrat **kann** aber **nicht** errichtet werden. Z. T. wird in der Literatur bei dieser Konstellation die Anwendung des Abs. 2 mit der Begründung verneint, die Bestimmung setze stillschweigend ein einheitlich-zentralistisch organisiertes Unternehmen und die Repräsentation sämtlicher Arbeitnehmer durch einen Betriebsrat voraus (so *Galperin/Löwisch* § 54 Rn. 26; *Richardi/Annuß* § 54 Rn. 55; diesen zust. *Hohenstatt/Dzida/HWK* § 54 BetrVG Rn. 14; *Roloff/WPK* § 54 Rn. 13; *Weiss/Weyand* § 54 Rn. 8). Diese Einschränkung ist mit dem Wortlaut des Abs. 2 unvereinbar. Einem teleologischen Ausschluss dieser Fallgestaltung steht entgegen, dass auch hier der eine Betriebsrat keine Zuständigkeitseinbußen zugunsten eines Gesamtbetriebsrats (nach § 50) hinzunehmen hat und deshalb seine Mitwirkung auf Konzernebene nicht versagt werden darf. Eine unzulässige Ausweitung auf der Rechtsfolgenseite wird jedoch vorgenommen, wenn der Einzelbetriebsrat zum Repräsentanten der gesamten Unternehmensbelegschaft, einschließlich der betriebsratslosen Betriebe, bei der Errichtung des Konzernbetriebsrats erhoben wird (so *Brecht* § 54 Rn. 4; *Trittin/DKKW* § 54 Rn. 140; *Trittin/Gilles* AuR 2009, 253 [254]). Seine Zuständigkeit kann die betriebsratslosen Betriebe nicht ergreifen; ihm fehlt die Legitimation durch Wahl, und auch das Gesetz sieht insoweit keine Zuständigkeitserstreckung vor (wie sie für Gesamt- und Konzernbetriebsrat durch § 50 Abs. 1 Satz 1 Halbs. 2 und § 58 Abs. 1 Satz 1 Halbs. 2 erfolgt ist). Soweit es im Rahmen der Bildung eines Konzernbetriebsrats auf sein Stimmgewicht ankommt (z. B. § 54 Abs. 1 Satz 2), ist nur auf die von ihm reprä-

sentierte Arbeitnehmerschaft abzustellen (ebenso *Fitting* § 54 Rn. 58; *Glock/HWGNRH* § 54 Rn. 39; *Koch/*ErfK § 54 BetrVG Rn. 10; *Monjau* BB 1972, 841; *Schwab* AR-Blattei SD 530.12.1. Rn. 22; *Schwab* NZA-RR 2007, 337 [339]; *Tautphäus/*HaKo § 54 Rn. 20).

Bestehen in einem Konzernunternehmen **zwei oder mehr Betriebsräte**, die entgegen gesetzlicher Verpflichtung nach § 47 Abs. 1 einen Gesamtbetriebsrat nicht errichtet haben, so findet Abs. 2 auf diese schon dem Wortlaut nach keine Anwendung (unstr.). Dadurch wird aber die Errichtung eines Konzernbetriebsrats nicht verhindert (vgl. Rdn. 50). 69

VII. Streitigkeiten

Streitigkeiten über die (wirksame) Errichtung oder Auflösung eines Konzernbetriebsrats werden gemäß § 2a Abs. 1 Nr. 1, Abs. 2, §§ 80 ff. ArbGG auf Antrag durch das Arbeitsgericht im Beschlussverfahren entschieden. Örtlich zuständig ist das Gericht, in dessen Bezirk das herrschende Unternehmen seinen Sitz hat (§ 82 Abs. 1 Satz 2 ArbGG). Vgl. entsprechend auch § 47 Rdn. 125 ff. 70

§ 55
Zusammensetzung des Konzernbetriebsrats, Stimmengewicht

(1) In den Konzernbetriebsrat entsendet jeder Gesamtbetriebsrat zwei seiner Mitglieder. Die Geschlechter sollen angemessen berücksichtigt werden.

(2) Der Gesamtbetriebsrat hat für jedes Mitglied des Konzernbetriebsrats mindestens ein Ersatzmitglied zu bestellen und die Reihenfolge des Nachrückens festzulegen.

(3) Jedem Mitglied des Konzernbetriebsrats stehen die Stimmen der Mitglieder des entsendenden Gesamtbetriebsrats je zur Hälfte zu.

(4) Durch Tarifvertrag oder Betriebsvereinbarung kann die Mitgliederzahl des Konzernbetriebsrats abweichend von Absatz 1 Satz 1 geregelt werden. § 47 Abs. 5 bis 9 gilt entsprechend.

Inhaltsübersicht	Rdn.
I. Vorbemerkung	1–5
II. Zusammensetzung des Konzernbetriebsrats (Abs. 1)	6–14
1. Entsendung	9–12
2. Mitgliedschaft im Konzernbetriebsrat	13, 14
III. Bestellung von Ersatzmitgliedern (Abs. 2)	15–19
IV. Stimmgewicht (Abs. 3)	20–23
V. Abweichende Regelung der Mitgliederzahl (Abs. 4)	24–38
1. Abweichende Regelung durch Tarifvertrag	27–30
2. Abweichende Regelung durch Betriebsvereinbarung	31, 32
3. Notwendige Verkleinerung des Konzernbetriebsrats	33–35
4. Stimmgewicht bei abweichender Regelung der Mitgliederzahl	36–38
VI. Abweichende Regelung der Stimmgewichtung	39–42
VII. Streitigkeiten	43, 44

I. Vorbemerkung

Die Vorschrift regelt für den Konzernbetriebsrat die Zusammensetzung (Abs. 1), die Bestellung von Ersatzmitgliedern (Abs. 2), die Stimmgewichtung (Abs. 3) sowie die abweichende Bestimmung der Mitgliederzahl (Abs. 4) in Anlehnung an die für den Gesamtbetriebsrat getroffenen Bestimmungen in § 47 Abs. 2 bis 9, wobei § 47 Abs. 5 bis 9 entsprechend gilt (Abs. 4 Satz 2). Deshalb können die 1

§ 55   II. 6. Konzernbetriebsrat

Kommentierungen zu § 47 weitgehend entsprechend herangezogen werden. § 55 enthält nur insoweit Abweichungen, als zu berücksichtigen war, dass die die Mitglieder des Konzernbetriebsrats bestimmenden Gesamtbetriebsräte – anders als die in den Gesamtbetriebsrat entsendenden Betriebsräte – ihrerseits Gremien Entsandter sind.

2   § 55 ist in Folge der Aufgabe des Gruppenprinzips in der Betriebsverfassung durch Art. 1 Nr. 40 BetrVerf-Reformgesetz vom 23. Juli 2001 (BGBl. I, S. 1852) geändert worden; die gruppenspezifischen Regelungen sind aufgehoben worden. Dadurch ist vor allem das Verfahren der Entsendung der Konzernbetriebsratsmitglieder erheblich vereinfacht worden, indem nunmehr jeder Gesamtbetriebsrat (bzw. Betriebsrat gemäß § 54 Abs. 2) zwei seiner Mitglieder entsendet (Abs. 1 Satz 1). Nach Abs. 1 Satz 2 sollen dabei (entsprechend der Neuregelung in § 47 Abs. 2 Satz 2) die Geschlechter angemessen berücksichtigt werden; insoweit handelt es sich im Gegensatz zur neuen Regelung in § 15 Abs. 2 um eine reine Sollvorschrift. Anders als für die Zusammensetzung des Gesamtbetriebsrats (vgl. § 47 Rdn. 32) hat Art. 14 Satz 2 BetrVerf-Reformgesetz für diejenige des Konzernbetriebsrats keine Übergangsregelung getroffen; seit Inkrafttreten dieses Gesetzes (28.07.2001) sind mithin die entsendenden Gesamtbetriebsräte (bzw. Betriebsräte) dem Gruppenschutzprinzip nicht mehr verpflichtet.

3   Die Bestimmung ist **zwingend**, soweit Abs. 4 nicht abweichende Regelungen durch Tarifvertrag oder Betriebsvereinbarung zulässt. Solche **Abweichungen** können die **Mitgliederzahl** im Konzernbetriebsrat betreffen (Abs. 4 Satz 1; Abs. 4 Satz 2 i. V. m. § 47 Abs. 5 und 6), nunmehr aber auch das **Stimmengewicht** bestimmter (gemeinsame Betriebe mehrerer Unternehmen repräsentierender) Konzernbetriebsratsmitglieder, weil das BetrVerf-Reformgesetz in zweifelhaft-perfektionistischer Folgerichtigkeit § 55 Abs. 4 Satz 2 dahin geändert hat, dass auch § 47 Abs. 9 entsprechend gilt. Für die Zusammensetzung des Konzernbetriebsrats bei den privatisierten **Postunternehmen** enthält § 33 Abs. 1 Nr. 1 PostPersRG die Sonderregelung, dass den gemäß § 55 Abs. 1 in den Konzernbetriebsrat zu entsendenden Gesamtbetriebsratsmitgliedern ein Vertreter der Beamten angehören muss, der nicht gegen die Mehrheit der Vertreter der Beamten im Gesamtbetriebsrat bestimmt werden kann (vgl. *Fitting* § 55 Rn. 5).

4   Bei der **Konzern-Jugend- und Auszubildendenvertretung** bestimmen sich Zusammensetzung und Stimmengewicht nach § 73a Abs. 2 bis 4.

5   Zum **Konzernsprecherausschuss** vgl. § 21 Abs. 2 bis 4 SprAuG. Im Personalvertretungsrecht gibt es keine entsprechende Vorschrift (vgl. § 54 Rdn. 7).

II. Zusammensetzung des Konzernbetriebsrats (Abs. 1)

6   Abs. 1 regelt die Entsendung von Mitgliedern des Konzernbetriebsrats. Ebenso wie der Gesamtbetriebsrat ist auch der Konzernbetriebsrat kein gewähltes, sondern ein **aus Entsandten bestehendes Organ**. Die Entsendung ist **Recht und Pflicht** der einzelnen Gesamtbetriebsräte in den Konzernunternehmen. Konzernunternehmen sind sowohl das herrschende als auch das oder die abhängigen Unternehmen, die unter der einheitlichen Leitung des herrschenden Unternehmens zusammengefasst sind. Dem Gesamtbetriebsrat gleichgestellt ist nach § 54 Abs. 2 der jeweils einzige Betriebsrat in einem Konzernunternehmen (vgl. § 54 Rdn. 66 ff.).

7   Bei **erstmaliger Bildung** eines Konzernbetriebsrats entstehen Entsendungsrecht und -pflicht mit der **qualifizierten Beschlussfassung** über die Errichtung des Konzernbetriebsrats nach § 54 Abs. 1 (vgl. § 54 Rdn. 58). Da mit Ablauf einer Wahlperiode (§ 13 Abs. 1) die Mitgliedschaft im Betriebsrat, damit die Mitgliedschaft im Gesamtbetriebsrat (§ 49) und damit die Mitgliedschaft im Konzernbetriebsrat (§ 57) erlischt, entsteht jeweils die Entsendungsnotwendigkeit neu (vgl. § 54 Rdn. 60). Zur Entsendung berechtigt und verpflichtet sind auch die Gesamtbetriebsräte (bzw. Betriebsräte) von Unternehmen, die in den Konzernverbund eintreten, in dem bereits ein Konzernbetriebsrat gebildet ist (vgl. § 54 Rdn. 64).

8   Zur Entsendung berechtigt und verpflichtet sind **alle Gesamtbetriebsräte** (bzw. Betriebsräte nach § 54 Abs. 2), auch solche, die gegen die Errichtung des Konzernbetriebsrats votiert oder überhaupt keinen Beschluss gefasst haben. Betriebsratslose Betriebe sind ebenso wenig beteiligt wie mehrere Be-

triebsräte eines Konzernunternehmens, die pflichtwidrig keinen Gesamtbetriebsrat gebildet haben (vgl. § 54 Rdn. 69).

1. Entsendung

Jeder Gesamtbetriebsrat (bzw. Betriebsrat) hat **zwei seiner Mitglieder** in den Konzernbetriebsrat zu **entsenden** (Abs. 1 Satz 1). Damit wird unabhängig von der Unternehmensgröße und ungeachtet ihrer jeweiligen Größe sichergestellt, dass alle Gesamtbetriebsräte (bzw. Betriebsräte i. S. v. § 54 Abs. 2) einheitlich durch zwei ihrer Mitglieder im Konzernbetriebsrat vertreten sind; nur Mitglieder können entsandt werden. Unterschiede in der Zahl der repräsentierten Arbeitnehmer werden durch unterschiedliches Stimmengewicht der Mitglieder des Konzernbetriebsrats ausgeglichen (vgl. Rdn. 20 ff.). Allerdings ist durch die Aufhebung des Gruppenschutzprinzips (vgl. Rdn. 2) die Notwendigkeit einer Entsendung von zwei Mitgliedern im Normalfall entfallen. Ebenso wie bei der Entsendung in den Gesamtbetriebsrat nach § 47 Abs. 2 Satz 1 wäre deshalb eine Differenzierung nach Größenkriterien sinnvoll gewesen. »Wegen der Bedeutung des Konzernbetriebsrats« (vgl. Begründung BT-Drucks. 14/5741, S. 43 zu Nr. 40) hat der Gesetzgeber aber die Entsendung von zwei Mitgliedern festgelegt.

9

Zugleich wird damit **mittelbar die Mitgliederzahl festgelegt**, die ein konkreter Konzernbetriebsrat haben kann (s. § 47 Rdn. 34); durch Tarifvertrag oder Betriebsvereinbarung kann sie jedoch abweichend geregelt werden (Abs. 4 Satz 1) bzw. muss sie herabgesetzt werden, wenn dem Konzernbetriebsrat mehr als 40 Mitglieder angehören (Abs. 4 Satz 2 i. V. m. § 47 Abs. 5 und 6).

10

Die zu entsendenden Mitglieder werden durch den Gesamtbetriebsrat (bzw. Betriebsrat) als Gremium entsandt. Die **Entsendung** erfolgt durch **gesonderte Beschlussfassung** des Gremiums über jedes zu entsendende Mitglied. Für die Beschlussfassung des Gesamtbetriebsrats ist § 51 Abs. 3 maßgebend (vgl. dazu § 51 Rdn. 62 ff.), für die eines Betriebsrats § 33 (s. *Raab* § 33 Rdn. 7 ff.). Vgl. zu Einzelheiten entsprechend § 47 Rdn. 37 ff. Der aus einem Mitglied bestehende Betriebsrat ist unter den Voraussetzungen des § 54 Abs. 2 kraft seiner Einzelstellung (»geborenes«) Mitglied im Konzernbetriebsrat.

11

Einfache Mehrheit genügt für die Entsendungsbeschlüsse; ein zwingender Minderheitenschutz ist mit der Aufgabe des Gruppenprinzips entfallen (vgl. zu [unberechtigten] verfassungsrechtlichen Bedenken wegen Missachtung des aus dem Demokratieprinzip abgeleiteten Minderheitenschutzes *Dütz* DB 2001, 1306 [1310]). Bei der Entsendung in den Konzernbetriebsrat sollen jedoch die **Geschlechter** angemessen berücksichtigt werden (Abs. 1 Satz 2). Diese Vorschrift wurde gleichlautend zur Neuregelung des § 47 Abs. 2 Satz 2 durch das BetrVerf-Reformgesetz (vgl. Rdn. 2) in das Gesetz eingefügt; sie ist als bloße Sollvorschrift aber lediglich als »Empfehlung« an die Gesamtbetriebsräte zu verstehen (s. § 47 Rdn. 41).

12

2. Mitgliedschaft im Konzernbetriebsrat

Die Beschlussfassung im Gesamtbetriebsrat (bzw. im Betriebsrat) und die Zustimmung des Betroffenen (vgl. entsprechend § 47 Rdn. 42) **begründen dessen Mitgliedschaft** im Konzernbetriebsrat; weitere konstitutive Akte sind nicht vorgesehen (vgl. entsprechend § 47 Rdn. 43). Diese Mitgliedschaft ist an die Mitgliedschaft im Gesamtbetriebsrat gebunden (§ 57); da diese wieder an die Mitgliedschaft im Betriebsrat gebunden ist (§ 49), kann die Mitgliedschaft im Konzernbetriebsrat nie länger währen als die regelmäßige Amtszeit der Betriebsräte (§ 21), und sie erlischt vorher, wenn der Betriebsrat vorher endet oder die Einzelmitgliedschaft im Betriebsrat oder Gesamtbetriebsrat vorzeitig erlischt (ebenso *Fitting* § 55 Rn. 6).

13

Das Gesetz lässt jedoch auch die **(jederzeitige) Abberufung** aus dem Konzernbetriebsrat zu, wie sich aus § 57 ergibt (vgl. § 57 Rdn. 12). § 55 Abs. 1 Satz 4, der die Abberufung noch ausdrücklich regelte, ist durch das BetrVerf-Reformgesetz aufgehoben worden. An die Stelle des abberufenen Mitgliedes rückt kraft Gesetzes das gemäß § 55 Abs. 2 vorgesehene Ersatzmitglied (vgl. § 59 Abs. 1 i. V. m. § 25 Abs. 1). Der abberufende Gesamtbetriebsrat (bzw. Betriebsrat) kann jedoch mit der Beschlussfassung über die Abberufung auch ein nicht zum Ersatzmitglied bestelltes Mitglied aus seiner Mitte zum

14

Konzernbetriebsratsmitglied bestimmen. Zu weiteren Gründen für die Beendigung der Mitgliedschaft vgl. § 57 Rdn. 3 ff.

III. Bestellung von Ersatzmitgliedern (Abs. 2)

15 Die **Bestellung von Ersatzmitgliedern** ist obligatorisch; das ist sinnvoll, um die kontinuierliche Vertretung des Gesamtbetriebsrats (bzw. Betriebsrats) im Konzernbetriebsrat und dessen Handlungsfähigkeit sicherzustellen. Sie erfolgt, wie die Entsendung (vgl. Rdn. 11), durch Beschlussfassung des Gesamtbetriebsrats (bzw. Betriebsrats) als solchem. Auch zum Ersatzmitglied kann nur bestellt werden, wer bei der Bestellung bereits Gesamtbetriebsratsmitglied ist, weil nach Abs. 1 Satz 1 nur Mitglieder entsandt werden können. Auf die Ersatzmitglieder des Gesamtbetriebsrats (§ 47 Abs. 3) kann nicht zurückgegriffen werden (vgl. entsprechend für die Bestellung der Ersatzmitglieder des Gesamtbetriebsrats § 47 Rdn. 58).

16 Die Bestellung zum Ersatzmitglied erfolgt **für jedes Mitglied individuell**; das schließt nicht aus, ein Ersatzmitglied zugleich für beide Konzernbetriebsratsmitglieder zu bestellen. Die Gruppenzugehörigkeit spielt keine Rolle mehr. Die Geschlechter sollen bei der Bestellung der Ersatzmitglieder angemessen berücksichtigt werden; das entspricht der Zielsetzung der Sollvorschrift in Abs. 1 Satz 2. Für den Bestellungsbeschluss genügt ein einfacher Mehrheitsbeschluss des Gesamtbetriebsrats (§ 51 Abs. 3 Satz 1).

17 Das Ersatzmitglied **rückt in den Konzernbetriebsrat nach**, wenn die Mitgliedschaft des entsandten Mitglieds nach § 57 endet (§ 59 Abs. 1 i. V. m. § 25 Abs. 1 Satz 1); es **vertritt** das Konzernbetriebsratsmitglied, wenn dieses zeitweilig verhindert ist (§ 59 Abs. 1 i. V. m. § 25 Abs. 1 Satz 2).

18 Die Feststellung der **Reihenfolge** des Nachrückens ist nur notwendig, wenn für ein Konzernbetriebsratsmitglied, was möglich ist, mehrere Ersatzmitglieder bestellt werden (vgl. § 47 Rdn. 59). Die Reihung ist, wenn insoweit nichts anderes bestimmt wird, auch für die Vertretung bei zeitweiliger Verhinderung maßgeblich.

19 Ersatzmitglieder, die durch einen nach § 54 Abs. 2 funktionell **zuständigen Betriebsrat** bestimmt werden, müssen diesem bereits angehören (vgl. entsprechend Rdn. 15). Besteht der Betriebsrat nur aus einem Mitglied, so ist das nach § 25 Abs. 2 zu ermittelnde Ersatzmitglied auch automatisch dessen Ersatzmann im Konzernbetriebsrat.

IV. Stimmgewicht (Abs. 3)

20 Im Konzernbetriebsrat wird (wie im Gesamtbetriebsrat) nicht nach Köpfen, sondern **nach Stimmgewicht** abgestimmt. Abs. 3 bestimmt das Stimmgewicht der einzelnen Konzernbetriebsratsmitglieder unter Anknüpfung an das (Gesamt-)Stimmgewicht der Mitglieder des entsendenden Gesamtbetriebsrats. Dadurch gewährleistet Abs. 3, dass die vom Gesamtbetriebsrat repräsentierten wahlberechtigten Arbeitnehmer des Unternehmens auch im Konzernbetriebsrat repräsentiert werden. Da (nach Abs. 1 Satz 1) stets zwei Mitglieder zu entsenden sind, stehen diesen die (addierten) Stimmen der Mitglieder des entsendenden Gesamtbetriebsrats **je zur Hälfte** zu. Zum Stimmgewicht bei abweichender Regelung der Mitgliederzahl des Konzernbetriebsrats vgl. Rdn. 36 ff.; zur abweichenden Regelung der Stimmgewichtung nach Abs. 4 Satz 2 i. V. m. § 47 Abs. 9 vgl. Rdn. 39 ff.

21 Das Stimmgewicht der einzelnen Mitglieder des Gesamtbetriebsrats ist nach § 47 Abs. 7, 8 oder 9 festzustellen (vgl. § 47 Rdn. 61 ff., 109 ff., 114 ff.). Stimmgewichtsmäßig werden nur die wahlberechtigten Arbeitnehmer erfasst, die bei der letzten Wahl derjenigen Betriebsräte, die den Gesamtbetriebsrat bilden, in die Wählerlisten eingetragen waren (vgl. *Richardi/Annuß* § 55 Rn. 22; *Hohenstatt/Dzida/HWK* § 55 BetrVG Rn. 4). Arbeitnehmer betriebsratsloser Betriebe und solcher Betriebe, die keine Vertreter in den Gesamtbetriebsrat entsandt haben, bleiben unberücksichtigt. Deshalb repräsentieren die beiden Vertreter im Konzernbetriebsrat zusammen nicht etwa notwendig die wahlberechtigte Arbeitnehmerschaft des jeweiligen Konzernunternehmens. Daran ändert die Tatsache nichts, dass sich

jetzt die originäre Zuständigkeit des Gesamtbetriebsrats nach § 50 Abs. 1 Satz 1 Halbs. 2 auch auf betriebsratslose Betriebe des Unternehmens erstreckt (vgl. dazu § 50 Rdn. 56 ff.). Bei der Stimmgewichtung im Konzernbetriebsrat bleiben ferner die Konzernunternehmen unberücksichtigt, die einen Gesamtbetriebsrat nicht gebildet haben oder betriebsratslose Konzernunternehmen sind, obwohl sich die originäre Zuständigkeit des Konzernbetriebsrats jetzt nach § 58 Abs. 1 Halbs. 2 auch auf diese Konzernunternehmen erstreckt (vgl. § 58 Rdn. 36 ff.).

Im Gesetz fehlt eine ausdrückliche Regelung für die Berechnung des **Stimmgewichts** von Konzernbetriebsratsmitgliedern, die durch nach § 54 Abs. 2 funktionell **zuständige Einzelbetriebsräte** entsandt worden sind. Eine entsprechende Anwendung des Abs. 3 hätte zur Folge, dass die beiden entsandten Mitglieder zusammen nur so viele Stimmen haben könnten, wie der entsendende Betriebsrat Mitglieder hat, da diese jeweils nur eine Stimme haben. Damit würden der Gedanke der Stimmgewichtung verfehlt und die betreffenden Konzernbetriebsratsmitglieder stimmgewichtsmäßig diskriminiert. Deshalb ist hier § 47 Abs. 7 analog zur Bestimmung des Stimmgewichts anzuwenden (ebenso jetzt *Fitting* § 55 Rn. 16; *Glock/HWGNRH* § 55 Rn. 15; *Richardi/Annuß* § 55 Rn. 23; i. E. auch *Koch/*ErfK § 55 BetrVG Rn. 1; *Tautphäus/*HaKo § 55 Rn. 10; *Trittin/DKKW* § 55 Rn. 14); die Stimmenzahl, die sich aus der Zahl der in die Wählerliste des Betriebes eingetragenen wahlberechtigten Arbeitnehmer ergibt, steht den beiden entsandten Mitgliedern im Konzernbetriebsrat je zur Hälfte zu. 22

Wie die Mitglieder des Gesamtbetriebsrats (§ 51 Rdn. 74) sind die Mitglieder des Konzernbetriebsrats an **Weisungen** der entsendenden Gremien **nicht gebunden** (ebenso *Fitting* § 55 Rn. 18; *Hohenstatt/Dzida/HWK* § 55 BetrVG Rn. 4; *Richardi/Annuß* § 55 Rn. 28; *Trittin/DKKW* § 55 Rn. 16). Die Stimmabgabe der einzelnen Mitglieder erfolgt notwendig jeweils **einheitlich**. Sie umfasst das ganze Stimmgewicht; eine Aufteilung ist unzulässig (ebenso *Fitting* § 55 Rn. 17; *Koch/*ErfK § 55 BetrVG Rn. 1; hier § 47 Rdn. 65 zum Gesamtbetriebsrat; *Richardi/Annuß* § 55 Rn. 29; *Trittin/DKKW* § 55 Rn. 15). 23

V. Abweichende Regelung der Mitgliederzahl (Abs. 4)

Nach Abs. 1 Satz 1 richtet sich die Mitgliederzahl eines konkreten Konzernbetriebsrats nach der Zahl der Gesamtbetriebsräte (bzw. Betriebsräte), die pflichtgemäß zwei Mitglieder in den Konzernbetriebsrat entsandt haben. Diese starre Regelung kann in großen Konzernen mit vielen kleinen, u. U. auf einen Betrieb beschränkten Unternehmen dazu führen, dass der Konzernbetriebsrat im Verhältnis zu den Unternehmensvertretungen eine überdimensionale Größe erreicht oder dass zwei Konzernbetriebsratsmitglieder aus einem Großunternehmen die zahlenmäßig überwiegenden Vertreter kleinerer Konzernunternehmen in der Weise stimmgewichtsmäßig beherrschen, dass im Konzernbetriebsrat ein Meinungsbildungsprozess faktisch ausgeschlossen ist. Hier ermöglicht Abs. 4 Satz 1 eine auf die jeweiligen Verhältnisse des Konzerns angepasste flexible **Gestaltung der Mitgliederzahl** durch Tarifvertrag oder Betriebsvereinbarung. 24

Die abweichende Regelung darf nur die Mitgliederzahl eines konkreten Konzernbetriebsrats erfassen. Für den Umfang der Regelungsbefugnis gilt insoweit unter Berücksichtigung der Besonderheit, dass nach § 55 Abs. 1 Satz 1 immer zwei Mitglieder in den Konzernbetriebsrat zu entsenden sind, Entsprechendes wie beim Gesamtbetriebsrat, da Abs. 4 Satz 1 dem § 47 Abs. 4 nachgebildet ist und sich Abweichungen nach Ausgestaltung und Folgen für das Stimmgewicht nach § 47 Abs. 5 bis 8 zu richten haben (Abs. 4 Satz 2); vgl. deshalb näher § 47 Rdn. 71 ff. 25

Die Mitgliederzahl kann **verringert oder erhöht** werden (vgl. zur notwendigen Verringerung Rdn. 33 ff.). Eine Verringerung bei zu großem Konzernbetriebsrat kann zunächst dadurch erfolgen, dass abweichend von Abs. 1 Satz 1 festgelegt wird, dass alle oder bestimmte Gesamtbetriebsräte (bzw. nach § 54 Abs. 2 funktionell zuständige Betriebsräte) nur ein Mitglied entsenden (vgl. entsprechend § 47 Rdn. 74). Auch kann festgelegt werden, dass mehrere Gesamtbetriebsräte (bzw. Betriebsräte) gemeinsam Mitglieder in den Konzernbetriebsrat entsenden (vgl. entsprechend § 47 Rdn. 73). Beide Möglichkeiten der Verringerung der Mitgliederzahl können auch kombiniert werden. Es ist aber unzulässig, einen Gesamtbetriebsrat (bzw. Betriebsrat) gänzlich von der Mitwirkung bei der Bestimmung der Mitglieder des Konzernbetriebsrats auszuschließen; denn die Entsendung ist zwingend Recht und 26

Pflicht jeden Gesamtbetriebsrats (bzw. Betriebsrats nach § 54 Abs. 2). Eine Erhöhung der Mitgliederzahl ist dadurch möglich, dass alle oder (bei sachlicher Differenzierung) einzelne Gesamtbetriebsräte (oder Betriebsräte) mehr als zwei Mitglieder entsenden. Eine von Abs. 1 Satz 1 abweichende Regelung der Mitgliederzahl ist auch dadurch herbeizuführen, dass die Möglichkeiten der Erhöhung und der Verringerung der Mitgliederzahl kombiniert genutzt werden.

1. Abweichende Regelung durch Tarifvertrag

27 Abs. 4 Satz 1 begründet für die beteiligten Tarifvertragsparteien die Kompetenz, eine vom Gesetz abweichende Mitgliederzahl des Konzernbetriebsrats **tarifvertraglich** festzulegen. Es handelt sich dabei um eine betriebsverfassungsrechtliche Tarifnorm im Sinne von § 3 Abs. 2 TVG. Eine vom Gesetz abweichende Regelung der Mitgliederzahl muss einen bereits bestehenden Konzernbetriebsrat mit konkreter Mitgliederzahl betreffen und muss daher **konkret konzernbezogen** sein (vgl. entsprechend zum Gesamtbetriebsrat § 47 Rdn. 82 f.). Ein allgemeiner Verbandstarifvertrag kommt damit nicht in Betracht (ebenso i. E. *Galperin/Löwisch* § 55 Rn. 10; *Hohenstatt/Dzida/HWK* § 55 BetrVG Rn. 5; **a. M.** *Richardi/Annuß* § 55 Rn. 16).

28 Das Gesetz legt nicht fest, wer auf Konzernseite Tarifvertragspartner der (zuständigen) Gewerkschaft(en) ist. Der tarifrechtliche Grundsatz, wonach der Konzern als solcher nicht tariffähig ist, gilt auch im Rahmen von § 55 Abs. 4 (vgl. *Franzen*/ErfK § 2 TVG Rn. 24). Daher kommt aus rein tarifrechtlicher Sicht zunächst ein sog. **Einheitstarifvertrag**, den auf Arbeitgeberseite sämtliche Konzernunternehmen schließen und durch den sie gemeinsam berechtigt und verpflichtet werden. Möglich ist aber auch, dass die Konzernunternehmen gleichzeitig rechtlich selbstständige **inhaltsgleiche Tarifverträge** schließen, die auch in derselben Urkunde enthalten sein können (näher *Franzen*/ErfK § 1 TVG Rn. 22). Schließlich ist denkbar, dass das herrschende Unternehmen als Vertreter für die einzelnen Konzernunternehmen auftritt. Dies setzt allerdings voraus, dass jedes einzelne Konzernunternehmen der Konzernobergesellschaft Vertretungsmacht eingeräumt hat. Dies kann mit Schwierigkeiten verbunden sein. Hinzu kommt, dass dann auf Gewerkschaftsseite bei unterschiedlicher Tarifzuständigkeit u. U. eine Vielzahl tarifzuständiger Gewerkschaften zu beteiligen ist.

29 Die h. M. versucht solche praktischen Durchführungsschwierigkeiten zu vermeiden. Dies geschieht dadurch, dass **allein das herrschende Konzernunternehmen** als mögliche Partei des Tarifvertrages zur abweichenden Regelung der Mitgliederzahl des Konzernbetriebsrats angesehen wird (vgl. *Fitting* § 55 Rn. 20; *Galperin/Löwisch* § 55 Rn. 10; *Glock*/HWGNRH § 55 Rn. 5; *Joost*/MünchArbR § 227 Rn. 39; *Koch*/ErfK § 55 Rn. 1; *Richardi/Annuß* § 55 Rn. 16; *Tautphäus*/HaKo § 55 Rn. 13; *Trittin/ DKKW* § 55 Rn. 20; *Weiss/Weyand* § 55 Rn. 6). Aus rein tarifrechtlicher Sicht ist diese Auffassung nur schwer zu begründen (ebenso *Hohenstatt/Dzida/HWK* § 55 BetrVG Rn. 5; *Kreutz* 8. Aufl. § 55 Rn. 28 f.), weil die Konzernobergesellschaft keine tarifrechtliche Einwirkungsmacht auf die Arbeitsverhältnisse hat, welche die konzernangehörigen Unternehmen mit ihren Arbeitnehmern schließen (*Wiedemann/Oetker* TVG, § 2 Rn. 141 ff.). Diese Überlegung trifft freilich nur auf Individualnormen zu, welche auf die Arbeitsverhältnisse unmittelbar und zwingend einwirken sollen. Demgegenüber geht es hier um die anders gelagerte Fragestellung der Wirkung von betriebsverfassungsrechtlichen Organisationsnormen. In diesem Zusammenhang kann man die Konzernobergesellschaft insoweit durchaus als betriebsverfassungsrechtlichen Arbeitgeber ansprechen, der Vertragspartner der Tarifverträge nach § 55 Abs. 4 wird (allgemein zum Konzern als betriebsverfassungsrechtlicher Arbeitgeber § 58 Rdn. 11 ff.). Aus diesem Grund ist der vorstehend skizzierten Auffassung zuzustimmen: Der Tarifvertrag nach § 55 Abs. 4 kann mit der Konzernobergesellschaft abgeschlossen werden. Dementsprechend genügt auf Arbeitnehmerseite die Beteiligung der Gewerkschaft, die für das herrschende Konzernunternehmen tarifzuständig ist (*Richardi/Annuß* § 55 Rn. 17).

30 Die allgemeinen tarifrechtlichen Fragen, die sich im Zusammenhang mit § 55 Abs. 4 stellen können, müssen nach allgemeinen Grundsätzen behandelt werden: Die früher vorherrschende Lösung von **Tarifkonkurrenzen** über das Prinzip der Sachnähe wird bei Tarifverträgen über betriebliche und betriebsverfassungsrechtliche Fragen zunehmend durch das Mehrheitsprinzip ersetzt (§ 2 Rdn. 18). Im Anwendungsbereich des § 4a TVG ist das mittlerweile Gesetz, muss aber auch sonst für Tarifverträge nach § 55 Abs. 4 gelten, zumal diese ihrem Regelungsgegenstand nach gerade einen spezifischen Be-

zug auf betriebliche Mehrheiten haben. Eine **Nachwirkung** eines Tarifvertrags nach § 55 Abs. 4 scheidet ebenso wie im Rahmen von § 47 Abs. 4 aus, weil der Zweck der Nachwirkung, einen regelungslosen Zustand zu vermeiden, bei solchen Tarifverträgen verfehlt wird: Es gilt dann die gesetzliche Regelung (*Trittin/DKKW* § 55 Rn. 20; ebenso für § 47 Abs. 4 *Hohenstatt/Dzida/HWK* § 47 BetrVG Rn. 20; *Richardi/Annuß* § 47 Rn. 53; *Täutphäus/*HaKo § 47 Rn. 32; s. hier § 47 Rdn. 86; **a. M.** *Fitting* § 47 Rn. 54; *Glock/HWGNRH* § 47 Rn. 43). **Arbeitskämpfe** um Tarifverträge nach § 55 Abs. 4 sind nicht zulässig, weil solche Tarifverträge nicht der Wahrung der Interessen der Mitglieder dienen, vielmehr der Gesetzgeber den Tarifvertragsparteien die Regelungsbefugnis aus Gründen der Sachnähe eingeräumt hat (näher zur Begründung § 3 Rdn. 33; zweifelnd *Koch*/ErfK § 47 BetrVG Rn. 10; **a. M.** *Trittin/DKKW* § 55 Rn. 20; für § 47 Abs. 4: *Fitting* § 47 Rn. 52; *Glock/HWGNRH* § 47 Rn. 42; *Richardi/Annuß* § 47 Rn. 50; *Täutphäus/*HaKo § 47 Rn. 32). Allerdings weisen die meisten Kommentatoren zutreffend darauf hin, dass diese Frage keine besondere praktische Bedeutung hat.

2. Abweichende Regelung durch Betriebsvereinbarung

Soweit eine tarifvertragliche Regelung nicht besteht (vgl. zum Vorrang des Tarifvertrages insoweit entsprechend § 47 Rdn. 90), kann durch **freiwillige Betriebsvereinbarung** die Mitgliederzahl des Konzernbetriebsrats abweichend geregelt werden. Vertragspartner sind nur der Konzernbetriebsrat und das herrschende Konzernunternehmen (insoweit unstr. vgl. *Fitting* § 55 Rn. 21; *Galperin/Löwisch* § 55 Rn. 11; *Glock/HWGNRH* § 55 Rn. 7; *Richardi/Annuß* § 55 Rn. 18; *Trittin/DKKW* § 55 Rn. 21), das insoweit für den teilrechtsfähigen Konzern handelt (vgl. § 58 Rdn. 11 ff.). Der Konzernbetriebsrat schließt die Betriebsvereinbarung im Rahmen seiner Zuständigkeit nach § 58 Abs. 1 (vgl. zur Konzernbetriebsvereinbarung näher § 58 Rdn. 51 ff.). Voraussetzung ist daher, dass der Konzernbetriebsrat sich in seiner gesetzlichen Mitgliederzahl nach § 55 Abs. 1 konstituiert hat (vgl. dazu entsprechend § 47 Rdn. 87 f.). 31

Vgl. zu den **Folgen abweichender Regelung** entsprechend § 47 Rdn. 91. 32

3. Notwendige Verkleinerung des Konzernbetriebsrats

Abs. 4 Satz 2 bestimmt, dass § 47 Abs. 5 entsprechend gilt. Dementsprechend muss durch Betriebsvereinbarung zwischen Konzernbetriebsrat und herrschendem Konzernunternehmen (vgl. zu deren Vertragspartnerstellung Rdn. 31) die **Mitgliederzahl** verkleinert werden, wenn keine tarifliche Regelung nach Abs. 4 Satz 1 besteht und dem konstituierten Konzernbetriebsrat mehr als 40, also mindestens 41 Mitglieder angehören; diese Voraussetzung kann gemäß Abs. 1 Satz 1 nur dann erfüllt sein, wenn dem Konzern mindestens 21 Konzernunternehmen angehören. 33

Zu den Möglichkeiten einer Verringerung der Mitgliederzahl vgl. Rdn. 26. Erfolgt sie dadurch, dass Gesamtbetriebsräte (bzw. Betriebsräte) gemeinsam Mitglieder in den Konzernbetriebsrat entsenden, ist (entsprechend § 47 Abs. 5) zu beachten, dass die betroffenen Konzernunternehmen regional oder durch gleichartige Interessen miteinander verbunden sind. Regionale Verbundenheit setzt eine örtlich oder verkehrsmäßig erschlossene Nähe voraus. Gleichartigkeit der Interessen erfordert mehr als bloße Gemeinsamkeit wirtschaftlicher Zwecksetzung, die bei den meisten Unternehmen vorhanden ist. Sie besteht dann, wenn Unternehmen ihre Ziele durch annähernd gleichartige Betriebszwecke verfolgen (ebenso *Richardi/Annuß* § 55 Rn. 21). Vgl. näher zum Regelungsumfang und zum Verfahren entsprechend § 47 Rdn. 99 bis 106. 34

Kommt eine Einigung zwischen den Vertragspartnern der Betriebsvereinbarung nicht zustande, so wird sie durch den **Spruch der Einigungsstelle** ersetzt (§ 55 Abs. 4 Satz 2 i. V. m. § 47 Abs. 6). Die Einigungsstelle ist für den Konzern beim herrschenden Konzernunternehmen zu bilden (ebenso *Galperin/Löwisch* § 55 Rn. 13; i. E. auch *Fitting* § 55 Rn. 26; *Glock/HWGNRH* § 55 Rn. 8). Für Bildung, Zusammensetzung und Verfahren der Einigungsstelle gilt § 76 (vgl. entsprechend § 47 Rdn. 107 f.). 35

4. Stimmgewicht bei abweichender Regelung der Mitgliederzahl

36 Abs. 4 Satz 2 bestimmt, dass **§ 47 Abs. 7 und 8** entsprechend gilt. Diese Bezugnahme betrifft nur das Stimmgewicht **bei abweichender Regelung** der Mitgliederzahl eines konkreten Konzernbetriebsrats durch Tarifvertrag oder Betriebsvereinbarung. Bei gesetzlicher Mitgliederzahl bestimmt sich das Stimmgewicht nach § 55 Abs. 3 (vgl. Rdn. 20); insoweit wäre eine Inbezugnahme des § 47 Abs. 7 überflüssig.

37 Die entsprechende Anwendung des § 47 Abs. 7 ist maßgebend für die Feststellung des Stimmgewichts, wenn eine Verkleinerung oder Vergrößerung des Konzernbetriebsrats dadurch erfolgt, dass jeweils die einzelnen Gesamtbetriebsräte (bzw. die nach § 54 Abs. 2 funktionell zuständigen Betriebsräte) abweichend von § 55 Abs. 1 nur ein Mitglied oder mehr als zwei Mitglieder zu entsenden haben. Da jedoch in § 55 Abs. 3 schon festgelegt ist, dass für das Stimmgewicht der Vertreter im Konzernbetriebsrat die Summe der Stimmen sämtlicher Mitglieder des entsendenden Gesamtbetriebsrats maßgeblich ist, kommt der entsprechenden Anwendung des § 47 Abs. 7 nur im Hinblick auf eine abweichende Verteilung dieses Gesamtstimmgewichts unmittelbare Bedeutung zu. Ist nur ein Mitglied zu entsenden, so steht diesem Einzelvertreter (entsprechend § 47 Abs. 7 Satz 1) das von den Mitgliedern des Gesamtbetriebsrats (bzw. des nach § 54 Abs. 2 zuständigen Betriebsrats) repräsentierte Gesamtstimmgewicht alleine zu (vgl. zur Feststellung des Stimmgewichts Rdn. 21 f.). Sind drei oder mehr Mitglieder zu entsenden, so steht diesen Mitgliedern das Gesamtstimmgewicht (entsprechend § 47 Abs. 7 Satz 2) anteilig zu.

38 Wird ein Konzernbetriebsrat dadurch verkleinert, dass mehrere Gesamtbetriebsräte (bzw. nach § 54 Abs. 2 zuständige Betriebsräte) gemeinsam ein oder mehrere Mitglieder in diesen zu entsenden haben (vgl. Rdn. 26), errechnet sich das Stimmgewicht dieser Mitglieder entsprechend der Sonderregelung des § 47 Abs. 8 i. V. m. § 55 Abs. 3. Wird nur ein Mitglied gemeinsam entsandt, so hat dieses entsprechend § 47 Abs. 8 Halbs. 1 so viele Stimmen, wie alle Mitglieder der gemeinsam entsendenden Gesamtbetriebsräte insgesamt Stimmen haben. Es bedarf dann nur einer entsprechenden Addition dieser Stimmgewichte; ist ein nach § 54 Abs. 2 funktionell zuständiger Betriebsrat an der gemeinsamen Entsendung beteiligt, so bestimmt sich das von seinen Mitgliedern repräsentierte und mitzuaddierende Stimmgewicht analog § 47 Abs. 7 nach der Zahl der in die Wählerliste des Betriebes eingetragenen Wahlberechtigten (vgl. Rdn. 22). Werden gemeinsam mehrere Mitglieder entsandt, so steht diesen Mitgliedern des Konzernbetriebsrats entsprechend § 47 Abs. 8 Halbs. 2, Abs. 7 Satz 2 das addierte Gesamtstimmgewicht aller Mitglieder aller entsendenden Gesamtbetriebsräte (bzw. Betriebsräte) anteilig zu.

VI. Abweichende Regelung der Stimmgewichtung

39 Das BetrVerf-Reformgesetz hat Abs. 4 Satz 2 dahin geändert, dass neben § 47 Abs. 5 bis 8 auch Abs. 9 entsprechend gilt (vgl. Rdn. 3). Durch diese eher perfektionistische »Folgeänderung« zur Neuregelung des **§ 47 Abs. 9** (vgl. Begründung zum RegE, BT-Drucks. 14/5741, S. 43) ist Abs. 4 Satz 2, der im Kontext zu Abs. 4 Satz 1 steht, **systematisch unstimmig** geworden; die Bestimmung geht jetzt über eine Inbezugnahme der Vorschriften über abweichende Regelungen der Mitgliederzahl hinaus und lässt zu, dass auch das **Stimmgewicht** von Konzernbetriebsratsmitgliedern durch Tarifvertrag oder Betriebsvereinbarung abweichend vom Gesetz (Abs. 3) geregelt werden kann (vgl. *Richardi/Annuß* § 55 Rn. 25).

40 § 47 Abs. 9 lässt Beschränkungen des Stimmgewichts von Gesamtbetriebsratsmitgliedern zu, die aus einem gemeinsamen Betrieb mehrerer Unternehmen (Gemeinschaftsbetrieb) entsandt werden, um Stimmgewichtsverzerrungen zu begegnen (vgl. näher § 47 Rdn. 114 f.). Dieser Gesichtspunkt muss die Leitlinie für die Auslegung der Verweisung in § 55 Abs. 4 Satz 2 auf § 47 Abs. 9 bilden. Zu Stimmgewichtsverzerrungen kann es im Konzernbetriebsrat kommen, wenn Konzernbetriebsratsmitglieder aus einem **Gemeinschaftsbetrieb** entsandt worden sind, da das Stimmgewicht grundsätzlich nach allen in der Wählerliste des Betriebs eingetragenen Wahlberechtigten berechnet wird (§ 55 Abs. 4 Satz 2 i. V. m. § 47 Abs. 7, vgl. Rdn. 22). Dadurch entsteht ein Stimmwertvorteil zugunsten der Mitglieder aus dem Gemeinschaftsbetrieb, sowohl dann, wenn der Gemeinschaftsbetrieb nur von

Konzernunternehmen getragen wird, als auch, wenn er von einem Konzernunternehmen und einem konzernexternen Unternehmen getragen wird. In ersterem Fall zählen die Arbeitnehmer des Gemeinschaftsbetriebs doppelt, weil sie den Stimmwert für Gesamtbetriebsratsmitglieder aus zwei Gesamtbetriebsräten beeinflussen, die dann beide im Konzernbetriebsrat repräsentiert werden (*Richardi/ Annuß* § 55 Rn. 26). In letzterem Fall vergrößern konzernexterne Arbeitnehmer den Stimmwert ihrer Mitglieder im Gesamtbetriebsrat und folglich im Konzernbetriebsrat, obwohl sie nicht zum Konzern gehören (vgl. insoweit Begründung zum RegE, BT-Drucks. 14/5741, S. 43). In diesen Fällen kann das Stimmgewicht durch Tarifvertrag oder Betriebsvereinbarung angepasst werden. Keine Stimmgewichtsverzerrungen drohen hingegen bei Konzernbetriebsratsmitgliedern aus einem Gemeinschaftsunternehmen (vgl. § 54 Rdn. 40 ff.). Hier zählt die volle Belegschaft zum Konzern. Dass für sie evtl. ein weiterer Konzernbetriebsrat gebildet wird, ist ein Problem der Konkurrenz der Konzernbetriebsräte (dazu § 54 Rdn. 43). Abweichende Regelungen nach § 55 Abs. 4 Satz 2 i. V. m. § 47 Abs. 9 können für sie aber nicht getroffen werden, dagegen streitet auch der Wortlaut (ebenso *Fitting* § 55 Rn. 28; wohl auch *Richardi/Annuß* § 55 Rn. 27).

Raum für eine Betriebsvereinbarung oder einen Tarifvertrag entsprechend § 47 Abs. 9 ist nur, wenn **41** **auf Gesamtbetriebsratsebene noch keine Stimmrechtsbeschränkung** in unmittelbarer Anwendung des § 47 Abs. 9 getroffen wurde. Da diese über § 55 Abs. 3 in den Konzernbetriebsrat fortwirkt, wäre eine zusätzliche Beschränkung unzulässig (zust. *Fitting* § 55 Rn. 30; vgl. auch *Oetker* § 73a Rdn. 38; **a. M.** *Richardi/Annuß* § 55 Rn. 26). Als Anwendungsbereich verbleibt damit hauptsächlich der Fall eines Gemeinschaftsbetriebs, für den mangels anderer Betriebe kein Gesamtbetriebsrat gebildet wurde und der selbst nach § 54 Abs. 2 i. V. m. § 55 Abs. 1 Mitglieder in den Konzernbetriebsrat entsendet.

Die abweichende Regelung des Stimmgewichts von Konzernbetriebsratsmitgliedern entsprechend **42** § 47 Abs. 9 kann auch gleichzeitig und **mit Bezug auf eine abweichende Regelung der Mitgliederzahl** des Konzernbetriebsrats nach § 55 Abs. 4 Satz 1 und 2 i. V. m. § 47 Abs. 5 bis 8 erfolgen.

VII. Streitigkeiten

Streitigkeiten über die Zusammensetzung und Mitgliederzahl des Konzernbetriebsrats, die Entsendung oder das Stimmgewicht von Mitgliedern sowie über die Wirksamkeit einer nach Abs. 4 getroffenen Regelung entscheidet das **Arbeitsgericht auf Antrag im Beschlussverfahren** (§ 2a Abs. 1 Nr. 1, Abs. 2, §§ 80 ff. ArbGG). Örtlich zuständig ist das Arbeitsgericht, in dessen Bezirk das herrschende Konzernunternehmen seinen Sitz hat (§ 82 Abs. 1 Satz 2 ArbGG; ebenso *Fitting* § 55 Rn. 31; *Glock/HWGNRH* § 55 Rn. 18; *Richardi/Annuß* § 55 Rn. 31; *Trittin/DKKW* § 55 Rn. 23). Bei Streitigkeiten über die Mitgliedschaft im entsendenden Gesamtbetriebsrat und im Konzernbetriebsrat entscheidet das am Sitz des entsendenden Gesamtbetriebsrats örtlich zuständige Arbeitsgericht (*Schwab* NZA-RR 2007, 337 [343]). **43**

§ 19 ist nicht entsprechend anwendbar, wenn die Rechtsungültigkeit der Bildung eines Konzernbetriebsrats geltend gemacht wird, wohl aber, wenn die Unwirksamkeit der Entsendung von Konzernbetriebsratsmitgliedern geltend gemacht wird (vgl. entsprechend § 47 Rdn. 126, 130). Die im Konzern vertretenen **Gewerkschaften** sind insoweit **nicht aktivlegitimiert**, weil sie nicht am betriebsverfassungsrechtlichen Rechtsverhältnis des Konzernbetriebsrats oder an der Mitgliedschaft in ihm beteiligt sind und es dabei auch nicht um die Wahrnehmung der vom Gesetz eingeräumten Befugnis nach § 56 geht (ebenso *Glock/HWGNRH* § 55 Rn. 18; *Richardi/Annuß* § 55 Rn. 33; **a. M.** *Trittin/DKKW* § 55 Rn. 24); sie sind auch **nicht beteiligungsbefugt** i. S. v. § 83 Abs. 3 ArbGG (ebenso *BAG* 29.08.1985 AP Nr. 13 zu § 83 ArbGG 1979 = DB 1986, 1024; vgl. näher zur Begründung *BAG* 19.09.1985 DB 1986, 864). **44**

§ 56
Ausschluss von Konzernbetriebsratsmitgliedern

Mindestens ein Viertel der wahlberechtigten Arbeitnehmer der Konzernunternehmen, der Arbeitgeber, der Konzernbetriebsrat oder eine im Konzern vertretene Gewerkschaft können beim Arbeitsgericht den Ausschluss eines Mitglieds aus dem Konzernbetriebsrat wegen grober Verletzung seiner gesetzlichen Pflichten beantragen.

Inhaltsübersicht

	Rdn.
I. Vorbemerkung	1, 2
II. Ausschluss aus dem Konzernbetriebsrat	3–14
1. Notwendigkeit gerichtlicher Entscheidung	3, 4
2. Antragsberechtigung	5–10
a) Arbeitnehmer	6
b) Arbeitgeber	7, 8
c) Konzernbetriebsrat	9
d) Gewerkschaften	10
3. Grobe Verletzung gesetzlicher Pflichten	11–13
4. Rechtsfolgen der Ausschlussentscheidung	14

I. Vorbemerkung

1 Die Vorschrift eröffnet die Möglichkeit, ein Mitglied wegen grober Verletzung seiner gesetzlichen Pflichten durch gerichtliche Entscheidung aus dem Konzernbetriebsrat auszuschließen; sie **entspricht** der in § 48 enthaltenen Regelung für den Gesamtbetriebsrat (vgl. zur Entstehungsgeschichte § 48 Rdn. 1). Ebenso wenig wie der Gesamtbetriebsrat kann der Konzernbetriebsrat als Kollegialorgan durch gerichtliche Entscheidung aufgelöst werden (vgl. zur Begründung entsprechend § 48 Rdn. 2). § 56 gilt für die Konzern-Jugend- und Auszubildendenvertretung entsprechend (§ 73b Abs. 2). Vgl. zum Konzernsprecherausschuss § 22 SprAuG.

2 § 56 ist als Organisationsnorm zwingend und kann weder durch Tarifvertrag noch durch Betriebsvereinbarung abbedungen oder geändert werden.

II. Ausschluss aus dem Konzernbetriebsrat

1. Notwendigkeit gerichtlicher Entscheidung

3 Ein Mitglied kann nur durch arbeitsgerichtliche Entscheidung aus dem Konzernbetriebsrat ausgeschlossen werden. Eine »Abwahl« durch Misstrauensvotum der Arbeitnehmer seines Konzernunternehmens kommt nicht in Betracht; sie wäre unwirksam. Vom Ausschluss ist die Abberufung durch den entsendenden Gesamtbetriebsrat (bzw. Betriebsrat) zu unterscheiden, die jederzeit möglich ist (vgl. § 57 Rdn. 12).

4 Der gerichtliche Ausschluss setzt einen entsprechenden **Antrag** eines der in § 56 **abschließend genannten Antragsberechtigten** beim Arbeitsgericht voraus. Der Antrag kann auf den Ausschluss eines, mehrerer oder aller Konzernbetriebsratsmitglieder gerichtet sein. Auch ein Ersatzmitglied kann ausgeschlossen werden (vgl. entsprechend § 48 Rdn. 6). Örtlich zuständig ist das Arbeitsgericht, in dessen Bezirk das herrschende Konzernunternehmen seinen Sitz hat (§ 82 Abs. 1 Satz 2 ArbGG). Das Arbeitsgericht entscheidet im Beschlussverfahren (§ 2a Abs. 1 Nr. 1, Abs. 2, §§ 80 ff. ArbGG). Der Antrag ist schriftlich einzureichen oder bei der Geschäftsstelle des Arbeitsgerichts mündlich zu Protokoll anzubringen (§ 81 Abs. 1 ArbGG); er ist zu begründen. In erster Instanz ist die Rücknahme des Antrags in derselben Form jederzeit möglich (§ 81 Abs. 2 ArbGG); in den Rechtsmittelinstanzen nur mit Zustimmung der anderen Beteiligten (§ 87 Abs. 2 Satz 3, § 92 Abs. 2 Satz 3 ArbGG). Zur einstweiligen Untersagung der Amtsausübung vgl. § 48 Rdn. 8 i. V. m. Oetker § 23 Rdn. 106 f.

2. Antragsberechtigung

Die Antragsberechtigung ist entgegen h. M. keine zusätzliche Sachurteilsvoraussetzung (Prozessvoraussetzung), sondern Frage der **Sach- oder Aktivlegitimation**; sie ist eine subjektive Rechtsposition (vgl. § 48 Rdn. 9 i. V. m. *Kreutz* § 19 Rdn. 62). 5

a) Arbeitnehmer

Zur Antragsberechtigung eines Viertels der wahlberechtigten Arbeitnehmer gilt das oben Gesagte (§ 48 Rdn. 10 ff.) entsprechend mit der Besonderheit, dass zur Berechnung des Quorums auf die wahlberechtigten **Arbeitnehmer sämtlicher Konzernunternehmen** abzustellen ist. Zu berücksichtigen sind auch alle diejenigen Arbeitnehmer, die nicht im Konzernbetriebsrat repräsentiert sind (vgl. § 54 Rdn. 56); ebenso *Fitting* § 56 Rn. 6; *Koch*/ErfK § 56 BetrVG Rn. 1; *Richardi/Annuß* § 56 Rn. 5; *Tautphäus*/HaKo § 56 Rn. 4; **a. M.** *Trittin*/DKKW § 56 Rn. 4. 6

b) Arbeitgeber

Antragsberechtigt ist auch »der Arbeitgeber«. Die Verwendung des Arbeitgeberbegriffs im Singular wird zu Recht als gesetzgeberische Fehlleistung angesehen (vgl. *Richardi/Annuß* § 56 Rn. 6), weil in einem Konzern mit mehreren selbstständigen Unternehmen auch mehrere Arbeitgeber vorhanden sind und dem Konzern als solchem eine Arbeitgeberstellung gegenüber den im Konzern beschäftigten Arbeitnehmern (grundsätzlich) nicht zukommt. Zu berücksichtigen ist jedoch die von *Fabricius* entwickelte Auffassung, dass dem Konzern vom Betriebsverfassungsgesetz originäre Arbeitgeberfunktionen zugeordnet werden, die ihm Teilrechtsfähigkeit auf dem Gebiet des Betriebsverfassungsrechts vermitteln, und die durch die Leitung des herrschenden Unternehmens wahrgenommen werden (vgl. näher § 58 Rdn. 11 ff.). Eine solche Zuordnung erfolgt auch in § 56. **Antragsberechtigt** ist daher die **Konzernleitung**, nicht sind es die einzelnen konzernzugehörigen Unternehmen als jeweilige Arbeitgeber der Konzernbetriebsratsmitglieder (i. E. unstr.; vgl. *Fitting* § 56 Rn. 8; *Galperin/Löwisch* § 56 Rn. 5; *Glock*/HWGNRH § 56 Rn. 6; *Joost*/MünchArbR § 227 Rn. 76; *Koch*/ErfK § 56 BetrVG Rn. 1; *Richardi/Annuß* § 56 Rn. 6; *Schwab* NZA-RR 2007, 337 [342]; *Trittin*/DKKW § 56 Rn. 4; *Weiss/Weyand* § 56 Rn. 3). Diese Auslegung wird dadurch gestützt, dass das Gesetz vom Arbeitgeber im Singular mit bestimmtem Artikel spricht; ferner aber auch durch den konzerndimensionalen Bezug bei den anderen Antragsberechtigten (Arbeitnehmer der Konzernunternehmen, Konzernbetriebsrat, im Konzern vertretene Gewerkschaften). Schließlich zeigen auch § 23 Abs. 1 und § 48, dass gerade dem Verhandlungs- und Vertragspartner des jeweiligen Repräsentationsorgans ein Interesse am Ausschluss eines Mitglieds bei grober Verletzung seiner gesetzlichen Pflichten zugebilligt wird; das ist auf Konzernebene die Konzernleitung. 7

Dem jeweiligen Arbeitgeber eines Konzernbetriebsratsmitglieds bleibt die Möglichkeit, dessen Ausschluss aus dem Gesamtbetriebsrat nach § 48 bei grober Verletzung seiner gesetzlichen Pflichten als Gesamtbetriebsratsmitglied zu beantragen. Mit der Rechtskraft der stattgebenden gerichtlichen Entscheidung erlischt dann auch die Mitgliedschaft im Konzernbetriebsrat (§ 57). 8

c) Konzernbetriebsrat

Die Antragsberechtigung des Konzernbetriebsrats gibt diesem die Möglichkeit, sich von einem pflichtwidrig handelnden Kollegen aus eigener Initiative zu befreien. Die Antragstellung durch den Vorsitzenden beim Arbeitsgericht setzt einen mit einfacher Mehrheit zu fassenden Beschluss des Konzernbetriebsrats voraus (vgl. § 59 Abs. 1 i. V. m. § 51 Abs. 3). Vgl. näher zum Verfahren entsprechend § 48 Rdn. 15. Gesamtbetriebsräte und Einzelbetriebsräte haben kein Antragsrecht. Diese haben jedoch die Möglichkeit, ihre Repräsentanten jederzeit abzuberufen und damit auch ihres Amtes im Konzernbetriebsrat zu entheben (vgl. §§ 49, 57). 9

d) Gewerkschaften

Antragsberechtigt ist jede Gewerkschaft, die im Konzern vertreten ist. Das ist schon dann der Fall, wenn auch nur ein Arbeitnehmer in irgendeinem der Konzernunternehmen Mitglied der Gewerkschaft ist (vgl. auch § 48 Rdn. 17). 10

3. Grobe Verletzung gesetzlicher Pflichten

11 Der Ausschlussantrag ist nur begründet, wenn das Konzernbetriebsratsmitglied seine gesetzlichen Pflichten grob verletzt hat (vgl. zu den Anforderungen entsprechend § 48 Rdn. 18 ff.). Der Verletzungstatbestand muss sich auf solche **Pflichten** beziehen, die dem Auszuschließenden **in seiner Eigenschaft als Mitglied des Konzernbetriebsrats** kraft Gesetzes auferlegt sind (vgl. *Schwab* NZA-RR 2007, 337 [342]; *ders*. AiB 2008, 87 [93]).

12 Das Konzernbetriebsratsmitglied hat einen selbstständigen Pflichtenkreis; dieser ist nicht mit dem **Pflichtenkreis als Gesamtbetriebsratsmitglied** und als Einzelbetriebsratsmitglied identisch und auch **nicht kongruent** (vgl. Begründung zum RegE, BR-Drucks. 715/70, S. 42; ebenso *Fitting* § 56 Rn. 5; *Richardi/Annuß* § 56 Rn. 3; *Trittin/DKKW* § 56 Rn. 3). Aus der Trennung der Pflichtenkreise folgt, dass allein eine grobe Verletzung der Amtspflichten als Betriebsrats- oder Gesamtbetriebsratsmitglied den Ausschluss aus dem Konzernbetriebsrat nicht rechtfertigt, wie umgekehrt eine grobe Pflichtverletzung als Mitglied des Konzernbetriebsrats nicht per se den Ausschluss aus dem Gesamtbetriebsrat und/oder Betriebsrat zur Folge haben kann (vgl. auch *Fitting* § 56 Rn. 5). Es ist jedoch zu beachten, dass beim Ausschluss aus dem Betriebsrat oder dem Gesamtbetriebsrat auch die Mitgliedschaft im Konzernbetriebsrat kraft Gesetzes endet (vgl. §§ 49, 57). Umgekehrt gibt es keinen entsprechenden Automatismus. Eine Verbindung von Anträgen zum Ausschluss aus dem Konzernbetriebsrat, dem Gesamtbetriebsrat und dem Betriebsrat durch eine im Konzern, Unternehmen und Betrieb vertretene Gewerkschaft, u. U. auch durch die Konzernleitung (wenn diese zugleich auch Arbeitgeber des Konzernbetriebsratsmitglieds ist), ist möglich, wenn dasselbe Arbeitsgericht örtlich zuständig ist (vgl. auch § 48 Rdn. 21).

13 Die **Pflichten** des Konzernbetriebsrats und seiner Mitglieder ergeben sich primär **aus seiner gesetzlichen Zuständigkeit** nach § 58 Abs. 1; sie können auch durch Auftrag nach § 58 Abs. 2 seitens der Gesamtbetriebsräte (bzw. nach § 54 Abs. 2 funktionell zuständiger Betriebsräte) begründet sein. Gesetzliche Amtspflichten ergeben sich aber auch aus den Vorschriften über die kollektive Amtsführung (vgl. § 59 Abs. 1 i. V. m. § 51 Abs. 5, § 2 Abs. 1, §§ 74, 75, 77, 79, 87, 91, 92 usw.) sowie aus solchen, die das einzelne Mitglied in seiner Eigenschaft als Konzernbetriebsratsvorsitzender, Stellvertreter oder Ausschussmitglied (vgl. § 59 Abs. 1 i. V. m. § 26 Abs. 2, § 27 Abs. 2 und 3) berechtigen und verpflichten.

4. Rechtsfolgen der Ausschlussentscheidung

14 Ist der Ausschlussantrag begründet, so muss das Arbeitsgericht den Ausschluss des betreffenden Mitglieds aus dem Konzernbetriebsrat aussprechen. Mit der Rechtskraft des Beschlusses erlischt die Mitgliedschaft des Betroffenen im Konzernbetriebsrat, und es enden alle seine Ämter und Funktionen (Vorsitz, Mitglied eines Ausschusses); der Beschluss hat rechtsgestaltende Wirkung für die Zukunft (vgl. auch § 48 Rdn. 22). Für das ausgeschlossene Mitglied rückt das nach § 55 Abs. 2 bestellte (oder unverzüglich zu bestellende) Ersatzmitglied nach (vgl. § 59 Abs. 1 i. V. m. § 25 Abs. 1). Zur Frage erneuter Entsendung eines Ausgeschlossenen vgl. entsprechend § 48 Rdn. 24. Der Ausschluss berührt die Mitgliedschaft im Gesamtbetriebsrat und im Betriebsrat nicht (vgl. Rdn. 12; ebenso *Fitting* § 56 Rn. 5; *Richardi/Annuß* § 56 Rn. 10; *Schwab* NZA-RR 2007, 337 [342]).

§ 57
Erlöschen der Mitgliedschaft

Die Mitgliedschaft im Konzernbetriebsrat endet mit dem Erlöschen der Mitgliedschaft im Gesamtbetriebsrat, durch Amtsniederlegung, durch Ausschluss aus dem Konzernbetriebsrat aufgrund einer gerichtlichen Entscheidung oder Abberufung durch den Gesamtbetriebsrat.

Inhaltsübersicht

	Rdn.
I. Vorbemerkung	1, 2
II. Beendigung der Mitgliedschaft im Konzernbetriebsrat	3–12
1. Erlöschen der Mitgliedschaft im Gesamtbetriebsrat	7, 8
2. Amtsniederlegung	9
3. Ausschluss aufgrund gerichtlicher Entscheidung	10, 11
4. Abberufung durch den Gesamtbetriebsrat	12
III. Rechtsfolgen des Erlöschens der Mitgliedschaft	13, 14
IV. Streitigkeiten	15

I. Vorbemerkung

Die Vorschrift regelt das Erlöschen der Mitgliedschaft im Konzernbetriebsrat; sie entspricht der in § 49 enthaltenen Regelung für den Gesamtbetriebsrat (vgl. zur Entstehungsgeschichte § 49 Rdn. 1). § 57 gilt für die Konzern-Jugend- und Auszubildendenvertretung entsprechend (§ 73b Abs. 2). Vgl. zum Konzernsprecherausschuss § 22 Abs. 2 SprAuG. **1**

Als Organisationsnorm ist § 57 **zwingend** und kann weder durch Tarifvertrag noch durch Betriebsvereinbarung abbedungen oder geändert werden. **2**

II. Beendigung der Mitgliedschaft im Konzernbetriebsrat

Nach § 57 endet die Mitgliedschaft des einzelnen Mitglieds im Konzernbetriebsrat, wenn einer der dort aufgeführten individuell ausgerichteten Beendigungsgründe eintritt. Die Bestimmung regelt nur, unter welchen Voraussetzungen die **Einzelmitgliedschaft** im Konzernbetriebsrat **endet**; sie legt aber weder eine Amtszeit des Konzernbetriebsrats noch dessen Beendigung als Kollektivorgan fest. § 57 beruht (wie § 49) auf der strukturellen Eigenart, dass der Konzernbetriebsrat (wie der Gesamtbetriebsrat) nicht aus unmittelbaren Wahlen der Konzernbelegschaft hervorgeht, sondern seine Mitglieder durch die Gesamtbetriebsräte (bzw. die nach § 54 Abs. 2 funktionell zuständigen Betriebsräte) mit der Möglichkeit jederzeitiger Abberufung bestimmt werden. Aus diesem Grunde ist die Mitgliedschaft im Konzernbetriebsrat an die Mitgliedschaft im entsendenden Gremium, an das fortbestehende Vertrauen der Entsendenden und die Bereitschaft zu einer gesetzmäßigen Amtsführung des Mitglieds geknüpft. **3**

Das Gesetz will die Beendigungsgründe abschließend zusammenfassen. Es hat jedoch den **Fall übersehen**, dass ein Konzernunternehmen nach Bildung eines Konzernbetriebsrats aus dem **Konzernverhältnis ausscheidet**; auch in diesem Fall endet die Mitgliedschaft der Vertreter dieses Unternehmens im Konzernbetriebsrat (vgl. § 54 Rdn. 64). Das ist z. B. der Fall, wenn ein Beherrschungsvertrag endet, faktische Leitungsmacht dauerhaft nicht mehr ausgeübt wird, aber auch dann, wenn in Umwandlungsfällen (nach UmwG) der übertragende Rechtsträger (bei Verschmelzung, Aufspaltung, Vermögensübertragung) erlischt. **4**

Obwohl der Konzernbetriebsrat (wie der Gesamtbetriebsrat) als Dauereinrichtung ohne feste Amtszeit konzipiert ist (vgl. § 54 Rdn. 60), besteht anders als beim obligatorischen Gesamtbetriebsrat die Möglichkeit, dass der Konzernbetriebsrat **als Kollektiv aufgelöst** wird. Erforderlich ist dazu, dass Gesamtbetriebsräte (bzw. nach § 54 Abs. 2 funktionell zuständige Betriebsräte), in deren Unter- **5** nehmen mehr als 50% der Arbeitnehmer sämtlicher Konzernunternehmen beschäftigt sind, die Auflösung beschließen (vgl. § 54 Rdn. 63). Ein solcher Beschluss kann konkludent auch darin liegen, dass sämtliche Gesamtbetriebsräte (bzw. funktional äquivalente Betriebsräte nach § 54 Abs. 2) bei der Notwendigkeit einer Neuentsendung keine Mitglieder mehr in den Gesamtbetriebsrat entsenden (ebenso *Richardi/Annuß* § 57 Rn. 3; **a. M.** *Fitting* § 57 Rn. 6: in der Regel nur Funktionsunfähigkeit; dem zustimmend *Koch*/ErfK § 57 BetrVG Rn. 1; *Trittin/DKKW* § 57 Rn. 6). Im Übrigen endet das Amt des Konzernbetriebsrats als Kollektivorgan mit der Beendigung des Konzernverhältnisses oder dadurch, dass weniger als 50% der Arbeitnehmer der Konzernunternehmen durch Betriebsräte bzw. Gesamtbetriebsräte repräsentiert werden. Veränderungen in der Konzernzusammensetzung berühren dagegen den Bestand des Konzernbetriebsrats als Kollektivorgan nicht (vgl. § 54 Rdn. 64 f.).

6 **Sonstige kollektive Beendigungsgründe bestehen nicht.** Namentlich kann der Konzernbetriebsrat nicht durch arbeitsgerichtliche Entscheidung aufgelöst werden (vgl. § 56). Auch durch einen kollektiven Rücktrittsbeschluss (»Selbstauflösung«) oder die Amtsniederlegung aller einzelnen Konzernbetriebsratsmitglieder (und Ersatzmitglieder) kann rechtlich die Beendigung des Konzernbetriebsrats nicht herbeigeführt werden (ebenso *Fitting* § 57 Rn. 4; *Glock*/HWGNRH § 56 Rn. 1; *Richardi/Annuß* § 57 Rn. 2; *Trittin/DKKW* § 57 Rn. 10), wohl aber dessen Funktionsunfähigkeit, die eine Neukonstituierung erforderlich macht; unterbleibt diese, so kann darin eine konkludente Auflösung liegen (vgl. Rdn. 5).

1. Erlöschen der Mitgliedschaft im Gesamtbetriebsrat

7 Da gemäß § 55 Abs. 1 die Mitglieder des Konzernbetriebsrats zwingend aus der Mitte des Gesamtbetriebsrats zu entsenden sind, führt die Beendigung der Mitgliedschaft im Gesamtbetriebsrat zum Erlöschen der Mitgliedschaft im Konzernbetriebsrat. Vgl. ausführlich zum Erlöschen der Mitgliedschaft im Gesamtbetriebsrat § 49 Rdn. 5 ff.

8 Dem Erlöschen der Mitgliedschaft im Gesamtbetriebsrat steht es gleich, wenn nach § 24 das Betriebsratsamt eines Konzernbetriebsratsmitglieds erlischt, das von einem nach § 54 Abs. 2 funktionell zuständigen Betriebsrat bestimmt wurde.

2. Amtsniederlegung

9 Die Amtsniederlegung ist jederzeit und ohne Angabe von Gründen möglich (vgl. dazu ausführlich entsprechend § 49 Rdn. 8 ff.). Wird nur der Vorsitz im Konzernbetriebsrat oder die Mitgliedschaft in einem Konzernbetriebsausschuss niedergelegt, so bleibt davon die Mitgliedschaft im Konzernbetriebsrat unberührt. Die Amtsniederlegung aller Konzernbetriebsratsmitglieder führt nicht zur Auflösung des Konzernbetriebsrats; vielmehr rücken die Ersatzmitglieder nach (vgl. aber auch Rdn. 6).

3. Ausschluss aufgrund gerichtlicher Entscheidung

10 Ein Mitglied des Konzernbetriebsrats kann nur unter den Voraussetzungen des § 56 und nur durch arbeitsgerichtliche Entscheidung ausgeschlossen werden; die Mitgliedschaft erlischt mit Rechtskraft des Beschlusses (vgl. näher die Erl. zu § 56).

11 Auch für Konzernbetriebsratsmitglieder, die von einem nach § 54 Abs. 2 funktionell zuständigen Betriebsrat entsandt worden sind, richtet sich der Ausschluss aus dem Konzernbetriebsrat nur nach § 56, nicht nach § 23. Wird ein Funktionsträger nach § 48 aus dem Gesamtbetriebsrat oder nach § 23 Abs. 1 aus dem Betriebsrat ausgeschlossen, so endet die Mitgliedschaft im Konzernbetriebsrat wegen Erlöschens der Mitgliedschaft im Gesamtbetriebsrat bzw. Betriebsrat (vgl. Rdn. 7).

4. Abberufung durch den Gesamtbetriebsrat

12 Die Mitgliedschaft im Konzernbetriebsrat endet, wenn ein Mitglied durch Beschluss des entsendenden Gesamtbetriebsrats bzw. eines nach § 54 Abs. 2 funktionell zuständigen Betriebsrats abberufen wird. Das Abberufungsverfahren entspricht dem Bestellungsverfahren (vgl. dazu § 55 Rdn. 11 f.).

Zuständigkeit § 58

Die **Abberufung** ist **jederzeit** und ohne besondere Rechtfertigungsgründe (vgl. *Schwab* NZA-RR 2007, 337 [343]) möglich; das folgt (nach Aufhebung von § 55 Abs. 1 Satz 4 a. F.) jetzt unmittelbar aus § 57 (vgl. § 55 Rdn. 14). Der Abberufungsbeschluss wird mit Zugang an das abberufene Mitglied wirksam (so jetzt auch *Fitting* § 57 Rn. 12). Vgl. im Übrigen zur Abberufung näher § 49 Rdn. 16 ff.

III. Rechtsfolgen des Erlöschens der Mitgliedschaft

Mit Eintritt eines der in § 57 aufgeführten Beendigungsgründe sowie beim Ausscheiden eines Konzernunternehmens aus dem Konzernverhältnis (vgl. Rdn. 4) endet das Konzernbetriebsratsamt mit Wirkung für die Zukunft. Zugleich enden auch alle Ämter und Funktionen im Konzernbetriebsrat (Vorsitz, Mitgliedschaft im Konzernbetriebsausschuss). **13**

An die Stelle des ausgeschiedenen Mitglieds rückt mit Eintritt der Rechtswirkung des § 57 kraft Gesetzes das nach § 55 Abs. 2 bestellte **Ersatzmitglied** (§ 59 Abs. 1 i. V. m. § 25 Abs. 1). Dem jeweiligen Entsendungsgremium steht es jedoch frei, bei der Beschlussfassung über eine Abberufung gleichzeitig auch ein nicht zum Ersatzmitglied bestelltes Mitglied aus seiner Mitte zum Konzernbetriebsratsmitglied zu bestimmen. In den anderen Fällen kann nur dann ein anderes Mitglied entsandt werden, wenn das kraft Gesetzes zunächst nachgerückte Ersatzmitglied abberufen wird (ebenso *Fitting* § 57 Rn. 15; *Glock/HWGNRH* § 57 Rn. 8). **14**

IV. Streitigkeiten

Streitigkeiten über das Erlöschen oder Fortbestehen der Mitgliedschaft im Konzernbetriebsrat werden gemäß § 2a Abs. 1 Nr. 1, Abs. 2, §§ 80 ff. ArbGG auf Antrag durch das Arbeitsgericht im Beschlussverfahren entschieden. Örtlich zuständig ist das Gericht, in dessen Bezirk das herrschende Unternehmen seinen Sitz hat (§ 82 Abs. 1 Satz 2 ArbGG; vgl. auch § 49 Rdn. 25). **15**

§ 58
Zuständigkeit

(1) Der Konzernbetriebsrat ist zuständig für die Behandlung von Angelegenheiten, die den Konzern oder mehrere Konzernunternehmen betreffen und nicht durch die einzelnen Gesamtbetriebsräte innerhalb ihrer Unternehmen geregelt werden können; seine Zuständigkeit erstreckt sich insoweit auch auf Unternehmen, die einen Gesamtbetriebsrat nicht gebildet haben, sowie auf Betriebe der Konzernunternehmen ohne Betriebsrat. Er ist den einzelnen Gesamtbetriebsräten nicht übergeordnet.

(2) Der Gesamtbetriebsrat kann mit der Mehrheit der Stimmen seiner Mitglieder den Konzernbetriebsrat beauftragen, eine Angelegenheit für ihn zu behandeln. Der Gesamtbetriebsrat kann sich dabei die Entscheidungsbefugnis vorbehalten. § 27 Abs. 2 Satz 3 und 4 gilt entsprechend.

Literatur
Bachner Die Rechtsetzungsmacht der Betriebsparteien durch Konzernbetriebsvereinbarung, NZA 1995, 256; *Biedenkopf* Konzernbetriebsrat und Konzernbegriff, Liber amicorum *P. Sanders* 1972, S. 1; *Buchner* Die Zuständigkeit des Konzernbetriebsrats, FS *Zöllner*, 1998, S. 697; *Bundesministerium der Justiz* (Hrsg.), Bericht über die Verhandlungen der Unternehmenskommission, 1980, Anm. 1604 ff.; *Christoffer* Die originäre Zuständigkeit des Konzernbetriebsrats, BB 2008, 951; *Cisch/Hock* Konzernbetriebsvereinbarungen zur betrieblichen Altersversorgung im Lichte eines Share Deal, BB 2012, 2113; *Dzida* Die Mitbestimmung des Konzernbetriebsrats bei Ethik-Richtlinien, NZA 2008, 1265; *ders.* Die Unterrichtung des »zuständigen« Betriebsrats bei innerstaatlichen und grenzüberschreitenden Verschmelzungen, GmbHR 2009, 459; *Fuchs* Der Konzernbetriebsrat, Funktion und Kompetenz (Diss. Köln), 1974; *Güllich* Die unmittelbare Geltung von Betriebsvereinbarungen im Konzern zu Lasten von be-

herrschten Gesellschaften (Diss. Erlangen), 1978 (zit.: Geltung von Betriebsvereinbarungen im Konzern); *Hanau* Fragen der Mitbestimmung und Betriebsverfassung im Konzern, ZGR 1984, 468; *Heider/Schimmelpfennig* Sozialplanverhandlungen bei unternehmensübergreifenden Umstrukturierungen, KSzW 2014, 244; *Kern* Störfälle im Anwendungsbereich von Konzernbetriebsvereinbarungen, NZA 2009, 1313; *Kiehn* Konzernbetriebsrat und Konzernbetriebsvereinbarung in der Betriebs- und Unternehmensumstrukturierung (Diss. BLS Hamburg), 2012 (zit.: Konzernbetriebsrat); *Kort* Datenschutzrechtliche und betriebsverfassungsrechtliche Fragen bei IT-Sicherheitsmaßnahmen, NZA 2011, 1319; *ders.* Matrix-Strukturen und Betriebsverfassungsrecht, NZA 2013, 1318; *Konzen* Arbeitnehmerschutz im Konzern, RdA 1984, 65; *ders.* Errichtung und Kompetenzen des Konzernbetriebsrats, FS *Wiese*, 1998, S. 199; *Kunz* Die Zuständigkeit des Konzernbetriebsrats, AiB 1990, 325; *Laudi* Der betriebsverfassungsrechtliche Arbeitgeber im Konzern (Diss. Kiel), 2003; *Lunk/Leder* Mitbestimmung der Betriebsräte bei freiwilligen Leistungen, NZA 2011, 249; *Martens* Der Konzernbetriebsrat, Zuständigkeit und Funktionsweise, ZfA 1973, 297; *Monjau* Der Konzernbetriebsrat, BB 1972, 839; *G. Müller* Die Stellung des Gesamtbetriebsrats und des Konzernbetriebsrats nach dem neuen Betriebsverfassungsgesetz, FS *Küchenhoff*, 1972, 1. Halbbd., S. 283; *Nebendahl* Zulässigkeit der Bildung eines Wirtschaftsausschusses im Konzern?, DB 1991, 384; *Nick* Konzernbetriebsrat und Sozialplan im Konzern (Diss. Hohenheim), 1992 (zit.: Konzernbetriebsrat); *Rieble* Delegation an den Gesamt- oder Konzernbetriebsrat, RdA 2005, 26; *ders.* Konzerninteressenausgleich, FS *Bauer*, 2010, S. 867; *Röder/Gragert* Mitbestimmungsrechte bei Untätigkeit eines zuständigen Gesamt- bzw. Konzernbetriebsrats am Beispiel von Betriebsänderungen, DB 1996, 1674; *Salamon* Die Konzernbetriebsvereinbarung beim Betriebsübergang, NZA 2009, 471; *ders.* Strategien im Zusammenhang mit der Zuständigkeitsverteilung zwischen Betriebs-, Gesamtbetriebs- sowie Konzernbetriebsrat, NZA 2013, 708; *Schul*, Verlagerung der Betriebsratszuständigkeit (Diss. München), 2009; *Schwald* Die Legitimation der Konzernbetriebsverfassung (Diss. Mannheim), 2003; *Tomicic* Interessenausgleich und Sozialplan im Konzern, Diss. München 1981; *Trittin/Fischer* Datenschutz und Mitbestimmung – konzernweite Personaldatenverarbeitung und die Zuständigkeit der Arbeitnehmervertretung, NZA 2009, 343; *Wetzling* Der Konzernbetriebsrat, Geschichtliche Entwicklung und Kompetenz (Diss. FU Berlin), 1978; *Willemsen/Hohenstatt/Schweibert/Seibt* Umstrukturierung und Übertragung von Unternehmen, 3. Aufl. 2008; *Windbichler* Arbeitsrecht im Konzern, 1989; *Wollwert* Ideenmanagement im Konzern, NZA 2012, 889.

Inhaltsübersicht

	Rdn.
I. Vorbemerkung	1–4
II. Rechtsstellung des Konzernbetriebsrats	5–8
1. Juristische Teilperson	5, 6
2. Gleichordnung von Konzernbetriebsrat, Gesamtbetriebs- und Einzelbetriebsräten	7
3. Zuständigkeitsverhältnis zwischen Konzernbetriebsrat und Gesamtbetriebsräten	8
III. Der Konzern als Verhandlungs- und Vertragspartner des Konzernbetriebsrats	9–16
1. Notwendigkeit eines Konzernarbeitgebers	10
2. Der Konzern als Konzernarbeitgeber	11–16
IV. Zuständigkeit des Konzernbetriebsrats kraft Gesetzes (Abs. 1)	17–42
1. Konzerndimensionale Angelegenheiten	18–20
2. Nichtregelnkönnen durch die Gesamtbetriebsräte	21–26
a) Unmöglichkeit einer Regelung auf Unternehmensebene	22–24
b) Erforderlichkeit konzerneinheitlicher Regelung	25, 26
3. Einzelfragen	27–32
4. Zuständigkeit aufgrund besonderer gesetzlicher Zuweisung	33–35
5. Erweiterte Zuständigkeit (Abs. 1 Halbs. 2)	36–42
V. Zuständigkeit des Konzernbetriebsrats kraft Auftrags (Abs. 2)	43–50
VI. Ausübung der Zuständigkeit durch den Konzernbetriebsrat, insbesondere Konzernbetriebsvereinbarungen	51–60
VII. Streitigkeiten	61

I. Vorbemerkung

1 Die Vorschrift legt die **Zuständigkeit des Konzernbetriebsrats** fest und **grenzt** damit zugleich die **Zuständigkeitsbereiche** und das **Verhältnis** von Konzernbetriebsrat einerseits und Gesamtbetriebsräten in den Konzernunternehmen andererseits **voneinander ab**. Soweit in einem Konzernunternehmen nur ein Betriebsrat besteht, der nach § 54 Abs. 2 die Aufgaben eines Gesamtbetriebsrats wahrnimmt, gilt die Zuständigkeitsabgrenzung auch im Verhältnis zu ihm.

Die Zuständigkeitsordnung des § 58 ist der Zuständigkeitsabgrenzung zwischen Gesamtbetriebsrat **2** und Einzelbetriebsräten (§ 50) **bewusst nachgebildet** (vgl. Begründung zum RegE BetrVG 1972, BR-Drucks. 715/70, S. 44; vgl. zur Entstehungsgeschichte § 50 Rdn. 2). Dementsprechend grenzt § 58 Abs. 1 Satz 1 die Zuständigkeit des Konzernbetriebsrats nach den gleichen Kriterien ab, nach denen § 50 Abs. 1 Satz 1 die Zuständigkeit des Gesamtbetriebsrats festlegt. Entsprechend zur Änderung des § 50 Abs. 1 Satz 1 ist § 58 Abs. 1 durch Art. 1 Nr. 41 **BetrVerf-Reformgesetz** um die Regelung in Abs. 1 Satz 1 Halbs. 2 erweitert worden; danach erstreckt sich jetzt die (originäre) Zuständigkeit des Konzernbetriebsrats auch »auf Unternehmen, die einen Gesamtbetriebsrat nicht gebildet haben, sowie auf Betriebe der Konzernunternehmen ohne Betriebsrat« (vgl. dazu Rdn. 36 ff.). Ausdrücklich bestimmt § 58 Abs. 1 Satz 2, dass der Konzernbetriebsrat den einzelnen Gesamtbetriebsräten nicht übergeordnet ist, so wie die Gesamtbetriebsräte ihrerseits den Einzelbetriebsräten nicht übergeordnet sind (§ 50 Abs. 1 Satz 2). § 58 Abs. 2 eröffnet in Parallele zu § 50 Abs. 2 den Gesamtbetriebsräten die Möglichkeit, den Konzernbetriebsrat zu beauftragen, eine Angelegenheit für sie zu behandeln. Überträgt man die in der Begründung des RegE zu § 58 ausdrücklich in Bezug genommene Begründung zu § 50 (vgl. BR-Drucks. 715/70, S. 43), so hat der Gesetzgeber § 58 Abs. 2 deshalb für zweckmäßig gehalten, weil dem Konzernbetriebsrat wegen seines unmittelbaren Kontakts zur Konzernleitung vielfach bessere Verhandlungsmöglichkeiten zur Verfügung stehen (s. § 50 Rdn. 4).

§ 58 legt nur die materielle **Rechtszuständigkeit** des Konzernbetriebsrats fest; seine Rechte- und **3** Pflichtenstellung erschließt sich erst im Kontext mit § 59 Abs. 1 i. V. m. § 51 Abs. 5 (vgl. dazu näher Rdn. 5 f.).

Die Vorschrift ist **zwingend**. Die Zuständigkeitsabgrenzung zwischen Konzernbetriebsrat und Ge- **4** samtbetriebsräten kann weder durch Tarifvertrag noch durch Betriebsvereinbarung noch durch eine Vereinbarung der Gesamtbetriebsräte, die die Errichtung des fakultativen Konzernbetriebsrats beschließen, abgeändert werden. Zu Arbeitsgemeinschaften von Gesamtbetriebsräten neben oder statt eines Konzernbetriebsrats vgl. *Windbichler* Arbeitsrecht im Konzern, S. 328 ff. In den privatisierten **Postunternehmen** gelten gemäß § 33 Abs. 2 PostPersRG für die Beteiligung des Konzernbetriebsrats in den personellen Angelegenheiten der Beamten §§ 28 bis 31 PostPersRG entsprechend (vgl. *Fitting* § 58 Rn. 19). Für die **Konzern-Jugend- und Auszubildendenvertretung** gilt § 58 entsprechend (§ 73b Abs. 2). Entsprechende Vorschrift für den **Konzernsprecherausschuss**: § 23 SprAuG. Vgl. zur Rechtsstellung der **Konzernschwerbehindertenvertretung** näher § 59a Rdn. 10 ff.

II. Rechtsstellung des Konzernbetriebsrats

1. Juristische Teilperson

Das Gesetz räumt in § 58 Abs. 1 dem Konzernbetriebsrat einen eigenen Zuständigkeitsbereich ein. **5** Genau genommen sind es zwei Zuständigkeitsbereiche, nämlich für Angelegenheiten, die den (gesamten) **Konzern** betreffen, und für Angelegenheiten, die **mehrere** (also mindestens zwei) **Konzernunternehmen** betreffen. Zu diesen originären Zuständigkeiten kommt eine Auftragszuständigkeit (»Zuständigkeit kraft Delegation«) nach Abs. 2 hinzu. Prägend für die Eigenständigkeit des Konzernbetriebsrats ist Abs. 1. Diese Bestimmung ist zusammen mit § 59 Abs. 1 i. V. m. § 51 Abs. 5 das Kernstück eines **Konzernrechts im Betriebsverfassungsrecht**, dem die übrigen Bestimmungen der §§ 54 bis 57, 59 und 59a als Organisationsnormen zu dienen bestimmt sind.

Wie der Gesamtbetriebsrat (und der Betriebsrat) ist der **Konzernbetriebsrat juristische Teilperson**; **6** in seinem Zuständigkeitsbereich ist er **eigenständiger, handlungsfähiger Träger betriebsverfassungsrechtlicher Rechte und Pflichten**. Die Zuständigkeitsfestlegung in § 58 Abs. 1 erfährt insoweit eine maßgebliche Ergänzung durch § 51 Abs. 5, der gemäß § 59 Abs. 1 entsprechend gilt. Danach gelten die Vorschriften über **Rechte und Pflichten** des Betriebsrats entsprechend für den Konzernbetriebsrat (s. zum problematischen restriktiven Verständnis des § 51 Abs. 5 durch das *BAG* in jüngerer Zeit § 59 Rdn. 35). Es sind dies, abstrakt betrachtet, in erster Linie die gleichen

Rechte und Pflichten, die das Gesetz als der Intensität nach gestaffelte Mitwirkungs- und Mitbestimmungsrechte dem Betriebsrat in sozialen Angelegenheiten, bei der Gestaltung von Arbeitsablauf und Arbeitsumgebung, in personellen und wirtschaftlichen Angelegenheiten zuordnet. Daneben sind vor allem die allgemeinen Pflichten nach § 2 Abs. 1, §§ 74, 75, 80 Abs. 1 sowie die Informationsrechte nach § 80 Abs. 2 herauszustellen. Die **Handlungsfähigkeit** des Konzernbetriebsrats ergibt sich aus § 59 Abs. 1. Auch die Ausübungsformen stehen dem Konzernbetriebsrat wie dem Betriebsrat zu; insbesondere kann er auch Betriebsvereinbarungen (»Konzernbetriebsvereinbarungen«) abschließen (§ 59 Abs. 1, § 51 Abs. 5, § 77 Abs. 2 bis 6; vgl. zum Gesamtbetriebsrat § 50 Rdn. 10 ff.).

2. Gleichordnung von Konzernbetriebsrat, Gesamtbetriebs- und Einzelbetriebsräten

7   Die Rechtsstellung des Konzernbetriebsrats wird durch seine Gleichordnung gegenüber den in den Konzernunternehmen bestehenden Gesamtbetriebsräten und Betriebsräten geprägt. § 58 Abs. 1 Satz 2 bestimmt ausdrücklich, dass der Konzernbetriebsrat den einzelnen Gesamtbetriebsräten nicht übergeordnet ist; er ist ihnen rechtlich aber auch nicht untergeordnet (ebenso *Fitting* § 58 Rn. 5; *Richardi/Annuß* § 58 Rn. 21; *Stege/Weinspach/Schiefer* §§ 54–59a Rn. 10; *Trittin/DKKW* § 58 Rn. 3), obgleich der Konzernbetriebsrat erst gebildet werden kann, wenn die Gesamtbetriebsräte seine Errichtung nach § 54 Abs. 1 beschlossen haben, und trotz der Möglichkeit jederzeitiger Abberufung der Konzernbetriebsratsmitglieder durch die entsendenden Gremien (§ 57). Insoweit gilt Gleiches wie im Gleichordnungsverhältnis von Gesamtbetriebsrat zu Einzelbetriebsräten nach § 50 Abs. 1 Satz 2 (s. § 50 Rdn. 13 ff.). Daraus folgt ferner, dass der Konzernbetriebsrat auch den Einzelbetriebsräten weder über- noch untergeordnet ist. Das bedeutet insbesondere, dass **Weisungsbefugnisse** und **Richtlinienkompetenzen** in die eine oder andere Richtung **ausgeschlossen** sind. Der Konzernbetriebsrat ist aber nicht gehindert, sich um eine Koordinierung der Tätigkeiten der einzelnen Gesamtbetriebsräte zu bemühen, auch wenn er keinen verbindlichen Einfluss ausüben kann.

3. Zuständigkeitsverhältnis zwischen Konzernbetriebsrat und Gesamtbetriebsräten

8   Der **Abgrenzung der Zuständigkeitsbereiche** kommt deshalb maßgebliche Bedeutung zu, weil nach der Konzeption des Gesetzes der Konzernbetriebsrat (§ 59 Abs. 1, § 51 Abs. 5), die Gesamtbetriebsräte (§ 51 Abs. 5) und Einzelbetriebsräte eigenständig und unabhängig nebeneinander stehen und grundsätzlich, abstrakt betrachtet, Träger der gleichen betriebsverfassungsrechtlichen Rechte und Pflichten sind (vgl. *BAG* 20.12.1995 EzA § 58 BetrVG 1972 Nr. 1 S. 5). Das Gesetz nimmt die Zuständigkeitsabgrenzung zwischen Konzernbetriebsrat und Gesamtbetriebsrat in § 58 Abs. 1 Satz 1 nach dem Modell der Zuständigkeitsabgrenzung zwischen Gesamtbetriebsräten und Einzelbetriebsräten in § 50 Abs. 1 Satz 1 vor, indem er die originäre Zuständigkeit dem Konzernbetriebsrat nur dann zuweist, wenn Angelegenheiten »nicht durch die einzelnen Gesamtbetriebsräte innerhalb ihrer Unternehmen geregelt werden können«. Nach dieser **Kollisionsnorm** gilt auch insoweit der **Grundsatz der Zuständigkeitstrennung** (Prinzip des »Entweder/Oder«), durch den Zuständigkeitsüberschneidungen ausgeschlossen werden (vgl. dazu ausführlich § 50 Rdn. 16 ff.). Konsequenz ist auch hier, dass in Konzernen ohne Konzernbetriebsrat Beteiligungsrechte entfallen, wenn ein Konzernbetriebsrat nach § 58 Abs. 1 originär zuständig wäre (ebenso *Windbichler* Arbeitsrecht im Konzern, S. 345 f.; *Röder/Gragert* DB 1996, 1674 [1678]; *Fitting* § 58 Rn. 8; *Richardi/Annuß* § 58 Rn. 21). Auch ist die Zuständigkeit der Gesamtbetriebsräte ausgeschlossen, wenn ein Konzernbetriebsrat seine (bestehende) Zuständigkeit (noch) nicht wahrgenommen hat (ebenso *Nick* Konzernbetriebsrat, S. 151). Die Rechte entfallen nur dann nicht, wenn ein Konzernbetriebsrat bei ausländischer Konzernspitze mangels einheitlicher Leitung im Inland nicht gebildet werden kann; in diesem Fall gehen sie auf die nächste betriebliche Repräsentationsebene über (*BAG* 14.02.2007 EzA § 54 BetrVG 2001 Nr. 3 Rn. 62; *LAG München* 04.09.2014 – 2 TaBV 50/13 – juris, Rn. 76 ff.; dazu § 54 Rdn. 47).

III. Der Konzern als Verhandlungs- und Vertragspartner des Konzernbetriebsrats

9   Verhandlungs- und Vertragspartner sowie Träger korrespondierender betriebsverfassungsrechtlicher Rechte und Pflichten von Einzelbetriebsräten und Gesamtbetriebsrat ist der Arbeitgeber, der auf Un-

Zuständigkeit § 58

ternehmensebene mit dem Unternehmer identisch ist (s. § 47 Rdn. 15 ff.) und zu dem die Arbeitsverhältnisse der repräsentierten Arbeitnehmer bestehen. Der Gesetzgeber des Betriebsverfassungsgesetzes 1972 hat die Möglichkeit geschaffen, einen unternehmensübergreifenden Konzernbetriebsrat für den Unterordnungskonzern zu bilden, um einer Aushöhlung betriebsverfassungsrechtlicher Beteiligungsrechte auf Unternehmensebene durch die Leitungsmacht des herrschenden Unternehmens zu begegnen (vgl. § 54 Rdn. 4). Er hat aber im Zusammenhang mit der Zuständigkeitsregelung des § 58 versäumt, ausdrücklich festzulegen, wer dem Konzernbetriebsrat in der Arbeitgeberfunktion gegenübersteht. Die Frage ist deshalb streitig. Sie wird im übrigen Schrifttum nicht umfassend beantwortet; vielmehr wird eine Vielzahl mehr oder weniger differenzierender Lösungen angeboten.

1. Notwendigkeit eines Konzernarbeitgebers

Ausgangspunkt aller weiteren Überlegungen muss sein, dass der Gesetzgeber von der **Existenz eines** 10 **Konzernarbeitgebers** mit der Regelungskompetenz für den Bereich des Konzerns und mehrerer Konzernunternehmen ausgegangen ist (so auch *Biedenkopf* Liber amicorum *P. Sanders* S. 8; *Güllich* Geltung von Betriebsvereinbarungen im Konzern, S. 10; *Richardi/Annuß* § 58 Rn. 2; *Wetzling* Der Konzernbetriebsrat, S. 196). Dafür spricht allgemein, dass die Zuständigkeitsregelung des Konzernbetriebsrats der des Gesamtbetriebsrats nachgebildet ist. Es zeigt sich aber u. a. auch in § 76 Abs. 1, der eigens die Errichtung einer Einigungsstelle zur Beilegung von Meinungsverschiedenheiten zwischen Arbeitgeber und Konzernbetriebsrat vorsieht (vgl. entsprechend auch § 76 Abs. 2, 5, 6), sowie in § 56, wo dem Arbeitgeber die Antragsberechtigung zum Ausschluss eines Konzernbetriebsratsmitglieds zugebilligt wird. Vgl. auch § 87 Abs. 1 Nr. 8, § 88 Nr. 2. Deshalb scheidet die Vielzahl der einzelnen Konzernunternehmer als Arbeitgeber der im jeweiligen Konzernunternehmen beschäftigten Arbeitnehmer als rechtlicher Gegenpol zum Konzernbetriebsrat schon von vornherein aus. Zudem ist die Zuständigkeit auf Unternehmensebene dem jeweiligen Gesamtbetriebsrat vorbehalten, so dass die Einschaltung des Konzernbetriebsrats nicht wieder auf die Unternehmensebene zurückführen kann, um eine notwendig unternehmensübergreifende Regelung herbeizuführen. Es ist auch nicht ersichtlich, dass der Konzernbetriebsrat nur Koordinationsaufgaben zu erfüllen hätte, er außerdem dann nicht einmal erfüllen könnte, wenn es sich um eine Mitbestimmungsangelegenheit handelt, für die ggf. verschiedene Einigungsstellen zuständig wären (vgl. auch *Glock/HWGNRH* § 58 Rn. 3; *Monjau* BB 1972, 842).

2. Der Konzern als Konzernarbeitgeber

Der vom Gesetzgeber vorausgesetzte **Konzernarbeitgeber ist der Konzern** selbst, dem das BetrVG 11 originäre betriebsverfassungsrechtliche Arbeitgeberfunktionen zuordnet und der damit auf dem Gebiet des Betriebsverfassungsrechts (Teil-)Rechtsfähigkeit erlangt; der Konzern (d. h. die unter einheitlicher Leitung des herrschenden Unternehmens zusammengefasste Einheit) handelt durch das Leitungsorgan des herrschenden Konzernunternehmens. Die partielle, rein betriebsverfassungsrechtlich ausgerichtete Arbeitgeberstellung des Konzerns korrespondiert und deckt sich mit der Zuständigkeit des Konzernbetriebsrats nach § 58 (zust. *Hanau* ZGR 1984, 468 [483]; *Laudi* Der betriebsverfassungsrechtliche Arbeitgeber im Konzern, S. 33 ff.; *Rügenhagen* Betriebliche Mitbestimmung, S. 75 ff.; jetzt auch *Trittin/DKKW* § 58 Rn. 111 ff.; i. E. übereinstimmend, den Konzern als »Einheit« anerkennend, für den das herrschende Unternehmen verhandelnd und vertragschließend tätig wird, auch *Fuchs* Konzernbetriebsrat, S. 98 f., 109; *Güllich* Geltung von Betriebsvereinbarungen im Konzern, S. 64, 76 f., 111 ff.; vgl. auch *Fitting* § 58 Rn. 6, die aber nur die Konzernleitung als betriebsverfassungsrechtliche Arbeitgeber bezeichnen; ebenso *Bachner* NZA 1995, 256 [258]; *Koch/ErfK* § 58 BetrVG Rn. 1; *Weiss/Weyand* § 58 Rn. 6; *Wißmann* NZA 2001, 409; **abl.** *Richardi/Annuß* § 58 Rn. 42, die am Vorrang des Konzerngesellschaftsrechts festhalten; ebenso *Joost/MünchArbR* § 227 Rn. 61; *Windbichler* Arbeitsrecht im Konzern, S. 339; gegen den Begriff der (Teil-)Rechtsfähigkeit auch *Schwald* Die Legitimation der Konzernbetriebsverfassung, S. 44; *Kort* NZA 2009, 464 [470]).

Zu weithin **übereinstimmenden Ergebnissen** gelangen diejenigen, die jedenfalls im Zuständig- 12 keitsbereich des Konzernbetriebsrats nach § 58 Abs. 1 (zu Abs. 2 vgl. Rdn. 43 ff.) Konzernbetriebsvereinbarungen zwischen herrschendem Unternehmen und Konzernbetriebsrat mit Wirkung für Ar-

§ 58

beitsverhältnisse in allen Konzernunternehmen uneingeschränkt zulassen (so *BAG* 12.11.1997 EzA § 58 BetrVG 1972 Nr. 2 S. 3 f.; 22.01.2002 EzA § 77 BetrVG 1972 Ruhestand Nr. 2 unter III; 22.07.2008 NZA 2008, 1248 Rn. 24 = EzA § 87 BetrVG 2001 Betriebliche Ordnung Nr. 3; *Buchner* FS *Zöllner* S. 697, 698 f.; *Fitting* § 58 Rn. 34 ff.; *Glock/HWGNRH* § 58 Rn. 3, 29; *Koch/*ErfK § 58 BetrVG Rn. 6; *Kort* NZA 2009, 464 [470]: »eine Art fiktiver Ersatz-Konzernarbeitgeber«; *ders.* NJW 2009, 129 [130]; *Löwisch/LK* § 58 Rn. 21 f.; *Schwab* AR-Blattei SD 530.12.1, Rn. 51; *Stege/Weinspach/Schiefer* §§ 54–59a Rn. 10; *Tautphäus/*HaKo § 58 Rn. 14; ausführlich *Bachner* NZA 1995, 256 [259 f.]). Dabei können jedoch die pauschalen Hinweise auf § 87 Abs. 1 Nr. 8, § 88 Nr. 2, § 77 Abs. 4 und die sonst drohende praktische Bedeutungslosigkeit des Konzernbetriebsrats ebenso wenig eine tragfähige dogmatische Begründung abgeben wie die bloße Zuerkennung einer begrenzten betriebsverfassungsrechtlichen Zuständigkeit des herrschenden Unternehmens für den gesamten Konzern oder die Anerkennung des herrschenden Konzernunternehmens als Verhandlungs- und Vertragspartner im Bereich originärer Zuständigkeit des Konzernbetriebsrats. Vgl. auch *Nick* Konzernbetriebsrat, S. 171 ff., 173 ff., der zwar die »Figur des Konzernarbeitgebers« ablehnt, aber doch der Konzernspitze wegen der ihr eingeräumten Befugnis, rechtlich zulässig Leitungsmacht auszuüben, die Kompetenz zuerkennt, im Zuständigkeitsbereich des Konzernbetriebsrats als dessen »Regelungspartner« Konzernbetriebsvereinbarungen abzuschließen; dieser konzerngesellschaftsrechtliche Ansatz vermischt indes konzernrechtliche Entscheidungsstrukturen und betriebsverfassungsrechtliche Handlungsformen.

13 Es ist zuzugeben, dass die hier vertretene Lösung weder mit dem gesellschaftsrechtlichen Konzernrecht noch mit dem Individualarbeitsrecht übereinstimmt und **auf das Betriebsverfassungsrecht begrenzt** bleiben muss. Im Konzernrecht ist ganz überwiegend anerkannt, dass der Unterordnungskonzern nicht einmal BGB-Gesellschaft, geschweige denn weitergehende (teil-)rechtsfähige Einheit ist (vgl. *Koppensteiner* Kölner Komm. AktG, § 18 Rn. 7, m. w. N.). Individualrechtliche Arbeitgeber der im Konzern beschäftigten Arbeitnehmer sind grundsätzlich nur die jeweiligen Rechtsträger der Konzernunternehmen, nicht der Konzern. Gerade weil das so ist, sich andererseits aber die Ausübung von Leitungsmacht durch das herrschende Unternehmen auch auf die Arbeitsverhältnisse in abhängigen Konzernunternehmen auswirken kann, hat sich seit einiger Zeit ein konzerndimensionales Individualarbeitnehmerschutzrecht herausgebildet (ausführlich dazu *Windbichler* Arbeitsrecht im Konzern).

14 Im Zuständigkeitsbereich des Konzernbetriebsrats hat sich der Gesetzgeber jedoch für die Arbeitgeberstellung des Konzerns entschieden; das ergibt die Gesetzesauslegung. Der entscheidende Gesichtspunkt ist dabei, dass im Rahmen des § 58 Abs. 1 der Konzern bzw. mehrere Konzernunternehmen **als Einheit** erscheinen, für die betriebsverfassungsrechtliche Angelegenheiten einheitlich behandelt und geregelt werden sollen (so auch *Hanau* ZGR 1984, 483; zust. *Bachner* NZA 1995, 256 [258 f.]). Für die gesetzgeberische Bewertung des Konzerns als Arbeitgeber findet sich auch in der Ausschussbegründung ein Hinweis. Dort (vgl. zu BT-Drucks. VI/2729, S. 26) ging man ausdrücklich davon aus, dass für den Fall einer Beauftragung durch einen Gesamtbetriebsrat (Abs. 2) der Konzernbetriebsrat die Angelegenheit »mit der Konzernleitung zu behandeln« (also auch zu regeln) habe. Angesichts dieser eindeutigen Sachentscheidung kann nicht mit geltend gemacht werden, der Gesetzgeber habe übersehen, dass der Konzern selbst nicht Arbeitgeber ist (so aber *Richardi/Annuß* § 58 Rn. 2). Dagegen sprach zudem die Existenz des damals geltenden § 77a BetrVG 1952 (danach gelten Arbeitnehmer der Betriebe eines Konzernunternehmens als Arbeitnehmer des herrschenden Unternehmens, wenn ...) und auch, dass durch *Buchner* Die AG 1971, 190 und *Martens* RdA 1970, 175 bereits vor Abschluss der Gesetzesberatung auf die Problematik hingewiesen wurde. Es kann auch nicht überzeugend eingewandt werden, dass die Konzernspitze gesellschaftsrechtlich nicht befugt sei, mit unmittelbarer Wirkung für die abhängigen Konzernunternehmen tätig zu werden, insbesondere Konzernbetriebsvereinbarungen abzuschließen (so aber *Joost/*MünchArbR § 227 Rn. 62 ff.; *Richardi/Annuß* § 58 Rn. 42 f.; *Wetzling* Der Konzernbetriebsrat, S. 196 f.; zust. *Hohenstatt/Dzida/*HWK § 58 BetrVG Rn. 11); denn insoweit überlagert das speziellere betriebsverfassungsrechtliche Konzernrecht die allgemeinen Leitungs- und Zurechnungsmechanismen des Gesellschaftsrechts. Das muss als gesetzgeberische Entscheidung zum Schutze einer Aushöhlung betriebsverfassungsrechtlicher Beteiligungsrechte auf Unternehmensebene respektiert werden (vgl. zur Notwendigkeit einer Harmonisierung betriebsverfassungsrechtlicher und konzerngesellschaftsrechtlicher Wertungen Rdn. 15). Im Übrigen zeigen bereits § 5 Abs. 1 MitbestG und § 77a BetrVG 1952 a. F., dass der Gesetzgeber auch in anderen arbeitsrechtlich relevanten Zusammenhängen das Prinzip der rechtlichen Selbständigkeit der einzelnen Konzernunternehmen aus Schutzüberlegungen durchbrochen hat (vgl. auch Bericht über die Verhandlungen der Unternehmensrechtskommission, Rn. 1620). Vorsorglich ist noch hervorzuheben, dass dem Gesetz keinerlei Hinweise darauf zu entnehmen sind, dass die Konzernleitung zwar Verhandlungs-, nicht aber auch Vertragspartner des Konzernbetriebsrats für den Konzern sein soll (gleichwohl dieser Ansicht *Richardi/Annuß* § 58 Rn. 34, 43); das Gegenteil ergibt sich aus § 59 Abs. 1 i. V. m. § 51 Abs. 5, § 77. Wäre nur das herrschende Unternehmen Vertragspartner des Konzernbetriebsrats, so müssten etwa getroffene Regelungen durch Weisungen an die betroffenen Konzernunternehmen weitergegeben werden (sofern diese nicht eine entsprechende Abschlussvollmacht erteilt haben); das jedoch würde zur Umsetzung wiederum die Beteiligung der Gesamtbetriebsräte auslösen, die unter den Voraussetzungen des § 58 Abs. 1 Satz 1 gerade ausgeschlossen ist.

Die betriebsverfassungsrechtliche Teilrechtsfähigkeit des Konzerns im Zuständigkeitsbereich des Konzernbetriebsrats **schließt** die **unterschiedliche Behandlung von Vertragskonzern und faktischem Konzern aus** (so i. E. auch die in Rdn. 11 zust. Genannten; vgl. *Fitting* § 58 Rn. 37; *Koch/ErfK* § 58 BetrVG Rn. 1; *Nick* Konzernbetriebsrat, S. 173 ff., von dessen konzerngesellschaftsrechtlichem Ansatz aus; *Trittin/DKKW* § 58 Rn. 114; **a. M.** *Biedenkopf* Liber amicorum *P. Sanders* S. 7 ff., 11 f.; *Galperin/Löwisch* § 58 Rn. 7, 8; *Konzen* RdA 1984, 76; *ders.* FS *Wiese*, S. 199 [211 f.]; *Wetzling* Der Konzernbetriebsrat, S. 198 f., die alle die zumindest eine unmittelbare Wirkung einer Konzernbetriebsvereinbarung nur im Vertragskonzern im Hinblick auf das Weisungsrecht des herrschenden Unternehmens anerkennen wollen; vgl. auch Bericht über die Verhandlungen der Unternehmensrechtskommission, Rn. 1614 ff.). Denn mit den konzerngesellschaftsrechtlichen Zurechnungsmechanismen (Weisungsrecht beim Vertragskonzern, faktische Beherrschungsmittel im faktischen Konzern) ist **jede** Betriebsvereinbarung zwischen Konzernleitung und Konzernbetriebsrat unvereinbar, die mit unmittelbarer und zwingender Wirkung die Arbeitsverhältnisse in den abhängigen Konzernunternehmen erfasst (ebenso *Richardi/Annuß* § 58 Rn. 40), sofern die Konzernleitung nicht mit entsprechender Abschlussvollmacht der abhängigen Unternehmen gehandelt hat (vgl. zur Frage, was die Konzernbetriebsvereinbarung vom Ansatz einer solchen Bevollmächtigung leisten könnte, *Windbichler* Arbeitsrecht im Konzern, S. 359 ff.) oder auf Arbeitgeberseite sämtliche Konzernunternehmer gehandelt haben. Der unterschiedslosen Einbeziehung von abhängigen Unternehmen im faktischen Konzern steht nicht § 317 AktG, auch nicht seinem Rechtsgedanken nach, entgegen (**a. M.** insbesondere *Biedenkopf* Liber amicorum *P. Sanders* S. 11 ff.). Schon die betriebsverfassungsrechtliche Zuständigkeit der Konzernleitung schließt aus, die betriebsverfassungsrechtliche Verpflichtung und Belastung einer abhängigen Gesellschaft als nachteilige Einflussnahme zu bewerten, die im Anwendungsbereich des § 317 AktG ausgleichspflichtig wäre. Die Konzernbetriebsvereinbarung stellt nur ein Kompensationsmittel dar für Gesamtbetriebsvereinbarungen, die sonst wegen eines sachlich vorhandenen Regelungsbedürfnisses geschlossen werden müssten oder könnten (so *Güllich* Geltung von Betriebsvereinbarungen im Konzern, S. 136 f.; *Hanau* ZGR 1984, 484). Wie § 317 Abs. 2 AktG zeigt, liegt ein inadäquater Nachteil erst dann vor, wenn in einer Konzernbetriebsvereinbarung Belastungen für die abhängigen Unternehmen festgelegt werden, die ein ordentlicher und gewissenhafter Geschäftsleiter einer unabhängigen Gesellschaft in einer Vereinbarung mit dem Gesamtbetriebsrat nicht akzeptiert hätte. Eine ausreichende Harmonisierung zwischen Betriebsverfassungsrecht und Konzernrecht wird deshalb erreicht, wenn in solchen Fällen § 317 AktG entsprechend angewandt wird (ebenso schon *Fabricius* Erstbearbeitung, § 58 Rn. 13; *Bachner* NZA 1995, 256 [259]; *Güllich* Geltung von Betriebsvereinbarungen im Konzern, S. 138 f.; *Hanau* ZGR 1984, 484; *Konzen* RdA 1984, 76) und die abhängige bei der herrschenden Gesellschaft Ausgleich oder Rückgriff nimmt, wenn sich Nachteile realisieren; die Annahme einer Nichtigkeit der Konzernbetriebsvereinbarung nach §§ 134, 139 BGB in diesen Fällen ist nicht geboten (so aber *Fabricius* Erstbearbeitung, § 58 Rn. 13; ihm folgend *Fuchs* Konzernbetriebsrat, S. 94).

Auch **für** eine weitere **Differenzierung zwischen sog. horizontalen** und **vertikalen Konzernbetriebsvereinbarungen**, wie sie *Martens* (ZfA 1973, 306 f., 308 ff.; *Fuchs* Konzernbetriebsrat, S. 60 ff.; *Konzen* RdA 1984, 77) vorgeschlagen hat, ist **kein Platz**. Diese Unterscheidung orientiert sich daran, ob eine (dann unzulässige) Konzernbetriebsvereinbarung konzerneinheitlich zwischen den Arbeitnehmern und »ihren« Arbeitgebern/Unternehmen gelten soll, oder ob sie Regelungen »vertikaler« Natur enthält, d. h. unmittelbare Rechtsbeziehungen zwischen der Konzernspitze und den in den abhängigen Konzernunternehmen beschäftigten Arbeitnehmern herstellen soll. Dabei bleibt jedoch unbeachtet, dass Betriebsvereinbarungen immer unmittelbar und zwingend Arbeitsverhältnisse gestalten, zwischen Konzernspitze und den betreffenden Arbeitnehmern im Konzern aber grundsätzlich keine Arbeitsverhältnisse bestehen (vgl. zur Kritik auch *Güllich* Geltung von Betriebsvereinbarungen im Konzern, S. 140 ff.). Allerdings bleibt es der Leitung des herrschenden Unternehmens stets unbenommen, freiwillig schuldrechtliche Verpflichtungen zugunsten Dritter zu übernehmen (ebenso *Hanau* ZGR 1984, 482).

IV. Zuständigkeit des Konzernbetriebsrats kraft Gesetzes (Abs. 1)

17 Die **originäre gesetzliche Zuständigkeit** des Konzernbetriebsrats für die Behandlung betriebsverfassungsrechtlicher (Beteiligungs-)Angelegenheiten setzt nach Abs. 1 Satz 1 voraus, dass
– die Angelegenheit den Konzern oder mehrere Konzernunternehmen betrifft und (kumulativ)
– nicht durch die einzelnen Gesamtbetriebsräte innerhalb ihrer Unternehmen geregelt werden kann.

Da diese materiellen Abgrenzungskriterien denjenigen des § 50 Abs. 1 Satz 1 für die Zuständigkeitsabgrenzung des Gesamtbetriebsrats entsprechen, gelten im Grundsätzlichen auch die dort gemachten Ausführungen entsprechend (vgl. § 50 Rdn. 23 ff.; vgl. auch *BAG* 19.06.2007 EzA § 58 BetrVG 2001 Nr. 1 Rn. 18).

1. Konzerndimensionale Angelegenheiten

18 Die erste Voraussetzung steckt zunächst den äußeren Zuständigkeits**bereich** für den Konzernbetriebsrat ab. Der Konzernbetriebsrat ist überhaupt nur zuständig, wenn eine betriebsverfassungsrechtliche Angelegenheit »den Konzern« oder »mehrere Konzernunternehmen« **betrifft**. Im Gegensatz dazu stehen Angelegenheiten, die nur ein Konzernunternehmen betreffen; für diese ist der Konzernbetriebsrat nicht zuständig (**a. M.** *Nick* Konzernbetriebsrat, S. 146 ff., der es für ausreichend hält, wenn Konzernbezüge entscheidungserheblich oder -beeinflussend sind, z. B. wenn aus Gründen des Konzerninteresses eine Betriebsschließung von der Konzernspitze beschlossen wird). Der »Konzern« umfasst in der Gegenüberstellung zu mehreren (d. h. mindestens zwei) Konzernunternehmen sämtliche konzernangehörigen Unternehmen, einschließlich des herrschenden. Wichtig ist auch hierbei, dass mit der Konzerndimensionalität keine Veränderung in der Qualität der Beteiligungsangelegenheiten und keine Ausweitung betriebsverfassungsrechtlicher Mitwirkungs- und Mitbestimmungsrechte auf »Konzernleitungsfunktionen« einhergeht. Das stellt § 59 Abs. 1 i. V. m. § 51 Abs. 5 ausdrücklich klar (vgl. entsprechend § 50 Rdn. 24).

19 Ob eine Angelegenheit den Konzern oder mehrere Konzernunternehmen betrifft, lässt sich vielfach am spezifischen **Konzernbezug** des Gegenstands erkennen, z. B. wenn es um die Verwaltung einer Sozialeinrichtung geht, deren Wirkungsbereich sich auf sämtliche Konzernunternehmen erstreckt (§ 87 Abs. 1 Nr. 8). Allgemein ist der räumliche, in Verbindung mit dem persönlichen oder sachlichen **Geltungsbereich** einer Maßnahme entscheidend. Dieser bestimmt sich nach dem Willen des Initiators. Als Initiatoren kommen die Konzernleitung und im Rahmen bestehender Antrags- und Initiativrechte auch der Konzernbetriebsrat in Betracht (vgl. entsprechend § 50 Rdn. 25; vgl. zum Initiativrecht des Konzernbetriebsrats auch *Konzen* FS *Wiese*, S. 199 [215 f.]; vgl. auch *Wetzling* Der Konzernbetriebsrat, S. 128 ff.; *Windbichler* Arbeitsrecht im Konzern, S. 365 f.).

20 Deshalb ist die Zuständigkeit des Konzernbetriebsrats **nicht davon abhängig, dass die Konzernleitung eine Angelegenheit »an sich gezogen« hat**. Allein entscheidend ist, ob eine Angelegenheit »final« konzerndimensionalen Charakter hat und (zweite Voraussetzung) nicht durch die einzelnen Gesamtbetriebsräte innerhalb ihrer Unternehmen geregelt werden kann. Ist das der Fall, so ist der Konzernbetriebsrat zuständig; mit seiner Zuständigkeit korrespondiert dann die betriebsverfassungsrechtliche Arbeitgeberzuständigkeit der Konzernleitung (vgl. Rdn. 11). Das Gesetz geht von der entsprechenden Leitungsmacht der Konzernleitung aus. Diese kann deshalb z. B. nicht geltend machen, dass sie nur die Finanzpolitik des Konzerns einheitlich bestimmt. Sie muss vielmehr auch dann mitwirken, wenn sie die Angelegenheit bisher nicht zentralisiert hat (ebenso *Fuchs* Konzernbetriebsrat,

S. 80 f.). Andernfalls wäre der Konzernbetriebsrat kein vollwertiges betriebsverfassungsrechtliches Repräsentationsorgan. Andererseits ergibt sich die Zuständigkeit des Konzernbetriebsrats nicht allein daraus, dass die Konzernleitung eine Angelegenheit an sich gezogen hat (vgl. dazu aber auch Rdn. 26). Nur in ihrem Verhältnis zueinander bestimmt sich die Zuständigkeit mehrerer Konzernbetriebsräte beim Konzern im Konzern ausschließlich nach der Ausübungsebene der Leitungsmacht (vgl. § 54 Rdn. 39; ebenso *Trittin/DKKW* § 58 Rn. 16).

2. Nichtregelnkönnen durch die Gesamtbetriebsräte

Während die Konzerndimensionalität einer Angelegenheit nur den **potentiellen** Wirkungs- und Tätigkeitsbereich des Konzernbetriebsrats absteckt, erfolgt die **maßgebliche Zuständigkeitsverteilung** zwischen Konzernbetriebsrat und Gesamtbetriebsräten nach dem **Kriterium des Nichtregelnkönnens** durch die einzelnen Gesamtbetriebsräte. Die Beantwortung der Frage, wann betriebsverfassungsrechtliche Angelegenheiten zwischen den Gesamtbetriebsräten und den Arbeitgebern auf der Unternehmensebene nicht geregelt werden können, macht die gleichen Schwierigkeiten wie die entsprechende Abgrenzung zwischen Gesamtbetriebsrat und Einzelbetriebsräten nach § 50 Abs. 1 Satz 1 (vgl. näher § 50 Rdn. 26 ff.); die zu § 50 Abs. 1 Satz 1 entwickelten Grundsätze sind entsprechend anzuwenden (ebenso BAG 20.12.1995 EzA § 58 BetrVG 1972 Nr. 1 S. 4; vgl. auch *Buchner* FS Zöllner, S. 697 [700 ff.]; *Fitting* § 58 Rn. 10; *Trittin/DKKW* § 58 Rn. 8). Zur Beurteilung steht dabei nur die Zuständigkeitsabgrenzung zwischen Konzernbetriebsrat und Gesamtbetriebsräten (bzw. den nach § 54 Abs. 2 funktionell gleichgestellten Betriebsräten). Im Kontext der §§ 50 Abs. 1, 58 Abs. 1 ist es selbstverständlich, dass der Konzernbetriebsrat nicht bereits deshalb zuständig ist, weil die Gesamtbetriebsräte wegen der Zuständigkeitsverteilung zu den Einzelbetriebsräten im Unternehmen unzuständig sind. Das gilt auch dann, wenn eine Angelegenheit mehrere Betriebe verschiedener Konzernunternehmen betrifft. Möglich ist jedoch, dass eine solche Angelegenheit von den Einzelbetriebsräten nicht geregelt werden kann. Ob das der Fall ist, ist entsprechend § 58 Abs. 1 Satz 1 zu beurteilen; bejahendenfalls ist entsprechend auch die Zuständigkeit des Konzernbetriebsrats gegeben (vgl. auch *Richardi/Annuß* § 58 Rn. 6). 21

a) Unmöglichkeit einer Regelung auf Unternehmensebene

»Nichtregelnkönnen« setzt nicht eine objektive (denkgesetzliche) Unmöglichkeit voraus; darüber besteht Einigkeit (vgl. entsprechend § 50 Rdn. 29). Vielmehr bejaht die h. M. das Tatbestandsmerkmal »Nichtregelnkönnen« immer dann, wenn es den Gesamtbetriebsräten **objektiv** oder **subjektiv unmöglich** ist, die Angelegenheit innerhalb ihrer Unternehmen zu regeln (zust. BAG 12.11.1997 EzA § 58 BetrVG 1972 Nr. 2 S. 3; 19.06.2007 EzA § 58 BetrVG 2001 Nr. 1; *Trittin/DKKW* § 58 Rn. 21 ff.). Als Regelungen kommen nach dem Sprachgebrauch im Betriebsverfassungsrecht Betriebsvereinbarungen und Regelungsabreden in Betracht. Von der Regelungsebene hängt jedoch auch die Zuständigkeit bei den weniger intensiven Mitwirkungsrechten ab (insbesondere Rechte auf Unterrichtung, Anhörung, Beratung). 22

Objektiv unmöglich ist den Gesamtbetriebsräten eine Regelung immer dann, wenn eine Maßnahme ihrem Gegenstand nach ausschließlich konzernbezogen ist und auch gedanklich nicht in Teilakte zerlegt werden kann (zustimmend *Christoffer* BB 2008, 951 [952]). Das ist namentlich bei der Errichtung und der mitbestimmungspflichtigen Form, Ausgestaltung und Verwaltung einer konzernbezogenen Sozialeinrichtung der Fall (vgl. etwa BAG 21.06.1979 AP Nr. 1 zu § 87 BetrVG 1972 Sozialeinrichtung *[Martens]*; s. a. *Wiese/Gutzeit* § 87 Rdn. 733 zu § 87 Abs. 1 Nr. 8). 23

Subjektiv ist den Gesamtbetriebsräten eine Regelung im gesamten Bereich freiwilliger Betriebsvereinbarungen **unmöglich**, wenn die Konzernleitung **nur auf Konzernebene** zur Regelung bereit ist (BAG 19.06.2007 EzA § 58 BetrVG 2001 Nr. 1 Rn. 23; *Christoffer* BB 2008, 951 [952]; *Kort* NJW 2009, 129 [132]; *Röder/Siegrist* DB 2008, 1098). Insoweit ist es den Gesamtbetriebsräten mangels Mitbestimmungsrecht unmöglich, die Angelegenheit auf ihre Ebene »herunterzuziehen«. Erfasst wird dabei insbesondere der gesamte Bereich freiwilliger (Sozial-)Leistungen, insbesondere konzerndimensionale Gratifikations- und Ruhegeldordnungen (LAG Sachsen-Anhalt 19.11.2014 – 5 Sa 10/13 – juris, Rn. 75 f. für Jubiläumszuwendungen [anhängig: 1 AZR 148/15]; vgl. auch BAG 21.01.2002 EzA 24

§ 77 BetrVG 1972 Ruhestand Nr. 2, wo das Gericht ganz selbstverständlich von der Wirksamkeit einer Konzernbetriebsvereinbarung über Altersversorgung ausgeht; i. E. wie hier *Fitting* § 58 Rn. 11; *Koch*/ErfK § 58 BetrVG Rn. 2; *Trittin/DKKW* § 58 Rn. 23; vgl. dazu auch *Buchner* FS *Zöllner*, S. 697 [712 ff.]), aber auch z. B. freiwillige Rationalisierungsschutzregelungen, durch die Arbeitsverhältnisse erhalten werden sollen. Die Unterscheidung zwischen horizontalen und vertikalen Konzernbetriebsvereinbarungen spielt dabei, wie überhaupt für die Zuständigkeitsabgrenzung, keine Rolle (vgl. auch *Richardi/Annuß* § 58 Rn. 38, 41; **a. M.** *Fuchs* Konzernbetriebsrat, S. 61 ff. im Anschluss an *Martens* ZfA 1973, 307 f.). Vgl. **zum Umfang** subjektiver Unmöglichkeit entsprechend § 50 Rdn. 45 ff.

b) Erforderlichkeit konzerneinheitlicher Regelung

25 Entsprechend der Rechtslage bei § 50 Abs. 1 (vgl. § 50 Rdn. 38 ff.) wird allgemein anerkannt, dass eine Angelegenheit auch dann nicht durch die einzelnen Gesamtbetriebsräte geregelt werden kann, wenn im konkreten Fall ein **zwingendes Erfordernis** für eine konzerneinheitliche oder jedenfalls konzernunternehmensübergreifende Regelung besteht (vgl. auch *BAG* 20.12.1995 EzA § 58 BetrVG 1972 Nr. 1 S. 4; 12.11.1997 EzA § 58 BetrVG 1972 Nr. 2 S. 3; *Fitting* § 58 Rn. 11; *Gamillscheg* II, S. 675; *Hohenstatt/Dzida/HWK* § 58 BetrVG Rn. 4; *Koch*/ErfK § 58 BetrVG Rn. 2; *Konzen* FS *Wiese*, S. 199 [212 f.]; *Löwisch/LK* § 58 Rn. 2; *Richardi/Annuß* § 58 Rn. 8; *Schwab* NZA-RR 2007, 337 [340]; *Trittin/DKKW* § 58 Rn. 24; ausführlich zu dieser Abgrenzungsproblematik *Fuchs* Konzernbetriebsrat, S. 60 ff., 110 ff.; *Wetzling* Der Konzernbetriebsrat, S. 62 ff., 139 ff., die beide einer theoretischen Betrachtung einen praktischen Teil nachfolgen lassen). Genau genommen handelt es sich auch insoweit um Fälle, in denen den Gesamtbetriebsräten eine Regelung subjektiv unmöglich ist (vgl. § 50 Rdn. 39). Wichtig ist jedoch vor allem, dass das Kriterium »zwingendes Erfordernis« nur dann eine Rolle spielt, wenn es um die Zuständigkeitsabgrenzung zur Wahrnehmung von Beteiligungsrechten, insbesondere von **Mitbestimmungsrechten** geht, nicht aber im Bereich freiwilliger Regelungen (vgl. Rdn. 24 und § 50 Rdn. 39). Da der Konzernbetriebsrat ein fakultatives Gremium ist, wird weithin für eine enge Auslegung plädiert (vgl. *Galperin/Löwisch* § 58 Rn. 5; *Glock/HWGNRH* § 58 Rn. 10; *Koch*/ErfK § 58 BetrVG Rn. 2; *Richardi/Annuß* § 58 Rn. 8; *Trittin/DKKW* § 58 Rn. 25 ff.; dagegen im Ansatz zu Recht *Nick* Konzernbetriebsrat, S. 141 ff.). Gleichwohl müssen, schon mangels Alternativen, die zu § 50 Abs. 1 entwickelten Kriterien angewandt werden. Über das bloße Koordinierungsinteresse der Konzernleitung und Zweckmäßigkeitsgesichtspunkte hinaus (vgl. § 50 Rdn. 41; ebenso *BAG* 20.12.1995 EzA § 58 BetrVG 1972 Nr. 1 S. 4) ist demnach erforderlich, dass **rechtliche** Aspekte eine konzerndimensionale Regelung gebieten. Insoweit gilt das in § 50 Rdn. 42 Gesagte entsprechend mit der Maßgabe, dass auch Entscheidungsstrukturen im Konzern Beachtung erfordern. Ein zwingendes Erfordernis kann sich darüber hinaus auch aus **technischen Gründen** ergeben (*BAG* 19.06.2007 EzA § 58 BetrVG 2001 Nr. 1 Rn. 20; 25.09.2012 NZA 2013, 275; *Röder/Siegrist* DB 2008, 1098).

26 Die Zuständigkeit des Konzernbetriebsrats ist jedoch **keineswegs immer** dann zu bejahen, **wenn die Konzernleitung** eine betriebsverfassungsrechtliche Angelegenheit kraft ihrer Leitungsmacht »an sich gezogen hat« (zust. *Trittin/DKKW* § 58 Rn. 28; **a. M.** *Nick* Konzernbetriebsrat, S. 150) oder wenn, dem entsprechend, eine Initiative zu einer beteiligungspflichtigen Maßnahme von der Konzernleitung ausgeht (ebenso *Richardi/Annuß* § 58 Rn. 8 und *Fitting* § 58 Rn. 11; zust. *Koch*/ErfK § 58 BetrVG Rn. 2 gegen *Wetzling* Der Konzernbetriebsrat, S. 75 ff., 94). Andernfalls wäre die Zuständigkeitsabgrenzung in § 58 Abs. 1 überflüssig; die Zuständigkeit des Konzernbetriebsrats hinge vom Belieben der Konzernleitung ab. Dagegen kann der Normzweck der gesetzlichen Institutionalisierung des Konzernbetriebsrats nicht mit durchschlagendem Erfolg eingewandt werden. Die Eröffnung einer dritten Beteiligungsebene im Unterordnungskonzern hat zwar erkennbar den Zweck, einer Aushöhlung betriebsverfassungsrechtlicher Beteiligungsrechte auf Unternehmensebene infolge der Ausübung von Leitungsmacht durch das herrschende Unternehmen zu begegnen (vgl. § 54 Rdn. 4). Diese allgemeine Zwecksetzung findet jedoch in der Zuständigkeitsordnung des § 58 Abs. 1 eine erhebliche Einschränkung (zutr. *Oetker* ZfA 1986, 189 ff.), die zu beachten ist. Der Konzernbetriebsrat ist danach nicht allgemein zuständig zur Kompensation eines Beteiligungsdefizits auf der Unternehmensebene, wenn, was leicht möglich ist, einer Maßnahme vom Initiator final konzerndimensionaler Charakter beigelegt wird. Das Gesetz berücksichtigt dabei, dass **echte Mitbestimmungsrechte** auf der Unternehmensebene durch den sog. »Konzernkonflikt« nicht auf eine »forma-

le« Rechtsposition schrumpfen (so aber *Martens* ZfA 1973, 313 mit Fn. 32; dagegen zutr. *Fuchs* Konzernbetriebsrat, S. 64 ff., 80; *Oetker* ZfA 1986, 190), weil im Falle der Nichteinigung die Einigungsstelle verbindlich entscheidet; dadurch kann auch auf Unternehmensebene die Mitbestimmung effektiv wahrgenommen werden (das übersieht *Wetzling* Der Konzernbetriebsrat, S. 75 ff., der das »Nichtregelnkönnen« der Gesamtbetriebsräte allgemein mit deren Beteiligungsdefizit bei der Wahrnehmung von Arbeitnehmerinteressen begründen will). Das gilt für bloße **Mitwirkungsrechte** (Information, Anhörung, Beratung) in der Entscheidungsfindung auf Unternehmensebene nicht, wenn der Arbeitgeber aufgrund von Weisungen durch das herrschende Unternehmen in seiner Entscheidungsautonomie beschränkt ist. Daraus kann man für Mitwirkungsrechte die Zuständigkeit des Konzernbetriebsrats ableiten, wenn eine konzerndimensionale Regelungsinitiative von der Konzernleitung ausgeht.

3. Einzelfragen

Rechtsprechungsmaterial zur originären Zuständigkeit des Konzernbetriebsrats liegt nur spärlich vor. Einige Entscheidungen finden sich zu **Sozialeinrichtungen und Entgeltgrundsätzen**: Nach *BAG* 14.12.1993 EzA § 7 BetrAVG Nr. 47 LS 6 (obiter dictum) ist der Konzernbetriebsrat für die Ausübung der Mitbestimmungsrechte zuständig, wenn sich der Wirkungskreis einer Unterstützungskasse auf den Konzern bezieht; vgl. auch *BAG* 21.06.1979 AP Nr. 1 zu § 87 BetrVG 1972 Sozialeinrichtung *(Martens)* zum Mitbestimmungsrecht des Konzernbetriebsrats nach § 87 Abs. 1 Nr. 8, wenn zweifelhaft ist, ob die Sozialeinrichtung den Wirkungsbereich des Konzerns überschreitet. Vgl. auch *BAG* 17.03.1987 EzA § 1 BetrAVG Nr. 48 zur Ablösung einer konzerneinheitlichen Ruhegeldordnung durch eine jüngere Konzernbetriebsvereinbarung; zu Auslegungsgrundsätzen einer Konzernbetriebsvereinbarung über Altersversorgung vgl. *BAG* 22.01.2002 EzA § 77 BetrVG 1972 Ruhestand Nr. 2. Das *BAG* hat auch zutreffend die Zuständigkeit des Konzernbetriebsrats für den Fall verneint, dass Arbeitnehmer eines Konzernunternehmens zusätzliche Versorgungsleistungen erhalten sollen, die über eine konzerneinheitliche Versorgungsordnung hinausgehen (vgl. *BAG* 19.03.1981 AP Nr. 14 zu § 80 BetrVG 1972 *[Kemper/Küper]*). Ebenfalls für unzuständig hielt das *BAG* den Konzernbetriebsrat hinsichtlich einer Betriebsvereinbarung, aufgrund derer nach dem einschlägigen Tarifvertrag ein tariflicher Anspruch auf ein 13. Monatsgehalt gekürzt werden konnte (*BAG* 19.06.2007 EzA § 58 BetrVG 2001 Nr. 1). Zur Änderung bestehender Entlohnungsgrundsätze für die Außendienstmitarbeiter im Konzern vgl. *BAG* 29.01.2008 NZA-RR 2008, 469.

Zunehmend werden die Einführung **konzerneinheitlicher technischer Systeme** und die (damit einhergehende) **konzernweite Datenverarbeitung** praxisrelevant: Durch Beschluss vom 20.12.1995 hat das *BAG* (EzA § 58 BetrVG 1972 Nr. 1 = SAE 1997, 139 [krit. *Windbichler*]) zutreffend entschieden, dass der Konzernbetriebsrat zuständig ist, wenn sich der Zweck einer Regelung (konkret: der Austausch von Mitarbeiterdaten zwischen Konzernunternehmen) nur durch einheitliche Regelung auf der Konzernebene erreichen lässt. Weiter geht die Entscheidung *BAG* 25.09.2012 NZA 2013, 275 zum Einsatz eines Personalverwaltungssystems: Bereits die Möglichkeit zur zentralen Nutzung und Überwachung personenbezogener Daten der Arbeitnehmer begründe die Konzernbetriebsratszuständigkeit. Besteht aber keine unternehmensübergreifende Nutzungs- und Überwachungsmöglichkeit, bleibt die Zuständigkeit selbst dann bei den Betriebsräten, wenn von der Erhebung der Daten auch Arbeitnehmer anderer Konzernunternehmen betroffen sind. So im Fall *BAG* 26.01.2016 EzA § 58 BetrVG 2001 Nr. 4 Rn. 23 ff.: Von einem bestimmten Betrieb eingesetzte Überwachungskameras nahmen auch Arbeitnehmer anderer Konzernunternehmen auf. Gleichwohl bleibe es bei der Zuständigkeit der jeweiligen Betriebsräte, weil der nach § 87 Abs. 1 Nr. 6 mitbestimmungspflichtige Gegenstand für die einen Arbeitnehmer der gesamte Einsatz des visuellen Aufzeichnungssystems sei, für die anderen nur die Weisung des Arbeitgebers, sich zur Verrichtung der Arbeit in den Aufnahmebereich der Kameras zu begeben. Solange keine Zugriffsmöglichkeit auf die aufgezeichneten Daten bestehe, ließen sich die Angelegenheiten unabhängig voneinander regeln (unter Rückgriff auf die Argumentation in *BAG* 27.01.2004 EzA § 87 BetrVG 2001 Kontrolleinrichtung Nr. 1). Zur Einführung technischer Einrichtungen und Systeme mit konzernweitem Datenabgleich vgl. auch *ArbG Dessau-Roßlau* 17.06.2009 – 1 BV 1/09 – juris; *Bachner/Rupp* NZA 2016, 207 mit konkreten Beispielen; *Kock/Francke* NZA 2009, 646 [649 f.]; *Trittin/Fischer* NZA 2009, 343 [345]).

Wirklich technisch unmöglich sind Einzelregelungen im Fall eines zentral gesteuerten IT-Sicherheitssystems, wenn wegen der konzernweiten Vernetzung sinnvollerweise nur einheitliche Sicherheitsstandards gesetzt werden können (*Kort* NZA 2011, 1319 [1323 f.]).

29 Aus rechtlichen Gründen besteht eine Konzernbetriebsratszuständigkeit für Betriebsvereinbarungen über ein konzerneinheitliches Vorschlagswesen (Ideenmanagement) nach § 87 Abs. 1 Nr. 12 BetrVG, wenn die Vorschläge im gesamten Konzern verwertet werden sollen (*Wollwert* NZA 2012, 889 [891 f.]) Das *BAG* bejaht auch zu Recht die Zuständigkeit des Konzernbetriebsrats für die durch eine ausländische Konzernobergesellschaft veranlasste Einführung **konzernweiter Ethik-Richtlinien**, die eine konzernweite »Unternehmensphilosophie« umsetzen sollen, soweit Mitbestimmungstatbestände nach § 87 Abs. 1 eröffnet sind (*BAG* 22.07.2008 NZA 2008, 1248; 17.05.2011 EzA § 23 BetrVG 2001 Nr. 5; zustimmend *Dzida* NZA 2008, 1265 [1266]; s. a. *Kort* FS *Buchner*, S. 485; ders. NJW 2009, 129 [132]). Der Zweck einer solchen Regelung lässt sich gerade nur konzerneinheitlich erreichen.

30 Ein **Interessenausgleich** nach § 112 Abs. 1 Satz 1 ist mit dem Konzernbetriebsrat zu verhandeln und zu vereinbaren, wenn der geplanten Betriebsänderung ein unternehmensübergreifendes einheitliches Konzept zugrunde liegt (*LAG Köln* 28.11.2014 – 9 Sa 379/14 – juris, Rn. 45, im Fall aber verneint). Die Zuständigkeitsabgrenzung erfolgt insoweit analog derjenigen zwischen Gesamtbetriebsrat und Betriebsrat, wo es für die Gesamtbetriebsratszuständigkeit auf ein betriebsübergreifendes einheitliches Konzept ankommt (dazu *BAG* 11.12.2001 EzA § 50 BetrVG 1972 Nr. 18; s. a. § 50 Rdn. 54). Aus der Zuständigkeit für den Interessenausgleich folgt – wie beim Gesamtbetriebsrat – nicht automatisch die Zuständigkeit für den Abschluss eines **Sozialplans** nach § 111 Abs. 1 Satz 2. Diese ist wiederum nach analogen Kriterien wie zwischen Gesamtbetriebsrat und Betriebsrat zu bestimmen. Der Konzernbetriebsrat ist also zuständig, wenn die aus der Betriebsänderung folgenden Nachteile für die Arbeitnehmer zwingend einheitlich durch einen Konzernsozialplan ausgeglichen werden müssen, insbesondere weil die Betriebsänderung mehrere Unternehmen erfasst und die Durchführung des (vereinbarten oder zu vereinbarenden) Interessenausgleichs abhängig von unternehmensübergreifend einheitlichen Kompensationsregelungen ist. Dann kann der Sozialplan nicht mehr von den einzelnen Gesamtbetriebsräten abgeschlossen werden, sondern obliegt dem Konzernbetriebsrat (*LAG Düsseldorf* 12.02.2014 – 12 TaBV 36/13 – juris, Rn. 117 ff., im Fall aber verneint). Eine unternehmensübergreifende Betriebsänderung mit Zuständigkeit des Konzernbetriebsrats kann in der Einführung sog. **Matrix-Strukturen** liegen, wenn mehrdimensionale Berichtswege über Betriebs- und Unternehmensgrenzen hinweg geschaffen werden. Sind solche Strukturen dann eingerichtet, verschieben sie aber nicht aus sich heraus die weitere Zuständigkeit für künftige betriebliche Mitbestimmung in Richtung Gesamt- oder Konzernbetriebsrat; vielmehr muss dies weiterhin in jedem Einzelfall nach der gesetzlichen Zuständigkeitsabgrenzung geprüft werden (dazu *Kort* NZA 2013, 1318 [1322 ff.]).

31 Soweit eine Regelung den Gesamtbetriebsräten nicht objektiv oder subjektiv unmöglich ist und bereits deshalb der Konzernbetriebsrat zuständig ist (vgl. Rdn. 22), muss bei Mitbestimmungsangelegenheiten immer **im konkreten Einzelfall** über dessen Zuständigkeit entschieden werden (vgl. Rdn. 25); für Mitwirkungsangelegenheiten ist Rdn. 26 zu beachten. Die Beteiligung des Konzernbetriebsrats kommt grundsätzlich in allen betriebsverfassungsrechtlichen Beteiligungsangelegenheiten in Betracht (allgemeine Aufgaben [§ 80]; soziale Angelegenheiten; Gestaltung von Arbeitsplatz, Arbeitsablauf und Arbeitsumgebung; personelle Angelegenheiten [vgl. zur Zuständigkeit des Konzernbetriebsrats bei den Postunternehmen Rdn. 4], insbesondere in allgemeinen personellen Angelegenheiten und bei der Berufsbildung [§§ 92 ff., 96, 98]; in wirtschaftlichen Angelegenheiten bei Betriebsänderungen [§§ 111 f.] und Beteiligungsverfahren bei Massenentlassungen nach § 17 Abs. 2 KSchG; dazu *Dzida/Hohenstatt* NJW 2012, 27). Vgl. insoweit auch *Fuchs* Konzernbetriebsrat, S. 110 ff.; *Rieble* FS *Bauer*, S. 867 ff.; *Wetzling* Der Konzernbetriebsrat, S. 139 ff.; zum Sozialplan im Konzern auch *Nick* Konzernbetriebsrat. Die allgemeinen betriebsverfassungsrechtlichen Pflichten, insbesondere nach § 2 Abs. 1, §§ 74, 75, sind zu beachten (§ 59 Abs. 1 i. V. m. § 51 Abs. 5).

32 Ein **Konzernwirtschaftsausschuss** ist nicht vorgesehen. Der Konzernbetriebsrat oder einer seiner Ausschüsse haben auch nicht die Stellung eines Wirtschaftsausschusses; ein Konzernwirtschaftsausschuss kann vom Konzernbetriebsrat mangels Gesetzeslücke auch nicht entsprechend §§ 106, 107 gebildet werden (ebenso *BAG* 23.08.1989 EzA § 106 BetrVG 1972 Nr. 9; *Oetker* § 106 Rdn. 26 f. m. w. N.; *Fitting* § 58 Rn. 17; *Glock/HWGNR* § 58 Rn. 20; *Joost*/MünchArbR § 227 Rn. 52; jetzt

auch *Löwisch/LK* § 106 Rn. 1; *Richardi/Annuß* § 58 Rn. 14; **a. M.** *Nebendahl* DB 1991, 384 [388]; *Trittin/DKKW* § 58 Rn. 77; *Wetzling* Der Konzernbetriebsrat, S. 182 ff.; *Windbichler* Arbeitsrecht im Konzern, S. 333). Es bestehen aber keine Bedenken, dass der Konzernbetriebsrat oder einer seiner Ausschüsse mit Zustimmung der Konzernleitung im Rahmen vertrauensvoller Zusammenarbeit entsprechende Aufgaben wahrnehmen, die auf der Unternehmensebene in die Zuständigkeit des Wirtschaftsausschusses fallen, sofern sich für ihn nicht bereits aus anderen Bestimmungen (vgl. insbesondere §§ 80 Abs. 2, 111) entsprechende Beteiligungsrechte ergeben (ebenso *Oetker* § 106 Rdn. 29; *Lerch/Weinbrenner* NZA 2013, 355 [356]; *Fitting* § 58 Rn. 18; *Rumpff/Boewer* Wirtschaftliche Angelegenheiten, G Rn. 7; *Weiss/Weyand* § 58 Rn. 4; **a. M.** wohl *Glock/HWGNRH* § 58 Rn. 20). Insbesondere erscheint es geboten, dass die Konzernleitung dem Konzernbetriebsrat den Konzernjahresabschluss erläutert, wie dies in der Praxis auch geschieht (vgl. *Wetzling* Der Konzernbetriebsrat, S. 187, 210).

4. Zuständigkeit aufgrund besonderer gesetzlicher Zuweisung

Besondere Vorschriften zur Rechtsstellung des Konzernbetriebsrats hat das BetrVerf-Reformgesetz 2001 in das Gesetz eingefügt: Danach kann der Konzernbetriebsrat, sofern kein primär zuständiger Gesamtbetriebsrat besteht, den **Wahlvorstand** für die Betriebsratswahl bei nicht rechtzeitiger Bestellung durch den Betriebsrat (§ 16 Abs. 3, § 17a Nr. 1) und in Betrieben ohne Betriebsrat **bestellen** (§ 17 Abs. 1, § 17a, zu den Grenzen dieses Rechts vgl. *BAG* 16.11.2011 EzA § 17 BetrVG 2001 Nr. 2). **33**

Kraft **besonderer Zuweisung** hat der Konzernbetriebsrat **im Recht der Unternehmensmitbestimmung** Beteiligungsbefugnisse: **34**
— Bestellung des Hauptwahlvorstands für die Wahl der Aufsichtsratsmitglieder der Arbeitnehmer des herrschenden Unternehmens nach dem DrittelbG (§ 26 Abs. 3 WODrittelbG vom 23.06.2004 BGBl. I, S. 1393), MitbestG (§§ 2 und 4 Abs. 4 der 3. WOMitbestG vom 27.05.2002 BGBl. I, S. 1741) und dem MitbestErgG (§ 3 Abs. 3 WOMitbestErgG vom 10.10.2005 BGBl. I, S. 2927);
— Entgegennahme des Antrags auf Abstimmung über die Abberufung eines Aufsichtsratsmitglieds der Arbeitnehmer nach dem MitbestG (§ 88 der 3. WOMitbestG) und dem MitbestErgG (§ 79 WOMitbestErgG) sowie nach dem DrittelbG (§ 39 Abs. 1 Nr. 2 WODrittelbG), wenn das Aufsichtsratsmitglied, dessen Abberufung beantragt wird, durch die Arbeitnehmer mehrerer Unternehmen gewählt worden ist;
— Recht zur Anfechtung der Wahl von Aufsichtsratsmitgliedern der Arbeitnehmer (§ 22 Abs. 2 Satz 1 Nr. 2 MitbestG; § 10m Abs. 2 Satz 1 Nr. 2 MitbestErgG);
— Im Rahmen des Montan-MitbestG übernimmt der Konzernbetriebsrat die Wahl von zwei Vertretern der Arbeitnehmer im Aufsichtsrat nach § 1 Abs. 4 i. V. m. § 6 Montan-MitbestG;
— Der Unternehmensmitbestimmung dienen ferner die Antragsbefugnis zur gerichtlichen Aufsichtsratsbestellung (§ 104 Abs. 1 Satz 3 Nr. 1 AktG) sowie die Klagebefugnis zur Feststellung der Nichtigkeit der Aufsichtsratswahl (§ 250 Abs. 2 Nr. 1 AktG).

Auch nach dem **Europäische Betriebsräte-Gesetz** (EBRG) hat der Konzernbetriebsrat Befugnisse: **35**
— Bestellung der inländischen Arbeitnehmervertreter des besonderen Verhandlungsgremiums bei gemeinschaftsweit tätiger Unternehmensgruppe (§ 11 Abs. 2 EBRG).
— Bestellung und Abberufung der auf das Inland entfallenden Arbeitnehmervertreter für einen Europäischen Betriebsrat kraft Vereinbarung bei gemeinschaftsweit tätiger Unternehmensgruppe (§ 18 Abs. 2, § 23 Abs. 2 und 4 EBRG).
— Bestellung und Abberufung der auf das Inland entfallenden Arbeitnehmervertreter für einen Europäischen Betriebsrat kraft Gesetzes bei gemeinschaftsweit tätiger Unternehmensgruppe (§ 23 Abs. 2 und 4 EBRG).

Ähnliche Befugnisse kommen dem Konzernbetriebsrat nach den **Gesetzen über die Beteiligung der Arbeitnehmer in der Europäischen Gesellschaft** und der **Europäischen Genossenschaft** zu (vgl. §§ 8, 21 Abs. 5, §§ 23, 30 SEBG; § 8 Abs. 2 SCEBG); außerdem nach dem **Gesetz über die Mitbestimmung der Arbeitnehmer bei einer grenzüberschreitenden Verschmelzung** (§ 10 Abs. 2 MgVG).

5. Erweiterte Zuständigkeit (Abs. 1 Halbs. 2)

36 Die (Regelungs-)Zuständigkeit des Konzernbetriebsrats nach § 58 Abs. 1 Satz 1 **Halbs. 1** betrifft Konzernunternehmen, deren Gesamtbetriebsräte (bzw. nach § 54 Abs. 2 funktionell zuständige Betriebsräte) seine Errichtung beschlossen und/oder Mitglieder in den Konzernbetriebsrat entsandt haben. Dieser ist aber auch zuständig für solche Konzernunternehmen, deren Gesamtbetriebsräte (bzw. funktionell zuständigen Betriebsräte) ihrer Verpflichtung zur Entsendung von Mitgliedern nach § 55 Abs. 1 nicht nachgekommen sind, unabhängig davon, ob sie sich gegen die Errichtung des Konzernbetriebsrats ausgesprochen oder eine Abstimmung darüber überhaupt nicht vorgenommen haben. Insoweit besteht kein Legitimationsdefizit (vgl. Rdn. 37); außerdem würde andernfalls einem gesetzwidrigen Verhalten Vorschub geleistet.

37 § 58 Abs. 1 Satz 1 Halbs. 2 erstreckt die originäre Zuständigkeit des Konzernbetriebsrats nach Halbs. 1 »auf Unternehmen, die einen Gesamtbetriebsrat nicht gebildet haben, sowie auf Betriebe der Konzernunternehmen ohne Betriebsrat«. Dieser **Halbs. 2 wurde durch Art. 1 Nr. 41 BetrVerf-Reformgesetz 2001** (entsprechend der Neuregelung in § 50 Abs. 1 Satz 1 Halbs. 2; vgl. dazu § 50 Rdn. 56 ff.) in das Betriebsverfassungsgesetz eingefügt. Ohne dies sachlich zu begründen (vgl. BT-Drucks. 14/5741, S. 43 zu Nr. 41), hat der Gesetzgeber damit Streitfragen gegen die bisher h. L. (vgl. 6. Aufl., § 58 Rn. 31 f. m. w. N.) entschieden; diese hatte geltend gemacht, dass dem Konzernbetriebsrat (ebenso wie dem Gesamtbetriebsrat; vgl. § 50 Rdn. 57) die betriebsverfassungsrechtliche Legitimation fehle, für Belegschaften betriebsratsloser Betriebe und solcher Konzernunternehmen tätig zu werden, in denen (mehrere) Betriebsräte ihrer Pflicht zur Bildung eines Gesamtbetriebsrats nicht nachgekommen sind. Dieser Einwand richtet sich nunmehr gegen die Neuregelung (vgl. auch *Hanau* RdA 2001, 65 [66]; *Rieble* ZIP 2001, 133 [136]); diese ist aber nicht verfassungswidrig (vgl. entsprechend § 50 Rdn. 58).

38 Die Zuständigkeit des Konzernbetriebsrats wird nach Abs. 1 Satz 1 Halbs. 2 zunächst auf Unternehmen erstreckt, die einen Gesamtbetriebsrat nicht gebildet haben. Diese Formulierung ist ungenau. Nicht »die Unternehmen« bilden den Gesamtbetriebsrat; Ansatzpunkt für dessen Bildung »in einem Unternehmen« ist vielmehr das Bestehen mehrerer Betriebsräte, deren Pflicht es nach § 47 Abs. 1 ist, den Gesamtbetriebsrat zu errichten. Die Zuständigkeitserstreckung bezieht sich dementsprechend auf Konzernunternehmen, in denen mehrere Betriebsräte bestehen (so dass kein Fall des § 54 Abs. 2 vorliegt), die aber ihrer **Verpflichtung zur Bildung eines Gesamtbetriebsrats nicht nachgekommen** sind (zust. *Fitting* § 58 Rn. 29). In diesen Fällen erstreckt sich die Zuständigkeit des Konzernbetriebsrats schon dem Wortlaut nach auf das (gesamte) Unternehmen, so dass auch betriebsratslose Betriebe erfasst werden. Dieses Ergebnis ergibt sich allerdings auch aus der zweiten Fallgruppe von Satz 1 Halbs. 2. Danach erstreckt sich die Zuständigkeit auch auf alle Betriebe ohne Betriebsrat in (allen) Konzernunternehmen, also auch auf solche in einem Unternehmen, in dem pflichtwidrig kein Gesamtbetriebsrat gebildet worden ist.

39 Darüber hinaus betrifft diese Ausweitung der Zuständigkeit **alle betriebsratslosen Betriebe im Konzern**, und zwar unabhängig davon, ob ein Konzernunternehmen nur einen oder mehrere, allesamt betriebsratslose Betriebe hat, oder ob betriebsratslose Betriebe in Konzernunternehmen bestehen, in denen ein Gesamtbetriebsrat gebildet ist (zust. *Fitting* § 58 Rn. 29). Wegen der ausdrücklichen Regelung in Satz 1 Halbs. 2 erübrigt sich in der letzteren Fallkonstellation der Versuch, die Zuständigkeit des Konzernbetriebsrats daraus herzuleiten, dass nach § 50 Abs. 1 Satz 1 Halbs. 2 bereits der Gesamtbetriebsrat seinerseits für Betriebe ohne Betriebsrat im Unternehmen zuständig sein kann. Mit dieser Ausweitung der Zuständigkeit wird die Herbeiführung konzerneinheitlicher Regelungen erleichtert, indem Konzernbetriebsvereinbarungen auch in allen betriebsratslosen Betrieben gelten können.

40 Als **Betriebe ohne Betriebsrat** kommen nur betriebsratsfähige Betriebe und solche Betriebsteile in Betracht, die nach § 4 Abs. 1 Satz 1 als selbständige Betriebe gelten (*LAG Düsseldorf* 03.11.2011 ArbR 2012, 23). Nicht betriebsratsfähige »Kleinstbetriebe« stehen als solche außerhalb der Betriebsverfassung. Das kann aber nur für Konzernunternehmen praktisch werden, die ausschließlich einen oder mehrere solcher Kleinstbetriebe haben. Ansonsten führt die Zuordnung von Kleinstbetrieben zum

(betriebsratsfähigen) Hauptbetrieb nach § 4 Abs. 2 dazu, dass ggf. ein betriebsratsloser Betrieb vorliegt (vgl. § 50 Rdn. 59).

Die Zuständigkeitserstreckung nach Halbs. 2 gilt nur, **soweit** der Konzernbetriebsrat nach Satz 1 Halbs. 1 **originär** zuständig ist. Im Umkehrschluss bedeutet das, dass Angelegenheiten, die durch die einzelnen Gesamtbetriebsräte innerhalb ihrer Unternehmen geregelt werden können, vom Konzernbetriebsrat weder für Unternehmen geregelt werden können, in denen ein Gesamtbetriebsrat pflichtwidrig nicht gebildet worden ist, noch für betriebsratslose Betriebe im Konzern. Damit ist ausgeschlossen, dass der Konzernbetriebsrat auf Unternehmensebene als Ersatzgesamtbetriebsrat (ebenso *Fitting* § 58 Rn. 30; *Koch*/ErfK § 58 BetrVG Rn. 2; *Richardi/Annuß* § 58 Rn. 23) oder gar auf Betriebsebene als Ersatzbetriebsrat (ebenso *Fitting* § 58 Rn. 30) tätig werden und an deren Stelle die Beteiligungsrechte ausüben kann (anders ist dies bei der Konzernschwerbehindertenvertretung; vgl. § 59a Rdn. 11). Im Gegensatz dazu ist der Konzernbetriebsrat neuerdings nach ausdrücklicher gesetzlicher Regelung (§ 16 Abs. 3, § 17 Abs. 1) subsidiär befugt, den Wahlvorstand für die Betriebsratswahl zu bestellen. **41**

Da eine Übergangsregelung insoweit nicht getroffen ist (vgl. Art. 14 BetrVerf-Reformgesetz), gilt die Zuständigkeitserstreckung seit Inkrafttreten des BetrVerf-Reformgesetzes am 28.07.2001. Das bedeutet aber nicht, dass Konzernbetriebsvereinbarungen, die bereits vorher abgeschlossen worden sind, ab diesem Zeitpunkt im erweiterten Zuständigkeitsbereich des Konzernbetriebsrats gelten. Es ist vielmehr (wie bei Gesamtbetriebsvereinbarungen nach der Erweiterung des Zuständigkeitsbereichs des Gesamtbetriebsrats) zu differenzieren (vgl. entsprechend § 50 Rdn. 62; zust. *Fitting* § 58 Rn. 31 ff.). **42**

V. Zuständigkeit des Konzernbetriebsrats kraft Auftrags (Abs. 2)

Abs. 2 eröffnet den Gesamtbetriebsräten (und den nach § 54 Abs. 2 funktionell zuständigen Betriebsräten) die Möglichkeit, in einzelnen, der Zuständigkeit des jeweiligen Gesamtbetriebsrats unterliegenden Angelegenheiten den Konzernbetriebsrat im Wege des Auftrags einzuschalten. Diese Möglichkeit erschien dem Gesetzgeber zweckmäßig, weil dem Konzernbetriebsrat wegen seines unmittelbaren Kontakts zur Konzernleitung vielfach bessere Verhandlungsmöglichkeiten zur Verfügung stehen (vgl. Rdn. 2). Die Beauftragung beschränkt sich aber nur dann auf die Wahrnehmung von Verhandlungen, wenn sich dabei der Gesamtbetriebsrat die Entscheidungsbefugnis vorbehält (vgl. Abs. 2 Satz 2 und Rdn. 48). Da zugleich auch mehrere oder alle Gesamtbetriebsräte im Konzern den Konzernbetriebsrat beauftragen können, wird über Abs. 2 der Weg zu konzerneinheitlichen Regelungen auch in Angelegenheiten eröffnet, für die der Konzernbetriebsrat nach Abs. 1 nicht originär zuständig oder diese Zuständigkeit zweifelhaft ist, die Arbeitnehmervertretungen aber im Arbeitnehmerinteresse eine einheitliche Regelung für zweckmäßig halten. Zu berücksichtigen ist aber, dass der Konzernbetriebsrat insoweit nicht für Unternehmen handeln kann, in denen pflichtwidrig kein Gesamtbetriebsrat gebildet ist, und auch nicht für Konzernunternehmen, deren einziger Betrieb (oder mehrere Betriebe allesamt) betriebsratslos ist (sind); insoweit fehlt eine Interessenvertretung, die den Konzernbetriebsrat beauftragen könnte, und die Zuständigkeitserstreckung nach Abs. 1 Satz 1 Halbs. 2 betrifft nur seine originäre Zuständigkeit nach Satz 1. Hingegen gilt die Erstreckung der Zuständigkeit des Gesamtbetriebsrats auf betriebsratslose Betriebe nach § 50 Abs. 1 Satz 1 Halbs. 2 auch dann, wenn dieser den Konzernbetriebsrat nach § 58 Abs. 2 beauftragt. **43**

Zur **Rechtsnatur** und zum **Inhalt** der Beauftragung vgl. entsprechend § 50 Rdn. 65 ff. **44**

Die Beauftragung erfordert nach Abs. 2 Satz 1 einen **Beschluss des Gesamtbetriebsrats**, für den, anders als im Regelfall nach § 59 Abs. 1 i. V. m. § 51 Abs. 3 Satz 1, die **absolute Mehrheit** erforderlich ist, d. h. mehr als die Hälfte des Gesamtstimmgewichts des Gesamtbetriebsrats muss der Beauftragung zustimmen. Der Beschluss ist **zugangsbedürftig** (vgl. § 50 Rdn. 68). Dabei ist zu beachten, dass die Beauftragung im Interesse der Rechtssicherheit der **Schriftform** bedarf (Abs. 2 Satz 3 i. V. m. § 27 Abs. 2 Satz 3). Vgl. zur Nichtbeachtung der Form entsprechend § 50 Rdn. 69 f. **45**

Die Beauftragung kann jederzeit ohne besonderen Grund **widerrufen** werden (Abs. 2 Satz 3 i. V. m. § 27 Abs. 2 Satz 4). Der Widerruf bedarf, wie der Beauftragungsbeschluss, eines mit absoluter Stim- **46** menmehrheit zu fassenden Beschlusses und der Schriftform und muss dem Vorsitzenden des Konzernbetriebsrats zugehen (vgl. entsprechend § 50 Rdn. 71).

47 Soweit ein Betriebsrat nach § 54 Abs. 2 die Aufgaben eines Gesamtbetriebsrats wahrnimmt, kann auch er mit der absoluten Mehrheit der Stimmen seiner Mitglieder (abweichend vom Grundsatz des § 33 Abs. 1; vgl. § 50 Rdn. 68) wie ein Gesamtbetriebsrat den Konzernbetriebsrat beauftragen. Im Übrigen können Einzelbetriebsräte den Konzernbetriebsrat nicht beauftragen. Hat ein Einzelbetriebsrat nach § 50 Abs. 2 einen Gesamtbetriebsrat eingeschaltet, so kann dieser nur mit Zustimmung des Betriebsrats die Behandlung auf den Konzernbetriebsrat weiter übertragen (ebenso *Fitting* § 58 Rn. 25; *Glock/HWGNRH* § 58 Rn. 28; *Joost/*MünchArbR § 227 Rn. 54; *Richardi/Annuß* § 58 Rn. 31; *Rieble* RdA 2005, 26 [28]; *Trittin/DKKW* § 58 Rn. 109; wohl auch *Koch/*ErfK § 58 BetrVG Rn. 5; ohne die genannte Einschränkung offenbar *Schwab* NZA-RR 2007, 337 [340]), es sei denn, dass diese Weiterdelegation von der Beauftragung ausdrücklich gedeckt ist.

48 Vgl. ausführlich zum **Gegenstand der Beauftragung** entsprechend § 50 Rdn. 72 ff. Beauftragt ein Gesamtbetriebsrat den Konzernbetriebsrat, für ihn eine Angelegenheit **verbindlich** zu regeln, so erhält der Konzernbetriebsrat die **Verhandlungs- und Entscheidungsbefugnis**. Der Gesamtbetriebsrat kann sich aber auch die Entscheidungsbefugnis ausdrücklich schriftlich vorbehalten (Abs. 2 Satz 2 und 3 i. V. m. § 27 Abs. 2 Satz 3; vgl. § 50 Rdn. 76); dann erhält der Konzernbetriebsrat nur die Funktion eines **Verhandlungsführers**.

49 In beiden Fällen ist die **Konzernleitung Verhandlungspartner**. Das hat auch der Gesetzgeber so gesehen (vgl. Rdn. 14; ebenso *Hanau*, ZGR 1984, 482; *Laudi* Der betriebsverfassungsrechtliche Arbeitgeber im Konzern, S. 40 ff. bei Beauftragung durch mehrere Gesamtbetriebsräte in derselben Angelegenheit, S. 59 bei Beauftragung durch nur einen Gesamtbetriebsrat; einschränkend *Trittin/DKKW* § 58 Rn. 110: sowohl die Konzernspitze als auch die Unternehmensleitung; nur die jeweilige Unternehmensleitung: *BAG* 12.11.1997 EzA § 58 BetrVG 1972 Nr. 2 S. 4 ff.; 17.03.2015 EzA § 256 ZPO 2002 Nr. 13 Rn. 16 f.; *Fitting* § 58 Rn. 27; *Galperin/Löwisch* § 58 Rn. 4; *Hohenstatt/Dzida/HWK* § 58 BetrVG Rn. 13; *Rügenhagen* Betriebliche Mitbestimmung, S. 161; *Schwab*, AiB 2008, 87 [91]; *Tautphäus/*HaKo § 58 Rn. 18; *Windbichler* Arbeitsrecht im Konzern, S. 344).

50 Ist der Konzernbetriebsrat entscheidungsbefugt, so ist die **Konzernleitung** auch **Vertragspartner** einer Betriebsvereinbarung oder Regelungsabrede (ebenso *Hanau* ZGR 1984, 482 mit Fn. 49; zust. *Bachner* NZA 1995, 256 [259]; ausführlich *Laudi* Der betriebsverfassungsrechtliche Arbeitgeber im Konzern, S. 40 ff.; vgl. auch das entstehungsgeschichtliche Argument Rdn. 14). Auch insoweit richtet sich die Arbeitgeberfunktion des Konzerns, die von der Konzernleitung ausgeübt wird, nach der (hier: abgeleiteten) Zuständigkeit des Konzernbetriebsrats. Unbeachtlich ist, ob die Konzernleitung von ihrer Leitungsmacht in der maßgeblichen Angelegenheit bereits Gebrauch gemacht hat, »diese an sich gezogen hat«. **Nach überwiegender Auffassung** schließt dagegen der Konzernbetriebsrat im Rahmen des Abs. 2 Betriebsvereinbarungen nicht mit der Konzernspitze, sondern **jeweils mit dem Konzernunternehmen**, dessen Gesamtbetriebsrat ihn beauftragt hat; dementsprechend soll mit der Beauftragung eine Zuständigkeitsverlagerung auf Arbeitgeberseite nicht stattfinden (vgl. *BAG* 12.11.1997 EzA § 58 BetrVG 1972 Nr. 2 S. 4 ff. für den Fall, dass nicht nur ein, auch nicht alle, aber mehrere Gesamtbetriebsräte bzw. Betriebsräte beauftragt haben; *Fitting* § 58 Rn. 6, 27; *Glock/HWGNRH* § 58 Rn. 29; *Joost/*MünchArbR § 227 Rn. 54; *Koch/*ErfK § 58 BetrVG Rn. 5; *Konzen* FS *Wiese*, S. 199 [217]; *Nick* Konzernbetriebsrat, S. 152 ff.; *Richardi/Annuß* § 58 Rn. 45; *Schwab* AR-Blattei SD 530.12.1, Rn. 54; vgl. auch *Wiedemann* Die Unternehmensgruppe im Privatrecht, S. 116, der aber alternativ auch die Betriebsvereinbarung mit der Konzernspitze zulässt). Dem gewiss ernst zu nehmenden Einwand, dass andernfalls insoweit die Zuständigkeit der Konzernspitze zur Disposition der Gesamtbetriebsräte stehe, stehen Argumente mit stärkerem Gewicht gegenüber. Der Gesetzgeber hat in § 58 Abs. 1 die Konzernleitung als betriebsverfassungsrechtlichen Gegenpol eingerichtet; im systematischen Zusammenhang zu Abs. 2 ist nicht ersichtlich, dass es der Konzernbetriebsrat in beiden Fällen mit verschiedenen Vertragspartnern zu tun haben soll, zumal wenn die Konzernspitze bereits Verhandlungspartner ist. Durch die Beauftragung des Konzernbetriebsrats soll gerade dessen Kontakt zur Konzernspitze bei der Behandlung einer Angelegenheit nutzbar gemacht werden (vgl. Rdn. 43). Außerdem würde die Gegenauffassung verhindern, dass Kompetenzzweifel an der originären Zuständigkeit des Konzernbetriebsrats nach Abs. 1 durch übereinstimmende Beauftragung (mehrerer oder

aller Gesamtbetriebsräte) im Rahmen des Abs. 2 behoben werden (*Hanau* ZGR 1984, 482 Fn. 49); zudem würden gerade in diesen Fällen erheblich höhere Kosten entstehen, wenn der Konzernbetriebsrat mit einer Vielzahl von Unternehmensleitungen zu verhandeln und ggf. Einigungsstellenverfahren durchzuführen hätte (vgl. *Bachner* NZA 1995, 256 [259]). Die Konzernleitung kann sich jedoch von der Leitung des abhängigen Unternehmens vertreten lassen (vgl. auch Rdn. 55).

VI. Ausübung der Zuständigkeit durch den Konzernbetriebsrat, insbesondere Konzernbetriebsvereinbarungen

Im Zuständigkeitsbereich des Konzernbetriebsrats richtet sich die **Ausübungsform** wie beim Betriebsrat (vgl. § 59 Abs. 1, § 51 Abs. 5) zunächst nach dem jeweiligen Beteiligungsrecht (s. § 50 Rdn. 77). Mitbestimmungsrechte können durch Betriebsvereinbarung, aber auch durch formlose (Betriebs-)Absprache ausgeübt werden. Im Zuständigkeitsbereich des Konzernbetriebsrats können auch freiwillige Betriebsvereinbarungen geschlossen werden; das ist insbesondere der Fall, wenn den Gesamtbetriebsräten eine Regelung auf Unternehmensebene subjektiv unmöglich ist (vgl. Rdn. 24).

51

Für Betriebsvereinbarungen gilt § 77 Abs. 2 bis 6 entsprechend (vgl. § 59 Abs. 1, § 51 Abs. 5). Soweit der Konzernbetriebsrat im Rahmen seiner originären Zuständigkeit nach Abs. 1 handelt und mit dem Leitungsorgan des herrschenden Konzernunternehmens eine Betriebsvereinbarung abschließt, spricht man von einer **Konzernbetriebsvereinbarung** (vgl. BAG 17.03.1987 EzA § 1 BetrAVG Nr. 48; 22.01.2002 EzA § 77 BetrVG 1972 Ruhestand Nr. 2 unter II 3b; *Fitting* § 58 Rn. 34; *Glock/HWGNRH* § 58 Rn. 29; *Hohenstatt/Dzida/HWK* § 58 BetrVG Rn. 11; *Koch/*ErfK § 58 BetrVG Rn. 6; *Löwisch/*LK § 58 Rn. 20 ff.; *Richardi/Annuß* § 58 Rn. 45; *Trittin/*DKKW § 58 Rn. 119 ff.); das Gesetz kennt diesen Begriff aber nicht.

52

Konzernbetriebsvereinbarungen gelten mit **unmittelbarer und zwingender Wirkung** (§ 77 Abs. 4) **konzernweit**, d. h. für alle Arbeitsverhältnisse in den Betrieben des herrschenden und der abhängigen Unternehmen (vgl. Rdn. 11 ff., 36 f.), soweit keine Beschränkung des Geltungsbereichs vereinbart ist (etwa weil die geregelte Angelegenheit lediglich mehrere und nicht alle Konzernunternehmen betrifft). Sie gelten dann auch in Konzernunternehmen, in denen ein Gesamtbetriebsrat pflichtwidrig nicht errichtet worden ist und in allen betriebsratslosen Betrieben im Konzern, § 58 Abs. 1 Satz 1 Halbs. 2 (vgl. dazu Rdn. 37 ff.). Erst recht gelten nach dieser gesetzlichen Wertung Konzernbetriebsvereinbarungen als solche für **Betriebe**, die erst nachträglich **in den Konzern aufgenommen** werden – auch hier freilich vorbehaltlich einer Beschränkung des Geltungsbereichs durch die Betriebsparteien (*Lange* NZA 2017, 288 [291]; vgl. § 50 Rdn. 87). Ein **Anspruch auf Durchführung** von Konzernbetriebsvereinbarungen steht grundsätzlich **nur dem Konzernbetriebsrat** zu (BAG 18.05.2010 EzA § 77 BetrVG 2001 Nr. 30 = AP Nr. 51 zu § 77 BetrVG 1972 Betriebsvereinbarung [*Bergwitz*]). Dieses Ergebnis beruht zunächst auf allgemeinen vertragsrechtlichen Grundsätzen, wonach ein vertraglicher Anspruch regelmäßig dem Vertragspartner zusteht und nur von diesem geltend gemacht werden kann. Außerdem folgt dieses Ergebnis aus der Anwendung von Abs. 1 selbst, dessen Voraussetzungen auch insoweit vorliegen (**a. M.**: *Fischer* FS *Düwell*, S. 234 [243]). Es besteht stets Konzerndimensionalität aufgrund des unternehmensübergreifenden Geltungsbereichs der Konzernbetriebsvereinbarung; außerdem darf ein und dieselbe Konzernbetriebsvereinbarung in einzelnen Betrieben nicht unterschiedlich angewendet werden. Ein Anspruch der Einzelbetriebsräte folgt auch nicht aus § 80 Abs. 1 Nr. 1; diese Vorschrift begründet lediglich die Aufgabe, die mangelhafte Durchführung zu beanstanden und auf Abhilfe zu drängen. Im Einzelfall könnte allenfalls § 23 Abs. 3 greifen, wenn die mangelnde Durchführung der Konzernbetriebsvereinbarung einen groben Verstoß gegen die betriebsverfassungsrechtliche Ordnung darstellt (BAG 18.05.2010 EzA § 77 BetrVG 2001 Nr. 30 Rn. 20, im Fall aber abgelehnt, Rn. 25). Möglich ist daneben die ausdrückliche Einräumung von Sonderrechten für die Betriebsräte oder Gesamtbetriebsräte im Sinne eines echten Vertrags zugunsten Dritter, die diese dann auch einklagen können. Ferner besteht ein Anspruch eines Gesamtbetriebsrats, wenn er den Konzernbetriebsrat nach § 58 Abs. 2 beauftragt hat, da dieser dann rechtlich als Vertreter des Auftraggebers handelt (s. § 50 Rdn. 78). Konsequenz daraus ist auch, dass der Gesamtbetriebsrat zur Kündigung einer solchen

53

(Gesamt-)Betriebsvereinbarung nach § 77 Abs. 5 berechtigt ist oder zur Ablösung durch neue (Gesamt-)Betriebsvereinbarung, soweit nicht der Konzernbetriebsrat auch insoweit beauftragt ist. Wurde der Gesamtbetriebsrat seinerseits vom Betriebsrat beauftragt und die Weiterdelegierung gestattet, steht der Durchführungsanspruch und das Kündigungsrecht dem Betriebsrat zu.

54 Kommt in Mitbestimmungsangelegenheiten, für die der Konzernbetriebsrat nach Abs. 1 oder 2 zuständig ist, eine Einigung mit der Konzernleitung nicht zustande, so entscheidet nach § 76 Abs. 5 eine eigens für den Konzern zu bildende **Einigungsstelle** (§ 76 Abs. 1), deren Mitglieder vom Konzernbetriebsrat und der Konzernleitung bestellt werden.

55 **Verhandlungs- und Vertragspartner** des Konzernbetriebsrats ist in allen Fällen sein betriebsverfassungsrechtlicher Gegenpol, **die Konzernleitung** (vgl. ausführlich Rdn. 9 ff., 48 ff.). Die Konzernleitung kann sich jedoch nach Maßgabe des allgemeinen Vertretungsrechts vertreten lassen (vgl. entsprechend auch § 50 Rdn. 80). Umgekehrt braucht die Konzernleitung im Rahmen ihrer betriebsverfassungsrechtlichen Arbeitgeberstellung keine Vertretungsmacht der Konzernunternehmen zum Abschluss konzernweiter (Konzern-)Betriebsvereinbarungen; das gilt ohne Unterschied für den Vertragskonzern und den faktischen Konzern (vgl. Rdn. 15).

56 Aus dem **Grundsatz der Zuständigkeitstrennung** (vgl. Rdn. 8) im Bereich originärer Zuständigkeit des Konzernbetriebsrats ergibt sich, dass die Ausübung eines betriebsverfassungsrechtlichen Beteiligungsrechts nur wirksam erfolgt, wenn das jeweils zuständige Gremium beteiligt ist. Wird der an sich zuständige Konzernbetriebsrat an einer mitbestimmungspflichtigen Maßnahme des Arbeitgebers nicht beteiligt, steht der allgemeine Unterlassungsanspruch nur ihm, nicht aber dem örtlichen Betriebsrat zu (*BAG* 17.05.2011 EzA § 23 BetrVG 2011 Nr. 5). Zuständigkeitsüberschreitungen durch Gesamtbetriebsräte bei Zuständigkeit des Konzernbetriebsrats oder durch den unzuständigen Konzernbetriebsrat (und die dann auch unzuständige Konzernleitung) lassen das jeweilige Beteiligungsrecht des zuständigen Organs unberührt. Sind unter **Kompetenzanmaßung** Betriebsvereinbarungen abgeschlossen worden, so sind sie **unheilbar unwirksam**. Zur Möglichkeit von Öffnungsklauseln vgl. § 50 Rdn. 86 i. V. m. § 50 Rdn. 46. Kommt es zu einem **Zuständigkeitswechsel**, etwa indem die Konzernleitung die Regelungskompetenz einer Angelegenheit der freiwilligen Mitbestimmung an sich zieht, kann die nunmehr zuständige Arbeitnehmervertretung eine bestehende Betriebsvereinbarung anderer Ebene gegebenenfalls **ablösen** (str., vgl. § 50 Rdn. 84 f.; ausführlich *Schul* Verlagerung der Betriebsratszuständigkeit). Eine **Konkurrenz** mehrerer Konzernbetriebsvereinbarungen kann sich nur in **Gemeinschaftsbetrieben oder Gemeinschaftsunternehmen** ergeben, die von mehreren verschiedenen Konzernen abhängig sind. Die Konkurrenz in Gemeinschaftsbetrieben ist über die Unternehmenszugehörigkeit der Arbeitnehmer zu lösen (str., vgl. § 50 Rdn. 88). Für Gemeinschaftsunternehmen funktioniert diese Zuordnung nicht, da hier alle Arbeitnehmer denselben Arbeitgeber haben und doch von zwei Konzernbetriebsräten vertreten werden. Man wird die Kollision hier nach dem lex-posterior-Grundsatz auflösen müssen (obwohl es sich um unterschiedliche Regelgeber handelt), da beide Konzernbetriebsräte gleichstufig demokratisch legitimiert und fortwährend regelungsbefugt sind. Die Anwendung des Prioritätsprinzips (so *Trittin*/DKKW § 58 Rn. 133) würde hingegen zu Versteinerung führen.

57 Für die **Beendigung** von Konzernbetriebsvereinbarungen (vgl. zum Begriff Rdn. 52) gelten gemäß § 59 Abs. 1, § 51 Abs. 5, § 77 Abs. 5 grundsätzlich die gleichen Regeln wie bei Betriebs- und Gesamtbetriebsvereinbarungen (vgl. § 50 Rdn. 89). Eine Kündigung durch die Konzernleitung muss gegenüber dem bestehenden Konzernbetriebsrat erklärt werden; allein dieser ist seinerseits kündigungsberechtigt, solange er besteht und zuständig ist. Kein Beendigungsgrund für Konzernbetriebsvereinbarungen ist das Amtsende des Konzernbetriebsrats (*Rügenhagen* Betriebliche Mitbestimmung, S. 131 f.; vgl. entsprechend § 50 Rdn. 90; zum Amtsende näher § 54 Rdn. 62 ff.); soweit sie nicht gegenstandslos werden, gelten sie in Unternehmen mit mehreren Betrieben als Gesamtbetriebsvereinbarungen normativ fort, sonst als Betriebsvereinbarungen.

58 Gehen **innerhalb eines Konzerns** Betriebe oder Betriebsteile (durch Einzel- oder Gesamtrechtsnachfolge) von einem auf ein anderes Konzernunternehmen über, so ändert dies für diese nichts an der kollektivrechtlichen **Fortgeltung** von Konzernbetriebsvereinbarungen (ebenso *Bachner* in: *Kittner/Zwanziger/Deinert* Arbeitsrecht, § 97 Rn. 15; *Gaul* Betriebs- und Unternehmensspaltung, § 25

Rn. 240; *Kern* NZA 2009, 1313 [1316]; *Schönhöft / Brahmstaedt* NZA 2010, 851 [856]; *Trittin / DKKW* § 58 Rn. 129 f.; für den Betriebsübergang auch *Boecken* Unternehmensumwandlungen und Arbeitsrecht, Rn. 160; *Hohenstatt / WHSS* E Rn. 70; *Mengel* Umwandlungen im Arbeitsrecht, 1997, S. 198), soweit sich nicht daraus Besonderheiten ergeben, dass sich deren Geltungsbereich nicht auf die Betriebe sämtlicher sondern nur auf diejenigen mehrerer Konzernunternehmen erstreckt, was nach § 58 Abs. 1 Satz 1 möglich ist. Da in diesen Fällen alle Betriebe der Konzernunternehmen im Geltungsbereich der Konzernbetriebsvereinbarungen bleiben, ist es auch unerheblich, ob übergegangene Betriebe oder Betriebsteile beim Erwerber als selbständige Betriebe fortgeführt oder durch Zusammenlegung, Eingliederung oder Spaltung umstrukturiert werden. Bei Betriebsumstrukturierungen innerhalb eines Konzernunternehmens gilt das ebenso (vgl. auch *Gaul* Betriebs- und Unternehmensspaltung, § 25 Rn. 238).

Da Normen von Konzernbetriebsvereinbarungen zum kollektiven Normenbestand der (auch betriebsratslosen) Betriebe der Konzernunternehmen gehören (vgl. schon *Hanau / Vossen* FS *Hilger / Stumpf*, S. 271, 275 f.; zur neueren *BAG*-Rspr. s. § 50 Rdn. 94), gelten sie grundsätzlich auch dann **normativ fort**, wenn **Betriebe und Betriebsteile** auf ein Rechtsträgerunternehmen übergehen, das **nicht** Konzernunternehmen **im selben Konzern** ist; in Anlehnung an die vom *BAG* entwickelte billigenswerte Konzeption zur normative Fortgeltung von Gesamtbetriebsvereinbarungen (s. § 50 Rdn. 93 ff.) bedarf es auch hier keiner subsidiären Anwendung von § 613a Abs. 1 Satz 2 BGB (ebenso *Cisch / Hock* BB 2012, 2113 [2115]; *Hanau* JArbR 34 [1997], S. 21 [32]; *Gaul* Betriebs- und Unternehmensspaltung, § 25 Rn. 241; *Kern* NZA 2009, 1313 [1316]; *Trittin / DKKW* § 58 Rn. 131; **a. M.** *Kiehn* Konzernbetriebsrat, S. 184 ff.; *Hohenstatt / WHSS* E Rn. 70; *Hohenstatt / Dzida / HWK* § 54 BetrVG Rn. 19). Eine normative Fortgeltung als Konzernbetriebsvereinbarung scheidet dabei jedoch aus. Eindeutig ist dies, wenn sie beim Erwerber gegenstandslos wird oder durch Konzernbetriebsvereinbarung mit gleichem Regelungsgegenstand abgelöst wird. Im Übrigen könnte sie höchstens dann in Erwägung gezogen werden, wenn das Erwerberunternehmen seinerseits Konzernunternehmen in einem Unterordnungskonzern ist, in dem ein Konzernbetriebsrat besteht, der gleichsam als Funktionsnachfolger desjenigen im Herkunftskonzern angesehen werden könnte (vgl. § 50 Rdn. 97); denn anders als beim Gesamtbetriebsrat (§ 47 Abs. 1) besteht keine Pflicht, für einen Unterordnungskonzern einen Konzernbetriebsrat zu errichten. Gleichwohl fehlt dann aber noch die Betroffenheit von mehreren Konzernunternehmen im aufnehmenden Konzern, so dass keine vergleichbare Konstellation besteht zur kollektiven Fortgeltung von Gesamtbetriebsvereinbarungen, wenn vom Erwerber alle oder mehrere Betriebe eines Unternehmens übernommen werden (zustimmend *Kern* NZA 2009, 1313 [1316 f.]; vgl. § 50 Rdn. 93). Konzernvereinbarungen gelten mithin normativ **als Gesamtbetriebsvereinbarungen** oder **Betriebsvereinbarungen** fort, je nachdem ob alle oder mehrere Betriebe eines Konzernunternehmens vom Erwerber übernommen werden oder nur ein Betrieb.

Konzernbetriebsvereinbarungen gelten ebenso auch dann als Gesamt- oder Betriebsvereinbarungen **normativ weiter**, wenn ein (abhängiges) **Konzernunternehmen** (etwa durch Anteilsübertragung) **aus dem Konzern ausscheidet** (ebenso *Cisch / Hock* BB 2012, 2113 [2115]; *Kern* NZA 2009, 1313 [1317]; *Trittin / DKKW* § 58 Rn. 132; **a. M.** *Kiehn* Konzernbetriebsrat, S. 184 ff.; *Hohenstatt / WHSS* E Rn. 71 f.; *Hohenstatt / Dzida / HWK* § 54 BetrVG Rn. 20, die § 613a Abs. 1 Satz 2 BGB – mangels eines Betriebsinhaberwechsels – analog anwenden wollen). Entsprechend umgewandelt gelten Konzernbetriebsvereinbarungen normativ auch dann weiter, wenn das herrschende Konzernunternehmen seinerseits unter die einheitliche Leitung einer neuen Konzernobergesellschaft gestellt wird und dadurch ein zentralisierter neuer Konzern entsteht. Entsteht hingegen ein »Konzern im Konzern« (vgl. zu diesen Konstellationen § 54 Rdn. 65), gelten Konzernbetriebsvereinbarungen im bisherigen Geltungsbereich als solche weiter.

VII. Streitigkeiten

Streitigkeiten über die Zuständigkeit des Konzernbetriebsrats entscheidet das **Arbeitsgericht auf Antrag im Beschlussverfahren** (§ 2a Abs. 1 Nr. 1, Abs. 2, §§ 80 ff. ArbGG). Betrifft der Streit die originäre Zuständigkeit nach § 58 Abs. 1, so ist das Gericht örtlich zuständig, in dessen Bezirk das herrschende Konzernunternehmen seinen Sitz hat (§ 82 Abs. 1 Satz 2 ArbGG). Geht der Streit um die Beauftragung des Konzernbetriebsrats nach Abs. 2, so richtet sich die örtliche Zuständigkeit nach dem Sitz des jeweiligen Unternehmens, unabhängig davon, ob dessen Gesamtbetriebsrat oder ein nach § 54 Abs. 2 funktionell zuständiger Betriebsrat beteiligt ist (so auch *Richardi/Annuß* § 58 Rn. 47; *Schwab* NZA-RR 2007, 337 [343]).

§ 59
Geschäftsführung

(1) Für den Konzernbetriebsrat gelten § 25 Abs. 1, die §§ 26, 27 Abs. 2 und 3, § 28 Abs. 1 Satz 1 und 3, Abs. 2, die §§ 30, 31, 34, 35, 36, 37 Abs. 1 bis 3 sowie die §§ 40, 41 und 51 Abs. 1 Satz 2 und Abs. 3 bis 5 entsprechend.

(2) Ist ein Konzernbetriebsrat zu errichten, so hat der Gesamtbetriebsrat des herrschenden Unternehmens oder, soweit ein solcher Gesamtbetriebsrat nicht besteht, der Gesamtbetriebsrat des nach der Zahl der wahlberechtigten Arbeitnehmer größten Konzernunternehmens zu der Wahl des Vorsitzenden und des stellvertretenden Vorsitzenden des Konzernbetriebsrats einzuladen. Der Vorsitzende des einladenden Gesamtbetriebsrats hat die Sitzung zu leiten, bis der Konzernbetriebsrat aus seiner Mitte einen Wahlleiter bestellt hat. § 29 Abs. 2 bis 4 gilt entsprechend.

Inhaltsübersicht	**Rdn.**
I. Vorbemerkung	1–4
II. Konstituierung des Konzernbetriebsrats	5–13
1. Zuständigkeit für die Einberufung	6–9
2. Einberufung und Durchführung der konstituierenden Sitzung	10–12
3. Wiederholte Konstituierung	13
III. Wahl und Rechtsstellung des Vorsitzenden und seines Stellvertreters	14–17
IV. Konzernbetriebsausschuss	18–23
V. Geschäftsführung des Konzernbetriebsrats, seines Vorsitzenden, des Konzernbetriebsausschusses oder sonstiger Ausschüsse	24–28
VI. Beschlüsse des Konzernbetriebsrats und seiner Ausschüsse	29–34
1. Beschlüsse des Konzernbetriebsrats	29–33
2. Beschlüsse der Ausschüsse	34
VII. Rechtsstellung des Konzernbetriebsrats und seiner Mitglieder	35, 36
VIII. Streitigkeiten	37, 38

I. Vorbemerkung

1 Die Vorschrift regelt die **Geschäftsführung und innere Organisation** des Konzernbetriebsrats. Sie übernimmt weitgehend die entsprechenden Regelungen für den Gesamtbetriebsrat in § 51. Von der Verweisung sind nur § 51 Abs. 1 Satz 1 und Abs. 2 ausgenommen. Stattdessen führt § 59 Abs. 1 die entsprechend geltenden Bestimmungen über die Geschäftsführung der Einzelbetriebsräte ausdrücklich in gleichem Umfang wie in § 51 Abs. 1 Satz 1 selbst auf. § 59 Abs. 2 regelt eigens die **konstituierende Sitzung** des Konzernbetriebsrats; für die Konzern-Jugend- und Auszubildendenvertretung gilt diese Bestimmung entsprechend (§ 73b Abs. 2). § 59 ist durch die Novelle 1988 (BGBl. I, S. 2312) geändert worden (vgl. im Einzelnen 6. Aufl., § 59 Abs. 1). Durch Art. 1 Nr. 42 BetrVerf-Reformgesetz vom 23. Juli 2001 (BGBl. I, S. 1852) sind die Verweisungen in § 59 Abs. 1 an die Änderungen der in Bezug genommenen Vorschriften (betroffen sind §§ 26, 27 Abs. 2 und 3, § 28 Abs. 2, § 51 Abs. 3 bis 5) angepasst worden; bei diesen Änderungen handelt es sich um (redaktionelle) Folgeänderungen wegen der Aufgabe des Gruppenprinzips. Zu berücksichtigen ist außerdem, dass § 28 Abs. 1 Satz 1 und 3 und § 51 Abs. 1 Satz 2, die nach § 59 Abs. 1 nach wie vor entsprechend gelten, durch das BetrVerf-Reformgesetz ihrerseits geändert wurden (vgl. § 51 Rdn. 46 ff., 29 ff.).

Geschäftsführung § 59

Unter **Geschäftsführung** ist diejenige Tätigkeit (Tat- und Rechtshandlungen, Rechtsgeschäfte) zu 2
verstehen, durch die der Konzernbetriebsrat als Kollektiv die Berechtigungen ausübt und Verpflichtungen wahrnimmt, für die er nach dem Gesetz zuständig ist. Die Zuständigkeitsregelung ist in § 58 enthalten; sie erfährt durch § 59 Abs. 1 i. V. m. § 51 Abs. 5 eine Ergänzung, die klarstellt, dass die Vorschriften über die Rechte und Pflichten des Betriebsrats entsprechend für den Konzernbetriebsrat gelten, soweit dieses Gesetz keine besonderen Vorschriften enthält.

Als **geschäftsführende Organe** des Konzernbetriebsrats werden der Vorsitzende und sein Stellvertreter 3
sowie der Konzernbetriebsausschuss und fakultativ weitere Ausschüsse ausgewiesen. Die Ausschussbildung war im RegE des BetrVG 1972 nicht vorgesehen (vgl. BR-Drucks. 715/70, S. 44); der Ausschuss für Arbeit und Sozialordnung sah sie jedoch mehrheitlich als zweckmäßig an und hat die Übertragung von Aufgaben nach Maßgabe der §§ 27, 28 zugelassen (vgl. zu BT-Drucks. VI/2729, S. 26).

§ 59 ist **zwingend**; die Vorschrift ist weder durch Tarifvertrag noch Betriebsvereinbarung abänderbar. 4
Auch die Aufzählung der für entsprechend anwendbar erklärten Vorschriften über die Geschäftsführung der Einzelbetriebsräte in § 59 Abs. 1 ist erschöpfend und abschließend; dadurch sind insoweit einer Erweiterung über § 59 Abs. 1, § 51 Abs. 5 verbindliche Grenzen gesetzt (ebenso *Fitting* § 59 Rn. 22; *Schwab* AiB 2008, 87 [92]; **a. M.** *Trittin/DKKW* § 59 Rn. 32), z. B. können keine Sprechstunden des Konzernbetriebsrats entsprechend § 39 während der Arbeitszeit stattfinden. Das gilt auch für die Regelung einer Geschäftsordnung, die sich der Konzernbetriebsrat nach § 59 Abs. 1, § 36 geben kann. Andererseits bezieht sich die erschöpfende Aufzählung systematisch nur auf Geschäftsführungsvorschriften i. S. d. §§ 26 bis 41; deshalb kann der Konzernbetriebsrat z. B. nach Maßgabe des § 80 Abs. 3 Sachverständige hinzuziehen (ebenso *Fitting* § 59 Rn. 24; *Glock/HWGNRH* § 59 Rn. 42; *Richardi/Annuß* § 59 Rn. 26; *Trittin/DKKW* § 59 Rn. 33). Eine Betriebsräteversammlung als zweite betriebsverfassungsrechtliche Institution neben dem Konzernbetriebsrat kennt das Gesetz nicht; eine entsprechende Anwendung von § 53 kommt deshalb mangels Regelungslücke nicht in Betracht (ebenso i. E. *Fitting* § 59 Rn. 23; **a. M.** *Trittin/DKKW* § 59 Rn. 33).

II. Konstituierung des Konzernbetriebsrats

Der Konzernbetriebsrat ist errichtet, sobald die einzelnen Gesamtbetriebsräte (bzw. nach § 54 Abs. 2 5
funktionell zuständigen Betriebsräte) der Konzernunternehmen dies mit qualifizierter Mehrheit nach § 54 Abs. 1 Satz 2 beschlossen haben (vgl. zur Terminologie § 54 Rdn. 49). Mit der Errichtung sind **alle Gesamtbetriebsräte** (bzw. nach § 54 Abs. 2 funktionell zuständigen Betriebsräte) **verpflichtet**, nach Maßgabe des § 55 Abs. 1 die Mitglieder des Konzernbetriebsrats zu bestimmen. Der Konzernbetriebsrat wird jedoch erst **mit seiner Konstituierung handlungsfähig**. Dazu ist erforderlich, dass die Mitglieder gemäß § 59 Abs. 2 zu einer Sitzung zusammenkommen und aus ihrer Mitte den Vorsitzenden und den stellvertretenden Vorsitzenden des Konzernbetriebsrats wählen. Dass das Gesetz in § 59 Abs. 2 die Konstituierung des Konzernbetriebsrats mit seiner Errichtung gleichsetzt, ist lediglich Ausdruck terminologischer Unsicherheit des Gesetzgebers.

1. Zuständigkeit für die Einberufung

Nach § 59 Abs. 2 Satz 1 ist es primär Recht und Pflicht des **Gesamtbetriebsrats des herrschenden** 6
Konzernunternehmens, zur konstituierenden Sitzung einzuladen. Die Novelle 1988 hat das im Gesetzeswortlaut klargestellt. Die frühere Formulierung »Gesamtbetriebsrat der Hauptverwaltung des Konzerns« war ungenau, weil die Hauptverwaltung eines Unternehmens mangels mehrerer Betriebe keinen Gesamtbetriebsrat haben kann und es eigentlich auch keine Hauptverwaltung des Konzerns gibt (vgl. Entwurfsbegründung, BT-Drucks. 11/2503, S. 34). Es war aber auch schon früher unstr., dass der Gesamtbetriebsrat des herrschenden Konzernunternehmens als einladendes Gremium gemeint war, da die Planungs- und Entscheidungsbefugnisse für den Konzern beim herrschenden Unternehmen liegen (vgl. 4. Aufl., § 59 Rn. 6). Mit der Klarstellung war mithin keine sachliche Änderung verbunden.

§ 59   *II. 6. Konzernbetriebsrat*

7   Besteht im herrschenden Unternehmen nur ein **Betriebsrat**, so nimmt dieser die Aufgabe des einladenden Gesamtbetriebsrats wahr (§ 54 Abs. 2).

8   Bestehen im herrschenden Unternehmen mehrere Betriebsräte, **ohne** dass ein **Gesamtbetriebsrat** gebildet worden ist, oder sind sämtliche Unternehmensbetriebe **betriebsratslos**, so hat der Gesamtbetriebsrat (ggf. der Betriebsrat nach § 54 Abs. 2) des nach der Zahl der wahlberechtigten Arbeitnehmer größten Konzernunternehmens einzuladen. Die maßgebende Zahl der wahlberechtigten Arbeitnehmer bestimmt sich nach den Eintragungen in die Wählerlisten bei der letzten Betriebsratswahl. Wahlberechtigte betriebsratsloser Betriebe sind mitzuzählen, da sich die Zuständigkeit des Gesamtbetriebsrats nach § 50 Abs. 1 Satz 1 jetzt auch auf diese Betriebe erstreckt. Mangels Wählerliste ist auf die Zahl der gegenwärtig dort beschäftigten Wahlberechtigten abzustellen (so wie auch schon bisher *Fitting* § 59 Rn. 14; *Richardi/Annuß* § 59 Rn. 18; **a. M.** noch *Glock/HWGNRH* § 59 Rn. 7).

9   Kommt das zur Einladung verpflichtete Gremium seiner Pflicht nicht nach, so gilt Entsprechendes wie beim Gesamtbetriebsrat (vgl. § 51 Rdn. 15). Bei Untätigkeit kommt der Ausschluss des Vorsitzenden des zur Einladung verpflichteten Gesamtbetriebsrats nach § 48 in Betracht.

2. Einberufung und Durchführung der konstituierenden Sitzung

10 Zweck der konstituierenden Sitzung ist die Wahl des Vorsitzenden und des stellvertretenden Vorsitzenden des Konzernbetriebsrats, durch die dieser handlungsfähig wird.

11 Die **Einladung** ergeht an die bereits bestimmten Mitglieder des Konzernbetriebsrats, soweit dem Vorsitzenden des einladenden Gesamtbetriebsrats (bzw. Betriebsrats) diese Mitglieder bereits bekannt sind. Im Übrigen genügt es, wenn die Einladung an alle Gesamtbetriebsräte (bzw. nach § 54 Abs. 2 funktionell zuständigen Betriebsräte) des Konzerns ergeht; sie enthält dann zugleich die Aufforderung zur Bestimmung der Mitglieder des Konzernbetriebsrats, soweit das noch nicht geschehen ist. Einzuladen sind insbesondere auch die Gesamtbetriebsräte (bzw. funktionell zuständigen Betriebsräte), die sich gegen die Errichtung des Konzernbetriebsrats ausgesprochen haben. Nicht zu laden sind die die Arbeitgeberfunktion für den Konzern ausübende Konzernleitung und die Gewerkschaften, deren Teilnahme erst bei den weiteren Sitzungen des Konzernbetriebsrats in Betracht kommt (vgl. Rdn. 25 f.). Eine bestimmte Form oder Frist der Einladung ist im Gesetz nicht vorgesehen (vgl. entsprechend § 51 Rdn. 13).

12 Der Vorsitzende des einladenden Gremiums hat die Sitzung zu leiten, bis der Konzernbetriebsrat aus seiner Mitte einen **Wahlleiter** bestellt hat (Abs. 2 Satz 2; vgl. zu Einzelheiten entsprechend § 51 Rdn. 14). Dieser hat die Aufgabe, die Wahl des Vorsitzenden und des stellvertretenden Vorsitzenden zu leiten; dann erlischt sein Amt.

3. Wiederholte Konstituierung

13 Eine Neukonstituierung des Konzernbetriebsrats ist, obgleich dieser vom Gesetz als Dauereinrichtung konzipiert ist (vgl. § 54 Rdn. 60), immer dann erforderlich, wenn er handlungsunfähig geworden ist. Konstituierende Sitzungen nach § 59 Abs. 2 sind namentlich nach jeder regelmäßigen Betriebsratswahl gemäß § 13 Abs. 1 vorzunehmen, weil mit der Beendigung des Betriebsratsamtes zugleich die Mitgliedschaft im Gesamtbetriebsrat (§ 49) und im Konzernbetriebsrat (§ 57) endet, so dass die nach der Wahl neu entsandten Konzernbetriebsratsmitglieder sich neu zu konstituieren haben (vgl. auch § 51 Rdn. 16).

III. Wahl und Rechtsstellung des Vorsitzenden und seines Stellvertreters

14 Die in der konstituierenden Sitzung (§ 59 Abs. 2) vorzunehmende **Wahl des Vorsitzenden** des Konzernbetriebsrats **und seines Stellvertreters** erfolgt aufgrund der Verweisung in § 59 Abs. 1 auf § 26 Abs. 1 in der gleichen Weise wie beim Gesamtbetriebsrat (§ 51 Abs. 1 Satz 1 i. V. m. § 26 Abs. 1). Vgl. dazu ausführlich § 51 Rdn. 17 ff. Wählbar sind nur Mitglieder des Konzernbetriebsrats (vgl. § 26

Abs. 1). Für die Wahl des Vorsitzenden und seines Stellvertreters sind getrennte Beschlussfassungen des Konzernbetriebsrats notwendig.

Der Vorsitzende des Konzernbetriebsrats und sein Stellvertreter **verlieren ihre Ämter** durch Amtsniederlegung oder Erlöschen der Mitgliedschaft im Konzernbetriebsrat (§ 57), namentlich durch Erlöschen der Mitgliedschaft im Betriebsrat, damit im Gesamtbetriebsrat und im Konzernbetriebsrat (vgl. §§ 49, 57). Werden diese Personen erneut in den Betriebsrat gewählt und in den Gesamtbetriebsrat entsandt, müssen sie erneut in die entsprechenden Ämter gewählt werden; diese leben nicht wieder auf (vgl. § 51 Rdn. 24). 15

Entsprechend § 59 Abs. 1 i. V. m. § 26 Abs. 2 **vertritt** der Vorsitzende oder im Falle seiner Verhinderung sein Stellvertreter den Konzernbetriebsrat im Rahmen der von ihm gefassten Beschlüsse (Vertretung in der Erklärung, nicht im Willen) und nimmt auch die gegenüber dem Konzernbetriebsrat abzugebenden Erklärungen entgegen. 16

Hat der Konzernbetriebsrat weniger als neun Mitglieder und kann deshalb ein Konzernbetriebsausschuss nicht gebildet werden (vgl. § 59 Abs. 1 i. V. m. § 51 Abs. 1 Satz 2), so können die **laufenden Geschäfte** dem Vorsitzenden oder anderen Konzernbetriebsratsmitgliedern übertragen werden (§ 59 Abs. 1 Satz 1 i. V. m. § 27 Abs. 3). 17

IV. Konzernbetriebsausschuss

Der Konzernbetriebsrat hat, wenn er aus neun oder mehr Mitgliedern besteht, einen **Konzernbetriebsausschuss** zu bilden (§ 59 Abs. 1 i. V. m. § 51 Abs. 1 Satz 2 und § 27 Abs. 1 Satz 1), der die laufenden Geschäfte zu führen hat und dem der Konzernbetriebsrat weitere Aufgaben zur selbständigen Erledigung übertragen kann (§ 59 Abs. 1 i. V. m. § 27 Abs. 2). Dem Konzernbetriebsausschuss gehören kraft Gesetzes der Vorsitzende des Konzernbetriebsrats und sein Stellvertreter an. Weitere Ausschussmitglieder sind hinzuzuwählen; deren Zahl ergibt sich aus der von der Mitgliederzahl des Konzernbetriebsrats abhängigen gesetzlichen Staffelung in § 51 Abs. 1 Satz 2, auf die § 59 Abs. 1 verweist. 18

Für die Wahl der weiteren Ausschussmitglieder gelten die **Verfahrensregelungen** nach § 27 Abs. 1 Satz 3 und 4 wie beim Betriebsausschuss; das folgt aus der Verweisung in § 59 Abs. 1 auf § 51 Abs. 1 Satz 2, der seinerseits jetzt uneingeschränkt auf »§ 27 Abs. 1« verweist (vgl. § 51 Rdn. 29). Danach sind nur Konzernbetriebsratsmitglieder wählbar; ihre Wahl hat nach den Grundsätzen der Verhältniswahl stattzufinden, wenn zwei oder mehr Wahlvorschläge gemacht werden; sonst nach den Grundsätzen der Mehrheitswahl (vgl. entsprechend § 51 Rdn. 30 f.). Es ist zwingend geheime Wahl vorgeschrieben; wegen des unterschiedlichen Stimmgewichts der Konzernbetriebsratsmitglieder müssen jedoch Abstriche von diesem Grundsatz hingenommen werden (vgl. entsprechend § 51 Rdn. 32). Es besteht keine Pflicht zur Annahme der Mitgliedschaft im Konzernbetriebsausschuss (vgl. § 51 Rdn. 34). Wegen Mängeln der Wahl und ihrer gerichtlichen Geltendmachung vgl. *Raab* § 27 Rdn. 24 ff. 19

Die Wahl von **Ersatzmitgliedern** im Konzernbetriebsausschuss ist nicht vorgesehen, aber zulässig. Vgl. zur vorsorglichen Wahl von Ersatzmitgliedern bei Verhältnis- und Mehrheitswahl *Raab* § 27 Rdn. 42 ff. 20

Vgl. zum Ausscheiden von Ausschussmitgliedern allgemein und zur Abberufung gewählter Mitglieder unter Beachtung von § 27 Abs. 1 Satz 5 (i. V. m. § 59 Abs. 1, § 51 Abs. 1 Satz 2) im Besonderen näher § 51 Rdn. 36 f. 21

Besteht ein Konzernbetriebsausschuss, so kann der Konzernbetriebsrat daneben noch **weitere Ausschüsse** bilden, denen bestimmte Aufgaben, auch **zur selbstständigen Erledigung**, übertragen werden können (§ 59 Abs. 1 i. V. m. § 28 Abs. 1 Satz 1 und 3). Da nicht auf § 28 Abs. 1 Satz 2 verwiesen wird, entscheidet der Konzernbetriebsrat über Bildung und Zusammensetzung dieser Ausschüsse nach § 59 Abs. 1 i. V. m. § 51 Abs. 3 durch Mehrheitsbeschluss (vgl. näher § 51 Rdn. 46). Auch wenn kein Konzernbetriebsausschuss gebildet ist (weil der Konzernbetriebsrat nicht mindestens neun Mitglieder hat; vgl. § 59 Abs. 1 i. V. m. § 51 Abs. 1 Satz 2), können nunmehr vom Konzernbetriebsrat 22

Ausschüsse gebildet werden, denen bestimmte Aufgaben übertragen werden können (§ 59 Abs. 1 i. V. m. § 28 Abs. 1 Satz 1 n. F.). Allerdings können diese Aufgaben nicht zur selbstständigen Erledigung übertragen werden, weil dies entsprechend § 28 Abs. 1 Satz 3 nur zugelassen ist, wenn ein Konzernbetriebsausschuss gebildet ist. Zudem kann nur ein Konzernbetriebsrat, der mindestens sieben Mitglieder hat, solche Ausschüsse bilden (vgl. entsprechend § 51 Rdn. 47).

23 Die Errichtung **gemeinsamer Ausschüsse** von Konzernbetriebsrat und Konzernleitung nach § 59 Abs. 1 i. V. m. § 28 Abs. 2 ist möglich. Zu beachten ist, dass § 28 Abs. 2 ohne Einschränkung auf Abs. 1 verweist. Dementsprechend setzt die Übertragung von Aufgaben zur selbstständigen Erledigung voraus, dass ein Konzernbetriebsausschuss besteht (§ 28 Abs. 2 i. V. m. Abs. 1 Satz 3); außerdem erfolgen Wahl und Abberufung der einzelnen Mitglieder wie beim Konzernbetriebsausschuss (§ 28 Abs. 2 i. V. m. Abs. 1 Satz 2, § 27 Abs. 1 Satz 3 bis 5); vgl. dazu Rdn. 19, 21. Der Konzernbetriebsrat kann keinen Wirtschaftsausschuss errichten (vgl. *BAG* 23.08.1988 EzA § 106 BetrVG 1972 Nr. 9 und § 58 Rdn. 32).

V. Geschäftsführung des Konzernbetriebsrats, seines Vorsitzenden, des Konzernbetriebsausschusses oder sonstiger Ausschüsse

24 Auf die **Geschäftsführung** des Konzernbetriebsrats, seines Vorsitzenden, des Konzernbetriebsausschusses und sonstiger Ausschüsse finden gemäß der Inbezugnahme in § 59 Abs. 1 und Abs. 2 Satz 3 sowie § 51 Abs. 3 Satz 4 und Abs. 4 (auf die wiederum § 59 Abs. 1 verweist) weithin die Bestimmungen über die Geschäftsführung des Betriebsrats, seines Vorsitzenden, des Betriebsausschusses und weiterer Ausschüsse entsprechende Anwendung (vgl. zu den Einzelheiten dieser Verweisung § 51 Rdn. 39 ff.). Den Besonderheiten, die sich daraus ergeben, dass der Konzernbetriebsrat ein Gremium von Entsandten der Gesamtbetriebsräte mit besonderem Stimmgewicht ist, wird durch die Verweisung in § 59 Abs. 1 auf § 51 Rechnung getragen. Die für die entsprechende Sachlage beim Gesamtbetriebsrat vorhandenen interessengerechten Regelungen gelten danach entsprechend, nämlich bezüglich Größe und Bildung des Konzernbetriebsausschusses (§ 51 Abs. 1 Satz 2; vgl. Rdn. 18 ff.), der Beschlussfassung im Konzernbetriebsrat (§ 51 Abs. 3; vgl. dazu Rdn. 29 ff.) und seiner Ausschüsse (§ 51 Abs. 4; vgl. dazu Rdn. 34). Nur folgende Besonderheiten sind hervorzuheben:

25 **Konzernarbeitgeber** im betriebsverfassungsrechtlichen Sinn als Gegenpol des Konzernbetriebsrats ist der Konzern selbst, der durch das Leitungsorgan des herrschenden Unternehmens handelt (vgl. dazu ausführlich § 58 Rdn. 11 ff.). Dieses Leitungsorgan ist deshalb zu den Sitzungen des Konzernbetriebsrats einzuladen, soweit der Arbeitgeber nach § 59 Abs. 2 Satz 3 i. V. m. § 29 Abs. 4 ein Teilnahmerecht hat; es kann entsprechend § 29 Abs. 3 die Einberufung einer Sitzung beantragen. Allerdings wird man insbesondere in Auftragsangelegenheiten nach § 58 Abs. 2 auch den jeweils betroffenen Konzernunternehmen Teilnahmerechte gewähren und insoweit als Arbeitgeber betrachten müssen (ebenso *Glock/HWGNRH* § 59 Rn. 23; weitergehend *Richardi/Annuß* § 59 Rn. 22: zu laden sei stets jedes Konzernunternehmen). Das herrschende Unternehmen hat dementsprechend auch die Kosten der Tätigkeit des Konzernbetriebsrats zu tragen (§ 59 Abs. 1 i. V. m. § 40; ebenso auch *Richardi/Annuß* § 59 Rn. 35; *Galperin/Löwisch* § 59 Rn. 20; *Glock/HWGNRH* § 59 Rn. 40). Dies gilt selbst dann, wenn einem unter Verkennung des Konzernbegriffs errichteten Konzernbetriebsrat Kosten entstanden sind, sofern bei der Errichtung der Konzernbegriff nicht offensichtlich verkannt wurde und im Übrigen die Errichtungsvoraussetzungen vorlagen (*BAG* 23.08.2006 EzA § 54 BetrVG 2001 Nr. 2 Rn. 53 f.).

26 Das Teilnahmerecht eines **Gewerkschaftsbeauftragten** an den Sitzungen des Konzernbetriebsrats gemäß § 59 Abs. 1 i. V. m. § 31 setzt voraus, dass die Gewerkschaft **im Konzernbetriebsrat vertreten** ist (ebenso *Glock/HWGNRH* § 59 Rn. 24; *Hohenstatt/Dzida/HWK* § 59 BetrVG Rn. 6; *Joost/*MünchArbR § 227 Rn. 67; *Koch/*ErfK § 59 BetrVG Rn. 2; **a. M.** *Fitting* § 59 Rn. 19; *Richardi/Annuß* § 59 Rn. 23; *Schwab* AR-Blattei SD 530.12.1, Rn. 64; *Trittin/DKKW* § 59 Rn. 27, die es genügen lassen wollen, dass die Gewerkschaft in einem Gesamtbetriebsrat oder einem Einzelbetriebsrat vertreten ist). Erforderlich ist, dass ein Viertel der Mitglieder im Konzernbetriebsrat die Teilnahme be-

antragt, wobei hier (wie beim Gesamtbetriebsrat) allein auf das Stimmgewicht der Konzernbetriebsratsmitglieder abzustellen ist (vgl. auch § 51 Rdn. 59).

Ferner kann die **Konzernschwerbehindertenvertretung** an allen Sitzungen des Konzernbetriebsrats beratend teilnehmen kann (§ 59a); sie ist daher zu dessen Sitzungen nach § 59 Abs. 2 Satz 3 i. V. m. § 29 Abs. 2 Satz 4 zu laden (vgl. § 59a Rdn. 1 ff.). 27

Nachdem das BetrVerf-Reformgesetz durch Einfügung der §§ 73a, 73b in das Betriebsverfassungsgesetz die Möglichkeit eröffnet hat, eine **Konzern-Jugend- und Auszubildendenvertretung** zu errichten, hat der Vorsitzende des Konzernbetriebsrats gemäß § 59 Abs. 2 Satz 3 i. V. m. § 29 Abs. 2 Satz 4 die gesamte Konzern-Jugend- und Auszubildendenvertretung zur Sitzung des Konzernbetriebsrats einzuladen, soweit diese nach § 73b Abs. 2 i. V. m. § 67 Abs. 1 Satz 2 ein **Teilnahmerecht** hat, weil Angelegenheiten behandelt werden, »die besonders die in § 60 Abs. 1 genannten Arbeitnehmer betreffen« (vgl. dazu *Oetker* § 67 Rdn. 23 ff.). Ansonsten hat nur ein einziger Vertreter der Konzern-Jugend- und Auszubildendenvertretung ein Recht, an den Sitzungen des Konzernbetriebsrats beratend teilzunehmen (§ 73b Abs. 2 i. V. m. § 67 Abs. 1 Satz 1). Die Konzern-Jugend- und Auszubildendenvertretung hat das Recht, nach näherer Maßgabe gemäß § 73b Abs. 2 i. V. m. § 67 Abs. 3 zu beantragen, dass Angelegenheiten auf die **Tagesordnung** der nächsten Sitzung des Konzernbetriebsrats gesetzt werden (vgl. dazu *Oetker* § 73b Rdn. 54). 28

VI. Beschlüsse des Konzernbetriebsrats und seiner Ausschüsse

1. Beschlüsse des Konzernbetriebsrats

Für die **Beschlussfassung** des Konzernbetriebsrats gilt durch Verweisung nach § 59 Abs. 1 die Regelung des § 51 Abs. 3 entsprechend, die bezüglich des Mehrheitserfordernisses für Beschlüsse und die Beschlussfähigkeit im Gesamtbetriebsrat der Stimmgewichtung Rechnung trägt. 29

Der Konzernbetriebsrat kann wie der Gesamtbetriebsrat und die Einzelbetriebsräte seine Beschlüsse (vgl. zur Rechtsnatur § 51 Rdn. 63) nur in einer **Sitzung** fassen; wirksame Beschlussfassung im Umlaufverfahren ist nicht möglich. Für die (im Augenblick der Stimmabgabe) erforderliche **Beschlussfähigkeit** ist gemäß § 59 Abs. 1 i. V. m. § 51 Abs. 3 Satz 3 notwendig, dass mindestens die Hälfte der Konzernbetriebsratsmitglieder an der Beschlussfassung teilnimmt und die Teilnehmenden mindestens die Hälfte des Gesamtstimmgewichts im Konzernbetriebsrat vertreten (vgl. zu Einzelheiten näher § 51 Rdn. 64 ff.). 30

Die **Beschlussfassung** des (beschlussfähigen) Konzernbetriebsrats erfolgt nach § 59 Abs. 1 i. V. m. § 51 Abs. 3 Sätze 1 und 2, soweit in Einzelfällen nichts anderes bestimmt ist, mit **einfacher Mehrheit** des nach § 55 Abs. 3 (bzw. § 55 Abs. 4 i. V. m. § 47 Abs. 7 bis 9) errechneten Stimmgewichts der anwesenden Mitglieder. Bei Stimmengleichheit ist ein Antrag abgelehnt. **Absolute Mehrheit**, d. h. mehr als die Hälfte des Gesamtstimmvolumens aller (nicht nur der anwesenden) Konzernbetriebsratsmitglieder, ist z. B. erforderlich für die Übertragung von Aufgaben zur selbständigen Erledigung auf den Konzernbetriebsausschuss, auf andere Ausschüsse oder auf einzelne Mitglieder (vgl. § 59 Abs. 1 i. V. m. §§ 27 Abs. 2, 28) und zur Festsetzung der Geschäftsordnung (vgl. § 59 Abs. 1 i. V. m. § 36). Vgl. zu Einzelheiten auch § 51 Rdn. 68 ff. 31

Wenn die Mitglieder einer Konzern-Jugend- und Auszubildendenvertretung an einer Beschlussfassung teilnehmen, sind ihre Stimmen bei der Feststellung der **Stimmenmehrheit mitzuzählen**; das ergibt sich aus der Verweisung in § 59 Abs. 1 auf § 51 Abs. 3, dessen Satz 4 wiederum auf § 33 Abs. 3 verweist. Bei entsprechender Anwendung dieser Bestimmung betrifft die Teilnahme an der Beschlussfassung im Konzernbetriebsrat die **Konzern-Jugend- und Auszubildendenvertretung** (§§ 73a, 73b). Deren Mitglieder haben (über ihr Teilnahmerecht an der Sitzung des Konzernbetriebsrats hinaus; vgl. Rdn. 28) gemäß § 73b Abs. 2 i. V. m. § 67 Abs. 2 ein **Stimmrecht**, soweit die zu fassenden Beschlüsse des Konzernbetriebsrats überwiegend die in § 60 Abs. 1 genannten Arbeitnehmer betreffen (vgl. dazu *Oetker* § 67 Rdn. 36 ff.). Jedes ihrer Mitglieder hat so viele Stimmen, wie die Mitglieder der entsendenden Gesamt-Jugend- und Auszubildendenvertretung insgesamt Stimmen haben (§ 73a Abs. 3). Mit ihrem dementsprechend unterschiedlichen Stimmgewicht nehmen sie an der Be- 32

§ 59

schlussfassung im Konzernbetriebsrat teil. Ihre Stimmen werden aber nur bei der Feststellung der Stimmenmehrheit mitgezählt, nicht bei der Feststellung der Beschlussfähigkeit, bei der es nach § 59 Abs. 1 i. V. m. § 51 Abs. 3 Satz 3 nur auf die Mitglieder des Konzernbetriebsrats ankommt. Entsprechendes gilt, wenn die absolute Mehrheit der Mitglieder des Konzernbetriebsrats erforderlich ist (vgl. Rdn. 31).

33 Nach § 59 Abs. 1 gilt § 35 entsprechend. Das bedeutet, dass unter den dort näher genannten Voraussetzungen die Konzern-Jugend- und Auszubildendenvertretung (§ 73b Abs. 2 i. V. m. § 66) und die Konzernschwerbehindertenvertretung (§ 59a) die **Aussetzung des Beschlusses** des Konzernbetriebsrats für die Dauer einer Woche vom Zeitpunkt der Beschlussfassung an beantragen können. Vgl. zu Einzelheiten der Voraussetzungen und Wirkungen eines solchen Antrags *Raab* § 35 Rdn. 10 ff. und *Oetker* § 66 Rdn. 4 ff. Es genügt, dass die Aussetzung von der Mehrheit des Stimmgewichts der Konzern-Jugend- und Auszubildendenvertretung verlangt wird.

2. Beschlüsse der Ausschüsse

34 Gem. § 59 Abs. 1 gilt für die Beschlussfassung des Konzernbetriebsausschusses und weiterer Ausschüsse § 51 Abs. 4 i. V. m. § 33 Abs. 1 und 2. Danach wird in den Ausschüssen **nach Köpfen** abgestimmt, und das unterschiedliche Stimmgewicht der Konzernbetriebsratsmitglieder bleibt unberücksichtigt (vgl. *Fitting* § 59 Rn. 13; *Richardi/Annuß* § 59 Rn. 15; vgl. auch § 51 Rdn. 77).

VII. Rechtsstellung des Konzernbetriebsrats und seiner Mitglieder

35 Zur **Rechtsstellung des Konzernbetriebsrats** vgl. näher § 58 Rdn. 5 ff. Die nach § 59 Abs. 1 entsprechend anwendbare Vorschrift des § 51 Abs. 5 gehört systematisch zur Zuständigkeitsregelung des § 58; vgl. entsprechend § 51 Rdn. 79 ff. Im Gegensatz dazu wollen der *Erste* und *Siebte Senat* des *BAG* in zwei Entscheidungen zum Gesamtbetriebsrat § 51 Abs. 5 als reine Geschäftsführungsvorschrift verstehen (*BAG* 16.08.2011 EzA § 50 BetrVG 2001 Nr. 9 Rn. 32; 16.11.2011 EzA § 17 BetrVG 2001 Nr. 2 Rn. 22). Zur Begründung führen sie nur die Gesetzessystematik an. Das überzeugt nicht. § 51 Abs. 5 muss schon deshalb (auch) zuständigkeitsbegründend wirken, weil erst dadurch der nach § 58 Abs. 1 BetrVG zugewiesene Kompetenzbereich mit Inhalt gefüllt wird; dort ist nämlich nur allgemein von »Angelegenheiten« die Rede.

36 Zur **Rechtsstellung der Mitglieder** des Konzernbetriebsrats gemäß § 59 Abs. 1 i. V. m. § 37 Abs. 1 bis 3 vgl. entsprechend § 51 Rdn. 53 ff. Zu beachten ist jedoch, dass Konzernbetriebsratsmitglieder als Arbeitnehmer verschiedene Arbeitgeber haben können. Die Ansprüche auf Arbeitsbefreiung unter Fortzahlung des Arbeitsentgelts und Freizeitausgleich (§ 37 Abs. 2 und 3) sind Ansprüche aus dem Arbeitsverhältnis und richten sich daher gegen den individualarbeitsrechtlich zu bestimmenden Arbeitgeber, nicht gegen den betriebsverfassungsrechtlichen Konzernarbeitgeber (ebenso *Richardi/Annuß* § 59 Rn. 36). Die Freistellung erfolgt nicht pauschal nach § 38 Abs. 1, da dieser von § 59 Abs. 1 nicht in Bezug genommen wird, sondern gem. § 37 Abs. 2 nach konkretem Umfang der Betriebsratstätigkeit, nötigenfalls auch über die Staffel des § 38 Abs. 1 hinaus (*LAG Berlin-Brandenburg* 02.12.2016 – 9 TaBV 577/16, anhängig: *BAG* 7 ABR 14/17). Daneben gelten die Schutzbestimmungen des § 78 BetrVG sowie die Geheimhaltungspflicht nach § 79 BetrVG ausdrücklich auch für die Mitglieder des Konzernbetriebsrats.

VIII. Streitigkeiten

37 Ergeben sich Streitigkeiten aus der Anwendung des § 59 über die Geschäftsführung und Organisation des Konzernbetriebsrats, dann entscheidet das **Arbeitsgericht auf Antrag im Beschlussverfahren** (§ 2a Abs. 1 Nr. 1, Abs. 2, §§ 80 ff. ArbGG). Örtlich zuständig ist das Gericht, in dessen Bezirk das herrschende Konzernunternehmen seinen Sitz hat (§ 82 Abs. 1 Satz 2 ArbGG).

Individualrechtliche Streitigkeiten zwischen Konzernbetriebsratsmitgliedern und ihren Arbeitgebern wegen Lohnminderungen, Lohnvorenthaltung oder versagter Gewährung von Freizeitausgleich (§ 59 Abs. 1 i. V. m. § 37 Abs. 2 und 3) sind **auf Klage vom Arbeitsgericht im Urteilsverfahren** zu entscheiden (§ 2 Abs. 1 Nr. 3 lit. a, Abs. 5, §§ 46 ff. ArbGG; vgl. dazu näher *Weber* § 37 Rdn. 314 ff.). Örtlich zuständig ist das Arbeitsgericht, in dessen Bezirk der Beschäftigungsbetrieb des jeweiligen Konzernbetriebsratsmitglieds liegt (§ 46 Abs. 2 ArbGG, § 29 ZPO; dazu *Schwab* NZA-RR 2007, 337 [343]) oder in dem das Konzernbetriebsratsmitglied gewöhnlich seine Arbeit verrichtet oder zuletzt gewöhnlich verrichtet hat (§ 48 Abs. 1a ArbGG). 38

§ 59a
Teilnahme der Konzernschwerbehindertenvertretung

Die Konzernschwerbehindertenvertretung (§ 180 Absatz 2 [bis 31.12.2017: § 97 Abs. 2] des Neunten Buches Sozialgesetzbuch) kann an allen Sitzungen des Konzernbetriebsrats beratend teilnehmen.

Literatur
Vgl. vor § 32.

Inhaltsübersicht   Rdn.

I.   Vorbemerkung   1, 2
II. Die Konzernschwerbehindertenvertretung   3–12
     1. Wahl   4–9
     2. Aufgaben und Rechtsstellung   10–12
III. Betriebsverfassungsrechtliche Rechtsstellung der Konzernschwerbehindertenvertretung   13–17
IV. Streitigkeiten   18

I. Vorbemerkung

Die Bestimmung wurde durch Art. 1 Nr. 42a BetrVerf-Reformgesetz im Jahre 2001 in das BetrVG eingefügt. Im RegE war sie noch nicht vorgesehen; erst der Ausschuss für Arbeit und Sozialordnung hat sie aufgrund eines Änderungsantrages der Fraktionen der *SPD* und *Bündnis 90/DIE GRÜNEN* (vgl. Ausschussdrucks. 14/1610 S. 3 vom 19.06.2001) beschlossen. In der Begründung des Änderungsantrags wurde darauf abgestellt, dass nach § 97 Abs. 2 SGB IX a. F. erstmals auch eine Konzernschwerbehindertenvertretung gewählt wurde, die das ausdrückliche Recht erhielt, an den Sitzungen des Konzernbetriebsrats beratend teilnehmen zu können, wie dies schon für die Schwerbehindertenvertretung und die Gesamtschwerbehindertenvertretung hinsichtlich ihres Teilnahmerechts an den Sitzungen des Betriebsrats bzw. des Gesamtbetriebsrats in §§ 32, 52 geregelt war. Im Hinblick auf §§ 32, 52 war die Nachbildung in § 59a konsequent. Die Wahl einer Konzernschwerbehindertenvertretung war allerdings keine Neuerung, die das SGB IX im Zusammenhang mit der Übernahme des SchwbG eingeführt hatte. § 97 Abs. 2 SGB IX a. F. entsprach vielmehr § 27 Abs. 1a SchwbG, der durch das »Gesetz zur Bekämpfung der Arbeitslosigkeit Schwerbehinderter« vom 29.09.2000 (BGBl. I, S. 1394) in das SchwbG eingefügt worden war. Die letzte Änderung der Norm brachte das **Bundesteilhabegesetz** vom 23.12.2016 (BGBl. I, S. 3234) mit sich. Es änderte am Recht der Konzernschwerbehindertenvertretung im SGB IX inhaltlich kaum etwas (lediglich Ersetzung des Begriffs »Integrationsvereinbarungen« durch »Inklusionsvereinbarungen« in § 180 Abs. 6 SGB IX n. F. sowie geringfügige Änderung der Verweisungen in § 180 Abs. 7 SGB IX n. F.), verschob aber die einschlägigen Paragraphen um einiges nach hinten, so dass nun im Klammerzusatz des § 59a auf § 180 Abs. 2 SGB IX verwiesen wird. 1

§ 59a ist **zwingend** und kann weder durch Tarifvertrag noch durch Betriebsvereinbarung abgeändert werden. 2

II. Die Konzernschwerbehindertenvertretung

3 Wahl, Aufgaben und Rechtsstellung der Konzernschwerbehindertenvertretung sind in § 180 SGB IX geregelt.

1. Wahl

4 Die Wahl einer Konzernschwerbehindertenvertretung setzt voraus, dass für mehrere Unternehmen ein **Konzernbetriebsrat errichtet** ist (§ 180 Abs. 2 SGB IX). Diese Bestimmung knüpft an § 54 Abs. 1 an; danach ist der Konzernbetriebsrat errichtet, wenn Errichtungsbeschlüsse mit dem nach § 54 Abs. 1 Satz 2 erforderlichen Quorum gefasst worden sind (vgl. § 54 Rdn. 49 ff., 57). Das muss zum Zeitpunkt der Wahl der Konzernschwerbehindertenvertretung der Fall sein. Fällt der Konzernbetriebsrat während der Amtszeit der Konzernschwerbehindertenvertretung weg (vgl. § 54 Rdn. 62 ff.), bleibt sie im Amt; das ergibt sich aus § 180 Abs. 7 i. V. m. § 177 Abs. 7 SGB IX.

5 Die Konzernschwerbehindertenvertretung wird durch die **Gesamtschwerbehindertenvertretungen der Konzernunternehmen gewählt** (§ 180 Abs. 2 Satz 1 SGB IX); diese sind zur Wahl verpflichtet, wenn ein Konzernbetriebsrat errichtet ist (vgl. entsprechend § 52 Rdn. 9; ebenso *Trittin / DKKW* § 59a Rn. 7). Eine Schwerbehindertenvertretung ist nur dann wahlberechtigt, wenn ein Konzernunternehmen nur aus einem Betrieb besteht, für den sie gewählt ist (§ 180 Abs. 2 Satz 2 SGB IX); diese Bestimmung ist somit enger als die Sonderregelung in § 54 Abs. 2 (vgl. dazu § 54 Rdn. 68; die enge Auslegung und die Verfassungsmäßigkeit des § 97 Abs. 2 Satz 2 SGB IX a. F. bestätigend *LAG Hamburg* 07.02.2013 – 7 TaBV 10/12 – juris; unbeanstandet von *BAG* 04.11.2015 EzA § 97 SGB IX Nr. 3 mit der Erwägung, dass eine alleinstehende Schwerbehindertenvertretung in einem Konzern ebenso wenig nach § 97 Abs. 1 Satz 2 SGB IX a. F. analog selbst die Aufgaben der Konzernschwerbehindertenvertretung wahrnehmen könne).

6 **Wählbar** sind nicht nur Gesamt- und Schwerbehindertenvertreter (Vertrauenspersonen), auch nicht nur Schwerbehinderte, sondern alle in einem Betrieb eines Konzernunternehmens nicht nur vorübergehend beschäftigten Arbeitnehmer, die am Wahltag das 18. Lebensjahr vollendet haben und dem Konzern seit sechs Monaten angehören (vgl. § 180 Abs. 7 i. V. m. § 177 Abs. 3 SGB IX). Nicht wählbar ist, wer (wie z. B. leitende Angestellte) kraft Gesetzes einem Betriebsrat nicht angehören kann (§ 180 Abs. 7 i. V. m. § 177 Abs. 3 Satz 2 SGB IX).

7 Es ist wenigstens ein **stellvertretendes Mitglied** zu wählen (§ 180 Abs. 5 SGB IX), welches das Mitglied der Konzernschwerbehindertenvertretung im Falle seiner Verhinderung vertritt; scheidet dieses vorzeitig aus dem Amt, rückt das mit der höchsten Stimmenzahl gewählte stellvertretende Mitglied für den Rest der Amtszeit an dessen Stelle (§ 180 Abs. 7 i. V. m. § 177 Abs. 7 Satz 4 SGB IX).

8 Die **Amtszeit** der Konzernschwerbehindertenvertretung beträgt vier Jahre (§ 180 Abs. 7 i. V. m. § 177 Abs. 7 Satz 1 SGB IX). Die regelmäßige Wahl findet alle vier Jahre in der Zeit vom 1. Februar bis 31. März statt (§ 180 Abs. 7 SGB IX). Da erst seit Inkrafttreten des Gesetzes vom 29.09.2000 (vgl. Rdn. 1) am 01.10.2000 eine Konzernschwerbehindertenvertretung gewählt werden kann, konnte die Wahl zunächst nur außerhalb des regelmäßigen Wahlzeitraums stattfinden. Hatte zu Beginn des regelmäßigen Wahlzeitraums am 1. Februar 2002 die Amtszeit der ersten Konzernschwerbehindertenvertretung noch nicht ein Jahr betragen, so wurde erst im nächsten Wahlzeitraum (2006) neu gewählt (§ 97 Abs. 7 i. V. m. § 94 Abs. 5 SGB IX a. F.). Die nächste turnusgemäße Wahl findet 2018 statt.

9 Konzernschwerbehindertenvertretung und Stellvertreter werden in geheimer und unmittelbarer **Wahl** in einem Wahlgang nach den Grundsätzen der Mehrheitswahl gewählt. Dabei sind die Vorschriften über die Wahlanfechtung, den Wahlschutz und die Wahlkosten bei der Betriebsratswahl sinngemäß anzuwenden (§ 180 Abs. 7 i. V. m. § 177 Abs. 6 SGB IX); Näheres regelt die Wahlordnung (SchwbVWO, vgl. § 52 Rdn. 12).

2. Aufgaben und Rechtsstellung

Die **Aufgabe** der Konzernschwerbehindertenvertretung wird in § 180 Abs. 6 Satz 2 i. V. m. Satz 1 **10** SGB IX dahin festgelegt, dass sie die Interessen der schwerbehinderten Menschen in Angelegenheiten vertritt, die den Konzern oder mehrere Konzernunternehmen betreffen und von den Gesamtschwerbehindertenvertretungen der einzelnen Konzernunternehmen nicht geregelt werden können. Die Zuständigkeitsabgrenzung erfolgt mithin nach den gleichen Kriterien wie für den Konzernbetriebsrat nach § 58 Abs. 1. Dementsprechend (vgl. § 59 Abs. 1 i. V. m. § 51 Abs. 5) gelten auch für die **sachlichen Rechte und Pflichten** der Konzernschwerbehindertenvertretung weitgehend die Bestimmungen über die Schwerbehindertenvertretung entsprechend (vgl. § 180 Abs. 7 i. V. m. § 178 Abs. 1 Satz 4 und 5, Abs. 2, 4, 5 und 7 SGB IX). Ebenso wie die Rechtsstellung des Konzernbetriebsrats durch seine **Gleichordnung** gegenüber den Gesamtbetriebsräten und Betriebsräten geprägt ist (vgl. § 58 Rdn. 7), ist es auch diejenige der Vertrauenspersonen; insbesondere besteht keine Weisungsbefugnis in die eine oder andere Richtung.

Die Konzernschwerbehindertenvertretung **vertritt** auch die **Interessen** der schwerbehinderten **11** Menschen in Konzernunternehmen, in denen eine **Gesamtschwerbehindertenvertretung nicht gewählt** worden ist (§ 180 Abs. 6 Satz 2 i. V. m. Satz 1 SGB IX). Weitergehend als nach § 58 Abs. 1 bedeutet dies nicht nur eine Zuständigkeitserstreckung im originären Zuständigkeitsbereich; vielmehr nimmt die Konzernschwerbehindertenvertretung in solchen Unternehmen die Rechte und Pflichten der Gesamtschwerbehindertenvertretung wahr. Darüber hinaus kann sie auch die Rechte und Pflichten einer Schwerbehindertenvertretung wahrnehmen, wenn in einem Betrieb eines Konzernunternehmens keine Schwerbehindertenvertretung, aber auch keine Gesamtschwerbehindertenvertretung (vgl. insoweit § 52 Rdn. 14) im Unternehmen gewählt worden ist.

Die **persönlichen Rechte und Pflichten** der Konzernschwerbehindertenvertreter entsprechen **12** denen der Schwerbehindertenvertreter (§ 180 Abs. 7 i. V. m. § 179 SGB IX). Vgl. § 52 Rdn. 16.

III. Betriebsverfassungsrechtliche Rechtsstellung der Konzernschwerbehindertenvertretung

Die Konzernschwerbehindertenvertretung ist gesetzliches **Organ der Betriebsverfassung**, aber **13** weder Organ noch Mitglied des Konzernbetriebsrats (vgl. entsprechend § 52 Rdn. 17).

Die Konzernschwerbehindertenvertretung hat das **Recht, an allen Sitzungen** des Konzernbetriebs- **14** rats **beratend** (d. h. mit Rederecht, aber ohne Stimmrecht) **teilzunehmen**; dies ist die eigentliche Regelungsmaterie des § 59a. Das gleiche Recht ergibt sich aus § 180 Abs. 7 i. V. m. § 178 Abs. 4 Satz 1 SGB IX. Das Teilnahmerecht ist unbeschränkt und nicht nur auf Sitzungen bezogen, welche sich mit Tagesordnungspunkten befassen, die die Interessen schwerbehinderter Menschen besonders (z. B. nach § 80 Abs. 1 Nr. 4) berühren. Der Vorsitzende des Konzernbetriebsrats hat sie zu allen Sitzungen rechtzeitig und unter Mitteilung der Tagesordnung **zu laden** (§ 59 Abs. 2 Satz 3 i. V. m. § 29 Abs. 2 Satz 4). Darüber hinaus hat die Konzernschwerbehindertenvertretung nach § 180 Abs. 7 i. V. m. § 178 Abs. 4 Satz 1 Halbs. 2 SGB IX das Recht, zu beantragen, dass Angelegenheiten, die einzelne oder die schwerbehinderten Menschen als Gruppe besonders betreffen, auf die **Tagesordnung** der nächsten Sitzung zu setzen sind; der Antrag ist an den Vorsitzenden des Konzernbetriebsrats zu richten. Die Konzernschwerbehindertenvertretung hat aber kein Recht, die Einberufung einer Sitzung zu verlangen. Vgl. zu Einzelheiten zum Teilnahme- und Beratungsrecht (einschließlich seiner Verletzung), das demjenigen der Schwerbehindertenvertretung nach § 32 entspricht, *Raab* § 32 Rdn. 11 ff.

Die Konzernschwerbehindertenvertretung kann die **Aussetzung eines Beschlusses** des Konzern- **15** betriebsrats verlangen, wenn der Beschluss nach ihrer Einschätzung wichtige Interessen der durch sie vertretenen schwerbehinderten Menschen erheblich beeinträchtigt (§ 59 Abs. 1 i. V. m. § 35 Abs. 1; vgl. zu diesem Antragsrecht näher *Raab* § 35 Rdn. 14). Darüber hinaus kann sie nach § 180 Abs. 7 i. V. m. § 178 Abs. 4 Satz 2 SGB IX die Aussetzung auch dann verlangen, wenn sie geltend macht, entgegen § 178 Abs. 2 Satz 1 SGB IX vom Konzernarbeitgeber (d. h. durch das Leitungsorgan des herrschenden Unternehmens; vgl. dazu § 58 Rdn. 11 ff.) nicht ordnungsgemäß unterrichtet oder angehört worden zu sein. Für das Verfahren bei Aussetzung von Beschlüssen gilt § 35 Abs. 1 und 2 entsprechend (§ 59 Abs. 1).

16 Ohne dass dies in § 59a ausdrücklich erwähnt wird, hat die Konzernschwerbehindertenvertretung, im Verhinderungsfall ihr Stellvertreter, auch das Recht, an allen **Sitzungen der Ausschüsse** des Konzernbetriebsrats, also des Konzernbetriebsausschusses und ggf. weiterer Ausschüsse (vgl. § 59 Rdn. 18 ff.), **beratend teilzunehmen**; auch insoweit kann sie beantragen, Angelegenheiten, die einzelne oder die schwerbehinderten Menschen als Gruppe besonders betreffen, auf die Tagesordnung der nächsten Sitzung zu setzen. Diese Rechte bestimmt § 180 Abs. 7 i. V. m. § 178 Abs. 4 Satz 1 SGB IX. Insoweit besteht aber kein Recht, die Aussetzung eines Beschlusses zu verlangen. Ein Teilnahmerecht der Konzernschwerbehindertenvertretung an den Sitzungen der Konzern-Jugend- und Auszubildendenvertretung sieht das Gesetz nicht vor.

17 Zu **allen** (monatlichen) **Besprechungen** des Konzernarbeitgebers (handelnd durch das Leitungsorgan des herrschenden Unternehmens) mit dem Konzernbetriebsrat (nach § 59 Abs. 1 i. V. m. § 51 Abs. 5, § 74 Abs. 1) ist die Konzernschwerbehindertenvertretung **hinzuzuziehen** (§ 180 Abs. 7 i. V. m. § 178 Abs. 5 SGB IX). Auch dieses Teilnahmerecht ist nicht davon abhängig, dass Angelegenheiten behandelt werden, die schwerbehinderte Menschen besonders betreffen (vgl. § 52 Rdn. 21).

IV. Streitigkeiten

18 Streitigkeiten über das Teilnahmerecht der Konzernschwerbehindertenvertretung an den Sitzungen des Konzernbetriebsrats und seiner Ausschüsse sowie über ihre sonstigen betriebsverfassungsrechtlichen Befugnisse, auch soweit sie nur im SGB IX geregelt sind, entscheidet das **Arbeitsgericht** auf Antrag im **Beschlussverfahren** nach § 2a Abs. 1 Nr. 1, Abs. 2, §§ 80 ff. ArbGG (s. § 52 Rdn. 23). Örtlich zuständig ist das Gericht, in dessen Bezirk das herrschende Unternehmen seinen Sitz hat (§ 82 Abs. 1 Satz 2 ArbGG).

Dritter Teil
Jugend- und Auszubildendenvertretung

Einführung

Literatur
Literaturnachweise zum BetrVG 1952 siehe 8. Auflage.

Andres Probleme der betrieblichen Interessenvertretung – Aushöhlung der Jugendvertretung im Betrieb, BetrR 1980, 44; *Berg/Heilmann* JAV-Wahl 2016, AiB 2016, Heft 4, 37; *Bitzer* Die Wahl der Betriebsvertretungen (2. Teil: Wahl der Jugendvertretung), BuV 1972, 1; *Blank* Die Wahl der Jugend- und Auszubildendenvertretung, 4. Aufl. 1998 (zit.: Jugend- und Auszubildendenvertretung); *Blanke* ». . . in der Regel mindestens fünf Arbeitnehmer beschäftigt«, AiB 1982, 36; *Brill* Die Jugendvertretter, BB 1975, 1642; *ders.* Die neue Jugend- und Auszubildendenvertretung in den Betrieben, AuR 1988, 334; *Däubler* Handbuch Schulung und Fortbildung – Gesamtdarstellung für betriebliche Interessenvertreter, 5. Aufl. 2004 (zit.: Schulung); *Düttmann/Zachmann* Die Jugendvertretung, 1972; *Engels/Natter* Jugend- und Auszubildendenvertretung – nun doch noch!, DB 1988, 229; *dies.* Wahl von betrieblichen Jugend- und Auszubildendenvertretungen im Herbst 1988, BB 1988, 1453; *Faecks* Zur Wahlbefugnis der Studienreferendare bei Betriebsratswahlen in staatlich anerkannten Privatschulen, PersV 1986, 1; *Fuchs* Die Wahl zur Jugendvertretung, BlStSozArbR 1976, 113; *Gillerke* Probleme des Teilnahme- und Stimmrechts der Jugend- und Auszubildendenvertreter, AuA 1993, 52; *Gün/Heggenmiller/Lenz/Luik/Ratayczak/Ressel/Schmitzer* Praxis der JAV von A-Z, 9. Aufl. 2017; *Hanel* Jugendvertretung im Betrieb, Personal 1986, 257; *Hromadka* Mehr Rechte für die Jugendvertretung, DB 1971, 1964; *Hüper* Die Jugendvertretung nach dem Betriebsverfassungsgesetz, RdJB 1987, 321; *ders.* Die Wahl der Jugend- und Auszubildendenvertretung 1988, in: IG Chemie Papier Keramik (Hrsg.) Das Gesetz zur Bildung von Jugend- und Auszubildenden-Vertretungen, o. J., S. 9 (zit.: Jugend- und Auszubildendenvertretungen); *Hunold* Die Jugend- und Auszubildendenvertretung (JAV), in: Handbuch der Betriebsverfassung, Gruppe 2, 1988, 233; *Klinkhammer* Tarifvertragliche Mitbestimmung im Ausbildungsbetrieb, FS 50 Jahre Bundesarbeitsgericht, 2004, S. 963; *Körner* Die Mitwirkung der Jugendvertretung bei der Mitbestimmung im Betrieb, Diss. Würzburg 1976 (zit.: Jugendvertretung); *Lichtenstein* Betriebsbegehungen durch Jugendvertreter, BetrR 1973, 267; *ders.* Die Wahl der Jugendvertretung, BetrR 1974, 75; *ders.* Die Wahl der Jugendvertretung, BetrR 1976, 96; *ders.* Die Wahl der Jugendvertretung, BetrR 1978, 214; *ders.* Die Wahl der Jugendvertretung, BetrR 1980, 54; *ders.* Die Wahl der Jugendvertretung, BetrR 1982, 10; *ders.* Die Wahl der Jugendvertretung, BetrR 1983, 645; *Lunk* Grundprobleme der Jugend- und Auszubildendenversammlung nach § 71 BetrVG, NZA 1992, 534; *Malottke* Die Jugend- und Auszubildendenvertretung: Geschäftsführung und Mitbestimmung, 2004; *dies.* Aufgaben der JAV, AiB 2005, 353; *Moderegger* Jugend- und Auszubildendenvertretung. Neuerungen beim Wahlrecht in Berufsausbildungszentren, ArbRB 2002, 339; *Moritz* Die Stellung der Jugendvertretung im Rahmen der Betriebsverfassung, Diss. Berlin 1974 (zit.: Jugendvertretung); *Natter* Sondervertretungen, AR-Blattei SD 530.13, Betriebsverfassung XIII, 1992; *Natzel* Berufsbildungsrecht, 3. Aufl. 1982; *Oetker* Die Mitbestimmung der Betriebs- und Personalräte bei der Durchführung von Berufsbildungsmaßnahmen (Diss. Kiel), 1986 (zit.: Berufsbildungsmaßnahmen); *Opolony* Die Jugend- und Auszubildendenvertretung nach dem Betriebsverfassungs-Reformgesetz, BB 2001, 2055; *Peter* Die Rechtsstellung der Jugendvertretung im Betrieb unter besonderer Berücksichtigung der Frage eines selbständigen Betriebsbegehungsrechts, BlStSozArbR 1980, 65; *Pulte* Die Wahl der Jugend- und Auszubildendenvertretung, 1992 (zit.: Jugend- und Auszubildendenvertretung); *Rotermund* Die Interessenwahrnehmung durch Jugendliche und Auszubildende in der Betriebsverfassung, Diss. Kiel, 2004 (zit.: Interessenwahrnehmung); *Rudolph* Vertretung besonderer Interessen der jugendlichen Mitarbeiter, AuA 1992, 105; *ders.* Die Zusammenarbeit von Betriebsrat und Jugend- und Auszubildendenvertretung (JAV), BetrR 1998, 88; *ders.* Die Wahl der Jugend- und Auszubildendenvertretung, AiB 1998, 490; *ders.* Betriebsrat und JAV, AiB 2005, 590; *ders.* Betriebsrat und JAV, AiB 2008, 164; *Schneider* Die Wahl der Jugendvertretung, AiB 1982, 18; *ders.* Gesetzentwurf der SPD: neue Rechtsgrundlagen für die Jugendvertretungen, PersR 1986, 43; *ders.* Betriebsjugendversammlungen in der Form von Teil- und Abteilungsversammlungen?, AiB 1988, 34; *Schwab* Die neuen Jugend- und Auszubildendenvertretungen in den Betrieben, NZA 1988, 687 [835]; *Schwarzbach* Betriebsrat und JAV: Aufgaben und Handlungsmöglichkeiten, 2. Aufl. 2011; *Splanemann* Novellierung der Betriebsverfassung: Auswirkungen für die Jugend- und Auszubildendenvertretung, AiB 2001, 629; *ders.* Die Jugend- und Auszubildendenvertretung: Tipps und Arbeitshilfen für die Praxis, 3. Aufl. 2014; *Teichmüller* Die Schulung von Jugendvertretern nach § 37 Abs. 6 BetrVG, DB 1975, 446; *Trümner* Zur Schaffung von Jugend- und Auszubildendenvertretungen aufgrund betrieblicher Sonderregelungen, BetrR 1987, 77; *Vogt* Zu den Jugendvertreterwahlen 1984, BB 1984, 856; *Walter* Die Arbeit der Jugendvertreter, BetrR 1974, 437; *ders.* Jugendvertreterwahl 1984, BetrR 1983, 637; *R. Weber* Der Anwendungsbereich des Grundsatzes der vertrauensvollen Zusammenarbeit gemäß § 2 Abs. 1 BetrVG, ZfA 1991,

187; *Wlotzke* Die geplanten Änderungen zum Betriebsverfassungsgesetz, FS *K. Molitor*, 1988, S. 397 ff.; ders. Aufgaben im gesetzlichen Arbeitsrecht, FS 40 Jahre Der Betrieb, 1988, S. 267.

Inhaltsübersicht Rdn.

I. Gesetzesgeschichte und Entwicklungen	1–17
1. Rechtslage vor dem BetrVG 1952	1, 2
2. BetrVG 1952	3
3. BetrVG 1972	4–7
4. Gesetz zur Bildung von Jugend- und Auszubildendenvertretungen	8, 9
5. BetrVerf-ReformG	10–12
6. Unionsrecht	13, 14
7. Bundespersonalvertretungsrecht	15, 16
8. Rechtslage in Österreich	17
II. Normzweck	18–25
III. Dogmatischer Standort in der Betriebsverfassung	26–30
IV. Reichweite der §§ 60 bis 73b	31–33
V. Vereinbarungsbefugnis	34–42
1. Die §§ 60 bis 73b als zwingendes Recht	34–37
2. Tarifverträge und Betriebsvereinbarungen nach § 3 Abs. 1 und 2	38–40
3. Tarifverträge nach § 117 Abs. 2	41, 42

I. Gesetzesgeschichte und Entwicklungen

1. Rechtslage vor dem BetrVG 1952

1 Die Einrichtung einer betriebsverfassungsrechtlichen Sondervertretung für jugendliche Arbeitnehmer geht auf einige vor Inkrafttreten eines bundeseinheitlichen Betriebsverfassungsgesetzes in den **Ländern** geschaffene **Betriebsrätegesetze** zurück (zur historischen Entwicklung auch *Hüper* RdJB 1987, 321 [322 ff.]; *Moritz* Jugendvertretung, S. 4 ff.). Während weder das Betriebsrätegesetz vom 04.02.1920 (RGBl. S. 147) noch das alliierte Kontrollratsgesetz Nr. 22 (ABlKR S. 133) eine Sondervertretung für jugendliche Arbeitnehmer kannten, sah erstmals das Betriebsrätegesetz von **Baden** (GVOBl. 1948 S. 209) die Bildung einer Betriebsjugendvertretung vor (§ 7). Die Länder **Württemberg-Hohenzollern** (RegBl. 1949 S. 153), **Bremen** (GBl. 1949 S. 7) und **Schleswig-Holstein** (GVOBl. 1950 S. 169) schlossen sich in ihren Betriebsrätegesetzen dieser Konzeption durch die Etablierung eines **Obmannes** der Jugendlichen (§ 25a Betriebsrätegesetz Württemberg-Hohenzollern) bzw. eines **Jugendausschusses** (§ 6 Abs. 3 Betriebsrätegesetz Bremen, § 10 Betriebsrätegesetz Schleswig-Holstein) an, der jeweils von den jugendlichen Arbeitnehmern zu wählen war. Hiervon wich das Betriebsrätegesetz **Hessen** (GVOBl. 1948 S. 117) ab, das zwar ebenfalls die Einrichtung eines **Jugendausschusses** kannte (§ 19 Abs. 5), eine Wahl durch die Arbeitnehmer jedoch nicht vorschrieb. In **Niedersachsen** sah § 5 des Arbeitsschutzgesetzes für Jugendliche (GVOBl. 1948 S. 179) die Wahl eines **Jugendobmannes** bzw. **Jugendvertreters** außerhalb des betriebsverfassungsrechtlichen Kontextes vor.

2 Die von den Ländern Baden, Württemberg-Hohenzollern, Bremen und Schleswig-Holstein erlassenen Betriebsrätegesetze zeichneten sich dadurch aus, dass die Sondervertretungen **nicht** als **eigenständiges** betriebsverfassungsrechtliches Organ mit eigenen Beteiligungsrechten gegenüber dem Arbeitgeber geschaffen wurden, sondern den Charakter eines **Unterstützungsgremiums** für die Arbeit des Betriebsrats besaßen. Der Sondervertretung stand ein **Teilnahmerecht** an den **Betriebsratssitzungen** zu, das zumeist auf ein **Beratungsrecht** begrenzt war, sich jedoch mit Ausnahme von § 31a Betriebsrätegesetz Württemberg-Hohenzollern auf **alle** Angelegenheiten erstreckte (§ 6 Abs. 3 Betriebsrätegesetz Bremen, § 10 Abs. 5 Satz 3 Betriebsrätegesetz Schleswig-Holstein). Nur das Betriebsrätegesetz von Baden sah zusätzlich ein volles **Stimmrecht** der Betriebsjugendvertretung bei Fragen vor, die die jugendlichen Arbeitnehmer unmittelbar betrafen (§ 7 Abs. 5 Satz 3). Das **niedersächsische Arbeitsschutzgesetz** für Jugendliche zeichnete sich demgegenüber durch eine völlig andere Konzeption aus. Es etablierte den Jugendobmann bzw. Jugendvertreter nicht als Teil der Betriebsverfassung, sondern als **eigenständige**, vom Betriebsrat **unabhängige** Einrichtung, die sowohl die Interessen der Jugendlichen wahrnehmen als auch die Einhaltung des Jugendarbeitsschutzgesetzes **überwachen** sollte.

2. BetrVG 1952

Das **BetrVG 1952** griff den konzeptionellen Ansatz einzelner Länderbetriebsrätegesetze auf und schrieb in § 20 Abs. 2 bundeseinheitlich die Errichtung einer **Jugendvertretung** vor, der nach § 35 Satz 2 BetrVG 1952 ein **Teilnahme-** und **Beratungsrecht** an den **Betriebsratssitzungen** zustand. Dieses war auf Angelegenheiten beschränkt, die die Interessen der jugendlichen Arbeitnehmer »**wesentlich**« berührten. Hiermit übernahm das Gesetz die von dem Ausschuss für Arbeit vorgeschlagene Regelung (BT-Drucks. I/3585), die inhaltlich mit dem Regierungsentwurf übereinstimmte (BT-Drucks. I/1546). Demgegenüber hatte sich der Entwurf der CDU/CSU-Fraktion (BT-Drucks. I/970) in § 8 Abs. 3 noch darauf beschränkt, die Bildung einer Jugendvertretung zu ermöglichen, deren Befugnisse und Zusammensetzung sollten indes der autonomen Gestaltung per Betriebsvereinbarung überlassen bleiben. 3

3. BetrVG 1972

Bereits vor der Novellierung des Betriebsverfassungsgesetzes im Jahre 1972 waren die Vorschriften über die Sondervertretung der jugendlichen Arbeitnehmer Gegenstand der von den Bundestagsfraktionen in der **5. Legislaturperiode** vorgelegten **Gesetzesentwürfe** zu einer Reform des Betriebsverfassungsgesetzes (CDU/CSU: BT-Drucks. V/2234; SPD: BT-Drucks. V/3658; FDP: BT-Drucks. V/4011), die jedoch im Deutschen Bundestag nicht mehr abschließend behandelt wurden. 4

Gemeinsam sahen alle Entwürfe durch Einfügung eines § 20a eine **gesetzestechnische Verselbständigung** der Bestimmungen über die Errichtung einer Jugendvertretung vor, wobei der Entwurf der CDU/CSU-Fraktion und derjenige der FDP-Fraktion die Rechtsstellung der Jugendvertretung dadurch verstärken wollte, dass Fragen, die jugendliche Arbeitnehmer betreffen, **vor** ihrer Erörterung im Betriebsrat von der Jugendvertretung **allein** zu beraten waren und zudem das Wesentlichkeitserfordernis in § 35 Satz 2 BetrVG 1952 entfallen sollte. Während die FDP-Fraktion zusätzlich eine **Betriebsjugendversammlung** (§ 42 Abs. 3) sowie einen dreiwöchigen **Schulungsanspruch** für Jugendvertreter (§ 37a Abs. 1) vorschlug, zeichnete sich die Gesetzesinitiative der SPD-Fraktion durch Regelungen zu einer erweiterten Einflussnahme der Jugendvertretung auf die Beschlüsse des Betriebsrats aus. In Anlehnung an einen Novellierungsvorschlag des DGB (abgedruckt in: AuR 1968, 80 [83]) und über die Reformvorstellungen der anderen Entwürfe hinausgehend sollte den Jugendvertretern ein volles Stimmrecht im Betriebsrat bei allen Angelegenheiten zustehen, die **allein** jugendliche Arbeitnehmer betreffen. Ferner war die Bildung einer **Gesamtjugendvertretung** vorgesehen. 5

Das im Jahre 1972 novellierte **Betriebsverfassungsgesetz** baut mit den §§ 60 bis 73 auf diesen Reformbestrebungen auf, geht durch die **systematische Verselbständigung** im Dritten Teil des Gesetzes aber weit über die frühere Konzeption hinaus. Dieser Ansatz war im Gesetzgebungsverfahren unumstritten, auf ihm beruhten sowohl der Referentenentwurf (= RdA 1970, 357 [362]), der Regierungsentwurf (= BT-Drucks. VI/1786, S. 13 ff.), der Entwurf der CDU/CSU-Fraktion (= BT-Drucks. VI/1806, S. 18 ff.) und die Beschlussempfehlung des Ausschusses für Arbeit und Sozialordnung (= BT-Drucks. VI/2729, S. 27 ff.). Auch der Novellierungsvorschlag des DGB basierte mit seinen §§ 26a bis 26j auf dieser Konzeption (s. RdA 1970, 237 ff.). 6

Die Neuregelung umfasste eine **personelle Vergrößerung** der Jugendvertretung (§ 62), eine Erweiterung des passiven **Wahlrechts** (§ 61 Abs. 2), das Recht zu **eigenen** Sitzungen (§ 65 Abs. 2), die **Teilnahme eines** Jugendvertreters an **allen** Sitzungen des Betriebsrats (§ 67 Abs. 1 Satz 1), die **Teilnahme der gesamten** Jugendvertretung an Betriebsratssitzungen bei **besonders** die jugendlichen Arbeitnehmer betreffenden Angelegenheiten (§ 67 Abs. 1 Satz 2), ein volles **Stimmrecht** der Jugendvertreter bei **überwiegend** die jugendlichen Arbeitnehmer betreffenden Angelegenheiten (§ 67 Abs. 2), die Möglichkeit zur Durchführung von **Jugendversammlungen** (§ 71) und die Bildung einer **Gesamtjugendvertretung** (§§ 72, 73). In wesentlichen Punkten stimmte dies mit den 7

Novellierungsvorschlägen der CDU/CSU-Fraktion überein, hinsichtlich der Details enthielten diese jedoch Abweichungen.

4. Gesetz zur Bildung von Jugend- und Auszubildendenvertretungen

8 Die erste größere Änderung erfuhren die §§ 60 bis 73 durch das »Gesetz zur Bildung von Jugend- und Auszubildendenvertretungen in Betrieben« vom 13.07.1988 (BGBl. I S. 1034; zu diesem näher *Brill* AuR 1988, 334; *Engels/Natter* DB 1988, 229; *dies.* BB 1988, 1453; *Schwab* NZA 1988, 687, 853; *Wlotzke* FS K. *Molitor*, S. 397 [409 ff.]; *ders.* FS 40 Jahre Der Betrieb, S. 267 [275 ff.]; Gesetzesentwurf der CDU/CSU- und der FDP-Fraktion, BT-Drucks. 11/1134; Bericht des Ausschusses für Arbeit und Sozialordnung, BT-Drucks. 11/2474; zu früheren Reformvorschlägen der Gewerkschaften *Andres* BetrR 1980, 44 ff.). Zuvor wurde im Hinblick auf die bevorstehende Verabschiedung des Gesetzes die Amtszeit der amtierenden Jugendvertretungen durch Gesetz vom 18.12.1987 (BGBl. I S. 2729) verlängert.

9 Neben der **geänderten Terminologie** (statt »Jugendvertretung« nunmehr »Jugend- und Auszubildendenvertretung«) beschränkten sich die durch das Gesetz eingefügten Änderungen in erster Linie auf eine **Ausdehnung** des Kreises der von dieser Sondervertretung erfassten Arbeitnehmer. Die Jugend- und Auszubildendenvertretung wird seitdem nicht mehr nur von **jugendlichen Arbeitnehmern** (s. die Legaldefinition in § 60 Abs. 1 sowie näher § 60 Rdn. 22 ff.), sondern **zusätzlich** von älteren Arbeitnehmern gebildet, sofern sie zu ihrer **Berufsausbildung** beschäftigt sind und das **25. Lebensjahr** noch **nicht** vollendet haben (zu diesem Personenkreis § 60 Rdn. 25 ff.). Den letztgenannten Arbeitnehmern steht hierdurch ein **Doppelwahlrecht** sowohl zum Betriebsrat als auch zur Jugend- und Auszubildendenvertretung zu (*Engels/Natter* DB 1988, 229 [231] sowie § 61 Rdn. 8). Ferner wurde statt des zuvor geltenden Mehrheitswahlsystems grundsätzlich das **Verhältniswahlrecht** eingeführt (s. auch § 63 Rdn. 2). Die **Novelle vom 20.12.1988** passte durch Art. 1 Nr. 18 vor allem § 63 und damit die §§ 60 bis 73 an die übrigen Modifizierungen des Betriebsverfassungsgesetzes an (näher zu den hiermit verbundenen Änderungen § 63 Rdn. 3). Eine weitere Änderung erfuhren die §§ 60 bis 73 durch das **Zweite Gleichberechtigungsgesetz** vom 24.06.1994 (BGBl. I S. 1406), das mit Art. 5 Nr. 3 die Verweisungsnorm in § 63 Abs. 2 Satz 2 an die durch dieses Gesetz eingefügte Regelung zur Zusammensetzung des Wahlvorstands aus Männern und Frauen (§ 16 Abs. 1 Satz 5 [vor Inkrafttreten des BetrVerf-ReformG: Satz 6]) anpasste (hierzu § 63 Rdn. 22).

5. BetrVerf-ReformG

10 **Weitergehende Reformbestrebungen** der **SPD-Fraktion** und der **Fraktion »Die Grünen«** aus den 1980er Jahren zur Erweiterung der Rechte der Jugend- und Auszubildendenvertretung (dazu *Schneider* PersR 1986, 43 ff.) wurden im Deutschen Bundestag z. T. ausdrücklich abgelehnt. Dies betrifft zunächst den in der **10. Legislaturperiode** seitens der SPD-Fraktion eingebrachten Entwurf eines »Gesetzes zur Ausweitung der Rechte der Jugendvertretung und zur Weiterentwicklung in Jugend- und Auszubildendenvertretungen« (BT-Drucks. 10/4530 [neu]; hierzu Bericht des Ausschusses für Arbeit und Sozialordnung, BT-Drucks. 10/6594; zur Ablehnung durch den Deutschen Bundestag: BT-Prot. Bd. 140, S. 19940 A). Dieser wurde in der **11. Legislaturperiode** erneut eingebracht (BT-Drucks. 11/995), im Anschluss an den Bericht des Ausschusses für Arbeit und Sozialordnung (BT-Drucks. 11/2474) vom Deutschen Bundestag aber wiederum abgelehnt (BT-Prot. Bd. 145, S. 5737 ff.). Bestrebungen der SPD-Fraktion und der Fraktion »Die Grünen« im Rahmen umfassender **Novellierungsentwürfe zum Betriebsverfassungsgesetz** (SPD-Fraktion: BT-Drucks. 11/2995; Fraktion »Die Grünen«: BT-Drucks. 11/4525), in der 11. Legislaturperiode die Rechtsstellung der Jugend- und Auszubildendenvertretung zu erweitern (§§ 60 bis 73 SPD-Entwurf, §§ 64 bis 77 Entwurf-»Die Grünen«), setzten sich ebenfalls nicht durch. Im Mittelpunkt der Reformabsichten standen neben zahlreichen kleineren Änderungsvorschlägen vor allem die Ausdehnung der Jugendvertretung auf betriebsratslose Betriebe (s. bereits den Novellierungsvorschlag des DGB zum BetrVG 1952 [vgl. RdA 1970, 237 ff.], der in § 26i eine entsprechende Regelung enthielt) sowie die Einräumung selbständiger Rechtspositionen gegenüber dem Arbeitgeber.

Einführung vor § 60

Der seitens des *DGB* im Vorfeld des **BetrVerf-ReformG** im Jahre 1998 vorgelegte Novellierungsvorschlag (*DGB* [Hrsg.] Novellierungsvorschläge des DGB zum Betriebsverfassungsgesetz 1972, 1998) sah vor allem die Errichtung von Jugend- und Auszubildendenvertretungen in betriebsratslosen Betrieben, die verhältnismäßige Vertretung der Geschlechter in der Jugend- und Auszubildendenvertretung als zwingende Verpflichtung, die numerische Vergrößerung der Jugend- und Auszubildendenvertretung, die Abkopplung der Jugend- und Auszubildendenversammlung von der Betriebsversammlung sowie die zwingende Errichtung einer Konzern-Jugend- und Auszubildendenvertretung vor. **11**

Das **BetrVerf-ReformG** hat die Vorschläge des **DGB** teilweise übernommen. Das betrifft neben der Aufwertung des **Geschlechterproporzes** in der Jugend- und Auszubildendenvertretung zum zwingenden Rechtssatz (§ 62 Abs. 3; hierzu § 62 Rdn. 27 ff.) und der **numerischen Vergrößerung der Jugend- und Auszubildendenvertretung** (§ 62 Abs. 1; hierzu § 62 Rdn. 2 f.) vor allem die Einführung einer **Konzern-Jugend- und Auszubildendenvertretung** (§§ 73a und b). Diese sieht § 73a Abs. 1 Satz 1 jedoch **nicht** als **obligatorisches Organ** vor, sondern ihre Errichtung steht – entsprechend der für den Konzernbetriebsrat beibehaltenen Konzeption – im freien **Ermessen** der Gesamt-Jugend- und Auszubildendenvertretungen. Ferner glich das BetrVerf-ReformG die Verweisungsnorm des § 63 an die veränderten **Vorschriften zur Betriebsratswahl** an; auch für die Wahlen zur Jugend- und Auszubildendenvertretung wurde dem Gesamt- bzw. Konzernbetriebsrat die Bildung eines Wahlvorstandes ermöglicht (§ 63 Abs. 3 i. V. m. § 16 Abs. 3) und in Betrieben mit in der Regel weniger als 101 der in § 60 Abs. 1 genannten Arbeitnehmer die Durchführung des vereinfachten Wahlverfahrens (§ 14a) eröffnet (§ 63 Abs. 4 und 5). Darüber hinaus dehnte das BetrVerf-ReformG den **Aufgabenkatalog der Jugend- und Auszubildendenvertretung** in § 70 Abs. 1 aus. Neben der Übernahme des DGB-Vorschlags, Maßnahmen zur Übernahme Auszubildender in ein Arbeitsverhältnis beantragen zu können (dazu § 70 Rdn. 9), erweitern die in § 70 Abs. 1 neu eingefügten Nr. 1a und 4 das Antragsrecht der Jugend- und Auszubildendenvertretung auf Maßnahmen zur Gleichstellung der Frauen (dazu § 70 Rdn. 14 f.) und zur Integration ausländischer, in § 60 Abs. 1 genannter Arbeitnehmer (näher § 70 Rdn. 16 f.). Die übrigen Vorschläge des *DGB* (s. Rdn. 11), insbesondere die Errichtung von Jugend- und Auszubildendenvertretungen in betriebsratslosen Betrieben, übernahm das BetrVerf-ReformG nicht. Der bereits während des Gesetzgebungsverfahrens zum BetrVerf-ReformG angemahnten **Sondervertretung** der Auszubildenden in **reinen Ausbildungsbetrieben** (BT-Drucks. 14/6352, S. 5 sowie § 60 Rdn. 33 ff.) trägt seit dem 18.08.2002 (BGBl. I S. 3140) § 51 BBiG a. F. Rechnung (s. dazu auch *BAG* 13.06.2007 EzA § 5 BetrVG 2001 Nr. 2 Rn. 20 ff. = AP Nr. 12 zu § 5 BetrVG 1972, wonach § 51 BBiG nicht auf Betriebe beschränkt ist, die ausschließlich oder zumindest überwiegend außerbetriebliche Berufsbildung i. S. d. § 51 BBiG durchführen). Die für die Bildung der Interessenvertretung unerlässliche Rechtsverordnung (§ 52 BBiG a. F.) wurde zwar seitens des zuständigen Bundesministeriums vorgelegt (s. BR-Drucks. 339/02), erhielt im Deutschen Bundesrat jedoch nicht die notwendige Zustimmung (näher dazu *Rotermund* Interessenwahrnehmung, S. 26 ff.). Das entsprechende Vertretungsdefizit können die **Tarifvertragsparteien** durch Schaffung einer eigenständigen Ausbildungsvertretung ausgleichen (s. *BAG* 24.08.2004 EzA § 98 BetrVG 2001 Nr. 1 S. 6 = AP Nr. 12 zu § 98 BetrVG 1972 Bl. 2 f. sowie aus der Praxis *Klinkhammer* FS 50 Jahre Bundesarbeitsgericht, S. 963 ff.). **12**

6. Unionsrecht

Die Bestrebungen, im Rahmen des **Unionsrechts** ein supranationales Betriebsverfassungsrecht zu etablieren, griffen die Ansätze des nationalen Rechts zugunsten einer Sondervertretung für jugendliche Arbeitnehmer und Auszubildende bislang nicht auf. Die von den EG-Kommission in den Jahren 1970 und 1975 vorgelegten Vorschläge für eine Verordnung über das Statut einer **Europäischen Aktiengesellschaft** (Sonderbeilage zum Bulletin der Europäischen Gemeinschaften Nr. 8/1970; Bulletin der Europäischen Gemeinschaften Beilage Nr. 4/1975) enthielten zwar umfangreiche Bestimmungen für die Bildung und die Kompetenzen eines »Europäischen Betriebsrats« (hierzu sollte auch die Berufsausbildung gehören, näher *Oetker* Berufsbildungsmaßnahmen, S. 121 f.), verzichteten jedoch auf Sonderregelungen für die Vertretung der Jugendlichen oder der zu ihrer Berufsausbildung beschäftigten Arbeitnehmer. **13**

14 Die von der Europäischen Aktiengesellschaft abstrahierende Richtlinie zur Einsetzung eines **Europäischen Betriebsrats** (2009/38/EG) vom 06.05.2009 (AblEU Nr. L 122 vom 16.05.2009, S. 28) kennt ebenfalls keine Sondervertretung für die in § 60 Abs. 1 genannten Arbeitnehmer. Nach Art. 6 Abs. 2 Buchst. b der Richtlinie kann die **EBR-Vereinbarung** allerdings die Zusammensetzung des Europäischen Betriebsrats regeln, so dass auch die besonderen Belange der in § 60 Abs. 1 genannten Arbeitnehmer organisatorisch und institutionell berücksichtigt werden können. Das deutsche Gesetz über Europäische Betriebsräte i. d. F. vom 07.12.2011 (BGBl. I, S. 2650) hat in § 18 Abs. 1 Nr. 2 EBRG diese Konzeption übernommen. Die Etablierung einer vom Europäischen Betriebsrat verselbständigten gemeinschaftsweiten Vertretung der in § 60 Abs. 1 genannten Arbeitnehmer ist im Rahmen einer **Vereinbarung nach § 18 Abs. 1 EBRG** jedoch ebensowenig wie eine Übernahme des in den §§ 60 bis 73b geregelten Organisationsmodells möglich. **Zulässig** ist im Rahmen einer nach § 18 Abs. 1 EBRG getroffenen Vereinbarung aber eine Regelung, die in Anlehnung an § 23 Abs. 6 EBRG der Gesamt-Jugend- und Auszubildendenvertretung das Recht einräumt, mit **Rederecht** an den Sitzungen zur Unterrichtung und Anhörung des Europäischen Betriebsrats teilzunehmen. Für den **Europäischen Betriebsrat kraft Gesetzes** besteht keine vergleichbare Möglichkeit, da § 23 EBRG ein derartiges Teilnahmerecht ausschließlich für ein Mitglied des zuständigen Sprecherausschussgremiums vorsieht und diese Vorschrift abschließenden Charakter hat. Für den bei einer **Europäischen Aktiengesellschaft** gebildeten **SE-Betriebsrat** gelten die vorstehenden Grundsätze entsprechend, sofern sich die Verhandlungsparteien für die Errichtung eines SE-Betriebsrats kraft Vereinbarung entscheiden (§ 21 Abs. 1 Nr. 2 SEBG).

7. Bundespersonalvertretungsrecht

15 Im grundsätzlichen konzeptionellen Ansatz stimmt das Bundespersonalvertretungsrecht mit den §§ 60 bis 73b überein (näher die Gesamtdarstellungen und Kommentare zum Bundespersonalvertretungsrecht sowie *Dannenberg/Rudolph* PersR 1998, 83 ff.; *Lorenzen* PersV 1988, 467 ff.; *Wolber* RiA 1988, 315 ff.). Es enthält jedoch hinsichtlich einiger Details gewichtige Abweichungen, die trotz teleologischer Unterschiede (zu diesen vor allem GemSOGB 12.03.1987 AP Nr. 35 zu § 5 BetrVG 1972) wichtige Erkenntnisse für eine systematische Norminterpretation eröffnen.

16 Im Unterschied zu § 60 Abs. 1 stellt § 57 BPersVG ausdrücklich klar, dass Jugend- und Auszubildendenvertretungen nur in solchen Dienststellen errichtet werden dürfen, in denen **Personalvertretungen bestehen** (näher zu dieser Problematik § 60 Rdn. 33 ff.). Neben den inhaltlichen Diskrepanzen bei der Konkretisierung der Personen, die »zu ihrer Berufsausbildung« beschäftigt sind (hierzu insbesondere GemSOGB 12.03.1987 AP Nr. 35 zu § 5 BetrVG 1972; BVerwG 19.06.1980 Buchholz 238.37 § 13 PersVGNW Nr. 2; 18.10.1982 Buchholz 238.3A § 4 BPersVG Nr. 1; 03.07.1984 Buchholz 238.3A § 4 BPersVG Nr. 2; 23.10.1984 Buchholz 238.32 § 3 BlnPersVG Nr. 1), legt § 58 Abs. 2 Satz 1 BPersVG die obere Altersgrenze für das **passive Wahlrecht** auf das vollendete 26. Lebensjahr fest (anders aber § 61 Abs. 2 Satz 1: Vollendung des 25. Lebensjahres) und stellt zur Abgrenzung ausdrücklich auf den **Wahltag** ab (dazu auch § 61 Rdn. 23). Den Ausschluss einer **Doppelmitgliedschaft** (§ 61 Abs. 2 Satz 2) hat das Bundespersonalvertretungsgesetz nicht übernommen; sie wird dementsprechend nach einhelliger Ansicht (statt aller *Gräfl/RDW* § 58 Rn. 17; *Ilbertz/Widmaier/Sommer* BPersVG, 13. Aufl. 2015, § 58 Rn. 8, jeweils m. w. N.) für zulässig erachtet. Im Gegensatz zu § 67 Abs. 3 Satz 1 steht der Mehrheit der Mitglieder der Jugend- und Auszubildendenvertretung das Recht zu, die Anberaumung einer **Sitzung des Personalrats** zu beantragen (§ 61 Abs. 2 BPersVG i. V. m. § 34 Abs. 3 BPersVG; s. auch § 67 Rdn. 53, 55). Die in § 68 verankerte Pflicht, die Jugend- und Auszubildendenvertretung zu **Besprechungen zwischen Arbeitgeber und Betriebsrat** beizuziehen, reduziert § 61 Abs. 4 BPersVG ausdrücklich auf die monatlichen Besprechungen i. S. d. § 66 Abs. 1 BPersVG. Die Einrichtung von **Sprechstunden** ermöglicht § 62 Satz 1 BPersVG durch die Verweisung auf § 43 BPersVG unabhängig von einer Mindestbeschäftigtenzahl. Für die **Jugend- und Auszubildendenversammlung** sieht § 63 Satz 1 BPersVG eine Durchführungspflicht vor (hierzu § 71 Rdn. 25) und schwächt das in § 71 enthaltene Erfordernis eines zeitlichen Zusammenhangs zur Personalversammlung zu einer »Sollvorschrift« ab (§ 63 Satz 2 BPersVG; dazu näher § 71 Rdn. 20 ff.). Die zeitliche Lage der Jugend- und Auszubildendenversammlung kann die Jugend- und Auszubildendenvertretung autonom festlegen (anders aber § 71 Satz 1); sie wird vom

Einführung　　　　　　　　　　　　　　　　　　　　　　　　　　　　**vor § 60**

Vorsitzenden der Jugend- und Auszubildendenvertretung geleitet (so ausdrücklich § 63 Satz 3 BPersVG). Entsprechend dem stufenförmigen Aufbau der Personalvertretungen sieht § 64 Abs. 1 BPersVG die Errichtung von **Bezirks-Jugend- und Auszubildendenvertretungen** sowie **Haupt-Jugend- und Auszubildendenvertretungen** als Stufenvertretungen vor. Die Bildung einer **Gesamt-Jugend- und Auszubildendenvertretung** (§ 64 Abs. 2 BPersVG) betrifft den Sonderfall, dass Nebenstellen und Teile einer Dienststelle als selbständige Dienststelle gelten und hat damit nur den Namen mit der Gesamt-Jugend- und Auszubildendenvertretung (§§ 72 und 73) gemeinsam.

8. Rechtslage in Österreich

Die in der 10. und 11. Legislaturperiode eingebrachten Änderungsvorschläge (s. Rdn. 10) konnten　**17** teilweise auf Vorstellungen des **österreichischen Betriebsverfassungsrechts** zurückgreifen, das seit dem Jugendvertrauensrätegesetz vom 09.07.1972 (BGBl. Nr. 287) und fortgeführt in den §§ 123 bis 131 Arbeitsverfassungsgesetz vom 14.12.1973 (BGBl. 1974 Nr. 22) eine organisatorisch **selbständige** Interessenvertretung der jugendlichen Arbeitnehmer kennt. Nach diesen Vorschriften, die durch die §§ 36 bis 52e der Betriebsratsgeschäftsordnung vom 24.06.1974 (BGBl. Nr. 355) ergänzt werden, ist der Jugendvertrauensrat **unabhängig** von der Existenz eines Betriebsrats zu bilden (§ 123 ArbVG); er hat hinsichtlich seiner Rechtsstellung trotz der Verzahnung zwischen Betriebsrat und Jugendvertrauensrat den Charakter einer **eigenständigen, neben** dem **Betriebsrat** stehenden **Interessenvertretung** gegenüber dem Arbeitgeber (§ 129 ArbVG; näher zu den §§ 123 bis 131 ArbVG *Floretta/Strasser* ArbVG, §§ 123 ff.; *Floretta/Spielbüchler/Strasser* Arbeitsrecht II, S. 490 ff.; *Löschnigg* Arbeitsrecht, 11. Aufl. 2011, S. 755 ff.; *Marhold/Friedrich* Österreichisches Arbeitsrecht, S. 593 f.; *Petrovic* in: *Tomandl* [Hrsg.], Offene Fragen des Betriebsverfassungsrechts, 1989, S. 95 ff.; *Strasser/Jabornegg* ArbVG, §§ 123 ff.; s. auch vor § 60 Rdn. 27, 29, § 61 Rdn. 10, 35, 37, § 62 Rdn. 7, 19, § 67 Rdn. 2, § 70 Rdn. 44, 56, § 71 Rdn. 2, 8, 13, 25, § 72 Rdn. 3).

II. Normzweck

Der mit der Einrichtung einer Jugend- und Auszubildendenvertretung verfolgte **Zweck** ist vor allem　**18** aus § 60 Abs. 2 abzuleiten. Danach nimmt sie die **besonderen** Belange der in § 60 Abs. 1 genannten Arbeitnehmer wahr. Wegen der gesetzlichen Ausgestaltung ihrer Rechtsstellung besitzt sie – ebenso wie früher die Jugendvertretung – **nicht** die Qualität einer **eigenständigen**, vom Betriebsrat **unabhängigen** Interessenvertretung **gegenüber** dem **Arbeitgeber**. Diese bleibt einschließlich der hiermit verbundenen **Beteiligungsrechte** nach der den §§ 60 bis 73b unverändert zugrundeliegenden Konzeption **ausschließlich** dem **Betriebsrat** vorbehalten (st. Rspr. seit *BAG* 20.11.1973 EzA § 65 BetrVG 1972 Nr. 1 S. 3 = AP Nr. 1 zu § 65 BetrVG 1972 Bl. 2; 24.08.2004 EzA § 98 BetrVG 1972 Nr. 1 S. 7 = AP Nr. 12 zu § 98 BetrVG 1972 Bl. 3 sowie zuletzt *BAG* 18.01.2012 EzA § 40 BetrVG 2001 Nr. 22 Rn. 14 = AP Nr. 108 zu § 40 BetrVG 1972 = NZA 2012, 683; für die allgemeine Ansicht im Schrifttum *Bodem*/NK-GA § 60 BetrVG Rn. 4; *Brill* BB 1975, 1642 [1643]; *Fitting* § 60 Rn. 4; *Galperin/Löwisch* § 60 Rn. 6; *Joost*/MünchArbR § 228 Rn. 1; *Kamanabrou* Arbeitsrecht, Rn. 2465; *Koch*/ErfK §§ 60–70 BetrVG Rn. 1; *Löwisch*/LK § 60 Rn. 2; *Richardi/Annuß* Vorbem. § 60 Rn. 11; *Roloff*/WPK § 60 Rn. 4; *Rose*/HWGNRH § 60 Rn. 12; *Schwab* NZA 1988, 687 [687]; *Sittard*/HWK § 60 BetrVG Rn. 1; *Stege/Weinspach/Schiefer* §§ 60–70 Rn. 1a; *Trittin*/DKKW § 60 Rn. 6; *Vogt* BB 1984, 856 [858]; *Wiese* JArbR Bd. 9 [1971], 1972, S. 55 [63]).

Die Jugend- und Auszubildendenvertretung **vertritt** die **Interessen** bzw. die besonderen Belange der　**19** in § 60 Abs. 1 umschriebenen Arbeitnehmer **ausschließlich gegenüber** dem **Betriebsrat** und ist hierbei auf die Ausübung der im Gesetz vorgesehenen Antrags-, Auskunfts-, Beratungs- und Stimmrechte angewiesen. In diesem Rahmen besitzt die Jugend- und Auszubildendenvertretung jedoch – ebenso wie vormals die Jugendvertretung – den Charakter einer **Interessenvertretung** (*BAG* 15.08.1978 EzA § 23 BetrVG 1972 Nr. 7 S. 24 = AP Nr. 1 zu § 23 BetrVG 1972 Bl. 2; 18.01.2012 EzA § 40 BetrVG 2001 Nr. 22 Rn. 14 = AP Nr. 108 zu § 40 BetrVG 1972 = NZA 2012, 683; *Ausschuss für Arbeit und Sozialordnung* BT-Drucks. 11/2474, S. 10; *Fitting* § 60 Rn. 5; *Kloppenburg*/HaKo § 60 Rn. 1; *Koch*/ErfK §§ 60–70 BetrVG Rn. 1; *Kraft* Anm. AP Nr. 1 zu § 65 BetrVG 1972 Bl. 3;

Löwisch/LK § 60 Rn. 2; *Moritz* Jugendvertretung, S. 35 ff.; *Sittard/HWK* § 60 BetrVG Rn. 1; *Thiele* 4. Aufl., Einleitung Rn. 87; *Trittin/DKKW* § 60 Rn. 7; *Weiss/Weyand* § 60 Rn. 1).

20 Die **Kritik** zu der ursprünglichen Regelung im BetrVG 1972, das Gesetz nehme durch den Rückgriff auf das Lebensalter keine soziologisch sinnvolle **Gruppenabgrenzung** vor (so *Dietz/Richardi* vor § 60 Rn. 7; *Hromadka* DB 1971, 1964 [1967]; *Hüper* RdJB 1987, 321 [324]; *Moritz* Jugendvertretung, S. 148), ist nur bei isolierter Betrachtung des Aufgabenbereichs der Sondervertretung überzeugend. Selbst wenn die alleinige Anknüpfung an das Berufsausbildungsverhältnis für eine soziologische Gruppenbildung sachgerechter ist (so *Dietz/Richardi* Vorbem. § 60 Rn. 7; *Hromadka* DB 1971, 1964 [1967]; *Moritz* Jugendvertretung, S. 164 f.; *Wiese* JArbR Bd. 9 [1971], 1972, 55 [63]), trägt zumindest die seit dem Jahre 1988 geltende Ausdehnung des Personenkreises auf Auszubildende bis zur Vollendung des 25. Lebensjahres diesem Anliegen Rechnung (*Engels/Natter* BB 1988, 1453 [1455]; *dies.* DB 1988, 229 [230]; *Fitting* § 60 Rn. 2; *Richardi/Annuß* Vorbem. § 60 Rn. 12; *Rose/HWGNRH* § 60 Rn. 5; *Trittin/DKKW* § 60 Rn. 3). Der Aspekt gruppenspezifisch definierter Sonderinteressen wird von dem **Legitimationserfordernis** für die **Interessenvertretung** der jugendlichen Arbeitnehmer **durch** den **Betriebsrat** überlagert.

21 Die Etablierung einer an das Alter der Arbeitnehmer anknüpfenden Jugend- und Auszubildendenvertretung ist im Hinblick auf die Legitimation des Betriebsrats notwendig, da er nach der Konzeption des Betriebsverfassungsgesetzes gegenüber dem Arbeitgeber alleiniger »Repräsentant« **aller**, also auch der jugendlichen **Arbeitnehmer** ist (arg. § 80 Abs. 1 Nr. 3 und 5 sowie Rdn. 18). Diese Interessenvertretung wird nach dem Modell der gesetzlichen Betriebsverfassung durch den **Wahlakt** der Arbeitnehmer zum Betriebsrat **legitimiert** (s. *Franzen* § 1 Rdn. 63 ff.). Nur dieser kann in den Denkkategorien des allgemeinen Verbandsrechts die »Vertretung« für andere Verbandsmitglieder rechtfertigen. Da das Gesetz das aktive Wahlrecht zum Betriebsrat altersmäßig auf das vollendete 18. Lebensjahr festlegt (§ 7 Satz 1), leidet die Interessenvertretung des Betriebsrats für die vom aktiven Wahlrecht ausgeschlossenen Arbeitnehmer an einem **Legitimationsdefizit**. Dieses wird dadurch kompensiert, dass diese Arbeitnehmer eine **Sondervertretung** wählen, die ihrerseits die besonderen Interessen dieser Arbeitnehmergruppe gegenüber dem Betriebsrat wahrnimmt und auf diese Weise eine **mittelbare Einflussnahme** der jugendlichen Arbeitnehmer auf die Interessenvertretung des Betriebsrats institutionell ermöglicht.

22 Der in Rdn. 21 dargelegte Zweck der §§ 60 bis 73b, der bereits in der amtlichen Begründung zum Betriebsrätegesetz Schleswig-Holstein anklingt (Protokoll des 3. Schleswig-Holsteinischen-Landtages, Wortprotokoll der 32. Tagung, S. 197), findet in den Sondervorschriften für Schifffahrtsunternehmen eine gesetzliche Bestätigung. Sie gleichen den Ausschluss einer Jugend- und Auszubildendenvertretung an Bord und in Seebetrieben (§ 114 Abs. 5) durch die Erstreckung des aktiven Wahlrechts auf die jugendlichen Arbeitnehmer aus (§§ 115 Abs. 2 Nr. 1, 116 Abs. 2 Nr. 1, s. Rdn. 31 sowie *Franzen* § 114 Rdn. 25).

23 Die **Ausdehnung** des durch die Jugend- und Auszubildendenvertretung erfassten **Personenkreises** auf Arbeitnehmer, die auch zum Betriebsrat aktiv wahlberechtigt sind, steht diesem teleologischen und auf den Legitimationszusammenhang abstellenden Verständnis nicht entgegen, weil sich die Erweiterung auf solche Arbeitnehmer beschränkt, die zu ihrer **Berufsausbildung** beschäftigt werden. Da § 70 Abs. 1 Nr. 1 und 3 zu entnehmen ist, dass die von der Jugend- und Auszubildendenvertretung wahrzunehmenden »besonderen« Belange vor allem die Berufsausbildung umfassen und das Alter der Auszubildenden nach der Einschätzung des Gesetzgebers zunehmend das 18. Lebensjahr übersteigt (Gesetzesbegründung zur Änderung von § 60 Abs. 1, BT-Drucks. 11/1134, S. 5 sowie die Angaben bei *Engels/Natter* BB 1988, 1453 [1453]), träte bei einer auf die jugendlichen Arbeitnehmer beschränkten Interessenvertretung hinsichtlich der Legitimation die problematische Situation ein, dass die Sondervertretung die Belange solcher Arbeitnehmer faktisch mitwahrnimmt, die sie hierzu nicht durch einen Wahlakt legitimiert haben (*Däubler* Das Arbeitsrecht I, Rn. 1156; *Hüper* RdJB 1987, 321 [333]). Die Interessenvertretung würde in dieser Konstellation eine **überschießende Wirkung** entfalten. Da dieses Legitimationsproblem vor allem die Berufsausbildung betrifft, fügt sich die Ausdehnung des Personenkreises in § 60 Abs. 1 auf Auszubildende bis zum vollendeten 25. Lebensjahr konzise in eine auf die Legitimation der Interessenvertretung durch den Betriebsrat bzw. die Jugend- und

Einführung **vor § 60**

Auszubildendenvertretung rekurrierende Konzeption ein (so im Ansatz bereits § 60 des Entwurfs der DAG zum BetrVG 1972).

Traditionell wird der Jugend- und Auszubildendenvertretung häufig ein weiterer, **staatsbürgerlich-** **24** **edukativer Normzweck** zugesprochen. So wies schon die Regierungsbegründung zum BetrVG 1952 auf die Einübung demokratischer Methoden als Zweck der Jugendvertretung hin (*Reg. Begr.* BT-Drucks. I/1546, S. 43 f.; ebenso *Engels/Natter* DB 1988, 229 [230]; *Peter* BlStSozArbR 1980, 65 [67]; ähnlich *Roloff/WPK* § 60 Rn. 3: Heranführung an die betriebliche Mitbestimmung; zum historisch-politischen Hintergrund dieser Erwägung *Moritz* Jugendvertretung, S. 12 f.). Bei der Novellierung des Betriebsverfassungsgesetzes im Jahre 1972 wurde dieser Aspekt unter dem geänderten Vorzeichen einer Förderung der Interessenvertretung erneut bedeutsam (*Moritz* Jugendvertretung, S. 14 ff.) und bei den parlamentarischen Beratungen des »Gesetzes zur Bildung von Jugend- und Auszubildendenvertretungen in den Betrieben« wiederholt. Die Jugend- und Auszubildendenvertretung soll hiernach nicht ausschließlich der Interessenvertretung, sondern ebenfalls dazu dienen, »die jugendlichen Arbeitnehmer mit der innerbetrieblichen Demokratie vertraut zu machen« (*Ausschuss für Arbeit und Sozialordnung* BT-Drucks. 11/2474, S. 10).

Die Bewertung der Jugend- und Auszubildendenvertretung als »**Schule der Betriebsdemokratie**« **25** (so *Hromadka* DB 1971, 1964 [1964, 1967]) beeinflusst ungeachtet ihrer tatsächlichen Plausibilität **nicht** den Zweck der §§ 60 bis 73b, da das Gesetz hierfür keine Anhaltspunkte enthält. Die Ausdehnung des von der Jugend- und Auszubildendenvertretung erfassten Personenkreises auf Auszubildende, die das 25. Lebensjahr noch nicht vollendet haben, lässt sich hierdurch ohnehin nicht rechtfertigen, da sie auch ohne das Wahlrecht zur Jugend- und Auszubildendenvertretung Demokratie nicht mehr üben, sondern als Staats- bzw. »Betriebsbürger« bereits praktizieren.

III. Dogmatischer Standort in der Betriebsverfassung

Wegen ihrer in § 60 Abs. 2 festgelegten Aufgabe, die besonderen Belange der in § 60 Abs. 1 genannten **26** Arbeitnehmer wahrzunehmen, kann der Jugend- und Auszubildendenvertretung der Charakter einer **Interessenvertretung** nicht abgesprochen werden (*BAG* 15.08.1978 EzA § 23 BetrVG 1972 Nr. 7 S. 24 = AP Nr. 1 zu § 23 BetrVG 1972 Bl. 2; *Ausschuss für Arbeit und Sozialordnung* BT-Drucks. 11/2474, S. 10; *Kraft* Anm. AP Nr. 1 zu § 65 BetrVG 1972 Bl. 3; *Löwisch/LK* § 60 Rn. 2; *Moritz* Jugendvertretung, S. 35 ff.; *Sittard/HWK* § 60 BetrVG Rn. 1; *Thiele* 4. Aufl., Einleitung Rn. 87; *Trittin/DKKW* § 60 Rn. 3, 7; *Weiss/Weyand* § 60 Rn. 1).

Sie ist aufgrund ihrer Abhängigkeit vom Betriebsrat jedoch – wie zuvor die Jugendvertretung – **kein** **27** **selbständiges** Organ der Betriebsverfassung (*BAG* 06.05.1975 EzA § 65 BetrVG 1972 Nr. 5 S. 19 f. = AP Nr. 5 zu § 65 BetrVG 1972 Bl. 4; 10.05.1975 EzA § 37 BetrVG 1972 Nr. 23 S. 93 = AP Nr. 4 zu § 65 BetrVG 1972 Bl. 2 R; 18.01.2012 EzA § 40 BetrVG 2001 Nr. 22 Rn. 14 = AP Nr. 108 zu § 40 BetrVG 1972 = NZA 2012, 683; *Brill* AuR 1988, 334 [334]; *Düttmann/Zachmann* Die Jugendvertretung, S. 26; *Engels/Natter* DB 1988, 229 [231]; *Gamillscheg* II, S. 677; *Joost/* MünchArbR § 228 Rn. 1; *Natzel* Berufsbildungsrecht, S. 536; *Peter* BlStSozArbR 1980, 65 [67]; *Roloff/WPK* § 60 Rn. 4; *Rose/HWGNRH* § 60 Rn. 12; *Schwab* NZA 1988, 687 [687]; *Stege/Weinspach/Schiefer* §§ 60–70 Rn. 1, 1a; *R. Weber* ZfA 1991, 187 [199 ff.]; missverständlich noch *Galperin/Löwisch* § 60 Rn. 6; eindeutig jetzt *Löwisch/LK* § 60 Rn. 2), und steht **nicht** als »Jugendbetriebsrat« mit eigenen Vertretungsrechten gegenüber dem Arbeitgeber ausgestattet **gleichberechtigt neben** dem **Betriebsrat** (ebenso *Brill* BB 1975, 1642 [1643]; *Dietz/Richardi* vor § 60 Rn. 6; *Düttmann/Zachmann* Die Jugendvertretung, S. 26; *Fitting* § 60 Rn. 4; *Gamillscheg* II, S. 677; *von Hoyningen-Huene* Betriebsverfassungsrecht, § 6 Rn. 27; *Joost/* MünchArbR § 228 Rn. 1; *Kloppenburg/* HaKo § 60 Rn. 1; *Körner* Jugendvertretung, S. 5; *Kraft* Anm. AP Nr. 1 zu § 65 BetrVG 1972 Bl. 3; *Küchenhoff* § 60 Rn. 5; *Löwisch/LK* § 60 Rn. 2; *Loritz/ZLH* Arbeitsrecht, § 49 Rn. 74; *Natter* AR-Blattei SD 530.13, Rn. 6 ff.; *Peter* BlStSozArbR 1980, 65 [67]; *Rose/HWGNRH* § 60 Rn. 12; *Trittin/DKKW* § 60 Rn. 6; *Vogt* BB 1984, 856 [858 f.]; ebenso schon zum BetrVG 1952 *BAG* 06.07.1955 AP Nr. 1 zu § 20 BetrVG Jugendvertreter).

Die Jugend- und Auszubildendenvertretung ist **weder** ein **organisatorisch eigenständiger** »Reprä- **28** sentant« der in § 60 Abs. 1 genannten Arbeitnehmer (so aber *Moritz* Jugendvertretung, S. 156; ähnlich

Trittin/DKKW § 60 Rn. 5: »eigenständiges Organ«; so auch *Lunk* NZA 1992, 534 [536]; ähnlich *Weber/Ehrich/Hörchens/Oberthür* Kap. B Rn. 499: eigenständige betriebsverfassungsrechtliche Institution; wie hier *BAG* 15.08.1978 EzA § 23 BetrVG 1972 Nr. 7 S. 24 = AP Nr. 1 zu § 23 BetrVG 1972 Bl. 2; *Bodem*/NK-GA § 60 BetrVG Rn. 5; *Körner* Jugendvertretung, S. 5; *Richardi/Annuß* vor § 60 Rn. 11, § 60 Rn. 13), **noch** ein **Mitbestimmungsorgan** (für die st. Rspr. *BAG* 15.01.1992 EzA § 40 BetrVG 1972 Nr. 68 S. 7 = AP Nr. 41 zu § 40 BetrVG 1972 Bl. 4; 30.03.1994 EzA § 40 BetrVG 1972 Nr. 71 S. 5 = AP Nr. 42 zu § 40 BetrVG 1972 Bl. 2 R; 18.01.2012 EzA § 40 BetrVG 2001 Nr. 22 Rn. 14 = AP Nr. 108 zu § 40 BetrVG 1972 = NZA 2012, 683).

29 Trotz aller Vorbehalte gegenüber der Vagheit des Organbegriffs und des nur in Randbereichen zu konstatierenden Erkenntnisgewinns, ist die Jugend- und Auszubildendenvertretung ein **Organ der Betriebsverfassung**, da sie – wenn auch nur gegenüber dem Betriebsrat – mit eigenen Rechten ausgestattet ist (ebenso für eine Klassifizierung als »Organ« *Fitting* 22. Aufl., § 1 Rn. 198; *Galperin/Löwisch* § 60 Rn. 6; *Joost*/MünchArbR § 228 Rn. 1; *Lunk* NZA 1992, 534 [536]; *Peter* BlStSozArbR 1980, 65 [67]; *Thiele* 4. Aufl., Einleitung Rn. 87; *Trittin/DKKW* § 60 Rn. 5; *R. Weber* ZfA 1991, 187 [200]; ausdrücklich auch der Titel des Gesetzes zur Einfügung des § 78a vom 18.01.1974 [BGBl. I S. 85], »Betriebsverfassungsorgane« sowie inzident *BAG* 14.01.1972 AP Nr. 2 zu § 20 BetrVG Jugendvertretung Bl. 2 R; explizit für das österreichische Recht § 123 Abs. 1 ArbVG). Hierfür lässt sich zudem das Betriebsverfassungsgesetz selbst anführen: § 119 Abs. 1 bezieht unter der amtlichen Überschrift »Betriebsverfassungsorgane« auch die Jugend- und Auszubildendenvertretung, die Gesamt-Jugend- und Auszubildendenvertretung sowie die Konzern-Jugend- und Auszubildendenvertretung in den Schutz durch die Strafbestimmungen ein.

30 Da die Rechtsstellung der Jugend- und Auszubildendenvertretung darauf gerichtet ist, die besonderen Belange der in § 60 Abs. 1 genannten Arbeitnehmer gegenüber dem Betriebsrat zur Geltung zu bringen (wie hier *BAG* 18.01.2012 EzA § 40 BetrVG 2001 Nr. 22 Rn. 14 = AP Nr. 108 zu § 40 BetrVG 1972 = NZA 2012, 683; *Koch*/ErfK §§ 60–70 BetrVG Rn. 1; *Roloff/WPK* § 60 Rn. 2), besitzt sie innerhalb des Gesamtgefüges der Betriebsverfassung die Funktion eines **Hilfsorgans** (*Joost*/MünchArbR § 228 Rn. 1; zust. *Gamillscheg* II, S. 677; ähnlich *Weiss/Weyand* § 60 Rn. 2, »Unterstützungs- und Kontrollfunktion«; ebenso *Richardi/Annuß* § 60 Rn. 13; **a. M.** *Trittin/DKKW* § 60 Rn. 5). Die Jugend- und Auszubildendenvertretung wird jedoch nicht vom Betriebsrat bestellt, sondern von den in § 60 Abs. 1 aufgeführten Arbeitnehmern gewählt und ist hierdurch in ihrer personellen Zusammensetzung vom Betriebsrat unabhängig. Sie ist deshalb kein Hilfsorgan **des** Betriebsrats, sondern ein Hilfsorgan **für den** Betriebsrat (ebenso *Joost*/MünchArbR § 228 Rn. 1; *Lunk* NZA 1992, 534 [536]; *Rotermund* Interessenwahrnehmung, S. 48 f.; *Weber/Ehrich/Hörchens/Oberthür* Kap. B Rn. 499), um zu gewährleisten, dass dieser die Belange der in § 60 Abs. 1 genannten Arbeitnehmer bei Ausübung der Beteiligungsrechte gegenüber dem Arbeitgeber sachgerecht zur Geltung bringt. Das Gesetz verzichtet bewusst darauf, die Jugend- und Auszubildendenvertretung in den Betriebsrat als Organteil institutionell einzufügen (hierfür aber de lege ferenda *Moritz* Jugendvertretung, S. 164 f.).

IV. Reichweite der §§ 60 bis 73b

31 Die Bildung von Jugend- und Auszubildendenvertretungen sieht das Gesetz im **Betrieb** (§ 60 Abs. 1), im **Unternehmen** (§ 72) und – seit dem BetrVerf-ReformG (s. Rdn. 12) – auf der Ebene des **Konzerns** (§ 73a) vor. Bei **Schifffahrtsunternehmen** und ihren Betrieben beschränkt § 114 Abs. 5 die Bildung von Jugend- und Auszubildendenvertretungen auf **Landbetriebe** (zum Begriff *Franzen* § 114 Rdn. 15). An **Bord** und in **Seebetrieben** scheidet ihre Bildung aus. Stattdessen dehnen die §§ 115 Abs. 2 Nr. 1, 116 Abs. 2 Nr. 1 das aktive Wahlrecht zur Bordvertretung und zum Seebetriebsrat auf Arbeitnehmer aus, die noch nicht das 18. Lebensjahr vollendet haben (s. *Franzen* § 115 Rdn. 8, § 116 Rdn. 5). Im **Tendenzbetrieb** sind die §§ 60 bis 71 uneingeschränkt anzuwenden (ebenso *Pulte* Jugend- und Auszubildendenvertretung, S. 6). Bei **Luftfahrtunternehmen** gelten die §§ 60 bis 73b nur für die Landbetriebe (§ 117 Abs. 1; zum »fliegenden Personal« s. Rdn. 41 f.). Wegen des **Territorialitätsprinzips** dürfen Jugend- und Auszubildendenvertretungen nur bei im Inland gelegenen Betrieben errichtet werden (allgemein *Franzen* § 1 Rdn. 4).

Einführung vor § 60

Sieht das Gesetz die **Bildung** einer Jugend- und Auszubildendenvertretung **nicht** vor, bleibt es den 32
in § 60 Abs. 1 genannten Arbeitnehmern unbenommen, in Ausübung ihrer Vereinigungsfreiheit
privatautonom Interessenvertretungen zu bilden. Die §§ 60 bis 73b gestatten nicht den Umkehrschluss, dass diese Vorschriften außerhalb ihres Geltungsbereichs vergleichbare Arbeitnehmervereinigungen untersagen. Ein anderes Resultat gilt nur für § 117 Abs. 2, der ausschließlich die Tarifvertragsparteien ermächtigt, und in Schifffahrtsunternehmen, bei denen anderenfalls der Normzweck für die
Erweiterung des aktiven Wahlrechts unterlaufen wird.

Entsprechend den Grundsätzen vor Inkrafttreten des Sprecherausschussgesetzes (*Kraft* 4. Aufl., § 5 33
Rn. 87 ff.) besitzen die in Rdn. 32 genannten privatautonom gebildeten Vereinigungen **keine betriebsverfassungsrechtlichen Funktionen**; sie bewegen sich ausschließlich in den durch die Privatautonomie und das allgemeine Vertrags- bzw. Verbandsrecht gezogenen Grenzen. Ihnen stehen insbesondere nicht die in den §§ 60 bis 70 genannten Rechte gegenüber dem Betriebsrat zu. Der
Betriebsrat kann diese auch nicht auf freiwilliger Basis einräumen; er würde hierdurch gegen die
für ihn geltenden zwingenden organisationsrechtlichen Vorschriften verstoßen. Auch der Arbeitgeber
darf ihnen keine Rechte einräumen, sofern diese die Tätigkeit betriebsverfassungsrechtlicher Organe
beeinträchtigen (§ 78 Satz 1).

V. Vereinbarungsbefugnis

1. Die §§ 60 bis 73b als zwingendes Recht

Soweit das Gesetz nicht selbst seinen Geltungsanspruch durch entsprechende Öffnungsklauseln zu- 34
rücknimmt, sind die organisatorischen Vorschriften des Betriebsverfassungsgesetzes **zweiseitig zwingend** (*Franzen* § 3 Rdn. 3). Das gilt auch für die §§ 60 bis 73b. Sie sind grundsätzlich (zu den Ausnahmen s. Rdn. 38 ff.) zwingendes Recht, das weder **Tarifvertrag** noch **Betriebsvereinbarung** oder
Regelungsabrede abbedingen oder modifizieren dürfen (*Fitting* § 60 Rn. 8; *Galperin/Löwisch* § 60
Rn. 5; *Natzel* Berufsbildungsrecht, S. 536; *Peter* BlStSozArbR 1980, 65 [67]; *Roloff/WPK* § 60 Rn. 5;
Trittin/DKKW § 60 Rn. 10). **Tarifvertragliche Auszubildendenvertretungen** in Betrieben mit
dem ausschließlichen Zweck einer Berufsausbildung werden hierdurch nicht ausgeschlossen (*BAG*
24.08.2004 EzA § 98 BetrVG 2001 Nr. 1 S. 6 = AP Nr. 12 zu § 98 BetrVG 1972 Bl. 2 f. sowie hier
Rdn. 40).

Kollektivvertragliche Abreden (exemplarische Mustervereinbarung bei *Trümner* BetrR 1987, 77 35
[86 ff.]), die den **Kreis der wahlberechtigten Arbeitnehmer** abweichend von § 60 Abs. 1 festlegen,
verstoßen gegen zwingendes Gesetzesrecht und sind nichtig (näher § 60 Rdn. 16). Entsprechendes
gilt, wenn Tarifverträge oder Betriebsvereinbarungen von den Vorschriften über die **Geschäftsführung** (§ 65) abweichen. Gegen die zwingenden organisationsrechtlichen Regeln der §§ 60 bis 73b
verstößt auch eine Erweiterung des gesetzlich definierten **Aufgabenbereichs** der Jugend- und Auszubildendenvertretung (§ 70) sowie eine Verstärkung ihrer **Rechtsstellung gegenüber dem Betriebsrat** (z.B. in Gestalt eines nicht überwindbaren Vetorechts oder Zustimmungserfordernisses).
Die **Begründung eigenständiger Beteiligungsrechte** gegenüber dem Arbeitgeber durch Tarifvertrag oder Betriebsvereinbarung steht ebenfalls im Widerspruch zu der gesetzlich zwingend ausgeformten Konzeption der Jugend- und Auszubildendenvertretung als eines Hilfsorgans für den Betriebsrat (s.
Rdn. 30). Die **Bildung einer Jugend- und Auszubildendenvertretung** kann nicht per Tarifvertrag oder Betriebsvereinbarung ausgeschlossen werden (*Fitting* § 60 Rn. 8; *Galperin/Löwisch* § 60
Rn. 5).

Gegenüber **tarifvertraglichen Regelungen**, die die **unbestimmten Rechtsbegriffe** in den §§ 60 36
bis 73b **konkretisieren**, bestehen keine durchgreifenden Bedenken. Sie dürfen jedoch nicht den
durch das zwingende Gesetzesrecht gezogenen Rahmen überschreiten (exemplarisch *BAG*
28.08.1991 EzA § 37 BetrVG 1972 Nr. 107 S. 4 f. = AP Nr. 16 zu § 46 BPersVG Bl. 2 f.). Das in
der 4. Auflage befürwortete Recht zum Abschluss entsprechender **Betriebsvereinbarungen** (*Kraft*
4. Aufl., vor § 60 Rn. 5; weitergehend *Halberstadt/Zander* Handbuch des Betriebsverfassungsrechts,
2. Aufl. 1972, Rn. 613) ist problematisch, wenn die Betriebsvereinbarungsbefugnis als hoheitlich
delegierte Normsetzungsmacht verstanden wird (s. aber *Kreutz* § 77 Rdn. 244 ff.), da das Betriebsver-

fassungsgesetz keine mit § 1 Abs. 1 TVG vergleichbare Generalklausel zur Gestaltung betriebsverfassungsrechtlicher Fragen per Betriebsvereinbarung kennt. Zulässig sind jedoch entsprechende **Regelungsabreden** zwischen Arbeitgeber und Betriebsrat.

37 Das **Verbot** vom Gesetz abweichender Tarifverträge und Betriebsvereinbarungen **durchbricht** § 72 Abs. 4 und 5 für die **Mitgliederzahl** der Gesamt-Jugend- und Ausbildungsvertretungen; Entsprechendes gilt für die Mitgliederzahl der Konzern-Jugend- und Auszubildendenvertretung (§ 73a Abs. 4). Der Abschluss einer Betriebsvereinbarung kann durch einen Spruch der Einigungsstelle ersetzt werden (§ 72 Abs. 6; näher § 72 Rdn. 43 f., § 73a Rdn. 36). Eine Befugnis zur abweichenden Regelung begründet auch § 71 Satz 2 hinsichtlich der zeitlichen Lage der **Jugend- und Auszubildendenversammlung**. Für diese ist jedoch ein **Einvernehmen** mit Betriebsrat und Arbeitgeber erforderlich. Eine entsprechende **kollektivvertragliche** Regelung ist indes **unzulässig**, da diese in das Recht der Jugend- und Auszubildendenvertretung eingreifen würde, den **Zeitpunkt** der Jugend- und Auszubildendenversammlung in den durch § 71 gezogenen Grenzen **autonom** festzulegen (s. § 71 Rdn. 39). Die für Arbeitgeber und Betriebsrat in § 69 Satz 2 eröffnete Vereinbarungsbefugnis hinsichtlich **Ort und Zeit der Sprechstunden** berechtigt lediglich zur betrieblichen Umsetzung des § 69 Satz 1, nicht hingegen zu einer Abweichung von der Vorschrift (näher § 69 Rdn. 12 ff.).

2. Tarifverträge und Betriebsvereinbarungen nach § 3 Abs. 1 und 2

38 Bis zum Inkrafttreten des BetrVerf-ReformG besaß die Tariföffnungsklausel für die Vertretung der in § 60 Abs. 1 genannten Arbeitnehmer nur geringe Bedeutung (6. Aufl., vor § 60 Rn. 38 ff.). Mit der Ausweitung der kollektivvertraglichen Gestaltungsbefugnisse durch Tarifvertrag bzw. gegebenenfalls Betriebsvereinbarung in der seitdem geltenden Fassung des § 3 haben Tarifverträge bzw. Betriebsvereinbarungen für die Organisation der Jugend- und Auszubildendenvertretung an Bedeutung gewonnen.

39 Das betrifft insbesondere Tarifverträge und Betriebsvereinbarungen, die die **betriebsverfassungsrechtlichen Organisationseinheiten** im Rahmen der durch § **3 Abs. 1 Nr. 1 bis 3** eröffneten Spielräume abweichend vom Gesetz festlegen. Da diese autonom Organisationseinheiten als Betriebe i. S. d. BetrVG gelten (§ 3 Abs. 5 Satz 1), steht zugleich die Organisationseinheit für die Errichtung der betrieblichen Jugend- und Auszubildendenvertretung fest (*Fitting* § 60 Rn. 11; *Kappenhagen/JRH* Kap. 5 Rn. 107 f.; *Löwisch/LK* § 60 Rn. 3; *Opolony* BB 2001, 2055 [2055]; *Richardi/Annuß* § 60 Rn. 7; *Roloff/WPK* § 60 Rn. 5; *Stege/Weinspach/Schiefer* §§ 60–70 Rn. 1; *Trittin/DKKW* § 60 Rn. 14). Ist der Betriebsrat aufgrund tarifvertraglicher Regelung für eine Sparte zu bilden (§ 3 Abs. 1 Nr. 2), dann ist diese auch die maßgeblich Anknüpfung für die Jugend- und Auszubildendenvertretung (*Löwisch/LK* § 60 Rn. 3; **a. M.** *ArbG Köln* 27.04.2015 – 15 BV 315/14 – BeckRS 2015, 71354, das jedoch die Fiktionswirkung durch § 3 Abs. 5 Satz 1 verkennt). Den hierdurch begründeten **Gleichlauf der Organisationseinheiten** können weder Tarifvertrag noch Betriebsvereinbarung aufheben, da er aus § 3 Abs. 5 Satz 1 folgt, der seinerseits nicht zur Disposition steht.

40 Auf die Organisation der **Jugend- und Auszubildendenvertretung beschränkte Tarifverträge** bzw. **Betriebsvereinbarungen** gestattet § 3 nur in sehr geringem Umfang. Die durch § 3 Abs. 1 Nr. 1 und 2 eröffneten Gestaltungsspielräume scheiden schon deshalb aus, weil sich diese auf die Bildung von »Betriebsräten« beziehen. Denkbar ist allenfalls ein Rückgriff auf § **3 Abs. 1 Nr. 3**, da der Begriff der »Arbeitnehmervertretungsstrukturen« über die »Betriebsräte« hinausreicht. Der Gleichlauf der Organisationseinheiten für den Betriebsrat und die Jugend- und Auszubildendenvertretung lässt sich wegen § 3 Abs. 5 Satz 1 jedoch nicht aufheben. Praktisch relevant können deshalb nur die durch § **3 Abs. 1 Nr. 4** ermöglichten **Arbeitsgemeinschaften** sein, zu denen auch ein zur unternehmensübergreifenden Zusammenarbeit der Jugend- und Auszubildendenvertretungen geschaffenes Gremium gehören dürfte (*Richardi/Annuß* vor § 60 Rn. 10, 11; **a. M.** *Rose/HWGNRH* § 60 Rn. 22). Hiervon sind Tarifverträge zu unterscheiden, die **eigenständige Vertretungsstrukturen** für Auszubildende schaffen, denen wegen ihrer fehlenden Zugehörigkeit zum Betrieb die Errichtung einer Jugend- und Auszubildendenvertretung aus Rechtsgründen verschlossen ist (dazu § 60 Rdn. 33 f.). Das entsprechende Vertretungsvakuum, das die §§ 51, 52 BBiG derzeit nicht beheben (s. Rdn. 12 a. E.) kann mittels tarifvertraglicher Vertretungen gefüllt werden (*BAG* 24.08.2004 EzA § 98 BetrVG

1972 Nr. 1 S. 6 = AP Nr. 12 zu § 98 BetrVG 1972 Bl. 2 f. sowie *Klinkhammer* FS 50 Jahre Bundesarbeitsgericht, S. 963 ff.; zustimmend *Löwisch / LK* § 60 Rn. 7).

3. Tarifverträge nach § 117 Abs. 2

Das Recht in § 117 Abs. 2, durch Tarifvertrag eine Vertretung für die im **Flugbetrieb beschäftigten** 41 **Arbeitnehmer** zu errichten, schließt die Befugnis ein, eine **Sondervertretung** für die in § 60 Abs. 1 genannten Arbeitnehmer vorzusehen (*Rose / HWGNRH* § 60 Rn. 9). Sie gestattet auch den Verzicht auf eine Sondervertretung für diese Arbeitnehmer.

Der in Ausübung der in § 117 Abs. 2 eingeräumten Regelungsmacht abgeschlossene Tarifvertrag 42 kann auch die **Zusammenarbeit** mit der im Landbetrieb errichteten Jugend- und Auszubildendenvertretung normativ strukturieren (§ 117 Abs. 2 Satz 2). Das Gesetz beschränkt die Regelungsbefugnis nicht auf die Zusammenarbeit mit dem Betriebsrat, sondern dehnt diese ausdrücklich auf »alle nach diesem Gesetz errichteten Vertretungen der Arbeitnehmer« aus. Hierzu zählt auch die Jugend- und Auszubildendenvertretung. Richtet sich der Kreis der von der Sondervertretung umfassten Arbeitnehmer nach § 60 Abs. 1, dann darf der Tarifvertrag ebenfalls vorsehen, dass die Sondervertretung an der Bildung einer **Gesamt-Jugend- und Auszubildendenvertretung** teilnimmt. Wird im Tarifvertrag auf eine Sondervertretung verzichtet, so berechtigt die durch § 117 Abs. 2 Satz 2 eröffnete Normsetzungsbefugnis auch zur Etablierung solcher Regelungen, die eine formalisierte Zusammenarbeit zwischen der tarifvertraglich etablierten Vertretung und der im Landbetrieb gebildeten Jugend- und Auszubildendenvertretung festlegen.

Erster Abschnitt
Betriebliche Jugend- und Auszubildendenvertretung

§ 60
Errichtung und Aufgabe

(1) In Betrieben mit in der Regel mindestens fünf Arbeitnehmern, die das 18. Lebensjahr noch nicht vollendet haben (jugendliche Arbeitnehmer) oder die zu ihrer Berufsausbildung beschäftigt sind und das 25. Lebensjahr noch nicht vollendet haben, werden Jugend- und Auszubildendenvertretungen gewählt.

(2) Die Jugend- und Auszubildendenvertretung nimmt nach Maßgabe der folgenden Vorschriften die besonderen Belange der in Absatz 1 genannten Arbeitnehmer wahr.

Literatur
Blank Die Wahl der Jugend- und Auszubildendenvertretung, 4. Aufl. 1998 (zit.: Jugend- und Auszubildendenvertretung); *Blanke* »... in der Regel mindestens fünf Arbeitnehmer beschäftigt«, AiB 1982, 36; *Dannenberg* Wahlberechtigung von Auszubildenden in Berufsbildungswerken, AiB 1997, 565; *Faecks* Zur Wahlbefugnis der Studienreferendare bei Betriebsratswahlen in staatlich anerkannten Privatschulen, PersV 1986, 1; *Hanau* Betriebliche Mitbestimmung in überbetrieblichen Einrichtungen, DB 1987, 2356; *Mayer* Betriebsverfassungsrechtlicher Status von Auszubildenden bei subventionierten Ausbildungsverhältnissen, AuR 1986, 353; *Pulte* Die Wahl der Jugend- und Auszubildendenvertretung, 1992 (zit.: Jugend- und Auszubildendenvertretung); vgl. ferner die Angaben vor § 60.

Inhaltsübersicht   Rdn.

I.	Vorbemerkung	1–3
II.	Vorbereitung der Errichtung	4–6
III.	Voraussetzungen für die Errichtung	7–46
	1. Betrieb	7–14
	2. Fünf Arbeitnehmer i. S. d. § 60 Abs. 1	15–37
	a) Allgemeines	15–21
	b) Jugendliche Arbeitnehmer	22–24
	c) Zur Berufsausbildung beschäftigte Arbeitnehmer	25–36
	d) Regelbeschäftigung	37
	3. Existenz eines Betriebsrats	38–41
	4. Wegfall der Errichtungsvoraussetzungen	42–46
IV.	Aufgaben und Rechtsstellung der Jugend- und Auszubildendenvertretung und ihrer Mitglieder	47–63
	1. Funktion des § 60 Abs. 2	47–49
	2. Vereinbarungsbefugnis	50
	3. Inanspruchnahme von Rechtspositionen des Betriebsrats	51, 52
	4. Jugend- und Auszubildendenvertretung und Einigungsstelle	53, 54
	5. Individualrechte	55
	6. Allgemeine Verhaltenspflichten	56
	7. Zusammenarbeit mit Sprecherausschuss	57–59
	8. Persönliche Rechtsstellung	60
	9. Strafrechtsschutz	61–63
V.	Streitigkeiten	64–68

I. Vorbemerkung

1 Abs. 1 der Vorschrift entsprach ursprünglich § 20 Abs. 2 Satz 1 BetrVG 1952 und sah eine Sondervertretung nur für »jugendliche Arbeitnehmer« vor. Das »Gesetz zur Bildung von Jugend- und Auszubildendenvertretungen in den Betrieben« vom 13.07.1988 (näher zu diesem vor § 60 Rdn. 8 f.) änderte Abs. 1 und erweiterte den Kreis der in § 60 Abs. 1 genannten Personen um die zu ihrer Berufsausbil-

Errichtung und Aufgabe § 60

dung beschäftigten volljährigen Arbeitnehmer, sofern sie das 25. Lebensjahr noch nicht vollendet haben.

Die Änderung des § 60 Abs. 1 trägt der Entwicklung Rechnung, dass sich die Zahl der jugendlichen 2 Arbeitnehmer, insbesondere unter den zu ihrer Berufsausbildung Beschäftigten, seit Inkrafttreten des BetrVG 1972 konstant verringert hat und damit zunehmend die gesetzlichen Voraussetzungen für die Errichtung einer »Jugendvertretung« entfielen (exemplarisch *Hüper* RdJB 1987, 321 [320] sowie *Andres* BetrR 1980, 44 ff.). Die Ausweitung des in § 60 Abs. 1 genannten Personenkreises soll dieser Tendenz entgegenwirken (Gesetzesbegründung, BT-Drucks. 11/1134, S. 5; *Ausschuss für Arbeit und Sozialordnung* BT-Drucks. 11/2474, S. 11; *Richardi/Annuß* vor § 60 Rn. 2; zu dem hiermit verbundenen Doppelwahlrecht § 61 Rdn. 8). Die im Gesetzesentwurf der Koalitionsfraktionen vorgesehene Altersgrenze von 24 Jahren (BT-Drucks. 11/1134) wurde aufgrund einer Beschlussempfehlung des federführenden Bundestagsausschusses wegen der Besonderheiten einzelner Branchen auf das vollendete 25. Lebensjahr erhöht (s. BT-Drucks. 11/2474, S. 11, 13). Zugleich trägt das Gesetz durch die Verknüpfung mit der Berufsausbildung dem gesetzgeberischen Grundanliegen der §§ 60 bis 73b Rechnung, da auf diesem Sachgebiet eines der Hauptbetätigungsgebiete der Jugend- und Auszubildendenvertretung liegt (§ 70 Abs. 1 Nr. 1 sowie vor § 60 Rdn. 21) und die Auszubildenden vielfach bereits zu Beginn der Berufsausbildung nicht mehr zu den »jugendlichen Arbeitnehmern« gehören. Der gänzliche Verzicht auf eine Altersgrenze und die als Alternative vorgeschlagene ausschließliche Bezugnahme auf ein Ausbildungsverhältnis wurde im Gesetzgebungsverfahren ausdrücklich verworfen (*Ausschuss für Arbeit und Sozialordnung* BT-Drucks. 11/2474, S. 11).

Die Regelung in § 60 Abs. 2 war im BetrVG 1952 noch nicht enthalten und wurde durch das BetrVG 3 1972 neu geschaffen. Sie wird ergänzt und konkretisiert durch die Aufgabenumschreibung in § 70 Abs. 1. Das »Gesetz zur Bildung von Jugend- und Auszubildendenvertretungen in den Betrieben« vom 13.07.1988 (BGBl. I, S. 1034; näher zu diesem vor § 60 Rdn. 8 f.) passte die Vorschrift durch die Verweisung auf § 60 Abs. 1 dem erweiterten personellen Anwendungsbereich der Jugend- und Auszubildendenvertretung an.

II. Vorbereitung der Errichtung

Trotz des insoweit mit § 1 identischen Gesetzeswortlauts in § 60 Abs. 1 (»werden ... gewählt«) steht 4 die **Errichtung** der Jugend- und Auszubildendenvertretung beim Vorliegen der gesetzlichen Voraussetzungen **nicht** im **Ermessen** des Betriebsrats, sondern ist für ihn **obligatorisch** (*Fitting* § 60 Rn. 10; *Galperin/Löwisch* § 80 Rn. 23; *Joost/*MünchArbR § 228 Rn. 3; *Kaiser/LK* § 80 Rn. 18; *Koch/*ErfK §§ 60–70 BetrVG Rn. 1; *Natter* AR-Blattei SD 530.13, Rn. 10; *Richardi/Annuß* § 60 Rn. 3; *Rose/*HWGNRH § 60 Rn. 24; *Stege/Weinspach/Schiefer* §§ 60–70 Rn. 2; *Trittin/*DKKW § 60 Rn. 13; *Weiss/Weyand* § 80 Rn. 9). Dies folgt aus der Gesetzessystematik, da § 80 Abs. 1 Nr. 5 die Wahl einer Jugend- und Auszubildendenvertretung zu den allgemeinen Aufgaben des Betriebsrats rechnet und § 63 Abs. 2 Satz 1 ihn zur Bestellung eines Wahlvorstands verpflichtet (s. § 63 Rdn. 7). Ferner entspricht nur eine obligatorische Errichtung der Jugend- und Auszubildendenvertretung ihrer funktionalen Einfügung in das Betriebsverfassungsrecht. Mit ihrer Stellung als Hilfsorgan für den Betriebsrat und ihrem Zweck, eine ausreichende Berücksichtigung der spezifischen Belange der in § 60 Abs. 1 genannten Arbeitnehmer innerhalb des Betriebsrats sicherzustellen (näher dazu vor § 60 Rdn. 16 ff., 24), wäre es unvereinbar, wenn die Errichtung der Jugend- und Auszubildendenvertretung im Ermessen des Betriebsrats stünde.

Der Betriebsrat verletzt seine gesetzlichen **Pflichten i. S. d. § 23 Abs. 1**, wenn er die **erforderliche** 5 **Maßnahme** zur Wahl einer Jugend- und Auszubildendenvertretung, die **Bestellung eines Wahlvorstands** (§ 63 Abs. 2 Satz 1), unterlässt (so bereits zum BetrVG 1952 *Popp* BB 1954, 225 [225] sowie § 63 Rdn. 9, m. w. N.). Neben dem in dieser Vorschrift normierten Instrumentarium (dazu auch § 23 Rdn. 19 ff., 114 ff.) sichert § 63 Abs. 3 i. V. m. § 16 Abs. 2 Satz 1 durch die Möglichkeit der **gerichtlichen Bestellung eines Wahlvorstands** zusätzlich ab, dass beim Vorliegen der gesetzlichen Voraussetzungen eine Jugend- und Auszubildendenvertretung gebildet werden kann (s. § 63 Rdn. 27 ff.). Darüber hinaus ist auch der **Gesamtbetriebsrat** sowie gegebenenfalls der **Konzern-**

§ 60   *III. 1. Betriebliche Jugend- und Auszubildendenvertretung*

betriebsrat berechtigt (»kann«), den Wahlvorstand zu bestellen (§ 63 i. V. m. § 16 Abs. 3 Satz 1); eine Verpflichtung hierzu besteht jedoch nicht, da das Gesetz für den Gesamt- bzw. Konzernbetriebsrat lediglich eine Berechtigung (»kann«) begründet. Die Weigerung des Betriebsrats, einen Wahlvorstand zu bestellen, kann in Ausnahmefällen den Straftatbestand in § 119 Abs. 1 Nr. 1 erfüllen.

6   Kommt der Betriebsrat seiner gesetzlichen Pflicht zur Bestellung eines Wahlvorstandes (§ 63 Abs. 2 Satz 1) nach, dann ist die **Wahl einer Jugend- und Auszubildendenvertretung** – ebenso wie die **Wahl** eines Betriebsrats (s. *Franzen* § 1 Rdn. 2) – allerdings **nicht erzwingbar**. Es bleibt vielmehr den aktiv Wahlberechtigten überlassen, ob sie eine Jugend- und Auszubildendenvertretung wählen. Das gilt auch, wenn das Gericht den Wahlvorstand nach § 63 Abs. 3 bestellt hat.

III. Voraussetzungen für die Errichtung

1. Betrieb

7   § 60 Abs. 1 sieht die Errichtung einer Jugend- und Auszubildendenvertretung nur im »Betrieb« vor. Der **Betriebsbegriff** ist wegen der funktionalen Angewiesenheit der Jugend- und Auszubildendenvertretung auf den Betriebsrat nicht eigenständig nach dem Telos der §§ 60 bis 73, sondern nach dem für die Bildung des Betriebsrats maßgeblichen **allgemeinen Betriebsbegriff** in § 1 (ausführlich hierzu *Franzen* § 1 Rdn. 28 f., 35 ff.) zu definieren (*Blanke* AiB 1982, 36 [36]; *Fitting* § 60 Rn. 11; *Fuchs* BlStSozArbR 1976, 113 [113]; *Galperin/Löwisch* § 60 Rn. 7; *Joost*/MünchArbR § 228 Rn. 4; *Natter* AR-Blattei SD 530.13, Rn. 11; *Richardi/Annuß* § 60 Rn. 7; *Trittin*/DKKW § 60 Rn. 14). Organisatorische Besonderheiten bei den in § 60 Abs. 1 genannten Arbeitnehmern (z. B. räumlich verselbständigte Ausbildungsstätten) finden nur im Rahmen des allgemeinen betriebsverfassungsrechtlichen Betriebsbegriffs Berücksichtigung. Zur Rechtslage bei **Betriebsspaltungen** s. § 64 Rdn. 26 f.

8   Soweit **Betriebsteile** oder **Kleinstbetriebe** nach § 4 für die Bildung des Betriebsrats einem Betrieb zuzurechnen sind, gilt dies auch für die Errichtung der Jugend- und Auszubildendenvertretung (*Blanke* AiB 1982, 36 [36]; *Fitting* 23. Aufl., § 60 Rn. 11; *Galperin/Löwisch* § 60 Rn. 7; *Joost*/MünchArbR § 228 Rn. 4; *Kappenhagen*/JRH Kap. 5 Rn. 107; *Natter* AR-Blattei SD 530.13, Rn. 11; *Richardi/Annuß* § 60 Rn. 7; *Rose*/HWGNRH § 60 Rn. 33; *Trittin*/DKKW § 60 Rn. 14). Entsprechendes gilt, wenn der Betriebsteil nach § 4 Satz 1 zwar als selbständiger Betrieb gilt, die dort Beschäftigten aber wegen des dort nicht gebildeten Betriebsrats beschließen, an der Wahl des Betriebsrats im Hauptbetrieb teilzunehmen. Nach einer derartigen Abstimmung erweitert sich auch der Wahlkörper für die Jugend- und Auszubildendenvertretung um die in dem Betriebsteil beschäftigten Arbeitnehmer i. S. d. § 60 Abs. 1, damit der Gleichlauf von Betriebsrat und Jugend- und Auszubildendenvertretung gewahrt bleibt. Den in einem selbständigen Betriebsteil beschäftigten Arbeitnehmern i. S. d. § 60 Abs. 1 steht die in § 4 Abs. 1 Satz 2 eröffnete Möglichkeit jedoch nicht zu. Ist in diesem ein Betriebsrat gebildet worden, dann ist dort stets auch die Jugend- und Auszubildendenvertretung zu errichten.

9   Bei Zweifeln über die Zuordnung kann das **Verfahren nach § 18 Abs. 2** nicht für die Wahl einer Jugend- und Auszubildendenvertretung eingeleitet werden, da § 63 Abs. 2 Satz 2 nur auf § 18 Abs. 1 Satz 1 und Abs. 3, nicht aber auf Abs. 2 der Vorschrift verweist (s. auch § 61 Rdn. 49).

10   **Tarifliche Regelungen**, die nach Maßgabe des § 3 Abs. 1 Nr. 1 bis 3 die betriebsverfassungsrechtlichen Organisationseinheiten abweichend von dem betriebsverfassungsrechtlichen Betriebsbegriff festlegen, sind für die Zuordnung von Betriebsteilen und Kleinstbetrieben (§ 3 Abs. 1 Nr. 3; s. *Franzen* § 3 Rdn. 20 ff.) auch bei der Bildung einer Jugend- und Auszubildendenvertretung zwingend zu beachten. Entsprechendes gilt, wenn in den Fällen des § 3 Abs. 1 Nr. 1 und 2 gemäß § 3 Abs. 2 eine **Betriebsvereinbarung** abgeschlossen wurde. Das ergibt sich aus § 3 Abs. 5 Satz 1, nach dem die per Tarifvertrag oder Betriebsvereinbarung festgelegten Organisationseinheiten als Betriebe i. S. d. BetrVG gelten, was auch auf den für § 60 Abs. 1 maßgebenden Betriebsbegriff ausstrahlt (*Fitting* § 60 Rn. 11; *Kappenhagen*/JRH Kap. 5 Rn. 107 f.; *Opolony* BB 2001, 2055 [2055]; *Richardi/Annuß* § 60 Rn. 7; *Stege/Weinspach/Schiefer* §§ 60–70 Rn. 1; *Trittin*/DKKW § 60 Rn. 14).

11   Eine **räumlich verselbständigte Ausbildungseinrichtung** kann wegen der Bindung an den allgemeinen Betriebsbegriff nicht schon deshalb einem Betrieb zugeordnet werden, weil nur dort, nicht

aber in der Ausbildungseinrichtung ein Betriebsrat existiert. Die Zuordnung von Betriebsteilen oder Kleinstbetrieben ist nur nach Maßgabe der Regelungen in § 4 oder eines etwaigen Tarifvertrages statthaft.

Außerhalb des räumlichen **Geltungsbereichs des Betriebsverfassungsgesetzes** gelegene Betriebsteile und Nebenbetriebe bleiben wegen des **Territorialitätsprinzips** generell unberücksichtigt, selbst wenn sie ausschließlich den Ausbildungszwecken eines inländischen Betriebs dienen (allgemein *BAG* 25.04.1978 EzA § 8 BetrVG 1972 Nr. 6 = AP Nr. 16 zu Internationales Privatrecht: Arbeitsrecht sowie näher *Franzen* § 1 Rdn. 4; **a. M.** *Schlüpers-Oehmen* Betriebsverfassung bei Auslandstätigkeit, 1984, S. 91 ff., wenn der Betriebsteil nicht nach § 4 Abs. 1 Satz 1 als selbständiger Betriebsteil gilt). 12

Die Voraussetzungen eines eigenständigen Betriebs kann nach Ansicht des Bundesarbeitsgerichts auch eine **über- bzw. außerbetriebliche Ausbildungseinrichtung** erfüllen (*BAG* 06.12.1986 EzA § 5 BetrVG 1972 Nr. 44 S. 399 = AP Nr. 33 zu § 5 BetrVG 1972 Bl. 2; kritisch hierzu *Hanau* DB 1987, 2356 ff.). Der überbetriebliche Charakter steht dem nicht entgegen (*LAG Berlin* 27.06.1991 AiB 1992, 451; *Richardi/Annuß* § 60 Rn. 8; **a. M.** *Hanau* DB 1987, 2356 [2357]). Diese Formulierung umschreibt lediglich, dass die Ausbildung nicht innerhalb eines Betriebs, sondern außerhalb desselben durchgeführt wird, ohne auszuschließen, dass die »über- bzw. außerbetriebliche« Berufsbildungseinrichtung ein **eigenständiger Betrieb oder Betriebsteil bzw. Kleinstbetrieb** ist (ebenso *Richardi/Annuß* § 60 Rn. 8 sowie inzidenter *BAG* 24.08.2004 EzA § 98 BetrVG 1972 Nr. 1 S. 5 = AP Nr. 12 zu § 98 BetrVG 1972 Bl. 2), da die Berufsausbildung ein gegebenenfalls eigenständiger Betriebszweck sein kann (s. Rdn. 29). Der traditionelle Betriebsbegriff und die für ihn konstitutive arbeitstechnische Zweckverfolgung (*Franzen* § 1 Rdn. 28, 38) steht dem nicht entgegen, da auch die Wissensvermittlung ein arbeitstechnischer Zweck ist. Selbst eine erzieherische Zweckverfolgung ist – wie § 118 Abs. 1 Nr. 1 zeigt – mit der Betriebsqualität einer Einrichtung vereinbar. Aus der Gegenüberstellung von »betrieblicher Berufsbildung« und »außerbetrieblicher Berufsbildungseinrichtungen« in § 2 Abs. 1 BBiG folgt kein gegenteiliges Resultat, da diese Vorschrift nicht den Betriebsbegriff des Betriebsverfassungsgesetzes konkretisiert, sondern lediglich diejenigen Einrichtungen aufzählt, die die Berufsbildung durchführen (**a. M.** jedoch *Hanau* DB 1987, 2356 [2357]). Umgekehrt erlaubt die Ansiedlung einer Einrichtung außerhalb der »Ausbildungsstätte« keinen zwingenden Rückschluss auf ihre Qualität als eigenständiger Betrieb. Es ist vielmehr stets zu prüfen, ob ihre Zuordnung zu einem Betrieb nach Maßgabe des § 4 in Betracht kommt. Zweifelhaft kann deshalb bei überbetrieblichen Ausbildungseinrichtungen nur sein, ob die in ihr ausgebildeten Personen »zu ihrer Berufsausbildung« beschäftigt sind oder betriebsverfassungsrechtlich einem anderen Betrieb zugeordnet werden müssen (so im Ansatz auch *BAG* 06.12.1986 EzA § 5 BetrVG 1972 Nr. 44 S. 399 = AP Nr. 33 zu § 5 BetrVG 1972 Bl. 2; näher hierzu § 61 Rdn. 19). Unterhalten **verschiedene Unternehmen** gemeinsam eine »überbetriebliche Ausbildungseinrichtung«, so kann diese als **gemeinsamer Betrieb** zu qualifizieren sein (§ 1 Abs. 1 Satz 2, Abs. 2). Die Bejahung der Betriebseigenschaft für eine überbetriebliche Ausbildungseinrichtung zwingt nicht zu der Annahme, dass es sich bei den dort **ausgebildeten Personen** um **Arbeitnehmer i. S. d. § 5 Abs. 1** handelt (dazu s. Rdn. 29) bzw. ihnen das **aktive und passive Wahlrecht** (s. § 61 Rdn. 15) zusteht (*Richardi/Annuß* § 60 Rn. 8). 13

Wird die Jugend- und Auszubildendenvertretung **abweichend** von dem für die Wahl des Betriebsrats geltenden Betriebsbegriff **errichtet**, ist die **Wahl** der Jugend- und Auszubildendenvertretung im Unterschied zur Wahl des Betriebsrats (*BAG* 19.11.2003 EzA § 19 BetrVG 2001 Nr. 1 S. 5 = AP Nr. 55 zu § 19 BetrVG 1972 Bl. 2 R sowie *Kreutz* § 19 Rdn. 151) regelmäßig **nichtig** (s. auch § 63 Rdn. 74). Die für die bloße Anfechtbarkeit der Betriebsratswahl bei Verkennung des Betriebsbegriffs tragende Erwägung, wegen der Schwierigkeiten einer gesetzeskonformen Anwendung des Betriebsbegriffs sei die Offenkundigkeit des Wahlfehlers regelmäßig zu verneinen (s. statt aller *BAG* 19.11.2003 EzA § 19 BetrVG 2001 Nr. 1 S. 4 = AP Nr. 55 zu § 19 BetrVG 1972 Bl. 2 R), trifft für die Wahl der Jugend- und Auszubildendenvertretung nicht zu. Bei dieser kann sich der Wahlvorstand an der vorhandenen Organisation des Betriebsrats und der hierfür – gegebenenfalls aufgrund eines Verfahrens nach § 18 Abs. 2 – getroffenen Zuordnung von Betriebsteilen und Kleinstbetrieben orientieren (*Fuchs* BlStSozArbR 1976, 113 [113]; *Hüper* Jugend- und Auszubildendenvertretungen, S. 9 [14]; zu weitgehend *Blanke* AiB 1982, 36 [36], der eine Bindung an die zur Betriebsratswahl getroffene Betriebs- 14 abgrenzung befürwortet). Eine nur zur **Anfechtbarkeit** führende **Ausnahme** ist allenfalls in Erwägung zu ziehen, wenn sich seit der Wahl des Betriebsrats für den Betriebsbegriff relevante **tatsächliche Umstände** (z. B. Aufgabenbereich und Organisationsstruktur von Betriebsteilen, Hinzukommen neuer Betriebsteile) gravierend **verändert** haben.

2. Fünf Arbeitnehmer i. S. d. § 60 Abs. 1

a) Allgemeines

15 Die Errichtung der Jugend- und Auszubildendenvertretung ist nur obligatorisch, wenn in dem nach Rdn. 7 bis 10 zu bestimmenden Betrieb fünf Arbeitnehmer i. S. d. § 60 Abs. 1 beschäftigt sind. Wird diese **Zahl nicht erreicht**, ist die gleichwohl vom Betriebsrat eingeleitete Bildung einer Jugend- und Auszubildendenvertretung gesetzeswidrig und die **Wahl** einer solchen **nichtig** (näher § 63 Rdn. 74; für die Betriebsratswahl *Kreutz* § 19 Rdn. 150). Die in § 60 Abs. 1 genannten Personengruppen sind nicht i. S. einer Exklusivität zu verstehen, sondern können kumulativ vorliegen (*Pulte* Jugend- und Auszubildendenvertretung, S. 6; *Sahmer* § 60 Rn. 2). Die gesetzliche Mindestzahl liegt deshalb auch vor, wenn die Personengruppen der »jugendlichen Arbeitnehmer« und »der zu ihrer Berufsausbildung Beschäftigten« zwar nicht für sich allein, wohl aber bei einer Addition die Zahl fünf erreichen. Eine **Mindestzahl** von **wählbaren Jugendlichen** oder zu ihrer **Berufsausbildung Beschäftigten** ist – wie sich im Umkehrschluss zu § 1 ergibt – **nicht erforderlich** (*Joost* / MünchArbR § 228 Rn. 4).

16 Durch **Tarifvertrag** oder **Betriebsvereinbarung** darf von der im Gesetz festgelegten Mindestbeschäftigtenzahl **nicht abgewichen** werden. Die Vorschrift legt die Voraussetzungen für die Errichtung einer Jugend- und Auszubildendenvertretung **zwingend** fest, insbesondere der Kreis der in § 60 Abs. 1 genannten Arbeitnehmer ist in jeder Hinsicht, also auch bezüglich der **Altersgrenzen** einer Disposition durch die Tarifvertrags- oder Betriebsvereinbarungsparteien entzogen (ebenso ausdrücklich für die Altersgrenze *Frauenkron* § 60 Rn. 6; wohl auch *Engels* / *Natter* BB 1988, 1453 [1453]; s. ferner allgemein vor § 60 Rdn. 34 f. sowie § 61 Rdn. 1; exemplarisch *Hüper* RdJB 1987, 321 [335 f.]; *Trümner* BetrR 1987, 77 [86 ff.]).

17 Obwohl § 60 Abs. 1 nicht wie § 1 ausdrücklich auf die Wahlberechtigung abstellt, sind für die Errichtung einer Jugend- und Auszubildendenvertretung nur diejenigen Arbeitnehmer zu berücksichtigen, denen bei materieller Betrachtung das **aktive Wahlrecht** (näher § 61 Rdn. 5 ff.) zu der Jugend- und Auszubildendenvertretung zusteht. Dies folgt aus § 61 Abs. 1, der alle in § 60 Abs. 1 genannten Arbeitnehmer als wahlberechtigt ansieht, so dass der Kreis der aktiv Wahlberechtigten und der bei der Mindestbeschäftigtenzahl zu berücksichtigenden Arbeitnehmer nicht unterschiedlich bestimmt werden kann.

18 Wird ein Auszubildender eines **anderen** Arbeitgebers nach § 27 Abs. 2 BBiG, § 23 Abs. 2 HandwO nur **vorübergehend** im Betrieb ausgebildet (z. B. im Rahmen eines Ausbildungsverbundes), so ist er in dem aufnehmenden Betrieb wegen fehlender Wahlberechtigung für die Mindestbeschäftigtenzahl nicht zu berücksichtigen (näher § 61 Rdn. 20).

19 Bei **Schifffahrtsunternehmen** sind nur die im Landbetrieb Beschäftigten zu zählen, da nur für diesen eine Jugend- und Auszubildendenvertretung gebildet wird (§ 114 Abs. 5).

20 Arbeitnehmer, die im Rahmen eines internationalen Konzernverbunds vorübergehend in **ausländischen Betrieben** tätig werden, sind solange noch in den inländischen Betrieb einzubeziehen, wie ihre Ausbildung vom Inland aus geleitet wird (allgemein *Franzen* § 1 Rdn. 16 f.). Das gilt insbesondere, wenn ihre Ausbildung innerhalb eines supranationalen Ausbildungsverbunds mit zeitlich befristeten Auslandsstationen durchgeführt wird, die Leitung und Strukturierung der Gesamtausbildung aber der nationalen Konzernobergesellschaft obliegt. Umgekehrt sind Arbeitnehmer eines ausländischen Unternehmens, die in einem dem Geltungsbereich des BetrVG unterliegenden Betrieb ausgebildet werden, nur dann bei der Mindestbeschäftigtenzahl dieses Betriebs zu berücksichtigen, wenn bei ihnen die Betriebszugehörigkeit zu bejahen ist (näher hierzu § 61 Rdn. 15 ff.).

21 Im Unterschied zu § 1 verlangt § 60 Abs. 1 **nicht**, dass es sich um »ständig« beschäftigte Arbeitnehmer (dazu *Franzen* § 1 Rdn. 100 ff.) handelt (*Galperin* / *Löwisch* § 60 Rn. 3). Dies ist als bewusster

Errichtung und Aufgabe § 60

Verzicht des Gesetzes auf diese Voraussetzung zu werten, der aus der altersmäßigen Begrenzung der jugendlichen Arbeitnehmer bzw. der Zweckgebundenheit der Tätigkeit folgt.

b) Jugendliche Arbeitnehmer

Den Begriff der jugendlichen Arbeitnehmer definiert § 60 Abs. 1. Abgesehen vom Lebensalter gilt dabei derselbe **Arbeitnehmerbegriff**, wie er § 5 Abs. 1 zugrunde liegt (*Dietz/Richardi* § 60 Rn. 3; *Sahmer* § 60 Rn. 3; *Trittin/DKKW* § 60 Rn. 15). Zu den »jugendlichen Arbeitnehmern« zählen alle Arbeitnehmer, die nach Maßgabe des § 7 Satz 1 nicht das aktive Wahlrecht zum Betriebsrat besitzen. Hierfür ist **ausschließlich** das **Lebensalter** maßgebend. Ob der Arbeitnehmer zur **Berufsausbildung** beschäftigt wird, ist für den Begriff des jugendlichen Arbeitnehmers **unerheblich**; er wird aber von diesem mitumfasst (*Dietz/Richardi* § 60 Rn. 3; *Galperin/Löwisch* § 60 Rn. 7; *Hess/Schlochauer/Glaubitz* § 60 Rn. 4; *Trittin/DKKW* § 60 Rn. 30), da zu den Arbeitnehmern i. S. d. § 5 Abs. 1 Satz 1 und damit ebenfalls bei § 60 Abs. 1 auch die zu ihrer Berufsausbildung Beschäftigten gehören. Die gesonderte Erwähnung der zu ihrer Berufsausbildung Beschäftigten in § 60 Abs. 1 erstreckt sich deshalb nur auf volljährige Arbeitnehmer (*Sahmer* § 60 Rn. 2). 22

Die Eigenschaft als »jugendlicher Arbeitnehmer« fehlt, wenn der Arbeitnehmer vor dem **letzten Wahltag** bzw. vor dem **letzten Tag der Stimmabgabe** das 18. Lebensjahr **vollendet** (*Rose/HWGNRH* § 60 Rn. 25; *Trittin/DKKW* § 60 Rn. 30; zur Berechnung *Raab* § 7 Rdn. 66). Die Mindestbeschäftigtenzahl wird hiervon jedoch nicht beeinflusst, wenn der Arbeitnehmer am Wahltag bzw. am letzten Tag der Stimmabgabe noch zur Berufsausbildung beschäftigt wird (näher § 61 Rdn. 6). 23

Für den Begriff des jugendlichen Arbeitnehmers kennt das Gesetz nur eine altersmäßige Obergrenze, verzichtet jedoch auf die Festlegung eines **Mindestalters**. Dieses ergibt sich bei gesetzeskonformem Verhalten des Arbeitgebers indirekt aus den Beschäftigungsverboten des **Jugendarbeitsschutzgesetzes**. Aus der Legaldefinition des »Jugendlichen« in § 2 Abs. 2 JArbSchG (15 bis 18 Jahre) kann ein Mindestalter indessen nicht abgeleitet werden. Hiergegen spricht nicht nur die beschränkte Geltungskraft der Legaldefinition (»im Sinne dieses Gesetzes«), sondern auch der Zweck des BetrVG, der eine altersunabhängige Geltung verlangt. Auch **Kinder** i. S. d. Jugendarbeitsschutzgesetzes (s. die Legaldefinition in § 2 Abs. 1 JArbSchG) können deshalb zu den »jugendlichen Arbeitnehmern« i. S. d. § 60 Abs. 1 zählen (§ 5 Abs. 3, § 6 JArbSchG). Verstößt der Arbeitsvertrag gegen die **Beschäftigungsverbote** des Jugendarbeitsschutzgesetzes, führt dies bis zur Geltendmachung der Nichtigkeit weder zum Ausschluss aus dem betriebsverfassungsrechtlichen Arbeitnehmerbegriff, noch wird die Betriebszugehörigkeit des Arbeitnehmers berührt (allgemein zu fehlerhaften Arbeitsverhältnissen *Raab* § 7 Rdn. 33). Der unter **Verstoß gegen das Jugendarbeitsschutzgesetz** beschäftigte Arbeitnehmer ist deshalb bei der Errechnung der Mindestbeschäftigtenzahl zu berücksichtigen (**a. M.** wohl *Sahmer* § 60 Rn. 3). 24

c) Zur Berufsausbildung beschäftigte Arbeitnehmer

Zusätzlich zu den »jugendlichen Arbeitnehmern« sind bei der Mindestbeschäftigtenzahl diejenigen Personen zu berücksichtigen, die zur **Berufsausbildung** beschäftigt sind **und** noch **nicht das 25. Lebensjahr** vollendet haben. Der Arbeitnehmer gehört daher nicht mehr zu den in § 60 Abs. 1 genannten Arbeitnehmern, wenn er vor dem letzten Wahltag bzw. vor dem letzten Tag der Stimmabgabe **entweder** nicht mehr zu seiner Berufsausbildung beschäftigt wird **oder** das 25. Lebensjahr vollendet. Arbeitnehmer bleiben mit **Erreichen der Altersgrenze** auch dann unberücksichtigt, wenn sie anschließend noch zu ihrer Berufsausbildung beschäftigt sind. 25

Ob eine Beschäftigung zur **Berufsausbildung** vorliegt, beurteilt sich nach den Grundsätzen zu § 5 **Abs. 1 Satz 1** (zu diesen *Raab* § 5 Rdn. 15 ff.). Die Formulierung in § 60 Abs. 1, die die Beschäftigung zur Berufsausbildung mit dem Arbeitnehmerbegriff verbindet, darf nicht zu dem Missverständnis verleiten, dass zusätzlich zu der Berufsausbildung die Merkmale des allgemeinen Arbeitnehmerbegriffs erfüllt sein müssen. Vielmehr liegt dem in § 60 Abs. 1 verwandten Arbeitnehmerbegriff die **Legaldefinition in § 5 Abs. 1 Satz 1** zugrunde, der den allgemeinen Arbeitnehmerbegriff für das Betriebsverfassungsgesetz um die »zu ihrer Berufsausbildung Beschäftigten« erweitert. 26

§ 60 III. 1. *Betriebliche Jugend- und Auszubildendenvertretung*

27 Die **Legaldefinition** der »Berufsausbildung« in **§ 1 Abs. 3 BBiG** ist für den betriebsverfassungsrechtlichen Begriff der »Berufsausbildung« und damit auch für § 60 Abs. 1 wegen der unterschiedlichen Normzwecke beider Gesetze **nicht verbindlich**. Die betriebsverfassungsrechtlich relevante Schutzbedürftigkeit besteht auch, wenn kein Berufsausbildungsverhältnis i. S. d. §§ 10 ff. BBiG vorliegt. Der Kreis der »zu ihrer Berufsausbildung beschäftigten Arbeitnehmer« ist daher im Rahmen des § 60 Abs. 1 weiter als der in § 1 Abs. 3 BBiG (ebenso Gesetzesbegründung, BT-Drucks. 11/1134, S. 5; *Ausschuss für Arbeit und Sozialordnung* BT-Drucks. 11/2474, S. 11; *BAG* 30.10.1991 EzA § 5 BetrVG 1972 Nr. 50 S. 4 = AP Nr. 2 zu § 5 BetrVG 1972 Ausbildung Bl. 2 [*Natzel*]; *Brill* AuR 1988, 334 [335]; *Fitting* § 5 Rn. 290; *Joost/MünchArbR* § 228 Rn. 5; *Rose/HWGNRH* § 60 Rn. 26; *Rotermund* Interessenwahrnehmung, S. 17 ff.; *Rudolph* AuA 1992, 105 [106] = *Trittin/DKKW* § 60 Rn. 24; ebenso zu § 5 *BAG* 10.02.1981 EzA § 5 BetrVG 1972 Nr. 37 S. 356 = AP Nr. 25 zu § 5 BetrVG 1972 Bl. 2 [*zust. Natzel*] sowie zuletzt *BAG* 13.06.2007 EzA § 5 BetrVG 2001 Nr. 2 Rn. 13 = AP Nr. 12 zu § 5 BetrVG 1972 Ausbildung). Deshalb erfasst § 60 Abs. 1 auch diejenigen Arbeitnehmer, die an **anderen Berufsbildungsmaßnahmen** im Betrieb teilnehmen. Hierzu gehören alle Maßnahmen, die **berufliche Kenntnisse und Fertigkeiten** vermitteln, also insbesondere **Anlernlinge**, **Umschüler** und **Volontäre** (Gesetzesbegründung, BT-Drucks. 11/1134, S. 5; *Ausschuss für Arbeit und Sozialordnung* BT-Drucks. 11/2474, S. 11; *Engels/Natter* BB 1988, 1453 [1455]; *Joost/MünchArbR* § 228 Rn. 5; *Roloff/WPK* § 60 Rn. 6; *Rose/HWGNRH* § 60 Rn. 27; *Trittin/DKKW* § 60 Rn. 32; zuvor vor allem zu § 5 Abs. 1 *BAG* 02.10.1981 EzA § 5 BetrVG 1972 Nr. 37 S. 356 f. = AP Nr. 25 zu § 5 BetrVG 1972 Bl. 2 [*zust. Natzel*] sowie nachfolgend *BAG* 13.06.2007 EzA § 5 BetrVG 2001 Nr. 2 Rn. 13 = AP Nr. 12 zu § 5 BetrVG 1972 Ausbildung). Dient die Berufsausbildung auch der **Rehabilitation**, so steht dies nicht stets der Annahme entgegen, der Rehabilitant werde zu seiner Berufsausbildung i. S. d. § 5 Abs. 1 Satz 1 beschäftigt (*BAG* 25.10.1989 EzA § 5 BetrVG 1972 Nr. 48 S. 5 = AP Nr. 40 zu § 5 BetrVG 1972 Bl. 3 f.; 13.05.1992 EzA § 5 BetrVG 1972 Nr. 54 S. 2 f. = AP Nr. 4 zu § 5 BetrVG 1972 Ausbildung Bl. 2 R ff.; *LAG Baden-Württemberg* 11.06.1991 ARSt. 1992, 77 [Nr. 1969]; *LAG Düsseldorf* 30.04.1992 BB 1992, 2431 [LS]; *Fitting* § 5 Rn. 299).

28 Zu ihrer Berufsausbildung sind ferner die in **§ 26 BBiG** genannten Personen beschäftigt (*Engels/Natter* DB 1988, 229 [230 f.]; *dies.* BB 1988, 1453 [1455]; *Fitting* § 5 Rn. 290; **a. M.** *Kraft* 4. Aufl., Nachtrag zu Bd. I, § 60 Rn. 4). Das bei ihnen in § 26 BBiG vorausgesetzte Nichtbestehen eines Arbeitsverhältnisses führt nicht zur Verneinung des betriebsverfassungsrechtlichen Arbeitnehmerbegriffs. Durch die Einbeziehung der »zu ihrer Berufsausbildung Beschäftigten« (§ 5 Abs. 1 Satz 1) weicht dieser gerade von dem allgemeinen Arbeitnehmerbegriff im engeren Sinne ab, denn auch das Berufsausbildungsverhältnis begründet kein Arbeitsverhältnis im engeren Sinne (s. insoweit *BAG* 12.06.1986 EzA § 5 BetrVG 1972 Nr. 44 S. 401 = AP Nr. 33 zu § 5 BetrVG 1972 Bl. 2 R).

29 **Praktikanten** können im Einzelfall ebenfalls zu den »zu ihrer Berufsausbildung Beschäftigten« gehören. Hierfür ist nach der Rechtsprechung des *Bundesarbeitsgerichts* zumindest ein **privatrechtlicher Vertrag** zwischen Betriebsinhaber und Praktikant erforderlich (*BAG* 24.09.1981 EzA Nr. 26 zu § 5 BetrVG 1972 Bl. 2 sowie zuletzt *BAG* 13.06.2007 EzA § 5 BetrVG 2001 Nr. 2 Rn. 14 = AP Nr. 12 zu § 5 BetrVG 1972 Ausbildung; generell gegen das Erfordernis einer Vertragsbeziehung *Mayer* AuR 1986, 353 [356 f.]). In diesem Sinne ist auch die Entstehungsgeschichte des »Gesetzes zur Bildung von Jugend- und Auszubildendenvertretungen in den Betrieben« vom 13.07.1988 (näher zu diesem vor § 60 Rdn. 8 f.) zu werten. Nach den Vorstellungen des zuständigen Bundestagsausschusses sollen Praktikanten nur dann zu den in § 60 Abs. 1 genannten Arbeitnehmern gehören, wenn »sie zur Arbeitsleistung verpflichtet sind« (*Ausschuss für Arbeit und Sozialordnung* BT-Drucks. 11/2474, S. 11 sowie *Brill* AuR 1988, 334 [335]; *Engels/Natter* BB 1988, 1453 [1455]; *Rudolph* AuA 1992, 105 [106]). Bei einem **Schülerpraktikum** fehlt diese Voraussetzung regelmäßig (*BAG* 08.05.1990 EzA § 99 BetrVG 1972 Nr. 88 S. 2 f. = AP Nr. 80 zu § 99 BetrVG 1972 Bl. 3 f.; ebenso *Engels/Natter* BB 1988, 1453 [1455]; *Rudolph* AuA 1992, 105 [106]; *Trittin/DKKW* § 60 Rn. 33; **a. M.** wohl *Rose/HWGNRH* § 60 Rn. 30). Allerdings ist der Hinweis in den Gesetzesmaterialien auf die Arbeitspflicht missverständlich, da diese Bestandteil des allgemeinen Arbeitnehmerbegriffs ist, der durch die Einbeziehung der »zu ihrer Berufsausbildung Beschäftigten« gerade erweitert wird (*BAG* 12.06.1986 EzA § 5 BetrVG 1972 Nr. 44 S. 401 = AP Nr. 33 zu § 5 BetrVG 1972 Bl. 3). Erforderlich, aber auch ausreichend ist deshalb eine durch Vertrag zwischen Betriebsinhaber und Praktikanten begründete Pflicht des Betriebsinhabers zur Ausbildung und die hiermit korrespondierende Pflicht des Vertragspartners zur Teilnahme an

Errichtung und Aufgabe § 60

der Ausbildung (ebenso *BAG* 30.10.1991 EzA § 5 BetrVG 1972 Nr. 50 S. 7 = AP Nr. 2 zu § 5 BetrVG 1972 Ausbildung Bl. 3). Bei Schülern, die sich im Rahmen eines Praktikums im Betrieb aufhalten, ist dies zumeist nicht zu bejahen (ferner insbesondere zur Beteiligung des Betriebsrats bei der »Einstellung« von Schülerpraktikanten *BAG* 08.05.1990 EzA § 99 BetrVG 1972 Nr. 88 S. 2 f. = AP Nr. 80 zu § 99 BetrVG 1972 Bl. 3 R f.).

Die Existenz einer Vertragsbeziehung zwischen Betriebsinhaber und Praktikant führt allerdings nicht stets dazu, dass Praktikanten in den von § 60 Abs. 1 erfassten Personenkreis einzubeziehen sind. Nach der Auffassung des historischen Gesetzgebers sollen solche Praktikanten **ausgenommen** sein, bei denen der **Schüler- oder Studierendenstatus** für das Praktikantenverhältnis **maßgebend** ist (*Ausschuss für Arbeit und Sozialordnung* BT-Drucks. 11/2474, S. 11; s. auch *BAG* 19.06.1974 EzA § 19 BBiG Nr. 1 = AP Nr. 3 zu § 3 BAT sowie *Faecks* PersV 1986, 1 ff.). Im Ergebnis ist dieser Ausgrenzung zuzustimmen. Sie folgt zwar nicht bereits aus dem geringeren Gewicht der im Betrieb durchgeführten praktischen Ausbildung für die Gesamtausbildung oder ihrer zumeist kurzen Dauer (so mit Recht *BAG* 30.10.1991 EzA § 5 BetrVG 1972 Nr. 50 S. 4 f. = AP Nr. 2 zu § 5 BetrVG 1972 Ausbildung Bl. 2), wohl aber aus dem Schutzzweck der Betriebsverfassung. Dieser rechtfertigt die **Einbeziehung der Praktikanten** nur in solchen Fällen, in denen der Betriebsinhaber die **Ausbildung** aufgrund einer vertraglichen Verpflichtung gegenüber dem Praktikanten **eigenverantwortlich** durchführt (insoweit auch *BAG* 24.09.1981 AP Nr. 26 zu § 5 BetrVG 1972 Bl. 2 R; 30.10.1991 EzA § 5 BetrVG 1972 Nr. 50 S. 5 = AP Nr. 2 zu § 5 BetrVG 1972 Ausbildung Bl. 2 R *[Natzel]*; zur Abgrenzung *BAG* 28.07.1992 EzA § 87 BetrVG 1972 Werkwohnung Nr. 8 S. 13 f. = AP Nr. 7 zu § 87 BetrVG 1972 Werkmietwohnung Bl. 7 f. *[Natzel]* = SAE 1993, 370 *[Reichold]*). In dieser Konstellation hat der Schüler- und Studierendenstatus auf die Durchführung des Praktikums keinen Einfluss (weiter gehend jedoch *Rudolph* AuA 1992, 105 [106]; *Trittin / DKKW* § 60 Rn. 33, die auf die hier befürwortete Einschränkung verzichten). Die inhaltliche Integration des Praktikums in eine Studienordnung steht einer »betrieblichen« Ausbildung indes ebenso wenig entgegen wie inhaltliche Vorgaben, zu deren Einhaltung der Betriebsinhaber verpflichtet ist (*BAG* 30.10.1991 EzA § 5 BetrVG 1972 Nr. 50 S. 7 = AP Nr. 2 zu § 5 BetrVG 1972 Ausbildung Bl. 2 f. *[Natzel]*). Insofern ist die Rechtslage nicht anders zu beurteilen als bei einer Berufsausbildung i. S. d. §§ 10 ff. BBiG, da Ausbildungsordnungen diese ebenfalls inhaltlich vorstrukturieren.

Bei **dualen Studiengängen** ist die betriebsverfassungsrechtliche Einordnung von der jeweiligen praktischen Umsetzung abhängig. Bei ausbildungsintegrierten Studiengängen erfolgt zunächst eine Berufsausbildung i. S. d. BBiG, an die sich ein in der Regel vom Betrieb finanziertes Studium anschließt. Während bei diesem Modell die Zuordnung in der 1. Phase zu den in § 60 Abs. 1 genannten Arbeitnehmern unproblematisch ist, bereiten die Beschäftigungszeiten bei praxisintegrierten Studiengängen Schwierigkeiten. Die in dieser Konstellation in das Studium integrierten Praxisphasen sind in der Regel integraler Bestandteil des Studiums, so dass für die Ausbildung der Studierendenstatus maßgebend ist. In diesem Fall handelt es sich bei den in das Studium integrierten Beschäftigungsphasen nicht um von § 26 BBiG erfasste Praktika (*Natzel* NZA 2008, 567 [569]) und die Studierenden zählen nicht zu den in § 60 Abs. 1 genannten Arbeitnehmern (**a. M.** *Brecht-Heinzmann* AuR 2009, 389 [391].

Keine Beschäftigung zur Berufsausbildung liegt bei Personen vor, die neben ihrer Schul- oder Hochschulausbildung in dem Betrieb tätig sind; dies ist vor allem bei **Werkstudenten** der Fall (*Brill* AuR 1988, 334 [335]; *Engels/Natter* BB 1988, 1453 [1455 Fn. 42]). Bei ihnen ist die Tätigkeit im Betrieb nicht in ihre Ausbildung integriert. Sie sind jedoch gegebenenfalls jugendliche Arbeitnehmer i. S. d. § 60 Abs. 1 oder Arbeitnehmer i. S. d. § 5 Abs. 1.

Für eine Beschäftigung zur Berufsausbildung ist ein **finaler Zusammenhang mit** einem von der Ausbildung abstrahierten **Betriebszweck nicht erforderlich** (*BAG* 12.06.1986 EzA § 5 BetrVG 1972 Nr. 44 S. 401 ff. = AP Nr. 33 zu § 5 BetrVG 1972 Bl. 2 R ff.; 25.10.1989 EzA § 5 BetrVG 1972 Nr. 48 S. 3 = AP Nr. 40 zu § 5 BetrVG 1972 Bl. 3 R f.; 13.05.1992 EzA § 5 BetrVG 1972 Nr. 54 S. 9 = AP Nr. 4 zu § 5 BetrVG 1972 Ausbildung Bl. 6 R; *LAG Bremen* 27.06.1991 AiB 1992, 451; *Mayer* AuR 1986, 353 [357 ff.]; *Pulte* Jugend- und Auszubildendenvertretung, S. 16; vgl. auch *GemSOGB* 12.03.1987 AP Nr. 35 zu § 5 BetrVG 1972 Bl. 3 R f.). Das folgt sowohl aus dem Wortlaut der §§ 5 Abs. 1 Satz 1, 60 Abs. 1, der keine Berufsausbildung für den Betrieb verlangt, als auch aus dem Zweck der Erweiterung des allgemeinen Arbeitnehmerbegriffs durch § 5 Abs. 1 Satz 1. Die Einbeziehung der zu ihrer Berufsausbildung Beschäftigten in die Betriebsverfassung rechtfertigt sich gerade aus der Organisations- und Leitungsgewalt des Betriebsinhabers für die Ausbildung. Der Schutzzweck der Beteiligungsrechte des Betriebsrats verlangt daher, auch solche Berufsausbildungen einzubeziehen, die nicht für die Zwecke des Betriebs durchgeführt, aber von dem Inhaber des Betriebs geleitet werden. Eine Beschäftigung zur Berufsausbildung liegt deshalb auch bei einer Ausbildung in **über- bzw. außerbetrieblichen Ausbildungseinrichtungen** vor (hierzu auch Rdn. 13).

34 Seit dem Beschluss vom 21.07.1993 vertritt das *BAG* die **gegenteilige Position**. Hiernach muss sich die Berufsausbildung im Rahmen des arbeitstechnischen Zwecks eines Produktions- oder Dienstleistungsbetriebs vollziehen. Finde die praktische Berufsausbildung dagegen in einem reinen Ausbildungsbetrieb statt, würden diese Auszubildenden nicht zur Belegschaft des Ausbildungsbetriebs gehören und deshalb auch nicht zum Betriebsrat dieses Betriebs wahlberechtigt sein (*BAG* 21.07.1993 EzA § 5 BetrVG 1972 Nr. 56 = AP Nr. 8 zu § 5 BetrVG 1972 Ausbildung = SAE 1994, 257 *[zust. Kraft]*; bestätigt durch *BAG* 26.01.1994 EzA § 5 BetrVG 1972 Nr. 57 = AP Nr. 54 zu § 5 BetrVG 1972). In zwei Beschlüssen vom 20.03.1996 wiederholte das Gericht seine Judikatur (*BAG* EzA § 5 BetrVG 1972 Nr. 59 = AP Nr. 9 zu § 5 BetrVG 1972 Ausbildung; EzA § 5 BetrVG 1972 Nr. 60 = AP Nr. 10 zu § 5 BetrVG 1972 Ausbildung *[zust. Schlachter]* sowie nochmals *BAG* 24.08.2004 EzA § 98 BetrVG 1972 Nr. 1 S. 5 = AP Nr. 12 zu § 98 BetrVG 1972 Bl. 2; 13.06.2007 EzA § 5 BetrVG 2001 Nr. 2 Rn. 14 ff. = AP Nr. 12 zu § 5 BetrVG 1972 Ausbildung; zur Vertretung dieser Personengruppe auch vor § 60 Rdn. 40) und verteidigte sie gegen die Kritik der Vorinstanzen (*ArbG Berlin* 01.09.1994 ARSt. 1995, 45). Im Ergebnis ist dieser Rechtsprechung zuzustimmen (ebenso *Rieble/Klumpp* NZA 2003, 1169 [1171]), jedoch ist – im Unterschied zu der Rechtsprechung des *BAG* – präzise zwischen der Arbeitnehmereigenschaft i. S. d. § 5 Abs. 1 Satz 1 und der Betriebszugehörigkeit zu unterscheiden. Auch die in einem reinen Ausbildungsbetrieb ausgebildeten Personen werden zu ihrer Berufsausbildung beschäftigt, jedoch fehlt bei ihnen die Betriebszugehörigkeit (*Kraft* SAE 1994, 260 [261]; *Rotermund* Interessenwahrnehmung, S. 23 ff.; im Ergebnis auch *Roloff/WPK* § 60 Rn. 7; ähnlich *Richardi/Annuß* § 60 Rn. 8, der darauf abstellt, dass die zur Berufsausbildung Beschäftigten in diesem Fall nicht zur Belegschaft des Betriebs gehören), weil diese eine aktiv gestaltende Einbeziehung in den Betriebszweck voraussetzt (näher § 61 Rdn. 16). In diesem Sinne hat das *BAG* die **Arbeitnehmereigenschaft i. S. d. § 5 Abs. 1 ArbGG** für Auszubildende in Aus- und Fortbildungseinrichtungen bejaht, die ausschließlich diesem Zweck gewidmet sind, und in diesem Kontext mit Recht eine Übernahme der Rechtsprechung zu § 5 abgelehnt (*BAG* 21.05.1997 EzA § 5 ArbGG 1979 Nr. 22 S. 4 f. = AP Nr. 32 zu § 5 ArbGG 1979 Bl. 3; sowie zuletzt *BAG* 13.06.2007 EzA § 5 BetrVG 2001 Nr. 2 Rn. 14 ff. = AP Nr. 12 zu § 5 BetrVG 1972 Ausbildung; s. auch *Rohlfing* NZA 1997, 365 [368 f.]).

35 Ob der Arbeitnehmer noch zur Berufsausbildung beschäftigt ist, beurteilt sich nach der vertraglich festgelegten **Ausbildungszeit**. Mit ihrem Ablauf endet das Ausbildungsverhältnis ipso iure (§ 21 Abs. 1 BBiG). Die **Verlängerung** des Berufsausbildungsverhältnisses wegen nicht bestandener Abschlussprüfung (§ 21 Abs. 3 BBiG) ist im Rahmen des § 60 Abs. 1 nur zu berücksichtigen, wenn der Auszubildende seinen Verlängerungsanspruch bis zum Tag des Wahlausschreibens geltend gemacht hat.

36 Eine Einbeziehung der zur Berufsausbildung beschäftigten Arbeitnehmer ist ausgeschlossen, wenn sie das 25. Lebensjahr vollendet haben. Insoweit sind die Grundsätze entsprechend anzuwenden, die für die Altersgrenze bei jugendlichen Arbeitnehmern gelten (s. Rdn. 25).

d) Regelbeschäftigung

37 Die in § 60 Abs. 1 genannte Mindestzahl (fünf) muss »in der Regel« im Betrieb (dazu s. Rdn. 7 f.) beschäftigt sein. Ob »in der Regel« fünf der in § 60 Abs. 1 genannten Arbeitnehmer beschäftigt sind, beurteilt sich **nicht** nach dem **effektiven Beschäftigungsstand** am Tag des Wahlausschreibens oder dem Wahltag (*Blanke* AiB 1982, 36 [36]; *Fitting* § 60 Rn. 12; *Galperin/Löwisch* § 60 Rn. 7; *Joost/*MünchArbR § 228 Rn. 6; *Natzel* Berufsbildungsrecht, S. 536; *Richardi/Annuß* § 60 Rn. 6; *Schwab* NZA 1987, 687 [688]; *Trittin/DKKW* § 60 Rn. 15). Erforderlich ist vielmehr eine **vorausschauende** und **zurückblickende** Betrachtung des Personalstandes (*BAG* 31.01.1991 EzA § 23 KSchG Nr. 11 S. 2 = AP Nr. 11 zu § 23 KSchG 1969 Bl. 2; sowie allgemein *Franzen* § 1 Rdn. 103, m. w. N.). **Vorübergehende Schwankungen** sind **nicht** zu berücksichtigen. Das Ausscheiden

Errichtung und Aufgabe § 60

von Auszubildenden während der viermonatigen Probezeit (§ 22 Abs. 1 BBiG) berührt die Zahl der regelmäßig Beschäftigten nicht, wenn der Ausbildungsplatz in Zukunft wieder besetzt werden soll.

3. Existenz eines Betriebsrats

Vor der personellen Erweiterung des § 60 Abs. 1 durch das »Gesetz zur Bildung von Jugend- und Auszubildendenvertretungen in den Betrieben« (dazu vor § 60 Rdn. 8 f.) war umstritten, ob Jugendvertretungen auch in **betriebsratslosen Betrieben** gebildet werden können. Die ganz **überwiegende Ansicht** verneinte dies – wie zum BetrVG 1952 (s. z. B. *Dietz* § 20 Rn. 21a, m. w. N.; **a. M.** *Popp* BB 1954, 225 [225]) – und verlangte für die Errichtung einer Jugendvertretung die **Existenz eines Betriebsrats** (*Blank* Die Jugendvertreterwahl, 1976, S. 7; *Brecht* § 60 Rn. 2; *Brill* BB 1975, 1642 [1642]; *Dietz/Richardi* § 60 Rn. 6; *Düttmann/Zachmann* Die Jugendvertretung, S. 26; *Engels/Natter* DB 1988, 229 [232]; *Fitting/Auffarth/Kaiser/Heither* 15. Aufl., § 60 Rn. 9; *Fuchs* BlStSozArbR 1976, 113 [113]; *Galperin/Löwisch* § 60 Rn. 8; *Hanel* Personal 1986, 257 [257]; *Hess/Schlochauer/Glaubitz* § 60 Rn. 6; *Körner* Jugendvertretung, S. 10; *Küchenhoff* § 60 Rn. 6; *Moritz* Jugendvertretung, S. 63 mit Fn. 12; *Natzel* Berufsbildungsrecht, S. 536 f.; *Stege/Weinspach* 5. Aufl., §§ 60–70 Rn. 1 a. E.; *Vogt* BB 1984, 856 [857 f.]; **a. M.** *Däubler* Das Arbeitsrecht I, 7. Aufl. 1985, S. 515 f.; *Gnade/Kehrmann/Schneider/Blanke* § 60 Rn. 4; *Lichtenstein* BetrR 1983, 645 [647]; *Schneider* AiB 1982, 18 [18]). Obwohl dieser Streit durch die Einbeziehung der Auszubildenden bis zum vollendeten 25. Lebensjahr an praktischer Relevanz verloren hat, ist er bei Kleinbetrieben unverändert von Bedeutung, in denen zwar die Mindestbeschäftigtenzahl nach § 60 Abs. 1 erreicht wird, jedoch in der Regel weniger als fünf ständig nach § 7 aktiv wahlberechtigte Arbeitnehmer beschäftigt sind. 38

Es ist zu konstatieren, dass der Wortlaut des § 60 Abs. 1 die Existenz eines Betriebsrats nicht zwingend voraussetzt. Obwohl das Betriebsverfassungsgesetz auf eine mit § 57 BPersVG vergleichbare Klarstellung verzichtet, folgt die Notwendigkeit eines Betriebsrats aus § 63 Abs. 3. Das Gesetz sieht eine vom Betriebsrat unabhängige Bestellung eines Wahlvorstands durch das Arbeitsgericht nur vor, wenn der Betriebsrat die Bestellung eines Wahlvorstands unterlässt. Eine Selbstorganisation der in § 60 Abs. 1 genannten Arbeitnehmer ist dem Gesetz unbekannt (s. auch *Rose/HWGNRH* § 60 Rn. 36). Darüber hinaus verdeutlicht die in den §§ 67 bis 70 zum Ausdruck gelangte Rechtsstellung der Jugend- und Auszubildendenvertretung ihre dogmatische Einordnung als Hilfsorgan für den Betriebsrat (s. vor § 60 Rdn. 30). Fehlt das Hauptorgan, dann widerspricht die isolierte Existenz eines »Hilfsorgans« der gesetzlichen Aufgabenzuweisung. Die Errichtung einer Jugend- und Auszubildendenvertretung ist deshalb nur zulässig, wenn in dem Betrieb ein Betriebsrat vorhanden ist (ebenso *Blank* Jugend- und Auszubildendenvertretung, S. 12; *Engels/Natter* BB 1988, 1453 [1454]; *Fitting* § 60 Rn. 22; *Gamillscheg* II, S. 677; *Joost/MünchArbR* § 228 Rn. 7; *Kloppenburg/HaKo* § 60 Rn. 8; *Koch/ErfK* §§ 60–70 BetrVG Rn. 1; *Löwisch/LK* § 60 Rn. 3, 8; *Maschmann/AR* § 60 BetrVG Rn. 2; *Natter* AR-Blattei SD 530.13, Rn. 13; *Opolony* BB 2001, 2055 [2055]; *Richardi/Annuß* § 60 Rn. 11; *Roloff/WPK* § 60 Rn. 10; *Rose/HWGNRH* § 60 Rn. 35; *Rotermund* Interessenwahrnehmung, S. 32 ff.; *Sittard/HWK* § 60 BetrVG Rn. 3; *Schwab* NZA 1988, 687 [688]; *Stege/Weinspach/Schiefer* §§ 60–70 Rn. 1b a. E.; *Weber/Ehrich/Hörchens/Oberthür* Kap. B Rn. 502; *Weiss/Weyand* § 60 Rn. 3; **a. M.** *Däubler* Das Arbeitsrecht I, Rn. 1140 f.; *ders.* Gewerkschaftsrechte im Betrieb, Rn. 105; *Reich* § 60 Rn. 1; *Trittin/DKKW* § 60 Rn. 35 f.). Eine dennoch erfolgende »Wahl« ist nichtig (*Blank* Jugend- und Auszubildendenvertretung, S. 12; *Fitting* § 60 Rn. 22; *Richardi/Annuß* § 60 Rn. 11). Aus den vorgenannten Gründen gilt dies auch, wenn für einen betriebsratslosen Betrieb ein **Gesamtbetriebsrat** gemäß § 50 Abs. 1 Halbs. 2 zuständig ist (treffend *Roloff/WPK* § 60 Rn. 11). Durch § 50 Abs. 1 Halbs. 2 wird dessen Zuständigkeitsbereich nicht in dem Sinne ausgedehnt, dass er in dem betriebsratslosen Betrieb als »Ersatzbetriebsrat« fungiert (s. *Kreutz/Franzen* § 50 Rdn. 60); auch zur Bestellung eines Wahlvorstands ist der Gesamt- oder Konzernbetriebsrat nach § 63 Abs. 3 i. V. m. § 16 Abs. 3 Satz 1 nur berechtigt, wenn in dem Betrieb ein Betriebsrat oder ein von diesem bestellter Wahlvorstand existierte. 39

Die parlamentarische Behandlung der in der 11. Legislaturperiode eingebrachten **Gesetzesinitiative der SPD-Fraktion** zur Novellierung der §§ 60 bis 73 (dazu vor § 60 Rn. 10) bestätigt die hier befürwortete Auffassung (ebenso *Rose/HWGNRH* § 60 Rn. 36), da diese ausdrücklich die Bildung einer Jugend- und Auszubildendenvertretung in betriebsratslosen Betrieben ermöglichen sollte (BT-Drucks. 11/955, § 60 Abs. 1 Satz 2; vgl. ebenso bereits der Novellierungsvorschlag des DGB zum 40

BetrVG 1952 [= RdA 1970, 237 ff.], der in § 26i eine detaillierte Regelung für die Bildung einer Jugendvertretung in betriebsratslosen Betrieben enthielt). In den parlamentarischen Beratungen wurde der Änderungsvorschlag ausdrücklich verworfen (*Ausschuss für Arbeit und Sozialordnung* BT-Drucks. 11/2474, S. 12). Für die im Schrifttum vereinzelt vorgeschlagene analoge Anwendung des § 63 Abs. 3 (so *Däubler* Das Arbeitsrecht I, Rn. 1163; *Trittin/DKKW* § 60 Rn. 35) fehlen deshalb sowohl wegen des systematischen Kontextes der Jugend- und Auszubildendenvertretung und ihres teleologischen Fundaments als auch aufgrund des ausdrücklich bekundeten Willens des Gesetzgebers die methodischen Voraussetzungen. Nochmals bestätigt wird dies durch die im Vorfeld des **BetrVerf-ReformG** geführte Diskussion, da der seitens des DGB unterbreitete Vorschlag, die Errichtung einer Jugend- und Auszubildendenvertretung unabhängig von der Existenz eines Betriebsrats zuzulassen (s. vor § 60 Rdn. 11), nicht aufgegriffen wurde.

41 Für die Errichtung einer Jugend- und Auszubildendenvertretung reicht es aus, wenn der Betriebsrat bei Bestellung des Wahlvorstandes nur noch **kommissarisch** nach § 22 oder aufgrund eines **Übergangsmandats** (§ 21a) amtiert. Während dieses Zeitraumes stehen ihm alle Rechte eines regulär amtierenden Betriebsrats zu (näher *Kreutz* § 22 Rdn. 16 ff.).

4. Wegfall der Errichtungsvoraussetzungen

42 Entfallen die in § 60 Abs. 1 genannten Voraussetzungen, so endet das Amt der Jugend- und Auszubildendenvertreter (allgemein *Weiss/Weyand* § 60 Rn. 5). Die für den Betriebsrat anerkannte Rechtsfolge (s. *Franzen* § 1 Rdn. 106) gilt für die Jugend- und Auszubildendenvertretung entsprechend (dazu auch § 64 Rdn. 25). Das Amt der Jugend- und Auszubildendenvertreter endet insbesondere, wenn die in § 60 Abs. 1 genannte **Mindestbeschäftigtenzahl auf Dauer unterschritten** wird (*LAG Berlin* 25.11.1975 BB 1976, 363; *Etzel* Rn. 1325; *Fitting* § 60 Rn. 13; *Natzel* Berufsbildungsrecht, S. 536; *Trittin/DKKW* § 60 Rn. 43; **a. M.** wohl *Reich* § 60 Rn. 1). Zur Rechtslage bei **Betriebsspaltungen** s. § 64 Rdn. 26 f.

43 Unterschiedlich wird der Einfluss eines **betriebsratslosen Zustands** auf den rechtlichen Bestand einer rechtmäßig amtierenden Jugend- und Auszubildendenvertretung beurteilt. Den weitesten Standpunkt vertritt eine Minderansicht im Schrifttum, der zufolge nach der Wahl der Jugend- und Auszubildendenvertretung eine völlige Unabhängigkeit vom Betriebsrat eintritt (so *Brecht* § 60 Rn. 2; *Brill* BB 1975, 1642 [1642]; *Hunold* HBV-Gruppe 2, S. 233 [236]; *Moritz* Jugendvertretung, S. 64 Fn. 12; *Schneider* AiB 1982, 18 [18]; *Trittin/DKKW* § 60 Rn. 39). Die h. M. vertritt demgegenüber die gegenteilige Position. Nur ein **kurzzeitiger** (*Fitting* § 60 Rn. 23; *Fuchs* BlStSozArbR 1976, 113 [113]; *Galperin/Löwisch* § 60 Rn. 9; *Joost/MünchArbR* § 228 Rn. 7; *Löwisch/LK* § 60 Rn. 8; *Natzel* Berufsbildungsrecht, S. 537; *Pulte* Jugend- und Auszubildendenvertretung, S. 8; *Roloff/WPK* § 60 Rn. 11), **vorübergehender** (*Kloppenburg/HaKo* § 60 Rn. 8; *Richardi/Annuß* § 60 Rn. 11; *Rose/HWGNR* § 60 Rn. 39) oder **zeitweiliger** (*Weiss/Weyand* § 60 Rn. 5) betriebsratsloser Zustand soll für den Bestand einer rechtmäßig errichteten Jugend- und Auszubildendenvertretung unschädlich sein.

44 Da die Existenz des Betriebsrats gesetzliche Voraussetzung für die Bildung einer Jugend- und Auszubildendenvertretung ist, entfällt mit seinem Wegfall eine gesetzliche Voraussetzung für ihre Errichtung, so dass das Amt der Jugend- und Auszubildendenvertretung ipso iure endet; ihre gesetzlich übertragene Funktion, als Hilfsorgan für den Betriebsrat zu agieren, wird mit Wegfall des Betriebsrats unmöglich. Streng genommen ist daher eine Ausnahme für den Fall eines vorübergehenden betriebsratslosen Zustandes nicht möglich. Die h. M. überzeugt deshalb nur im Hinblick auf die Praktikabilität, da die Beendigung des Amtes mit anschließender Neuwahl der Jugend- und Auszubildendenvertretung eine übertriebene Förmlichkeit bedeutet, wenn ein neuer Betriebsrat gebildet wird. Die Dauer eines für die Existenz der Jugend- und Auszubildendenvertretung **unschädlichen betriebsratslosen Zustandes** ist allerdings nicht mittels vager zeitlicher Formulierungen (zeitweilig, vorübergehend, kurzzeitig) zu umschreiben. Im Interesse der Rechtssicherheit, insbesondere für den Amtsschutz (§ 78a), muss präzise feststehen, ob die Jugend- und Auszubildendenvertreter noch amtieren (*LAG Berlin* 25.11.1975 BB 1976, 363). Wegen der wertungsmäßigen Parallele, einen vorübergehenden betriebsratslosen Zustand zu überbrücken, ist die für das **Übergangsmandat** des Betriebsrats in § 21a Abs. 1

Satz 3 normierte **Sechs-Monats-Frist** entsprechend anzuwenden, sofern nicht bereits zu einem früheren Zeitpunkt definitiv feststeht, dass die Bildung eines neuen Betriebsrats unterbleibt (zust. *Roloff/ WPK* § 60 Rn. 11; *Rose/HWGNRH* § 60 Rn. 39). Nach Ablauf der Sechs-Monats-Frist erlischt das Amt der Jugend- und Auszubildendenvertreter selbst dann, wenn inzwischen die Neuwahl eines Betriebsrats eingeleitet wurde.

Besteht das Amt der Jugend- und Auszubildendenvertretung trotz **Wegfalls des Betriebsrats** fort (s. 45 Rdn. 44), kann sie ihre gesetzlichen Aufgaben gegenüber dem Betriebsrat nicht mehr wahrnehmen (*Fitting* § 60 Rn. 23; *Richardi/Annuß* § 60 Rn. 11; *Rose/HWGNRH* § 60 Rn. 39). Eine **unmittelbare Interessenvertretung** gegenüber dem Arbeitgeber (hierfür *Trittin/DKKW* § 60 Rn. 35) **scheidet** insbesondere hinsichtlich der vom Betriebsrat auszuübenden Beteiligungsrechte gleichwohl **aus** (*Roloff/WPK* § 60 Rn. 11; hierfür aber *Däubler* Das Arbeitsrecht I, Rn. 1163). Das gilt grundsätzlich ebenfalls für die in den §§ 65 bis 71 begründeten Rechtspositionen der Jugend- und Auszubildendenvertretung. Eine Ausnahme ist nur für die Abhaltung von Sitzungen (§ 65 Abs. 2) anzuerkennen, da die dort vorgesehene Verständigung des Betriebsrats eine reine Ordnungsvorschrift ist, die lediglich dazu dient, einem Betriebsratsmitglied die Teilnahme an der Sitzung zu ermöglichen (s. § 65 Rdn. 67). Sprechstunden (§ 69) darf die Jugend- und Auszubildendenvertretung jedoch nur noch abhalten, wenn zwischen Arbeitgeber und Betriebsrat eine generelle Vereinbarung hinsichtlich Ort und Zeit getroffen wurde, bevor der Betriebsrat wegfiel. Die Einberufung einer Jugend- und Auszubildendenversammlung (§ 71) ist wegen ihrer Verknüpfung mit einer Betriebsversammlung (s. § 71 Rdn. 20 ff.) ausgeschlossen.

Die Grundsätze, die für die amtierende Jugend- und Auszubildendenvertretung bei Wegfall des Be- 46 triebsrats gelten, können nicht auf den vom Betriebsrat oder Arbeitsgericht bestellten **Wahlvorstand** übertragen werden. In dieser Konstellation fehlt bereits vor der Errichtung der Jugend- und Auszubildendenvertretung eine gesetzliche Voraussetzung für deren Wahl, sie entstünde bereits contra legem. Eine **bereits eingeleitete Wahl** zur Jugend- und Auszubildendenvertretung ist daher **abzubrechen**, wenn der Betriebsrat während ihrer Durchführung wegfällt (**a. M.** jedoch *Fitting* § 60 Rn. 23 a. E.; *Pulte* Jugend- und Auszubildendenvertretung, S. 8). Das gilt auch, wenn der Betriebsrat vor der Bestellung eines Wahlvorstands wegfällt; die gerichtliche Bestellung eines Wahlvorstands nach § 63 Abs. 3 ist nicht möglich (**a. M.** aber *Fuchs* BlStSozArbR 1976, 113 [113 f.]).

IV. Aufgaben und Rechtsstellung der Jugend- und Auszubildendenvertretung und ihrer Mitglieder

1. Funktion des § 60 Abs. 2

§ 60 Abs. 2 umschreibt den der Jugend- und Auszubildendenvertretung vom Gesetz übertragenen 47 Aufgabenbereich. Obwohl die Vorschrift, die im BetrVG 1952 noch fehlte, weithin programmatische Züge trägt, lassen sich aus ihr wichtige Erkenntnisse für die gesetzlichen Kompetenzen und die Rechtsstellung der Jugend- und Auszubildendenvertretung gewinnen.

Die Aufgaben der Jugend- und Auszubildendenvertretung beschränkt § 60 Abs. 2 auf die »besonde- 48 ren« Belange der in Abs. 1 genannten Arbeitnehmer, die vor allem in § 70 konkretisiert werden. Deshalb scheiden diejenigen Angelegenheiten aus dem gesetzlichen Aufgabenbereich der Jugend- und Auszubildendenvertretung aus, die lediglich allgemeiner Natur sind. Hierzu zählen alle Fragen, die die in § 60 Abs. 1 genannten Arbeitnehmer entweder überhaupt nicht oder ebenso wie alle anderen Arbeitnehmer betreffen. Diese Konkretisierung strahlt insbesondere auf das Verständnis derjenigen Vorschriften aus, die z. B. durch die Bindung der Rechtsausübung an den Erforderlichkeits- bzw. Verhältnismäßigkeitsgrundsatz auf die gesetzlichen Aufgaben der Jugend- und Auszubildendenvertretung Bezug nehmen. Für die Berufung auf die in den §§ 65 bis 71 aufgeführten Rechtspositionen ist es – vorbehaltlich abweichender gesetzlicher Regelung – stets notwendig, dass diese ausgeübt werden, um gerade die »besonderen« Belange der in § 60 Abs. 1 genannten Arbeitnehmer wahrzunehmen. Hierbei handelt es sich um einen Grundbegriff für das Recht der Jugend- und Auszubildendenvertretung, der in den §§ 67 Abs. 1 Satz 2, Abs. 3 Satz 1 und 2, 68 wiederkehrt (näher hierzu § 67 Rdn. 24 ff.).

§ 60   III. 1. *Betriebliche Jugend- und Auszubildendenvertretung*

49   Die Formulierung »nach Maßgabe« stellt klar, dass § 60 Abs. 2 keine Legitimation zu einer über die §§ 61 bis 70 hinausgehenden Aufgabenwahrnehmung liefert. Die Aufgaben der Jugend- und Auszubildendenvertretung und die ihr zu ihrer Erfüllung zur Verfügung stehenden Rechtspositionen und Kompetenzen sind in den §§ 61 bis 71 grundsätzlich **abschließend** umschrieben (§ 70 Rdn. 4 f.). Gesetzestechnisch ist die Vorschrift jedoch missglückt, da die in den §§ 35 Abs. 1, 39 Abs. 2 genannten Rechte dieses systematische Konzept durchbrechen und der Aussage in § 60 Abs. 2 widersprechen.

2. Vereinbarungsbefugnis

50   Da das Gesetz der Jugend- und Auszubildendenvertretung konkrete Rechtspositionen einräumt, ist sie in ihrer Eigenschaft als Organ **teilrechtsfähig**. Dies gilt jedoch nur in den Grenzen der durch das Gesetz übertragenen Rechtsmacht (ebenso im Ergebnis *Hj. Weber* DB 1992, 2135 [2141], der jedoch die Jugend- und Auszubildendenvertretung als »rechtsfähig« ansieht). Der Jugend- und Auszubildendenvertretung steht als Organ deshalb weder eine spezifisch betriebsverfassungsrechtliche noch die allgemeine schuldvertragliche **Vereinbarungsbefugnis** zu; hierfür enthält das Gesetz keine Grundlage. Das gilt insbesondere für Vereinbarungen **mit dem Arbeitgeber**. Die Jugend- und Auszubildendenvertretung kann zur Wahrnehmung ihrer Aufgaben weder auf das Instrument der **Regelungsabrede** noch auf das der **Betriebsvereinbarung** zurückgreifen (für die Betriebsvereinbarung ebenso *Fitting* § 60 Rn. 25; *Galperin/Löwisch* § 60 Rn. 11; *Hunold* HBV-Gruppe 2, S. 233 [244a]; *Kreutz* § 77 Rdn. 44; *Richardi/Annuß* § 60 Rn. 14; *Rose/HWGNRH* § 60 Rn. 3, 39; *Trittin/DKKW* § 60 Rn. 38). Erklärungen des Arbeitgebers in derartigen (unwirksamen) Vereinbarungen können allenfalls dann in eine einseitige schuldrechtliche Verpflichtungserklärung umgedeutet werden, wenn er diese im Bewusstsein ihrer Rechtswidrigkeit abgeschlossen hat (s. zum Parallelproblem bei einem Verstoß gegen § 77 Abs. 3 *Kreutz* § 77 Rdn. 144). Auch **mit dem Betriebsrat** kann die Jugend- und Auszubildendenvertretung als Organ keine rechtlich relevanten Vereinbarungen abschließen. Hierfür hat ihr das Gesetz keine Rechtsmacht verliehen (wie hier *Rose/HWGNRH* § 60 Rn. 42).

3. Inanspruchnahme von Rechtspositionen des Betriebsrats

51   Sofern das BetrVG 1972 außerhalb der §§ 60 bis 73b bestimmte **Rechtspositionen** zugunsten des **Betriebsrats** begründet, stehen diese **nicht** – auch nicht entsprechend – der Jugend- und Auszubildendenvertretung zu. Sie ist deshalb nicht berechtigt, den **Ausschluss eines Betriebsratsmitglieds** nach § 23 Abs. 1 zu beantragen (*Moritz* Jugendvertretung, S. 107 f.; näher § 65 Rdn. 15 f.). Entsprechendes gilt für einen auf § 23 Abs. 3 gestützten **Antrag gegen den Arbeitgeber**, für diesen fehlt der Jugend- und Auszubildendenvertretung die Antragsberechtigung (*BAG* 15.08.1978 EzA § 23 BetrVG 1972 Nr. 7 S. 24 = AP Nr. 1 zu § 23 BetrVG 1972 Bl. 2; *Moritz* Jugendvertretung, S. 109; *Rose/HWGNRH* § 60 Rn. 6; näher hier § 65 Rdn. 14 sowie § 23 Rdn. 257, m. w. N.).

52   Die Grundsätze in Rdn. 51 gelten auch für die **Ausübung der betriebsverfassungsrechtlichen Beteiligungsrechte**. Hierzu ist **nur** der **Betriebsrat** als Organ berechtigt (*BAG* 10.06.1975 EzA § 65 BetrVG 1972 Nr. 6 S. 25 = AP Nr. 6 zu § 65 BetrVG 1972 Bl. 2 R; *Fitting* § 60 Rn. 25; *Galperin/Löwisch* § 60 Rn. 10; *Richardi/Annuß* § 60 Rn. 14; *Rose/HWGNRH* § 60 Rn. 3; zum vorübergehenden Wegfall des Betriebsrats s. Rdn. 43 ff.). Er kann diese Rechte **nicht** auf die Jugend- und Auszubildendenvertretung **delegieren** (bereits *Kraft* Anm. SAE 1982, 201 [202]; ebenso im Anschluss *Rose/HWGNRH* § 60 Rn. 5). Beteiligungsrechte sind dem Betriebsrat zur Ausübung übertragene fremde Rechtspositionen, so dass ihm die für eine Delegation erforderliche Verfügungsbefugnis fehlt. Die Jugend- und Auszubildendenvertretung ist darauf beschränkt, ihren Einfluss auf die Willensbildung des Betriebsrats mittels des Instrumentariums in den §§ 66, 67 geltend zu machen. Das gilt auch für den Antrag auf **Entfernung betriebsstörender Arbeitnehmer** (§ 104) und den Antrag auf **Abberufung der zur betrieblichen Berufsbildung beauftragten Person** (§ 98 Abs. 2 sowie *Raab* § 98 Rdn. 24). Die Befugnis, eine gerichtliche **Überprüfung von Einigungsstellensprüchen** zu beantragen (§ 76 Abs. 5 Satz 4), steht der Jugend- und Auszubildendenvertretung selbst dann nicht aufgrund einer entsprechenden Anwendung zu, wenn der Spruch die Belange der in § 60 Abs. 1 genannten Arbeitnehmer »besonders« oder »überwiegend« betrifft.

4. Jugend- und Auszubildendenvertretung und Einigungsstelle

Vor der **Einigungsstelle** ist die Jugend- und Auszubildendenvertretung nicht **parteifähig** (*Jäcker* Die Einigungsstelle nach dem Betriebsverfassungsgesetz 1972, 1974, S. 118 mit Fn. 11a; *Wenning-Morgenthaler* Die Einigungsstelle des BetrVG 1972, 7. Aufl. 2017, Rn. 45), sie kann ihr auch nicht im Wege der Delegation vom Betriebsrat verliehen werden, da ihm hierfür – ebenso wie bei den Beteiligungsrechten (s. Rdn. 52) – die Verfügungsbefugnis fehlt (teilweise **a. M.** *Moritz* Jugendvertretung, S. 101 ff.). Bei der **Bestellung** der **Beisitzer** kann der Betriebsrat jedoch auch die Mitglieder der Jugend- und Auszubildendenvertretung berücksichtigen. Hierauf haben sie aber **keinen Anspruch**, er lässt sich auch nicht aus einer entsprechenden Anwendung des § 67 Abs. 2 ableiten. 53

Im Rahmen des **Verfahrens vor der Einigungsstelle** kann die Jugend- und Auszubildendenvertretung **angehört** werden (*Jäcker* Die Einigungsstelle nach dem Betriebsverfassungsgesetz 1972, 1974, S. 118; *Körner* Jugendvertretung, S. 37 ff.). Hierbei handelt es sich regelmäßig um eine **Ermessensentscheidung** der Einigungsstelle, die nicht an die Grundsätze in § 67 gebunden ist. Auch aus § 68 lässt sich keine Pflicht der Einigungsstelle ableiten, die Jugend- und Auszubildendenvertretung zu den Verhandlungen beizuziehen. Angesichts des für das Verfahren vor der Einigungsstelle geltenden Grundsatzes des **rechtlichen Gehörs** (s. *Jacobs* § 76 Rdn. 104) ist jedoch die zu Art. 103 Abs. 1 GG anerkannte Ausdehnung des Grundsatzes auf unmittelbar rechtlich von dem Verfahren Betroffene (*BVerfG* 09.02.1982 BVerfGE 60, 7 [13]; 03.11.1983 BVerfGE 65, 227 [233]; 14.04.1984 BVerfGE 75, 201 [215]) für das Verfahren vor der Einigungsstelle heranzuziehen, so dass die Jugend- und Auszubildendenvertretung zumindest dann einen Anspruch auf Anhörung besitzt, wenn der Regelungsgegenstand durch Rechtspositionen gebildet wird, die ihr die §§ 60 bis 73b übertragen (z. B. § 65 Abs. 1 i. V. m. § 37 Abs. 6 Satz 4; § 69 Satz 4; § 72 Abs. 5). 54

5. Individualrechte

Das Recht des Arbeitnehmers, bei der **Ausübung seiner Individualrechte** ein Mitglied des Betriebsrats zur Unterstützung hinzuzuziehen (§§ 81 Abs. 3 Satz 3, 82 Abs. 2 Satz 2; 83 Abs. 1 Satz 2; 84 Abs. 1 Satz 2), kann nicht dahin gehend entsprechend angewendet werden, dass die in § 60 genannten Arbeitnehmer zu ihrer Unterstützung alternativ oder kumulativ auf ein Mitglied der Jugend- und Auszubildendenvertretung zurückgreifen können (so auch im Ergebnis für die Einsicht in die Personalakte *Kossens* AR-Blattei SD 1250, Rn. 94). Die Individualrechte in den §§ 81 bis 84 richten sich gegen den Arbeitgeber, so dass die Teilnahme eines Jugend- und Auszubildendenvertreters bei ihrer Ausübung den Charakter einer Interessenvertretung gegenüber dem Arbeitgeber besäße. Dies widerspricht jedoch der gesetzlichen Konzeption in den §§ 60 bis 73b, die eine Interessenvertretung ausschließlich gegenüber dem Betriebsrat vorsehen (s. vor § 60 Rdn. 19). Ferner spricht die Sonderregelung für die Schwerbehindertenvertretung (§ 178 Abs. 3 Satz 1 SGB IX [bis 01.01.2018: § 95 Abs. 3 Satz 1 SGB IX]), die eine Unterstützung bei der Einsicht in die Personalakte ausdrücklich vorsieht, gegen eine planwidrige Unvollständigkeit des Gesetzes. 55

6. Allgemeine Verhaltenspflichten

Soweit das Betriebsverfassungsgesetz **allgemeine Verhaltenspflichten** für den Betriebsrat begründet und diese nicht – wie z. B. die Geheimhaltungspflicht (§ 79 Abs. 2) – ausdrücklich auf die Jugend- und Auszubildendenvertretung bzw. ihre Mitglieder erstreckt, sind diese einer **entsprechenden Anwendung** zugänglich, wenn dem nicht die gesetzliche Funktion der Jugend- und Auszubildendenvertretung und ihr dogmatischer Standort in der Betriebsverfassung (dazu vor § 60 Rdn. 26 ff.) entgegenstehen. Deshalb gelten folgende Pflichten auch für die Jugend- und Auszubildendenvertretung bzw. ihre Mitglieder: 56

– Das Gebot der **vertrauensvollen Zusammenarbeit** (§ 2 Abs. 1 sowie *Franzen* § 2 Rdn. 11 ff.; *R. Weber* ZfA 1991, 187 [198 ff., 213]; **a. M.** *Reich* § 70 Rn. 1);
– das **Arbeitskampfverbot** (§ 74 Abs. 2 Satz 1; dazu *Kreutz/Jacobs* § 74 Rdn. 38 f.);
– die betriebsverfassungsrechtliche **Friedenspflicht** (§ 74 Abs. 2 Satz 2; vgl. *Galperin/Löwisch* § 74 Rn. 7a; *Kreutz/Jacobs* § 74 Rdn. 135);

- das **Verbot parteipolitischer Betätigung** (§ 74 Abs. 2 Satz 3; vgl. *Kreutz/Jacobs* § 74 Rdn. 103);
- die Verhaltensmaximen in **§ 75** (*Kreutz/Jacobs* § 75 Rdn. 9 f.).

7. Zusammenarbeit mit Sprecherausschuss

57 Gegenüber dem **Sprecherausschuss der leitenden Angestellten** kann die Jugend- und Auszubildendenvertretung die »besonderen« Belange der in § 60 Abs. 1 genannten Arbeitnehmer **nicht unmittelbar** wahrnehmen. Weder das BetrVG 1972 noch das Sprecherausschussgesetz enthalten hierfür eine Rechtsgrundlage.

58 Der Sprecherausschuss ist nicht berechtigt, einem Mitglied der Jugend- und Auszubildendenvertretung das Recht zur **Teilnahme** an den **Sitzungen des Sprecherausschusses** einzuräumen. Hierdurch würde er gegen das **Öffentlichkeitsverbot** (§ 12 Abs. 5 Satz 4 Halbs. 1 SprAuG) verstoßen, dessen Durchbrechung § 2 Abs. 2 Satz 1 SprAuG in personeller Hinsicht abschließend regelt, ohne die Jugend- und Auszubildendenvertretung zu nennen. Die Jugend- und Auszubildendenvertretung ist daher auf ihre Einwirkungsmöglichkeiten gegenüber dem Betriebsrat und dessen Beschlussfassung beschränkt.

59 Umgekehrt steht auch der Jugend- und Auszubildendenvertretung nicht das Recht zu, dem Sprecherausschuss oder seinen Mitgliedern das Recht zur Teilnahme an ihren eigenen Sitzungen einzuräumen. Hierdurch verstößt sie ebenfalls gegen das Öffentlichkeitsverbot (§ 65 Abs. 1 i. V. m. § 30 Satz 3), da § 2 Abs. 2 Satz 2 SprAuG die Jugend- und Auszubildendenvertretung nicht nennt und diese Vorschrift den personellen Anwendungsbereich ebenfalls abschließend regelt.

8. Persönliche Rechtsstellung

60 Die **persönliche Rechtsstellung** der Mitglieder der Jugend- und Auszubildendenvertretung legen die §§ 60 bis 73b nicht abschließend fest. Neben den entsprechend anzuwendenden allgemeinen Verhaltensmaximen (s. Rdn. 56) sind insbesondere folgende Regelungen zu beachten:
- Das **Behinderungs- und Benachteiligungsverbot** (§ 78 Satz 1 und 2);
- der **Weiterbeschäftigungsanspruch** nach Beendigung des Berufsausbildungsverhältnisses (§ 78a);
- die **Geheimhaltungspflicht** (§ 79);
- der **Sonderkündigungsschutz** (§ 103, § 15 KSchG, § 29a HAG);
- die **Zurückstellung vom Wehr- und Ersatzdienst** war nicht gesetzlich, sondern durch Erlass des Bundesverteidigungsministeriums (Verfahrensanweisung für das Wehrersatzwesen; § 12 WehrPflG; für den Ersatzdienst wurde dieser über § 78 Abs. 2 ZDG angewendet) festgelegt. Die Tätigkeit in der Jugend- und Auszubildendenvertretung rechtfertigte keine auf § 12 Abs. 4 Satz 1 WehrpflG gestützte Zurückstellung vom Wehrdienst (so *BVerwG* 03.11.2006 Buchholz 448.0 § 12 WPflG Nr. 208).

9. Strafrechtsschutz

61 Bei einer gegen die Jugend- und Auszubildendenvertretung oder eines ihrer Mitglieder gerichteten Handlung, die einen der **Straftatbestände** in § 119 Abs. 1 Nr. 2 und 3 verwirklicht, steht der Jugend- und Auszubildendenvertretung als geschütztem Organ **kein Antragsrecht** zu, da § 119 Abs. 2 sie nicht in den Kreis der antragsberechtigten betriebsverfassungsrechtlichen Organe einbezieht.

62 Das auf eine **Anzeige** der Jugend- und Auszubildendenvertretung eingeleitete Strafverfahren ist nach § 170 Abs. 2 StPO **einzustellen**, wenn das Verfolgungsbegehren **nicht** durch einen **Strafantrag** des Betriebsrats oder einer im Betrieb vertretenen Gewerkschaft unterstützt wird. Fehlt dieser, dann ist der Jugend- und Auszubildendenvertretung bzw. ihrem Mitglied gleichwohl ein förmlicher **Einstellungsbescheid** mit **Rechtsmittelbelehrung** zu erteilen (§ 171 Satz 2 StPO), da die Jugend- und Auszubildendenvertretung bzw. eines ihrer Mitglieder bei einer gegen sie gerichteten und nach § 119 Abs. 1 Nr. 2 und 3 strafbaren Handlung **Verletzte i. S. d. § 172 StPO** ist. Ein **Klageerzwingungsverfahren** ist auch dann statthaft, wenn ein Strafantrag fehlt (*Graalmann-Scheerer* in: *Löwe/Rosenberg* StPO, § 172 Rn. 16).

Gegen einen ablehnenden Bescheid der Staatsanwaltschaft kann **Antrag auf gerichtliche Entscheidung** erhoben werden (§ 172 Abs. 2 StPO). Aus der Antragsschrift (§ 172 Abs. 3 Satz 1 StPO) muss sich jedoch ergeben, dass form- und fristgerecht Strafantrag gestellt wurde (*OLG Düsseldorf* 03.09.1982 JMBlNW 1983, 30; *Graalmann-Scheerer* in: *Löwe/Rosenberg* StPO, § 172 Rn. 151, m. w. N.). Fehlt dieser, so ist der Antrag durch **Beschluss** zu **verwerfen** (*Graalmann-Scheerer* in: *Löwe/Rosenberg* StPO, § 172 Rn. 157, m. w. N.), der dem Antragsteller **formlos mitzuteilen** ist (§ 35 Abs. 2 Satz 2 StPO; vgl. *Graalmann-Scherer* in: *Löwe/Rosenberg* StPO, § 174 Rn. 4, m. w. N.). Ein **Strafklageverbrauch** (§ 174 Abs. 2 StPO) tritt hierdurch **nicht** ein (*Graalmann-Scheerer* in: *Löwe/Rosenberg* StPO, § 174 Rn. 3). 63

V. Streitigkeiten

Bei Streitigkeiten darüber, ob eine Jugend- und Auszubildendenvertretung zu bilden ist, sowie über die Zuständigkeit der Vertretung entscheiden die Arbeitsgerichte im **Beschlussverfahren** nach den §§ 2a Abs. 1 Nr. 1, Abs. 2, 80 ff. ArbGG. Weigert sich der Betriebsrat, die Wahl einer Jugend- und Auszubildendenvertretung einzuleiten, so ist nur das Verfahren nach § 63 Abs. 3 zulässig. Für einen isolierten Feststellungsantrag fehlt das Feststellungsinteresse. 64

Die Jugend- und Auszubildendenvertretung ist **beteiligtenfähige »Stelle«** i. S. d. § 10 Halbs. 2 ArbGG (*Hauck/Helml/Biebl* ArbGG, § 10 Rn. 7; *Körnich* Das arbeitsgerichtliche Beschlussverfahren in Betriebsverfassungssachen, 1978, S. 37; *Matthes/Schlewing/GMP* ArbGG, § 10 Rn. 29; *Moritz* Jugendvertretung, S. 104; *Rose/HWGNRH* § 60 Rn. 44; *Schleusener/GK-ArbGG*, § 10 Rn. 34; *Waas/GWBG* ArbGG, § 10 Rn. 23; im Ergebnis auch *BAG* 10.05.1974 EzA § 65 BetrVG 1972 Nr. 4 S. 9 f. = AP Nr. 2 zu § 65 BetrVG 1972 Bl. 1 R; 08.02.1977 EzA § 70 BetrVG 1972 Nr. 1 S. 6 = AP Nr. 10 zu § 80 BetrVG 1972 Bl. 2; 15.08.1978 EzA § 23 BetrVG 1972 Nr. 7 S. 24 = AP Nr. 1 zu § 23 BetrVG 1972 Nr. 1 Bl. 2). Als »Stelle« ist sie selbst **nicht handlungsfähig**, sondern wird **durch ihren Vorsitzenden vertreten** (*Grunsky* ArbGG, § 10 Rn. 25; *Körnich* Das arbeitsgerichtliche Beschlußverfahren in Betriebsverfassungssachen, 1978, S. 46 ff.; *Moritz* Jugendvertretung, S. 105). Dieser vertritt die Jugend- und Auszubildendenvertretung jedoch nur in der Erklärung (s. § 65 Rdn. 26), so dass von ihm vorgenommene **Prozesshandlungen** nur aufgrund und im Rahmen eines **rechtswirksamen Beschlusses** der Jugend- und Auszubildendenvertretung prozessuale Rechtsfolgen auslösen können. Die Jugend- und Auszubildendenvertretung kann auch durch einen minderjährigen Vorsitzenden vertreten werden, da von ihm erklärte Prozesshandlungen in Wahrheit »neutrale« Rechtshandlungen sind (im Ergebnis ebenso *Moritz* Jugendvertretung, S. 105 f.). Für ein **Beschlussverfahren gegen den Arbeitgeber** reicht für die Vornahme von Prozesshandlungen ein Beschluss der Jugend- und Auszubildendenvertretung für sich allein jedoch nicht aus, wenn die materielle Rechtsposition einen **Beschluss des Betriebsrats** voraussetzt (*BAG* 20.11.1973 AP Nr. 1 zu § 65 BetrVG 1972 Bl. 1 R; *Matthes/Schlewing/GMP* ArbGG, § 10 Rn. 44). Dieser ist Voraussetzung für die prozessuale Handlungsfähigkeit der Jugend- und Auszubildendenvertretung, deren Beteiligtenfähigkeit bleibt jedoch erhalten (*Matthes/Schlewing/GMPM* ArbGG, § 10 Rn. 44). Die vorstehenden Einschränkungen gelten nicht bei einem **Beschlussverfahren mit dem Betriebsrat**, in dem die Rechte der Jugend- und Auszubildendenvertretung gegenüber dem Betriebsrat bzw. umgekehrt den Streitgegenstand bilden (*Matthes/Schlewing/GMP* ArbGG, § 10 Rn. 44). 65

Die **Beteiligtenfähigkeit** steht auch den in § 60 Abs. 1 genannten **Arbeitnehmern** zu. Bei **jugendlichen Arbeitnehmern**, die nicht Auszubildende sind, folgt die Prozessfähigkeit aus den §§ 80 Abs. 2, 46 Abs. 2 ArbGG i. V. m. § 52 ZPO, § 113 BGB (*Matthes/Schlewing/GMP* ArbGG, § 10 Rn. 42). Für Auszubildende gilt zwar § 113 BGB nicht (*Oetker* JuS 1990, 739 [740 f.], m. w. N.), die »Geschäftsfähigkeit« ergibt sich bei ihnen aber aus der Handlungsberechtigung, die ihnen die §§ 60 bis 73b einräumen (*ArbG Bielefeld* 06.05.1973 DB 1973, 1754 [1754]; *Matthes/Schlewing/GMP* ArbGG, § 10 Rn. 42; *Natzel* Berufsbildungsrecht, S. 568; *Körnich* Das arbeitsgerichtliche Beschlußverfahren in Betriebsverfassungssachen, 1978, S. 46). Die Erteilung einer **Prozessvollmacht** erfordert jedoch die **Zustimmung des gesetzlichen Vertreters**. 66

67 Die **Antragsbefugnis** der Jugend- und Auszubildendenvertretung, ihrer Mitglieder oder eines der in § 60 Abs. 1 genannten Arbeitnehmer beurteilt sich nach dem Streitgegenstand, d. h. es ist die **Geltendmachung eigener Rechte** erforderlich (*Matthes/Spinner/GMP* ArbGG, § 81 Rn. 56). Bei einem Beschlussverfahren zwischen Arbeitgeber und Betriebsrat gehört die **Jugend- und Auszubildendenvertretung** nur dann zu den **Beteiligten** i. S. d. § **83 ArbGG**, wenn die in den §§ 60 bis 73b, 39 Abs. 2 zugunsten der Jugend- und Auszubildendenvertretung oder ihrer Mitglieder begründeten Rechtspositionen den Streitgegenstand bilden (*BAG* 08.02.1977 EzA § 70 BetrVG 1972 Nr. 1 S. 6 = AP Nr. 10 zu § 80 BetrVG 1972 Bl. 2; 15.08.1978 EzA § 23 BetrVG 1972 Nr. 7 S. 24 = AP Nr. 1 zu § 23 BetrVG 1972 Bl. 2; *Dörner* GK-ArbGG, § 83 Rn. 92f.; *Matthes/Spinner/GMP* ArbGG, § 83 Rn. 58f.). Sie ist deshalb nach § 83 ArbGG anzuhören. In einem Beschlussverfahren zwischen Jugend- und Auszubildendenvertretung und Betriebsrat ist der Arbeitgeber Beteiligter, wenn er von dem Ausgang des Verfahrens rechtlich betroffen ist. In einem Rechtsstreit zwischen Arbeitgeber und Betriebsrat ist die Jugend- und Auszubildendenvertretung hingegen nicht zu beteiligen, wenn der Streitgegenstand nicht unmittelbar ihre Rechtsstellung betrifft (*BAG* 18.01.2012 EzA § 40 BetrVG 2001 Nr. 22 Rn. 8 = AP Nr. 108 zu § 40 BetrVG 1972 = NZA 2012, 683).

68 Die **Beauftragung eines Prozessbevollmächtigten** steht der Jugend- und Auszubildendenvertretung nur in den Grenzen des materiellen Rechts zu (s. § 65 Rdn. 61). Werden diese überschritten, dann sind die Bevollmächtigung und die Prozesshandlungen des Prozessbevollmächtigten wegen fehlender Vollmacht unwirksam. § 333 ZPO findet jedoch keine Anwendung, da das Beschlussverfahren kein Versäumnisverfahren kennt. Ist das Beschlussverfahren wirksam eingeleitet worden, so ist es fortzuführen. Hat der nicht wirksam bevollmächtigte Prozessvertreter jedoch für die Jugend- und Auszubildendenvertretung Rechtsmittel eingelegt, so ist dieses durch Beschluss zu verwerfen, weil es an einer rechtswirksamen Einlegung des Rechtsmittels fehlt.

§ 61
Wahlberechtigung und Wählbarkeit

(1) Wahlberechtigt sind alle in § 60 Abs. 1 genannten Arbeitnehmer des Betriebs.

(2) Wählbar sind alle Arbeitnehmer des Betriebs, die das 25. Lebensjahr noch nicht vollendet haben; § 8 Abs. 1 Satz 3 findet Anwendung. Mitglieder des Betriebsrats können nicht zu Jugend- und Auszubildendenvertretern gewählt werden.

Literatur
Blank Die Wahl der Jugend- und Auszubildendenvertretung, 4. Aufl. 1998 (zit.: Jugend- und Auszubildendenvertretung); *Pulte* Die Wahl der Jugend- und Auszubildendenvertretung, 1992 (zit.: Jugend- und Auszubildendenvertretung); *Schneider* JAV-Wahl: Fallstricke beim vereinfachten Wahlverfahren, AiB 2002, 528; vgl. ferner die Angaben vor § 60.

Inhaltsübersicht

	Rdn.
I. Vorbemerkung	1–4
II. Aktives Wahlrecht	5–24
1. Materielle Voraussetzungen	5–23
a) Personenkreis	5–8
b) Geschäftsfähigkeit	9–14
c) Betriebszugehörigkeit	15–21
d) Staatsangehörigkeit	22
e) Aberkennung des Wahlrechts (§ 45 Abs. 5 StGB)	23
2. Eintragung in der Wählerliste	24
III. Passives Wahlrecht	25–45
1. Grundsatz	25
2. Obere Altersgrenze	26
3. Geschäftsfähigkeit	27–31

a) Minderjährige Arbeitnehmer	27–29
b) Vormundschaft	30
c) Betreuung	31
4. Betriebszugehörigkeit	32, 33
5. Staatsangehörigkeit	34
6. Verbot der Doppelmitgliedschaft	35–41
7. Aberkennung der Wählbarkeit (§ 45 Abs. 1 StGB)	42
8. Eintragung in der Wählerliste	43–45
IV. Streitigkeiten	46–49

I. Vorbemerkung

Die Vorschrift legt **abschließend** die Voraussetzungen des aktiven und des passiven Wahlrechts für die Jugend- und Auszubildendenvertretung fest. Sie ist **zwingendes** Gesetzesrecht (näher vor § 60 Rdn. 34 ff.) und kann weder durch **Betriebsvereinbarung** noch durch **Tarifvertrag** erweitert oder eingeschränkt werden (*Brecht* § 61 Rn. 5; *Fitting* § 61 Rn. 3; *Pulte* Jugend- und Auszubildendenvertretung, S. 14; *Rose/HWGNRH* § 61 Rn. 1; *Stege/Weinspach/Schiefer* §§ 60–70 Rn. 7 a. E.). Die **Wahl** einer Jugend- und Auszubildendenvertretung auf einer derartigen (gesetzeswidrigen) kollektivvertraglichen Grundlage, die z. B. den Kreis der aktiv wahlberechtigten Arbeitnehmer abweichend von § 61 Abs. 1 bestimmt, ist **nichtig** (s. auch § 63 Rdn. 74). **1**

Die aktuelle Fassung des Gesetzes geht zurück auf das »Gesetz zur Bildung von Jugend- und Auszubildendenvertretungen in den Betrieben« vom 13.07.1988 (BGBl. I, S. 1034; näher zu diesem vor § 60 Rdn. 8 f.). Dieses passte § 61 Abs. 1 an die geänderte Fassung des § 60 Abs. 1 an und setzte die **altersmäßige Obergrenze** für das passive Wahlrecht auf das vollendete 25. Lebensjahr herauf. Diese Änderung war erforderlich, weil § 60 Abs. 1 die Altersgrenze – abweichend von dem Vorschlag der CDU/CSU- und der FDP-Fraktion (s. BT-Drucks. 11/1134, S. 2, 5) – nicht auf das vollendete 24., sondern auf das vollendete 25. Lebensjahr festlegt. **2**

Das früher in § 20 Abs. 2 Satz 3 BetrVG 1952 vorgeschriebene **Mindestalter** für das passive Wahlrecht (vollendetes 16. Lebensjahr) entfiel bereits mit der Reform des Betriebsverfassungsrechts im Jahre 1972. **3**

§ 61 Abs. 2 Satz 2 nimmt die zum BetrVG 1952 herrschende Ansicht, die eine **Doppelmitgliedschaft** in Betriebsrat und Jugendvertretung ausschloss (so *Dietz* § 20 Rn. 27; *Fitting/Kraegeloh/Auffarth* § 20 Rn. 41; *Hueck/Nipperdey* II/2, S. 1221; **a. M.** *Popp* BB 1953, 560 [560 f.]; *Savaète* AuR 1954, 46 [47]), in das Gesetz auf. Sie gilt bereits seit der Novellierung des Betriebsverfassungsgesetzes im Jahre 1972. **4**

II. Aktives Wahlrecht

1. Materielle Voraussetzungen

a) Personenkreis

Das aktive Wahlrecht zur Jugend- und Auszubildendenvertretung besitzt nur derjenige Arbeitnehmer, der zu dem in § 60 Abs. 1 genannten Personenkreis gehört. Er muss entweder **jugendlicher Arbeitnehmer** (hierzu § 60 Rdn. 22 ff.) **oder** im Betrieb zur **Berufsausbildung** beschäftigt sein (hierzu § 60 Rdn. 25 ff.), ohne das 25. Lebensjahr vollendet zu haben. **5**

Die Eigenschaft als **jugendlicher Arbeitnehmer** muss bis zum letzten Tag der Stimmabgabe vorliegen (*Fitting* § 61 Rn. 5; *Kloppenburg/HaKo* § 61 Rn. 2; *Körner* Jugendvertretung, S. 12; *Richardi/Annuß* § 61 Rn. 3; *Rudolph* AuA 1992, 105 [105 f.]; *Sittard/HWK* § 61 BetrVG Rn. 1; *Trittin/DKKW* § 61 Rn. 6; *Weiss/Weyand* § 61 Rn. 1). Erstreckt sich die Abstimmung über mehrere Tage, so entfällt die Eigenschaft als »jugendlicher Arbeitnehmer«, wenn der Arbeitnehmer zwar noch nicht am ersten Wahltag, wohl aber bis zum letzten Wahltag das 18. Lebensjahr vollendet. Tritt vor dem einzigen oder dem letzten Wahltag die Vollendung des 18. Lebensjahres ein, bleibt das aktive Wahlrecht bei diesem **6**

Arbeitnehmer nur bestehen, wenn er über den letzten Wahltag hinaus im Betrieb zur Berufsausbildung beschäftigt ist.

7 Bei **volljährigen Arbeitnehmern** müssen **beide** Voraussetzungen des aktiven Wahlrechts (Lebensalter **und** Berufsausbildung) bis zum letzten Tag der Stimmabgabe erfüllt sein (*Fitting* § 61 Rn. 6; *Joost*/MünchArbR, 2. Aufl., § 316 Rn. 10). Das aktive Wahlrecht entfällt bei diesen Arbeitnehmern deshalb auch vor Vollendung des 25. Lebensjahres, wenn das Ausbildungsverhältnis vor dem letzten Tag der Stimmabgabe (z. B. nach § 21 BBiG) endet.

8 Das aktive Wahlrecht zur Jugend- und Auszubildendenvertretung schränkt bei volljährigen Arbeitnehmern nicht das **aktive Wahlrecht** zum **Betriebsrat** ein (*BAG* 13.03.1991 EzA § 60 BetrVG 1972 Nr. 2 S. 7 f. = AP Nr. 2 zu § 60 BetrVG 1972 Bl. 3 R; *Brill* AuR 1988, 334 [335]; *Engels/Natter* DB 1988, 299 [231]; *dies.* BB 1988, 1453 [1455 f.]; *Fitting* § 61 Rn. 6; *Joost*/MünchArbR § 228 Rn. 9; *Koch*/ErfK §§ 60–70 Rn. 2; *Natter* AR-Blattei SD 530.13, Rn. 20; *Roloff/WPK* § 61 Rn. 1; *Rose/HWGNRH* § 61 Rn. 5; *Stege/Weinspach/Schiefer* §§ 60–70 Rn. 7; *Trittin/DKKW* § 60 Rn. 9, § 61 Rn. 7; *Wlotzke* FS 40 Jahre Der Betrieb, S. 267 [276]). Ein **Doppelwahlrecht** bei volljährigen Arbeitnehmern hat der Gesetzgeber bewusst in Kauf genommen (Entwurfsbegründung, BT-Drucks. 11/1134, S. 5; *Ausschuss für Arbeit und Sozialordnung* BT-Drucks. 11/2474, S. 11; zu der hierdurch auftretenden Stimmenkumulation bei Abstimmungen im Gesamtbetriebsrat s. § 73 Rdn. 52).

b) Geschäftsfähigkeit

9 Das aktive Wahlrecht ist wegen der funktionalen Ausrichtung des Betriebsverfassungsrechts auf die Selbstbestimmung des Einzelnen (dazu *Wiese* Einl. Rdn. 63) ein **höchstpersönliches Teilnahmerecht** (*Raab* § 7 Rdn. 6). Dessen Ausübung unterliegt jedoch aufgrund der rechtsdogmatischen Zuordnung des Betriebsverfassungsgesetzes zum Privatrecht (s. *Wiese* Einl. Rdn. 89 ff.) an sich auch den allgemeinen privatrechtlichen Voraussetzungen rechtswirksamer Willenserklärungen (s. *Raab* § 7 Rdn. 67). Andererseits setzt die Zubilligung des aktiven Wahlrechts implizite voraus, dass der Arbeitnehmer sein Stimmrecht selbständig wahrnehmen kann (ebenso *Fitting* § 61 Rn. 5; *Joost*/MünchArbR § 228 Rn. 8). Die Ausübung des Wahlrechts durch einen gesetzlichen Vertreter oder der Vorbehalt einer Zustimmung durch Dritte wäre deshalb mit dem höchstpersönlichen Charakter des aktiven Wahlrechts unvereinbar.

10 Auch bei einem streng am allgemeinen Privatrecht angelehnten Verständnis ist das aktive Wahlrecht stets anzuerkennen, wenn der Arbeitnehmer nach Maßgabe der §§ 104 ff. BGB für die Stimmabgabe geschäftsfähig ist. Der Rückgriff auf eine spezielle, das allgemeine Privatrecht verdrängende Mündigkeit in betriebsverfassungsrechtlichen Angelegenheiten (so im Ansatz *Moritz* Jugendvertretung, S. 39 ff., insbesondere S. 49 sowie *ArbG Bielefeld* 06.05.1973 DB 1973, 1754 [1754]; s. ferner die ausdrückliche Regelung in Österreich [§ 131 ArbVG]) ist in diesem Fall entbehrlich (zum passiven Wahlrecht jedoch Rdn. 25 f.). Sonstige Einschränkungen des aktiven Wahlrechts, die § 61 Abs. 1 nicht ausdrücklich benennt, lassen sich aus den Vorschriften für die Wahlen zu öffentlich-rechtlichen Körperschaften (z. B. § 13 BWahlG) nur ableiten, wenn das Betriebsverfassungsgesetz diese ausdrücklich aufgenommen hat (z. B. §§ 8 Abs. 1 Satz 3, 61 Abs. 2 Satz 1 Halbs. 2).

11 Die Streitfrage, ob die **Entmündigung** einem aktiven Wahlrecht entgegensteht (*Kraft* 4. Aufl., § 61 Rn. 2; sowie allgemein *Kreutz* 4. Aufl., § 7 Rn. 61), ist mit der Aufhebung der entsprechenden Vorschriften durch das Betreuungsgesetz vom 12.09.1990 (BGBl. I, S. 2002) gegenstandslos geworden. Die betreffenden Personen unterliegen seit dem 01.01.1992 den Vorschriften über die Betreuung (Art. 9 § 1 BtG).

12 Eine **Betreuung** (§§ 1896 ff. BGB) und ein hiermit verbundener Einwilligungsvorbehalt (§ 1903 BGB), der insbesondere für alle bis zum 01.01.1992 unter Vormundschaft stehenden Volljährigen gilt (Art. 9 § 1 Abs. 3 Satz 2 BtG), lässt das aktive Wahlrecht unberührt (ebenso *Raab* § 7 Rdn. 67, m. w. N.). Für die Ausübung des aktiven Wahlrechts zur Jugend- und Auszubildendenvertretung kann offen bleiben, ob die Einwilligung zur Begründung des Arbeitsverhältnisses konkludent auch alle Rechtshandlungen im betriebsverfassungsrechtlichen Rechtskreis umfasst. Denn nach § 1903 Abs. 3 erstreckt sich der Einwilligungsvorbehalt nicht auf solche Willenserklärungen, die für den Betreuten lediglich rechtlich vorteilhaft sind. Bei einer sinngemäßen Anwendung der zu § 107 anerkann-

ten Grundsätze (*Schwab*/MK-BGB § 1903 Rn. 44) gilt dieser Ausnahmetatbestand ebenfalls für die Ausübung des aktiven Wahlrechts, da diese für den Betreuten rechtlich »neutral« ist. Das aktive Wahlrecht des Betreuten ist auch nicht aufgrund einer **Analogie zu § 13 Nr. 2 BWahlG ausgeschlossen** (so mit Recht *Raab* § 7 Rdn. 67; *Homburg*/DKKW § 7 Rn. 47). Einer entsprechenden Anwendung dieser Vorschrift steht die privatrechtliche Rechtsnatur des Wahlakts entgegen (s. Rdn. 9).

Wegen § 107 BGB ist auch bei **minderjährigen Arbeitnehmern** das aktive Wahlrecht zur Jugend- 13 und Auszubildendenvertretung **uneingeschränkt** anzuerkennen (ebenso im Ergebnis *Blank* Jugend- und Auszubildendenvertretung, S. 13; *Fitting* § 61 Rn. 5; *Pulte* Die Jugend- und Auszubildendenvertretung, S. 15; *Roloff*/WPK § 61 Rn. 2; *Rose*/HWGNRH § 61 Rn. 4; *Rotermund* Interessenwahrnehmung, S. 51 ff.; *Sittard*/HWK § 61 BetrVG Rn. 1; *Trittin*/DKKW § 61 Rn. 5; *Weber*/*Ehrich*/*Hörchens*/*Oberthür* Kap. B Rn. 503). Die Konstruktion einer eigenständigen und uneingeschränkten, die Maximen des allgemeinen Privatrechts durchbrechenden Geschäftsfähigkeit für alle betriebsverfassungsrechtlichen Betätigungen minderjähriger Arbeitnehmer (so im Ansatz *Moritz* Jugendvertretung, S. 39 ff., insbesondere S. 49 sowie ArbG Bielefeld 06.05.1973 DB 1973, 1754 [1754]) ist deshalb für die Ausübung des aktiven Wahlrechts entbehrlich. Dieses Resultat stimmt mit der Wertung des Gesetzes überein, da die generelle Zuerkennung des aktiven Wahlrechts an die jugendlichen Arbeitnehmer nur dann mit dem höchstpersönlichen Charakter der Stimmabgabe vereinbar ist, wenn diese wegen ihres Alters für die Stimmabgabe **nicht** auf die **Zustimmung eines gesetzlichen Vertreters** angewiesen sind (s. Rdn. 9).

Die Grundsätze für minderjährige Arbeitnehmer gelten entsprechend für die unter **Vormundschaft** 14 stehenden Minderjährigen (§§ 1773 ff. BGB), da die Vormundschaft sie nicht in der Abgabe solcher Willenserklärungen beschränkt, die nach § 107 BGB zulässig sind. Diesen Arbeitnehmern steht daher ebenfalls das aktive Wahlrecht zu (ebenso im Ergebnis *Bodem*/NK-GA § 61 BetrVG Rn. 1; *Fitting* § 61 Rn. 5; *Koch*/ErfK §§ 60–70 BetrVG Rn. 2; *Rose*/HWGNRH § 61 Rn. 4; *Schrader*/HWK § 61 BetrVG Rn. 4).

c) Betriebszugehörigkeit

Aktiv wahlberechtigt sind nur diejenigen Arbeitnehmer, die dem Betrieb angehören. Die **Betriebs-** 15 **zugehörigkeit** ist – ebenso wie im Rahmen von § 7 Satz 1 (dazu *Raab* § 7 Rdn. 17) – **ungeschriebene tatbestandliche Voraussetzung** für das aktive Wahlrecht (*Löwisch*/LK § 61 Rn. 2). Die Grundsätze zu § 7 Satz 1 gelten auch für das aktive Wahlrecht zur Jugend- und Auszubildendenvertretung (zu den Einzelheiten *Raab* § 7 Rdn. 17 ff.). Die Ausdehnung des Kreises der wahlberechtigten Arbeitnehmer in **§ 7 Satz 2** hat für die Wahlen zu der Jugend- und Auszubildendenvertretung keine Bedeutung. Die dort genannten Arbeitnehmer, die zur »Arbeitsleistung« überlassen sind, werden hierdurch keine »Arbeitnehmer des Betriebs«, sondern lediglich für die Wahlen zum Betriebsrat durch § 7 Satz 2 diesen gleichgestellt. Für die Wahlen zur Jugend- und Auszubildendenvertretung hat das BetrVerf-ReformG, das § 7 Satz 2 in das BetrVG einfügte, davon abgesehen, die Vorschrift des § 61 entsprechend den Vorgaben des § 7 Satz 2 zu ändern, so dass die »Überlassung« an den Arbeitgeber nicht zur Betriebszugehörigkeit führt (*Opolony* BB 2001, 2055 [2056]; *Roloff*/WPK § 61 Rn. 2; *Weber*/*Ehrich*/*Hörchens*/*Oberthür* Kap. B Rn. 503).

Die für die Betriebszugehörigkeit in tatsächlicher Hinsicht erforderliche gemeinsame Verfolgung der 16 arbeitstechnischen Zwecksetzungen (s. *Raab* § 7 Rdn. 19) erfordert bei Arbeitnehmern, die zu ihrer Berufsausbildung in dem Betrieb beschäftigt sind, dass ihre Ausbildung gerade dieser **arbeitstechnischen Zielsetzung** zugeordnet werden kann. Die Betriebszugehörigkeit ist deshalb bei diesen Personen nur zu bejahen, wenn sich die berufspraktische **Ausbildung im Rahmen des arbeitstechnischen Betriebszwecks** vollzieht, zu dessen Erreichung die Arbeitnehmer des Betriebs zusammenwirken (BAG 21.07.1993 EzA § 5 BetrVG 1972 Nr. 56 S. 6 = AP Nr. 8 zu § 5 BetrVG 1972 Ausbildung Bl. 3 f.). Bei **reinen Ausbildungsbetrieben** führt dies dazu, dass die Betriebszugehörigkeit und damit das aktive und passive Wahlrecht der dort ausgebildeten Personen zu verneinen ist (BAG 21.07.1993 EzA § 5 BetrVG 1972 Nr. 56 = AP Nr. 8 zu § 5 BetrVG 1972 Ausbildung; 20.03.1996 EzA § 5 BetrVG 1972 Nr. 59 = AP Nr. 9 zu § 5 BetrVG 1972 Ausbildung; 13.06.2007 EzA § 5 BetrVG 2001 Nr. 2 Rn. 15 = AP Nr. 12 zu § 5 BetrVG 1972 Ausbildung; *Roloff*/WPK § 60 Rn. 7; *Rotermund* Interessenwahrnehmung, S. 23 ff.; **a. M.** noch BAG 12.06.1986 EzA § 5 BetrVG 1972

Nr. 44 = AP Nr. 33 zu § 5 BetrVG 1972 Ausbildung). Dies bestätigen die §§ 51, 52 BBiG, die dem vorgenannten Personenkreis **eigenständige Vertretungsstrukturen** ermöglichen sollen (dazu aber auch vor § 60 Rdn. 12 a. E. sowie Rdn. 40); zu tarifvertraglich geschaffenen Vertretungsstrukturen s. vor allem *BAG* 24.08.2004 EzA § 98 BetrVG 2001 Nr. 1 = AP Nr. 12 zu § 98 BetrVG 1972.

17 Nach h. M. entfiel die Betriebszugehörigkeit und damit auch das aktive Wahlrecht nicht während der Zeit, in der das Arbeitsverhältnis wegen der Ableistung des **Wehrdienstes** gemäß § 1 Abs. 1 ArbPlSchG oder des **Zivildienstes** gemäß § 78 Abs. 1 Nr. 1 ZDG i. V. m. § 1 Abs. 1 ArbPlSchG ruhte (*Raab* § 7 Rdn. 60, m. w. N.). Bei Zugrundelegung dieses Verständnisses gilt dies auch, wenn das Arbeitsverhältnis aus anderen Gründen (z. B. vertragliche Vereinbarung, dass die Tätigkeit oder Ausbildung nur während bestimmter Zeitabschnitte erfolgt) vorübergehend ruht. Hinsichtlich **gekündigter Arbeitnehmer** gelten dieselben Grundsätze wie im Rahmen des § 7 Satz 1 (dazu näher *Raab* § 7 Rdn. 41 ff.).

18 Die Betriebszugehörigkeit ist nur bei solchen Auszubildenden zu bejahen, die in tatsächlicher Hinsicht **in die Betriebsorganisation eingegliedert** sind (*BAG* 04.04.1990 EzA § 60 BetrVG 1972 Nr. 1 S. 4 = AP Nr. 1 zu § 60 BetrVG 1972 Bl. 2). Das ist bei denjenigen Auszubildenden zu verneinen, die zwar in dem Betrieb tätig sind, aber keinen Weisungsrechten des Betriebsinhabers unterliegen (*BAG* 04.04.1990 EzA § 60 BetrVG 1972 Nr. 1 S. 4 = AP Nr. 1 zu § 60 BetrVG 1972 Bl. 2; *Fitting* § 60 Rn. 19; vgl. auch *LAG Hamm* 11.10.1989 DB 1990, 383, das auf das Fehlen einer vertraglichen Beziehung abstellt; hiergegen jedoch *LAG Frankfurt* 25.01.1985 ARSt. 1986, 6 [6]; zum aktiven Wahlrecht von Personen, die mit dem Betriebsinhaber nicht durch eine arbeitsvertragliche Beziehung verbunden sind, *Raab* § 7 Rdn. 17 ff., 69 ff.).

19 Dementsprechend bleibt die Betriebszugehörigkeit erhalten, wenn der Auszubildende **vorübergehend in einem anderen Betrieb ausgebildet** wird, die dortige Ausbildung jedoch von dem **entsendenden Betrieb** im Hinblick auf die für die Ausbildung wesentlichen Entscheidungen geleitet wird (*BAG* 13.03.1991 EzA § 60 BetrVG 1972 Nr. 2 S. 8 f. = AP Nr. 2 zu § 60 BetrVG 1972 Bl. 4; *Fitting* § 60 Rn. 18; *Kappenhagen/JRH* Kap. 5 Rn. 107; *Löwisch/LK* § 61 Rn. 3; *Richardi/Annuß* § 60 Rn. 9; *Trümner/DKKW* § 5 Rn. 142; s. auch *Oetker* DB 1985, 1739 [1740]). Ob diese Voraussetzung erfüllt ist, hängt von einer Würdigung der tatsächlichen Umstände ab. Wegen des Zwecks der Betriebszugehörigkeit richtet sich der Kreis der vom entsendenden Betrieb zu treffenden »wesentlichen« Entscheidungen nach den Beteiligungsrechten des Betriebsrats.

20 Wird die Ausbildung von dem entsendenden Betrieb geleitet, ist ein aktives Wahlrecht des Auszubildenden in dem **aufnehmenden Betrieb** in Anlehnung an die Wertung in § 14 Abs. 1 AÜG stets zu verneinen (*BAG* 13.03.1991 EzA § 60 BetrVG 1972 Nr. 2 S. 8 f. = AP Nr. 2 zu § 60 BetrVG 1972 Bl. 3 f.; *Fitting* § 60 Rn. 19; *Joost*/MünchArbR, 2. Aufl., § 316 Rn. 12; **a. M.** ArbG Bielefeld 01.02.1989 DB 1989, 1580; *Schneider/Trümner* FS *Gnade*, 1992, S. 175 [183 ff.]; *Trittin/DKKW* § 60 Rn. 29; *Trümner/DKKW* § 5 Rn. 142; auch noch *LAG Hamm* 16.03.1988 ARSt 1989, 19 [Nr. 1006], aufgegeben von *LAG Hamm* 11.10.1989 DB 1990, 383). Kompliziert ist die Rechtslage bei einer **Aufspaltung der Ausbilderfunktion**, die primär bei einem Ausbildungsverbund auftreten kann, wenn z. B. als Vertragspartner eine juristische Person fungiert, die Ausbildung jedoch in den Betrieben anderer juristischer Personen durchgeführt wird. Aufgrund einer sinngemäßen Anwendung des § 14 Abs. 1 AÜG ist ein **aktives Wahlrecht nur** bei dem **Vertragspartner** zu bejahen (ebenso *Rose/HWGNRH* § 61 Rn. 7; im Grundansatz auch *Fitting* § 60 Rn. 18, anders jedoch bei Eingliederung für die gesamte Dauer der Ausbildung); die Neuregelung in § 7 Satz 2 rechtfertigt keine abweichende Würdigung, da sich deren Anwendungsbereich auf die Wahlen zum Betriebsrat beschränkt (Rdn. 15).

21 Eine bestimmte **Dauer** der Betriebszugehörigkeit ist für das aktive Wahlrecht nicht erforderlich (*Blank* Jugend- und Auszubildendenvertretung, S. 13; *Lichtenstein* BetrR 1983, 645 [650]; *Rose/HWGNRH* § 61 Rn. 8; *Rudolph* AuA 1992, 105 [106]; *Sittard/HWK* § 61 BetrVG Rn. 1; *Trittin/DKKW* § 61 Rn. 3). Es steht daher auch jenen Auszubildenden zu, deren Berufsausbildungsverhältnis erst kurz vor der Wahl zur Jugend- und Auszubildendenvertretung beginnt. Für die »jugendlichen Arbeitnehmer« gilt dies entsprechend.

d) Staatsangehörigkeit

Das aktive Wahlrecht besteht **unabhängig von der Staatsangehörigkeit** des Arbeitnehmers (*Blank* 22
Jugend- und Auszubildendenvertretung, S. 13; *Hüper* Jugend- und Auszubildendenvertretungen, S. 9
[17]; *Natzel* Berufsbildungsrecht, S. 538; *Rose/HWGNRH* § 61 Rn. 9; *Rudolph* AuA 1992, 105 [106];
Schaub/Koch Arbeitsrechts-Handbuch, § 227 Rn. 1). Mangelhafte Kenntnisse der deutschen Sprache
beeinträchtigen nicht das aktive Wahlrecht. Es ist Aufgabe des Wahlvorstands, derartigen Defiziten abzuhelfen (§ 38 Satz 1 WO i. V. m. § 2 Abs. 5 WO; näher *Jacobs* § 2 WO Rdn. 19 ff.).

e) Aberkennung des Wahlrechts (§ 45 Abs. 5 StGB)

Das **aktive Wahlrecht** zur Jugend- und Auszubildendenvertretung ist **nicht ausgeschlossen**, wenn 23
dem Arbeitnehmer nach **§ 45 Abs. 5 StGB** die Fähigkeit aberkannt wurde, in öffentlichen Angelegenheiten zu wählen. Aus einem Umkehrschluss zu § 61 Abs. 2 und zu § 58 Abs. 1 BPersVG i. V. m.
§ 13 Abs. 1 BPersVG sowie der privatrechtlichen Struktur der Stimmabgabe (s. Rdn. 9 f.) ist abzuleiten, dass diese Nebenstrafe das Wahlrecht im Betriebsverfassungsrecht nur beeinflusst, wenn das Gesetz
dies ausdrücklich anordnet (ebenso *Raab* § 7 Rdn. 13). Für das aktive Wahlrecht zur Jugend- und Auszubildendenvertretung fehlt eine entsprechende gesetzliche Regelung.

2. Eintragung in der Wählerliste

In **formeller** Hinsicht erfordert die Ausübung des aktiven Wahlrechts die Eintragung in die **Wähler-** 24
liste (§ 38 Satz 1 WO i. V. m. § 2 Abs. 3 WO; vgl. *Blank* Jugend- und Auszubildendenvertretung,
S. 14; *Fitting* § 61 Rn. 7; *Joost/MünchArbR* § 228 Rn. 11; *Kloppenburg/HaKo* § 61 Rn. 2; *Lichtenstein*
BetrR 1983, 645 [651]; *Rose/HWGNRH* § 61 Rn. 10; *Trittin/DKKW* § 61 Rn. 4; *Weiss/Weyand*
§ 61 Rn. 2). Die unterbliebene Eintragung in die Wählerliste berührt das aktive Wahlrecht zur Jugend- und Auszubildendenvertretung jedoch **nicht** in seinem **materiellen Bestand** (*Raab* § 7
Rdn. 154). Andernfalls könnte der Arbeitnehmer keine Korrektur der Wählerliste erreichen.

III. Passives Wahlrecht

1. Grundsatz

Wählbar sind alle Arbeitnehmer, denen das **aktive Wahlrecht** zusteht. Aktives und passives Wahlrecht 25
zur Jugend- und Auszubildendenvertretung sind in ihrer personellen Reichweite indes nicht deckungsgleich. Zwar ist jeder aktiv Wahlberechtigte zugleich passiv wahlberechtigt, der Kreis der passiv
Wahlberechtigten geht aber über die aktiv Wahlberechtigten hinaus. Für das **passive Wahlrecht** stellt
§ 61 Abs. 2 **ausschließlich** auf das **Alter** ab. Da § 61 Abs. 2 die in § 61 Abs. 1 für das aktive Wahlrecht
enthaltene Bezugnahme auf § 60 Abs. 1 nicht übernimmt, besitzen auch solche Arbeitnehmer das passive Wahlrecht, die nicht zu ihrer Berufsausbildung beschäftigt werden, das 25. Lebensjahr aber noch
nicht vollendet haben (ebenso *Fitting* § 61 Rn. 10; *Joost/MünchArbR* § 228 Rn. 12; *Natter* AR-Blattei SD 530.13, Rn. 23; *Richardi/Annuß* § 61 Rn. 5; *Rose/HWGNRH* § 61 Rn. 11; *Stege/Weinspach/
Schiefer* §§ 60–70 Rn. 7a; *Trittin/DKKW* § 61 Rn. 9; *Weiss/Weyand* § 61 Rn. 2; so auch *Schwab* NZA
1988, 835, anders noch *ders.* NZA 1988, 687 [688]). Das aktive Wahlrecht ist damit keine zwingende
Voraussetzung für das passive Wahlrecht (*Fitting* § 61 Rn. 10; *Fuchs* BlStSozArbR 1976, 113 [114];
Richardi/Annuß § 61 Rn. 5; *Rose/HWGNRH* § 61 Rn. 11).

2. Obere Altersgrenze

Für die obere Altersgrenze des passiven Wahlrechts (Vollendung des 25. Lebensjahres) ist auf den nach 26
§ 64 Abs. 2 Satz 2 zu bestimmenden **Beginn der Amtszeit** (näher dazu § 64 Rdn. 19) abzustellen.
Das ergibt sich aus § 64 Abs. 3, wonach die Mitgliedschaft in der Jugend- und Auszubildendenvertretung nicht verloren geht, wenn das gewählte Mitglied »im Laufe der Amtszeit«, also nach ihrem Beginn, das 25. Lebensjahr vollendet. Voraussetzung ist jedoch, dass der Arbeitnehmer das 25. Lebensjahr
zu Beginn der Amtszeit noch nicht vollendet hat (ebenso *Blank* Jugend- und Auszubildendenvertretung, S. 14; *Engels/Natter* BB 1988, 1453 [1456]; *Fitting* § 61 Rn. 11; *Joost/MünchArbR* § 228

§ 61   *III. 1. Betriebliche Jugend- und Auszubildendenvertretung*

Rn. 12; *Kloppenburg*/HaKo § 61 Rn. 3; *Koch*/ErfK §§ 60–70 BetrVG Rn. 2; *Lichtenstein* BetrR 1983, 645 [651]; *Natter* AR-Blattei SD 530.13, Rn. 23; *Natzel* Berufsbildungsrecht, S. 539; *Richardi*/*Annuß* § 61 Rn. 5; *Rose*/*HWGNRH* § 61 Rn. 13; *Schwab* NZA 1988, 687 [688]; *Trittin*/*DKKW* § 61 Rn. 12; *Weiss*/*Weyand* § 61 Rn. 2; unzutreffend *Düttmann*/*Zachmann* Die Jugendvertretung, Rn. 8; *Reich* § 61 Rn. 2; *Sahmer* § 61 Rn. 3, die in Übereinstimmung mit § 58 Abs. 2 Satz 1 BPersVG auf den Wahltag abstellen). Immer dann, wenn der Arbeitnehmer das **25. Lebensjahr vor dem Beginn der Amtszeit vollendet**, entfällt somit das passive Wahlrecht. Das passive Wahlrecht ist deshalb auch zu verneinen, wenn der Arbeitnehmer am letzten Tag der Stimmabgabe das 25. Lebensjahr noch nicht vollendet hat, die obere Altersgrenze aber bis zum Beginn der Amtszeit überschreitet.

3. Geschäftsfähigkeit

a) Minderjährige Arbeitnehmer

27 Das Gesetz **verzichtet** für das passive Wahlrecht – im Unterschied zu § 20 Abs. 2 Satz 3 BetrVG 1952 – **auf ein Mindestalter**. Es schließt die Gruppe der jugendlichen Arbeitnehmer nicht von dem passiven Wahlrecht aus, so dass dieses auch minderjährigen Arbeitnehmern zusteht (*Blank* Jugend- und Auszubildendenvertretung, S. 14; *Fitting* § 61 Rn. 9; *Galperin*/*Löwisch* § 61 Rn. 5; *Koch*/ErfK §§ 60–70 BetrVG Rn. 2; *Küchenhoff* § 61 Rn. 2; *Lichtenstein* BetrR 1983, 645 [651]; *Richardi*/*Annuß* § 61 Rn. 7; *Rose*/*HWGNRH* § 61 Rn. 12; *Schneider* AiB 1982, 18 [19]; *Stege*/*Weinspach*/*Schiefer* §§ 60–70 Rn. 7a; *Trittin*/*DKKW* § 61 Rn. 8).

28 Aus der Zubilligung des passiven Wahlrechts an die »jugendlichen Arbeitnehmer« kann indes nicht ohne weiteres abgeleitet werden, der Gesetzgeber habe hierdurch zugleich für die **Ausübung** dieses Rechts die **Zustimmungsvorbehalte zugunsten gesetzlicher Vertreter** für den betriebsverfassungsrechtlichen Rechtskreis **außer Kraft gesetzt** (so aber *Moritz* Jugendvertretung, S. 39 ff., insbesondere S. 49; ebenso ArbG Bielefeld 06.05.1973 DB 1973, 1754 [1754]; s. auch die ausdrückliche Regelung in Österreich [§ 131 ArbVG]). Dementsprechend wird in der Literatur regelmäßig auf **§ 113 BGB** zurückgegriffen, um für die Ausübung des passiven Wahlrechts ein Zustimmungserfordernis zu verneinen (so *Joost*/MünchArbR § 228 Rn. 12; *Kloppenburg*/HaKo § 61 Rn. 4; *Natzel* Berufsbildungsrecht, S. 539; *Pulte* Jugend- und Auszubildendenvertretung, S. 19; *Rose*/*HWGNRH* § 61 Rn. 12; *Trittin*/*DKKW* § 61 Rn. 8). Dieser Ansatz kann **nicht überzeugen** (ablehnend auch *Moritz* Jugendvertretung, S. 46 f.; *Richardi*/*Annuß* § 61 Rn. 7). Hiergegen spricht nicht nur der Einschränkungsvorbehalt in § 113 Abs. 2 BGB (treffend *Moritz* Jugendvertretung, S. 47), sondern bereits des Regelungsgehalt der Norm, der sich auf den arbeitsvertraglichen Rechtskreis beschränkt. Darüber hinaus ist § 113 BGB für eine generelle Problemlösung schon deshalb ungeeignet, weil dieser für Berufsausbildungsverhältnisse keine Anwendung findet (*Oetker* JuS 1990, 739 [740 f.], m. w. N.). Der Weg über eine Auslegung der Einwilligung ist wegen der unterschiedlichen Rechtskreise ebenfalls regelmäßig versperrt (im Ergebnis ebenso *Moritz* Jugendvertretung, S. 47 f.). Im Unterschied zur Ausübung des aktiven Wahlrechts (s. Rdn. 9 ff.) scheidet für die Ausübung des passiven Wahlrechts ein Rückgriff auf § 107 BGB aus (*Moritz* Jugendvertretung, S. 48).

29 Wie das aktive Wahlrecht ist auch das passive Wahlrecht ein höchstpersönliches subjektives Teilnahmerecht (*Raab* § 8 Rdn. 12). Deshalb entstünde bei dem passiven Wahlrecht ebenfalls ein **Wertungswiderspruch zu der höchstpersönlichen Rechtsnatur** dieser Rechtsposition, wenn seine Ausübung von der Zustimmung Dritter abhängen würde. Die Zuerkennung des passiven Wahlrechts setzt vielmehr voraus, dass der wählbare Arbeitnehmer frei darüber befinden kann, ob und gegebenenfalls auf welcher Vorschlagsliste er kandidiert. Ein Zustimmungsvorbehalt zugunsten Dritter ist hiermit unvereinbar und widerspricht zudem § 63 Abs. 2 Satz 2 i. V. m. § 20 Abs. 2, der Beschränkungen in der Ausübung des passiven Wahlrechts untersagt. Da das Gesetz minderjährigen Arbeitnehmern generell das passive Wahlrecht zubilligt und zugleich die unbeschränkte Ausübung des Rechts absichert, sind hierdurch konkludent die allgemeinen privatrechtlichen Zustimmungsvorbehalte des oder der gesetzlichen Vertreter(s) abbedungen. Das **Betriebsverfassungsgesetz** ist als **lex specialis** zu den allgemeinen privatrechtlichen Maximen zu werten (ebenso im Ergebnis *Moritz* Jugendvertretung, S. 39 ff., insbesondere S. 49 sowie auch ArbG Bielefeld 06.05.1973 DB 1973, 1754 [1754]; *Roloff*/*WPK* § 61 Rn. 3; *Rotermund* Interessenwahrnehmung, S. 54 ff.; *Sittard*/*HWK* § 61 BetrVG Rn. 2). Minderjährige Ar-

beitnehmer können das ihnen durch § 61 Abs. 2 zugewiesene **passive Wahlrecht** daher auch **ohne Zustimmung** des oder der gesetzlichen Vertreter(s) **ausüben**.

b) Vormundschaft

Bei einer Vormundschaft über minderjährige Arbeitnehmer (§§ 1773 ff. BGB) gelten die Erwägungen in Rdn. 29 entsprechend. Es sind keine Anhaltspunkte dafür erkennbar, dass § 61 Abs. 2 diese Arbeitnehmer von dem passiven Wahlrecht ausschließen will, so dass ein Zustimmungsvorbehalt des Vormunds für die Ausübung des passiven Wahlrechts im Widerspruch zu der Höchstpersönlichkeit dieser Rechtsposition stünde. 30

c) Betreuung

Die Betreuung (§§ 1896 ff. BGB) steht einem passiven Wahlrecht des Betreuten nicht entgegen. Das Betriebsverfassungsgesetz enthält insoweit keine Einschränkungen. Insbesondere hat der Gesetzgeber auf einschränkende Korrekturen – wie z. B. für die Teilnahme an anderen Wahlen (s. § 13 Nr. 2 BWahlG) – des Betriebsverfassungsgesetzes verzichtet. Der für den Aufsichtsrat der Aktiengesellschaft normierte Ausschluss des passiven Wahlrechts für Betreute (§ 100 Abs. 1 Satz 2 AktG), der auch für Arbeitnehmervertreter im Aufsichtsrat gilt, kann ebenfalls nicht analog angewendet werden, da der Betreute seine Arbeitsleistung aufgrund eines rechtswirksamen Arbeitsvertrages erbringt und hierdurch eine mit den Organen der eingetragenen Genossenschaft vergleichbare Situation vorliegt, bei der das Gesetz weder für den Vorstand noch für die Vertreterversammlung einen den §§ 76 Abs. 3 Satz 2, 100 Abs. 1 Satz 2 AktG bzw. § 6 Abs. 2 Satz 2 GmbHG entsprechenden Ausschluss des Betreuten angeordnet hat. Da den Betreuten das passive Wahlrecht zusteht, zwingt die Höchstpersönlichkeit der Rechtsposition auch bei diesem Kreis von Arbeitnehmern dazu, deren Ausübung nicht mit einem Zustimmungsvorbehalt des Betreuers zu versehen, wenn für den Betreuten ein die Begründung von Arbeitsverhältnissen umfassender Einwilligungsvorbehalt angeordnet ist. 31

4. Betriebszugehörigkeit

Im Unterschied zu § 8 Abs. 1 Satz 1 legt § 61 Abs. 2 für das passive Wahlrecht **keine Mindestdauer** der Betriebszugehörigkeit fest. Das **passive Wahlrecht** zur Jugend- und Auszubildendenvertretung besteht deshalb per argumentum e contrario **unabhängig von der Dauer der Betriebszugehörigkeit** (für die einhellige Ansicht *BAG* 30.10.1991 EzA § 5 BetrVG 1972 Nr. 50 S. 9 = AP Nr. 2 zu § 5 BetrVG 1972 Ausbildung Bl. 4; *Fitting* § 61 Rn. 12; *Galperin/Löwisch* § 61 Rn. 5; *Gamillscheg* II, S. 678; *Löwisch/LK* § 61 Rn. 4; *Natter* AR-Blattei SD 530.13, Rn. 23; *Richardi/Annuß* § 61 Rn. 8; *Schaub/Koch* Arbeitsrechts-Handbuch, § 227 Rn. 2; *Stege/Weinspach/Schiefer* §§ 60–70 Rn. 7a; *Trittin/DKKW* § 61 Rn. 10; *Weiss/Weyand* § 61 Rn. 2). Der abweichende Regelungsvorschlag des DGB zur Novellierung des BetrVG 1952, der in § 26a Abs. 2 Satz 1 des Entwurfs noch eine dreimonatige Betriebszugehörigkeit als Ersatz für ein Mindestwahlalter forderte (s. RdA 1970, 237 [240]), wurde nicht übernommen. 32

Die Betriebszugehörigkeit (hierzu s. Rdn. 15 ff.) am Wahltag ist ausreichend, aber auch erforderlich (*Galperin/Löwisch* § 61 Rn. 5; *Hunold* HBV-Gruppe 2, S. 233 [237]; *Löwisch/LK* § 61 Rn. 2, 4). Wird die h. M. zu § 8 auf § 61 Abs. 2 übertragen, genügt es bei mehreren Wahltagen, wenn die Betriebszugehörigkeit **spätestens am letzten Wahltag** vorliegt (näher *Raab* § 8 Rdn. 28). **Entfällt die Betriebszugehörigkeit** zu einem späteren Zeitpunkt, dann erlischt die Mitgliedschaft in der Jugend- und Auszubildendenvertretung (§ 65 Abs. 1 i. V. m. § 24 Nr. 4 sowie näher § 65 Rdn. 17 ff.). Die Betriebszugehörigkeit und damit zugleich das passive Wahlrecht bleiben nach herrschender Meinung auch während derjenigen Zeiten bestehen, in denen **das Arbeits- oder Ausbildungsverhältnis ruht** (so *BAG* 30.10.1991 EzA § 5 BetrVG 1972 Nr. 50 S. 9 = AP Nr. 2 zu § 5 BetrVG 1972 Ausbildung Bl. 4 [*Natzel*] sowie näher *Raab* § 8 Rdn. 40). 33

5. Staatsangehörigkeit

34 Die **deutsche Staatsangehörigkeit** ist für das passive Wahlrecht **nicht erforderlich** (einhellige Ansicht: *Fitting* § 61 Rn. 12a; *Galperin/Löwisch* § 61 Rn. 5; *Küchenhoff* § 61 Rn. 2; *Richardi/Annuß* § 61 Rn. 13; *Rose/HWGNRH* § 61 Rn. 21; *Stege/Weinspach/Schiefer* §§ 60–70 Rn. 7a; *Trittin/DKKW* § 61 Rn. 11; anders noch § 20 Abs. 2 Satz 3 i. V. m. den §§ 20 Abs. 1 Satz 3, 7 BetrVG 1952).

6. Verbot der Doppelmitgliedschaft

35 Eine Doppelmitgliedschaft in Betriebsrat sowie Jugend- und Auszubildendenvertretung schließt § 61 Abs. 2 Satz 2 aus (ebenso § 127 Abs. 3 ArbVG für das österreichische Recht; abweichend die Rechtslage zum Bundespersonalvertretungsgesetz, s. dazu vor § 60 Rdn. 16). Mit dieser Regelung sanktioniert das Gesetz die herrschende Meinung zum BetrVG 1952 (s. Rdn. 4). Ließe das Gesetz eine Doppelmitgliedschaft zu, so käme es bei der Beratung im Betriebsrat wegen des Beratungs- und Stimmrechts der Jugend- und Auszubildendenvertreter (§ 67 Abs. 1 Satz 2, Abs. 2) zu einer **Interessenkollision** (*Ausschuss für Arbeit und Sozialordnung* zu BT-Drucks. VI/2729, S. 27; *Körner* Jugendvertretung, S. 13; *Richardi/Annuß* § 61 Rn. 10; *Rose/HWGNRH* § 61 Rn. 18; *Weiss/Weyand* § 61 Rn. 3). Diese verhindert das Gesetz nicht durch die Anordnung eines zeitweiligen Ruhens der Amtsbefugnisse, sondern mittels eines generellen **Ausschlusses des passiven Wahlrechts**, da nur so eine institutionelle, durch die doppelte Amtsinhaberschaft vermittelte Interessenkollision vermieden werden kann. Die Inkompatibilitätsvorschrift erstreckt sich aufgrund ihres Zwecks **nur auf Mitglieder des Betriebsrats, nicht** hingegen auf die **Mitglieder eines Wahlvorstands**. Auch die Mitglieder des Wahlvorstands zur Wahl einer Jugend- und Auszubildendenvertretung werden durch dieses Amt nicht in ihrem passiven Wahlrecht zur Jugend- und Auszubildendenvertretung beschränkt. Entsprechendes gilt für die Mitglieder eines Wahlvorstands für die Betriebsratswahl.

36 Den Ausschluss des passiven Wahlrechts ordnet § 61 Abs. 2 Satz 2 nur für die **Mitglieder des Betriebsrats** an, so dass diese nicht für die Wahl zur Jugend- und Auszubildendenvertretung kandidieren können. Umgekehrt steht die **Mitgliedschaft in der Jugend- und Auszubildendenvertretung** dem **passiven Wahlrecht zum Betriebsrat** nicht entgegen (ebenso *Bodem*/NK-GA § 61 BetrVG Rn. 2; *Fitting* § 61 Rn. 15; *Gamillscheg* II, S. 678; *Joost*/MünchArbR § 228 Rn. 14; *Kloppenburg/HaKo* § 61 Rn. 5; *Richardi/Annuß* § 61 Rn. 12; *Roloff/WPK* § 61 Rn. 6; *Rose/HWGNRH* § 61 Rn. 19; *Sittard/HWK* § 61 BetrVG Rn. 2, 3; *Trittin/DKKW* § 61 Rn. 17 sowie *Raab* § 8 Rdn. 60). Die gesetzliche Regelung begründet deshalb eine Prärogative zugunsten des Amtes im Betriebsrat.

37 Die in § 61 Abs. 2 Satz 2 angeordnete Inkompatibilität kann nach § 65 Abs. 1 Satz 1 i. V. m. § 24 Nr. 4 dazu führen, dass die **Mitgliedschaft** in der Jugend- und Auszubildendenvertretung **erlischt**. Die **Kandidatur zum Betriebsrat** beeinträchtigt jedoch noch nicht das passive Wahlrecht zur Jugend- und Auszubildendenvertretung und damit die Mitgliedschaft in diesem Organ (*Brill* AuR 1988, 334 [336]; *Fitting* § 61 Rn. 15; *Galperin/Löwisch* § 61 Rn. 8; *Richardi/Annuß* § 61 Rn. 11; *Trittin/DKKW* § 61 Rn. 17). Erst die spätere Wahl eines amtierenden Mitglieds der Jugend- und Auszubildendenvertretung in den Betriebsrat kann diese Rechtsfolge herbeiführen (*Brill* AuR 1988, 334 [336]; *Engels/Natter* BB 1988, 1453 [1456]; *Fitting* § 61 Rn. 14, 15; *Natter* AR-Blattei SD 530.13, Rn. 24; *Natzel* Berufsbildungsrecht, S. 539; *Richardi/Annuß* § 61 Rn. 12; *Rose/HWGNRH* § 61 Rn. 20; *Schneider* AiB 1982, 18 [19]). Der Zweck der Inkompatibilitätsnorm erfordert es jedoch nicht, die »Mitgliedschaft« im Betriebsrat schon mit der Feststellung des Wahlergebnisses anzuerkennen (zu diesem Zeitpunkt als Beginn der Mitgliedschaft § 64 Rdn. 17). Dem Normzweck des § 61 Abs. 2 Satz 2 wird bereits dann ausreichend entsprochen, wenn das passive Wahlrecht und damit die Mitgliedschaft in der Jugend- und Auszubildendenvertretung erst mit der **Annahme der Wahl** (§ 39 Abs. 1 Satz 2 i. V. m. § 17 Abs. 1 WO) entfällt (so im Ergebnis auch *Fitting* § 61 Rn. 15; *Joost*/MünchArbR § 228 Rn. 14; *Weber/Ehrich/Hörchens/Oberthür* Kap. B Rn. 505; ebenso in der Konzeption für das österreichische Recht § 127 Abs. 3 ArbVG). Vor diesem Zeitpunkt kann eine institutionelle Interessenkollision nicht eintreten. Ein in den Betriebsrat gewählter Jugend- und Auszubildendenvertreter kann deshalb den Verlust der Mitgliedschaft in der Jugend- und Auszubildendenvertretung durch die Ablehnung der Wahl (§ 39 Abs. 1 Satz 2 i. V. m. § 17 Abs. 1 Satz 2 WO) abwenden.

Die **Ersatzmitgliedschaft im Betriebsrat** (§ 25) ist für das passive Wahlrecht und damit auch für die 38
Mitgliedschaft in einer amtierenden Jugend- und Auszubildendenvertretung grundsätzlich unschädlich, da diese nicht zwingend zu der vom Gesetz vorausgesetzten institutionellen Interessenkollision führt. Der Verlust des passiven Wahlrechts und damit das Erlöschen der Mitgliedschaft in der Jugend- und Auszubildendenvertretung (§ 65 Abs. 1 i. V. m. § 24 Nr. 4) tritt deshalb nicht ein, solange das Ersatzmitglied weder auf Dauer (§ 25 Abs. 1 Satz 1) in den amtierenden Betriebsrat nachrückt, noch als »Stellvertreter« vorübergehend (§ 25 Abs. 1 Satz 2) die Amtsbefugnisse eines Betriebsratsmitglieds wahrnimmt (*Fitting* § 61 Rn. 14; *Fuchs* BlStSozArbR 1976, 113 [114]; *Galperin/Löwisch* § 61 Rn. 8; *Joost*/MünchArbR § 228 Rn. 14; *Koch*/ErfK §§ 60–70 BetrVG Rn. 2; *Lichtenstein* BetrR 1983, 645 [651]; *Löwisch/LK* § 61 Rn. 5; *Natzel* Berufsbildungsrecht, S. 539; *Richardi/Annuß* § 61 Rn. 11; *Rose/HWGNRH* § 61 Rn. 19; *Sittard/HWK* § 61 BetrVG Rn. 3; *Stege/Weinspach/Schiefer* §§ 60–70 Rn. 7a; *Trittin/DKKW* § 61 Rn. 15; *Weiss/Weyand* § 61 Rn. 3; **a. M.** *Küchenhoff* § 61 Rn. 5, der bei Ersatzmitgliedern das passive Wahlrecht stets verneint).

Nach h. M. ist das passive Wahlrecht nicht erst bei einem dauerhaften Nachrücken in den Betriebsrat 39
(§ 25 Abs. 1 Satz 1), sondern schon dann ausgeschlossen, wenn das Ersatzmitglied **vorübergehend** (§ 25 Abs. 1 Satz 2) die Aufgaben eines Betriebsratsmitglieds während der laufenden Amtsperiode des amtierenden Betriebsrats wahrnimmt (so *BAG* 21.08.1979 EzA § 78a BetrVG 1972 Nr. 6 S. 28 = AP Nr. 6 zu § 78a BetrVG 1972 Bl. 2 [zust. *Kraft*]; *ArbG Göttingen* 29.03.1976 AuR 1976, 283; *Etzel* Rn. 1322; *Fitting* § 61 Rn. 14; *Fuchs* BlStSozArbR 1976, 113 [114]; *Galperin/Löwisch* § 61 Rn. 8; *Gamillscheg* II, S. 678; *Joost*/MünchArbR § 228 Rn. 93; *Löwisch/LK* § 61 Rn. 5; *Natter* AR-Blattei SD 530.13, Rn. 24; *Natzel* Berufsbildungsrecht, S. 539; *Opolony* BB 2001, 2055 [2056]; *Pulte* Jugend- und Auszubildendenvertretung, S. 20; *Rose/HWGNRH* § 61 Rn. 19; *Rotermund* Interessenwahrnehmung, S. 59 f.; *Sahmer* § 61 Rn. 4; *Stege/Weinspach/Schiefer* §§ 60–70 Rn. 7a; ebenso für das österreichische Recht *Floretta/Strasser* ArbVG, § 127 Rn. 3).

Bei einer streng am Gesetzeswortlaut orientierten Betrachtung ist der Standpunkt der h. M. nicht 40
zweifelsfrei. Durch die vorübergehende Tätigkeit erwirbt das Ersatzmitglied nicht die Mitgliedschaft im Betriebsrat, sondern es agiert – wie § 25 Abs. 1 Satz 2 ausdrücklich hervorhebt – lediglich als »Stellvertreter«. Dementsprechend verliert das vorübergehend verhinderte Betriebsratsmitglied auch nicht zeitweilig seine Mitgliedschaft im Betriebsrat. Zumindest aus dem Wortlaut des § 61 Abs. 2 Satz 2, der ausdrücklich auf die »Mitgliedschaft« im Betriebsrat abstellt, ließe sich daher in Übereinstimmung mit einer Minderansicht in der Literatur ableiten, dass das als Jugend- und Auszubildendenvertreter amtierende Ersatzmitglied bei einem vorübergehenden Vertretungsfall aus Rechtsgründen lediglich daran gehindert ist, sein Amt als Jugend- und Auszubildendenvertreter auszuüben (so *Hüper* Jugend- und Auszubildendenvertretungen, S. 9 [19]; *Lichtenstein* BetrR 1983, S. 645 [651]; *Richardi/Annuß* § 61 Rn. 11; *Rudolph* AuA 1992, 105 [108 Fn. 10]; *Trittin/DKKW* § 61 Rn. 16; weitergehend wohl *Roloff/WPK* § 61 Rn. 5, der eine Verhinderung der Ausübung des Amtes als Jugend- und Auszubildendenvertreter nicht erwägt). Es müsste in dieser Konstellation durch ein Ersatzmitglied in der Jugend- und Auszubildendenvertretung vertreten werden (§ 65 Abs. 1 i. V. m. § 25 Abs. 1 Satz 2).

Dieser formale Ansatz widerspricht jedoch dem Zweck der Vorschrift. Selbst wenn eine unmittelbare 41
Anwendung des § 61 Abs. 2 Satz 2 auf das vorübergehend als »Stellvertreter« agierende Ersatzmitglied ausscheidet, ist die Norm analog anzuwenden, da sich bereits das einmal tätig gewordene Ersatzmitglied in der vom Gesetz nicht gewollten institutionellen Interessenkollision befindet. Dem Bedürfnis an einem Fortbestand der Mitgliedschaft in der Jugend- und Auszubildendenvertretung kann dadurch Rechnung getragen werden, dass dem Ersatzmitglied das Recht eingeräumt wird, sich wegen des drohenden Amtsverlustes selbst für verhindert anzusehen, so dass die »Stellvertretung« nicht eintritt (ebenso *Fitting* § 61 Rn. 14; *Hüper* Jugend- und Auszubildendenvertretungen, S. 9 [19]; *Rose/HWGNRH* § 61 Rn. 19; alternativ dazu **a. M.** *Fitting* § 61 Rn. 14: Niederlegung der Ersatzmitgliedschaft).

7. Aberkennung der Wählbarkeit (§ 45 Abs. 1 StGB)

Der Verweis in § 61 Abs. 2 Satz 1 auf § 8 Abs. 1 Satz 3 schließt das passive Wahlrecht bei Arbeitneh- 42
mern aus, die aufgrund strafgerichtlicher Verurteilung die Fähigkeit verloren haben, Rechte aus öf-

fentlichen Wahlen zu erlangen (§ 45 Abs. 1 StGB). Dieser Ausschlusstatbestand kommt wegen den §§ 1 Abs. 2, 6 Abs. 1 Satz 1 JGG nur bei volljährigen Arbeitnehmern in Betracht. Bei Heranwachsenden (18. bis 21. Lebensjahr) steht die Verhängung dieser Nebenstrafe im Ermessen des Gerichts (§ 106 Abs. 2 Satz 2 JGG). Sonstige Einschränkungen des passiven Wahlrechts, die für die Teilnahme an öffentlichen Wahlen gelten, haben für das passive Wahlrecht zur Jugend- und Auszubildendenvertretung keine Bedeutung. Zum Verlust der Wählbarkeit aufgrund ausländischer Urteile *Raab* § 8 Rdn. 57.

8. Eintragung in der Wählerliste

43 In **formeller** Hinsicht setzt die Wählbarkeit die Nennung auf einem ordnungsgemäßen Wahlvorschlag voraus (§ 39 Abs. 1 WO; vgl. *Oetker* § 63 Rdn. 50 ff.). Hierfür ist grundsätzlich eine Eintragung in die Wählerliste erforderlich (§ 38 Satz 1 WO i. V. m. § 2 Abs. 3 WO; ebenso *Fitting* § 61 Rn. 8; *Hüper* Jugend- und Auszubildendenvertretungen, S. 9 [17]; *Trittin/DKKW* § 61 Rn. 18; a. M. *Bodem/NK-GA* § 61 BetrVG Rn. 2; *Lichtenstein* BetrR 1983, 645 [652]; *Richardi/Annuß* § 61 Rn. 14). Wegen der Inkongruenz von aktivem und passivem Wahlrecht (s. Rdn. 25) soll dies nach verbreiteter Auffassung jedoch nur bei denjenigen Arbeitnehmern gelten, denen auch das aktive Wahlrecht zur Jugend- und Auszubildendenvertretung zusteht (*Blank* Jugend- und Auszubildendenvertretung, S. 15; *Fitting* § 61 Rn. 8; *Joost/*MünchArbR § 228 Rn. 15; *Jacobs* § 38 WO Rdn. 7; *Natter* AR-Blattei SD 530.13, Rn. 25; *Schwab* NZA 1988, 687 [688]; *Trittin/DKKW* § 61 Rn. 18; *Weber/Ehrich/Hörchens/Oberthür* Kap. B Rn. 505; **a. M.** *Roloff/WPK* § 61 Rn. 4).

44 Das durch § 38 Satz 1 WO begründete Gebot einer entsprechenden Anwendung des § 2 WO sowie die von dieser Norm vorausgesetzte Kongruenz von aktivem und passivem Wahlrecht kann jedoch auch so zu verstehen sein, dass auch diejenigen Arbeitnehmer listenmäßig zu erfassen sind, denen ausschließlich das passive Wahlrecht zur Jugend- und Auszubildendenvertretung zusteht (s. insoweit auch *Jacobs* § 38 WO Rdn. 7, der dies zumindest für zweckmäßig erachtet; ebenso *Blank* Jugend- und Auszubildendenvertretung, S. 23). Im Hinblick auf den Zweck der Wählerliste, eine verlässliche Auskunft über den Kreis der aktiv und passiv Wahlberechtigten zu ermöglichen, ist diese durch die methodische Vorgabe einer entsprechenden Anwendung legitimierte Modifikation des § 2 Abs. 1 WO vorzugswürdig (**a. M.** jedoch *Jacobs* § 38 WO Rdn. 7 ff.). Diejenigen Arbeitnehmer, denen ausschließlich ein passives Wahlrecht zu der Wahl der Jugend- und Auszubildendenvertretung zusteht, sind deshalb ebenfalls gesondert in die »Wählerliste« aufzunehmen. Unterbleibt dies, so sind sie nach § 38 Satz 1 WO i. V. m. § 2 Abs. 3 WO nicht berechtigt, ihr passives Wahlrecht auszuüben (wie hier im Anschluss auch *Roloff/WPK* § 61 Rn. 4).

45 Die fehlende Eintragung in der Wählerliste berührt nicht den materiellen Bestand des passiven Wahlrechts, sondern die Eintragung ist lediglich eine formelle Voraussetzung für die Ausübung dieser Rechtsposition (*Raab* § 8 Rdn. 13).

IV. Streitigkeiten

46 Die Entscheidung über die Aufnahme in die Wählerliste und damit über die Berechtigung, das aktive und das passive Wahlrecht ausüben zu können, trifft der für die Wahl der Jugend- und Auszubildendenvertretung gebildete Wahlvorstand (§ 38 Satz 1 WO i. V. m. § 2 Abs. 1 WO). Seine Festlegungen können durch einen Einspruch gegen die Wählerliste angegriffen werden (§ 38 Satz 1 WO i. V. m. § 4 WO; zum Kreis der Einspruchsberechtigten *Jacobs* § 4 WO Rdn. 2 ff.).

47 Bis zum Abschluss der Wahl kann die Entscheidung des Wahlvorstands zudem selbständig vor den Arbeitsgerichten im Wege eines Beschlussverfahrens (§ 2a Abs. 1 Nr. 1, Abs. 2, §§ 80 ff. ArbGG) angefochten werden (*Raab* § 7 Rdn. 157). Hierzu sind auch minderjährige Arbeitnehmer berechtigt (s. § 60 Rdn. 65). Das Verfahren richtet sich gegen den Wahlvorstand.

48 Unabhängig von dem durch § 38 Satz 1 WO i. V. m. § 4 WO eingeräumten Rechtsbehelf kann die unter Verstoß gegen § 61 durchgeführte Wahl zur Jugend- und Auszubildendenvertretung nach § 63 Abs. 2 Satz 2 i. V. m. § 19 angefochten werden. Ein Einspruch gegen die Wählerliste ist hierfür nicht erforderlich (*Kreutz* § 19 Rdn. 64).

Zahl und Zusammensetzung der Jugend- und Auszubildendenvertretung § 62

Ist die Betriebszugehörigkeit der in § 60 Abs. 1 genannten Arbeitnehmer umstritten, sind nur die in Rdn. 46 bis 48 genannten Rechtsbehelfe statthaft. Das in § 18 Abs. 2 eröffnete Zuordnungsverfahren kann nur bei einer Betriebsratswahl eingeleitet werden; § 63 Abs. 2 Satz 2 erklärt ausschließlich § 18 Abs. 1 Satz 1 und Abs. 3, nicht hingegen § 18 Abs. 2 für entsprechend anwendbar (s. auch § 60 Rdn. 9). **49**

§ 62
Zahl der Jugend- und Auszubildendenvertreter, Zusammensetzung der Jugend- und Auszubildendenvertretung

(1) Die Jugend- und Auszubildendenvertretung besteht in Betrieben mit in der Regel
  5 bis   20 der in § 60 Abs. 1 genannten Arbeitnehmer aus einer Person,
 21 bis   50 der in § 60 Abs. 1 genannten Arbeitnehmer aus 3 Mitgliedern,
 51 bis 150 der in § 60 Abs. 1 genannten Arbeitnehmer aus 5 Mitgliedern,
151 bis 300 der in § 60 Abs. 1 genannten Arbeitnehmer aus 7 Mitgliedern,
301 bis 500 der in § 60 Abs. 1 genannten Arbeitnehmer aus 9 Mitgliedern,
501 bis 700 der in § 60 Abs. 1 genannten Arbeitnehmer aus 11 Mitgliedern,
701 bis 1000 der in § 60 Abs. 1 genannten Arbeitnehmer aus 13 Mitgliedern,
mehr als 1000 der in § 60 Abs. 1 genannten Arbeitnehmer aus 15 Mitgliedern.

(2) Die Jugend- und Auszubildendenvertretung soll sich möglichst aus Vertretern der verschiedenen Beschäftigungsarten und Ausbildungsberufe der im Betrieb tätigen in § 60 Abs. 1 genannten Arbeitnehmer zusammensetzen.

(3) Das Geschlecht, das unter den in § 60 Abs. 1 genannten Arbeitnehmern in der Minderheit ist, muss mindestens entsprechend seinem zahlenmäßigen Verhältnis in der Jugend- und Auszubildendenvertretung vertreten sein, wenn diese aus mindestens drei Mitgliedern besteht.

Literatur
Blank Die Wahl der Jugend- und Auszubildendenvertretung, 4. Aufl. 1998 (zit.: Jugend- und Auszubildendenvertretung); *Pulte* Die Wahl der Jugend- und Auszubildendenvertretung, 1992 (zit.: Jugend- und Auszubildendenvertretung); s. ferner die Angaben vor § 60.

Inhaltsübersicht

		Rdn.
I.	Vorbemerkung	1–6
II.	Zahl der Mitglieder	7–23
	1. Allgemeines	7, 8
	2. Feststellung der Arbeitnehmerzahl	9–14
	3. Nicht ausreichende Kandidatenzahl	15–18
	4. Kontinuität des Organs	19–23
III.	Berücksichtigung der verschiedenen Beschäftigungsarten und Ausbildungsberufe	24–26
IV.	Berücksichtigung des Geschlechts	27–33
V.	Streitigkeiten	34, 35

I. Vorbemerkung

Die Vorschrift regelt **Größe und Zusammensetzung** der Jugend- und Auszubildendenvertretung. **1** Die in § 20 Abs. 2 Satz 2 BetrVG 1952 vorgesehenen Größenordnungen erweiterte bereits das BetrVG 1972, um sowohl dem mit der damaligen Gesetzesnovellierung erweiterten Aufgabenbereich Rechnung zu tragen (*Reg. Begr.* BT-Drucks. VI/1786, S. 44) als auch in größeren Betrieben eine ausreichende Betreuung sicherzustellen (*Ausschuss für Arbeit und Sozialordnung* zu BT-Drucks. VI/2729,

§ 62   *III. 1. Betriebliche Jugend- und Auszubildendenvertretung*

S. 27). Eine weitere Vergrößerung der Jugend- und Auszubildendenvertretung führte das »Gesetz zur Bildung von Jugend- und Auszubildendenvertretungen in den Betrieben« vom 13.07.1988 (BGBl. I, S. 1034; näher zu diesem vor § 60 Rdn. 8 f.) für Großbetriebe mit mehr als 600 jugendlichen Arbeitnehmern oder Auszubildenden herbei, um eine bessere Betreuung auch in diesen Betrieben sicherstellen. Die Änderung wurde erst aufgrund der Beratungen im Ausschuss für Arbeit und Sozialordnung in das Gesetz eingefügt (s. BT-Drucks. 11/2474, S. 5, 11, 13; *Engels/Natter* BB 1988, 1453 [1456]).

2 Die nunmehr geltende Staffelung geht auf Art. 1 Nr. 43 **BetrVerf-ReformG** zurück. Die hierdurch eingefügten Änderungen betreffen Betriebe, in denen mehr als 150 der in § 60 Abs. 1 genannten Arbeitnehmer beschäftigt sind. So ist eine siebenköpfige Jugend- und Auszubildendenvertretung bereits zu bilden, wenn in dem Betrieb in der Regel mehr als 150 (zuvor mehr als 200) der in § 60 Abs. 1 genannten Arbeitnehmer beschäftigt sind. Darüber hinaus wurde die Zahl der Jugend- und Auszubildendenvertreter in Betrieben mit in der Regel mehr als 500 der in § 60 Abs. 1 genannten Arbeitnehmer deutlich erhöht. Dies wurde im Interesse einer ordnungsgemäßen Vertretung der in § 60 Abs. 1 genannten Arbeitnehmer als erforderlich angesehen (*Reg. Begr.* BT-Drucks. 14/5741, S. 44), weil die Anforderungen an die Jugend- und Auszubildendenvertretungen gestiegen seien (*Reg. Begr.* BT-Drucks. 14/5741, S. 31: »Mehr Arbeit – mehr Mandate«). Für Betriebe mit in der Regel mehr als 1000 der in § 60 Abs. 1 genannten Arbeitnehmer, bei denen die Zahl der Jugend- und Auszubildendenvertreter von 13 auf 15 erhöht wurde, hat der Gesetzgeber die Notwendigkeit weiterer Steigerungen – wie dies der DGB-Vorschlag aus dem Jahre 1998 noch gefordert hatte (Erhöhung um zwei Mitglieder je angefangene 100 Wahlberechtigte) – indes verneint (*Reg. Begr.* BT-Drucks. 14/5741, S. 44).

3 Die jüngste Gesetzesänderung führt in den Betrieben teilweise zu Größenverhältnissen der Jugend- und Auszubildendenvertretung, die bei einem Vergleich mit der Größe des Betriebsrats nicht mehr allein mit den Aufgaben der Jugend- und Auszubildendenvertretung gerechtfertigt werden können. So vernachlässigt die gleiche Größe von Betriebsrat und Jugend- und Auszubildendenvertretung in Betrieben mit bis 100, 151 bis 200, 301 bis 400, 501 bis 1500 Arbeitnehmern bzw. in § 60 Abs. 1 genannten Arbeitnehmern den im Vergleich zum Betriebsrat geringeren Aufgabenbereich der Jugend- und Auszubildendenvertretung, der bereits daraus resultiert, dass die Jugend- und Auszubildendenvertretung die Funktion eines Hilfsorgans für den Betriebsrat hat (s. vor § 60 Rdn. 30), insbesondere stehen ihr keine Beteiligungsrechte gegenüber dem Arbeitgeber zu (s. vor § 60 Rdn. 18).

4 Die Festlegung des Gesetzes auf eine **ungerade Mitgliederzahl** lässt sich primär mit dem Bestreben erklären, das Entstehen einer Pattsituation bei Abstimmungen in der Jugend- und Auszubildendenvertretung auszuschließen (s. auch Rdn. 18). Dementsprechend verzichtet das Gesetz auf Mechanismen zur Auflösung einer Stimmengleichheit.

5 § 62 Abs. 2 und 3 besaßen keine Vorgänger im BetrVG 1952; konzeptionell entsprechen sie den Regelungen für den Betriebsrat (§ 15 Abs. 1 und 2). § 62 Abs. 2 wurde durch das »Gesetz zur Bildung von Jugend- und Auszubildendenvertretungen in den Betrieben« vom 13.07.1988 (BGBl. I, S. 1034; näher zu diesem vor § 60 Rdn. 8 f.) neu gefasst. Neben den Beschäftigungsarten sollen seitdem auch die verschiedenen Ausbildungsberufe bei der Zusammensetzung der Jugend- und Auszubildendenvertretung berücksichtigt werden. Das Gesetz verzichtet jedoch auf einen Minderheitenschutz für die Gruppen der Arbeiter und Angestellten (*Engels/Natter* BB 1988, 1453 [1456]; *Natter* AR-Blattei SD 530.13, Rn. 49 sowie hier § 63 Rdn. 5). Diesem Anliegen kann ausschließlich im Rahmen des § 62 Abs. 2 Rechnung getragen werden (s. Rdn. 24 ff.).

6 Bestrebungen nach einer verstärkten rechtlichen Absicherung der **Repräsentanz von Frauen** in den Jugend- und Auszubildendenvertretungen (z. B. durch Quotenregelungen), die im Rahmen der Novellierung der §§ 60 bis 73 im Jahre 1988 noch verworfen wurden (*Ausschuss für Arbeit und Sozialordnung* BT-Drucks. 11/2474, S. 12), fanden durch Art. 1 Nr. 43 **BetrVerf-ReformG** Eingang in das Gesetz. Nach dem mit § 15 Abs. 2 übereinstimmenden § 62 Abs. 3 muss das unter den in § 60 Abs. 1 genannten Arbeitnehmern in der Minderheit befindliche Geschlecht zumindest seinem Anteil entsprechend in der Jugend- und Auszubildendenvertretung repräsentiert sein; bislang hatte sich § 62 Abs. 3 auf eine in der Praxis zumeist wenig wirkungsvolle (*Reg. Begr.* BT-Drucks. 14/5741, S. 37, zu § 15 Abs. 2) »Soll-« Bestimmung beschränkt (s. auch 6. Aufl., § 62 Rn. 17 ff.).

II. Zahl der Mitglieder

1. Allgemeines

Die Staffelung und Zahl der Jugend- und Auszubildendenvertreter ergibt sich ausschließlich aus § 62 Abs. 1. Auf eine § 9 Satz 2 entsprechende **proportionale Vergrößerung** der Jugend- und Auszubildendenvertretung verzichtet das Gesetz bewusst (*Ausschuss für Arbeit und Sozialordnung* BT-Drucks. 11/2474, S. 11; anders aber das österreichische Recht [= § 125 Abs. 1 ArbVG]). Auch im Rahmen der Änderung des § 62 Abs. 1 durch Art. 1 Nr. 43 BetrVerf-ReformG wurde ein Bedürfnis hierfür verneint (*Reg. Begr.* BT-Drucks. 14/5741, S. 44). **7**

Die Vorschrift des § 62 Abs. 1 ist **zwingend** (*Fitting* § 62 Rn. 3; *Galperin/Löwisch* § 62 Rn. 2; *Natzel* Berufsbildungsrecht, S. 537; *Pulte* Jugend- und Auszubildendenvertretung, S. 22; *Rose/HWGNRH* § 62 Rn. 7). Eine Abänderung durch **Tarifvertrag** oder **Betriebsvereinbarung** ist unzulässig (*Fitting* § 62 Rn. 3; *Pulte* Jugend- und Auszubildendenvertretung, S. 22; *Rose/HWGNRH* § 62 Rn. 7 sowie hier vor § 60 Rdn. 34 ff.). Das gilt auch, wenn die Zahl der in § 60 Abs. 1 genannten Arbeitnehmer erheblich über 1000 liegt. **8**

2. Feststellung der Arbeitnehmerzahl

Maßgebend für die Staffelung ist allein die Zahl der Arbeitnehmer i. S. d. § 60 Abs. 1 (dazu § 60 Rdn. 22 ff., 25 ff.). Die Beschäftigtenzahl ist vom **Wahlvorstand** festzulegen (*Blanke* AiB 1982, 36 [37]; *Brecht* § 61 Rn. 1; *Fitting* § 62 Rn. 5; *Küchenhoff* § 62 Rn. 1; *Trittin/DKKW* § 62 Rn. 3 sowie *Jacobs* § 9 Rdn. 16). **9**

Wegen der ausdrücklichen Erwähnung des aktiven Wahlrechts in § 9 Satz 1 und des Verzichts hierauf in § 62 Abs. 1 ist die **Wahlberechtigung** für die Größe der Jugend- und Auszubildendenvertretung **ohne Bedeutung** (*Brecht* § 62 Rn. 1). Die Zahl der Jugend- und Auszubildendenvertreter kann deshalb auch durch solche Arbeitnehmer beeinflusst werden, denen das **aktive Wahlrecht** nicht zusteht. Da § 62 Abs. 1 auf die in § 60 Abs. 1 genannten Arbeitnehmer verweist, sind jedoch nur solche Arbeitnehmer bei der Festlegung der Zahl der Jugend- und Auszubildendenvertreter zu berücksichtigen, bei denen die **Betriebszugehörigkeit** zu bejahen ist (näher dazu § 61 Rdn. 15 ff.). **10**

Entscheidend ist die Zahl der »**in der Regel**« beschäftigten Arbeitnehmer (hierzu § 60 Rdn. 37). Hierbei ist auf den **Betrieb** abzustellen, wobei **Betriebsteile** und **Kleinstbetriebe** gegebenenfalls zuzurechnen sind (*Fitting* § 62 Rn. 5; *Joost/MünchArbR* § 228 Rn. 14; *Sittard/HWK* § 62 BetrVG Rn. 1 sowie oben § 60 Rdn. 8). Eine **abweichende tarifvertragliche Festlegung der betriebsverfassungsrechtlichen Organisationseinheit** (§ 3 Abs. 1 Nr. 1 bis 3) ist ebenfalls zu berücksichtigen (*Brecht* § 62 Rn. 3; *Fitting* § 62 Rn. 5; *Rose/HWGNRH* § 62 Rn. 7; *Sittard/HWK* § 62 BetrVG Rn. 1 sowie hier § 60 Rdn. 11). **11**

Stichtag für die **Feststellung der Beschäftigtenzahl** ist der **Tag des Wahlausschreibens** (§ 38 Satz 1 WO i. V. m. § 3 Abs. 2 Nr. 1 WO), da das Wahlausschreiben die Zahl der zu wählenden Jugend- und Auszubildendenvertreter nennen muss (§ 38 Satz 1 WO i. V. m. § 3 Abs. 2 Nr. 5 WO; vgl. *BAG* 22.11.1984 EzA § 64 BetrVG 1972 Nr. 1 S. 2 = AP Nr. 1 zu § 64 BetrVG 1972 Bl. 1 R sowie für die allgemeine Meinung im Schrifttum *Bodem/NK-GA* § 62 Rn. 1; *Fitting* § 62 Rn. 5; *Galperin/Löwisch* § 62 Rn. 3; *Gamillscheg* II, S. 678; *Joost/MünchArbR* § 228 Rn. 17; *Kloppenburg/HaKo* § 62 Rn. 4; *Koch/ErfK* §§ 60–70 Rn. 1; *Löwisch/LK* § 62 Rn. 1; *Natter* AR-Blattei SD 530.13, Rn. 47; *Richardi/Annuß* § 62 Rn. 5; *Roloff/WPK* § 62 Rn. 4; *Rose/HWGNRH* § 62 Rn. 4; *Sittard/HWK* § 62 BetrVG Rn. 1; *Stege/Weinspach/Schiefer* §§ 60–70 Rn. 8; *Trittin/DKKW* § 62 Rn. 6; *Weiss/Weyand* § 62 Rn. 1). **12**

Da es auf die »**regelmäßig**« und nicht auf die tatsächlich beschäftigte Zahl der in § 60 Abs. 1 genannten Arbeitnehmer ankommt, berührt eine **Veränderung** der effektiven **Beschäftigtenzahl** zwischen Wahlausschreiben und Wahl nicht die Größe der zu wählenden Jugend- und Auszubildendenvertretung (*Blank* Jugend- und Auszubildendenvertretung, S. 25; *Fitting* § 62 Rn. 6; *Lichtenstein* BetrR 1983, 645 [649]; *Richardi/Annuß* § 62 Rn. 5; *Rose/HWGNRH* § 62 Rn. 4; *Trittin/DKKW* § 62 Rn. 6; *Weiss/Weyand* § 62 Rn. 3). **13**

§ 62   *III. 1. Betriebliche Jugend- und Auszubildendenvertretung*

14   Kommt es nach § 64 Abs. 1 Satz 2 i. V. m. § 13 Abs. 2 Nr. 2 bis 6 **außerhalb des gewöhnlichen Turnus** zu einer **Neuwahl** der Jugend- und Auszubildendenvertretung, so ist für die Beschäftigtenzahl der Zeitpunkt des Wahlausschreibens für die vorzeitige Neuwahl maßgebend (*BAG* 22.11.1984 EzA § 64 BetrVG 1972 Nr. 1 S. 2 = AP Nr. 1 zu § 64 BetrVG 1972 Bl. 1 R; *Fitting* § 62 Rn. 6; *Joost*/Münch-ArbR § 228 Rn. 17; *Pulte* Jugend- und Auszubildendenvertretung, S. 23; *Roloff/WPK* § 62 Rn. 4; *Trittin/DKKW* § 62 Rn. 7). Die Beschäftigtenzahl in dem Wahlausschreiben zur vorherigen (ordentlichen) Wahl ist bedeutungslos, weil die Feststellungen des Wahlvorstands nur für den konkreten, jeweils bevorstehenden Wahlakt getroffen werden und ausschließlich für diesen rechtliche Verbindlichkeit besitzen.

3. Nicht ausreichende Kandidatenzahl

15   Für den Fall, dass sich nicht so viele Kandidaten zur **Übernahme eines Mandats** in der Jugend- und Auszubildendenvertretung zur Verfügung stellen, wie nach der zwingenden Staffelung an sich nötig wären, enthält das Gesetz keine Regelung. Tritt das entsprechende Problem beim Betriebsrat auf, so bestimmt sich dessen Größe nach überwiegender Ansicht analog der **Regelung** in § 11 (*Jacobs* § 11 Rdn. 11 m. w. N.). Diese Grundsätze gelten für die Jugend- und Auszubildendenvertretung entsprechend (ebenso *Fitting* § 62 Rn. 5; *Galperin/Löwisch* § 62 Rn. 4; *Kloppenburg*/HaKo § 62 Rn. 3; *Küchenhoff* § 62 Rn. 1; *Löwisch/LK* § 62 Rn. 1; *Natter* AR-Blattei SD 530.13, Rn. 48; *Richardi/Annuß* § 62 Rn. 6; *Roloff/WPK* § 62 Rn. 2; *Rose/HWGNRH* § 62 Rn. 6; *Stege/Weinspach/Schiefer* §§ 60–70 Rn. 8; *Trittin/DKKW* § 62 Rn. 4; *Weiss/Weyand* § 62 Rn. 2). Reicht die Zahl der Kandidaten zahlenmäßig nicht zur Bildung einer Jugend- und Auszubildendenvertretung entsprechend der Staffel, so ist die nach der Staffel nächst kleinere Anzahl der Jugend- und Auszubildendenvertreter maßgeblich (ebenso *Roloff/WPK* § 62 Rn. 2). Im Extremfall kann es daher zu einer Jugend- und Auszubildendenvertretung mit nur einem Mitglied kommen, obwohl das Gesetz die Bildung eines 15köpfigen Gremiums vorschreibt.

16   Die Grundsätze in Rdn. 15 gelten gleichfalls, wenn die Jugend- und Auszubildendenvertretung nicht aus der gesetzlichen Größe besteht, weil eine ausreichende Zahl von Kandidaten nicht bereit ist, die **Wahl** nach § 39 WO i. V. m. § 17 WO **anzunehmen** (ebenso *Hunold* HBV-Gruppe 2, S. 233 [239]; *Pulte* Jugend- und Auszubildendenvertretung, S. 22 f.; *Stege/Weinspach/Schiefer* §§ 60–70 Rn. 8). Auch in dieser Konstellation ist § 11 entsprechend anzuwenden (s. auch *Jacobs* § 11 Rdn. 11, der jedoch selbst abweichender Auffassung ist). Eine **Neuwahl** nach § 64 Abs. 1 Satz 2 i. V. m. § 13 Abs. 2 Nr. 2 kommt nur in Betracht, wenn sich die Zahl der Mitglieder nachträglich verringert (weitergehend aber *Jacobs* § 9 Rdn. 32, der für eine Neuwahl plädiert).

17   Die Grundsätze in Rdn. 15 f. sind nicht anzuwenden, wenn nicht genügend Kandidaten zur Verfügung stehen, um der nach **§ 62 Abs. 3** erforderlichen **Mindestrepräsentanz** in der Jugend- und Auszubildendenvertretung zu entsprechen. In diesen Fällen ist weder § 11 analog anzuwenden, noch bleibt der der Minderheitsgruppe zustehende Sitz frei. Vorzuziehen ist vielmehr die nach der früheren Rechtslage für die Repräsentanz der Arbeitnehmergruppen (Arbeiter/Angestellte) im Betriebsrat unstreitige Problemlösung. Danach fielen die von einer Gruppe nicht in Anspruch genommenen Sitze der jeweils anderen Gruppe zu (*Kreutz* 6. Aufl., § 10 Rn. 24; ebenso *Reg. Begr.* BT-Drucks. 14/5741, S. 53 im Hinblick auf die notwendige Neufassung der Wahlordnung sowie zu § 15 Abs. 2 *Jacobs* § 15 Rdn. 28). Hierdurch wird zwar nicht mehr der zwingenden Vorgabe des § 62 Abs. 3 Rechnung getragen, die Vorschrift geht aber von der Prämisse aus, dass eine ausreichende Anzahl von wählbaren Arbeitnehmern zur Verfügung steht. Fehlen hierfür die tatsächlichen Voraussetzungen, dann hat die Arbeitsfähigkeit der Jugend- und Auszubildendenvertretung das größere Gewicht im Vergleich zu der als Alternative heranzuziehenden und auf eine analoge Anwendung des § 11 zu stützenden Verkleinerung des Gesamtorgans (so auch § 15 Abs. 5 Nr. 5 WO).

18   Der Jugend- und Auszubildendenvertretung können stets nur ein, drei, fünf, sieben, neun, elf, dreizehn oder fünfzehn Mitglieder angehören. Sie muss immer aus einer **ungeraden Zahl** von Mitgliedern bestehen (*Rose/HWGNRH* § 62 Rn. 6; *Trittin/DKKW* § 62 Rn. 4), um eine eindeutige Beschlussfassung zu ermöglichen (s auch Rdn. 4). Mit der Wertung in § 11 ist es daher unvereinbar, die Größe der Jugend- und Auszubildendenvertretung nach der Zahl der zur Verfügung stehenden

Kandidaten zu bemessen, wenn die Jugend- und Auszubildendenvertretung hierdurch aus einer geraden Zahl von Mitgliedern bestehen würde (*Weiss / Weyand* § 62 Rn. 2).

4. Kontinuität des Organs

Eine erhebliche **Veränderung der Zahl der in § 60 Abs. 1 genannten Arbeitnehmer** nach der Wahl führt nicht zur Änderung der Zahl der Jugend- und Auszubildendenvertreter (so ausdrücklich § 125 Abs. 3 Satz 2 ArbVG für die Rechtslage in Österreich). Im Unterschied zu § 13 Abs. 2 Nr. 1 erfolgt **keine Neuwahl**, da § 64 Abs. 1 Satz 2 nur auf § 13 Abs. 2 Nr. 2 bis 6, nicht hingegen auf Nr. 1 verweist (*BAG* 22.11.1984 EzA § 64 BetrVG 1972 Nr. 1 S. 2 = AP Nr. 1 zu § 64 BetrVG 1972 Bl. 1 R; *Fitting* § 62 Rn. 7; *Galperin / Löwisch* § 62 Rn. 5; *Joost* / MünchArbR § 228 Rn. 17; *Richardi / Annuß* § 62 Rn. 7; *Roloff / WPK* § 62 Rn. 4; *Rose / HWGNRH* § 62 Rn. 5; *Sittard / HWK* § 62 BetrVG Rn. 1; *Stege / Weinspach / Schiefer* §§ 60–70 Rn. 8, 11; *Trittin / DKKW* § 62 Rn. 8; *Vogt* BB 1984, 856 [859]). Diese in § 26 Abs. 2 BetrVG 1952 noch ausdrücklich festgelegte Rechtslage sollte das BetrVG 1972 nicht korrigieren (*Reg. Begr.* BT-Drucks. VI/1786, S. 44), so dass die Aufzählung in § 64 Abs. 1 Satz 2 abschließend ist (s. auch § 64 Rdn. 15). 19

Das Amt der Jugend- und Auszubildendenvertretung endet jedoch wegen Wegfalls der gesetzlichen Voraussetzung, wenn die Zahl der regelmäßig beschäftigten Arbeitnehmer i. S. d. § 60 Abs. 1 **unter fünf** sinkt (für die einhellige Ansicht *Fitting* § 62 Rn. 7; *Galperin / Löwisch* § 62 Rn. 5; *Kloppenburg / HaKo* § 62 Rn. 5; *Richardi / Annuß* § 62 Rn. 7; *Roloff / WPK* § 62 Rn. 4; *Rose / HWGNRH* § 62 Rn. 5; *Trittin / DKKW* § 62 Rn. 8; *Weiss / Weyand* § 62 Rn. 3 sowie hier § 60 Rdn. 42). Wenn in dem Betrieb **kein Betriebsrat** mehr besteht, gilt dies entsprechend (ausführlich s. § 60 Rdn. 38 ff.). 20

Legt der Wahlvorstand **irrtümlich** die Zahl der zu wählenden Jugend- und Auszubildendenvertreter fehlerhaft fest, so ist eine auf dieser Grundlage durchgeführte **Wahl** der Jugend- und Auszubildendenvertretung nicht nichtig, sondern lediglich nach § 63 Abs. 2 Satz 2 i. V. m. § 19 **anfechtbar** (*BAG* 14.10.1972 EzA § 22 BetrVG Nr. 2 = AP Nr. 2 zu § 20 BetrVG Jugendvertreter Bl. 2; *Bodem / NK-GA* § 62 BetrVG Rn. 5; *Fitting* § 62 Rn. 11; *Galperin / Löwisch* § 62 Rn. 7; *Richardi / Annuß* § 62 Rn. 10; *Rose / HWGNRH* § 62 Rn. 14; *Trittin / DKKW* § 62 Rn. 13). Unterbleibt eine fristgerechte Anfechtung, so verbleibt es für die Dauer der Wahlperiode bei der fehlerhaften Zusammensetzung der Jugend- und Auszubildendenvertretung (*BAG* 14.10.1972 EzA § 22 BetrVG Nr. 2 = AP Nr. 2 zu § 20 BetrVG Jugendvertreter Bl. 2 R; *Fitting* § 62 Rn. 11; *Galperin / Löwisch* § 62 Rn. 7; *Küchenhoff* § 62 Rn. 2; *Lichtenstein* BetrR 1983, 645 [649]; *Richardi / Annuß* § 62 Rn. 11; *Rose / HWGNRH* § 62 Rn. 15; *Trittin / DKKW* § 62 Rn. 14). 21

Die fehlerhaft zusammengesetzte Jugend- und Auszubildendenvertretung genießt den Schutz der Amtskontinuität nicht nur, wenn das Organ die gesetzliche Größe überschreitet, sondern auch, wenn **zu wenig Jugend- und Auszubildendenvertreter gewählt** werden (ebenso *Trittin / DKKW* § 62 Rn. 13). Eine entsprechende Anwendung des § 25 (hierfür *Rose / HWGNRH* § 62 Rn. 14) kommt in dieser Konstellation nicht in Betracht, da andernfalls die Bestandskraft des Wahlakts durchbrochen wird (ablehnend auch *Trittin / DKKW* § 62 Rn. 13). Eine generelle Neuwahl scheidet bei einer zu gering festgelegten Zahl der Jugend- und Auszubildendenvertreter aus, da § 65 Abs. 1 i. V. m. § 13 Abs. 2 Nr. 1 die Verringerung einer vorhandenen Gesamtzahl voraussetzt, nicht aber jegliche Diskrepanzen zwischen dem Ist- und dem (gesetzlichen) Sollzustand erfasst (*Jacobs* § 13 Rdn. 60; weitergehend wohl *Blomeyer* SAE 1973, 71 [72], der für diesen Sachverhalt eine analoge Anwendung der Vorschrift erwägt). 22

Bei dem vergleichbaren Problem, dass die Repräsentanz des in der Minderheit befindlichen Geschlechts nicht mehr den Vorgaben des **§ 62 Abs. 3** entspricht, weil das der Minderheitsgruppe angehörende Mitglied ausscheidet und kein Ersatzmitglied der jeweiligen Gruppe vorhanden ist, scheidet ebenfalls eine Neuwahl aus. Entsprechend den unter Geltung des nach Arbeitern und Angestellten differenzierenden Gruppenprinzips anerkannten Grundsätzen (*Kreutz* 6. Aufl., § 10 Rn. 24) bleibt der frei gewordene Platz nicht unbesetzt, sondern fällt der jeweils anderen Gruppe zu (s. Rdn. 17 sowie zu § 15 Abs. 2 *Jacobs* § 15 Rdn. 28). 23

III. Berücksichtigung der verschiedenen Beschäftigungsarten und Ausbildungsberufe

24 Die Regelung in § **62 Abs. 2**, die die Vorgaben für die Betriebsratswahl in § 15 Abs. 1 auf das Recht der Jugend- und Auszubildendenvertretung überträgt, enthält eine **Sollvorschrift** und stellt einen Appell an diejenigen dar, die Vorschlagslisten einreichen (§ 38 Satz 1 WO i. V. m. § 3 Abs. 3 WO). Eine Sanktion sieht das Gesetz nicht vor und folgt auch nicht aus dem Zweck der Gesetzesbestimmung; § 62 Abs. 2 besitzt deshalb den Charakter einer *lex imperfecta*.

25 Die **Nichtbeachtung** des § 62 Abs. 2 hat auch nach der Ergänzung in Abs. 2 **keinen Einfluss auf die Gültigkeit der Wahl**, begründet insbesondere nicht ihre Anfechtbarkeit (*Engels/Natter* BB 1988, 1453 [1456]; *Fitting* § 62 Rn. 8; *Galperin/Löwisch* § 62 Rn. 6; *Joost/*MünchArbR § 228 Rn. 18; *Reich* § 62 Rn. 2; *Richardi/Annuß* § 62 Rn. 8; *Rose/HWGNRH* § 62 Rn. 9; *Schwab* NZA 1988, 687 [688]; *Trittin/DKKW* § 62 Rn. 11).

26 Wie § 15 Abs. 1 beim Betriebsrat will § 62 Abs. 2 für die Jugend- und Auszubildendenvertretung sicherstellen, dass die aus den unterschiedlichen Beschäftigungsarten der in § 60 Abs. 1 genannten Arbeitnehmer resultierenden und unter Umständen divergierenden Interessen angemessen repräsentiert werden. Das in § 15 Abs. 1 verankerte Gebot einer angemessenen Berücksichtigung der einzelnen Organisationsbereiche wurde für die Jugend- und Auszubildendenvertretung nicht übernommen. Stattdessen sollen bei der Zusammensetzung auch die verschiedenen Ausbildungsberufe berücksichtigt werden. Gerade bei der Jugend- und Auszubildendenvertretung ist dies besonders wichtig, da die Wahl stets einheitlich und nie getrennt nach Gruppen stattfindet (§ 63 Abs. 1, § 38 Satz 1 WO; *Brill* AuR 1988, 334 [336]; *Wlotzke* § 62 Anm. 2). Eine entgegen § 63 Abs. 1, § 38 Satz 1 WO durchgeführte **Gruppenwahl** ist **nichtig**.

IV. Berücksichtigung des Geschlechts

27 Die Regelung in § 62 Abs. 3 soll – entsprechend einer bereits im Gesetzgebungsverfahren zur Novelle des Jahres 1988 verfolgten Absicht (s. Rdn. 6) – erreichen, dass die Zusammensetzung der Jugend- und Auszubildendenvertretung im Hinblick auf das Geschlecht dem Verhältnis der repräsentierten Arbeitnehmergruppe, also den in § 60 Abs. 1 genannten Arbeitnehmern, entspricht. Die Vorschrift überträgt hiermit die Grundsätze für die Betriebsratswahl (§ 15 Abs. 2) auf die Wahl der Jugend- und Auszubildendenvertretung; sie ist zwar geschlechtsneutral formuliert, wurde aber geschaffen, um die Repräsentanz weiblicher Arbeitnehmer deutlich zu erhöhen und die organisatorischen Voraussetzungen dafür zu schaffen, dass Frauenförderung im Betrieb stärker als bisher von den unmittelbar Betroffenen mitgestaltet wird (*Reg. Begr.* BT-Drucks. 14/5741, S. 30, 37 zu der Parallelproblematik in § 15 Abs. 2). Dementsprechend hat Art. 1 Nr. 46 BetrVerf-ReformG durch die Einfügung des § 70 Abs. 1 Nr. 1a den Aufgabenkatalog der Jugend- und Auszubildendenvertretung um diesen Themenkomplex erweitert (dazu näher § 70 Rdn. 14 f.).

28 Die nach § 62 Abs. 3 vorgeschriebene Mindestrepräsentanz ist nach dem **Geschlecht der in § 60 Abs. 1 genannten Arbeitnehmer** zu ermitteln. Maßgeblich ist das Geschlecht i. S. d. Personenstandsrechts. Zu der Minderheit gehört ein Geschlecht nicht bereits, wenn diesem am Tag des Wahlausschreibens eine Person weniger angehört als dem anderen Geschlecht. Da § 62 Abs. 1 für die Größe der Jugend- und Auszubildendenvertretung auf die **Zahl der »in der Regel« Beschäftigten** abstellt, ist dieser Maßstab auch für die Ermittlung der Minderheit im Rahmen des § 62 Abs. 3 heranzuziehen, um Zufälligkeiten an einem bestimmten Stichtag auszuschließen (**a. M.** *Jacobs* § 15 Rdn. 20 zu der Parallelvorschrift in § 15 Abs. 2).

29 Auf der Grundlage des nach Rdn. 28 ermittelten Prozentsatzes, zu dem das in der Minderheit befindliche Geschlecht unter den in § 60 Abs. 1 genannten Arbeitnehmern vertreten ist, ist die Zahl der auf die Minderheitsgruppe entfallenden Sitze in der Jugend- und Auszubildendenvertretung zu ermitteln. Deren Zahl muss im Verhältnis zur Gesamtzahl der Mitglieder mindestens genau so groß sein wie das Verhältnis der Minderheitsgruppe unter den in § 60 Abs. 1 genannten Arbeitnehmern. Ist die Minderheitsgruppe z. B. unter diesen zu 40 % vertreten, so entfallen auf diese Gruppe bei einer elfköpfigen Jugend- und Auszubildendenvertretung mindestens fünf Sitze.

Die Formulierung »**mindestens**«, die in dem Regierungsentwurf des BetrVerf-ReformG noch nicht **30** enthalten war (s. BT-Drucks. 14/5741, S. 12), soll erreichen, dass eine **Überrepräsentanz** der Minderheitsgruppe in der Jugend- und Auszubildendenvertretung **unschädlich** ist, um zu verhindern, dass Frauen in den Bereichen, in denen sie über ihren zahlenmäßigen Anteil an der Belegschaft in der Jugend- und Auszubildendenvertretung vertreten sind, zukünftig nicht mehr für die Interessenvertretung arbeiten können (*BT-Ausschuss für Arbeit und Sozialordnung* BT-Drucks. 14/6352, S. 54, zu Art. 1 Nr. 13 und 43). Aufgrund der geschlechtsneutralen Formulierung gilt dies auch, wenn sich die in § 60 Abs. 1 genannten Arbeitnehmer überwiegend aus Personen weiblichen Geschlechts zusammensetzen und § 62 Abs. 3 eine Mindestrepräsentanz der männlichen Arbeitnehmer absichert.

Die Vorschrift des § 62 Abs. 3 hat davon abgesehen, die Vertretung der Minderheitsgruppe in der Jugend- **31** und Auszubildendenvertretung mit einem **Mindestquorum unter den in § 60 Abs. 1 genannten Arbeitnehmern** zu verknüpfen, wie dies noch § 10 Abs. 3 a. F. für die Aufteilung der Betriebsratssitze auf die Gruppen der Arbeiter und Angestellten vorgesehen hatte (ebenso zu § 15 Abs. 2 *Jacobs* § 15 Rdn. 26). Dieses Defizit ist unschädlich, da ein Prozentsatz der Minderheitsgruppe unter den in § 60 Abs. 1 genannten Arbeitnehmern, der unterhalb des Prozentsatzes liegt, der einem Sitz in der Jugend- und Auszubildendenvertretung entspricht, dazu führt, dass die Minderheitsgruppe nicht in der Jugend- und Auszubildendenvertretung vertreten sein muss. Dementsprechend entfällt die Mindestrepräsentanz in einer neunköpfigen Jugend- und Auszubildendenvertretung, wenn die Minderheitsgruppe weniger als 11,1 % der in § 60 Abs. 1 genannten Arbeitnehmer umfasst. Je kleiner die Jugend- und Auszubildendenvertretung ist, desto größer wird deshalb der notwendige Prozentsatz der in § 60 Abs. 1 genannten Arbeitnehmer, die der Minderheitsgruppe angehören müssen; bei einer dreiköpfigen Jugend- und Auszubildendenvertretung muss die Minderheitsgruppe mindestens 33,3 % der in § 60 Abs. 1 genannten Arbeitnehmer umfassen. Umgekehrt beträgt die notwendige Mindestgröße bei einer fünfzehnköpfigen Jugend- und Auszubildendenvertretung 6 % unter den in § 60 Abs. 1 genannten Arbeitnehmern. Damit werden im Ergebnis für eine Vertretung der Minderheitsgruppe in der Jugend- und Auszubildendenvertretung letztlich keine schwächeren Anforderungen als in § 10 Abs. 3 a. F. aufgestellt. Eine aus diesen Grundsätzen folgende Vertretungslosigkeit der Minderheitsgruppe ist hinzunehmen, da der Gesetzgeber davon abgesehen hat, für die Minderheitsgruppe einen Mindestsitz festzuschreiben. Die entsprechenden Regelungen in den §§ 11 Abs. 2 Satz 2, 15 Abs. 1 Satz 2 MitbestG zeigen, dass dem Gesetzgeber diese Regelungstechnik geläufig ist, wenn er eine Vertretung der Minderheitsgruppe in dem Organ bzw. Wahlkörper sicherstellen will. Aus dem Verzicht hierauf folgt, dass § 62 Abs. 3 keine Mindestvertretung der Minderheitsgruppe in der Jugend- und Auszubildendenvertretung fordert.

Stehen bei der Wahl **nicht genügend wählbare Arbeitnehmer der Minderheitsgruppe** zur Ver- **32** fügung, dann ist der freibleibende Sitz der Minderheitsgruppe durch die andere Arbeitnehmergruppe zu besetzen (s. Rdn. 17; ebenso *Rose/HWGNRH* § 62 Rn. 12); **während der Amtszeit** der Jugend- und Auszubildendenvertretung gilt dies entsprechend (s. Rdn. 23).

Verstößt der Wahlvorstand bei der Aufteilung der Sitze **gegen § 62 Abs. 3**, so führt dies zwar nicht zur **33** Nichtigkeit der Wahl, wohl aber zu deren Anfechtbarkeit (*Kloppenburg/HaKo* § 62 Rn. 8; *Rose/HWGNRH* § 62 Rn. 13; **a. M.** wohl *Reich* § 62 Rn. 3; zu § 15 Abs. 2 *Jacobs* § 15 Rdn. 32), da § 62 Abs. 3 als »Muss-«Vorschrift ausgestaltet ist (s. auch § 63 Rdn. 74). Damit weicht § 62 Abs. 3 bewusst von der früheren Rechtslage ab; wegen des Charakters als »Soll-«Vorschrift berechtigte der Verstoß gegen die Vorgaben des § 62 Abs. 3 a. F. nicht zur Anfechtung der Wahl (s. 6. Aufl., § 62 Rn. 18).

V. Streitigkeiten

Die fehlerhafte Festlegung der Zahl der zu wählenden Jugend- und Auszubildendenvertreter durch **34** den Wahlvorstand kann vor Abschluss des Wahlverfahrens im Wege eines **arbeitsgerichtlichen Beschlussverfahrens** (§ 2a Abs. 1 Nr. 1, §§ 80 ff. ArbGG) angegriffen werden (*Kreutz* § 18 Rdn. 80 f.). Hierbei kommt auch der Erlass einer **einstweiligen Verfügung** in Betracht (§ 85 Abs. 2 ArbGG i. V. m. §§ 935 ff. ZPO; näher *Kreutz* § 18 Rdn. 90 ff.).

35 Bleibt die vom Wahlvorstand **fehlerhaft festgelegte Zahl** der zu wählenden Jugend- und Auszubildendenvertreter bis zum Abschluss der Wahl **unbeanstandet**, ist die auf dieser Grundlage durchgeführte Wahl nach § 63 Abs. 2 Satz 2 i. V. m. § 19 anfechtbar (s. Rdn. 21). Sie ist jedoch nicht nichtig. Entsprechendes gilt, wenn die Zahl der Sitze entgegen den Vorgaben des § 62 Abs. 3 aufgeteilt wurden (s. Rdn. 33). Zur Möglichkeit einer **Korrektur des Wahlergebnisses** im Rahmen eines Anfechtungsverfahrens durch das Arbeitsgericht *Kreutz* § 19 Rdn. 25, m. w. N.

§ 63
Wahlvorschriften

(1) Die Jugend- und Auszubildendenvertretung wird in geheimer und unmittelbarer Wahl gewählt.

(2) Spätestens acht Wochen vor Ablauf der Amtszeit der Jugend- und Auszubildendenvertretung bestellt der Betriebsrat den Wahlvorstand und seinen Vorsitzenden. Für die Wahl der Jugend- und Auszubildendenvertreter gelten § 14 Abs. 2 bis 5, § 16 Abs. 1 Satz 4 bis 6, § 18 Abs. 1 Satz 1 und Abs. 3 sowie die §§ 19 und 20 entsprechend.

(3) Bestellt der Betriebsrat den Wahlvorstand nicht oder nicht spätestens sechs Wochen vor Ablauf der Amtszeit der Jugend- und Auszubildendenvertretung oder kommt der Wahlvorstand seiner Verpflichtung nach § 18 Abs. 1 Satz 1 nicht nach, so gelten § 16 Abs. 2 Satz 1 und 2, Abs. 3 Satz 1 und § 18 Abs. 1 Satz 2 entsprechend; der Antrag beim Arbeitsgericht kann auch von jugendlichen Arbeitnehmern gestellt werden.

(4) In Betrieben mit in der Regel fünf bis fünfzig der in § 60 Abs. 1 genannten Arbeitnehmer gilt auch § 14a entsprechend. Die Frist zur Bestellung des Wahlvorstands wird im Fall des Absatzes 2 Satz 1 auf vier Wochen und im Fall des Absatzes 3 Satz 1 auf drei Wochen verkürzt.

(5) In Betrieben mit in der Regel 51 bis 100 der in § 60 Abs. 1 genannten Arbeitnehmer gilt § 14a Abs. 5 entsprechend.

Literatur
Berg / Heilmann JAV-Wahl im Jahr 2012, AiB 2012, 370; *Blank* Die Wahl der Jugend- und Auszubildendenvertretung, 4. Aufl. 1998 (zit.: Jugend- und Auszubildendenvertretung); *Hüper* Die Wahl der Jugend- und Auszubildendenvertretung 1988, in: IG Chemie-Papier-Keramik (Hrsg.) Das Gesetz zur Bildung von Jugend- und Auszubildendenvertretungen, o. J., S. 9 (zit.: Jugend- und Auszubildendenvertretungen); *Pulte* Die Wahl der Jugend- und Auszubildendenvertretung, 1992 (zit.: Jugend- und Auszubildendenvertretung); *Rudolph / Schneider* JAV-Wahlen. Aktuelle Fragen und Schwerpunkte, AiB 2000, 499; *Schneider* JAV-Wahl: Fallstricke beim vereinfachten Wahlverfahren, AiB 2002, 528; vgl. ferner die Angaben vor § 60.

Inhaltsübersicht

	Rdn.
I. Vorbemerkung	1–5
II. Wahlgrundsätze (§ 63 Abs. 1)	6, 7
III. Wahlverfahren	
1. Bestellung des Wahlvorstands	8–68
a) Grundsätze	8–42
b) Bestellung durch Betriebsrat (§ 63 Abs. 2 Satz 1)	8
aa) Bestellungspflicht	9–27
bb) Bestellungskompetenz	9
cc) Zeitpunkt	10–12
dd) Form	13–15
ee) Größe des Wahlvorstands	16
ff) Zusammensetzung	17–21
gg) Vorsitzender des Wahlvorstands	22–25
	26

			hh) Entsendungsrecht der Gewerkschaften	27
		c)	Ersatzbestellung durch Arbeitsgericht (§ 63 Abs. 3 i. V. m. § 16 Abs. 2)	28–38
			aa) Allgemeines	28
			bb) Antragsberechtigung	29–32
			cc) Zeitpunkt	33
			dd) Subsidiarität der Ersatzbestellung	34, 35
			ee) Zusammensetzung	36–38
		d)	Ersatzbestellung durch Gesamt- oder Konzernbetriebsrat (§ 63 Abs. 3 i. V. m. § 16 Abs. 3)	39–42
	2.	Aufgaben des Wahlvorstands		43, 44
	3.	Ersetzung des Wahlvorstands (§ 63 Abs. 3 i. V. m. § 18 Abs. 1 Satz 2)		45, 46
	4.	Durchführung der Wahl		47–68
		a)	Einleitung der Wahl	47
		b)	Wahl nach den Grundsätzen der Verhältniswahl (§ 63 Abs. 2 Satz 2 i. V. m. § 14 Abs. 2 Satz 1)	48–63
			aa) Anwendungsbereich	48, 49
			bb) Vorschlagslisten	50–54
			cc) Prüfung der Vorschlagslisten	55
			dd) Wahlvorgang	56, 57
			ee) Stimmenauszählung	58, 59
			ff) Bekanntmachung	60–63
		c)	Wahl nach den Grundsätzen der Mehrheitswahl (§ 63 Abs. 2 Satz 2 i. V. m. § 14 Abs. 2 Satz 2)	64–68
			aa) Grundsatz	64
			bb) Wahl bei nur einer gültigen Vorschlagsliste	65, 66
			cc) Wahl im vereinfachten Wahlverfahren	67, 68
IV.	Wahlkosten und Wahlschutz			69–72
V.	Wahlanfechtung			73–80
VI.	Streitigkeiten			81, 82

I. Vorbemerkung

Entsprechend der Grundtendenz des BetrVG 1972, die Vorschriften über die Jugendvertretung übersichtlicher zu gestalten, fasste bereits das BetrVG 1972 die Wahlvorschriften in einer eigenen Bestimmung zusammen, die durch die §§ 38 bis 40 WO komplettiert wird. Der Gesetzgeber ersetzte dabei einen Teil der früher in § 20 Abs. 2 BetrVG 1952 enthaltenen Verweisungen durch eigene Formulierungen. Nach wie vor wird jedoch hinsichtlich der Wahl des Wahlvorstands und eventueller gerichtlicher Maßnahmen zu dessen Bestellung im Wesentlichen auf die im Zusammenhang mit der Betriebsratswahl geltenden Vorschriften verwiesen. **1**

Das »**Gesetz zur Bildung von Jugend- und Auszubildendenvertretungen in den Betrieben**« vom 13.07.1988 (BGBl. I, S. 1034; näher zu diesem vor § 60 Rdn. 8 f.) änderte das Wahlsystem. Statt der zuvor generell vorgeschriebenen **Mehrheitswahl** (§ 63 Abs. 1 a. F.) gelten seitdem in der Regel die für die Betriebsratswahl maßgebenden Grundsätze einer **Verhältniswahl**, die ursprünglich bereits im Rahmen des BetrVG 1972 eingeführt werden sollten (so noch RegE, BT-Drucks. VI/1786, S. 13, § 63 Abs. 2). Die Änderung des Wahlsystems sollte einen besseren **Minderheitenschutz** der Jugend- und Auszubildendenvertretung verwirklichen (Begründung des Gesetzesentwurfs, BT-Drucks. 11/1134, S. 6 sowie *Engels/Natter* BB 1988, 1453 [1457]). Dementsprechend wurde die Verweisungskette in § 63 Abs. 2 Satz 2 um § 14 Abs. 3 a. F. erweitert (nunmehr § 14 Abs. 2 Satz 1). Eine **Mehrheitswahl** findet wegen der Verweisung auf § 14 Abs. 2 Satz 2 (§ 63 Abs. 2 Satz 2) ausschließlich statt, wenn nur **eine gültige Vorschlagsliste** eingereicht wird (§ 63 Abs. 2 Satz 2 i. V. m. § 14 Abs. 2 Satz 2 Halbs. 1) oder das **vereinfachte Wahlverfahren** (§ 14a) zur Anwendung kommt (§ 63 Abs. 2 Satz 2 i. V. m. § 14 Abs. 2 Satz 2 Halbs. 2). **2**

Die **Novelle vom 20.12.1988** (näher dazu vor § 60 Rdn. 9) passte die Verweisungen in § 63 Abs. 2 Satz 1 den modifizierten Bestimmungen zur Betriebsratswahl an. Ferner räumte das Gesetz der im Betrieb vertretenen Gewerkschaft mittels der Verweisung auf § 16 Abs. 1 Satz 7 a. F. (nunmehr § 16 **3**

§ 63   *III. 1. Betriebliche Jugend- und Auszubildendenvertretung*

Abs. 1 Satz 6) ein Entsendungsrecht in den Wahlvorstand ein (s. Rdn. 27) und stellte zudem durch Einfügung des § 18 Abs. 3 in die Verweisungskette klar, dass das Ergebnis der Wahl zur Jugend- und Auszubildendenvertretung öffentlich festzustellen ist (Begründung des Gesetzesentwurfs, BT-Drucks. 11/2503, S. 35). Art. 5 Nr. 3 des **Zweiten Gleichberechtigungsgesetzes** (BGBl. I, S. 1406) änderte die Vorschrift abermals, indem er die Verweisungsnorm in § 63 Abs. 2 an die als § 16 Abs. 1 Satz 6 a. F. (nunmehr § 16 Abs. 1 Satz 5) aufgenommene Regelung anpasste, nach der dem Wahlvorstand in Betrieben mit weiblichen und männlichen Arbeitnehmern Frauen und Männer angehören sollen (dazu Rdn. 25).

4 Seine nunmehr geltende Fassung erhielt § 63 durch **Art. 1 Nr. 44 BetrVerf-ReformG**, der die Wahlen zur Jugend- und Auszubildendenvertretung an die mit demselben Gesetz geänderten Vorschriften zur Betriebsratswahl anpasste. Das betrifft insbesondere die Übertragung des **vereinfachten Wahlverfahrens** (§ 14a) auf die Wahl der Jugend- und Auszubildendenvertretung (§ 63 Abs. 4 und 5). Die Streichung einer »**gemeinsamen**« Wahl in § 63 Abs. 1 hat demgegenüber nur klarstellende Bedeutung, da mit dem BetrVerf-ReformG der Grundsatz der gemeinsamen Wahl auf die Betriebsratswahl ausgedehnt wurde. Entsprechend den Grundsätzen für die Betriebsratswahl räumt die Verweisungsnorm in § 63 Abs. 3 dem Gesamt- oder Konzernbetriebsrat das Recht ein, auch für die Wahl der Jugend- und Auszubildendenvertretung einen **Wahlvorstand** zu bestellen (§ 18 Abs. 3). Die übrigen Änderungen des § 63 Abs. 2 sind redaktioneller Art und passen die Verweisungsnorm an die geänderten Vorschriften zur Betriebsratswahl an.

5 Die in § 63 aufgeführten Wahlvorschriften sind **zwingend** (*Fitting* § 63 Rn. 3), von ihnen kann weder durch **Tarifvertrag** noch durch **Betriebsvereinbarung** abgewichen werden (*Brecht* § 63 Rn. 6; *Fitting* § 63 Rn. 3).

II. Wahlgrundsätze (§ 63 Abs. 1)

6 § 63 Abs. 1 legt die allgemeinen Grundsätze für die Wahl der Jugend- und Auszubildendenvertretung fest. Wie beim Betriebsrat (§ 14 Abs. 1) handelt es sich um **geheime** und **unmittelbare Wahlen** (dazu *Jacobs* § 14 Rdn. 12 ff., 24 f.). Eine »**gemeinsame**« Wahl sieht § 63 Abs. 1 seit den Änderungen durch das BetrVerf-ReformG nicht mehr vor; deren ausdrückliche Anordnung war überflüssig geworden, da das BetrVerf-ReformG für die Wahlen zum Betriebsrat das Prinzip der **Gruppenwahl** aufgab (dazu oben Rdn. 4). Auch eine Vereinbarung oder Abstimmung der Wahlberechtigten kann diese nicht einführen. Für die **Vertretung einzelner Arbeitnehmergruppen** enthält § 62 Abs. 2 eine Sollvorschrift, deren Beachtung nicht zwingend ist (s. § 62 Rdn. 24 ff.). Lediglich für das **Geschlecht**, das sich unter den in § 60 Abs. 1 genannten Arbeitnehmern in der Minderheit befindet, schreibt § 62 Abs. 3 zwingend eine Aufteilung der Jugend- und Auszubildendenvertretung nach Arbeitnehmergruppen vor (s. dazu § 62 Rdn. 27 ff.), ohne jedoch zugleich die Durchführung einer Gruppenwahl für notwendig zu erachten. Erfolgt die Wahl nach den Grundsätzen der Verhältniswahl, so können jedoch **Vorschlagslisten** aufgestellt werden, deren Bewerber **gemeinsame Gruppenmerkmale** (z. B. Ausbildungsberufe, Geschlecht) aufweisen. In **privatisierten Postbetrieben** ist zwar unverändert eine Gruppenwahl möglich (§ 26 Nr. 1 PostPersRG), wegen § 24 Abs. 1 PostPersRG aber ausschließlich für die Betriebsratswahl, nicht hingegen für die Wahlen zur Jugend- und Auszubildendenvertretung.

7 Die Wahl der Jugend- und Auszubildendenvertretung wird entgegen der früheren Rechtslage grundsätzlich nicht als Mehrheitswahl, sondern nach den **Grundsätzen der Verhältniswahl** durchgeführt. Die Verpflichtung in § 63 Abs. 1 a. F. auf eine Mehrheitswahl ist mit dem »Gesetz zur Bildung von Jugend- und Auszubildendenvertretungen in den Betrieben« vom 13.07.1988 grundsätzlich entfallen (s. Rdn. 2). Eine **Mehrheitswahl** ist nur noch zulässig, wenn lediglich **eine gültige Vorschlagsliste** eingereicht wird (§ 63 Abs. 2 Satz 2 i. V. m. § 14 Abs. 2 Satz 2 Halbs. 1) oder die Jugend- und Auszubildendenvertretung im **vereinfachten Wahlverfahren** zu wählen ist (§ 63 Abs. 4 und 5 i. V. m. § 14a sowie § 14 Abs. 2 Satz 2 Halbs. 2).

Wahlvorschriften § 63

III. Wahlverfahren

1. Bestellung des Wahlvorstands

a) Grundsätze

Die Wahl zur Jugend- und Auszubildendenvertretung wird von einem Wahlvorstand durchgeführt. Zu **8** seiner Bildung kann es auf unterschiedliche Weise kommen. Grundsätzlich bestellt der **Betriebsrat** den Wahlvorstand (§ 63 Abs. 2 Satz 1). Erfolgt dies nicht fristgerecht (s. Rdn. 13 ff.), dann kann eine **Ersatzbestellung** durch das Arbeitsgericht beantragt (s. Rdn. 28 ff.) oder von dem Gesamt- bzw. Konzernbetriebsrat vorgenommen werden (s. Rdn. 39 ff.). Das gilt auch in Betrieben mit in der Regel **fünf bis fünfzig der in § 60 Abs. 1 genannten Arbeitnehmer**. Nach § 14a Abs. 1 Satz 2 wird dort zwar der Wahlvorstand auf einer Wahlversammlung gewählt, § 63 Abs. 4 hat aber davon abgesehen, die für die Bestellung des Wahlvorstands maßgebliche Norm des § 17a für entsprechend anwendbar zu erklären. Deshalb verbleibt es bei den in § 63 Abs. 2 und 3 vorgesehenen Möglichkeiten zur Bestellung eines Wahlvorstands, was § 40 Abs. 1 WO bestätigt, der für die Wahl der Jugend- und Auszubildendenvertretung im vereinfachten Wahlverfahren ausschließlich auf § 36 WO (Wahl des Betriebsrats im einstufigen Verfahren) verweist.

b) Bestellung durch Betriebsrat (§ 63 Abs. 2 Satz 1)

aa) Bestellungspflicht

Der **Betriebsrat** bereitet die Wahl der Jugend- und Auszubildendenvertretung gemäß § 80 Abs. 1 **9** Nr. 5 vor, indem er nach § 63 Abs. 2 Satz 1 den Wahlvorstand und dessen Vorsitzenden bestellt. Das gilt unabhängig von der Zahl der nach § 61 wahlberechtigten Arbeitnehmer, auch bei einer Wahl der Jugend- und Auszubildendenvertretung im vereinfachten Wahlverfahren (§ 63 Abs. 4) ist der Betriebsrat zur Bestellung des Wahlvorstands verpflichtet. Die gegenüber § 63 Abs. 2 Satz 1 a. F. geänderte Formulierung (statt »bestimmt« nunmehr »bestellt«) hat nur redaktionelle Bedeutung und bewirkt keine sachlichen Änderungen (*Kraft* 4. Aufl., Nachtrag zu Bd. I, § 63 Rn. 4). Die Verletzung dieser Pflicht (s. dazu auch § 60 Rdn. 4) kann als grobe **Amtspflichtverletzung** i. S. d. § 23 Abs. 1 zu werten sein (*Fitting* § 63 Rn. 19; *Galperin/Löwisch* § 63 Rn. 4; *Joost/*MünchArbR § 228 Rn. 22; *Lichtenstein* BetrR 1983, 645 [647]; *Richardi/Annuß* § 63 Rn. 5; *Rose/HWGNRH* § 63 Rn. 31; *Schwab* NZA 1988, 687 [688]; *Trittin/DKKW* § 63 Rn. 15 sowie hier § 60 Rdn. 5).

bb) Bestellungskompetenz

Die eigentliche **Durchführung der Wahl** obliegt ausschließlich dem **Wahlvorstand** (§ 38 Satz 1 **10** WO i. V. m. § 1 Abs. 1 WO; vgl. Rdn. 43, 47 ff.). § 63 Abs. 2 Satz 1 enthält die Klarstellung, dass die **Bestimmung** des **Wahlvorstands** als der wichtigste Akt der Vorbereitung **ausschließlich** durch den **Betriebsrat** erfolgen kann (*Blank* Jugend- und Auszubildendenvertretung, S. 17; *Düttmann/Zachmann* Die Jugendvertretung, Rn. 27; *Richardi/Annuß* § 63 Rn. 4; *Schwab* NZA 1988, 687 [688] sowie näher § 60 Rdn. 4 ff.).

Der amtierenden **Jugend- und Auszubildendenvertretung** steht die Kompetenz zur Bestellung des **11** Wahlvorstands in keinem Fall zu, also auch nicht, wenn der **Betriebsrat untätig** bleibt (*Brecht* § 61 Rn. 3; *Fitting* § 63 Rn. 18; *Joost/*MünchArbR § 228 Rn. 21; *Rose/HWGNRH* § 63 Rn. 29; *Trittin/DKKW* § 63 Rn. 15). Das gilt entsprechend für die **Jugend- und Auszubildendenversammlung**, da § 63 Abs. 2 nicht auf § 17 verweist (*Fitting* 23. Aufl., § 63 Rn. 18; *Rose/HWGNRH* § 60 Rn. 36, § 63 Rn. 29; *Trittin/DKKW* § 63 Rn. 15; *Vogt* BB 1984, 856 [859]; anders aber im konzeptionellen Ansatz das österreichische Recht [= § 126 Abs. 2 ArbVG]). Bei einer Untätigkeit des Betriebsrats sind die Mitglieder der Jugend- und Auszubildendenvertretung oder die in § 60 Abs. 1 genannten Arbeitnehmer gezwungen, eine **gerichtliche Ersatzbestellung** gemäß § 63 Abs. 3 i. V. m. § 16 Abs. 2 Satz 1 und 2 zu initiieren; gegebenenfalls kann auch der **Gesamt- bzw. Konzernbetriebsrat** den Wahlvorstand ersatzweise bestellen (§ 63 Abs. 3 i. V. m. § 16 Abs. 3), was die Gesamt-Jugend- und Auszubildendenvertretung bzw. die Konzern-Jugend- und Auszubildendenvertretung über ihr Antragsrecht (§ 73 Abs. 2 i. V. m. § 67 Abs. 3 Satz 1; § 73b Abs. 2 i. V. m. § 67 Abs. 3 Satz 1) einleiten kann (dazu Rdn. 12).

§ 63   *III. 1. Betriebliche Jugend- und Auszubildendenvertretung*

12 Der Jugend- und Auszubildendenvertretung oder der Jugend- und Auszubildendenversammlung steht auch **kein Ersatzbestellungsrecht** zu, wenn der Betriebsrat seine in § 63 Abs. 2 Satz 1 begründete Pflicht zur Bestellung eines Wahlvorstands verletzt. Die Regelung in § 63 Abs. 3 (dazu Rdn. 28 ff.) schafft ein abschließendes Instrumentarium, um trotz einer Verletzung der Bestellungspflicht durch den Betriebsrat die Wahl einer Jugend- und Auszubildendenvertretung einzuleiten. Die amtierende Jugend- und Auszubildendenvertretung kann allerdings über das **Antragsrecht** (§ 67 Abs. 3 Satz 1; näher dazu § 67 Rdn. 53 ff.) eine **Behandlung der Angelegenheit im Betriebsrat** erzwingen (ebenso *Brecht* § 61 Rn. 3) und durch die Ausübung des Stimmrechts (§ 67 Abs. 2; näher Rdn. 16 sowie § 67 Rdn. 36 ff.) eine Beschlussfassung im Betriebsrat zur Bestellung des Wahlvorstands herbeiführen. Das gilt auch in Betrieben, in denen die Jugend- und Auszubildendenvertretung nach § 63 Abs. 4 i. V. m. § 14a im vereinfachten Wahlverfahren zu wählen ist (s. Rdn. 8).

cc) Zeitpunkt

13 Die **Bestellung** des Wahlvorstands muss nach **§ 63 Abs. 2 Satz 1** spätestens **acht Wochen** vor Ablauf der Amtszeit der Jugend- und Auszubildendenvertretung (dazu § 64 Rdn. 20) stattfinden. Ein **früherer Zeitpunkt** ist zwar **zulässig** (*Düttmann / Zachmann* Die Jugendvertretung, Rn. 26; *Fitting* § 63 Rn. 18), bei diesem muss aber noch erkennbar sein, dass sich die Wahl und ihre Durchführung an dem Ende der Amtszeit der amtierenden Jugend- und Auszubildendenvertretung orientiert.

14 Für die **Berechnung** des Acht-Wochen-Zeitraums sind die §§ 188, 187 BGB anzuwenden. Das **Ende der Amtszeit** bestimmt sich nach § 64 Abs. 2 Satz 2 bis 5. Endet die Amtszeit der Jugend- und Auszubildendenvertretung **vorzeitig** (dazu § 64 Rdn. 20 ff.), so hat der Betriebsrat den Wahlvorstand unverzüglich zu bestellen (*Fitting* § 63 Rn. 18; *Joost* / MünchArbR § 228 Rn. 22; *Natter* AR-Blattei SD 530.13, Rn. 29; *Richardi / Annuß* § 63 Rn. 5; *Rose / HWGNRH* § 63 Rn. 26; *Trittin / DKKW* § 63 Rn. 15).

15 In **Betrieben mit in der Regel nicht mehr als fünfzig der in § 60 Abs. 1 genannten Arbeitnehmern** gelten die Grundsätze in Rdn. 13 und 14 entsprechend; **§ 63 Abs. 4 Satz 2** schreibt jedoch eine Halbierung der in § 63 Abs. 2 genannten Frist vor. In den von § 63 Abs. 4 erfassten Betrieben muss der Betriebsrat den Wahlvorstand spätestens **vier Wochen** vor Ablauf der Amtszeit der Jugend- und Auszubildendenvertretung bestellen.

dd) Form

16 Hinsichtlich der Form der Bestellung gelten die Grundsätze zur Bestellung eines Wahlvorstands zur Betriebsratswahl entsprechend (dazu *Kreutz* § 16 Rdn. 25 ff.). Bei der **Abstimmung im Betriebsrat**, die die Jugend- und Auszubildendenvertretung gegebenenfalls über ihr Antragsrecht (§ 67 Abs. 3 Satz 1) herbeiführen kann (*Brecht* § 63 Rn. 3 sowie hier Rdn. 12), steht allen Mitgliedern der amtierenden **Jugend- und Auszubildendenvertretung** gemäß § 67 Abs. 2 ein **Stimmrecht** zu (*Brecht* § 63 Rn. 3; *Fitting* § 63 Rn. 18; *Joost* / MünchArbR § 228 Rn. 21; *Natter* AR-Blattei SD 530.13, Rn. 14; *Reich* § 63 Rn. 2; *Rose / HWGNRH* § 63 Rn. 27 sowie hier § 67 Rdn. 36 ff.), da für die ordnungsgemäße Bestellung des Wahlvorstands ein **Beschluss** des Betriebsrats notwendig ist (zu diesem Erfordernis *Kreutz* § 16 Rdn. 26).

ee) Größe des Wahlvorstands

17 Die Größe des Wahlvorstands **konkretisiert das Gesetz nicht**, da § 63 Abs. 2 Satz 2 nicht auf § 16 Abs. 1 Satz 1 verweist. Aufgrund der als abschließend zu verstehenden Regelungstechnik in § 63 Abs. 2 Satz 2 liegen spätestens seit Einfügung der Verweisung auf § 16 Abs. 1 Satz 6 a. F. (nunmehr § 16 Abs. 1 Satz 5) durch das »Gesetz zur Bildung von Jugend- und Auszubildendenvertretungen in den Betrieben« vom 13.07.1988 (BGBl. I S. 1034; näher hierzu vor § 60 Rdn. 8 f.) die Voraussetzungen einer generellen **entsprechenden Anwendung des § 16** (hierfür *Homburg / DKKW* § 38 WO Rn. 8) **nicht** vor (ebenso *Jacobs* § 38 WO Rn. 4; *Sahmer* § 63 Rn. 3). Der **Betriebsrat bestimmt** die Größe des Wahlvorstands deshalb nach **pflichtgemäßem Ermessen** (*Bodem / NK-GA* § 63 BetrVG Rn. 2; *Fitting* § 63 Rn. 20; *Natter* AR-Blattei SD 530.13, Rn. 30; *Richardi / Annuß* § 63 Rn. 6; *Schneider* AiB 1982, 18 [19]; *Trittin / DKKW* § 63 Rn. 18).

Bei seiner Ermessensausübung muss sich der Betriebsrat von dem **Zweck der Kompetenznorm**, 18
eine **ordnungsgemäße Wahl** der Jugend- und Auszubildendenvertretung durchzuführen, leiten lassen. Obwohl § 63 Abs. 2 Satz 2 nicht auf § 16 Abs. 1 Satz 3 verweist, muss der Wahlvorstand aus einer **ungeraden Mitgliederzahl** bestehen (für die einhellige Ansicht *Fitting* § 63 Rn. 20; *Fuchs* BlStSozArbR 1976, 113 [114]; *Joost*/MünchArbR § 228 Rn. 23; *Natter* AR-Blattei SD 530.13, Rn. 15; *Richardi*/*Annuß* § 63 Rn. 6; *Rose*/HWGNRH § 63 Rn. 38; *Stege*/*Weinspach*/*Schiefer* §§ 60–70 Rn. 2; *Trittin*/DKKW § 63 Rn. 18; *Vogt* BB 1984, 856 [860]). Das folgt aus § 38 Satz 1 WO i. V. m. § 1 Abs. 3 Satz 1 WO, die das Ermessen des Betriebsrats konkretisieren. Diese Vorschriften gehen von der Möglichkeit aus, dass Beschlüsse des Wahlvorstands mit einfacher Mehrheit gefasst werden, was nur bei einem Kollegialorgan aus einer ungeraden Mitgliederzahl denkbar ist.

Aus diesem Grunde und wegen der ausdrücklichen Erwähnung eines Vorsitzenden in § 63 Abs. 2 19
Satz 1 muss der Wahlvorstand **mindestens** aus **drei Mitgliedern** bestehen (*Blank* Jugend- und Auszubildendenvertretung, S. 17; *Fitting* § 63 Rn. 20; *Fuchs* BlStSozArbR 1976, 113 [114]; *Galperin*/*Löwisch* § 63 Rn. 5; *Joost*/MünchArbR § 228 Rn. 23; *Natter* AR-Blattei SD 530.13, Rn. 30; *Richardi*/*Annuß* § 63 Rn. 6; *Roloff*/WPK § 63 Rn. 8; *Rose*/HWGNRH § 63 Rn. 38; *Schneider* AiB 1982, 18 [19]; *Trittin*/DKKW § 63 Rn. 18).

In **Ausnahmefällen** kann der Wahlvorstand aus **mehr als drei Mitgliedern** bestehen, sofern die Ver- 20
größerung zur ordnungsgemäßen Durchführung der Wahl **erforderlich** ist (ebenso *Düttmann*/*Zachmann* Die Jugendvertretung, Rn. 30, 31; *Fitting* § 63 Rn. 20; *Galperin*/*Löwisch* § 63 Rn. 5; *Hüper* Jugend- und Auszubildendenvertretungen, S. 9 [21]; *Joost*/MünchArbR § 228 Rn. 23; *Lichtenstein* BetrR 1983, 645 [646 f.]; *Pulte* Jugend- und Auszubildendenvertretung, S. 25; *Roloff*/WPK § 63 Rn. 8; *Trittin*/DKKW § 63 Rn. 18; **a. M.** *Rose*/HWGNRH § 63 Rn. 39; *Stege*/*Weinspach*/*Schiefer* §§ 60–70 Rn. 2, die drei Mitglieder als Höchstgrenze ansehen). Die Notwendigkeit hierzu kann z. B. aus der **Zahl der Wahllokale** resultieren (§ 39 Abs. 2 Satz 2 WO i. V. m. § 12 Abs. 2 WO). Der Wahlvorstand muss sich auch in diesem Fall aus einer **ungeraden Mitgliederzahl** zusammensetzen (ferner s. Rdn. 18).

Die **Bestellung von Ersatzmitgliedern** für den Wahlvorstand steht im **pflichtgemäßen Ermes-** 21
sen des Betriebsrats (*Düttmann*/*Zachmann* Die Jugendvertretung, Rn. 34; *Fitting* § 63 Rn. 20; *Galperin*/*Löwisch* § 63 Rn. 5; *Joost*/MünchArbR § 228 Rn. 24; *Natter* AR-Blattei SD 530.13, Rn. 30; *Pulte* Jugend- und Auszubildendenvertretung, S. 30; *Richardi*/*Annuß* § 63 Rn. 6; *Rose*/HWGNRH § 63 Rn. 39; *Trittin*/DKKW § 63 Rn. 20; *Vogt* BB 1984, 856 [860]). Kraft Gesetzes ist er hierzu weder verpflichtet, noch ist ihm die Bestellung von Ersatzmitgliedern untersagt. Um die Funktionsfähigkeit und Kontinuität des Wahlvorstands zu gewährleisten, ist die Bestellung von Ersatzmitgliedern jedoch zweckmäßig (zum Zweck des § 16 Abs. 1 Satz 4 *Kreutz* § 16 Rdn. 45). Es bleibt allerdings zu beachten, dass auch der zur Durchführung einer Wahl zur Jugend- und Auszubildendenvertretung bestellte Wahlvorstand, **Wahlhelfer** aus dem Kreis der nach § 61 Abs. 1 wahlberechtigten Arbeitnehmer (näher dazu Rdn. 44) heranziehen kann (§ 38 Satz 1 WO i. V. m. § 1 Abs. 2 Satz 2 WO).

ff) Zusammensetzung

Als **Mitglieder des Wahlvorstands** können nicht nur Arbeitnehmer i. S. des § 60 Abs. 1, sondern 22
alle Arbeitnehmer des Betriebs bestellt werden (*Blank* Jugend- und Auszubildendenvertretung, S. 18; *Fitting* § 63 Rn. 20; *Fuchs* BlStSozArbR 1976, 113 [114]; *Galperin*/*Löwisch* § 63 Rn. 5; *Joost*/MünchArbR § 228 Rn. 24; *Pulte* Jugend- und Auszubildendenvertretung, S. 25; *Richardi*/*Annuß* § 63 Rn. 7; *Rose*/HWGNRH § 63 Rn. 41; *Schneider* AiB 1982, 18 [19]; *Sittard*/HWK § 63 BetrVG Rn. 4; *Vogt* BB 1984, 856 [860]; **a. M.** *Roloff*/WPK § 63 Rn. 9); § 63 Abs. 2 Satz 2 verweist gerade nicht auf § 16 Abs. 1 Satz 1, wonach der Wahlvorstand aus wahlberechtigten Arbeitnehmern bestehen muss.

Die **Bestellung betriebsfremder Personen** ist **nicht zulässig** (ebenso *Rose*/HWGNRH § 63 23
Rn. 41). Das folgt im Umkehrschluss aus § 63 Abs. 2 Satz 2 i. V. m. § 16 Abs. 1 Satz 6, der selbst für den Beauftragten einer im Betrieb vertretenen Gewerkschaft eine Betriebsangehörigkeit verlangt (s. auch Rdn. 27).

§ 63 *III. 1. Betriebliche Jugend- und Auszubildendenvertretung*

24 Nach § 38 Satz 2 WO muss dem Wahlvorstand mindestens ein **nach § 8 wählbarer Arbeitnehmer** angehören (*Fitting* § 63 Rn. 20; *Galperin/Löwisch* § 63 Rn. 5; *Richardi/Annuß* § 63 Rn. 7; *Rose/HWGNRH* § 63 Rn. 41; *Weiss/Weyand* § 63 Rn. 7). Wegen der ausdrücklichen Verweisung auf § 8 beurteilt sich das passive Wahlrecht des in § 38 Satz 2 WO genannten Arbeitnehmers nicht nach § 61 Abs. 2.

25 Die **Auswahl** der Mitglieder des Wahlvorstands unterliegt im Übrigen dem **pflichtgemäßen Ermessen** des Betriebsrats, ohne dabei an **§ 62 Abs. 2 und 3** gebunden zu sein. Ein **Gruppenschutz** ist bei der Zusammensetzung des Wahlvorstands ebenfalls **nicht zu beachten** (*Joost*/MünchArbR, 2. Aufl., § 316 Rn. 26). Zum Mitglied des Wahlvorstands können auch **Mitglieder der amtierenden Jugend- und Auszubildendenvertretung** bestellt werden. Entsprechendes gilt für die **Mitglieder des Betriebsrats** (*Rose/HWGNRH* § 63 Rn. 41). Eine Rechtspflicht zur Bestellung zumindest eines **in § 60 Abs. 1 genannten Arbeitnehmers** lässt sich dem Gesetz nicht entnehmen. Setzen sich die in § 60 Abs. 1 genannten Arbeitnehmer aus Personen weiblichen und männlichen **Geschlechts** zusammen, sollen jedoch auch dem Wahlvorstand Frauen und Männer angehören (§ 63 Abs. 2 i. V. m. § 16 Abs. 1 Satz 5). Die Vorschrift ist **nicht zwingend** (»sollen«), so dass deren Nichtbeachtung nicht dazu führt, dass die Bestellung des Wahlvorstands rechtsunwirksam ist (*Kreutz* § 16 Rdn. 32 ff.).

gg) Vorsitzender des Wahlvorstands

26 Der **Betriebsrat** ist **verpflichtet**, ein Mitglied des Wahlvorstands zu dessen **Vorsitzenden** zu bestellen (*Blank* Jugend- und Auszubildendenvertretung, S. 17; *Düttmann/Zachmann* Die Jugendvertretung, Rn. 27, 29, 32; *Fitting* § 63 Rn. 22; *Galperin/Löwisch* § 63 Rn. 5; *Lichtenstein* BetrR 1983, 645 [647]; *Natzel* Berufsbildungsrecht, S. 540; *Richardi/Annuß* § 63 Rn. 9; *Rose/HWGNRH* § 63 Rn. 32; *Stege/Weinspach/Schiefer* §§ 60–70 Rn. 2; *Trittin/DKKW* § 63 Rn. 17; *Weiss/Weyand* § 63 Rn. 7). Geschieht dies nicht, so kann der Wahlvorstand den Vorsitzenden aus seiner Mitte mit Stimmenmehrheit wählen (ebenso *Fitting* § 63 Rn. 22; *Richardi/Annuß* § 63 Rn. 9; *Roloff/WPK* § 63 Rn. 10; *Rose/HWGNRH* § 63 Rn. 32; *Trittin/DKKW* § 63 Rn. 17). Für eine Bestellung des Vorsitzenden durch das Arbeitsgericht analog § 63 Abs. 3 fehlen die methodischen Voraussetzungen. Die **Bestellung eines Stellvertreters** für den Vorsitzenden des Wahlvorstands sieht das Gesetz nicht vor. Im Interesse der Funktionsfähigkeit des Organs »Wahlvorstand« ist jedoch eine entsprechende Anwendung des § 26 Abs. 1 geboten, der die Wahl eines Stellvertreters ausdrücklich vorschreibt. Andernfalls wäre der Wahlvorstand bei einer Verhinderung des Vorsitzenden stets zur Bestellung eines neuen Vorsitzenden gezwungen.

hh) Entsendungsrecht der Gewerkschaften

27 Mit seiner Verweisung auf § 16 Abs. 1 Satz 6 räumt § 63 Abs. 2 Satz 2 der **im Betrieb vertretenen Gewerkschaft** zusätzlich das Recht ein, ein **nicht stimmberechtigtes Mitglied** in den Wahlvorstand zu entsenden (näher *Kreutz* § 16 Rdn. 49 ff.). Der von der Gewerkschaft entsandte Beauftragte muss dem Betrieb angehören (zu dieser Voraussetzung *Franzen* § 2 Rdn. 39 ff.). Einer der in § 60 Abs. 1 genannten Arbeitnehmer muss der Gewerkschaft nicht angehören, es genügt, dass diese im Betrieb vertreten ist (*Fitting* § 63 Rn. 21; *Joost*/MünchArbR § 228 Rn. 24; *Roloff/WPK* § 63 Rn. 10; *Trittin/DKKW* § 63 Rn. 21). Zur Rechtsstellung des in den Wahlvorstand entsandten Beauftragten der im Betrieb vertretenen Gewerkschaft näher *Kreutz* § 16 Rdn. 55 ff.

c) Ersatzbestellung durch Arbeitsgericht (§ 63 Abs. 3 i. V. m. § 16 Abs. 2)

aa) Allgemeines

28 Nach § 63 Abs. 3 bestellt das Arbeitsgericht den Wahlvorstand, wenn der **Betriebsrat** nicht oder nicht rechtzeitig seiner **Pflicht aus § 63 Abs. 2 Satz 1** nachkommt. Das gilt – wie sich indirekt aus § 63 Abs. 4 Satz 2 ergibt – auch, wenn die Wahl der Jugend- und Auszubildendenvertretung nach § 63 Abs. 4 Satz 1 i. V. m. § 14a im **vereinfachten Wahlverfahren** durchzuführen ist. Darüber hinaus eröffnet § 16 Abs. 3 für den **Gesamt- bzw. Konzernbetriebsrat** die Möglichkeit, ersatzweise den Wahlvorstand zu bestellen, wenn der Betriebsrat untätig bleibt (dazu Rdn. 39 ff.). Die Entscheidung des Arbeitsgerichts ergeht im **Beschlussverfahren** (§ 2a Abs. 1 Nr. 1, Abs. 2, §§ 80 ff. ArbGG sowie

Wahlvorschriften § 63

Richardi/Annuß § 63 Rn. 15). Wird lediglich die **ordnungsgemäße Bestellung** oder **Zusammensetzung** des Wahlvorstands gerügt, dann ist das Verfahren nach § 63 Abs. 3 nicht statthaft; in diesem Fall ist ein allgemeines Beschlussverfahren einzuleiten (s. *Kreutz* § 16 Rdn. 100).

bb) Antragsberechtigung

Das Arbeitsgericht nimmt die Ersatzbestellung des Wahlvorstands **nicht von Amts wegen**, sondern nur aufgrund eines **Antrags** der in § 16 Abs. 2 Satz 1 Genannten (§ 63 Abs. 3) vor. Hinsichtlich der Antragsberechtigung verweist § 63 Abs. 3 auf § 16 Abs. 2 Satz 1. Den Antrag können mit Ausnahme der **im Betrieb vertretenen Gewerkschaft** nur »**wahlberechtigte**« **Arbeitnehmer** stellen. Dem **Arbeitgeber** steht **kein Antragsrecht** zu. Nicht zweifelsfrei ist die Festlegung des Personenkreises, der zu den »wahlberechtigten« Arbeitnehmern zu rechnen ist. 29

Zu den **wahlberechtigten Arbeitnehmern** gehören zumindest alle Arbeitnehmer, die **nach § 61 Abs. 1** für die Wahl einer Jugend- und Auszubildendenvertretung **aktiv wahlberechtigt** sind. Auch jugendliche Arbeitnehmer (§ 60 Rdn. 22 ff.) können den Antrag stellen (*Fitting* § 63 Rn. 27; *Joost*/MünchArbR § 228 Rn. 25; *Löwisch*/LK § 63 Rn. 4; *Richardi*/*Annuß* § 63 Rn. 12; *Rose*/HWGNRH § 63 Rn. 34; *Trittin*/DKKW § 63 Rn. 28); dies stellt § 63 Abs. 3 a. E. ausdrücklich klar. 30

Nach h. M. sollen auch diejenigen Arbeitnehmer antragsberechtigt sein, denen ein **aktives Wahlrecht nur für den Betriebsrat**, nicht aber für die Jugend- und Auszubildendenvertretung zusteht (*Düttmann*/*Zachmann* Die Jugendvertretung, Rn. 27; *Fitting* § 63 Rn. 27; *Galperin*/*Löwisch* § 63 Rn. 6; *Joost*/MünchArbR § 228 Rn. 25; *Löwisch*/LK § 63 Rn. 4; *Pulte* Jugend- und Auszubildendenvertretung, S. 27; *Richardi*/*Annuß* § 63 Rn. 12; *Rose*/HWGNRH § 63 Rn. 34; *Trittin*/DKKW § 63 Rn. 28; *Weiss*/*Weyand* § 63 Rn. 9; unklar *Stege*/*Weinspach*/*Schiefer* §§ 60–70 Rn. 2). Dieser Standpunkt würdigt nicht ausreichend, dass § 63 Abs. 3 lediglich eine entsprechende Anwendung vorschreibt. Der Zweck der gerichtlichen Ersatzbestellung liegt gerade darin, denjenigen Arbeitnehmern einen Rechtsbehelf zur Verfügung zu stellen, die das Organ zu einem späteren Zeitpunkt wählen. Es ist ein prozessuales Hilfsmittel, um das aktive Wahlrecht zu einem späteren Zeitpunkt realisieren zu können. Deshalb ist die »Wahlberechtigung« bei einer entsprechenden Anwendung des § 16 Abs. 2 Satz 1 auf die Wahl zur Jugend- und Auszubildendenvertretung zu beziehen. Mit Ausnahme der im Betrieb vertretenen Gewerkschaft steht die Antragsberechtigung deshalb **nur den zur Jugend- und Auszubildendenvertretung aktiv wahlberechtigten Arbeitnehmern** zu (zust. *Roloff*/WPK § 63 Rn. 11). Hieraus folgt zugleich, dass die Antragsberechtigung bei solchen Arbeitnehmern zu verneinen ist, denen zwar das passive, nicht aber auch das aktive Wahlrecht zur Jugend- und Auszubildendenvertretung zusteht. Nach Vollendung des 18. Lebensjahres besteht das Antragsrecht deshalb nur, wenn der Arbeitnehmer das 25. Lebensjahr noch nicht vollendet hat **und** zu seiner Berufsausbildung beschäftigt ist (anders jedoch im Ergebnis die h. M., da sie ein aktives Wahlrecht zum Betriebsrat ausreichen lässt). Die ausdrückliche Einbeziehung der »jugendlichen Arbeitnehmer« in den Kreis der Antragsberechtigten (§ 63 Abs. 3 Halbs. 2) steht dem hier befürworteten Verständnis nicht entgegen (so aber *Richardi*/*Annuß* § 63 Rn. 12), da die Antragsberechtigung von Personen, die das 18. Lebensjahr nicht vollendet haben (§ 60 Abs. 1), bei einer lediglich entsprechenden Anwendung des § 18 Abs. 1 Satz 2, die § 63 Abs. 3 Halbs. 1 anordnet, keineswegs zwingend ist und § 63 Abs. 3 Halbs. 2 insoweit bezüglich des Antragsrechts klarstellende Bedeutung hat. 31

Antragsberechtigt ist nach § 63 Abs. 3 i. V. m. § 16 Abs. 2 Satz 1 auch eine **im Betrieb vertretene Gewerkschaft**. Es reicht aus, dass sie im Betrieb vertreten ist (näher dazu *Franzen* § 2 Rdn. 39 ff.). Einer der in § 60 Abs. 1 genannten Arbeitnehmer muss ihr nicht angehören. Das Antragsrecht steht der im Betrieb vertretenen Gewerkschaft als Vereinigung zu. Deshalb darf der Antrag nicht aus eigener Initiative von dem betriebsangehörigen Arbeitnehmer gestellt werden, der Mitglied der Gewerkschaft ist. Das Antragsrecht der Gewerkschaft ist jedoch stets von dem Nachweis abhängig, dass ihr ein im Betrieb beschäftigter Arbeitnehmer angehört. 32

cc) Zeitpunkt

Die Ersatzbestellung kann nach § 63 Abs. 3 abweichend von § 16 Abs. 2 Satz 1 **frühestens sechs Wochen** vor Ablauf der **Amtszeit** der Jugend- und Auszubildendenvertretung durch das Gericht erfol- 33 gen (näher *Kreutz* § 16 Rdn. 65 f.). In Betrieben mit **in der Regel nicht mehr als fünfzig der in § 60 Abs. 1 genannten Arbeitnehmer** schreibt § 63 Abs. 4 Satz 2 zwingend eine Verkürzung der Frist auf **drei Wochen** vor, da in diesen Betrieben auch für die Bestellung des Wahlvorstands durch den Betriebsrat eine verkürzte Frist gilt (vier statt acht Wochen vor Ablauf der Amtszeit der Jugend- und Auszubildendenvertretung).

dd) Subsidiarität der Ersatzbestellung

34 Die Bestellung durch das Gericht und damit auch ein entsprechender Antrag sind nur zulässig bei **Untätigkeit eines bestehenden Betriebsrats**. Existiert kein Betriebsrat, ist § 63 Abs. 3 bereits nach seinem Wortlaut nicht anwendbar (*Fitting* § 63 Rn. 26; *Galperin/Löwisch* § 63 Rn. 6; *Richardi/Annuß* § 63 Rn. 11; *Roloff/WPK* § 63 Rn. 12; *Stege/Weinspach/Schiefer* §§ 60–70 Rn. 2 sowie hier § 60 Rdn. 38 ff.; **a. M.** *Däubler* Das Arbeitsrecht I, Rn. 1163; *Lichtenstein* BetrR 1983, 645 [647]; *Trittin/DKKW* § 63 Rn. 23).

35 Wenn der Betriebsrat noch **während des rechtshängigen Bestellungsverfahrens** seiner Verpflichtung zur Bestellung des Wahlvorstands nachkommt, ist das Verfahren auf Antrag einzustellen (§ 83 Abs. 2 ArbGG; ebenso *Blank* Jugend- und Auszubildendenvertretung, S. 19; *Fitting* § 63 Rn. 25; *Pulte* Jugend- und Auszubildendenvertretung, S. 27; *Richardi/Annuß* § 63 Rn. 11; *Trittin/DKKW* § 63 Rn. 22). Erklären die Beteiligten das Verfahren nicht für erledigt, entfällt das Rechtsschutzinteresse für eine gerichtliche Bestellung des Wahlvorstands.

ee) Zusammensetzung

36 Bei der Zusammensetzung des Wahlvorstands hat das Gericht die gleichen Grundsätze zu beachten, die für den Betriebsrat bei der Bestellung des Wahlvorstands gelten (s. Rdn. 22 ff.). Das Gesetz räumt den Antragstellern ein **Vorschlagsrecht** für die Zusammensetzung des Wahlvorstands ein (§ 63 Abs. 3 i. V. m. § 16 Abs. 2 Satz 2), an die von den Antragstellern unterbreiteten Personenvorschläge ist das **Gericht** jedoch **rechtlich nicht gebunden** (*Fitting* § 63 Rn. 27; *Galperin/Löwisch* § 63 Rn. 5; *Joost/MünchArbR* § 228 Rn. 25; *Pulte* Jugend- und Auszubildendenvertretung, S. 28; *Richardi/Annuß* § 63 Rn. 13; *Trittin/DKKW* § 63 Rn. 27); es entscheidet nach **eigenem Ermessen**, sollte aber nicht grundlos von den Vorschlägen der Antragsteller abweichen (s. auch *Kreutz* § 16 Rdn. 72).

37 Die nach § 16 Abs. 2 Satz 3 zulässige **Bestellung betriebsfremder Gewerkschaftsmitglieder** scheidet bei dem Wahlvorstand für die Wahl zur Jugend- und Auszubildendenvertretung aus, da § 63 Abs. 3 von der entsprechenden Anwendung dieser Vorschrift absieht (*Brecht* § 63 Rn. 5; *Fitting* § 63 Rn. 26; *Fuchs* BlStSozArbR 1976, 113 [114]; *Galperin/Löwisch* § 63 Rn. 6; *Joost/MünchArbR* § 228 Rn. 25; *Richardi/Annuß* § 63 Rn. 13; *Rose/HWGNRH* § 63 Rn. 36; *Stege/Weinspach/Schiefer* §§ 60–70 Rn. 2; *Trittin/DKKW* § 63 Rn. 27). Aufgrund der ausdrücklichen Einschränkung der Verweisung in § 63 Abs. 3 kommt eine entsprechende Anwendung des § 16 Abs. 2 Satz 3 nicht in Betracht. Hierfür fehlt eine planwidrige Regelungslücke. Der im Betrieb vertretenen Gewerkschaft steht ihr Recht auf **Entsendung eines Beauftragten** (§ 63 Abs. 2 Satz 2 i. V. m. § 16 Abs. 1 Satz 6; vgl. Rdn. 27) jedoch auch bei einem gerichtlich bestellten Wahlvorstand zu.

38 Das Gericht bestellt nicht nur die Mitglieder des Wahlvorstands, sondern auch den **Vorsitzenden** (*Richardi/Annuß* § 63 Rn. 14). Unterlässt es dies, so sind die für die Bestellung durch den Betriebsrat geltenden Grundsätze anzuwenden (näher Rdn. 26). Das gilt auch für die Bestellung eines Stellvertreters für den Vorsitzenden des Wahlvorstands.

d) Ersatzbestellung durch Gesamt- oder Konzernbetriebsrat (§ 63 Abs. 3 i. V. m. § 16 Abs. 3)

39 Alternativ zu der Ersatzbestellung durch das Arbeitsgericht eröffnet § 63 Abs. 3 i. V. m. § 16 Abs. 3 die Möglichkeit, dass der Gesamt- bzw. Konzernbetriebsrat den Wahlvorstand bestellt. Anders als bei der Betriebsratswahl kommt dies nur in Betracht, wenn in dem Betrieb **ein Betriebsrat** existiert (*Fitting* § 63 Rn. 24), da dieser Voraussetzung für die Errichtung einer Jugend- und Auszubildendenvertretung ist (§ 60 Rdn. 38 ff.). Aus der Systematik des § 16 sowie der Verweisungsnorm des § 63 Abs. 3 folgt zudem, dass das Recht zur Bestellung des Wahlvorstands dem Gesamt- bzw. Konzernbetriebsrat

nur zusteht, wenn der Betriebsrat seiner Pflicht zur Bestellung des Wahlvorstands (s. Rdn. 9) nicht oder nicht fristgerecht nachkommt.

Das Recht zur ersatzweisen Bestellung des Wahlvorstands steht grundsätzlich nur dem **Gesamtbetriebsrat** zu; dem **Konzernbetriebsrat** ausschließlich dann, wenn in dem Unternehmen kein Gesamtbetriebsrat besteht. Anders als der Betriebsrat ist der Gesamt- oder Konzernbetriebsrat **nicht verpflichtet**, einen Wahlvorstand zu bestellen; § 16 Abs. 3 Satz 1 begründet lediglich eine Berechtigung (»kann«), deren Ausübung die Gesamt-Jugend- und Auszubildendenvertretung bzw. die Konzern-Jugend- und Auszubildendenvertretung jedoch über ihr Antragsrecht (§ 73 Abs. 2 i. V. m. § 67 Abs. 3 Satz 1; § 73b Abs. 2 i. V. m. § 67 Abs. 3 Satz 1) initiieren kann (s. Rdn. 11). 40

Der Gesamt- bzw. Konzernbetriebsrat ist grundsätzlich erst zur Bestellung des Wahlvorstands berechtigt, wenn die in § 63 Abs. 3 genannte Frist von **sechs Wochen** vor Ablauf der Amtszeit der Jugend- und Auszubildendenvertretung verstrichen ist. Die in § 63 Abs. 3 angeordnete entsprechende Anwendung des § 16 Abs. 3 erzwingt diese Modifizierung, da die Berechtigung des Gesamt- bzw. Konzernbetriebsrats als Alternative zur gerichtlichen Ersatzbestellung geschaffen wurde (*Reg. Begr.* BT-Drucks. 14/5741, S. 38) und deshalb nicht zu einem früheren Zeitpunkt erfolgen darf. Auch für die Bestellung des Wahlvorstands durch den Gesamt- bzw. Konzernbetriebsrat gilt deshalb der Grundsatz der Subsidiarität (s. auch Rdn. 34 f.). Eine kürzere als die in § 63 Abs. 3 genannte Frist gilt in Betrieben mit in der Regel **nicht mehr als fünfzig der in § 60 Abs. 1 genannten Arbeitnehmer**. Nach § 63 Abs. 4 Satz 2 ist die Bestellung des Wahlvorstands durch den Gesamt- bzw. Konzernbetriebsrat erst zulässig, wenn **drei Wochen** vor Ablauf der Amtszeit der Jugend- und Auszubildendenvertretung noch kein Wahlvorstand bestellt worden ist. Die Fristverkürzung sieht § 63 Abs. 4 Satz 2 für alle in § 63 Abs. 3 genannten Fälle vor; zu ihnen gehört wegen der Verweisung in § 63 Abs. 3 auf § 16 Abs. 3 auch die Ersatzbestellung des Wahlvorstands durch den Gesamt- bzw. Konzernbetriebsrat. 41

Hinsichtlich der **Zusammensetzung** des Wahlvorstands gelten wegen § 63 Abs. 3 i. V. m. § 16 Abs. 2 Satz 1 i. V. m. § 16 Abs. 1 die für das Arbeitsgericht maßgebenden Grundsätze entsprechend, wenn dieses einen Wahlvorstand bestellt (näher Rdn. 36 ff.); § 63 Abs. 3 beschränkt die Verweisung ausdrücklich auf § 16 Abs. 3 Satz 1, so dass die in § 16 Abs. 3 Satz 2 angeordnete entsprechende Anwendung des § 16 Abs. 1 ausscheidet. Wegen der Bezugnahme in § 63 Abs. 3 auf § 16 Abs. 2 Satz 1 sowie der dort angeordneten entsprechenden Anwendung des § 16 Abs. 1 war die Verweisung auf § 16 Abs. 3 Satz 2 entbehrlich. 42

2. Aufgaben des Wahlvorstands

Aus § 63 Abs. 2 Satz 2 i. V. m. § 18 Abs. 1 Satz 1 ergibt sich, dass der Wahlvorstand die gleichen Aufgaben wie der Wahlvorstand der Betriebsratswahl hat (dazu näher *Kreutz* § 18 Rdn. 6 ff.). Ihm obliegt die **Leitung der Wahl** im umfassenden Sinne (§ 38 Satz 1 WO i. V. m. § 1 Abs. 1 WO; vgl. *Fitting* § 63 Rn. 30 sowie zur Durchführung der Wahl hier Rdn. 47 ff.), insbesondere die **Aufstellung der Wählerliste** (§ 38 Satz 1 WO i. V. m. § 2 WO), in die die **ausschließlich passiv wahlberechtigten Arbeitnehmer** gesondert aufzunehmen sind (s. § 61 Rdn. 43 f.). Die Wählerlisten sind **getrennt nach den Geschlechtern** aufzustellen (§ 38 Satz 1 WO i. V. m. § 2 Abs. 1 Satz 1 WO); ferner hat der Wahlvorstand festzustellen, welches Geschlecht sich unter den in § 60 Abs. 1 genannten Arbeitnehmern in der Minderheit befindet und dementsprechend die **Mindestsitze für das Geschlecht in der Minderheit** (§ 62 Abs. 3) zu ermitteln (§ 38 Satz 1 WO i. V. m. § 5 WO). Aufgrund der in § 38 Satz 1 WO angeordneten entsprechenden Anwendung des § 2 WO stehen dem Wahlvorstand für die Wahl einer Jugend- und Auszubildendenvertretung zu (§ 2 Abs. 2 WO) **Informationsansprüche** zu (*BAG* 13.03.1991 EzA § 60 BetrVG 1972 Nr. 2 S. 6 = AP Nr. 2 zu § 60 BetrVG 1972 Bl. 3). Das gilt unabhängig von dem Bestellungsmodus; auch dem ersatzweise durch das Arbeitsgericht bzw. den Gesamt- oder Konzernbetriebsrat bestellten Wahlvorstand stehen die Informationsansprüche in § 2 Abs. 2 WO zu. Zur Rechtsstellung des Wahlvorstands als Organ und seiner Mitglieder *Kreutz* § 16 Rdn. 81 f., ferner hier Rdn. 76 ff. 43

Zur Unterstützung kann der Wahlvorstand für die Durchführung der Stimmabgabe und die Stimmauszählung **Wahlhelfer** heranziehen (§ 38 Satz 1 WO i. V. m. § 1 Abs. 2 WO). Im Unterschied zu den Mitgliedern des Wahlvorstands müssen diese jedoch »wahlberechtigte« Arbeitnehmer sein. Aufgrund 44

§ 63   III. 1. Betriebliche Jugend- und Auszubildendenvertretung

der »entsprechenden« Anwendung des § 1 Abs. 2 WO können nur solche Arbeitnehmer herangezogen werden, denen nach § 61 Abs. 1 das aktive Wahlrecht zusteht. Auf Arbeitnehmer, die ausschließlich zum Betriebsrat wahlberechtigt sind (§ 7), kann der Wahlvorstand nicht zugreifen. Das gilt auch für solche Arbeitnehmer, denen zwar das passive, nicht aber das aktive Wahlrecht zur Jugend- und Auszubildendenvertretung zusteht.

3. Ersetzung des Wahlvorstands (§ 63 Abs. 3 i. V. m. § 18 Abs. 1 Satz 2)

45 Kommt der vom Betriebsrat oder der ersatzweise vom Gericht bzw. dem Gesamt- oder Konzernbetriebsrat bestellte Wahlvorstand seiner Verpflichtung, die Wahl zur Jugend- und Auszubildendenvertretung unverzüglich einzuleiten, sie durchzuführen und das Wahlergebnis festzustellen (§ 63 Abs. 2 Satz 2 i. V. m. § 18 Abs. 1 Satz 1 bzw. § 63 Abs. 3 i. V. m. § 18 Abs. 1 Satz 1), nicht nach, so ersetzt ihn das Arbeitsgericht auf Antrag von mindestens drei »wahlberechtigten« Arbeitnehmern oder einer im Betrieb vertretenen Gewerkschaft (wie hier für eine Ausdehnung des Verfahrens auf den von Gesamt- oder Konzernbetriebsrat bestellten Wahlvorstand *Roloff/WPK* § 63 Rn. 14), wobei wiederum auch jugendlichen Arbeitnehmern (s. § 60 Rdn. 22 ff.) das Antragsrecht ausdrücklich zuerkannt wird (§ 63 Abs. 3 i. V. m. § 18 Abs. 1 Satz 2). Hinsichtlich der **Antragsberechtigung** gelten die Ausführungen zur gerichtlichen Ersatzbestellung (oben Rdn. 29 ff.) entsprechend. Mit Ausnahme der im Betrieb vertretenen Gewerkschaft sind nur diejenigen Arbeitnehmer antragsberechtigt, denen ein aktives Wahlrecht zur Jugend- und Auszubildendenvertretung zusteht (**a. M.** *Fitting* § 63 Rn. 27; *Richardi/Annuß* § 63 Rn. 20; *Wlotzke* § 63 Anm. 2b, die weitergehend auch denjenigen Arbeitnehmern, die nur für den Betriebsrat wahlberechtigt sind, das Antragsrecht zubilligen; dazu auch Rdn. 31).

46 Hinsichtlich der nach § 63 Abs. 3 i. V. m. § 18 Abs. 1 Satz 2 vorgesehenen Ersatzbestellung gelten die aus § 16 Abs. 2 Satz 1 i. V. m. § 16 Abs. 1 folgenden Grundsätze (**a. M.** jedoch *Kraft* 4. Aufl., Nachtrag zu Bd. I, § 63 Rn. 6). Eine gesonderte Verweisung auf § 16 Abs. 2 – wie sie § 18 Abs. 1 Satz 3 vorsieht – ist hierfür entbehrlich, da § 63 Abs. 3 bereits auf § 16 Abs. 2 Satz 1 und 2 verweist und sich diese Verweisung nicht nur auf die gerichtliche Ersatzbestellung, sondern auch auf die Ersetzung des Wahlvorstands nach § 18 Abs. 1 Satz 2 bezieht.

4. Durchführung der Wahl

a) Einleitung der Wahl

47 Für die Durchführung der Wahl (hierzu die Muster bei *Pulte* Jugend- und Auszubildendenvertretung, S. 88 ff.) verweist § 63 Abs. 2 Satz 2 auf einzelne Vorschriften, die für die Wahl zum Betriebsrat gelten. Hinsichtlich der Einleitung der Wahl durch **Aufstellung der Wählerliste** und **Aushang des Wahlausschreibens** sind die für die Betriebsratswahl geltenden Grundsätze anzuwenden (§ 38 Satz 1 WO i. V. m. §§ 2, 3 WO). Das gilt entsprechend für die Aufteilung der Sitze in der Jugend- und Auszubildendenvertretung nach dem Geschlecht (§ 38 Satz 1 WO i. V. m. § 5 WO). Nach dem Wahlsystem für die Wahl der Jugend- und Auszubildendenvertretung (oben Rdn. 2, 7) ist zwischen der Wahl nach den Grundsätzen der Verhältniswahl (§ 63 Abs. 2 Satz 1 i. V. m. § 14 Abs. 2 Satz 1 sowie Rdn. 48 ff.) und der Mehrheitswahl (§ 63 Abs. 2 Satz 2 i. V. m. § 14 Abs. 2 Satz 2 sowie Rdn. 64 ff.) zu unterscheiden.

b) Wahl nach den Grundsätzen der Verhältniswahl (§ 63 Abs. 2 Satz 2 i. V. m. § 14 Abs. 2 Satz 1)

aa) Anwendungsbereich

48 Nach den Grundsätzen der **Verhältniswahl** ist die Wahl der Jugend- und Auszubildendenvertretung **zwingend durchzuführen**, wenn die Jugend- und Auszubildendenvertretung aus sieben oder mehr Mitgliedern besteht. Bei dieser Größenordnung kommt es nur dann zu einer Mehrheitswahl, wenn lediglich eine Vorschlagsliste eingereicht wird (§ 63 Abs. 2 Satz 2 i. V. m. § 14 Abs. 2 Satz 2 Halbs. 1; näher s. Rdn. 65 f.). Umgekehrt ist eine **Verhältniswahl zwingend ausgeschlossen**, wenn eine Jugend- und Auszubildendenvertretung zu wählen ist, die aus nicht mehr als drei Mitgliedern besteht. In diesem Fall sind in dem Betrieb in der Regel nicht mehr als fünfzig der in § 60 Abs. 1 genannten Arbeitnehmer beschäftigt, so dass nach § 63 Abs. 4 Satz 1 zwingend das vereinfachte Wahlverfahren

(§ 14a) durchzuführen ist, für das § 14 Abs. 2 Satz 2 Halbs. 2 die Grundsätze der Mehrheitswahl vorschreibt (dazu Rdn. 67 f.).

Bei der Wahl einer aus **fünf Mitgliedern** bestehenden Jugend- und Auszubildendenvertretung erfolgt **49** die Wahl grundsätzlich als **Verhältniswahl**. Eine **Mehrheitswahl** kommt nur in Betracht, wenn in dem Betrieb in der Regel **nicht mehr als 100 der in § 60 Abs. 1 genannten Arbeitnehmer** beschäftigt sind. In dieser Konstellation kann der Wahlvorstand nach § 63 Abs. 5 i. V. m. § 14a Abs. 5 mit dem Arbeitgeber die Anwendung des vereinfachten Wahlverfahrens vereinbaren (näher *Jacobs* § 14a Rdn. 112), so dass § 14 Abs. 2 Satz 2 Halbs. 2 zur Anwendung gelangt.

bb) Vorschlagslisten
Sofern die Wahl der **Jugend- und Auszubildendenvertretung** nach den Grundsätzen der **Verhält- 50 niswahl** durchzuführen ist, erfolgt diese aufgrund von **Vorschlagslisten** (§ 39 Abs. 1 Satz 1 WO). Diese sind von den wahlberechtigten Arbeitnehmern binnen zwei Wochen nach Erlass des Wahlausschreibens (§ 38 Satz 1 WO i. V. m. § 3 WO) beim Wahlvorstand einzureichen (§ 39 Abs. 1 Satz 2 WO i. V. m. § 6 Abs. 1 Satz 2 WO; näher *Jacobs* § 6 WO Rdn. 4 f.). Zu den **vorschlagsberechtigen Arbeitnehmern** gehören nur die in § 60 Abs. 1 genannten Personen (*Löwisch/LK* § 63 Rn. 5; *Richardi/Annuß* § 63 Rn. 26; *Rose/HWGNRH* § 63 Rn. 5). Aus dem Erfordernis einer Mindestunterstützung der Vorschlagsliste durch »wahlberechtigte« Arbeitnehmer (dazu Rdn. 53), das dazu dient, nur Vorschläge mit ernsthafter Aussicht auf Erfolg zur Wahl zu stellen (s. *Jacobs* § 14 Rdn. 52), folgt indirekt, dass nur diejenigen Arbeitnehmer vorschlagsberechtigt sind, denen das **aktive Wahlrecht** zusteht. Das passive Wahlrecht, das bei der Wahl zur Jugend- und Auszubildendenvertretung weiter gefasst ist (s. dazu § 61 Rdn. 22), berechtigt für sich allein noch nicht dazu, einen Wahlvorschlag zu unterstützen. Zu der von einer im Betrieb vertretenen Gewerkschaft aufgestellten Vorschlagsliste s. Rdn. 54.

Jede Vorschlagsliste soll mindestens **doppelt so viele Bewerber** aufweisen, wie in dem Wahlvorgang **51** Mitglieder der Jugend- und Auszubildendenvertretung zu wählen sind (§ 39 Abs. 1 Satz 2 WO i. V. m. § 6 Abs. 2 WO). Eine Nichtbeachtung dieser Ordnungsvorschrift berührt aber nicht die Rechtmäßigkeit der Wahl (*Jacobs* § 6 WO Rdn. 7). Der Wahlvorstand darf eine Vorschlagsliste, die weniger Bewerber aufweist, nicht aus diesem Grunde zurückweisen, anderenfalls ist die Wahl nach § 63 Abs. 2 Satz 2 i. V. m. § 19 anfechtbar (BAG 29.06.1965 AP Nr. 11 zu § 13 BetrVG Bl. 2 R [zust. *Küchenhoff*]; *Jacobs* § 6 WO Rdn. 7).

Jeder Bewerber darf nur auf **einer** Vorschlagsliste benannt werden (§ 39 Abs. 1 Satz 2 WO i. V. m. § 6 **52** Abs. 7 Satz 1 WO; näher *Jacobs* § 6 WO Rdn. 20 f.). Die Bewerber sind in erkennbarer **Reihenfolge** unter fortlaufender Nummer und unter Angabe von Familienname, Vorname, Geburtsdatum, Art der Beschäftigung im Betrieb und Ausbildungsberuf in der Vorschlagsliste aufzuführen (§ 39 Abs. 1 Satz 3 WO i. V. m. § 6 Abs. 3 WO). Die Angabe der Arbeitnehmergruppe unterbleibt, da die Wahl zur Jugend- und Auszubildendenvertretung keine Gruppenwahl kennt (s. Rdn. 6). Zu der Aufnahme in die Vorschlagsliste muss der Vorgeschlagene seine Zustimmung erklären (§ 39 Abs. 2 Satz 2 WO i. V. m. § 6 Abs. 3 Satz 2 WO; näher *Jacobs* § 6 WO Rdn. 11). Zur Problematik, ob für die Kandidatur unter Umständen die Zustimmung eines gesetzlichen Vertreters erforderlich ist, § 61 Rdn. 28 ff.

Hinsichtlich der **Unterzeichnung** der **Vorschlagslisten**, die **von den in § 60 Abs. 1 genannten 53 Arbeitnehmern aufgestellt** sind, verweist § 63 Abs. 2 Satz 2 auf § 14 Abs. 4. Die Unterzeichnung durch 5 % der Arbeitnehmer i. S. d. § 60 Abs. 1 ist hiernach ausreichend, aber auch erforderlich. In jedem Fall genügt die Unterzeichnung durch fünfzig Wahlberechtigte (§ 14 Abs. 4 Satz 2). Die Sonderregelung in § 14 Abs. 4 Satz 1 Halbs. 2 (Unterzeichnung durch zwei Wahlberechtigte), auf die § 63 Abs. 2 Satz 2 ebenfalls verweist, kommt bei der Wahl einer Jugend- und Auszubildendenvertretung nach den Grundsätzen der Verhältniswahl wegen der nach § 62 Abs. 1 erforderlichen Mindestbeschäftigtenzahl (21 Arbeitnehmer) nicht zur Anwendung (s. Rdn. 48). Die Unterschrift eines Wahlberechtigten zählt nur auf einer Vorschlagsliste (§ 39 Abs. 1 Satz 2 WO i. V. m. § 6 Abs. 5 Satz 1 WO). Der Wahlvorstand ist verpflichtet, auf die Beseitigung einer **Doppelunterzeichnung** hinzuwirken (§ 39 Abs. 1 Satz 2 WO i. V. m. § 6 Abs. 5 Satz 2 und 3 WO; näher *Jacobs* § 6 WO Rdn. 18). Haben Arbeitnehmer die Vorschlagsliste unterzeichnet, denen das aktive (gegebenenfalls aber das passive) Wahlrecht nicht zusteht (s. Rdn. 43), ist deren Unterschrift zu streichen. Unterschreitet die Zahl der Stützunterschriften dadurch das gesetzlich vorgeschriebene Mindestquorum, so liegt eine ungültige Vorschlagsliste vor (§ 39 Abs. 1 Satz 2 WO i. V. m. § 8 Abs. 1 Nr. 3 WO; näher *Jacobs* § 8 WO Rdn. 3). Die fehlenden Unterschriften können jedoch innerhalb der Einreichungsfrist ergänzt werden (*Jacobs* § 8 WO Rdn. 2). Unterbleibt dies, so ist die Vorschlagsliste ungültig, ohne dass eine Nachfrist (§ 39 Abs. 1 Satz 2 WO i. V. m. § 8 Abs. 2 WO) in Betracht kommt.

54 Vorschlagslisten können auch durch eine **im Betrieb vertretene Gewerkschaft** eingereicht werden (§ 63 Abs. 2 Satz 2 i. V. m. § 14 Abs. 3; näher *Jacobs* § 14 Rdn. 78 ff.). Das Vorschlagsrecht besteht unabhängig davon, ob in dem Betrieb bereits eine Jugend- und Auszubildendenvertretung existiert. Die Vorschlagsliste ist ebenfalls zu unterzeichnen. Hierfür genügt die Unterschrift von zwei Beauftragten (§ 63 Abs. 2 Satz 2 i. V. m. § 14 Abs. 5); Betriebszugehörigkeit ist bei ihnen nicht erforderlich (*Jacobs* § 14 Rdn. 93, m. w. N.). Bei fehlenden und zu wenigen Unterschriften ist die Vorschlagsliste ungültig (§ 39 Abs. 1 Satz 2 WO i. V. m. § 27 Abs. 2 WO). Im Übrigen gelten für Vorschlagslisten der im Betrieb vertretenen Gewerkschaft dieselben Formalien wie bei Vorschlagslisten von den in § 60 Abs. 1 genannten Arbeitnehmern (§ 39 Abs. 1 Satz 2 WO i. V. m. § 27 Abs. 1 WO).

cc) Prüfung der Vorschlagslisten

55 Der **Wahlvorstand** hat die eingereichten Vorschlagslisten **unverzüglich** nach Ablauf der mit Erlass des Wahlausschreibens beginnenden Zwei-Wochen-Frist (§ 39 Abs. 1 Satz 1 WO i. V. m. § 6 Abs. 1 Satz 2 WO) zu **prüfen** (§ 39 Abs. 1 Satz 2 WO i. V. m. § 7 WO). Die Gültigkeit der Vorschlagslisten beurteilt sich nach § 8 WO (§ 39 Abs. 1 Satz 2 WO). Liegt keine gültige Vorschlagsliste vor, so muss der Wahlvorstand eine **Nachfrist** von einer Woche setzen (§ 39 Abs. 1 Satz 2 WO i. V. m. § 9 Abs. 1 WO). Die Nachfristsetzung i. S. d. § 9 WO hat jedoch stets dann zu unterbleiben, wenn wenigstens eine gültige Vorschlagsliste vorliegt. Ist dies der Fall, so kann eine Nachfrist i. S. des § 9 WO auch nicht zu dem Zweck eingeräumt werden, dass bei einer Vorschlagsliste die Zahl der Unterstützungsunterschriften bis zum gesetzlichen Minimum ergänzt wird.

dd) Wahlvorgang

56 Bei **mehreren Vorschlagslisten** kann der Wahlberechtigte seine Stimme nur **für eine Vorschlagsliste** abgeben (§ 39 Abs. 2 Satz 1 WO). Für die Gestaltung der Stimmzettel gelten die Regeln für die Betriebsratswahl mit der Maßgabe, dass auch der Ausbildungsberuf anzugeben ist (§ 39 Abs. 2 Satz 2 WO i. V. m. § 11 Abs. 2 WO).

57 Hinsichtlich des eigentlichen Wahlvorgangs gelten für die Wahl der Jugend- und Auszubildendenvertretung keine Besonderheiten (§ 39 Abs. 2 Satz 2 WO i. V. m. § 12 WO). Bezüglich der Möglichkeit einer **schriftlichen Stimmabgabe** sind die §§ 24 bis 26 entsprechend anzuwenden (§ 39 Abs. 4 WO).

ee) Stimmenauszählung

58 Die **Auszählung** der Stimmen nimmt der Wahlvorstand **öffentlich** vor (zu den Einzelheiten *Kreutz* § 18 Rdn. 32 ff.). Das legt § 63 Abs. 2 Satz 2 i. V. m. § 18 Abs. 3 Satz 1 (s. Rdn. 3) ausdrücklich fest, galt jedoch auch schon nach der früheren Rechtslage (§ 31 Abs. 2 Halbs. 2 WO a. F. i. V. m. den §§ 21 Abs. 3, 12 WO a. F.). Die Gesetzesänderung hat daher nur klarstellende Bedeutung (Begründung des Gesetzesentwurfs, BT-Drucks. 11/2503, S. 35; *Engels/Natter* BB 1989, Beilage Nr. 8, S. 24 Fn. 220). Der Öffentlichkeitsgrundsatz wird zusätzlich durch § 39 Abs. 2 Satz 2 WO i. V. m. § 13 WO abgesichert.

59 Bei der **Verteilung** der zu vergebenden Sitze in der Jugend- und Auszubildendenvertretung ist bei **mehreren Vorschlagslisten** das **d'Hondtsche Höchstzahlenverfahren** anzuwenden (§ 39 Abs. 2 Satz 2 WO i. V. m. § 15 WO; näher hierzu *Jacobs* § 14 Rdn. 32 ff.). Dies gilt nicht, wenn die Wahl mit nur **einer Vorschlagsliste** durchgeführt wird, da in dieser Konstellation das **Mehrheitswahlrecht** gilt (§ 63 Abs. 2 Satz 2 i. V. m. § 14 Abs. 2 Satz 2 sowie Rdn. 65 f.). Befindet sich unter den nach den vorstehenden Grundsätzen ermittelten Bewerbern nicht eine ausreichende Anzahl von Bewerbern, um den Anforderungen des § 62 Abs. 3 zu entsprechen, dann findet das Verfahren nach § 15 Abs. 5 WO Anwendung (§ 39 Abs. 2 Satz 2 WO).

ff) Bekanntmachung

Nach Ermittlung der gewählten Arbeitnehmer hat der Wahlvorstand eine **Wahlniederschrift** anzufertigen, die von dem Vorsitzenden und mindestens einem weiteren stimmberechtigten Mitglied zu **unterzeichnen** ist (§ 39 Abs. 2 Satz 2 WO i. V. m. § 16 WO). Die Unterzeichnung durch einen in den Wahlvorstand entsandten Beauftragten der im Betrieb vertretenen Gewerkschaft (§ 63 Abs. 2 Satz 2 i. V. m. § 16 Abs. 1 Satz 6) reicht wegen seines fehlenden Stimmrechts nicht aus. Dem Arbeitgeber und den im Betrieb vertretenen Gewerkschaften ist eine Abschrift zu übersenden (§ 63 Abs. 2 Satz 2 i. V. m. § 18 Abs. 3 Satz 2). 60

Anschließend erfolgt die **Benachrichtigung** der gewählten Arbeitnehmer. Erklären sie nicht innerhalb von drei Arbeitstagen nach Zugang der Benachrichtigung, dass sie die Wahl ablehnen, gilt die Wahl als angenommen (§ 39 Abs. 2 Satz 2 WO i. V. m. § 17 Abs. 1 Satz 2 WO; näher *Jacobs* § 17 WO Rdn. 3). Lehnt der Gewählte die Wahl ab, dann tritt bei der **Verhältniswahl** der nach ihm auf derselben Vorschlagsliste nicht gewählte Bewerber an seine Stelle (§ 39 Abs. 2 Satz 2 WO i. V. m. § 17 Abs. 2 WO). Bei der **Mehrheitswahl** tritt der nicht gewählte Bewerber mit der nächst höheren Stimmenzahl an die Stelle des Gewählten, der die Wahl ablehnt (§ 39 Abs. 3 Satz 2 WO i. V. m. § 23 Abs. 2 WO). 61

Sobald die Namen der Mitglieder der Jugend- und Auszubildendenvertretung endgültig feststehen, hat der Wahlvorstand sie durch einen zweiwöchigen **Aushang** bekanntzugeben (§ 39 Abs. 2 Satz 2 WO i. V. m. § 18 Satz 1 WO). Hinsichtlich Art und Form der Bekanntmachung gelten dieselben Grundsätze wie für das Wahlausschreiben (dazu näher *Jacobs* § 3 WO Rdn. 26). 62

Mit der Bekanntgabe des Wahlergebnisses beginnt die Amtszeit der Jugend- und Auszubildendenvertretung, wenn zu diesem Zeitpunkt keine Jugend- und Auszubildendenvertretung besteht (§ 64 Abs. 2 Satz 2; näher hierzu § 64 Rdn. 19). Besteht in dem Betrieb bereits eine Jugend- und Auszubildendenvertretung, löst die Bekanntgabe des Wahlergebnisses keine Rechtsfolgen aus (s. auch § 64 Rdn. 19). 63

c) Wahl nach den Grundsätzen der Mehrheitswahl (§ 63 Abs. 2 Satz 2 i. V. m. § 14 Abs. 2 Satz 2)

aa) Grundsatz

Zu einer Anwendung der Grundsätze der Mehrheitswahl kommt es in zwei unterschiedlichen Fällen, die beide in § 14 Abs. 2 Satz 2 (§ 63 Abs. 2 Satz 2) genannt sind. Der erste Fall betrifft die Sondersituation, dass in dem Betrieb die Jugend- und Auszubildendenvertretung zwar an sich nach den Grundsätzen der Verhältniswahl zu wählen ist (s. Rdn. 48), hierfür aber **nur eine gültige Vorschlagsliste** eingereicht wird. Da in dieser Konstellation eine Wahl zwischen Vorschlagslisten ausgeschlossen ist, schreibt § 14 Abs. 2 Satz 2 Halbs. 1 die Durchführung einer Mehrheitswahl vor. Den zweiten Fall betrifft die Wahl nach dem **vereinfachten Wahlverfahren** (§ 14 Abs. 2 Satz 2 Halbs. 2), das nach § 63 Abs. 4 Satz 1 zwingend anzuwenden ist, wenn in dem Betrieb in der Regel nicht mehr als fünfzig der in § 60 Abs. 1 genannten Arbeitnehmer beschäftigt sind (s. Rdn. 48). 64

bb) Wahl bei nur einer gültigen Vorschlagsliste

Wurde für die Wahl der Jugend- und Auszubildendenvertretung nur eine gültige Vorschlagsliste eingereicht, so ordnet § 39 Abs. 3 WO grundsätzlich die Anwendung der §§ 20 Abs. 2 und 3, 21 bis 23 WO an; ergänzend gelten für die schriftliche Stimmabgabe die §§ 24 bis 26 WO (§ 39 Abs. 4 WO). Da für die Wahl die Grundsätze der Mehrheitswahl gelten, darf der Wähler so viele Bewerber ankreuzen, wie Mitglieder der Jugend- und Auszubildendenvertretung zu wählen sind (arg. e § 39 Abs. 3 Satz 2 WO i. V. m. § 20 Abs. 3 Satz 1 WO). Hinsichtlich des **Wahlvorgangs** und der **öffentlichen Stimmenauszählung** gelten dieselben Grundsätze wie bei einer Verhältniswahl (§ 39 Abs. 3 Satz 2 WO i. V. m. § 20 Abs. 3 Satz 2 WO i. V. m. den §§ 12, 13 WO sowie Rdn. 56 bis 59). 65

Bei der **Ermittlung der Gewählten** werden zunächst die nach § 15 Abs. 2 notwendigen Mindestsitze vergeben (§ 39 Abs. 3 Satz 2 WO i. V. m. § 22 Abs. 1 WO), für die verbleibenden Sitze ist die Reihenfolge der Stimmenzahlen maßgebend (§ 39 Abs. 3 Satz 2 WO i. V. m. § 22 Abs. 2 WO). Hin- 66

§ 63   *III. 1. Betriebliche Jugend- und Auszubildendenvertretung*

sichtlich der **Bekanntmachung**, der **Wahlniederschrift** sowie der **Ablehnung der Wahl** vgl. § 39 Abs. 3 Satz 2 WO i. V. m. § 23 WO).

cc) Wahl im vereinfachten Wahlverfahren

67   Erfolgt die Mehrheitswahl aufgrund des vereinfachten Wahlverfahrens (§ 63 Abs. 4 Satz 1 i. V. m. § 14a Abs. 3), so wird die Jugend- und Auszubildendenvertretung in geheimer und unmittelbarer Wahl auf einer **Wahlversammlung** gewählt. Wahlberechtigten Arbeitnehmern, die an dieser nicht teilnehmen können, ist Gelegenheit zur **schriftlichen Stimmabgabe** zu geben (§ 14a Abs. 5 i. V. m. den §§ 36 Abs. 4, 35 WO).

68   Die Wahlversammlung beraumt der Wahlvorstand im Rahmen des **Wahlausschreibens** an (§ 40 Abs. 1 WO i. V. m. den §§ 36 Abs. 3 Satz 1, 31 Abs. 1 Satz 3 Nr. 11 WO). Diese soll wegen der Möglichkeit einer nachträglichen Stimmabgabe mehr als eine Woche vor dem Tag stattfinden, an dem die Amtszeit einer amtierenden Jugend- und Auszubildendenvertretung endet (§ 40 Abs. 1 WO i. V. m. § 36 Abs. 2 Satz 3 WO). Bis zu einer Woche vor der Wahlversammlung können **Wahlvorschläge** eingereicht werden (§ 14a Abs. 3 Satz 2 i. V. m. den §§ 40 Abs. 1, 36 Abs. 5 WO), die von dem Mindestquorum in § 14 Abs. 4 unterstützt werden müssen (§ 14a Abs. 3 Satz 3). Für einen Wahlvorschlag der im Betrieb vertretenen Gewerkschaft gilt das nicht (§ 14 Abs. 3). Die Einzelheiten für die Wahlvorschläge regelt § 36 Abs. 5 Satz 2 WO i. V. m. § 6 Abs. 2 bis 5 WO sowie den §§ 7 und 8 WO. Für das **Wahlverfahren** gelten die allgemeinen Grundsätze der Mehrheitswahl (§ 40 Abs. 1 Satz 2 WO i. V. m. den §§ 36 Abs. 4, 34 WO). Hinsichtlich der **Bekanntmachung** der Gewählten gelten dieselben Grundsätze wie bei der Einreichung nur einer gültigen Vorschlagsliste (§ 40 Abs. 1 Satz 2 WO i. V. m. den §§ 36 Abs. 4, 34 Abs. 3, 23 Abs. 1 WO).

IV. Wahlkosten und Wahlschutz

69   Hinsichtlich der **Wahlkosten** verweist § 63 Abs. 2 Satz 2 auf die für die Betriebsratswahl geltende Regelung in § 20 Abs. 3 Satz 1 (hierzu *Kreutz* § 20 Rdn. 55 ff.). Dies gilt auch für die durch die Wahl der Jugend- und Auszubildendenvertretung bedingte **Arbeitsversäumnis** (§ 20 Abs. 3 Satz 2; hierzu *Kreutz* § 20 Rdn. 64 ff.).

70   Für die Wahl der Jugend- und Auszubildendenvertretung übernimmt § 63 Abs. 2 Satz 2 ferner den bei der Betriebsratswahl in § 20 Abs. 1 und 2 normierten **Schutz** (dazu näher *Kreutz* § 20 Rdn. 7 ff., 26 ff.). Er wird ergänzt durch den Straftatbestand in § 119 Abs. 1 Nr. 1 (näher zu diesem § 60 Rdn. 61 ff.).

71   Der in § 15 KSchG i. V. m. § 103 verankerte **Sonderkündigungsschutz** für Mitglieder des Wahlvorstands sowie die Wahlbewerber gilt auch im Rahmen der Wahl einer Jugend- und Auszubildendenvertretung. Sowohl der Wahlvorstand einer Wahl zur Jugend- und Auszubildendenvertretung als auch die Bewerber sind nach Maßgabe der bei Wahlbewerbern zum Betriebsrat zu beachtenden Voraussetzungen (dazu *Raab* § 103 Rdn. 6) in den Anwendungsbereich des Sonderkündigungsschutzes einbezogen (*Fitting* § 63 Rn. 17; *Fuchs* BlStSozArbR 1976, 113 [115]; *Galperin/Löwisch* § 63 Rn. 14; *Joost/MünchArbR* § 228 Rn. 30; *Natter* AR-Blattei SD 530.13, Rn. 40; *Richardi/Annuß* § 63 Rn. 30; *Rose/HWGNRH* § 63 Rn. 20; *Trittin/DKKW* § 63 Rn. 12). Das gilt auch für den von der im Betrieb vertretenen Gewerkschaft entsandten Beauftragten, da dieser nicht an den Sitzungen des Wahlvorstands teilnimmt, sondern diesem formell als Mitglied angehört (näher *Kreutz* § 16 Rn. 57). Wegen der Verweisung in § 103 Abs. 3 auf § 103 Abs. 1 gilt der **Versetzungsschutz** § 103 Abs. 3 auch für die Mitglieder des Wahlvorstands sowie die Wahlbewerber (*Fitting* § 63 Rn. 17; *Rose/HWGNRH* § 63 Rn. 20).

72   Die Mitglieder des Wahlvorstands und die Wahlbewerber sind nicht in den personellen **Schutzbereich des § 78a** einbezogen (*Fitting* § 63 Rn. 17; *Joost/MünchArbR* § 228 Rn. 30; *Natter* AR-Blattei SD 530.13, Rn. 40; *Richardi/Annuß* § 63 Rn. 30; *Rose/HWGNRH* § 63 Rn. 21; *Trittin/DKKW* § 63 Rn. 13 sowie hier § 78a Rdn. 31). Obwohl sich der durch § 20 Abs. 1 etablierte Schutz auch auf den Wahlvorstand und die Wahlbewerber erstreckt, steht diese Vorschrift einer Beendigung

Wahlvorschriften § 63

des Berufsausbildungsverhältnisses gemäß § 21 BBiG nicht entgegen. Die Tätigkeit des Wahlvorstands oder die (erfolglose) Kandidatur zur Jugend- und Auszubildendenvertretung führt auch über § 20 Abs. 1 nicht dazu, dass der Arbeitgeber verpflichtet ist, Auszubildende in ein unbefristetes Arbeitsverhältnis zu übernehmen (ebenso *Trittin/DKKW* § 63 Rn. 13).

V. Wahlanfechtung

Für die Anfechtung der Wahl zur Jugend- und Auszubildendenvertretung verweist § 63 Abs. 2 Satz 2 **73** ohne Einschränkungen auf die Regelung für die Betriebsratswahl in § 19. Die dort anerkannte Differenzierung zwischen der anfechtbaren und der nichtigen Wahl (s. *Kreutz* § 19 Rdn. 2, 143) gilt auch für die Wahl der Jugend- und Auszubildendenvertretung (*Düttmann/Zachmann* Die Jugendvertretung, Rn. 111; *Fitting* § 63 Rn. 15; *Galperin/Löwisch* § 63 Rn. 13; *Koch/ErfK* §§ 60–70 BetrVG Rn. 2; *Richardi/Annuß* § 63 Rn. 32; *Rose/HWGNRH* § 63 Rn. 15 ff.; *Sittard/HWK* § 63 BetrVG Rn. 5; *Trittin/DKKW* § 63 Rn. 11).

Eine **nichtige Wahl** liegt insbesondere (näher *Kreutz* § 19 Rdn. 150 f.) vor: **74**
— wenn die Wahl außerhalb des in § 64 Abs. 1 genannten Zeitraums durchgeführt wird, ohne dass einer der in § 13 Abs. 2 Nr. 2 bis 6 genannten Sachverhalte vorliegt (*Pulte* Jugend- und Auszubildendenvertretung, S. 10; *Weiss/Weyand* § 64 Rn. 2);
— wenn statt einer gemeinsamen Wahl eine Gruppenwahl durchgeführt wird (s. § 62 Rdn. 26);
— wenn in dem Betrieb kein Betriebsrat existiert (s. § 60 Rdn. 38);
— wenn der Kreis der aktiv wahlberechtigten Arbeitnehmer aufgrund einer von § 61 Abs. 1 abweichenden kollektivvertraglichen Regelung (Tarifvertrag oder Betriebsvereinbarung) festgelegt wird (s. § 61 Rdn. 1);
— wenn eine Jugend- und Auszubildendenvertretung errichtet wird, obwohl in dem Betrieb in der Regel weniger als fünf Arbeitnehmer i. S. des § 60 Abs. 1 beschäftigt sind (s. § 60 Rdn. 15);
— wenn die Jugend- und Auszubildendenvertretung in Abweichung von dem für die Betriebsratswahl maßgebenden Betriebsbegriff gebildet wird, ohne dass sich zwischenzeitlich die hierfür maßgeblichen tatsächlichen Verhältnisse geändert haben (s. § 60 Rdn. 14).

Zur **Wahlanfechtung** berechtigen insbesondere (des Weiteren *Kreutz* § 19 Rdn. 31 ff.) folgende Ver- **75** stöße gegen zwingende Vorschriften des Wahlrechts:
— Nichtbeachtung der in § 62 Abs. 1 festgelegten Größe der Jugend- und Auszubildendenvertretung (*BAG* 22.11.1984 EzA § 64 BetrVG 1972 Nr. 1 S. 2 = AP Nr. 1 zu § 64 BetrVG 1972 Bl. 1 R; 04.04.1990 EzA § 60 BetrVG 1972 Nr. 1 S. 3 = AP Nr. 1 zu § 60 BetrVG 1972 Bl. 1 R sowie § 62 Rdn. 21);
— Verkennung des Betriebsbegriffs (s. § 60 Rdn. 14);
— Zurückweisung einer ordnungsgemäßen Vorschlagsliste durch den Wahlvorstand (s. Rdn. 55);
— Wahl von Arbeitnehmern, denen das passive Wahlrecht oder die Befugnis zu dessen Ausübung fehlt (s. § 61 Rdn. 48);
— die Wahl entgegen § 63 Abs. 4 i. V. m. § 14a nach Vorschlagslisten durchgeführt wird oder unter Verstoß gegen § 63 Abs. 2 Satz 2 i. V. m. § 14 Abs. 2 Satz 1 eine Mehrheitswahl durchgeführt wird.

Als nicht zur Anfechtung berechtigende Verfahrensverstöße kommen vor allem in Betracht: **76**
— Nichtbeachtung von § 62 Abs. 2 bei der Zusammensetzung der Jugend- und Auszubildendenvertretung (s. § 62 Rdn. 16);
— Vorschlagsliste mit zu wenig Bewerbern (s. Rdn. 51).

Anfechtungsberechtigt sind nur der Arbeitgeber, eine im Betrieb vertretene Gewerkschaft sowie **77** drei nach § 61 Abs. 1 wahlberechtigte Arbeitnehmer. Da § 63 Abs. 2 Satz 2 eine entsprechende Anwendung vorschreibt, muss sich bei den Letztgenannten die Wahlberechtigung stets auf das **aktive Wahlrecht** zur Jugend- und Auszubildendenvertretung beziehen (ebenso *Fitting* § 63 Rn. 15; *Galperin/Löwisch* § 63 Rn. 10; *Joost/MünchArbR* § 228 Rn. 32; *Kloppenburg/HaKo* § 63 Rn. 20; *Natter* AR-Blattei SD 530.13, Rn. 39; *Richardi/Annuß* § 63 Rn. 31; *Rose/HWGNRH* § 63 Rn. 15; *Trittin/DKKW* § 63 Rn. 10). Ein aktives Wahlrecht für die Betriebsratswahl (§ 7) ist deshalb unbeachtlich.

§ 64 *III. 1. Betriebliche Jugend- und Auszubildendenvertretung*

Keine Anfechtungsberechtigung besitzen daher Wahlbewerber, denen für die Wahl zur Jugend- und Auszubildendenvertretung das passive, nicht aber auch das aktive Wahlrecht zusteht.

78 Mit Beendigung der Amtsperiode (§ 64 Abs. 2 Satz 3 bis 5) entfällt das **Rechtsschutzbedürfnis** für ein Wahlanfechtungsverfahren. Eine gerichtliche Entscheidung wäre wegen der *ex nunc*-Wirkung des rechtskräftigen Beschlusses rechtlich bedeutungslos, da die infolge des fehlerhaften Wahlaktes inaugurierte Jugend- und Auszubildendenvertretung bereits nicht mehr existiert (*BAG* 13.03.1991 EzA § 19 BetrVG 1972 Nr. 29 S. 3 = AP Nr. 20 zu § 19 BetrVG 1972 Bl. 1 R; s. aber auch *BVerwG* 05.10.1989 PersV 1990, 230 [230], das für ein Feststellungsverfahren das Rechtsschutzinteresse dann bejaht, wenn sich der tatsächliche Vorgang, der zur Einleitung des Verfahrens geführt hat, mit hoher Wahrscheinlichkeit wiederholen wird). Fehlt das Rechtsschutzinteresse, dann ist der Antrag unzulässig (*BAG* 13.03.1991 EzA § 19 BetrVG 1972 Nr. 29 S. 2 = AP Nr. 20 zu § 19 BetrVG 1972 Bl. 1 R; *Kreutz* § 19 Rdn. 120, m. w. N.).

79 Im Wahlanfechtungsverfahren ist der **Betriebsrat Beteiligter** i. S. d. § 83 Abs. 3 ArbGG (*BAG* 20.02.1986 EzA § 64 Nr. 2 S. 3 = AP Nr. 1 zu § 63 BetrVG 1972 Bl. 1 R; 04.04.1990 EzA § 60 BetrVG 1972 Nr. 1 S. 2; *Fitting* § 63 Rn. 15; *Joost*/MünchArbR § 228 Rn. 32; *Natter* AR-Blattei SD 530.13, Rn. 39; *Stege/Weinspach/Schiefer* §§ 60–70 Rn. 6; *Trittin/DKKW* § 63 Rn. 10). Wegen der engen Verzahnung zwischen Betriebsrat und **Jugend- und Auszubildendenvertretung** (dazu näher vor § 60 Rdn. 30) ist der Betriebsrat von dem Ausgang des Wahlanfechtungsverfahrens materiell betroffen. Zu beteiligen ist ebenfalls auch die Jugend- und Auszubildendenvertretung, deren Wahl angefochten wird (*BAG* 20.02.1986 EzA § 64 BetrVG 1972 Nr. 2 S. 4 = AP Nr. 1 zu § 63 BetrVG 1972 Bl. 1 R), nicht hingegen der **Wahlvorstand**, der die angefochtene Wahl durchgeführt hat (*BAG* 14.11.1975 EzA § 16 BetrVG 1972 Nr. 4 S. 8 f. = AP Nr. 1 zu § 18 BetrVG 1972 Bl. 1 R sowie *Kreutz* § 19 Rdn. 111).

80 Zur Kontinuität des Organs bei einer nicht angefochtenen Wahl der Jugend- und Auszubildendenvertretung § 62 Rdn. 19 f. Zur Möglichkeit des Gerichts, im Rahmen eines Wahlanfechtungsverfahrens die Vorschlagslisten zu korrigieren, *Kreutz* § 19 Rdn. 129 ff.

VI. Streitigkeiten

81 Die vom Wahlvorstand getroffenen Entscheidungen über die Aufnahme in die Wählerliste (§ 38 Satz 1 WO i. V. m. § 2 WO) können durch einen **Einspruch gegen die Wählerliste** angegriffen werden (§ 38 Satz 1 WO i. V. m. § 4 WO; zum Kreis der Einspruchsberechtigten *Kreutz/Jacobs* § 4 WO Rdn. 2 ff.). Maßnahmen des Wahlvorstands können **bis** zum **Abschluss der Wahl** indes auch im Rahmen eines **selbständigen** arbeitsgerichtlichen **Beschlussverfahrens** (§ 2a Abs. 1 Nr. 1, Abs. 2, §§ 80 ff. ArbGG) überprüft werden (s. *Kreutz* § 18 Rdn. 80 ff.). Hierzu sind auch minderjährige Arbeitnehmer berechtigt (§ 60 Rdn. 67). Das Verfahren richtet sich gegen den Wahlvorstand. Zur Möglichkeit, einstweiligen Rechtsschutz zu erlangen, *Kreutz* § 18 Rdn. 90 ff.

82 **Nach Abschluss der Wahl** können Verfahrensverstöße, die nicht zur Nichtigkeit der Wahl führen (hierzu *Kreutz* § 19 Rdn. 143 ff.), nur noch im Wege einer **Wahlanfechtung** (s. Rdn. 73 ff.) geltend gemacht werden.

§ 64
Zeitpunkt der Wahlen und Amtszeit

(1) **Die regelmäßigen Wahlen der Jugend- und Auszubildendenvertretung finden alle zwei Jahre in der Zeit vom 1. Oktober bis 30. November statt. Für die Wahl der Jugend- und Auszubildendenvertretung außerhalb dieser Zeit gilt § 13 Abs. 2 Nr. 2 bis 6 und Abs. 3 entsprechend.**

Zeitpunkt der Wahlen und Amtszeit § 64

(2) Die regelmäßige Amtszeit der Jugend- und Auszubildendenvertretung beträgt zwei Jahre. Die Amtszeit beginnt mit der Bekanntgabe des Wahlergebnisses oder, wenn zu diesem Zeitpunkt noch eine Jugend- und Auszubildendenvertretung besteht, mit Ablauf von deren Amtszeit. Die Amtszeit endet spätestens am 30. November des Jahres, in dem nach Absatz 1 Satz 1 die regelmäßigen Wahlen stattfinden. In dem Fall des § 13 Abs. 3 Satz 2 endet die Amtszeit spätestens am 30. November des Jahres, in dem die Jugend- und Auszubildendenvertretung neu zu wählen ist. In dem Fall des § 13 Abs. 2 Nr. 2 endet die Amtszeit mit der Bekanntgabe des Wahlergebnisses der neu gewählten Jugend- und Auszubildendenvertretung.

(3) Ein Mitglied der Jugend- und Auszubildendenvertretung, das im Laufe der Amtszeit das 25. Lebensjahr vollendet, bleibt bis zum Ende der Amtszeit Mitglied der Jugend- und Auszubildendenvertretung.

Literatur
Blank Die Wahl der Jugend- und Auszubildendenvertretung, 4. Aufl. 1998 (zit.: Jugend- und Auszubildendenvertretung); *Pulte* Die Wahl der Jugend- und Auszubildendenvertretung, 1992 (zit.: Jugend- und Auszubildendenvertretung); vgl. ferner die Angaben vor § 60.

Inhaltsübersicht Rdn.

I. Vorbemerkung	1–5
II. Zeitpunkt der Wahlen	6–16
1. Regelmäßige Wahl	6–12
2. Außerordentliche Wahl	13–16
III. Amtszeit	17–27
1. Begriff	17
2. Dauer	18
3. Beginn und Ende	19–27
a) Beginn	19
b) Ende	20
c) Rücktritt	21–23
d) Gerichtliche Auflösung	24
e) Wegfall der Errichtungsvoraussetzungen	25
f) Betriebsspaltungen	26, 27
IV. Vollendung des 25. Lebensjahres	28–30
V. Streitigkeiten	31

I. Vorbemerkung

Das Gesetz schreibt – anders als noch das BetrVG 1952, aber wie für den Betriebsrat – für die Jugend- **1** und Auszubildendenvertretung einen festen, regelmäßigen Wahltermin vor. Dies erleichtert insbesondere den Gewerkschaften, die Wahlen zur Jugend- und Auszubildendenvertretung organisatorisch vorzubereiten (*Ausschuss für Arbeit und Sozialordnung* zu BT-Drucks. VI/2729, S. 12, zu § 13 Abs. 1 Satz 1 mit dem erstmals ein einheitlicher Zeitraum für die regelmäßige Wahl zum Betriebsrat festgelegt wurde). Auch für Wahlen außerhalb des gesetzlichen Regelzeitraums gelten die Vorschriften für den Betriebsrat (§ 13 Abs. 2 Nr. 2 bis 6 und Abs. 3) entsprechend.

Beginn und Dauer der Amtszeit sind wie in § 21 BetrVG 1952 geregelt, jedoch in Anlehnung an § 21 **2** Satz 3 bis 5 durch Detailregelungen für besondere Fälle ergänzt.

Neu ist § 64 Abs. 3 in das BetrVG 1972 aufgenommen worden, der eine unter dem BetrVG 1952 ent- **3** standene Streitfrage klärt (s. Rdn. 28).

Während nach § 64 Abs. 1 Satz 1 a. F. der Zeitraum der Wahlen noch vom 01.05. bis 30.06. lag, gilt seit **4** dem Jahre 1988 ein geänderter Wahlzeitraum (01.10. bis 30.11.), der durch das »Gesetz zur Bildung von Jugend- und Auszubildendenvertretungen in den Betrieben« vom 13.07.1988 (BGBl. I, S. 1034;

§ 64 *III. 1. Betriebliche Jugend- und Auszubildendenvertretung*

näher zu diesem vor § 60 Rdn. 8 f.) in die Vorschrift aufgenommen wurde. Dies soll dem Umstand Rechnung tragen, dass Schulentlassungen regelmäßig in den Sommer fallen und auch die in diesem Zusammenhang neu eingestellten Arbeitnehmer die Gelegenheit haben sollen, sich an der Wahl zur Jugend- und Auszubildendenvertretung zu beteiligen (Begründung des Gesetzesentwurfs, BT-Drucks. 11/1134, S. 5; *Ausschuss für Arbeit und Sozialordnung* BT-Drucks. 11/2474, S. 10; *Brill* AuR 1988, 334 [336]; *Engels/Natter* BB 1988, 1453 [1457]; *Fitting/Kaiser/Heither/Engels* 18. Aufl., § 64 Rn. 6; *Natter* AR-Blattei SD 530.13, Rn. 41; *Richardi/Annuß* § 64 Rn. 1; *Schwab* NZA 1988, 687 [688]; *Trittin/DKKW* § 64 Rn. 3).

5 Die Vorschrift ist **zwingend** (*Fitting* § 64 Rn. 3; *Galperin/Löwisch* § 64 Rn. 2; *Kloppenburg/* HaKo § 64 Rn. 5; *Rose/HWGNRH* § 64 Rn. 2), sie kann weder durch **Tarifvertrag** noch durch **Betriebsvereinbarung** modifiziert werden (*Brecht* § 64 Rn. 4; *Fitting* § 64 Rn. 3; *Galperin/Löwisch* § 64 Rn. 2; *Pulte* Jugend- und Auszubildendenvertretung, S. 9; *Rose/HWGNRH* § 64 Rn. 2).

II. Zeitpunkt der Wahlen

1. Regelmäßige Wahl

6 Im Regelfall werden die Jugend- und Auszubildendenvertretungen alle zwei Jahre zwischen dem **01.10.** und dem **30.11.** gewählt. Überschneidungen mit regelmäßigen Betriebsratswahlen treten hierdurch nicht auf. Das ist erstens wegen § 61 Abs. 2 Satz 2 wichtig, wonach die Mitgliedschaft im Betriebsrat mit der in der Jugend- und Auszubildendenvertretung unvereinbar ist (dazu § 61 Rdn. 35 ff.), und zum zweiten deshalb, weil der Betriebsrat die Wahl der Jugend- und Auszubildendenvertretung einleiten muss (s. § 63 Rdn. 8).

7 Der **Zwei-Jahres-Turnus** folgt aus der regelmäßigen Amtszeit von zwei Jahren (§ 64 Abs. 2 Satz 1). Da die Neuregelung erstmals im Jahre 1988 anzuwenden war (§ 125 Abs. 2) finden die Wahlen zur Jugend- und Auszubildendenvertretung in allen Jahren mit einer **geraden Endzahl** statt.

8 Der vom Gesetz vorgegebene Zeitraum für die Wahl zur Jugend- und Auszubildendenvertretung bezieht sich nicht auf alle Aspekte, die mit der Wahl im Zusammenhang stehen, sondern ausschließlich auf den eigentlichen **Wahlvorgang der Stimmabgabe** (*Fitting* § 64 Rn. 6; *Galperin/Löwisch* § 64 Rn. 3; *Natter* AR-Blattei SD 530.13, Rn. 43; *Richardi/Annuß* § 64 Rn. 5; *Rose/HWGNRH* § 64 Rn. 6; *Trittin/DKKW* § 64 Rn. 4 sowie *Jacobs* § 13 Rdn. 12). Entscheidend ist deshalb, dass der **erste Tag der Stimmabgabe** nicht vor dem 01.10. (0.00 Uhr) liegt (*Jacobs* § 13 Rdn. 13). Mit den **Vorbereitungen der Wahl** (Feststellung der Wählerliste, Wahlausschreiben, Einreichen der Vorschlagslisten und deren Prüfung) kann – wie sich insbesondere aus § 63 Abs. 2 Satz 1 ergibt – auch schon vor dem 01.10. begonnen werden (*Fitting* § 64 Rn. 6; *Richardi/Annuß* § 64 Rn. 5; *Rose/HWGNRH* § 64 Rn. 6; *Trittin/DKKW* § 64 Rn. 4; *Weiss/Weyand* § 64 Rn. 2 sowie *Jacobs* § 13 Rdn. 15).

9 Die Stimmabgabe muss bis zum 30.11. (24.00 Uhr) abgeschlossen sein. Bei einem sich über mehrere Tage erstreckenden Wahlvorgang darf der **letzte Wahltag** nicht nach dem 30.11. liegen. Die **Auszählung der Stimmen** (dazu § 63 Rdn. 58 f.) kann jedoch auch nach dem 30.11. erfolgen. Entsprechendes gilt für die **Bekanntmachung des Wahlergebnisses** (hierzu § 63 Rdn. 60 f.).

10 Nach dem 30.11. kann eine Jugend- und Auszubildendenvertretung nur noch **außerordentlich** gewählt werden (§ 64 Abs. 1 Satz 2 i. V. m. § 13 Abs. 2 Nr. 6). Eine amtierende Jugend- und Auszubildendenvertretung hört jedoch erst mit Ablauf des 30.11. (24.00 Uhr) auf zu existieren. Bei einer außerordentlichen Wahl der Jugend- und Auszubildendenvertretung darf der erste Tag der Stimmabgabe deshalb nicht in die Amtsperiode einer noch amtierenden Jugend- und Auszubildendenvertretung fallen.

11 Bei einer **schriftlichen Stimmabgabe** (§ 39 Abs. 4 WO i. V. m. den §§ 24 bis 26 WO) darf der Wahlvorstand den Freiumschlag nicht vor dem 01.10. entgegennehmen, da in der Übersendung die Stimmabgabe liegt (§ 25 WO).

12 Der **Wahlvorstand** legt nach **pflichtgemäßem Ermessen** den (oder die) **Wahltag(e)** fest. Der oder die Tag(e) der Stimmabgabe sind in dem **Wahlausschreiben** bekannt zu geben (§ 38 Satz 1 WO

i. V. m. § 3 Abs. 2 Nr. 11 WO). Bei der Ausübung seines Ermessens sollte der Wahlvorstand beachten, dass die Amtszeit einer amtierenden Jugend- und Auszubildendenvertretung spätestens am 30.11. endet. Da die neu gewählte Jugend- und Auszubildendenvertretung auf der Grundlage der Rechtsprechung des Bundesarbeitsgerichts erst mit der konstituierenden Sitzung ihre durch das Betriebsverfassungsgesetz begründeten Rechte ausüben kann (§ 65 Abs. 2 Satz 1 Halbs. 2 i. V. m. § 29 Abs. 1 Satz 1; vgl. *BAG* 23.08.1994 EzA § 102 BetrVG 1972 Nr. 59 S. 497 ff. *[abl. Wiese]* = AP Nr. 36 zu § 102 BetrVG 1972; näher § 65 Rdn. 69), sollte der Wahlvorstand den oder die Wahltag(e) so festlegen, dass die konstituierende Sitzung (zu dieser § 65 Rdn. 69) spätestens am 30.11. stattfinden kann. Andernfalls besteht die Gefahr, dass die Amtszeit der amtierenden Jugend- und Auszubildendenvertretung endet, ohne dass die neu gewählte Jugend- und Auszubildendenvertretung unmittelbar im Anschluss ihre Rechte ausüben kann. Die Bekanntgabe der gewählten Arbeitnehmer (§ 18 WO) reicht hierfür nicht aus.

2. Außerordentliche Wahl

In Anlehnung an die Regelung für den Betriebsrat in § 13 Abs. 2 und 3 sieht § 64 Abs. 1 Satz 2 eine Wahl der Jugend- und Auszubildendenvertretung auch außerhalb des für den Regelfall geltenden Zeitraumes vor. **13**

Abweichend von dem in § 64 Abs. 1 Satz 1 genannten Zeitraum ist danach gemäß § 64 Abs. 1 Satz 2 die Jugend- und Auszubildendenvertretung zu wählen: **14**
- wenn die Gesamtzahl der Mitglieder der Jugend- und Auszubildendenvertretung unter Einbeziehung der Ersatzmitglieder unter die in § 62 Abs. 1 vorgeschriebene Zahl gesunken ist (§ 13 Abs. 2 Nr. 2; näher *Jacobs* § 13 Rdn. 50 ff.; zu der bei einer Neuwahl zugrunde zu legenden Arbeitnehmerzahl s. § 62 Rdn. 9), oder
- die Jugend- und Auszubildendenvertretung ihren Rücktritt beschlossen hat (§ 13 Abs. 2 Nr. 3; vgl. *Pulte* Jugend- und Auszubildendenvertretung, S. 11; näher *Jacobs* § 13 Rdn. 62 ff.), oder
- die Wahl der Jugend- und Auszubildendenvertretung mit Erfolg angefochten wurde (§ 13 Abs. 2 Nr. 4; näher *Jacobs* § 13 Rdn. 70 ff. sowie oben § 63 Rdn. 73 ff.), oder
- die Jugend- und Auszubildendenvertretung durch gerichtliche Entscheidung aufgelöst ist (§ 13 Abs. 2 Nr. 5; vgl. *Jacobs* § 13 Rdn. 75 ff.), oder
- eine Jugend- und Auszubildendenvertretung nicht besteht, obgleich die Voraussetzungen für ihre Errichtung (§ 60 Abs. 1) vorliegen (§ 13 Abs. 1 Nr. 6; vgl. näher *Jacobs* § 13 Rdn. 78 ff.).

Nicht aufgeführt ist in § 64 Abs. 1 Satz 2 die Bestimmung des § 13 Abs. 2 Nr. 1, die auch eine **Veränderung der Zahl der regelmäßig beschäftigten Arbeitnehmer** als Grund für außerordentliche Neuwahlen nennt, um die Zahl der Betriebsratsmitglieder der Staffelung in § 9 anpassen zu können. Für die Jugend- und Auszubildendenvertretung gilt diese Regelung nicht (ebenso *BAG* 22.11.1984 EzA § 64 BetrVG 1972 Nr. 1 S. 2 = AP Nr. 1 zu § 64 BetrVG 1972 Bl. 1 R; *Fitting* § 64 Rn. 8; *Joost*/MünchArbR § 228 Rn. 20; *Richardi*/Annuß § 64 Rn. 7; *Stege*/*Weinspach*/*Schiefer* §§ 60–70 Rn. 11; *Trittin*/DKKW § 64 Rn. 5; *Vogt* BB 1984, 853 [856]; *Weiss*/*Weyand* § 64 Rn. 3). Dies liegt vor allem in der kurzen Amtszeit der Jugend- und Auszubildendenvertretung (ebenso *BAG* 22.11.1984 EzA § 64 BetrVG 1972 Nr. 1 S. 1 = AP Nr. 1 zu 64 BetrVG 1972 Bl. 1 R; *Stege*/*Weinspach*/*Schiefer* §§ 60–70 Rn. 11; *Weiss*/*Weyand* § 64 Rn. 3). Die Regelung des § 13 Abs. 2 Nr. 1 kann sowohl wegen der abschließenden Aufzählung in § 64 Abs. 2 Satz 2 als auch wegen der fehlenden teleologischen Gleichwertigkeit nicht entsprechend angewendet werden (ebenso *Stege*/*Weinspach*/*Schiefer* §§ 60–70 Rn. 11). Die Jugend- und Auszubildendenvertretung bleibt also während der gesamten Amtszeit in der Stärke bestehen, die sie nach § 62 Abs. 1 zum Zeitpunkt der Wahl hatte (s. auch § 62 Rdn. 13). Sinkt jedoch die Zahl der regelmäßig beschäftigten Arbeitnehmer i. S. v. § 60 Abs. 1 unter fünf, so erlischt das Amt der Jugend- und Auszubildendenvertretung, ohne dass es zu Neuwahlen kommt (s. § 60 Rdn. 42 sowie hier Rdn. 25). **15**

Um bei einer Wahl abweichend vom regelmäßigen Zeitpunkt die Amtsperiode dieser Jugend- und Auszubildendenvertretung wieder an die in den anderen Betrieben einheitliche Amtsperiode anzupassen, erklärt § 64 Abs. 1 Satz 2 auch § 13 Abs. 3 für anwendbar (hierzu *Jacobs* § 13 Rdn. 82 ff.). **16**

III. Amtszeit

1. Begriff

17 Die Amtszeit ist der Zeitraum, innerhalb dessen die Jugend- und Auszubildendenvertretung Amtshandlungen vornehmen darf. Sie ist zu unterscheiden von der Mitgliedschaft, die die persönliche Zugehörigkeit des einzelnen zur Jugend- und Auszubildendenvertretung betrifft. Die Zeit der Mitgliedschaft deckt sich in der Regel nicht mit der Amtszeit. Die Mitgliedschaft beginnt nach der stark vom Schutzzweck des § 78a geprägten Rechtsprechung des Bundesarbeitsgerichts bereits, wenn feststeht, dass der Wahlbewerber eine ausreichende Stimmenzahl erlangt hat (so *BAG* 22.09.1983 EzA § 78a BetrVG 1972 Nr. 12 = AP Nr. 11 zu § 78a BetrVG 1972 Bl. 3 R sowie *Rose/HWGNRH* § 64 Rn. 16; zum abweichenden Beginn der »Mitgliedschaft« im Rahmen des § 61 Abs. 2 Satz 2 s. § 61 Rdn. 40).

2. Dauer

18 Wie schon nach § 21 BetrVG 1952 beträgt die regelmäßige Amtszeit der Jugend- und Auszubildendenvertretung **zwei Jahre**. Die Einführung einer dreijährigen Amtszeit wurde im Rahmen der Novellierung des Betriebsverfassungsgesetzes im Jahre 1972 ausdrücklich abgelehnt (*Reg. Begr.* BT-Drucks. VI/1786, S. 44). Für die **Berechnung** des Zwei-Jahres-Zeitraums sind die §§ 187, 188, 193 BGB anzuwenden (im Einzelnen *Kreutz* § 21 Rdn. 22 f.); eine Verlängerung kann sich aus § 13 Abs. 3 Satz 2 ergeben (§ 64 Abs. 2 Satz 4), eine Verkürzung in allen Fällen des § 13 Abs. 2 Nr. 2 bis 5.

3. Beginn und Ende

a) Beginn

19 Nach § 64 Abs. 2 Satz 2 beginnt die Amtszeit mit der **Bekanntgabe des Wahlergebnisses** (s. § 63 Rdn. 63 f.), wenn zu diesem Zeitpunkt keine Jugend- und Auszubildendenvertretung besteht. Hierfür ist ein **öffentlicher Aushang** (§ 18 WO) erforderlich (*Richardi/Annuß* § 64 Rn. 17; *Sahmer* § 64 Rn. 5; *Schneider* AiB 1982, 18 [20]; *Sittard/HWK* § 64 BetrVG Rn. 3). Ob in dem Betrieb früher bereits eine Jugend- und Auszubildendenvertretung bestand oder diese erstmals gebildet wird, ist unerheblich (*Richardi/Annuß* § 64 Rn. 17). Existiert bei der Bekanntgabe des Wahlergebnisses jedoch eine Jugend- und Auszubildendenvertretung, dann beginnt die Amtszeit erst mit **Ablauf der Amtszeit** der noch amtierenden Jugend- und Auszubildendenvertretung (*Löwisch/LK* § 64 Rn. 3; *Richardi/Annuß* § 64 Rn. 18).

b) Ende

20 Die Regelung in § 64 Abs. 2 Satz 3 bis 5 für das Ende der Amtszeit entspricht weitgehend der Vorschrift für Betriebsräte (§ 21 Satz 3 bis 5). Die Amtszeit endet normalerweise **spätestens am 30.11.** des Jahres, in dem nach § 64 Abs. 1 bzw. nach § 13 Abs. 3 Satz 2 neu zu wählen ist (§ 64 Abs. 2 Satz 3 und 4). Findet die Neuwahl wegen zu geringer Zahl der Mitglieder der Jugend- und Auszubildendenvertretung statt (§ 64 Abs. 1 Satz 2 i. V. m. § 13 Abs. 2 Nr. 2), so endet die Amtszeit der bestehenden Jugend- und Auszubildendenvertretung mit **Bekanntgabe des Ergebnisses der Neuwahl** (§ 64 Abs. 2 Satz 5).

c) Rücktritt

21 Bei einem Rücktritt der Jugend- und Auszubildendenvertretung endet die Amtszeit mit dem **Rücktrittsbeschluss** (*Brecht* § 64 Rn. 1; *Fitting* § 64 Rn. 12; *Galperin/Löwisch* § 64 Rn. 12; *Natter* AR-Blattei SD 530.15, Rn. 14; *Natzel* Berufsbildungsrecht, S. 542; *Richardi/Annuß* § 64 Rn. 22; *Rose/HWGNRH* § 64 Rn. 18; *Sittard/HWK* § 64 BetrVG Rn. 3; **a. M.** *Pulte* Jugend- und Auszubildendenvertretung, S. 10; *Trittin/DKKW* § 64 Rn. 10; *Weber/Ehrich/Hörchens/Oberthür* Kap. B Rn. 525; *Wlotzke* § 64 Anm. 2). Dies ergibt sich aus dem systematischen Zusammenspiel zwischen § 13 Abs. 2 Nr. 3 und § 22. Die für den Betriebsrat vorgesehene **kommissarische Weiterführung** der Geschäfte ist nur sinnvoll, wenn die Amtszeit bereits durch den von der Mehrheit der Mitglieder

Zeitpunkt der Wahlen und Amtszeit § 64

beschlossenen Rücktritt endet. Während beim Rücktritt des Betriebsrats dessen Amtszeit durch § 22 (kommissarisch) verlängert wird, kommt eine Weiterführung der Geschäfte bei der Jugend- und Auszubildendenvertretung nicht in Betracht, da § 22 in § 64 Abs. 2 nicht erwähnt ist.

Für eine **entsprechende Anwendung des § 22** bei einem Rücktrittsbeschluss der Jugend- und Auszubildendenvertretung (hierfür *Fitting/Kaiser/Heither/Engels* § 64 Rn. 14; *Pulte* Jugend- und Auszubildendenvertretung, S. 10; *Trittin/DKK* § 64 Rn. 10; *Wlotzke* § 64 Anm. 2) fehlen die methodischen Voraussetzungen. Gegen eine planwidrige Unvollständigkeit des Gesetzes spricht bereits, dass § 22 im Rahmen der Novellierung der §§ 60 bis 73 durch das »Gesetz zur Bildung von Jugend- und Auszubildendenvertretungen in den Betrieben« vom 13.07.1988 (BGBl. I, S. 1034; näher zu diesem vor § 60 Rdn. 8 f.) nicht eingefügt wurde, obwohl ein entsprechender Vorschlag Gegenstand des parlamentarischen Verfahrens war (s. den Entwurf der SPD-Fraktion, BT-Drucks. 11/995, S. 4, 11, der ausdrücklich eine Ergänzung der Verweisung um § 22 vorsah; ebenso früher bereits § 26 Abs. 2 Satz 1 des Entwurfs des DGB zur Novellierung des BetrVG 1952 [= RdA 1970, 237 ff.]). Die entsprechende Anwendung von § 22 ist zudem nicht erforderlich, da der Betriebsrat auch die Interessen der in § 60 Abs. 1 genannten Arbeitnehmer zu vertreten hat (§ 80 Abs. 1 Nr. 5) und somit nicht die Gefahr eines vertretungslosen Zwischenstadiums besteht (wie hier *Bodem*/NK-GA § 64 BetrVG Rn. 2; *Kloppenburg*/HaKo § 64 Rn. 6; *Maschmann*/AR § 64 BetrVG Rn. 1; *Richardi/Annuß* § 64 Rn. 22; *Roloff/WPK* § 64 Rn. 12; *Rotermund* Interessenwahrnehmung, S. 62 f.).

Die gegenteilige Ansicht, die die Nichtaufnahme des § 13 Abs. 2 Nr. 3 in § 64 Abs. 2 Satz 5 als ein Redaktionsversehen wertet und in Übernahme der letztgenannten Vorschrift das Ende der Amtszeit mit Bekanntgabe des Wahlergebnisses annimmt (*Richardi* 7. Aufl., § 64 Rn. 26; ebenso im Ergebnis *Weber/Ehrich/Hörchens/Oberthür* Kap. B Rn. 525), steht im Widerspruch zu der Regelung in § 22, die nur dann einen eigenständigen Anwendungsbereich entfalten kann, wenn die Amtszeit auch im Fall des § 13 Abs. 2 Nr. 3 bereits vor der Bekanntgabe des Wahlergebnisses endet (s. *Kreutz* § 22 Rdn. 10). Eine kommissarische Amtsfortführung der Jugend- und Auszubildendenvertretung ist – wie die Entstehungsgeschichte der Novellierung der §§ 60 bis 73 im Jahre 1988 bestätigt (s. Rdn. 22) – vom Gesetz nicht gewollt.

d) Gerichtliche Auflösung

Bei einer gerichtlichen Auflösung der Jugend- und Auszubildendenvertretung nach § 65 Abs. 1 i. V. m. § 23 Abs. 1 sowie der erfolgreichen Anfechtung ihrer Wahl (§ 63 Abs. 2 Satz 2 i. V. m. § 19) endet die Amtszeit mit Rechtskraft der Entscheidung (*Richardi/Annuß* § 64 Rn. 23). Die Einlegung einer Beschwerde gegen die Nichtzulassung einer Rechtsbeschwerde gegen den zweitinstanzlichen Beschluss des Landesarbeitsgerichts (§ 92a ArbGG) hat jedoch aufschiebende Wirkung (§ 92a Satz 2 ArbGG i. V. m. § 72a Abs. 4 Satz 1 ArbGG).

e) Wegfall der Errichtungsvoraussetzungen

Das Amt der Jugend- und Auszubildendenvertretung endet ferner, wenn die gesetzlichen Voraussetzungen für deren Errichtung entfallen. Dies gilt insbesondere bei einem Herabsinken der regelmäßig beschäftigten Arbeitnehmer i. S. d. § 60 Abs. 1 unter die Zahl fünf (LAG Berlin 25.11.1975 BB 1976, 363; *Etzel* Rn. 1325; *Natzel* Berufsbildungsrecht, S. 543; *Richardi/Annuß* § 64 Rn. 24; *Rose/HWGNRH* § 64 Rn. 18; *Stege/Weinspach/Schiefer* § 60–70 Rn. 9; *Trittin/DKKW* § 64 Rn. 8 sowie § 60 Rdn. 42), ferner aber auch beim Wegfall des Betriebsrats während der laufenden Amtsperiode der Jugend- und Auszubildendenvertretung (s. § 60 Rdn. 43 ff.).

f) Betriebsspaltungen

Die Spaltung von Betrieben berührt grundsätzlich nicht das Mandat der amtierenden Jugend- und Auszubildendenvertretung für den Restbetrieb. Gehen Teile eines Betriebs durch Rechtsgeschäft auf einen Erwerber über, so erstreckt sich dies gemäß § 613a Abs. 1 BGB auch auf die Arbeitsverhältnisse der in dem übergehenden Betriebsteil beschäftigten Mitglieder der Jugend- und Auszubildendenvertretung. Sie verlieren hierdurch ihre **Betriebszugehörigkeit** und damit auch ihre **Mitglied-**

schaft in der Jugend- und Auszubildendenvertretung (§ 65 Abs. 1 i. V. m. § 24 Nr. 4; vgl. näher zur Parallelproblematik bei Betriebsratsmitgliedern § 24 Rdn. 59).

27 Mit der Abspaltung eines Betriebsteils verliert die amtierende Jugend- und Auszubildendenvertretung das Mandat, die in dem abgespaltenen Betriebsteil beschäftigten Arbeitnehmer i. S. d. § 60 Abs. 1 zu vertreten. Ein **Übergangsmandat** ist für die Jugend- und Auszubildendenvertretung nicht anzuerkennen; § 21a beschränkt dieses auf den Betriebsrat und kann auf andere betriebsverfassungsrechtliche Vertretungsorgane nicht analog angewendet werden (*Au* Das Übergangsmandat der Arbeitnehmervertretungen [Diss. Erlangen], 2014, S. 194 f.; *Bischoff* Das Übergangsmandat des Betriebsrats [Diss. Jena 2003], 2004, S. 182 ff.; *Fitting* § 64 Rn. 13; *Richardi/Annuß* § 63 Rn. 25; *Roloff/WPK* § 64 Rn. 12; *Rose/HWGNRH* § 64 Rn. 19; *Rotermund* Interessenwahrnehmung, S. 63 ff.; *Schlenker-Rehage* Das Übergangsmandat des Betriebs- und des Personalrates und die Bedeutung der Richtlinie 2001/23/EG [Diss. Halle 2009], 2010, S. 164 f.). Entsprechendes gilt für das **Restmandat** des Betriebsrats nach § 21b (*Buschbaum* Das Restmandat des Betriebsrats nach § 21b BetrVG [Diss. Gießen 2010], 2011, S. 229; *Fitting* § 64 Rn. 13; *Richardi/Annuß* § 63 Rn. 25; *Roloff/WPK* § 64 Rn. 12; *Rose/HWGNRH* § 64 Rn. 19; *Rotermund* Interessenwahrnehmung, S. 63 ff.). Aus der fehlenden Einbeziehung der letztgenannten Vorschriften in § 64 ist abzuleiten, dass die §§ 21a und 21b für die Jugend- und Auszubildendenvertretung keine Anwendung finden sollen (s. auch *Kreutz* § 21a Rdn. 9, § 22 Rdn. 4).

IV. Vollendung des 25. Lebensjahres

28 § 64 Abs. 3 befasst sich mit der Mitgliedschaft in der Jugend- und Auszubildendenvertretung und stellt klar, dass ein Mitglied, das während der Amtszeit die Wählbarkeit nach § 61 Abs. 2 Satz 1 verliert, weil es das 25. Lebensjahr vollendet, dennoch bis zum Ende der Amtszeit der Jugend- und Auszubildendenvertretung, in die es gewählt wurde, deren Mitglied bleibt. Während der Geltung des BetrVG 1952 befürwortete dies eine literarische Minderansicht (*Fitting/Kraegeloh/Auffarth* § 20 Rn. 39; *Popp* BB 1953, 560 [560]; *Savaète* AuR 1954, 46 [47]), die jedoch überwiegend auf Ablehnung stieß (*Dietz* § 20 Rn. 27; *Galperin/Siebert* § 20 Rn. 23; *Hueck/Nipperdey* II/2, S. 1221; *Neumann-Duesberg* S. 347; *Nikisch* III, S. 71).

29 § 64 Abs. 3 stellt eine Ausnahme zu § 24 Nr. 4 dar, der nach § 65 Abs. 1 an sich auch für die Jugend- und Auszubildendenvertretung gilt. Die Regelung bezweckt, die Kontinuität der persönlichen Besetzung der Jugend- und Auszubildendenvertretung zu sichern (*Fitting* § 64 Rn. 14; *Kloppenburg/HaKo* § 64 Rn. 7; *Richardi/Annuß* § 64 Rn. 26; *Trittin/DKKW* § 64 Rn. 12; *Weiss/Weyand* § 64 Rn. 6), ist jedoch nur anwendbar, wenn der Jugend- und Auszubildendenvertreter bei Beginn der Amtszeit (s. Rdn. 19) noch nicht das 25. Lebensjahr vollendet hat (*Fitting* § 64 Rn. 14; *Löwisch/LK* § 64 Rn. 5; *Richardi/Annuß* § 64 Rn. 26). Vollendete er bereits vor Beginn der Amtszeit das 25. Lebensjahr, so war er nicht passiv wahlberechtigt (s. § 61 Rdn. 25), so dass die Wahl zur Jugend- und Auszubildendenvertretung anfechtbar ist (*Fitting* § 64 Rn. 14; *Rose/HWGNRH* § 64 Rn. 22; *Richardi/Annuß* § 64 Rn. 26; *Trittin/DKKW* § 64 Rn. 12). Die vorstehenden Grundsätze gelten entsprechend für das Ersatzmitglied, wenn es das 25. Lebensjahr vollendet, bevor ein gewählter Vertreter aus dem Amt ausscheidet. Wegen des Verlusts des passiven Wahlrechts vor Beginn der Amtszeit rückt dieses nicht nach (*LAG Düsseldorf* 13.10.1992 BB 1993, 141 [LS]; *Fitting* § 64 Rn. 14; *Löwisch/LK* § 64 Rn. 5; *Reich* § 64 Rn. 8; *Richardi/Annuß* § 64 Rn. 27; *Rose/HWGNRH* § 64 Rn. 23; *Stege/Weinspach/Schiefer* §§ 60–70 Rn. 11; *Trittin/DKKW* § 64 Rn. 12).

30 Die These, § 64 Abs. 3 sei analog anzuwenden, wenn ein über 18 Jahre altes Mitglied nach Beginn der Amtszeit seine Berufsausbildung beendet (so *Trittin/DKKW* § 64 Rn. 12), verkennt die Regelung in § 61 Abs. 2 über das passive Wahlrecht, da dieses unabhängig von der Existenz eines Berufsausbildungsverhältnisses besteht (s. § 61 Rdn. 22; fehlerhaft zunächst noch *Schwab* NZA 1988, 687 [688], der jedoch eine analoge Anwendung des § 64 Abs. 3 ablehnte; richtig sodann *Schwab* NZA 1988, 835).

Geschäftsführung § 65

V. Streitigkeiten

Über Meinungsverschiedenheiten in Bezug auf die in § 64 geregelten Fragen entscheiden die Arbeitsgerichte im **Beschlussverfahren** nach §§ 2a Abs. 1 Nr. 1, Abs. 2, 80 ff. ArbGG. Meinungsverschiedenheiten über die Amtszeit können inzident auch im Rahmen eines **Urteilsverfahrens** (§ 2 Abs. 1 Nr. 3, §§ 46 ff. ArbGG) Bedeutung erlangen. Zu denken ist hierbei vor allem an einen Kündigungsschutzprozess, in dem sich der Arbeitnehmer auf den Sonderkündigungsschutz für amtierende Mitglieder einer Jugend- und Auszubildendenvertretung beruft. 31

§ 65
Geschäftsführung

(1) Für die Jugend- und Auszubildendenvertretung gelten § 23 Abs. 1, die §§ 24, 25, 26, 28 Abs. 1 Satz 1 und 2, die §§ 30, 31, 33 Abs. 1 und 2 sowie die §§ 34, 36, 37, 40 und 41 entsprechend.
(2) Die Jugend- und Auszubildendenvertretung kann nach Verständigung des Betriebsrats Sitzungen abhalten; § 29 gilt entsprechend. An diesen Sitzungen kann der Betriebsratsvorsitzende oder ein beauftragtes Betriebsratsmitglied teilnehmen.

Literatur
Christoffer Die Erforderlichkeit von Schulungs- und Bildungsveranstaltungen für Jugend- und Auszubildendenvertreter, NZA-RR 2009, 572; *Däubler* Handbuch Schulung und Fortbildung – Gesamtdarstellung für betriebliche Interessenvertreter, 5. Aufl. 2004 (zit.: Schulung); *Malottke* Geschäftsführung der Jugend- und Auszubildendenvertretung, AiB 2001, 202; *Peter* Die Rechtsstellung der Jugendvertretung im Betrieb unter besonderer Berücksichtigung der Frage eines selbständigen Betriebsbegehungsrechts, BlStSozArbR 1980, 65; *Rudolph/Dannenberg* Die Teilnahme von JAV-Mitgliedern an Schulungsveranstaltungen, AiB 1997, 213; *Teichmüller* Die Schulung von Jugendvertretern nach § 37 Abs. 6 BetrVG, DB 1975, 446; vgl. ferner die Angaben vor § 60.

Inhaltsübersicht

	Rdn.
I. Vorbemerkung	1, 2
II. Anwendung von Vorschriften über den Betriebsrat	3–62
1. Methodik	3, 4
2. Folgen der Verletzung gesetzlicher Pflichten (§ 23 Abs. 1)	5–16
a) Allgemeines	5
b) Mitglieder der Jugend- und Auszubildendenvertretung	6–10
c) Jugend- und Auszubildendenvertretung	11–13
d) Arbeitgeber	14
e) Betriebsrat	15, 16
3. Erlöschen der Mitgliedschaft	17–22
4. Ersatzmitglieder	23, 24
5. Vorsitzender (§ 26 Abs. 1 und Abs. 2)	25–27
6. Bildung von Ausschüssen (§ 28 Abs. 1 Satz 1 und 2)	28, 29
7. Geschäftsordnung (§ 36)	30
8. Ehrenamtliche Tätigkeit, Arbeitsversäumnis (§ 37)	31–57
a) Allgemeines	31
b) Ehrenamtliche Tätigkeit (§ 37 Abs. 1)	32
c) Anspruch auf Arbeitsbefreiung (§ 37 Abs. 2 und 3)	33–40
aa) Grundsatz	33, 34
bb) Freistellung	35, 36
cc) Kollektivvertragliche Vereinbarung	37
dd) Tätigkeit außerhalb der Arbeitszeit	38–40
d) Wirtschaftliche und berufliche Sicherung (§ 37 Abs. 4 und 5)	41
e) Schulungs- und Bildungsveranstaltungen i. S. des § 37 Abs. 6	42–56

	aa) Rechtsnatur		42
	bb) Betriebsratsbeschluss		43–48
	cc) Erforderlichkeit		49–56
	f) Veranstaltungen i. S. d. § 37 Abs. 7		57
	9. Kosten und Sachaufwand, Umlageverbot (§§ 40, 41)		58–62
	a) Kostentragungspflicht des Arbeitgebers		58–61
	b) Umlageverbot		62
III.	Sitzungen der Jugend- und Auszubildendenvertretung		63–85
	1. Allgemeines		63
	2. Verständigung des Betriebsrats		64–68
	3. Einberufung (§ 29 Abs. 1 bis 3)		69–74
	a) Konstituierende Sitzung		69
	b) Weitere Sitzungen		70–74
	4. Zeitpunkt, Öffentlichkeit (§ 30)		75
	5. Teilnahmerecht (§ 29 Abs. 4, § 31; § 65 Abs. 2 Satz 2)		76–82
	a) Arbeitgeber		76
	b) Mitglied des Betriebsrats (§ 65 Abs. 2 Satz 2)		77
	c) Gewerkschaftsbeauftragter		78–82
	6. Beschlüsse (§ 33 Abs. 1 und 2)		83, 84
	7. Sitzungsniederschrift (§ 34)		85
IV.	Streitigkeiten		86–88

I. Vorbemerkung

1 Das **BetrVG 1952** enthielt noch keine Bestimmungen über die Geschäftsführung; § 20 Abs. 2 BetrVG 1952 bezog sich auf die Wahl, § 26 Abs. 2 BetrVG 1952 auf die Amtszeit. Dementsprechend bot die Geschäftsführung der Jugendvertretung Anlass für zahlreiche Kontroversen (exemplarisch *Hoffmann* DB 1967, 597; *Popp* AuR 1955, 280).

2 Unter der systematisch zu engen amtlichen Überschrift »Geschäftsführung« löst § 65 eine Reihe wichtiger Fragen wie die Rechtsfolgen von Pflichtverletzungen, das Ende der Mitgliedschaft, aber auch Probleme der Geschäftsführung im engeren Sinne und bedient sich hierfür weitgehend der Verweisung auf die für den Betriebsrat geltenden Vorschriften. Das »Gesetz zur Bildung von Jugend- und Auszubildendenvertretungen in den Betrieben« vom 13.07.1988 (BGBl. I, S. 1034; näher zu diesem vor § 60 Rdn. 8 f.) passte die Vorschrift lediglich an die durch dieses Gesetz geänderte Terminologie an; ein in diesem Kontext von der SPD-Fraktion unterbreiteter Vorschlag, die Verweisungskette des Absatzes 1 um die Regelung in § 22 zu ergänzen (BT-Drucks. 11/995, S. 4, 11), wurde nicht übernommen. Das **BetrVerf-ReformG** passte die Verweisungsnorm an die Aufgabe des Gruppenprinzips an; wegen der aus diesem Grunde erfolgten Streichung des § 24 Abs. 2 a. F. (s. § 24 Rdn. 1) kann § 65 Abs. 1 auf die gesamte Regelung in § 24 verweisen. Entsprechendes gilt für die Verweisung auf § 26. Darüber hinaus sah es der Gesetzgeber als erforderlich an, der Jugend- und Auszubildendenvertretung die Bildung von Ausschüssen zu ermöglichen, um die Effizienz ihrer Arbeit zu steigern (*Reg. Begr.* BT-Drucks. 14/5741, S. 44; zur früheren Rechtslage 6. Aufl., § 65 Rn. 28 f. sowie näher Rdn. 28). Im Übrigen blieb § 65 durch das BetrVerf-ReformG unverändert.

II. Anwendung von Vorschriften über den Betriebsrat

1. Methodik

3 § 65 Abs. 1 ordnet die entsprechende Anwendung einer Reihe von Vorschriften an, die den Betriebsrat betreffen. Diese Regelungstechnik war notwendig, da die Jugend- und Auszubildendenvertretung grundsätzlich nicht in den Anwendungsbereich der jeweiligen Vorschriften einbezogen ist. Es bleibt indes zu beachten, dass das Gesetz lediglich eine analoge Anwendung der Gesetzesbestimmungen begründet. Hierdurch wird der Anwendungsbereich der in Bezug genommenen Bestimmungen nicht schematisch um die Jugend- und Auszubildendenvertretung erweitert oder eine teleologisch unreflektierte Auswechslung der Normadressaten vorgeschrieben, sondern die vom Gesetz für die Geschäftsführung des Betriebsrats getroffene Problemlösung ist auf das Recht der Jugend- und Auszubildendenvertretung zu übertragen (allgemein *Bydlinski* Juristische Methodenlehre und Rechtsbegriff, 2. Aufl. 1991, S. 458 f.; *Larenz* Methodenlehre der Rechtswissenschaft, 6. Aufl. 1991, S. 261).

Aufgrund des **Gebots einer entsprechenden Anwendung** kann sich der Norminterpret nicht mit einer positivistischen, strukturell-technischen Anpassung der Vorschriften begnügen. Deren Anwendung auf die »Geschäftsführung« der Jugend- und Auszubildendenvertretung steht vielmehr unter dem Vorbehalt einer durch Sinn und Zweck vermittelten Vergleichbarkeit. Sie sind deshalb nicht oder gegebenenfalls nur modifiziert anzuwenden, wenn die dogmatischen und strukturellen Besonderheiten der Jugend- und Auszubildendenvertretung ihrer entsprechenden Anwendung entgegenstehen (Reg. Begr. BT-Drucks. VI/1786, S. 44; *Kraft* Anm. BAG 20.11.1973 AP Nr. 1 zu § 65 BetrVG 1972; *Rose*/HWGNRH § 65 Rn. 2). Darüber hinaus kann die spezifische Rechtsstellung der Jugend- und Auszubildendenvertretung eine veränderte Anwendung der Vorschriften gebieten und methodisch rechtfertigen. 4

2. Folgen der Verletzung gesetzlicher Pflichten (§ 23 Abs. 1)

a) Allgemeines

Die entsprechende Anwendung des § 23 Abs. 1 überträgt das für den Betriebsrat etablierte Instrumentarium zur Sicherstellung einer **gesetzeskonformen Amtsausübung** auf die Geschäftsführung der Jugend- und Auszubildendenvertretung. Hinsichtlich der **tatbestandlichen Voraussetzungen** gelten die zu § 23 Abs. 1 anerkannten Grundsätze auch bei einer Verletzung der Amtspflichten, die der Jugend- und Auszubildendenvertretung oder ihren Mitgliedern obliegen. 5

b) Mitglieder der Jugend- und Auszubildendenvertretung

Bei einer groben Verletzung der gesetzlichen Pflichten können die Mitglieder der Jugend- und Auszubildendenvertretung – ebenso wie die Mitglieder des Betriebsrats – aus dem Organ ausgeschlossen werden. Hinsichtlich der **tatbestandlichen Voraussetzungen** des § 23 Abs. 1 sind bei der Jugend- und Auszubildendenvertretung keine Besonderheiten zu beachten (*Richardi/Annuß* § 65 Rn. 5; näher hierzu § 23 Rdn. 19 ff.). Zum Anspruch auf Erstattung der **Rechtsverfolgungskosten** s. Rdn. 61. 6

Dies gilt indessen nicht für die **Befugnis zur Einleitung** eines Ausschließungsverfahrens. Wegen des Gebots einer entsprechenden Anwendung kann der in § 23 Abs. 1 genannte **Kreis der Antragsberechtigten** nicht unreflektiert auf die Ausschließung eines Mitglieds der Jugend- und Auszubildendenvertretung übertragen werden. Unstreitig steht dem **Arbeitgeber**, einer **im Betrieb vertretenen Gewerkschaft** und **einem Viertel der nach § 61 Abs. 1 aktiv wahlberechtigten Arbeitnehmer** das Antragsrecht zu. 7

Auch der **Jugend- und Auszubildendenvertretung** steht im Einklang mit der einhelligen Ansicht die Antragsbefugnis zu (*Fitting* § 65 Rn. 4; *Galperin/Löwisch* § 65 Rn. 4; *Natzel* Berufsbildungsrecht, S. 542; *Reich* § 65 Rn. 1; *Richardi/Annuß* § 65 Rn. 6; *Rose*/HWGNRH § 65 Rn. 6; *Sahmer* § 65 Rn. 2; *Trittin*/DKKW § 65 Rn. 3; *Weiss/Weyand* § 65 Rn. 11). Da das Amtsenthebungsverfahren eine gesetzeskonforme Amtsausübung absichert (s. § 23 Rdn. 14), ist die Zubilligung der Antragsberechtigung an die in § 23 Abs. 1 genannten Personen und Organe aus der besonderen, durch die Wahrnehmung der Amtsbefugnisse vermittelten Nähebeziehung zwischen ihnen und dem pflichtwidrig agierenden Organmitglied abzuleiten. Eine entsprechende Anwendung des § 23 Abs. 1 rechtfertigt deshalb stets die Antragsberechtigung desjenigen Organs, dem das pflichtwidrig agierende Organmitglied angehört. Bei dem **Beschluss in der Jugend- und Auszubildendenvertretung** über den Ausschluss eines seiner Mitglieder ist dieses aus rechtlichen Gründen vorübergehend verhindert und wird sowohl bei der Abstimmung als auch in der Beratung gemäß § 65 Abs. 1 i. V. m. § 25 Abs. 1 Satz 2 von dem Ersatzmitglied vertreten (näher § 23 Rdn. 89, m. w. N.). 8

Der Normzweck der Antragsberechtigung vermittelt auch eine stringente Lösung für die kontrovers diskutierte **Antragsberechtigung des Betriebsrats**. Im Gegensatz zu der überwiegenden Ansicht, die dem Betriebsrat die Antragsberechtigung zubilligt (*Fitting* § 65 Rn. 4; *Galperin/Löwisch* § 65 9

§ 65   III. 1. Betriebliche Jugend- und Auszubildendenvertretung

Rn. 4; *Joost/*MünchArbR § 228 Rn. 67; *Richardi/Annuß* § 65 Rn. 6; *Rose/HWGNRH* § 65 Rn. 8; *Stege/Weinspach/Schiefer* §§ 60–70 Rn. 10), verweist ein Teil des Schrifttums darauf, dass § 23 Abs. 1 kein universelles Überwachungsrecht des Betriebsrats etabliert, so dass dessen Antragsberechtigung bei einer entsprechenden Anwendung des § 23 Abs. 1 ausscheidet (so *Kraft* 4. Aufl., § 65 Rn. 4; *Moritz* Jugendvertretung, S. 107 Fn. 205, S. 108; *Natter* AR-Blattei SD 530.13, Rn. 52; *Rotermund* Interessenwahrnehmung, S. 70 ff.; *Trittin/DKKW* § 65 Rn. 3; *Weiss/Weyand* § 65 Rn. 11). Der Zweck der Antragsberechtigung trifft indessen auch bei dem Betriebsrat zu. Durch das Teilnahme- und Stimmrecht (§ 67 Abs. 1 Satz 2, Abs. 2) ist jedes Mitglied der Jugend- und Auszubildendenvertretung fest in die Organtätigkeit des Betriebsrats integriert. Hierdurch entsteht eine besondere Nähebeziehung zwischen Betriebsrat und dem Mitglied der Jugend- und Auszubildendenvertretung, die mit der zwischen Betriebsrat und Betriebsratsmitglied vergleichbar ist. Das Gebot einer entsprechenden Anwendung rechtfertigt es deshalb, die Antragsberechtigung auch für den Betriebsrat zu bejahen. Für die überwiegende Ansicht spricht ferner, dass § 65 Abs. 1 den Absatz 1 des § 23 insgesamt in Bezug nimmt und nicht lediglich dessen Satz 1. Da sich die Antragsberechtigung des Betriebsrats aus § 23 Abs. 1 Satz 2 ergibt, umfasst die Verweisung in § 65 Abs. 1 auch die vorgenannte Vorschrift; andernfalls hätte der Gesetzgeber die Verweisung enger fassen müssen.

10 Über keine Antragsberechtigung verfügen demgegenüber diejenigen **Arbeitnehmer**, die nach § 7 zwar zum Betriebsrat wahlberechtigt sind, denen aber nach Maßgabe des § 61 Abs. 1 das **aktive Wahlrecht zur Jugend- und Auszubildendenvertretung fehlt**. Das Antragsrecht der »wahlberechtigten« Arbeitnehmer ist untrennbar mit der Legitimationswirkung des Wahlaktes verbunden. Diejenigen Personen, die dem Organ die Legitimation verschafft haben, sollen nach der in § 23 Abs. 1 zum Ausdruck gelangten Wertung prinzipiell berechtigt sein, die gesetzeskonforme Amtsausübung des Organmitglieds sicherzustellen. Arbeitnehmer, denen ausschließlich das passive Wahlrecht zur Jugend- und Auszubildendenvertretung zusteht, gehören deshalb nicht zu den »wahlberechtigten« Arbeitnehmern.

c) Jugend- und Auszubildendenvertretung

11 Die **Auflösung** der Jugend- und Auszubildendenvertretung kann – mit Ausnahme der Jugend- und Auszubildendenvertretung selbst – von denjenigen Personen, Gruppen bzw. Organen beantragt werden, denen das Antragsrecht für die Ausschließung eines einzelnen Mitglieds der Jugend- und Auszubildendenvertretung zusteht. Das **Antragsrecht** ist deshalb auch für den **Betriebsrat** zu bejahen (*Bodem/*NK-GA § 65 BetrVG Rn. 2; *Fitting* § 65 Rn. 4; *Galperin/Löwisch* § 65 Rn. 2; *Joost/*MünchArbR § 228 Rn. 67; *Richardi/Annuß* § 65 Rn. 5; *Roloff/WPK* § 65 Rn. 2; *Rose/HWGNRH* § 65 Rn. 11; *Stege/Weinspach/Schiefer* § 60–70 Rn. 10; **a. M.** indessen *Kraft* 4. Aufl., § 65 Rn. 4; *Natter* AR-Blattei SD 530.13, Rn. 52; *Trittin/DKKW* § 65 Rn. 3; näher hier Rdn. 9). Hiergegen lässt sich ausschließlich anführen, dass das Verweisungsobjekt (§ 23 Abs. 1 Satz 2) die Antragsberechtigung des Betriebsrats auf den Ausschluss eines Mitglieds beschränkt. Der Zweck dieser Begrenzung trifft jedoch im Verhältnis zwischen Betriebsrat und Jugend- und Auszubildendenvertretung nicht zu.

12 Wird die Jugend- und Auszubildendenvertretung aufgelöst, so gelten § 63 Abs. 2 und 3 mit der Maßgabe, dass der **Wahlvorstand** vom **Betriebsrat** (nicht wie nach § 23 Abs. 2 vom Arbeitsgericht) **unverzüglich** (s. § 63 Rdn. 13) zu bestellen ist. Das ursprüngliche Vorhaben, § 23 Abs. 2 ebenfalls in die Verweisungskette einzufügen (RegE, BT-Drucks. VI/1786, S. 14), wurde nicht in die empfehlenden Beschlüsse des BT-Ausschusses für Arbeit und Sozialordnung aufgenommen (s. BT-Drucks. VI/2729, S. 29), so dass die methodischen Voraussetzungen für eine über § 65 Abs. 1 hinausgehende entsprechende Anwendung fehlen (*Richardi/Annuß* § 65 Rn. 2; *Rotermund* Interessenwahrnehmung, S. 72 f.).

13 Das **Arbeitsgericht** kann den **Wahlvorstand** erst bestellen, wenn der Betriebsrat seine Pflicht nicht oder nicht rechtzeitig erfüllt (§ 63 Abs. 3 sowie *Fitting* § 65 Rn. 4; *Galperin/Löwisch* § 65 Rn. 3; *Natter* AR-Blattei SD 530.13, Rn. 53; *Richardi/Annuß* § 65 Rn. 5; *Rose/HWGNRH* § 65 Rn. 12; zur Antragsberechtigung § 63 Rdn. 28 ff.).

d) Arbeitgeber

Pflichtverletzungen des Arbeitgebers kann die **Jugend- und Auszubildendenvertretung nicht** 14
selbständig verfolgen, da § 23 Abs. 3 für diese nicht entsprechend anwendbar ist (*BAG* 15.08.1978
EzA § 23 BetrVG 1972 Nr. 7 S. 24 = AP Nr. 1 zu § 23 BetrVG 1972 Bl. 2; *Moritz* Jugendvertretung,
S. 109 sowie § 23 Rdn. 267, m. w. N.). Die Mitglieder der Jugend- und Auszubildendenvertretung
können jedoch über das ihnen durch § 67 zur Verfügung gestellte Instrumentarium die **Willensbildung des Betriebsrats** dahin beeinflussen, dass dieser seinerseits einen auf § 23 Abs. 3 gestützten Antrag stellt. Ein **Teilnahme- und Stimmrecht** aller Jugend- und Auszubildendenvertreter (§ 67 Abs. 1
Satz 2, Abs. 2) sowie ein Antragsrecht der Jugend- und Auszubildendenvertretung (§ 67 Abs. 3)
kommt aber ausschließlich dann in Betracht, wenn Pflichtverstöße gerügt werden, die das Gesetz
dem Arbeitgeber gegenüber der Jugend- und Auszubildendenvertretung auferlegt. Leitet der Betriebsrat in dieser Konstellation gegen den Arbeitgeber ein Verfahren nach § 23 Abs. 3 ein, ist die Jugend-
und Auszubildendenvertretung **Beteiligte des Beschlussverfahrens**. Sie ist in einem derartigen Verfahren jedoch **nicht antragsberechtigt**.

e) Betriebsrat

Die Verletzung von Pflichten, die vor allem die §§ 67 Abs. 3 Satz 2, 68, 70 Abs. 2 dem Betriebsrat ge- 15
genüber der Jugend- und Auszubildendenvertretung auferlegen, können zwar als grobe Pflichtverletzungen i. S. d. § 23 Abs. 1 zu werten sein (s. § 67 Rdn. 70, § 70 Rdn. 72), die **Jugend- und Auszubildendenvertretung** ist aber in § 23 Abs. 1 **nicht** in den Kreis der antragsberechtigten Organe
aufgenommen. Sie ist deshalb nicht berechtigt, den Ausschluss eines Betriebsratsmitglieds oder die
Amtsenthebung des Betriebsrats zu beantragen (s. § 60 Rdn. 51). Ebenso wie bei einer Pflichtverletzung des Arbeitgebers (s. Rdn. 14) ist die Jugend- und Auszubildendenvertretung darauf angewiesen,
einen **Beschluss des Betriebsrats** zur Einleitung eines Verfahrens nach § 23 Abs. 1 herbeizuführen.

Die abschließende Aufzählung des Kreises der Antragsberechtigten in § 23 Abs. 1 kann auch nicht 16
durch die in § 65 Abs. 1 angeordnete »entsprechende Anwendung« des § 23 Abs. 1 überwunden werden (so mit Recht ebenfalls *Moritz* Jugendvertretung, S. 107 mit Fn. 205). Die Norm erweitert nicht
die Kompetenzen der Jugend- und Auszubildendenvertretung gegenüber dem Betriebsrat, sondern
soll ausweislich ihrer amtlichen Überschrift die Geschäftsführung der Jugend- und Auszubildendenvertretung strukturieren, so dass die Verweisung auf § 23 Abs. 1 nur die Verletzung solcher Amtspflichten erfasst, die der Jugend- und Auszubildendenvertretung als Organ oder ihren einzelnen Mitgliedern
zuzuordnen sind.

3. Erlöschen der Mitgliedschaft

Die Mitgliedschaft in der Jugend- und Auszubildendenvertretung erlischt grundsätzlich aus den glei- 17
chen Gründen wie die Mitgliedschaft im Betriebsrat (näher § 24 Rdn. 8 ff.).

Nach § 24 Nr. 3 erlischt die Mitgliedschaft mit **Beendigung des Arbeitsverhältnisses**. Dies gilt 18
auch bei einer Beendigung des Berufsausbildungsverhältnisses gemäß § 21 BBiG. Ein Fortbestand
der Mitgliedschaft ist jedoch anzunehmen, wenn sich insbesondere aufgrund der Sonderregelung in
§ 78a an das Berufsausbildungsverhältnis ohne zeitliche Unterbrechung ein Arbeitsverhältnis anschließt.

Ein **Verlust der Wählbarkeit** (§ 24 Nr. 4) tritt nach der Sonderregelung in § 64 Abs. 3 nicht durch 19
eine Überschreitung der oberen Altersgrenze für das passive Wahlrecht (s. § 61 Rdn. 26) ein. Die Beendigung des Berufsausbildungsverhältnisses während der Amtsperiode lässt das passive Wahlrecht unberührt (näher § 64 Rdn. 28 ff.). Die z. T. befürwortete analoge Anwendung des § 64 Abs. 3 auf diesen Sachverhalt (hierfür *Trittin / DKKW* § 64 Rn. 12) übersieht den eindeutigen Regelungsgehalt des
§ 61 Abs. 2 Satz 1 (näher hierzu § 64 Rdn. 30). Zu den Auswirkungen einer **Betriebsspaltung** auf
die Mitgliedschaft in der Jugend- und Auszubildendenvertretung § 64 Rdn. 26 f.

Die Ableistung des **Wehr- oder Zivildienstes** führte nicht zum Verlust der Mitgliedschaft, da das Ar- 20
beitsverhältnis während dieser Zeit lediglich ruhte (§ 1 Abs. 1 ArbPlSchG, § 78 Abs. 1 Nr. 1 ZDG;
vgl. § 24 Rdn. 63). Selbst wenn entgegen der h. M. der Ruhenstatbestand das passive Wahlrecht (vo-

rübergehend) beseitigt (dazu § 61 Rdn. 33), widerspricht es dem Zweck der §§ 1 Abs. 1 ArbPlSchG, 78 Abs. 1 Nr. 1 ZDG, wenn die vorübergehende Ausgliederung des Arbeitnehmers aus dem Betrieb den Verlust der Mitgliedschaft herbeiführen würde. Der Arbeitnehmer sollte nach den Wertungen der gesetzlichen Vorschriften durch den Wehr- oder Zivildienst keine Schmälerung seiner Rechtspositionen erfahren. Dies musste nicht nur für den mittels Vertrag begründeten Rechtskreis, sondern auch für den betriebsverfassungsrechtlichen Rechtskreis gelten. Während des Wehr- oder Ersatzdienstes war das Mitglied der Jugend- und Auszubildendenvertretung vorübergehend verhindert und wurde durch das Ersatzmitglied vertreten (§ 65 Abs. 1 i. V. m. § 25 Abs. 1 Satz 2; s. § 24 Rdn. 63).

21 Zur **Aberkennung der Wählbarkeit** durch gerichtliches Urteil (§ 45 Abs. 1 StGB) s. § 24 Rdn. 62. Zum Verlust des passiven Wahlrechts wegen nachträglicher Mitgliedschaft im Betriebsrat (§ 61 Abs. 2 Satz 2) § 61 Rdn. 35 ff.

22 Der Verlust der Mitgliedschaft infolge **Ausschlusses aus der Jugend- und Auszubildendenvertretung** oder **Auflösung der Jugend- und Auszubildendenvertretung** durch gerichtlichen Beschluss nach § 65 Abs. 1 i. V. m. § 23 Abs. 1 (§ 24 Nr. 5) tritt erst **mit Rechtskraft des dem Antrag stattgebenden Beschlusses** ein (s. § 24 Rdn. 64). Die Einlegung einer Nichtzulassungsbeschwerde entfaltet gemäß § 92a Satz 2 ArbGG i. V. m. § 72a Abs. 4 Satz 1 ArbGG aufschiebende Wirkung, hindert also den Eintritt der Rechtskraft. Die vorläufige Vollstreckbarkeit des Beschlusses (§ 85 Abs. 1 Satz 1 ArbGG) reicht für den Verlust der Mitgliedschaft in der Jugend- und Auszubildendenvertretung nicht aus.

4. Ersatzmitglieder

23 Beim Ausscheiden oder der Verhinderung eines Mitglieds der Jugend- und Auszubildendenvertretung tritt das **Ersatzmitglied** mit der nächsthöheren Stimmenzahl an seine Stelle (näher § 25 Rdn. 52 ff.). Das verhinderte Mitglied muss die **Verhinderung** dem Vorsitzenden der Jugend- und Auszubildendenvertretung **mitteilen** (§ 65 Abs. 1 i. V. m. § 29 Abs. 1 Satz 5), der sodann das Ersatzmitglied zu der Sitzung einlädt (§ 65 Abs. 1 i. V. m. § 29 Abs. 1 Satz 6). Entsprechendes gilt, wenn das Mitglied der Jugend- und Auszubildendenvertretung an der Teilnahme an einer Sitzung des Betriebsrats verhindert ist. Auch in diesem Fall ist die Mitteilung an den Vorsitzenden des Betriebsrats zu richten (§ 29 Abs. 1 Satz 5).

24 Die Verweisung auf die Gesamtregelung in § 25 entfaltet erst seit dem »Gesetz zur Bildung von Jugend- und Auszubildendenvertretungen in den Betrieben« vom 13.07.1988 (BGBl. I, S. 1034; näher zu diesem vor § 60 Rdn. 8 f.) ihren vollständigen Sinn. Das Ersatzmitglied ist bei einer mehrgliedrigen Jugend- und Auszubildendenvertretung grundsätzlich **der jeweiligen Vorschlagsliste zu entnehmen** (§ 25 Abs. 2 Satz 1). Eine **Ausnahme** gilt lediglich, wenn nur eine gültige Vorschlagsliste eingereicht oder die Wahl im vereinfachten Wahlverfahren durchgeführt wurde, da dann eine Mehrheitswahl stattfindet (§ 14 Abs. 2 Satz 2; s. näher § 63 Rdn. 7). In dieser Sonderkonstellation bestimmt sich das Ersatzmitglied nach der Höhe der erreichten Stimmenzahl (§ 25 Abs. 2 Satz 3). Besteht die Jugend- und Auszubildendenvertretung nur aus einer einzigen Person, ist § 25 Abs. 3 anzuwenden.

5. Vorsitzender (§ 26 Abs. 1 und Abs. 2)

25 Die Wahl des Vorsitzenden und seines Stellvertreters erfolgt durch die Jugend- und Auszubildendenvertretung aus ihrer Mitte. Die **verschiedenen Arbeitnehmergruppen** sind nicht zwingend zu berücksichtigen (*Galperin/Löwisch* § 65 Rn. 7; *Körner* Jugendvertretung, S. 16; *Natzel* Berufsbildungsrecht, S. 543; *Rose/HWGNRH* § 65 Rn. 22; *Trittin/DKKW* § 65 Rn. 7). Auch die Sollbestimmung in § 62 Abs. 2 sowie die zwingende Regelung in § 62 Abs. 3 strahlen nicht auf die Wahl des Vorsitzenden und seines Stellvertreters aus. Die Gruppenzugehörigkeit ist für das Recht der Jugend- und Auszubildendenvertretung ohne Bedeutung (s. § 62 Rdn. 5, 25). Die Einberufung der Jugend- und Auszubildendenvertretung zur Wahl des Vorsitzenden und seines Stellvertreters erfolgt durch den Wahlvorstand gemäß § 65 Abs. 2 Satz 1 Halbs. 2 i. V. m. § 29 Abs. 1. Zum Wahlverfahren s. *Raab* § 26 Rdn. 9 ff.

Die **Rechtsstellung des Vorsitzenden** der Jugend- und Auszubildendenvertretung im Außenver- 26
hältnis entspricht wegen der Verweisung auf § 26 Abs. 2 der des Betriebsratsvorsitzenden (dazu
Raab § 26 Rdn. 29 ff.). Allerdings vertritt der Vorsitzende im Rahmen der gefassten Beschlüsse die Jugend- und Auszubildendenvertretung nur dem Betriebsrat, nicht aber dem Arbeitgeber gegenüber
(*Fitting* § 65 Rn. 6; *Rose/HWGNRH* § 65 Rn. 24 f.). Das ergibt sich aus der allgemeinen Stellung
der Jugend- und Auszubildendenvertretung (dazu näher vor § 60 Rdn. 26 ff.). Erklärungen sind
nach außen nur dann wirksam abgegeben, wenn sie auf einem entsprechenden Beschluss der Jugend- und Auszubildendenvertretung beruhen (dazu *Raab* § 26 Rdn. 31 ff.).

Die **Führung der laufenden Geschäfte** kann nicht auf den Vorsitzenden der Jugend- und Auszubil- 27
dendenvertretung delegiert werden. Die als abschließend zu verstehende Aufzählung in § 65 Abs. 1
nimmt § 27 ausdrücklich von einer entsprechenden Anwendung aus, so dass diese gesetzgeberische
Grundentscheidung nicht nachträglich durch einen Analogieschluss korrigiert werden kann (ebenso
Fitting § 65 Rn. 22a; *Hunold* HBV-Gruppe 2, S. 233 [241]; *Natter* AR-Blattei SD 530.13, Rn. 54;
Richardi/Annuß § 65 Rn. 11; *Trittin/DKKW* § 65 Rn. 31).

6. Bildung von Ausschüssen (§ 28 Abs. 1 Satz 1 und 2)

Eine Übertragung von Aufgaben auf Ausschüsse, die einzelne Angelegenheiten **selbständig erledi-** 28
gen, kannte das Gesetz für die Jugend- und Auszubildendenvertretung bis zum Inkrafttreten des BetrVerf-ReformG nicht, da § 65 Abs. 1 wegen des unauflöslichen systematischen Zusammenhangs mit
der nicht in Bezug genommenen Vorschrift des § 27 nicht auf § 28 verwies. Die Jugend- und Auszubildendenvertretung konnte deshalb weder für die **laufenden Geschäfte** noch für bestimmte Sachgebiete (z. B. Berufsausbildung, Jugendarbeitsschutz) Ausschüsse mit eigenständigen Wahrnehmungsrechten bilden (*Fitting/Kaiser/Heither/Engels* § 65 Rn. 22; *Galperin/Löwisch* § 65 Rn. 8; *Hunold*
HBV-Gruppe 2, S. 233 [241]; *Natter* AR-Blattei SD 530.13, Rn. 54; *Trittin/DKK* 7. Aufl., § 65
Rn. 31; *Weiss/Weyand* § 65 Rn. 2). Die Bildung **informeller Arbeitsgruppen**, die die Sitzungen
der Jugend- und Auszubildendenvertretung zu bestimmten Sachkomplexen **vorbereiten**, war jedoch
– wie bei Betriebsräten ohne Betriebsausschuss (dazu *Wiese* 6. Aufl., § 28 Rn. 13) – uneingeschränkt
zulässig (ebenso *Eisemann/ErfK*, 2. Aufl., § 65 BetrVG Rn. 16; *Fitting/Kaiser/Heither/Engels* § 65
Rn. 22; *Galperin/Löwisch* § 65 Rn. 8; *Trittin/DKK*, 7. Aufl., § 65 Rn. 31).

Mit der durch das BetrVerf-Reformgesetz in § 65 Abs. 1 eingefügten Verweisung auf § 28 Abs. 1 29
Satz 1 und 2 gestattet das Gesetz nunmehr auch der Jugend- und Auszubildendenvertretung die **Bildung von Ausschüssen**. Dies soll eine größere Effektivität ihrer Arbeit ermöglichen (*Reg. Begr.* BT-Drucks. 14/5741, S. 44); Belege für ein praktisches Bedürfnis liegen der Gesetzesänderung nicht zugrunde. Aufgrund des geringeren Aufgabenbereichs der Jugend- und Auszubildendenvertretung kann
die Bildung von Ausschüssen allenfalls bei einem großen Vertretungsorgan sinnvoll sein (*Stege/Weinspach/Schiefer* §§ 60–70 Rn. 12a). Bei der nach § 28 Abs. 1 Satz 1 notwendigen **Betriebsgröße** (mehr
als 100 Arbeitnehmer) ist zweifelhaft, ob aufgrund des Gebots einer »entsprechenden Anwendung« für
die Bildung von Ausschüssen der Jugend- und Auszubildendenvertretung statt dessen auf die Zahl der
in § 60 Abs. 1 genannten Arbeitnehmer abzustellen ist. Dies ist zu bejahen, weil die vom Gesetz bezweckte Erhöhung der Effektivität auf dem Umfang der zu erledigenden Aufgaben beruht und dieser
bei der Jugend- und Auszubildendenvertretung von der Zahl der in § 60 Abs. 1 genannten Arbeitnehmer und nicht von der Gesamtzahl der im Betrieb beschäftigten Arbeitnehmer abhängt (*Fitting* § 65
Rn. 7; *Löwisch/LK* § 65 Rn. 2; *Richardi/Annuß* § 65 Rn. 9; *Rose/HWGNRH* § 65 Rn. 27; *Rotermund* Interessenwahrnehmung, S. 74 f.; *Sittard/HWK* § 65 BetrVG Rn. 6; *Stege/Weinspach/Schiefer*
§§ 60–70 Rn. 12a; **a. M.** *Reich* § 65 Rn. 1; *Roloff/WPK* § 65 Rn. 6; *Trittin/DKKW* § 65 Rn. 8,
die pauschal auf Arbeitnehmer abstellen). Für **Wahl und Abberufung** der Ausschussmitglieder gelten
über § 28 Abs. 1 Satz 2 die in § 27 Abs. 1 Satz 2 bis 5 niedergelegten Grundsätze der Verhältniswahl
(dazu *Raab* § 27 Rdn. 16). Eine Übertragung von Aufgaben zur **selbständigen Erledigung** auf
die von der Jugend- und Auszubildendenvertretung gebildeten Ausschüsse ist nicht möglich (*Fitting*
§ 65 Rn. 7; *Richardi/Annuß* § 65 Rn. 9; *Rose/HWGNRH* § 65 Rn. 29; *Sittard/HWK* § 65 BetrVG
Rn. 6). Die entsprechende Bestimmung für Ausschüsse des Betriebsrats in § 28 Abs. 1 Satz 3 und 4
nimmt die allein maßgebliche Verweisungsnorm in § 65 Abs. 1 nicht in Bezug. Damit werden Ausschüsse der Jugend- und Auszubildendenvertretung regelmäßig nur vorbereitende Aufgaben für das

Plenum übernehmen können, so dass im Vergleich zur bisherigen Rechtslage, die der Bildung vorbereitender informeller Arbeitsgruppen nicht entgegenstand (s. Rdn. 28), keine zusätzlichen Effizienzsteigerungen zu erwarten sind; hierfür hätte das Gesetz auch auf § 28 Abs. 1 Satz 3 und 4 verweisen müssen.

7. Geschäftsordnung (§ 36)

30 Die Jugend- und Auszubildendenvertretung kann sich nach § 65 Abs. 1 i. V. m. § 36 eine Geschäftsordnung geben (das Muster bei *Düttmann/Zachmann* Die Jugendvertretung, Rn. 222). Hier gilt das gleiche wie für den Betriebsrat (s. *Raab* § 36 Rdn. 6 ff.). Über sie beschließt nicht der Betriebsrat, sondern die Jugend- und Auszubildendenvertretung **autonom** (*Richardi/Annuß* § 65 Rn. 31; *Sittard/HWK* § 65 BetrVG Rn. 11); eine **Zustimmung des Betriebsrats** ist für den Erlass einer Geschäftsordnung **nicht erforderlich**. Der Beschluss bedarf jedoch einer **absoluten Mehrheit** der Jugend- und Auszubildendenvertreter, ein mit der einfachen Mehrheit der anwesenden Mitglieder gefasster Beschluss reicht nicht aus.

8. Ehrenamtliche Tätigkeit, Arbeitsversäumnis (§ 37)

a) Allgemeines

31 Durch § 65 Abs. 1 wird auch § 37 ohne Einschränkungen für entsprechend anwendbar erklärt. Dies gilt jedoch nicht für die in § 38 geregelte **Freistellung von der beruflichen Tätigkeit**, da die Vorschrift nicht in die Verweisungskette aufgenommen wurde. Aus dieser Regelungstechnik kann indessen nicht zwingend der formallogische Umkehrschluss abgeleitet werden, dass eine vollständige Befreiung von der beruflichen Tätigkeit für die Mitglieder der Jugend- und Auszubildendenvertretung generell ausscheidet (näher Rdn. 35 ff.).

b) Ehrenamtliche Tätigkeit (§ 37 Abs. 1)

32 Wie die Betriebsratsmitglieder führen auch die Mitglieder der Jugend- und Auszubildendenvertretung ihr Amt unentgeltlich als Ehrenamt (§ 65 Abs. 1 i. V. m. § 37 Abs. 1; näher *Weber* § 37 Rdn. 11 ff.).

c) Anspruch auf Arbeitsbefreiung (§ 37 Abs. 2 und 3)

aa) Grundsatz

33 Auch die Mitglieder der Jugend- und Auszubildendenvertretung sind von ihrer Arbeitspflicht zu befreien, wenn und soweit eine ordnungsgemäße Durchführung ihrer Aufgaben dies erfordert. Der Anspruch auf Arbeitsbefreiung richtet sich gegen den Arbeitgeber. Er ist vom Gesetz als **Individualanspruch** konzipiert, der weder einen Beschluss der Jugend- und Auszubildendenvertretung noch einen Beschluss des Betriebsrats voraussetzt. Das dogmatische Strukturprinzip der §§ 60 bis 73b, nach dem der Jugend- und Auszubildendenvertretung keine kollektivrechtlichen Leistungsansprüche gegenüber dem Arbeitgeber zustehen (s. vor § 60 Rdn. 26 ff.), wird aufgrund der individualrechtlichen Rechtsnatur des Befreiungsanspruchs nicht berührt.

34 Der Anspruch auf Arbeitsbefreiung besteht nur in den **Grenzen der Erforderlichkeit**. Insoweit gelten die für die Betriebsratsmitglieder dargelegten Grundsätze entsprechend (s. dazu *Weber* § 37 Rdn. 42 ff.). Der Anspruch auf **Arbeitsbefreiung** richtet sich nur gegen den Arbeitgeber; ein Anspruch auf Befreiung vom **Berufsschulunterricht** lässt sich hieraus nicht ableiten (zust. *Sittard/HWK* § 65 BetrVG Rn. 13). Die Schulgesetze der Länder sehen insoweit keine Einschränkungen vor. Maßnahmen des Arbeitgebers, die auf die Durchsetzung der Berufsschulpflicht gerichtet sind (§ 14 Abs. 1 Nr. 4 BBiG), verstoßen deshalb nicht gegen das Behinderungsverbot in § 78 Satz 1.

bb) Freistellung

35 Von einer Verweisung auf § 38 sieht § 65 Abs. 1 ab. Hieraus folgt eine verbreitete Ansicht, dass der Jugend- und Auszubildendenvertretung – unabhängig von der Zahl ihrer Mitglieder – **kein Anspruch auf ständige Freistellung** eines ihrer Mitglieder zusteht (*Fitting* § 65 Rn. 25; *Galperin/*

Geschäftsführung § 65

Löwisch § 65 Rn. 17; *Kloppenburg*/HaKo § 65 Rn. 12; *Kraft* 4. Aufl., § 65 Rn. 13; *Richardi/Annuß* § 65 Rn. 38; *Rose*/HWGNRH § 65 Rn. 62; *Schaub/Koch* Arbeitsrechts-Handbuch, § 227 Rn. 27; *Sittard*/HWK § 65 BetrVG Rn. 13; *Trittin*/DKKW § 65 Rn. 34; *Weber/Ehrich/Hörchens/Oberthür* Kap. B Rn. 570). Im Grundsatz ist dieser Ansicht zuzustimmen. Erstens erfordert der eingeschränkte Aufgabenbereich der Jugend- und Auszubildendenvertretung regelmäßig keine ständige Freistellung (*Richardi/Annuß* § 65 Rn. 38; zur ähnlich gelagerten Problematik bei Sprecherausschüssen für leitende Angestellte *Oetker* ZfA 1990, 43 [50]). Zweitens steht eine ständige Freistellung bei Arbeitnehmern, die regelmäßig befristet zu ihrer Berufsausbildung beschäftigt sind, im Widerspruch zu dem Ausbildungszweck (*Fitting* § 65 Rn. 25; *Hromadka* DB 1971, 1964 [1964]; *Kloppenburg*/HaKo § 65 Rn. 12; *Moritz* Jugendvertretung, S. 54 ff.; *Schaub/Koch* Arbeitsrechts-Handbuch, § 227 Rn. 27) und der begrenzten Dauer des Berufsausbildungsverhältnisses (§ 21 BBiG).

Dies schließt eine unter Umständen **vorübergehende vollständige Arbeitsbefreiung** von Mitgliedern der Jugend- und Auszubildendenvertretung jedoch nicht generell aus, sofern besondere Umstände des Einzelfalls dies zur ordnungsgemäßen Erfüllung der gesetzlichen Aufgaben erfordern (*Fitting* § 65 Rn. 25; *Richardi/Annuß* § 65 Rn. 38; *Trittin*/DKKW § 65 Rn. 34; zur Parallelproblematik bei Mitgliedern des Betriebsrats *BAG* 13.11.1993 EzA § 37 BetrVG 1972 Nr. 106 S. 4 f.; *Weber* § 38 Rdn. 31, m. w. N.). Als **Anspruchsgrundlage** kommt nur § 65 Abs. 1 i. V. m. § 37 Abs. 2 in Betracht, da aufgrund der systemgerechten Herausnahme des § 38 aus der Verweisungskette in § 65 Abs. 1 ein kollektivrechtlicher Anspruch der Jugend- und Auszubildendenvertretung auf Freistellung eines ihrer Mitglieder nicht besteht. Hierbei handelt es sich um einen **Individualanspruch**, so dass dieser nicht – wie bei der Freistellung nach § 38 – von einem vorherigen Beschluss der Jugend- und Auszubildendenvertretung oder des Betriebsrats abhängt (*Richardi/Annuß* § 65 Rn. 36). Die entsprechende Anwendung des § 37 Abs. 2 rechtfertigt jedoch einen Anspruch auf vorübergehende vollständige Arbeitsbefreiung stets dann nicht, wenn diese den **Ausbildungszweck** gefährdet (ebenso *Fitting* § 65 Rn. 25; *Moritz* Jugendvertretung, S. 54 ff.; *Richardi/Annuß* § 65 Rn. 39; *Trittin*/DKKW § 65 Rn. 34). Eine vollständige Arbeitsbefreiung wird deshalb nur für solche Mitglieder der Jugend- und Auszubildendenvertretung in Erwägung zu ziehen sein, die nicht zu ihrer Berufsausbildung beschäftigt werden.

cc) Kollektivvertragliche Vereinbarung

Vereinbarungen zwischen Betriebsrat und Arbeitgeber **über die Erforderlichkeit** der Arbeitsbefreiung dürften zulässig sein (*Brecht* § 65 Rn. 1; *Fitting* § 65 Rn. 25; *Moritz* Jugendvertretung, S. 57 Fn. 131; *Trittin*/DKKW § 65 Rn. 34). Hierbei handelt es sich nicht um Vereinbarungen i. S. d. § 38 Abs. 1 Satz 3, da diese Vorschrift für die Jugend- und Auszubildendenvertretung aufgrund des abschließenden Charakters der Verweisungsnorm in § 65 Abs. 1 nicht anzuwenden ist. Das schließt aber Vereinbarungen zur Konkretisierung der im Gesetz enthaltenen unbestimmten Rechtsbegriffe, hier des Merkmals der »Erforderlichkeit«, nicht aus (s. vor § 60 Rdn. 36 sowie *Weber* § 37 Rdn. 8, m. w. N.).

dd) Tätigkeit außerhalb der Arbeitszeit

Liegt die Tätigkeit für die Jugend- und Auszubildendenvertretung außerhalb der individuellen Arbeitszeit, so steht den Mitgliedern der Jugend- und Auszubildendenvertretung nach Maßgabe der in § 37 Abs. 3 genannten Voraussetzungen ein **Freizeitanspruch** zu, der sich gegebenenfalls in einen **Abgeltungsanspruch** umwandelt.

Die über § 65 Abs. 1 geltende Sonderregelung in § 37 Abs. 3 wird nicht von dem **Abgeltungsverbot** in § 21 Abs. 2 JArbSchG verdrängt (ebenso *Fitting* § 65 Rn. 13a; *Roloff*/WPK § 65 Rn. 11; *Rose*/HWGNRH § 65 Rn. 48; *Trittin*/DKKW § 65 Rn. 19; **a. M.** *Richardi/Annuß* § 65 Rn. 37). Die Tätigkeit für das Amt in der Jugend- und Auszubildendenvertretung ist keine Mehrarbeit i. S. d. Jugendarbeitsschutzgesetzes, so dass die dortige Anordnung eines ausschließlichen Freizeitausgleichs für Mehrarbeit keine Anwendung findet.

Ob die Tätigkeit außerhalb der Arbeitszeit erbracht wird, richtet sich danach, ob das Mitglied der Jugend- und Auszubildendenvertretung während dieses Zeitraumes individualvertraglich zur Arbeitsleistung verpflichtet ist (s. *Weber* § 37 Rdn. 88). Erfolgt die Tätigkeit für die Jugend- und Auszubilden-

§ 65 *III. 1. Betriebliche Jugend- und Auszubildendenvertretung*

denvertretung zu solchen Zeiten, in denen nach § 9 Abs. 1 JArbSchG ein **Beschäftigungsverbot** besteht, so liegt diese zwar außerhalb der Arbeitszeit, ein Ausgleichsanspruch ist aber gleichwohl zu verneinen, da die Inanspruchnahme der Freizeit **nicht** auf **betriebsbedingte Gründe** zurückzuführen ist. Die Tätigkeit außerhalb der Arbeitszeit beruht in dieser Konstellation nicht auf einer dem Arbeitgeber zurechenbaren Willensentschließung, sondern auf dem gesetzlichen, nicht der betrieblichen Sphäre zuzurechnenden Beschäftigungsverbot (ebenso *Trittin/DKKW* § 65 Rn. 19).

d) Wirtschaftliche und berufliche Sicherung (§ 37 Abs. 4 und 5)

41 Für das Gebot der beruflichen und finanziellen Gleichstellung mit vergleichbaren Arbeitnehmern gelten dieselben Grundsätze wie bei Mitgliedern des Betriebsrats (näher dazu *Weber* § 37 Rdn. 128 ff.).

e) Schulungs- und Bildungsveranstaltungen i. S. des § 37 Abs. 6

aa) Rechtsnatur

42 § 65 Abs. 1 erklärt § 37 auch insoweit für entsprechend anwendbar, als dieser einen Anspruch auf Freistellung zur Teilnahme an Schulungs- und Bildungsveranstaltungen begründet, wenn die dort vermittelten Kenntnisse für die Arbeit der Jugend- und Auszubildendenvertretung erforderlich sind. Im Unterschied zu § 37 Abs. 7 handelt es sich bei § 37 Abs. 6 aufgrund seiner Ausrichtung auf den Betriebsrat nicht um einen Individualanspruch, sondern um einen kollektiven, dem Organ zustehenden Anspruch, der sich erst nach einem entsprechenden Beschluss des Organs in einen **abgeleiteten Individualanspruch** umwandelt (s. *Weber* § 37 Rdn. 169 f.). Das durch § 65 Abs. 1 begründete Gebot, die Anwendung der in Bezug genommenen Vorschriften unter den Vorbehalt einer systemgerechten Einfügung in die dogmatische Konzeption der §§ 60 bis 73b zu stellen (s. Rdn. 3 f.), verbietet jedoch eine pauschale Übertragung der Norm auf das Recht der Jugend- und Auszubildendenvertretung, die sich auf eine formale Anpassung beschränkt (zust. *Christoffer* NZA-RR 2009, 572 [572 f.]).

bb) Betriebsratsbeschluss

43 Aus der primär kollektivrechtlichen Rechtsnatur des Freistellungsanspruches resultiert die Streitfrage, ob die in § 65 Abs. 1 angeordnete »entsprechende« Anwendung die Jugend- und Auszubildendenvertretung zu einer autonomen und gegenüber dem Arbeitgeber wirksamen Freistellung berechtigt oder ob die Freistellung einen **Beschluss des Betriebsrats** voraussetzt. Die letztgenannte Position befürwortet das Bundesarbeitsgericht in gefestigter ständiger Rechtsprechung (so seit *BAG* 20.11.1973 EzA § 65 BetrVG 1972 Nr. 1 S. 4 = AP Nr. 1 zu § 65 BetrVG 1972 Bl. 2 f. [zust. *Kraft*] zuletzt *BAG* 30.03.1994 EzA § 40 BetrVG 1972 Nr. 71 S. 5 = AP Nr. 42 zu § 40 BetrVG 1972 Bl. 2 R) und stimmt mit den überwiegenden Stellungnahmen im Schrifttum überein (*Christoffer* NZA-RR 2009, 672 [673]; *Etzel* Rn. 1333; *Fitting* § 65 Rn. 17; *Galperin/Löwisch* § 65 Rn. 16; *Koch*/ErfK §§ 60–70 BetrVG Rn. 3; *Natter* AR-Blattei SD 530.13, Rn. 59; *Natzel* Berufsbildungsrecht, S. 532; *Richardi/Annuß* § 65 Rn. 45; *Roloff/WPK* § 65 Rn. 15; *Rose/HWGNRH* § 65 Rn. 56; *Rotermund* Interessenwahrnehmung, S. 75 ff.; *Sittard/HWK* § 65 BetrVG Rn. 14; *Stege/Weinspach/Schiefer* §§ 60–70 Rn. 26; *Teichmüller* DB 1975, 446 [446]; *Trittin/DKKW* § 65 Rn. 25; *Weiss/Weyand* § 65 Rn. 7). Die h. M. befindet sich mit diesem Verständnis im Einklang mit den Novellierungsvorschlägen des DGB zum BetrVG 1952, § 26d Abs. 1 Satz 2 des Entwurfs verlangte ausdrücklich einen Beschluss des Betriebsrats über die Freistellung (s. RdA 1970, 237 [240]).

44 Lediglich vereinzelt wird der Jugend- und Auszubildendenvertretung ein **autonomer**, unabhängig vom Betriebsrat auszuübender **Freistellungsanspruch** gegenüber dem Arbeitgeber eingeräumt (hierfür *Däubler* Schulung, Rn. 381 f.; *Moritz* Jugendvertretung, S. 85; wohl auch *Reich* § 65 Rn. 1; im Grundsatz ebenso *Linder* NJW 1974, 1349, der jedoch eine Unterrichtung des Betriebsrats verlangt). Die gegen die nahezu einhellige Ansicht angeführten Bedenken überzeugen nicht, da der Jugend- und Auszubildendenvertretung nach der Grundkonzeption der §§ 60 bis 73b keine selbständigen kollektivrechtlichen Leistungsansprüche gegenüber dem Arbeitgeber zustehen sollen (s. vor § 60 Rdn. 26 ff.). Deshalb bedeutet die entsprechende Anwendung des § 37 Abs. 6 für die Geschäftsführung der Jugend- und Auszubildendenvertretung, die Norm so anzuwenden, dass sie im Einklang

mit der rechtsdogmatischen Stellung der Jugend- und Auszubildendenvertretung steht. Dies ist nur gewährleistet, wenn der kollektivrechtliche Anspruch auf Freistellung beim Betriebsrat verbleibt.

Da der kollektivrechtliche Anspruch auf Freistellung trotz der entsprechenden Anwendung des § 37 **45** Abs. 6 dem Betriebsrat zusteht, reicht ein Freistellungsbeschluss des Betriebsrats aus, um zugunsten des einzelnen Mitglieds der Jugend- und Auszubildendenvertretung den abgeleiteten Individualanspruch zu begründen. Ein mit dem Beschluss des Betriebsrats korrespondierender Beschluss der Jugend- und Auszubildendenvertretung ist nicht erforderlich. Zu einem **Beschluss der Jugend- und Auszubildendenvertretung** über die Freistellung eines ihrer Mitglieder für die Schulungsteilnahme kann es nur kommen, wenn die Jugend- und Auszubildendenvertretung über ihr Antragsrecht (§ 67 Abs. 3 Satz 1) einen entsprechenden Beschluss des Betriebsrats initiieren will. Die Jugend- und Auszubildendenvertretung ist darüber hinaus jedoch nicht gehindert, dem Betriebsrat Personalvorschläge für die Teilnahme an Schulungsveranstaltungen zu unterbreiten. Sie entfalten für den Betriebsrat jedoch keine rechtliche Bindungswirkung, da er alleiniger Inhaber des Freistellungsanspruchs ist.

Über die **Freistellung** zur Schulungsteilnahme entscheidet der Betriebsrat nach **pflichtgemäßem** **46** **Ermessen**. Da es sich um einen kollektivrechtlichen Anspruch des Betriebsrats handelt, steht der Jugend- und Auszubildendenvertretung **kein Anspruch gegen den Betriebsrat** zu, eine Freistellung zu beschließen, selbst wenn nach Ansicht der Jugend- und Auszubildendenvertretung ihre ordnungsgemäße Amtsausübung eine Freistellung erfordert.

Der Beschluss über die Freistellung ist vom Betriebsrat mit **einfacher Mehrheit** zu fassen. Hierbei **47** steht allen Jugend- und Auszubildendenvertretern gemäß § 67 Abs. 2 ein Stimmrecht zu (*Däubler* Schulung, Rn. 382; *Fitting* § 65 Rn. 17; *Kraft* Anm. *BAG* 20.11.1973 AP Nr. 1 zu § 65 BetrVG 1972; *Natter* AR-Blattei SD 530.13, Rn. 59; *Natzel* Berufsbildungsrecht, S. 552; *Rose*/HWGNRH § 65 Rn. 56; *Teichmüller* DB 1975, 446 [446]; *Trittin*/DKKW § 65 Rn. 25; *Weber*/*Ehrich*/*Hörchens*/*Oberthür* Kap. B Rn. 573; offengelassen von *BAG* 10.05.1974 EzA § 65 BetrVG 1972 Nr. 2 S. 7 = AP Nr. 3 zu § 65 BetrVG 1972 Bl. 2). Dem steht nicht entgegen, dass den Jugend- und Auszubildendenvertretern lediglich bei solchen Angelegenheiten ein Stimmrecht zusteht, die »überwiegend« die in § 60 Abs. 1 genannten Arbeitnehmer betreffen. Zwar richtet sich das Freistellungsbegehren nur auf einen einzelnen Arbeitnehmer, dieses betrifft aber die Tätigkeit im Organ und die Ausübung der gesetzlich begründeten Wahrnehmungszuständigkeiten, die die Jugend- und Auszubildendenvertretung im Interesse der in § 60 Abs. 1 genannten Arbeitnehmer ausübt. Von der Freistellung eines Mitglieds der Jugend- und Auszubildendenvertretung sind die in § 60 Abs. 1 genannten Arbeitnehmer deshalb überwiegend betroffen (näher § 67 Rdn. 38).

Der Beschluss des Betriebsrats erstreckt sich nicht nur auf die Person des Jugend- und Auszubildenden- **48** vertreters, sondern auch auf die **zeitliche Lage der Freistellung** (ebenso *Richardi*/*Annuß* § 65 Rn. 45; *Rose*/HWGNRH § 65 Rn. 56; *Trittin*/DKKW § 65 Rn. 25). Bei einem Streit zwischen Betriebsrat und Arbeitgeber hierüber entscheidet die Einigungsstelle (§ 65 Abs. 1 i. V. m. § 37 Abs. 6 Satz 5 und 6; hierzu *Weber* § 37 Rdn. 301). Die Einigungsstelle ist verpflichtet, vor einer Entscheidung die Jugend- und Auszubildendenvertretung anzuhören (näher § 60 Rdn. 54).

cc) Erforderlichkeit

Entsprechend der Rechtslage bei Mitgliedern des Betriebsrats besteht der Freistellungsanspruch nur, **49** wenn und soweit die auf der Schulungsveranstaltung vermittelten Kenntnisse für die Arbeit der Jugend- und Auszubildendenvertretung erforderlich sind. Das Gebot einer entsprechenden Anwendung zwingt dazu, die Erforderlichkeit einer Schulungsveranstaltung an dem eingeschränkten Aufgabenbereich der Jugend- und Auszubildendenvertretung zu messen (*BAG* 05.10.1975 EzA § 37 BetrVG 1972 Nr. 23 S. 94 = AP Nr. 4 zu § 65 BetrVG 1972 Bl. 3; 06.05.1975 EzA § 65 BetrVG 1972 Nr. 5 S. 20 f. = AP Nr. 5 zu § 65 BetrVG 1972 Bl. 4 f.; 10.06.1975 EzA § 65 BetrVG 1972 Nr. 6 S. 25 = AP Nr. 6 zu § 65 BetrVG 1972 Bl. 2 R; *Christoffer* NZA-RR 2009, 572 [573 f.]; *Galperin*/*Löwisch* § 65 Rn. 15; *Koch*/ErfK §§ 60–70 BetrVG Rn. 3; *Natter* AR-Blattei SD 530.13, Rn. 57; *Richardi*/*Annuß* § 65 Rn. 41; *Roloff*/WPK § 65 Rn. 13; *Rose*/HWGNRH § 65 Rn. 53; *Sittard*/HWK § 65 BetrVG Rn. 14). Eine **erhöhte Schulungs- und Bildungsbedürftigkeit** von Mitgliedern der Jugend- und Auszubildendenvertretung (hierauf abstellend *Däubler* Schulung, Rn. 384; *Fitting* § 65 Rn. 14;

§ 65 III. 1. Betriebliche Jugend- und Auszubildendenvertretung

Rudolph AiB 1997, 213 [215]; *Trittin/DKKW* § 65 Rn. 21; *Weiss/Weyand* § 65 Rn. 10) rechtfertigt keinen abweichenden Beurteilungsmaßstab, da sich der kollektivrechtliche Anspruch des Betriebsrats nach § 37 Abs. 6 auf die Arbeit der Jugend- und Auszubildendenvertretung als Organ und nicht auf die Tätigkeit des Einzelnen in der Jugend- und Auszubildendenvertretung bezieht. Eine erhöhte Schulungsbedürftigkeit des Einzelnen ist ausschließlich im Rahmen des individualrechtlichen Freistellungsanspruches nach § 37 Abs. 7 zu befriedigen (so mit Recht *Galperin/Löwisch* § 65 Rn. 15; *Joost/*MünchArbR § 228 Rn. 78; *Richardi/Annuß* § 65 Rn. 41; *Roloff/WPK* § 65 Rn. 13; *Rose/ HWGNRH* § 65 Rn. 55; *Weber/Ehrich/Hörchens/Oberthür* Kap. B Rn. 571; **a. M.** *Fitting* § 65 Rn. 14).

50 Die **Thematik der Veranstaltung** muss sich auf die im Gesetz umschriebenen Aufgaben der Jugend- und Auszubildendenvertretung beziehen, um unter Berücksichtigung des Verhältnismäßigkeitsgrundsatzes als »erforderlich« i. S. von § 37 Abs. 6 bewertet werden zu können.

51 Nach ständiger Rechtsprechung des Bundesarbeitsgerichts, die von den Instanzgerichten und der Literatur einhellig gebilligt wird, sind Kenntnisse über die **Aufgaben der Jugend- und Auszubildendenvertretung** und ihre Rechte gegenüber dem Betriebsrat erforderlich (*BAG* 10.05.1975 EzA § 37 BetrVG 1972 Nr. 23 S. 95 = AP Nr. 4 zu § 65 BetrVG 1972 Bl. 3 R; *LAG Frankfurt* 10.07.1973 DB 1973, 2247 [2248 f.]; *ArbG Kaiserslautern* 27.06.1979 ARSt. 1980, 41 [41]; *Däubler* Schulung, Rn. 385; *Etzel* Rn. 1181; *Fitting* § 65 Rn. 15; *Natzel* Berufsbildungsrecht, S. 553; *Richardi/Annuß* § 65 Rn. 42; *Trittin/DKKW* § 65 Rn. 22). Zu dem erforderlichen Wissen des einzelnen Jugend- und Auszubildendenvertreters gehören auch Kenntnisse über die Aufgaben und Rechte der Gesamt-Jugend- und Auszubildendenvertretung (*BAG* 10.06.1975 EzA § 37 BetrVG 1972 Nr. 42 S. 163 = AP Nr. 1 zu § 73 BetrVG 1972 Bl. 3 R = SAE 1976, 107 [zust. *Bohn*]; s. auch § 73 Rdn. 39). Für die Arbeit der Jugend- und Auszubildendenvertretung sind Schulungen über die **Rechtsstellung des Betriebsrats** oder allgemeine **Grundkenntnisse des Arbeitsrechts** nicht erforderlich (so aber *LAG Frankfurt* 09.01.1973 AuR 1974, 28; *Christoffer* NZA-RR 2009, 572 [574]; *Fitting* § 65 Rn. 15; *Natter* AR-Blattei SD 530.13, Rn. 57; *Trittin/DKKW* § 65 Rn. 22). Die Aufgabe der Jugend- und Auszubildendenvertretung beschränkt sich vornehmlich auf Anregungen an den Betriebsrat. Hierfür bedarf keiner arbeitsrechtlichen Detailkenntnisse (ebenso *Richardi/Annuß* § 65 Rn. 43; in dieser Richtung ebenfalls *Roloff/WPK* § 65 Rn. 14).

52 Kenntnisse des **Jugendarbeitsschutzgesetzes** rechnet das Bundesarbeitsgericht nicht zu den erforderlichen Kenntnissen (*BAG* 10.05.1975 EzA § 37 BetrVG 1972 Nr. 23 S. 95 = AP Nr. 4 zu § 65 BetrVG 1972 Bl. 3 R; 06.05.1975 EzA § 65 BetrVG 1972 Nr. 5 S. 22 = AP Nr. 5 zu § 65 BetrVG 1972 Bl. 5), was im Schrifttum Zustimmung (*Hess/HSWG* § 65 Rn. 15; *Natzel* Berufsbildungsrecht, S. 553; *Roloff/WPK* § 65 Rn. 14; *Rotermund* Interessenwahrnehmung, S. 81 f.; für den Regelfall *Richardi/Annuß* § 65 Rn. 43), aber auch Kritik erfahren hat (*Däubler* Schulung, Rn. 385; *Fitting* § 65 Rn. 15; *Rudolph* AiB 1997, 213 [216]; *Teichmüller* DB 1975, 446 [447 f.]; *Trittin/DKKW* § 65 Rn. 22; mit Bedenken *Wlotzke* § 65 Anm. 1g; für die Erforderlichkeit auch *LAG Frankfurt a. M.* 19.12.1972 AuR 1974, 28; 10.07.1973 DB 1973, 2247 [2249]). Die restriktive Haltung der höchstrichterlichen Rechtsprechung weckt auf den ersten Blick zwar Bedenken wegen der in § 70 Abs. 1 Nr. 2 normierten Überwachungsaufgabe, die sich auch auf die Einhaltung des Jugendarbeitsschutzgesetzes erstreckt, gleichwohl ist ihr aber im Regelfall zuzustimmen. Aufgrund des Unterrichtungsanspruchs der Jugend- und Auszubildendenvertretung gegenüber dem Betriebsrat (§ 70 Abs. 2 Satz 1), der Rechtsauskünfte einschließt (s. § 70 Rdn. 54), sowie der auch im Rahmen der Überwachungsaufgabe gebotenen engen Zusammenarbeit zwischen Betriebsrat und Jugend- und Auszubildendenvertretung (§ 80 Abs. 1 Nr. 5) ist regelmäßig eine entsprechende Information durch den Betriebsrat ausreichend, damit die Jugend- und Auszubildendenvertretung ihre vom Gesetz übertragenen Aufgaben ordnungsgemäß wahrnehmen kann (*Richardi/Annuß* § 65 Rn. 43).

53 Das Bundesarbeitsgericht verneint die Erforderlichkeit darüber hinaus für Veranstaltungen, die Kenntnisse über die Vorschriften des **Berufsbildungsgesetzes** vermitteln (*BAG* 10.05.1975 EzA § 37 BetrVG Nr. 23 S. 95 = AP Nr. 4 zu § 65 BetrVG 1972 Bl. 3 R; 06.05.1975 EzA § 65 BetrVG 1972 Nr. 5 S. 22 = AP Nr. 5 zu § 65 BetrVG 1972 Bl. 5). Auch diese Judikatur ist nicht nur auf Zustimmung (*Natzel* Berufsbildungsrecht, S. 553; *Rotermund* Interessenwahrnehmung, S. 81 f.; für den Regelfall *Richardi/Annuß* § 65 Rn. 43; so auch noch *Hess/Schlochauer/Glaubitz* 3. Aufl., § 65

Geschäftsführung § 65

Rn. 15), sondern auch auf Ablehnung gestoßen (*Däubler* Schulung, Rn. 385; *Etzel* Rn. 1180; *Fitting* § 65 Rn. 15; *Natter* AR-Blattei SD 530.13, Rn. 57; *Rudolph* AiB 1997, 213 [216]; *Teichmüller* DB 1975, 446 [447 f.]; *Trittin/DKKW* § 65 Rn. 22; für die Erforderlichkeit auch *LAG Frankfurt a. M.* 10.07.1973 DB 1973, 2247 [2249]; zweifelnd [seit 4. Aufl.] *Hess/Schlochauer/Glaubitz* 3. Aufl., § 65 Rn. 15 [unverändert*Hess/HSWG* § 65 Rn. 15]; Bedenken auch bei *Wlotzke* § 65 Anm. 1g). Die kritischen Stellungnahmen im Schrifttum können sich auch insoweit auf die herausragende Stellung stützen, die die Berufsausbildung für die Tätigkeit der Jugend- und Auszubildendenvertretung besitzt (§ 70 Abs. 1 Nr. 1). Gegen die Erforderlichkeit entsprechender Veranstaltungen und damit für die Position des Bundesarbeitsgerichts sind jedoch ebenfalls die in Rdn. 52 genannten Gesichtspunkte anzuführen.

Eine Veranstaltung über den **Gesundheitsschutz im Betrieb** weist keinen spezifischen, auf die Arbeit der Jugend- und Auszubildendenvertretung bezogenen Inhalt auf und ist daher nicht erforderlich. Eine andere Beurteilung ist erst denkbar, wenn der Jugendschutz im Mittelpunkt der Veranstaltung steht (*BAG* 10.06.1975 EzA § 65 BetrVG 1972 Nr. 6 S. 25 = AP Nr. 6 zu § 65 BetrVG 1972 Bl. 2 R; *Däubler* Schulung, Rn. 385; *Etzel* Rn. 1332; *Natzel* Berufsbildungsrecht, S. 553; *Sahmer* § 65 Rn. 11). **54**

Trotz der Anbindung der Erforderlichkeitsprüfung an die Aufgaben der Jugend- und Auszubildendenvertretung muss sich die Schulung **nicht speziell an Mitglieder der Jugend- und Auszubildendenvertretungen** richten (so aber *BAG* 10.06.1975 EzA § 65 BetrVG 1972 Nr. 6 S. 25 = AP Nr. 6 zu § 65 BetrVG 1972 Bl. 2 R). Entscheidend ist allein der Inhalt der Veranstaltung (so mit Recht *Richardi/Annuß* § 65 Rn. 44). Weist diese nur teilweise »erforderliche« Themen auf, so müssen sie den Schwerpunkt bilden, um die »Erforderlichkeit« für die Gesamtveranstaltung noch bejahen zu können (*BAG* 10.06.1975 EzA § 37 BetrVG 1972 Nr. 42 S. 164 = AP Nr. 1 zu § 73 BetrVG 1972 Bl. 4; enger *Richardi/Annuß* § 65 Rn. 44: Erforderlichkeit nur für den zeitweisen Schulungsbesuch; näher hierzu *Weber* § 37 Rdn. 199). **55**

Für **Ersatzmitglieder** der Jugend- und Auszubildendenvertretung kommt eine Freistellung zur Schulungsteilnahme grundsätzlich nicht in Betracht (*BAG* 10.05.1974 EzA § 65 BetrVG 1972 Nr. 4 S. 11 = AP Nr. 2 zu § 65 BetrVG 1972 Bl. 2 f.; *Christoffer* NZA-RR 2009, 572 [575]; *Fitting* § 65 Rn. 16; *Joost*/MünchArbR § 228 Rn. 78; *Natter* AR-Blattei, SD 530.13, Rn. 55; *Richardi/Annuß* § 65 Rn. 45; *Rose*/HWGNRH § 65 Rn. 51; *Teichmüller* DB 1975, 446 [446]; **a. M.** *Trittin/DKKW* § 65 Rn. 24). Ein anderes Resultat gilt jedoch nicht nur, wenn das Ersatzmitglied endgültig nachgerückt, sondern bereits, wenn das Ersatzmitglied häufig und für längere Zeit bei einer vorübergehenden Verhinderung als Stellvertreter agieren muss (*BAG* 10.05.1974 EzA § 65 BetrVG 1972 Nr. 4 S. 12 = AP Nr. 2 zu § 65 BetrVG 1972 Bl. 2 R; *Trittin/DKKW* § 65 Rn. 24 sowie *Weber* § 37 Rdn. 178). Die Erforderlichkeit ist bei amtierenden Mitgliedern der Jugend- und Auszubildendenvertretung ferner zu verneinen, wenn diesen die Kenntnisse bereits während einer früheren Schulungsteilnahme vermittelt wurden (*ArbG Kaiserslautern* 27.06.1979 ARSt. 1980, 41 [41 f.] sowie allgemein *Weber* § 37 Rdn. 179). **56**

f) Veranstaltungen i. S. d. § 37 Abs. 7
Ein **individualrechtlicher Freistellungsanspruch** steht dem Mitglied der Jugend- und Auszubildendenvertretung nach § 37 Abs. 7 zu, ohne dass die konkrete Veranstaltung für die Arbeit der Jugend- und Auszubildendenvertretung erforderlich sein muss. Es reicht aus, wenn die Veranstaltung »geeignet« ist. Veranstaltungen, die für Betriebsratsmitglieder als geeignet anerkannt sind, dürfen auch von Mitgliedern der Jugend- und Auszubildendenvertretung gemäß § 65 Abs. 1 i. V. m. § 37 Abs. 7 besucht werden (*Richardi/Annuß* § 65 Rn. 44). Trotz der im Vergleich zum Betriebsrat kürzeren Amtszeit besteht der Anspruch **in voller Höhe** (*Däubler* Schulung, Rn. 380; *Fitting* § 65 Rn. 18; *Koch*/ErfK §§ 60–70 BetrVG Rn. 3; *Löwisch*/LK § 65 Rn. 3; *Moritz* Jugendvertretung, S. 82; *Richardi/Annuß* § 65 Rn. 47; *Trittin/DKKW* § 65 Rn. 26; *Weiss/Weyand* § 65 Rn. 6). Auch die methodische Prämisse einer lediglich entsprechenden Anwendung (s. Rdn. 3 f.) rechtfertigt keine an der Dauer der Amtsperiode ausgerichtete proportionale Verringerung des Freistellungsanspruchs, da die Dauer des in § 37 Abs. 7 begründeten Freistellungsanspruchs nicht von der Dauer der Amtszeit **57**

abhängt. Über die **zeitliche Lage** der Veranstaltung beschließt der Betriebsrat (*Löwisch/LK* § 65 Rn. 4; *Richardi/Annuß* § 65 Rn. 48).

9. Kosten und Sachaufwand, Umlageverbot (§§ 40, 41)

a) Kostentragungspflicht des Arbeitgebers

58 Die in § 65 Abs. 1 angeordnete entsprechende Anwendung des § 40 Abs. 1 bereitet aufgrund der dogmatischen Struktur der letztgenannten Vorschrift erhebliche Probleme. Dies betrifft jedoch nicht den in § 40 Abs. 1 begründeten individualrechtlichen Freistellungs- oder Zahlungsanspruch des einzelnen Mitglieds der Jugend- und Auszubildendenvertretung (*BAG* 30.03.1994 EzA § 40 BetrVG 1972 Nr. 71 S. 6 = AP Nr. 42 zu § 40 BetrVG 1972 Bl. 2 R), sondern den in dieser Norm gleichfalls enthaltenen kollektivrechtlichen Leistungsanspruch des Organs. Wie im Rahmen von § 37 Abs. 6 wäre es mit dem dogmatischen Fundament der §§ 60 bis 73b unvereinbar, wenn die entsprechende Anwendung des § 40 Abs. 1 einen kollektivrechtlichen Leistungsanspruch der Jugend- und Auszubildendenvertretung gegenüber dem Arbeitgeber begründen würde. Deshalb zwingt das Gebot einer mit der rechtsdogmatischen Stellung der Jugend- und Auszubildendenvertretung harmonierenden entsprechenden Anwendung (s. Rdn. 3 f.) zu dem Ergebnis, dass die Jugend- und Auszubildendenvertretung nicht eigenständig eine Kostentragungspflicht des Arbeitgebers auslösen kann (ebenso *LAG Hamm* 16.01.2009 – 10 TaBV 37/08 Rn. 61 – BeckRS 2009, 59328). Eine entsprechende Anwendung führt dazu, dass der **kollektivrechtliche Leistungsanspruch** unverändert dem **Betriebsrat** zusteht. Deshalb hat nur der Betriebsrat und nicht die Jugend- und Auszubildendenvertretung das Recht, den Arbeitgeber auf Erstattung der Kosten für die Schulung einzelner Jugend- und Auszubildendenvertreter in Anspruch zu nehmen (*BAG* 30.03.1994 EzA § 40 BetrVG 1972 Nr. 71 S. 4 = AP Nr. 42 zu § 40 BetrVG 1972 Bl. 2, m. w. N.; ebenso im Grundsatz für die Beauftragung eines Rechtsanwalts *BAG* 18.01.2012 EzA § 40 BetrVG 2001 Nr. 22 Rn. 15 = AP Nr. 108 zu § 40 BetrVG 1972 = NZA 2012, 683). Die Kostentragungspflicht des Arbeitgebers ist aufgrund dessen untrennbar mit einem entsprechenden **Beschluss des Betriebsrats** verbunden (*LAG Hamm* 16.01.2009 – 10 TaBV 37/08, Rn. 61 – BeckRS 2009, 59328; *Richardi/Annuß* § 70 Rn. 28; der Sache nach auch *Rose/HWGNRH* § 65 Rn. 59). Insbesondere zur **Abgabe von Willenserklärungen** gegenüber Dritten ist die Jugend- und Auszubildendenvertretung als Organ nicht allein handlungsfähig; hierfür bedarf sie einer **Zustimmung des Betriebsrats** (*BAG* 20.02.1986 EzA § 64 BetrVG 1972 Nr. 2 S. 4 = AP Nr. 1 zu § 63 BetrVG 1972 Bl. 1 R, für die Beauftragung eines Prozessbevollmächtigten), die sie sodann durch den Vorsitzenden der Jugend- und Auszubildendenvertretung als Boten übermitteln kann.

59 Hinsichtlich der **Erforderlichkeit des Sachaufwandes** gelten unter Beachtung des geringeren Aufgabenbereichs der Jugend- und Auszubildendenvertretung die für die Kosten des Betriebsrats maßgebenden Grundsätze (dazu *Weber* § 40 Rdn. 11 ff.).

60 Auch die Jugend- und Auszubildendenvertretung ist berechtigt, die in § 60 Abs. 1 genannten Arbeitnehmer über ihre Tätigkeit zu unterrichten. Prinzipiell schließt dies zwar nicht aus, dass hierzu ein »Schwarzes Brett« für **Bekanntmachungen** oder die **Herausgabe schriftlicher Mitteilungen**, insbesondere eines Informationsblattes gehört. Ein entsprechendes Begehren kann die Jugend- und Auszubildendenvertretung aber **nur über den Betriebsrat** an den Arbeitgeber richten, was stets einen zustimmenden **Beschluss des Betriebsrats** erfordert. Darüber hinaus führt der Erforderlichkeitsgrundsatz dazu, die Jugend- und Auszubildendenvertretung regelmäßig auf die entsprechenden **Kommunikationsmittel des Betriebsrats** zu verweisen. Erst wenn diese aufgrund der Besonderheiten des Einzelfalles ausscheiden oder für die Jugend- und Auszubildendenvertretung unzumutbar sind, ist sie nach einem entsprechenden Beschluss des Betriebsrats zu einer **eigenständigen Informationstätigkeit** berechtigt (a. M. *Trittin/DKKW* § 70 Rn. 9, der auf jegliche Einschränkungen verzichtet).

61 Die Kostentragungspflicht des Arbeitgebers kann grundsätzlich auch die Kosten von **Rechtsstreitigkeiten** der Jugend- und Auszubildendenvertretung umfassen. Dies setzt jedoch stets einen entsprechenden **Beschluss des Betriebsrats** voraus (*LAG Hamm* 16.01.2009 – 10 TaBV 37/08 Rn. 61 – BeckRS 2009, 59328). Das gilt auch, wenn die Rechtsbeziehungen zwischen Jugend- und Auszubildendenvertretung und Betriebsrat Gegenstand des Verfahrens sind. Kosten aus Rechtsstreitigkeiten,

die dem Einzelnen aufgrund seiner Tätigkeit für die Jugend- und Auszubildendenvertretung entstehen, können ebenfalls einen (individuellen) Freistellungs- oder Zahlungsanspruch begründen. Dies gilt im Grundsatz ebenso für ein vom Betriebsrat eingeleitetes Verfahren auf Ausschluss aus der Jugend- und Auszubildendenvertretung (ebenso *BAG* 20.07.1982 AuR 1982, 258 [259]; *LAG Berlin* 28.11.1978 DB 1979, 2043 [2044], 2188 [Berichtigung der Gerichtsbezeichnung]; *Fitting* § 65 Rn. 19; *Kloppenburg/HaKo* § 65 Rn. 18; *Richardi/Annuß* § 65 Rn. 33). Dem Arbeitgeber ist die Auferlegung der Kosten jedoch nur im Rahmen einer rechtmäßigen Amtsausübung zuzumuten. Ein Erstattungsanspruch besteht daher stets, wenn der Ausschlussantrag gegen das Mitglied der Jugend- und Auszubildendenvertretung abgewiesen wird. Nach der Rechtsprechung des Bundesarbeitsgerichts ist die Erforderlichkeit ausschließlich danach zu beurteilen, ob die Inanspruchnahme des Rechtsschutzes den an eine pflichtgemäße Amtsausübung zu stellenden Anforderungen genügt. Ein zum Amtsausschluss führender Verfahrensausgang soll hiernach nicht zum Verlust des Kostenerstattungsanspruchs führen, wenn das Mitglied die anwaltliche Vertretung für erforderlich halten durfte (*BAG* 19.04.1989 EzA § 40 BetrVG 1972 Nr. 62 S. 5 = AP Nr. 29 zu § 40 BetrVG 1972 Bl. 3 f. *[zust. v. Hoyningen-Huene]*; vgl. ausführlich *Weber* § 40 Rdn. 111, m. w. N.). Umgekehrt ist der Betriebsrat in einem Verfahren nach § 78a Abs. 4 Satz 1 nicht berechtigt, für die Jugend- und Auszubildendenvertretung einen gesonderten Rechtsanwalt zu beauftragen (*BAG* 18.01.2012 EzA § 40 BetrVG 2001 Nr. 22 Rn. 15 f. = AP Nr. 108 zu § 40 BetrVG 1972 = NZA 2012, 683; s. auch zum Personalvertretungsrecht *BVerwG* 12.11.2012 NZA-RR 2013, 277 Rn. 12).

b) Umlageverbot

Der Jugend- und Auszubildendenvertretung ist es wegen der entsprechenden Anwendung von § 41 verwehrt, von den Arbeitnehmern Beiträge für die Wahrnehmung der ihr kraft Gesetzes übertragenen Aufgaben zu erheben. Die für den Betriebsrat geltenden Grundsätze (näher hierzu *Weber* § 41 Rdn. 4 ff.) sind deshalb auch für die Jugend- und Auszubildendenvertretung verbindlich.

62

III. Sitzungen der Jugend- und Auszubildendenvertretung

1. Allgemeines

Durch § 65 Abs. 2 Satz 1 wird zugunsten der Jugend- und Auszubildendenvertretung eine **eigenständige kollektivrechtliche Rechtsposition** begründet. Ihr Recht zur Abhaltung eigener Sitzungen kann weder der Betriebsrat noch (näher dazu Rdn. 64 ff.) noch der Arbeitgeber beschränken. Für den Arbeitgeber löst die durch § 65 Abs. 2 Satz 1 geschaffene Rechtsposition die Pflicht aus, die mit dem Organhandeln verbundenen Rechtsfolgen (Anspruch auf Arbeitsbefreiung für die Teilnahme an der Sitzung, § 65 Abs. 1 i. V. m. den §§ 30 Satz 1, 37 Abs. 2) zu dulden. Hierdurch wird jedoch kein kollektivrechtlicher Leistungsanspruch der Jugend- und Auszubildendenvertretung gegen den Arbeitgeber, sondern lediglich eine durch die Tätigkeit des Organs verursachte Duldungspflicht begründet.

63

2. Verständigung des Betriebsrats

Für die Ausübung des der Jugend- und Auszubildendenvertretung in § 65 Abs. 2 Satz 1 eingeräumten selbständigen Rechts, Sitzungen abzuhalten, ist weder ein Einverständnis noch ein Einvernehmen mit dem Betriebsrat erforderlich (für die einhellige Ansicht *Fitting* § 65 Rn. 26; *Galperin/Löwisch* § 65 Rn. 9; *Joost/MünchArbR* § 228 Rn. 68; *Koch/ErfK* §§ 60–70 BetrVG Rn. 4; *Richardi/Annuß* § 65 Rn. 13; *Rose/HWGNRH* § 65 Rn. 34; *Stege/Weinspach/Schiefer* §§ 60–70 Rn. 12; *Trittin/DKKW* § 65 Rn. 36). Diese noch im Regierungsentwurf zum BetrVG 1972 vorgesehene Voraussetzung (BT-Drucks. VI/1786, S. 14, 44 f.) wurde im Verlauf des Gesetzgebungsverfahrens modifiziert und abgeschwächt (*Ausschuss für Arbeit und Sozialordnung* BT-Drucks. VI/2729, S. 29 sowie *Hromadka* DB 1971, 1964 [1965]). Das Gesetz verlangt keine Verständigung »mit« dem Betriebsrat, sondern lediglich eine Verständigung »des« Betriebsrats. Hierfür genügt dessen **Unterrichtung** (*Brill* BB 1975, 1642 [1642]; *Düttmann/Zachmann* Die Jugendvertretung, Rn. 230; *Fitting* § 65 Rn. 26; *Hunold* HBV-Gruppe 2, S. 233 [241]; *Körner* Jugendvertretung, S. 16; *Küchenhoff* § 65 Rn. 5; *Moritz* Jugendvertretung, S. 64

64

§ 65   *III. 1. Betriebliche Jugend- und Auszubildendenvertretung*

mit Fn. 16; *Richardi/Annuß* § 65 Rn. 13; *Rose/HWGNRH* § 65 Rn. 34; *Trittin/DKKW* § 65 Rn. 36; *Weiss/Weyand* § 65 Rn. 13).

65   Zu der Unterrichtung des Betriebsrats ist der **Vorsitzende der Jugend- und Auszubildendenvertretung** verpflichtet, da § 65 Abs. 2 Satz 1 Halbs. 2 die Regelung in § 29 für entsprechend anwendbar erklärt. Wegen § 29 Abs. 2 Satz 3 obliegt die Ladung dem Vorsitzenden und erstreckt sich auf alle Personen, denen nach materiellem Recht ein Teilnahmerecht zusteht. Hierzu gehört auch ein Mitglied des Betriebsrats (§ 65 Abs. 2 Satz 2; näher Rdn. 77 ff.).

66   Die Unterrichtung muss so **rechtzeitig** erfolgen, dass der Betriebsrat sein Teilnahmerecht (§ 65 Abs. 2 Satz 2) noch ausüben kann (*Richardi/Annuß* § 65 Rn. 13); die Verbindung mit der Ladung kann hierfür ausreichen (*Richardi/Annuß* § 65 Rn. 17).

67   Die Information an den Betriebsrat ist keine Voraussetzung für die **Rechtmäßigkeit der Sitzung** oder für die **Rechtswirksamkeit der dort gefassten Beschlüsse**; vielmehr handelt es sich um eine Ordnungsvorschrift, die die Zusammenarbeit mit dem entscheidenden betriebsverfassungsrechtlichen Organ sicherstellen soll (*Brill* BB 1975, 1642 [1642]; *Fitting* § 65 Rn. 26; *Galperin/Löwisch* § 65 Rn. 9; *Joost/MünchArbR* § 228 Rn. 68; *Körner* Jugendvertretung, S. 16; *Küchenhoff* § 65 Rn. 5; *Richardi/Annuß* § 65 Rn. 13; *Roloff/WPK* § 65 Rn. 7; *Rose/HWGNRH* § 65 Rn. 34; *Trittin/DKKW* § 65 Rn. 36). Nur wenn der Betriebsrat von der Sitzung der Jugend- und Auszubildendenvertretung Kenntnis hat, kann er sein Teilnahmerecht (§ 65 Abs. 2 Satz 2) wahrnehmen. Der Anspruch auf Arbeitsbefreiung zur Teilnahme an den Sitzungen der Jugend- und Auszubildendenvertretung (§ 65 Abs. 1 i. V. m. § 37 Abs. 2) wird deshalb durch die unterbliebene Information des Betriebsrats nicht beeinträchtigt. Ein wiederholtes Übergehen des Betriebsrats kann aber als Amtspflichtverletzung i. S. d. § 23 Abs. 1 zu werten sein (*Kloppenburg/* HaKo § 65 Rn. 3; *Körner* Jugendvertretung, S. 16 f.; *Rose/HWGNRH* § 65 Rn. 34).

68   Die Rechtmäßigkeit einer eigenen Sitzung erfordert stets, dass sie der **Erfüllung von Aufgaben der Jugend- und Auszubildendenvertretung** (§§ 60 Abs. 2, 70 Abs. 1) dient (*Fitting* § 65 Rn. 26; *Rose/HWGNRH* § 65 Rn. 33).

3. Einberufung (§ 29 Abs. 1 bis 3)

a) Konstituierende Sitzung

69   Für die konstituierende Sitzung schreibt § 65 Abs. 2 Satz 1 Halbs. 2 die entsprechende Anwendung des § 29 Abs. 1 vor. Sie ist vom noch amtierenden Wahlvorstand innerhalb **einer Woche** nach dem letzten Tag der Stimmabgabe einzuberufen. **Aufgabe** der konstituierenden Sitzung ist die Wahl eines Vorsitzenden und eines Stellvertreters für die Jugend- und Auszubildendenvertretung (näher hier Rdn. 25). Hierzu leitet der **Vorsitzende des Wahlvorstandes** die Sitzung, bis die Jugend- und Auszubildendenvertretung aus ihrer Mitte heraus einen **Wahlleiter** bestellt hat. Anschließend geht die Leitung der Sitzung auf diesen über. Verletzt der Wahlvorstand seine Pflicht zur Einberufung der Sitzung, so dürfen die Mitglieder der Jugend- und Auszubildendenvertretung selbst die Initiative ergreifen (s. *Raab* § 29 Rdn. 13). Nach der Rechtsprechung des Bundesarbeitsgerichts kann die Jugend- und Auszubildendenvertretung ihre durch das Betriebsverfassungsgesetz begründeten Rechte erst mit der konstituierenden Sitzung ausüben (BAG 23.08.1994 EzA § 102 BetrVG 1972 Nr. 59 S. 497 ff. [mit abl. Anm. *Wiese*] = AP Nr. 36 zu § 102 BetrVG 1972).

b) Weitere Sitzungen

70   Im Hinblick auf die Einberufung der weiteren Sitzungen der Jugend- und Auszubildendenvertretung ist nach § 65 Abs. 1 Satz 1 Halbs. 2 die Regelung in § 29 Abs. 2 und 3 analog anzuwenden. Ob der **Vorsitzende der Jugend- und Auszubildendenvertretung** eine Sitzung einberuft, steht grundsätzlich in seinem **pflichtgemäßen Ermessen** (*Düttmann/Zachmann* Die Jugendvertretung, Rn. 229; *Richardi/Annuß* § 65 Rn. 15; *Roloff/WPK* § 65 Rn. 7). Er muss eine Sitzung jedoch einberufen, wenn dies ein Viertel der Mitglieder der Jugend- und Auszubildendenvertretung oder der Arbeitgeber beantragt (§ 65 Abs. 2 Satz 1 i. V. m. § 29 Abs. 3 Satz 1; gegen ein Antragsrecht des Arbeitgebers ausschließlich *Moritz* Jugendvertretung, S. 79 f.). Kommt er einem entsprechenden Antrag wie-

derholt nicht nach, ist ein Amtsenthebungsverfahren nach § 23 Abs. 1 in Betracht zu ziehen (*Düttmann/Zachmann* Die Jugendvertretung, Rn. 229). Die ersatzweise Einberufung durch ein anderes Mitglied der Jugend- und Auszubildendenvertretung ist nicht zulässig (*Düttmann/Zachmann* Die Jugendvertretung, Rn. 229).

Für den **Betriebsrat** sieht das Gesetz **kein Antragsrecht** zur Einberufung einer Sitzung der Jugend- und Auszubildendenvertretung vor (*Bodem/NK-GA* § 65 BetrVG Rn. 4; *Fitting* § 65 Rn. 29; *Kloppenburg/HaKo* § 65 Rn. 4; *Rose/HWGNRH* § 65 Rn. 37; *Rotermund* Interessenwahrnehmung, S. 89 f.; *Trittin/DKKW* § 65 Rn. 40; **a. M.** *Düttmann/Zachmann* Die Jugendvertretung, Rn. 229; *Galperin/Löwisch* § 65 Rn. 10; *Joost/MünchArbR* § 228 Rn. 69; *Richardi/Annuß* § 65 Rn. 16; *Roloff/WPK* § 65 Rn. 7). Eine derartige Rechtsposition lässt sich nicht aus § 67 Abs. 3 Satz 2 ableiten, da diese Vorschrift kein derartiges Antragsrecht enthält, sondern eine Informationspflicht des Betriebsrats gegenüber der Jugend- und Auszubildendenvertretung begründet. Eine Information gemäß § 67 Abs. 3 Satz 2 begründet auch keinen faktischen Zwang zur Einberufung einer Sitzung der Jugend- und Auszubildendenvertretung, sondern allenfalls einen unverbindlichen Hinweis (**a. M.** aber *Richardi/Annuß* § 65 Rn. 16). Da Beschlüsse der Jugend- und Auszubildendenvertretung ohnehin nicht gegenüber dem Arbeitgeber wirken, ist ein Vorgehen gemäß § 67 Abs. 3 Satz 1 effektiver, da dann alle Jugend- und Auszubildendenvertreter (§ 67 Abs. 1 Satz 2) mit Stimmrecht (§ 67 Abs. 2) zu beteiligen sind (*Fitting* § 65 Rn. 29; *Trittin/DKKW* § 65 Rn. 40). 71

Das in § 29 Abs. 3 Satz 2 a. F. normierte **Antragsrecht der Arbeitnehmergruppen** galt auch schon nach früherem Recht nicht für die Jugend- und Auszubildendenvertretung, da diese nicht nach dem Gruppenprinzip strukturiert ist (*Richardi* 7. Aufl., § 65 Rn. 14 sowie hier § 62 Rdn. 5). 72

Eine Ladung der **Schwerbehindertenvertretung** (§ 29 Abs. 2 Satz 3) kommt nicht in Betracht, da § 65 Abs. 1 nicht auf § 32 verweist und auch § 95 Abs. 4 SGB IX kein Recht auf Teilnahme an den Sitzungen der Jugend- und Auszubildendenvertretung kennt (*Galperin/Löwisch* § 65 Rn. 10; *Joost/MünchArbR* § 228 Rn. 70; *Richardi/Annuß* § 65 Rn. 18; *Roloff/WPK* § 65 Rn. 7; *Rose/HWGNRH* § 65 Rn. 62). 73

Bezüglich der Ladung und der Tagesordnung sind im Übrigen die für Betriebsratssitzungen geltenden Grundsätze entsprechend anzuwenden (dazu *Raab* § 29 Rdn. 33 ff., 51 ff.). 74

4. Zeitpunkt, Öffentlichkeit (§ 30)

Für den Zeitpunkt der Sitzung und die Öffentlichkeit gilt dieselbe Regelung wie für den Betriebsrat. Auch die Jugend- und Auszubildendenvertretung hat bei der **Terminbestimmung** die **betrieblichen Belange** zu berücksichtigen sowie den Arbeitgeber vorher zu verständigen. Die Sitzungen der Jugend- und Auszubildendenvertretung finden regelmäßig **während der Arbeitszeit** statt (*Düttmann/Zachmann* Die Jugendvertretung, Rn. 233; *Fitting* § 65 Rn. 8; *Natzel* Berufsbildungsrecht, S. 543; *Richardi/Annuß* § 65 Rn. 20; *Rose/HWGNRH* § 65 Rn. 30; *Sahmer* § 65 Rn. 7; *Trittin/DKKW* § 65 Rn. 9) und sind wie diejenigen des Betriebsrats **nicht öffentlich** (*Fitting* § 65 Rn. 8; *Richardi/Annuß* § 65 Rn. 22; *Trittin/DKKW* § 65 Rn. 9). 75

5. Teilnahmerecht (§ 29 Abs. 4, § 31; § 65 Abs. 2 Satz 2)

a) Arbeitgeber

Der Arbeitgeber hat nach § 65 Abs. 2 Satz 1 i. V. m. § 29 Abs. 4 das Recht, an den Sitzungen teilzunehmen, die auf seinen Antrag (§ 65 Abs. 2 Satz 1 i. V. m. § 29 Abs. 3 Satz 1) einberufen werden oder zu denen er ausdrücklich eingeladen ist. In diesem Fall kann er einen **Vertreter seines Arbeitgeberverbands** hinzuziehen (§ 65 Abs. 2 Satz 1 i. V. m. § 29 Abs. 4 Satz 2). Eine **Teilnahmepflicht** des Arbeitgebers lässt sich aus § 29 nicht ableiten (*Dietz/Richardi* § 65 Rn. 21; *Rose/HWGNRH* § 65 Rn. 35; **a. M.** *Düttmann/Zachmann* Die Jugendvertretung, Rn. 236; *Rotermund* Interessenwahrnehmung, S. 91 ff.; *Trittin/DKKW* § 65 Rn. 41). Die wiederholte Nichtteilnahme bei den auf seinen Antrag hin anberaumten Sitzungen ist aber als Verstoß gegen die Maximen einer vertrauensvollen Zusammenarbeit (§ 2 Abs. 1) zu werten (s. auch *Raab* § 29 Rdn. 77 f.). 76

b) Mitglied des Betriebsrats (§ 65 Abs. 2 Satz 2)

77 Der **Betriebsratsvorsitzende** oder ein von ihm **beauftragtes Betriebsratsmitglied** kann an allen Sitzungen der Jugend- und Auszubildendenvertretung teilnehmen (§ 65 Abs. 2 Satz 2). Ein Stimmrecht ist hiermit nicht verbunden (*Fitting* § 65 Rn. 10, 30; *Koch*/ErfK §§ 60–70 BetrVG Rn. 4; *Richardi*/*Annuß* § 65 Rn. 28; *Rose*/HWGNRH § 65 Rn. 33; *Trittin*/DKKW § 65 Rn. 15, 42). Das **Teilnahmerecht** umfasst jedoch die Berechtigung, an der **Beratung** des Gremiums aktiv mitzuwirken (*Rose*/HWGNRH § 65 Rn. 33). Eine Ausnahme ist allenfalls zu erwägen, wenn auf der Sitzung der Jugend- und Auszubildendenvertretung das Verhältnis zum Betriebsrat behandelt werden soll (*Rotermund* Interessenwahrnehmung, S. 109 f. sowie zur Parallele bei § 67 Abs. 1 § 67 Rdn. 10). Mit dem Teilnahmerecht des Betriebsrats korrespondiert **keine Teilnahmepflicht** (*Fitting* § 65 Rn. 30; *Kloppenburg*/HaKo § 65 Rn. 3; *Koch*/ErfK §§ 60–70 BetrVG Rn. 4; *Küchenhoff* § 65 Rn. 7; *Trittin*/DKKW § 65 Rn. 42). Das Teilnahmerecht wird nur zugunsten eines Mitglieds des Betriebsrats begründet. Anderen Interessenvertretern, die von Teilen der Arbeitnehmer des Betriebes gewählt werden, steht es nicht zu. Dies gilt nicht nur für die **Schwerbehindertenvertretung** (s. Rdn. 73), sondern auch für den **Sprecherausschuss der leitenden Angestellten** (hierzu näher § 60 Rdn. 58).

c) Gewerkschaftsbeauftragter

78 Auf **Antrag** eines Viertels der Jugend- und Auszubildendenvertreter kann ein Gewerkschaftsbeauftragter an einer Sitzung der Jugend- und Auszubildendenvertretung teilnehmen (§ 65 Abs. 1 i. V. m. § 31).

79 Da § 65 Abs. 1 eine entsprechende Anwendung vorschreibt, muss die Gewerkschaft **in der Jugend- und Auszubildendenvertretung vertreten** sein (*Däubler* Gewerkschaftsrechte im Betrieb, Rn. 150; *Fitting* § 65 Rn. 9; *Körner* Jugendvertretung, S. 16; *Natter* AR-Blattei SD 530.13, Rn. 61; *Natzel* Berufsbildungsrecht, S. 543; *Rose*/HWGNRH § 65 Rn. 43; *Rotermund* Interessenwahrnehmung, S. 69; *Sahmer* § 65 Rn. 8; *Sittard*/HWK § 65 BetrVG Rn. 8; *Trittin*/DKKW § 65 Rn. 11).

80 Es genügt nicht, wenn die Gewerkschaft **nur im Betriebrat vertreten** ist (so aber *Düttmann*/*Zachmann* Die Jugendvertretung, Rn. 237; *Galperin*/*Löwisch* § 65 Rn. 10; *Richardi*/*Annuß* § 65 Rn. 25; *Roloff*/WPK § 65 Rn. 8; *Weiss*/*Weyand* § 65 Rn. 13), da § 31 nur Vertretern solcher Gewerkschaften ein Teilnahmerecht gewährt, die durch die Wahl eines ihrer Mitglieder in das Vertretungsorgan eine besondere demokratische Legitimation durch die Wahlberechtigten erfahren haben (*Richardi*/*Thüsing* § 31 Rn. 5). Eine auf die Besonderheiten der Jugend- und Auszubildendenvertretung zugeschnittene Anwendung der Vorschrift (dazu s. Rdn. 3 f.) kann deshalb nur bedeuten, dass die Gewerkschaft in der Jugend- und Auszubildendenvertretung vertreten sein muss (ebenso im Anwendungsbereich von § 31 *Fitting* § 65 Rn. 9; *Trittin*/DKKW § 65 Rn. 11).

81 Den Vertreter einer nur im Betriebsrat vertretenen Gewerkschaft kann der Betriebsrat auch nicht aufgrund eines eigenen Beschlusses über § 65 Abs. 2 Satz 2 in Sitzungen der Jugend- und Auszubildendenvertretung einführen (*Sittard*/HWK § 65 BetrVG Rn. 8; **a. M.** *Fitting* § 65 Rn. 9; *Rose*/HWGNRH § 65 Rn. 44; *Trittin*/DKKW § 65 Rn. 11; *Wlotzke* § 65 Anm. 1e). Eine derartige Rechtsposition lässt sich nicht mit der selbständigen Stellung der Jugend- und Auszubildendenvertretung gegenüber dem Betriebsrat und der ausdrücklichen Beschränkung des Teilnahmerechts auf Betriebsratsmitglieder vereinbaren. Will der Betriebsrat bei Problemen jugendlicher Arbeitnehmer den Vertreter einer nur im Betriebsrat oder überhaupt nicht im Betrieb vertretenen Gewerkschaft beteiligen, so muss er den Weg über § 67 Abs. 1 Satz 2 i. V. m. § 31 oder § 80 Abs. 3 Satz 1 beschreiten. Zu den Befugnissen eines Gewerkschaftsvertreters *Raab* § 31 Rdn. 16 ff. Zur Frage, ob je ein Vertreter mehrerer Gewerkschaften das Teilnahmerecht haben kann, *Raab* § 31 Rdn. 13.

82 Dem von einem Viertel der Mitglieder der Jugend- und Auszubildendenvertretung gestellten Antrag steht es gleich, wenn die **Mehrheit der Jugend- und Auszubildendenvertretung** die Hinzuziehung eines Gewerkschaftsbeauftragten beschließt (*Fitting* § 65 Rn. 9; *Natter* AR-Blattei SD 530.13, Rn. 62; *Moritz* Jugendvertretung, S. 68 mit Fn. 28; *Trittin*/DKKW § 65 Rn. 12 sowie *Raab* § 31 Rdn. 12). Auch hierbei ist die Jugend- und Auszubildendenvertretung jedoch i. S. eines Mindesterfordernisses an § 31 gebunden. Sie kann nur einen Beauftragten einer in der Jugend- und Auszubildendenvertretung vertretenen Gewerkschaft hinzuziehen (ebenso *Rotermund* Interessenwahrnehmung,

S. 99 f.; **a. M.** aber *Däubler* Gewerkschaftsrechte im Betrieb, Rn. 150; *Fitting* § 65 Rn. 9; *Kloppenburg/ HaKo* § 65 Rn. 6; *Natter* AR-Blattei SD 530.13, Rn. 62; *Trittin/DKKW* § 65 Rn. 12, die es auch in dieser Konstellation ausreichen lassen, wenn die Gewerkschaft im Betriebsrat vertreten ist). Ferner müssen die Mitglieder der Jugend- und Auszubildendenvertretung, die die Hinzuziehung unterstützen, das von § 31 geforderte Quorum von einem Viertel erreichen (so mit Recht *Moritz* Jugendvertretung, S. 68 Fn. 28).

6. Beschlüsse (§ 33 Abs. 1 und 2)

Beschlussfähigkeit und **Beschlussfassung** sind wie beim Betriebsrat geregelt. Abweichend von der Regel, wonach die Mehrheit der Anwesenden zur Beschlussfassung genügt (§ 33 Abs. 1), sieht das Gesetz in folgenden Fällen die absolute Mehrheit, d. h. die Mehrheit aller Mitglieder vor: § 64 Abs. 1 i. V. m. § 13 Abs. 2 Nr. 3 (Rücktritt); § 65 Abs. 1 i. V. m. § 36 (Geschäftsordnung); § 73 Abs. 2 i. V. m. § 50 Abs. 2 bzw. § 73b Abs. 2 i. V. m. § 58 Abs. 2 (Zuständigkeitsübertragung); § 66 (Aussetzung von Betriebsratsbeschlüssen; zum Beschlusserfordernis § 66 Rdn. 6). 83

Nur in einer **Sitzung** kann die Jugend- und Auszubildendenvertretung wirksame Beschlüsse fassen. Ein **Umlaufverfahren** entspricht wie beim Betriebsrat (s. *Raab* § 33 Rdn. 10) nicht den hierfür maßgebenden Anforderungen. Bei der Teilnahme an Sitzungen des Betriebsrats (§ 67 Abs. 1 und 2) gelten für die dort gefassten Beschlüsse die **Rechtmäßigkeitsvoraussetzungen** für Betriebsratsbeschlüsse. 84

7. Sitzungsniederschrift (§ 34)

Hinsichtlich der Sitzungsniederschrift gilt die Regelung für den Betriebsrat in vollem Umfang auch für die Jugend- und Auszubildendenvertretung. 85

IV. Streitigkeiten

Über Fragen der **Organisation und Geschäftsführung** der Jugend- und Auszubildendenvertretung entscheidet das Arbeitsgericht im Beschlussverfahren (§§ 2a Abs. 1 und 2, 80 ff. ArbGG). Für Streitigkeiten über die Teilnahme an **Schulungs- und Bildungsveranstaltungen** ist der Betriebsrat aus eigenem Recht (s. Rdn. 43) antragsbefugt (*BAG* 06.05.1975 EzA § 65 BetrVG 1972 Nr. 5 S. 15 = AP Nr. 5 zu § 65 BetrVG 1972 Bl. 1 R f.). Ansprüche auf Lohn und Freizeitausgleich gemäß § 65 Abs. 1 i. V. m. § 37 Abs. 2 und 3 werden im Urteilsverfahren entschieden (§ 2 Abs. 1 Nr. 3 ArbGG). 86

In einem Verfahren zwischen Arbeitgeber und Betriebsrat über die Erforderlichkeit der Schulungsveranstaltung ist die **Jugend- und Auszubildendenvertretung antragsberechtigt** (*BAG* 10.05.1974 EzA § 65 BetrVG 1972 Nr. 4 S. 9 f. = AP Nr. 2 zu § 65 BetrVG 1972 Bl. 1 R). Dies gilt auch für das **Mitglied der Jugend- und Auszubildendenvertretung**, dessen Freistellung der Arbeitgeber bestreitet (*BAG* 10.05.1974 EzA § 65 BetrVG 1972 Nr. 4 S. 10 = AP Nr. 2 zu § 65 BetrVG 1972 Bl. 1 R). Beruft er sich auf betriebliche Notwendigkeiten, die einer Freistellung für den geltend gemachten Zeitraum entgegenstehen, so ist die Jugend- und Auszubildendenvertretung und das freizustellende Mitglied von der **Einigungsstelle** anzuhören (s. § 60 Rdn. 53). 87

Beteiligte in einem Beschlussverfahren wegen der Pflicht des Arbeitgebers, die **Schulungskosten** von Mitgliedern der Jugend- und Auszubildendenvertretung zu tragen, sind neben dem Arbeitgeber ausschließlich der **Betriebsrat** und die **Mitglieder der Jugend- und Auszubildendenvertretung**, die an der Schulung teilnahmen (*BAG* 30.03.1994 EzA § 40 BetrVG 1972 Nr. 71 S. 4 ff. = AP Nr. 42 zu § 40 BetrVG 1972 Bl. 2 f.). Die **Jugend- und Auszubildendenvertretung** selbst ist an dem Verfahren nicht zu beteiligen, da dessen Ausgang ihre betriebsverfassungsrechtliche Rechtsstellung nicht unmittelbar berührt (*BAG* 30.03.1994 EzA § 40 BetrVG 1972 Nr. 71 S. 5 = AP Nr. 42 zu § 40 BetrVG 1972 Bl. 2 R). 88

§ 66
Aussetzung von Beschlüssen des Betriebsrats

(1) Erachtet die Mehrheit der Jugend- und Auszubildendenvertreter einen Beschluss des Betriebsrats als eine erhebliche Beeinträchtigung wichtiger Interessen der in § 60 Abs. 1 genannten Arbeitnehmer, so ist auf ihren Antrag der Beschluss auf die Dauer von einer Woche auszusetzen, damit in dieser Frist eine Verständigung, gegebenenfalls mit Hilfe der im Betrieb vertretenen Gewerkschaften, versucht werden kann.

(2) Wird der erste Beschluss bestätigt, so kann der Antrag auf Aussetzung nicht wiederholt werden; dies gilt auch, wenn der erste Beschluss nur unerheblich geändert wird.

Literatur
Vgl. die Angaben vor § 60.

Inhaltsübersicht

		Rdn.
I.	Vorbemerkung	1, 2
II.	Zweck der Vorschrift	3
III.	Voraussetzungen	4–15
	1. Antragsberechtigung	4, 5
	2. Beschluss	6, 7
	3. Inhalt des Antrags	8–10
	4. Gegenstand des Antrags	11, 12
	5. Verbot des venire contra factum proprium	13–15
IV.	Aussetzung	16–24
	1. Aussetzung durch Vorsitzenden des Betriebsrats	16–19
	2. Wirkung der Aussetzung	20
	3. Verständigungsversuch	21–23
	4. Erneuter Beschluss	24
V.	Streitigkeiten	25

I. Vorbemerkung

1 Das nach § 34 BetrVG 1952 der Mehrheit einer Gruppe im Betriebsrat zustehende Recht, die Aussetzung eines Betriebsratsbeschlusses zu verlangen, wurde im Hinblick auf die verstärkte Stellung der Jugend- und Auszubildendenvertretung auf diese ausgedehnt. Insoweit wurde die Jugend- und Auszubildendenvertretung zu einer Gruppenvertretung aufgewertet und mit ihr gleichgestellt (*Hromadka* DB 1971, 1964 [1966]; *Moritz* Jugendvertretung, S. 71, 94 f.).

2 An sich ist § 66 überflüssig, da sein Inhalt im Grundsatz bereits in § 35 Abs. 1 enthalten ist (anders jedoch *G. Müller* ZfA 1972, 213 [231 Fn. 40], der die Erwähnung der Jugend- und Auszubildendenvertretung in § 35 Abs. 1 für überflüssig erachtet). Die Wiederholung in § 66 ist deshalb dem Interesse an einer systematisch zusammenhängenden Regelung des Rechts der Jugend- und Auszubildendenvertretung geschuldet (*Reg. Begr.* BT-Drucks. VI/1786, S. 45; ebenso *Fitting/Kaiser/Heither/Engels* 16. Aufl., § 66 Rn. 1; *Galperin/Löwisch* § 66 Rn. 1; *Richardi/Annuß* § 66 Rn. 1).

II. Zweck der Vorschrift

3 Das Recht zur Stellung eines Aussetzungsantrags dient im weitesten Sinne dem **Minderheitenschutz** im Betriebsverfassungsrecht (*Raab* § 35 Rdn. 9). Wegen der besonderen Bedeutung, die den Belangen der in § 60 Abs. 1 genannten Arbeitnehmer nach der Einschätzung des Gesetzgebers zukommt, stellt das Instrument des Aussetzungsantrags sicher, dass die Jugend- und Auszubildendenvertretung in den Sitzungen des Betriebsrats nicht durch übereilte Beschlüsse übergangen wird. Entsprechendes gilt, wenn eine ordnungsgemäße Beteiligung der Jugend- und Auszubildendenvertretung bzw. ihrer Mit-

Aussetzung von Beschlüssen des Betriebsrats § 66

glieder an der Betriebsratssitzung (§ 67 Abs. 1 Satz 2, Abs. 2) unterbleibt. Über den Aussetzungsantrag kann die Jugend- und Auszubildendenvertretung eine nochmalige Behandlung der Angelegenheit im Betriebsrat erzwingen (*Fitting* § 66 Rn. 7; *Richardi/Annuß* § 66 Rn. 9; *Rose/HWGNRH* § 66 Rn. 3; *Trittin/DKKW* § 66 Rn. 9).

III. Voraussetzungen

1. Antragsberechtigung

Kontrovers wird beurteilt, wem das Recht zur Stellung des Aussetzungsantrags zusteht. Nach verbreiteter Ansicht soll es der **Mehrheit der Jugend- und Auszubildendenvertreter** und nicht der Jugend- und Auszubildendenvertretung als Organ zustehen (so *Richardi/Annuß* § 66 Rn. 4; *Rose/HWGNRH* § 66 Rn. 4 f.). Dementsprechend soll ein formell ordnungsgemäßer Aussetzungsantrag keinen Beschluss der Jugend- und Auszubildendenvertretung erfordern (so *Galperin/Löwisch* § 66 Rn. 3; *Löwisch/LK* § 66 Rn. 2; *Natzel* Berufsbildungsrecht, S. 549; *Richardi/Annuß* 11. Aufl., § 66 Rn. 4; *Rose/HWGNRH* § 66 Rn. 5 sowie *Raab* § 35 Rdn. 10). 4

Dieser Ansicht, die sich bei isolierter Betrachtung auf den Wortlaut des § 66 Abs. 1 stützen kann, ist nicht zu folgen. Den Aussetzungsantrag kann ausschließlich die **Jugend- und Auszubildendenvertretung** als betriebsverfassungsrechtliches Organ stellen (ebenso *Fitting* § 66 Rn. 3; *Joost/*MünchArbR § 228 Rn. 60 f.; *Maschmann/AR* § 66 BetrVG Rn. 1; *Natter* AR-Blattei SD 530.13, Rn. 72; *Oetker* BlStSozArbR 1983, 289 [294]; *Richardi/Annuß* § 66 Rn. 4; *Roloff/WPK* § 66 Rn. 6; *Rotermund* Interessenwahrnehmung, S. 100 ff.; *Sittard/HWK* § 66 BetrVG Rn. 3; *Trittin/DKKW* § 66 Rn. 2; *Weiss/Weyand* § 66 Rn. 1). Dies folgt aus § 35 Abs. 1, der das Mehrheitserfordernis auf die Jugend- und Auszubildendenvertretung und damit das Organ und nicht auf die Organmitglieder bezieht. Da § 66 Abs. 1 lediglich den Regelungsgehalt des § 35 Abs. 1 wiederholt (s. Rdn. 2), ist allein der Inhalt dieser Vorschrift entscheidend für die Antragsberechtigung. Die auf das Organ abstellende Antragsberechtigung harmoniert zudem mit der Gesamtkonzeption des Gesetzes, da § 35 Abs. 1 für die Schwerbehindertenvertretung ebenfalls auf das Organ und nicht auf die ihm angehörenden Vertrauenspersonen abstellt. Bei diesem Verständnis stellt § 66 Abs. 1 klar, dass die absolute Mehrheit der Jugend- und Auszubildendenvertreter den Aussetzungsantrag unterstützen muss und hierfür nicht bereits die Mehrheit der an der Abstimmung beteiligten Mitglieder der Jugend- und Auszubildendenvertretung ausreicht. 5

2. Beschluss

Wegen der Zuweisung der Antragsberechtigung an die Jugend- und Auszubildendenvertretung als Organ setzt ein formell ordnungsgemäßer Aussetzungsantrag einen **Beschluss** der Jugend- und Auszubildendenvertretung voraus (*Bodem/NK-GA* § 66 BetrVG Rn. 1; *Fitting* § 66 Rn. 3; *Joost/*MünchArbR § 228 Rn. 61; *Maschmann/AR* § 66 Rn. 1; *Natter* AR-Blattei SD 530.13, Rn. 72; *Richardi/Annuß* § 66 Rn. 4; *Roloff/WPK* § 66 Rn. 6; *Trittin/DKKW* § 66 Rn. 2; *Weber/Ehrich/Hörchens/Oberthür* Kap. B Rn. 545; *Weiss/Weyand* § 66 Rn. 1; **a. M.** *Galperin/Löwisch* § 66 Rn. 3; *Löwisch/LK* § 66 Rn. 2; *Natzel* Berufsbildungsrecht, S. 549; *Reich* § 66 Rn. 1; *Richardi/Annuß* 11. Aufl., § 66 Rn. 4; *Rose/HWGNRH* § 66 Rn. 5 f. sowie *Raab* § 35 Rdn. 12). Abweichend von § 65 Abs. 1 i. V. m. § 33 Abs. 1 reicht die Mehrheit der Stimmen nicht aus. Der Aussetzungsantrag muss vielmehr – wie § 66 Abs. 1 ausdrücklich festlegt – von der **absoluten Mehrheit** der Jugend- und Auszubildendenvertreter auf einer ordnungsgemäß einberufenen und durchgeführten Sitzung beschlossen werden (*Fitting* § 66 Rn. 3; *Joost/*MünchArbR § 228 Rn. 61; *Natter* AR-Blattei SD 530.13, Rn. 72; *Roloff/WPK* § 66 Rn. 6; *Sittard/HWK* § 66 BetrVG Rn. 4; *Trittin/DKKW* § 66 Rn. 3; *Weber/Ehrich/Hörchens/Oberthür* Kap. B Rn. 545; *Weiss/Weyand* § 66 Rn. 1; **a. M.** *Gaul* Das Arbeitsrecht im Betrieb II, O VI Rn. 16, der unter Verkennung von § 66 Abs. 1 einen Mehrheitsbeschluss ausreichen lässt). 6

Hinsichtlich **Form** und **Fristen** des Aussetzungsantrags s. *Raab* § 35 Rdn. 15 ff. Da der Aussetzungsantrag einen Beschluss der Jugend- und Auszubildendenvertretung voraussetzt (s. Rdn. 6), ist er durch den Vorsitzenden der Jugend- und Auszubildendenvertretung gemäß § 65 Abs. 1 i. V. m. § 26 Abs. 2 7

§ 66   III. 1. Betriebliche Jugend- und Auszubildendenvertretung

Satz 1 dem Vorsitzenden des Betriebsrats zu übermitteln, der diesen nach § 26 Abs. 2 Satz 2 entgegenzunehmen hat. Nach h. M. gilt das auch, wenn sich der Aussetzungsantrag gegen den Beschluss eines vom Betriebsrat gebildeten Ausschusses (s. Rdn. 11) richtet (*Raab* § 35 Rdn. 4; **a. M.** *Roloff/WPK* § 66 Rn. 3: Antrag direkt an den Ausschuss zu richten). Die Weigerung, einen Aussetzungsantrag entgegenzunehmen, kann als grobe Amtspflichtverletzung i. S. d. § 23 Abs. 1 zu werten sein.

3. Inhalt des Antrags

8   Für die Zulässigkeit des Aussetzungsantrags ist es unerheblich, ob die **behauptete Beeinträchtigung** wichtiger Interessen der in § 60 Abs. 1 genannten Arbeitnehmer tatsächlich (objektiv) vorliegt. Es genügt, wenn die Mehrheit der Jugend- und Auszubildendenvertreter dies nach ihrer **subjektiven Einschätzung** als gegeben ansieht (für die allgemeine Ansicht *Bodem/NK-GA* § 66 BetrVG Rn. 2; *Brill* BB 1975, 1642 [1643]; *Fitting* § 66 Rn. 4; *Galperin/Löwisch* § 66 Rn. 4; *Körner* Jugendvertretung, S. 24; *Natter* AR-Blattei SD 530.13, Rn. 73; *Richardi/Annuß* § 66 Rn. 5; *Roloff/WPK* § 66 Rn. 4; *Rose/HWGNRH* § 66 Rn. 11; *Sittard/HWK* § 66 BetrVG Rn. 4; *Trittin/DKKW* § 66 Rn. 4; ebenso für das Bundespersonalvertretungsrecht *BVerwG* 29.01.1992 PersR 1992, 208 [210]). Andernfalls würde der Zweck des Aussetzungsantrags verfehlt.

9   Da der Jugend- und Auszubildendenvertretung nur das Recht zusteht, die besonderen Belange der in § 60 Abs. 1 genannten Arbeitnehmer zu wahren (§ 60 Abs. 2), kommt eine Beeinträchtigung wichtiger Interessen der in § 60 Abs. 1 genannten Arbeitnehmer nur in Betracht, wenn der gesamten Jugend- und Auszubildendenvertretung nach § 67 Abs. 1 Satz 2 ein **Teilnahmerecht** an der Betriebsratssitzung oder nach § 67 Abs. 2 sämtlichen Jugend- und Auszubildendenvertretern ein **Stimmrecht** zustand (ebenso *Fitting* § 66 Rn. 4; *Galperin/Löwisch* § 66 Rn. 4; *Löwisch* § 66 Rn. 1; *Natter* AR-Blattei SD 530.13, Rn. 73; *Natzel* Berufsbildungsrecht, S. 549; *Richardi/Annuß* § 66 Rn. 6; *Rose/HWGNRH* § 66 Rn. 11; *Trittin/DKKW* § 66 Rn. 5; enger *Körner* Jugendvertretung, S. 24 ff.; *Stege/Weinspach/Schiefer* §§ 60–70 Rn. 11, die ein Stimmrecht der Jugend- und Auszubildendenvertretung verlangen, ein Teilnahmerecht hingegen nicht für ausreichend erachten; weitergehend wohl *Hromadka* DB 1971, 1964 [1966]; gegen die an § 67 Abs. 1 Satz 2, Abs. 2 orientierte Beschränkung *Roloff/WPK* § 66 Rn. 4; *Weiss/Weyand* § 66 Rn. 2; kritisch auch *Joost/MünchArbR* § 228 Rn. 59).

10   Damit der Vorsitzende des Betriebsrats überprüfen kann, ob die Voraussetzungen eines ordnungsgemäßen Aussetzungsantrags erfüllt sind (dazu Rdn. 16 ff.), muss der **Antrag begründet** werden (*Fitting* § 66 Rn. 6; *Galperin/Löwisch* § 66 Rn. 3; *Joost/MünchArbR* § 228 Rn. 59; *Natter* AR-Blattei SD 530.13, Rn. 74; *Richardi/Annuß* § 66 Rn. 5; *Rose/HWGNRH* § 66 Rn. 8; *Rotermund* Interessenwahrnehmung, S. 106; *Weiss/Weyand* § 66 Rn. 3 sowie *Raab* § 35 Rdn. 19; wohl auch *Roloff/WPK* § 66 Rn. 5; **a. M.** *Trittin/DKKW* § 66 Rn. 7). Wegen dieses Zwecks ist die Begründung Wirksamkeitsvoraussetzung für einen ordnungsgemäßen Aussetzungsantrag (**a. M.** aber *Bodem/NK-GA* § 66 BetrVG Rn. 1; *Fitting* § 66 Rn. 6; *Richardi/Annuß* § 66 Rn. 5; *Sittard/HWK* § 66 BetrVG Rn. 3; *Trittin/DKKW* § 66 Rn. 7).

4. Gegenstand des Antrags

11   Der Aussetzungsantrag kann sich nach dem Gesetzeswortlaut an sich nur gegen Beschlüsse des Betriebsrats richten. Gegenüber einer vom Betriebsrat durchgeführten Wahl ist er nicht statthaft (*Raab* § 35 Rdn. 18). Um ein Unterlaufen des mit den §§ 35, 66 beabsichtigten Minderheitenschutzes zu verhindern, findet § 66 auf Beschlüsse des Betriebsausschusses oder sonstiger Ausschüsse des Betriebsrats entsprechend Anwendung (*Oetker* BlStSozArbR 1983, 289 [294]; *Raab* § 35 Rdn. 6; *Richardi/Annuß* § 66 Rn. 10; *Roloff/WPK* § 66 Rn. 3; ebenso *Rotermund* Interessenwahrnehmung, S. 102 ff., jedoch nur bei einer Übertragung von Aufgaben zur selbständigen Erledigung). Dies gilt indessen nicht bei Beschlüssen eines nach § 28 Abs. 2 von Arbeitgeber und Betriebsrat gebildeten gemeinsamen Ausschusses (zust. *Rotermund* Interessenwahrnehmung, S. 104 f.), da dieser eine eigenständige Einrichtung der Betriebsverfassung und kein Teil des Betriebsrats ist (*Raab* § 28 Rdn. 37). Zum Adressaten des Aussetzungsantrags oben Rdn. 7.

Auf **Beschlüsse der Jugend- und Auszubildendenvertretung** ist § 66 weder unmittelbar noch 12
entsprechend anwendbar (*Fitting* § 66 Rn. 1; *Galperin/Löwisch* § 66 Rn. 1). Hierfür besteht kein Bedürfnis, da die Mehrheit der Jugend- und Auszubildendenvertretung einen bereits gefassten Beschluss der Jugend- und Auszubildendenvertreter aufheben kann, solange dieser dem Adressaten noch nicht zugegangen ist (*Fitting* § 66 Rn. 1 sowie allgemein *Raab* § 33 Rdn. 43 ff.).

5. Verbot des venire contra factum proprium

Aufgrund des Verhaltens der Jugend- und Auszubildendenvertreter auf der Sitzung des Betriebsrats 13
kann das Recht zur Stellung eines Aussetzungsantrags wegen des Verbots des venire contra factum proprium entfallen. Der Aussetzungsantrag soll eine Korrektur des Abstimmungsergebnisses zugunsten der überstimmten Jugend- und Auszubildendenvertreter ermöglichen. Deshalb ist ein Antragsrecht zu verneinen, wenn die Mehrheit der Jugend- und Auszubildendenvertreter dem **Beschluss des Betriebsrats zugestimmt hat** (ebenso *Bodem*/NK-GA § 66 BetrVG Rn. 2; *Fitting* § 66 Rn. 4; *Galperin/Löwisch* § 66 Rn. 5; *Maschmann*/AR § 66 BetrVG Rn. 1; *Natter* AR-Blattei SD 530.13, Rn. 73; *Richardi/Annuß* § 66 Rn. 6; *Roloff/WPK* § 66 Rn. 11; *Rose*/HWGNRH § 66 Rn. 9; *Sittard*/HWK § 66 BetrVG Rn. 3; *Trittin*/DKKW § 66 Rn. 5 sowie *Raab* § 35 Rdn. 13). Wegen des in § 66 Abs. 1 normierten Erfordernisses einer absoluten Mehrheit der Jugend- und Auszubildendenvertreter ist jedoch stets die zustimmende Stellungnahme einer entsprechenden Mehrheit notwendig, um einen Verstoß gegen das Verbot des venire contra factum proprium bejahen zu können (ebenso *Roloff/WPK* § 66 Rn. 11).

Dies gilt entsprechend, wenn der Jugend- und Auszubildendenvertretung lediglich ein **Teilnahme-** 14
recht an der Betriebsratssitzung zusteht und sich die (absolute) Mehrheit der Jugend- und Auszubildendenvertreter i. S. d. auszusetzenden Beschlusses geäußert hat (*Natter* AR-Blattei SD 530.13, Rn. 73; *Oetker* BlStSozArbR 1983, 289 [294]; *Raab* § 35 Rdn. 13; zu weitgehend *Richardi/Annuß* § 66 Rn. 6, die eine rechtsmissbräuchliche Antragstellung bereits bejahen, wenn vor der Beschlussfassung keine Bedenken geäußert wurden; abl. dazu *Roloff/WPK* § 66 Rn. 11).

Das Antragsrecht setzt die **Teilnahme** der Jugend- und Auszubildendenvertreter an **der Sitzung des** 15
Betriebsrats nicht voraus. Es besteht auch, wenn die Mitglieder der Jugend- und Auszubildendenvertretung insgesamt oder mehrheitlich nicht an der Sitzung des Betriebsrats teilgenommen haben (*Fitting* § 66 Rn. 5; *Richardi/Annuß* § 66 Rn. 6; *Rose*/HWGNRH § 66 Rn. 10; *Trittin*/DKKW § 66 Rn. 6).

IV. Aussetzung

1. Aussetzung durch Vorsitzenden des Betriebsrats

Wird der Antrag durch den Vorsitzenden der Jugend- und Auszubildendenvertretung (§ 65 Abs. 1 16
i. V. m. § 26 Abs. 2 Satz 1; s. Rdn. 7) bei dem Vorsitzenden des Betriebsrats (§ 26 Abs. 2 Satz 2) eingereicht, so prüft dieser, ob die **formellen Voraussetzungen** (s. dazu Rdn. 6 f.) eingehalten wurden (**a. M.** *Roloff/WPK* § 66 Rn. 5, der jedes Prüfungsrecht verneint). Ist dies zu verneinen, muss er den Antrag zurückweisen. Das gilt auch, wenn der Antrag nicht begründet wurde (**a. M.** jedoch *Trittin*/DKKW § 66 Rn. 7); in diesem Fall ist eine Wirksamkeitsvoraussetzung nicht erfüllt (s. Rdn. 10).

Der Aussetzungsantrag ist aufgrund eines **eingeschränkten materiellen Prüfungsrechts** von dem 17
Vorsitzenden des Betriebsrats auch dann zurückzuweisen (s. *Raab* § 35 Rdn. 20; ebenso für das Bundespersonalvertretungsrecht *BVerwG* 29.01.1992 PersR 1992, 208 [210 f.]; **a. M.** *Bodem*/NK-GA § 66 BetrVG Rn. 3), wenn selbst nach den von der Jugend- und Auszubildendenvertretung angeführten Tatsachen eine Beeinträchtigung wichtiger Interessen der in § 60 Abs. 1 genannten Arbeitnehmer nicht möglich ist (z. B. Aussetzungsantrag bei Angelegenheiten, in denen der Jugend- und Auszubildendenvertretung kein Teilnahmerecht an der Betriebsratssitzung zusteht).

Allerdings ist der **Betriebsratsvorsitzende** im Rahmen pflichtgemäßer Amtsausübung nicht gehindert, das Begehren eines nach Rdn. 16 oder 17 zurückzuweisenden Aussetzungsantrags aufzugreifen, 18
um **aus eigener Initiative** eine Revision des vom Betriebsrat gefassten Beschlusses zu erreichen. In

dieser Konstellation treten jedoch nicht die materiellrechtlichen Wirkungen der Aussetzung ein. Der Betriebsratsvorsitzende bleibt unverändert verpflichtet, den Beschluss des Betriebsrats auszuführen.

19 Erfüllt der Aussetzungsantrag die in Rdn. 16 und 17 genannten Voraussetzungen, so ist der Vorsitzende des Betriebsrats verpflichtet, den angegriffenen Beschluss auszusetzen. Die **Weigerung** kann als grobe Amtspflichtverletzung i. S. d. § 23 Abs. 1 zu werten sein (*Raab* § 35 Rdn. 20).

2. Wirkung der Aussetzung

20 Die Aussetzung des Beschlusses durch den Vorsitzenden des Betriebsrats bewirkt, dass der Beschluss für die Dauer von einer Woche **nicht vollzogen** werden darf (näher *Raab* § 35 Rdn. 21). Zur Berechnung der Frist sind die §§ 187, 188, 193 BGB anzuwenden. Eine **Verlängerung** ist zulässig, nicht hingegen eine **Verkürzung** (*Raab* § 35 Rdn. 21). Zur Wirkung der Aussetzung auf die vom Arbeitgeber einzuhaltenden Fristen *Raab* § 35 Rdn. 22 f. sowie *Körner* Jugendvertretung, S. 117 ff.

3. Verständigungsversuch

21 Jugend- und Auszubildendenvertretung sowie Betriebsrat sind gehalten, innerhalb der Frist von einer Woche zu versuchen, eine Verständigung und damit eine Änderung des Betriebsratsbeschlusses zu erreichen. Die **im Betrieb vertretenen Gewerkschaften** (dazu *Franzen* § 2 Rdn. 39 ff.) können von jeder der beiden Seiten zur Teilnahme an den Einigungsversuchen hinzugezogen und um Vermittlung gebeten werden (auch *G. Müller* ZfA 1972, 213 [231]). Ein eigenständiges **Recht auf Hinzuziehung** steht den im Betrieb vertretenen Gewerkschaften nicht zu (*Raab* § 35 Rdn. 24). Ihre Beteiligung steht ausschließlich im freien Ermessen von Betriebsrat und Jugend- und Auszubildendenvertretung. Ein Einvernehmen zwischen diesen beiden Organen ist nicht erforderlich. Jeder Seite steht vielmehr das Recht zu, die Gewerkschaft ihres Vertrauens hinzuzuziehen.

22 Es reicht, wenn die Gewerkschaft im Betrieb vertreten ist. Eine Vertretung im Betriebsrat oder in der Jugend- und Auszubildendenvertretung ist – im Unterschied zu § 39 Abs. 1 Satz 2 BPersVG – nicht zwingend erforderlich.

23 Erfolgt der Verständigungsversuch **im Rahmen einer förmlichen Sitzung des Betriebsrats**, sind für die Teilnahme eines Beauftragten der hinzugezogenen Gewerkschaft die in § 31 genannten Voraussetzungen zu beachten (*Raab* § 35 Rdn. 24). Diese werden durch § 35 Abs. 1 nicht verdrängt.

4. Erneuter Beschluss

24 Spätestens nach Ablauf der Frist von einer Woche hat der Betriebsrat bzw. gegebenenfalls der Ausschuss des Betriebsrats erneut über den Gegenstand des Aussetzungsantrags zu beschließen (für den Fall einer früheren Einigung *Raab* § 35 Rdn. 26). Wird der **ursprüngliche Beschluss** – sei es auch mit unerheblichen Änderungen (dazu *Raab* § 35 Rdn. 29) – **bestätigt**, so kann die Jugend- und Auszubildendenvertretung nicht noch einmal die Aussetzung beantragen. Der Beschluss ist vielmehr voll wirksam (*Galperin/Löwisch* § 66 Rn. 6; *Kloppenburg*/HaKo § 66 Rn. 3; *Reich* § 66 Rn. 3; *Richardi*/*Annuß* § 66 Rn. 9; *Sittard*/HWK § 66 BetrVG Rn. 2; *Weber/Ehrich/Hörchens/Oberthür* Kap. B Rn. 546) und vom Vorsitzenden des Betriebsrats durchzuführen.

V. Streitigkeiten

25 Soweit Meinungsverschiedenheiten über Voraussetzung und Wirkung des Aussetzungsantrags entstehen, entscheidet das Arbeitsgericht im **Beschlussverfahren** nach §§ 2a Abs. 1 Nr. 1, Abs. 2, 80 ff. ArbGG. Praktisch bedeutsam ist dies vor allem, wenn der Betriebsratsvorsitzende trotz eines gestellten Aussetzungsantrags den angegriffenen Beschluss des Betriebsrats nicht aussetzt. In dieser Konstellation ist auf Antrag der Jugend- und Auszubildendenvertretung auch der **Erlass einer einstweiligen Verfügung** möglich (§ 85 Abs. 2 ArbGG i. V. m. §§ 935 ff. ZPO).

§ 67
Teilnahme an Betriebsratssitzungen

(1) Die Jugend- und Auszubildendenvertretung kann zu allen Betriebsratssitzungen einen Vertreter entsenden. Werden Angelegenheiten behandelt, die besonders die in § 60 Abs. 1 genannten Arbeitnehmer betreffen, so hat zu diesen Tagesordnungspunkten die gesamte Jugend- und Auszubildendenvertretung ein Teilnahmerecht.

(2) Die Jugend- und Auszubildendenvertreter haben Stimmrecht, soweit die zu fassenden Beschlüsse des Betriebsrats überwiegend die in § 60 Abs. 1 genannten Arbeitnehmer betreffen.

(3) Die Jugend- und Auszubildendenvertretung kann beim Betriebsrat beantragen, Angelegenheiten, die besonders die in § 60 Abs. 1 genannten Arbeitnehmer betreffen und über die sie beraten hat, auf die nächste Tagesordnung zu setzen. Der Betriebsrat soll Angelegenheiten, die besonders die in § 60 Abs. 1 genannten Arbeitnehmer betreffen, der Jugend- und Auszubildendenvertretung zur Beratung zuleiten.

Literatur
Gillerke Probleme des Teilnahme- und Stimmrechtes der Jugend- und Auszubildendenvertreter, AuA 1993, 52; vgl. ferner die Angaben vor § 60.

Inhaltsübersicht

		Rdn.
I.	Vorbemerkung	1–4
II.	Allgemeines Teilnahmerecht eines Mitglieds der Jugend- und Auszubildendenvertretung	5–22
	1. Allgemeines	5, 6
	2. Gegenstand des Teilnahmerechts	7–11
	3. Entsendung	12–18
	a) Personenkreis	12, 13
	b) Auswahl	14, 15
	c) Beschluss	16–18
	4. Ladung	19, 20
	5. Rechtsstellung der Jugend- und Auszubildendenvertreter	21, 22
III.	Besonderes Teilnahmerecht der Jugend- und Auszubildendenvertretung	23–35
	1. Allgemeines	23
	2. »Besondere« Betroffenheit	24–27
	3. Umfang des Teilnahmerechts	28–32
	a) Betriebsratssitzungen	28, 29
	b) Ausschusssitzungen	30–32
	4. Ladung	33–35
IV.	Stimmrecht der Jugend- und Auszubildendenvertreter	36–52
	1. Allgemeines	36, 37
	a) Normzweck	36
	b) Entstehungsgeschichte	37
	2. »Überwiegende« Betroffenheit	38–42
	3. Ladung	43, 44
	4. Rechtsstellung der Jugend- und Auszubildendenvertreter	45–49
	5. Betriebsratsausschüsse	50–52
V.	Antragsrecht der Jugend- und Auszubildendenvertretung	53–63
	1. Allgemeines	53, 54
	2. Reichweite	55, 56
	3. Vorberatungspflicht	57
	4. Stellung des Antrags	58, 59
	a) Antragsberechtigung	58
	b) Zeitpunkt	59
	5. Behandlung des Antrags durch Betriebsrat	60–62
	6. Ausschüsse des Betriebsrats	63

VI. Unterrichtungspflicht des Betriebsrats	64–70
1. Allgemeines	64, 65
2. Gegenstand	66
3. Adressat	67, 68
4. Zeitpunkt	69
5. Verletzung der Unterrichtungspflicht	70
VII. Streitigkeiten	71

I. Vorbemerkung

1 Die Rechtsstellung der Jugend- und Auszubildendenvertretung wird konzeptionell von dem Prinzip der alleinigen Repräsentation der in § 60 Abs. 1 genannten Arbeitnehmer durch den Betriebsrat geprägt (näher vor § 60 Rdn. 16). Die Jugend- und Auszubildendenvertretung muss die spezifischen Belange der in § 60 Abs. 1 genannten Arbeitnehmer nach der Wertentscheidung des Gesetzes daher über den Betriebsrat zur Geltung bringen. Hierfür ist § 67 neben § 70 die Zentralnorm, da sie die Rechtsbeziehung der Jugend- und Auszubildendenvertretung zum Betriebsrat ausgestaltet und die Einflussnahme der Jugend- und Auszubildendenvertretung auf Beratung sowie Abstimmung und damit die Willensbildung im Betriebsrat prozedural strukturiert. Zur Zusammenarbeit mit dem Sprecherausschuss der leitenden Angestellten § 60 Rdn. 53 ff.

2 Gegenüber dem BetrVG 1952 baut § 67 die Rechtsstellung der Jugend- und Auszubildendenvertretung in wesentlichen Punkten aus. Die Vorschrift beschränkt das Teilnahmerecht der Jugend- und Auszubildendenvertretung nicht mehr nur auf Angelegenheiten der in § 60 Abs. 1 genannten Arbeitnehmer, sondern räumt ihr neben einem hierauf bezogenen besonderen Teilnahmerecht (§ 67 Abs. 1 Satz 2) ein allgemeines Teilnahmerecht (§ 67 Abs. 1 Satz 1) an allen Betriebsratssitzungen ein. Von weitreichender Bedeutung ist zudem das Stimmrecht der Jugend- und Auszubildendenvertreter bei solchen Angelegenheiten, die »überwiegend« die in § 60 Abs. 1 genannten Arbeitnehmer betreffen. Eine vergleichbare Rechtsposition war dem BetrVG 1952 unbekannt (ebenso auch noch das österreichische Recht, das nur eine beratende Teilnahme kennt, vgl. § 128 Abs. 4 Satz 4 ArbVG); lediglich § 7 Abs. 5 des Betriebsrätegesetzes von Baden (dazu vor § 60 Rdn. 2) kannte ein Stimmrecht der Betriebsjugendvertretung.

3 Die Einflussnahme auf den Betriebsrat wird durch das in § 67 Abs. 3 normierte Antragsrecht flankiert, aufgrund dessen der Jugend- und Auszubildendenvertretung das Recht zusteht, die Tagesordnung der nächsten Betriebsratssitzung zu beeinflussen (§ 67 Abs. 3 Satz 1). Zusätzlich soll der Betriebsrat die Jugend- und Auszubildendenvertretung rechtzeitig über solche Angelegenheiten unterrichten, die besonders die in § 60 Abs. 1 genannten Arbeitnehmer betreffen (§ 67 Abs. 3 Satz 2).

4 Die Vorschrift in § 67 stellt eine systematisch geschlossene Regelung über die prozeduralen Einflussmöglichkeiten der Jugend- und Auszubildendenvertretung auf die Willensbildung des Betriebsrats dar. Sie ist deshalb zwingendes Recht (*Bodem*/NK-GA § 67 BetrVG Rn. 1; *Fitting* § 67 Rn. 2; *Rose*/HWGNRH § 67 Rn. 5). Weder Tarifvertrag noch Betriebsvereinbarung können der Jugend- und Auszubildendenvertretung eine stärkere, über § 67 Abs. 1 und 2 hinausreichende Rechtsposition verleihen (*Fitting* § 67 Rn. 2). Eine Übertragung (Delegation) der Beteiligungsrechte des Betriebsrats auf die Jugend- und Auszubildendenvertretung ist daher ebenso unzulässig (näher § 60 Rdn. 52) wie die Aufwertung der Jugend- und Auszubildendenvertretung zu einer eigenständigen Gruppe innerhalb des Betriebsrats.

II. Allgemeines Teilnahmerecht eines Mitglieds der Jugend- und Auszubildendenvertretung

1. Allgemeines

5 Im Unterschied zum BetrVG 1952 räumt § 67 Abs. 1 Satz 1 der Jugend- und Auszubildendenvertretung ein Teilnahmerecht an allen Sitzungen des Betriebsrats ein. Dieses soll ihr eine umfassende Infor-

mation über die Tätigkeit des Betriebsrats ermöglichen und zugleich sicherstellen, dass die Belange der in § 60 Abs. 1 genannten Arbeitnehmer auch bei der Beratung allgemeiner Angelegenheiten berücksichtigt werden (*Reg. Begr.* BT-Drucks. VI/1786, S. 45). Die Vorschrift beschränkt die Rechtsposition der Jugend- und Auszubildendenvertretung jedoch auf die Entsendung eines Vertreters. Die übrigen Mitglieder sind auf eine Unterrichtung durch ihren Vertreter angewiesen, der hierbei nicht durch Geheimhaltungsgebote beschränkt ist (§ 79 Abs. 2 i. V. m. § 79 Abs. 1 Satz 2).

Das Gesetz begründet zugunsten der Jugend- und Auszubildendenvertretung ein Entsendungsrecht; **6** eine Pflicht zur Entsendung ist hiermit nicht verbunden (*Fitting* § 67 Rn. 5; *Galperin/Löwisch* § 67 Rn. 3; *Körner* Jugendvertretung, S. 19; *Richardi/Annuß* § 67 Rn. 6; *Roloff/WPK* § 67 Rn. 2; *Rose/HWGNRH* § 67 Rn. 8; *Stege/Weinspach/Schiefer* §§ 60–70 Rn. 17; *Trittin/DKKW* § 67 Rn. 2). Beschließt die Jugend- und Auszubildendenvertretung jedoch die Entsendung eines Vertreters (zum Personenkreis s. Rdn. 12 f.), ist dieser im Innenverhältnis zur Teilnahme an der Betriebsratssitzung verpflichtet. Der Entsendungsbeschluss begründet eine auftragsähnliche Rechtsbeziehung, deren Verletzung eine Amtspflichtverletzung i. S. d. § 65 Abs. 1 i. V. m. § 23 Abs. 1 ist.

2. Gegenstand des Teilnahmerechts

Nach dem Wortlaut des § 67 Abs. 1 Satz 1 erstreckt sich das allgemeine Teilnahmerecht nur auf die **7** Sitzungen des Betriebsrats. Dementsprechend beschränken Teile des Schrifttums dieses Recht auf Sitzungen des Plenums und nehmen solche von **Ausschüssen des Betriebsrats** ausdrücklich von dem allgemeinen Teilnahmerecht aus (so *Galperin/Löwisch* § 67 Rn. 3; *Küchenhoff* § 67 Rn. 2; *Löwisch/LK* § 67 Rn. 1; *Natzel* Berufsbildungsrecht, S. 547 f.; *Rose/HWGNRH* § 67 Rn. 18; *Schaub/Koch* Arbeitsrechts-Handbuch, § 227 Rn. 12; *Stege/Weinspach/Schiefer* §§ 60–70 Rn. 17). Diese Ansicht kann nicht überzeugen, wenn der Betriebsrat bestimmte Angelegenheiten einem Ausschuss zur selbständigen Erledigung übertragen hat. Der Zweck des allgemeinen Teilnahmerechts erfordert insoweit eine entsprechende Anwendung des § 67 Abs. 1 Satz 1, da andernfalls das Teilnahmerecht der Jugend- und Auszubildendenvertretung und die vom Gesetz gewollte Einflussnahme auf die Willensbildung des Betriebsrats von diesem durch die Übertragung einer Angelegenheit auf Ausschüsse unterlaufen würde (ebenso *Fitting* § 67 Rn. 6; *Gillerke* AuA 1993, 52 [53 f.]; *Joost/MünchArbR* § 228 Rn. 54; *Kloppenburg/HaKo* § 67 Rn. 2; *Körner* Jugendvertretung, S. 28; *Moritz* Jugendvertretung, S. 95 mit Fn. 148; *Natter* AR-Blattei SD 530.13, Rn. 78; *Richardi/Annuß* § 67 Rn. 10; *Roloff/WPK* § 67 Rn. 2; *Rotermund* Interessenwahrnehmung, S. 110 f.; *Trittin/DKKW* § 67 Rn. 7 sowie *Raab* § 27 Rdn. 56).

Bei **vorbereitenden Ausschüssen des Betriebsrats** ist wegen des unter Umständen präjudizieren- **8** den Charakters der Beratungen im Ausschuss ebenfalls eine analoge Anwendung des § 67 Abs. 1 Satz 1 geboten (ebenso *Gillerke* AuA 1993, 52 [54]; *Rotermund* Interessenwahrnehmung, S. 111 f.; *Weiss/Weyand* § 67 Rn. 3; **a. M.** jedoch *Richardi/Annuß* § 67 Rn. 10).

Bei einem **gemeinsamen Ausschuss i. S. d. § 28 Abs. 2** ist ein Teilnahmerecht zu verneinen (**a.M.** **9** aber *Richardi/Annuß* § 67 Rn. 10, der ein Teilnahmerecht bejaht; wie hier *Gillerke* AuA 1993, 52 [54]; *Rotermund* Interessenwahrnehmung, S. 112 f.; *Rudolph* BetrR 1998, 88 [91]). Bei diesem handelt es sich nicht um einen Ausschuss des Betriebsrats (*Raab* § 28 Rdn. 37) und zudem würde die Jugend- und Auszubildendenvertretung dem Arbeitgeber in dieser Konstellation systemwidrig (s. vor § 60 Rdn. 27) neben dem Betriebsrat als selbständige Interessenvertretung gegenübertreten.

Eine **thematische Beschränkung** sieht das Gesetz für das allgemeine Teilnahmerecht nicht vor. Es **10** besteht auch bei solchen Tagesordnungspunkten, die inhaltlich keine Beziehung zu den in § 60 Abs. 1 genannten Arbeitnehmern aufweisen. Eine Einschränkung befürwortet die überwiegende Ansicht im Schrifttum jedoch, wenn auf der Betriebsratssitzung das Verhältnis zur Jugend- und Auszubildendenvertretung erörtert werden soll; in diesem Fall könne der Betriebsrat ohne einen Vertreter der Jugend- und Auszubildendenvertretung beraten (so *Bodem/NK-GA* § 67 BetrVG Rn. 2; *Fitting* § 67 Rn. 5; *Galperin/Löwisch* § 67 Rn. 3; *Gillerke* AuA 1993, 52 [52]; *Hromadka* DB 1971, 1964 [1966]; *Kloppenburg/HaKo* § 67 Rn. 2; *Maschmann/AR* § 67 BetrVG Rn. 1; *Natter* AR-Blattei SD 530.13, Rn. 77; *Natzel* Berufsbildungsrecht, S. 548; *Richardi/Annuß* § 67 Rn. 5; *Rose/HWGNRH* § 67 Rn. 19; *Rotermund* Interessenwahrnehmung, S. 107 ff.; *Rudolph* AuA 1992, 105 [107]; *ders.* BetrR 1998, 88 [88]; *Stege/Weinspach/Schiefer* §§ 60–70 Rn. 18; **a. M.** *Brecht* § 67 Rn. 1; *Kraft* 4. Aufl., § 67 Rn. 4; *Moritz*

§ 67　　　　　　　　　　　　*III. 1. Betriebliche Jugend- und Auszubildendenvertretung*

Jugendvertretung, S. 96 f.; *Roloff/WPK* § 67 Rn. 2; *Trittin/DKKW* § 67 Rn. 3; offen *Schaub/Koch* Arbeitsrechts-Handbuch, § 227 Rn. 12).

11 Die von der herrschenden Meinung befürwortete Restriktion des allgemeinen Teilnahmerechts lässt sich zwar nicht dem Gesetzeswortlaut entnehmen, sie folgt aber aus dessen Zweck, so dass § 67 Abs. 1 Satz 1 einer teleologischen Reduktion bedarf. Durch das allgemeine Teilnahmerecht soll eine Information über die Tätigkeit des Betriebsrats und eine Einflussnahme auf dieselbe ermöglicht werden. Steht hingegen das allgemeine Verhältnis zur Jugend- und Auszubildendenvertretung zur Diskussion, so ist nicht die Tätigkeit des Betriebsrats berührt. Dem Versuch, einen Ausschluss des Teilnahmerechts unter analoger Anwendung des § 25 Abs. 1 Satz 2 aus dem Gesichtspunkt einer Interessenkollision zu begründen (so *Gillerke* AuA 1993, 52 [52]; zust. *Rudolph* BetrR 1998, 88 [91]), steht entgegen, dass § 25 Abs. 1 Satz 2 nur persönliche Interessenkollisionen, nicht aber solche institutioneller Art erfasst. Um einen Missbrauch auszuschließen, ist die Benennung als eigenständiger Tagesordnungspunkt erforderlich. Zudem ist das von der Jugend- und Auszubildendenvertretung entsandte Mitglied im Anschluss an die Beratung von deren Ergebnis zu unterrichten (ebenso *Fitting* § 67 Rn. 5; *Galperin/Löwisch* § 67 Rn. 3; *Gillerke* AuA 1993, 52 [52]; *Natter* AR-Blattei SD 530.13, Rn. 77; *Richardi/Annuß* § 67 Rn. 5; *Rudolph* BetrR 1998, 88 [88]). Die vom Zweck gebotene Restriktion des allgemeinen Teilnahmerechts ergreift allerdings nicht solche Angelegenheiten, die die Wahl und die Aufgaben der Jugend- und Auszubildendenvertretung betreffen (näher Rdn. 24).

3. Entsendung

a) Personenkreis

12 Die Jugend- und Auszubildendenvertretung darf nur eines ihrer Mitglieder zur Teilnahme an der Betriebsratssitzung entsenden (ebenso *Fitting* § 67 Rn. 7; *Joost*/MünchArbR § 228 Rn. 49; *Koch*/ErfK §§ 60–70 BetrVG Rn. 4). Eine Entsendung von Personen, die nicht der Jugend- und Auszubildendenvertretung angehören, ist unzulässig (*Fitting* § 67 Rn. 7; *Trittin/DKKW* § 67 Rn. 4).

13 Ein Ersatzmitglied, das noch nicht in die Jugend- und Auszubildendenvertretung nachgerückt ist, kann nicht entsandt werden (*Fitting* § 67 Rn. 7; *Natzel* Berufsbildungsrecht, S. 547; *Rose/HWGNRH* § 67 Rn. 10; *Trittin/DKKW* § 67 Rn. 4). Dieses ist nicht Mitglied der Jugend- und Auszubildendenvertretung. Das Ersatzmitglied ist auch dann nicht zur Teilnahme berechtigt, wenn das von der Jugend- und Auszubildendenvertretung entsandte Mitglied im Zeitpunkt der Betriebsratssitzung dauernd oder vorübergehend verhindert ist (ebenso *Raab* § 29 Rdn. 45 sowie *Rose/HWGNRH* § 67 Rn. 10), da das Ersatzmitglied nicht die Amtsfunktionen des verhinderten Mitglieds der Jugend- und Auszubildendenvertretung übernimmt (s. § 25 Rdn. 71). Für den Verhinderungsfall kann die Jugend- und Auszubildendenvertretung entweder ad hoc oder generell einen Vertreter für ein unter Umständen verhindertes Mitglied bestellen (*Richardi/Annuß* § 67 Rn. 7).

b) Auswahl

14 Über das zu entsendende Mitglied der Jugend- und Auszubildendenvertretung entscheidet die Jugend- und Auszubildendenvertretung autonom (ebenso *Düttmann/Zachmann* Die Jugendvertretung, Rn. 225; *Fitting* § 67 Rn. 8; *Galperin/Löwisch* § 67 Rn. 3; *Joost*/MünchArbR § 228 Rn. 49; *Richardi/Annuß* § 67 Rn. 7; *Rose/HWGNRH* § 67 Rn. 9; *Trittin/DKKW* § 67 Rn. 4). Die Jugend- und Auszubildendenvertretung ist nicht verpflichtet, stets dasselbe Mitglied zu der Teilnahme an den Betriebsratssitzungen zu entsenden. Es kann hierfür auch ad hoc unterschiedliche Mitglieder auswählen. Ebenso steht der Jugend- und Auszubildendenvertretung das Recht zu, verschiedene Mitglieder zu unterschiedlichen Tagesordnungspunkten einer Betriebsratssitzung zu entsenden (so auch *Düttmann/Zachmann* Die Jugendvertretung, Rn. 225).

15 Der Betriebsrat hat hinsichtlich des von der Jugend- und Auszubildendenvertretung entsandten Mitglieds kein Vetorecht; er kann dem von ihr formell wirksam entsandten Vertreter die Teilnahme nicht verweigern (*Fitting* § 67 Rn. 8; *Trittin/DKKW* § 67 Rn. 5). Seine Einflussmöglichkeit beschränkt sich auf die Teilnahme an der entsprechenden Beratung in der Jugend- und Auszubildendenvertretung (s. Rdn. 16).

c) Beschluss

Die Entsendung des Vertreters ist auf einer Sitzung der Jugend- und Auszubildendenvertretung zu beschließen (ebenso *Brecht* § 67 Rn. 1; *Fitting* § 67 Rn. 8; *Natzel* Berufsbildungsrecht, S. 547; *Richardi/ Annuß* § 67 Rn. 7; *Roloff/WPK* § 67 Rn. 3; *Rose/HWGNRH* § 67 Rn. 9; *Sittard/HWK* § 67 BetrVG Rn. 1; *Trittin/DKKW* § 67 Rn. 4; *Weber/Ehrich/Hörchens/Oberthür* Kap. B Rn. 538). Ohne entsprechenden Beschluss ist auch der Vorsitzende der Jugend- und Auszubildendenvertretung nicht kraft Amtes berechtigt, das allgemeine Teilnahmerecht wahrzunehmen (so aber noch § 94 Abs. 1 des Entwurfs der CDU/CSU-Fraktion, der das Teilnahmerecht nur dem Vorsitzenden zubilligen wollte, vgl. BT-Drucks. VI/1806, S. 19). An der Sitzung der Jugend- und Auszubildendenvertretung, in der der Beschluss über die Entsendung gefasst wird, kann ein Vertreter des Betriebsrats teilnehmen (§ 65 Abs. 2 Satz 2). Ihm steht jedoch nur ein Beratungsrecht zu (s. § 65 Rdn. 77). **16**

Für den Entsendungsbeschluss reicht gemäß § 65 Abs. 1 i. V. m. § 33 Abs. 1 die einfache Mehrheit (*Fitting* § 67 Rn. 8; *Natzel* Berufsbildungsrecht, S. 547; *Richardi/Annuß* § 67 Rn. 7; *Roloff/WPK* § 67 Rn. 3; *Rose/HWGNRH* § 67 Rn. 9; *Sittard/HWK* § 67 BetrVG Rn. 1; *Trittin/DKKW* § 67 Rn. 4). **17**

Der Beschluss kann jeweils gesondert für die bevorstehende Sitzung des Betriebsrats oder aber pauschal für alle in die Amtsperiode fallenden Sitzungen des Betriebsrats gefasst werden (*Düttmann/Zachmann* Die Jugendvertretung, Rn. 225; *Fitting* § 67 Rn. 8; *Galperin/Löwisch* § 67 Rn. 3; *Natter* AR-Blattei SD 530.13, Rn. 78; *Richardi/Annuß* § 67 Rn. 7; *Rose/HWGNRH* § 67 Rn. 9; *Sittard/HWK* § 67 BetrVG Rn. 1; *Trittin/DKKW* § 67 Rn. 6). **18**

4. Ladung

Um sicherzustellen, dass die Jugend- und Auszubildendenvertretung von allen Sitzungen des Betriebsrats Kenntnis erhält und ihr Entsendungsrecht wahrnehmen kann, verpflichtet § 29 Abs. 2 Satz 3 den Vorsitzenden des Betriebsrats zur Einladung. Ist das teilnahmeberechtigte Mitglied der Jugend- und Auszubildendenvertretung dem Betriebsratsvorsitzenden bekannt, so ist das Mitglied unmittelbar zu laden (*Joost/MünchArbR* § 228 Rn. 49); ansonsten reicht die Ladung über den Vorsitzenden der Jugend- und Auszubildendenvertretung (s. *Raab* § 29 Rdn. 42; **a. M.** *Körner* Jugendvertretung, S. 15, 20, nach dessen Ansicht die Einladung stets an den Vorsitzenden der Jugend- und Auszubildendenvertretung zu richten ist; ebenso *Rose/HWGNRH* § 67 Rn. 12). **19**

Unterbleibt die Ladung des teilnahmeberechtigten Mitglieds, so hat dies keine Auswirkungen auf die Wirksamkeit des gleichwohl gefassten Betriebsratsbeschlusses (*Galperin/Löwisch* § 67 Rn. 5; *Hunold* HBV-Gruppe 2, S. 233 [243]; *Richardi/Annuß* § 67 Rn. 11; *Rose/HWGNRH* § 67 Rn. 12; *Weber/ Ehrich/Hörchens/Oberthür* Kap. B Rn. 539). Eine wiederholt unterlassene Ladung kann jedoch ein Verfahren nach § 23 Abs. 1 auslösen (ebenso *Düttmann/Zachmann* Die Jugendvertretung, Rn. 225; *Hunold* HBV-Gruppe 2, S. 233 [243]; *Rose/HWGNRH* § 67 Rn. 12). **20**

5. Rechtsstellung der Jugend- und Auszubildendenvertreter

Soweit der Vertreter der Jugend- und Auszubildendenvertretung an der Sitzung des Betriebsrats teilnimmt, steht ihm ein Beratungsrecht zu (*Brecht* § 67 Rn. 1; *Fitting* § 67 Rn. 9; *Körner* Jugendvertretung, S. 19; *Natter* AR-Blattei SD 530.13, Rn. 78; *Natzel* Berufsbildungsrecht, S. 548; *Richardi/Annuß* § 67 Rn. 9; *Roloff/WPK* § 67 Rn. 3; *Rose/HWGNRH* § 67 Rn. 9; *Trittin/DKKW* § 67 Rn. 9). Er kann zu allen Tagesordnungspunkten Stellung nehmen (*Brecht* § 67 Rn. 1; *Brill* BB 1975, 1642 [1642]; *Fitting* § 67 Rn. 9; *Koch/ErfK* §§ 60–70 BetrVG Rn. 4; *Körner* Jugendvertretung, S. 19; *Richardi/Annuß* § 67 Rn. 9; *Rose/HWGNRH* § 67 Rn. 13; *Trittin/DKKW* § 67 Rn. 9; *Weiss/Weyand* § 67 Rn. 2), sofern seine Entsendung nicht auf einzelne Tagesordnungspunkte beschränkt ist. Das Beratungsrecht umfasst jedoch nicht das Recht, die Abstimmung im Betriebsrat durch eigene Anträge zu beeinflussen. **21**

Ein Stimmrecht steht dem entsandten Mitglied der Jugend- und Auszubildendenvertretung nur unter der in § 67 Abs. 2 genannten Voraussetzung zu (*Galperin/Löwisch* § 67 Rn. 8; *Richardi/Annuß* § 67 Rn. 9; *Rose/HWGNRH* § 67 Rn. 14). Wegen der Nichtteilnahme der anderen Mitglieder der Ju- **22**

III. Besonderes Teilnahmerecht der Jugend- und Auszubildendenvertretung

1. Allgemeines

23 Soweit in einer Betriebsratssitzung Angelegenheiten behandelt werden, die die in § 60 Abs. 1 genannten Arbeitnehmer »besonders« betreffen, steht das Teilnahmerecht allen Mitgliedern der Jugend- und Auszubildendenvertretung zu (sog. besonderes Teilnahmerecht). Die thematische Einschränkung auf Angelegenheiten, welche die in § 60 Abs. 1 genannten Arbeitnehmer »besonders« betreffen, geht auf die Stellungnahme des Bundesrats zurück (BT-Drucks. VI/1786, S. 63), der insoweit von dem Regierungsentwurf zum BetrVG 1972 (BT-Drucks. VI/1786, S. 14, »überwiegend«) abwich, um eine Erweiterung des Teilnahmerechts zu erreichen (BT-Drucks. VI/1786, S. 63). Dieser Vorschlag wurde von der Bundesregierung (zu BT-Drucks. VI/1786, S. 2) und dem BT-Ausschuss für Arbeit- und Sozialordnung (BT-Drucks. VI/2729, S. 30) übernommen. Eine Beschränkung des besonderen Teilnahmerechts auf »Jugendfragen«, die § 94 Abs. 2 Satz 1 des CDU/CSU-Entwurfs zum BetrVG 1972 vorsah (BT-Drucks. VI/1806, S. 19), wurde nicht in das Gesetz aufgenommen.

2. »Besondere« Betroffenheit

24 Unstreitig ist, dass die »besondere« Betroffenheit der in § 60 Abs. 1 genannten Arbeitnehmer zumindest bei einem qualitativen Verständnis vorliegt. Ein besonderes Teilnahmerecht ist deshalb stets bei sog. jugendspezifischen Angelegenheiten zu bejahen (*Brecht* § 67 Rn. 1; *Fitting* § 67 Rn. 12; *Kloppenburg/HaKo* § 67 Rn. 4; *Koch/ErfK* §§ 60–70 BetrVG Rn. 4; *Körner* Jugendvertretung, S. 20; *Küchenhoff* § 67 Rn. 4; *Richardi/Annuß* § 67 Rn. 12; *Roloff/WPK* § 67 Rn. 4; *Rose/HWGNRH* § 67 Rn. 22; *Rotermund* Interessenwahrnehmung, S. 114 f.; *Rudolph* AuA 1992, 105 [107]; *Schaub/Koch* Arbeitsrechts-Handbuch, § 227 Rn. 12; *Trittin/DKKW* § 67 Rn. 12). Hierzu gehört vor allem der Bereich des Jugendarbeitsschutzes und der Berufsausbildung. Der Kreis der das besondere Teilnahmerecht auslösenden Angelegenheiten ist jedoch nicht auf solche Angelegenheiten beschränkt, die die in § 60 Abs. 1 genannten Arbeitnehmer unmittelbar betreffen. Diese Arbeitnehmer sind vielmehr auch bei allen Fragen, die mit der Wahl und der Arbeit der Jugend- und Auszubildendenvertretung zusammenhängen, »besonders« betroffen (*Brecht* § 67 Rn. 1; *Rose/HWGNRH* § 67 Rn. 22; vgl. auch exemplarisch zur Beteiligung der Jugend- und Auszubildendenvertreter bei der Beschlussfassung im Betriebsrat über die Freistellung zur Teilnahme an einer Schulungsveranstaltung § 65 Rdn. 47).

25 Kontroverser Beurteilung unterliegt hingegen, ob die »besondere« Betroffenheit ausschließlich qualitativ zu verstehen ist (so *Brill* BB 1975, 1642 [1643]; *Eisemann/Koch/*ErfK § 67 BetrVG Rn. 2; *Gillerke* AuA 1993, 52 [52 f.]; *Joost/*MünchArbR § 228 Rn. 50; *Koch/*ErfK §§ 60–70 BetrVG Rn. 4; *Löwisch/LK* § 67 Rn. 2; *Natter* AR-Blattei SD 530.13, Rn. 79; *Richardi/Annuß* § 67 Rn. 12; *Rose/HWGNRH* § 67 Rn. 23; *Sittard/HWK* § 67 BetrVG Rn. 3; *Stege/Weinspach/Schiefer* §§ 60–70 Rn. 17; *Weber/Ehrich/Hörchens/Oberthür* Kap. B Rn. 540) oder auch quantitative Aspekte (so *Roloff/WPK* § 67 Rn. 4; *Trittin/DKKW* § 67 Rn. 12; *Weiss/Weyand* § 67 Rn. 5 und nunmehr auch *Fitting* § 67 Rn. 12 sowie ausführlich *Rotermund* Interessenwahrnehmung, S. 115 ff.) diese vermitteln. Das zum Teil postulierte Verständnis einer tatbestandlichen Exklusivität zwischen »besonderer« und »überwiegender« Betroffenheit (so ausdrücklich noch *Fitting/Kaiser/Heither/Engels* § 67 Rn. 12) kann nicht überzeugen (so jetzt auch *Fitting* § 67 Rn. 12).

26 Zunächst steht fest, dass der Gesetzeswortlaut mehrdeutig ist. Eine »besondere« Betroffenheit liegt bei grammatikalischer Betrachtung stets dann vor, wenn die in § 60 Abs. 1 genannten Arbeitnehmer von einer Angelegenheit mehr als andere Arbeitnehmer betroffen sind. Dies kann sowohl durch qualitative als auch durch quantitative Aspekte begründet sein. Systematik, Zweck sowie Entstehungsgeschichte des besonderen Teilnahmerechts zwingen darüber hinaus zu der Annahme, dass die »überwiegende« Betroffenheit enger als die »besondere« Betroffenheit zu verstehen ist, in ihr aber gleichwohl stets enthalten ist (ebenso im konzeptionellen Ansatz zu der gleichgelagerten Auslegungsproblematik in § 40

Abs. 1 Satz 2 und 3 BPersVG *BVerwG* 08.07.1977 ZBR 1978, 173 [173]; 28.10.1993 PersR 1994, 119 [120 f.]; *OVG Schleswig-Holstein* 18.07.1991 PersR 1992, 60 [61]). Nach dem Kontext von § 67 Abs. 1 und 2 soll der Gegenstand des Teilnahmerechts aller Jugend- und Auszubildendenvertreter weiter als ihr Stimmrecht sein. Zugleich ist das Stimmrecht ohne ein Teilnahmerecht nicht vorstellbar und sinnvoll praktizierbar (so mit Recht *Richardi/Annuß* § 67 Rn. 21; *Trittin/DKKW* § 67 Rn. 13 f.). Das Stimmrecht baut denknotwendig auf dem besonderen Teilnahmerecht auf. Nur bei diesem Verständnis kann das Stimmrecht sachgerecht ausgeübt werden. Auch der historische Gesetzgeber ging hiervon aus, da der Wechsel in § 67 Abs. 1 Satz 2 von »überwiegend« zu »besonders« von der Absicht getragen war, das Teilnahmerecht inhaltlich zu erweitern (BT-Drucks. VI/1786, S. 63), so dass die Tatbestandsmerkmale »besonders« und »überwiegend« i. S. einer Teilidentität zu verstehen sind. Angelegenheiten, die die in § 60 Abs. 1 genannten Arbeitnehmer »überwiegend« betreffen, betreffen sie daher stets auch »besonders« i. S. d. § 67 Abs. 1 Satz 2. Insofern schlägt die Quantität in Qualität um (ebenso *Richardi/Annuß* § 67 Rn. 21; weiter jedoch *Roloff/WPK* § 67 Rn. 4, der bereits eine »besondere Anzahl« ausreichen lässt).

Eine »besondere« Betroffenheit der in § 60 Abs. 1 genannten Arbeitnehmer ist nur zu bejahen, wenn **27** von der Angelegenheit der gesamte Arbeitnehmerkreis oder aber einzelne Gruppen von ihm berührt werden. Die Jugend- und Auszubildendenvertretung ist nur zur Geltendmachung kollektiver Belange legitimiert. Das bestätigt auch der Wortlaut des § 67 Abs. 1 Satz 2, der auf den Plural abstellt. Bei solchen Angelegenheiten, die weder überwiegend die in § 60 Abs. 1 genannten Arbeitnehmer berühren noch einen jugendspezifischen Charakter aufweisen, besteht daher kein besonderes Teilnahmerecht der gesamten Jugend- und Auszubildendenvertretung (ebenso *Rose/HWGNRH* § 67 Rn. 24; *Rotermund* Interessenwahrnehmung, S. 122 f.; ähnlich *Fitting* § 67 Rn. 14; *Wlotzke* § 68 Anm. 1b; **a. M.** *Gillerke* AuA 1993, 52 [53]; *Joost*/MünchArbR § 228 Rn. 50; *Körner* Jugendvertretung, S. 82 ff.; *Kreutzfeld/Kramer* DB 1995, 975 [977]; *Maschmann*/AR § 67 BetrVG Rn. 2; *Natter* AR-Blattei SD 530.13, Rn. 79; *Richardi/Annuß* § 67 Rn. 13; *Roloff/WPK* § 67 Rn. 4; *Rudolph* BetrR 1998, 88 [89]; *Trittin/DKKW* § 67 Rn. 15; *Weiss/Weyand* § 67 Rn. 5). Dies betrifft insbesondere personelle Einzelmaßnahmen i. S. d. § 99 Abs. 1 Satz 1 oder Kündigungen (§ 102), nicht hingegen die Bestellung und Abberufung des Ausbilders (§ 98 Abs. 2) oder die Teilnehmerauswahl bei Maßnahmen der Berufsausbildung (§ 98 Abs. 3), da die letztgenannten Angelegenheiten kollektive Interessen der in § 60 Abs. 1 genannten Arbeitnehmer berühren.

3. Umfang des Teilnahmerechts

a) Betriebsratssitzungen

Das Teilnahmerecht aller Mitglieder der Jugend- und Auszubildendenvertretung erstreckt sich nicht **28** auf die gesamte Sitzung des Betriebsrats, sondern nur auf die jeweiligen Tagesordnungspunkte, die sich auf die »besonderen« Angelegenheiten beziehen. Es erlischt, sobald in der Betriebsratssitzung Angelegenheiten erörtert werden, die die Belange der in § 60 Abs. 1 genannten Arbeitnehmer nicht »besonders« betreffen (*Fitting* § 67 Rn. 15; *Joost*/MünchArbR § 228 Rn. 50; *Küchenhoff* § 67 Rn. 5; *Natter* AR-Blattei SD 530.13, Rn. 79; *Richardi/Annuß* § 67 Rn. 15; *Rose/HWGNRH* § 67 Rn. 21; *Trittin/DKKW* § 67 Rn. 18; *Weiss/Weyand* § 67 Rn. 6).

Im Übrigen umfasst das besondere Teilnahmerecht – wie bei § 67 Abs. 1 Satz 1 (vgl. Rdn. 21 f.) – das **29** Recht zur Mitberatung und Stellungnahme zu dem jeweiligen Tagesordnungspunkt (*Fitting* § 67 Rn. 15; *Joost*/MünchArbR § 228 Rn. 55; *Natter* AR-Blattei SD 530.13, Rn. 80; *Richardi/Annuß* § 67 Rn. 17; *Rose/HWGNRH* § 67 Rn. 25; *Trittin/DKKW* § 67 Rn. 18), nicht hingegen auch ein Antragsrecht. Liegen zusätzlich die Voraussetzungen des § 67 Abs. 2 vor, wird das Beratungs- durch das Stimmrecht ergänzt (*Fitting* § 67 Rn. 15; *Natzel* Berufsbildungsrecht, S. 548; *Richardi/Annuß* § 67 Rn. 17; *Rose/HWGNRH* § 67 Rn. 25).

b) Ausschusssitzungen

Auch für das besondere Teilnahmerecht wird kontrovers diskutiert, ob sich dieses auf den Betriebsrat **30** als Plenum beschränkt (so *Löwisch* § 67 Rn. 2; ähnlich *Galperin/Löwisch* § 67 Rn. 4a, die jedoch einen die Teilnahme gestattenden Beschluss des Betriebsrats für zulässig erachten) oder auch die Teilnahme

§ 67 *III. 1. Betriebliche Jugend- und Auszubildendenvertretung*

an Sitzungen von Ausschüssen des Betriebsrats umfasst (so im Grundsatz *Fitting* § 67 Rn. 18; *Gillerke* AuA 1993, 52 [53 f.]; *Joost*/MünchArbR § 228 Rn. 53; *Kloppenburg*/HaKo § 67 Rn. 5; *Koch*/ErfK §§ 60–70 BetrVG Rn. 4; *Körner* Jugendvertretung, S. 28; *Natter* AR-Blattei SD 530.13, Rn. 81; *Richardi/Annuß* § 67 Rn. 18; *Roloff/WPK* § 67 Rn. 5; *Rotermund* Interessenwahrnehmung, S. 124 f.; *Stege/Weinspach/Schiefer* §§ 60–70 Rn. 18; *Trittin/DKKW* § 67 Rn. 8, 19; *Weber/Ehrich/Hörchens/Oberthür* Kap. B Rn. 544; *Weiss/Weyand* § 67 Rn. 6 sowie *Raab* § 27 Rdn. 58).

31 Diejenigen, die ein Teilnahmerecht an Ausschusssitzungen bejahen, erkennen dieses jedoch nur vereinzelt für alle Jugend- und Auszubildendenvertreter an (so aber *Richardi* 7. Aufl., § 67 Rn. 16). Überwiegend wird eine dem zahlenmäßigen Verhältnis von Betriebsrat und Jugend- und Auszubildendenvertretung entsprechende Verringerung der teilnahmeberechtigten Mitglieder der Jugend- und Auszubildendenvertretung gefordert (so *Fitting* § 67 Rn. 18; *Gillerke* AuA 1993, 52 [53 f.]; *Joost*/MünchArbR § 228 Rn. 54; *Kloppenburg*/HaKo § 67 Rn. 5; *Koch*/ErfK §§ 60–70 BetrVG Rn. 4; *Körner* Jugendvertretung, S. 29; *Natter* AR-Blattei SD 530.13, Rn. 81; *Raab* § 27 Rdn. 67; *Richardi/Annuß* § 67 Rn. 18; *Rotermund* Interessenwahrnehmung, S. 125 f.; *Stege/Weinspach/Schiefer* §§ 60–70 Rn. 18; *Trittin/DKKW* § 67 Rn. 20; *Weber/Ehrich/Hörchens/Oberthür* Kap. B Rn. 544; *Weiss/Weyand* § 67 Rn. 6; *Wlotzke* § 67 Anm. 1b). Die Auswahl der in den Ausschuss zu entsendenden Mitglieder soll – entsprechend den Grundsätzen zu § 67 Abs. 1 Satz 1 (s. Rdn. 14 f.) – der Jugend- und Auszubildendenvertretung obliegen (*Fitting* § 67 Rn. 19; *Richardi/Annuß* § 67 Rn. 18; *Trittin/DKKW* § 67 Rn. 20; *Wlotzke* § 67 Anm. 1b).

32 Auch für das besondere Teilnahmerecht (zum allgemeinen Teilnahmerecht oben Rdn. 7 ff.) kommt ausschließlich eine entsprechende Anwendung des § 67 Abs. 1 Satz 2 in Betracht. Diese ist wegen des Zwecks des Teilnahmerechts nicht nur für solche Ausschüsse des Betriebsrats geboten, denen Angelegenheiten zur selbständigen Erledigung übertragen sind (so aber noch *Dietz/Richardi* § 67 Rn. 16 [anders jetzt *Richardi/Annuß* § 67 Rn. 18]; im Ergebnis auch *Koch*/ErfK §§ 60–70 BetrVG Rn. 4), sondern wegen ihrer unter Umständen die Beratung im Plenum präjudizierenden Tätigkeit auch für vorbereitende Ausschüsse zu bejahen (ebenso *Fitting* § 67 Rn. 18; *Gillerke* AuA 1993, 52 [54]; *Natter* AR-Blattei SD 530.13, Rn. 81; *Richardi/Annuß* § 67 Rn. 18; *Rotermund* Interessenwahrnehmung, S. 124 f.; *Trittin/DKKW* § 67 Rn. 20; *Weiss/Weyand* § 67 Rn. 6). Problematisch bleibt die Reichweite einer entsprechenden Anwendung. Da das besondere Teilnahmerecht häufig mit einem Stimmrecht (§ 67 Abs. 2) korrespondiert und die analoge Anwendung der Vorschrift das Stimmenverhältnis zwischen Betriebsrat und Jugend- und Auszubildendenvertretung nicht verschieben darf, sprechen die besseren Gründe für ein zahlenmäßig begrenztes Teilnahmerecht, das das proportionale Verhältnis zwischen den Mitgliedern des Betriebsrats einerseits sowie denen der Jugend- und Auszubildendenvertretung andererseits aufrechterhält (*Fitting* § 67 Rn. 18; *Joost*/MünchArbR § 228 Rn. 54; *Natter* AR-Blattei SD 530.13, Rn. 81; *Richardi/Annuß* § 67 Rn. 18; *Weiss/Weyand* § 67 Rn. 6; **a. M.** *Trittin/DKKW* § 67 Rn. 20, wonach die Zahl der teilnehmenden Mitglieder sich entsprechen soll; ebenso im Grundsatz auch *Roloff/WPK* § 67 Rn. 5, der jedoch bei Abstimmung eine Gewichtung der Stimmen befürwortet, was nicht praktikabel ist, weil die Mitglieder der Jugend- und Auszubildendenvertretung nicht im »Block« abstimmen). Über die teilnahmeberechtigten Mitglieder beschließt die Jugend- und Auszubildendenvertretung (MünchArbR/*Joost* § 228 Rn. 54; *Richardi/Annuß* § 67 Rn. 18). Bei gemeinsamen Ausschüssen i. S. d. § 28 Abs. 2 besteht hingegen – entsprechend den Ausführungen zum allgemeinen Teilnahmerecht (s. Rdn. 9) – kein Teilnahmerecht analog § 67 Abs. 1 Satz 2 (ebenso *Gillerke* AuA 1993, 52 [54]; *Rudolph* BetrR 1998, 88 [91]; **a. M.** aber *Wlotzke* § 67 Anm. 1b).

4. Ladung

33 Für die Ladung der Jugend- und Auszubildendenvertreter ist § 29 Abs. 2 Satz 3 anzuwenden; sie erfolgt durch den Vorsitzenden des Betriebsrats (*Fitting* § 67 Rn. 16; *Joost*/MünchArbR § 228 Rn. 52; *Koch*/ErfK §§ 60–70 BetrVG Rn. 4; *Körner* Jugendvertretung, S. 20; *Richardi/Annuß* § 67 Rn. 16; *Roloff/WPK* § 67 Rn. 4; *Rose/HWGNRH* § 67 Rn. 26; *Trittin/DKKW* § 67 Rn. 17). Dieser hat jedes einzelne Mitglied, gegebenenfalls das Ersatzmitglied, zu laden. Eine Ladung, die ausschließlich über den Vorsitzenden der Jugend- und Auszubildendenvertretung erfolgt, reicht nicht aus (*Fitting* § 67 Rn. 16; *Richardi/Annuß* § 67 Rn. 16; *Roloff/WPK* § 67 Rn. 4; **a. M.** *Rose/HWGNRH* § 67 Rn. 26).

Unterbleibt die Ladung und nehmen die Jugend- und Auszubildendenvertreter deshalb nicht an der   34
Sitzung teil, so ist ein Beschluss des Betriebsrats dennoch nicht unwirksam, da sie nur mit beratender
Stimme an der Sitzung teilnehmen (*Fitting* § 67 Rn. 16; *Galperin/Löwisch* § 67 Rn. 5; *Natter* AR-Blattei SD 530.13, Rn. 80; *Opolony* BB 2001, 2055 [2058]; *Richardi/Annuß* § 67 Rn. 19; *Roloff/WPK* § 67 Rn. 6; *Rose/HWGNRH* § 67 Rn. 27; *Trittin/DKKW* § 67 Rn. 16). Eine rechtswirksame Beschlussfassung kann erst in Frage gestellt sein, wenn den Mitgliedern der Jugend- und Auszubildendenvertretung neben dem Beratungsrecht auch ein Stimmrecht (§ 67 Abs. 2) zustand (dazu s. Rdn. 44).

Die Jugend- und Auszubildendenvertretung besitzt zudem die Möglichkeit, gestützt auf § 66 einen   35
Aussetzungsantrag zu stellen (*Roloff/WPK* § 67 Rn. 6; *Rose/HWGNRH* § 67 Rn. 28 sowie hier § 66 Rdn. 3). In der wiederholten Nichtladung seitens des Betriebsratsvorsitzenden kann eine grobe Amtspflichtverletzung liegen, so dass die Einleitung eines Verfahren nach § 23 Abs. 1 möglich ist (*Fitting* § 67 Rn. 17; *Roloff/WPK* § 67 Rn. 6; *Rose/HWGNRH* § 67 Rn. 28; *Trittin/DKKW* § 67 Rn. 17).

IV. Stimmrecht der Jugend- und Auszubildendenvertreter

1. Allgemeines

a) Normzweck
Neben der durch das allgemeine und das besondere Teilnahmerecht ermöglichten argumentativen Be-   36
einflussung der betriebsratsinternen Willensbildung verwirklicht das in § 67 Abs. 2 normierte Stimmrecht für alle Mitglieder der Jugend- und Auszubildendenvertretung einen unmittelbaren Einfluss auf die Tätigkeit des Betriebsrats i. S. einer gleichberechtigten Mitentscheidung (*Reg. Begr.* BT-Drucks. VI/1786, S. 45).

b) Entstehungsgeschichte
Die Einführung eines Stimmrechts war bei der Schaffung des BetrVG 1972 im Grundsatz unumstrit-   37
ten; übereinstimmend sahen jedoch sowohl der Regierungsentwurf (BT-Drucks. VI/1786, S. 14, § 67 Abs. 2) als auch der Entwurf der CDU/CSU-Fraktion (BT-Drucks. VI/1806, S. 19, § 94 Abs. 2 Satz 2) eine Beschränkung auf solche Angelegenheiten vor, die »ausschließlich« jugendliche Arbeitnehmer bzw. Jugendliche betreffen. Die nunmehr Gesetz gewordene thematische Beschränkung auf Angelegenheiten, die »überwiegend« die in § 60 Abs. 1 genannten Arbeitnehmer betreffen, geht zurück auf eine Beschlussempfehlung des Ausschusses für Arbeit und Sozialordnung (BT-Drucks. VI/2729, S. 30), der den Verzicht auf das Merkmal »ausschließlich« vor allem damit rechtfertigte, dass derartige Angelegenheiten nur selten vorkommen (zu BT-Drucks. VI/2729, S. 27; so bereits auch § 26c Abs. 1 Satz 3 des DGB-Entwurfs zur Novellierung des BetrVG 1952, vgl. RdA 1970, 237 ff.).

2. »Überwiegende« Betroffenheit

Von einer Angelegenheit sind die in § 60 Abs. 1 genannten Arbeitnehmer »überwiegend« betroffen,   38
wenn die Durchführung des Beschlusses unmittelbar oder mittelbar zahlenmäßig mehr die in § 60 Abs. 1 genannten Arbeitnehmer als die anderen Arbeitnehmer betrifft (*Brecht* § 67 Rn. 2; *Fitting* § 67 Rn. 20; *Kloppenburg/HaKo* § 67 Rn. 6; *Koch/ErfK* §§ 60–70 BetrVG Rn. 4; *Körner* Jugendvertretung, S. 21; *Küchenhoff* § 67 Rn. 8; *Natter* AR-Blattei SD 530.13, Rn. 82; *Natzel* Berufsbildungsrecht, S. 548; *Richardi/Annuß* § 67 Rn. 20; *Roloff/WPK* § 67 Rn. 7; *Rudolph* AuA 1992, 105 [107]; *Stege/Weinspach/Schiefer* §§ 60–70 Rn. 20; *Trittin/DKKW* § 67 Rn. 21; ebenso im Ansatz zur Parallelproblematik in § 40 Abs. 1 Satz 3 BPersVG *BVerwG* 28.10.1993 PersR 1994, 119 [120 f.], das eine »überwiegende« Betroffenheit bejaht, wenn die von dem Beschlussgegenstand berührten Interessen der von der Jugend- und Auszubildendenvertretung repräsentierten Beschäftigten aufgrund einer Abwägung ein größeres Gewicht besitzen als die ebenfalls berührten Interessen anderer Beschäftigter). Das Merkmal »überwiegend« ist somit ausschließlich quantitativ zu verstehen (ebenso *Fitting* § 67 Rn. 20; *Körner* Jugendvertretung, S. 20 f.; *Natzel* Berufsbildungsrecht, S. 548; *Richardi/Annuß* § 67 Rn. 20; *Roloff/WPK* § 67 Rn. 7; *Rose/HWGNRH* § 67 Rn. 23; *Trittin/DKKW* § 67 Rn. 21; **a. M.**

§ 67　　　　　　　　　　　　　　*III. 1. Betriebliche Jugend- und Auszubildendenvertretung*

Löwisch/LK § 67 Rn. 4; *Weiss/Weyand* § 67 Rn. 7, die auch eine qualitative Betroffenheit ausreichen lassen; wohl auch *Schaub/Koch* Arbeitsrechts-Handbuch, § 227 Rn. 12).

39 Ob die Angelegenheit die in § 60 Abs. 1 genannten Arbeitnehmer darüber hinaus qualitativ (»besonders«) betrifft, ist für das Stimmrecht der Jugend- und Auszubildendenvertreter unbeachtlich (*Richardi/Annuß* § 67 Rn. 21; **a. M.** *Galperin/Löwisch* § 67 Rn. 8; *Gillerke* AuA 1993, 52 [52 f.]; *Joost*/MünchArbR § 228 Rn. 56; *Natter* AR-Blattei SD 530.13, Rn. 82; *Opolony* BB 2001, 2055 [2058]; *Rose*/HWGNRH § 67 Rn. 23; *Rudolph* BetrR 1998, 88 [89]; *Weber/Ehrich/Hörchens/Oberthür* Kap. B Rn. 542; *Wlotzke* § 67 Anm. 2). Die gegenteiligen Stimmen im Schrifttum sind zu diesem zusätzlichen Tatbestandsmerkmal gezwungen, um ein für die Ausübung des Stimmrechts unerlässliches Teilnahmerecht der Jugend- und Auszubildendenvertreter zu begründen. Bei dem hiesigen Verständnis für ein »überwiegendes« Betroffensein ist dieses jedoch überflüssig, da die »überwiegende« Betroffenheit stets auch eine »besondere« Betroffenheit vermittelt (s. Rdn. 26; ebenso *Richardi/Annuß* § 67 Rn. 21; im Ergebnis auch *Fitting* § 67 Rn. 12; *Roloff*/WPK § 67 Rn. 7 sowie für den Regelfall *Rose*/HWGNRH § 67 Rn. 35). Umgekehrt reicht es für das Stimmrecht nicht aus, wenn die in § 60 Abs. 1 genannten Arbeitnehmer ausschließlich qualitativ »besonders« betroffen sind (*Richardi/Annuß* § 67 Rn. 21). Nur dieses Verständnis wird der Seh- und Wertungsweise des historischen Gesetzgebers gerecht, da dieser die Merkmale »überwiegend« und »besonders« als teilidentisch ansah (s. Rdn. 26). Hieraus folgt, dass ein »besonderes« Berührtsein keine zusätzliche ungeschriebene Voraussetzung für das Stimmrecht ist (*Richardi/Annuß* § 67 Rn. 21; **a. M.** *Galperin/Löwisch* § 67 Rn. 8; *Gillerke* AuA 1993, 52 [52 f.]; *Löwisch*/LK § 67 Rn. 5; *Natter* AR-Blattei SD 530.13, Rn. 82; *Rose*/HWGNRH § 67 Rn. 35; *Wlotzke* § 67 Anm. 2). Das hiesige Verständnis des Merkmals der »besonderen« Betroffenheit (s. Rdn. 26) stellt sicher, dass den stimmberechtigten Mitgliedern der Jugend- und Auszubildendenvertretung stets auch ein Teilnahmerecht nach § 67 Abs. 1 Satz 2 zusteht.

40 Einem »überwiegenden« Betroffensein der in § 60 Abs. 1 genannten Arbeitnehmer steht es per argumentum a minore ad majus nicht entgegen, wenn sie ausschließlich von einer Angelegenheit betroffen sind. Mit der Abkehr von dem Merkmal »ausschließlich« (s. Rdn. 37) wollte der historische Gesetzgeber keine Einschränkung, sondern eine Ausdehnung des Stimmrechts erreichen. Deshalb sind die in § 60 Abs. 1 genannten Arbeitnehmer auch bei allen Fragen der Wahl und der Arbeit der Jugend- und Auszubildendenvertretung »überwiegend« betroffen.

41 Bei einem quantitativen Verständnis des Merkmals »überwiegend« ist ein kollektiver Bezug der Angelegenheit erforderlich (*Fitting* § 67 Rn. 21; *Gillerke* AuA 1993, 52 [53]; *Kappenhagen*/JRH Kap. 5 Rn. 114; *Roloff*/WPK § 67 Rn. 8; *Rose*/HWGNRH § 67 Rn. 33; *Rotermund* Interessenwahrnehmung, S. 127; *Rudolph* AuA 1992, 105 [107]; *Trittin*/DKKW § 67 Rn. 21). Bei personellen Einzelmaßnahmen i. S. d. § 99 Abs. 1 Satz 1 oder bei Kündigungen (§ 102) ist dieser zu verneinen und ein Stimmrecht aller Jugend- und Auszubildendenvertreter ausgeschlossen (*Fitting* § 67 Rn. 21; *Kappenhagen*/JRH Kap. 5 Rn. 114; *Opolony* BB 2001, 2055 [2058]; *Roloff*/WPK § 67 Rn. 8; *Rose*/HWGNRH § 67 Rn. 33; *Rotermund* Interessenwahrnehmung, S. 127; *Stege/Weinspach/Schiefer* §§ 60–70 Rn. 20; *Wlotzke* § 67 Anm. 2; **a. M.** *Joost*/MünchArbR § 228 Rn. 56; *Körner* Jugendvertretung, S. 84 ff., 96 f.; *Sittard*/HWK § 67 BetrVG Rn. 4; *Weber/Ehrich/Hörchens/Oberthür* Kap. B Rn. 542; wohl auch *Richardi/Annuß* § 67 Rn. 20; ebenso im Ergebnis zu § 40 Abs. 1 Satz 3 BPersVG BVerwG 28.10.1993 PersR 1994, 119 [121]). Ein mittelbarer kollektiver Bezug, z. B. bei der Bestellung oder Abberufung des Ausbilders (§ 98 Abs. 2), reicht jedoch aus (*Opolony* BB 2001, 2055 [2058]; *Rotermund* Interessenwahrnehmung, S. 127; *Trittin*/DKKW § 67 Rn. 21; im Ergebnis auch *Fitting* § 67 Rn. 21; **a. M.** *Hess*/HSWG § 67 Rn. 19).

42 Soweit ein einheitlicher Beschluss verschiedene Gegenstände umfasst, von denen nur ein Teil »überwiegend« die in § 60 Abs. 1 genannten Arbeitnehmer betrifft, steht den Jugend- und Auszubildendenvertretern das Stimmrecht nur hinsichtlich dieses Teils zu (*Fitting* § 67 Rn. 22; *Koch*/ErfK §§ 60–70 BetrVG Rn. 4; *Rose*/HWGNRH § 67 Rn. 36; *Trittin*/DKKW § 67 Rn. 22). Es ist in dieser Konstellation zweckmäßig, die Gesamtthematik in getrennten Beschlüssen zu behandeln. Das Stimmrecht entfällt bei Untrennbarkeit, wenn das Thema des Beschlusses die in § 60 Abs. 1 genannten Arbeitnehmer bei wertender Betrachtung nicht »überwiegend« betrifft (ebenso *Fitting* § 67 Rn. 22; *Koch*/ErfK §§ 60–70 BetrVG Rn. 4; *Trittin*/DKKW § 67 Rn. 22; wohl auch *Richardi/Annuß* § 67 Rn. 22).

3. Ladung

Hinsichtlich der Ladung der stimmberechtigten Mitglieder der Jugend- und Auszubildendenvertretung gelten die Ausführungen zum besonderen Teilnahmerecht (s. Rdn. 33) entsprechend, da bei einem Stimmrecht der Jugend- und Auszubildendenvertreter zugleich die tatbestandlichen Voraussetzungen des besonderen Teilnahmerechts erfüllt sind (s. Rdn. 26). 43

Wurden die Jugend- und Auszubildendenvertreter in den Fällen, in denen ihnen nach § 67 Abs. 2 ein Stimmrecht zusteht, nicht geladen, so ist ein Beschluss des Betriebsrats unwirksam, es sei denn, das Fehlen der Stimmen der Jugend- und Auszubildendenvertreter konnte auf das Ergebnis der Abstimmung keinen Einfluss haben (ebenso im Ergebnis *BAG* 06.05.1975 EzA § 65 BetrVG 1972 Nr. 5 S. 17 = AP Nr. 5 zu § 65 BetrVG 1972 Bl. 3; *Brill* BB 1975, 1642 [1643]; *Fitting* § 67 Rn. 25; *Galperin/Löwisch* § 67 Rn. 10; *Joost/MünchArbR* § 228 Rn. 57; *Kloppenburg/HaKo* § 67 Rn. 6; *Koch/ErfK* §§ 60–70 BetrVG Rn. 4; *Löwisch/LK* § 67 Rn. 6; *Natter* AR-Blattei SD 530.13, Rn. 82; *Richardi/Annuß* § 67 Rn. 25; *Roloff/WPK* § 67 Rn. 10; *Rose/HWGNRH* § 67 Rn. 38; *Sittard/HWK* § 67 BetrVG Rn. 5; *Stege/Weinspach/Schiefer* §§ 60–70 Rn. 20; *Weber/Ehrich/Hörchens/Oberthür* Kap. B Rn. 543 sowie *Raab* § 33 Rdn. 57; **a. M.** *Trittin/DKKW* § 67 Rn. 24, der stets eine Unwirksamkeit des Beschlusses annimmt; so auch *Gillerke* AuA 1993, 52 [55]; *Körner* Jugendvertretung, S. 15; *Rudolph* AuA 1992, 105 [107]; *ders.* BetrR 1998, 88 [90]). Waren z. B. neun Betriebsratsmitglieder anwesend und besteht die Jugend- und Auszubildendenvertretung aus drei Mitgliedern, die nicht geladen wurden, so ist der Beschluss dennoch wirksam, wenn ihm mindestens sieben Betriebsratsmitglieder zugestimmt haben, da auch bei Anwesenheit der Jugend- und Auszubildendenvertreter, selbst wenn sie alle dagegen gestimmt hätten, der Beschluss mit sieben zu fünf Stimmen nach § 33 Abs. 1 zustande gekommen wäre. Dem Interesse der Jugend- und Auszubildendenvertretung an einer argumentativen Beeinflussung der Willensbildung im Betriebsrat (hierauf abstellend *Gillerke* AuA 1993, 52 [55]) trägt die Möglichkeit eines Aussetzungsantrags (§ 66) ausreichend Rechnung. 44

4. Rechtsstellung der Jugend- und Auszubildendenvertreter

Das Stimmrecht der Jugend- und Auszubildendenvertreter umfasst auch das Recht, Anträge auf der Betriebsratssitzung zu stellen. 45

Die Mitglieder der Jugend- und Auszubildendenvertretung entscheiden bei der Beschlussfassung im Betriebsrat autonom, da das Stimmrecht ihnen und nicht der Jugend- und Auszubildendenvertretung als Organ zusteht. Sie sind deshalb nicht i. S. eines imperativen Mandats an einen vorherigen Beschluss der Jugend- und Auszubildendenvertretung gebunden (ebenso *Fitting* § 67 Rn. 24). 46

Die Stimmen der Jugend- und Auszubildendenvertreter zählen nach § 33 Abs. 3 nur bei der Feststellung der Stimmenmehrheit mit (*Brecht* § 67 Rn. 2; *Fitting* § 67 Rn. 24; *Galperin/Löwisch* § 67 Rn. 9; *Löwisch/LK* § 67 Rn. 5; *Richardi/Annuß* § 67 Rn. 23; *Rose/HWGNRH* § 67 Rn. 37; *Sittard/HWK* § 67 BetrVG Rn. 4; *Stege/Weinspach/Schiefer* §§ 60–70 Rn. 20; *Trittin/DKKW* § 67 Rn. 23; *Weiss/Weyand* § 67 Rn. 7). Für die Beschlussfähigkeit selbst ist hingegen ausschließlich auf die Zahl der anwesenden Betriebsratsmitglieder abzustellen (§ 33 Abs. 2; ebenso *Brecht* § 67 Rn. 2; *Fitting* § 67 Rn. 24; *Galperin/Löwisch* § 67 Rn. 9; *Kloppenburg/HaKo* § 67 Rn. 7; *Körner* Jugendvertretung, S. 18; *Löwisch/LK* § 67 Rn. 5; *Richardi/Annuß* § 67 Rn. 23; *Roloff/WPK* § 67 Rn. 9; *Rose/HWGNRH* § 67 Rn. 37; *Sittard/HWK* § 67 BetrVG Rn. 4; *Trittin/DKKW* § 67 Rn. 23 sowie *Raab* § 33 Rdn. 23, m. w. N.). 47

Durch die Stimmberechtigung aller Jugend- und Auszubildendenvertreter kann der Fall eintreten, dass diese über Angelegenheiten, die die in § 60 Abs. 1 genannten Arbeitnehmer überwiegend betreffen, letztlich allein entscheiden, und zwar dann, wenn in dem Betrieb weniger Arbeitnehmer über 18 Jahre als Arbeitnehmer i. S. d. § 60 Abs. 1 beschäftigt sind (*Bodem/NK-GA* § 67 BetrVG Rn. 4; *Galperin/Löwisch* § 67 Rn. 9; *Gillerke* AuA 1993, 52 [54]; *Hromadka* DB 1971, 1964 [1966]; *Kloppenburg/HaKo* § 67 Rn. 8; *Körner* Jugendvertretung, S. 19, 21; *Rotermund* Interessenwahrnehmung, S. 120 ff.; *Rudolph* BetrR 1998, 88 [90]; *Schaub/Koch* Arbeitsrechts-Handbuch, § 227 Rn. 12). Hat z. B. ein Betrieb 22 wahlberechtigte Arbeitnehmer i. S. d. § 7 und 51 Arbeitnehmer i. S. d. § 60 Abs. 1, so besteht der Betriebsrat aus drei Mitgliedern (§ 9), die Jugend- und Auszubildendenvertretung aber aus fünf 48

Mitgliedern (§ 62 Abs. 1). Auch in dieser Konstellation ist der Vorsitzende des Betriebsrats verpflichtet, den gegebenenfalls gegen die Stimmen aller Mitglieder des Betriebsrats gefassten Beschluss auszuführen (*Kloppenburg*/HaKo § 67 Rn. 8; *Körner* Jugendvertretung, S. 21 mit Fn. 4; ähnlich *Gillerke* AuA 1993, 52 [54], der mit Recht in dieser Konstellation auch eine teleologische Reduktion des Stimmrechts ablehnt; ebenso *Rotermund* Interessenwahrnehmung, S. 120 ff.). Ein Vetorecht steht dem Betriebsrat nicht zu (so aber *Moritz*, Jugendvertretung, S. 52 f.; hierfür auch *de lege ferenda Hromadka* DB 1971, 1964 [1966]).

49 Stimmen die Jugend- und Auszubildendenvertreter bei einem Beschluss mit, ohne dass ihnen ein Stimmrecht zustand, so ist der Beschluss nur unwirksam, wenn er ohne Beteiligung der Jugend- und Auszubildendenvertreter nicht so gefasst worden wäre. Dies ist zumindest dann zu verneinen, wenn der Betriebsrat den Beschluss gegen die Stimmen der Jugend- und Auszubildendenvertreter gefasst hat, da in dieser Konstellation feststeht, dass das Abstimmungsergebnis weder durch die Stimmen noch durch die Beratungsteilnahme beeinflusst wurde.

5. Betriebsratsausschüsse

50 Nach dem Gesetzeswortlaut besteht das Stimmrecht nur für Beschlüsse des Betriebsrats. Entsprechend den Erwägungen zum besonderen Teilnahmerecht (s. Rdn. 32) ist eine analoge Anwendung auf Ausschüsse des Betriebsrats jedoch geboten, wenn dieser ihnen bestimmte Angelegenheiten zur selbständigen Erledigung übertragen hat (*Brill* BB 1975, 1642 [1643]; *Fitting* § 67 Rn. 23; *Gillerke* AuA 1993, 52 [53 f.]; *Joost*/MünchArbR § 228 Rn. 58; *Körner* Jugendvertretung, S. 27 f.; *Natter* AR-Blattei SD 530.13, Rn. 82; *Opolony* BB 2001, 2055 [2058]; *Richardi*/*Annuß* § 67 Rn. 24; *Rotermund* Interessenwahrnehmung, S. 128 f.; *Weiss*/*Weyand* § 67 Rn. 7; *Wlotzke* § 67 Anm. 2). Entsprechendes gilt für vorbereitende Ausschüsse (**a. M.** *Rotermund* Interessenwahrnehmung, S. 129).

51 Bei Ausschusssitzungen ist die Zahl der stimmberechtigten Jugend- und Auszubildendenvertreter jedoch so weit zu verringern, dass sich das im Plenum bestehende Stimmverhältnis zwischen Betriebsrat und Jugend- und Auszubildendenvertretung in den Ausschüssen widerspiegelt (*Fitting* § 67 Rn. 23; *Gillerke* AuA 1993, 52 [54]; *Joost*/MünchArbR § 228 Rn. 58; *Körner* Jugendvertretung, S. 29; *Natter* AR-Blattei SD 530.13, Rn. 82; *Opolony* BB 2001, 2055 [2058]; *Richardi*/*Annuß* § 67 Rn. 24; *Rotermund* Interessenwahrnehmung, S. 129; *Weber*/*Ehrich*/*Hörchens*/*Oberthür* Kap. B Rn. 544; *Weiss*/*Weyand* § 67 Rn. 7; *Wlotzke* § 67 Anm. 2; **a. M.** *Roloff*/WPK § 67 Rn. 9, der lediglich eine Reduzierung des Stimmengewichts befürwortet).

52 Bei gemeinsamen Ausschüssen i. S. d. § 28 Abs. 2 ist § 67 Abs. 2 nicht analog anzuwenden; die Ausführungen zum allgemeinen Teilnahmerecht (s. Rdn. 9) gelten sinngemäß (ebenso *Gillerke* AuA 1993, 52 [54]).

V. Antragsrecht der Jugend- und Auszubildendenvertretung

1. Allgemeines

53 Die Jugend- und Auszubildendenvertretung kann nach § 67 Abs. 3 Satz 1 beim Betriebsrat den Antrag stellen, er möge Angelegenheiten, die in der Jugend- und Auszubildendenvertretung beraten sind und die besonders die in § 60 Abs. 1 genannten Arbeitnehmer betreffen, auf die Tagesordnung der nächsten Betriebsratssitzung setzen. Die Regelung geht auf einen Vorschlag der CDU/CSU-Fraktion zum BetrVG 1972 zurück (BT-Drucks. VI/1806, S. 19, § 93 Abs. 2 Satz 3) und wurde vom Ausschuss für Arbeit und Sozialordnung übernommen (BT-Drucks. VI/2729, S. 30). Sie ersetzt den weiterreichenden, jedoch nicht in das Gesetz aufgenommenen Vorschlag des Regierungsentwurfs, der noch dem Recht zubilligen wollte, eine Sitzung des Betriebsrats zu beantragen (BT-Drucks. VI/1786, S. 8, 40; so auch § 61 Abs. 2 BPersVG i. V. m. § 34 Abs. 3 BPersVG).

54 Das in § 67 Abs. 3 Satz 1 vorgesehene Antragsrecht gewährleistet eine sachgerechte Beteiligung der Jugend- und Auszubildendenvertretung (*Ausschuss für Arbeit und Sozialordnung* zu BT-Drucks. VI/2729, S. 27). Nur hierdurch ist sichergestellt, dass auf der nächsten Betriebsratssitzung ein formell

ordnungsgemäßer Beschluss des Betriebsrats über die betreffende Angelegenheit gefasst werden kann (s. *Raab* § 33 Rdn. 51 f.). Die Jugend- und Auszubildendenvertretung hat über das Antragsrecht zudem die Möglichkeit, den Betriebsrat zu einer Auseinandersetzung mit Angelegenheiten zu zwingen, die die Belange der in § 60 Abs. 1 genannten Arbeitnehmer »besonders« betreffen, um eine unter Umständen vorhandene Passivität des Betriebsrats zu überwinden.

2. Reichweite

Das Antragsrecht der Jugend- und Auszubildendenvertretung richtet sich nur auf die Aufnahme eines Tagesordnungspunktes. Ihr steht – im Unterschied zu der noch im Regierungsentwurf enthaltenen Regelung (BT-Drucks. VI/1786, S. 8, 40) – nicht das Recht zu, eigenständig die Anberaumung einer Betriebsratssitzung zu beantragen (*Brill* BB 1975, 1642 [1643]; *Fitting* § 67 Rn. 26; *Körner* Jugendvertretung, S. 22; *Natter* AR-Blattei SD 530.13, Rn. 83; *Richardi/Annuß* § 67 Rn. 26; *Sittard/HWK* § 67 BetrVG Rn. 6). Diese Rechtsposition ist abschließend in § 29 Abs. 3 geregelt und bezieht die Jugend- und Auszubildendenvertretung nicht in den Kreis der Antragsberechtigten ein, sondern schließt diese – wie die Entstehungsgeschichte zeigt (s. Rdn. 53) – bewusst aus diesem Kreis aus. Die in § 65 Abs. 2 Satz 1 Halbs. 2 angeordnete entsprechende Anwendung des § 29 bezieht sich nur auf Sitzungen der Jugend- und Auszubildendenvertretung, nicht hingegen auf solche des Betriebsrats. 55

Das Antragsrecht besteht nur bezüglich solcher Angelegenheiten, die die in § 60 Abs. 1 genannten Arbeitnehmer »besonders« betreffen. Insoweit ist das zum besonderen Teilnahmerecht dargelegte Verständnis (s. Rdn. 24 ff.) auch bei § 67 Abs. 3 Satz 1 maßgebend (ebenso für eine kongruente Auslegung *Fitting* § 67 Rn. 26; *Richardi/Annuß* § 67 Rn. 27; *Rose/HWGNRH* § 67 Rn. 40; *Trittin/DKKW* § 67 Rn. 26). 56

3. Vorberatungspflicht

Der Antrag der Jugend- und Auszubildendenvertretung ist nur zulässig, wenn eine Vorberatung der Angelegenheit in der Jugend- und Auszubildendenvertretung stattgefunden hat. Hierfür ist eine Sitzung der Jugend- und Auszubildendenvertretung notwendig (*Richardi/Annuß* § 67 Rn. 28). Ein Beschluss oder eine abschließende Stellungnahme der Jugend- und Auszubildendenvertretung zu der betreffenden Angelegenheit muss nicht vorliegen (*Fitting* § 67 Rn. 27; *Natzel* Berufsbildungsrecht, S. 547; *Richardi/Annuß* § 67 Rn. 28; *Rose/HWGNRH* § 67 Rn. 41; *Trittin/DKKW* § 67 Rn. 27). Die Vorberatung in der Jugend- und Auszubildendenvertretung soll lediglich eine sachbezogene und fundierte Beratung in der Betriebsratssitzung, an der sämtliche Mitglieder der Jugend- und Auszubildendenvertretung nach § 67 Abs. 1 Satz 2 teilnehmen, sicherstellen (*Fitting* § 67 Rn. 27; *Galperin/Löwisch* § 67 Rn. 6; *Richardi/Annuß* § 67 Rn. 28; *Rose/HWGNRH* § 67 Rn. 41; *Trittin/DKKW* § 67 Rn. 27). 57

4. Stellung des Antrags

a) Antragsberechtigung

Das Antragsrecht steht der Jugend- und Auszubildendenvertretung als Organ zu. Sie muss daher mit einfacher Mehrheit (§ 65 Abs. 1 i. V. m. § 33 Abs. 1) über dessen Ausübung beschließen. Der Antrag ist vom Vorsitzenden der Jugend- und Auszubildendenvertretung (§ 65 Abs. 1 i. V. m. § 26 Abs. 2 Satz 1) an den Vorsitzenden des Betriebsrats zu richten (§ 26 Abs. 2 Satz 2). 58

b) Zeitpunkt

Der Antrag ist so rechtzeitig einzureichen, dass der Vorsitzende die Angelegenheit noch in die nach § 29 Abs. 2 Satz 2 zu erstellende Tagesordnung aufnehmen kann (*Brecht* § 67 Rn. 3; *Fitting* § 67 Rn. 28; *Galperin/Löwisch* § 67 Rn. 6; *Rose/HWGNRH* § 67 Rn. 44). Ist dies ausgeschlossen, so gilt der Antrag als für die nächst folgende Sitzung des Betriebsrats gestellt (*Fitting* § 67 Rn. 28; *Galperin/Löwisch* § 67 Rn. 6; *Roloff/WPK* § 67 Rn. 11; *Rose/HWGNRH* § 67 Rn. 44; *Trittin/DKKW* § 67 Rn. 30). 59

§ 67　　　　　　　　　　　　　　　*III. 1. Betriebliche Jugend- und Auszubildendenvertretung*

5. Behandlung des Antrags durch Betriebsrat

60　Es gehört zu den Amtspflichten des Betriebsratsvorsitzenden, die Angelegenheit, soweit sie besonders die in § 60 Abs. 1 genannten Arbeitnehmer betrifft, auf die Tagesordnung der nächsten Betriebsratssitzung zu setzen (*Brecht* § 67 Rn. 3; *Brill* BB 1975, 1642 [1643]; *Fitting* § 67 Rn. 28; *Galperin/Löwisch* § 67 Rn. 6; *Joost/*MünchArbR § 228 Rn. 48; *Richardi/Annuß* § 67 Rn. 29; *Rose/HWGNRH* § 67 Rn. 42; *Trittin/DKKW* § 67 Rn. 29). Ein Verstoß hiergegen kann als grobe Amtspflichtverletzung i. S. d. § 23 Abs. 1 zu werten sein (*Brill* BB 1975, 1642 [1643]; *Fitting* § 67 Rn. 28; *Richardi/Annuß* § 67 Rn. 29; *Rudolph* BetrR 1998, 88 [90]; *Trittin/DKKW* § 67 Rn. 29).

61　Den Antrag kann der Vorsitzende des Betriebsrats nur zurückweisen, wenn dieser nicht die gesetzlichen Voraussetzungen erfüllt (*Natzel* Berufsbildungsrecht, S. 547). Er muss daher i. S. eines materiellen Prüfungsrechts prüfen, ob die Angelegenheit die in § 60 Abs. 1 genannten Arbeitnehmer »besonders« betrifft, diese zuvor in der Jugend- und Auszubildendenvertretung beraten wurde und der Antrag auf einem wirksamen Beschluss der Jugend- und Auszubildendenvertretung beruht. Der Vorsitzende ist jedoch nicht gehindert, einen unzulässigen Antrag der Jugend- und Auszubildendenvertretung aus eigener Initiative auf die Tagesordnung zu setzen. Bei Bejahung der formellen und materiellen Voraussetzungen sind zu der Sitzung des Betriebsrats sämtliche Mitglieder der Jugend- und Auszubildendenvertretung zu laden (§ 67 Abs. 1 Satz 2; näher Rdn. 56).

62　Eine Pflicht des Betriebsrats, in der Sache einen Beschluss oder gar einen solchen i. S. d. Wünsche der Jugend- und Auszubildendenvertretung zu fassen, besteht nicht (*Fitting* § 67 Rn. 28; *Galperin/Löwisch* § 67 Rn. 6; *Joost/*MünchArbR § 228 Rn. 48; *Natzel* Berufsbildungsrecht, S. 547; *Rose/HWGNRH* § 67 Rn. 45; *Weiss/Weyand* § 67 Rn. 9). Allerdings muss eine Pflicht zur Beratung des Gegenstandes angenommen werden. Die weitere Behandlung der Angelegenheit im Betriebsrat steht jedoch in seinem pflichtgemäßen Ermessen.

6. Ausschüsse des Betriebsrats

63　Fällt die Sache, die die Jugend- und Auszubildendenvertretung zu behandeln wünscht, in die Zuständigkeit eines vom Betriebsrat nach § 27 Abs. 3 oder § 28 Abs. 1 gebildeten Ausschusses, so kann die Jugend- und Auszubildendenvertretung die Aufnahme in die Tagesordnung der nächsten Sitzung des Ausschusses unmittelbar beim Vorsitzenden dieses Ausschusses beantragen (*Fitting* § 67 Rn. 29; *Natter* AR-Blattei SD 530.13, Rn. 83; *Richardi/Annuß* § 67 Rn. 26, 29; *Roloff/WPK* § 67 Rn. 11; *Trittin/DKKW* § 67 Rn. 25; *Weiss/Weyand* § 67 Rn. 10; **a. M.** *Galperin/Löwisch* § 67 Rn. 7). Gegebenenfalls muss der Betriebsratsvorsitzende den Antrag an den Ausschussvorsitzenden weiterleiten (*Fitting* § 67 Rn. 29; *Richardi/Annuß* § 67 Rn. 29; *Rose/HWGNRH* § 67 Rn. 43; *Trittin/DKKW* § 67 Rn. 25). Für die Behandlung der Angelegenheit in der Ausschusssitzung gelten die obigen Ausführungen in Rdn. 62 entsprechend; über das Teilnahmerecht der Jugend- und Auszubildendenvertreter in diesem Fall s. Rdn. 30 ff. Das Antragsrecht nach § 67 Abs. 3 Satz 1 besteht nicht bei gemeinsamen Ausschüssen i. S. d. § 28 Abs. 2 (s. Rdn. 9).

VI. Unterrichtungspflicht des Betriebsrats

1. Allgemeines

64　Die in § 67 Abs. 3 Satz 2 zu Lasten des Betriebsrats normierte Unterrichtungspflicht stellt sicher, dass sich die Jugend- und Auszubildendenvertretung rechtzeitig mit Angelegenheiten befassen kann, die die in § 60 Abs. 1 genannten Arbeitnehmer »besonders« betreffen, bevor diese im Betriebsrat Gegenstand einer abschließenden Willensbildung sind (*Brill* BB 1975, 1642 [1643]; *Richardi/Annuß* § 67 Rn. 29; *Rose/HWGNRH* § 67 Rn. 46). Die Unterrichtungspflicht gewährleistet damit zugleich eine sachgerechte Ausübung des besonderen Teilnahmerechts (§ 67 Abs. 1 Satz 2) und des Stimmrechts (§ 67 Abs. 2; ebenso *Fitting* § 67 Rn. 30; *Joost/*MünchArbR § 228 Rn. 47; *Roloff/WPK* § 67 Rn. 12; *Trittin/DKKW* § 67 Rn. 31). Sie wird zudem durch den Unterrichtungsanspruch der Jugend- und Auszubildendenvertretung in § 70 Abs. 2 ergänzt.

Die Regelung geht auf § 93 Abs. 2 Satz 1 des Entwurfs der CDU/CSU-Fraktion zum BetrVG 1972 **65** zurück (BT-Drucks. VI/1806, S. 19) und wurde erst aufgrund einer Beschlussempfehlung des BT-Ausschusses für Arbeit und Sozialordnung in das BetrVG 1972 eingefügt (BT-Drucks. VI/2729, S. 30). Das Gesetz verzichtet jedoch darauf, die vorherige Beratung der Angelegenheit in der Jugend- und Auszubildendenvertretung zur zwingenden Voraussetzung für eine Erörterung im Betriebsrat zu erheben (dazu s. Rdn. 70; in dieser Richtung aber noch § 93 Abs. 2 Satz 1 des Entwurfs der CDU/CSU-Fraktion).

2. Gegenstand

Die Verpflichtung zur Information besteht nur bei solchen Angelegenheiten, die die in § 60 Abs. 1 **66** genannten Arbeitnehmer »besonders« betreffen, so dass der Anwendungsbereich des § 67 Abs. 3 Satz 2 mit dem besonderen, allen Jugend- und Auszubildendenvertretern zustehenden Teilnahmerecht in § 67 Abs. 1 Satz 2 (dazu s. Rdn. 24 ff.) deckungsgleich ist.

3. Adressat

Die Informationspflicht richtet sich an den Betriebsrat als Organ. Der Vorsitzende des Betriebsrats **67** kann diese ohne vorherigen Beschluss des Organs erfüllen (*Fitting* § 67 Rn. 31; *Richardi/Annuß* § 67 Rn. 32; *Roloff/WPK* § 67 Rn. 12; *Trittin/DKKW* § 67 Rn. 32; **a. M.** wohl *Reich* § 67 Rn. 5).

Die Vorschrift in § 67 Abs. 3 Satz 2 ist auf Ausschüsse des Betriebsrats entsprechend anzuwenden, **68** wenn dieser ihnen bestimmte Angelegenheiten zur selbständigen Erledigung übertragen hat (*Fitting* § 67 Rn. 31; *Koch/ErfK* §§ 60–70 BetrVG Rn. 4; *Richardi/Annuß* § 67 Rn. 33; *Rose/HWGNRH* § 67 Rn. 48). In diesem Fall erfolgt die Unterrichtung durch den Ausschussvorsitzenden (*Fitting* § 67 Rn. 31; *Rose/HWGNRH* § 67 Rn. 48; *Trittin/DKKW* § 67 Rn. 32). Aufgrund der Erwägungen zum besonderen Teilnahmerecht gilt dies auch für vorbereitende Ausschüsse (s. Rdn. 32), nicht hingegen für von Arbeitgeber und Betriebsrat gebildete gemeinsame Ausschüsse i. S. d. § 28 Abs. 2. Für die letztgenannten Ausschüsse gelten die Ausführungen zum allgemeinen Teilnahmerecht (dazu s. Rdn. 9) sinngemäß.

4. Zeitpunkt

Damit die Unterrichtung der Jugend- und Auszubildendenvertretung noch ihren Zweck erreichen **69** kann, muss sie vor einer abschließenden Beschlussfassung im Betriebsrat oder in einem seiner Ausschüsse erfüllt werden (*Rose/HWGNRH* § 67 Rn. 47). Eine vorherige Erörterung der Angelegenheit im Betriebsrat schließt § 67 Abs. 3 Satz 2 indessen nicht aus (*Rose/HWGNRH* § 67 Rn. 47).

5. Verletzung der Unterrichtungspflicht

Die Erfüllung der Unterrichtungspflicht ist keine Wirksamkeitsvoraussetzung für die Beschlussfassung **70** im Betriebsrat (*Bodem/NK-GA* § 67 BetrVG Rn. 6; *Brill* BB 1975, 1642 [1643]; *Fitting* § 67 Rn. 30; *Galperin/Löwisch* § 67 Rn. 11; *Joost/MünchArbR* § 228 Rn. 47; *Kloppenburg/HaKo* § 67 Rn. 11; *Körner* Jugendvertretung, S. 23; *Natter* AR-Blattei SD 530.13, Rn. 84; *Natzel* Berufsbildungsrecht, S. 547; *Richardi/Annuß* § 67 Rn. 34; *Roloff/WPK* § 67 Rn. 12; *Rose/HWGNRH* § 67 Rn. 49; *Sittard/HWK* § 67 BetrVG Rn. 7; *Weiss/Weyand* § 67 Rn. 12). Der wiederholte Verstoß gegen § 67 Abs. 3 Satz 2 kann als grobe Amtspflichtverletzung i. S. d. § 23 Abs. 1 zu werten sein (*Bodem/NK-GA* § 67 BetrVG Rn. 6; *Fitting* § 67 Rn. 30; *Joost/MünchArbR* § 228 Rn. 47; *Kloppenburg/HaKo* § 67 Rn. 11; *Körner* Jugendvertretung, S. 23; *Richardi/Annuß* § 67 Rn. 34; *Rose/HSWGNR* § 67 Rn. 49; *Rudolph* BetrR 1998, 88 [88]; *Weiss/Weyand* § 67 Rn. 12). Den Belangen der Jugend- und Auszubildendenvertretung wird sowohl durch das besondere Teilnahmerecht (§ 67 Abs. 1 Satz 2) als auch durch das Recht Rechnung getragen, über einen Aussetzungsantrag (§ 66) eine nochmalige Erörterung der Angelegenheit im Betriebsrat zu erzwingen.

VII. Streitigkeiten

71 Über Meinungsverschiedenheiten hinsichtlich des Teilnahme- und Stimmrechts der Jugend- und Auszubildendenvertreter und über die Aufnahme eines Punktes in die Tagesordnung der Betriebsratssitzung entscheidet das Arbeitsgericht im Beschlussverfahren (§§ 2a Abs. 1 Nr. 1, Abs. 2, 80 ff. ArbGG). Gleiches gilt für die Rechtswirksamkeit eines Beschlusses des Betriebsrats, der ohne die gesetzlich vorgesehene Teilnahme der Jugend- und Auszubildendenvertreter gefasst wurde, soweit diese auch ein Stimmrecht besaßen.

§ 68
Teilnahme an gemeinsamen Besprechungen

Der Betriebsrat hat die Jugend- und Auszubildendenvertretung zu Besprechungen zwischen Arbeitgeber und Betriebsrat beizuziehen, wenn Angelegenheiten behandelt werden, die besonders die in § 60 Abs. 1 genannten Arbeitnehmer betreffen.

Literatur
Vgl. die Angaben vor § 60.

Inhaltsübersicht

	Rdn.
I. Vorbemerkung	1–3
II. Teilnahmerecht der Jugend- und Auszubildendenvertretung	4–17
1. Inhalt der Besprechung	4, 5
2. Form der Besprechung	6–8
3. Hinzuziehung der Jugend- und Auszubildendenvertretung	9, 10
4. Rechtsstellung der Jugend- und Auszubildendenvertretung	11–17
III. Streitigkeiten	18

I. Vorbemerkung

1 Die Vorschrift war im BetrVG 1952 noch nicht enthalten. Sie wurde mit der Novellierung des Betriebsverfassungsgesetzes im Jahre 1972 eingefügt und erfuhr durch das »Gesetz zur Bildung von Jugend- und Auszubildendenvertretungen in den Betrieben« vom 13.07.1988 (BGBl. I, S. 1034; näher zu diesem vor § 60 Rdn. 8 f.) lediglich eine Anpassung an die geänderte Terminologie des Gesetzes. Die seitens der SPD-Fraktion beantragte Klarstellung, dass die Jugend- und Auszubildendenvertretung zu »allen« Besprechungen beizuziehen sei (BT-Drucks. 11/995, S. 5, 11), fand in dem zuständigen Bundestagsausschuss keine Mehrheit. Durch § 68 soll das in § 67 Abs. 1 Satz 2 geregelte Teilnahmerecht auf Besprechungen zwischen Betriebsrat und Arbeitgeber erweitert werden. Die Pflicht zur Beiziehung der Jugend- und Auszubildendenvertretung besteht nur für den Betriebsrat, nicht hingegen für den Arbeitgeber (*Dietz/Richardi* § 68 Rn. 9).

2 Die Vorschrift ist **zwingend** (*Fitting* § 68 Rn. 2; *Rose/HWGNRH* § 68 Rn. 3). Sie kann weder durch **Tarifvertrag** noch durch **Betriebsvereinbarung** abbedungen oder modifiziert werden (*Fitting* § 68 Rn. 2; *Rose/HWGNRH* § 68 Rn. 3).

3 Der **Zweck der Vorschrift** kann nur unter Berücksichtigung der dogmatischen Stellung der Jugend- und Auszubildendenvertretung in der Betriebsverfassung (dazu vor § 60 Rdn. 24 ff.) systemgerecht erfasst werden. Während die Teilnahme der Jugend- und Auszubildendenvertretung bzw. ihrer Mitglieder an den Betriebsratssitzungen (§ 67 Abs. 1 und 2) auf eine Beeinflussung des kollektiven Willensbildungsprozesses abzielt, steht eine vergleichbare Festlegung der ratio legis bei § 68 im Widerspruch zu der Grundkonzeption der §§ 60 bis 73b. Die Jugend- und Auszubildendenvertretung besitzt hiernach nicht die Aufgabe einer selbständigen, neben dem Betriebsrat agierenden Interessenvertretung (s. vor § 60 Rdn. 25). Gegenüber dem Arbeitgeber ist allein der Betriebsrat berechtigt, die Interessen der in § 60 Abs. 1 genannten Arbeitnehmer zur Geltung zu bringen. Das Teilnahmerecht bei Sitzungen des Betriebsrats würde nahezu vollständig seines Zwecks entkleidet, wenn der Jugend- und Auszubildendenvertretung über § 68 Einfluss auf die Verhandlungen zwischen Arbeitgeber und Betriebsrat hätte. Deshalb dient § 68 ausschließlich dem **Informationsinteresse der Jugend- und Auszubildendenvertretung**. Die Teilnahme an der Besprechung soll einen Einblick in die Behandlung derjenigen Angelegenheiten durch den Betriebsrat vermitteln, die in ihren Kompetenzbereich fallen. Die Teilnahme der Jugend- und Auszubildendenvertretung ist **nicht** auf **Partizipation**, sondern auf Information gerichtet (**a. M.** *Rose/HWGNRH* § 68 Rn. 1: Gelegenheit zum unmittelbaren Kontakt mit dem Arbeitgeber).

II. Teilnahmerecht der Jugend- und Auszubildendenvertretung

1. Inhalt der Besprechung

Ein Teilnahmerecht der Jugend- und Auszubildendenvertretung besteht an Besprechungen zwischen Arbeitgeber und Betriebsrat, sofern diese Themen behandeln, die »besonders« die in § 60 Abs. 1 genannten Arbeitnehmer betreffen. Sowohl aus dem insoweit mit § 67 Abs. 1 Satz 2 gemeinsamen Wortlaut als auch aus der Entstehungsgeschichte folgt, dass sich das Teilnahmerecht nach § 68 und das besondere Teilnahmerecht in § 67 Abs. 1 Satz 2 inhaltlich auf dieselben Angelegenheiten beziehen. Das zu § 67 Abs. 1 Satz 2 dargelegte Verständnis (s. § 67 Rdn. 24 ff.) gilt deshalb auch im Rahmen von § 68 (ebenso für eine kongruente Auslegung *Fitting* § 68 Rn. 4; *Galperin/Löwisch* § 68 Rn. 2; *Joost*/MünchArbR § 228 Rn. 63; *Kloppenburg*/HaKo § 68 Rn. 2; *Richardi/Annuß* § 68 Rn. 4; *Roloff/WPK* § 68 Rn. 1; *Rose/HWGNRH* § 68 Rn. 5; *Trittin/DKKW* § 68 Rn. 4; *Weiss/Weyand* § 68 Rn. 1).   **4**

Das Teilnahmerecht erstreckt sich nur auf Themen, die die in Rdn. 4 genannte Voraussetzung erfüllen, **nicht auf weitere Teile der Besprechung** (*Brecht* Anm. zu § 68; *Fitting* § 68 Rn. 5; *Joost*/MünchArbR § 228 Rn. 63; *Natzel* Berufsbildungsrecht, S. 550; *Richardi/Annuß* § 68 Rn. 5; *Roloff/WPK* § 68 Rn. 2; *Rose/HWGNRH* § 68 Rn. 6; *Weber/Ehrich/Hörchens/Oberthür* Kap. B Rn. 548; *Weiss/Weyand* § 68 Rn. 1). Das allgemeine Teilnahmerecht (§ 67 Abs. 1 Satz 1) ist in dieser Konstellation auch nicht ersatzweise anwendbar (*Fitting* § 68 Rn. 5). Erst wenn die Besprechung im Rahmen einer Betriebsratssitzung stattfindet, greift § 67 Abs. 1 Satz 1 ein (*Fitting* 22. Aufl., § 68 Rn. 5; *Richardi/Annuß* § 68 Rn. 5; *Rose/HWGNRH* § 68 Rn. 6).   **5**

2. Form der Besprechung

Das Teilnahmerecht besteht an **jeder Form** von »Besprechungen« zwischen Arbeitgeber und Betriebsrat. Dazu zählen nicht nur die **monatlichen Besprechungen** i. S. d. § 74 Abs. 1 Satz 1, sondern auch sonstige unregelmäßig stattfindende Unterredungen (*Brill* BB 1975, 1642 [1643]; *Fitting* § 68 Rn. 5; *Joost*/MünchArbR § 228 Rn. 63; *Körner* Jugendvertretung, S. 23; *Küchenhoff* § 68 Rn. 1; *Natter* AR-Blattei SD 530.13, Rn. 85; *Natzel* Berufsbildungsrecht, S. 550; *Reich* § 68 Rn. 1; *Richardi/Annuß* § 68 Rn. 5; *Roloff/WPK* § 68 Rn. 2; *Rotermund* Interessenwahrnehmung, S. 130 f.; *Sittard/HWK* § 68 BetrVG Rn. 1; *Trittin/DKKW* § 68 Rn. 2; *Weber/Ehrich/Hörchens/Oberthür* Kap. B Rn. 548; **a. M.** *Rose/HWGNRH* § 68 Rn. 7). Dieses extensive Verständnis der »Besprechungen« ist neben dem Normzweck und einem systematischen Vergleich mit § 61 Abs. 4 BPersVG, der eine Beschränkung auf die monatlichen Besprechungen (§ 66 Abs. 1 BPersVG) ausdrücklich vorsieht, auf die Entstehungsgeschichte zu stützen. Im Unterschied zu § 26g des Novellierungsvorschlags des DGB (s. RdA 1970, 237 [240]), der auf die monatlichen Besprechungen zwischen Arbeitgeber und Betriebsrat verwies, fehlt in § 68 eine vergleichbare Einschränkung, was die Schlussfolgerung rechtfertigt, dass ein restriktives Verständnis vom Gesetzgeber nicht gewollt war.   **6**

An der Besprechung muss nicht immer der gesamte Betriebsrat beteiligt sein. Gesprächspartner des Arbeitgebers können der **Betriebsratsvorsitzende** und **beauftragte Mitglieder** des Betriebsrats (*Kloppenburg*/HaKo § 68 Rn. 3; *Rotermund* Interessenwahrnehmung, S. 131 f.; *Trittin/DKKW* § 68 Rn. 2; **a. M.** *Fitting* § 68 Rn. 5; *Roloff/WPK* § 68 Rn. 2; *Schrader/HWK* § 68 BetrVG Rn. 4) sowie ein **Ausschuss** i. S. d. § 27 Abs. 3, § 28 sein (*Fitting* § 68 Rn. 9; *Joost*/MünchArbR § 228 Rn. 65;   **7**

§ 68 III. 1. Betriebliche Jugend- und Auszubildendenvertretung

Kloppenburg/HaKo § 68 Rn. 3; *Natter* AR-Blattei SD 530.13, Rn. 85; *Richardi*/*Annuß* § 68 Rn. 8; *Roloff*/*WPK* § 68 Rn. 2; *Rotermund* Interessenwahrnehmung, S. 132 ff.; *Sittard*/*HWK* § 68 BetrVG Rn. 1; *Trittin*/*DKKW* § 68 Rn. 3). Deshalb besteht die Pflicht zur Beiziehung der Jugend- und Auszubildendenvertretung auch, wenn die Besprechung im Rahmen eines von Arbeitgeber und Betriebsrat nach § 28 Abs. 2 gebildeten gemeinsamen Ausschusses stattfindet (*Rotermund* Interessenwahrnehmung, S. 134 f.).

8 Bei einem extensiven, dem Wortlaut der Norm folgenden Verständnis besteht das in § 68 statuierte Teilnahmerecht auch, wenn Arbeitgeber und Betriebsrat über **beteiligungspflichtige Angelegenheiten** verhandeln. Eine Beteiligung der Jugend- und Auszubildendenvertretung kann in dieser Konstellation jedoch im Widerspruch zu ihrer dogmatischen Stellung stehen, wenn sie dem Arbeitgeber gegenüber als gleichberechtigter Verhandlungspartner neben dem Betriebsrat auftritt (dazu näher vor § 60 Rdn. 27). Deshalb bedarf die Norm jedoch keiner teleologischen Restriktion, aufgrund der das Teilnahmerecht der Jugend- und Auszubildendenvertretung stets dann entfällt, wenn beteiligungspflichtige Angelegenheiten Gegenstand der Unterredung von Arbeitgeber und Betriebsrat sind. Eine dem dogmatischen Standort der Jugend- und Auszubildendenvertretung in der Betriebsverfassung gerecht werdende Interpretation muss vielmehr bei den Rechten der Jugend- und Auszubildendenvertretung im Rahmen der »Beiziehung« ansetzen (dazu s. Rdn. 17).

3. Hinzuziehung der Jugend- und Auszubildendenvertretung

9 Die Jugend- und Auszubildendenvertretung ist **durch den Betriebsrat**, d. h. durch dessen Vorsitzenden zu allen von § 68 erfassten Besprechungen beizuziehen, wenn und soweit in diesen Angelegenheiten behandelt werden, die besonders die in § 60 Abs. 1 genannten Arbeitnehmer betreffen. Soweit solche gemeinsamen Besprechungen im Rahmen einer Betriebsratssitzung stattfinden, gilt § 67 Abs. 1 Satz 2, d. h. **alle** Jugend- und Auszubildendenvertreter sind nach Maßgabe des § 29 Abs. 2 zu laden (s. § 67 Rdn. 33 ff. sowie *Bodem*/NK-GA § 68 BetrVG Rn. 1; *Fitting* § 68 Rn. 7; *Joost*/MünchArbR § 228 Rn. 64; *Roloff*/*WPK* § 68 Rn. 3; *Rose*/HWGNRH § 68 Rn. 10). In allen anderen Fällen ist eine **förmliche Ladung** der Jugend- und Auszubildendenvertretung nicht vorgeschrieben, der Betriebsratsvorsitzende hat jedoch den Vorsitzenden der Jugend- und Auszubildendenvertretung (§ 65 Abs. 1 i. V. m. § 26 Abs. 2 Satz 2) über Zeit, Ort und Gegenstand der Beratung zu unterrichten (*Fitting* § 68 Rn. 7; *Galperin*/*Löwisch* § 68 Rn. 2; *Joost*/MünchArbR § 228 Rn. 64; *Natter* AR-Blattei SD 530.13, Rn. 85; *Richardi*/*Annuß* § 68 Rn. 7; *Roloff*/*WPK* § 68 Rn. 3; *Rose*/HWGNRH § 68 Rn. 11; *Trittin*/*DKKW* § 68 Rn. 6; *Weiss*/*Weyand* § 68 Rn. 2). Ein Beschluss des Betriebsrats ist für die Beiziehung nicht erforderlich (*Richardi*/*Annuß* § 68 Rn. 6; *Schrader*/HWK § 68 BetrVG Rn. 7).

10 Die Beiziehung der Jugend- und Auszubildendenvertretung ist eine **Amtspflicht des Betriebsrats** und seines Vorsitzenden (*Brill* BB 1975, 1642 [1643]; *Fitting* § 68 Rn. 6; *Galperin*/*Löwisch* § 68 Rn. 2; *Natzel* Berufsbildungsrecht, S. 550; *Roloff*/*WPK* § 68 Rn. 3; *Trittin*/*DKKW* § 68 Rn. 5). Bei deren Verletzung kann § 23 Abs. 1 eingreifen (*Fitting* § 68 Rn. 6; *Roloff*/*WPK* § 68 Rn. 5; *Rose*/HWGNRH § 68 Rn. 10; *Trittin*/*DKKW* § 68 Rn. 5; *Weber*/*Ehrich*/*Hörchens*/*Oberthür* Kap. B Rn. 547).

4. Rechtsstellung der Jugend- und Auszubildendenvertretung

11 Nach dem Gesetz ist »die Jugend- und Auszubildendenvertretung«, d. h. die Gesamtheit ihrer Mitglieder beizuziehen. Das Beteiligungsrecht steht als **kollektivrechtlicher Anspruch** der Jugend- und Auszubildendenvertretung als Organ und nicht den einzelnen Mitgliedern der Jugend- und Auszubildendenvertretung als Individualrecht zu. Das Gesetz weicht insoweit bewusst von § 94 Abs. 3 des Entwurfs der CDU/CSU-Fraktion zum BetrVG 1972 (s. BT-Drucks. VI/1806, S. 19) ab, der das Beteiligungsrecht noch auf den Vorsitzenden bzw. seinen Stellvertreter beschränkte. Nimmt an der Besprechung der gesamte Betriebsrat teil, so sind alle Jugend- und Auszubildendenvertreter beizuziehen (*Brecht* Anm. zu § 68; *Fitting* § 68 Rn. 8; *Galperin*/*Löwisch* § 68 Rn. 2; *Natzel* Berufsbildungsrecht, S. 550; *Richardi*/*Annuß* § 68 Rn. 6; *Rose*/HWGNRH § 68 Rn. 9; *Trittin*/*DKKW* § 68 Rn. 7; **a. M.** *Reich* § 68 Rn. 1: ein Vertreter).

Es besteht **keine Teilnahmepflicht** der gesamten Jugend- und Auszubildendenvertretung (*Fitting* 12
§ 68 Rn. 8; *Richardi/Annuß* § 68 Rn. 6; *Rose/HWGNRH* § 68 Rn. 12; *Trittin/DKKW* § 68 Rn. 7).
Sie ist berechtigt, zu der Besprechung nur ein Mitglied oder einzelne Mitglieder zu entsenden (*Natzel*
Berufsbildungsrecht, S. 550; *Richardi/Annuß* § 68 Rn. 8; *Rose/HWGNRH* § 68 Rn. 12).

Ein **Beschluss der Jugend- und Auszubildendenvertretung** über die Teilnahme an der »Bespre- 13
chung« ist für das Mitglied der Jugend- und Auszubildendenvertretung **verbindlich**, da das Teilnahmerecht nicht ihm, sondern als kollektivrechtliche Rechtsposition der Jugend- und Auszubildendenvertretung als Organ zusteht. Bei dem Teilnahmerecht des Einzelnen handelt es sich stets um einen
abgeleiteten Individualanspruch. Das Teilnahmerecht der Jugend- und Auszubildendenvertreter
steht daher unter dem Vorbehalt einer abweichenden Beschlussfassung durch das Organ.

Eine **Auswahlentscheidung** hat die Jugend- und Auszubildendenvertretung nach **pflichtgemä-** 14
ßem Ermessen zu treffen, ohne hierbei an die Wertungen in § 62 Abs. 2 und 3 gebunden zu sein.
Findet die Besprechung hingegen im Rahmen einer **Sitzung des Betriebsrats** statt, entfällt ein Auswahlrecht der Jugend- und Auszubildendenvertretung, da bei dieser ein individuelles, durch § 67
Abs. 1 Satz 2 vermitteltes Teilnahmerecht aller Jugend- und Auszubildendenvertreter besteht (*Richar-
di/Annuß* § 68 Rn. 8).

Sofern ein Mitglied **nicht** aufgrund einer Auswahlentscheidung der Jugend- und Auszubildendenver- 15
tretung zu der Besprechung **entsandt** wird, kann es auf seine **Teilnahme verzichten** (ebenso, jedoch
ohne diese Einschränkung *Fitting* § 68 Rn. 8). Die **Zuziehung eines Ersatzmitglieds** kommt für
diesen Fall nicht in Betracht, da kein »Verhinderungsfall« vorliegt (*Fitting* § 68 Rn. 8; *Trittin/DKKW*
§ 68 Rn. 7). Wird hingegen ein Mitglied der Jugend- und Auszubildendenvertretung zu der Besprechung **entsandt**, so entsteht eine **auftragsähnliche Rechtsbeziehung** zwischen dem Mitglied und
dem Organ, die zur Teilnahme an der Besprechung verpflichtet. Ist das entsandte Mitglied an der Teilnahme verhindert, so ist nicht das Ersatzmitglied zur Teilnahme berechtigt. Die Ausführungen zur Parallelproblematik beim allgemeinen Teilnahmerecht an Betriebsratssitzungen (§ 67 Abs. 1 Satz 1; dazu
§ 67 Rdn. 13) gelten hier sinngemäß.

Auch wenn seitens des Betriebsrats nicht alle Mitglieder an der Besprechung teilnehmen, können we- 16
der der Arbeitgeber noch der Betriebsrat **Zahl** oder **personelle Zusammensetzung** der beizuzie-
henden Jugend- und Auszubildendenvertreter beschränken (*Fitting* § 68 Rn. 8; *Moritz* Jugendvertretung, S. 101 mit Fn. 181; *Trittin/DKKW* § 68 Rn. 3; *Wlotzke* Anm. zu § 68). Dies ergibt sich erstens
aus dem Wortlaut des Gesetzes, der keine zahlenmäßige Beschränkung vorsieht, und zweitens aus der
zwingenden Natur der Vorschrift, die weder durch Tarifvertrag noch durch Betriebsvereinbarung abbedungen oder zum Nachteil der Jugend- und Auszubildendenvertretung verändert werden kann (s.
Rdn. 2). Da in der Besprechung keine Beschlüsse gefasst werden, fehlt für eine Beschränkung der Teilnehmerzahl auch eine sachliche Rechtfertigung. Ferner besteht das Teilnahmerecht nur, soweit Probleme behandelt werden, die besonders die in § 60 Abs. 1 genannten Arbeitnehmer betreffen, so dass
die unter Umständen nicht sehr zweckmäßige Regelung in Kauf genommen werden kann. Lediglich
die Jugend- und Auszubildendenvertretung selbst kann die Zahl der von ihr zu entsendenden Mitglieder einschränken (s. Rdn. 11; **a. M.** jedoch *Weiss/Weyand* § 68 Rn. 2, der bei Teilnahme an den
Sitzungen eines Betriebsausschusses eine prozentuale Verringerung der Zahl der Teilnahmeberechtigten befürwortet).

Die Rechtsstellung der Jugend- und Auszubildendenvertreter im Rahmen der Besprechung ist dem 17
Gesetz nicht ohne weiteres zu entnehmen. Obwohl dieses lediglich eine Pflicht zur »Beiziehung« begründet, wird verbreitet ein **Recht zur aktiven Teilnahme** an der Besprechung zwischen Arbeitgeber und Betriebsrat angenommen (so *Brecht* Rn. zu § 68; *Fitting* § 68 Rn. 8; *Joost/MünchArbR*
§ 228 Rn. 66; *Kloppenburg/HaKo* § 68 Rn. 4; *Koch/ErfK* §§ 60–70 BetrVG Rn. 12; *Richardi/Annuß*
§ 68 Rn. 6; *Roloff/WPK* § 68 Rn. 5; *Rose/HWGNRH* § 68 Rn. 13; *Trittin/DKKW* § 68 Rn. 8; *We-
ber/Ehrich/Hörchens/Oberthür* Kap. B Rn. 548; *Weiss/Weyand* § 68 Rn. 1). Dem Gesetzeswortlaut
kann dieses indes nicht entnommen werden. Auch die amtliche Überschrift, die auf die »Teilnahme«
abstellt, erweist sich bei näherem Hinsehen als farblos. Ebenso rechtfertigt die teilweise im Gesetz anzutreffende Konkretisierung durch das Adjektiv »beratend« (z. B. § 31, § 32, § 46 Abs. 1 Satz 1, § 52)
nicht den formallogischen Umkehrschluss, dass eine die Beratung einschließende Teilnahme ausschei-

det, wenn das Gesetz auf die konkretisierende Hinzufügung des Adjektivs »beratend« verzichtet. Ausschlaggebend muss vielmehr der Zweck der Teilnahme sein. Aus den zum Normzweck dargelegten Gründen (s. Rdn. 3) umfasst die Teilnahme im Rahmen von § 68 nicht das Recht zu einer aktiven argumentativen Beeinflussung. Dies stünde mit der dogmatischen Struktur der §§ 60 bis 73b im Widerspruch, da die Jugend- und Auszubildendenvertretung hierdurch in die Rolle einer Interessenvertretung gegenüber dem Arbeitgeber hineinwachsen würde (dazu vor § 60 Rdn. 27). Da das Teilnahmerecht bei teleologischer Betrachtung lediglich einen Informations- und keinen Partizipationscharakter hat, beschränkt es sich auf ein **Anwesenheitsrecht**.

III. Streitigkeiten

18 Bei Streitigkeiten über das Teilnahmerecht der Jugend- und Auszubildendenvertretung entscheiden die Arbeitsgerichte im **Beschlussverfahren** (§§ 2a Abs. 1 Nr. 1, Abs. 2, 80 ff. ArbGG). Der **Erlass einer einstweiligen Verfügung** über die Beiziehung der Jugend- und Auszubildendenvertretung ist gemäß § 85 Abs. 2 ArbGG i. V. m. §§ 935 ff. ZPO möglich (*Fitting* § 68 Rn. 10; *Kloppenburg*/HaKo § 68 Rn. 5; *Richardi*/*Annuß* § 68 Rn. 10; *Roloff*/WPK § 68 Rn. 6; *Rose*/HWGNRH § 68 Rn. 14; *Trittin*/DKKW § 68 Rn. 9).

§ 69
Sprechstunden

In Betrieben, die in der Regel mehr als fünfzig der in § 60 Abs. 1 genannten Arbeitnehmer beschäftigen, kann die Jugend- und Auszubildendenvertretung Sprechstunden während der Arbeitszeit einrichten. Zeit und Ort sind durch Betriebsrat und Arbeitgeber zu vereinbaren. § 39 Abs. 1 Satz 3 und 4 und Abs. 3 gilt entsprechend. An den Sprechstunden der Jugend- und Auszubildendenvertretung kann der Betriebsratsvorsitzende oder ein beauftragtes Betriebsratsmitglied beratend teilnehmen.

Literatur
Vgl. die Angaben vor § 60.

Inhaltsübersicht

	Rdn.
I. Vorbemerkung	1, 2
II. Einrichtung von Sprechstunden	3–21
1. Voraussetzungen	3–6
2. Entscheidung der Jugend- und Auszubildendenvertretung	7–10
3. Festlegung von Ort und Zeit	11–17
a) Grundsatz	11
b) Freiwillige Vereinbarung	12–15
c) Erzwungene Vereinbarung	16, 17
4. Durchführung der Sprechstunde	18
5. Zuständigkeit	19, 20
6. Kosten	21
III. Teilnahme eines Betriebsratsmitglieds	22–26
IV. Besuch der Sprechstunde durch Arbeitnehmer	27–31
V. Streitigkeiten	32, 33

I. Vorbemerkung

1 Die Vorschrift hatte keine Vorgängerin im BetrVG 1952. Sie wurde in Anlehnung an einen entsprechenden Vorschlag im Entwurf der CDU/CSU-Fraktion zum BetrVG 1972 (BT-Drucks. VI/1806,

S. 19, § 92) aufgrund einer Beschlussempfehlung des Ausschusses für Arbeit und Sozialordnung (BT-Drucks. VI/2729, S. 30) in das Gesetz eingefügt und erfuhr durch das »Gesetz zur Bildung von Jugend- und Auszubildendenvertretungen in den Betrieben« vom 13.07.1988 (BGBl. I, S. 1034; näher zu diesem vor § 60 Rdn. 8 f.) lediglich eine terminologische Anpassung. Ein Verzicht auf die Mindestbeschäftigtenzahl (so der Entwurf der SPD-Fraktion, BT-Drucks. 11/995, S. 5, 11; ebenso früher der Novellierungsvorschlag des DGB zum BetrVG 1952 [= RdA 1970, 237 ff.]) wurde ausdrücklich abgelehnt (*Ausschuss für Arbeit und Sozialordnung* BT-Drucks. 11/2474, S. 12).

Die Vorschrift ist zugunsten der Jugend- und Auszubildendenvertretung **zwingend** (*Fitting* § 69 Rn. 2; *Galperin/Löwisch* § 69 Rn. 2; *Rose/HWGNRH* § 69 Rn. 2). Zum Nachteil der Jugend- und Auszubildendenvertretung kann sie weder durch **Tarifvertrag** noch durch **Betriebsvereinbarung** abbedungen oder modifiziert werden (*Fitting* § 69 Rn. 2; *Galperin/Löwisch* § 69 Rn. 2; *Rose/HWGNRH* § 69 Rn. 2). **Freiwillige Vereinbarungen zwischen Arbeitgeber und Betriebsrat** über die Errichtung von Sprechstunden sind gleichwohl zulässig, wenn die in § 69 genannten Voraussetzungen nicht vorliegen (dazu s. Rdn. 6). 2

II. Einrichtung von Sprechstunden

1. Voraussetzungen

Ein gesetzlicher Anspruch auf Einrichtung von Sprechstunden steht der Jugend- und Auszubildendenvertretung nur in Betrieben mit in der Regel **mehr als 50 Arbeitnehmern** i. S. d. § 60 Abs. 1 zu. Zur Konkretisierung der in § 60 Abs. 1 genannten Arbeitnehmer § 60 Rdn. 22 ff., 25 ff. 3

Die Mindestzahl von 51 Arbeitnehmern i. S. d. § 60 Abs. 1 muss »**in der Regel**« im Betrieb beschäftigt sein. Der Begriff ist der gleiche wie in § 1 und § 60 Abs. 1; maßgebend ist die Zahl der in § 60 Abs. 1 genannten Arbeitnehmer, die dem Normalzustand des Betriebs entspricht (näher *Franzen* § 1 Rdn. 62 ff. sowie § 60 Rdn. 37). Es kommt auf die Zahl an, die im Betrieb beschäftigt wird. Zu diesem gehören auch **Betriebsteile** und **Kleinstbetriebe**, soweit sie nicht selbständige Betriebe sind oder als solche gelten (§ 4, § 3 Abs. 1 Nr. 3 sowie *Franzen* § 4 Rdn. 4, 7 und ferner § 60 Rdn. 8). 4

Sinkt die Zahl der »in der Regel« beschäftigten Arbeitnehmer i. S. d. § 60 Abs. 1 unter 51, entfällt das Recht der Jugend- und Auszubildendenvertretung, eigene Sprechstunden abzuhalten (*Fitting* § 69 Rn. 4; *Galperin/Löwisch* § 69 Rn. 5; *Joost/*MünchArbR § 228 Rn. 72; *Kloppenburg/*HaKo § 69 Rn. 1; *Richardi/Annuß* § 69 Rn. 3; *Rose/HWGNRH* § 69 Rn. 4; *Trittin/DKKW* § 69 Rn. 4). **Ersatzweise** greift in dieser Konstellation jedoch das in **§ 39 Abs. 2** verankerte Recht der Jugend- und Auszubildendenvertretung ein, dass eines ihrer Mitglieder an der Sprechstunde des Betriebsrats teilnehmen kann (näher hierzu *Weber* § 39 Rdn. 22 ff.). Zur Einrichtung einer Sprechstunde auf freiwilliger Basis s. Rdn. 6. 5

Auch wenn die in § 69 genannten Voraussetzungen nicht vorliegen, ist die Einrichtung von Sprechstunden für die Jugend- und Auszubildendenvertretung auf **freiwilliger Basis** möglich (*Fitting* § 69 Rn. 2; *Galperin/Löwisch* § 69 Rn. 2; *Rose/HWGNRH* § 69 Rn. 4; *Sittard/HWK* § 69 BetrVG Rn. 1; *Trittin/DKKW* § 69 Rn. 2). Hierzu bedarf es einer Einigung zwischen **Arbeitgeber und Betriebsrat** sowie der **Zustimmung der Jugend- und Auszubildendenvertretung** (*Fitting* § 69 Rn. 2; *Trittin/DKKW* § 69 Rn. 2), da diese nicht zur Abhaltung der Sprechstunden gezwungen werden kann. Die Mitwirkung des Betriebsrats ist erforderlich, da die Einrichtung solcher Sondersprechstunden seine Rechtsposition berührt und er gegenüber dem Arbeitgeber der allein zuständige Repräsentant aller, auch der in § 60 Abs. 1 genannten Arbeitnehmer ist (näher vor § 60 Rdn. 19). 6

2. Entscheidung der Jugend- und Auszubildendenvertretung

Ob die Jugend- und Auszubildendenvertretung von dem Anspruch auf Einrichtung eigener Sprechstunden Gebrauch macht, unterliegt allein ihrer Entscheidung (*Fitting* § 69 Rn. 5; *Galperin/Löwisch* § 69 Rn. 4, 6; *Hunold* HBV-Gruppe 2, S. 233 [243]; *Natter* AR-Blattei SD 530.13, Rn. 87; *Natzel* Berufsbildungsrecht, S. 544; *Richardi/Annuß* § 69 Rn. 4; *Rose/HWGNRH* § 69 Rn. 6; *Sahmer* Rn. zu 7

§ 69   *III. 1. Betriebliche Jugend- und Auszubildendenvertretung*

§ 69; *Trittin/DKKW* § 69 Rn. 5; *Wlotzke* § 69 Anm. 1). Sie ist zur **Einrichtung einer Sprechstunde** auch dann **nicht verpflichtet**, wenn hierfür die gesetzlichen Voraussetzungen vorliegen (*Bodem*/NK-GA § 69 BetrVG Rn. 1; *Joost*/MünchArbR § 228 Rn. 73; *Roloff/WPK* § 69 Rn. 2; *Rose/HWGNRH* § 69 Rn. 6).

8   Über die Einrichtung einer Sprechstunde muss die Jugend- und Auszubildendenvertretung durch **Beschluss** mit **einfacher Mehrheit** (§ 65 Abs. 1 i. V. m. § 33 Abs. 1) entscheiden (*Bodem*/NK-GA § 69 BetrVG Rn. 1; *Fitting* § 69 Rn. 5; *Galperin/Löwisch* § 69 Rn. 6; *Joost*/MünchArbR § 228 Rn. 73; *Richardi/Annuß* § 69 Rn. 4; *Roloff/WPK* § 69 Rn. 2; *Rose/HWGNRH* § 69 Rn. 9; *Sittard/HWK* § 69 BetrVG Rn. 1; *Trittin/DKKW* § 69 Rn. 6). Eine Verständigung mit Arbeitgeber und/oder Betriebsrat, die § 92 des Entwurfs der CDU/CSU-Fraktion zum BetrVG 1972 (dazu vor § 60 Rdn. 6) vorsah, ist nicht erforderlich (*Richardi/Annuß* § 69 Rn. 4). Rechtsverbindlich ist der Beschluss der Jugend- und Auszubildendenvertretung jedoch nur, wenn die in § 69 genannten Voraussetzungen vorliegen, andernfalls verstößt dieser gegen zwingendes Gesetzesrecht (*Natzel* Berufsbildungsrecht, S. 544; *Rose/HWGNRH* § 69 Rn. 9).

9   **Arbeitgeber** und **Betriebsrat** sind an den Beschluss der Jugend- und Auszubildendenvertretung **gebunden** (*Bodem*/NK-GA § 69 BetrVG Rn. 1; *Brill* BB 1975, 1642 [1643]; *Fitting* § 69 Rn. 5; *Joost*/MünchArbR § 228 Rn. 73; *Richardi/Annuß* § 69 Rn. 5; *Rose/HWGNRH* § 69 Rn. 9; *Sittard/HWK* § 69 BetrVG Rn. 1; *Trittin/DKKW* § 69 Rn. 6; *Wlotzke* § 69 Anm. 1) und können nur noch **Zeit** und **Ort vereinbaren**. Ohne diese Vereinbarung ist die Jugend- und Auszubildendenvertretung indessen nicht berechtigt, eigene Sprechstunden durchzuführen.

10 Führt die Jugend- und Auszubildendenvertretung **keine eigenen Sprechstunden** durch, weil die Zahl der in § 60 Abs. 1 genannten Arbeitnehmer in der Regel unter 51 liegt (s. Rdn. 3 ff.) oder ein entsprechender Beschluss unterbleibt (s. Rdn. 8), so gilt **§ 39 Abs. 2** (dazu *Weber* § 39 Rdn. 22 ff.). Ein Mitglied der Jugend- und Auszubildendenvertretung kann zur Beratung der in § 60 Abs. 1 genannten Arbeitnehmer an den Sprechstunden des Betriebsrats teilnehmen (näher hierzu *Weber* § 39 Rdn. 22 ff.).

3. Festlegung von Ort und Zeit

a) Grundsatz

11 Bei Vorliegen der gesetzlichen Voraussetzungen (s. Rdn. 3 ff.) können die Sprechstunden **während der Arbeitszeit** (*Fitting* § 69 Rn. 7; *Galperin/Löwisch* § 69 Rn. 6; *Richardi/Annuß* § 69 Rn. 4; *Rose/HWGNRH* § 69 Rn. 6; *Weiss/Weyand* § 69 Rn. 1) eingerichtet werden, d. h. während der Zeit, in der die in § 60 Abs. 1 genannten Arbeitnehmer zur Arbeitsleistung in dem Betrieb verpflichtet sind.

b) Freiwillige Vereinbarung

12 Die genaue Zeit und der Ort für die Sprechstunden sind durch Vereinbarung zwischen Betriebsrat und Arbeitgeber festzulegen. Diese ist Voraussetzung für die Einrichtung der Sprechstunde, jedoch **keine Betriebsvereinbarung** i. S. d. § 77 Abs. 2 bis 6 (**a. M.** jedoch *Galperin/Löwisch* § 69 Rn. 6; *Hunold* HBV-Gruppe 2, S. 233 [234]; *Richardi/Annuß* § 69 Rn. 6). Das Gesetz verlangt lediglich eine »Vereinbarung« und nicht – wie z. B. § 72 Abs. 4 und 5 – den Abschluss einer Betriebsvereinbarung. Um ihren Zweck zu erfüllen, reicht es aus, wenn der Arbeitgeber infolge der Vereinbarung zur Duldung der Sprechstunde verpflichtet ist. Die nach § 69 Satz 2 abzuschließende Vereinbarung ist deshalb auch **formlos** gültig (wie hier *Roloff/WPK* § 69 Rn. 2).

13 Die zwischen Arbeitgeber und Betriebsrat abzuschließende Vereinbarung bezieht sich neben dem **Ort** ebenfalls auf die **Zeit** der Sprechstunde im weitesten Sinne. Hierzu gehört auch die **Häufigkeit** der Sprechstunden (*Reich* § 69 Rn. 2; *Richardi/Annuß* § 69 Rn. 5; *Roloff/WPK* § 69 Rn. 2; *Rose/HWGNRH* § 69 Rn. 11; *Trittin/DKKW* § 69 Rn. 7).

14 Bei der **Festlegung** von Zeit und Ort für die Sprechstunde der Jugend- und Auszubildendenvertretung handelt es sich um eine **gesetzliche Pflicht** von Arbeitgeber und Betriebsrat (*Fitting* § 69 Rn. 8; *Galperin/Löwisch* § 69 Rn. 6; *Richardi/Annuß* § 69 Rn. 5; *Rose/HWGNRH* § 69 Rn. 13; *Weiss/*

Weyand § 69 Rn. 2). Bei deren **Verletzung** kann § 23 Abs. 1 bzw. 3 eingreifen (*Fitting* § 69 Rn. 8; *Rose*/*HWGNRH* § 69 Rn. 13; *Trittin*/*DKKW* § 69 Rn. 7). Seine Vereinbarungsbefugnis kann der Betriebsrat nicht auf die Jugend- und Auszubildendenvertretung delegieren (*Rotermund* Interessenwahrnehmung, S. 139 f.).

Die **Vereinbarung** zwischen Arbeitgeber und Betriebsrat ist für die Jugend- und Auszubildendenvertretung **bindend** (*Fitting* § 69 Rn. 7; *Richardi*/*Annuß* § 69 Rn. 7; *Rose*/*HWGNRH* § 69 Rn. 12; *Sahmer* Anm. zu § 69; *Sittard*/*HWK* § 69 BetrVG Rn. 2; *Trittin*/*DKKW* § 69 Rn. 7; *Wlotzke* § 69 Anm. 2). Sie kann den Inhalt der Vereinbarung nur insofern beeinflussen, als ihr an Sitzungen des Betriebsrats über diese Frage nach § 67 Abs. 1 Satz 2 ein **Teilnahmerecht** und nach § 67 Abs. 2 ein **Stimmrecht** zusteht (*Bodem*/NK-GA § 69 BetrVG Rn. 1; *Fitting* § 69 Rn. 7; *Joost*/MünchArbR § 228 Rn. 73; *Richardi*/*Annuß* § 69 Rn. 5; *Rose*/*HWGNRH* § 69 Rn. 12; *Sittard*/*HWK* § 69 BetrVG Rn. 2; *Trittin*/*DKKW* § 69 Rn. 7). Zu den Beratungen zwischen Arbeitgeber und Betriebsrat über Ort und Zeit der Sprechstunden ist die Jugend- und Auszubildendenvertretung gemäß § 68 beizuziehen (*Bodem*/NK-GA § 69 BetrVG Rn. 1; *Düttmann*/*Zachmann* Die Jugendvertretung, Rn. 253; *Fitting* § 69 Rn. 7; *Joost*/MünchArbR § 228 Rn. 73; *Richardi*/*Annuß* § 69 Rn. 5; *Rose*/*HWGNRH* § 69 Rn. 12; *Trittin*/*DKKW* § 69 Rn. 7).

c) Erzwungene Vereinbarung

Kommt eine Einigung zwischen Arbeitgeber und Betriebsrat nicht zustande, so entscheidet die **Einigungsstelle**, deren Spruch die Einigung zwischen Arbeitgeber und Betriebsrat ersetzt (§ 69 Satz 3 i. V. m. § 39 Abs. 1 Satz 3 und 4). Das Verfahren richtet sich nach § 76 Abs. 1 bis 5. Die Einigungsstelle kann danach vom Betriebsrat oder vom Arbeitgeber, jedoch nicht von der Jugend- und Auszubildendenvertretung angerufen werden (*Bodem*/NK-GA § 69 BetrVG Rn. 1; *Fitting* § 69 Rn. 7; *Joost*/MünchArbR § 228 Rn. 74; *Kloppenburg*/HaKo § 69 Rn. 3; *Richardi*/*Annuß* § 69 Rn. 6; *Roloff*/*WPK* § 69 Rn. 2; *Rose*/*HWGNRH* § 69 Rn. 13). Die **Zuständigkeit der Einigungsstelle** ist auf den **Regelungsstreit** über Ort und Zeit der Sprechstunde beschränkt; im Übrigen ist das Arbeitsgericht für die Streitbeilegung ausschließlich zuständig (*Richardi*/*Annuß* § 69 Rn. 6).

Die Einigungsstelle hat bei ihrer Entscheidung die Belange des Betriebs und die Interessen der in § 60 Abs. 1 genannten Arbeitnehmer angemessen zu berücksichtigen und einen Interessenkonflikt nach **billigem Ermessen** zu lösen. Hierbei kann sie die **Jugend- und Auszubildendenvertretung** nur **anhören** (so *Fitting* § 69 Rn. 7; *Trittin*/*DKKW* § 69 Rn. 8), sondern ist hierzu sogar verpflichtet (näher § 60 Rdn. 54; wie hier im Anschluss *Rose*/*HWGNRH* § 69 Rn. 13; **a. M.** jedoch *Trittin*/*DKKW* § 69 Rn. 8). Der Spruch der Einigungsstelle unterliegt nach § 76 Abs. 5 Satz 3 einer **gerichtlichen Überprüfung**, die jedoch nur Arbeitgeber oder Betriebsrat beantragen können (§ 76 Abs. 5 Satz 4). Der Jugend- und Auszubildendenvertretung steht kein eigenes **Antragsrecht** zu (s. § 60 Rdn. 51; ebenso *Rose*/*HWGNRH* § 69 Rn. 13); sie kann lediglich versuchen, über das Instrumentarium in § 67 Abs. 1 Satz 2 und Abs. 2 einen entsprechenden Beschluss des Betriebsrats herbeizuführen.

4. Durchführung der Sprechstunde

Liegt die Vereinbarung über Ort und Zeit der Sprechstunde vor, so entscheidet die Jugend- und Auszubildendenvertretung frei, **wer** die Sprechstunde abhält. Hierfür ist ein **Beschluss** der Jugend- und Auszubildendenvertretung erforderlich (*Galperin*/*Löwisch* § 69 Rn. 7; *Richardi*/*Annuß* § 69 Rn. 7; *Roloff*/*WPK* § 69 Rn. 5; *Rose*/*HWGNRH* § 69 Rn. 10), für den eine **einfache Mehrheit** ausreichend, aber auch erforderlich ist. Hinsichtlich der Kosten und der Arbeitsversäumnis ist der Erforderlichkeitsgrundsatz zu beachten (dazu s. Rdn. 21).

5. Zuständigkeit

Die Sprechstunde der Jugend- und Auszubildendenvertretung ist nur für die **in § 60 Abs. 1 genannten Arbeitnehmer** des Betriebs, für die sie zuständig ist, eingerichtet. Die in § 60 Abs. 1 genannten Arbeitnehmer sind allerdings nicht gezwungen, die Sprechstunden der Jugend- und Auszubildendenvertretung aufzusuchen. Sie können sich auch direkt an den Betriebsrat in dessen Sprechstunden (§ 39) wenden. Diese Rechtsposition wird durch die **Sonderregelung in** § 69 nicht beschränkt (*Fitting* § 69 Rn. 6; *Galperin/Löwisch* § 69 Rn. 13; *Richardi/Annuß* § 69 Rn. 8; *Rose/HWGNRH* § 69 Rn. 16; *Trittin/DKKW* § 69 Rn. 12; *Wlotzke* § 69 Anm. 1). Nicht von § 60 Abs. 1 erfasste Arbeitnehmer dürfen die Sprechstunde der Jugend- und Auszubildendenvertretung nicht aufsuchen (*Rose/HWGNRH* § 69 Rn. 16; *Sahmer* Anm. zu § 69). Das betrifft vor allem Arbeitnehmer zwischen dem vollendeten 18. und dem vollendeten 25. Lebensjahr, die nicht in einem Berufsausbildungsverhältnis stehen.

20 **Leiharbeitnehmer** können – soweit sie nur wegen ihrer fehlenden Betriebszugehörigkeit nicht zu den in § 60 Abs. 1 genannten Arbeitnehmern gehören – auch an den im Betrieb des Entleihers durchgeführten Sprechstunden teilnehmen (§ 14 Abs. 2 Satz 2 Halbs. 1 AÜG). Zu den in § 14 Abs. 2 Satz 2 Halbs. 1 AÜG genannten Arbeitnehmervertretungen gehören wegen ihrer Funktion als Interessenvertreter der in § 60 Abs. 1 genannten Arbeitnehmer (dazu vor § 60 Rdn. 26) sowie der in der Norm selbst praktizierten Gleichstellung von Betriebs- und »Jugendversammlung« auch die Jugend- und Auszubildendenvertretungen (ebenso *Sandmann/Marschall* AÜG, Stand: Okt. 1991, Art. 1 § 14 Rn. 11; *Hamann* in: *Schüren/Hamann* AÜG, § 14 Rn. 77; *Wank/*ErfK § 14 AÜG Rn. 9; wie hier im Ergebnis *Rose/HWGNRH* § 69 Rn. 16). Dies gilt auch, wenn hinsichtlich der Arbeitnehmerüberlassung der Ausschlusstatbestand in § 1 Abs. 3 AÜG eingreift, also insbesondere bei einer Konzernleihe; in dieser Konstellation ist § 14 Abs. 2 Satz 2 AÜG analog anzuwenden.

6. Kosten

21 Der Arbeitgeber trägt die Kosten für die Durchführung der Sprechstunde. Er hat entsprechende **Räumlichkeiten** und **sachliche Mittel** zur Verfügung zu stellen (§ 65 Abs. 1 i. V. m. § 40; vgl. *Fitting* § 69 Rn. 9; *Galperin/Löwisch* § 69 Rn. 9; *Rose/HWGNRH* § 69 Rn. 15; *Trittin/DKKW* § 69 Rn. 9; *Wlotzke* § 69 Anm. 2). Die mit der Durchführung der Sprechstunde betrauten Mitglieder der Jugend- und Auszubildendenvertretung behalten unter dem Vorbehalt der Erforderlichkeit ihren **Anspruch auf Arbeitsentgelt** (§ 65 Abs. 1 i. V. m. § 37 Abs. 2; s. *Fitting* § 69 Rn. 10; *Galperin/Löwisch* § 69 Rn. 9; *Richardi/Annuß* § 69 Rn. 7; *Rose/HWGNRH* § 69 Rn. 14; *Trittin/DKKW* § 69 Rn. 10; *Wlotzke* § 69 Anm. 2).

III. Teilnahme eines Betriebsratsmitglieds

22 Nach § 69 Satz 4 kann der Betriebsratsvorsitzende oder ein beauftragtes Betriebsratsmitglied an den Sprechstunden der Jugend- und Auszubildendenvertretung beratend teilnehmen; dieses Recht dient der Unterstützung der Jugend- und Auszubildendenvertretung (*Ausschuss für Arbeit und Sozialordnung* zu BT-Drucks. VI/2729, S. 27, zu § 69).

23 Nimmt statt des Betriebsratsvorsitzenden oder bei seiner Verhinderung dessen Stellvertreter **ein anderes Betriebsratsmitglied** teil, dann muss der Betriebsrat dieses durch einen mit einfacher Mehrheit zu fassenden **Beschluss** beauftragt haben (*Fitting* § 69 Rn. 13; *Richardi/Annuß* § 69 Rn. 10; *Roloff/WPK* § 69 Rn. 4; *Trittin/DKKW* § 69 Rn. 14; **a. M.** *Dietz/Richardi* § 69 Rn. 9). Die **Beauftragung durch den Vorsitzenden des Betriebsrats** reicht nicht aus, da es sich um einen Beauftragten des Betriebsrats und nicht um einen des Vorsitzenden handeln muss (ebenso *Roloff/WPK* § 69 Rn. 4; *Rose/HWGNRH* § 69 Rn. 24). Der Jugend- und Auszubildendenvertretung steht weder ein Auswahl- noch ein Vetorecht zu. Bei dem für die Beauftragung erforderlichen Beschluss haben die Jugend- und Auszubildendenvertreter kein **Stimmrecht** (§ 67 Abs. 2), da die Beauftragung des Betriebsratsmitglieds die Belange der in § 60 Abs. 1 genannten Arbeitnehmer nicht berührt (*Fitting* § 69 Rn. 13; *Roloff/WPK* § 69 Rn. 4; **a. M.** *Trittin/DKKW* § 69 Rn. 14). Das allgemeine Teilnahmerecht eines Vertreters der Jugend- und Auszubildendenvertretung (§ 67 Abs. 1 Satz 1) bleibt jedoch bestehen.

24 Für den Betriebsratsvorsitzenden bzw. das beauftragte Mitglied besteht **keine** gesetzliche **Teilnahmepflicht** (*Fitting* § 69 Rn. 12; *Joost/*MünchArbR § 228 Rn. 75; *Koch/*ErfK §§ 60–70 BetrVG Rn. 4; *Rose/HWGNRH* § 69 Rn. 23; *Trittin/DKKW* § 69 Rn. 13). Etwas anderes gilt nur für das vom Betriebsrat **beauftragte Mitglied**. Dieses ist aufgrund des auftragsähnlichen Verhältnisses gegenüber

dem Betriebsrat zur Durchführung des Auftrags verpflichtet (wie hier nunmehr auch *Rose/ HWGNRH* § 69 Rn. 23).

Die Jugend- und Auszubildendenvertretung ist verpflichtet, die **Teilnahme** des Betriebsratsvorsitzenden oder eines beauftragten Mitglieds zu **gestatten** (*Fitting* § 69 Rn. 13; *Galperin/Löwisch* § 69 Rn. 8; *Richardi/Annuß* § 69 Rn. 11; *Rose/HWGNRH* § 69 Rn. 22; *Trittin/DKKW* § 69 Rn. 13). 25

Die Beratung durch das teilnehmende Betriebsratsmitglied erstreckt sich sowohl auf die Jugend- und Auszubildendenvertreter, die die Sprechstunde abhalten, als auch auf die in § 60 Abs. 1 genannten Arbeitnehmer, die die Sprechstunde aufsuchen (*Fitting* § 69 Rn. 13; *Richardi/Annuß* § 69 Rn. 11; *Rose/ HWGNRH* § 69 Rn. 25; *Trittin/DKKW* § 69 Rn. 15; *a. M. Reich* § 69 Rn. 4: nur die in § 60 Abs. 1 genannten Arbeitnehmer; unklar *Roloff/WPK* § 69 Rn. 4). 26

IV. Besuch der Sprechstunde durch Arbeitnehmer

Alle **in § 60 Abs. 1 genannten Arbeitnehmer** haben das Recht, die Sprechstunden der Jugend- und Auszubildendenvertretung aufzusuchen (s. Rdn. 19). Dies gilt entsprechend für **Leiharbeitnehmer** (§ 14 Abs. 2 Satz 2 Halbs. 1 AÜG; näher s. Rdn. 20). 27

Die **eigenmächtige Entfernung vom Arbeitsplatz** zum Besuch der Sprechstunde ist nicht zulässig (*Weber* § 39 Rdn. 31). Vor **Verlassen des Arbeitsplatzes** ist der Vorgesetzte zu unterrichten (*Fitting* § 69 Rn. 11; *Galperin/Löwisch* § 69 Rn. 10; *Natter* AR-Blattei SD 530.13, Rn. 88; *Roloff/WPK* § 69 Rn. 3; *Rose/HWGNRH* § 69 Rn. 19; sowie *Weber* § 39 Rdn. 31). Er kann das Verlassen des Arbeitsplatzes untersagen, wenn dies aus betrieblichen Gründen zwingend erforderlich ist und dem Arbeitnehmer eine Verschiebung des Besuchs zumutbar ist (*Rose/HWGNRH* § 69 Rn. 19 sowie *Weber* § 39 Rdn. 31). Der Vorgesetzte ist auch berechtigt, das Verlassen des Arbeitsplatzes zu untersagen, wenn der Arbeitnehmer offensichtlich keinen sachlichen Grund hat, die Sprechstunde aufzusuchen (*Rose/ HWGNRH* § 69 Rn. 19 sowie *Weber* § 39 Rdn. 32). 28

Nach Rückkehr von der Sprechstunde hat sich der Arbeitnehmer bei seinem Vorgesetzten **zurückzumelden** (*Fitting* § 69 Rn. 11; *Kloppenburg/HaKo* § 69 Rn. 5; *Natter* AR-Blattei, SD 530.13, Rn. 88; *Rose/HWGNRH* § 69 Rn. 19). Abmelde- und Rückmeldepflichten entspringen dem Arbeitsverhältnis, deren Verletzung ist daher eine solche des Arbeitsvertrags (*Fitting* § 69 Rn. 11; *Rose/ HSWGNR* § 69 Rn. 20). 29

Die Einrichtung von Sprechstunden der Jugend- und Auszubildendenvertretung nimmt den in § 60 Abs. 1 genannten Arbeitnehmern nicht das Recht, **Sprechstunden des Betriebsrats** (§ 39) zu besuchen (*Fitting* § 69 Rn. 6; *Galperin/Löwisch* § 69 Rn. 13; *Richardi/Annuß* § 69 Rn. 8; *Rose/ HWGNRH* § 69 Rn. 16; *Trittin/DKKW* § 69 Rn. 12; *Wlotzke* § 69 Anm. 1). 30

Versäumt der in § 60 Abs. 1 genannte Arbeitnehmer durch den Besuch der Sprechstunde oder durch sonstige Inanspruchnahme der Jugend- und Auszubildendenvertretung **Arbeitszeit**, so darf der Arbeitgeber das **Arbeitsentgelt** nicht mindern, soweit die Abwesenheit zu diesem Zweck erforderlich war (§ 69 Satz 3 i. V. m. § 39 Abs. 3; dazu *Weber* § 39 Rdn. 34 f.). 31

V. Streitigkeiten

Meinungsverschiedenheiten über die Einrichtung der Sprechstunden, den Besuch der Sprechstunde durch die in § 60 Abs. 1 genannten Arbeitnehmer sowie die Teilnahme eines Vertreters des Betriebsrats werden im arbeitsgerichtlichen **Beschlussverfahren** nach §§ 2a Abs. 1 Nr. 1, Abs. 2, 80 ff. ArbGG entschieden. Für die Nachprüfung des Spruchs der **Einigungsstelle** ist gemäß § 76 Abs. 5 das gleiche Verfahren gegeben (*Fitting* § 69 Rn. 14; *Galperin/Löwisch* § 69 Rn. 14; *Richardi/Annuß* § 69 Rn. 12; *Rose/HWGNRH* § 69 Rn. 28; *Trittin/DKKW* § 69 Rn. 18). 32

Kürzt der Arbeitgeber den Lohn bzw. das Gehalt eines Arbeitnehmers wegen des Sprechstundenbesuchs, so ist über den **Entgeltanspruch** im **Urteilsverfahren** nach §§ 2 Abs. 1 Nr. 3, 46 ff. ArbGG 33 zu entscheiden. Die betriebsverfassungsrechtlichen Fragen hat das Gericht in diesem Fall als Vorfragen zu behandeln (*Fitting* § 69 Rn. 15; *Galperin/Löwisch* § 69 Rn. 14; *Richardi/Annuß* § 69 Rn. 13; *Rose/HWGNRH* § 69 Rn. 27; *Trittin/DKKW* § 69 Rn. 17; *Wlotzke* § 69 Anm. 3).

§ 70
Allgemeine Aufgaben

(1) Die Jugend- und Auszubildendenvertretung hat folgende allgemeine Aufgaben:
1. Maßnahmen, die den in § 60 Abs. 1 genannten Arbeitnehmern dienen, insbesondere in Fragen der Berufsbildung und der Übernahme der zu ihrer Berufsausbildung Beschäftigten in ein Arbeitsverhältnis, beim Betriebsrat zu beantragen;
1a. Maßnahmen zur Durchsetzung der tatsächlichen Gleichstellung der in § 60 Abs. 1 genannten Arbeitnehmer entsprechend § 80 Abs. 1 Nr. 2a und 2b beim Betriebsrat zu beantragen;
2. darüber zu wachen, dass die zugunsten der in § 60 Abs. 1 genannten Arbeitnehmer geltenden Gesetze, Verordnungen, Unfallverhütungsvorschriften, Tarifverträge und Betriebsvereinbarungen durchgeführt werden;
3. Anregungen von in § 60 Abs. 1 genannten Arbeitnehmern, insbesondere in Fragen der Berufsbildung, entgegenzunehmen und, falls sie berechtigt erscheinen, beim Betriebsrat auf eine Erledigung hinzuwirken. Die Jugend- und Auszubildendenvertretung hat die betroffenen in § 60 Abs. 1 genannten Arbeitnehmer über den Stand und das Ergebnis der Verhandlungen zu informieren;
4. die Integration ausländischer, in § 60 Abs. 1 genannter Arbeitnehmer im Betrieb zu fördern und entsprechende Maßnahmen beim Betriebsrat zu beantragen.

(2) Zur Durchführung ihrer Aufgaben ist die Jugend- und Auszubildendenvertretung durch den Betriebsrat rechtzeitig und umfassend zu unterrichten. Die Jugend- und Auszubildendenvertretung kann verlangen, dass ihr der Betriebsrat die zur Durchführung ihrer Aufgaben erforderlichen Unterlagen zur Verfügung stellt.

Literatur
Eich Die Kommunikation des Betriebsrats mit der Belegschaft, DB 1978, 395; *Lichtenstein* Betriebsbegehung durch Jugendvertreter, BetrR 1973, 267; *Malottke* Beteiligung der JAV bei Maßnahmen der Berufsausbildung, AiB 2002, 685; *Peter* Die Rechtsstellung der Jugendvertretung im Betrieb unter besonderer Berücksichtigung der Frage eines selbständigen Betriebsbegehungsrechts, BlStSozArbR 1980, 65; s. ferner die Angaben vor § 60.

Inhaltsübersicht

	Rdn.
I. Vorbemerkung	1–3
II. Allgemeine Aufgaben	4–54
1. Vorbemerkung	4–6
2. Antragsrechte (Abs. 1 Nr. 1, 1a und 4)	7–25
a) Adressat des Antrags	7
b) Gegenstand des Antrags	8–17
aa) Berufsbildung	8–13
bb) Gleichstellung	14, 15
cc) Integration ausländischer Arbeitnehmer	16, 17
c) Ausübung des Antragsrechts	18
d) Behandlung des Antrags durch den Betriebsrat	19–25
3. Überwachungsaufgabe (Abs. 1 Nr. 2)	26–44
a) Gegenstand der Überwachungsaufgabe	26, 27
b) Reichweite der Überwachungsaufgabe	28–41
aa) Grundlegung	28–30
bb) Befragung der Arbeitnehmer	31–36
cc) Aufsuchen am Arbeitsplatz	37–41

Allgemeine Aufgaben § 70

	c) Zustimmung des Betriebsrats	42
	d) Anlass	43
	e) Abhilfe	44
4.	Behandlung von Anregungen (Abs. 1 Nr. 3)	45–54
	a) Reichweite des Anregungsrechts	45, 46
	b) Behandlung der Anregung durch die Jugend- und Auszubildendenvertretung	47–50
	c) Behandlung der Anregung durch Betriebsrat	51–53
	d) Informationspflicht der Jugend- und Auszubildendenvertretung	54
III.	Informationsrechte (Abs. 2)	55–72
1.	Unterrichtung durch Betriebsrat	55–65
	a) Normzweck	55
	b) Adressat der Unterrichtungspflicht	56–58
	c) Erforderlichkeit der Unterrichtung	59
	d) Zeitpunkt	60
	e) Umfang	61, 62
	f) Form	63
	g) Außenschranken	64, 65
2.	Vorlage von Unterlagen	66–72
	a) Erforderlichkeit der Vorlage	66
	b) Unterlagenbesitz des Betriebsrats	67, 68
	c) Geheimhaltungspflicht	69
	d) Umfang der Vorlagepflicht	70
	e) Vorlageverlangen	71
	f) Pflichtverletzung	72
IV.	Streitigkeiten	73

I. Vorbemerkung

Der Katalog der allgemeinen Aufgaben der Jugend- und Auszubildendenvertretung geht zurück auf **1** die Neufassung des Betriebsverfassungsgesetzes im Jahre 1972 und lehnt sich an die Regelung für den Betriebsrat in § 80 an (*Reg. Begr.* BT-Drucks. VI/1786, S. 45), bleibt hinsichtlich seines Umfangs aber erheblich hinter § 80 Abs. 1 zurück, da sich der Aufgabenkreis der Jugend- und Auszubildendenvertretung auf die Angelegenheiten der in § 60 Abs. 1 genannten Arbeitnehmer beschränken muss.

Bestrebungen, in einem zusätzlich anzufügenden dritten Absatz ein selbständiges **Betriebsbege-** **2** **hungsrecht** der Jugend- und Auszubildendenvertretung zu etablieren (Gesetzentwurf der SPD-Fraktion, BT-Drucks. 11/995, S. 5), konnten sich im Rahmen der Novellierung der §§ 60–73 durch das »Gesetz zur Bildung von Jugend- und Auszubildendenvertretungen in den Betrieben« vom 13.07.1988 (BGBl. I, S. 1034; näher zu diesem vor § 60 Rdn. 8 f.) nicht durchsetzen (*Ausschuss für Arbeit und Sozialordnung* BT-Drucks. 11/2747, S. 12); es verblieb bei einer terminologischen Anpassung der Vorschrift.

Das **BetrVerf-ReformG** erweiterte den Katalog der Aufgaben, ohne jedoch den Bezug zu den all- **3** gemeinen Aufgaben des Betriebsrats in § 80 Abs. 1 aufzugeben. Art. 1 Nr. 46 BetrVerf-ReformG ergänzte § 70 Abs. 1 Nr. 1 um die **Übernahme der Auszubildenden** in ein Arbeitsverhältnis (dazu unten Rdn. 9 f.) und fügte die **Gleichstellung** der in § 60 Abs. 1 genannten Arbeitnehmer (§ 70 Abs. 1 Nr. 1a; dazu s. Rdn. 14 f.) sowie die **Integration** ausländischer, in § 60 Abs. 1 genannter Arbeitnehmer (§ 70 Abs. 1 Nr. 4; näher dazu Rdn. 16 f.) hinzu.

II. Allgemeine Aufgaben

1. Vorbemerkung

§ 70 Abs. 1 umschreibt in allgemeiner Form die Aufgaben, deren Erfüllung der Gesetzgeber von der **4** Jugend- und Auszubildendenvertretung erwartet. Die Regelung lehnt sich an die Vorschrift für den Betriebsrat in § 80 Abs. 1 an, ist aber speziell auf die Belange der in § 60 Abs. 1 genannten Arbeitnehmer und die Stellung der Jugend- und Auszubildendenvertretung in dem systematischen Gefüge der Betriebsverfassung (hierzu vor § 60 Rdn. 26 ff.) zugeschnitten.

5 Durch § 70 Abs. 1 wird der in § 60 Abs. 2 in allgemeiner Form umschriebene Aufgabenkreis der Jugend- und Auszubildendenvertretung konkretisiert und verfahrensmäßig ausgestaltet. Deshalb enthält § 70 Abs. 1 **keine abschließende Umschreibung** des Aufgabenkreises der Jugend- und Auszubildendenvertretung (*Galperin/Löwisch* § 70 Rn. 1; *Körner* Jugendvertretung, S. 31; *Küchenhoff* § 70 Rn. 1; *Rose/HWGNRH* § 70 Rn. 3; *Rotermund* Interessenwahrnehmung, S. 140; *Trittin/DKKW* § 70 Rn. 1; **a. M.** *Reich* § 70 Rn. 1; *Sahmer* Anm. zu § 70). Die **Aufgaben** der Jugend- und Auszubildendenvertretung werden vielmehr durch die **Gesamtheit der §§ 61 bis 73b** umschrieben. Hierfür hat § 60 Abs. 2 nicht die Funktion einer kompetentiellen und subsidiär eingreifenden Generalklausel, da sich die Tätigkeit der Jugend- und Auszubildendenvertretung ausdrücklich (»nach Maßgabe«) auf die in den §§ 61 bis 73b festgelegten Rechtspositionen und Aufgaben beschränkt (dazu auch § 60 Rdn. 49). Die Regelung in § 70 steht dabei in einem engen sachlichen Zusammenhang mit § 67. Während die letztgenannte Vorschrift vor allem die prozeduralen Rechtspositionen der Jugend- und Auszubildendenvertretung gegenüber dem Betriebsrat festlegt, umschreibt § 70 Abs. 1 ihren Aufgabenkreis.

6 Gerade § 70 Abs. 1 zeigt, dass der Jugend- und Auszubildendenvertretung **keine selbständige Repräsentationsbefugnis gegenüber dem Arbeitgeber** zusteht (s. vor § 60 Rdn. 27). Abs. 1 Nr. 1, 1a und 4 gewähren das Antragsrecht nur gegenüber dem Betriebsrat und Nr. 3 statuiert die Pflicht, beim Betriebsrat auf die Erledigung von Anregungen hinzuwirken. Nr. 2 enthält eine derartige Einschränkung zwar nicht, sie ergibt sich aber aus Abs. 2, wonach die Informationspflicht allein den Betriebsrat trifft, so dass die Jugend- und Auszubildendenvertretung auch in diesem Bereich nicht als selbständige Interessenvertretung dem Arbeitgeber gegenübertritt (*Fitting* § 70 Rn. 1; *Galperin/Löwisch* § 70 Rn. 1; *Natter* AR-Blattei SD 530.13, Rn. 63; *Richardi/Annuß* § 70 Rn. 1; *Rose/HWGNRH* § 70 Rn. 4; *Stege/Weinspach/Schiefer* §§ 60–70 Rn. 16; **a. M.** *Trittin/DKKW* § 70 Rn. 6 f.).

2. Antragsrechte (Abs. 1 Nr. 1, 1a und 4)

a) Adressat des Antrags

7 Die Jugend- und Auszubildendenvertretung hat das Recht, Maßnahmen **beim Betriebsrat** zu beantragen, die den in § 60 Abs. 1 genannten Arbeitnehmern dienen. Gegenüber dem **Arbeitgeber** steht der Jugend- und Auszubildendenvertretung kein Antragsrecht zu (*Fitting* § 70 Rn. 5; *Galperin/Löwisch* § 70 Rn. 3; *Körner* Jugendvertretung, S. 31; *Löwisch/LK* § 70 Rn. 1; *Richardi/Annuß* § 70 Rn. 9; *Rose/HWGNRH* § 70 Rn. 10; *Trittin/DKKW* § 70 Rn. 10).

b) Gegenstand des Antrags

aa) Berufsbildung

8 Als Beispiel für Maßnahmen, die die Jugend- und Auszubildendenvertretung beantragen kann, nennt § 70 Abs. 1 Nr. 1 Fragen der Berufsbildung (zum Begriff »Berufsbildung« *Raab* § 96 Rdn. 6 ff.; allgemein zur Beteiligung der Jugend- und Auszubildendenvertretung bei den in den §§ 96 bis 98 genannten Beteiligungsrechten *Körner* Jugendvertretung, S. 63 ff.; *Oetker* Berufsbildungsmaßnahmen, S. 116). Insoweit räumt § 70 Abs. 1 Nr. 1 der Jugend- und Auszubildendenvertretung auch einen Einfluss auf die **Person eines Ausbilders** ein (*Fitting* § 70 Rn. 6; *Joost*/MünchArbR § 228 Rn. 34; *Körner* Jugendvertretung, S. 76 f.; *Raab* § 98 Rdn. 24). Trotz des auf den Betriebsrat bezogenen Antragsrechts ist die Jugend- und Auszubildendenvertretung nicht gehindert, durch Anregung bei der zuständigen Stelle (§§ 71 ff. BBiG) gegen die Person eines Ausbilders ein Verfahren in Gang zu bringen, da dieses Anregungsrecht kein förmliches Antragsrecht ist und jedermann zusteht.

9 Zusätzlich hebt § 70 Abs. 1 Nr. 1 die **Übernahme von Auszubildenden** in ein Arbeitsverhältnis als Gegenstand des Antragsrechts hervor. Die durch das BetrVerf-ReformG eingefügte Erweiterung (s. Rdn. 3) war auch zuvor bereits als eine den in § 60 Abs. 1 genannten Arbeitnehmern dienende Maßnahme von dem Antragsrecht umfasst. Dementsprechend beruht die Ergänzung des § 70 Abs. 1 Nr. 1 lediglich auf der Absicht, die besondere Bedeutung hervorzuheben, die die Übernahme in ein Arbeits-

Allgemeine Aufgaben § 70

verhältnis für die zu ihrer Berufsausbildung Beschäftigten hat (*Reg. Begr.* BT-Drucks. 14/5741, S. 44; *Rotermund* Interessenwahrnehmung, S. 142). Damit wird allerdings lediglich eine Selbstverständlichkeit zum Ausdruck gebracht, deren prononcierte Hervorhebung im Gesetzestext überflüssig ist.

Der Kreis der beim Betriebsrat zu beantragenden **Maßnahmen**, die der Übernahme der Auszubildenden in ein Arbeitsverhältnis dienen, ist vielfältig und betrifft vornehmlich die **betriebliche Personalplanung**. Insbesondere der Abschluss befristeter Arbeitsverträge im Anschluss an eine Ausbildung gehört hierzu (§ 14 Abs. 1 Satz 2 Nr. 2 TzBfG), ebenso aber auch Maßnahmen, die auf die Übernahme möglichst vieler Auszubildender in ein Arbeitsverhältnis mit einem gegebenenfalls reduzierten Arbeitszeitvolumen gerichtet sind. Im Gegensatz zur Durchsetzung der tatsächlichen Gleichstellung von Frauen und Männern sowie der Förderung einer Vereinbarkeit von Familie und Erwerbstätigkeit sieht das Gesetz jedoch davon ab, die Übernahme von Auszubildenden in ein Arbeitsverhältnis gleichrangig in das Vorschlagsrecht des Betriebsrats im Rahmen der Personalplanung aufzunehmen (§ 92 Abs. 3; hierzu *Raab* § 92 Rdn. 41 ff.). Entsprechende Anregungen des Betriebsrats gegenüber dem Arbeitgeber sind jedoch von **§ 80 Abs. 1 Nr. 8** (Förderung und Sicherung der Beschäftigten im Betrieb) umfasst (*Weber* § 80 Rdn. 54). 10

Hinsichtlich des Gegenstands der Maßnahmen, die seitens der Jugend- und Auszubildendenvertretung beantragt werden können, gilt im Übrigen nur insoweit eine Beschränkung, als es sich um solche im **Bereich des Betriebs** handeln muss, die dem Wohl der jugendlichen Arbeitnehmer oder der Auszubildenden dienen. Im Übrigen ist das Antragsrecht ebenso weit (und unbestimmt) wie die Aufgabenbeschreibung in § 80 Abs. 1 Nr. 2 für den Betriebsrat (dazu *Weber* § 80 Rdn. 34 ff.). Für die berufliche Fortbildung erwachsener Arbeitnehmer ist die Jugend- und Auszubildendenvertretung nicht zuständig (*Natzel* Berufsbildungsrecht, S. 545; *Richardi/Annuß* § 70 Rn. 5; **a. M.** wohl *Weber/Ehrich/Hörchens/Oberthür* Kap. B Rn. 528). 11

Die Maßnahmen brauchen sich allerdings **nicht auf die Arbeitsleistung im Betrieb** zu beziehen. Auch Fortbildungsmaßnahmen, betriebliche Maßnahmen zur Freizeitgestaltung oder zur Förderung der Gesundheit der in § 60 Abs. 1 genannten Arbeitnehmer sind von dem Antragsrecht erfasst (*Fitting* § 70 Rn. 6; *Natzel* Berufsbildungsrecht, S. 545; *Richardi/Annuß* § 70 Rn. 5; *Rose/HWGNRH* § 70 Rn. 19; **a. M.** *Reich* § 70 Rn. 2). 12

Ein **Mitbestimmungs- oder Mitwirkungsrecht des Betriebsrats** in Bezug auf die beantragte Maßnahme muss nicht bestehen (*Fitting* § 70 Rn. 5; *Galperin/Löwisch* § 70 Rn. 4; *Richardi/Annuß* § 70 Rn. 9; *Roloff/WPK* § 70 Rn. 2; *Rose/HWGNRH* § 70 Rn. 11; *Trittin/DKKW* § 70 Rn. 10). Es genügt, dass die Angelegenheit in seinen **Aufgabenbereich** fällt (*Fitting* § 70 Rn. 5; *Galperin/Löwisch* § 70 Rn. 3; *Küchenhoff* § 70 Rn. 3; *Richardi/Annuß* § 70 Rn. 9; *Trittin/DKKW* § 70 Rn. 10; *Weiss/Weyand* § 70 Rn. 1). Das Antragsrecht setzt deshalb die **Zuständigkeit des Betriebsrats** zur Behandlung der Angelegenheit voraus (*Fitting* § 70 Rn. 5; *Joost/MünchArbR* § 228 Rn. 34; *Löwisch/LK* § 70 Rn. 1; *Natter* AR-Blattei SD 530.13, Rn. 65; *Reich* § 70 Rn. 2; *Richardi/Annuß* § 70 Rn. 9; *Roloff/WPK* § 70 Rn. 2; *Trittin/DKKW* § 70 Rn. 2). Außerhalb seines Zuständigkeitsbereichs ist ein von der Jugend- und Auszubildendenvertretung gestellter Antrag unzulässig (*Fitting* 22. Aufl., § 70 Rn. 5; *Galperin/Löwisch* § 70 Rn. 3; *Richardi/Annuß* § 70 Rn. 9; *Trittin/DKKW* § 70 Rn. 10). Bezüglich der Berufsbildung ist die Zuständigkeit des Betriebsrats im Hinblick auf die §§ 96 bis 98 unproblematisch, hinsichtlich der Übernahme von Auszubildenden in ein Arbeitsverhältnis zumindest wegen § 80 Abs. 1 Nr. 8 zu bejahen (s. Rdn. 10). 13

bb) Gleichstellung
Durch Art. 1 Nr. 46 BetrVerf-ReformG wurde das Antragsrecht der Jugend- und Auszubildendenvertretung gegenüber dem Betriebsrat um Maßnahmen zur Durchsetzung der tatsächlichen **Gleichstellung von Frauen und Männern** ergänzt (§ 70 Abs. 1 Nr. 1a). Dies begründete der Gesetzgeber damit, dass das Thema Gleichstellung der Geschlechter »gerade auch für die Jugendlichen in den Betrieben von besonderer Bedeutung« sei (*Reg. Begr.* BT-Drucks. 14/5741, S. 44). Hierzu bedurfte es jedoch keiner ausdrücklichen Aufnahme in den Aufgabenkatalog des § 70 Abs. 1. Maßnahmen zur Durchsetzung der tatsächlichen Gleichstellung sowie zur Förderung der Vereinbarkeit von Familie und Erwerbstätigkeit konnte die Jugend- und Auszubildendenvertretung auch schon nach bisherigem 14

Recht beim Betriebsrat beantragen; die Dienlichkeit derartiger Maßnahmen für die in § 60 Abs. 1 genannten Arbeitnehmer lässt sich nicht ernsthaft bestreiten.

15 Die Aufgabenumschreibung in § 70 Abs. 1 Nr. 1a ist im Grundsatz kompatibel mit der allgemeinen Aufgabenumschreibung für den Betriebsrat in § **80 Abs. 1 Nr. 2a und 2b**, auf den § 70 Abs. 1 Nr. 1a ausdrücklich Bezug nimmt. Allerdings ist die dortige Formulierung »entsprechend § 80 Abs. 1 Nr. 2a und 2b« missverständlich, da § 80 Abs. 1 Nr. 2b nicht die »Durchsetzung der tatsächlichen Gleichstellung« betrifft; von dieser ist ausschließlich in § 80 Abs. 1 Nr. 2a die Rede. Die Bezugnahme auf § 80 Abs. 1 Nr. 2a und 2b in § 70 Abs. 1 Nr. 1a hat deshalb vor allem zwei Aufgaben. Erstens verdeutlicht sie, dass sich die »Durchsetzung der tatsächlichen Gleichstellung der in § 60 Abs. 1 genannten Arbeitnehmer« auf die Gleichstellung von Frauen und Männern und nicht auf eine solche mit den übrigen Arbeitnehmern des Betriebs erstreckt. Zweitens bezieht sich § 70 Abs. 1 Nr. 1a auf die Förderaufgabe, die § 80 Abs. 1 Nr. 2a und 2b dem Betriebsrat auferlegt (dazu näher *Weber* § 80 Rdn. 37f.). In dieser Richtung soll die Jugend- und Auszubildendenvertretung beim Betriebsrat Maßnahmen beantragen, die dieser im Rahmen seiner Tätigkeit berücksichtigen soll. Allerdings kann es sich hierbei stets nur um solche handeln, die einen Bezug zu den in § 60 Abs. 1 genannten Arbeitnehmern aufweisen.

cc) Integration ausländischer Arbeitnehmer

16 Vergleichbar mit der Einfügung in § 70 Abs. 1 Nr. 1a ergänzte Art. 1 Nr. 46 BetrVerf-ReformG den Aufgabenkatalog zudem um die **Integration ausländischer Arbeitnehmer**, sofern diese zu den in § 60 Abs. 1 genannten Arbeitnehmern gehören. Auch die zu diesem Zweck beantragten Maßnahmen zählten bereits zuvor über § 70 Abs. 1 Nr. 1 zu den Aufgaben der Jugend- und Auszubildendenvertretung. Die Absicht des Gesetzgebers, durch die Einfügung des § 70 Abs. 1 Nr. 4 das Engagement der in § 60 Abs. 1 genannten Arbeitnehmer für Toleranz gegenüber Ausländern und ein friedliches Miteinander zu fördern (*Reg. Begr.* BT-Drucks. 14/5741, S. 44f.), dürfte sich durch ein Antragsrecht der Jugend- und Auszubildendenvertretung allerdings kaum realisieren lassen. Die Vorschrift hat deshalb eher den Charakter eines Appells an die Jugend- und Auszubildendenvertretungen, sich dieser Aufgabe anzunehmen. Eine derartige erzieherische Einwirkung auf die in § 60 Abs. 1 genannten Arbeitnehmer widerspricht jedoch der Funktion der Jugend- und Auszubildendenvertretung (§ 60 Abs. 2 sowie vor § 60 Rdn. 18; mit berechtigter Kritik auch *Picker* RdA 2001, 257 [272 ff.]).

17 Der **Kreis der denkbaren Förderungsmaßnahmen**, die die Jugend- und Auszubildendenvertretung beim Betriebsrat beantragen kann, entspricht der Regelung in § 80 Abs. 1 Nr. 7 (dazu *Weber* § 80 Rdn. 53). Das Antragsrecht der Jugend- und Auszubildendenvertretung deckt sich deshalb mit der Zuständigkeit des Betriebsrats. Allerdings bleibt § 70 Abs. 1 Nr. 4 erheblich hinter § 80 Abs. 1 Nr. 7 zurück; so ist die Förderung des Verständnisses mit den deutschen Arbeitnehmern sowie die Bekämpfung von Rassismus und Fremdenfeindlichkeit in § 70 Abs. 1 Nr. 4 nicht genannt, ohne dass dies irgendwelche Rückschlüsse i. S. einer inhaltlichen Eingrenzung gestattet. Zur Förderung der Integration der ausländischen Arbeitnehmer, die dem in § 60 Abs. 1 umschriebenen Personenkreis angehören, dienen auch solche Maßnahmen, die den vorgenannten Zielen dienen.

c) Ausübung des Antragsrechts

18 Das Antragsrecht steht **nicht dem Vorsitzenden** der Jugend- und Auszubildendenvertretung (*Fitting* 23. Aufl., § 70 Rn. 8; *Körner* Jugendvertretung, S. 32; *Küchenhoff* § 70 Rn. 3; *Rose/HWGNRH* § 70 Rn. 12), sondern der Jugend- und Auszubildendenvertretung als **Organ** zu (*Rose/HWGNRH* § 70 Rn. 12). Ein vom Betriebsrat zu beachtender (s. Rdn. 19ff.) Antrag liegt daher nur vor, wenn er auf einem ordnungsgemäßen **Beschluss** der Jugend- und Auszubildendenvertretung beruht (*Bodem/NK-GA* § 70 BetrVG Rn. 2; *Fitting* § 70 Rn. 8; *Galperin/Löwisch* § 70 Rn. 4; *Körner* Jugendvertretung, S. 32; *Küchenhoff* § 70 Rn. 2; *Natter* AR-Blattei SD 530.13, Rn. 65; *Richardi/Annuß* § 70 Rn. 10; *Roloff/WPK* § 70 Rn. 3; *Rose/HWGNRH* § 70 Rn. 12; *Sittard/HWK* § 70 BetrVG Rn. 2; *Trittin/DKKW* § 70 Rn. 13; *Weiss/Weyand* § 70 Rn. 2). Für diesen ist eine **einfache Mehrheit** (§ 65 Abs. 1 i. V. m. § 33 Abs. 1) erforderlich, aber auch ausreichend (*Kloppenburg/HaKo* § 70 Rn. 3; *Rose/HWGNRH* § 70 Rn. 12; *Trittin/DKKW* § 70 Rn. 13; *Weiss/Weyand* § 70 Rn. 2).

Allgemeine Aufgaben § 70

d) Behandlung des Antrags durch den Betriebsrat

Der Antrag ist durch den Vorsitzenden der Jugend- und Auszubildendenvertretung (§ 65 Abs. 1 i. V. m. **19**
§ 26 Abs. 2 Satz 1; s. *Fitting* § 70 Rn. 8; *Rose/HWGNRH* § 70 Rn. 12) beim Betriebsrat zu stellen und von dessen Vorsitzenden entgegenzunehmen (§ 26 Abs. 2 Satz 2).

Den Betriebsrat trifft die Pflicht, sich mit dem Antrag **inhaltlich auseinanderzusetzen** (§ 80 Abs. 1 **20**
Nr. 3; ebenso *Bodem/*NK-GA § 70 BetrVG Rn. 2; *Fitting* § 70 Rn. 9; *Galperin/Löwisch* § 70 Rn. 4; *Koch/*ErfK §§ 60–70 BetrVG Rn. 5; *Körner* Jugendvertretung, S. 32; *Natzel* Berufsbildungsrecht, S. 545; *Richardi/Annuß* § 70 Rn. 10; *Roloff/WPK* § 70 Rn. 3; *Rose/HWGNRH* § 70 Rn. 13; *Sittard/HWK* § 70 BetrVG Rn. 2; *Trittin/DKKW* § 70 Rn. 13).

Übergeht der Betriebsrat den Antrag der Jugend- und Auszubildendenvertretung oder weigert **21**
sich der Betriebsratsvorsitzende, einen zulässigen Antrag entgegenzunehmen, kann dies als **grobe Amtspflichtverletzung** i. S. d. § 23 Abs. 1 zu werten sein (*Fitting* § 70 Rn. 9; *Rose/HWGNRH* § 70 Rn. 17; *Trittin/DKKW* § 70 Rn. 13). Einen **unzulässigen Antrag** der Jugend- und Auszubildendenvertretung muss der Vorsitzende des Betriebsrats weder entgegennehmen, noch ist der Betriebsrat verpflichtet, sich mit diesem zu befassen. Der Vorsitzende des Betriebsrats ist gleichwohl nicht gehindert, das aus formellen Gründen unzulässige Begehren der Jugend- und Auszubildendenvertretung als eigene Initiative aufzugreifen und in die Willensbildung des Betriebsrats einzubringen.

Ob der Vorsitzende des Betriebsrats **verpflichtet** ist, die Angelegenheit auf die **Tagesordnung** der **22**
nächsten Betriebsratssitzung zu setzen, richtet sich nach § 67 Abs. 3 Satz 1. Der Antrag nach § 67 Abs. 3 Satz 1 ist in dem nach § 70 Abs. 1 Nr. 1 gestellten Antrag nicht konkludent enthalten, dieser muss vielmehr selbständig gestellt werden (**a. M.** jedoch *Natzel* Berufsbildungsrecht, S. 545, der eine Pflicht zur Aufnahme in die Tagesordnung auch ohne gesonderten Antrag annimmt).

Bei der Behandlung des Antrags im Betriebsrat hat die Jugend- und Auszubildendenvertretung **in der** **23**
Regel ein Teilnahmerecht nach § 67 Abs. 1 Satz 2 und, wenn die Voraussetzungen des § 67 Abs. 2 vorliegen, auch ein Stimmrecht (*Fitting* § 70 Rn. 9; *Galperin/Löwisch* § 70 Rn. 4; *Hunold* HBV-Gruppe 2, S. 233 [244a]; *Küchenhoff* § 70 Rn. 3; *Natzel* Berufsbildungsrecht, S. 545; *Richardi/Annuß* § 70 Rn. 11; *Trittin/DKKW* § 70 Rn. 14).

Der Betriebsrat hat, wenn er den **Antrag für berechtigt** hält, beim Arbeitgeber auf die Erledigung **24**
hinzuwirken (*Fitting* § 70 Rn. 11; *Galperin/Löwisch* § 70 Rn. 4; *Richardi/Annuß* § 70 Rn. 14; *Rose/HWGNRH* § 70 Rn. 15; *Sittard/HWK* § 70 BetrVG Rn. 2; *Trittin/DKKW* § 70 Rn. 15). Bei dem **Gespräch mit dem Arbeitgeber** ist die Jugend- und Auszubildendenvertretung gemäß § 68 beizuziehen, wenn die Angelegenheit die in § 60 Abs. 1 genannten Arbeitnehmer besonders betrifft (*Fitting* § 70 Rn. 11; *Koch/*ErfK §§ 60–70 BetrVG Rn. 5; *Küchenhoff* § 70 Rn. 3; *Richardi/Annuß* § 70 Rn. 11; *Rose/HWGNRH* § 70 Rn. 15; *Trittin/DKKW* § 70 Rn. 15). Jedenfalls ist die Jugend- und Auszubildendenvertretung über Stand und Ergebnis der Verhandlungen zu unterrichten (§ 80 Abs. 1 Nr. 3; ebenso *Fitting* § 70 Rn. 10; *Joost/*MünchArbR § 228 Rn. 35; *Weber* § 80 Rdn. 42; *Weiss/Weyand* § 70 Rn. 2).

Hält der Betriebsrat den **Antrag nicht für gerechtfertigt**, so ist er nicht verpflichtet, in Verhandlungen **25**
mit dem Arbeitgeber einzutreten (*Fitting* § 70 Rn. 10; *Richardi/Annuß* § 70 Rn. 10; *Rose/HWGNRH* § 70 Rn. 13). Die Behandlung des von der Jugend- und Auszubildendenvertretung gestellten Antrags steht vielmehr im pflichtgemäßen Ermessen des Betriebsrats (*Bodem/*NK-GA § 70 BetrVG Rn. 2; *Brecht* § 70 Rn. 3; *Fitting* § 70 Rn. 10; *Joost/*MünchArbR § 228 Rn. 35; *Roloff/WPK* § 70 Rn. 3; *Weiss/Weyand* § 70 Rn. 2; **a. M.** *Trittin/DKKW* § 70 Rn. 15: gerichtsfreier Beurteilungsspielraum).

3. Überwachungsaufgabe (Abs. 1 Nr. 2)

a) Gegenstand der Überwachungsaufgabe

Die Jugend- und Auszubildendenvertretung hat ferner darüber zu wachen, dass alle Normen, die zu- **26**
gunsten der von ihr repräsentierten jugendlichen Arbeitnehmer und Auszubildenden bestehen, eingehalten werden. Solche Normen können sich ergeben aus förmlichen Gesetzen, Rechtsverordnungen,

Unfallverhütungsvorschriften, Tarifverträgen oder Betriebsvereinbarungen. Insoweit gelten die Grundsätze zu § 80 Abs. 1 Nr. 1 (dazu *Weber* § 80 Rdn. 11 ff.) auch im Rahmen des § 70 Abs. 1 Nr. 2.

27 Die Überwachungsaufgabe erstreckt sich nicht nur auf solche Vorschriften, die ausschließlich die in § 60 Abs. 1 genannten Arbeitnehmer betreffen. Es genügt, wenn die jeweilige Norm die in § 60 Abs. 1 genannten Arbeitnehmer zumindest auch in den personellen Anwendungsbereich einbeziet (ebenso *Fitting* § 70 Rn. 12; *Galperin/Löwisch* § 70 Rn. 8; *Hromadka* DB 1971, 1964 [1965]; *Joost*/MünchArbR § 228 Rn. 37; *Körner* Jugendvertretung, S. 33; *Natter* AR-Blattei SD 530.13, Rn. 67; *Richardi/Annuß* § 70 Rn. 12; *Roloff/WPK* § 70 Rn. 5; *Rose/HWGNRH* § 70 Rn. 27; *Rudolph* AuA 1992, 105 [106]; *Schaub/Koch* Arbeitsrechts-Handbuch, § 227 Rn. 10; *Trittin/DKKW* § 70 Rn. 16). Diese Voraussetzung erfüllt z. B. auch das Kündigungsschutzgesetz (*LAG Bremen* 10.10.1975 ARSt. 1976, 55 [57]).

b) Reichweite der Überwachungsaufgabe

aa) Grundlegung

28 § 70 Abs. 1 Nr. 2 soll den allgemeinen Aufgabenbereich der Jugend- und Auszubildendenvertretung konkretisieren, die trotz ihrer Überwachungsaufgabe **kein Kontroll- und Überwachungsorgan** des Arbeitgebers oder des Betriebsrats ist (*BAG* 21.01.1982 EzA § 70 BetrVG 1972 Nr. 2 S. 15 = AP Nr. 1 zu § 70 BetrVG 1972 Bl. 2; *Bodem*/NK-GA § 70 BetrVG Rn. 3; *Fitting* § 70 Rn. 14; *Natter* AR-Blattei SD 530.13, Rn. 68; *Richardi/Annuß* § 70 Rn. 13; *Rose/HWGNRH* § 70 Rn. 29; *Schaub/Koch* Arbeitsrechts-Handbuch, § 227 Rn. 10; *Sittard/HWK* § 70 BetrVG Rn. 4). Ungeachtet dieses im Grundsatz unstreitigen Ausgangspunktes bleibt bei isolierter Betrachtung des § 70 Abs. 1 Nr. 2 unklar, welche Befugnisse der Jugend- und Auszubildendenvertretung aufgrund dieser Norm zustehen.

29 Zu der Parallelnorm in § 80 Abs. 1 Nr. 1 ist anerkannt, dass der Arbeitgeber alle Maßnahmen des Betriebsrats zu dulden hat, die der Überwachungsaufgabe dienen und für diese erforderlich sind (*Weber* § 80 Rdn. 26). Teile des Schrifttums lehnen es indessen ab, der Jugend- und Auszubildendenvertretung eine vergleichbare Rechtsposition einzuräumen (*Kraft* 4. Aufl., § 70 Rn. 9; anders aber *Moritz* Jugendvertretung, S. 76). Hierfür spricht vor allem der in § 70 Abs. 2 zum Ausdruck gelangte konzeptionelle Ansatz, der die Jugend- und Auszubildendenvertretung für ihre Informationsgewinnung auf den Betriebsrat verweist (so im Ansatz *Peter* BlStSozArbR 1980, 65 [68]).

30 Dieses restriktive Verständnis kann nicht überzeugen, da § 70 Abs. 2 ebenso wie § 80 Abs. 2 keinen abschließenden Charakter hat (*BAG* 21.01.1982 EzA § 70 BetrVG 1972 Nr. 2 S. 15 = AP Nr. 1 zu § 70 BetrVG 1972 Bl. 1). Die Einräumung von selbständigen und mit dem Betriebsrat vergleichbaren Befugnissen würde allerdings im Widerspruch zu der Konzeption der §§ 60 bis 73b stehen, die keine vom Betriebsrat unabhängigen Rechtspositionen begründen. Diesem dogmatischen Grundverständnis wird jedoch bereits ausreichend Rechnung getragen, wenn die von der Jugend- und Auszubildendenvertretung beabsichtigte Überwachungsmaßnahme unter dem **Vorbehalt einer Zustimmung durch den Betriebsrat** steht (*Bodem*/NK-GA § 70 BetrVG Rn. 4; *Koch*/ErfK §§ 60–70 BetrVG Rn. 5; *Peter* BlStSozArbR 1980, 65 [67]; *Richardi/Annuß* § 70 Rn. 13, 32; *Rotermund* Interessenwahrnehmung, S. 146 ff.; **a. M.** *Trittin/DKKW* § 70 Rn. 17, der generell auf das Zustimmungserfordernis verzichten will). Durch § 70 Abs. 1 Nr. 2 ist der Arbeitgeber lediglich **zur Duldung entsprechender Maßnahmen verpflichtet**. Ansprüche auf ein positives Tun, z. B. die Herausgabe von Informationen, lassen sich aus dieser Norm nicht ableiten und würden zudem im Widerspruch zu der rechtsdogmatischen Stellung der Jugend- und Auszubildendenvertretung (dazu vor § 60 Rdn. 26 ff.) stehen.

bb) Befragung der Arbeitnehmer

31 Um der durch das Gesetz übertragenen Überwachungsaufgabe gerecht zu werden, ist die Jugend- und Auszubildendenvertretung auf Informationen über die Einhaltung der entsprechenden Vorschriften angewiesen. Diese kann sie nicht nur durch die Sprechstunden (§ 39 Abs. 2, § 69) oder die Jugend- und Auszubildendenversammlungen (§ 71), sondern auch durch eine aus eigener Initiative durchgeführte allgemeine **Befragung der in § 60 Abs. 1 genannten Arbeitnehmer** erlangen. Dieses Instrument ist jedoch nur zulässig, wenn hierfür die **Zustimmung des Betriebsrats** vorliegt, die Fragen den **Aufgabenbereich** der Jugend- und Auszubildendenvertretung betreffen sowie die Durch-

Allgemeine Aufgaben § 70

führung der Befragung den **Betriebsablauf** und den **Betriebsfrieden nicht stört** (*BAG* 08.02.1977 EzA § 70 BetrVG 1972 Nr. 1 S. 8 f. = AP Nr. 10 zu § 80 BetrVG 1972 Bl. 3 R = SAE 1978, 45 [abl. *Schlüter/Belling*]; *Fitting* § 70 Rn. 4; *Galperin/Löwisch* § 70 Rn. 8; *Natter* AR-Blattei SD 530.13, Rn. 65; *Natzel* Berufsbildungsrecht, S. 546; *Richardi/Annuß* § 70 Rn. 33; *Rose/HWGNRH* § 70 Rn. 32; *Rotermund* Interessenwahrnehmung, S. 145 ff.; *Schaub/Koch* Arbeitsrechts-Handbuch, § 227 Rn. 10; *Trittin/DKKW* § 70 Rn. 9; **a. M.** indessen *Eich* DB 1978, 395). Obwohl hinsichtlich des grundsätzlichen Ausgangspunkts weitgehend Einvernehmen herrscht (zust. insoweit auch *Schlüter/Belling* SAE 1978, 49 [49]), löst die Umsetzung gravierende und bislang nicht abschließend gelöste Einzelprobleme aus.

Da die Jugend- und Auszubildendenvertretung über keine eigenständige Befugnis verfügt, aufgrund 32 der der Arbeitgeber verpflichtet ist, die Befragung zu dulden, ist für diese stets eine **Zustimmung des Betriebsrats** erforderlich. Sie muss **vor der Befragung** erteilt werden; eine nachträgliche Zustimmung reicht nicht aus. Die Zustimmung muss sich ferner auf die **konkrete Befragung** beziehen. Es genügt nicht, dass der Betriebsrat seine generelle Zustimmung zu einer Befragung erteilt. Die Zustimmung des Betriebsrats muss sich auch auf den **Inhalt der Fragen** und die **allgemeinen Modalitäten ihrer Durchführung** beziehen.

Die Befragung darf nur solche **Sachgebiete** umfassen, die der Jugend- und Auszubildendenvertre- 33 tung **kompetenzrechtlich zugewiesen** sind. Im Mittelpunkt steht die Überwachungsaufgabe der Jugend- und Auszubildendenvertretung nach § 70 Abs. 1 Nr. 2. Hierauf ist sie jedoch nicht beschränkt. Es reicht vielmehr aus, wenn sich die Fragen auf solche Angelegenheiten beziehen, die die in § 60 Abs. 1 genannten Arbeitnehmer »besonders« betreffen. Zweifelhaft sind Fragen, die sich auf die Tätigkeit der Jugend- und Auszubildendenvertretung beziehen (für die Zulässigkeit *BAG* 08.02.1977 EzA § 70 BetrVG 1972 Nr. 1 S. 9 f. = AP Nr. 10 zu § 80 BetrVG 1972 Bl. 4; ablehnend jedoch *Schlüter/Belling* SAE 1978, 49 [50]). Die vom Bundesarbeitsgericht im Anschluss an *Herschel* (AuR 1967, 63 [64]) befürwortete Anknüpfung an die zulässigen Themen einer Jugend- und Auszubildendenversammlung ist als dogmatischer Ansatz bedenklich, da sie zu einer Gleichsetzung der Kompetenzen unterschiedlicher Organe führt. Die Position des Bundesarbeitsgerichts kann im Ergebnis gleichwohl überzeugen, da zwischen den Aufgaben und ihrer Erledigung durch die Jugend- und Auszubildendenvertretung ein untrennbarer Sachzusammenhang besteht.

Da die Befragung der Informationsgewinnung dient, müssen die Fragen so gestellt sein, dass sie auf die 34 **Gewinnung nachprüfbarer konkreter Tatsachen** gerichtet sind. Ein **Abfragen von Werturteilen** ist deshalb **unzulässig** (so auch *BAG* 08.02.1977 EzA § 70 BetrVG 1972 Nr. 1 S. 10 = AP Nr. 10 zu § 80 BetrVG 1972 Bl. 4 R).

Sind **einzelne Fragen unzulässig**, so gilt dies nicht stets für die Befragung insgesamt (so aber *Schlü-* 35 *ter/Belling* SAE 1978, 49 [49]; zust. *Rose/HWGNRH* § 70 Rn. 32; offengelassen von *BAG* 08.02.1977 EzA § 70 BetrVG 1972 Nr. 1 = AP Nr. 10 zu § 80 BetrVG 1972 Bl. 4 R). Diese Rechtsfolge greift allenfalls ein, wenn die Fragen aufgrund einer wertenden, nicht ausschließlich quantitativ zu verstehenden Betrachtung überwiegend unzulässig sind. Bei einzelnen unzulässigen Fragen ist eine Unterlassungspflicht und gegebenenfalls ein Verwertungsverbot für die hieraus gewonnenen Ergebnisse ausreichend und sachgerecht.

Eine **Störung des Betriebsablaufs** wird regelmäßig dadurch vermieden, dass die **Befragung au-** 36 **ßerhalb der Arbeitszeit** durchgeführt wird. Ferner ist bei der Fragestellung darauf zu achten, dass diese nicht den **Betriebsfrieden** stört. Diese Maxime kann vor allem auf den Inhalt und die Art der Fragen ausstrahlen. Die Befragung muss zudem die **Persönlichkeitsrechte** der von der Befragung betroffenen Arbeitnehmer wahren, insbesondere ist die **Vertraulichkeit der erhobenen Daten** zu gewährleisten.

cc) Aufsuchen am Arbeitsplatz

Aufgrund des hiesigen Grundansatzes ist der Rechtsprechung des Bundesarbeitsgerichts zuzustimmen, 37 dass die Jugend- und Auszubildendenvertretung berechtigt ist, die in § 60 Abs. 1 genannten Arbeitnehmer an ihrem Arbeitsplatz aufzusuchen, solange dies zur Durchführung ihrer durch das Betriebsverfassungsgesetz übertragenen Aufgaben erforderlich ist und eine **Zustimmung des Betriebsrats** vorliegt (*BAG* 21.01.1982 EzA § 70 BetrVG 1972 Nr. 2 S. 13 f. = AP Nr. 1 zu § 70 BetrVG 1972 *[abl. Natzel]*; bestätigt durch *BAG* 05.11.1985 EzA § 98 BetrVG 1972 Nr. 2 S. 11 = AP Nr. 2 zu § 98 BetrVG 1972 Nr. 3 R; *Fitting* § 70 Rn. 14; *Joost*/MünchArbR § 228 Rn. 41; *Koch*/ErfK §§ 60–70 BetrVG Rn. 5; *Natter* AR-Blattei SD 530.13, Rn. 67; *Richardi/Annuß* § 70 Rn. 33; *Rose/HWGNRH* § 70 Rn. 30; *Rotermund* Interessenwahrnehmung, S. 149 f.; *Sittard/HWK* § 70 BetrVG Rn. 4; weitergehend *Hüper* RdJB 1987, 321 [329]; *Trittin/DKKW* § 70 Rn. 19, die auf das Zustimmungserfordernis verzichten wollen; so bereits *Lichtenstein* BetrR 1973, 267; *Walter* BetrR 1974, 437 [440]; in dieser Richtung auch *Rudolph* AuA 1992, 105 [106], der eine Verständigung des Betriebsrats ausreichen lässt; **a. M.** *Kraft* 4. Aufl., § 70 Rn. 9; *ders.* SAE 1982, 201 [202]; *ders.* ZfA 1983, 171 [196]; *Peter* BlStSozArbR 1980, 65 [68]).

38 Aus dem Fehlen eines Informationsanspruchs gegenüber dem Arbeitgeber kann nicht zwingend abgeleitet werden, dass der Jugend- und Auszubildendenvertretung kein Recht zur Informationsgewinnung von den in § 60 Abs. 1 genannten Arbeitnehmern zusteht (so aber *Kraft* SAE 1982, 201 [202]). Wird der Jugend- und Auszubildendenvertretung das Recht zugebilligt, die in § 60 Abs. 1 genannten Arbeitnehmer an ihrem Arbeitsplatz aufzusuchen, so wird hierdurch kein kollektivrechtlicher Leistungsanspruch der Jugend- und Auszubildendenvertretung gegenüber dem Arbeitgeber begründet, sondern der Arbeitgeber ist lediglich verpflichtet, diese Tätigkeit der Jugend- und Auszubildendenvertretung ebenso zu dulden, wie er die Abhaltung eigener Sitzungen (§ 65 Abs. 2 Satz 1) oder von Sprechstunden (§ 69) durch die Jugend- und Auszubildendenvertretung dulden muss.

39 Das Recht der Jugend- und Auszubildendenvertretung, die in § 60 Abs. 1 genannten Arbeitnehmer aufzusuchen, ist nur in Bezug auf ihren **Arbeitsplatz** anzuerkennen. Es berechtigt nicht zur Teilnahme an betrieblichen Bildungsmaßnahmen (ebenso *BAG* 05.11.1985 EzA § 98 BetrVG 1972 Nr. 2 S. 11 = AP Nr. 2 zu § 98 BetrVG 1972 Bl. 3 f.) oder sonstigen vom Arbeitgeber durchgeführten Veranstaltungen (so auch *ArbG Darmstadt* 14.09.1988 ARSt. 1989, 26 [26]). Es dient ausschließlich der Kommunikation zwischen der Jugend- und Auszubildendenvertretung und den in § 60 Abs. 1 genannten Arbeitnehmern, insbesondere im Hinblick auf die Einhaltung der in § 70 Abs. 1 Nr. 2 genannten Vorschriften. Ein **allgemeines Betriebsbegehungsrecht** steht der Jugend- und Auszubildendenvertretung **nicht** zu. Wegen der mit Sprechstunden vergleichbaren Funktion eines Aufsuchens am Arbeitsplatz ist es gerechtfertigt, die für das Recht zum Besuch von Sprechstunden geltenden Grenzen (dazu § 69 Rdn. 28 ff.) für das Aufsuchen des Arbeitnehmers am Arbeitsplatz entsprechend heranzuziehen. Das Informationsbedürfnis muss deshalb solange und soweit zurückstehen, als hierdurch der Betriebsablauf oder der Betriebsfrieden gestört wird.

40 Der Jugend- und Auszubildendenvertretung steht das Recht, die in § 60 Abs. 1 genannten Arbeitnehmer an ihrem Arbeitsplatz aufzusuchen, **nicht eigenständig** zu. Erforderlich ist stets die **vorherige Zustimmung des Betriebsrats** zu einer **konkreten** Maßnahme. Die Erteilung einer **generellen Zustimmung** steht im Widerspruch zur Stellung der Jugend- und Auszubildendenvertretung; sie würde andernfalls partiell die Stellung eines selbständigen und gegenüber dem Arbeitgeber handlungsbefugten Organs erlangen (ebenso *BAG* 21.01.1982 EzA § 70 BetrVG 1972 Nr. 2 S. 13 = AP Nr. 1 zu § 70 BetrVG 1972 Bl. 1 R; *Natzel* Berufsbildungsrecht, S. 545; *Peter* BlStSozArbR 1980, 65 [67]; *Schaub/Koch* Arbeitsrechts-Handbuch, § 227 Rn. 10). Auch ein **nachträglicher Beschluss** des Betriebsrats reicht nicht aus (*Peter* BlStSozArbR 1980, 65 [67]).

41 Bestätigt wird die hier vertretene und mit der höchstrichterlichen Rechtsprechung übereinstimmende Position durch die Entstehungsgeschichte des »Gesetzes zur Bildung von Jugend- und Auszubildendenvertretungen in den Betrieben« vom 13.07.1988 (BGBl. I, S. 1034; näher zu diesem vor § 60 Rdn. 8 f.). Der Vorschlag der SPD-Fraktion, zugunsten der Jugend- und Auszubildendenvertretung ein selbständiges Begehungsrecht zu etablieren (s. BT-Drucks. 11/995, S. 5), fand im Ausschuss für Arbeit und Sozialordnung zwar keine Mehrheit (BT-Drucks. 11/2747, S. 12), dieser war aber mehrheitlich der Ansicht, der Jugend- und Auszubildendenvertretung stehe ein auf den Arbeitsplatz bezogenes Besuchsrecht zu, dieses sei jedoch an die förmliche Zustimmung des Betriebsrats gebunden (BT-Drucks. 11/2474, S. 12).

c) Zustimmung des Betriebsrats

Soweit die Jugend- und Auszubildendenvertretung zur Wahrnehmung ihrer in § 70 Abs. 1 Nr. 2 etablierten Überwachungsaufgabe auf die Zustimmung des Betriebsrats angewiesen ist (s. Rdn. 23, 25, 32), hat dieser hierüber mit **einfacher Mehrheit** einen Beschluss zu fassen (*Peter* BlStSozArbR 1980, 65 [67]). Bei Angelegenheiten, die die in § 60 Abs. 1 genannten Arbeitnehmer besonders betreffen, kann die Jugend- und Auszubildendenvertretung die Aufnahme in die Tagesordnung der nächsten Betriebsratssitzung beantragen (§ 67 Abs. 3 Satz 1) und bei der Beschlussfassung im Betriebsrat mitstimmen (§ 67 Abs. 2; vgl. *BAG* 08.02.1977 EzA § 70 BetrVG 1972 Nr. 1 S. 6 = AP Nr. 10 zu § 80 BetrVG 1972 Bl. 2 R; *Peter* BlStSozArbR 1980, 65 [67]).

42

d) Anlass

Die Durchführung von Maßnahmen im Rahmen der Überwachungsaufgaben ist nicht davon abhängig, dass **konkrete Anhaltspunkte** für einen Verstoß gegen die in § 70 Abs. 1 Nr. 2 genannten Bestimmungen vorliegen (ebenso *BAG* 21.01.1982 EzA § 70 BetrVG 1972 Nr. 2 S. 14 = AP Nr. 1 zu § 70 BetrVG 1972 [abl. *Natzel*] = SAE 1982, 200 [abl. *Kraft*]; *Etzel* Rn. 1326; *Fitting* § 70 Rn. 14; *Joost*/MünchArbR § 228 Rn. 37; *Natter* AR-Blattei SD 530.13, Rn. 67; *Richardi/Annuß* § 70 Rn. 13; *Rotermund* Interessenwahrnehmung, S. 151 f.; *Rudolph* AuA 1992, 105 [106]; *Schaub/Koch* Arbeitsrechts-Handbuch, § 227 Rn. 10; *Trittin*/DKKW § 70 Rn. 18; *Weiss/Weyand* § 70 Rn. 7; **a. M.** *Hromadka* DB 1971, 1964 [1965]; *Kraft* 4. Aufl., § 70 Rn. 9; *Moritz* Jugendvertretung, S. 99 f.; *Rose/*HWGNRH § 70 Rn. 29). Zur Begründung kann allerdings nicht pauschal auf die höchstrichterliche Rechtsprechung zu § 80 Abs. 1 verwiesen werden, da der zu dieser Norm postulierte Verzicht auf einen »Informationsanlass« (*BAG* 12.02.1980 EzA § 80 BetrVG 1972 Nr. 16 S. 91 f. = AP Nr. 12 zu § 80 BetrVG 1972 Bl. 1 R f.; 30.06.1981 EzA § 80 BetrVG 1972 Nr. 19 S. 109 f. = AP Nr. 15 zu § 80 BetrVG 1972 Bl. 3 f. [*Kraft*]) aufgrund des unterschiedlichen Wortlauts der Vorschriften nicht übertragbar ist. Wenn der Jugend- und Auszubildendenvertretung aufgrund der Überwachungsaufgabe das Recht zugebilligt wird, die von ihr »repräsentierten« Arbeitnehmer an deren Arbeitsplatz aufzusuchen, so handelt es sich hierbei um eine grundsätzlich anders strukturierte Verpflichtung des Arbeitgebers als bei dem Informationsanspruch des Betriebsrats nach § 80 Abs. 2 Satz 1 BetrVG (s. Rdn. 31). Die Zuweisung einer Überwachungsaufgabe impliziert aber auch die Möglichkeit, aus eigener Initiative tätig zu werden. Die Jugend- und Auszubildendenvertretung darf das auf den Arbeitsplatz bezogene Besuchsrecht indessen **nicht willkürlich** in Anspruch nehmen, da auch sie den durch das Gebot einer vertrauensvollen Zusammenarbeit (§ 2 Abs. 1) begründeten Bindungen unterliegt (dazu s. § 60 Rdn. 56). Ihrem Besuchsbegehren muss deshalb noch ein ausreichender **Bezug zu den gesetzlich zugewiesenen Aufgaben** der Jugend- und Auszubildendenvertretung zugrunde liegen (zu dieser Schranke im Rahmen von § 80 Abs. 2 *BAG* 12.02.1980 EzA § 80 BetrVG 1972 Nr. 16 S. 92 = AP Nr. 12 zu § 80 BetrVG 1972 Bl. 2). Dies ist dem Arbeitgeber gegebenenfalls **auf Verlangen mitzuteilen**, da dieser anderenfalls nicht überprüfen kann, ob das Besuchsbegehren rechtsmissbräuchlich ausgeübt wird.

43

e) Abhilfe

Stellt die Jugend- und Auszubildendenvertretung im Rahmen ihrer Überwachungsaufgabe Verstöße gegen die in § 70 Abs. 1 Nr. 2 genannten Vorschriften fest, ist sie nicht befugt, beim Arbeitgeber selbständig auf Abhilfe zu drängen (so aber § 129 Abs. 3 Nr. 2 ArbVG für das österreichische Recht). Hierfür ist sie vielmehr auf ihr durch § 70 Abs. 1 Nr. 1 begründetes **Antragsrecht gegenüber dem Betriebsrat** angewiesen (*Galperin/Löwisch* § 70 Rn. 8; *Koch*/ErfK §§ 60–70 BetrVG Rn. 5; *Löwisch/LK* § 70 Rn. 1; *Moritz* Jugendvertretung, S. 100 f.; *Rose*/HWGNRH § 70 Rn. 30; wohl auch *Fitting* § 70 Rn. 14; *Trittin*/DKKW § 70 Rn. 17; weitergehend *Richardi/Annuß* § 70 Rn. 13).

44

4. Behandlung von Anregungen (Abs. 1 Nr. 3)

a) Reichweite des Anregungsrechts

Jeder der in § 60 Abs. 1 genannten Arbeitnehmer hat das Recht, sich mit Anregungen an die Jugend- und Auszubildendenvertretung zu wenden. Diese sind in einem weiten Sinne zu verstehen und um-

45

fassen neben **Vorschlägen** auch **Beschwerden** (*Fitting* § 70 Rn. 15; *Galperin/Löwisch* § 70 Rn. 7; *Joost*/MünchArbR § 228 Rn. 38; *Richardi/Annuß* § 70 Rn. 14; *Roloff/WPK* § 70 Rn. 7; *Rose/HWGNRH* § 70 Rn. 34; *Trittin/DKKW* § 70 Rn. 22; *Weiss/Weyand* § 70 Rn. 3).

46 Das **individuelle Beschwerderecht** in den §§ 84, 85 wird durch § 70 Abs. 1 Nr. 3 nicht berührt. Ist die bei der Jugend- und Auszubildendenvertretung eingegangene »Anregung« als Beschwerde i. S. dieser Vorschriften zu werten (zur Abgrenzung *Weber* § 80 Rdn. 41), muss die Jugend- und Auszubildendenvertretung diese auch dann nicht an den Betriebsrat weiterleiten, wenn sie die Beschwerde nicht als gerechtfertigt erachtet. Leitet die Jugend- und Auszubildendenvertretung die Beschwerde jedoch weiter, ist der Betriebsrat verpflichtet, diese nach Maßgabe des § 85 zu behandeln, und muss gegebenenfalls die Einigungsstelle anrufen (§ 85 Abs. 2).

b) Behandlung der Anregung durch die Jugend- und Auszubildendenvertretung

47 Die Jugend- und Auszubildendenvertretung ist zur **Entgegennahme** der Anregung grundsätzlich verpflichtet, wenn diese **betriebsbezogen** ist (*Fitting* § 70 Rn. 15; *Galperin/Löwisch* § 70 Rn. 6; *Löwisch/LK* § 70 Rn. 7; *Natzel* Berufsbildungsrecht, S. 546; *Richardi/Annuß* § 70 Rn. 15; *Rose/HWGNRH* § 70 Rn. 35; *Trittin/DKKW* § 70 Rn. 23). Hierunter sind alle Angelegenheiten zu verstehen, die sich auf die rechtliche oder tatsächliche Stellung der in § 60 Abs. 1 genannten Arbeitnehmer im Betrieb beziehen. Anregungen, die mit der Tätigkeit des Arbeitnehmers im Betrieb in keinem Zusammenhang stehen (z. B. hinsichtlich des Berufsschulunterrichts), muss die Jugend- und Auszubildendenvertretung nicht entgegennehmen (*Rose/HSWGNR* § 70 Rn. 35). Die **Annahmepflicht** trifft den Vorsitzenden der Jugend- und Auszubildendenvertretung (§ 65 Abs. 1 i. V. m. § 26 Abs. 2 Satz 2).

48 Die Jugend- und Auszubildendenvertretung ist verpflichtet, eine entgegengenommene Anregung in ihrer **nächsten Sitzung** zu behandeln (*Fitting* § 70 Rn. 16; *Richardi/Annuß* § 70 Rn. 15; *Trittin/DKKW* § 70 Rn. 24; *Weiss/Weyand* § 70 Rn. 4). Auf dieser muss sie beschließen, ob sie die Anregung für berechtigt hält oder nicht (*Fitting* § 70 Rn. 16). Hierbei entscheidet sie nach **pflichtgemäßem Ermessen** (*Joost*/MünchArbR § 228 Rn. 39; *Weber/Ehrich/Hörchens/Oberthür* Kap. B Rn. 534; a. M. *Trittin/DKKW* § 70 Rn. 24: gerichtsfreier Beurteilungsspielraum). Der Beschluss ist mit **einfacher Mehrheit** zu fassen (§ 65 Abs. 1 i. V. m. § 33 Abs. 1).

49 Wird die Anregung seitens der Jugend- und Auszubildendenvertretung **nicht übernommen**, so ist der **Antragsteller** hierüber zu **informieren** (*Fitting* § 70 Rn. 16; *Galperin/Löwisch* § 70 Rn. 5; *Löwisch/LK* § 70 Rn. 7; *Richardi/Annuß* § 70 Rn. 16; *Rose/HWGNRH* § 70 Rn. 41; *Trittin/DKKW* § 70 Rn. 24; *Weiss/Weyand* § 70 Rn. 4). Dem jugendlichen Arbeitnehmer oder Auszubildenden bleibt es unbenommen, sich anschließend nach § 80 Abs. 1 Nr. 3 direkt an den Betriebsrat zu wenden (*Brecht* § 70 Rn. 6; *Fitting* § 70 Rn. 15; *Galperin/Löwisch* § 70 Rn. 7; *Moritz* Jugendvertretung, S. 97 Fn. 157, S. 33; *Richardi/Annuß* § 70 Rn. 17; *Rose/HWGNRH* § 70 Rn. 40; *Trittin/DKKW* § 70 Rn. 22).

50 **Schließt sich** die Jugend- und Auszubildendenvertretung der Anregung **an**, so hat sie **beim Betriebsrat** auf ihre Erledigung hinzuwirken (*Fitting* § 70 Rn. 17; *Galperin/Löwisch* § 70 Rn. 5; *Joost*/MünchArbR § 228 Rn. 39; *Richardi/Annuß* § 70 Rn. 15; *Rose/HWGNRH* § 70 Rn. 36; *Trittin/DKKW* § 70 Rn. 25; *Weiss/Weyand* § 70 Rn. 4). **Direkte Verhandlungen** mit dem **Arbeitgeber** sind der Jugend- und Auszubildendenvertretung nicht gestattet (*Fitting* § 70 Rn. 17; *Rose/HWGNRH* § 70 Rn. 37; *Trittin/DKKW* § 70 Rn. 25). Die **Art ihrer Unterstützung** beim Betriebsrat steht grundsätzlich im Ermessen der Jugend- und Auszubildendenvertretung. Die Anregung ist jedoch zumindest vom Vorsitzenden der Jugend- und Auszubildendenvertretung mit einer unterstützenden Stellungnahme an den Vorsitzenden des Betriebsrats weiterzuleiten (*Rose/HWGNRH* § 70 Rn. 36; *Weiss/Weyand* § 70 Rn. 4).

c) Behandlung der Anregung durch Betriebsrat

51 Den Betriebsrat trifft nach § 80 Abs. 1 Nr. 3 die Pflicht, sich mit der Anregung zu befassen. Hinsichtlich der Erledigung ist er jedoch nicht an die Stellungnahme der Jugend- und Auszubildendenvertretung gebunden; ihm steht ein **selbständiges Prüfungs- und Beurteilungsrecht** zu (*Fitting* § 70

Rn. 18; *Moritz* Jugendvertretung, S. 129; *Rose/HWGNRH* § 70 Rn. 38; *Trittin/DKKW* § 70 Rn. 25; *Weiss/Weyand* § 70 Rn. 5), das er nach **pflichtgemäßem Ermessen** auszuüben hat (*Bodem/NK-GA* § 70 BetrVG Rn. 5; *Joost/*MünchArbR § 228 Rn. 39; *Weber/Ehrich/Hörchens/Oberthür* Kap. B Rn. 534). Ist die von der Jugend- und Auszubildendenvertretung an den Betriebsrat weitergeleitete »Anregung« bei verständiger Würdigung als Beschwerde i. S. d. § 85 zu werten (zur Abgrenzung *Weber* § 80 Rdn. 41), so unterliegt die »Anregung« bei der weiteren Erledigung dem in § 85 festgelegten Procedere.

§ 67 ist bezüglich des **Teilnahme- und Stimmrechts** der Jugend- und Auszubildendenvertretung zu beachten, ebenso hinsichtlich der Pflicht, den Punkt auf die nächste Tagesordnung zu setzen (*Fitting* § 70 Rn. 18; *Galperin/Löwisch* § 70 Rn. 6; *Richardi/Annuß* § 70 Rn. 15; *Rose/HWGNRH* § 70 Rn. 37; *Trittin/DKKW* § 70 Rn. 25).

52

Der Betriebsrat hat, falls er die **Anregung für berechtigt hält**, mit dem Arbeitgeber Verhandlungen aufzunehmen (*Rose/HWGNRH* § 70 Rn. 39; *Trittin/DKKW* § 70 Rn. 26); für die **Teilnahme der Jugend- und Auszubildendenvertretung** an diesen Gesprächen gilt § 68 (*Bodem/*NK-GA § 70 BetrVG Rn. 5; *Fitting* § 70 Rn. 17; *Koch/*ErfK §§ 60–70 BetrVG Rn. 5; *Richardi/Annuß* § 70 Rn. 15; *Rose/HWGNRH* § 70 Rn. 37; *Trittin/DKKW* § 70 Rn. 26).

53

d) Informationspflicht der Jugend- und Auszubildendenvertretung

Die Jugend- und Auszubildendenvertretung hat den betroffenen jugendlichen Arbeitnehmer oder Auszubildenden, d. h. denjenigen, der die Anregung gegeben hat, über die Ergebnisse der Beratung im Betriebsrat und gegebenenfalls der Besprechung zwischen Arbeitgeber und Betriebsrat zu informieren (*Fitting* § 70 Rn. 19; *Rose/HWGNRH* § 70 Rn. 41; *Trittin/DKKW* § 70 Rn. 27; *Weiss/Weyand* § 70 Rn. 5). Die **Pflicht zur Geheimhaltung** (§ 79) ist hierdurch weder aufgehoben noch gelockert. Eine Verletzung der Informationspflicht ist eine Amtspflichtverletzung i. S. d. § 65 Abs. 1 i. V. m. § 23 Abs. 1.

54

III. Informationsrechte (Abs. 2)

1. Unterrichtung durch Betriebsrat

a) Normzweck

Die sachgerechte Wahrnehmung ihrer Aufgaben durch die Jugend- und Auszubildendenvertretung setzt voraus, dass diese über alle im Zusammenhang mit ihren Aufgaben wichtigen Angelegenheiten informiert ist. Das gilt vornehmlich im Rahmen der Überwachungsaufgabe nach § 70 Abs. 1 Nr. 2 (dazu s. Rdn. 19). Der Betriebsrat hat die Jugend- und Auszubildendenvertretung über die bestehenden Vorschriften, aber auch über ihm bekannte konkrete Anhaltspunkte zu unterrichten, die eine Überwachungstätigkeit auslösen könnten. Das Informationsrecht kann aber auch im Rahmen der von § 70 Abs. 1 Nr. 1, 1a und 4 umfassten Aufgaben in Betracht kommen.

55

b) Adressat der Unterrichtungspflicht

Die in § 70 Abs. 2 Satz 1 normierte Unterrichtungspflicht besteht nur für den **Betriebsrat**. Gegenüber dem **Arbeitgeber** hat die Jugend- und Auszubildendenvertretung **keinen eigenständigen Unterrichtungsanspruch** (*Fitting* § 70 Rn. 20; *Galperin/Löwisch* § 70 Rn. 10; *Joost/*MünchArbR § 228 Rn. 43; *Körner* Jugendvertretung, S. 33; *Kraft* SAE 1982, 201 [202]; *Küchenhoff* § 70 Rn. 6; *Löwisch/*LK § 70 Rn. 9; *Richardi/Annuß* § 70 Rn. 18; *Rose/HWGNRH* § 70 Rn. 45; *Stege/Weinspach/Schiefer* §§ 60–70 Rn. 16; *Trittin/DKKW* § 70 Rn. 29; so aber das österreichische Recht s. § 129 Abs. 4 ArbVG). Ein Recht der Jugend- und Auszubildendenvertretung, die in § 60 Abs. 1 genannten Arbeitnehmer an ihrem Arbeitsplatz aufzusuchen, ist hierdurch nicht ausgeschlossen (dazu s. Rdn. 37 ff.).

56

Das Gesetz begründet **für den Betriebsrat** in erster Linie eine **Unterrichtungspflicht**. Eines besonderen **Antrags** seitens der Jugend- und Auszubildendenvertretung bedarf es nicht, um diese auszulö-

57

sen (*Fitting* § 70 Rn. 21; *Galperin/Löwisch* § 70 Rn. 11; *Körner* Jugendvertretung, S. 33 f.; *Richardi/Annuß* § 70 Rn. 20; *Roloff/WPK* § 70 Rn. 9; *Rose/HWGNRH* § 70 Rn. 46; *Stege/Weinspach/Schiefer* §§ 60–70 Rn. 16; *Trittin/DKKW* § 70 Rn. 34; *Weiss/Weyand* § 70 Rn. 10).

58 Die Regelung in § 70 Abs. 2 Satz 1 enthält darüber hinaus einen **Unterrichtungsanspruch gegenüber dem Betriebsrat** (*Richardi/Annuß* § 70 Rn. 18; wohl auch *Galperin/Löwisch* § 70 Rn. 11, die bei einer Anforderung durch die Jugend- und Auszubildendenvertretung von einer Informationspflicht des Betriebsrats ausgehen). Die Jugend- und Auszubildendenvertretung kann daher, falls sie aus konkretem Anlass Informationen benötigt, diese beim Betriebsrat anfordern.

c) Erforderlichkeit der Unterrichtung

59 Der Betriebsrat ist nur zur Information verpflichtet, wenn diese für die **Erfüllung der Aufgaben** der Jugend- und Auszubildendenvertretung erforderlich ist. Der Kreis der Aufgaben bestimmt sich dabei nicht ausschließlich nach § 70 Abs. 1 Nr. 1 bis 4, sondern anhand der in § 60 Abs. 2 getroffenen Aufgabenübertragung (*Fitting* § 70 Rn. 20; *Moritz* Jugendvertretung, S. 97 ff.; *Richardi/Annuß* § 70 Rn. 19; *Rudolph* BetrR 1998, 88 [88]; *Trittin/DKKW* § 70 Rn. 29; *Weiss/Weyand* § 70 Rn. 10).

d) Zeitpunkt

60 Die Unterrichtung ist nur **rechtzeitig**, wenn sie so früh erfolgt, dass die Jugend- und Auszubildendenvertretung sie bei ihren Beratungen **noch berücksichtigen kann** (*Fitting* § 70 Rn. 21; *Richardi/Annuß* § 70 Rn. 20; *Rose/HWGNRH* § 70 Rn. 40; *Stege/Weinspach/Schiefer* §§ 60–70 Rn. 16; *Trittin/DKKW* § 70 Rn. 34; näher *Weber* § 80 Rdn. 80).

e) Umfang

61 Die Unterrichtung muss **umfassend** sein, d. h. alle für die Erfüllung der Aufgaben der Jugend- und Auszubildendenvertretung relevanten Angaben in tatsächlicher und rechtlicher Hinsicht beinhalten (*Fitting* § 70 Rn. 20; *Richardi/Annuß* § 70 Rn. 20; *Roloff/WPK* § 70 Rn. 9; *Rose/HWGNRH* § 70 Rn. 49). Über den Unterrichtungsanspruch kann die Jugend- und Auszubildendenvertretung daher vom Betriebsrat auch **Auskünfte** und **Aufklärung** über solche Rechtsvorschriften verlangen, die die Belange der in § 60 Abs. 1 genannten Arbeitnehmer besonders berühren (z. B. BBiG, JArbSchG). Hierdurch kann im Einzelfall die Erforderlichkeit der Teilnahme an einer Schulungs- und Bildungsmaßnahme zu verneinen sein (näher § 65 Rdn. 49 ff.).

62 Eine umfassende Unterrichtung kann den Betriebsrat auch verpflichten, seinerseits die zur Unterrichtung erforderlichen **Informationen zu beschaffen** (*Galperin/Löwisch* § 70 Rn. 10; *Hunold* HBV-Gruppe 2, S. 233 [244b]; *Löwisch/LK* § 70 Rn. 9; *Rose/HWGNRH* § 70 Rn. 49; *Rudolph* BetrR 1998, 88 [88]; *Sittard/HWK* § 70 BetrVG Rn. 7; *Stege/Weinspach/Schiefer* §§ 60–70 Rn. 16; *Trittin/DKKW* § 70 Rn. 31). Die Beschaffungspflicht des Betriebsrats ist allerdings durch die Zumutbarkeit begrenzt. Sie besteht daher nur, wenn der Betriebsrat die von der Jugend- und Auszubildendenvertretung begehrten Informationen ohne Schwierigkeiten im Rahmen seiner rechtlichen Möglichkeiten erlangen kann.

f) Form

63 Eine besondere Form ist für die Unterrichtung nicht vorgeschrieben; sie kann **schriftlich oder mündlich** erfolgen (*Fitting* § 70 Rn. 21; *Galperin/Löwisch* § 70 Rn. 11; *Richardi/Annuß* § 70 Rn. 20; *Roloff/WPK* § 70 Rn. 9; *Rose/HWGNRH* § 70 Rn. 47; *Trittin/DKKW* § 70 Rn. 29), muss jedoch stets geeignet sein, den Zweck der Unterrichtung zu erreichen.

g) Außenschranken

64 Zur Weitergabe von **Betriebs- und Geschäftsgeheimnissen** an die Jugend- und Auszubildendenvertretung ist der Betriebsrat nicht berechtigt (§ 79 Abs. 1; vgl. *Bodem/NK-GA* § 70 BetrVG Rn. 6; *Fitting* § 70 Rn. 22; *Galperin/Löwisch* § 70 Rn. 10; *Joost/MünchArbR* § 228 Rn. 43; *Natter* AR-Blattei SD 530.13, Rn. 70; *Richardi/Annuß* § 70 Rn. 29; *Roloff/WPK* § 70 Rn. 9; *Rose/HWGNRH* § 70

Allgemeine Aufgaben § 70

Rn. 56; *Schaub / Koch* Arbeitsrechts-Handbuch, § 227 Rn. 9; *Trittin / DKKW* § 70 Rn. 32; *Weiss / Weyand* § 70 Rn. 11). Die Ausnahmeregelung in § 79 Abs. 1 Satz 4 erfasst nicht eine Informationsweitergabe an die Jugend- und Auszubildendenvertretung.

Dies gilt entsprechend für **persönliche Angaben** i. S. d. § 99 Abs. 1 Satz 3 (*Fitting* § 70 Rn. 22; *Rose /* **65** *HWGNRH* § 70 Rn. 54). Sofern die Mitglieder der Jugend- und Auszubildendenvertretung von diesen aber im Rahmen ihrer Teilnahme an den Sitzungen des Betriebsrats Kenntnis erlangen, sind sie analog § 99 Abs. 1 Satz 3 zum Stillschweigen verpflichtet (*Fitting* § 70 Rn. 22; *Richardi / Annuß* § 70 Rn. 30; *Trittin / DKKW* § 70 Rn. 33).

2. Vorlage von Unterlagen

a) Erforderlichkeit der Vorlage

Soweit die Jugend- und Auszubildendenvertretung zur Durchführung ihrer Aufgaben Unterlagen be- **66** nötigt, kann sie vom Betriebsrat, nicht hingegen vom Arbeitgeber (*BAG* 20.11.1973 EzA § 65 BetrVG 1972 Nr. 1 S. 3 = AP Nr. 1 zu § 65 BetrVG 1972 Bl. 2 *[Kraft]*; *Weiss / Weyand* § 70 Rn. 8) verlangen, dass er ihr diese zur Verfügung stellt. Der Anspruch bezieht sich nur auf Unterlagen, die zur Erfüllung der **in § 70 Abs. 1 genannten Aufgaben** erforderlich sind (*Fitting* § 70 Rn. 23; *Galperin / Löwisch* § 70 Rn. 12; *Hromadka* DB 1971, 1964 [1965]; *Joost/* MünchArbR § 228 Rn. 44; *Richardi / Annuß* § 70 Rn. 23; *Rose / HWGNRH* § 70 Rn. 50; *Trittin / DKKW* § 70 Rn. 36). Dies unterliegt einer objektiven Beurteilung, es genügt nicht, dass die Jugend- und Auszubildendenvertretung die Unterlagen (subjektiv) für erforderlich hält (treffend *Roloff / WPK* § 70 Rn. 10).

b) Unterlagenbesitz des Betriebsrats

Die Jugend- und Auszubildendenvertretung kann nur die Vorlage solcher Unterlagen verlangen, die **67** der Betriebsrat hat oder nach § 80 Abs. 2 vom Arbeitgeber verlangen kann (*Fitting* § 70 Rn. 23; *Galperin / Löwisch* § 70 Rn. 12; *Hromadka* DB 1971, 1964 [1965]; *Joost/* MünchArbR § 228 Rn. 45; *Löwisch / LK* § 70 Rn. 10; *Rose / HWGNRH* § 70 Rn. 52; *Trittin / DKKW* § 70 Rn. 35; im Ergebnis ebenso *Richardi / Annuß* § 70 Rn. 24; **a. M.** *Reich* § 70 Rn. 8: keine Pflicht zur Beschaffung von Unterlagen).

Die Vorlagepflicht des Betriebsrats erstreckt sich nicht auf **Bruttolohn- und Gehaltslisten** der in **68** § 60 Abs. 1 genannten Arbeitnehmer, da diese auch dem Betriebsrat nicht zu überlassen sind (§ 80 Abs. 2 Satz 2; ebenso *Fitting* § 70 Rn. 24; *Galperin / Löwisch* § 70 Rn. 12; *Joost/* MünchArbR § 228 Rn. 45; *Körner* Jugendvertretung, S. 34; *Löwisch / LK* § 70 Rn. 10; *Natter* AR-Blattei SD 530.13, Rn. 71; *Richardi / Annuß* § 70 Rn. 26; *Rose / HWGNRH* § 70 Rn. 53; *Stege / Weinspach / Schiefer* §§ 60–70 Rn. 16; *Trittin / DKKW* § 70 Rn. 37). Mit einem Vorlageverlangen gemäß § 70 Abs. 2 fordert die Jugend- und Auszubildendenvertretung den Betriebsrat jedoch auf, sein eigenes Einsichtsrecht gemäß § 80 Abs. 2 Satz 2 in zulässigem Umfang (dazu *Weber* § 80 Rdn. 107 ff.) auszuüben. Die so erlangten Informationen sind der Jugend- und Auszubildendenvertretung zur Verfügung zu stellen (ebenso *Fitting* § 70 Rn. 25; *Kloppenburg /* HaKo § 70 Rn. 11; *Richardi / Annuß* § 70 Rn. 26; *Trittin / DKKW* § 70 Rn. 37; *Weiss / Weyand* § 70 Rn. 9). Ob der Betriebsrat einem entsprechenden Informationsverlangen der Jugend- und Auszubildendenvertretung nachkommt, unterliegt nicht ausschließlich seinem pflichtgemäßen Ermessen. Soweit die Voraussetzungen von § 70 Abs. 2 Satz 1 vorliegen, ist der Betriebsrat zur Beschaffung der erforderlichen Informationen verpflichtet (dazu s. Rdn. 57 ff.).

c) Geheimhaltungspflicht

Der Anspruch bezieht sich nicht auf Unterlagen, die Angaben enthalten, die nach § 79 oder § 99 **69** Abs. 1 Satz 3 geheimzuhalten sind (*Fitting* § 70 Rn. 23; *Joost/* MünchArbR § 228 Rn. 45; *Küchenhoff* § 70 Rn. 7; *Richardi / Annuß* § 70 Rn. 29; *Trittin / DKKW* § 70 Rn. 35).

Oetker

d) Umfang der Vorlagepflicht

70 Die Unterlagen sind zur Verfügung zu stellen, d. h. gegebenenfalls auf angemessene Zeit vorübergehend zu **überlassen** (*Fitting* § 70 Rn. 25; *Galperin/Löwisch* § 70 Rn. 13; *Joost/*MünchArbR § 228 Rn. 45; *Natter* AR-Blattei SD 530.13, Rn. 70; *Richardi/Annuß* § 70 Rn. 27; *Roloff/WPK* § 70 Rn. 10; *Rose/HWGNRH* § 70 Rn. 55; *Schaub/Koch* Arbeitsrechts-Handbuch, § 227 Rn. 9; *Trittin/ DKKW* § 70 Rn. 38). Dies folgt bereits aus dem Gesetzeswortlaut, der nicht auf die Vorlage abstellt (insoweit auch *Weber* § 80 Rdn. 106).

e) Vorlageverlangen

71 Die Pflicht des Betriebsrats zur Überlassung der Unterlagen besteht nur, wenn die Jugend- und Auszubildendenvertretung dies **ausdrücklich fordert** (*Fitting* § 70 Rn. 25; *Galperin/Löwisch* § 70 Rn. 12; *Löwisch/LK* § 70 Rn. 10; *Natter* AR-Blattei SD 530.13, Rn. 70; *Richardi/Annuß* § 70 Rn. 22, 24; *Roloff/WPK* § 70 Rn. 10; *Rose/HWGNRH* § 70 Rn. 51; *Trittin/DKKW* § 70 Rn. 38). Das Vorlageverlangen ist vom Vorsitzenden der Jugend- und Auszubildendenvertretung **an den Vorsitzenden des Betriebsrats** (§ 26 Abs. 2 Satz 2) zu richten. Ein **Beschluss der Jugend- und Auszubildendenvertretung** muss dem nicht stets zugrunde liegen (zust. *Rose/HWGNRH* § 70 Rn. 51).

f) Pflichtverletzung

72 Kommt der Betriebsrat seiner Pflicht, die nach § 70 Abs. 2 Satz 2 erforderlichen Unterlagen zur Verfügung zu stellen, nicht nach, so kann dies als grobe Amtspflichtverletzung i. S. d. § 23 Abs. 1 zu werten sein (*Fitting* § 70 Rn. 26; *Richardi/Annuß* § 70 Rn. 31; *Trittin/DKKW* § 70 Rn. 39).

IV. Streitigkeiten

73 Meinungsverschiedenheiten über den Umfang der Aufgaben der Jugend- und Auszubildendenvertretung sowie über den Umfang des Informationsrechts und des Anspruchs auf Unterlagen entscheidet das Arbeitsgericht im Beschlussverfahren nach §§ 2a Abs. 1 Nr. 1 Abs. 2, 80 ff. ArbGG.

§ 71
Jugend- und Auszubildendenversammlung

Die Jugend- und Auszubildendenvertretung kann vor oder nach jeder Betriebsversammlung im Einvernehmen mit dem Betriebsrat eine betriebliche Jugend- und Auszubildendenversammlung einberufen. Im Einvernehmen mit Betriebsrat und Arbeitgeber kann die betriebliche Jugend- und Auszubildendenversammlung auch zu einem anderen Zeitpunkt einberufen werden. § 43 Abs. 2 Satz 1 und 2, die §§ 44 bis 46 und § 65 Abs. 2 Satz 2 gelten entsprechend.

Literatur
Lunk Grundprobleme der Jugend- und Auszubildendenversammlung nach § 71 BetrVG, NZA 1992, 534; *Schneider* Betriebsjugendversammlungen in der Form von Teil- und Abteilungsversammlungen, AiB 1988, 34; s. ferner die Angaben vor § 60.

Inhaltsübersicht

		Rdn.
I.	Vorbemerkung	1–7
II.	Zusammensetzung der Jugend- und Auszubildendenversammlung	8–19
	1. Teilnahmeberechtigter Personenkreis	8–14
	2. Teilversammlungen	15, 16
	3. Abteilungsversammlung	17–19
III.	Einberufung der Jugend- und Auszubildendenversammlung	20–42
	1. Akzessorietät	20–24

	2. Entscheidung zur Einberufung	25–27
	3. Einvernehmen mit Betriebsrat	28–32
	4. Zahl der Versammlungen	33
	5. Zeitpunkt der Versammlung	34–40
	a) Regelfall (§ 71 Satz 1)	34–37
	b) Abweichende Vereinbarung (§ 71 Satz 2)	38–40
	6. Mitteilungspflicht der Jugend- und Auszubildendenvertretung	41, 42
IV.	Durchführung der Jugend- und Auszubildendenversammlung	43–58
	1. Versammlungsleitung	43, 44
	2. Öffentlichkeit	45
	3. Versammlungsgegenstand	46–51
	a) Thematik	46–49
	b) Anträge und Stellungnahmen	50, 51
	4. Freistellungsanspruch	52, 53
	5. Verdienstausfall und Kostenerstattung	54
	6. Kosten der Versammlung	55
	7. Teilnahmerecht	56, 57
	8. Stimmrecht	58
V.	Streitigkeiten	59, 60

I. Vorbemerkung

Die Zulässigkeit von betrieblichen Jugend- und Auszubildendenversammlungen geht zurück auf das **1** BetrVG 1972, das diese Einrichtung erstmals im Anschluss an die im Grundsatz übereinstimmenden Vorschläge in den Entwürfen der Bundesregierung (BT-Drucks. VI/1786, S. 14) und der CDU/CSU-Fraktion (BT-Drucks. VI/1806, S. 20, § 97) in die gesetzliche Betriebsverfassung einfügte.

Neben einer terminologischen Anpassung fügte das »Gesetz zur Bildung von Jugend- und Auszubil- **2** dendenvertretungen in den Betrieben« vom 13.07.1988 (BGBl. I, S. 1034; näher zu diesem vor § 60 Rdn. 8 f.) die Regelung in Satz 2 ein (hierzu s. Rdn. 38 ff.). Die in diesem Rahmen seitens der SPD-Fraktion eingebrachten Vorschläge, das Erfordernis eines zeitlichen Zusammenhangs zur Betriebsversammlung zu streichen (ebenso bereits § 97 Satz 1 des Entwurfs der CDU/CSU-Fraktion zum BetrVG 1972, BT-Drucks. VI/1806, S. 20 sowie die Rechtslage in Österreich [s. § 124 ArbVG]), und die Einberufung betrieblicher Jugend- und Auszubildendenversammlungen lediglich mit einer Unterrichtung des Betriebsrats zu verknüpfen (BT-Drucks. 11/995, S. 5), fanden im Ausschuss für Arbeit und Sozialordnung keine Mehrheit (s. BT-Drucks. 11/2474, S. 12).

Die Einrichtung einer betrieblichen Jugend- und Auszubildendenversammlung dient in erster Linie **3** dem **Meinungsaustausch** unter den in § 60 Abs. 1 genannten Arbeitnehmern (*Reg. Begr.* BT-Drucks. VI/1786, S. 45; *Engels/Natter* BB 1988, 1453 [1456]; *Fitting* § 71 Rn. 1; *Galperin/Löwisch* § 71 Rn. 2; *Gamillscheg* II, S. 691; *Rose/HWGNRH* § 71 Rn. 2; *Trittin/DKKW* § 71 Rn. 1; *Weiss/Weyand* § 71 Rn. 1). Die Jugend- und Auszubildendenversammlung ist jedoch nicht auf die Funktion eines **horizontalen Kommunikationsforums** beschränkt. Sie dient auch der **vertikalen Kommunikation** zwischen den in § 60 Abs. 1 genannten Arbeitnehmern und der Jugend- und Auszubildendenvertretung (*BAG* 08.02.1977 EzA § 70 BetrVG 1972 Nr. 1 S. 8 = AP Nr. 10 zu § 80 BetrVG 1972 Bl. 3 R; *Rose/HWGNRH* § 71 Rn. 1; *Trittin/DKKW* § 71 Rn. 1; *Weiss/Weyand* § 71 Rn. 1). Dies bestätigt vor allem die Bezugnahme in § 71 Satz 3 auf § 45 Satz 2. Deshalb besitzt die Jugend- und Auszubildendenversammlung auch eine Hilfs- und Unterstützungsfunktion für die Jugend- und Auszubildendenvertretung.

Die Regelung in § 71 Satz 3 i. V. m. § 45 Satz 2 räumt der Jugend- und Auszubildendenversammlung **4** darüber hinaus ein eigenes Recht zur Unterbreitung von Anträgen und zur Abgabe von Stellungnahmen ein. Deshalb ist die Jugend- und Auszubildendenversammlung – ebenso wie die Jugend- und Auszubildendenvertretung (zu ihr vor § 60 Rdn. 29) – als **betriebsverfassungsrechtliches Organ** zu qualifizieren (ebenso *Lunk* NZA 1992, 534 [536] sowie ausdrücklich auch für das österreichische Recht § 123 Abs. 1 ArbVG). Da sich die durch § 71 Satz 3 i. V. m. § 45 Satz 2 umschriebene Rechtszuständigkeit aufgrund der entsprechenden Anwendung der Vorschrift auf die Jugend- und Auszubildendenvertretung bezieht (näher unten Rdn. 50 f.), ist die betriebliche Jugend- und Auszubildendenversammlung kein Hilfsorgan für den Betriebsrat (so aber *Lunk* NZA 1992, 534 [536]; ähnlich *Joost*/MünchArbR § 229 Rn. 2: Hilfsfunktion für den Betriebsrat), sondern ein **Hilfsorgan für die Jugend- und Auszubildendenvertretung** (zust. *Rose*/HWGNRH § 71 Rn. 3).

5 Die in § 71 getroffene Regelung beschränkt sich neben den **Modalitäten für die Einberufung** einer betrieblichen Jugend- und Auszubildendenvertretung (Satz 1 und 2) vor allem auf die Anordnung einer entsprechenden Anwendung der Vorschriften für die Betriebsversammlung. Wegen der grundsätzlichen dogmatischen Unterschiede zwischen Betriebsversammlung und betrieblicher Jugend- und Auszubildendenversammlung (treffend *Lunk* NZA 1992, 534 [536 f.]) hat das Gebot einer zweckgerechten Anwendung der Regelungen für die Betriebsversammlung besondere Bedeutung (mit Recht *Lunk* NZA 1992, 534 [535]; *Richardi*/Annuß § 71 Rn. 1; großzügiger noch *Richardi* 7. Aufl., § 71 Rn. 1, der zur Schließung von Regelungslücken vorbehaltlos die entsprechende Anwendung der für die Betriebsversammlung geltenden Grundsätze empfohlen hatte).

6 Die Etablierung einer Jugend- und Auszubildendenversammlung berührt nicht das Recht der in § 60 Abs. 1 genannten Arbeitnehmer zur **Teilnahme an Betriebsversammlungen** (*Brecht* § 71 Rn. 3; *Fitting* § 71 Rn. 5; *Hromadka* DB 1971, 1964 [1966 f.]; *Rose*/HWGNRH § 71 Rn. 4). Dem Betriebsrat ist es wegen der nur in engen Grenzen zulässigen **Teil- oder Abteilungsversammlungen** verwehrt, eine auf die Auszubildenden beschränkte Versammlung einzuberufen (*LAG Baden-Württemberg* 29.09.1983 DB 1984, 409 [410]; *Löwisch*/LK § 71 Rn. 1; *Roloff*/WPK § 71 Rn. 2). In Betracht kommt eine Abteilungsversammlung jedoch, wenn die Auszubildenden oder eine Gruppe von ihnen in einem organisatorisch abgegrenzten Bereich zusammengefasst sind (z. B. Lehrwerkstatt; zu den Anforderungen an eine »Abteilung« i. S. d. § 42 Abs. 2 Satz 1 *Weber* § 42 Rdn. 71 ff.).

7 Trotz der Einrichtung einer Jugend- und Auszubildendenversammlung ist es dem Arbeitgeber gestattet, eigene Versammlungen für die in § 60 Abs. 1 genannten Arbeitnehmer durchzuführen. Denkbar sind z. B. Begrüßungs- und Abschiedsveranstaltungen für Auszubildende (zum Teilnahmerecht der Jugend- und Auszubildendenvertretung *ArbG Darmstadt* 14.09.1988 ARSt. 1989, 26; näher § 70 Rdn. 38). Der Arbeitgeber darf die betriebsverfassungsrechtliche Ordnung jedoch nicht dadurch stören, dass er eigene Mitarbeiterversammlungen dazu missbraucht, eine Gegenveranstaltung zur Jugend- und Auszubildendenversammlung abzuhalten (*BAG* 27.06.1989 EzA § 42 BetrVG 1972 Nr. 4 S. 8 = AP Nr. 5 zu § 42 BetrVG 1972 Bl. 4 R).

II. Zusammensetzung der Jugend- und Auszubildendenversammlung

1. Teilnahmeberechtigter Personenkreis

8 Im Unterschied zur Betriebsversammlung, für die § 42 Abs. 1 Satz 1 Halbs. 1 den Kreis der teilnahmeberechtigten Arbeitnehmer ausdrücklich festlegt, fehlt für die betriebliche Jugend- und Auszubildendenversammlung eine vergleichbare Regelung (anders aber § 124 Abs. 1 ArbVG für das österreichische Recht). Aus dem Zweck der Jugend- und Auszubildendenversammlung und ihrer dogmatischen Stellung als Hilfsorgan für die Jugend- und Auszubildendenvertretung folgt jedoch, dass **alle in § 60 Abs. 1 genannten Arbeitnehmer** berechtigt sind, an der Jugend- und Auszubildendenversammlung teilzunehmen (*Bodem*/NK-GA § 71 BetrVG Rn. 3; *Fitting* § 71 Rn. 6; *Galperin*/*Löwisch* § 71 Rn. 10; *Joost*/MünchArbR § 229 Rn. 9; *Löwisch*/LK § 71 Rn. 3; *Lunk* NZA 1992, 534 [538]; *Richardi*/Annuß § 71 Rn. 5; *Roloff*/WPK § 71 Rn. 8; *Rose*/HWGNRH § 71 Rn. 7; *Schaub*/Koch Arbeitsrechts-Handbuch, § 229 Rn. 1; *Stege*/Weinspach/Schiefer § 71 Rn. 2; *Trittin*/DKKW § 71 Rn. 8). Insoweit gelten die Ausführungen zu § 60 Abs. 1 entsprechend (näher § 60 Rdn. 22 ff., 25 ff.).

9 Die in den Schulgesetzen der Länder normierte **Berufsschulpflicht** ist wegen Art. 31 GG nicht in der Lage, das Teilnahmerecht der in § 60 Abs. 1 genannten Arbeitnehmer zu beseitigen (zust. *Rose*/HWGNRH § 71 Rn. 7; a. M. aber *Lunk* NZA 1992, 534 [539]). Der Arbeitgeber wird durch § 71 jedoch nicht von seiner Pflicht in § 14 Abs. 1 Nr. 4 BBiG entbunden, die Auszubildenden zur Beachtung der Schulpflicht anzuhalten (zum Fortbestand der Berufsschulpflicht s. auch Rdn. 53).

Darüber hinaus legt § 71 Satz 1 fest, dass es sich um eine »betriebliche« Jugend- und Auszubildenden- 10
versammlung handelt. Wegen des hierdurch vorgegebenen betrieblichen Charakters der Versammlung sind nur diejenigen jugendlichen Arbeitnehmer und Auszubildenden teilnahmeberechtigt, deren **Betriebszugehörigkeit** nach Maßgabe der zu **§ 61 Abs. 1** dargelegten Grundsätze (näher dazu § 61 Rdn. 15 ff.) zu bejahen ist (*Fitting* 22. Aufl., § 71 Rn. 5; *Galperin/Löwisch* § 71 Rn. 1, 10; *Lunk* NZA 1992, 534 [538]; *Richardi/Annuß* § 71 Rn. 5; *Rose/HWGNRH* § 71 Rn. 13; unklar *Stege/Weinspach/Schiefer* § 71 Rn. 2, die auf die Beschäftigung im Betrieb abstellen).

Fehlt die Betriebszugehörigkeit, so bleibt § 14 Abs. 2 Satz 2 AÜG zu beachten, der auch **Leiharbeit-** 11
nehmer zur Teilnahme an Jugend- und Auszubildendenversammlungen berechtigt, die im Betrieb des Entleihers stattfinden (ebenso *Bodem/NK-GA* § 71 BetrVG Rn. 3; *Joost/MünchArbR* § 229 Rn. 9; *Lunk* NZA 1992, 534 [539]; *Rose/HWGNRH* § 71 Rn. 13). Die Regelung in § 14 Abs. 2 Satz 2 AÜG verwendet zwar unverändert den früheren Begriff der »Jugendversammlung«; hieraus können aber keine inhaltlichen Abweichungen hergeleitet werden. Es ist lediglich als eine Nachlässigkeit des Gesetzgebers zu würdigen, dass er es unterlassen hat, die Vorschrift an die durch das »Gesetz zur Bildung von Jugend- und Auszubildendenvertretungen in den Betrieben« geänderte Terminologie anzupassen.

Wegen seines Grundanliegens, den betriebsverfassungsrechtlichen Spannungslagen einer **aufgespal-** 12
tenen Arbeitgeberstellung Rechnung zu tragen, ist § 14 Abs. 2 Satz 2 AÜG auf **andere Formen der Arbeitnehmerüberlassung** entsprechend anzuwenden (s. aber *Lunk* NZA 1992, 534 [539], der ausschließlich an die Betriebszugehörigkeit anknüpft, die Reichweite des § 14 Abs. 2 Satz 2 AÜG jedoch nicht näher würdigt; ebenso *Bodem/NK-GA* § 71 BetrVG Rn. 3, der § 7 Satz 2 heranzieht). Auch vorübergehend in dem Betrieb aufgrund eines **Ausbildungsverbundes** tätige Auszubildenden sind deshalb berechtigt, an der Jugend- und Auszubildendenversammlung teilzunehmen (zust. *Rose/HWGNRH* § 71 Rn. 14; deutlich restriktiver jedoch *Richardi/Annuß* § 71 Rn. 6, die ausschließlich auf § 7 Satz 2 abstellen). Für sie gelten insoweit keine anderen Grundsätze als für Betriebsversammlungen im Einsatzbetrieb, an denen die Auszubildenden eines vom Betriebsinhaber verschiedenen Stammarbeitgebers aufgrund einer entsprechenden Anwendung von § 14 Abs. 2 Satz 2 AÜG ebenfalls berechtigt sind teilzunehmen (so BAG 24.08.2011 EzA § 42 BetrVG 2001 Nr. 1 Rn. 35 ff. = AP Nr. 13 zu § 5 BetrVG 1972 Ausbildung = NZA 2012, 223).

Teilnahmeberechtigt ist darüber hinaus die **gesamte Jugend- und Auszubildendenvertretung** (*Fit-* 13
ting § 71 Rn. 6; *Galperin/Löwisch* § 71 Rn. 10; *Joost/MünchArbR* § 229 Rn. 9; *Löwisch/LK* § 71 Rn. 3; *Richardi/Annuß* § 71 Rn. 5; *Rose/HWGNRH* § 71 Rn. 7; *Rotermund* Interessenwahrnehmung, S. 154 f.; *Schaub/Koch* Arbeitsrechts-Handbuch, § 229 Rn. 1; *Stege/Weinspach/Schiefer* § 71 Rn. 2; *Trittin/DKKW* § 71 Rn. 8 so ausdrücklich für die österreichische Rechtslage § 124 Abs. 1 und 6 ArbVG). Dies folgt aus der funktionalen Ausrichtung der Jugend- und Auszubildendenversammlung (s. Rdn. 3 f.), dem Einberufungsrecht der Jugend- und Auszubildendenvertretung sowie dem Zweck eines Meinungsaustausches zwischen den in § 60 Abs. 1 genannten Arbeitnehmern und der Jugend- und Auszubildendenvertretung. Da die Mitglieder der Jugend- und Auszubildendenvertretung nicht als Arbeitnehmer, sondern in ihrer Eigenschaft als Organmitglieder teilnahmeberechtigt sind, steht die Vollendung des 25. Lebensjahres oder die Beendigung der Berufsausbildung ihrer Teilnahme nicht entgegen (*Richardi/Annuß* § 71 Rn. 5; *Roloff/WPK* § 71 Rn. 8; *Trittin/DKKW* § 71 Rn. 8). Hierdurch wird ihre Organmitgliedschaft nicht berührt (s. § 64 Rdn. 28).

Das Teilnahmerecht steht auch dem **Vorsitzenden des Betriebsrats** oder einem **vom Betriebsrat** 14
beauftragten Mitglied zu (§ 71 Satz 3 i. V. m. § 65 Abs. 2 Satz 2). Die zu § 65 Abs. 2 Satz 2 dargelegten Grundsätze (näher dazu § 65 Rdn. 77) hinsichtlich der Entsendung gelten hier entsprechend. Wegen der entsprechenden Anwendung des § 43 Abs. 2 Satz 1 (§ 71 Satz 3) sind ferner der **Arbeitgeber**, nach § 71 Satz 2 i. V. m. § 46 ein **Beauftragter der im Betrieb vertretenen Gewerkschaft** (dazu *Weber* § 46 Rdn. 4 ff.) sowie gegebenenfalls ein **Beauftragter der Vereinigung der Arbeitgeber**, der der Arbeitgeber angehört (näher *Weber* § 46 Rdn. 17 ff.), teilnahmeberechtigt.

2. Teilversammlungen

15 Nach ihrer legislativen Grundkonzeption ist die Jugend- und Auszubildendenversammlung als Vollversammlung durchzuführen. Die in § 42 Abs. 1 Satz 3 für die Betriebsversammlung vorgesehene Möglichkeit einer Teilversammlung soll jedoch nach überwiegender Ansicht auch bei Jugend- und Auszubildendenversammlungen zulässig sein (*Bodem*/NK-GA § 71 BetrVG Rn. 2; *Fitting* § 71 Rn. 8; *Kloppenburg*/HaKo § 71 Rn. 2; *Lunk* NZA 1992, 534 [540]; *Moritz* Jugendvertretung, S. 65 Fn. 20; *Natter* AR-Blattei SD 530.13, Rn. 90; *Richardi*/*Annuß* § 71 Rn. 8; *Roloff*/*WPK* § 71 Rn. 6; *Rotermund* Interessenwahrnehmung, S. 156 f.; *Schneider* AiB 1988, 34 [34]; *Sittard*/*HWK* § 71 BetrVG Rn. 6; *Trittin*/*DKKW* § 71 Rn. 6; *Weiss*/*Weyand* § 71 Rn. 3; a. M. indes *Brecht* § 71 Rn. 3; *Joost*/MünchArbR § 229 Rn. 12; *Kraft* 4. Aufl., § 71 Rn. 3; *Rose*/*HWGNRH* § 71 Rn. 17; *Weber*/*Ehrich*/*Hörchens*/*Oberthür* Kap. B Rn. 567).

16 Bei Beachtung des in § 71 Satz 1 festgelegten Akzessorietätsgrundsatzes ist der h. M. im Grundsatz zuzustimmen. Die Einberufung einer Jugend- und Auszubildendenversammlung ist von der Durchführung einer Betriebsversammlung abhängig. Kann diese wegen der Eigenart des Betriebs nicht als Voll-, sondern nur als Teilversammlung durchgeführt werden, muss die Wertentscheidung in § 42 Abs. 1 Satz 3 auch auf die Jugend- und Auszubildendenversammlung ausstrahlen. Die Durchführung der Jugend- und Auszubildendenversammlung als Teilversammlung ist analog § 42 Abs. 1 Satz 3 deshalb zulässig, wenn die Betriebsversammlung als Teilversammlung abgehalten wird und die Eigenart des Betriebs einer Vollversammlung aller teilnahmeberechtigten jugendlichen Arbeitnehmer und Auszubildenden entgegensteht. Steht die Eigenart des Betriebs nur einer Betriebs(voll)versammlung, nicht aber einer Jugend- und Auszubildenden(voll)versammlung entgegen, ist die Durchführung einer Teilversammlung für die in § 60 Abs. 1 genannten Arbeitnehmer nicht zulässig.

3. Abteilungsversammlung

17 Im Unterschied zur Teilversammlung sieht die noch **überwiegende Auffassung** die Durchführung von Abteilungsversammlungen für die Jugend- und Auszubildendenversammlung als **unzulässig** an (*Brecht* § 71 Rn. 3; *Fitting* § 71 Rn. 8; *Galperin*/*Löwisch* § 71 Rn. 1, 6; *Joost*/MünchArbR § 229 Rn. 12; *Lunk* NZA 1992, 534 [540]; *Richardi*/*Annuß* § 71 Rn. 9; *Roloff*/*WPK* § 71 Rn. 6; *Rose*/*HWGNRH* § 71 Rn. 16; *Rotermund* Interessenwahrnehmung, S. 157 ff.; *Weber*/*Ehrich*/*Hörchens*/*Oberthür* Kap. B Rn. 567; a. M. jedoch *Bodem*/NK-GA § 71 BetrVG Rn. 2; *Kloppenburg*/HaKo § 71 Rn. 2; *Natter* AR-Blattei SD 530.13, Rn. 90; *Richardi* 7. Aufl., § 71 Rn. 5; *Schneider* AiB 1988, 34 [34 f.]; *Trittin*/*DKKW* § 71 Rn. 7; *Weiss*/*Weyand* § 71 Rn. 3; mit Einschränkung in der Tendenz auch *Sittard*/*HWK* § 71 BetrVG Rn. 6).

18 Hierfür spricht zunächst der Wortlaut in § 71 Satz 1, der die Akzessorietät zu einer Betriebsversammlung verlangt. Im Umkehrschluss ist hieraus abzuleiten, dass eine Abteilungsversammlung nicht ausreicht, um die Jugend- und Auszubildendenvertretung zur Einberufung einer Jugend- und Auszubildendenversammlung zu berechtigen (näher Rdn. 24). Auch eine unter dem Vorbehalt strenger Akzessorietät stehende entsprechende Anwendung des § 42 Abs. 2 ist ausgeschlossen (**a. M.** *Sittard*/ *HWK* § 71 BetrVG Rn. 6). Erstens fehlt es an einer planwidrigen Unvollständigkeit des Gesetzes und zweitens ist der Zweck der Abteilungsversammlung nicht auf die Jugend- und Auszubildendenversammlung übertragbar. Während die Abteilungsversammlung besonderen Problemen dieser Abteilung gewidmet ist, bezieht sich die Jugend- und Auszubildendenversammlung auf die spezifischen Belange der in § 60 Abs. 1 genannten Arbeitnehmer. Deshalb ist eine Abteilungsversammlung der in § 60 Abs. 1 genannten Arbeitnehmer im Anschluss an eine nach § 42 Abs. 2 durchgeführte Abteilungsversammlung teleologisch nicht schlüssig.

19 Etwas anderes kommt nur in Betracht, wenn die in § 60 Abs. 1 genannten Arbeitnehmer oder eine Gruppe von ihnen in einer **Betriebsabteilung zusammengefasst** sind. In dieser Konstellation wäre eine auf die Abteilung beschränkte Jugend- und Auszubildendenversammlung zwar teleologisch sinnvoll, ihre eigenständige Abhaltung widerspricht aber der systematischen Konzeption einer Akzessorietät von Betriebsversammlung und Jugend- und Auszubildendenversammlung. Es verbleibt jedoch die Möglichkeit, dass der Betriebsrat für die in einer Abteilung zusammengefassten Auszubilden-

den eine Abteilungsversammlung durchführt, wenn auch die übrigen Voraussetzungen des § 42 Abs. 2 Satz 1 erfüllt sind (s. auch Rdn. 6).

III. Einberufung der Jugend- und Auszubildendenversammlung

1. Akzessorietät

Eine Jugend- und Auszubildendenversammlung kann nur im zeitlichen Zusammenhang mit einer Betriebsversammlung einberufen werden. Durch den in § 71 Satz 1 zum Ausdruck gelangten Sachzusammenhang von Betriebsversammlung und Jugend- und Auszubildendenversammlung ist die letztgenannte streng akzessorisch zur Durchführung einer Betriebsversammlung. 20

Das Recht zur Einberufung einer Jugend- und Auszubildendenversammlung besteht nicht nur im Zusammenhang mit einer **ordentlichen Betriebsversammlung**, sondern auch mit einer **außerordentlichen Betriebsversammlung** i. S. d. § 43 Abs. 1 Satz 4 (*Fitting* § 71 Rn. 14; *Galperin/Löwisch* § 71 Rn. 6; *Joost*/MünchArbR § 229 Rn. 4; *Lunk* NZA 1992, 534 [540]; *Natzel* Berufsbildungsrecht, S. 563; *Trittin*/DKKW § 71 Rn. 13; *Weiss/Weyand* § 71 Rn. 4). Aufgrund des vom Gesetz unterstellten Sachzusammenhangs und der Wechselwirkung zwischen Betriebsversammlung und Jugend- und Auszubildendenversammlung (s. BAG 15.08.1978 EzA § 23 BetrVG 1972 Nr. 7 S. 27 = AP Nr. 1 zu § 23 BetrVG 1972 Bl. 3) ist die Durchführung einer Jugend- und Auszubildendenversammlung im Anschluss an eine außerordentliche Betriebsversammlung i. S. d. § 43 Abs. 1 Satz 4 nur zulässig, wenn die vom Gesetz für diese geforderten Gründe auch für die Einberufung einer Jugend- und Auszubildendenversammlung vorliegen (*Fitting* § 71 Rn. 14; *Natter* AR-Blattei SD 530.13, Rn. 92; *Rose*/HWGNRH § 71 Rn. 23). 21

Zur Einberufung einer Jugend- und Auszubildendenversammlung berechtigen auch solche Betriebsversammlungen, die auf **Wunsch des Arbeitgebers** oder mindestens **eines Viertels der wahlberechtigten Arbeitnehmer** durchgeführt werden (ebenso *Rotermund* Interessenwahrnehmung, S. 160). Keine Betriebsversammlung i. S. d. § 71 Satz 1 ist diejenige, die nach § 17 durchgeführt wird (**a. M.** *Galperin/Löwisch* § 71 Rn. 12). Ihr Zweck steht in keinem Zusammenhang mit dem der Jugend- und Auszubildendenversammlung. 22

Die Durchführung einer Jugend- und Auszubildendenversammlung ist auch zulässig, wenn die Betriebsversammlung nicht als Voll-, sondern gemäß § 42 Abs. 1 Satz 2 als **Teilversammlungen** durchgeführt werden (*Galperin/Löwisch* § 71 Rn. 6; *Roloff*/WPK § 71 Rn. 4). Sofern nicht ausnahmsweise auch die Jugend- und Auszubildendenversammlung als Teilversammlung durchgeführt werden darf (s. Rdn. 16), reicht es aus, wenn die Jugend- und Auszubildendenversammlung im Anschluss an eine der Teilversammlungen durchgeführt wird (*Weiss/Weyand* § 71 Rn. 4). 23

Die Abhaltung einer oder mehrerer **Abteilungsversammlungen** berechtigt nicht zur Durchführung einer Jugend- und Auszubildendenversammlung (*Galperin/Löwisch* § 71 Rn. 6; **a. M.** *Fitting* § 71 Rn. 13; *Kraft* 4. Aufl., § 71 Rn. 4; *Küchenhoff* § 71 Rn. 2; *Lunk* NZA 1992, 534 [540]; *Roloff/WPK* § 71 Rn. 4; *Sittard*/HWK § 71 BetrVG Rn. 6; *Trittin*/DKKW § 71 Rn. 11; *Weiss/Weyand* § 71 Rn. 4; im Grundsatz auch *Rotermund* Interessenwahrnehmung, S. 160 ff.). Anlass und Zweck der Abteilungsversammlung stehen in keinem Zusammenhang mit dem Zweck der Jugend- und Auszubildendenversammlung. Es ist zudem nicht vom Gesetzeszweck gedeckt, wenn die Jugend- und Auszubildendenvertretung eine Versammlung aller in § 60 Abs. 1 genannten Arbeitnehmer allein deshalb einberufen könnte, nur weil der Betriebsrat die Abhaltung einer Abteilungsversammlung für notwendig erachtet (so in der Konsequenz aber ausdrücklich *Weiss/Weyand* § 71 Rn. 5). 24

2. Entscheidung zur Einberufung

Der Jugend- und Auszubildendenvertretung wird durch § 71 Satz 1 lediglich das **Recht zur Einberufung** einer Jugend- und Auszubildendenversammlung eingeräumt. Im Unterschied zum Betriebsrat (§ 43 Abs. 1 Satz 1) ist die Jugend- und Auszubildendenvertretung **nicht** zur Einberufung einer Jugend- und Auszubildendenversammlung **verpflichtet** (*Bodem*/NK-GA § 71 BetrVG Rn. 2; *Fitting* 25

§ 71 Rn. 10; *Galperin/Löwisch* § 71 Rn. 8; *Gamillscheg* II, S. 692; *Joost*/MünchArbR § 229 Rn. 6; *Löwisch/LK* § 71 Rn. 1; *Lunk* NZA 1992, 534 [536]; *Moritz* Jugendvertretung, S. 66; *Natzel* Berufsbildungsrecht, S. 563; *Richardi/Annuß* § 71 Rn. 10; *Roloff/WPK* § 71 Rn. 3; *Rose/HWGNRH* § 71 Rn. 28; *Stege/Weinspach/Schiefer* § 71 Rn. 1; *Trittin/DKKW* § 71 Rn. 2; anders aber das österreichische Recht [= vgl. § 124 Abs. 3 ArbVG]). Die Einberufung steht vielmehr – im Unterschied zu der Rechtslage im Bundespersonalvertretungsgesetz (s. § 63 Satz 1 BPersVG) – in ihrem **pflichtgemäßen Ermessen** (*Bodem*/NK-GA § 71 BetrVG Rn. 2; *Fitting* § 71 Rn. 10; *Galperin/Löwisch* § 71 Rn. 8; *Joost*/MünchArbR § 229 Rn. 6; *Löwisch/LK* § 71 Rn. 1; *Richardi/Annuß* § 71 Rn. 10; *Rose/HWGNRH* § 71 Rn. 28; *Sittard/HWK* § 71 BetrVG Rn. 1; *Trittin/DKKW* § 71 Rn. 2).

26 Anders als für die Betriebsversammlung räumt das Gesetz einzelnen Personengruppen oder betriebsverfassungsrechtlichen Organen **kein Antragsrecht** ein. Bleibt die Jugend- und Auszubildendenvertretung untätig, kann weder der **Arbeitgeber** (*Galperin/Löwisch* § 71 Rn. 8; *Löwisch/LK* § 71 Rn. 1; *Natzel* Berufsbildungsrecht, S. 563; *Rose/HWGNRH* § 71 Rn. 29), der **Betriebsrat** (*Fitting* § 71 Rn. 10; *Joost*/MünchArbR § 229 Rn. 3; *Natzel* Berufsbildungsrecht, S. 563; *Rose/HWGNRH* § 71 Rn. 29; *Stege/Weinspach/Schiefer* § 71 Rn. 1; *Trittin/DKKW* § 71 Rn. 2) oder eine **im Betrieb vertretene Gewerkschaft** (*Fitting* § 71 Rn. 10; *Galperin/Löwisch* § 71 Rn. 8; *Löwisch/LK* § 71 Rn. 1; *Rose/HWGNRH* § 71 Rn. 29; *Stege/Weinspach/Schiefer* § 71 Rn. 1; *Trittin/DKKW* § 71 Rn. 2) noch ein **bestimmtes Quorum teilnahmeberechtigter Arbeitnehmer** (*Galperin/Löwisch* § 71 Rn. 8; *Natzel* Berufsbildungsrecht, S. 563; *Rose/HWGNRH* § 71 Rn. 29) die Einberufung einer Jugend- und Auszubildendenversammlung erzwingen. Eine Analogie zu § 43 Abs. 3 (hierfür *Moritz* Jugendvertretung, S. 66) scheidet nicht nur wegen des Fehlens einer dem gesetzgeberischen Plan widersprechenden Regelungslücke aus, sondern sie ist zudem unvereinbar mit der Akzessorietät zur Betriebsversammlung und der Abhängigkeit der Einberufung vom Einvernehmen mit dem Betriebsrat.

27 Die Entscheidung über die Einberufung der Jugend- und Auszubildendenversammlung trifft die Jugend- und Auszubildendenvertretung auf einer Sitzung durch **Beschluss** (*Bodem*/NK-GA § 71 BetrVG Rn. 2; *Galperin/Löwisch* § 71 Rn. 5; *Joost*/MünchArbR § 229 Rn. 6; *Natzel* Berufsbildungsrecht, S. 563; *Richardi/Annuß* § 71 Rn. 11; *Rose/HWGNRH* § 71 Rn. 24; *Sittard/HWK* § 71 BetrVG Rn. 2; *Trittin/DKKW* § 71 Rn. 2; *Weiss/Weyand* § 71 Rn. 1). Für diesen ist die **einfache Mehrheit** (§ 65 Abs. 1 i. V.m. § 33 Abs. 1) erforderlich, aber auch ausreichend (*Galperin/Löwisch* § 71 Rn. 5; *Joost*/MünchArbR § 229 Rn. 6; *Richardi/Annuß* § 71 Rn. 11; *Rose/HWGNRH* § 71 Rn. 24; *Trittin/DKKW* § 71 Rn. 2; *Weiss/Weyand* § 71 Rn. 1).

3. Einvernehmen mit Betriebsrat

28 Im Einklang mit der den §§ 60 bis 73 zugrundeliegenden Konzeption steht der Jugend- und Auszubildendenvertretung kein eigenständiges Recht zur Einberufung einer Jugend- und Auszubildendenversammlung zu. Rechtspolitische Bestrebungen, diese Konzeption durch eine bloße Pflicht zur Unterrichtung zu durchbrechen (s. Rdn. 2), haben sich nicht durchgesetzt.

29 Nach § 71 Satz 1 ist ein Einvernehmen zwischen Jugend- und Auszubildendenvertretung und Betriebsrat über die Einberufung der Versammlung erforderlich. Hierfür wird im Ergebnis mit Recht die **Zustimmung des Betriebsrats** für notwendig erachtet (*Brecht* § 71 Rn. 1; *Brill* BB 1975, 1642 [1643]; *Fitting* § 71 Rn. 11; *Galperin/Löwisch* § 71 Rn. 8; *Hromadka* DB 1971, 1964 [1966]; *Joost*/MünchArbR § 229 Rn. 3; *Lunk* NZA 1992, 534 [536]; *Moritz* Jugendvertretung, S. 65; *Natter* AR-Blattei SD 530.13, Rn. 91; *Natzel* Berufsbildungsrecht, S. 563; *Richardi/Annuß* § 71 Rn. 11; *Rose/HWGNRH* § 71 Rn. 24; *Schwab* NZA 1988, 687 [688]; *Sittard/HWK* § 71 BetrVG Rn. 2; *Trittin/DKKW* § 71 Rn. 3), obwohl das »Einvernehmen« nach tradierter Vorstellung eine intensivere Form der Mitentscheidung als die »Zustimmung« ist (BVerwG 04.11.1960 BVerwGE 11, 195 [200]; 19.11.1965, DVBl. 1966, 177 [179 f.]; *Fickert* DVBl. 1964, 173 [173]). Auch ein »Einvernehmen« im traditionellen Verständnis muss jedoch durch eine Zustimmung des Betriebsrats gedeckt sein, welche die einvernehmlich erzielte Lösung bestätigt.

30 Das **Einvernehmen** wird grundsätzlich durch einen **zustimmenden Beschluss** des Betriebsrats vermittelt (*Bodem*/NK-GA § 71 BetrVG Rn. 2; *Fitting* § 71 Rn. 11; *Galperin/Löwisch* § 71 Rn. 7; *Joost*/MünchArbR § 229 Rn. 3; *Natter* AR-Blattei SD 530.13, Rn. 91; *Natzel* Berufsbildungsrecht,

Jugend- und Auszubildendenversammlung **§ 71**

S. 563; *Richardi/Annuß* § 71 Rn. 11; *Rose/HWGNRH* § 71 Rn. 24; *Stege/Weinspach/Schiefer* § 71 Rn. 1; *Trittin/DKKW* § 71 Rn. 3; *Weiss/Weyand* § 71 Rn. 1), den der Betriebsrat mit **einfacher Mehrheit** (§ 33 Abs. 1) fassen muss (*Galperin/Löwisch* § 71 Rn. 7; *Joost/*MünchArbR § 229 Rn. 3; *Richardi/Annuß* § 71 Rn. 11; *Rose/HWGNRH* § 71 Rn. 24; *Stege/Weinspach/Schiefer* § 71 Rn. 1; *Trittin/DKKW* § 71 Rn. 3). An der Abstimmung im Betriebsrat sind die Mitglieder der Jugend- und Auszubildendenvertretung **teilnahme- und stimmberechtigt** (*Bodem/*NK-GA § 71 BetrVG Rn. 2; *Brecht* § 71 Rn. 1; *Fitting* § 71 Rn. 11; *Joost/*MünchArbR § 229 Rn. 3; *Küchenhoff* § 71 Rn. 3; *Natter* AR-Blattei SD 530.13, Rn. 91; *Richardi/Annuß* § 71 Rn. 11; *Roloff/WPK* § 71 Rn. 5; *Rose/HWGNRH* § 71 Rn. 24; *Stege/Weinspach/Schiefer* § 71 Rn. 1; *Weiss/Weyand* § 71 Rn. 1).

Das **Einvernehmen** muss hinsichtlich der Jugend- und Auszubildendenversammlung als **Gesamtveranstaltung** bestehen. Es bezieht sich nicht nur auf das »Ob«, sondern auch auf den **Zeitpunkt** und die **Tagesordnung** der Versammlung (*Düttmann/Zachmann* Die Jugendvertretung, Rn. 266; *Fitting* § 71 Rn. 11; *Galperin/Löwisch* § 71 Rn. 7; *Hromadka* DB 1971, 1964 [1966]; *Joost/*MünchArbR § 229 Rn. 3; *Moritz* Jugendvertretung, S. 65; *Richardi/Annuß* § 71 Rn. 11; *Roloff/WPK* § 71 Rn. 5; *Rose/HWGNRH* § 71 Rn. 25; *Stege/Weinspach/Schiefer* § 71 Rn. 1; *Trittin/DKKW* § 71 Rn. 3) sowie den **Versammlungsort** (*Galperin/Löwisch* § 71 Rn. 7; *Natzel* Berufsbildungsrecht, S. 563; *Rose/HWGNRH* § 71 Rn. 25; *Sahmer* § 71 Rn. 1). **Nachträgliche Abweichungen** bedürfen eines erneuten zustimmenden Beschlusses des Betriebsrats (*Fitting* § 71 Rn. 11, 16; *Natzel* Berufsbildungsrecht, S. 563; *Richardi/Annuß* § 71 Rn. 11; *Rose/HWGNRH* § 71 Rn. 25; *Trittin/DKKW* § 71 Rn. 3). 31

Ob der Betriebsrat sein Einvernehmen erteilt, steht in seinem **pflichtgemäßen Ermessen** (*Fitting* § 71 Rn. 11; *Hunold* HBV-Gruppe 2, S. 233 [244]; weiter *Rose/HWGNRH* § 71 Rn. 28, »freies Ermessen«). Als eine fehlerhafte Ermessensausübung dürfte es zu werten sein, wenn der Betriebsrat ohne sachlichen Grund sein Einvernehmen verweigert (*Küchenhoff* § 71 Rn. 3; *Moritz* Jugendvertretung, S. 65; *Trittin/DKKW* § 71 Rn. 3; *Wlotzke* § 71 Anm. 1). Hieraus folgt allerdings kein positiver Anspruch der Jugend- und Auszubildendenvertretung auf Erteilung des Einvernehmens (*Weiss/Weyand* § 71 Rn. 1), sondern der pflichtwidrigen Ermessensausübung kann nur mittels des in § 23 Abs. 1 zur Verfügung stehenden Instrumentariums begegnet werden. 32

4. Zahl der Versammlungen

Die Zahl der Jugend- und Auszubildendenversammlungen ist maximal begrenzt durch die Zahl der Betriebsversammlungen. Im Übrigen steht es im **pflichtgemäßen Ermessen** der Jugend- und Auszubildendenvertretung, ob sie eine Jugend- und Auszubildendenversammlung einberuft (*Fitting* § 71 Rn. 13 sowie hier Rdn. 25; weiter *Rose/HWGNRH* § 71 Rn. 28: freies Ermessen). Das Ermessen wird fehlerhaft ausgeübt, wenn eine Jugend- und Auszubildendenversammlung einberufen wird, obwohl hierfür weder ein Bedürfnis besteht noch die Erforderlichkeit zu bejahen ist (*Fitting* § 71 Rn. 13; *Stege/Weinspach/Schiefer* § 71 Rn. 1; *Trittin/DKKW* § 71 Rn. 13). Eine Überschreitung der Ermessensgrenzen kann die Einleitung eines Verfahrens nach § 65 Abs. 1 i. V. m. § 23 Abs. 1 auslösen. 33

5. Zeitpunkt der Versammlung

a) Regelfall (§ 71 Satz 1)

Für den Regelfall schreibt § 71 Satz 1 vor, dass die Jugend- und Auszubildendenversammlung **vor oder nach der Betriebsversammlung** stattzufinden hat. Dies soll Störungen des Betriebsablaufs in möglichst engen Grenzen halten (*BAG* 15.08.1978 EzA § 23 BetrVG 1972 Nr. 7 S. 26 = AP Nr. 1 zu § 23 BetrVG 1972 Bl. 3; *LAG Düsseldorf* 03.12.1975 DB 1976, 539; *Fitting* § 71 Rn. 15; *Natter* AR-Blattei SD 530.13, Rn. 91; *Natzel* Berufsbildungsrecht, S. 563; *Rose/HWGNRH* § 71 Rn. 21; *Stege/Weinspach/Schiefer* § 71 Rn. 1; *Trittin/DKKW* § 71 Rn. 12; s. auch *Ausschuss für Arbeit und Sozialordnung* BT-Drucks. 11/2474, S. 12). Deshalb muss die Jugend- und Auszubildendenversammlung unmittelbar vor oder nach der Betriebsversammlung stattfinden, da nur dies den **Zweck der zeitlichen Verknüpfung** verwirklicht (*BAG* 15.08.1978 EzA § 23 BetrVG 1972 Nr. 7 = AP Nr. 1 zu § 23 BetrVG 1972 Bl. 3; *LAG Düsseldorf* 03.12.1975 DB 1976, 539; *Brecht* § 71 Rn. 1; *Etzel* Rn. 1339; 34

Fitting § 71 Rn. 15; *Galperin/Löwisch* § 71 Rn. 11; *Joost/*MünchArbR § 229 Rn. 4; *Lunk* NZA 1992, 534 [540]; *Natter* AR-Blattei SD 530.13, Rn. 91; *Rose/HWGNRH* § 71 Rn. 20; *Schwab* NZA 1988, 687 [688]; weiter hingegen *Trittin/DKKW* § 71 Rn. 11, der auf das Unmittelbarkeitserfordernis verzichtet).

35 Hieraus folgt, dass die Jugend- und Auszubildendenversammlung grundsätzlich **am selben Tag** wie die Betriebsversammlung stattzufinden hat (*BAG* 15.08.1978 EzA § 23 BetrVG 1972 Nr. 7 S. 26 f. = AP Nr. 1 zu § 23 BetrVG 1972 Bl. 3; *LAG Düsseldorf* 03.12.1975 DB 1976, 539; *Etzel* Rn. 1339; *Fitting* § 71 Rn. 15; *Galperin/Löwisch* § 71 Rn. 6, 11; *Joost/*MünchArbR § 229 Rn. 4; *Lunk* NZA 1992, 534 [540]; *Natter* AR-Blattei SD 530.13, Rn. 91; *Richardi/Annuß* § 71 Rn. 14; *Rose/HWGNRH* § 71 Rn. 21; *Schwab* NZA 1988, 687 [689]; *Stege/Weinspach/Schiefer* § 71 Rn. 1; **a. M.** *Trittin/DKKW* § 71 Rn. 11). **Abweichungen** von diesem Grundsatz sind möglich, bedürfen aber einer Rechtfertigung durch besondere **betriebliche Gründe** oder **persönliche Gründe** der in § 60 Abs. 1 genannten Arbeitnehmer (*BAG* 15.08.1978 EzA § 23 BetrVG 1972 Nr. 7 S. 27 = AP Nr. 1 zu § 23 BetrVG 1972 Bl. 3; *Etzel* Rn. 1339; *Fitting* § 71 Rn. 15; *Kloppenburg/*HaKo § 71 Rn. 4). Neben einer eventuellen Begrenzung durch die Pflicht, die Jugend- und Auszubildendenversammlung während der Arbeitszeit abzuhalten (hierzu s. Rdn. 36), kann der Zweck der Jugend- und Auszubildendenversammlung eine Abweichung gebieten, wenn eine ausreichende Erörterung der Angelegenheiten an demselben Tage nicht mehr möglich ist (*LAG Düsseldorf* 03.12.1975 DB 1976, 539). Ferner muss trotz zweier Versammlungen an einem Tag ausreichend Zeit für eine Mittagspause bleiben (*LAG Düsseldorf* 03.12.1975 DB 1976, 539; *Fitting* § 71 Rn. 15; *Trittin/DKKW* § 71 Rn. 11). Eine abweichende zeitliche Lage der Jugend- und Auszubildendenversammlung kann unter Umständen auch durch den Berufsschulunterricht geboten sein, da die Anberaumung einer Jugend- und Auszubildendenversammlung die Berufsschulpflicht nicht beseitigt (*Richardi/Annuß* § 71 Rn. 14; *Roloff/WPK* § 71 Rn. 7).

36 Von dieser Vorgabe abgesehen, steht der Zeitpunkt der Jugend- und Auszubildendenversammlung im **Ermessen** der Jugend- und Auszubildendenvertretung und des Betriebsrats. Dies gilt insbesondere hinsichtlich der Entscheidung, ob die Versammlung vor oder nach der Betriebsversammlung stattfindet. Das Ermessen wird jedoch durch § 73 Satz 3 i. V. m. § 44 eingeschränkt. Danach findet die regelmäßige Jugend- und Auszubildendenversammlung **während** (§ 44 Abs. 1 Satz 1), die sonstigen hingegen **außerhalb der Arbeitszeit** statt (§ 44 Abs. 2).

37 Fängt die **Betriebsversammlung** mit **Beginn der Arbeitszeit** an, so ist die Jugend- und Auszubildendenversammlung nach dem Ende der Betriebsversammlung abzuhalten. Ist abzusehen, dass diese Versammlung bis zum **Ende der Arbeitszeit** dauert, ist die Jugend- und Auszubildendenversammlung, wenn möglich, vor Beginn der Betriebsversammlung abzuhalten. Kommt eine Abhaltung am Tag der Betriebsversammlung aus Zeitgründen nicht in Betracht, ist die Jugend- und Auszubildendenversammlung auf den **vorhergehenden** oder den **nachfolgenden Tag** zu legen.

b) Abweichende Vereinbarung (§ 71 Satz 2)

38 Einen vom Regelfall abweichenden Zeitpunkt der Jugend- und Auszubildendenversammlung, also eine **Aufhebung des unmittelbaren zeitlichen Zusammenhanges**, lässt das Gesetz in § 71 Satz 2 ausdrücklich zu, verlangt hierfür jedoch das **Einvernehmen von Betriebsrat und Arbeitgeber**. Die durch das »Gesetz zur Bildung von Jugend- und Auszubildendenvertretungen in den Betrieben« vom 13.07.1988 (BGBl. I, S. 1034; näher zu dieser vor § 60 Rdn. 8 f.) aufgenommene Ergänzung der Norm entsprach bereits der vorherigen höchstrichterlichen Rechtsprechung (*BAG* 15.08.1978 EzA § 23 BetrVG 1972 Nr. 7 S. 27 = AP Nr. 1 zu § 23 BetrVG 1972 Bl. 3) und der einhelligen Ansicht im Schrifttum (*Dietz/Richardi* § 71 Rn. 9; *Galperin/Löwisch* § 71 Rn. 11; *Hess/Schlochauer/Glaubitz* 3. Aufl., § 71 Rn. 10; *Kraft* 4. Aufl., § 71 Rn. 5; *Vogt* BB 1984, 856 [859]). Die Gesetzesänderung hat daher lediglich den Status quo festgeschrieben (*Engels/Natter* BB 1988, 1453 [1457]; *Hess/HSWG* § 71 Rn. 10; *Kraft* 4. Aufl., Nachtrag Bd. I, § 71 Rn. 3; *Natter* AR-Blattei SD 530.13, Rn. 93; *Richardi/Annuß* § 71 Rn. 1; *Schwab* NZA 1988, 687 [689]; **a. M.** *Ausschuss für Arbeit und Sozialordnung* BT-Drucks. 11/2474, S. 12, wonach eine Verbesserung gegenüber dem bisherigen Rechtszustand eingetreten sein soll).

Jugend- und Auszubildendenversammlung §71

Ein vom Regelzeitpunkt (§ 71 Satz 1) abweichendes dreiseitiges Einvernehmen kann **formfrei** her- 39
gestellt werden. Weder der Betriebsrat noch die Jugend- und Auszubildendenvertretung verfügen über
einen Anspruch, der den Arbeitgeber zur Erteilung seines Einvernehmens verpflichtet. Es ist deshalb
nicht erzwingbar (*Engels/Natter* BB 1988, 1453 [1457]; *Hunold* HBV-Gruppe 2, S. 233 [244];
*Joost/*MünchArbR § 229 Rn. 5; *Lunk* NZA 1992, 534 [540]; *Natter* AR-Blattei SD 530.13, Rn. 93;
*Rose/*HWGNRH § 71 Rn. 22). Da die abweichende Vereinbarung an die Einberufungskompetenz
der Jugend- und Auszubildendenvertretung anknüpft, reicht es nicht aus, wenn Arbeitgeber und Betriebsrat eine Auflösung des zeitlichen Zusammenhangs von Betriebsversammlung und Jugend- und
Auszubildendenversammlung verabreden. **Gegen den Willen der Jugend- und Auszubildendenvertretung** kann die zeitliche Lage **nicht abweichend** von dem gesetzlichen Regelfall **festgelegt
werden**.

Durch die Befugnis zu einer von § 71 Satz 1 abweichenden Regelung kann nur über den hiernach 40
erforderlichen zeitlichen Zusammenhang von Betriebsversammlung und Jugend- und Auszubildendenversammlung disponiert werden. Von der durch § 73 Satz 3 i. V. m. § 44 Abs. 1 festgelegten **Bindung der zeitlichen Lage an die Arbeitszeit** und der **Konnexität zu einer Betriebsversammlung** entbindet § 71 Satz 2 nicht.

6. Mitteilungspflicht der Jugend- und Auszubildendenvertretung

Nach § 71 Satz 3 i. V. m. § 43 Abs. 2 Satz 1 ist der **Arbeitgeber** unter **Mitteilung der Tagesord-** 41
nung zu der Jugend- und Auszubildendenversammlung einzuladen.

Die Mitteilungspflicht der Jugend- und Auszubildendenvertretung erstreckt sich nach § 71 Satz 3 42
i. V. m. § 46 Abs. 2 einschließlich Zeitpunkt und Tagesordnung auch auf die in der Jugend- und Auszubildendenvertretung vertretenen **Gewerkschaften** (*Fitting* § 71 Rn. 12; *Galperin/Löwisch* § 71
Rn. 8; *Hunold* HBV-Gruppe 2, S. 233 [244]; *Sahmer* § 71 Rn. 3; *Weiss/Weyand* § 71 Rn. 6). Wegen
des Gebots einer entsprechenden Anwendung richtet sich die Mitteilungspflicht nicht danach, ob
die Gewerkschaften im Betriebsrat vertreten sind (so aber *Richardi/Annuß* § 71 Rn. 16).

IV. Durchführung der Jugend- und Auszubildendenversammlung

1. Versammlungsleitung

Das Gesetz räumt der Jugend- und Auszubildendenvertretung die Kompetenz ein, die Jugend- und 43
Auszubildendenversammlung einzuberufen. Hieraus folgt, dass die Jugend- und Auszubildendenvertretung auch berechtigt ist, die Versammlung zu leiten. Obwohl § 42 Abs. 1 Satz 1 Halbs. 2 nicht für
entsprechend anwendbar erklärt wird, obliegt die Leitung der Jugend- und Auszubildendenversammlung – in Übereinstimmung mit der ausdrücklichen Regelung in § 63 Satz 2 BPersVG – dem **Vorsitzenden der Jugend- und Auszubildendenvertretung** (*Düttmann/Zachmann* Die Jugendvertretung, Rn. 265; *Fitting* § 71 Rn. 18; *Galperin/Löwisch* § 71 Rn. 9; *Joost/*MünchArbR § 229 Rn. 14;
*Löwisch/*LK § 71 Rn. 3; *Lunk* NZA 1992, 534 [540]; *Moritz* Jugendvertretung, S. 65 mit Fn. 18; *Natter* AR-Blattei SD 530.13, Rn. 94; *Richardi/Annuß* § 71 Rn. 18; *Rose/*HWGNRH § 71 Rn. 32; *Rotermund* Interessenwahrnehmung, S. 163 f.; *Sittard/*HWK § 71 BetrVG Rn. 4; *Stege/Weinspach/Schiefer*
§ 71 Rn. 2; *Trittin/*DKKW § 71 Rn. 17). Die von *Hromadka* und *Koch* vertretene abweichende Position, die Versammlungsleitung obliege Jugend- und Auszubildendenvertretung sowie Betriebsrat gemeinsam (*Hromadka* DB 1971, 1964 [1966]; *Schaub/Koch* Arbeitsrechts-Handbuch, § 229 Rn. 1),
steht im Widerspruch zu dem ausdrücklich vorgesehenen Teilnahmerecht in § 71 Satz 3 i. V. m.
§ 65 Abs. 2 Satz 2 (so mit Recht *Lunk* NZA 1992, 534 [540 f.]).

Bei der Leitung der Versammlung stehen dem Vorsitzenden der Jugend- und Auszubildendenvertre- 44
tung alle mit der Durchführung und Leitung einer Versammlung untrennbar verbundenen **Rechtspositionen** zu, um einen ordnungsgemäßen und zweckgerechten Ablauf der Versammlung zu gewährleisten. Hierzu gehört neben dem **Hausrecht** (*Brill* BB 1975, 1642 [1643]; *Düttmann/Zachmann*
Die Jugendvertretung, Rn. 265; *Fitting* § 71 Rn. 19; *Natzel* Berufsbildungsrecht, S. 564; *Richardi/
Annuß* § 71 Rn. 18; *Trittin/*DKKW § 71 Rn. 18; *Wlotzke* § 71 Anm. 2) sowie der **Erteilung und**

§ 71 *III. 1. Betriebliche Jugend- und Auszubildendenvertretung*

Entziehung des Wortes (*Natzel* Berufsbildungsrecht, S. 564; *Roloff/WPK* § 71 Rn. 10; *Rose/HWGNRH* § 71 Rn. 32) auch die Pflicht, für einen **gesetzeskonformen Ablauf der Versammlung**, insbesondere hinsichtlich der zulässigen **Themen** (dazu s. Rdn. 46 f.), Sorge zu tragen (*Düttmann/Zachmann* Die Jugendvertretung, Rn. 268; *Fitting* § 71 Rn. 18; *Galperin/Löwisch* § 71 Rn. 9; *Rose/HWGNRH* § 71 Rn. 32).

2. Öffentlichkeit

45 Obwohl § 42 Abs. 1 Satz 2 in § 71 nicht für entsprechend anwendbar erklärt wird, ist auch die Jugend- und Auszubildendenversammlung nicht öffentlich (*Bodem/NK-GA* § 71 BetrVG Rn. 2; *Fitting* 23. Aufl., § 71 Rn. 20; *Joost/MünchArbR* § 229 Rn. 8; *Lunk* NZA 1992, 534 [539]; *Natzel* Berufsbildungsrecht, S. 564; *Richardi/Annuß* § 71 Rn. 19; *Roloff/WPK* § 71 Rn. 8; *Rose/HWGNRH* § 71 Rn. 11; *Sittard/HWK* § 71 BetrVG Rn. 4; *Stege/Weinspach/Schiefer* § 71 Rn. 2; *Trittin/DKKW* § 71 Rn. 19; näher dazu *Weber* § 42 Rdn. 48 ff.)

3. Versammlungsgegenstand

a) Thematik

46 Gegenstand der Jugend- und Auszubildendenversammlung können alle Angelegenheiten sein, die in den **Zuständigkeitsbereich der Jugend- und Auszubildendenvertretung** fallen (*Richardi/Annuß* § 71 Rn. 20; *Rose/HWGNRH* § 71 Rn. 38; *Rotermund* Interessenwahrnehmung, S. 165 f.). Die Regelung in § 45 Satz 1 ist lediglich entsprechend anzuwenden, so dass sie an die spezifischen Funktionen und Aufgaben der Jugend- und Auszubildendenversammlung anzupassen ist. Auf der Jugend- und Auszubildendenversammlung können nur solche Angelegenheiten behandelt werden, die die in § 60 Abs. 1 genannten Arbeitnehmer **besonders betreffen**.

47 Die im Schrifttum verbreitet anzutreffende und mit dem Wortlaut von § 45 Satz 1 übereinstimmende These, es reiche bereits eine **unmittelbare Betroffenheit** aus (so ausdrücklich *Düttmann/Zachmann* Die Jugendvertretung, Rn. 268; *Fitting* § 71 Rn. 21; *Joost/MünchArbR* § 229 Rn. 15; *Roloff/WPK* § 71 Rn. 11; *Rose/HWGNRH* § 71 Rn. 38; *Trittin/DKKW* § 71 Rn. 18; im Ergebnis auch *Lunk* NZA 1992, 534 [541]; *Natzel* Berufsbildungsrecht, S. 564; *Richardi/Annuß* § 71 Rn. 21; *Sahmer* § 71 Rn. 3; *Sittard/HWK* § 71 BetrVG Rn. 3; *Stege/Weinspach/Schiefer* § 71 Rn. 2; *Wlotzke* § 71 Anm. 2; weiter gehend anscheinend *Galperin/Löwisch* § 71 Rn. 15; *Löwisch/LK* § 71 Rn. 4; *Weber/Ehrich/Hörchens/Oberthür* Kap. B Rn. 569; *Weiss/Weyand* § 71 Rn. 8, die auf das Unmittelbarkeitserfordernis verzichten), würdigt nicht ausreichend, dass die Jugend- und Auszubildendenvertretung und damit auch die Jugend- und Auszubildendenversammlung nach § 60 Abs. 2 auf die besonderen Belange der in § 60 Abs. 1 genannten Arbeitnehmer beschränkt ist.

48 Keine ausdrückliche Regelung trifft § 71 hinsichtlich eines Tätigkeitsberichts, den der Betriebsrat nach § 43 Abs. 1 Satz 1 auf einer Betriebsversammlung zu erstatten hat. Im Hinblick auf den Zweck der Jugend- und Auszubildendenversammlung zählt die Tätigkeit der Jugend- und Auszubildendenvertretung jedoch zu denjenigen Angelegenheiten, die die in § 60 Abs. 1 genannten Arbeitnehmer besonders betreffen, so dass ein entsprechender Bericht der Jugend- und Auszubildendenvertretung nicht das Spektrum der zulässigen Themen überschreitet. Ob allerdings eine § 43 Abs. 1 Satz 1 vergleichbare Rechtspflicht zu einem entsprechenden Bericht besteht (hierfür aufgrund einer analogen Anwendung *Roloff/WPK* § 71 Rn. 12), ist zweifelhaft, da die Jugend- und Auszubildendenvertretung im Unterschied zum Betriebsrat nicht zur Durchführung einer Versammlung verpflichtet ist. Gegen die Annahme einer planwidrigen Unvollständigkeit der Regelung in § 71 spricht zudem, dass § 71 Satz 3 auf zahlreiche Vorschriften aus dem Recht der Betriebsversammlung verweist, § 43 Abs. 1 Satz 1 hiervon jedoch ausgenommen ist und auch keine anderweitige Regelung vorliegt.

49 Die Erörterung solcher Angelegenheiten, die den **Betriebsfrieden stören** oder gegen das **Verbot der parteipolitischen Betätigung** verstoßen, ist nach § 71 Satz 3 i. V. m. den §§ 45 Satz 1 Halbs. 2, 74 Abs. 2 unzulässig (*Düttmann/Zachmann* Die Jugendvertretung, Rn. 268; *Fitting* § 71 Rn. 21; *Galperin/Löwisch* § 71 Rn. 15; *Lunk* NZA 1992, 534 [541]; *Natzel* Berufsbildungsrecht, S. 564; *Richardi/Annuß* § 71 Rn. 22; *Rose/HWGNRH* § 71 Rn. 40; *Sittard/HWK* § 71 BetrVG Rn. 3; *Stege/Wein-*

Jugend- und Auszubildendenversammlung **§ 71**

spach/*Schiefer* § 71 Rn. 2). Zu den Rechtsfolgen bei einer Erörterung unzulässiger Themen *Weber* § 42 Rdn. 35 ff., § 44 Rdn. 58 ff.

b) Anträge und Stellungnahmen

Der Jugend- und Auszubildendenversammlung steht ferner das Recht zur Unterbreitung von Anträ- 50 gen und Stellungnahmen zu (§ 71 Satz 3 i. V. m. § 45 Satz 2). Aufgrund des Gebots einer entsprechenden Anwendung ist diese Rechtsposition **auf die Jugend- und Auszubildendenvertretung**, ihre Tätigkeit und ihre Beschlüsse **ausgerichtet** (*Fitting* § 71 Rn. 22; *Richardi/Annuß* § 71 Rn. 24; *Rose/HWGNRH* § 71 Rn. 42; *Trittin/DKKW* § 71 Rn. 29). Wegen der entsprechenden Anwendung der Vorschrift steht der Jugend- und Auszubildendenversammlung dieses Recht **nicht gegenüber dem Betriebsrat** und seinen Beschlüssen zu (so aber *Richardi/Annuß* § 71 Rn. 24, wenn eine besondere Bedeutung für die in § 60 Abs. 1 genannten Arbeitnehmer vorliegt). Anträge und Stellungnahmen, die sich auf die Tätigkeit des Betriebsrats und seine Beschlüsse beziehen, sind deshalb nicht zulässig.

Das **Stimmrecht** steht nur den in § 60 Abs. 1 genannten Arbeitnehmern zu (*Rose/HWGNRH* § 71 51 Rn. 43; *Trittin/DKKW* § 71 Rn. 29), nicht hingegen den übrigen Personen, denen nach Maßgabe der Rdn. 8 ff. ein Teilnahmerecht zusteht (*Rose/HWGNRH* § 71 Rn. 43).

4. Freistellungsanspruch

Findet die Jugend- und Auszubildendenversammlung während der individuellen Arbeitszeit statt, so 52 steht den in § 60 Abs. 1 genannten Arbeitnehmern ein Anspruch auf Freistellung von ihrer **Pflicht zur Arbeitsleistung** zu (*Richardi/Annuß* § 71 Rn. 25).

Die Pflicht zur Freistellung bezieht sich nur auf das Arbeitsverhältnis. Die nach den Schulgesetzen der 53 Länder bestehende **Berufsschulpflicht** bleibt hiervon unberührt (s. jedoch *Lunk* NZA 1992, 534 [539], der deshalb bereits ein Teilnahmerecht verneint; hierzu s. Rdn. 9).

5. Verdienstausfall und Kostenerstattung

Für den **Ausgleich des Verdienstausfalls** gelten die Grundsätze in § 44 (§ 71 Satz 3; s. *Fitting* § 71 54 Rn. 26 ff.; *Galperin/Löwisch* § 71 Rn. 12 f.; *Lunk* NZA 1992, 534 [537 f.]; *Richardi/Annuß* § 71 Rn. 26 f.; *Rose/HWGNRH* § 71 Rn. 36; *Trittin/DKKW* § 71 Rn. 24; *Weiss/Weyand* § 71 Rn. 7). Die Problematik des Verdienstausfalls ist daher streng akzessorisch nach denjenigen Maximen zu beurteilen, die bei der Betriebsversammlung zur Anwendung gelangen. Das gilt auch, wenn einvernehmlich der unmittelbare zeitliche Zusammenhang nach § 71 Satz 2 aufgelöst wird (ebenso *Lunk* NZA 1992, 534 [537]; *Richardi/Annuß* § 71 Rn. 28; *Roloff/WPK* § 71 Rn. 15). Bezüglich der Vergütung der teilnehmenden **Mitglieder der Jugend- und Auszubildendenvertretung** gilt nicht § 44, sondern § 65 Abs. 1 i. V. m. § 37 Abs. 2 und 3, da sie nicht in ihrer Eigenschaft als einer der in § 60 Abs. 1 genannten Arbeitnehmer, sondern in ihrer Eigenschaft als Organmitglieder an der Jugend- und Auszubildendenversammlung teilnehmen (so mit Recht *Lunk* NZA 1992, 534 [537 f.] sowie allgemein *Weber* § 37 Rdn. 54, 102).

6. Kosten der Versammlung

Unter dem Vorbehalt der Erforderlichkeit trägt der Arbeitgeber die Kosten der Jugend- und Auszubil- 55 dendenversammlung (*Bodem*/NK-GA § 71 BetrVG Rn. 5; *Natzel* Berufsbildungsrecht, S. 565; *Richardi/Annuß* § 71 Rn. 29; *Rose/HWGNRH* § 71 Rn. 35; *Sittard/HWK* § 71 BetrVG Rn. 5; *Trittin/DKKW* § 71 Rn. 16; *Wlotzke* § 71 Anm. 2).

7. Teilnahmerecht

Zum Kreis der teilnahmeberechtigten Personen s. Rdn. 8 ff.; zur Nichtöffentlichkeit der Jugend- und 56 Auszubildendenversammlung s. Rdn. 45.

57 Wenn das Gesetz anderen als den in § 60 Abs. 1 genannten Arbeitnehmern ein **Teilnahmerecht** einräumt, dann umfasst dies nicht nur ein Anwesenheits-, sondern auch ein **Recht zur Stellungnahme**. Für den **Arbeitgeber** stellt dies § 43 Abs. 2 Satz 2, der nach § 71 Satz 3 entsprechend anwendbar ist, ausdrücklich klar. Für die **Beauftragten der im Betrieb vertretenen Gewerkschaft** folgt dies aus § 46 Abs. 1 Satz 1. Für den nach § 71 Satz 3 i. V. m. § 65 Abs. 2 Satz 2 anwesenden **Vorsitzenden des Betriebsrats** oder das vom **Betriebsrat beauftragte Mitglied** folgt dies aus der mit § 65 Abs. 2 Satz 2 verbundenen Rechtsposition (s. § 65 Rdn. 77; *Galperin/Löwisch* § 71 Rn. 10). Zum Rederecht eines Beauftragten der Arbeitgebervereinigung *Weber* § 46 Rdn. 19.

8. Stimmrecht

58 Sofern im Rahmen einer Jugend- und Auszubildendenversammlung Abstimmungen über Anträge und Stellungnahmen durchgeführt werden (§ 71 Satz 3 i. V. m. § 45 Satz 2), sind nur die in § 60 Abs. 1 genannten Arbeitnehmer stimmberechtigt (*Fitting* § 71 Rn. 23; *Rose/HWGNRH* § 71 Rn. 43; *Trittin/DKKW* § 71 Rn. 29). Soweit anderen Personen ein Teilnahmerecht zusteht, berechtigt sie dies nicht zur Stimmabgabe (*Rose/HWGNRH* § 71 Rn. 43).

V. Streitigkeiten

59 Über Streitigkeiten in Bezug auf die Einberufung und Durchführung der Jugend- und Auszubildendenversammlung, auf das Teilnahmerecht und auf die Zustimmung des Betriebsrats entscheiden die Arbeitsgerichte im **Beschlussverfahren** (§§ 2a Abs. 1 Nr. 1, Abs. 2, 80 ff. ArbGG).

60 Ansprüche auf Entgeltzahlung und Auslagenerstattung sind im **Urteilsverfahren** geltend zu machen (§§ 2 Abs. 1 Nr. 3 Buchst. a, Abs. 5, 46 ff. ArbGG).

Zweiter Abschnitt
Gesamt-Jugend- und Auszubildendenvertretung

§ 72
Voraussetzungen der Errichtung, Mitgliederzahl, Stimmengewicht

(1) Bestehen in einem Unternehmen mehrere Jugend- und Auszubildendenvertretungen, so ist eine Gesamt-Jugend- und Auszubildendenvertretung zu errichten.

(2) In die Gesamt-Jugend- und Auszubildendenvertretung entsendet jede Jugend- und Auszubildendenvertretung ein Mitglied.

(3) Die Jugend- und Auszubildendenvertretung hat für das Mitglied der Gesamt-Jugend- und Auszubildendenvertretung mindestens ein Ersatzmitglied zu bestellen und die Reihenfolge des Nachrückens festzulegen.

(4) Durch Tarifvertrag oder Betriebsvereinbarung kann die Mitgliederzahl der Gesamt-Jugend- und Auszubildendenvertretung abweichend von Absatz 2 geregelt werden.

(5) Gehören nach Absatz 2 der Gesamt-Jugend- und Auszubildendenvertretung mehr als zwanzig Mitglieder an und besteht keine tarifliche Regelung nach Absatz 4, so ist zwischen Gesamtbetriebsrat und Arbeitgeber eine Betriebsvereinbarung über die Mitgliederzahl der Gesamt-Jugend- und Auszubildendenvertretung abzuschließen, in der bestimmt wird, dass Jugend- und Auszubildendenvertretungen mehrerer Betriebe eines Unternehmens, die regional oder durch gleichartige Interessen miteinander verbunden sind, gemeinsam Mitglieder in die Gesamt-Jugend- und Auszubildendenvertretung entsenden.

(6) Kommt im Fall des Absatzes 5 eine Einigung nicht zustande, so entscheidet eine für das Gesamtunternehmen zu bildende Einigungsstelle. Der Spruch der Einigungsstelle ersetzt die Einigung zwischen Arbeitgeber und Gesamtbetriebsrat.

(7) Jedes Mitglied der Gesamt-Jugend- und Auszubildendenvertretung hat so viele Stimmen, wie in dem Betrieb, in dem es gewählt wurde, in § 60 Abs. 1 genannte Arbeitnehmer in der Wählerliste eingetragen sind. Ist ein Mitglied der Gesamt-Jugend- und Auszubildendenvertretung für mehrere Betriebe entsandt worden, so hat es so viele Stimmen, wie in den Betrieben, für die es entsandt ist, in § 60 Abs. 1 genannte Arbeitnehmer in den Wählerlisten eingetragen sind. Sind mehrere Mitglieder der Jugend- und Auszubildendenvertretung entsandt worden, so stehen diesen die Stimmen nach Satz 1 anteilig zu.

(8) Für Mitglieder der Gesamt-Jugend- und Auszubildendenvertretung, die aus einem gemeinsamen Betrieb mehrerer Unternehmen entsandt worden sind, können durch Tarifvertrag oder Betriebsvereinbarung von Absatz 7 abweichende Regelungen getroffen werden.

Literatur
Rudolph Die Gesamtjugend- und Auszubildendenvertretung, AiB 1998, 671; s. ferner die Angaben vor § 60.

Inhaltsübersicht	Rdn.
I. Vorbemerkung	1–4
II. Allgemeines	5–8
III. Errichtung der Gesamt-Jugend- und Auszubildendenvertretung	9–19
1. Voraussetzung	9–14
2. Amtszeit	15–19
IV. Zusammensetzung der Gesamt-Jugend- und Auszubildendenvertretung	20–43
1. Entsendung der Mitglieder	20–24
2. Abberufung der Mitglieder	25–28
3. Zahl der Mitglieder	29–43
a) Gesetzliche Anzahl	29
b) Fakultative Vereinbarung	30–36

aa) Vereinbarungsinhalt		30, 31
bb) Tarifvertrag		32
cc) Betriebsvereinbarung		33–35
dd) Regelungskonkurrenz		36
c) Obligatorische Vereinbarung		37–43
aa) Betriebsvereinbarung		37–41
bb) Einigungsstelle		42, 43
V. Stimmengewicht		44–51
VI. Streitigkeiten		52

I. Vorbemerkung

1 Eine Gesamt-Jugend- und Auszubildendenvertretung war im BetrVG 1952 nicht vorgesehen. Im Zuge der Verstärkung der Stellung der damaligen Jugendvertretung im einzelnen Betrieb durch das BetrVG 1972 wollte der Gesetzgeber auch auf Unternehmensebene im Bereich des Gesamtbetriebsrats eine bessere Berücksichtigung der Belange der in § 60 Abs. 1 genannten Arbeitnehmer sicherstellen (*Fitting* § 72 Rn. 1; *Galperin/Löwisch* § 72 Rn. 1; *Joost*/MünchArbR § 230 Rn. 1; *Roloff/WPK* § 72 Rn. 1; *Trittin/DKKW* § 72 Rn. 1).

2 In diesem Grundanliegen stimmten sowohl der Regierungsentwurf (BT-Drucks. VI/1786, S. 14 f.) als auch der Entwurf der CDU/CSU-Fraktion zum BetrVG 1972 (BT-Drucks. VI/1806, S. 19 f., § 95) überein. Aufgrund der Beschlussempfehlungen des Ausschusses für Arbeit und Sozialordnung wurden die ursprünglich nicht vorgesehenen Absätze 4 bis 7 angefügt und damit eine Konkordanz zu den gleichfalls neu aufgenommenen Regelungen für den Gesamtbetriebsrat aufrechterhalten (*Ausschuss für Arbeit und Sozialordnung* zu BT-Drucks. VI/2729, S. 28). Ebenso wie bei dem Gesamtbetriebsrat soll hierdurch eine flexible Anpassung der Zusammensetzung der Gesamt-Jugend- und Auszubildendenvertretung an die spezifische Struktur eines Unternehmens ermöglicht werden (*Ausschuss für Arbeit und Sozialordnung* zu BT-Drucks. VI/2729, S. 25).

3 Eine vergleichbare Angleichung an die ebenfalls im Zuge des BetrVG 1972 neu etablierten Institution eines fakultativen **Konzernbetriebsrats** für die Wahrnehmung der besonderen Belange der in § 60 Abs. 1 genannten Arbeitnehmer unterblieb zunächst (anders aber das österreichische Recht [§§ 123 Abs. 4, 131f ArbVG]). Erst die im Zuge des Art. 1 Abs. 49 des BetrVerf-ReformG eingefügten §§ 73a und 73b eröffnen den Jugend- und Auszubildendenvertretungen in konzernverbundenen Unternehmen fakultativ die Möglichkeit einer konzerndimensionalen Gremienbildung (zur früheren Rechtslage 6. Aufl., vor § 60 Rn. 32 f.).

4 Das »**Gesetz zur Bildung von Jugend- und Auszubildendenvertretungen in den Betrieben**« vom 13.07.1988 (BGBl. I, S. 1034; näher zu diesem vor § 60 Rdn. 8 f.) bewirkte keine inhaltliche Modifikation der Vorschrift, sondern passte diese lediglich an die geänderte Terminologie des Gesetzes an. Das **BetrVerf-ReformG** beschränkte sich mit Art. 1 Nr. 47 auf Randkorrekturen. Im Hinblick auf § 72 Abs. 5 wurde die zuvor in Satz 2 enthaltene Regelung zur **Abberufung und Bestellung von Ersatzmitgliedern**, die unklar gefasst war (6. Aufl., § 72 Rn. 41), gestrichen, weil auch die Parallelnormen für den Gesamt- bzw. Konzernbetriebsrat (§ 47 Abs. 5, § 55 Abs. 4) keine vergleichbare Bestimmung kennen (*Reg. Begr.* BT-Drucks. 14/5741, S. 45). Neu aufgenommen wurde § 72 Abs. 8, der für das **Stimmengewicht** der aus einem **gemeinsamen Betrieb** entsandten Mitglieder der Jugend- und Auszubildendenvertretung die Möglichkeit zu einer Regelung eröffnet, die von § 72 Abs. 7 abweicht. Dies erwies sich angesichts vergleichbarer Bestimmungen für den Gesamtbetriebsrat (§ 47 Abs. 9) und den Konzernbetriebsrat (§ 55 Abs. 4 Satz 2 i. V. m. § 47 Abs. 9) als notwendig (*Reg. Begr.* BT-Drucks. 14/5741, S. 45).

II. Allgemeines

5 Die Gesamt-Jugend- und Auszubildendenvertretung ist wie die betriebliche Jugend- und Auszubildendenvertretung kein selbständiges, neben dem Gesamtbetriebsrat stehendes betriebsverfassungs-

Voraussetzungen der Errichtung, Mitgliederzahl, Stimmengewicht § 72

rechtliches Repräsentationsorgan gegenüber dem Arbeitgeber (s. vor § 60 Rdn. 27). Sie kann die Interessen der in § 60 Abs. 1 genannten Arbeitnehmer nur über den und mit Hilfe des Gesamtbetriebsrats wahrnehmen (*Brecht* § 73 Rn. 2; *Fitting* § 72 Rn. 9; *Galperin/Löwisch* § 72 Rn. 2; *Kloppenburg/HaKo* § 72 Rn. 2; *Natter* AR-Blattei SD 530.13, Rn. 95; *Richardi/Annuß* § 73 Rn. 20; *Rose/HWGNRH* § 72 Rn. 4; *Stege/Weinspach/Schiefer* §§ 72–73 Rn. 5; *Weiss/Weyand* § 72 Rn. 1; mit Einschränkungen auch *Trittin/DKKW* § 72 Rn. 3, der jedoch einen eigenen Zuständigkeitsbereich der Gesamt-Jugend- und Auszubildendenvertretung im Rahmen der allgemeinen Aufgaben anerkennen will). Dies ergibt sich aus der Verweisung auf die §§ 66, 67 und 68 in § 73 Abs. 2. Auch auf Unternehmensebene ist der Gesamtbetriebsrat im Verhältnis zum Arbeitgeber der alleinige Repräsentant der in § 60 Abs. 1 genannten Arbeitnehmer. Trotz der eingeschränkten Rechtsstellung besitzt die Gesamt-Jugend- und Auszubildendenvertretung – ebenso wie die betriebliche Jugend- und Auszubildendenvertretung (s. vor § 60 Rdn. 30) – die Rechtsnatur eines **Hilfsorgans für den Gesamtbetriebsrat**.

Die Gesamt-Jugend- und Auszubildendenvertretung steht **selbständig neben den Jugend- und** 6 **Auszubildendenvertretungen der einzelnen Betriebe**; sie ist insbesondere – wie der Gesamtbetriebsrat im Verhältnis zu den Einzelbetriebsräten – den einzelnen Jugend- und Auszubildendenvertretungen **nicht übergeordnet** (§ 73 Abs. 2 i. V. m. § 50 Abs. 1 Satz 2; *Brecht* § 73 Rn. 2; *Fitting* § 72 Rn. 7; *Galperin/Löwisch* § 72 Rn. 2; *Küchenhoff* § 72 Rn. 4; *Moritz* Jugendvertretung, S. 112; *Natzel* Berufsbildungsrecht, S. 565; *Roloff/WPK* § 72 Rn. 2; *Rose/HWGNRH* § 72 Rn. 6; *Stege/Weinspach/Schiefer* §§ 72–73 Rn. 5; *Trittin/DKKW* § 72 Rn. 4).

Die **Zuständigkeit** der Gesamt-Jugend- und Auszubildendenvertretung ergibt sich aus § 50 – auf den 7 § 73 Abs. 2 verweist – und umfasst nach § 50 Abs. 1 nur solche Angelegenheiten, die das Gesamtunternehmen oder mehrere Betriebe betreffen und nicht durch die betriebliche Jugend- und Auszubildendenvertretung erledigt werden können. Nach § 50 Abs. 2 kann eine betriebliche Jugend- und Auszubildendenvertretung der Gesamt-Jugend- und Auszubildendenvertretung auch die Erledigung einzelner Angelegenheiten übertragen (näher hierzu § 73 Rdn. 41 ff.).

Die Vorschrift ist, abgesehen von dem in § 72 Abs. 4, 5 und 8 vorgesehenen Regelungsvorbehalt für 8 Kollektivverträge, **zwingender** Natur (*Fitting* § 72 Rn. 3; *Galperin/Löwisch* § 72 Rn. 4; *Rose/HWGNRH* § 72 Rn. 2) und steht nicht zur Disposition der Kollektivvertragsparteien (*Brecht* § 72 Rn. 8; *Küchenhoff* § 72 Rn. 3).

III. Errichtung der Gesamt-Jugend- und Auszubildendenvertretung

1. Voraussetzung

Voraussetzung für die Errichtung einer Gesamt-Jugend- und Auszubildendenvertretung ist das Beste- 9 hen mehrerer, mindestens zweier betrieblicher Jugend- und Auszubildendenvertretungen in einem Unternehmen (*Brecht* § 72 Rn. 2; *Fitting* § 72 Rn. 1, 10; *Galperin/Löwisch* § 72 Rn. 5; *Joost/*MünchArbR § 230 Rn. 2; *Natter* AR-Blattei SD 530.13, Rn. 96; *Richardi/Annuß* § 72 Rn. 3; *Roloff/WPK* § 72 Rn. 5; *Rose/HWGNRH* § 72 Rn. 3, 6; *Schaub/Koch* Arbeitsrechts-Handbuch, § 228 Rn. 1; *Stege/Weinspach/Schiefer* §§ 72–73 Rn. 1; *Trittin/DKKW* § 72 Rn. 5; *Weiss/Weyand* § 72 Rn. 1). Da nach § 60 Abs. 1 Jugend- und Auszubildendenvertretungen jeweils für einen Betrieb errichtet werden, setzt eine Gesamt-Jugend- und Auszubildendenvertretung **mehrere** betriebsverfassungsrechtlich **selbständige Betriebe eines Unternehmens** voraus (*Fitting* § 72 Rn. 10; *Galperin/Löwisch* § 72 Rn. 5; *Richardi/Annuß* § 72 Rn. 3; *Rose/HWGNRH* § 72 Rn. 9). Hierbei sind – wie § 72 Abs. 8 bestätigt – auch **gemeinsame Betriebe** zu berücksichtigen, die das Unternehmen zusammen mit einem anderen Unternehmen gebildet hat. Für die Errichtung einer Gesamt-Jugend- und Auszubildendenvertretung reicht es deshalb aus, wenn das Unternehmen aus einem Betrieb besteht und zusätzlich mit einem anderen Unternehmen einen gemeinsamen Betrieb gebildet hat sowie in beiden Betrieben eine Jugend- und Auszubildendenvertretung errichtet wurde. Es kann aber nur eine Gesamt-Jugend- und Auszubildendenvertretung für ein Unternehmen gebildet werden (*Fitting* § 72 Rn. 9; *Richardi/Annuß* § 72 Rn. 7; *Rose/HWGNRH* § 72 Rn. 11). Sind in einzelnen Betrieben eines Unternehmens **keine Jugend- und Auszubildendenvertretungen gewählt** worden, so ist die Gesamt-Jugend- und Auszubildendenvertretung nur von den Betrieben zu bilden, in denen eine Jugend- und Auszubildendenvertretung besteht (*Hess/HWGNRH* § 72 Rn. 4; *Richardi/Annuß* § 72 Rn. 4; zur Zuständigkeit der Gesamt-Jugend- und Auszubildendenvertretung in dieser Konstellation § 73 Rdn. 46).

10 Da Jugend- und Auszubildendenvertretungen nur in Betrieben, die einen Betriebsrat haben, gewählt werden können (s. § 60 Rdn. 38 ff.), in dem Unternehmen also mehrere Betriebsräte vorhanden sein müssen, existiert nach § 47 Abs. 1 in dem Unternehmen auch ein Gesamtbetriebsrat. Hieraus folgt, dass die Errichtung einer Gesamt-Jugend- und Auszubildendenvertretung grundsätzlich nur in Unternehmen zulässig ist, die auch einen Gesamtbetriebsrat haben (*Fitting* § 72 Rn. 11; *Gamillscheg* II, S. 692; *Kloppenburg/HaKo* § 72 Rn. 3; *Natter* AR-Blattei SD 530.13, Rn. 96; *Richardi/Annuß* § 72 Rn. 5; *Roloff/WPK* § 72 Rn. 6; *Rose/HWGNRH* § 72 Rn. 9; *Stege/Weinspach/Schiefer* §§ 72–73 Rn. 1; *Weiss/Weyand* § 72 Rn. 1; **a. M.** *Trittin/DKKW* § 72 Rn. 6).

11 In Unternehmen, in denen **entgegen § 47 kein Gesamtbetriebsrat** gebildet ist, kann zwar eine Gesamt-Jugend- und Auszubildendenvertretung errichtet werden (*Brecht* § 72 Rn. 2; *Fitting* § 72 Rn. 11; *Natter* AR-Blattei SD 530.13, Rn. 96; *Richardi/Annuß* § 72 Rn. 5; *Stege/Weinspach/Schiefer* §§ 72–73 Rn. 1; *Weiss/Weyand* § 72 Rn. 1; **a. M.** *Galperin/Löwisch* § 72 Rn. 6; *Joost/*MünchArbR § 230 Rn. 3; *Küchenhoff* § 72 Rn. 4; *Löwisch/LK* § 72 Rn. 2; *Moritz* Jugendvertretung, S. 114 ff.; *Natzel* Berufsbildungsrecht, S. 565; *Roloff/WPK* § 72 Rn. 6; *Rose/HWGNRH* § 72 Rn. 9; *Rotermund* Interessenwahrnehmung, S. 173 ff.; *Schaub/Koch* Arbeitsrechts-Handbuch, § 228 Rn. 1, die das Bestehen eines Gesamtbetriebsrats zur Voraussetzung für die Bildung einer Gesamt-Jugend- und Auszubildendenvertretung erheben). Sie hat aber keine praktischen Wirkungsmöglichkeiten, da sie nur über und mit dem Gesamtbetriebsrat agieren kann (s. Rdn. 5). Insbesondere steht ihr in dieser Konstellation nicht das Recht zu, die betreffenden Angelegenheiten unmittelbar mit dem Unternehmen zu verhandeln. Durch das Recht zur Abhaltung von Sitzungen (§ 73 Abs. 1) verbleibt der Gesamt-Jugend- und Auszubildendenvertretung jedoch noch eine Kommunikations- und Koordinierungsaufgabe für die betrieblichen Jugend- und Auszubildendenvertretungen, so dass sie kein »sinnentleertes« Dasein führt (so aber *Roloff/WPK* § 72 Rn. 6).

12 Das Gesetz schreibt die **Errichtung** einer Gesamt-Jugend- und Auszubildendenvertretung **zwingend** vor (*Bodem/NK-GA* § 72 BetrVG Rn. 2; *Fitting* § 72 Rn. 12; *Natzel* Berufsbildungsrecht, S. 565; *Richardi/Annuß* § 72 Rn. 6; *Roloff/WPK* § 72 Rn. 1; *Rose/HWGNRH* § 72 Rn. 11). Für jede einzelne betriebliche Jugend- und Auszubildendenvertretung besteht somit eine **Rechtspflicht zur Bildung der Gesamt-Jugend- und Auszubildendenvertretung** (*Brecht* § 72 Rn. 3; *Fitting* § 72 Rn. 12; *Galperin/Löwisch* § 72 Rn. 7; *Joost/*MünchArbR § 230 Rn. 4; *Natter* AR-Blattei SD 530.13, Rn. 96; *Richardi/Annuß* § 72 Rn. 6; *Rose/HWGNRH* § 72 Rn. 9; *Stege/Weinspach/Schiefer* §§ 72–73 Rn. 1; *Trittin/DKKW* § 72 Rn. 7). Eines **Errichtungsbeschlusses** seitens der einzelnen Jugend- und Auszubildendenvertretungen bedarf es **nicht**, da die Gesamt-Jugend- und Auszubildendenvertretung **kraft Gesetzes** und unabhängig von dem Willen der beteiligten betrieblichen Jugend- und Auszubildendenvertretungen zu bilden ist (*Brecht* § 72 Rn. 3; *Fitting* § 72 Rn. 12; *Galperin/Löwisch* § 72 Rn. 7; *Joost/*MünchArbR § 230 Rn. 4; *Moritz* Jugendvertretung, S. 114 Fn. 240; *Richardi/Annuß* § 72 Rn. 6; *Rose/HWGNRH* § 72 Rn. 11; *Trittin/DKKW* § 72 Rn. 7; *Weiss/Weyand* § 72 Rn. 2).

13 Zur konstituierenden Sitzung lädt die Jugend- und Auszubildendenvertretung der Hauptverwaltung, ersatzweise diejenige des Betriebs mit der größten Zahl der in § 60 Abs. 1 genannten Arbeitnehmer ein (§ 73 Abs. 2 i. V. m. § 51 Abs. 2; s. *Joost/*MünchArbR § 230 Rn. 4; *Richardi/Annuß* § 72 Rn. 6; *Rose/HWGNRH* § 72 Rn. 15; *Trittin/DKKW* § 72 Rn. 9).

14 Die **Verletzung der Errichtungspflicht** kann als eine grobe Amtspflichtverletzung i. S. d. § 65 Abs. 1 i. V. m. § 23 Abs. 1 zu werten sein. Das gilt auch bei der Weigerung einer einzelnen betrieblichen Jugend- und Auszubildendenvertretung, ein Mitglied in eine bereits bestehende Gesamt-Jugend- und Auszubildendenvertretung zu entsenden (*Brecht* § 72 Rn. 3; *Fitting* § 72 Rn. 18; *Galperin/Löwisch* § 72 Rn. 12; *Richardi/Annuß* § 72 Rn. 14; *Rose/HWGNRH* § 72 Rn. 14; *Trittin/DKKW* § 72 Rn. 8; *Weiss/Weyand* § 72 Rn. 2).

2. Amtszeit

Eine Amtszeit ist für die Gesamt-Jugend- und Auszubildendenvertretung nicht vorgesehen; sie ist eine **kontinuierliche**, vom Wechsel ihrer Mitglieder unabhängige Einrichtung (*Bodem*/NK-GA § 72 BetrVG Rn. 2; *Fitting* § 72 Rn. 13; *Galperin/Löwisch* § 72 Rn. 8; *Joost*/MünchArbR § 230 Rn. 35; *Natter* AR-Blattei SD 530.13, Rn. 97; *Natzel* Berufsbildungsrecht, S. 565; *Richardi/Annuß* § 72 Rn. 8; *Roloff/WPK* § 72 Rn. 2; *Rose/HWGNRH* § 72 Rn. 12; *Sittard/HWK* § 72 BetrVG Rn. 1; *Stege/Weinspach/Schiefer* §§ 72–73 Rn. 4; *Trittin/DKKW* § 72 Rn. 10). Sie hört jedoch auf zu bestehen, wenn die Voraussetzungen für ihre Errichtung wegfallen (s. Rdn. 9 ff.; *Fitting* § 72 Rn. 13; *Kloppenburg/HaKo* § 72 Rn. 4; *Rose/HWGNRH* § 72 Rn. 12; *Stege/Weinspach/Schiefer* §§ 72–73 Rn. 4; *Trittin/DKKW* § 72 Rn. 10). Ferner hört sie faktisch auf zu existieren, wenn sämtliche betrieblichen Jugend- und Auszubildendenvertretungen (pflichtwidrig) keine Mitglieder mehr entsenden (*Natzel* Berufsbildungsrecht, S. 565; *Rose/HWGNRH* § 72 Rn. 13). 15

Ein **Selbstauflösungsbeschluss** der Gesamt-Jugend- und Auszubildendenvertretung verstößt gegen die gesetzliche Pflicht zur Errichtung einer Gesamt-Jugend- und Auszubildendenvertretung und ist nach § 134 BGB **nichtig** (*Fitting* § 72 Rn. 13; *Richardi/Annuß* § 72 Rn. 9; im Ergebnis auch *Bodem*/NK-GA § 72 BetrVG Rn. 2; *Rose/HWGNRH* § 72 Rn. 13). Er berührt deshalb nicht den Bestand der rechtswirksam errichteten Gesamt-Jugend- und Auszubildendenvertretung (*Fitting* § 72 Rn. 13; *Galperin/Löwisch* § 72 Rn. 8; *Natzel* Berufsbildungsrecht, S. 565; *Rose/HWGNRH* § 72 Rn. 13; *Rudolph* AiB 1998, 671 [672]; *Trittin/DKKW* § 72 Rn. 10). 16

Die Mitglieder der Gesamt-Jugend- und Auszubildendenvertretung können wechseln. Das gilt nicht nur, wenn die **Mitgliedschaft** in der Gesamt-Jugend- und Auszubildendenvertretung aus den in § 73 Abs. 2 i. V. m. § 49 genannten Gründen **erlischt**, sondern auch bei einer **Abberufung einzelner Mitglieder** (dazu s. Rdn. 25 ff.) und anschließender Neuentsendung. 17

Eine **Abberufung** ist stets nur **bei einzelnen Mitgliedern** der Gesamt-Jugend- und Auszubildendenvertretung möglich, eine Abberufung der Gesamt-Jugend- und Auszubildendenvertretung als Organ ist ausgeschlossen (s. Rdn. 27). 18

Eine **gerichtliche Auflösung** der Gesamt-Jugend- und Auszubildendenvertretung wegen einer groben Verletzung ihrer Amtspflichten sieht das BetrVG – wie beim Gesamtbetriebsrat (dazu *Kreutz/Franzen* § 48 Rdn. 2) – nicht vor. Das pflichtwidrige Verhalten eines Mitglieds der Gesamt-Jugend- und Auszubildendenvertretung kann nur durch ein individuelles Ausschlussverfahren (§ 73 Abs. 2 i. V. m. § 48) verfolgt werden (näher hierzu § 73 Rdn. 10 ff.). 19

IV. Zusammensetzung der Gesamt-Jugend- und Auszubildendenvertretung

1. Entsendung der Mitglieder

Grundsätzlich entsendet jede Jugend- und Auszubildendenvertretung der Betriebe, für die die Gesamt-Jugend- und Auszubildendenvertretung zu bilden ist, einen Vertreter. Durch Kollektivvereinbarung kann (§ 72 Abs. 4) oder muss (§ 72 Abs. 5) eine von diesem Grundsatz abweichende Regelung getroffen werden (dazu s. Rdn. 30 ff., 37 ff.). 20

Die **Auswahl** des zu entsendenden Mitglieds erfolgt durch **Beschluss** der betrieblichen Jugend- und Auszubildendenvertretung (*Bodem*/NK-GA § 72 BetrVG Rn. 2; *Brecht* § 72 Rn. 4; *Fitting* § 72 Rn. 16; *Galperin/Löwisch* § 72 Rn. 9; *Kloppenburg/HaKo* § 72 Rn. 4; *Löwisch/LK* § 72 Rn. 1; *Moritz* Jugendvertretung, S. 114 mit Fn. 239; *Natter* AR-Blattei SD 530.13, Rn. 97; *Rose/HWGNRH* § 72 Rn. 14; *Sittard/HWK* § 72 BetrVG Rn. 2; *Stege/Weinspach/Schiefer* §§ 72–73 Rn. 2; *Weiss/Weyand* § 72 Rn. 2; *Wlotzke* § 72 Anm. 2). Ein **Mehrheitsbeschluss** reicht hierfür aus (§ 65 Abs. 1 i. V. m. § 33 Abs. 1; s. *Bodem*/NK-GA § 72 BetrVG Rn. 2; *Fitting* § 72 Rn. 16; *Galperin/Löwisch* § 72 Rn. 9; *Löwisch/LK* § 72 Rn. 1; *Natter* AR-Blattei SD 530.13, Rn. 97; *Rose/HWGNRH* § 72 Rn. 14; *Sittard/HWK* § 72 BetrVG Rn. 2; *Stege/Weinspach/Schiefer* §§ 72–73 Rn. 2; *Weiss/Weyand* § 72 Rn. 2). **Die Durchführung eines Wahlgangs**, bei dem das Mitglied entsandt ist, das die meisten Stimmen 21 auf sich vereinigt, ist **nicht zulässig** (*Brecht* § 72 Rn. 4 sowie für den Gesamtbetriebsrat *Kreutz/Franzen* § 47 Rdn. 38 ff.; **a. M.** aber *Richardi/Annuß* § 72 Rn. 11; *Rudolph* AiB 1998, 671 [672]).

22 Die **Auswahl** des zu entsendenden Mitglieds steht **im Ermessen** der betrieblichen Jugend- und Auszubildendenvertretung, es muss sich jedoch stets um ein **amtierendes Mitglied** der Jugend- und Auszubildendenvertretung handeln. Die Entsendung eines **Ersatzmitglieds** ist **unzulässig** (*Fitting* § 72 Rn. 16). Das gilt auch, wenn das Ersatzmitglied im Zeitpunkt des Entsendungsbeschlusses ein **vorübergehend verhindertes Mitglied** der betrieblichen Jugend- und Auszubildendenvertretung gemäß § 65 Abs. 1 i. V. m. § 25 Abs. 1 Satz 2 vertritt. Es agiert in dieser Konstellation als »Stellvertreter« (so die Formulierung in § 25 Abs. 1 Satz 2) und erlangt noch nicht die Rechtsstellung eines Mitglieds in der Jugend- und Auszubildendenvertretung. Ist die Jugend- und Auszubildendenvertretung eines **gemeinsamen Betriebs** zur Entsendung berechtigt, kommen alle Mitglieder der Jugend- und Auszubildendenvertreter und nicht nur diejenigen in Betracht, die dem Unternehmen angehören, für das die Gesamt-Jugend- und Auszubildendenvertretung gebildet worden ist (*Roloff/WPK* § 72 Rn. 7).

23 Durch Beschluss der Jugend- und Auszubildendenvertretung (*Fitting* § 72 Rn. 19; *Galperin/Löwisch* § 72 Rn. 10; *Stege/Weinspach/Schiefer* §§ 72–73 Rn. 2) ist zusätzlich mindestens ein **Ersatzmitglied zu bestellen**, das bei einem Ausscheiden oder einer Verhinderung des bestellten Mitglieds nachrückt bzw. dieses vertritt (§ 73 Abs. 2 i. V. m. § 25 Abs. 1). Werden **mehrere Ersatzmitglieder** bestellt, so ist in dem Beschluss auch die **Reihenfolge** festzulegen, in der sie nachrücken (§ 72 Abs. 3). Zur Bestellung eines Ersatzmitglieds ist die betriebliche Jugend- und Auszubildendenvertretung gesetzlich **verpflichtet**. Die Pflichtverletzung kann nach § 65 Abs. 1 i. V. m. § 23 Abs. 1 verfolgt werden (*Galperin/Löwisch* § 72 Rn. 12; *Richardi/Annuß* § 72 Rn. 14).

24 Besteht die Jugend- und Auszubildendenvertretung **nur aus einem Mitglied**, so ist dieses **automatisch** Mitglied der Gesamt-Jugend- und Auszubildendenvertretung (*Fitting* § 72 Rn. 17; *Galperin/Löwisch* § 72 Rn. 9; *Joost/MünchArbR* § 230 Rn. 5; *Löwisch/LK* § 72 Rn. 1; *Natter* AR-Blattei SD 530.13, Rn. 97; *Richardi/Annuß* § 72 Rn. 11; *Rose/HWGNRH* § 72 Rn. 16). Eine Entsendung im Rechtssinne liegt in dieser Konstellation nicht vor. Es ist vielmehr **kraft Mitgliedschaft** in der betrieblichen Jugend- und Auszubildendenvertretung zugleich Mitglied der Gesamt-Jugend- und Auszubildendenvertretung. Sein **Ersatzmitglied** in der Gesamt-Jugend- und Auszubildendenvertretung ist nach Maßgabe der bei der Mehrheitswahl erreichten Stimmenzahl zu ermitteln (§ 65 Abs. 1 i. V. m. § 25 Abs. 2 Satz 3); die Bestellung des Ersatzmitglieds in einem getrennten Wahlgang (so noch § 63 Abs. 2 i. V. m. § 14 Abs. 4 Satz 2 a. F.) ist nicht mehr erforderlich (*Reg. Begr.* BT-Drucks. 14/5741, S. 36; *Fitting* § 72 Rn. 20; *Roloff/WPK* § 72 Rn. 8; *Rose/HWGNRH* § 72 Rn. 19 sowie hier § 65 Rdn. 24). Kommt das Mitglied seinen Pflichten in der Gesamt-Jugend- und Auszubildendenvertretung nicht nach, kann dies nicht nur zum Ausschluss aus der Gesamt-Jugend- und Auszubildendenvertretung (§ 73 Abs. 2 i. V. m. § 48), sondern auch zur Amtsenthebung als betrieblicher Jugend- und Auszubildendenvertreter (§ 65 Abs. 1 i. V. m. § 23 Abs. 1) berechtigen (*Richardi/Annuß* § 72 Rn. 14).

2. Abberufung der Mitglieder

25 Die betriebliche Jugend- und Auszubildendenvertretung kann durch **Beschluss** (*Fitting* § 72 Rn. 22; *Löwisch/LK* § 72 Rn. 3; *Rose/HWGNRH* § 72 Rn. 18; *Sittard/HWK* § 72 BetrVG Rn. 2; *Trittin/DKKW* § 72 Rn. 13; *Weiss/Weyand* § 72 Rn. 2) das von ihr in die Gesamt-Jugend- und Auszubildendenvertretung entsandte Mitglied **abberufen** (§§ 73 Abs. 2, 49; s. *Fitting* § 72 Rn. 22; *Galperin/Löwisch* § 72 Rn. 11; *Joost/MünchArbR* § 230 Rn. 36; *Natter* AR-Blattei SD 530.13, Rn. 97; *Richardi/Annuß* § 72 Rn. 12; *Rose/HWGNRH* § 72 Rn. 16; *Sittard/HWK* § 72 BetrVG Rn. 2; *Stege/Weinspach/Schiefer* § 72–73 Rn. 4; *Trittin/DKKW* § 72 Rn. 13).

26 Der Beschluss kann **jederzeit** (*Fitting* § 72 Rn. 22; *Galperin/Löwisch* § 72 Rn. 11; *Joost/MünchArbR* § 230 Rn. 36; *Löwisch/LK* § 72 Rn. 3; *Natter* AR-Blattei SD 530.13, Rn. 97; *Rose/HWGNRH* § 72 Rn. 18; *Stege/Weinspach/Schiefer* §§ 72–73 Rn. 4) und **ohne Angabe von Gründen** (*Fitting* § 72 Rn. 22, *Galperin/Löwisch* § 72 Rn. 11; *Löwisch/LK* § 72 Rn. 3; *Natter* AR-Blattei SD 530.13, Rn. 97; *Trittin/DKKW* § 72 Rn. 13) gefasst werden. **Einfache Mehrheit** (§ 65 Abs. 1 i. V. m. § 33

Abs. 1) ist erforderlich, aber auch **ausreichend** (*Fitting* § 72 Rn. 22; *Galperin/Löwisch* § 72 Rn. 11; *Löwisch/LK* § 72 Rn. 3; *Natter* AR-Blattei SD 530.13, Rn. 97; *Trittin/DKKW* § 72 Rn. 13).

Weitere Gründe für das Erlöschen der Mitgliedschaft ergeben sich aus § 73 Abs. 2 i. V. m. den §§ 48, 49. Eine Abberufung der Gesamt-Jugend- und Auszubildendenvertretung als Organ kommt nicht in Betracht (s. Rdn. 18), ebenso wenig eine gerichtliche Auflösung (s. Rdn. 19). 27

Anstelle eines ausgeschiedenen Mitglieds rückt das nächste **Ersatzmitglied** nach (§ 73 Abs. 2 i. V. m. § 25 Abs. 1). Dies gilt auch bei einer Abberufung (*Fitting* § 72 Rn. 23; *Trittin/DKKW* § 72 Rn. 13). Durch Mehrheitsbeschluss kann die Jugend- und Auszubildendenvertretung jedoch jederzeit eine **anderweitige Entsendung** beschließen (*Fitting* § 72 Rn. 23; *Trittin/DKKW* § 72 Rn. 13). 28

3. Zahl der Mitglieder

a) Gesetzliche Anzahl

Regelmäßig entspricht die Zahl der Mitglieder der Gesamt-Jugend- und Auszubildendenvertretung der Zahl der Betriebe, die das Unternehmen umfasst, in dem sie errichtet wird (§ 72 Abs. 2). Hierzu gehören auch die von dem Unternehmen miterrichteten gemeinsamen Betriebe. Ist nicht in jedem Betrieb eine Jugend- und Auszubildendenvertretung gebildet, so verringert sich die Zahl der Mitglieder der Gesamt-Jugend- und Auszubildendenvertretung entsprechend (s. Rdn. 9). Die Mitgliederzahl der Gesamt-Jugend- und Auszubildendenvertretung richtet sich daher im Zweifel stets nach der Zahl der Jugend- und Auszubildendenvertretungen auf betrieblicher Ebene. 29

b) Fakultative Vereinbarung

aa) Vereinbarungsinhalt

Nach § 72 Abs. 4 kann die sich nach § 72 Abs. 2 ergebende Zahl der Mitglieder durch **Tarifvertrag** oder **Betriebsvereinbarung** abweichend festgelegt werden. Hierdurch ist nicht nur eine **Verringerung** der Mitgliederzahl möglich (*Fitting* § 72 Rn. 33; *Galperin/Löwisch* § 72 Rn. 12; *Natter* AR-Blattei SD 530.13, Rn. 97; *Richardi/Annuß* § 72 Rn. 20; *Rose/HWGNRH* § 72 Rn. 23). Gleichfalls zulässig ist deren **Erhöhung** (*Fitting* § 72 Rn. 33; *Natter* AR-Blattei SD 530.13, Rn. 97; *Richardi/Annuß* § 72 Rn. 19; *Rose/HWGNRH* § 72 Rn. 23). 30

Bei einer **Erhöhung** darf die Jugend- und Auszubildendenvertretung jedoch **nicht** aus **mehr als 20 Mitgliedern** bestehen, da § 72 Abs. 5 für diesen Fall eine obligatorische Verringerung der Mitgliederzahl unter die Zahl 21 vorschreibt (*Richardi/Annuß* § 72 Rn. 19; *Rose/HWGNRH* § 72 Rn. 23; *Rudolph* AiB 1998, 671 [673]; näher hier Rdn. 40; **a. M.** *Trittin/DKKW* § 72 Rn. 16, der eine Obergrenze ablehnt; s. in diesem Sinne zu dem Parallelproblem im Rahmen von § 47 Abs. 4 auch *Kreutz/Franzen* § 47 Rdn. 100). 31

bb) Tarifvertrag

Eine **tarifvertragliche Veränderung** der Mitgliederzahl ist sowohl durch **Firmentarifvertrag** als auch durch einen **unternehmensbezogenen Verbandstarifvertrag** zulässig (*Kreutz* § 47 Rdn. 82). Für **sonstige Verbandstarifverträge** gilt dies nicht, da die Vereinbarungsbefugnis lediglich eine flexible Anpassung an die Struktur eines einzelnen Unternehmens ermöglichen soll (s. Rdn. 2). Aus der Tatsache, dass § 72 Abs. 4 die Mitgliederzahl der Gesamt-Jugend- und Auszubildendenvertretung zur Disposition der Tarifvertragsparteien stellt, kann **kein Arbeitskampfverbot** abgeleitet werden (*Kreutz/Franzen* § 47 Rdn. 85; **a. M.** *Rose/HWGNRH* § 72 Rn. 21). Zur **Nachwirkung** des Tarifvertrages *Kreutz* § 47 Rdn. 86. 32

cc) Betriebsvereinbarung

Bei der nach § 72 Abs. 4 abzuschließenden **Betriebsvereinbarung** handelt es sich um eine **Gesamtbetriebsvereinbarung** (*Fitting* § 72 Rn. 34; *Joost*/MünchArbR § 318 Rn. 8; *Richardi/Annuß* § 72 Rn. 17; *Rose/HWGNRH* § 72 Rn. 20; *Weiss/Weyand* § 72 Rn. 4 sowie *Kreutz/Franzen* § 47 Rdn. 87) und ist deshalb zwischen **Arbeitgeber** und **Gesamtbetriebsrat** abzuschließen (*Bodem/* 33

NK-GA § 72 BetrVG Rn. 3; *Fitting* § 72 Rn. 35; *Galperin/Löwisch* § 72 Rn. 13; *Küchenhoff* § 72 Rn. 6; *Löwisch/LK* § 72 Rn. 4; *Richardi/Annuß* § 72 Rn. 16; *Roloff/WPK* § 72 Rn. 9; *Rose/HWGNRH* § 72 Rn. 20; *Trittin/DKKW* § 72 Rn. 17).

34 Weder die Gesamt-Jugend- und Auszubildendenvertretung noch die Jugend- und Auszubildendenvertretungen auf betrieblicher Ebene sind zum Abschluss einer Vereinbarung i. S. d. § 72 Abs. 4 berechtigt (*Bodem*/NK-GA § 72 BetrVG Rn. 3; *Fitting* § 72 Rn. 35; *Galperin/Löwisch* § 72 Rn. 13; *Joost*/MünchArbR § 230 Rn. 6; *Löwisch/LK* § 72 Rn. 4; *Roloff/WPK* § 72 Rn. 9; *Rose/HWGNRH* § 72 Rn. 22; *Trittin/DKKW* § 72 Rn. 17). Die Beteiligung der Gesamt-Jugend- und Auszubildendenvertretung beschränkt sich auf die **Abstimmung im Gesamtbetriebsrat**. Bei dieser steht allen Mitgliedern der Gesamt-Jugend- und Auszubildendenvertretung ein Teilnahme- und Stimmrecht zu (§ 73 Abs. 2 i. V. m. § 67 Abs. 1 Satz 2, Abs. 2; s. *Bodem*/NK-GA § 72 BetrVG Rn. 3; *Düttmann/Zachmann* Die Jugendvertretung, Rn. 272; *Fitting* § 72 Rn. 35; *Joost*/MünchArbR § 230 Rn. 6; *Richardi/Annuß* § 72 Rn. 16; *Trittin/DKKW* § 72 Rn. 17; *Weiss/Weyand* § 72 Rn. 4). Darüber hinaus ist die Gesamt-Jugend- und Auszubildendenvertretung nach § 73 Abs. 2 i. V. m. § 68 zu den Beratungen mit dem Arbeitgeber »beizuziehen« (*Düttmann/Zachmann* Die Jugendvertretung, Rn. 272; *Fitting* § 72 Rn. 35; *Trittin/DKKW* § 72 Rn. 17).

35 Bei Abschluss einer Betriebsvereinbarung sind die **allgemeinen Formerfordernisse** (§ 77 Abs. 2 Satz 1; hierzu *Kreutz* § 77 Rdn. 49 ff.) zu beachten. Der Abschluss einer **formlosen Regelungsabrede** reicht nach dem Wortlaut des § 72 Abs. 4 nicht aus. Die Betriebsvereinbarung entfaltet bei ihrer Kündigung (§ 77 Abs. 5) **keine Nachwirkung**, da sie – wie sich im Umkehrschluss aus § 72 Abs. 5 ergibt – nicht durch einen Spruch der Einigungsstelle ersetzt wird (zum Ausschluss der Nachwirkung bei freiwilligen Betriebsvereinbarungen *Kreutz* § 77 Rdn. 451 f. sowie *Kreutz/Franzen* § 47 Rdn. 89).

dd) Regelungskonkurrenz

36 Bei einer **Konkurrenz zwischen Tarifvertrag und Betriebsvereinbarung** im Rahmen von § 72 Abs. 4 ist **§ 77 Abs. 3 Satz 1** als Konkurrenzregel **nicht anwendbar**, da die Mitgliederzahl der Gesamt-Jugend- und Auszubildendenvertretung weder materielle noch formelle Arbeitsbedingungen, sondern die **Organisation der Betriebsverfassung** betrifft (*Kreutz* § 77 Rdn. 106 sowie *Kreutz/Franzen* § 47 Rdn. 90). Im Unterschied zu § 72 Abs. 5 Satz 1 hat das Gesetz auf eine ausdrückliche Konkurrenzlösung verzichtet, jedoch folgt aus dem Regelungsinhalt des § 72 Abs. 4, dass eine kollektivvertragliche Abweichung nur zulässig ist, wenn nicht bereits eine andere für das Unternehmen gilt. Die Öffnungsklausel in § 72 Abs. 4 setzt voraus, dass für die konkrete Gesamt-Jugend- und Auszubildendenvertretung von der gesetzlichen Mitgliederzahl abgewichen wird, was nur möglich ist, wenn § 72 Abs. 2 noch anwendbar ist und nicht bereits durch eine abweichende kollektivvertragliche Regelung verdrängt ist. Im Rahmen des § 72 Abs. 4 gilt deshalb für das Verhältnis zwischen Tarifvertrag und Betriebsvereinbarung das **Prioritätsprinzip** (gegenteiliger Ansicht die h. M., die einen Vorrang des Tarifvertrages annimmt und hierdurch auch die Verdrängung einer Betriebsvereinbarung durch einen späteren Tarifvertrag befürwortet, so *Fitting* § 72 Rn. 34; *Galperin/Löwisch* § 72 Rn. 13; *Richardi/Annuß* § 72 Rn. 16; *Roloff/WPK* § 72 Rn. 9; *Bodem*/NK-GA § 72 BetrVG Rn. 3; § 72 Rn. 20; *Trittin/DKKW* § 72 Rn. 15 sowie *Kreutz/Franzen* § 47 Rdn. 90).

c) Obligatorische Vereinbarung

aa) Betriebsvereinbarung

37 **Zwingend** vorgeschrieben ist eine Betriebsvereinbarung über die **Herabsetzung der gesetzlichen Mitgliederzahl** nach § 72 Abs. 5, wenn diese nach § 72 Abs. **2 größer als 20** ist. Das Gesetz verzichtet jedoch auf ein Instrumentarium zur Durchsetzung der Vereinbarung, wenn weder Arbeitgeber noch Gesamtbetriebsrat die Einigungsstelle (s. Rdn. 42 f.) anrufen (§ 72 Abs. 6 i. V. m. § 76 Abs. 5 Satz 1). Eine gerichtliche Bestellung nach § 98 ArbGG scheidet in dieser Konstellation aus. Es bleibt vielmehr bei der sich aus § 72 Abs. 2 ergebenden Mitgliederzahl (*Trittin/DKKW* § 72 Rn. 20). Die **Verletzung der Vereinbarungspflicht** kann ausschließlich im Rahmen des § 23 Abs. 3 bzw. § 48 verfolgt werden.

Die Pflicht zum Abschluss einer Betriebsvereinbarung entfällt, wenn eine tarifliche Regelung nach 38
§ 72 Abs. 4 besteht. Hieraus folgt ein **Vorrang des Tarifvertrages** (*Fitting* § 72 Rn. 34; *Richardi/
Annuß* § 72 Rn. 17), der Arbeitgeber und Betriebsrat die Zuständigkeit zum Abschluss einer Vereinbarung entzieht und der auch eine **bestehende Betriebsvereinbarung** ablöst. Erforderlich ist jedoch stets, dass die tarifliche Regelung in dem Unternehmen »besteht«. Insoweit sind aufgrund der gleichen Zweckrichtung die Auslegungsergebnisse zu § 77 Abs. 3 (dazu *Kreutz* § 77 Rdn. 151 ff.) sinngemäß heranzuziehen.

Zuständig für den Abschluss der Betriebsvereinbarung ist der **Gesamtbetriebsrat** (§ 72 Abs. 5 39
Satz 1), nicht hingegen die Gesamt-Jugend- und Auszubildendenvertretung (*Brecht* § 72 Rn. 6; *Richardi/Annuß* § 72 Rn. 16; *Bodem*/NK-GA § 72 BetrVG Rn. 3; § 72 Rn. 22). Für den **Abschluss der Betriebsvereinbarung** gelten die Ausführungen zur fakultativen Vereinbarung (s. Rdn. 33 ff.) sinngemäß.

Inhalt der Betriebsvereinbarung kann **nur eine Verringerung** der gesetzlichen Mitgliederzahl sein, 40
und zwar dadurch, dass festgelegt wird, dass die Jugend- und Auszubildendenvertretungen mehrerer räumlich nahe beisammen liegender oder durch gleiche Interessen miteinander verbundener Betriebe **gemeinsam Mitglieder** entsenden, und zwar weniger, als ihnen nach Abs. 2 zustünden. Bei einer Verringerung durch Betriebsvereinbarung **muss die Zahl 21 unterschritten werden** (*Roloff/WPK*
§ 72 Rn. 10; *Bodem*/NK-GA § 72 BetrVG Rn. 3; § 72 Rn. 24; *Rotermund* Interessenwahrnehmung,
S. 181 ff.; **a. M.** aber *Düttmann/Zachmann* Die Jugendvertretung, Rn. 272; *Fitting* § 72 Rn. 40; *Natter*
AR-Blattei SD 530.13, Rn. 98; *Trittin/DKKW* § 72 Rn. 21, die eine die Zahl 20 übersteigende Mitgliederzahl für zulässig erachten; ebenso auch zu dem Parallelproblem im Rahmen von § 47 Abs. 5
Kreutz/Franzen § 47 Rdn. 100). Hiergegen spricht zwar, dass das Gesetz im Unterschied zu entsprechenden Vorschlägen im Gesetzgebungsverfahren (s. den Entwurf der CDU/CSU-Fraktion, BT-Drucks. VI/1806, S. 19 f.) keine Höchstzahl nennt. Andererseits schreibt § 72 Abs. 5 die Entsendung gemeinsamer Mitglieder bereits dann vor, wenn der Gesamt-Jugend- und Auszubildendenvertretung mehr als 20 Mitglieder angehören. Hierdurch tritt stets eine Verkleinerung des Organs ein. Da das Gesetz dies bereits ab 21 Mitgliedern vorschreibt, entspricht es dem Zweck der Regelung, dass sich die Gesamt-Jugend- und Auszubildendenvertretung auch nach Abschluss einer Betriebsvereinbarung aus weniger als 21 Mitgliedern zusammensetzt. Das Ziel einer flexiblen Anpassung der Mitgliederzahl an die Unternehmensstruktur (s. Rdn. 2) erweist sich hinsichtlich der hiesigen Problematik als wenig aussagekräftig, da dieses lediglich die Kriterien festlegt, mit deren Hilfe die Betriebe eines Unternehmens durch gemeinsame Mitglieder zusammenzufassen sind.

Nach früherem Recht enthielt § 72 Abs. 5 Satz 2 eine ausdrückliche Regelung zur **Abberufung** und 41
Bestellung von Ersatzmitgliedern, die jedoch missverständlich formuliert war (näher 6. Aufl.,
§ 72 Rn. 41). Die mit § 72 Abs. 5 vergleichbaren Vorschriften zum Gesamt- bzw. Konzernbetriebsrat
(§§ 47 Abs. 5, 55 Abs. 4) verzichteten hierauf, da sie lediglich die Selbstverständlichkeit zum Ausdruck bringen, dass die nach § 72 Abs. 5 abgeschlossene Betriebsvereinbarung auch für die Abberufung und Bestellung von Ersatzmitgliedern maßgeblich ist. Ebenso wie für den Gesamt- und den Konzernbetriebsrat ist die ausdrückliche Hervorhebung überflüssig und wurde durch Art. 1 Nr. 47 BetrVerf-ReformG mit Recht gestrichen (*Reg. Begr.* BT-Drucks. 14/5741, S. 45; *Fitting* § 72 Rn. 39).

bb) Einigungsstelle

Kommt eine nach § 72 Abs. 5 erforderliche Einigung zwischen Arbeitgeber und Gesamtbetriebsrat 42
nicht zustande, so entscheidet eine für das Unternehmen zu bildende Einigungsstelle, deren Spruch die Einigung ersetzt (§ 72 Abs. 6). Für die Bildung der Einigungsstelle, ihre Zusammensetzung und das Verfahren gilt § 76. Die **Arbeitnehmerbeisitzer** werden vom **Gesamtbetriebsrat bestellt**.
Bei dem hierfür erforderlichen Beschluss ist die **Gesamt-Jugend- und Auszubildendenvertretung teilnahme- und stimmberechtigt** (§ 73 Abs. 2 i. V. m. § 67 Abs. 1 Satz 2, Abs. 2). Die Einigungsstelle kann nur vom Gesamtbetriebsrat, nicht aber von der Gesamt-Jugend- und Auszubildendenvertretung angerufen werden (*Fitting* § 72 Rn. 41; *Richardi/Annuß* § 72 Rn. 18; *Bodem*/NK-GA
§ 72 BetrVG Rn. 3; § 72 Rn. 24; *Trittin/DKKW* § 72 Rn. 21). Vor ihrer Entscheidung ist die Einigungsstelle verpflichtet, die Gesamt-Jugend- und Auszubildendenvertretung anzuhören (s. § 60
Rdn. 54; schwächer *Fitting* § 72 Rn. 41; *Trittin/DKKW* § 72 Rn. 21, »sollte«).

§ 72

43 Die Einigungsstelle unterliegt bei ihrer Entscheidung denselben Schranken, die auch für die Betriebsvereinbarungsparteien gelten. Bei der Betätigung ihres Ermessens muss sie sich vornehmlich von der Vorstellung leiten lassen, die Zusammensetzung der Gesamt-Jugend- und Auszubildendenvertretung an die spezifischen Unternehmensstrukturen anzupassen. Hierbei handelt es sich um eine Konkretisierung des Ermessens, so dass der Spruch der Einigungsstelle hierauf nach Maßgabe von § 76 Abs. 5 Satz 4 gerichtlich überprüfbar ist. Das Antragsrecht steht nur dem Arbeitgeber (Unternehmen) und dem Gesamtbetriebsrat, nicht hingegen der Gesamt-Jugend- und Auszubildendenvertretung zu (näher § 60 Rdn. 52).

V. Stimmengewicht

44 Grundsätzlich hat jedes Mitglied der Gesamt-Jugend- und Auszubildendenvertretung so viele Stimmen, wie Arbeitnehmer i. S. d. § 60 Abs. 1 in dem Betrieb, in dem es gewählt wurde, in der Wählerliste eingetragen sind (§ 72 Abs. 7 Satz 1). Wird aufgrund der fehlenden Kongruenz von aktivem und passivem Wahlrecht zur Jugend- und Auszubildendenvertretung auch die Aufnahme der ausschließlich passiv wahlberechtigten Arbeitnehmer in die Wählerliste für zulässig erachtet (dazu § 61 Rdn. 43ff.), so sind diese bei der Stimmenzahl nicht zu berücksichtigen, da die Jugend- und Auszubildendenvertretung nur die aktiv wahlberechtigten Arbeitnehmer repräsentiert. Maßgebend ist stets die **Wählerliste der letzten Wahl** zur betrieblichen Jugend- und Auszubildendenvertretung.

45 Vertritt ein Mitglied mehrere Jugend- und Auszubildendenvertretungen, wie z. B. im Rahmen von § 72 Abs. 5, so hat es so viele Stimmen, wie die Gesamtzahl der in all diesen Betrieben in den Wählerlisten eingetragenen Arbeitnehmer i. S. d. § 60 Abs. 1 beträgt (§ 72 Abs. 7 Satz 2).

46 Entsenden aufgrund einer Vereinbarung nach § 72 Abs. 4 einzelne betriebliche Jugend- und Auszubildendenvertretungen mehrere Mitglieder, so werden die dem Betrieb, in dem sie gewählt wurden, zustehenden Stimmen (s. Rdn. 44) auf die Mitglieder zu gleichen Anteilen aufgeteilt (§ 72 Abs. 7 Satz 3).

47 Ein Mitglied der Gesamt-Jugend- und Auszubildendenvertretung kann die ihm zustehenden **Stimmen nur einheitlich** abgeben (*Bodem*/NK-GA § 72 BetrVG Rn. 5; *Fitting* § 72 Rn. 30; *Galperin*/*Löwisch* § 72 Rn. 17; *Natzel* Berufsbildungsrecht, S. 566; *Richardi*/*Annuß* § 72 Rn. 26; *Rose*/HWGNRH § 72 Rn. 30); das gilt auch für das von mehreren betrieblichen Jugend- und Auszubildendenvertretungen gemeinsam entsandte Mitglied (*Richardi*/*Annuß* § 72 Rn. 26; *Rose*/HWGNRH § 72 Rn. 30).

48 Das Mitglied der Gesamt-Jugend- und Auszubildendenvertretung ist bei der **Ausübung des Stimmrechts**, wie die Mitglieder des Betriebsrats und des Gesamtbetriebsrats, **nicht an Weisungen** der betrieblichen Jugend- und Auszubildendenvertretung gebunden (*Bodem*/NK-GA § 72 BetrVG Rn. 5; *Fitting* § 72 Rn. 30; *Galperin*/*Löwisch* § 72 Rn. 17; *Richardi*/*Annuß* § 72 Rn. 25; *Rose*/HWGNRH § 72 Rn. 31). Dies gilt insbesondere im Verhältnis zu der betrieblichen Jugend- und Auszubildendenvertretung, der das Mitglied der Gesamt-Jugend- und Auszubildendenvertretung angehört. Dieser verbleibt jedoch die Möglichkeit, das Mitglied gegebenenfalls noch vor der Abstimmung in der Gesamt-Jugend- und Auszubildendenvertretung abzuberufen, wenn es mit dem angekündigten Abstimmungsverhalten nicht einverstanden ist.

49 Die Regelung in § 72 Abs. 7 zur Zahl der Stimmen und ihrer Aufteilung ist einer **abweichenden Regelung durch Tarifvertrag oder Betriebsvereinbarung** entzogen, da § 72 die Dispositivität in Absatz 4 und 5 ausdrücklich auf die Zahl der Mitglieder beschränkt, aus denen die Gesamt-Jugend- und Auszubildendenvertretung besteht. Von diesem Grundsatz sieht § 47 Abs. 8, der durch Art. 1 Nr. 47 BetrVerf-ReformG eingefügt wurde (s. Rdn. 4), eine Ausnahme im Hinblick auf die besondere Situation von gemeinsamen Betrieben mehrerer Unternehmen vor und überträgt damit die Parallelnorm für den Gesamtbetriebsrat (§ 47 Abs. 9; hierzu *Kreutz*/*Franzen* § 47 Rdn. 114 ff.) auf das Recht der Gesamt-Jugend- und Auszubildendenvertretung.

50 Der durch § 72 Abs. 8 eröffnete **Regelungsspielraum** ist gering. Er betrifft ausschließlich die Frage, ob es auch für die Mitglieder der Gesamt-Jugend- und Auszubildendenvertretung, die aus einem gemeinsamen Betrieb entsandt wurden, bei der sich nach § 72 Abs. 7 ergebenden Stimmenzahl bleiben

soll. Es ist allerdings nicht zwingend erforderlich, die Zahl der Stimmen auf die Zahl der dem Unternehmen angehörenden Arbeitnehmer zu beschränken; es können auch andere Regelungen getroffen werden.

Im Übrigen gelten hinsichtlich der **zulässigen Vereinbarungen** die Grundsätze zu § 72 Abs. 4 (s. Rdn. 32 ff.) entsprechend (s. auch *Kreutz/Franzen* § 47 Rdn. 66 ff.). Den Abschluss abweichender Regelungen sieht § 72 Abs. 8 **fakultativ** vor. Ob eine entsprechende Vereinbarung geschlossen wird, steht deshalb im **Ermessen der Abschlussparteien**. Es empfiehlt sich jedoch, die nach den §§ 47 Abs. 9, 72 Abs. 8 möglichen Vereinbarungen einheitlich für beide Organe abzuschließen. 51

VI. Streitigkeiten

Über Streitigkeiten im Zusammenhang mit der Anwendung des § 72 entscheiden die Arbeitsgerichte im **Beschlussverfahren** (§§ 2a Abs. 1 Nr. 1, Abs. 2, 80 ff. ArbGG). Für die Überprüfung des **Spruches der Einigungsstelle** gilt § 76 Abs. 5 Satz 4. 52

§ 73
Geschäftsführung und Geltung sonstiger Vorschriften

(1) Die Gesamt-Jugend- und Auszubildendenvertretung kann nach Verständigung des Gesamtbetriebsrats Sitzungen abhalten. An den Sitzungen kann der Vorsitzende des Gesamtbetriebsrats oder ein beauftragtes Mitglied des Gesamtbetriebsrats teilnehmen.

(2) Für die Gesamt-Jugend- und Auszubildendenvertretung gelten § 25 Abs. 1, die §§ 26, 28 Abs. 1 Satz 1, die §§ 30, 31, 34, 36, 37 Abs. 1 bis 3, die §§ 40, 41, 48, 49, 50, 51 Abs. 2 bis 5 sowie die §§ 66 bis 68 entsprechend.

Literatur
Vgl. die Angaben vor § 60.

Inhaltsübersicht

	Rdn.
I. Vorbemerkung	1, 2
II. Inhalt der Vorschrift	3–58
1. Allgemeines	3
2. Mitgliedschaft in der Gesamt-Jugend- und Auszubildendenvertretung	4–14
a) Beginn	4
b) Erlöschen der Mitgliedschaft	5–13
aa) Allgemeines	5
bb) Erlöschen der Mitgliedschaft in der betrieblichen Jugend- und Auszubildendenvertretung	6
cc) Amtsniederlegung	7–9
dd) Ausschluss	10–12
ee) Abberufung	13
c) Ersatzmitgliedschaft	14
3. Geschäftsführung der Gesamt-Jugend- und Auszubildendenvertretung	15–40
a) Bestellung des Vorsitzenden	15, 16
b) Bildung von Ausschüssen	17–19
c) Sitzungen der Gesamt-Jugend- und Auszubildendenvertretung	20–35
aa) Einladung	21–23
bb) Verständigung des Gesamtbetriebsrats	24
cc) Zeitpunkt der Sitzung	25
dd) Teilnahmerecht	26–30
ee) Öffentlichkeit	31

ff) Beschlussfassung	32–34
gg) Sitzungsniederschrift	35
d) Geschäftsordnung	36
e) Anspruch auf Arbeitsbefreiung	37–39
f) Kosten	40
4. Aufgaben der Gesamt-Jugend- und Auszubildendenvertretung	41–48
a) Zuständigkeit	41–46
b) Kompetenzen	47, 48
5. Beteiligung an Sitzungen des Gesamtbetriebsrats	49–54
6. Besprechung zwischen Arbeitgeber und Gesamtbetriebsrat	55
7. Aussetzungsantrag	56
8. Nicht in Bezug genommene Vorschriften	57
9. Kündigungs- und Versetzungsschutz	58
III. Streitigkeiten	59, 60

I. Vorbemerkung

1 Die Vorschrift ist wie die gesamte Regelung für die Gesamt-Jugend- und Auszubildendenvertretung ohne Vorbild im BetrVG 1952. Das »Gesetz zur Bildung von Jugend- und Auszubildendenvertretungen in den Betrieben« vom 13.07.1988 (BGBl. I, S. 1034; näher zu diesem vor § 60 Rdn. 8 f.) passte die Vorschrift lediglich an die veränderte Terminologie der §§ 60 bis 73 an. Die durch Art. 1 Nr. 48 **BetrVerf-ReformG** vorgenommenen Änderungen in der Verweisungskette des § 73 Abs. 2 gleichen diese an die übrigen Änderungen durch das BetrVerf-ReformG an. Das betrifft – abgesehen von redaktionellen Korrekturen – die **Bestellung von Ersatzmitgliedern** sowie die auch der Gesamt-Jugend- und Auszubildendenvertretung nunmehr eröffnete Möglichkeit, **Ausschüsse** zu bilden (*Reg. Begr.* BT-Drucks. 14/5741, S. 45).

2 Die Regelung des § 73 ist **zwingend** (*Brecht* § 73 Rn. 5; *Fitting* § 73 Rn. 2; *Galperin/Löwisch* § 73 Rn. 2; *Rose/HWGNRH* § 73 Rn. 2; *Sittard/HWK* § 73 BetrVG Rn. 1); weder Betriebsvereinbarung noch Tarifvertrag können diese abbedingen oder modifizieren (*Fitting* § 73 Rn. 2; *Galperin/Löwisch* § 73 Rn. 2; *Roloff/WPK* § 73 Rn. 1; *Rose/HWGNRH* § 73 Rn. 2; *Sittard/HWK* § 73 BetrVG Rn. 1). Zur Möglichkeit kollektivvertraglicher Konkretisierung unbestimmter Rechtsbegriffe jedoch vor § 60 Rdn. 36.

II. Inhalt der Vorschrift

1. Allgemeines

3 Die Vorschrift regelt in enger Anlehnung an die für Betriebsrat, Gesamtbetriebsrat und betriebliche Jugend- und Auszubildendenvertretung geltenden Bestimmungen die Rechtsstellung, Organisation, Geschäftsführung und Zuständigkeit der Gesamt-Jugend- und Auszubildendenvertretung. Der Aufbau der Norm ist unsystematisch und beschränkt sich im Wesentlichen auf Verweisungen auf analog anwendbare Vorschriften aus anderen Bereichen.

2. Mitgliedschaft in der Gesamt-Jugend- und Auszubildendenvertretung

a) Beginn

4 Die Mitgliedschaft in der Gesamt-Jugend- und Auszubildendenvertretung wird – entsprechend der Rechtslage beim Gesamtbetriebsrat (hierzu *Kreutz/Franzen* § 47 Rdn. 43) – durch den **Entsendungsbeschluss** der betrieblichen Jugend- und Auszubildendenvertretung (hierzu § 72 Rdn. 20 ff.) und die **Zustimmung des Betroffenen** zu seiner Entsendung begründet (ebenso *Sittard/HWK* § 73 BetrVG Rn. 3).

b) Erlöschen der Mitgliedschaft

aa) Allgemeines

Für das Erlöschen der Mitgliedschaft in der Gesamt-Jugend- und Auszubildendenvertretung verweist 5
§ 73 Abs. 2 auf die Regelungen für den Gesamtbetriebsrat in den §§ 48, 49. Die Gründe für das Erlöschen zählt § 49 abschließend auf; sie sind jedoch aufgrund der »entsprechenden Anwendung« der Vorschrift an die Besonderheiten der §§ 60–73 anzupassen. Zu ihnen gehören: **Verlust der Mitgliedschaft** in der betrieblichen Jugend- und Auszubildendenvertretung (s. Rdn. 6); **Amtsniederlegung** (s. Rdn. 7 ff.); **Ausschluss** aus der Gesamt-Jugend- und Auszubildendenvertretung aufgrund einer gerichtlichen Entscheidung nach § 73 Abs. 2 i. V. m. § 48 (dazu s. Rdn. 10 ff.); **Abberufung** durch die betriebliche Jugend- und Auszubildendenvertretung (s. Rdn. 13 sowie § 72 Rdn. 25 ff.).

bb) Erlöschen der Mitgliedschaft in der betrieblichen Jugend- und Auszubildendenvertretung

Ob die Mitgliedschaft in der betrieblichen Jugend- und Auszubildendenvertretung erloschen ist, beur- 6
teilt sich nach den §§ 64 Abs. 3, 65 Abs. 1 i. V. m. den §§ 23 Abs. 1, 24; auf die Erläuterungen zu diesen Vorschriften ist zu verweisen (s. § 64 Rdn. 25 ff., § 65 Rdn. 5 ff., 17 ff.).

cc) Amtsniederlegung

Durch eine Amtsniederlegung kann die Mitgliedschaft in der Gesamt-Jugend- und Auszubildenden- 7
vertretung in zweierlei Weise erlöschen:

Erstens kann das Amt in der **betrieblichen Jugend- und Auszubildendenvertretung** nach § 65 8
Abs. 1 i. V. m. § 24 Nr. 2 niedergelegt werden. Damit erlischt nach den Ausführungen in Rdn. 6 automatisch auch die Mitgliedschaft in der Gesamt-Jugend- und Auszubildendenvertretung.

Zweitens eröffnet § 73 Abs. 2 i. V. m. § 49 die Möglichkeit, **ausschließlich das Amt in der Ge-** 9
samt-Jugend- und Auszubildendenvertretung niederzulegen; hiervon bleibt die **Mitgliedschaft in der betrieblichen Jugend- und Auszubildendenvertretung unberührt** (s. *Kreutz/Franzen* § 49 Rdn. 9). Die zu § 49 anerkannten Grundsätze (dazu *Kreutz/Franzen* § 49 Rdn. 8 ff.) sind auf das Recht der Gesamt-Jugend- und Auszubildendenvertretung übertragbar. Die Amtsniederlegung ist in dieser Konstellation nicht dem Vorsitzenden der entsendenden betrieblichen Jugend- und Auszubildendenvertretung, sondern dem Vorsitzenden der Gesamt-Jugend- und Auszubildendenvertretung mitzuteilen (s. *Kreutz/Franzen* § 49 Rdn. 13).

dd) Ausschluss

Neben dem Erlöschen der Mitgliedschaft durch Ausschluss aus der **betrieblichen Jugend- und Aus-** 10
zubildendenvertretung (§ 65 Abs. 1 i. V. m. § 23 Abs. 1 sowie § 49) kann das Amt in der Gesamt-Jugend- und Auszubildendenvertretung auch durch einen Ausschluss aus der **Gesamt-Jugend- und Auszubildendenvertretung** erlöschen (§ 73 Abs. 2 i. V. m. den §§ 49, 48).

Der Ausschluss aus der Gesamt-Jugend- und Auszubildendenvertretung setzt eine **grobe Verletzung** 11
der gesetzlichen Pflichten voraus. Da sich der Ausschluss auf die Mitgliedschaft in der Gesamt-Jugend- und Auszubildendenvertretung bezieht, berechtigt nur die Verletzung solcher Pflichten zu einem auf § 73 Abs. 2 i. V. m. § 48 gestützten Verfahren, die sich auf die Mitgliedschaft in der Gesamt-Jugend- und Auszubildendenvertretung beziehen (für den Ausschluss aus dem Gesamtbetriebsrat *Kreutz/Franzen* § 48 Rdn. 18). Die Verletzung von Pflichten, die mit der Mitgliedschaft in der betrieblichen Jugend- und Auszubildendenvertretung verbunden sind, berechtigen grundsätzlich nicht zum Ausschluss aus der Gesamt-Jugend- und Auszubildendenvertretung.

Aufgrund der in § 73 Abs. 2 angeordneten entsprechenden Anwendung des § 48 ist neben dem **Ar-** 12
beitgeber (*Fitting* § 73 Rn. 13; *Rose/HWGNRH* § 73 Rn. 28; *Trittin/DKKW* § 73 Rn. 18), einem **Viertel der nach § 61 Abs. 1 aktiv wahlberechtigten Arbeitnehmer** des Unternehmens (*Fitting* § 73 Rn. 13; *Joost/MünchArbR* § 318 Rn. 39; *Rose/HWGNRH* § 73 Rn. 28; *Rotermund* Interessenwahrnehmung, S. 193; *Sahmer* § 73 Rn. 3; *Trittin/DKKW* § 73 Rn. 18) und einer **im Unternehmen vertretenen Gewerkschaft** (*Fitting* § 73 Rn. 13; *Joost/MünchArbR* § 230 Rn. 37; *Rose/*

HWGNRH § 73 Rn. 28; *Sahmer* § 73 Rn. 3; *Trittin/DKKW* § 73 Rn. 18; zum Vertretensein im Unternehmen *Kreutz/Franzen* § 48 Rdn. 17; **a. M.** *Rotermund* Interessenwahrnehmung, S. 193: Vertretensein in der Gesamt-Jugend- und Auszubildendenvertretung) auch die **Gesamt-Jugend- und Auszubildendenvertretung** zur Stellung eines Ausschlussantrags berechtigt (*Fitting* § 73 Rn. 13; *Joost*/MünchArbR § 230 Rn. 37; *Richardi/Annuß* § 73 Rn. 13; *Rose*/HWGNRH § 73 Rn. 28; *Rotermund* Interessenwahrnehmung, S. 194; *Trittin/DKKW* § 73 Rn. 18). Eine Antragsberechtigung des **Gesamtbetriebsrats** ist trotz der lediglich entsprechenden Anwendung ebenfalls anzuerkennen (ebenso *Fitting* § 73 Rn. 13; *Joost*/MünchArbR § 230 Rn. 37; *Richardi/Annuß* § 73 Rn. 13; *Roloff/ WPK* § 73 Rn. 7; *Rose*/HWGNRH § 73 Rn. 28; *Trittin/DKKW* § 73 Rn. 18; **a. M.** *Rotermund* Interessenwahrnehmung, S. 194). Die Überlegungen zu § 65 Abs. 1 i. V. m. § 23 Abs. 1 (s. § 65 Rdn. 9) haben auch für die Gesamt-Jugend- und Auszubildendenvertretung Gültigkeit.

ee) Abberufung

13 Die **Abberufung** eines Mitglieds der Gesamt-Jugend- und Auszubildendenvertretung ist **jederzeit** und **ohne Gründe** durch die entsendende betriebliche Jugend- und Auszubildendenvertretung möglich (s. § 72 Rdn. 25 ff.). Hierzu bedarf es eines **Beschlusses** der betrieblichen Jugend- und Auszubildendenvertretung, der mit **einfacher Mehrheit** (§ 65 Abs. 1 i. V. m. § 33 Abs. 1) zu fassen ist (näher § 72 Rdn. 26).

c) Ersatzmitgliedschaft

14 Erlischt die Mitgliedschaft in der Gesamt-Jugend- und Auszubildendenvertretung, so rückt nach § 73 Abs. 2 i. V. m. § 25 Abs. 1 das Ersatzmitglied (§ 72 Abs. 3; näher hierzu § 72 Rdn. 23 f.) nach. Die entsendende betriebliche Jugend- und Auszubildendenvertretung kann alternativ jedoch auch statt des ausscheidenden Mitglieds ein anderes Mitglied in die Gesamt-Jugend- und Auszubildendenvertretung entsenden (s. § 72 Rdn. 28).

3. Geschäftsführung der Gesamt-Jugend- und Auszubildendenvertretung

a) Bestellung des Vorsitzenden

15 Nach § 73 Abs. 2 i. V. m. § 26 Abs. 1 wählt die Gesamt-Jugend- und Auszubildendenvertretung **aus ihrer Mitte** einen **Vorsitzenden** und einen **Stellvertreter**. Mitglieder von betrieblichen Jugend- und Auszubildendenvertretungen, die nicht zugleich Mitglied der Gesamt-Jugend- und Auszubildendenvertretung sind, können nicht in das Amt gewählt werden. Die Wahl erfolgt auf der konstituierenden Sitzung (§ 73 Abs. 2 i. V. m. § 51 Abs. 2). Für die Stimmenzahl der einzelnen Mitglieder gilt § 72 Abs. 7 und 8 (*Richardi/Annuß* § 73 Rn. 11; *Trittin/DKKW* § 73 Rn. 7). Gruppen- oder Betriebszugehörigkeiten sind bei der Auswahl des Vorsitzenden und seines Stellvertreters nicht zu berücksichtigen. Hinsichtlich der **Rechtsstellung** des Vorsitzenden der Gesamt-Jugend- und Auszubildendenvertretung gelten die Ausführungen zum Vorsitzenden der betrieblichen Jugend- und Auszubildendenvertretung (s. § 65 Rdn. 26) entsprechend: Er »vertritt« die Gesamt-Jugend- und Auszubildendenvertretung nach außen im Rahmen der von ihr gefassten Beschlüsse; zur Entgegennahme von Erklärungen, die der Gesamt-Jugend- und Auszubildendenvertretung gegenüber abzugeben sind, ist der Vorsitzende der Gesamt-Jugend- und Auszubildendenvertretung berechtigt (§ 73 Abs. 2 i. V. m. § 26 Abs. 2).

16 Weder dem Vorsitzenden noch einem weiteren Mitglied kann die **Führung der laufenden Geschäfte** übertragen werden (*Richardi/Annuß* § 73 Rn. 12).

b) Bildung von Ausschüssen

17 Analog der in § 65 Abs. 1 geänderten Verweisungskette sieht § 73 Abs. 2 aufgrund der durch Art. 1 Nr. 48 BetrVerf-ReformG vorgenommenen Änderung auch für die Gesamt-Jugend- und Auszubildendenvertretung die Möglichkeit vor, Ausschüsse zu bilden, damit diese ebenfalls die Effizienz ihrer Arbeit erhöhen kann (*Reg. Begr.* BT-Drucks. 14/5741, S. 45). Wie bei der betrieblichen Jugend- und Auszubildendenvertretung (zu dieser § 65 Rdn. 29) ist der vermeintliche Fortschritt nur ein scheinba-

Geschäftsführung und Geltung sonstiger Vorschriften §73

rer. Auch der Gesamt-Jugend- und Auszubildendenvertretung bleibt die Befugnis vorenthalten, Aufgaben auf die Ausschüsse zur selbständigen Erledigung zu übertragen. Die auf § 28 Abs. 1 Satz 1 begrenzte Verweisung und die damit verbundene Ausklammerung des § 28 Abs. 1 Satz 3 gestattet keine abweichende Auslegung (zust. *Rose/HWGNRH* § 73 Rn. 17). Damit bleiben die Ausschüsse auf eine vorbereitende Tätigkeit für das Plenum beschränkt (*Rose/HWGNRH* § 73 Rn. 17). Zu diesem Zweck konnte die Gesamt-Jugend- und Auszubildendenvertretung auch nach bisherigem Recht Ausschüsse bilden (näher 6. Aufl., § 73 Rn. 16).

Die Verweisung auf § 28 Abs. 1 Satz 1 ist gesetzestechnisch verunglückt, da § 28 Abs. 1 Satz 1 für die **18** Bildung eines Ausschusses eine bestimmte Betriebsgröße voraussetzt. Neben der im Rahmen des § 65 auftretenden Frage, ob hierbei auf die Gesamtzahl der Arbeitnehmer oder wegen des Gebots einer entsprechenden Gesetzesanwendung auf die Zahl der in § 60 Abs. 1 genannten Arbeitnehmer abzustellen ist (dazu § 65 Rdn. 29), erweist sich die Bezugnahme auf den Betrieb als zweifelhaft, da die Gesamt-Jugend- und Auszubildendenvertretung auf Unternehmensebene gebildet wird. Bei einer unreflektierten Übertragung des Schwellenwertes könnte dies dazu führen, dass bereits einer zweigliedrigen Gesamt-Jugend- und Auszubildendenvertretung die Möglichkeit eröffnet wäre, Ausschüsse zu bilden. Mit dem gesetzgeberischen Ziel ließe sich dieses Ergebnis nicht rechtfertigen. Maßgebend ist vielmehr, dass § 28 Abs. 1 Satz 1 für den Betriebsrat die Ausschussbildung ermöglichen will, wenn dieser aus mindestens sieben Mitgliedern besteht. Erst ab einer derartigen Größenordnung kann es überhaupt sinnvoll sein, die Effizienz der Gremienarbeit durch die Bildung von Ausschüssen zu erhöhen. Deshalb führt das Gebot einer »entsprechenden Anwendung« dazu, dass die Gesamt-Jugend- und Auszubildendenvertretung aus sieben Mitgliedern bestehen muss, damit diese ihre durch § 28 Abs. 1 Satz 1 begründete Kompetenz in Anspruch nehmen kann (im Ansatz auch *Richardi/Annuß* § 73 Rn. 18; *Rose/HWGNRH* § 73 Rn. 18; *Rotermund* Interessenwahrnehmung, S. 189 ff., die jedoch zusätzlich die Beschäftigung von 100 Arbeitnehmern i.S.d § 60 Abs. 1 verlangen; **a. M.** *Fitting* § 73 Rn. 11; *Roloff/WPK* § 73 Rn. 17: 100 Arbeitnehmer i. S. d. § 60 Abs. 1 im Unternehmen stets ausreichend). Da die zusätzliche Aufnahme des § 28 in die Verweisungskette des § 73 Abs. 2 die Rechtsstellung der Gesamt-Jugend- und Auszubildendenvertretung verbessern sollte, ist es jedoch auch kleineren Gesamt-Jugend- und Auszubildendenvertretungen gestattet, durch vorbereitende Ausschüsse die Effizienz ihrer Arbeit zu erhöhen. Damit verlieren die vorstehenden Auslegungsprobleme weitgehend ihre praktische Relevanz.

Über die Bildung von Ausschüssen entscheidet die Gesamt-Jugend- und Auszubildendenvertretung **19** nach pflichtgemäßem Ermessen durch Mehrheitsbeschluss, wobei § 51 Abs. 3 Satz 1 anzuwenden ist (s. Rdn. 32). Über die zu wählenden Mitglieder kann die Gesamt-Jugend- und Auszubildendenvertretung frei entscheiden; die Verweisungskette des § 73 Abs. 2 verzichtet auf die begrenzende Regelung in § 28 Abs. 1 Satz 2. Hierdurch weicht das Gesetz zwar von dem Recht der betrieblichen Jugend- und Auszubildendenvertretung ab, übernimmt aber die für den Gesamtbetriebsrat geltende Konzeption, da § 51 Abs. 1 ebenfalls § 28 Abs. 1 Satz 2 nicht in die Verweisungskette aufnimmt.

c) Sitzungen der Gesamt-Jugend- und Auszubildendenvertretung

Analog der Regelung in § 65 Abs. 2 für die betriebliche Jugend- und Auszubildendenvertretung steht **20** auch der Gesamt-Jugend- und Auszubildendenvertretung nach § 73 Abs. 1 das Recht zur Abhaltung eigener Sitzungen zu. Zur konstituierenden Sitzung s. § 72 Rdn. 13.

aa) Einladung

Die Einberufung der Sitzung unterliegt den Vorschriften in § 29 Abs. 2 bis 4, auf die § 73 Abs. 2 über **21** § 51 Abs. 2 Satz 3 verweist. Eine Einladung der **Gesamtschwerbehindertenvertretung** entfällt, da ihr an den Sitzungen der Gesamt-Jugend- und Auszubildendenvertretung **kein Teilnahmerecht** zusteht (*Fitting* § 73 Rn. 6; *Joost*/MünchArbR § 230 Rn. 28; *Richardi/Annuß* § 73 Rn. 6; *Trittin/DKKW* § 73 Rn. 3).

Die Einberufung einer Sitzung der Gesamt-Jugend- und Auszubildendenvertretung kann neben dem **22** **Arbeitgeber** auch »**ein Viertel der Mitglieder des Betriebsrats**« beantragen. Die personelle Reichweite des letztgenannten Antragsrechts ist wegen der zweimal (§ 73 Abs. 2 und § 51 Abs. 2

Satz 3) angeordneten »entsprechenden Anwendung« problematisch. Wegen der analogen Anwendung des § 29 Abs. 3 auf die Gesamt-Jugend- und Auszubildendenvertretung steht das Antragsrecht zumindest den **Mitgliedern der Gesamt-Jugend- und Auszubildendenvertretung** zu. Zweifelhaft ist der Bezugspunkt für das auf ein Viertel bezogene Quorum. Ein dem Wortlaut des § 29 Abs. 3 verhafteter Rückgriff auf die **Mitgliederzahl** wird dem Zweck des Quorums nicht gerecht. Dieses soll ein Mindestmaß von Unterstützung in der Sitzung gewährleisten. Da sich diese über Abstimmungen vermittelt, ist – ebenso wie bei den Mitgliedern des Gesamtbetriebsrats (dazu *Kreutz/Franzen* § 51 Rdn. 49) – **zusätzlich** erforderlich, dass sich das »Viertel der Mitglieder« sowohl nach Köpfen als auch nach der **Anzahl ihrer Stimmen** (§ 72 Abs. 7; hierzu § 72 Rdn. 44 ff.) bemisst. In beiden Fällen muss das Quorum von einem Viertel erreicht sein (ebenso *Richardi/Annuß* § 73 Rn. 6; *Rotermund* Interessenwahrnehmung, S. 188).

23 Ein eigenständiges **Antragsrecht des Gesamtbetriebsrats** ist nicht anzuerkennen (*Bodem/*NK-GA § 73 BetrVG Rn. 2; a. M. jedoch *Richardi/Annuß* § 73 Rn. 6). Die Ausführungen zu den Sitzungen der betrieblichen Jugend- und Auszubildendenvertretungen gelten insoweit entsprechend (dazu § 65 Rdn. 71). Die **betriebliche Jugend- und Auszubildendenvertretung** kann ebenso wenig die Abhaltung einer Sitzung der Gesamt-Jugend- und Auszubildendenvertretung beantragen wie ein bestimmtes Quorum der einer betrieblichen Jugend- und Auszubildendenvertretung angehörenden Mitglieder.

bb) Verständigung des Gesamtbetriebsrats

24 Die Abhaltung eigener Sitzungen der Gesamt-Jugend- und Auszubildendenvertretung steht nicht unter dem Vorbehalt eines Einverständnisses oder einer Zustimmung seitens des Gesamtbetriebsrats (*Joost/*MünchArbR § 230 Rn. 24; *Trittin/DKKW* § 73 Rn. 2; *Weiss/Weyand* § 73 Rn. 1). Die nach § 73 Abs. 1 Satz 1 erforderliche Verständigung, die § 65 Abs. 2 Satz 1 für eigene Sitzungen der betrieblichen Jugend- und Auszubildendenvertretung fordert, ist – wie im Rahmen des § 65 Abs. 2 Satz 1 (s. § 65 Rdn. 64 ff.) – i. S. einer **Unterrichtung** des Gesamtbetriebsrats zu verstehen (*Joost/*MünchArbR § 230 Rn. 24; *Küchenhoff* § 73 Rn. 1; *Rose/HWGNRH* § 73 Rn. 7; *Trittin/DKKW* § 73 Rn. 2; *Weiss/Weyand* § 73 Rn. 1; a. M. *Brecht* § 73 Rn. 3). Das Gesetz verlangt lediglich eine Verständigung »des« und nicht eine Verständigung »mit« dem Gesamtbetriebsrat (a. M. ausdrücklich *Brecht* § 73 Rn. 3).

cc) Zeitpunkt der Sitzung

25 Die Sitzungen der Gesamt-Jugend- und Auszubildendenvertretung finden in der Regel während der Arbeitszeit statt (§ 73 Abs. 2 i. V. m. § 30).

dd) Teilnahmerecht

26 Neben den Mitgliedern der Gesamt-Jugend- und Auszubildendenvertretung ist nach § 73 Abs. 1 Satz 2 der **Vorsitzende des Gesamtbetriebsrats** oder ein **beauftragtes Mitglied des Gesamtbetriebsrats** teilnahmeberechtigt. Die Ausführungen zu § 65 Abs. 2 Satz 2 gelten hier entsprechend (näher dazu § 65 Rdn. 77).

27 Der **Arbeitgeber** ist nach § 73 Abs. 2 i. V. m. den §§ 51 Abs. 2 Satz 3, 29 Abs. 4 an denjenigen Sitzungen der Gesamt-Jugend- und Auszubildendenvertretung teilnahmeberechtigt, die auf seinen Antrag anberaumt wurden oder zu denen er ausdrücklich eingeladen wurde. Im Übrigen ist auf die Erläuterungen zu § 65 zu verweisen (s. § 65 Rdn. 76).

28 Nach § 73 Abs. 2 i. V. m. § 31 kann ferner ein **Gewerkschaftsbeauftragter** an den Sitzungen der Gesamt-Jugend- und Auszubildendenvertretung beratend teilnehmen. Ebenso wie im Rahmen der in § 65 Abs. 1 angeordneten entsprechenden Anwendung des § 31 (dazu § 65 Rdn. 79 ff.) ist auch hier erforderlich, dass die **Gewerkschaft in der Gesamt-Jugend- und Auszubildendenvertretung vertreten** ist (*Fitting* § 73 Rn. 11; *Kloppenburg/*HaKo § 73 Rn. 3; *Natzel* Berufsbildungsrecht, S. 567; *Rose/HWGNRH* § 73 Rn. 10; *Rotermund* Interessenwahrnehmung, S. 189; *Sahmer* § 73 Rn. 3; *Trittin/DKKW* § 73 Rn. 3; *Weber/Ehrich/Hörchens/Oberthür* Kap. B Rn. 603; **a. M.** *Joost/*MünchArbR § 230 Rn. 28; *Richardi/Annuß* § 73 Rn. 7). Es reicht deshalb nicht, wenn die Ge-

werkschaft lediglich im Unternehmen oder im Gesamtbetriebsrat vertreten ist. Auch die Vertretung in nur einem Betriebsrat (so aber *Richardi* 7. Aufl., § 73 Rn. 6) oder einer betrieblichen Jugend- und Auszubildendenvertretung genügt nicht.

Den Antrag auf beratende Teilnahme eines Beauftragten der Gewerkschaft können nur ein Viertel der 29 Mitglieder der Gesamt-Jugend- und Auszubildendenvertretung stellen. Das **erforderliche Quorum** bemisst sich sowohl nach der **Mitgliederzahl** als auch nach der ihnen zustehenden **Zahl der Stimmen** (*Richardi/Annuß* § 73 Rn. 7; *Rose/HWGNRH* § 73 Rn. 10; *Rotermund* Interessenwahrnehmung, S. 188; *Trittin/DKKW* § 73 Rn. 11; zur gegenteiligen Ansicht für den Gesamtbetriebsrat *Kreutz/Franzen* § 51 Rdn. 59).

Das Recht des Organs, mit **Mehrheit der Stimmen** die Hinzuziehung eines Beauftragten der Gewerkschaft zu beschließen, gilt für die Gesamt-Jugend- und Auszubildendenvertretung ebenfalls (*Fitting* § 73 Rn. 11; *Trittin/DKKW* § 73 Rn. 11; für die Jugend- und Auszubildendenvertretung § 65 Rdn. 82). Bei der entsprechenden Abstimmung genügt die **einfache Mehrheit** der nach § 72 Abs. 7 zu bemessenden **Stimmen**. 30

ee) Öffentlichkeit
Die Sitzungen der Gesamt-Jugend- und Auszubildendenvertretung sind nicht öffentlich (§ 73 Abs. 2 31 i. V. m. § 30 Satz 4).

ff) Beschlussfassung
Die Beschlussfassung der Gesamt-Jugend- und Auszubildendenvertretung richtet sich nicht nach der 32 Kopfzahl der Mitglieder, sondern nach der Zahl der auf jedes einzelne Mitglied entfallenden Stimmen (§ 72 Abs. 7; näher hierzu § 72 Rdn. 44 ff.). Nach § 73 Abs. 2 i. V. m. § 51 Abs. 3 Satz 1 reicht regelmäßig die einfache Mehrheit der Stimmen aus.

Für die **Beschlussfähigkeit** muss mindestens die **Hälfte der Mitglieder** an der Beschlussfassung teil- 33 nehmen und **zusätzlich** mindestens die **Hälfte aller Stimmen** vertreten. Beide Voraussetzungen (Zahl der Mitglieder und Zahl der Stimmen) müssen **kumulativ** vorliegen (*Rotermund* Interessenwahrnehmung, S. 189).

Personen, denen nach Maßgabe der Ausführungen in Rdn. 26 ff. ein **Teilnahmerecht** zusteht, dür- 34 fen wegen ihrer fehlenden Mitgliedschaft in der Gesamt-Jugend- und Auszubildendenvertretungen **nicht mitstimmen**. Ihr Recht zur Teilnahme beschränkt sich auf eine **aktive Einflussnahme auf die Beratung** und die Willensbildung in der Gesamt-Jugend- und Auszubildendenvertretung (*Richardi/Annuß* § 73 Rn. 8).

gg) Sitzungsniederschrift
Wie § 65 Abs. 1 ordnet § 73 Abs. 2 die entsprechende Anwendung des § 34 an. Über die Sitzung der 35 Gesamt-Jugend- und Auszubildendenvertretung ist deshalb gleichfalls eine Niederschrift anzufertigen.

d) Geschäftsordnung
Wie die betriebliche Jugend- und Auszubildendenvertretung (§ 65 Abs. 1 i. V. m. § 36) soll sich auch 36 die Gesamt-Jugend- und Auszubildendenvertretung eine Geschäftsordnung geben (§ 73 Abs. 2 i. V. m. § 36). Die Ausführungen zur betrieblichen Jugend- und Auszubildendenvertretung (s. § 65 Rdn. 30) gelten insofern entsprechend. Bei der Abstimmung ist die **absolute Mehrheit** der nach § 72 Abs. 7 zu bemessenden Stimmen erforderlich (*Trittin/DKKW* § 73 Rn. 13). Die **Zahl der Mitglieder** ist hierfür **unbeachtlich**.

e) Anspruch auf Arbeitsbefreiung
Wie die Mitglieder der betrieblichen Jugend- und Auszubildendenvertretung (§ 65 Abs. 1 i. V. m. 37 § 37) sind auch die der Gesamt-Jugend- und Auszubildendenvertretung ohne Minderung ihres Ar-

beitsentgelts von der Pflicht zur Arbeitsleistung befreit (§ 73 Abs. 2 i. V. m. § 37 Abs. 2 und 3). Die Ausführungen zur betrieblichen Jugend- und Auszubildendenvertretung gelten insoweit entsprechend (s. § 65 Rdn. 33 ff.).

38 Eine **Freistellung von der beruflichen Tätigkeit** (§ 38) ist nach § 73 Abs. 2 nicht vorgesehen. Entsprechend den zu den Mitgliedern der betrieblichen Jugend- und Auszubildendenvertretung dargelegten Grundsätzen (dazu § 65 Rdn. 35 f.) kann eine in der Regel vorübergehende völlige Befreiung von der beruflichen Tätigkeit im Ausnahmefall über § 73 Abs. 2 i. V. m. § 37 Abs. 2 in Betracht kommen (zur Parallelproblematik beim Gesamtbetriebsrat *Kreutz/Franzen* § 51 Rdn. 55).

39 Ein eigenständiges Recht der Gesamt-Jugend- und Auszubildendenvertretung auf Entsendung eines Mitglieds zur **Teilnahme an Schulungen**, deren Inhalte für die Tätigkeit der Gesamt-Jugend- und Auszubildendenvertretung erforderlich sind, sieht § 73 Abs. 2 – ebenso wie § 51 Abs. 1 Satz 1 – nicht vor. Eine Freistellung zur Schulungsteilnahme steht den Mitgliedern der Gesamt-Jugend- und Auszubildendenvertretung lediglich in ihrer Eigenschaft als Mitglied der betrieblichen Jugend- und Auszubildendenvertretungen zu. Der Betriebsrat kann ein in die Gesamt-Jugend- und Auszubildendenvertretung entsandtes Mitglied jedoch auch für solche Schulungsveranstaltungen freistellen, deren Inhalte für die Tätigkeit in der Gesamt-Jugend- und Auszubildendenvertretung erforderlich sind (*BAG* 10.06.1975 EzA § 37 BetrVG 1972 Nr. 42 S. 163 = AP Nr. 1 zu § 73 BetrVG 1972 Bl. 3 R = SAE 1976, 107 [zust. *Bohn*]; *Fitting* § 73 Rn. 12; *Joost*/MünchArbR § 230 Rn. 32; *Natzel* Berufsbildungsrecht, S. 568; *Rose*/HWGNRH § 73 Rn. 25; *Rotermund* Interessenwahrnehmung, S. 192; *Trittin*/DKKW § 73 Rn. 15; zur Parallelproblematik bei Mitgliedern des Gesamtbetriebsrats *Kreutz/Franzen* § 51 Rdn. 54). Der **Beschluss über die Freistellung** ist von dem Betriebsrat zu fassen, dem das Mitglied angehört, nicht hingegen von dem Gesamtbetriebsrat (*BAG* 10.06.1975 EzA § 37 BetrVG 1972 Nr. 42 S. 163 = AP Nr. 1 zu § 73 BetrVG 1972 Bl. 3 = SAE 1976, 107 [zust. *Bohn*]; *Fitting* § 73 Rn. 12; *Joost*/MünchArbR § 230 Rn. 32; *Kloppenburg*/HaKo § 73 Rn. 7; *Rose*/HWGNRH § 73 Rn. 25; *Rotermund* Interessenwahrnehmung, S. 191 f.; *Trittin*/DKKW § 73 Rn. 15).

f) Kosten

40 Für den Ersatz von Kosten und Sachmitteln sowie das Verbot zur Erhebung von Umlagen verweist § 73 Abs. 2 ebenfalls auf die §§ 40 und 41, so dass für die Gesamt-Jugend- und Auszubildendenvertretung dieselben Grundsätze wie für die betriebliche Jugend- und Auszubildendenvertretung gelten (dazu § 65 Rdn. 58 ff.).

4. Aufgaben der Gesamt-Jugend- und Auszubildendenvertretung

a) Zuständigkeit

41 Für die Zuständigkeitsverteilung zwischen betrieblicher Jugend- und Auszubildendenvertretung und Gesamt-Jugend- und Auszubildendenvertretung verweist § 73 Abs. 2 auf § 50. Die zu § 50 geltenden Grundsätze können gleichwohl nicht unreflektiert auf das Recht der Gesamt-Jugend- und Auszubildendenvertretung übertragen werden. Das Gebot einer »entsprechenden Anwendung« erfordert insbesondere eine Harmonisierung mit der Zuständigkeit des Gesamtbetriebsrats und der völlig anderen Rechtsstellung der Jugend- und Auszubildendenvertretung.

42 Eine **originäre Zuständigkeit** der Gesamt-Jugend- und Auszubildendenvertretung (§ 73 Abs. 2 i. V. m. § 50 Abs. 1) ist zunächst stets zu bejahen, wenn eine **originäre Zuständigkeit des Gesamtbetriebsrats** besteht (*Richardi/Annuß* § 73 Rn. 20; *Trittin*/DKKW § 73 Rn. 20).

43 Hiermit ist der Kreis der originären Zuständigkeit – im Unterschied zum Gesamtbetriebsrat – jedoch **nicht abschließend umschrieben**. Da es bei der Gesamt-Jugend- und Auszubildendenvertretung wegen ihrer fehlenden Regelungskompetenz gegenüber dem Arbeitgeber auf ein »nicht regeln können« nicht ankommt, ist ausschließlich auf den Zweck der Jugend- und Auszubildendenvertretung und die zweckgerechte Ausübung ihrer Rechtspositionen gegenüber dem Betriebsrat abzustellen. Ist die Zuständigkeit des Gesamtbetriebsrats nach § 50 Abs. 1 begründet, so ist eine Beteiligung der betrieblichen Jugend- und Auszubildendenvertretung nicht möglich, da ihr an den Sitzungen des Gesamtbetriebsrats kein Teilnahme- und Stimmrecht zusteht. Diese Rechtsposition steht wegen der Ver-

weisung in § 73 Abs. 2 auf § 65 ausschließlich der Gesamt-Jugend- und Auszubildendenvertretung zu. Aus diesem Grund führt eine entsprechende Anwendung des § 50 dazu, dass die **originäre Zuständigkeit der Gesamt-Jugend- und Auszubildendenvertretung akzessorisch** zu der Zuständigkeit des Gesamtbetriebsrats ist. Eine **originäre Zuständigkeit** der Gesamt-Jugend- und Auszubildendenvertretung besteht daher auch, wenn sich der **Gesamtbetriebsrat** lediglich auf eine **Zuständigkeit kraft Auftrags** der Einzelbetriebsräte (§ 50 Abs. 2) stützen kann (ebenso *Fitting* § 73 Rn. 13; *Richardi/Annuß* § 73 Rn. 21; *Rotermund* Interessenwahrnehmung, S. 195 f.; wohl auch *Stege/Weinspach/Schiefer* §§ 72–73 Rn. 5; **a. M.** jedoch *Rose/HWGNRH* § 73 Rn. 31, die bei einem kraft Auftrags zuständigen Gesamtbetriebsrat einen gleichgerichteten [Auftrags-]Beschluss der betrieblichen Jugend- und Auszubildendenvertretungen verlangen).

Für eine **Zuständigkeit** der Gesamt-Jugend- und Auszubildendenvertretung **kraft Auftrags** bleibt bei diesem Verständnis **kaum Raum**, da sie wegen der Rechtsstellung der Gesamt-Jugend- und Auszubildendenvertretung wenig sachgerecht ist. Solange die Zuständigkeit der Einzelbetriebsräte fortbesteht, kann die Gesamt-Jugend- und Auszubildendenvertretung auf diese keinen Einfluss nehmen, da das in § 67 Abs. 1 und Abs. 2 normierte Teilnahme- und Stimmrecht nicht der Gesamt-Jugend- und Auszubildendenvertretung, sondern auch bei der Erteilung eines Auftrages unverändert der betrieblichen Jugend- und Auszubildendenvertretung zusteht (*Richardi/Annuß* § 73 Rn. 21). Gleichwohl ist die Beauftragung in dieser Konstellation nicht unzulässig (*Fitting* § 73 Rn. 13; *Joost/* MünchArbR § 230 Rn. 12; *Richardi/Annuß* § 73 Rn. 21; *Rotermund* Interessenwahrnehmung, S. 196; *Trittin/DKKW* § 73 Rn. 20; **a. M.** *Rose/HWGNRH* § 73 Rn. 31). **44**

Ist die Gesamt-Jugend- und Auszubildendenvertretung nach § 73 Abs. 2 i. V. m. § 50 Abs. 1 für eine Angelegenheit kraft Gesetzes zuständig, so verbleibt die Zuständigkeit selbst dann bei der **Gesamt-Jugend- und Auszubildendenvertretung**, wenn sie ihren Aufgaben **pflichtwidrig** nicht nachkommt. Eine **subsidiär eingreifende Ersatzzuständigkeit**, die gemeinschaftlich von den betrieblichen Jugend- und Auszubildendenvertretungen auszuüben wäre, ist **nicht anzuerkennen**. Ihnen steht es frei, durch Abberufung der pflichtwidrig agierenden Mitglieder der Gesamt-Jugend- und Auszubildendenvertretungen eine pflichtgemäße Aufgabenerfüllung dieses Organs herbeizuführen. Zudem würden anderenfalls die durch zwingendes Gesetzesrecht festgelegten Organisations- und Zuständigkeitsregelungen durchbrochen. **45**

Die Zuständigkeit der Gesamt-Jugend- und Auszubildendenvertretung erstreckt sich – entsprechend den Grundsätzen für den Gesamtbetriebsrat (hierzu *Kreutz/Franzen* § 50 Rdn. 55 ff.) – nur auf diejenigen Betriebe, in denen eine betriebliche Jugend- und Auszubildendenvertretung besteht. Für **Betriebe ohne betriebliche Jugend- und Auszubildendenvertretung** ist die Gesamt-Jugend- und Auszubildendenvertretung wegen § 50 Abs. 1 Halbs. 2 auch dann zuständig, wenn die betriebliche Jugend- und Auszubildendenvertretung entgegen dem Gesetz nicht errichtet wurde. Das **pflichtwidrige Unterlassen einer Entsendung** durch eine betriebliche Jugend- und Auszubildendenvertretung **beseitigt ebenfalls nicht die Zuständigkeit** der Gesamt-Jugend- und Auszubildendenvertretung für diesen Betrieb (für den Gesamtbetriebsrat *Kreutz/Franzen* § 50 Rdn. 55 ff.). **46**

b) Kompetenzen

Hinsichtlich der Kompetenzen verweist § 73 Abs. 2 zunächst auf § 51 Abs. 5, so dass der Gesamt-Jugend- und Auszubildendenvertretung im Rahmen ihrer Zuständigkeit (dazu s. Rdn. 41 ff.) dieselben Rechte und Pflichten zustehen wie der betrieblichen Jugend- und Auszubildendenvertretung. Der Sinn dieser Verweisung ist jedoch unklar, da § 73 Abs. 2 zusätzlich auf die §§ 66 bis 68 verweist und hierdurch offensichtlich der Rechtsstellung der Gesamt-Jugend- und Auszubildendenvertretung gegenüber dem Gesamtbetriebsrat konkretisiert werden soll. Da sich § 51 Abs. 5 nicht auf die Organisations- und Geschäftsführungsbestimmungen erstreckt (s. *Kreutz/Franzen* § 51 Rdn. 79), kann die Gesamt-Jugend- und Auszubildendenvertretung weder eigene Sprechstunden (§ 69) abhalten (*Richardi/Annuß* § 73 Rn. 16) noch eine Jugend- und Auszubildendenversammlung (§ 71) einberufen. Auch die Einberufung einer der Betriebsräteversammlung (§ 53) angelehnten Versammlung der betrieblichen Jugend- und Auszubildendenvertretungen ist nicht zulässig (*Fitting* § 73 Rn. 15; *Galperin/Löwisch* § 73 Rn. 8; *Joost/* MünchArbR § 230 Rn. 22; *Löwisch/LK* § 73 Rn. 3; *Wlotzke* § 73 Anm. 2). **47**

Ein entsprechender Vorschlag des DGB zur Novellierung des BetrVG 1952 (s. RdA 1970, 237 [241], § 26j Abs. 2) wurde im damaligen Gesetzgebungsverfahren nicht aufgegriffen.

48 Die durch § 73 Abs. 2 vermittelte entsprechende Anwendung des § 51 Abs. 5 besitzt ausschließlich für § 70 Bedeutung. Die § 80 konzeptionell nachgebildete Grundnorm ist auch auf die Gesamt-Jugend- und Auszubildendenvertretung anzuwenden, soweit diese nach Maßgabe der obigen Ausführungen (s. Rdn. 41 ff.) für die betreffende Angelegenheit zuständig ist (ebenso *Brecht* § 73 Rn. 1; *Fitting* § 73 Rn. 13; *Trittin/DKKW* § 73 Rn. 23).

5. Beteiligung an Sitzungen des Gesamtbetriebsrats

49 Im Verhältnis zum Gesamtbetriebsrat gleicht die Rechtsstellung der Gesamt-Jugend- und Auszubildendenvertretung derjenigen der betrieblichen Jugend- und Auszubildendenvertretung zum Betriebsrat. Auch die Gesamt-Jugend- und Auszubildendenvertretung muss ihre Aufgaben über eine Einflussnahme auf den Gesamtbetriebsrat verwirklichen. Analog der dogmatischen Grundstruktur für die betriebliche Jugend- und Auszubildendenvertretung stehen auch der Gesamt-Jugend- und Auszubildendenvertretung keine Mitwirkungs- und Mitbestimmungsrechte gegenüber dem Arbeitgeber zu (sowie *Richardi/Annuß* § 73 Rn. 22; *Rose/HWGNRH* § 73 Rn. 33; ferner hier § 72 Rdn. 5).

50 Wegen der in § 73 Abs. 2 angeordneten entsprechenden Anwendung des § 67 steht der Gesamt-Jugend- und Auszubildendenvertretung bei der Beteiligung an Sitzungen des Gesamtbetriebsrats dieselbe Rechtsstellung wie der betrieblichen Jugend- und Auszubildendenvertretung gegenüber dem Betriebsrat zu.

51 Hinsichtlich des Stimmrechts der einzelnen Mitglieder der Gesamt-Jugend- und Auszubildendenvertretung ist § 72 Abs. 7 zu beachten (*Richardi/Annuß* § 73 Rn. 25). Dies gilt allerdings nicht hinsichtlich der Beschlussfähigkeit des Gesamtbetriebsrats; sie beurteilt sich ausschließlich nach § 51 Abs. 3 Satz 3 (*Richardi/Annuß* § 73 Rn. 25).

52 Da sich der Kreis der zum Betriebsrat und zur betrieblichen Jugend- und Auszubildendenvertretung aktiv wahlberechtigten Arbeitnehmer seit der Novellierung der §§ 60 bis 73 durch das »Gesetz zur Bildung von Jugend- und Auszubildendenvertretungen in den Betrieben« vom 13.07.1988 (BGBl. I, S. 1034; näher zu diesem vor § 60 Rdn. 8 f.) überschneidet, tritt eine vom Gesetzgeber übersehene Kumulation der Stimmen durch diejenigen Auszubildenden ein, die zwar das 18., nicht aber das 25. Lebensjahr vollendet haben (s. § 61 Rdn. 8). Eine Korrektur des Gesetzes, die diesen Effekt bei Abstimmungen im Gesamtbetriebsrat beseitigt, ist jedoch nur de lege ferenda möglich (**a. M.** *Roloff/WPK* § 73 Rn. 14, der eine teleologische Reduktion von § 47 Abs. 7 fordert und die Stimmen der volljährigen Auszubildenden bis zur Vollendung des 25. Lebensjahres ausschließlich der Gesamt-Jugend- und Auszubildendenvertretung zurechnet).

53 Im Rahmen ihrer Zuständigkeit steht der Gesamt-Jugend- und Auszubildendenvertretung auch das Recht zu, Angelegenheiten, über die sie beraten hat, auf die Tagesordnung der nächsten Sitzung des Gesamtbetriebsrats zu setzen (§ 73 Abs. 2 i. V. m. § 67 Abs. 3 Satz 1). Neben den allgemeinen, auch für die Gesamt-Jugend- und Auszubildendenvertretung geltenden Grundsätzen (dazu § 67 Rdn. 53 ff.) ist zu beachten, dass ein von der Gesamt-Jugend- und Auszubildendenvertretung gestellter Antrag nur dann zulässig und vom Vorsitzenden des Gesamtbetriebsrats zu beachten ist, wenn der Gesamtbetriebsrat für die Behandlung der Angelegenheit zuständig ist. Die Zuständigkeit des Gesamtbetriebsrats regelt § 50 abschließend. Sie kann nicht über das Antragsrecht der Gesamt-Jugend- und Auszubildendenvertretung erweitert werden. Andernfalls würde der Gesamt-Jugend- und Auszubildendenvertretung das Recht eingeräumt, in die gesetzlichen Kompetenzen der Einzelbetriebsräte einzugreifen.

54 Überträgt der Gesamtbetriebsrat einzelne Angelegenheiten zur selbständigen Erledigung auf Ausschüsse, so gelten für das Teilnahme- und Stimmrecht die gleichen Grundsätze wie bei den Ausschüssen des Betriebsrats (*Bodem*/NK-GA § 73 BetrVG Rn. 4; *Fitting* § 73 Rn. 14; *Richardi/Annuß* § 73 Rn. 26; **a. M.** *Rose/HWGNRH* § 73 Rn. 38; näher § 67 Rdn. 7 ff., 30 ff., 50 ff.).

6. Besprechung zwischen Arbeitgeber und Gesamtbetriebsrat

An gemeinsamen Besprechungen zwischen Arbeitgeber und Gesamtbetriebsrat ist nach Maßgabe der 55
in § 68 genannten Voraussetzungen auch die Gesamt-Jugend- und Auszubildendenvertretung zu beteiligen (§ 73 Abs. 2 i. V. m. § 68). Die Ausführungen zu diesem Recht der betrieblichen Jugend- und Auszubildendenvertretung gelten für die Gesamt-Jugend- und Auszubildendenvertretung entsprechend.

7. Aussetzungsantrag

Auch der Gesamt-Jugend- und Auszubildendenvertretung steht nach § 73 Abs. 2 i. V. m. § 66 das 56
Recht zu, die Aussetzung von Beschlüssen des Gesamtbetriebsrates zu beantragen. Bei der Abstimmung hierüber in der Gesamt-Jugend- und Auszubildendenvertretung ist die absolute Mehrheit erforderlich, die sich nach der Zahl der Stimmen (§ 72 Abs. 7) und nicht nach der Zahl der Mitglieder bemisst (*Richardi/Annuß* § 73 Rn. 27; zur Parallelproblematik beim Gesamtbetriebsrat *Kreutz/Franzen* § 51 Rdn. 73). Im Übrigen gelten die Ausführungen zu diesem Recht der betrieblichen Jugend- und Auszubildendenvertretung für die Gesamt-Jugend- und Auszubildendenvertretung entsprechend.

8. Nicht in Bezug genommene Vorschriften

Nach ihrem Zweck ist die **Aufzählung** in § 73 Abs. 2 **abschließend** (*Bodem*/NK-GA § 73 BetrVG 57
Rn. 3; *Fitting* § 73 Rn. 15; *Galperin/Löwisch* § 73 Rn. 8; *Kloppenburg*/HaKo § 73 Rn. 6; *Rose/HWGNRH* § 73 Rn. 42). Sie kann weder durch Betriebsvereinbarung noch durch Tarifvertrag erweitert werden (s. Rdn. 2). Die unterbliebene Aufnahme einzelner Vorschriften in die Verweisungskette in § 73 Abs. 2 erlaubt aber nicht stets den formallogischen Umkehrschluss, der Rechtsgedanke der nicht in Bezug genommenen Vorschrift dürfe nicht über andere Vorschriften zur Geltung gebracht werden. Exemplarisch ist auf die Freistellung von der beruflichen Tätigkeit (s. Rdn. 38) und die zur Teilnahme an Schulungs- und Bildungsveranstaltungen (s. Rdn. 39) hinzuweisen.

9. Kündigungs- und Versetzungsschutz

Einen gesonderten Kündigungsschutz für die Mitglieder der Gesamt-Jugend- und Auszubildenden- 58
vertretung hat das Gesetz – wie für die Mitglieder des Gesamtbetriebsrats – nicht vorgesehen. Hieraus resultiert kein Schutzdefizit, da die Mitglieder der Gesamt-Jugend- und Auszubildendenvertretung stets Mitglieder einer betrieblichen Jugend- und Auszubildendenvertretung sind und hierüber vor Kündigungen des Arbeitgebers geschützt sind (s. insoweit § 60 Rdn. 60). Entsprechendes gilt für die mit einem Amtsverlust verbundenen Versetzungen; insoweit greift § 103 Abs. 3 ein (*Rose/HWGNRH* § 73 Rn. 45).

III. Streitigkeiten

Bei Meinungsverschiedenheiten über die Anwendung des § 73 und der dort in Bezug genommenen 59
Vorschriften entscheidet das Arbeitsgericht im **Beschlussverfahren** (§§ 2a Abs. 1 Nr. 1, Abs. 2, 80 ff. ArbGG).

Soweit sich aus den Vorschriften individuelle Ansprüche ergeben (z. B. § 37 Abs. 2 und 3), sind sie im 60
Urteilsverfahren (§§ 2 Abs. 1 Nr. 3 Buchst. a Abs. 5, 46 ff. ArbGG) geltend zu machen.

Dritter Abschnitt
Konzern-Jugend- und Auszubildendenvertretung

§ 73a
Voraussetzung der Errichtung, Mitgliederzahl, Stimmengewicht

(1) Bestehen in einem Konzern (§ 18 Abs. 1 des Aktiengesetzes) mehrere Gesamt-Jugend- und Auszubildendenvertretungen, kann durch Beschlüsse der einzelnen Gesamt-Jugend- und Auszubildendenvertretungen eine Konzern-Jugend- und Auszubildendenvertretung errichtet werden. Die Errichtung erfordert die Zustimmung der Gesamt-Jugend- und Auszubildendenvertretungen der Konzernunternehmen, in denen insgesamt mindestens 75 vom Hundert der in § 60 Abs. 1 genannten Arbeitnehmer beschäftigt sind. Besteht in einem Konzernunternehmen nur eine Jugend- und Auszubildendenvertretung, so nimmt diese die Aufgaben einer Gesamt-Jugend- und Auszubildendenvertretung nach den Vorschriften dieses Abschnitts wahr.

(2) In die Konzern-Jugend- und Auszubildendenvertretung entsendet jede Gesamt-Jugend- und Auszubildendenvertretung eines ihrer Mitglieder. Sie hat für jedes Mitglied mindestens ein Ersatzmitglied zu bestellen und die Reihenfolge des Nachrückens festzulegen.

(3) Jedes Mitglied der Konzern-Jugend- und Auszubildendenvertretung hat so viele Stimmen, wie die Mitglieder der entsendenden Gesamt-Jugend- und Auszubildendenvertretung insgesamt Stimmen haben.

(4) § 72 Abs. 4 bis 8 gilt entsprechend.

Literatur
Oetker Die Konzern-Jugend- und Auszubildendenvertretung, DB 2005, 1165; s. ferner vor § 60.

Inhaltsübersicht

	Rdn.
I. Vorbemerkung	1, 2
II. Allgemeines	3–6
III. Errichtung der Konzern-Jugend- und Auszubildendenvertretung	7–20
1. Voraussetzungen	7–17
a) Konzern i. S. d. § 18 Abs. 1 AktG	7, 8
b) Mehrere Jugend- und Auszubildendenvertretungen	9–11
c) Errichtungsbeschlüsse	12–15
d) Existenz eines Konzernbetriebsrats	16, 17
2. Rechtswirkungen der Abstimmung über die Errichtung	18
3. Amtszeit	19, 20
IV. Zusammensetzung der Konzern-Jugend- und Auszubildendenvertretung	21–36
1. Entsendung der Mitglieder	21–25
2. Abberufung der Mitglieder	26
3. Zahl der Mitglieder	27–36
a) Gesetzliche Anzahl	27
b) Fakultative Vereinbarung	28–32
aa) Vereinbarungsinhalt	28
bb) Tarifvertrag	29
cc) Betriebsvereinbarung	30, 31
dd) Regelungskonkurrenz	32
c) Obligatorische Vereinbarung	33–36
aa) Betriebsvereinbarung	33–35
bb) Einigungsstelle	36
V. Stimmengewicht	37, 38
VI. Streitigkeiten	39

I. Vorbemerkung

Bis zum Inkrafttreten des BetrVerf-ReformG kannte das BetrVG 1972 – im Unterschied zur Rechtslage in Österreich (§§ 123 Abs. 4, 131 f. ArbVG) – keine konzerndimensionale Vertretung der in § 60 Abs. 1 genannten Arbeitnehmer. Ob aufgrund einer **freiwilligen Vereinbarung** zwischen Konzernbetriebsrat und herrschendem Unternehmen auf Konzernebene eine aus Vertretern der Gesamt-Jugend- und Auszubildendenvertretungen bestehende Konzern-Jugend- und Auszubildendenvertretung geschaffen werden konnte, blieb umstritten, wurde aber überwiegend bejaht (*Fitting/Kaiser/Heither/Engels* § 72 Rn. 3; *Trittin/DKK* 7. Aufl., § 72 Rn. 2; a. M. *Oetker* 6. Aufl., vor § 60 Rn. 33). 1

Durch Art. 1 Nr. 49 **BetrVerf-ReformG** entspricht das BetrVG mit Einfügung der §§ 73a und b nunmehr der für alle Arbeitnehmer vorgesehenen Vertretungsstruktur. Parallel zu den Gesamtbetriebsräten eröffnet § 73a Abs. 1 Satz 1 auch den Gesamt-Jugend- und Auszubildendenvertretungen die Möglichkeit, eine Konzern-Jugend- und Auszubildendenvertretung zu errichten. Hintergrund hierfür ist die Annahme des Gesetzgebers, dass grundsätzliche Entscheidungen für die Berufsbildung auch für den gesamten Konzern von der Konzernspitze vorgegeben sein können (*Reg. Begr.* BT-Drucks. 14/5741, S. 31; *Fitting* § 73a Rn. 1; *Kloppenburg/*HaKo § 73a Rn. 1; *Richardi/Annuß* § 73a Rn. 1; *Roloff/WPK* § 73a Rn. 1; *Rose/HWGNRH* § 73a Rn. 1). Im Gegensatz zu den Vorschlägen des DGB aus dem Jahre 1998 hat der Gesetzgeber jedoch davon abgesehen, die Errichtung einer Konzern-Jugend- und Auszubildendenvertretung zwingend vorzuschreiben; § 73a Abs. 1 beschränkt sich auf eine »Kann-«Vorschrift und etabliert die Konzern-Jugend- und Auszubildendenvertretung als **fakultatives** betriebsverfassungsrechtliches Organ (*Bodem/*NK-GA § 73b BetrVG Rn. 1; *Fitting* § 73a Rn. 1, 8; *Joost/*MünchArbR § 230 Rn. 40; *Richardi/Annuß* § 73a Rn. 2; *Roloff/WPK* § 73a Rn. 1; *Rose/HWGNRH* § 73a Rn. 1; *Sittard/HWK* § 73b BetrVG Rn. 1; *Trittin/DKKW* § 73a Rn. 1, 7). Dies entspricht der für den **Konzernbetriebsrat** beibehaltenen Konzeption und trägt der unverändert zutreffenden Tatsache Rechnung, dass die Vielgestaltigkeit der Konzernstrukturen auch bei Unterordnungskonzernen einer zwingenden Errichtung konzerndimensionaler Arbeitnehmervertretungen entgegensteht (s. *Franzen* § 54 Rdn. 1). Die Freiwilligkeit zur Bildung einer Konzern-Jugend- und Auszubildendenvertretung bleibt auch dann bestehen, wenn ein Konzernbetriebsrat errichtet worden ist (zutreffend *Roloff/WPK* § 73a Rn. 1). 2

II. Allgemeines

Wie die betriebliche Jugend- und Auszubildendenvertretung und die Gesamt-Jugend- und Auszubildendenvertretung ist auch die **Konzern-Jugend- und Auszubildendenvertretung kein selbständiges**, neben dem Konzernbetriebsrat stehendes betriebsverfassungsrechtliches **Repräsentationsorgan** gegenüber dem Arbeitgeber (*Fitting* § 73a Rn. 7; *Rose/HWGNRH* § 73a Rn. 7 sowie hier vor § 60 Rdn. 27, § 72 Rdn. 5). Sie kann die Interessen der in § 60 Abs. 1 genannten Arbeitnehmer nur über den und mit Hilfe des Konzernbetriebsrats wahrnehmen (*Fitting* § 73a Rn. 7; *Trittin/DKKW* § 73a Rn. 2). Das ergibt sich aus der Verweisung in § 73b Abs. 2 auf die §§ 66, 67 und 68. Auch auf Konzernebene ist der Konzernbetriebsrat im Verhältnis zum Arbeitgeber der alleinige Repräsentant der in § 60 Abs. 1 genannten Arbeitnehmer. Trotz ihrer eingeschränkten Rechtsstellung hat die Konzern-Jugend- und Auszubildendenvertretung – entsprechend der betrieblichen Jugend- und Auszubildendenvertretung sowie der Gesamt-Jugend- und Auszubildendenvertretung (dazu vor § 60 Rdn. 30, § 72 Rdn. 5) – die Rechtsnatur eines **Hilfsorgans für den Konzernbetriebsrat** (s. jedoch *Rose/HWGNRH* § 73a Rn. 8: Hilfsorgan »des« Konzernbetriebsrats). 3

Die Konzern-Jugend- und Auszubildendenvertretung steht **selbständig neben den Gesamt-Jugend- und Auszubildendenvertretungen** der einzelnen Konzernunternehmen; sie ist insbesondere – ebenso wie der Konzernbetriebsrat im Verhältnis zu den Gesamtbetriebsräten (*Franzen* § 54 Rdn. 3) – den einzelnen Gesamt-Jugend- und Auszubildendenvertretungen nicht übergeordnet (*Bodem/*NK-GA § 73b BetrVG Rn. 1; *Fitting* § 73a Rn. 5; *Rose/HWGNRH* § 73a Rn. 10; *Stege/Weinspach/Schiefer* §§ 73a–73b Rn. 5; *Trittin/DKKW* § 73a Rn. 3). 4

5 Die **Zuständigkeit der Konzern-Jugend- und Auszubildendenvertretung** ergibt sich aus § 58 – auf den § 73b Abs. 2 verweist – und umfasst nach § 58 Abs. 1 nur solche Angelegenheiten, die den Konzern oder mehrere Konzernunternehmen betreffen und nicht durch die Gesamt-Jugend- und Auszubildendenvertretungen erledigt werden können. Nach § 58 Abs. 2 kann eine Gesamt-Jugend- und Auszubildendenvertretung der Konzern-Jugend- und Auszubildendenvertretung auch die Erledigung einzelner Angelegenheiten übertragen (näher hierzu § 73b Rdn. 45). Der betrieblichen Jugend- und Auszubildendenvertretung steht diese Befugnis nur in dem Sonderfall des § 73a Abs. 1 Satz 3 zu (s. auch *Franzen* § 58 Rdn. 46).

6 Die Vorschrift des § 73a ist, abgesehen von den Regelungsvorbehalten für Kollektivverträge in § 73a Abs. 4 i. V. m. § 72 Abs. 4, 5 und 8, **zwingender Natur**; von ihr können weder Tarifverträge noch Betriebsvereinbarungen abweichen (*Fitting* § 73a Rn. 3).

III. Errichtung der Konzern-Jugend- und Auszubildendenvertretung

1. Voraussetzungen

a) Konzern i. S. d. § 18 Abs. 1 AktG

7 Die Errichtung einer Konzern-Jugend- und Auszubildendenvertretung ist nur zulässig, wenn mehrere Unternehmen zu einem Konzern zusammengeschlossen sind, wobei § 73a Abs. 1 Satz 1 ebenso wie § 54 Abs. 1 Satz 1 nur den in § 18 Abs. 1 AktG definierten **Unterordnungskonzern** erfasst (*Joost*/MünchArbR § 230 Rn. 40; *Kloppenburg*/HaKo § 73a Rn. 5; *Löwisch*/LK § 73a Rn. 1; *Richardi*/*Annuß* § 73a Rn. 4; *Rose*/HWGNRH § 73a Rn. 2; *Stege*/*Weinspach*/*Schiefer* §§ 73a – 73b Rn. 2). Wegen der mit § 54 Abs. 1 Satz 1 identischen Regelungsstruktur des § 73a Abs. 1 Satz 1 sowie der Funktion der Konzern-Jugend- und Auszubildendenvertretung als Hilfsorgan für den Konzernbetriebsrat (s. Rdn. 3) sind die zu § 54 Abs. 1 Satz 1 entwickelten Grundsätze für den **Konzernbegriff** (dazu näher *Franzen* § 54 Rdn. 15 ff.) auch im Rahmen des § 73a Abs. 1 Satz 1 maßgebend. Die Errichtung einer Konzern-Jugend- und Auszubildendenvertretung ist deshalb nur in Konzernen zulässig, in denen auch ein Konzernbetriebsrat gebildet werden kann (s. auch Rdn. 16 f.).

8 Da die Gesamt-Jugend- und Auszubildendenvertretungen nach § 72 Abs. 1 jeweils nur für ein Unternehmen errichtet werden (dazu § 72 Rdn. 9), setzt die Bildung einer Konzern-Jugend- und Auszubildendenvertretung mehrere rechtlich selbständige Unternehmen voraus, die zu einem Konzern zusammengefasst sind. Es kann aber lediglich eine Konzern-Jugend- und Auszubildendenvertretung für einen Konzern i. S. d. § 18 Abs. 1 AktG errichtet werden.

b) Mehrere Jugend- und Auszubildendenvertretungen

9 Die Konzern-Jugend- und Auszubildendenvertretung wird von den Gesamt-Jugend- und Auszubildendenvertretungen der jeweiligen Konzernunternehmen gebildet. Grundsätzlich setzt die Errichtung einer Konzern-Jugend- und Auszubildendenvertretung deshalb die Existenz **mehrerer Gesamt-Jugend- und Auszubildendenvertretungen** voraus. Eine Ausnahme gilt nach § 73a Abs. 1 Satz 3, der § 54 Abs. 2 nachgebildet ist, wenn in einem Konzernunternehmen lediglich eine **betriebliche Jugend- und Auszubildendenvertretung** besteht; in diesem Fall nimmt die betriebliche Jugend- und Auszubildendenvertretung die Aufgaben einer Gesamt-Jugend- und Auszubildendenvertretung wahr (*Joost*/MünchArbR § 230 Rn. 40; *Roloff*/WPK § 73a Rn. 2; *Rose*/HWGNRH § 73a Rn. 4; *Trittin*/DKKW § 73a Rn. 32). Unter Umständen ist es wegen § 73a Abs. 1 Satz 3 auch möglich, dass eine Konzern-Jugend- und Auszubildendenvertretung errichtet wird, ohne dass in den Konzernunternehmen eine Gesamt-Jugend- und Auszubildendenvertretung existiert (*Fitting* § 73a Rn. 10; *Richardi*/*Annuß* § 73a Rn. 5; *Rotermund* Interessenwahrnehmung, S. 207 ff.).

10 Allerdings ist stets erforderlich, dass in dem Konzern mehrere Jugend- und Auszubildendenvertretungen bestehen. Die alleinige **Existenz einer Gesamt-Jugend- und Auszubildendenvertretung** genügt selbst dann nicht für die Bildung einer Konzern-Jugend- und Auszubildendenvertretung, wenn die Gesamt-Jugend- und Auszubildendenvertretung bei dem herrschenden Unternehmen gebildet

Voraussetzung der Errichtung, Mitgliederzahl, Stimmengewicht § 73a

worden ist oder das betreffende Unternehmen die überwiegende Zahl der in § 60 genannten Arbeitnehmer beschäftigt (*Fitting* § 73a Rn. 10).

Wurde in einem Unternehmen **pflichtwidrig keine Gesamt-Jugend- und Auszubildendenver-** 11
tretung gebildet, so steht dies der Errichtung einer Konzern-Jugend- und Auszubildendenvertretung nicht entgegen; § 73a Abs. 1 Satz 3 findet auf dieses Unternehmen jedoch keine Anwendung, so dass die in § 60 Abs. 1 genannten Arbeitnehmer dieses Unternehmens in der Konzern-Jugend- und Auszubildendenvertretung nicht vertreten sind. Zur Zuständigkeit der Konzern-Jugend- und Auszubildendenvertretung in dieser Konstellation § 73b Rdn. 47.

c) Errichtungsbeschlüsse

Wie bei der Errichtung eines Konzernbetriebsrats kann die **Initiative** zur Bildung einer Konzern-Ju- 12
gend- und Auszubildendenvertretung von **jeder Gesamt-Jugend- und Auszubildendenvertre-**
tung im Konzern ausgehen (*Fitting* § 73a Rn. 11; *Löwisch* BB 2001, 1734 [1746]; *ders./LK* § 73a Rn. 1; *Trittin/DKKW* § 73a Rn. 15). Anderen Betriebsverfassungsorganen steht kein Initiativrecht zu (*Richardi/Annuß* § 73a Rn. 8). Weder der Konzernbetriebsrat noch die Gesamtbetriebsräte können eine Beschlussfassung der Gesamt-Jugend- und Auszubildendenvertretung zur Errichtung einer Konzern-Jugend- und Auszubildendenvertretung erzwingen; eine Anregung des Gesamtbetriebsrats bzw. Konzernbetriebsrats an den Vorsitzenden einer Gesamt-Jugend- und Auszubildendenvertretung, eine entsprechende Beschlussfassung herbeizuführen, schließt dies allerdings nicht aus.

Die Errichtung einer Konzern-Jugend- und Auszubildendenvertretung setzt **selbständige und ge-** 13
trennte Beschlüsse der Gesamt-Jugend- und Auszubildendenvertretungen bzw. im Fall des § 73a Abs. 1 Satz 3 der betrieblichen Jugend- und Auszubildendenvertretungen voraus (*Fitting* § 73a Rn. 12; *Trittin/DKKW* § 73a Rn. 19). Da das Gesetz auf besondere Anforderungen für die Beschlussfassung verzichtet, gilt für die Beschlüsse der Gesamt-Jugend- und Auszubildendenvertretungen § 73 Abs. 2 i. V. m. § 51 Abs. 3 Satz 1. Es genügt die **einfache Mehrheit** der **anwesenden Mitglieder**, wobei hinsichtlich des Stimmengewichts § 72 Abs. 7 zur Anwendung gelangt (näher dazu § 72 Rdn. 44 ff.). Soweit die Entsendung eines Vertreters in die Konzern-Jugend- und Auszubildendenvertretung gemäß § 73a Abs. 1 Satz 3 einer betrieblichen Jugend- und Auszubildendenvertretung obliegt, gilt für diese § 65 Abs. 1 i. V. m. § 33 Abs. 1 (dazu § 65 Rdn. 83).

Die Errichtung einer Konzern-Jugend- und Auszubildendenvertretung setzt nach § 73a Abs. 1 Satz 2 14
voraus, dass in den getrennten Beschlüssen eine **qualifizierte Mehrheit** erreicht wird. Wie bei der Bildung eines Konzernbetriebsrats (dazu *Franzen* § 54 Rdn. 53) kommt es nicht darauf an, ob die Gesamt-Jugend- und Auszubildendenvertretungen mehrheitlich die Errichtung einer Konzern-Jugend- und Auszubildendenvertretung beschließen. Maßgebend ist allein, ob die dies befürwortenden Gesamt-Jugend- und Auszubildendenvertretungen mindestens 75 % der in den Konzernunternehmen beschäftigten Arbeitnehmer i. S. d. § 60 Abs. 1 repräsentieren (*Rose/HWGNRH* § 73a Rn. 5; *Trittin/DKKW* § 73a Rn. 23). Gegebenenfalls genügt es, wenn lediglich eine Gesamt-Jugend- und Auszubildendenvertretung die Errichtung einer Konzern-Jugend- und Auszubildendenvertretung befürwortet, wenn die in diesem Unternehmen beschäftigten Arbeitnehmer i. S. d. § 60 Abs. 1 allein das nach § 73a Abs. 1 Satz 2 notwendige Quorum erreichen (*Fitting* § 73a Rn. 13; *Trittin/DKKW* § 73a Rn. 23; für den Konzernbetriebsrat *Franzen* § 54 Rdn. 54).

Bei der Feststellung des Quorums ist auf die **tatsächliche Zahl** im **Zeitpunkt der Beschlussfassung** 15
abzustellen; anders als nach § 72 Abs. 7 ist die Zahl der in den Wählerlisten eingetragenen Arbeitnehmer unerheblich. Mitzuzählen sind alle Arbeitnehmer i. S. d. § 60 Abs. 1, die in den Unternehmen des Konzerns beschäftigt sind. Dabei ist es unerheblich, ob in diesen eine Gesamt-Jugend- und Auszubildendenvertretung besteht oder sich diese an der Abstimmung beteiligt hat. Auch die in § 60 Abs. 1 genannten Arbeitnehmer in betriebsratslosen Betrieben bzw. Unternehmen sind mitzuzählen (*Fitting* § 73a Rn. 15; *Maschmann/AR* § 73a BetrVG Rn. 1; *Trittin/DKKW* § 73a Rn. 25). Während dies für die Parallelproblematik bei der Errichtung eines Konzernbetriebsrats vor Inkrafttreten des BetrVerf-ReformG noch umstritten war (s. *Kreutz* 6. Aufl., § 54 Rn. 46), kann nunmehr zur Begründung auf die Zuständigkeit der Konzern-Jugend- und Auszubildendenvertretung für die in § 60 Abs. 1 genannten Arbeitnehmer auch in solchen Unternehmen bzw. Betrieben verwiesen werden, in denen

keine Gesamt-Jugend- und Auszubildendenvertretung bzw. betriebliche Jugend- und Auszubildendenvertretung besteht (§ 73b Abs. 2 i. V. m. § 58 Abs. 1 Satz 1 Halbs. 2 sowie § 73b Rdn. 47).

d) Existenz eines Konzernbetriebsrats

16 Für die Gesamt-Jugend- und Auszubildendenvertretung ist umstritten, ob diese auch dann gebildet werden kann, wenn in dem Unternehmen entgegen § 47 kein Gesamtbetriebsrat errichtet wurde (dazu § 72 Rdn. 11). Bezüglich der Konzern-Jugend- und Auszubildendenvertretung tritt diese Problematik in vergleichbarer Weise auf, wenn die Gesamtbetriebsräte die durch § 54 Abs. 1 Satz 1 eröffnete Möglichkeit nicht in Anspruch genommen haben, einen Konzernbetriebsrat zu errichten. Da § 73a Abs. 1 das Bestehen eines Konzernbetriebsrats nicht zur tatbestandlichen Voraussetzung erhoben hat, sprechen die besseren Gründe dafür, die Errichtung einer Konzern-Jugend- und Auszubildendenvertretung unabhängig davon zuzulassen, ob in dem Konzern ein Konzernbetriebsrat besteht (*Fitting* § 73a Rn. 7; *Hess/HSWG* § 73a Rn. 7; *Richardi/Annuß* § 73a Rn. 7; *Trittin/DKKW* § 73a Rn. 9; **a. M.** *Löwisch* BB 2001, 1734 [1746]; *ders./LK* § 73a Rn. 2; *Rose/HWGNRH* § 73a Rn. 3, 8; *Rotermund* Interessenwahrnehmung, S. 209 ff.).

17 Allerdings hat die Konzern-Jugend- und Auszubildendenvertretung in dieser Konstellation **keine praktischen Wirkungsmöglichkeiten**, da sie nur über und mit dem Konzernbetriebsrat agieren kann (*Fitting* § 73a Rn. 7; *Löwisch* BB 2001, 1734 [1746]; *Richardi/Annuß* § 73a Rn. 7; *Rose/HWGNRH* § 73a Rn. 9). Eine Befugnis der Konzern-Jugend- und Auszubildendenvertretung zu unmittelbaren Verhandlungen mit dem herrschenden Unternehmen ist nicht anzuerkennen. Durch das Recht zur Abhaltung von Sitzungen (§ 73b Abs. 1) verbleibt der Konzern-Jugend- und Auszubildendenvertretung jedoch eine Kommunikations- und Koordinierungsaufgabe für die in den Konzernunternehmen bestehenden Gesamt-Jugend- und Auszubildendenvertretungen.

2. Rechtswirkungen der Abstimmung über die Errichtung

18 Liegen die von § 73a Abs. 1 Satz 1 geforderten Beschlüsse der Gesamt-Jugend- und Auszubildendenvertretungen mit dem von § 73a Abs. 1 Satz 2 vorausgesetzten Quorum vor, so steht lediglich fest, dass eine Konzern-Jugend- und Auszubildendenvertretung zu errichten ist. Diese besteht allerdings nicht bereits mit diesen Beschlüssen, sondern erst mit der Entsendung der Mitglieder durch die Gesamt-Jugend- und Auszubildendenvertretungen (s. *Franzen* § 54 Rdn. 57 ff.). Die Errichtungsbeschlüsse lösen jedoch die in § 73a Abs. 2 Satz 1 niedergelegte **Pflicht** für die Gesamt-Jugend- und Auszubildendenvertretungen oder gegebenenfalls (§ 73a Abs. 1 Satz 3) für die betriebliche Jugend- und Auszubildendenvertretung aus, in die Konzern-Jugend- und Auszubildendenvertretung eines ihrer **Mitglieder zu entsenden** (*Löwisch/LK* § 73a Rn. 3; *Richardi/Annuß* § 73a Rn. 18; *Rose/HWGNRH* § 73a Rn. 12; *Sittard/HWK* § 73b BetrVG Rn. 3). Diese trifft auch diejenigen Gesamt-Jugend- und Auszubildendenvertretungen, die der Errichtung der Konzern-Jugend- und Auszubildendenvertretung nicht zugestimmt oder sich nicht an der Abstimmung hierüber beteiligt haben (*Fitting* § 73a Rn. 14, 17, 20; *Löwisch/LK* § 73a Rn. 3; *Richardi/Annuß* § 73a Rn. 10; *Trittin/DKKW* § 73a Rn. 28, 42; s. auch *Franzen* § 54 Rdn. 58). **Handlungsfähig** ist die Konzern-Jugend- und Auszubildendenvertretung jedoch erst, wenn sie auf ihrer konstituierenden Sitzung einen **Vorsitzenden** und einen **Stellvertreter gewählt** hat (*Rose/HWGNRH* § 73a Rn. 15; *Trittin/DKKW* § 73a Rn. 27, 31; s. auch *Franzen* § 54 Rdn. 59, § 59 Rdn. 5). Zu der **konstituierenden Sitzung** lädt nach § 73b Abs. 2 i. V. m. § 59 Abs. 2 Satz 1 grundsätzlich die bei dem herrschenden Unternehmen bestehende Gesamt-Jugend- und Auszubildendenvertretung ein (näher *Franzen* § 59 Rdn. 6 ff.). Der Beschluss zur Errichtung einer Konzern-Jugend- und Auszubildendenvertretung entfaltet für die Gesamt-Jugend- und Auszubildendenvertretungen **keine Bindungswirkung für die Zukunft**; er hindert sie nicht, die **Auflösung** der Konzern-Jugend- und Auszubildendenvertretung zu **beschließen** (näher *Franzen* § 54 Rdn. 63).

3. Amtszeit

19 Eine Amtszeit sieht das Gesetz für die Konzern-Jugend- und Auszubildendenvertretung nicht vor; sie ist eine **kontinuierliche**, vom Wechsel der Mitglieder unabhängige **Einrichtung** (*Richardi/Annuß* § 73a Rn. 11; *Roloff/WPK* § 73a Rn. 4; *Rose/HWGNRH* § 73a Rn. 11; *Sittard/HWK* § 73b BetrVG

Voraussetzung der Errichtung, Mitgliederzahl, Stimmengewicht § 73a

Rn. 1; *Trittin/DKKW* § 73a Rn. 4). Sie hört jedoch auf zu bestehen, wenn die **Voraussetzungen für ihre Errichtung wegfallen** (z. B. Auflösung des Konzernverbundes [vgl. *Franzen* § 54 Rdn. 64], Auflösungsbeschluss der Gesamt-Jugend- und Auszubildendenvertretungen [s. Rdn. 18]) oder sämtliche Gesamt-Jugend- und Auszubildendenvertretungen (pflichtwidrig) **keine Mitglieder** mehr entsenden (*Rose/HWGNRH* § 73a Rn. 16). Einen **Selbstauflösungsbeschluss** kann die Konzern-Jugend- und Auszubildendenvertretung nicht fassen (*Richardi/Annuß* § 73a Rn. 12; *Rose/HWGNRH* § 73a Rn. 16); er ist unwirksam, da die Kompetenz zur Errichtung einer Konzern-Jugend- und Auszubildendenvertretung ausschließlich den Gesamt-Jugend- und Auszubildendenvertretungen zusteht (s. auch *Franzen* § 54 Rdn. 62). Eine einstimmige Beschlussfassung kann jedoch als Amtsniederlegung aller Mitglieder der Konzern-Jugend- und Auszubildendenvertretung (s. auch § 73b Rdn. 11) auszulegen sein.

Die **Mitglieder** einer Konzern-Jugend- und Auszubildendenvertretung können **wechseln**. Hierzu 20 kann es nicht nur kommen, wenn die Mitgliedschaft in der Konzern-Jugend- und Auszubildendenvertretung aus den in § 73b Abs. 2 i. V. m. § 57 genannten Gründen erlischt (s. § 73b Rdn. 5 ff.). Möglich ist auch eine **Abberufung einzelner Mitglieder** und anschließende Neuentsendung. Die Abberufung kommt allerdings nur für einzelne Mitglieder der Konzern-Jugend- und Auszubildendenvertretung in Betracht, eine Abberufung der Konzern-Jugend- und Auszubildendenvertretung als Organ ist nicht möglich. Ebenso sieht das Gesetz – wie beim Konzernbetriebsrat (zu dem *Franzen* § 56 Rdn. 1) – nicht die Möglichkeit vor, eine **gerichtliche Auflösung der Konzern-Jugend- und Auszubildendenvertretung** wegen einer groben Verletzung ihrer Amtspflichten zu erreichen (*Richardi/Annuß* § 73a Rn. 13; *Rose/HWGNRH* § 73a Rn. 16). Das pflichtwidrige Verhalten eines Mitglieds der Konzern-Jugend- und Auszubildendenvertretung kann nur durch ein individuelles Ausschlussverfahren (§ 73b Abs. 2 i. V. m. § 56) verfolgt werden (dazu § 73b Rdn. 12 ff.).

IV. Zusammensetzung der Konzern-Jugend- und Auszubildendenvertretung

1. Entsendung der Mitglieder

Grundsätzlich entsendet **jede Gesamt-Jugend- und Auszubildendenvertretung** der Unternehmen, für die die Konzern-Jugend- und Auszubildendenvertretung zu bilden ist, **einen Vertreter** 21 (§ 73a Abs. 2 Satz 1). Besteht in einem Konzernunternehmen ausschließlich eine betriebliche Jugend- und Auszubildendenvertretung, so nimmt diese die Aufgaben der Gesamt-Jugend- und Auszubildendenvertretung wahr (§ 73a Abs. 1 Satz 3). Eine Kollektivvereinbarung kann (§ 73a Abs. 4 i. V. m. § 72 Abs. 4) oder muss (§ 73a Abs. 4 i. V. m. § 72 Abs. 5) eine von diesem Grundsatz **abweichende Regelung** treffen (näher Rdn. 28 ff.).

Zur Entsendung eines Mitglieds ist die Gesamt-Jugend- und Auszubildendenvertretung aufgrund der 22 Abstimmung über die Errichtung einer Konzern-Jugend- und Auszubildendenvertretung **verpflichtet** (s. Rdn. 18). Die **Verletzung der Pflicht** zur Entsendung kann als grobe Amtspflichtverletzung i. S. d. § 73 Abs. 2 i. V. m. § 48 zu werten sein (*Fitting* § 73a Rn. 20; *Rose/HWGNRH* § 73a Rn. 18; *Trittin/DKKW* § 73a Rn. 30, 42).

Die **Entsendung** des Mitglieds erfolgt durch **Beschluss** der Gesamt-Jugend- und Auszubildendenvertretung, für den die **einfache Mehrheit** ausreicht (§ 73 Abs. 2 i. V. m. § 51 Abs. 3 Satz 1; *Bodem/NK-GA* § 73b BetrVG Rn. 3; *Fitting* § 73a Rn. 19; *Richardi/Annuß* § 73a Rn. 15; *Rose/HWGNRH* § 73a Rn. 13). Die **Durchführung eines Wahlgangs**, bei dem das Mitglied entsandt ist, das die meisten Stimmen auf sich vereinigt, ist nicht zulässig. Die **Auswahl** des zu entsendenden Mitglieds steht im **Ermessen** der Gesamt-Jugend- und Auszubildendenvertretung; es muss sich jedoch um ein **amtierendes Mitglied der Gesamt-Jugend- und Auszubildendenvertretung** handeln, so dass ein Ersatzmitglied der Gesamt-Jugend- und Auszubildendenvertretung nicht entsandt werden kann. Das gilt selbst dann, wenn das Ersatzmitglied im Zeitpunkt des Entsendungsbeschlusses ein vorübergehend verhindertes Mitglied der Gesamt-Jugend- und Auszubildendenvertretung vertritt.

Ebenfalls durch Mehrheitsbeschluss (*Fitting* § 73a Rn. 21) hat die Gesamt-Jugend- und Auszubilden- 24 denvertretung nach § 73a Abs. 2 Satz 2 zusätzlich mindestens ein **Ersatzmitglied** zu bestellen. Werden **mehrere Ersatzmitglieder** bestellt, so ist ferner die **Reihenfolge** festzulegen, in der diese in die Konzern-Jugend- und Auszubildendenvertretung nachrücken (§ 73a Abs. 2 Satz 2). Zur Bestellung eines Ersatzmitglieds ist die Gesamt-Jugend- und Auszubildendenvertretung verpflichtet, eine **Pflichtverletzung** kann nach § 73 Abs. 2 i. V. m. § 48 verfolgt werden.

25 Für den Fall, dass eine **betriebliche Jugend- und Auszubildendenvertretung** nach § 73a Abs. 1 Satz 3 zur Entsendung verpflichtet ist, entfällt eine förmliche Entsendung, wenn die betriebliche Jugend- und Auszubildendenvertretung nur **aus einem Mitglied besteht**. In dieser Konstellation gelten dieselben Grundsätze wie für die Entsendung in die Gesamt-Jugend- und Auszubildendenvertretung (s. § 72 Rdn. 24): Das einzige Mitglied der Jugend- und Auszubildendenvertretung ist automatisch zugleich Mitglied der Konzern-Jugend- und Auszubildendenvertretung (s. auch *Franzen* § 55 Rdn. 11). Entsprechendes gilt für das Ersatzmitglied (*Franzen* § 55 Rdn. 19).

2. Abberufung der Mitglieder

26 Die Gesamt-Jugend- und Auszubildendenvertretung kann durch **Beschluss** das von ihr in die Konzern-Jugend- und Auszubildendenvertretung entsandte Mitglied abberufen (*Fitting* § 73a Rn. 23; *Rose/HWGNRH* § 73a Rn. 14). Diesen Beschluss kann sie **jederzeit** und **ohne Angabe von Gründen** fassen (*Fitting* § 73a Rn. 23); die **einfache Mehrheit** ist ausreichend, aber auch erforderlich (§ 73 Abs. 2 i. V. m. § 51 Abs. 3 Satz 1; *Fitting* § 73a Rn. 23; *Rose/HWGNRH* § 73a Rn. 14). Weitere Gründe für das Erlöschen der Mitgliedschaft ergeben sich aus § 73b Abs. 2 i. V. m. den §§ 56, 57. Eine **Abberufung der Konzern-Jugend- und Auszubildendenvertretung** als Organ kommt ebenso wenig in Betracht wie deren **gerichtliche Auflösung** (s. Rdn. 20).

3. Zahl der Mitglieder

a) Gesetzliche Anzahl

27 Regelmäßig entspricht die Zahl der Mitglieder der Konzern-Jugend- und Auszubildendenvertretung der Zahl der Unternehmen, die der Konzern umfasst, in dem sie errichtet wird (§ 73a Abs. 2 Satz 1). Ist nicht in jedem Unternehmen des Konzerns eine Gesamt-Jugend- und Auszubildendenvertretung gebildet worden und greift auch nicht der Sonderfall des § 73a Abs. 1 Satz 3 ein, so verringert sich die Zahl der Mitglieder entsprechend.

b) Fakultative Vereinbarung
aa) Vereinbarungsinhalt

28 Nach § 73a Abs. 4 i. V. m. § 72 Abs. 4 kann die sich nach § 73a Abs. 2 ergebende Anzahl der Mitglieder durch Tarifvertrag oder Betriebsvereinbarung abweichend festgelegt werden. Hierdurch ist nicht nur eine Verringerung der Mitgliederzahl möglich, gleichfalls ist deren Erhöhung zulässiger Inhalt einer von § 73a Abs. 2 abweichenden Vereinbarung (*Fitting* § 73a Rn. 32; *Richardi/Annuß* § 73a Rn. 23 f. sowie oben § 72 Rdn. 30). Entsprechend der Rechtslage bei der Gesamt-Jugend- und Auszubildendenvertretung darf die Erhöhung nicht dazu führen, dass die Konzern-Jugend- und Auszubildendenvertretung aus mehr als 20 Mitgliedern besteht (*Richardi/Annuß* § 73a Rn. 23; *Rose/HWGNRH* § 73a Rn. 25; ferner § 72 Rn. 31; **a. M.** *Trittin/DKKW* § 73a Rn. 54: auch mehr als 20 Mitglieder).

bb) Tarifvertrag

29 Eine tarifliche Vereinbarung ist vor allem durch Abschluss eines **Firmentarifvertrages** möglich (näher *Franzen* § 55 Rdn. 27 ff.). Ein **konzernbezogener Verbandstarifvertrag** ist rechtlich möglich (*Rose/HWGNRH* § 73a Rn. 24), setzt aber voraus, dass die abschließenden Verbände für den gesamten Unterordnungskonzern tarifzuständig sind. Ein **Arbeitskampfverbot** kann aus § 73a Abs. 4 i. V. m. § 72 Abs. 4 nicht abgeleitet werden (s. § 72 Rdn. 32).

cc) Betriebsvereinbarung

Bei der nach § 73a Abs. 4 i. V. m. § 72 Abs. 4 abzuschließenden Betriebsvereinbarung handelt es sich **30** um eine **Konzernbetriebsvereinbarung**. Sie ist deshalb zwischen dem **herrschenden Unternehmen** und dem **Konzernbetriebsrat** abzuschließen (*Fitting* § 73a Rn. 34; *Rose/HWGNRH* § 73a Rn. 24; *Rotermund* Interessenwahrnehmung, S. 216 f.; *Trittin/DKKW* § 73a Rn. 53; zur Parallelregelung in § 55 Abs. 4 i. V. m. § 47 Abs. 4 *Franzen* § 55 Rdn. 31). Weder die **Konzern-Jugend- und Auszubildendenvertretung** noch die Gesamt-Jugend- und Auszubildendenvertretung(en) sind zum Abschluss einer Vereinbarung i. S. d. § 73a Abs. 4 i. V. m. § 72 Abs. 4 berechtigt (*Fitting* § 73a Rn. 34; *Maschmann*/AR § 73b BetrVG Rn. 1; *Trittin/DKKW* § 73a Rn. 53). Die **Beteiligung der Konzern-Jugend- und Auszubildendenvertretung** beschränkt sich auf die **Abstimmung im Konzernbetriebsrat** (*Fitting* § 73a Rn. 34; *Trittin/DKK* § 73a Rn. 53). Bei dieser steht allen Mitgliedern der Konzern-Jugend- und Auszubildendenvertretung ein **Teilnahme- und Stimmrecht** zu (§ 73b Abs. 2 i. V. m. § 67 Abs. 1 Satz 2, Abs. 2; *Fitting* § 73a Rn. 34; *Richardi/Annuß* § 73a Rn. 20; *Trittin/DKKW* § 73a Rn. 53). Darüber hinaus ist die Konzern-Jugend- und Auszubildendenvertretung nach § 73b Abs. 2 i. V. m. § 68 zu den Beratungen mit dem Arbeitgeber »beizuziehen«.

Bei **Abschluss der Betriebsvereinbarung** sind die allgemeinen Formerfordernisse (§ 77 Abs. 2 **31** Satz 1) zu beachten. Eine formlose **Regelungsabrede** reicht nach dem Wortlaut des § 73a Abs. 4 i. V. m. § 72 Abs. 4 nicht aus. Die Betriebsvereinbarung entfaltet bei ihrer Kündigung (§ 77 Abs. 5) **keine Nachwirkung**, da sie – wie sich im Umkehrschluss aus § 73a Abs. 4 i. V. m. § 72 Abs. 5 ergibt – nicht durch einen Spruch der Einigungsstelle ersetzt wird (zum Ausschluss der Nachwirkung bei freiwilligen Betriebsvereinbarungen *Kreutz* § 77 Rdn. 451 f. sowie *Kreutz/Franzen* § 47 Rdn. 89).

dd) Regelungskonkurrenz

Bei einer Konkurrenz zwischen Tarifvertrag und Betriebsvereinbarung ist im Rahmen des § 73a **32** Abs. 4 i. V. m. § 72 Abs. 4 die Bestimmung des **§ 77 Abs. 3 Satz 1 nicht** als Konkurrenzregel **anwendbar**. Aus den zu § 72 Abs. 4 genannten Gründen (s. § 72 Abs. 36) gilt für das Verhältnis zwischen Tarifvertrag und Betriebsvereinbarung das **Prioritätsprinzip** (a. M. *Fitting* § 73a Rn. 3; *Richardi/Annuß* § 73a Rn. 20; *Roloff/WPK* § 73a Rn. 6; *Rose/HWGNRH* § 73a Rn. 22; *Trittin/DKKW* § 73a Rn. 51: Tarifvertrag hat stets Vorrang). Liegt eine von § 73a Abs. 2 abweichende Regelung i. S. d. § 73a Abs. 4 i. V. m. § 72 Abs. 4 vor, so scheidet eine vom Gesetz abweichende Regelung denknotwendig aus, da dieses bereits durch die zuvor abgeschlossene kollektivvertragliche Abrede verdrängt worden ist; einen generellen Vorrang des Tarifvertrages kennt nur § 72 Abs. 5, auf den § 73a Abs. 4 ebenfalls verweist.

c) Obligatorische Vereinbarung

aa) Betriebsvereinbarung

Zwingend vorgeschrieben ist eine Betriebsvereinbarung über die Herabsetzung der gesetzlichen Min- **33** destzahl nach § 73a Abs. 4 i. V. m. § 72 Abs. 5, wenn die sich nach § 73a Abs. 2 ergebende **Mitgliederzahl größer als 20** ist. Wollen weder das herrschende Unternehmen noch der Konzernbetriebsrat die Vereinbarung abschließen, so kann diese indes nicht gegen den Willen beider Abschlussparteien erzwungen werden; § 73a Abs. 4 i. V. m. § 72 Abs. 6 greift nur ein, wenn eine Partei den Abschluss der Betriebsvereinbarung verweigert und die andere Partei die Einleitung eines Einigungsstellenverfahrens initiiert. Allerdings kann die **Verletzung der Vereinbarungspflicht** nach § 23 Abs. 3 bzw. § 73b Abs. 2 i. V. m. § 56 verfolgt werden.

Die **Pflicht** zum Abschluss einer Betriebsvereinbarung **entfällt**, wenn nach § 73a Abs. 4 i. V. m. § 72 **34** Abs. 4 eine tarifliche Regelung besteht. Für den Abschluss einer obligatorischen Betriebsvereinbarung begründet § 73a Abs. 4 i. V. m. § 72 Abs. 5 einen **Vorrang des Tarifvertrags**, aufgrund dessen den Betriebsvereinbarungsparteien die Zuständigkeit zum Abschluss der Vereinbarung fehlt. Für den **Abschluss** der obligatorischen Betriebsvereinbarung ist der **Konzernbetriebsrat** und nicht die Konzern-Jugend- und Auszubildendenvertretung zuständig. Die Ausführungen zum Abschluss einer fakultativen Betriebsvereinbarung (s. Rdn. 30) gelten für die obligatorische Betriebsvereinbarung nach § 73a Abs. 4 i. V. m. § 72 Abs. 5 entsprechend.

35 Die obligatorische Betriebsvereinbarung muss eine **Verringerung** der gesetzlichen Mindestzahl festlegen. Diese muss die Zahl **21 unterschreiten**; insofern gelten die Erwägungen zu § 72 Abs. 5 (s. § 72 Rdn. 40; **a. M.** *Fitting* § 73a Rn. 37; *Trittin/DKKW* § 73a Rn. 57) wegen der Anordnung einer entsprechenden Anwendung in § 73a Abs. 4 ebenfalls. In der Betriebsvereinbarung ist ferner das **Verfahren für die Bestellung** der Mitglieder festzulegen; Entsprechendes gilt für deren **Abberufung** sowie für die **Bestellung von Ersatzmitgliedern**.

bb) Einigungsstelle

36 Kommt die nach § 73a Abs. 4 i. V. m. § 72 Abs. 5 erforderliche **Einigung** zwischen dem herrschenden Unternehmen und dem Konzernbetriebsrat **nicht zustande**, so entscheidet wegen der in § 73a Abs. 4 angeordneten entsprechenden Anwendung des § 72 Abs. 6 die **Einigungsstelle**. Die Ausführungen zu der letztgenannten Vorschrift (s. § 72 Rdn. 42 f.) gelten entsprechend, wenn die Einigungsstelle die Einigung zwischen herrschendem Unternehmen und Konzernbetriebsrat ersetzen soll.

V. Stimmengewicht

37 Nach § 73a Abs. 3 hat grundsätzlich jedes Mitglied der Konzern-Jugend- und Auszubildendenvertretung so viele Stimmen, wie der entsendenden Gesamt-Jugend- und Auszubildendenvertretung insgesamt zustehen. Dies beurteilt sich nach der Zahl der Arbeitnehmer i. S. d. § 60 Abs. 1, die in dem Unternehmen, in dem es gewählt wurde, in der Wählerliste eingetragen sind (§ 72 Abs. 7 Satz 1). Die Ausführungen zu § 72 Abs. 7 Satz 1 gelten wegen der übereinstimmenden Regelungsstruktur in § 73a Abs. 3 entsprechend (s. § 72 Rdn. 44 ff.).

38 Die Befugnis zu einer abweichenden Vereinbarung, die § 72 Abs. 8 für den Sonderfall begründet, dass zu den Betrieben des Unternehmens ein Gemeinschaftsbetrieb gehört (dazu § 72 Rdn. 49 ff.), gilt für das Recht der Konzern-Jugend- und Auszubildendenvertretung entsprechend. Da § 73a Abs. 3 auf die Stimmen der entsendenden Gesamt-Jugend- und Auszubildendenvertretung abstellt, ist die Verweisung in § 73a Abs. 4 auf § 72 Abs. 7 und 8 überflüssig und z. T. missverständlich. Wurde auf der Ebene des Unternehmens eine abweichende Vereinbarung i. S. d. § 72 Abs. 8 getroffen, so ist für eine abweichende Regelung auf Konzernebene kein Raum. Das gilt selbst dann, wenn keine abweichende Vereinbarung i. S. d. § 72 Abs. 8 vorliegt, da sie zugleich von § 73a Abs. 3 abweichen würde, der jedoch – ebenso wie § 72 Abs. 7 – nicht dispositiv ist.

VI. Streitigkeiten

39 Über Streitigkeiten im Zusammenhang mit der Anwendung des § 73a entscheiden die Arbeitsgerichte im Beschlussverfahren (§§ 2a Abs. 1 Nr. 1, Abs. 2, 80 ff. ArbGG; *Fitting* § 73a Rn. 39; *Kloppenburg/HaKo* § 73a Rn. 8; *Richardi/Annuß* § 73a Rn. 33; *Rose/HWGNRH* § 73a Rn. 26; *Trittin/DKK* § 73a Rn. 62). Für die Überprüfung des Spruchs der Einigungsstelle (§ 73a Abs. 4 i. V. m. § 72 Abs. 6) gilt § 76 Abs. 5 Satz 4.

§ 73b
Geschäftsführung und Geltung sonstiger Vorschriften

(1) Die Konzern-Jugend- und Auszubildendenvertretung kann nach Verständigung des Konzernbetriebsrats Sitzungen abhalten. An den Sitzungen kann der Vorsitzende oder ein beauftragtes Mitglied des Konzernbetriebsrats teilnehmen.

(2) Für die Konzern-Jugend- und Auszubildendenvertretung gelten § 25 Abs. 1, die §§ 26, 28 Abs. 1 Satz 1, die §§ 30, 31, 34, 36, 37 Abs. 1 bis 3, die §§ 40, 41, 51 Abs. 3 bis 5, die §§ 56, 57, 58, 59 Abs. 2 und die §§ 66 bis 68 entsprechend.

Geschäftsführung und Geltung sonstiger Vorschriften § 73b

Literatur
Vgl. vor § 60.

Inhaltsübersicht

	Rdn.
I. Vorbemerkung	1, 2
II. Inhalt der Vorschrift	3–59
1. Allgemeines	3
2. Mitgliedschaft in der Konzern-Jugend- und Auszubildendenvertretung	4–16
a) Beginn	4
b) Erlöschen der Mitgliedschaft	5–15
aa) Allgemeines	5, 6
bb) Erlöschen der Mitgliedschaft in der Gesamt-Jugend- und Auszubildendenvertretung	7
cc) Amtsniederlegung	8–11
dd) Ausschluss	12–14
ee) Abberufung	15
c) Ersatzmitgliedschaft	16
3. Geschäftsführung der Konzern-Jugend- und Auszubildendenvertretung	17–42
a) Bestellung des Vorsitzenden	17, 18
b) Bildung von Ausschüssen	19–21
c) Sitzung der Konzern-Jugend- und Auszubildendenvertretung	22–37
aa) Einladung	23–25
bb) Verständigung des Konzernbetriebsrats	26
cc) Zeitpunkt der Sitzung	27
dd) Teilnahmerecht	28–32
ee) Öffentlichkeit	33
ff) Beschlussfassung	34–36
gg) Sitzungsniederschrift	37
d) Geschäftsordnung	38
e) Anspruch auf Arbeitsbefreiung	39–41
f) Kosten	42
4. Aufgaben der Konzern-Jugend- und Auszubildendenvertretung	43–49
a) Zuständigkeit	43–47
b) Kompetenzen	48, 49
5. Beteiligung an Sitzungen des Konzernbetriebsrats	50–55
6. Besprechung zwischen Arbeitgeber und Konzernbetriebsrat	56
7. Aussetzungsantrag	57
8. Nicht in Bezug genommene Vorschriften	58
9. Kündigungs- und Versetzungsschutz	59
III. Streitigkeiten	60, 61

I. Vorbemerkung

Die Vorschrift des § 73b ist wie die gesamte Regelung für die Konzern-Jugend- und Auszubildenden- **1**
vertretung ohne Vorbild, entspricht aber weitgehend der Parallelnorm für die Gesamt-Jugend- und
Auszubildendenvertretung in § 73 (*Richardi/Annuß* § 73b Rn. 1; *Rose/HWGNRH* § 73b Rn. 1; *Trittin/DKKW* § 73b Rn. 1). Lediglich die dortigen Verweisungen auf das Recht des Gesamtbetriebsrats
werden – mit Ausnahme von § 51 Abs. 3 bis 5 – durch Verweisungen auf das Recht des Konzernbetriebsrats ersetzt.

Die Regelung in § 73b ist **zwingend**; sie kann weder durch **Betriebsvereinbarung** noch **Tarifver-** **2**
trag abbedungen oder modifiziert werden (*Fitting* § 73b Rn. 2; *Rose/HWGNRH* § 73b Rn. 3). Zu
den Möglichkeiten, unbestimmte Rechtsbegriffe zu konkretisieren vor § 60 Rdn. 36.

II. Inhalt der Vorschrift

1. Allgemeines

3 Die Vorschrift regelt in enger Anlehnung an die für Betriebsrat, Gesamtbetriebsrat, Konzernbetriebsrat und betriebliche Jugend- und Auszubildendenvertretung geltenden Bestimmungen Rechtsstellung, Organisation, Geschäftsführung und Zuständigkeit der Konzern-Jugend- und Auszubildendenvertretung. Der Aufbau der Norm ist unsystematisch und beschränkt sich im Wesentlichen auf Verweisungen auf analog anwendbare Vorschriften aus anderen Bereichen.

2. Mitgliedschaft in der Konzern-Jugend- und Auszubildendenvertretung

a) Beginn

4 Die Mitgliedschaft in der Konzern-Jugend- und Auszubildendenvertretung wird – entsprechend der Rechtslage beim Konzernbetriebsrat – durch den **Entsendungsbeschluss** der Gesamt-Jugend- und Auszubildendenvertretung und die **Zustimmung des Betroffenen** zu seiner Entsendung begründet.

b) Erlöschen der Mitgliedschaft

aa) Allgemeines

5 Für das Erlöschen der Mitgliedschaft in der Konzern-Jugend- und Auszubildendenvertretung verweist § 73b Abs. 2 auf die Regelungen für den Konzernbetriebsrat in den §§ 56, 57. Die Gründe für das Erlöschen zählt § 57 abschließend auf; wegen der »entsprechenden Anwendung« der Vorschrift sind diese jedoch an die Besonderheiten der §§ 60 bis 73b anzupassen. Zu den Erlöschensgründen gehören nach § 57: Verlust der Mitgliedschaft in der Gesamt-Jugend- und Auszubildendenvertretung; Amtsniederlegung; Ausschluss aus der Konzern-Jugend- und Auszubildendenvertretung aufgrund gerichtlicher Entscheidung nach § 73b Abs. 2 i. V. m. § 56; Abberufung durch die Gesamt-Jugend- und Auszubildendenvertretung.

6 Die mit § 57 verfolgte Absicht einer abschließenden Aufzählung lässt sich jedoch nicht verwirklichen, da **weitere Sachverhalte** auftreten können, die ebenfalls eine Beendigung der Mitgliedschaft in der Konzern-Jugend- und Auszubildendenvertretung bewirken. Übersehen hat der Gesetzgeber insbesondere den Fall, dass ein Konzernunternehmen aus dem Konzernverbund ausscheidet. In diesem Fall erlischt für das aus diesem Unternehmen entsandte Mitglied der Gesamt-Jugend- und Auszubildendenvertretung auch die Mitgliedschaft in der Konzern-Jugend- und Auszubildendenvertretung (s. auch *Franzen* § 57 Rdn. 4). Entsprechendes gilt bei einer Auflösung der Konzern-Jugend- und Auszubildendenvertretung, was bei einer Auflösung des Konzernverhältnisses sowie bei einem Auflösungsbeschluss der Gesamt-Jugend- und Auszubildendenvertretungen in Betracht kommt (s. § 73a Rdn. 18, 19, ferner *Franzen* § 57 Rdn. 5).

bb) Erlöschen der Mitgliedschaft in der Gesamt-Jugend- und Auszubildendenvertretung

7 Ob die Mitgliedschaft in der Gesamt-Jugend- und Auszubildendenvertretung erloschen ist, beurteilt sich nach § 73 Abs. 2 i. V. m. den §§ 48, 49; auf die entsprechenden Erläuterungen zu diesen Vorschriften ist zu verweisen (s. § 73 Rdn. 5 ff.). Hierdurch steht zugleich fest, dass die Gründe, die nach § 65 Abs. 1 i. V. m. § 24 zum Erlöschen der Mitgliedschaft in der betrieblichen Jugend- und Auszubildendenvertretung führen, auch bewirken, dass die Mitgliedschaft in der Konzern-Jugend- und Auszubildendenvertretung endet.

cc) Amtsniederlegung

8 Durch eine Amtsniederlegung kann die Mitgliedschaft in der Konzern-Jugend- und Auszubildendenvertretung **in dreierlei Weise** erlöschen:

9 Erstens kann das **Amt in der betrieblichen Jugend- und Auszubildendenvertretung** nach § 65 Abs. 1 i. V. m. § 24 Nr. 2 niedergelegt werden. Damit erlischt automatisch die Mitgliedschaft in der

Gesamt-Jugend- und Auszubildendenvertretung und nach den Ausführungen in Rdn. 7 auch die Mitgliedschaft in der Konzern-Jugend- und Auszubildendenvertretung.

Zweitens kann das **Amt in der Gesamt-Jugend- und Auszubildendenvertretung** niedergelegt 10
werden (§ 73 Abs. 2 i. V. m. § 49; hierzu § 73 Rdn. 9). Die Mitgliedschaft in der betrieblichen Jugend- und Auszubildendenvertretung bleibt hiervon unberührt; nach § 73b Abs. 2 i. V. m. § 57 erlischt jedoch die Mitgliedschaft in der Konzern-Jugend- und Auszubildendenvertretung (s. Rdn. 7).

Drittens eröffnet § 73b Abs. 2 i. V. m. § 57 die Möglichkeit, **ausschließlich** das **Amt in der Kon-** 11
zern-Jugend- und Auszubildendenvertretung niederzulegen; die Mitgliedschaft in der betrieblichen Jugend- und Auszubildendenvertretung sowie der Gesamt-Jugend- und Auszubildendenvertretung bleibt hiervon unberührt. Die zu § 57 anerkannten Grundsätze (dazu *Franzen* § 57 Rdn. 9 sowie *Kreutz/Franzen* § 49 Rdn. 8 ff.) sind auf das Recht der Konzern-Jugend- und Auszubildendenvertretung übertragbar. Die Amtsniederlegung ist in dieser Konstellation nicht dem Vorsitzenden der entsendenden Gesamt-Jugend- und Auszubildendenvertretung, sondern dem Vorsitzenden der Konzern-Jugend- und Auszubildendenvertretung mitzuteilen.

dd) Ausschluss
Neben dem Erlöschen der Mitgliedschaft durch Ausschluss aus der Gesamt-Jugend- und Auszubilden- 12
denvertretung oder der betrieblichen Jugend- und Auszubildendenvertretung (s. Rdn. 7) kann das Amt in der Konzern-Jugend- und Auszubildendenvertretung auch durch einen Ausschluss aus der Konzern-Jugend- und Auszubildendenvertretung erlöschen (§ 73b Abs. 2 i. V. m. den §§ 56, 57). Die Mitgliedschaft in der Gesamt-Jugend- und Auszubildendenvertretung und der betrieblichen Jugend- und Auszubildendenvertretung bleibt hiervon unberührt (s. *Franzen* § 56 Rdn. 14).

Ein Ausschluss aus der Konzern-Jugend- und Auszubildendenvertretung nach § 73b Abs. 2 i. V. m. 13
§ 56 kann nur bei einer **groben Verletzung der gesetzlichen Pflichten** erfolgen. Da sich der Ausschluss ausschließlich auf die Mitgliedschaft in der Konzern-Jugend- und Auszubildendenvertretung bezieht, berechtigt nur die Verletzung solcher Pflichten zu einem auf § 73b Abs. 2 i. V. m. § 56 gestützten Ausschluss, die sich auf die Mitgliedschaft in der Konzern-Jugend- und Auszubildendenvertretung beziehen (für den Ausschluss aus dem Konzernbetriebsrat *Franzen* § 56 Rdn. 11 f.). Die Verletzung von Pflichten, die mit der Mitgliedschaft in der betrieblichen Jugend- und Auszubildendenvertretung oder der Gesamt-Jugend- und Auszubildendenvertretung verbunden sind, berechtigen grundsätzlich nicht zu einem Ausschluss aus der Konzern-Jugend- und Auszubildendenvertretung (s. *Franzen* § 56 Rdn. 12).

Aufgrund der entsprechenden Anwendung des § 56 kann neben dem Arbeitgeber, einem Viertel der 14
nach § 61 Abs. 1 aktiv wahlberechtigten Arbeitnehmer in den Konzernunternehmen und einer im Konzern vertretenen Gewerkschaft auch die **Konzern-Jugend- und Auszubildendenvertretung** einen Ausschlussantrag stellen (*Richardi/Annuß* § 73b Rn. 13; *Rotermund* Interessenwahrnehmung, S. 222). Die Antragsberechtigung des **Konzernbetriebsrats** ist wegen der »entsprechenden Anwendung« ebenfalls anzuerkennen (*Richardi/Annuß* § 73b Rn. 13; *Roloff/WPK* § 73b Rn. 6; **a. M.** *Rotermund* Interessenwahrnehmung, S. 222 f.). Die Überlegungen zu § 65 Abs. 1 i. V. m. § 23 Abs. 1 (s. § 65 Rdn. 9) besitzen auch hier Gültigkeit.

ee) Abberufung
Die Abberufung eines Mitglieds der Konzern-Jugend- und Auszubildendenvertretung ist **jederzeit** 15
und **ohne Gründe** durch die entsendende Gesamt-Jugend- und Auszubildendenvertretung möglich. Hierzu bedarf es eines **Beschlusses** der Gesamt-Jugend- und Auszubildendenvertretung, der **mit einfacher Mehrheit** (§ 73 Abs. 2 i. V. m. § 51 Abs. 3 Satz 1) zu fassen ist.

c) Ersatzmitgliedschaft
Erlischt die Mitgliedschaft in der Konzern-Jugend- und Auszubildendenvertretung, so rückt nach 16
§ 73b Abs. 2 i. V. m. § 25 Abs. 1 das Ersatzmitglied (§ 73a Abs. 2; näher § 73a Rdn. 24) nach. Die entsendende Gesamt-Jugend- und Auszubildendenvertretung hat jedoch auch die Möglichkeit, statt des

ausscheidenden Mitglieds ein anderes Mitglied in die Konzern-Jugend- und Auszubildendenvertretung zu entsenden (s. auch § 73a Rdn. 20).

3. Geschäftsführung der Konzern-Jugend- und Auszubildendenvertretung

a) Bestellung des Vorsitzenden

17 Nach § 73b Abs. 2 i. V. m. § 26 Abs. 1 wählt die Konzern-Jugend- und Auszubildendenvertretung aus ihrer Mitte einen **Vorsitzenden** und einen **Stellvertreter**. Mitglieder von betrieblichen Jugend- und Auszubildendenvertretungen bzw. Gesamt-Jugend- und Auszubildendenvertretungen, die nicht zugleich Mitglied der Konzern-Jugend- und Auszubildendenvertretung sind, können nicht in das Amt gewählt werden. Die Wahl erfolgt auf der **konstituierenden Sitzung** (§ 73b Abs. 2 i. V. m. § 59 Abs. 2 Satz 1). Für die Stimmenzahl der einzelnen Mitglieder gilt § 73a Abs. 3 (dazu § 73a Rdn. 37 f.).

18 Hinsichtlich der **Rechtsstellung** des Vorsitzenden der Konzern-Jugend- und Auszubildendenvertretung gelten die Ausführungen zum Vorsitzenden der betrieblichen Jugend- und Auszubildendenvertretung (s. § 65 Rdn. 26) entsprechend. Er »vertritt« die Konzern-Jugend- und Auszubildendenvertretung nach außen im Rahmen der von ihr gefassten Beschlüsse; zur Entgegennahme von Erklärungen, die der Konzern-Jugend- und Auszubildendenvertretung gegenüber abzugeben sind, ist der Vorsitzende der Konzern-Jugend- und Auszubildendenvertretung berechtigt (§ 73b Abs. 2 i. V. m. § 26 Abs. 2).

b) Bildung von Ausschüssen

19 Wie § 65 Abs. 1 für die betriebliche Jugend- und Auszubildendenvertretung sowie § 73 Abs. 2 für die Gesamt-Jugend- und Auszubildendenvertretung eröffnet § 73b Abs. 2 mittels der Verweisung auf § 28 Abs. 1 Satz 1 der Konzern-Jugend- und Auszubildendenvertretung die Möglichkeit, ihre Arbeit durch die Bildung von Ausschüssen effektiver zu gestalten. Die entsprechende Anwendung des § 28 Abs. 1 Satz 1 wirft wie bei der Gesamt-Jugend- und Auszubildendenvertretung die Frage auf, wonach die nach § 28 Abs. 1 Satz 1 **notwendige Arbeitnehmerzahl** zu bemessen ist. Aus den zu § 73 Abs. 2 dargelegten Gründen (s. § 73 Rdn. 18) ist jedoch nicht auf die Zahl der Arbeitnehmer im Betrieb, sondern auf die **Zahl der Mitglieder in der Konzern-Jugend- und Auszubildendenvertretung** abzustellen, diese muss aus mindestens sieben Mitgliedern bestehen (ebenso *Fitting* § 73b Rn. 11; *Richardi/Annuß* § 73b Rn. 18; *Rotermund* Interessenwahrnehmung, S. 221, die jedoch zusätzlich 100 Arbeitnehmer i. S. d. § 60 Abs. 1 im Konzern verlangt; *a. M. Roloff/WPK* § 73b Rn. 17: Mehr als 100 Arbeitnehmer i. S. d. § 60 Abs. 1 im Konzern genügen stets).

20 Erreicht die Mitgliederzahl **nicht** den auch bei der Gesamt-Jugend- und Auszubildendenvertretung notwendigen **Grenzwert** (dazu auch § 73 Rdn. 18), dann ist der Konzern-Jugend- und Auszubildendenvertretung die Bildung von Ausschüssen nicht generell verwehrt, sie können die Sitzungen des Plenums jedoch lediglich vorbereiten. Dieses Recht stand den Jugend- und Auszubildendenvertretungen bereits nach der bisherigen Rechtslage zu (näher § 65 Rdn. 28) und sollte durch die ausdrückliche Aufnahme des § 28 in die Verweisungskette nicht beseitigt werden (s. auch § 73 Rdn. 18). Weitergehende Befugnisse stehen indes auch den nach § 73b Abs. 2 i. V. m. § 28 Abs. 1 Satz 1 gebildeten Ausschüssen nicht zu, da die insoweit eng gefasste Verweisungsnorm es nicht zulässt, den von der Konzern-Jugend- und Auszubildendenvertretung gebildeten Ausschüssen Aufgaben zur selbständigen Erledigung zu übertragen (s. auch § 73 Rdn. 19).

21 Über **Zahl** und **Aufgabenbereiche** der Ausschüsse entscheidet die Konzern-Jugend- und Auszubildendenvertretung nach pflichtgemäßen **Ermessen** durch **Mehrheitsbeschluss** (§ 73b Abs. 2 i. V. m. § 51 Abs. 3 Satz 1). Das gilt ebenso für die **Entsendung** in den Ausschuss.

c) Sitzung der Konzern-Jugend- und Auszubildendenvertretung

22 Analog der Regelung in § 65 Abs. 2 für die betriebliche Jugend- und Auszubildendenvertretung und in § 73 Abs. 1 für die Gesamt-Jugend- und Auszubildendenvertretung steht auch der Konzern-Jugend- und Auszubildendenvertretung nach § 73b Abs. 1 das Recht zur Abhaltung eigener Sitzungen

zu. Zur konstituierenden Sitzung der Konzern-Jugend- und Auszubildendenvertretung § 73a Rdn. 18.

aa) Einladung
Die Einberufung der Sitzung unterliegt den Vorschriften in **§ 29 Abs. 2 bis 4**, auf die § 73b Abs. 2   23
über § 59 Abs. 2 Satz 3 verweist. Eine Einladung der **Konzernschwerbehindertenvertretung** entfällt, da ihr an den Sitzungen der Konzern-Jugend- und Auszubildendenvertretung kein Teilnahmerecht zusteht; die Vorschrift des § 59a erklärt § 73b Abs. 2 nicht für entsprechend anwendbar (*Richardi/Annuß* § 73b Rn. 6).

Die Einberufung einer Sitzung der Konzern-Jugend- und Auszubildendenvertretung kann neben   24
dem Arbeitgeber auch »**ein Viertel der Mitglieder des Betriebsrats**« beantragen. Die personelle Reichweite des letztgenannten Antragsrechts ist wegen der zwingend (§ 73b Abs. 2 und § 59 Abs. 2 Satz 3) angeordneten »entsprechenden Anwendung« problematisch. Aufgrund der »entsprechenden Anwendung« des § 29 Abs. 3 auf die Konzern-Jugend- und Auszubildendenvertretung steht das Antragsrecht zumindest den **Mitgliedern der Konzern-Jugend- und Auszubildendenvertretung** zu. Zweifelhaft ist der **Bezugspunkt** für das auf ein Viertel bezogene **Quorum**. Ein dem Wortlaut des § 29 Abs. 3 verhafteter Rückgriff auf die Mitgliederzahl wird dem Zweck des Quorums nicht gerecht. Dieses soll ein Mindestmaß von Unterstützung in der Sitzung gewährleisten. Da sich diese über Abstimmungen vermittelt, ist – ebenso wie bei den Mitgliedern des Konzernbetriebsrats – zusätzlich erforderlich, dass sich das »**Viertel der Mitglieder**« sowohl **nach Köpfen** als auch **nach der Anzahl der Stimmen** (§ 73a Abs. 4 i. V. m. § 72 Abs. 7; hierzu § 72 Rdn. 44 ff.) bemisst. In beiden Fällen muss das Quorum von einem Viertel erreicht sein (*Rotermund* Interessenwahrnehmung, S. 220).

Ein eigenständiges **Antragsrecht des Konzernbetriebsrats** ist nicht anzuerkennen (*Fitting* § 73b   25
Rn. 5; **a. M.** *Richardi/Annuß* § 73b Rn. 6). Die Ausführungen zu den Sitzungen der betrieblichen Jugend- und Auszubildendenvertretung gelten insoweit entsprechend (s. näher § 65 Rdn. 71). Die betriebliche Jugend- und Auszubildendenvertretung kann ebenso wenig wie die Gesamt-Jugend- und Auszubildendenvertretung sowie ein bestimmtes Quorum der diesen Gremien angehörenden Mitglieder eine Sitzung der Konzern-Jugend- und Auszubildendenvertretung beantragen.

bb) Verständigung des Konzernbetriebsrats
Die Abhaltung eigener Sitzungen der Konzern-Jugend- und Auszubildendenvertretung steht nicht   26
unter dem Vorbehalt eines Einverständnisses oder einer Zustimmung seitens des Konzernbetriebsrats (*Fitting* § 73b Rn. 3; *Rose/HWGNRH* § 73b Rn. 4; *Trittin/DKKW* § 73b Rn. 2). Die nach § 73b Abs. 1 Satz 1 erforderliche Verständigung ist – wie im Rahmen des § 65 Abs. 2 Satz 1 (s. § 65 Rdn. 64 ff.) – i. S. einer **Unterrichtung des Konzernbetriebsrats** zu verstehen (*Fitting* § 73b Rn. 3; *Maschmann/AR* § 73b BetrVG Rn. 1; *Rose/HWGNRH* § 73b Rn. 4; *Trittin/DKKW* § 73b Rn. 2). Das Gesetz verlangt lediglich eine Verständigung »des« und nicht eine Verständigung »mit« dem Konzernbetriebsrat. Aus diesem Grunde ist die Beteiligung des Konzernbetriebsrats keine Wirksamkeitsvoraussetzung für die Sitzung oder eine Beschlussfassung auf dieser (*Fitting* § 73b Rn. 3).

cc) Zeitpunkt der Sitzung
Die Sitzungen der Konzern-Jugend- und Auszubildendenvertretung finden in der Regel **während**   27
der Arbeitszeit statt (§ 73b Abs. 2 i. V. m. § 30).

dd) Teilnahmerecht
Neben den Mitgliedern der Konzern-Jugend- und Auszubildendenvertretung ist nach § 73b Abs. 1   28
Satz 2 der **Vorsitzende des Konzernbetriebsrats** oder ein **beauftragtes Mitglied des Konzernbetriebsrats** berechtigt, an den Sitzungen der Konzern-Jugend- und Auszubildendenvertretung teilzunehmen. Die Ausführungen zu § 65 Abs. 2 Satz 2 gelten für § 73b Abs. 1 Satz 2 entsprechend (s. § 65 Rdn. 77).

29 Der **Arbeitgeber** ist nach § 73b Abs. 2 i. V. m. den §§ 59 Abs. 2 Satz 3, 29 Abs. 4 an denjenigen Sitzungen der Konzern-Jugend- und Auszubildendenvertretung teilnahmeberechtigt, die auf seinen Antrag anberaumt wurden oder zu denen er ausdrücklich eingeladen wurde. Im Übrigen ist auf die Erläuterungen zu § 65 zu verweisen (s. § 65 Rdn. 76).

30 Nach § 73b Abs. 2 i. V. m. § 31 kann ferner ein **Gewerkschaftsbeauftragter** an den Sitzungen der Konzern-Jugend- und Auszubildendenvertretung beratend teilnehmen. Ebenso wie bei der in § 65 angeordneten entsprechenden Anwendung des § 31 (dazu § 65 Rdn. 79 ff.) ist auch hier erforderlich, dass die **Gewerkschaft in der Konzern-Jugend- und Auszubildendenvertretung** vertreten ist (*Fitting* § 73b Rn. 8; *Roloff/WPK* § 73b Rn. 10; *Rose/HWGNRH* § 73b Rn. 6; *Rotermund* Interessenwahrnehmung, S. 221; a. M. *Richardi/Annuß* § 73b Rn. 7). Es reicht deshalb nicht aus, wenn die Gewerkschaft lediglich im Konzern oder im Konzernbetriebsrat vertreten ist. Auch die Vertretung in nur einem Betriebsrat bzw. Gesamtbetriebsrat oder einer betrieblichen Jugend- und Auszubildendenvertretung bzw. Gesamt-Jugend- und Auszubildendenvertretung genügt nicht (a. M. *Richardi/Annuß* § 73b Rn. 7).

31 Der **Antrag** auf beratende Teilnahme eines Beauftragten der Gewerkschaft kann nur von einem Viertel der Mitglieder der Konzern-Jugend- und Auszubildendenvertretung gestellt werden. Das erforderliche **Quorum** bemisst sich sowohl nach der **Mitgliederzahl** als auch nach der ihnen zustehenden Zahl der **Stimmen** (s. auch Rdn. 24; ebenso *Rotermund* Interessenwahrnehmung, S. 200 f.).

32 Das Recht des Organs, mit der Mehrheit der Stimmen die Hinzuziehung eines Beauftragten der Gewerkschaft zu beschließen, gilt für die Konzern-Jugend- und Auszubildendenvertretung ebenfalls (*Fitting* § 73b Rn. 8; für die betriebliche Jugend- und Auszubildendenvertretung s. § 65 Rdn. 82). Bei der entsprechenden Abstimmung genügt die einfache Mehrheit (§ 73b Abs. 2 i. V. m. § 51 Abs. 3 Satz 1) der nach § 73a Abs. 4 i. V. m. § 72 Abs. 7 zu bemessenden Stimmen.

ee) Öffentlichkeit

33 Die Sitzungen der Konzern-Jugend- und Auszubildendenvertretung sind nicht öffentlich (§ 73b Abs. 2 i. V. m. § 30 Satz 4).

ff) Beschlussfassung

34 Die Beschlussfassung der Konzern-Jugend- und Auszubildendenvertretung richtet sich nicht nach der Kopfzahl der Mitglieder, sondern der Zahl der auf jedes einzelne Mitglied entfallenden Stimmen (§ 73a Abs. 4 i. V. m. § 72 Abs. 7; näher hierzu § 73a Rdn. 37 f.). Nach § 73b Abs. 2 i. V. m. § 51 Abs. 3 Satz 1 reicht regelmäßig die Mehrheit der Stimmen aus.

35 Für die **Beschlussfähigkeit** muss mindestens die Hälfte der Mitglieder an der Beschlussfassung teilnehmen und zusätzlich mindestens die Hälfte aller Stimmen vertreten. Beide Voraussetzungen (Zahl der Mitglieder und Zahl der Stimmen) müssen kumulativ vorliegen.

36 Personen, denen nach den Ausführungen in Rdn. 28 ff. ein **Teilnahmerecht** zusteht, dürfen wegen ihrer fehlenden Mitgliedschaft in der Konzern-Jugend- und Auszubildendenvertretung nicht mitstimmen. Ihr Recht zur Teilnahme beschränkt sich auf eine aktive Einflussnahme auf die Beratung und die Willensbildung in der Konzern-Jugend- und Auszubildendenvertretung (*Richardi/Annuß* § 73b Rn. 8).

gg) Sitzungsniederschrift

37 Wie § 65 Abs. 1 und § 73 Abs. 2 ordnet auch § 73b Abs. 2 die entsprechende Anwendung des § 34 an. Über die Sitzung der Konzern-Jugend- und Auszubildendenvertretung ist deshalb gleichfalls eine Niederschrift anzufertigen.

d) Geschäftsordnung

38 Ebenso wie die betriebliche Jugend- und Auszubildendenvertretung (§ 65 Abs. 1 i. V. m. § 36) und die Gesamt-Jugend- und Auszubildendenvertretung (§ 73 Abs. 2 i. V. m. § 36) soll sich auch die Konzern-

Jugend- und Auszubildendenvertretung eine Geschäftsordnung geben (§ 73b Abs. 2 i. V. m. § 36). Die Ausführungen zur betrieblichen Jugend- und Auszubildendenvertretung gelten insofern entsprechend (s. § 65 Rdn. 30). Bei der Abstimmung ist die absolute Mehrheit der nach § 73a Abs. 4 i. V. m. § 72 Abs. 7 zu bemessenden Stimmen erforderlich. Die Zahl der Mitglieder ist hierbei unbeachtlich.

e) Anspruch auf Arbeitsbefreiung

39 Wie die Mitglieder der betrieblichen Jugend- und Auszubildendenvertretung (§ 65 Abs. 1 i. V. m. § 37 Abs. 2 und 3) sowie der Gesamt-Jugend- und Auszubildendenvertretung (§ 73 Abs. 2 i. V. m. § 37 Abs. 2 und 3) sind auch die Mitglieder der Konzern-Jugend- und Auszubildendenvertretung ohne Minderung ihres Arbeitsentgelts von der Pflicht zur Arbeitsleistung zu befreien (§ 73b Abs. 2 i. V. m. § 37 Abs. 2 und 3). Die Ausführungen zur betrieblichen Jugend- und Auszubildendenvertretung gelten insoweit entsprechend (s. § 65 Rdn. 33 ff.). Der Anspruch besteht gegenüber dem arbeitsvertraglich zu bestimmenden Arbeitgeber (*Franzen* § 59 Rdn. 36).

40 Eine **Freistellung von der beruflichen Tätigkeit** (§ 38) sieht § 73b Abs. 2 nicht vor. Entsprechend den Grundsätzen zu den Mitgliedern der betrieblichen Jugend- und Auszubildendenvertretung (s. § 65 Rdn. 35 f.) kann eine in der Regel vorübergehende völlige Befreiung von der beruflichen Tätigkeit im Ausnahmefall über § 73b Abs. 2 i. V. m. § 37 Abs. 2 in Betracht kommen.

41 Ein eigenständiges Recht der Konzern-Jugend- und Auszubildendenvertretung auf Entsendung eines Mitglieds zur **Teilnahme an Schulungen**, deren Inhalte für die Tätigkeit der Konzern-Jugend- und Auszubildendenvertretung erforderlich sind, sieht § 73b Abs. 2 – ebenso wie § 59 Abs. 1 – nicht vor (*Fitting* § 73b Rn. 15). Eine Freistellung zur Schulungsteilnahme steht den Mitgliedern der Konzern-Jugend- und Auszubildendenvertretung lediglich in ihrer Eigenschaft als Mitglied einer betrieblichen Jugend- und Auszubildendenvertretung zu (*Fitting* § 73b Rn. 15). Der Betriebsrat kann ein in die Konzern-Jugend- und Auszubildendenvertretung entsandtes Mitglied jedoch auch für solche Schulungsveranstaltungen freistellen, deren Kenntnisse für die Tätigkeit in der Konzern-Jugend- und Auszubildendenvertretung erforderlich sind (*Fitting* § 73b Rn. 15). Insofern gelten für die Freistellung die Ausführungen in Rdn. 40 entsprechend. Der **Beschluss** über die Freistellung ist von dem **Betriebsrat** zu fassen, dem das Mitglied angehört (*Fitting* § 73b Rn. 15 sowie hier § 65 Rdn. 43 ff.), nicht hingegen von dem Konzernbetriebsrat.

f) Kosten

42 Für den Ersatz von **Kosten und Sachmitteln** sowie das Verbot von **Umlagen** verweist § 73b Abs. 2 ebenfalls auf die §§ 40 und 41, so dass für die Konzern-Jugend- und Auszubildendenvertretung dieselben Grundsätze wie für die betriebliche Jugend- und Auszubildendenvertretung gelten (s. dazu § 65 Rdn. 58 ff.).

4. Aufgaben der Konzern-Jugend- und Auszubildendenvertretung

a) Zuständigkeit

43 Für die Zuständigkeitsverteilung zwischen Gesamt-Jugend- und Auszubildendenvertretung und Konzern-Jugend- und Auszubildendenvertretung verweist § 73b Abs. 2 auf § 58. Die zu der letztgenannten Vorschrift geltenden Grundsätze können nicht unreflektiert auf das Recht der Konzern-Jugend- und Auszubildendenvertretung übertragen werden. Das Gebot einer »entsprechenden Anwendung« erfordert insbesondere eine Harmonisierung mit der Zuständigkeit des Konzernbetriebsrats und der völlig anderen Rechtsstellung der Jugend- und Auszubildendenvertretung (für die Gesamt-Jugend- und Auszubildendenvertretung § 73 Rdn. 41 ff.).

44 Eine **originäre Zuständigkeit** der Konzern-Jugend- und Auszubildendenvertretung (§ 73b Abs. 2 i. V. m. § 58 Abs. 1) ist stets bei einer **originären Zuständigkeit des Konzernbetriebsrats** zu bejahen. Hiermit ist der Kreis der originären Zuständigkeit der Konzern-Jugend- und Auszubildendenvertretung nicht abschließend umschrieben. Da sich die Beteiligung der Konzern-Jugend- und Auszubildendenvertretung auf eine Beteiligung an den Sitzungen des Konzernbetriebsrats beschränkt und diese Rechtsposition wegen der Verweisung in § 73b Abs. 2 auf § 67 ausschließlich der Konzern-

Jugend- und Auszubildendenvertretung zusteht, zwingt die entsprechende Anwendung des § 58 dazu, die originäre Zuständigkeit der Konzern-Jugend- und Auszubildendenvertretung akzessorisch zu der Zuständigkeit des Konzernbetriebsrats zu bestimmen. Eine originäre Zuständigkeit der Konzern-Jugend- und Auszubildendenvertretung besteht daher auch, wenn sich der **Konzernbetriebsrat** lediglich auf eine **Zuständigkeit kraft Auftrags** der Gesamtbetriebsräte (§ 58 Abs. 2) stützen kann (*Richardi/Annuß* § 73b Rn. 20; *Rotermund* Interessenwahrnehmung, S. 223 f.; **a. M.** *Roloff/WPK* § 73b Rn. 7).

45 Für eine **Zuständigkeit** der Konzern-Jugend- und Auszubildendenvertretung **kraft Auftrags** bleibt bei diesem Verständnis kaum Raum, da sie wegen der Rechtsstellung der Konzern-Jugend- und Auszubildendenvertretung wenig sachgerecht ist (*Richardi/Annuß* § 73b Rn. 21; *Rotermund* Interessenwahrnehmung, S. 224). Solange die Zuständigkeit der Gesamtbetriebsräte besteht, kann die Konzern-Jugend- und Auszubildendenvertretung auf diese keinen Einfluss nehmen, da das in § 67 Abs. 1 und 2 normierte Teilnahme- und Stimmrecht bezüglich der Sitzungen des Gesamtbetriebsrats nicht der Konzern-Jugend- und Auszubildendenvertretung, sondern auch bei der Erteilung eines Auftrags unverändert der Gesamt-Jugend- und Auszubildendenvertretung zusteht. Gleichwohl ist die Beauftragung in dieser Konstellation nicht unzulässig.

46 Ist die Konzern-Jugend- und Auszubildendenvertretung nach § 73b Abs. 2 i. V. m. § 58 Abs. 1 für eine Angelegenheit kraft Gesetzes zuständig, so verbleibt die Zuständigkeit selbst dann bei der Konzern-Jugend- und Auszubildendenvertretung, wenn sie ihren Aufgaben pflichtwidrig nicht nachkommt. Eine subsidiär eingreifende **Ersatzzuständigkeit**, die gemeinschaftlich durch die Gesamt-Jugend- und Auszubildendenvertretungen auszuüben wäre, ist nicht anzuerkennen. Die Gesamt-Jugend- und Auszubildendenvertretungen können durch Abberufung der pflichtwidrig agierenden Mitglieder der Konzern-Jugend- und Auszubildendenvertretung eine pflichtgemäße Aufgabenerfüllung dieses Organs herbeiführen. Zudem würden anderenfalls die durch zwingendes Gesetzesrecht festgelegten Organisations- und Zuständigkeitsregelungen durchbrochen.

47 Die Zuständigkeit der Konzern-Jugend- und Auszubildendenvertretung erstreckt sich – entsprechend den Grundsätzen für den Konzernbetriebsrat – auch auf diejenigen Betriebe, in denen **keine Gesamt-Jugend- und Auszubildendenvertretung** besteht (*Fitting* § 73b Rn. 13; *Stege/Weinspach/Schiefer* §§ 73a – 73b Rn. 5; *Trittin/DKK* § 73a Rn. 31). Dies folgt aus der ausdrücklichen Ausdehnung der Zuständigkeit auf Unternehmen, in denen kein Gesamtbetriebsrat besteht, in § 58 Abs. 1 Satz 1 Halbs. 2 (dazu *Franzen* § 58 Rdn. 2).

b) Kompetenzen

48 Hinsichtlich der Kompetenzen verweist § 73b Abs. 2 zunächst auf § 51 Abs. 5, so dass der Konzern-Jugend- und Auszubildendenvertretung im Rahmen ihrer Zuständigkeit dieselben Rechte und Pflichten zustehen wie der betrieblichen Jugend- und Auszubildendenvertretung. Der Sinn der Verweisung ist unklar, da § 73 Abs. 2 auch auf die §§ 66 bis 68 verweist und hierdurch offensichtlich die Rechtsstellung der Konzern-Jugend- und Auszubildendenvertretung gegenüber dem Konzernbetriebsrat konkretisiert wird. Da sich § 51 Abs. 5 nicht auf die Organisations- und Geschäftsführungsbestimmungen erstreckt (s. *Kreutz/Franzen* § 51 Rdn. 79), kann die Konzern-Jugend- und Auszubildendenvertretung weder eigene Sprechstunden (§ 69) abhalten (*Richardi/Annuß* § 73b Rn. 16) noch eine Jugend- und Auszubildendenversammlung (§ 71) einberufen.

49 Die durch § 73b Abs. 2 vermittelte entsprechende Anwendung des § 51 Abs. 5 hat ausschließlich für § 70 Bedeutung. Die § 80 nachgebildete Grundnorm ist auch auf die Konzern-Jugend- und Auszubildendenvertretung anzuwenden, soweit diese nach Maßgabe der Ausführungen in Rdn. 43 ff. für die betreffende Angelegenheit zuständig ist.

5. Beteiligung an Sitzungen des Konzernbetriebsrats

50 Im Verhältnis zum Konzernbetriebsrat gleicht die Rechtsstellung der Konzern-Jugend- und Auszubildendenvertretung derjenigen der betrieblichen Jugend- und Auszubildendenvertretung zum Betriebsrat. Auch die Konzern-Jugend- und Auszubildendenvertretung muss ihre Aufgaben über eine

Geschäftsführung und Geltung sonstiger Vorschriften § 73b

Einflussnahme auf den Konzernbetriebsrat verwirklichen (s. § 73a Rdn. 3). Analog der für die betriebliche Jugend- und Auszubildendenvertretung geltenden dogmatischen Grundstruktur (s. dazu vor § 60 Rdn. 25 ff.) stehen auch der Konzern-Jugend- und Auszubildendenvertretung keine gegenüber dem herrschenden Unternehmen auszuübenden Mitwirkungs- und Mitbestimmungsrechte zu.

Wegen der in § 73 Abs. 2 angeordneten entsprechenden Anwendung des § 67 steht der Konzern-Jugend- und Auszubildendenvertretung bei der Beteiligung an Sitzungen des Konzernbetriebsrats dieselbe Rechtsstellung wie der betrieblichen Jugend- und Auszubildendenvertretung gegenüber dem Betriebsrat zu. 51

Hinsichtlich des **Stimmrechts** der einzelnen Mitglieder der Konzern-Jugend- und Auszubildendenvertretung ist § 73a Abs. 4 i. V. m. § 72 Abs. 7 zu beachten. Das gilt allerdings nicht hinsichtlich der Beschlussfähigkeit des Konzernbetriebsrats; sie beurteilt sich ausschließlich nach § 59 Abs. 1 i. V. m. § 51 Abs. 3 Satz 3. 52

Da sich der Kreis der zum Betriebsrat und zur betrieblichen Jugend- und Auszubildendenvertretung aktiv wahlberechtigten Arbeitnehmer seit dem »Gesetz zur Bildung von Jugend- und Auszubildendenvertretung in den Betrieben« vom 13.07.1988 (BGBl. I, S. 1034; näher zu diesem vor § 60 Rdn. 8 f.) überschneidet, tritt eine vom Gesetzgeber übersehene **Kumulation der Stimmen** durch diejenigen Auszubildenden ein, die zwar das 18., nicht aber das 25. Lebensjahr vollendet haben (s. näher § 61 Rdn. 8). Eine Korrektur des Gesetzes, die diesen Kumulationseffekt bei Abstimmungen im Konzernbetriebsrat beseitigt, ist jedoch nur de lege ferenda möglich (**a. M.** *Roloff/WPK* § 73b Rn. 14, der eine teleologische Reduktion des § 55 Abs. 3 befürwortet und die Stimmen der volljährigen Auszubildenden vor Vollendung des 25. Lebensjahres ausschließlich der Konzern-Jugend- und Auszubildendenvertretung zurechnen will). 53

Im Rahmen ihrer Zuständigkeit steht der Konzern-Jugend- und Auszubildendenvertretung auch das Recht zu, Angelegenheiten, über die sie beraten hat, auf die **Tagesordnung** der nächsten Sitzung des Konzernbetriebsrats setzen zu lassen (§ 73b Abs. 2 i. V. m. § 67 Abs. 3 Satz 1). Neben den allgemeinen auch für die Konzern-Jugend- und Auszubildendenvertretung geltenden Grundsätzen (s. § 67 Rdn. 53 ff.) ist zu beachten, dass ein von der Konzern-Jugend- und Auszubildendenvertretung gestellter Antrag nur dann zulässig und vom Vorsitzenden des Konzernbetriebsrats zu beachten ist, wenn der Konzernbetriebsrat für die Behandlung der Angelegenheit zuständig ist. Die Zuständigkeit des Konzernbetriebsrats ist abschließend in § 58 geregelt und kann nicht über das Antragsrecht der Konzern-Jugend- und Auszubildendenvertretung erweitert werden. Anderenfalls würde der Konzern-Jugend- und Auszubildendenvertretung das Recht eingeräumt, in die gesetzlichen Kompetenzen der Gesamtbetriebsräte einzugreifen. 54

Überträgt der Konzernbetriebsrat einzelne Angelegenheiten zur selbständigen Erledigung auf **Ausschüsse**, so gelten für das Teilnahme- und Stimmrecht die gleichen Grundsätze wie bei den vom Betriebsrat gebildeten Ausschüssen. 55

6. Besprechung zwischen Arbeitgeber und Konzernbetriebsrat

An gemeinsamen Besprechungen zwischen Arbeitgeber (dazu *Franzen* § 58 Rdn. 9 ff.) und Konzernbetriebsrat ist nach Maßgabe der in § 68 genannten Voraussetzungen auch die Konzern-Jugend- und Auszubildendenvertretung zu beteiligen (§ 73 Abs. 2 i. V. m. § 68). Die Ausführungen zu diesem Recht der betrieblichen Jugend- und Auszubildendenvertretung gelten für die Konzern-Jugend- und Auszubildendenvertretung entsprechend. 56

7. Aussetzungsantrag

Auch der Konzern-Jugend- und Auszubildendenvertretung steht nach § 73b Abs. 2 i. V. m. § 66 das Recht zu, die Aussetzung von Beschlüssen des Konzernbetriebsrats zu beantragen. Bei der Abstimmung in der Konzern-Jugend- und Auszubildendenvertretung ist die absolute Mehrheit erforderlich, die sich nach der Zahl der Stimmen (§ 73a Abs. 4 i. V. m. § 72 Abs. 7) und nicht nach der Zahl der Mitglieder bemisst. Im Übrigen gelten die Ausführungen zu diesem Recht der betrieblichen Jugend- 57 und Auszubildendenvertretung für die Konzern-Jugend- und Auszubildendenvertretungen entsprechend.

8. Nicht in Bezug genommene Vorschriften

58 Nach ihrem Zweck ist die Aufzählung in § 73 Abs. 2 abschließend (*Fitting* § 73b Rn. 15; *Rose/HWGNRH* § 73b Rn. 10). Sie kann weder durch Betriebsvereinbarung noch durch Tarifvertrag erweitert werden. Aus der fehlenden Aufnahme einzelner Vorschriften in die Verweisungskette in § 73 Abs. 4 kann jedoch nicht stets der formal logische Umkehrschluss gezogen werden, der Rechtsgedanke der nicht in Bezug genommenen Bestimmung dürfe auch nicht über andere Vorschriften zur Geltung gebracht werden. Exemplarisch ist auf die Freistellung von der beruflichen Tätigkeit (s. dazu Rdn. 40) und die Freistellung zur Teilnahme an Schulungs- und Bildungsveranstaltungen (s. dazu Rdn. 41) hinzuweisen.

9. Kündigungs- und Versetzungsschutz

59 Einen gesonderten Kündigungsschutz für die Mitglieder der Konzern-Jugend- und Auszubildendenvertretung hat das Gesetz – ebenso wie für die Mitglieder des Konzernbetriebsrats – nicht vorgesehen. Hieraus resultiert jedoch kein Schutzdefizit, da die Mitglieder der Konzern-Jugend- und Auszubildendenvertretungen stets gleichzeitig Mitglieder einer betrieblichen Jugend- und Auszubildendenvertretung sind und hierüber vor Kündigungen des Arbeitgebers geschützt sind (*Richardi/Annuß* § 73b Rn. 17). Entsprechendes gilt für den Schutz vor Versetzungen, die zum Verlust des Amtes in der betrieblichen Jugend- und Auszubildendenvertretung führt; insoweit greift § 103 Abs. 3 ein.

III. Streitigkeiten

60 Bei Meinungsverschiedenheiten über die Anwendung des § 73b und der dort in Bezug genommenen Vorschriften entscheidet das Arbeitsgericht im **Beschlussverfahren** (§§ 2a Abs. 1 Nr. 1, Abs. 2, 80 ff. ArbGG; vgl. *Fitting* § 73b Rn. 16; *Kloppenburg/HaKo* § 73b Rn. 4; *Richardi/Annuß* § 73b Rn. 29; *Rose/HWGNRH* § 73b Rn. 11; *Trittin/DKKW* § 73b Rn. 28).

61 Soweit sich aus den Vorschriften individuelle Ansprüche ergeben (z. B. § 37 Abs. 2 und 3), sind diese im **Urteilsverfahren** (§§ 2 Abs. 1 Nr. 3 Buchst. a, Abs. 5, 46 ff. ArbGG) geltend zu machen (*Fitting* § 73b Rn. 17; *Kloppenburg/HaKo* § 73b Rn. 9; *Richardi/Annuß* § 73b Rn. 29; *Rose/HWGNRH* § 73b Rn. 12; *Trittin/DKKW* § 73b Rn. 29).

Anhang 1

Erste Verordnung zur Durchführung des Betriebsverfassungsgesetzes (Wahlordnung – WO) vom 11. Dezember 2001 (BGBl. I, S. 3494) zuletzt geändert durch Verordnung vom 23. Juni 2004 (BGBl. I, S. 1393)

Literatur
Die Wahlordnung ist kommentiert in den Kommentaren zum Betriebsverfassungsgesetz von *Fitting, Löwisch / Kaiser, Richardi (Forst)* und *Däubler / Kittner / Klebe / Wedde (Homburg)*.

Inhaltsübersicht §§

Erster Teil
Wahl des Betriebsrats (§ 14 des Gesetzes) — 1–27
Erster Abschnitt
Allgemeine Vorschriften — 1–5
Zweiter Abschnitt
Wahl von mehr als drei Betriebsratsmitgliedern (aufgrund von Vorschlagslisten) — 6–23
Erster Unterabschnitt
Einreichung und Bekanntmachung von Vorschlagslisten — 6–10
Zweiter Unterabschnitt
Wahlverfahren bei mehreren Vorschlagslisten (§ 14 Abs. 2 Satz 1 des Gesetzes) — 11–19
Dritter Unterabschnitt
Wahlverfahren bei nur einer Vorschlagsliste (§ 14 Abs. 2 Satz 2 erster Halbsatz des Gesetzes) — 20–23
Dritter Abschnitt
Schriftliche Stimmabgabe — 24–26
Vierter Abschnitt
Wahlvorschläge der Gewerkschaften — 27
Zweiter Teil
Wahl des Betriebsrats im vereinfachten Wahlverfahren (§ 14a des Gesetzes) — 28–37
Erster Abschnitt
Wahl des Betriebsrats im zweistufigen Verfahren (§ 14a Abs. 1 des Gesetzes) — 28–35
Erster Unterabschnitt
Wahl des Wahlvorstands — 28–29
Zweiter Unterabschnitt
Wahl des Betriebsrats — 30–35
Zweiter Abschnitt
Wahl des Betriebsrats im einstufigen Verfahren (§ 14a Abs. 3 des Gesetzes) — 36
Dritter Abschnitt
Wahl des Betriebsrats in Betrieben mit in der Regel 51 bis 100 Wahlberechtigten (§ 14a Abs. 5 des Gesetzes) — 37
Dritter Teil
Wahl der Jugend- und Auszubildendenvertretung — 38–40
Vierter Teil
Übergangs- und Schlussvorschriften — 41–43

Vorbemerkung

Die Wahlordnung (WO) ist aufgrund der VO-Ermächtigung in § 126 BetrVG vom damaligen Bundesministerium für Arbeit und Sozialordnung mit Zustimmung des Bundesrats erlassen worden. Die Wahlordnung regelt die technische Durchführung der **Wahl des Betriebsrats** (§§ 1 bis 37 WO) sowie der **Jugend- und Auszubildendenvertretung** (§§ 38 bis 40 WO) und **ergänzt** und **konkretisiert** 1 insoweit die §§ 7 bis 20 und 60 bis 63 BetrVG. Die Bestimmungen der Wahlordnung stehen im Rang unter dem Gesetzesrecht und dürfen deshalb auch nicht abweichend vom Gesetz interpretiert werden.

2   Die Wahlordnung wurde nach Inkrafttreten des BetrVerf-Reformgesetzes grundlegend überarbeitet und auf der Grundlage des Entwurfs, dem der Bundesrat am 30.11.2001 zugestimmt hat (vgl. BR-Drucks. 838/01), am 11.12.2001 erlassen; sie ist am 14.12.2001 im BGBl. I, S. 3494 verkündet worden und damit am 15.12.2001 in Kraft getreten (§ 43 Satz 1 WO). Gleichzeitig trat die Erste Verordnung zur Durchführung des BetrVG 1972 vom 16.01.1972 (vgl. zu dieser *Kreutz* 6. Aufl., vor § 1 WO Rn. 2) außer Kraft (§ 43 Satz 2 WO). Auf Wahlen nach Inkrafttreten des BetrVerf-Reformgesetzes am 28.07.2001 war bis zum Inkrafttreten der Wahlordnung vom 11.12.2001 vorübergehend noch die Wahlordnung vom 16.01.1972 (BGBl. I, S. 49) anzuwenden. Wegen der einschneidenden Änderungen im Wahlrecht (Aufgabe des Gruppenprinzips, Mindestvertretung im Betriebsrat für das Geschlecht in der Minderheit, Einführung des vereinfachten Wahlverfahrens für Kleinbetriebe) war allerdings eine »entsprechende« Anwendung notwendig (§ 125 Abs. 3 BetrVG; vgl. auch *Weber* § 125 BetrVG Rdn. 5); zudem legte § 125 Abs. 4 BetrVG ergänzende Vorschriften für das vereinfachte Wahlverfahren fest (vgl. näher *Weber* § 125 BetrVG Rdn. 8), die nunmehr in die §§ 28 bis 37 WO Eingang gefunden haben und nach Inkrafttreten der Wahlordnung nicht mehr anzuwenden sind.

3   Für die **Wahl des Betriebsrats** unterscheidet das BetrVG jetzt zwischen dem (Regel-)Wahlverfahren nach § 14 BetrVG und dem spezielleren vereinfachten Wahlverfahren für Kleinbetriebe nach § 14a BetrVG, das vom BetrVerf-Reformgesetz geschaffen wurde (vgl. § 14 BetrVG Rdn. 31, § 14a BetrVG Rdn. 3). In ihrer **Gliederung** folgt dem die Wahlordnung, indem sie im **Ersten Teil** (§§ 1 bis 27 WO) die Durchführung der Wahl des Betriebsrats nach § 14 BetrVG regelt, im **Zweiten Teil** (§§ 28 bis 37 WO) dann diejenige im vereinfachten Wahlverfahren nach § 14a BetrVG. Die Wahlordnung enthält jedoch **kein treffscharfes Abgrenzungskriterium** zur Anwendung beider Teile (vgl. aber Rdn. 6). Sie unterscheidet insofern lediglich zwischen der »Wahl von mehr als drei Betriebsratsmitgliedern (aufgrund von Vorschlagslisten)« einerseits (Erster Teil, Zweiter Abschnitt, §§ 6 bis 23 WO) und der »Wahl des Betriebsrats im vereinfachten Wahlverfahren« (Zweiter Teil, §§ 28 bis 37 WO) andererseits. Dem fehlt die Symmetrie im Hinblick auf die Zahl zu wählender Betriebsratsmitglieder als Bestimmungsgröße für das einschlägige Wahlverfahren. Darin liegt jedoch keine Fehlleistung des Verordnungsgebers; vielmehr ist das die Folge davon, dass der Gesetzgeber selbst nicht verbindlich entschieden hat. Zwar gilt nach § 14a Abs. 1 das speziell für Kleinbetriebe geschaffene vereinfachte Wahlverfahren **zwingend** »in Betrieben mit in der Regel fünf bis fünfzig wahlberechtigten Arbeitnehmern«, d. h. im Kontext mit § 9 BetrVG (nur) dann, wenn der zu wählende Betriebsrat aus höchstens drei Mitgliedern besteht. Daraus folgt jedoch im Umkehrschluss **nicht zwingend**, dass das (Regel-)Wahlverfahren gilt, wenn mehr als drei Betriebsratsmitglieder zu wählen sind. Der Gesetzgeber hat es nach § 14a Abs. 5 BetrVG in Betrieben mit in der Regel »51 bis 100 wahlberechtigten Arbeitnehmern« nämlich zur Disposition von Arbeitgeber und Wahlvorstand gestellt, die Anwendung des vereinfachten Wahlverfahrens zu vereinbaren. Wird dieser Vereinbarungsrahmen ausgeschöpft, ist der Betriebsrat, der gemäß § 9 BetrVG aus fünf oder (im Ausnahmefall) sieben oder sogar noch mehr Mitgliedern besteht, im vereinfachten Wahlverfahren zu wählen. Der Ausnahmefall kann dadurch eintreten, dass § 14a Abs. 5 BetrVG die Vereinbarungsmöglichkeit in Betrieben »bis zu 100 wahlberechtigten Arbeitnehmern« eröffnet, so dass sie auch in Betrieben mit über 100 Arbeitnehmern in Betracht kommt, wenn zwar unter Hinzurechnung jugendlicher Arbeitnehmer mehr als 100 Arbeitnehmer dem Betrieb angehören, aber nur höchsten 100 von ihnen wahlberechtigt sind (vgl. § 14a BetrVG Rdn. 114). In Betrieben ab 101 Arbeitnehmern besteht der Betriebsrat gemäß § 9 Satz 1 (vierte Stufe) BetrVG aber bereits aus sieben Mitgliedern.

4   Da auch nach der Systematik des BetrVG die Wahl nur dann im (Regel-)Wahlverfahren durchzuführen ist, wenn sie nicht im **spezielleren vereinfachten Wahlverfahren** nach § 14a BetrVG zu erfolgen hat (vgl. § 14 BetrVG Rdn. 31), ist auch für die Anwendung der Wahlordnung zunächst zu prüfen, ob die speziellere Verfahrensregelung des Zweiten Teils (§§ 28 bis 37 WO) eingreift. Das ist nach § 14a Abs. 1 BetrVG zwingend der Fall, wenn der zu wählende Betriebsrat aus **nicht mehr als drei** Mitgliedern besteht (vgl. Rdn. 3). Dann richtet sich das Verfahren nach §§ 28 bis 36 WO. Es ist darüber hinaus der Fall, wenn im Betrieb mit in der Regel 51 bis 100 wahlberechtigten Arbeitnehmern die **Anwendung** des vereinfachten Wahlverfahrens zwischen Arbeitgeber und Wahlvorstand nach § 14 Abs. 5

Vorbemerkung **vor § 1 WO**

BetrVG wirksam **vereinbart** worden ist (vgl. zu dieser Vereinbarung näher § 14a BetrVG Rdn. 112 ff.). Diese Vereinbarungsmöglichkeit betrifft Betriebe, in denen **fünf**, ausnahmsweise auch schon **sieben** (oder mehr) Betriebsratsmitglieder zu wählen sind (vgl. Rdn. 3). Dann richtet sich das Verfahren nach § 37 WO.

Ist das **vereinfachte Wahlverfahren** durchzuführen, ist weiter danach zu unterscheiden, ob für die Durchführung der Wahl bereits ein Wahlvorstand durch den (bestehenden) Betriebsrat (oder Gesamt- oder Konzernbetriebsrat, ggf. durch das Arbeitsgericht) bestellt worden ist (§ 17a Nr. 1 und 4 BetrVG) oder nicht. Ist das nicht der Fall, findet ein **zweistufiges Verfahren** (§ 14a Abs. 1 BetrVG, §§ 28 bis 35 WO) statt, bei dem auf einer ersten Wahlversammlung der Wahlvorstand gewählt wird (§ 14a Abs. 1 Satz 2 BetrVG, §§ 28, 29 WO) und sodann auf einer zweiten Wahlversammlung der Betriebsrat (§ 14a Abs. 1 Satz 3 BetrVG, §§ 30 bis 35 WO; vgl. zum Anwendungsbereich des zweistufigen Verfahrens näher § 14a BetrVG Rdn. 20 f.). Ist der Wahlvorstand dagegen schon bestellt worden, wird der Betriebsrat auf nur einer Wahlversammlung gewählt (**einstufiges Verfahren**; § 14a Abs. 3 BetrVG, § 36 WO). Das gilt auch dann, wenn Arbeitgeber und Wahlvorstand (was dessen Bestellung voraussetzt), die Wahl im vereinfachten Wahlverfahren gemäß § 14a Abs. 5 BetrVG wirksam vereinbart haben (§ 37 WO). Im vereinfachten Wahlverfahren erfolgt die Wahl **stets** nach den Grundsätzen der **Mehrheitswahl** (§ 14 Abs. 2 Satz 2 BetrVG). 5

Demgegenüber erfolgt die Wahl des Betriebsrats im **(Regel-)Wahlverfahren** nach § 14 BetrVG nach den Grundsätzen der **Verhältniswahl** (die Listenwahl ist), sofern nicht nur ein Wahlvorschlag eingereicht wird (§ 14 Abs. 2 Satz 2 BetrVG). Daran knüpft die Wahlordnung in der Überschrift des Zweiten Abschnitts des Ersten Teils gedanklich an. Der Abschnitt betrifft nicht schlechthin die »Wahl von mehr als drei Betriebsratsmitgliedern«, also von fünf oder mehr Mitgliedern, sondern eine solche nach dem Klammerzusatz nur, wenn sie »aufgrund von Vorschlagslisten« (Mehrzahl) erfolgt. Dann aber findet sie nach den Grundsätzen der Verhältniswahl statt (§ 14 Abs. 2 Satz 1 BetrVG). Da anderseits das vereinfachte Wahlverfahren stets nach den Grundsätzen der Mehrheitswahl stattfindet, ist dem Verordnungsgeber mit der Überschrift vor §§ 6 bis 23 WO eine hintergründig-stimmige Abgrenzungsformel zwischen (Regel-)Wahlverfahren und vereinfachtem Wahlverfahren gelungen, die dem Vorbehalt einer Vereinbarung über die Anwendung des vereinfachten Wahlverfahrens nach § 14a Abs. 5 BetrVG Rechnung trägt. 6

Für die Wahl des Betriebsrats ist die besondere **Verweisungstechnik** in der **Wahlordnung** zu beachten, die durch ein Verweisen »von hinten nach vorn« geprägt ist: Ist in Betrieben mit der Regel 51 bis 100 wahlberechtigten Arbeitnehmern, in denen also fünf (in Ausnahmefällen auch sieben [oder mehr]) Betriebsratsmitglieder zu wählen sind, die Anwendung des vereinfachten Wahlverfahrens nach § 14 Abs. 5 BetrVG vereinbart worden, richtet sich gemäß § 37 WO das Wahlverfahren nach § 36 WO; dort ist die Wahl des Betriebsrats im einstufigen vereinfachten Wahlverfahren geregelt (sofern der zu wählende Betriebsrat aus nicht mehr als drei Mitgliedern besteht, wie sich im Umkehrschluss zu § 37 WO ergibt). Sofern § 36 WO keine Sonderregelungen enthält, richtet sich das einstufige vereinfachte Wahlverfahren seinerseits grundsätzlich nach den Vorschriften der zweiten Stufe des zweistufigen vereinfachten Wahlverfahrens (§§ 30 bis 35 WO). Schließlich werden für das zweistufige vereinfachte Wahlverfahren in weitem Umfang Bestimmungen über die Wahl des Betriebsrats (nach § 14 BetrVG) im Ersten Teil der Wahlordnung für entsprechend anwendbar erklärt, also für die Wahl von fünf oder mehr Betriebsratsmitgliedern nach den Grundsätzen der Verhältniswahl. Der Erste Teil der Wahlordnung enthält mithin die Basisregelung, die im Zweiten Teil für die Wahl des Betriebsrats im vereinfachten Wahlverfahren modifiziert wird. 7

Die Wahl der **Jugend- und Auszubildendenvertretung** ist im Dritten Teil der Wahlordnung (§§ 38 bis 40 WO) geregelt, wobei entsprechend der Wahl des Betriebsrats ebenfalls zwischen der Wahl von mehr als drei Mitgliedern aufgrund von Vorschlagslisten (§ 39 WO sowie Rdn. 3, 6) sowie der Wahl im vereinfachten Wahlverfahren (§ 40 WO sowie Rdn. 4, 5) zu unterscheiden ist. Die Sonderregelungen in den §§ 38 bis 40 WO verweisen weitgehend auf die Bestimmungen zur Wahl des Betriebsrats und beschränken sich auf wenige Modifizierungen, die ihre Rechtfertigung in den Besonderheiten der Bestimmungen des Betriebsverfassungsgesetzes zur Jugend- und Auszubildendenvertretung finden. 8

9 Die Wahlordnung ist auch für die Wahlen zum Betriebsrat in den privatisierten **Postunternehmen** anzuwenden, soweit sich aus der Verordnung zur Durchführung der Betriebsratswahlen bei den Postunternehmen (WOP) vom 22.02.2002 (BGBl. I, S. 946 ff.; abgedruckt als **Anhang 3**) keine Abweichungen ergeben (§ 1 WOP). Danach bilden die bei den Postnachfolgeunternehmen (Deutsche Post AG, Deutsche Postbank AG, Deutsche Telekom AG) beschäftigten **Beamten** bei der Wahl zum Betriebsrat neben den Arbeitnehmern eine **eigene Gruppe**, es sei denn, dass die Mehrheit dieser Beamten vor der Wahl in geheimer Abstimmung hierauf verzichtet und eine gemeinsame Wahl beschließt (§ 26 Nr. 1 PostPersRG, BGBl. 2001 I, S. 1863 f.; abgedruckt als **Anhang 5**). Die WOP regelt die sich daraus ergebenden wahlrechtlichen Besonderheiten.

10 Die Wahlordnung gilt nicht für die Wahl der **Bordvertretung** und des **Seebetriebsrats** (§ 42 WO). Für diese Wahlen gilt die Zweite Verordnung zur Durchführung des Betriebsverfassungsgesetzes (Wahlordnung Seeschifffahrt – WOS) vom 07.02.2002 (BGBl. I, S. 594 ff.), die als **Anhang 3** abgedruckt ist (vgl. auch *Franzen* § 115 BetrVG Rdn. 7 ff.). Mit ihrem Inkrafttreten am 16.02.2002 trat die zuvor geltende Verordnung vom 24.10.1972 (BGBl. I, S. 2029) außer Kraft (§ 60 Satz 2 WOS).

11 Für die Wahl und Abberufung der Aufsichtsratsmitglieder der Arbeitnehmer nach dem **DrittelbG** vom 18.05.2004 (BGBl. I, S. 974), welches das BetrVG 1952 abgelöst hat, gilt die Wahlordnung zum Drittelbeteiligungsgesetz – WODrittelbG vom 23.06.2004, die als Art. 1 der Verordnung zum Zweiten Gesetz zur Vereinfachung der Wahl der Arbeitnehmervertreter in den Aufsichtsrat vom 23.06.2004 (BGBl. I, S. 1393) erlassen worden und am 01.07.2004 in Kraft getreten ist. Art. 2 dieser VO hat § 43 Abs. 2 WO und damit die bis dahin noch fortgeltende Wahlordnung vom 18.03.1953 (BGBl. I, S. 58, geändert durch VO vom 07.02.1962 [BGBl. I, S. 64]) für das BetrVG 1952 aufgehoben.

Erster Teil
Wahl des Betriebsrats (§ 14 des Gesetzes)

Erster Abschnitt
Allgemeine Vorschriften

§ 1
Wahlvorstand

(1) Die Leitung der Wahl obliegt dem Wahlvorstand.

(2) Der Wahlvorstand kann sich eine schriftliche Geschäftsordnung geben. Er kann Wahlberechtigte als Wahlhelferinnen und Wahlhelfer zu seiner Unterstützung bei der Durchführung der Stimmabgabe und bei der Stimmenzählung heranziehen.

(3) Die Beschlüsse des Wahlvorstands werden mit einfacher Stimmenmehrheit seiner stimmberechtigten Mitglieder gefasst. Über jede Sitzung des Wahlvorstands ist eine Niederschrift aufzunehmen, die mindestens den Wortlaut der gefassten Beschlüsse enthält. Die Niederschrift ist von der oder dem Vorsitzenden und einem weiteren stimmberechtigten Mitglied des Wahlvorstands zu unterzeichnen.

Literatur
Kay-Uwe Jacobs Die Wahlvorstände für die Wahlen des Betriebsrats, des Sprecherausschusses und des Aufsichtsrats (Diss. Kiel), 1995 (zit.: Wahlvorstände).

Inhaltsübersicht

	Rdn.
I. Leitung der Wahl durch den Wahlvorstand	1–5
1. Ausschließliche Zuständigkeit des Wahlvorstands	1–3
2. Aufgaben des Wahlvorstands	4, 5
II. Geschäftsführung des Wahlvorstands	6–18
1. Zuständigkeiten	6, 7
2. Beschlussfassung	8–11
a) Beschlussfassung nur in Sitzungen	8
b) Ladung zu den Sitzungen	9
c) Leitung der Sitzungen	10
d) Beschlussfähigkeit und Abstimmung	11
3. Nichtöffentlichkeit der Sitzungen	12
4. Sitzungsniederschrift	13–15
5. Geschäftsordnung	16
6. Wahlhelfer	17, 18
III. Streitigkeiten	19

I. Leitung der Wahl durch den Wahlvorstand

1. Ausschließliche Zuständigkeit des Wahlvorstands

Die Leitung der Wahl obliegt **ausschließlich** dem Wahlvorstand als Kollegialorgan. Für die Einleitung und Durchführung der Wahl ist ein Wahlvorstand **unverzichtbar**. Eine Wahl **ohne** Wahlvorstand ist nichtig (vgl. *Kreutz* § 16 BetrVG Rdn. 5 und § 19 Rdn. 150). **1**

Die **Bestellung** und **Zusammensetzung** des Wahlvorstands ist für einen Betrieb mit Betriebsrat in § 16, für betriebsratslose Betriebe in § 17 BetrVG sowie für das vereinfachte Wahlverfahren in Kleinbetrieben (§ 14a BetrVG) in § 17a BetrVG geregelt (vgl. die Anm. dort); der Wahlvorstand muss aus mindestens drei Mitgliedern bestehen. In **Betrieben mit Betriebsrat** trifft diesen die Pflicht, einen Wahlvorstand zu bestellen (§ 16 Abs. 1 Satz 1 BetrVG); bei Untätigkeit des Betriebsrats kann der Gesamtbetriebsrat oder ggf. der Konzernbetriebsrat den Wahlvorstand bestellen (§ 16 Abs. 3 BetrVG), **2** auf Antrag aber auch das Arbeitsgericht (§ 16 Abs. 2 BetrVG). In **betriebsratslosen Betrieben** bestellt der Gesamt- oder ggf. der Konzernbetriebsrat den Wahlvorstand (§ 17 Abs. 1 BetrVG, § 17a Eingangssatz i. V. m. § 17 Abs. 1); bestehen diese Organe nicht, erfolgt die Bestellung des Wahlvorstands in einer Betriebsversammlung (§ 17 Abs. 2 BetrVG) oder einer Wahlversammlung (§ 17a Nr. 3, § 17 Abs. 2 BetrVG); eine Bestellung durch das Arbeitsgericht kommt nur subsidiär in Betracht (§§ 17 Abs. 4, 17a Nr. 4 BetrVG). Unter den Voraussetzungen des § 18 Abs. 1 Satz 2 BetrVG kann ein Wahlvorstand durch das Arbeitsgericht ersetzt werden (vgl. dazu näher *Kreutz* § 18 BetrVG Rdn. 43 ff.). Vom Gericht wird ein Wahlvorstand nach § 23 Abs. 2 BetrVG eingesetzt, wenn der Betriebsrat nach § 23 Abs. 1 BetrVG aufgelöst worden ist. Der Wahlvorstand ist erst dann ordnungsgemäß **konstituiert**, wenn alle (stimmberechtigten) Mitglieder das Amt angenommen haben (vgl. näher *Kreutz* § 16 BetrVG Rdn. 31; § 17 Rdn. 50). Zur Bestellung und zum Nachrücken von Ersatzmitgliedern vgl. *Kreutz* § 16 BetrVG Rdn. 45 ff.; zur Rechtsstellung der Mitglieder des Wahlvorstands vgl. *Kreutz* § 16 BetrVG Rdn. 93 ff.

3 Nach h. M. ist eine von einem **fehlerhaft** bestellten oder zusammengesetzten **Wahlvorstand** durchgeführte Wahl nach § 19 Abs. 1 BetrVG anfechtbar (vgl. auch *Fitting* § 1 WO Rn. 1; *Homburg/DKKW* § 1 WO Rn. 1). Dem ist jedoch (mangels potentieller Kausalität des Wahlfehlers für das Wahlergebnis) nicht zu folgen; vgl. *Kreutz* § 19 BetrVG Rdn. 52.

2. Aufgaben des Wahlvorstands

4 Die **Leitung der Wahl** umfasst alle Maßnahmen und Entscheidungen, die zur Einleitung und Durchführung der Wahl und zur Feststellung des Wahlergebnisses erforderlich sind. Diese **Rechts- und Aufgabenstellung** des Wahlvorstands legt § 18 Abs. 1 Satz 1, Abs. 3 Satz 1 BetrVG in **grundsätzlicher Weise** fest; sie wird durch die detaillierten Bestimmungen der Wahlordnung **konkretisiert und ergänzt**. Zur Frage der Rechtssubjektivität des Wahlvorstands vgl. *Jacobs* Wahlvorstände, S. 57 ff. Die Vielfalt der vom Wahlvorstand wahrzunehmenden Aufgaben und die Beobachtung der einzuhaltenden Fristen machen es praktisch erforderlich, dass er sich einen Arbeits- und Zeitplan aufstellt, der sich am chronologischen Ablauf des Wahlverfahrens orientiert (vgl. dazu näher *Kreutz* § 18 BetrVG Rdn. 16 ff. [Einleitung der Wahl], Rdn. 25 f. [Durchführung der Wahl] und Rdn. 27 ff. [Feststellung des Wahlergebnisses]). Nach der Beendigung des Wahlverfahrens mit der Bekanntgabe des endgültigen Wahlergebnisses (vgl. *Kreutz* § 18 BetrVG Rdn. 40 ff.) hat der Wahlvorstand den Betriebsrat zur konstituierenden Sitzung einzuberufen, die der Vorsitzende des Wahlvorstands bis zur Bestellung eines Wahlleiters zu leiten hat (§ 29 Abs. 1 BetrVG). Zum Amtsende des Wahlvorstands vgl. *Kreutz* § 16 BetrVG Rdn. 90 f. Die Wahlakten sind dem Betriebsrat zur Aufbewahrung auszuhändigen (vgl. § 19 WO sowie die Verweisungsnormen in § 23 Abs. 1, § 34 Abs. 3 Satz 2, § 39 Abs. 2 Satz 1 WO).

5 Es gehört zu den grundlegenden Anforderungen einer demokratischen Wahl und deshalb zum Wesensgehalt der Vorschriften über das Wahlverfahren, dass der Wahlvorstand solchen **Gefahren der Einflussnahme** auf das Wahlverhalten und das Wahlergebnis über die konkreten Vorgaben der Wahlordnung z. B. in § 12 hinaus **mit wirksamen Mitteln begegnet**, wenn sie – gemessen an der allgemeinen Lebenserfahrung und an den konkreten Umständen des Einzelfalls – nicht ganz unwahrscheinlich sind (zum Umgang des Wahlvorstands mit sog. »Wahlrückläufern« *LAG Düsseldorf* 16.09.2011 – 10 TaBV 33/11 – juris, Rn. 63: eine Absicherung gegen »jedwede theoretisch denkbare Manipulation« ist aber nicht erforderlich).

II. Geschäftsführung des Wahlvorstands

1. Zuständigkeiten

6 Die Leitung der Wahl liegt, wie sich im Kontext aus Abs. 1 und 3 ergibt, beim **Wahlvorstand als Kollegialorgan** und nicht beim Vorsitzenden. Der Wahlvorstand handelt bei allen Maßnahmen im Rahmen des Gesetzes und der Wahlordnung nach pflichtgemäßem Ermessen. Solange die Entscheidungsbefugnis dem Kollegialorgan verbleibt, können vorbereitende oder organisatorische Aufgaben einem Mitglied oder Ausschuss übertragen werden (vgl. *Jacobs* Wahlvorstände, S. 218, 226 ff.). Das gilt indes-

Wahlvorstand § 1 WO

sen nicht, wenn die Wahlordnung bestimmte Tätigkeiten ausdrücklich dem Wahlvorstand oder bestimmten Mitgliedern zuweist (z. B. Unterzeichnung des Wahlausschreibens, § 3 Abs. 1 Satz 1 WO).

Der **Vorsitzende** hat nur in beschränktem Umfang eigene Aufgaben (vgl. z. B. § 1 Abs. 3 Satz 3, § 3 Abs. 1 Satz 1, § 16 Abs. 2, § 31 Abs. 1 Satz 1 WO, § 29 Abs. 1 Satz 1 BetrVG; vgl. dazu *Bitzer* BUV 1972, 1 [8]; *Jacobs* Wahlvorstände, S. 212 ff.). Ein Vorsitzender ist dennoch für die Handlungsfähigkeit des Wahlvorstands erforderlich. Für die Bestimmung des Vorsitzenden ist das Organ zuständig, in dessen Kompetenzbereich die Bestellung des Wahlvorstands fällt; auch im (zweistufigen) vereinfachten Wahlverfahren hat die Bestimmung des Vorsitzenden durch die (erste) Wahlversammlung zu erfolgen (§ 29 Satz 3 WO). Falls zunächst die Bestimmung des Vorsitzenden unterblieben ist, ist er nachträglich zu bestellen. Wenn der Betriebsrat nicht mehr besteht, ist der Wahlvorstand berechtigt, den Vorsitzenden selbst zu wählen (vgl. *Kreutz* § 16 BetrVG Rdn. 28); das gilt allgemein auch für die Bestellung des Wahlvorstands nach § 17 BetrVG (vgl. *Kreutz* § 17 BetrVG Rdn. 38). Vgl. zur Rechtsstellung des Vorsitzenden auch § 16 BetrVG Rdn. 43. Die Grundsätze über die Rechtsstellung des Betriebsrats-Vorsitzenden (vgl. dazu *Raab* § 26 BetrVG Rdn. 29 ff.) gelten entsprechend (ebenso *Bitzer* BUV 1972, 1 [8]; *Fitting* § 1 WO Rn. 5; *Jacobs* Wahlvorstände, S. 214; *Richardi/Forst* § 1 WO Rn. 8). Er ist ebenso wie jener nur Vertreter des Wahlvorstands in der **Erklärung**, nicht im Willen (s. *Raab* § 26 BetrVG Rdn. 31 f.); im Rahmen der vom Wahlvorstand gefassten Beschlüsse vertritt der Vorsitzende den Wahlvorstand auch in Rechtsstreitigkeiten im arbeitsgerichtlichen Beschlussverfahren (ebenso *Homburg/DKKW* § 1 WO Rn. 8). Entsprechend § 26 Abs. 2 Satz 2 BetrVG ist der Vorsitzende berechtigt, dem Wahlvorstand gegenüber abzugebende Erklärungen entgegenzunehmen. Das gilt unter der Betriebsadresse des Wahlvorstands (nur dort) aber auch für jedes andere Mitglied (ebenso *Fitting* § 1 WO Rn. 5; *Homburg/DKKW* § 1 WO Rn. 8). Weiteres kann die Geschäftsordnung vorsehen, die sich der Wahlvorstand geben kann (§ 1 Abs. 2 Satz 1 WO sowie Rdn. 16). 7

2. Beschlussfassung

a) Beschlussfassung nur in Sitzungen

Die Entscheidungen des Wahlvorstands werden gemäß Abs. 3 Satz 1 und 2 in Sitzungen durch Beschluss getroffen. Die Beschlussfassung bildet den Kernbereich der die Wahl leitenden Tätigkeit. Der Beschluss ist das Ergebnis der Abstimmung zu einem bestimmten Antrag nach Ermittlung der positiven und negativen Stimmabgaben. Zur Beschlussfassung bedarf es einer ordnungsgemäßen **Ladung** aller Wahlvorstandsmitglieder durch den Vorsitzenden. Diese haben das Recht und die Pflicht, an den Sitzungen des Wahlvorstands teilzunehmen. Zur **Teilnahme an der Beschlussfassung** sind jedoch nur die stimmberechtigten Mitglieder berechtigt und verpflichtet, nicht die nicht stimmberechtigten Mitglieder, die als **Gewerkschaftsbeauftragte** nach § 16 Abs. 1 Satz 6, § 17 Abs. 1 Satz 2, § 17 Abs. 2, § 17a BetrVG in den Wahlvorstand entsandt worden sind (vgl. zu deren Rechtsstellung *Kreutz* § 16 BetrVG Rdn. 55 ff.). Entscheidungen im **Umlaufverfahren** sind, ebenso wie beim Betriebsrat, unzulässig (s. *Raab* § 33 BetrVG Rdn. 10 f.; ebenso *Fitting* § 1 WO Rn. 5; *Wiebauer/LK* § 1 WO Rn. 11; *Richardi/Forst* § 1 WO Rn. 13; *Homburg/DKKW* § 1 WO Rn. 14; einschränkend nach dem Grundsatz der Simplizität *Jacobs* Wahlvorstände, S. 230 ff.), zumal sonst ggf. das Beratungsrecht der nicht stimmberechtigten Mitglieder beschnitten würde. 8

b) Ladung zu den Sitzungen

Der Vorsitzende des Wahlvorstands beruft die Sitzungen nach seinem pflichtgemäßen Ermessen ein. Die Ladung der Wahlvorstandsmitglieder muss so rechtzeitig erfolgen, dass allen die Teilnahme an der Sitzung noch möglich ist, kann aber erforderlichenfalls auch sehr kurzfristig geschehen. Dabei ist zu berücksichtigen, dass die Mitglieder des Wahlvorstands im Rahmen des Erforderlichen von ihrer beruflichen Tätigkeit zu befreien sind (vgl. *Kreutz* § 20 BetrVG Rdn. 66) so dass dann die Anwesenheitspflicht in der Sitzung der Arbeitspflicht vorgeht. Ohne rechtzeitige Ladung aller Mitglieder kann ein wirksamer Beschluss des Wahlvorstands nicht gefasst werden (ebenso i. E. *Fitting* § 1 WO Rn. 5; *Wiebauer/LK* § 1 WO Rn. 11; *Richardi/Forst* § 1 WO Rn. 15; *Homburg/DKKW* § 1 WO Rn. 14). Eine **Ladungsfrist** ist nicht vorgesehen, auch keine **Form**. Anders als bei Ladungen des Betriebsrats bedarf es hier keiner ins Einzelne gehenden **Tagesordnung**; ordnungsgemäße Beschlüsse können 9 auch ohne Mitteilung einer Tagesordnung gefasst werden. Zweckmäßig ist aber, dass der Vorsitzende die Gegenstände der Sitzung angibt, über die Beschluss zu fassen ist, damit sich die Mitglieder vorbereiten können. Die Geschäftsordnung (vgl. dazu Rdn. 16) kann Näheres regeln. Der Vorsitzende ist in entsprechender Anwendung des § 29 Abs. 3 BetrVG verpflichtet, eine Sitzung einzuberufen, wenn das mindestens ein Viertel der Wahlvorstandsmitglieder (einschließlich des Vorsitzenden) verlangt (zust. *Fitting* § 1 WO Rn. 5). Der Grundsatz vertrauensvoller Zusammenarbeit (vgl. *Kreutz* § 18 BetrVG Rdn. 15) verpflichtet den Vorsitzenden, den Arbeitgeber vorher über den Sitzungszeitpunkt zu informieren.

c) Leitung der Sitzungen

10 Die Leitung der Sitzungen ist Aufgabe des Vorsitzenden des Wahlvorstands. Er erteilt und entzieht das Wort. Er übt bei Störungen der Sitzung durch Wahlvorstandsmitglieder das Hausrecht aus (vgl. dazu näher *Jacobs* Wahlvorstände, S. 245 ff.). Der Ausschluss einzelner Mitglieder ist jedoch nur in besonders schweren Fällen zulässig.

d) Beschlussfähigkeit und Abstimmung

11 Der Wahlvorstand ist **beschlussfähig**, wenn er ordnungsgemäß einberufen worden und mindestens die Mehrheit seiner stimmberechtigten Mitglieder erschienen ist. Denn die **Beschlüsse** werden **mit einfacher Mehrheit** der Stimmen der stimmberechtigten Mitglieder gefasst (Abs. 3 Satz 1). Die erforderliche Mehrheit richtet sich nach der gesetzlichen Zahl (vgl. § 16 Abs. 1 Satz 1 und 2, Abs. 2 Satz 1 Halbs. 2, § 17 Abs. 1 Satz 2, § 17 Abs. 2, § 17a BetrVG) der stimmberechtigten Wahlvorstandsmitglieder (z. B. müssen bei drei Mitgliedern mindestens zwei Mitglieder zustimmen, bei erweitertem Wahlvorstand von z. B. fünf Mitgliedern mindestens drei Mitglieder usw.). Abwesenheit, Nichtteilnahme an der Abstimmung und Stimmenthaltung wirken daher wie eine Ablehnung. Es ist deshalb zweckmäßig, die Namen der Anwesenden in der Sitzungsniederschrift festzuhalten. Das gilt aber nicht, wenn ein stimmberechtigtes Mitglied wegen evidenter Interessenkollision bei Selbstbetroffenheit von der Beschlussfassung ausgeschlossen ist, insbesondere bei Entscheidung über die Gültigkeit einer Vorschlagsliste, auf der das Wahlvorstandsmitglied kandidiert (vgl. dazu näher *Jacobs* Wahlvorstände, S. 249 ff.). Eine bestimmte **Form der Abstimmung** ist nicht vorgeschrieben. Beschlüsse, die nur mit Hilfe der Stimmen nicht stimmberechtigter Wahlvorstandsmitglieder (§ 16 Abs. 1 Satz 6, § 17 Abs. 1 Satz 2, § 17 Abs. 2, § 17a BetrVG) zustande kommen, sind unwirksam (ebenso *Fitting* § 1 WO Rn. 5). Die Abstimmungsergebnisse sollten bei den einzelnen Beschlüssen in der Niederschrift vermerkt werden. Durch Mehrheitsbeschluss kann der Wahlvorstand nicht seine Selbstauflösung beschließen (vgl. *Kreutz* § 16 BetrVG Rdn. 91).

3. Nichtöffentlichkeit der Sitzungen

12 Die Sitzungen des Wahlvorstands sind, obwohl das nicht ausdrücklich vorgeschrieben ist, nicht öffentlich. Das ergibt sich im Umkehrschluss aus § 13 WO, der ausdrücklich die Öffentlichkeit der Sitzung der Stimmenauszählung verbindlich bestimmt (ebenso i. E. *Fitting* § 1 WO Rn. 6; *Jacobs* Wahlvorstände, S. 238 f.; *Richardi/Forst* § 1 WO Rn. 13; abweichend *Bitzer* BUV 1972, 1 [8]; *Wiebauer/LK* § 1 WO Rn. 13; *Homburg/DKKW* § 1 WO Rn. 11, die es dem pflichtgemäßen Ermessen des Wahlvorstands überlassen wollen, ob eine Sitzung ganz oder teilweise betriebsöffentlich oder nicht öffentlich durchgeführt wird). Der Gesetzgeber hat die Nichtöffentlichkeit der Sitzungen dadurch bestätigt, dass er das gewerkschaftliche Entsenderecht nach § 16 Abs. 1 Satz 6 BetrVG einfügte, um die Transparenz der Wahlvorstandsarbeit zu vergrößern (vgl. *Kreutz* § 16 BetrVG Rdn. 3). Die Nichtöffentlichkeit schließt aber nicht aus, dass der Wahlvorstand externe Gewerkschaftsvertreter oder den Arbeitgeber oder seinen Vertreter zu einer Sitzung einlädt (vgl. auch *Kreutz* § 18 BetrVG Rdn. 13 ff.). Bezüglich des Arbeitgebers kann das insbesondere bei der Wahl des Betriebsrats im vereinfachten Wahlverfahren notwendig sein, da die Wählerliste vom Wahlvorstand noch in der (ersten) Wahlversammlung aufzustellen ist (§ 30 Abs. 1 WO; zur Informationspflicht des Arbeitgebers vgl. § 2 WO Rdn. 9 ff.). Entsprechendes gilt für Auskunftspersonen aus dem Betrieb oder betriebsfremde Sachverständige nach näherer Absprache mit dem Arbeitgeber entsprechend § 80 Abs. 2 Satz 3, Abs. 3 BetrVG. An der

Nichtöffentlichkeit scheitert auch die Teilnahme von Wahlhelfern nicht, insbesondere wenn diese in ihre Aufgaben eingewiesen werden sollen. Ferner dürfen Protokollführer herangezogen werden.

4. Sitzungsniederschrift

Gemäß Abs. 3 Satz 2 und 3 ist über jede Sitzung des Wahlvorstands eine Niederschrift aufzunehmen. **Mindestinhalt** ist der Wortlaut der gefassten **Beschlüsse** (»Ergebnisprotokoll«). Die Stellungnahmen der einzelnen Mitglieder zu Anträgen sowie die Stimmenverhältnisse müssen nicht in die **Niederschrift** aufgenommen werden (anders § 34 Abs. 1 Satz 1 BetrVG beim Betriebsrat). Außerdem ist in der Niederschrift, ohne dass das ausdrücklich vorgeschrieben wäre, das Datum der Sitzung zu vermerken. Eine Anwesenheitsliste sollte der Niederschrift beigeheftet sein (nach § 34 Abs. 1 Satz 3 verbindlich beim Betriebsrat). Die Geschäftsordnung (vgl. dazu Rdn. 16) kann nähere Bestimmungen zum Inhalt der Niederschrift enthalten.

Die Niederschrift ist **vom Vorsitzenden und einem weiteren stimmberechtigten Mitglied zu unterzeichnen**, sinnvollerweise durch den Protokollführer, wenn er stimmberechtigtes Wahlvorstandsmitglied ist. Der Wahlvorstand kann das weitere Mitglied aber auch von Fall zu Fall beauftragen oder in der Geschäftsordnung nähere Bestimmungen treffen. Die ordnungsgemäße Unterzeichnung der Niederschrift ist Voraussetzung ihrer **Beweiskraft** (vgl. auch *Raab* § 34 BetrVG Rdn. 13). Die Niederschriften sind vom Wahlvorstand zu den Akten zu nehmen und aufzubewahren. Nach Ablauf der Amtszeit des Wahlvorstands sind sie dem Betriebsrat zur Aufbewahrung zu übergeben (§ 19 WO).

Das Fehlen einer Sitzungsniederschrift beeinflusst die **Wirksamkeit der gefassten Beschlüsse** nicht (ebenso *Fitting* § 1 WO Rn. 7; *Wiebauer/LK* § 1 WO Rn. 12; *Richardi/Forst* § 1 WO Rn. 16; *Homburg/DKKW* § 1 WO Rn. 16); die Rechtslage entspricht derjenigen bei der Sitzungsniederschrift des Betriebsrats. Jedes Mitglied des Wahlvorstands hat jederzeit, d. h. ohne Angabe eines konkreten Grundes, ein **Einblicksrecht in die Sitzungsniederschriften**; das gilt insbesondere auch für nicht stimmberechtigte Mitglieder und nachgerückte Ersatzmitglieder. Andere Arbeitnehmer haben grundsätzlich kein Einsichtsrecht; das gilt auch für Wahlhelfer. Der Wahlvorstand kann aber nach seinem Ermessen Informationen anhand der Unterlagen geben, wenn ein berechtigtes Interesse dazu vorliegt. Die Wahlvorstandsmitglieder können unverzüglich, nachdem ihnen die Niederschrift erstmals zur Kenntnis gegeben worden ist, Einwendungen gegen ihren Inhalt erheben; der Wahlvorstand als Kollegium entscheidet sodann über diese.

5. Geschäftsordnung

Der Wahlvorstand kann sich durch Beschluss eine Geschäftsordnung geben (Abs. 2 Satz 1), ist dazu aber nicht verpflichtet. Der Betriebsrat oder die Betriebsversammlung oder Wahlversammlung (gemäß §§ 28, 29 WO), die den Wahlvorstand bestellt haben, können diesem die Geschäftsordnung nicht vorschreiben. Die Geschäftsordnung (vgl. zu Erlass, Inhalt und Wirkungen ausführlich *Jacobs* Wahlvorstände, S. 264 ff.) bedarf der **Schriftform**, andernfalls ist sie ungültig (§ 125 Satz 1 BGB). Sie gilt nur für die Amtsdauer des jeweiligen Wahlvorstands (ebenso *Fitting* § 1 WO Rn. 3; *Jacobs* Wahlvorstände, S. 267; *Wiebauer/LK* § 1 WO Rn. 9; *Richardi/Forst* § 1 WO Rn. 9). Der Wahlvorstand kann aber auf eine frühere Geschäftsordnung zurückgreifen und diese zu eigen machen. Der **Inhalt** der Geschäftsordnung darf nicht von den zwingenden Vorschriften des Gesetzes und der Wahlordnung abweichen, darf z. B. nicht entgegen Abs. 3 Satz 1 Einstimmigkeit für Beschlüsse vorsehen. Hauptzweck der Geschäftsordnung ist die Ergänzung und Konkretisierung der bestehenden Vorschriften. Zu denken ist u. a. an die Regelung folgender Fragen: Bestimmung eines stellvertretenden Vorsitzenden, soweit das nicht gemäß §§ 16, 17, 17a BetrVG bereits geschehen ist; Form und Frist für die Einberufung zu den Sitzungen des Wahlvorstands; Verpflichtung des Vorsitzenden zur Einberufung auf Verlangen von Mitgliedern; Bestimmung fester Sitzungstermine; Form der Abstimmungen; Ordnung in den Sitzungen (Ausübung des Hausrechts); Bestimmung des Protokollführers; Bekanntmachung der Beschlüsse; Zuständigkeit der Mitglieder zur Empfangnahme schriftlicher und mündlicher Erklärungen der Arbeitnehmer; Bestellung und Aufgaben von Wahlhelfern; Zuständigkeitsverteilung auf die einzelnen Wahlvorstandsmitglieder oder einen Ausschuss (bei erhöhter Mitgliederzahl) für vorbereitende Maßnahmen und Aufgaben, z. B. Vorbereitung und Führung der Wählerliste, Vorbereitung des Wahlausschreibens und der Stimmabgabe. Materielle Entscheidungen des Wahlverfahrens können dagegen nicht auf einzelne Mitglieder oder einen Ausschuss zur selbständigen Erledigung übertragen werden; sie sind vom Wahlvorstand als Kollegium zu treffen (ebenso *Richardi/Forst* § 1 WO Rn. 9).

6. Wahlhelfer

17 Der Wahlvorstand als Kollegium kann nach seinem **freien Ermessen** aus dem Kreis der aktiv Wahlberechtigten im Betrieb (durch Beschluss seiner stimmberechtigten Mitglieder) Wahlhelfer zur Unterstützung **bei der Durchführung der Stimmabgabe** und bei der **Stimmenzählung** heranziehen (Abs. 2 Satz 2); dafür kommen auch die nach § 7 Satz 2 wahlberechtigten Leiharbeitnehmer in Betracht. Die Initiative hierfür liegt beim Wahlvorstand; er braucht sich Unterstützung nicht aufdrängen zu lassen. Die im Betrieb vertretenen **Geschlechter** müssen nicht besonders berücksichtigt werden; der Wahlvorstand ist insoweit in seiner Entscheidung frei, da § 16 Abs. 1 Satz 5 BetrVG nur für die Zusammensetzung des Wahlvorstands, nicht aber auch für die der Wahlhelfer gilt (vgl. *Rudolph* AiB 1998, 67 [67]). Die **Anzahl** der Wahlhelfer muss sich im Rahmen des Erforderlichen halten (ebenso *Fitting* § 1 WO Rn. 4; *Rudolph* AiB 1998, 67 [68]). Der Arbeitgeber ist über die Bestellung der Wahlhelfer zu informieren, schon damit er sich auf gelegentliche Arbeitsversäumnis einstellen kann; sein Einverständnis mit der Bestellung ist aber nicht erforderlich (ebenso *Jacobs* Wahlvorstände, S. 222; *Rudolph* AiB 1998, 67 [67]; *Homburg/DKKW* § 1 WO Rn. 18). Eine Pflicht der Arbeitnehmer zur Übernahme des Amtes als Wahlhelfer besteht nicht. Die Wahlhelfer haben lediglich **unterstützende Funktion**; sie werden nicht Mitglieder des Wahlvorstands. Sie dürfen nur in den in Abs. 2 Satz 2 genannten Wahlverfahrensabschnitten eingesetzt werden; die Aufzählung ist abschließend. Entscheidungen (insbesondere über die Ungültigkeit von Stimmzetteln) sind auch insoweit ausschließlich von den stimmberechtigten Wahlvorstandsmitgliedern zu treffen; an den Beschlussfassungen sind Wahlhelfer nicht zu beteiligen. Wahlhelfer dürfen auch sonst nicht für den Wahlvorstand handeln; sie sind z. B. nicht empfangsberechtigt für Erklärungen gegenüber dem Wahlvorstand, ihnen darf auch nicht die Aufgabe übertragen werden, Mitarbeiter von der Wählerliste zu streichen oder Mitarbeiter in die Wählerliste aufzunehmen (*LAG Nürnberg* 20.09.2011 – 6 TaBV 9/11 – juris, Rn. 108). Nicht stimmberechtigte Wahlvorstandsmitglieder (§ 16 Abs. 1 Satz 6 BetrVG) können aber zusätzlich mit der Funktion des Wahlhelfers betraut werden (ebenso *Fitting* § 1 WO Rn. 4). Wahlhelfern kommt der besondere **Kündigungsschutz** nach § 15 Abs. 3 KSchG, § 103 BetrVG **nicht** zu; entsprechendes gilt für den **Versetzungsschutz** nach § 103 Abs. 3 BetrVG. Zum »relativen« Kündigungs- und Versetzungsschutz, der sich aus dem Behinderungs- und Beeinflussungsverbot nach § 20 Abs. 1 und 2 BetrVG ergeben kann, vgl. *Kreutz* § 20 BetrVG Rdn. 19, 30, 49. Die Tätigkeit der Wahlhelfer gehört jedoch zur »Betätigung im Wahlvorstand« i. S. d. § 20 Abs. 3 Satz 2 BetrVG (vgl. *Kreutz* § 20 BetrVG Rdn. 69). Sie sind daher in erforderlichem Umfang von ihrer beruflichen Tätigkeit zu befreien; notwendige **Arbeitsversäumnis** berechtigt den Arbeitgeber nicht zur Minderung des Arbeitsentgelts. Eine besondere **Vergütung** darf an die Wahlhelfer aber nicht gezahlt werden.

18 Von den Wahlhelfern i. S. v. Abs. 2 Satz 2 sind **sonstige Helfer** zu unterscheiden, die den Wahlvorstand in ihrer Freizeit auf dessen Wunsch helfen oder im Einvernehmen mit dem Arbeitgeber in ihrer Arbeitszeit etwa Schreibarbeiten oder Büroarbeiten für den Wahlvorstand erledigen oder Entscheidungen des Wahlvorstands wegen ihrer Fachkunde (z. B. bei der Aufstellung der Wählerliste) vorbereiten.

III. Streitigkeiten

19 Maßnahmen und Entscheidungen des Wahlvorstands können bereits während des Wahlverfahrens gesondert und ohne dass die Voraussetzungen der Wahlanfechtung nach § 19 BetrVG (immer schon) erfüllt sein müssen, durch Antrag beim Arbeitsgericht angegriffen werden; vgl. dazu ausführlich *Kreutz* § 18 BetrVG Rdn. 80 ff., zu praktisch bedeutsamen **einstweiligen Verfügungen** *Kreutz* § 18 BetrVG Rdn. 90 ff. Auch der Wahlvorstand kann seinerseits während des Wahlverfahrens zur Durchsetzung seiner Rechte und Pflichten Rechtsschutz im arbeitsgerichtlichen Beschlussverfahren suchen (vgl. allgemein *Kreutz* § 18 BetrVG Rdn. 107) sowie in Zweifelsfällen die Entscheidung des Arbeitsgerichts herbeiführen, etwa über die Zuordnung von Betriebsteilen (vgl. dazu ausführlich *Kreutz* § 18

BetrVG Rdn. 56 ff.), über die Wahlberechtigung von Arbeitnehmern (vgl. *Kreutz* § 18 BetrVG Rdn. 8; zu Einschränkungen für das sog. Statusverfahren vgl. aber *Kreutz* § 18a BetrVG Rdn. 106).

§ 2
Wählerliste

(1) Der Wahlvorstand hat für jede Betriebsratswahl eine Liste der Wahlberechtigten (Wählerliste), getrennt nach den Geschlechtern, aufzustellen. Die Wahlberechtigten sollen mit Familienname, Vorname und Geburtsdatum in alphabetischer Reihenfolge aufgeführt werden. Die nach § 14 Abs. 2 Satz 1 des Arbeitnehmerüberlassungsgesetzes nicht passiv Wahlberechtigten sind in der Wählerliste auszuweisen.

(2) Der Arbeitgeber hat dem Wahlvorstand alle für die Anfertigung der Wählerliste erforderlichen Auskünfte zu erteilen und die erforderlichen Unterlagen zur Verfügung zu stellen. Er hat den Wahlvorstand insbesondere bei Feststellung der in § 5 Abs. 3 des Gesetzes genannten Personen zu unterstützen.

(3) Das aktive und passive Wahlrecht steht nur Arbeitnehmerinnen und Arbeitnehmern zu, die in die Wählerliste eingetragen sind. Wahlberechtigten Leiharbeitnehmerinnen und Leiharbeitnehmern im Sinne des Arbeitnehmerüberlassungsgesetzes steht nur das aktive Wahlrecht zu (§ 14 Abs. 2 Satz 1 des Arbeitnehmerüberlassungsgesetzes).

(4) Ein Abdruck der Wählerliste und ein Abdruck dieser Verordnung sind vom Tage der Einleitung der Wahl (§ 3 Abs. 1) bis zum Abschluss der Stimmabgabe an geeigneter Stelle im Betrieb zur Einsichtnahme auszulegen. Der Abdruck der Wählerliste soll die Geburtsdaten der Wahlberechtigten nicht enthalten. Ergänzend können der Abdruck der Wählerliste und die Verordnung mittels der im Betrieb vorhandenen Informations- und Kommunikationstechnik bekannt gemacht werden. Die Bekanntmachung ausschließlich in elektronischer Form ist nur zulässig, wenn alle Arbeitnehmerinnen und Arbeitnehmer von der Bekanntmachung Kenntnis erlangen können und Vorkehrungen getroffen werden, dass Änderungen der Bekanntmachung nur vom Wahlvorstand vorgenommen werden können.

(5) Der Wahlvorstand soll dafür sorgen, dass ausländische Arbeitnehmerinnen und Arbeitnehmer, die der deutschen Sprache nicht mächtig sind, vor Einleitung der Betriebsratswahl über Wahlverfahren, Aufstellung der Wähler- und Vorschlagslisten, Wahlvorgang und Stimmabgabe in geeigneter Weise unterrichtet werden.

Inhaltsübersicht	Rdn.
I. Aufstellung der Wählerliste	1–12
1. Bedeutung der Wählerliste (Abs. 3)	1
2. Zeitpunkt der Aufstellung	2
3. Inhalt und Form der Wählerliste (Abs. 1)	3–8
4. Unterstützung durch den Arbeitgeber (Abs. 2)	9–12
II. Bekanntmachung der Wählerliste (Abs. 4)	13–18
III. Unterrichtung ausländischer Arbeitnehmer (Abs. 5)	19–21

I. Aufstellung der Wählerliste

1. Bedeutung der Wählerliste (Abs. 3)

Die Wählerliste ist von einer erheblichen praktischen Bedeutung. Arbeitnehmer können nur dann, **1** wenn sie in der Wählerliste verzeichnet sind (Abs. 3 Satz 1), ihr aktives und passives Wahlrecht **ausüben** (vgl. näher *Raab* § 7 BetrVG Rdn. 154 f. und § 8 BetrVG Rdn. 62). Die Aufstellung der

Wählerliste ist deswegen eine besonders wichtige Pflicht des Wahlvorstands (Wahlhelfern darf diese Aufgabe nicht übertragen werden: *LAG Nürnberg* 20.09.2011 – 6 TaBV 9/11 – juris, Rn. 108). Die **Wählerliste** hat aber **keine materiell-konstitutive Bedeutung**; sie begründet kein Wahlrecht und keine Wählbarkeit, wenn die materiellen Voraussetzungen dafür fehlen (ebenso *BAG* 05.03.1974 AP Nr. 1 zu § 5 BetrVG 1972; *Fitting* § 2 WO Rn. 8; *Richardi/Forst* § 2 WO Rn. 6; *Homburg/DKKW* § 2 WO Rn. 22; vgl. zur Wahlberechtigung *Raab* § 7 BetrVG Rdn. 11 ff., zur Wählbarkeit § 8 BetrVG Rdn. 15 ff.). Dementsprechend wird jetzt in Abs. 3 Satz 2 lediglich klargestellt, dass wahlberechtigten **Leiharbeitnehmern** i. S. d. AÜG nur das aktive Wahlrecht zusteht. Den **Ausschluss des passiven Wahlrechts** (Wählbarkeit) dieser Personengruppe bestimmt § 14 Abs. 2 Satz 1 AÜG, der durch den Klammerzusatz deklaratorisch und sinngemäß in Bezug genommen wird; ihre Wahlberechtigung bestimmt sich nach § 7 Satz 2 BetrVG. Wenn Abs. 3 Satz 2 nur von Leiharbeitnehmern »im Sinne des AÜG« spricht und sich damit nur auf die nach § 1 Abs. 1 Satz 1 AÜG erlaubnispflichtige (früher: gewerbsmäßige) Arbeitnehmerüberlassung bezieht, bedeutet das gleichermaßen **nicht**, dass ausschließlich dieser Personengruppe im Entleiherbetrieb ein aktives Wahlrecht zusteht und nur sie vom passiven Wahlrecht ausgeschlossen ist. Nach § 7 Satz 2 BetrVG können nämlich nicht nur erlaubnispflichtig überlassene Arbeitnehmer, sondern schlechthin alle Leiharbeitnehmer wahlberechtigt sein; daran kann die rangniedrigere Wahlordnung nichts ändern (vgl. vor § 1 WO Rdn. 1). Andererseits sind alle Leiharbeitnehmer, auch wenn sie nach § 7 Satz 2 BetrVG wahlberechtigt sind, im Entleiherbetrieb nicht wählbar; bei erlaubnispflichtiger Überlassung bestimmt das § 14 Abs. 2 Satz 1 AÜG ausdrücklich, bei nicht erlaubnisfreier Überlassung ist diese Bestimmung grundsätzlich analog anzuwenden. Erkennbar wollte der Verordnungsgeber diese Rechtslage bewusst beeinflussen, indem er in Abs. 3 Satz 2 die Betonung auf Leiharbeitnehmer i. S. d. AÜG legte und damit korrespondierend in Abs. 1 Satz 3 verbindlich lediglich festlegte, dass (nur) die nach § 14 Abs. 2 Satz 1 AÜG nicht passiv wahlberechtigten Leiharbeitnehmer in der Wählerliste besonders auszuweisen sind. Dementsprechend heißt es in der Begründung zu § 2 WO (vgl. BR-Drucks. 838/01, S. 28): »Anderen Personengruppen, denen nach § 7 Satz 2 Betriebsverfassungsgesetz ein aktives Wahlrecht im Entleiherbetrieb zusteht, wie z. B. echten Leiharbeitnehmerinnen und Leiharbeitnehmern im Rahmen einer Konzernleihe, werden von dem Ausschluss des passiven Wahlrechts im Entleiherbetrieb nicht erfasst«. Indes kommt es dem Verordnungsgeber nicht zu, die sich aus dem Gesetzesrecht ergebende Rechtslage auf diese Weise zu ändern; es muss ein untauglicher Versuch bleiben (vgl. auch *Richardi/Forst* § 2 WO Rn. 2; **a. M.** *Fitting* § 2 WO Rn. 5; *Homburg/DKKW* § 2 WO Rn. 5, die der Begründung zu § 2 WO folgen).

2. Zeitpunkt der Aufstellung

2 Der Wahlvorstand hat die Wahl unverzüglich, d. h. ohne schuldhaftes Zögern (§ 121 Abs. 1 Satz 1), einzuleiten (§ 18 Abs. 1 Satz 1 BetrVG). Die Wahl wird mit dem Erlass des Wahlausschreibens eingeleitet (§ 3 Abs. 1 Satz 2 WO). Zu dieser Zeit muss die Wählerliste jedoch schon vorliegen (vgl. § 2 Abs. 4, § 3 Abs. 2 Nr. 2 WO). Daher muss der Wahlvorstand, der ausschließlich zur Aufstellung der Wählerliste zuständig ist, auch unverzüglich mit deren Aufstellung beginnen. Soweit das Zuordnungsverfahren nach § 18a BetrVG zur Abgrenzung des Kreises der leitenden Angestellten durchzuführen ist (vgl. dazu näher *Kreutz* § 18a BetrVG Rdn. 13 ff.), hat der Wahlvorstand des Betriebsratswahl den Wahlvorstand für die Sprecherausschusswahl (nach § 18a Abs. 1 Satz 1 BetrVG) oder den Sprecherausschuss (nach § 18a Abs. 4 Satz 1 BetrVG) unverzüglich nach Aufstellung der Wählerliste, »spätestens jedoch zwei Wochen vor Einleitung der Wahlen« darüber zu unterrichten, welche Angestellten er den leitenden Angestellten zugeordnet hat. Damit ist aber nicht vorgeschrieben, dass die Wählerliste bereits zu diesem Zeitpunkt aufgestellt sein muss (vgl. näher *Kreutz* § 18a BetrVG Rdn. 39 ff.).

3. Inhalt und Form der Wählerliste (Abs. 1)

3 Der Wahlvorstand hat die Wählerliste durch **Beschluss** aufzustellen. Die Wählerliste ist das Verzeichnis der **aktiv Wahlberechtigten**. Der Wahlvorstand hat dabei über die Wahlberechtigung zu entscheiden (vgl. dazu *Raab* § 7 BetrVG Rdn. 16 ff.), insbesondere auch über die Wahlberechtigung von Leiharbeitnehmern nach § 7 Satz 2 BetrVG und darüber, welche Angestellten den leitenden Angestellten zuzuordnen und somit nicht in die Wählerliste einzutragen sind, weil sie gemäß §§ 7, 5 Abs. 3 BetrVG nicht wahlberechtigt sind. Zugleich setzt die Aufstellung der Wählerliste die Entscheidung darüber voraus, ob Betriebsteile und Kleinstbetriebe dem Betrieb als Hauptbetrieb zuzuordnen sind oder nicht (vgl. auch *Kreutz* § 18 BetrVG Rdn. 19) oder ob ein gemeinsamer Betrieb mehrerer Unternehmen besteht (vgl. *LAG Nürnberg* 08.02.2011 – 6 TaBVGa 17/10 – juris, Rn. 49 ff., 52 ff.). § 2 WO bestimmt nicht in allgemeiner Form, dass die **Wählbarkeit** der einzelnen wahlberechtigten Arbeitnehmer in der Wählerliste besonders anzugeben ist. Wahlberechtigung und Wählbarkeit können aber auseinanderfallen (vgl. §§ 7, 8 BetrVG). Für den Sonderfall der Arbeitnehmerüberlassung ergibt sich das aus § 7 Satz 2 BetrVG und § 14 Abs. 2 Satz 1 AÜG. Hieraus zieht § 2 Abs. 1 Satz 3 WO jedoch nur die Konsequenz, dass die nach § 14 Abs. 2 Satz 1 AÜG nicht passiv wahlberechtigten Leiharbeitnehmer in der Wählerliste (in die sie aufzunehmen sind, wenn sie nach § 7 Satz 2 BetrVG aktiv wahlberechtigt sind) gesondert auszuweisen sind. Dafür genügt beim Namen die Angabe »nicht wählbar«, ohne Begründung. Wenn diese Kennzeichnung unterbleibt, liegt ein Verfahrensverstoß vor, da die Bestimmung zwingend ist. Die Regelung ist jedoch lückenhaft. Sie steht im Widerspruch dazu, dass alle Leiharbeitnehmer, nicht nur diejenigen i. S. v. AÜG (bei erlaubnispflichtiger Überlassung) im Entleiherbetrieb nicht wählbar sind, auch wenn sie nach § 7 Satz 2 BetrVG wahlberechtigt sind; darüber hat sich der Verordnungsgeber bewusst hinweggesetzt (vgl. Rdn. 1). Mangels Planwidrigkeit einer Regelungslücke muss deshalb eine analoge Anwendung von Abs. 1 Satz 3 auf echte Leiharbeitnehmer ausscheiden, die in der 7. Aufl. (Rn. 1; dem nach wie vor zust. *Richardi/Forst* § 2 WO Rn. 2) noch befürwortet wurde. Gegen die Planwidrigkeit einer Regelungslücke und für eine bloß punktuelle Einzelregelung spricht zudem auch, dass auch diejenigen wahlberechtigten Arbeitnehmer nicht besonders auszuweisen sind, die mangels sechsmonatiger Betriebszugehörigkeit nicht wählbar sind, obwohl diese Wählbarkeitsvoraussetzung völlig unstreitig ist. Da es jedoch auch Sinn der Wählerliste ist, den Arbeitnehmern die zur Wahl und damit auch zu Wahlvorschlägen notwenigen Informationen zu verschaffen, sollte der Wahlvorstand über die Kennzeichnung hinaus, zu der er nach Abs. 1 Satz 3 verpflichtet ist, alle nicht wählbaren Arbeitnehmer in der Wählerliste kennzeichnen, da diese im Regelfall in der Minderzahl sein werden (zust. *Homburg/DKKW* § 2 WO Rn. 5). Es liegt aber kein Verfahrensverstoß vor, wenn diese Kennzeichnung unterbleibt.

Die Wählerliste ist wegen § 15 Abs. 2 BetrVG, § 5 WO **getrennt** nach den **Geschlechtern** aufzustellen (Abs. 1 Satz 1). Insofern hat der Wahlvorstand die wahlberechtigten Arbeitnehmer dem jeweiligen Geschlecht zuzuordnen und getrennt auszuweisen, am zweckmäßigsten dadurch, dass Frauen und Männer getrennt in alphabetischer Reihenfolge aufgeführt werden. Nach dem zahlenmäßigen Verhältnis der Geschlechter richtet sich wiederum die Verteilung der Betriebsratssitze auf die Geschlechter (vgl. § 5 WO). Absatz 1 Satz 1 ist insgesamt eine zwingende, wesentliche Wahlvorschrift i. S. v. § 19 Abs. 1 BetrVG (abw. *Wiebauer/LK* § 2 WO Rn. 17). 4

Die wahlberechtigten Arbeitnehmer sollen in alphabetischer Reihenfolge mit Familienname, Vorname und Geburtsdatum in der Wählerliste aufgeführt werden (Abs. 1 Satz 2). Das gilt gleichermaßen für eine Aufführung innerhalb der Geschlechtergruppen wie bei einheitlicher Aufführung aller Wahlberechtigten unter zusätzlichem Hinweis auf das Geschlecht bei jedem Wahlberechtigten. Diese Bestimmung ist eine Sollvorschrift, aber doch in ihrem Kern eine **wesentliche Vorschrift über das Wahlverfahren** i. S. v. § 19 Abs. 1 BetrVG (vgl. *Kreutz* § 19 BetrVG Rdn. 19 f.), als sie sicherstellen will, dass die einzelnen Arbeitnehmer identifizierbar und voneinander zu unterscheiden sind, um ihre Wahlberechtigung beurteilen zu können (*Wiebauer/LK* § 2 WO RN. 17; unklar i. E. *Fitting* § 2 WO Rn. 4; *Richardi/Forst* § 2 WO Rn. 9; *Homburg/DKKW* § 2 WO Rn. 4). Deshalb ist der Wahlvorstand grundsätzlich verpflichtet, der Vorschrift entsprechend zu verfahren. Abweichungen sind aus sachlichen Gründen nur hinsichtlich der Reihenfolge zulässig, etwa bei betriebsüblicher Verwendung von Personal- oder Schichtnummern (vgl. *Fitting* § 2 WO Rn. 5; *Homburg/DKKW* § 2 WO Rn. 4; abw. *Wiebauer/LK* § 2 WO Rn. 17). 5

Der Wahlvorstand muss gemäß § 24 Abs. 1 Satz 3 WO in der Wählerliste vermerken, welchen Arbeitnehmern **Unterlagen für die schriftliche Stimmabgabe** ausgehändigt oder übersandt worden sind. 6

Eine **Rechtsmittelbelehrung** (Hinweis auf § 4 WO) auf der Wählerliste ist nicht erforderlich, da sie im gleichzeitig zu erlassenden Wahlausschreiben erfolgt (§ 3 Abs. 2 Nr. 3 WO). Die Unterzeichnung der Wählerliste durch den Vorsitzenden des Wahlvorstands und ein weiteres stimmberechtigtes Wahl- 7 vorstandsmitglied entsprechend der Regelung für das Wahlausschreiben in § 3 Abs. 1 Satz 1 WO ist nicht vorgeschrieben.

8 Gegen die Richtigkeit der Wählerliste kann gemäß § 4 WO **Einspruch** eingelegt werden (vgl. zu Einzelheiten die Anm. dort). Außerdem hat der Wahlvorstand, der die Wählerliste zunächst nach den Verhältnissen zum Zeitpunkt des Erlasses des Wahlausschreibens aufzustellen hat, diese jederzeit, auch noch nach Ablauf der Einspruchsfrist, bis zum Tage vor dem Beginn der Stimmabgabe zu **berichtigen** und zu **ergänzen** (§ 4 Abs. 3 WO). Berichtigungen und Ergänzungen der Wählerliste haben durch Beschluss des Wahlvorstands zu erfolgen. Wird im Rahmen des Zuordnungsverfahrens nach § 18a BetrVG der Kreis der leitenden Angestellten anders abgegrenzt, als der Wahlvorstand das zuvor beschlossen hatte, ist der Wahlvorstand verpflichtet, die Wählerliste entsprechend zu berichtigen (vgl. § 18a Abs. 1 Satz 3, Abs. 2 Satz 4, Abs. 4 Satz 2 BetrVG). Entscheidungen des Wahlvorstands bei der Aufstellung der Wählerliste können bereits während des Wahlverfahrens im arbeitsgerichtlichen Beschlussverfahren angegriffen werden (vgl. dazu ausführlich *Kreutz* § 18 BetrVG Rdn. 80 ff.); das gilt auch für die im Verfahren nach § 18a BetrVG getroffene Zuordnungsentscheidung (vgl. *Kreutz* § 18a BetrVG Rdn. 108 ff.).

4. Unterstützung durch den Arbeitgeber (Abs. 2)

9 Abs. 2 ist als **zwingendes Recht** ausgestaltet. Der Arbeitgeber hat die **Pflicht**, den Wahlvorstand bei der **Anfertigung der Wählerliste** zu unterstützen, indem er alle erforderlichen Auskünfte erteilt und alle erforderlichen Unterlagen zur Verfügung stellt (Satz 1). Besonders hervorgehoben wird (»insbesondere«), dass der Arbeitgeber den Wahlvorstand bei der Feststellung des Kreises der leitenden Angestellten gemäß § 5 Abs. 3 BetrVG zu unterstützen hat (Satz 2). Hierdurch soll sichergestellt werden, dass der Arbeitgeber den Wahlvorstand in gleicher Weise zu unterstützen verpflichtet ist wie den Vermittler im Zuordnungsverfahren nach § 18a Abs. 2 Satz 2 BetrVG. § 2 Abs. 2 WO ist nicht zu entnehmen, dass der Arbeitgeber den Wahlvorstand nur bei der Aufstellung der Wählerliste zu unterstützen hat; das ist der wichtigste Bereich. Aus dem Grundsatz vertrauensvoller Zusammenarbeit auch zwischen Arbeitgeber und Wahlvorstand (vgl. *Kreutz* § 18 BetrVG Rdn. 15) können sich **weitere** Pflichten des Arbeitgebers zur **Unterstützung** des Wahlvorstands bei der Erfüllung seiner Aufgaben ergeben. Die **Pflicht** des Arbeitgebers zur Unterstützung **besteht auch dann**, wenn die Bestellung des Wahlvorstands oder die Entscheidung des Wahlvorstands über die aufzustellende Wählerliste **anfechtbar** ist (s. *LAG Düsseldorf* 09.01.2012 – 14 TaBV 69/11 – juris, Rn. 56; 05.06.2010 – 10 TaBVGa 6/10 – juris; *LAG Hamm* 14.03.2005 NZA-RR 2005, 373; 30.08.2010 – 13 TaBV 8/10 – juris, Rn. 30; 30.03.2010 – 13 TaBVGa 8/10 – juris, Rn. 30; *Wiebauer/LK* § 2 WO Rn. 11; grundsätzlich zust. *LAG Schleswig-Holstein* 07.04.2011 – 4 TaBVGa 1/11 – juris, Rn. 29 ff., aber einschränkend nur, wenn die angestrebte Wahl »mit Sicherheit« anfechtbar [oder nichtig] sein wird). Andernfalls bestünde die Gefahr, dass sich schon vor der Einleitung der Wahl das eigentliche Wahlverfahren durch die Vorenthaltung von Informationen verzögerte. Entscheidungen des Wahlvorstands können allerdings im Wege einstweiliger Verfügung vor den Arbeitsgerichten angegriffen werden (s. § 1 WO Rdn. 19, *Kreutz* § 18 BetrVG Rdn. 90 ff.; in diesem Kontext s. dazu z. B. *LAG Nürnberg* 08.02.2011 – 6 TaBVGa 17/10 – juris, Rn. 51). Die Unterstützungspflicht besteht allerdings nicht gegenüber einem Gremium, das als Wahlvorstand auftritt, in dieser Funktion nicht oder in **nichtiger Weise** bestellt wurde: Der Arbeitgeber muss Handlungen eines inexistenten Wahlvorstands in seinem Betrieb nicht hinnehmen und diese Handlungen auch nicht unterstützen (*BAG* 15.10.2004 EzA § 16 BetrVG 2001 Nr. 1 Rn. 36 = AP Nr. 3 zu § 16 BetrVG 1972; ebenso *LAG Schleswig-Holstein* 02.04.2014 – 3 TaBVGA 2/14 – juris, Rn. 31 für »voraussichtliche Nichtigkeit«).

10 Die Verletzung der Unterstützungsverpflichtung ist eine **Wahlbehinderung** i. S. v. § 20 Abs. 1 BetrVG (vgl. *Kreutz* § 20 BetrVG Rdn. 14) und kann die Strafbarkeit des Arbeitgebers gemäß § 119 Abs. 1 Nr. 1 BetrVG begründen. Unabhängig davon hat der Wahlvorstand die Möglichkeit, seinen Unterstützungsanspruch gegenüber dem Arbeitgeber im Wege des arbeitsgerichtlichen Beschlussverfahrens (insbesondere auch durch einstweilige Verfügung) durchzusetzen (vgl. dazu *Kreutz* § 18 BetrVG Rdn. 107; ebenso *ArbG Augsburg* 27.04.1988 BB 1989, 218; *LAG Hamm* 14.03.2005 NZA-RR 2005, 373; 30.03.2010 – 13 TaBVGa 8/10 – juris, Rn. 28 ff.; *Fitting* § 2 WO Rn. 6; *Richar-*

di/Forst § 2 WO Rn. 11; *Homburg/DKKW* § 2 WO Rn. 24; vgl. zum MitbestG auch *LAG Hamm* 13.05.1977 DB 1977, 1271; 27.05.1977 DB 1977, 1269; 17.08.1977 DB 1977, 2052).

Die Unterstützungspflicht des Arbeitgebers ist nach Art und Umfang am **Maßstab des Erforderlichen** für eine möglichst fehlerfreie Anfertigung der Wählerliste durch den Wahlvorstand auszurichten, aber auch auf diesen Zweck begrenzt. An der effektiven Erfüllung dieser Verpflichtung muss dem Arbeitgeber gelegen sein, damit eine Anfechtbarkeit der Wahl und ggf. die Kosten einer Neuwahl vermieden werden. Unterlagen (Schriftstücke) hat der Arbeitgeber dem Wahlvorstand unaufgefordert zur Verfügung zu stellen, soweit deren Erforderlichkeit abzusehen ist (z. B. Liste der betriebsangehörigen Arbeitnehmer unter Angabe von Familienname, Vorname, Geburtsdatum, Geschlecht; Liste der wahlberechtigten Leiharbeitnehmer), sonst auf Verlangen. Da sie zur Verfügung zu stellen sind, sind sie nicht nur zur Einsichtnahme vorzulegen, sondern auszuhändigen und dem Wahlvorstand angemessene Zeit zu belassen. Erforderliche Auskünfte, die der Wahlvorstand verlangt, sind unverzüglich zu erteilen. **11**

Die **Unterstützungspflicht** des Arbeitgebers bei der Feststellung der Personen gemäß § 5 Abs. 3 BetrVG ist in Satz 2 nur beispielhaft (»insbesondere«) herausgestellt worden, weil sich dabei im Einzelfall besondere Abgrenzungsschwierigkeiten ergeben können. Auch insoweit ist der Arbeitgeber insbesondere verpflichtet, die erforderlichen Auskünfte zu erteilen und die erforderlichen Unterlagen zur Verfügung zu stellen, damit der Wahlvorstand entscheiden kann, ob ein Arbeitnehmer leitender Angestellter ist. Die Unterstützungspflicht ist dabei in Zweifelsfällen ebenso umfassend, wie sie es auf Verlangen des Vermittlers im Zuordnungsverfahren nach § 18a Abs. 2 Satz 2 BetrVG diesem gegenüber ist; vgl. daher zu Einzelheiten *Kreutz* § 18a BetrVG Rdn. 80 ff. Daneben umfasst die Unterstützungspflicht auch die Feststellung des Personenkreises, der gemäß § 5 Abs. 2 BetrVG nicht als Arbeitnehmer im Sinne des Gesetzes gilt (ebenso i. E. *Fitting* § 2 WO Rn. 7; *Richardi/Forst* § 2 WO Rn. 13). Außerdem bezieht sie sich auf die Feststellung, ob im Betrieb tätige Personen Arbeitnehmer oder freie Mitarbeiter oder Leiharbeitnehmer sind (ebenso *Fitting* § 2 WO Rn. 7; zust. *Homburg/DKKW* § 2 WO Rn. 25; *Schneider* AiB 1998, 1 [2 f.]; wohl auch *ArbG Augsburg* 27.04.1988 BB 1989, 218), und auf die oft schwierige Feststellung, ob Arbeitnehmer betriebszugehörig sind (vgl. dazu *Raab* § 7 BetrVG Rdn. 17 ff.). Die Unterstützungspflicht korrespondiert aber nicht mit einem Mitspracherecht des Arbeitgebers bei der Aufstellung der Wählerliste. Auch bei Uneinigkeit mit dem Arbeitgeber und auch dann, wenn Unterstützung nicht verlangt werden kann, weil sie nicht erforderlich ist (z. B. Herausgabe der persönlichen Daten von freien Mitarbeitern; vgl. *ArbG Augsburg* 27.04.1988 BB 1989, 218), trifft die Entscheidung über die Wahlberechtigung der einzelnen Arbeitnehmer allein der Wahlvorstand, vorbehaltlich der Durchführung des Zuordnungsverfahrens nach § 18a BetrVG, sofern dieses stattzufinden hat (vgl. dazu *Kreutz* § 18a BetrVG Rdn. 13 ff.). Zur (gerichtlichen) Überprüfung dieser Entscheidung vgl. Rdn. 8. **12**

II. Bekanntmachung der Wählerliste (Abs. 4)

Ein Abdruck (nicht das Original) der Wählerliste ist zusammen mit einem Abdruck der Wahlordnung (nicht nötig: des Betriebsverfassungsgesetzes) vom Tage der Bekanntmachung des Wahlausschreibens bis zum Abschluss der Stimmabgabe an geeigneter Stelle im Betrieb zur Einsichtnahme auszulegen (Satz 1), um den Arbeitnehmern die Überprüfung ihrer Richtigkeit zu ermöglichen. Die **Auslegung** muss demnach spätestens sechs Wochen vor dem ersten Tag der Stimmabgabe erfolgen (vgl. § 3 Abs. 1 Satz 1 WO). Dieser Abdruck (Abschrift) soll anders als das Original (Abs. 1 Satz 2) die Geburtsdaten der Wahlberechtigten nicht enthalten (Satz 2). Mit dieser Sollvorschrift wird dem Datenschutz Rechnung getragen, indem dem Interesse des Wahlberechtigten an der Geheimhaltung seines Geburtsdatums grundsätzlich Vorrang eingeräumt wird; um Namensverwechselungen zu vermeiden, bleiben Ausnahmen zulässig. Die Anforderungen an die Eignung eines Auslegungsorts hängen von den Umständen des Einzelfalles, insbesondere der Betriebsgröße und Betriebsstruktur ab. Es empfiehlt sich, die Auslegung im Geschäftszimmer des Betriebsrats oder des Wahlvorstands (*LAG Hamm* 12.01.2009 – 10 TaBV 17/07 – juris, Rn. 77), ggf. auch beim Pförtner oder beim Vorsitzenden des Wahlvorstands vorzunehmen. Falls die Betriebsgröße und Betriebsorganisation (z. B. unselbständige Betriebsteile) es erfordern, sollten Abschriften der Wählerlisten auch mehrfach im Betrieb ausgelegt werden. Im Wahl- **13** ausschreiben ist anzugeben, wo die Wählerliste ausliegt (§ 3 Abs. 2 Nr. 2 WO). Eine Auslegung außerhalb des Betriebes, etwa in einem Gewerkschaftsbüro, ist unzulässig.

14 **Alternativ** zur Auslage im Betrieb (Abs. 4 Satz 1) können gemäß Abs. 4 Satz 4 Wählerliste und Wahlordnung **ausschließlich** in **elektronischer Form** bekannt gemacht werden. Voraussetzung ist, dass für alle Arbeitnehmer des Betriebs (nicht nur für die in die Wählerliste Eingetragenen) die (technische) Möglichkeit der Kenntnisnahme besteht und zudem (technisch oder organisatorisch; vgl. *BAG* 21.01.2009 EzA § 19 BetrVG 2001 Nr. 7 Rn. 21 = AP Nr. 61 zu § 19 BetrVG 1972) sichergestellt ist, dass nur der Wahlvorstand Änderungen der Bekanntmachung vornehmen kann (vgl. zu dieser elektronischen Kommunikation bei der Betriebsratswahl näher *Jansen* DB 2006, 334; *Rudolph/Fricke* AiB 2005, 277; *Schneider/Wedde* AuR 2007, 26). Noch nicht geklärt ist, was mit der gemäß Abs. 4 Satz 4 technisch zu sichernden ausschließlichen Zugriffskompetenz des Wahlvorstands geschehen soll, wenn sein Amt des Wahlvorstands beendet ist (offengelassen von *BAG* 12.06.2013 EzA § 14 BetrVG 2001 Nr. Rn. 30 = AP Nr. 64 zu § 19 BetrVG 1972). Wie sich im Kontext mit Abs. 4 Satz 3 ergibt, bezieht sich die Bekanntmachung in elektronischer Form auf die im Betrieb vorhandene Informations- und Kommunikationstechnik; den Anforderungen, die § 126a BGB i. V. m. den einschlägigen Bestimmungen des SigG an die elektronische Form stellt, muss sie nicht genügen (ebenso i. E. *Fitting* § 2 WO Rn. 11; *Homburg/DKKW* § 2 WO Rn. 14). In der Begründung des Verordnungsgebers (BR-Drucks. 838/01, S. 28) wird beispielsweise die Veröffentlichung im **Intranet** hervorgehoben (was Netzzugang aller Arbeitnehmer und Sicherungscode [Passwort; *LAG Niedersachsen* 26.07.2007 – 4 TaBV 85/06 – juris] des Wahlvorstands für Änderungen und Ergänzungen auf den Intranetseiten erfordert; wird die Bekanntmachung der Wählerliste im Intranet trotz Änderung der vom Wahlvorstand zu führenden Wählerliste nicht aktualisiert, liegt ein Verfahrensfehler vor, der zur Wahlanfechtung berechtigt, *LAG Baden-Württemberg* 16.07.2015 – 18 TaBV 1/15 – juris, Rn. 68); sie kommt aber auch per **E-Mail** in Betracht (ebenso *Fitting* § 17a BetrVG Rn. 13; *Jansen* DB 2006, 334; *Wiebauer/LK* § 2 WO Rn. 13; wohl auch *Homburg/DKKW* § 2 WO Rn. 13 mit 14; **a. M.** *Richardi/Forst* § 2 WO Rn. 16, aber im Widerspruch zu § 28 WO Rn. 2; zust. *Schneider/Wedde* AuR 2007, 26 [29]: wegen u. U. notwendiger Änderungen; *Fitting* § 2 WO Rn. 11, allerdings unter nicht tragfähiger Berufung auf *BAG* 05.05.2004 AP Nr. 1 zu § 3 WahlO 1972; *Rudolph/Fricke* AiB 2005, 277 [279]), auch wenn dann jede Änderung dieser Form bedarf. Selbst wenn die Voraussetzungen für eine ausschließlich elektronische Bekanntmachung vorliegen, kann der Wahlvorstand beschließen (und kundtun), diese nur **ergänzend** zur Auslage im Betrieb zu nutzen, etwa zur schnelleren Information, insbesondere für Arbeitnehmer in entfernten Betriebsteilen oder im Außendienst durch E-Mail (so auch *Homburg/DKKW* § 2 WO Rn. 13). Für die Ordnungsmäßigkeit der Bekanntmachung zählt dann nur die Auslage im Betrieb. Das gilt auch bei lediglich ergänzender Bekanntmachung in elektronischer Form nach Abs. 4 Satz 3, wenn die in Abs. 4 Satz 3 genannten Voraussetzungen für eine alleinige elektronische Bekanntmachung nicht vorliegen (insbesondere weil nicht alle Arbeitnehmer von ihr Kenntnis nehmen können). Dann kann die Bekanntmachung in elektronischer Form nur neben der maßgeblichen Auslage im Betrieb **zusätzlich** erfolgen, im Interesse einer Informationsbeschleunigung oder Vereinfachung; das ist vom Wort »ergänzend« gedeckt. Dem Wahlvorstand ist für eine elektronische Bekanntmachung nur die im Betrieb bereits **vorhandene** Informations- und Kommunikationstechnik vom Arbeitgeber zur Verfügung zu stellen, wenn er sie beansprucht; deren Einführung im Betrieb kann er über § 2 Abs. 4 Satz 3 oder 4 WO nicht erzwingen (vgl. *Richardi/Forst* § 2 WO Rn. 18; *Schneider/Wedde* AuR 2007, 26 [27]; *Homburg/DKKW* § 2 WO Rn. 13, der zutr. auf die Verpflichtung des Arbeitgebers verweist, dem Wahlvorstand die Mailing-Liste der Arbeitnehmer des Betriebes zur Verfügung zu stellen, soweit dieser die Bekanntmachung per E-Mail vornehmen will). Im Wahlausschreiben ist bei Bekanntmachung in elektronischer Form anzugeben, wo und wie von ihr Kenntnis genommen werden kann (§ 3 Abs. 2 Nr. 2 WO). Auch für **blinde** oder **sehbehinderte Arbeitnehmer** müssen die Wählerliste und die anderen Wahlunterlagen (Wahlausschreiben, Wahlvorschläge, Wahlordnung) in geeigneter Form bekanntgegeben werden, genauso wie für ausländische Arbeitnehmer (vgl. Rdn. 19 ff.). Die Bekanntgabe muss nicht durch Brailleschrift erfolgen. Die Information kann auch ergänzend zu den Aushängen am schwarzen Brett durch E-Mail-Anhänge oder durch Einstellen in das Intranet, z. B. in einem Wahlordner mit einem entsprechenden Hinweis hierauf, geschehen. Voraussetzung hierfür ist, dass alle blinden oder sehbehinderten Arbeitnehmer Zugang zu der digitalen

Veröffentlichung und zu entsprechenden Vorrichtungen (Sprachausgabe, Ausgabe in Brailleschrift) haben (*Hess. LAG* 24.09.2015 – 9 TaBV 12/15 – juris, Rn. 41).

Abs. 4 Satz 1 und 4 sind wesentliche Vorschriften über das Wahlverfahren i. S. v. § 19 Abs. 1 BetrVG (vgl. *Kreutz* § 19 BetrVG Rdn. 19, 20); das gilt sowohl für die Auslage der Wählerliste als auch der Wahlordnung (einschränkend auf die Wählerliste: *Fitting* § 2 WO Rn. 9; *Wiebauer/LK* § 2 WO Rn. 14, 18; *Richardi/Forst* § 2 WO Rn. 20; *Homburg/DKKW* § 2 WO Rn. 20) sowie die Form der Bekanntmachung. Das Fehlen oder die fehlerhafte Bekanntmachung (z. B. ungeeigneter Auslegungsort, verspätete Auslegung, ausschließlich Bekanntmachung in elektronischer Form, ohne dass die Voraussetzungen des § 2 Abs. 4 Satz 4 WO vorliegen) kann die Anfechtbarkeit der Wahl begründen, wenn der Wahlfehler das Wahlergebnis beeinflussen konnte (vgl. dazu näher *Kreutz* § 19 BetrVG Rdn. 42 ff.; *LAG Hamm* 12.01.2009 – 10 TaBV 17/07 – juris, Rn. 72), nicht aber ihre Nichtigkeit (vgl. *LAG Hamm* 17.08.2007 EzAÜG BetrVG Nr. 100 Rn. 82). Abs. 4 Satz 2 ist keine wesentliche Vorschrift über das Wahlverfahren, weil sie nicht die Ordnungsmäßigkeit des Wahlergebnisses bezweckt. 15

Das Recht, in die Wählerliste (und die Wahlordnung) **Einblick** zu nehmen, haben **alle Arbeitnehmer** des Betriebes, nicht nur Wahlberechtigte (ebenso *Fitting* § 2 WO Rn. 10; **a. M.** *Homburg/DKKW* § 2 WO Rn. 19), weil auch diejenigen, die zu Unrecht in die Wählerliste aufgenommen worden sind, gegen deren Richtigkeit Einspruch beim Wahlvorstand nach § 4 WO einlegen können. Da § 7 Satz 2 BetrVG das aktive Wahlrecht auf Personen ausdehnt, die keine Arbeitnehmer des Betriebs sind, steht das Einsichtsrecht auch allen Arbeitnehmern zu, die von einem anderen Arbeitgeber **überlassen** und in dem Betrieb eingesetzt sind. Das gilt unabhängig von der konkreten Einsatzdauer, da das Einsichtsrecht dem überlassenen Arbeitnehmer ermöglichen soll, eine entgegen § 7 Satz 2 BetrVG unterbliebene oder vorgenommene Aufnahme in die Wählerliste zu korrigieren. 16

Schon aus dem Wort des § 2 Abs. 4 WahlO, erst recht aber aus dessen Funktion, ergibt sich, dass die Wählerliste **während der gesamten regulären Arbeitszeit einsehbar** sein muss. Es genügt nicht, dass die Wählerliste nur während eines Teils der betriebsüblichen Arbeitszeit ausliegt (*LAG Hamm* 12.01.2009 – 10 TaBV 17/07 – juris, Rn. 77). Die Einsichtnahme ist auch während der Arbeitszeit **erforderlich**; eine entsprechende Arbeitsversäumnis ist deshalb nach § 20 Abs. 3 Satz 2 BetrVG erforderlich und darf nicht zur Minderung des Entgelts führen (*Fitting* § 2 WO Rn. 10; *Homburg/DKKW* § 2 WO Rn. 19; **a. M.** 9. Aufl. Rn. 17). 17

Wegen des Rechts, Einspruch gegen die Richtigkeit der Wählerliste nach § 4 WO einzulegen (vgl. § 4 WO Rdn. 2 ff.) und die Wahl anzufechten (§ 19 Abs. 2 Satz 1 BetrVG), haben auch der Arbeitgeber und die im Betrieb vertretenen Gewerkschaften das Recht, Einblick zu nehmen (ebenso *Fitting* § 2 WO Rn. 10; *Homburg/DKKW* § 2 WO Rn. 19). 18

III. Unterrichtung ausländischer Arbeitnehmer (Abs. 5)

Ausländische Arbeitnehmer haben unter denselben Voraussetzungen wie deutsche Arbeitnehmer des Betriebes das aktive und passive Wahlrecht. Fehlende oder begrenzte Kenntnisse der deutschen Sprache erschweren ihnen die Ausübung ihrer Rechte. Deshalb soll der Wahlvorstand rechtzeitig für die Unterrichtung der sprachunkundigen Ausländer sorgen; das dient der Verwirklichung des Grundsatzes der Gleichheit der Wahl. Obwohl nur als Sollvorschrift ausgestaltet, begründet Abs. 5 eine entsprechende **Verpflichtung** für den Wahlvorstand und ist **wesentliche Vorschrift über das Wahlverfahren** i. S. v. § 19 Abs. 1 BetrVG (ebenso *BAG* 13.10.2004 EzA § 19 BetrVG 2001 Nr. 4 unter II 1; *LAG Niedersachsen* 16.06.2008 – 9 TaBV 14/07 – juris, Rn. 68; *Gräfl* FS *Bepler*, 2012, S. 185 [186]; vgl. auch *Kreutz* § 19 BetrVG Rdn. 19), so dass die Wahl anfechtbar ist, wenn ausländische Arbeitnehmer mangels Unterrichtung nicht an der Wahl teilnehmen konnten und dadurch das Wahlergebnis beeinflusst werden konnte (i. E. so wohl auch *Fitting* § 2 WO Rn. 12; *Wiebauer/LK* § 2 WO Rn. 19; *Homburg/DKKW* § 2 WO Rn. 26; weitergehend genügt nach *BAG* 13.10.2004 EzA § 19 BetrVG 2001 Nr. 4 unter II 3 allein der abstrakte Verstoß gegen § 2 Abs. 5 WO, weil nicht auszuschließen ist, dass ausländische Arbeitnehmer im Falle ordnungsgemäßer Unterrichtung von ihrem Wahlrecht in anderer Weise als geschehen [!] Gebrauch gemacht hätten; Anfechtbarkeit abl. *Richardi/Forst* § 2 WO Rn. 21 19 im Anschluss an *Ricken* BAGReport 2005, 151). Entsprechendes muss gelten, wenn deutsche Arbeitnehmer der deutschen Sprache nicht mächtig sind (z. B. Aussiedler). Die rechtswidrige Verletzung der Unterrichtungspflicht ist eine Wahlbehinderung i. S. v. § 20 Abs. 1 BetrVG und kann bei Vorsatz auf Antrag auch strafbar sein (vgl. § 119 Abs. 1 Nr. 1 BetrVG).

20 Die Unterrichtungspflicht setzt voraus, dass im Betrieb tätige ausländische Arbeitnehmer die deutsche Sprache nicht hinreichend beherrschen, um sich selbst anhand des Gesetzes, der Wahlordnung, der Wählerlisten und des Wahlausschreibens sowie durch Kommunikation mit anderen Arbeitnehmern über die Wahlgrundsätze und das Verfahren zu informieren, und dem Wahlvorstand das bekannt oder schuldhaft nicht bekannt ist. Angesichts der ohnehin recht komplizierten Wahlverfahrensvorschriften sind insoweit eher strenge Maßstäbe anzulegen. Im Zweifel, insbesondere bei einer größeren Zahl im Betrieb beschäftigter Ausländer, muss der Wahlvorstand von unzureichenden deutschen Sprachkenntnissen ausgehen (zust. *Homburg/DKKW* § 2 WO Rn. 26; jetzt auch *BAG* 13.10.2004 AP § 19 BetrVG 2001 Nr. 4 unter II 2a für den Fall, dass im Betrieb mit einer Vielzahl ausländischer Arbeitnehmer verschiedener Herkunftsländer wichtige Informationsschreiben des Arbeitgebers an die Belegschaft nicht nur in deutscher Sprache, sondern auch in den den Ausländern geläufigen Sprachen versendet werden; *LAG Niedersachsen* 16.06.2008 – 9 TaBV 14/07 – juris, Rn. 68), keineswegs erst, wenn das »offenkundig« ist (so *ArbG Frankfurt a. M.* 12.11.2002 AuR 2003, 158). Der Maßstab für ausreichende Sprachkenntnisse ausländischer Arbeitnehmer ist sehr hoch anzusetzen. Von der Verständigungsmöglichkeit bei der täglichen Arbeit kann nicht auf ausreichende Sprachkenntnisse geschlossen werden, schließlich müssen die komplizierten Wahlvorschriften und der Inhalt des Wahlausschreibens verstanden werden können (*LAG Rheinland-Pfalz* 22.07.2015 – 7 TaBV 7/15 – juris, Rn. 79). Das gilt insbesondere dann, wenn ausländische Arbeitnehmer im Betrieb nur einfache Tätigkeiten ausüben, zu deren Erledigung geringe Deutschkenntnisse genügen (*LAG Rheinland-Pfalz* 17.06.2015 – 4 TaBV 14/14 – juris, Rn. 60).

21 Dem Wahlvorstand werden keine bestimmten Maßnahmen vorgeschrieben. Er hat lediglich von sich aus (ohne dass es eines Verlangens ausländischer Arbeitnehmer bedarf) für eine dem Zweck der Vorschrift entsprechende geeignete Unterrichtung zu sorgen; er muss die Unterrichtung nicht selbst vornehmen. Die Auswahl der Mittel stellt die Verordnung in sein Ermessen. Dabei ist jedoch zu berücksichtigen, dass der Arbeitgeber nach § 20 Abs. 3 BetrVG nur die notwendigen und verhältnismäßigen Kosten der Betriebsratswahl zu tragen hat. Da die Unterrichtung **vor der Einleitung** der Wahl zu erfolgen hat, genügt der Aushang von Übersetzungen des Wahlausschreibens und sonstiger Bekanntmachungen des Wahlvorstands in den Sprachen, welche die im Betrieb vertretenen Ausländer verstehen, allein nicht (**a. M.** *LAG Hamm* 17.05.1973 DB 1973, 1403; *Richardi/Forst* § 2 WO Rn. 21). Andererseits besteht keine Rechtspflicht, in jedem Falle das Wahlausschreiben auch in den Sprachen der ausländischen Arbeitnehmer bekanntzumachen (ebenso *Richardi/Forst* § 3 WO Rn. 5; **a. M.** *Fitting* § 2 WO Rn. 12; *Halberstadt* § 2 WO Rn. 5; *Homburg/DKKW* § 2 WO Rn. 29: stets erforderlich; zur Kostentragungspflicht des Arbeitgebers vgl. *LAG Frankfurt a. M.* 05.08.1986 BetrR 1987, 390). Vielmehr sind den ausländischen Arbeitnehmern schon vor der Einleitung der Wahl, spätestens aber gleichzeitig mit ihr, am besten in einem Merkblatt in Übersetzung oder in einer Versammlung der ausländischen Arbeitnehmer unter Beteiligung von Dolmetschern weitere allgemeine Informationen zu den in Abs. 5 aufgeführten Punkten (Wahlverfahren, Aufstellung der Wählerliste und der Vorschlagslisten, Wahlvorgang, Stimmabgabe) zu geben.

§ 3
Wahlausschreiben

(1) Spätestens sechs Wochen vor dem ersten Tag der Stimmabgabe erlässt der Wahlvorstand ein **Wahlausschreiben**, das von der oder dem Vorsitzenden und von mindestens einem weiteren stimmberechtigten Mitglied des Wahlvorstands zu unterschreiben ist. Mit Erlass des **Wahlausschreibens** ist die Betriebsratswahl eingeleitet. Der erste Tag der Stimmabgabe soll spätestens eine Woche vor dem Tag liegen, an dem die Amtszeit des Betriebsrats abläuft.

(2) Das Wahlausschreiben muss folgende Angaben enthalten:
1. das Datum seines Erlasses;
2. die Bestimmung des Orts, an dem die Wählerliste und diese Verordnung ausliegen, sowie im Fall der Bekanntmachung in elektronischer Form (§ 2 Abs. 4 Satz 3 und 4) wo und wie von der Wählerliste und der Verordnung Kenntnis genommen werden kann;
3. dass nur Arbeitnehmerinnen und Arbeitnehmer wählen oder gewählt werden können, die in die Wählerliste eingetragen sind, und dass Einsprüche gegen die Wählerliste (§ 4) nur vor Ablauf von zwei Wochen seit dem Erlass des Wahlausschreibens schriftlich beim Wahlvorstand eingelegt werden können; der letzte Tag der Frist ist anzugeben;
4. den Anteil der Geschlechter und den Hinweis, dass das Geschlecht in der Minderheit im Betriebsrat mindestens entsprechend seinem zahlenmäßigen Verhältnis vertreten sein muss, wenn der Betriebsrat aus mindestens drei Mitgliedern besteht (§ 15 Abs. 2 des Gesetzes);
5. die Zahl der zu wählenden Betriebsratsmitglieder (§ 9 des Gesetzes) sowie die auf das Geschlecht in der Minderheit entfallenden Mindestsitze im Betriebsrat (§ 15 Abs. 2 des Gesetzes);
6. die Mindestzahl von Wahlberechtigten, von denen ein Wahlvorschlag unterzeichnet sein muss (§ 14 Abs. 4 des Gesetzes);
7. dass der Wahlvorschlag einer im Betrieb vertretenen Gewerkschaft von zwei Beauftragten unterzeichnet sein muss (§ 14 Abs. 5 des Gesetzes);
8. dass Wahlvorschläge vor Ablauf von zwei Wochen seit dem Erlass des Wahlausschreibens beim Wahlvorstand in Form von Vorschlagslisten einzureichen sind, wenn mehr als drei Betriebsratsmitglieder zu wählen sind; der letzte Tag der Frist ist anzugeben;
9. dass die Stimmabgabe an die Wahlvorschläge gebunden ist und dass nur solche Wahlvorschläge berücksichtigt werden dürfen, die fristgerecht (Nr. 8) eingereicht sind;
10. die Bestimmung des Orts, an dem die Wahlvorschläge bis zum Abschluss der Stimmabgabe aushängen;
11. Ort, Tag und Zeit der Stimmabgabe sowie die Betriebsteile und Kleinstbetriebe, für die schriftliche Stimmabgabe (§ 24 Abs. 3) beschlossen ist;
12. den Ort, an dem Einsprüche, Wahlvorschläge und sonstige Erklärungen gegenüber dem Wahlvorstand abzugeben sind (Betriebsadresse des Wahlvorstands);
13. Ort, Tag und Zeit der öffentlichen Stimmauszählung.

(3) Sofern es nach Größe, Eigenart oder Zusammensetzung der Arbeitnehmerschaft des Betriebs zweckmäßig ist, soll der Wahlvorstand im Wahlausschreiben darauf hinweisen, dass bei der Aufstellung von Wahlvorschlägen die einzelnen Organisationsbereiche und die verschiedenen Beschäftigungsarten berücksichtigt werden sollen.

(4) Ein Abdruck des Wahlausschreibens ist vom Tage seines Erlasses bis zum letzten Tage der Stimmabgabe an einer oder mehreren geeigneten, den Wahlberechtigten zugänglichen Stellen vom Wahlvorstand auszuhängen und in gut lesbarem Zustand zu erhalten. Ergänzend kann das Wahlausschreiben mittels der im Betrieb vorhandenen Informations- und Kommunikationstechnik bekannt gemacht werden. § 2 Abs. 4 Satz 4 gilt entsprechend.

Literatur
Boemke Das Wahlausschreiben zur Betriebsratswahl (§ 3 WO), BB 2009, 2758; *Gräfl* Die Anfechtung von Betriebsratswahlen in der jüngeren Rechtsprechung des BAG, FS *Bepler*, 2012, S. 185.

Inhaltsübersicht

	Rdn.
I. Bedeutung des Wahlausschreibens	1
II. Erlass des Wahlausschreibens	2–26
1. Zeitpunkt und Form des Erlasses (Abs. 1)	2–6
2. Inhalt des Wahlausschreibens	7–25
a) Notwendiger Inhalt des Wahlausschreibens (Abs. 2)	8–23
b) Weitere Hinweise im Wahlausschreiben (Abs. 3)	24, 25

3. Bekanntgabe des Wahlausschreibens (Abs. 4)   26
III. Berichtigung, Ergänzung und Neuerlass des Wahlausschreibens   27–30

I. Bedeutung des Wahlausschreibens

1 § 3 WO regelt **Erlass** und **Inhalt** des Wahlausschreibens. Der Erlass des Wahlausschreibens **leitet die Betriebsratswahl ein** (Abs. 1 Satz 2) und schließt damit zugleich die Phase der Vorbereitung der Wahl ab (vgl. *Kreutz* § 18 BetrVG Rdn. 7). Das Wahlausschreiben bildet die Grundlage des Wahlverfahrens und ist von **zentraler Bedeutung**; die ohne Wahlausschreiben durchgeführte Wahl ist **anfechtbar**, im Zusammenhang mit weiteren Verstößen gegen wesentliche Wahlvorschriften nach billigenswerter Rechtsprechung des *BAG* aber nicht nichtig (vgl. m. w. N. *Kreutz* § 19 BetrVG Rdn. 147). Der Zeitpunkt des Erlasses des Wahlausschreibens ist für die Bestimmung der Größe des Betriebsrats (vgl. § 9 BetrVG Rdn. 17) und die Bestimmung der Betriebsratssitze für das Geschlecht in der Minderheit (vgl. § 15 BetrVG Rdn. 18) maßgeblich. Eine Änderung der Arbeitnehmerzahl des Betriebes nach Erlass des Wahlausschreibens hat insoweit nur dann noch Bedeutung, wenn die Zahl unter die für die Betriebsratsfähigkeit erforderliche Mindestzahl der Arbeitnehmer (§ 1 Abs. 1 BetrVG) absinkt (vgl. § 9 BetrVG Rdn. 23). Änderungen im zahlenmäßigen Verhältnis der Geschlechter sind nach Erlass des Wahlausschreibens unbeachtlich, selbst dann, wenn sich die Zahl der Mindestsitze für das Geschlecht in der Minderheit verändern würde. Darüber hinaus beginnen mit dem Erlass des Wahlausschreibens die Einspruchsfrist gemäß § 4 Abs. 1 WO, die Frist für die Einreichung von Wahlvorschlägen (§ 6 Abs. 1 Satz 2 WO) sowie die Sechs-Wochen-Frist nach § 3 Abs. 1 Satz 1 WO.

II. Erlass des Wahlausschreibens

1. Zeitpunkt und Form des Erlasses (Abs. 1)

2 Das Wahlausschreiben muss spätestens **sechs Wochen** vor dem ersten Tag der Stimmabgabe erlassen werden (Abs. 1 Satz 1). Diese Frist ist eine **Mindestfrist**; sie soll den Arbeitnehmern ausreichende Möglichkeit zur Information geben. Dabei dirigiert aber nicht der Tag der Stimmabgabe den Zeitpunkt des Erlasses, vielmehr hängt vom Tag des Erlasses des Wahlausschreibens ab, wann die Stimmabgabe frühestens stattfinden kann. Die Sechs-Wochen-Frist beginnt mit dem Erlass des Wahlausschreibens, wobei der Tag des Erlasses entsprechend § 187 Abs. 1 BGB i. V. m. § 41 WO nicht mitzuzählen ist. Der erste Tag der Stimmabgabe darf danach der Tag sein (z. B. Donnerstag), an dem sechs Wochen und ein Tag vorher (z. B. Mittwoch) das Wahlausschreiben erlassen worden ist (§ 188 Abs. 2 BGB i. V. m. § 41 WO; wie hier *Boemke* BB 2009, 2758 [2761]; ähnlich *Fitting* § 3 WO Rn. 4, der verlangt, dass »zwischen« Erlass und erstem Tag der Stimmabgabe ein Zeitraum von sechs Wochen liegen muss; anders *Homburg/DKKW* § 3 WO Rn. 4: Erlass des Wahlausschreibens und Stimmabgabe am selben Wochentag; **a. A.** auch 9. Aufl. Rn. 2). Betriebsruhe und Feiertage hemmen den Lauf der Frist nicht (*Thür. LAG* 06.02.2012 – 1 TaBVGa 1/12 – juris, Rn. 42). Nach § 13 Abs. 1 Satz 2 BetrVG (der mit § 5 Abs. 1 Satz 2 SprAuG übereinstimmt) sind die regelmäßigen Betriebsratswahlen zudem mit den regelmäßigen Wahlen des Sprecherausschusses **zeitgleich** einzuleiten (vgl. dazu näher § 13 BetrVG Rdn. 20 ff.). Das begründet für die beteiligten Wahlvorstände die Rechtspflicht, das jeweilige Wahlausschreiben am selben Tag zu erlassen (vgl. § 13 BetrVG Rdn. 21), was auch die Pflicht umfasst, eine entsprechende Terminabsprache zu treffen (vgl. § 13 BetrVG Rdn. 23), die beachtet, dass beide Wahlausschreiben spätestens sechs Wochen vor dem ersten Tag der Stimmabgabe zu erlassen sind (§ 3 Abs. 1 Satz 1 WO und WOSprAuG). Diese Verpflichtung ist aber nicht durchsetzbar, ihre Nichtbefolgung bleibt sanktionslos (vgl. § 13 BetrVG Rdn. 25 f.). Bei bestimmten Fallkonstellationen entfällt die Verpflichtung zur zeitgleichen Einleitung der Wahlen sogar (vgl. § 13 BetrVG Rdn. 26).

3 Das Wahlausschreiben ist **erlassen**, wenn das vom Wahlvorstand beschlossene, schriftlich niedergelegte Wahlausschreiben vom Vorsitzenden und mindestens einem weiteren stimmberechtigten Mitglied des Wahlvorstands unterschrieben und durch Aushang im Betrieb (z. B. am Schwarzen Brett) oder ausschließlich in elektronischer Form (§ 3 Abs. 4 Satz 3 WO i. V. m. § 2 Abs. 4 Satz 4 WO) bekannt gemacht worden ist. Ist das Wahlausschreiben überhaupt nicht unterschrieben, ist es nicht erlas-

Wahlausschreiben § 3 **WO**

sen (*Boemke* BB 2009, 2758 [2761] m. w. N. zur Konstellation, in der nur der Vorsitzende unterschrieben hat). Obwohl das in § 3 Abs. 4 WO nicht richtig deutlich wird und das Datum des Erlasses zum notwendigen Inhalt des Wahlausschreibens gehört (Abs. 2 Nr. 1), **vollendet** erst die **Bekanntgabe** den Tatbestand des **Erlasses** (*Boemke* BB 2009, 2758). Erfolgen in größeren Betrieben (mit mehreren Betriebsstätten vgl. Rdn. 26) auf Beschluss des Wahlvorstands mehrere Aushänge, ist der Zeitpunkt des Erlasses nach dem letzten Aushang zu bestimmen (ebenso *LAG Hamm* 26.02.1976 DB 1976, 921; *LAG Düsseldorf* 03.12.2002 AiB 2004, 114; *Boemke* BB 2009, 2758; *Fitting* § 3 WO Rn. 1; *Richardi/Forst* § 3 WO Rn. 1; *Homburg/DKKW* § 3 WO Rn. 3). Wird das Wahlausschreiben ergänzend mittels der im Betrieb vorhandenen Informations- und Kommunikationstechnik bekannt gemacht (§ 3 Abs. 4 Satz 2 WO), ist allein der Aushang maßgeblich (ebenso *BAG* 05.05.2004 EzA § 19 BetrVG 2001 Nr. 3 unter B I 1; wohl auch *Richardi/Forst* § 3 WO Rn. 1). Das ist unproblematisch, wenn dabei die Voraussetzungen für einen ausschließlich elektronischen Erlass nach § 2 Abs. 4 Satz 4 WO nicht vorliegen, da in dieser Konstellation ein wirksamer Erlass nur durch Aushang erfolgt (obiter dictum zust. *BAG* 05.05.2004 EzA § 19 BetrVG 2001 Nr. 3 unter B I 1). Aber auch wenn das Wahlausschreiben neben dem Aushang im Betrieb ergänzend in einer den Anforderungen des § 2 Abs. 4 Satz 4 WO genügenden elektronischen Form bekannt gemacht wird, ist der Aushang im Betrieb für die Bekanntgabe des Erlasses maßgeblich, weil er deutlich macht, dass die Bekanntmachung in elektronischer Form lediglich zusätzlich erfolgt. Wird das Wahlausschreiben ausschließlich in elektronischer Form veröffentlicht (vgl. dazu Rdn. 26), ist für den Erlass auf den Zeitpunkt abzustellen, in dem den Arbeitnehmern die Möglichkeit der Kenntnisnahme eröffnet wird. Stimmen der Tag der Bekanntmachung und der im Wahlausschreiben angegebene Tag des Erlasses nicht überein, ist der Tag der Bekanntgabe allein maßgebend und das Wahlausschreiben entsprechend zu korrigieren (vgl. Rdn. 29). Der Wahlvorstand sollte den Tag des (letzten) Aushangs oder einer anderen Form der Bekanntmachung aktenkundig machen (ebenso *Fitting* § 3 WO Rn. 1).

Die Mindestfrist zwischen Erlass des Wahlausschreibens und dem ersten Tag der Stimmabgabe ist eine 4 wesentliche Vorschrift über das Wahlverfahren i. S. v. § 19 Abs. 1 BetrVG. Ihre Nichteinhaltung ist daher ein Wahlfehler, der im Falle, dass er unberichtigt bleibt und das Wahlergebnis beeinflussen konnte (vgl. dazu *Kreutz* § 19 BetrVG Rdn. 58; ebenso *Fitting* § 3 WO Rn. 4; *Richardi/Forst* § 3 WO Rn. 2; *Homburg/DKKW* § 3 WO Rn. 4), die Anfechtbarkeit der Wahl begründet. Ein Verstoß gegen die Verpflichtung zur zeitgleichen Einleitung der Wahl nach § 13 Abs. 1 Satz 2 BetrVG kann die Anfechtbarkeit der Wahl nicht begründen (vgl. § 13 BetrVG Rdn. 25).

Der erste Tag der Stimmabgabe soll spätestens eine Woche vor Ablauf der Amtszeit des Betriebsrats 5 liegen (Abs. 1 Satz 3). Diese Bestimmung ist **Sollvorschrift** und keine wesentliche Vorschrift über das Wahlverfahren i. S. v. § 19 Abs. 1 BetrVG (vgl. *Kreutz* § 19 BetrVG Rdn. 20; ebenso *Fitting* § 3 WO Rn. 4; *Richardi/Forst* § 3 WO Rn. 3; *Homburg/DKKW* § 3 WO Rn. 5). Die Bestimmung will lediglich erreichen, dass die Wahlen möglichst so rechtzeitig durchgeführt werden, dass keine betriebsratslose Zeit eintritt. Bestellt der Betriebsrat den Wahlvorstand erst zehn Wochen vor Ablauf seiner Amtszeit und hält er damit die Mindestfrist des § 16 Abs. 1 Satz 1 BetrVG ein (vgl. dazu *Kreutz* § 16 BetrVG Rdn. 19 ff.), müssen alle die Wählerlisten und das Wahlausschreiben vorbereitenden Tätigkeiten, nach der Konzeption des Gesetzes ggf. einschließlich der Durchführung des Zuordnungsverfahrens nach § 18a BetrVG, innerhalb von drei Wochen durchgeführt werden. In kleineren, übersichtlich gegliederten, nicht sprecherausschussfähigen Betrieben wird dies grundsätzlich möglich sein. Dagegen wird der Wahlvorstand in größeren Betrieben auch die Drei-Wochen-Frist häufig nicht einhalten können, zumal der zeitliche Ablauf des Wahlverfahrens durch die Einbeziehung des Zuordnungsverfahrens nach § 18a BetrVG unstimmig geworden ist und Korrekturen an der gesetzlichen Konzeption erfordert (vgl. dazu *Kreutz* § 18a BetrVG Rdn. 16 ff., 39 ff.). Wenn der Wahlvorstand die Vorbereitungen trotz sachgerechter und zügiger Bearbeitung innerhalb dieser Zeit nicht abschließen kann, namentlich auch dann, wenn er sich an die Verpflichtung zur zeitgleichen Einleitung der Wahlen nach § 13 Abs. 1 Satz 2 BetrVG hält (vgl. dazu *Kreutz* § 18a BetrVG Rdn. 19), darf er das Wahlausschreiben später erlassen und damit den Tag der Stimmabgabe unter Missachtung des § 3 Abs. 1 Satz 3 WO festlegen (zust. *Fitting* § 3 WO Rn. 4; *Homburg/DKKW* § 3 WO Rn. 5). Das Gesetz selbst lässt erkennen, dass ein betriebsratsloser Zeitraum nicht immer zu vermeiden ist. Das zeigt die Bestellung des Wahlvorstands durch das Arbeitsgericht, die frühestens acht Wochen vor Ablauf der Amtszeit des Betriebsrats erfolgen kann (§ 16 Abs. 2 Satz 1 BetrVG; eine alternative Bestellung ist durch den

Gesamtbetriebsrat oder, falls ein solcher nicht besteht, den Konzernbetriebsrat möglich, § 16 Abs. 3 Satz 1). Dem Wahlvorstand muss aber auch in diesem Falle eine ausreichende Vorbereitungszeit zur Verfügung stehen. Er darf die Vorbereitungen und damit den Erlass des Wahlausschreibens nur nicht schuldhaft verzögern (vgl. § 18 Abs. 1 Satz 1 BetrVG).

6 Entgegen früherer Rechtslage ist das Wahlausschreiben nur vom **Vorsitzenden und einem weiteren stimmberechtigten Mitglied** des Wahlvorstands zu unterzeichnen, nicht von allen Mitgliedern. Fehlt jegliche Unterschrift, ist das Wahlausschreiben nicht erlassen. Hat nur der Vorsitzende des Wahlvorstands unterzeichnet oder dieser und ein nicht stimmberechtigtes Mitglied (§ 16 Abs. 1 Satz 6 BetrVG), ist dies ein Verfahrensfehler, der noch zu korrigieren ist. Dieser führt aber nicht zur Nichtigkeit des Wahlausschreibens wegen Formmangels und allein grundsätzlich auch nicht zur Anfechtbarkeit der Wahl, die aufgrund dieses Wahlausschreibens durchgeführt worden ist, weil nicht ersichtlich ist, wie dieser Fehler das Wahlergebnis beeinflussen könnte (vgl. auch *ArbG Gelsenkirchen* 15.03.1968 BB 1968, 627; ebenso *Fitting* § 3 WO Rn. 5; *Homburg/DKKW* § 3 WO Rn. 7). Etwas anderes gilt jedoch, wenn aus der Unterzeichnung ernsthafte Zweifel erwachsen können, ob das »Wahlausschreiben« überhaupt vom Wahlvorstand herrührt, z. B. dieses ausschließlich von Wahlhelfern oder Personen unterschrieben ist, die nicht dem Wahlvorstand angehören.

2. Inhalt des Wahlausschreibens

7 Die in Abs. 2 Nr. 1 bis 13 aufgeführten Angaben **müssen** im Wahlausschreiben enthalten sein, andernfalls liegt ein Verstoß gegen eine wesentliche Vorschrift über das Wahlverfahren i. S. v. § 19 Abs. 1 BetrVG vor (ebenso *Fitting* § 3 WO Rn. 6; *Richardi/Forst* § 3 WO Rn. 6; *Wiebauer/LK* § 3 WO Rn. 16; undeutlich auch *Homburg/DKKW* § 3 WO Rn. 10; vgl. zu Mängeln des Wahlausschreibens auch die Nachweise *Kreutz* § 19 BetrVG Rdn. 31). Weitere Angaben sind gemäß Abs. 3 und darüber hinaus nach Ermessen des Wahlvorstands möglich (vgl. dazu Rdn. 24 f.). Zu beachten ist, dass § 31 Abs. 1 Satz 3 WO für die Wahl im vereinfachten Wahlverfahren **weitere Angaben** zwingend vorschreibt (vgl. näher § 31 WO Rdn. 2).

a) Notwendiger Inhalt des Wahlausschreibens (Abs. 2)

8 (1) Das **Datum des Erlasses** ist anzugeben. Dieses muss mit dem Tag des (letzten) Aushangs übereinstimmen, da sich der Zeitpunkt des Erlasses des Wahlausschreibens nach dem Zeitpunkt dieses Aushangs richtet (vgl. Rdn. 3). Das Datum muss ausgeschrieben und aus dem Wahlausschreiben selbst erkennbar sein. Die Angabe einer Uhrzeit ist nicht erforderlich, weil bei der Berechnung der mit dem Erlass beginnenden Fristen (vgl. Rdn. 1) der Erlasstag nicht mitgerechnet wird (§ 41 WO i. V. m. § 187 Abs. 1 BGB, vgl. Rdn. 2). Bei ausschließlicher Bekanntmachung des Wahlausschreibens in elektronischer Form (vgl. Rdn. 3) ist entsprechend dessen Datum anzugeben.

9 (2) Das Wahlausschreiben muss den **Ort der Bekanntgabe der Wählerliste und der Wahlordnung** (vgl. dazu § 2 WO Rdn. 13 f.) enthalten. Eine zeitliche Beschränkung der Einsichtnahme ist zweckmäßigerweise anzugeben (ebenso *Homburg/DKKW* § 3 WO Rn. 12). Bei (ergänzender oder ausschließlicher) elektronischer Bekanntgabe von Wählerliste und WO (§ 2 Abs. 4 Satz 3 und 4 WO) ist anzugeben, wo und wie von diesen Kenntnis genommen werden kann. Das ist ebenfalls zu beachten, wenn auch das Wahlausschreiben in elektronischer Form erlassen wird (§ 3 Abs. 4 Satz 2 und 3); vgl. Rdn. 3. Es ist aber nicht verbindlich festgelegt, dass das Wahlausschreiben in der gleichen Form bekannt zu machen ist wie die Wählerliste.

10 (3) Die Hinweise, dass nur derjenige sein aktives und passives Wahlrecht ausüben kann, der in die **Wählerliste eingetragen** ist (Hinweis gemäß § 2 Abs. 3 WO), und dass **Einsprüche gegen die Wählerliste** nur binnen einer zweiwöchigen Frist schriftlich beim Wahlvorstand eingelegt werden können (Hinweis gemäß § 4 Abs. 1 WO), müssen enthalten sein. Der letzte Tag der Einspruchsfrist muss (unter Datumsangabe) angegeben werden. Der Einspruch gegen die Richtigkeit der Wählerliste kann nur binnen zwei Wochen erfolgen. Diese Frist kann der Wahlvorstand nicht wirksam verkürzen, aber auch nicht verlängern. Die Frist ist gemäß § 41 WO i. V. m. § 186 ff. BGB zu berechnen. Sie beginnt am Tage nach dem Erlass des Wahlausschreibens (§ 187 Abs. 1 BGB; vgl. dazu Rdn. 2 f.). Sie endet mit Ablauf des zwei Wochen später liegenden gleichen Wochentags, an dem das Wahlausschreiben

erlassen worden ist (§ 188 Abs. 2 BGB; *Boemke* BB 2009, 2758 [2759]). § 193 BGB ist ggf. zu beachten. Der Ablauf der Einspruchsfrist kann (uhrzeitgemäß) nicht auf einen Zeitpunkt vor Ablauf des letzten Tages der Frist festgesetzt werden, z. B. auf das Ende der Dienststunden des Wahlvorstands oder auf das Ende der betriebsüblichen Arbeitszeit (**a. A.** 9. Aufl. Rn. 10; zum Problem, das auch bei anderen Fristen besteht [§ 4 WO Rdn. 5, § 6 WO Rdn. 5, § 14 BetrVG Rdn. 76], näher § 4 WO Rdn. 5 m. w. N.). Der Wahlvorstand ist nicht berechtigt, über gesetzliche Fristen zu disponieren. Allerdings erfolgt der Zugang bei einem nach der betriebsüblichen Arbeitszeit eingereichten Einspruch nach allgemeinen rechtsgeschäftlichen Grundsätzen regelmäßig erst am Folgetag (vgl. auch § 4 WO Rdn. 5).

(4) Das Wahlausschreiben hat auf den **Anteil der Geschlechter** (Frauen und Männer) in der Belegschaft (vgl. dazu § 15 BetrVG Rdn. 18) hinzuweisen. Dabei ist der jeweilige prozentuale Anteil anzugeben. Mit dieser Regelung soll § 15 Abs. 2 BetrVG über die Berücksichtigung der Geschlechter im Betriebsrat (vgl. dazu § 15 BetrVG Rdn. 15 ff.) bereits im Vorfeld der Betriebsratswahlen entsprochen werden. Demgemäß hat nach Nr. 4 auch ein Hinweis darauf zu erfolgen, dass nach Maßgabe des § 15 Abs. 2 BetrVG das Geschlecht, das in der Belegschaft in der Minderheit ist (»Geschlecht in der Minderheit«), im Betriebsrat mindestens entsprechend seinem zahlenmäßigen Verhältnis vertreten sein muss, wenn der Betriebsrat mindestens aus drei Mitgliedern besteht. Letzteres ist immer der Fall, wenn das (Regel-)Wahlverfahren nach § 14 BetrVG stattfindet (vgl. § 6 Abs. 1 Satz 1 WO und vor § 1 WO Rdn. 3, 6). Der Wahlvorstand darf einen Wahlvorschlag aber nicht allein deswegen beanstanden, weil die dort vorgesehene Geschlechterverteilung nicht proportional ist oder weniger Bewerber aufweist als Betriebsratssitze dem Geschlecht in der Minderheit mindestens zustehen. Der Hinweis auf § 15 Abs. 2 BetrVG entfällt, wenn im Zeitpunkt des Erlasses des Wahlausschreibens ein Geschlecht überhaupt nicht oder beide Geschlechter in der Belegschaft mit gleichem Anteil vertreten sind (ebenso *Fitting* § 3 WO Rn. 9); denn § 5 Abs. 1 Satz 3 WO legt diesen Tag als Beurteilungsstichtag fest, so dass Änderungen, die danach eintreten, nicht mehr dazu führen können, dass ein Geschlecht Minderheitsgeschlecht wird.

(5) Die Feststellung der **Zahl der zu wählenden Betriebsratsmitglieder** und die Ermittlung der **Mindestsitze** im Betriebsrat, die auf das Geschlecht in der Minderheit entfallen, gehört zur vorbereitenden Tätigkeit des Wahlvorstands. Die Einzelheiten ergeben sich aus den §§ 9, 11 und 15 Abs. 2 BetrVG i. V. m. § 5 WO. Maßgebend sind die Zahlenverhältnisse am Tag des Erlasses des Wahlausschreibens (vgl. § 9 BetrVG Rdn. 17, § 11 BetrVG Rdn. 6, § 15 BetrVG Rdn. 18; vgl. auch § 5 Abs. 1 Satz 3 WO). Die ermittelten Zahlen sind im Wahlausschreiben anzugeben. Eine falsche oder keine Angabe der Mindestsitze kann ein Wahlanfechtungsgrund sein, weil der Ausgang der Wahl hierdurch beeinflusst werden kann (vgl. *Richardi/Forst* § 3 WO Rn. 10; *LAG Rheinland-Pfalz* 22.07.2015 – 7 TaBV 7/15 – juris, Rn. 66 ff.).

(6) Der Wahlvorstand muss die **Mindestzahl der Arbeitnehmer, die zur Unterzeichnung eines Wahlvorschlags der Arbeitnehmer erforderlich** ist, für den konkreten Betrieb genau ermitteln und angeben. Die Mindestzahl ergibt sich aus § 14 Abs. 4 BetrVG (vgl. näher § 14 BetrVG Rdn. 51 ff.). Der Wahlvorstand muss die genauen Zahlen nach Maßgabe der konkreten betrieblichen Verhältnisse angeben. Er darf sich nicht mit der Angabe von Prozentzahlen oder mit dem Hinweis auf die Art ihrer Berechnung begnügen (*Boemke* BB 2009, 2758 [2759]). Nicht zwingend vorgeschrieben, aber praktisch empfehlenswert ist es, im Wahlausschreiben darauf hinzuweisen, dass jeder Wahlberechtigte gemäß § 6 Abs. 5 WO stets nur einen Wahlvorschlag unterzeichnen darf (vgl. dazu § 6 WO Rdn. 18; ebenso *Homburg*/DKKW § 3 WO Rn. 17).

(7) Der Hinweis, dass der **Wahlvorschlag einer im Betrieb vertretenen Gewerkschaft** von zwei Beauftragten unterzeichnet sein muss, entspricht § 14 Abs. 5 BetrVG und weist auf das allgemeine Wahlvorschlagsrecht der im Betrieb vertretenen Gewerkschaften nach § 14 Abs. 3 BetrVG hin (vgl. dazu näher § 14 BetrVG Rdn. 78 ff.). Vgl. auch § 27 WO.

(8) Auch die nach Abs. 2 Nr. 8 erforderlichen Angaben über die **Frist zur Einreichung von Wahlvorschlägen** und deren **Form** (Vorschlagslisten) sind im Wahlausschreiben zu konkretisieren und wörtlich niederzulegen. Die Frist stimmt im Regelfall mit der Frist zur Einlegung von Einsprüchen gegen die Richtigkeit der Wählerliste überein (vgl. Rdn. 10); vgl. zur Festlegung des Fristablaufs auf das Ende der Dienststunden Rdn. 10 sowie § 14 BetrVG Rdn. 76. Für den Fristbeginn ist auf

§ 3 WO *I. 1. Allgemeine Vorschriften*

den Tag nach dem wirksamen Erlass des Wahlausschreibens abzustellen (vgl. Rdn. 3). Die Zwei-Wochen-Frist ist strikt einzuhalten; gibt der Wahlvorstand den Tag, der sich aus § 6 Abs. 1 Satz 2 WO ergibt, nicht exakt an, kann das die Anfechtbarkeit der Wahl begründen (vgl. *BAG* 09.12.1992 EzA § 19 BetrVG 1972 Nr. 38; *LAG Nürnberg* 20.09.2011 – 6 TaBV 9/11 – juris, Rn. 113). Zusätzlich sollte darauf hingewiesen werden, dass gemäß § 6 Abs. 7 WO ein Bewerber nicht auf mehreren Vorschlagslisten vorgeschlagen werden kann. Zur Berechnung der Einreichungsfrist vgl. näher § 6 WO Rdn. 4 ff.

16 (9) Die nach Abs. 2 Nr. 9 erforderliche **Belehrung** über das Wahlverfahren ist ausdrücklich vorzunehmen. Es genügt auch hier nicht die bloße Verweisung auf die Bestimmungen der WO.

17 (10) Der **Ort**, an dem die **Wahlvorschläge aushängen**, ist anzugeben, vgl. § 10 WO Rdn. 5. Die ausschließliche Bekanntgabe der Wahlvorschläge in **elektronischer Form** erfasst Nr. 10 nicht, obwohl diese Form der Bekanntgabe zulässig ist (vgl. § 10 WO Rdn. 5). Da § 3 Abs. 2 Nr. 2 WO dieser Form ausdrücklich Rechnung trägt, ist von einem Versehen des Verordnungsgebers auszugehen, das in entsprechender Anwendung der in Nr. 2 genannten Angaben bei einer ausschließlichen Bekanntgabe der Wahlvorschläge in elektronischer Form rechtsfortbildend zu korrigieren ist.

18 (11) **Ort, Tag und Zeit der Stimmabgabe** hat der Wahlvorstand schon im Rahmen der vorbereitenden Tätigkeit festzulegen und anzugeben. Auf die Einhaltung der Mindestfrist nach Abs. 1 Satz 1 ist besonders zu achten. Darüber hinaus ist insbesondere zu bestimmen, welche Räume als Wahllokale dienen sollen. Der Ort der Stimmabgabe muss so genau bezeichnet werden, dass er von den Wahlberechtigten ohne Schwierigkeit gefunden werden kann (*Boemke* BB 2009, 2758 [2760]). Bei mehreren vorhandenen Räumen ist exakt der Raum zu benennen, in dem die Stimmabgabe erfolgen soll (*LAG Düsseldorf* 03.08.2007 – 9 TaBV 41/07 – juris, Rn. 54 ff.). Die Stimmabgabe kann auf mehrere Tage erstreckt und auf die Dienstzeit beschränkt werden. Aus § 20 Abs. 3 Satz 2 BetrVG ist abzuleiten, dass die Stimmabgabe **während der Arbeitszeit** erfolgen kann und in der Regel auch muss (vgl. *Kreutz* § 20 BetrVG Rdn. 65; *Boemke* BB 2009, 2758 [2760]). Die Zeit der Stimmabgabe braucht sich jedoch nicht mit der betrieblichen Arbeitszeit an dem oder den Wahltagen zu decken. Die **Einrichtung von Wahlstunden** ist zulässig, sofern nur allen Wahlberechtigten, insbesondere bei Schichtdienst, die Ausübung ihres Wahlrechts ermöglicht wird (*LAG Düsseldorf* 16.06.2011 – 4 TaBV 86/10 – juris, Rn. 37; *Boemke* BB 2009, 2758 [2760]; *Fitting* § 3 WO Rn. 21; zust. *Homburg/DKKW* § 3 WO Rn. 24; vgl. auch *LAG Niedersachsen* 09.03.2011 – 17 TaBV 41/10 – juris, Rn. 39). Bei einem Betrieb mit zwei Schichten kann die Wahlzeit z. B. so gelegt werden, dass sie anteilig in beide Schichten fällt. Alternativ kann es in einem solchen Betrieb mit vielen Filialen genügen, allen wahlberechtigten Arbeitnehmern in den jeweiligen Filialen Briefwahlunterlagen auszuhändigen und sie darauf hinzuweisen, dass sie – sollten sie am Wahltag aus persönlichen Gründen nicht an der Wahl teilnehmen können – die Möglichkeit der Briefwahl haben (*LAG Düsseldorf* 16.06.2011 – 4 TaBV 86/10 – juris, Rn. 38). Die Durchführung einer Urnenwahl mittels »Mobiler Wahl-Teams«, welche die Wahlberechtigten in einzelnen Filialen zwecks Stimmabgabe nach Maßgabe eines bestimmten »Tourenplanes« besuchen, ist grundsätzlich nicht zu beanstanden; erforderlich ist aber, dass der Tourenplan die Aufenthaltszeiten in jeder Filiale exakt festlegt, diese in dem Wahlausschreiben bekannt gemacht werden und die Aufenthaltszeiten in den einzelnen Filialen so bemessen sind, dass für die Wahlberechtigten die ungeschmälerte Chance zu einer persönlichen Stimmabgabe besteht (*Boemke* BB 2009, 2758 [2760]; vgl. *LAG Brandenburg* 27.11.1998 NZA-RR 1999, 418 [419], das im konkreten Fall die Voraussetzung jedoch verneinte; wenn die Abstimmungszeiten in verschiedenen Wahllokalen unterschiedlich bestimmt werden, genügt es nach *LAG München* [27.02.2007 – 8 TaBV 89/06 – juris, Rn. 83], dass im Wahlausschreiben auf eine Anlage verwiesen wird, die den genauen Zeitplan enthält).

19 Der im Wahlausschreiben festgesetzte **Wahltermin** kann grundsätzlich nicht mehr ohne Aufhebung des Wahlausschreibens **geändert** werden. Falls der Wahltermin verlegt werden muss, ist die Wahl neu auszuschreiben (vgl. *LAG Hamm* 28.03.1974 DB 1974, 1241; *Bitzer* Die Wahl der Betriebsvertretungen, S. 19; *Homburg/DKKW* § 3 WO Rn. 34). Wird die im Wahlausschreiben angegebene Zeit für die Stimmabgabe nachträglich geändert und die Änderung nur mündlich bekannt gegeben, liegt darin ein Verstoß gegen eine wesentliche Wahlvorschrift i. S. v. § 19 Abs. 1 BetrVG vor (vgl. *BAG* 11.03.1960 AP Nr. 13 zu § 18 BetrVG; zust. *Fitting* § 3 WO Rn. 22; *Homburg/DKKW* § 3 WO Rn. 34). Förmliche Änderungen des Wahlausschreibens in Bezug auf die **Wahlstunden** innerhalb des gleich bleibenden Wahltages oder bezüglich eines Wahllokals erscheinen dagegen möglich, wenn zwingende be-

triebliche Gründe dafür vorliegen und die Veränderung noch rechtzeitig vor dem Wahltermin so bekannt gemacht wird, dass alle Wahlberechtigten davon Kenntnis nehmen können, so dass keine Einschränkung ihres Wahlrechts eintritt (ebenso *Fitting* § 3 WO Rn. 22; *Homburg/DKKW* § 3 WO Rn. 34). Dementsprechend kann auch die im ursprünglichen Wahlausschreiben fehlende Angabe des **Ortes** der Wahllokale (oder der Zeit der Wahlstunden am Wahltag) noch ergänzt werden (so für die Ergänzung des Ortes der Wahllokale auch *BAG* 19.09.1985 EzA § 19 BetrVG 1972 Nr. 22 [die Ergänzung muss aber so rechtzeitig erfolgen, dass für die Wahlberechtigten keine Einschränkung ihres Wahlrechts eintritt, vgl. dazu auch Rdn. 29]). Bezüglich Ort und Uhrzeit der Stimmabgabe gilt das erst recht, wenn der Wahlvorstand diese Angaben im Wahlausschreiben aus sachlichen Gründen noch nicht machen kann und sich deshalb zunächst auf den Hinweis beschränkt, dass diese Angaben in gleicher Weise wie das Wahlausschreiben durch Aushang bekannt gemacht werden, sofern das dann auch rechtzeitig geschieht (vgl. auch *Fitting* § 3 WO Rn. 19).

Die Betriebsteile und (nach § 4 Abs. 2 BetrVG zugeordnete) Kleinstbetriebe, für die nach § 24 Abs. 3 WO ausschließlich **schriftliche Abstimmung** beschlossen wurde, sind im Wahlausschreiben genau zu bezeichnen. Dabei muss klar werden, dass Urnenwahl nicht in Betracht kommt. **20**

(12) Die **Betriebsadresse des Wahlvorstands** ist ortsgenau anzugeben. Sie ist abhängig von den betrieblichen Umständen. Ist (in größeren Betrieben) ein Arbeitszimmer des Wahlvorstands vorhanden, das zu regelmäßigen Zeiten besetzt ist, kommt dieses als Betriebsadresse in Betracht. Sonst kann der Arbeitsplatz des Vorsitzenden des Wahlvorstands als Betriebsadresse bestimmt werden (dabei muss zumindest dessen Name angegeben werden; *Boemke* BB 2009, 2758 [2760]; vgl. auch *LAG Berlin* 10.02.1986 LAGE § 19 BetrVG 1972 Nr. 4 S. 12), aber auch eine andere Stelle kommt in Betracht. Es ist zulässig und vor allem zweckmäßig, die Dienststunden des Wahlvorstands anzugeben, in denen (schriftliche) Erklärungen entgegengenommen werden. **21**

An die Betriebsadresse des Wahlvorstands gelangte **Erklärungen werden wirksam**, wenn sie einem dort befindlichen Mitglied des Wahlvorstands gegenüber abgegeben oder in einen Briefkasten, der zum Empfang von Mitteilungen bestimmt ist, eingeworfen werden. Zwar ist entsprechend § 26 Abs. 2 Satz 2 BetrVG nur der Vorsitzende des Wahlvorstands oder sein Stellvertreter zur Entgegennahme von Erklärungen, die dem Wahlvorstand gegenüber abzugeben sind, berechtigt (vgl. § 1 WO Rdn. 7). Diese Berechtigung haben aber auch die durch besonderen Beschluss oder durch die Geschäftsordnung dazu ermächtigten Mitglieder des Wahlvorstands, selbst wenn sie nicht stimmberechtigt sind (§ 16 Abs. 1 Satz 6 BetrVG). Darüber hinaus bedeutet die Angabe einer Betriebsadresse auch, dass diejenigen, die dem Wahlvorstand gegenüber eine Erklärung abzugeben, Vorschlagslisten einzureichen haben usw., ihren Zweck an diesem Orte erreichen müssen. Sie brauchen nicht zu warten, bis eine empfangsberechtigte Person anwesend ist. Insoweit sind daher die allgemeinen Grundsätze über den Zugang von Willenserklärungen anzuwenden. Das ist wichtig für die Einhaltung und den Lauf von Fristen. Das Risiko der Kenntnisnahme des Vorsitzenden von der an die Betriebsadresse gelangten Erklärung trägt nicht mehr der Erklärende, wenn er unter regelmäßigen Umständen damit rechnen kann, dass ein Empfangsberechtigter (rechtzeitig) Kenntnis nehmen kann. Ist der als Betriebsadresse benannte Ort nicht mit einem Empfangsberechtigten besetzt, muss sich der Wahlvorstand die rechtzeitig dorthin gelangte Erklärung als rechtzeitig wirksam geworden zurechnen lassen. Nicht Empfangsberechtigte des Wahlvorstands sind nur dann bloße Boten, wenn ihnen gegenüber außerhalb der Betriebsadresse und außerhalb der angegebenen Dienstzeiten Erklärungen abgegeben oder ihnen Schriftstücke ausgehändigt werden. In diesen Fällen werden die Erklärungen erst wirksam und gehen Schriftstücke (z. B. Vorschlagslisten) erst zu, wenn sie dem Vorsitzenden des Wahlvorstands oder einem anderen empfangsberechtigten Mitglied zugehen. Dem Vorsitzenden können Erklärungen fristwahrend aber auch außerhalb der Betriebsadresse zugehen (ebenso *Fitting* § 3 WO Rn. 26; *Wiebauer/LK* § 3 WO Rn. 14; **a. A.** wohl *Homburg/DKKW* § 3 WO Rn. 27). **22**

(13) Die **Auszählung der Stimmen** erfolgt nach § 18 Abs. 3 Satz 1 BetrVG, § 13 WO (betriebs-)öffentlich (vgl. *Kreutz* § 18 BetrVG Rdn. 33). Um eine Teilnahme der Wahlberechtigten zu erleichtern, legt Abs. 2 Nr. 13 fest, dass Ort, Tag und Zeit der öffentlichen Stimmauszählung bereits in dem Wahlausschreiben bekannt zu geben sind. Damit verhindert der Verordnungsgeber insbesondere, dass eine Betriebsratswahl erfolgreich angefochten werden kann, weil es der Wahlvorstand unterlassen hat, Ort und Zeit der Auszählung vorher öffentlich bekannt zu machen (vgl. dazu vor allem noch *BAG* **23**

15.11.2000 EzA § 18 BetrVG 1972 Nr. 9, jetzt aber überholt wegen Abs. 2 Nr. 13; das wird verkannt von *LAG München* 10.03.2008 – 6 TaBV 187/07 – juris, Rn. 29). Im Übrigen gelten die Ausführungen zu Änderungen in Rdn. 19 entsprechend.

b) Weitere Hinweise im Wahlausschreiben (Abs. 3)

24 Im Unterschied zu der Berücksichtigung des Geschlechts in der Minderheit bei der Zusammensetzung des Betriebsrats, die nach § 3 Abs. 2 Nr. 4 und 5 WO zu den Mindestangaben des Wahlausschreibens gehört und der Umsetzung zwingender Vorgaben in § 15 Abs. 2 BetrVG dient (vgl. Rdn. 11 f.), trägt Abs. 3 der »Sollvorschrift« in § 15 Abs. 1 BetrVG Rechnung. Ob der Wahlvorstand den Hinweis in das Wahlausschreiben aufnimmt, ist eine Zweckmäßigkeitsentscheidung, in welche die Größe und Eigenart des Betriebs sowie die Zusammensetzung der Arbeitnehmerschaft des Betriebs einfließen. Unterbleibt der Hinweis, bleiben das Wahlausschreiben wirksam und die Betriebsratswahl gültig (i. E. ebenso *Fitting* § 3 WO Rn. 28).

25 Der Wahlvorstand kann nach Abs. 3 nach seinem Ermessen **weitere Hinweise** in das Wahlausschreiben aufnehmen, falls das aufgrund der besonderen betrieblichen Umstände sachdienlich ist (vgl. *Fitting* § 3 WO Rn. 6; *Homburg/DKKW* § 3 WO Rn. 29). Das gilt etwa für Ort und Zeit der öffentlichen Sitzung des Wahlvorstands nach § 26 Abs. 1 WO, wenn diese erst nach Abschluss der Wahl stattfinden kann (vgl. § 26 WO Rdn. 2). Ist eine Bekanntmachung der Zusammensetzung des Wahlvorstands nicht erfolgt, sollte sie im Wahlausschreiben erfolgen. Die weiteren Hinweise sollten aber in engen Grenzen gehalten werden, damit nicht die zwingend vorgeschriebenen Angaben in ihrer Bedeutung zurücktreten (zust. *Fitting* § 3 WO Rn. 6). Hinweise dürfen schließlich keinerlei auch nur mittelbare Wahlbeeinflussung i. S. v. § 20 Abs. 2 BetrVG darstellen (ebenso *Fitting* § 3 WO Rn. 6; *Richardi/Forst* § 3 WO Rn. 6; *Homburg/DKKW* § 3 WO Rn. 29).

3. Bekanntgabe des Wahlausschreibens (Abs. 4)

26 Mindestens eine (ordnungsgemäß unterschriebene; vgl. Rdn. 6) Abschrift oder ein Abdruck (nicht das Original) des Wahlausschreibens ist bis zum Abschluss der Stimmabgabe im Betrieb so bekannt zu geben, dass alle Wahlberechtigten davon Kenntnis nehmen können (Abs. 4). Vgl. zur Bedeutung der Bekanntmachung für den Erlass des Wahlausschreibens Rdn. 3. Für die Bekanntmachung sieht Abs. 4 vor allem den **Aushang im Betrieb** an einer oder mehreren den Wahlberechtigten zugänglichen Stellen vor (Abs. 4 Satz 1). Die Zahl der Aushänge muss so bemessen werden, dass alle Wahlberechtigten in zumutbarer Weise Kenntnis nehmen können. Daraus folgt, dass in einem Betrieb, der an verschiedenen Orten Deutschlands Betriebsstätten hat, an all diesen Orten ein Aushang zur ordnungsgemäßen Bekanntmachung erforderlich ist (*BAG* 05.05.2004 EzA § 19 BetrVG 2001 Nr. 3; *Gräfl* FS *Bepler*, 2012, S. 185 [189]). Insofern reicht der Aushang in der Hauptbetriebsstätte nicht aus, selbst wenn dieser Aushang ggf. für mehrere Betriebsstätten innerhalb eines Ortes genügt (*BAG* 05.05.2004 EzA § 19 BetrVG 2001 Nr. 3 Rn. 23; vgl. auch *BAG* 21.01.2009 EzA § 19 BetrVG 2001 Nr. 7 Rn. 18 = AP Nr. 61 zu § 19 BetrVG 1972). Erforderlich ist der Aushang des Wahlausschreibens in jeder Betriebsstätte (wohl auch *Boemke* BB 2009, 2758 [2761 f.]). Die Aushänge sind stets in gut lesbarem Zustand zu erhalten; deshalb empfiehlt sich ein Aushang unter Glas. Besteht diese Möglichkeit nicht, muss ein Mitglied des Wahlvorstands den Aushang täglich auf seine Vollständigkeit und Lesbarkeit überprüfen (ggf. durch Nachfragen bei Mitarbeitern in den einzelnen Betriebsstätten; *BAG* 05.05.2004 EzA § 19 BetrVG 2001 Nr. 3 Rn. 24); nötigenfalls ist eine neue Abschrift auszuhängen. Insoweit handelt es sich um eine wesentliche Vorschrift über das Wahlverfahren, deren Verletzung die Wahlanfechtung begründen kann, wenn dadurch das Wahlergebnis beeinflusst werden konnte (vgl. *BAG* 05.05.2004 EzA § 19 BetrVG 2001 Nr. 3 Rn. 26; *LAG Hamm* 03.05.2007 – 10 TaBV 112/06 – juris, Rn. 64), z. B. weil Arbeitnehmer vom Wahlausschreiben keine Kenntnis nehmen konnten. Der Ort, an dem das Wahlausschreiben aushängt, und der Ort, an dem Abdrucke der Wählerlisten und der Wahlordnung ausliegen (§ 2 Abs. 4 WO), müssen nicht identisch sein. Für die Bekanntmachung des Wahlausschreibens genügt die postalische Zusendung an die Arbeitnehmer nicht (*Boemke* BB 2009, 2758 [2762]). Zum einen könnte dann nicht sicher geklärt werden, an welchem Tag die Wahl eingeleitet wäre, zum anderen spricht auch § 2 Abs. 4 Satz 1 von »einer (geeigneten) Stelle im Betrieb«. Weiterhin eröffnet § 3 Abs. 4 Satz 2 WO die auch für die Wählerliste bestehende Möglichkeit einer **zu-**

sätzlichen Bekanntmachung mit Hilfe der im Betrieb bereits vorhandenen Informations- und Kommunikationstechnik. In diesen Fällen ist nur der Aushang maßgeblich, da das Wahlausschreiben nur durch den Aushang wirksam bekannt gemacht werden kann (*BAG* 21.01.2009 EzA § 19 BetrVG 2001 Nr. 7 Rn. 18 = AP Nr. 61 zu § 19 BetrVG 1972). Eine (zusätzliche) Bekanntmachung in elektronischer Form, welche die Voraussetzungen von §§ 3 Abs. 4 Satz 3, 2 Abs. 4 Satz 4 erfüllt, genügt allerdings, wenn der Aushang des Wahlausschreibens unzureichend ist (offen gelassen von *BAG* 21.01.2009 EzA § 19 BetrVG 2001 Nr. 7 Rn. 18 = AP Nr. 61 zu § 19 BetrVG 1972). Darüber hinaus ist wie bei der Wählerliste (§ 2 Abs. 4 Satz 4 WO) auch eine **ausschließlich elektronische Bekanntmachung** des Wahlausschreibens möglich (insoweit skeptisch offenbar *Boemke* BB 2009, 2758 [2762]: »soll möglich sein«), die Aushänge im Betrieb entbehrlich macht. Das bestimmt **§ 3 Abs. 4 Satz 3 WO**. Diese Bestimmung ist eine eigenständige Regelung, indem sie eine Einschränkung der entsprechende Geltung von § 2 Abs. 4 Satz 4 WO anordnet, nicht etwa nur zur Konkretisierung der zuvor in § 3 Abs. 4 Satz 2 WO zugelassenen ergänzenden Bekanntmachung in elektronischer Form (zutr. *Richardi/Forst* § 3 WO Rn. 18 unter zutr. Hinweis auf die Begründung des Verordnungsgebers zu § 3 Abs. 4 WO [BR-Drucks. 838/01, S. 29]; i. E. ganz unbefangen ebenso auch *BAG* 05.05.2004 EzA § 19 BetrVG 2001 Nr. 3 unter B I 1; *Fitting* § 3 WO Rn. 29; *Homburg/DKKW* § 3 WO Rn. 2). In entsprechender Anwendung von § 2 Abs. 4 Satz 4 WO ist dem Wahlvorstand eine ausschließliche Bekanntmachung des Wahlausschreibens in elektronischer Form aber nur unter den dort genannten restriktiven Voraussetzungen gestattet (vgl. dazu näher § 2 WO Rdn. 14). Das bedeutet, dass es allen Arbeitnehmern möglich sein muss, von der Bekanntmachung Kenntnis zu erlangen, und dass Vorkehrungen getroffen sein müssen, dass Änderungen der Bekanntmachung nur vom Wahlvorstand und nicht von Dritten wie z. B. von Systemadministratoren vorgenommen werden können (*BAG* 21.01.2009 EzA § 19 BetrVG 2001 Nr. 7 Rn. 21 = AP Nr. 61 zu § 19 BetrVG 1972). Es müssen insbesondere Sicherungsvorkehrungen bestehen, welche die elektronische Bekanntmachung vor einer unbefugten Änderung schützen. Es genügt nicht, dass bei einer tatsächlichen Veränderung durch Dritte diese arbeitsrechtlich ohne Mitwirkung von Mitgliedern des Wahlvorstands dazu nicht berechtigt sind (*BAG* 21.01.2009 EzA § 19 BetrVG 2001 Nr. 7 Rn. 21 = AP Nr. 61 zu § 19 BetrVG 1972; **a. A.** *Jansen* DB 2006, 334 [335]). Die Bekanntmachung der Wählerliste (und der Wahlordnung) und diejenige des Wahlausschreibens müssen nicht in gleicher Form (Aushang oder elektronischer Form) erfolgen. Die für die Bekanntmachung des Wahlausschreibens gewählte Form entfaltet aber eine Bindungswirkung für die weiteren Bekanntmachungen während des Wahlverfahrens, da die Wahlordnung zwingend festlegt, dass diese in gleicher Weise bekannt zu machen sind wie das Wahlausschreiben, so für die Nachfristsetzung für Vorschlagslisten (§ 9 Abs. 1 WO), die Bekanntmachung der als gültig anerkannten Vorschlagslisten (§ 10 Abs. 2 WO) und die Bekanntmachung der endgültig feststehenden gewählten Betriebsratsmitglieder (§ 18 Satz 1 WO).

III. Berichtigung, Ergänzung und Neuerlass des Wahlausschreibens

§ 3 Abs. 1 Satz 1, Abs. 2 und 4 WO sind wesentliche Vorschriften über das Wahlverfahren. Ein Verstoß gegen diese Bestimmungen kann daher die Anfechtbarkeit der Wahl nach § 19 Abs. 1 BetrVG begründen, **wenn eine Berichtigung nicht erfolgt** und der Verstoß das Wahlergebnis beeinflussen konnte. Daraus ergibt sich zugleich, dass ein solcher Verstoß berichtigt werden kann und die Berichtigung immer vorzugswürdig ist, weil sie den bis dahin bestehenden Anfechtungsgrund beseitigt (vgl. *Kreutz* § 19 BetrVG Rdn. 36). Da ein förmliches Einspruchsverfahren gegen die Richtigkeit des Wahlausschreibens nicht vorgesehen ist, kann der Wahlvorstand von sich aus die Berichtigung vornehmen, ggf. auf »Antrag«. Dabei hängt es von der Art des Verstoßes ab, in welcher Weise der Berichtigung zu erfolgen hat. Bei einem fehlerhaften Wahlausschreiben kommen der Abbruch des bereits eingeleiteten Wahlverfahrens und der **Neuerlass** eines Wahlausschreibens, und damit die Neueinleitung der Wahl, sowie andererseits (weniger einschneidend) die **Ergänzung** und **Berichtigung** des bekannt gemachten Wahlausschreibens in Betracht. In allen Fällen ist ein entsprechender **Beschluss** des Wahlvorstandes erforderlich. 27

Der **Neuerlass** des Wahlausschreibens ist in allen Fällen **erforderlich**, in denen eine Ergänzung oder Berichtigung (Änderung) des Wahlausschreibens nicht in Betracht kommt, insbesondere wenn der 28

Wahltermin zur Einhaltung der Mindestfrist nach § 3 Abs. 1 Satz 1 WO geändert werden muss (vgl. Rdn. 19). Eine Berichtigung und Ergänzung ist nur in engen Grenzen möglich, weil das Wahlausschreiben nach § 3 Abs. 1 Satz 1 WO sechs Wochen vor der Stimmabgabe erlassen werden muss, damit die Wahlberechtigten sich auf seiner Grundlage ausreichend informieren und mit gleichen Chancen an der Wahl teilnehmen können (vgl. *BAG* 19.09.1985 EzA § 19 BetrVG 1972 Nr. 22 S. 87). Gleichwohl ist die Berichtigung und Ergänzung **nicht** auf **offensichtliche** Unrichtigkeiten (Schreib- und Rechenfehler, z. B. wenn die Angabe der Zahl zu wählender Betriebsratsmitglieder mit der Zahl der auf die Geschlechter entfallenden Sitze nicht übereinstimmt) beschränkt (so aber *LAG Frankfurt a. M.* 03.12.1985 DB 1987, 54, das die unzutreffende Angabe der Sitzverteilung auf die Gruppen deshalb für nicht berichtigungsfähig hielt; *LAG München* 14.04.1987 LAGE § 18 BetrVG 1972 Nr. 2 S. 2 hinsichtlich der Zahl der zu wählenden Betriebsratsmitglieder; ebenso *LAG Frankfurt a. M.* 21.03.1990 DB 1991, 239; *Richardi/Forst* § 3 WO Rn. 19 in entsprechender Anwendung von § 6 Abs. 4 BPersVWO); eine solche Korrektur ist aber unstr. möglich (vgl. *Bitzer* Die Wahl der Betriebsvertretungen, S. 19; *Wiebauer/LK* § 3 WO Rn. 17; *Homburg/DKKW* § 3 WO Rn. 30). Bei **offensichtlichen Unrichtigkeiten** wird teilweise eine Ergänzung oder Berichtigung des Wahlausschreibens ohne Weiteres für zulässig gehalten, wenn sie die Wahlchancen nicht beeinträchtigt (*Boemke* BB 2009, 2758 [2762] für Schreibfehler). Dagegen spricht, dass nicht für jeden ohne Weiteres erkennbar ist, wann eine Unrichtigkeit **offensichtlich** ist.

29 Maßgeblich ist, dass die **Berichtigung oder Ergänzung** so rechtzeitig erfolgt, dass der Wählerwille nicht über eine Einschränkung des Wahlrechts der Wahlberechtigten beeinflusst wird und das Wahlverfahren noch ordnungsgemäß ablaufen kann (ebenso *BAG* 19.09.1985 EzA § 19 BetrVG 1972 Nr. 22 S. 86; *Fitting* § 3 WO Rn. 3; zust. *Homburg/DKKW* § 3 WO Rn. 30; näher *Nießen* Fehlerhafte Betriebsratswahlen, S. 450 ff.); insbesondere dürfen Fristen nicht verkürzt werden. Auch Fristen können aber berichtigt werden, insbesondere wenn der letzte Tag der Frist für Einsprüche gegen die Wählerliste (Abs. 2 Nr. 3) oder zur Einreichung von Wahlvorschlägen (Abs. 2 Nr. 8) fehlerhaft berechnet und deshalb nicht korrekt angegeben ist, insbesondere wenn dadurch die Frist verkürzt ist. Hat der Wahlvorstand die Zahl der Betriebsratsmitglieder und ihre Verteilung auf die Geschlechter (Abs. 2 Nr. 5) falsch berechnet, weil er irrtümlich Arbeitnehmer nicht berücksichtigt (oder berücksichtigt) hat, ist eine Berichtigung so lange zulässig, wie noch keine Wahlvorschläge eingereicht sind (so auch *Wiebauer/LK* § 3 WO Rn. 18). Darüber hinaus bestehen gegen die Berichtigung von Rechenfehlern bei der Ermittlung der Zahl der Betriebsratssitze und der auf das Geschlecht in der Minderheit entfallenden Mindestsitze (Abs. 2 Nr. 5) und der Zahl der Arbeitnehmer, die einen Wahlvorschlag der Arbeitnehmer zu unterzeichnen haben (Abs. 2 Nr. 6), keine Bedenken, wenn die Wahlvorschlagsfrist entsprechend verlängert wird und die Bekanntmachung von Wahlvorschlägen gemäß §§ 10 Abs. 2, 27 Abs. 1 WO noch rechtzeitig erfolgen kann (zustimmend *LAG Hamm* 14.05.2010 – 13 TaBVGa 12/10 – juris, Rn. 4: Berichtigungen bei der Zahl der regelmäßig im Betrieb beschäftigten Arbeitnehmer und der daran anknüpfenden Zahl der zu wählenden Betriebsratsmitglieder nach Ablauf der zweiwöchigen Frist sind möglich; dagegen verlangen *Fitting* § 3 WO Rn. 14 und *Homburg/DKKW* § 3 WO Rn. 31 f. für den Fall [aber auch nur für diesen], dass zwischen der Bekanntmachung der Änderung und dem Ablauf der Einreichungsfrist für Wahlvorschläge nicht mindestens eine Woche liegt, pauschal die Setzung einer Nachfrist von einer Woche; das wird mit einer Analogie zu § 6 Abs. 2 Satz 1 WO 1972 bei *Fitting* aber unstimmig begründet; die von *Homburg* befürwortete entsprechende Anwendung des § 9 Abs. 1 WO ist mangels gleicher Interessenlage nicht tragfähig; die Verlängerung ganz ablehnend *Wiebauer/LK* § 3 WO Rn. 18). Ist das Datum des Erlasses (Abs. 2 Nr. 1) zu korrigieren, insbesondere wenn sich herausstellt, dass der letzte Aushang erst später erfolgt ist (vgl. Rdn. 3), sind notwendige Folgeänderungen zu beachten (letzter Tag der Frist gemäß Abs. 2 Nr. 3 und 8). Muss auch der Tag der Stimmabgabe geändert werden, ist ein Neuerlass des Wahlausschreibens erforderlich; zu Änderungen und Ergänzungen von Ort und Zeit der Stimmabgabe (Abs. 2 Nr. 11) vgl. Rdn. 19. In Zweifels- und Streitfällen sollte sich der Wahlvorstand, insbesondere wenn nur geringe Verzögerungen in Kauf zu nehmen sind, zu einem Neuerlass eines Wahlausschreibens entschließen.

30 Der Erlass eines Wahlausschreibens als Entscheidung des Wahlvorstands kann bereits während des Wahlverfahrens vor dem Arbeitsgericht mit Antrag in Beschlussverfahren angegriffen werden (vgl. dazu näher *Kreutz* § 18 BetrVG Rdn. 80 ff., 83). In Betracht kommt dabei insbesondere auch ein Antrag auf Erlass einer einstweiligen (Leistungs-)Verfügung. Antragsziel kann die Verpflichtung des Wahl-

vorstands durch das Gericht sein, das Wahlausschreiben zu berichtigen oder zu ergänzen oder, sofern eine solche Berichtigung nicht mehr möglich ist, das Wahlverfahren abzubrechen und durch ein neues Wahlausschreiben neu einzuleiten (vgl. dazu näher *Kreutz* § 18 BetrVG Rdn. 90, 94 ff.). Schließlich kann sich die Verpflichtung des Wahlvorstands zum Neuerlass auch aus der rechtskräftigen Entscheidung des Arbeitsgerichts in einem Betriebsabgrenzungsverfahren nach § 18 Abs. 2 BetrVG ergeben (vgl. dazu *Kreutz* § 18 BetrVG Rdn. 56 ff., 69; zust. *Homburg/DKKW* § 3 WO Rn. 34).

§ 4
Einspruch gegen die Wählerliste

(1) **Einsprüche gegen die Richtigkeit der Wählerliste** können mit Wirksamkeit für die Betriebsratswahl nur vor Ablauf von zwei Wochen seit Erlass des Wahlausschreibens beim Wahlvorstand schriftlich eingelegt werden.

(2) Über Einsprüche nach Absatz 1 hat der Wahlvorstand unverzüglich zu entscheiden. Der Einspruch ist ausgeschlossen, soweit er darauf gestützt wird, dass die Zuordnung nach § 18a des Gesetzes fehlerhaft erfolgt sei. Satz 2 gilt nicht, soweit die nach § 18a Abs. 1 oder 4 Satz 1 und 2 des Gesetzes am Zuordnungsverfahren Beteiligten die Zuordnung übereinstimmend für offensichtlich fehlerhaft halten. Wird der Einspruch für begründet erachtet, so ist die Wählerliste zu berichtigen. Die Entscheidung des Wahlvorstands ist der Arbeitnehmerin oder dem Arbeitnehmer, die oder der den Einspruch eingelegt hat, unverzüglich schriftlich mitzuteilen; die Entscheidung muss der Arbeitnehmerin oder dem Arbeitnehmer spätestens am Tage vor dem Beginn der Stimmabgabe zugehen.

(3) Nach Ablauf der Einspruchsfrist soll der Wahlvorstand die Wählerliste nochmals auf ihre Vollständigkeit hin überprüfen. Im Übrigen kann nach Ablauf der Einspruchsfrist die Wählerliste nur bei Schreibfehlern, offenbaren Unrichtigkeiten, in Erledigung rechtzeitig eingelegter Einsprüche oder bei Eintritt von Wahlberechtigten in den Betrieb oder bei Ausscheiden aus dem Betrieb bis zum Tage vor dem Beginn der Stimmabgabe berichtigt oder ergänzt werden.

Inhaltsübersicht	Rdn.
I. Einlegung des Einspruchs	1–7
1. Gegenstand des Einspruchs	1
2. Einspruchsberechtigung	2–4
3. Einspruchsfrist	5, 6
4. Form des Einspruchs	7
II. Entscheidung des Wahlvorstands	8–14
1. Allgemein	8–10
2. Einspruch bei Zuordnung nach § 18a BetrVG	11–14
III. Prüfung und Berichtigung von Amts wegen	15–20

I. Einlegung des Einspruchs

1. Gegenstand des Einspruchs

Einsprüche können nur **gegen** die **Richtigkeit der Wählerliste** eingelegt werden. Die Wählerliste ist unrichtig, wenn
- nicht wahlberechtigte Arbeitnehmer in die Wählerliste aufgenommen worden sind,
- wahlberechtigte Arbeitnehmer in der Wählerliste fehlen,
- ein wahlberechtigter Arbeitnehmer in der Wählerliste dem falschen Geschlecht zugeteilt worden ist.

1

Darüber hinaus ist die Wählerliste nur bei (Schreib-)Fehlern bezüglich Name, Vorname und ggf. des Geburtsdatums (vgl. dazu § 2 WO Rdn. 5) oder dann unrichtig, wenn sie unzutreffende andere oder unzulässige weitere Angaben enthält (vgl. zu Mängeln der Wählerliste m. w. N. *Kreutz* § 19 BetrVG Rdn. 31).

Andere Maßnahmen des Wahlvorstands (z. B. Form oder Zeitpunkt der Auslegung der Wählerliste, Richtigkeit des Wahlausschreibens) können nicht durch förmlichen Einspruch angegriffen werden; insoweit kommt während des Wahlverfahrens das sog. vorgeschaltete Kontrollverfahren (vgl. dazu näher *Kreutz* § 18 BetrVG Rdn. 80 ff., insbesondere zum Antrag auf Erlass einstweiliger Verfügung § 18 BetrVG Rdn. 90 ff.) und danach die Wahlanfechtung nach § 19 BetrVG in Betracht. Zur Prüfung und Berichtigung der Wählerliste von Amts wegen vgl. Rdn. 15 ff.

2. Einspruchsberechtigung

2 **Jeder Arbeitnehmer** ist einspruchsberechtigt. Der Arbeitnehmer darf nicht nur die Verletzung des eigenen Wahlrechts geltend machen, sondern auch, dass andere Arbeitnehmer nicht oder zu Unrecht in die Wählerliste aufgenommen worden sind. Unmittelbare **Eigenbetroffenheit** ist **nicht erforderlich** (unstr.; vgl. *Fitting* § 4 WO Rn. 2; *Wiebauer/LK* § 4 WO Rn. 4; *Richardi/Forst* § 4 WO Rn. 4; *Homburg/DKKW* § 4 WO Rn. 14). Der Personenkreis gemäß **§ 5 Abs. 2 und 3 BetrVG** kann sich durch den Einspruch gegen die Aufnahme in die Wählerliste wehren. Umgekehrt dürfen Arbeitnehmer, die vom Wahlvorstand wegen § 5 Abs. 2 und 3 BetrVG nicht in der Wählerliste berücksichtigt worden sind, ihre Eintragung verlangen (vgl. auch *LAG Stuttgart* 31.05.1972 BB 1972, 918; *LAG Hamm* 27.04.1972 DB 1972, 1297); dabei ist in den Fällen des § 5 Abs. 3 BetrVG aber § 4 Abs. 2 Satz 2 und 3 WO zu beachten (vgl. dazu Rdn. 11 ff.). Einspruchsberechtigt sind ferner Arbeitnehmer, die ihre Betriebszugehörigkeit geltend machen. Dem **Arbeitnehmer** eines anderen Arbeitgebers, der zur Arbeitsleistung im Betrieb **überlassen** worden ist (Leiharbeitnehmer), steht ebenfalls ein Einspruchsrecht zu, da § 7 Satz 2 BetrVG das Wahlrecht auf diese Personengruppe ausdehnt, wenn sie länger als drei Monate im Betrieb eingesetzt werden. Zählen überlassene Arbeitnehmer zu den wahlberechtigten Personen, sind sie in demselben Umfang wie jeder andere wahlberechtigte Arbeitnehmer einspruchsberechtigt. Darüber hinaus sind sie einspruchsberechtigt, wenn sie geltend machen, dass sie entgegen § 7 Satz 2 BetrVG nicht in die Wählerliste aufgenommen worden sind. Entsprechendes gilt in der umgekehrten Konstellation.

3 Einspruchsberechtigt sind auch der **Arbeitgeber** und **jede im Betrieb vertretene Gewerkschaft** (ebenso *Bulla* DB 1977, 303 [304]; *Nicolai/HWGNRH* § 19 BetrVG Rn. 19; hinsichtlich des Arbeitgebers auch *Wiebauer/LK* § 4 WO Rn. 5; der im Betrieb vertretenen Gewerkschaften auch *Homburg/DKKW* § 4 WO Rn. 16; **a. M.** *Fitting* § 4 WO Rn. 3; *Richardi/Forst* § 4 WO Rn. 5; für Gewerkschaften auch *Wiebauer/LK* § 4 WO Rn. 6; auch das *BAG* ist in einem obiter dictum vom alleinigen Einspruchsrecht der Arbeitnehmer ausgegangen; vgl. *BAG* 29.03.1974 AP Nr. 2 zu § 19 BetrVG 1972; 25.06.1974 AP Nr. 3 zu § 19 BetrVG 1972: keine Einspruchsberechtigung der im Betrieb vertretenen Gewerkschaften; *BAG* 11.03.1975 AP Nr. 1 zu § 24 BetrVG 1972: keine Einspruchsberechtigung des Arbeitgebers). Dafür spricht zunächst der Wortlaut von Abs. 1, dem eine Begrenzung der Einspruchsberechtigung auf Arbeitnehmer nicht zu entnehmen ist. Auch aus Abs. 2 Satz 5 ergibt sich nichts anderes, da diese Vorschrift lediglich die verfahrensrechtliche Behandlung eines Arbeitnehmer-Einspruchs betrifft und erkennbar dem Ziel dient, noch vor der Stimmabgabe Klarheit darüber zu schaffen, ob ein Arbeitnehmer sein aktives Wahlrecht ausüben kann oder nicht. Entscheidend spricht jedoch für die hier vertretene Auffassung, dass der Arbeitgeber und jede im Betrieb vertretene Gewerkschaft nicht nur zur Wahlanfechtung berechtigt sind (§ 19 Abs. 2 Satz 1 BetrVG), sondern bereits während des Wahlverfahrens Maßnahmen und Entscheidungen des Wahlvorstands im sog. vorgeschalteten Kontrollverfahren vor dem Arbeitsgericht angreifen können (vgl. dazu näher *Kreutz* § 18 BetrVG Rdn. 80 ff., 84). Dann wäre es aber unökonomisch, wenn diesen der einfachere und schnellere Weg eines Einspruchs beim Wahlvorstand verwehrt wäre, zumal auch dieses Einspruchsverfahren, das im Übrigen förmlich nicht überschätzt werden darf, nur dem Ziel dient, einer späteren Anfechtbarkeit der Wahl vorzubeugen, die eventuell mit Betriebsratslosigkeit und doppelter Kostenbelastung für den Arbeitgeber verbunden wäre.

Der Einspruch durch einen Einspruchsberechtigten ist keine Voraussetzung für die **Wahlanfech-** 4
tungsberechtigung nach § 19 Abs. 2 Satz 1 BetrVG (str.; vgl. dazu näher *Kreutz* § 19 BetrVG
Rdn. 64 f.). Einem Antrag im sog. **vorgeschalteten Kontrollverfahren**, der sich auf Berichtigung
der Wählerliste richtet, fehlt jedoch das Rechtschutzinteresse, wenn nicht zuvor Einspruch beim
Wahlvorstand eingelegt worden ist (vgl. *Kreutz* § 18 BetrVG Rdn. 80 ff., 86), sofern dieser nicht
nach Abs. 2 Satz 2 ausgeschlossen ist (vgl. Rdn. 11 ff.).

3. Einspruchsfrist

Einsprüche müssen **vor Ablauf von zwei Wochen** seit Erlass des Wahlausschreibens beim Wahlvor- 5
stand eingelegt werden. Die Frist ist eine **Ausschlussfrist**, eine Wiedereinsetzung in den vorherigen
Stand ist nicht möglich. Die Frist beginnt (gemäß § 41 WO, § 187 Abs. 1 BGB) nach Ablauf des Tages,
an dem das Wahlausschreiben erlassen worden ist (vgl. dazu § 3 WO Rdn. 3 und 10) und endet nach
Ablauf von zwei Wochen, d. h. mit Ablauf des Wochentages, der dem Erlasstag (z. B. Mittwoch) entspricht (§ 188 Abs. 2 BGB; *Boemke* BB 2009, 2758 [2759]). Das gilt unabhängig davon, ob der dem
Erlasstag folgende Tag und der letzte Tag der Frist Arbeitstage sind oder nicht. § 193 BGB ist aber
zu beachten (vgl. § 41 WO Rdn. 3). Der Tag des Erlasses des Wahlausschreibens ist für die Fristberechnung auch dann maßgeblich, wenn im Wahlausschreiben (§ 3 Abs. 2 Nr. 1 WO) ein früheres Datum
des Erlasses und dementsprechend auch der letzte Tag der Frist zur Einreichung von Einsprüchen (§ 3
Abs. 1 Nr. 3 WO) fehlerhaft angegeben ist, insbesondere weil nicht beachtet wurde, dass die Frist bei
Aushang an mehreren Stellen erst mit dem letzten Aushang des Wahlausschreibens beginnt (vgl. § 3
WO Rdn. 3; *Boemke* BB 2009, 2758 [2759]). Die **Frist**, die eine gesetzliche ist, **endet um 24:00
Uhr** (*Boemke* BB 2009, 2758 [2759]). Die Gegenauffassung, nach welcher die Frist bereits mit dem
Ende der Dienststunden des Wahlvorstands, sofern solche ordnungsgemäß (vgl. dazu § 3 WO
Rdn. 10) im Wahlausschreiben angegeben worden sind, endet (*BAG* 04.10.1977 AP Nr. 2 zu § 18
BetrVG 1972; *Homburg/DKKW* § 4 WO Rn. 11; Voraufl. Rn. 5), überzeugt nicht, weil gesetzliche
Fristen nicht zur Disposition des Wahlvorstands stehen (siehe auch § 41 WO Rdn. 5). Allerdings erfolgt der Zugang bei einem nach der betriebsüblichen Arbeitszeit eingereichten Einspruch regelmäßig
erst am Folgetag (*Boemke* BB 2009, 2758 [2759]; ebenso *BVerwG* 17.07.1980 PersV 1981, 498 Rn. 12
für § 6 Abs. 2 Nr. 8 PersVWO; *Hess. LAG* 12.01.2012 – 9 TaBV 115/11 – juris, Rn. 34 für § 6 Abs. 1
Satz 2 WO; vgl. auch § 3 WO Rdn. 10, § 6 WO Rdn. 5; § 14 BetrVG Rdn. 76). Zugang bedeutet,
dass der Empfänger unter gewöhnlichen Verhältnissen von der in seinen Machtbereich gelangten Erklärung auch Kenntnis nehmen kann. Es ist darum davon auszugehen, dass die Abgabe von Erklärungen gegenüber dem Wahlvorstand so lange möglich sein muss, wie betriebsüblich gearbeitet wird. Der
Wahlvorstand hat Vorkehrungen zu treffen (z. B. Briefkasten oder Verweisung an den Pförtner), dass
die Erklärungen abgegeben werden können. I. E. werden beide Auffassungen deshalb nur selten voneinander abweichen.

Abs. 1 ist eine Verfahrensvorschrift. Nach Ablauf der Einspruchsfrist können keine förmlichen Einsprüche mehr eingelegt werden. Werden gleichwohl »Einsprüche« erhoben, muss der Wahlvorstand 6
sie dennoch im Rahmen von Abs. 3 von Amts wegen beachten (vgl. Rdn. 15 ff.). Der Wahlvorstand
sollte in jedem Falle verspätete »Einsprüche« zu Beweiszwecken mit einem Eingangsvermerk zu den
Wahlakten nehmen (ebenso *Fitting* § 4 WO Rn. 4).

4. Form des Einspruchs

Die Einsprüche sind **schriftlich beim Wahlvorstand** einzulegen. Die Einspruchsschrift muss daher 7
zumindest von demjenigen, der den Einspruch einlegt, handschriftlich durch Namensunterschrift unterschrieben sein (§ 126 Abs. 1 BGB). Ein Telefax genügt deshalb nicht (**a. M.** *Fitting* § 4 WO Rn. 7).
Auch wenn die Wählerliste ergänzend oder ausschließlich in elektronischer Form (Intranet, E-Mail)
bekannt gemacht worden ist (§ 2 Abs. 4 Satz 3 und 4 WO), kann wegen des Schriftformerfordernisses
Einspruch in diesen Formen nicht wirksam erfolgen. Die Schriftform kann allerdings (wohl eher nur
theoretisch) durch die **elektronische Form** ersetzt werden (§ 126 Abs. 3 BGB). Nach § 126a BGB
muss der Aussteller der Erklärung seinen Namen hinzufügen und das elektronische Dokument mit
einer qualifizierten elektronischen Signatur nach dem SigG versehen. Der Wahlvorstand darf aller-

dings mündliche Einsprüche nicht einfach zurückweisen, sondern muss auf den Formzwang hinweisen (ebenso *Fitting* § 4 WO Rn. 7; *Wiebauer/LK* § 4 WO Rn. 7); entsprechend sollte bei Einsprüchen mittels Telefax oder E-Mail verfahren werden (ebenso *Homburg/DKKW* § 4 WO Rn. 8). Eine **Begründung** des Einspruchs ist nicht vorgeschrieben. Der Einspruchsführer muss dennoch vortragen, was von ihm gerügt wird: Welche in der Wählerliste aufgeführte Person nicht wahlberechtigter Arbeitnehmer sein soll, welcher Arbeitnehmer zu Unrecht nicht in der Liste vermerkt oder dem anderen Geschlecht zuzuordnen ist (zust. *Fitting* § 4 WO Rn. 7). Die Einspruchsschrift ist beim Wahlvorstand (als Kollegialorgan) einzureichen, und zwar an dem als Betriebsadresse angegebenen Ort (vgl. § 3 WO Rdn. 21 f.). Ausreichend ist es, wenn die Einspruchsschrift an einem anderen Ort dem Vorsitzenden oder einem anderen empfangsberechtigten Mitglied des Wahlvorstands persönlich ausgehändigt wird.

II. Entscheidung des Wahlvorstands

1. Allgemein

8   Der Wahlvorstand hat **unverzüglich**, d. h. ohne schuldhaftes Zögern (§ 121 Abs. 1 Satz 1 BGB), über Einsprüche zu entscheiden (Abs. 2 Satz 1). Ihm ist dabei die nötige Zeit zur tatsächlichen und rechtlichen Prüfung zuzugestehen. Die Entscheidung erfolgt durch Beschluss mit einfacher Stimmenmehrheit seiner stimmberechtigten Mitglieder in einer Sitzung; sie ist im Wortlaut in der Sitzungsniederschrift aufzunehmen (§ 1 Abs. 3 Satz 2 WO). Die Entscheidung ist **schriftlich** abzufassen, vom Vorsitzenden des Wahlvorstands zu unterschreiben und dem Einspruchsführer unverzüglich zuzustellen. Die schriftliche Entscheidung muss ihm spätestens am Tage vor dem Beginn der Stimmabgabe zugehen; das bestimmt Abs. 2 Satz 5 ausdrücklich für den Fall, dass ein Arbeitnehmer Einspruch eingelegt hat. Auch insoweit kann die Schriftform nur durch die elektronische Form nach § 126 Abs. 3, § 126a BGB ersetzt werden. Der Wahlvorstand sollte eine Zustellung der Entscheidung in der Wohnung eines Arbeitnehmers nur vornehmen, wenn das z. B. wegen der Abwesenheit des Arbeitnehmers vom Arbeitsplatz erforderlich ist. Wegen der Schwierigkeiten, den rechtzeitigen Zugang der Entscheidung nachzuweisen, sollte zweckmäßigerweise die Aushändigung des Schreibens an den Arbeitnehmer persönlich gegen Empfangsbestätigung im Betrieb erfolgen. Die Entscheidung des Wahlvorstands bedarf keiner Begründung. Es ist jedoch zweckmäßig, dem Einspruchsführer die wesentlichen Gründe mitzuteilen, insbesondere wenn der Einspruch zurückgewiesen wird (ebenso *Fitting* § 4 WO Rn. 8; *Homburg/DKKW* § 4 WO Rn. 20).

9   Erachtet der Wahlvorstand den Einspruch für **begründet**, hat er die **Wählerliste zu berichtigen** (Abs. 2 Satz 4). Es ist jedes ausgelegte und auch jedes in der Hand des Wahlvorstands verbleibende Exemplar zu berichtigen, ebenso jede elektronische Bekanntmachung. Die Berichtigung ist Amtspflicht des Wahlvorstands; sie muss spätestens am Tage vor dem Beginn der Stimmabgabe erfolgen (vgl. Abs. 2 Satz 5).

10 Weist der Wahlvorstand einen Einspruch als **unbegründet** zurück, kann bereits während des Wahlverfahrens im sog. **vorgeschalteten Kontrollverfahren** beim Arbeitsgericht durch den Einspruchsführer (aber auch durch jeden anderen Antragsberechtigten wegen dieses Einspruchsfalles) beantragt werden, den Wahlvorstand zu verpflichten, die Wählerliste in bestimmter Weise zu berichtigen (vgl. dazu näher *Kreutz* § 18 BetrVG Rdn. 80 ff., namentlich zum Erlass einstweiliger Verfügungen *Kreutz* § 18 BetrVG Rdn. 90, 94 ff.).

2. Einspruch bei Zuordnung nach § 18a BetrVG

11 Nach Abs. 2 Satz 2 kann der Einspruch nicht darauf gestützt werden, dass die Zuordnung nach § 18a BetrVG fehlerhaft erfolgt sei. Die Beschränkung des Einspruchsrechts hat den Zweck, zu verhindern, dass eine im Verfahren nach § 18a BetrVG getroffene Zuordnungsentscheidung aufgrund eines Einspruchs nachträglich durch den Wahlvorstand **einseitig** geändert wird. Die Regelung steht insbesondere im Zusammenhang mit § 18a Abs. 5 Satz 2 BetrVG, was schon der Wortlaut verdeutlicht. So wie § 18a Abs. 5 Satz 2 BetrVG die Anfechtung der Betriebsratswahl ausschließt, soweit sie auf eine fehlerhafte Zuordnung gestützt wird, schließt § 4 Abs. 1 Satz 2 einen damit begründeten Einspruch aus. Da-

Einspruch gegen die Wählerliste § 4 WO

durch sind jedoch weder die Anfechtung (vgl. *Kreutz* § 18a BetrVG Rdn. 100) noch der Einspruch als solche ausgeschlossen. Ausgeschlossen ist nur die Geltendmachung der Fehlerhaftigkeit einer Zuordnung oder Nichtzuordnung zum Kreis der leitenden Angestellten, die im Verfahren nach § 18a BetrVG einvernehmlich (§ 18a Abs. 1 und 4 BetrVG) oder durch den Vermittler (§ 18a Abs. 2 BetrVG) erfolgt ist.

Die Beschränkung in der Begründung des Einspruchs gilt **nur für die Fehlerhaftigkeit der Zuordnungsentscheidung als solche** (also i. E.), nicht für Mängel im Zuordnungsverfahren. Deshalb kann der Einspruch darauf gestützt werden, die Zuordnung sei in Wirklichkeit nicht im Verfahren nach § 18a BetrVG erfolgt (vgl. *Kreutz* § 18a BetrVG Rdn. 101). Außerdem kann, wie sich aus Satz 3 ergibt (vgl. Rdn. 13), die offensichtliche Fehlerhaftigkeit der Zuordnungsentscheidung nach § 18a BetrVG geltend gemacht werden. Schließlich wird auch die Geltendmachung von Schreibfehlern in Zuordnungsfällen nicht ausgeschlossen. Wird entgegen Abs. 2 Satz 2 der Einspruch auf die (nicht offensichtliche) Fehlerhaftigkeit einer im Verfahren nach § 18a BetrVG getroffenen Zuordnung gestützt, ist der Einspruch als unbegründet zurückzuweisen. Abs. 2 Satz 2 lässt die Einleitung eines sog. Statusverfahrens unberührt (vgl. dazu *Kreutz* § 18a BetrVG Rdn. 106 f.). Auch kann die im Verfahren nach § 18a BetrVG getroffene Zuordnungsentscheidung im sog. vorgeschalteten Kontrollverfahren angegriffen werden (vgl. dazu *Kreutz* § 18a BetrVG Rdn. 108 ff.). Im Übrigen ist die Beschränkung der Wahlanfechtbarkeit nach § 18a Abs. 5 Satz 3 zu beachten (vgl. *Kreutz* § 18a BetrVG Rdn. 97 ff.). 12

Abs. 2 Satz 3 schränkt seinerseits die Beschränkung des Einspruchsrechts nach Satz 2 in Parallele zu § 18a Abs. 5 Satz 3 BetrVG wieder ein. Während danach die Beschränkung der Wahlanfechtbarkeit nicht eintritt, wenn die Zuordnung offensichtlich fehlerhaft ist, soll hier Satz 2 nicht gelten, wenn die am Zuordnungsverfahren Beteiligten die Zuordnung übereinstimmend für offensichtlich fehlerhaft halten. Die Formulierung »Satz 2 gilt nicht« bedeutet im Kontext, dass der Einspruch gegen die Richtigkeit der Wählerliste darauf gestützt werden kann, dass die Zuordnung nach § 18a BetrVG »offensichtlich fehlerhaft« erfolgt sei. Im Einspruchsverfahren soll aber der Wahlvorstand nicht allein entscheiden, ob das der Fall ist. Vielmehr ist erforderlich, dass die am Zuordnungsverfahren Beteiligten insoweit übereinstimmen und damit die Zuordnungsentscheidung einvernehmlich abändern. Dadurch soll eine widerspruchsfreie Abgrenzung sichergestellt werden, der zugleich die Beschränkung der Anfechtbarkeit der Wahlen nach § 18a Abs. 5 Satz 2 BetrVG als Rechtsfolge zugutekommt (so wohl auch *Fitting* § 4 WO Rn. 13). Dem Wahlvorstand der Betriebsratswahl stehen dabei (im Verfahren nach § 18a Abs. 1 BetrVG) der Wahlvorstand für die Sprecherausschusswahl oder (im Verfahren nach § 18a Abs. 4 BetrVG) der Sprecherausschuss (Satz 1) oder die Mitglieder gegenüber, die anstelle des Wahlvorstands an dem Zuordnungsverfahren teilnehmen (Satz 2). Auf Übereinstimmung mit dem Vermittler kommt es auch in den von ihm entschiedenen Zuordnungsfällen nicht an; das ist sinnvoll und ergibt sich daraus, dass Abs. 2 Satz 3 nicht auf § 18a Abs. 2 BetrVG Bezug nimmt. 13

Hält der Betriebsratswahlvorstand die Zuordnung für offensichtlich fehlerhaft und fasst einen entsprechenden Beschluss, muss er den jeweils gegenüberstehenden Beteiligten informieren und dessen Entscheidung erbitten, die ebenfalls durch Beschluss zu treffen ist. **»Offensichtliche Fehlerhaftigkeit«** ist dabei anzunehmen, wenn sich den Beteiligten die Fehlerhaftigkeit geradezu aufdrängt (vgl. *Kreutz* § 18a BetrVG Rdn. 102 f.), ggf. auch deshalb, weil sich die tatsächlichen oder rechtlichen Grundlagen der Zuordnungsentscheidung zwischenzeitlich geändert haben, z. B. bei unstreitiger Beförderung eines Angestellten zum leitenden Angestellten (ebenso *Fitting* § 4 WO Rn. 11; *Homburg*/DKKW § 4 WO Rn. 6). Besteht Einvernehmen zwischen den Beteiligten über die offensichtliche Fehlerhaftigkeit der Zuordnung, sind dementsprechend die Wählerlisten zu berichtigen. Stimmt der andere Beteiligte der Beurteilung durch den Betriebsratswahlvorstand nicht zu, muss dieser den Einspruch als unbegründet zurückweisen. Berichtigt er die Wählerliste gleichwohl, entfällt für diesen Zuordnungsfall die Beschränkung der Anfechtbarkeit der Betriebsratswahl nach § 18a Abs. 5 Satz 2 BetrVG. 14

III. Prüfung und Berichtigung von Amts wegen

Bis zum **Ablauf der Einspruchsfrist** hat der Wahlvorstand die Wählerliste jederzeit selbständig und uneingeschränkt auf Vollständigkeit und Richtigkeit zu überprüfen und festgestellte Fehler auf Be- 15 schluss hin zu berichtigen. Das folgt aus seiner Rechtsstellung und der Aufgabe nach § 18 Abs. 1 BetrVG, die Anfechtbarkeit der Wahl zu vermeiden (vgl. *Kreutz* § 18 BetrVG Rdn. 8). Einen Einspruch braucht er nicht abzuwarten. Auf diese Weise sind durch den Wahlvorstand laufend alle Änderungen, die auf das (aktive) Wahlrecht der Arbeitnehmer Einfluss haben, in die Wählerliste einzuarbeiten; die Bekanntmachung aller Änderungen der Wählerliste kann aber noch (spätestens) am Tag vor dem Beginn der Stimmabgabe en bloc erfolgen (vgl. Rdn. 9). Wird ein zunächst in die Wählerliste aufgenommener Arbeitnehmer später gestrichen, ist er zu benachrichtigen, damit er nicht überrascht wird. Ändern sich durch die Berichtigung der Wählerliste zugleich die Daten, die den Angaben im Wahlausschreiben zugrunde liegen (was insbesondere bezüglich der Angaben in § 3 Abs. 2 Nr. 4 bis 6 WO praktisch werden kann), ist, wenn eine Berichtigung des Wahlausschreibens (vgl. dazu § 3 WO Rdn. 28 f.) nicht in Betracht kommt, der Wahlgang abzubrechen und durch Erlass eines neuen Wahlausschreibens ein neues Wahlverfahren einzuleiten.

16 **Nach Ablauf der Einspruchsfrist** hat der Wahlvorstand die Wählerliste nochmals auf ihre Vollständigkeit hin zu überprüfen (Abs. 3 Satz 1). Obwohl nur als Soll-Vorschrift formuliert, handelt es sich insoweit um eine besondere **Prüfungspflicht** des Wahlvorstands (ebenso *BAG* 21.03.2017 – 7 ABR 19/15 – juris, Rn. 23; 27.01.1993 EzA § 76 BetrVG 1972 Nr. 14 S. 11; *Fitting* § 4 WO Rn. 15; *Homburg/DKKW* § 4 WO Rn. 22, aber missverständlich im Hinblick auf die Rechtsfolgen). Er hat insoweit von Amts wegen zu überprüfen, ob die Wählerliste alle wahlberechtigten Arbeitnehmer des Betriebes enthält, weil davon die Ausübung des Wahlrechts abhängt (§ 2 Abs. 3 WO).

17 Die Bestimmung in Abs. 3 Satz 2 ist dagegen missglückt. Sie berücksichtigt nicht, dass die dem Verordnungsgeber in § 126 BetrVG erteilte Ermächtigung nur Durchführungsbestimmungen im Rahmen der gesetzlichen Regelungen deckt (vgl. näher *Kreutz* § 19 BetrVG Rdn. 64). Weder durch das Einspruchsverfahren nach Abs. 1 noch auf dem Wege über eine Begrenzung der Berichtigungs- oder Ergänzungsfähigkeit der Wählerliste nach Abs. 3 Satz 2 kann auf die materielle Rechtslage bezüglich des Wahlrechts (§ 7 BetrVG) und der Wählbarkeit (§ 8 BetrVG) eingewirkt und eine Wahlanfechtung nach § 19 BetrVG verhindert werden, wenn die Wählerliste fehlerhaft ist, eine Berichtigung nicht erfolgt und der Wahlfehler das Wahlergebnis beeinflussen konnte. Konsequenz daraus muss sein, dass auch nach Ablauf der Einspruchsfrist der Wahlvorstand **von Amts wegen unbeschränkt verpflichtet** ist, für die Richtigkeit der Wählerliste durch Berichtigungen und Ergänzungen zu sorgen (einschränkend auf die Voraussetzungen nach Abs. 3 Satz 2 *BAG* 27.01.1993 EzA § 76 BetrVG 1972 Nr. 14 S. 11, mit der Folge, dass ansonsten die Wahl abzubrechen und durch Erlass eines neuen Wahlausschreibens neu einzuleiten sein soll; zust. *Fitting* § 4 WO Rn. 15; *Wiebauer/LK* § 4 WO Rn. 13; *Nießen* Fehlerhafte Betriebsratswahlen, S. 453 mit Fn. 1300). Obwohl Abs. 3 Satz 2 als Einschränkung formuliert ist, erfassen die dort genannten Fälle in der Sache im Wesentlichen doch alle in Betracht kommenden Tatbestände (ebenso *BAG* 27.01.1993 EzA § 76 BetrVG 1972 Nr. 14 S. 11, das im konkreten Fall aber einen Verstoß gegen § 4 Abs. 3 Satz 2 WO bejaht; *Richardi/Forst* § 4 WO Rn. 13).

18 **Schreibfehler** (z. B. unrichtige Namensangaben oder ggf. Geburtsdaten) sind ebenso zu berichtigen wie **offenbare Unrichtigkeiten**. Offenbar ist eine Unrichtigkeit, wenn sie nach den Umständen zum Zeitpunkt der Berichtigung klar erkennbar ist und sich für den Wahlvorstand die Sach- und Rechtslage eindeutig darstellt (zust. *BAG* 27.01.1993 EzA § 76 BetrVG 1972 Nr. 14 S. 11; *Homburg/DKKW* § 4 WO Rn. 25). Überwiegen die Zweifel, wird der Wahlvorstand sowieso nicht »berichtigen«. Hierher gehören insbesondere die Streichung von **Arbeitnehmern**, auch Leiharbeitnehmern, die zwischenzeitlich aus dem Betrieb **ausgeschieden** sind, oder eines Arbeitnehmers, der am Wahltag noch nicht 18 Jahre alt ist, oder eines Arbeitnehmers, der nach Ablauf der Einspruchsfrist zum leitenden Angestellten i. S. v. § 5 Abs. 3 BetrVG befördert worden ist. Ist die Zuordnung oder Nichtzuordnung von Arbeitnehmern zum Kreis der leitenden Angestellten im Verfahren nach § 18a BetrVG erfolgt, darf der Wahlvorstand eine solche Zuordnung, auch wenn er sie für offensichtlich fehlerhaft hält, nachträglich nicht einseitig ändern. Andernfalls entfällt insoweit die Beschränkung der Anfechtbarkeit der Betriebsratswahl nach § 18a Abs. 5 Satz 2 BetrVG. Jede Zuordnungsentscheidung (insbesondere auch die des Vermittlers) kann aber von den beteiligten Wahlvorständen (§ 18a Abs. 1 BetrVG; ggf. vom Betriebsratswahlvorstand und den genannten Beteiligten im Verfahren nach § 18a Abs. 4 Satz 1 und 2 BetrVG) noch einvernehmlich abgeändert werden, nicht nur, aber insbesondere auch dann,

wenn sie diese übereinstimmend für offensichtlich fehlerhaft halten (vgl. *Kreutz* § 18a BetrVG Rdn. 47, 89; i. E. ebenso *Fitting* § 4 WO Rn. 13). Offenbare Unrichtigkeit ist auch dann gegeben, wenn der Wahlvorstand durch rechtskräftigen Beschluss oder (näher liegend) einstweilige Verfügung des Arbeitsgerichts verpflichtet worden ist, einen Arbeitnehmer in die Wählerliste aufzunehmen oder zu streichen (vgl. *Kreutz* § 18 BetrVG Rdn. 83, 94 ff., § 18a BetrVG Rdn. 109; *Homburg/DKKW* § 4 WO Rn. 25), oder wenn im Statusverfahren eine rechtskräftige Entscheidung ergeht, der die Eintragung in der Wählerliste entgegensteht (vgl. *Kreutz* § 18a BetrVG Rdn. 107). Besonders hervorgehoben ist der Fall, dass nach Aufstellung der Wählerliste ein Arbeitnehmer **in den Betrieb eingetreten** (Einstellung, Versetzung) ist; gleich steht der Fall, dass »Leiharbeitnehmer« im Einsatzbetrieb ihre Arbeit aufgenommen haben und feststeht, dass sie im Betrieb länger als drei Monate eingesetzt werden (vgl. zu deren Wahlberechtigung nach § 7 Satz 2 BetrVG *Raab* § 7 BetrVG Rdn. 93 ff.). Hier bedarf es der offensichtlichen Unrichtigkeit der Liste nicht. Der Wahlvorstand hat vielmehr über die Voraussetzungen der Wahlberechtigung zu entscheiden und ggf. die Wählerliste zu ergänzen. Außerdem (Abs. 2 Satz 4) hat der Wahlvorstand die Wählerliste zu berichtigen, wenn er Einsprüchen stattgibt.

Änderungen und Ergänzungen der Wählerliste sind aber nur **bis zum Tag vor dem Beginn der Stimmabgabe** zulässig (Abs. 3 Satz 2 a. E.). Diese Verfahrensregelung ist gerechtfertigt, weil Veränderungen der Wählerliste am Wahltag zu Wahlmanipulationen missbraucht werden könnten (näher *BAG* 21.03.2017 – 7 ABR 19/15 – juris, Rn. 25 ff.; ebenso *Richardi/Forst* § 4 WO Rn. 13) und am Wahltag klar sein muss, wer zur Stimmabgabe berechtigt ist. § 6 Abs. 3 WODrittelbG steht dem nicht entgegen. Wird die Wählerliste noch am Wahltag berichtigt (z. B. indem ein am Wahltag in den Betrieb eintretender wahlberechtigter Arbeitnehmer noch aufgenommen wird) oder wird entgegen § 2 Abs. 3 WO ein nicht in die Wählerliste eingetragener wahlberechtigter Arbeitnehmer zur Wahl zugelassen, werden Vorschriften über das Wahlverfahren verletzt; dieser Wahlfehler begründet die Anfechtbarkeit der Wahl nach § 19 Abs. 1 BetrVG, wenn er das Wahlergebnis beeinflussen konnte (*BAG* 21.03.2017 – 7 ABR 19/15 – juris, Rn. 24 ff., 29 ff.). Wird dagegen ein in die Wählerliste Eingetragener, der nicht (mehr) wahlberechtigt ist, am Wahltag von der Stimmabgabe ausgeschlossen oder wird die von ihm abgegebene Stimme nicht mitgezählt, wird dadurch lediglich ein Verstoß gegen § 7 BetrVG berichtigt. § 2 Abs. 3 WO wird dadurch nicht berührt; § 4 Abs. 3 Satz 2 WO a. E. ist nicht verletzt, auch nicht unter dem Gesichtspunkt einer Umgehung, weil § 7 BetrVG hier vorgeht. 19

Wird die Wahl aufgrund einer fehlerhaften Wählerliste durchgeführt (z. B. auch, weil der Wahlvorstand einen Einspruch gegen die Richtigkeit der Liste unrichtig oder nicht rechtzeitig entschieden hat), ist sie wegen dieses Verstoßes anfechtbar (vgl. *Kreutz* § 19 BetrVG Rdn. 23), wenn dadurch das Wahlergebnis beeinflusst werden konnte (vgl. *Kreutz* § 19 BetrVG Rdn. 54). 20

§ 5
Bestimmung der Mindestsitze für das Geschlecht in der Minderheit

(1) Der Wahlvorstand stellt fest, welches Geschlecht von seinem zahlenmäßigen Verhältnis im Betrieb in der Minderheit ist. Sodann errechnet der Wahlvorstand den Mindestanteil der Betriebsratssitze für das Geschlecht in der Minderheit (§ 15 Abs. 2 des Gesetzes) nach den Grundsätzen der Verhältniswahl. Zu diesem Zweck werden die Zahlen der am Tage des Erlasses des Wahlausschreibens im Betrieb beschäftigten Frauen und Männer in einer Reihe nebeneinander gestellt und beide durch 1, 2, 3, 4 usw. geteilt. Die ermittelten Teilzahlen sind nacheinander reihenweise unter den Zahlen der ersten Reihe aufzuführen, bis höhere Teilzahlen für die Zuweisung der zu verteilenden Sitze nicht mehr in Betracht kommen.

(2) Unter den so gefundenen Teilzahlen werden so viele Höchstzahlen ausgesondert und der Größe nach geordnet, wie Betriebsratsmitglieder zu wählen sind. Das Geschlecht in der Minderheit erhält so viele Mitgliedersitze zugeteilt, wie Höchstzahlen auf es entfallen. Wenn die niedrigste in Betracht kommende Höchstzahl auf beide Geschlechter zugleich entfällt, so entscheidet das Los darüber, welchem Geschlecht dieser Sitz zufällt.

§ 5 WO

1 Die in § 5 WO aufgenommene Regelung zur Bestimmung der für das Geschlecht in der Minderheit vorbehaltenen Mindestsitze im Betriebsrat entspricht im Wesentlichen der früheren Rechtslage nach § 5 Abs. 1 und 2 WO a. F., welche die Verteilung der Betriebsratssitze auf die Gruppen der Arbeiter und der Angestellten regelte.

2 Zur Umsetzung der Vorgabe in § 15 Abs. 2 BetrVG verpflichtet § 5 Abs. 1 WO den Wahlvorstand zu einem zweistufigen Verfahren: Zunächst ist das **zahlenmäßige Verhältnis der Geschlechter** bei den im Betrieb beschäftigten Arbeitnehmern zu ermitteln (§ 5 Abs. 1 Satz 1 WO). Sodann sind nach Maßgabe der sich aus § 9 BetrVG ergebenden **Zahl der Betriebsratssitze** die für das Geschlecht in der Minderheit vorbehaltene Mindestzahl der Betriebsratssitze zu ermitteln, wobei § 5 Abs. 1 Satz 2 und 3 WO den Wahlvorstand auf die Grundsätze der Verhältniswahl und diese konkretisierend auf das *d'Hondtsche* Höchstzahlenverfahren festlegt (vgl. auch § 15 BetrVG Rdn. 23).

3 Für die Ermittlung des **zahlenmäßigen Verhältnisses der Geschlechter** im Betrieb kann der Wahlvorstand nicht allein auf die getrennt nach den Geschlechtern aufgestellte Wählerliste zurückgreifen. Denn nach § 15 Abs. 2 BetrVG ist das zahlenmäßige Verhältnis der Geschlechter ganz allgemein »in der Belegschaft«, also unabhängig von dem aktiven oder passiven Wahlrecht zu ermitteln (vgl. § 15 BetrVG Rdn. 19). Das wird durch § 5 Abs. 1 Satz 3 WO bestätigt, der pauschal auf die »im Betrieb beschäftigten Frauen und Männer« abstellt, ohne eine Eingrenzung auf den Personenkreis der Wahlberechtigten vorzunehmen. Es muss sich jedoch stets um Personen handeln, die als Arbeitnehmer im Betrieb beschäftigt sind und diesem angehören. Das folgt daraus, dass § 15 Abs. 2 BetrVG auf das Geschlecht abstellt, das »in der Belegschaft« in der Minderheit ist. Diese Vorgabe setzt Abs. 1 Satz 3 nicht korrekt um, indem viel weitergehend auf die »im Betrieb beschäftigten Frauen und Männer« abgestellt wird. Das ist von der Verordnungsermächtigung nicht gedeckt (§ 126 BetrVG). § 5 WO ist daher gesetzeskonform dahin zu interpretieren, dass nur alle **betriebsangehörigen Arbeitnehmerinnen und Arbeitnehmer**, mit Ausnahme der in § 5 Abs. 2 und 3 BetrVG genannten Personen, zu berücksichtigen sind. **Leiharbeitnehmer**, die nach § 7 Satz 2 wahlberechtigt sind, **zählen** spätestens seit dem Inkrafttreten von § 14 Abs. 2 Satz 4 AÜG zum 01.04.2017 **mit** (*Wiebauer/LK* § 5 WO Rn. 2; *Löwisch/Wegmann* BB 2017, 373 [374]; näher § 9 Rdn. 10 ff.; vgl. zuvor schon zu § 9 *BAG* 13.03.2013 EzA § 9 BetrVG 2001 Nr. 6 Rn. 21 ff. [zust. *Hamann*] = AP Nr. 15 zu § 9 BetrVG 1972 [zust. *Reichold*]; s. auch. § 15 BetrVG Rdn. 18). Hat der Wahlvorstand das zahlenmäßige Verhältnis der Geschlechter im Betrieb fehlerhaft nach dem zahlenmäßigen Verhältnis unter den Wahlberechtigten bestimmt, führt das nur dann zur Anfechtbarkeit der Betriebsratswahl, wenn sich hierdurch die Zahl der dem Geschlecht in der Minderheit vorbehaltenen Betriebsratssitze verändert. Für das zahlenmäßige Verhältnis der Geschlechter im Betrieb ist nicht auf die »regelmäßige« Zahl der dem Betrieb angehörenden Frauen und Männer abzustellen (vgl. § 15 BetrVG Rdn. 20; ebenso *Richardi/Forst* § 5 WO Rn. 2); aus § 5 Abs. 1 Satz 3 WO ergibt sich, dass für die Bestimmung der Mindestsitze für das Geschlecht in der Minderheit auf den Tag abzustellen ist, an dem das Wahlausschreiben erlassen wird. Danach eintretende Veränderungen im zahlenmäßigen Verhältnis der Geschlechter bleiben unberücksichtigt.

4 Nach der Ermittlung des zahlenmäßigen Verhältnisses der Geschlechter ist festzustellen, welches Geschlecht in der Minderheit ist; sodann sind die für dieses Geschlecht vorbehaltenen **Mindestsitze im Betriebsrat** mittels des *d'Hondtschen* **Höchstzahlenverfahrens** festzulegen (vgl. § 15 BetrVG Rdn. 23 ff.). Die hiernach vorzunehmenden Rechenschritte beschreibt § 5 Abs. 1 Satz 2 und 3 WO.

Beispiel:

Einem Betrieb gehören 296 Arbeitnehmer an; davon sind 256 Männer und 40 Frauen. Nach § 9 (5. Stufe) BetrVG sind neun Betriebsratsmitglieder zu wählen. Dann errechnet sich die Sitzverteilung folgendermaßen:

Bestimmung der Mindestsitze für das Geschlecht in der Minderheit

256 Männer	**40 Frauen**
: 1 = 256	: 1 = 40
: 2 = 128	: 2 = 20
: 3 = 85,33	: 3 = 13,33
: 4 = 64	: 4 = 10
: 5 = 51,20	: 5 = 8
: 6 = 42,66	: 6 = 6,66
: 7 = 36,57	: 7 = 5,71
: 8 = 32	: 8 = 5

Die neun Höchstzahlen sind: 256; 128; 85,33; 64; 51,20; 42,66; 40; 36,57; 32. Davon entfällt auf das Geschlecht in der Minderheit (weibliche Arbeitnehmer) eine Höchstzahl. Das Geschlecht in der Minderheit erhält deshalb mindestens einen Sitz im Betriebsrat **zugeteilt** (§ 5 Abs. 2 Satz 2 WO).

Ist die niedrigste für die Verteilung der Sitze noch in Betracht kommende Höchstzahl bei den männlichen und den weiblichen Arbeitnehmern gleich, entscheidet nach § 5 Abs. 2 Satz 3 WO das Los, welchem Geschlecht dieser Sitz zusteht (vgl. § 15 BetrVG Rdn. 25). Mit dem **Losentscheid** wird der Tatsache Rechnung getragen, dass der Betriebsrat immer aus einer ungeraden Zahl von Mitgliedern bestehen muss; auf ihn greift auch § 15 Abs. 2, Abs. 5 Nr. 2 WO für die Verteilung der Betriebsratssitze auf die Vorschlagslisten zurück (vgl. allg. *BAG* 26.02.1987 AP Nr. 5 zu § 26 BetrVG 1972 Bl. 3 R; *Dieterich* FS *Hanau*, 1999, S. 3 ff.). Der Losentscheid ist an keine besondere Form gebunden; es bleibt dem Wahlvorstand überlassen, durch Beschluss festzulegen, wie er ihn durchführt (z. B. Ziehung von Losen, Werfen von Münzen).

Einen **Gruppenschutz**, den vormals § 10 Abs. 2 und 3 BetrVG a. F. für die Minderheitsgruppe (Arbeiter oder Angestellte) festlegte, kennt weder das Betriebsverfassungsgesetz noch die Wahlordnung (vgl. § 15 BetrVG Rdn. 26). Entfällt nach dem *d'Hondtschen* Höchstzahlenverfahren auf das Geschlecht in der Minderheit kein Betriebsratssitz, ist dessen Vertretung im Betriebsrat davon abhängig, dass entsprechende Kandidaten oder Kandidatinnen über die Reihenfolge auf der Vorschlagsliste und die auf die Liste entfallende Stimmenzahl im Betriebsrat vertreten sind. Im gegebenen Beispiel (vgl. Rdn. 4) muss das Geschlecht in der Minderheit bei einer Gesamtzahl von 296 Arbeitnehmern mindestens 30 Arbeitnehmer umfassen, um über § 15 Abs. 2 BetrVG i. V. m. § 5 WO mindestens einen Sitz im Betriebsrat zu erhalten; bei lediglich 29 weiblichen Arbeitnehmern würden alle neun Höchstzahlen auf die Gruppe der männlichen Arbeitnehmer entfallen, da die neunte Höchstzahl bei 267 männlichen Arbeitnehmern 29,66 lautet. Wenn kein Geschlecht in der Minderheit ist (vgl. § 15 BetrVG Rdn. 17), entfällt ein Minderheitsschutz. Zugleich entfällt die Notwendigkeit entsprechender Angaben im Wahlausschreiben (§ 3 Abs. 2 Nr. 4 und 5 WO).

Zweiter Abschnitt
Wahl von mehr als drei Betriebsratsmitgliedern (aufgrund von Vorschlagslisten)

Erster Unterabschnitt
Einreichung und Bekanntmachung von Vorschlagslisten

§ 6
Vorschlagslisten

(1) Sind mehr als drei Betriebsratsmitglieder zu wählen, so erfolgt die Wahl aufgrund von Vorschlagslisten. Die Vorschlagslisten sind von den Wahlberechtigten vor Ablauf von zwei Wochen seit Erlass des Wahlausschreibens beim Wahlvorstand einzureichen.

(2) Jede Vorschlagsliste soll mindestens doppelt so viele Bewerberinnen oder Bewerber aufweisen, wie Betriebsratsmitglieder zu wählen sind.

(3) In jeder Vorschlagsliste sind die einzelnen Bewerberinnen oder Bewerber in erkennbarer Reihenfolge unter fortlaufender Nummer und unter Angabe von Familienname, Vorname, Geburtsdatum und Art der Beschäftigung im Betrieb aufzuführen. Die schriftliche Zustimmung der Bewerberinnen oder der Bewerber zur Aufnahme in die Liste ist beizufügen.

(4) Wenn kein anderer Unterzeichner der Vorschlagsliste ausdrücklich als Listenvertreter bezeichnet ist, wird die oder der an erster Stelle Unterzeichnete als Listenvertreterin oder Listenvertreter angesehen. Diese Person ist berechtigt und verpflichtet, dem Wahlvorstand die zur Beseitigung von Beanstandungen erforderlichen Erklärungen abzugeben sowie Erklärungen und Entscheidungen des Wahlvorstands entgegenzunehmen.

(5) Die Unterschrift eines Wahlberechtigten zählt nur auf einer Vorschlagsliste. Hat ein Wahlberechtigter mehrere Vorschlagslisten unterzeichnet, so hat er auf Aufforderung des Wahlvorstands binnen einer ihm gesetzten angemessenen Frist, spätestens jedoch vor Ablauf von drei Arbeitstagen, zu erklären, welche Unterschrift er aufrechterhält. Unterbleibt die fristgerechte Erklärung, so wird sein Name auf der zuerst eingereichten Vorschlagsliste gezählt und auf den übrigen Listen gestrichen; sind mehrere Vorschlagslisten, die von demselben Wahlberechtigten unterschrieben sind, gleichzeitig eingereicht worden, so entscheidet das Los darüber, auf welcher Vorschlagsliste die Unterschrift gilt.

(6) Eine Verbindung von Vorschlagslisten ist unzulässig.

(7) Eine Bewerberin oder ein Bewerber kann nur auf einer Vorschlagsliste vorgeschlagen werden. Ist der Name dieser Person mit ihrer schriftlichen Zustimmung auf mehreren Vorschlagslisten aufgeführt, so hat sie auf Aufforderung des Wahlvorstands vor Ablauf von drei Arbeitstagen zu erklären, welche Bewerbung sie aufrechterhält. Unterbleibt die fristgerechte Erklärung, so ist die Bewerberin oder der Bewerber auf sämtlichen Listen zu streichen.

Literatur

Faecks/Meik Zur Form eines Wahlvorschlags in der Betriebsratswahl, NZA 1988, 193; *Heinze* Mängel der Vorschlagslisten in der Betriebsratswahl, NZA 1988, 568.

Inhaltsübersicht

		Rdn.
I.	Vorschlagslisten (Abs. 1 Satz 1)	1, 2
II.	Vorschlagsberechtigte	3
III.	Einreichungsfrist (Abs. 1 Satz 2)	4–6
IV.	Inhalt der Vorschlagslisten (Abs. 2, 3)	7–12
V.	Listenvertreter (Abs. 4)	13–15
VI.	Unterzeichnung der Vorschlagslisten (Abs. 5)	16–19
VII.	Kandidatur auf mehreren Listen (Abs. 6, 7)	20–22

I. Vorschlagslisten (Abs. 1 Satz 1)

Die Betriebsratswahl erfolgt notwendig aufgrund von Wahlvorschlägen (vgl. § 14 Abs. 3 bis 5 BetrVG). Der **Wahlvorschlag** ist die schriftliche, unterschrieben beim Wahlvorstand einzureichende Benennung einer Person oder mehrerer Personen, die zur Wahl zum Betriebsratsmitglied vorgeschlagen werden. Die Wahlordnung bezeichnet in § 6 Wahlvorschläge (Mehrzahl) als **Vorschlagslisten**. Der Ausdruck kommt daher, dass nach § 14 Abs. 2 Satz 1 BetrVG im (Regel-)Wahlverfahren grundsätzlich nach den Grundsätzen der Verhältniswahl gewählt wird, die **Listen**wahl ist. Von **Wahlvorschlägen** spricht die Wahlordnung bei den Wahlvorschlägen der im Betrieb vertretenen Gewerkschaften (§ 27 Abs. 1 und 2 WO) sowie der Wahl des Betriebsrats im vereinfachten Wahlverfahren (§§ 33, 34 WO), die nach den Grundsätzen der Mehrheitswahl erfolgt (§ 14 Abs. 2 Satz 2 Halbs. 2 BetrVG) und Personenwahl ist. Die unterschiedliche Bezeichnung hat materiellrechtlich keine Bedeutung (ebenso *Richardi/Forst* § 6 WO Rn. 1). Das zeigt sich, wenn dort, wo die Wahl als Verhältniswahl konzipiert ist, also nach Abs. 1 Vorschlagslisten einzureichen sind, nur eine Vorschlagsliste eingereicht wird (was man allerdings erst nach Ablauf der Einreichungsfrist weiß): Dann wird die Wahl als Mehrheitswahl durchgeführt (§ 14 Abs. 2 Satz 2 BetrVG; §§ 20 bis 23 WO), wobei die Vorschlagsliste der Wahlvorschlag ist. Ein äußerlicher Unterschied besteht dann nur insoweit, als bei der Verhältniswahl die Bewerber auf dem Stimmzettel in der Reihenfolge aufzuführen sind, in der sie in der einzigen Vorschlagsliste benannt sind (§ 20 Abs. 2 WO), während in den Fällen des § 33 WO die Bewerber in alphabetischer Reihenfolge aufzuführen sind (§ 34 Abs. 1 Satz 2 WO).

§ 6 WO ist im Zusammenhang mit den §§ 9, 14 Abs. 2 Satz 1 BetrVG zu sehen. Nach der Systematik des Gesetzes und der Wahlordnung gilt die Bestimmung (wie die nachfolgenden §§ 7 bis 23 im Zweiten Abschnitt des Ersten Teils der WO) **unmittelbar** nur für die Wahl des Betriebsrats im **(Regel-)Wahlverfahren** nach § 14 BetrVG. In erster Linie enthält § 6 WO dabei **Ausführungsbestimmungen zu § 14 Abs. 4 BetrVG** im Hinblick auf Einreichungsfrist, Inhalt und Form von Vorschlagslisten der Arbeitnehmer. Für Wahlvorschläge im vereinfachten Wahlverfahren gilt § 6 Abs. 2 bis 5 entsprechend (§ 33 Abs. 2 WO). Für Wahlvorschläge einer im Betrieb vertretenen Gewerkschaft gilt § 6 entsprechend (§ 27 Abs. 1 WO). In Abs. 1 Satz 1 wird allerdings **unzutreffend pauschal** bestimmt, dass die Wahl aufgrund von Vorschlagslisten erfolgt, wenn mehr als drei Betriebsratsmitglieder zu wählen sind; insoweit ist § 14a Abs. 5 BetrVG nicht beachtet. Richtig ist, dass das (Regel-)Wahlverfahren aufgrund von Vorschlagslisten nur stattfindet, wenn mehr als drei Betriebsratsmitglieder zu wählen sind: Wenn der Betriebsrat (nach § 9 BetrVG) nur aus einer Person oder drei Mitgliedern besteht, ist nach § 14a Abs. 1 BetrVG zwingend im vereinfachten Wahlverfahren nach den Grundsätzen der Mehrheitswahl zu wählen. Die Wahl erfolgt jedoch nicht zwingend aufgrund von Vorschlagslisten, wenn mehr als drei Betriebsratsmitglieder zu wählen sind; unter den Voraussetzungen des § 14a Abs. 5 BetrVG findet nämlich das vereinfachte Wahlverfahren auch dann statt, wenn fünf (oder ausnahmsweise auch mehr; vgl. vor § 1 WO Rdn. 3 f.) Betriebsratsmitglieder zu wählen sind. »Mehr als drei« ist deshalb kein trennscharfes Abgrenzungskriterium. Maßgeblich für die Einreichung von Vorschlagslisten ist, dass mehr als drei Betriebsratsmitglieder zu wählen sind, aber nicht im vereinfachten Wahlverfahren. Insofern gilt Abs. 1 Satz 1 nur unter dem **Vorbehalt**, dass Wahlvorstand und Arbeitgeber nicht die Anwendung des vereinfachten Wahlverfahrens gemäß § 14a Abs. 5 BetrVG vereinbart haben. In der Überschrift des Zweiten Abschnitts (vor § 6 WO) kommt das hintergründig-treffend zum Ausdruck: Die Bestimmungen dieses Abschnitts gelten, wenn (feststeht, dass) mehr als drei Betriebsratsmitglieder aufgrund von Vorschlagslisten zu wählen sind (weil nicht im vereinfachten Wahlverfahren zu wählen ist).

II. Vorschlagsberechtigte

Das Wahlvorschlagsrecht steht gleichermaßen den wahlberechtigten Arbeitnehmern und den im Betrieb vertretenen Gewerkschaften zu (§ 14 Abs. 3 BetrVG). Vgl. zur Vorschlagsberechtigung der wahlberechtigten Arbeitnehmer § 14 BetrVG Rdn. 50 ff. Zum Wahlvorschlagsrecht der im Betrieb vertretenen Gewerkschaften vgl. § 14 BetrVG Rdn. 78 ff. sowie § 27 WO.

III. Einreichungsfrist (Abs. 1 Satz 2)

4 Für den Eingang der Vorschlagslisten beim Wahlvorstand ist eine **Frist von zwei Wochen** seit Erlass des Wahlausschreibens gesetzt (Abs. 1 Satz 2). Die Frist ist eine **Ausschlussfrist**, die weder verlängert (etwa durch Angabe im Wahlausschreiben nach § 3 Abs. 2 Nr. 8 WO) noch verkürzt werden kann (vgl. *BAG* 09.12.1992 EzA § 19 BetrVG 1972 Nr. 38; *LAG Hamm* 09.09.1994 BB 1995, 260; *Hess. LAG* 31.08.2006 NZA-RR 2007, 198; *Fitting* § 6 WO Rn. 3; *Homburg/DKKW* § 6 WO Rn. 6). Die **Frist beginnt** am Tag nach der Bekanntmachung des Wahlausschreibens, regelmäßig also am Tag nach dem Tag des Aushangs. Soweit der Aushang an mehreren Stellen im Betrieb erfolgt ist, ist als Fristbeginn der Tag nach dem letzten Aushang anzusehen, da der Aushang als Einheit aufzufassen ist (vgl. § 3 WO Rdn. 3). Das gilt selbst dann, wenn das Wahlausschreiben an insgesamt 25 auswärtigen Geschäftsstellen ausgehängt wird (vgl. *LAG Hamm* 26.02.1976 DB 1976, 921). Erfolgt die Bekanntmachung ausschließlich in elektronischer Form (§ 3 Abs. 4 Satz 3 WO i. V. m. § 2 Abs. 4 Satz 4 WO; dazu § 3 WO Rdn. 26), ist auf den Tag abzustellen, an dem für alle Arbeitnehmer die Möglichkeit besteht, von dem Wahlausschreiben Kenntnis zu nehmen.

5 Die **Frist endet** zwei Wochen später mit Ablauf desselben Wochentags (z. B. Mittwoch), an dem der (letzte) Aushang oder die ausschließliche elektronische Bekanntmachung des Wahlausschreibens erfolgt ist (§ 41 WO i. V. m. den §§ 187 Abs. 1, 188 Abs. 2 BGB). Vorschlagslisten, die bereits am Tage der Bekanntmachung des Wahlausschreibens eingereicht werden, gelten als mit dessen Erlass eingereicht. Entsprechendes gilt, wenn bereits vorher eingereichte Listen vom Wahlvorstand nicht vor Erlass des Wahlausschreibens zurückgegeben worden sind (ebenso *Fitting* § 6 WO Rn. 3; *Homburg/DKKW* § 6 WO Rn. 11). Der letzte Tag der Frist muss im Wahlausschreiben angegeben sein (§ 3 Abs. 2 Nr. 8 WO); vgl. zur fehlerhaften Datumsangabe § 3 WO Rdn. 15, 29. Soweit der Wahlvorstand im Wahlausschreiben bestimmte Dienststunden als Fristende angegeben hat, ist diese Einschränkung unwirksam (*Hess. LAG* 12.01.2012 – 9 TaBV 115/11 – juris, Rn. 34; **a. A.** die wohl h. M. [z.B. *Hess. LAG* 26.11.2010 – 13 TaBV 54/10 – juris, Rn. 37] und 9. Aufl. Rn. 5; zum Problem, das auch bei anderen Fristen besteht [§ 3 WO Rdn. 10, § 14 BetrVG Rdn. 76], näher § 4 WO Rdn. 5 m. w. N.). Der Wahlvorstand kann nicht bestimmen, dass die Vorschläge bis zum Ende dieser Dienststunden des letzten Tages der Frist beim Wahlvorstand eingegangen sein müssen, selbst wenn das Ende der Dienststunden des Wahlvorstands mit dem Ende der Arbeitszeit des überwiegenden Teils der Arbeitnehmer an diesem Tage korrespondiert. Zum Beispiel verstößt es deshalb (und auch nach der h. M.) gegen Abs. 1 Satz 2, wenn in einem Drei-Schicht-Betrieb die festgelegte Einreichungsfrist um 12:00 Uhr (*Hess. LAG* 31.08.2006 NZA-RR 2007, 198), um 11:30 Uhr (*Hess. LAG* 12.01.2012 – 9 TaBV 115/11 – juris) oder bei betriebsüblicher Arbeitszeit bis 16:00 Uhr schon um 14:00 Uhr endet (ebenso *LAG Köln* 20.05.2015 – 5 TaBV 18/15 – juris, Rn. 24: Ablauf der Frist für die Einreichung von Wahlvorschlägen müsse jedenfalls in Schichtbetrieben auf 24:00 Uhr des letzten Tages festgesetzt werden). Allerdings erfolgt der Zugang bei einem nach der betriebsüblichen Arbeitszeit eingereichten Wahlvorschlag nach allgemeinen rechtsgeschäftlichen Grundsätzen regelmäßig erst am Folgetag (vgl. auch § 4 WO Rdn. 5). Damit muss sich zumindest ein Mitglied des Wahlvorstands an dem bekannt gegebenen Tag bis zum Ende der betrieblichen Arbeitszeit bereithalten, um Wahlvorschläge in Empfang zu nehmen (vgl. *LAG Frankfurt a. M.* 07.02.1971 NZA 1992, 78 [LS]; *Hess. LAG* 26.11.2010 – 13 TaBV 54/10 – juris, Rn. 37: im Wahlausschreiben festgelegtes Fristende: 16:00 Uhr, Ende der betriebsüblichen Arbeitszeit: 16:00 Uhr). Eine Stundenfrist kann bis zum Umschlagen des Minutenzeigers auf »12« gewahrt werden, danach nicht mehr (*Hess. LAG* 26.11.2010 – 13 TaBV 54/10 – juris, Rn. 43). Maßgeblich ist der Eingang beim Wahlvorstand (vgl. dazu § 3 WO Rdn. 22); rechtzeitige Absendung genügt nicht. Nicht fristgemäß eingereichte Wahlvorschläge sind gemäß § 8 Abs. 1 Nr. 1 WO ungültig; behandelt der Wahlvorstand sie gleichwohl als gültig, ist die aufgrund eines solchen Wahlvorschlags durchgeführte Wahl anfechtbar, aber nicht nichtig (vgl. *LAG Bremen* 05.05.1998 – 11 TaBV 4/98 – juris; **a. M.** *LAG Hamm* 09.09.1994 BB 1995, 260). Rechtzeitig eingereichte, aber fehlerhafte Wahlvorschläge i. S. v. § 8 Abs. 2 WO können auch nach Ablauf der Einreichungsfrist noch berichtigt werden (ebenso *Homburg/DKKW* § 6 WO Rn. 13). § 9 WO bestimmt das weitere Verfahren (Nachfristsetzung), wenn innerhalb der Frist des Abs. 1 Satz 2 keine (gültige) Vorschlagsliste eingereicht worden ist.

Die Wahlordnung bestimmt nicht ausdrücklich eine bestimmte **Form der Einreichung** der Vor- 6
schlagslisten; sie geht davon aus, dass diese im Original beim Wahlvorstand eingereicht werden.
Eine Einreichung in elektronischer Form, etwa durch E-Mail, sieht die Wahlordnung nicht vor (*Homburg/DKKW* § 6 WO Rn. 10); d. h. aber nicht, dass sie ausgeschlossen ist. Eine Übermittlung durch
Telefax oder E-Mail mit eingescannter Datei ist zur Fristwahrung zulässig, soweit sie eine originalgetreue Abbildung der Vorschlagsliste bietet (vgl. *Wiesner* Die Schriftform im Betriebsverfassungsgesetz, 2008, S. 204 [217 f.], vgl. zum MitbestG *Jacob* NZA 2006, 345 [346 f.]). Bestehen Wahlvorschlag und Unterschriftenliste aus mehreren Blättern, die dann ggf. nur als einzelne Kopien beim
Wahlvorstand ankommen, muss ihre Zusammengehörigkeit durch die jetzt vom Bundesarbeitsgericht
(*BAG* 25.05.2005 EzA § 14 BetrVG 2001 Nr. 1) anerkannten Merkmale deutlich gemacht sein, z. B.
durch fortlaufende Paginierung, fortlaufende Nummerierung der Unterschriften, Verwendung des
Kennwortes der Vorschlagsliste auf jedem einzelnen Blatt.

IV. Inhalt der Vorschlagslisten (Abs. 2, 3)

Jede Vorschlagsliste soll nach Abs. 2 mindestens **doppelt so viele Bewerber** aufweisen, wie Kandida- 7
ten zu wählen sind. Da gemäß § 25 Abs. 2 Satz 1 BetrVG die Ersatzmitglieder aus den nicht gewählten
Kandidaten der Vorschlagslisten entnommen werden und nur bei einer entsprechend hohen Anzahl
von Ersatzkandidaten die sonst gemäß § 13 Abs. 2 Nr. 2 BetrVG drohende Neuwahl des Betriebsrats
verhindert werden kann, liegt es im Interesse der Arbeitnehmer, möglichst viele Bewerber auf die Vorschlagsliste zu setzen; dabei ist jedoch § 6 Abs. 7 WO zu beachten. Gleichwohl berührt es die **Gültigkeit** einer Vorschlagsliste **nicht**, wenn sie weniger Kandidaten aufweist. Sie ist auch gültig, wenn weniger Kandidaten benannt sind, als Betriebsratsmitglieder zu wählen sind. Gültig ist sogar eine »Liste«
mit nur einem einzigen Bewerber (vgl. *BAG* 06.11.2013 EzA § 14 BetrVG 2001 Nr. 4 Rn. 14 = AP
Nr. 3 zu § 14 BetrVG 1972; 29.06.1965 BAGE 17, 223 [226] = AP Nr. 11 zu § 13 BetrVG [zust.
Küchenhoff] = SAE 1965, 259 [zust. *Richardi*]; *LAG* Berlin 07.04.1987 AuR 1979, 252; ebenso *Fitting*
§ 6 WO Rn. 7; *Wiebauer/LK* § 6 WO Rn. 3; *Richardi/Forst* § 6 WO Rn. 8; *Homburg/DKKW* § 6
WO Rn. 14; *Voss* Die Rechtsstellung von Minderheitslisten im Betriebsrat, S. 66; erheblich einschränkend *Heinze* NZA 1988, 568 [569 f.], der dabei darauf abstellt, ob mehrere Vorschlagslisten eingereicht
sind und die Gültigkeit der Vorschlagslisten davon abhängig machen will, dass »insgesamt deutlich
mehr Bewerber aufgestellt sind als Betriebsratsämter zu besetzen« sind, um so »die Freiheit des Auswählens« und »die Realisierung des Wählerwillens« zu gewährleisten). Umgekehrt ist § 6 Abs. 2
WO ausdrücklich als Mindestvorschrift formuliert, die Zahl der Bewerber auf der Vorschlagsliste
kann deshalb auch deutlich höher sein – eine Höchstzahl kennt weder das Betriebsverfassungsgesetz
noch die Wahlordnung (vgl. *LAG Köln* 29.03.2001 MDR 2001, 1176 = BB 2001, 1356: kein Verstoß
gegen Wahlvorschriften, wenn auf einer Vorschlagsliste 205 von 238 Wahlberechtigten als Wahlbewerber aufgeführt sind). Abs. 2 ist eine **Ordnungsvorschrift**; sie ist keine wesentliche Vorschrift über das
Wahlverfahren i. S. v. § 19 Abs. 1 BetrVG (vgl. *Kreutz* § 19 BetrVG Rdn. 20; ebenso *Voss* Die Rechtsstellung von Minderheitslisten im Betriebsrat, S. 66). Lässt der Wahlvorstand eine Vorschlagsliste wegen Nichtbeachtung des Abs. 2 nicht zu, liegt darin ein Wahlfehler, der die Wahl nach § 19 BetrVG
anfechtbar macht (vgl. *BAG* 29.06.1965 AP Nr. 11 zu § 13 BetrVG; ebenso *Fitting* § 6 WO Rn. 7;
Richardi/Forst § 6 WO Rn. 8; vgl. auch *Kreutz* § 19 BetrVG Rdn. 32).

Jeder Wahlvorschlag muss nach Abs. 3 Satz 1 die benannten Bewerber **in erkennbarer Reihenfolge** 8
unter fortlaufender Nummer aufführen, da die Reihenfolge gemäß § 15 Abs. 4, § 17 Abs. 2 Satz 1
WO bei der Verhältniswahl die spätere Sitzverteilung bestimmt. Die Reihenfolge der Bewerber spielt
jedoch keine Rolle, wenn diese im vereinfachten Wahlverfahren in **Mehrheitswahl** gewählt werden,
denn hier kommt es für die Wahl der Kandidaten nicht auf die Rangstelle auf dem Vorschlag, sondern
auf die erreichte Stimmzahl an (§ 34 Abs. 4 WO). Daraus ergibt sich, dass – soweit z. B. ein einköpfiger Betriebsrat zu wählen ist – trotz der Verweisung in § 33 Abs. 2 Satz 1 WO auch auf § 6 Abs. 3 WO
eine erkennbare Reihenfolge nicht zu fordern ist. Anders ist das jedoch, wenn die Mehrheitswahl erfolgt, weil nur eine Vorschlagsliste eingereicht worden ist (§ 14 Abs. 2 Satz 2 Halbs. 1 BetrVG), da eine
Mehrheitswahl nur dann stattfindet, wenn eine »gültige« Vorschlagsliste vorliegt. Das setzt jedoch vo-

raus, dass die Bewerber in einer erkennbaren Reihenfolge aufgeführt worden sind (§ 8 Abs. 1 Nr. 2 WO sowie Rdn. 9).

9 Sind die Bewerber auf der Vorschlagsliste **nicht** in **erkennbarer Reihenfolge** aufgeführt, ist die Liste **ungültig**, § 8 Abs. 1 Nr. 2 WO. Ob eine Reihenfolge erkennbar ist, ist nicht nach formalen Kriterien zu bestimmen, sondern danach, ob die Reihung von einem unbefangenen und objektiven Dritten ohne Zweifel festgestellt werden kann (ebenso *Fitting* § 6 WO Rn. 8; *Homburg/DKKW* § 6 WO Rn. 19; *Heinze* NZA 1988, 568 [570]). Erkennbarkeit der Reihung ist z. B. auch gegeben, wenn bei der fortlaufenden Nummerierung (versehentlich) eine Bewerbernummer übersprungen oder zweimal besetzt worden ist (*Heinze* NZA 1988, 568 [570]). Anders muss es aber beurteilt werden, wenn ein Bewerber mehrfach aufgeführt wird; entgegen *Heinze* (NZA 1988, 568 [570]) ist es in diesem Falle nicht offensichtlich, dass der Bewerber nur dort eingeordnet ist, wo er zuerst genannt wird. Auf entsprechende Mitteilung des Wahlvorstands (§ 7 Abs. 2 Satz 2 WO) kann die ungültige Liste nur innerhalb der Frist des § 6 Abs. 1 Satz 2 WO neu eingereicht werden. Eine gemäß § 8 Abs. 1 Nr. 2 WO ungültige Liste wird nicht dadurch gültig, dass sich später herausstellt, dass sie die einzige eingereichte Vorschlagsliste ist (ebenso *Fitting* § 6 WO Rn. 8). Der Wahlvorstand hat vielmehr nach § 9 WO zu verfahren.

10 Neben erkennbarer Reihenfolge verlangt Abs. 3 Satz 1, dass die Bewerber in der näher bestimmten Weise (fortlaufende Nummer, Familienname, Vorname, Geburtsdatum, Art der Beschäftigung im Betrieb) bezeichnet werden. Das Erfordernis dieser Angaben dient dazu, die Bewerber für die Wähler identifizierbar zu machen (ebenso *BAG* 03.12.1987 EzA § 20 BetrVG 1972 Nr. 14 S. 3; vgl. auch *Heinze* NZA 1988, 568 [570 f.]: Konkretisierung und Individualisierung der Bewerber). Deshalb enthält Abs. 3 Satz 1 keine abschließende Regelung; Hinzufügungen, die dem Identifikationszweck dienen, sind zulässig (z. B. Ortsangaben bei Namensgleichheit, Lichtbilder der Kandidaten [vgl. § 10 WO Rdn. 5], nicht aber etwa Angaben über Familienstand, Kinderzahl, Gewerkschafts- oder Religionszugehörigkeit, Privatanschrift). Der Wahlvorstand ist nicht berechtigt, solche zusätzlichen Ergänzungen zu verlangen (zutr. *BAG* 03.12.1987 EzA § 20 BetrVG 1972 Nr. 14 S. 3). Das **Fehlen** der erforderlichen Angaben macht die Vorschlagsliste ungültig, wenn der Wahlvorstand diesen Mangel (vgl. § 8 Abs. 2 Nr. 1 WO) beanstandet hat und seine Beseitigung nicht gemäß § 8 Abs. 2 a. E. WO rechtzeitig erfolgt ist. Entsprechendes gilt bei **fehlerhaften Angaben**, welche die Identifizierung der Bewerber nicht mehr zweifelsfrei ermöglichen und deshalb als Mangel i. S. v. § 8 Abs. 2 Nr. 1 WO anzusehen sind (z. B. ist das aber nicht der Fall, wenn der Vorname abgekürzt, ein Spitzname oder ein unrichtiges Geburtsdatum angegeben werden; zutr. *Heinze* NZA 1988, 568 [570 f.]). Die aufgrund einer danach ungültigen Liste gleichwohl durchgeführte Wahl ist wegen Verstoßes gegen § 8 Abs. 2 WO nach § 19 Abs. 1 BetrVG anfechtbar, wenn dadurch das Wahlergebnis beeinflusst werden konnte (ebenso *Galperin/Löwisch* § 6 WO Rn. 11; **a. M.** *Homburg/DKKW* § 6 WO Rn. 21, der die Vorschlagsliste regelmäßig gleichwohl für gültig hält, damit aber § 8 Abs. 2 WO übergeht). Erst im Rahmen der Kausalitätsprüfung (undeutlich insoweit *Fitting* § 6 WO Rn. 9) ist zu berücksichtigen, ob trotz des Fehlens (oder der Fehlerhaftigkeit) der persönlichen Angaben die Kandidaten für die Wähler identifizierbar waren oder Verwechslungen das Wahlverhalten beeinflussen konnten; insoweit schadet regelmäßig das Fehlen von Vornamen, Geburtsdaten (die auch auf den Stimmzetteln nicht anzugeben sind; vgl. § 11 Abs. 2, § 20 Abs. 2, § 34 Abs. 1 Satz 2 WO), Art der Beschäftigung und fortlaufende Nummerierung nicht (vgl. zum Fehlen der Berufsangabe aber *LAG Frankfurt a. M.* 05.07.1965 DB 1965, 1746). Bei irreführend fehlerhaften Angaben wird die Kausalitätsfrage eher zu bejahen sein. Hat der Wahlvorstand die **Beanstandung** der Vorschlagsliste **versäumt** und diese als **ungültig** behandelt, liegt ein Verstoß gegen die §§ 7 Abs. 2, 8 Abs. 2 WO (vgl. § 8 WO Rdn. 8) und damit zugleich ein Verstoß gegen wesentliche Wahlvorschriften i. S. v. § 19 Abs. 1 BetrVG vor, der regelmäßig für das Wahlergebnis auch kausal ist (vgl. *Kreutz* § 19 BetrVG Rdn. 56; *Richardi/Forst* § 6 WO Rn. 10). Hat der Wahlvorstand dagegen die Beanstandung **versäumt** und den Wahlvorschlag **zugelassen**, ist die Vorschlagsliste mangels Beanstandung als Tatbestandsmerkmal nicht nach § 8 Abs. 2 WO ungültig (ebenso *Heinze* NZA 1988, 568 [573 f.]). Es liegt aber ein Verstoß gegen § 6 Abs. 3 Satz 1 WO vor. Diese Bestimmung ist zwingend und eine wesentliche Vorschrift über das Wahlverfahren i. S. v. § 19 Abs. 1 BetrVG. Maßgeblich für die Anfechtbarkeit ist aber auch hier die Kausalität dieses Wahlfehlers für das Wahlergebnis. Insoweit gelten die Ausführungen oben entsprechend (**a. M.** im Ansatz *BAG* 02.02.1962 AP Nr. 10 zu § 13 BetrVG [abl. *Neumann-Duesberg*]).

Der Wahlbewerber (vgl. dazu näher § 14 BetrVG Rdn. 64 ff.) muss mit der Aufnahme in die Liste einverstanden, d. h. zur Kandidatur bereit sein. Der Vorschlagsliste muss deshalb die **schriftliche Zustimmung** jedes Bewerbers beigefügt sein (Abs. 3 Satz 2; die Zustimmungserklärung steht in keinem Zusammenhang mit den Unterstützerunterschriften von Arbeitnehmern oder von Beauftragten der Gewerkschaft i. S. d. § 14 Abs. 5 BetrVG, *LAG Schleswig-Holstein* 09.01.2017 – 3 TaBVGA 3/16 – juris, Rn. 88). Durch die schriftliche Zustimmung soll zugleich der Stimmenfang mit Scheinbewerbern ausgeschlossen werden (vgl. *Heinze* NZA 1988, 568 [571]). Die Zustimmung muss nicht in einer gesonderten Urkunde erklärt werden, die der Vorschlagsliste beigefügt wird, sondern kann auch durch die eigenhändige Namensunterschrift auf der Liste gegeben werden (vgl. BAG 06.11.2013 EzA § 14 BetrVG 2001 Nr. 4 Rn. 14 = AP Nr. 3 zu § 14 BetrVG 1972; 12.02.1960 AP Nr. 11 zu § 18 BetrVG; ebenso *Fitting* § 6 WO Rn. 10; *Wiebauer/LK* § 6 WO Rn. 8; *Heinze* NZA 1988, 568 [571]; *Homburg/DKKW* § 6 WO Rn. 30). Dabei muss aber deutlich werden, dass es sich nicht lediglich um eine »Stütz«-Unterschrift handelt oder dass es sich zugleich auch um eine solche handelt (vgl. *LAG Frankfurt a. M.* 20.04.1989 BB 1989, 1692, das insoweit Rubriküberschriften fordert; ebenso *Hess. LAG* 28.01.2002 LAGE § 14nF BetrVG 2001 Nr. 1). Wird die schriftliche Bereitschaft zur Kandidatur gesondert beigefügt, erfordert die Schriftform nach § 126 Abs. 1 BGB eigenhändige Namensunterschrift (ebenso *LAG Hamm* 20.05.2005 – 10 TaBV 94/04 – juris: Paraphe genügt nicht; *Fitting* § 6 WO Rn. 10; *Raab* FS *Konzen*, 2006, S. 719 [728]; *Homburg/DKKW* § 6 WO Rn. 30; *Wiesner* Die Schriftform im Betriebsverfassungsgesetz 2008, S. 216 f.; **a. M.** *LAG Frankfurt a. M.* 14.07.1988 BB 1988, 2317, das die eigenhändig erstellte oder ausgefüllte Zustimmungserklärung genügen lässt; zust. *Richardi/Forst* § 6 WO Rn. 11). Eine gefälschte Unterschrift gilt als nicht geschrieben (vgl. *BVerwG* 08.03.1963 AP Nr. 5 zu § 10 WO z. PersVG; *Homburg/DKKW* § 6 WO Rn. 32). Stellvertretung ist hier aber (wie grundsätzlich bei § 126 Abs. 1 BGB) zulässig, wenn der Vertreter mit eigenem Namen unterschreibt, die Vertreterstellung aus der Urkunde ersichtlich ist und der Bevollmächtigte eine Vollmachturkunde vorlegt (§ 174 Satz 1 BGB). Es ist im Übrigen nicht erforderlich, dass Wahlvorschlag und Zustimmungserklärung zeitgleich eingereicht werden; die Zustimmungserklärungen der Bewerber können auch direkt beim Wahlvorstand abgegeben werden (*LAG Schleswig-Holstein* 09.01.2017 – 3 TaBVGA 3/16 – juris, Rn. 86). Liegt die schriftliche Zustimmung eines Bewerbers bei Einreichung der Vorschlagsliste (entgegen Abs. 3 Satz 2) nicht vor, muss der Wahlvorstand nach § 8 Abs. 2 Nr. 2 WO verfahren, andernfalls liegt ein Verstoß gegen eine wesentliche Vorschrift (Abs. 3 Satz 2) über das Wahlverfahren vor (vgl. *BAG* 01.06.1966 AP Nr. 15 zu § 18 BetrVG; *BAG* 10.06.1983 EzA § 19 BetrVG 1972 Nr. 19; *Fitting* § 6 WO Rn. 10; *Wiebauer/LK* § 6 WO Rn. 8). Reicht der Listenvertreter oder der Bewerber selbst die Zustimmung trotz Beanstandung nicht binnen drei Arbeitstagen (vgl. dazu § 41 WO Rdn. 2. 4) beim Wahlvorstand ein, ist die Vorschlagsliste insgesamt ungültig. Danach kann konsequenterweise (zust. *Fitting* § 6 WO Rn. 10; **a. M.** *Richardi/Forst* § 6 WO Rn. 11) die Zustimmung nicht mehr nachgereicht werden, selbst wenn die allgemeine Frist zur Einreichung von Vorschlagslisten noch nicht abgelaufen ist; dann kann (und muss ggf.) unter Beachtung von Abs. 3 Satz 2 eine neue Vorschlagsliste aufgestellt und eingereicht werden (vgl. auch § 14 BetrVG Rdn. 71).

Eine **Rücknahme der Kandidatur** ist (vor und) auch nach Einreichung der Vorschlagsliste **zulässig** (str., vgl. § 14 BetrVG Rdn. 71 m. w. N.; wie hier auch *Wiebauer/LK* § 6 WO Rn. 9; *Richardi/Forst* § 6 WO Rn. 12; **a. M.** *LAG Schleswig-Holstein* 09.01.2017 – 3 TaBVGA 3/16 – juris, Rn. 86; *Fitting* § 6 WO Rn. 10; *Homburg/DKKW* § 6 WO Rn. 34). Auf die **Gültigkeit** der Liste hat diese Rücknahme keinen Einfluss, da für deren Ordnungsmäßigkeit allein der Zeitpunkt der Einreichung entscheidend ist.

V. Listenvertreter (Abs. 4)

Abs. 4 soll dem Wahlvorstand seine Aufgabe erleichtern, die eine Vorschlagsliste betreffenden Fragen und Beanstandungen zu klären, ohne alle Unterzeichner des Wahlvorschlags hinzuziehen zu müssen; die Bestimmung dient der Vereinfachung und Beschleunigung. Die **Unterzeichner** können gemeinsam ihren Listenvertreter benennen, sei es ausdrücklich auf der Liste oder in einem ihr beigefügten Begleitschreiben. Listenvertreter kann nur einer der Unterzeichner sein; er muss wahlberechtigter Arbeitnehmer sein (vgl. Rdn. 16). Wird die Vorschlagsliste von einer im Betrieb vertretenen **Gewerkschaft** eingereicht, kann **diese** einen Listenvertreter bestimmen, der Arbeitnehmer des Betriebes und Mitglied dieser Gewerkschaft sein muss (§ 27 Abs. 3 Satz 2 WO).

14 Ist kein Listenvertreter benannt worden, gilt derjenige als Vertreter, der die Liste an räumlich erster Stelle unterzeichnet hat, bei einer Gewerkschaftsliste der an erster Stelle unterzeichnete Beauftragte (§ 27 Abs. 3 Satz 1 WO). Bis zum Ablauf der Einreichungsfrist nach § 6 Abs. 1 Satz 2 WO kann der Listenvertreter noch von den Unterzeichnern benannt werden, auch wenn die Liste bereits früher eingereicht worden ist (zust. Homburg/DKKW § 6 WO Rn. 35).

15 Allein der Listenvertreter ist berechtigt und verpflichtet, dem Wahlvorstand gegenüber die zur Beseitigung von Beanstandungen (vgl. § 7 Abs. 2 Satz 2 WO) erforderlichen Erklärungen abzugeben sowie Erklärungen und Entscheidungen des Wahlvorstands entgegenzunehmen. Da der Wahlvorschlag gemeinsamer Vorschlag aller Unterzeichner ist (vgl. § 14 BetrVG Rdn. 69), räumt Abs. 4 Satz 2 dem Listenvertreter insoweit eine **gesetzliche Vertretungsmacht** ein. Die Maßnahmen des Listenvertreters bedürfen nicht der Zustimmung der anderen Unterzeichner der Vorschlagsliste. Die Vertretungsmacht steht nicht zur Disposition der Unterzeichner (zust. Homburg/DKKW § 6 WO Rn. 38). Anders als die Passivvertretung ist die Aktivvertretung auf die Beseitigung von Beanstandungen beschränkt (ebenso Richardi/Forst § 6 WO Rn. 13) und bezieht sich nicht auf »alle mit der Vorschlagsliste zusammenhängenden Erklärungen« gegenüber dem Wahlvorstand (so aber Fitting § 6 WO Rn. 11; Homburg/DKKW § 6 WO Rn. 37); z. B. ist der Listenvertreter nicht zur Rücknahme der Liste berechtigt (ebenso BVerwG 11.06.1975 BVerwGE 48, 317; LAG Niedersachsen 28.06.2007 AuR 2007, 406 [Ls.]; inkonsequent zust. Fitting § 6 WO Rn. 11; Homburg/DKKW § 6 WO Rn. 38).

VI. Unterzeichnung der Vorschlagslisten (Abs. 5)

16 Abs. 5 ist im Zusammenhang mit § 14 Abs. 4 und 5 BetrVG zu sehen. Danach muss jeder Wahlvorschlag der Arbeitnehmer von einer **Mindestzahl** wahlberechtigter Arbeitnehmer (vgl. dazu § 14 BetrVG Rdn. 51 ff.) unterzeichnet sein, andernfalls ist der Wahlvorschlag ungültig (vgl. § 8 Abs. 1 Nr. 3, Abs. 2 Nr. 3 WO). Die Namensunterschrift unter den Wahlvorschlag muss von der erforderlichen Anzahl wahlberechtigter Arbeitnehmer persönlich geleistet werden; Stellvertretung ist hier nicht zulässig (vgl. auch § 14 BetrVG Rdn. 67). Erforderlich ist die Schriftform (dazu § 14 BetrVG Rdn. 67). Zur Zulässigkeit einer Unterzeichnung durch Wahlbewerber oder Mitglieder des Wahlvorstands vgl. § 14 BetrVG Rdn. 60 m. w. N. Gewerkschaftliche Vorschläge bedürfen nach § 14 Abs. 5 BetrVG nicht der Unterzeichnung durch Wahlberechtigte (vgl. § 14 BetrVG Rdn. 94); werden mehrere Vorschlagslisten einer Gewerkschaft eingereicht, ist Abs. 5 analog anzuwenden (vgl. § 14 BetrVG Rdn. 93).

17 Die Unterschrift muss so deutlich und vollständig sein, dass eine eindeutige Bestimmung des Arbeitnehmers möglich ist (vgl. dazu ArbG Herne 12.04.1972 DB 1972, 976). Jede Unterschrift muss die gesamte Vorschlagsliste decken. Nicht erforderlich ist die Unterschrift aller Einreicher auf derselben Urkunde. Es genügt, wenn sich die nötige Anzahl von Unterschriften auf verschiedenen gleichlautenden Ausfertigungen finden, die dann vor der Einreichung oder auch durch den Wahlvorstand selbst (wozu er nach den Umständen als ermächtigt anzusehen ist) zu einer Gesamturkunde verbunden werden. (Stütz-)Unterschriften müssen sich nicht auf demselben Blatt befinden, auf dem die Wahlbewerber aufgeführt sind; Kandidatenliste und Unterschriftenliste(n) müssen aber so miteinander verbunden sein, dass sie gegen eine Trennung gesichert sind, wobei es ausreicht, wenn die Art der Verbindung dem Wahlvorstand die Prüfung ermöglicht, ob Wahlvorschlag und Unterschriftenliste(n) nicht während der gesamten Zeit verbunden waren (vgl. LAG Bremen 26.03.1998 NZA-RR 1998, 401 [401 f.]; abschwächend Faecks/Meik NZA 1988, 193 [195]; näher § 14 BetrVG Rdn. 69); eine Ausnahme kommt in Betracht, wenn die Kandidatenliste und die Liste mit den Unterstützungsunterschriften in personeller Hinsicht weitgehend identisch sind (vgl. Hess. LAG 21.12.1995 NZA-RR 1996, 461 [462]).

Vorschlagslisten **§ 6 WO**

Jeder Wahlberechtigte kann gemäß Abs. 5 **nur einen Wahlvorschlag** unterzeichnen. Hat er mehrere **18** Wahlvorschläge unterzeichnet, hat ihn der Wahlvorstand unter Fristsetzung aufzufordern, zu erklären, welche Unterschrift er aufrechterhält. Die Frist darf höchstens drei Arbeitstage betragen, kann aber auch kürzer sein, wenn das angemessen ist. Zum Begriff des Arbeitstages und zur Fristberechnung vgl. § 41 WO Rdn. 2, 4. Der Wahlberechtigte ist durch den Wahlvorstand **eindeutig** darauf hinzuweisen, dass eine Erklärung nach Ablauf der Frist nicht zulässig ist; andernfalls liegt ein Verstoß gegen eine wesentliche Vorschrift über das Wahlverfahren vor, der die Wahl nach § 19 BetrVG anfechtbar macht, wenn er das Wahlergebnis beeinflussen konnte (vgl. *LAG Hamm* 29.10.1965 DB 1966, 38; *Homburg/ DKKW* § 6 WO Rn. 40). Die Aufforderung kann mündlich oder schriftlich erfolgen. Ein Aufforderungsschreiben an einen ausländischen Arbeitnehmer kann in deutscher Sprache abgefasst sein (vgl. *LAG Hamm* 17.05.1973 DB 1973, 1403; zust. *Fitting* § 6 WO Rn. 16; *Richardi/Forst* § 6 WO Rn. 16; *Homburg/DKKW* § 6 WO Rn. 40); eine andere Frage ist, ob der Wahlvorstand seiner Verpflichtung nach § 2 Abs. 5 WO nachgekommen ist (vgl. dazu § 2 WO Rdn. 19 ff.). Erklärt sich der Arbeitnehmer nicht oder nicht fristgerecht, gilt seine Unterschrift nur auf der **zuerst** eingereichten Liste. Die Unterschriften auf den anderen Listen werden vom Wahlvorstand gestrichen. Sinkt die Zahl der Unterschriften durch eine **Streichung** unter die in § 14 Abs. 4 BetrVG festgelegte Mindestzahl, ist nach § 8 Abs. 2 WO zu verfahren (vgl. § 8 WO Rdn. 5 ff.). Sind mehrere Vorschlagslisten gleichzeitig eingereicht, d. h. dem Wahlvorstand zugegangen (z. B. durch die Betriebspost), entscheidet das Los, auf welcher Vorschlagsliste die Unterschrift gilt; die Unterschriften auf den übrigen Listen werden gestrichen. Erklärt der Arbeitnehmer, der mehrere Vorschlagslisten unterzeichnet hat, innerhalb der Frist des Abs. 5 Satz 2, dass er alle seine Unterschriften zurücknehme, ist ebenso zu verfahren wie in dem Fall, dass die Erklärung nicht oder nicht fristgerecht eingereicht wurde. Da die Liste bereits eingereicht war, ist die über den Entscheidungsspielraum nach Abs. 5 Satz 2 hinausgehende Rücknahme **aller** Unterschriften nicht wirksam (vgl. auch § 8 Abs. 1 Nr. 3 Satz 2 WO). Es ist nach § 6 Abs. 5 Satz 3 WO zu verfahren (ebenso *Fitting* § 6 WO Rn. 16; *Richardi/Forst* § 6 WO Rn. 16; *Homburg/DKKW* § 6 WO Rn. 43).

Der Unterzeichner eines Wahlvorschlags kann seine Unterschrift **vor und nach Einreichung der 19 Vorschlagsliste** beim Wahlvorstand zurücknehmen oder widerrufen (vgl. § 14 BetrVG Rdn. 71). Das kann vor Einreichung durch Streichung, danach durch schriftliche Erklärung gegenüber dem Wahlvorstand erfolgen. Ist der Wahlvorschlag eingereicht, berührt (wenn nicht ein Fall des Abs. 5 Satz 2 vorliegt) eine spätere Rücknahme der Unterschrift die Gültigkeit der Vorschlagsliste nicht (§ 8 Abs. 1 Nr. 3 Satz 2 WO).

VII. Kandidatur auf mehreren Listen (Abs. 6, 7)

Ein **Bewerber** kann gemäß Abs. 7 **nur auf einer Vorschlagsliste** benannt werden. Diese Vorschrift **20** ist nur Ausfluss des **Verbots** (Abs. 6) **der Verbindung** von mehreren Vorschlagslisten (ebenso *Fitting* § 6 WO Rn. 18; *Richardi/Forst* § 6 WO Rn. 19), durch das unterbunden wird, dass selbständige Vorschlagslisten gegenüber konkurrierenden Listen als Einheit behandelt werden. Ist der Kandidat mit seiner Zustimmung auf mehreren Listen aufgeführt, hat ihn der Wahlvorstand aufzufordern, binnen drei Arbeitstagen (vgl. § 41 WO Rdn. 2, 4) zu erklären, welche Bewerbung er aufrechterhält. Versäumt der Wahlvorstand diese Aufforderung, liegt darin ein Verstoß gegen § 6 Abs. 7 Satz 2 WO, der die Anfechtbarkeit der Wahl begründen kann (*LAG München* 25.01.2007 – 2 TaBV 102/06 – juris). Erfolgt die Aufforderung (schriftlich oder mündlich) und erklärt sich der Kandidat nicht fristgemäß, ist er vom Wahlvorstand auf **sämtlichen** Listen zu **streichen** (Abs. 7 Satz 3), im Unterschied zum Verfahren nach Abs. 5 Satz 3. Eine Erklärung des Bewerbers nach Ablauf der Frist wird nicht mehr wirksam; seine Kandidatur ist kraft Gesetzes erloschen. Er muss nach auf allen Listen gestrichen werden; diese Streichungen berühren die Gültigkeit der Listen im Übrigen nicht. Die Streichungen schließen nicht aus, dass der Bewerber auf einer weiteren Vorschlagsliste erneut vorgeschlagen wird, sofern die Einreichungsfrist noch läuft (ebenso *Fitting* § 6 WO Rn. 18; *Richardi/Forst* § 6 WO Rn. 19; *Homburg/DKKW* § 6 WO Rn. 45). Zur nachträglichen Streichung der Kandidatur auf eigenen Wunsch des Bewerbers, wenn die Voraussetzungen des § 6 Abs. 7 nicht vorliegen, vgl. Rdn. 12.

21 Jede **Streichung** von Bewerbern **vor Einreichung** der Vorschlagsliste, die ohne das Einverständnis aller Unterzeichner des Wahlvorschlages vorgenommen wird, bedeutet eine inhaltliche Änderung der Vorschlagsliste und macht diese ungültig. Die Liste ist vom Wahlvorstand zurückzuweisen (vgl. § 14 BetrVG Rdn. 70).

22 Die Unzulässigkeit mehrfacher Kandidatur besteht nur für die Verhältniswahl. Die Bestimmung des Abs. 7 ist ohne Bedeutung, wenn die Wahl als Mehrheitswahl im vereinfachten Wahlverfahren durchzuführen ist; zu Recht verweist § 33 Abs. 2 WO nicht auf Abs. 7. Mithin ist dann, wenn nur ein ein- oder dreiköpfiger Betriebsrat zu wählen ist, auch die Benennung auf mehreren Vorschlägen zulässig. Auf den Stimmzetteln werden alle Bewerber ohnehin nur einmal aufgeführt; vgl. § 34 Abs. 1 WO.

§ 7
Prüfung der Vorschlagslisten

(1) Der Wahlvorstand hat bei Überbringen der Vorschlagsliste oder, falls die Vorschlagsliste auf eine andere Weise eingereicht wird, der Listenvertreterin oder dem Listenvertreter den Zeitpunkt der Einreichung schriftlich zu bestätigen.

(2) Der Wahlvorstand hat die eingereichten Vorschlagslisten, wenn die Liste nicht mit einem Kennwort versehen ist, mit Familienname und Vorname der beiden in der Liste an erster Stelle Benannten zu bezeichnen. Er hat die Vorschlagsliste unverzüglich, möglichst binnen einer Frist von zwei Arbeitstagen nach ihrem Eingang, zu prüfen und bei Ungültigkeit oder Beanstandung einer Liste die Listenvertreterin oder den Listenvertreter unverzüglich schriftlich unter Angabe der Gründe zu unterrichten.

Inhaltsübersicht	Rdn.
I. Bestätigung des Eingangs von Vorschlagslisten (Abs. 1)	1–4
II. Kennzeichnung der Vorschlagsliste (Abs. 2 Satz 1)	5–7
III. Prüfung und Beanstandung von Vorschlagslisten (Abs. 2 Satz 2)	8–13

I. Bestätigung des Eingangs von Vorschlagslisten (Abs. 1)

1 Der Eingang jeder Vorschlagsliste ist vom Wahlvorstand unter Angabe des Zeitpunkts der Einreichung schriftlich zu bestätigen (Abs. 1); das gilt auch für Ergänzungen und Berichtigungen. Dabei kommt es nicht darauf an, ob die Einreichung fristgemäß (§ 6 Abs. 1 Satz 2 WO) erfolgt ist. Zu bestätigen sind nur die Tatsache des Eingangs und der Zeitpunkt. Maßgebend ist der Zeitpunkt des Zugangs der an die Betriebsadresse des Wahlvorstands gerichteten Vorschlagsliste. Da dieser im Einzelfall zweifelhaft sein kann, hat der Überbringer oder der Listenvertreter einen Anspruch auf Bestätigung der den Zugang begründenden Tatsachen. Zu bestätigen sind immer Tag und genaue Uhrzeit (ebenso *Fitting* § 7 WO Rn. 1; *Homburg/DKKW* § 7 WO Rn. 3), weil es darauf später ankommen kann (vgl. § 6 Abs. 5 Satz 3 WO).

2 Die Bestätigung ist ohne Rücksicht auf ein Verlangen des Einreichers auszustellen; sie ist Pflicht des Wahlvorstands. Sie ist **schriftlich** abzufassen und zu unterschreiben. Wird die Liste vom Listenvertreter oder einem ihrer Unterzeichner oder einer von diesen beauftragten Person überbracht, ist die Bestätigung sofort auszustellen und dem Überbringer auszuhändigen. Ist sie dem Wahlvorstand auf andere Weise (z. B. durch die Betriebspost) zugestellt worden, hat dieser dem Listenvertreter (vgl. § 6 Abs. 4 WO) die Bestätigung auf geeignetem Wege umgehend zuzuleiten.

3 Die Bestätigung ist in jedem Falle **zu unterschreiben**. Ist die Liste nicht persönlich überbracht worden, ist die Unterschrift eines Empfangsberechtigten (vgl. dazu § 1 WO Rdn. 6, § 3 WO Rdn. 22) erforderlich. Wird die Liste einer nicht empfangsberechtigten Person persönlich übergeben, die sich an dem als Betriebsadresse angegebenen Ort mit dem Willen des Wahlvorstands aufhält, hat diese die Bestätigung zu erteilen (zust. *Fitting* § 7 WO Rn. 1; enger *Homburg/DKKW* § 7 WO Rn. 2: Unterschrift eines Mitglieds des Wahlvorstands erforderlich, aber auch genügend). Auf Verlangen hat der Wahlvorstand selbst den Eingang und dessen Zugang nochmals zu bestätigen.

Die schriftliche Bestätigung dient lediglich **Beweiszwecken**. Die Wirksamkeit der Vorschlagsliste hängt von ihr nicht ab. Der Beweis des Eingangs und des Eingangszeitpunkts kann auch durch jedes andere Beweismittel geführt werden (zust. *Fitting* § 7 WO Rn. 1; *Homburg/DKKW* § 7 WO Rn. 2). Auch der Gegenbeweis der Unrichtigkeit der Bestätigung ist zulässig. Der bestätigte Eingangszeitpunkt sollte auf der eingereichten Vorschlagsliste vermerkt werden. 4

II. Kennzeichnung der Vorschlagsliste (Abs. 2 Satz 1)

Jede eingereichte Liste ist zu **kennzeichnen** (Abs. 2 Satz 1). Ist sie bereits mit einem **Kennwort** versehen, ist dieses im weiteren Verfahren (z. B. bei der Gestaltung der Stimmzettel, § 11 Abs. 2 Satz 1 Halbs. 2 WO, und bei der Feststellung der auf die einzelnen Listen entfallen Stimmen, §§ 14 ff. WO) zu verwenden. Fehlt eine Kennzeichnung, ist die Liste vom Wahlvorstand mit Namen und Vornamen der beiden in ihr an erster Stelle benannten Bewerber zu bezeichnen, nicht mit einem Kennwort. 5

Als **Kennworte** können grundsätzlich beliebige Begriffe, Namen, auch Phantasieworte gewählt werden. Jedoch sind Kennworte mit Hinweisen auf politische Parteien (vgl. § 74 Abs. 2 Satz 3 BetrVG) unzulässig, ebenso Kennworte, durch die Kandidaten oder Einreicher anderer Listen diffamiert werden (vgl. § 20 Abs. 2 BetrVG; dazu *Kreutz* § 20 BetrVG Rdn. 39 ff.), sowie grob anstößige Kennworte (ebenso *Fitting* § 7 WO Rn. 2; *Wiebauer/LK* § 7 WO Rn. 2; *Richardi/Forst* § 7 WO Rn. 2; *Homburg/DKKW* § 7 WO Rn. 6). Als Kennworte sind auch gebräuchliche Abkürzungen, z. B. von Gewerkschaften, deren Bedeutung allgemein als bekannt vorausgesetzt werden darf, zulässig (vgl. *BAG* 03.06.1969 AP Nr. 17 zu § 18 BetrVG). Solche Abkürzungen darf der Wahlvorstand auch von sich aus anstelle der ursprünglich angegebenen unabgekürzten Kennworte verwenden (*BAG* 03.06.1969 AP Nr. 17 zu § 18 BetrVG). Es müssen ferner eine **Verwechslungsgefahr** zwischen mehreren Kennworten und jede **Irreführung** der Wähler vermieden werden. Werden verwechslungsfähige Kennworte verwendet, muss die später eingereichte Liste mit einer anderen Kennzeichnung versehen werden. Weil das Kennwort Bestandteil der Vorschlagsliste ist, weil nach § 7 Abs. 2 Satz 1 WO der Wahlvorstand eingereichte Vorschlagslisten nur selbst bezeichnen darf, wenn sie nicht mit einem Kennwort versehen sind, und weil das Kennwort für alle Beteiligten ein unverzichtbares Merkmal des eingereichten Wahlvorschlags ist, darf der Wahlvorstand, wenn nicht auf seine Beanstandung hin ein anderes Kennwort angegeben wird, die Vorschlagsliste nicht mit den Namen der beiden auf ihr an erster Stelle Benannten bezeichnen (*Fitting* § 7 WO Rn. 2; *Homburg/DKKW* § 7 WO Rn. 10; *LAG Berlin* 16.05.2003 – 15 TaBV – juris; *LAG Hamm* 18.03.2011 – 13 TaBV 98/10 – juris, Rn. 55 ff.; **a. M.** *BAG* 15.05.2013 – 7 ABR 40/11 – juris, Rn. 28, 31: irreführendes Kennwort ist zu streichen; 9. Aufl. Rn. 6). Dabei ist insbesondere zu berücksichtigen, dass sich ein irreführendes Kennwort bereits bei der Sammlung von Stützunterschriften ausgewirkt haben kann (abw. *BAG* 15.05.2013 – 7 ABR 40/11 – juris, Rn. 31). Zur Verwechslungsgefahr vgl. *BVerwG* 13.05.1966 AP Nr. 3 zu § 21 PersVG: verneint bei einem Nebeneinander von »Gewerkschaft Öffentlicher Dienst, Fachverband der Wehrbediensteten« und »ÖTV«. 6

Als **irreführend** ist ein Kennwort vom Wahlvorstand zu **beanstanden**, wenn es auf eine **Gewerkschaft** hinweist, ohne dass diese die Liste insgesamt unterstützt (so auch *LAG Hamm* 16.12.2014 – 7 TaBV 49/14 – juris, Rn. 42: »IG Metall Kompetenz für gute Arbeit«; *Fitting* § 7 WO Rn. 2; *Wiebauer/LK* § 7 WO Rn. 2; *Homburg/DKKW* § 7 WO Rn. 4; zu eng *Richardi/Forst* § 7 WO Rn. 2, der den Gewerkschaftshinweis nur zulässt, wenn die Gewerkschaft selbst nach § 14 Abs. 3, 5 BetrVG den Wahlvorschlag macht), oder wenn diese eine eigene Liste eingereicht hat (§ 14 Abs. 3, 5 BetrVG), oder wenn nicht alle auf dieser Liste als Bewerber Benannten Mitglieder dieser Gewerkschaft sind. Irreführend ist z. B. die Bezeichnung als »IG Metall Kündigungsschutz und Arbeitsplatzsicherheit« (wobei IG für »Interessengemeinschaft« steht), wenn die Vorschlagsliste keine Unterstützung der Gewerkschaft IG Metall hat, die ihrerseits eine Vorschlagsliste »IG Metall Kompetenz für Gute Arbeit und 7

Sicherheit« unterstützt (*LAG Hamm* 18.03.2011 – 13 TaBV 98/10 – juris, Rn. 49 f.; in diese Richtung auch *BAG* 15.05.2013 – 7 ABR 40/11 – juris, Rn. 22). Kennworte wie »Unabhängige Liste« oder »Freie Liste« dürfen auch dann verwendet werden, wenn die Bewerber gewerkschaftlich organisiert sind (vgl. *OVG Münster* 27.10.1958 AP Nr. 1 zu § 21 PersVG; *Fitting* § 7 WO Rn. 2; *Richardi/Forst* § 7 WO Rn. 2, sofern die Bewerber nicht nahezu ausschließlich derselben Gewerkschaft angehören; unklar *Homburg/DKKW* § 7 WO Rn. 4), wenn nur die Gewerkschaft die Aufstellung der Liste nicht organisiert hat. Irreführend ist das Kennwort »Nicht organisierte Angestellte«, wenn auf der Liste Organisierte kandidieren (vgl. *BVerwG* 07.11.1969 BVerwGE 34, 177 [179]). Umgekehrt darf nur ein gewerkschaftlicher Wahlvorschlag durch sein Kennwort als gewerkschaftlicher Vorschlag ausgewiesen werden (*BAG* 15.05.2013 – 7 ABR 40/11 – juris, Rn. 24). Es schadet allerdings nicht, dass auf einen gewerkschaftlichen Wahlvorschlag zusätzlich Stützunterschriften wahlberechtigter Arbeitnehmer gesammelt werden (vgl. auch § 14 BetrVG Rdn. 94).

III. Prüfung und Beanstandung von Vorschlagslisten (Abs. 2 Satz 2)

8 Der **Wahlvorstand** hat die Vorschlagsliste nach ihrem Eingang **unverzüglich**, d. h. ohne schuldhaftes Zögern (§ 121 Abs. 1 Satz 1 BGB, *BAG* 21.01.2009 EzA § 19 BetrVG 2001 Nr. 7 Rn. 25 = AP Nr. 61 zu § 19 BetrVG 1972), darauf **zu prüfen**, ob sie den vorgeschriebenen Erfordernissen entspricht (Abs. 2 Satz 2). Die Pflicht zu unverzüglicher Prüfung wird dahin ergänzt, dass das »möglichst binnen einer Frist von zwei Arbeitstagen« nach Eingang zu geschehen hat. Die Pflicht zur unverzüglichen Prüfung der Wahlvorschlagslisten und zur unverzüglichen Unterrichtung des Listenvertreters über die Ungültigkeit der Liste soll dem Einreicher einer Liste ermöglichen, innerhalb der Einreichungsfrist eine gültige Vorschlagsliste nachzureichen (*BAG* 18.07.2012 EzA § 19 BetrVG 2001 Nr. 9 = AP Nr. 62 zu § 19 BetrVG 1972 Rn. 26; 20.01.2010 EzA § 94 SGB IX Nr. 6 Rn. 22 = AP Nr. 2 zu § 97 SGB IX; 21.01.2009 EzA § 19 BetrVG 2001 Nr. 7 Rn. 25 = AP Nr. 61 zu § 19 BetrVG 1972). Das Wort »möglichst« zeigt an, dass es sich dabei nicht um eine »starre Höchstfrist handelt, die unter keinen Umständen überschritten werden darf« (zutr. *BAG* 18.07.2012 EzA § 19 BetrVG 2001 Nr. 9 = AP Nr. 62 zu § 19 BetrVG 1972 Rn. 26; 21.01.2009 EzA § 19 BetrVG 2001 Nr. 7 Rn. 25 = AP Nr. 61 zu § 19 BetrVG 1972; 25.05.2005 EzA § 14 BetrVG 2001 Nr. 1 S. 8; *Gräfl* FS *Bepler*, 2012, S. 185 [191]), sondern um eine **Orientierungs- oder Regelfrist**. Eine Fristüberschreitung ist gerechtfertigt, wenn die Verzögerung nicht verschuldet ist, etwa weil Rückfragen hinsichtlich der Wählbarkeit der Bewerber (so auch *BAG* 21.01.2009 EzA § 19 BetrVG 2001 Nr. 7 Rn. 25 = AP Nr. 61 zu § 19 BetrVG 1972; 25.05.2005 EzA § 14 BetrVG 2001 Nr. 1 S. 8) oder der Wahlberechtigung der Unterzeichner erforderlich waren, oder weil der Wahlvorstand dem Verdacht der Ungültigkeit der Vorschlagsliste (wegen Überklebungen, Streichungen oder sonstigen Veränderungen) zunächst durch Rückfrage beim Listenvertreter nachgegangen ist (vgl. dazu *OVG Münster* 27.10.1958 AP Nr. 1 zu § 21 PersVG; *LAG Düsseldorf* 25.03.2003 NZA-RR 2003, 475, obiter dictum; vgl. aber *LAG Berlin* 07.02.2006 NZA 2006, 509: schwerwiegender Pflichtenverstoß, wenn der fünf Tage vor Ablauf der Einreichungsfrist eingereichte Wahlvorschlag erst nach Fristablauf geprüft wird). Andererseits steht die Pflicht zu unverzüglicher Prüfung dagegen, dass die Frist immer ausgeschöpft werden darf; die Prüfung ist nicht stets unverzüglich, wenn sie innerhalb von zwei Arbeitstagen erfolgt (*BAG* 21.01.2009 EzA § 19 BetrVG 2001 Nr. 7 Rn. 25 = AP Nr. 61 zu § 19 BetrVG 1972; 25.05.2005 EzA § 14 BetrVG 2001 Nr. 1 Orientierungssatz 3). Maßgebend sind die **konkreten Umstände des Einzelfalls** vor dem Hintergrund des Zwecks der Regelung (*BAG* 18.07.2012 EzA § 19 BetrVG 2001 Nr. 9 = AP Nr. 62 zu § 19 BetrVG 1972 Rn. 26; 21.01.2009 EzA § 19 BetrVG 2001 Nr. 7 Rn. 25 = AP Nr. 61 zu § 19 BetrVG 1972). Nach Ansicht des *LAG Nürnberg* (13.03.2002 AuR 2002, 238) ist eine Prüfung jedenfalls dann unverzüglich, wenn sie noch am Tag der Einreichung erfolgt; dem ist zuzustimmen, soweit es um Vorschlagslisten geht, die bis zum letzten Tag vor dem Tag des Fristablaufs eingereicht werden. Die Vermeidung schuldhafter Verzögerung erfordert dann aber in der Endphase der Einreichungsfrist besondere Vorkehrungen des Wahlvorstands für seine Handlungsfähigkeit (vgl. *Hess. LAG* 21.12.1995 NZA-RR 1996, 461 [462 f.]). Er muss für den letzten Tag der Einreichungsfrist sicherstellen, eingehende Wahlvorschläge kurzfristig prüfen und bei Ungültigkeit die Listenvertreter unverzüglich unterrichten zu können, um diesen die Möglichkeit (so sie denn zeitlich besteht) zu erhalten, noch bis zum Fristablauf eine gültige Vorschlagsliste einzureichen (vgl. *BAG* 18.07.2012 EzA

§ 19 BetrVG 2001 Nr. 9 = AP Nr. 62 zu § 19 BetrVG 1972 Rn. 26; 21.01.2009 EzA § 19 BetrVG 2001 Nr. 7 Rn. 25 = AP Nr. 61 zu § 19 BetrVG 1972; 25.05.2005 EzA § 14 BetrVG 2001 Nr. 1 Orientierungssatz 3; *LAG Berlin* 07.02.2006 NZA 2006, 509; *LAG Schleswig-Holstein* 14.02.2007 SchlHA 2007, 461; *Fitting* § 7 WO Rn. 6); das ist der Zweck unverzüglicher Prüfung (vgl. Rdn. 10, 12). Danach genügt der Wahlvorstand seiner Pflicht nicht, wenn er am letzten Tag der Einreichungsfrist seine Sitzung zur Prüfung der an diesem Tag noch eingehenden Listen erst nach Ablauf der Einreichungsfrist ansetzt (so zutr. *BAG* 25.05.2005 EzA § 14 BetrVG 2001 Nr. 1 Orientierungssatz 3: Einreichung einer Liste um 9:00 Uhr, Fristablauf 16:00 Uhr, Sitzungsbeginn 16:15 Uhr; ähnliche Sachverhaltskonstellation *BAG* 18.07.2012 EzA § 19 BetrVG 2001 Nr. 9 = AP Nr. 62 zu § 19 BetrVG 1972 Rn. 25 f.: Fehlerprüfung am Tag nach Ablauf der Einreichungsfrist, an dem auch die Liste eingereicht wurde; *LAG Düsseldorf* 25.03.2003 NZA-RR 2003, 475). Zutr. fordern jetzt Instanzgerichte eine »sofortige« Prüfung am letzten Tag (*LAG Nürnberg* 15.03.2004 LAGReport 2004, 280; *LAG Schleswig-Holstein* 14.02.2007 SchlHA 2007, 461: möglichst sofort; *LAG Niedersachsen* 26.07.2007 – 4 TaBV 85/06 – juris). Der Wahlvorstand muss mit der Prüfung beginnen, darf sie auch nicht zögerlich betreiben, auch wenn abzusehen ist, dass bei Ungültigkeit unheilbaren Mängeln nicht mehr rechtzeitig abgeholfen werden kann (*ArbG Duisburg* 07.02.2008 – 2 BV 127/07 – juris: Verstoß gegen Abs. 2 Satz 2, weil mit Prüfung einer zwei Stunden vor Fristablauf eingereichten Liste nicht begonnen wurde); dieses Risiko tragen diejenigen, die ihren Wahlvorschlag erst kurz vor Fristablauf einreichen (*BAG* 25.05.2005 EzA § 14 BetrVG 2001 Nr. 1 S. 9). Schon ein Verstoß gegen die unverzügliche Prüfungspflicht, der notwendig auch einen Verstoß gegen die Pflicht zu unverzüglicher schriftlicher Unterrichtung der Listenvertreter von der Ungültigkeit zur Folge hat, kann zur Anfechtbarkeit der Wahl nach § 19 BetrVG führen, wenn er für das Wahlergebnis kausal sein kann (*BAG* 25.05.2005 EzA § 14 BetrVG 2001 Nr. 1 S. 8/10; vgl. auch *BAG* 21.01.2009 EzA § 19 BetrVG 2001 Nr. 7 Rn. 23 = AP Nr. 61 zu § 19 BetrVG 1972; *LAG Rheinland-Pfalz* 31.05.2005 – TaBV 1/05 – juris); das ist nicht der Fall, wenn auch bei sofortiger Prüfung die Einreichung einer gültigen Liste nicht mehr möglich gewesen wäre (vgl. *LAG Nürnberg* 15.03.2004 LAGReport 2004, 280).

Die **Prüfungspflicht** des Wahlvorstands erstreckt sich auf **alle erkennbaren Unwirksamkeitsgründe** für den eingereichten Wahlvorschlag; sie umfasst alle Umstände, die geeignet sind, seine Gültigkeit in Frage zu stellen, und die der Wahlvorstand bei einer Prüfung der äußeren Gestaltung der eingereichten Urkunde unschwer erkennen kann, wobei eine nur kursorische (oberflächliche) Prüfung nicht genügt (*BAG* 15.05.2013 – 7 ABR 40/11 – juris, Rn. 18; 18.07.2012 EzA § 19 BetrVG 2001 Nr. 9 = AP Nr. 62 zu § 19 BetrVG 1972 Rn. 26; 21.01.2009 EzA § 19 BetrVG 2001 Nr. 7 Rn. 25). Ein Beispiel ist ein ungewöhnliches äußeres Erscheinungsbild mit Radierungen, Streichungen oder Zusätzen (*BAG* 21.01.2009 EzA § 19 BetrVG 2001 Nr. 7 Rn. 27 = AP Nr. 61 zu § 19 BetrVG 1972; *Gräfl* FS *Bepler*, 2012, S. 185 [191]). Die Prüfung erstreckt sich insbesondere darauf, ob die Vorschlagsliste nach § 8 WO (unheilbar oder heilbar) ungültig ist und ob Doppelunterschriften oder Doppelkandidaturen nach § 6 Abs. 5 und 7 WO vorliegen. Außerdem ist (anhand der Wählerliste) zu prüfen, ob die Unterzeichner der Liste wahlberechtigte Arbeitnehmer sind und ob die Bewerber wählbar sind. Zur Überprüfung von Kennworten vgl. Rdn. 6 f.; zur Bedeutung des § 6 Abs. 2 WO vgl. § 6 WO Rdn. 7. 9

Ergibt die (rechtzeitige) Prüfung, dass die Vorschlagsliste zwingenden Erfordernissen nicht entspricht, stellt der Wahlvorstand bei einem **unheilbaren Mangel** nach § 8 Abs. 1 WO durch Beschluss die Ungültigkeit fest und teilt das dem Listenvertreter unverzüglich schriftlich unter Angabe der Gründe mit; das Original der Vorschlagsliste bleibt zu Beweiszwecken beim Wahlvorstand (ebenso *Fitting* § 7 WO Rn. 7). Eile ist in diesem Fall besonders geboten, weil den Unterzeichnern in den Fällen des § 8 Abs. 1 Nr. 2 und 3 WO nach Möglichkeit Gelegenheit gegeben werden muss, vor Ablauf der Einreichungsfrist eine neue, den Beanstandungen Rechnung tragende Vorschlagsliste einzureichen. Die kurze Beanstandungsfrist dient gerade auch diesem Zweck (ebenso *Fitting* § 7 WO Rn. 6; *Homburg*/DKKW § 7 WO Rn. 7; zust. *BAG* 25.05.2005 EzA § 14 BetrVG 2001 Nr. 1 S. 9). Schuldhafte Verzögerung der Unterrichtung des Listenvertreters (auch dadurch, dass nicht der schnellste Weg der Unterrichtung gewählt wird; vgl. *LAG Düsseldorf* 25.03.2003 NZA-RR 2003, 475: Postzustellung, obwohl das Büro des Listenvertreters nur 15m vom Wahlvorstandsbüro entfernt war) verletzt § 7 Abs. 2 Satz 2 WO, der auch insoweit eine wesentliche Vorschrift über das Wahlverfahren i. S. v. § 19 Abs. 1 BetrVG ist. Wird dadurch die fristgerechte, sonst mögliche und wahrscheinliche Einreichung einer neuen Vorschlags- 10 liste verhindert, ist die Wahl anfechtbar (vgl. auch *BAG* 04.11.1960 AP Nr. 3 zu § 13 BetrVG; *ArbG Lübeck* v. 12.12.1996 – 1 BVGa 120/96 – n. v.; *LAG Düsseldorf* 25.03.2003 NZA-RR 2003, 475; i. E. so wohl auch *Fitting* § 7 WO Rn. 7; *Wiebauer/LK* § 7 WO Rn. 10; *Richardi/Forst* § 7 WO Rn. 7).

11 Ergibt die Prüfung, dass ein **heilbarer Mangel** i. S. v. § 8 Abs. 2 WO vorliegt, hat der Wahlvorstand diese Beanstandung dem Listenvertreter ebenfalls unverzüglich schriftlich mitzuteilen. Zugleich hat er darauf hinzuweisen, dass die Mängel binnen einer Frist von drei Arbeitstagen seit Mitteilung der Beanstandung (vgl. dazu § 8 WO Rdn. 7) beseitigt werden müssen, wenn die Vorschlagsliste nicht ungültig werden soll. Die Mängel sind in der schriftlichen Mitteilung so genau zu bezeichnen, dass die Betroffenen ihnen ohne weiteres abhelfen können. In der Sache handelt es sich dabei um eine von Gesetzes wegen an die Beanstandung geknüpfte **Nachfrist**, die unabhängig davon gilt und läuft, ob die allgemeine Einreichungsfrist für Vorschlagslisten zwischenzeitlich abgelaufen ist. Deshalb bleiben bloß schuldhafte Verzögerungen der Unterrichtung (Beanstandung) insoweit ohne Folgen. Der Wahlvorstand darf in diesen Fällen dem Listenvertreter die ergänzungsbedürftige Vorschlagsliste **nicht zurückgeben** (wohl aber eine Kopie), sondern nur auf die Mängelbeseitigung hinwirken. Damit wird beweismäßig gewährleistet, dass später (im vorgeschalteten Kontrollverfahren oder in einem Wahlanfechtungsverfahren) eine Nachprüfbarkeit der Liste auf ihre Gültigkeit möglich ist, und zugleich wird sichergestellt, dass nachträglich noch festgestellt werden kann, ob es sich bei den **nachgereichten** Unterlagen um eine Mängelbeseitigung oder um einen (wegen Ablaufs der Einreichungsfrist) ungültigen neuen Wahlvorschlag handelt (so im Anschluss an *LAG Kiel* 09.04.1953 AuR 1953, 255, auch *Fitting* § 7 WO Rn. 7; *Richardi/Forst* § 7 WO Rn. 9; **a. M.** *Homburg/DKKW* § 7 WO Rn. 8, der unter Hinweis auf § 10 Abs. 5 WO BPersVG die Zurückbehaltung einer Kopie für ausreichend hält, damit die Beanstandungen auf dem Original behoben werden können). Werden die beanstandeten Mängel nicht fristgemäß behoben, hat der Wahlvorstand die Ungültigkeit der Liste festzustellen und auch davon den Listenvertreter unverzüglich zu unterrichten. Behandelt der Wahlvorstand eine Vorschlagsliste, die heilbare Mängel aufweist, von vornherein als **ungültig** und lässt er sie ohne Beanstandung nicht zur Wahl zu, gelten die Ausführungen in Rdn. 10 zur Anfechtbarkeit entsprechend.

12 Da § 8 WO **keine abschließende Regelung** der Ungültigkeitsgründe enthält, kann eine Vorschlagsliste auch **aus anderen Gründen ungültig** sein, insbesondere bei inhaltlichen Änderungen vor Einreichung ohne Einverständnis der Unterzeichner (vgl. § 14 BetrVG Rdn. 70), wenn auf einer Vorschlagsliste ein nicht wählbarer Kandidat aufgeführt ist (vgl. auch § 8 WO Rdn. 9) oder wenn ein Kennwort unzulässig ist, weil es offenkundig grob irreführend oder jedenfalls offenkundig nicht der Vorschlag einer Gewerkschaft ist (*BAG* 15.05.2013 – 7 ABR 40/11 – juris, Rn. 22, 23 ff.). Stellt der Wahlvorstand solche Mängel fest, hat er ebenfalls den Listenvertreter unverzüglich unter Angabe der Gründe zu unterrichten. In solchen Fällen kommt aber keine Nachfristsetzung zur Mängelbeseitigung in Betracht (**a. M.** *LAG Düsseldorf* 17.05.2002 LAGE § 14nF BetrVG 2001 Nr. 2: § 8 Abs. 2 WO analog, wenn ein Bewerber nach Leistung der Stützunterschriften auf die Liste gesetzt wird). Versäumt der Wahlvorstand die unverzügliche Unterrichtung des Listenvertreters und lässt er die Vorschlagsliste als ungültig nicht zur Wahl zu, ist auch in diesem Falle die Wahl anfechtbar, wenn dadurch eine sonst mögliche und wahrscheinliche fristgerechte Einreichung einer neuen Vorschlagsliste verhindert wird (vgl. Rdn. 10).

13 Weitergehende Konsequenzen können aus einer Verletzung der Prüfungs- und Beanstandungspflicht des Wahlvorstands nach Abs. 2 Satz 2 nicht hergeleitet werden. Für eine mögliche Anfechtbarkeit ist insoweit allein maßgeblich, ob er die Pflicht zu unverzüglicher Prüfung verletzt und/oder die Unterrichtung des Listenvertreters von der festgestellten Ungültigkeit **schuldhaft verzögert** hat, wenn er danach die Vorschlagsliste nicht mehr rechtzeitig behandelt. Auf ein Verschulden des Wahlvorstands bei der Prüfung kommt es nicht an, insbesondere nicht darauf, ob er einen Ungültigkeitsgrund fahrlässig übersehen oder nicht erkannt hat (**a. M.** offenbar *BAG* 02.02.1962 AP Nr. 10 zu § 13 BetrVG; *Fitting* § 7 WO Rn. 4; *Homburg/DKKW* § 7 WO Rn. 7): Vom Verhalten des Wahlvorstands hängt die Gültigkeit oder Ungültigkeit einer Vorschlagsliste nicht ab, maßgeblich ist die objektive Rechtslage. Lässt der Wahlvorstand eine ungültige Vorschlagsliste zur Wahl zu, ist die dementsprechend durchgeführte Wahl u. U. deshalb anfechtbar (vgl. *Kreutz* § 19 BetrVG Rdn. 56), nicht aber, weil der Wahlvorstand die Ungültigkeit nicht erkannt und beanstandet hat (so auch *Richardi/Forst* § 7 WO Rn. 11). Lässt der Wahl-

vorstand eine gültige Vorschlagsliste zu Unrecht nicht zur Wahl zu, berechtigt das zur Anfechtung der Wahl nach § 19 BetrVG (vgl. *Kreutz* § 19 BetrVG Rdn. 56); seine Entscheidung über die Ungültigkeit der Vorschlagsliste kann der Wahlvorstand aber noch korrigieren, wenn hierbei die Wochenfrist nach § 10 Abs. 2 WO gewahrt bleibt (vgl. *LAG Nürnberg* 13.03.2002 AuR 2002, 238). Die jeweils fehlerhafte Entscheidung des Wahlvorstands kann aber auch schon während des Wahlverfahrens im sog. vorgeschalteten Kontrollverfahren vor dem Arbeitsgericht angegriffen werden (vgl. dazu näher *Kreutz* § 18 BetrVG Rdn. 80 ff., Rdn. 90 ff. zur Zulässigkeit einstweiliger Verfügungen).

§ 8
Ungültige Vorschlagslisten

(1) Ungültig sind Vorschlagslisten,
1. die nicht fristgerecht eingereicht worden sind,
2. auf denen die Bewerberinnen oder Bewerber nicht in erkennbarer Reihenfolge aufgeführt sind,
3. die bei der Einreichung nicht die erforderliche Zahl von Unterschriften (§ 14 Abs. 4 des Gesetzes) aufweisen. Die Rücknahme von Unterschriften auf einer eingereichten Vorschlagsliste beeinträchtigt deren Gültigkeit nicht; § 6 Abs. 5 bleibt unberührt.

(2) Ungültig sind auch Vorschlagslisten,
1. auf denen die Bewerberinnen oder Bewerber nicht in der in § 6 Abs. 3 bestimmten Weise bezeichnet sind,
2. wenn die schriftliche Zustimmung der Bewerberinnen oder der Bewerber zur Aufnahme in die Vorschlagsliste nicht vorliegt,
3. wenn die Vorschlagsliste infolge von Streichung gemäß § 6 Abs. 5 nicht mehr die erforderliche Zahl von Unterschriften aufweist,

falls diese Mängel trotz Beanstandung nicht binnen einer Frist von drei Arbeitstagen beseitigt werden.

Inhaltsübersicht	Rdn.
I. Vorbemerkung	1
II. Vorschlagslisten mit unheilbaren Mängeln (Abs. 1)	2–4
III. Vorschlagslisten mit heilbaren Mängeln (Abs. 2)	5–8
IV. Andere Ungültigkeitsgründe	9

I. Vorbemerkung

Die Vorschrift bestimmt, wann Vorschlagslisten ungültig sind und unterscheidet dabei zwischen unheilbaren (Abs. 1) und heilbaren (Abs. 2) Mängeln. § 8 WO enthält aber **keine abschließende Regelung** der Ungültigkeit von Vorschlagslisten (ebenso *Homburg/DKKW* § 8 WO Rn. 2; *Schneider* AiB 1998, 1 [3 f.]; s. a. Rdn. 9). Zur **Prüfungs- und Unterrichtungspflicht** des Wahlvorstands nach § 7 Abs. 2 Satz 2 WO vgl. § 7 WO Rdn. 8 ff. 1

II. Vorschlagslisten mit unheilbaren Mängeln (Abs. 1)

Eine Vorschlagsliste ist bereits bei ihrer Einreichung **ungültig**, wenn sie **nicht fristgerecht** (vgl. §§ 6 Abs. 1 Satz 2, 8 Abs. 1 Nr. 1 WO) beim Wahlvorstand eingegangen ist (Abs. 1 Nr. 1), wenn die Bewerber entgegen § 6 Abs. 3 Satz 1 WO **nicht in erkennbarer Reihenfolge** aufgeführt sind (Abs. 1 Nr. 2; vgl. aber auch § 6 WO Rdn. 10) oder wenn sie bei Einreichung **nicht** die nach § 14 Abs. 4 BetrVG **erforderliche Mindestzahl von Unterschriften** enthält (Abs. 1 Nr. 3). Die Vorschlagsliste einer Gewerkschaft bedarf keiner Stütz-Unterschriften Wahlberechtigter, ist aber ungültig, wenn sie nicht 2 von zwei Beauftragten unterschrieben ist (§ 27 Abs. 2 WO). Ist innerhalb der Einreichungsfrist keine gültige Liste eingereicht worden, hat der Wahlvorstand nach § 9 WO zu verfahren und eine Nachfrist zu setzen. In den Fällen Abs. 1 Nr. 2 und 3 kann innerhalb der Frist des § 6 Abs. 1 Satz 2 WO ein neuer Wahlvorschlag eingereicht werden. Liegt ein Mangel nach Abs. 1 Nr. 3 vor, ist es zulässig, die ungültige Liste innerhalb der Einreichungsfrist um die fehlenden Stütz-Unterschriften zu ergänzen (ebenso *Fitting* § 8 WO Rn. 1; offen lassend BAG 25.05.2005 EzA § 14 BetrVG 2001 Nr. 1 S. 11; **a. M.** *Homburg/DKKW* § 8 WO Rn. 1); die Liste gilt dann als zum Zeitpunkt des Zugangs der Ergänzung eingereicht.

3 Ein Mangel i. S. v. Abs. 1 Nr. 3 liegt auch dann vor, wenn die Zahl der Unterzeichner durch **Streichungen von Unterschriften** durch den Wahlvorstand unter die erforderliche Mindestzahl gesunken ist. Maßgeblich ist, ob die Liste bei ihrer Einreichung die erforderliche Zahl **gültiger** Unterschriften aufweist. Streichungen kommen z. B. in Betracht, wenn nicht wahlberechtigte Arbeitnehmer unterzeichnet haben oder wenn ein Unterzeichner nicht identifizierbar ist (vgl. dazu § 14 BetrVG Rdn. 67) oder wenn er die Liste mehrfach unterschrieben hat. Eine vor Einreichung der Liste gestrichene oder sonst zurückgenommene Unterschrift (vgl. § 14 BetrVG Rdn. 71) gilt als nicht geschrieben.

4 Die Gültigkeit einer ordnungsgemäß eingereichten Liste wird jedoch durch die **nachträgliche Rücknahme** einer Unterschrift (zu deren Zulässigkeit, von der Abs. 1 Nr. 3 Satz 2 ausgeht, vgl. auch § 14 BetrVG Rdn. 71; **a. M.** [unzutr.] *Homburg/DKKW* § 8 WO Rn. 7) nicht beeinträchtigt (Abs. 1 Nr. 3 Satz 2). Dadurch soll verhindert werden, dass Arbeitnehmer, die eine Liste unterzeichnet haben, nachträglich beeinflusst werden, ihre Unterschrift zurückzuziehen, um so eine unerwünschte Liste zu Fall zu bringen (vgl. BAG 01.06.1966 AP Nr. 2 zu § 6 WahlO 1953; *Voss* Die Rechtsstellung von Minderheitslisten im Betriebsrat, S. 67). Das gilt nur im Falle der **Unterzeichnung mehrerer Listen**, wie sich aus der Verweisung in Nr. 3 Satz 2 Halbs. 2 auf § 6 Abs. 5 ergibt; diese Bestimmung bleibt anwendbar. Führt eine Streichung nach § 6 Abs. 5 WO (vgl. dazu § 6 WO Rdn. 18) dazu, dass eine Vorschlagsliste nicht mehr die erforderliche Zahl gültiger Unterschriften aufweist, liegt lediglich der Fall heilbarer Mangelhaftigkeit i. S. v. Abs. 2 Nr. 3 vor.

III. Vorschlagslisten mit heilbaren Mängeln (Abs. 2)

5 Liegt bei einer eingereichten Vorschlagsliste einer der in Abs. 2 Nr. 1 bis 3 genannten Mängel vor, ist diese zunächst gültig. Sie **wird** erst mit **ex-nunc-Wirkung ungültig** (vgl. BAG 05.12.1980 AP Nr. 9 zu § 15 KSchG 1969; *Wiebauer/LK* § 8 WO Rn. 4), falls die Mängel trotz Beanstandung durch den Wahlvorstand nicht binnen einer Frist von drei Arbeitstagen beseitigt werden. Diese Mängel sind also heilbar; ihre Beseitigung obliegt dem Listenvertreter. Vgl. zu den Mängeln nach Abs. 2 Nr. 1 und 2 § 6 WO Rdn. 10 f., zu Nr. 2 auch § 14 BetrVG Rdn. 65, zur erforderlichen Zahl von Unterschriften nach Nr. 3 § 14 BetrVG Rdn. 51 ff.

6 Die Ungültigkeit einer Vorschlagsliste nach Abs. 2 tritt nur ein, wenn der Wahlvorstand den Mangel nach § 7 Abs. 2 Satz 2 WO **beanstandet hat**. Die schriftliche Beanstandung setzt kraft Gesetzes eine **Nachfrist** von drei Arbeitstagen in Gang. Darauf hat der Wahlvorstand den Listenführer ausdrücklich hinzuweisen (vgl. § 7 WO Rdn. 11). Der Wahlvorstand setzt die Nachfrist nicht selbst. Er setzt sie nur in Gang durch seine Beanstandung. Er kann deshalb die Frist auch weder verlängern noch verkürzen. Verkürzt er die zwingend vorgeschriebene Frist, verstößt er gegen eine wesentliche Vorschrift über das Wahlverfahren, die die Anfechtbarkeit der Wahl nach § 19 Abs. 1 BetrVG begründen kann, wenn dadurch die Beseitigung des Mangels nicht rechtzeitig erfolgen konnte (vgl. BAG 01.06.1966 AP Nr. 2 zu § 6 WahlO 1953; ebenso *Fitting* § 8 WO Rn. 8; *Wiebauer/LK* § 8 WO Rn. 4; *Richardi/Forst* § 8 WO Rn. 6; *Homburg/DKKW* § 8 WO Rn. 14). Entsprechendes gilt, wenn der Wahlvorstand auch noch nach Ablauf der Frist Ergänzungen annimmt; zu diesem Zeitpunkt ist die Liste bereits endgültig ungültig.

7 Die **Nachfrist** von drei Arbeitstagen (vgl. dazu § 41 WO Rdn. 4) ist nach den §§ 41 WO, 186 ff. BGB **zu berechnen**. Der Tag der Mitteilung wird danach nicht mitgerechnet; die Frist beginnt mit dem nächsten Arbeitstag (§ 187 Abs. 1 BGB; vgl. auch BAG 01.06.1966 AP Nr. 2 zu § 6 WahlO 1953;

LAG Düsseldorf 25.10.1961 DB 1961, 1586). Die Nachfrist ist nicht durch den Ablauf der Frist zur Einreichung von Vorschlagslisten beschränkt; sie läuft in vollem Umfang auch für Wahlvorschläge, die erst am letzten Tag der Einreichungsfrist (rechtzeitig) eingehen (**a. M.** zu Unrecht *LAG Frankfurt a. M.* 16.03.1987 LAGE § 14 BetrVG 1972 Nr. 2 S. 12), selbst wenn der Wahlvorstand dem Listenvertreter die Beanstandung erst nach Ablauf der Einreichungsfrist mitteilt. Werden die beanstandeten Mängel innerhalb der Frist nicht behoben, wird die Vorschlagsliste mit Fristablauf ungültig (vgl. auch § 9 WO Rdn. 1). Diese Rechtsfolge tritt aber auch dann ein, wenn zwar der beanstandete Mangel behoben worden ist, die Liste nunmehr jedoch neue Mängel i. S. v. Abs. 2 aufweist (ebenso *Fitting* § 8 WO Rn. 8; *Homburg/DKKW* § 8 WO Rn. 12). Eine erneute Beanstandung mit Ingangsetzung einer weiteren Nachfrist ist nicht vorgesehen. Soweit eine gemäß Abs. 2 Nr. 3 ergänzte Liste Unterschriften aufweist, die bereits unter anderen Vorschlagslisten stehen, ist nicht nach § 6 Abs. 5 WO zu verfahren; vielmehr sind diese Doppelunterschriften auf der ergänzten Liste zu streichen (vgl. *ArbG Gelsenkirchen* 15.03.1968 BB 1968, 627; *Fitting* § 8 WO Rn. 8; *Homburg/DKKW* § 8 WO Rn. 13); das gilt auch dann, wenn die Doppelunterschrift auf der ergänzten Liste benötigt wird (**a. M.** *Richardi/Forst* § 8 WO Rn. 9). Der Wahlvorstand hat die Ungültigkeit durch Beschluss festzustellen und den Listenvertreter nach § 7 Abs. 2 Satz 2 WO zu informieren. Ist die Einreichungsfrist noch nicht abgelaufen, steht es den Unterzeichnern frei, eine neue Vorschlagsliste einzureichen.

Versäumt der Wahlvorstand eine **Beanstandung** i. S. v. Abs. 2 (z. B. weil er die Fehlerhaftigkeit nicht erkennt), kann nach der Systematik dieser Bestimmung die mangelbehaftete Vorschlagsliste nicht ungültig sein, weil die Beanstandung Tatbestandsmerkmal ist (ebenso *Heinze* NZA 1988, 568 [573 f.]). Gleichwohl verstößt sie gegen § 6 Abs. 3 WO (in den Fällen der Nr. 1 und 2) oder § 14 Abs. 4 BetrVG (im Falle der Nr. 3). Behandelt der Wahlvorstand die Liste als gültig, gelten im Falle des Verstoßes gegen § 6 Abs. 3 WO für die Beurteilung der Anfechtbarkeit der Wahl die Ausführungen oben (§ 6 WO Rdn. 10) entsprechend (vgl. dazu auch *Richardi/Forst* § 8 WO Rn. 8). I. E. gilt Entsprechendes auch im Falle eines Verstoßes gegen § 14 Abs. 4 BetrVG, da die Liste selbst nicht ungültig ist und allein das Fehlen von Stütz-Unterschriften das Wahlergebnis nicht beeinflussen kann.

8

IV. Andere Ungültigkeitsgründe

§ 8 WO regelt die Ungültigkeit von Vorschlagslisten nicht abschließend (unstr.). Vgl. zu weiteren Ungültigkeitsgründen auch § 7 WO Rdn. 12. Ist bei Einreichung einer Vorschlagsliste ein **Bewerber** aufgeführt, der am Wahltag (zur Maßgeblichkeit dieses Zeitpunkts für die Wählbarkeit vgl. *Raab* § 8 BetrVG Rdn. 27 ff.) **nicht wählbar** ist, ist sie nach zutr. h. M. ungültig (vgl. *BAG* 26.09.1996 EzA § 15nF KSchG Nr. 45 unter II 2; *LAG Hamm* 12.01.2009 – 10 TaBV 17/07 – juris, Rn. 94; *LAG Frankfurt a. M.* 14.07.1988 BB 1988, 2317; *Fitting* § 8 WO Rn. 3; *Richardi/Forst* § 8 WO Rn. 4: alle unter Berufung auf *BVerwG* 27.05.1960 BVerwGE 10, 344; *Homburg/DKKW* § 8 WO Rn. 3; **a. M.** *Heinze* NZA 1988, 568 [573], aber unausgewogen, er annimmt, dass der Nichtwählbare »als gestrichen anzusehen ist«, aber nicht angibt, wer die tatsächliche Streichung vornehmen darf, die erforderlich ist, um auszuschließen, dass durch die Zulassung des Nichtwählbaren das Wahlergebnis beeinflusst werden kann). Der Wahlvorstand hat in diesem Falle auch **nicht** die Möglichkeit, den nicht wählbaren Bewerber von der Liste zu streichen und damit die Liste gültig zu machen. Darin läge nämlich eine unzulässige inhaltliche Änderung des Wahlvorschlags, die vom Willen der Unterzeichner nicht getragen ist (vgl. dazu § 14 BetrVG Rdn. 70; ebenso *LAG Düsseldorf* 25.03.2003 NZA-RR 2003, 475 [476]; *LAG Hamm* 12.01.2009 – 10 TaBV 17/07 – juris, Rn. 94; *Fitting* § 8 WO Rn. 3; *Heinze* NZA 1988, 568 [573]; *Richardi/Forst* § 8 WO Rn. 4; *Homburg/DKKW* § 8 WO Rn. 3). Der Wahlvorstand hat vielmehr gemäß den Ausführungen oben (§ 7 WO Rdn. 12) zu verfahren. Entsprechend der Rücknahme einer Kandidatur **nach Einreichung** der Liste (vgl. dazu § 14 BetrVG Rdn. 71) und entsprechend der Verfahrensweise nach § 6 Abs. 7 Satz 2 WO hat der Wahlvorstand jedoch das Recht, einen **Bewerber zu streichen** und die Liste im Übrigen als gültig zu behandeln, wenn ein Bewerber nach Einreichung der Vorschlagsliste die **Wählbarkeit verliert**, z. B. aus dem Betrieb ausgeschieden oder gestorben ist (ebenso i. E. *Fitting* § 8 WO Rn. 4; *Richardi/Forst* § 8 WO Rn. 4; *Homburg/DKKW* § 8 WO Rn. 4; ausführlicher *Schneider* FS Däubler, 1999, S. 286 ff.); bei der Bekanntmachung der Vorschlagslisten gemäß § 10 Abs. 2 WO ist auf die Streichung wegen Ver-

9

lustes der Wählbarkeit hinzuweisen. **Andere Ungültigkeitsgründe** sind etwa noch: Vorlage einer Vorschlagsliste von einer Vereinigung, die nicht Gewerkschaft ist (vgl. zum Gewerkschaftsbegriff § 14 BetrVG Rdn. 83 ff.), oder einer Gewerkschaft, die nicht im Betrieb vertreten ist (vgl. dazu § 14 BetrVG Rdn. 87 ff.; *Kreutz* § 16 BetrVG Rdn. 49). Ungültig ist eine Liste auch, wenn ein Bewerber erst nach Leistung der Stützunterschriften auf die Liste gesetzt worden ist (vgl. aber *LAG Düsseldorf* 17.05.2002 LAGE § 14 n. F. BetrVG 2001 Nr. 2, das nicht überzeugend eine Heilbarkeit dieses Mangels analog § 8 Abs. 2 WO annimmt) oder wenn ein bereits unterzeichneter Wahlvorschlag ohne Einverständnis der ihn unterstützenden Arbeitnehmer abgeändert wird, z. B. weil die Liste nachträglich um einen weiteren Bewerber ergänzt wird (*BAG* 21.01.2009 EzA § 19 BetrVG 2001 Nr. 7 Rn. 23 = AP Nr. 61 zu § 19 BetrVG 1972; 15.12.1972 EzA § 14 BetrVG 1972 Nr. 1; *LAG Rheinland-Pfalz* 14.01.2016 – 5 TaBV 19/15 – juris, Rn. 24; *Gräfl FS Bepler* 2012, S. 185 [191 f.]), oder wenn nach der Anbringung von Stützunterschriften weitere Kandidaten auf die Liste gesetzt werden, anschließend weitere Stützunterschriften gesammelt werden, die für sich genommen das gesetzlich notwendige Quorum erfüllen, und die nachträgliche Ergänzung der Kandidatenliste nicht kenntlich gemacht wurde (*LAG Rheinland-Pfalz* 14.01.2016 – 5 TaBV 19/15 – juris, Rn. 24).

§ 9
Nachfrist für Vorschlagslisten

(1) Ist nach Ablauf der in § 6 Abs. 1 genannten Frist keine gültige Vorschlagsliste eingereicht, so hat dies der Wahlvorstand sofort in der gleichen Weise bekannt zu machen wie das Wahlausschreiben und eine Nachfrist von einer Woche für die Einreichung von Vorschlagslisten zu setzen. In der Bekanntmachung ist darauf hinzuweisen, dass die Wahl nur stattfinden kann, wenn innerhalb der Nachfrist mindestens eine gültige Vorschlagsliste eingereicht wird.

(2) Wird trotz Bekanntmachung nach Absatz 1 eine gültige Vorschlagsliste nicht eingereicht, so hat der Wahlvorstand sofort bekannt zu machen, dass die Wahl nicht stattfindet.

1 Die ausgeschriebene Betriebsratswahl erfolgt notwendig aufgrund von Wahlvorschlägen, die Wahl mehrerer Betriebsratsmitglieder im (Regel-)Wahlverfahren nach § 14 BetrVG notwendig aufgrund von Vorschlagslisten (vgl. § 6 WO Rdn. 2). Gemäß § 6 Abs. 1 Satz 2 WO haben die Arbeitnehmer binnen zwei Wochen seit Erlass des Wahlausschreibens ihre Wahlvorschläge beim Wahlvorstand einzureichen. Ist für eine Wahl innerhalb dieser Frist **keine** oder **keine gültige Vorschlagsliste** eingereicht worden, hat der Wahlvorstand **sofort** eine weitere **Ausschlussfrist** von **einer Woche** für das Einreichen von Wahlvorschlägen zu setzen. Ist innerhalb der Einreichungsfrist dagegen eine **Liste mit heilbaren Mängeln** i. S. v. § 8 Abs. 2 WO eingereicht worden, sind diese zunächst zu beanstanden und es ist abzuwarten, ob innerhalb der Frist von drei Arbeitstagen die Mängelbeseitigung herbeigeführt wird. Erst wenn das nicht der Fall ist, ist die Liste ungültig (vgl. § 8 WO Rdn. 5, 7) und hat der Wahlvorstand nach § 9 WO zu verfahren (ebenso *Fitting* § 9 WO Rn. 1; *Richardi/Forst* § 9 WO Rn. 1; *Homburg/DKKW* § 9 WO Rn. 2). Der Wahlvorstand hat auch dann entsprechend § 9 WO zu verfahren, wenn die innerhalb der Einreichungsfrist nach § 6 Abs. 1 Satz 2 WO eingereichten Listen **nicht genügend Bewerber** aufweisen, um den Betriebsrat mit der vorgeschriebenen Zahl an Mitgliedern besetzen zu können (vgl. § 9 BetrVG Rdn. 31 ff.; zust. *Fitting* § 9 WO Rn. 2; *Richardi/Forst* § 9 WO Rn. 1; *Wiebauer/LK* § 9 WO Rn. 2; a. A. *LAG Düsseldorf* 04.07.2014 NZA-RR 2014, 476 Rn. 46). Das gilt jedoch nicht entsprechend, wenn die eingereichten Listen insgesamt weniger Bewerber des Geschlechts in der Minderheit aufweisen, als diesem Geschlecht Mindestsitze (nach § 15 Abs. 2 BetrVG, § 5 WO) zustehen; insofern werden nicht besetzbare Sitze vom anderen Geschlecht besetzt (ebenso *Fitting* § 9 WO Rn. 2; vgl. auch § 15 WO Rdn. 11).

2 Gemäß § 9 Abs. 1 WO muss diese Nachfrist **in der gleichen Weise** bekannt gemacht werden wie der Erlass des Wahlausschreibens; insbesondere ist die Bekanntmachung an der gleichen Stelle (oder den gleichen Stellen) auszuhängen wie das Wahlausschreiben. Erfolgte die Bekanntmachung des Wahlausschreibens rechtswirksam ausschließlich in elektronischer Form (vgl. § 3 WO Rdn. 26), muss auch die

Bekanntmachung nach § 9 Abs. 1 WO in dieser Form erfolgen. Entsprechendes gilt auch bei einer Bekanntmachung mittels Aushang; in diesem Fall läge in einer Bekanntmachung in elektronischer Form keine wirksame Bekanntmachung i. S. v. § 9 Abs. 1 Satz 1 WO. Bei ergänzender Bekanntmachung des Wahlausschreibens in elektronischer Form bedarf es dieser Ergänzung auch für die Bekanntmachung der Nachfrist (ebenso *Richardi/Forst* § 9 WO Rn. 2). Die Bekanntmachung hat sofort, d. h. spätestens am nächsten Arbeitstag nach Ablauf der Einreichungsfrist (oder der Frist nach § 8 Abs. 2 WO) zu erfolgen.

Der Wahlvorstand hat in seiner Bekanntmachung **darauf hinzuweisen**, dass 3
- innerhalb der Einreichungsfrist (vgl. § 6 Abs. 1 Satz 2 WO) keine oder keine gültigen Wahlvorschläge eingegangen sind,
- nunmehr innerhalb der einwöchigen Nachfrist erneut Wahlvorschläge eingereicht werden können; auf den Ablauf der Nachfrist ist datumsmäßig genau hinzuweisen;
- die Wahl nur stattfinden kann, wenn innerhalb der Nachfrist mindestens ein gültiger Wahlvorschlag eingeht (vgl. Abs. 1 Satz 2) oder so viele Bewerber vorgeschlagen werden, dass der Betriebsrat mit der gesetzlich vorgeschriebenen Zahl an Mitgliedern besetzt werden kann (vgl. Rdn. 1 und § 9 BetrVG Rdn. 32; **a. M.** *Fitting* § 9 WO Rn. 4 mit Hinweis darauf, dass ohne weitere Bewerber [analog § 11 BetrVG] nur ein kleinerer Betriebsrat gewählt werden kann; ebenso *Wiebauer/LK* § 9 WO Rn. 5).

Die Nachfrist beträgt **eine Woche**; sie wird in Gang gesetzt durch die Bekanntmachung des Wahlvorstands und endet mit Ablauf des Wochentags, der in seiner Benennung dem Wochentag entspricht, an dem die Bekanntmachung ausgehängt worden ist (vgl. für die Fristberechnung § 41 WO i. V. m. §§ 187 Abs. 1, 188 Abs. 2, § 193 BGB). Wird die Nachfrist z. B. an einem Dienstag bekannt gemacht, endet sie mit Ablauf des Dienstags der folgenden Woche. Zur Berücksichtigung von im Wahlausschreiben angegebenen Dienststunden des Wahlvorstands vgl. § 3 WO Rdn. 10.

Für die gemäß § 9 WO einzureichenden Vorschlagslisten gelten §§ 6 bis 8 WO. Beanstandungen können innerhalb der Frist des § 8 Abs. 2 WO noch beseitigt werden (vgl. § 8 WO Rdn. 7). Eine zuvor unter Versäumung der Frist nach § 6 Abs. 1 Satz 2 WO eingereichte Liste braucht innerhalb der Nachfrist nicht erneut eingereicht zu werden; sie ist jetzt als gültig zu behandeln, auch wenn sie zwischen Fristablauf und Beginn der Nachfrist eingereicht worden ist (ebenso *Fitting* § 9 WO Rn. 7; *Richardi/Forst* § 9 WO Rn. 3; *Wiebauer/LK* § 9 WO Rn. 4; **a. M.** *Homburg/DKKW* § 9 WO Rn. 5: Neueinreichung erforderlich).

Nach Ablauf der Nachfrist kann kein gültiger Wahlvorschlag mehr eingereicht werden. Ist auch innerhalb dieser Frist keine gültige Vorschlagsliste eingereicht worden, kann der Wahlgang nicht stattfinden; gleiches gilt, wenn insgesamt noch immer weniger Bewerber vorgeschlagen sind, als Betriebsratssitze zu besetzen sind.

Die Bekanntmachung, dass eine Wahl mangels gültiger Wahlvorschläge unterbleibt, hat durch den Wahlvorstand gemäß Abs. 2 sofort nach Ablauf der Nachfrist zu erfolgen. Es ist nicht vorgeschrieben (aber zweckmäßig), das in gleicher Weise bekannt zu machen wie das Wahlausschreiben. Ist kein gültiger Wahlvorschlag eingereicht worden, ist das Amt des Wahlvorstands damit erloschen. Durch Bestellung eines neuen Wahlvorstands kann jedoch ein neues Wahlverfahren begonnen werden (vgl. *Fitting* § 9 WO Rn. 9; *Richardi/Forst* § 9 WO Rn. 5; *Homburg/DKKW* § 9 WO Rn. 6).

§ 10
Bekanntmachung der Vorschlagslisten

(1) Nach Ablauf der in § 6 Abs. 1, § 8 Abs. 2 und § 9 Abs. 1 genannten Fristen ermittelt der Wahlvorstand durch das Los die Reihenfolge der Ordnungsnummern, die den eingereichten Vorschlagslisten zugeteilt werden (Liste 1 usw.). Die Listenvertreterin oder der Listenvertreter sind zu der Losentscheidung rechtzeitig einzuladen.

(2) Spätestens eine Woche vor Beginn der Stimmabgabe hat der Wahlvorstand die als gültig anerkannten Vorschlagslisten bis zum Abschluss der Stimmabgabe in gleicher Weise bekannt zu machen wie das Wahlausschreiben (§ 3 Abs. 4).

1 Zur Bestimmung ihrer Reihenfolge auf den Stimmzetteln (§ 11 Abs. 2 WO) müssen die einzelnen vom Wahlvorstand als gültig anerkannten Vorschlagslisten eine **Ordnungsnummer** erhalten, vorausgesetzt, dass für eine Wahl mehrere gültige Listen eingereicht worden sind. Um die Erfassung aller Wahlvorschläge sicherzustellen, hat der Wahlvorstand mit der Zuteilung der Ordnungsnummern so lange abzuwarten, bis die für die Einreichung der Vorschlagslisten gesetzten Fristen abgelaufen sind. Auch Nachfristen gemäß § 9 Abs. 1 WO oder/und Berichtigungsfristen gemäß § 6 Abs. 5 und 7 WO sowie § 8 Abs. 2 WO sind abzuwarten (zust. *Fitting* § 10 WO Rn. 1).

2 Die Vergabe der Ordnungsnummern richtet sich nicht nach der Reihenfolge des Eingangs der Wahlvorschläge beim Wahlvorstand, sondern erfolgt durch **Losentscheid** (dazu krit. *Pinther* AuR 1962, 81 [83]).

3 Zur Auslosung der Ordnungsnummern sind die Listenvertreter rechtzeitig zu laden. Der Tag der Auslosung soll so bestimmt sein, dass die Listenvertreter diesen Termin den betrieblichen Verhältnissen entsprechend ohne weiteres wahrnehmen können. Die Zeit der Teilnahme gehört zur Ausübung des Wahlrechts i. S. v. § 20 Abs. 3 Satz 2 BetrVG; bei Arbeitsversäumnis ist das Arbeitsentgelt fortzuzahlen (ebenso *Fitting* § 10 WO Rn. 2; *Homburg/DKKW* § 10 WO Rn. 2). Eine Anwesenheitspflicht besteht nicht. Für die Auslosung ist kein besonderes Verfahren und auch keine bestimmte Form vorgeschrieben. Sie muss nur in Anwesenheit und unter Leitung des Wahlvorstands in einer Weise erfolgen, die dem aleatorischen Charakter des Losentscheids entspricht. Mindestens das Ergebnis des Losentscheids ist in der Sitzungsniederschrift festzuhalten (§ 1 Abs. 3 Satz 2 WO).

4 Sind die Listenvertreter nicht ordnungsgemäß geladen worden oder ist die Bestimmung der Ordnungsnummern fehlerhaft erfolgt, liegt zwar ein Wahlfehler vor, der eine Verletzung einer wesentlichen Vorschrift über das Wahlverfahren i. S. v. § 19 Abs. 1 BetrVG ist (vgl. *ArbG Wetzlar* 12.06.1972 DB 1972, 1731). Die Anfechtbarkeit der Wahl wird gleichwohl regelmäßig am Kausalitätserfordernis (vgl. *Kreutz* § 19 BetrVG Rdn. 42 ff.; i. E. ebenso *Wiebauer/LK* § 10 WO Rn. 2) scheitern, wie auch der Losentscheid über die Reihenfolge zeigt (**a. M.** für den Fall, dass der Losentscheid überhaupt nicht vorgenommen wurde, *Homburg/DKKW* § 10 WO Rn. 4).

5 **Spätestens** eine Woche vor Beginn der Stimmabgabe hat der Wahlvorstand (alle) die als gültig anerkannten **Vorschlagslisten bekanntzumachen** (Abs. 2); frühzeitigere Bekanntmachung ist zulässig und empfehlenswert. Ist z. B. der erste Tag der Stimmabgabe auf einen Mittwoch festgesetzt, muss die Bekanntmachung spätestens am Dienstag der vorhergehenden Woche erfolgen (vgl. zur Fristberechnung § 41 WO i. V. m. §§ 187 Abs. 1, 188 Abs. 2 BGB). Vor Beginn dieser Wochenfrist kann der Wahlvorstand seine Entscheidung über die Ungültigkeit einer Vorschlagsliste noch korrigieren (vgl. *LAG Nürnberg* 13.03.2002 AuR 2002, 238). Ein **Aushang der Vorschlagslisten** hat in vollständiger Form, d. h. unter Angabe ihrer Ordnungsnummern und ihrer Kennworte oder der gemäß § 7 Abs. 2 Satz 1 WO an deren Stelle tretenden Angaben sowie unter Anführung aller Wahlbewerber – bezeichnet mit Familiennamen, Vornamen, Geburtsdatum, Beruf und Arbeitnehmergruppe gemäß § 6 Abs. 3 WO – zu erfolgen. Die Vorschlagslisten dürfen mit den Lichtbildern der Kandidaten bekannt gemacht werden, wenn alle Listen über die in § 6 Abs. 3 Satz 1 WO geforderten Angaben hinaus Ablichtungen der Kandidaten enthalten (ebenso *BAG* 03.12.1987 EzA § 20 BetrVG 1972 Nr. 14 S. 3 f.); wegen des Verbots der Wahlbeeinflussung (§ 20 Abs. 2 BetrVG) aber dann nicht, wenn nicht alle Listen mit Lichtbildern versehen worden sind (offen gelassen von *BAG* 03.12.1987 EzA § 20 BetrVG 1972 Nr. 14 S. 3 f.). Der Wahlvorstand ist auch nicht berechtigt, die Ergänzung der Listen um die Lichtbilder der Kandidaten zu verlangen (*BAG* 03.12.1987 EzA § 20 BetrVG 1972 Nr. 14 S. 3 f.). Die Unterzeichner werden nicht bekannt gemacht, da sie nicht zum Inhalt des Wahlvorschlags gehören (unstr.). Die Vorschlagslisten sind in gleicher Weise, d. h. insbesondere in gleicher Form (Abschrift oder Abdruck, nicht das Original) und an der gleichen Stelle (oder den gleichen Stellen) bekanntzumachen wie das Wahlausschreiben selbst bekannt gemacht worden ist; bei einem Aushang sind sie bis zum letzten Tag der Stimmabgabe in gut lesbarem Zustand zu erhalten (vgl. § 3 WO Rdn. 3 und 26). Sie brauchen vor ihrer Bekanntmachung jedoch nicht geheim gehalten zu werden (vgl. *BAG*

04.11.1960 AP Nr. 3 zu § 13 BetrVG; zust. *Fitting* § 10 WO Rn. 3; *Wiebauer/LK* § 10 WO Rn. 3). Da § 10 Abs. 2 WO auf die Form des Wahlausschreibens Bezug nimmt, kommt eine Bekanntmachung der Vorschlagslisten ausschließlich in **elektronischer Form** (§ 10 Abs. 2 WO i. V. m. § 3 Abs. 4 Satz 3 WO i. V. m. § 2 Abs. 4 Satz 4 WO) nur in Betracht, wenn auch das Wahlausschreiben in dieser Form bekannt gemacht worden ist. Wurde das Wahlausschreiben ausschließlich durch Aushang bekannt gegeben, ist eine **zusätzliche Bekanntgabe** der Vorschlagslisten mittels der im Betrieb vorhandenen **Informations- und Kommunikationstechnik** möglich. Da § 10 Abs. 2 WO die Bekanntmachung des Wahlausschreibens für maßgeblich erklärt, ist eine ergänzende Bekanntmachung i. S. v. § 3 Abs. 4 Satz 2 WO jedoch zwingend notwendig, wenn das auch für das Wahlausschreiben geschehen ist.

§ 10 Abs. 2 WO ist eine wesentliche Verfahrensvorschrift i. S. v. § 19 Abs. 1 BetrVG (ebenso *Fitting* § 10 WO Rn. 4; *Wiebauer/LK* § 10 WO Rn. 6; *Rewolle* BB 1962, 296 [297]; *Richardi/Forst* § 10 WO Rn. 3; *Homburg/DKKW* § 10 WO Rn. 9). Bei einem Verstoß, der z. B. darin liegen kann, dass die Wahlvorschläge nicht neutral und gleichbehandelt werden (*LAG Nürnberg* 20.09.2011 – 6 TaBV 9/11 – juris, Rn. 109), hängt die Anfechtbarkeit der Wahl entscheidend davon ab, ob das Wahlergebnis dadurch beeinflusst werden konnte (vgl. *Kreutz* § 19 BetrVG Rdn. 58). 6

Zweiter Unterabschnitt
Wahlverfahren bei mehreren Vorschlagslisten (§ 14 Abs. 2 Satz 1 des Gesetzes)

§ 11
Stimmabgabe

(1) Die Wählerin oder der Wähler kann ihre oder seine Stimme nur für eine der als gültig anerkannten Vorschlagslisten abgeben. Die Stimmabgabe erfolgt durch Abgabe von Stimmzetteln in den hierfür bestimmten Umschlägen (Wahlumschlägen).

(2) Auf den Stimmzetteln sind die Vorschlagslisten nach der Reihenfolge der Ordnungsnummern sowie unter Angabe der beiden an erster Stelle benannten Bewerberinnen oder Bewerber mit Familienname, Vorname und Art der Beschäftigung im Betrieb untereinander aufzuführen; bei Listen, die mit Kennworten versehen sind, ist auch das Kennwort anzugeben. Die Stimmzettel für die Betriebsratswahl müssen sämtlich die gleiche Größe, Farbe, Beschaffenheit und Beschriftung haben. Das Gleiche gilt für die Wahlumschläge.

(3) Die Wählerin oder der Wähler kennzeichnet die von ihr oder ihm gewählte Vorschlagsliste durch Ankreuzen an der im Stimmzettel hierfür vorgesehenen Stelle.

(4) Stimmzettel, die mit einem besonderen Merkmal versehen sind oder aus denen sich der Wille der Wählerin oder des Wählers nicht unzweifelhaft ergibt oder die andere Angaben als die in Absatz 1 genannten Vorschlagslisten, einen Zusatz oder sonstige Änderungen enthalten, sind ungültig.

Literatur
Sieg Qualen bei Arbeitnehmerwahlen, FS *Hromadka*, 2008, S. 437.

Der zweite Unterabschnitt (§§ 11 bis 19 WO) regelt das **(Regel-)Wahlverfahren** (von der Stimmabgabe ab), wenn zwei oder mehr Vorschlagslisten eingereicht und als gültig anerkannt worden sind. Dagegen ist von §§ 20 bis 23 WO auszugehen, wenn nur eine gültige Vorschlagsliste eingereicht worden ist. Bei mehreren Vorschlagslisten erfolgt die Wahl nach den Grundsätzen der Verhältniswahl als (gebundene) **Listenwahl** (vgl. § 14 BetrVG Rdn. 35). Das bedeutet, dass **die Liste** und nicht einzelne auf der Liste aufgeführte Kandidaten gewählt werden. Der Wähler kann mit seiner (einen) Stimme immer nur für die Liste – so wie sie aufgestellt und als gültig anerkannt ist – votieren. Insbesondere darf er sie nicht durch Streichung oder Hinzusetzung von Kandidaten verändern. Jeder in dieser oder ähnlicher Weise veränderte Stimmzettel ist gemäß Abs. 4 ungültig. 1

§ 11 WO *I. 2. Wahl von mehr als drei Betriebsratsmitgliedern (aufgrund von Vorschlagslisten)*

2   Für die Stimmabgabe sind nur die vom Wahlvorstand auszugebenden **Stimmzettel** zu verwenden. Da Stimmzettel zu verwenden sind, ist schon deshalb eine elektronische Stimmabgabe nicht zulässig (vgl. zu technischen Möglichkeiten und rechtlichen Einwänden *Schneider/Wedde* AuR 2007, 26 [31 f.]). Auf dem Stimmzettel sind die Vorschlagslisten in der Reihenfolge ihrer Ordnungsnummer (vgl. § 10 Abs. 1 WO) und **unter Angabe der ersten beiden Bewerber** sowie ggf. des Kennwortes (vgl. § 7 Abs. 2 Satz 1 WO) untereinander aufzuführen (Abs. 2 Satz 1); das Fehlen der beiden Listenführer auf dem Stimmzettel kann zur Anfechtbarkeit der Wahl führen (vgl. *LAG Brandenburg* 27.01.1998 NZA-RR 1999, 418 [419]; *LAG Schleswig-Holstein* 15.09.2011 – 5 TaBV 3/11 – juris, Rn. 28), ebenso die Aufzählung aller Listenbewerber auf den Stimmzetteln, denn Abs. 2 Satz 1 ist zwingend (*LAG Köln* 05.03.2012 – 5 TaBV 29/11 – juris, Rn. 33, 35; näher *LAG Schleswig-Holstein* 15.09.2011 – 5 TaBV 3/11 – juris, Rn. 28). Das folgt nicht nur aus dem Wortlaut (»sind«), sondern vor allem aus dem Normzweck: Der Wahlvorstand soll durch die Gestaltung des Stimmzettels keinen Einfluss auf die Wahl nehmen. Hinsichtlich der anderen Angaben kommt eine Anfechtbarkeit nur in Betracht, wenn sie für die eindeutige Identifizierung der Bewerber notwendig sind, so beim Familiennamen und regelmäßig auch beim Vornamen, nicht aber bei der Art der Beschäftigung. Darüber hinaus hat jede – auch satztechnische – Differenzierung in den Angaben zu den einzelnen Vorschlagslisten, wie etwa der stärkere Ausdruck eines der Kreise, in denen der Wähler sein Kreuz anzubringen hat (Abs. 3), oder einer Vorschlagsliste (*BAG* 14.01.1969 EzA § 13 BetrVG Nr. 1 = AP Nr. 12 zu § 13 BetrVG; *LAG Schleswig-Holstein* 15.09.2011 – 5 TaBV 3/11 – juris, Rn. 28) oder der hervorhebende Druck des Kennwortes, zu unterbleiben (vgl. *OVG Hamburg* 02.07.1956 ZBR 1957, 28). Abs. 2 Satz 1 meint **einen Stimmzettel**. Das folgt trotz des insoweit missverständlichen Wortlauts von Abs. 2 Satz 1 nicht nur aus dem systematischen Zusammenhang zu dem insoweit eindeutig formulierten Abs. 3 (»im Stimmzettel«, lies ferner §§ 24 Abs. 1 Satz 1 Nr. 3 und 4, 25 Satz 1 Nr. 1), sondern ergibt sich vor allem daraus, dass bei der Verwendung mehrerer Stimmzettel die Gefahr einer Verfälschung des Wahlergebnisses besteht: Bei der Stimmauszählung kann nicht mehr nachgeprüft werden, ob den Wählern alle Stimmzettel betreffend die einzelnen Wahlvorschlagslisten ausgehändigt worden sind. Die Verwendung mehrerer Stimmzettel (jeweils ein Stimmzettel für jede Vorschlagsliste) führt deshalb zur Anfechtbarkeit der Betriebsratswahl gemäß § 19 Abs. 1 BetrVG (näher dazu *LAG Schleswig-Holstein* 15.09.2011 – 5 TaBV 3/11 – juris, Rn. 25). Vgl. näher zur **Sicherung des Wahlgeheimnisses** § 14 BetrVG Rdn. 13 ff.

3   Die **Stimmabgabe erfolgt** durch Abgabe eines gekennzeichneten Stimmzettels in einem Wahlumschlag (Abs. 1 Satz 2). Die Kennzeichnung des Stimmzettels durch den Wähler erfolgt nach Abs. 3 durch Ankreuzen der gewählten Liste an der im Stimmzettel hierfür vorgesehenen Stelle (z. B. durch einen neben die einzelnen Listen gedruckten Kreis). Macht der Wähler auf andere Weise die gewählte Liste kenntlich, ist die Stimmabgabe gültig, sofern sich der Wählerwille unzweifelhaft feststellen lässt. So ist ein Stimmzettel, auf dem vom Wähler alle Vorschlagslisten bis auf eine durchgestrichen worden sind, gültig, da seine Stimme erkennbar für die nicht durchgestrichene Vorschlagsliste abgegeben wurde (ebenso *Fitting* § 11 WO Rn. 6; *Richardi/Forst* § 11 WO Rn. 4; *Homburg/DKKW* § 11 WO Rn. 11). Auch eine Kennzeichnung (z. B. Lochung) des Stimmzettels, welche die Stimmenauszählung mittels EDV-Anlage ermöglicht, ist gültig, sofern das Verfahren nicht wesentlich schwieriger ist als das Ankreuzen (i. E. ebenso *Fitting* § 11 WO Rn. 6, *Richardi/Forst* § 11 WO Rn. 4; *Homburg/DKKW* § 11 WO Rn. 9). Vgl. zur Stimmabgabe auch § 14 BetrVG Rdn. 14 ff. Hat der Wähler seinen Stimmzettel verschrieben, diesen oder seinen Wahlumschlag versehentlich unbrauchbar gemacht, ist analog § 15 Abs. 6 BPersVWO zu verfahren: Ihm ist auf Verlangen gegen Rückgabe der unbrauchbaren Wahlunterlagen ein neuer Stimmzettel (ggf. auch ein neuer Wahlumschlag) auszuhändigen. Die unbrauchbaren Unterlagen sind dem Wahlvorstand zurückzugeben und unter Wahrung des Wahlgeheimnisses unverzüglich in Gegenwart des Wählers zu vernichten (ebenso *Homburg/DKKW* § 11 WO Rn. 10; abweichend *Fitting* § 11 WO Rn. 6, die dem Wähler im Interesse des Wahlgeheimnisses den verschriebenen Stimmzettel belassen wollen, damit aber Missbräuche nicht ausschließen).

4   **Ungültig** sind Stimmzettel (Abs. 4), wenn aus ihnen nicht ersichtlich ist, welche Vorschlagsliste der Wähler gewählt hat, insbesondere dann, wenn zwischen zwei zum Ankreuzen vorgesehenen Stellen angekreuzt wurde. Ebenso sind Stimmzettel ungültig, auf denen mehrere Vorschlagslisten angekreuzt wurden oder die Veränderungen, z. B. Zusätze zu Listen oder Streichungen von Kandidaten enthalten. Ungültig sind auch Stimmzettel, die es aufgrund irgendwelcher Kennzeichen oder gar der Unter-

schrift des Wählers möglich machen, die Person des Wählers zu identifizieren. Der Stimmzettel darf also beispielsweise nicht vom Wähler unterschrieben sein oder den Wählernamen oder Einträge enthalten, die auf die Person des Wählers hinweisen, ferner auch keine Forderungen, Aufträge oder Wünsche an die Kandidaten oder Meinungsäußerungen enthalten (*Sieg* FS *Hromadka*, 2008, S. 437 [444] mit Vorschlägen für Vorkehrungen zur Vermeidung der Ungültigkeit [445 ff.]).

Finden sich in einem abgegebenen Wahlumschlag **mehrere Stimmzettel**, ist die Stimmabgabe wirksam, wenn nur einer von ihnen ordnungsgemäß gekennzeichnet ist, die anderen aber nicht angekreuzt sind. Soweit der Wahlumschlag mehrere gekennzeichnete Stimmzettel enthält, liegt nur dann eine gültige Stimmabgabe vor, wenn sie vollständig übereinstimmen, d. h. auf allen Stimmzetteln dieselbe Liste angekreuzt ist. Die Stimmzettel werden in diesem Fall nur einfach gezählt; ist auf den Stimmzetteln unterschiedlich gewählt worden, sind alle ungültig (vgl. § 14 Abs. 2 WO). 5

Die Kennzeichnung der Stimmzettel hat **durch den Wähler persönlich** zu erfolgen. Eine Stellvertretung ist nicht zulässig. Wer an der Stimmabgabe im Betrieb verhindert ist, kann seine Stimme schriftlich abgeben (Briefwahl, vgl. §§ 24 ff. WO). Vgl. zur zulässigen Hilfestellung bei körperlichen Gebrechen (nicht aber bei geistigen Gebrechen oder ausländischen Arbeitnehmern) § 14 BetrVG Rdn. 18 sowie § 12 Abs. 4 WO. 6

Die Stimmzettel müssen in den hierfür vom Wahlvorstand bestimmten und bereitgestellten **Wahlumschlägen** abgegeben werden (vgl. § 12 Abs. 3 WO; dazu auch § 14 BetrVG Rdn. 14; andernfalls ist die Stimmabgabe ungültig (*Fitting* § 11 WO Rn. 7; *Homburg/DKKW* § 11 WO Rn. 13; *Wiebauer/LK* § 11 WO Rn. 5). Das gilt auch, wenn Wahlumschläge generell (oder überwiegend) nicht verwendet werden; dann ist die Wahl wegen Verstoßes gegen Abs. 1 Satz 2 als wesentlicher Wahlvorschrift nach § 19 BetrVG anfechtbar, weil die Ungültigkeit der Stimmen das Wahlergebnis beeinflusst (*LAG Niedersachsen* 01.03.2004 – 16 TaBV 60/03 – juris). 7

Zur **Briefwahl** und zu den Voraussetzungen der schriftlichen Stimmabgabe vgl. §§ 24 ff. WO. 8

Über die Gültigkeit der Stimmzettel entscheidet gemäß § 14 Abs. 1 Satz 2 WO der Wahlvorstand durch Beschluss (ebenso *Fitting* § 11 WO Rn. 7; *Richardi/Forst* § 11 WO Rn. 5; *Homburg/DKKW* § 11 WO Rn. 14). Die Entscheidung ist jedoch nicht konstitutiv und endgültig. Auf eine Wahlanfechtung entscheidet letztlich und verbindlich das Arbeitsgericht. Die gemäß § 19 WO aufzubewahrenden Wahlakten, zu denen auch die Stimmzettel gehören, sind dem Arbeitsgericht vom Wahlvorstand oder vom Betriebsrat auf Anforderung vorzulegen. 9

§ 12
Wahlvorgang

(1) Der Wahlvorstand hat geeignete Vorkehrungen für die unbeobachtete Bezeichnung der Stimmzettel im Wahlraum zu treffen und für die Bereitstellung einer Wahlurne oder mehrerer Wahlurnen zu sorgen. Die Wahlurne muss vom Wahlvorstand verschlossen und so eingerichtet sein, dass die eingeworfenen Wahlumschläge nicht herausgenommen werden können, ohne dass die Urne geöffnet wird.

(2) Während der Wahl müssen immer mindestens zwei stimmberechtigte Mitglieder des Wahlvorstands im Wahlraum anwesend sein; sind Wahlhelferinnen oder Wahlhelfer bestellt (§ 1 Abs. 2), so genügt die Anwesenheit eines stimmberechtigten Mitglieds des Wahlvorstands und einer Wahlhelferin oder eines Wahlhelfers.

(3) Die Wählerin oder der Wähler gibt ihren oder seinen Namen an und wirft den Wahlumschlag, in den der Stimmzettel eingelegt ist, in die Wahlurne ein, nachdem die Stimmabgabe in der Wählerliste vermerkt worden ist.

(4) Wer infolge seiner Behinderung bei der Stimmabgabe beeinträchtigt ist, kann eine Person seines Vertrauens bestimmen, die ihm bei der Stimmabgabe behilflich sein soll, und teilt dies dem Wahlvorstand mit. Wahlbewerberinnen oder Wahlbewerber, Mitglieder des

Wahlvorstands sowie Wahlhelferinnen und Wahlhelfer dürfen nicht zur Hilfeleistung herangezogen werden. Die Hilfeleistung beschränkt sich auf die Erfüllung der Wünsche der Wählerin oder des Wählers zur Stimmabgabe; die Person des Vertrauens darf gemeinsam mit der Wählerin oder dem Wähler die Wahlzelle aufsuchen. Sie ist zur Geheimhaltung der Kenntnisse verpflichtet, die sie bei der Hilfeleistung zur Stimmabgabe erlangt hat. Die Sätze 1 bis 4 gelten entsprechend für des Lesens unkundige Wählerinnen und Wähler.

(5) Nach Abschluss der Stimmabgabe ist die Wahlurne zu versiegeln, wenn die Stimmenzählung nicht unmittelbar nach Beendigung der Wahl durchgeführt wird. Gleiches gilt, wenn die Stimmabgabe unterbrochen wird, insbesondere wenn sie an mehreren Tagen erfolgt.

1 Die Vorschrift gilt der **Sicherung der geheimen Stimmabgabe**. Der Grundsatz der Geheimhaltung der Wahl ist strikt zu befolgen. Ein Verstoß gegen das Gebot der geheimen Wahl (§ 14 Abs. 1 BetrVG) kann die Anfechtbarkeit der Wahl nach § 19 BetrVG begründen (Beispiel bei *LAG Nürnberg* 20.09.2011 – 6 TaBV 9/11 – juris, Rn. 101 f.: kein Wahlraum, keine Anwesenheit mindestens eines Wahlvorstandsmitglieds und eines Wahlhelfers und keine Verwendung einer Wahlurne); auch in diesem Zusammenhang ist jedoch das Kausalitätserfordernis genau zu beachten (vgl. dazu *Kreutz* § 19 BetrVG Rdn. 42 ff.). Zwar wird durch die Wahlordnung nicht vorgeschrieben, welche Maßnahmen der Wahlvorstand im Einzelnen im Hinblick auf diesen Grundsatz zu treffen hat. Es muss aber durch die äußeren Umstände gewährleistet werden, dass der Wähler den Wahlakt **persönlich** und **unbeobachtet** vollziehen kann; eine Ausnahme sieht lediglich Abs. 4 vor. Das kann z. B. dadurch geschehen, dass im Wahlraum durch Aufstellen von Wandschirmen oder Trennwänden Wahlkabinen gebildet werden. Ebenso kann ein Nebenraum, der von den in Abs. 2 genannten Personen überwacht werden kann, für die Stimmabgabe benutzt werden.

2 Für das Ankreuzen der Stimmzettel hat geeignetes, gebrauchsfähiges Schreibmaterial bereitzuliegen. Die Benutzung eigenen Schreibmaterials ist jedoch unschädlich.

3 Ist die Möglichkeit einer geheimen Wahl sichergestellt, schadet es nicht, wenn der Wähler unter Umgehung der zum unbeobachteten Ankreuzen des Stimmzettels vorgesehenen Einrichtungen anderen Personen die Möglichkeit gibt, in seinen Stimmzettel einzusehen (*Fitting* § 12 WO Rn. 3; *Schneider* Betriebsratswahl, § 12 WO Rn. 2).

4 Während der gesamten Zeit der Stimmabgabe (»der Wahl«) müssen ständig **zwei stimmberechtigte Mitglieder** des Wahlvorstands oder **eines seiner stimmberechtigten Mitglieder und ein Wahlhelfer** im Wahlraum **anwesend sein** (Abs. 2; dazu *LAG Nürnberg* 20.09.2011 – 6 TaBV 9/11 – juris, Rn. 101). Je nach Größe des Betriebs und dessen räumlicher Lage können auch mehrere Wahllokale eingerichtet werden; die Orte der Stimmabgabe müssen im Wahlausschreiben angegeben sein (§ 3 Abs. 2 Nr. 11 WO). Es muss jedoch sichergestellt sein, dass während der ganzen Wahlzeit auch hier jeweils mindestens zwei der in Abs. 2 genannten Personen in der dort bestimmten Gruppierung anwesend sind (vgl. *Rudolph* AiB 1998, 67 [68]). Der Betriebsrat muss deshalb die Zahl der Wahlvorstandsmitglieder gemäß § 16 Abs. 1 Satz 2 BetrVG entsprechend erhöhen oder der Wahlvorstand (nach § 1 Abs. 2 Satz 2 WO) Wahlhelfer bestellen, wenn an mehreren Orten Wahllokale einzurichten sind. Auch nicht stimmberechtigte Mitglieder des Wahlvorstands (§ 16 Abs. 1 Satz 6 BetrVG) können zu Wahlhelfern bestellt werden (vgl. § 1 WO Rdn. 17). Es muss aber in jedem Fall überhaupt ein Wahllokal eingerichtet sein (*LAG Nürnberg* 20.09.2011 – 6 TaBV 9/11 – juris, Rn. 101).

5 Dem Wähler sind im Wahlraum Stimmzettel und Wahlumschlag auszuhändigen. Der gekennzeichnete Stimmzettel ist vom Wähler in den **Wahlumschlag** einzulegen. Anhand der bereitliegenden **Wählerliste** überprüft das Wahlvorstandsmitglied nach Namensangabe durch den Wähler, ob für die Wahl bereits ein **Vermerk über die Stimmabgabe** des Wählers in der Wählerliste eingetragen ist. Ist das nicht der Fall, wird nunmehr die Stimmabgabe vermerkt – was auch durch den Wahlhelfer erfolgen kann – und danach der Wahlumschlag vom Wähler in die Wahlurne eingeworfen; es schadet jedoch nicht, wenn der Wähler (wie nach früherer Rechtslage) den Wahlumschlag dem zuständigen Wahlvorstandsmitglied ausgehändigt und dieses nach Vermerk der Stimmabgabe in der Wählerliste dann den Wahlumschlag in Gegenwart des Wählers in die Wahlurne einwirft (vgl. auch *Fitting* § 12

WO Rn. 8; *Homburg/DKKW* § 12 WO Rn. 7). Abs. 3 ist eine wesentliche Wahlvorschrift i. S. d. § 19 Abs. 1 BetrVG. Sie soll verhindern, dass ein Wähler mehrfach abstimmt oder sich ein nicht Wahlberechtigter an der Wahl beteiligt; durch einen Abgleich der Zahl abgegebener Stimmen mit der Zahl der Stimmabgabevermerke kann außerdem kontrolliert werden, ob über die von Wahlberechtigten abgegebenen Stimmen hinaus weitere Wahlumschläge in die Wahlurne geworfen worden sind (*BAG* 12.06.2013 EzA § 14 BetrVG 2001 Nr. 2 Rn. 18 = AP Nr. 64 zu § 19 BetrVG 1972). Aufgrund seiner ausdrücklichen Nennung ist der Vermerk in der Wählerliste der einzig zulässige Nachweis über die Stimmabgabe. Daher können keine anderen Beweismittel herangezogen werden, um eine doppelte Stimmabgabe auszuschließen. Die nachträgliche Heilung eines Verstoßes ist nicht möglich (vgl. *BAG* 12.06.2013 EzA § 14 BetrVG 2001 Nr. 2 Rn. 19 = AP Nr. 64 zu § 19 BetrVG 1972; dazu *Weller* BB 2013, 2688; anders noch die Vorinstanz *LAG Niedersachsen* 12.09.2011 – 13 TaBV 16/11 – juris, Rn. 64, 68: Bei einer wesentlichen Stimmdifferenz zwischen abgegebenen Wahlumschlägen und in der Wählerliste registrierten Stimmabgaben wurden doppelte Stimmabgaben durch einen Abgleich mit den eingescannten Werksausweisen ausgeschlossen). Sind mehrere Wahllokale eingerichtet, muss durch geeignete Maßnahmen (z. B. Einrichtung von Stimmbezirken für bestimmte Arbeitnehmergruppen oder Betriebsabteilungen; Ausgabe von »Wahlscheinen«) die Möglichkeit mehrfacher Stimmabgabe ausgeschlossen werden (ebenso *Fitting* § 12 WO Rn. 8; *Wiebauer/LK* § 12 WO Rn. 9; *Homburg/DKKW* § 12 WO Rn. 5). Bei der in Abs. 3 genannten, mit Stimmabgabevermerken versehenen Wählerliste handelt es sich nicht um den nach § 2 Abs. 4 Satz 1 WO bekannt gemachten Abdruck der Wählerliste, sondern um ein eigenständiges Hilfsmittel des Wahlvorstands zur Verhinderung mehrfacher Stimmabgabe, bezüglich dessen aus dem allgemeinen Grundsatz der Freiheit der Wahl folgend weder den Bewerbern noch den wahlberechtigten Arbeitnehmern während des Wahlvorgangs ein Einblicksrecht zusteht (vgl. *BAG* 06.12.2000 EzA § 19 BetrVG 1972 Nr. 40 Rn. 23 ff. = AP Nr. 48 zu § 19 BetrVG 1972; *Löwisch* BB 2017, 117 [120]). Wird die Wählerliste elektronisch geführt, soll das nach der Begründung zur Wahlordnung (BR-Drucks. 838/01, S. 28 zu § 2 a. E.) auch in der Weise zu nutzen sein, dass der Wahlvorstand die Stimmabgabe der Wähler auch elektronisch vermerkt (vgl. auch *BAG* 12.06.2013 EzA § 14 BetrVG 2001 Nr. 2 Rn. 18 = AP Nr. 64 zu § 19 BetrVG 1972). Das setzt jedoch die Sicherstellung voraus, dass vor Abschluss der laufenden Wahl Wahlbewerbern und anderen wahlberechtigten Arbeitnehmern kein Einblick in die mit Stimmabgabevermerken versehene Wählerliste möglich ist; andernfalls wird der allgemeine Grundsatz der freien Wahl verletzt (vgl. *BAG* 06.12.2000 EzA § 19 BetrVG 1972 Nr. 40). Außerdem muss sichergestellt sein, dass der Eintrag in der elektronisch geführten Wählerliste zugleich in den anderen Wahllokalen sichtbar ist, um mehrfache Stimmabgaben in verschiedenen Wahllokalen zu verhindern (*BAG* 12.06.2013 EzA § 14 BetrVG 2001 Nr. 2 Rn. 18 = AP Nr. 64 zu § 19 BetrVG 1972). Es ist nicht zulässig, eine weitere Liste zu erstellen, die z. B. Namen von Wahlberechtigten enthält, die ihre Stimme noch nicht abgegeben haben: Die Erstellung einer solchen Liste ist ein Wahlanfechtungsgrund (vgl. *LAG Niedersachsen* 26.02.2016 LAGE § 19 BetrVG 2001 Nr. 7 Rn. 44).

Der Wähler hat den Stimmzettel grundsätzlich **persönlich** zu kennzeichnen (vgl. § 11 WO Rdn. 6). **6** Das kann sich als problematisch erweisen, wenn der Wähler infolge seiner **Behinderung bei der Stimmabgabe** beeinträchtigt ist. Für diesen Fall sehen § 16 Abs. 2 BPersVWO und § 10 Abs. 4 WO Schwerbehindertenvertretung für die dort geregelten Wahlen die Möglichkeit vor, dass der Wähler eine Person seines Vertrauens zur Hilfeleistung bei der Stimmabgabe hinzuziehen kann (ebenso § 57 Bundeswahlordnung). In **Abs. 4** wird das jetzt auf die Betriebsratswahl ausgedehnt. Nur Wahlberechtigte, die infolge einer Behinderung bei der Stimmabgabe beeinträchtigt sind, haben das Recht, eine Vertrauensperson zur Hilfeleistung bei der Stimmabgabe heranzuziehen. Voraussetzung ist ein **körperliches Gebrechen** (z. B. Blindheit, Arm- oder Handverletzungen, auch nur vorübergehender Art), weil nur dieses bei der Stimmabgabe beeinträchtigt, nicht geistige Gebrechen oder fehlende deutsche Sprachkenntnisse (vgl. m. w. N. § 14 BetrVG Rdn. 18; i. E. wohl auch *Fitting* § 12 WO Rn. 10; *Wiebauer/LK* § 12 WO Rn. 2; *Richardi/Forst* § 12 WO Rn. 6; *Homburg/DKKW* § 12 WO Rn. 1); nach Abs. 5 Satz 5 sind jedoch des Lesens unkundige Wähler körperlich behinderten Wählern gleichgestellt. Den **Kreis der Vertrauenspersonen** grenzt die Vorschrift nur negativ ein; Wahlbewerber, alle Mitglieder des Wahlvorstands und Wahlhelfer dürfen nicht zur Hilfeleistung herangezogen werden. Es ist nicht zwingend erforderlich, dass die Vertrauensperson dem Betrieb als Arbeitnehmer angehört. Die Vertrauensperson, die der Wähler bestimmt, ist dem Wahlvorstand mitzuteilen. Da in

Abs. 4 keine Vorkehrungen getroffen sind, dass der Wahlvorstand als Kollegialorgan schon vor dem Tag der Stimmabgabe prüfen und entscheiden kann, ob die Voraussetzungen für die Hinzuziehung der Hilfsperson erfüllt sind, müssen die im Wahlraum anwesenden stimmberechtigten Mitglieder des Wahlvorstands ad hoc entscheiden (anders wohl *Fitting* § 12 WO Rn. 11; *Richardi/Forst* § 12 WO Rn. 6: der Wahlvorstand); gegen perfektionistische Handhabung spricht auch § 25 Satz 2 WO. Die Tätigkeit der Vertrauensperson muss sich auf eine Hilfestellung beschränken, insbesondere muss gewährleistet sein, dass in der Stimmabgabe der Wille des Wählers zum Ausdruck kommt. Die Hilfestellung umfasst den gesamten Vorgang der Stimmabgabe und nicht nur die Entgegennahme und Abgabe von Stimmzettel und Wahlumschlag; insbesondere kann sich die Hilfestellung auch auf die Kennzeichnung des Stimmzettels erstrecken, zu diesem Zweck darf die Vertrauensperson auch die Wahlzelle aufsuchen (Abs. 4 Satz 3).

7 Für die gesamte Dauer des Wahlganges haben die Wahlumschläge in der **Wahlurne** zu verbleiben. Der Wahlvorstand hat dafür zu sorgen, dass geeignete Urnen, d. h. verschließbare Behältnisse aus Kunststoff, Holz oder anderem festen Material, für die Wahl bereitgestellt werden. Sie müssen so beschaffen sein, dass eine spätere Herausnahme der Wahlumschläge durch den Einwurfschlitz unmöglich und nur durch das Öffnen der Wahlurne selbst möglich ist. Jede Wahlurne ist **vor Beginn** der Stimmabgabe durch den Wahlvorstand so **zu verschließen**, dass außer ihm niemand unbemerkt an den Inhalt heran kann (z. B. durch ein Schloss, Versiegelung). Wird die Stimmzählung nicht unmittelbar nach Beendigung der Wahl durchgeführt, müssen gemäß Abs. 5 Satz 1 der Einwurfschlitz und das Schloss der Wahlurne spätestens nach Abschluss der Stimmabgabe **versiegelt** werden. Das gilt nach Abs. 5 Satz 2 auch für jede Unterbrechung des Wahlganges, da nur so sichergestellt ist, dass nicht unzulässigerweise weitere Stimmzettel in die Wahlurne geworfen oder aus ihr entnommen werden können (vgl. *LAG Brandenburg* 27.11.1998 NZA-RR 1999, 418 [420]; *Fitting* § 12 WO Rn. 14; *Homburg/DKKW* § 12 WO Rn. 3,11). Unterbleibt die erforderliche Versiegelung, ist die Wahl anfechtbar (vgl. *LAG Brandenburg* 27.11.1998 NZA-RR 1999, 418 [420]; einschränkend *LAG Baden-Württemberg* 01.08.2007 LAGE § 19 BetrVG 2001 Nr. 3 S. 5, mangels potentieller Kausalität des Verstoßes gegen Abs. 5 Satz 2 auf das Wahlergebnis, weil die Zahl der in der Wahlurne vorgefundenen Stimmzettel identisch war mit der Summe der vom Wahlvorstand dokumentierten Stimmabgaben), allein aber nicht zu deren Nichtigkeit (**a. M.** *LAG Köln* 16.09.1987 LAGE § 19 BetrVG 1972 Nr. 5: die Wahlurnen waren beim Transport unversiegelt in die PKW der Wahlvorstandsmitglieder gelegt worden [aufgehoben durch *BAG* 14.09.1988 – 7 ABR 79/87 – juris]; für Nichtigkeit allein wegen der Möglichkeit der Manipulation *Nießen* Fehlerhafte Betriebsratswahlen, S. 290 ff., 345). Bei unterlassener Versiegelung kann der Verstoß gegen Abs. 5 Satz 1 oder 2 nicht etwa dadurch geheilt werden, dass die Wahlurne in einem videoüberwachten Raum aufbewahrt wird (*LAG Baden-Württemberg* 01.08.2007 LAGE § 19 BetrVG 2001 Nr. 3 S. 5). Für die Versiegelung des Einwurfschlitzes genügt es, wenn die Öffnung zugeklebt und der Klebestreifen von anwesenden Wahlvorstandsmitgliedern oder Wahlhelfern unterschrieben oder sonst individuell gezeichnet wird. Der Klebestreifen darf nicht ohne Beschädigung zu entfernen sein; Textilklebeband ist daher ungeeignet (vgl. *LAG Brandenburg* 27.11.1998 NZA-RR 1999, 418 [420]; zu weitgehend *Richardi/Forst* § 12 WO Rn. 5: Klebeband generell ungeeignet). Außerdem muss sichergestellt werden, dass der Verschluss der Urne nicht in Abwesenheit des Wahlvorstands geöffnet werden kann. Zwischen mehreren Wahltagen und bis zum Beginn der Stimmauszählung sind die Wahlurnen selbst sicherzustellen. Vor Beseitigung der Versiegelung hat der Wahlvorstand deren Unversehrtheit festzustellen.

8 Während des Wahlganges dürfen die Wahlurnen **nicht unbeaufsichtigt bleiben** (vgl. *LAG Hamm* 01.08.1952 BB 1953, 234). Sie dürfen jedoch grundsätzlich auch nicht vor Abschluss der Stimmabgabe geöffnet werden, um vorzeitig mit der Stimmauszählung zu beginnen (vgl. zum vorzeitigen Beginn der Stimmauszählung aber § 14 BetrVG Rdn. 23 und *Kreutz* § 18 BetrVG Rdn. 34).

9 Die **Stimmabgabe ist abgeschlossen**, wenn die im Wahlausschreiben (§ 3 Abs. 2 Nr. 11 WO) festgesetzte Zeit abgelaufen ist. Sind für die Stimmabgabe mehrere Tage vorgesehen, ist sie am letzten Tage mit dem Ende des vorgesehenen Zeitraumes abgeschlossen. Die Stimmabgabe kann schon vor dem im Wahlausschreiben festgelegten Ende abgeschlossen werden, wenn alle in der Wählerliste verzeichneten wahlberechtigten Arbeitnehmer ihre Stimme abgegeben haben (vgl. *Kreutz* § 18 BetrVG Rdn. 29).

§ 13
Öffentliche Stimmauszählung

Unverzüglich nach Abschluss der Wahl nimmt der Wahlvorstand öffentlich die Auszählung der Stimmen vor und gibt das aufgrund der Auszählung sich ergebende Wahlergebnis bekannt.

Die Vorschrift wiederholt im Wesentlichen den Wortlaut des § 18 Abs. 3 Satz 1 BetrVG. Im Gegensatz zu § 13 WahlO 1953 kommt der Bestimmung deshalb **keine das Gesetz konkretisierende und ergänzende Bedeutung** zu. Der Gesetzgeber hat § 18 Abs. 3 Satz 1 BetrVG »im Hinblick auf die Bedeutung, die der Feststellung des Wahlergebnisses in einem demokratischen Rechtsstaat zukommt« (vgl. zu BT-Drucks. VI/2729, S. 21; ebenso *BAG* 15.11.2000 EzA § 18 BetrVG 1972 Nr. 9), in das Gesetz eingefügt. Ort und Zeit der Stimmauszählung sind in dem Wahlausschreiben bekannt zu geben (§ 3 Abs. 2 Nr. 13 WO; dazu § 3 WO Rdn. 23). 1

Der Wahlvorstand hat die Stimmauszählung **unverzüglich** nach Abschluss der Wahl (vgl. dazu *Kreutz* § 18 BetrVG Rdn. 29) vorzunehmen. Das bedeutet, dass in der Regel die Stimmen spätestens an dem auf den letzten Wahltag folgenden Arbeitstag ausgezählt sein müssen (vgl. *Kreutz* § 18 BetrVG Rdn. 30; ebenso *Fitting* § 13 WO Rn. 1; *Wiebauer/LK* § 13 WO Rn. 1; *Homburg/DKKW* § 13 WO Rn. 1). 2

Zum **Verfahren** der öffentlichen Stimmauszählung vgl. ausführlich *Kreutz* § 18 BetrVG Rdn. 27 bis 36. 3

Die **Verletzung** des Gebots öffentlicher Stimmauszählung ist ein Verstoß gegen wesentliche Vorschriften (§ 18 Abs. 3 Satz 1 BetrVG, § 13 WO) über das Wahlverfahren und kann die Anfechtbarkeit der Wahl begründen (ebenso i. E. auch *BAG* 15.11.2000 EzA § 18 BetrVG 1972 Nr. 9; 11.06.1997 AP Nr. 1 zu § 22 MitbestG; *LAG München* 09.06.2010 – 4 TaBV 105/09 – juris, Rn. 34; *Fitting* § 13 WO Rn. 6; *Wiebauer/LK* § 13 WO Rn. 5; *Richardi/Forst* § 13 WO Rn. 5; *Homburg/DKKW* § 13 WO Rn. 7), grundsätzlich aber nicht die Nichtigkeit der Wahl (vgl. dazu m. w. N. *Kreutz* § 18 BetrVG Rdn. 35; *LAG Hamm* 30.01.2015 – 13 TaBV 46/14 – juris, Rn. 29). Die Anfechtbarkeit setzt aber weiter voraus, dass der Verfahrensverstoß geeignet ist, das Wahlergebnis zu beeinflussen (vgl. dazu *BAG* 15.11.2000 EzA § 18 BetrVG 1972 Nr. 9 sowie näher *Kreutz* § 19 BetrVG Rdn. 42 ff.). 4

§ 14
Verfahren bei der Stimmauszählung

(1) Nach Öffnung der Wahlurne entnimmt der Wahlvorstand die Stimmzettel den Wahlumschlägen und zählt die auf jede Vorschlagsliste entfallenden Stimmen zusammen. Dabei ist die Gültigkeit der Stimmzettel zu prüfen.

(2) Befinden sich in einem Wahlumschlag mehrere gekennzeichnete Stimmzettel (§ 11 Abs. 3), so werden sie, wenn sie vollständig übereinstimmen, nur einfach gezählt, andernfalls als ungültig angesehen.

Die **Stimmen** sind **öffentlich** (§ 18 Abs. 3 Satz 1 BetrVG, § 13 WO) unter Aufsicht des gesamten Wahlvorstands (einschließlich der nicht stimmberechtigten Mitglieder) **auszuzählen**. Es können nicht einzelne Mitglieder des Wahlvorstands oder gar Wahlhelfer mit der Auszählung beauftragt werden. Das gilt auch dann, wenn an mehreren Orten im Betrieb zugleich gewählt worden ist. Nach Beendigung der Stimmabgabe sind daher die verwendeten Wahlurnen in einem Raum zusammenzutragen. 1

Nach Herstellung der Öffentlichkeit sind zunächst die Wahlurnen auf ihre Unversehrtheit zu überprüfen. Danach sind die Urnen zu öffnen und zu entleeren. Die Öffnung und Entleerung hat durch die Wahlvorstandsmitglieder selbst, nicht durch Wahlhelfer, zu erfolgen (ebenso *Fitting* § 14 WO Rn. 1; 2

§ 15 WO *I. 2. Wahl von mehr als drei Betriebsratsmitgliedern (aufgrund von Vorschlagslisten)*

Wiebauer/LK § 14 WO Rn. 1; *Richardi/Forst* § 14 WO Rn. 2; *Homburg/DKKW* § 14 WO Rn. 1). Wahlhelfer sind erst bei der (rechnerischen) Auszählung einzusetzen.

3   Die Mitglieder des Wahlvorstands und/oder die bestellten Wahlhelfer öffnen sodann die den Urnen entnommenen Wahlumschläge und entnehmen ihnen die Stimmzettel. Das weitere Verfahren der Prüfung und Auszählung bestimmt der Wahlvorstand nach seinem Ermessen. Es kann jeder einzelne Stimmzettel sofort auf seine Gültigkeit überprüft und die auf ihm abgegebene Stimme gezählt werden. Es können aber auch zunächst die Stimmzettel nach den auf ihnen angekreuzten Listen geordnet, dann geprüft und ausgezählt werden. Bei der Auszählung der Stimmen ist die Verwendung von Datenverarbeitungsanlagen zulässig, sofern die Verantwortlichkeit des Wahlvorstands für den Auszählungsvorgang gewahrt ist (vgl. *Kreutz* § 18 BetrVG Rdn. 34, 36 m. w. N.).

4   Die Entscheidung über die Gültigkeit und Ungültigkeit der Stimmzettel trifft der Wahlvorstand durch Beschluss mit der einfachen Mehrheit der stimmberechtigten Mitglieder (§ 1 Abs. 3 Satz 1 WO). Prüfung und Entscheidung des Wahlvorstands müssen vor der Bekanntgabe des Wahlergebnisses (§ 13 WO) erfolgen, ggf. auch die Änderung einer Entscheidung nach nochmaliger Überprüfung, die nicht nur bei offenbarer Unrichtigkeit möglich ist (**a. M.** *Homburg/DKKW* § 14 WO Rn. 3). Beratung und Beschlussfassung brauchen nicht in dem Sinne öffentlich zu sein, dass die anwesende Betriebsöffentlichkeit der Beratung folgen und die Entscheidung in jedem einzelnen Falle zur Kenntnis nehmen müsste; sie müssen aber im Rahmen der öffentlichen Stimmauszählung erfolgen (vgl. *LAG Nürnberg* 20.09.2011 – 6 TaBV 9/11 – juris, Rn. 112). Zweckmäßig ist, ungültige Stimmzettel auszusondern, mit fortlaufender Nummer zu versehen, ggf. nach Ungültigkeitsgründen zu ordnen und getrennt von den gültigen Stimmzetteln aufzubewahren (*Homburg/DKKW* § 14 WO Rn. 7).

5   Die Prüfung der Stimmzettel erfolgt nach den in § 11 Abs. 4 WO niedergelegten Kriterien. Enthält ein Wahlumschlag **mehrere Stimmzettel**, die vollständig übereinstimmen, werden sie als gültig angesehen, aber nur als eine Stimme gezählt (Abs. 2). Weichen die mehreren Stimmzettel voneinander ab, ist keiner von ihnen gültig. Ist allerdings nur einer der Stimmzettel gekennzeichnet, ist dieser gültig (ebenso *Fitting* § 14 WO Rn. 4; *Homburg/DKKW* § 14 WO Rn. 6); ein dem gleichen Wahlumschlag entnommener leerer Stimmzettel ist ungültig (vgl. auch *Fitting* § 14 WO Rn. 4; *Richardi/Forst* § 14 WO Rn. 4).

6   Sind die ungültigen Stimmzettel ausgesondert und die gültig abgegebenen Stimmen den einzelnen Vorschlagslisten zugeordnet worden, werden sie, sofern nicht bereits bei der Zuordnung mitgezählt worden ist, listenweise zusammengezählt. Eine Kontrollzählung ist in jedem Falle angezeigt. Dabei ist zu berücksichtigen, dass sich aus der Differenz der Zahl der im Wahlgang abgegebenen Wahlumschläge und derjenigen der gültigen Stimmen die Zahl der ungültigen Stimmen ergeben muss (vgl. § 16 Abs. 1 Nr. 1, 2, 5 WO). Anschließend werden, ebenfalls in der öffentlichen Sitzung, die Teilzahlen festgelegt (§ 15 Abs. 1 WO) und die Höchstzahlen ausgesondert (§ 15 Abs. 2 WO). Sodann wird die Sitzverteilung nach Maßgabe des § 15 Abs. 2 bis 5 WO vorgenommen. Das Ergebnis ist den Anwesenden bekannt zu geben (§ 13 WO). Es genügt die mündliche Verkündung (zust. *Homburg/DKKW* § 14 WO Rn. 8).

§ 15
Verteilung der Betriebsratssitze auf die Vorschlagslisten

(1) Die Betriebsratssitze werden auf die Vorschlagslisten verteilt. Dazu werden die den einzelnen Vorschlagslisten zugefallenen Stimmenzahlen in einer Reihe nebeneinander gestellt und sämtlich durch 1, 2, 3, 4 usw. geteilt. Die ermittelten Teilzahlen sind nacheinander reihenweise unter den Zahlen der ersten Reihe aufzuführen, bis höhere Teilzahlen für die Zuweisung der zu verteilenden Sitze nicht mehr in Betracht kommen.

(2) Unter den so gefundenen Teilzahlen werden so viele Höchstzahlen ausgesondert und der Größe nach geordnet, wie Betriebsratsmitglieder zu wählen sind. Jede Vorschlagsliste erhält so viele Mitgliedersitze zugeteilt, wie Höchstzahlen auf sie entfallen. Entfällt die niedrigste in Betracht kommende Höchstzahl auf mehrere Vorschlagslisten zugleich, so entscheidet das Los darüber, welcher Vorschlagsliste dieser Sitz zufällt.

(3) Wenn eine Vorschlagsliste weniger Bewerberinnen oder Bewerber enthält, als Höchstzahlen auf sie entfallen, so gehen die überschüssigen Mitgliedersitze auf die folgenden Höchstzahlen der anderen Vorschlagslisten über.

(4) Die Reihenfolge der Bewerberinnen oder Bewerber innerhalb der einzelnen Vorschlagslisten bestimmt sich nach der Reihenfolge ihrer Benennung.

(5) Befindet sich unter den auf die Vorschlagslisten entfallenden Höchstzahlen nicht die erforderliche Mindestzahl von Angehörigen des Geschlechts in der Minderheit nach § 15 Abs. 2 des Gesetzes, so gilt Folgendes:
1. An die Stelle der auf der Vorschlagsliste mit der niedrigsten Höchstzahl benannten Person, die nicht dem Geschlecht in der Minderheit angehört, tritt die in derselben Vorschlagsliste in der Reihenfolge nach ihr benannte, nicht berücksichtigte Person des Geschlechts in der Minderheit.
2. Enthält diese Vorschlagsliste keine Person des Geschlechts in der Minderheit, so geht dieser Sitz auf die Vorschlagsliste mit der folgenden, noch nicht berücksichtigten Höchstzahl und mit Angehörigen des Geschlechts in der Minderheit über. Entfällt die folgende Höchstzahl auf mehrere Vorschlagslisten zugleich, so entscheidet das Los darüber, welcher Vorschlagsliste dieser Sitz zufällt.
3. Das Verfahren nach den Nummern 1 und 2 ist so lange fortzusetzen, bis der Mindestanteil der Sitze des Geschlechts in der Minderheit nach § 15 Abs. 2 des Gesetzes erreicht ist.
4. Bei der Verteilung der Sitze des Geschlechts in der Minderheit sind auf den einzelnen Vorschlagslisten nur die Angehörigen dieses Geschlechts in der Reihenfolge ihrer Benennung zu berücksichtigen.
5. Verfügt keine andere Vorschlagsliste über Angehörige des Geschlechts in der Minderheit, verbleibt der Sitz bei der Vorschlagsliste, die zuletzt ihren Sitz zu Gunsten des Geschlechts in der Minderheit nach Nummer 1 hätte abgeben müssen.

Inhaltsübersicht

		Rdn.
I.	Verteilung der Betriebsratssitze nach Höchstzahlen	1–6
II.	Korrektur der Sitzverteilung zugunsten des Geschlechts in der Minderheit	7–11

I. Verteilung der Betriebsratssitze nach Höchstzahlen

Nach § 14 Abs. 2 Satz 1 BetrVG erfolgt die Betriebsratswahl nach »den **Grundsätzen der Verhältniswahl**«, wenn zwei oder mehr gültige Vorschlagslisten eingereicht worden sind. Das **Verhältniswahlsystem** ist dadurch gekennzeichnet, dass den Vorschlagslisten in dem Verhältnis Sitze zugeteilt werden, wie sie bei der Wahl Stimmen erhalten haben. Dafür gibt es theoretisch eine Vielzahl von Berechnungsverfahren (vgl. § 14 BetrVG Rdn. 34). Der Verordnungsgeber hat sich in § 15 WO für das *d'Hondtsche* **Höchstzahlverfahren** entschieden (vgl. dazu § 14 BetrVG Rdn. 37 f.). In § 15 WO wird die Handhabung dieses Verfahrens festgelegt; vgl. zur verhältnismäßigen Sitzverteilung nach § 15 WO näher mit Beispielen § 14 BetrVG Rdn. 39 ff. sowie hier Rdn. 8 f. 1

Es sind zunächst die **Teilzahlen** zu ermitteln, indem die auf die einzelnen Listen entfallenen Stimmenzahlen jeweils durch 1, 2, 3, 4 usw. geteilt (vgl. § 14 BetrVG Rdn. 39) werden. Dazu werden die Listen nebeneinander und darunter die Stimmenzahl aufgeführt. Dann werden die entsprechenden Teilzahlen (das Ergebnis der Division der Stimmenzahl durch 1, 2, 3, 4 usw.) daruntergeschrieben. Teilzahlreihen werden so lange ermittelt, bis alle Sitze in ihnen untergebracht werden können (§ 15 Abs. 1 Satz 2 a. E. WO). Es empfiehlt sich jedoch u. U., die Rechnung um eine oder zwei Reihen fortzusetzen, um von vornherein der Notwendigkeit Rechnung tragen zu können, unter den Teilzahlen weitere Höchstzahlen auszusondern, die gemäß § 25 Abs. 2 Satz 2 BetrVG für die Bestimmung von Er- 2

§ 15 WO I. 2. Wahl von mehr als drei Betriebsratsmitgliedern (aufgrund von Vorschlagslisten)

satzmitgliedern oder zur Erreichung der Mindestsitze für das Geschlecht in der Minderheit (§ 15 Abs. 2 BetrVG, § 15 Abs. 5 WO) erforderlich sein könnten. Vorschlagslisten, die keine Stimme erhalten haben, bleiben bei der Verteilung der Betriebsratssitze unberücksichtigt, da auf sie keine Höchstzahlen entfallen können.

3 Aus den Kolonnen der Teilzahlen werden dann der Reihe nach die höchsten Teilzahlen (**Höchstzahlen**) ausgesondert. Es werden so viele Höchstzahlen ausgesondert, wie Betriebsratsmitglieder zu wählen sind.

4 Enthält eine Liste **weniger Bewerber**, als Höchstzahlen auf sie entfallen, werden die noch zu vergebenden Sitze denjenigen anderen Listen zugeteilt, auf welche die nächstfolgenden noch nicht besetzten Höchstzahlen entfallen (vgl. § 14 BetrVG Rdn. 38).

5 Aus der **Anzahl der** auf die einzelnen Listen entfallenden **Höchstzahlen** ergibt sich, wie viele auf jeder Liste aufgeführte **Bewerber** in den Betriebsrat **gewählt** worden sind. Die Sitze werden den Bewerbern nach der Reihenfolge ihrer Benennung auf der Liste zugeteilt (Abs. 4).

6 Ist die letzte zu vergebende Höchstzahl in mehreren Listen gleich, entscheidet das **Los**, welcher Liste der Sitz zufällt (Abs. 2 Satz 3). Das Losverfahren bestimmt der Wahlvorstand durch Beschluss.

II. Korrektur der Sitzverteilung zugunsten des Geschlechts in der Minderheit

7 Um die dem **Geschlecht in der Minderheit** gemäß § 15 Abs. 2 BetrVG vorbehaltene **Mindestvertretung** im Betriebsrat zu gewährleisten, trifft § 15 **Abs. 5** WO eine **Sonderregelung**, die nur eingreift, wenn der Wahlvorstand zuvor feststellt, dass bei der Verteilung der Betriebsratssitze nach dem in § 15 Abs. 1 bis 4 WO beschriebenen Verfahren nicht so viele Betriebsratssitze auf Bewerber des in der Minderheit befindlichen Geschlechts entfallen sind, wie ihm Mindestsitze zustehen. Die notwendige Mindestzahl der Sitze hat der Wahlvorstand bereits vor Erlass des Wahlausschreibens nach § 5 WO zu errechnen und in dem Wahlausschreiben bekannt zu geben (§ 3 Abs. 2 Nr. 5 WO). Zur Ermittlung der nach § 15 Abs. 2 BetrVG erforderlichen Mindestsitze siehe § 5 WO und die dortigen Anmerkungen.

8 Zur **Korrektur der Zusammensetzung** des Betriebsrats schreibt § 15 Abs. 5 WO ein mehrstufiges Verfahren vor. Dabei ist nach **§ 15 Abs. 5 Nr. 1 WO** ein Austausch zugunsten einer noch nicht berücksichtigten Person des Geschlechts in der Minderheit vorzunehmen. Aus dem Wortlaut des § 15 Abs. 5 Nr. 1 WO ergibt sich zunächst eindeutig, dass für den Austausch die niedrigste noch berücksichtigte Höchstzahl maßgebend ist. Nicht eindeutig ist der Wahlordnung jedoch zu entnehmen, ob zunächst die Vorschlagsliste zu bestimmen ist, welche die niedrigste noch nicht berücksichtigte Höchstzahl erhalten hat und sodann auf dieser der Austausch vorzunehmen ist. Dagegen spricht, dass der Wortlaut des § 15 Abs. 5 Nr. 1 WO die niedrigste Höchstzahl auf die Person bezieht, die nicht dem Geschlecht in der Minderheit angehört. Im Einzelfall kann deshalb die für den Austausch maßgebliche Höchstzahl nicht identisch sein mit der Vorschlagsliste, auf welche die niedrigste Höchstzahl entfallen ist. Entfällt die niedrigste Höchstzahl auf mehrere Personen, die nicht dem Geschlecht in der Minderheit angehören, ist der auszutauschende Bewerber durch Losentscheid zu ermitteln; § 15 Abs. 5 Nr. 1 WO enthält zwar keine entsprechende Regelung, die Lücke ist aber durch eine Rechtsanalogie zu schließen, da die Wahlordnung bei vergleichbaren Problemlagen ebenfalls auf den Lösungsmechanismus des Losentscheids zurückgreift (vgl. § 15 Abs. 2 Satz 3, Abs. 5 Nr. 2 Satz 2 WO). Bei der Anwendung des § 15 Abs. 5 Nr. 1 WO ist somit zunächst zu ermitteln, auf welcher Vorschlagsliste die Person des Mehrheitsgeschlechts steht, auf welche die niedrigste noch berücksichtigte Höchstzahl für die Bewerber des Mehrheitsgeschlechts entfällt (ebenso *BAG* 16.03.2005 EzA § 15 BetrVG 2001 Nr. 1 Orientierungssatz 1; *Fitting* § 15 WO Rn. 6; *Richardi/Forst* § 15 WO Rn. 4; *Homburg/DKKW* § 15 WO Rn. 6). **Innerhalb dieser Liste** findet nach § 15 Abs. 5 Nr. 1 WO ein Austausch statt, wenn nachfolgend auf der Vorschlagsliste eine Person des Geschlechts in der Minderheit steht, die nach dem Verfahren in § 15 Abs. 1 bis 4 WO keinen Betriebsratssitz erhalten hat. Die nach Höchstzahlen an sich zu berücksichtigende Person des Geschlechts in der Mehrheit muss nach § 15 Abs. 5 Nr. 1 WO nunmehr zugunsten der Person des Geschlechts in der Minderheit zurückstehen.

Verteilung der Betriebsratssitze auf die Vorschlagslisten § 15 WO

Beispiel:

Einem Betrieb gehören 518 Arbeitnehmer an; davon 397 männlich, 121 weiblich; der Betriebsrat besteht deshalb gemäß § 9 Satz 1 (sechste Stufe) BetrVG aus 11 Mitgliedern; das Geschlecht in der Minderheit ist weiblich, gemäß § 15 Abs. 2 BetrVG und § 5 WO müssen mindestens zwei Betriebsratssitze auf weibliche Mitglieder entfallen (vgl. zur Berechnung § 5 WO Rdn. 4). Auf die vier eingereichten Vorschlagslisten A, B, C und D entfallen insgesamt 498 gültige Stimmen. Davon erhält Liste A 98 Stimmen, Liste B 147 Stimmen, Liste C 205 Stimmen und Liste D 48 Stimmen. Nach § 15 Abs. 1 bis 4 WO sind die Betriebsratssitze wie folgt zu verteilen (hinter den Höchstzahlen ist das Geschlecht des Bewerbers vermerkt):

	A	**B**	**C**	**D**
Stimmenzahl	98	147	205	48
: 1	98 (m)	147 (m)	205 (m)	48 (m)
: 2	49 (m)	73,5 (m)	102,5 (m)	24 (w)
: 3	32,66 (w)	49 (m)	68,3 (m)	16 (w)
: 4	24,5 (w)	36,75 (w)	51,25 (m)	12 (m)
: 5	19,6 (w)	29,4 (w)	41 (w)	9,6 (m)
: 6	16,33 (m)	24,5 (m)	34,16 (w)	8 (w)
: 7	14 (w)	21 (w)	29,28 (m)	6,8 (m)

Die nach § 15 Abs. 2 Satz 1 WO maßgeblichen elf Höchstzahlen lauten 205; 147; 102,5; 98; 73,5; 68,3; 51,25; 49; 49; 48; 41. Danach entfallen auf Liste A zwei Sitze, Liste B drei Sitze, Liste C fünf Sitze und auf Liste D ein Sitz. Unter den auf die Vorschlagslisten entfallenden Höchstzahlen entfällt nur eine (41) auf weibliche Bewerber, die erforderliche Mindestzahl von Angehörigen des Geschlechts in der Minderheit (2) wird nicht erreicht. Deshalb greift der Ausgleichsmechanismus nach § 15 Abs. 5 WO ein, wobei im ersten Schritt **§ 15 Abs. 5 Nr. 1 WO** anzuwenden ist. Dafür sind zunächst die Höchstzahlen für die Bewerber des Mehrheitsgeschlechts (männlich) zu betrachten, um diejenige Vorschlagsliste zu ermitteln, auf der nach § 15 Abs. 5 Nr. 1 WO primär eine Auswechslung erfolgt. Die niedrigste noch berücksichtigte Höchstzahl für einen männlichen Bewerber ist 48 und entfällt auf die Liste D. Statt dieses Bewerbers tritt auf derselben Liste diejenige Bewerberin, die ihm nachfolgt und nicht berücksichtigt wurde. Das ist die Bewerberin auf der Liste D, auf welche die Höchstzahl 24 entfällt. Würde hingegen entgegen der hier vertretenen Auffassung zunächst auf die Vorschlagsliste mit der niedrigsten Höchstzahl abgestellt, hätte der Austausch auf der Liste C (Höchstzahl 41) erfolgen müssen; an die Stelle des männlichen Bewerbers mit der Höchstzahl 51,25 wäre die Bewerberin mit der Höchstzahl 34,16 getreten. Nach Abs. 5 Nr. 1 ist ggf. solange zu verfahren, bis alle dem Geschlecht in der Minderheit nach § 15 Abs. 2 BetrVG zustehenden Mindestsitze vergeben sind (Abs. 5 Nr. 3).

Für den Fall, dass die an sich zum Zuge kommende Vorschlagsliste keine bislang nicht berücksichtigten 9 Bewerber des Geschlechts in der Minderheit (mehr) aufweist, enthält **§ 15 Abs. 5 Nr. 2 WO** eine Auffangregelung, die zwar zu einer § 15 Abs. 2 BetrVG entsprechenden Zusammensetzung des Betriebsrats führt, das aber um den Preis einer Verfälschung des Wählerwillens (*Löwisch* NZA 2011, 1075 [1076]; gleichwohl ist die Regelung verfassungsgemäß; vgl. näher und m.w.N. § 15 BetrVG Rdn. 16). Zu diesem Zweck entzieht Abs. 5 Nr. 2 der an sich zu berücksichtigenden Vorschlagsliste den Sitz und weist ihn der Vorschlagsliste mit der folgenden noch nicht berücksichtigten Höchstzahl zu, sofern sich auf dieser ein noch nicht berücksichtigter Bewerber befindet, der dem Geschlecht in der Minderheit angehört; innerhalb dieser Liste werden (nur) die Bewerber des Minderheitsgeschlechts in der Reihenfolge ihrer Benennung für die Verteilung noch zu vergebender Mindestsitze berücksichtigt (Abs. 5 Nr. 4). Entfällt die noch nicht berücksichtigte Höchstzahl auf mehrere Vorschlagslisten, ist durch Losentscheid zu ermitteln, welche Liste zum Zuge kommt; ein Losentscheid erübrigt sich, wenn nur eine dieser Listen noch nicht berücksichtigte Personen des Minderheitsgeschlechts enthält und schon deshalb der Sitz auf sie übergeht (vgl. *Homburg/DKKW* § 15 WO Rdn. 10). Enthält auch die nach Abs. 2 Nr. 2 ermittelte Liste keinen Bewerber des Geschlechts in der Minderheit, ist ggf. auf eine weitere Vorschlagsliste zurückzugreifen (Abs. 5 Nr. 3). Im Ausnahmefall kann das auch dazu führen, dass auf diese Weise eine Vorschlagsliste einen Betriebsratssitz erhält, obwohl sie im Verfahren nach

§ 15 WO   *I. 2. Wahl von mehr als drei Betriebsratsmitgliedern (aufgrund von Vorschlagslisten)*

§ 15 Abs. 1 bis 4 WO wegen zu niedriger Höchstzahlen nicht berücksichtigt worden wäre (ebenso *Schneider* AiB 2005,716 [718]). Es ist jedoch auch im Rahmen des § 15 Abs. 5 WO erforderlich, dass auf die Vorschlagsliste wenigstens eine Höchstzahl entfällt, d. h. Vorschlagslisten, die keine einzige Stimme erhalten, wird auch zur Herstellung der Mindestrepräsentanz im Betriebsrat kein Betriebsratssitz zugewiesen. Das Verfahren nach § 15 Abs. 5 Nr. 1 und 2 WO kann deshalb dazu führen, dass auf eine Vorschlagsliste mehr Betriebsratssitze entfallen, als dieser nach dem *d'Hondtschen* Höchstzahlenverfahren zustehen; verfassungswidrig ist das nicht (vgl. *ArbG Bonn* 16.10.2002 AuR 2003, 76; 18.12.2002 AuR 2003, 357).

Beispiel:

Einem Betrieb gehören 315 Arbeitnehmer an; davon 185 männlich, 130 weiblich; der Betriebsrat besteht deshalb gemäß § 9 Satz 1 (fünfte Stufe) BetrVG aus neun Mitgliedern; das Geschlecht in der Minderheit ist weiblich, gemäß § 15 Abs. 2 BetrVG und § 5 WO müssen mindestens vier Betriebsratssitze auf weibliche Mitglieder entfallen (vgl. zur Berechnung § 5 WO Rdn. 4). Auf die zwei eingereichten Vorschlagslisten A und B entfallen insgesamt 276 gültige Stimmen. Davon erhält Liste A 132 und Liste B 144 Stimmen. Nach § 15 Abs. 1 bis 4 WO verteilen sich die Betriebsratssitze wie folgt (hinter den Höchstzahlen ist in Klammern das Geschlecht des Bewerbers vermerkt):

Stimmenzahl	A	B
	132	144
: 1	132 (m)	144 (w)
: 2	66 (w)	72 (m)
: 3	44 (m)	48 (w)
: 4	33 (m)	36 (m)
: 5	26,4 (w)	28,8 (m)
: 6	22 (w)	24 (m)

Die nach § 15 Abs. 2 Satz 1 WO maßgeblichen neun Höchstzahlen lauten: 144; 132; 72; 66; 48; 44; 36; 33; 28, 8. Somit entfallen auf Liste A vier Sitze und auf Liste B fünf Sitze. Unter den auf die Vorschlagslisten entfallenden Höchstzahlen entfallen drei auf weibliche Bewerber, die erforderliche Mindestzahl von Angehörigen des Geschlechts in der Minderheit (vier) wird nicht erreicht. Deshalb greift der Ausgleichsmechanismus nach § 15 Abs. 5 WO ein, wobei im ersten Schritt § 15 Abs. 5 Nr. 1 WO anzuwenden ist. Dafür sind zunächst die Höchstzahlen für die Bewerber des Mehrheitsgeschlechts (männlich) zu betrachten, um diejenige Vorschlagsliste zu ermitteln, auf der nach § 15 Abs. 5 Nr. 1 WO primär eine Auswechslung erfolgt. Die niedrigste noch berücksichtigte Höchstzahl für einen männlichen Bewerber ist 28,8 und entfällt auf die Liste B. Nach diesem entfällt jedoch auf dieser Vorschlagsliste keine Höchstzahl mehr auf eine noch nicht berücksichtigte Bewerberin des Geschlechts in der Minderheit, da der auf Listenplatz 6 stehende Bewerber männlich ist. Deshalb greift nunmehr der Ausgleichsmechanismus nach § 15 Abs. 5 Nr. 2 WO (sog. Listensprung; zur Rückgängigmachung eines nicht erforderlichen Listensprungs s. § 17 WO Rdn. 4). Auf der Liste A befinden sich auf Listenplatz 5 und 6 Bewerber weiblichen Geschlechts und nicht berücksichtigten Höchstzahlen. Damit geht der an sich auf Liste B entfallende Sitz nunmehr auf Liste A über, die nunmehr fünf Sitze statt ursprünglich vier Sitze erhält. Die Bewerberin mit der Höchstzahl 26,4 erhält den Minderheitssitz, da sich die Verteilung auf der Liste A nach der Reihenfolge der Benennung der Bewerber des Minderheitsgeschlechts richtet (§ 15 Abs. 5 Nr. 4 WO). Das Resultat ist zwar verfassungsgemäß (s. § 15 BetrVG Rdn. 16), aber dennoch nicht unbedenklich, da der Mehrheitswille verfälscht wird. Obwohl Liste A von den Wahlberechtigten deutlich weniger gültige Stimmen erhielt, verfügt sie im Betriebsrat über die Mehrheit (krit. auch *Richardi/Forst* § 15 WO Rn. 4, 5).

10 Um die in Rdn. 8 und 9 geschilderten Auswirkungen zu verhindern, ist bereits bei der Erstellung der Vorschlagsliste darauf zu achten, dass durch das in § 15 Abs. 5 WO geregelte Verfahren der Vorschlagsliste keine Betriebsratssitze durch Übergang auf eine andere Liste verloren gehen. Nachteile bei der Sitzverteilung drohen nicht nur reinen Männer- und Frauenlisten, die nach wie vor als solche gültig sind (vgl. zum Fall einer reinen Männerliste *BAG* 16.03.2005 EzA § 15 BetrVG 2001 Nr. 1). Um Nachteilen vorzubeugen genügt es jedoch nicht, dass auf der gemischten Liste genügend Bewerber stehen, die dem Geschlecht in der Minderheit angehören. Entscheidend ist vielmehr die Reihenfolge,

in der die Bewerber auf der Vorschlagsliste stehen. Dabei ist nach Möglichkeit auszuschließen, dass auf eine Person des Geschlechts in der Minderheit die niedrigste Höchstzahl i. S. v. § 15 Abs. 5 Nr. 1 WO entfällt. Das setzt eine Prognose über den voraussichtlichen Wahlausgang voraus und zwingt dazu, die sog. sicheren Listenplätze ausschließlich mit Personen des in der Mehrheit befindlichen Geschlechts zu besetzen; bei den sog. unsicheren Listenplätzen sind hingegen ausschließlich Personen des Geschlechts in der Minderheit zu berücksichtigen und auf Personen des Mehrheitsgeschlechts erst bei denjenigen Listenplätzen wieder zurückzugreifen, die bei dem Verfahren nach § 15 Abs. 1 bis 4 WO mit an Sicherheit grenzender Wahrscheinlichkeit nicht zu berücksichtigen sind. Zusätzlich kompliziert wird die Reihung auf der Vorschlagsliste durch den Umstand, dass auch berücksichtigt werden muss, ob ein voraussichtlich gewählter Bewerber während der Amtszeit aus dem Betriebsrat endgültig ausscheidet oder zeitweilig verhindert ist, da bei der Bestimmung des Ersatzmitgliedes ebenfalls § 15 Abs. 2 BetrVG zu berücksichtigen ist (§ 25 Abs. 2 Satz 1 BetrVG). Deshalb sind auch die dafür in Betracht kommenden Listenplätze ausschließlich mit Personen des in der Minderheit befindlichen Geschlechts zu besetzen. Auf der sicheren Seite kann deshalb nur diejenige Vorschlagsliste sein, die sowohl die Vorgabe des § 6 Abs. 2 WO beachtet und ausschließlich aus Personen des Geschlechts in der Minderheit besteht. Regelmäßig ist das vorstehende Prozedere nur solchen Listen möglich, die in der Belegschaft starken Rückhalt haben und über ein hinreichend großes Reservoir an Bewerbern verfügen; kleinere Gruppen werden indessen durch das Verfahren tendenziell benachteiligt, insbesondere wenn nur wenige Arbeitnehmer bereit sind, auf der Vorschlagsliste zu kandidieren. Das in § 15 Abs. 5 WO geregelte Verfahren bewirkt darüber hinaus, dass Personen des Geschlechts in der Minderheit bei einer von der Taktik beherrschten Reihung auf der Vorschlagsliste von den vorderen Listenplätzen verdrängt werden und selbst für die Listenführerschaft kaum noch in Betracht kommen. Deshalb sollte bei der Erstellung der Vorschlagsliste auch beachtet werden, dass § 15 Abs. 2 BetrVG auf »starre« Geschlechterquoten verzichtet und dem Geschlecht in der Minderheit auch die Möglichkeit eröffnet, im Betriebsrat mehrheitlich vertreten zu sein (vgl. § 15 BetrVG Rdn. 22).

Das an sich zwingende Gebot des § 15 Abs. 2 BetrVG ist nicht zu beachten, wenn weder auf der an sich zum Zuge kommenden Vorschlagsliste noch auf den anderen Vorschlagslisten noch nicht berücksichtigte Bewerber des Geschlechts in der Minderheit platziert sind, also Angehörige des Geschlechts, das in der Belegschaft in der Minderheit ist, nicht in ausreichender Zahl kandidiert haben. In diesem Fall bleibt es nach **§ 15 Abs. 5 Nr. 5 WO** bei der Verteilung der Betriebsratssitze auf die Vorschlagslisten, wie sie sich nach dem *d'Hondtschen* Höchstzahlenverfahren ergibt. Soweit lediglich ein Teil der Mindestsitze im Sicherstellungsverfahren nach § 15 Abs. 5 WO verteilt werden konnte, gilt das für verbleibende Sitze. Damit weicht die Wahlordnung zwar von § 15 Abs. 2 BetrVG ab, die gefundene Regelung ist aber von der Verordnungsermächtigung in § 126 BetrVG gedeckt, die der Wahlordnung auch die Regelung überlässt, soweit ein nach § 15 Abs. 2 BetrVG dem Geschlecht in der Minderheit vorbehaltener Sitz nicht von einer Person diesen Geschlechts besetzt werden kann (§ 126 Nr. 5a BetrVG; vgl. auch § 15 BetrVG Rdn. 28). Mit der Regelung in Abs. 5 Nr. 5 hat der Verordnungsgeber der Beibehaltung der in § 9 BetrVG festgelegten Größe des Betriebsrats bewusst (vgl. BR-Drucks. 938/01, S. 31) den Vorzug gegeben vor einer perfekten Sicherstellung des Geschlechterproporzes.

11

§ 16
Wahlniederschrift

(1) Nachdem ermittelt ist, welche Arbeitnehmerinnen und Arbeitnehmer als Betriebsratsmitglieder gewählt sind, hat der Wahlvorstand in einer Niederschrift festzustellen:
1. **die Gesamtzahl der abgegebenen Wahlumschläge und die Zahl der abgegebenen gültigen Stimmen;**
2. **die jeder Liste zugefallenen Stimmenzahlen;**
3. **die berechneten Höchstzahlen;**
4. **die Verteilung der berechneten Höchstzahlen auf die Listen;**
5. **die Zahl der ungültigen Stimmen;**
6. **die Namen der in den Betriebsrat gewählten Bewerberinnen und Bewerber;**

§ 16 WO I. 2. *Wahl von mehr als drei Betriebsratsmitgliedern (aufgrund von Vorschlagslisten)*

7. gegebenenfalls besondere während der Betriebsratswahl eingetretene Zwischenfälle oder sonstige Ereignisse.

(2) Die Niederschrift ist von der oder dem Vorsitzenden und von mindestens einem weiteren stimmberechtigten Mitglied des Wahlvorstands zu unterschreiben.

1. Die Wahlniederschrift ist kein fortlaufend zu führendes Protokoll aller Vorgänge bei der Stimmenauszählung, sondern lediglich die **schriftliche Feststellung** des **Wahlergebnisses**. Die Wahlniederschrift hat, wie sich insbesondere aus dem Wortlaut des § 18 Abs. 3 Satz 1 BetrVG ergibt (Feststellung in der Niederschrift vor Bekanntgabe des Ergebnisses), in der öffentlichen Sitzung des Wahlvorstands nach § 13 WO zu erfolgen (ebenso i. E. *Fitting* § 16 WO Rn. 1; **a. M.** *Homburg/DKKW* § 16 WO Rn. 2: kann auch in einer zweiten, nichtöffentlichen Sitzung erstellt werden). Die schriftliche Feststellung ist von der Bekanntmachung des Wahlergebnisses (vgl. § 18 WO) zu unterscheiden.

2. Der **Inhalt** der Wahlniederschrift ergibt sich aus Abs. 1 Nr. 1 bis 7. Zur Niederschrift bei Vorliegen nur einer Vorschlagsliste vgl. § 23 WO.

3. Zu Abs. 1 Nr. 3 sollte die gemäß § 15 Abs. 1 und 2 WO angefertigte Aufstellung der Teilzahlen und der aus ihnen ausgesonderten Höchstzahlen in die Niederschrift übertragen werden, damit die Berechnungsvorgänge nachvollzogen werden können. Anhand dieser Aufstellung lässt sich dann auch die Verteilung der Höchstzahlen auf die Listen (Nr. 4) nicht nur angeben, sondern auch einsichtig machen.

4. Wenn nach Abs. 1 Nr. 7 besondere während »der Betriebsratswahl« eingetretene **Zwischenfälle** oder sonstige Ereignisse zu protokollieren sind, liegt darin offenbar ein Redaktionsversehen. Jedenfalls ist diese Bestimmung insoweit nicht von § 18 Abs. 3 Satz 1 BetrVG gedeckt, weil danach nur das Ergebnis der Stimmenauszählung in einer Niederschrift festzustellen ist. Besondere Vorkommnisse während des gesamten Wahlverfahrens (»der Betriebsratswahl«) gehören nicht in diesen Zusammenhang (**a. M.** offenbar *Fitting* § 16 WO Rn. 6; *Homburg/DKKW* § 16 WO Rn. 5); sie sind im jeweiligen Stadium des Verfahrens aktenkundig zu machen. Es kann sich hier vielmehr nur um solche Zwischenfälle oder sonstige Ereignisse handeln, die in der öffentlichen Sitzung nach § 13 WO stattgefunden haben, z. B. wenn Personen der Zutritt wegen Überfüllung des Raumes versagt werden musste, bei Störungen der Stimmenauszählung, aber z. B. auch die Tatsache, dass Beschädigungen der Versiegelung einer Wahlurne festzustellen waren.

5. Die Wahlniederschrift ist von den stimmberechtigten Mitgliedern des Wahlvorstands mit ihrem gesamten Inhalt **zu beschließen** und vom Vorsitzenden sowie von mindestens einem weiteren stimmberechtigten Mitglied zu unterschreiben (Abs. 2). Damit ist das **vorläufige** Wahlergebnis festgestellt und die öffentliche Sitzung des Wahlvorstands nach § 13 WO beendet. Feststellung und Unterschriften haben nur **Beweisfunktion**. Sie haben jedoch keine konstitutive Wirkung für das Wahlergebnis. Das Wahlergebnis richtet sich materiell nach den tatsächlich abgegebenen gültigen Stimmen und der richtigen Berechnung der Teil- und Höchstzahlen und der entsprechenden Zuweisung der Betriebsratssitze auf die einzelnen Listen (ebenso *Fitting* § 16 WO Rn. 2; i. E. *Wiebauer/LK* § 16 WO Rn. 1; *Richardi/Forst* § 16 WO Rn. 2). Ein in der Wahlniederschrift festgestelltes unrichtiges Wahlergebnis kann daher vom Wahlvorstand noch berichtigt werden; es ist zu berichtigen, wenn der Wahlvorstand nachträglich solche Fehler feststellt (vgl. *Kreutz* § 18 BetrVG Rdn. 38). Zum weiteren Verfahren zur Feststellung des **endgültigen** Wahlergebnisses vgl. §§ 17, 18 WO und dazu *Kreutz* § 18 BetrVG Rdn. 37 ff.

6. Wird die Wahlniederschrift nicht oder nicht ordnungsgemäß erstellt, berührt das weder die Gültigkeit der Wahl (ebenso *Homburg/DKKW* § 16 WO Rn. 1) noch die der (richtigen) Feststellung des (endgültigen) Wahlergebnisses nach § 18 WO (ebenso *Fitting* § 16 WO Rn. 2).

§ 17
Benachrichtigung der Gewählten

(1) Der Wahlvorstand hat die als Betriebsratsmitglieder gewählten Arbeitnehmerinnen und Arbeitnehmer unverzüglich schriftlich von ihrer Wahl zu benachrichtigen. Erklärt die gewählte Person nicht binnen drei Arbeitstagen nach Zugang der Benachrichtigung dem Wahlvorstand, dass sie die Wahl ablehne, so gilt die Wahl als angenommen.

(2) Lehnt eine gewählte Person die Wahl ab, so tritt an ihre Stelle die in derselben Vorschlagsliste in der Reihenfolge nach ihr benannte, nicht gewählte Person. Gehört die gewählte Person dem Geschlecht in der Minderheit an, so tritt an ihre Stelle die in derselben Vorschlagsliste in der Reihenfolge nach ihr benannte, nicht gewählte Person desselben Geschlechts, wenn ansonsten das Geschlecht in der Minderheit nicht die ihm nach § 15 Abs. 2 des Gesetzes zustehenden Mindestsitze erhält. § 15 Abs. 5 Nr. 2 bis 5 gilt entsprechend.

Die gewählten Arbeitnehmer (zur Ermittlung vgl. § 15 WO) sind durch den Wahlvorstand unverzüglich (d. h. ohne schuldhaftes Zögern [§ 121 Abs. 1 Satz 1 BGB]) nach der gemäß § 16 WO in der Wahlniederschrift getroffenen Feststellung **schriftlich zu benachrichtigen**. Die Unterrichtung hat keine materiellrechtliche (konstitutive) Bedeutung (ebenso *Fitting* § 17 WO Rn. 2; *Richardi/Forst* § 17 WO Rn. 1); die gewählten Arbeitnehmer erlangen ihre Stellung als Betriebsratsmitglieder ausschließlich durch die Wahl, vorbehaltlich der Annahme der Wahl. Eine Benachrichtigung der Ersatzmitglieder ist nicht erforderlich, da sie (noch) nicht als Betriebsratsmitglieder gewählt worden sind; sie ist aber zweckmäßig. 1

Die Benachrichtigung dient lediglich dazu, den Gewählten von seiner Wahl in Kenntnis zu setzen; sie erübrigt sich daher, soweit die Gewählten an der öffentlichen Stimmauszählung nach § 13 WO teilgenommen und schon dort die **Annahme** der Wahl gegenüber dem Wahlvorstand erklärt haben (ebenso *Homburg/DKKW* § 17 WO Rn. 1). Der Wahlvorstand braucht ihn nicht darauf hinzuweisen, dass er nur innerhalb von drei Arbeitstagen nach dem Zugang der Benachrichtigung die Wahl ablehnen kann. Der Hinweis ist jedoch sinnvoll und sollte in keinem Fall unterlassen werden. 2

Für den Gewählten besteht **keine Pflicht zur Annahme** der Wahl. Sie lässt sich insbesondere nicht aus seiner Zustimmung zur Aufnahme in die Vorschlagsliste (nach § 6 Abs. 3 Satz 2 WO) ableiten. Der Gewählte kann aber nur annehmen oder endgültig ablehnen; er kann nicht »zunächst« ablehnen, um dadurch Ersatzmitglied zu werden (vgl. *ArbG Kassel* 20.02.1996 NZA-RR 1996, 463). Will der Gewählte die Wahl ablehnen, hat er das dem Wahlvorstand innerhalb von drei Tagen nach Zugang der Benachrichtigung schriftlich oder mündlich zu erklären. Wie dem Wortlaut des Abs. 1 Satz 2 zu entnehmen ist, kann die Ablehnung vor Zugang der (schriftlichen) Benachrichtigung nicht rechtswirksam erklärt werden (ebenso *Fitting* § 17 WO Rn. 3); deshalb hat diese auch dann zu erfolgen, wenn ein Gewählter unmittelbar nach Bekanntgabe des Wahlergebnisses in der Sitzung nach § 13 WO dem Wahlvorstand seine Ablehnung erklärt hat. Die Frist beträgt drei **Arbeitstage** (vgl. dazu § 41 WO Rdn. 4) und beginnt am Tag nach dem Zugang der Benachrichtigung (vgl. §§ 41 WO, 187 Abs. 1 BGB). Sie endet mit Ablauf des dritten Arbeitstags. Die Ablehnungserklärung ist an die Betriebsadresse des Wahlvorstands zu richten. Hat dieser Dienststunden angegeben, muss ihm die Erklärung vor deren Ablauf zugegangen sein (vgl. entsprechend § 3 WO Rdn. 10 und § 6 WO Rdn. 5). 3

Hat der Gewählte die Wahl fristgerecht **abgelehnt**, gilt er als nicht gewählt. Seine Kandidatur auf der Vorschlagsliste ist insoweit so anzusehen, als habe sie nicht stattgefunden. Das hat grundsätzlich zur Folge, dass bei einer nach den Grundsätzen des Verhältniswahlrechts erfolgten Wahl an seiner Stelle der auf derselben Vorschlagsliste nächstfolgende Kandidat gewählt ist. Von diesem Grundsatz in § 17 Abs. 2 Satz 1 WO ist allerdings abzuweichen, wenn die gewählte Person, welche die Wahl ablehnt, dem Geschlecht in der Minderheit angehört. In diesem Fall genießt zwar die entsprechende Vorschlagsliste grundsätzlich den Vorrang (§ 17 Abs. 2 Satz 2 WO), ggf. ist aufgrund der in § 17 Abs. 2 Satz 3 WO angeordneten entsprechenden Anwendung des § 15 Abs. 5 Nr. 2 bis 5 WO aber der stattdessen gewählte Bewerber einer anderen Vorschlagsliste zu entnehmen (sog. Listensprung, s. § 15 WO Rdn. 9). Der nachrückende Kandidat ist von Anfang an als gewählt anzusehen. Enthält die Vorschlagsliste keinen weiteren Bewerber, ist nach § 15 Abs. 3 WO der nachrückende Bewerber zu ermitteln. Der Lis- 4 tensprung zum Schutz des Minderheitengeschlechts ist allerdings rückgängig zu machen, wenn sich durch die Nichtannahme der Wahl eines Kandidaten herausstellt, dass es eines Listensprungs nicht bedurft hätte (*LAG Niedersachsen* 10.03.2011 NZA-RR 2011, 465 Rn. 29 ff., 31, 35; *Fitting* § 17 WO Rn. 5).

5   Der Wahlvorstand hat über die Feststellung des nachrückenden Kandidaten eine Niederschrift zu fertigen und im Übrigen erneut nach § 17 WO zu verfahren. Die Niederschrift kann auch in der Form der Berichtigung der Wahlniederschrift nach § 16 WO erfolgen.

6   Erklärt sich der Gewählte nicht oder geht seine Ablehnungserklärung erst nach Ablauf der dreitägigen Frist dem Wahlvorstand zu, **gilt die Wahl als angenommen** (Abs. 1 Satz 2). Die Wahl ist i. S. v. § 18 WO endgültig und als solche bekanntzumachen. Eine verspätet zugegangene Ablehnungserklärung kann nicht in eine Niederlegung des Betriebsratsamts gemäß § 24 Nr. 2 BetrVG umgedeutet werden; die Annahmefiktion des § 17 Abs. 1 Satz 2 WO schließt das aus. Eine Amtsniederlegung ist vielmehr **dem Betriebsrat** zu Händen seines Vorsitzenden erneut zu erklären (ebenso *Fitting* § 17 WO Rn. 4; *Wiebauer/LK* § 17 WO Rn. 3; *Homburg/DKKW* § 17 WO Rn. 3). Der Gewählte ist vom Wahlvorstand zu der »konstituierenden« Sitzung des Betriebsrats (§ 29 Abs. 1 BetrVG) einzuladen, nicht das Ersatzmitglied. Das gilt auch dann, wenn eine Erklärung über die Amtsniederlegung bereits vorliegen sollte (unklar insoweit *Fitting* § 17 WO Rn. 4 und *Richardi/Forst* § 17 WO Rn. 4, die eine Amtsniederlegung auch zulassen, wenn die Amtszeit des Betriebsrats noch nicht begonnen hat, aber nicht mitteilen, wem gegenüber die Amtsniederlegung dann zu erklären ist).

§ 18
Bekanntmachung der Gewählten

Sobald die Namen der Betriebsratsmitglieder endgültig feststehen, hat der Wahlvorstand sie durch zweiwöchigen Aushang in gleicher Weise bekannt zu machen wie das Wahlausschreiben (§ 3 Abs. 4). Je eine Abschrift der Wahlniederschrift (§ 16) ist dem Arbeitgeber und den im Betrieb vertretenen Gewerkschaften unverzüglich zu übersenden.

1   Die Namen der Betriebsratsmitglieder **stehen endgültig fest**, wenn alle Kandidaten entweder das Mandat ausdrücklich angenommen haben oder ihre Wahl wegen Ablaufs der Ablehnungsfrist gemäß § 17 Abs. 1 Satz 2 WO als angenommen gilt oder wenn, für den Fall der Ablehnung der Wahl durch einen Gewählten (§ 17 Abs. 2 WO), im Verfahren nach § 17 WO endgültig geklärt ist, welcher Kandidat an die Stelle des Ablehnenden getreten ist.

2   Die **Namen** der Betriebsratsmitglieder sind vom Wahlvorstand im Betrieb unverzüglich **bekannt zu geben**. Die hierbei vom Wahlvorstand gewählte Form muss derjenigen für das Wahlausschreiben entsprechen (vgl. auch § 10 Abs. 2 WO für die Vorschlagslisten). Wurde das Wahlausschreiben vom Wahlvorstand ausgehängt (§ 3 Abs. 4 Satz 1 WO), muss auch die Bekanntgabe der Gewählten dieser Form genügen; ein Wechsel zur elektronischen Form als ausschließliche Modalität der Bekanntmachung schließt § 18 Satz 1 WO aus. Ein Aushang ist an denselben Stellen anzubringen, an denen das Wahlausschreiben angebracht war (vgl. dazu § 3 WO Rdn. 3). Er ist vom Vorsitzenden und einem weiteren stimmberechtigten Mitglied des Wahlvorstands zu unterzeichnen und **zwei Wochen** lang in gut lesbarem Zustand zu erhalten, notfalls zu erneuern (vgl. § 3 Abs. 1 und 4 Satz 1 WO). Eine ausschließliche Bekanntmachung in elektronischer Form kommt nur in Betracht, wenn diese von dem Wahlvorstand auch für das Wahlausschreiben gewählt wurde (vgl. § 3 Abs. 4 Satz 3 WO i. V. m. § 2 Abs. 4 Satz 4 WO); dabei muss der Wahlvorstand wegen der Verweisung in § 3 Abs. 4 Satz 3 WO die Anforderungen des § 2 Abs. 4 Satz 4 WO beachten, anderenfalls liegt keine ordnungsgemäße Bekanntmachung vor. Ist die Bekanntmachung des Wahlausschreibens durch Aushang und ergänzend in elektronischer Form erfolgt (§ 3 Abs. 4 Satz 2 WO), muss auch die Bekanntmachung der Gewählten diese Formen beachten (ebenso *Richardi/Forst* § 18 WO Rn. 2). In der Bekanntmachung liegt die **endgültige Feststellung des Wahlergebnisses** (vgl. *Kreutz* § 18 BetrVG Rdn. 39). Es liegt im Ermessen des

Aufbewahrung der Wahlakten § 19 WO

Wahlvorstands, ob er daneben eine Abschrift oder einen Abdruck der Wahlniederschrift (§ 16 WO) bekannt gibt (vgl. *Fitting* § 18 WO Rn. 2; *Homburg/DKKW* § 18 WO Rn. 4).

Mit der Bekanntmachung der endgültig gewählten Betriebsratsmitglieder ist das Wahlverfahren beendet. Mit dieser Bekanntgabe des Wahlergebnisses beginnt ggf. nach § 21 Satz 2 und 5 BetrVG die Amtszeit des neu gewählten Betriebsrats (vgl. dazu *Kreutz* § 21 BetrVG Rdn. 12 f., 31). Zugleich wird die Zwei-Wochen-Frist zur **Anfechtung der Wahl** nach § 19 Abs. 2 Satz 2 BetrVG in Lauf gesetzt (vgl. *Kreutz* § 18 BetrVG Rdn. 40). Erfolgt ein Aushang an verschiedenen Orten zu verschiedenen Zeiten, ist für den Beginn der Amtszeit und Anfechtungsfrist der Zeitpunkt des letzten Aushangs maßgebend (vgl. § 3 WO Rdn. 3). Der Tag der Bekanntgabe wird nicht mitgerechnet (vgl. §§ 41 WO, 187 Abs. 1 BGB). Solange eine ordnungsgemäße Bekanntmachung des Wahlergebnisses nicht erfolgt ist, beginnt die Anfechtungsfrist nicht zu laufen. Zur Möglichkeit, in diesem Fall die Wahl bereits vor Bekanntgabe des Wahlergebnisses anzufechten, vgl. *Kreutz* § 19 BetrVG Rdn. 93. Erfolgt die Bekanntmachung des endgültigen Wahlergebnisses, wird dadurch nicht die Möglichkeit des Wahlvorstands ausgeschlossen, das Wahlergebnis noch bis zum Ende der zweiwöchigen Aushangfrist zu berichtigen (str., vgl. *Kreutz* § 19 BetrVG Rdn. 39). 3

Der Wahlvorstand ist verpflichtet, dem **Arbeitgeber** und den im Betrieb vertretenen **Gewerkschaften** unverzüglich eine **Abschrift der Wahlniederschrift** zu übersenden (Satz 2). Zu übersenden ist die Wahlniederschrift i. S. v. § 16 WO, ggf. in der Form ihrer Berichtigung (vgl. § 17 WO Rdn. 5). Vgl. zur Verletzung dieser Verpflichtung und ihren Folgen näher *Kreutz* § 18 BetrVG Rdn. 41. 4

Von der Bekanntmachung der Gewählten bleibt die **Verpflichtung** des Wahlvorstands unberührt, den Betriebsrat gemäß § 29 Abs. 1 BetrVG vor Ablauf einer Woche nach dem Wahltag zu seiner konstituierenden Sitzung **einzuberufen**. Die fristgemäße Einberufung ist jedoch unmöglich, solange ein an die Stelle eines Gewählten, der die Annahme der Wahl abgelehnt hat, nachgerückter Kandidat seine Annahme noch nicht erklärt hat oder die Dreitagesfrist des § 17 Abs. 1 Satz 2 WO noch nicht abgelaufen ist (**a. M.** *Homburg/DKKW* § 18 WO Rn. 6: der nachrückende Wahlbewerber ist schon einzuladen). 5

§ 19
Aufbewahrung der Wahlakten

Der Betriebsrat hat die Wahlakten mindestens bis zur Beendigung seiner Amtszeit aufzubewahren.

Sobald sich der Betriebsrat konstituiert hat (vgl. § 29 BetrVG), hat der Wahlvorstand, dessen Amt zwar mittlerweile geendet hat (vgl. *Kreutz* § 16 BetrVG Rdn. 90), die **Wahlakten** dem Vorsitzenden des Betriebsrats auszuhändigen. Der Betriebsrat hat die Wahlakten bis zum Ende seiner Amtszeit (vgl. dazu *Kreutz* § 21 BetrVG Rdn. 21 ff.) aufzubewahren. Der **Zweck** der Vorschrift besteht darin, jederzeit die Ordnungsmäßigkeit der Wahl überprüfen zu können (*BAG* 12.06.2013 EzA § 14 BetrVG 2001 Nr. Rn. 23 = AP Nr. 64 zu § 19 BetrVG 1972; *LAG Niedersachsen* 12.09.2011 – 13 TaBV 16/11 – juris, Rn. 67). Sie dient nicht dazu, weitergehende Recherchen etwa zur Aufklärung von Differenzen zu ermöglichen, die sich bei der Stimmauszählung zwischen vorhandenen Stimmabgabevermerken und vorhanden Wahlumschlägen ergeben (*BAG* 12.06.2013 EzA § 14 BetrVG 2001 Nr. Rn. 26 = AP Nr. 64 zu § 19 BetrVG 1972). Lediglich verspätet eingegangene Briefumschläge für die schriftliche Stimmabgabe sind, falls keine Wahlanfechtung erfolgt ist, nach vier Wochen, andernfalls nach Rechtskraft des Beschlusses im Anfechtungsverfahren, zu vernichten (vgl. § 26 WO Rdn. 6 f.). Wird die Wahl abgebrochen (vgl. § 9 Abs. 2 WO), sind die Wahlakten dem ggf. noch amtierenden Betriebsrat, sonst dem Arbeitgeber auszuhändigen (vgl. auch *Richardi/Forst* § 19 WO Rn. 1). 1

Unter den Wahlakten sind alle **Wahlunterlagen** zu verstehen; insbesondere zählen hierzu alle Sitzungsprotokolle des Wahlvorstands, das Wahlausschreiben und die Wählerliste, die im Rahmen der Wahl erfolgten Aushänge, die Vorschlagslisten, die Bekanntmachungen des Wahlvorstands nach §§ 9 Abs. 1 und 2, 10 Abs. 2, 13, 18 WO, die Zustellungsnachweise, die Wählerlisten, in denen gemäß 2

§ 12 Abs. 3 WO die Stimmabgabe vermerkt ist (vgl. *BAG* 06.12.2000 EzA § 19 BetrVG 1972 Nr. 40 S. 5; 27.07.2005 EzA § 19 BetrVG 2001 Nr. 5 S. 8), die abgegebenen Stimmzettel, die Berechnungszettel zur Ermittlung der Teil- und Höchstzahlen, der Schriftwechsel des Wahlvorstands (vgl. *BAG* 27.07.2005 EzA § 19 BetrVG 2001 Nr. 5 S. 8) und die Wahlniederschrift gemäß § 16 WO. Mit Hilfe der aufbewahrten Wahlunterlagen hat der Betriebsrat ggf. den Wahlvorstand der nächsten Betriebsratswahl zu unterstützen. Bislang nicht entschieden ist, ob und wie die Grundsätze zur Einsichtnahme in »Wahlakten« bei **elektronischen Wählerlisten** gelten. Der Zweck der Vorschrift gebietet es, jedenfalls Dateien, die an die Stelle von Papier treten, als »Wahlakten« zu verstehen (offengelassen für »Logdateien« von *BAG* 12.06.2013 EzA § 14 BetrVG 2001 Nr. Rn. 28 = AP Nr. 64 zu § 19 BetrVG 1972).

3 Ein **Recht auf Einsicht** in die Wahlakten nach Abschluss der Wahl ist nicht ausdrücklich geregelt; es folgt jedoch aus dem Zweck ihrer Aufbewahrung, der dahin geht, bis zur Beendigung der Amtszeit des Betriebsrats durch Einsichtnahme die Rechts- und Ordnungsmäßigkeit seiner Wahl überprüfen zu können (zutr. *BAG* 12.06.2013 EzA § 14 BetrVG 2001 Nr. Rn. 23 = AP Nr. 64 zu § 19 BetrVG 1972; 27.05.2005 EzA § 19 BetrVG 2001 Nr. 5 S. 6; *LAG Niedersachsen* 12.09.2011 – 13 TaBV 16/11 – juris, Rn. 66 f.). Das kann gleichermaßen für eine etwaige Anfechtung der Wahl nach § 19 BetrVG bedeutsam sein wie für ein Nichtigkeitsfeststellungsverfahren, das zeitlich unbegrenzt geltend gemacht werden kann (vgl. *Kreutz* § 19 BetrVG Rdn. 155). Zu Recht wird deshalb für den Arbeitgeber, die Arbeitnehmer des Betriebs sowie für jede im Betrieb vertretene Gewerkschaft ein **Recht auf Einsicht** in die Wahlakten grundsätzlich anerkannt (vgl. *BAG* 27.05.2005 EzA § 19 BetrVG 2001 Nr. 5 S. 6; 06.12.2000 EzA § 19 BetrVG 1972 Nr. 40 S. 5; *LAG Niedersachsen* 12.09.2011 – 13 TaBV 16/11 – juris, Rn. 66; *Fitting* § 19 WO Rn. 2; *Wiebauer/LK* § 19 WO Rn. 3; *Richardi/Forst* § 19 WO Rn. 2; einschränkend auch *Homburg/DKKW* § 19 WO Rn. 4). Dem Zweck der Aktenaufbewahrung entsprechend ist der Anspruch auf Akteneinsicht nicht auf die Anfechtungsfrist oder die Dauer eines Wahlanfechtungsverfahrens beschränkt; er ist grundsätzlich auch nicht von der Geltendmachung eines besonderen rechtlichen Interesses oder von Anhaltspunkten für die Anfechtbarkeit oder Nichtigkeit der Wahl abhängig (*BAG* 27.05.2005 EzA § 19 BetrVG 2001 Nr. 5 Orientierungssatz 2; einschränkend insoweit noch die Vorinstanz *LAG Düsseldorf* 29.09.2004 AuR 2005, 37 [Ls.]). Um dem Grundsatz **geheimer Wahl** Rechnung zu tragen, kann nach dem *BAG* (12.06.2013 EzA § 14 BetrVG 2001 Nr. Rn. 24 ff. = AP Nr. 64 zu § 19 BetrVG 1972; 27.05.2005 EzA § 19 BetrVG 2001 Nr. 5 Orientierungssatz 3) in diejenigen Bestandteile der Wahlakten, die über das Wahlverhalten einzelner Arbeitnehmer Aufschluss geben können (wie insbesondere die Wählerlisten, in denen die Stimmabgabe der Wähler vermerkt ist [vgl. Rdn. 2] oder bei Briefwahl die Erklärungen nach § 25 Satz 1 Nr. 2 WO), nur Einsicht genommen werden, wenn deren Erforderlichkeit für die Prüfung der Ordnungsmäßigkeit der Wahl dargelegt wird (zust. *LAG Hamm* 21.03.2014 – 13 TaBV 11013 – juris, Rn. 62). Diese Einschränkung, die das Gericht für den Anspruch des Arbeitgebers getroffen hat, muss auch für die anderen Einsichtsberechtigten gelten. Das Einsichtsrecht ist bis zur Aushändigung der Wahlakten gegenüber dem Wahlvorstand, danach gegenüber dem Betriebsrat geltend zu machen. Bei gerichtlicher Geltendmachung darf ein Anspruch nicht pauschal auf Einsicht in die gesamten Wahlakten beantragt werden, wenn die Erforderlichkeit der Einsicht in alle Bestandteile der Wahlakten nicht dargelegt werden kann; sonst ist der Antrag unbegründet (so im Fall von *BAG* 27.05.2005 EzA § 19 BetrVG 2001 Nr. 5 S. 6). Das Einsichtsrecht besteht allerdings nicht während des laufenden Wahlverfahrens, insbesondere nicht vor Abschluss der Wahlhandlungen (vgl. *BAG* 06.12.2000 EzA § 19 BetrVG 1972 Nr. 40 S. 5).

Dritter Unterabschnitt
Wahlverfahren bei nur einer Vorschlagsliste (§ 14 Abs. 2 Satz 2 erster Halbsatz des Gesetzes)

§ 20
Stimmabgabe

(1) Ist nur eine gültige Vorschlagsliste eingereicht, so kann die Wählerin oder der Wähler ihre oder seine Stimme nur für solche Bewerberinnen oder Bewerber abgeben, die in der Vorschlagsliste aufgeführt sind.

(2) Auf den Stimmzetteln sind die Bewerberinnen oder Bewerber unter Angabe von Familienname, Vorname und Art der Beschäftigung im Betrieb in der Reihenfolge aufzuführen, in der sie auf der Vorschlagsliste benannt sind.

(3) Die Wählerin oder der Wähler kennzeichnet die von ihr oder ihm gewählten Bewerberinnen oder Bewerber durch Ankreuzen an der hierfür im Stimmzettel vorgesehenen Stelle; es dürfen nicht mehr Bewerberinnen oder Bewerber angekreuzt werden, als Betriebsratsmitglieder zu wählen sind. § 11 Abs. 1 Satz 2, Abs. 2 Satz 2 und 3, Abs. 4, §§ 12 und 13 gelten entsprechend.

Inhaltsübersicht	Rdn.
I. Wahl nach den Grundsätzen der Mehrheitswahl	1, 2
II. Gestaltung der Stimmzettel (Abs. 2)	3, 4
III. Stimmabgabe (Abs. 3)	5–7

I. Wahl nach den Grundsätzen der Mehrheitswahl

Gemäß § 14 Abs. 2 Satz 1 BetrVG wird der Betriebsrat im Regel-Wahlverfahren nach § 14 BetrVG regelmäßig nach den Grundsätzen der Verhältniswahl gewählt. Eine Verhältniswahl (Listenwahl) setzt aber voraus, dass mehrere gültige Vorschlagslisten eingereicht werden. Ist dagegen nur **eine** gültige (d. h. als gültig anerkannte) Vorschlagsliste eingereicht worden, erfolgt die Wahl gemäß § 14 Abs. 2 Satz 2 Halbs. 1 BetrVG nach den Grundsätzen der **Mehrheitswahl**. Da man das erst nach Ablauf der Einreichungsfrist für Vorschlagslisten (§ 6 Abs. 1 Satz 2 WO) weiß, beziehen sich die Besonderheiten des Dritten Unterabschnitts (§§ 20 bis 23 WO) auf den nachfolgenden Zeitabschnitt im Wahlverfahren, ebenso wie im Zweiten Unterabschnitt die §§ 11 bis 19 WO, wenn mehrere gültige Vorschlagslisten eingereicht worden sind. Im vereinfachten Wahlverfahren nach § 14a BetrVG wird zwingend immer nach den Grundsätzen der Mehrheitswahl gewählt (§ 14 Abs. 2 Satz 2 Halbs. 2 BetrVG). 1

Das Wahlverfahren wird bei Mehrheitswahl durch §§ 20 bis 23 WO näher geregelt. **Die Mehrheitswahl ist Personenwahl**. Der Wähler wählt nicht die Liste (»en bloc«), sondern einzelne Kandidaten. Er kann nur Personen wählen, die in der (einzigen) Vorschlagsliste aufgeführt sind (Abs. 1); unstr. Das ergibt sich aus § 14 Abs. 3 BetrVG, wo die Wahl aufgrund von Wahlvorschlägen vorgeschrieben ist. Vgl. zu den Grundsätzen der Mehrheitswahl auch § 14 BetrVG Rdn. 42 ff. 2

II. Gestaltung der Stimmzettel (Abs. 2)

Die Stimmzettel müssen die Namen der Bewerber **in der Reihenfolge** nennen, in der sie auf der Vorschlagsliste genannt sind. Abs. 2 ist eine wesentliche Verfahrensvorschrift, deren Verletzung die Anfechtbarkeit der Wahl nach § 19 BetrVG begründen kann, wenn auf der Liste mehr Kandidaten genannt sind, als Betriebsratsmitglieder zu wählen sind. Anders als bei der Wahl nach § 34 WO sind also die Bewerber nicht in alphabetischer Reihenfolge aufzuführen (vgl. § 34 Abs. 1 Satz 2 WO). Da in den Fällen des § 14 Abs. 2 Satz 2 Halbs. 1 BetrVG immer mehr als drei Betriebsratsmitglieder zu wählen sind, hat die Reihung der Kandidaten auf der einzig vorliegenden Vorschlagsliste auch eine 3

§ 21 WO I. 2. Wahl von mehr als drei Betriebsratsmitgliedern (aufgrund von Vorschlagslisten)

sachliche Bedeutung. Sie gibt den Wählern zu erkennen, in welcher Reihenfolge die Bewerber von den Einreichern vorgeschlagen werden (vgl. aber zu taktischen Erwägungen bei der Aufstellung der Vorschlagsliste im Hinblick auf das Geschlecht in der Minderheit § 15 WO Rdn. 10). Die Wähler sind freilich an diese Reihenfolge nicht gebunden (vgl. Rdn. 6).

4 Jeder Bewerber muss unter Angabe von Familienname, Vorname sowie Art und Beschäftigung im Betrieb auf den Stimmzetteln aufgeführt werden (vgl. dazu auch § 6 WO Rdn. 10). Die Angabe des Geburtsdatums ist hier (anders als in § 6 Abs. 3 WO für die Vorschlagsliste) nicht vorgeschrieben.

III. Stimmabgabe (Abs. 3)

5 Die Stimmabgabe erfolgt gemäß § 20 Abs. 3 Satz 2 i. V. m. § 11 Abs. 1 Satz 2 WO durch Abgabe von Stimmzetteln in den hierfür bestimmten Wahlumschlägen. Jeder Wähler hat **so viele Stimmen**, wie im Wahlgang Betriebsratsmitglieder zu wählen sind. Der Wähler gibt seine Stimmen durch Ankreuzen der Kandidaten an der auf dem Stimmzettel dafür vorgesehenen Stelle ab. Er kann dabei auf dem Stimmzettel so viele Bewerber ankreuzen, wie Betriebsratsmitglieder insgesamt zu wählen sind. Dabei ergibt sich die Zahl der zu wählenden Betriebsratsmitglieder aus dem Wahlausschreiben (§ 3 Abs. 2 Nr. 5 WO). Ein Hinweis auf dem Stimmzettel ist zweckmäßig und zulässig (ebenso *Fitting* § 20 WO Rn. 7; *Homburg/DKKW* § 20 WO Rn. 7). Kreuzt der Wähler mehr Kandidaten an, als Betriebsratsmitglieder zu wählen sind, ist die Stimmabgabe wegen Mehrdeutigkeit oder Unklarheit ungültig (§ 20 Abs. 3 Satz 2, § 11 Abs. 4 WO); unstr. Dem Wähler ist es unbenommen, weniger Bewerber anzukreuzen, als er Stimmen hat. Jeder Bewerber kann jedoch nur einmal gewählt werden; eine Stimmhäufung (Kumulierung) auf einen Bewerber ist nicht möglich. Kreuzt der Wähler einen Kandidaten mehrmals an, setzt er insgesamt aber nicht mehr Kreuze auf den Stimmzettel, als er Stimmen hat, ist die Stimmabgabe als eine Stimme gültig (ebenso *Fitting* § 20 WO Rn. 4; *Homburg/DKKW* § 20 WO Rn. 3; unklar *ArbG Lörrach* 14.07.2006 AuR 2006, 405).

6 Die **Reihenfolge**, in der die Bewerber auf dem Stimmzettel aufgeführt sind, **bindet** die Wähler **nicht**. Die Stimme kann jedem Bewerber ohne Rücksicht auf seinen Listenplatz gegeben werden.

7 Durch die **Verweisung in Abs. 3** gelten die Vorschriften über die Beschaffenheit der Stimmzettel und Wahlumschläge (§ 11 Abs. 1 Satz 2, Abs. 2 Satz 2 und 3 WO) sowie über den äußeren Gang des Wahlverfahrens (vgl. §§ 12, 13 WO) auch für die Mehrheitswahl entsprechend. Vgl. die Anm. dort.

§ 21
Stimmauszählung

Nach Öffnung der Wahlurne entnimmt der Wahlvorstand die Stimmzettel den Wahlumschlägen und zählt die auf jede Bewerberin und jeden Bewerber entfallenden Stimmen zusammen; § 14 Abs. 1 Satz 2 und Abs. 2 gilt entsprechend.

1 Auch bei einer Mehrheitswahl sind die Stimmen unverzüglich nach Abschluss der Wahl in **öffentlicher Sitzung** des Wahlvorstands auszuzählen (§ 18 Abs. 3 Satz 1 BetrVG, §§ 13, 20 Abs. 3 Satz 2 WO).

2 Die Vorschrift entspricht § 14 WO, trägt aber (perfektionistisch) der Tatsache Rechnung, dass bei einer Mehrheitswahl die **auf jeden Bewerber** entfallenden Stimmen zusammenzuzählen sind (nicht die auf eine Vorschlagsliste entfallenen Stimmen). Vgl. die Anm. zu § 14 WO, insbesondere auch bzgl. des entsprechend anwendbaren § 14 Abs. 1 Satz 2 und Abs. 2 WO.

§ 22
Ermittlung der Gewählten

(1) Zunächst werden die dem Geschlecht in der Minderheit zustehenden Mindestsitze (§ 15 Abs. 2 des Gesetzes) verteilt. Dazu werden die dem Geschlecht in der Minderheit zustehenden Mindestsitze mit Angehörigen dieses Geschlechts in der Reihenfolge der jeweils höchsten auf sie entfallenden Stimmenzahl besetzt.

(2) Nach der Verteilung der Mindestsitze des Geschlechts in der Minderheit nach Absatz 1 erfolgt die Verteilung der weiteren Sitze. Die weiteren Sitze werden mit Bewerberinnen und Bewerbern, unabhängig von ihrem Geschlecht, in der Reihenfolge der jeweils höchsten auf sie entfallenden Stimmenzahlen besetzt.

(3) Haben in den Fällen des Absatzes 1 oder 2 für den zuletzt zu vergebenden Betriebsratssitz mehrere Bewerberinnen oder Bewerber die gleiche Stimmenzahl erhalten, so entscheidet das Los darüber, wer gewählt ist.

(4) Haben sich weniger Angehörige des Geschlechts in der Minderheit zur Wahl gestellt oder sind weniger Angehörige dieses Geschlechts gewählt worden als ihm nach § 15 Abs. 2 des Gesetzes Mindestsitze zustehen, so sind die insoweit überschüssigen Mitgliedersitze des Geschlechts in der Minderheit bei der Sitzverteilung nach Absatz 2 Satz 2 zu berücksichtigen.

Die Vorschrift regelt die Ermittlung der Gewählten bei Mehrheitswahl unter Beachtung der dem Geschlecht in der Minderheit zustehenden Mindestsitze (sofern solche zu verteilen sind). Dabei muss der Wahlvorstand **zweistufig** verfahren: Zunächst vergibt er die nach § 15 Abs. 2 BetrVG, § 5 WO ermittelten Mindestsitze für das Geschlecht in der Minderheit (§ 22 Abs. 1 WO), sodann verteilt er die verbleibenden Sitze (§ 22 Abs. 2 WO). Maßgeblich ist jeweils die von dem Bewerber erzielte Stimmenzahl; bei Stimmengleichheit entscheidet in beiden Stufen für den zuletzt zu vergebenden Betriebsratssitz das Los (§ 22 Abs. 3 WO). 1

Beispiel:

Einem Betrieb gehören 81 Arbeitnehmer an; davon 48 männlich, 33 weiblich. Der Betriebsrat besteht deshalb gemäß § 9 Satz 1 (dritte Stufe) BetrVG aus fünf Mitgliedern; das Geschlecht in der Minderheit ist weiblich, gemäß § 15 Abs. 2 BetrVG und § 5 WO müssen mindestens zwei Betriebsratssitze auf weibliche Mitglieder entfallen (vgl. zur Berechnung § 5 WO Rdn. 4). Es wird nur eine gültige Vorschlagsliste eingereicht, gemäß § 14 Abs. 2 Satz 2 Halbs. 1 BetrVG i. V. m. den §§ 20 bis 23 WO findet eine Mehrheitswahl statt, bei der die Stimmen nach den Maßgaben in § 20 Abs. 2 und 3 WO abgegeben wurden. Danach entfallen die 77 abgegebenen gültigen Stimmen (nicht alle Wähler haben fünf Bewerber angekreuzt) wie folgt auf die Bewerber (hinter dem Bewerber ist in Klammern dessen Geschlecht vermerkt):

A (m):   48 Stimmen
B (w):   39 Stimmen
C (m):   3 Stimmen
D (w):   27 Stimmen
E (m):   64 Stimmen
F (m):   31 Stimmen
G (m):   37 Stimmen
H (w):   15 Stimmen

Nach § 22 Abs. 1 WO sind zunächst die auf das Geschlecht in der Minderheit entfallenden zwei Mindestsitze zu verteilen. Diese erhalten die weiblichen Bewerber mit den beiden höchsten Stimmenzahlen; es sind B (39 Stimmen) und D (27 Stimmen). Die Verteilung der verbleibenden Sitze erfolgt nach § 22 Abs. 2 WO ausschließlich nach Maßgabe der auf die Bewerber entfallenden Stimmenzahlen. Hiernach erhalten E (64 Stimmen), A (48 Stimmen) und G (37 Stimmen) einen Sitz im Betriebsrat. Obwohl F mehr Stimmen (31) als D (27) erhalten hat, ist D wegen § 22 Abs. 1 WO vorrangig.

§ 23 WO I. 2. Wahl von mehr als drei Betriebsratsmitgliedern (aufgrund von Vorschlagslisten)

2 Die nicht gewählten Bewerber sind **Ersatzmitglieder** und rücken nach Maßgabe ihrer jeweiligen Stimmenzahl nach (§ 25 Abs. 2 Satz 3 BetrVG). Das gilt jedoch nur, wenn hierdurch die Zahl der dem Geschlecht in der Minderheit vorbehaltenen Betriebsratssitze nicht unterschritten wird. Sollte dieser Fall eintreten, rückt das Ersatzmitglied mit der höchsten Stimmenzahl nach, das demselben Geschlecht wie das ausscheidende Mitglied angehört. Voraussetzung ist jedoch stets, dass der Bewerber wenigstens eine Stimme erhalten hat. Ein Bewerber, auf den keine Stimme entfallen ist, kann weder Mitglied des Betriebsrats noch Ersatzmitglied werden (vgl. *Fitting* § 22 WO Rn. 8; *Richardi/Forst* § 22 WO Rn. 2). Würde im Beispiel in Rdn. 1 das weibliche Betriebsratsmitglied D dauernd oder vorübergehend verhindert sein, würde die Bewerberin H nachrücken. Zwar erhielt der männliche Bewerber F mehr als doppelt so viele Stimmen (31) wie die Bewerberin H (15); würde aber F an Stelle von D nachrücken, wäre im Betriebsrat nicht mehr die nach § 15 Abs. 2 BetrVG erforderliche Mindestzahl von Betriebsratssitzen (zwei) mit weiblichen Mitgliedern besetzt. Das ist nur gewährleistet, wenn H nachrückt.

3 In **§ 22 Abs. 4 WO** ist der Sonderfall geregelt, dass die (mit mindestens einer Stimme) gewählten Bewerber des Geschlechts in der Minderheit nicht ausreichen, um die nach § 15 Abs. 2 BetrVG, § 5 WO ermittelte Mindestzahl von Betriebsratssitzen zu besetzen, die für das Geschlecht in der Minderheit vorbehalten sind. Die überschüssigen Sitze werden nach Abs. 2 Satz 2 auf das Mehrheitsgeschlecht verteilt. Es handelt sich um die Parallelbestimmung zu § 15 Abs. 5 Nr. 5 WO. Ebenso wie dort gibt die Verordnung auch bei der Wahl mit nur einer Vorschlagsliste der vollständigen Besetzung des Betriebsrats den Vorrang gegenüber dem Geschlechterproporz. Die Regelung in Abs. 4 ist durch die Verordnungsermächtigung in § 126 Nr. 5a BetrVG gedeckt (vgl. auch § 15 WO Rdn. 11).

4 Ist in der Belegschaft kein Geschlecht in der Minderheit (nur ein Geschlecht vertreten oder gleiche Zahl der Angehörigen beider Geschlechter) oder entfällt auf das Geschlecht in der Minderheit nach der Ermittlung gemäß § 5 WO kein Mindestsitz, erübrigt sich das zweistufige Verfahren, von dem § 22 WO ausgeht. Die Verteilung aller Betriebsratssitze erfolgt in diesen Fällen allein in der Reihenfolge der auf die Bewerber entfallenden höchsten Stimmenzahlen (§ 22 Abs. 2 Satz 2, Abs. 3 WO) als maßgeblichem Grundsatz der Mehrheitswahl (ebenso *Homburg/DKKW* § 22 WO Rn. 6; i. E. auch *Fitting* § 22 WO Rn. 6).

§ 23
Wahlniederschrift, Bekanntmachung

(1) Nachdem ermittelt ist, welche Arbeitnehmerinnen und Arbeitnehmer als Betriebsratsmitglieder gewählt sind, hat der Wahlvorstand eine Niederschrift anzufertigen, in der außer den Angaben nach § 16 Abs. 1 Nr. 1, 5 bis 7 die jeder Bewerberin und jedem Bewerber zugefallenen Stimmenzahlen festzustellen sind. § 16 Abs. 2, § 17 Abs. 1, §§ 18 und 19 gelten entsprechend.

(2) Lehnt eine gewählte Person die Wahl ab, so tritt an ihre Stelle die nicht gewählte Person mit der nächsthöchsten Stimmenzahl. Gehört die gewählte Person dem Geschlecht in der Minderheit an, so tritt an ihre Stelle die nicht gewählte Person dieses Geschlechts mit der nächsthöchsten Stimmenzahl, wenn ansonsten das Geschlecht in der Minderheit nicht die ihm nach § 15 Abs. 2 des Gesetzes zustehenden Mindestsitze erhalten würde. Gibt es keine weiteren Angehörigen dieses Geschlechts, auf die Stimmen entfallen sind, geht dieser Sitz auf die nicht gewählte Person des anderen Geschlechts mit der nächsthöchsten Stimmenzahl über.

1 Die Wahlniederschrift hat **zuzüglich** zu den Angaben nach § 16 Abs. 1 Nr. 1, 5 bis 7 WO (**anstelle der Angaben nach § 16 Abs. 1 Nr. 2 bis 4 WO**) die jedem Bewerber zugefallenen Stimmenzahlen auszuweisen. Vgl. im Übrigen die Anm. zu den §§ 16, 17, 18, 19 WO, soweit diese Bestimmungen entsprechend anzuwenden sind.

Lehnt ein Gewählter die Wahl **ab**, tritt an seine Stelle der nicht gewählte Bewerber mit der nächsthöchsten Stimmenzahl (Abs. 2 Satz 1). Ebenso wie bei einer Wahl aufgrund mehrerer Vorschlagslisten (vgl. § 17 Abs. 2 WO) trägt § 23 Abs. 2 Satz 2 und 3 WO der durch § 15 Abs. 2 BetrVG vorgegebenen Mindestvertretung für das Geschlecht in der Minderheit Rechnung (vgl. § 17 WO Rdn. 4). Auch insoweit ist jedoch die vollständige Besetzung der zu vergebenden Betriebsratssitze vorrangig gegenüber einer dem zahlenmäßigen Verhältnis entsprechenden Vertretung des Geschlechts in der Minderheit im Betriebsrat (§ 23 Abs. 2 Satz 3 WO).

Dritter Abschnitt
Schriftliche Stimmabgabe

§ 24
Voraussetzungen

(1) Wahlberechtigten, die im Zeitpunkt der Wahl wegen Abwesenheit vom Betrieb verhindert sind, ihre Stimme persönlich abzugeben, hat der Wahlvorstand auf ihr Verlangen
1. das Wahlausschreiben,
2. die Vorschlagslisten,
3. den Stimmzettel und den Wahlumschlag,
4. eine vorgedruckte von der Wählerin oder dem Wähler abzugebende Erklärung, in der gegenüber dem Wahlvorstand zu versichern ist, dass der Stimmzettel persönlich gekennzeichnet worden ist, sowie
5. einen größeren Freiumschlag, der die Anschrift des Wahlvorstands und als Absender den Namen und die Anschrift der oder des Wahlberechtigten sowie den Vermerk »Schriftliche Stimmabgabe« trägt,

auszuhändigen oder zu übersenden. Der Wahlvorstand soll der Wählerin oder dem Wähler ferner ein Merkblatt über die Art und Weise der schriftlichen Stimmabgabe (§ 25) aushändigen oder übersenden. Der Wahlvorstand hat die Aushändigung oder die Übersendung der Unterlagen in der Wählerliste zu vermerken.

(2) Wahlberechtigte, von denen dem Wahlvorstand bekannt ist, dass sie im Zeitpunkt der Wahl nach der Eigenart ihres Beschäftigungsverhältnisses voraussichtlich nicht im Betrieb anwesend sein werden (insbesondere im Außendienst oder mit Telearbeit Beschäftigte und in Heimarbeit Beschäftigte), erhalten die in Absatz 1 bezeichneten Unterlagen, ohne dass es eines Verlangens der Wahlberechtigten bedarf.

(3) Für Betriebsteile und Kleinstbetriebe, die räumlich weit vom Hauptbetrieb entfernt sind, kann der Wahlvorstand die schriftliche Stimmabgabe beschließen. Absatz 2 gilt entsprechend.

Literatur
Bachner Urnenwahl trotz Rücksendung der Briefwahlunterlagen, NZA 2012, 1266; *Klein, J.* Die Stellung der Minderheitsgewerkschaften in der Betriebsverfassung (Diss. Freiburg), 2007 (zit.: Minderheitsgewerkschaften); *Löwisch* Freiheit und Gleichheit der Wahl zu Betriebsrat und Personalrat, BB 2017, 117.

Inhaltsübersicht	**Rdn.**
I. Vorbemerkung	1–3
II. Übermittlung der Wahlunterlagen auf Verlangen	4–9
III. Übermittlung der Wahlunterlagen von Amts wegen	10–12
1. Abwesenheit wegen der Eigenart des Beschäftigungsverhältnisses (Abs. 2)	10, 11
2. Räumlich weit entfernte Betriebsteile und Kleinstbetriebe (Abs. 3)	12
IV. Zu übermittelnde Briefwahlunterlagen (Abs. 1)	13–21
1. Erforderliche Wahlunterlagen	13–17
2. Art und Weise der Übermittlung	18–21
V. Vermerk in der Wählerliste	22, 23

I. Vorbemerkung

1 §§ 24 bis 26 WO regeln die schriftliche Stimmabgabe (**Briefwahl**) bei der Betriebsratswahl, die wegen der einschränkenden Voraussetzungen ihrer Zulassung als **Ausnahme von der Urnenwahl** zu verstehen ist. Diese Regelungen (im Dritten Abschnitt des Ersten Teils der Wahlordnung) gelten gleichermaßen für die Stimmabgabe im Wahlverfahren bei mehreren Vorschlagslisten (§§ 11 ff. WO) und bei nur einer Vorschlagsliste (§§ 20 ff. WO). Zweck des Verfahrens ist es, einerseits den Arbeitnehmern,

Voraussetzungen § **24 WO**

denen die persönliche Stimmabgabe im Wahllokal nicht möglich ist, eine Wahl ohne Benachteiligung zu ermöglichen, andererseits gerade wegen der nicht persönlichen Stimmabgabe in jedem Fall die Identität des Empfängers des Stimmzettels und des Übersenders des Wahlumschlages mit dem zur schriftlichen Stimmabgabe berechtigten Wähler zu gewährleisten und die Gefahr von Wahlmanipulationen möglichst gering zu halten (*BVerfG* 06.02.1959 BVerwGE 8, 144). Während § 24 WO die Voraussetzungen für eine schriftliche Stimmabgabe festlegt, regelt § 25 WO die Art und Weise der schriftlichen Stimmabgabe und § 26 WO das Verfahren bei der schriftlichen Stimmabgabe.

Die **Briefwahl** steht nicht im Belieben des einzelnen Arbeitnehmers oder des Wahlvorstands (ebenso **2** *LAG Düsseldorf* 08.04.2011 – 10 TaBV 79/10 – juris, Rn. 33; *LAG Hamm* 05.08.2011 – 10 TaBV 13/11 – juris, Rn. 73 f.; *LAG Schleswig-Holstein* 18.03.1999 NZA-RR 1999, 523 [524]; *Homburg/DKKW* § 24 WO Rn. 1), so dass eine Betriebsratswahl vom Wahlvorstand **nicht generell** als Briefwahl durchgeführt werden darf (ebenso *BAG* 27.01.1993 EzA § 76 BetrVG 1952 Nr. 14 zu § 26 WahlO 1953; *LAG Düsseldorf* 16.06.2011 – 4 TaBV 86/10 – juris, Rn. 37; 08.04.2011 – 10 TaBV 79/10 – juris, Rn. 33; *LAG Niedersachsen* 09.03.2011 – 17 TaBV 41/10 – juris, Rn. 33; *LAG Schleswig-Holstein* 18.03.1999 NZA-RR 1999, 523 [524]; offen gelassen von *LAG Nürnberg* 20.09.2011 – 6 TaBV 9/11 – juris, Rn. 100, wenn die obligatorische schriftliche Stimmabgabe dazu führte, dass der »weit überwiegende Teil der Wahlberechtigten auf Briefwahl verwiesen« würde), es sei denn, dass das ausnahmsweise im Einklang mit den Voraussetzungen nach § 24 WO geschieht (vgl. *LAG Hamm* 01.11.2007 – 13 TaBV 110/06 – juris; 16.11.2007 – 13 TaBV 109/06 – juris; *Fitting* § 24 WO Rn. 2). Das folgt im Umkehrschluss aus der nur eingeschränkten Zulassung der Briefwahl in § 24 WO als auch insoweit wesentlicher Wahlverfahrensvorschrift i. S. v. § 19 Abs. 1 BetrVG (ebenso *BAG* 27.01.1993 EzA § 76 BetrVG 1952 Nr. 14 zu § 26 WahlO 1953; *LAG Schleswig-Holstein* 18.03.1999 NZA-RR 1999, 523 [524]). Sie ist vielmehr **nur zulässig**, wenn ein Arbeitnehmer zur Zeit der Wahl (voraussichtlich) nicht im Betrieb sein kann und deshalb an der persönlichen Stimmabgabe verhindert ist, außerdem unter den Voraussetzungen des Abs. 3.

Der Wahlvorstand muss in **drei Fällen** (abschließende Aufzählung, *LAG Niedersachsen* 09.03.2011 – **3** 17 TaBV 41/10 – juris, Rn. 33) Wahlunterlagen für die Briefwahl übergeben oder zusenden:
1. Arbeitnehmern, die zum Zeitpunkt der Stimmabgabe (voraussichtlich) vom Betrieb abwesend sind, ohne dass sich die Abwesenheit aus der Eigenart des Beschäftigungsverhältnisses ergibt, auf deren Verlangen (Abs. 1);
2. von Amts wegen Arbeitnehmern, von denen der Wahlvorstand weiß, dass sie nach der Eigenart ihres Beschäftigungsverhältnisses während der Zeit der Stimmabgabe voraussichtlich vom Betrieb abwesend sein werden (Abs. 2);
3. von Amts wegen Arbeitnehmern, die in räumlich weit entfernten Betriebsteilen und Kleinstbetrieben beschäftigt sind, falls der Wahlvorstand für diese schriftliche Stimmabgabe beschlossen hat (Abs. 3).

II. Übermittlung der Wahlunterlagen auf Verlangen

Der Wahlvorstand muss den Wahlberechtigten, die voraussichtlich zum Zeitpunkt der Wahl **vom Be- 4 trieb abwesend** und deshalb an der persönlichen Stimmabgabe gehindert sind, auf Verlangen die Unterlagen für die schriftliche Stimmabgabe aushändigen oder übersenden. Es muss ein **Antrag** einzelner Arbeitnehmer vorliegen; § 24 Abs. 1 WO ermächtigt den Wahlvorstand nicht, die schriftliche Stimmabgabe für alle Mitarbeiter anzuordnen (vgl. *LAG Schleswig-Holstein* 18.03.1999 NZA-RR 1999, 523 [524]), hierzu ist er nur unter den engen Voraussetzungen in Abs. 3 berechtigt (vgl. Rdn. 12). Eine bestimmte **Form** schreibt die Wahlordnung für das Verlangen i. S. v. § 24 Abs. 1 WO nicht vor (vgl. Rdn. 9).

Das Verlangen können nur wahlberechtigte Arbeitnehmer (§ 7 BetrVG) stellen, auch die nach § 7 **5** Satz 2 BetrVG wahlberechtigten Leiharbeitnehmer. Erforderlich ist ferner die Eintragung in die Wählerliste (§ 2 Abs. 3 WO). Der Wahlvorstand hat dem Arbeitnehmer auf Anfrage mitzuteilen, ob er in die Wählerliste eingetragen ist.

6 Der Arbeitnehmer muss zur Zeit der Wahl (Stimmabgabe) **vom Betrieb abwesend** sein; wie bei Abs. 2 genügt »voraussichtliche« Abwesenheit (ebenso *Homburg/DKKW* § 24 WO Rn. 11). Der Grund für die Abwesenheit ist gleichgültig. Es muss sich nur um einen die Abwesenheit rechtfertigenden Grund handeln. Der Arbeitnehmer muss sein Verlangen auf Aushändigung der Wahlunterlagen daher begründen. Es genügt nicht, dass er lediglich behauptet, er werde voraussichtlich abwesend sein (*LAG Düsseldorf* 16.09.2011 – 10 TaBV 33/11 – juris, Rn. 53). Der Wahlvorstand muss den angegebenen Grund im Rahmen einer »**kursorischen Minimalprüfung**« anhand der betrieblichen Umstände auf seine Plausibilität überprüfen; andernfalls würden das Begründungserfordernis zu einer bloßen Förmelei degradiert und der Zweck des § 24 (Rdn. 1) verfehlt (*LAG Düsseldorf* 16.09.2011 – 10 TaBV 33/11 – juris, Rn. 53; 08.04.2011 – 10 TaBV 79/10 – juris, Rn. 42; **abw.** 9. Aufl. Rn. 6; *Fitting* § 24 WO Rn. 3; *Wiebauer/LK* § 24 WO Rn. 2; *Homburg/DKKW* § 24 WO Rn. 13: keine Überprüfungspflicht). Anträge, denen kein Verhinderungstatbestand zugrunde liegt, kann der Wahlvorstand zurückweisen (vgl. § 35 WO Rdn. 2). Die Aushändigung der Wahlunterlagen an einen zur Briefwahl nicht berechtigten Arbeitnehmer kann eine Wahlanfechtung grundsätzlich nicht begründen, weil das Wahlergebnis dadurch regelmäßig nicht beeinflusst wird. Anders ist es, wenn sich der Wahlvorstand in grobem Maße über die Voraussetzungen des Abs. 1 hinwegsetzt und nahezu eine allgemeine Briefwahl ermöglicht (ebenso *Homburg/DKKW* § 24 WO Rn. 4). Die Pflicht zu der genannten »Minimalprüfung« trifft den **Wahlvorstand** als Gremium. Eine Delegation dieser Aufgaben auf den Vorsitzenden oder einzelne seiner Mitglieder ist ausgeschlossen (s. dazu die Erwägungen in *LAG Düsseldorf* 16.09.2011 – 10 TaBV 33/11 – juris, Rn. 55, in Rn. 56 ff. i. E. aber offengelassen; ebenso offen gelassen von *LAG Düsseldorf* 08.04.2011 – 10 TaBV 79/10 – juris, Rn. 45 für den Fall, dass der Wahlvorstand seinen Vorsitzenden oder einzelne seiner Mitglieder damit ggf. unter Benennung bestimmter Rahmenbedingungen konkret beauftragt).

7 Es kommen sowohl persönliche **Gründe** wie Urlaub, Krankheit oder Schwangerschaft als auch dienstliche Gründe, z. B. Dienstreise, Montagearbeit oder Teilnahme an Lehrgängen und Schulungsveranstaltungen, in Betracht. Bei Abwesenheit aus dienstlichen Gründen, die auf der Eigenart des Beschäftigungsverhältnisses beruht, gilt jedoch Abs. 2 (vgl. Rdn. 10 f.).

8 Unerheblich ist die **Dauer** der Abwesenheit des Arbeitnehmers. Allein entscheidend ist, dass der Arbeitnehmer voraussichtlich zum Zeitpunkt der Stimmabgabe vom Betrieb abwesend sein wird. Die Wahlunterlagen sind auf Verlangen auch dann auszuhändigen oder zuzusenden, wenn in größeren Betrieben die Stimmabgabe an mehreren Tagen stattfindet und der Arbeitnehmer voraussichtlich an einem der Wahltage abwesend sein wird, um eine Benachteiligung des abwesenden Arbeitnehmers gegenüber anwesenden Arbeitnehmern auszuschließen (ebenso *Fitting* § 24 WO Rn. 2; **a. M.** *Homburg/DKKW* § 24 WO Rn. 8).

9 Der Wahlvorstand ist zur Übermittlung der Unterlagen für die schriftliche Stimmabgabe nur verpflichtet, wenn der wahlberechtigte Arbeitnehmer das **rechtzeitig verlangt**. Rechtzeitig ist das Verlangen, wenn bei unverzüglicher Übermittlung der Wahlunterlagen die schriftliche Stimmabgabe des Antragstellers noch vor Abschluss der Stimmabgabe am Wahltag beim Wahlvorstand eingehen kann. Der Antrag kann mündlich oder schriftlich gestellt werden. Er ist an den Wahlvorstand zu richten. Zur Empfangszuständigkeit vgl. § 1 WO Rdn. 7 und § 3 WO Rdn. 22. Schon die Mitteilung der Abwesenheit vom Betrieb am Wahltag darf als ein solcher Antrag ausgelegt werden. Der Wahlvorstand sollte über mündliche (telefonische) Anträge einen Aktenvermerk fertigen. Der Arbeitnehmer muss in seinem Antrag den Grund der voraussichtlichen Abwesenheit angeben, damit der Wahlvorstand die Angaben überprüfen kann. Eine Übermittlung der Wahlunterlagen ohne Verlangen des voraussichtlich an der persönlichen Stimmabgabe verhinderten Arbeitnehmers ist (vorbehaltlich Abs. 2) unzulässig. Sie widerspricht nicht nur dem eindeutigen Wortlaut des Abs. 1, sondern erleichtert darüber hinaus eine missbräuchliche Verwendung der zur schriftlichen Stimmabgabe herausgegebenen Stimmzettel (vgl. *BVerwG* 14.08.1959 BVerwGE 9, 107). Der Wahlvorstand sollte darüber hinaus generell vermeiden, einzelne nach seiner Kenntnis voraussichtlich während der Stimmabgabe abwesende Arbeitnehmer von sich aus wegen der Übersendung der Wahlunterlagen persönlich anzusprechen oder aufzusuchen, da hierin eine Verletzung des Rechts der freien Wahlbeteiligung liegen könnte (ebenso *Homburg/DKKW* § 24 WO Rn. 14). Es genügt, wenn der Arbeitnehmer pauschal »die« Briefwahlunterlagen

III. Übermittlung der Wahlunterlagen von Amts wegen

1. Abwesenheit wegen der Eigenart des Beschäftigungsverhältnisses (Abs. 2)

Der Wahlvorstand hat die Wahlunterlagen im Gegensatz zur Regelung des Abs. 1 **von Amts wegen** an Wahlberechtigte zu übermitteln, wenn diese im Zeitpunkt der Wahl nach der **Eigenart ihres Beschäftigungsverhältnisses** voraussichtlich nicht im Betrieb anwesend sein werden. Das ist der Fall, wenn der betreffende Arbeitnehmer aufgrund seines Beschäftigungsverhältnisses **regelmäßig** (*Richardi/Forst* § 24 WO Rn. 7) oder **überwiegend** (*Fitting* § 24 WO Rn. 11) nicht im Betrieb anwesend ist (zust. *Homburg/DKKW* § 24 WO Rn. 15). Dann ist im Zweifel voraussehbar, dass das auch im Zeitpunkt der Wahl nicht anders ist; wenn es im Einzelfall dann doch anders kommt, schadet das nicht (vgl. Rdn. 23). Die Bestimmung nennt als **Beispiel** in Heimarbeit Beschäftigte, mit Telearbeit Beschäftigte und Außenarbeiter. Als »**Außenarbeiter**« in diesem Sinne gelten solche Arbeitnehmer, die ihre Tätigkeit überwiegend oder ständig außerhalb einer festen Betriebsstätte ausüben. Hierzu zählen Montagearbeiter, die ständig damit beschäftigt sind, das im Betrieb hergestellte Produkt beim Kunden zu installieren, oder Reisende, die ständig Kunden besuchen, oder (im Verleiherbetrieb) Leiharbeitnehmer, die ganz überwiegend in Entleiherbetrieben eingesetzt sind (so auch *Hess. LAG* 17.04.2008 – 9 TaBV 163/07 – juris; vgl. zur Außendiensttätigkeit im Inland und Ausland auch *Raab* § 7 BetrVG Rdn. 47, 48 ff.). Arbeitnehmer, die ihre tägliche Arbeit (wie z. B. Mitarbeiter, die mit der Wartung von Straßenbeleuchtung betraut sind) regelmäßig im Betrieb des Arbeitgebers beginnen und beenden, sind dagegen genauso wenig Wahlberechtigte i. S. d. § 24 Abs. 2 wie Schichtdienstleistende (*LAG Niedersachsen* 09.03.2011 – 17 TaBV 41/10 – juris, Rn. 38 f.). Wegen der »Eigenart« ihres Beschäftigungsverhältnisses sind aber auch diejenigen Wahlberechtigten abwesend, die sich »in Kurzarbeit Null« befinden (zutr. *ArbG Halberstadt* 14.09.1993 EzA § 20 BetrVG 1972 Nr. 16). Zum Personenkreis der in Heimarbeit Beschäftigten vgl. *Raab* § 5 BetrVG Rdn. 111 ff.; zu dem Kreis der mit Telearbeit Beschäftigten vgl. *Raab* § 5 BetrVG Rdn. 65 ff. Liegen die Voraussetzungen von § 24 Abs. 2 nicht vor, ist es (auch) wegen des aus dem Grundsatz der freien Wahl folgenden Verbots der Wahlbeeinflussung durch Ausübung psychologischen Drucks unzulässig, gleichwohl Briefwahlunterlagen unaufgefordert zu übersenden oder zu überbringen (*Löwisch* BB 2017, 117 [120]; in diese Richtung auch *LAG Nürnberg* 27.11.2007 LAGE § 19 BetrVG 2001 Nr. 3a Rn. 35: »erhebliche Bedenken«).

Abs. 2 berechtigt den Wahlvorstand nur zur Übermittlung der Wahlunterlagen im Hinblick auf die besonderen betrieblichen oder persönlichen Umstände, die bei einzelnen Arbeitnehmern vorliegen. Die Vorschrift ermächtigt den Wahlvorstand deshalb nicht, die Wahlunterlagen allen Arbeitnehmern zu übermitteln, wenn die von Abs. 2 erfassten Gründe nur bei einzelnen von ihnen vorliegen (vgl. *LAG Schleswig-Holstein* 18.03.1999 NZA-RR 1999, 523 [524]). Nur der Wahlvorstand ist berechtigt (und verpflichtet), die Wahlunterlagen zu versenden, nicht aber der Arbeitgeber oder der Betriebsrat (vgl. *BAG* 09.09.2015 EzA § 256 ZPO 2002 Nr. 16 Rn. 19). Der Wahlvorstand ist zur Übermittlung der Wahlunterlagen nur verpflichtet, wenn er **Kenntnis** von der regelmäßigen Beschäftigung außerhalb des Betriebs und der voraussichtlichen Abwesenheit des Arbeitnehmers während der Stimmabgabe hat. Die Kenntnis des Vorsitzenden des Wahlvorstands genügt. Der Wahlvorstand sollte den Unterlagen, die ihm nach § 2 Abs. 2 WO vom Arbeitgeber zur Verfügung zu stellen sind, auch Angaben über die Voraussetzungen nach § 24 Abs. 2 WO verlangen. Der Arbeitgeber ist zur Auskunftserteilung gemäß § 20 Abs. 1 Satz 1 BetrVG i. V. m. § 2 Abs. 1 BetrVG (vgl. dazu *Kreutz* § 18 BetrVG Rdn. 15) verpflichtet (zust. *Fitting* § 24 WO Rn. 14; *Homburg/DKKW* § 24 WO Rn. 16). Eine besondere Nachforschungspflicht besteht für den Wahlvorstand jedoch nicht. Eine Wahlanfechtbarkeit kommt daher insoweit nur in Betracht, wenn der Wahlvorstand trotz positiver Kenntnis der Zugehörigkeit des Arbeitnehmers zur Gruppe der in Abs. 2 genannten Arbeitnehmer diesem die Wahlunterlagen nicht zugesandt hat (vgl. *ArbG Bremen* 18.07.1990 AiB 1991, 125). Für diese Kenntnis genügt es regelmäßig, dass der Wahlvorstand die Tatsachen kennt, aus denen sich die Zuordnung ergibt. Eine Verletzung der Übersendungspflicht kann nicht dadurch berichtigt werden, dass der Wahlvorstand am Wahltag Heimarbeiter, Telearbeiter oder Außenarbeiter mit Wahlurnen zu Hause oder an ihrer Arbeitsstelle aufsucht, um ihnen die persönliche Stimmabgabe zu ermöglichen (vgl. *LAG Köln* 16.09.1987 LAGE § 19 BetrVG 1972 Nr. 5; *ArbG Bremen* 18.07.1990 AiB 1991, 125; *Fitting* § 24 WO Rn. 15), selbst wenn das im Wahlausschreiben so bekannt gemacht worden ist. Dem betroffenen Arbeitnehmer ist in jedem Fall zu empfehlen, sich an den Wahlvorstand zu wenden, wenn er die Unterlagen zwei bis drei Wochen vor dem Wahltag immer noch nicht erhalten hat. Obwohl der Wahlvorstand von Amts wegen verpflichtet ist, die Wahlunterlagen zu übermitteln, kann die Übersendung der Wahlunterlagen auch förmlich beantragt werden. Die Übersendungspflicht des Wahlvorstands entfällt ausnahmsweise, wenn der Wahlvorstand mit Sicherheit weiß, dass der Arbeitnehmer während der Stimmabgabe im Betrieb anwesend sein wird (ebenso *Fitting* § 24 WO Rn. 15; *Homburg/DKKW* § 24 WO Rn. 16).

2. Räumlich weit entfernte Betriebsteile und Kleinstbetriebe (Abs. 3)

12 Der Wahlvorstand kann nach Abs. 3 Satz 1 für räumlich weit entfernte **Betriebsteile** und (zugeordnete) **Kleinstbetriebe** die schriftliche Stimmabgabe vor Erlass des Wahlausschreibens beschließen (vgl. § 3 Abs. 2 Nr. 11 WO; zur Beschlussfassung vgl. § 1 WO Rdn. 8 f.), **nicht aber für den gesamten Betrieb** (vgl. *LAG Schleswig-Holstein* 18.03.1999 NZA-RR 1999, 523 [524] sowie Rdn. 2). Deshalb verstößt es gegen Abs. 3 Satz 1, wenn der Wahlvorstand generell schriftliche Stimmabgabe anordnet, ohne dass die Voraussetzungen dieser Bestimmung vorliegen (*LAG Hamm* 01.11.2007 – 13 TaBV 110/06 – juris; 16.11.2007 – 13 TaBV 109/06 – juris; *ArbG Essen* 21.08.2014 – 5 BV 45/14 – juris, Rn. 53 ff.). Voraussetzung für den Beschluss nach Abs. 3 Satz 1 ist, dass die Betriebsteile und Kleinstbetriebe **betriebsverfassungsrechtlich zum Hauptbetrieb** gehören. Ob ein Kleinstbetrieb dem Betrieb (als Hauptbetrieb) zugeordnet ist, ist nach § 4 Abs. 2 BetrVG zu beurteilen (ebenso *Hess. LAG* 17.04.2008 – 9 TaBV 163/07 – juris; vgl. zur Zuordnung *Franzen* § 4 BetrVG Rdn. 7 f.). Als Betriebsteile kommen unselbständige Teile des Betriebs in Betracht; Betriebsteile, die als selbständige betriebsratsfähige Betriebe i. S. v. § 4 Abs. 1 Satz 1 BetrVG zu gelten haben, ausnahmsweise nur, wenn die Arbeitnehmer gemäß § 4 Abs. 1 Satz 2 BetrVG beschlossen haben, an der Wahl des Betriebsrats im Hauptbetrieb teilzunehmen. Für die genannten Betriebsteile und Kleinstbetriebe kann Briefwahl aber nur **bei räumlich weiter Entfernung vom Hauptbetrieb** beschlossen werden. Obwohl dieser Begriff sich mit der Formulierung in § 4 Abs. 1 Satz 1 Nr. 1 BetrVG deckt, hat er hier einen anderen Bedeutungsgehalt (übereinstimmend *LAG Hamm* 05.08.2011 – 10 TaBV 13/11 – juris, Rn. 77; 12.10.2007 – 10 TaBV 9/07 – juris; *Fitting* § 24 WO Rn. 18; *Richardi/Forst* § 24 WO Rn. 5, *Homburg/DKKW* § 24 WO Rn. 17). Sonst käme insoweit eine Briefwahl nur bei solchen Betriebsteilen in Betracht, welche die Voraussetzungen des § 1 Abs. 1 Satz 1 BetrVG nicht erfüllen, oder im Falle des § 4 Abs. 1 Satz 2 oder bei Zuordnungen durch eine Regelung nach § 3 Abs. 1 Nr. 1 bis 3, Abs. 2 und 3 BetrVG; eine solche Beschränkung auf Ausnahmefälle ist vom Zweck der Norm nicht gedeckt. Für Briefwahl kommen deshalb insbesondere unselbständige Betriebsteile in Betracht. Für die Beurteilung, ob sie räumlich weit entfernt sind, ist mit Blick auf den Normzweck, den Arbeitnehmern die Beteiligung an der Betriebsratswahl zu erleichtern, darauf abzustellen, ob es den Arbeitnehmern dieser Betriebsteile und Kleinstbetriebe **zumutbar** und im Hinblick auf die damit verbundene Kostentragungspflicht für den Arbeitgeber nach § 20 Abs. 3 BetrVG **erforderlich** ist, im Hauptbetrieb ihre Stimme persönlich per Urnenwahl abzugeben (vgl. *LAG Hamm* 05.08.2011 – 10 TaBV 13/11 – juris, Rn. 77; *LAG Niedersachsen* 09.03.2011 – 17 TaBV 41/10 – juris, Rn. 37; *Fitting* § 24 WO Rn. 18; *Kalmund* Betriebsratswahl. S. 94; *Homburg/DKKW* § 24 WO Rn. 17). Dabei sind bestehende oder vom Arbeitgeber ggf. zur Verfügung zu stellende Verkehrsmöglichkeiten (z. B. ein Pendelbus) zu berücksichtigen (*LAG Hamm* 05.08.2011 – 10 TaBV 13/11 – juris, Rn. 77; *LAG Niedersachsen* 09.03.2011 – 17 TaBV 41/10 – juris, Rn. 37). Die Instanzjudikatur hat die Zumutbarkeit bejaht etwa bei einer Entfernung der betroffenen Betriebsteile von 2,5 bis 4 km (*LAG Niedersachsen* 09.03.2011 – 17 TaBV 41/10 – juris, Rn. 37). Vielfach wird darauf abgestellt, ob der Wahlvorstand in den räumlich weit entfernten Betriebsteilen und Kleinstbetrieben eigene Wahllokale einzurichten hätte, falls er die Briefwahl nicht beschließt (so *Richardi/Forst* § 24 WO Rn. 5; *Homburg/DKKW* § 24 WO Rn. 19). In der Tat kann sich diese Alternative im Hinblick auf das Verbot der Wahlbehinderung nach § 20 Abs. 1 BetrVG aufdrängen; es ist aber zu berücksichtigen, dass die Abgrenzung zwischen unselbständigen Betriebsteilen und Kleinstbetrieben und den Fällen des Abs. 2 fließend ist. Der Wahlvorstand hat nach pflichtgemäßem Ermessen zu entscheiden (ebenso *Fitting* § 24 WO Rn. 18; *Hom-*

Voraussetzungen § 24 WO

burg/DKKW § 24 WO Rn. 19). Wird im Einklang mit Abs. 3 Satz 1 schriftliche Stimmabgabe beschlossen, ist nunmehr der Wahlvorstand von Amts wegen verpflichtet, den Wahlberechtigten in den erfassten Einheiten die Wahlunterlagen (Abs. 1) zu übersenden oder auszuhändigen (Abs. 3 Satz 2 i. V. m. Abs. 2).

IV. Zu übermittelnde Briefwahlunterlagen (Abs. 1)

1. Erforderliche Wahlunterlagen

Zu den dem zur Briefwahl berechtigten Arbeitnehmer zu übermittelnden Wahlunterlagen gehören folgende Unterlagen. **13**

a) Übermittelt werden muss zunächst die Abschrift oder der Abdruck des **Wahlausschreibens** (§ 3 WO). Nachträgliche Änderungen des Wahlausschreibens sind ebenfalls abschriftlich auszuhändigen, notfalls nachzusenden; das gilt insbesondere auch für die Nachfristsetzung nach § 9 Abs. 1 WO.

b) Dazu gehört außerdem Abschrift oder Abdruck der als gültig anerkannten und bekannt gemachten **Vorschlagsliste(n)** (§ 10 WO). **14**

c) Zu übermitteln sind ferner der **Stimmzettel** und der **Wahlumschlag** sowie eine vom Wahlvorstand vorbereitete und vorgedruckte, vom Wähler (durch Namensunterschrift) abzugebende **Erklärung**, in der dieser dem Wahlvorstand versichert, dass er den Stimmzettel persönlich gekennzeichnet hat. Stimmzettel und Wahlumschlag dürfen keinen Namen und keinerlei Kennzeichen tragen, aus denen ersichtlich ist, wer die Stimme abgegeben hat (vgl. *Fitting* § 24 WO Rn. 4; *Wiebauer/LK* § 24 WO Rn. 12; *Richardi/Forst* § 24 WO Rn. 12; *Homburg/DKKW* § 24 WO Rn. 22). Die abzugebende Erklärung ist allerdings nicht vollständig mit § 25 Satz 2 WO vereinbar; zu den Tätigkeiten, die unter den Voraussetzungen des § 12 Abs. 4 WO eine Person des Vertrauens verrichten kann, gehört auch die Kennzeichnung des Stimmzettels, da sich die Verweisung in § 25 Satz 2 WO ausdrücklich auch auf § 25 Satz 1 Nr. 1 WO bezieht. **15**

d) Der Arbeitnehmer muss außerdem einen größeren **Freiumschlag** mit der Anschrift des Wahlvorstands und dem Absender des Wahlberechtigten für die Rücksendung des Stimmzettels im Wahlumschlag (vgl. § 25 Satz 1 Nr. 1 WO) und der Erklärung des Arbeitnehmers über die persönliche Stimmabgabe erhalten. Der Freiumschlag muss den Vermerk »Schriftliche Stimmabgabe« tragen. Der Umschlag braucht nur als einfacher Brief freigemacht zu sein. Er muss aber überhaupt frankiert sein (*LAG Nürnberg* 20.09.2011 – 6 TaBV 9/11 – juris, Rn. 104). Macht der Wahlvorstand ihn als Einschreiben frei, braucht der Arbeitgeber die zusätzlichen Kosten nur zu tragen, wenn er sich mit dieser Versendungsform einverstanden erklärt (für freies Ermessen des Wahlvorstands *Fitting* § 25 WO Rn. 6; *Homburg/DKKW* § 25 WO Rn. 6). **16**

e) Der Wahlvorstand soll ferner den Briefwählern ein **Merkblatt** über die Art und Weise der schriftlichen Stimmabgabe (§ 25 WO) übermitteln. Obwohl es sich nur um eine Soll-Vorschrift handelt, liegt eine wesentliche Vorschrift über das Wahlverfahren i. S. v. § 19 Abs. 1 BetrVG vor (vgl. *Kreutz* § 19 BetrVG Rdn. 19, 20; a. A. *Wiebauer/LK* § 24 WO Rn. 12). Bei einem Verstoß hängt die Anfechtbarkeit der Wahl entscheidend davon ab, ob das Wahlergebnis dadurch nach den konkreten Umständen des Falles beeinflusst werden konnte (vgl. *Kreutz* § 19 BetrVG Rdn. 47). **17**

2. Art und Weise der Übermittlung

Die Wahlunterlagen sind dem Arbeitnehmer möglichst vor Beginn der Betriebsabwesenheit **persönlich** auszuhändigen. Persönliche Aushändigung ist aber nicht zwingend (vgl. *LAG Hamm* 01.06.2007 – 13 TaBV 87/06 – juris). Ist sie nicht möglich, sollten die Wahlunterlagen nach Möglichkeit im Laufe des Tages der Bekanntgabe der Vorschlagslisten (§ 10 Abs. 2 WO) oder alsbald danach dem Arbeitnehmer durch die Post übersandt werden, insbesondere an die Privatanschrift. Zu diesem Zweck kann der Wahlvorstand vom Arbeitgeber gemäß § 2 Abs. 2 WO eine Liste der Privatanschriften derjenigen Arbeitnehmer verlangen, denen er nach Abs. 2 die Wahlunterlagen zu übersenden hat (*ArbG Leipzig* 24.02.2006 – 3 BVGa 5/06 – juris: kein Verstoß der Mitteilung gegen das Recht auf informationelle **18**

Selbstbestimmung). Es ist wegen des aus dem Grundsatz der freien Wahl folgenden Verbots der Wahlbeeinflussung durch Ausübung psychologischen Drucks unzulässig, dass der Überbringer der Unterlagen auf die Stimmabgabe wartet, um die Unterlagen zurück zum Wahlvorstand bringen zu können, weil dann die Freiheit der Stimmabgabe nicht gewährleistet ist (*Klein* Minderheitsgewerkschaften, S. 309 f.; *Klein Löwisch* BB 2017, 117 [120]). Über die **Form der Übersendung** entscheidet der Wahlvorstand im pflichtgemäßen Ermessen (vgl. *LAG Baden-Württemberg* 30.10.1992 BetrR 1993, 98 [Ls.]). Die Zusendung durch **Boten** ist möglich, insbesondere, wenn der Bote ein Mitglied des Wahlvorstands oder ein Wahlhelfer ist (ebenso *Fitting* § 24 WO Rn. 6; *Richardi/Forst* § 24 WO Rn. 13; *Homburg/DKKW* § 24 WO Rn. 24). Wahlberechtigte Arbeitnehmer sollen grundsätzlich nicht als Boten verwendet werden. Die Übersendung durch Boten ist die einzig mögliche Übermittlungsart, wenn der Arbeitnehmer z. B. am oder unmittelbar vor dem Wahltag krank wird und die schriftlichen Wahlunterlagen deswegen erst an diesem Tage fernmündlich verlangt. Wenn noch berechtigte Aussicht auf eine Teilnahme an der Wahl besteht, muss der Wahlvorstand dem Verlangen nachkommen, sofern der Aufwand zumutbar ist. Soll der Bote die vom Arbeitnehmer ausgefertigten Wahlunterlagen sogleich wieder mitnehmen, dürfen gegen seine Zuverlässigkeit auch von Seiten des Arbeitnehmers keine Bedenken bestehen (*BVerwG* 06.02.1959 AP Nr. 1 zu § 17 WahlO zum PersVG).

19 Der Wahlvorstand muss auch den Arbeitnehmern von **Betriebsteilen** und **Kleinstbetrieben** (Abs. 3) die Wahlunterlagen persönlich übergeben oder ihnen einzeln übersenden. Die Übersendung kann unter der Adresse des Betriebsteiles oder Kleinstbetriebes erfolgen, ggf. durch die Betriebspost. Unzulässig ist aber die nicht individuell adressierte Übersendung der Wahlunterlagen an den Betriebsteil oder Kleinstbetrieb, um sie dort an die einzelnen Arbeitnehmer ausgeben zu lassen.

20 Der Wahlvorstand ist auf Verlangen auch verpflichtet, bereits vor Bekanntmachung der Vorschlagslisten das Wahlausschreiben unmittelbar nach dem Erlass zu übersenden, falls der Arbeitnehmer zum Zeitpunkt des Erlasses nicht im Betrieb anwesend ist und er darlegt, dass der Aushang des Wahlausschreibens zur Wahrung seiner Rechte nicht ausreicht, weil er aktiv in das Wahlgeschehen eingreifen will (etwa durch Mitwirkung bei der Erstellung einer Vorschlagsliste oder durch Kandidatur; ebenso *Fitting* § 24 WO Rn. 6; *Homburg/DKKW* § 24 WO Rn. 25; unstimmig *LAG Baden-Württemberg* 29.11.1990 AiB 1991, 276: Danach soll bei einer nach § 24 Abs. 3 WO beschlossenen schriftlichen Stimmabgabe der Wahlvorstand verpflichtet sein, die Übersendung der Wahlunterlagen so rechtzeitig vorzunehmen, dass die Wahlberechtigten in den Betriebsteilen ihre Rechte im Rahmen der Wahl noch fristgerecht ausüben können; da das zumindest dann gelten soll, wenn die Bekanntmachung des Wahlausschreibens in den Betriebsteilen unterblieben ist, wird offenbar, dass der Wahlfehler nicht bei der Übermittlung der Wahlunterlagen, sondern bei der Bekanntmachung des Wahlausschreibens erfolgt ist).

21 Die aus der Versendung der Wahlunterlagen entstehenden Kosten (Herstellungskosten der Wahlunterlagen, Porto, Fahrtkosten) sind Wahlkosten, die der Arbeitgeber nach § 20 Abs. 3 Satz 1 BetrVG zu tragen hat, soweit sie notwendig und verhältnismäßig sind (vgl. *BAG* 26.02.1992 EzA § 17 BetrVG 1972 Nr. 6 S. 6; 03.12.1987 EzA § 20 BetrVG 1972 Nr. 14 S. 2; *ArbG Halberstadt* 14.09.1993 EzA § 20 BetrVG 1972 Nr. 16; *Fitting* § 24 WO Rn. 7; *Richardi/Forst* § 24 WO Rn. 11).

V. Vermerk in der Wählerliste

22 Der Wahlvorstand hat die Aushändigung oder Übersendung der Wahlunterlagen **in der Wählerliste zu vermerken** (Abs. 1 Satz 3; dazu *LAG Nürnberg* 20.09.2011 – 6 TaBV 9/11 – juris, Rn. 103). Das gilt auch für die Übermittlung der Wahlunterlagen gemäß Abs. 2 und 3 (vgl. *Richardi/Forst* § 24 WO Rn. 13; ebenso *Fitting* § 24 WO Rn. 17; *Homburg/DKKW* § 24 WO Rn. 26). Der Vermerk kann von jedem Mitglied des Wahlvorstands mit Handzeichen und Datum in die Wählerliste eingetragen werden; Wahlhelfer sind dazu nicht befugt. Der Vermerk soll verhindern, dass der Arbeitnehmer, der am Wahltage doch im Betrieb anwesend ist, seine Stimme, die er schon schriftlich abgegeben hat, nochmals gemäß § 12 Abs. 3 WO persönlich abgibt. Aus dem allgemeinen Grundsatz der Freiheit der Wahl folgt aber die Verpflichtung des Wahlvorstands, während der laufenden Betriebsratswahl Dritten keine Einsichtnahme in die mit den Stimmabgabevermerken versehene Wählerliste zu gestatten (*BAG*

06.12.2000 EzA § 19 BetrVG 1972 Nr. 40 Rn. 23 ff. = AP Nr. 48 zu § 19 BetrVG 1972; *Löwisch* BB 2017, 117 [120]).

Wahlberechtigten, denen die Briefwahlunterlagen ausgehändigt oder übersandt worden sind, können am Wahltag ihre Stimme im Wahllokal **auch noch persönlich abgeben**, wenn sie, anders als voraussehbar, doch im Betrieb anwesend sind (i. E. ebenso *Hess. LAG* 03.05.2012 – 9 TaBV 25/11; *LAG München* 27.02.2007 – 8 TaBV 89/06 – juris, Rn. 88; *Fitting* § 24 WO Rn. 16; *Homburg/DKKW* § 24 WO Rn. 27; *Richardi/Forst* § 25 WO Rn. 3; näher dazu *Bachner* NZA 2012, 1266 [1267 f.]; für das Personalvertretungsrecht *BVerwG* 03.03.2003 AP Nr. 5 zu § 25 BPersVG Rn. 18 f.). Zum Teil wird dabei verlangt, dass der Wahlberechtigte dafür die ihm überlassenen Briefwahlunterlagen an den Wahlvorstand zurückgibt oder den übersandten Stimmzettel samt Wahlumschlag für die persönliche Stimmabgabe benutzt (*Fitting* § 24 WO Rn. 16; *Richardi/Forst* § 25 WO Rn. 3; *Homburg/DKKW* § 24 WO Rn. 27). Die persönliche Stimmabgabe muss jedoch auch möglich sein, wenn der Wahlberechtigte die **Briefwahlunterlagen** dem Wahlvorstand **bereits zurückgesandt** hatte (*Hess. LAG* 03.05.2012 – 9 TaBV 25/11; *LAG München* 27.02.2007 – 8 TaBV 89/06 – juris, Rn. 88; *Bachner* NZA 2012, 1266 [1267 f.]; *Homburg/DKKW* § 24 WO Rn. 28). Eine Doppelzählung kann dadurch verhindert werden, dass der Wahlvorstand zunächst die persönliche Stimmabgabe an der Wahlurne persönlich vermerkt (§ 12 Abs. 3 WO). Vor dem Einwurf der Briefwahlumschläge in die Wahlurne prüft der Wahlvorstand dann gemäß § 26 Abs. 1 WO, ob Briefwahlunterlagen des entsprechenden Arbeitnehmers beim Wahlvorstand eingegangen sind. In diesem Fall sind die Briefwahlunterlagen auszusondern und mit dem Vermerk zur Wahlakte zu nehmen, dass persönlich an der Wahlurne gewählt worden ist (Analogie zu § 26 Abs. 2 WO). Andernfalls liegt ein Wahlfehler vor, der die Anfechtbarkeit der Wahl nach § 19 Abs. 1 BetrVG begründen kann, wenn dadurch das Wahlergebnis beeinflusst werden kann.

§ 25
Stimmabgabe

Die Stimmabgabe erfolgt in der Weise, dass die Wählerin oder der Wähler
1. den Stimmzettel unbeobachtet persönlich kennzeichnet und in dem Wahlumschlag verschließt,
2. die vorgedruckte Erklärung unter Angabe des Orts und des Datums unterschreibt und
3. den Wahlumschlag und die unterschriebene vorgedruckte Erklärung in dem Freiumschlag verschließt und diesen so rechtzeitig an den Wahlvorstand absendet oder übergibt, dass er vor Abschluss der Stimmabgabe vorliegt.

Die Wählerin oder der Wähler kann unter den Voraussetzungen des § 12 Abs. 4 die in den Nummern 1 bis 3 bezeichneten Tätigkeiten durch eine Person des Vertrauens verrichten lassen.

Inhaltsübersicht	Rdn.
I. Vorgang der Stimmabgabe	1–3
II. Verstöße gegen das vorgeschriebene Verfahren	4–7

I. Vorgang der Stimmabgabe

§ 25 WO regelt die Art und Weise der schriftlichen Stimmabgabe (vgl. § 24 Abs. 1 Satz 2 WO). Der Briefwähler hat den Stimmzettel nach den allgemeinen Vorschriften **unbeobachtet eigenhändig** zu kennzeichnen, sofern nicht der Sonderfall des § 25 Satz 2 WO eingreift. Er hat entweder eine der auf dem Stimmzettel aufgeführten Listen (§ 11 Abs. 3 WO) oder bei Vorliegen nur einer Vorschlagsliste die im Wahlausschreiben (§ 3 Abs. 2 Nr. 5 WO) genannte Zahl von Bewerbern (§ 20 Abs. 3 WO) für das Amt des Betriebsrats anzukreuzen. Der Stimmzettel wird anschließend im Wahlumschlag verschlossen, der keinerlei Hinweis auf die Person des Wählers aufweisen darf (vgl. *LAG Hamm* 01.06.2007 – 13 TaBV 86/06 – juris). Der Wahlumschlag darf (vgl. Rdn. 4) zugeklebt werden; das dient der Sicherung des Wahlgeheimnisses. Der Wähler hat dann die vorgedruckte Erklärung über die persönliche Kennzeichnung des Stimmzettels (§ 24 Abs. 1 Nr. 4 WO) mit Angabe des Ortes und Datums zu unterschreiben; Namensunterschrift ist erforderlich. Diese Erklärung und der Wahlumschlag werden dann zusammen in den zwingend zu verwendenden Freiumschlag gelegt, der danach fest zu verschließen ist; das dient dazu, einen späteren Austausch des Wahlumschlags mit Stimmzettel zu verhindern. Auch bei der Briefwahl gestattet § 25 Satz 2 WO **körperlich behinderten** und (diesen gleichgestellt) des Lesens unkundigen Wählern, eine **Person des Vertrauens** hinzuzuziehen; das gilt wegen der umfassenden Verweisung auf § 25 Satz 1 WO auch für die Kennzeichnung des Stimmzettels (vgl. näher § 12 WO Rdn. 6).

2 Der Wähler muss zur Vollendung der Stimmabgabe den Freiumschlag so **rechtzeitig** dem Wahlvorstand übergeben oder an diesen absenden, dass er vor Ablauf der für die Stimmabgabe im Wahlausschreiben festgesetzten Zeit (§ 3 Abs. 2 Nr. 11 WO) beim Wahlvorstand vorliegt. Maßgeblich ist der rechtzeitige Zugang beim Wahlvorstand unter dessen Betriebsadresse (§ 3 Abs. 2 Nr. 12 WO); Zugang beim Vorsitzenden (etwa im Wahllokal) genügt (vgl. § 1 WO Rdn. 7); weitergehend *Fitting* § 25 WO Rn. 5: jedes Mitglied des Wahlvorstands ist zuständig, das im Wahllokal Dienst tut. Der Briefwähler kann den Freiumschlag bereits vor dem Wahltag (z. B. vor Urlaubsantritt) übergeben oder übersenden. Der Wahlvorstand hat den Umschlag in diesem Fall mit einem Eingangsvermerk zu versehen und ihn ungeöffnet so sicher bis zum Wahltag aufzubewahren, dass Manipulationen ausgeschlossen sind (z. B. in einer versiegelten Wahlurne). Der Wahlvorstand ist verpflichtet, während der Stimmabgabe ständig, ggf. durch den Einsatz von Wahlhelfern, zu kontrollieren, ob noch Freiumschläge unter seiner Betriebsadresse eingetroffen sind. Der Wähler darf daher damit rechnen, dass am Wahltag bis zum offiziellen Ende der Stimmabgabe noch Empfangsberechtigte den Freiumschlag entgegennehmen (vgl. dazu § 3 WO Rdn. 22). Erhält der Wahlvorstand am Tag der Betriebsratswahl unter nicht vertrauenswürdigen Umständen von arbeitgebernahen Wahlbewerbern eine Tüte mit eingesammelten Briefwahlstimmen, müssen diese bei der Stimmenauszählung und der Feststellung des Ergebnisses zunächst berücksichtigt werden (*LAG München* 09.06.2010 – 4 TaBV 105/09 – juris, Rn. 41 ff., 51). Verspätet eingegangene Freiumschläge dürfen bei der Stimmauszählung nicht berücksichtigt werden, auch dann nicht, wenn bei Eingang das Verfahren nach § 26 Abs. 1 WO noch läuft oder mit der Auszählung der Stimmen noch nicht begonnen wurde.

3 Die Übersendung der Briefwahlunterlagen durch einen **Boten** des Wahlberechtigten ist zulässig (ebenso *Fitting* § 25 WO Rn. 5; *Richardi/Forst* § 25 WO Rn. 2; *Homburg/DKKW* § 25 WO Rn. 6; *LAG München* 09.06.2010 – 4 TaBV 105/09 – juris, Rn. 43; vgl. auch *BVerwG* 06.02.1959 BVerwGE 8, 144; 14.08.1959 BVerwGE 9, 107). Sofern keine Anhaltspunkte dafür vorliegen, dass der Bote das in ihn gesetzte Vertrauen durch Wahlfälschung missbraucht haben könnte, darf der Wahlvorstand die Entgegennahme des Freiumschlags nicht verweigern (*LAG München* 09.06.2010 – 4 TaBV 105/09 – juris, Rn. 43; vgl. auch *BVerwG* 06.02.1959 BVerwGE 8, 144); zu Recht stellt insoweit *LAG Hamm* (01.06.2007 – 13 TaBV 87/06 – juris) schon auf die Möglichkeit einer Manipulation ab. Verweigert der Wahlvorstand die Annahme zu Recht, gilt die Übersendung als nicht erfolgt. Der Wahlvorstand sollte, ebenso wie bei Zweifeln an der Echtheit von Vorschlagslisten (vgl. §§ 7 Abs. 2 und 8 WO) den Wähler, falls das zeitlich noch möglich ist, von der Verweigerung in Kenntnis setzen. Im Übrigen trägt der Wähler das **Risiko für Verzögerungen** außerhalb des Machtbereichs des Wahlvorstands, insbesondere das Risiko einer Zustellungsverzögerung bei Übersendung auf dem Postweg (ebenso *Fitting* § 25 WO Rn. 6; *Homburg/DKKW* § 25 WO Rn. 6).

II. Verstöße gegen das vorgeschriebene Verfahren

4 Verstöße gegen das in § 25 Satz 1 WO vorgeschriebene Verfahren der Stimmabgabe führen zur Ungültigkeit dieser Wahlhandlung, wenn die **Gefahr der Wahlfälschung** besteht (z. B. durch unberechtigtes Ausfüllen oder Austausch von Stimmzetteln). Das ist insbesondere der Fall, wenn der **Freiumschlag** nicht verwendet worden ist oder **unverschlossen** geblieben ist (weil dann die Möglichkeit der Manipulation besteht, z.B wenn es einem Boten möglich ist, Freiumschlag, Stimmzettel und Wahl-

umschlag auszutauschen; vgl. *LAG Hamm* 01.06.2007 – 13 TaBV 87/06 – juris) oder wenn die gemäß Nr. 2 abzugebende persönliche Erklärung dem Wahlvorstand mit (vom Freiumschlag) getrennter Post zugeht (vgl. *LAG Hamm* 09.03.2007 – 10 TaBV 105/06 – juris). In diesen Fällen ist die Stimmabgabe **ungültig**; sie zählt bei den abgegebenen und ungültigen Stimmen (§ 16 Abs. 1 Nr. 1 und 5 WO). Die Ungültigkeit kann der Wahlvorstand schon nach Eingang beschließen und durch Eingangs- und Beanstandungsvermerk auf dem Freiumschlag oder auf den ohne Freiumschlag eingereichten Wahlumschlägen dokumentieren. Diese Briefwahlunterlagen sind zu den Wahlunterlagen zu nehmen. In das Verfahren nach § 26 Abs. 1 WO gelangen sie nicht mehr; das ist gerechtfertigt, weil dieses mit der Öffnung verschlossener Freiumschläge beginnt. Der Wahlvorstand kann diese Briefwahlunterlagen aber auch in das Verfahren nach § 26 Abs. 1 WO einbeziehen, wenn es ihm zweckmäßiger erscheint, die Ungültigkeit dieser Stimmen in öffentlicher Sitzung festzustellen. Fehlt die persönliche **Erklärung** im Freiumschlag oder ist sie **nicht unterzeichnet**, liegt ebenfalls ein Verstoß gegen § 25 Satz 1 WO vor und die Stimme ist ungültig (ebenso *Fitting* § 25 WO Rn. 3 und § 26 WO Rn. 4; *Wiebauer/LK* § 25 WO Rn. 2; *Richardi/Forst* § 26 WO Rn. 4; *Homburg/DKKW* § 25 WO Rn. 4); das kann sich allerdings erst im Verfahren nach § 26 Abs. 1 WO herausstellen, weil die Freiumschläge vorher nicht geöffnet werden dürfen (vgl. § 26 WO Rdn. 2). Im Verfahren nach § 26 Abs. 1 WO darf der Wahlumschlag mit dem Stimmzettel nicht in die Wahlurne gelegt werden; er ist mit dem Freiumschlag, in dem er sich befunden hat, zu den Wahlakten zu nehmen. Andernfalls liegt ein Wahlfehler vor, der, wenn er das Wahlergebnis beeinflussen konnte, die Anfechtbarkeit der Wahl nach § 19 Abs. 1 BetrVG begründet. Die Stimmabgabe ist dagegen gültig, wenn lediglich der **Wahlumschlag** unverschlossen geblieben ist, sofern nur der Freiumschlag, in dem er sich befunden hat, (durch Zukleben) verschlossen war (ebenso *Fitting* § 25 WO Rn. 2 und § 26 WO Rn. 2; *Wiebauer/LK* § 25 WO Rn. 1; *Richardi/Forst* § 25 WO Rn. 1 und § 26 WO Rn. 4; *Homburg/DKKW* § 25 WO Rn. 3 und § 26 WO Rn. 3).

Bei einem Verstoß gegen die Bestimmung, den Stimmzettel **unbeobachtet** zu kennzeichnen (Nr. 1), **5** liegt grundsätzlich kein Wahlfehler vor, insbesondere auch keine Verletzung des Grundsatzes **geheimer Wahl** (§ 14 Abs. 1 BetrVG). Zutreffend hat das *BVerfG* (15.02.1967 BVerfGE 21, 200 [205]) hervorgehoben, dass es dem Wahlberechtigten bei der Briefwahl selbst überlassen ist, für das Wahlgeheimnis Sorge zu tragen (vgl. ebenso *LAG Schleswig-Holstein* 18.03.1999 NZA-RR 1999, 523 [524]). Insbesondere lässt sich nicht in gleichem Umfang wie bei Urnenwahl gewährleisten, dass der Wahlakt als solcher geheim bleibt. Vielmehr hat es der Wähler in der Hand, Dritten »schwarz auf weiß« kundzutun, wie er seine Stimme wirklich abgegeben hat. Es ist jedoch letztlich unbeachtlich, ob der Wähler sein Votum bekannt gibt oder geheim hält. Entscheidend ist, dass die Stimmabgabe Dritten nicht **gegen** den Willen des Wahlberechtigten erkennbar wird. Eine Verletzung des Grundsatzes geheimer Wahl kommt deshalb nur in Betracht, wenn Wähler gegen ihren Willen von Dritten zur Offenbarung ihres Votums gezwungen werden. Geschieht das in solchem Umfang, dass dadurch das Wahlergebnis beeinflusst werden konnte, kann die Wahl nach § 19 Abs. 1 BetrVG anfechtbar sein.

Die Folgen **inhaltlicher Fehler des Stimmzettels** ergeben sich aus den allgemeinen Vorschriften **6** (vgl. §§ 11, 20 Abs. 1 und 3 WO).

Zur Briefwahl im vereinfachten Wahlverfahren und ihren Besonderheiten vgl. § 35 WO und die Er- **7** läuterungen dort.

§ 26
Verfahren bei der Stimmabgabe

(1) Unmittelbar vor Abschluss der Stimmabgabe öffnet der Wahlvorstand in öffentlicher Sitzung die bis zu diesem Zeitpunkt eingegangenen Freiumschläge und entnimmt ihnen die Wahlumschläge sowie die vorgedruckten Erklärungen. Ist die schriftliche Stimmabgabe ordnungsgemäß erfolgt (§ 25), so legt der Wahlvorstand den Wahlumschlag nach Vermerk der Stimmabgabe in der Wählerliste ungeöffnet in die Wahlurne.

(2) Verspätet eingehende Briefumschläge hat der Wahlvorstand mit einem Vermerk über den Zeitpunkt des Eingangs ungeöffnet zu den Wahlunterlagen zu nehmen. Die Brief-

umschläge sind einen Monat nach Bekanntgabe des Wahlergebnisses ungeöffnet zu vernichten, wenn die Wahl nicht angefochten worden ist.

1 Der Wahlvorstand hat die im Wege der Briefwahl gemäß § 25 WO eingegangenen (verschlossenen) **Freiumschläge** zunächst ungeöffnet zu sammeln und sicher **aufzubewahren**.

2 Erst **unmittelbar vor Abschluss der Stimmabgabe** (wie er im Wahlausschreiben gemäß § 3 Abs. 2 Nr. 11 WO bestimmt ist) darf der Wahlvorstand die Freiumschläge öffnen und die Wahlumschläge entnehmen; das geschieht in (betriebs-)**öffentlicher Sitzung** des gesamten Wahlvorstands (Abs. 1 Satz 1); die Öffnung der Freiumschläge außerhalb der öffentlichen Sitzung ist ein wesentlicher Verfahrensmangel und berechtigt zur Anfechtung der Wahl nach § 19 Abs. 1 BetrVG (vgl. *LAG München* 08.07.2009 – 9 TaBV 15/09 – juris, Rn. 32; *LAG Nürnberg* 27.11.2007 LAGE § 19 BetrVG 2001 Nr. 3a; *LAG Schleswig-Holstein* 18.03.1999 NZA-RR 1999, 523 [524]). Da die Sitzung **vor** Abschluss der Stimmabgabe stattfinden soll (andernfalls: Verstoß gegen wesentliche Wahlvorschriften: *LAG München* 08.07.2009 – 9 TaBV 15/09 – juris, Rn. 32), geht die Vorstellung des Verordnungsgebers dahin, dass diese im Wahllokal stattfindet und bereits dadurch öffentlich ist, dass das Wahllokal geöffnet ist (so *Fitting* § 26 WO Rn. 3). Die Sitzung ist nicht identisch mit der öffentlichen Sitzung des Wahlvorstands zur Stimmauszählung nach § 13 WO, weil jene erst **nach** Abschluss der Wahl stattfindet. Beide Sitzungen können jedoch so gelegt werden, dass sie ineinander übergehen. Das ist jedoch nur möglich, wenn die Stimmabgabe in einem einzigen Wahllokal durchgeführt wird. Sind mehrere Wahllokale eingerichtet, kann der Wahlvorstand nicht bereits vor Abschluss der Stimmabgabe zur Sitzung nach Abs. 1 Satz 1 zusammenkommen, weil nach § 12 Abs. 2 WO in jedem Wahllokal während der gesamten Zeit der Stimmabgabe mindestens ein Wahlvorstandsmitglied anwesend sein muss. In diesen Fällen kann deshalb die öffentliche Sitzung nach Abs. 1 erst **nach** Abschluss der Stimmabgabe stattfinden (ebenso *Fitting* § 26 WO Rn. 1; *Richardi/Forst* § 26 WO Rn. 2; *Homburg/DKKW* § 26 WO Rn. 2, wenn man von den Fall absieht, dass das Nichterscheinen eines einzigen Mitglieds des Wahlvorstands einer ordnungsgemäßen Öffnung der Briefwahlunterlagen nicht entgegensteht (vgl. *LAG Nürnberg* 23.11.1999 – 6 TaBV 37/98 – juris). Die **Öffentlichkeit der Sitzung** erfordert dann, dass Ort und Zeit vorher öffentlich mit dem Hinweis auf die **Betriebsöffentlichkeit der Sitzung bekannt gemacht werden** (vgl. *Kreutz* § 18 BetrVG Rdn. 34); es empfiehlt sich, einen entsprechenden Hinweis bereits im Wahlausschreiben zu § 3 Abs. 2 Nr. 11 oder 13 WO zu geben (vgl. § 3 WO Rdn. 25). Auch in diesen Fällen sind Freiumschläge nur dann rechtzeitig zugegangen, wenn sie bis zum Ende der für die Stimmabgabe festgesetzten Zeit beim Wahlvorstand eingegangen sind. Jedenfalls muss das Verfahren nach § 26 Abs. 1 WO dem Verfahren der Stimmauszählung vorgehen. Außerdem verlangt das Gebot der Öffentlichkeit in § 26, dass **ungehinderter Zugang** zu dem Ort besteht, wo die Freiumschläge geöffnet werden (*LAG München* 08.07.2009 – 9 TaBV 15/09 – juris, Rn. 34). Trotz des Erfordernisses der Öffentlichkeit der Sitzung ist eine Betriebsratswahl nicht in jedem Fall anfechtbar, wenn der Wahlvorstand nicht darüber informiert hat, in welchem von mehreren Wahllokalen die Freiumschläge der Briefwähler geöffnet werden (vgl. *LAG Köln* 11.06.2015 – 7 TaBV 10/15 – juris, Rn. 22, 27).

3 Die **Öffnung** der Freiumschläge (Wahlbriefe) obliegt dem **Wahlvorstand**, nicht den Wahlhelfern (zust. *Fitting* § 26 WO Rn. 3; *Homburg/DKKW* § 26 WO Rn. 4). Der Wahlvorstand hat dabei die Ordnungsmäßigkeit der brieflichen Stimmabgabe nach § 25 Satz 1 WO zu prüfen, insbesondere ob der Freiumschlag verschlossen, die Erklärung nach § 25 Satz 1 Nr. 2 WO vorhanden und unterschrieben und der Wahlumschlag nicht gekennzeichnet ist (vgl. aber auch § 25 WO Rdn. 4). Ist das nicht der Fall, darf der Wahlumschlag nicht in die Wahlurne gelegt werden; die Stimmabgabe ist ungültig (vgl. § 25 WO Rdn. 4). Der Wahlvorstand hat das zu beschließen und die Briefwahlunterlagen zu den Wahlakten zu nehmen.

4 Stellt der Wahlvorstand fest, dass die Stimmabgabe ordnungsgemäß erfolgt ist, wird diese in der **Wählerliste vermerkt**. Der Abgleich mit und der Vermerk auf der Wählerliste soll sicherstellen, dass ein wahlberechtigter Arbeitnehmer nicht zwei oder mehr Stimmen (etwa durch Briefwahl und persönliche Wahl) abgibt. Findet kein Abgleich mit der Wählerliste statt, liegt ein Verfahrensfehler vor, der die Betriebsratswahl anfechtbar macht (*LAG Schleswig-Holstein* 15.09.2011 – 5 TaBV 3/11 – juris, Rn. 29). Der Wahlumschlag wird **ungeöffnet** in die Wahlurne gelegt (Abs. 1 Satz 2; Beispiel für einen Verstoß bei *LAG Nürnberg* 20.09.2011 – 6 TaBV 9/11 – juris, Rn. 114). Das muss nach dem Wortlaut

Verfahren bei der Stimmabgabe § 26 WO

des Abs. 1 noch vor Abschluss der Stimmabgabe geschehen. Die Bearbeitung der rechtzeitig (vgl. § 25 WO Rdn. 2) eingegangenen Wahlbriefe kann jedoch auch in einem Betrieb mit nur einem Wahllokal (vgl. Rdn. 2) über den offiziellen Zeitpunkt des Endes der Stimmabgabe erstreckt werden. Anders würden Verzögerungen in der Bearbeitung der Wahlbriefe das Wahlergebnis verfälschen können. Der Wahlvorstand kann nicht allemal genau abschätzen, wie viel Zeit er zur Öffnung der Wahlbriefe und zur Prüfung ihrer Ordnungsmäßigkeit benötigt. Unverzichtbar ist nur das Erfordernis, dass die Wahlumschläge vor Beginn der Auszählung in die Wahlurnen gelegt werden müssen. Die Verwendung einer Wahlurne nach Abs. 1 Satz 2 ist zwingend (vgl. *LAG Hamm* 09.03.2007 – 10 TaBV 105/06 – juris). Die Erklärung nach § 25 Satz 1 Nr. 2 WO ist zu den Wahlakten zu nehmen.

Der einem verschlossenen Wahlbrief (Freiumschlag) entnommene Wahlumschlag braucht seinerseits nicht verschlossen zu sein (vgl. § 25 WO Rdn. 4); er ist in die Wahlurne zu legen. Keinesfalls dürfen den Wahlumschlägen aber, auch wenn sie durch Wahlbrief übersandt worden sind, vor Beginn der Stimmenauszählung (§ 13 WO) die Stimmzettel entnommen werden (§ 14 Abs. 1 WO). 5

Verspätet eingegangene Wahlbriefe sind nicht an den Absender zurückzusenden, sondern mit einem schriftlichen Eingangsvermerk (Datum, Uhrzeit und Handzeichen eines Wahlvorstandsmitgliedes) zu versehen und ungeöffnet **zu den Wahlakten** zu nehmen (Abs. 2). Der Vermerk ist wichtig, da der Wahlvorstand hiermit die Verspätung im Falle einer Wahlanfechtung gemäß § 19 BetrVG beweisen kann. Der Freiumschlag darf auch später nicht geöffnet werden. Verspätet eingegangene Stimmen sind nicht ungültig; sie gelten als nicht abgegeben. Deshalb sind sie in der Wahlniederschrift nicht als ungültige Stimmen gemäß § 16 Abs. 1 Nr. 5, § 23 Abs. 1 Satz 1 WO aufzuführen (ebenso *Fitting* § 26 WO Rn. 8; *Richardi/Forst* § 26 WO Rn. 6; *Homburg/DKKW* § 26 WO Rn. 6). Die Freiumschläge sind den Wahlakten einen Monat nach Bekanntgabe des Wahlergebnisses (§ 18 WO) zu entnehmen und ungeöffnet zu vernichten, am besten im Reißwolf oder durch Verbrennen, falls eine Wahlanfechtung nicht erfolgt ist (Abs. 2 Satz 2). 6

Wird die Wahl angefochten, sind die Freiumschläge weiterhin in den Wahlakten ungeöffnet aufzubewahren. Sie dienen insbesondere dem Nachweis über den Zeitpunkt des Eingangs des Freiumschlags. Auch im Rahmen des Anfechtungsverfahrens dürfen mit Rücksicht auf das Wahlgeheimnis die Freiumschläge nicht geöffnet werden. Nach Eintritt der Rechtskraft der Entscheidung im Wahlanfechtungsverfahren sind die Freiumschläge zu vernichten (allgemeine Meinung). Zur Vernichtung ist der Betriebsrat berechtigt und verpflichtet (vgl. § 19 WO). 7

Vierter Abschnitt
Wahlvorschläge der Gewerkschaften

§ 27
Voraussetzungen, Verfahren

(1) Für den Wahlvorschlag einer im Betrieb vertretenen Gewerkschaft (§ 14 Abs. 3 des Gesetzes) gelten die §§ 6 bis 26 entsprechend.

(2) Der Wahlvorschlag einer Gewerkschaft ist ungültig, wenn er nicht von zwei Beauftragten der Gewerkschaft unterzeichnet ist (§ 14 Abs. 5 des Gesetzes).

(3) Die oder der an erster Stelle unterzeichnete Beauftragte gilt als Listenvertreterin oder Listenvertreter. Die Gewerkschaft kann hierfür eine Arbeitnehmerin oder einen Arbeitnehmer des Betriebs, die oder der Mitglied der Gewerkschaft ist, benennen.

1 § 14 Abs. 3 BetrVG räumt den **im Betrieb vertretenen Gewerkschaften ein allgemeines eigenes Wahlvorschlagsrecht** für die Betriebsratswahlen ein (vgl. dazu ausführlich § 14 BetrVG Rdn. 78 ff.); § 27 WO setzt § 14 Abs. 3 und 5 BetrVG in der Wahlordnung um.

2 Nach Abs. 1 gelten für Wahlvorschläge der Gewerkschaften §§ 6 bis 26 WO grundsätzlich (Sonderregelungen enthalten Abs. 2 und 3) entsprechend; insbesondere sind insoweit die Vorschriften über Form, Frist und Gültigkeit von Vorschlagslisten (§§ 6 bis 8 WO), über die Nachfristsetzung (§ 9 WO) und die Bekanntmachung der Vorschlagslisten (§ 10 Abs. 2 WO) zu beachten. Da nur Gewerkschaften, die im Betrieb vertreten sind, wahlvorschlagsberechtigt sind, muss der Wahlvorstand das Vorliegen beider Voraussetzungen nach § 7 Abs. 2 Satz 2 WO prüfen, wenn eine Arbeitnehmervereinigung einen Wahlvorschlag einreicht (vgl. dazu ausführlich § 14 BetrVG Rdn. 88); fehlen diese Voraussetzungen, ist der Wahlvorschlag als gewerkschaftlicher Wahlvorschlag ungültig (vgl. aber Rdn. 3 a. E.).

3 Die Wahlvorschläge der im Betrieb vertretenen Gewerkschaften (vgl. dazu § 14 BetrVG Rdn. 87 f.) bedürfen zu ihrer Gültigkeit nicht der Unterzeichnung einer Mindestzahl wahlberechtigter Arbeitnehmer des Betriebs (kein Unterschriftenquorum). Nach § 14 Abs. 5 BetrVG ist es erforderlich, aber auch genügend, dass der Wahlvorschlag bei Einreichung von **zwei Beauftragten** der Gewerkschaft **unterzeichnet ist**; andernfalls ist er **ungültig** (§ 27 Abs. 2 WO). Wenn sich **zwei Gewerkschaften** zusammentun, um einen gemeinsamen Wahlvorschlag einzureichen, muss der gemeinsame Wahlvorschlag ebenfalls nur von **zwei Beauftragten** unterzeichnet werden, weil beide Gewerkschaften zusammen als »eine« Gewerkschaft i. S. d. Vorschrift auftreten möchten (*LAG Mecklenburg-Vorpommern* 03.05.2010 – 2 TaBVGa 2/10 – juris, Rn. 21). Die Anordnung der Ungültigkeit in § 27 Abs. 2 WO im Hinblick auf die erforderliche Unterschriften**zahl** entspricht der Regelung in § 8 Abs. 1 Nr. 3 WO. Wie dort (vgl. § 8 WO Rdn. 2) kann ein Mangel auch hier dadurch beseitigt werden, dass innerhalb der Einreichungsfrist fehlende Unterschriften nachgeholt werden, zumal es für gewerkschaftliche Wahlvorschläge (anders als nach § 6 Abs. 5 Satz 3 WO) nicht auf den Zeitpunkt der Einreichung ankommt. Ungültig ist ein Wahlvorschlag aber auch dann, wenn die Unterzeichner nicht Beauftragte sind, ihnen also die **Vertretungsmacht fehlt**, namens der Gewerkschaft einen Wahlvorschlag einzureichen (vgl. § 14 BetrVG Rdn. 93). Es ist jedoch nicht möglich, dass ein Beauftragter den anderen Beauftragten bevollmächtigt, in seinem Namen eine Liste zu unterzeichnen (vgl. *LAG Rheinland-Pfalz* 14.01.2016 – 5 TaBV 19/15 – juris, Rn. 33). Es genügt, wenn die Beauftragten kraft der **Satzung der Gewerkschaft** bevollmächtigt sind (vgl. *LAG Hamm* 10.03.1998 NZA-RR 1998, 400 [400]). Eine ad-hoc für die Unterzeichnung des Wahlvorschlags erteilte **Vollmacht** genügt jedoch. Für diese schreibt weder das Betriebsverfassungsgesetz noch die Wahlordnung eine bestimmte **Form** vor, sie kann schriftlich oder mündlich erteilt werden (vgl. *LAG Hamm* 10.03.1998 NZA-RR 1998, 400 [401]). Das Vorliegen dieser Vertretungsmacht ist vom Wahlvorstand zu prüfen. Dieser darf einen Wahlvorschlag aber nicht bereits dann unverzüglich zurückweisen, wenn bei Einreichung die Vertretungsmacht nicht durch Vorlage einer entsprechenden Urkunde nachgewiesen wird; denn diese Vorlage ist nicht vorgeschrieben, und § 174 BGB passt hier nicht. In Zweifelsfällen kann der Wahlvorstand aber den Nachweis der Vertretungsmacht verlangen (unstr.; vgl. § 14 BetrVG Rdn. 93); entsprechend § 8

Abs. 2 WO ist eine Frist von höchstens drei Arbeitstagen zu setzen. Der Nachweis muss nicht innerhalb der Einreichungsfrist (§ 6 Abs. 1 Satz 2 WO) erfolgen (vgl. ebenso *LAG Hamm* 10.03.1998 NZA-RR 1998, 400 [401]: jedenfalls, wenn der Wahlvorstand das nicht ausdrücklich gefordert hat; zust. *Fitting* § 27 WO Rn. 3; abl. *Richardi/Forst* § 27 WO Rn. 2; *Wiebauer/LK* § 27 WO Rn. 2). Fehlt zunächst die Vertretungsmacht, insbesondere eine Vollmacht, kann die Gewerkschaft diese innerhalb der Einreichungsfrist nachholen (ebenso *Fitting* § 27 WO Rn. 3; *Richardi/Forst* § 27 WO Rn. 2) oder die Unterzeichnung genehmigen. Die Genehmigung wirkt zwar zurück (§ 184 Abs. 1 BGB); sie kann aber nicht mehr erteilt werden, wenn die Einreichungsfrist abgelaufen ist. Der gewerkschaftliche Wahlvorschlag ist nicht etwa ungültig, wenn neben zwei Gewerkschaftsbeauftragten auch wahlberechtigte Arbeitnehmer unterzeichnet haben, selbst wenn deren Unterschriftenzahl die Mindestzahlen nach § 14 Abs. 4 BetrVG nicht erreichen und deshalb kein gemeinsamer Wahlvorschlag (vgl. dazu § 14 BetrVG Rdn. 94) vorliegt. Ein Wahlvorschlag, der als gewerkschaftlicher Wahlvorschlag ungültig ist, kann als Wahlvorschlag der Arbeitnehmer gültig sein, wenn er die nach § 14 Abs. 4 BetrVG erforderliche Zahl von Stützunterschriften bei Einreichung aufweist. Umgekehrt ist ein Wahlvorschlag der Arbeitnehmer, der die nach § 14 Abs. 4 BetrVG erforderliche Zahl von Stützunterschriften bei Einreichung nicht aufweist, als gewerkschaftlicher Wahlvorschlag gültig, wenn er zugleich von zwei Gewerkschaftsbeauftragten namens der Gewerkschaft unterschrieben ist (vgl. § 14 BetrVG Rdn. 94).

Der Beauftragte, der den Wahlvorschlag »an erster Stelle« unterzeichnet hat, gilt im Zweifel als **Listenvertreter** (Abs. 3 Satz 1); das ist bei nebeneinanderstehenden Unterschriften der Linksunterzeichner, bei untereinander stehenden Unterschriften derjenige, der an oberer Stelle unterzeichnet hat (vgl. *Fitting* § 27 WO Rn. 4; *Homburg/DKKW* § 27 WO Rn. 5). Die Gewerkschaft kann auch den an zweiter Stelle unterzeichneten Beauftragten als Listenvertreter bezeichnen (ebenso *Fitting* § 27 WO Rn. 4; *Homburg/DKKW* § 27 WO Rn. 5). Die Gewerkschaft kann aber auch einen anderen Arbeitnehmer des Betriebs, der Gewerkschaftsmitglied sein muss, als Listenvertreter benennen (Abs. 3 Satz 2), z. B. einen Bewerber ihres Wahlvorschlags. Die Benennung ist nicht formgebunden (zutr. *Fitting* § 27 WO Rn. 4), erfolgt zweckmäßig aber auf dem Wahlvorschlag oder in einem Begleitschreiben, das von den vertretungsberechtigten Beauftragten unterschrieben ist. Dem Beauftragten als Listenvertreter ist der Zeitpunkt der Einreichung der Vorschlagsliste gemäß § 7 Abs. 1 WO schriftlich zu bestätigen. Die Bestätigung kann auch für den Fall, dass die Gewerkschaft einen Arbeitnehmer des Betriebes ausdrücklich als Listenvertreter bezeichnet hat, gegenüber einem Gewerkschaftsbeauftragten erfolgen, falls dieser und nicht der benannte Listenvertreter den Wahlvorschlag einreicht. Da gemäß Abs. 2 lediglich die Unterzeichnung und nicht die Einreichung durch zwei Beauftragte der Gewerkschaft vorgeschrieben ist, kann auch der von der Gewerkschaft ausdrücklich als Listenvertreter bezeichnete Arbeitnehmer den Wahlvorschlag einreichen. In diesem Fall ist der Zeitpunkt der Einreichung ihm gegenüber zu bestätigen. Der Listenvertreter ist darüber hinaus – wie auch sonst – für die Entgegennahme von Beanstandungen des Wahlvorschlags durch den Wahlvorstand und für die Abgabe der zu ihrer Beseitigung erforderlichen Erklärungen und Handlungen zuständig (§ 6 Abs. 4 Satz 2, § 7 Abs. 2 Satz 2 WO).

Die Gewerkschaften können die **Bewerber** ihres Wahlvorschlages aus dem Kreis der wählbaren Arbeitnehmer des Betriebes unabhängig davon auswählen, ob diese Mitglieder der Gewerkschaft sind. Die Vorschlagsliste ist daher auch gültig, wenn sie nur Nichtmitglieder als Bewerber aufführt. Ebenso ist es zulässig, dass alle Bewerber Gewerkschaftsmitglieder sind (vgl. § 14 BetrVG Rdn. 91). Einziges Erfordernis neben der Wählbarkeit der Bewerber ist in allen Fällen, dass der Vorschlagsliste (Wahlvorschlag) die schriftliche Zustimmung der Bewerber zur Aufnahme in die Liste beigefügt ist (§ 6 Abs. 3 Satz 2 WO); ansonsten ist nach § 8 Abs. 2 Nr. 2 WO zu verfahren.

Jede im Betrieb vertretene Gewerkschaft kann, ebenso wie die Arbeitnehmer des Betriebes, für jeden Wahlgang **nur einen Wahlvorschlag** machen (vgl. § 6 Abs. 5 Satz 1 WO; ebenso *Engels/Natter* BB 1989, Beilage Nr. 8, S. 1 [18]; *Fitting* § 27 WO Rn. 2; *Heither* NZA 1990, Beilage Nr. 1, S. 11 [13]; *Richardi/Forst* § 27 WO Rn. 2; i. E. auch *Homburg/DKKW* § 27 WO Rn. 1, 3).

Zweiter Teil
Wahl des Betriebsrats im vereinfachten Wahlverfahren
(§ 14a des Gesetzes)

Erster Abschnitt
Wahl des Betriebsrats im zweistufigen Verfahren
(§ 14a Abs. 1 des Gesetzes)

Erster Unterabschnitt
Wahl des Wahlvorstands

§ 28
Einladung zur Wahlversammlung

(1) Zu der Wahlversammlung, in der der Wahlvorstand nach § 17a Nr. 3 des Gesetzes (§ 14a Abs. 1 des Gesetzes) gewählt wird, können drei Wahlberechtigte des Betriebs oder eine im Betrieb vertretene Gewerkschaft einladen (einladende Stelle) und Vorschläge für die Zusammensetzung des Wahlvorstands machen. Die Einladung muss mindestens sieben Tage vor dem Tag der Wahlversammlung erfolgen. Sie ist durch Aushang an geeigneten Stellen im Betrieb bekannt zu machen. Ergänzend kann die Einladung mittels der im Betrieb vorhandenen Informations- und Kommunikationstechnik bekannt gemacht werden; § 2 Abs. 4 Satz 4 gilt entsprechend. Die Einladung muss folgende Hinweise enthalten:
a) Ort, Tag und Zeit der Wahlversammlung zur Wahl des Wahlvorstands;
b) dass Wahlvorschläge zur Wahl des Betriebsrats bis zum Ende der Wahlversammlung zur Wahl des Wahlvorstands gemacht werden können (§ 14a Abs. 2 des Gesetzes);
c) dass Wahlvorschläge der Arbeitnehmerinnen und Arbeitnehmer zur Wahl des Betriebsrats mindestens von einem Zwanzigstel der Wahlberechtigten, mindestens jedoch von drei Wahlberechtigten unterzeichnet sein müssen; in Betrieben mit in der Regel bis zu zwanzig Wahlberechtigten reicht die Unterzeichnung durch zwei Wahlberechtigte;
d) dass Wahlvorschläge zur Wahl des Betriebsrats, die erst in der Wahlversammlung zur Wahl des Wahlvorstands gemacht werden, nicht der Schriftform bedürfen.

(2) Der Arbeitgeber hat unverzüglich nach Aushang der Einladung zur Wahlversammlung nach Absatz 1 der einladenden Stelle alle für die Anfertigung der Wählerliste erforderlichen Unterlagen (§ 2) in einem versiegelten Umschlag auszuhändigen.

Inhaltsübersicht

		Rdn.
I.	Vorbemerkungen	1
II.	Einladung zur Wahlversammlung	2–6
III.	Unterlagen für die Wählerliste	7, 8

I. Vorbemerkungen

1 Im Zweiten Teil (§§ 28 bis 37 WO) regelt die Wahlordnung die **Durchführung** der Betriebsratswahl **im vereinfachten Wahlverfahren** für Kleinbetriebe (Betriebe mit in der Regel bis zu fünfzig [§ 14a Abs. 1 BetrVG], ausnahmsweise bis zu hundert [§ 14a Abs. 5 BetrVG] wahlberechtigten Arbeitnehmern) **in Ausführung von § 14a BetrVG**. Gegenüber dem (Regel-)Wahlverfahren nach § 14 BetrVG ist das vereinfachte Wahlverfahren durch das BetrVerf-Reformgesetz als **spezielleres** Wahlverfahren geschaffen worden (vgl. vor § 1 WO Rdn. 4); nach § 14a Abs. 1 und 3 BetrVG ist dabei zwischen einem zweistufigen und einem einstufigen vereinfachten Wahlverfahren zu unterscheiden. An dieser Unterscheidung orientiert sich die Wahlordnung in der Untergliederung des Zweiten Teils: Im Ersten Abschnitt (§§ 28 bis 35 WO) wird das **zweistufige** Verfahren geregelt, im Zweiten Abschnitt (§ 36 WO) das **einstufige** Verfahren, auf das im Dritten Abschnitt (§ 37 WO) verwiesen wird, wenn die Anwendung des vereinfachten Wahlverfahrens gemäß § 14a Abs. 5 BetrVG vereinbart worden ist (vgl. vor § 1 WO Rdn. 5).

Das in den §§ 28 bis 35 WO geregelte zweistufige vereinfachte Wahlverfahren betrifft ausschließlich Betriebe mit bis zu fünfzig wahlberechtigten Arbeitnehmern, in denen bislang **kein Betriebsrat** besteht, also nur betriebsratslose Betriebe (vgl. auch § 14a BetrVG Rdn. 20 f.). Regelungstechnisch ergibt sich das aus der Bezugnahme in § 28 Abs. 1 Satz 1 WO auf § 17a Nr. 3 BetrVG, der seinerseits auf § 17 Abs. 2 BetrVG aufbaut. Daraus ergibt sich auch, dass es nur dann zu einer Wahl im zweistufigen vereinfachten Wahlverfahren kommt, wenn für den betriebsratslosen Betrieb **kein Gesamt- oder ggf. Konzernbetriebsrat** zuständig ist. Sofern dieser besteht, trifft ihn die Pflicht zur Bestellung eines Wahlvorstands (§ 17 Abs. 1) und zwar auch, wenn der Betriebsrat im vereinfachten Wahlverfahren zu wählen ist (§ 17a Eingangssatz BetrVG). Kommt er dieser Pflicht nach, erfolgt die Betriebsratswahl im einstufigen vereinfachten Wahlverfahren nach § 36 WO. Erst wenn der Gesamt- oder Konzernbetriebsrat pflichtwidrig untätig bleibt, erfolgt die Bestellung des Wahlvorstands durch eine Wahlversammlung (§ 17a Nr. 3 BetrVG i. V. m. § 17 Abs. 2 Satz 2 BetrVG; vgl. § 14a BetrVG Rdn. 21); das ist die erste Wahlversammlung im zweistufigen Verfahren. Erst wenn die Voraussetzungen des § 17 Abs. 2 i. V. m. § 17a Abs. 3 BetrVG vorliegen, ist das zweistufige vereinfachte Wahlverfahren zwingend einschlägig. Dann ist für die Wahl des Betriebsrats im vereinfachten Wahlverfahren auf einer **ersten** Wahlversammlung zunächst ein Wahlvorstand zu bestellen (§§ 28, 29 WO) und sodann auf einer **zweiten** Wahlversammlung (§§ 30 bis 35 WO) der aus einem oder Betriebsratsmitglied oder drei Betriebsratsmitgliedern zusammengesetzte Betriebsrat zu wählen (§ 14a Abs. 1 Satz 2 und 3 BetrVG). Auf das **Arbeitsgericht** geht die Befugnis zur Bestellung des Wahlvorstands in betriebsratslosen Betrieben erst über, wenn es trotz Einladung nicht zu einer (ersten) Wahlversammlung kommt oder in dieser die Wahl eines Wahlvorstands scheitert (§ 17a Nr. 4 BetrVG i. V. m. § 17 Abs. 4 BetrVG).

II. Einladung zur Wahlversammlung

Die Wahl im zweistufigen vereinfachten Wahlverfahren beginnt mit der Wahl des Wahlvorstands im Rahmen der **(ersten) Wahlversammlung**; insofern dient § 28 Abs. 1 WO der Konkretisierung und Ergänzung des § 17a Nr. 3 BetrVG hinsichtlich der Einladungsberechtigung zu dieser Wahlversammlung und den Voraussetzungen, denen die Einladung genügen muss (vgl. auch *Kreutz* § 17a BetrVG Rdn. 17 ff.). Ebenso wie § 17 Abs. 3, § 17a Nr. 3 Satz 2 BetrVG verzichtet § 28 Abs. 1 Satz 1 WO auf Vorgaben für die **Form der Einladung**. Deshalb ist die Schriftform nicht zwingend erforderlich, es muss aber die allgemeine Möglichkeit der Kenntnisnahme gewährleistet sein (vgl. näher *Kreutz* § 17 BetrVG Rdn. 28); eine schriftliche Einladung muss nicht (sollte aber) von den einladenden Arbeitnehmern oder einem Vertreter der einladenden Gewerkschaft unterschrieben sein. Anforderungen an die Form der Einladung ergeben sich allerdings aus dem Erfordernis ihrer **Bekanntmachung** (vgl. dazu Rdn. 5) und den **inhaltlichen Mindestanforderungen** (§ 28 Abs. 1 Satz 5 WO); beides ist nach § 17 Abs. 3 BetrVG nicht erforderlich. Deshalb muss die Einladung entweder schriftlich oder in elektronischer Form ausgesprochen werden, da nur in diesem Fall eine wirksame Bekanntmachung vorliegt. Zu der Wahlversammlung können drei wahlberechtigte Arbeitnehmer des Betriebs, also nur betriebsangehörige Wahlberechtigte i. S. v. § 7 Satz 1 BetrVG, oder eine im Betrieb vertretene Gewerkschaft einladen; § 28 Abs. 1 Satz 1 WO wiederholt insoweit die Vorgaben in § 17a Nr. 3 Satz 2 BetrVG i. V. m. § 17 Abs. 3 BetrVG. Zu dem **einladungsberechtigten Personenkreis** vgl. näher *Kreutz* § 17a BetrVG Rdn. 17; zu dem besonderen Kündigungsschutz nach § 15 Abs. 3a KSchG für die ersten drei in der ordnungsgemäß bekannt gemachten Einladung aufgeführten Arbeitnehmer vgl. *Kreutz* § 17 BetrVG Rdn. 23.

Wegen der Bezugnahme in § 17a Nr. 3 Satz 2 BetrVG auf § 17 Abs. 3 BetrVG steht der »einladenden Stelle« auch das Recht zu, **Vorschläge** für die Zusammensetzung des Wahlvorstands zu unterbreiten (§ 28 Abs. 1 Satz 1 WO; vgl. näher *Kreutz* § 17 BetrVG Rdn. 44).

Unter Fortführung der Übergangsregelung in § 125 Abs. 4 Nr. 1 BetrVG legt § 28 Abs. 1 Satz 2 WO als wesentliche Verfahrensvorschrift eine **Einladungsfrist** von mindestens sieben Tagen fest; die Einladung muss **zwingend** mindestens sieben Tage vor dem Tag der Wahlversammlung erfolgen (ebenso

ArbG Kiel 21.10.2009 – 3 BV 23b/09 – juris, Rn. 12: nicht dispositive Frist [hier: Verkürzung von sieben Tagen auf zwei Tage]). Zur **Fristberechnung** siehe § 41 WO i. V. m. den §§ 187, 188 BGB; maßgebend sind nicht die »Arbeitstage«, sondern – abweichend von den sonst in der Wahlordnung üblichen, nach Tagen bemessenen Fristen – die **Kalendertage**. Über § 41 WO gilt auch § 193 BGB. Die Frist beginnt erst zu laufen, wenn die Einladung ordnungsgemäß bekannt gegeben wurde. Die Anforderungen hierfür legt § 28 Abs. 1 Satz 3 und 4 WO fest (vgl. Rdn. 5). Soll die Wahlversammlung z. B. an einem Dienstag stattfinden, muss die Bekanntmachung der Einladung spätestens am Dienstag der Vorwoche erfolgen (abw. *Wiebauer/LK* § 28 WO Rn. 2; nun auch *Homburg/DKKW* § 28 WO Rn. 3). Bedeutungsvoll ist die Einladungsfrist im Hinblick auf die Vorbereitung von Wahlvorschlägen zur Wahl des Betriebsrats, die bis zum Ende der ersten Wahlversammlung bei dem (zuvor gewählten) Wahlvorstand einzureichen sind (§ 33 Abs. 1 WO).

5 Hinsichtlich der **Form der Bekanntmachung** greift § 28 Abs. 1 Satz 3 und 4 WO im Grundsatz auf die Anforderungen des § 3 Abs. 4 WO für die Bekanntmachung des Wahlausschreibens zurück. Regelmäßig ist hierfür ein Aushang im Betrieb erforderlich (Abs. 1 Satz 3). Obwohl hier im Unterschied zu § 3 Abs. 4 Satz 1 WO in der Mehrzahl vom Aushang »an geeigneten Stellen« die Rede ist, genügt gerade im Kleinbetrieb grundsätzlich ein Aushang an geeigneter Stelle, solange es allen Arbeitnehmern des Betriebs möglich ist, an dieser Stelle von der Wahleinladung Kenntnis zu nehmen (vgl. *LAG Hessen* 21.05.2015 – 9 TaBV 235/14 – juris, Rn. 35: Aushang in der Werkhalle nicht geeignet, alle Arbeitnehmer zu erreichen). Ergänzend kann die Einladung in elektronischer Form erfolgen, d. h. unter Verwendung der im Betrieb vorhandenen Informations- und Kommunikationstechnik (vgl. § 2 Abs. 4 Satz 3 und 4 WO). Ausschließlich kann auf die elektronische Form der Bekanntmachung aber nur unter den Voraussetzungen des § 2 Abs. 4 Satz 4 WO zurückgegriffen werden (§ 28 Abs. 1 Satz 4 Halbs. 2 WO; vgl. näher § 2 WO Rdn. 14). Das erfordert bei Einladung durch E-Mail, dass alle Arbeitnehmer über dieses System erreichbar sind (vgl. *BAG* 19.11.2003 EzA § 19 BetrVG 2001 Nr. 2), bei Verwendung des Intranets nicht nur die Möglichkeit der Kenntnisnahme für alle Arbeitnehmer, sondern auch die Sicherstellung, dass Änderungen der bekannt gemachten Einladung nur von der »einladenden Stelle« vorgenommen werden können (ebenso *Fitting* § 28 WO Rn. 4; *Wiebauer/LK* § 28 WO Rn. 4; ungenau *Richardi/Forst* § 28 WO Rn. 2). Auf Verlangen ist der »einladenden Stelle« die im Betrieb vorhandene Informations- und Kommunikationstechnik vom Arbeitgeber zur Nutzung zur Verfügung zu stellen (ebenso *Fitting* § 28 WO Rn. 4; *Richardi/Forst* § 28 WO Rn. 3), weil sie nach Abs. 1 Satz 4 berechtigt ist (»kann«), diese zur Bekanntmachung zu nutzen.

6 Die **inhaltlichen Mindestangaben** für die Einladung zu der ersten Wahlversammlung legt § 28 Abs. 1 Satz 5 WO **verbindlich** fest; es handelt sich um eine wesentliche Verfahrensvorschrift i. S. v. § 19 BetrVG (ebenso *Fitting* § 28 WO Rn. 6; *Richardi/Forst* § 28 WO Rn. 4). Z. T. werden hierbei (so für § 28 Abs. 1 Satz 5 lit. a und b WO) die Bestimmungen der gesetzlichen Übergangsregelung (§ 125 Abs. 4 Nr. 1 Satz 2 BetrVG) übernommen. Diese stellen sicher, dass die Wahlberechtigten Kenntnis von **Ort, Tag** und **Zeit** der Wahlversammlung erhalten; darüber hinaus wird gewährleistet, dass die Wahlberechtigten von dem Zeitpunkt Kenntnis erlangen können, bis zu dem **spätestens Wahlvorschläge** für die Wahl des Betriebsrats gemacht werden müssen. Zusätzlich verpflichtet § 28 Abs. 1 Satz 5 lit. c und d WO zur Mitteilung über die notwendige **Unterstützung**, die für einen wirksamen **Wahlvorschlag** erforderlich ist. Dabei bezieht sich § 28 Abs. 1 Satz 5 lit. c WO auf § 14 Abs. 4 BetrVG (vgl. dazu § 14 BetrVG Rdn. 51), und § 28 Abs. 1 Satz 5 lit. d WO trägt der in § 14a Abs. 2 Halbs. 2 BetrVG enthaltenen Maßgabe Rechnung, dass die **Schriftform** für Wahlvorschläge **entbehrlich** ist, die erst auf der ersten Wahlversammlung gemacht werden. Die nach § 14 Abs. 4 BetrVG notwendige Unterstützung des Wahlvorschlags entfällt hierdurch nicht, lediglich eine schriftliche Dokumentation der Unterstützung durch Unterschriftslisten ist nicht erforderlich, da sich das Schriftformerfordernis einheitlich auf den Wahlvorschlag und dessen Unterstützung bezieht. Die von § 14 Abs. 4 BetrVG geforderte Unterzeichnung des Wahlvorschlags ist bei dem von § 14a Abs. 2 Halbs. 2 BetrVG gestatteten mündlich bekundeten Wahlvorschlag denklogisch ausgeschlossen (vgl. § 14a BetrVG Rdn. 42). Die Angabe der einladenden Stelle verlangt § 28 Abs. 1 Satz 5 WO nicht, allerdings kann der Arbeitgeber seine Pflicht aus § 28 Abs. 2 WO nur erfüllen, wenn er die einladende Stelle kennt. Diese Kenntnis muss ihm jedoch nicht über die Bekanntmachung i. S. v. § 28 Abs. 1 Satz 3 und 4 WO vermittelt werden, sondern kann auch in anderer Weise erfolgen. Seine Einladung

zur Wahlversammlung kommt nicht in Betracht; § 43 Abs. 2 Satz 1 BetrVG ist nicht analog anzuwenden (vgl. auch *Kreutz* § 17a BetrVG Rdn. 17).

III. Unterlagen für die Wählerliste

Grundsätzlich hat der Arbeitgeber erst dem Wahlvorstand die für die **Aufstellung der Wählerliste** **7** **erforderlichen Unterlagen** zur Verfügung zu stellen (§ 30 Abs. 1 Satz 6 WO i. V. m. § 2 Abs. 2 Satz 1 WO). Hiervon weicht § 28 Abs. 2 WO für das zweistufige vereinfachte Wahlverfahren ab, da die kurze Frist bis zur Durchführung der zweiten Wahlversammlung (eine Woche, § 14a Abs. 1 Satz 4 BetrVG) eine unverzügliche Erstellung der Wählerliste durch den Wahlvorstand noch in der ersten Wahlversammlung (§ 30 Abs. 1 Satz 3 WO) erfordert. Aus diesem Grunde schaltet § 28 Abs. 2 WO die einladende Stelle treuhänderisch in die vorbereitenden Maßnahmen des Wahlvorstands ein. Sie nimmt die für die Erstellung der Wählerliste erforderlichen Unterlagen entgegen, zu deren unverzüglicher Aushändigung der Arbeitgeber nach Aushang der Einladung von sich aus verpflichtet ist, um diese sodann (§ 30 Abs. 1 Satz 4 WO) dem Wahlvorstand unmittelbar nach dessen Wahl auszuhändigen. Entsprechend ist zu verfahren bei ausschließlicher Bekanntmachung der Einladung in elektronischer Form. Wurde die Einladung von wahlberechtigten Arbeitnehmern bekannt gegeben, genügt die Übergabe an eine von ihnen bestimmte empfangsberechtigte Person. Diese ergibt sich aus dem Einladungsschreiben; enthält dieses keine Angaben, ist der Umschlag an diejenige Person auszuhändigen, die den Arbeitgeber über die Einladung zu der Wahlversammlung unterrichtet hat (vgl. Rdn. 6 a. E.). Vgl. zu **Fragen dieser Unterstützungspflicht** des Arbeitgebers, ihrer Verletzung und der Durchsetzung ihrer Erfüllung § 2 WO Rdn. 9 ff.

Zum Schutz der personenbezogenen Daten ordnet § 28 Abs. 2 WO an, dass die Unterlagen **in einem** **8** **versiegelten Umschlag** zu übergeben sind. Hierfür ist erforderlich, dass der Umschlag fest verschlossen ist und der Zugriff auf seinen Inhalt nur durch eine Verletzung des Verschlusses möglich ist; im Übrigen können die Grundsätze zur Versiegelung der Wahlurne (vgl. § 12 WO Rdn. 7) entsprechend herangezogen werden. Die offene Übergabe der erforderlichen Unterlagen oder die Übergabe in einem unverschlossenen Umschlag verstößt gegen § 28 Abs. 2 WO, ist jedoch kein wesentlicher Verfahrensfehler, der gemäß § 19 BetrVG zur Anfechtung der Betriebsratswahl berechtigt, da nicht erkennbar ist, dass hierdurch das Wahlergebnis beeinflusst werden könnte (wie hier *Wiebauer/LK* § 28 WO Rn. 6); die Grundsätze zu § 12 Abs. 5 WO (vgl. § 12 WO Rdn. 7) können insoweit nicht übertragen werden.

§ 29
Wahl des Wahlvorstands

Der Wahlvorstand wird in der Wahlversammlung zur Wahl des Wahlvorstands von der Mehrheit der anwesenden Arbeitnehmerinnen und Arbeitnehmer gewählt (§ 17a Nr. 3 Satz 1 des Gesetzes). Er besteht aus drei Mitgliedern (§ 17a Nr. 2 des Gesetzes). Für die Wahl der oder des Vorsitzenden des Wahlvorstands gilt Satz 1 entsprechend.

Bei der ersten Wahlversammlung handelt es sich um eine **Betriebsversammlung**. Das ergibt sich so- **1** wohl aus § 17 Abs. 3 BetrVG, den § 17a Nr. 3 Satz 2 BetrVG für anwendbar erklärt, als auch aus der pauschalen Gleichstellung in § 44 Abs. 1 Satz 1 BetrVG, die alle in § 14a genannten Versammlungen umfasst. Die Wahlversammlung findet deshalb während der **Arbeitszeit** statt (zust. *Fitting* § 29 WO Rn. 1); im Übrigen sind die Grundsätze zu § 17 Abs. 3 BetrVG heranzuziehen (vgl. *Kreutz* § 17 BetrVG Rdn. 37 ff.).

Die **Aufgabe** der ersten Wahlversammlung besteht zunächst in der **Wahl des Wahlvorstands** (§§ 14a **2** Abs. 1 Satz 2, 17a Nr. 3 Satz 1 BetrVG), ohne dass eine Pflicht zu dieser Wahl besteht (vgl. *Kreutz* § 17a BetrVG Rdn. 22); unterbleibt die Wahl, bestellt das Arbeitsgericht den Wahlvorstand auf Antrag (§ 17a Nr. 4 BetrVG i. V. m. § 17 Abs. 4 BetrVG). **Wahlberechtigt** sind die »anwesenden Arbeitnehmer«;

hierzu gehören nicht nur die wahlberechtigten Arbeitnehmer des Betriebs, sondern alle Personen, die Arbeitnehmer i. S. v. § 5 Abs. 1 BetrVG sind (vgl. *Kreutz* § 17 BetrVG Rdn. 42 f.). Wegen ihres aktiven Wahlrechts (§ 7 Satz 2 BetrVG) gehören zu den Teilnahme- und Stimmberechtigten auch die im Betrieb eingesetzten **Leiharbeitnehmer**, sofern ihnen das aktive Wahlrecht zusteht (ebenso *Fitting* § 29 WO Rn. 1; *Homburg/DKKW* § 29 WO Rn. 2). Zur **Durchführung der Wahl** vgl. *Kreutz* § 17 BetrVG Rdn. 39 ff.

3 Der zu wählende Wahlvorstand muss aus **drei Mitgliedern** bestehen (§ 16 Abs. 1 Satz 1 BetrVG; näher *Kreutz* § 16 BetrVG Rdn. 37 ff.); eine Vergrößerung ist gemäß § 17a Nr. 2 BetrVG ausgeschlossen, die Hinzuziehung von **Wahlhelfern** ist dem gewählten Wahlvorstand jedoch nicht verwehrt (§ 1 Abs. 2 Satz 2 WO); auch Ersatzmitglieder können gewählt werden, da § 16 Abs. 1 Satz 4 BetrVG nicht ausgeschlossen ist (ebenso *Wiebauer/LK* § 29 WO Rn. 4; vgl. auch *Fitting* § 29 WO Rn. 3; *Homburg/DKKW* § 29 WO Rn. 3). Hinsichtlich der **Zusammensetzung** des Wahlvorstands gilt im Übrigen jedoch § 16 Abs. 1 BetrVG auch bei der Wahl im vereinfachten Wahlverfahren uneingeschränkt, also auch § 16 Abs. 1 Satz 5 und 6 BetrVG. **Vorschlagsberechtigt** ist neben der einladenden Stelle (§ 28 Abs. 1 Satz 1 WO; dazu *Kreutz* § 17 BetrVG Rdn. 34) jeder teilnehmende Arbeitnehmer (vgl. *Kreutz* § 17 BetrVG Rdn. 44). Für den **Wahlvorgang** enthält weder das Gesetz noch die Wahlordnung Vorgaben, insbesondere ist keine geheime Wahl erforderlich (vgl. auch *Kreutz* § 17 BetrVG Rdn. 45; *Fitting* § 29 WO Rn. 3). § 29 Satz 1 WO beschränkt sich darauf, das Mehrheitserfordernis festzulegen und dieses auf die anwesenden Arbeitnehmer zu beziehen (§§ 17a Nr. 3 Satz 1, 17 Abs. 2 Satz 1 Halbs. 1 BetrVG). Im Übrigen sind die Grundsätze zur Bestimmung des Wahlvorstands in einer Betriebsversammlung nach § 17 Abs. 3 BetrVG anzuwenden (vgl. dazu näher *Kreutz* § 17 BetrVG Rdn. 46 ff.).

4 Die nach § 16 Abs. 1 Satz 1 BetrVG bestehende Aufgabe, aus dem Kreis der zum Wahlvorstand Bestellten einen **Vorsitzenden** zu bestimmen, überträgt § 29 Satz 3 WO ebenfalls der Wahlversammlung. Die Notwendigkeit zur Bestellung eines Vorsitzenden folgt aus der in § 17a Nr. 3 BetrVG angeordneten entsprechenden Anwendung des § 17 Abs. 2 Satz 1 BetrVG, der in Halbs. 2 auf § 16 Abs. 1 BetrVG verweist. Auch für die Wahl des Vorsitzenden gilt wegen des Gebots einer entsprechenden Anwendung des § 29 Satz 1 WO das Mehrheitserfordernis, das nach der Zahl der anwesenden Arbeitnehmer zu bemessen ist (vgl. auch *Kreutz* § 17 BetrVG Rdn. 50).

5 Die erste Wahlversammlung ist im Unterschied zu der Betriebsversammlung nach § 17 Abs. 2 BetrVG nicht auf die Wahl des Wahlvorstands und seines Vorsitzenden beschränkt. Vielmehr wird die (erste) **Wahlversammlung** unter Leitung des Vorsitzenden des Wahlvorstands **weitergeführt**. Noch in der ersten Wahlversammlung hat der Wahlvorstand unmittelbar nach seiner Wahl die Betriebsratswahl einzuleiten, damit die Phase der Vorbereitung dieser Wahl abzuschließen und darüber hinaus auch bereits wesentliche Aufgaben zu erledigen, die zur Phase der Durchführung der Betriebsratswahl gehören (vgl. zu diesen Aufgaben und dem weiteren Ablauf der Wahlversammlung § 14a BetrVG Rdn. 24 ff.). Im Einzelnen ergibt sich die Rechts- und Aufgabenstellung des Wahlvorstands dabei aus §§ 30–33 WO.

Zweiter Unterabschnitt
Wahl des Betriebsrats

§ 30
Wahlvorstand, Wählerliste

(1) Unmittelbar nach seiner Wahl hat der Wahlvorstand in der Wahlversammlung zur Wahl des Wahlvorstands die Wahl des Betriebsrats einzuleiten. § 1 gilt entsprechend. Er hat unverzüglich in der Wahlversammlung eine Liste der Wahlberechtigten (Wählerliste), getrennt nach den Geschlechtern, aufzustellen. Die einladende Stelle hat dem Wahlvorstand den ihr nach § 28 Abs. 2 ausgehändigten versiegelten Umschlag zu übergeben. Die Wahlberech-

tigten sollen in der Wählerliste mit Familienname, Vorname und Geburtsdatum in alphabetischer Reihenfolge aufgeführt werden. § 2 Abs. 1 Satz 3, Abs. 2 bis 4 gilt entsprechend.

(2) Einsprüche gegen die Richtigkeit der Wählerliste können mit Wirksamkeit für die Betriebsratswahl nur vor Ablauf von drei Tagen seit Erlass des Wahlausschreibens beim Wahlvorstand schriftlich eingelegt werden. § 4 Abs. 2 und 3 gilt entsprechend.

Es ist ausschließliche Aufgabe des Wahlvorstands, die Wahl des Betriebsrats zu leiten; insoweit verweist § 30 Abs. 1 Satz 2 WO ausdrücklich auf § 1 WO. Hieraus ergibt sich für den Wahlvorstand, dass er auch bei einer Wahl im vereinfachten Verfahren **Wahlhelfer** hinzuziehen kann, wenn auch noch nicht in der ersten Wahlversammlung (§ 1 Abs. 2 Satz 2 WO; vgl. auch § 14a BetrVG Rdn. 25). Ebenso kann der Wahlvorstand zur Fassung der notwendigen Beschlüsse ad-hoc zu einer **Sitzung** zusammentreten (§ 1 Abs. 3 WO) und muss zu diesem Zweck die Wahlversammlung wegen der Nichtöffentlichkeit seiner Sitzungen kurzzeitig unterbrechen (vgl. § 14a BetrVG Rdn. 27; *a. M. Berg* AiB 2002, 17 [21]; *Fitting* § 30 WO Rn. 2; *Homburg/DKKW* § 30 WO Rn. 9, die eine öffentliche Beschlussfassung in der Wahlversammlung für unvermeidbar halten). Vordringliche Aufgabe des Wahlvorstands ist es unmittelbar nach seiner Konstituierung, die **Wahl** des Betriebsrats **einzuleiten** (§ 30 Abs. 1 Satz 1 WO). Das geschieht **durch Erlass des Wahlausschreibens** (§ 31 Abs. 1 Satz 2 WO). In der Vorbereitung dazu hat der Wahlvorstand unverzüglich, d. h. ohne schuldhafte Verzögerung, die **Wählerliste**, getrennt nach Geschlechtern, aufzustellen (§ 30 Abs. 1 Satz 3). Die hierfür erforderlichen **Unterlagen** erhält der Wahlvorstand von der einladenden Stelle (§ 30 Abs. 1 Satz 4 WO), der diese zuvor vom Arbeitgeber übergeben worden sein müssen (§ 28 Abs. 2 WO; dazu § 28 WO Rdn. 7 f.). Zur Entgegennahme des versiegelten Umschlags ist der Vorsitzende des Wahlvorstands berechtigt (vgl. § 1 WO Rdn. 7). 1

Die inhaltlichen Anforderungen an die **Wählerliste** regelt § 30 Abs. 1 Satz 3 und 5 WO in Übereinstimmung mit § 2 Abs. 1 WO (vgl. näher § 2 WO Rdn. 3 ff.); ggf. hat der Arbeitgeber ergänzende **Auskünfte** zu erteilen (§ 30 Abs. 1 Satz 6 WO i. V. m. § 2 Abs. 2 WO), was faktisch erfordern kann, dass der Arbeitgeber entweder selbst oder ein Beauftragter sich zur Verfügung halten (ein Teilnahmerecht hat der Arbeitgeber nicht; vgl. *Kreutz* § 17a BetrVG Rdn. 18). Ggf. ist die Wahlversammlung kurzzeitig zwecks Informationsbeschaffung zu **unterbrechen** (vgl. auch *Fitting* § 30 WO Rn. 3, die aber auch eine Vertagung der Wahlversammlung zulassen; ebenso *Wiebauer/LK* § 30 WO Rn. 10; *Homburg/DKKW* § 30 WO Rn. 1; im Normalfall wird das den Konstellationen im Kleinbetrieb aber nicht gerecht), sie darf aber nicht für abgeschlossen erklärt werden, um auf einer erneuten Wahlversammlung die weiteren Wahlhandlungen vorzunehmen, die nach der Wahlordnung »in der Wahlversammlung« durchgeführt werden müssen. Hinsichtlich der **Bekanntmachung** der Wählerliste gelten die zu § 2 Abs. 4 WO dargelegten Grundsätze (§ 30 Abs. 1 Satz 6 WO; näher § 2 WO Rdn. 13 ff.; ferner § 14a BetrVG Rdn. 32). Eine **Unterrichtung ausländischer Arbeitnehmer** über die Wahlhandlungen kann der Wahlvorstand vornehmen, ist hierzu jedoch nicht verpflichtet; von einer Einbeziehung der »Sollvorschrift« in § 2 Abs. 5 WO hat die Verweisungsnorm in § 30 Abs. 1 Satz 6 WO abgesehen (vgl. § 14a BetrVG Rdn. 29). 2

Für **Einsprüche gegen die Richtigkeit der Wählerliste** gelten wegen § 30 Abs. 2 Satz 2 WO die zu § 4 WO dargelegten Grundsätze (vgl. auch § 14a BetrVG Rdn. 34 sowie die Anm. zu § 4 WO). Von ihnen weicht § 30 Abs. 2 Satz 1 WO nur hinsichtlich der **Einspruchsfrist** ab. Im Gegensatz zu § 4 Abs. 1 WO, der eine Frist von zwei Wochen bestimmt, verkürzt § 30 Abs. 2 Satz 1 WO die Einspruchsfrist auf drei Tage. Diese Verkürzung stimmt mit der Übergangsregelung in § 125 Abs. 4 Nr. 3 BetrVG überein und ist wegen der kurzen Frist von einer Woche bis zur zweiten Wahlversammlung (§ 14a Abs. 1 Satz 4 BetrVG) notwendig. Die Frist ist nach Kalender- und nicht nach Arbeitstagen zu berechnen; im Übrigen gelten die §§ 187, 188, 193 BGB (§ 41 WO). Der Tag des Erlasses des Wahlausschreibens bleibt bei der Fristberechnung gem. § 187 Abs. 1 BGB unberücksichtigt; im Übrigen gelten die Anmerkungen zu § 4 Abs. 1 WO zum **Fristablauf** sinngemäß auch für § 30 Abs. 2 Satz 1 WO (vgl. § 4 WO Rdn. 5). Ist das Wahlausschreiben z. B. am Donnerstag erlassen worden, endet die Einspruchsfrist wegen § 193 BGB am Montag der nächsten Woche. 3

Im Zusammenhang mit der Aufstellung der Wählerliste muss der Wahlvorstand feststellen, ob das zweistufige vereinfachte Wahlverfahren weiterzuführen ist (vgl. § 14a BetrVG Rdn. 17). Das ist nicht der 4

Fall, wenn der Wahlvorstand feststellt, dass dem Betrieb in der Regel mehr als fünfzig wahlberechtigte Arbeitnehmer angehören (vgl. dazu § 14a BetrVG Rdn. 11 ff.). Dann hat der Wahlvorstand die Betriebsratswahl nach den Vorschriften des (Regel-)Wahlverfahrens vorzubereiten und einzuleiten. Der gewählte (und damit amtierende) Wahlvorstand kann jedoch stattdessen mit dem Arbeitgeber die Anwendung des vereinfachten Wahlverfahrens nach § 14a Abs. 5 BetrVG vereinbaren (str.; vgl. dazu näher § 14a BetrVG Rdn. 7, 112 ff.); das Wahlverfahren richtet sich dann gemäß § 37 WO nach den Vorschriften des einstufigen vereinfachten Verfahrens (§ 36 WO).

§ 31
Wahlausschreiben

(1) Im Anschluss an die Aufstellung der Wählerliste erlässt der Wahlvorstand in der Wahlversammlung das Wahlausschreiben, das von der oder dem Vorsitzenden und von mindestens einem weiteren stimmberechtigten Mitglied des Wahlvorstands zu unterschreiben ist. Mit Erlass des Wahlausschreibens ist die Betriebsratswahl eingeleitet. Das Wahlausschreiben muss folgende Angaben enthalten:
1. das Datum seines Erlasses;
2. die Bestimmung des Orts, an dem die Wählerliste und diese Verordnung ausliegen sowie im Fall der Bekanntmachung in elektronischer Form (§ 2 Abs. 4 Satz 3 und 4) wo und wie von der Wählerliste und der Verordnung Kenntnis genommen werden kann;
3. dass nur Arbeitnehmerinnen und Arbeitnehmer wählen oder gewählt werden können, die in die Wählerliste eingetragen sind, und dass Einsprüche gegen die Wählerliste (§ 4) nur vor Ablauf von drei Tagen seit dem Erlass des Wahlausschreibens schriftlich beim Wahlvorstand eingelegt werden können; der letzte Tag der Frist ist anzugeben;
4. den Anteil der Geschlechter und den Hinweis, dass das Geschlecht in der Minderheit im Betriebsrat mindestens entsprechend seinem zahlenmäßigen Verhältnis vertreten sein muss, wenn der Betriebsrat aus mindestens drei Mitgliedern besteht (§ 15 Abs. 2 des Gesetzes);
5. die Zahl der zu wählenden Betriebsratsmitglieder (§ 9 des Gesetzes) sowie die auf das Geschlecht in der Minderheit entfallenden Mindestsitze im Betriebsrat (§ 15 Abs. 2 des Gesetzes);
6. die Mindestzahl von Wahlberechtigten, von denen ein Wahlvorschlag unterzeichnet sein muss (§ 14 Abs. 4 des Gesetzes) und den Hinweis, dass Wahlvorschläge, die erst in der Wahlversammlung zur Wahl des Wahlvorstand gemacht werden, nicht der Schriftform bedürfen (§ 14a Abs. 2 zweiter Halbsatz des Gesetzes);
7. dass der Wahlvorschlag einer im Betrieb vertretenen Gewerkschaft von zwei Beauftragten unterzeichnet sein muss (§ 14 Abs. 5 des Gesetzes);
8. dass Wahlvorschläge bis zum Abschluss der Wahlversammlung zur Wahl des Wahlvorstands bei diesem einzureichen sind (§ 14a Abs. 2 erster Halbsatz des Gesetzes);
9. dass die Stimmabgabe an die Wahlvorschläge gebunden ist und dass nur solche Wahlvorschläge berücksichtigt werden dürfen, die fristgerecht (Nr. 8) eingereicht sind;
10. die Bestimmung des Orts, an dem die Wahlvorschläge bis zum Abschluss der Stimmabgabe aushängen;
11. Ort, Tag und Zeit der Wahlversammlung zur Wahl des Betriebsrats (Tag der Stimmabgabe – § 14a Abs. 1 Satz 3 und 4 des Gesetzes);
12. dass Wahlberechtigten, die an der Wahlversammlung zur Wahl des Betriebsrats nicht teilnehmen können, Gelegenheit zur nachträglichen schriftlichen Stimmabgabe gegeben wird (§ 14a Abs. 4 des Gesetzes); das Verlangen auf nachträgliche schriftliche Stimmabgabe muss spätestens drei Tage vor dem Tag der Wahlversammlung zur Wahl des Betriebsrats dem Wahlvorstand mitgeteilt werden;
13. Ort, Tag und Zeit der nachträglichen schriftlichen Stimmabgabe (§ 14a Abs. 4 des Gesetzes) sowie die Betriebsteile und Kleinstbetriebe, für die nachträgliche schriftliche Stimmabgabe entsprechend § 24 Abs. 3 beschlossen ist;

14. den Ort, an dem Einsprüche, Wahlvorschläge und sonstige Erklärungen gegenüber dem Wahlvorstand abzugeben sind (Betriebsadresse des Wahlvorstands);
15. Ort, Tag und Zeit der öffentlichen Stimmauszählung.

(2) Ein Abdruck des Wahlausschreibens ist vom Tage seines Erlasses bis zum letzten Tage der Stimmabgabe an einer oder mehreren geeigneten, den Wahlberechtigten zugänglichen Stellen vom Wahlvorstand auszuhängen und in gut lesbarem Zustand zu erhalten. Ergänzend kann das Wahlausschreiben mittels der im Betrieb vorhandenen Informations- und Kommunikationstechnik bekannt gemacht werden. § 2 Abs. 4 Satz 4 gilt entsprechend.

Ist nach der Feststellung des Wahlvorstands das zweistufige vereinfachte Wahlverfahren weiterzuführen (vgl. § 30 WO Rdn. 4), hat der Wahlvorstand nach Aufstellung der Wählerliste (noch in der ersten Wahlversammlung) das **Wahlausschreiben zu erlassen** (Abs. 1 Satz 1); mit dem Erlass ist die Betriebsratswahl **eingeleitet** (Abs. 1 Satz 2). Vor Erlass des Wahlausschreibens hat der Wahlvorstand neben der Aufstellung der Wählerliste die Entscheidungen zu treffen, die nach Abs. 1 Satz 3 in das Wahlausschreiben eingehen müssen (vgl. näher § 14a BetrVG Rdn. 28). Der **Erlass** des Wahlausschreibens **setzt voraus**, dass der Wahlvorstand hierüber zuvor mit einfacher Mehrheit einen Beschluss gefasst hat (§ 30 Abs. 1 Satz 2 WO i. V. m. § 1 Abs. 3 Satz 1 WO); das Wahlausschreiben ist schriftlich niederzulegen und vom Vorsitzenden und mindestens einem weiteren stimmberechtigten Mitglied des Wahlvorstands zu unterschreiben (Abs. 1 Satz 1); vgl. § 3 WO Rdn. 3. Erst mit der Bekanntgabe des Wahlausschreibens gemäß Abs. 2 (vgl. Rdn. 3) ist der Tatbestand des Erlasses vollendet (vgl. näher § 3 WO Rdn. 3). Unter Umständen kann es erforderlich sein, für die Anfertigung des Wahlausschreibens die Wahlversammlung kurzzeitig zu unterbrechen. 1

Den **Inhalt** des vom Wahlvorstand zu erlassenden Wahlausschreibens legt § 31 Abs. 1 Satz 3 WO weitgehend in Übereinstimmung mit § 3 Abs. 2 WO fest, so dass grundsätzlich auf die dortigen Anmerkungen zu verweisen ist (vgl. § 3 WO Rdn. 8 ff.); § 31 Abs. 1 Satz 3 WO enthält jedoch einige **Abweichungen**, die aus den Besonderheiten des vereinfachten Wahlverfahrens resultieren. Diese betreffen die verkürzte Frist zum Einspruch gegen die Wählerliste (Nr. 3), die Besonderheiten für die Wahlvorschläge (Nr. 6 und 8) sowie die aufgrund der Vorgabe in § 14a Abs. 4 BetrVG in § 35 WO eröffnete Möglichkeit einer nachträglichen Stimmabgabe (Nr. 12 und 13). Hervorzuheben ist, dass das Wahlausschreiben nicht wie nach § 3 Abs. 1 Satz 1 WO spätestens sechs Wochen vor dem ersten Tag der Stimmabgabe zu erlassen ist, weil es die Besonderheit des zweistufigen vereinfachten Wahlverfahrens ist, dass die zweite Wahlversammlung, auf welcher der Betriebsrat zu wählen ist, eine Woche nach der ersten Wahlversammlung stattzufinden hat (§ 14a Abs. 1 Satz 4 BetrVG). Unter Beachtung dieser Vorgabe des Gesetzes kommt der Angabe von Ort, Tag und Zeit dieser Wahlversammlung im Wahlausschreiben gemäß § 31 Abs. 1 Satz 3 Nr. 11 WO besondere Bedeutung zu. Einen Hinweis zur Zusammensetzung der Wahlvorschläge, den § 3 Abs. 3 WO ansonsten vorsieht, muss das Wahlausschreiben nicht enthalten; § 31 WO hat davon abgesehen, die Vorschrift des § 3 Abs. 3 WO zu übernehmen. Ferner kommt eine teleologische Reduktion der inhaltlichen Vorgaben in Betracht, wenn diese für das konkrete Wahlverfahren irrelevant sind; das ist der Fall bezüglich der Nr. 4 und Nr. 5, wenn der zu wählende Betriebsrat nur aus einem Mitglied besteht. Auch die Angabe hinsichtlich der Frist zur Einreichung von Wahlvorschlägen (Nr. 8) erweist sich regelmäßig als sinnlos, da der entsprechende Hinweis bereits in der Einladung zur Wahlversammlung enthalten ist (§ 28 Abs. 1 Satz 5 lit. c und d WO); deshalb ist der Verstoß gegen § 31 Abs. 1 Satz 3 Nr. 8 WO zumindest keine wesentliche Vorschrift über das Wahlverfahren i. S. v. § 19 BetrVG. Im Übrigen sind die Vorgaben für den Inhalt des Wahlausschreibens in § 31 Abs. 1 Satz 3 WO zwingend; bei § 31 Abs. 1 Satz 3 WO handelt es sich grundsätzlich um eine wesentliche Vorschrift über das Wahlverfahren i. S. § 19 Abs. 1 BetrVG. 2

Hinsichtlich der **Bekanntmachung** des Wahlausschreibens wiederholt § 31 Abs. 2 WO die Vorschrift des § 3 Abs. 4 WO; auf die dortigen Anmerkungen ist deshalb zu verweisen (vgl. § 3 WO Rdn. 26; ferner § 14a BetrVG Rdn. 32). Zur **Berichtigung** des Wahlausschreibens vgl. § 3 WO Rdn. 27 ff. 3

§ 32
Bestimmung der Mindestsitze für das Geschlecht in der Minderheit

Besteht der zu wählende Betriebsrat aus mindestens drei Mitgliedern, so hat der Wahlvorstand den Mindestanteil der Betriebsratssitze für das Geschlecht in der Minderheit (§ 15 Abs. 2 des Gesetzes) gemäß § 5 zu errechnen.

1 Die Vorgabe des § 15 Abs. 2 BetrVG für die Zusammensetzung des Betriebsrats ist auch im Rahmen des vereinfachten Wahlverfahrens zu beachten. Allerdings müssen dem Betrieb in der Regel **mehr als 20 wahlberechtigte Arbeitnehmer** angehören, da der zu wählende Betriebsrat nur dann aus mindestens drei Mitgliedern besteht (vgl. § 9 Satz 1 [2. Stufe] BetrVG).

2 Hinsichtlich der für das Geschlecht in der Minderheit zu bestimmenden Betriebsratssitze verweist § 32 WO auf § 5 WO, so dass die dortigen Anmerkungen auch für das vereinfachte Wahlverfahren gelten. Die vom Wahlvorstand ermittelte Zahl der Mindestsitze ist in dem Wahlausschreiben anzugeben (§ 31 Abs. 1 Satz 3 Nr. 5 WO), so dass der Wahlvorstand die notwendigen Berechnungen noch vor dessen Erlass vorzunehmen hat.

§ 33
Wahlvorschläge

(1) Die Wahl des Betriebsrats erfolgt aufgrund von Wahlvorschlägen. Die Wahlvorschläge sind von den Wahlberechtigten und den im Betrieb vertretenen Gewerkschaften bis zum Ende der Wahlversammlung zur Wahl des Wahlvorstands bei diesem einzureichen. Wahlvorschläge, die erst in dieser Wahlversammlung gemacht werden, bedürfen nicht der Schriftform (§ 14a Abs. 2 des Gesetzes).

(2) Für Wahlvorschläge gilt § 6 Abs. 2 bis 4 entsprechend. § 6 Abs. 5 gilt entsprechend mit der Maßgabe, dass ein Wahlberechtigter, der mehrere Wahlvorschläge unterstützt, auf Aufforderung des Wahlvorstands in der Wahlversammlung erklären muss, welche Unterstützung er aufrechterhält. Für den Wahlvorschlag einer im Betrieb vertretenen Gewerkschaft gilt § 27 entsprechend.

(3) § 7 gilt entsprechend. § 8 gilt entsprechend mit der Maßgabe, dass Mängel der Wahlvorschläge nach § 8 Abs. 2 nur in der Wahlversammlung zur Wahl des Wahlvorstands beseitigt werden können.

(4) Unmittelbar nach Abschluss der Wahlversammlung hat der Wahlvorstand die als gültig anerkannten Wahlvorschläge bis zum Abschluss der Stimmabgabe in gleicher Weise bekannt zu machen, wie das Wahlausschreiben (§ 31 Abs. 2).

(5) Ist in der Wahlversammlung kein Wahlvorschlag zur Wahl des Betriebsrats gemacht worden, hat der Wahlvorstand bekannt zu machen, dass die Wahl nicht stattfindet. Die Bekanntmachung hat in gleicher Weise wie das Wahlausschreiben (§ 31 Abs. 2) zu erfolgen.

1 § 33 WO konkretisiert und ergänzt § 14a Abs. 2 BetrVG. Da für die Wahl im vereinfachten Verfahren immer das **Mehrheitswahlrecht** gilt (§ 14 Abs. 2 Satz 2 Halbs. 2 BetrVG), erfolgt die Wahl des Betriebsrats nicht aufgrund von Vorschlagslisten, sondern von **Wahlvorschlägen**, die von den nach § 14 Abs. 3 BetrVG Wahlvorschlagsberechtigten (vgl. dazu § 14a BetrVG Rdn. 39 ff.) einzureichen sind (vgl. zur Terminologie § 6 WO Rdn. 1). Gleichwohl verweist § 33 WO sinnvoll weitgehend auf die Vorschriften für Vorschlagslisten (§§ 6 bis 10 WO), passt diese jedoch z. T. an die Besonderheiten des auf Beschleunigung angelegten vereinfachten Wahlverfahrens an.

2 Die **Frist** für die Einreichung von Wahlvorschlägen ist extrem verkürzt. Diese können **nur** bis zum Abschluss der (ersten) Wahlversammlung eingereicht werden; § 33 Abs. 1 WO wiederholt insoweit die Regelung in § 14a Abs. 2 Halbs. 1 BetrVG (vgl. näher § 14a BetrVG Rdn. 38). Aus diesem Grund

liegt eine ordnungsgemäße Einladung zur (ersten) Wahlversammlung nur vor, wenn in dieser bereits auf die Modalitäten für die Einreichung von Wahlvorschlägen hingewiesen wurde (vgl. § 28 Abs. 1 Satz 5 lit. c und d WO) und dementsprechend (schriftliche) Wahlvorschläge vorbereitet werden konnten; zusätzlich ist die Frist zur Abgabe von Wahlvorschlägen in dem Wahlausschreiben anzugeben (§ 31 Abs. 1 Satz 3 Nr. 8 WO; vgl. aber auch § 31 WO Rdn. 2). Der Wahlvorschlag ist – nicht anders als bei einer Wahl aufgrund von Vorschlagslisten (vgl. § 6 Abs. 1 Satz 2 WO) – bei dem Wahlvorstand einzureichen, was erst möglich ist, wenn dieser auf der (ersten) Wahlversammlung gewählt worden ist (vgl. dazu auch § 14a BetrVG Rdn. 37).

Da die Frist für die Einreichung von Wahlvorschlägen sehr knapp bemessen wurde, ist die Wahlversammlung, sofern das von Teilnehmern der Versammlung beantragt wird, für einen angemessenen Zeitraum zu unterbrechen, um noch in der Wahlversammlung einen gültigen Wahlvorschlag einzureichen; anderenfalls besteht die Gefahr, dass der Wahlvorstand die Aufstellung eines Wahlvorschlags im Widerspruch zu § 20 Abs. 1 BetrVG verhindert, was zur Anfechtbarkeit der Wahl nach § 19 BetrVG führt. **3**

Ebenso wie Vorschlagslisten müssen Wahlvorschläge grundsätzlich der **Schriftform** genügen. Hiervon sieht das Gesetz (§ 14a Abs. 2 BetrVG) eine **Ausnahme** vor, wenn der Wahlvorschlag von Arbeitnehmern erst in der (ersten) Wahlversammlung gemacht wird (vgl. dazu § 14a Rdn. 42); § 33 Abs. 1 Satz 3 WO setzt das unpräzise um. Aus dieser Bestimmung ergibt sich nämlich nicht, dass der Verzicht auf das Schriftformerfordernis **nur** für **Wahlvorschläge der Arbeitnehmer** gilt, wie das im Wortlaut von § 14a Abs. 2 Halbs. 2 BetrVG deutlich zum Ausdruck kommt und zusätzlich dadurch bestätigt wird, dass diese Vorschrift ausschließlich § 14 Abs. 4 BetrVG in Bezug nimmt. **Wahlvorschläge der** im Betrieb vertretenen **Gewerkschaften** sind deshalb **stets schriftlich** einzureichen (vgl. § 14a BetrVG Rdn. 44 f.; ebenso *Fitting* § 33 WO Rn. 10; *Richardi/Forst* § 33 WO Rn. 5). Werden Wahlvorschläge der Arbeitnehmer erst in der (ersten) Wahlversammlung mündlich gemacht, entfällt das Schriftformerfordernis auch für die notwendige Unterstützung, da der Wahlvorschlag mit den **Unterstützungsunterschriften** eine Einheit bildet (vgl. § 6 WO Rdn. 17). Wegen der Aufhebung des Schriftformerfordernisses für den Wahlvorschlag genügt es, wenn die Unterstützung durch die notwendige Anzahl an Wahlberechtigten (§ 14 Abs. 4 BetrVG) in anderer Form dokumentiert wird und der Wahlvorstand das im Versammlungsprotokoll oder der Niederschrift vermerkt (vgl. § 14a BetrVG Rdn. 42). Auch die **Zustimmung der Bewerber** zur Aufnahme in den Wahlvorschlag kann dann mündlich zu Protokoll erklärt werden (vgl. Rdn. 5). **4**

Zum **Inhalt** der Wahlvorschläge gelten wegen des Verweises in § 33 Abs. 2 Satz 1 auf § 6 Abs. 2 bis 4 WO die Anmerkungen zu § 6 Abs. 2 bis 4 WO (vgl. § 6 WO Rdn. 7 ff.). Hinsichtlich der für die **Unterstützung eines Wahlvorschlags** der Arbeitnehmer notwendigen **Zahl von Unterschriften** nach § 14 Abs. 4 BetrVG ist insbesondere § 14 Abs. 4 Satz 1 Halbs. 2 BetrVG zu beachten; in Betrieben mit in der Regel **bis zu 20 wahlberechtigten Arbeitnehmern**, in denen ein lediglich aus einem Mitglied bestehender Betriebsrat zu wählen ist (§ 9 Satz 1 [1. Stufe] BetrVG), genügt die Unterzeichnung durch **zwei Wahlberechtigte**. In dem Wahlausschreiben ist das anzugeben (§ 31 Abs. 1 Satz 3 Nr. 6 WO). Bei einem in der Wahlversammlung **mündlich** vorgebrachten Wahlvorschlag (§ 33 Abs. 1 Satz 3 WO) entfällt sowohl das Erfordernis einer schriftlichen Zustimmungserklärung der Bewerber als auch einer Unterstützung durch Unterschriften. Es genügt, wenn der Vorgeschlagene oder die Unterstützer ihre Zustimmung oder Unterstützung in anderer Form zum Ausdruck bringen (vgl. Rdn. 4). Insofern bedarf der Verweis in § 33 Abs. 2 Satz 1 auf § 6 Abs. 3 Satz 2 WO einer teleologischen Reduktion, weil es in der Konsequenz der Zulässigkeit mündlicher Wahlvorschläge liegt, dass auch die zur Wahl Vorgeschlagenen ihre Bereitschaft zur Kandidatur mündlich erklären (ebenso i. E. *Fitting* § 33 WO Rn. 7. *Homburg/DKKW* § 33 WO Rn. 4). Liegt keine schriftliche Zustimmung eines Bewerbers vor, der in Abwesenheit in der Wahlversammlung mündlich zur Wahl vorgeschlagen ist, muss seine Zustimmung noch vor dem Abschluss der Wahlversammlung schriftlich beigebracht oder mündlich erklärt werden (weitergehend *Homburg/DKKW* § 33 WO Rn. 5, der auch eine telefonische oder elektronische Zustimmung genügen lässt); andernfalls ist der Wahlvorschlag ungültig. Bei mündlichem Wahlvorschlag kann der Vorschlagende als »Listenvertreter« nach § 33 Abs. 2 Satz 1, § 6 Abs. 4 WO angesehen werden. Zur Beschleunigung des Wahlverfahrens modifiziert § 33 Abs. 2 Satz 2 WO die Regelung in **§ 6 Abs. 5 WO**; für den Fall, dass ein Wahlberechtigter mehrere Wahlvorschläge **5** unterstützt, muss er die von § 6 Abs. 5 WO geforderte Erklärung bereits unmittelbar in der (ersten) Wahlversammlung abgeben. Da § 33 Abs. 2 WO nicht auf § 6 Abs. 7 WO verweist, ist es zulässig, dass ein Wahlbewerber auf mehreren Wahlvorschlägen vorgeschlagen wird (vgl. § 14a BetrVG Rdn. 47), denn es findet Personenwahl statt, bei der jeder Bewerber auf dem Stimmzettel nur einmal aufgeführt wird (§ 34 Abs. 1 Satz 2 WO). Für **Wahlvorschläge der Gewerkschaften** (vgl. zur Vorschlagsberechtigung § 14a BetrVG Rdn. 44) gelten die zu § 27 WO dargelegten Grundsätze (§ 33 Abs. 2 Satz 3 WO).

6 Ebenso wie bei der Wahl aufgrund von Vorschlagslisten trifft den Wahlvorstand auch bei der Wahl im vereinfachten Verfahren die Pflicht, die eingereichten **Wahlvorschläge** daraufhin zu **überprüfen**, ob sie den von § 33 Abs. 2 WO aufgestellten Anforderungen entsprechen (vgl. § 33 Abs. 3 Satz 1 WO; ferner § 14a BetrVG Rdn. 51 f.). Die entsprechende Anwendung des § 7 WO erfordert jedoch einen Verzicht auf die in § 7 Abs. 2 Satz 2 WO genannte Frist von maximal zwei Arbeitstagen. Da Mängel des Wahlvorschlags nur in der Wahlversammlung beseitigt werden können (vgl. § 33 Abs. 3 Satz 2 WO) und § 9 WO nicht entsprechend anwendbar ist, ist eine Beanstandung seitens des Wahlvorstands nur sinnvoll, wenn der Wahlvorstand den Wahlvorschlag unmittelbar während der (ersten) Wahlversammlung prüft. Das wird durch § 33 Abs. 4 WO bestätigt, da die Wahlvorschläge unmittelbar nach Abschluss der (ersten) Wahlversammlung bekannt zu geben sind (vgl. auch § 14a BetrVG Rdn. 51).

7 Eine **Nachfristsetzung** zur Einreichung von Wahlvorschlägen, wenn bei Abschluss der Wahlversammlung kein gültiger Wahlvorschlag gemacht ist (§ 9 WO), kennt das vereinfachte Wahlverfahren nicht (*LAG Hessen* 22.08.2013 NZA-RR 2014, 72 Rn. 20; vgl. § 14a BetrVG Rdn. 52). Sie Übergangsregelung in § 125 Abs. 4 Nr. 5 BetrVG schloss die Anwendung des § 9 WO ausdrücklich aus. Nunmehr folgt die fehlende Möglichkeit einer Nachfristsetzung aus dem Verzicht in § 33 WO auf die für die Anwendung des § 9 WO notwendige Verweisung sowie dem abschließenden Charakter der Sonderregelung in § 33 Abs. 4 und 5 WO.

8 Hinsichtlich der **Bekanntgabe der gültigen Wahlvorschläge** wiederholt § 33 Abs. 4 WO im Grundsatz die Regelung des § 10 Abs. 2 WO für die Bekanntgabe der Vorschlagslisten (vgl. dazu § 10 WO Rdn. 5). Die Form der Bekanntgabe richtet sich nach der für das Wahlausschreiben gewählten Form (vgl. dazu § 31 Abs. 2 WO Rdn. 3). Wegen der kurzen Frist von einer Woche bis zur (zweiten) Wahlversammlung (§ 14a Abs. 1 Satz 4 BetrVG) hat die Bekanntmachung der gültigen Wahlvorschläge – abweichend von § 10 Abs. 2 WO – jedoch unmittelbar im Anschluss an die (erste) Wahlversammlung zu erfolgen.

9 Wurde **kein gültiger Wahlvorschlag** eingereicht, ist das vom Wahlvorstand – ebenso wie bei der Wahl aufgrund von Vorschlagslisten (vgl. § 9 Abs. 2 WO) – in der für das Wahlausschreiben gewählten Form (vgl. zu § 31 Abs. 2 WO § 31 WO Rdn. 3) bekannt zu geben. Damit erlischt das Amt des Wahlvorstands (vgl. § 14a BetrVG Rdn. 52).

§ 34
Wahlverfahren

(1) **Die Wählerin oder der Wähler kann ihre oder seine Stimme nur für solche Bewerberinnen oder Bewerber abgeben, die in einem Wahlvorschlag benannt sind. Auf den Stimmzetteln sind die Bewerberinnen oder Bewerber in alphabetischer Reihenfolge unter Angabe von Familienname, Vorname und Art der Beschäftigung im Betrieb aufzuführen. Die Wählerin oder der Wähler kennzeichnet die von ihm Gewählten durch Ankreuzen an der hierfür im Stimmzettel vorgesehenen Stelle; es dürfen nicht mehr Bewerberinnen oder Bewerber angekreuzt werden, als Betriebsratsmitglieder zu wählen sind. § 11 Abs. 1 Satz 2, Abs. 2 Satz 2 und 3, Abs. 4 und § 12 gelten entsprechend.**

Wahlverfahren § 34 WO

(2) Im Fall der nachträglichen schriftlichen Stimmabgabe (§ 35) hat der Wahlvorstand am Ende der Wahlversammlung zur Wahl des Betriebsrats die Wahlurne zu versiegeln und aufzubewahren.

(3) Erfolgt keine nachträgliche schriftliche Stimmabgabe, hat der Wahlvorstand unverzüglich nach Abschluss der Wahl die öffentliche Auszählung der Stimmen vorzunehmen und das sich daraus ergebende Wahlergebnis bekannt zu geben. Die §§ 21, 23 Abs. 1 gelten entsprechend.

(4) Ist nur ein Betriebsratsmitglied zu wählen, so ist die Person gewählt, die die meisten Stimmen erhalten hat. Bei Stimmengleichheit entscheidet das Los. Lehnt eine gewählte Person die Wahl ab, so tritt an ihre Stelle die nicht gewählte Person mit der nächsthöchsten Stimmenzahl.

(5) Sind mehrere Betriebsratsmitglieder zu wählen, gelten für die Ermittlung der Gewählten die §§ 22 und 23 Abs. 2 entsprechend.

Die Vorschrift regelt das Wahlverfahren zur Wahl des Betriebsrats auf einer **zweiten Wahlversammlung** (§ 14a Abs. 1 Satz 3 BetrVG), die eine Woche nach der Wahlversammlung zur Wahl des Wahlvorstands stattfindet (§ 14a Abs. 1 Satz 4 BetrVG). Ausführlich zu Vorbereitung und Durchführung dieser (zweiten) Wahlversammlung § 14a BetrVG Rdn. 57 ff. § 34 WO baut konzeptionell auf der Regelung in § 25 WO 1972 auf. Mit Ausnahme der nachträglichen schriftlichen Stimmabgabe (§ 35 WO) gelten die Grundsätze, welche die §§ 20 bis 23 WO für die Wahl aufgrund nur einer Vorschlagsliste im (Regel-)Wahlverfahren aufstellen, auch im vereinfachten Wahlverfahren. 1

Die Vorschrift zur **Abstimmung** (§ 34 Abs. 1 WO) stimmt nahezu vollständig mit § 20 WO überein, so dass auf die dortigen Anmerkungen verwiesen wird (vgl. § 20 WO Rdn. 3 ff.). Im Unterschied zu § 20 Abs. 3 Satz 2 WO verweist § 34 Abs. 1 Satz 4 WO zwar nicht auf § 13 WO; das Gebot einer **öffentlichen Stimmenauszählung** folgt aber aus der Sonderregelung in § 34 Abs. 3 WO (vgl. § 14a BetrVG Rdn. 71). 2

Hinsichtlich der **Stimmenauszählung** ist danach zu entscheiden, ob eine **nachträgliche schriftliche Stimmabgabe** (§ 35 WO) erforderlich ist. Ist das der Fall, unterbleibt eine sofortige Auszählung der Stimmen; die Wahlurne ist zu versiegeln (vgl. dazu § 12 WO Rdn. 7), das weitere Verfahren richtet sich nach § 35 Abs. 3 WO (vgl. § 35 WO Rdn. 5; ferner § 14a BetrVG Rdn. 73 ff.). Erfolgt **keine nachträgliche schriftliche Stimmabgabe**, sind die Stimmen unverzüglich nach Abschluss der Wahl öffentlich auszuzählen (§ 34 Abs. 3 Satz 1 WO; vgl. § 14a BetrVG Rdn. 72). Wird das Gebot der Öffentlichkeit der Stimmenauszählung verletzt, ist eine Wahlanfechtung gerechtfertigt (*LAG Hessen* 21.05.2015 – 9 TaBV 235/14 – juris, Rn. 37). Hinsichtlich der Einzelheiten bei der **Stimmenauszählung** verweist § 34 Abs. 3 Satz 2 WO auf § 21 WO (vgl. die Anmerkungen dort); für die **Wahlniederschrift**, die **Benachrichtigung** und **Bekanntmachung** der Gewählten sowie die **Aufbewahrung der Wahlakten** gelten wegen der Verweisung in § 34 Abs. 3 Satz 2 WO auf § 23 Abs. 1 WO grundsätzlich die §§ 16 bis 19 WO (vgl. § 14a BetrVG Rdn. 79). 3

Für die **Ermittlung der Gewählten** ist zu unterscheiden, ob ein Betriebsratsmitglied oder mehrere Betriebsratsmitglieder zu wählen sind. Bei der Wahl **mehrerer Betriebsratsmitglieder** verweist § 34 Abs. 5 WO ohne Modifikationen auf die Bestimmungen zur Wahl aufgrund nur einer Vorschlagsliste (vgl. insbesondere § 22 WO Rdn. 1 ff.). Sofern nur **ein einziges Betriebsratsmitglied** zu wählen ist, war eine eigenständige Regelung notwendig, die der Verordnungsgeber in § 34 Abs. 4 WO getroffen und hierfür die vormals in § 25 Abs. 4 WO 1972 enthaltene Bestimmung übernommen hat. Lehnt die gewählte Person die Wahl ab und gab es keinen weiteren Bewerber oder hat dieser keine Stimme erhalten, ist die Wahl erfolglos beendet. 4

§ 35
Nachträgliche schriftliche Stimmabgabe

(1) Können Wahlberechtigte an der Wahlversammlung zur Wahl des Betriebsrats nicht teilnehmen, um ihre Stimme persönlich abzugeben, können sie beim Wahlvorstand die nachträgliche schriftliche Stimmabgabe beantragen (§ 14a Abs. 4 des Gesetzes). Das Verlangen auf nachträgliche schriftliche Stimmabgabe muss die oder der Wahlberechtigte dem Wahlvorstand spätestens drei Tage vor dem Tag der Wahlversammlung zur Wahl des Betriebsrats mitgeteilt haben. Die §§ 24, 25 gelten entsprechend.

(2) Wird die nachträgliche schriftliche Stimmabgabe aufgrund eines Antrags nach Absatz 1 Satz 1 erforderlich, hat dies der Wahlvorstand unter Angabe des Orts, des Tags und der Zeit der öffentlichen Stimmauszählung in gleicher Weise bekannt zu machen wie das Wahlausschreiben (§ 31 Abs. 2).

(3) Unmittelbar nach Ablauf der Frist für die nachträgliche schriftliche Stimmabgabe öffnet der Wahlvorstand in öffentlicher Sitzung die bis zu diesem Zeitpunkt eingegangenen Freiumschläge und entnimmt ihnen die Wahlumschläge sowie die vorgedruckten Erklärungen. Ist die nachträgliche schriftliche Stimmabgabe ordnungsgemäß erfolgt (§ 25), so legt der Wahlvorstand den Wahlumschlag nach Vermerk der Stimmabgabe in der Wählerliste in die bis dahin versiegelte Wahlurne.

(4) Nachdem alle ordnungsgemäß nachträglich abgegebenen Wahlumschläge in die Wahlurne gelegt worden sind, nimmt der Wahlvorstand die Auszählung der Stimmen vor. § 34 Abs. 3 bis 5 gilt entsprechend.

1 Für die Wahl im vereinfachten Verfahren legt § 14a Abs. 4 BetrVG ausdrücklich die Möglichkeit einer **schriftlichen Stimmabgabe** für diejenigen Wahlberechtigten fest, die nicht an der Wahl des Betriebsrats teilnehmen können. Der Verordnungsgeber hat sich bei der Umsetzung dieser zwingenden Vorgabe nicht auf eine pauschale Inbezugnahme der §§ 24 bis 26 WO beschränkt, sondern ist mit § 35 WO über die gesetzliche Vorgabe hinausgegangen, da er den Wahlberechtigten nach Maßgabe einer vom Wahlvorstand festzusetzenden Frist die Möglichkeit eröffnet hat, ihre schriftliche Stimmabgabe **nachträglich** vorzunehmen, d. h. innerhalb der Nachfrist nach Abschluss der Stimmabgabe in der zweiten Wahlversammlung (vgl. § 14a Rdn. 58); hierauf hat der Wahlvorstand in dem Wahlausschreiben hinzuweisen (§ 31 Abs. 1 Satz 3 Nr. 12 und 13 WO), auf Ort, Tag und Zeit der schriftlichen Stimmabgabe aber nur im Zusammenhang mit einem Beschluss nach § 24 Abs. 3 WO. Hätte es der Verordnungsgeber bei einem ausschließlichen Verweis auf die §§ 24 bis 26 WO belassen, wäre der Antrag auf schriftliche Stimmabgabe wegen der kurzen Frist zwischen erster und zweiter Wahlversammlung vielfach ohne praktische Bedeutung geblieben. § 35 Abs. 1 WO bestimmt die **Voraussetzungen** einer nachträglichen schriftlichen Stimmabgabe. Infolge der Besonderheit einer nachträglichen Stimmabgabe bedarf es mehrerer Sonderregelungen für die **Stimmenauszählung** (§ 35 Abs. 2 bis 4 WO). Aus den für entsprechend anwendbar erklärten §§ 24, 25 WO (§ 35 Abs. 1 Satz 3 WO) ist abzuleiten, dass der Wahlvorstand in den Fällen des § 24 Abs. 2 und 3 WO **von Amts wegen** die Briefwahlunterlagen auszuhändigen oder zu übersenden hat (vgl. § 14a BetrVG Rdn. 59; ebenso auch *Fitting* § 35 WO Rn. 3, 4; *Wiebauer/LK* § 35 WO Rn. 5 ff.; *Homburg/DKKW* § 35 WO Rn. 2; abw. *Richardi/Forst* § 35 WO Rn. 2, der ohne tragfähige Begründung den Verweis in § 35 Abs. 1 Satz 3 nicht auf § 24 Abs. 2 WO beziehen will). Vgl. zu den Voraussetzungen einer Amtsübermittlung der Briefwahlunterlagen § 24 WO Rdn. 10 ff.

2 Die nachträgliche schriftliche Stimmabgabe (Briefwahl) setzt (außer in den Fällen des § 24 Abs. 2 und 3 WO) einen **Antrag an den Wahlvorstand** voraus (§ 35 Abs. 1 Satz 1 und 2 WO), der inhaltlich dahin geht, durch Aushändigung oder Übersendung der Briefwahlunterlagen Gelegenheit zur (nachträglichen) schriftlichen Stimmabgabe zu geben (§ 35 Abs. 1 Satz 3 i. V. m. § 24 Abs. 1 WO). Der Antrag auf nachträgliche schriftliche Stimmabgabe kann nur von denjenigen Wahlberechtigten gestellt werden, die an der (zweiten) Wahlversammlung nicht teilnehmen können (Abs. 1 Satz 1); es genügt, wenn sie »voraussichtlich« nicht teilnehmen können. Alle Verhinderungsgründe kommen in Betracht, nicht allein (wie bei § 24 Abs. 1 WO) Abwesenheit vom Betrieb; das trägt den Anforderungen des Ar-

Nachträgliche schriftliche Stimmabgabe § 35 WO

beitsablaufs bei einer Stimmabgabe in einer Versammlung gegenüber derjenigen an einem (ganzen) Wahltag sinnvoll Rechnung (vgl. *Richardi/Forst* § 35 WO Rn. 1). Für den Antrag stellt § 35 Abs. 1 WO keine formellen Voraussetzungen auf. Ebenso wie bei dem Verlangen auf schriftliche Stimmabgabe nach § 24 Abs. 1 Satz 1 WO (vgl. § 24 WO Rdn. 4) genügt ein **formloses Ersuchen** (unstr.). Berechtigt sind hierzu nur wahlberechtigte Arbeitnehmer; der Wahlvorstand kann die Durchführung einer nachträglichen schriftlichen Stimmabgabe – abgesehen von dem Sonderfall des § 24 Abs. 3 WO (§ 35 Abs. 1 Satz 3 WO) – nicht von sich aus beschließen. Das Ersuchen ist an den Wahlvorstand zu richten (vgl. zur Empfangszuständigkeit § 1 WO Rdn. 7). Dem Antrag muss der Verhinderungstatbestand zu entnehmen sein; Anträge, denen kein Verhinderungstatbestand zugrunde liegt, kann der Wahlvorstand zurückweisen (vgl. § 24 WO Rdn. 6).

Nach Abs. 1 Satz 2 muss der Antrag (das Verlangen) dem Wahlvorstand spätestens **drei Tage vor** dem Tag der zweiten Wahlversammlung mitgeteilt werden, d. h. zugehen. Für die **Fristberechnung** ist nicht auf die Arbeitstage, sondern auf die **Kalendertage** abzustellen; im Übrigen gelten gemäß § 41 WO die §§ 187, 188, 193 BGB. Der Tag der Wahlversammlung wird gem. § 187 Abs. 1 BGB nicht mitgerechnet; z. B. muss der Antrag am Dienstag gestellt werden, wenn die zweite Wahlversammlung am Freitag stattfindet. Der letzte Tag für die Antragstellung ist im Wahlausschreiben (§ 31 Abs. 1 Satz 3 Nr. 12 WO) anzugeben. **Zweifelhaft** ist, ob Wahlberechtigte auch noch nach Ablauf der Drei-Tage-Frist die Briefwahlunterlagen verlangen können, wenn sie wegen Abwesenheit vom Betrieb an der zweiten Wahlversammlung nicht teilnehmen können. Da nach § 35 Abs. 1 Satz 3 WO »§ 24 WO« entsprechend gilt, ist das auf den ersten Blick nach § 24 Abs. 1 WO« möglich. Dagegen spricht jedoch, dass Abs. 1 Satz 2 hinsichtlich der Antragsfrist als lex specialis § 24 Abs. 1 WO verdrängt. Die Bestimmung dient offenbar der Einhaltung der Bekanntmachungspflicht nach § 35 Abs. 2 WO und setzt insoweit die gesetzliche Vorgabe des § 14a Abs. 4 BetrVG vertretbar um (a. M. insoweit *Wiebauer/LK* § 35 WO Rn. 2, der Abs. 1 Satz 2 deshalb nur als Sollvorschrift versteht). Sofern sich jedoch die Bekanntmachung nach § 35 Abs. 2 sowieso erübrigt, weil bereits im Wahlausschreiben (§ 31 Abs. 1 Satz 3 Nr. 15 WO) Ort, Tag und Zeit der öffentlichen Stimmenauszählung auf den Ablauf der Frist zur nachträglichen schriftlichen Stimmabgabe festgelegt sind (vgl. § 14a BetrVG Rdn. 57), bestehen nach der Zielsetzung von Abs. 1 Satz 2 keine Bedenken, eine Antragstellung entsprechend § 24 Abs. 1 WO auch nach Ablauf der Drei-Tage-Frist und bis zur Schließung der zweiten Wahlversammlung zuzulassen.

Hinsichtlich der weiteren Einzelheiten für die schriftliche **Stimmabgabe** verweist § 35 Abs. 1 Satz 3 WO auf die §§ 24, 25 WO; vgl. zu den **zu übermittelnden Briefwahlunterlagen** (§ 24 Abs. 1 WO) § 24 WO Rdn. 13 ff.; zum **Vermerk** in der Wählerliste § 24 WO Rdn. 22 f.; zum vorgeschriebenen **Verfahren der Stimmabgabe** und zu **Verstößen** dagegen die Anmerkungen zu § 25 WO.

Wird erst durch einen (fristgemäßen) **Antrag** nach Abs. 1 Satz 1 und 2 die nachträgliche schriftliche Stimmabgabe **erforderlich**, hat der Wahlvorstand nach **Abs. 2** zu verfahren; die Bestimmung gilt entsprechend, wenn in den Fällen des § 24 Abs. 2 und 3 WO erst nach Erlass des Wahlausschreibens eine nachträgliche schriftliche Stimmabgabe erforderlich wird (vgl. § 14a BetrVG Rdn. 59). Vgl. zur Frage, wann die Bekanntmachung nach Abs. 2 tatbestandlich entfällt, § 14a BetrVG Rdn. 57). Nach Abs. 2 hat der Wahlvorstand unverzüglich bekanntzumachen, **dass** die nachträgliche schriftliche Stimmabgabe erforderlich geworden ist; außerdem sind **Ort, Tag** und **Zeit** der **öffentlichen Stimmauszählung** (neu) bekanntzumachen, weil diese Angaben im Wahlausschreiben (§ 31 Abs. 1 Satz 3 Nr. 15 WO) dadurch überholt sind, dass nachträglich schriftliche Stimmabgabe erforderlich geworden ist, und deshalb die Stimmauszählung nicht unverzüglich nach Abschluss der Wahl erfolgen kann (§ 34 Abs. 3 WO). Die Festlegung von Tag und Zeit der öffentlichen Stimmauszählung hängt ihrerseits von der **Frist** ab, die der Wahlvorstand **für die schriftliche Stimmabgabe** festlegt; erst unmittelbar nach Ablauf dieser Frist beginnt diese öffentliche Sitzung (Abs. 3). Auch die Frist für die (nachträgliche) schriftliche Stimmabgabe ist nach Abs. 2 bekanntzumachen, obwohl das nicht ausdrücklich vorgesehen ist; der Ablauf der Frist ist mit Datum und Uhrzeit anzugeben und muss mit Tag und Uhrzeit der öffentlichen Stimmauszählung zusammenfallen. Mangels verbindlicher Vorgaben in der Wahlordnung hat der Wahlvorstand die **Frist** für die schriftliche Stimmabgabe nach **pflichtgemäßem Ermessen** festzulegen. Neben den üblichen Postlaufzeiten und betrieblichen Besonderheiten hat er vor allem dem Beschleunigungscharakter des vereinfachten Wahlverfahrens Rechnung zu tragen. Regelmäßig

§ 35 WO   *II. 1. Wahl des Betriebsrats im zweistufigen Verfahren*

wird danach der Fristablauf nur wenige Tage nach dem Tag der zweiten Wahlversammlung liegen dürfen, längstens eine Woche (ebenso *Fitting* § 35 WO Rn. 7; *Richardi/Forst* § 35 WO Rn. 6; *Homburg/DKKW* § 35 WO Rn. 4 empfiehlt eine Frist von vier Tagen). Die **Bekanntmachungen** nach Abs. 2 müssen **in gleicher Weise** erfolgen wie zuvor das Wahlausschreiben (Abs. 2 Satz 2); vgl. § 31 WO Rdn. 3.

6 Im unmittelbaren Anschluss an den Ablauf der vom Wahlvorstand für die Einreichung schriftlicher Stimmabgaben gesetzten Frist führt der Wahlvorstand zur **Auszählung der Stimmen** eine öffentliche Sitzung durch, die hinsichtlich Ort, Tag und Zeit zuvor bekannt gemacht wurde (§ 35 Abs. 2 WO; vgl. Rdn. 5). Zu den Anforderungen an die (Betriebs-)**Öffentlichkeit** der Sitzung vgl. *Kreutz* § 18 BetrVG Rdn. 32 ff. sowie § 13 WO. Auf der Sitzung erfolgt die Auszählung der Stimmen, nachdem zuvor (in dieser Sitzung) alle ordnungsgemäß nachträglich abgegebenen Wahlumschläge in die Wahlurne, die für die Urnenwahl verwendet wurde, gelegt worden sind (§ 35 Abs. 4 WO). Hinsichtlich des **Verfahrens** bezüglich der schriftlich abgegebenen Stimmen trifft § 35 Abs. 3 WO eine eigenständige Regelung, deren Inhalt mit § 26 Abs. 1 WO übereinstimmt (vgl. dazu § 26 WO Rdn. 2 ff.). Für die Behandlung verspätet eingegangener Briefumschläge enthält § 35 WO keine Regelung, so dass sich eine analoge Anwendung des § 26 Abs. 2 WO aufdrängt (vgl. dazu § 26 WO Rdn. 6).

7 Bezüglich der weiteren Stimmenauszählung verweist § 35 Abs. 4 Satz 2 WO auf § 34 Abs. 3 bis 5 WO (vgl. dazu § 34 WO Rdn. 3).

Zweiter Abschnitt
Wahl des Betriebsrats im einstufigen Verfahren
(§ 14a Abs. 3 des Gesetzes)

§ 36
Wahlvorstand, Wahlverfahren

(1) Nach der Bestellung des Wahlvorstands durch den Betriebsrat, Gesamtbetriebsrat, Konzernbetriebsrat oder das Arbeitsgericht (§ 14a Abs. 3, § 17a des Gesetzes) hat der Wahlvorstand die Wahl des Betriebsrats unverzüglich einzuleiten. Die Wahl des Betriebsrats findet auf einer Wahlversammlung statt (§ 14a Abs. 3 des Gesetzes). Die §§ 1, 2 und 30 Abs. 2 gelten entsprechend.

(2) Im Anschluss an die Aufstellung der Wählerliste erlässt der Wahlvorstand das Wahlausschreiben, das von der oder dem Vorsitzenden und von mindestens einem weiteren stimmberechtigten Mitglied des Wahlvorstands zu unterschreiben ist. Mit Erlass des Wahlausschreibens ist die Betriebsratswahl eingeleitet. Besteht im Betrieb ein Betriebsrat, soll der letzte Tag der Stimmabgabe (nachträgliche schriftliche Stimmabgabe) eine Woche vor dem Tag liegen, an dem die Amtszeit des Betriebsrats abläuft.

(3) Das Wahlausschreiben hat die in § 31 Abs. 1 Satz 3 vorgeschriebenen Angaben zu enthalten, soweit nachfolgend nichts anderes bestimmt ist:
1. Abweichend von Nummer 6 ist ausschließlich die Mindestzahl von Wahlberechtigten anzugeben, von denen ein Wahlvorschlag unterzeichnet sein muss (§ 14 Abs. 4 des Gesetzes).
2. Abweichend von Nummer 8 hat der Wahlvorstand anzugeben, dass die Wahlvorschläge spätestens eine Woche vor dem Tag der Wahlversammlung zur Wahl des Betriebsrats beim Wahlvorstand einzureichen sind (§ 14a Abs. 3 Satz 2 des Gesetzes); der letzte Tag der Frist ist anzugeben.

Für die Bekanntmachung des Wahlausschreibens gilt § 31 Abs. 2 entsprechend.

(4) Die Vorschriften über die Bestimmung der Mindestsitze nach § 32, das Wahlverfahren nach § 34 und die nachträgliche Stimmabgabe nach § 35 gelten entsprechend.

(5) Für Wahlvorschläge gilt § 33 Abs. 1 entsprechend mit der Maßgabe, dass die Wahlvorschläge von den Wahlberechtigten und den im Betrieb vertretenen Gewerkschaften spätestens eine Woche vor der Wahlversammlung zur Wahl des Betriebsrats beim Wahlvorstand schriftlich einzureichen sind (§ 14a Abs. 3 Satz 2 zweiter Halbsatz des Gesetzes). § 6 Abs. 2 bis 5 und die §§ 7 und 8 gelten entsprechend mit der Maßgabe, dass die in § 6 Abs. 5 und § 8 Abs. 2 genannten Fristen nicht die gesetzliche Mindestfrist zur Einreichung der Wahlvorschläge nach § 14a Abs. 3 Satz 2 erster Halbsatz des Gesetzes überschreiten dürfen. Nach Ablauf der gesetzlichen Mindestfrist zur Einreichung der Wahlvorschläge hat der Wahlvorstand die als gültig anerkannten Wahlvorschläge bis zum Abschluss der Stimmabgabe in gleicher Weise bekannt zu machen wie das Wahlausschreiben (Absatz 3).

(6) Ist kein Wahlvorschlag zur Wahl des Betriebsrats gemacht worden, hat der Wahlvorstand bekannt zu machen, dass die Wahl nicht stattfindet. Die Bekanntmachung hat in gleicher Weise wie das Wahlausschreiben (Absatz 3) zu erfolgen.

1 Das in § 14 Abs. 3 BetrVG geregelte **einstufige vereinfachte Wahlverfahren** findet statt, wenn die Bestellung eines Wahlvorstands im Rahmen einer eigenständigen Wahlversammlung überflüssig ist, weil der Wahlvorstand von dem amtierenden Betriebsrat oder von dem Gesamt- oder Konzernbetriebsrat oder ggf. von dem Arbeitsgericht bestellt worden ist (vgl. § 14a BetrVG Rdn. 89). Für diesen Fall trifft § 36 WO eine eigenständige Regelung, die hinsichtlich der Aufgaben des Wahlvorstands sowie die Durchführung der Wahl des Betriebsrats weitgehend auf die Parallelnormen **der zweiten Stufe** des zweistufigen Verfahrens (§§ 30 bis 35 WO) Bezug nimmt, diese jedoch teilweise modifiziert (vgl. auch die ausführlichen Kommentierungen § 14a BetrVG Rdn. 85 ff.).

2 Abweichend von § 30 Abs. 1 Satz 1 WO, aber in Übereinstimmung mit § 18 Abs. 1 Satz 1 BetrVG, hat der Wahlvorstand die Wahl des Betriebsrats **unverzüglich**, d. h. ohne schuldhaftes Zögern (§ 121 Abs. 1 Satz 1 BGB) **einzuleiten** (vgl. näher § 14a BetrVG Rdn. 93). Für die weiteren **Aufgaben** und **Kompetenzen** des Wahlvorstands verweist § 36 Abs. 1 Satz 3 WO auf §§ 1 und 2 WO (vgl. näher § 14a BetrVG Rdn. 91 ff.); Aufgabe des Wahlvorstands ist deshalb vor allem die **Aufstellung der Wählerliste**. **Einsprüche** gegen die Wählerliste sind grundsätzlich nach der allgemeinen Bestimmung in § 4 WO zu behandeln; § 36 Abs. 1 WO verweist zwar nicht auf § 4 WO, insoweit greift aber die Verweisung auf § 30 Abs. 2 WO, die § 36 Abs. 1 Satz 3 WO enthält. § 30 Abs. 2 WO verweist seinerseits weitgehend auf § 4 WO, legt jedoch abweichend von § 4 Abs. 1 WO fest, dass die **Einspruchsfrist** drei Tage beträgt (vgl. auch § 30 WO Rdn. 3).

3 Nach der Aufstellung der Wählerliste erlässt der Wahlvorstand das **Wahlausschreiben**; mit dessen Erlass ist die Wahl eingeleitet (§ 36 Abs. 2 Satz 2 WO). Im Unterschied zu § 3 Abs. 1 Satz 1 WO legt die Wahlordnung hierfür jedoch keinen **Zeitpunkt** fest. Nur für den Fall, dass in dem Betrieb ein Betriebsrat besteht, greift § 36 Abs. 2 Satz 2 WO jedoch die Regelung in § 3 Abs. 1 Satz 3 WO auf. Abweichend von dieser stellt § 36 Abs. 2 Satz 3 WO für die Bemessung der Ein-Wochen-Frist wegen der Möglichkeit einer nachträglichen Stimmabgabe nicht auf den ersten, sondern auf den **letzten Tag der Stimmabgabe** ab.

4 Im Hinblick auf den **Inhalt des Wahlausschreibens** gelten wegen der Verweisung in § 36 Abs. 3 Satz 1 WO die Grundsätze zu § 31 Abs. 1 Satz 3 WO, die weitgehend den allgemeinen Vorgaben in § 3 Abs. 2 WO entsprechen (vgl. § 31 WO Rdn. 2). Ebenso wie bei § 31 Abs. 1 Satz 3 WO musste bei dem notwendigen Inhalt des Wahlausschreibens den Besonderheiten des vereinfachten Wahlverfahrens Rechnung getragen werden, die hier aus der fehlenden Notwendigkeit einer (ersten) Wahlversammlung resultieren. Das betrifft die beim zweistufigen Verfahren notwendigen Hinweise für die bei der Einreichung von Wahlvorschlägen einzuhaltende Frist (§ 36 Abs. 3 Satz 1 Nr. 2 WO) sowie den Verzicht auf das Erfordernis eines schriftlichen Wahlvorschlags, auf den nach § 31 Abs. 1 Satz 3 Nr. 6 WO hinzuweisen ist, der aber im Rahmen des einstufigen Verfahrens entbehrlich ist (§ 36 Abs. 3 Satz 1 Nr. 1 WO).

5 Für die **Bekanntmachung** des Wahlausschreibens verweist § 36 Abs. 3 Satz 2 WO auf § 31 Abs. 2 WO, der seinerseits der allgemeinen Vorschrift in § 3 Abs. 4 WO entspricht. Auf die dazu dargelegten Anmerkungen ist deshalb zu verweisen (vgl. § 3 WO Rdn. 26).

6 Für **Wahlvorschläge** erklärt § 36 Abs. 5 Satz 1 WO grundsätzlich die Bestimmung in § 33 Abs. 1 WO für anwendbar (vgl. dazu § 33 WO Rdn. 2 ff.); Abweichungen waren jedoch wegen der dortigen Anknüpfung an die (erste) Wahlversammlung erforderlich. Hinsichtlich der einzuhaltenden **Frist** wiederholt § 36 Abs. 5 Satz 1 WO den Inhalt des § 14a Abs. 3 Satz 2 BetrVG (vgl. § 14a BetrVG Rdn. 94). Außerdem stellt § 36 Abs. 5 Satz 1 WO in Übereinstimmung mit § 14a Abs. 3 Satz 2 zweiter Halbs. BetrVG klar, dass Wahlvorschläge im einstufigen Verfahren stets **schriftlich** einzureichen sind (vgl. § 14a BetrVG Rdn. 103; *Fitting* § 36 WO Rn. 7); der Ausnahme eines mündlichen Wahlvorschlages (§ 33 Abs. 1 Satz 3 WO) bedarf es hier nicht und sie wäre auch nicht stimmig zu begründen. Im Übrigen verweist § 36 Abs. 5 WO ebenso wie § 33 Abs. 2 bis 5 WO weitgehend auf die §§ 6 bis 10 WO (vgl. § 14a BetrVG Rdn. 100 ff.). Eine **Abweichung** von den dortigen Regelungen ordnet § 36 Abs. 5 Satz 2 WO jedoch in zwei Punkten an: Erstens unterbleibt – ebenso wie in § 33 WO – eine Bezugnahme auf die Nachfrist in § 9 WO. Zweitens modifiziert § 36 Abs. 5 Satz 2 WO die Frist von drei Arbeitstagen, die § 6 Abs. 5 WO für die Streichung der Doppelunterschrift eines Wahlberechtigten und § 8 Abs. 2 WO für die Beseitigung von Beanstandungen setzen. Diese Fristen sind im einstufigen vereinfachten Wahlverfahren nur dann uneingeschränkt zu beachten, wenn der nach ihrem Ablauf verbleibende Zeitraum ausreicht, um die einwöchige Frist des § 14a Abs. 3 Satz 2 BetrVG zu wahren. Sollte das nicht der Fall sein, tritt eine Verkürzung der Fristen in den §§ 6 Abs. 5, 8 Abs. 2 WO ein (vgl. § 14a BetrVG Rdn. 104, 107). Die gültigen Wahlvorschläge sind vom Wahlvorstand bekannt zu geben; § 36 Abs. 5 Satz 3 WO adaptiert die Vorschrift des zweistufigen Verfahrens (§ 33 Abs. 4 WO), passt diese jedoch an die aus § 14a Abs. 3 Satz 2 BetrVG resultierende Besonderheit des einstufigen Verfahrens an, indem die dortige Mindestfrist als Maßstab für den Zeitpunkt der Bekanntmachung herangezogen wird.

Ebenso wie bei dem zweistufigen Verfahren (vgl. § 33 Abs. 5 WO) ist der Wahlvorstand auch bei dem einstufigen Verfahren zur Bekanntmachung verpflichtet, wenn eine Wahl des Betriebsrats in Ermangelung von Wahlvorschlägen **nicht stattfindet** (§ 36 Abs. 6 Satz 1 WO). Hinsichtlich der Form der Bekanntmachung ist der Wahlvorstand an die Form gebunden, die er für die Bekanntmachung des Wahlausschreibens gewählt hat (§ 36 Abs. 5 Satz 2 WO, vgl. Rdn. 5). 7

Für die Errechnung der Betriebsratssitze, die wegen § 15 Abs. 2 BetrVG dem **Geschlecht in der Minderheit** vorbehalten sind, wegen des **Wahlverfahrens** sowie der in § 14a Abs. 4 BetrVG eröffneten Möglichkeit einer **nachträglichen Stimmabgabe** verweist § 36 Abs. 4 WO auf die entsprechenden Bestimmungen für das zweistufige Verfahren, so dass die dortigen Anmerkungen auch für das einstufige Verfahren gelten. 8

Dritter Abschnitt
Wahl des Betriebsrats in Betrieben mit in der Regel 51 bis 100 Wahlberechtigten
(§ 14a Abs. 5 des Gesetzes)

§ 37
Wahlverfahren

Haben Arbeitgeber und Wahlvorstand in einem Betrieb mit in der Regel 51 bis 100 Wahlberechtigten die Wahl des Betriebsrats im vereinfachten Wahlverfahren vereinbart (§ 14a Abs. 5 des Gesetzes), richtet sich das Wahlverfahren nach § 36.

1 Ist in dem Betrieb ein Betriebsrat aus **fünf Mitgliedern** zu wählen (vgl. § 9 Satz 1 [3. Stufe] BetrVG), geschieht das gemäß § 14 Abs. 2 Satz 1 BetrVG im gesetzlichen Regelfall nach den Grundsätzen der **Verhältniswahl** im (Regel-)Wahlverfahren nach § 14 BetrVG. Die durchzuführende Wahl aufgrund von Vorschlagslisten (§ 6 WO) stellt § 14a Abs. 5 BetrVG jedoch zur Disposition von Arbeitgeber und Wahlvorstand. Diese können die Durchführung des vereinfachten Wahlverfahrens vereinbaren (dazu ausführlich § 14a BetrVG Rdn. 112 ff.).

2 Da § 14a Abs. 5 BetrVG die Existenz eines Wahlvorstands voraussetzt, handelt es sich bei der Vereinbarung des vereinfachten Wahlverfahrens stets um die Vereinbarung des **einstufigen vereinfachten Verfahrens**. Dementsprechend verweist § 37 WO auf die hierfür vorgesehene Regelung in § 36 WO. Hinsichtlich der Einzelheiten siehe die dortigen Anmerkungen.

Dritter Teil
Wahl der Jugend- und Auszubildendenvertretung

§ 38
Wahlvorstand, Wahlvorbereitung

Für die Wahl der Jugend- und Auszubildendenvertretung gelten die Vorschriften der §§ 1 bis 5 über den Wahlvorstand, die Wählerliste, das Wahlausschreiben und die Bestimmung der Mindestsitze für das Geschlecht in der Minderheit entsprechend. Dem Wahlvorstand muss mindestens eine nach § 8 des Gesetzes wählbare Person angehören.

Literatur
S. Einführung vor § 60 BetrVG

Inhaltsübersicht

		Rdn.
I.	Vorbemerkung	1, 2
II.	Wahlvorstand	3–6
III.	Einleitung der Wahl	7–12
	1. Wählerliste	7–9
	2. Wahlausschreiben	10–12

I. Vorbemerkung

Die §§ 38 bis 40 WO regeln das Wahlverfahren für die **Jugend- und Auszubildendenvertretung**; sie sind die Ausführungsbestimmungen zu §§ 60 bis 63 BetrVG. Vgl. zur Entstehungsgeschichte näher 6. Aufl., § 30 WO Rn. 2. Die Vorschriften bilden jetzt den Dritten Teil der Wahlordnung; in der Wahlordnung 1972 war es der Zweite Teil. **1**

Nach § 64 Abs. 1 Satz 1 BetrVG finden **regelmäßige Wahlen** der Jugend- und Auszubildendenvertretung alle zwei Jahre im Wahlzeitraum vom 1. Oktober bis zum 30. November statt. Die Voraussetzungen für die Bildung der Jugend- und Auszubildendenvertretung ergeben sich aus § 60 Abs. 1 BetrVG; die Wahlberechtigung und die Wählbarkeit sind in § 61 BetrVG geregelt. Zu beachten ist, dass das **aktive Wahlrecht** nur jugendlichen Arbeitnehmern (zum Begriff vgl. *Oetker* § 60 BetrVG Rdn. 22 ff.) und zur Berufsausbildung beschäftigten Arbeitnehmern, die (das 18., aber) das 25. Lebensjahr (am Wahltag) noch nicht vollendet haben (vgl. dazu näher *Oetker* § 60 BetrVG Rdn. 25 ff., § 61 BetrVG Rdn. 8), zusteht (§ 61 Abs. 1 BetrVG i. V. m. § 60 Abs. 1 BetrVG). **Wählbar** sind dagegen **alle** Arbeitnehmer des Betriebs, die das 25. Lebensjahr (zu Beginn der Amtszeit der Jugend- und Auszubildendenvertretung; vgl. *Oetker* § 61 BetrVG Rdn. 25) noch nicht vollendet haben (§ 61 Abs. 2 Satz 1 BetrVG), also auch, wenn sie nicht zur Berufsausbildung beschäftigt sind; sie dürfen jedoch nicht Mitglieder des Betriebsrats sein (§ 61 Abs. 2 Satz 2 BetrVG). Die **Zahl** der zu wählenden Jugend- und Auszubildendenvertreter ist nach § 62 Abs. 1 BetrVG zu berechnen. Die **Bestellung eines Wahlvorstands** für die Wahl ist in § 63 Abs. 2 und 3 BetrVG geregelt. Vgl. zu den **Aufgaben** und zur **Rechtsstellung** der Jugend- und Auszubildendenvertretung *Oetker* § 60 BetrVG Rdn. 47 ff. **2**

II. Wahlvorstand

Die Wahl zur Jugend- und Auszubildendenvertretung wird wie die Betriebsratswahl von einem Wahlvorstand geleitet (§§ 38, 1 WO). Die **Bestellung** des Wahlvorstands ist in Anlehnung an die Bestimmungen über die Betriebsratswahlen geregelt. Nach § 63 Abs. 2 Satz 1 BetrVG ist es Pflicht des Betriebsrats (nicht der amtierenden Jugend- und Auszubildendenvertretung), den Wahlvorstand und seinen Vorsitzenden zu bestellen. Die Bestellung eines Wahlvorstands durch eine Wahlversammlung scheidet selbst dann aus, wenn für die Wahl der Jugend- und Auszubildendenvertretung nach § 63 Abs. 4 BetrVG das **vereinfachte Wahlverfahren** gilt; § 40 Abs. 1 Satz 2 WO verweist mit Recht le- **3** diglich auf § 36 WO (vgl. § 40 WO Rdn. 2), so dass die Wahl stets im einstufigen Verfahren durchzuführen ist. Die weitere **Zusammensetzung** des Wahlvorstands ist grundsätzlich dem pflichtgemäßen Ermessen des Betriebsrats überlassen, da § 63 Abs. 2 Satz 2 BetrVG nur auf § 16 Abs. 1 Satz 4 bis 6 BetrVG verweist (**a. M.** *Homburg/DKKW* § 38 WO Rn. 8, der weiterhin für eine entsprechende Anwendung des § 16 BetrVG eintritt); lediglich die Sollvorschrift des § 16 Abs. 1 Satz 5 BetrVG ist zu beachten. Es besteht Einigkeit darüber, dass der Wahlvorstand aus einer **ungeraden Zahl** von mindestens **drei Mitgliedern** bestehen muss (ausführlich dazu *Oetker* § 63 BetrVG Rdn. 17 ff.). Durch die Verweisung auf § 16 Abs. 1 Satz 6 BetrVG ist jeder im Betrieb vertretenen Gewerkschaft das Recht eingeräumt, ein zusätzliches, nicht stimmberechtigtes Mitglied in den Wahlvorstand zu entsenden, sofern ihr kein stimmberechtigtes Wahlvorstandsmitglied angehört (vgl. dazu näher *Kreutz* § 16 BetrVG Rdn. 49 ff.). **Mitglieder** des Wahlvorstands können sowohl wahlberechtigte Arbeitnehmer i. S. v. § 61 Abs. 1 BetrVG als auch sonstige Arbeitnehmer des Betriebs sein, weil es auf Wahlberechtigung nicht ankommt (vgl. *Oetker* § 63 BetrVG Rdn. 22). In Erweiterung des Betriebsverfassungsgesetzes ist vorgeschrieben, dass dem Wahlvorstand mindestens ein zum Betriebsrat wählbarer Arbeitnehmer angehören muss (§ 38 Satz 2 WO i. V. m. § 8 BetrVG). Dieses Mitglied muss das 18. Lebensjahr vollendet haben und dem Betrieb mindestens ein halbes Jahr angehört haben. Dadurch soll sichergestellt werden, dass im Wahlvorstand genügend Betriebserfahrung vorhanden ist (so auch *Fitting* § 38 WO Rn. 2; *Homburg/DKKW* § 38 WO Rn. 9).

4 Zur **Ersatzbestellung** des Wahlvorstands, wenn der Betriebsrat nicht oder nicht rechtzeitig seiner Pflicht aus § 63 Abs. 2 Satz 1 BetrVG nachkommt, vgl. § 63 Abs. 3 BetrVG und *Oetker* § 63 BetrVG Rdn. 28 ff. Für eine Ersatzbestellung durch das Arbeitsgericht steht auch den jugendlichen Arbeitnehmern das Antragsrecht zu. Das Arbeitsgericht kann hier, weil § 16 Abs. 2 Satz 3 BetrVG nicht entsprechend gilt, nur Arbeitnehmer des Betriebes in den Wahlvorstand berufen.

5 Für die **Geschäftsführung** und **innere Ordnung** des Wahlvorstands gelten die gleichen Grundsätze wie für den Wahlvorstand bei Betriebsratswahlen (vgl. § 1 WO Rdn. 5 ff.). Der Wahlvorstand trifft demnach seine Entscheidungen nur in nichtöffentlichen Sitzungen mit einfacher **Stimmenmehrheit** seiner stimmberechtigten Mitglieder durch **Beschluss**. Über die Sitzungen sind **Niederschriften** anzufertigen, die vom Vorsitzenden und einem stimmberechtigten Mitglied zu unterzeichnen sind (§ 1 Abs. 3 WO). Der Wahlvorstand kann sich eine schriftliche **Geschäftsordnung** geben und nach seinem freien Ermessen Wahlberechtigte als **Wahlhelfer** zu seiner Unterstützung bei der Stimmabgabe und bei der Stimmauszählung heranziehen (§ 1 Abs. 2 Satz 2 WO).

6 Bei Streitigkeiten über Maßnahmen des Wahlvorstands (vgl. § 1 WO Rdn. 19) sind die Arbeitnehmer i. S. v. § 60 Abs. 1 BetrVG (also auch die jugendlichen Arbeitnehmer) im arbeitsgerichtlichen Beschlussverfahren antragsberechtigt, ebenso die im Einzelfall betroffenen, gemäß § 61 Abs. 2 BetrVG wählbaren Arbeitnehmer. Der Wahlvorstand ist Beteiligter, solange er noch im Amt ist.

III. Einleitung der Wahl

1. Wählerliste

7 Der Wahlvorstand muss in entsprechender Anwendung des § 2 WO bis zum Erlass des Wahlausschreibens eine Wählerliste anfertigen; der Arbeitgeber hat den Wahlvorstand dabei nach Maßgabe des § 2 Abs. 2 WO zu unterstützen. Im Wesentlichen gelten für die Aufstellung die gleichen Anforderungen wie bei Betriebsratswahlen. Die Wählerlisten sind getrennt nach den Geschlechtern aufzustellen (§ 3 Abs. 1 Satz 1 WO). In die Wählerliste sind alle gemäß § 61 Abs. 1 BetrVG Wahlberechtigten aufzunehmen. Maßgebend ist, dass jugendliche Arbeitnehmer am (letzten) Wahltag das 18. Lebensjahr noch nicht vollendet haben; zur Berufsausbildung beschäftigte Arbeitnehmer dürfen am (letzten) Wahltag das 25. Lebensjahr noch nicht vollendet und das Ausbildungsverhältnis noch nicht beendet haben (vgl. *Oetker* § 61 BetrVG Rdn. 6 f.). Die Eintragung in die Wählerliste ist gemäß § 2 Abs. 3 WO auch hier Voraussetzung für die Ausübung des **aktiven** und **passiven** Wahlrechts derjenigen Arbeitnehmer, die zur Jugend- und Auszubildendenvertretung aktiv wahlberechtigt sind und in die Wählerliste einzutragen sind. Wählbar sind zur Jugend- und Auszubildendenvertretung aber auch Arbeitnehmer, die nicht wahlberechtigt sind; das sind die Arbeitnehmer, die das 18., aber noch nicht das 25. Lebensjahr voll-

endet haben, aber nicht zu ihrer Berufsausbildung beschäftigt werden (vgl. *Oetker* § 61 BetrVG Rdn. 25). Mangels Wahlberechtigung (aktivem Wahlrecht) sind diese Arbeitnehmer nicht in die Wählerliste einzutragen; folglich kann ihre Wählbarkeit an sich nicht formell von dieser Eintragung abhängig sein. Allerdings sieht § 2 Abs. 1 Satz 3 WO nunmehr ausdrücklich die Aufnahme von Personen in die Wählerliste vor, denen ausschließlich das aktive Wahlrecht zusteht (vgl. § 2 WO Rdn. 3); für das umgekehrte Parallelproblem bei der Wahl der Jugend- und Auszubildendenvertretung hat die Wahlordnung auf eine vergleichbare Regelung verzichtet, das Gebot einer »entsprechenden« Anwendung liefert jedoch den methodischen Hebel für eine entsprechende Anwendung des in § 2 Abs. 1 Satz 3 WO zum Ausdruck gelangten Rechtsgedankens, wenn für die Wahl zur Jugend- und Auszubildendenvertretung ausschließlich ein passives Wahlrecht besteht (vgl. auch *Oetker* § 61 BetrVG Rdn. 44). Auch eine gegenteilige Sichtweise zwingt nicht dazu, § 2 Abs. 3 WO generell auf die Ausübung des aktiven Wahlrechts zu beschränken (ebenso *Oetker* § 61 BetrVG Rdn. 43 m. w. N.; *Fitting* § 38 WO Rn. 4; *Homburg/DKKW* § 38 WO Rn. 13; **a. M.** *Richardi/Forst* § 38 WO Rn. 4). Jedenfalls sollte der Wahlvorstand zweckmäßigerweise die über 18 Jahre alten, ausschließlich wählbaren Arbeitnehmer äußerlich getrennt von der Wählerliste in einer besonderen Aufstellung aufführen.

Der Wahlvorstand hat auch hier ggf. wahlberechtigte **ausländische Arbeitnehmer** über die Wahl zu informieren (§ 2 Abs. 5 WO); vgl. dazu § 2 WO Rdn. 19 ff. **8**

Für die **Bekanntmachung** der Wählerliste (§ 2 Abs. 4 WO), das **Einspruchsverfahren** gegen die Wählerliste sowie Berichtigungen und Ergänzungen der Wählerliste gelten keine Besonderheiten (vgl. § 4 WO nebst Erl.). **9**

2. Wahlausschreiben

Der Wahlvorstand (§ 30 WO) hat ein Wahlausschreiben (§§ 3 WO) zu erlassen. Für Zeitpunkt und Form des Erlasses gelten keine Besonderheiten. Es muss – sofern die Jugend- und Auszubildendenvertretung nicht im vereinfachten Wahlverfahren gewählt wird (vgl. § 40 WO Rdn. 2) – spätestens sechs Wochen vor dem ersten Tag der Stimmabgabe durch Aushang erlassen werden (zu den Einzelheiten vgl. § 3 WO Rdn. 2 ff.). **10**

Für den **Inhalt** des Wahlausschreibens gelten die zu § 3 Abs. 2 WO dargelegten Grundsätze. Das Gebot einer entsprechenden Anwendung in Satz 1 führt jedoch dazu, dass der Hinweis gemäß § 3 Abs. 2 Nr. 3 WO auf § 2 Abs. 3 WO auf die wahlberechtigten (§ 61 Abs. 1 BetrVG) Arbeitnehmer zu beschränken ist (vgl. zum Streitstand Rdn. 7). Daneben sollte der Wahlvorstand darauf hinweisen, dass außerdem noch die Arbeitnehmer ab Vollendung des 18. bis vor Vollendung des 25. Lebensjahres wählbar sind (ebenso *Fitting* § 38 WO Rn. 6; *Richardi/Forst* § 38 WO Rn. 5; *Homburg/DKKW* § 38 WO Rn. 14). Ferner ist der Hinweis zweckmäßig, dass Arbeitnehmer nicht wählbar sind, die (nach dem letzten Tag der Stimmabgabe aber) vor Beginn der Amtszeit der Jugend- und Auszubildendenvertretung ihr 25. Lebensjahr vollenden (vgl. *Oetker* § 61 BetrVG Rdn. 26). Schließlich ist entsprechend § 3 Abs. 3 WO auf § 62 Abs. 2 BetrVG hinzuweisen, wenn mehrere Jugend- und Auszubildendenvertreter zu wählen sind; dieser Hinweis steht im Ermessen des Wahlvorstands (vgl. § 3 WO Rdn. 24). Die Angaben im Hinblick auf die Vertretung des Geschlechts in der Minderheit (§ 3 Abs. 2 Nr. 4 und 5 WO) sind auch bei der Wahl der Jugend- und Auszubildendenvertretung aufzunehmen, sofern – wie stets bei einer Wahl aufgrund von Vorschlagslisten – mindestens drei Vertreter zu wählen sind (vgl. § 62 Abs. 3 BetrVG). Zur Ermittlung der für das Geschlecht in der Minderheit vorbehaltenen Sitze in der Jugend- und Auszubildendenvertretung ist § 5 WO entsprechend anzuwenden. Maßgeblich für das zahlenmäßige Verhältnis der Geschlechter ist der in § 60 Abs. 1 BetrVG genannte Personenkreis (vgl. *Oetker* § 62 BetrVG Rdn. 28 ff.), was sich aus § 62 Abs. 3 BetrVG ergibt. **11**

Zur Berichtigung, Ergänzung und zum Neuerlass des Wahlausschreibens vgl. § 3 WO Rdn. 27 ff. **12**

§ 39
Durchführung der Wahl

(1) Sind mehr als drei Mitglieder zur Jugend- und Auszubildendenvertretung zu wählen, so erfolgt die Wahl aufgrund von Vorschlagslisten. § 6 Abs. 1 Satz 2, Abs. 2 und 4 bis 7, die §§ 7 bis 10 und § 27 gelten entsprechend. § 6 Abs. 3 gilt entsprechend mit der Maßgabe, dass in jeder Vorschlagsliste auch der Ausbildungsberuf der einzelnen Bewerberinnen oder Bewerber aufzuführen ist.

(2) Sind mehrere gültige Vorschlagslisten eingereicht, so kann die Stimme nur für eine Vorschlagsliste abgegeben werden. § 11 Abs. 1 Satz 2, Abs. 3 und 4, die §§ 12 bis 19 gelten entsprechend. § 11 Abs. 2 gilt entsprechend mit der Maßgabe, dass auf den Stimmzetteln auch der Ausbildungsberuf der einzelnen Bewerberinnen oder Bewerber aufzuführen ist.

(3) Ist nur eine gültige Vorschlagsliste eingereicht, so kann die Stimme nur für solche Bewerberinnen oder Bewerber abgegeben werden, die in der Vorschlagsliste aufgeführt sind. § 20 Abs. 3, die §§ 21 bis 23 gelten entsprechend. § 20 Abs. 2 gilt entsprechend mit der Maßgabe, dass auf den Stimmzetteln auch der Ausbildungsberuf der einzelnen Bewerber aufzuführen ist.

(4) Für die schriftliche Stimmabgabe gelten die §§ 24 bis 26 entsprechend.

1 Ebenso wie bei der Wahl des Betriebsrats (vgl. vor § 1 WO Rdn. 3) ist auch bei der Wahl der Jugend- und Auszubildendenvertretung zwischen dem Regelfall einer Verhältniswahl aufgrund von **Vorschlagslisten** (§ 63 Abs. 2 Satz 2 BetrVG i. V. m. § 14 Abs. 2 Satz 1 BetrVG) und einer Wahl im **vereinfachten Verfahren** (§ 63 Abs. 4, 5 BetrVG i. V. m. § 14a BetrVG) zu unterscheiden, die zwingend nach den Grundsätzen der Mehrheitswahl durchzuführen ist (das bestimmt § 14 Abs. 2 Satz 2 BetrVG für das vereinfachte Wahlverfahren nach § 14a BetrVG, dessen entsprechende Anwendung § 63 Abs. 4 Satz 1 BetrVG anordnet). § 39 WO betrifft nur den Fall, dass die Wahl aufgrund von Vorschlagslisten durchgeführt wird; für das vereinfachte Wahlverfahren gilt § 40 WO. Wie bei der Betriebsratswahl (§ 6 Abs. 1 Satz 1 WO) wird allerdings auch in § 39 Abs. 1 Satz 1 WO **unzutreffend pauschal** bestimmt, dass die Wahl aufgrund von Vorschlagslisten erfolgt, wenn mehr als drei Mitglieder zur Jugend- und Auszubildendenvertretung zu wählen sind; insoweit ist § 14a Abs. 5 BetrVG nicht beachtet, der gemäß § 63 Abs. 5 BetrVG entsprechend gilt (vgl. zur Richtigstellung § 6 WO Rdn. 2). Dementsprechend ist klarzustellen, dass die Wahl **nur dann** aufgrund von Vorschlagslisten erfolgt, wenn mehr als drei Mitglieder zu wählen sind, aber nicht im vereinfachten Wahlverfahren. Insofern steht § 39 Abs. 1 Satz 1 WO unter dem **Vorbehalt**, dass in Betrieben mit in der Regel 51 bis 100 der in § 60 Abs. 1 BetrVG genannten Arbeitnehmer, in denen also nach § 62 Abs. 1 (dritte Stufe) BetrVG fünf Mitglieder zur Jugend- und Auszubildendenvertretung zu wählen sind, zwischen Arbeitgeber und Wahlvorstand **nicht** die Anwendung des vereinfachten Wahlverfahrens gemäß § 63 Abs. 5, § 14a Abs. 5 BetrVG vereinbart worden ist.

2 Im Wesentlichen ordnet § 39 WO für die **Durchführung der Wahl** aufgrund von Vorschlagslisten die entsprechende **Geltung der §§ 6 bis 27 WO an**. Darüber hinaus wird bestimmt, dass die Wahlbewerber sowohl auf den Vorschlagslisten (Abs. 1 Satz 3 und Abs. 3 Satz 3) als auch auf den Stimmzetteln (Abs. 2 Satz 3 und Abs. 3 Satz 3) unter **Angabe ihres Ausbildungsberufs** aufzuführen sind; damit wird § 62 Abs. 2 BetrVG Rechnung getragen, der bestimmt, dass (neben den Beschäftigungsarten) auch die im Betrieb ausgeübten Ausbildungsberufe bei der Zusammensetzung der Jugend- und Auszubildendenvertretung möglichst berücksichtigt werden sollen. Steht ein Wahlbewerber in keinem Ausbildungsverhältnis und übt er auch keinen erlernten Ausbildungsberuf aus, ist allein seine Beschäftigungsart anzugeben (ebenso *Fitting* § 39 WO Rn. 3; *Homburg/DKKW* § 39 Rn. 3). Zu berücksichtigen ist, dass die Nichtbeachtung der Sollvorschrift des § 62 Abs. 2 BetrVG keinerlei Einfluss auf die Gültigkeit der Wahl hat (vgl. *Oetker* § 62 BetrVG Rdn. 25). Fehlt die Angabe des Ausbildungsberufs entgegen den zwingenden Bestimmungen des § 39 WO, ist wie bei fehlender Angabe der Beschäftigungsart zu verfahren (vgl. § 6 WO Rdn. 10).

Wahl der Jugend- und Auszubildendenvertretung im vereinfachten Wahlverfahren § 40 WO

Die **Systematik des** § 39 WO entspricht derjenigen im zweiten und dritten Abschnitt des ersten Teils 3
der Wahlordnung (§§ 6 bis 23 WO). Nach Abs. 4 gelten die §§ 24 bis 26 WO für die schriftliche
Stimmabgabe entsprechend.

Auch in der weiteren Untergliederung folgt § 39 WO der Konzeption im ersten Teil der Wahlordnung: 4
Die Wahl wird nach den Grundsätzen der **Verhältniswahl** (entsprechend den in Bezug genommenen
§§ 11 ff. WO) durchgeführt, wenn **mehrere gültige Vorschlagslisten** eingereicht worden sind
(Abs. 2); ist lediglich **eine gültige Vorschlagsliste** eingereicht, erfolgt die Wahl (entsprechend den
in Bezug genommenen §§ 20 ff. WO) nach den Grundsätzen der **Mehrheitswahl** (Abs. 3). In beiden
Fällen erfolgt die Wahl aufgrund von Vorschlagslisten (Abs. 1); insoweit gelten die Bestimmungen über
Fristen und Nachfristen für die Einreichung von **Vorschlagslisten** (§ 6 Abs. 1 Satz 2 und §§ 7 bis 9
WO), über Inhalt, Kennzeichnung, Prüfung, Berichtigung und Bekanntmachung (§ 6 Abs. 3 bis 7,
§§ 7 bis 10 WO) sowie über Wahlvorschläge der Gewerkschaften (§ 27 WO) entsprechend (vgl. zur
Terminologie bei Vorschlagslisten und Wahlvorschlägen § 6 WO Rdn. 1).

Im Einzelnen sind die Durchführung der Wahl und die dabei zu beachtenden Besonderheiten *Oetker* 5
§ 63 BetrVG Rdn. 47 ff. dargestellt; darauf wird verwiesen. Im Übrigen ist auf die Kommentierung
der §§ 6 bis 27 WO zurückzugreifen, soweit § 39 WO die entsprechende Geltung dieser Vorschriften
anordnet.

§ 40
Wahl der Jugend- und Auszubildendenvertretung im vereinfachten Wahlverfahren

**(1) In Betrieben mit in der Regel fünf bis fünfzig der in § 60 Abs. 1 des Gesetzes genannten
Arbeitnehmerinnen und Arbeitnehmern wird die Jugend- und Auszubildendenvertretung
im vereinfachten Wahlverfahren gewählt (§ 63 Abs. 4 Satz 1 des Gesetzes). Für das Wahlverfahren
gilt § 36 entsprechend mit der Maßgabe, dass in den Wahlvorschlägen und auf den
Stimmzetteln auch der Ausbildungsberuf der einzelnen Bewerberinnen oder Bewerber aufzuführen
ist. § 38 Satz 2 gilt entsprechend.**

**(2) Absatz 1 Satz 2 und 3 gilt entsprechend, wenn in einem Betrieb mit in der Regel 51 bis
100 der in § 60 Abs. 1 des Gesetzes genannten Arbeitnehmerinnen und Arbeitnehmern Arbeitgeber
und Wahlvorstand die Anwendung des vereinfachten Wahlverfahrens vereinbart
haben (§ 63 Abs. 5 des Gesetzes).**

Nach § 63 Abs. 4 Satz 1 BetrVG erfolgt auch die Wahl der Jugend- und Auszubildendenvertretung 1
entsprechend § 14a BetrVG zwingend **im vereinfachten Wahlverfahren**, wenn in dem Betrieb
in der Regel **nicht mehr als 50 der in § 60 Abs. 1 BetrVG genannten Arbeitnehmer** beschäftigt
sind. Entsprechend der Wahl des Betriebsrats gilt das vereinfachte Wahlverfahren auch aufgrund einer
Vereinbarung zwischen Arbeitgeber und Wahlvorstand in Betrieben mit in der Regel 51 bis 100 der
in § 60 Abs. 1 BetrVG genannten Arbeitnehmer (§ 63 Abs. 5 BetrVG i. V. m. § 14a Abs. 5 BetrVG sowie
§ 40 Abs. 2 WO).

Für die **Durchführung** des vereinfachten Wahlverfahrens nach den Grundsätzen der Mehrheitswahl 2
(vgl. § 39 WO Rdn. 1) verweist § 40 Abs. 1 Satz 2 WO auf die Vorschrift für die Wahl des Betriebsrats
im vereinfachten Verfahren (§ 36 WO); ergänzend übernimmt die Wahlordnung die auch für die Wahl
aufgrund von Vorschlagslisten aufgestellte Maßgabe, dass in den Wahlvorschlägen und auf den Stimmzetteln
der **Ausbildungsberuf** der einzelnen Bewerber anzugeben ist (vgl. insoweit auch § 39 WO
Rdn. 2). Die vereinfachte Wahl der Jugend- und Auszubildendenvertretung erfolgt stets im **einstufigen
Verfahren**, da eine Jugend- und Auszubildendenvertretung nur dann zu errichten ist, wenn in
dem Betrieb ein Betriebsrat existiert (vgl. *Oetker* § 60 BetrVG Rdn. 38 ff.), so dass der Wahlvorstand
grundsätzlich von diesem zu bestellen ist (§ 63 Abs. 2 Satz 1 BetrVG). Für die **Frist** zur Bestellung des
Wahlvorstands sieht § 63 Abs. 4 Satz 2 BetrVG eine **Fristverkürzung** vor, die der Sonderregelung
entspricht, die § 17a Nr. 1 und 2 BetrVG für die Wahl des Betriebsrats im vereinfachten (einstufigen)
Wahlverfahren anordnet. Im Übrigen ist auf die Anmerkungen zu § 36 WO zu verweisen.

3 Ebenso wie für die Wahl des Betriebsrats im **fakultativen vereinfachten Wahlverfahren** (vgl. § 37 WO) ist § 40 Abs. 2 WO für die Parallele bei der Wahl der Jugend- und Auszubildendenvertretung (§ 63 Abs. 5 BetrVG i. V. m. § 14a Abs. 5 BetrVG) darauf beschränkt, die Regeln für das obligatorische vereinfachte Wahlverfahren für entsprechend anwendbar zu erklären (vgl. oben § 37 WO mit Erl.).

Vierter Teil
Übergangs- und Schlussvorschriften

§ 41
Berechnung der Fristen

Für die Berechnung der in dieser Verordnung festgelegten Fristen finden die §§ 186 bis 193 des Bürgerlichen Gesetzbuchs entsprechende Anwendung.

Die Geltung der §§ 187 bis 193 BGB für die Berechnung der in der Wahlordnung festgelegten Fristen ergibt sich auch ohne § 41 WO aus § 186 BGB. 1

Die Wahlordnung unterscheidet zwischen **Wochenfristen** (§ 3 Abs. 1 Satz 1, Abs. 2 Nr. 8, § 4 Abs. 1, § 6 Abs. 1 Satz 2, § 9 Abs. 1, § 10 Abs. 2, § 18 WO) und **Fristen**, die nach **Arbeitstagen** (§ 6 Abs. 5 Satz 2 und Abs. 7 Satz 2, § 7 Abs. 2 Satz 2, § 8 Abs. 2 WO) oder **Kalendertagen** (§ 28 Abs. 1 Satz 2, § 30 Abs. 2 Satz 1, § 35 Abs. 1 Satz 2 WO) zu bemessen sind. Wichtig für alle Fristen ist § 187 Abs. 1 BGB: Wenn der **Beginn der Frist** an ein bestimmtes Ereignis, z. B. den Aushang des Wahlausschreibens (vgl. § 3 Abs. 1 WO), geknüpft ist, zählt der Tag nicht mit, an dem das Ereignis stattfindet (vgl. auch § 3 WO Rdn. 2). 2

Die **Wochenfristen enden** im Falle des § 187 Abs. 1 BGB mit Ablauf des Wochentages, der in seiner Benennung (z. B. Montag oder Donnerstag) demjenigen Tag entspricht, an dem das Ereignis stattgefunden hat (§ 188 Abs. 2 1. Variante BGB). Ist beispielsweise das Wahlausschreiben an einem Donnerstag bekannt gemacht worden, läuft die Frist für Einsprüche gegen die Wählerliste (§ 4 Abs. 1 WO) und für die Einreichung von Vorschlagslisten (§ 6 Abs. 1 Satz 2 WO) zwei Wochen später am Donnerstag ab. Für den Ablauf der Frist gilt § 193 BGB, d. h. falls der letzte Tag der Frist auf einen Sonntag, einen staatlich anerkannten allgemeinen Feiertag oder Sonnabend fällt, tritt an die Stelle dieses Tages der nächste Werktag. Eine nach **Tagen** bestimmte Frist endet mit dem Ablauf des letzten Tages der Frist (§ 188 Abs. 1 BGB). 3

Bei der Berechnung der nach **Arbeitstagen** festgelegten Fristen muss der letzte Tag der Frist immer auf einen Arbeitstag fallen. Als Arbeitstag gilt der Tag, an dem in dem Betrieb allgemein gearbeitet wird, d. h. die ganz überwiegende Mehrheit der Belegschaft regelmäßig arbeitet (vgl. *BAG* 12.02.1960 AP Nr. 11 zu § 18 BetrVG; 01.06.1966 AP Nr. 2 zu § 6 WahlO 1953 = BAGE 18, 312 [318]; ebenso *Fitting* § 41 WO Rn. 2; *Wiebauer/LK* § 6 WO Rn. 14; *Richardi/Forst* § 3 WO Rn. 11; *Homburg/DKKW* § 41 WO Rn. 3). Es kommt dabei auf den Betrieb als solchen, nicht auf einzelne Betriebsabteilungen an. Unerheblich ist auch, ob der einzelne betroffene Arbeitnehmer an diesem Arbeitstag arbeitet oder z. B. infolge Krankheit oder Urlaub betriebsabwesend ist. Unerheblich ist auch, ob der Tag ein Sonn- oder Feiertag oder ein Sonnabend ist. Die Bestimmungen des BGB, die auf die Unterscheidung von Sonn-, Feiertagen und Sonnabenden einerseits und Werktagen andererseits sowie auf Kalendertage abstellen, sind für die nach Arbeitstagen bemessenen Fristen insoweit nicht anzuwenden. Fristablauf kann daher auch an einem Sonntag eintreten, der Arbeitstag ist (ebenso *Homburg/DKKW* § 41 WO Rn. 3). Anders ist die Rechtslage, wenn die Frist nach **Kalendertagen** bemessen ist (vgl. Rdn. 2). In diesem Fall tritt der Fristablauf unabhängig davon ein, ob am Tag des Fristablaufs in dem Betrieb gearbeitet wird. Fällt der letzte Tag der Frist auf einen Sonn- oder Feiertag oder Sonnabend, greift jedoch § 193 BGB ein. 4

Der Wahlvorstand kann nicht abweichend von den Regelungen des BGB, nach denen der letzte Tag der Frist grundsätzlich um 24:00 Uhr endet, den **Fristablauf uhrzeitgemäß auf das Ende der Arbeitszeit** am letzten Tag der Frist legen, wenn es sich bei diesem Zeitpunkt um das Ende der Arbeitszeit der überwiegenden Mehrheit der Belegschaft handelt (vgl. dazu näher § 4 WO Rdn. 5; a. A. *Kreutz* 9. Aufl., Rn. 5; *Fitting* § 41 WO Rn. 5; vgl. dazu auch § 3 WO Rdn. 10; § 6 WO Rdn. 5; § 14 BetrVG Rdn. 76). Gesetzliche Fristen stehen nicht zur Disposition des Wahlvorstands. Zum Zugang § 4 Rdn. 5 m. w. N. 5

6 Die in der Wahlordnung festgesetzten **Fristen sind eingehalten**, wenn vor ihrem Ablauf (Tagesende, Ende der Arbeitszeit) die erforderliche Handlung vorgenommen oder die erforderliche Erklärung dem richtigen Empfänger nach allgemeinen Regeln zugegangen ist (vgl. dazu § 3 WO Rdn. 22).

§ 42
Bereich der Seeschifffahrt

Die Regelung der Wahlen für die Bordvertretung und den Seebetriebsrat (§§ 115 und 116 des Gesetzes) bleibt einer besonderen Rechtsverordnung vorbehalten.

Die Regelung ist erfolgt durch die Zweite Verordnung zur Durchführung des Betriebsverfassungsgesetzes (Wahlordnung Seeschifffahrt – WOS) vom 07.02.2002 (BGBl. I, S. 594 ff.). Diese ist an die Stelle der VO vom 24.10.1972 getreten (§ 60 Satz 2 WOS). Die WOS ist als **Anhang 3** abgedruckt.

§ 43
Inkrafttreten

(1) Diese Verordnung tritt am Tage nach der Verkündung in Kraft.

(2) *aufgehoben*

1 Die Wahlordnung ist im Bundesgesetzblatt vom 14. Dezember 2001 (BGBl. I, S. 3494) verkündet worden und damit am 15. Dezember 2001 in Kraft getreten. Zugleich trat die zuvor geltende VO außer Kraft; zu den Übergangsregelungen nach Inkrafttreten des BetrVG-Reformgesetzes vgl. § 125 Abs. 4 BetrVG.

2 Abs. 2 hatte bestimmt, dass für die Wahlen nach §§ 76 und 77 BetrVG 1952 die Wahlordnung 1953 (BGBl. I, S. 58) fort gilt. Mit Inkrafttreten des DrittelbG vom 18.05.2004 (BGBl. I, S. 974) am 01.07.2004 ist jedoch das BetrVG 1952 außer Kraft getreten. Die neue Wahlordnung zum DrittelbG (WODrittelbG), die als Art. 1 der Verordnung zum Zweiten Gesetz zur Vereinfachung der Wahl der Arbeitnehmervertreter in den Aufsichtsrat vom 23.06.2004 erlassen wurde (BGBl. I, S. 1393), hat die Wahlordnung 1953 abgelöst (Art. 3 der VO vom 23.06.2004). Durch Art. 2 dieser VO wurde § 43 Abs. 2 WO aufgehoben.

Anhang 2 Gesetz über Europäische Betriebsräte

**(Europäische Betriebsräte-Gesetz – EBRG)
In der Fassung der Bekanntmachung vom 7. Dezember 2011
(BGBl. I, S. 2650); zuletzt geändert durch Art. 5 EM-Leistungsverbesserungsgesetz vom
17. Juli 2017 (BGBl. I, S. 2509)**

Literatur
Ahrens Europäischer Betriebsrat: Fortgeltung und Änderung bestehender freiwilliger Vereinbarungen (§ 41 EBRG), Die AG 1997, 298; *Altmeyer* Europäische Betriebsräte – Bestandsaufnahme und Ausblick –, AiB 2003, 308; *ders.* Revision der EBR-Richtlinie, AiB 2006, 12; *ders.* Europäische Betriebsräte – Die aktuellsten Gerichtsurteile, AiB 2007, 503; *Bachner* Die Rechtsstellung des Europäischen Betriebsrats nach französischem und deutschem Arbeitsrecht im Spannungsverhältnis zwischen europäischer Normsetzung und nationaler Arbeitsrechtstradition (Diss. Bonn), 2000; *Bachner/Kunz* Gesetz über Europäische Betriebsräte (EBRG) – der Entwurf zur Umsetzung der Europäischen Richtlinie, AuR 1996, 81; *Bachner/Nielebock* Ausgewählte Aspekte des Gesetzes über Europäische Betriebsräte (EBRG), AuR 1997, 129; *Bachner/Schreck* Die Umsetzung der europäischen Betriebsräterichtlinie in das französische Arbeitsrecht, NZA 1997, 1035; *Barton* EU-Richtlinie über die Einrichtung »Europäischer Betriebsräte« und Tendenzschutz, AfP 1994, 261; *ders.* Tendenzschutzprinzip hinreichend berücksichtigt, ArbGeb. 1994, 801; *Bauckhage* Die Sanktionen des Europäische Betriebsräte-Gesetzes (Diss. Trier 2005), 2006 (zit.: Sanktionen); *Beckedahl* Der Europäische Betriebsrat, Diss. Münster 1996; *Birk* Unterrichtung und Anhörung der Arbeitnehmer in transnationalen Unternehmen, Gedächtnisschrift für *Constantinesco*, 1983, S. 33; *v. Beckerath* Europäischer Betriebsrat kraft Gesetzes und Informationsrechte der nationalen Arbeitnehmervertretungen nach dem BetrVG (Diss. Kiel), 2002 (zit.: Europäischer Betriebsrat); *Blank* Perspektiven der Mitbestimmung in der EG, AuR 1993, 229; *Blank/Geissler/Jaeger* Euro-Betriebsräte: Grundlagen – Praxisbeispiel – Mustervereinbarung, 1996; *Blanke* Europäischer Betriebsrat und Tendenzbestimmungen, AiB 1996, 204; *ders.* Die Mitbestimmung in Tendenzunternehmen nach dem Gesetz über Europäische Betriebsräte, FS *Däubler*, 1999, S. 841; *ders.* Recht und Praxis der Europäischen Betriebsräte, KJ 1999, 497; *ders.* Die neue EBR-Richtlinie 2009/38/EG, AuR 2009, 242; *ders./Rose* Die zeitliche Koordinierung der Informations- und Konsultationsansprüche Europäischer Betriebsräte und nationaler Interessenvertretungen bei grenzübergreifenden Umstrukturierungsmaßnahmen, RdA 2008, 65; *Bobke* Kommunikation zwischen betrieblichen Interessenvertretungen, AiB 1989, 230; *ders.* Fachtagung: Einführung Europäischer Betriebsräte, AuR 1991, 209; *ders.* Zusammenarbeit der betrieblichen Interessenvertretungen in Europa, EuZW 1993, 16; *ders.* Information und Konsultation in grenzüberschreitend tätigen Unternehmen, AiB 1993, 355; *Büggel/Buschak* Die Richtlinie über die Einsetzung Europäischer Betriebsräte, AiB 2000, 418; *Buschak* EU-Richtlinie zum Europäischen Betriebsrat, AiB 1996, 208; *ders.* Umsetzung der Richtlinie 94/45/EG in nationales Recht, WSI-Mitt. 1996, 519; *Däubler* Grenzüberschreitende Fusion und Arbeitsrecht – Zum Entwurf der zehnten gesellschaftsrechtlichen Richtlinie, DB 1988, 1850; *ders.* Gemeinschaftsrecht und grenzüberschreitende Interessenvertretung, AiB 1989, 44; *ders.* Die Richtlinie über Europäische Betriebsräte, AuA 1995, 153; *ders.* Europäischer Betriebsrat und Rechte der Gewerkschaften, AuR 1996, 303; *ders.* Die Vereinbarung zur Errichtung eines Europäischen Betriebsrates, FS *Schaub*, 1998, S. 95; *ders.* Der Europäische Betriebsrat kraft Vereinbarung, EuroAS 1998, 68; *Däubler/Klebe* Euro-Betriebsräte: internationale Mitbestimmung – Konsequenzen für Unternehmen und Gewerkschaften, 1992; *dies.* Der Euro-Betriebsrat, AiB 1995, 557; *Deppe/Hoffmann/Stützel* Europäische Betriebsräte. Wege in ein soziales Europa, 1997; *Dietzler* Mitwirkung oder bald auch Mitbestimmung, AuA 2000, 22; *zu Dohna-Jaeger* 20 Jahre EBRG – Status quo und Weiterentwicklung, AuR 2017, 194; *Düwell* Neufassung der EBR-Richtlinie, FA 2009, 39; *Engelen-Kefer* Auf dem Weg: Eurobetriebsräte, AiB 1996, 137; *Engelmeyer* Die Neuregelungen über Europäische Betriebsräte, Internationale Wirtschaftsbriefe (IWB) Fach 11 Europäische Gemeinschaften, Gruppe 6, S. 75; *Engels* Fortentwicklungen des Betriebsverfassungsrechts außerhalb des Betriebsverfassungsgesetzes – Teil I, AuR 2009, 10; *ders.* Einflussmöglichkeiten der Betriebsratsgremien bei der Bildung eines Europäischen Betriebsrats, FS *Kreutz*, 2010, S. 93; *ders./Müller* Regierungsentwurf eines Gesetzes über Europäische Betriebsräte, DB 1996, 981; *Eser* Europarechtliche Aspekte der Arbeitnehmermitbestimmung in Multinationalen Unternehmen, AuR 1994, 91; *Fiedler* Der Europäische Betriebsrat in der Unternehmensgruppe, AuR 1996, 180; *Forst* Die Beteiligungsvereinbarung nach der neuen EBR-Richtlinie, ZESAR 2009, 469; *ders.* Zum Begriff des abhängigen Unternehmens im europäischen Arbeitsrecht, ZESAR 2010, 154; *ders.* Unterlassungsanspruch des Europäischen Betriebsrats und des SE-Betriebsrats bei Betriebsstilllegungen?, ZESAR 2013, 15; *Franzen* EU-Erweiterung und Europäische Betriebsräte, BB 2004, 938; *ders.* Die EU-Richtlinie 2009/38/EG über Europäische Betriebsräte, EuZA 2010, 180; *Freckmann/Blanke* Der Europäische Betriebsrat – ein unbekanntes Wesen?, BB

2005, Spezial Nr. 5, S. 17; *Friedrich* Neuerungen in der europäischen Betriebsverfassung, ZAS 2012, 68; *Fuchs* Der europäische Betriebsrat – ein Betriebsrat für Europa?, 50 Jahre saarländische Arbeitsgerichtsbarkeit, 1997, S. 257; *Fulton* Europäische Betriebsräte: eine britische Zwischenbilanz, WSI-Mitt. 1996, 525; *Funke* Die neue EU-Richtlinie über den Europäischen Betriebsrat, DB 2009, 564; *Gagawczuk/Greif* Der Europäische Betriebsrat – die Neufassung der Richtlinie, DrdA 2009, 557; *B. Gaul* Die Einrichtung Europäischer Betriebsräte, NJW 1995, 228; *ders.* Das neue Gesetz über die Europäischen Betriebsräte, NJW 1996, 3378; *Geissler/Krieger* Europäische Betriebsräte: Aktivitäten der Europäischen Stiftung zur Verbesserung der Lebens- und Arbeitsbedingungen in Dublin (Bericht), WSI-Mitt. 1996, 527; *Gerstenberger-Sztana* Europäische Betriebsräte in der Metallindustrie – Praktische Erfahrungen des Europäischen Metallgewerkschaftsbundes (EMB), WSI-Mitt. 1996, 513; *Gester/Bobke* Europäischer Binnenmarkt und betriebliche Mitbestimmung der Arbeitnehmer, FS *Gnade*, 1992, S. 729; *Giesen* Merkwürdiges Übergangsrecht bei der Reform des Europäischen Betriebsrats, NZA 2009, 1174; *Glückert* Die Implementierung der Richtlinie 94/45/EG über europäische Betriebsräte in Deutschland und Frankreich (Diss. Frankfurt a. M.), 2001; *Gohde* Europäische Betriebsräte, 2004; *Goos* Kommt der Europäische Betriebsrat?, NZA 1994, 776; *ders.* Der Europäische Betriebsrat – Grenzüberschreitende Arbeitnehmerbeteiligung in Europa, Arbeitsrecht und Arbeitsgerichtsbarkeit – Festschrift zum 50jährigen Bestehen der Arbeitsgerichtsbarkeit in Rheinland-Pfalz, 1999, S. 85; *ders.* Erfahrungen mit Europäischen Betriebsräten, JArbR Bd. 38 (Dok. 2000), 2001, 43; *Hanau* Zum Entwurf einer EG-Richtlinie über die Unterrichtung und Anhörung der Arbeitnehmer, RdA 1984, 157; *ders.* Nationale Regelungen für internationale (europäische) Betriebsräte, FS *Vieregge*, 1995, S. 319; *Hans-Böckler-Stiftung* (Hrsg.) Europäische Betriebsräte. Ein Beitrag zum sozialen Europa, 5. Aufl. 1994; *Hartlage-Laufenberg* Die Europäische Gemeinschaft und das deutsche individuelle und kollektive Arbeitsrecht, RIW 1992, 873; *Hauß* Grenzüberschreitende Betriebsverfassung in Europa: Der Europäische Betriebsrat, 1996; *Hayen* Neufassung der EBR-Richtlinie, AiB 2009, 401; *ders.* Änderung des EBR-Gesetzes, AiB 2011, 15; *ders.* Kein Unterlassungsanspruch des Euro-Betriebsrats bei Verletzung der Unterrichtungs- und Anhörungspflicht durch den Arbeitgeber, AiB 2012, 127; *Heinze* Der Europäische Betriebsrat, die Richtlinie und ihre Alternativen, Die AG 1995, 385; *ders.* Der Europäische Betriebsrat in Österreich und Deutschland, FS *Tomandl*, Wien 1998, S. 139; *Helbig* Mehrebenenanalyse der Richtlinie zur Einsetzung europäischer Betriebsräte (Diss. Bochum), 1999; *Hey/Schöder* Die Zusammensetzung der europäischen Mitbestimmungsgremien bei Transaktion und Restrukturierung, BB 2012, 3014; *Hinrichs* Die Durchsetzung der Beteiligungsrechte des Europäischen Betriebsrats (Diss. HU Berlin 2006), 2007 (zit.: Durchsetzung); *Hoffmann* Europäische Betriebsräte und Umstrukturierung AiB 2007, 290; *Hohenstatt* Der Europäische Ausschuß – Richtlinienvorschlag der Kommission zur Mitwirkung der Arbeitnehmer in gemeinschaftsweit operierenden Unternehmen, EuZW 1994, 427; *ders.* Der Europäische Betriebsrat und seine Alternativen, EuZW 1995, 169; *ders./Kröpelin/Bertke* Die Novellierung des Gesetzes über Europäische Betriebsräte (EBRG): Handlungsbedarf bei freiwilligen Vereinbarungen, NZA 2011, 1313; *Holz* Die Richtlinie des Rates vom 22. September 1994 über die Einsetzung eines Europäischen Betriebsrates oder die Schaffung eines Verfahrens zur Unterrichtung und Anhörung der Arbeitnehmer in gemeinschaftsweit operierenden Unternehmen und Unternehmensgruppen 94/45/EG (Diss. Münster), 1996 (zit.: Richtlinie); *Hönigsberger/Hase* Botschafter der europäischen Zivilgesellschaft, DMitbest. 1998, 47; *Hornung-Draus* Gestaltungsspielräume nutzen, ArbGeb. 1994, 759; *dies.* Richtlinie über Europäische Betriebsräte – zum aktuellen Stand des Revisionsvorhabens, EuroAS 2008, 99; *Hromadka* Europäische Betriebsräte – Zeitliche Zwänge und Chancen, DB 1995, 774; *ders.* Rechtsfragen zum Eurobetriebsrat, DB 1995, 1125; *Hünerbein* Der Europäische Betriebsrat und Tendenzschutz, Diss. Potsdam 1998; *Jaeger* Europäischer Betriebsrat: Der rechtliche Rahmen nimmt Gestalt an, BetrR 1996, 29; *ders.* Euro-Betriebsräte und Entwicklung transnationaler Kommunikationsstrukturen – Praxis und Perspektiven, WSI-Mitt. 1996, 483; *Joost* Auskunftsansprüche der Arbeitnehmervertretung zur Errichtung eines Europäischen Betriebsrats bei Unternehmensgruppen, BB 2001, 2214; *Junker* Der »Europäische Betriebsrat« in rechtsvergleichender Perspektive, JZ 1992, 1100; *ders.* Neues zum Europäischen Betriebsrat, RdA 2002, 32; *Keller* Nach der Verabschiedung der Richtlinie zu Europäischen Betriebsräten – Von enttäuschten Erwartungen, unerfüllbaren Hoffnungen und realistischen Perspektiven, WSI-Mitt. 1996, 470; *ders.* Die Beteiligungsrechte des Europäischen Betriebsrates und ihre Durchsetzung, ZeuS 2010, 377; *Kilian* Die Umsetzung der Richtlinie 94/45/EG (»Europäische Betriebsräte«) im Vereinigten Königreich, RdA 2001, 166; *Klebe* Der Euro-Betriebsrat: Zurück aus dem Bermuda-Dreieck, AiB 1994, 515; *ders./Kunz* Europäische Betriebsräte: Eine praktische und rechtliche Zwischenbilanz, FS *Däubler*, 1999, S. 823; *dies.* Europäische Betriebsräte – Erste Erfahrungen, JArbR Bd. 38 (2000), 2001, S. 55; *Klinkhammer/Welslau* Auf der Zielgeraden: Der Europäische Betriebsrat, AuR 1994, 326; *dies.* Der Europäische Betriebsrat, Die AG 1994, 488; *dies.* (Hrsg.) Europäische Betriebsräte in der Praxis, 1995; *Klocke* Der Unterlassungsanspruch in der deutschen und europäischen Betriebs- und Personalverfassung (Diss. Halle), 2013; *Köck* Zur neuen »Europäischen Betriebsverfassung« im Arbeitsverfassungsgesetz, FS *Tomandl*, Wien 1998, S. 213; *Kohte* Zum Entwurf eines Gesetzes über Europäische Betriebsräte (I), EuroAS 1996, 115; *Kolvenbach* EG-Richtlinie über die Information und Konsultation der Arbeitnehmer (Vredeling-Initiative), DB 1982, 1457; *ders.* Die Europäische Gemeinschaft und die deutsche

Mitbestimmung, DB 1986, 1973, 2023; *ders.* Statut für die Europäische Aktiengesellschaft, DB 1988, 1837; *ders.* Europäische Betriebsräte – Neue Initiative, DB 1991, 805; *ders.* Vom »Europäischen Betriebsrat« zum »Europäischen Ausschuß«, RdA 1994, 279; *ders.* Europäische Betriebsräte, NZA 1998, 582; *ders.* Europäische Betriebsräte, NZA 2000, 518; *Köstler* Europäische Betriebsräte – wenig verpflichtend und zu kurz greifend, DMitbest. 1991, 67; *ders.* Euro-Betriebsräte zügig bilden – Die Richtlinie bald umsetzen, AiB 1995, 73; *Krause* Der Europäische Betriebsrat – Baustein für ein europäisches Kollektivarbeitsrecht, Jahrbuch Junger Zivilrechtswissenschaftler, 1997, S. 91; *ders.* Der europäische Betriebsrat im Visier neuer Regulierungsvorhaben, FS *Goos,* 2009, S. 141; *Kreißig* (Hrsg.) Das System der Europäischen Betriebsräte, 1997; *Krieger* Europäische Betriebsräte: Der jüngste Stand der Beratungen, BetrR 1993, 112; *Kufer* Das Gesetz über Europäische Betriebsräte, AR-Blattei SD 695, 2006; *Kull* Das europäische Recht und die Presse, AfP 1992/93, S. 430; *Kunz* Vereinbarungsentwurf über einen Europäischen Betriebsrat, AiB 1995, 574; *ders.* Das Gesetz über die Europäischen Betriebsräte, AiB 1997, 267; *ders.* Europäische Betriebsräte auch in Großbritannien, AiB 1998, 185; *Laber/Klein* Zum Auskunftsanspruch gem. § 5 EBRG nach der BOFROST-Entscheidung des EuGH, ArbRB 2002, 115; *Lecher* Forschungsfeld Europäische Betriebsräte, WSI-Mitt. 1996, 710; *ders.* Europäische Betriebsräte und Arbeitsbeziehungen. Zur Lage und Entwicklung in Großbritannien, Frankreich und Italien, 1998; *ders.* Auf dem Weg zu europäischen Arbeitsbeziehungen? Das Beispiel der Euro-Betriebsräte, WSI-Mitt. 1998, 258; *Lecher/Nagel/Platzer* Die Konstituierung Europäischer Betriebsräte – Vom Informationsforum zum Akteur?, 1998; *Lecher/Platzer* Europäische Betriebsräte: Fundament und Instrument europäischer Arbeitsbeziehungen? Probleme der Kompatibilität von nationalen Arbeitnehmervertretungen und EBR, WSI-Mitt. 1996, 503; *Lecher/Platzer/Rüb/Weiner* Verhandelte Europäisierung. Die Einrichtung Europäischer Betriebsräte – Zwischen gesetzlichem Rahmen und sozialer Dynamik, 2001; *Leder/Zimmer* Auskunftsanspruch bei geplanter Bildung eines Europäischen Betriebsrats gegen die fingierte zentrale Unternehmensleitung, BB 2005, 445; *Lehmann* Kritische Anmerkungen zum geänderten Vorschlag für eine Richtlinie über die Unterrichtung und Anhörung der Arbeitnehmer, RdA 1984, 160; *Lelley/Feindura* Beteiligung des Europäischen Betriebsrats bei grenzüberschreitender Betriebsänderung, DB 2014, 2771; *Lerche* Der Europäische Betriebsrat und der deutsche Wirtschaftsausschuß (Diss. Göttingen), 1997 (zit.: Europäischer Betriebsrat); *Lörcher* Anforderungen, Defizite und Durchsetzungsmöglichkeiten bei der Umsetzung der Euro-Betriebsräterichtlinie 94/45/EG in innerstaatliches Recht, AuR 1996, 297; *Lorenz/Zumfelde* Der Europäische Betriebsrat und die Schließung des Renault-Werkes in Vilvoorde/Belgien, RdA 1998, 168; *Lücking/Trinczek/Whitall* Europäische Betriebsräte: Was lehrt der deutsche Fall für die Revision der EU-Richtlinie, WSI-Mitt. 2008, 246; *Maiß/Pauken* Mitwirkungsrechte des Europäischen Betriebsrats bei grenzüberschreitenden Betriebsänderungen, BB 2013, 1589; *Marginson* Arbeitsbeziehungen und Europäische Betriebsräte in Großbritannien, WSI-Mitt. 1998, 264; *Mayer* Richtlinie Europäische Betriebsräte – Harmonisierungsprobleme bei der Umsetzung, BB 1995, 1794; *Melot de Beauregard/Buchmann* Die neue Richtlinie über Europäische Betriebsräte, BB 2009, 1417; *Mertens* Europaweite Kooperation von Betriebsräten multinationaler Konzerne: das Beispiel des Volkswagen-Konzerns, 1994; *Mozet* Beteiligung der Arbeitnehmer auf europäischer Ebene, ZEuP 1995, 552; *ders.* Vereinbarungen über Europäische Betriebsräte, DB 1997, 477; *Müller/Platzer/Rüb* Transnationale Unternehmensvereinbarungen und die Vereinbarungspolitik Europäischer Betriebsräte, WSL Mitt. 2012, 457; *Nagel* Erosion der Mitbestimmung und EG-Kommissionsentwürfe zur Europa AG, AuR 1990, 205; *ders.* Der EG-Richtlinienentwurf zum Europäischen Betriebsrat, AuR 1991, 161; *ders.* Entwicklungsperspektiven von Euro-Betriebsräten und deutscher Mitbestimmung, WSI-Mitt. 1996, 494; *Neßler* Ein Lernprozeß auf europäischer Ebene – von der Vredeling-Richtlinie zum Europäischen Betriebsrat, ZfRV 1996, 229; *Niedenhoff* Europäischer Betriebsrat – Eine Übersicht über den aktuellen Stand der Diskussion, Gewerkschaftsreport 1991, 6; *ders.* Der Europäische Betriebsrat aus Arbeitgebersicht, WSI-Mitt. 1996, 489; *Nowak* Die EWG-Richtlinie über die Unterrichtung und Anhörung der Arbeitnehmer (sog. Vredeling-Richtlinie) und ihr Verhältnis zum Arbeitsrecht der Bundesrepublik Deutschland (Diss. Freiburg), 1985; *Oechsler* Europäische Betriebsräte, DBW 1996, 697; *Oetker* Europäischer Betriebsrat und Pressefreiheit – Zugleich ein Beitrag zu den Schranken der Mitbestimmung im Tendenzunternehmen, DB 1996 Beilage Nr. 10; *ders./Schubert* Europäisches Betriebsverfassungsrecht, in: *Oetker/Preis* (Hrsg.), Europäisches Arbeits- und Sozialrecht (EAS), B 8300, 2007; *Pauly/Ahouzaridi* Europäischer Betriebsrat oder Europa-Forum, DZWiR 1996, 221; *Pipkorn* Der Einfluß der Europäischen Gemeinschaft auf das Unternehmens- und Betriebsverfassungsrecht, 1984; *ders.* Die Mitwirkungsrechte der Arbeitnehmer aufgrund der Kommissionsvorschläge der Strukturrichtlinie und der Richtlinie über die Unterrichtung und Anhörung der Arbeitnehmer, ZGR 1985, 567; *ders.* Arbeitnehmerbeteiligung in Unternehmen auf europäischer Grundlage, RdA 1992, 120; *Rademacher* Der Europäische Betriebsrat: Die Richtlinie 94/45/EG des Rates vom 22.9.1994 und ihre Umsetzung in nationales Recht (Diss. Bonn), 1996 (zit.: Europäischer Betriebsrat); *Ramme* Leitende Angestellte im Europäischen Betriebsrat – Information und Konsultation für alle Arbeitnehmer, DB 1995, 2066; *Richter* Grenzüberschreitende Mitwirkung der Arbeitnehmer in europaweit tätigen Unternehmen, PersF 1995, 644; *Risak* Horizontale Auskunftspflicht bei der Errichtung europäischer Belegschaftsvertretungen, EuZA 2008, 409; *Ruoff* Das Europäische Betriebsräte-Gesetz (EBRG), BB 1997, 2478;

vor § 1 EBRG *Vorbemerkung*

Sadowski/Kühne Der Europäische Betriebsrat – weder europäisch noch Betriebsrat?, FS *Birk*, 2008, S. 771; *Sandmann* Die Euro-Betriebsrats-Richtlinie 94/45/EG: Europäischer Betriebsrat und alternative Verfahren zur Unterrichtung und Anhörung der Arbeitnehmer in transnationalen Unternehmen (Diss. Augsburg), 1996 (zit.: Euro-Betriebsrats-Richtlinie); *ders.* Das Gesetz über Europäische Betriebsräte, AR-Blattei SD 695, 1997; *Schaub* Europäisierung des deutschen Arbeitsrechts, NZA 1994, 769; *Schiek* Europäische Betriebsvereinbarungen?, RdA 2001, 218; *Schlinkhoff* Der Europäische Betriebsrat kraft Vereinbarung (Diss. Kiel 2010), 2011 (zit.: Vereinbarung); *E. Schmidt* Euro-Betriebsräte und Umweltmanagement, DMitbest. 1998, 57; *I. Schmidt* Betriebliche Arbeitnehmervertretung insbesondere im Europäischen Recht, RdA 2001, Beilage zu Heft 5, S. 12; *M. Schmidt* Der Europäische Betriebsrat, NZA 1997, 180; *Schmidt-Dorrenbach* Vredelings Sohn – Der europäische Betriebsrat, PersF 1992, 46; *ders.* Europäischer Betriebsrat, Europaweite Unterrichtung und Anhörung der Arbeitnehmer, PersF 1994, 1148; *Schmoldt* Europäische Betriebsräte – Freiwillige Vereinbarungen zur Errichtung eines europäischen Informations- und Konsultationsgremiums, PersF 1993, 660; *Schnelle* Der Europäische Betriebsrat in Spanien (Diss. Göttingen), 1999; *Schuster* Europäische Betriebsräte – Grundzüge des Volkswagen-Modells, PersF 1993, 662; *ders.* Schon kein Experiment mehr: Der Europäische Volkswagen-Konzernbetriebsrat, PersF 1993, 40; *Seifert* Beteiligung des Comité d' intreprise européen (Eurobetriebsrat) im Rahmen einer Verschmelzung (Gaz de France), EuZA 2009, 557; *v. Seggern* Grenzüberschreitende Zusammenarbeit von Gewerkschaften und Betriebsräten, AiB 1989, 27; *Spinner* Die vereinbarte Betriebsverfassung (Diss. Freiburg), 2000; *Steger* (Hrsg.) Auf dem Weg zum Euro-Betriebsrat? Ansätze der Arbeitnehmer-Mitbestimmung in Europa, 1993; *Tap* Das Gesetz über Europäische Betriebsräte (EBRG) unter besonderer Berücksichtigung gesetzesverdrängender Vereinbarungen nach Art. 1 § 41 EBRG (Diss. Bonn), 2000; *Thüsing/Forst* Europäische Betriebsräte-Richtlinie: Neuerungen und Umsetzungserfordernisse, NZA 2009, 408; *Timmfeld* Arbeitnehmermitwirkung in transnationalen Unternehmen, BB 1992, 2505; *Waas* Die neue EBR-Richtlinie 2009/38/EG, KritV 2009, 400; *Walther* Norbert Blüms absurde Geheimhaltungspolitik. Europäische Betriebsräte – Die Gesetzgebung gewinnt Konturen – Skandalöse Tendenzbestimmung beabsichtigt, IG Medien Forum 1996, 30; *Weiss* Europäische Betriebsräte, ZRP 1992, 422; *ders.* Die Umsetzung der Richtlinie über Europäische Betriebsräte, AuR 1995, 438; *Weiß* Schicksal des Europäischen Betriebsrates bei Veränderungen der Rechtslage und/oder der Konzernstruktur, ÖRdW 2000, 482; *H. P. Westermann* Tendenzen der gegenwärtigen Mitbestimmungsdiskussion in der Europäischen Gemeinschaft, RabelsZ 1984, 121; *Wienke* Europäische Betriebsräte – Warum der Richtlinienvorschlag der EG-Kommission ein neues Konfliktpotential aufbaut, PersF 1993, 664; *ders.* Zum Entwurf eines Gesetzes über Europäische Betriebsräte (II), EuroAS 1996, 120; *ders.* Jetzt unternehmensspezifisch entscheiden, ArbGeb. 1996, 89; *Willemsen/Hohenstatt* Chancen und Risiken von Vereinbarungen gemäß Art. 13 der Euro-Betriebsrats-Richtlinie, NZA 1995, 399; *Windbichler* Unternehmerisches Zusammenwirken von Arbeitgebern als arbeitsrechtliches Problem, ZfA 1996, 1; *dies.* Auskunftspflichten in der gemeinschaftsweit operierenden Unternehmensgruppe nach der Richtlinie über Europäische Betriebsräte, FS *Peltzer* 2001, S. 629; *Winkler* Ein neuerlicher Versuch der europarechtlichen Regelung des Betriebsverfassungsrechts in internationalen Unternehmen, ZAS 1994, 109; *Wirmer* Die Richtlinie Europäischer Betriebsräte – Ein zentraler Baustein europäischer Sozialpolitik, DB 1994, 2134; *Wolff* Europäische Betriebsräte nach dem Brexit, BB 2016, 1784; *Wunsch-Semmler* Entwicklungslinien einer europäischen Arbeitnehmermitbestimmung (Diss. Frankfurt a. M.), 1995 (zit.: Arbeitnehmermitbestimmung); *Wuttke* Europäische Betriebsräte – Zeitliche Zwänge und Chancen, DB 1995, 774; *Zach* Die Verwirklichung der sozialen Dimension in der Europäischen Union am Beispiel der betrieblichen Mitwirkung durch europäische Betriebsräte (Diss. Leipzig), 2001; *Zachert* EG-Binnenmarkt und Arbeitsrecht, AuR 1989, 161; *ders.* Betriebsverfassung in Westeuropa – Eine rechtsvergleichende Skizze, AuR 1982, 20; *Zimmer* Europäische Betriebsräte als Akteure der Anti-Diskriminierung, AiB 2007, 392; *dies.* Kompetenz Europäischer Betriebsräte zum Abschluss europaweiter Kollektivvereinbarungen?, EuZA 2013, 459; *Zügel* Mitwirkung der Arbeitnehmer nach der EU-Richtlinie über die Einsetzung eines Europäischen Betriebsrats (Diss. Heidelberg), 1995 (zit.: Mitwirkung der Arbeitnehmer).

Inhaltsübersicht §§

Erster Teil
Allgemeine Vorschriften
Grenzübergreifende Unterrichtung und Anhörung	1
Geltungsbereich	2
Gemeinschaftsweite Tätigkeit	3
Berechnung der Arbeitnehmerzahlen	4
Auskunftsanspruch	5
Herrschendes Unternehmen	6
Europäischer Betriebsrat in Unternehmensgruppen	7

Vorbemerkung

Zweiter Teil
Besonderes Verhandlungsgremium

Aufgabe	8
Bildung	9
Zusammensetzung	10
Bestellung inländischer Arbeitnehmervertreter	11
Unterrichtung über die Mitglieder des besonderen Verhandlungsgremiums	12
Sitzungen, Geschäftsordnung, Sachverständige	13
Einbeziehung von Arbeitnehmervertretern aus Drittstaaten	14
Beschluss über Beendigung der Verhandlungen	15
Kosten und Sachaufwand	16

Dritter Teil
Vereinbarungen über grenzübergreifende Unterrichtung und Anhörung

Gestaltungsfreiheit	17
Europäischer Betriebsrat kraft Vereinbarung	18
Verfahren zur Unterrichtung und Anhörung	19
Übergangsbestimmung	20

Vierter Teil
Europäischer Betriebsrat kraft Gesetzes
Erster Abschnitt
Errichtung des Europäischen Betriebsrats

Voraussetzungen	21
Zusammensetzung des Europäischen Betriebsrats	22
Bestellung inländischer Arbeitnehmervertreter	23
Unterrichtung über die Mitglieder des Europäischen Betriebsrats	24

Zweiter Abschnitt
Geschäftsführung des Europäischen Betriebsrats

Konstituierende Sitzung, Vorsitzender	25
Ausschuss	26
Sitzungen	27
Beschlüsse, Geschäftsordnung	28

Dritter Abschnitt
Mitwirkungsrechte

Jährliche Unterrichtung und Anhörung	29
Unterrichtung und Anhörung	30
Tendenzunternehmen	31

Vierter Abschnitt
Änderung der Zusammensetzung, Übergang zu einer Vereinbarung

Dauer der Mitgliedschaft, Neubestellung von Mitgliedern	32
Aufnahme von Verhandlungen	33

Fünfter Teil
Gemeinsame Bestimmungen

Vertrauensvolle Zusammenarbeit	34
Geheimhaltung, Vertraulichkeit	35
Unterrichtung der örtlichen Arbeitnehmervertrete	36
Wesentliche Strukturänderung	37
Fortbildung	38
Kosten, Sachaufwand und Sachverständige	39
Schutz inländischer Arbeitnehmervertreter	40

Sechster Teil
Bestehende Vereinbarungen

Fortgeltung	41

Siebter Teil
Besondere Vorschriften, Straf- und Bußgeldvorschriften
Besondere Regelungen für Besatzungsmitglieder von Seeschiffen 41a
Errichtungs- und Tätigkeitsschutz 42
Strafvorschriften 43
Strafvorschriften 44
Bußgeldvorschriften 45

Vorbemerkung

1 Der Terminus »Europäischer Betriebsrat« war ursprünglich untrennbar mit den Überlegungen für das **Statut einer Europäischen (Aktien-)Gesellschaft** (S. E.) verknüpft. Die dazu vorgelegten ersten Entwürfe sahen in dem Modell einer Europäischen Aktiengesellschaft die Errichtung von »Europäischen Betriebsräten« auf betrieblicher Ebene vor, denen mit dem Betriebsrat nach deutschem Recht vergleichbare Mitbestimmungs- und Mitwirkungsrechte zustehen sollten (*Birk* ZfA 1974, 47 ff.; *Gitter/Heinze* in: Die Europäische Aktiengesellschaft, 1976, S. 405 ff.; *Lerche* Europäischer Betriebsrat, S. 88 ff.; *Schäfer* Die betriebliche Mitbestimmung der Arbeitnehmer in einer europäischen Aktiengesellschaft aus deutscher Sicht, Diss. Erlangen-Nürnberg 1981).

2 Der »Europäische Betriebsrat« in seiner heutigen Erscheinungsform geht auf die Diskussion über die Mitwirkung der Arbeitnehmer in transnationalen bzw. gemeinschaftsweit tätigen Unternehmen zurück, die mit den Entwürfen zur sog. **Vredeling-Richtlinie** begann (ABlEG Nr. C 217 vom 12.08.1983, S. 3 ff. = RdA 1983, 367 ff.; hierzu z. B. *Birk* FS *Constantinesco*, 1983, S. 33 ff.; *Hanau* RdA 1984, 157 ff.; *Kolvenbach* DB 1982, 1457 ff.; *ders.* DB 1986, 1973 ff., 2023 ff.; *Lehmann* RdA 1984, 160 ff.; *Lerche* Europäischer Betriebsrat, S. 91 ff.; *Rademacher* Europäischer Betriebsrat, S. 33 ff.; *H. P. Westermann* RabelsZ Bd. 48 [1984], 123 [169 ff.]). Ausgehend von Nr. 17 und 18 der **Gemeinschaftscharta der Sozialen Grundrechte** vom 09.12.1989 (Dok. KOM [89] 248 endg. vom 09.12.1989 = EAS A 1500) und dem Aktionsprogramm der Kommission zur Anwendung der Gemeinschaftscharta der Sozialen Grundrechte vom 29.11.1989 (Dok. KOM [89] 568 endg. vom 29.11.1989 = BR-Drucks. 717/89) kam es nach Verabschiedung des sog. Elfer-Abkommens im Rahmen des Vertrags über die Europäische Union (Maastricht-Vertrag) zu letztlich erfolgreich abgeschlossenen Vorarbeiten über die Unterrichtung und Anhörung der Arbeitnehmer in gemeinschaftsweit tätigen Unternehmen und Unternehmensgruppen (dazu z. B. *Däubler* AuA 1995, 153 ff.; *Goos* NZA 1994, 776 ff.; *Hanau* FS *Vieregge*, S. 319 ff.; *Heinze* Die AG 1995, 385 ff.; *Klinkhammer/Welslau* Die AG 1994, 488 ff.; *Kolvenbach* RdA 1994, 279 ff.; *Lerche* Europäischer Betriebsrat, S. 104 ff.; *Müller* Einleitung Rn. 3 ff.; *Rademacher* Europäischer Betriebsrat, S. 71 ff.; *Riesenhuber* Europäisches Arbeitsrecht, 2009, § 28 Rn. 2 ff.; *Sandmann* Euro-Betriebsrats-Richtlinie, S. 19 ff.; *Weiss* ZRP 1992, 422 ff.; *Wirmer* DB 1994, 2134 ff.).

3 Die **Richtlinie 94/45/EG** des Rates über die Einsetzung eines Europäischen Betriebsrats oder die Schaffung eines Verfahrens zur Unterrichtung und Anhörung der Arbeitnehmer in gemeinschaftsweit operierenden Unternehmen und Unternehmensgruppen vom 22.09.1994 (ABlEG Nr. L 254 vom 30.09.1994, S. 64 = EAS A 3460) wurde in **Deutschland** durch das **Gesetz über Europäische Betriebsräte** (EBRG) vom 28.10.1996 (BGBl. I, S. 1548 ff., 2022) umgesetzt (*Hanau/HSW* § 19 Rn. 31; *Müller* Einleitung Rn. 27 ff., mit Einzelheiten zum Gesetzgebungsverfahren). Am schnellsten waren bei der Umsetzung die norwegischen Sozialpartner, die ihr Abkommen schon am 30.11.1995 ausgehandelt hatten (dazu und zum Stand der Umsetzung im Jahre 1996 *Buschak* WSI-Mitt. 1996, 519 [520 ff.]; zur Umsetzung in das französische Recht *Bachner/Schreck* NZA 1997, 1035 ff.). In **Österreich** erfolgte die Umsetzung durch das Bundesgesetz BGBl. 601/1996, das unter anderem das Arbeitsverfassungsgesetz (ArbVG) änderte und in dieses einen V. Teil (§§ 171 bis 207 ArbVG) einfügte (dazu näher *Heinze* FS *Tomandl*, S. 139 [151 ff.]; *Hinrichs* Durchsetzung, S. 199 ff.; *Köck* FS *Tomandl*, S. 213 ff.). In **Großbritannien** galt die Richtlinie 94/45/EG zunächst nicht, da dieser Mitgliedstaat der Europäischen Union das sog. Elfer-Abkommen nicht unterzeichnet hatte (*Fulton* WSI-Mitt. 1996, 525 ff.). Erst nach Unterzeichnung des Amsterdamer Vertrags kam es zur Verabschiedung einer **Übernahmerichtlinie** (97/74/EG vom 07.12.1997, ABlEG Nr. L 10 vom 16.01.1998, S. 22; dazu *Kolven-*

Vorbemerkung **vor § 1 EBRG**

bach NZA 1998, 582 ff.; *Marginson* WSI-Mitt. 1998, 264 [265]), die mit dem **EBR-Anpassungsgesetz** vom 22.12.1999 (BGBl. I, S. 2809) in das deutsche Recht umgesetzt wurde. Neben der Streichung des wegen Großbritannien in § 2 Abs. 3 EBRG a. F. enthaltenen Vorbehalts und der Höchstzahl von Mitgliedern des Europäischen Betriebsrats kraft Gesetzes (§ 22 Abs. 1 Satz 1 EBRG a. F.) wurde vor allem die Vorschrift zum **Abschluss freiwilliger Vereinbarungen** geändert (§ 41 Abs. 7 EBRG 1996). Im Hinblick auf die zum 01.05.2004 bzw. 01.01.2007 aufgenommenen Mitgliedstaaten wurde weder die Richtlinie 94/45/EG noch das EBRG geändert; zu den hierdurch aufgeworfenen Anpassungsproblemen *Franzen* BB 2004, 938 ff. sowie § 18 EBRG Rdn. 16.

Forderungen nach einer **Überarbeitung der Richtlinie 94/45/EG** wurden nach Inkrafttreten dieser Richtlinie wiederholt erhoben (s. im Überblick *Altmeyer* AiB 2006, 12 ff.), entsprechende Vorarbeiten in der Rechtsetzung der Europäischen Union konkretisierten sich jedoch erst im Jahre 2008 mit dem am 02.07.2008 vorgelegten Vorschlag der Kommission für eine Neufassung der EBR-Richtlinie (Vorschlag der Kommission für eine Richtlinie des Europäischen Parlaments und des Rates über die Einsetzung eines Europäischen Betriebsrats oder die Schaffung eines Verfahrens zur Unterrichtung und Anhörung der Arbeitnehmer in gemeinschaftsweit operierenden Unternehmen und Unternehmensgruppen, KOM [2008] 419 endg. – 2008/0141 [COD] = *Oetker/Preis* [Hrsg.], Europäisches Arbeits- und Sozialrecht [EAS], A 6540; dazu im Überblick *Hornung-Draus* EuroAS 2008, 99 f.; *Krause* FS *Goos*, S. 141 ff.; *Lücking/Trinczek/Whittall* WSI-Mitt. 2008, 246 ff.). Das Europäische Parlament stimmte dem Vorschlag der Kommission auf seiner Sitzung am 16.12.2008 zu; nach der Beschlussfassung durch den Ministerrat ist die Neufassung der Richtlinie am 05.06.2009 in Kraft getreten (**Richtlinie 2009/38/EG**, ABlEU Nr. L 122 vom 16.05.2009, S. 28 ff.; im Überblick z. B. *Blanke* AuR 2009, 242 ff.; *Düwell* FA 2009, 39 ff.; *Hayen* AiB 2009, 401 ff.; *Franzen* EuZA 2010, 180 ff.; *Funke* DB 2009, 564 ff.; *Melot de Beauregard/Buchmann* BB 2009, 1417 ff.; *Riesenhuber* Europäisches Arbeitsrecht, 2009, § 28 Rn. 5; *Schlinkhoff* Vereinbarung S. 191 ff.; *Thüsing/Forst* NZA 2009, 408 ff.; *Waas* KritV 2009, 400 ff.). Mit der neu gefassten Richtlinie wurden nicht nur die bisherigen Erfahrungen bei der Anwendung der Richtlinie 94/45/EG aufgegriffen, sondern zudem glichen die Europäischen Rechtsetzungsinstanzen die Rechtslage für Europäische Betriebsräte an die unionsrechtlichen Vorgaben für die Bildung vergleichbarer Arbeitnehmervertretungen in der Europäischen (Aktien)Gesellschaft sowie der Europäischen Genossenschaft an, die in der Richtlinie 2001/78/EG (für die Europäische (Aktien)Gesellschaft und in der Richtlinie 2003/73/EG (für die Europäische Genossenschaft) ihren Niederschlag gefunden hatten.

Von den **Änderungen**, die die neu gefasste Richtlinie herbeigeführt hat, sind insbesondere folgende zu nennen:
– Die Modalitäten für die Unterrichtung und Anhörung der Arbeitnehmer sind so festzulegen und anzuwenden, dass ihre Wirksamkeit gewährleistet ist und eine effiziente Beschlussfassung der Unternehmer oder der Unternehmensgruppe ermöglicht wird (Art. 1 Abs. 2 Satz 2);
– Aufnahme einer Umschreibung für die Verpflichtungen bei einer »Unterrichtung«, die so rechtzeitig erfolgen soll, dass den Arbeitnehmervertretern ermöglicht wird, die möglichen Auswirkungen eingehend zu bewerten und ggf. Anhörungen mit dem zuständigen Unternehmensorgan vorzubereiten (Art. 2 Abs. 1 Buchst. f);
– die Anhörung soll so rechtzeitig erfolgen, dass den Arbeitnehmervertretern die Möglichkeit eröffnet ist, eine Stellungnahme abzugeben, die von dem zuständigen Unternehmensorgan noch berücksichtigt werden kann (Art. 2 Abs. 1 Buchst. g);
– Verantwortlichkeit jeder Leitung eines zu einer gemeinschaftsweit operierenden Unternehmensgruppe gehörenden Unternehmens für die Erhebung der zur Aufnahme der Verhandlungen erforderlichen Dateien und für deren Weiterleitung (Art. 4 Abs. 4);
– Angleichung der Bestimmung zu Größe und Zusammensetzung des besonderen Verhandlungsgremiums (Art. 5 Abs. 2 Buchst. b) an die Regelungen in der SE-Richtlinie;
– entsprechend der SE-Richtlinie können zu den Sachverständigen, die das besondere Verhandlungsgremium zu den Verhandlungen hinzuziehen kann, auch Vertreter der »kompetenten anerkannten Gewerkschaftsorganisationen auf Gemeinschaftsebene« gehören (Art. 5 Abs. 4 UA 3);
– Erweiterung des Mindestinhalts der Vereinbarung, insbesondere im Hinblick auf die Änderung oder Kündigung der Vereinbarung und etwaiger Neuverhandlungen (Art. 6 Abs. 2);

- die Mitglieder des Europäischen Betriebsrats müssen über die erforderlichen Mittel verfügen, um die Rechte anzuwenden, die sich aus der Richtlinie ergeben, und um die Interessen der Arbeitnehmer zu vertreten, einschließlich der Unterrichtung der Arbeitnehmervertreter in den Betrieben und Unternehmen über Inhalt und Ergebnisse der gemäß der Richtlinie durchgeführten Unterrichtung und Anhörung (Art. 10 Abs. 1 und 2);
- Begründung eines Schulungsanspruchs ohne Lohn- und Gehaltseinbußen für die Mitglieder des Europäischen Betriebsrats und des besonderen Verhandlungsgremiums (Art. 10 Abs. 4);
- Aufnahme von Neuverhandlungen bei wesentlichen Änderungen in der Struktur des gemeinschaftsweit operierenden Unternehmens oder der gemeinschaftsweit operierenden Unternehmensgruppe (Art. 13);
- im Rahmen der subsidiären Vorschriften werden die Verpflichtungen im Rahmen der Unterrichtung und Anhörung konkretisiert sowie die Größe und Zusammensetzung des Europäischen Betriebsrats an die Vorgaben für den SE-Betriebsrat angeglichen.

6 Die Vorgaben der Richtlinie 2009/38/EG wurden in Deutschland durch das »Zweite Gesetz zur Änderung des Europäischen Betriebsräte-Gesetzes – Umsetzung der Richtlinie 2009/38/EG über Europäische Betriebsräte (2. EBRG-ÄndG)« vom 14.06.2011 (BGBl. I, S. 1050) umgesetzt und aufgrund Art. 3 2. EBRG-ÄndG wurde das EBRG vom Bundesministerium für Arbeit und Soziales am 07.12.2011 in seiner seit dem 18.06.2011 geltenden Fassung neu bekannt gemacht (BGBl. I, S. 2650 ff.; dazu *Hayen* AiB 2011, 15 ff.; *Hohenstatt/Kröpelin/Bertke* NZA 2011, 1313 [1313 ff.]; zur Umsetzung in Österreich s. *Friedrich* ZAS 2012, 68 ff.). Dem **Entwurf der Bundesregierung** für das 2. EBRG-ÄndG (BT-Drucks. 17/4808) stimmte der Deutsche Bundestag nach Maßgabe des Berichts und der Beschlussempfehlungen des BT-Ausschusses für Arbeit und Soziales (BT-Drucks. 17/5399) nach der abschließenden Dritten Lesung am 07.04.2011 (BT-Prot. 17/11722 ff.) mit den Stimmen der Regierungsfraktionen (CDU/CSU, FDP) bei Enthaltung der Oppositionsfraktionen (SPD, Bündnis 90/Die Grünen, Die Linke) zu. Zugleich wurde ein **Änderungsantrag der SPD-Fraktion** (BT-Drucks. 17/5184) entsprechend der Beschlussempfehlung durch den BT-Ausschuss für Arbeit und Soziales mit den Stimmen der Regierungsfraktionen abgelehnt (BT-Prot. 17/11729 [C]). Dieser zielte insbesondere darauf ab, Pflichtverstöße gegen die Richtlinie durch eine Erhöhung der Geldbuße stärker zu sanktionieren sowie einen Anspruch auf Unterlassung bei beteiligungswidrigen Maßnahmen im EBRG festzuschreiben (s. § 30 EBRG Rdn. 11 ff.). Ferner erstrebte der Änderungsantrag ein Zutrittsrecht der Mitglieder des Europäischen Betriebsrats zu den Betrieben in Deutschland bei der Unterrichtung der örtlichen Arbeitnehmervertreter, ein Recht zu einer nachbereitenden Sitzung für den Europäischen Betriebsrat sowie das Recht des Europäischen Betriebsrats, Sachverständige und Gewerkschaftsbeauftragte zu einer beratenden Teilnahme zu seinen Sitzungen hinzuziehen zu können.

7 Durch **Art. 2 der Richtlinie (EU) 2015/1794** (ABlEU Nr. L 263 vom 08.10.2015, S. 1 ff.) wurde die Richtlinie 2009/38/EG letztmalig geändert, indem die in Art. 1 Abs. 7 den Mitgliedstaaten eröffnete Option, **Besatzungsmitglieder auf Schiffen** aus dem Anwendungsbereich herauszunehmen, gestrichen wurde. Für das EBRG ist dies ohne Bedeutung, da Deutschland von der Option keinen Gebrauch gemacht hat. Ferner wurde durch Art. 2 Nr. 2 der Richtlinie (EU) 2015/1794 die Regelung in Art. 10 Abs. 3 um Sonderbestimmungen ergänzt, um Besatzungsmitgliedern auf Schiffen die Teilnahme an Sitzungen des besonderen Verhandlungsgremiums sowie des Europäischen Rats zu gewährleisten. Eine Transformation dieser Vorgaben in das EBRG erfolgte durch Art. 5 des Gesetzes zur Verbesserung der Leistungen bei Renten wegen verminderter Erwerbsfähigkeit und zur Änderung anderer Gesetze (EM-Leistungsverbesserungsgesetz) vom 17.07.2017 (BGBl. I S. 2509), der die Vorschrift des § 41a in den Siebten Teil des EBRG einfügte und die am 10.10.2017 in Kraft trat (s. § 41a EBRG Rdn. 1).

8 Das EBRG ist ein **Artikelgesetz**, das sich in sieben Teile untergliedert und im Wesentlichen den Vorgaben der Richtlinie 2009/38/EG folgt. Der **erste Teil** (§§ 1 bis 7) enthält allgemeine Vorschriften und ermöglicht in § 1, einen Europäischen Betriebsrat oder ein Verfahren zur Unterrichtung und Anhörung der Arbeitnehmer zu vereinbaren. Der **zweite Teil** (§§ 8 bis 16) regelt Aufgabe, Bildung und Zusammensetzung des **besonderen Verhandlungsgremiums**, das mit der zentralen Leitung eine **Vereinbarung** zur grenzüberschreitenden Unterrichtung und Anhörung der Arbeitnehmer aushan-

Vorbemerkung **vor § 1 EBRG**

deln soll, wobei es dem **dritten Teil** (§§ 17 bis 20) vorbehalten bleibt, die inhaltlichen Anforderungen an die Vereinbarung festzulegen. Der **vierte Teil** (§§ 21 bis 33) gestaltet Errichtung, Geschäftsführung und Mitwirkungsrechte des **Europäischen Betriebsrats kraft Gesetzes** aus, der gebildet wird, wenn es innerhalb von sechs Monaten nach einem Antrag auf Bildung des besonderen Verhandlungsgremiums nicht zu Verhandlungen kommt oder diese nicht innerhalb von drei Jahren zu einer Vereinbarung führen. Der **fünfte Teil** (§§ 34 bis 40) fasst einheitliche **Grundsätze der Zusammenarbeit** und **Schutzbestimmungen** zusammen. Der **sechste Teil** (§ 41) regelt entsprechend Art. 14 der Richtlinie 2009/38/EG die **Fortgeltung freiwilliger Vereinbarungen** und der **siebte Teil** (§§ 42 bis 45) trifft abschließende Bestimmungen, insbesondere enthält er **Straf- und Bußgeldvorschriften**.

Mit dem EBRG kommt der deutsche Gesetzgeber seiner Umsetzungspflicht aus Art. 16 Abs. 1 der Richtlinie 2009/38/EG nach, so dass auch die Zielsetzungen dieser Richtlinie in das Gesetz einfließen. Hierzu heißt es in Erwägungsgrund 10: »Im Rahmen des Funktionierens des Binnenmarkts findet ein Prozess der Unternehmenszusammenschlüsse, grenzübergreifenden Fusionen, Übernahmen und Joint-ventures und damit einhergehend eine länderübergreifende Strukturierung von Unternehmen und Unternehmensgruppen statt. Wenn die wirtschaftlichen Aktivitäten sich in harmonischer Weise entwickeln sollen, so müssen Unternehmen und Unternehmensgruppen, die in mehreren Mitgliedstaaten tätig sind, die Vertreter ihrer von den Unternehmensentscheidungen betroffenen Arbeitnehmer unterrichten und anhören.« Damit bezweckt die Richtlinie 2009/38/EG eine **harmonische Entwicklung der wirtschaftlichen Aktivitäten** und dient ihrer **sozialpolitischen Flankierung** (*Reg. Begr.* BT-Drucks. 13/4520, S. 14, zu der Richtlinie 94/45/EG). Weiterhin soll diese ein weitgehend einheitliches Niveau der grenzüberschreitenden Unterrichtung und Anhörung schaffen, um Wettbewerbsverzerrungen zwischen den Mitgliedstaaten zu vermeiden (*Reg. Begr.* BT-Drucks. 13/4520, S. 14, zu der Richtlinie 94/45/EG). 9

Da das EBRG die Richtlinie 2009/38/EG umsetzt, ist bei seiner Auslegung neben den herkömmlichen Kriterien das Gebot einer **unionsrechtskonformen Auslegung** zu beachten, um »im Lichte des Wortlauts und des Zwecks der Richtlinie« deren Ziel zu erreichen (*EuGH* 10.04.1984 Slg. 1984, 1891 [1908 f.] = EAS RL 76/207/EWG Art. 6 Nr. 1; 08.10.1987 Slg. 1987, 3969 [3970]; 13.11.1990 Slg. 1990 I, 4135 ff. = EAS Art. 189 EG-Vertrag Nr. 8; *BAG* 05.12.2012 EzA § 14 TzBfG Nr. 89 Rn. 37 = NZA 2013, 515; zur Auslegung s. ferner *Däubler/DKKW* Vorbemerkung EBRG Rn. 17; *Müller* § 1 Rn. 6 ff.; *Kufer* AR-Blattei SD 695, Rn. 33 ff.). Hierbei sind auch die Erwägungsgründe der Richtlinie 2009/38/EG zu berücksichtigen (allgemein *EuGH* 13.03.1980 Slg. 1980, 813 [823]; 06.05.1980 Slg. 1980, 1495 [1507]; 17.11.1983 Slg. 1983, 3781 [3793]). Schließlich ist bei der Auslegung der Richtlinie 2009/38/EG **Art. 27 GRC** zu beachten, der eine rechtzeitige Unterrichtung und Anhörung der Arbeitnehmer oder ihrer Vertreter gewährleistet, die allerdings unter dem Vorbehalt steht, dass sie nach dem Unionsrecht und den einzelstaatlichen Rechtsvorschriften und Gepflogenheiten vorgesehen ist (s. Erwägungsgrund 46 zur Richtlinie 2009/38/EG). 10

Erster Teil
Allgemeine Vorschriften

§ 1
Grenzübergreifende Unterrichtung und Anhörung

(1) Zur Stärkung des Rechts auf grenzübergreifende Unterrichtung und Anhörung der Arbeitnehmer in gemeinschaftsweit tätigen Unternehmen und Unternehmensgruppen werden Europäische Betriebsräte oder Verfahren zur Unterrichtung und Anhörung der Arbeitnehmer vereinbart. Kommt es nicht zu einer Vereinbarung, wird ein Europäischer Betriebsrat kraft Gesetzes errichtet.

(2) Der Europäische Betriebsrat ist zuständig in Angelegenheiten, die das grenzüberschreitend tätige Unternehmen oder die gemeinschaftsweit tätige Unternehmensgruppe insgesamt oder zumindest zwei Betriebe oder zwei Unternehmen in verschiedenen Mitgliedstaaten betreffen. Bei Unternehmen und Unternehmensgruppen nach § 2 Absatz 2 ist der Europäische Betriebsrat nur in solchen Angelegenheiten zuständig, die sich auf das Hoheitsgebiet der Mitgliedstaaten erstrecken, soweit kein größerer Geltungsbereich vereinbart wird.

(3) Die grenzübergreifende Unterrichtung und Anhörung der Arbeitnehmer erstreckt sich in einem Unternehmen auf die in einem Mitgliedstaat liegenden Betriebe sowie in einer Unternehmensgruppe auf alle Unternehmen, die ihren Sitz in einem Mitgliedstaat haben, soweit kein größerer Geltungsbereich vereinbart wird.

(4) Unterrichtung im Sinne dieses Gesetzes bezeichnet die Übermittlung von Informationen durch die zentrale Leitung oder eine andere geeignete Leitungsebene an die Arbeitnehmervertreter, um ihnen Gelegenheit zur Kenntnisnahme und Prüfung der behandelten Frage zu geben. Die Unterrichtung erfolgt zu einem Zeitpunkt, in einer Weise und in einer inhaltlichen Ausgestaltung, die dem Zweck angemessen sind und es den Arbeitnehmervertretern ermöglicht, die möglichen Auswirkungen eingehend zu bewerten und gegebenenfalls Anhörungen mit dem zuständigen Organ des gemeinschaftsweit tätigen Unternehmens oder der gemeinschaftsweit tätigen Unternehmensgruppe vorzubereiten.

(5) Anhörung im Sinne dieses Gesetzes bezeichnet den Meinungsaustausch und die Einrichtung eines Dialogs zwischen den Arbeitnehmervertretern und der zentralen Leitung oder einer anderen geeigneten Leitungsebene zu einem Zeitpunkt, in einer Weise und in einer inhaltlichen Ausgestaltung, die es den Arbeitnehmervertretern auf der Grundlage der erhaltenen Informationen ermöglichen, innerhalb einer angemessenen Frist zu den vorgeschlagenen Maßnahmen, die Gegenstand der Anhörung sind, eine Stellungnahme abzugeben, die innerhalb des gemeinschaftsweit tätigen Unternehmens oder der gemeinschaftsweit tätigen Unternehmensgruppe berücksichtigt werden kann. Die Anhörung muss den Arbeitnehmervertretern gestatten, mit der zentralen Leitung zusammenzukommen und eine mit Gründen versehene Antwort auf ihre etwaige Stellungnahme zu erhalten.

(6) Zentrale Leitung im Sinne des Gesetzes ist ein gemeinschaftsweit tätiges Unternehmen oder das herrschende Unternehmen einer gemeinschaftsweit tätigen Unternehmensgruppe.

(7) Unterrichtung und Anhörung des »Europäischen Betriebsrats« sind spätestens gleichzeitig mit der der nationalen Arbeitnehmervertretungen durchzuführen.

Inhaltsübersicht   Rdn.

I. Allgemeines   1
II. Zuständigkeit des Europäischen Betriebsrats   2–6
III. Unterrichtung   7, 8

IV. Anhörung	9–11
V. Zeitpunkt der Beteiligung	12
VI. Zentrale Leitung	13

I. Allgemeines

Die Vorschrift geht im Wesentlichen auf die Vorgaben in Art. 1 und 2 der Richtlinie 2009/38/EG **1** zurück und schreibt die bisherige Regelung in § 1 EBRG 1996 fort. Während § 1 Abs. 1 mit § 1 Abs. 1 EBRG 1996 übereinstimmt, wurde § 1 Abs. 2 zwar neu eingefügt, beruht aber weitgehend auf § 31 EBRG 1996. Im Unterschied zu § 31 Abs. 1 EBRG 1996 sieht § 1 Abs. 2 jedoch von einer Bezugnahme auf die §§ 29 und 30 ab und erstreckt die Zuständigkeit des Europäischen Betriebsrats auf alle Angelegenheiten, die das grenzüberschreitende Unternehmen oder die gemeinschaftsweit tätige Unternehmensgruppe insgesamt oder zumindest zwei Betriebe oder zwei Unternehmen in verschiedenen Mitgliedstaaten betreffen. Während § 1 Abs. 3 unverändert aus § 1 Abs. 2 EBRG 1996 übernommen wurde, ist die Konkretisierung der Unterrichtung in § 1 Abs. 4 neu aufgenommen worden und entspricht der Legaldefinition in Art. 2 Abs. 1 Buchst. f der Richtlinie 2009/38/EG. In ähnlicher Weise übernimmt § 1 Abs. 5 die Legaldefinition zur Anhörung in Art. 2 Abs. 1 Buchst. g der Richtlinie 2009/38/EG und präzisiert die bisherige Umschreibung in § 1 Abs. 4 EBRG 1996. Die Legaldefinition der »zentralen Leitung« (§ 1 Abs. 6) wurde unverändert aus § 1 Abs. 3 EBRG 1996 übernommen und transformiert die Legaldefinition in Art. 2 Abs. 1 Buchst. e der Richtlinie 2009/38/EG in das deutsche Recht. Neu aufgenommen wurde § 1 Abs. 7, der sicherstellen soll, dass die Unterrichtung und Anhörung des Europäischen Betriebsrats in zeitlicher Hinsicht nicht nach den nationalen Arbeitnehmervertretungen erfolgt.

II. Zuständigkeit des Europäischen Betriebsrats

Die Zuständigkeit des Europäischen Betriebsrats kraft Gesetzes regelt § 1 Abs. 2 entsprechend Art. 1 **2** Abs. 3 der Richtlinie 2009/38/EG. Sie ist auf die Unterrichtung und Anhörung bei Angelegenheiten beschränkt, die das gemeinschaftsweit operierende Unternehmen oder die gemeinschaftsweit operierende Unternehmensgruppe insgesamt oder mindestens zwei Betriebe oder zwei Unternehmen in verschiedenen Mitgliedstaaten betreffen.

Das entscheidende und die Zuständigkeit begründende Merkmal ist die **grenzübergreifende Be- 3 troffenheit**. Es vermeidet sowohl Überschneidungen der Verantwortungsbereiche als auch Konkurrenzprobleme mit den innerstaatlichen Arbeitnehmervertretungen. Zugleich unterstreicht es die ergänzende Funktion des Europäischen Betriebsrats zu den innerstaatlichen Arbeitnehmervertretungen (*Klinkhammer/Welslau* Die AG 1994, 488 [493]). Damit ist der Europäische Betriebsrat für Maßnahmen der zentralen Leitung, die **ausschließlich Niederlassungen im Inland** betreffen, nicht zuständig (*Blanke* § 31 Rn. 2; *Blanke/Hayen*/HaKo § 1 EBRG Rn. 4; *Joost*/MünchArbR § 275 Rn. 35; *Müller* § 31 Rn. 2). Angelegenheiten hingegen, die das gemeinschaftsweit tätige Unternehmen oder die Unternehmensgruppe insgesamt betreffen, fallen in seinen Zuständigkeitsbereich. Das ist typischerweise in den Angelegenheiten des § 29 Abs. 2 Nr. 1, Nr. 2 und Nr. 4 der Fall.

Es ist nicht notwendig, dass alle Betriebe bzw. Unternehmen betroffen sind. Die Betroffenheit von **4 mindestens zwei Betrieben oder zwei Unternehmen** in verschiedenen Mitgliedstaaten genügt, um die Zuständigkeit des Europäischen Betriebsrats zu begründen. Zudem muss sich die Maßnahme **nicht zeitgleich** auswirken. So ist z. B. auch bei einer Entscheidung der zentralen Leitung, die sowohl die Einschränkung oder Stilllegung eines Betriebs in Belgien als auch in Frankreich vorsieht, die aber zu unterschiedlichen Zeitpunkten durchgeführt werden soll, eine grenzübergreifende Betroffenheit gegeben (*Blanke/Hayen*/HaKo § 1 EBRG Rn. 4; *Joost*/MünchArbR § 275 Rn. 35; *Müller* § 31 Rn. 1).

Eine Maßnahme hat auch dann grenzübergreifenden Bezug, wenn nur die Arbeitnehmer in **einem 5 Mitgliedstaat** direkt betroffen sind, in dem sich nicht die zentrale Leitung befindet (Erwägungsgrund 10 der Richtlinie 2009/38/EG). So z. B., wenn die zentrale Leitung in Deutschland beschließt, ein

Unternehmen in Belgien zu schließen (*Blanke* § 31 Rn. 3 f.; *Blanke/Hayen*/HaKo § 1 EBRG Rdn. 4; *Breitfeld*/NK-GA § 1 EBRG Rn. 10; *Engels/Müller* DB 1996, 981 [986 f.]; *Fitting* Übersicht EBRG Rn. 9; *Heckelmann/Wolff*/AR § 1 EBRG Rn. 2; *Joost*/MünchArbR § 275 Rn. 35; *Klebe/Kunz* FS Däubler, S. 823 [836]; *Maiß/Pauken* BB 2013, 1589 [1589]; *Müller* § 31 Rn. 1; *Sandmann* Euro-Betriebsrats-Richtlinie, S. 212; hierzu neigend ebenfalls *Gamillscheg* II, § 54, 4b [1]; mit Einschränkungen auch *v. Beckerath* Europäischer Betriebsrat, S. 61 ff., die verlangt, dass ein zweiter Betrieb zumindest potentiell betroffen ist und dieser in einem anderen Mitgliedstaat liegt; a. M. *Annuß/AKRR* § 1 EBRG Rn. 6). Diese Entscheidung der zentralen Leitung wird im Regelfall von der Gesamtsituation im Unternehmen oder der Unternehmensgruppe geprägt sein und deshalb einen grenzübergreifenden Bezug aufweisen. Außerdem können in diesen Fällen die Interessen des Mitgliedstaats und andere Alternativen nur berücksichtigt werden, wenn eine rechtzeitige Unterrichtung und Anhörung durchgeführt wird (*Engels/Müller* DB 1996, 981 [986 f.]; *Müller* § 31 Rn. 1). Lässt die Gesamtbetrachtung der Unternehmenssituation offensichtlich **keine Alternativen** zur geplanten Maßnahme zu, so ist ein grenzübergreifender Bezug abzulehnen (*Blanke* § 31 Rn. 5; *Joost*/MünchArbR § 275 Rn. 35; *Müller* § 31 Rn. 1).

6 § 1 Abs. 2 Satz 2 begründet die Zuständigkeit des Europäischen Betriebsrats, wenn zwar nicht die zentrale Leitung eines gemeinschaftsweit tätigen Unternehmens oder einer Unternehmensgruppe in einem Mitgliedstaat, wohl aber eine **nachgeordnete Leitung im Inland** liegt (§ 2 Abs. 2). Der Europäische Betriebsrat ist auch in diesem Fall nur in solchen Angelegenheiten zuständig, die sich auf die Hoheitsgebiete der Mitgliedstaaten erstrecken und mindestens zwei Betriebe oder Unternehmen in verschiedenen Mitgliedstaaten betreffen (*Joost*/MünchArbR § 275 Rn. 36; a. M. *Blanke/Hayen*/HaKo § 1 EBRG Rn. 5). Im Rahmen der Unterrichtung und Anhörung bezüglich der geplanten Maßnahme können nur die Alternativen und die Unternehmenssituationen innerhalb des Anwendungsbereichs der Richtlinie 2009/38/EG berücksichtigt werden (*Müller* § 32 Rn. 4).

III. Unterrichtung

7 Die **Unterrichtung** beschränkt sich auf die **Übermittlung von Informationen**. Sie müssen so ausgestaltet sein, dass die Arbeitnehmerseite auf dieser Grundlage ohne eigene Nachforschungen eine sachgerechte Erörterung durchführen kann (*Blanke* § 17 Rn. 6; *Blanke/Hayen*/HaKo § 1 EBRG Rdn. 8; *Müller* § 17 Rn. 7). Ferner gibt die weitere Konkretisierung in § 1 Abs. 4 vor, dass die Unterrichtung so rechtzeitig erfolgen muss, damit den Arbeitnehmern ausreichend Zeit für die Vorbereitung einer Anhörung verbleibt (§ 1 Abs. 4 Satz 2). Eine Schranke findet die Unterrichtungspflicht in dem Schutz der **Betriebs- und Geschäftsgeheimnisse** (§ 35 Abs. 1).

8 Die Informationstatbestände sind jedoch auf **länderübergreifende Sachverhalte** beschränkt, die die Belange der Arbeitnehmer in mehr als einem Mitgliedstaat berühren (*Blanke* § 17 Rn. 5; *Däubler/DKKW* § 17 EBRG Rn. 12; *Gaul* NJW 1995, 228 [230]; *Hanau/HSW* § 19 Rn. 77; *Joost*/MünchArbR § 274 Rn. 100). Das folgt aus der Zielsetzung der Richtlinie 2009/38/EG nach Erwägungsgrund 15 sowie aus Art. 6 Abs. 3 UA 3 der Richtlinie. Entscheidungen, die lediglich im Inland getroffen werden und **nur inländische Arbeitnehmer betreffen**, unterfallen ausschließlich dem Unterrichtungsmechanismus der nationalen Vorschriften der Mitgliedstaaten (*Blanke* § 17 Rn. 5; *Däubler/DKKW* § 17 EBRG Rn. 12; *Giesen/HWK* EBRG Rn. 42; wohl auch *Heckelmann/Wolff*/AR § 17 EBRG Rn. 6). Nach überwiegend vertretener Ansicht genügt es für einen grenzüberschreitenden Sachverhalt, wenn die Entscheidung der zentralen Leitung sich auf die Betriebe und Unternehmen **in einem anderen Mitgliedstaat** auswirken (*Blanke* § 17 Rn. 5; *Däubler/DKKW* § 17 EBRG Rn. 12; *Fitting* Übersicht EBRG R. 9; *Gaul* NJW 1997, 3378 [3383]; *Giesen/HWK* EBRG Rn. 42; *Heckelmann/Wolff*/AR § 1 EBRG Rn. 2; *Sandmann* Euro-Betriebsrats-Richtlinie, S. 212; a. M. *Annuß/AKRR* § 1 EBRG Rn. 6; *Joost*/MünchArbR § 274 Rn. 100; *Mayer* BB 1995, 1794 [1797]: Auswirkungen in mindestens zwei Mitgliedstaaten).

IV. Anhörung

Die **Anhörung** umfasst nach § 1 Abs. 5 (ebenso Art. 2 Abs. 1 Buchst. g der Richtlinie 2009/38/EG) den **Meinungsaustausch und die Errichtung eines Dialogs** zwischen den Arbeitnehmervertretern und der zentralen Leitung oder einer anderen geeigneten Leitungsebene. Damit unterscheidet sich die Anhörung von dem Anhörungsrecht in § 102 Abs. 1 BetrVG. Trotzdem gehen *Gaul* (NJW 1995, 228 [230]) und *Hromadka* (DB 1995, 1125 [1131]) von einem Vergleich mit der Anhörung i. S. d. BetrVG aus. *Goos* (NZA 1994, 776 [777]) sieht in der Anhörung noch weniger als eine Anhörung i. S. d. BetrVG. *Kufer* (AR-Blattei SD 695, Rn. 32) ordnet den Begriff der Anhörung i. S. d. § 1 Abs. 4 zwischen den Begriffen Anhörung und Beratung i. S. d. BetrVG ein. Im Gegensatz zu dem Anhörungsrecht in § 102 Abs. 1 BetrVG ist das **Anhörungsrecht** i. S. d. EBRG und der Richtlinie 2009/38/EG **i. S. eines Beratungsrechts** zu verstehen (*Annuß/AKRR* § 1 EBRG Rn. 13; *Blanke* § 1 Rn. 22 f.; *Blanke/Hayen/HaKo* § 1 EBRG Rn. 9; *Breitfeld/NK-GA* § 1 EBRG Rn. 17; *Däubler/DKKW* § 1 EBRG Rn. 7; *Engels/Müller* DB 1996, 981 [981]; *Fitting* Übersicht EBRG Rn. 13; *Joost/MünchArbR* § 274 Rn. 102; *Oetker* DB 1996, Beilage Nr. 10, S. 1 [7]; *Rademacher* Europäischer Betriebsrat, S. 103; *Schlinkhoff* S. 89 ff.; i. E. auch *Müller* § 1 Rn. 14). Die zentrale Leitung muss deshalb mit dem Europäischen Betriebsrat oder der örtlichen Arbeitnehmervertretung in einen Dialog treten und in diesem Gründe und Gegengründe gegeneinander abwägen (mit dieser Charakterisierung des Beratungsrechts *v. Hoyningen-Huene* Betriebsverfassungsrecht, § 11 I 2c; *Hueck/Nipperdey* II/2, S. 1311; *Richardi* Vorbem. § 74 Rn. 26; *Loritz/ZLH* Arbeitsrecht, § 50 Rn. 12).

Der europäische Sprachgebrauch der Richtlinie bestätigt dieses Verständnis. Sowohl die englische als auch die französische Fassung verwenden den Begriff »consultation« (in der spanischen und portugiesischen Fassung »consulta« und in der italienischen »consultatione«), der dem Begriffspaar »Information und Konsultation« des französischen Betriebsverfassungsrechts entnommen ist (z. B.: Art. L 432–1 Code du travail). Danach ist das »comité d'entreprise« ein Kooperationsorgan, in dem sowohl Arbeitnehmervertreter als auch der Unternehmer vertreten sind. Durch diese Zusammensetzung gestaltet sich das Gespräch zwischen Unternehmer und Arbeitnehmervertreter zwangsläufig als eine Abwägung der Gründe und Gegengründe und beschränkt sich nicht auf eine Stellungnahme der Arbeitnehmervertreter (*Oetker* DB 1996, Beilage Nr. 10, S. 1 [8]).

Bezüglich des Zeitpunkts stellt § 1 Abs. 5 Satz 1 auf die geplante Maßnahme ab. Die Anhörung erfüllt deshalb nur dann ihren Zweck, wenn sie noch vor Durchführung der Maßnahme erfolgt, da ausschließlich dann die Stellungnahme der Arbeitnehmervertreter noch berücksichtigt werden kann. Den Charakter des Anhörungsrechts i. S. eines Beratungsrechts bekräftigt zudem § 1 Abs. 5 Satz 2. Danach erfordert eine »Anhörung« stets eine Sitzung mit der zentralen Leitung; zudem stellt § 1 Abs. 5 Satz 2 klar, dass die Arbeitnehmervertreter eine mit Gründen versehene Antwort auf ihre Stellungnahme beanspruchen können. Eine »Anhörung« i. S. d. § 1 Abs. 5 liegt deshalb nicht vor, wenn die zentrale Leitung die Stellungnahme lediglich entgegennimmt, ohne sich mit dieser inhaltlich auseinander zu setzen.

V. Zeitpunkt der Beteiligung

Mit § 1 Abs. 7 soll sichergestellt werden, dass sich der Einfluss des Europäischen Betriebsrats auf die Willensbildung der »zentralen Leitung« so früh wie möglich entfalten kann. Insbesondere soll hierdurch verhindert werden, dass durch eine vorherige Beteiligung der in den Mitgliedstaaten bestehenden (nationalen) Arbeitnehmervertretungen der Dialog zwischen zentraler Leitung und Europäischem Betriebsrat vorgeprägt wird. Ihren Zweck kann die Beteiligung der gemeinschaftsweit errichteten Arbeitnehmervertretung nur dann erfüllen, wenn die in ihren Zuständigkeitsbereich fallenden grenzübergreifenden Angelegenheiten zunächst von dieser behandelt wird und die Beteiligung der nationalen Arbeitnehmervertretungen erst im Anschluss erfolgt (s. auch *Blanke/Hayen/HaKo* § 1 EBRG Rn. 8; *Blanke/Rose* RdA 2008, 65 ff.; **a. M.** *Breitfeld/NK-GA* § 1 EBRG Rn. 20). Deshalb ist die Beteiligung des Wirtschaftsausschusses bzw. des Betriebsrats selbst dann noch »rechtzeitig« i. S. d. §§ 106 Abs. 1, 111 Satz 1 BetrVG, wenn die Angelegenheit zuvor zwischen zentraler Leitung und Europäischem Betriebsrat beraten wurde.

VI. Zentrale Leitung

13 In zahlreichen Vorschriften erhebt das EBRG die »zentrale Leitung« zum Normadressaten (z. B. § 8 Abs. 1, § 9 Abs. 1, § 13 Abs. 1 Satz 1, § 16 Abs. 1 Satz 1, § 17). Insoweit übernimmt § 1 Abs. 6 die Aufgabe einer Legaldefinition, indem sie auf das gemeinschaftsweit tätige Unternehmen bzw. das herrschende Unternehmen einer gemeinschaftsweit tätigen Unternehmensgruppe abstellt. Die in der Legaldefinition in Art. 2 Abs. 1 Buchst. e der Richtlinie 2009/38/EG enthaltene Konkretisierung, dass es sich jeweils um die »zentrale Unternehmensleitung« der jeweiligen Unternehmen handeln muss, findet in § 1 Abs. 6 keine Entsprechung, sie ergibt sich aber aus den gesellschaftsrechtlichen Geschäftsführungs- und Vertretungsregeln (*Blanke* § 1 Rn. 18; *Blanke/Hayen*/HaKo § 1 EBRG Rn. 10; *Heckelmann/Wolff*/AR § 1 EBRG Rn. 9; *Joost*/MünchArbR § 274 Rn. 28; *Müller* § 1 Rn. 10; **a. M.** *Annuß*/AKRR § 1 EBRG Rn. 16; *Giesen*/HWK EBRG Rn. 21). Soweit die Richtlinie die »zentrale Unternehmensleitung« anspricht, will sie nicht diese selbst zum Normadressaten erheben, sondern verdeutlichen, dass die Pflichten des Unternehmens von deren »zentraler Leitung« zu erfüllen ist.

§ 2
Geltungsbereich

(1) Dieses Gesetz gilt für gemeinschaftsweit tätige Unternehmen mit Sitz im Inland und für gemeinschaftsweit tätige Unternehmensgruppen mit Sitz des herrschenden Unternehmens im Inland.

(2) Liegt die zentrale Leitung nicht in einem Mitgliedstaat, besteht jedoch eine nachgeordnete Leitung für im Mitgliedstaat liegende Betriebe oder Unternehmen, findet dieses Gesetz Anwendung, wenn die nachgeordnete Leitung im Inland liegt. Gibt es keine nachgeordnete Leitung, findet das Gesetz Anwendung, wenn die zentrale Leitung einen Betrieb oder ein Unternehmen im Inland als ihren Vertreter benennt. Wird kein Vertreter benannt, findet das Gesetz Anwendung, wenn der Betrieb oder das Unternehmen im Inland liegt, in dem verglichen mit anderen in den Mitgliedstaaten liegenden Betrieben des Unternehmens oder Unternehmen der Unternehmensgruppe die meisten Arbeitnehmer beschäftigt sind. Die vorgenannten Stellen gelten als zentrale Leitung.

(3) Mitgliedstaaten im Sinne dieses Gesetzes sind die Mitgliedstaaten der Europäischen Union sowie die anderen Vertragsstaaten des Abkommens über den Europäischen Wirtschaftsraum.

(4) Für die Berechnung der Anzahl der im Inland beschäftigten Arbeitnehmer (§ 4), den Auskunftsanspruch (§ 5 Absatz 2 und 3), die Bestimmung des herrschenden Unternehmens (§ 6), die Weiterleitung des Antrags (§ 9 Absatz 2 Satz 3), die gesamtschuldnerische Haftung des Arbeitgebers (§ 16 Absatz 2), die Bestellung der auf das Inland entfallenden Arbeitnehmervertreter (§§ 11, 23 Absatz 1 bis 5 und § 18 Absatz 2 in Verbindung mit § 23) und die für sie geltenden Schutzbestimmungen (§ 40) sowie für den Bericht gegenüber den örtlichen Arbeitnehmervertretungen im Inland (§ 36 Absatz 2) gilt dieses Gesetz auch dann, wenn die zentrale Leitung nicht im Inland liegt.

Inhaltsübersicht

		Rdn.
I.	Allgemeines	1
II.	Räumlicher Geltungsbereich	2–5
III.	Sachlicher Geltungsbereich	6–8

I. Allgemeines

Die Vorschrift stimmt mit § 2 EBRG 1996 überein; die Änderungen in § 2 Abs. 4 sind lediglich von redaktioneller Bedeutung, da die Verweisungsobjekte an die neu gefassten Bestimmungen des novellierten Gesetzes angepasst wurden. Entsprechend Art. 1 Abs. 1 der Richtlinie 2009/38/EG grenzt § 2 Abs. 1 den Geltungsbereich des Gesetzes auf gemeinschaftsweit tätige Unternehmen und Unternehmensgruppen ein, wenn deren herrschendes Unternehmen im Inland liegt. Mit der Sonderregelung in § 2 Abs. 2 und 4 trägt das Gesetz Art. 3 Abs. 6 UA 2 der Richtlinie 2009/38/EG Rechnung. Ergänzt wird § 2 durch § 6, der den Begriff des »herrschenden Unternehmens« in § 2 Abs. 1 konkretisiert. In vergleichbarer Weise definiert § 3 den Begriff des »gemeinschaftsweit tätigen« Unternehmens in § 2 Abs. 1. Durch § 2 Abs. 3 wird der im Gesetz verwendete Begriff der Mitgliedstaaten umschrieben, der wegen der Einbeziehung der Vertragsstaaten des EWR-Abkommens über den Kreis der Mitgliedstaaten der Europäischen Union hinausreicht.

II. Räumlicher Geltungsbereich

Bezüglich des räumlichen Geltungsbereichs der jeweiligen Umsetzungsgesetze zur Richtlinie 2009/38/EG gilt der Grundsatz, dass das Gesetz des Landes anzuwenden ist, in dem das gemeinschaftsweit tätige **Unternehmen** bzw. bei gemeinschaftsweit tätigen Unternehmensgruppen das **herrschende Unternehmen** seinen **Sitz** hat. Konkurrenzprobleme zwischen den Umsetzungsgesetzen der jeweiligen Mitgliedstaaten werden hierdurch vermieden.

Dementsprechend gilt das EBRG für gemeinschaftsweit tätige Unternehmen mit **Sitz in Deutschland** und für gemeinschaftsweit tätige Unternehmensgruppen, wenn das herrschende Unternehmen seinen Sitz in Deutschland hat (§ 2 Abs. 1). Dieser ist nach dem **tatsächlichen Sitz** (allgemein *EuGH* 13.03.1980 Slg. 1980, 813 [823]; 06.05.1980 Slg. 1980, 1495 [1507]; 17.11.1983 Slg. 1983, 3781 [3793]) zu bestimmen (*Annuß/AKRR* § 2 EBRG Rn. 2; *Blanke* § 2 Rn. 2; *Gamillscheg* II, § 54, 2 [3]; *Joost*/MünchArbR § 274 Rn. 11; *Rose*/HWGNRH Einl. Rn. 144), da Art. 4 Abs. 1 i. V. m. Art. 2 Abs. 1 Buchst. e der Richtlinie 2009/38/EG die zentrale Leitung als verantwortlich für die Schaffung der Voraussetzungen und die Bereitstellung der Mittel ansieht, damit ein Europäischer Betriebsrat oder ein Verfahren zur Unterrichtung und Anhörung errichtet werden kann. Ebenso stellen die Regelungen des EBRG zum räumlichen Geltungsbereich (§ 2 Abs. 1 und 2) auf die »zentrale Leitung« und somit auf den tatsächlichen Sitz des Unternehmens ab.

Für Unternehmen und Unternehmensgruppen mit **Sitz in einem anderen Mitgliedstaat** gilt grundsätzlich das **Umsetzungsgesetz des jeweiligen Staates**. Mitgliedstaaten sind nach § 2 Abs. 3 die Mitgliedstaaten der Europäischen Union (28 Staaten: Belgien, Dänemark, Deutschland, Finnland, Frankreich, Griechenland, Großbritannien und Nordirland, Irland, Italien, Luxemburg, Niederlande, Österreich, Portugal, Spanien, Schweden und seit dem Beitritt am 01.05.2004 zur Europäischen Union auch Estland, Lettland, Litauen, Malta, Polen, Slowakei, Slowenien, Tschechien, Ungarn, Zypern, seit dem 01.01.2007 Bulgarien und Rumänien und seit dem 01.07.2013 Kroatien) sowie die Vertragsstaaten des EWR-Abkommens, so dass auch Island, Liechtenstein und Norwegen erfasst werden. Mit **Austritt eines Staates** aus der Europäischen Union wird dieser mit formeller Beendigung der Mitgliedschaft zum »Drittstaat«. Deren Arbeitnehmervertreter können jedoch nach § 14 in das besondere Verhandlungsgremium einbezogen werden; zudem können die bislang von einer EBR-Vereinbarung erfassten Betriebe und Unternehmen unverändert deren Geltungsbereich unterliegen (§ 18 Abs. 1 Satz 2 Nr. 1). **§ 2 Abs. 4** weist zusätzlich auf Vorschriften des Gesetzes hin, die unabhängig von dem Sitz der zentralen Leitung gelten und bewirkt damit eine **partielle Anwendbarkeit des EBRG**. Dabei handelt es sich um Vorschriften, die mangels einheitlicher europäischer Bestimmungen sachnotwendig in den Regelungsbereich des deutschen Gesetzgebers fallen.

Das EBRG findet auch Anwendung, wenn sich die **zentrale Leitung nicht in einem Mitgliedstaat** befindet, jedoch eine **nachgeordnete Leitung** für die in den Mitgliedstaaten liegenden Betriebe und Unternehmen besteht und diese **in Deutschland** liegt (§ 2 Abs. 2 Satz 1) oder eine solche nachgeordnete Leitung nicht besteht, die zentrale Leitung aber einen Betrieb oder ein Unternehmen in Deutschland **als Vertreter** benennt (§ 2 Abs. 2 Satz 2) oder ein derartiger Vertreter nicht benannt ist, aber der Betrieb des gemeinschaftsweit tätigen Unternehmens oder das Unternehmen der gemeinschaftsweit tätigen Unternehmensgruppe mit den **meisten beschäftigten Arbeitnehmern** in Deutschland liegt (§ 2 Abs. 2 Satz 3). In diesen Fällen fingiert § 2 Abs. 2 Satz 4, dass die zentrale Leitung in Deutschland liegt, und trägt hierdurch den Vorgaben in Art. 3 Abs. 6 UA 2 und in Art. 4 Abs. 2 und 3 der Richtlinie 2009/38/EG Rechnung.

III. Sachlicher Geltungsbereich

6   Das EBRG findet auf Unternehmen und Unternehmensgruppen Anwendung, wobei weder die Richtlinie 2009/38/EG noch das EBRG den **Begriff des Unternehmens** definiert. Ungeachtet der im deutschen Recht existierenden verschiedenen Unternehmensbegriffe (dazu näher *Kreutz/Franzen* § 47 BetrVG Rdn. 11) kommt es für die Anwendung des EBRG grundsätzlich nicht auf die **Rechtsform** an (*Annuß/AKRR* § 2 EBRG Rn. 8; *Blanke/Kunz*/HaKo § 2 EBRG Rn. 8; *Gamillscheg* II, § 54, 3b [3]; *Giesen/HWK* EBRG Rn. 18; *Joost/* MünchArbR § 274 Rn. 15; *Lerche* Europäischer Betriebsrat, S. 165; *Müller* § 3 Rn. 1).

7   Eine Ausnahme gilt für die **Europäische (Aktien-)Gesellschaft**. Hat diese ihren Sitz in Deutschland, dann gilt hinsichtlich der Beteiligung der Arbeitnehmer das SE-Beteiligungsgesetz (§ 47 Abs. 1 Nr. 2 SEBG; Art. 13 Abs. 1 der Richtlinie 2001/86/EG); an die Stelle des Europäischen Betriebsrats tritt der kraft Vereinbarung (§ 21 SEBG) oder kraft Gesetzes (§§ 22 ff. SEBG) gebildete **SE-Betriebsrat** (im Überblick dazu vor § 106 BetrVG Rdn. 54 ff.). Eine Ausnahme gilt nur, wenn das besondere Verhandlungsgremium gemäß § 16 SEBG beschließt, keine Verhandlungen aufzunehmen oder bereits aufgenommene Verhandlungen abzubrechen (s. vor § 106 Rdn. 56). Entsprechendes gilt gemäß § 49 Abs. 1 Nr. 2 SCEBG i. V. m. § 16 SCEBG für die **Europäische Genossenschaft**.

8   Umstritten ist, ob es sich bei dem Unternehmen um ein solches in **privater Rechtsform** handeln muss (hierfür *Heckelmann/Wolff*/AR § 2 EBRG Rn. 1; *Müller* § 2 Rn. 9; **a. M.** *Annuß/AKRR* § 2 EBRG Rn. 8; *v. Beckerath* Europäischer Betriebsrat, S. 27; *Blanke* § 1 Rn. 13; *Blanke/Kunz*/HaKo § 2 EBRG Rn. 8; *Däubler/DKKW* § 2 EBRG Rn. 2; *Giesen/HWK* EBRG Rn. 18; *Hanau/HSW* § 19 Rn. 33 f.). Für das EBRG ist dies zu bejahen, da es insbesondere in organisatorischer Hinsicht auf dem BetrVG aufbaut (§§ 11, 23; ebenso *Heckelmann/Wolff*/AR § 2 EBRG Rn. 2; *Rose/HWGNRH* Einl. Rn. 149), so dass das EBRG auf Körperschaften, Anstalten und Stiftungen des **öffentlichen Rechts** ebenso wenig Anwendung findet (§ 130 BetrVG) wie auf **Religionsgemeinschaften** und ihre **karitativen und erzieherischen Einrichtungen** (§ 118 Abs. 2 BetrVG). Diese Eingrenzung mit Hilfe einer systematischen Auslegung des Unternehmensbegriffs ist allerdings im Hinblick auf die Richtlinie 2009/38/EG Bedenken ausgesetzt, da sich die Begrenzung aus dieser nicht entnehmen lässt (*Oetker*/EuArbR Art. 2 RL 2009/38/EG Rn. 6, m. w. N.) und deshalb aufgrund des Gebots einer unionsrechtskonformen Auslegung (s. vor § 1 EBRG Rdn. 10) ein weiter Unternehmensbegriff gelten müsste (*Annuß/AKRR* § 2 EBRG Rn. 8; *Blanke* § 2 Rn. 13; *Däubler/DKKW* § 2 EBRG Rn. 2; *Giesen/HWK* EBRG Rn. 18; *Hanau/HSW* § 19 Rn. 33 f.; *Riesenhuber* Europäisches Arbeitsrecht, 2009, § 28 Rn. 12). Praktisch relevant ist dieser Streit wegen der fehlenden gemeinschaftsweiten Tätigkeit (§ 3) bei öffentlich-rechtlichen Einrichtungen jedoch nicht (treffend *Rose/HWGNRH* Einl. 149 a. E.).

§ 3
Gemeinschaftsweite Tätigkeit

(1) Ein Unternehmen ist gemeinschaftsweit tätig, wenn es mindestens 1000 Arbeitnehmer in den Mitgliedstaaten und davon jeweils mindestens 150 Arbeitnehmer in mindestens zwei Mitgliedstaaten beschäftigt.

§ 3 EBRG

(2) Eine Unternehmensgruppe ist gemeinschaftsweit tätig, wenn sie mindestens 1000 Arbeitnehmer in den Mitgliedstaaten beschäftigt und ihr mindestens zwei Unternehmen mit Sitz in verschiedenen Mitgliedstaaten angehören, die jeweils mindestens je 150 Arbeitnehmer in verschiedenen Mitgliedstaaten beschäftigen.

Inhaltsübersicht	Rdn.
I. Allgemeines	1
II. Unternehmen	2, 3
III. Unternehmensgruppe	4–6

I. Allgemeines

Die Vorschrift konkretisiert die Voraussetzung in § 2 Abs. 1 einer »gemeinschaftsweiten Tätigkeit« und setzt die Vorgabe aus Art. 2 Abs. 1 Buchst. a der Richtlinie 2009/38/EG für das Unternehmen und aus Art. 2 Abs. 1 Buchst. c 1. und 3. Spiegelstrich der Richtlinie 2009/38/EG für die Unternehmensgruppe um. Gegenüber § 3 EBRG 1996 ist die Vorschrift unverändert. **1**

II. Unternehmen

Die für das »Unternehmen« relevanten Schwellenwerte übernimmt § 3 Abs. 1 aus Art. 2 Abs. 1 Buchst. a der Richtlinie 2009/38/EG. Maßgebend für den Schwellenwert von 1000 Arbeitnehmern sind die in § 2 Abs. 3 definierten Mitgliedstaaten (s. § 2 EBRG Rdn. 4). Wird der Schwellenwert erst durch Arbeitnehmer in Drittstaaten überschritten, fehlt dem Unternehmen die von § 3 Abs. 1 geforderte »gemeinschaftsweite Tätigkeit«. **2**

Als zweite Voraussetzung verlangt § 2 Abs. 1, dass in mindestens zwei Mitgliedstaaten jeweils mindestens 150 Arbeitnehmer beschäftigt sein müssen. Dieses Quorum ist auch dann nicht erfüllt, wenn das Unternehmen zwar in Deutschland den Schwellenwert von 1000 Arbeitnehmern überschreitet, in keinem anderen Mitgliedstaat jedoch der Schwellenwert von 150 Arbeitnehmern erreicht wird. Das gilt unabhängig von der Zahl der anderen Mitgliedstaaten, in denen das Unternehmen Arbeitnehmer beschäftigt. Ggf. liegt eine gemeinschaftsweite Tätigkeit i. S. d. Gesetzes auch dann nicht vor, wenn das Unternehmen in anderen Mitgliedstaaten mehr als 1000 Arbeitnehmer beschäftigt, in keinem Mitgliedstaat jedoch der Schwellenwert von 150 Arbeitnehmer erreicht wird (s. *Blanke* § 3 Rn. 6). **3**

III. Unternehmensgruppe

§ 3 Abs. 2 umschreibt die Voraussetzungen für eine »gemeinschaftsweite Tätigkeit« von Unternehmensgruppen. Zwingende Voraussetzung hierfür sind zwei Unternehmen mit Sitz in verschiedenen Mitgliedstaaten. Nicht erfasst wird deshalb der Sachverhalt, dass in den Mitgliedstaaten lediglich ein Unternehmen seinen Sitz hat, dieses aber in mindestens zwei Mitgliedstaaten jeweils mindestens 150 Arbeitnehmer beschäftigt und insgesamt den Schwellenwert von 1000 Arbeitnehmern erreicht. In diesem Fall erfüllt zwar das abhängige Unternehmen die Voraussetzungen für eine gemeinschaftsweite Tätigkeit (§ 3 Abs. 1), ohne dass jedoch die Anforderungen an eine gemeinschaftsweit tätige Unternehmensgruppe erfüllt werden. Diesem Ergebnis widersprechen Teile des Schrifttums, da die zentrale Leitung der Unternehmensgruppe nicht erreicht werde. Deshalb sei § 3 Abs. 2 ergänzend und richtlinienkonform auszulegen, dass die Beschäftigung von jeweils 150 Arbeitnehmer in mindestens zwei Mitgliedstaaten unabhängig davon ausreiche, ob diese in Betrieben oder Unternehmen der Unternehmensgruppe beschäftigt sind (so *Annuß/AKRR* § 3 EBRG Rn. 5; *Blanke* § 3 Rn. 9 ff.; *Blanke/Kunz*/HaKo § 3 EBRG Rn. 3 f.; *Däubler/DKKW* § 3 EBRG Rn. 4). **4**

5 Der Auffassung in Rdn. 4 steht entgegen, dass § 3 Abs. 2 ausdrücklich auf das Unternehmen abstellt und zwei Unternehmen mit Sitz in verschiedenen Mitgliedstaaten verlangt. Dies entspricht auch den Vorgaben der Legaldefinition in Art. 2 Abs. 1 Buchst. c 3. Spiegelstrich der Richtlinie 2009/38/EG (*Oetker*/EuArbR Art. 2 RL 2009/38/EG Rn. 19). Nicht zuletzt wegen der in Kenntnis des Streitstandes erfolgten Novellierung des Gesetzes fehlen die methodischen Voraussetzungen, um für eine »gemeinschaftsweite Tätigkeit« der Unternehmensgruppe von dem Erfordernis zweier Unternehmen mit Sitz in verschiedenen Mitgliedstaaten abzurücken. Dies kann auch nicht auf das Gebot einer effektiven Wirkung (»effet utile«) der Richtlinie gestützt werden, da die Legaldefinition in Art. 2 Abs. 1 Buchst. c 3. Spiegelstrich der Richtlinie ausdrücklich für eine »gemeinschaftsweite Tätigkeit« mindestens zwei der Unternehmensgruppe angehörende Unternehmen mit Sitz in verschiedenen Mitgliedstaaten fordert (ebenso *Giesen*/HWK EBRG Rn. 27; *Riesenhuber* Europäisches Arbeitsrecht, 2009, § 28 Rn. 17).

6 Für eine »gemeinschaftsweite Tätigkeit« i. S. d. § 3 Abs. 2 reicht es aus den in Rdn. 5 genannten Gründen auch nicht aus, wenn der Schwellenwert von 150 Arbeitnehmern in einem Mitgliedstaat nicht durch ein Unternehmen, sondern erst durch ein weiteres Unternehmen mit Sitz in diesem Mitgliedstaat erreicht wird (*Heckelmann/Wolff*/AR § 3 EBRG Rn. 2; **a. M.** *Annuß/AKRR* § 3 EBRG Rn. 6; *Däubler*/DKKW § 3 EBRG Rn. 5).

§ 4
Berechnung der Arbeitnehmerzahlen

In Betrieben und Unternehmen des Inlands errechnen sich die im Rahmen des § 3 zu berücksichtigenden Arbeitnehmerzahlen nach der Anzahl der im Durchschnitt während der letzten zwei Jahre beschäftigten Arbeitnehmer im Sinne des § 5 Absatz 1 des Betriebsverfassungsgesetzes. Maßgebend für den Beginn der Frist nach Satz 1 ist der Zeitpunkt, in dem die zentrale Leitung die Initiative zur Bildung des besonderen Verhandlungsgremiums ergreift oder die zentrale Leitung ein den Voraussetzungen des § 9 Satz 2 entsprechender Antrag der Arbeitnehmer oder ihrer Vertreter eingeht.

Inhaltsübersicht

		Rdn.
I.	Allgemeines	1
II.	Arbeitnehmerbegriff	2–4
III.	Berechnung der Arbeitnehmerzahl	5–8
IV.	Arbeitnehmerzahlen in anderen Mitgliedstaaten	9

I. Allgemeines

1 Die Vorschrift dient primär dem Zweck, einen Modus für die Anwendung der in § 3 genannten Schwellenwerte zur Verfügung zu stellen und setzt damit die Vorgabe in Art. 2 Abs. 2 der Richtlinie 2009/38/EG um. Aus der Anknüpfung an § 5 Abs. 1 BetrVG ergibt sich zudem indirekt, dass für die Anwendung des Gesetzes der Arbeitnehmerbegriff in § 5 Abs. 1 BetrVG maßgebend ist. Dies steht im Einklang mit den Vorgaben der Richtlinie 2009/38/EG, da deren Art. 2 Abs. 1 von einer eigenständigen (autonomen) Definition des Arbeitnehmerbegriffs absieht und Art. 2 Abs. 2 der Richtlinie auf die »einzelstaatlichen Rechtsvorschriften und/oder Gepflogenheiten« Bezug nimmt (*Riesenhuber* Europäisches Arbeitsrecht, 2009, § 28 Rn. 12). Die Vorschrift in § 4 ist nicht nur dann maßgeblich, wenn das Unternehmen bzw. die Unternehmensgruppe dem EBRG unterliegt, sondern auch, wenn auf das Unternehmen bzw. die Unternehmensgruppe das **Umsetzungsgesetz eines anderen Mitgliedstaats** anzuwenden ist (*Blanke* § 4 Rn. 1). Sofern danach die Arbeitnehmerzahlen in Deutschland zu ermitteln sind, richtet sich dies nicht nach dem Umsetzungsgesetz des anderen Mitgliedstaats, sondern ausschließlich nach § 4 (s. auch Rdn. 9). Das gilt sowohl für den Arbeitnehmerbegriff als auch für die Berechnungsmodalitäten.

II. Arbeitnehmerbegriff

In die Berechnung sind nach § 4 Satz 1 alle Arbeitnehmer i. S. d. § 5 Abs. 1 BetrVG einzubeziehen. **Leitende Angestellte** werden nicht mitgezählt, da sie wegen § 5 Abs. 3 BetrVG keine Arbeitnehmer i. S. d. § 5 Abs. 1 BetrVG sind (*Blanke* § 4 Rn. 14; *Breitfeld*/NK-GA §§ 3, 4 EBRG Rn. 6; *Fitting* Übersicht EBRG Rn. 22; *Franzen* BB 2004, 938 [939]; *Gamillscheg* II, § 54, 3b [5]; *Giesen*/HWK EBRG Rn. 6; *Hanau*/HSW § 19 Rn. 55; *Heckelmann*/*Wolff*/AR § 4 EBRG Rn. 1; *Joost*/MünchArbR § 274 Rn. 24; *Lerche* Europäischer Betriebsrat, S. 180 f.; *Müller* § 4 Rn. 3; *Rose*/HWGNRH Einl. Rn. 164; *Schaub*/*Koch* Arbeitsrechts-Handbuch, § 256 Rn. 3, 6; *I. Schmidt* RdA 2001, Beilage zu Heft 5, S. 12 [15]; **a. M.** *Hromadka* DB 1995, 1125 [1126]; *Riesenhuber* Europäisches Arbeitsrecht, 2009, § 28 Rn. 13). **Teilzeitbeschäftigte** zählen – wie Art. 2 Abs. 2 der Richtlinie 94/45/EG bestätigt – **pro Kopf** (*Reg. Begr.* BT-Drucks. 13/4520, 18; *Blanke* § 4 Rn. 8; *Blanke*/*Kunz*/HaKo § 4 EBRG Rn. 5; *Breitfeld*/NK-GA §§ 3, 4 EBRG Rn. 4; *Däubler*/DKKW § 4 EBRG Rn. 1; *Franzen* BB 2004, 938 [939]; *Giesen*/HWK EBRG Rn. 6; *Hanau*/HSW § 19 Rn. 55; *Heckelmann*/*Wolff*/AR § 4 EBRG Rn. 1; *Joost*/MünchArbR § 274 Rn. 24; *Lerche* Europäischer Betriebsrat, S. 180; *Müller* § 4 Rn. 2; *Rose*/HWGNRH Einl. Rn. 161; **a. M.** *Hromadka* DB 1995, 1125 [1126]; *Klinkhammer*/*Welslau* AuR 1994, 326 [328], die in Art. 2 Abs. 2 der Richtlinie 94/45/EG die Festlegung einer »prorata«-temporis-Regel in Bezug auf Teilzeitbeschäftigte sehen).

Ebenso sind die in inländischen Betrieben und Unternehmen eingesetzten **Leiharbeitnehmer** bei den Schwellenwerten in § 3 zu berücksichtigen (§ 14 Abs. 2 Satz 4 AÜG; dazu näher *Raab* § 7 BetrVG Rdn. 111 ff.). Das gilt auch dann, wenn es sich hierbei um eine nach § 1 Abs. 3 Nr. 2 AÜG erlaubnisfreie (privilegierte) konzerninterne Arbeitnehmerüberlassung handelt (*Raab* § 7 BetrVG Rdn. 127 a. E.; näher *Oetker* NZA 2017, 29 [31]). Eine Mindesteinsatzzeit muss hierfür nicht erfüllt sein, da § 14 Abs. 2 Satz 6 AÜG diese ausschließlich für die Anwendung der in § 14 Abs. 2 Satz 5 AÜG aufgezählten Gesetze zur Unternehmensmitbestimmung fordert.

Arbeitnehmer, die von ihrem deutschen Heimatbetrieb oder -unternehmen in einen Drittstaat oder Mitgliedstaat entsandt werden, sind im deutschen Betrieb oder Unternehmen mitzuzählen, wenn sie weiterhin dem deutschen Betrieb angehören (*BAG* 07.12.1989 AP Nr. 27 zu Internationales Privatrecht, Arbeitsrecht, in Bezug auf den persönlichen Geltungsbereich des BetrVG). Das ist vor allem zu bejahen, wenn die Entsendung in das Ausland von Anfang an zeitlich begrenzt, d. h. nur vorübergehender Natur ist (*BAG* 07.12.1989 AP Nr. 17 zu Internationales Privatrecht, Arbeitsrecht; **a. M.** *Däubler*/*Klebe* AiB 1995, 557 [565], die auf den tatsächlichen Arbeitsort abstellen wollen, dies aber dahingehend einschränken, dass die Tätigkeit länger als drei Monate dauert oder ein und derselbe Arbeitsplatz regelmäßig durch eine größere Zahl unterschiedlicher entsandter Personen besetzt wird).

III. Berechnung der Arbeitnehmerzahl

Für die Berechnung der Arbeitnehmerzahl stellt § 4 in Übereinstimmung mit Art. 2 Abs. 2 der Richtlinie 2009/38/EG auf die Anzahl der im **Durchschnitt während der letzten zwei Jahre** beschäftigten Arbeitnehmer ab. Damit legt das EBRG einen anderen Berechnungsmodus zugrunde als das BetrVG (s. §§ 1, 9 Abs. 1, 106 Abs. 1, 110 Abs. 1, 111 Satz 1, 115 Abs. 1 und 2 und 116 Abs. 2 BetrVG), das die Zahl der »in der Regel« beschäftigten Arbeitnehmer als maßgeblich ansieht (*Annuß*/AKRR § 4 EBRG Rn. 1; *Blanke* § 4 Rn. 3; *Blanke*/*Kunz*/HaKo § 4 EBRG Rn. 2; *Breitfeld*/NK-GA §§ 3, 4 EBRG Rn. 7; *Däubler*/DKKW § 4 EBRG Rn. 2; *Fitting* Übersicht EBRG Rn. 21; *Joost*/MünchArbR § 274 Rn. 25; *Müller* § 4 Rn. 5; *Rose*/HWGNRH Einl. 156; **a. M.** *Bachner*/*Kunz* AuR 1996, 81 [83] sowie *Lerche* Europäischer Betriebsrat, S. 181 ff., der »Durchschnitt« mit »in der Regel« gleichsetzt). Die Zahl der durchschnittlich beschäftigten Arbeitnehmer errechnet sich aus der Summe der Beschäftigtenzahlen für jeden der vergangenen 730 Tage geteilt durch 730 Tage, im Schaltjahr jeweils 731 Tage (*Annuß*/AKRR § 4 EBRG Rn. 1; *Blanke* § 4 Rn. 2; *Blanke*/*Kunz*/HaKo § 4 EBRG Rn. 1; *Breitfeld*/NK-GA §§ 3, 4 EBRG Rn. 7; *Fitting* Übersicht EBRG Rn. 21; *Heckelmann*/*Wolff*/AR § 4 EBRG Rn. 2; *Joost*/MünchArbR § 274 Rn. 27; *Müller* § 4 Rn. 5; *Rose*/HWGNRH Einl. Rn. 156).

6 Eine Berechnung der Arbeitnehmerzahl mit Hilfe des arithmetischen Mittels vernachlässigt jedoch die **Entwicklung des Unternehmens**. So würde bei solchen, die durch Neugründung, Unternehmenszusammenschlüsse, grenzübergreifende Fusion oder Übernahme auf Dauer mehr als 1000 Arbeitnehmer beschäftigen, der Zeitraum von zwei Jahren aber noch nicht erfüllt ist, der Anwendungsbereich des EBRG nicht eröffnet sein. Andererseits könnten Unternehmen, die ihre Arbeitnehmerzahl durch Ausgliederung für die Zukunft dauerhaft unter den Schwellenwert des § 3 reduziert haben, aufgrund des Durchschnitts der letzten zwei Jahre noch unter das EBRG fallen.

7 Da es nach Art. 2 Abs. 2 der Richtlinie 2009/38/EG auf die entsprechend den einzelstaatlichen Rechtsvorschriften bzw. Gepflogenheiten berechnete Zahl ankommt, hätte der deutsche Gesetzgeber auch eine Umsetzung wählen können, die auf die Zahl der »in der Regel« beschäftigten Arbeitnehmer abstellt. Damit verschließt sich § 4 zumindest nicht wegen der Richtlinie 2009/38/EG einer anderen Auslegung. Die Gesetzessystematik spricht dafür, zukünftige Entwicklungen zu berücksichtigen, da nach § 32 Abs. 2 alle zwei Jahre zu prüfen ist, ob die Arbeitnehmerzahlen die Schwellenwerte noch erreichen. Ähnlich sieht das französische Recht in Art. L. 439-22 des Code du travail vor, dass der Europäische Betriebsrat kraft Vereinbarung oder Gesetzes aufgelöst wird, wenn die Schwellenwerte nicht mehr erreicht werden und dies auf einer bedeutenden und dauerhaften Senkung der Beschäftigtenzahl beruht.

8 Entscheidend ist jedoch der Zweck des § 4. Die Schwellenwerte sollen eine Überforderung des Arbeitgebers verhindern, sie sind äußeres Kennzeichen seiner Leistungsfähigkeit. Durch das Abstellen auf einen Zeitraum von zwei Jahren wird eine gewisse Stabilität dieser Leistungsfähigkeit vermutet. Diese Vermutung ist aber erschüttert, wenn die konkrete Unternehmensentwicklung dem entgegensteht. Deshalb gebietet der Normzweck eine **wortlautkorrigierende Auslegung bei dauerhaften, erheblichen Veränderungen der Zahl der beschäftigten Arbeitnehmer** (*Breitfeld*/NK-GA §§ 3, 4 EBRG Rn. 7; *Däubler*/DKKW § 4 EBRG Rn. 3; *Fitting* Übersicht EBRG Rn. 21; *Giesen*/HWK EBRG Rn. 17; *Heckelmann*/*Wolff*/AR § 4 EBRG Rn. 2; *Lerche* Europäischer Betriebsrat, S. 181 ff.; *Müller* § 4 EBRG Rn. 5; *Rose*/HWGNRH Einl. Rn. 158; im Ergebnis auch *Sandmann* Euro-Betriebsrats-Richtlinie, S. 138 durch eine nach dem Grundsatz von Treu und Glauben vorzunehmende Auslegung; a. M. *Annuß*/AKRR § 4 EBRG Rn. 3). Unter dieser Voraussetzung sind auch zukünftige Entwicklungen bei der Berechnung der Arbeitnehmerzahl zu berücksichtigen (*Breitfeld*/NK-GA §§ 3, 4 EBRG Rn. 7; *Däubler*/DKKW § 4 EBRG Rn. 3; *Heckelmann*/*Wolff*/AR § 4 EBRG Rn. 2; **a. M.** *Annuß*/AKRR § 4 EBRG Rn. 3; *v. Beckerath* Europäischer Betriebsrat, S. 37 ff.; *Hanau*/HSW § 19 Rn. 56; *Joost*/MünchArbR § 274 Rn. 25; *Rose*/HWGNRH Einl. Rn. 158).

IV. Arbeitnehmerzahlen in anderen Mitgliedstaaten

9 Der Anwendungsbereich des § 4 ist ausdrücklich auf Betriebe und Unternehmen im Inland beschränkt. Hieraus folgt, dass die für die Anwendung von § 3 maßgeblichen Arbeitnehmerzahlen in Betrieben und Unternehmen in anderen Mitgliedstaaten nicht nach § 4, sondern nach deren Umsetzungsgesetzen zu ermitteln sind. Das gilt nicht nur für die Berechnungsmodalitäten, sondern auch für den hierfür zugrunde zu legenden Arbeitnehmerbegriff. Bezüglich der Beschäftigten in Betrieben und Unternehmen in anderen Mitgliedstaaten richtet sich dieser nicht nach § 5 Abs. 1 BetrVG, sondern nach dem Umsetzungsgesetz des jeweiligen Mitgliedstaats (*Däubler*/DKKW § 4 EBRG Rn. 1; *Franzen* BB 2004, 938 [939]; *Giesen*/HWK EBRG Rn. 17). Dies kann u. U. dazu führen, dass leitende Angestellte in Deutschland wegen § 5 Abs. 3 BetrVG nicht zu berücksichtigen sind, während dies für eine vergleichbare Arbeitnehmergruppe in einem anderen Mitgliedstaat zu bejahen ist.

§ 5
Auskunftsanspruch

(1) Die zentrale Leitung hat auf Verlangen einer Arbeitnehmervertretung die für die Aufnahme von Verhandlungen zur Bildung eines Europäischen Betriebsrats erforderlichen Informationen zu erheben und an die Arbeitnehmervertretung weiterzuleiten. Zu den erforderlichen Informationen gehören insbesondere die durchschnittliche Gesamtzahl der Arbeitnehmer und ihre Verteilung auf die Mitgliedstaaten, die Unternehmen und Betriebe sowie über die Struktur des Unternehmens oder der Unternehmensgruppe.

(2) Ein Betriebsrat oder ein Gesamtbetriebsrat kann den Anspruch nach Absatz 1 gegenüber der örtlichen Betriebs- oder Unternehmensleitung geltend machen; diese ist verpflichtet, die erforderlichen Informationen und Unterlagen bei der zentralen Leitung einzuholen.

(3) Jede Leitung eines Unternehmens einer gemeinschaftsweit tätigen Unternehmensgruppe sowie die zentrale Leitung sind verpflichtet, die Informationen nach Absatz 1 zu erheben und zur Verfügung zu stellen.

Inhaltsübersicht	Rdn.
I. Allgemeines	1–3
II. Auskunftsberechtigte und Auskunftsverpflichtete	4–7
III. Umfang der Informationen	8
IV. Durchsetzung des Auskunftsanspruchs	9

I. Allgemeines

Grundvoraussetzung für die Stellung eines Antrags nach § 9 ist die **Information** über die durchschnittliche Gesamtzahl der Arbeitnehmer und deren Verteilung auf die Mitgliedstaaten, die Unternehmen und Betriebe sowie über die Struktur des Unternehmens oder der Unternehmensgruppe. Nur auf dieser Grundlage kann ermittelt werden, ob gemäß § 2 der Geltungsbereich des EBRG eröffnet ist. Diesem Informationsbedürfnis trägt **§ 5** Rechnung (*Rose/HWGNRH* Einl. Rn. 179 sowie *Kunz* AiB 1997, 267 [273], Musterentwurf für die Geltendmachung des Auskunftsanspruchs). 1

Gegenüber § 5 EBRG 1996 wurde die Vorschrift durch die Novellierung des EBRG grundlegend überarbeitet. So legt § 5 Abs. 1 nunmehr ausdrücklich fest, dass die zentrale Leitung zur Erhebung der erforderlichen Informationen verpflichtet ist (s. *Giesen/HWK* EBRG Rn. 31). Ferner hat die Aufzählung der erforderlichen Informationen (§ 5 Abs. 1 Satz 2) keinen abschließenden Charakter mehr (»insbesondere«). Während § 5 Abs. 2 unverändert aus § 5 Abs. 2 EBRG 1996 übernommen wurde, ist die Sonderregelung zur Unternehmensgruppe (§ 5 Abs. 3) neu eingefügt worden. Danach trifft die Pflicht zur Erhebung der Informationen nicht nur die zentrale Leitung der Unternehmensgruppe, sondern die Leitung eines jeden Unternehmens, das der Unternehmensgruppe angehört. Mit der Neufassung des § 5 trägt das Gesetz den Vorgaben in Art. 4 Abs. 4 der Richtlinie 2009/38/EG Rechnung, die in Art. 4 der Richtlinie 94/45/EG noch nicht enthalten waren (s. auch Erwägungsgrund 25 zur Richtlinie 2009/38/EG) und die der einschlägigen Rechtsprechung des *EuGH* (s. Rdn. 6 f.) Rechnung tragen. 2

Die Regelung in § 5 Abs. 1 Satz 1 begründet einen umfassenden **Unterrichtungsanspruch**, um dem Betriebsrat oder Gesamtbetriebsrat die Prüfung zu ermöglichen, ob die Voraussetzungen für die Einsetzung eines Europäischen Betriebsrats oder für ein länderübergreifendes Verfahren zur Unterrichtung und Anhörung der Arbeitnehmer vorliegen (*EuGH* 29.03.2001 EzA EG-Vertrag 1999 Richtlinie 94/45/EG Nr. 2 S. 5 = AP Nr. 2 zu EWG-Richtlinie Nr. 94/45 Bl. 4 = SAE 2002, 168 [*Thüsing/Leder*] = ZESAR 2002, 84 [*Ritzeberger-Moser*]; s. auch Erwägungsgrund 25 zur Richtlinie 2009/38/EG). Er besteht bei einer Unternehmensgruppe deshalb unabhängig davon, ob es innerhalb der Gruppe tatsächlich ein herrschendes Unternehmen gibt (*EuGH* 29.03.2001 EzA EG-Ver- 3 trag 1999 Richtlinie 94/45/EG Nr. 2 S. 5 f. = AP Nr. 2 zu EWG-Richtlinie Nr. 94/45 Bl. 4 = SAE 2002, 168 *[Thüsing/Leder]* = ZESAR 2002, 84 *[Ritzeberger-Moser]*; ebenso *Annuß/AKRR* § 5 EBRG Rn. 4; *Fitting* Übersicht EBRG Rn. 36; *Joost/* MünchArbR § 274 Rn. 44; zum Vorlagebeschluss *LAG Düsseldorf* 21.01.1999 NZA-RR 1999, 476 [479 f.] sowie nachfolgend *LAG Düsseldorf* 25.10.2001 NZA-RR 2002, 196 ff.; kritisch insoweit *Thüsing/Leder* SAE 2002, 171 [174 f.], wonach das Vorliegen eines beherrschenden Einflusses zumindest wahrscheinlich erscheinen müsse, so auch *BAG* 30.03.2004 EzA § 5 EBRG Nr. 1 S. 16 ff. *[Leder]* = AP Nr. 3 zu § 5 EBRG Bl. 6 ff.; ebenso *Fitting* Übersicht EBRG Rn. 36; *Heckelmann/Wolff/AR* § 5 EBRG Rn. 1). Für diese (extensive) Auslegung spricht vor allem der Zweck des Auskunftsanspruchs, der auch die Prüfung ermöglichen soll, ob überhaupt die Voraussetzungen für die Bildung eines besonderen Verhandlungsgremiums gegeben sind (s. *Rose/HWGNRH* Einl. 180).

II. Auskunftsberechtigte und Auskunftsverpflichtete

4 **Auskunftsberechtigt** ist jede Arbeitnehmervertretung. Entsprechend der Legaldefinition in Art. 2 Abs. 1 Buchst. d der Richtlinie 2009/38/EG handelt es sich hierbei um die nach den Rechtsvorschriften und/oder Gepflogenheiten der Mitgliedstaaten vorgesehenen Vertreter der Arbeitnehmer. Anspruchsberechtigt sind deshalb nicht nur die in Deutschland in den Betrieben und Unternehmen gewählten Arbeitnehmervertretungen, sondern auch die Arbeitnehmervertretungen in anderen Mitgliedstaaten (*Annuß/AKRR* § 5 EBRG Rn. 5; *Däubler/DKKW* § 5 EBRG Rn. 2; *Giesen/HWK* EBRG Rn. 19; *Heckelmann/Wolff/AR* § 5 EBRG Rn. 2). Zu den Arbeitnehmervertretungen i. S. d. § 5 Abs. 1 Satz 1 zählen in Deutschland der nach dem BetrVG errichtete Betriebsrat, der Gesamtbetriebsrat sowie der Konzernbetriebsrat (*Fitting* Übersicht EBRG Rn. 40; *Giesen/HWK* EBRG Rn. 30). Da der für das Gesetz maßgebliche Arbeitnehmerbegriff nicht die leitenden Angestellten umfasst (s. § 4 EBRG Rdn. 5), sind Sprecherausschüsse der leitenden Angestellten keine Arbeitnehmervertretungen i. S. d. § 5 Abs. 1 Satz 1 (*Giesen/HWK* EBRG Rn. 30). Keine Arbeitnehmervertretungen sind in Deutschland die Gewerkschaften (*Annuß/AKRR* § 5 EBRG Rn. 5; *Giesen/HWK* EBRG Rn. 30; *Heckelmann/Wolff/AR* § 5 EBRG Rn. 2); Anderes kann in anderen Mitgliedstaaten gelten (*Däubler/DKKW* § 5 EBRG Rn. 2).

5 **Auskunftsverpflichtet** ist die zentrale Leitung oder die örtliche Betriebs- bzw. Unternehmensleitung gegenüber dem Betriebsrat oder Gesamtbetriebsrat (*LAG Hamburg* 30.06.1999 AuR 1999, 447 [LS] sowie den Vorlagebeschluss *LAG Düsseldorf* 21.01.1999 NZA-RR 1999, 476 ff.). Die örtliche Betriebs- oder Unternehmensleitung muss die hierfür erforderlichen Informationen und Unterlagen bei der zentralen Leitung einholen (§ 5 Abs. 2 Halbs. 2), wobei sich der Auskunftsanspruch des § 5 aufgrund des Territorialitätsprinzips nur gegen **inländische Unternehmen** richten kann. Deshalb sind Arbeitnehmervertretungen in anderen Mitgliedstaaten darauf beschränkt, den Informationsanspruch gegenüber der in Deutschland gelegenen zentralen Leitung des Unternehmens oder der Unternehmensgruppe geltend zu machen (*Fitting* Übersicht EBRG Rn. 35). Auf § 5 Abs. 2 können sich Arbeitnehmervertretungen in anderen Mitgliedstaaten nicht stützen (s. *Giesen/HWK* EBRG Rn. 33).

6 Schwierigkeiten bereitet die Durchsetzung des Informationsrechts, wenn das im Inland ansässige Unternehmen nicht über die notwendigen Informationen verfügt und im Ausland ansässige Unternehmen diese nicht zur Verfügung stellen. Ein grenzüberschreitender **horizontaler Unterrichtungsanspruch** zwischen den Unternehmen ließ sich § 5 EBRG 1996 nicht entnehmen (**a. M.** wohl *Däubler/DKKW* § 5 EBRG Rn. 7), wenngleich der Zweck der Richtlinie 94/45/EG für einen solchen sprach (*BAG* 27.06.2001 EzA EG-Vertrag 1999 Richtlinie 94/45/EG Nr. 1 S. 5 f. = AP Nr. 1 zu EWG-Richtlinie 94/45 Bl. 2 R f. [Vorlagebeschluss zu *EuGH* 13.01.2004 EzA EG-Vertrag 1999 Richtlinie 94/45/EG Nr. 3 = AP Nr. 3 zu EWG-Richtlinie Nr. 94/45]; zur Vorinstanz *LAG Hamburg* 30.06.1999 AiB 2000, 43 ff.; ebenso *Joost* BB 2001, 2214 [2218]; *I. Schmidt* RdA 2001, Beilage zu Heft 5, S. 12 [16]; *Thüsing/Leder* SAE 2002, 171 [175 f.]; s. auch *Windbichler* FS *Peltzer*, S. 629 [639 f.]). Bereits zu der Richtlinie 94/45/EG hat der *EuGH* jedoch gestützt auf den Zweck der Art. 4 und 11 der Richtlinie einen derartigen horizontalen Unterrichtungsanspruch auch der fingierten zentralen Leitung gegenüber Unternehmen in anderen Mitgliedstaaten bejaht sowie diese als zur Auskunftserteilung verpflichtet angesehen (*EuGH* 13.01.2004 EzA EG-Vertrag 1999 Richtlinie 94/45/EG

Nr. 3 S. 13 f. = AP Nr. 3 zu EWG-Richtlinie 94/45 Bl. 6 ff. = JZ 2004, 566 *[Kort]* = RdA 2004, 307 *[Giesen]* = SAE 2004, 328 *[Franzen]*; bestätigt durch *EuGH* 15.07.2004 NZA 2004, 1167 ff.). Die jeweils betroffenen Mitgliedstaaten sind verpflichtet, die Auskunftserteilung durch die Unternehmen sicherzustellen (*EuGH* 13.01.2004 EzA EG-Vertrag 1999 Richtlinie 94/45/EG Nr. 3 S. 15 = AP Nr. 3 zu EWG-Richtlinie 94/45 Bl. 6 ff. = JZ 2004, 566 *[Kort]* = RdA 2004, 307 *[Giesen]* = SAE 2004, 329 *[Franzen]*; 15.07.2004 NZA 2004, 1167 ff.).

Diese Judikatur des *EuGH* hat nicht nur in Art. 4 Abs. 4 der Richtlinie 2009/38/EG Eingang gefunden, sondern kommt auch in § 5 Abs. 3 zum Ausdruck (*Fitting* Übersicht EBRG Rn. 38 f.). Danach trifft die Pflicht zur Informationserhebung nicht nur die zentrale Leitung, sondern innerhalb einer Unternehmensgruppe jede Leitung eines Unternehmens, was denknotwendig mit einem Informationsanspruch korrespondiert (treffend *Annuß/AKRR* § 5 EBRG Rn. 2; *Giesen/HWK* EBRG Rn. 31). Dies gilt wegen der Einbeziehung des Unternehmens auch für die fingierte zentrale Leitung (*Reg.-Begr.* BT-Drucks. 17/4808, 10; *Fitting* Übersicht EBRG Rn. 39). Wegen des Territorialitätsprinzips beschränkt sich die Informationsbeschaffungspflicht nach § 5 Abs. 3 jedoch auf die Unternehmen mit Sitz im Inland (ebenso *Annuß/AKRR* § 5 EBRG Rn. 9), ohne damit jedoch einen Auskunftsanspruch gegenüber Unternehmen in anderen Mitgliedstaaten auszuschließen. 7

III. Umfang der Informationen

Der **Umfang** der geschuldeten Information richtet sich nach dem Ziel des Informationsanspruchs, den örtlichen Arbeitnehmervertretungen die Prüfung zu ermöglichen, ob sie die Aufnahme von Verhandlungen verlangen können. Hierzu gehören auch Daten über die Struktur oder Organisation einer **Unternehmensgruppe**, wenn diese für die Prüfung unerlässlich sind (*EuGH* 29.03.2001 EzA EG-Vertrag 1999 Richtlinie 94/45/EG Nr. 2 S. 5 f. = AP Nr. 2 zu EWG-Richtlinie Nr. 94/45 Bl. 4 R = SAE 2002, 168 *[Thüsing/Leder]* = ZESAR 2002, 84 *[Ritzeberger-Moser]*; 13.01.2004 EzA EG-Vertrag 1999 Richtlinie 94/45/EG Nr. 3 S. 12 = AP Nr. 3 zu EWG-Richtlinie 94/45 Bl. 8 f. = JZ 2004, 566 *[Kort]* = RdA 2004, 307 *[Giesen]* = SAE 2004, 328 *[Franzen]*; zust. *Annuß/AKRR* § 5 EBRG Rn. 3; *Joost* BB 2001, 2214 [2216]; *Heckelmann/Wolff/AR* § 5 EBRG Rn. 4); gegebenenfalls umfasst dies auch **Unterlagen**, die die unerlässlichen Informationen präzisieren und verdeutlichen (*EuGH* 13.01.2004 EzA EG-Vertrag 1999 Richtlinie 94/45/EG Nr. 2 S. 6 f. = AP Nr. 2 zu EWG-Richtlinie Nr. 94/45/EG Bl. 4 R = SAE 2002, 168 *[Thüsing/Leder]* = ZESAR 2002, 84 *[Ritzeberger-Moser]* sowie den Vorlagebeschluss *LAG Düsseldorf* 21.01.1999 NZA-RR 1999, 476 [481] und nachfolgend *LAG Düsseldorf* 25.10.2001 NZA-RR 2002, 196 ff.; *BAG* 30.03.2004 EzA § 5 EBRG Nr. 1 *[Leder]* = AP Nr. 3 zu § 5 EBRG; *Fitting* Übersicht EBRG Rn. 36; *Heckelmann/Wolff/AR* § 5 EBRG Rn. 5; *Joost*/MünchArbR § 274 Rn. 45; *Laber/Klein* ArbRB 2002, 115 ff.). Entsprechendes gilt für die durchschnittliche **Gesamtzahl der Arbeitnehmer** und deren Verteilung auf die einzelnen Unternehmen in den jeweiligen Mitgliedstaaten sowie die Anschriften der **Arbeitnehmervertretungen**, die an der Bildung des besonderen Verhandlungsgremiums oder der Einsetzung eines Europäischen Betriebsrats zu beteiligen sind (*EuGH* 13.01.2004 EzA EG-Vertrag 1999 Richtlinie 94/45/EG Nr. 3 S. 16 f. = AP Nr. 3 zu EWG-Richtlinie 94/45 Bl. 8 f. = JZ 2004, 566 *[Kort]* = RdA 2004, 307 *[Giesen]* = SAE 2004, 328 *[Franzen]*). Während dies im Rahmen von § 5 Abs. 1 EBRG 1996 jedenfalls keinen Niederschlag im Gesetzeswortlaut fand, eröffnet der nun nicht mehr abschließende Charakter der Aufzählung in § 5 Abs. 1 Satz 2 (»insbesondere«) ausreichend Spielraum, um den Auskunftsanspruch auf alle »erforderlichen« Informationen auszudehnen (*Giesen/HWK* EBRG Rn. 31); einer richtlinienkonformen Auslegung (hierfür *Fitting* Übersicht EBRG Rn. 36) bedarf es deshalb nicht. 8

IV. Durchsetzung des Auskunftsanspruchs

Kommt der Auskunftsverpflichtete seiner Informationspflicht nicht nach, so kann der Anspruch im **Beschlussverfahren** vor dem Arbeitsgericht geltend gemacht werden (*Annuß/AKRR* § 5 EBRG Rn. 10; *Blanke* § 5 Rn. 6; *Däubler/DKKW* § 5 EBRG Rn. 10; *Giesen/HWK* EBRG Rn. 32; *Joost*/MünchArbR § 274 Rn. 91; *Kunz* AiB 1997, 267 [272]; *Müller* § 5 Rn. 7). Dieser Rechtsschutz 9 ist auch für Arbeitnehmervertretungen in anderen Mitgliedstaaten eröffnet (*Annuß/AKRR* § 5 EBRG Rn. 10; *Däubler/DKKW* § 5 EBRG Rn. 11; *Giesen/HWK* EBRG Rn. 32). Da die Informationen notwendige Voraussetzungen für den Antrag der Arbeitnehmerseite auf Bildung des besonderen Verhandlungsgremiums sind, dürfte grundsätzlich eine Eilbedürftigkeit bestehen, so dass der Anspruch im **einstweiligen Verfügungsverfahren** durchgesetzt werden kann (*Annuß/AKRR* § 5 EBRG Rn. 10; *Blanke* § 5 Rn. 6; *Däubler/DKKW* § 5 EBRG Rn. 10; *Kunz* AiB 1997, 267 [272]; *Müller* § 5 Rn. 7; **a. M.** *Giesen/HWK* EBRG Rn. 32). Näher zur Durchsetzung des Anspruchs s. *Hinrichs* Durchsetzung, S. 128 ff.

§ 6
Herrschendes Unternehmen

(1) Ein Unternehmen, das zu einer gemeinschaftsweit tätigen Unternehmensgruppe gehört, ist herrschendes Unternehmen, wenn es unmittelbar oder mittelbar einen beherrschenden Einfluss auf ein anderes Unternehmen derselben Gruppe (abhängiges Unternehmen) ausüben kann.

(2) Ein beherrschender Einfluss wird vermutet, wenn ein Unternehmen in Bezug auf ein anderes Unternehmen unmittelbar oder mittelbar
1. mehr als die Hälfte der Mitglieder des Verwaltungs-, Leitungs- oder Aufsichtsorgans des anderen Unternehmens bestellen kann oder
2. über die Mehrheit der mit den Anteilen am anderen Unternehmen verbundenen Stimmrechte verfügt oder
3. die Mehrheit des gezeichneten Kapitals dieses Unternehmens besitzt.

Erfüllen mehrere Unternehmen eines der in Satz 1 Nummer 1 bis 3 genannten Kriterien, bestimmt sich das herrschende Unternehmen nach Maßgabe der dort bestimmten Rangfolge.

(3) Bei der Anwendung des Absatzes 2 müssen den Stimm- und Ernennungsrechten eines Unternehmens die Rechte aller von ihm abhängigen Unternehmen sowie aller natürlichen oder juristischen Personen, die zwar im eigenen Namen, aber für Rechnung des Unternehmens oder eines von ihm abhängigen Unternehmens handeln, hinzugerechnet werden.

(4) Investment- und Beteiligungsgesellschaften im Sinne des Artikels 3 Absatz 5 Buchstabe a oder c der Verordnung (EG) Nr. 139/2004 des Rates vom 20. Januar 2004 über die Kontrolle von Unternehmenszusammenschlüssen (ABl. L 24 vom 29.01.2004, S. 1) gelten nicht als herrschendes Unternehmen gegenüber einem anderen Unternehmen, an dem sie Anteile halten, an dessen Leitung sie jedoch nicht beteiligt sind.

Inhaltsübersicht

		Rdn.
I.	Allgemeines	1, 2
II.	Unternehmen	3–5
III.	Herrschendes Unternehmen	6–12

I. Allgemeines

1 Im Unterschied zu Art. 2 Abs. 1 Buchst. b der Richtlinie 2009/38/EG verzichtet das EBRG auf eine Definition der Unternehmensgruppe, die die Richtlinie als eine Gruppe umschreibt, die aus dem herrschenden Unternehmen und dem von diesem abhängigen Unternehmen besteht. Obwohl § 6 Abs. 1 von einer Übernahme dieser Definition abgesehen hat, erschließt sich diese indirekt aus der Norm. Gegenüber § 6 EBRG 1996 ist die Vorschrift unverändert und wird durch Art. 3 der Richtlinie 2009/38/EG unionsrechtlich überlagert.

Als **Unternehmensgruppe** definiert Art. 2 Abs. 1 Buchst. b der Richtlinie 2009/38/EG eine Gruppe, die aus einem herrschenden Unternehmen und den von diesem abhängigen Unternehmen besteht. Sie ist damit ein Unterfall eines verbundenen Unternehmens i. S. d. § 15 AktG, aber **kein Konzern i. S. d. § 18 AktG** (zum Begriff der Unternehmensgruppe *Windbichler* ZfA 1996, 1 [7 ff.]). Der Konzernbegriff erfordert die Zusammenfassung eines herrschenden und eines oder mehrerer abhängiger Unternehmen unter der »einheitlichen Leitung« des herrschenden Unternehmens (§ 18 Abs. 1 Satz 1 AktG). Auf dieses Merkmal verzichtet der Begriff der Unternehmensgruppe (*Annuß/AKRR* § 6 EBRG Rn. 4; *Bachner/DKKW* § 6 EBRG Rn. 2; *Blanke* § 1 Rn. 14, § 6 Rn. 4; *Fitting* Übersicht EBRG Rn. 29; *Hanau/HSW* § 19 Rn. 44; *Heckelmann/Wolff/AR* § 6 EBRG Rn. 2; *Joost/*MünchArbR § 274 Rn. 16; *Lerche* Europäischer Betriebsrat, S. 167; *Müller* § 6 Rn. 5; *Rose/HWGNRH* Einl. Rn. 150; *Windbichler* ZfA 1996, 1 [11]). Damit genügt die **potenzielle Leitungsmacht** eines Unternehmens, um dieses als herrschendes Unternehmen i. S. d. EBRG zu qualifizieren (*BAG* 30.03.2004 EzA § 5 EBRG Nr. 1 S. 18 f. *[Leder]* = AP Nr. 3 zu § 5 EBRG Bl. 8). Der **Gleichordnungskonzern** i. S. d. § 18 Abs. 2 AktG ist vom EBRG nicht erfasst, da bei diesem kein Beherrschungsverhältnis existiert (*BAG* 30.03.2004 EzA § 5 EBRG Nr. 1 S. 16 *[Leder]* = AP Nr. 3 zu § 5 EBRG Bl. 6 R f. sowie *Bachner/DKKW* § 6 EBRG Rn. 1; *Blanke* § 6 Rn. 5; *Blanke/Kunz/*HaKo § 6 EBRG Rn. 4; *Breitfeld/*NK-GA §§ 6, 7 EBRG Rn. 3 a. E.; *Fitting* Übersicht EBRG Rn. 29; *Giesen/HWK* EBRG Rn. 20; *Heckelmann/Wolff/AR* § 6 EBRG Rn. 5; *Joost/*MünchArbR § 274 Rn. 16; *Müller* § 6 Rn. 12; *Rose/HWGNRH* Einl. Rn. 151; *Thüsing/Leder* SAE 2002, 171 [173]).

II. Unternehmen

Die **Rechtsform** des herrschenden und des abhängigen Unternehmens sind – mit Ausnahme des Vorbehalts in § 2 EBRG Rdn. 7 – für das Vorliegen einer Unternehmensgruppe unbeachtlich (s. aber auch § 2 EBRG Rdn. 8). Das Gesetz ist rechtsformneutral formuliert, so dass sowohl das herrschende als auch das abhängige Unternehmen eine Kapital- oder Personengesellschaft oder ein Einzelkaufmann sein kann (*Bachner/DKKW* § 6 EBRG Rn. 6; *Blanke* § 6 Rn. 14; *Blanke/Kunz/*HaKo § 6 EBRG Rn. 9; *Heckelmann/Wolff/AR* § 6 EBRG Rn. 6; *Hromadka* DB 1995, 1125 [1126]; *Müller* § 6 Rn. 2; *Rose/HWGNRH* Einl. Rn. 153; s. auch Rdn. 12).

In der Richtlinie 2009/38/EG und im EBRG fehlen Regelungen zum **Gemeinschaftsunternehmen**, obwohl die Richtlinie in Erwägungsgrund 10 »Joint-Ventures« ausdrücklich erwähnt. Nach der Begründung des Gesetzesentwurfs zum EBRG 1996 ist deren Einbeziehung abzulehnen, wenn die Muttergesellschaften die gleichen Kapitalanteile halten und auch im Übrigen keinen beherrschenden Einfluss ausüben (*Reg. Begr.* BT-Drucks. 13/4520, S. 20; ebenso *Annuß/AKRR* § 6 EBRG Rn. 11; *Engels/Müller* DB 1996, 981 [983]; *Fitting* Übersicht EBRG Rn. 30; *Heckelmann/Wolff/AR* § 6 EBRG Rn. 5; *Müller* § 6 Rn. 13; *Rose/HWGNRH* Einl. Rn. 151). Das EBRG soll auf Gemeinschaftsunternehmen nur Anwendung finden, wenn dieses für sich betrachtet die Voraussetzungen für die Anwendung des Gesetzes erfüllt (*Reg. Begr.* BT-Drucks. 13/4520, S. 20; *Annuß/AKRR* § 6 EBRG Rn. 11; *Fitting* Übersicht EBRG Rn. 30; *Giesen/HWK* EBRG Rn. 20; *Heckelmann/Wolf/AR* § 6 EBRG Rn. 5; *Müller* § 6 Rn. 13; *Schaub/Koch* Arbeitsrechts-Handbuch, § 256 Rn. 8; s. auch *Hanau/HSW* § 19 Rn. 49).

Diese Auslegung steht im Widerspruch zu den Zielen, die in den Erwägungsgründen der Richtlinie 2009/38/EG genannt sind. Diese sind auch darauf gerichtet, durch eine Unterrichtung und Anhörung der Arbeitnehmer eine harmonische Entwicklung für grenzüberschreitende Joint-Ventures zu gewährleisten. Eine teilweise Ausklammerung der Gemeinschaftsunternehmen würde dies nicht erreichen. Die Definition der Unternehmensgruppe in Art. 2 Abs. 1 Buchst. c der Richtlinie 2009/38/EG schließt die Einbeziehung eines Gemeinschaftsunternehmens in die Muttergesellschaften nicht aus, solange das Merkmal der Abhängigkeit des Gemeinschaftsunternehmens von den Muttergesellschaften gegeben ist. Insoweit lässt die Formulierung »Ein Unternehmen, ..., ist herrschendes Unternehmen ...« (§ 6 Abs. 1) die Möglichkeit einer mehrfachen Abhängigkeit des Gemeinschaftsunternehmens zu, da auch im deutschen Recht (§ 17 Abs. 1 AktG) trotz gleicher Formulierung »ein anderes Unternehmen« (herrschendes Unternehmen) für den Konzernbetriebsrat von der Möglichkeit einer mehrfachen Beherrschung ausgegangen wird (*BAG* 30.10.1986 EzA § 54 BetrVG 1972

Nr. 3 = AP Nr. 1 zu § 55 BetrVG 1972 sowie *Franzen* § 54 BetrVG Rdn. 40 ff.). Deshalb sind Gemeinschaftsunternehmen in die Unternehmensgruppe der jeweiligen Muttergesellschaften einzubeziehen, so dass – wenn die Muttergesellschaften die sonstigen Voraussetzungen für die Anwendbarkeit des EBRG erfüllen – **jeder der bei den herrschenden Unternehmen gebildeten Europäischen Betriebsräte das Gemeinschaftsunternehmen erfasst** (ebenso *Bachner/Nielebock* AuR 1997, 129 [129 f.]; *Bachner/DKKW* § 6 EBRG Rn. 7; *v. Beckerath* Europäischer Betriebsrat, S. 29 f.; *Blanke* § 6 Rn. 13; *Blanke/Kunz/HaKo* § 6 EBRG Rn. 8; *Breitfeld/NK-GA* §§ 6, 7 EBRG Rn. 4; *Fiedler* AuR 1996, 180 [182]; *Joost/MünchArbR* § 274 Rn. 18; *Klebe/Kunz* FS *Däubler*, S. 823 [830]; *Lerche* Europäischer Betriebsrat, S. 174; *Rademacher* Europäischer Betriebsrat, S. 88; *Sandmann* AR-Blattei SD 695, Rn. 51).

III. Herrschendes Unternehmen

6   Ein zentraler Begriff des Gesetzes ist der des »herrschenden Unternehmens«. Von dessen Sitz hängt nicht nur die Anwendbarkeit des EBRG ab (§ 2 Abs. 1). Zusätzlich ist dieses Adressat des Auskunftsanspruchs aus § 5, bei ihm ist der Antrag auf Bildung des besonderen Verhandlungsgremiums zu stellen (§ 9 Abs. 1), mit ihm ist die Vereinbarung über eine grenzübergreifende Unterrichtung und Anhörung der Arbeitnehmer abzuschließen (§ 8 Abs. 1) und, sollte es nicht zu einer derartigen Vereinbarung kommen, ist auf der Ebene des herrschenden Unternehmens der Europäische Betriebsrat kraft Gesetzes zu errichten (§ 21).

7   § 6 transformiert die Definition des herrschenden Unternehmens aus Art. 3 der Richtlinie 2009/38/EG in das deutsche Recht. Dabei legt die Vorschrift in Abs. 1 generalklauselartig fest, dass ein Unternehmen in einer Unternehmensgruppe herrschend ist, wenn es **unmittelbar oder mittelbar herrschenden Einfluss** auf ein anderes Unternehmen derselben Unternehmensgruppe ausübt und verwendet damit eine Formulierung, die § 17 Abs. 1 AktG entspricht (*Bachner/DKKW* § 6 EBRG Rn. 3; *Müller* § 6 Rn. 5).

8   Zusätzlich stellt § 6 Abs. 2 eine **widerlegbare Vermutung** für ein Beherrschungsverhältnis auf und übernimmt die Kriterien aus Art. 3 Abs. 2 der Richtlinie 2009/38/EG, verzichtet jedoch darauf, diesen die Wirkung einer **Fiktion** beizulegen (*BAG* 30.03.2004 EzA § 5 EBRG Nr. 1 S. 19 *[Leder]* = AP Nr. 3 zu § 5 EBRG Bl. 8; *Annuß/AKRR* § 6 EBRG Rn. 7; *Bachner/DKKW* § 6 EBRG Rn. 8, 10; *Blanke* § 6 Rn. 6; *Fiedler* AuR 1996, 180 [182]; *Fitting* Übersicht EBRG Rn. 27; *Franzen* BB 2004, 938 [938]; *Heckelmann/Wolff/AR* § 6 EBRG Rn. 9; *Joost/MünchArbR* § 274 Rn. 17; *Müller* § 6 Rn. 7; *Rose/HWGNRH* Einl. Rn. 152). Hiernach ist ein beherrschender Einfluss widerlegbar zu vermuten, wenn ein Unternehmen in Bezug auf ein anderes Unternehmen mehr als die Hälfte der Mitglieder des Verwaltungs-, Leitungs- oder Aufsichtsorgans des anderen Unternehmens bestellen kann (§ 6 Abs. 2 Satz 1 Nr. 1) oder über die Mehrheit der mit den Anteilen an einem anderen Unternehmen verbundenen Stimmrechte verfügt (§ 6 Abs. 2 Satz 1 Nr. 2) oder die Mehrheit des gezeichneten Kapitals dieses Unternehmens besitzt (§ 6 Abs. 2 Satz 1 Nr. 3).

9   Um Kollisionen mit dem Recht anderer Mitgliedstaaten zu vermeiden und sachgerechte **Kollisionslösungen** zu erreichen, legt § 6 Abs. 2 Satz 2 in Anlehnung an Art. 3 Abs. 7 der Richtlinie 2009/38/EG fest, dass sich das Vorliegen eines herrschenden Unternehmens nach der in § 6 Abs. 2 Satz 1 festgelegten **Rangfolge** bestimmt. Damit kann die Vermutung eines herrschenden Einflusses eines inländischen Unternehmens zugunsten eines ausländischen Unternehmens widerlegt werden, wenn dieses ein vorrangiges Kriterium des § 6 Abs. 2 erfüllt (*Reg. Begr.* BT-Drucks. 13/4520, S. 19, mit Beispiel).

10 Nach Art. 3 Abs. 6 UA 1 der Richtlinie 2009/38/EG ist für die Feststellung des herrschenden Unternehmens das **Recht des Mitgliedstaats maßgebend**. Deshalb ist bei der Prüfung der **Kriterien des § 6 Abs. 2 Satz 1 Nr. 1 bis 3** auf die Auslegungsresultate zu **§ 17 und § 16 AktG** zurückzugreifen (*Hanau/HSW* § 19 Rn. 48; **a. M.** *Bachner/DKKW* § 6 EBRG Rn. 3, 4; *Blanke* § 6 Rn. 10; s. ferner zur Auslegung *Forst* ZESAR 2010, 154 [155, 158 ff.]). Die in § 6 Abs. 2 Satz 1 Nr. 2 und 3 genannten Kriterien entsprechen § 17 Abs. 2 i. V. m. § 16 AktG. Den in § 6 Abs. 2 Satz 1 Nr. 1 umschriebenen Sachverhalt erfasst regelmäßig § 17 Abs. 1 AktG (*BAG* 30.03.2004 EzA § 5 EBRG Nr. 1 S. 19 *[Leder]*

= AP Nr. 3 zu § 5 EBRG Bl. 8; *Müller* § 6 Rn. 6; *Windbichler* ZfA 1996, 1 [12]; weitergehend *Bachner/ DKKW* § 6 EBRG Rn. 4; *Blanke* § 6 Rn. 12; *Breitfeld/*NK-GA §§ 6, 7 EBRG Rn. 3, die schuldrechtlich begründete Vertragsbeziehungen für den Abhängigkeitstatbestand ausreichen lassen; dagegen mit Recht *Annuß/AKRR* § 6 EBRG Rn. 5 sowie *Oetker/*EuArbR Art. 3 RL 2009/38/EG Rn. 6). Ein faktischer Einfluss auf die **Besetzung der Leitungspositionen** genügt nicht, da mit der »Bestellung« das Rechtsgeschäft gemeint ist, das die Organstellung der Leitung begründet (*Fiedler* AuR 1996, 180 [181]).

§ 6 Abs. 3 stellt entsprechend Art. 3 Abs. 3 der Richtlinie 2009/38/EG klar, dass bei der **Ermittlung** 11 **der Stimm- und Ernennungsrechte** eines Unternehmens, die Rechte aller von ihm abhängigen Unternehmen sowie aller natürlichen und juristischen Personen, die zwar im eigenen Namen, aber für Rechnung des Unternehmens oder eines von ihm abhängigen Unternehmens handeln, hinzugerechnet werden müssen. Zusätzlich legt § 6 Abs. 4 entsprechend der Vorgabe in Art. 3 Abs. 4 der Richtlinie 2009/38/EG fest, dass **Investment- und Beteiligungsgesellschaften** nicht als herrschende Unternehmen gelten.

Auf die **Rechtsform** des herrschenden Unternehmens kommt es nicht an, es kann sich sowohl um 12 Personenhandelsgesellschaften oder Kapitalgesellschaften als auch um Einzelkaufleute handeln (*BAG* 30.03.2004 EzA § 5 EBRG Nr. 1 S. 18 *[Leder]* = AP Nr. 3 zu § 5 EBRG Bl. 7 R f.; *Blanke/ Kunz/*HaKo § 6 EBRG Rn. 9; *Hromadka* DB 1995, 1125 [1126]; *Rose/HWGNRH* Einl. Rn. 153). **Eigene Arbeitnehmer** muss das herrschende Unternehmen nicht beschäftigen (*BAG* 30.03.2004 EzA § 5 EBRG Nr. 1 S. 18 *[Leder]* = AP Nr. 3 zu § 5 EBRG Bl. 8; *Annuß/AKRR* § 6 EBRG Rn. 3; *Blanke/Kunz/*HaKo § 6 EBRG Rn. 9); nach § 3 Abs. 2 genügt es in einem derartigen Fall, dass zwei (abhängige) Unternehmen jeweils mindestens 150 Arbeitnehmer beschäftigen (ebenso *Rose/ HWGNRH* Einl. Rn. 63).

§ 7
Europäischer Betriebsrat in Unternehmensgruppen

Gehören einer gemeinschaftsweit tätigen Unternehmensgruppe ein oder mehrere gemeinschaftsweit tätige Unternehmen an, wird ein Europäischer Betriebsrat nur bei dem herrschenden Unternehmen errichtet, sofern nichts anderes vereinbart wird.

Nach der Konzeption der Richtlinie 2009/38/EG wird ein Europäischer Betriebsrat entweder bei 1 dem gemeinschaftsweit tätigen Unternehmen oder der gemeinschaftsweit tätigen Unternehmensgruppe gebildet. Dem entsprechend legt Art. 1 Abs. 5 der Richtlinie 2009/38/EG ausdrücklich fest, dass der Europäische Betriebsrat ausschließlich für die Unternehmensgruppe gebildet wird. Dieser Vorgabe trägt § 7 Rechnung.

Erfasst wird durch § 7 insbesondere der Sachverhalt, dass ein **abhängiges Unternehmen der Unter-** 2 **nehmensgruppe** ebenfalls die Voraussetzungen einer gemeinschaftsweiten Tätigkeit (§ 3 Abs. 1) erfüllt. In dieser Konstellation ist ausschließlich auf der Ebene des herrschenden Unternehmens ein Europäischer Betriebsrat zu errichten; die zusätzliche Errichtung eines Europäischen Betriebsrats bei dem abhängigen Unternehmen schließt § 7 aus. Aus dem Zweck der Norm folgt, dass eine zusätzliche Errichtung eines Europäischen Betriebsrats auch in einer **mehrstufigen Unternehmensgruppe** nicht in Betracht kommt (*Annuß/AKRR* § 7 EBRG Rn. 1; *Bachner/DKKW* § 7 EBRG; *Blanke* § 7 Rn. 1; *Blanke/Kunz/*HaKo § 7 EBRG Rn. 1; *Breitfeld/*NK-GA §§ 6, 7 EBRG Rn. 2; *Fitting* Übersicht EBRG Rn. 31; *Heckelmann/Wolff/*AR § 7 EBRG Rn. 1; *Müller* § 7 Rn. 2). Eine Errichtung von Europäischen Betriebsräten bei den Zwischenstufen der Unternehmensgruppe in Anlehnung an die Figur des »Konzern im Konzern« (s. dazu *Franzen* § 54 BetrVG Rdn. 34 ff.), würde in einen offenen Wertungswiderspruch zu der Vorgabe in § 7 treten, dass die Errichtung Europäischer Betriebsräte auf der Ebene der abhängigen Unternehmen ausgeschlossen ist, wenn bereits auf der Ebene des herrschenden Unternehmens ein Europäischer Betriebsrat errichtet worden ist. Eine Durchbrechung von § 7 kommt allenfalls dann in Betracht, wenn das auf der Ebene des herrschenden

Unternehmens gebildete besondere Verhandlungsgremium beschließt, die Verhandlungen abzubrechen oder gar nicht erst aufzunehmen (§ 15 Abs. 1 Satz 1; ablehnend *Annuß/AKRR* § 7 EBRG Rn. 1 a. E.).

3 Entsprechend der Vorgabe in Art. 1 Abs. 5 der Richtlinie 2009/38/EG (»es sei denn, dass in der Vereinbarung ... etwas Anderes vereinbart wird«) ist § 7 nicht zwingend. Deshalb steht es den Parteien einer Vereinbarung für den Europäischen Betriebsrat kraft Vereinbarung (§ 18) frei, eine abweichende Regelung zu treffen. Dies kommt insbesondere bei mehrstufigen Unternehmensgruppen in Betracht, um vor allem Besonderheiten der regionalen Struktur oder der Produktion (Sparten) Rechnung zu tragen (*Blanke* § 7 Rn. 2).

Zweiter Teil
Besonderes Verhandlungsgremium

§ 8
Aufgabe

(1) Das besondere Verhandlungsgremium hat die Aufgabe mit der zentralen Leitung eine Vereinbarung über eine grenzübergreifende Unterrichtung und Anhörung der Arbeitnehmer abzuschließen.

(2) Die zentrale Leitung hat dem besonderen Verhandlungsgremium rechtzeitig alle zur Durchführung seiner Aufgaben erforderlichen Auskünfte zu erteilen und die erforderlichen Unterlagen zur Verfügung zu stellen.

(3) Die zentrale Leitung und das besondere Verhandlungsgremium arbeiten vertrauensvoll zusammen. Zeitpunkt, Häufigkeit und Ort der Verhandlungen werden zwischen der zentralen Leitung und dem besonderen Verhandlungsgremium einvernehmlich festgelegt.

Inhaltsübersicht	Rdn.
I. Allgemeines	1
II. Rechtsnatur des besonderen Verhandlungsgremiums	2–4
III. Aufgabe des besonderen Verhandlungsgremiums	5–7
IV. Zusammenarbeit	8, 9

I. Allgemeines

Die Vorschrift stimmt mit § 8 EBRG 1996 wörtlich überein. Während die Aufgabe des besonderen Verhandlungsgremiums (§ 8 Abs. 1) in Art. 5 Abs. 3 der Richtlinie 2009/38/EG vorgegeben ist, finden die Regelungen in § 8 Abs. 2 und 3 dort keine Entsprechung. In seinem wesentlichen Inhalt enthält § 13 SEBG eine mit § 8 vergleichbare Bestimmung, die ihrerseits in § 13 SCEBG übernommen wurde. 1

II. Rechtsnatur des besonderen Verhandlungsgremiums

Das besondere Verhandlungsgremium ist ein **transnational besetztes Arbeitnehmerorgan** nationalen Rechts (*Joost*/MünchArbR § 274 Rn. 36; *Müller* § 8 Rn. 1; *Rose*/HWGNRH Einl. Rn. 165) und nimmt die im Gesetz vorgegebenen Aufgaben und Befugnisse in eigener Verantwortung wahr, wobei es echte Entscheidungsrechte in Bezug auf das »Ob« und das »Wie« der Vereinbarung über die grenzüberschreitende Unterrichtung und Anhörung hat. 2

Umstritten ist, ob das besondere Verhandlungsgremium ein **ad-hoc-Gremium** (*Blanke* § 10 Rn. 10; *Blanke*/*Kunz*/HaKo § 8 EBRG Rn. 4; *Giesen*/HWK EBRG Rn. 45; *Heckelmann*/*Wolff*/AR § 10 EBRG Rn. 5; *Hromadka* DB 1995, 1125 [1128]; *Joost*/MünchArbR § 274 Rn. 76; *Klebe*/DKKW § 10 EBRG Rn. 5; *Lerche* Europäischer Betriebsrat, S. 206 f.; *Müller* § 8 Rn. 1; *Rudolph*/AKRR § 8 EBRG Rn. 3; *I. Schmidt* RdA 2001, Beilage zu Heft 5, S. 12 [18]; *Wunsch-Semmler* Arbeitnehmermitbestimmung, S. 125), bei dem die Amtszeit mit Abschluss einer Vereinbarung, dem Beschluss, keine Verhandlungen zu eröffnen bzw. diese zu beenden (§ 15), oder mit Bildung eines Europäischen Betriebsrats kraft Gesetzes gemäß § 21 Abs. 1 endet oder ein **auf Dauer gebildetes Organ** (*Weiss* AuR 1995, 438 [441]) ist. Zwar fehlt eine ausdrückliche Regelung zur Amtszeit des besonderen Verhandlungsgremiums, § 15 Abs. 2 geht aber davon aus, dass erst zwei Jahre nach einem Beschluss i. S. d. § 15 Abs. 1 ein neuer Antrag auf dessen »Bildung« gestellt werden kann. Damit geht das Gesetz von einer zuvor eingetretenen Beendigung der Amtszeit aus (zust. *Rudolph*/AKRR § 8 EBRG Rn. 3). An- 3 dererseits spricht Art. 5 Abs. 5 Unterabsatz 3 der Richtlinie 2009/38/EG von einer »Einberufung« und damit von der Reaktivierung eines bestehenden Gremiums.

4 Der Zweck des besonderen Verhandlungsgremiums besteht allein in dem Abschluss einer Vereinbarung über die grenzübergreifende Unterrichtung und Anhörung. Mit Erfüllung dieser Aufgabe verliert es seine Existenzberechtigung (ebenso *Rudolph/AKRR* § 8 EBRG Rn. 3; in der Sache auch *Blanke/Kunz*/HaKo § 8 EBRG Rn. 4). Eine darüber hinausgehende Aufgabe, über die Einhaltung der Vereinbarung zu wachen, ergibt sich weder aus dem Gesetz noch aus der Tatsache, dass das besondere Verhandlungsgremium Vereinbarungspartei ist (**a. M.** *Weiss* AuR 1995, 438 [441]). Unabhängig von der Rechtsnatur der Vereinbarung können auch der Europäische Betriebsrat bzw. die örtlichen Arbeitnehmervertreter bei einem dezentralen Unterrichtungs- und Anhörungsverfahren die Einhaltung der Verpflichtungen überwachen und durchsetzen. Weiterhin ergibt sich aus Nr. 1 Buchst. f UA 2 des Anhangs I zur Richtlinie 2009/38/EG, dass der Europäische Betriebsrat an die Stelle des besonderen Verhandlungsgremiums treten soll. Ein Nebeneinander von besonderem Verhandlungsgremium und Europäischem Betriebsrat ist deshalb nicht gewollt.

III. Aufgabe des besonderen Verhandlungsgremiums

5 Die einzige Aufgabe des besonderen Verhandlungsgremiums ist der Abschluss einer Vereinbarung mit der zentralen Leitung über die Errichtung eines Europäischen Betriebsrats oder Europäischer Betriebsräte mit dem Mindestinhalt des § 18 oder der Abschluss einer Vereinbarung über die Durchführung eines dezentralen Verfahrens zur Unterrichtung und Anhörung der Arbeitnehmer (§ 8 Abs. 1 bzw. Art. 5 Abs. 3 der Richtlinie 2009/38/EG). Das besondere Verhandlungsgremium ist nicht mit einem Wahlvorstand vergleichbar, denn es hat nicht die Wahl eines Europäischen Betriebsrats einzuleiten und durchzuführen, sondern soll erst darüber verhandeln, ob und in welcher Ausgestaltung ein Europäischer Betriebsrat errichtet oder ein Verfahren zur Unterrichtung und Anhörung vereinbart wird.

6 Die zentrale Leitung und das besondere Verhandlungsgremium können zu **unterschiedlichen Verhandlungsergebnissen** kommen:
- Sie können sich auf einen Europäischen Betriebsrat i. S. d. § 18 oder auf einen Europäischen Betriebsrat nach den subsidiären Vorschriften der §§ 21 ff. einigen, indem sie gemeinsam das Scheitern der Verhandlungen erklären.
- Die Parteien können ein spezielles Unterrichtungs- und Anhörungsverfahren mit den in § 17 genannten Alternativen vereinbaren.
- Das besondere Verhandlungsgremium kann davon absehen, einen Europäischen Betriebsrat oder ein dezentrales Verfahren der Unterrichtung und Anhörung zu schaffen. Dazu muss es mit zwei Dritteln der Stimmen seiner Mitglieder beschließen, keine Verhandlungen aufzunehmen oder diese zu beenden (§ 15 Abs. 1).
- Schließlich kann die zentrale Leitung die Aufnahme von Verhandlungen verweigern, so dass ein Europäischer Betriebsrat kraft Gesetzes zu bilden ist (§ 21 Abs. 1 Satz 1). Hierzu kommt es auch, wenn sich das besondere Verhandlungsgremium und die zentrale Leitung nicht innerhalb von drei Jahren nach Antragstellung geeinigt haben (§ 21 Abs. 1 Satz 2).

7 Die **zentrale Leitung** hat dem besonderen Verhandlungsgremium rechtzeitig alle zur Durchführung seiner Aufgaben erforderlichen **Auskünfte** zu erteilen und die erforderlichen **Unterlagen** zur Verfügung zu stellen (§ 8 Abs. 2). Hierzu gehören unter anderem Informationen zur durchschnittlichen Gesamtzahl der Arbeitnehmer, deren Verteilung auf die Mitgliedstaaten, Unternehmen und Betriebe sowie zur Struktur des Unternehmens bzw. der Unternehmensgruppe (dazu näher § 5 EBRG Rdn. 8).

IV. Zusammenarbeit

§ 8 Abs. 3 verpflichtet das besondere Verhandlungsgremium und die zentrale Leitung zur **vertrau-** 8
ensvollen Zusammenarbeit und übernimmt damit den Grundsatz des § 2 Abs. 1 BetrVG, der in
Art. 6 Abs. 1 der Richtlinie 2009/38/EG durch das Gebot, »**im Geiste der Zusammenarbeit**«
zu verhandeln, zum Ausdruck kommt. Die Verhandlungsparteien müssen mit dem ernsten Willen
zur Einigung und mit friedlichen Mitteln strittige Frage beilegen, insbesondere sind **Arbeitskampfmaßnahmen** untersagt (*Blanke/Kunz*/HaKo § 8 EBRG Rn. 9; *Fitting* Übersicht EBRG Rn. 94;
Klebe/DKKW § 8 EBRG Rn. 7; *Müller* § 9 Rn. 3; *Rose*/HWGNRH Einl. Rn. 195; *Rudolph*/AKRR
§ 8 EBRG Rn. 12). Der Grundsatz der vertrauensvollen Zusammenarbeit beinhaltet keinen durchsetzbaren **Verhandlungsanspruch** (*Müller* § 8 Rn. 3; *Rose*/HWGNRH Einl. Rn. 196; *Rudolph*/
AKRR § 8 EBRG Rn. 12; wohl auch *Blanke* § 8 Rn. 12: »konkrete Verhaltenspflichten nur ausnahmsweise«). Die Rechtsfolge einer Weigerung, die Verhandlungen aufzunehmen, regelt § 21 Abs. 1 Satz 1
(s. § 21 EBRG Rdn. 6 ff.).

Die zentrale Leitung und das besondere Verhandlungsgremium sollen unter Beachtung des Grundsat- 9
zes der vertrauensvollen Zusammenarbeit einvernehmlich **Zeitpunkt, Häufigkeit und Ort der
Verhandlungen** festlegen. Hierin liegt keine Einschränkung der Souveränität und der Eigenständigkeit des besonderen Verhandlungsgremiums (zust. *Rose*/HWGNRH Einl. Rn. 198; a. M. *Bachner*/
Kunz AuR 1996, 81 [84]; *Klebe*/DKKW § 8 EBRG Rn. 9). Das besondere Verhandlungsgremium
und die zentrale Leitung sind ebenbürtige Verhandlungspartner (zust. *Rose*/HWGNRH Einl.
Rn. 198), die schon bei der Vorfrage über Verhandlungszeitpunkt, -ort und -häufigkeit ihre Interessen
gleichberechtigt einbringen können. Deshalb entscheidet das besondere Verhandlungsgremium nicht
allein über Zeitpunkt, Häufigkeit und Ort der Verhandlungen. Davon zu unterscheiden ist die Frage,
ob diesbezüglich auch für interne Sitzungen des besonderen Verhandlungsgremiums eine einvernehmliche Festlegung notwendig ist (dazu § 13 EBRG Rdn. 10).

§ 9
Bildung

(1) Die Bildung des besonderen Verhandlungsgremiums ist von den Arbeitnehmern oder
ihren Vertretern schriftlich bei der zentralen Leitung zu beantragen oder erfolgt auf Initiative der zentralen Leitung.

(2) Der Antrag ist wirksam gestellt, wenn er von mindestens 100 Arbeitnehmern oder ihren Vertretern aus mindestens zwei Betrieben oder Unternehmen, die in verschiedenen
Mitgliedstaaten liegen, unterzeichnet ist und der zentralen Leitung zugeht. Werden mehrere Anträge gestellt, sind die Unterschriften zusammenzuzählen. Wird ein Antrag bei
einer im Inland liegenden Betriebs- oder Unternehmensleitung eingereicht, hat diese
den Antrag unverzüglich an die zentrale Leitung weiterzuleiten und die Antragsteller darüber zu unterrichten.

(3) Die zentrale Leitung hat die Antragsteller, die örtlichen Betriebs- oder Unternehmensleitungen, die dort bestehenden Arbeitnehmervertretungen sowie die in inländischen Betrieben vertretenen Gewerkschaften über die Bildung eines besonderen Verhandlungsgremiums und seine Zusammensetzung zu unterrichten.

Inhaltsübersicht	Rdn.
I. Allgemeines	1
II. Wirksamkeitsvoraussetzungen des Antrags	2–6

§ 9 EBRG

I. Allgemeines

1 Die Bildung des besonderen Verhandlungsgremiums regelt § 9 und setzt Art. 5 Abs. 1 der Richtlinie 2009/38/EG um. Hierzu kommt es auf Initiative der zentralen Leitung oder eines schriftlichen Antrags der Arbeitnehmer bzw. ihrer Vertreter bei der zentralen Leitung (§ 9 Abs. 1). Befindet sich die zentrale Leitung in einem Drittstaat, so kann der gegebenenfalls benannte Vertreter in der Europäischen Union oder in Ermangelung eines solchen die Leitung des Betriebs oder des zur Unternehmensgruppe gehörenden Unternehmens mit der größten Anzahl von Beschäftigten in einem Mitgliedstaat die Initiative ergreifen. Das ergibt sich aus der Einbeziehung des Art. 4 Abs. 2 der Richtlinie 2009/38/EG in die Auslegung des Begriffs »zentrale Leitung«.

II. Wirksamkeitsvoraussetzungen des Antrags

2 Der Antrag der Arbeitnehmerseite ist wirksam, wenn ihn mindestens 100 Arbeitnehmer oder ihre Vertreter stellen, die Arbeitnehmer in mindestens zwei Mitgliedstaaten beschäftigt sind bzw. die Arbeitnehmervertreter mindestens 100 Arbeitnehmer vertreten, die in mindestens zwei Mitgliedstaaten beschäftigt sind, der Antrag unterzeichnet ist und der zentralen Leitung zugeht (Musterentwurf eines Antrags nach § 9 bei *Kunz* AiB 1997, 267 [274]).

3 § 9 Abs. 2 Satz 1 geht zwar davon aus, dass **ein Antrag** gestellt wird, es reicht nach § 9 Abs. 2 Satz 2 aber aus, wenn aus verschiedenen Mitgliedstaaten **mehrere Anträge** gestellt werden, die zwar jeweils nicht die geforderte Anzahl von 100 Unterschriften aufweisen, zusammengenommen aber den Schwellenwert erreichen. Eine wirksame Antragstellung liegt mit Zugang desjenigen Antrags vor, der zur Erreichung des Schwellenwerts führt (*Blanke* § 9 Rn. 4; *Blanke/Kunz/HaKo* § 9 EBRG Rn. 3; *Breitfeld/NK-GA* §§ 8–16 EBRG Rn. 5; *Giesen/HWK* EBRG Rn. 40; *Heckelmann/Wolff/AR* § 9 EBRG Rn. 1; *Klebe/DKKW* § 9 EBRG Rn. 3; *Müller* § 9 Rn. 4; im Ergebnis auch *Joost/MünchArbR* § 274 Rn. 39). Die verschiedenen Anträge müssen jedoch noch in einem so engen zeitlichen Zusammenhang gestellt werden, dass diese als einheitliches Begehren aufzufassen sind (zust. *Giesen/HWK* EBRG Rn. 40; *Rudolph/AKRR* § 9 EBRG Rn. 10).

4 Der Antrag muss grundsätzlich der **zentralen Leitung** zugehen. Zusätzlich eröffnet § 9 Abs. 2 Satz 3 die Möglichkeit, den Antrag bei einer im Inland liegenden **Betriebs- oder Unternehmensleitung** einzureichen. Sie ist verpflichtet, diesen unverzüglich an die zentrale Leitung weiterzuleiten und die Antragsteller darüber zu unterrichten (*Joost/MünchArbR* § 274 Rn. 39; *Rudolph/AKRR* § 9 EBRG Rn. 11). Der für die Wirksamkeit des Antrags notwendige Zugang tritt allerdings nicht schon mit dem Eingang bei der im Inland liegenden Betriebs- oder Unternehmensleitung, sondern erst ein, wenn der Antrag bei der zentralen Leitung eingegangen ist (*Blanke* § 9 Rn. 2; *Däubler/Klebe* AiB 1995, 558 [565]; *Heckelmann/Wolff/AR* § 9 EBRG Rn. 1; *Klebe/DKKW* § 9 EBRG Rn. 4; *Müller* § 9 Rn. 5; *Rudolph/AKRR* § 9 EBRG Rn. 11).

III. Unterrichtungspflicht der zentralen Leitung

5 Nach § 9 Abs. 3 hat die zentrale Leitung nach Eingang des Antrags über die Zusammensetzung des besonderen Verhandlungsgremiums zu befinden, wobei die Zusammensetzung nach Maßgabe der Vorgaben in § 10 Abs. 1 zu ermitteln ist. Von der nach § 9 Abs. 3 geschuldeten Information ist die Unterrichtung über die Mitglieder des besonderen Verhandlungsgremiums zu unterscheiden (s. § 12 Satz 2; näher § 12 EBRG Rdn. 3). Hieraus folgt, dass sich die Zusammensetzung in § 9 Abs. 3 lediglich auf die Zahl der Mitglieder des besonderen Verhandlungsgremiums und deren Verteilung auf die Mitgliedstaaten bezieht.

6 Adressaten der Unterrichtung sind neben den Antragstellern die in § 9 Abs. 3 abschließend aufgezählten Einrichtungen und Gremien. Bestehen bei den örtlichen Betriebs- oder Unternehmensleitungen keine Arbeitnehmervertretungen, sind die Arbeitnehmer dieser Betriebe bzw. Unternehmen nicht zu unterrichten (**a. M.** *Rudolph/AKRR* § 9 EBRG Rn. 13: sollte erfolgen). Bezüglich der Gewerkschaften ordnet § 9 Abs. 3 eine Unterrichtungspflicht nur bezüglich denjenigen Arbeitnehmervereinigungen an, die in inländischen Betrieben vertreten sind. Die in anderen Mitgliedstaaten in den Betrieben vertretenen Gewerkschaften sind von der zentralen Leitung jedenfalls nicht nach § 9 Abs. 3 zu unterrichten. Umgekehrt lassen sich aus § 9 Abs. 3 keine Einschränkungen entnehmen. Denkbar sind deshalb auch ausländische Gewerkschaften, sofern diese in einem inländischen Betrieb vertreten sind. Bezüglich des Vertretenseins in einem Betrieb gelten die Grundsätze zu § 2 Abs. 1 (s. *Franzen* § 2 BetrVG Rdn. 39 ff.).

§ 10
Zusammensetzung

(1) Für jeden Anteil der in einem Mitgliedstaat beschäftigten Arbeitnehmer, der 10 Prozent der Gesamtzahl der in allen Mitgliedstaaten beschäftigten Arbeitnehmer der gemeinschaftsweit tätigen Unternehmen oder Unternehmensgruppen oder einen Bruchteil davon beträgt, wird ein Mitglied aus diesem Mitgliedstaat in das besondere Verhandlungsgremium entsandt.

(2) Es können Ersatzmitglieder bestellt werden.

Inhaltsübersicht   Rdn.

I.   Allgemeines   1
II. Berechnung der Zusammensetzung   2, 3
III. Ersatzmitglieder   4, 5

I. Allgemeines

Gegenüber § 10 EBRG 1996 wurde § 10 neu gefasst. Dies betrifft zwar nicht die Möglichkeit zur Bestellung von Ersatzmitgliedern, die bereits in § 10 Abs. 3 EBRG 1996 vorgesehen war, wohl aber die Bestrebungen, bei der Zusammensetzung des besonderen Verhandlungsgremiums den Grundsätzen der Repräsentativität und der Proportionalität Rechnung zu tragen. Dabei beruht die Neufassung in § 10 Abs. 1 auf der insoweit grundlegenden Novellierung der Richtlinie 94/45/EG, die die vormals in Art. 5 Abs. 2 niedergelegten »Leitlinien« zugunsten der verbindlichen Vorgabe in Art. 5 Abs. 2 Buchst. b der Richtlinie 2009/38/EG aufgab, die ihrerseits den mit Art. 3 Abs. 2 Buchst. a (i) der Richtlinie 2001/86/EG verfolgten Ansatz aufgriff. Dementsprechend stimmt § 10 Abs. 1 weitgehend mit § 5 Abs. 1 SEBG und § 5 Abs. 2 SCEBG überein.

II. Berechnung der Zusammensetzung

Bei der Zusammensetzung des besonderen Verhandlungsgremiums nach den Vorgaben in § 10 Abs. 1 ist zunächst maßgeblich, in welchen Mitgliedstaaten das gemeinschaftsweit tätige Unternehmen bzw. die Unternehmensgruppe Arbeitnehmer beschäftigt. Arbeitnehmer, die in Drittstaaten beschäftigt sind, sind nur aufgrund einer nach § 14 getroffenen Vereinbarung zu berücksichtigen. Da § 10 Abs. 1 bereits die Beschäftigung von 10 % oder einem Bruchteil davon ausreichen lässt, damit die in diesem Mitgliedstaat beschäftigten Arbeitnehmer in dem besonderen Verhandlungsgremium vertreten sind, genügt bereits die Beschäftigung eines Arbeitnehmers für eine Vertretung in dem besonderen Verhandlungsgremium. Bestrebungen, im Rahmen der Novellierung der Richtlinie 94/45/EG für die Berücksichtigung der Arbeitnehmer eines Mitgliedstaates eine Mindestzahl festzulegen (s. Art. 5 Abs. 2 des Vorschlags der Kommission vom 02.07.2009 [KOM] 2008 – 419 endg. – 2008/0141 [COD] = EAS A 6540: 50 Arbeitnehmer), konnten sich nicht durchsetzen und dürften wegen der verbindlichen Vorgabe in Art. 5 Abs. 2 Buchst. b der Richtlinie 2009/38/EG auch nicht im Rahmen eines mitgliedstaatlichen Umsetzungsgesetzes eingeführt werden.

3 Das durch § 10 Abs. 1 gewährleistete Prinzip, dass aus jedem Mitgliedstaat ein Vertreter in dem besonderen Verhandlungsgremium vertreten ist, wird durch den Grundsatz der Proportionalität ergänzt, da sich für jeden Anteil, der 10 % oder einen Bruchteil beträgt, ein weiterer Vertreter aus diesem Mitgliedstaat in das besondere Verhandlungsgremium zu bestellen ist. Sind z. B. in einem Mitgliedstaat 34 % der Arbeitnehmer beschäftigt, so gehören aus diesem Mitgliedstaat vier Vertreter dem besonderen Verhandlungsgremium an. Eine Majorisierung arbeitnehmerstarker Mitgliedstaaten durch die Vertreter aus Mitgliedstaaten mit geringer Arbeitnehmerzahl wird hierdurch jedoch nicht generell ausgeschlossen, wenn sich die Gesamtzahl der Arbeitnehmer auf sehr viele Mitgliedstaaten verteilt. Dies ist im Hinblick auf die Legitimation des besonderen Verhandlungsgremiums vor allem deshalb bedenklich, weil sich das Stimmengewicht der Vertreter nicht nach der Zahl der vertretenen Arbeitnehmer bemisst (s. § 13 EBRG Rdn. 13).

III. Ersatzmitglieder

4 Die bereits in § 10 Abs. 2 EBRG 1996 vorgesehene Möglichkeit zur Bestellung von Ersatzmitgliedern kennt kein Vorbild in der Richtlinie 2009/38/EG, steht zu dieser aber auch nicht im Widerspruch. Sie ist vor allem zweckmäßig, um die Funktionsfähigkeit des besonderen Verhandlungsgremiums und die in § 10 Abs. 1 niedergelegten Prinzipien der Repräsentativität und der Proportionalität auch dann zu gewährleisten, wenn ein Mitglied des besonderen Verhandlungsgremiums vorübergehend an der Wahrnehmung seines Mandats gehindert ist oder aus anderen Gründen aus dem besonderen Verhandlungsgremium ausscheidet (z. B. Ausscheiden aus dem Unternehmen). Dazu steht es allerdings im Widerspruch, dass die Bestellung von Ersatzmitgliedern nicht verbindlich vorgegeben, sondern im Ermessen (»können«) steht (*Rudolph/AKRR* § 10 EBRG Rn. 10). Die Entscheidung hierüber trifft das für die Bestellung der Arbeitnehmervertreter in den Mitgliedstaaten jeweils zuständige Gremium.

5 Über die Rechtsstellung der Ersatzmitglieder trifft das EBRG keine Aussagen. Die in § 25 Abs. 1 BetrVG getroffene Regelung enthält jedoch einen verallgemeinerungsfähigen Rechtsgedanken, so dass ein Ersatzmitglied nicht nur dann nachrückt, wenn ein bestelltes Mitglied des besonderen Verhandlungsgremiums sein Mandat verliert, sondern auch dann tätig wird, wenn dieses zeitweilig gehindert ist, sein Amt auszuüben (§ 25 Abs. 1 Satz 2 BetrVG).

§ 11
Bestellung der inländischen Arbeitnehmervertreter

(1) Die nach diesem Gesetz oder dem Gesetz eines anderen Mitgliedstaates auf die im Inland beschäftigten Arbeitnehmer entfallenden Mitglieder des besonderen Verhandlungsgremiums werden in gemeinschaftsweiten Unternehmen vom Gesamtbetriebsrat (§ 47 des Betriebsverfassungsgesetzes) bestellt. Besteht nur ein Betriebsrat, so bestellt dieser die Mitglieder des besonderen Verhandlungsgremiums.

(2) Die in Absatz 1 Satz 1 genannten Mitglieder des besonderen Verhandlungsgremiums werden in gemeinschaftsweit tätigen Unternehmensgruppen vom Konzernbetriebsrat (§ 54 des Betriebsverfassungsgesetzes) bestellt. Besteht neben dem Konzernbetriebsrat noch ein in ihm nicht vertretener Gesamtbetriebsrat oder Betriebsrat, ist der Konzernbetriebsrat um deren Vorsitzende und um deren Stellvertreter zu erweitern; die Vorsitzenden und ihre Stellvertreter gelten insoweit als Konzernbetriebsratsmitglieder.

(3) Besteht kein Konzernbetriebsrat, werden die in Absatz 1 Satz 1 genannten Mitglieder des besonderen Verhandlungsgremiums wie folgt bestellt:
  a) Bestehen mehrere Gesamtbetriebsräte, werden die Mitglieder des besonderen Verhandlungsgremiums auf einer gemeinsamen Sitzung der Gesamtbetriebsräte bestellt, zu welcher der Gesamtbetriebsratsvorsitzende des nach der Zahl der wahlberechtigten Arbeitnehmer größten inländischen Unternehmens einzuladen hat. Besteht daneben noch

mindestens ein in den Gesamtbetriebsräten nicht vertretener Betriebsrat, sind der Betriebsratsvorsitzende und dessen Stellvertreter zu dieser Sitzung einzuladen; sie gelten insoweit als Gesamtbetriebsratsmitglieder.

b) Besteht neben einem Gesamtbetriebsrat noch mindestens ein in ihm nicht vertretener Betriebsrat, ist der Gesamtbetriebsrat um den Vorsitzenden des Betriebsrats und dessen Stellvertreter zu erweitern; der Betriebsratsvorsitzende und sein Stellvertreter gelten insoweit als Gesamtbetriebsratsmitglieder. Der Gesamtbetriebsratsvorsitzende bestellt die Mitglieder des besonderen Verhandlungsgremiums. Besteht nur ein Gesamtbetriebsrat, so hat dieser die Mitglieder des besonderen Verhandlungsgremiums zu bestellen.

c) Bestehen mehrere Betriebsräte, werden die Mitglieder des besonderen Verhandlungsgremiums auf einer gemeinsamen Sitzung bestellt, zu welcher der Betriebsratsvorsitzende des nach der Zahl der wahlberechtigten Arbeitnehmer größten inländischen Betriebs einzuladen hat. Zur Teilnahme an dieser Sitzung sind die Betriebsratsvorsitzenden und deren Stellvertreter berechtigt; § 47 Absatz 7 des Betriebsverfassungsgesetzes gilt entsprechend.

d) Besteht nur ein Betriebsrat, so hat dieser die Mitglieder des besonderen Verhandlungsgremiums zu bestellen.

(4) Zu Mitgliedern des besonderen Verhandlungsgremiums können auch die in § 5 Abs. 3 des Betriebsverfassungsgesetzes genannten Angestellten bestellt werden.

(5) Frauen und Männer sollen entsprechend ihrem zahlenmäßigen Verhältnis bestellt werden.

Inhaltsübersicht

		Rdn.
I.	Allgemeines	1
II.	Zuständiges Bestellungsorgan	2–5
III.	Persönliche Bestellungsvoraussetzungen	6, 7
IV.	Geschlechterproportionalität	8

I. Allgemeines

Die Vorschrift ist identisch mit § 11 EBRG 1996 und füllt den durch Art. 5 Abs. 2 Buchst. a der Richtlinie 2009/38/EG eröffneten Gestaltungsspielraum aus. Ähnlich wie § 8 Abs. 2 bis 7 SEBG sowie § 8 SCEBG knüpft auch § 11 für die Bestellung der inländischen Arbeitnehmervertreter des besonderen Verhandlungsgremiums an die betriebsverfassungsrechtlichen Vertretungsstrukturen an. Bestehen in Betrieben und Unternehmen keine Arbeitnehmervertretungen und wurden die Arbeitnehmer in betriebsratslosen Betrieben bzw. Unternehmen nicht durch einen Gesamt- oder Konzernbetriebsrat mitvertreten, dann haben die dort beschäftigten Arbeitnehmer – anders als nach § 8 Abs. 6 SEBG und § 8 Abs. 7 SCEBG – keinen Einfluss auf die Bestellung der inländischen Arbeitnehmervertreter. Die Möglichkeit, auch leitende Angestellte zu Mitgliedern des besonderen Verhandlungsgremiums zu bestellen, hat in der Richtlinie 2009/38/EG ebenso wenig ein Vorbild wie das in § 11 Abs. 5 niedergelegte Gebot der Geschlechterproportionalität.

1

II. Zuständiges Bestellungsorgan

Das für die Bestellung zuständige Organ ergibt sich aus § 11 Abs. 1 bis 3. Dieses ist nicht nur dann zuständig, wenn die zentrale Leitung ihren Sitz im Inland hat. Vielmehr gilt § 11 auch dann, wenn die zentrale Leitung dem Gesetz eines anderen Mitgliedstaates unterliegt und einem dort zu bildenden besonderen Verhandlungsgremium inländische Arbeitnehmervertreter angehören. Umgekehrt richtet sich die Bestellung der **Arbeitnehmervertreter aus anderen Mitgliedstaaten** nach den dort geltenden Gesetzen (*Breitfeld*/NK-GA §§ 8–16 EBRG Rn. 8; *Rose*/HWGNRH Einl. Rn. 188; *Rudolph*/AKRR § 11 EBRG Rn. 1).

2

3 Nach § 11 Abs. 1 bis 3 werden die **inländischen Mitglieder** von dem **entsprechenden Arbeitnehmervertretungsorgan** bestellt (Betriebsrat, Gesamtbetriebsrat, Konzernbetriebsrat). Die verschiedenen Fallvarianten aufgrund der unterschiedlichen betriebsverfassungsrechtlichen Mitbestimmungssituationen in den gemeinschaftsweit tätigen Unternehmen bzw. Unternehmensgruppen erfassen die Regelungen in § 11 Abs. 1 und 2. So schließt bei der Bestellung der Mitglieder das Arbeitnehmervertretungsorgan auf der höheren Ebene die in ihm vertretenen Interessenvertretungsgremien aus. Dementsprechend bestellt der Konzernbetriebsrat die Mitglieder allein und schließt die in ihm vertretenen Gesamtbetriebsräte und Betriebsräte aus. Die nicht in dem Arbeitnehmervertretungsorgan auf höherer Ebene vertretenen Gremien wirken an der Bestellung mit, indem der Vorsitzende und der Stellvertreter hierfür in das höhere Interessenvertretungsgremium entsandt werden (§ 11 Abs. 2 Satz 2). Existieren mehrere Interessenvertretungsorgane auf gleicher Ebene, jedoch kein höheres Gremium, welches diese vertritt, so bestellen die Arbeitnehmervertretungsorgane der gleichen Ebene auf einer gemeinsamen Sitzung die Mitglieder des besonderen Verhandlungsgremiums (§ 11 Abs. 3).

4 Nicht umgesetzt wurde die Bestimmung in Art. 5 Abs. 2 Buchst. a der Richtlinie 2009/38/EG, dass die Arbeitnehmer der Betriebe bzw. Unternehmen, in denen unabhängig vom Willen der Arbeitnehmer **keine Arbeitnehmervertreter vorhanden** sind, selbst Mitglieder für das besondere Verhandlungsgremium wählen oder benennen dürfen. Damit ist die Beteiligung deutscher Arbeitnehmer nicht gewährleistet, wenn innerhalb des Unternehmens bzw. der Unternehmensgruppe im Inland kein Betriebsrat gewählt wurde (*Blanke* § 11 Rn. 3; *Blanke/Kunz*/HaKo § 11 EBRG Rn. 2; *Gaul* NJW 1996, 3378 [3380]). Art. 5 Abs. 2 Buchst. a der Richtlinie 2009/38/EG will aber eine Beteiligung aller Arbeitnehmer der gemeinschaftsweit tätigen Unternehmen oder Unternehmensgruppen sicherstellen, selbst wenn dort keine Arbeitnehmervertreter vorhanden sind. Eine entsprechende Nachbesserung des Gesetzes hätte allerdings nur formale Bedeutung, da Art. 5 Abs. 2 Buchst. a der Richtlinie 2009/38/EG nur solche Fälle erfasst, in denen »unabhängig vom Willen der Arbeitnehmer« keine Arbeitnehmervertreter vorhanden sind. Dies ist nur beim Nichterreichen der in § 1 genannten Mindestarbeitnehmerzahl der Fall. Aus diesem Grunde ist es im Hinblick auf die Richtlinie 2009/38/EG nicht geboten, dass die Arbeitnehmer in betriebsratsfähigen Betrieben direkt einen Vertreter wählen, wenn sie es unterlassen haben, einen Betriebsrat zu wählen (*Joost*/MünchArbR § 274 Rn. 63; *Müller* § 11 Rn. 2; *Rademacher* Europäischer Betriebsrat, S. 110; *Rose*/HWGNRH Einl. Rn. 190; *Rudolph/AKRR* § 11 EBRG Rn. 18; **a. M.** *Blanke* § 10 Rn. 2; *Blanke/Kunz*/HaKo § 11 EBRG Rn. 2; kritisch auch *Breitfeld*/NK-GA §§ 8–16 EBRG Rn. 9; *Gaul* NJW 1996, 3378 [3380]; *Giesen/HWK* EBRG Rn. 29; *Kohte* EuroAS 1996, 115 [117]).

5 Auch in **nicht betriebsratsfähigen Betrieben** lässt sich aus der Richtlinie 2009/38/EG kein Zwang ableiten, dass die dort beschäftigten Arbeitnehmer unmittelbar einen Vertreter wählen (*Joost*/MünchArbR § 274 Rn. 63; *Müller* § 11 Rn. 2; *Rademacher* Europäischer Betriebsrat, S. 110; zust. *Heckelmann/Wolff*/AR § 11 EBRG Rn. 7; *Rose*/HWGNRH Einl. Rn. 190; *Rudolph/AKRR* § 11 EBRG Rn. 18; *Schaub/Koch* Arbeitsrechts-Handbuch § 256 Rn. 13; **a. M.** *Blanke* § 11 Rn. 4; *Blanke/Kunz*/HaKo § 11 EBRG Rn. 2). Art. 5 Abs. 2 Buchst. a der Richtlinie 2009/38/EG enthält ausdrücklich den Vorbehalt, dass die in den Mitgliedstaaten bestehenden Schwellenwerte für die Errichtung einer Arbeitnehmervertretung durch Art. 5 Abs. 2 der Richtlinie nicht berührt werden (s. *Oetker*/EuArbR Art. 5 RL 2009/38/EG Rn. 9).

III. Persönliche Bestellungsvoraussetzungen

6 Keine Voraussetzungen stellt § 11 Abs. 1 bis 3 für die zu bestellenden »Mitglieder des besonderen Verhandlungsgremiums« auf. Auch aus Art. 5 Abs. 2 der Richtlinie 2009/38/EG lassen sich keine Vorgaben entnehmen (s. *Oetker*/EuArbR Art. 5 RL 2009/38/EG Rn. 11). Deshalb steht es im Belieben des Bestellungsgremiums, welche Personen es zu Mitgliedern des besonderen Verhandlungsgremiums bestellt. Es muss sich – im Gegensatz zu § 22 Abs. 1 (s. § 22 EBRG Rdn. 3) – nicht um Arbeitnehmer des Unternehmens oder der Unternehmensgruppe handeln, so dass auch Externe, wie z. B. Gewerkschaftsvertreter, zu Mitgliedern des besonderen Verhandlungsgremiums bestellt werden können (*Blanke* § 11 Rn. 15; *Blanke/Kunz*/HaKo § 11 EBRG Rn. 6; *Klebe/DKKW* § 11 Rn. 2; **a. M.** *Heckelmann/Wolff*/AR § 11 EBRG Rn. 2; *Rudolph/AKRR* § 11 EBRG Rn. 4). Ebenso wenig ist er-

forderlich, dass die inländischen Arbeitnehmervertreter dem Bestellungsorgan angehören (*Blanke/ Kunz/*HaKo § 11 EBRG Rn. 6; *Klebe/DKKW* § 11 Rn. 2; *Rudolph/AKRR* § 11 EBRG Rn. 3).

Nach § 11 Abs. 4 können auch **leitende Angestellte** i. S. d. § 5 Abs. 3 zu Mitgliedern des besonderen 7 Verhandlungsgremiums bestellt werden. Das entspricht dem System des BetrVG, da dort ebenfalls leitende Angestellte dem Wirtschaftsausschuss angehören können (§ 107 Abs. 1 Satz 2 BetrVG), obwohl sie keine Arbeitnehmer i. S. d. BetrVG sind. Vor dem Hintergrund fehlender gesetzlicher persönlicher Bestellungsvoraussetzungen (s. Rdn. 6) hat die Vorschrift jedoch lediglich klarstellende Bedeutung. Die Berechtigung zur Bestellung externer Personen schließt denknotwendig die Befugnis ein, auch solche Personen zu bestellen, die zwar im Betrieb bzw. Unternehmen beschäftigt sind, aber keine Arbeitnehmer i. S. d. § 5 Abs. 1 BetrVG sind.

IV. Geschlechterproportionalität

Nach § 11 Abs. 5 sollen **Frauen und Männer** entsprechend ihrem zahlenmäßigen Verhältnis bestellt 8 werden. § 11 Abs. 5 ist eine **Sollvorschrift** (*Giesen/HWK* EBRG Rn. 44; *Klebe/DKKW* § 11 EBRG Rn. 10; *Müller* § 11 Rn. 11; *Rose/HWGNRH* Einl. Rn. 191), so dass deren Nichtbeachtung keinen Einfluss auf die Rechtswirksamkeit der Bestellung entfaltet (zust. *Giesen/HWK* EBRG Rn. 44; *Rose/HSWGNR* Einl. Rn. 191; *Rudolph/AKRR* § 11 EBRG Rn. 3). In der Praxis bereitet die Einhaltung des § 11 Abs. 5 Schwierigkeiten, da gemäß § 10 Abs. 1 nur ein Arbeitnehmer in das besondere Verhandlungsgremium entsandt werden kann. Erst wenn aus Deutschland mehr als 10 % der beschäftigten Arbeitnehmer des Unternehmens oder der Unternehmensgruppe kommen, erhöht sich die Zahl auf zwei Vertreter. Selbst dann kann dem proportionalen Verhältnis der Geschlechter nur entsprochen werden, wenn die Anteile annähernd gleich oder ausschließlich Männer bzw. Frauen beschäftigt sind. Dem Verhältnis von Frauen und Männern kann deshalb regelmäßig erst entsprochen werden, wenn mehr als 20 % der Arbeitnehmer in Deutschland beschäftigt und damit drei Arbeitnehmervertreter zu entsenden sind.

§ 12
Unterrichtung über die Mitglieder des besonderen Verhandlungsgremiums

Der zentralen Leitung sind unverzüglich die Namen der Mitglieder des besonderen Verhandlungsgremiums, ihre Anschriften sowie die jeweiligen Betriebszugehörigkeiten mitzuteilen. Die zentrale Leitung hat die örtlichen Betrieb- und Unternehmensleitungen, die dort bestehenden Arbeitnehmervertretungen sowie die in inländischen Betrieben vertretenen Gewerkschaften über diese Angaben zu unterrichten.

Die Vorschrift ist gegenüber § 12 EBRG 1996 unverändert und trägt den Vorgaben in Art. 5 Abs. 2 1 Buchst. c der Richtlinie 2009/38/EG Rechnung, die bereits in Art. 5 Abs. 2 Buchst. d der Richtlinie 94/45/EG enthalten waren. Im Unterschied zu § 12 Satz 2 sieht die Richtlinie jedoch eine Mitteilung an die zuständigen europäischen Arbeitnehmer- und Arbeitgeberverbände vor. Mit § 12 übereinstimmende Vorschriften enthalten § 11 Abs. 1 Satz 2 und 3 SEBG, § 11 Abs. 1 Satz 2 und 3 SCEBG und § 13 Abs. 1 Satz 2 und 3 MgVG. Im Unterschied zu § 12 sehen diese zudem eine Unterrichtung der Sprecherausschüsse vor, da die vorgenannten Gesetze auch die leitenden Angestellten einbeziehen. Im Rahmen des EBRG sind demgegenüber nur Arbeitnehmer i. S. d. § 5 Abs. 1 BetrVG zu berücksichtigen (s. § 4 Satz 1 sowie § 4 EBRG Rdn. 2).

Den Inhalt der Unterrichtungspflicht gegenüber der zentralen Leitung legt § 12 Satz 1 abschließend 2 fest, ohne dass der Gesetzgeber hierbei an Vorgaben durch die Richtlinie 2009/38/EG gebunden war. Die in § 12 Satz 1 aufgezählten Informationen ermöglichen es der zentralen Leitung, die Mitglieder des besonderen Verhandlungsgremiums zu der konstituierenden Sitzung einzuladen (§ 13 Abs. 1 Satz 1). Den Adressaten der Unterrichtungspflicht benennt § 12 Satz 1 nicht ausdrücklich. Mangels anderer Organe, die über die notwendige Kenntnis verfügen, kommt nur das jeweilige Bestellungsorgan in Betracht (*Rudolph/AKRR* § 12 EBRG Rn. 3), wobei § 12 Satz 1 wegen des Territorialitätsprinzips ausschließlich das nach § 11 zuständige Bestellungsorgan in die Pflicht nehmen kann. Für die Bestellungsorgane in anderen Mitgliedstaaten richtet sich eine vergleichbare Unterrichtungspflicht nach den Umsetzungsgesetzen der jeweiligen Mitgliedstaaten.

3 Die zentrale Leitung trifft ihrerseits nach § 12 Satz 2 eine Unterrichtungspflicht, die partiell dazu dient, die Vorgaben in Art. 5 Abs. 2 Buchst. c der Richtlinie 2009/38/EG umzusetzen. Soweit dort auch eine Unterrichtung der zuständigen europäischen Arbeitnehmer- und Arbeitgeberverbände vorgesehen ist, greift § 13 Abs. 1 Satz 2 ein. Die Unterrichtung der örtlichen Arbeitnehmervertretungen sowie der in inländischen Betrieben vertretenen Gewerkschaften ist in der Richtlinie 2009/38/EG nicht vorgesehen, sie steht dieser Verpflichtung jedoch auch nicht entgegen. Die Unterrichtung der in den Betrieben und Unternehmen gebildeten Arbeitnehmervertretungen erstreckt sich auch auf die in anderen Mitgliedstaaten gelegenen Betriebe und Unternehmen. Bezüglich der Anforderungen an die Vertretung einer Gewerkschaft in inländischen Betrieben gelten die in § 2 Abs. 1 BetrVG anerkannten Grundsätze (s. *Franzen* § 2 BetrVG Rdn. 39 ff.).

§ 13
Sitzungen, Geschäftsordnung und Sachverständige

(1) Die zentrale Leitung lädt unverzüglich nach Benennung der Mitglieder zur konstituierenden Sitzung des besonderen Verhandlungsgremiums ein und unterrichtet die örtlichen Betriebs- oder Unternehmensleitungen. Die zentrale Leitung unterrichtet zugleich die zuständigen europäischen Gewerkschaften und Arbeitgeberverbände über den Beginn der Verhandlungen und die Zusammensetzung des besonderen Verhandlungsgremiums nach § 12 Satz 1. Das besondere Verhandlungsgremium wählt aus seiner Mitte einen Vorsitzenden und kann sich eine Geschäftsordnung geben.

(2) Vor und nach jeder Verhandlung mit der zentralen Leitung hat das besondere Verhandlungsgremium das Recht, eine Sitzung durchzuführen du zu dieser einzuladen; § 8 Abs. 3 Satz 2 gilt entsprechend.

(3) Beschlüsse des besonderen Verhandlungsgremiums werden, soweit in diesem Gesetz nichts anderes bestimmt ist, mit der Mehrheit der Stimmen seiner Mitglieder gefasst.

(4) Das besondere Verhandlungsgremium kann sich durch Sachverständige seiner Wahl unterstützen lassen, soweit dies zur ordnungsgemäßen Erfüllung seiner Aufgaben erforderlich ist. Sachverständige können auch Beauftragte von Gewerkschaften sein. Die Sachverständigen und Gewerkschaftsvertreter können auf Wunsch des besonderen Verhandlungsgremiums beratend an den Verhandlungen teilnehmen.

Inhaltsübersicht	**Rdn.**
I. Allgemeines	1, 2
II. Konstituierende Sitzung	3–7
III. Weitere Sitzungen außerhalb der Verhandlungen	8–11
IV. Beschlussfassungen	12, 13
V. Sachverständige	14–18

I. Allgemeines

1 Die Vorschrift des § 13 geht im Kern auf § 13 EBRG 1996 zurück, verstärkt im Vergleich zu diesem jedoch die Rechtsstellung insbesondere der Gewerkschaften. Neu aufgenommen wurde unter anderem die Pflicht der zentralen Leitung, die Gewerkschaften und Arbeitgeberverbände über den Beginn der Verhandlungen und die Zusammensetzung des besonderen Verhandlungsgremiums zu unterrich-

ten (§ 13 Abs. 1 Satz 2; s. Rdn. 5). Hinzugekommen ist ferner das Recht der Sachverständigen und Gewerkschaftsvertreter, an den Verhandlungen beratend teilzunehmen (§ 13 Abs. 4 Satz 2; s. Rdn. 17). Schließlich begründet § 13 Abs. 2 nunmehr zugunsten des besonderen Verhandlungsgremiums auch das Recht, nach jeder Verhandlung eine Sitzung durchzuführen (§ 13 Abs. 2; s. Rdn. 13). Die vorstehenden Änderungen setzen insbesondere die Vorgaben in Art. 5 Abs. 4 der Richtlinie 2009/38/EG (s. *Oetker*/EuArbR Art. 5 RL 2009/38/EG Rn. 24) um, die in Art. 5 Abs. 4 der Richtlinie 94/45/EG noch nicht enthalten waren.

Mit § 13 vergleichbare Bestimmungen enthalten die §§ 12 und 14 Abs. 1 SEBG. Das gilt u. a. auch für **2** das von dem Willen des besonderen Verhandlungsgremiums abhängige Recht der Sachverständigen und Gewerkschaftsvertreter auf beratende Teilnahme an den Verhandlungen mit dem besonderen Verhandlungsgremium. Entsprechende Bestimmungen enthalten ferner §§ 12 und 14 Abs. 1 SCEBG sowie die §§ 14 und 16 Abs. 1 MgVG. Ein Recht des besonderen Verhandlungsgremiums, Vertreter von geeigneten außenstehenden Organisationen, von dem Beginn der Verhandlungen zu unterrichten (so § 14 Abs. 2 SEBG, § 16 Abs. 2 SCEBG, § 16 Abs. 2 MgVG), kennt das EBRG nicht.

II. Konstituierende Sitzung

Zur **konstituierenden Sitzung** lädt die zentrale Leitung unverzüglich nach Benennung der Mitglie- **3** der ein und unterrichtet hierüber die örtlichen Betriebs- und Unternehmensleitungen (§ 13 Abs. 1 Satz 1). Hierdurch erfahren sie, wann ein Mitglied des besonderen Verhandlungsgremiums gemäß § 40 i. V. m. § 37 Abs. 2 BetrVG für die konstituierende Sitzung freizustellen ist (s. *Rose*/HWGNRH Einl. Rn. 199). Eine bestimmte Frist zwischen Einladung und Sitzung gibt das Gesetz nicht vor (*Blanke*/Kunz/HaKo § 13 EBRG Rn. 1; *Rudolph*/AKRR § 13 EBRG Rn. 4). In der Regel ist der Zeitraum von einer Woche angemessen. Befinden sich unter den Mitgliedern des besonderen Verhandlungsgremiums Besatzungsmitglieder auf Schiffen, dann ist auf deren Möglichkeiten zur Teilnahme an der Sitzung Rücksicht zu nehmen (§ 41a Abs. 1; s. § 41a EBRG Rdn. 2).

Art. 5 Abs. 4 der Richtlinie 2009/38/EG sieht allerdings eine Einberufung durch die zentrale Leitung **4** nur zu den Verhandlungen und nicht bezüglich der konstituierenden und weiteren Sitzungen vor. Aufgrund der Verpflichtung, den Kosten- und Sachaufwand zu tragen (§ 16), ist es aber sinnvoll und praktikabel, wenn die zentrale Leitung die Einladung ausspricht (*Gaul* NJW 1996, 3378 [3380]; s. auch *Blanke* § 13 Rn. 3). Obwohl sie die konstituierende Sitzung einberuft, kann das besondere Verhandlungsgremium selbst die Initiative für die Einberufung der konstituierenden Sitzung ergreifen, wenn die zentrale Leitung ihrer Pflicht nicht unverzüglich nachkommt (*Gamillscheg* II, § 54, 3c [6]; *Giesen*/HWK EBRG Rn. 48; *Joost*/MünchArbR § 274 Rn. 69; *Klebe*/Kunz FS Däubler, S. 823 [831]; **a. M.** *Heckelmann*/Wolff/AR § 13 EBRG Rn. 4; *Rudolph*/AKRR § 13 EBRG Rn. 5). Ansonsten könnte eine Blockade der zentralen Leitung zu Verzögerungen führen.

Mit der Einladung zu der konstituierenden Sitzung ist zugleich die Pflicht verbunden, die **zuständi-** **5** **gen europäischen Gewerkschaften und Arbeitgeberverbände** über den Beginn der Verhandlungen zu unterrichten (§ 13 Abs. 1 Satz 2). Hierdurch wird die Vorgabe in Art. 5 Abs. 2 Buchst. c der Richtlinie 2009/38/EG umgesetzt, wobei es sich bei den in § 13 Abs. 1 Satz 2 genannten Organisationen aufgrund einer unionsrechtskonformen Auslegung um diejenigen Organisationen der Sozialpartner handelt, die von der Kommission nach Art. 154 AEUV konsultiert und in einer von der Kommission geführten Liste genannt werden. Der Erwägungsgrund 27 zur Richtlinie 2009/38/EG, der diese Umschreibung ausdrücklich festhält, prägt die Auslegung von Art. 5 Abs. 2 Buchst. c der Richtlinie 2009/38/EG und hierüber auch die Auslegung von § 13 Abs. 1 Satz 2 (*Reg. Begr.* BT-Drucks. 17/4808, 10; *Blanke*/Kunz/HaKo § 13 EBRG Rn. 1; *Breitfeld*/NK-GA §§ 8–16 EBRG Rn. 11; *Fitting* Übersicht EBRG Rn. 55; *Giesen*/HWK EBRG Rn. 48; *Klebe*/DKKW § 13 EBRG Rn. 2; *Rudolph*/AKRR § 13 EBRG Rn. 7).

Gegenstand der konstituierenden Sitzung ist die Wahl eines **Vorsitzenden** (§ 13 Abs. 1 Satz 2). **6** Weiterhin können ein stellvertretender Vorsitzender und ein **Vorstand** gewählt, ein **Ausschuss** gebildet und eine **Geschäftsordnung** verabschiedet werden (*Bachner*/Nielebock AuR 1997, 129 [131]; *Engels*/Müller DB 1996, 981 [984]; *Fitting* Übersicht EBRG Rn. 56; *Heckelmann*/Wolff/AR § 13

EBRG Rn. 3; *Joost*/MünchArbR § 274 Rn. 72; *Rudolph/AKRR* § 13 EBRG Rn. 11). Diese sollte insbesondere regeln, wer innerhalb des besonderen Verhandlungsgremiums die Sitzungen vorbereitet und einberuft (*Rudolph/AKRR* § 13 EBRG Rn. 25). Gemäß § 13 Abs. 3 muss die Geschäftsordnung mit der **absoluten Mehrheit der Stimmen** der Mitglieder beschlossen und sollte schriftlich niedergelegt werden (*Rudolph/AKRR* § 13 EBRG Rn. 28). Fehlt in der Geschäftsordnung eine Regelung zu den **Kompetenzen des Vorsitzenden,** sind diese durch eine entsprechende Anwendung des in § 25 Abs. 2 zum Ausdruck gelangten allgemeinen Grundsatzes zu bestimmen (*Rudolph/AKRR* § 13 EBRG Rn. 10).

7   Obwohl die zentrale Leitung zur konstituierenden Sitzung einlädt, gehört sie nicht zu dem **teilnahmeberechtigten Personenkreis,** da das besondere Verhandlungsgremium ein souveräner und eigenständiger Verhandlungspartner der zentralen Leitung ist (*Bachner/Nielebock* AuR 1997, 129 [131]; *Blanke* § 13 Rn. 4; *Blanke/Kunz/*HaKo § 13 Rn. 1; *Heckelmann/Wolff/*AR § 13 EBRG Rn. 1; *Joost*/MünchArbR § 274 Rn. 69; *Klebe/DKKW* § 13 EBRG Rn. 5; *Rose/HWGNRH* Einl. Rn. 202; *Rudolph/AKRR* § 13 EBRG Rn. 9). Es kann die teilnahmeberechtigten Personengruppen jedoch selbst festlegen und auch der zentralen Leitung die Anwesenheit ermöglichen (*Giesen/HWK* EBRG Rn. 49; *Rose/HWGNRH* Einl. Rn. 203; **a. M.** *Rudolph/AKRR* § 13 EBRG Rn. 9 sowie *Klebe/DKKW* § 13 EBRG Rn. 5, aufgrund einer entsprechenden Anwendung des Grundsatzes der Nichtöffentlichkeit in § 27 Abs. 1 Satz 5; hiergegen aber *Blanke* § 13 Rn. 13).

III. Weitere Sitzungen außerhalb der Verhandlungen

8   Zur **Vorbereitung der Verhandlungen** mit der zentralen Leitung kann das besondere Verhandlungsgremium **weitere Sitzungen** durchführen. § 13 Abs. 2 beschränkt das Sitzungsrecht jedoch in zweierlei Hinsicht:

9   Erstens hat das Verhandlungsgremium nur das Recht, vor und nach jeder Verhandlung jeweils eine Sitzung durchzuführen. Während § 13 Abs. 2 EBRG 1996 das besondere Verhandlungsgremium noch auf vorbereitende Sitzungen beschränkte, eröffnet § 13 Abs. 2 nunmehr aufgrund der Vorgabe in Art. 5 Abs. 4 UA 2 der Richtlinie 2009/38/EG nunmehr auch die Zusammenkunft zu einer (!) nachbereitenden Sitzung.

10 Zweitens ist § 8 Abs. 3 Satz 2 entsprechend anwendbar (§ 13 Abs. 2 Halbs. 2). Deshalb sind Zeitpunkt, Häufigkeit und Ort der vorbereitenden Sitzung zwischen der zentralen Leitung und dem besonderen Verhandlungsgremium einvernehmlich festzulegen. Eine solche Einschränkung ist wegen der zeitlichen und räumlichen Koordination der Vorbereitungssitzung und des Verhandlungstermins sowie der damit verbundenen Kosten sinnvoll, sie widerspricht aber der Souveränität und Eigenständigkeit des besonderen Verhandlungsgremiums (*Bachner/Kunz* AuR 1996, 81 [84]; *Bachner/Nielebock* AuR 1997, 129 [131]; *Gaul* NJW 1996, 3378 [3380]; *Klebe/DKKW* § 13 Rn. 8; *ders./Kunz* FS *Däubler*, S. 823 [831]).

11 Gerade schwierige Verhandlungen können **mehrere vorbereitende Sitzungen** erfordern. Deshalb ist § 13 Abs. 2 so auszulegen, dass mehr als eine Sitzung möglich ist, jedoch nur eine einvernehmlich festgelegte Sitzung die uneingeschränkte Kostentragungs- und Sachaufwandspflicht des § 16 auslöst (*Blanke* § 13 Rn. 12; im Grundsatz auch *Rudolph/AKRR* § 13 EBRG Rn. 15; **a. M.** *Joost*/MünchArbR § 274 Rn. 71; *Rose/HWGNRH* Einl. Rn. 204). Zur virtuellen Teilnahme von Besatzungsmitgliedern auf Schiffen an den Sitzungen des besonderen Verhandlungsgremiums s. § 41a Abs. 2 (§ 41a EBRG Rdn. 4 ff.).

IV. Beschlussfassungen

12 **Beschlüsse** des besonderen Verhandlungsgremiums bedürfen nach § 13 Abs. 3 grundsätzlich der **Mehrheit der Stimmen** seiner Mitglieder. Nur ein Beschluss i. S. d. § 15 erfordert eine Zwei-Drittel-Mehrheit der Stimmen der Mitglieder. Aus § 13 Abs. 3 folgt indirekt, dass das besondere Verhandlungsgremium nur **beschlussfähig** ist, wenn mehr als die Hälfte der Mitglieder anwesend sind

(*Rudolph/AKRR* § 13 EBRG Rn. 20; im Grundsatz auch *Blanke* § 13 Rn. 16; *Klebe/DKKW* § 13 Rn. 10, die jedoch auf die Teilnahme an der Beschlussfassung abstellen), da andernfalls wegen des Erfordernisses einer absoluten Mehrheit keine rechtswirksamen Beschlüsse gefasst werden könnten.

Eine **Gewichtung der Stimmen** ist nicht vorgesehen, es wird nach Köpfen abgestimmt. Dabei ist nicht auf die Mehrheit der anwesenden Mitglieder, sondern die **Mehrheit der Gesamtmitgliederzahl** abzustellen (*Blanke* § 13 Rn. 15; *Blanke/Kunz*/HaKo § 13 EBRG Rn. 6; *Heckelmann/Wolff*/AR § 13 EBRG Rn. 7; *Joost*/MünchArbR § 274 Rn. 73; *Klebe/DKKW* § 13 EBRG Rn. 9; *Müller* § 13 Rn. 5; *Rose/HWGNRH* Einl. Rn. 205). **Enthaltungen** sind zulässig, wirken sich jedoch als Ablehnung aus (*Blanke* § 13 Rn. 15; *Blanke/Kunz*/HaKo § 13 EBRG Rn. 6; *Heckelmann/Wolff*/AR § 13 EBRG Rn. 7; *Joost*/MünchArbR § 274 Rn. 73; *Klebe/DKKW* § 13 EBRG Rn. 9; *Müller* § 13 Rn. 5; *Rose/HWGNRH* Einl. Rn. 205; *Rudolph/AKRR* § 13 EBRG Rn. 18), da § 13 Abs. 3 für eine Beschlussfassung auf die Mehrheit der Mitglieder abstellt. Von einem doppelten Mehrheitserfordernis, nach dem die Mehrheit der Stimmen zugleich die Mehrheit der vertretenen Arbeitnehmer repräsentieren muss (so § 15 Abs. 2 SEBG, § 15 Abs. 2 SCEBG, § 15 Abs. 2 MgVG) ist in § 13 Abs. 3 abgesehen worden. Da § 13 Abs. 3 für eine dem Antrag entsprechende Beschlussfassung eine Mehrheit der Mitglieder fordert, ist ein Antrag bei Stimmengleichheit abgelehnt (*Heckelmann/Wolff*/AR § 13 EBRG Rn. 7). 13

V. Sachverständige

Zur Unterstützung seiner Aufgaben kann das besondere Verhandlungsgremium **Sachverständige** hinzuziehen, wenn dies zur ordnungsgemäßen Erfüllung der Aufgabe **erforderlich** ist (§ 13 Abs. 4). Da die Richtlinie 2009/38/EG diese Einschränkung in Art. 5 Abs. 4 Satz 2 nicht vorsieht, wird hierin teilweise ein Verstoß gegen die Richtlinie gesehen (so *Bachner/Kunz* AuR 1996, 81 [85]; *Bachner/Nielebock* AuR 1997, 129 [131]; *Blanke* § 13 Rn. 19; *Blanke/Kunz*/HaKo § 13 EBRG Rn. 9; *Klebe/DKKW* § 13 EBRG Rn. 11; *Kunz* AiB 1997, 267 [278]). Die Richtlinie 2009/38/EG ermögliche nur, die Übernahme der Kosten auf die Aufwendungen für einen Sachverständigen zu begrenzen (Art. 5 Abs. 6 Satz 2). Die Erforderlichkeit eines Sachverständigen sei deshalb aufgrund einer richtlinienkonformen Auslegung ohne Weiteres zu bejahen (hierfür *Blanke* § 13 Rn. 19; *Blanke/Kunz*/HaKo § 13 EBRG Rn. 9; *Klebe/DKKW* § 13 EBRG Rn. 11; *Klebe/Kunz* FS Däubler, S. 823 [833 f.]; a. M. *Giesen/HWK* EBRG Rn. 30; *Müller* § 13 Rn. 6; *Rose/HWGNRH* Einl. Rn. 206; *Rudolph/AKRR* § 13 EBRG Rn. 30). 14

Für die **Bindung an den Erforderlichkeitsgrundsatz** spricht jedoch der Grundsatz der vertrauensvollen Zusammenarbeit (§ 8 Abs. 3 Satz 1), der auch in Art. 6 Abs. 1 der Richtlinie 2009/38/EG zum Ausdruck gelangt ist. Kann das besondere Verhandlungsgremium seine Aufgabe nach § 8 Abs. 1 mangels eigener sachlicher oder rechtlicher Kenntnisse nicht sachgerecht erfüllen, so gebietet es der **Grundsatz der vertrauensvollen Zusammenarbeit**, dass vor der Hinzuziehung von Sachverständigen andere Möglichkeiten (Auskünfte durch die Gewerkschaft, Studium von Fachliteratur) ausgeschöpft werden, um die erforderlichen Kenntnisse zu erlangen (zu § 80 Abs. 3 BetrVG s. *BAG* 04.06.1987 AP Nr. 30 zu § 80 BetrVG 1972; 26.02.1992 EzA § 80 BetrVG 1972 Nr. 40 sowie näher *Weber* § 80 BetrVG Rn. 150). Das Erfordernis des Sachverständigen ist i. S. dieses Grundsatzes der vertrauensvollen Zusammenarbeit auszulegen und entspricht mit dieser Auslegung den Absichten der Richtlinie (*Joost*/MünchArbR § 274 Rn. 74; ebenso *Giesen/HWK* EBRG Rn. 49; *Heckelmann/Wolff*/AR § 13 EBRG Rn. 8; *Rose/HWGNRH* Einl. Rn. 206; *Rudolph/AKRR* § 13 EBRG Rn. 30). 15

Die **Zahl der Sachverständigen**, die das besondere Verhandlungsgremium hinzuziehen kann, gibt das EBRG nicht vor; insoweit ist dieses lediglich durch den Grundsatz der Erforderlichkeit begrenzt (*Klebe/DKKW* § 13 EBRG Rn. 13; a. M. *Rose/HWGNRH* Einl. Rn. 206). Es können deshalb auch mehrere Sachverständige hinzugezogen werden (*Blanke/Kunz*/HaKo § 13 EBRG Rn. 10; a. M. *Rose/HWGNRH* Einl. Rn. 206). Die entscheidende Einschränkung resultiert erst aus der Begrenzung der Kostentragungspflicht auf einen Sachverständigen in § 16 Abs. 1 Satz 1 (s. dazu § 16 EBRG Rdn. 6). 16

17 § 13 Abs. 4 Satz 2 stellt ausdrücklich klar, dass auch **Beauftragte von Gewerkschaften** Sachverständige sein können, verzichtet aber auf nähere Konkretisierungen zum Kreis der erfassten Gewerkschaften. Demgegenüber versieht Art. 5 Abs. 4 der Richtlinie 2009/38/EG die Einbeziehung der Gewerkschaftsbeauftragten mit der Einschränkung, dass sie Vertreter einer kompetenten anerkannten Gewerkschaftsorganisation auf Gemeinschaftsebene sind. Ebenso stellen auch § 14 Abs. 1 Satz 1 SEBG, § 14 Abs. 1 Satz 1 SCEBG und § 16 Abs. 1 Satz MgVG auf Gewerkschaftsorganisationen auf Gemeinschaftsebene ab. Diese Diskrepanz ist jedoch unschädlich, da die Richtlinie 2009/38/EG lediglich Mindestvorschriften festlegt (*Klebe/DKKW* § 13 EBRG Rn. 12). Wegen der Regelungstechnik in § 13 Abs. 4 Satz 2 und der Verknüpfung mit dem Recht zur Hinzuziehung von Sachverständigen können Beauftrage von Gewerkschaften nicht per se von dem besonderen Verhandlungsgremium hinzugezogen werden, sondern ausschließlich dann, wenn der konkrete Beauftragte über besonderen Sachverstand im Hinblick auf die gesetzlichen Aufgaben des besonderen Verhandlungsgremiums verfügt (ebenso zu § 39 *LAG Baden-Württemberg* 23.12.2014 – 11 TaBV 6/14 – BeckRS 2015, 69902 sowie näher § 39 EBRG Rdn. 4).

18 Im Gegensatz zu § 13 Abs. 4 EBRG 1996 begründet § 13 Abs. 4 Satz 3 nunmehr ein Recht der Sachverständigen und Gewerkschaftsbeauftragen auf **Teilnahme an den Verhandlungen** und trägt damit der Vorgabe in Art. 5 Abs. 4 der Richtlinie 2009/38/EG Rechnung, die in Art. 5 Abs. 4 der Richtlinie 94/45/EG noch nicht enthalten war. Die neuere Gesetzgebung führt damit einen Ansatz fort, der bereits durch § 14 Abs. 1 Satz 2 SEBG eingeführt und von § 14 Abs. 1 Satz 2 SCEBG sowie § 16 Abs. 1 Satz 2 MgVG fortgeführt wurde. Das Recht auf beratende Teilnahme ist jedoch kein eigenständiges Recht der Sachverständigen (*Fitting* Übersicht EBRG Rn. 59; *Rudolph/AKRR* § 13 EBRG Rn. 11), sondern hängt von einer entsprechenden Willensbekundung des besonderen Verhandlungsgremiums ab, die durch eine Beschlussfassung zu bilden ist (*Rudolph/AKRR* § 13 EBRG Rn. 31). Über die Teilnahme der Sachverständigen an den **internen Sitzungen** des besonderen Verhandlungsgremiums trifft das EBRG keine Aussage. Sofern hierin kein Verstoß gegen das Gebot der Nichtöffentlichkeit gesehen wird, bestehen gegen eine vom Wunsch des besonderen Verhandlungsgremiums getragene Teilnahme keine Bedenken.

§ 14
Einbeziehung von Arbeitnehmern aus Drittstaaten

Kommen die zentrale Leitung und das besondere Verhandlungsgremium überein, die nach § 17 auszuhandelnde Vereinbarung auf nicht in einem Mitgliedstaat (Drittstaat) liegende Betriebe oder Unternehmen zu erstrecken, können sie vereinbaren, Arbeitnehmervertreter aus diesen Staaten in das besondere Verhandlungsgremium einzubeziehen und die Anzahl der auf den jeweiligen Drittstaat entfallenden Mitglieder sowie deren Rechtsstellung festlegen.

1 Die den Parteien der Beteiligungsvereinbarung durch § 17 eröffnete Gestaltungsfreiheit ermöglicht ihnen auch, Betriebe und Unternehmen aus Drittstaaten in den Geltungsbereich einer Beteiligungsvereinbarung einzubeziehen; § 18 Abs. 1 Satz 2 Nr. 2 bestätigt dies für den Europäischen Betriebsrat kraft Vereinbarung ausdrücklich und knüpft an die Öffnungsklausel für die Zuständigkeit des Europäischen Betriebsrats in § 1 Abs. 3 (»soweit kein größerer Geltungsbereich vereinbart wird«) an. In vergleichbarer Weise eröffnet auch Art. 1 Abs. 6 der Richtlinie 2009/38/EG die Möglichkeit, für die Beteiligungsvereinbarung einen größeren Geltungsbereich vorzusehen. Sofern die Parteien eine derartige Ausdehnung des Geltungsbereichs einer Beteiligungsvereinbarung auf Drittstaaten erwägen, bleiben die Auswirkungen auf die Zusammensetzung des besonderen Verhandlungsgremiums klärungsbedürftig. Hierfür eröffnet § 14, der mit § 14 EBRG 1996 übereinstimmt, den entsprechenden Gestaltungsspielraum.

2 Die Modalitäten über die Einbeziehung der in Drittstaaten beschäftigten Arbeitnehmer in das besondere Verhandlungsgremium überlässt § 14 der **Autonomie der Verhandlungsparteien**, die hierüber eine **Vereinbarung treffen können**, aber nicht müssen. Kommt es nicht zu einer Vereinbarung, bleiben Arbeitnehmer in Drittstaaten bei der Zusammensetzung des besonderen Verhandlungsgremiums außer Betracht. Eine zwingende Beteiligung kennt das Gesetz selbst für den Fall nicht, dass der Geltungsbereich der Beteiligungsvereinbarung auf Betriebe und Unternehmen in Drittstaaten erstreckt werden soll. Eine besondere **Form** schreibt das Gesetz nicht vor, insbesondere verlangt § 14 im Unterschied zu § 15 Abs. 2 keine schriftliche Vereinbarung; eine Dokumentation der Vereinbarung ist gleichwohl zweckmäßig.

Sollen Arbeitnehmer aus Drittstaaten in das besondere Verhandlungsgremium einbezogen werden, so obliegt es den Verhandlungsparteien, die **weiteren Modalitäten** festzulegen. Dabei steht es ihnen frei, für die Arbeitnehmer aus Drittstaaten an das **Repräsentationsmodell in § 10** anzuknüpfen. Sie können indes auch **abweichende Vereinbarungen** treffen und Drittstaatengruppen bilden, insbesondere um eine zu weitgehende Vergrößerung des besonderen Verhandlungsgremiums zu vermeiden. Da es in den Drittstaaten an entsprechenden Umsetzungsgesetzen fehlt, obliegt es den Verhandlungsparteien auch, die näheren **Modalitäten für die Bestellung** der Arbeitnehmervertreter aus Drittstaaten festzulegen (*Blanke* § 14 Rn. 2; *Blanke/Kunz/*HaKo § 14 EBRG Rn. 1; *Müller* § 14 Rn. 1; *Rudolph/AKRR* § 14 EBRG Rn. 1). Es trifft die zentrale Leitung des Unternehmens oder der Unternehmensgruppe sodann die aus der mit dem besonderen Verhandlungsgremium abgeschlossenen Vereinbarung folgende Pflicht, die Bestellung der Arbeitnehmervertreter in Drittstaaten durchzusetzen.

3

Schließlich obliegt es den Verhandlungsparteien nach § 14 auch, die »**Rechtsstellung**« der **Arbeitnehmervertreter** aus Drittstaaten auszuformen. Ein zwingendes Gebot, dass diese die gleiche Rechtsstellung haben müssen wie die Mitglieder des besonderen Verhandlungsgremiums aus den Mitgliedstaaten, lässt sich § 14 nicht entnehmen (*Rudolph/AKRR* § 14 EBRG Rn. 1; so wohl auch *Klebe/DKKW* § 14 Rn. 3: »kann« sowie *Blanke/Kunz/*HaKo § 14 EBRG Rn. 1). Von dem Gestaltungsspielraum der Verhandlungsparteien ist es auch gedeckt, wenn die Arbeitnehmervertreter aus Drittstaaten an den Sitzungen des besonderen Verhandlungsgremiums oder an den Verhandlungen des besonderen Verhandlungsgremiums mit der zentralen Leitung lediglich mit beratender Stimme teilnehmen (*Rudolph/AKRR* § 14 EBRG Rn. 1). Ebenso ist von der Vereinbarungsautonomie eine Regelung gedeckt, die den Arbeitnehmervertretern aus Drittstaaten lediglich einen Gaststatus begründet (*Fitting* Übersicht EBRG Rn. 57; *Rudolph/AKRR* § 14 EBRG Rn. 1). Dies kann zweckmäßig sein, um eine Majorisierung der Mitglieder des besonderen Verhandlungsgremiums durch Arbeitnehmervertreter aus Drittstaaten zu verhindern. Sehen die Parteien der Vereinbarung davon ab, ausdrückliche Regelungen zur Rechtsstellung der Arbeitnehmervertreter aus Drittstaaten zu treffen, gehören diese dem besonderen Verhandlungsgremium als vollwertige Mitglieder an und sind bei der Mehrheitsberechnung (§ 13 Abs. 3, § 15 Abs. 1 Satz 1) als gleichberechtigte Organmitglieder zu behandeln.

4

§ 15
Beschluss über Beendigung von Verhandlungen

(1) Das besondere Verhandlungsgremium kann mit mindestens zwei Dritteln der Stimmen seiner Mitglieder beschließen, keine Verhandlungen aufzunehmen oder diese zu beenden. Die Beschlüsse und das Abstimmungsergebnis sind in einer Niederschrift aufzunehmen, die vom Vorsitzenden und einem weiteren Mitglied zu unterzeichnen ist. Eine Abschrift der Niederschrift ist der zentralen Leitung zuzuleiten.

(2) Ein neuer Antrag auf Bildung eines besonderen Verhandlungsgremiums (§ 9) kann frühestens zwei Jahre nach dem Beschluss gemäß Absatz 1 gestellt werden, sofern das besondere Verhandlungsgremium und die zentrale Leitung nicht schriftlich eine kürzere Frist festlegen.

Inhaltsübersicht	Rdn.
I. Allgemeines	1
II. Beschlussfassung des besonderen Verhandlungsgremiums	2–5
III. Rechtsfolgen	6–8

I. Allgemeines

1 Die in § 15 getroffene und mit § 15 EBRG 1996 übereinstimmende Vorschrift dient dazu, die Vorgaben in Art. 5 Abs. 6 der Richtlinie 2009/38/EG umzusetzen. Vergleichbare Regelungen gelten für die Europäische (Aktien-) Gesellschaft (§ 16 Abs. 1 und 2, § 18 Abs. 1 SEBG) sowie für die Europäische Genossenschaft (§ 16 Abs. 1 und 2, § 18 Abs. 1 SCEBG). In dem nach § 15 Abs. 1 Satz 1 gefassten Beschluss liegt jedoch kein »Verzicht« auf eine Unterrichtung und Anhörung in gemeinschaftsweit tätigen Unternehmen und Unternehmensgruppen, sondern das besondere Verhandlungsgremium disponiert – wie § 15 Abs. 2 zeigt – nur vorübergehend über die Ausübung dieser Rechtsposition.

II. Beschlussfassung des besonderen Verhandlungsgremiums

2 Die Beschlussfassung des besonderen Verhandlungsgremiums kann sich nach dessen Konstituierung darauf erstrecken, entweder bereits von der **Aufnahme von Verhandlungen** abzusehen oder aber bereits aufgenommene **Verhandlungen abzubrechen**. Wegen der mit der Beschlussfassung verbundenen Rechtsfolgen ist die Beschlussfassung nach § 15 Abs. 1 Satz 1 gleichbedeutend mit einem (vorübergehenden) Verzicht, das Recht auf die länderübergreifende Beteiligung der Arbeitnehmer in gemeinschaftsweit tätigen Unternehmen und Unternehmensgruppen auszuüben (*Rudolph/AKRR* § 15 EBRG Rn. 2).

3 Ein Beschluss i. S. d. § 15 Abs. 1 Satz 1 kann nur von dem besonderen Verhandlungsgremium gefasst werden, das sich hierfür in einer Sitzung nach § 13 Abs. 1 Satz 1 **konstituiert** haben muss (*Blanke* § 15 Rn. 2; *Blanke/Kunz/*HaKo § 15 EBRG Rn. 1; *Klebe/DKKW* § 15 EBRG Rn. 2; *Rudolph/AKRR* § 15 EBRG Rn. 3). Nach § 15 Abs. 1 Satz 1 ist eine förmliche **Beschlussfassung** des besonderen Verhandlungsgremiums erforderlich; eine Verständigung im Rahmen eines Umlaufverfahrens trägt dem nicht ausreichend Rechnung (*Klebe/DKKW* § 15 EBRG Rn. 2; *Rudolph/AKRR* § 15 EBRG Rn. 3). Wegen der rechtlichen Tragweite der Beschlussfassung weicht § 15 Abs. 1 Satz 1 von der Grundregel des § 13 Abs. 3 ab (»Mehrheit der Stimmen seiner Mitglieder«) und verlangt eine **Mehrheit** von **zwei Dritteln**. Maßgebend sind hierfür nicht die an der Beschlussfassung teilnehmenden Mitglieder, sondern die Mehrheit ist nach der Zahl der tatsächlich bestellten Mitglieder des besonderen Verhandlungsgremiums zu ermitteln (*Blanke* § 15 Rn. 2; *Giesen/HWK* EBRG Rn. 51; *Rudolph/AKRR* § 15 EBRG Rn. 4). Bei der Feststellung der qualifizierten absoluten Mehrheit muss diese positiv der Beendigung der Verhandlungen zustimmen. Enthaltungen und ungültige Stimmen zählen wie Neinstimmen (*Blanke* § 15 Rn. 2). In Übereinstimmung mit der Grundregel in § 13 Abs. 3 (s. dazu § 13 EBRG Rdn. 13) sieht auch § 15 Abs. 1 Satz 1 davon ab, ein doppeltes Quorum vorzuschreiben, wie dies in § 16 Abs. 1 SEBG geschehen ist (»mindestens zwei Drittel der Arbeitnehmer in mindestens zwei Mitgliedstaaten«).

4 Wegen der rechtlichen Tragweite der Beschlussfassung sieht § 15 Abs. 1 Satz 2 unabhängig von einer Geschäftsordnung des besonderen Verhandlungsgremiums eine förmliche Dokumentation des Beschlusses in einer **Niederschrift** vor, die von dem Vorsitzenden sowie einem weiteren Mitglied des besonderen Verhandlungsgremiums zu unterzeichnen ist. Diese Vorgabe entspricht § 34 Abs. 1 Satz 2 BetrVG, so dass auf die entsprechenden Erläuterungen zu verweisen ist (s. *Raab* § 34 BetrVG Rdn. 15 ff.). Inhaltlich muss die Niederschrift – wie im Rahmen von § 34 Abs. 1 Satz 2 BetrVG – sowohl den Beschluss als solchen als auch das Abstimmungsergebnis enthalten, da nur so überprüft werden kann, ob der Beschluss mit der notwendigen qualifizierten absoluten Mehrheit gefasst worden ist. Aufzunehmen ist im Hinblick auf § 15 Abs. 2 auch das Datum der Beschlussfassung (*Rudolph/AKRR* § 15 EBRG Rn. 5 sowie allgemein *Raab* § 34 BetrVG Rdn. 15).

5 Bezüglich der Rechtsfolgen der unterlassenen oder fehlerhaften Niederschrift ist zu der Parallelvorschrift in § 34 Abs. 1 BetrVG anerkannt, dass die Rechtswirksamkeit der vom Betriebsrat gefassten Beschlüsse unberührt bleibt, da es sich lediglich um eine Ordnungsvorschrift handelt (s. *Raab* § 34 BetrVG Rdn. 10, m. w. N.). Im Hinblick auf den Zweck der Niederschrift wird zu § 15 jedoch teilweise die Auffassung vertreten, es handele sich hierbei um eine Wirksamkeitsvoraussetzung (so

Giesen/*HWK* EBRG Rn. 51; **a. M.** *Rudolph/AKRR* § 15 EBRG Rn. 5). Befürworter hat diese Ansicht auch bezüglich der Niederschrift nach § 17 SEBG gefunden (so *Jacobs*/MK-AktG, § 17 SEBG Rn. 1; **a. M.** *Feuerborn*/Kölner Kommentar AktG, § 17 SEBG Rn. 6; *Henssler*/*UHH* § 17 SEBG Rn. 2; *Oetker* in: Lutter/Hommelhoff/Teichmann, § 17 SEBG Rn. 9: Ordnungsvorschrift).

III. Rechtsfolgen

Der vom besonderen Verhandlungsgremium ausdrücklich gefasste Beschluss über die Beendigung der Verhandlungen führt dazu, dass die Tätigkeit des besonderen Verhandlungsgremiums endet. Wegen der Funktionserfüllung ist der Beschluss des besonderen Verhandlungsgremiums gleichbedeutend mit einer **Auflösung des Organs** (*Blanke* § 15 Rn. 2; *Blanke/Kunz*/HaKo § 15 EBRG Rn. 1; *Klebe*/DKKW § 15 Rn. 2; *Müller* Rn. 1; *Rudolph/AKRR* § 15 EBRG Rn. 6). 6

Kraft Gesetzes führt der Beschluss des besonderen Verhandlungsgremiums dazu, dass auch die **gesetzliche Auffangregelung** nicht zur Anwendung kommt (§ 21 Abs. 2; Art. 5 Abs. 5 UA 2 Satz 2 der Richtlinie 2009/38/EG; ebenso *Rudolph/AKRR* § 15 EBRG Rn. 6). Will das besondere Verhandlungsgremium diese Rechtsfolge herbeiführen, muss es das vorzeitige Scheitern der Verhandlung gemeinsam mit der zentralen Leitung erklären (§ 21 Abs. 1 Satz 2 2. Alt.; s. § 21 EBRG Rdn. 14). 7

Eine Beschlussfassung nach § 15 Abs. 1 Satz 1 führt nicht zu einem dauerhaften Verzicht auf eine länderübergreifende Beteiligung der Arbeitnehmer in gemeinschaftsweit tätigen Unternehmen und Unternehmensgruppen. Vielmehr kann ein **neuer Antrag** auf Bildung eines besonderen Verhandlungsgremiums gestellt werden; für diesen legt § 15 Abs. 2 jedoch eine **Zeitschranke** von zwei Jahren fest. Die Frist beginnt mit dem nach § 15 Abs. 1 Satz 1 gefassten Beschluss (*Rudolph/AKRR* § 15 EBRG Rn. 7). Die Frist in § 15 Abs. 2 ist einseitig zwingend. Zwischen dem besonderen Verhandlungsgremium und der zentralen Leitung kann nur eine **kürzere Frist** bestimmt werden; für die Vereinbarung einer **längeren Frist** fehlt den Verhandlungsparteien die Vereinbarungsbefugnis. Insoweit legt § 15 Abs. 2 eine maximale Sperrfrist fest. Die Vereinbarung einer kürzeren Frist setzt den Abschluss einer **schriftlichen Abrede** voraus; mündliche Abreden führen deshalb nicht zu einer Verkürzung der Sperrfrist. Da die Beschlussfassung nach § 15 Abs. 1 zur Auflösung des besonderen Verhandlungsgremiums führt (s. § 15 EBRG Rn. 6), kann die Abrede zwischen diesem und der zentralen Leitung nur vor dem Beschluss getroffen werden (*Rudolph/AKRR* § 15 EBRG Rn. 7). 8

§ 16
Kosten und Sachaufwand

(1) Die durch die Bildung und Tätigkeit des besonderen Verhandlungsgremiums entstehenden Kosten trägt die zentrale Leitung. Werden Sachverständige nach § 13 Absatz 4 hinzugezogen, beschränkt sich die Kostentragungspflicht auf einen Sachverständigen. Die zentrale Leitung hat für die Sitzungen in erforderlichem Umfang Räume, sachliche Mittel, Dolmetscher und Büropersonal zur Verfügung zu stellen sowie die erforderlichen Reise- und Aufenthaltskosten der Mitglieder des besonderen Verhandlungsgremiums zu tragen.

(2) Der Arbeitgeber eines aus dem Inland entsandten Mitglieds des besonderen Verhandlungsgremiums haftet neben der zentralen Leitung für dessen Anspruch auf Kostenerstattung als Gesamtschuldner.

Inhaltsübersicht	Rdn.
I. Allgemeines	1, 2
II. Umfang der Kostenerstattungspflicht	3–8
III. Gesamtschuldnerische Haftung	9

§ 16 EBRG

I. Allgemeines

1 Die Vorschrift des § 16 stimmt mit § 16 EBRG 1996 überein und setzt die aus Art. 5 Abs. 6 der Richtlinie 94/45/EG übernommene Vorgabe in Art. 5 Abs. 6 der Richtlinie 2009/38/EG um. Danach hat die zentrale Leitung die Kosten der Verhandlungen mit dem besonderen Verhandlungsgremium zu tragen. Hierdurch soll gewährleistet werden, dass das besondere Verhandlungsgremium seine Aufgaben in angemessener Weise erfüllen kann. Entsprechendes gilt für die Regelung in § 16 Abs. 1 Satz 3 zur Finanzierung der Arbeit des besonderen Verhandlungsgremiums. Zugleich nimmt § 16 Abs. 1 Satz 2 die den Mitgliedstaaten in Art. 5 Abs. 6 der Richtlinie 2009/38/EG eröffnete Option in Anspruch, die Kostentragungspflicht des Arbeitgebers bezüglich der vom besonderen Verhandlungsgremium nach § 13 Abs. 4 hinzugezogenen Sachverständigen auf die Kosten eines Sachverständigen zu begrenzen.

2 Die Verpflichtung zur Tragung der Kosten hat der Gesetzgeber in § 19 SEBG übernommen, im Unterschied zu § 16 Abs. 1 Satz 2 jedoch davon abgesehen die Kosten für die Hinzuziehung von Sachverständigen auf einen Sachverständigen zu begrenzen, obwohl Art. 3 Abs. 7 der Richtlinie 2001/86/EG eine mit Art. 5 Abs. 6 der Richtlinie 2009/38/EG übereinstimmende Öffnung zugunsten der Mitgliedstaaten enthält. Entsprechendes gilt auch für das zwecks Errichtung einer Europäischen Genossenschaft gebildete besondere Verhandlungsgremium (s. § 19 SCEBG) sowie ein bei einer grenzüberschreitenden Verschmelzung gebildetes besonderes Verhandlungsgremium (s. § 20 MgVG). Vor dem Hintergrund dieser Regelungen überrascht es, dass der Gesetzgeber bei der Novellierung des EBRG die Beschränkung für die Übernahme von Kosten eines Sachverständigen in § 16 Abs. 1 Satz 2 fortgeschrieben und von einem Gleichlauf mit § 19 SEBG, § 21 SCEBG und § 20 MgVG abgesehen hat.

II. Umfang der Kostenerstattungspflicht

3 Aufwendungen, die durch die **Bildung des besonderen Verhandlungsgremiums** entstehen, können die Kosten des Auskunftsanspruchs (§ 5), für Auslandsreisen, um mit den Interessenvertretern aus den Mitgliedstaaten den Antrag auf Bildung des besonderen Verhandlungsgremiums (§ 9) abzusprechen (*ArbG Hamburg* 17.04.1997 AuR 1998, 42 [43], das am Rande feststellt, dass die §§ 16 und 30 nur eine Regelung über die Kosten der bereits errichteten europäischen Arbeitnehmervertretungen enthalten und ein Anspruch auf Kostenerstattung wegen § 40 BetrVG gegeben ist). Es ist jedoch davon auszugehen, dass § 16 Abs. 1 in Bezug auf die Kostenerstattung für die Bildung des besonderen Verhandlungsgremiums zu § 40 BetrVG als speziellere Regelung den Vorrang genießt (s. *Joost*/MünchArbR § 274 Rn. 81; *Rudolph*/AKRR § 16 EBRG Rn. 5).

4 Während der Tätigkeit des besonderen Verhandlungsgremiums gehören die Aufwendungen für dessen **Geschäftsführung** sowie für die **gerichtliche Verfolgung** oder Verteidigung von Rechten des besonderen Verhandlungsgremiums zu den von der zentralen Leitung zu tragenden Kosten (*Blanke* § 16 Rn. 4, 6; *Blanke/Kunz*/HaKo § 16 EBRG Rn. 3; *Giesen*/HWK EBRG Rn. 49; *Heckelmann/Wolff*/AR § 16 EBRG Rn. 2; *Klebe*/DKKW § 16 EBRG Rn. 3, 6; *Müller* § 16 Rn. 2; *Rudolph*/AKRR § 16 EBRG Rn. 6).

5 Die zentrale Leitung ist weiterhin verpflichtet, für die Sitzungen im erforderlichen Umfange **Räume**, **sachliche Mittel**, **Dolmetscher** und **Büropersonal** zur Verfügung zu stellen. Das gilt für die konstituierende Sitzung, die weiteren vorbereitenden bzw. nachbereitenden Sitzungen, wenn mehr als eine Sitzung vor einem Verhandlungstermin durchgeführt wird, soweit diese selbst erforderlich sind, sowie für die Verhandlungssitzung mit der zentralen Leitung. Wegen des Grundsatzes der vertrauensvollen Zusammenarbeit muss das besondere Verhandlungsgremium bereitgestellte Mittel der zentralen Leitung in Anspruch nehmen, wenn diese geeignet sind, die Aufgabe angemessen zu erfüllen, bevor es selbst die Initiative zu deren Beschaffung ergreift (**a. M.** *Joost*/MünchArbR § 274 Rn. 87: kein Recht zur Selbstbeschaffung).

6 Mit der Begrenzung auf **einen Sachverständigen** hat der deutsche Gesetzgeber die Option in Art. 5 Abs. 6 Satz 3 der Richtlinie 94/45/EG in Anspruch genommen. Teilweise wird angenommen, dass

damit nicht die Begrenzung auf ein und denselben Sachverständigen gemeint sein kann, wenn das besondere Verhandlungsgremium durch einen Sachverständigen unterstützt worden ist und dieser seine Arbeit beendet hat (*Bachner/Nielebock* AuR 1997, 129 [131]; *Blanke/Kunz/*HaKo § 16 EBRG Rn. 4; *Heckelmann/Wolff/*AR § 16 EBRG Rn. 4; *Rudolph/AKRR* § 16 EBRG Rn. 10; **a. M.** *Joost/*MünchArbR § 274 Rn. 84; *Klebe/DKKW* § 16 EBRG Rn. 7). In diesem Fall seien die Kosten für einen neuen Sachverständigen bezüglich eines anderen Beratungsgegenstandes ebenfalls von der zentralen Leitung zu tragen. Sogar die Kosten für die zeitgleiche Unterstützung durch mehrere Sachverständige zu jeweils unterschiedlichen Beratungsgegenständen sollen zu tragen sein (*Bachner/Nielebock* AuR 1997, 129 [131]; *Blanke* § 16 Rn. 9; *Rudolph/AKRR* § 16 EBRG Rn. 10; **a. M.** *Joost/*MünchArbR § 274 Rn. 84; *Klebe/DKKW* § 16 EBRG Rn. 8). Jedenfalls eine zeitgleiche Unterstützung durch mehrere Sachverständige zum gleichen Beratungsgegenstand ist nur im Einvernehmen mit der zentralen Leitung für diese kostenpflichtig (*Reg. Begr.* BT-Drucks. 13/5021, 8).

Die nach dem Wortlaut unbeschränkte Kostentragungspflicht des § 16 Abs. 1 Satz 1 ist für die **übrigen Aufwendungen** dahingehend richtlinienkonform auszulegen, dass die zentrale Leitung nur solche Kosten zu tragen hat, die notwendig sind, »damit das besondere Verhandlungsgremium seine Aufgabe in angemessener Weise erfüllen kann« (*Joost/*MünchArbR § 274 Rn. 80; *Rudolph/AKRR* § 16 EBRG Rn. 3). Diese Sichtweise ist vor allem wegen der unionsrechtskonformen Auslegung des § 13 Abs. 2 geboten, aufgrund der das besondere Verhandlungsgremium nicht auf *eine* vorbereitende Sitzung beschränkt ist (s. § 13 EBRG Rdn. 11).   7

Die Verpflichtung des inländischen Arbeitgebers, für die inländischen Mitglieder des besonderen Verhandlungsgremiums das Arbeitsentgelt fortzuzahlen, ergibt sich nicht aus § 16 Abs. 1, sondern aus § 40 Abs. 1 i. V. m. § 37 Abs. 2 BetrVG.   8

III. Gesamtschuldnerische Haftung

§ 16 Abs. 2 begründet für die Kostenerstattung eine **gesamtschuldnerische Haftung** zwischen der **zentralen Leitung** und dem **Arbeitgeber** eines aus Deutschland entsandten Mitglieds des Verhandlungsgremiums. Damit kann dieses die ihm aus Anlass der Teilnahme an Sitzungen und Verhandlungen entstandenen Kosten vor einem inländischen Gericht durchsetzen (*Fitting* Übersicht EBRG Rn. 62; *Rudolph/AKRR* § 16 EBRG Rn. 11). Zum Ersatz des Sachaufwands ist der inländische Arbeitgeber jedoch nicht verpflichtet. Haben die zentrale Leitung und das besonderen Verhandlungsgremium über die gesetzliche Verpflichtung hinausgehende Kostentragungspflichten vereinbart, so gelten diese nicht für den inländischen Arbeitgeber. Mit der Anordnung der gesamtschuldnerischen Haftung betrifft § 16 Abs. 2 ausschließlich das Außenverhältnis zu dem Mitglied des besonderen Verhandlungsgremiums; im Innenverhältnis entspricht es der Wertung des § 16 Abs. 1, dass die Kosten von der zentralen Leitung allein zu tragen sind (*Rudolph/AKRR* § 16 EBRG Rn. 11).   9

§ 17 EBRG

**Dritter Teil
Vereinbarungen über grenzübergreifende Unterrichtung und Anhörung**

**§ 17
Gestaltungsfreiheit**

Die zentrale Leitung und das besondere Verhandlungsgremium können vereinbaren, wie die grenzübergreifende Unterrichtung und Anhörung der Arbeitnehmer ausgestaltet wird; sie sind nicht an die Bestimmungen des Vierten Teils dieses Gesetzes gebunden. Die Vereinbarung muss sich auf alle in den Mitgliedstaaten beschäftigten Arbeitnehmer erstrecken, in denen das Unternehmen oder die Unternehmensgruppe einen Betrieb hat. Die Parteien verständigen sich darauf, ob die grenzübergreifende Unterrichtung und Anhörung durch die Errichtung eines Europäischen Betriebsrats oder mehrerer Europäischer Betriebsräte nach § 28 oder durch ein Verfahren zur Unterrichtung und Anhörung der Arbeitnehmer nach § 19 erfolgen soll.

Inhaltsübersicht

		Rdn.
I.	Allgemeines	1
II.	Rechtsnatur der Vereinbarung	2–5
III.	Gestaltungsfreiheit	6–10

I. Allgemeines

1 Da die Richtlinie 2009/38/EG ebenso wie die frühere Richtlinie 94/45/EG davon ausgeht, dass die Vereinbarungslösung im Vordergrund steht, sollen das besondere Verhandlungsgremium und die zentrale Leitung Art, Zusammensetzung, Befugnisse, Arbeitsweisen, Verfahren und die finanziellen Ressourcen des Europäischen Betriebsrats oder andere Verfahren zur Unterrichtung und Anhörung der Arbeitnehmer einvernehmlich festlegen (Erwägungsgrund 19 zur Richtlinie 2009/38/EG sowie zuvor Abs. 15 der Erwägungsgründe zur Richtlinie 94/45/EG). Das SEBG sowie das SCEBG enthalten keine mit § 17 vergleichbare allgemeine Vorschrift, gleichwohl gilt dort eine mit § 17 übereinstimmende Gestaltungsfreiheit, da sowohl § 21 Abs. 1 SEGB als auch § 21 Abs. 1 SCEBG die dort jeweils aufgelisteten Vereinbarungsinhalte ausdrücklich unter den Vorbehalt »unbeschadet der Autonomie der Parteien« stellen.

II. Rechtsnatur der Vereinbarung

2 Die Rechtsnatur der zwischen zentraler Leitung und besonderem Verhandlungsgremium abgeschlossenen Vereinbarung ist umstritten. Die Ansichten reichen von einem schuldrechtlichen Vertrag zugunsten Dritter (*Sandmann* Euro-Betriebsrats-Richtlinie, S. 156 ff.; *ders.* AR-Blattei SD 695, Rn. 129; *Schlinkhoff* Vereinbarung, S. 81 ff.; *I. Schmidt* RdA 2001, Beilage zu Heft 5, S. 12 [18]; wohl auch *Giesen/HWK* EBRG Rn. 52), einer speziellen Form eines Tarifvertrags auf europäischer Ebene (*Blanpain/Schmidt/Schweibert* Europäisches Arbeitsrecht, 2. Aufl. 1996, S. 393), einer europäischen Betriebsvereinbarung (*Hanau* FS *Vieregge*, S. 319 [333 f.]) bis hin zur Charakterisierung als Kollektivvertrag sui generis mit normativer Wirkung (hierfür *Ahrens* AG 1997, 298 [301]; *Blanke* § 17 Rn. 14; *Blanke/Kunz/*HaKo § 17 Rn. 10; *Däubler/DKKW* § 17 EBRG Rn. 9 ff.; *Forst* ZESAR 2009, 469 [472]; *Gamillscheg* II, § 54, 3d [1]; *Heckelmann/Wolff/*AR § 17 EBRG Rn. 3; *Hinrichs* Durchsetzung, S. 98 ff.; *Joost/* MünchArbR § 274 Rn. 98; *Klebe/Kunz* FS *Däubler*, S. 823 [835 f.]; *Lerche* Europäischer Betriebsrat, S. 230 ff.; *Müller* § 17 Rn. 3; *Rudolph/AKRR* § 17 EBRG Rn. 5 ff.; *Schiek* RdA 2001, 218 [232]; *Spinner* Die vereinbarte Betriebsverfassung, S. 68 ff.).

3 Ausgangspunkt für die Rechtsnatur ist das Recht des Staates, in dem die zentrale Leitung ihren Sitz hat (*Blanke* § 17 Rn. 13; *Däubler/DKKW* § 17 EBRG Rn. 3; *Joost/* MünchArbR § 274 Rn. 98; *Müller*

§ 17 Rn. 2; *I. Schmidt* RdA 2001, Beilage zu Heft 5, S. 12 [18]; *Weiss* AuR 1995, 438 [443]), so dass in Deutschland die Qualifizierung als **Betriebsvereinbarung** bzw. **Tarifvertrag** ausscheidet, weil weder ein Gesamt- oder Konzernbetriebsrat noch eine Gewerkschaft Vertragspartei ist (*Däubler/DKKW* § 17 EBRG Rn. 7 f.; *Joost*/MünchArbR § 274 Rn. 98; *Klebe/Kunz* FS *Däubler*, S. 823 [835]; *Schlinkhoff* Vereinbarung, S. 67 ff.).

§ 17 geht von einer Vereinbarung mit dem besonderen Verhandlungsgremium aus. Eine einseitige Erklärung der zentralen Leitung genügt daher nicht (*Ahrens* AG 1997, 298 [300]; *Hromadka* DB 1995, 1125 [1127]), so dass eine **vertragliche Regelung** vorliegt. Die Besonderheit des Regelungsinhalts dieser Vereinbarung besteht in der Einräumung von Rechtspositionen für den zu errichtenden Europäischen Betriebsrat bzw. bei einem dezentralen Anhörungs- und Unterrichtungsverfahren für die örtlichen Arbeitnehmervertretungsgremien, die ihrerseits nicht Vertragsparteien sind. 4

Obwohl die Vereinbarung nicht nur Rechtspositionen begründet, sondern auch Pflichten auferlegt, erzwingt dies nicht die Anerkennung einer **normativen Wirkung**, da die Auferlegung von Pflichten bestehende Rechtspositionen eines Dritten nicht belastet. Sie legt erst die Grundvoraussetzungen für die Schaffung eines Europäischen Betriebsrats fest, stattet ihn mit Rechtspositionen aus und begründet damit Rechtspositionen mit Beschränkungen. Eine Vereinbarung über ein dezentrales Anhörungs- und Unterrichtungsverfahren greift ebenfalls nicht in die Rechtspositionen der örtlichen Arbeitnehmervertretungen ein, sondern kreiert Rechte, die durch korrespondierende Pflichten beschränkt sind. Eine normative Wirkung ist in beiden Fällen **nicht erforderlich** (a. M. *Rudolph/AKRR* § 17 EBRG Rn. 5). Zudem setzt eine normative Wirkung eine besondere Legitimation durch den Gesetzgeber voraus (*BVerfG* 24.05.1977 NJW 1977, 2255 [2258]; *BAG* 29.11.1967 AP Nr. 13 zu Art. 9 GG; *Loritz/ZLH* Arbeitsrecht, § 36 Rn. 23; *Weiss* AuR 1995, 438 [443]). Das EBRG ordnet sie nicht an (treffend *Giesen/HWK* EBRG Rn. 52; näher *Schlinkhoff* Vereinbarung, S. 76 ff.). Die Legitimation ergibt sich auch nicht zwingend aus Systematik oder Zweck des Gesetzes (a. M. *Däubler/DKKW* § 17 EBRG Rn. 11; *Joost*/MünchArbR § 274 Rn. 98; *Müller* § 17 Rn. 3; *Rudolph/AKRR* § 17 EBRG Rn. 7; *Spinner* Die vereinbarte Betriebsverfassung, S. 68 ff.). Für ein Unterrichtungs- und Anhörungsverfahren müssen der Europäische Betriebsrat bzw. die örtlichen Arbeitnehmervertreter zwar ihre Rechte durchsetzen können, dazu bedarf es aber keiner normativen Wirkung, denn auch die durch einen Vertrag zugunsten Dritter begründeten Rechtspositionen können von diesen geltend gemacht werden (ebenso *Giesen/HWK* EBRG Rn. 52; *Schlinkhoff* Vereinbarung, S. 78; **a. M.** *Rudolph/AKRR* § 17 EBRG Rn. 6). Die zentrale Leitung kann ihrerseits ebenfalls die Erfüllung der Pflichten einfordern. Deshalb ist die Vereinbarung zwischen zentraler Leitung und besonderem Verhandlungsgremium ein **Vertrag zugunsten Dritter**. 5

III. Gestaltungsfreiheit

Art. 6 der Richtlinie 2009/38/EG sowie die §§ 18 und 19 stellen **zwei Vereinbarungsgrundmodelle** zur Verfügung: zum einen die Errichtung eines oder mehrerer **Unterrichtungs- und Anhörungsgremien** (§ 18), zum anderen die Schaffung eines dezentralen **Unterrichtungs- und Anhörungsverfahrens** (§ 19). Da § 17 sowie Art. 6 Abs. 1 und 2 der Richtlinie 2009/38/EG den Parteien eine weitgehende Gestaltungsfreiheit eröffnen, können sie auch eine **Kombination beider Systeme** oder die **Bildung von Ausschüssen** vereinbaren (*Reg. Begr.* BT-Drucks. 13/4520, S. 23, zu § 17 EBRG 1996; *Blanke* § 17 Rn. 10; *Däubler/DKKW* § 17 EBRG Rn. 15; *Engels/Müller* DB 1996, 981 [984]; *Fitting* Übersicht EBRG Rn. 64; *Gaul* NJW 1995, 228 [231]; *Lerche* Europäischer Betriebsrat, S. 228 f.; *Müller* § 17 Rn. 1; *Rudolph/AKRR* § 17 EBRG Rn. 15; *Schlinkhoff* Vereinbarung, S. 92; *Wienke* EuroAS 1996, 120 [124]). Ferner sind sie nicht an die Bestimmungen zum Europäischen Betriebsrat kraft Gesetzes (§§ 21 ff.) gebunden (§ 17 Satz 1), können sich aber an diesen orientieren oder deren Anwendung vereinbaren (s. Art. 6 Abs. 4 der Richtlinie 2009/38/EG). 6

Die Vereinbarung muss sich auf **alle in den Mitgliedstaaten beschäftigten Arbeitnehmer** erstrecken (§ 17 Satz 2). **Leitende Angestellte** und **Arbeitnehmer in Drittstaaten** werden nur aufgrund einer Vereinbarung erfasst. Aus § 18 Abs. 1 Satz 1 und § 19 Satz 1 ergibt sich, dass die Vereinbarung in **schriftlicher Form** abzuschließen ist (*Blanke* § 17 Rn. 3; *Fitting* Übersicht EBRG Rn. 65, 68; *Heckel-* 7 mann/*Wolff*/AR § 17 EBRG Rn. 6; *Joost*/MünchArbR § 274 Rn. 104; *Müller* § 17 Rn. 4; *Rudolph*/ *AKRR* § 17 EBRG Rn. 10). **Inhaltliche Vorgaben** sind nur insoweit zu beachten, als dass es sich um die Ausgestaltung eines Unterrichtungs- und Anhörungsverfahrens handeln muss.

8 Durch den Rückgriff auf die Begriffe »Unterrichtung« und »Anhörung« ist das in § 1 Abs. 4 und 5 vorgegebene Verständnis (s. § 1 EBRG Rdn. 7 ff.) auch für den Inhalt der Vereinbarung prägend. Aus den Begriffen der Anhörung und Unterrichtung ergibt sich für die Vereinbarung sowohl deren **Minimum** als auch deren **Maximum**. Eine Vereinbarung, die der Unterrichtung bzw. Anhörung nicht ausreichend Rechnung trägt, ist unwirksam (*Schlinkhoff* S. 90 f.; **a. M.** *Däubler/DKKW* § 17 EBRG Rn. 16: Wirksamkeit der Vereinbarung, die jedoch nicht die im EBRG vorgesehenen Rechtswirkungen entfaltet; ähnlich *Blanke/Kunz*/HaKo § 17 EBRG Rn. 11; *Heckelmann/Wolff*/AR § 17 EBRG Rn. 10: Heilung des Mangels mit ex-tunc Wirkung). Dies ist z. B. anzunehmen, wenn eine Vereinbarung statt eines Anhörungsrechts i. S. eines Beratungsrechts nur ein Recht zur Stellungnahme vorsieht. Ausgeschlossen ist auch die Einsetzung eines Europäischen Betriebsrats, der lediglich auf Anforderungen der zentralen Leitung zusammentreten darf oder über keine Rechte verfügt.

9 Das Begriffspaar »Unterrichtung und Anhörung« legt auch die **obere Grenze** der Vereinbarung fest. Die Richtlinie 2009/38/EG enthält keine Mitbestimmungsrechte und der nationale Gesetzgeber könnte diese auch nicht schaffen (*Weiss* AuR 1995, 438 [441]). Eine Vereinbarung kann deshalb keine Beteiligungsrechte vorsehen, die der Geschäftsleitung das Vorrecht nehmen, in unternehmerischen Fragen zu entscheiden, da das besondere Verhandlungsgremium keine rechts- und geschäftsfähige Person ist, sondern nur im Rahmen des EBRG eine Vereinbarungsfähigkeit besitzt. Da dieses **keine Mitbestimmungsrechte** umfasst, fehlt dem besonderen Verhandlungsgremium hierfür die Vereinbarungsfähigkeit (*Giesen*/HWK EBRG Rn. 70; *Hanau*/HSW § 19 Rn. 77; *Heckelmann/Wolff*/AR § 18 EBRG Rn. 8; *Joost*/MünchArbR § 274 Rn. 103; *Rudolph/AKRR* § 17 EBRG Rn. 19; *Schlinkhoff* Vereinbarung, S. 110 f.; **a. M.** *Blanke/Kunz*/HaKo § 17 Rn. 8; *Breitfeld*/NK-GA §§ 17–20 EBRG Rn. 9; *Däubler/DKKW* § 18 EBRG Rn. 13; wohl auch *Gamillscheg* II, § 54, 3a [2] sowie zum SE-Betriebsrat *Blanke* Erweiterung der Beteiligungsrechte des SE-Betriebsrats durch Vereinbarung, 2006).

10 Die Vereinbarungsbefugnis beschränkt sich zudem auf die Ausgestaltung der Unterrichtung und Anhörung durch die zentrale Leitung. Eine unmittelbare Beteiligung der Arbeitnehmervertreter an **anderen Organen des Unternehmens** oder der Unternehmensgruppe kann deshalb nicht Inhalt einer Vereinbarung sein, insbesondere erstreckt sich die Vereinbarungsbefugnis nicht auf eine Beteiligung der Arbeitnehmervertreter an den Sitzungen eines in dem Unternehmen bestehenden Aufsichtsrats.

§ 18
Europäischer Betriebsrat kraft Vereinbarung

(1) Soll ein Europäischer Betriebsrat errichtet werden, ist schriftlich zu vereinbaren, wie dieser ausgestaltet werden soll. Dabei soll insbesondere Folgendes geregelt werden:
1. **Bezeichnung der erfassten Betriebe und Unternehmen, einschließlich der außerhalb des Hoheitsgebietes der Mitgliedstaaten liegenden Niederlassungen, sofern diese in den Geltungsbereich einbezogen werden.**
2. **Zusammensetzung des Europäischen Betriebsrats, Anzahl der Mitglieder, Ersatzmitglieder, Sitzverteilung und Mandatsdauer.**
3. **Aufgaben und Befugnisse des Europäischen Betriebsrats sowie das Verfahren zu einer Unterrichtung und Anhörung; dieses Verfahren kann auf die Beteiligungsrechte der nationalen Arbeitnehmervertretungen abgestimmt werden, soweit deren Rechte hierdurch nicht beeinträchtigt werden.**
4. **Ort, Häufigkeit und Dauer der Sitzungen.**
5. **Die Einrichtung eines Ausschusses des Europäischen Betriebsrats einschließlich seiner Zusammensetzung, die Bestellung seiner Mitglieder, seiner Befugnisse und Arbeitsweise;**

6. die für den Europäischen Betriebsrat zur Verfügung zu stellenden finanziellen und sachlichen Mittel;
7. Klausel zur Anpassung der Vereinbarung an Strukturänderungen, die Geltungsdauer der Vereinbarung und das bei ihrer Neuverhandlung, Änderung oder Kündigung anzuwendende Verfahren, einschließlich einer Übergangsregelung.

(2) § 23 gilt entsprechend.

Inhaltsübersicht	Rdn.
I. Allgemeines	1
II. Inhalt der Vereinbarung	2–16
1. Rechtsnatur der Katalogtatbestände	2
2. Anwendungsbereich, § 18 Abs. 1 Satz 2 Nr. 1	3, 4
3. Zusammensetzung, § 18 Abs. 1 Satz 2 Nr. 2	5
4. Zuständigkeit und Aufgaben, § 21 Abs. 1 Satz 2 Nr. 3	6–9
5. Sitzungen des Europäischen Betriebsrats, § 18 Abs. 1 Satz 2 Nr. 4	10–12
6. Ausschuss des Europäischen Betriebsrats, § 18 Abs. 1 Satz 2 Nr. 5	13
7. Finanzielle und sachliche Mittel, § 18 Abs. 1 Satz 2 Nr. 6	14
8. Anpassungsklausel, § 18 Abs. 1 Satz 2 Nr. 7	15, 16
III. Bestellung der inländischen Mitglieder, § 18 Abs. 2	17

I. Allgemeines

Die Vorschrift geht zurück auf § 18 EBRG 1996, modifiziert die Katalogtatbestände jedoch teilweise 1 im Hinblick auf die geänderten Vorgaben in Art. 6 Abs. 2 der Richtlinie 2009/38/EG (s. Erwägungsgrund 28 bis 30 zur Richtlinie 2009/38/EG). Mit § 18 vergleichbare Kataloge sehen das SEBG sowie das SCEBG auch für den aufgrund einer Beteiligungsvereinbarung errichteten SE-Betriebsrat bzw. SCE-Betriebsrat vor (s. § 21 Abs. 1 SEBG, § 21 Abs. 1 SCEBG).

II. Inhalt der Vereinbarung

1. Rechtsnatur der Katalogtatbestände

Trotz der weitreichenden Freiheit bei der Ausgestaltung eines Europäischen Betriebsrats kraft Verein- 2 barung nennt § 18 Abs. 1 Satz 2 EBRG als **Orientierungshilfe** einen **Katalog für den Inhalt der Vereinbarung**. Dem entsprechend ist der Katalog in § 18 Abs. 1 Satz 2 ausdrücklich als Soll-Vorschrift formuliert. Hierin liegt keine richtlinienwidrige Umsetzung des Art. 6 Abs. 2 der Richtlinie 2009/38/EG (**a. M.** *Bachner/Kunz* AuR 1996, 81 [85]; offen *Rupp/AKRR* § 18 EBRG Rn. 3), da sich die Formulierung in Art. 6 Abs. 2 der Richtlinie 94/45/EG »wird ... festgelegt« von den zwingend vorgegebenen Inhaltsvorgaben durch die Formulierung »ist festzulegen« in Art. 6 Abs. 3 UA 2 der Richtlinie unterscheidet. Deshalb verschließt sich Art. 6 Abs. 2 der Richtlinie 2009/38/EG zumindest nicht dem Verständnis i. S. einer Orientierungshilfe, wenngleich einzuräumen ist, dass die betreffenden Erwägungsgründe zur Richtlinie 2009/38/EG mit der jeweiligen Formulierung »müssen« (Erwägungsgrund 28 bis 30) im Unterschied zu »können« (Erwägungsgrund 31) einen verbindlichen Vereinbarungsinhalt nahe legen (*Blanke/Hayen*/HaKo § 18 EBRG Rn. 4; s. auch *Oetker*/EuArbR Art. 6 RL 2009/38/EG Rn. 10). Das besondere Verhandlungsgremium entscheidet demnach, ob und wie die in § 18 Abs. 1 Satz 2 genannten Regelungsgegenstände in die Vereinbarung aufgenommen werden (*Blanke* § 18 Rn. 2; *Breitfeld*/NK-GA §§ 17–20 EBRG Rn. 7; *Däubler*/DKKW § 18 EBRG Rn. 4; *Fitting* Übersicht EBRG Rn. 65; *Heckelmann/Wolff*/AR § 18 EBRG Rn. 1; *Joost*/MünchArbR § 274 Rn. 107; *Müller* § 18 Rn. 2; *Rose*/HWGNRH Einl. Rn. 210; *Rupp/AKRR* § 18 EBRG Rn. 3; *Schlinkhoff* Vereinbarung, S. 93; **a. M.** *Klebe/Kunz* FS Däubler, S. 823 [834 f.]; strenger auch *Hanau*/HSW § 19 Rn. 77: Muss-Vorschrift mit Ausnahmemöglichkeit).

2. Anwendungsbereich, § 18 Abs. 1 Satz 2 Nr. 1

3   Die Parteien sollen insbesondere den **Anwendungsbereich der Vereinbarung** regeln, so dass die Betriebe und Unternehmen, gegebenenfalls einschließlich derjenigen in Drittstaaten, bezeichnet sind (§ 18 Abs. 1 Satz 2 Nr. 1). Eine ausdrückliche Trennung zwischen Betrieben und Unternehmen aus den Mitgliedstaaten sowie solchen aus Drittstaaten ist für den Anwendungsbereich der Vereinbarung nicht zwingend erforderlich.

4   Mit **Beitritt** weiterer Staaten zur Europäischen Union erstreckt sich der Geltungsbereich einer Vereinbarung nicht automatisch auf die dort gelegenen Betriebe und Unternehmen, sofern diese nicht bereits zuvor über eine Drittstaatsklausel in den Anwendungsbereich der Vereinbarung einbezogen waren. Umgekehrt ist die Rechtslage nach dem **Austritt eines Mitgliedstaates** aus der Europäischen Union. Wurden die dort gelegenen Betriebe und Unternehmen zuvor in den Anwendungsbereich der Richtlinie einbezogen, so tritt infolge der Beendigung der Mitgliedschaft keine Veränderung im Geltungsbereich der Vereinbarung ein, nunmehr handelt es sich jedoch um Betriebe bzw. Unternehmen aus einem Drittstaat. Sollen diese mit Beendigung der Mitgliedschaft des Staates in der Europäischen Union nicht mehr in den Anwendungsbereich der Vereinbarung einbezogen sein, so bedarf es einer Anpassung der Vereinbarung.

3. Zusammensetzung, § 18 Abs. 1 Satz 2 Nr. 2

5   Nach § 18 Abs. 1 Satz 2 Nr. 2 soll die Vereinbarung die **Zusammensetzung des Europäischen Betriebsrats**, insbesondere Mitgliederzahl, Ersatzmitglieder, Sitzverteilung und Mandatsdauer regeln. Die Vereinbarungspartner können dabei auch die Größe des Europäischen Betriebsrats festlegen. Die Mitgliedschaft setzt keine Unternehmenszugehörigkeit oder die Zugehörigkeit zur Arbeitnehmerseite voraus, so dass auch Vertreter der Gewerkschaften, nicht im Unternehmen Beschäftigte und Vertreter der Geschäftsleitung als Mitglieder bestellt werden können (*Blanke* § 18 Rn. 8; *Blanke/Hayen*/HaKo § 18 EBRG Rn. 6; *Blanpain/Schmidt/Schweibert* Europäisches Arbeitsrecht, 2. Aufl. 1996, S. 395 Rn. 622; *Däubler/DKKW* § 18 EBRG Rn. 6, 9; *Heckelmann/Wolff*/AR § 18 EBRG Rn. 5; *Joost*/MünchArbR § 274 Rn. 110; *Müller* § 18 Rn. 4; *Rose/HWGNRH* Einl. Rn. 212; *Rupp/AKRR* § 18 EBRG Rn. 7; *Schlinkhoff* Vereinbarung, S. 95). Entsprechendes gilt für leitende Angestellte (*Däubler/DKKW* § 18 Rn. 6; *Fitting* Übersicht Rn. 22; *Heckelmann/Wolff*/AR § 18 EBRG Rn. 5; *Rose/HWGNRH* Einl. Rn. 212; *Rupp/AKRR* § 18 EBRG Rn. 7; mit Einschränkungen auch *Blanke/Hayen*/HaKo § 18 EBRG Rn. 6). Es kann ein **unterschiedlicher Mitgliedsstatus** vereinbart werden, z. B. vollwertige Mitglieder oder lediglich beratende Mitglieder (*Schlinkhoff* Vereinbarung, S. 95; a. M. *Rose/HWGNRH* Einl. Rn. 212). Um eine ausreichende Repräsentanz und Proportionalität zu gewährleisten, sollte die Sitzverteilung der jeweiligen numerischen Stärke der Arbeitnehmer in den Unternehmen und Betrieben in den einzelnen Mitgliedstaaten Rechnung tragen (*Blanpain/Schmidt/Schweibert* Europäisches Arbeitsrecht, 2. Aufl. 1996, S. 396 Rn. 622; *Heckelmann/Wolff*/AR § 18 EBRG Rn. 5; *Schlinkhoff* Vereinbarung, S. 96), zwingend ist dies jedoch nicht (*Joost*/MünchArbR § 274 Rn. 110; a. M. *Rupp/AKRR* § 18 EBRG Rn. 7). Deshalb ist es aus Rechtsgründen nicht zu beanstanden, wenn für die Vertretung der Arbeitnehmer aus einem Mitgliedstaat eine Mindestarbeitnehmerzahl festgelegt wird (*Schlinkhoff* Vereinbarung, S. 96).

4. Zuständigkeit und Aufgaben, § 21 Abs. 1 Satz 2 Nr. 3

6   Ferner sind **Zuständigkeit und Aufgaben** des Europäischen Betriebsrats sowie das **Verfahren** zu seiner Unterrichtung und Anhörung zu regeln (§ 18 Abs. 1 Satz 2 Nr. 3), und vor allem sollte klargestellt werden, welche Materien Gegenstand der Unterrichtung und Anhörung sind. Das können **Themenbereiche** sein, die Arbeitsplätze, Arbeitsbedingungen, Milderung nachteiliger sozialer Folgen unternehmerischer Entscheidungen und zukünftige Entwicklung des Unternehmens grenzüberschreitend betreffen. Eine Orientierung an § 29 und § 30 ist möglich, aber nicht zwingend erforderlich (*Blanke* § 18 Rn. 10; *Blanke/Hayen*/HaKo § 18 EBRG Rn. 7; *Däubler/DKKW* § 18 EBRG Rn. 10; *Heckelmann/Wolff*/AR § 18 EBRG Rn. 7; *Müller* § 18 Rn. 7; *Rose/HWGNRH* Einl. Rn. 213; *Rupp/AKRR* § 18 EBRG Rn. 14).

Der **Zeitpunkt der Unterrichtung und Anhörung** sollte ebenfalls festgelegt werden und so rechtzeitig erfolgen, dass zum einen die übermittelten Informationen noch vor der Anhörung ausreichend analysiert und beraten werden können und zum anderen die Anhörung noch vor der geplanten unternehmerischen Entscheidung stattfindet (*Joost*/MünchArbR § 274 Rn. 113; *Müller* § 17 Rn. 7; *Rose*/ *HWGNRH* Einl. Rn. 213). Des Weiteren sollte festgelegt werden, ob die Unterrichtung **schriftlich oder mündlich** erfolgt und welche Dokumente den Arbeitnehmervertretern zuzusenden sind (*Blanke* § 18 Rn. 11; *Blanke*/*Hayen*/HaKo § 18 EBRG Rn. 8; *Blanpain*/*Schmidt*/*Schweibert* Europäisches Arbeitsrecht, 2. Aufl. 1996, S. 397 Rn. 624; *Däubler*/DKKW § 18 EBRG Rn. 11; *Joost*/MünchArbR § 274 Rn. 113; *Rose*/*HWGNRH* Einl. Rn. 213). Zu den vereinbarungsfähigen Verfahrensfragen soll es auch gehören, dem Europäischen Betriebsrat einen **Unterlassungsanspruch** für den Fall einzuräumen, dass das Anhörungsverfahren noch nicht abgeschlossen ist (*Däubler*/DKKW § 18 EBRG Rn. 12; zust. *Blanke*/*Hayen*/HaKo § 18 EBRG Rn. 7; *Breitfeld*/NK-GA §§ 17–20 EBRG Rn. 9; *Giesen*/HWK EBRG Rn. 71; *Hinrichs* Durchsetzung, S. 190; **a. M.** *Rupp*/AKRR § 18 EBRG Rn. 20; *Rose*/*HWGNRH* Einl. Rn. 213; *Schlinkhoff* Vereinbarung, S. 167). Die durch § 18 Abs. 1 Satz 2 Nr. 3 eröffnete Vereinbarungsbefugnis erstreckt sich nur auf »Unterrichtung und Anhörung«; die Einräumung echter **Mitbestimmungsrechte** zugunsten des Europäischen Betriebsrats ist deshalb nicht von der Vereinbarungsbefugnis umfasst (zust. *Rose*/*HWGNRH* Einl. Rn. 213; *Rupp*/AKRR § 18 EBRG Rn. 19; s. auch § 17 EBRG Rdn. 9).

Ob die nach § 18 abgeschlossene Vereinbarung eine **Ermächtigung** an den Europäischen Betriebsrat und die zentrale Leitung enthalten darf, **verbindliche Vereinbarungen** abzuschließen, ist bislang nicht abschließend geklärt (s. näher *Blanke* § 18 Rn. 12 f.; *Blanke*/*Hayen*/HaKo § 18 EBRG Rn. 3; *Däubler*/DKKW § 18 EBRG Rn. 14; *Heckelmann*/*Wolff*/AR § 18 EBRG Rn. 9; *Joost*/MünchArbR § 274 Rn. 114; *Klebe*/*Kunz* FS *Däubler*, S. 823 [835]; *Schiek* RdA 2001, 218 [233 ff.]; *Schlinkhoff* Vereinbarung, S. 115 ff.; *Zimmer* EuZA 2013, 459 [466]). Solange derartige Vereinbarungen nicht über das »Verfahren« bei der »Unterrichtung und Anhörung« hinausgehen, bestehen gegen eine Ermächtigung zum Abschluss schuldrechtlicher Vereinbarungen keine Bedenken (*Giesen*/HWK EBRG Rn. 69; *Heckelmann*/*Wolff*/AR § 18 EBRG Rn. 9; *Joost*/MünchArbR § 274 Rn. 114; *Rose*/ *HWGNRH* Einl. Rn. 213). Im Übrigen geht § 18 jedoch davon aus, dass die Rechtsgrundlage für die Tätigkeit des Europäischen Betriebsrats abschließend in der Vereinbarung mit dem besonderen Verhandlungsgremium selbst getroffen wird. Eine Delegation der Vereinbarungsbefugnis auf andere Einrichtungen eröffnet § 18 nicht (**a. M.** *Heckelmann*/*Wolff*/AR § 18 EBRG Rn. 9).

Bei der Errichtung **mehrerer Europäischer Betriebsräte** sollten die jeweiligen **Zuständigkeitsbereiche** genau abgegrenzt werden (*Joost*/MünchArbR § 274 Rn. 115). Das gilt auch, wenn ein **Ausschuss** gebildet werden soll (s. Rdn. 13).

5. Sitzungen des Europäischen Betriebsrats, § 18 Abs. 1 Satz 2 Nr. 4

Nach § 18 Abs. 1 Satz 2 Nr. 4 sollen Ort, Häufigkeit und Dauer der **Sitzungen des Europäischen Betriebsrats** festgelegt werden. Das umfasst sowohl die internen Sitzungen als auch Sitzungen mit der zentralen Leitung. Dabei ist es sinnvoll, die internen Sitzungen und die mit der zentralen Leitung zeitlich und örtlich zu koordinieren, so dass vor jeder Sitzung mit der zentralen Leitung eine vorbereitende Sitzung des Europäischen Betriebsrats möglich ist (*Müller* § 18 Rn. 8). Vereinbart werden sollte neben der Häufigkeit turnusmäßiger Sitzungen auch, in welchen Fällen ein Recht zur außerordentlichen Sitzung besteht (*Blanke* § 18 Rn. 14; *Heckelmann*/*Wolff*/AR § 18 EBRG Rn. 11; *Rupp*/AKRR § 18 EBRG Rn. 24). Eine Regelung sollte ferner zur Möglichkeit nachbereitender Sitzungen getroffen werden, um ggf. die Bestimmung für das besondere Verhandlungsgremium in § 13 Abs. 2 auf den Europäischen Betriebsrat zu übertragen (s. auch § 27 EBRG Rdn. 3).

In der Vereinbarung können ferner die **Modalitäten** der **internen Sitzung** des Europäischen Betriebsrats ausgestaltet werden. Dies betrifft unter anderem auch die Berechtigung des Europäischen Betriebsrats, zu seinen internen Sitzungen **Sachverständige** hinzuziehen zu können. Ferner kann eine Regelung zu der Frage aufgenommen werden, ob und unter welchen Voraussetzungen der Europäische Betriebsrat berechtigt ist, zu seinen internen Sitzungen einen Beauftragten der im Unternehmen vertretenen **Gewerkschaften** hinzuzuziehen (*LAG Baden-Württemberg* 23.12.2014 – 11 TaBV

6/14 – BeckRS 2015, 69902), unabhängig davon, ob dieser die Anforderungen an einen Sachverständigen erfüllt. Darüber hinaus kann die Vereinbarung in Anlehnung an § 41a Abs. 2 (s. § 41a EBRG Rdn. 4 ff.) auch festlegen, ob der Europäische Betriebsrat berechtigt ist, die internen Sitzungen nicht unter gleichzeitiger Anwesenheit seiner Mitglieder »virtuell« (z. B. Videokonferenz) durchzuführen.

12 Auch die **Modalitäten** für die Sitzungen des **Europäischen Betriebsrats mit der zentralen Leitung** können in der Vereinbarung ausgestaltet werden. Dies betrifft nicht nur vorbereitende Maßnahmen (Einladungsfrist, Tagesordnung), sondern auch die Möglichkeit einer Sitzungsteilnahme mit den Instrumenten moderner Informations- und Kommunikationstechnik. Die in § 41a Abs. 2 in Umsetzung von Art. 10 Abs. 3 Unterabs. 5 der Richtlinie 2009/38/EG eröffnete Option (s. *Oetker/EuArbR* Art. 10 RL 2009/28/EG Rn. 12a sowie § 41a EBRG Rdn. 4 ff.) kann auch für den Europäischen Betriebsrat kraft Vereinbarung aufgegriffen und verallgemeinert werden. Insbesondere können die Vereinbarungsparteien im Rahmen ihrer Autonomie auch die Rahmenbedingungen für die Durchführung virtueller Sitzungen schaffen.

6. Ausschuss des Europäischen Betriebsrats, § 18 Abs. 1 Satz 2 Nr. 5

13 Mit dem neu eingefügten § 18 Abs. 1 Satz 2 Nr. 5 hebt das Gesetz die besondere Bedeutung der Ausschussarbeit für die Organisation des Europäischen Betriebsrats hervor und setzt die Vorgabe aus Art. 6 Abs. 2 Buchst. e der Richtlinie 2009/38/EG um (s. *Reg. Begr.* BT-Drucks. 17/4808, S. 11 sowie Erwägungsgrund 30 zur Richtlinie 2009/38/EG). Im Gegensatz zum Europäischen Betriebsrat kraft Gesetzes (s. § 26) können die Vereinbarungsparteien jedoch von der Einsetzung eines Ausschusses absehen. Wollen die Parteien die Bildung eines Ausschusses vorsehen, ist es zweckmäßig, die in § 18 Abs. 1 Satz 2 Nr. 5 aufgelisteten Aspekte (Zusammensetzung, Bestellung etc.) in der Vereinbarung ebenfalls zu regeln; sie können die weiteren Modalitäten indes auch dem aufgrund der Vereinbarung gebildeten Europäischen Betriebsrat überlassen. Bezüglich der Befugnisse des Ausschusses können die Vereinbarungsparteien eine an § 30 Abs. 2 orientierte Regelung treffen (krit. insoweit *Däubler/DKKW* § 18 EBRG Rn. 18).

7. Finanzielle und sachliche Mittel, § 18 Abs. 1 Satz 2 Nr. 6

14 Darüber hinaus sollte die Vereinbarung Art und Umfang der **finanziellen und sachlichen Mittel** und das Verfahren der Bereitstellung der Mittel festlegen (§ 18 Abs. 1 Satz 2 Nr. 6). Es kann z. B. ein Jahreskontingent oder eine Einzelabrechnung vereinbart werden (*Joost*/MünchArbR § 274 Rn. 117; kritisch hierzu *Rupp/AKRR* § 18 EBRG Rn. 34). Die Kosten können sowohl die internen als auch die **Sitzungen** mit der zentralen Leitung betreffen (z. B. Reise- und Aufenthaltskosten, Unterkunft, Verpflegung), das Sekretariat und sonstige Kosten der **laufenden Geschäftsführung**. Benötigte sachliche Mittel sind u. a. Büromittel, Computer, Nutzung von Kommunikationsnetzen usw. Eine Regelung zur Teilnahme an Schulungen (**Übernahme von Schulungskosten**) ist ebenfalls sinnvoll, um Streitfragen bei der Anwendung der §§ 38, 39 Abs. 1 zu vermeiden. Allerdings darf das gesetzliche Niveau hierdurch nicht unterschritten werden.

8. Anpassungsklausel, § 18 Abs. 1 Satz 2 Nr. 7

15 Nach § 18 Abs. 1 Satz 2 Nr. 7 sollen die Parteien Regelungen über die **Anpassung der Vereinbarung** an Strukturveränderungen, die **Geltungsdauer** und das **Verfahren bei der Neuverhandlung** festlegen. Die Vereinbarung kann sowohl unbefristet, dann aber mit der Möglichkeit der ordentlichen Kündigung, als auch befristet abgeschlossen werden. Die Voraussetzungen einer Kündigung (z. B. Formvorschriften) sollten ebenso geregelt werden wie das notwendige Abstimmungsverhältnis im Europäischen Betriebsrat für den Beschluss über die Kündigung sowie die Kündigungsfrist. Fehlt bei einer **unbefristeten Vereinbarung** eine Kündigungsregelung, dann ist diese analog § 77 Abs. 5 BetrVG, § 28 Abs. 2 Satz 4 SprAuG unter Einhaltung einer Frist von drei Monaten **ordentlich kündbar** (*Blanke* § 18 Rn. 20; *Breitfeld*/NK-GA §§ 17–20 EBRG Rn. 17; *Däubler/DKKW* § 20 EBRG Rn. 4; *Rupp/AKRR* § 18 EBRG Rn. 40). Für den Zeitraum nach Beendigung bis zum Abschluss einer neuen Vereinbarung kann eine »Nachwirkung« vereinbart werden (*Blanke* § 18 Rn. 19; *Fitting*

Übersicht EBRG Rn. 67; *Joost*/MünchArbR § 274 Rn. 118; *Müller* § 18 Rn. 10; *Rose*/HWGNRH Einl. Rn. 217; *Rupp*/AKRR § 18 EBRG Rn. 38, 41). Auf jeden Fall sollte geregelt werden, wer die **Parteien einer Neuverhandlung** sind. Grundsätzlich ist dies das besondere Verhandlungsgremium, möglich ist aber auch der Europäische Betriebsrat oder ein anderes Verhandlungsgremium (*Heckelmann*/*Wolff*/AR § 18 EBRG Rn. 14; *Müller* § 18 Rn. 10; *Rupp*/AKRR § 18 EBRG Rn. 42).

Strukturveränderungen im Unternehmen können – wie § 37 Abs. 1 Satz 2 bestätigt – Spaltungen, 16 Fusionen, Veräußerung und Erwerb von Betrieben oder Unternehmen sein (*Joost*/MünchArbR § 274 Rn. 119; *Müller* § 18 Rn. 10). In diesen Fällen ist nicht mehr gewährleistet, dass der Europäische Betriebsrat nach den Grundsätzen der Repräsentativität und der Proportionalität zusammengesetzt ist. Entsprechendes gilt für Unternehmen in **neu hinzugekommenen Mitgliedstaaten** (*Franzen* BB 2004, 938 [940]; *Heckelmann*/*Wolff*/AR § 18 EBRG Rn. 14) oder aus der Union austretender Mitgliedstaaten, sofern die dortigen Unternehmen nicht als Drittstaats-Unternehmen in der Vereinbarung einbezogen bleiben (s. Rdn. 4). Fehlt in der Vereinbarung eine Klausel, die Strukturveränderungen Rechnung trägt, ist zwar die analoge Anwendung des § 32 Abs. 2 zu erwägen (*Däubler*/DKKW § 18 EBRG Rn. 18), dem steht aber entgegen, dass § 17 den Inhalt der Vereinbarung weitgehend zur Disposition der Parteien stellt. Dieser Leitmaxime entspricht es eher, die Parteien auf die Kündigung der bestehenden Vereinbarung und deren Neuverhandlung zu verweisen (*Franzen* BB 2004, 938 [940]). Mit der Vereinbarung nach § 18 haben sich die Parteien gerade für ein autonom festgelegtes und gegen das gesetzliche Modell entschieden. Der hierin zum Ausdruck gelangte Parteiwille würde verfälscht, wenn zur Schließung von Lücken in der Vereinbarung auf das gesetzliche Modell und die hierfür geltenden Bestimmungen zurückgegriffen würde. Dies gilt indes nicht, wenn eine **Strukturänderung i. S. d. § 37 Abs. 1** vorliegt (s. § 37 EBRG Rdn. 4 f.), da die dort angeordnete Neuverhandlung nur dann entfällt, wenn die Vereinbarung eine auf Strukturänderungen bezogene Anpassungsklausel enthält (s. § 37 EBRG Rdn. 3).

III. Bestellung der inländischen Mitglieder, § 18 Abs. 2

Der Katalog in § 18 Abs. 1 Satz 2 sieht davon ab, die Bestellung der Mitglieder des kraft Vereinbarung 17 zu errichtenden Europäischen Betriebsrats als Regelungsgegenstand zu benennen und entspricht damit Art. 6 Abs. 2 der Richtlinie 2009/38/EG. Um diese Lücke zu schließen, ordnet § 18 Abs. 2 die entsprechende Anwendung von § 23 an, der die Bestellung der inländischen Arbeitnehmervertreter für den kraft Gesetzes zu errichtenden Europäischen Betriebsrat ausgestaltet. Umstritten ist allerdings, ob in der Vereinbarung abweichende Bestellungsmodalitäten festgelegt werden können (hierfür *Blanke* § 18 Rn. 22; *Däubler*/DKKW § 18 Rn. 6; *Heckelmann*/*Wolff*/AR § 18 EBRG Rn. 4, 17; im Ergebnis auch *Rupp*/AKRR § 18 EBRG Rn. 45, mittels einer unionsrechtskonformen Auslegung) oder die entsprechende Anwendung des § 23 den Bestellungsmodus für die inländischen Arbeitnehmervertreter verbindlich vorgibt, so dass dieser nicht zur Disposition der Vereinbarungsparteien steht (so *Blanke*/*Hayen*/HaKo § 18 EBRG Rn. 6 [im Widerspruch zu Rn. 16]; *Giesen*/HWK EBRG Rn. 61; *Müller* § 18 Rn. 5, 11; *Schlinkhoff* Vereinbarung, S. 95). Hierfür spricht neben der Entstehungsgeschichte (s. dazu *Rupp*/AKRR § 18 EBRG Rn. 44), dass die Bestellung der Mitglieder des Europäischen Betriebsrats nicht in den Katalog des § 18 Abs. 1 Satz 2 aufgenommen worden ist, obwohl es sich hierbei um einen zentralen Regelungsgegenstand handelt, der mit den in § 18 Abs. 1 Satz 2 Nr. 2 genannten Materien in einem untrennbaren Sachzusammenhang steht. Der hiergegen erhobene Einwand, eine zwingende Wirkung der Verweisung auf § 23 stehe im Widerspruch zu der durch Art. 6 Abs. 2 der Richtlinie 2009/38/EG vorgegebenen Vereinbarungsautonomie (so *Blanke* § 18 Rn. 6; *Rupp*/AKRR § 18 EBRG Rn. 45), vermag nur mit Einschränkungen zu überzeugen, da die Bestellungsmodalitäten in den Katalogtatbeständen in Art. 6 Abs. 2 der Richtlinie 2009/38/EG nicht enthalten sind und die Vereinbarungsautonomie primär auf die Ausgestaltung der Unterrichtung und Anhörung ausgerichtet ist.

§ 19
Verfahren zur Unterrichtung und Anhörung

Soll ein Verfahren zur Unterrichtung und Anhörung der Arbeitnehmer eingeführt werden, ist schriftlich zu vereinbaren, unter welchen Voraussetzungen die Arbeitnehmervertreter das Recht haben, die ihnen übermittelten Informationen gemeinsam zu beraten und wie sie ihre Vorschläge und Bedenken mit der zentralen Leitung oder einer anderen geeigneten Leitungsebene erörtern können Die Unterrichtung muss sich insbesondere auf grenzübergreifende Angelegenheiten erstrecken, die erhebliche Auswirkungen auf die Interessen der Arbeitnehmer haben.

1 Statt einer Vereinbarung über die Errichtung eines oder mehrerer Europäischer Betriebsräte können die zentrale Leitung und das besondere Verhandlungsgremium ein dezentrales Verfahren zur Unterrichtung und Anhörung der Arbeitnehmer vereinbaren, aufgrund dessen den vorhandenen Arbeitnehmervertretungen ein Unterrichtungs- und Anhörungsrecht zusteht (§ 19). Art. 6 Abs. 3 der Richtlinie 2009/38/EG lässt diese Variante der Interessenvertretung ausdrücklich zu.

2 Um bei dieser Alternative eine mit dem Europäischen Betriebsrat kraft Vereinbarung vergleichbare Beteiligung der Arbeitnehmer zu gewährleisten, stellt § 19 Mindestanforderungen auf. Hiernach muss geregelt sein, »unter welchen Voraussetzungen die Arbeitnehmervertreter das Recht haben, die ihnen übermittelten Informationen gemeinsam zu beraten, und wie sie ihre Vorschläge und Bedenken mit der zentralen Leitung oder einer anderen geeigneten Leitungsebene erörtern können«. Insbesondere müssen grenzübergreifende Angelegenheiten Gegenstand der Unterrichtungspflicht sein, die sich erheblich auf die Interessen der Arbeitnehmer auswirken (§ 19 Satz 2). Das ist vor allem bei den **in § 30 Abs. 1 Satz 2 genannten Angelegenheiten** zu bejahen (*Breitfeld*/NK-GA §§ 17–20 EBRG Rn. 14; *Heckelmann/Wolff*/AR § 19 EBRG Rn. 2; *Joost*/MünchArbR § 274 Rn. 126; *Müller* § 19 Rn. 3), obwohl das besondere Verhandlungsgremium und die zentrale Leitung nach § 17 Satz 1 nicht an die Bestimmungen über den Europäischen Betriebsrat kraft Gesetzes gebunden sind. Wegen der Beschränkung auf »außergewöhnliche Umstände« legt § 30 Abs. 1 Satz 2 den nach § 19 Satz 2 zu beachtenden Mindeststandard jedoch nicht verbindlich fest. »Erhebliche Auswirkungen auf die Interessen der Arbeitnehmer« i. S. d. § 19 Satz 2 können auch andere Angelegenheiten haben, die in **§ 29 Abs. 2** aufgezählt sind. Das ist aber nicht bezüglich sämtlicher Tatbestände zu bejahen (zust. *Rose*/HWGNRH Einl. Rn. 220; **a. M.** *Blanke* § 19 Rn. 3; *Breitfeld*/NK-GA §§ 17–20 EBRG Rn. 14; *Däubler*/DKKW § 19 EBRG Rn. 2; *Rupp*/AKRR § 19 EBRG Rn. 10); wohl aber für die Tatbestände in § 29 Abs. 2 Nr. 5 bis 10, soweit diese nicht bereits in § 30 Abs. 1 Satz 1 genannt sind.

3 Die Vereinbarung muss nicht alle Unterrichtungsgegenstände ausdrücklich benennen, die sich erheblich auf die Interessen der Arbeitnehmer auswirken (*Joost*/MünchArbR § 274 Rn. 126; *Müller* § 19 Rn. 3; ebenso *Heckelmann/Wolff*/AR § 19 EBRG Rn. 2). Ein derartiger Regelungszwang würde kein dem Europäischen Betriebsrat kraft Vereinbarung gleichwertiges Anhörungs- und Unterrichtungsverfahren schaffen, denn § 18 trifft keine Aussage über den Unterrichtungsgegenstand. Da Art. 6 Abs. 1 der Richtlinie 2009/38/EG von einer Vereinbarung über die Modalitäten der Durchführung der in Art. 1 Abs. 1 der Richtlinie vorgesehenen Unterrichtung und Anhörung der Arbeitnehmer und § 17 von der Vereinbarung über die Ausgestaltung des »Wie« der Unterrichtung und Anhörung und nicht von der Festlegung der Unterrichtungs- und Anhörungsgegenstände spricht, geht sowohl die Richtlinie als auch das Gesetz von **Unterrichtungs- und Anhörungsgegenständen** aus, die jeder Vereinbarung immanent und dem Ziel der Richtlinie zu entnehmen sind.

4 Die **Gestaltungsfreiheit** lässt es zu, die immanenten Unterrichtungs- und Anhörungsgegenstände durch **inhaltliche Einschränkung bzw. Ausdehnung** zu ändern. Dabei darf die Einschränkung jedoch nicht soweit gehen, dass sich die Vereinbarung einer Unterrichtung in Angelegenheiten, die erhebliche Auswirkungen auf die Interessen der Arbeitnehmer haben, generell verschließt und ausschließlich im Interesse des Managements liegende Informationen weitergegeben werden (*Müller* § 19 Rn. 3; in dieser Richtung auch *Giesen*/HWK EBRG Rn. 87). Eine punktuelle Herausnahme bestimmter Unterrichtungsgegenstände ist dagegen möglich (**a. M.** wohl *Joost*/MünchArbR § 274

Rn. 126). Ebenso stößt die Ausdehnung an Grenzen, wenn Informationen keinen Bezug mehr zu den Arbeitnehmern aufweisen.

Für die **Modalitäten der Unterrichtung** kann auch auf das schon in der Vredeling-Richtlinie (s. Einl. EBRG Rn. 2) vorgesehene »by pass«-Verfahren zurückgegriffen werden, d. h., die zentrale Leitung informiert zunächst das örtliche Management über die vereinbarten Angelegenheiten und dieses unterrichtet anschließend die örtlichen Arbeitnehmervertreter (*Blanke* § 19 Rn. 6; *Heckelmann / Wolff* /AR § 19 EBRG Rn. 1; *Joost* /MünchArbR § 274 Rn. 127; *Müller* § 19 Rn. 4). Für eine den Anforderungen in § 1 Abs. 5 genügende Anhörung setzt dies allerdings voraus, dass das örtliche Management als geeignete Leitungsebene bewertet wird, da § 1 Abs. 5 davon ausgeht, dass der Dialog bei der Anhörung mit der zentralen Leitung stattfindet (s. *Fitting* Übersicht EBRG Rn. 69). 5

Damit die einzelnen **örtlichen Arbeitnehmervertretungen** in der Auseinandersetzung mit den Informationen gemeinsame Vorschläge und Bedenken entwickeln können, um diese sodann der zentralen Leitung mitzuteilen, ist eine Zusammenarbeit notwendig. Deshalb schreibt § 19 Satz 1 als Mindestinhalt vor, dass die Voraussetzungen festzulegen sind, unter denen die Arbeitnehmervertreter das Recht haben, die ihnen übermittelten Informationen **gemeinsam zu beraten**. Ein gänzlicher Verzicht auf das Recht zur Zusammenkunft ist deshalb nicht möglich (*Blanke* § 19 Rn. 4; *Däubler / DKKW* § 19 EBRG Rn. 3; *Heckelmann / Wolff* /AR § 19 EBRG Rn. 3; *Holz* Richtlinie, S. 165; **a. M.** *Rupp* /AKRR § 19 EBRG Rn. 7). Das ergibt sich aus dem Wortlaut des Art. 6 Abs. 3 Satz 2 der Richtlinie 2009/38/EG »ist festzulegen« bzw. aus dem des § 19 »ist zu vereinbaren«. Die Vereinbarung muss weiterhin regeln, wie die Arbeitnehmervertreter ihre Vorschläge und Bedenken mit der zentralen Leitung oder einer anderen geeigneten Leitungsebene erörtern können. Es sind die **Modalitäten des Anhörungsverfahrens** zu regeln, zu denen vor allem der Ort, die Häufigkeit, der Zeitpunkt und die Durchführung der Anhörung gehören (*Joost* /MünchArbR § 274 Rn. 129, 131; *Rupp* /AKRR § 19 EBRG Rn. 8; ähnlich *Giesen* /HWK EBRG Rn. 87). 6

§ 20
Übergangsbestimmung

Eine nach § 18 oder § 19 bestehende Vereinbarung gilt fort, wenn vor ihrer Beendigung das Antrags- oder Initiativrecht nach § 9 Absatz 1 ausgeübt worden ist. Das Antragsrecht kann auch ein auf Grund einer Vereinbarung bestehendes Arbeitnehmervertretungsgremium ausüben. Die Fortgeltung endet, wenn die Vereinbarung durch eine neue Vereinbarung ersetzt oder ein Europäischer Betriebsrat kraft Gesetzes errichtet worden ist. Die Fortgeltung endet auch dann, wenn das besondere Verhandlungsgremium einen Beschluss nach § 15 Absatz 1 fasst; § 15 Absatz 2 gilt entsprechend. Die Sätze 1 bis 4 finden keine Anwendung, wenn in der bestehenden Vereinbarung eine Übergangsregelung enthalten ist.

Die Vorschrift stellt eine **Übergangsregelung** für den Fall zur Verfügung, dass eine nach § 18 oder § 19 abgeschlossene Vereinbarung endet. Diese Situation kann insbesondere eintreten, wenn die Vereinbarung zeitlich befristet ist oder die Beendigung durch ordentliche bzw. außerordentliche Kündigung einseitig herbeigeführt wird. Bleiben die nach § 9 Abs. 1 Antragsberechtigten oder die kraft Vereinbarung gebildete Arbeitnehmervertretung in diesem Fall untätig, endet die Vereinbarung ersatzlos. Zugleich endet die Amtszeit der kraft Vereinbarung errichteten Arbeitnehmervertretung. Erst aufgrund eines sodann gestellten Antrages nach § 9 Abs. 1 wird sogleich ein besonderes Verhandlungsgremium gebildet, ohne dass jedoch die bisherige Vereinbarung fortgilt (*Heckelmann / Wolff* /AR § 20 EBRG Rn. 1). 1

Zu einer **Fortgeltung der Vereinbarung** kommt es nur, wenn rechtzeitig **vor Beendigung** der Vereinbarung ein Antrag i. S. d. § 9 Abs. 1 gestellt wird. Neben den Arbeitnehmern bzw. ihren Vertretern oder der zentralen Leitung ist hierzu nach § 20 Satz 2 auch die aufgrund der Vereinbarung gebildete Arbeitnehmervertretung berechtigt. Mit der Fortgeltung der Vereinbarung wird insbesondere erreicht, dass die Unterrichtung und Anhörung in grenzübergreifenden Angelegenheiten fortgeführt wird, ob- 2

§ 20 EBRG

wohl noch keine neue Vereinbarung abgeschlossen worden ist (*Blanke* § 20 Rn. 1). In § 20 Satz 3 und 4 werden die Tatbestände aufgezählt, in denen die Fortgeltung endet. Hierzu zählen neben dem Abschluss einer neuen Vereinbarung oder der Errichtung eines Europäischen Betriebsrats kraft Gesetzes (§ 20 Satz 3) auch die Fassung eines Beschlusses nach § 15 Abs. 1 über die Beendigung der Verhandlungen (§ 20 Satz 4).

3 Vorrangig ist der Beendigung der Vereinbarung jedoch in dieser selbst Rechnung zu tragen. Dem entsprechend hält § 18 Abs. 1 Satz 2 Nr. 7 ausdrücklich fest, dass die **Vereinbarung** über die Errichtung eines Europäischen Betriebsrates auch eine **Übergangsregelung** enthalten soll. § 20 Satz 5 verstärkt dies zusätzlich, indem er ausdrücklich den Vorrang einer vereinbarten Übergangsregelung gegenüber der gesetzlichen Regelung in § 20 Satz 1 bis 4 festlegt. Dabei kann die vertragliche Übergangsregelung neben der Fortgeltung auch das für die Verhandlungen zuständige Gremium festlegen, um die Bildung eines besonderen Verhandlungsgremiums zu vermeiden. So kann insbesondere vereinbart werden, dass die Verhandlungen auf Arbeitnehmerseite durch einen kraft Vereinbarung errichteten Europäischen Betriebsrat oder einen von diesem gebildeten Ausschuss geführt werden (s. *Däubler/DKKW* § 20 EBRG Rn. 2; *Heckelmann/Wolff*/AR § 20 EBRG Rn. 4).

Vierter Teil
Europäischer Betriebsrat kraft Gesetzes

Erster Abschnitt
Errichtung des Europäischen Betriebsrats

§ 21
Voraussetzungen

(1) Verweigert die zentrale Leitung die Aufnahme von Verhandlungen innerhalb von sechs Monaten nach Antragstellung (§ 9), ist ein Europäischer Betriebsrat gemäß den §§ 22 und 23 zu errichten. Das gleiche gilt, wenn innerhalb von drei Jahren nach Antragstellung keine Vereinbarung nach § 18 oder § 19 zustande kommt oder die zentrale Leitung und das besondere Verhandlungsgremium das vorzeitige Scheitern der Verhandlungen erklären. Die Sätze 1 und 2 geltend entsprechend, wenn die Bildung des besonderen Verhandlungsgremiums auf Initiative der zentralen Leitung erfolgt.

(2) Ein Europäischer Betriebsrat ist nicht zu errichten, wenn das besondere Verhandlungsgremium vor Ablauf der in Absatz 1 genannten Fristen einen Beschluss nach § 15 Absatz 1 fasst.

Inhaltsübersicht	Rdn.
I. Allgemeines	1
II. Rechtsnatur des Europäischen Betriebsrats	2–4
III. Fallgruppen zur Errichtung eines Europäischen Betriebsrats	5–15
1. Allgemeines	5
2. Verhandlungsverweigerung, § 21 Abs. 1 Satz 1	6–11
3. Fristablauf, § 21 Abs. 1 Satz 2 1. Alt.	12, 13
4. Scheitern der Verhandlungen, § 21 Abs. 1 Satz 2 2. Alt.	14, 15
IV. Beschluss des besonderen Verhandlungsgremiums, § 21 Abs. 2	16

I. Allgemeines

Die §§ 21 ff. konkretisieren das durch die Richtlinie 2009/38/EG in Art. 7 sowie in dem Anhang I **1** zur Richtlinie vorgesehene subsidiäre Unterrichtungs- und Anhörungsverfahren in Form der Errichtung eines Europäischen Betriebsrats kraft Gesetzes. Konzeptionell wird hierdurch der durch die Richtlinie 94/45/EG und die §§ 21 ff. EBRG 1996 eingeleitete Ansatz fortgeschrieben. Er wurde zudem für den bei der Europäischen (Aktien-)Gesellschaft (SE) kraft Gesetzes zu bildenden **SE-Betriebsrat** (s. §§ 22 ff. SEBG; Art. 7 der Richtlinie 2001/86/EG i. V. m. Teil 1 und 2 des Anhangs) sowie den bei der Europäischen Genossenschaft (SCE) kraft Gesetzes zu bildenden **SCE-Betriebsrat** (§§ 22 ff. SCEBG; Art. 7 der Richtlinie 2003/72/EG i. V. m. Teil 1 und 2 des Anhangs) aufgegriffen. Die Vorschrift des § 21 weist im Vergleich zu § 21 EBRG 1996 keine Veränderungen auf; Entsprechendes gilt für Art. 7 der Richtlinie 2009/38/EG, der abgesehen von geringfügigen sprachlichen Abweichungen mit Art. 7 der Richtlinie 94/45/EG übereinstimmt.

II. Rechtsnatur des Europäischen Betriebsrats

Der Europäische Betriebsrat kraft Gesetzes ist ein **transnational besetztes europäisches Gremi- 2 um**, das **nach** den jeweils anwendbaren **nationalen Vorschriften gebildet wird** (*Müller* § 21 Rn. 2; *Rademacher* Europäischer Betriebsrat, S. 131). Seine Bezeichnung legt nahe, ihn als einen eigenständigen Betriebsrat i. S. einer Vertretung der Arbeitnehmerinteressen aufzufassen, der das betriebsverfassungsrechtliche Organisationsmodell aus Einzelbetriebsrat, Gesamtbetriebsrat und Konzernbetriebsrat für gemeinschaftsweit tätige Unternehmen und Unternehmensgruppen um eine vierte

Ebene erweitert (*Oechsler* DBW 1996, 697 [702 f.]; ähnlich *Krause* Jahrbuch Junger Zivilrechtswissenschaftler, 1997, S. 91 [115 f.]: »völlig neues, eigenständiges Mitbestimmungsorgan«; *v. Beckerath* Europäischer Betriebsrat, S. 78 ff.: »selbständiges Interessenvertretungsorgan«).

3 Aufgrund seiner Funktion hätte aus Sicht der deutschen betriebsverfassungsrechtlichen Organisationsstruktur die Bezeichnung **»Europäischer Wirtschaftsausschuss«** der Rechtsnatur besser entsprochen (*Däubler/DKKW* Vorbem. EBRG Rn. 11; *Gaul* NJW 1995, 228 [230]; *Heckelmann/Wolff/*AR vor § 1 EBRG Rn. 3; *Hromadka* DB 1995, 1125 [1125]; *Rose/HWGNRH* Einl. Rn. 221). Für die Rechtsstellung des Gesamtbetriebsrats und des Konzernbetriebsrats ist kennzeichnend, dass der Gesetzgeber jeweils Mitbestimmungsrechte und Kompetenzen auf eine höhere Stufe verlagert hat, wenn die Entscheidungen für mehrere Betriebe bzw. Unternehmen gemeinsam getroffen werden (s. §§ 50, 58 BetrVG). Der Europäische Betriebsrat verfügt zwar über einen eigenen Zuständigkeitsbereich (§ 1 Abs. 2), er verdrängt aber nicht die Kompetenzen des Gesamt- oder Konzernbetriebsrats (*Joost/*MünchArbR § 275 Rn. 1). So kann es in Deutschland zu mehrfachen Überschneidungen bei Informationsgebung und Willensbildung zwischen dem Wirtschaftsausschuss in größeren Unternehmen, dem Konzernbetriebsrat, dem Gesamtbetriebsrat und dem Europäischen Betriebsrat kommen (*Lecher* WSI-Mitt. 1998, 258 [260]). Auch die Zusammensetzung des Europäischen Betriebsrats entspricht nicht der des Gesamtbetriebsrats (§ 47 Abs. 2 BetrVG) bzw. Konzernbetriebsrats (§ 55 Abs. 1 BetrVG), da die Mitglieder dort zwingend aus dem entsendenden Betrieb bzw. Gesamtbetriebsrat stammen müssen. Demgegenüber verzichtet das EBRG scheinbar auf vergleichbare Vorgaben für das Bestellungsorgan, die dessen Wahlfreiheit beschränken (s. aber § 22 EBRG Rdn. 6).

4 **Der Europäische Betriebsrat entspricht in seiner Aufgabe und Funktion dem Wirtschaftsausschuss i. S. d. §§ 106 bis 109 BetrVG**, der ein Hilfsorgan des Betriebsrats bzw. des Gesamtbetriebsrats (s. § 106 BetrVG Rdn. 10) ist (*Barton* AfP 1994, 261 [262]; *Däubler/Klebe* AiB 1995, 557 [559]; *Gaul* NJW 1995, 228 [230]; *Goos* NZA 1994, 776 [776]; *Heckelmann/Wolff/*AR vor § 1 EBRG Rn. 3; *Hromadka* DB 1995, 1125 [1125]; *Rose/HWGNRH* Einl. Rn. 221; *Richardi/Annuß* vor § 106 Rn. 4; ausführlich *Lerche* Europäischer Betriebsrat, S. 163 ff.; i. S. einer Ergänzungsfunktion auch *Schlachter* RdA 1993, 313 [327]; *Kufer* AR-Blattei SD 695, Rn. 22; **a. M.** *Blanke* Einleitung Rn. 29; *Joost/*MünchArbR § 275 Rn. 34; mit Einschränkungen auch *Däubler/DKKW* Vorbem. EBRG Rn. 11, der sich jedoch gegen die Einstufung als »Hilfsorgan« wendet). Er verfügt zwar über einen eigenständigen Zuständigkeitsbereich, unterscheidet sich hierin aber nicht von dem Wirtschaftsausschuss (s. § 106 BetrVG Rdn. 10 a. E.). Seine Hilfsfunktion für den Betriebsrat bzw. Gesamtbetriebsrat kommt vor allem in der in § 36 geregelten Pflicht zum Ausdruck, vergleichbar mit dem Wirtschaftsausschuss (§§ 106 Abs. 1 Satz 2, 108 Abs. 4 BetrVG) die örtlichen Arbeitnehmervertreter zu unterrichten (ausführlich *v. Beckerath* Europäischer Betriebsrat, S. 78 ff.). Die für den Wirtschaftsausschuss charakteristische Einordnung als Ausschuss des Betriebsrats bzw. Gesamtbetriebsrats (s. § 106 BetrVG Rdn. 13) ist aber wegen seiner supranationalen Zusammensetzung nicht auf den Europäischen Betriebsrat übertragbar. Dieser Besonderheit ist dadurch Rechnung zu tragen, dass der Europäische Betriebsrat die Rechtsnatur eines **Hilfsorgans für die örtlichen Arbeitnehmervertretungen** hat.

III. Fallgruppen zur Errichtung eines Europäischen Betriebsrats

1. Allgemeines

5 Die Fallgruppen, in denen es kraft Gesetzes zu einer Errichtung des Europäischen Betriebsrats kommt, legt § 21 abschließend fest (*Heckelmann/Wolff/*AR § 21 EBRG Rn. 1; *Rose/HWGNRH* Einl. Rn. 223); sie sind mit denen für die kraft Gesetzes erfolgende Bildung eines SE-Betriebsrats (§ 22 SEBG) sowie eines SCE-Betriebsrats (§ 22 SCEBG) identisch. Eine mit § 23 Abs. 1 Satz 1 Nr. 3 MgVG vergleichbare Variante, nach der die zentrale Leitung berechtigt ist, für die Anwendung der gesetzlichen Auffangregelung zu optieren, kennt das EBRG nicht und könnte angesichts der Vorgaben in Art. 7 der Richtlinie 2009/38/EG vom deutschen Gesetzgeber auch nicht autonom eingeführt werden (anders aber die Vorgabe in Art. 16 Abs. 4 Buchst. a der Richtlinie 2005/56/EG, die im Zuge der Revision der Richtlinie 94/45/EG jedoch nicht aufgegriffen wurde).

Voraussetzungen § 21 EBRG

2. Verhandlungsverweigerung, § 21 Abs. 1 Satz 1

Da die Richtlinie 2009/38/EG und das EBRG von dem Vorrang der Vereinbarung ausgehen, ist ein 6
Europäischer Betriebsrat kraft Gesetzes gemäß § 21 Abs. 1 Satz 1 zu errichten, wenn die zentrale Leitung die **Aufnahme von Verhandlungen** innerhalb von sechs Monaten nach der Antragstellung (§ 9) **verweigert**. In Betracht kommt dies insbesondere, wenn die zentrale Leitung nach Bildung des besonderen Verhandlungsgremiums untätig bleibt, insbesondere nicht zur konstituierenden Sitzung einlädt (§ 13 Abs. 1 Satz 1), sich einer einvernehmlichen Festlegung der Verhandlungstermine (§ 8 Abs. 3 Satz 2) verweigert oder entsprechenden Terminen fernbleibt.

Der Verweigerung der Aufnahme von Verhandlungen ist der Fall gleichzustellen, in dem die zentrale 7
Leitung innerhalb von sechs Monaten ernsthaft und endgültig deutlich macht, dass sie den Abschluss einer Vereinbarung ablehnt (*Bachner*/DKKW § 21 EBRG Rn. 3; *ders.*/*Nielebock* AuR 1997, 129 [130]; *Blanke* § 21 Rn. 10; *Däubler*/*Klebe* AiB 1995, 557 [568]; *Hromadka* DB 1995, 1125 [1128]; weitergehend wohl *Heckelmann*/*Wolff*/AR § 9 EBRG Rn. 3, § 21 EBRG Rn. 3, die jede Untätigkeit der zentralen Leitung einer Verhandlungsverweigerung gleichstellen). In dieser Konstellation wäre ein Abwarten bis zum Ablauf der Sechs-Monats-Frist reiner Formalismus. Eine Verweigerung der Verhandlungen kann zwar nicht nur ausdrücklich, sondern auch konkludent bekundet werden (treffend insoweit *ArbG Berlin* 15.07.2016 – 26 BV 4223/16 – BeckRS 2016, 114386), bloße Untätigkeit reicht hierfür jedoch nicht aus, da diesem kein Erklärungsgehalt beizumessen ist und die zentrale Leitung keine generelle Rechtspflicht trifft, sicherzustellen, dass es innerhalb der Sechs-Monats-Frist zur Errichtung eines besonderen Verhandlungsgremiums kommt (**a. M.** wohl *ArbG Berlin* 15.07.2016 – 26 BV 4223/16 – BeckRS 2016, 114386; zust. *Bittner* ZESAR 2017, 249 [250]). Eine andere Beurteilung kommt erst in Betracht, wenn die zentrale Leitung trotz entsprechender Aufforderung und entsprechender Rechtspflicht keine Handlungen unternimmt, um die Bildung eines besonderen Verhandlungsgremiums innerhalb des Sechs-Monats-Zeitraums zu ermöglichen (s. *ArbG Berlin* 15.07.2016 – 26 BV 4223/16 – BeckRS 2016, 114386).

Obwohl der Wortlaut lediglich die »Aufnahme« von Verhandlungen erfasst, ist dem als vergleichbare 8
Verhandlungsverweigerung der definitive Abbruch der Verhandlungen innerhalb der Sechs-Monats-Frist gleichzustellen. Allein der Mangel einer Verhandlungs- und Kompromissbereitschaft reicht jedoch nicht, da dies als innere Tatsache nicht oder jedenfalls nur unter größten Schwierigkeiten anhand von Indizien feststellbar ist.

Nach Ansicht von *Kunz* (AiB 1997, 267 [272]) soll es einer Verhandlungsverweigerung gleichstehen, 9
wenn die zentrale Leitung der **Informationspflicht aus § 5** innerhalb von sechs Monaten beharrlich nicht nachkommt (ebenso *ArbG Berlin* 15.07.2016 – 26 BV 4223/16 – BeckRS 2016, 114386; *Bittner* ZESAR 2017, 249 [250]; *Blanke* § 21 Rn. 10). Dieses Verständnis ist jedoch weder vom Wortlaut noch vom Zweck des Gesetzes gedeckt. Die Arbeitnehmervertreter können ihren Informationsanspruch aus § 5 gerichtlich durchsetzen (s. § 5 EBRG Rdn. 9), so dass für die entsprechende Anwendung des § 21 Abs. 1 Satz 1 weder eine vergleichbare Interessenlage noch eine Regelungslücke vorliegt (*Giesen*/HWK EBRG Rn. 89; *Kühn*/AKRR § 21 EBRG Rn. 8; *Rose*/HWGNRH Einl. Rn. 223). Von den Umständen des Einzelfalls hängt es ab, ob die Auskunftsverweigerung als eine konkludent erklärte Verhandlungsverweigerung zu bewerten ist (s. Rdn. 7).

Über § 21 Abs. 1 Satz 3 findet § 21 Abs. 1 Satz 1 auch dann Anwendung, wenn die Bildung des be- 10
sonderen Verhandlungsgremiums nicht auf einem Antrag der Arbeitnehmerseite beruhte, sondern die Initiative hierzu von der zentralen Leitung ausging. Art. 7 Abs. 1 2. Spiegelstrich der Richtlinie 2009/38/EG bezieht sich zwar nur auf den gleichfalls dort genannten Sachverhalt, dass »die zentrale Leitung von sich aus« die Initiative zur Einsetzung eines besonderen Verhandlungsgremiums ergreift, im Hinblick auf den Zweck der Richtlinie bedeutet es aber keinen Unterschied, von welcher Seite die Initiative zur Bildung des besonderen Verhandlungsgremiums ausging (s. auch *Oetker*/EuArbR Art. 7 RL 2009/38/EG Rn. 11). Entscheidend ist ausschließlich, dass die zentrale Leitung nach der Bildung des besonderen Verhandlungsgremiums die von der Richtlinie favorisierte Vereinbarungslösung blockiert.

Nach dem Wortlaut von § 21 Abs. 1 Satz 1 reagiert die Vorschrift nicht auf den Sachverhalt, dass sich 11
das besondere Verhandlungsgremium der Aufnahme von Verhandlungen verweigert oder diese inner-

halb der Sechs-Monats-Frist abbricht. Diese Konstellation wird jedoch von § 21 Abs. 2 erfasst (s. Rdn. 16). Außerhalb der dort genannten Voraussetzungen soll das besondere Verhandlungsgremium nicht berechtigt sein, durch einseitige Entscheidung das Eingreifen der gesetzlichen Auffangregelung herbeizuführen.

3. Fristablauf, § 21 Abs. 1 Satz 2 1. Alt.

12   Ferner ist nach § 21 Abs. 1 Satz 2 1. Alt. ein Europäischer Betriebsrat kraft Gesetzes zu errichten, wenn innerhalb von **drei Jahren nach einem Antrag** i. S. d. § 9 keine Vereinbarung nach den §§ 18, 19 zustande kommt. Entsprechendes gilt wegen § 21 Abs. 1 Satz 3, wenn die Initiative zur Bildung des besonderen Verhandlungsgremiums von der zentralen Leitung ausging.

13   Für die **Berechnung der Frist** sind die §§ 187, 188, 193 BGB heranzuziehen (*Bachner/DKKW* § 21 EBRG Rn. 5; *Breitfeld*/NK-GA §§ 21–24 EBRG Rn. 3; *Heckelmann/Wolff*/AR § 21 EBRG Rn. 2). Im Gegensatz zu § 22 SEBG und § 22 SCEBG eröffnet § 21 Abs. 1 den Verhandlungsparteien nicht die Möglichkeit einer **Fristverlängerung**. Dies ist angesichts der auf drei Jahre bemessenen Verhandlungsfrist sowie der bei § 22 SEBG wegen des Gründungsstadiums der Europäischen Gesellschaft im Vordergrund stehenden Beschleunigung gerechtfertigt. Andererseits besteht im Hinblick auf die vom EBRG präferierte Vereinbarungslösung kein Anlass, die Parteien in das Prokrustesbett der gesetzlichen Auffangregelung zu pressen, obwohl der Abschluss einer Vereinbarung unmittelbar bevorsteht. Aus Sicht der gesetzlichen Auffangregelung, die bewusst als ultima-ratio konzipiert ist, bestehen deshalb keine Bedenken, wenn die Verhandlungen einvernehmlich über die Drei-Jahres-Grenze hinaus fortgesetzt wurden. Durch den jederzeit möglichen Abbruch der Verhandlungen ist jede Seite stets in der Lage, die Bildung eines Europäischen Betriebsrats kraft Gesetzes einzuleiten.

4. Scheitern der Verhandlungen, § 21 Abs. 1 Satz 2 2. Alt.

14   In Art. 7 Abs. 1 der Richtlinie 2009/38/EG fehlt eine Regelung für den Fall, in dem beide Parteien die **Verhandlungen für gescheitert erklären**. § 21 Abs. 1 2. Alt. sieht auch in diesem Fall die Errichtung eines Europäischen Betriebsrats kraft Gesetzes vor. Die Erklärung des Scheiterns durch eine Partei reicht indes nicht aus (*Blanke* § 21 Rn. 12; *Heckelmann/Wolff*/AR § 21 EBRG Rn. 5; *Joost*/MünchArbR § 275 Rn. 6; *Kühn*/AKRR § 21 EBRG Rn. 11, 13; *Müller* § 21 Rn. 3), da das Gesetz ausdrücklich eine gemeinsame Erklärung verlangt. Diese liegt jedoch auch dann vor, wenn jede Seite das Scheitern der Verhandlungen erklärt und die Erklärungen inhaltlich übereinstimmen (*Blanke/Kunz*/HaKo §§ 21 EBRG Rn. 2.

15   Die Richtlinie 2009/38/EG sieht in Art. 7 Abs. 1 1. Spiegelstrich als Variante für die Bildung eines Europäischen Betriebsrats kraft Gesetzes vor, dass beide Parteien beschließen, einen Europäischen Betriebsrat entsprechend den gesetzlichen Bestimmungen zu errichten. Das EBRG hat diese Regelung zwar nicht ausdrücklich übernommen, es steht aber einer derartigen Abrede auch nicht entgegen (ebenso *Giesen*/HWK EBRG Rn. 90). Da § 21 diesen Sachverhalt nicht erfasst, handelt es sich bei dem auf dieser Grundlage errichteten Europäischen Betriebsrat nicht um einen solchen kraft Gesetzes (so aber *Bachner/DKKW* § 21 EBRG Rn. 6), sondern vielmehr um einen Europäischen Betriebsrat kraft Vereinbarung, der in seiner Errichtung und Ausgestaltung dem Europäischen Betriebsrat kraft Gesetzes entspricht, aber auch nach der Errichtung noch der Gestaltungsfreiheit der Parteien unterliegt (*Müller* § 21 Rn. 3; ebenso *Heckelmann/Wolff*/AR § 21 EBRG Rn. 5). Die Regelungen in den §§ 22 ff. finden deshalb nicht unmittelbar Anwendung, sondern gelten kraft Vereinbarung. Wollen die Parteien hingegen nicht die Elastizität einer Vereinbarung in Anspruch nehmen, kann das Einvernehmen der Parteien, die Verhandlungen nicht fortführen zu wollen, auch i. S. einer gemeinsamen Erklärung zu würdigen sein, dass die Verhandlungen i. S. d. § 21 Abs. 1 Satz 2 2. Alt. gescheitert sind, so dass die gesetzliche Auffangregelung zur Anwendung kommt.

IV. Beschluss des besonderen Verhandlungsgremiums, § 21 Abs. 2

Die Errichtung eines Europäischen Betriebsrats kraft Gesetzes schließt § 21 Abs. 2 für den Fall aus, dass das besondere Verhandlungsgremium nach § 15 Abs. 1 Satz 1 mit qualifizierter Mehrheit den Beschluss fasst, keine Verhandlungen aufzunehmen oder diese zu beenden (s. näher § 15 EBRG Rdn. 3). Angesichts dessen hat § 21 Abs. 2 lediglich klarstellende Bedeutung (*Heckelmann/Wolff*/AR § 21 EBRG Rn. 6). Hieraus folgt im Umkehrschluss, dass es nicht der einseitigen Disposition des besonderen Verhandlungsgremiums unterliegt, ob die gesetzliche Auffangregelung zur Anwendung kommt. Hierzu soll es nach der aus § 21 Abs. 1 Satz 2 abzuleitenden Wertung nur dann kommen, wenn sich die zentrale Leitung der Erklärung des besonderen Verhandlungsgremiums anschließt. Unterbleibt eine derartige Erklärung, kommt es zur Bildung eines Europäischen Betriebsrats kraft Gesetzes erst nach Ablauf der Drei-Jahres-Frist (§ 21 Abs. 1 Satz 2 1. Alt.). Allerdings kann diese Rechtsfolge ausschließlich dann eingreifen, wenn das besondere Verhandlungsgremium keinen Beschluss i. S. d. § 15 Abs. 1 Satz 1 gefasst hat, z. B. weil ein entsprechender Antrag zwar die einfache, aber nicht die notwendige qualifizierte Mehrheit erhalten hat.

16

§ 22
Zusammensetzung des Europäischen Betriebsrats

(1) Der Europäische Betriebsrat setzt sich aus Arbeitnehmern des gemeinschaftsweit tätigen Unternehmens oder der gemeinschaftsweit tätigen Unternehmensgruppe zusammen. Es können Ersatzmitglieder bestellt werden.

(2) Für jeden Anteil der in einem Mitgliedstaat beschäftigten Arbeitnehmer, der 10 Prozent der Gesamtzahl der in allen Mitgliedstaaten beschäftigten Arbeitnehmer der gemeinschaftsweit tätigen Unternehmen oder Unternehmensgruppen oder einen Bruchteil davon beträgt, wird ein Mitglied aus diesem Mitgliedstaat in den Europäischen Betriebsrat entsandt.

Inhaltsübersicht	Rdn.
I. Allgemeines	1, 2
II. Persönliche Voraussetzungen, § 22 Abs. 1 Satz 2	3–6
III. Ersatzmitglieder, § 22 Abs. 1 Satz 2	7
IV. Zusammensetzung des Europäischen Betriebsrats, § 22 Abs. 2	8–12
1. Repräsentativität	9
2. Proportionalität	10–12

I. Allgemeines

Die Regelung wurde im Hinblick auf Abs. 1 aus § 22 EBRG 1996 übernommen; die in der ursprünglichen Fassung des § 22 Abs. 1 EBRG 1996 enthaltene Begrenzung des Europäischen Betriebsrats auf 30 Mitglieder war bereits durch das EBR-Anpassungsgesetz (s. vor § 1 EBRG Rdn. 3) entfallen (*Bachner*/DKKW § 22 EBRG Rn. 3). Im Kern entspricht § 22 Abs. 1 den Vorgaben in Abs. 1 Buchst. b des Anhangs I der Richtlinie 2009/38/EG, weicht aber in zwei Punkten hiervon ab. Erstens findet die Vorgabe, dass die dem Europäischen Betriebsrat angehörenden Mitglieder von den Arbeitnehmervertretern »aus ihrer Mitte« gewählt oder benannt werden, weder in § 22 noch in § 23 eine Entsprechung (s. Rdn. 6). Zweitens findet das Recht zur Bestellung von Ersatzmitgliedern (§ 22 Abs. 1 Satz 2) keine ausdrückliche Erwähnung in der Richtlinie 2009/38/EG. Hierauf verzichten auch § 23 SEBG sowie § 23 SCEBG, die jedoch jeweils eine mit § 22 Abs. 1 Satz 1 übereinstimmende Vorschrift enthalten (s. § 23 Abs. 1 Satz 2 SEBG, § 23 Abs. 1 Satz 2 SCEBG).

1

2 Eine im Vergleich zu § 22 EBRG 1996 gravierende Änderung ist in § 22 Abs. 2 bezüglich der Zusammensetzung des Europäischen Betriebsrats eingetreten, die ihr regelungstechnisches Vorbild in den Bestimmungen für den SE-Betriebsrat (§ 23 Abs. 1 Satz 3 SEBG i. V. m. § 5 Abs. 1 SEBG) und den SCE-Betriebsrat (§ 23 Abs. 1 Satz 3 SCEBG i. V. m. § 5 Abs. 2 SCEBG) hat und ihrerseits auf den unionsrechtlichen Vorgaben beruhen. Diese wurden bei der Revision der Richtlinie 94/45/EG aufgegriffen und in Abs. 1 Buchst. c des Anhangs I zur Richtlinie 2009/38/EG übernommen, so dass die Änderungen in § 22 unionsrechtlich vorgegeben waren.

II. Persönliche Voraussetzungen, § 22 Abs. 1 Satz 2

3 Ebenso wie § 23 Abs. 1 Satz 2 SEBG und § 23 Abs. 1 Satz 2 SCEBG verzichtet § 22 Abs. 1 Satz 1 weitgehend auf persönliche Voraussetzungen für die Mitglieder des Europäischen Betriebsrats. Das Gesetz schließt lediglich externe Personen aus (*Kühn*/AKRR § 23 EBRG Rn. 2); es genügt, wenn es sich um Arbeitnehmer des Unternehmens oder der Unternehmensgruppe handelt. Bezüglich der **Arbeitnehmereigenschaft** kann zwar nicht auf eine mit § 2 Abs. 1 SEBG bzw. § 2 Abs. 1 SCEBG vergleichbare Legaldefinition zurückgegriffen werden, aus § 4 Satz 1 lässt sich aber ableiten, dass für das EBRG der in **§ 5 Abs. 1 BetrVG** umschriebene Arbeitnehmerbegriff maßgebend ist (*Blanke*/*Kunz*/HaKo § 22 EBRG Rn. 1; *Heckelmann*/*Wolff*/AR § 22 EBRG Rn. 1; *Kühn*/AKRR § 23 EBRG Rn. 2 sowie hier § 4 EBRG Rdn. 2; **a. M.** *Bachner*/DKKW § 22 EBRG Rn. 1, der augenscheinlich auf den allgemeinen Arbeitnehmerbegriff abstellt).

4 Mit dem Rückgriff auf § 5 Abs. 1 BetrVG steht zugleich fest, dass **leitende Angestellte** i. S. d. § 5 Abs. 3 BetrVG dem Europäischen Betriebsrat nicht als Mitglied angehören können (*Blanke* § 22 Rn. 2, § 23 Rn. 6 und 7; *Blanke*/*Kunz*/HaKo § 22 EBRG Rn. 1; *Giesen*/HWK EBRG Rn. 58; *Heckelmann*/*Wolff*/AR § 22 EBRG Rn. 1, § 23 EBRG Rn. 3; *Joost*/MünchArbR § 275 Rn. 9; *Kühn*/AKRR § 23 EBRG Rn. 4; *Müller* § 22 Rn. 1; **a. M.** *Bachner*/DKKW § 22 EBRG Rn. 1; *Fitting* Übersicht EBRG Rn. 74). Bestätigt wird dies nicht nur durch die beratende Beteiligung der leitenden Angestellten an den Sitzungen des Europäischen Betriebsrats (§ 23 Abs. 6; dazu § 23 EBRG Rdn. 8 ff.), sondern auch durch einen Umkehrschluss zu § 11 Abs. 4. Aus dem Fehlen einer vergleichbaren Bestimmung in § 22 folgt mit hinreichender Deutlichkeit die Entscheidung des EBRG, dass die in § 5 Abs. 3 BetrVG genannten Angestellten nicht zu Mitgliedern des Europäischen Betriebsrats bestellt werden können.

5 Über die Arbeitnehmereigenschaft hinausgehende persönliche Voraussetzungen müssen die Mitglieder des Europäischen Betriebsrats nicht erfüllen. Insbesondere hat das EBRG von einer mit **§ 107 Abs. 1 Satz 3 BetrVG** vergleichbaren Forderung abgesehen, dass die Mitglieder des Europäischen Betriebsrats die zur Erfüllung ihrer Aufgaben erforderliche **fachliche und persönliche Eignung** besitzen sollen. Trotz der mit dem Wirtschaftsausschuss parallelen Aufgabenstruktur (s. § 21 EBRG Rdn. 3 f.) liegen die Voraussetzungen für eine entsprechende Anwendung der Norm nicht vor.

6 Nach dem Wortlaut des § 22 Abs. 1 Satz 1 ist ebenfalls nicht erforderlich, dass die Mitglieder des Europäischen Betriebsrats **dem jeweiligen Bestellungsorgan angehören**, insbesondere ist bei inländischen Arbeitnehmervertretern nicht notwendig, dass diese Mitglieder des bestellenden Gesamtbetriebsrats oder des Konzernbetriebsrats sind (in diesem Sinne auch *Bachner*/DKKW § 22 EBRG Rn. 1; *Heckelmann*/*Wolff*/AR § 22 EBRG Rn. 1). Der Verzicht auf diese Voraussetzung ist allerdings im Lichte der Vorgaben durch Abs. 1 Buchst. b des Anhangs I der Richtlinie 2009/38/EG problematisch, da die Mitglieder des Europäischen Betriebsrats hiernach aus der Mitte der Arbeitnehmervertreter bestellt werden. Da diese Vorgabe wegen Art. 7 Abs. 2 der Richtlinie 2009/38/EG für die gesetzlichen Auffangregelungen der Mitgliedstaaten verbindlich ist, kann dem nur dadurch Rechnung getragen werden, dass die Zugehörigkeit zu dem jeweiligen Bestellungsorgan im Wege einer unionsrechtskonformen Auslegung als ungeschriebene persönliche Voraussetzung in § 22 Abs. 1 Satz 1 hineingelesen wird.

III. Ersatzmitglieder, § 22 Abs. 1 Satz 2

Ebenso wie für die Mitglieder des besonderen Verhandlungsgremiums (§ 10 Abs. 2) können auch für die Mitglieder des Europäischen Betriebsrats Ersatzmitglieder bestellt werden (§ 22 Abs. 1 Satz 2). Eine entsprechende Option ist zwar im Anhang I der Richtlinie 2009/38/EG nicht ausdrücklich enthalten, der dort verwendete Begriff »Mitglied« lässt sich aber dahin auslegen, dass auch solche Personen bestellt werden können, die anstelle eines Mitglieds die Aufgaben im Europäischen Betriebsrat wahrnehmen bzw. an dessen Stelle treten, wenn dieses aus dem Europäischen Betriebsrat ausscheidet oder an der Wahrnehmung seiner Aufgaben verhindert ist.

IV. Zusammensetzung des Europäischen Betriebsrats, § 22 Abs. 2

Mit der Regelung in § 22 Abs. 2 zur Zusammensetzung des Europäischen Betriebsrats trägt das EBRG den durch Abs. 1 Buchst. c des Anhangs I der Richtlinie 2009/38/EG vorgegebenen Grundsätzen der Repräsentativität und der Proportionalität Rechnung. Diese stellen nicht nur sicher, dass die in den verschiedenen Mitgliedstaaten beschäftigten Arbeitnehmer in dem Europäischen Betriebsrat vertreten sind, sondern zugleich gewährleistet § 22 Abs. 2, dass die aus verschiedenen Mitgliedstaaten stammenden Arbeitnehmer entsprechend ihrem zahlenmäßigen Verhältnis dem Europäischen Betriebsrat angehören.

1. Repräsentativität

Hinsichtlich der Repräsentativität stellt § 22 Abs. 2 zunächst sicher, dass jeder Mitgliedstaat, in dem ein Arbeitnehmer des Unternehmens oder der Unternehmensgruppe beschäftigt ist, in dem Europäischen Betriebsrat vertreten ist. Arbeitnehmer aus **Drittstaaten** dürfen bei der Zusammensetzung eines Europäischen Betriebsrats kraft Gesetzes nicht durch eigene Vertreter einbezogen werden (*Blanke* § 22 Rn. 4; *Heckelmann/Wolff/AR* § 22 EBRG Rn. 1; *Joost/MünchArbR* § 275 Rn. 7; *Kühn/AKRR* § 22 EBRG Rn. 4; *Müller* § 22 Rn. 2). Eine derartige Option eröffnet das EBRG lediglich für den kraft Vereinbarung zu errichtenden Europäischen Betriebsrat (§ 18 Abs. 1 Nr. 1). Eine **Mindestzahl** beschäftigter Arbeitnehmer in dem jeweiligen Mitgliedstaat verlangt § 22 Abs. 2 nicht, da bereits ein Bruchteil von 10 % ausreicht, damit aus diesem Mitgliedstaat ein Mitglied dem Europäischen Betriebsrat angehört (*Kühn/AKRR* § 22 EBRG Rn. 5). Der noch in dem Novellierungsvorschlag der Kommission genannte Schwellenwert von 50 Arbeitnehmern (s. Nr. 1 Buchst. c des Anhangs I zum Richtlinienvorschlag der Kommission vom 02.07.2008, KOM [2008] 419 endg. – 2008/014 [COD] = EAS A 6540) wurde im Verlauf des weiteren Gesetzgebungsverfahrens in der Europäischen Union wieder fallen gelassen.

2. Proportionalität

Bei Unternehmen bzw. Unternehmensgruppen, die Arbeitnehmer in sehr vielen Mitgliedstaaten beschäftigen, ist das auf die Vertretung der Mitgliedstaaten bezogene Erfordernis der Repräsentativität fragwürdig, wenn sich die Gesamtzahl der Arbeitnehmer eines Unternehmens bzw. einer Unternehmensgruppe auf wenige Mitgliedstaaten konzentriert, während in anderen Mitgliedstaaten nur eine geringe Zahl von Arbeitnehmern beschäftigt ist. Die in diesem Fall unter Umständen drohende Majorisierung der aus diesen Mitgliedstaaten stammenden Arbeitnehmervertreter durch Arbeitnehmervertreter, die nur eine Minderheit der Arbeitnehmer repräsentieren, korrigiert das ebenfalls in § 22 Abs. 2 zum Ausdruck gelangte Prinzip der Proportionalität.

Abweichend von den bisherigen und stark differenzierenden Regelungen in § 22 Abs. 3 und 4 EBRG 1996 hat der Gesetzgeber in Umsetzung der Vorgabe durch Abs. 1 Buchst. c des Anhangs I der Richtlinie 2009/38/EG das aus § 23 SEBG bekannte Modell übernommen. Danach entfallen auf jeden im Europäischen Betriebsrat vertretenen Mitgliedstaat weitere Vertreter, wenn die Zahl der dort beschäftigten Arbeitnehmer mehr als 10 % der Gesamtzahl der Arbeitnehmer beträgt, wobei je begonnener Zehnerstaffel ein weiteres Mitglied hinzukommt. Sind z. B. in einem Mitgliedstaat 52 % der Arbeit-

12 Das in Rdn. 11 gegebene Beispiel zeigt allerdings, dass die aus diesem Mitgliedstaat stammenden Arbeitnehmervertreter gleichwohl von den Vertretern aus anderen Mitgliedstaaten majorisiert werden können, wenn sich die verbleibenden 48 % der Arbeitnehmer auf mehr als sechs Mitgliedstaaten verteilen. Das im SEBG für Beschlussfassungen im besonderen Verhandlungsgremium normierte Modell einer doppelten Mehrheit (Mitglieder und vertretene Arbeitnehmer; s. § 15 Abs. 2 SEBG) hat der Gesetzgeber nicht in das EBRG übernommen, obwohl die verbindlichen Vorgaben durch den Anhang I zur Richtlinie 2009/38/EG einer entsprechenden Regelung nicht entgegengestanden hätten. Das gilt auch für eine Bemessung des Gewichts der jeweiligen Stimmen der Vertreter nach Maßgabe der Zahl der von ihnen vertretenen Arbeitnehmer, die auf einen im Recht des Gesamt- bzw. Konzernbetriebsrats etablierten Mechanismus hätte zurückgreifen können (s. § 47 Abs. 7 BetrVG, § 55 Abs. 4 Satz 2 BetrVG i. V. m. § 47 Abs. 7 BetrVG sowie § 28 EBRG Rdn. 6).

§ 23
Bestellung der inländischen Arbeitnehmervertreter

(1) Die nach diesem Gesetz oder dem Gesetz eines anderen Mitgliedstaates auf die im Inland beschäftigten Arbeitnehmer entfallenen Mitglieder des Europäischen Betriebsrats werden in gemeinschaftsweit tätigen Unternehmen vom Gesamtbetriebsrat (§ 47 des Betriebsverfassungsgesetzes) bestellt. Besteht nur ein Betriebsrat, so bestellt dieser die Mitglieder des Europäischen Betriebsrats.

(2) Die in Absatz 1 Satz 1 genannten Mitglieder des Europäischen Betriebsrats werden in gemeinschaftsweit tätigen Unternehmensgruppen vom Konzernbetriebsrat (§ 54 des Betriebsverfassungsgesetzes) bestellt. Besteht neben dem Konzernbetriebsrat noch ein in ihm nicht vertretener Gesamtbetriebsrat oder Betriebsrat, ist der Konzernbetriebsrat und deren Vorsitzende und um deren Stellvertreter zu erweitern; die Vorsitzenden und ihre Stellvertreter gelten insoweit als Konzernbetriebsratsmitglieder.

(3) Besteht kein Konzernbetriebsrat, werden die in Absatz 1 Satz 1 genannten Mitglieder des Europäischen Betriebsrats wie folgt bestellt.
a) Bestehen mehrere Gesamtbetriebsräte, werden die Mitglieder des Europäischen Betriebsrats auf einer gemeinsamen Sitzung der Gesamtbetriebsräte bestellt, zu welcher der Gesamtbetriebsratsvorsitzende des nach der Zahl der wahlberechtigten Arbeitnehmer größten inländischen Unternehmens einzuladen hat. Besteht daneben noch mindestens ein in den Gesamtbetriebsräten nicht vertretener Betriebsrat, sind der Betriebsratsvorsitzende und dessen Stellvertreter zu dieser Sitzung einzuladen; sie gelten insoweit als Gesamtbetriebsratsmitglieder.
b) Besteht neben einem Gesamtbetriebsrat noch mindestens ein in ihm nicht vertretener Betriebsrat, ist der Gesamtbetriebsrat um den Vorsitzenden des Betriebsrats und dessen Stellvertreter zu erweitern; der Betriebsratsvorsitzende und sein Stellvertreter gelten insoweit als Gesamtbetriebsratsmitglieder. Der Gesamtbetriebsratsvorsitzende bestellt die Mitglieder des Europäischen Betriebsrats. Besteht nur ein Gesamtbetriebsrat, so hat dieser die Mitglieder des Europäischen Betriebsrats zu bestellen.
c) Bestehen mehrere Betriebsräte, werden die Mitglieder des Europäischen Betriebsrats auf einer gemeinsamen Sitzung bestellt, zu welcher der Betriebsratsvorsitzende des nach der Zahl der wahlberechtigten Arbeitnehmer größten inländischen Betriebs einzuladen hat. Zur Teilnahme an dieser Sitzung sind die Betriebsratsvorsitzenden und deren Stellvertreter berechtigt. § 47 Absatz 7 des Betriebsverfassungsgesetzes gilt entsprechend.
d) Besteht nur ein Betriebsrat, so hat dieser die Mitglieder des Europäischen Betriebsrats zu bestellen.

(4) Die Absätze 3 und 4 geltend entsprechend für die Abberufung.

(5) Eine ausgewogene Vertretung der Arbeitnehmer nach ihrer Tätigkeit sollte so weit als möglich berücksichtigt werden; Frauen und Männer sollen entsprechend ihrem zahlenmäßigen Verhältnis bestellt werden.

(6) Das zuständige Sprecherausschussgremium eines gemeinschaftsweit tätigen Unternehmens oder einer gemeinschaftsweit tätigen Unternehmensgruppe mit Sitz der zentralen Leitung im Inland kann einen der in § 5 Absatz 3 des Betriebsverfassungsgesetzes genannten Angestellten bestimmen, der mit Rederecht an den Sitzungen zur Unterrichtung und Anhörung des Europäischen Betriebsrats teilnimmt sofern nach § 22 Absatz 2 mindestens fünf inländische Vertreter entsandt werden. § 35 Absatz 2 und § 39 gelten entsprechend.

Inhaltsübersicht   Rdn.
 I.   Allgemeines   1
 II. Bestellung und Abberufung der Arbeitnehmervertreter   2–4
 III. Repräsentativität der inländischen Arbeitnehmervertreter   5–7
 IV. Beteiligung der leitenden Angestellten   8–13

I. Allgemeines

Für die Bestellung der inländischen Arbeitnehmervertreter des kraft Gesetzes zu bildenden Europäischen Betriebsrats greift § 23 in Fortführung von § 23 EBRG 1996 auf die betriebsverfassungsrechtlichen Organisationsstrukturen zurück. Verbindliche unionsrechtliche Vorgaben waren nicht zu beachten, da Abs. 1 Buchst. b des Anhangs I der Richtlinie 2009/38/EG für die Bestellungsmodalitäten auf die »einzelstaatlichen Rechtsvorschriften und/oder Gepflogenheiten« verweist. In konzeptioneller Hinsicht gelten die Bestellungsmodalitäten für den kraft Gesetzes zu bildenden Europäischen Betriebsrat im Kern auch für den SE-Betriebsrat kraft Gesetzes (§ 23 Abs. 1 Satz 3 SEBG i. V. m. § 8 SEBG) sowie den kraft Gesetzes zu bildenden SCE-Betriebsrat (§ 23 Abs. 1 Satz 3 SCEBG i. V. m. § 8 SCEBG). Keine Entsprechung findet dort allerdings die Sonderregelung in § 23 Abs. 6 zur Beteiligung der leitenden Angestellten. 1

II. Bestellung und Abberufung der Arbeitnehmervertreter

Die in § 23 Abs. 1 bis 3 zusammengefassten Bestellungsmodalitäten gelten ausschließlich für die inländischen Arbeitnehmervertreter im kraft Gesetzes zu bildenden Europäischen Betriebsrat. Der Anwendungsbereich der Vorschrift beschränkt sich jedoch nicht auf solche Europäischen Betriebsräte kraft Gesetzes, die nach Maßgabe der §§ 21 ff. zu errichten sind. Wegen der Bezugnahme in § 23 Abs. 1 Satz 1 auf die Gesetze eines anderen Mitgliedstaates sind die genannten Vorschriften auch dann anzuwenden, wenn ein Europäischer Betriebsrat kraft Gesetzes wegen des Sitzes des (herrschenden) Unternehmens nach den Rechtsvorschriften eines anderen Mitgliedstaates zu errichten ist und diesem auch Mitglieder aus dem Inland angehören. Entsprechendes gilt für die umgekehrte Konstellation: Die Modalitäten für die in anderen Mitgliedstaaten zu bestellenden Arbeitnehmervertreter für den Europäischen Betriebsrat richten sich nach den Rechtsvorschriften (und/oder Gepflogenheiten) der jeweiligen Mitgliedstaaten. 2

Hinsichtlich der Einzelheiten der Bestellung entspricht § 23 Abs. 1 bis 3 den Parallelbestimmungen für das besondere Verhandlungsgremium (§ 11 Abs. 1 bis 3), so dass auf die dortigen Erläuterungen zu verweisen ist (s. § 11 EBRG Rdn. 2 ff.). Das gilt auch für die Sonderproblematik, dass die in einem Betrieb bzw. Unternehmen beschäftigten Arbeitnehmer keine betriebsverfassungsrechtliche Vertretung gebildet haben (s. auch den Hinweis auf die Richtlinienwidrigkeit bei *Schaub/Koch* Arbeitsrechts-Handbuch, § 256 Rn. 18; für ein auf die Richtlinie 2009/38/EG gestütztes unmittelbares Wahlrecht der Arbeitnehmer *Kühn/AKRR* § 23 EBRG Rn. 9). 3

4 Nach § 23 Abs. 4 gelten die in § 23 Abs. 1 bis 3 geregelten Modalitäten für die Bestellung auch für die **Abberufung** der inländischen Arbeitnehmervertreter (s. auch § 32 Abs. 1 Satz 1). Dieses Recht steht den nach § 23 Abs. 1 bis 3 zuständigen betriebsverfassungsrechtlichen Arbeitnehmervertretungen jederzeit zu, ohne dass es hierfür eines besonderen (wichtigen) Grundes bedarf (*Kühn/AKRR* § 23 EBRG Rn. 11; näher § 32 EBRG Rdn. 3). Dies entspricht der Rechtslage für den Gesamtbetriebsrat (§ 49 BetrVG; s. *Kreutz/Franzen* § 49 BetrVG Rdn. 16 ff.) und den Konzernbetriebsrat (§ 57 BetrVG; s. *Franzen* § 57 BetrVG Rdn. 12).

III. Repräsentativität der inländischen Arbeitnehmervertreter

5 In der Zusammensetzung der inländischen Arbeitnehmervertreter ist das jeweilige Bestellungsgremium weitgehend frei; § 23 Abs. 5 bindet das Bestellungsgremium lediglich durch eine **Soll-Vorschrift**, so dass Abweichungen von dieser nicht zur Unwirksamkeit der Bestellung führen (*Kühn/AKRR* § 23 EBRG Rn. 5). Wegen des Charakters einer Soll-Vorschrift darf das Bestellungsgremium jedoch nur aus triftigen Gründen von den Vorgaben abweichen.

6 Eine »**ausgewogene Vertretung der Arbeitnehmer**« sieht § 23 Abs. 5 1. Halbs. ausschließlich im Hinblick auf deren »Tätigkeit« vor und ist hierdurch enger gefasst als § 15 Abs. 1 BetrVG. Es verbleibt deshalb im Ermessen des Bestellungsgremiums, ob und in welchem Ausmaß es bei der Bestellung der inländischen Arbeitnehmervertreter auch die »einzelnen Organisationsbereiche« berücksichtigt. Insbesondere ist das Bestellungsgremium frei darin, in welcher Weise es dem Umstand Rechnung trägt, dass die inländischen Arbeitnehmer in unterschiedlicher Zahl in den verschiedenen Betrieben und Unternehmen beschäftigt sind. Eine § 23 Abs. 1 Satz 3 SEBG i. V. m. § 7 Abs. 2 bis 4 SEBG entsprechende Regelung, die eine Vertretung der verschiedenen Arbeitnehmergruppen in den Betrieben bzw. Unternehmen im SE-Betriebsrat sicherstellen soll, kennt das EBRG nicht; auch im Wege der Rechtsfortbildung kann diese nicht auf die Bestellung der inländischen Arbeitnehmervertreter für den kraft Gesetzes zu bildenden Europäischen Betriebsrat übertragen werden.

7 Dem Grundsatz der **Geschlechterproportionalität** trägt § 23 Abs. 5 2. Halbs. Rechnung und schreibt damit die für das besondere Verhandlungsgremium geltende Vorgabe fort (§ 11 Abs. 5; s. dazu § 11 EBRG Rdn. 8). Ebenso wie § 23 Abs. 1 Satz 3 SEBG i. V. m. § 6 Abs. 2 SEBG beschränkt sich das EBRG auf eine Soll-Vorschrift und weicht hierdurch von § 15 Abs. 2 BetrVG ab. Gleichwohl liegt hierin keine richtlinienwidrige Abweichung von den »einzelstaatlichen Rechtsvorschriften und/oder Gepflogenheiten«, da auch die für die Zusammensetzung des Gesamtbetriebsrats und des Konzernbetriebsrats maßgebenden und dem Grundsatz der Geschlechterproportionalität Rechnung tragenden Bestimmungen (§ 47 Abs. 2 BetrVG, § 55 Abs. 1 Satz 2 BetrVG) als Soll-Vorschriften ausgestaltet sind (s. *Kreutz/Franzen* § 47 BetrVG Rdn. 41; *Franzen* § 55 BetrVG Rdn. 2); für die Bestellung der dem Wirtschaftsausschuss angehörenden Mitglieder sieht § 107 BetrVG selbst hiervon ab.

IV. Beteiligung der leitenden Angestellten

8 Ein **leitender Angestellter** kann **nicht als vollwertiges Mitglied des Europäischen Betriebsrats** bestellt werden, da eine § 11 Abs. 4 entsprechende Regelung fehlt (*Blanke* § 22 Rn. 2, § 23 Rn. 6 und 7; *Giesen/HWK* EBRG Rn. 58; *Heckelmann/Wolff*/AR § 22 EBRG Rn. 1, § 23 EBRG Rn. 3; *Joost*/MünchArbR § 275 Rn. 9; *Kühn/AKRR* § 23 EBRG Rn. 4; *Müller* § 22 Rn. 1; *Rose/HWGNRH* Einl. Rn. 232; **a. M.** *Bachner/DKKW* § 22 EBRG Rn. 1; *Fitting* Übersicht EBRG Rn. 74). Liegt die zentrale Leitung des gemeinschaftsweit tätigen Unternehmens oder der Unternehmensgruppe in Deutschland, kann jedoch das zuständige **Sprecherausschussgremium** nach § 23 Abs. 6 einen leitenden Angestellten i. S. d. § 5 Abs. 3 BetrVG bestimmen, der mit Rederecht, aber ohne Stimmrecht an den Sitzungen zur Unterrichtung und Anhörung des Europäischen Betriebsrats teilnimmt. Hat die zentrale Leitung ihren Sitz in einem anderen Mitgliedstaat richtet sich die Beteiligung der leitenden Angestellten an den Verhandlungen nach den Rechtsvorschriften dieses Mitgliedstaats; § 23 Abs. 6 ist in dieser Konstellation nicht einschlägig (*Fitting* Übersicht EBRG Rn. 74).

9 Teilweise wird die Beteiligung des leitenden Angestellten kritisch betrachtet (so *Bachner/Kunz* AuR 1996, 81 [84]; *Bachner/Nielebock* AuR 1997, 129 [133]; *Kohte* EuroAS 1996, 115 [116]), weil die innerhalb Europas nur in Deutschland vorzufindende Besonderheit einer eigenständigen Vertretung der leitenden Angestellten in ein europäisches Gremium transportiert wird (s. *Bachner/Nielebock* AuR 1997, 129 [133]). Außerdem wird ein Systemwiderspruch zum Betriebsverfassungsrecht und zum SprAuG angenommen, da Betriebsrat und Sprecherausschuss als unterschiedliche Gremien konzipiert seien, so dass eine Zusammenarbeit ausschließlich auf freiwilliger Grundlage im Rahmen des § 2 SprAuG erfolgen solle (*Bachner/Nielebock* AuR 1997, 129 [133]; *Kohte* EuroAS 1996, 115 [116]). Dieser Einwand übersieht, dass der Europäische Betriebsrat in seiner Funktion nicht dem Betriebsrat, sondern dem Wirtschaftsausschuss i. S. d. § 106 BetrVG entspricht (s. § 21 EBRG Rdn. 3 f.) und gemäß § 107 Abs. 1 Satz 2 BetrVG auch leitende Angestellte zu Mitgliedern des Wirtschaftsausschusses bestellt werden können. Für die Sitzungen mit dem SE-Betriebsrat hat das SEBG indes von einer mit § 23 Abs. 6 vergleichbaren Sonderbestimmung abgesehen.

10 Das Bestimmungsrecht steht dem Sprecherausschuss nicht generell zu, sondern erst, wenn dem Europäischen Betriebsrat mindestens **fünf inländische Arbeitnehmervertreter** angehören. Ist dies nicht der Fall, dann kommt eine Teilnahme an den Sitzungen zur Unterrichtung und Anhörung des Europäischen Betriebsrats allenfalls auf freiwilliger Grundlage der beteiligte Akteure in Betracht, da das EBRG für die prozedurale Ausgestaltung des Dialogs nur wenige verbindliche Vorgaben trifft. In personeller Hinsicht verlangt § 23 Abs. 6 Satz 1 lediglich, dass es sich um einen leitenden Angestellten i. S. d. § 5 Abs. 3 BetrVG handeln muss. Weitere Einschränkungen formuliert § 23 Abs. 6 Satz 1 nicht, insbesondere schreibt das Gesetz – wie bei den inländischen Arbeitnehmervertretern im Europäischen Betriebsrat (s. § 22 EBRG Rdn. 6) – nicht vor, dass der leitende Angestellte Mitglied eines Sprecherausschusses ist.

11 Der leitende Angestellte ist **kein Arbeitnehmervertreter** i. S. d. EBRG, so dass das entsandte Gruppenmitglied nicht auf die Zahl der gemäß § 22 zu entsendenden Arbeitnehmervertreter anzurechnen ist (*Bachner/DKKW* § 23 EBRG Rn. 2; *ders./Nielebock* AuR 1997, 129 [134]; *Blanke* § 23 Rn. 7; *Heckelmann/Wolff/AR* § 23 EBRG Rn. 3). Er hat ein Teilnahme- und ein Rederecht in den Sitzungen zur Unterrichtung und Anhörung. Das gilt jedoch nicht in den **internen Sitzungen** des Europäischen Betriebsrats (*Bachner/DKKW* § 23 EBRG Rn. 2; *ders./Nielebock* AuR 1997, 129 [134]; *Blanke* § 23 Rn. 7; *Joost/MünchArbR* § 275 Rn. 9; *Kunz* AiB 1997, 267 [280]; **a. M.** *Heckelmann/Wolff/AR* § 23 EBRG Rn. 3). Sollte die Teilnahme eines leitenden Angestellten aus rechtlichen oder tatsächlichen Gründen nicht möglich sein, so hat der Europäische Betriebsrat oder ein von ihm gebildeter Ausschuss i. S. d. § 26 dem Sprecherausschuss nach § 36 Abs. 2 Satz 1 über die Unterrichtung und Anhörung zu berichten (*Blanke* § 23 Rn. 8; *Müller* § 23 Rn. 4 sowie hier § 36 EBRG Rdn. 8).

12 Keine ausdrückliche Regelung trifft § 23 Abs. 6 für den Fall, in dem das Verfahren der Unterrichtung und Anhörung nicht mit dem Europäischen Betriebsrat als Gesamtorgan, sondern einem von diesem zwingend zu bildenden **Ausschuss** (§ 26 Satz 1) durchgeführt wird. Ebenso wie der nach § 23 Abs. 6 bestimmte leitende Angestellte nicht an den internen Sitzungen des Europäischen Betriebsrats teilnehmen kann (s. Rdn. 11), steht ihm dieses Recht auch nicht hinsichtlich der Sitzungen des vom Europäischen Betriebsrat gebildeten Ausschusses zu. Andererseits tritt der Ausschuss im Rahmen von § 30 Abs. 2 für die Durchführung der Unterrichtung und Anhörung zwingend an die Stelle des Europäischen Betriebsrats (s. § 30 EBRG Rdn. 10). Um dem Zweck des § 23 Abs. 6 gerecht zu werden, bedarf die Vorschrift deshalb einer entsprechenden Anwendung, wenn der Ausschuss des Europäischen Betriebsrats im Rahmen der Unterrichtung und Anhörung mit der zentralen Leitung an die Stelle des Europäischen Betriebsrats tritt. Andernfalls würde die Beteiligung der leitenden Angestellten an der Unterrichtung und Anhörung durch die zentrale Leitung gerade dann leerlaufen, wenn außergewöhnliche Umstände eintreten, die erhebliche Auswirkungen auf die Arbeitnehmer haben (**a. M.** wohl *Heckelmann/Wolff/AR* § 30 EBRG Rn. 2 sowie dezidiert zum EBRG 1996 *Blanke* § 33 Rn. 27).

13 Wegen der Verweisung in § 23 Abs. 6 Satz 2 unterliegt der vom Sprecherausschuss bestimmte Arbeitnehmervertreter in gleicher Weise wie die Mitglieder des Europäischen Betriebsrats der **Verschwiegenheitspflicht** in § 35 Abs. 2 und damit bei einer Pflichtverletzung auch den Strafbestimmungen in § 43 Abs. 1 und § 44 Abs. 1 Nr. 1. Aufgrund der entsprechenden Anwendung des § 39, die § 23 Abs. 6 Satz 2 ausdrücklich anordnet, hat die zentrale Leitung dem vom Sprecherausschuss bestimmten

Arbeitnehmervertreter die durch die Teilnahme an der Sitzung entstandenen **Kosten** zu erstatten (*Kühn/AKRR* § 23 EBRG Rn. 4).

§ 24
Unterrichtung über die Mitglieder des Europäischen Betriebsrats

Der zentralen Leitung sind unverzüglich die Namen der Mitglieder des Europäischen Betriebsrats, ihre Anschriften sowie die jeweilige Betriebszugehörigkeit mitzuteilen. Die zentrale Leitung hat die örtlichen Betriebs- oder Unternehmensleitungen, die dort bestehenden Arbeitnehmervertretungen sowie die in inländischen Betrieben vertretenen Gewerkschaften über diese Angaben zu unterrichten.

Inhaltsübersicht	Rdn.
I. Allgemeines	1
II. Mitteilungspflicht, § 24 Satz 1	2, 3
III. Unterrichtungspflicht, § 24 Satz 2	4–6

I. Allgemeines

1 Die Vorschrift stimmt mit § 24 EBRG 1996 überein und beruht hinsichtlich der Regelung in Satz 1 auf der Vorgabe in Anhang I Abs. 1 Buchst. e der Richtlinie 2009/38/EG, die aus Nr. 1 Buchst. e des Anhangs zur Richtlinie 94/45/EG übernommen wurde, obwohl die Mitteilungspflicht in § 24 Satz 1 deutlich detaillierter ausgestaltet ist. Die in § 24 Satz 2 normierte und an die zentrale Leitung adressierte Unterrichtungspflicht lässt sich nicht auf eine Vorgabe in den vorgenannten Richtlinien stützen. Bezüglich der Mitglieder des kraft Gesetzes zu errichtenden SE-Betriebsrats bzw. SCE-Betriebsrats bestehen mit § 24 übereinstimmende Regelungen (§ 23 Abs. 1 Satz 3 SEBG i. V. m. § 11 Abs. 1 Satz 2 und 3 SEBG, § 23 Abs. 1 Satz 3 SCEBG i. V. m. § 11 Abs. 1 Satz 2 und 3 SCEBG).

II. Mitteilungspflicht, § 24 Satz 1

2 Die Mitteilungspflicht dient insbesondere dazu, dass die zentrale Leitung ihrer in § 25 Abs. 1 Satz 1 normierten Pflicht nachkommen kann, zur konstituierenden Sitzung des Europäischen Betriebsrats einzuladen; diese Pflicht kann sie nur erfüllen, wenn ihr die in § 24 Satz 1 aufgezählten Informationen über die Mitglieder des Europäischen Betriebsrats bekannt sind. Über die **Form der Mitteilung** trifft § 24 Satz 1 keine Vorgaben; es kann deshalb jede zweckgerechte Variante gewählt werden, die bei der zentralen Leitung die Kenntnis über die im Gesetz genannten Angaben sicherstellt. Den **Zeitpunkt der Mitteilung** konkretisiert das EBRG mit dem Begriff »unverzüglich«, so dass der Mitteilungspflicht ohne schuldhaftes Zögern (§ 121 BGB) zu entsprechen ist.

3 Den **Adressaten der Mitteilungspflicht** konkretisiert § 24 Satz 1 nicht. Aus der Gesetzessystematik sowie dem Normzweck folgt jedoch, dass sich die Mitteilungspflicht an das jeweils nach § 23 Abs. 1 bis 3 **zuständige Bestellungsgremium** richtet (*Giesen/HWK* EBRG Rn. 93; *Kühn/AKRR* § 24 EBRG Rn. 2). Die in anderen Mitgliedstaaten bestehenden Bestellungs- bzw. Wahlgremien sind hingegen wegen des **Territorialitätsprinzips** nicht nach § 24 Satz 1, sondern nach den Gesetzen der jeweiligen Mitgliedstaaten zu vergleichbaren Informationen verpflichtet. Hieraus folgt zugleich eine einschränkende Auslegung bezüglich der in § 24 Satz 1 genannten »Mitglieder des Europäischen Betriebsrats«: Die Mitteilungspflicht nach § 24 Satz 1 erstreckt sich ausschließlich auf die dem Europäischen Betriebsrat angehörenden **inländischen Arbeitnehmervertreter**, gilt dann jedoch unabhängig davon, ob der Europäische Betriebsrat kraft Gesetzes nach dem EBRG oder nach dem Gesetz eines anderen Mitgliedstaats zu errichten ist. Entscheidend ist ausschließlich, dass einem kraft Gesetzes

zu errichtenden Europäischen Betriebsrat nach § 23 Abs. 1 bis 3 zu bestellende inländische Arbeitnehmervertreter angehören.

III. Unterrichtungspflicht, § 24 Satz 2

Obwohl dies unionsrechtlich nicht vorgegeben ist, trifft die zentrale Leitung die Pflicht, die nach § 24 Satz 1 erhaltenen Informationen an die in § 24 Satz 2 Genannten weiterzuleiten. Über die **Form** trifft das Gesetz ebenso keine Vorgaben, wie bezüglich des **Zeitpunktes**. In **personeller Hinsicht** ist die Unterrichtungspflicht nicht eingegrenzt, so dass sich diese auf sämtliche Mitglieder des Europäischen Betriebsrats erstreckt. 4

Wegen des **Umfangs** der weiterzuleitenden Informationen besteht die Unterrichtungspflicht gegenüber den örtlichen Betriebs- und Unternehmensleitungen nicht nur im Hinblick auf die dort beschäftigten Mitglieder des Europäischen Betriebsrats. Entsprechendes gilt für örtliche Arbeitnehmervertretungen. Aus dem Zweck der Unterrichtungspflicht sowie im Umkehrschluss zu der bezüglich der Gewerkschaften vorgenommenen Beschränkung auf »inländische Betriebe« folgt zudem, dass die Unterrichtungspflicht auch die in anderen Mitgliedstaaten bestehenden Betriebs- und Unternehmensleitungen sowie die dort gebildeten Arbeitnehmervertretungen umfasst (*Bachner/DKKW* § 24 EBRG Rn. 1). 5

In den Kreis der Adressaten bezieht § 24 Satz 2 ferner die **Gewerkschaften** ein, beschränkt sich insoweit allerdings auf diejenigen, die in inländischen Betrieben vertreten sind. Ob eine Gewerkschaft in einem Betrieb vertreten ist, richtet sich nach den Grundsätzen zu § 2 Abs. 1 BetrVG (*Bachner/DKKW* § 24 EBRG Rn. 2; näher *Franzen* § 2 BetrVG Rdn. 39 ff.). Eine Begrenzung der begünstigten Gewerkschaften auf solche, die nach § 2 TVG tariffähig sind und deren Tarifzuständigkeit sich auf den Betrieb erstreckt (s. *Franzen* § 2 BetrVG Rdn. 28 ff.), lässt sich zumindest nicht auf den Normzweck, sondern allenfalls auf das (verfehlte; s. *Franzen* § 2 BetrVG Rdn. 34 f.) Dogma eines einheitlichen Gewerkschaftsbegriffs stützen. 6

Zweiter Abschnitt
Geschäftsführung des Europäischen Betriebsrats

§ 25
Konstituierende Sitzung, Vorsitzender

(1) Die zentrale Leitung lädt unverzüglich nach Benennung der Mitglieder zur konstituierenden Sitzung des Europäischen Betriebsrats ein. Der Europäische Betriebsrat wählt aus seiner Mitte einen Vorsitzenden und einen Stellvertreter.

(2) Der Vorsitzende des Europäischen Betriebsrats oder im Falle seiner Verhinderung der Stellvertreter vertritt den Europäischen Betriebsrat im Rahmen der von ihm gefassten Beschlüsse. Zur Entgegennahme von Erklärungen, die dem Europäischen Betriebsrat gegenüber abzugeben sind, ist der Vorsitzende oder im Falle seiner Verhinderung der Stellvertreter berechtigt.

Inhaltsübersicht

		Rdn.
I.	Allgemeines	1
II.	Konstituierende Sitzung	2–4
II.	Wahl und Abberufung des Vorsitzenden und seines Stellvertreters	5–7
III.	Aufgaben des Vorsitzenden und seines Stellvertreters	8

I. Allgemeines

1   Die Vorschrift ist gegenüber § 25 EBRG 1996 unverändert und lässt sich nicht auf Vorgaben in Anhang I der Richtlinie 2009/38/EG zurückführen. Sie entspricht den Bestimmungen für den SE-Betriebsrat sowie den SCE-Betriebsrat (§ 23 Abs. 2 und 3 SEBG, § 23 Abs. 2 und 3 SCEBG).

II. Konstituierende Sitzung

2   Unverzüglich nach Benennung der Mitglieder durch die nationalen Bestellungsgremien lädt die **zentrale Leitung** zur konstituierenden Sitzung ein (§ 25 Abs. 1 Satz 1). Die Richtlinie 2009/38/EG geht in Abs. 1 Buchst. d und f sowie Abs. 4 des Anhangs I zwar von der Eigenständigkeit und Souveränität des Europäischen Betriebsrats aus. In der Ladungspflicht ist – wie beim besonderen Verhandlungsgremium (s. § 13 EBRG Rdn. 4) – aber keine Einschränkung der Autonomie des Europäischen Betriebsrats zu sehen (*Müller* § 25 Rn. 1; **a. M.** *Bachner/Kunz* AuR 1996, 81 [85]; *Bachner/Nielebock* AuR 1997, 129 [131]; *Blanke* § 25 Rn. 1). Bei einer **Versäumung der Ladung** sind die Mitglieder des Europäischen Betriebsrats jedoch berechtigt, die konstituierende Sitzung selbst zu organisieren (*Bachner/DKKW* § 25 EBRG Rn. 2; *ders./Kunz* AuR 1996, 81 [85]; *Blanke* § 25 Rn. 3; *Blanke/Kunz/HaKo* § 25 EBRG Rn. 2; *Breitfeld/NK-GA* §§ 25–28 EBRG Rn. 2; *Giesen/HWK* EBRG Rn. 93; *Joost/MünchArbR* § 275 Rn. 14; *Kühn/AKRR* § 25 EBRG Rn. 4; *Rose/HWGNRH* Einl. Rn. 233; **a. M.** *Heckelmann/Wolff/AR* § 25 EBRG Rn. 1).

3   Eine feste **Frist für die Einberufung** der konstituierenden Sitzung legt § 25 Abs. 1 Satz 1 nicht fest; zur Konkretisierung der »Unverzüglichkeit« gibt § 29 Abs. 1 Satz 1 BetrVG allerdings eine Orientierung (*Rudolph/AKRR* § 25 EBRG Rn. 3, jedoch mit dem Vorbehalt einer nach den Umständen des Einzelfalls zu bemessenden längeren Frist), von der die zentrale Leitung nur aus triftigen Gründen abweichen sollte. Die Pflicht zur Einberufung der konstituierenden Sitzung korrespondiert nicht mit einem Recht der zentralen Leitung auf **Teilnahme an der Sitzung** (*Blanke* § 25 Rn. 1; *Blanke/Kunz/HaKo* § 25 EBRG Rn. 1; *Heckelmann/Wolff/AR* § 25 EBRG Rn. 1); das Gebot der **Nichtöffentlichkeit** (§ 27 Abs. 1 Satz 5; dazu § 27 EBRG Rdn. 7 f.) gilt auch für die konstituierende Sitzung.

Wie im BetrVG (s. § 29 Abs. 1 Satz 1 BetrVG) dient die konstituierende Sitzung insbesondere dazu, den Vorsitzenden des Europäischen Betriebsrats sowie dessen Stellvertreter zu wählen. Weitere Beschlussfassungen sind hierdurch nicht ausgeschlossen, insbesondere können die weiteren Ausschussmitglieder (§ 26 Satz 2) bereits in der konstituierenden Sitzung gewählt werden (*Blanke* § 26 Rn. 2; *Kühn/AKRR* § 26 EBRG Rn. 5). Entsprechendes gilt für die Beschlussfassung über eine Geschäftsordnung (§ 28 Satz 2). 4

II. Wahl und Abberufung des Vorsitzenden und seines Stellvertreters

Der Vorsitzende und dessen Stellvertreter werden in zwei getrennten Wahlgängen gewählt (§ 25 Abs. 1 Satz 2; *Blanke* § 25 Rn. 7; *Heckelmann/Wolff*/AR § 25 EBRG Rn. 2; *Kühn/AKRR* § 25 EBRG Rn. 9). Formvorschriften und Wahlverfahren sind gesetzlich nicht geregelt. Da die Wahl aus der Mitte des Europäischen Betriebsrats erfolgt, sind nur dessen Mitglieder wahlberechtigt (*Blanke* § 25 Rn. 7; *Blanke/Kunz*/HaKo § 25 EBRG Rn. 3; *Kühn/AKRR* § 25 EBRG Rn. 14; *Müller* § 25 Rn. 3). Im Übrigen ist das Gremium jedoch nicht gebunden, insbesondere muss der Vorsitzende nicht in einem bestimmten Mitgliedstaat beschäftigt sein (*Bachner/DKKW* § 25 EBRG Rn. 1). 5

In entsprechender Anwendung des § 28 Satz 1 ist die **Mehrheit der Stimmen** der anwesenden Mitglieder erforderlich (*Blanke* § 25 Rn. 7; *Blanke/Kunz*/HaKo § 25 EBRG Rn. 3; *Joost*/MünchArbR § 275 Rn. 15; *Kühn/AKRR* § 25 EBRG Rn. 11; *Müller* § 25 Rn. 3), wobei mindestens die Hälfte der Mitglieder an der Wahl teilnehmen müssen (*Joost*/MünchArbR § 275 Rn. 15; *Kühn/AKRR* § 25 EBRG Rn. 8; *Müller* § 25 Rn. 3; ähnlich *Blanke* § 25 Rn. 6, der auf die Anwesenheit abstellt). Eine Gewichtung der Stimmen (z. B. nach der Zahl der repräsentierten Arbeitnehmer) findet – anders als nach den §§ 47 Abs. 7, 55 Abs. 4 BetrVG – nicht statt (*Blanke* § 25 Rn. 6; *Heckelmann/Wolff*/AR § 25 EBRG Rn. 2). 6

Für die **Abberufung** bedarf es ebenfalls eines **Mehrheitsbeschlusses** (*Blanke* § 25 Rn. 9; *Heckelmann/Wolff*/AR § 25 EBRG Rn. 2; *Joost*/MünchArbR § 275 Rn. 17; *Kühn/AKRR* § 25 EBRG Rn. 16; *Müller* § 25 Rn. 4), ohne dass es für diesen jedoch eines wichtigen Grundes bedarf (*Kühn/AKRR* § 25 EBRG Rn. 16; ferner *Raab* § 26 BetrVG Rdn. 26). 7

III. Aufgaben des Vorsitzenden und seines Stellvertreters

Nach § 25 Abs. 2 vertritt der Vorsitzende und im Falle seiner Verhinderung der Stellvertreter den Europäischen Betriebsrat im Rahmen der von ihm gefassten Beschlüsse und ist gemäß § 25 Abs. 2 Satz 2 zur Entgegennahme von Erklärungen berechtigt, die dem Europäischen Betriebsrat gegenüber abzugeben sind. Damit ist der Vorsitzende bzw. dessen Stellvertreter, wie der Vorsitzende des Betriebsrats (§ 26 Abs. 2 Satz 1 BetrVG), ein Vertreter des Europäischen Betriebsrats in der Erklärung (*Blanke* § 25 Rn. 11; *Heckelmann/Wolff*/AR § 25 EBRG Rn. 2; *Kühn/AKRR* § 25 EBRG Rn. 20; *Müller* § 25 Rn. 4; näher s. *Raab* § 26 BetrVG Rdn. 32). Wegen des mit § 26 Abs. 2 BetrVG übereinstimmenden Inhalts der Vorschrift ist hinsichtlich der weiteren Einzelheiten auf die dortigen Erläuterungen zu verweisen. 8

§ 26
Ausschuss

Der Europäische Betriebsrat bildet aus seiner Mitte einen Ausschuss. Der Ausschuss besteht aus dem Vorsitzenden und mindestens zwei, höchstens vier weiteren zu wählenden Ausschussmitgliedern. Die weiteren Ausschussmitglieder sollen in verschiedenen Mitgliedstaaten beschäftigt sein. Der Ausschuss führt die laufenden Geschäfte des Europäischen Betriebsrats.

§ 26 EBRG

Inhaltsübersicht
	Rdn.
I. Allgemeines	1, 2
II. Zusammensetzung und Bildung des Ausschusses	3–8
III. Aufgaben des Ausschusses	9–11
IV. Arbeitsweise und Organisation	12, 13

I. Allgemeines

1 § 26 Satz 1 ermöglicht entsprechend Abs. 1 Buchst. d Satz 1 des Anhangs I zur Richtlinie 2009/38/EG die Bildung eines Ausschusses aus der Mitte des Europäischen Betriebsrats. Im Unterschied zu § 26 Satz 2 EBRG 1996 muss der Europäische Betriebsrat hierfür nicht mehr aus neun oder mehr Mitgliedern bestehen. Die noch in Nr. 1 Buchst. c des Anhangs zur Richtlinie 94/45/EG enthaltene Regelung, die die Bildung eines engeren Ausschusses davon abhängig machte, dass die Zahl der Mitglieder die Bildung eines Ausschusses rechtfertigt, wurde in die Auffangregelung der neu gefassten Richtlinie 2009/38/EG nicht übernommen, sondern die Bildung eines engeren Ausschusses mit einer Höchstzahl von fünf Mitgliedern unabhängig von der Größe des Europäischen Betriebsrats vorgesehen, was für die Umsetzungsgesetze der Mitgliedstaaten wegen Art. 7 Abs. 2 der Richtlinie 2009/38/EG verbindlich ist. Zudem konkretisiert die Richtlinie 2009/38/EG nunmehr die Aufgabe des Ausschusses, die nach der gesetzlichen Auffangregelung in der Koordinierung der Aktivitäten des Europäischen Betriebsrats besteht. Diese Vorgabe setzt § 26 Satz 4 mit den laufenden Geschäften des Europäischen Betriebsrats gleich. Insoweit ähnelt der Ausschuss dem nach § 27 BetrVG zu bildenden Ausschuss, dem das Gesetz allerdings keine weiteren Aufgaben überträgt.

2 Zur Bildung eines (geschäftsführenden) Ausschusses ist auch der SE-Betriebsrat verpflichtet; § 23 Abs. 4 SEBG weicht jedoch insoweit von § 26 ab, als der Ausschuss höchstens aus drei Mitgliedern bestehen darf. Im Übrigen stimmt § 23 Abs. 4 SEBG mit § 26 überein. Entsprechendes gilt für den SCE-Betriebsrat (s. § 23 Abs. 4 SCEBG).

II. Zusammensetzung und Bildung des Ausschusses

3 Die Bildung des Ausschusses ist obligatorisch und – im Unterschied zur früheren Rechtslage (s. § 26 Abs. 1 Satz 1 EBRG 1996: neun oder mehr Mitglieder) – unabhängig von der Zahl der Mitglieder des Europäischen Betriebsrats (*Kühn/AKRR* § 26 EBRG Rn. 1). Die noch in § 25 Abs. 2 EBRG eröffnete Option, dem Vorsitzenden die Führung der laufenden Geschäfte zu übertragen, ist entfallen (*Kühn/AKRR* § 26 EBRG Rn. 1). Deshalb steht die Bildung des Ausschusses nicht zur Disposition des Europäischen Betriebsrats. Dies schließt indes nicht aus, dass der Ausschuss den Vorsitzenden mit bestimmten Aufgaben der Geschäftsführung zur alleinigen Wahrnehmung bevollmächtigt. Er kann die Aufgaben jedoch jederzeit durch einen gegenläufigen Beschluss wieder an sich ziehen.

4 Der Ausschuss besteht aus geborenen und gekorenen Mitgliedern. Zu den geborenen Mitgliedern des Ausschusses gehört der Vorsitzende des Europäischen Betriebsrats (*Bachner/DKKW* § 26 EBRG Rn. 1). Er kann seine Zugehörigkeit kraft Gesetzes nicht auf ein anderes Mitglied des Europäischen Betriebsrats übertragen. Auch im Fall einer Verhinderung nimmt dessen Stellvertreter nicht dessen Tätigkeit im Ausschuss wahr, da § 26 bewusst von einer mit § 25 Abs. 2 Satz 1 vergleichbaren Regelung absieht (*Blanke* § 26 Rn. 2; **a. M.** *Heckelmann/Wolff*/AR § 26 EBRG Rn. 1).

5 Neben dem Vorsitzenden gehören dem Ausschuss mindestens **zwei weitere Mitglieder** an, die nach § 26 Satz 3 in verschiedenen Mitgliedstaaten beschäftigt sein sollen. Dies ist jedoch nicht zwingend (*Blanke* § 26 Rn. 2; *Blanke/Kunz*/HaKo § 26 EBRG Rn. 1; *Heckelmann/Wolff*/AR § 26 EBRG Rn. 1; *Joost*/MünchArbR § 275 Rn. 19; *Kühn/AKRR* § 26 EBRG Rn. 3; *Müller* § 26 Rn. 2). So kann es z. B. für die Ausschussarbeit effektiv sein, Mitglieder gleicher Sprache zusammenzufassen (*Engels/Müller* DB 1996, 981 [986]; *Fitting* Übersicht EBRG Rn. 84; *Joost*/MünchArbR § 275 Rn. 20; *Lerche* Europäischer Betriebsrat, S. 246; *Müller* § 26 Rn. 2).

Abweichend von der früheren Rechtslage beschränkt § 26 Satz 2 den Ausschuss nicht mehr auf drei 6
Mitglieder (§ 26 Abs. 1 Satz 2 EBRG 1996; ebenso noch § 23 Abs. 4 Satz 1 SEBG, § 23 Abs. 4 Satz 1
SCEBG), sondern gestattet eine Vergrößerung auf **maximal fünf Mitglieder**. Durch Abs. 1
Buchst. d des Anhangs I zur Richtlinie 2009/38/EG ist diese Vorgabe für die Mitgliedstaaten wegen
Art. 7 Abs. 2 der Richtlinie 2009/38/EG verbindlich und soll dazu beitragen, die Aufgabenwahrnehmung insbesondere bei außergewöhnlichen Umständen effektiv zu gestalten (s. Erwägungsgrund 44
zur Richtlinie 2009/38/EG). Ob der Europäische Betriebsrat von der in § 26 Satz 2 eröffneten Option einer Vergrößerung auf vier bzw. fünf Mitglieder Gebrauch macht, steht in seinem pflichtgemäßen Ermessen (offener *Kühn/AKRR* § 26 EBRG Rn. 2: freies Ermessen) und hängt von seiner Größe
und den tatsächlichen Umständen in dem Unternehmen bzw. in der Unternehmensgruppe ab.

Die **weiteren Mitglieder** sind durch Wahl zu bestimmen. Wie beim Betriebsausschuss (§ 27 Abs. 1 7
Satz 3 BetrVG) sollte eine **geheime Wahl** nach den Grundsätzen der **Verhältniswahl** durchgeführt
werden, um zu vermeiden, dass die Mitglieder von den Vertretern des beschäftigungsstärksten Mitgliedstaats bestellt werden (*Heckelmann/Wolff*/AR § 26 EBRG Rn. 1; *Müller* § 26 Rn. 1; ähnlich
Kühn/AKRR § 26 EBRG Rn. 7; **a. M.** *Blanke* § 26 Rn. 2). Eine **Mehrheitswahl** ist jedoch durchzuführen, wenn nur ein **Wahlvorschlag** vorliegt (*Müller* § 26 Rn. 1; s. auch *Blanke* § 26 Rn. 2: stets
Mehrheitswahl).

Entsprechend § 27 Abs. 1 Satz 5 BetrVG ist für die **Abberufung eines Mitglieds** eine Mehrheit von 8
drei Vierteln erforderlich (*Müller* § 26 Rn. 1; zust. *Heckelmann/Wolff*/AR § 26 EBRG Rn. 1; *Kühn/AKRR* § 26 EBRG Rn. 10).

III. Aufgaben des Ausschusses

Der Ausschuss führt nach § 26 Satz 4 die **laufenden Geschäfte** des Europäischen Betriebsrats. Zu 9
diesen gehören solche, die sich regelmäßig wiederholen und bei denen keine Beschlussfassung erforderlich ist, wie z. B. die Vorbereitung von Beschlüssen und Sitzungen, Einholung von Auskünften,
Vorbesprechungen mit der zentralen Leitung, Entgegennahme von Anregungen der Belegschaft
und Erledigung des anfallenden Schriftwechsels nach Maßgabe der Beschlüsse des Europäischen Betriebsrats (*Blanke* § 26 Rn. 5; *Heckelmann/Wolff*/AR § 26 EBRG Rn. 2; *Joost*/MünchArbR § 275
Rn. 20; *Kühn/AKRR* § 26 EBRG Rn. 13; *Müller* § 26 Rn. 4).

Ferner ist der Ausschuss anstelle des Europäischen Betriebsrats bei **außergewöhnlichen Umstän-** 10
den, die erhebliche Auswirkungen auf die Interessen der Arbeitnehmer haben, von der zentralen Leitung unter Vorlage der erforderlichen Unterlagen zu unterrichten und auf dessen Verlangen anzuhören
(§ 30 Abs. 2 Satz 1); ansonsten gehört die **Wahrnehmung der Mitwirkungsrechte** jedoch nicht zu
der laufenden Geschäftsführung (*Blanke* § 26 Rn. 5). Ergänzend sieht § 30 Abs. 2 Satz 3 vor, die Mitglieder des Europäischen Betriebsrats »zu den Sitzungen des Ausschusses« zu laden, die unmittelbar
von der geplanten Maßnahme betroffen sind. Wegen Abs. 3 UA 3 des Anhangs I der Richtlinie
2009/38/EG gehören hierzu sowohl die internen als auch die Sitzungen mit der zentralen Leitung
(s. § 30 EBRG Rdn. 10).

Darüber hinaus kann dem Ausschuss durch einen Übertragungsbeschluss des Europäischen Betriebs- 11
rats nach § 38 Abs. 1 Satz 4 die Aufgabe zuwachsen, bezüglich der Teilnahme an **Schulungs- und**
Fortbildungsmaßnahmen die Aufgaben nach § 38 Abs. 1 Satz 1 bis 3 wahrzunehmen (s. § 38
EBRG Rdn. 5).

IV. Arbeitsweise und Organisation

Bezüglich der Binnenorganisation des Ausschusses enthält das EBRG keine verbindlichen Vorgaben. 12
Das gilt auch für den **Ausschussvorsitz** sowie die Vertretung des Ausschusses. In der Regel liegt es
nahe, dass dies der kraft Amtes dem Ausschuss angehörende Vorsitzende des Europäischen Betriebsrats
ist (*Heckelmann/Wolff*/AR § 26 EBRG Rn. 1). Rechtlich zwingend ist dies jedoch nicht. Es obliegt

vielmehr der Autonomie des Ausschusses, die für seine Arbeitsweise und Organisation maßgebenden Entscheidungen zu treffen.

13 Auch wenn für den Ausschuss eine mit § 28 Satz 2 vergleichbare Vorschrift fehlt, ist der Ausschuss berechtigt, mit der Mehrheit seiner Mitglieder eine **eigene Geschäftsordnung** zu beschließen (*Blanke* § 26 Rn. 3). Sieht er hiervon ab, richten sich Organisation und Arbeitsweise des Ausschusses nach einer vom Europäischen Betriebsrat beschlossenen Geschäftsordnung, ergänzt nach den für den Europäischen Betriebsrat geltenden gesetzlichen Vorschriften (*Blanke* § 26 Rn. 3; *Heckelmann/Wolff*/AR § 26 EBRG Rn. 3). Im Übrigen billigt § 39 Abs. 2 auch dem Ausschuss das Recht zu, zu seiner Unterstützung **Sachverständige** hinzuzuziehen (s. § 39 EBRG Rdn. 7). Die mit der Tätigkeit des Ausschusses verbundenen und für diese erforderlichen **Kosten** hat die zentrale Leitung zu tragen (§ 39 Abs. 1 Satz 1).

§ 27
Sitzungen

(1) Der Europäische Betriebsrat hat das Recht, im Zusammenhang mit der Unterrichtung durch die zentrale Leitung nach § 29 eine Sitzung durchzuführen und zu dieser einzuladen. Das Gleiche gilt bei einer Unterrichtung über außergewöhnliche Umstände nach § 30. Der Zeitpunkt und der Ort der Sitzung sind mit der zentralen Leitung abzustimmen. Mit Einverständnis der zentralen Leitung kann der Europäische Betriebsrat weitere Sitzungen durchführen. Die Sitzungen des Europäischen Betriebsrats sind nicht öffentlich.

(2) Absatz 1 gilt entsprechend für die Wahrnehmung der Mitwirkungsrechte des Europäischen Betriebsrats durch den Ausschuss nach § 26.

Inhaltsübersicht

		Rdn.
I.	Allgemeines	1
II.	Sitzungen im Zusammenhang mit der Unterrichtung und Anhörung, § 27 Abs. 1 Satz 1 bis 3	2–4
III.	Weitere Sitzungen, § 27 Abs. 1 Satz 4	5, 6
IV.	Nichtöffentlichkeit, § 27 Abs. 1 Satz 5	7, 8

I. Allgemeines

1 Nach Abs. 4 Satz 2 des Anhangs I zur Richtlinie 2009/38/EG ist der Europäische Betriebsrat berechtigt, in Abwesenheit der Unternehmensleitung zu tagen. § 27 EBRG beschränkt dieses Sitzungsrecht – wie beim besonderen Verhandlungsgremium – in zweierlei Hinsicht. Der Europäische Betriebsrat hat nur das Recht, **eine** die jährliche Unterrichtung und Anhörung gemäß § 29 bzw. die Unterrichtung und Anhörung gemäß § 30 **vorbereitende Sitzung** durchzuführen und muss **Zeitpunkt und Ort** der Sitzung mit der zentralen Leitung **abstimmen**. Einen mit § 27 übereinstimmenden Inhalt haben die Vorschriften für den SE-Betriebsrat und den SCE-Betriebsrat (§ 24 Abs. 2 SEBG, § 24 SCEBG).

II. Sitzungen im Zusammenhang mit der Unterrichtung und Anhörung, § 27 Abs. 1 Satz 1 bis 3

2 Die Sitzung i. S. d. § 27 Abs. 1 Satz 1 muss im Zusammenhang mit der einmal jährlich nach § 29 erfolgenden Unterrichtung und Anhörung erfolgen. Entsprechendes gilt für eine Unterrichtung über außergewöhnliche Umstände i. S. d. § 30 (s. § 27 Abs. 1 Satz 2). Sitzungen zu anderen Themen, die in den durch § 1 Abs. 2 vorgegebenen Zuständigkeitsbereich des Europäischen Betriebsrats fallen, sind lediglich als weitere Sitzungen i. S. d. § 27 Abs. 1 Satz 4 statthaft, hängen also von einem Einvernehmen mit der zentralen Leitung ab (s. Rdn. 5 f.).

Da § 27 Abs. 1 Satz 1 und 2 lediglich einen »Zusammenhang« mit der Unterrichtung nach den §§ 29, **3**
30 fordert, steht es im Ermessen des Europäischen Betriebsrats, ob er die Sitzung vor oder nach der
Unterrichtung abhält. Stets ist der Europäische Betriebsrat jedoch auf die Durchführung **einer internen Sitzung** beschränkt, auch Abs. 4 Unterabs. 2 des Anhangs I zur Richtlinie 2009/38/EG geht
lediglich von einer vorbereitenden Sitzung aus. Nimmt der Europäische Betriebsrat diese Möglichkeit
in Anspruch, kommt eine nachbereitende Sitzung nur als weitere Sitzung i. S. d. § 27 Abs. 1 Satz 4 in
Betracht (**a. M.** *Blanke* § 27 Rn. 4; *Heckelmann/Wolff*/AR § 27 EBRG Rn. 1; wohl auch *Bachner/
DKKW* § 27 EBRG Rn. 1). Hätte der Gesetzgeber eine andere Regelung treffen wollen, dann hätte
es nahegelegen, im Rahmen von § 27 Abs. 1 Satz 1 eine § 13 Abs. 2 entsprechende Bestimmung (»vor
und nach jeder Verhandlung«) aufzunehmen. Ein entsprechender Änderungsantrag der SPD-Fraktion
(BT-Drucks. 17/5184) wurde jedoch sowohl im zuständigen Bundestagsausschuss als auch vom Plenum des Deutschen Bundestags abgelehnt (s. vor § 1 EBRG Rdn. 6). Zudem ist nur die hier befürwortete Auslegung mit dem Wortlaut des Gesetzes (»eine Sitzung«) vereinbar.

Über **Ort und Zeitpunkt** der Sitzung nach § 27 Abs. 1 Satz 1 und 2 entscheidet der Europäische Be- **4**
triebsrat grundsätzlich autonom; lediglich für weitere Sitzungen (§ 27 Abs. 1 Satz 4) benötigt er die
Zustimmung der zentralen Leitung. Die von § 27 Abs. 1 Satz 3 geforderte »**Abstimmung**« ist demgegenüber deutlich schwächer, die Regelung in § 8 Abs. 3 Satz 2 für das besondere Verhandlungsgremium bestätigt diese Auslegung zusätzlich. Deshalb können für die von § 27 Abs. 1 Satz 3 geforderte
»Abstimmung« keine höheren Anforderungen als im Rahmen von § 110 Abs. 1 BetrVG gestellt werden (s. näher § 110 BetrVG Rdn. 22 f.).

III. Weitere Sitzungen, § 27 Abs. 1 Satz 4

Weitere Sitzungen bedürfen des Einverständnisses der zentralen Leitung (§ 27 Abs. 1 Satz 4). Hier **5**
gilt jedoch – wie beim besonderen Verhandlungsgremium –, dass der Europäische Betriebsrat durch
die Richtlinie 2009/38/EG als eigenständiges und souveränes Vertretungsgremium konzipiert ist und
deshalb die Häufigkeit, den Zeitpunkt und den Ort selbst bestimmen können muss (*Bachner/Kunz*
AuR 1996, 81 [85]; *Blanke* § 27 Rn. 6; *Kohte* EuroAS 1996, 115 [119]; Zweifel äußert auch *Gaul*
NJW 1996, 3378 [3382]). Aus diesem Grunde ist § 27 Abs. 1 unionsrechtskonform auszulegen und
eine Beschränkung des internen Sitzungsrechts abzulehnen.

Eine unionsrechtskonforme Anwendung des § 27 Abs. 1 Satz 4 kann darin bestehen, dass die zentrale **6**
Leitung ihr Einverständnis grundsätzlich erteilen muss (*Blanke* § 27 Rn. 6; *Blanke/Kunz*/HaKo § 27
EBRG Rn. 2; im Ergebnis auch *Bachner/DKKW* § 27 Rn. 5; schwächer *Fitting* Übersicht EBRG
Rn. 85; *Joost*/MünchArbR § 275 Rn. 24; *Kühn*/AKRR § 27 EBRG Rn. 2; *Müller* § 27 Rn. 1, die
nur auf den Grundsatz der vertrauensvollen Zusammenarbeit verweisen; **a. M.** *Heckelmann/Wolff*/AR
§ 27 EBRG Rn. 3: Einverständnis kann verweigert werden, wenn kein wichtiger Grund für eine Sitzung außerhalb des Turnus vorliegt). Eine andere und von § 39 zu beantwortende Frage ist, wer die
Kosten für weitere interne Sitzungen trägt.

IV. Nichtöffentlichkeit, § 27 Abs. 1 Satz 5

Gemäß § 27 Abs. 1 Satz 5 sind die internen Sitzungen **nicht öffentlich**. Das ist zwingendes Recht **7**
und kann nicht durch einen Beschluss des Europäischen Betriebsrats aufgehoben werden (*Giesen/
HWK* EBRG Rn. 96; *Heckelmann/Wolff*/AR § 27 EBRG Rn. 4; *Joost*/MünchArbR § 275 Rn. 27;
Kühn/AKRR § 27 EBRG Rn. 4; *Müller* § 27 Rn. 2). Jedoch soll die Hinzuziehung von Sachverständigen und eine punktuelle Beteiligung von sachkundigen Arbeitnehmern dem Gebot der Nichtöffentlichkeit nicht entgegenstehen (*Bachner/DKKW* § 27 EBRG Rn. 6 f.; *Blanke* § 27 Rn. 8; *Fitting*
Übersicht EBRG Rn. 86; *Joost*/MünchArbR § 275 Rn. 27; *Müller* § 27 Rn. 3).

Dem ist im Hinblick auf die nach § 39 Abs. 2 zur Unterstützung hinzugezogenen Sachverständigen **8**
zuzustimmen, da diese nur durch Teilnahme an den Sitzungen des Europäischen Betriebsrats ihre Aufgabe erfüllen können (*LAG Baden-Württemberg* 23.12.2014 – 11 TaBV 6/14 – BeckRS 2015, 69902).

Im Übrigen steht die Nichtöffentlichkeit der Sitzungen nicht zur Disposition des Europäischen Betriebsrats. Selbst ein Einvernehmen aller Mitglieder ist nicht in der Lage, die zwingende Vorgabe in § 27 Abs. 1 Satz 5 zu überwinden (a. M. *Bachner/DKKW* § 27 EBRG Rn. 6; *Heckelmann/Wolff*/AR § 27 EBRG Rn. 4). Das gilt auch im Hinblick auf Vertreter der Gewerkschaften. Diese können ausschließlich als Sachverständige hinzugezogen werden (§ 39 Abs. 2 Satz 2; ebenso *Giesen/HWK* EBRG Rn. 96; *Heckelmann/Wolff*/AR § 27 EBRG Rn. 4). Angesichts dessen fehlt für eine entsprechende Anwendung des § 31 BetrVG (hierfür *Bachner/DKKW* § 27 EBRG Rn. 7; *Bachner/Nielebock* AuR 1997, 129 [131]) die methodische Grundlage, die auch nicht durch einen Rückgriff auf Art. 9 Abs. 3 Satz 1 GG überwunden werden kann (*LAG Baden-Württemberg* 23.12.2014 – 11 TaBV 6/14 – BeckRS 2015, 69902; *Breitfeld*/NK-GA §§ 25–28 EBRG Rn. 8; *Kühn/AKRR* § 27 EBRG Rn. 4; ferner Reg. Begr., BT-Drucks. 13/5021, S. 7f.).

§ 28
Beschlüsse, Geschäftsordnung

Die Beschlüsse des Europäischen Betriebsrats werden, soweit in dem Gesetz nichts anderes bestimmt ist, mit der Mehrheit der Stimmen der anwesenden Mitglieder gefasst. Sonstige Bestimmungen über die Geschäftsführung sollen in einer schriftlichen Geschäftsordnung getroffen werden, die der Europäische Betriebsrat mit einer Mehrheit der Stimmen seiner Mitglieder beschließt.

Inhaltsübersicht

		Rdn.
I.	Allgemeines	1
II.	Beschlussfassung, § 28 Satz 1	2–6
III.	Geschäftsordnung, § 28 Satz 2	7, 8

I. Allgemeines

1 Die Vorschrift fasst Regelungen zur Beschlussfassung und zur Geschäftsordnung zusammen und entspricht der bisherigen Rechtslage in § 28 EBRG 1996; Vorgaben durch Anhang I zur Richtlinie 2009/38/EG hatte der Gesetzgeber bezüglich der Beschlussfassung nicht zu beachten. Lediglich hinsichtlich des Erlasses einer Geschäftsordnung ist Abs. 1 Buchst. d des Anhangs I der Richtlinie 2009/38/EG wohl dahin zu verstehen, dass dies verpflichtend ist und die entsprechende Pflicht nicht den vom Europäischen Betriebsrat gewählten Ausschuss, sondern den Europäischen Betriebsrat selbst trifft. Insoweit stimmt die Sollvorschrift in § 28 Satz 2 nicht mit der Vorgabe der Richtlinie überein (s. Rdn. 8; ferner *Blanke* § 28 Rn. 6, ohne aus dem Umsetzungsdefizit jedoch Konsequenzen zu ziehen). Mit § 28 übereinstimmende Vorschriften gelten für den SE-Betriebsrat (§ 24 Abs. 1 und Abs. 3 Satz 2 SEBG) und den SCE-Betriebsrat (§ 24 Abs. 1 und Abs. 3 Satz 2 SCEBG).

II. Beschlussfassung, § 28 Satz 1

2 Im Unterschied zu den Bestimmungen für den SE-Betriebsrat und den SCE-Betriebsrat verzichtet § 28 auf eine eigenständige Regelung zur **Beschlussfähigkeit** (s. aber § 24 Abs. 3 Satz 1 SEBG, § 24 Abs. 3 Satz 1 SCEBG: Anwesenheit von mindestens der Mehrheit der Mitglieder). Angesichts dessen ist es jedoch systemwidrig, diese Frage zu den in der Geschäftsordnung zu regelnden »sonstigen Bestimmungen« zu rechnen. Wegen der grundlegenden Bedeutung der Beschlussfähigkeit für eine rechtswirksame Beschlussfassung liegt es näher, § 24 Abs. 3 Satz 1 SEBG und § 24 Abs. 3 Satz 1 SCEBG für die Beschlussfassung des Europäischen Betriebsrats analog anzuwenden (im Ergebnis ebenso *Bachner/DKKW* § 28 EBRG Rn. 1 i. V. m. § 13 EBRG Rn. 10; *Giesen/HWK* EBRG Rn. 97; a. M. *Kühn/AKRR* § 28 EBRG Rn. 2: keine Beschlussfähigkeit erforderlich). Danach

kommt es nicht auf die Teilnahme an der Beschlussfassung (hierfür jedoch *Blanke* § 28 Rn. 3; *Heckelmann/Wolff*/AR § 28 EBRG Rn. 1), sondern darauf an, ob die Mehrheit der Mitglieder des Europäischen Betriebsrats bei der Beschlussfassung anwesend ist.

Bezüglich der für eine Beschlussfassung **notwendigen Mehrheit** ist § 28 Satz 1 mit § 33 Abs. 1 Satz 1 **3** BetrVG identisch, so dass auf die dortigen Erläuterungen zu verweisen ist (s. *Raab* § 33 BetrVG Rdn. 29 ff.). Im Unterschied zu § 33 Abs. 1 Satz 2 BetrVG fehlt in § 28 eine Regelung zur Behandlung der **Stimmengleichheit**. Sofern die Geschäftsordnung diesbezüglich keine Aussagen trifft, sprechen gute Gründe für eine entsprechende Anwendung der Vorschrift. Bestätigt wird dies durch den Umstand, dass bei einer Stimmengleichheit eine positive Mehrheit für einen Antrag verfehlt wird und hierdurch die Voraussetzung des § 28 Satz 1 nicht erfüllt ist (ebenso *Blanke* § 28 Rn. 5; *Heckelmann/Wolff*/AR § 28 EBRG Rn. 1; *Kühn/AKRR* § 28 EBRG Rn. 5). Aus diesem Grund wirken sich auch **Stimmenthaltungen** wie Neinstimmen aus (*Blanke* § 28 Rn. 5; *Giesen/HWK* EBRG Rn. 97). Ein von § 28 Satz 1 **abweichendes Mehrheitsquorum** gilt für die Beschlussfassung über die **Geschäftsordnung** (§ 28 Satz 2: absolute Mehrheit) und über die **Aufnahme von Verhandlungen** mit der zentralen Leitung (§ 33 Satz 1: absolute Mehrheit).

Wegen der Verknüpfung der Beschlussfassung mit der Anwesenheit der Mitglieder können Beschlüsse **4** des Europäischen Betriebsrats **ausschließlich** in **Sitzungen** gefasst werden (*Blanke* § 28 Rn. 4). Eine Beschlussfassung im **Umlaufverfahren** vermag gerade in einem transnational zusammengesetzten Gremium wegen des mit einer Sitzung verbundenen Aufwandes an Kosten und Zeit zweckmäßig sein, die zwingende Vorschrift in § 28 Satz 1 steht einem Umlaufverfahren jedoch entgegen (ebenso *Kühn/AKRR* § 28 EBRG Rn. 3) und kann deshalb auch nicht mittels Geschäftsordnung eingeführt werden.

Nach tradiertem Verständnis erfordert eine Sitzung die **gleichzeitige Anwesenheit** der Organmit- **5** glieder (s. *Raab* § 33 BetrVG Rdn. 10). In diesem Sinne stellt auch § 28 Satz 1 ausdrücklich auf die »anwesenden« Mitglieder ab. Die Durchführung einer virtuellen Sitzung (z. B. mittels Videokonferenz) ist hiermit nach herkömmlichem Verständnis nicht vereinbar (s. *Raab* § 33 BetrVG Rdn. 11). Diese Sichtweise ist durch § 41a Abs. 2 in Umsetzung von Art. 10 Abs. 3 Unterabs. 5 der Richtlinie 2009/38/EG in Frage gestellt, da hiernach für den Fall der nicht möglichen Teilnahme eines Besatzungsmitgliedes an der Sitzung eines Europäischen Betriebsrats die Nutzung neuer Informations- und Kommunikationstechniken eröffnet ist (s. § 41a EBRG Rdn. 4 ff.). Dies ist ein deutlicher Hinweis darauf, dass es jedenfalls dem Zweck der Richtlinie bzw. des Gesetzes nicht widerspricht, wenn die Teilnahme an der Sitzung durch moderne Kommunikationstechniken vermittelt wird. Einer entsprechenden Anwendung des § 41a Abs. 2, die generell eine virtuelle Sitzung des Europäischen Betriebsrats eröffnet, steht der spezifische und auf ortsabwesende Besatzungsmitglieder zugeschnittene Normzweck entgegen. Auch in einer Geschäftsordnung des Europäischen Betriebsrates kann eine Sitzungsteilnahme mittels moderner Informations- und Kommunikationstechnologien nicht eröffnet werden. Etwas anderes kommt allenfalls in Betracht, wenn der Europäische Betriebsrat aufgrund einer Vereinbarung (§ 18 Abs. 1) errichtet wurde und in dieser eine virtuelle Teilnahme an den Sitzungen des Europäischen Betriebsrates vorgesehen ist (s. § 18 EBRG Rdn. 11).

Bei der Abstimmung verfügt jedes Mitglied des Europäischen Betriebsrats über **eine Stimme**. Die **6** Zahl der von einem Mitglied repräsentierten Arbeitnehmer ist – im Gegensatz zu Abstimmungen im Gesamtbetriebsrat (§ 47 Abs. 7 BetrVG) und im Konzernbetriebsrat (§ 55 Abs. 4 Satz 2 BetrVG i. V. m. § 47 Abs. 7 BetrVG) – für das Gewicht der Stimme ohne Bedeutung. Diesem Umstand trägt das EBRG ausschließlich durch den Grundsatz der Proportionalität bei der Zusammensetzung des Europäischen Betriebsrats Rechnung (s. § 22 EBRG Rdn. 10 ff.), ohne indes vorzuschreiben, dass die aus einem Mitgliedstaat gewählten oder bestellten Mitglieder einheitlich abzustimmen hätten.

III. Geschäftsordnung, § 28 Satz 2

Nach § 28 Satz 2 (entsprechend Nr. 1 Buchst. c Satz 3 des Anhangs I zur Richtlinie 2009/38/EG) **7** kann sich der Europäische Betriebsrat eine **Geschäftsordnung** geben. Sie bedarf der **Schriftform** und muss mit der Mehrheit der Stimmen seiner Mitglieder beschlossen werden (§ 28 Satz 2). Den **Inhalt** der Geschäftsordnung gibt die Richtlinie 2009/38/EG nicht vor, sie darf jedoch nicht von den zwingenden Vorschriften der §§ 28 Satz 1, 26 Abs. 1, 29 ff. abweichen (*Müller* § 28 Rn. 2; zust. *Heckelmann/Wolff*/AR § 28 EBRG Rn. 2). Regelungsinhalt kann z. B. die Durchführung der vor- und nachbereitenden Sitzungen, die Wahl und Abberufung des Vorsitzenden und seines Stellvertreters, Aufgaben und Verfahrensweisen des Ausschusses sowie die Ausgestaltung der Berichtspflicht des Europäischen Betriebsrats gemäß § 36 sein (*Blanke* § 28 Rn. 7; *Giesen/HWK* EBRG Rn. 98; *Kühn/AKRR* § 28 EBRG Rn. 10; *Müller* § 28 Rn. 2).

8 Der Erlass einer Geschäftsordnung ist nach dem Wortlaut des § 28 Satz 2 nicht zwingend, sondern scheint im pflichtgemäßen Ermessen des Europäischen Betriebsrats zu stehen. Wegen der Vorgabe in Abs. 1 Buchst. b des Anhangs I zur Richtlinie 2009/38/EG (»Er gibt sich eine Geschäftsordnung«) sind Abweichungen von der Sollvorschrift auf Sonderfälle beschränkt, in denen der Erlass einer Geschäftsordnung evident unzweckmäßig ist. Das zu § 36 BetrVG maßgebende Verständnis (s. *Raab* § 36 BetrVG Rdn. 6) gilt deshalb auch im Rahmen von § 28 Satz 2.

Dritter Abschnitt
Mitwirkungsrechte

§ 29
Jährliche Unterrichtung und Anhörung

(1) Die zentrale Leitung hat den Europäischen Betriebsrat einmal im Kalenderjahr über die Entwicklung der Geschäftslage und die Perspektiven des gemeinschaftsweit tätigen Unternehmens oder der gemeinschaftsweit tätigen Unternehmensgruppe unter rechtzeitiger Vorlage der erforderlichen Unterlagen zu unterrichten und ihn anzuhören.

(2) Zu der Entwicklung der Geschäftslage und den Perspektiven im Sinne des Absatzes 1 gehören insbesondere
1. Struktur des Unternehmens oder der Unternehmensgruppe sowie die wirtschaftliche und finanzielle Lage,
2. die voraussichtliche Entwicklung der Geschäfts-, Produktions- und Absatzlage,
3. die Beschäftigungslage und ihre voraussichtliche Entwicklung,
4. Investitionen (Investitionsprogramme),
5. grundlegende Änderung der Organisation,
6. die Einführung neuer Arbeits- und Fertigungsverfahren,
7. die Verlegung von Unternehmen, Betrieben oder wesentlichen Betriebsteilen sowie Verlagerungen der Produktion,
8. Zusammenschlüsse oder Spaltungen von Unternehmen und Betrieben,
9. die Einschränkung oder Stilllegung von Unternehmen Betrieben oder wesentlichen Betriebsteilen,
10. Massenentlassungen.

Inhaltsübersicht	Rdn.
I. Allgemeines	1, 2
II. Ort und Zeitpunkt	3, 4
III. Form der Unterrichtung	5–8
IV. Erforderlichkeit der Unterlagen	9
V. Rechtzeitigkeit der Unterrichtung und Anhörung	10–12
VI. Regelbeispiele der Unterrichtungs- und Anhörungsgegenstände	13–23

I. Allgemeines

Die Vorschrift ist mit § 32 EBRG 1996 identisch und setzt die Vorgabe in Abs. 2 des Anhangs I zur Richtlinie 2009/38/EG um. Insoweit hat § 29 Abs. 1 die Vorgaben der Richtlinie nahezu wörtlich übernommen. Keine Entsprechung in der Richtlinie hat die nicht abschließende (»insbesondere«) Aufzählung der Gegenstände in § 29 Abs. 2, die zur Entwicklung der Geschäftslage und der Perspektiven zählen. Die Regelungstechnik des § 29 Abs. 2 ist § 106 Abs. 3 BetrVG entlehnt, allerdings verzichtet § 29 Abs. 2 auf eine mit § 106 Abs. 3 Nr. 10 vergleichbare Generalklausel. Wegen des nicht abschließenden Charakters der Aufzählung (»insbesondere«; s. Rdn. 13) ist dieses Defizit jedoch unschädlich. 1

Eine Parallele hat § 29 in § 28 SEBG für den SE-Betriebsrat und in § 28 SCEBG für den SCE-Betriebsrat. Während § 28 Abs. 1 Satz 1 und Abs. 2 SEBG und § 28 Abs. 1 Satz 1 und Abs. 2 SCEBG mit § 29 übereinstimmt, hat § 29 davon abgesehen, die Konkretisierung der »erforderlichen« Unterlagen in § 28 Abs. 1 Satz 2 SEBG bzw. § 28 Abs. 1 Satz 2 SCEBG zu übernehmen (s. Rdn. 9). 2

II. Ort und Zeitpunkt

3 § 29 regelt entsprechend Abs. 2 des Anhangs I zur Richtlinie 2009/38/EG das jährliche Unterrichtungs- und Anhörungsrecht des Europäischen Betriebsrats über die Entwicklung der Geschäftslage und die Perspektiven des gemeinschaftsweit tätigen Unternehmens oder der gemeinschaftsweit tätigen Unternehmensgruppe. Ort und Zeitpunkt der gemeinsamen Sitzung sind im Rahmen einer vertrauensvollen Zusammenarbeit zwischen der zentralen Leitung und dem Europäischen Betriebsrat abzustimmen. Sollte sich die zentrale Leitung nicht auf einen Termin festlegen können, dann ist der Europäische Betriebsrat berechtigt, eine Zusammenkunft zu verlangen (*Blanke* § 32 Rn. 4; *Sandmann* Euro-Betriebsrats-Richtlinie, S. 214).

4 **Weitere Sitzungen** kann der Europäische Betriebsrat im Rahmen des § 29 nicht beanspruchen (*Blanke* § 32 Rn. 4; *Heckelmann/Wolff*/AR § 29 EBRG Rn. 3; *Kühn/AKRR* § 29 EBRG Rn. 27 a. E.; *Müller* § 32 Rn. 1). Das ergibt sich aus einer richtlinienkonformen Auslegung, da die ursprünglich in Nr. 2 Satz 1 des Anhangs der Richtlinie 94/45/EG vorgesehene Formulierung »mindestens einmal jährlich« durch »einmal jährlich« ersetzt wurde (ABlEG Nr. C 240 vom 16.09.1991, S. 118 ff.) und auch Abs. 2 des Anhangs I zur Richtlinie 2009/38/EG dies beibehalten hat, obwohl Teil 2 Buchst. b des Anhangs zur Richtlinie 2001/86/EG die Zahl der Zusammenkünfte auf »mindestens einmal jährlich« erweitert hat (ebenso § 28 Abs. 1 Satz 1 SEBG). Da dem Gesetzgeber bei der Novellierung des SEBG die parallelen gesetzlichen Regelungen bekannt waren und er gleichwohl in § 29 von einer Angleichung an § 28 Abs. 1 Satz 1 SEBG abgesehen hat, kann der Europäische Betriebsrat keine häufigere Unterrichtung und Anhörung beanspruchen. Nur im Einvernehmen zwischen Europäischem Betriebsrat und zentraler Leitung ist eine weitere gemeinsame Sitzung möglich (*Bachner/Nielebock* AuR 1997, 129 [134]; *Lörcher* AuR 1996, 297 [300]).

III. Form der Unterrichtung

5 Die Unterrichtung hat unter rechtzeitiger **Vorlage der erforderlichen Unterlagen** zu erfolgen. Damit wählte der Gesetzgeber die gleiche Formulierung wie in § 106 Abs. 2 Satz 1. Auf dessen Auslegung kann deshalb für den Umfang der Vorlagepflicht zurückgegriffen werden (s. näher § 106 BetrVG Rdn. 128 ff.).

6 Allerdings weicht das Gesetz mit dieser Umsetzung von Abs. 2 UA 1 des Anhangs I zur Richtlinie 2009/38/EG ab, der die Unterrichtung und Anhörung auf der Grundlage eines von der zentralen Leitung vorgelegten **Berichts** vorsieht (*Joost*/MünchArbR § 275 Rn. 51). Die Vorlage von Unterlagen ist indes nur Hilfsmittel für das Verständnis der jeweiligen konkreten Information im Rahmen einer Berichterstattung (*Kohte* EuroAS 1996, 115 [119]). Demgegenüber umfasst die Berichtspflicht – wie sie die §§ 43, 110 BetrVG normieren – eine sachlich geordnete Zusammenfassung von Informationen mit spezifischer Struktur (*Kohte* EuroAS 1996, 115 [119]; *Müller* § 32 Rn. 3). Die Pflicht zur Vorlage der Unterlagen ist unter diesem Gesichtspunkt richtlinienkonform auszulegen (*Blanke* § 32 Rn. 6; *Joost*/MünchArbR § 275 Rn. 51; *Kühn/AKRR* § 29 EBRG Rn. 22), da der Begriff der Vorlage eine Auslegung von einer Übergabe im Sinne einer Besitzverschaffung oder Übereignung bis hin zur bloßen Möglichkeit der Einsichtnahme zulässt.

7 Die **Art der Vorlage** ist nicht abstrakt und losgelöst vom Einzelfall zu bestimmen, sondern richtet sich unter Beachtung des Grundsatzes der vertrauensvollen Zusammenarbeit (§ 34 Satz 1) nach Bedeutung und Umfang des Unterrichtungsgegenstands, der zur Verfügung stehenden Zeit und der Anzahl der Mitglieder des Europäischen Betriebsrats. Die Richtlinie 2009/38/EG geht allerdings – wie zuvor die Richtlinie 94/45/EG – von einer Unterrichtung und Anhörung auf der Grundlage eines »vorgelegten Berichts« aus. Deshalb genügt eine mündliche Information grundsätzlich nicht (s. auch *Heckelmann/Wolff*/AR § 29 EBRG Rn. 4; *Lerche* Europäischer Betriebsrat, S. 267; *I. Schmidt* RdA 2001, Beilage zu Heft 5, S. 12 [20]; wohl auch *Hanau/HSW* § 19 Rn. 91; **a. M.** *v. Beckerath* Europäischer Betriebsrat, S. 57 f.; *Joost*/MünchArbR § 275 Rn. 51). In diesem Sinne verlangte auch der Bundesrat in seiner Stellungnahme zu § 33 EBRG 1996 die Festlegung der Schriftform und stieß nur deshalb auf die Ablehnung der Bundesregierung, weil sie durch die Pflicht zur Vorlage der erforderlichen Unter-

lagen das Erfordernis der Schriftform gewahrt sah (Stellungnahme des Bundesrats zum Entwurf der Bundesregierung, BT-Drucks. 13/5021, 3 f.; zur Gegenäußerung der Bundesregierung, BT-Drucks. 13/5021, 8).

Die Unterlagen müssen den Mitgliedern des Europäischen Betriebsrats derart zugänglich gemacht 8 werden, dass es allein von ihrem Willen abhängt, ob sie diese zur Kenntnis nehmen. Sie sind in den **Sprachen** der Mitglieder vorzulegen (*Bundesregierung zur Stellungnahme des Bundesrats* BT-Drucks. 13/5021, 8; *Heckelmann/Wolff*/AR § 29 EBRG Rn. 4; *Kühn/AKRR* § 29 EBRG Rn. 23). Nach dem Grundsatz der vertrauensvollen Zusammenarbeit kann eine Einschränkung aus Kostengründen dahingehend geboten sein, dass eine Vorlage nur in der Sprache der geschäftsführenden Ausschussmitglieder (§ 26 EBRG) zu erfolgen hat (*Bachner/Nielebock* AuR 1997, 129 [134]; *Müller* § 32 Rn. 3; *Wienke* EuroAS 1996, 120 [124]).

IV. Erforderlichkeit der Unterlagen

Die zentrale Leitung hat nur die erforderlichen Unterlagen vorzulegen. Das Merkmal der Erforderlich- 9 keit erschließt sich aus dem Zweck der Vorlagepflicht. Sie soll den Europäischen Betriebsrat ausreichend informieren, damit er als gleichberechtigte und gleichinformierte Partei in einen Dialog mit der zentralen Leitung treten kann. Erforderlich sind Unterlagen demnach, wenn sie für das Verständnis der Diskussion über die Entwicklung der Geschäftslage und der Perspektiven des Unternehmens oder der Unternehmensgruppe notwendig sind. Da die Richtlinie 94/45/EG von einer Berichtspflicht ausgeht, sind nicht nur die Unterlagen zur Information über die Geschäftslage und die Perspektiven des Unternehmens vorzulegen, sondern auch diejenigen Unterlagen, die die von der zentralen Leitung geplanten Maßnahmen selbst darstellen (*Müller* § 32 Rn. 3). Keine Aufnahme hat in § 29 Abs. 1 die Konkretisierung der »erforderlichen« Unterlagen in § 28 Abs. 1 Satz 2 SEBG und § 28 Abs. 1 Satz 2 SCEBG gefunden. Hieraus kann jedoch kein Umkehrschluss gezogen werden, dass die dort genannten Unterlagen im Rahmen von § 29 nicht vorzulegen sind. Diese Aussage kann vielmehr erst auf der Grundlage einer auf den Einzelfall bezogenen Erforderlichkeitsprüfung getroffen werden.

V. Rechtzeitigkeit der Unterrichtung und Anhörung

Die zentrale Leitung muss den Europäischen Betriebsrat rechtzeitig unterrichten und anhören. Die 10 Rechtzeitigkeit ist **in zweierlei Hinsicht** einzuhalten:

Erstens muss es dem Europäischen Betriebsrat noch möglich sein, die Informationen und Unterlagen 11 vor der gemeinsamen jährlichen Sitzung mit der zentralen Leitung im Rahmen der internen Sitzung (§ 27 Abs. 1 Satz 1) auszuwerten und zu diskutieren (s. § 1 Abs. 4 Satz 2). Dabei muss so viel Zeit verbleiben, dass er sich angemessen durch einen Sachverständigen beraten lassen kann (§ 39 Abs. 2; *Kühn/AKRR* § 29 EBRG Rn. 24).

Zweitens muss die Unterrichtung so rechtzeitig sein, dass die Anhörung vor der Ausführung der Be- 12 schlüsse erfolgt (*Giesen/HWK* EBRG Rn. 62; *Heckelmann/Wolff*/AR § 29 EBRG Rn. 3; *Kühn/ AKRR* § 29 EBRG Rn. 24; **a. M.** *Hanau/HSW* § 19 Rn. 94: ausschließlich im Hinblick auf den Sitzungstermin). Ist ein Aufschub der Entscheidung bis zur jährlichen Sitzung nicht möglich, ist unter den Voraussetzungen des § 30 eine außerordentliche Unterrichtung und Anhörung durchzuführen.

VI. Regelbeispiele der Unterrichtungs- und Anhörungsgegenstände

§ 29 Abs. 2 zählt beispielhaft einige Unterrichtungs- und Anhörungsgegenstände auf, die den in 13 Abs. 2 des Anhangs I zur Richtlinie 2009/38/EG genannten Perspektiven und Entwicklungen der Geschäftslage entsprechen und im Wesentlichen mit den in den §§ 106 Abs. 3, 111 Satz 3 genannten wirtschaftlichen Angelegenheiten übereinstimmen. Aus der Formulierung als Regelbeispiele ergibt sich, dass eine Unterrichtung und Anhörung über die Entwicklung der Geschäftslage und die Perspektiven des gemeinschaftsweit tätigen Unternehmens oder der gemeinschaftsweit tätigen Unternehmensgruppe auch dann durchzuführen ist, wenn die Anhörungs- und Unterrichtungsgegenstände nicht in dem Katalog genannt, aber mit den dortigen Fällen vergleichbar sind (*Bachner/DKKW* § 29 EBRG Rn. 4; *Blanke* § 32 Rn. 15; *Giesen/HWK* EBRG Rn. 108; *Heckelmann/Wolff*/AR § 29 EBRG Rn. 5; *Joost*/MünchArbR § 275 Rn. 39; *Kühn/AKRR* § 29 EBRG Rn. 2; *Müller* § 32 Rn. 15).

14 Die Unterrichtung und Anhörung ist insbesondere bezüglich der **Struktur des Unternehmens oder der Unternehmensgruppe sowie der wirtschaftlichen und finanziellen Lage** durchzuführen (**§ 29 Abs. 2 Nr. 1**; entsprechend § 106 Abs. 3 Nr. 1, s. § 106 BetrVG Rdn. 66 f.). Dieser generalklauselartige Unterrichtungs- und Anhörungstatbestand umfasst regelmäßig auch die in Nr. 7 bis 9 sowie die in Nr. 2 und Nr. 4 genannten Angelegenheiten. Die wirtschaftliche und die finanzielle Lage stehen in einem engen Zusammenhang, da letztere ein Teilaspekt der wirtschaftlichen Lage ist, so dass eine Abgrenzung weder möglich noch nötig ist (s. § 106 BetrVG Rdn. 66). Die wirtschaftliche Lage ist die sich sowohl aus der Vergangenheit als auch aus der Gegenwart ergebende Bestandsaufnahme sowie die für die Zukunft gedachte Erfolgsmesszahl (s. § 106 BetrVG Rdn. 66). Dabei sind in die Betrachtung die verschiedenen Faktoren wie Anlage-Umlaufvermögen, Aktiva, Passiva, Löhne, Gehälter, Investitionen, Kreditmöglichkeiten, Liquidität, Auftragsbestand, Einschätzung der Konjunkturlage, Kalkulationsgrundlage, Preisgestaltung, Wettbewerbssituation und die kaufmännischen und tatsächlichen Risiken einzustellen (*Joost*/MünchArbR § 275 Rn. 40; *Kühn/AKRR* § 29 EBRG Rn. 6; *Müller* § 32 Rn. 5).

15 Nach **§ 29 Abs. 2 Nr. 2** ist über die **voraussichtliche Entwicklung der Geschäfts-, Produktions- und Absatzlage** zu unterrichten und anzuhören. Die Vorschrift entspricht § 106 Abs. 2 Nr. 2. Dieses Regelbeispiel, welches schon von Nr. 1 umfasst ist, beinhaltet eine Prognose über die Erzeugung und Veräußerung von Gütern sowie den voraussichtlichen Gewinn (s. auch § 106 BetrVG Rdn. 71 f.).

16 Gemäß **§ 29 Abs. 2 Nr. 3** ist über die **Beschäftigungslage und ihre voraussichtliche Entwicklung** zu unterrichten, wobei es bei einem erheblichen Personalabbau zu einer Überschneidung mit § 29 Abs. 2 Nr. 10 kommen kann. Hier ist eine aus der Vergangenheit und der Gegenwart resultierende Bestandsaufnahme der personellen Struktur des Unternehmens abzugeben und über die zukünftige Personalplanung zu unterrichten.

17 Über **Investitionen bzw. Investitionsprogramme** ist gemäß **§ 29 Abs. 2 Nr. 4** zu unterrichten, d. h. es sind sowohl die in der Vergangenheit und in der Gegenwart durchgeführten als auch die geplanten langfristigen oder mittelfristigen Anlagen von Kapital zum Zweck der Entwicklung und Beschaffung von Betriebsstätten und Betriebsmitteln darzustellen (s. auch § 106 BetrVG Rdn. 73 f.).

18 Sollte eine **grundlegende Änderung der Organisation** geplant sein, dann ist der Europäische Betriebsrat von der zentralen Leitung nach **§ 29 Abs. 2 Nr. 5** zu unterrichten und anzuhören. Der Bezugspunkt der Organisation ist nicht näher bestimmt. Aus der Systematik der Regelbeispiele ergibt sich, dass damit die **Betriebsorganisation** entsprechend § 106 Abs. 3 Nr. 9 BetrVG (s. § 106 BetrVG Rdn. 87 f.) bzw. § 111 Satz 2 Nr. 4 BetrVG gemeint ist, da die **Unternehmensorganisation** bzw. -struktur bereits von § 29 Abs. 2 Nr. 1 und Nr. 7 bis 9 erfasst ist (a. M. *Kühn/AKRR* § 29 EBRG Rn. 10: auch Unternehmensorganisation). Die Betriebsorganisation ist betroffen, wenn eine Änderung in den von ihr eingeschlossenen Elementen des Betriebszwecks, der Betriebsanlagen, der Arbeitsmethoden und der Fertigungsverfahren, der sachlichen (Maschinen, Werkzeuge, Transportmittel oder sonstiges Zubehör) und immateriellen Mittel (Patente, Warenzeichen, Forderungen), der Unternehmenspersönlichkeit, der Arbeitnehmerzusammensetzung oder -zuständigkeit geplant ist. Dabei nennt § 29 Abs. 2 Nr. 6 ausdrücklich die **Einführung neuer Arbeits- und Fertigungsverfahren**. Die Änderung der Organisation muss grundlegend sein. Das entspricht der Formulierung in § 111 Satz 3 Nr. 4 BetrVG, bei dem die Auslegung allerdings umstritten ist (s. dazu § 111 BetrVG Rdn. 173 ff.).

19 Nach **§ 29 Abs. 2 Nr. 6** sind die Entwicklung der Geschäftslage und die Perspektiven des gemeinschaftsweit tätigen Unternehmens oder der gemeinschaftsweit tätigen Unternehmensgruppe auch bei der **Einführung neuer Arbeits- und Fertigungsverfahren** betroffen. Dieses Regelbeispiel ist zwar auch von § 29 Abs. 2 Nr. 5 erfasst, geht diesem aber als spezielleres vor. Außerdem setzt es

Unterrichtung und Anhörung § 30 EBRG

keine grundlegende Abweichung zu vorhergehenden Arbeits- und Fertigungsverfahren voraus. Es muss sich jedoch um die Einführung **neuer** Arbeits- und Fertigungsverfahren handeln, eine bloße Weiterentwicklung und Abänderung vorhandener Arbeits- und Fertigungsverfahren reicht nicht aus (zust. *Heckelmann/Wolff*/AR § 29 EBRG Rn. 12). Das ist z. B. bei dem Einsatz neuer Technologien (Einführung moderner Informations- und Datenverarbeitungstechnik) oder der Einführung von Teilzeitarbeitsplätzen der Fall (*Kühn/AKRR* § 29 EBRG Rn. 12; *Müller* § 32 Rn. 10).

Das jährliche Unterrichtungs- und Anhörungsverfahren bezieht sich weiterhin auf die **Verlegung** 20 **von Unternehmen, Betrieben oder wesentlichen Betriebsteilen sowie die Verlagerung der Produktion (§ 29 Abs. 2 Nr. 7)**. Dieses Regelbeispiel gibt die Richtlinie 2009/38/EG nicht vor, entspricht aber § 106 Abs. 3 Nr. 7 bzw. § 111 Satz 3 Nr. 2 BetrVG (s. näher § 106 BetrVG Rdn. 82, § 111 BetrVG Rdn. 131 ff.). Die Verlegung muss eine grenzübergreifende Betroffenheit auslösen, um die Zuständigkeit des Europäischen Betriebsrats zu eröffnen (§ 1 Abs. 2).

Zur Entwicklung der Geschäftslage und der Perspektiven gehören auch **Zusammenschlüsse oder** 21 **Spaltungen von Unternehmen oder Betrieben (§ 29 Abs. 2 Nr. 8)**. Die Unternehmensfusionen bzw. die Verschmelzung eines Unternehmens oder dessen Spaltung (s. auch § 106 BetrVG Rdn. 85 ff.) müssen eine grenzübergreifende Betroffenheit aufweisen. Diese ist nicht nur gegeben, wenn grenzübergreifende Zusammenschlüsse vorliegen, sondern auch, wenn die zentrale Leitung die Spaltung eines in einem anderen Mitgliedstaat liegenden Unternehmens oder Betriebs plant (*Kühn/AKRR* § 29 EBRG Rn. 3; *Müller* § 32 Rn. 12 sowie hier § 1 EBRG Rdn. 5; **a. M.** *Joost/MünchArbR* § 275 Rn. 47).

Nach § 29 Abs. 2 Nr. 9 ist der Europäische Betriebsrat über die **Einschränkung oder Stilllegung** 22 **von Unternehmen, Betrieben oder wesentlichen Betriebsteilen** zu unterrichten und anzuhören (ähnlich § 106 Abs. 3 Nr. 6 BetrVG und § 111 Satz 3 Nr. 1 BetrVG; s. näher § 106 BetrVG Rdn. 78 f., § 111 BetrVG Rdn. 67 ff.). Eine **Stilllegung** liegt bei einer nicht nur vorübergehenden Einstellung der Funktion und der Durchführung der Aufgaben des Unternehmens, Betriebs oder wesentlicher Betriebsteile aufgrund eines Willensentschlusses der zentralen Leitung vor. Eine **Einschränkung** ist bei einer nicht unerheblichen Verringerung der sachlich-gegenständlichen und personellen Substanz oder bei einer geringeren Ausnutzung der Betriebsmittel und geringeren Beschäftigung der Belegschaft bei Beibehaltung oder auch Verminderung der Aufgaben anzunehmen. Dabei ist es unerheblich, ob hierdurch die potentielle Leistungsfähigkeit des Betriebs vermindert wird (**a. M.** *Blanke* § 32 Rn. 29; *Kühn/AKRR* § 29 EBRG Rn. 19; *Müller* § 32 Rn. 13).

Der Europäische Betriebsrat ist ferner über **Massenentlassungen** zu unterrichten und anzuhören 23 (**§ 29 Abs. 2 Nr. 10**). Weder die Richtlinie 2009/38/EG (ebenso zuvor die Richtlinie 94/45/EG) noch das EBRG definieren indes den Begriff der Massenentlassung. Jedoch enthalten die **Massenentlassungsrichtlinie (98/59/EG)** vom 20.07.1998 (Richtlinie des Rates zur Angleichung der Rechtsvorschriften der Mitgliedstaaten über Massenentlassungen, ABlEG Nr. L 225 vom 12.08.1998, S. 16 = EAS A 3590) und deren Umsetzung durch § 17 KSchG eine Definition. Gemäß Art. 1 Abs. 2 Buchst. a der Richtlinie 98/59/EG sind Massenentlassungen solche, die ein Arbeitgeber aus einem oder mehreren Gründen, die nicht in der Person des Arbeitnehmers liegen, vornimmt und denen die Zahl der Entlassungen eine bestimmte Quote der Gesamtarbeitnehmerzahl erreicht, die sich aus der Regelung des § 17 Abs. 1 KSchG ergibt (*Bachner/DKKW* § 30 EBRG Rn. 2; *Blanke* § 32 Rn. 30 f.; *Giesen/HWK* EBRG Rn. 108; *Heckelmann/Wolff*/AR § 29 EBRG Rn. 16; *Joost/*MünchArbR § 275 Rn. 49; *Kühn/AKRR* § 29 EBRG Rn. 19; *Müller* § 32 Rn. 14).

§ 30
Unterrichtung und Anhörung

(1) Über außergewöhnliche Umstände oder Entscheidungen, die erhebliche Auswirkungen auf die Interessen der Arbeitnehmer haben, hat die zentrale Leitung den Europäischen Betriebsrat unter Vorlage der erforderlichen Unterlagen zu unterrichten und auf Verlangen anzuhören. Als außergewöhnliche Umstände gelten insbesondere

1. die Verlegung von Unternehmen, Betrieben oder wesentlichen Betriebsteilen,
2. die Stilllegung von Unternehmen, Betrieben oder wesentlichen Betriebsteilen,
3. Massenentlassungen.

(2) Besteht ein Ausschuss nach § 26, so ist dieser anstelle des Europäischen Betriebsrats nach Absatz 1 Satz 1 zu beteiligen. § 27 Absatz 1 Satz 2 bis 5 gilt entsprechend. Zu der Sitzung des Ausschusses sind auch diejenigen Mitglieder des Europäischen Betriebsrats zu laden, die für die Betriebe oder Unternehmen bestellt worden sind; sie gelten insoweit als Ausschussmitglieder.

Inhaltsübersicht

	Rdn.
I. Allgemeines	1
II. Außergewöhnlichkeit der Umstände	2, 3
III. Erhebliche Auswirkungen	4, 5
IV. Rechtzeitigkeit der Unterrichtung und Anhörung	6, 7
V. Vorlage der erforderlichen Unterlagen	8
VI. Verfahren zur Unterrichtung und Anhörung	9
VII. Beteiligung des Ausschusses	10
VIII. Unterlassungsanspruch des Europäischen Betriebsrats	11–15

I. Allgemeines

1 Neben der regelmäßigen jährlichen Unterrichtung (§ 29) hat die zentrale Leitung auch über außergewöhnliche Umstände zu unterrichten und auf Verlangen des Europäischen Betriebsrats diesen anzuhören. Abgesehen von redaktionellen Anpassungen blieb die Vorschrift gegenüber § 33 EBRG 1996 unverändert und setzt die Vorgaben aus Abs. 3 des Anhangs I zur Richtlinie 2009/38/EG um. Mit den Parallelbestimmungen in § 29 SEBG bzw. § 29 SCEBG stimmt § 30 weitgehend überein. Keine Entsprechung findet dort allerdings das Recht, ein weiteres Mal mit der Leitung zusammenzutreffen, um eine Einigung herbeizuführen (s. § 29 Abs. 4 SEBG, § 29 Abs. 4 SCEBG).

II. Außergewöhnlichkeit der Umstände

2 Die ad hoc durchzuführende Unterrichtung beschränkt sich auf außergewöhnliche Umstände, so dass eine Abgrenzung von gewöhnlichen Entwicklungen und Maßnahmen notwendig ist. Sie ist nicht abstrakt, sondern anhand einer wertenden Einzelfallbetrachtung vorzunehmen (*Holz* Richtlinie, S. 179). § 30 Abs. 1 Satz 2 nennt Regelbeispiele außergewöhnlicher Umstände. Hierzu zählen insbesondere die Verlegung von Unternehmen, Betrieben oder wesentlichen Betriebsteilen (Nr. 1), deren Stilllegung (Nr. 2) sowie Massenentlassungen (Nr. 3). Da diese Regelbeispiele auch im Rahmen des turnusmäßigen Unterrichtungs- und Anhörungsrechts genannt sind, ist auf die dortige Auslegung auch im Rahmen des § 30 Abs. 1 Satz 2 zurückzugreifen (s. § 29 EBRG Rdn. 20, 22 f.).

3 Damit sind die in § 30 Abs. 1 Satz 2 genannten Regelbeispiele grundsätzlich bereits von dem jährlichen Unterrichtungs- und Anhörungsrecht umfasst. Nur wenn eine Unterrichtung und Anhörung in der jährlichen Sitzung nicht oder nicht ausreichend durchgeführt wurde, weil die Umstände unerwartet eingetreten sind und/oder ein Aufschub bis zur nächsten turnusmäßigen Sitzung aufgrund der Eilbedürftigkeit nicht möglich ist, werden die sonst gewöhnlichen Unterrichtungs- und Anhörungsgegenstände zu »außergewöhnlichen Umständen« (*Joost*/MünchArbR § 275 Rn. 59; ähnlich *Heckelmann/Wolff*/AR § 30 EBRG Rn. 3). Das ist meist dann gegeben, wenn die Entwicklung der Maßnahmen erst nach der jährlichen Sitzung ein unterrichtungs- und anhörungsfähiges Planungsstadium erreicht oder die Umstände unerwartet nach der Sitzung eintreten. Daraus folgt, dass sich die Außergewöhnlichkeit nicht nur aus dem Inhalt des Unterrichtungs- und Anhörungsgegenstands ergibt, sondern vor allem durch den zeitlichen Eintritt der Umstände bestimmt wird und deshalb die Formulie-

rung »unerwartete Umstände« dem Regelungsinhalt des § 30 besser entsprochen hätte (*Müller* § 33 Rn. 1; *Sandmann* Euro-Betriebsrats-Richtlinie, S. 215).

III. Erhebliche Auswirkungen

Die außergewöhnlichen Umstände müssen erhebliche Auswirkungen auf die Interessen der Arbeitnehmer haben, wobei die **Regelbeispiele** des § 30 Abs. 1 Satz 2 das Vorliegen einer erheblichen Auswirkung auf die Interessen der Arbeitnehmer **unwiderlegbar vermuten** (*Blanke* § 33 Rn. 4; *Blanke/Hayen*/HaKo § 30 EBRG Rn. 3; *Heckelmann/Wolff*/AR § 30 EBRG Rn. 3; *Joost*/MünchArbR § 275 Rn. 60). Dies ist aus der Formulierung der Richtlinie 2009/38/EG zu entnehmen, nach der die Regelbeispiele nicht nur wie im EBRG als außergewöhnliche Umstände gelten, sondern außergewöhnliche Umstände sind, die erhebliche Auswirkungen auf die Interessen der Arbeitnehmer haben. Wie sich aus der Formulierung »insbesondere« in § 30 Abs. 1 Satz 2 ergibt, sind die dort genannten Tatbestände »außergewöhnlicher Umstände« nicht abschließend (*Bachner*/DKKW § 30 EBRG Rn. 2; *Blanke* § 33 Rn. 4; *Blanke/Hayen*/HaKo § 30 EBRG Rn. 3; *Giesen*/HWK EBRG Rn. 109; *Heckelmann/Wolff*/AR § 30 EBRG Rn. 3; *Joost*/MünchArbR § 275 Rn. 60; *Müller* § 33 Rn. 1).

4

Bei außergewöhnlichen Umständen, die **nicht von den Regelbeispielen umfasst** sind, ist das Vorliegen der erheblichen Auswirkungen auf die Interessen der Arbeitnehmer **eigenständig zu prüfen**. Die betroffenen Interessen können **materieller oder immaterieller Art** sein. Zu den Interessen materieller Art gehören z. B. der Verlust des Arbeitsplatzes oder die Minderung des Arbeitsentgelts. Auswirkungen im Bereich der immateriellen Interessen sind bei Beeinträchtigungen und Belastungen durch Leistungsverdichtungen, Qualifikationsverlusten sowie durch geringe Anforderungen an die Arbeit oder bei zusätzlichen Kontrollen mit oder ohne Verwendung technischer Einrichtungen gegeben.

5

IV. Rechtzeitigkeit der Unterrichtung und Anhörung

§ 30 Abs. 1 Satz 1 knüpft für die Rechtzeitigkeit ausdrücklich an die Unterrichtung und Anhörung an, indem im Unterschied zu § 29 Abs. 1 nicht von einer rechtzeitigen Vorlage der Unterlagen, sondern von einer rechtzeitigen Unterrichtung ausgegangen wird (*Wienke* EuroAS 1996, 120 [121], der das Merkmal der Rechtzeitigkeit als verfehlt und von der Richtlinie 94/45/EG als nicht gedeckt ansieht). In der Richtlinie 2009/38/EG gelangt dieses Erfordernis nur in dem Erwägungsgrund 43 zum Ausdruck: »Bevor bestimmte Beschlüsse mit erheblichen Auswirkungen auf die Interessen der Arbeitnehmer ausgeführt werden, sind die Arbeitnehmervertreter unverzüglich zu unterrichten und anzuhören«.

6

Eine Unterrichtungspflicht bereits in der **Planungsphase** anzunehmen (hierfür *Bachner/Nielebock* AuR 1997, 129 [134]; wohl auch *Heckelmann/Wolff*/AR § 30 EBRG Rn. 1), setzt jedoch zu früh an, denn § 30 Abs. 2 Satz 1 1. Halbs. geht von einer »geplanten Maßnahme« aus (*Blanke* § 33 Rn. 10; *Breitfeld*/NK-GA §§ 29–31 EBRG Rn. 9; *Gaul* NJW 1996, 3378 [3383]; s. auch *Hanau*/HSW § 19 Rn. 93 f.). Das ergibt sich auch aus Abs. 3 UA 3 des Anhangs I zur Richtlinie 2009/38/EG, wonach die Sitzung die Vorrechte der zentralen Leitung unberührt lässt. Gerade die Phase der Planungs- und Entscheidungsfindung innerhalb der zentralen Leitung soll noch frei von Einflussmöglichkeiten des Europäischen Betriebsrats bleiben und gehört zu den Vorrechten der zentralen Leitung. Das kommt zudem in dem Erwägungsgrund 43 der Richtlinie 2009/38/EG zum Ausdruck, nach dem nicht vor der Fassung von Beschlüssen zu unterrichten ist, sondern bevor diese durchgeführt werden. Geplant ist eine Maßnahme, wenn ein Beschluss bezüglich einer konkreten Maßnahme vorliegt (*Blanke* § 33 Rn. 10; *Gaul* NJW 1996, 3378 [3383]). Bei nicht geplanten und unerwartet eintretenden Situationen ist der Europäische Betriebsrat unverzüglich nach Kenntnisnahme durch die zentrale Leitung zu unterrichten.

7

V. Vorlage der erforderlichen Unterlagen

8 Die Unterrichtung hat unter Vorlage der erforderlichen Unterlagen zu erfolgen. Insoweit gelten die Ausführungen zum jährlichen Unterrichtungs- und Anhörungsrecht entsprechend (s. § 29 EBRG Rdn. 9), wobei jedoch die Unterlagen aufgrund der Eilbedürftigkeit ausnahmsweise auch im Anschluss an eine mündliche Auskunftserteilung vorgelegt werden können (*Blanpain / Schmidt / Schweibert* Europäisches Arbeitsrecht, 2. Aufl. 1996, S. 404 Rn. 646; *Lerche* Europäischer Betriebsrat, S. 267; *Sandmann* Euro-Betriebsrats-Richtlinie, S. 216).

VI. Verfahren zur Unterrichtung und Anhörung

9 **Die Anhörung** findet nur auf **Verlangen des Europäischen Betriebsrats** statt. Er hat unverzüglich nach der Unterrichtung einen Antrag auf Durchführung der Anhörung zu stellen, wenn eine Sitzung gewünscht wird (*Müller* § 33 Rn. 3). § 30 Abs. 1 Satz 1 sieht nur ein **Sitzungsrecht mit der zentralen Leitung** vor. Aus Abs. 3 UA 1 Satz 2 des Anhang I zur Richtlinie 2009/38/EG ergibt sich jedoch, dass der Europäische Betriebsrat auch das Recht haben soll, mit einer anderen, geeigneteren, mit Entscheidungsbefugnissen ausgestatteten Leitungsebene innerhalb des gemeinschaftsweit operierenden Unternehmens oder der gemeinschaftsweit operierenden Unternehmensgruppe zusammenzutreten (s. auch *Blanke* § 33 Rn. 15).

VII. Beteiligung des Ausschusses

10 Besteht ein Ausschuss i. S. d. § 26, dann steht diesem anstelle des Europäischen Betriebsrats das Unterrichtungs- und Anhörungsrecht zu. An den internen Sitzungen des Ausschusses, wie auch an den Sitzungen mit der zentralen Leitung oder einer anderen Leitungsebene, sind zudem diejenigen Mitglieder des Europäischen Betriebsrats zu beteiligen, die für diejenigen Betriebe oder Unternehmen bestellt wurden, die von den geplanten Maßnahmen betroffen sind (§ 30 Abs. 2 Satz 2). Da die Bildung eines Ausschusses im Gegensatz zur früheren Rechtslage obligatorisch ist (s. § 26 EBRG Rdn. 3) und die Beteiligung des Ausschusses im Rahmen von § 30 – anders als nach § 29 Abs. 3 SEBG – nicht im Ermessen des Europäischen Betriebsrats steht, kommt es zur Beteiligung des gesamten Europäischen Betriebsrats nur noch, wenn dieser entgegen der Vorgabe in § 26 Satz 1 und damit pflichtwidrig die Bildung eines Ausschusses unterlassen hat. Andernfalls hat die Unterrichtung und Anhörung stets zwischen zentraler Leitung und dem vom Europäischen Betriebsrat gebildeten Ausschuss zu erfolgen. Zur Beteiligung der leitenden Angestellten an der Unterrichtung und Anhörung in diesem Fall s. § 23 EBRG Rdn. 12.

VIII. Unterlassungsanspruch des Europäischen Betriebsrats

11 Für das deutsche Recht wird im Schrifttum und in der Rechtsprechung verbreitet ein Unterlassungsanspruch des Betriebsrats bei Verletzung des Verhandlungsrechts bei Betriebsänderungen i. S. d. § 111 BetrVG angenommen. Mittels einer einstweiligen Verfügung soll dem Unternehmer untersagt werden können, die dem Betriebsrat mitgeteilte personelle Maßnahme durchzuführen, bevor er nicht mit dem Betriebsrat über einen Interessenausgleich verhandelt hat (s. näher § 111 BetrVG Rdn. 274 ff.).

12 Auch im Rahmen des § 30 ist umstritten, ob ein derartiger Unterlassungsanspruch oder ein suspensives Vetorecht des Europäischen Betriebsrats bzw. des Ausschusses besteht (hierfür *Bachner/DKKW* § 29 Rn. 2; *Bachner/Nielebock* AuR 1997, 129 [134 f.]; *Bieder* NZA-RR 2017, 225 [231]; *Blanke* § 33 Rn. 24; *Blanke/Hayen/*HaKo § 29 EBRG Rn. 5 ff.; *Däubler/DKKW* Vorbemerkung EBRG Rn. 23; *Forst* ZESAR 2013, 15 [17 ff.]; *Kiehn* Die betriebliche Beteiligung der Arbeitnehmer in der Societas Europaea [SE] [Diss. FU Berlin 2010], 2011, S. 153 ff.; *Klocke*, Der Unterlassungsanspruch in der deutschen und europäischen Betriebs- und Personalverfassung [Diss. Halle] 2013, S. 278 ff.; wohl auch

I. Schmidt RdA 2001, Beilage zu Heft 5, S. 12 [22]; **a. M.** *LAG Baden-Württemberg* 21.10.2015 NZA-RR 2016, 358 ff.; *LAG Köln* 08.09.2011 LAGE § 30 EBRG Nr. 1 = ZIP 2011, 2121; *ArbG Köln* 25.05.2012 AiB 2012, 688; *Ahrens* Die AG 1997, 298 [305]; *Breitfeld/NK-GA* § 35 EBRG Rn. 15; *Fitting* Übersicht EBRG Rn. 90a; *Giesen/HWK* EBRG Rn. 111; *Heckelmann/Wolff/AR* vor § 1 EBRG Rn. 12; *Hennecken* in: Schlachter/Heinig, Europ. AuS, § 21 Rn. 91; *Hinrichs* Durchsetzung, S. 188 f.; *Holz* Richtlinie, S. 199 ff.; *Hromadka* DB 1995, 1125 [1130]; *Joost/MünchArbR* § 275 Rn. 73; *Kühn/AKRR* § 30 EBRG Rn. 25; *Lelley/Feindura* DB 2014, 2771 [2775]; *Lerche* Europäischer Betriebsrat, S. 271; *Maiß/Pauken* BB 2013, 1589 [1591 f.]; *Monz/Sittard* NZA-RR 2016, 362 f.; *Müller* § 33 Rn. 6; *Müller-Bonanni/Jenner* in: Preis/Sagan Europ. ArbR, § 12 Rn. 144; *Schlinkhoff* Vereinbarung, S. 146 ff.; wohl auch *Hanau/HSW* § 19 Rn. 99 sowie ferner *Däubler/Klebe* AiB 1995, 557 [569], die ein suspensives Vetorecht von der Richtlinie 94/45/EG als nicht gefordert ansehen, es aber für zulässig halten, wenn der deutsche Gesetzgeber ein derartiges Recht normiert hätte).

Ausdrücklich sehen weder die Richtlinie 94/45/EG sowie die nachfolgende Richtlinie 2009/38/EG **13** noch das EBRG einen Unterlassungsanspruch vor. Demgegenüber enthielt der Entwurf der Vredeling-Richtlinie (Art. 4 Abs. 5 des Geänderten Vorschlags für eine Richtlinie über die Unterrichtung und Anhörung der Arbeitnehmer, ABlEG Nr. C 217 vom 12.08.1983, S. 3 [10]) noch eine Aufschubfrist, die zu einem zeitlich befristeten Unterlassungsanspruch geführt hätte. Den Interessen der Arbeitnehmer wird durch die Einführung von Sanktionen bei nicht richtiger, nicht vollständiger oder nicht rechtzeitiger Unterrichtung durch die Bußgeldvorschriften des § 45 Rechnung getragen. Hinzu tritt, dass der Unterrichtungs- und Anhörungspflicht ein entsprechender Anspruch auf Unterrichtung bzw. Anhörung korrespondiert, der im Wege eines arbeitsgerichtlichen Beschlussverfahrens (§§ 2a Abs. 1 Nr. 3 Buchst. b, 80 ff. ArbGG) ggf. auch mittels einer einstweiligen Verfügung durchgesetzt werden kann (*Müller* § 33 Rn. 5). Außerdem sind die Rechtsstellung des Europäischen Betriebsrats und die des Betriebsrats bei Betriebsänderungen nicht vergleichbar. Nicht nur, dass der Europäische Betriebsrat eher einem Wirtschaftsausschuss i. S. d. §§ 106 ff. entspricht, zudem sind seine Rechte schwächer ausgestaltet, als die des Betriebsrats in den §§ 111 f. Dieser kann ein formalisiertes Vermittlungsverfahren einleiten, falls keine Einigung über den Interessenausgleich zustande kommt. Die Richtlinie 2009/38/EG verfolgt durch das Unterrichtungs- und Anhörungsrecht demgegenüber nur den Meinungsaustausch und die Errichtung eines Dialogs zwischen der zentralen Leitung und dem Europäischen Betriebsrat bzw. dem Ausschuss. Weiterhin stellt Abs. 3 UA 3 des Anhangs I der Richtlinie 2009/38/EG ausdrücklich klar, dass die Vorrechte der zentralen Leitung unberührt bleiben sollen. Zu diesen gehört auch die Befugnis, Maßnahmen durchzuführen. Ein Unterlassungsanspruch ist deshalb nicht anzuerkennen.

Dieser kann entgegen einer teilweise im Schrifttum befürworteten Auffassung (s. z. B. *Bieder* **14** NZA-RR 2017, 225 [231]; *Blanke* § 33 Rn. 24; *Blanke/Hayen/*HaKo § 29 EBRG Rn. 5 ff.; *Forst* ZESAR 2013, 15 [18 ff.]; *Klocke*, Der Unterlassungsanspruch in der deutschen und europäischen Betriebs- und Personalverfassung [Diss. Halle], 2013, S. 285 ff.; **a. M.** *Maiß/Pauken* BB 2013, 1589 [1591 f.]; *Monz/Sittard* NZA-RR 2016, 362 f.) auch nicht auf das unionsrechtlich verankerte Gebot gestützt werden, die aus der Richtlinie 2009/38/EG folgenden Pflichten effektiv durchzusetzen (s. Art. 11 Abs. 2 der Richtlinie 2009/38/EG; ebenso LAG Baden-Württemberg 12.10.2015 NZA-RR 2016, 358 [361]) und für den Fall einer Pflichtverletzung Sanktionen vorzusehen, die wirksam, abschreckend und angesichts der Schwere des Verstoßes angemessen sind (s. Erwägungsgrund 36 zur Richtlinie 2009/38/EG). Vor allem die prozessualen Instrumentarien (s. Rdn. 13) leisten hinreichend sicher, dass die Pflichten der zentralen Leitung nach § 30 Abs. 1 Satz 1 effektiv durchgesetzt werden können (ebenso LAG Baden-Württemberg 12.10.2015 NZA-RR 2016, 358 [361]; **a. M.** *Klocke*, Der Unterlassungsanspruch in der deutschen und europäischen Betriebs- und Personalverfassung [Diss. Halle], 2013, S. 292 ff.). Angesichts der von der hier befürworteten Auffassung abweichenden Rechtsprechung in Frankreich und Belgien (s. die Nachweise bei *Blanke/Hayen/*HaKo § 29 EBRG Rn. 9; *Forst* ZESAR 2013, 15 [21]; *Maiß/Pauken* BB 2013, 1589 [1591 Fn. 15]) steht jedoch zu erwarten, dass eine abschließende Beantwortung der Rechtsfrage erst durch ein Vorabentscheidungsverfahren nach Art. 267 AEUV seitens des EuGH herbeigeführt wird.

Ungeachtet dessen wird die hier befürwortete Auffassung durch die Entstehungsgeschichte des 2. **15** EBRG-ÄndG (s. vor § 1 EBRG Rdn. 6) bekräftigt, da der Antrag der SPD-Fraktion auf Festschreibung eines Unterlassungsanspruchs bei beteiligungswidrigen Maßnahmen (s. BT-Drucks. 17/5184) sowohl im zuständigen Bundestagsausschuss (s. BT-Drucks. 17/5399) als auch vom Plenum des Deutschen Bundestags (s. BT-Prot. 17/11729 [C]) ausdrücklich abgelehnt wurde. Hierdurch hat der Gesetzgeber die bislang vorherrschende Auffassung bestätigt (ebenso LAG Baden-Württemberg 12.10.2015 NZA-RR 2016, 358 [361]; *ArbG Köln* 25.05.2012 AiB 2012, 680; *Heckelmann/Wolff*/AR vor § 1 EBRG Rn. 12; *Maiß/Pauken* BB 2013, 1589 [1591]; *Monz/Sittard* NZA-RR 2016, 362; im Ergebnis auch *Kühn/AKRR* § 30 EBRG Rn. 25; **a. M.** *Klocke*, Der Unterlassungsanspruch in der deutschen und europäischen Betriebs- und Personalverfassung [Diss. Halle], 2013, S. 295 f.). Diese wird in systematischer Hinsicht zusätzlich durch die in § 29 Abs. 4 SEBG normierte Möglichkeit unterstützt, zwecks Herbeiführung einer Einigung eine nochmalige Verhandlung mit der zentralen Leitung zu erzwingen. Von einer Übernahme dieser Regelung, die auf Teil 2 Buchs. c UA 2 des Anhangs zur Richtlinie 2001/86/EG beruht, wurde jedoch sowohl im Rahmen der Richtlinie 2009/38/EG als auch bei der Novellierung des EBRG abgesehen.

§ 31
Tendenzunternehmen

Auf Unternehmen und herrschende Unternehmen von Unternehmensgruppen, die unmittelbar und überwiegend den in § 118 Absatz 1 Satz 1 Nummer 1 und 2 des Betriebsverfassungsgesetzes genannten Bestimmungen und Zwecken dienen, finden nur § 29 Absatz 2 Nummer 5 bis 10 und § 30 Anwendung mit der Maßgabe, dass eine Unterrichtung und Anhörung nur über den Ausgleich oder die Milderung der wirtschaftlichen Nachteile erfolgen muss, die den Arbeitnehmern infolge der Unternehmens- oder Betriebsänderung entstehen.

1 § 31 schränkt die Anwendbarkeit des Gesetzes für Tendenzunternehmen i. S. d. § 118 Abs. 1 Satz 1 Nr. 1 und 2 BetrVG ein und ergänzt die Bestimmungen zum Tendenzschutz in § 118 Abs. 1 BetrVG, § 32 Abs. 1 Satz 2 SprAuG, § 1 Abs. 2 Satz 1 Nr. 2 DrittelbG und § 1 Abs. 4 MitbestG. Eine mit § 31 übereinstimmende Regelung enthält § 39 Abs. 2 SEBG, die in § 39 Abs. 2 SCEBG eine Wiederholung findet. In Übernahme des absoluten Tendenzschutzes für die Unternehmensmitbestimmung ordnet § 39 Abs. 1 SEBG Entsprechendes für die Europäische (Aktien-)Gesellschaft (SE) sowie § 39 Abs. 1 SCEBG für die Europäische Genossenschaft (SCE) an.

2 Mit § 31 greift der deutsche Gesetzgeber die bereits in Art. 8 Abs. 3 der Richtlinie 94/45/EG eröffnete und in Art. 8 Abs. 3 der Richtlinie 2009/38/EG beibehaltene Möglichkeit auf, besondere Bestimmungen für Unternehmen zu erlassen, die in Bezug auf Berichterstattung und Meinungsäußerung unmittelbar und überwiegend eine bestimmte weltanschauliche Tendenz verfolgen (ebenso § 201 ArbVG für das österreichische Recht). Der Tendenzvorbehalt soll die Gepflogenheiten der verschiedenen Mitgliedstaaten bei der Ausgestaltung der Unterrichtung, Anhörung und Mitwirkung der Arbeitnehmer in geeigneter Weise berücksichtigen und trägt damit Nr. 17 der Gemeinschaftscharta (EAS A 1500), auf die Abs. 4 der Erwägungsgründe zur Richtlinie 94/45/EG ausdrücklich hinweist, Rechnung, um Systemwidersprüche mit den nationalen Vorschriften zu vermeiden (*Wirmer* DB 1994, 2134 [2136]; *Zügel* Mitwirkung der Arbeitnehmer, S. 249). Weiterhin entspricht seine Aufnahme dem in Art. 10 Abs. 1 EMRK garantierten Recht auf Meinungsfreiheit (*Barton* AfP 1994, 261 [263]; *ders.* ArbGeb. 1994, 801 [803]; *ders.* ArbGeb. 1994, 445 [447] sowie allgemein *Kloepfer* »Innere Pressefreiheit« und Tendenzschutz im Lichte des Artikels 10 der Europäischen Konvention zum Schutze der Menschenrechte und Grundfreiheiten, 1996).

3 Die Vereinbarkeit des § 31 mit dem Tendenzschutzvorbehalt in Art. 8 Abs. 3 der Richtlinie 94/45/EG bzw. dem unverändert fortgeführten Art. 8 Abs. 3 der Richtlinie 2009/38/EG ist umstritten. Die dortige Dispensmöglichkeit ist von den Mitgliedstaaten durch »besondere Bestimmungen für die zentrale Leitung der in seinem Hoheitsgebiet ansässigen Unternehmen« zu verwirklichen. § 31 weicht insoweit jedoch nur scheinbar von Art. 8 Abs. 3 der Richtlinie 94/45/EG bzw. der Richtlinie 2009/38/EG ab, da die zentrale Leitung nicht direkt als Adressat genannt wird, sondern die Einschrän-

kung pauschal für Unternehmen und herrschende Unternehmen von Unternehmensgruppen angeordnet wird. Hierin liegt keine richtlinienwidrige Umsetzung, da § 31 nur den Anwendungsbereich der §§ 29 und 30 einschränkt und sich somit ausschließlich auf das Rechtsverhältnis zwischen der zentralen Leitung eines Unternehmens und dem bei ihr gebildeten Europäischen Betriebsrat bezieht (*Oetker* DB 1996, Beilage Nr. 10, S. 10; zust. *Joost*/MünchArbR § 275 Rn. 75).

Da der Vorbehalt in Art. 8 Abs. 3 der Richtlinie 94/45/EG bzw. der Richtlinie 2009/38/EG Systemwidersprüche im nationalen Recht der Mitgliedstaaten verhindern soll und einschränkende Bestimmungen für die zentrale Leitung nur zulässt, wenn »solche« in den Mitgliedstaaten bereits vorliegen, ist **eine positive Kongruenz zwischen den »besonderen Bestimmungen für die zentrale Leitung« mit den bereits vorhandenen innerstaatlichen »besonderen Bestimmungen«** erforderlich. Diesen Anforderungen genügt das EBRG zumindest im Hinblick auf Inhalt und Intensität der Beteiligungsrechte, die dem Europäischen Betriebsrat kraft Gesetzes nach § 31 verbleiben (*Oetker* DB 1996, Beilage Nr. 10, S. 5 ff.). 4

Die Richtlinienkonformität wird verbreitet vor allem deshalb verneint, weil § 31 nicht nur Unternehmen, die in Bezug auf Berichterstattung und Meinungsäußerung »unmittelbar und überwiegend eine bestimmte **weltanschauliche Tendenz**« verfolgen, sondern alle von § 118 Abs. 1 Satz 1 Nr. 1 und Nr. 2 BetrVG erfassten Unternehmen, insbesondere auch Presseunternehmen, schützt (s. *Bachner/ DKKW* § 31 EBRG Rn. 4; *Bachner/Nielebock* AuR 1997, 129 [136]; *Blanke* AiB 1996, 204 [205 f.]; *ders.* § 34 Rn. 11 ff.; *ders.* FS *Däubler*, S. 841 [844 ff.]; *Blanke/Kunz/*HaKo § 31 EBRG Rn. 1; *Kohte* EuroAS 1996, 115 [119]; *Lörcher* AuR 1996, 297 [300 ff.]; kritisch auch *Joost/*MünchArbR § 275 Rn. 75). Damit ist der Wortlaut des § 31 weiter als der von Art. 8 Abs. 3 der Richtlinie 94/45/EG bzw. Art. 8 Abs. 3 der Richtlinie 2009/38/EG. 5

Dies führt jedoch nicht zu einem inhaltlichen Missverhältnis. Nach der gemeinsamen Erklärung des Rates und der Kommission für das Ratsprotokoll vom 14.12.1995 (DOK 9067/94, S. 8; abgedruckt in BT-Drucks. 13/5021, S. 8 sowie bei *Blanke* S. 119 ff.; *Müller* S. 181 f.) war es der Wille des Rates und der Kommission, den unternehmensbezogenen Anwendungsbereich des Art. 8 Abs. 3 der Richtlinie 94/45/EG mit dem des § 118 Abs. 1 BetrVG gleichzusetzen. Hinsichtlich der Heranziehung des Ratsprotokolls für die Auslegung werden zwar Bedenken geäußert (s. *Blanke* AiB 1996, 204 [205]; *ders.* § 34 Rn. 14; *ders.* FS *Däubler*, S. 841 [845]; *Däubler* AuA 1995, 153 [155]; *Däubler/Klebe* AiB 1995, 557 [571]; *Rademacher* Europäischer Betriebsrat, S. 140; *Sandmann* Euro-Betriebsrats-Richtlinie, S. 224 f.; **a. M.** *Hanau/*HSW § 19 Rn. 96), die Klärung der hieraus resultierenden Probleme kann aber dahingestellt bleiben, da sich aus einem teleologischen Verständnis ergibt, dass Art. 8 Abs. 3 der Richtlinie 94/45/EG geschaffen wurde, um Systemwidersprüche zum Recht der Mitgliedstaaten zu vermeiden (*Giesen/*HWK EBRG Rn. 113; *Müller* § 34 Rn. 2; *Wirmer* DB 1994, 2134 [2136]; *Zügel* Mitwirkung der Arbeitnehmer, S. 249; im Ergebnis auch *Gamillscheg* II, § 54, 4b [2]), und nach Nr. 17 der Sozialcharta die »nationalen Gepflogenheiten« bei der Regelung von Mitwirkungsrechten auf EU-Ebene berücksichtigt werden sollen. Deshalb ist Art. 8 Abs. 3 der Richtlinie 94/45/EG i. S. d. Protokollerklärung zu verstehen, was auch für Art. 8 Abs. 3 der Richtlinie 2009/38/EG gilt, da hiermit der bisherige konzeptionelle Ansatz fortgeschrieben und nicht modifiziert werden sollte (*Oetker/*EuArbR Art. 8 RL 2009/38/EG Rn. 5; im Ergebnis ebenso *Giesen/*HWK EBRG Rn. 113; *Kühn/*AKRR § 31 EBRG Rn. 14 f.; kritisch *Hennecken* in: *Schlachter/Heinig* Europ. AuS, § 21 Rn. 59). 6

Die **Bildung eines Europäischen Betriebsrats** ist wegen der auf die §§ 29 und 30 bezogenen Einschränkung und der systematischen Stellung der Vorschrift in Tendenzunternehmen nicht ausgeschlossen. Anwendbar sind auch die Vorschriften über das **besondere Verhandlungsgremium** (§§ 8 f.), über **Vereinbarungen zur grenzübergreifenden Unterrichtung und Anhörung** (§§ 17 ff.) und zur **Vereinbarung i. S. d. § 41**. 7

Vierter Abschnitt
Änderung der Zusammensetzung, Übergang zu einer Vereinbarung

§ 32
Dauer der Mitgliedschaft, Neubestellung von Mitgliedern

(1) Die Dauer der Mitgliedschaft im Europäischen Betriebsrat beträgt vier Jahre, wenn sie nicht durch Abberufung oder aus anderen Gründen vorzeitig endet. Die Mitgliedschaft beginnt mit der Bestellung.

(2) Alle zwei Jahre, vom Tage der konstituierenden Sitzung des Europäischen Betriebsrats (§ 25 Absatz 1) berechnet, hat die zentrale Leitung zu prüfen, ob sich die Arbeitnehmerzahlen in den einzelnen Mitgliedstaaten derart geändert haben, dass sich eine andere Zusammensetzung des Europäischen Betriebsrats nach § 22 Absatz 2 errechnet. Sie hat das Ergebnis dem Europäischen Betriebsrat mitzuteilen. Ist danach eine andere Zusammensetzung des Europäischen Betriebsrats erforderlich, veranlasst dieser bei den zuständigen Stellen, dass die Mitglieder des Europäischen Betriebsrats in den Mitgliedstaaten neu bestellt werden, in denen sich eine gegenüber dem vorhergehenden Zeitraum abweichende Anzahl der Arbeitnehmervertreter ergibt; mit der Neubestellung endet die Mitgliedschaft der bisher aus diesen Mitgliedstaaten stammenden Arbeitnehmervertreter im Europäischen Betriebsrat. Die Sätze 1 bis 3 gelten entsprechend bei Berücksichtigung eines bisher im Europäischen Betriebsrat nicht vertretenen Mitgliedstaates.

Inhaltsübersicht

		Rdn.
I.	Allgemeines	1
II.	Dauer der Mitgliedschaft, § 32 Abs. 1	2–4
III.	Neubestellung von Mitgliedern, § 32 Abs. 2	5–7

I. Allgemeines

1 Die Vorschrift übernimmt unverändert die Regelung in § 36 EBRG 1996 und beruht nicht auf Vorgaben der Richtlinie 2009/38/EG. Mit § 32 Abs. 2 übereinstimmende Bestimmungen enthalten § 26 SEBG für den SE-Betriebsrat sowie § 26 SCEBG für den SCE-Betriebsrat.

II. Dauer der Mitgliedschaft, § 32 Abs. 1

2 Die Amtszeit des Europäischen Betriebsrats legt weder die Richtlinie 2009/38/EG noch das EBRG fest. Damit ist der Europäische Betriebsrat kraft Gesetzes wie der Gesamtbetriebsrat und der Konzernbetriebsrat eine **Dauereinrichtung** (*Bachner/DKKW* § 21 EBRG Rn. 10; *Blanke* § 36 Rn. 1; *Blanke/Hayen/*HaKo § 33 EBRG Rn. 1; *Breitfeld/*NK-GA §§ 32, 33 EBRG Rn. 2; *Engels/Müller* DB 1996, 981 [986]; *Fitting* Übersicht EBRG Rn. 76; *Gamillscheg* II, § 54, 4e [1]; *Giesen/*HWK EBRG Rn. 102; *Hanau/*HSW § 19 Rn. 87; *Heckelmann/Wolff/*AR § 32 EBRG Rn. 1; *Hromadka* DB 1995, 1125 [1130]; *Joost/*MünchArbR § 275 Rn. 78; *Müller* § 36 Rn. 1; *Rose/*HWGNRH Einl. Rn. 227). Dessen Existenz ist jedoch untrennbar mit dessen Errichtungsvoraussetzungen verbunden; entfallen diese, dann endet damit auch das Amt des Europäischen Betriebsrats kraft Gesetzes (statt aller *Heckelmann/Wolff/*AR § 32 EBRG Rn. 1) und zugleich auch die Amtszeit der dem Europäischen Betriebsrat angehörenden Mitglieder. In Betracht kommt dies insbesondere, wenn ein Unternehmen nicht mehr die Anforderungen an eine gemeinschaftsweite Tätigkeit (§ 3 Abs. 1) erfüllt.

3 § 32 Abs. 1 begrenzt jedoch die Dauer der Mitgliedschaft im Europäischen Betriebsrat auf **vier Jahre**, falls sie nicht durch Abberufung oder aus anderen Gründen **vorzeitig** endet. Andere Gründe können die Niederlegung des Amtes oder die Beendigung des Arbeitsverhältnisses sein (*Bachner/DKKW* § 32 EBRG Rn. 2; *Blanke* § 36 Rn. 2; *Breitfeld/*NK-GA §§ 32, 33 EBRG Rn. 4; *Fitting* Übersicht EBRG

Rn. 76; *Heckelmann/Wolff*/AR § 32 EBRG Rn. 2; *Joost*/MünchArbR § 275 Rn. 85; *Müller* § 36 Rn. 2). Eine erneute Bestellung ist unter den Voraussetzungen des § 22 zulässig (*Blanke* § 36 Rn. 2; *Blanke/Kunz*/HaKo § 32 EBRG Rn. 1; *Engels/Müller* DB 1996, 981 [986]; *Fitting* Übersicht EBRG Rn. 76; *Joost*/MünchArbR § 275 Rn. 84; *Müller* § 36 Rn. 1; *Rose/HWGNRH* Einl. Rn. 228).

Der **Vierjahreszeitraum** beginnt mit dem Zeitpunkt der Bestellung durch die jeweiligen nationalen 4
Gremien (§ 32 Abs. 1 Satz 2 i. V. m. § 22 Abs. 1). Für die **Fristberechnung** sind die §§ 187, 188 BGB heranzuziehen (*Bachner*/DKKW § 32 EBRG Rn. 1; *Blanke* § 36 Rn. 2; *Heckelmann/Wolff*/AR § 32 EBRG Rn. 2; *Rose/HWGNRH* Einl. Rn. 229 sowie näher *Kreutz* § 21 BetrVG Rdn. 22).

III. Neubestellung von Mitgliedern, § 32 Abs. 2

Die Mitgliedschaft endet nach § 32 Abs. 1 aus Gründen außerhalb der Sphäre der Arbeitnehmer, wenn 5
gemäß § 32 Abs. 2 eine Neubestellung der Mitglieder notwendig ist. Nach dieser Vorschrift hat die **zentrale Leitung** vom Tage der konstituierenden Sitzung des Europäischen Betriebsrats (§ 25 Abs. 1) an **alle zwei Jahre** zu prüfen, ob sich die Arbeitnehmerzahlen in den einzelnen Mitgliedstaaten derart geändert haben, dass sich nach § 22 Abs. 2 eine andere Zusammensetzung des Europäischen Betriebsrats ergibt. Um die Grundsätze der Repräsentativität und der Proportionalität sowie die demokratische Legitimation zu wahren, müssen sich Erweiterungen, Verkleinerungen oder Strukturveränderungen des gemeinschaftsweit tätigen Unternehmens oder der Unternehmensgruppe in der Sitzverteilung widerspiegeln.

Eine **andere Zusammensetzung** des Europäischen Betriebsrats ergibt sich, wenn sich die Gesamt- 6
arbeitnehmerzahl oder die Arbeitnehmerzahlen in den Mitgliedstaaten in ihrem Verhältnis zueinander geändert haben, so dass die bisherige Zusammensetzung nicht mehr der in § 22 Abs. 2 festgelegten entspricht. Die zentrale Leitung hat dem Europäischen Betriebsrat sowohl das positive als auch das negative **Prüfergebnis mitzuteilen** (§ 32 Abs. 2 Satz 2). Ist danach eine andere Zusammensetzung des Europäischen Betriebsrats erforderlich, veranlasst dieser die nationalen Bestellungsgremien, in denjenigen Mitgliedstaaten, für welche sich eine Änderung der Mitgliederzahl ergibt oder welche erstmals im Europäischen Betriebsrat vertreten werden, die Mitglieder neu zu bestellen (§ 32 Abs. 2 Satz 3). Praktisch bedeutsam ist dies insbesondere für Betriebe und Unternehmen in Mitgliedstaaten, die bei Errichtung des Europäischen Betriebsrats noch nicht in den Anwendungsbereich der Richtlinie 94/45/EG bzw. der Richtlinie 2009/38/EG fielen (*Franzen* BB 2004, 938 [939 f.]).

Gemäß § 32 Abs. 2 Satz 3 Halbs. 2 endet mit der Neubestellung der Mitglieder die Mitgliedschaft der 7
bisher aus diesen Mitgliedstaaten stammenden Arbeitnehmervertreter. In denjenigen Mitgliedstaaten, die keine Veränderung bezüglich ihrer Sitzverteilung aufweisen, unterbleibt eine Neubestellung. Gehören im Europäischen Betriebsrat vertretene Arbeitnehmer eines Mitgliedstaats nicht mehr dem Unternehmen oder der Unternehmensgruppe an, kommt es nicht zu einer Neubestellung, sondern zum ersatzlosen Wegfall der Mitgliedschaft (*Müller* § 36 Rn. 5).

§ 33
Aufnahme von Verhandlungen

Vier Jahre nach der konstituierenden Sitzung (§ 25 Absatz 1) hat der Europäische Betriebsrat mit der Mehrheit der Stimmen seiner Mitglieder einen Beschluss darüber zu fassen, ob mit der zentralen Leitung eine Vereinbarung nach § 17 ausgehandelt werden soll. Beschließt der Europäische Betriebsrat die Aufnahme von Verhandlungen, hat er die Rechte und Pflichten des besonderen Verhandlungsgremiums; die §§ 8, 13, 14 und 15 Absatz 1 sowie die §§ 16 bis 19 gelten entsprechend. Das Amt des Europäischen Betriebsrats endet, wenn eine Vereinbarung nach § 17 geschlossen worden ist.

§ 33 EBRG *Aufnahme von Verhandlungen*

Inhaltsübersicht   Rdn.

I.	Allgemeines	1
II.	Beschlussfassung des Europäischen Betriebsrats	2, 3
III.	Rechtsfolgen	4–9
	1. Ablehnung des Antrags	4, 5
	2. Aufnahme von Verhandlungen	6–9

I. Allgemeines

1 Abgesehen von redaktionellen Anpassungen entspricht die Vorschrift der bisherigen Rechtslage (§ 37 EBRG 1996) und setzt die Vorgabe in Abs. 1 Buchst. f des Anhangs I zur Richtlinie 2009/38/EG um, die mit Nr. 1 Buchst. f der Richtlinie 94/45/EG übereinstimmt. Eine mit § 33 vergleichbare Vorschrift gilt auch für den kraft Gesetzes errichteten SE-Betriebsrat bzw. SCE-Betriebsrat (s. § 26 SEBG, § 26 SCEBG). Die Regelung ist Ausdruck des Vorrangs einer Vereinbarungslösung und stellt dem kraft Gesetzes errichteten Europäischen Betriebsrat ein Instrument zur Verfügung, um auch nach seiner Konstituierung zu einer Vereinbarung über die Beteiligung der Arbeitnehmer in gemeinschaftsweit tätigen Unternehmen bzw. Unternehmensgruppen zu gelangen. Deshalb ist die Vorschrift auch anzuwenden, wenn es nach Ablauf einer Vereinbarung zur Errichtung eines Europäischen Betriebsrats kraft Gesetzes kommt (*Bachner/DKKW* § 33 EBRG Rn. 3).

II. Beschlussfassung des Europäischen Betriebsrats

2 Die Beschlussfassung des Europäischen Betriebsrats hat vier Jahre nach dessen Konstituierung zu erfolgen. Maßgebend für den Fristbeginn ist der Tag der konstituierenden Sitzung (§ 25 Abs. 1). Für die Fristberechnung gelten die §§ 187, 188, 193 BGB (*Blanke* § 37 Rn. 2; *Heckelmann/Wolff*/AR § 33 EBRG Rn. 1). Vor Ablauf der Frist ist eine Beschlussfassung über die Aufnahme von Verhandlungen nicht möglich, da deren Aufnahme nicht im Belieben des Europäischen Betriebsrats steht. Vergleichbar mit der Sperrfrist in § 15 Abs. 2 dient die Frist dem Schutz der zentralen Leitung (**a. M.** *Blanke* § 37 Rn. 2). Wegen dieses Zwecks bestehen keine Bedenken, wenn der Europäische Betriebsrat den Beschluss zur Aufnahme von Verhandlungen erst geraume Zeit nach Ablauf der Vier-Jahres-Frist (z. B. sechs Jahre) fasst. Auch in diesem Fall erfüllt die Norm ihren Zweck, dem kraft Gesetzes errichteten Europäischen Betriebsrat den Weg zu einer Vereinbarungslösung zu eröffnen.

3 Für den Beschluss zur Aufnahme von Verhandlungen mit der zentralen Leitung ist eine absolute Mehrheit der Mitglieder erforderlich (*Blanke* § 37 Rn. 3). Damit weicht § 33 Satz 1 von der allgemeinen Regelung in § 28 Satz 1 ab. Für den Antrag auf Aufnahme von Verhandlungen muss sich die absolute Mehrheit der Mitglieder aussprechen. Stimmenthaltungen und ungültige Stimmen wirken sich deshalb wie Neinstimmen aus.

III. Rechtsfolgen

1. Ablehnung des Antrags

4 Verfehlt der Antrag auf Aufnahme von Verhandlungen die notwendige absolute Mehrheit, bleibt der kraft Gesetzes errichtete Europäische Betriebsrat als Dauereinrichtung bestehen (*Heckelmann/Wolff*/AR § 33 EBRG Rn. 1).

5 Offen lässt das Gesetz, ob zu einem späteren Zeitpunkt der **Antrag** auf Aufnahme von Verhandlungen **wiederholt werden kann**. Der Wortlaut der Vorschrift scheint dies auszuschließen, da die Vier-Jahres-Frist an die konstituierende Sitzung des kraft Gesetzes errichteten Europäischen Betriebsrats anknüpft und § 33 hiernach von einer einmaligen Möglichkeit zur Beschlussfassung ausgeht. Andererseits bringt die Vorschrift den Vorrang einer Vereinbarungslösung zum Ausdruck, so dass der Normzweck einer erneuten Beschlussfassung mit absoluter Mehrheit nicht entgegensteht. Angesichts des

Gesetzeswortlauts kann diesem Anliegen über eine **entsprechende Anwendung der Norm** Rechnung getragen werden (ebenso i. E. *Blanke* § 37 Rn. 5). Allerdings spricht der Zweck der Vier-Jahres-Frist dagegen, dem Europäischen Betriebsrat jederzeit die Möglichkeit zu einer erneuten Beschlussfassung zu eröffnen (hierfür aber *Blanke* § 37 Rn. 5). Die entsprechende Anwendung gebietet im Hinblick auf den Schutzzweck der Frist vielmehr deren Übernahme, wobei für den Fristbeginn auf den Tag der erstmaligen Beschlussfassung abzustellen ist. Die analoge Anwendung der Vorschrift ermöglicht dem kraft Gesetzes errichteten Europäischen Betriebsrat deshalb alle vier Jahre, die Aufnahme von Verhandlungen zum Abschluss einer Vereinbarung zu überprüfen.

2. Aufnahme von Verhandlungen

Erreicht der Antrag auf Aufnahme von Verhandlungen die notwendige absolute Mehrheit, so hat der kraft Gesetzes errichtete Europäische Betriebsrat nach § 33 Satz 2 auch die **Rechtsstellung eines besonderen Verhandlungsgremiums**. Dem entsprechend erklärt § 33 Satz 2 ausdrücklich die für das besondere Verhandlungsgremium eröffnete Möglichkeit, die Verhandlungen abzubrechen (§ 15 Abs. 1), für anwendbar. Zweifelhaft sind allerdings die Rechtsfolgen eines derartigen Beschlusses. Bei einer unmittelbaren Gesetzesanwendung hätte dieser an sich zur Folge, dass wegen § 21 Abs. 2 kein Europäischer Betriebsrat kraft Gesetzes zu errichten ist. Bezogen auf die entsprechende Anwendung des § 15 Abs. 1 würde dies bedeuten, dass der bereits kraft Gesetzes als Daueinrichtung errichtete Europäische Betriebsrat aufzulösen ist. Dagegen spricht jedoch, dass § 33 Satz 2 die Vorschrift des § 21 Abs. 2 nicht in die Verweisungsnorm aufgenommen hat und § 33 dem Europäischen Betriebsrat nicht die Rechtsmacht eröffnen soll, nach dessen Konstituierung eine Selbstauflösung zu beschließen. Zudem hat § 33 ausdrücklich von einer mit § 37 Abs. 3 Satz 4 vergleichbaren Vorschrift abgesehen, die für den Fall eines nach § 15 Abs. 1 gefassten Beschlusses ein Amtsende des Europäischen Betriebsrats anordnet. Deshalb sprechen die besseren Gründe dafür, dass der kraft Gesetzes errichtete Europäische Betriebsrat bei einem nach § 15 Abs. 1 gefassten Beschluss fortbesteht (ebenso *Heckelmann/Wolff*/AR § 33 EBRG Rn. 3 sowie *Müller* § 37 Rn. 2: Aufrechterhaltung des Status quo).

Für die **Dauer der Verhandlungen** legt § 33 keine Frist fest, insbesondere ist die Drei-Jahres-Frist in § 21 Abs. 1 Satz 2 1. Alt. nicht in Bezug genommen worden. Da ein Europäischer Betriebsrat kraft Gesetzes bereits errichtet ist und § 37 Abs. 4 ausdrücklich auf § 21 Abs. 1 verweist, fehlen die Voraussetzungen für eine entsprechende Anwendung von § 21 Abs. 1 Satz 2, so dass die Verhandlungen keiner Frist unterliegen. Auch im Hinblick auf den Zweck der Arbeitnehmerbeteiligung ist diese entbehrlich, da der kraft Gesetzes errichtete Europäische Betriebsrat – wie sich im Umkehrschluss aus § 33 Satz 3 ergibt – während der Verhandlungen mit der zentralen Leitung fortbesteht (*Blanke* § 37 Rn. 5; *Fitting* Übersicht EBRG Rn. 80; *Müller* § 37 Rn. 2; der Sache nach auch *Heckelmann/Wolff*/AR § 33 EBRG Rn. 2) und nach Maßgabe der §§ 29 und 30 zu beteiligen ist (*Fitting* Übersicht EBRG Rn. 80; *Müller* § 37 Rn. 2).

Kommt es **nicht zu einer Vereinbarung** nach den §§ 18 oder 19, so besteht der kraft Gesetzes als Daueinrichtung errichtete Europäische Betriebsrat fort (*Blanke* § 37 Rn. 6; *Fitting* Übersicht EBRG Rn. 80; *Heckelmann/Wolff*/AR § 33 EBRG Rn. 3). Auch insoweit ist abermals zweifelhaft, ob der Europäische Betriebsrat zu einem späteren Zeitpunkt nochmals einen Beschluss über die Aufnahme von Verhandlungen fassen kann. Aus den in Rdn. 5 genannten Gründen ist dies aufgrund einer entsprechenden Anwendung von § 33 zu bejahen (ebenso im Ergebnis *Blanke* § 37 Rn. 6; *Heckelmann/Wolff*/AR § 33 EBRG Rn. 3), allerdings kann ein derartiger Beschluss nicht jederzeit gefasst werden (so aber *Blanke* § 37 Rn. 6; *Heckelmann/Wolff*/AR § 33 EBRG Rn. 3). Die entsprechende Anwendung des § 33 führt aus den oben dargelegten Gründen (s. Rdn. 5) dazu, dass ein erneuter Antrag erst nach Ablauf von vier Jahren gestellt werden kann, wobei die Frist mit Beendigung der Verhandlung zu laufen beginnt.

Kommt es aufgrund der Verhandlungen zum **Abschluss einer Vereinbarung** i. S. d. §§ 18 oder 19, so endet das Amt des kraft Gesetzes errichteten Europäischen Betriebsrats. Angesichts des Gesetzeswortlauts ist hierfür der Abschluss der Vereinbarung und nicht die Errichtung der neuen Arbeitnehmervertretung maßgebend (*Giesen/HWK* EBRG Rn. 121; *Heckelmann/Wolff*/AR § 33 EBRG Rn. 3; **a. M.** *Müller* § 37 Rn. 2). Die Beteiligung richtet sich fortan ausschließlich nach Maßgabe der getroffenen Vereinbarung. Sofern nunmehr kraft Vereinbarung ein Europäischer Betriebsrat zu errichten ist, besteht aufgrund des Amtsendes des kraft Gesetzes errichteten Europäischen Betriebsrats ein Beteiligungsvakuum. Ein Übergangsmandat des kraft Gesetzes errichteten Europäischen Betriebsrats hat § 33 nicht vorgesehen. Für eine entsprechende Anwendung des § 37 Abs. 3 Satz 1 fehlt angesichts der ausdrücklichen Regelung in § 33 Satz 3 die methodische Voraussetzung einer planwidrigen Regelungslücke (**a. M.** *Blanke* § 37 Rn. 7, der für ein rechtsfortbildend zu schaffendes Restmandat plädiert). Eine lückenschließende Rechtsfortbildung ist auch deshalb entbehrlich, weil die Vereinbarungsparteien über hinreichenden Gestaltungsspielraum verfügen, um ein Beteiligungsvakuum zu vermeiden (treffend insoweit auch *Giesen/HWK* EBRG Rn. 121). So können diese in der Vereinbarung z. B. festlegen, dass die namentlich zu benennenden Mitglieder des kraft Gesetzes errichteten Europäischen Betriebsrats bis zur Neubestellung von Mitgliedern als Mitglieder des kraft Vereinbarung errichteten Europäischen Betriebsrats amtieren und dessen Rechte ausüben.

Fünfter Teil
Gemeinsame Bestimmungen

§ 34
Vertrauensvolle Zusammenarbeit

Zentrale Leitung und Europäischer Betriebsrat arbeiten vertrauensvoll zum Wohl der Arbeitnehmer und des Unternehmens oder der Unternehmensgruppe zusammen. Satz 1 gilt entsprechend für die Zusammenarbeit zwischen zentraler Leitung und Arbeitnehmervertretern im Rahmen eines Verfahrens der Unterrichtung und Anhörung.

1 Nach Art. 6 Abs. 1 der Richtlinie 2009/38/EG sollen die Verhandlungen zwischen der zentralen Leitung und dem besonderen Verhandlungsgremium »im Geiste der Zusammenarbeit« stattfinden. Für die Kooperation zwischen der zentralen Leitung und dem Europäischen Betriebsrat bzw. den Arbeitnehmervertretern im Rahmen eines dezentralen Verfahrens zur Unterrichtung und Anhörung der Arbeitnehmer gilt, dass diese mit dem Willen zur Verständigung unter Beachtung ihrer jeweiligen Rechte und gegenseitigen Verpflichtungen zusammenarbeiten (Art. 9 der Richtlinie 2009/38/EG). Das EBRG ordnete diesen vorgegebenen Arbeitsweisen in den §§ 8 Abs. 3 Satz 1, 34 den Begriff der »vertrauensvollen Zusammenarbeit« zu und greift damit auf den gleich lautenden Terminus in § 2 Abs. 1 BetrVG zurück. Deshalb ist zur Konkretisierung auf die dazu anerkannten Auslegungsresultate (s. dazu *Franzen* § 2 BetrVG Rdn. 3 ff.) zurückzugreifen, soweit diese mit dem Telos der Richtlinie 2009/38/EG bzw. dem EBRG kompatibel sind (*Breitfeld*/NK-GA §§ 34–37 EBRG Rn. 2; *Goos* NZA 1994, 776 [778]; *Hennecken* in: *Schlachter/Heinig* Europ. AuS, § 21 Rn. 85; *Joost*/MünchArbR § 275 Rn. 76; *Rademacher* Europäischer Betriebsrat, S. 142; *Wirmer* DB 1994, 2134 [2136 f.]).

2 Das Gebot der vertrauensvollen Zusammenarbeit soll nicht die Spannungsverhältnisse zwischen der zentralen Leitung und der Arbeitnehmerseite beseitigen oder leugnen, sondern rein egoistische Interessenwahrnehmungen, welche die Interessen der Gegenseite völlig außer Acht lassen, ausschließen und zu gegenseitiger »Ehrlichkeit und Offenheit« in den Rechtsbeziehungen der Parteien auffordern (s. *Franzen* § 2 BetrVG Rdn. 12 ff., m. w. N.). § 8 Abs. 3 Satz 1 und § 34 sind keine »subsidiären anspruchserzeugenden Generalklauseln« (s. *Rupp/AKRR* § 34 EBRG Rn. 4), sondern unmittelbar verpflichtende Rechtsnormen, die als Leitmaxime das Verhalten der Betriebspartner verbindlich regeln und bei der Auslegung aller Bestimmungen des EBRG zu beachten sind (s. *Franzen* § 2 BetrVG Rdn. 4 f., 13). Maßnahmen des Arbeitskampfes sind hiermit unvereinbar (*Fitting* Übersicht EBRG Rn. 94; *Gamillscheg* II, § 54, 4c [1]; *Heckelmann/Wolff*/AR § 34 EBRG Rn. 1; *Hennecken* in: *Schlachter/Heinig* Europ. AuS, § 21 Rn. 86; *Müller* § 38 EBRG Rn. 2; *Rupp/AKRR* § 34 EBRG Rn. 3 sowie hier § 8 EBRG Rdn. 8).

3 Der Grundsatz der vertrauensvollen Zusammenarbeit gestaltet das Verhältnis zwischen der zentralen Leitung und dem besonderen Verhandlungsgremium, dem Europäischen Betriebsrat bzw. den Arbeitnehmervertretern im Rahmen eines dezentralen Verfahrens zur Unterrichtung und Anhörung (*Blanke/Hayen*/HaKo § 34 EBRG Rn. 1). Nicht erfasst wird hingegen das Verhältnis der Mitglieder des Europäischen Betriebsrats, der Mitglieder des besonderen Verhandlungsgremiums bzw. der Arbeitnehmervertreter bei einem dezentralen Unterrichtungs- und Anhörungsverfahren untereinander.

§ 35
Geheimhaltung, Vertraulichkeit

(1) Die Pflicht der zentralen Leitung über die im Rahmen der §§ 18 und 19 vereinbarten oder die sich aus den §§ 29 und 30 Absatz 1 ergebenden Angelegenheiten zu unterrichten, besteht nur, soweit dadurch nicht Betriebs- oder Geschäftsgeheimnisse des Unternehmens oder der Unternehmensgruppe gefährdet werden.

(2) Die Mitglieder und Ersatzmitglieder eines Europäischen Betriebsrats sind verpflichtet, Betriebs- oder Geschäftsgeheimnisse, die ihnen wegen ihrer Zugehörigkeit zum Europäischen Betriebsrat bekannt geworden und von der zentralen Leitung ausdrücklich als geheimhaltungsbedürftig bezeichnet worden sind, nicht zu offenbaren und nicht zu verwerten. Das gilt auch nach dem Ausscheiden aus dem Europäischen Betriebsrat. Die Verpflichtung gilt nicht gegenüber Mitgliedern eines Europäischen Betriebsrats. Sie gilt ferner nicht gegenüber den örtlichen Arbeitnehmervertretern der Betriebe oder Unternehmen, wenn diese auf Grund einer Vereinbarung nach § 18 oder nach § 36 über den Inhalt der Unterrichtungen und die Ergebnisse der Anhörungen zu unterrichten sind, den Arbeitnehmervertretern im Aufsichtsrat sowie gegenüber Dolmetschern und Sachverständigen, die zur Unterstützung herangezogen werden.

(3) Die Pflicht zur Vertraulichkeit nach Absatz 2 Satz 1 und 2 gilt entsprechend für
1. die Mitglieder und Ersatzmitglieder des besonderen Verhandlungsgremiums,
2. die Arbeitnehmervertreter im Rahmen eines Verfahrens zur Unterrichtung und Anhörung (§ 19),
3. die Sachverständigen und Dolmetscher sowie
4. die örtlichen Arbeitnehmervertreter.

(4) Die Ausnahmen von der Pflicht zur Vertraulichkeit nach Absatz 2 Satz 3 und 4 gelten entsprechend für
1. das besondere Verhandlungsgremium gegenüber Sachverständigen und Dolmetschern,
2. die Arbeitnehmervertreter im Rahmen eines Verfahrens zur Unterrichtung und Anhörung gegenüber Dolmetschern und Sachverständigen, die vereinbarungsgemäß zur Unterstützung herangezogen werden, und gegenüber örtlichen Arbeitnehmervertretern, sofern diese nach der Vereinbarung (§ 19) über die Inhalte der Unterrichtungen und die Ergebnisse der Anhörungen zu unterrichten sind.

Inhaltsübersicht

		Rdn.
I.	Allgemeines	1–3
II.	Geheimhaltungsrecht, § 35 Abs. 1	4–8
III.	Geheimhaltungspflicht, § 35 Abs. 2 bis 4	9–17

I. Allgemeines

1 § 35 enthält das Recht der zentralen Leitung, Betriebs- und Geschäftsgeheimnisse nicht zu offenbaren (Abs. 1) sowie die Pflicht der europäischen Arbeitnehmervertreter und der sie unterstützenden Sachverständigen und Dolmetscher, die ihnen bekannt gewordenen Betriebs- und Geschäftsgeheimnisse, welche von der zentralen Leitung ausdrücklich als geheimhaltungsbedürftig bezeichnet wurden, vertraulich zu behandeln (Abs. 2 bis 4). Die Vorschrift entspricht unverändert der Regelung in § 39 EBRG 1996. Sie geht in ihrem Kern auf die Vorgaben in Art. 8 Abs. 1 und 2 der Richtlinie 2009/38/EG zurück, die aus Art. 8 Abs. 1 und 2 der Richtlinie 94/45/EG übernommen wurden. Soweit danach im Interesse des Geheimnisschutzes, die zentrale Leitung von der Weitergabe von Informationen zu entbinden ist, beschränkt Art. 8 Abs. 2 der Richtlinie 2009/38/EG dieses Recht auf solche Informationen, die »die Arbeitsweise der betroffenen Unternehmen nach objektiven Kriterien erheblich beeinträchtigen oder ihnen schaden können«.

2 Eine im Kern mit § 35 übereinstimmende Regelung zur Geheimhaltung und Vertraulichkeit trifft § 41 SEBG, allerdings definiert § 40 Abs. 1 SEBG den Kreis der geschützten Betriebs- und Geschäftsgeheimnisse anders. Einbezogen werden nicht nur die Betriebs- und Geschäftsgeheimnisse der Europäischen (Aktien-) Gesellschaft (SE), sondern auch diejenigen der an der Gründung beteiligten Gesellschaften, einschließlich der jeweiligen Tochtergesellschaften. Mit dieser Umschreibung konkretisiert auch § 43 Abs. 1 SCEBG die geschützten Betriebs- und Geschäftsgeheimnisse. Die in § 35 Abs. 2 bis 4

umschriebene Verschwiegenheitspflicht entspricht § 41 Abs. 2 bis 5 SEBG sowie weitgehend § 43 Abs. 2 bis 5 SCEBG.

Allerdings hebt § 43 Abs. 2 SCEBG hervor, dass die Pflicht zur Verschwiegenheit **unabhängig von** 3 **dem Aufenthaltsort** der jeweils verpflichteten Personen und Organmitglieder besteht. Die Grundlage für diese Modifikation bildet Art. 10 Abs. 1 UA 3 der Richtlinie 2003/72/EG, die zwar auch in Art. 8 Abs. 1 der Richtlinie 2001/86/EG enthalten ist, in das SEBG aber nicht übernommen wurde. Insoweit bleibt das EBRG mit § 35 Abs. 2 ebenfalls hinter den Vorgaben durch die Richtlinie 2009/38/EG zurück, nach deren Art. 8 Abs. 1 UA 3 die Verpflichtung zur Verschwiegenheit ebenso unabhängig von dem Aufenthaltsort der verpflichteten Personen besteht.

II. Geheimhaltungsrecht, § 35 Abs. 1

Das Recht zur Geheimhaltung in § 35 Abs. 1 setzt Art. 8 Abs. 2 der Richtlinie 2009/38/EG um und 4 weist eine den §§ 43 Abs. 2 S. 3, 106 Abs. 2 BetrVG entsprechende Formulierung auf. Der Umfang der im Rahmen der §§ 18, 19 vereinbarten bzw. der sich für den Europäischen Betriebsrat kraft Gesetzes aus den §§ 29 und 30 Abs. 1 ergebenden Unterrichtungs- und Anhörungspflicht ist deshalb eingeschränkt, soweit die Unterrichtung bzw. Anhörung Betriebs- oder Geschäftsgeheimnisse des Unternehmens oder der Unternehmensgruppe gefährdet.

Zur Auslegung des Begriffspaares »**Betriebs- und Geschäftsgeheimnisse**« ist auf die im Rahmen 5 des BetrVG (§ 79) bzw. des UWG (§ 17) anerkannten Grundsätze zu verweisen (s. näher § 79 BetrVG Rdn. 11 ff.).

Im Rahmen des BetrVG sind die Voraussetzungen für eine **Gefährdung der Geheimnisse** umstrit- 6 ten (dazu näher § 106 BetrVG Rdn. 139 ff.). Im Hinblick auf die Vorgabe der Richtlinie 2009/38/EG muss die zentrale Leitung solche Informationen nicht weiterleiten, die die Arbeitsweise der betroffenen Unternehmen nach objektiven Kriterien erheblich beeinträchtigen oder schädigen könnten (Art. 8 Abs. 2 der Richtlinie 2009/38/EG). Der Wortlaut des § 35 Abs. 1 geht über diese Vorgaben hinaus, da er eine Gefährdung der Betriebs- und Geschäftsgeheimnisse ausreichen lässt (s. *Kohte* EuroAS 1996, 115 [119]). Eine Gefährdungslage unterscheidet sich jedoch von einer Beeinträchtigung oder Schädigung, da die Gefährdung eine Möglichkeit des Schadenseintritts beschreibt und somit im Vorfeld einer Verletzung liegt (*Hanau/HSW* § 19 Rn. 78; *Kohte* EuroAS 1996, 115 [119]). Nach den Entwürfen zu der der Richtlinie 2009/38/EG vorangehenden Richtlinie 94/45/EG (Dok. KOM [94] 228 endg., S. 1 [15]; *Holz* Richtlinie, S. 185), nach denen solche Informationen zurückgehalten werden konnten, die dem Unternehmen »ernsthaft schaden könnten« oder »nach objektiv begründbaren Merkmalen erhebliche Nachteile verursachen bzw. schaden könnten«, war der Richtliniengeber bemüht, Missbräuchen des Geheimhaltungsrechts vorzubeugen. Deshalb fordert eine richtlinienkonforme Auslegung hohe Anforderungen an das Merkmal der Gefährdung (*Blanke* § 39 EBRG Rn. 7; a. M. *Rupp/AKRR* § 35 EBRG Rn. 4), insbesondere müssen hierfür **konkrete Anhaltspunkte** bestehen (*Blanke/Hayen*/HaKo § 35 EBRG Rn. 5; *Rupp/AKRR* § 35 EBRG Rn. 4; a. M. *Müller* § 39 EBRG Rn. 3).

Wegen der Geheimhaltungspflicht, der die Arbeitnehmervertreter, die Sachverständigen und Dolmet- 7 scher bezüglich der Betriebs- und Geschäftsgeheimnisse, die ausdrücklich von der zentralen Leitung als geheimhaltungsbedürftig erklärt wurden, unterworfen sind (§ 35 Abs. 2 bis 4), bedarf es keines weiterreichenden Geheimhaltungsrechts der zentralen Leitung. Deshalb ist eine Gefährdungslage erst anzuerkennen, wenn sich aus objektiven Kriterien ergibt, dass die Geheimhaltung trotz der Pflicht zur Vertraulichkeit nicht gewahrt ist, z. B. durch unzuverlässige Mitglieder des Arbeitnehmervertretungsgremiums (*Blanke* § 39 Rn. 7). Wie bei § 106 Abs. 2 (s. § 106 BetrVG Rdn. 145) sieht es eine verbreitete Auffassung indes als ausreichend an, wenn es sich um Betriebs- und Geschäftsgeheimnisse von solcher Tragweite und Geheimhaltungsstufe handelt, dass deren Offenbarung die Arbeitsweise des betroffenen Unternehmens erheblich beeinträchtigen oder schädigen könnte (*Hromadka* DB 1995, 1125 [1129]; *Müller* § 39 Rn. 3; *Rademacher* Europäischer Betriebsrat, S. 137; **a. M.** *Joost*/MünchArbR § 275 Rn. 72: nur wenn Offenbarung droht). Aus den zu § 106 Abs. 2 BetrVG dargelegten Gründen ist dem nicht zu folgen (s. § 106 BetrVG Rdn. 145, m. w. N.).

8 Kritik wurde wegen der Nichtaufnahme einer § 109 entsprechenden Regelung geäußert (s. *Beckedahl* Der Europäische Betriebsrat, S. 187; *Däubler* FS *Schaub*, S. 95 [114 f.]; *Kohte* EuroAS 1996, 115 [119]; *Lörcher* AuR 1996, 297 [298] sowie auch *Hanau/HSW* § 19 Rn. 78). Danach entscheidet eine betriebliche Einigungsstelle bei Streitigkeiten über die Weitergabe von Betriebs- und Geschäftsgeheimnissen (näher § 109 BetrVG Rdn. 11). Im Rahmen des EBRG sind demgegenüber die Arbeitsgerichte sofort zuständig (*Blanke* § 39 Rn. 16; *Blanke/Hayen*/HaKo § 35 EBRG Rn. 5; *Müller* § 39 Rn. 10). Da die Mitgliedstaaten nach Art. 11 Abs. 3 der Richtlinie 2009/38/EG Verfahren vorsehen müssen, nach denen die Arbeitnehmervertreter auf dem Verwaltungs- oder Gerichtsweg Rechtsbehelfe einlegen können, wenn die zentrale Leitung sich auf die Vertraulichkeit der Information beruft oder diese nicht weiterleitet, leitete *Kohte* aus Art. 11 Abs. 3 der Richtlinie 94/45/EG und der Entscheidung des *EuGH* (08.06.1994 Slg. 1994 I, 2479 = EAS RL 75/129/EWG Art. 2 Nr. 1) zur Umsetzung der Richtlinien 75/129/EWG und 77/187/EWG eine Pflicht des Gesetzgebers zur Normierung einer analogen Anwendung des § 109 her (*Kohte* EuroAS 1996, 115 [119]; **a. M.** *Hanau/HSW* § 19 Rn. 78, der eine sachgerechte Ausfüllung des Umsetzungsspielraums bejaht). Der *EuGH* hatte ausgeführt, dass die Mitgliedstaaten darauf zu achten haben, dass die Verstöße gegen das Gemeinschaftsrecht nach ähnlichen sachlichen und verfahrensrechtlichen Regeln wie nach Art und Schwere gleichartiger Verstöße gegen das nationale Recht geahndet werden müssen. Auch das Europäische Parlament hatte in einer Stellungnahme vorgeschlagen, ein gesondertes Schlichtungsverfahren einzurichten (Plenarberatung des Europäischen Parlaments, ABlEG Nr. C 240 vom 16.09.1991, S. 118, Änderung Nr. 38). Solange der Gesetzgeber die Geltung des § 109 jedoch nicht anordnet, fehlt für eine analoge Anwendung der Norm eine planwidrige Regelungslücke.

III. Geheimhaltungspflicht, § 35 Abs. 2 bis 4

9 § 35 Abs. 2 setzt Art. 8 Abs. 1 der Richtlinie 2009/38/EG mit einer § 79 Abs. 1 BetrVG entsprechenden Formulierung um. Danach dürfen Mitglieder und Ersatzmitglieder eines Europäischen Betriebsrats Betriebs- und Geschäftsgeheimnisse, die ihnen aufgrund ihrer Zugehörigkeit zum Europäischen Betriebsrat bekannt geworden und von der zentralen Leitung ausdrücklich als geheimhaltungsbedürftig bezeichnet worden sind, weder offenbaren noch verwerten.

10 Die Richtlinie 2009/38/EG erfasst nach dem Wortlaut des Art. 8 Abs. 1 nur die »als vertraulich mitgeteilten Informationen«, ohne auf die objektive Geheimhaltungsbedürftigkeit abzustellen. Deshalb soll es nach einer teilweise vertretenen Auffassung nicht erforderlich sein, dass es sich bei der mitgeteilten Information um ein Betriebs- oder Geschäftsgeheimnis handelt (*Hromadka* DB 1995, 1125 [1129 f.], der aber eine gewisse Bedeutung der Vertraulichkeit für das Unternehmen verlangt). Würde jedoch allein die Erklärung der Vertraulichkeit bzw. der Geheimhaltungsbedürftigkeit der Information die Geheimhaltungspflicht auslösen, dann könnte die zentrale Leitung entgegen dem Ziel der Richtlinie eine Information der Arbeitnehmer verhindern und das Verfahren der Unterrichtung und Anhörung würde nur zur Erweiterung des Kreises der Eingeweihten führen (*Holz* Richtlinie, S. 184). Um das Ziel der Richtlinie 2009/38/EG zu wahren, ist deren Art. 8 Abs. 1 deshalb restriktiv auszulegen, so dass es auch im Rahmen der Geheimhaltungspflicht auf das Vorliegen eines Betriebs- und Geschäftsgeheimnisses ankommt (*Blanke* § 39 Rn. 8; *Däubler/Klebe* AiB 1995, 557 [571]; *Holz* Richtlinie, S. 184 f.; *Müller* § 39 Rn. 4; *Weiss* AuR 1995, 438 [443]).

11 Die zentrale Leitung muss, um die Geheimhaltungspflicht auszulösen, das Betriebs- und Geschäftsgeheimnis **ausdrücklich als geheimhaltungsbedürftig bezeichnen**, d. h. die Geheimhaltungspflicht muss sich aus der Erklärung selbst und nicht erst aus anderen Umständen oder einer Auslegung der Erklärung ergeben (zu § 79 BetrVG s. § 79 BetrVG Rdn. 27 ff.). Einer bestimmten **Form** bedarf die Erklärung nicht (zu § 79 BetrVG s. § 79 BetrVG Rdn. 33).

12 Weiterhin müssen den verpflichteten Personen die Betriebs- und Geschäftsgeheimnisse **wegen ihrer Zugehörigkeit** zum Europäischen Betriebsrat bzw. zum besonderen Verhandlungsgremium oder **aufgrund ihrer Tätigkeit** im Rahmen eines dezentralen Unterrichtungs- und Anhörungsverfahrens bekannt geworden sein. Auf welche Weise die verpflichteten Personen Kenntnis erlangen, ist unerheb-

lich. Es wird nicht vorausgesetzt, dass die Information unmittelbar von der zentralen Leitung übermittelt wurde (*Blanke* § 39 Rn. 10; *Müller* § 39 Rn. 5; zu § 79 BetrVG s. § 79 BetrVG Rdn. 39 ff.).

Zur Geheimhaltung verpflichtet sind die Mitglieder und Ersatzmitglieder des Europäischen Betriebsrats (§ 35 Abs. 2), die Mitglieder und Ersatzmitglieder des besonderen Verhandlungsgremiums (§ 35 Abs. 3 Nr. 1), die Arbeitnehmervertreter im Rahmen eines dezentralen Verfahrens zur Unterrichtung und Anhörung (§ 35 Abs. 3 Nr. 2), die Sachverständigen und Dolmetscher (§ 35 Abs. 3 Nr. 3) sowie die örtlichen Arbeitnehmervertreter (§ 35 Abs. 3 Nr. 4). Wegen der Verweisung in § 23 Abs. 6 Satz 2 auf § 35 Abs. 2 ist der vom Sprecherausschuss bestimmte leitende Angestellte, der nach § 23 Abs. 6 Satz 1 an den Sitzungen zur Unterrichtung und Anhörung des Europäischen Betriebsrats teilnimmt (s. § 23 EBRG Rdn. 13), ebenfalls zur Verschwiegenheit verpflichtet (*Müller* § 39 Rn. 6). 13

Die Verpflichtung besteht nach § 35 Abs. 2 Satz 2 EBRG – wie nach § 79 Abs. 1 Satz 2 BetrVG – auch im Anschluss an die **Beendigung der Organmitgliedschaft**. Aufgrund des Gebots einer entsprechenden Gesetzesanwendung ist bei Sachverständigen und Dolmetschern (s. § 35 Abs. 3 Nr. 3) auf die Beendigung der Tätigkeit für das Organ abzustellen. Im Gegensatz zu den Vorgaben durch Art. 8 Abs. 1 UA 3 der Richtlinie 2009/38/EG hält § 35 Abs. 2 zwar nicht ausdrücklich fest, dass die Verpflichtung zur Geheimhaltung unabhängig von dem **Aufenthaltsort** besteht (s. § 35 EBRG Rdn. 3), aus der Verpflichtung zur unionsrechtskonformen Anwendung der Vorschrift folgt aber, dass sich ein nach § 35 Abs. 2 Verpflichteter nicht darauf berufen darf, aufgrund seines Aufenthaltsortes und der dort maßgeblichen Rechtsvorschriften sei er nicht zur Verschwiegenheit verpflichtet. 14

Um dem Ziel der Richtlinie 2009/38/EG Rechnung zu tragen und den Informationsfluss zwischen den Arbeitnehmervertretungsgremien, den an dem Verfahren zur Unterrichtung und Anhörung beteiligten Arbeitnehmervertretern sowie die Unterstützung von Sachverständigen und Dolmetschern zu gewährleisten, gelten **Ausnahmen** vom Grundsatz der Verschwiegenheit (*Reg. Begr.* BT-Drucks. 13/4520, S. 27; *Heckelmann/Wolff*/AR § 35 EBRG Rn. 2; s. auch § 79 BetrVG Rdn. 60). So besteht die Geheimhaltungspflicht nicht gegenüber Mitgliedern des Europäischen Betriebsrats (§ 35 Abs. 2 Satz 3), den Vertretern der örtlichen Arbeitnehmervertretungen der Betriebe oder Unternehmen, den Arbeitnehmervertretern im Aufsichtsrat sowie Dolmetschern und Sachverständigen, die zur Unterstützung herangezogen werden (§ 35 Abs. 2 Satz 4). Bedenken gegenüber dieser in der Sache mit § 79 Abs. 1 Satz 3 und 4 BetrVG übereinstimmenden Freistellung bestehen aus Sicht des Unionsrechts nicht, da diese mit der in § 35 Abs. 3 vorgenommenen Erweiterung der zur Verschwiegenheit verpflichteten Organmitglieder und Personen korrespondiert. Das gilt zwar nicht für die Arbeitnehmervertreter im Aufsichtsrat, sie unterliegen jedoch nach § 116 AktG i. V. m. § 93 Abs. 1 Satz 3 AktG der Pflicht zur Verschwiegenheit (*Heckelmann/Wolff*/AR § 35 EBRG Rn. 2; s. § 79 BetrVG Rdn. 53). 15

§ 35 Abs. 4 regelt weitere **Ausnahmen** von der Geheimhaltungspflicht, die auf der Erweiterung des verpflichteten Personenkreises durch § 35 Abs. 3 reagiert. Das besondere Verhandlungsgremium bzw. die Arbeitnehmer im Rahmen eines dezentralen Verfahrens zur Unterrichtung und Anhörung sind nicht gegenüber Sachverständigen und Dolmetschern zur Geheimhaltung verpflichtet. Auch die Arbeitnehmervertreter eines dezentralen Unterrichtungs- und Anhörungsverfahrens unterliegen gegenüber den örtlichen Arbeitnehmervertretern nicht der Geheimhaltungspflicht, sofern diese gemäß § 19 über die Inhalte der Unterrichtung und die Ergebnisse der Anhörung zu unterrichten sind. 16

Verletzungen der Verschwiegenheitspflicht sind nach §§ 43 Abs. 1, 44 Abs. 1 Nr. 1 strafbar; zudem verletzt der zur Verschwiegenheit Verpflichtete mit einer unbefugten Offenbarung seine arbeitsvertraglichen Interessenwahrungspflichten (s. näher § 79 BetrVG Rdn. 88 f.). Ein mit § 23 Abs. 1 BetrVG vergleichbares Amtsenthebungsverfahren, das gegebenenfalls auch von der zentralen Leitung eingeleitet werden könnte, kennt das EBRG nicht. Schon aus diesem Grunde bestehen gegen einen Unterlassungsanspruch der zentralen Leitung nicht diejenigen Einwände, die bei einer Verletzung der Pflichten aus § 79 Abs. 1 BetrVG vorgebracht werden (s. § 79 BetrVG Rdn. 77). Für eine entsprechende Anwendung von § 23 Abs. 1 BetrVG (so *Heckelmann/Wolff*/AR § 35 EBRG Rn. 3) fehlt eine tragfähige methodische Grundlage. 17

§ 36
Unterrichtung der örtlichen Arbeitnehmervertreter

(1) Der Europäische Betriebsrat oder der Ausschuss (§ 30 Absatz 2) berichtet den örtlichen Arbeitnehmervertretern oder, wenn es diese nicht gibt, den Arbeitnehmern der Betriebe oder Unternehmen über die Unterrichtung und Anhörung.

(2) Das Mitglied des Europäischen Betriebsrats oder des Ausschusses, das den örtlichen Arbeitnehmervertretungen im Inland berichtet, hat den Bericht in Betrieben oder Unternehmen, in denen Sprecherausschüsse der leitenden Angestellten bestehen, auf einer gemeinsamen Sitzung im Sinne des § 2 Absatz 2 des Sprecherausschussgesetzes zu erstatten. Dies gilt nicht, wenn ein nach § 23 Absatz 6 bestimmter leitender Angestellter an der Sitzung zur Unterrichtung und Anhörung des Europäischen Betriebsrats teilgenommen hat. Wird der Bericht nach Absatz 1 nur schriftlich erstattet, ist er auch dem zuständigen Sprecherausschuss zuzuleiten.

Inhaltsübersicht

		Rdn.
I.	Allgemeines	1, 2
II.	Unterrichtungsverpflichteter	3, 4
III.	Unterrichtungsadressat	5–9
IV.	Form der Berichterstattung	10
V.	Einschränkung der Berichtspflicht	11

I. Allgemeines

1 Der Europäische Betriebsrat bzw. der von ihm nach § 26 gebildete Ausschuss hat den örtlichen Arbeitnehmervertretern oder, wenn es diese nicht gibt, den Arbeitnehmern der Betriebe oder Unternehmen über die Unterrichtung und Anhörung zu berichten (s. auch *v. Beckerath* Europäischer Betriebsrat, S. 78 ff.). Die Vorschrift stimmt mit § 35 EBRG 1996 wörtlich überein und setzt die Vorgabe in Art. 10 Abs. 2 der Richtlinie 2009/38/EG um, wonach die Arbeitnehmervertreter in den Betrieben über Inhalt und Ergebnisse der gemäß dieser Richtlinie durchgeführten Unterrichtung und Anhörung zu informieren sind. Zuvor war diese Vorgabe Bestandteil des Anhangs zur Richtlinie 94/45/EG (Nr. 5).

2 Eine mit § 36 Abs. 1 übereinstimmende Regelung trifft § 30 SEBG, der jedoch auf die Sonderregelung in § 36 Abs. 2 bezüglich des Sprecherausschusses der leitenden Angestellten verzichtet, da das SEBG keine mit § 23 Abs. 6 vergleichbare Beteiligung der leitenden Angestellten an den Sitzungen des kraft Gesetzes errichteten SE-Betriebsrat kennt. Im SCEBG ist die Pflicht zur Berichterstattung ebenfalls geregelt (§ 30 SCEBG).

II. Unterrichtungsverpflichteter

3 Unterrichtungsverpflichtete sind sowohl der Europäische Betriebsrat bzw. der Ausschuss als gesamtes **Gremium** als auch dessen **Mitglieder** (*Lerche* Europäischer Betriebsrat, S. 260; **a. M.** *Joost*/MünchArbR § 275 Rn. 63: nur das Kollegialorgan). Das ergibt sich aus der Formulierung des § 36 Abs. 1, nach der »der Europäische Betriebsrat oder der Ausschuss berichtet«, sowie dem Wortlaut des § 36 Abs. 2, wonach »das Mitglied des Europäischen Betriebsrats oder des Ausschusses« berichtet. Art 10 Abs. 2 der Richtlinie 2009/38/EG, nach dem »die Mitglieder des Europäischen Betriebsrats« informieren, stützt diese Auslegung zusätzlich. Ob der Europäische Betriebsrat oder der Ausschuss die Berichterstattung wahrnimmt, entscheidet der Europäische Betriebsrat entweder im Einzelfall oder im Rahmen einer von ihm beschlossenen Geschäftsordnung (*Heckelmann/Wolff*/AR § 36 EBRG Rn. 3). Entsprechendes gilt für das jeweilige Mitglied, das die Berichterstattung vornimmt.

Ob die örtlichen Arbeitnehmervertretungen ihrerseits verpflichtet sind, die aus der Berichterstattung erlangten Informationen an die von ihnen vertretenen Arbeitnehmer weiterzuleiten, ergibt sich aus der Vorschrift nicht (**a. M.** *Heckelmann/Wolff*/AR § 36 EBRG Rn. 1, die auf den Normzweck abstellen und dies bejahen). Durch Art. 10 Abs. 2 der Richtlinie 2009/38/EG wird ein derartiges Verständnis der Vorschrift nicht gefordert, da dieser eine Unterrichtung der Arbeitnehmer auf den Fall beschränkt, dass in einem Betrieb keine örtliche Arbeitnehmervertretung besteht.

III. Unterrichtungsadressat

Adressat der Unterrichtung sind die örtlichen Arbeitnehmervertreter. Nach deutschem Recht sind dies der Betriebsrat, der Gesamtbetriebsrat und der Konzernbetriebsrat. Eine Unterrichtung ist **nicht gegenüber allen Arbeitnehmervertretergremien** vorzunehmen, sondern nur gegenüber der höchsten betriebsverfassungsrechtlichen Ebene, d. h. ein Betriebsrat bzw. Gesamtbetriebsrat, der im Konzernbetriebsrat vertreten ist, muss nicht unterrichtet werden (*Bachner/DKKW* § 36 EBRG Rn. 2; *Blanke* § 35 Rn. 2; *Breitfeld*/NK-GA §§ 34–37 EBRG Rn. 5; *Heckelmann/Wolff*/AR § 36 EBRG Rn. 1; *Joost*/MünchArbR § 275 Rn. 64; *Lerche* Europäischer Betriebsrat, S. 261). Dies ergibt sich aus der Formulierung in Art. 10 Abs. 2 der Richtlinie 2009/38/EG, nach der die Arbeitnehmervertreter der Betriebe oder der zur gemeinschaftsweit operierenden Unternehmergruppe gehörenden Unternehmen zu informieren sind. Hieraus folgt zugleich, dass der Europäische Betriebsrat in dieser Konstellation keinen Anspruch auf unmittelbare Kommunikation mit den Arbeitnehmern über das Internet hat, wenn örtliche Arbeitnehmervertretungen vorhanden sind (*LAG Baden-Württemberg* 02.10.2014 – 11 TaBV 5/14 – BeckRS 2015, 67996; *ArbG Lörrach* 26.06.2013 LAGE § 36 EBRG Nr. 1).

Nach dem Wortlaut zählen zu den »Arbeitnehmervertretern« i. S. d. § 36 Abs. 1 nicht nur die nach dem BetrVG gebildeten Gremien, sondern auch die Sprecherausschüsse der leitenden Angestellten. Deren Einbeziehung in die Berichtspflicht würde jedoch die Sonderregelung in § 36 Abs. 2 konterkarieren. Deshalb sind zumindest im Rahmen von § 36 Abs. 1 die Sprecherausschüsse der leitenden Angestellten nicht zu den von dieser Vorschrift begünstigten »Arbeitnehmervertretungen« zu zählen. Ein Widerspruch zu den Vorgaben in Art. 10 Abs. 2 der Richtlinie 2009/38/EG ist hierin nicht zu sehen, da § 36 Abs. 2 eine ausreichende Information der Sprecherausschüsse sicherstellt.

Die Berichtspflicht des Europäischen Betriebsrats ist nicht auf die im Inland gebildeten Arbeitnehmervertretungen beschränkt, sondern gilt auch bezüglich der in anderen Mitgliedstaaten bestehenden Arbeitnehmervertretungen, sofern die dort beschäftigten Arbeitnehmer im Europäischen Betriebsrat vertreten sind (*Heckelmann/Wolff*/AR § 36 EBRG Rn. 1). Mit diesem Vorbehalt kommen auch Arbeitnehmervertretungen in Drittstaaten in Betracht, wenn diese im Rahmen eines Europäischen Betriebsrats kraft Vereinbarung zu berücksichtigen sind (§ 18 Abs. 1 Nr. 1 EBRG).

Nach § 36 Abs. 2 Satz 1 ist der Bericht auch den **leitenden Angestellten** auf der gemeinsamen Sitzung (§ 2 Abs. 2 SprAuG) zu erstatten. Hierfür muss jedoch ein Sprecherausschuss bestehen. Die Berichtspflicht entfällt, wenn die Sprecherausschüsse gemäß § 23 Abs. 6 durch einen leitenden Angestellten an der Sitzung zur Unterrichtung und Anhörung des Europäischen Betriebsrats beteiligt sind (§ 36 Abs. 2 Satz 2).

Sind Arbeitnehmervertreter nicht vorhanden, besteht die Unterrichtungspflicht unmittelbar gegenüber den Arbeitnehmern der Betriebe oder Unternehmen (*Blanke* § 35 Rn. 3; *Giesen/HWK* EBRG Rn. 67; *Joost*/MünchArbR § 275 Rn. 67; *Müller* § 35 Rn. 4).

IV. Form der Berichterstattung

Die Form der Berichterstattung geben weder § 36 noch Art. 10 Abs. 2 der Richtlinie 2009/38/EG vor. Es kommt – wie aus § 36 Abs. 2 Satz 3 zu entnehmen ist – sowohl eine mündliche als auch eine schriftliche Berichterstattung in Betracht (*Bachner/DKKW* § 36 EBRG Rn. 3; *Blanke* § 35 Rn. 2; *Breitfeld*/NK-GA §§ 34–37 EBRG Rn. 6; *Heckelmann/Wolff*/AR § 36 EBRG Rn. 3; *Joost*/Münch-

ArbR § 275 Rn. 65; *Müller* § 35 Rn. 2). Unter Beachtung des Grundsatzes der vertrauensvollen Zusammenarbeit (§ 34) hat die zentrale Leitung nur die erforderlichen Kosten bezüglich der Berichterstattung zu tragen (*ArbG Lörrach* 08.04.2014 LAGE § 36 EBRG Nr. 2). Deshalb ist die effektivste, aber kostengünstigste Form zu wählen. Dies steht nicht nur einer eigens anberaumten Versammlung der Arbeitnehmer entgegen (*Heckelmann/Wolff*/AR § 36 EBRG Rn. 2), sondern dem Grundsatz der Erforderlichkeit kann es auch widersprechen, die Unterrichtung in einer Sitzung der örtlichen Arbeitnehmervertretung vorzunehmen (so *ArbG Lörrach* 08.04.2014 LAGE § 36 EBRG Nr. 2; hierzu auch *LAG Baden-Württemberg* 02.10.2014 – 11 TaBV 5/14 – BeckRS 2015, 67995).

V. Einschränkung der Berichtspflicht

11 Grenzen der Berichtspflicht ergeben sich aus der Pflicht zur Wahrung der Geschäftsgeheimnisse (§ 35 Abs. 2). Gegenüber den örtlichen Arbeitnehmervertretern gilt jedoch die Geheimhaltungspflicht nicht (§ 35 Abs. 2 Satz 4), da diese nach § 35 Abs. 3 Nr. 4 selbst zur Vertraulichkeit verpflichtet sind. Damit gilt die Einschränkung der Berichtspflicht nur gegenüber den Arbeitnehmern und dem Sprecherausschuss (*Blanke* § 35 Rn. 7; *Müller* § 35 Rn. 1; **a. M.** *Joost*/MünchArbR § 275 Rn. 71, bezüglich des Sprecherausschusses). Andererseits sind die örtlichen Arbeitnehmervertreter nur in den durch § 35 Abs. 4 gezogenen Grenzen berechtigt, die im Rahmen von § 36 erhaltenen Informationen an die Belegschaft weiterzuleiten.

§ 37
Wesentliche Strukturänderungen

(1) Ändert sich die Struktur des gemeinschaftsweit tätigen Unternehmens oder der gemeinschaftsweit tätigen Unternehmensgruppe wesentlich und bestehen hierzu keine Regelungen in geltenden Vereinbarungen oder widersprechen sich diese, nimmt die zentrale Leitung von sich aus oder auf Antrag der Arbeitnehmer oder ihrer Vertreter (§ 9 Absatz 1) die Verhandlungen über eine Vereinbarung nach § 18 oder § 19 auf. Als wesentliche Strukturänderungen im Sinne des Satzes 1 gelten insbesondere
1. Zusammenschluss von Unternehmen oder Unternehmensgruppen,
2. Spaltung von Unternehmen oder Unternehmensgruppen,
3. Verlegung von Unternehmen oder der Unternehmensgruppe in einen anderen Mitgliedstaat oder Drittstaat oder Stilllegung von Unternehmen oder der Unternehmensgruppe,
4. Verlegung oder Stilllegung von Betrieben, soweit sie Auswirkungen auf die Zusammensetzung des Europäischen Betriebsrats haben können.

(2) Abweichend von § 10 entsendet jeder von der Strukturänderung betroffenen Europäische Betriebsrat aus seiner Mitte drei weitere Mitglieder in das besondere Verhandlungsgremium.

(3) Für die Dauer der Verhandlung bleibt jeder von der Strukturänderung betroffene Europäische Betriebsrat bis zur Errichtung eines neuen Europäischen Betriebsrats im Amt (Übergangsmandat). Mit der zentralen Leitung kann vereinbart werden, nach welchen Bestimmungen und welcher Zusammensetzung das Übergangsmandat wahrgenommen wird. Kommt es nicht zu einer Vereinbarung mit der zentralen Leitung nach Satz 2, wird das Übergangsmandat durch den jeweiligen Europäischen Betriebsrat entsprechend der für ihn im Unternehmen oder der Unternehmensgruppe geltenden Regelung wahrgenommen. Das Übergangsmandat endet auch, wenn das besondere Verhandlungsgremium einen Beschluss nach § 15 Absatz 1 fasst.

(4) Kommt es nicht zu einer Vereinbarung nach § 18 oder § 19, ist in den Fällen des § 21 Absatz 1 ein Europäischer Betriebsrat nach den §§ 22 und 23 zu errichten.

Wesentliche Strukturänderungen **§ 37 EBRG**

Inhaltsübersicht Rdn.

I. Allgemeines 1
II. Auslösung der Verhandlungen 2–6
III. Verhandlungsverfahren 7–10
IV. Übergangsmandat des betroffenen Europäischen Betriebsrats 11–14

I. Allgemeines

Die Vorschrift wurde im Rahmen der Novellierung des EBRG neu aufgenommen und dient der Umsetzung von Art. 13 der Richtlinie 2009/38/EG. Ergänzend zu der Richtlinie konkretisiert § 37 Abs. 1 Satz 2 die in Satz 1 genannten wesentlichen Strukturänderungen. Eine mit § 37 vergleichbare Neuverhandlungsvorschrift bei strukturellen Änderungen des Unternehmens sieht § 18 Abs. 3 SEBG vor, der jedoch in zentralen Punkten von § 37 abweicht. So fehlt in § 18 Abs. 3 SEBG eine Konkretisierung der von der Norm erfassten strukturellen Änderungen. Darüber hinaus verzichtet § 18 Abs. 3 SEBG auf Regelungen zu einem Übergangsmandat (s. § 37 Abs. 3). Das gilt entsprechend für § 18 Abs. 3 SCEBG, der mit § 18 Abs. 3 SEBG übereinstimmt. **1**

II. Auslösung der Verhandlungen

Die Vorschrift gilt nicht nur für den aufgrund einer Vereinbarung errichteten Europäischen Betriebsrat, sondern auch, wenn es nicht zum Abschluss einer Vereinbarung gekommen ist und ein **Europäischer Betriebsrat kraft Gesetzes** errichtet wurde (*Reg.Begr.* BT-Drucks. 17/4808, 11; a. M. *Rudolph/AKRR* § 37 EBRG Rn. 4). Dies erschließt sich indirekt aus dem Wortlaut der Norm, da es auch bei einem kraft Gesetzes errichteten Europäischen Betriebsrat an einer Vereinbarung fehlt, die Regelungen über die Auswirkungen einer strukturellen Änderung trifft. **2**

Auch § 37 Abs. 1 Satz 1 ist geprägt von dem **Vorrang einer Vereinbarungslösung** (s. *Giesen/HWK* EBRG Rn. 81; *Heckelmann/Wolff/AR* § 37 EBRG Rn. 10). Sofern sich nicht verschiedene Vereinbarungen widersprechen, ist die in geltenden Vereinbarungen getroffene Problemlösung allein maßgeblich und verdrängt den Neuverhandlungsmechanismus der gesetzlichen Regelung. Dementsprechend sieht § 18 Abs. 1 Nr. 7 i. S. einer Sollbestimmung vor, dass in die Vereinbarung auch eine Klausel zur Anpassung der Vereinbarung an Strukturveränderungen einschließlich einer Übergangsregelung aufzunehmen ist. Der Vorrang der Vereinbarung gilt uneingeschränkt, insbesondere auch, wenn eine aus Sicht des § 37 lückenhafte Regelung besteht, die Vereinbarung z. B. kein mit § 37 Abs. 3 vergleichbares Übergangsmandat zugunsten des amtierenden Europäischen Betriebsrats vorsieht. **3**

Ausgelöst werden Neuverhandlungen durch **wesentliche Strukturänderungen**, wobei **§ 37 Abs. 1 Satz 2** diese konkretisiert. Soweit dort der »Zusammenschluss« und die »Spaltung« genannt werden, ist dies nicht zwingend mit umwandlungsrechtlichen Strukturveränderungen gleichzusetzen. Verschmelzungen i. S. d. §§ 2 ff. UmwG sowie Spaltungen i. S. d. §§ 123 ff. UmwG werden zwar von § 37 Abs. 1 Satz 2 Nr. 1 und 2 erfasst. Die rechtstechnische Umsetzung des Zusammenschlusses sowie der Spaltung ist vor dem Hintergrund des Normzwecks jedoch bedeutungslos. Zur »Spaltung von Unternehmen« kommt es deshalb auch aufgrund eines rechtsgeschäftlichen Betriebsinhaberwechsels im Wege einer von § 613a BGB erfassten Einzelrechtsnachfolge (zu § 106 Abs. 3 Nr. 8 BetrVG s. § 106 BetrVG Rdn. 87). Ob die in § 37 Abs. 1 Satz 2 aufgezählten Strukturänderungen »wesentlich« sind, ist nicht eigenständig zu prüfen. Sie ist vielmehr aufgrund der Eingangsworte »im Sinne des Satzes 1 gelten« – nicht anders als im Rahmen von § 111 Satz 3 BetrVG (s. § 111 BetrVG Rdn. 60 ff.) – **unwiderlegbar zu vermuten** (s. in diesem Sinne auch *Reg. Begr.* BT-Drucks. 17/4808, S. 12: »ist auszugehen«). **4**

Allerdings führt die Regelungstechnik in § 37 Abs. 1 Satz 2 dazu, dass die dort in Nr. 1 bis 3 aufgezählten Sachverhalte selbst dann zu Neuverhandlungen führen können, wenn sie ohne Auswirkungen für die Zusammensetzung der betroffenen Europäischen Betriebsräte sind (s. *Giesen/HWK* EBRG Rn. 76; *Rudolph/AKRR* § 37 EBRG Rn. 7). Obwohl die Gesetzessystematik gegen eine gesonderte **5**

Prüfung spricht, legt der Normzweck bei den Tatbeständen in § 37 Abs. 1 Satz 2 Nr. 1 bis 3 eine teleologische Reduktion nahe, wenn die dort genannten Strukturänderungen keine Auswirkungen auf die Zusammensetzung des Europäischen Betriebsrats haben (ebenso i. E. *Giesen/HWK* EBRG Rn. 77, der sich ebenfalls auf den Normzweck stützt, jedoch dafür plädiert, die einschränkende Voraussetzung in § 37 Abs. 1 Satz 2 Nr. 4 zu verallgemeinern; so auch *Heckelmann/Wolff*/AR § 37 EBRG Rn. 3, 5; *Rudolph/AKRR* § 37 EBRG Rn. 7).

6 Die Aufzählung in § 37 Abs. 1 Satz 2 ist wegen der Eingangsformulierung (»insbesondere«) nicht abschließend (*Reg. Begr.* BT-Drucks. 17/4808, S. 11; *Bachner/DKKW* § 37 EBRG Rn. 3; *Giesen/HWK* EBRG Rn. 76; *Heckelmann/Wolff*/AR § 37 EBRG Rn. 2; zur Einbeziehung des Erwerbs einer Mehrheitsbeteiligung s. *Hey/Schöder* BB 2012, 3014 [3016]), so dass das entscheidende Korrektiv durch das **Merkmal der Wesentlichkeit** gebildet wird. Für dessen Konkretisierung ist auf den Zweck des § 37 zurückzugreifen. Maßgebend sind deshalb nicht die Auswirkungen der Strukturänderungen auf die davon betroffenen Arbeitsverhältnisse, sondern abzustellen ist auf die Relevanz für das Beteiligungsverfahren, da die Neuverhandlungen eine Anpassung der Beteiligungsmodalitäten an die veränderte Struktur des Unternehmens bzw. der Unternehmensgruppe ermöglichen soll. Das betrifft insbesondere die **Zusammensetzung** eines kraft Gesetzes oder kraft Vereinbarung errichteten **Europäischen Betriebsrats**. Dabei zeigt § 32 Abs. 2, dass eine aus dieser Sicht »wesentliche« Strukturänderung erst vorliegt, wenn sich infolge dieser die Zusammensetzung des Europäischen Betriebsrats ändert. Bestätigt wird diese Auslegung durch § 37 Abs. 1 Satz 2 Nr. 4, der dies ausdrücklich für den Fall der Verlegung oder Stilllegung von Betrieben fordert, und nur unter dieser Voraussetzung die unwiderlegbare Vermutung einer »wesentlichen Strukturänderung« eingreifen lässt. Mit dem sowohl in § 37 Abs. 1 Satz 2 Nr. 4 als auch in § 32 Abs. 2 enthaltenen Begriff der **»Zusammensetzung«** ist nicht die aktuelle personelle Zusammensetzung, sondern aufgrund der Gesetzessystematik die Zusammensetzung des Europäischen Betriebsrats nach **Maßgabe des Proporzes der im Europäischen Betriebsrat vertretenen Mitgliedstaaten** maßgebend. Wesentlich sind Strukturänderungen deshalb erst, wenn der Europäische Betriebsrat nach Maßgabe der Regelung in § 22 Abs. 2 anders zusammenzusetzen ist. Bleibt die Strukturänderung insoweit hingegen ohne Auswirkungen auf die Zusammensetzung des Europäischen Betriebsrats, entfällt auch vor dem Hintergrund des Zwecks von § 37 die Notwendigkeit, in Verhandlungen über den Abschluss einer Vereinbarung einzutreten (**a. M.** *Rudolph/AKRR* § 37 EBRG Rn. 9 ff., der bereits die Möglichkeit zu einer anderen Regelung für die Beteiligung der Arbeitnehmer ausreichen lässt).

III. Verhandlungsverfahren

7 Ebenso wie im Normalfall sind auch die Neuverhandlungen wegen Strukturänderungen davon abhängig, dass eine Seite hierzu die Initiative ergreift. Wie nach § 9 Abs. 1 obliegt es entweder der zentralen Leitung oder den Arbeitnehmern bzw. ihren Vertretern, das Verhandlungsverfahren einzuleiten. Den von den Strukturänderungen betroffenen Europäischen Betriebsräten steht wegen der ausdrücklichen Bezugnahme in § 37 Abs. 1 Satz 1 auf § 9 Abs. 1 kein Antragsrecht zu (*Giesen/HWK* EBRG Rn. 83; *Rudolph/AKRR* § 37 EBRG Rn. 25). Aus § 37 Abs. 2 erschließt sich indirekt, dass die Verhandlungen nicht – wie im Rahmen von § 33 – von dem Europäischen Betriebsrat, sondern von einem **besonderen Verhandlungsgremium** geführt werden, das nach Maßgabe der §§ 10 ff. zu bilden ist. Dieses ist jedoch um Mitglieder der von der Strukturänderung betroffenen Europäischen Betriebsräte zu ergänzen (§ 37 Abs. 2). Die **Auswahlentscheidung** trifft in diesem Fall der betroffene Europäische Betriebsrat durch mit einfacher Mehrheit zu fassenden Beschluss, sofern eine Vereinbarung kein abweichendes Mehrheitsquorum festlegt.

8 Endet das Verhandlungsverfahren mit einer **Vereinbarung**, dann tritt das hiernach vereinbarte Beteiligungsverfahren an die Stelle des bisherigen kraft Gesetzes oder kraft Vereinbarung geltenden Verfahrens. Bis zur Errichtung eines neuen Europäischen Betriebsrats nehmen die betroffenen Europäischen Betriebsräte ein Übergangsmandat wahr (s. Rdn. 11 ff.). Dieses endet nicht bereits mit dem Abschluss der neuen Vereinbarung, sondern – wie § 37 Abs. 3 Satz 1 ausdrücklich festlegt – erst mit der Errichtung des neuen Europäischen Betriebsrats.

Kommt es **nicht zum Abschluss einer Vereinbarung**, ist zu differenzieren. Werden die Verhandlungen durch einen **Beschluss nach § 15 Abs. 1** beendet, dann endet nicht nur das Übergangsmandat der betroffenen Europäischen Betriebsräte nach § 37 Abs. 3 Satz 4, sondern auch die Beteiligung der Arbeitnehmer in grenzübergreifend tätigen Unternehmen bzw. Unternehmensgruppen. Auch ein Europäischer Betriebsrat kraft Gesetzes ist nicht zu bilden, da § 37 Abs. 4 ausdrücklich nur auf § 21 Abs. 1 verweist. Die durch § 15 Abs. 2 eröffnete Möglichkeit, nach Ablauf von zwei Jahren ein **erneutes Verhandlungsverfahren** einzuleiten, ist hierdurch nicht ausgeschlossen (s. Rdn. 14). 9

Enden die Verhandlungen in den **in § 21 Abs. 1 aufgezählten Fällen** (s. dazu § 21 EBRG Rdn. 6 ff.), ordnet § 37 Abs. 4 ausdrücklich an, dass nach Maßgabe der §§ 22, 23 ein Europäischer Betriebsrat kraft Gesetzes zu errichten ist. Mit dessen Errichtung endet zugleich das Übergangsmandat der betroffenen Europäischen Betriebsräte (§ 37 Abs. 3 Satz 1). Da dieses ein Beteiligungsvakuum ausschließen soll, endet das Übergangsmandat erst, wenn der neu errichtete Europäische Betriebsrat handlungsfähig ist, was erst mit der konstituierenden Sitzung (§ 25 Abs. 1) der Fall ist. 10

IV. Übergangsmandat des betroffenen Europäischen Betriebsrats

Zwecks Vermeidung eines Beteiligungsvakuums etabliert § 37 Abs. 3 Satz 1 in Umsetzung der Vorgabe in Art. 13 UA 3 der Richtlinie 2009/38/EG für die betroffenen Europäischen Betriebsräte ein Übergangsmandat. Im Unterschied zur Richtlinie, die ein Übergangsmandat während der Verhandlungen vorgibt, dehnt § 37 Abs. 3 Satz 1 das Übergangsmandat auf die Zeit bis zur **Errichtung des neuen Europäischen Betriebsrats** aus (*Rudolph/AKRR* § 37 EBRG Rn. 30; *a. M. Giesen/HWK* EBRG Rn. 84: nur während der Verhandlungen, der damit jedoch den eindeutigen Gesetzeswortlaut verkennt; ebenso verfehlt *Heckelmann/Wolff/AR* § 37 EBRG Rn. 15: bis zum Abschluss der Verhandlungen). Das Übergangsmandat besteht jedoch nicht erst mit Beginn der Verhandlungen, sondern bereits mit der Strukturänderung (*Giesen/HWK* EBRG Rn. 84; *Rudolph/AKRR* § 37 EBRG Rn. 30). 11

Die näheren **Modalitäten** des Übergangsmandats überantwortet § 37 Abs. 3 Satz 2 primär einer mit der zentralen Leitung abzuschließenden **Vereinbarung** und gibt damit – ebenso wie Art. 13 UA 3 der Richtlinie 2009/38/EG – einer Vereinbarungslösung den Vorrang. Hinsichtlich der Parteien der Vereinbarung enthält § 37 Abs. 3 Satz 2 lediglich die Aussage, dass diese mit der zentralen Leitung abzuschließen ist. Auf Arbeitnehmerseite entspricht es dem Zweck der Vereinbarung, dass diese gemeinsam von den betroffenen Europäischen Betriebsräten abgeschlossen wird (ebenso *Reg. Begr.* BT-Drucks. 14/4808, S. 12; *Rudolph/AKRR* § 37 EBRG Rn. 31), da die Ausgestaltung ihrer aufgrund des Übergangsmandats bestehenden Rechtspositionen betroffen ist (**a. M.** *Giesen/HWK* EBRG Rn. 84, für den Fall, dass Rechte anderer Europäischer Betriebsräte nicht betroffen sind). 12

Im Unterschied zu Art. 13 der Richtlinie 2009/38/EG trifft § 37 Abs. 3 eine Auffangregelung für den Fall, dass eine Vereinbarung nach § 37 Abs. 3 Satz 2 nicht zustande kommt. Nach der Regelung in § 37 Abs. 3 Satz 3 nehmen die jeweils betroffenen Europäischen Betriebsräte das Übergangsmandat wahr, wobei sich deren Rechte und Pflichten nach den bislang für sie maßgebenden Bestimmungen richtet. 13

Das **Übergangsmandat endet** grundsätzlich mit Errichtung des neuen Europäischen Betriebsrats, wobei es sich entweder um einen solchen aufgrund einer Vereinbarung oder um einen solchen kraft Gesetzes (§ 37 Abs. 4) handelt. Da während der Verhandlungen auch die Möglichkeit besteht, nach § 15 Abs. 1 mit qualifizierter absoluter Mehrheit den Abbruch der Verhandlungen zu beschließen, ordnet § 37 Abs. 3 Satz 4 für diesen Fall das Ende des Übergangsmandats mit dem Zeitpunkt der Beschlussfassung an. Die Vorschrift beschränkt sich auf die Beendigung des Übergangsmandats und rechtfertigt keine Rückschlüsse auf das in § 15 Abs. 2 eröffnete Recht, nach Ablauf der Sperrfrist von zwei Jahren, erneut die Aufnahme von Verhandlungen zu beantragen. Die Beschränkung in § 37 Abs. 3 Satz 4 auf den »Beschluss nach Absatz 1« spricht nicht dagegen, da die Geltung der übrigen Bestimmungen des Gesetzes über die Verhandlungen zwischen zentraler Leitung und besonderem Verhandlungsgremium hiervon unberührt bleibt. 14

§ 38
Fortbildung

(1) Der Europäische Betriebsrat kann Mitglieder zur Teilnahme an Schulungs- und Bildungsveranstaltungen bestimmen, soweit diese Kenntnisse vermitteln, die für die Arbeit des Europäischen Betriebsrats erforderlich sind. Der Europäische Betriebsrat hat die Teilnahme und zeitliche Lage rechtzeitig der zentralen Leitung mitzuteilen. Bei der Festlegung der zeitlichen Lage sind die betrieblichen Notwendigkeiten zu berücksichtigen. Der Europäische Betriebsrat kann die Aufgaben nach diesem Absatz auf einen Ausschuss nach § 26 übertragen.

(2) Für das besondere Verhandlungsgremium und dessen Mitglieder gilt Absatz 1 Satz 1 bis 3 entsprechend.

Inhaltsübersicht

	Rdn.
I. Allgemeines	1, 2
II. Rechtsnatur des Anspruchs und Anspruchsberechtigte	3–6
III. Voraussetzung der Freistellung	7, 8
IV. Rechtsfolgen der Freistellung	9

I. Allgemeines

1 Die Vorschrift wurde neu in das EBRG eingefügt und trägt einer Diskussion unter dem EBRG 1996 Rechnung; der im Schrifttum vereinzelt befürwortete Anspruch auf Freistellung zur Teilnahme an Schulungen hatte sich nicht durchsetzen können (s. näher 9. Aufl. vor § 106 BetrVG Rn. 253 ff.). Dies beruhte unter anderem auch auf fehlenden Vorgaben in der Richtlinie 94/45/EG. In Art. 10 der Richtlinie 2009/38/EG wurde die Rechtsstellung der Mitglieder des Europäischen Betriebsrats und des besonderen Verhandlungsgremiums erweitert (s. *Oetker*/EuArbR Art. 10 RL 2009/38/EG Rn. 13 ff.). Nach dessen Absatz 4 müssen die vorgenannten Personen Schulungen erhalten, ohne dabei Lohn- bzw. Gehaltseinbußen zu erleiden. Eingeschränkt wird diese Rechtsposition jedoch durch den Vorbehalt, dass die Teilnahme an der Schulung »zur Wahrnehmung ihrer Vertretungsaufgaben in einem internationalen Umfeld erforderlich ist«.

2 Die Aufnahme des § 38 in das EBRG war vorgezeichnet durch die Richtlinie 2001/86/EG, die für die Beteiligung der Arbeitnehmer in der Europäischen (Aktien-) Gesellschaft (SE) in der Auffangregelung ausdrücklich vorgibt, dass die Mitglieder des Vertretungsorgans Anspruch auf bezahlte Freistellung für Fortbildungsmaßnahmen haben, sofern dies zur Erfüllung ihrer Aufgaben erforderlich ist. Diese Vorgabe hat das SEBG in § 31 mit einer Regelung umgesetzt, die nachfolgend von § 38 Abs. 1 übernommen wurde. Eine § 31 SEBG entsprechende Bestimmung gilt auch für den kraft Gesetzes gebildeten SCE-Betriebsrat (s. § 31 SCEBG).

II. Rechtsnatur des Anspruchs und Anspruchsberechtigte

3 Die Vorschrift begründet in Absatz 1 Satz 1 einen der Regelung in § 37 Abs. 6 BetrVG nachgebildeten und vom Willen des Europäischen Betriebsrats **abgeleiteten Individualanspruch** zugunsten des Mitglieds des Europäischen Betriebsrats (*Heckelmann/Wolff*/AR § 38 EBRG Rn. 1; i. E. auch *Rupp/AKRR* § 38 EBRG Rn. 13). Voraussetzung dafür ist, dass der Europäische Betriebsrat einen Beschluss fasst, durch den das Mitglied zur Teilnahme bestimmt wird.

4 Aus § 38 Abs. 1 Satz 1 folgt im Umkehrschluss, dass das einzelne Mitglied des Europäischen Betriebsrats keinen vom Willen des Organs unabhängigen Anspruch auf bezahlte Freistellung zur Teilnahme an Fortbildungsmaßnahmen hat. Die Vereinbarkeit eines lediglich abgeleiteten Individualanspruchs mit der Vorgabe in Art. 10 Abs. 4 der Richtlinie 2009/38/EG ist zweifelhaft, da die Richtlinie eine Schulungsteilnahme ohne Lohn- und Gehaltseinbußen vorgibt und insoweit ausschließlich auf die Mitglieder des Europäischen Betriebsrats abstellt (s. *Oetker*/EuArbR Art. 10 RL 2009/38/EG Rn. 16). Bestätigt wird dies zudem dadurch, dass Art. 10 Abs. 4 der Richtlinie die »Wahrnehmung der Vertretungsaufgaben in einem internationalen Umfeld« mit der Formulierung »ihrer« nicht auf das Organ, sondern ausdrücklich auf dessen Mitglieder bezieht.

Die Freistellung zur Teilnahme an Schulungs- und Bildungsveranstaltungen steht nicht dem vom Europäischen Betriebsrat nach § 26 gebildeten **Ausschuss** zu. Vielmehr hat grundsätzlich das Gesamtgremium über die Freistellung zu beschließen. Eine Ausnahme gilt nur, wenn der Europäische Betriebsrat einen Mehrheitsbeschluss gefasst hat, dass über entsprechende Freistellungen der nach § 26 gebildete Ausschuss beschließt (§ 38 Abs. 1 Satz 4). Damit bringt das EBRG zugleich zum Ausdruck, dass die nach § 38 Abs. 1 Satz 1 zu treffenden Entscheidungen nicht zu den laufenden Geschäften i. S. d. § 26 Satz 4 zählen. 5

In den Kreis der Anspruchsberechtigten bezieht § 38 Abs. 2 das **besondere Verhandlungsgremium** und dessen Mitglieder ein. Die für den Europäischen Betriebsrat geltenden Grundsätze gelten insoweit entsprechend 6

III. Voraussetzung der Freistellung

Das Recht zur Teilnahme an Schulungs- und Bildungsveranstaltungen steht unter dem Vorbehalt der **Erforderlichkeit,** wobei § 38 Abs. 1 Satz 1 in Übernahme von § 37 Abs. 6 Satz 1 BetrVG diese auf die »Arbeit des Europäischen Betriebsrats« und damit die Organtätigkeit bezieht. Ob die Teilnahme an einer Schulungs- oder Bildungsveranstaltung »erforderlich« ist, beurteilt sich deshalb nicht danach, ob dies für das einzelne Mitglied des Europäischen Betriebsrats gilt, damit dieses seine Aufgaben innerhalb des Organs wahrnehmen kann. Demgegenüber stellt Art. 10 Abs. 4 der Richtlinie 2009/38/EG auf die Vertretungsaufgaben des einzelnen Mitglieds ab. Abgesehen von dieser Diskrepanz (s. auch *Giesen/HWK* EBRG Rn. 73: etwas unscharf) kann für die Konkretisierung der Erforderlichkeit auf die Auslegungsgrundsätze zu § 37 Abs. 6 BetrVG zurückgegriffen werden (s. näher *Weber* § 37 BetrVG Rdn. 183 ff.). 7

Die in § 38 Abs. 1 Satz 2 geregelte und an den Europäischen Betriebsrat adressierte **Mitteilungspflicht** bezüglich der Teilnahme und der zeitlichen Lage der Veranstaltung entspricht § 37 Abs. 6 Satz 4 BetrVG (s. näher *Weber* § 37 BetrVG Rdn. 298 ff.). Das gilt in vergleichbarer Weise für die Pflicht des Europäischen Betriebsrats, bei seiner Beschlussfassung im Hinblick auf die zeitliche Lage die **betrieblichen Notwendigkeiten** zur berücksichtigen (§ 38 Abs. 1 Satz 3), die mit § 37 Abs. 6 Satz 3 BetrVG übereinstimmt (dazu *Weber* § 37 BetrVG Rdn. 294 ff.). 8

IV. Rechtsfolgen der Freistellung

Für die individualrechtliche Rechtsstellung des zur Teilnahme freigestellten Mitglieds des Europäischen Betriebsrats gelten im Ausgangspunkt die zu § 37 Abs. 6 anerkannten Grundsätze. Der Vorgabe in Art. 10 Abs. 4 der Richtlinie 2009/38/EG, dass bei dem Mitglied **keine Lohn- oder Gehaltseinbußen** eintreten dürfen, trägt nicht § 38, sondern § 40 Abs. 1 Satz 2 Rechnung (*Rupp/AKRR* § 38 EBRG Rn. 14), der § 37 Abs. 6 Satz 1 und 2 BetrVG und damit auch die dortige Verweisung auf § 37 Abs. 2 und 3 BetrVG für entsprechend anwendbar erklärt. Bezüglich der durch die Teilnahme an der Schulungs- und Bildungsveranstaltung entstehenden **Kosten** gilt § 39 Abs. 1 (*Bachner/DKKW* § 38 EBRG Rn. 1; *Breitfeld/*NK-GA §§ 38–40 EBRG Rn. 6; *Hayen/*HaKo § 38 EBRG Rn. 4; *Rupp/AKRR* § 38 EBRG Rn. 14), so dass auf die Erläuterungen zu § 40 Abs. 1 BetrVG verwiesen werden kann (s. *Weber* § 40 BetrVG Rdn. 62 ff.). 9

§ 39
Kosten, Sachaufwand und Sachverständige

(1) Die durch die Bildung und Tätigkeit des Europäischen Betriebsrats und des Ausschusses entstehenden Kosten trägt die zentrale Leitung. Die zentrale Leitung hat insbesondere für die Sitzungen und die laufende Geschäftsführung in erforderlichem Umfang Räume, sachliche Mittel und Büropersonal, für die Sitzungen außerdem Dolmetscher zur Verfügung zu stellen. Sie trägt die erforderlichen Reise- und Aufenthaltskosten der Mitglieder des Europäischen Betriebsrats und des Ausschusses. § 16 Absatz 2 gilt entsprechend.

(2) Der Europäische Betriebsrat und der Ausschuss können sich durch Sachverständige ihrer Wahl unterstützen lassen, soweit dies zur ordnungsgemäßen Erfüllung ihrer Aufgaben erforderlich ist. Sachverständige können auch Beauftragte von Gewerkschaften sein. Werden Sachverständige hinzugezogen, beschränkt sich die Kostentragungspflicht auf einen Sachverständigen, es sei denn, eine Vereinbarung nach § 18 oder § 19 sieht etwas anderes vor.

Inhaltsübersicht

	Rdn.
I. Allgemeines	1, 2
II. Kosten und Sachaufwand	3–6
III. Sachverständige	7–12

I. Allgemeines

1 Die Vorschrift geht bezüglich der Kostentragungspflicht der zentralen Leitung (Abs. 1) auf § 30 EBRG 1996 zurück. Die Bestimmung zur Hinzuziehung von Sachverständigen (Abs. 2) stimmt mit § 29 EBRG 1996 überein. Gemeinsam trägt § 39 den Vorgaben in Abs. 6 des Anhangs I zur Richtlinie 2009/38/EG Rechnung, die inhaltsgleich aus Nr. 7 des Anhangs zur Richtlinie 94/45/EG übernommen wurden. Der Vorbehalt zur Kostentragungspflicht in § 39 Abs. 2 Satz 3 nimmt die Option der Richtlinie zugunsten der Mitgliedstaaten in Anspruch, die Übernahme der Kosten auf diejenigen für einen Sachverständigen zu beschränken. Entsprechendes gilt für Sachverständige, die von dem besonderen Verhandlungsgremium hinzugezogen werden (§ 16 Abs. 1 Satz 2; s. § 16 EBRG Rdn. 6).

2 Mit § 39 übereinstimmende Vorschriften sind in § 32 SEBG (Sachverständige) und § 33 SEBG (Kosten und Sachaufwand) enthalten. Im SCEBG wurden diese zwar in § 32 und § 33 sowie § 19 aufgegriffen; abweichend von ihnen sieht das SCEBG jedoch davon ab, die Pflicht zur Tragung der Kosten auf diejenigen für einen Sachverständigen zu begrenzen, obwohl Teil 2 Buchst. h der Auffangregelung zur Richtlinie 2003/72/EG eine mit der Richtlinie 2001/86/EG und der Richtlinie 2009/38/EG übereinstimmende Option zugunsten der Mitgliedstaaten enthält.

II. Kosten und Sachaufwand

3 § 39 Abs. 1 Satz 1 regelt mit fast gleichem Wortlaut wie § 16 Abs. 1 Satz 1 die Kostentragungs- und Sachaufwandspflicht der zentralen Leitung und setzt damit Abs. 6 des Anhangs I zur Richtlinie 2009/38/EG um. Hinsichtlich der weiteren Einzelheiten zum Umfang der zu ersetzenden Kosten kann grundsätzlich auf die Erläuterungen zu § 40 BetrVG verwiesen werden.

4 Auch die **persönlichen Kosten** des einzelnen Mitglieds des Europäischen Betriebsrats sind von der zentralen Leitung zu tragen (§ 39 Abs. 1 Satz 3). Hierzu gehören insbesondere **Reise- und Aufenthaltskosten**. Sie umfassen Fahrtkosten, Aufwendungen für Verpflegung und Unterkunft. Zu den persönlichen Kosten zählen ferner die Aufwendungen, die zur Führung von Rechtsstreitigkeiten in Angelegenheiten der Gremien aufgebracht werden (*Giesen/HWK* EBRG Rn. 99; *Heckelmann/Wolff/AR* § 39 EBRG Rn. 3; *Müller* § 30 Rn. 6). Entsprechendes gilt unter der Voraussetzung der Er-

forderlichkeit für die Kosten von Schulungs- und Bildungsveranstaltungen, an denen ein Mitglied des Europäischen Betriebsrats nach § 38 teilnimmt (*Blanke/Hayen*/HaKo § 39 EBRG Rn. 2; *Heckelmann/Wolff*/AR § 39 EBRG Rn. 3; *Rupp/AKRR* § 39 EBRG Rn. 5).

Die persönlichen Kosten sind nach dem **Gebot der vertrauensvollen Zusammenarbeit** (§ 34 und Art. 9 Abs. 1 der Richtlinie 2009/38/EG) nur im **erforderlichen Umfang** zu erstatten (*Blanke* § 30 Rn. 3; *Rupp/AKRR* § 39 EBRG Rn. 3) und durch den **Grundsatz der Verhältnismäßigkeit** beschränkt (*Heckelmann/Wolff*/AR § 39 EBRG Rn. 2; *Joost*/MünchArbR § 275 Rn. 33; *Lerche* Europäischer Betriebsrat, S. 253; *Rupp/AKRR* § 39 EBRG Rn. 3).

Die Bindung an den Grundsatz der Verhältnismäßigkeit gilt auch für die Pflicht zur Tragung der **Sachaufwendungen** (§ 39 Abs. 1 Satz 2). Hiernach sind Räume, sachliche Mittel und Büropersonal für die Sitzungen und die laufende Geschäftsführung im erforderlichen Umfang und für die Sitzungen ein Dolmetscher zur Verfügung zu stellen (*Müller* § 30 Rn. 5; *Rupp/AKRR* § 39 EBRG Rn. 7; zum besonderen Verhandlungsgremium s. § 16 EBRG Rdn. 4 f., mit weiteren Beispielen). Elektronische Einrichtungen zur unmittelbaren Kommunikation mit den gemeinschaftsweit tätigen Arbeitnehmern sind hiervon wegen § 36 nicht eingeschlossen (*LAG Baden-Württemberg* 02.10.2014 – 11 TaBV 5/14 – BeckRS 2015, 67996; *ArbG Lörrach* 26.06.2013 LAGE § 36 EBRG Nr. 1).

III. Sachverständige

Ebenso wie das besondere Verhandlungsgremium (§ 13 Abs. 4) können sich der Europäische Betriebsrat und der von ihm gebildete Ausschuss durch Sachverständige ihrer Wahl unterstützen lassen, sofern dies zur ordnungsgemäßen Erfüllung ihrer Aufgaben erforderlich ist (§ 39 Abs. 2 Satz 1 bzw. Abs. 5 des Anhangs I zur Richtlinie 2009/38/EG). § 39 Abs. 2 Satz 1 räumt dieses Recht sowohl dem Europäischen Betriebsrat als auch dem von ihm gebildeten Ausschuss ein. Hieraus folgt, dass dem vom Europäischen Betriebsrat gebildeten Ausschuss (§ 26) ein eigenständiges Recht auf Hinzuziehung eines Sachverständigen zusteht, das jedoch durch dessen Aufgaben sowie die Erforderlichkeit und den Verhältnismäßigkeitsgrundsatz begrenzt ist.

Im Unterschied zu § 80 Abs. 3 BetrVG, aber wie im Rahmen von § 111 Satz 2 BetrVG (s. § 111 BetrVG Rdn. 225) hängt die Hinzuziehung eines Sachverständigen nicht von einer **Vereinbarung mit der zentralen Leitung** ab (*Blanke* § 29 Rn. 1; *Blanke/Hayen*/HaKo § 39 EBRG Rn. 4; *Breitfeld*/NK-GA §§ 38–40 EBRG Rn. 8; *Heckelmann/Wolff*/AR § 39 EBRG Rn. 5), sondern setzt lediglich einen entsprechenden **Mehrheitsbeschluss** des Europäischen Betriebsrats bzw. des Ausschusses voraus. Da § 39 Abs. 2 Satz 1 ein eigenständiges Recht des Ausschusses begründet, hängt die Hinzuziehung des Sachverständigen durch den Ausschuss nicht davon ab, dass auch der Europäische Betriebsrat hierüber einen Beschluss gefasst hat. Angesichts der mit der Beschränkung durch die Erforderlichkeit (s. Rdn. 9) verbundenen Unsicherheiten und der hieraus resultierenden Haftungsrisiken (s. dazu vor allem *BGH* 25.10.2012 EzA § 40 BetrVG 2001 Nr. 24 = NZA 2012, 1382 ff.) ist der Abschluss einer Vereinbarung mit der zentralen Leitung aber zweckmäßig.

Im Unterschied zur Vorgabe für das besondere Verhandlungsgremium (Art. 5 Abs. 4 Satz 2 der Richtlinie 2009/38/EG) enthält Abs. 5 des Anhangs I zur Richtlinie 2009/38/EG die in § 39 Abs. 2 Satz 1 übernommene **Einschränkung,** dass die Unterstützung durch einen Sachverständigen **erforderlich** sein muss. Die Erforderlichkeit ist unter Berücksichtigung des **Grundsatzes der vertrauensvollen Zusammenarbeit** (§ 34, Art. 9 Abs. 1 der Richtlinie 2009/38/EG) und nach den Grundsätzen des **§ 80 Abs. 3** BetrVG zu bestimmen (*Däubler/Klebe* AiB 1995, 557 [570] sowie *Blanke* § 29 Rn. 3; *Müller* § 29 Rn. 2) und keinesfalls stets zu bejahen (treffend *Giesen/HWK* EBRG Rn. 99; **a. M.** *Blanke/Hayen*/HaKo § 39 EBRG Rn. 6 bei schwierigen Themen). Allein an Hand der vorstehenden abstrakten Schranken ist zu bestimmen, ob bezüglich eines bestimmten Themenkomplexes die Hinzuziehung eines Sachverständigen ausreichend ist oder mehrere Personen, gegebenenfalls aus verschiedenen Mitgliedstaaten erforderlich sind. Die Beschränkung in § 39 Abs. 2 Satz 3 betrifft ausschließlich die Pflicht der zentralen Leitung, die Kosten des Sachverständigen zu tragen, nicht aber die Zahl der für einen Themenkomplex erforderlichen Sachverständigen.

10 Sachverständige können Arbeitnehmer, Dritte oder gemäß § 39 Abs. 2 Satz 2 auch **Beauftragte der Gewerkschaft** sein. Allerdings sieht § 39 Abs. 2 Satz 2 davon ab, den Gewerkschaftsbegriff zu konkretisieren, oder zu fordern, dass die Gewerkschaft im Betrieb vertreten sein muss. Deshalb können die Beauftragten jeder Arbeitnehmervereinigung als Sachverständiger hinzugezogen werden, gegebenenfalls auch solche einer Arbeitnehmervereinigung aus einem anderen Mitgliedstaat. Entscheidend bleibt allein, dass der Beauftragte der Gewerkschaft die an einen Sachverständigen zu stellenden fachlichen Anforderungen erfüllt und dessen Hinzuziehung erforderlich ist, weil der Europäische Betriebsrat oder dessen Ausschuss nicht selbst über die für die Erledigung der gesetzlichen Aufgabe notwendige Sachkunde verfügt. Aus diesem Blickwinkel hat § 39 Abs. 2 Satz 2 lediglich klarstellende Bedeutung (*Blanke* § 29 Rn. 1, 2). In diesem Sinne ist zu § 80 Abs. 3 BetrVG ebenfalls mit Recht anerkannt, dass zu den Sachverständigen i. S. d. vorgenannten Bestimmung auch Gewerkschaftsbeauftragte zählen können (s. *Weber* § 80 BetrVG Rdn. 158). Keineswegs folgt allein aus dem Umstand, dass eine Person von einer Gewerkschaft beauftragt ist, per se, dass diese über die für die Aufgaben des Europäischen Betriebsrats notwendige Sachkompetenz verfügt (*LAG Baden-Württemberg* 23.12.2014 – 11 TaBV 6/14 – BeckRS 2015, 69902).

11 § 39 Abs. 2 Satz 3 beschränkt – entsprechend Abs. 6 des Anhangs I zur Richtlinie 2009/38/EG – die **Kostentragungspflicht** auf **einen Sachverständigen** (s. auch Rdn. 1 f.). Wie beim besonderen Verhandlungsgremium bezieht sich diese Einschränkung nicht auf ein und denselben Sachverständigen oder einen bestimmten Zeitraum, sondern besagt nur, dass die Kosten einer gleichzeitigen Beratung durch zwei Sachverständige bezüglich des gleichen Beratungsgegenstandes nicht zu tragen sind (*Bachner/DKKW* § 39 EBRG Rn. 2; *Blanke* § 29 Rn. 4; *Blanke/Hayen/*HaKo § 39 EBRG Rn. 5; *Breitfeld/*NK-GA §§ 38–40 EBRG Rn. 8; *Giesen/*HWK EBRG Rn. 99; *Heckelmann/Wolff/*AR § 39 EBRG Rn. 6 f.; *Joost/*MünchArbR § 275 Rn. 31; *Lerche* Europäischer Betriebsrat, S. 252 f.; *Rupp/AKRR* § 39 EBRG Rn. 14; *I. Schmidt* RdA 2001, Beil. zu Heft 5, S. 12 [19 f.]). Eine weitergehende Pflicht der zentralen Leitung zur Kostentragung kann sich aus einer nach § 18 oder § 19 abgeschlossenen Beteiligungsvereinbarung ergeben. Dies hält § 39 Abs. 2 Satz 3 ausdrücklich fest, hat aber lediglich klarstellende Bedeutung. In Betracht kommt auch eine zwischen Europäischem Betriebsrat und zentraler Leitung abgeschlossene Rahmenvereinbarung (*Blanke/Hayen/*HaKo § 39 EBRG Rn. 5 sowie *Heckelmann/Wolff/*AR § 39 EBRG Rn. 7, im Anschluss an *Gaul* NJW 1996, 3378 [3382]).

12 Keine Aussagen trifft das EBRG über die **Rechtsstellung des Sachverständigen**, insbesondere zur Teilnahme an Sitzungen. Da die Tätigkeit des Sachverständigen von einem Verlangen des Europäischen Betriebsrats bzw. einem Ausschuss abhängt, steht dem Sachverständigen kein eigenständiges Recht auf Teilnahme zu. Ansonsten ist zu unterscheiden zwischen den internen Sitzungen des Europäischen Betriebsrats sowie der Unterrichtung und Anhörung durch die zentrale Leitung. Aufgrund der Aufgabe des Sachverständigen, den Europäischen Betriebsrat bei der Erfüllung seiner Aufgaben zu unterstützen, sprechen gute Gründe dafür, ihm ein vom Willen des Europäischen Betriebsrats abhängiges Recht auf Teilnahme an dessen Sitzung einzuräumen (ebenso *Bachner/DKKW* § 39 EBRG Rn. 3). Das gilt indessen nicht für die Sitzungen, zu der der Europäische Betriebsrat mit der zentralen Leitung zur Durchführung der Unterrichtung und Anhörung zusammentritt.

§ 40
Schutz inländischer Arbeitnehmervertreter

(1) Für die Mitglieder des Europäischen Betriebsrats, die im Inland beschäftigt sind, gelten § 37 Abs. 1 bis 5 und die §§ 78 und 103 des Betriebsverfassungsgesetzes sowie § 15 Absatz 1 und 3 bis 5 des Kündigungsschutzgesetzes entsprechend. Für nach § 38 erforderliche Fortbildungsveranstaltungen gilt § 37 Absatz 6 Satz 1 und 2 des Betriebsverfassungsgesetzes entsprechend.

(2) Absatz 1 gilt entsprechend für die Mitglieder des besonderen Verhandlungsgremiums und die Arbeitnehmervertreter im Rahmen eines Verfahrens zur Unterrichtung und Anhörung.

Inhaltsübersicht
                                                                                                                   Rdn.

I. Allgemeines   1, 2
II. Persönlicher Schutzbereich   3, 4
III. Sachlicher Schutzbereich   5–7

I. Allgemeines

§ 40 enthält Schutzbestimmungen für die Arbeitnehmervertreter und setzt Art. 10 Abs. 3 der Richt- **1** linie 2009/38/EG um, der gleichen Schutz und gleichartige Sicherheiten für Arbeitnehmervertreter wie nach den innerstaatlichen Rechtsvorschriften und/oder Gepflogenheiten fordert. Wegen der Bezugnahme auf die verschieden gestalteten Schutznormen in den nationalen Regelungen kann es zu einem unterschiedlichen Schutzniveau kommen (*Holz* Richtlinie, S. 190; *Klinkhammer/Welslau* AuR 1994, 326 [332]; *dies.* Die AG 1994, 488 [495]). Dies gelangt unmittelbar in § 40 Abs. 1 Satz 1 zum Ausdruck, da dieser nur diejenigen Mitglieder des Europäischen Betriebsrats in seinen Schutz einbezieht, die im Inland beschäftigt sind.

Die mit Ausnahme von § 40 Abs. 1 Satz 2 bereits in § 40 EBRG 1996 enthaltene Vorschrift wurde **2** aufgegriffen und übernommen in § 42 SEBG, § 42 SCEBG sowie § 32 MgVG. Im Unterschied zu diesen verzichtet § 40 Abs. 1 jedoch auf eine exemplarische Aufzählung (s. demgegenüber § 42 Satz 2 SEBG: insbesondere) und erklärt die maßgebenden Bestimmungen mittels einer abschließenden Aufzählung für entsprechend anwendbar. Die Regelung in § 40 Abs. 1 Satz 2 ist untrennbar mit dem Recht des Europäischen Betriebsrats verbunden, Mitglieder des Organs zur Teilnahme an Schulungs- und Bildungsveranstaltungen zu bestimmen.

II. Persönlicher Schutzbereich

Zum geschützten Personenkreis gehören die Mitglieder des Europäischen Betriebsrats kraft Verein- **3** barung oder kraft Gesetzes (§ 40 Abs. 1), die Mitglieder des besonderen Verhandlungsgremiums und die Arbeitnehmervertreter im Rahmen eines dezentralen Verfahrens zur Unterrichtung und Anhörung (§ 40 Abs. 2). Ebenso zählen hierzu leitende Angestellte, wenn sie zu Mitgliedern des besonderen Verhandlungsgremiums bestellt wurden (§ 11 Abs. 4). Anderes gilt jedoch für das Mitglied des Sprecherausschusses, das nach § 23 Abs. 6 Satz 1 an der Sitzung von zentraler Leitung und Europäischem Betriebsrat zur Unterrichtung und Anhörung teilnimmt (im Ergebnis ebenso *Heckelmann/Wolff*/AR § 40 EBRG Rn. 1), da dieses hierdurch nicht zum Mitglied des Europäischen Betriebsrats wird (s. § 23 EBRG Rdn. 8).

Aus der Relativierung in § 40 Abs. 1 Satz 1, dass das Mitglied des Europäischen Betriebsrats im Inland **4** beschäftigt sein muss, folgt im Umkehrschluss, dass sich die Rechtsstellung der Mitglieder **aus anderen Mitgliedstaaten** ausschließlich nach den Rechtsvorschriften dieser Mitgliedstaaten richtet (*Heckelmann/Wolff*/AR § 40 EBRG Rn. 1; *Rupp*/AKRR § 40 EBRG Rn. 1).

III. Sachlicher Schutzbereich

Da § 40 Abs. 1 die entsprechende Geltung des § 37 Abs. 1 bis 5 BetrVG und der §§ 78 und 103 **5** BetrVG sowie des § 15 Abs. 1 und 3 bis 5 KSchG anordnet, besteht für die deutschen Arbeitnehmervertreter derselbe Schutz und dieselbe Sicherheit wie für Betriebsratsmitglieder. Den geschützten Funktionsträgern stehen ein **Entgelt- und Tätigkeitsschutz**, ein **Schutz vor Behinderung und Benachteiligung** sowie ein **Kündigungsschutz** zu. Trotz der durch den Vorbehalt einer entsprechenden Anwendung methodisch statthaften Abweichungen folgt aus der von Art. 10 Abs. 3 der Richtlinie 2009/38/EG gewollten Gleichstellung, dass die Auslegungsergebnisse zu § 37 Abs. 1 bis 5 BetrVG und den §§ 78 und 103 BetrVG sowie zu § 15 Abs. 1 und 3 bis 5 KSchG auch für den Schutz der von § 40 erfassten Personen maßgebend sind. Entsprechendes gilt für die **Teilnahme an Schu-**

lungs- und Bildungsveranstaltungen (s. § 37 Abs. 6 BetrVG sowie die Erläuterungen dazu). Die Aufzählung der betriebsverfassungsrechtlichen Schutzbestimmungen in § 40 Abs. 1 ist abschließend; ein mit § 38 BetrVG vergleichbarer Anspruch auf vollständige Freistellung unabhängig von der konkreten Erforderlichkeit besteht nicht (*LAG Rheinland-Pfalz* 16.07.2015 BeckRS 2015, 72789). Allenfalls durch einen Rückgriff auf die zu § 37 Abs. 2 BetrVG anerkannten Grundsätze kann eine temporäre vollständige Freistellung anzuerkennen sein, die jedoch stets durch die konkrete Inanspruchnahme des Mitgliedes im Europäischen Betriebsrat legitimiert sein muss.

6 Bei der entsprechenden Anwendung des **§ 103 BetrVG** ist offen, welches Vertretungsorgan für die danach erforderliche **Zustimmung** zu beteiligen ist. Gegen ein Zustimmungserfordernis des Betriebsrats spricht, dass § 103 sowohl einen Individualschutz als auch einen Organschutz bezweckt (s. *Raab* § 103 BetrVG Rdn. 1 sowie *BAG* 27.09.2012 NZA 2013, 425 Rn. 23, m. w. N.). Aus der letztgenannten Perspektive wäre es folgerichtig, wenn die entsprechende Anwendung des § 103 BetrVG dazu führt, dass der Europäische Betriebsrat die Zustimmung erteilen muss. Bei einer anderen Auslegung, die zur Beteiligung des örtlichen Betriebsrats führt (hierfür *Blanke* § 40 Rn. 13; *Müller* § 40 Rn. 6; *Rupp/AKRR* § 40 EBRG Rn. 24), würde dieser über den Organschutz für den Europäischen Betriebsrat disponieren. Dies harmoniert aber nicht mit dem Zweck des § 103 BetrVG. Diese Konsequenz ist allerdings systemimmanent und ergibt sich auch bei einem Betriebsratsmitglied, das zugleich dem Gesamt- oder Konzernbetriebsrat angehört. In diesem Fall ist ausschließlich der Betriebsrat nach § 103 zu beteiligen, obwohl dieser hierdurch auch über die Funktionsfähigkeit des Gesamt- bzw. Konzernbetriebsrats disponiert. Durch die Modalitäten zur Bestellung der Mitglieder des Gesamt- bzw. Konzernbetriebsrats ist dies jedoch gerechtfertigt, da das Entsendungsorgan über die Rechtsmacht verfügt, das bestellte Mitglied des Gesamt- oder Konzernbetriebsrats jederzeit abzuberufen (§§ 49, 57 BetrVG). Das gilt indessen auch für im Inland beschäftigte Mitglieder des Europäischen Betriebsrats (s. § 23 Abs. 4) und unabhängig davon, ob das Mitglied des Europäischen Betriebsrats zugleich dem Betriebsrat angehört.

7 Der systematische Zusammenhang mit der Kompetenz zur Bestellung und Abberufung zeigt, dass eine generelle Zuständigkeit des örtlichen Betriebsrats nicht sachgerecht ist, da dieser hierdurch in die Abberufungskompetenz des Gesamtbetriebsrats bzw. des Konzernbetriebs (s. § 23 Abs. 1 und 2) eingreifen könnte. Dies spricht dafür, dass die Zustimmung von demjenigen Organ zu erteilen ist, das auch für die Abberufung des Mitglieds des Europäischen Betriebsrats zuständig ist (so auch zu § 42 SEBG *Oetker* in: Lutter/Hommelhoff/Teichmann, § 42 SEBG Rn. 12). Konsequenterweise muss dies auch **für die Mitglieder des besonderen Verhandlungsgremiums** gelten, die ebenfalls in den Schutz des § 103 BetrVG einbezogen sind (§ 40 Abs. 2).

Sechster Teil
Bestehende Vereinbarungen

§ 41
Fortgeltung

(1) Auf die in den §§ 2 und 3 genannten Unternehmen und Unternehmensgruppen, in denen vor dem 22. September 1996 eine Vereinbarung über grenzübergreifende Unterrichtung und Anhörung besteht, sind die Bestimmungen dieses Gesetzes außer in den Fällen des § 37 nicht anwendbar, solange die Vereinbarung wirksam ist. Die Vereinbarung muss sich auf alle in den Mitgliedstaaten beschäftigten Arbeitnehmer erstrecken und den Arbeitnehmern aus denjenigen Mitgliedstaaten eine angemessene Beteiligung an der Unterrichtung und Anhörung ermöglichen, in denen das Unternehmen oder die Unternehmensgruppe einen Betrieb hat.

(2) Der Anwendung des Absatzes 1 steht nicht entgegen, dass die Vereinbarung auf Seiten der Arbeitnehmer nur von einer im Betriebsverfassungsgesetz vorgesehenen Arbeitnehmervertretung geschlossen worden ist. Das gleiche gilt, wenn für ein Unternehmen oder eine Unternehmensgruppe anstelle einer Vereinbarung mehrere Vereinbarungen geschlossen worden sind.

(3) Sind die Voraussetzungen des Absatzes 1 deshalb nicht erfüllt, weil die an dem in Absatz 1 Satz 1 genannten Stichtag bestehende Vereinbarung nicht alle Arbeitnehmer erfasst, können die Parteien deren Einbeziehung innerhalb einer Frist von sechs Monaten nachholen.

(4) Bestehende Vereinbarungen können auch nach dem in Absatz 1 Satz 1 genannten Stichtag an Änderungen in der Struktur des Unternehmens oder der Unternehmensgruppe sowie die Zahl der beschäftigten Arbeitnehmer angepasst werden, soweit es sich nicht um wesentliche Strukturänderungen im Sinne des § 37 handelt.

(5) Ist eine Vereinbarung befristet geschlossen worden, können die Parteien ihre Fortgeltung unter Berücksichtigung der Absätze 1, 3 und 4 beschließen.

(6) Eine Vereinbarung gilt fort, wenn vor ihrer Beendigung das Antrags- oder Initiativrecht nach § 9 Absatz 1 ausgeübt worden ist. Das Antragsrecht kann auch ein auf Grund der Vereinbarung bestehendes Arbeitnehmervertretungsgremium ausüben. Die Fortgeltung endet, wenn die Vereinbarung durch eine grenzübergreifende Unterrichtung und Anhörung nach § 18 oder § 19 ersetzt oder ein Europäischer Betriebsrat kraft Gesetzes errichtet worden ist. Die Fortgeltung endet auch dann, wenn das besondere Verhandlungsgremium einen Beschluss nach § 15 Absatz 1 fasst; § 15 Absatz 2 gilt entsprechend.

(7) Auf Unternehmen und Unternehmensgruppen, die auf Grund der Berücksichtigung von im Vereinigten Königreich Großbritannien und Nordirland liegenden Betrieben und Unternehmen erstmalig die in den §§ 2 und 3 genannten Voraussetzungen erfüllen, sind die Bestimmungen dieses Gesetzes außer in den Fällen des § 37 nicht anwendbar, wenn in diesen Unternehmen und Unternehmensgruppen vor dem 15. Dezember 1999 eine Vereinbarung über grenzübergreifende Unterrichtung und Anhörung besteht. Die Absätze 1 bis 6 gelten entsprechend.

(8) Auf die in den §§ 2 und 3 genannten Unternehmen und Unternehmensgruppen, in denen zwischen dem 5. Juni 2009 und dem 5. Juni 2011 eine Vereinbarung über die grenzübergreifende Unterrichtung und Anhörung unterzeichnet und überarbeitet wurde, sind außer in den Fällen des § 37 die Bestimmungen dieses Gesetzes in der Fassung vom 28. Oktober 1996 (BGBl. I S. 1548, 2022), zuletzt geändert durch Artikel 30 des Gesetzes vom 21. Dezember 2000 (BGBl. I S. 1983), anzuwenden. Ist eine Vereinbarung nach Satz 1 befristet geschlossen worden, können die Parteien ihre Fortgeltung beschließen, solange die Vereinbarung wirksam ist; Absatz 4 gilt entsprechend.

§ 41 EBRG *Fortgeltung*

Inhaltsübersicht Rdn.

I. Allgemeines 1
II. Voraussetzungen für die Fortgeltung der Vereinbarung 2–8
III. Nachträgliche Anpassung der Vereinbarung 9–12
IV. Verlängerungs- und Übergangsregelungen 13

I. Allgemeines

1 Bereits vor der Umsetzung der Richtlinie 94/45/EG durch den deutschen Gesetzgeber hatten viele Großunternehmen freiwillige Vereinbarungen zu einer länderübergreifenden Unterrichtung und Anhörung der Arbeitnehmer abgeschlossen (*Ahrens* Die AG 1997, 298 nennt 200 »freiwillige Vereinbarungen«; *Mozet* DB 1997, 477 [478] geht von 400 Unternehmen aus). Hauptmotiv für die Häufung derartiger Abreden in der Zeit vom September 1994 bis zum Herbst 1996 war Art. 13 der Richtlinie 94/45/EG (zu dessen Entstehungsgeschichte *Ahrens* Die AG 1997, 298 [299]), der in § 41 EBRG umgesetzt worden ist (*Kunz* AiB 1995, 574 [574 f.]). Danach gilt die Richtlinie bzw. das EBRG nicht für freiwillige Vereinbarungen, die vor dem 22.09.1996 abgeschlossen wurden. Bis zu diesem Zeitpunkt waren Vereinbarungen hinsichtlich ihrer inhaltlichen Ausgestaltung weitgehend frei und unterlagen nicht den verfahrensrechtlichen Anforderungen der §§ 8 ff. EBRG 1996. So konnte z. B. die mit besonderen Kosten verbundene Bildung eines besonderen Verhandlungsgremiums unterbleiben. Auch die Übernahmerichtlinie 97/74/EG (s. vor § 1 EBRG Rdn. 4 sowie nachfolgend Rdn. 3) sah in Art. 3 eine Ausnahme von der Geltung der Richtlinie 94/45/EG vor, wenn vor dem 15.12.1999 oder zum Zeitpunkt einer früher stattfindenden Umsetzung eine freiwillige Vereinbarung abgeschlossen wurde. In § 41 Abs. 7 wurde dem Rechnung getragen. In Art. 14 der Richtlinie 2009/38/EG findet § 41 nunmehr eine neu gefasste unionsrechtliche Vorgabe.

II. Voraussetzungen für die Fortgeltung der Vereinbarung

2 § 41 Abs. 1 nennt den **22.09.1996 als Stichtag** für die Fortgeltung freiwilliger Vereinbarungen. Das entspricht dem Wortlaut des Art. 13 i. V. m. Art. 14 Abs. 1 der Richtlinie 94/45/EG, auf die Art. 14 Abs. 1 Satz 1 Buchst. a der Richtlinie 2009/38/EG Bezug nimmt. Der diese Vorgabe umsetzende § 41 Abs. 1 Satz 1 ist jedoch aufgrund einer unionsrechtskonformen Auslegung dahin zu verstehen, dass **auch solche Vereinbarungen fortgelten, die bis zum 31.10.1996 abgeschlossen wurden** (*Ahrens* Die AG 1997, 298 [302 Fn. 29]; *Bachner/Nielebock* AuR 1997, 129 [135]; *Hohenstatt* EuZW 1995, 169 [171]; *Lerche* Europäischer Betriebsrat, S. 189 f.; **a. M.** *Blanke* Einleitung Rn. 37; *Däubler/DKKW* § 41 EBRG Rn. 3; *Holz* Richtlinie, S. 205; *Kunz* AiB 1997, 267; *Rupp/AKRR* § 41 EBRG Rn. 10). Art. 13 Abs. 1 der Richtlinie 94/45/EG will Unternehmen und Unternehmensgruppen privilegieren, die bereits vor dem Umsetzungstermin (22.09.1996) freiwillige Vereinbarungen abgeschlossen hatten, und einen Anreiz schaffen, Vereinbarungen zu einer länderübergreifenden Unterrichtung und Anhörung der Arbeitnehmer schon vor dem Umsetzungstermin der Richtlinie unter Ausnutzung der gegebenen Gestaltungsspielräume abzuschließen (*Ahrens* Die AG 1997, 298 [299]; *Bachner/Nielebock* AuR 1997, 129 [135]; *Hohenstatt* EuZW 1995, 169 [171]; *Willemsen/Hohenstatt* NZA 1995, 399 [400 f.]). Der deutsche Gesetzgeber kam der Pflicht zur Umsetzung der Richtlinie 94/45/EG jedoch erst am 01.11.1996 nach. Würden streng nach dem Wortlaut des § 41 solche Vereinbarungen ausgenommen, die nach dem 22.09.1996 aber vor dem 01.11.1996 geschlossen wurden, so entfiele die Privilegierung derjenigen Unternehmen und Unternehmensgruppen, die ohne hierzu verpflichtet gewesen zu sein, auf freiwilliger Basis Vereinbarungen abgeschlossen haben. Ferner hätte der Gesetzgeber einen Anreiz geschaffen, freiwillige Vereinbarungen unter Ausnutzung der noch nicht verschlossenen Gestaltungsspielräume abzuschließen, sie jedoch im Nachhinein den strengen formellen Anforderungen des Gesetzes unterworfen. Auch unter dem Gesichtspunkt des Art. 3 Abs. 1 GG ist eine unterschiedliche Behandlung der Vereinbarungen, die bis zum 22.09.1996 abgeschlossen wurden, und solchen aus dem Zeitraum vom 22.09. bis zum 31.10.1996 nicht gerechtfertigt.

Eine weitere, auf die Umsetzung der Übernahmerichtlinie 97/74/EG zurückgehende und in Art. 14 **3** Abs. 1 Satz 1 Buchst. a der Richtlinie 2009/38/EG fortgeführte Stichtagsregelung enthält § 41 Abs. 7. Die Privilegierung freiwilliger Vereinbarungen nach § 41 Abs. 1 bis 6 gilt auch dann, wenn sie vor dem **15.12.1999** abgeschlossen wurden. Allerdings betrifft diese nur den Sonderfall, dass die Anwendung des EBRG ausschließlich deshalb in Betracht kam, weil ein in **Großbritannien** gelegenes Unternehmen zu berücksichtigen war. Zur Anpassung der Vereinbarung wegen der **Aufnahme neuer Mitgliedstaaten** zum 01.05.2004 s. *Franzen* BB 2004, 938 (941); *Giesen/HWK* EBRG Rn. 11.

§ 41 Abs. 1 Satz 2 stellt für die Fortgeltung der freiwilligen Vereinbarungen **zwei Voraussetzungen** **4** auf:

Erstens muss sich die Vereinbarung entsprechend Art. 14 Abs. 1 Satz 1 Buchst. a der Richtlinie **5** 2009/38/EG **auf alle in den Mitgliedstaaten beschäftigten Arbeitnehmer erstrecken.** Deshalb muss sich die Unterrichtungs- und Anhörungsverpflichtung auf sämtliche Niederlassungen in den Mitgliedstaaten der Europäischen Union beziehen (*Bachner/Nielebock* AuR 1997, 129 [135]). Dabei ist aus deutscher Sicht problematisch, ob die Vereinbarung auch leitende Angestellte umfassen muss, da der deutsche Gesetzgeber in § 4 Abs. 1 davon ausgeht, dass bei der Berechnung der Zahl der Arbeitnehmer nur solche i. S. d. § 5 Abs. 1 BetrVG berücksichtigt werden (s. § 4 EBRG Rdn. 2). An freiwillige Vereinbarungen i. S. d. Art. 14 der Richtlinie 2009/38/EG bzw. des § 41 können auch im Hinblick auf das Gebot einer unionsrechtskonformen Auslegung keine strengeren Anforderungen gestellt werden, da es nach dem Subsidiaritätsprinzip in Abs. 16 der Erwägungsgründe zur Richtlinie 94/45/EG den Mitgliedstaaten oblag, eine ausgewogene Vertretung verschiedener Arbeitnehmerkategorien vorzusehen (*Ahrens* Die AG 1997, 298 [302]; *Hanau/HSW* § 19 Rn. 69; *Müller* § 41 Rn. 9; *Spinner* Die vereinbarte Betriebsverfassung, S. 152 f.; **a. M.** anscheinend *Gaul* NJW 1996, 3378 [3385]).

Zweitens muss die Vereinbarung wegen der Vorgabe in der Richtlinie 94/45/EG sowie der Umset- **6** zung durch § 41 EBRG 1996 »den Arbeitnehmern aus denjenigen Mitgliedstaaten eine **angemessene Beteiligung an der Unterrichtung und Anhörung** ermöglichen, in denen das Unternehmen oder die Unternehmensgruppe einen Betrieb hat«. Nach Ansicht des *Bundestagsausschusses für Arbeit und Sozialordnung*, der diese Einschränkung beschloss, soll es genügen, wenn die Arbeitnehmer »in anderer Weise« in die Unterrichtung und Anhörung einbezogen werden, insbesondere sollen mehrere Mitgliedstaaten zu einem sog. »Entsendekreis« zusammengefasst werden können, so dass ein gemeinsamer Vertreter die Arbeitnehmer repräsentiert (BT-Drucks. 13/5608, 33). Das Kriterium der »angemessenen Beteiligung« setzt demnach nicht voraus, dass jeder Mitgliedstaat durch die dort beschäftigten Arbeitnehmer vertreten ist, sondern es genügt eine tatsächliche Einbeziehung sämtlicher in den Mitgliedstaaten beschäftigten Arbeitnehmer (*Bachner/Nielebock* AuR 1997, 129 [136]; *Blanke* § 41 Rn. 20; *Blanke/Hayen/*HaKo § 41 EBRG Rn. 7; *Hanau/HSW* § 19 Rn. 69; *Müller* § 41 Rn. 11; *Spinner* Die vereinbarte Betriebsverfassung, S. 153).

§ 41 Abs. 2 enthält **zwei Klarstellungen** bezüglich der Regelung in Absatz 1. Der Wirksamkeit **7** einer freiwilligen Vereinbarung steht **erstens** nicht entgegen, dass auf der Seite der Arbeitnehmer eine nach dem BetrVG zuständige **Arbeitnehmervertretung** (also Gesamtbetriebsrat oder Konzernbetriebsrat) die Vereinbarung abgeschlossen hat. Das ist mit Art. 13 der Richtlinie 94/45/EG vereinbar, da dieser keine Aussage darüber traf, wer die Vereinbarungen abzuschließen hat. Damit trägt § 41 Abs. 2 auch dem Ziel der Richtlinie 94/45/EG Rechnung. Diese ging bei dem Schutz der bestehenden Vereinbarungen vom Ist-Zustand aus (*Hromadka* DB 1995, 1125 [1127]). In Deutschland wurden diese mit dem Gesamt- oder Konzernbetriebsrat und im Ausland mit den nationalen Arbeitnehmervertretungen (Gewerkschaften) abgeschlossen (*Hromadka* DB 1995, 1125 [1127]; *Kolvenbach* RdA 1994, 279 [279], s. auch *Blanke/Hayen/*HaKo § 41 EBRG Rn. 6).

Nach der **zweiten Klarstellung** des § 41 Abs. 2 reicht es aus, wenn **mehrere Vereinbarungen** in **8** ihrer Gesamtheit die Voraussetzungen des § 41 Abs. 1 erfüllen. Europaweit tätigen Unternehmen oder Unternehmensgruppen mit besonderer Struktur (z. B. mit mehreren Unternehmenssparten) soll dadurch ermöglicht werden, bereichsspezifische Gremien oder Verfahren für eine angemessene Unterrichtung und Anhörung zu vereinbaren (*Reg. Begr.* BT-Drucks. 13/5608, S. 28).

III. Nachträgliche Anpassung der Vereinbarung

9 Sofern eine Vereinbarung i. S. d. § 41 **nicht alle Arbeitnehmer** erfasst (s. Rdn. 5), eröffnet § 41 Abs. 3 eine in Art. 13 der Richtlinie 94/45/EG nicht vorgesehene **Nachbesserungsmöglichkeit**. Nach dem Wortlaut der Richtlinie läge in diesem Fall keine Vereinbarung i. S. d. Art. 13 vor. Diese Rechtsfolge war vom Rat nicht beabsichtigt und wohl auch nicht gesehen worden (*Hromadka* DB 1995, 1125 [1127]). Deshalb entspricht die Nachbesserungsmöglichkeit der Intention der Richtlinie und ist richtlinienkonform (zust. *Rose/HWGNRH* Einl. Rn. 173; **a. M.** *Hromadka* DB 1995, 1125 [1127], der aufgrund des eindeutigen Wortlauts der Richtlinie für den nationalen Gesetzgeber keinen Umsetzungsspielraum sieht). Das gilt auch wegen der in vielen Vereinbarungen vorgesehenen Schwellenwerte.

10 Die Nachbesserung musste innerhalb einer **Frist** von sechs Monaten vorgenommen werden, die mit dem 01.11.1996 begann (s. auch Rdn. 2; **a. M.** *Rupp/AKRR* § 41 EBRG Rn. 15). § 41 Abs. 3 gestattet jedoch keine **Nachbesserung in materieller Hinsicht**, da die Vereinbarung bei unzureichenden Unterrichtungs- und Anhörungspflichten nichtig ist (*Bachner/Nielebock* AuR 1997, 129 [136]; *Blanke* § 41 Rn. 23; *Däubler/DKKW* § 41 EBRG Rn. 14).

11 Eine nachträgliche Änderung der Vereinbarung gestattet die **Strukturanpassungsklausel** in § 41 **Abs. 4**. Nach ihr können bestehende Vereinbarungen an Änderungen hinsichtlich der Struktur des Unternehmens oder der Unternehmensgruppe sowie der Zahl der beschäftigten Arbeitnehmer angepasst werden (dazu näher *Weiß* öRdW 2000, 482 ff.). Hinsichtlich der Richtlinienkonformität der Anpassungsklausel werden jedoch Bedenken geäußert (*Ahrens* Die AG 1997, 298 [303], weil sie die Anpassung privilegierter Regelungen einschränkt). Da Art. 13 der Richtlinie 94/45/EG sowie Art. 14 Abs. 2 der Richtlinie 2009/38/EG nur den Fall des Auslaufens einer Vereinbarung regeln und keine weiteren Voraussetzungen für andere Fallgestaltungen aufstellen, ist von einer weitgehenden Dispositionsfreiheit der Parteien – auch für die Zukunft – auszugehen (*Ahrens* Die AG 1997, 298 [303]). Entsprechendes gilt für die Vereinbarung im Rahmen des EBRG, denn § 41 Abs. 4 soll diese Dispositionsfreiheit nicht einschränken (**a. M.** *Ahrens* Die AG 1997, 298 [303]). Die Gesetzesbegründung, die § 41 Abs. 4 nicht als abschließende Anpassungsregel, sondern als weitere Klarstellung über die Möglichkeit einer Strukturanpassung versteht (BT-Drucks. 13/4520, 28, zu § 41 Abs. 4 EBRG 1996), stützt diese Auslegung zusätzlich.

12 § 41 Abs. 4 regelt nicht, zwischen wem die Anpassung vereinbart werden muss. Auf der **Seite des Unternehmens** oder der Unternehmensgruppe ist dies die zentrale Leitung. Für die **Arbeitnehmerseite** schließt das vereinbarte europäische Betriebsratsgremium die Vereinbarung ab (*Bachner/Nielebock* AuR 1997, 129 [136]; *Blanke* § 41 Rn. 25; *Däubler/DKKW* § 41 EBRG Rn. 17; *Müller* § 41 Rn. 13; *Rose/HWGNRH* Einl. Rn. 175), nicht hingegen der ursprüngliche Vertragspartner.

IV. Verlängerungs- und Übergangsregelungen

13 Neben der **Verlängerungsklausel** für befristete Vereinbarungen in § 41 Abs. 5 sieht **§ 41 Abs. 6** vor, dass eine Vereinbarung auch dann fortgilt, wenn vor ihrer Beendigung das Antrags- oder Initiativrecht nach § 9 Abs. 1 ausgeübt wird. Damit wurde eine Art **Übergangsmandat** geschaffen, das verhindern soll, dass für einen längeren Zeitraum nach Ende der Vereinbarung eine grenzübergreifende Unterrichtung und Anhörung unterbleibt (*Reg. Begr.* BT-Drucks. 13/4520, S. 29). Die Fortgeltung endet, wenn eine Vereinbarung nach § 18 oder § 19 vorliegt, ein Europäischer Betriebsrat kraft Gesetzes errichtet wird oder das besondere Verhandlungsgremium einen Verzichtsbeschluss nach § 15 Abs. 1 fasst (*Blanke* § 41 Rn. 28; *Hanau/HSW* § 19 Rn. 66; *Müller* § 41 Rn. 16). Zur Kündigung einer fortgeltenden Vereinbarung s. *Spinner* Die vereinbarte Betriebsverfassung, S. 177 ff.

Siebter Teil
Besondere Vorschriften, Straf- und Bußgeldvorschriften

§ 41a
Besondere Regelungen für Besatzungsmitglieder von Seeschiffen

(1) Ist ein Mitglied des besonderen Verhandlungsgremiums, eines Europäischen Betriebsrats oder einer Arbeitnehmervertretung im Sinne des § 19 oder dessen Stellvertreter Besatzungsmitglied eines Seeschiffs, so sollen die Sitzungen so angesetzt werden, dass die Teilnahme des Besatzungsmitglieds erleichtert wird.

(2) Befindet sich ein Besatzungsmitglied auf See oder in einem Hafen, der sich in einem anderen Land befindet, in dem die Reederei ihren Geschäftssitz hat, und kann deshalb nicht an einer Sitzung nach Absatz 1 teilnehmen, so kann eine Teilnahme an der Sitzung mittels neuer informations- und Kommunikationstechnologien erfolgen, wenn
1. dies in der Geschäftsordnung des zuständigen Gremiums vorgesehen ist und
2. sichergestellt ist, dass Dritte vom Inhalt der Sitzung keine Kenntnis nehmen können.

Die Vorschrift wurde durch Art. 5 des Gesetzes zur Verbesserung der Leistungen bei Renten wegen 1
verminderter Erwerbsfähigkeit und zur Änderung anderer Gesetze (EM-Leistungsverbesserungsgesetz) vom 17.07.2017 (BGBl. I S. 2509) eingefügt und trägt den Änderungen der EBR-Richtlinie durch Art. 2 Nr. 2 der Richtlinie (EU) 2015/1794 (ABl.EU Nr. L 263 v. 08.10.2015, S. 1) Rechnung, um die Arbeitsbedingungen von Seeleuten auch im Bereich der Unterrichtung und Anhörung zu verbessern. Abweichend von den in Art. 10 Abs. 3 der Richtlinie 2009/38/EG hierdurch eingefügten (drei) Unterabsätzen verzichtet § 41a darauf, das Recht zur Teilnahme an den Sitzungen der in § 41a Abs. 1 genannten Organen eigens für den Fall abzusichern, dass sich das Besatzungsmitglied zum Sitzungszeitpunkt in dem Land befindet, in dem die Reederei ihren Geschäftssitz hat. Nach Art. 8 Abs. 2 des EM-Leistungsverbesserungsgesetzes trat § 41a am 10.10.2017 in Kraft und wahrt damit die durch Art. 8 Abs. 1 Unterabs. 1 der Richtlinie (EU) 2015/1794 vorgegebene Umsetzungsfrist.

Für **Sitzungen** der in § 41a Abs. 1 genannten Organe gibt die Vorschrift vor, dass diese nach Möglich- 2
keit so anzusetzen sind, dass einem Besatzungsmitglied eines Schiffes die Teilnahme an der Sitzung erleichtert wird. Im Hinblick auf das **besondere Verhandlungsgremium** richtet sich die Vorschrift insbesondere an den in der konstituierenden Sitzung gewählten Vorsitzenden (§ 13 Abs. 1 Satz 3), wenn dieser weitere Sitzungen des besonderen Verhandlungsgremiums einberuft. Für die Einberufung der konstituierenden Sitzung richtet sich § 41a Abs. 1 auch an die zentrale Leitung, da ihr nach § 13 Abs. 1 Satz 1 die Einladung zu dieser Sitzung obliegt. Bei den Verhandlungen zwischen zentraler Leitung und besonderem Verhandlungsgremium handelt es sich zwar nicht um eine Sitzung des besonderen Verhandlungsgremiums im eigentlichen Sinne, gleichwohl gebietet der Normzweck ein extensives Verständnis, so dass bei der Abstimmung der Verhandlungstermine zumindest aufgrund einer entsprechenden Anwendung auch auf die dem Gremium angehörenden Besatzungsmitglieder Rücksicht zu nehmen ist. Die Vorschrift verpflichtet zur Rücksichtnahme, ohne einen Zwang zu begründen, die Sitzung so zu legen, dass das Besatzungsmitglied an der Sitzung des besonderen Verhandlungsgremiums teilnehmen kann.

Die Grundsätze in Rdn. 2 gelten ebenfalls, wenn das Besatzungsmitglied Mitglied oder Stellvertreter 3
eines **Europäischen Betriebsrats** ist, wobei § 41a Abs. 1 nicht danach differenziert, ob dieser kraft Gesetzes oder aufgrund einer Vereinbarung errichtet worden ist. Die Vorschrift richtet sich insbesondere an den Vorsitzenden des Europäischen Betriebsrats, wenn dieser nach § 27 Abs. 1 zu einer Sitzung des Gremiums einlädt, im Hinblick auf die konstituierende Sitzung (§ 25 Abs. 1 Satz 1) aber auch an die zentrale Leitung. Auch bei der Terminierung der Unterrichtung und Anhörung des Europäischen Betriebsrats durch die zentrale Leitung nach den §§ 29, 30 ist § 41a Abs. 1 zumindest entsprechend anzuwenden. Keine Erwähnung findet in § 41a Abs. 1 der vom Europäischen Betriebsrat nach § 26 gebildete Ausschuss. Wegen des Zwecks der Norm, ist es jedoch auch bei dessen Sitzungen geboten, die Teilnahme von Besatzungsmitgliedern zu erleichtern (§ 41a Abs. 1 analog).

4 Sowohl § 29 BetrVG als auch § 13 und § 27 gehen davon aus, dass die Sitzungen in gleichzeitiger Anwesenheit der Mitglieder bzw. im Falle einer Verhinderung ihrer Stellvertreter durchgeführt wird. Das gilt insbesondere auch für die Beschlussfassungen in einer Sitzung (*Raab* § 33 BetrVG Rdn. 10), so dass eine Teilnahme an der Sitzung und eine Stimmabgabe mittels des Einsatzes moderner Informations- und Kommunikationstechnologien nach tradiertem Verständnis ausgeschlossen ist. Dieses Dogma durchbricht § 41a Abs. 2 wegen der Vorgabe in dem neu eingefügten Art. 10 Abs. 3 Unterabs. 5 der Richtlinie 2009/38/EG (s. Rdn. 1). Allerdings schließt § 41a Abs. 2 eine derartige Form der Sitzungsteilnahme aus, wenn sich das Besatzungsmitglied in einem Hafen befindet, der sich in dem Land befindet, in dem die Reederei ihren Geschäftssitz hat; Art. 10 Abs. 3 Unterabs. 5 der Richtlinie 2009/38/EG kennt diese Einschränkung nicht, sondern eröffnet die Teilnahme mittels Nutzung neuer Informations- und Kommunikationstechnologien generell für den Fall, dass ein Besatzungsmitglied an der Sitzung nicht teilnehmen kann.

5 Ohne sich hierfür auf ein entsprechendes Gebot in Art. 10 Abs. 3 Unterabs. 5 der Richtlinie 2009/38/EG stützen zu können, gestattet § 41a Abs. 2 eine virtuelle Sitzungsteilnahme nur, wenn dies das zuständige Gremium in seiner **Geschäftsordnung** (s. § 13 Abs. 1 Satz 3, § 28 Satz 2) vorgesehen hat (§ 41a Abs. 2 Nr. 1). Hat das Gremium von einer Geschäftsordnung abgesehen oder trifft diese keine entsprechende Regelung, dann steht einer virtuellen Teilnahme an der Sitzung einschließlich einer Stimmabgabe der allgemeine Grundsatz entgegen, dass Sitzungen und Beschlussfassungen in gleichzeitiger Anwesenheit der Gremienmitglieder durchzuführen sind (s. § 28 EBRG Rdn. 5).

6 Zwecks Wahrung des Grundsatzes der **Nichtöffentlichkeit,** den § 27 Abs. 1 Satz 5 für den kraft Gesetzes errichteten Europäischen Betriebsrat ausdrücklich festhält (s. § 27 EBRG Rdn. 7 f.), ist auch bei einer virtuellen Sitzungsteilnahme sicherzustellen, dass Dritte keine Kenntnis von dem Inhalt der Sitzung nehmen können (§ 41a Abs. 2 Nr. 2). Gewährleistet ist dies u. a., wenn die für die virtuelle Teilnahme des Besatzungsmitglieds eingesetzte Technologie verschlüsselt ist und zudem sichergestellt ist, dass für das Besatzungsmitglied ein nichtöffentlicher Raum während der Sitzungsteilnahme zur Verfügung steht (*Reg. Begr.*, BT-Drucks. 18/11926, S. 24 f.).

§ 42
Errichtungs- und Tätigkeitsschutz

Niemand darf
1. **die Bildung des besonderen Verhandlungsgremiums (§ 9) oder die Errichtung eines Europäischen Betriebsrats (§§ 18, 21 Absatz 1) oder die Einführung eines Verfahrens zur Unterrichtung und Anhörung (§ 19) behindern oder durch Zufügung oder Androhung von Nachteilen oder durch Gewährung oder Versprechen von Vorteilen beeinflussen,**
2. **die Tätigkeit des besonderen Verhandlungsgremiums, eines Europäischen Betriebsrats oder der Arbeitnehmervertreter im Rahmen eines Verfahrens zur Unterrichtung und Anhörung behindern oder stören oder**
3. **ein Mitglied oder Ersatzmitglied des besonderen Verhandlungsgremiums oder eines Europäischen Betriebsrats oder einen Arbeitnehmervertreter im Rahmen eines Verfahrens zur Unterrichtung und Anhörung um seiner Tätigkeit willen benachteiligen oder begünstigen.**

1 § 42, der mit § 42 EBRG 1996 übereinstimmt, schützt die **Bildung bzw. Errichtung** des besonderen Verhandlungsgremiums, des Europäischen Betriebsrats und des dezentralen Unterrichtungs- und Anhörungsverfahrens, die **Tätigkeit** dieser Organe bzw. der Arbeitnehmervertreter im Rahmen des dezentralen Unterrichtungs- und Anhörungsverfahrens sowie die **Amtstätigkeit** der jeweiligen Organmitglieder bzw. Arbeitnehmervertreter. Hierdurch trägt das EBRG nicht nur den Vorgaben des Art. 11 der Richtlinie 2009/38/EG Rechnung, sondern verwirklicht auch das Gebot in Art. 10 Abs. 3 der Richtlinie 2009/38/EG, für die geschützten Mitglieder bzw. Arbeitnehmervertreter ein Schutzniveau zu gewährleisten, den Arbeitnehmervertreter nach deutschem Recht genießen. Übernommen wurde der Errichtungs- und Tätigkeitsschutz zugunsten der in § 42 aufgezählten Organe und Personen in § 44 SEBG, § 46 SCEBG sowie § 33 MgVG.

Die Schutznormen in § 42 finden eine **Entsprechung im BetrVG,** wobei § 42 Nr. 1 mit § 20 Abs. 1 Satz 1 und Abs. 2 BetrVG und § 42 Nr. 2 und 3 mit § 78 BetrVG korrespondiert. Die Erläuterungen zu den genannten Bestimmungen des BetrVG bilden deshalb auch die Grundlage für die inhaltliche Konkretisierung der Verbotstatbestände in § 42. Zu einer Wahlbehinderung i. S. d. § 42 Nr. 1 zählt auch eine Beschränkung in dem **aktiven und passiven Wahlrecht** (*Blanke* § 42 Rn. 2 a. E.; *Klebe/DKKW* § 42 EBRG Rn. 3). Dies stellt § 20 Abs. 1 Satz 2 BetrVG ausdrücklich klar, gilt in gleicher Weise aber auch für den Verbotstatbestand des § 42 Nr. 1. 2

Die Verbotstatbestände richten sich gegen **jedermann** (*Blanke* § 42 Rn. 2; *Klebe/DKKW* § 42 EBRG Rn. 1), d. h. gegen Arbeitgeber, Arbeitnehmer, leitende Angestellte und gegen außenstehende Dritte. Grundsätzlich handelt es sich um **gesetzliche Verbote** i. S. d. § 134 BGB (s. *Kreutz* § 20 BetrVG Rdn. 49, § 78 BetrVG Rdn. 103, jeweils m. w. N.). Zusätzlich ist der Verstoß gegen die Verbote in § 42 durch § **44 Abs. 1 Nr. 2** strafrechtlich bewehrt. 3

§ 43
Strafvorschriften

(1) Mit Freiheitsstrafe bis zu zwei Jahren oder mit Geldstrafe wird bestraft, wer entgegen § 35 Absatz 2 Satz 1 oder 2, jeweils in Verbindung mit Absatz 3, ein Betriebs- oder Geschäftsgeheimnis verwertet.

(2) Die Tat wird nur auf Antrag verfolgt.

Die Vorschrift stimmt mit § 43 EBRG 1996 überein. Sie findet eine Entsprechung in § 45 Abs. 1 Nr. 1 SEBG, § 47 Abs. 1 Nr. 1 SCEBG sowie § 34 Abs. 1 MgVG. Die Strafbestimmung ist inhaltlich mit § 120 Abs. 3 Satz 2 BetrVG identisch, so dass die dortigen Erläuterungen (s. § 120 BetrVG Rdn. 51) auch für § 43 gelten. Ebenso wie bei einer Strafbarkeit nach § 120 Abs. 3 Satz 2 BetrVG, wird die Tat nur auf Antrag verfolgt (§ 43 Abs. 2; ebenso § 45 Abs. 4 Satz 1 SEBG, § 34 Abs. 4 Satz 1 MgVG); näher dazu § 120 BetrVG Rdn. 70 ff. 1

§ 44
Strafvorschriften

(1) Mit Freiheitsstrafe bis zu einem Jahr oder mit Geldstrafe wird bestraft, wer
1. entgegen § 35 Absatz 2 Satz 1 oder 2, jeweils auch in Verbindung mit Absatz 3, ein Betriebs- oder Geschäftsgeheimnis offenbart oder
2. einer Vorschrift des § 42 über die Errichtung der dort genannten Gremien oder die Einführung des dort genannten Verfahrens, die Tätigkeit der dort genannten Gremien oder der Arbeitnehmervertreter oder über die Benachteiligung oder Begünstigung eines Mitglieds oder Ersatzmitglieds der dort genannten Gremien oder eines Arbeitnehmervertreters zuwiderhandelt.

(2) Handelt der Täter in den Fällen des Absatzes 1 Nummer 1 gegen Entgelt oder in der Absicht, sich oder einen anderen zu bereichern oder einen anderen zu schädigen, so ist die Strafe Freiheitsstrafe bis zu zwei Jahren oder Geldstrafe.

(3) Die Tat wird nur auf Antrag verfolgt. In den Fällen des Absatzes 1 Nummer 2 sind das besondere Verhandlungsgremium, der Europäische Betriebsrat, die Mehrheit der Arbeitnehmervertreter im Rahmen eines Verfahrens zur Unterrichtung und Anhörung, die zentrale Leitung oder eine im Betrieb vertretenen Gewerkschaft antragsberechtigt.

§ 45 EBRG *Bußgeldvorschriften*

1 Die Strafvorschrift in § 44, die mit der Bestimmung in § 44 EBRG 1996 übereinstimmt, sanktioniert unterschiedliche Pflichtverstöße:

2 Erstens wird eine unbefugte **Offenbarung von Betriebs- und Geschäftsgeheimnissen** unter Strafe gestellt (§ 44 Abs. 1 Nr. 1), wobei die Norm unmittelbar an eine Verletzung der Verschwiegenheitspflicht nach § 35 Abs. 2 Satz 1 oder 2 anknüpft. Damit stimmt die Vorschrift mit § 45 Abs. 2 Nr. 1 SEBG, § 47 Abs. 2 Nr. 1 SCEBG und § 34 Abs. 2 Nr. 1 MgVG überein. Ebenso wie § 120 Abs. 3 Satz 1 BetrVG sieht § 44 Abs. 2 i. S. einer Qualifikation eine Strafschärfung vor, wenn der Täter in der Absicht handelt, sich oder einen anderen zu bereichern oder einen anderen zu schädigen. Hinsichtlich der Einzelheiten dieser Qualifikation, die auch in § 45 Abs. 3 SEBG, § 47 Abs. 2 SCEBG und § 34 Abs. 3 MgVG enthalten ist, kann auf die Erläuterungen zu § 120 Abs. 3 Satz 1 BetrVG verwiesen werden (s. § 120 BetrVG Rdn. 60 ff.).

3 Zweitens stellt § 44 Abs. 1 Nr. 2 eine Zuwiderhandlung gegen die **in § 42 zusammengefassten Verbote** unter Strafe und entspricht damit den Strafnormen in § 45 Abs. 2 Nr. 2 und 3 SEBG, § 47 Abs. 2 Nr. 2 und 3 SCEBG und § 34 Abs. 2 Nr. 2 und 3 MgVG. Die Strafbestimmung kopiert den Schutz durch § 119 BetrVG in das EBRG, so dass die dortigen Auslegungsgrundsätze auch für eine Strafbarkeit nach § 44 Abs. 1 Nr. 2 SEBG gelten.

4 In Übereinstimmung mit den §§ 119, 120 BetrVG hängt die Strafverfolgung von einem **Strafantrag** ab (§ 44 Abs. 3 Satz 1). Während für eine Strafbarkeit nach § 44 Abs. 1 Nr. 1 das Gesetz von einer personellen Eingrenzung absieht und damit nur der Verletzte antragsberechtigt ist (s. näher § 120 BetrVG Rdn. 70 ff.), legt § 44 Abs. 3 Satz 2 für eine Strafbarkeit nach § 44 Abs. 1 Nr. 2 ausdrücklich den Kreis der Antragsberechtigten fest. Andere als die dort genannten Einrichtungen sind – wie im Rahmen von § 119 BetrVG (s. § 119 BetrVG Rdn. 73) – nicht antragsberechtigt. Eine analoge Anwendung auf andere Einrichtungen scheidet – wie bei § 119 BetrVG (s. § 119 BetrVG Rdn. 73) – auch bezüglich § 44 Abs. 3 Satz 2 aus. Hinsichtlich der weiteren Einzelheiten zur Strafverfolgung ist auf die Erläuterungen zu § 119 BetrVG zu verweisen (s. § 119 BetrVG Rdn. 85 ff.).

§ 45
Bußgeldvorschriften

(1) Ordnungswidrig handelt, wer
1. entgegen § 5 Absatz 1 die Informationen nicht, nicht richtig, nicht vollständig oder nicht rechtzeitig erhebt oder weiterleitet oder
2. entgegen § 29 Absatz 1 oder § 30 Absatz 1 oder Absatz 2 Satz 1 den Europäischen Betriebsrat oder den Ausschuss nach § 26 nicht, nicht richtig, nicht vollständig, nicht in der vorgeschriebenen Weise oder nicht rechtzeitig unterrichtet.

(2) Die Ordnungswidrigkeit kann mit einer Geldbuße bis zu fünfzehntausend Euro geahndet werden.

1 § 45, der unverändert die Vorschrift in § 45 EBRG 1996 fortführt, sanktioniert die **Verletzung der Auskunfts- und Unterrichtungspflichten** durch die zentrale Leitung, weil hieraus nicht die zivilrechtliche Unwirksamkeit der vom Arbeitgeber durchgeführten Maßnahme folgt (s. dazu § 121 BetrVG Rdn. 5). Mit der Bußgeldbestimmung trägt das Gesetz der Vorgabe in Art. 11 Abs. 2 der Richtlinie 2009/38/EG Rechnung, wonach die Mitgliedstaaten geeignete Maßnahmen für den Fall der Nichteinhaltung der Richtlinie vorzusehen haben, mit deren Hilfe die Erfüllung der sich aus dieser Richtlinie ergebenden Verpflichtungen durchgesetzt werden kann (ebenso zuvor Art. 11 Abs. 3 der Richtlinie 94/45/EG).

2 Eine vergleichbare Bestimmung enthält § 48 SEBG und § 46 SCEBG sowie – beschränkt auf die Information an das besondere Verhandlungsgremium – § 35 MgVG. Abweichend von § 45 Abs. 2 kann die Ordnungswidrigkeit nach den vorgenannten Vorschriften jedoch mit einem höheren Betrag (20.000 €) geahndet werden.

§ 45 EBRG sanktioniert **vier Handlungsalternativen:** die Nichterfüllung, die nicht richtige, die nicht vollständige und die nicht rechtzeitige Erfüllung. Für die Auslegung ist auf die Erkenntnisse zu § 121 Abs. 1 BetrVG zu verweisen (s. näher § 121 BetrVG Rdn. 14 bis 24). 3

Die **Obergrenze** für eine Geldbuße (§ 45 Abs. 2: 15.000 €), geht deutlich über § 121 Abs. 2 BetrVG und § 36 Abs. 2 SprAuG hinaus (jeweils 10.000 €), bleibt jedoch hinter § 46 Abs. 2 SEBG (20.000 €) zurück, ohne dass für diese Unterschiede tragfähige Sachgründe erkennbar sind (s. auch vor § 1 EBRG Rdn. 6). Hinsichtlich des Verfahrens für die Verhängung der Geldbuße gelten die Ausführungen zu § 121 BetrVG entsprechend (s. § 121 BetrVG Rdn. 36 ff.). 4

Anhang 3

Zweite Verordnung
zur Durchführung des Betriebsverfassungsgesetzes
(Wahlordnung Seeschifffahrt – WOS)

Vom 7. Februar 2002 (BGBl. I S. 594)

Inhaltsübersicht		§§
Erster Teil	**Wahl der Bordvertretung**	1–31
Erster Abschnitt	Allgemeine Vorschriften	1–18
Zweiter Abschnitt	Besondere Vorschriften für die Wahl mehrerer Mitglieder der Bordvertretung	19–26
Erster Unterabschnitt	Wahlvorschläge	19–20
Zweiter Unterabschnitt	Wahlverfahren bei mehreren Vorschlagslisten (Verhältniswahl)	21–23
Dritter Unterabschnitt	Wahlverfahren bei nur einer Vorschlagsliste (Mehrheitswahl)	24–26
Dritter Abschnitt	Besondere Vorschriften für die Wahl nur eines Mitglieds der Bordvertretung (Mehrheitswahl)	27–30
Vierter Abschnitt	Verkürztes Wahlverfahren gemäß § 115 Abs. 2 Nr. 6 des Gesetzes	31
Zweiter Teil	**Wahl des Seebetriebsrats**	32–58
Erster Abschnitt	Allgemeine Vorschriften	32–56
Zweiter Abschnitt	Besondere Vorschriften	57–58
Dritter Teil	Übergangs- und Schlussvorschriften	59–60

Erster Teil
Wahl der Bordvertretung

Erster Abschnitt
Allgemeine Vorschriften

§ 1
Wahlvorstand

(1) Die Leitung der Wahl der Bordvertretung obliegt dem Wahlvorstand. Dieser hat bei der Durchführung der Wahl auf die Erfordernisse des ordnungsgemäßen Schiffsbetriebs zu achten. Der Kapitän hat dem Wahlvorstand die für eine ordnungsgemäße Durchführung der Wahl erforderlichen Auskünfte zu erteilen und die erforderlichen Unterlagen zur Verfügung zu stellen.

(2) Der Wahlvorstand kann sich eine schriftliche Geschäftsordnung geben. Er kann Wahlberechtigte als Wahlhelferinnen und Wahlhelfer zu seiner Unterstützung bei der Durchführung der Stimmabgabe und bei der Auszählung der Stimmen heranziehen.

(3) Die Beschlüsse des Wahlvorstands werden mit einfacher Stimmenmehrheit seiner stimmberechtigten Mitglieder gefasst. Über jede Sitzung des Wahlvorstands ist eine Niederschrift aufzunehmen, die mindestens den Wortlaut der gefassten Beschlüsse enthält. Die Niederschrift ist von der oder dem Vorsitzenden und einem weiteren stimmberechtigten Mitglied des Wahlvorstands zu unterzeichnen.

§ 2
Wählerliste

(1) Der Wahlvorstand hat für jede Wahl der Bordvertretung eine Liste der Wahlberechtigten (Wählerliste), getrennt nach den Geschlechtern, aufzustellen. Die Wahlberechtigten sollen mit Familien-

namen, Vornamen und Geburtsdatum in alphabetischer Reihenfolge aufgeführt werden. Der Wahlvorstand hat die Wählerliste bis zum Beginn der Stimmabgabe zu berichtigen, wenn ein Besatzungsmitglied den Dienst an Bord aufnimmt oder beendet.

(2) Wahlberechtigt und wählbar sind nur Besatzungsmitglieder, die in die Wählerliste eingetragen sind.

(3) Ein Abdruck der Wählerliste und ein Abdruck dieser Verordnung sind vom Tage der Einleitung der Wahl (§ 5 Abs. 1 Satz 2) bis zum Abschluss der Stimmabgabe an geeigneter Stelle an Bord zur Einsichtnahme auszulegen. Der Abdruck der Wählerliste soll die Geburtsdaten der Wahlberechtigten nicht enthalten. Ergänzend kann der Abdruck der Wählerliste und der Verordnung mittels der an Bord vorhandenen Informations- und Kommunikationstechnik bekannt gemacht werden. Die Bekanntmachung ausschließlich in elektronischer Weise ist nur zulässig, wenn alle Besatzungsmitglieder von der Bekanntmachung Kenntnis erlangen können und Vorkehrungen getroffen werden, dass Änderungen der Bekanntmachung nur vom Wahlvorstand vorgenommen werden können.

(4) Der Wahlvorstand soll dafür sorgen, dass ausländische Besatzungsmitglieder, die der deutschen Sprache nicht mächtig sind, rechtzeitig über die Wahl der Bordvertretung, insbesondere über die Bedeutung der Wählerliste, über die Aufstellung von Wahlvorschlägen und über die Stimmabgabe in geeigneter Weise unterrichtet werden.

§ 3
Einsprüche gegen die Wählerliste

(1) Einsprüche gegen die Richtigkeit der Wählerliste können mit Wirksamkeit für die Wahl der Bordvertretung nur vor Ablauf von 48 Stunden seit Erlass des Wahlausschreibens beim Wahlvorstand eingelegt werden.

(2) Über Einsprüche nach Absatz 1 hat der Wahlvorstand unverzüglich zu entscheiden. Wird ein Einspruch für begründet erachtet, so ist die Wählerliste zu berichtigen. Die Entscheidung des Wahlvorstands ist dem Besatzungsmitglied, das den Einspruch eingelegt hat, unverzüglich, spätestens jedoch bis zum Beginn der Stimmabgabe, schriftlich mitzuteilen.

(3) Die Wählerliste kann nach Ablauf der Einspruchsfrist nur bei Schreibfehlern, offenbaren Unrichtigkeiten und in Erledigung rechtzeitig eingelegter Einsprüche bis zum Beginn der Stimmabgabe berichtigt werden; § 2 Abs. 1 Satz 3 bleibt unberührt.

§ 4
Bestimmung der Mindestsitze für das Geschlecht in der Minderheit

(1) Der Wahlvorstand stellt fest, welches Geschlecht von seinem zahlenmäßigen Verhältnis an Bord in der Minderheit ist. Sodann errechnet der Wahlvorstand den Mindestanteil der Sitze in der Bordvertretung für das Geschlecht in der Minderheit (§ 115 Abs. 2 i. V. m. § 15 Abs. 2 des Gesetzes) nach den Grundsätzen der Verhältniswahl. Zu diesem Zweck werden die Zahlen der am Tage des Erlasses des Wahlausschreibens an Bord beschäftigten Frauen und Männer in einer Reihe nebeneinander gestellt und beide durch 1, 2, 3, 4 usw. geteilt. Die ermittelten Teilzahlen sind nacheinander reihenweise unter den Zahlen der ersten Reihe aufzuführen, bis höhere Teilzahlen für die Zuweisung der zu verteilenden Sitze nicht mehr in Betracht kommen.

(2) Unter den so gefundenen Teilzahlen werden so viele Höchstzahlen ausgesondert und der Größe nach geordnet, wie Mitglieder der Bordvertretung zu wählen sind. Das Geschlecht in der Minderheit erhält so viele Mitgliedersitze zugeteilt, wie Höchstzahlen auf es entfallen. Wenn die niedrigste in Betracht kommende Höchstzahl auf beide Geschlechter zugleich entfällt, so entscheidet das Los darüber, welchem Geschlecht dieser Sitz zufällt.

§ 5
Wahlausschreiben

(1) Unverzüglich, jedoch nicht vor Ablauf von 24 Stunden seit seiner Bestellung, erlässt der Wahlvorstand ein Wahlausschreiben, das von der oder dem Vorsitzenden und von mindestens einem weiteren stimmberechtigten Mitglied des Wahlvorstands zu unterzeichnen ist. Mit Erlass des Wahlausschreibens ist die Wahl der Bordvertretung eingeleitet.

(2) Das Wahlausschreiben muss folgende Angaben enthalten:
1. den Zeitpunkt (Datum und Uhrzeit) seines Erlasses;
2. den Ort, an dem die Wählerliste und diese Verordnung an Bord ausliegen, sowie im Fall der Bekanntmachung in elektronischer Weise (§ 2 Abs. 3 Satz 3 und 4) wo und wie von der Wählerliste und der Verordnung Kenntnis genommen werden kann;
3. dass wahlberechtigt und wählbar nur ist, wer in die Wählerliste eingetragen ist, und dass Einsprüche gegen die Wählerliste nur vor Ablauf von 48 Stunden seit dem Erlass des Wahlausschreibens beim Wahlvorstand eingelegt werden können; der Zeitpunkt des Ablaufs der Frist ist anzugeben;
4. den Anteil der Geschlechter und den Hinweis, dass das Geschlecht in der Minderheit in der Bordvertretung mindestens entsprechend seinem zahlenmäßigen Verhältnis vertreten sein muss, wenn die Bordvertretung aus mindestens drei Mitgliedern besteht (§ 115 Abs. 2 i. V. m. 15 Abs. 2 des Gesetzes);
5. die Zahl der zu wählenden Mitglieder der Bordvertretung (§ 115 Abs. 2 Nr. 3, § 11 des Gesetzes) sowie die auf das Geschlecht in der Minderheit entfallenden Mindestsitze in der Bordvertretung (§ 15 Abs. 2 des Gesetzes);
6. die Mindestzahl von Besatzungsmitgliedern, von denen ein Wahlvorschlag unterzeichnet sein muss (§ 14 Abs. 4 des Gesetzes);
7. dass der Wahlvorschlag einer an Bord vertretenen Gewerkschaft von zwei Beauftragten unterzeichnet sein muss (§ 14 Abs. 5 des Gesetzes);
8. dass die Wahlvorschläge in Form von Vorschlagslisten einzureichen sind, wenn mehrere Mitglieder der Bordvertretung zu wählen sind;
9. dass ein Wahlvorschlag mindestens doppelt so viele Bewerberinnen oder Bewerber aufweisen soll, wie in dem Wahlgang Mitglieder der Bordvertretung zu wählen sind;
10. dass Wahlvorschläge vor Ablauf von 48 Stunden seit dem Erlass des Wahlausschreibens beim Wahlvorstand einzureichen sind; der Zeitpunkt des Ablaufs der Frist ist anzugeben;
11. dass die Stimmabgabe an Wahlvorschläge gebunden ist und dass nur solche Wahlvorschläge berücksichtigt werden, die fristgerecht beim Wahlvorstand eingegangen sind;
12. dass die Wahlvorschläge, Ort und Zeitpunkt der Stimmabgabe sowie Ort, Tag und Zeit der öffentlichen Stimmauszählung in gleicher Weise wie das Wahlausschreiben durch besonderen Aushang bekannt gemacht werden;
13. den Ort, an dem der Wahlvorstand an Bord erreichbar ist, und die Namen seiner Mitglieder.

(3) Ein Abdruck des Wahlausschreibens ist vom Zeitpunkt seines Erlasses bis zum Abschluss der Stimmabgabe an einer oder mehreren geeigneten, den Wahlberechtigten zugänglichen Stellen vom Wahlvorstand auszuhängen und in gut lesbarem Zustand zu erhalten. Ergänzend kann das Wahlausschreiben mittels der an Bord vorhandenen Informations- und Kommunikationstechnik bekannt gemacht werden. § 2 Abs. 3 Satz 4 gilt entsprechend.

§ 6
Wahlvorschläge

(1) Zur Wahl der Bordvertretung können die Wahlberechtigten vor Ablauf von 48 Stunden seit Erlass des Wahlausschreibens Wahlvorschläge einreichen.

(2) Auf dem Wahlvorschlag sind Familienname, Vorname, Geburtsdatum und Art der Beschäftigung der Bewerberinnen oder Bewerber anzugeben.

Anhang 3

(3) Dem Wahlvorschlag ist die schriftliche Zustimmung der in ihm aufgeführten Bewerberinnen und Bewerber zur Aufnahme in den Wahlvorschlag beizufügen.

(4) Aus dem Wahlvorschlag soll zu ersehen sein, welcher Unterzeichner zur Vertretung des Vorschlags gegenüber dem Wahlvorstand und zur Entgegennahme von Erklärungen des Wahlvorstands berechtigt ist (Listenvertreterin, Listenvertreter). Fehlt eine Angabe hierüber, so gilt die Unterzeichnerin oder der Unterzeichner als berechtigt, der an erster Stelle steht.

(5) Der Wahlvorschlag kann mit einem Kennwort versehen werden.

§ 7
Wahlvorschläge der Gewerkschaften

(1) Für den Wahlvorschlag einer an Bord vertretenen Gewerkschaft (§ 14 Abs. 3 des Gesetzes) gelten § 6 sowie die §§ 8 bis 31 entsprechend.

(2) Der Wahlvorschlag einer Gewerkschaft ist ungültig, wenn er nicht von zwei Beauftragten der Gewerkschaft unterzeichnet ist (§ 14 Abs. 5 des Gesetzes).

(3) Die oder der an erster Stelle unterzeichnete Beauftragte gilt als Listenvertreterin oder Listenvertreter. Die Gewerkschaft kann ein Besatzungsmitglied, das ihr angehört, als Listenvertreterin oder Listenvertreter benennen.

§ 8
Behandlung der Wahlvorschläge durch den Wahlvorstand

(1) Der Wahlvorstand hat bei Überbringen des Wahlvorschlags oder, falls dieser auf andere Weise eingereicht wird, der Listenvertreterin oder dem Listenvertreter den Zeitpunkt der Einreichung schriftlich zu bestätigen.

(2) Der Wahlvorstand hat Wahlvorschläge, die nicht mit einem Kennwort versehen sind, mit Familiennamen und Vornamen des oder der an erster Stelle benannten Bewerberin oder Bewerbers zu bezeichnen. Er hat die Wahlvorschläge unverzüglich zu prüfen und bei Ungültigkeit oder Beanstandungen die Listenvertreterin oder den Listenvertreter unverzüglich schriftlich unter Angabe der Gründe zu unterrichten.

(3) Hat ein Wahlberechtigter mehrere Wahlvorschläge unterzeichnet, so hat er auf Aufforderung des Wahlvorstands binnen einer ihm gesetzten angemessenen Frist, spätestens jedoch vor Ablauf von sechs Stunden, zu erklären, welche Unterschrift er aufrechterhält. Unterbleibt die fristgerechte Erklärung, so wird sein Name auf dem zuerst eingereichten Wahlvorschlag gezählt und auf den übrigen Wahlvorschlägen gestrichen; sind mehrere Wahlvorschläge, die von demselben Wahlberechtigten unterzeichnet sind, gleichzeitig eingereicht worden, so entscheidet das Los darüber, auf welchem Wahlvorschlag die Unterschrift gilt.

(4) Ist der Name einer Bewerberin oder eines Bewerbers mit ihrer oder seiner schriftlichen Zustimmung auf mehreren Vorschlagslisten (§ 19 Abs. 1) aufgeführt, so hat diese Person auf Aufforderung des Wahlvorstands binnen einer ihr gesetzten angemessenen Frist, spätestens jedoch vor Ablauf von sechs Stunden, zu erklären, welche Bewerbung sie aufrechterhält. Unterbleibt die fristgerechte Erklärung, so ist die Bewerberin oder der Bewerber auf sämtlichen Vorschlagslisten zu streichen.

§ 9
Ungültige Wahlvorschläge

(1) Ungültig sind Wahlvorschläge,
1. die nicht fristgerecht eingereicht worden sind,
2. auf denen die Bewerberinnen oder Bewerber nicht in erkennbarer Reihenfolge aufgeführt sind,
3. die bei Einreichung nicht die erforderliche Zahl von Unterschriften (§ 14 Abs. 4 des Gesetzes) aufweisen. Die Rücknahme von Unterschriften auf einem eingereichten Wahlvorschlag beeinträchtigt dessen Gültigkeit nicht; § 8 Abs. 3 bleibt unberührt.

(2) Ungültig sind auch Wahlvorschläge,
1. auf denen die Bewerberinnen oder Bewerber nicht in der in § 6 Abs. 2 bestimmten Weise bezeichnet sind,
2. wenn die schriftliche Zustimmung der Bewerberinnen oder Bewerber zur Aufnahme in den Wahlvorschlag nicht vorliegt (§ 6 Abs. 3),
3. wenn der Wahlvorschlag infolge von Streichung gemäß § Abs. 3 nicht mehr die erforderliche Zahl von Unterschriften aufweist,

falls diese Mängel trotz Beanstandung nicht vor Ablauf einer Frist von sechs Stunden beseitigt werden.

§ 10
Nachfrist für die Einreichung von Wahlvorschlägen

(1) Ist vor Ablauf der in § 6 Abs. 1 und § 9 Abs. 2 genannten Fristen kein gültiger Wahlvorschlag eingereicht worden, so hat dies der Wahlvorstand unverzüglich in der gleichen Weise wie das Wahlausschreiben bekannt zu machen und eine Nachfrist von 24 Stunden für die Einreichung von Wahlvorschlägen zu setzen. In der Bekanntmachung ist darauf hinzuweisen, dass die Wahl nur stattfindet, wenn innerhalb der Nachfrist mindestens ein gültiger Wahlvorschlag eingereicht wird.

(2) Wird vor Ablauf der Nachfrist kein gültiger Wahlvorschlag eingereicht, so findet die Wahl nicht statt. Der Wahlvorstand hat dies unverzüglich in gleicher Weise wie das Wahlausschreiben bekannt zu machen.

§ 11
Bekanntmachungen zur Stimmabgabe

(1) Unverzüglich nach Ordnung der Wahlvorschläge (§§ 20, 28 Abs. 2) hat der Wahlvorstand
1. die als gültig anerkannten Wahlvorschläge,
2. den Ort und den Zeitraum der Stimmabgabe (Absatz 2) und
3. Hinweise für die Stimmabgabe (Absatz 3)

in gleicher Weise wie das Wahlausschreiben bis zum Abschluss der Stimmabgabe bekannt zu machen.

(2) Der Zeitraum der Stimmabgabe darf nicht vor Ablauf von 24 Stunden nach der Bekanntmachung beginnen und soll spätestens 48 Stunden nach der Bekanntmachung enden. Er ist so zu bemessen, dass allen Wahlberechtigten die Stimmabgabe unter Berücksichtigung der Erfordernisse des ordnungsgemäßen Schiffsbetriebs möglich ist.

(3) In den Hinweisen für die Stimmabgabe ist anzugeben, dass die Wählerin oder der Wähler auf dem Stimmzettel nur ankreuzen darf
1. bei Verhältniswahl (§ 21 bis 23) eine Vorschlagsliste;
2. bei Mehrheitswahl nach den §§ 24 bis 30 so viele Namen, wie Mitglieder der Bordvertretung zu wählen sind.

§ 12
Stimmabgabe

(1) Das Wahlrecht wird durch Abgabe eines Stimmzettels in einem Wahlumschlag ausgeübt. Die Stimmzettel müssen alle dieselbe Größe, Farbe, Beschaffenheit und Beschriftung haben; dasselbe gilt für die Wahlumschläge.

(2) Ist die Bordvertretung nach den Grundsätzen der Verhältniswahl zu wählen (§ 21 bis 23), so kann der Wahlberechtigte seine Stimme nur für die gesamte Vorschlagsliste abgeben. Ist nach den Grundsätzen der Mehrheitswahl zu wählen (§§ 24 bis 30), so ist die Stimme für die einzelnen Bewerberinnen oder Bewerber abzugeben.

§ 13
Wahlvorgang

(1) Der Wahlvorstand hat Vorkehrungen zu treffen, dass die Wählerin oder der Wähler den Stimmzettel im Wahlraum unbeobachtet kennzeichnen und in den Wahlumschlag legen kann. Für die Aufnahme der Wahlumschläge sind eine oder mehrere Wahlurnen zu verwenden. Vor Beginn der Stimmabgabe sind die Wahlurnen vom Wahlvorstand zu verschließen. Sie müssen so eingerichtet sein, dass die Wahlumschläge nicht entnommen werden können, ohne dass die Wahlurne geöffnet wird.

(2) Während des Zeitraums der Stimmabgabe müssen mindestens zwei stimmberechtigte Mitglieder des Wahlvorstands im Wahlraum anwesend sein. Sind Wahlhelferinnen oder Wahlhelfer bestellt, so genügt die Anwesenheit eines stimmberechtigten Mitglieds des Wahlvorstands und einer Wahlhelferin oder eines Wahlhelfers.

(3) Die Wählerin oder der Wähler gibt ihren oder seinen Namen an und wirft den Wahlumschlag, in den der Stimmzettel eingelegt ist, in die Wahlurne ein, nachdem die Stimmabgabe in der Wählerliste vermerkt worden ist.

(4) Wer infolge seiner Behinderung bei der Stimmabgabe beeinträchtigt ist, kann eine Person seines Vertrauens bestimmen, die ihm bei der Stimmabgabe behilflich sein soll, und teilt dies dem Wahlvorstand mit. Wahlbewerberinnen oder Wahlbewerber, Mitglieder des Wahlvorstands sowie Wahlhelferinnen und Wahlhelfer dürfen nicht zur Hilfeleistung herangezogen werden. Die Hilfeleistung beschränkt sich auf die Erfüllung der Wünsche der Wählerin oder des Wählers zur Stimmabgabe; die Person des Vertrauens darf gemeinsam mit der Wählerin oder dem Wähler die Wahlzelle aufsuchen. Sie ist zur Geheimhaltung der Kenntnisse verpflichtet, die sie bei der Hilfeleistung zur Stimmabgabe erlangt hat. Die Sätze 1 bis 4 gelten entsprechend für des Lesens unkundige Wählerinnen und Wähler.

(5) Werden die Stimmen nicht unmittelbar nach Abschluss der Stimmabgabe ausgezählt, so hat der Wahlvorstand die Wahlurnen zu versiegeln. Dasselbe gilt im Fall der Unterbrechung der Stimmabgabe.

§ 14
Öffentliche Stimmauszählung

Unverzüglich nach Abschluss der Stimmabgabe nimmt der Wahlvorstand öffentlich die Auszählung der Stimmen vor und gibt das Wahlergebnis bekannt.

§ 15
Feststellung des Wahlergebnisses

(1) Nach Öffnung der Wahlurnen entnimmt der Wahlvorstand den Wahlumschlägen die Stimmzettel und prüft ihre Gültigkeit.

(2) Ungültig sind Stimmzettel,
1. die nicht in einem Wahlumschlag abgegeben sind,
2. die nicht den Erfordernissen des § 12 Abs. 1 Satz 2 entsprechen,
3. aus denen sich der Wille des Wählers nicht zweifelsfrei ergibt,
4. die ein besonderes Merkmal, einen Zusatz oder einen Vorbehalt enthalten.

(3) Mehrere in einem Wahlumschlag enthaltene Stimmzettel, die vollständig übereinstimmen, werden als eine Stimme gezählt. Stimmen sie nicht vollständig überein, so sind sie ungültig.

(4) Der Wahlvorstand zählt
1. im Fall der Verhältniswahl (§§ 21 bis 23) die auf jede Vorschlagsliste,
2. im Fall der Mehrheitswahl (§§ 24 bis 30) die auf jede einzelne Bewerberin oder jeden einzelnen Bewerber

entfallenen gültigen Stimmen zusammen.

§ 16
Wahlniederschrift

(1) Nachdem ermittelt ist, wer gewählt ist, hat der Wahlvorstand in einer Niederschrift festzustellen
1. die Gesamtzahl der abgegebenen Stimmen und die Zahl der gültigen Stimmen;
2. die Zahl der ungültigen Stimmen;
3. im Fall der Verhältniswahl (§§ 21 bis 23) die Zahl der auf jede Vorschlagsliste entfallenen gültigen Stimmen sowie die berechneten Höchstzahlen und ihre Verteilung auf die Vorschlagslisten;
4. im Fall der Mehrheitswahl (§§ 24 bis 30) die Zahl der auf jede Bewerberin und jeden Bewerber entfallenen gültigen Stimmen;
5. die Namen der gewählten Bewerberinnen und Bewerber;
6. gegebenenfalls besondere während der Wahl der Bordvertretung eingetretene Zwischenfälle oder sonstige Ereignisse.

(2) Die Niederschrift ist von der oder dem Vorsitzenden und von mindestens einem weiteren stimmberechtigten Mitglied des Wahlvorstands zu unterzeichnen.

(3) Der Wahlvorstand hat je eine Abschrift der Wahlniederschrift dem Kapitän, dem Seebetriebsrat und den an Bord vertretenen Gewerkschaften unverzüglich zu übermitteln.

§ 17
Benachrichtigung der Bekanntmachung der Gewählten

(1) Der Wahlvorstand hat die Gewählten unverzüglich schriftlich von ihrer Wahl zu benachrichtigen. Erklärt die gewählte Person nicht binnen drei Arbeitstagen nach Zugang der Benachrichtigung dem Wahlvorstand, dass sie die Wahl ablehne, so gilt die Wahl als angenommen.

(2) Die Namen der als Mitglieder der Bordvertretung Gewählten sind durch einwöchigen Aushang in gleicher Weise bekannt zu machen wie das Wahlausschreiben.

§ 18
Aufbewahrung der Wahlakten

Die Bordvertretung hat die Wahlakten mindestens bis zur Beendigung ihrer Amtszeit aufzubewahren.

Zweiter Abschnitt
Besondere Vorschriften für die Wahl mehrerer Mitglieder der Bordvertretung

Erster Unterabschnitt
Wahlvorschläge

§ 19
Zusätzliche Erfordernisse

(1) Sind mehrere Mitglieder der Bordvertretung zu wählen, so soll jeder Wahlvorschlag mindestens doppelt so viele Bewerberinnen oder Bewerber enthalten, wie Mitglieder der Bordvertretung zu wählen sind. Die Namen der einzelnen Bewerberinnen oder Bewerber sind in erkennbarer Reihenfolge aufzuführen und mit fortlaufenden Nummern zu versehen (Vorschlagsliste).

(2) Ein Wahlberechtigter kann seine Unterschrift rechtswirksam nur für eine Vorschlagsliste abgeben.

(3) Eine Bewerberin oder ein Bewerber kann rechtswirksam nur auf einer Vorschlagsliste vorgeschlagen werden.

(4) Eine Verbindung von Vorschlagslisten ist unzulässig.

§ 20
Ordnung der Vorschlagslisten

Unverzüglich nach Ablauf der in § 6 Abs. 1, § 9 Abs. 2 und § 10 Abs. 1 genannten Fristen ermittelt der Wahlvorstand durch Los die Reihenfolge der Ordnungsnummern, die den als gültig anerkannten Vorschlagslisten zugeteilt werden (Liste 1 usw.). Die Listenvertreterinnen oder Listenvertreter sind zu der Losentscheidung rechtzeitig einzuladen.

Zweiter Unterabschnitt
Wahlverfahren bei mehreren Vorschlagslisten (Verhältniswahl)

§ 21
Stimmzettel, Stimmabgabe

(1) Nach den Grundsätzen der Verhältniswahl (Listenwahl) ist zu wählen, wenn mehrere gültige Vorschlagslisten eingegangen sind.

(2) Auf dem Stimmzettel sind die Vorschlagslisten in der Reihenfolge der Ordnungsnummern unter Angabe von Familiennamen, Vornamen und Art der Beschäftigung des oder der an erster Stelle Benannten aufzuführen; bei Listen, die mit einem Kennwort versehen sind, ist auch das Kennwort anzugeben.

(3) Die Wählerin oder der Wähler kreuzt auf dem Stimmzettel die Vorschlagsliste an, für die sie oder er seine Stimme abgeben will. Die Stimme kann nur für eine Vorschlagsliste abgegeben werden.

§ 22
Verteilung der Sitze auf die Vorschlaglisten

(1) Die Sitze werden auf die Vorschlagslisten verteilt. Dazu werden die den einzelnen Vorschlagslisten zugefallenen Stimmenzahlen in einer Reihe nebeneinander gestellt und sämtlich durch 1, 2, 3, 4 usw. geteilt Die ermittelten Teilzahlen sind nacheinander reihenweise unter den Zahlen der ersten Reihe aufzuführen, bis höhere Teilzahlen für die Zuweisung der zu verteilenden Sitze nicht mehr in Betracht kommen.

(2) Unter den so gefundenen Teilzahlen werden so viele Höchstzahlen ausgesondert und der Größe nach geordnet, wie Mitglieder der Bordvertretung zu wählen sind. Jede Vorschlagsliste erhält so viele Mitgliedersitze zugeteilt, wie Höchstzahlen auf sie entfallen. Entfällt die niedrigste in Betracht kommende Höchstzahl auf mehrere Vorschlagslisten zugleich, so entscheidet das Los darüber, welcher Vorschlagsliste dieser Sitz zufällt.

(3) Wenn eine Vorschlagsliste weniger Bewerberinnen oder Bewerber enthält, als Höchstzahlen auf sie entfallen, so gehen die überschüssigen Mitgliedersitze auf die folgenden Höchstzahlen der anderen Vorschlagslisten über.

(4) Die Reihenfolge der Bewerberinnen oder Bewerber innerhalb der einzelnen Vorschlagslisten bestimmt sich nach der Reihenfolge ihrer Benennung.

(5) Befindet sich unter den auf die Vorschlagslisten entfallenden Höchstzahlen nicht die erforderliche Mindestzahl von Angehörigen des Geschlechts in der Minderheit nach § 15 Abs. 2 des Gesetzes, so gilt Folgendes:
1. An die Stelle der auf der Vorschlagsliste mit der niedrigsten Höchstzahl benannten Person, die nicht dem Geschlecht in der Minderheit angehört, tritt die in derselben Vorschlagsliste in der Reihenfolge nach ihr benannte, nicht berücksichtigte Person des Geschlechts in der Minderheit.
2. Enthält diese Vorschlagsliste keine Person des Geschlechts in der Minderheit. so geht dieser Sitz auf die Vorschlagsliste mit der folgenden, noch nicht berücksichtigten Höchstzahl und mit Angehörigen des Geschlechts in der Minderheit über. Entfällt die folgende Höchstzahl auf mehrere Vorschlagslisten zugleich, so entscheidet das Los darüber, welcher Vorschlagsliste dieser Sitz zufällt.
3. Das Verfahren nach den Nummern 1 und 2 ist solange fortzusetzen, bis der Mindestanteil der Sitze des Geschlechts in der Minderheit nach § 15 Abs. 2 des Gesetzes erreicht ist.
4. Bei der Verteilung der Sitze des Geschlechts in der Minderheit sind auf den einzelnen Vorschlagslisten nur die Angehörigen dieses Geschlechts in der Reihenfolge ihrer Benennung zu berücksichtigen.
5. Verfügt keine andere Vorschlagsliste über Angehörige des Geschlechts in der Minderheit, verbleibt der Sitz bei der Vorschlagsliste. die zuletzt ihren Sitz zu Gunsten des Geschlechts in der Minderheit nach Nummer 1 hätte abgeben müssen.

§ 23
Ablehnung der Wahl

Lehnt eine gewählte Person die Wahl ab, so tritt an ihre Stelle die in derselben Vorschlagliste in der Reihenfolge nach ihr benannte, nicht gewählte Person. Gehört die gewählte Person dem Geschlecht in der Minderheit an, so tritt an ihre Stelle die in derselben Vorschlagsliste in der Reihenfolge nach ihr benannte, nicht gewählte Person desselben Geschlechts, wenn ansonsten das Geschlecht in der Minderheit nicht die ihm nach § 15 Abs. 2 des Gesetzes zustehenden Mindestsitze erhält. § 22 Abs. 5 Nr. 2 bis 5 gilt entsprechend.

Dritter Unterabschnitt
Wahlverfahren bei nur einer Vorschlagsliste (Mehrheitswahl)

§ 24
Stimmzettel, Stimmabgabe

(1) Nach den Grundsätzen der Mehrheitswahl ist zu wählen, wenn nur eine gültige Vorschlagsliste eingegangen ist.

(2) Auf den Stimmzetteln sind die Bewerberinnen oder Bewerber unter Angabe von Familiennamen, Vornamen und Art der Beschäftigung in der Reihenfolge aufzuführen, in der sie auf der Vorschlagsliste benannt sind.

(3) Die Wählerin oder der Wähler kreuzt auf dem Stimmzettel die Namen der Bewerberinnen oder Bewerber an, für die sie oder er die Stimme abgeben will. Die Stimme kann nur für solche Bewerberinnen oder Bewerber abgegeben werden, die auf dem Stimmzettel aufgeführt sind. Es dürfen nicht mehr Namen angekreuzt werden, als Mitglieder der Bordvertretung zu wählen sind.

§ 25
Ermittlung der Gewählten

(1) Zunächst werden die dem Geschlecht in der Minderheit zustehenden Mindestsitze (§ 15 Abs. 2 des Gesetzes) verteilt. Dazu werden die dem Geschlecht in der Minderheit zustehenden Mindestsitze mit Angehörigen dieses Geschlechts in der Reihenfolge der jeweils höchsten auf sie entfallenden Stimmenzahlen besetzt.

(2) Nach der Verteilung der Mindestsitze des Geschlechts in der Minderheit nach Absatz 1 erfolgt die Verteilung der weiteren Sitze. Die weiteren Sitze werden mit Bewerberinnen und Bewerbern, unabhängig von ihrem Geschlecht, in der Reihenfolge der jeweils höchsten auf sie entfallenden Stimmenzahlen besetzt.

(3) Haben in den Fällen des Absatzes 1 oder 2 für den zuletzt zu vergebenden Sitz mehrere Bewerberinnen oder Bewerber die gleiche Stimmenzahl erhalten, so entscheidet das Los darüber, wer gewählt ist.

(4) Haben sich weniger Angehörige des Geschlechts in der Minderheit zur Wahl gestellt oder sind weniger Angehörige dieses Geschlechts gewählt worden als ihm nach § 15 Abs. 2 des Gesetzes Mindestsitze zustehen, so sind die insoweit überschüssigen Mitgliedersitze des Geschlechts in der Minderheit bei der Sitzverteilung nach Absatz 2 Satz 2 zu berücksichtigen.

§ 26
Ablehnung der Wahl

Lehnt eine gewählte Person die Wahl ab, so tritt an ihre Stelle die nicht gewählte Person mit der nächsthöchsten Stimmenzahl. Gehört die gewählte Person dem Geschlecht in der Minderheit an, so tritt an ihre Stelle die nicht gewählte Person dieses Geschlechts mit der nächsthöchsten Stimmenzahl, wenn ansonsten das Geschlecht in der Minderheit nicht die ihm nach § 15 Abs. 2 des Gesetzes zustehenden Mindestsitze erhalten würde. Gibt es keine weiteren Angehörigen dieses Geschlechts, auf die Stimmen entfallen sind, geht dieser Sitz auf die nicht gewählte Person des anderen Geschlechts mit der nächsthöchsten Stimmenzahl über.

Dritter Abschnitt
Besondere Vorschriften für die Wahl nur eines Mitglieds der Bordvertretung

(Mehrheitswahl)

§ 27
Grundsatz für die Wahl des Mitglieds der Bordvertretung

Ist nur ein Mitglied der Bordvertretung zu wählen, erfolgt die Wahl nach den Grundsätzen der Mehrheitswahl (§ 14 Abs. 2 des Gesetzes).

§ 28
Wahlvorschläge

(1) Wahlberechtigte können für die Wahl des Mitglieds der Bordvertretung rechtswirksam nur einen Wahlvorschlag unterzeichnen.

(2) Unverzüglich nach Ablauf der in § 6 Abs. 1, § 9 Abs. 2 und § 10 Abs. 1 genannten Fristen ordnet der Wahlvorstand die als gültig anerkannten Wahlvorschläge in alphabetischer Reihenfolge.

§ 29
Stimmzettel, Stimmabgabe

(1) Die Bewerberinnen oder Bewerber sind auf dem Stimmzettel in alphabetischer Reihenfolge unter Angabe von Familiennamen, Vornamen und Art der Beschäftigung aufzuführen.

(2) Die Wählerin oder der Wähler kreuzt auf dem Stimmzettel den Namen der Bewerberin oder des Bewerbers an, für den sie oder er seine Stimme abgeben will. Die Stimme kann nur für eine Bewerberin oder einen Bewerber abgegeben werden, die oder der auf dem Stimmzettel aufgeführt ist.

§ 30
Wahlergebnis

(1) Als Mitglied der Bordvertretung ist gewählt, wer die meisten Stimmen erhalten hat. Bei gleicher Stimmenzahl entscheidet das Los.

(2) Lehnt die gewählte Person die Wahl ab, so tritt an ihre Stelle die nicht gewählte Person mit der nächsthöchsten Stimmenzahl.

Vierter Abschnitt
Verkürztes Wahlverfahren gemäß § 115 Abs. 2 Nr. 6 des Gesetzes

§ 31
Verfahren

Liegt ein Beschluss nach § 115 Abs. 2 Nr. 6 des Gesetzes vor, so gelten die Vorschriften der §§ 1 bis 30 mit folgender Maßgabe:

1. Der Wahlvorstand hat die Wahl unverzüglich einzuleiten und so durchzuführen, dass die Stimmabgabe vor Ablauf von 24 Stunden seit Erlass des Wahlausschreibens beendet ist.
2. Der Wahlvorstand hat den Ablauf der Wahl abweichend von den in § 3 Abs. 1, § 5 Abs. 1, Abs. 2 Nr. 3 und 10, § 6 Abs. 1, § 8 Abs. 3 Satz 1 und Abs. 4 Satz 1, § 9 Abs. 2 und § 11 Abs. 1 und 2 genannten Fristen festzulegen. Dabei muss
   a) für den Einspruch gegen die Wählerliste (§ 3 Abs. 1) sowie für die Einreichung von Wahlvorschlägen (§ 6 Abs. 1 Satz 1) und
   b) für die Bekanntmachung der Wahlvorschläge (§ 11 Abs. 1 und 2) jeweils mindestens ein Zeitraum von sechs Stunden zur Verfügung stehen.
3. Abweichend von § 5 Abs. 2 Nr. 12 und § 11 hat der Wahlvorstand den Ort und den Zeitraum der Stimmabgabe sowie der öffentlichen Stimmauszählung und die Hinweise für die Stimmabgabe im Wahlausschreiben bekannt zu machen.
4. Verzögert sich der Ablauf der Wahl aus zwingenden Gründen, so hat der Wahlvorstand die Wahl auch nach Ablauf der in Nummer 1 genannten Frist weiterzuführen. Er hat unter Beachtung der in Nummer 2 Satz 2 genannten Fristen für einen zügigen Fortgang der Wahl zu sorgen. Das Wahlausschreiben ist entsprechend zu berichten.

Zweiter Teil
Wahl des Seebetriebsrats

Erster Abschnitt
Allgemeine Vorschriften

§ 32
Wahlvorstand

(1) Die Leitung der Wahl des Seebetriebsrats obliegt dem Wahlvorstand. Der Arbeitgeber hat dem Wahlvorstand die für eine ordnungsgemäße Durchführung der Wahl erforderlichen Auskünfte zu erteilen und die erforderlichen Unterlagen zur Verfügung zu stellen; hierzu gehört insbesondere die Angabe der Häfen, die die einzelnen zum Seeschifffahrtsunternehmen gehörigen Schiffe anlaufen, sowie der voraussichtlichen jeweiligen Liegezeiten.

(2) Der Wahlvorstand kann sich eine schriftliche Geschäftsordnung geben. Er kann Arbeitnehmerinnen oder Arbeitnehmer, die im Landbetrieb des Seeschifffahrtsunternehmens wahlberechtigt sind, als Wahlhelferinnen oder Wahlhelfer zu seiner Unterstützung bei den in § 51 Abs. 2 genannten Aufgaben und bei der Auszählung der Stimmen heranziehen.

(3) Die Beschlüsse des Wahlvorstands werden mit einfacher Stimmenmehrheit seiner stimmberechtigten Mitglieder gefasst. Über jede Sitzung des Wahlvorstands ist eine Niederschrift aufzunehmen, die mindestens den Wortlaut der gefassten Beschlüsse enthält. Die Niederschrift ist von der oder dem Vorsitzenden und einem weiteren stimmberechtigten Mitglied des Wahlvorstands zu unterzeichnen.

§ 33
Wählerliste

(1) Der Wahlvorstand hat für jede Wahl des Seebetriebsrats eine Liste der Wahlberechtigten (Wählerliste), geordnet nach den zum Seebetrieb gehörigen Schiffen, aufzustellen. In dieser sind die Geschlechter getrennt aufzuführen. Die bei Aufstellung der Wählerliste nicht an Bord eines Schiffes beschäftigten Wahlberechtigten sind, getrennt nach ihrem Geschlecht, in der Wählerliste gesondert aufzuführen. Die Wahlberechtigten sollen mit Familiennamen, Vornamen und Geburtsdatum in alphabetischer Reihenfolge aufgeführt werden.

(2) Der Wahlvorstand hat die Wählerliste bis zum Abschluss der Stimmabgabe zu berichtigen, wenn ein Besatzungsmitglied ein Heuerverhältnis zum Seeschifffahrtsunternehmen eingeht oder beendet.

(3) Wahlberechtigt sind nur Besatzungsmitglieder, die in die Wählerliste eingetragen sind.

§ 34
Wählbarkeitsliste

(1) Sind zum Seebetriebsrat lediglich im Landbetrieb des Seeschifffahrtsunternehmens beschäftigte Arbeitnehmerinnen und Arbeitnehmer wählbar (§ 116 Abs. 2 Nr. 2 Buchstabe b des Gesetzes), so hat der Wahlvorstand eine Liste dieser wählbaren Arbeitnehmerinnen und Arbeitnehmer (Wählbarkeitsliste), getrennt nach den Geschlechtern, aufzustellen. § 33 Abs. 1 Satz 4 gilt entsprechend.

(2) Wählbar sind nur Arbeitnehmerinnen und Arbeitnehmer, die im Fall des § 116 Abs. 2 Nr. 2 Buchstabe a des Gesetzes in die Wählerliste und im Fall des § 116 Abs. 2 Nr. 2 Buchstabe b des Gesetzes in die Wählbarkeitsliste eingetragen sind.

§ 35
Bekanntmachung

(1) Je ein Abdruck der Wählerliste, der Wählbarkeitsliste und dieser Verordnung sind jedem zum Seebetrieb gehörigen Schiff zusammen mit dem Wahlausschreiben zu übersenden und von der Bordvertretung oder, wenn eine solche nicht besteht, vom Kapitän unverzüglich bis zum Abschluss der Stimmabgabe an geeigneter Stelle an Bord zur Einsichtnahme auszulegen. Der Wahlvorstand hat außerdem je einen Abdruck der Wählerliste, der Wählbarkeitsliste und einen Abdruck dieser Verordnung vom Tage der Einleitung der Wahl bis zum Abschluss der Stimmabgabe an geeigneter, den Wahlberechtigten zugänglicher Stelle des Landbetriebs des Seeschifffahrtsunternehmens zur Einsichtnahme auszulegen. Die Abdrucke der Wählerliste und der Wählbarkeitsliste sollen die Geburtsdaten der Wahlberechtigten und der wählbaren Arbeitnehmerinnen und Arbeitnehmer nicht enthalten. Ergänzend können die Abdrucke der Wählerliste, der Wählbarkeitsliste sowie der Verordnung mittels der vorhandenen Informations- und Kommunikationstechnik bekannt gemacht werden. Die Bekanntmachung ausschließlich in elektronischer Weise ist nur zulässig, wenn alle Wahlberechtigten von der Bekanntmachung Kenntnis erlangen können und Vorkehrungen getroffen werden, dass Änderungen der Bekanntmachung nur vom Wahlvorstand vorgenommen werden können.

(2) Der Wahlvorstand soll dafür sorgen, dass ausländische Arbeitnehmerinnen und Arbeitnehmer, die der deutschen Sprache nicht mächtig sind, rechtzeitig über die Wahl des Seebetriebsrats, insbesondere über die Bedeutung der Wählerliste und der Wählbarkeitsliste, über die Aufstellung von Wahlvorschlägen und über die Stimmabgabe in geeigneter Weise unterrichtet werden.

§ 36
Einsprüche gegen die Wählerliste oder die Wählbarkeitsliste

(1) Einsprüche gegen die Richtigkeit der Wählerliste oder der Wählbarkeitsliste können mit Wirksamkeit für die Wahl des Seebetriebsrats nur vor Ablauf der für die Einreichung von Wahlvorschlägen festgesetzten Frist (§ 40) schriftlich beim Wahlvorstand eingelegt werden.

(2) Über Einsprüche nach Absatz 1 hat der Wahlvorstand unverzüglich zu entscheiden. Wird ein Einspruch für begründet erachtet, so ist die Liste zu berichtigen. Die Entscheidung des Wahlvorstands ist der Arbeitnehmerin oder dem Arbeitnehmer, die oder der den Einspruch eingelegt hat, unverzüglich schriftlich mitzuteilen.

(3) Die Wählerliste und die Wählbarkeitsliste können nach Ablauf der Einspruchsfrist nur bei Schreibfehlern, offenbaren Unrichtigkeiten und in Erledigung rechtzeitig eingelegter Einsprüche bis zum Abschluss der Stimmabgabe berichtigt werden; § 33 Abs. 2 bleibt unberührt.

§ 37
Bestimmung der Mindestsitze für das Geschlecht in der Minderheit

(1) Der Wahlvorstand stellt fest, welches Geschlecht von seinem zahlenmäßigen Verhältnis im Seebetrieb in der Minderheit ist. Sodann errechnet der Wahlvorstand den Mindestanteil der Sitze im Seebetriebsrat für das Geschlecht in der Minderheit (§ 116 Abs. 2 i. V. m. § 15 Abs. 2 des Gesetzes) nach den Grundsätzen der Verhältniswahl. Zu diesem Zweck werden die Zahlen der am Tage des Erlasses des Wahlausschreibens zum Seebetrieb gehörigen Frauen und Männer in einer Reihe nebeneinander gestellt und beide durch 1, 2, 3, 4 usw. geteilt. Die ermittelten Teilzahlen sind nacheinander reihenweise unter den Zahlen der ersten Reihe aufzuführen, bis höhere Teilzahlen für die Zuweisung der zu verteilenden Sitze nicht mehr in Betracht kommen.

(2) Unter den so gefundenen Teilzahlen werden so viele Höchstzahlen ausgesondert und der Größe nach geordnet, wie Mitglieder des Seebetriebsrats zu wählen sind. Das Geschlecht in der Minderheit erhält so viele Mitgliedersitze zugeteilt, wie Höchstzahlen auf es entfallen. Wenn die niedrigste in Betracht kommende Höchstzahl auf beide Geschlechter zugleich entfällt, so entscheidet das Los darüber, welchem Geschlecht dieser Sitz zufällt

§ 38
Wahlausschreiben

(1) Unverzüglich nach seiner Bestellung erlässt der Wahlvorstand ein Wahlausschreiben, das von der oder dem Vorsitzenden und von mindestens einem weiteren stimmberechtigten Mitglied des Wahlvorstands zu unterzeichnen ist. Mit Erlass des Wahlausschreibens ist die Wahl des Seebetriebsrats eingeleitet.

(2) Das Wahlausschreiben muss folgende Angaben enthalten:
1. das Datum seines Erlasses;
2. den Ort im Landbetrieb, an dem die Wählerliste, die Wählbarkeitsliste und diese Verordnung ausliegen, sowie im Fall der Bekanntmachung in elektronischer Weise (§ 35 Abs. 1 Satz 4 und 5) wo und wie von der Wählerliste, der Wählbarkeitsliste und der Verordnung Kenntnis genommen werden kann;
3. dass die Bordvertretung oder, wenn eine solche nicht besteht, der Kapitän eines jeden Schiffes den Ort, an dem die Wählerliste, die Wählbarkeitsliste und diese Verordnung an Bord ausliegen, bestimmt und in gleicher Weise wie das Wahlausschreiben bekannt macht;
4. dass wahlberechtigt nur ist, wer in die Wählerliste eingetragen ist, und dass wählbar nur ist, wer
   a) im Fall des § 116 Abs. 2 Nr. 2 Buchstabe a des Gesetzes in die Wählerliste und
   b) im Fall des § 116 Abs. 2 Nr. 2 Buchstabe b des Gesetzes in die Wählbarkeitsliste eingetragen ist, und dass Einsprüche gegen diese Listen nur bis zu dem vom Wahlvorstand für die Einreichung von Wahlvorschlägen festgesetzten Zeitpunkt schriftlich beim Wahlvorstand eingelegt werden können; der Zeitpunkt des Ablaufs der Frist ist anzugeben;
5. den Anteil der Geschlechter und den Hinweis, dass das Geschlecht in der Minderheit in der Bordvertretung mindestens entsprechend seinem zahlenmäßigen Verhältnis vertreten sein muss, wenn die Bordvertretung aus mindestens drei Mitgliedern besteht (§ 115 Abs. 2 i. V. m. § 15 Abs. 2 des Gesetzes);
6. die Zahl der zu wählenden Mitglieder des Seebetriebsrats (§ 116 Abs. 2 Nr. 3, § 11 des Gesetzes) sowie die auf das Geschlecht in der Minderheit entfallenden Mindestsitze im Seebetriebsrat (§ 15 Abs. 2 des Gesetzes);

7. dass ein Wahlvorschlag der Wahlberechtigten von mindestens drei wahlberechtigten Besatzungsmitgliedern oder, wenn nur in der Regel bis zu zwanzig Besatzungsmitglieder wahlberechtigt sind, von mindestens zwei wahlberechtigten Besatzungsmitgliedern unterzeichnet sein muss (§ 14 Abs. 4 Satz 1 zweiter Halbsatz, § 116 Abs. 2 Nr. 4 des Gesetzes);
8. dass der Wahlvorschlag einer unter den Besatzungsmitgliedern des Seeschifffahrtsunternehmens vertretenen Gewerkschaft von zwei Beauftragten unterzeichnet sein muss;
9. dass jeder Wahlberechtigte nur einen Wahlvorschlag unterzeichnen darf und dass andernfalls sämtliche von ihm geleisteten Unterschriften ungültig sind;
10. dass die Wahlvorschläge in Form von Vorschlagslisten einzureichen sind, wenn mehrere Mitglieder des Seebetriebsrats zu wählen sind;
11. dass ein Wahlvorschlag mindestens doppelt so viele Bewerberinnen oder Bewerber aufweisen soll, wie Mitglieder des Seebetriebsrats zu wählen sind;
12. dass Wahlvorschläge bis zu dem vom Wahlvorstand hierfür festgesetzten Zeitpunkt (§ 40) beim Wahlvorstand eingegangen sein müssen; der Zeitpunkt des Ablaufs der Frist ist anzugeben;
13. dass die Stimmabgabe an Wahlvorschläge gebunden ist und dass nur solche Wahlvorschläge berücksichtigt werden, die fristgerecht beim Wahlvorstand eingegangen sind;
14. dass die Mitglieder des Seebetriebsrats durch Briefwahl gewählt werden;
15. dass die Wahlvorschläge und der Zeitpunkt, bis zu dem die Wahlbriefe beim Wahlvorstand eingegangen sein müssen, sowie Ort, Tag und Zeit der öffentlichen Stimmauszählung in gleicher Weise wie das Wahlausschreiben durch besonderen Aushang bekannt gemacht werden;
16. die Namen der Mitglieder des Wahlvorstands und seine Betriebsanschrift.

(3) Ein Abdruck des Wahlausschreibens ist unverzüglich nach seinem Erlass vom Wahlvorstand den einzelnen Schiffen gleichzeitig zu übersenden: dies kann auch mittels der vorhandenen Informations- und Kommunikationstechnik erfolgen. Der Tag der Versendung ist in einer Niederschrift zu vermerken.

(4) Ein Abdruck des Wahlausschreibens ist
1. an Bord eines jeden Schiffes unverzüglich von der Bordvertretung oder, wenn eine solche nicht besteht, vom Kapitän,
2. im Landbetrieb vom Zeitpunkt seines Erlasses an durch den Wahlvorstand

bis zum Abschluss der Stimmabgabe an einer oder mehreren geeigneten, den Wahlberechtigten zugänglichen Stellen auszuhängen und in gut lesbarem Zustand zu erhalten. Ergänzend kann das Wahlausschreiben mittels der vorhandenen Informations- und Kommunikationstechnik bekannt gemacht werden. § 35 Abs. 1 Satz 5 gilt entsprechend. Die Bordvertretung oder, wenn eine solche nicht besteht, der Kapitän hat den Tag des Aushangs auf dem Wahlausschreiben zu vermerken und den Ort, an dem die Wählerliste, die Wählbarkeitsliste und diese Verordnung an Bord zur Einsichtnahme ausliegen, in gleicher Weise wie das Wahlausschreiben bekannt zu machen. Der Eingang des Wahlausschreibens, der Wählerliste und der Wählbarkeitsliste auf dem Schiff soll dem Wahlvorstand unverzüglich bestätigt werden.

(5) Der Wahlvorstand hat Besatzungsmitgliedern, von denen ihm bekannt ist, dass sie sich nicht an Bord eines Schiffes befinden, einen Abdruck des Wahlausschreibens sowie auf Verlangen einen Abdruck der Wählerliste und der Wählbarkeitsliste zu übersenden. Die Übersendung ist in der Wählerliste zu vermerken.

§ 39
Wahlvorschläge

(1) Zur Wahl des Seebetriebsrats können die Wahlberechtigten Wahlvorschläge einreichen.

(2) Auf dem Wahlvorschlag sind Familienname, Vorname, Geburtsdatum und Art der Beschäftigung der Bewerberinnen oder Bewerber anzugeben.

(3) Aus dem Wahlvorschlag soll zu ersehen sein, welcher Unterzeichner zur Vertretung des Vorschlags gegenüber dem Wahlvorstand und zur Entgegennahme von Erklärungen des Wahlvorstands berechtigt ist (Listenvertreterin, Listenvertreter). Fehlt eine Angabe hierüber, so gilt die Unterzeichnerin oder der Unterzeichner als berechtigt, die oder der an erster Stelle steht.

(4) Der Wahlvorschlag kann mit einem Kennwort versehen werden.

§ 40
Einreichungsfrist für Wahlvorschläge

(1) Die Wahlvorschläge müssen vor Ablauf von fünf Wochen nach Versendung des Wahlausschreibens an die Schiffe (§ 38 Abs. 3) beim Wahlvorstand eingehen.

(2) Ist zu besorgen, dass die in Absatz 1 genannte Frist für eine ordnungsgemäße Einreichung von Wahlvorschlägen der Besatzungsmitglieder der einzelnen Schiffe nicht ausreicht, so hat der Wahlvorstand nach Beratung mit dem Arbeitgeber eine längere Frist, höchstens jedoch eine Frist von zwölf Wochen, festzusetzen.

(3) Ergibt sich nach Erlass des Wahlausschreibens die Besorgnis, dass die für die Einreichung von Wahlvorschlägen festgesetzte Frist (Absätze 1 und 2) nicht ausreicht, so hat der Wahlvorstand nach Beratung mit dem Arbeitgeber die Frist zu verlängern. Sie darf jedoch insgesamt zwölf Wochen nicht überschreiten. Die Verlängerung der Frist ist unverzüglich in gleicher Weise wie das Wahlausschreiben bekannt zu machen.

§ 41
Zustimmungserklärung der Bewerberinnen und Bewerber

(1) Zu jedem Wahlvorschlag muss vor Ablauf der für die Einreichung von Wahlvorschlägen festgesetzten Frist eine mit Datum versehene schriftliche Erklärung jeder Bewerberin und jedes Bewerbers vorliegen, in der diese oder dieser
1. der Aufnahme in den Wahlvorschlag zustimmt,
2. im Fall des § 116 Abs. 2 Nr. 2 Buchstabe a des Gesetzes angibt, ob sie oder er bereits ein Jahr Besatzungsmitglied eines Schiffes gewesen ist, das nach dem Flaggenrechtsgesetz die Bundesflagge führt, oder, wenn dies nicht der Fall ist, wie lange sie oder er als Besatzungsmitglied einem solchen Schiff angehört.

(2) Werden mehrere Erklärungen einer Bewerberin oder eines Bewerbers nach Absatz 1 eingereicht, so gilt nur die Erklärung mit dem jüngsten Datum.

§ 42
Wahlvorschläge der Gewerkschaften

(1) Für den Wahlvorschlag einer unter den Besatzungsmitgliedern des Seeschifffahrtsunternehmens vertretenen Gewerkschaft (§ 14 Abs. 3 des Gesetzes) gelten die §§ 39 bis 41 und die §§ 43 bis 58 entsprechend.

(2) Der Wahlvorschlag einer Gewerkschaft ist ungültig, wenn er nicht von zwei Beauftragten der Gewerkschaft unterzeichnet ist (§ 14 Abs. 5 des Gesetzes).

(3) Die oder der an erster Stelle unterzeichnete Beauftragte gilt als Listenvertreterin oder Listenvertreter. Die Gewerkschaft kann hierfür eine Arbeitnehmerin oder einen Arbeitnehmer des Seeschifffahrtsunternehmens, die oder der ihr angehört, benennen.

§ 43
Behandlung der Wahlvorschläge durch den Wahlvorstand

(1) Der Wahlvorstand hat den Zeitpunkt des Eingangs eines Wahlvorschlags unverzüglich in einer Niederschrift zu vermerken und der Listenvertreterin oder dem Listenvertreter schriftlich zu bestätigen.

(2) Der Wahlvorstand hat Wahlvorschläge, die nicht mit einem Kennwort versehen sind, mit Familiennamen und Vornamen der oder des an erster Stelle Benannten zu bezeichnen. Er hat die Wahlvorschläge unverzüglich zu prüfen und bei Ungültigkeit oder Beanstandungen die Listenvertreterin oder den Listenvertreter unverzüglich schriftlich unter Angabe der Gründe zu unterrichten.

§ 44
Ungültige Wahlvorschläge

(1) Ungültig sind Wahlvorschläge,
1. die nicht fristgerecht eingereicht worden sind,
2. auf denen die Bewerberinnen oder Bewerber nicht in erkennbarer Reihenfolge aufgeführt sind,
3. die bei Einreichung nicht die erforderliche Mindestzahl gültiger Unterschriften (§ 38 Abs. 2 Nr. 7) aufweisen. Die Rücknahme von Unterschriften auf einem eingereichten Wahlvorschlag beeinträchtigt dessen Gültigkeit nicht.

(2) Ungültig sind auch Wahlvorschläge,
1. auf denen die Bewerberinnen oder Bewerber nicht in der in § 39 Abs. 2 bestimmten Weise bezeichnet sind,
2. wenn die schriftliche Erklärung der Bewerberinnen oder Bewerber nach § 41 nicht vorliegt, falls diese Mängel trotz Beanstandung nicht vor Ablauf der für die Einreichung von Wahlvorschlägen festgesetzten Frist beseitigt werden.

§ 45
Nichteinreichung von Wahlvorschlägen

Wird vor Ablauf der für die Einreichung von Wahlvorschlägen festgesetzten Frist kein gültiger Wahlvorschlag eingereicht, so findet die Wahl nicht statt. Der Wahlvorstand hat dies unverzüglich in gleicher Weise wie das Wahlausschreiben bekannt zu machen.

§ 46
Briefwahl

Die Mitglieder des Seebetriebsrats werden durch Briefwahl gewählt.

§ 47
Vorbereitung der Stimmabgabe

Der Wahlvorstand hat unverzüglich nach Ordnung der Wahlvorschläge (§§ 20, 28 Abs. 2, §§ 57, 58) folgende, zur Stimmabgabe erforderliche Unterlagen herzustellen:
1. Stimmzettel und Wahlumschläge;
2. vorgedruckte, von der Wählerin oder dem Wähler zu unterzeichnende Erklärungen, in denen diese versichern, dass sie den Stimmzettel persönlich gekennzeichnet haben, sowie

3. Wahlbriefumschläge, die die Anschrift des Wahlvorstands und den Vermerk »Schriftliche Stimmabgabe« tragen.

Die Stimmzettel müssen alle dieselbe Größe, Farbe, Beschaffenheit und Beschriftung haben; dasselbe gilt für die Wahlumschläge.

§ 48
Bekanntmachungen zur Stimmabgabe

(1) Der Wahlvorstand hat unverzüglich in gleicher Weise wie das Wahlausschreiben bis zum Abschluss der Stimmabgabe bekannt zu machen
1. die als gültig anerkannten Wahlvorschläge;
2. den Zeitpunkt, bis zu dem die Wahlbriefe bei ihm eingehen müssen;
3. dass bei Verhältniswahl (§§ 21 bis 23, 57) auf dem Stimmzettel nur eine Vorschlagsliste angekreuzt werden darf;
4. dass bei Mehrheitswahl nach den §§ 24, 25 und 57 auf dem Stimmzettel nur so viele Namen angekreuzt werden dürfen, wie Mitglieder des Seebetriebsrats zu wählen sind;
5. dass bei Mehrheitswahl nach den §§ 27 bis 30 und 58 nur eine Bewerberin oder ein Bewerber für die Wahl des Mitglieds des Seebetriebsrats angekreuzt werden darf;
6. dass die Stimmzettel unbeobachtet persönlich zu kennzeichnen und in dem Wahlumschlag zu verschließen sind;
7. dass die vorgedruckte Erklärung (§ 47 Nr. 2) unter Angabe des Datums zu unterzeichnen und zusammen mit dem Wahlumschlag im Wahlbriefumschlag zu verschließen ist;
8. dass auf dem Wahlbriefumschlag der Absender zu vermerken ist;
9. dass die Besatzungsmitglieder eines jeden Schiffes die Wahlbriefe möglichst gleichzeitig zurücksenden sollen.

Für die Bekanntmachung an Bord der Schiffe gilt § 38 Abs. 4 entsprechend.

(2) Zusammen mit der in Absatz 1 genannten Bekanntmachung hat der Wahlvorstand gleichzeitig
1. jedem Schiff die zur Stimmabgabe erforderlichen Unterlagen in einer Anzahl zu übersenden, die die Zahl der Regelbesatzung des Schiffes um mindestens 10 vom Hundert übersteigt;
2. allen Besatzungsmitgliedern, von denen ihm bekannt ist, dass sie sich nicht an Bord eines Schiffes befinden, die zur Stimmabgabe erforderlichen Unterlagen sowie einen Abdruck der Bekanntmachung nach Absatz 1 zu übersenden.

Der Tag der Versendung ist in einer Niederschrift, die Übersendung nach Nummer 2 in der Wählerliste zu vermerken. Die Bordvertretung oder, wenn eine solche nicht besteht, der Kapitän hat jedem Besatzungsmitglied die zur Stimmabgabe erforderlichen Unterlagen auszuhändigen.

§ 49
Frist für die Stimmabgabe

(1) Die Wahlbriefe müssen vor Ablauf von fünf Wochen nach ihrer Versendung an die Schiffe (§ 48 Abs. 2) beim Wahlvorstand eingehen.

(2) Ist zu besorgen, dass die in Absatz 1 genannte Frist für eine ordnungsgemäße Durchführung der Stimmabgabe nicht ausreicht, so hat der Wahlvorstand nach Beratung mit dem Arbeitgeber eine längere Frist, höchstens jedoch eine Frist von zwölf Wochen, festzusetzen.

(3) Ergibt sich nach Versendung der Bekanntmachungen zur Stimmabgabe die Besorgnis, dass die für die Stimmabgabe festgesetzte Frist (Absätze 1 und 2) nicht ausreicht, so hat der Wahlvorstand nach Beratung mit dem Arbeitgeber die Frist zu verlängern. Sie darf jedoch insgesamt zwölf Wochen nicht

überschreiten. Die Verlängerung der Frist ist unverzüglich in gleicher Weise wie das Wahlausschreiben bekannt zu machen.

§ 50
Stimmabgabe

(1) Ist der Seebetriebsrat nach den Grundsätzen der Verhältniswahl zu wählen (§§ 21 bis 23, 57), so kann der Wahlberechtigte seine Stimme nur für die gesamte Vorschlagsliste abgeben. Ist nach den Grundsätzen der Mehrheitswahl zu wählen (§§ 24 bis 30, 57, 58), so ist die Stimme für die einzelnen Bewerber abzugeben.

(2) Die Wählerin oder der Wähler hat
1. den Stimmzettel unbeobachtet persönlich zu kennzeichnen und ihn in dem Wahlumschlag zu verschließen,
2. die vorgedruckte Erklärung (§ 47 Nr. 2) unter Angabe des Datums zu unterzeichnen und diese zusammen mit dem Wahlumschlag in dem Wahlbriefumschlag zu verschließen,
3. auf dem Wahlbriefumschlag Namen und die Anschrift zu vermerken und diesen an den Wahlvorstand zurückzusenden.

Die Wahlbriefe der Besatzungsmitglieder eines Schiffes sollen möglichst gleichzeitig abgesandt werden.

§ 51
Behandlung der Wahlbriefe durch den Wahlvorstand

(1) Der Wahlvorstand hat unverzüglich nach Eingang eines Wahlbriefs
1. auf dem Wahlbriefumschlag das Datum seines Eingangs zu vermerken,
2. in der Wählerliste bei dem Namen der Wählerin oder des Wählers den Eingang zu vermerken und
3. den Wahlbrief unter Verschluss zu nehmen.

(2) Am ersten Arbeitstag nach Ablauf der für die Stimmabgabe festgesetzten Frist öffnet der Wahlvorstand in öffentlicher Sitzung die rechtzeitig eingegangenen Wahlbriefumschläge und entnimmt diesen den Wahlumschlag und die vorgedruckte Erklärung. Ist die Stimmabgabe ordnungsgemäß erfolgt, so hat der Wahlvorstand diese in der Wählerliste zu vermerken und den Wahlumschlag ungeöffnet in die Wahlurne zu legen. Diese muss so eingerichtet sein, dass die Wahlumschläge nicht entnommen werden können, ohne dass die Wahlurne geöffnet wird.

(3) Nicht ordnungsgemäß ist die Stimmabgabe, wenn
1. ein Wahlbrief keinen Absender trägt,
2. ein Wahlbrief nicht eine unterzeichnete vorgedruckte Erklärung des Absenders nach § 47 Nr. 2 enthält,
3. der Stimmzettel nicht in einem verschlossenen Wahlumschlag eingegangen ist,
4. von einer Wählerin oder einem Wähler mehrere Wahlbriefe eingegangen sind oder
5. ein Wahlbrief verspätet eingegangen ist.

Der Wahlvorstand hat diese Wahlbriefe gesondert zu verwahren; sie bleiben für die Wahl unberücksichtigt. Die Wahlumschläge dürfen nicht geöffnet werden. Sie sind drei Monate nach Bekanntgabe des Wahlergebnisses zu vernichten, es sei denn, die Wahl ist angefochten worden.

(4) Werden die Stimmen nicht unmittelbar nach Einwurf der Wahlumschläge in die Wahlurnen ausgezählt, so hat der Wahlvorstand die Wahlurnen zu versiegeln.

§ 52
Öffentliche Stimmauszählung

Unverzüglich nach Einwurf der Wahlumschläge in die Wahlurnen (§ 51 Abs. 2) nimmt der Wahlvorstand öffentlich die Auszählung der Stimmen vor und gibt das Wahlergebnis bekannt.

§ 53
Feststellung des Wahlergebnisses

(1) Nach Öffnung der Wahlurnen entnimmt der Wahlvorstand den Wahlumschlägen die Stimmzettel und prüft ihre Gültigkeit.

(2) Ungültig sind Stimmzettel,
1. die nicht den Erfordernissen des § 47 Satz 2 entsprechen;
2. aus denen sich der Wille des Wählers nicht zweifelsfrei ergibt;
3. die ein besonderes Merkmal, einen Zusatz oder einen Vorbehalt enthalten.

(3) Mehrere in einem Wahlumschlag enthaltene Stimmzettel, die vollständig übereinstimmen, werden als eine Stimme gezählt. Stimmen sie nicht vollständig überein, so sind sie ungültig.

(4) Der Wahlvorstand zählt
1. im Fall der Verhältniswahl (§§ 21 bis 23 57) die auf jede Vorschlagsliste,
2. im Fall der Mehrheitswahl (§§ 24 bis 30 57, 58) die auf jede einzelne Bewerberin oder jeden einzelnen Bewerber entfallenen gültigen Stimmen zusammen.

§ 54
Wahlniederschrift

(1) Nachdem ermittelt ist, wer gewählt ist, hat der Wahlvorstand in einer Niederschrift festzustellen
1. die Zahl der nach § 51 Abs. 3 nicht berücksichtigten Stimmen;
2. die Gesamtzahl der abgegebenen Stimmen und die Zahl der gültigen Stimmen;
3. die Zahl der ungültigen Stimmen;
4. im Fall der Verhältniswahl (§§ 21 bis 23, 57) die Zahl der auf jede Vorschlagsliste entfallenen gültigen Stimmen sowie die berechneten Höchstzahlen und ihre Verteilung auf die Vorschlagslisten;
5. im Fall der Mehrheitswahl (§§ 24 bis 30, 57, 58) die Zahl der auf jede Bewerberin und jeden Bewerber entfallenen gültigen Stimmen;
6. die Namen der gewählten Bewerberinnen und Bewerber;
7. gegebenenfalls besondere während der Wahl des Seebetriebsrats eingetretene Zwischenfälle oder sonstige Ereignisse.

(2) Die Niederschrift ist von der oder dem Vorsitzenden und von mindestens einem weiteren stimmberechtigten Mitglied des Wahlvorstands zu unterzeichnen.

(3) Der Wahlvorstand hat je eine Abschrift der Wahlniederschrift dem Arbeitgeber und den unter den Besatzungsmitgliedern vertretenen Gewerkschaften unverzüglich zu übersenden.

§ 55
Benachrichtigung und Bekanntmachung der Gewählten

(1) Der Wahlvorstand hat die Gewählten unverzüglich schriftlich von ihrer Wahl zu benachrichtigen.

(2) Die Namen der als Mitglieder des Seebetriebsrats Gewählten sind durch einwöchigen Aushang in gleicher Weise bekannt zu machen wie das Wahlausschreiben.

§ 56
Aufbewahrung der Wahlakten

Der Seebetriebsrat hat die Wahlakten mindestens bis zur Beendigung seiner Amtszeit aufzubewahren.

Zweiter Abschnitt
Besondere Vorschriften

§ 57
Wahl mehrerer Mitglieder des Seebetriebsrats

Die Vorschriften der §§ 19 bis 26 gelten für die Wahl der Mitglieder des Seebetriebsrats mit folgender Maßgabe entsprechend:
1. An die Stelle der in § 20 Satz 1 genannten Fristen tritt die für die Einreichung von Wahlvorschlägen für die Wahl des Seebetriebsrats festgesetzte Frist (§ 40).
2. § 20 Satz 2 findet keine Anwendung.
3. Das Ergebnis der Auslosung (§ 20 Satz 1) ist in die Sitzungsniederschrift des Wahlvorstands aufzunehmen.

§ 58
Wahl nur eines Mitglieds des Seebetriebsrats

Die Vorschriften der §§ 27 bis 30 gelten für die Wahl nur eines Mitglieds des Seebetriebsrats entsprechend mit der Maßgabe, dass an die Stelle der in § 28 Abs. 2 genannten Fristen die für die Einreichung von Wahlvorschlägen für die Wahl des Seebetriebsrats festgesetzte Frist (§ 40) tritt.

Dritter Teil
Übergangs- und Schlussvorschriften

§ 59
Berechnung der Fristen

Soweit nach dieser Verordnung eine Frist nach Stunden bemessen ist, beginnt sie mit der nächsten vollen Stunde, die auf das maßgebende Ereignis folgt. Im Übrigen gelten für die Berechnung der in dieser Verordnung festgelegten Fristen die §§ 186 bis 193 des Bürgerlichen Gesetzbuchs.

§ 60
Inkrafttreten

Diese Verordnung tritt am Tag nach ihrer Verkündung in Kraft. Gleichzeitig tritt die Zweite Verordnung zur Durchführung des Betriebsverfassungsgesetzes vom 24. Oktober 1972 (BGBl. I S. 2029), zuletzt geändert durch Verordnung vom 28. September 1989 (BGBl. I S. 1795) außer Kraft.

Anhang 4

Verordnung
zur Durchführung der Betriebsratswahlen
bei den Postunternehmen (WahlO Post)

Vom 22. Februar 2002 (BGBl. I S. 946)

Erster Abschnitt
Allgemeine Vorschriften

§ 1

Die Vorschriften der Ersten Verordnung zur Durchführung des Betriebsverfassungsgesetzes (Wahlordnung – WO) vom 11. Dezember 2001 (BGBl. I S. 3494) in der jeweiligen Fassung finden für die Wahlen zum Betriebsrat in den Postunternehmen Anwendung, soweit sich aus dieser Verordnung nicht etwas anderes ergibt.

§ 2

Die bei den Aktiengesellschaften beschäftigten Beamtinnen und Beamten gelten für die Anwendung der Vorschriften der Wahlordnung als Arbeitnehmerinnen und Arbeitnehmer.

§ 3

Die Beamtinnen und Beamten bilden bei der Wahl zum Betriebsrat neben der Gruppe der Arbeitnehmerinnen und Arbeitnehmer eine eigene Gruppe, wenn nicht die Mehrheit der wahlberechtigten Beamtinnen und Beamten in geheimer Abstimmung innerhalb der vom Wahlvorstand festzusetzenden Frist hierauf verzichtet (§ 26 Nr. 1 Postpersonalrechtsgesetz). Im vereinfachten Wahlverfahren nach § 14a Abs. 1 des Betriebsverfassungsgesetzes kann die Abstimmung nach Satz 1 bis zur Wahl des Wahlvorstands erfolgen.

§ 4

(1) Bilden die Beamtinnen und Beamten eine eigene Gruppe, müssen sie und die Arbeitnehmerinnen und Arbeitnehmer entsprechend ihrem zahlenmäßigen Verhältnis im Betriebsrat vertreten sein, wenn dieser aus mindestens drei Mitgliedern besteht (§ 26 Nr. 2 Postpersonalrechtsgesetz). Innerhalb der jeweiligen Gruppe im Betriebsrat muss das Geschlecht in der Minderheit mindestens entsprechend seinem zahlenmäßigen Verhältnis in der Gruppe vertreten sein.

(2) Bilden die Beamtinnen und Beamten keine eigene Gruppe, muss das Geschlecht, das in der Belegschaft in der Minderheit ist, mindestens entsprechend seinem zahlenmäßigen Verhältnis im Betriebsrat vertreten sein, wenn dieser aus mindestens drei Mitgliedern besteht (§ 26 Postpersonalrechtsgesetz i. V. m. § 15 Abs. 2 Betriebsverfassungsgesetz).

§ 5

(1) Der Wahlvorstand, dem in Betrieben mit Beamten eine Beamtin oder ein Beamter angehören muss, hat unverzüglich nach seiner Bestellung durch Aushang
a) die wahlberechtigten Beamtinnen und Beamten darauf hinzuweisen, dass sie in geheimer Abstimmung mit Stimmenmehrheit darüber entscheiden können, ob sie auf die Bildung einer eigenen Gruppe bei der Wahl zum Betriebsrat verzichten,
b) den Zeitpunkt bekannt zu geben, bis zu dem die Entscheidung dem Wahlvorstand mitzuteilen ist. Zwischen dem Aushang und der Mitteilung müssen mindestens fünf Arbeitstage liegen.

Der Aushang hat an einer oder mehreren geeigneten, den Beamtinnen und Beamten zugänglichen Stellen zu erfolgen. Erfolgt die Bekanntmachung in elektronischer Form, so gilt § 2 Abs. 4 Satz 3 und 4 der Wahlordnung entsprechend.

(2) Absatz 1 findet keine Anwendung im vereinfachten Wahlverfahren nach § 14a Abs. 1 des Betriebsverfassungsgesetzes. Im vereinfachten Wahlverfahren nach § 14a Abs. 3 und 5 des Betriebsverfassungsgesetzes verkürzt sich die Frist in Absatz 1 auf mindestens drei Arbeitstage.

Zweiter Abschnitt
Bildung einer eigenen Wählergruppe der Beamtinnen und Beamten

§ 6

Bei Bildung einer eigenen Gruppe der Beamtinnen und Beamten bei der Wahl zum Betriebsrat findet die Wahlordnung mit folgender Maßgabe Anwendung:
1. a) Der Wahlvorstand hat abweichend von § 2 Abs. 1 Satz 1 der Wahlordnung eine Liste der Wahlberechtigten (Wählerliste), getrennt nach den Gruppen der Arbeitnehmerinnen und Arbeitnehmer sowie der Beamtinnen und Beamten, aufzustellen. Innerhalb der Gruppen sind die Wahlberechtigten getrennt nach den Geschlechtern aufzuführen.
   b) Zusätzlich zu den in § 2 Abs. 4 Satz 1 der Wahlordnung genannten Abdrucken ist ein Abdruck dieser Verordnung auszulegen. Bei Bekanntmachung in elektronischer Form nach § 2 Abs. 4 Satz 3 und 4 der Wahlordnung ist auch diese Verordnung elektronisch bekannt zu machen.
2. Das Wahlausschreiben (§ 3 Wahlordnung) muss enthalten
   a) zusätzlich zu den Angaben nach Absatz 2 Nr. 2 die Bestimmung des Orts, an dem diese Verordnung ausliegt, sowie im Fall der Bekanntmachung in elektronischer Form (§ 2 Abs. 4 Satz 3 und 4 Wahlordnung), wo und wie von dieser Verordnung Kenntnis genommen werden kann,
   b) abweichend von Absatz 2 Nr. 4 die Angabe über den Anteil der Geschlechter innerhalb der Gruppen sowie den Hinweis, dass das Geschlecht in der Minderheit in der jeweiligen Gruppe im Betriebsrat mindestens entsprechend seinem zahlenmäßigen Verhältnis vertreten sein muss,
   c) neben der Angabe über die Zahl der zu wählenden Betriebsratsmitglieder (§ 9 Betriebsverfassungsgesetz) abweichend von Absatz 2 Nr. 5 die Angabe über die Verteilung der Betriebsratssitze auf die Gruppen der Arbeitnehmerinnen und Arbeitnehmer sowie der Beamtinnen und Beamten und die Angabe über die auf das Geschlecht in der Minderheit entfallenden Mindestsitze in der jeweiligen Gruppe,
   d) ergänzend zu Absatz 2 die Angabe, ob die Arbeitnehmerinnen und Arbeitnehmer sowie die Beamtinnen und Beamten ihre Vertreter in getrennten Wahlgängen wählen (Gruppenwahl) oder ob vor Erlass des Wahlausschreibens von beiden Gruppen gemeinsame Wahl beschlossen worden ist (§ 26 Nr. 3 Satz 1 Postpersonalrechtsgesetz),
   e) ergänzend zu Absatz 2 Nr. 6 die Angabe, dass bei Gruppenwahl zur Unterzeichnung von Wahlvorschlägen der Gruppen nur die wahlberechtigten Angehörigen der jeweiligen Gruppe entsprechend § 14 Abs. 4 des Betriebsverfassungsgesetzes berechtigt sind (§ 26 Nr. 5 Postpersonalrechtsgesetz),

§ 6 WahlO Post Anhang 4

    f) ergänzend zu Absatz 2 Nr. 8 die Angabe, dass bei Gruppenwahl Wahlvorschläge beim Wahlvorstand in Form von Vorschlagslisten einzureichen sind, wenn für eine Gruppe mehrere Vertreter zu wählen sind.
3. Die Berechnung der Verteilung der Sitze auf die Gruppen (§ 4 Abs. 1 Satz 1) bestimmt sich wie folgt:
    a) Der Wahlvorstand errechnet die Verteilung der Betriebsratsmitglieder auf die Gruppen (§ 26 Nr. 2 Postpersonalrechtsgesetz) nach den Grundsätzen der Verhältniswahl. Zu diesem Zweck werden die Zahlen der am Tage des Erlasses des Wahlausschreibens im Betrieb beschäftigten Arbeitnehmerinnen und Arbeitnehmer sowie Beamtinnen und Beamten in einer Reihe nebeneinander gestellt und beide durch 1, 2, 3, 4 usw. geteilt. Die ermittelten Teilzahlen sind nacheinander reihenweise unter den Zahlen der ersten Reihe aufzuführen, bis höhere Teilzahlen für die Zuweisung der zu verteilenden Sitze nicht mehr in Betracht kommen.
    b) Unter den so gefundenen Teilzahlen werden so viele Höchstzahlen ausgesondert und der Größe nach geordnet, wie Betriebsratsmitglieder zu wählen sind. Jede Gruppe erhält so viele Mitgliedersitze zugeteilt, wie Höchstzahlen auf sie entfallen. Wenn die niedrigste in Betracht kommende Höchstzahl auf beide Gruppen zugleich entfällt, so entscheidet das Los darüber, welcher Gruppe dieser Sitz zufällt.
    c) Gehört beiden Gruppen die gleiche Zahl von Arbeitnehmern an, so entscheidet das Los darüber, welcher Gruppe die höhere Zahl von Sitzen zufällt.
4. Die Verteilung der Mindestsitze des Geschlechts in der Minderheit innerhalb der jeweiligen Gruppe (§ 4 Abs. 1 Satz 2) erfolgt entsprechend § 5 der Wahlordnung.
5. a) Abweichend von § 6 Abs. 1 der Wahlordnung erfolgt die Wahl aufgrund von Vorschlagslisten auch dann, wenn im Fall der Gruppenwahl mehrere Vertreter zu wählen sind.
    b) Beschließen die wahlberechtigten Angehörigen beider Gruppen nach Erlass des Wahlausschreibens, aber vor Ablauf der in § 6 Abs. 1 Satz 2 der Wahlordnung genannten Frist, die gemeinsame Wahl (§ 26 Nr. 3 Satz 1 Postpersonalrechtsgesetz), so hat der Wahlvorstand eine Nachfrist von einer Woche für die Einreichung neuer Vorschlagslisten zu setzen und dies in gleicher Weise bekannt zu machen wie das Wahlausschreiben (§ 3 Abs. 4 Wahlordnung). Vorher eingereichte Wahlvorschläge verlieren ihre Gültigkeit.
    c) Ergänzend zu § 6 Abs. 3 Satz 1 der Wahlordnung ist in jeder Vorschlagsliste auch die Gruppe zu nennen, der die Bewerberinnen oder Bewerber angehören.
6. a) Findet gemäß § 26 Nr. 3 Satz 1 des Postpersonalrechtsgesetzes Gruppenwahl statt und wird für eine Gruppe keine gültige Vorschlagsliste eingereicht, so hat der Wahlvorstand bei Festsetzung der Nachfrist nach § 9 Abs. 1 der Wahlordnung darauf hinzuweisen, dass, wenn für die andere Gruppe mindestens ein gültiger Wahlvorschlag eingereicht ist, der Betriebsrat nur aus Vertretern dieser Gruppe bestehen würde, wenn die Nachfrist ungenützt verstreicht.
    b) Wird trotz Bekanntmachung nach Buchstabe a keine gültige Vorschlagsliste eingereicht, so hat der Wahlvorstand sofort bekannt zu machen, dass der Wahlgang nicht stattfindet.
7. Ergänzend zu § 11 Abs. 2 Satz 1 der Wahlordnung ist die Gruppe anzugeben, der die an erster Stelle benannten Bewerberinnen oder Bewerber angehören. § 11 Abs. 2 Satz 2 und 3 der Wahlordnung gilt entsprechend für die Stimmzettel und die Wahlumschläge, die für eine Gruppe Verwendung finden.
8. Die Stimmabgabe nach § 12 der Wahlordnung erfolgt nach Gruppen getrennt, wenn nicht gemeinsame Wahl stattfindet.
9. Hat Gruppenwahl stattgefunden, so erfolgt die Verteilung der nach Maßgabe der Nummer 3 festgestellten Sitze der Gruppen der Arbeitnehmerinnen und Arbeitnehmer sowie der Beamtinnen und Beamten auf die Vorschlagslisten wie folgt:
    a) Die den einzelnen Vorschlagslisten der Gruppe zugefallenen Stimmenzahlen werden in einer Reihe nebeneinander gestellt und sämtlich durch 1, 2, 3, 4 usw. geteilt. Die ermittelten Teilzahlen sind nacheinander reihenweise unter den Zahlen der ersten Reihe aufzuführen, bis höhere Teilzahlen für die Zuweisung der zu verteilenden Sitze nicht mehr in Betracht kommen.
    b) Unter den so gefundenen Teilzahlen werden so viele Höchstzahlen ausgesondert und der Größe nach geordnet, wie Betriebsratsmitglieder für die Gruppe zu wählen sind. Jede Vorschlagsliste erhält so viele Mitgliedersitze zugeteilt, wie Höchstzahlen auf sie entfallen.

Wenn die niedrigste in Betracht kommende Höchstzahl auf mehrere Vorschlagslisten zugleich entfällt, so entscheidet das Los darüber, welcher Vorschlagsliste dieser Sitz zufällt.

    c) Wenn eine Vorschlagsliste weniger Bewerberinnen oder Bewerber enthält, als Höchstzahlen auf sie entfallen, so gehen die überschüssigen Mitgliedersitze auf die folgenden Höchstzahlen der anderen Vorschlagslisten über. Verfügt keine Vorschlagsliste mehr über Angehörige der Gruppe, so gehen die überschüssigen Mitgliedersitze auf die folgenden, nicht berücksichtigten Höchstzahlen der Vorschlagslisten der anderen Gruppe über.

    d) Die Reihenfolge der Bewerberinnen oder Bewerber innerhalb der einzelnen Vorschlagslisten bestimmt sich nach der Reihenfolge ihrer Benennung.

    e) Befindet sich unter den auf die Vorschlagslisten entfallenden Höchstzahlen nicht die nach der Maßgabe der Nummer 4 festgestellte Mindestzahl von Angehörigen des Geschlechts in der Minderheit, so gilt für jede Gruppe § 15 Abs. 5 Nr. 1 bis 5 der Wahlordnung entsprechend.

10. Hat gemeinsame Wahl stattgefunden, so erfolgt die Verteilung der nach Maßgabe der Nummer 3 festgestellten Sitze der Gruppen der Arbeitnehmerinnen und Arbeitnehmer sowie der Beamtinnen und Beamten auf die Vorschlagslisten wie folgt:

    a) Es werden zunächst die Sitze der Arbeitnehmerinnen und Arbeitnehmer, sodann in gesonderter Rechnung die Sitze der Beamtinnen und Beamten verteilt. Jede Vorschlagsliste erhält so viele Mitgliedersitze von jeder Gruppe zugeteilt, wie bei der gesonderten Berechnung Höchstzahlen auf sie entfallen. Wenn die niedrigste in Betracht kommende Höchstzahl auf mehrere Vorschlagslisten zugleich entfällt, so entscheidet das Los darüber, welcher Vorschlagsliste dieser Sitz zufällt.

    b) Bei der Verteilung der Sitze der Arbeitnehmerinnen und Arbeitnehmer sind nur die der Arbeitnehmergruppe, bei der Verteilung der Sitze der Beamtinnen und Beamten nur die der Beamtengruppe der einzelnen Listen zugehörigen Bewerberinnen und Bewerber zu berücksichtigen.

    c) Enthält eine Vorschlagsliste weniger Angehörige einer Gruppe, als Höchstzahlen auf sie für diese Gruppe entfallen, so gehen die überschüssigen Mitgliedersitze auf die folgenden, nicht berücksichtigten Höchstzahlen der anderen Vorschlagslisten mit Angehörigen derselben Gruppe über. Verfügt keine andere Vorschlagsliste mehr über Angehörige einer Gruppe, so gehen die überschüssigen Mitgliedersitze dieser Gruppe auf die folgenden, nicht berücksichtigten Höchstzahlen der Vorschlagslisten mit Angehörigen der anderen Gruppe über.

    d) Innerhalb der Vorschlagslisten werden die den einzelnen Gruppen zustehenden Sitze auf die Angehörigen der entsprechenden Gruppe in der Reihenfolge ihrer Benennung verteilt.

    e) Befindet sich nach der Verteilung der Sitze auf die Gruppen nach den Buchstaben a bis d unter den auf die Vorschlagslisten entfallenden Höchstzahlen nicht die für die jeweilige Gruppe nach der Maßgabe der Nummer 4 festgestellte Mindestzahl von Angehörigen des Geschlechts in der Minderheit, so gilt Folgendes:

        aa) Der für die Gruppe zuletzt verteilte Sitz, der auf eine Person entfällt, die nicht dem Geschlecht in der Minderheit angehört, geht an die in derselben Vorschlagsliste in der Reihenfolge nach ihr benannte, nicht berücksichtigte Person des Geschlechts in der Minderheit, die derselben Gruppe angehört.

        bb) Enthält diese Vorschlagsliste keine Person des Geschlechts in der Minderheit, die derselben Gruppe angehört, so geht dieser Sitz auf die Vorschlagsliste mit der folgenden, noch nicht für die Gruppe berücksichtigten Höchstzahl und mit Angehörigen des Geschlechts in der Minderheit dieser Gruppe über. Entfällt die folgende Höchstzahl auf mehrere Vorschlagslisten zugleich, so entscheidet das Los darüber, welcher Vorschlagsliste dieser Sitz zufällt.

        cc) Das Verfahren nach den Doppelbuchstaben aa und bb ist so lange fortzusetzen, bis der Mindestanteil der auf das Geschlecht in der Minderheit entfallenden Gruppensitze erreicht ist.

        dd) Bei der Verteilung der Sitze des Geschlechts in der Minderheit sind auf den einzelnen Vorschlagslisten nur die Angehörigen dieses Geschlechts und derselben Gruppe in der Reihenfolge ihrer Benennung zu berücksichtigen.

        ee) Verfügt keine andere Vorschlagsliste über Angehörige des Geschlechts in der Minderheit und derselben Gruppe, verbleibt der Gruppensitz bei der Vorschlagsliste, die zuletzt ihren

Sitz zu Gunsten des Geschlechts in der Minderheit nach Doppelbuchstabe aa hätte abgeben müssen.
11. Abweichend von § 16 Abs. 1 Nr. 1 der Wahlordnung ist bei Gruppenwahl in der Niederschrift die Gesamtzahl der von jeder Gruppe abgegebenen Wahlumschläge und die Zahl der für jede Gruppe abgegebenen gültigen Stimmen festzustellen.
12. § 17 Abs. 2 der Wahlordnung gilt für die jeweilige Gruppe entsprechend.
13. Bei Gruppenwahl gilt für die Stimmabgabe nach § 20 der Wahlordnung Folgendes:
    a) Absatz 1 gilt entsprechend, wenn für einen Wahlgang nur eine gültige Vorschlagsliste eingereicht ist.
    b) Ergänzend zu Absatz 2 ist auf den Stimmzetteln die Gruppenzugehörigkeit der Bewerberinnen oder Bewerber aufzuführen.
    c) Abweichend von Absatz 3 dürfen nicht mehr Bewerberinnen oder Bewerber angekreuzt werden, als Betriebsratsmitglieder in dem Wahlgang zu wählen sind.
14. Ist bei Gruppenwahl für einen Wahlgang nur eine gültige Vorschlagsliste eingereicht worden, gilt für die Ermittlung der Gewählten § 22 der Wahlordnung entsprechend.
15. Bei gemeinsamer Wahl und nur einer gültigen Vorschlagsliste gilt für die Ermittlung der Gewählten Folgendes:
    a) Die den einzelnen Gruppen zustehenden Sitze werden mit den Bewerberinnen oder Bewerbern der jeweiligen Gruppe besetzt. Dabei werden für jede Gruppe zunächst die ihr zustehenden Mindestsitze für das Geschlecht in der Minderheit in der Reihenfolge der jeweils höchsten auf die Angehörigen dieses Geschlechts entfallenden Stimmenzahl verteilt. Im Anschluss daran werden die weiteren der jeweiligen Gruppe zustehenden Sitze mit Bewerberinnen und Bewerbern, unabhängig von ihrem Geschlecht, in der Reihenfolge der jeweils höchsten auf sie entfallenden Stimmenzahlen besetzt. Ist für eine Gruppe nur ein Vertreter zu wählen, so ist die Person gewählt, die die meisten Stimmen erhalten hat. Bei Stimmengleichheit entscheidet das Los.
    b) Haben in den Fällen des Buchstaben a Satz 2 und 3 für den zuletzt zu vergebenden Sitz mehrere Bewerberinnen oder Bewerber die gleiche Stimmenzahl erhalten, so entscheidet das Los darüber, wer gewählt ist.
    c) Haben sich für die jeweilige Gruppe weniger Angehörige des Geschlechts in der Minderheit zur Wahl gestellt oder sind weniger Angehörige dieses Geschlechts gewählt worden, als ihnen Gruppensitze nach § 4 Abs. 1 Satz 2 zustehen, so sind die insoweit überschüssigen Mitgliedersitze des Geschlechts in der Minderheit bei der Sitzverteilung nach Buchstabe a Satz 3 zu berücksichtigen.
    d) Sind innerhalb der Gruppe weniger Bewerberinnen oder Bewerber gewählt worden, als der Gruppe Betriebsratssitze zustehen, gehen die überschüssigen Mitgliedersitze auf nicht gewählte Angehörige der anderen Gruppe in der Reihenfolge der jeweils höchsten auf sie entfallenden Stimmenzahlen über.
16. Lehnt eine gewählte Person im Fall nur einer Vorschlagsliste die Wahl ab, gilt § 23 Abs. 2 der Wahlordnung für die jeweilige Gruppe entsprechend.
17. Ist bei Gruppenwahl für eine Gruppe nur ein Vertreter zu wählen, so gilt Folgendes:
    a) Die Wahl erfolgt aufgrund von Wahlvorschlägen; § 6 Abs. 1 Satz 2 und Abs. 2 bis 5, §§ 7 bis 9 und 10 Abs. 2 der Wahlordnung gelten für die Wahlvorschläge entsprechend.
    b) Die Wählerin oder der Wähler kann ihre oder seine Stimme nur für solche Bewerberinnen oder Bewerber abgeben, die in einem Wahlvorschlag nach Buchstabe a benannt sind.
    c) Auf den Stimmzetteln sind die Bewerberinnen oder Bewerber in alphabetischer Reihenfolge unter Angabe von Familienname, Vorname, Art der Beschäftigung im Betrieb und der Gruppenzugehörigkeit aufzuführen. Die Wählerin oder der Wähler kennzeichnet die von ihr oder ihm gewählte Person durch Ankreuzen an der im Stimmzettel vorgesehenen Stelle. § 20 Abs. 3 und § 21 der Wahlordnung gelten entsprechend.
    d) Gewählt ist die Person, die die meisten Stimmen erhalten hat; § 23 Abs. 1 der Wahlordnung gilt entsprechend. Bei Stimmengleichheit entscheidet das Los. Lehnt eine gewählte Person die Wahl ab, so tritt an ihre Stelle die nicht gewählte Person mit der nächsthöchsten Stimmenzahl.

18. Die Vorschriften über das vereinfachte Wahlverfahren (§§ 28 bis 37 Wahlordnung), das stets in gemeinsamer Wahl erfolgt (§ 26 Nr. 3 Satz 2 Postpersonalrechtsgesetz), gelten mit folgenden Maßgaben:
    a) Die Einladung zur Wahlversammlung (§ 28 Abs. 1 Wahlordnung) muss ergänzend zu Satz 5 den Hinweis enthalten, dass die wahlberechtigten Beamtinnen und Beamten in geheimer Abstimmung mit Stimmenmehrheit darüber entscheiden können, ob sie auf die Bildung einer eigenen Gruppe bei der Wahl zum Betriebsrat verzichten, und dass die Abstimmung hierüber bis zur Wahl des Wahlvorstands erfolgen kann.
    b) Dem Wahlvorstand nach § 29 Satz 1 der Wahlordnung muss in Betrieben mit Beamten eine Beamtin oder ein Beamter angehören (§ 26 Nr. 6 Postpersonalrechtsgesetz).
    c) Abweichend von § 30 Abs. 1 Satz 3 der Wahlordnung hat der Wahlvorstand die Wählerliste, getrennt nach den Gruppen der Arbeitnehmerinnen und Arbeitnehmer sowie der Beamtinnen und Beamten, aufzustellen. Innerhalb der Gruppen sind die Wahlberechtigten getrennt nach den Geschlechtern aufzuführen. Ergänzend zu § 30 Abs. 1 Satz 6 der Wahlordnung ist zusätzlich zu den in § 2 Abs. 4 Satz 1 der Wahlordnung genannten Abdrucken ein Abdruck dieser Verordnung auszulegen. Bei Bekanntmachung in elektronischer Form nach § 2 Abs. 4 Satz 3 und 4 der Wahlordnung ist auch diese Verordnung elektronisch bekannt zu machen.
    d) Das Wahlausschreiben (§ 31 Wahlordnung) muss enthalten
        aa) zusätzlich zu der Angabe nach Absatz 1 Nr. 2 die Bestimmung des Orts, an dem diese Verordnung ausliegt, sowie im Fall der Bekanntmachung in elektronischer Form (§ 2 Abs. 4 Satz 3 und 4 Wahlordnung), wo und wie von dieser Verordnung Kenntnis genommen werden kann,
        bb) abweichend von Absatz 1 Nr. 4 die Angabe über den Anteil der Geschlechter innerhalb der Gruppen sowie den Hinweis, dass das Geschlecht in der Minderheit in der jeweiligen Gruppe im Betriebsrat mindestens entsprechend seinem zahlenmäßigen Verhältnis vertreten sein muss,
        cc) neben der Angabe über die Zahl der zu wählenden Betriebsratsmitglieder (§ 9 Betriebsverfassungsgesetz) abweichend von Absatz 1 Nr. 5 die Angabe über die Verteilung der Betriebsratssitze auf die Gruppen der Arbeitnehmerinnen und Arbeitnehmer sowie der Beamtinnen und Beamten und die Angabe über die auf das Geschlecht in der Minderheit entfallenden Mindestsitze in der jeweiligen Gruppe,
        dd) ergänzend zu Absatz 1 Satz 3 die Angabe, dass die Wahl als gemeinsame Wahl erfolgt (§ 26 Nr. 3 Satz 2 Postpersonalrechtsgesetz).
    e) § 32 der Wahlordnung findet keine Anwendung. Besteht der zu wählende Betriebsrat aus mindestens drei Mitgliedern, so erfolgt die Verteilung der Sitze auf die Gruppen nach Maßgabe der Nummer 3. Die Verteilung der Mindestsitze des Geschlechts in der Minderheit innerhalb der jeweiligen Gruppe erfolgt nach Maßgabe der Nummer 4.
    f) Ergänzend zu § 33 Abs. 2 Satz 1 i. V. m. § 6 Abs. 3 der Wahlordnung ist in jedem Wahlvorschlag auch die Gruppe zu nennen, der die Bewerberinnen oder Bewerber angehören.
    g) Für das Wahlverfahren nach § 34 der Wahlordnung gilt Folgendes:
        aa) Ergänzend zu Absatz 1 Satz 2 ist auf den Stimmzetteln die Gruppenzugehörigkeit der Bewerberinnen oder Bewerber aufzuführen.
        bb) Absatz 4 gilt entsprechend, wenn für eine Gruppe nur ein Vertreter zu wählen ist.
        cc) Absatz 5 gilt entsprechend, wenn für eine Gruppe mehrere Vertreter zu wählen sind.
    h) Im einstufigen vereinfachten Wahlverfahren nach § 36 der Wahlordnung sind die Maßgaben der Buchstaben c bis g zu beachten.
    i) Für das vereinbarte vereinfachte Wahlverfahren nach § 37 der Wahlordnung gilt die Maßgabe nach Buchstabe h entsprechend. Sind für beide Gruppen mehrere Vertreter zu wählen, erfolgt die Ermittlung der Gewählten abweichend von Buchstabe g Doppelbuchstabe bb und cc in entsprechender Anwendung der Maßgaben der Nummern 15 und 16.

Dritter Abschnitt
Verzicht der Beamtinnen und Beamten auf eine eigene Wählergruppe

§ 7

Haben die Beamtinnen und Beamten auf die Bildung einer eigenen Gruppe verzichtet, findet die Wahlordnung mit der Maßgabe Anwendung, dass das Wahlausschreiben (§§ 3, 31 und 36 Abs. 3 Wahlordnung) zusätzlich die Angabe zu enthalten hat, dass die Beamtinnen und Beamten auf die Bildung einer eigenen Gruppe verzichtet haben.

Vierter Abschnitt
Schlussbestimmung

§ 8

Diese Verordnung tritt am Tage nach der Verkündung in Kraft. Gleichzeitig tritt die Verordnung zur Durchführung der Betriebsratswahlen bei den Postunternehmen vom 26. Juni 1995 (BGBl. I S. 871) außer Kraft.

Anhang 5

Gesetz zum Personalrecht der Beschäftigten der früheren Deutschen Bundespost (Postpersonalrechtsgesetz – PostPersRG –)

Vom 14. September 1994 (BGBl. I S. 2325)
zuletzt geändert durch Art. 1 und 2 des Gesetzes vom 28. Mai 2015 (BGBl. I S. 813)

– Auszug –

Abschnitt 8
Betriebliche Interessenvertretungen

§ 24
Anwendung des Betriebsverfassungsgesetzes

(1) In den Postnachfolgeunternehmen findet nach deren Eintragung in das Handelsregister das Betriebsverfassungsgesetz Anwendung, soweit in diesem Gesetz nichts anderes bestimmt ist.

(2) Die bei den Postnachfolgeunternehmen beschäftigten Beamten gelten für die Anwendung des Betriebsverfassungsgesetzes als Arbeitnehmer. § 5 Abs. 3 des Betriebsverfassungsgesetzes bleibt unberührt.

(3) Der Beamte, dem nach § 4 Abs. 4 Satz 1 und 2 eine Tätigkeit bei einem Unternehmen zugewiesen ist, gilt für die Anwendung von Vorschriften über die Vertretung der Arbeitnehmer im Aufsichtsrat, für die Anwendung des Betriebsverfassungsgesetzes und des Sprecherausschussgesetzes als Arbeitnehmer und für die Anwendung von Vorschriften über die Schwerbehindertenvertretung als Beschäftigter des Unternehmens. § 36 Abs. 2 und 4 gilt entsprechend. Soweit das Unternehmen Verpflichtungen, die ihm gegenüber dem Beamten obliegen, nicht erfüllen kann, weil es nicht Dienstherr des Beamten ist, treffen diese Verpflichtungen je nach Zuständigkeit das Postnachfolgeunternehmen oder den Bund.

§ 25
Übergangsregelungen

(weggefallen)

§ 26
Wahlen, Ersatzmitglieder

Die Vorschriften des Betriebsverfassungsgesetzes über Wahl und Zusammensetzung des Betriebsrats sowie über seine Ersatzmitglieder finden mit folgender Maßgabe Anwendung:
1. Die in den Betrieben der Aktiengesellschaften beschäftigten Beamten bilden bei der Wahl zum Betriebsrat eine eigene Gruppe, es sei denn, dass die Mehrheit dieser Beamten vor der Wahl in geheimer Abstimmung hierauf verzichtet.
2. Arbeitnehmer und Beamte müssen entsprechend ihrem zahlenmäßigen Verhältnis im Betriebsrat vertreten sein, wenn dieser aus mindestens drei Mitgliedern besteht.
3. Die Arbeitnehmer und Beamten wählen ihre Vertreter in getrennten Wahlgängen, es sei denn, dass die wahlberechtigten Angehörigen beider Gruppen vor der Neuwahl in getrennten, gehei-

men Abstimmungen die gemeinsame Wahl beschließen. Die Betriebsratswahl erfolgt in gemeinsamer Wahl, wenn der Betriebsrat im vereinfachten Wahlverfahren nach § 14a des Betriebsverfassungsgesetzes zu wählen ist.

4. Steht einer Gruppe nur ein Vertreter im Betriebsrat zu, so erfolgt die Wahl des Gruppenvertreters nach den Grundsätzen der Mehrheitswahl.

4a. Jede Gruppe kann auch Angehörige der anderen Gruppe wählen. In diesem Fall gelten die Gewählten insoweit als Angehörige derjenigen Gruppe, die sie gewählt hat. Dies gilt auch für Ersatzmitglieder.

5. Finden getrennte Wahlgänge statt, so sind zur Unterzeichnung von Wahlvorschlägen der Gruppen nur die wahlberechtigten Angehörigen der jeweiligen Gruppe entsprechend § 14 Abs. 4 des Betriebsverfassungsgesetzes berechtigt.

6. In Betrieben mit Beamten muss dem Wahlvorstand ein Beamter angehören.

7. Ist der Betriebsrat in gemeinsamer Wahl gewählt, bestimmt sich das Nachrücken von Ersatzmitgliedern nach § 25 des Betriebsverfassungsgesetzes unter Berücksichtigung der Grundsätze der Nummer 2.

§ 27
Zuordnung der Beamten im Betriebsrat

(aufgehoben)

§ 28
Beteiligung des Betriebsrats in Angelegenheiten der Beamten

(1) Der Betriebsrat ist in den Angelegenheiten der Beamten nach § 76 Abs. 1, § 78 Abs. 1 Nr. 3 bis 5 und § 79 Abs. 3 des Bundespersonalvertretungsgesetzes sowie nach § 4 Abs. 4 Satz 1 und 2 zu beteiligen. In diesen Angelegenheiten sind nach gemeinsamer Beratung im Betriebsrat nur die Vertreter der Beamten zur Beschlußfassung berufen, es sei denn, daß die Beamten im Betriebsrat nicht vertreten sind. § 33 Abs. 1 und 2 des Betriebsverfassungsgesetzes gilt entsprechend.

(2) Bei Entscheidungen und Maßnahmen des Postnachfolgeunternehmens nach Absatz 1 Satz 1, die Beamte betreffen, denen nach § 4 Abs. 4 Satz 1 und 2 Tätigkeiten bei einem Unternehmen zugewiesen sind, ist der bei dem Postnachfolgeunternehmen gebildete Betriebsrat nach Maßgabe der Vorschriften dieses Abschnitts zu beteiligen; gleichzeitig ist der Betriebsrat des Betriebs, in dem der Beamte die zugewiesene Tätigkeit ausübt, hierüber zu unterrichten und ihm Gelegenheit zur Stellungnahme zu geben. Entsprechendes gilt für die Beteiligung der Schwerbehindertenvertretung.

§ 29
Verfahren

(1) Der Betriebsrat hat in den in § 76 Abs. 1 des Bundespersonalvertretungsgesetzes genannten Personalangelegenheiten der Beamten ein Mitbestimmungsrecht. Auf das Mitbestimmungsrecht in den in § 76 Abs. 1 des Bundespersonalvertretungsgesetzes genannten Angelegenheiten finden die Regelungen des § 77 des Bundespersonalvertretungsgesetzes entsprechende Anwendung. Entsprechendes gilt bei der Zuweisung nach § 4 Abs. 4 Satz 1 und 2.

(2) Verweigert der Betriebsrat in den Fällen des Absatzes 1 seine Zustimmung, so hat er dies unter Angabe von Gründen innerhalb einer Woche nach Unterrichtung durch den Arbeitgeber diesem schriftlich mitzuteilen. Teilt der Betriebsrat dem Arbeitgeber die Verweigerung seiner Zustimmung nicht innerhalb der Frist schriftlich mit, so gilt die Zustimmung als erteilt.

(3) Ergibt sich zwischen dem Arbeitgeber und dem Betriebsrat in den Fällen des § 76 Abs. 1 des Bundespersonalvertretungsgesetzes sowie des § 4 Abs. 4 Satz 1 und 2 keine Einigung, so ist die Einigungsstelle anzurufen, die binnen zwei Monaten entscheiden soll. Sie stellt fest, ob ein Grund zur Verweigerung der Zustimmung im Sinne des § 77 Abs. 2 des Bundespersonalvertretungsgesetzes vorliegt. Schließt sich die Einigungsstelle nicht der Auffassung des Arbeitgebers an, so gibt sie diesem eine Empfehlung. Folgt der Arbeitgeber der Empfehlung der Einigungsstelle nicht, so hat er innerhalb von zehn Arbeitstagen die Angelegenheit mit der Empfehlung der Einigungsstelle dem Bundesministerium der Finanzen zur endgültigen Entscheidung vorzulegen.

(4) § 69 Abs. 5 des Bundespersonalvertretungsgesetzes gilt für Maßnahmen nach Absatz 1 entsprechend.

(5) Der Betriebsrat wirkt in den in § 78 Abs. 1 Nr. 3 bis 5 des Bundespersonalvertretungsgesetzes genannten Personalangelegenheiten der Beamten mit. Auf dieses Mitwirkungsrecht finden § 78 Abs. 2 und § 72 Abs. 1 bis 3 und 6 des Bundespersonalvertretungsgesetzes entsprechende Anwendung.

(6) Der Betriebsrat kann die in Absatz 5 genannten Personalangelegenheiten binnen drei Tagen nach Zugang der seine Einwendung ganz oder zum Teil ablehnenden Mitteilung des Arbeitgebers dem in § 1 Abs. 7 genannten Vorstandsmitglied mit dem Antrag auf Entscheidung vorlegen. Dieses entscheidet nach Verhandlung mit dem Betriebsrat endgültig. Eine Abschrift seines Antrags leitet der Betriebsrat dem Arbeitgeber zu.

(7) Ist ein Antrag gemäß Absatz 6 gestellt, so ist die beabsichtigte Maßnahme bis zur Entscheidung des in § 1 Abs. 7 genannten Vorstandsmitglieds auszusetzen.

(8) Der Betriebsrat ist vor fristlosen Entlassungen von Beamten entsprechend § 79 Abs. 3 des Bundespersonalvertretungsgesetzes anzuhören.

(9) In Streitigkeiten nach den Absätzen 1 bis 8 sind die Verwaltungsgerichte zuständig. Die Vorschriften des Arbeitsgerichtsgesetzes über das Beschlußverfahren gelten entsprechend.

§ 30
Besetzung der Einigungsstelle

In Angelegenheiten des § 76 Abs. 1 des Bundespersonalvertretungsgesetzes sowie des § 4 Abs. 4 Satz 1 und 2 besteht die Einigungsstelle aus einer gleichen Anzahl von Beisitzern, die vom Arbeitgeber und den Vertretern der Beamten im Betriebsrat bestellt werden, und einem unparteiischen Vorsitzenden, auf dessen Person sich beide Seiten einigen. Kommt eine Einigung über die Person des Vorsitzenden nicht zustande, so bestellt ihn der Präsident des zuständigen Verwaltungsgerichts. Ist der Betriebsrat gemäß § 28 Abs. 1 Satz 2 zweiter Halbsatz für die Beschlussfassung zuständig, muss sich unter den von ihm zu bestellenden Beisitzern der Einigungsstelle ein Beamter befinden.

§ 31
Beteiligung des Betriebsrats und der Schwerbehindertenvertretung bei Entscheidungen des Bundesministeriums der Finanzen

In Angelegenheiten, in denen das Bundesministerium der Finanzen gemäß § 3 Abs. 2 Satz 2, Absatz 6 und 8 sowie § 20 Abs. 2 Entscheidungen und Maßnahmen bezüglich der bei den Postnachfolgeunternehmen beschäftigten Beamten trifft, wird die Interessenvertretung der betroffenen Beamten vom Betriebsrat wahrgenommen. In den Angelegenheiten nach § 76 Abs. 1, § 78 Abs. 1 Nr. 3 bis 5 und § 79 Abs. 3 des Bundespersonalvertretungsgesetzes sowie nach § 4 Abs. 4 Satz 1 und 2 gelten die §§ 28 bis 30 entsprechend. Sind in diesen Angelegenheiten Interessen schwerbehinderter Menschen berührt, ist die Schwerbehindertenvertretung des Betriebs im Rahmen ihrer Zuständigkeit zu beteiligen.

§ 32
Gesamtbetriebsrat

(1) Die §§ 47 bis 53 des Betriebsverfassungsgesetzes finden mit folgender Maßgabe Anwendung:
1. Den gemäß § 47 Abs. 2 des Betriebsverfassungsgesetzes in den Gesamtbetriebsrat zu entsendenden Betriebsratsmitgliedern muß ein Vertreter der Beamten angehören, der nicht gegen die Mehrheit der Vertreter der Beamten bestimmt werden kann.
2. In Angelegenheiten des § 28 hat der Vertreter der Beamten im Gesamtbetriebsrat so viele Stimmen, wie in dem Betrieb, in dem er gewählt wurde, wahlberechtigte Beamte in der Wählerliste eingetragen sind. § 47 Abs. 8 des Betriebsverfassungsgesetzes gilt entsprechend.

(2) Für die Beteiligung des Gesamtbetriebsrats in den Angelegenheiten der Beamten gelten die §§ 28 bis 31 entsprechend.

§ 33
Konzernbetriebsrat

(1) Die §§ 54 bis 59 des Betriebsverfassungsgesetzes finden mit folgender Maßgabe Anwendung:
1. Den gemäß § 55 Abs. 1 des Betriebsverfassungsgesetzes in den Konzernbetriebsrat des Postnachfolgeunternehmens zu entsendenden Gesamtbetriebsratsmitgliedern muß ein Vertreter der Beamten angehören, der nicht gegen die Mehrheit der Vertreter der Beamten im Gesamtbetriebsrat bestimmt werden kann.
2. In Angelegenheiten des § 28 hat der Vertreter der Beamten im Konzernbetriebsrat des Postnachfolgeunternehmens so viele Stimmen, wie die Vertreter der Beamten im Gesamtbetriebsrat insgesamt Stimmen haben.

(2) Für die Beteiligung des Konzernbetriebsrats der Aktiengesellschaft in den Angelegenheiten der Beamten gelten die §§ 28 bis 31 entsprechend.

§ 34
Änderung der Wahlordnungen

Das Bundesministerium für Arbeit und Soziales wird ermächtigt, durch Rechtsverordnung im Einvernehmen mit dem Bundesministerium des Innern abweichend von den Wahlordnungen zum Betriebsverfassungsgesetz Sondervorschriften für die Wahlen zum Betriebsrat der Unternehmen Deutsche Post AG, Deutsche Postbank AG und Deutsche Telekom AG zu erlassen. Die Rechtsverordnung bedarf nicht der Zustimmung des Bundesrates.

§ 35
Gesetzesvorrang

Durch Tarifvertrag oder Betriebsvereinbarung kann die betriebliche Interessenvertretung der Beamten nicht abweichend von den Vorschriften dieses Abschnitts geregelt werden.

§ 36
Sprecherausschuß

(1) In den Postnachfolgeunternehmen gilt nach deren Eintragung in das Handelsregister das Sprecherausschußgesetz mit den in dieser Vorschrift genannten Maßgaben.

(2) Leitende Angestellte im Sinne des § 5 Abs. 3 des Betriebsverfassungsgesetzes sind auch die funktional vergleichbaren Beamten.

(3) Absatz 2 gilt für die Vorschriften der Wahlordnung zum Sprecherausschussgesetz vom 28. September 1989 (BGBl. I S. 1798) entsprechend.

(4) § 31 Abs. 2 des Sprecherausschußgesetzes findet für die Beamten im Hinblick auf deren Status keine Anwendung.

§ 37
Schwerbehindertenvertretung

(1) § 25 Abs. 1 Satz 1 bis 3 gilt entsprechend für die Schwerbehindertenvertretungen.

(2) Die Vorbereitung der Neuwahl der Schwerbehindertenvertretungen bestimmt sich nach den Vorschriften des Neunten Buches Sozialgesetzbuch und der Wahlordnung Schwerbehindertenvertretung.

Anhang 6

Gesetz über die Gründung einer Deutsche Bahn Aktiengesellschaft (Deutsche Bahn Gründungsgesetz – DBGrG –)

Vom 27. Dezember 1993 (BGBl. I S. 2378, 2386)
zuletzt geändert durch Artikel 515 der Verordnung vom 31. August 2015 (BGBl. I S. 1474)
– Auszug –

§ 19
Geltung arbeitsrechtlicher Vorschriften

(1) Die Beamten des Bundeseisenbahnvermögens, die nach § 12 Abs. 2 und 3 der Deutsche Bahn Aktiengesellschaft zugewiesen sind, gelten für die Anwendung von Vorschriften über die Vertretung der Arbeitnehmer im Aufsichtsrat, für die Anwendung des Betriebsverfassungsgesetzes und des Sprecherausschußgesetzes als Arbeitnehmer der Deutsche Bahn Aktiengesellschaft. Sie gelten für die Anwendung der Vorschriften über die Schwerbehindertenvertretung als Beschäftigte der Deutsche Bahn Aktiengesellschaft.

(2) Soweit die Deutsche Bahn Aktiengesellschaft Verpflichtungen, die ihr nach dem Betriebsverfassungsgesetz und dem Sprecherausschußgesetz vom 20. Dezember 1988 (BGBl. I S. 2316) sowie nach den Vorschriften über die Vertretung der Arbeitnehmer im Aufsichtsrat und über die Schwerbehindertenvertretung obliegen, deshalb nicht erfüllen kann, weil sie nicht Dienstherr der ihr gemäß § 12 Abs. 2 und 3 zugewiesenen Beamten ist, treffen diese Verpflichtungen das Bundeseisenbahnvermögen.